Handbuch der Rechtspraxis
Band 4

Handbuch der Rechtspraxis

Band 4

Grundbuchrecht

Von

Dr. Hartmut Schöner
Notar
in München

Kurt Stöber
Regierungsdirektor a. D.
in Rothenburg ob der Tauber

unter Mitarbeit von

Prof. Ulrich Keller
Berlin

13., neubearbeitete Auflage des von

Karl Haegele †

begründeten und bis zur 5. Auflage bearbeiteten Handbuchs

VERLAG C. H. BECK MÜNCHEN 2004

Verlag C. H. Beck im Internet:
beck.de

ISBN 3 406 51044 2

© 2004 Verlag C. H. Beck oHG
Wilhelmstraße 9, 80801 München
Satz und Druck: Druckerei C. H. Beck Nördlingen
(Adresse wie Verlag)

Gedruckt auf säurefreiem, alterungsbeständigem Papier
(hergestellt aus chlorfrei gebleichtem Zellstoff)

Vorwort zur 13. Auflage

Es waren erneut vielerlei Gesetzesänderungen einzuarbeiten. Vor allem waren die Auswirkungen der Schuldrechtsreform auf die Vertragsgestaltung überall einzufangen. Eine umfassende Überarbeitung des Buchinhalts und Vertiefung grundlegender Teile des Handbuchs verlangten darüber hinaus wiederum Rechtsprechung und Literatur sowie die Erfahrungen der Rechtspraxis. So waren vielfältige Änderungen im Kauf- und Bauträgervertrag darzustellen, der Messungskauf neu zu bearbeiten, zur Grundbucheintragung der BGB-Gesellschaft Stellung zu nehmen und die Öffnungsklausel für Wohnungseigentümer zu erörtern. Vertieft zu behandeln waren die Zulässigkeit der Vereinigung von Grundstücken und der Einfluß eines Insolvenzverfahrens auf das Grundbuchrecht. Die Auswirkungen der Rechtsprechung des BVerfG zur Überleitung des Güterrechts bestehender Ehen (Art. 220 EGBGB) und der „Überseering-Entscheidung" des EuGH für die Behandlung ausländischer Gesellschaften waren ebenso aufzuzeigen wie die Rechtsentwicklung im Bereich von Vormerkung und Wirksamkeitsvermerk. Umfassender wiederzugeben waren auch die Benutzungs- und Mitbenutzungsbefugnisse des Berechtigten und des Eigentümers bei Dienstbarkeiten und die Rechtsprechung des BGH zum Erwerbsinteresse des Nebenerwerbslandwirts für die Genehmigung nach dem GrdstVG.

Die Urkunden- und die neu gefaßten Eintragungsbeispiele tragen der nun weit verbreiteten maschinellen Grundbuchführung ebenso Rechnung wie dem Ende der Übergangszeit für Einführung des Euro als Währungseinheit.

Die Gesetzgebung des Bundes, Rechtsprechung und Schrifttum sind bis September 2003 berücksichtigt.

Herr Prof. Ulrich Keller hat wiederum den 6. Buchteil über den Grundstücksverkehr im Beitrittsgebiet bearbeitet. Dafür sind wir ihm sehr dankbar.

Dank schulden wir auch diesmal für Hinweise und Anregungen. Nach wie vor nehmen wir sie gerne entgegen.

Grundstücks- und Grundbuchverfahrensrecht sollten sich in besonderem Maß durch Beständigkeit auszeichnen; nur sie gewährleistet die in diesem Bereich besonders notwendige Rechtssicherheit. Gerade im Hinblick auf eine oft hierzu im Widerspruch stehende, manchmal hektische Entwicklung in diesem Rechtsgebiet will die neue Bearbeitung des Handbuchs wiederum für die praktische Arbeit rasche Orientierung in den vielfältigen Bereichen des materiellen und formellen Liegenschaftsrechts ermöglichen und mit zuverlässigen Aussagen Sicherheit bringen. Diese Worte aus dem Vorwort der 9. Auflage (1989) geben wir auch dieser Bearbeitung mit auf den Weg.

München und	Dr. Hartmut Schöner
Rothenburg ob der Tauber, im Oktober 2003	Kurt Stöber

Inhaltsübersicht

Inhaltsverzeichnis	IX
Abkürzungsverzeichnis	XLI
Schrifttumsverzeichnis	XLIX
Erster Teil. Grundstücks- und Grundbuchrecht	1
Zweiter Teil. Grundbuchformulare mit Erläuterungen	279
Dritter Teil. Wohnungseigentum und Dauerwohnrecht	1157
Vierter Teil. Für Notar und Grundbuchamt wichtige einzelne Rechtsfragen ..	1297
Fünfter Teil. Öffentlich-rechtliche Verfügungsbeschränkungen und Vorkaufsrechte	1629
Sechster Teil. Der Grundstücksverkehr im Beitrittsgebiet – Grundzüge –	1779
Siebter Teil. Euro als Währung, frühere Währungsumstellungen und Lastenausgleich	1865
Sachregister	1875

Inhaltsverzeichnis

Abkürzungsverzeichnis XLI
Schrifttumsverzeichnis XLIX

Erster Teil. Grundstücks- und Grundbuchrecht
I. Begriffe, Grundsätze und Rechtsquellen

A. *Allgemeine Fragen* 1
  1. Grundbuchsystem, Grundbuchrecht 1
  2. Begründung, Belastung, Übertragung, Änderung, Aufhebung von Grundstücksrechten 4
  3. Grundsätze des Grundstücks- und Grundbuchrechts 5
    Eintragungsgrundsatz – Einigungsgrundsatz – Antragsgrundsatz – Öffentlichkeitsgrundsatz – Bestimmtheitsgrundsatz – Typenzwang – Grundsatz der Sachprüfung (Legalitätsprinzip) – Vorranggrundsatz

B. *Eintragungsfähige und nicht eintragungsfähige Rechte* 7
  1. Grundsätze zur Eintragungsfähigkeit 7
  2. Eintragungsfähige Verfügungsbeschränkungen und Vermerke 7
  3. Nicht eintragungsfähige Rechte, Verfügungsbeschränkungen und Vermerke 8
  4. Sonstige Eintragungsfragen 8

C. *Rechtsquellen des Grundstücks- und Grundbuchrechts* 9
  1. Materielles Recht 9
  2. Formelles Grundbuchrecht 9
  3. Sondervorschriften neue Bundesländer 11
  4. Hinweise auf Landesrecht 11

II. Organe des Grundbuchwesens

A. *Zuständigkeit in Grundbuchsachen* 12
  1. Amtsgericht als Grundbuchamt 12
  2. Ausnahmsweise Zuständigkeit anderer Stellen 13

B. *Einzelne Organe bei Zuständigkeit des Amtsgerichts* 14
  1. Übersicht 14
  2. Grundbuchrichter 14
  3. Rechtspfleger 15
  4. Urkundsbeamter der Geschäftsstelle 16
  5. Andere Bedienstete 16
  6. Örtliche Zuständigkeit 17
  7. Sonstige Fragen 17

C. *Beitrittsgebiet* 18

Inhalt

III. Akten- und Registerführung sowie Eingangsvermerk

A. *Antragseingang beim Grundbuchamt* 19
   1. Zeitpunkt des Antragseingangs (§ 13 Abs 2 S 2 GBO) 19
   2. Zur Entgegennahme zuständige Personen (§ 13 Abs 3 GBO) 19
   3. Der Eingangsvermerk (§ 13 Abs 2 S 1 GBO) 20
   4. Weitere Behandlung des Antrags 21
B. *Grundakten* 21
   1. Bildung der Grundakten 21
   2. Bestandteile der Grundakten 22
C. *Beim Grundbuchamt geführte Listen und Register* 24
   1. Ordnung der Akten 24
   2. Verzeichnisse (§ 12a GBO) 25
   3. Die einzelnen Verzeichnisse 26
   4. Das Handblatt 27

IV. Einrichtung des Grundbuchs

   1. Grundbuch in festem Band 28
   2. Loseblatt-Grundbuch 28
   3. Grundbuchbände und -blätter 29
   4. Das in maschineller Form geführte Grundbuch 30
      a) Ablösung des Papiergrundbuchs – b) Besonderheiten des maschinell geführten Grundbuchs

V. Eintragungsvoraussetzungen

A. *Eintragungsantrag (§ 13 Abs 1 S 1 GBO)* 32
   1. Antrag als Eintragungserfordernis 32
   2. Antragsberechtigung (§ 13 Abs 1 S 2 GBO); Vertretung 33
   3. Inhalt des Antrags 35
   4. Mehrere Anträge; Reihenfolge der Eintragungen (§ 16 Abs 2, § 17 GBO) 36
   5. Zurücknahme des Eintragungsantrags (§ 31 GBO) 39
B. *Eintragungsbewilligung (§ 19 GBO)* 41
   1. Bewilligung als Eintragungsgrundlage 41
      a) Formelles Konsensprinzip – b) Verhältnis zur Einigung und zum schuldrechtlichen Grundgeschäft – c) Rechtsnatur – d) Geltungsbereich
   2. Bewilligungsberechtigung 43
      a) Betroffener – b) Bewilligungsbefugnis – c) Vertretung
   3. Inhalt 47
   4. Wirksamkeit, Widerruf 48
C. *Einigung (§ 20 GBO)* 51
D. *Nachträgliche Verfügungsbeschränkungen und § 878 BGB* 53
   1. Bedeutung und Zweck des § 878 BGB 53
   2. Anwendungsbereich des § 878 BGB 54

Inhalt

3. Voraussetzungen für die Anwendung des § 878 BGB 55
   a) Bindung an die Einigung – b) Wirksam gestellter Eintragungsantrag – c) Vorliegen sonstiger materiell-rechtlicher Wirksamkeitsvoraussetzungen
4. Verfügungen des Berechtigten 60
5. Unter den Schutz des § 878 BGB fallende Beschränkungen 62
6. Nachweis und Prüfung der Voraussetzungen des § 878 BGB 63
   a) Entziehung der rechtlichen Verfügungsbefugnis – b) Beschränkung der Verfügungsbefugnis
7. Wirkungen des § 878 BGB 63

E. Bezeichnung des Grundstücks und der Geldbeträge (§ 28 GBO) 65
   a) Bezeichnung des Grundstücks – b) Angabe der Geldbeträge

F. Voreintragung des Betroffenen (§§ 39, 40 GBO) 68
   a) Voreintragungsgrundsatz – b) Voreintragung des Betroffenen – c) Ausnahmen – d) Der Erbe als Betroffener – e) Erbgangsähnliche Fälle

G. Weitere Eintragungsvoraussetzungen 72

H. Form der Nachweise für Eintragungsvoraussetzungen (§ 29 GBO) 76
   1. § 29 GBO als Beweismittelbeschränkung 76
   2. Geltungsbereich des § 29 GBO 76
   3. Öffentliche und öffentlich beglaubigte Urkunden 80
   4. Die notarielle Eigenurkunde als öffentliche Urkunde 83
   5. Ausländische Urkunden 83
   6. Vorlage der Urkunden in Urschrift, Ausfertigung, beglaubigter Abschrift 84
   7. Auslegung und Umdeutung von Grundbucherklärungen 86
      a) Auslegung – b) Umdeutung

I. Antragsermächtigung des Notars in Grundbuchsachen (§ 15 GBO) 88
   1. Rechtsgrundlagen 88
   2. Rechtfertigung der Antragsermächtigung des Notars 89
   3. Kein eigenes gesetzliches Antragsrecht des Notars 89
   4. Voraussetzungen der Antragsermächtigung des Notars 90
   5. Zeitpunkt der Antragstellung durch den Notar 91
   6. Notar als Vertreter oder als Bote 91
   7. Bezeichnung des Antragsberechtigten durch den Notar 91
   8. Antragstellung durch Notar und durch Beteiligte 93
   9. Verhältnis von Antragsrecht zur Änderung und Ergänzung der Bewilligung 94
   10. Eintragungsnachricht an den Notar 96
   11. Beschwerderecht des Notars 98
   12. Zurücknahme eines nur vom Notar gestellten Antrags 98
   13. Zurücknahme eines von einem Beteiligten gestellten Antrags 99
   14. Zurücknahme eines Notarantrags durch einen Beteiligten 99
   15. Zurücknahme eines vom Notar und von den Beteiligten gestellten Antrags 100
   16. Widerruf der Verknüpfungsbestimmung des § 16 Abs 2 GBO 100
   17. Kostenrecht 100
   18. Urkundenrückgabe 100

Inhalt

19. Urkundeneinreichung durch den Notar beim Grundbuchamt 101
20. Angestellter des Notars als Bevollmächtigter 102

K. *Eintragung auf Ersuchen einer Behörde (§ 38 GBO)* 102
   1. Behördenersuchen als Eintragungsgrundlage 102
   2. Fälle des Ersuchens 103
   3. Inhalt und Form des Ersuchens 104
   4. Reihenfolge der Eintragungen 104
   5. Zurücknahme und Berichtigung des Ersuchens 105

L. *Eintragungen von Amts wegen* 105
   1. Amtsverfahren in besonderen Einzelfällen 105
   2. Die wesentlichen Amtsverfahren 105

VI. Die Grundbucheintragung

A. *Prüfungspflicht und Prüfungsrecht des Grundbuchamts* 106
   1. Prüfung im Antragsverfahren 106
   2. Prüfung Allgemeiner Geschäftsbedingungen 111
   3. Prüfung bei Behördenersuchen 117

B. *Die Eintragungsverfügung (§ 44 Abs 1 S 2, § 130 GBO)* 118

C. *Die Eintragungen in das Grundbuch (§§ 873, 874, 1115 BGB; §§ 44, 130 GBO)* 120
   1. Materielles Eintragungserfordernis 120
   2. Eintragung nach Grundbuchverfahrensrecht 121
   3. Unterschrift und Datum (§ 44 GBO) 122
   4. Bezeichnung des Berechtigten (§ 15 GBV) 124
      a) Natürliche Personen – b) Handelsgesellschaften, BGB-Gesellschaft, Partnerschaft, EWIV – c) Genossenschaft und Verein – d) Andere juristische Personen, Körperschaften des öffentlichen Rechts – e) Der subjektiv-dingliche Berechtigte – f) Materielle Berechtigung – g) Der Treuhänder als Berechtigter
   5. Gemeinschaftsverhältnisse (§ 47 GBO) 136
      a) Eintragung des Gemeinschaftsverhältnisses – b) Miteigentum (Mitberechtigung) nach Bruchteilen – c) Gesamthandsgemeinschaft – d) Gesamtberechtigung – e) Sukzessiv- und Alternativberechtigung
   6. Bezugnahme auf die Eintragungsbewilligung (§ 874 BGB) 147
      a) Gesetzliche Grundlagen für die Bezugnahme-Möglichkeiten – b) Bezugnahme nur zur näheren Bezeichnung des Rechtsinhalts zulässig – c) Gesetzlicher Ausschluß der Bezugnahme-Möglichkeiten – d) Bezugnahmemöglichkeit bei Befristung und Bedingung – e) Bedeutung der Bezugnahme-Möglichkeiten – f) Erschöpfende Rechtsbezeichnung in der Eintragungsbewilligung – g) Bezugnahme auf Gesetzesbestimmungen und dgl – h) Allgemeiner Grundsatz für die Bezugnahme – i) Bezugnahme ist nicht Ermessenssache des Grundbuchamts – k) Fassung der Bezugnahme – l) Folgen einer zulässigen Bezugnahme – m) Folgen einer unzulässigen Bezugnahme
   7. Formen der Löschung (§ 46 GBO) 154
      a) Zwei Arten von Löschungen – b) Löschungsform bestimmt Grundbuchamt – c) Löschungsfälle – d) Entlassung aus Mithaft – e) Erlöschen des Rechts – f) Art der Nichtmitübertragung – g) Folgen der Nichtmitübertragung
   8. Berichtigung von Eintragungen 158
      a) Verbesserung von Schreibversehen vor Unterzeichnung (§ 31 GBGA) – b) Berichtigung nach Unterzeichnung

Inhalt

9. Auslegung von Grundbucheintragungen 160
10. Klarstellungsvermerk 161
D. *Eintragungsnachricht (§ 55 GBO)* 162

VII. Rangverhältnisse im Grundbuch

1. Gesetzliches Rangverhältnis (§ 879 BGB, §§ 17, 45 GBO) 167
2. Einigung über Rang; Rangbestimmung 168
   a) Bewilligung enthält Rangbestimmung – b) Keine Rangbestimmung in Bewilligungen
3. Rangverletzung 172
4. Rangänderung 173
5. Rangvorbehalt 173
6. Rangklarstellung (§§ 90–115 GBO) 173

VIII. Beweiskraft und öffentlicher Glaube des Grundbuchs

A. *Vermutung für Richtigkeit des Grundbuchs (§ 891 BGB)* 176
   1. Bedeutung des Grundbuchinhalts 176
   2. Rechtsvermutung des § 891 BGB 176
   3. Vermutung gilt auch für das Grundbuchamt 178
B. *Schutz gutgläubigen Erwerbs durch öffentlichen Glauben des Grundbuchs (§§ 892, 893 BGB)* 181
   1. Grundsätze des Schutzes 181
   2. Inhalt des Grundbuchs als Schutzbereich 183
   3. Geschützte Rechtsvorgänge 185
   4. Ausschluß des gutgläubigen Erwerbs 186
   5. Gutgläubiger Erwerb im Grundbuchverfahren 187
   6. Rechtshängigkeit, Vormerkung 189
   7. Schadloshaltung des durch den öffentlichen Glauben des Grundbuchs Geschädigten 189
   8. Besonderer Schutz bei Leistungsbewirkung 189
C. *Guter Glaube im Beitrittsgebiet* 190

IX. Grundbuchberichtigung, Grundbuchunrichtigkeit

A. *Grundbuchberichtigung auf Antrag (§ 894 BGB; §§ 13, 14, 19, 22–24, 29 GBO)* 191
   1. Die Unrichtigkeit des Grundbuchs 191
   2. Berichtigungsmöglichkeiten 193
   3. Berichtigungsverfahren 194
   4. Berichtigungsbewilligung (§ 19 GBO) 195
   5. Unrichtigkeitsnachweis (§ 22 Abs 1 GBO) 197
   6. Eigentümerzustimmung (§ 22 Abs 2 GBO) 199
   7. Besonderes Antragsrecht Dritter (§ 14 GBO) 199
   8. Die Grundbucheintragung bei Grundbuchberichtigung 201
   9. Löschung eines zeitlich beschränkten Rechts (§§ 23, 24 GBO) 202
B. *Berichtigungszwang bezüglich der Eigentümer-Eintragung, Berichtigung von Amts wegen (§§ 82, 82a, 83 GBO; § 33 FGG)* 203
C. *Löschung gegenstandsloser Eintragungen (§§ 84–89 GBO)* 207

Inhalt

D. Amtswiderspruch (§ 53 GBO)	211
1. Schutz vor Gefährdung durch unrichtige Eintragung	211
2. Voraussetzungen des Amtswiderspruchs	212
3. Verfahren, Eintragung	218
4. Wirkung und Löschung des Widerspruchs	220
E. Amtslöschung (§ 53 GBO)	221
1. Löschung bedeutungsloser Eintragungen	221
2. Voraussetzungen der Amtslöschung	221
3. Verfahren, Eintragung	223
4. Wirkung der Amtslösung	224

X. Zwischenverfügung, Zurückweisung (§ 18 GBO)

1. Vollzugshindernis	225
2. Zwischenverfügung oder Zurückweisung	225
3. Rechtsprechung zur Zwischenverfügung und sonst typische Einzelfälle	233
4. Formlose Beanstandung	235
5. Inhalt der Zwischenverfügung	237
6. Bekanntmachung und Wirkung der Zwischenverfügung	240
7. Vormerkung oder Widerspruch bei neuem Antrag	241
8. Zurückweisung des Antrags	245
9. Rechtsbehelfe	246

XI. Rechtsbehelfe und Rechtsmittel in Grundbuchsachen (§ 12c Abs 4, 5, §§ 71–81 GBO; § 11 RpflG)

1. Die Rechtsbehelfe	247
2. Beschwerdefähige Entscheidungen	248
3. Beschwerde bei Eintragung	250
4. Beschwerdeberechtigte	254
5. Einlegung der Beschwerde, Abhilferecht	257
6. Wirkungen einer Beschwerde	258
7. Beschwerdeverfahren	259
8. Weitere Beschwerde	262
9. Befristete Rechtspflegererinnerung	265
10. Besonderheit in Baden-Württemberg	265
11. Rechtsbehelf gegen Urkundsbeamten-Entscheidung	265

XII. Grundbuch- und Grundakten-Einsicht, Abschriften- und Auskunftserteilung

A. Einsicht in Grundbuch und Grundakten (§§ 12–12b GBO)	266
1. Zulässigkeit der Einsicht	266
2. Pflicht des Notars zur Grundbucheinsicht	275
B. Abschriftenerteilung aus Grundbuch und Grundakten	275
1. Anspruch hierauf	275
2. Art der Abschriften	276

Inhalt

C. Auskunftserteilung durch das Grundbuchamt 276
  1. Grundsätzlich besteht keine Auskunftspflicht 276
  2. Rechts- und Amtshilfe 277

Zweiter Teil. Grundbuchformulare mit Erläuterungen
I. Aufschrift des Grundbuchblatts (GBV § 5)

  1. Eintragungen in der Aufschrift 279
  2. Formularmuster 279
  3. Sonderblätter 280

II. Bestandsverzeichnis des Grundbuchs (GBO §§ 2–7; GBV §§ 4, 6–8)

A. Allgemeine Erläuterungen 281
  1. Das zu buchende Grundstück (§§ 2, 3 GBO) 281
     a) Das Grundbuchblatt – b) Das Grundstück – c) Das amtliche Verzeichnis – d) Katastergrundstück und Grundbuchblatt
  2. Das gemeinschaftliche Grundbuchblatt (§ 4 GBO) 283
     a) Führung – b) Voraussetzung – c) Anlegung – d) Wirkungen – e) Rechtsbehelf – f) Rechtlich verbundene Grundstücke – g) Wiederaufhebung
  3. Das amtliche Grundstücksverzeichnis (Liegenschaftskataster) 285
     a) Rechtsgrundlagen – b) Das Liegenschaftskataster – c) Ungetrennte Hofräume im Beitrittsgebiet – d) Frühere landesrechtliche Regelungen – e) Zurückführung – f) Katastervermessungen
  4. Das Bestandsverzeichnis des Grundbuchblatts (§§ 6–8 GBV) 292
     a) Einteilung, Eintragung der Grundstücke – b) Buchung eines dienenden Grundstücks in Miteigentum – c) Vermerk über Rechte – d) Erbbaugrundbuch; Wohnungs- und Teileigentumsgrundbuch
  5. Fortführung und Erneuerung des Liegenschaftskatasters 299
     a) Veränderungen an Liegenschaften – b) Veränderungen in Bestand und Begrenzung – c) Veränderung in der Beschreibung – d) Grundlagen für Katasterfortführung
  6. Erhaltung der Übereinstimmung zwischen Grundbuch und amtlichem Grundstücksverzeichnis 301
     a) Übernahme der Änderungen des Liegenschaftskatasters in das Grundbuch – b) Übernahme der Grundbucheintragungen in das Liegenschaftskataster – c) Zusammenarbeit mit den katastenführenden Stellen bei maschinell geführtem Grundbuch
  7. Buchungsfreie Grundstücke 304
  8. Anlegung eines Grundbuchblatts 305
  9. Schließung des Grundbuchblatts 306
  10. Keine Anteilssonderblätter 307

B. Einzelfälle 309
  1. Berichtigung der Grundstücksfläche auf Grund einer amtlichen Katasterunterlage (§ 6 GBV) 309
  2. Andere Berichtigung auf Grund amtlicher Katasterunterlagen (§ 6 GBV) .. 310
  3. Vereinigung von Grundstücken (§ 890 Abs 1 BGB) 311
     a) Grundstücksveränderungen – b) Vereinigung – c) Erklärung und Antrag des Eigentümers – d) Liegenschaftskataster – e) Keine Verwirrung – f) Voreintragung – g) Grundbucheintragung – h) Eintragungsmitteilung – i) Rechtsmittel – k) Wiederaufhebung einer Vereinigung

Inhalt

4. Zuschreibung eines Grundstücks zum Bestandteil eines anderen (§ 890 Abs 2, § 1131 BGB) 326
a) Bestandteilszuschreibung – b) Erklärung und Antrag des Eigentümers – c) Liegenschaftskataster – d) Keine Verwirrung, Voreintragung – e) Grundbucheintragung – f) Eintragungsnachricht – g) Rechtsmittel – h) Wiederaufhebung der Bestandszuschreibung

5. Teilung eines Grundstücks (§ 903 BGB) 331
a) Grundstücksteilung – b) Teilungserklärung und Antrag des Eigentümers – c) Liegenschaftskataster – d) Voreintragung – e) Grundbucheintragung – f) Eintragungsnachricht – g) Rechtsmittel

6. Das Zuflurstück bei Grundstücksteilung, Vereinigung und Bestandteilzuschreibung 336
a) Das Zuflurstück – b) Mehrere Zuflurstücke – c) Mit Zuflurstück vollziehbare Rechtsänderungen – d) Grundbucheintragung

7. Umschreibung eines Grundbuchblattes 342
8. Das Gebäudegrundbuchblatt im Beitrittsgebiet 344
A. Gebäudeeigentum – B. Gebäudegrundbuchblatt

III. Erste Abteilung des Grundbuchs

A. *Allgemeine Erläuterungen* 350
 1. Die Eintragungen 350
 2. Die erste Abteilung des Grundbuchblatts 350

B. *Einzelfälle* 351
 1. Auflassung aller Grundstücke eines Grundbuchblatts 351
 2. Auflassung einzelner Grundstücke unter Ausscheiden aus dem Grundbuch 355
 3. Auflassung durch Bevollmächtigte 356
 4. Auflassung unter Abschreibung und Vereinigung eines Grundstücksteils, der bisher noch keine besondere Flurnummer hatte 357
 5. Auflassung auf Grund eines Urteils 361
 6. Auflassung eines Miteigentumsanteils 362
 7. Eintragung von Eheleuten kraft Gütergemeinschaft 364
 8. Eintragung von Erben in Erbengemeinschaft 369
 9. Eintragung eines Alleinerben auf Grund öffentlichen Testaments .. 382
 10. Eintragung von Erben nach beendeter Gütergemeinschaft 383
 11. Eintragung der Teilnehmer einer fortgesetzten Gütergemeinschaft ... 383
 12. Eintragung eines Erben auf Grund Auseinandersetzungserzeugnisses ... 386
 13. Auflassung eines Nachlaßgrundstücks an den Vermächtnisnehmer 388
 14. Grundstückskaufvertrag 389
 15. Verkauf einer Eigentumswohnung 400
 16. Verkauf einer nicht vermessenen Teilfläche 401
 17. Vollmacht beim Verkauf einer nicht vermessenen Teilfläche 402
 18. Nachtrag zum Trennstücksverkauf 402
 a) Beurkundung des schuldrechtlichen Vertrags – b) Bezeichnung der veräußerten Teilfläche – c) Größenzugabe – d) Irrtümliche Bezeichnung des Kaufobjekts – e) Auflassung: aa) schuldrechtlicher Vertrag und Auflassung; bb) Auflassung nach Vermessung und Vermarkung; cc) Beurkundung der Auflassung mit dem schuldrechtlichen Vertrag – f) Zuflurstück – g) Lastenfreistellung – h) Vermessungskosten, Genehmigungen, Verjährung – i) Auflassungsvormerkung
 19. Grundstückskaufvertragsangebot 415

Inhalt

20. Grundstückskaufvertragsannahme	416
21. Änderung oder Aufhebung eines Kaufvertrags	422
22. Grundstückstauschvertrag	423
23. Schenkungsvertrag (Ausstattung) über ein Grundstück	424
24. Ehebezogene Zuwendung	431
25. Übergabevertrag	434
26. Erbteilungsvertrag	443
27. Bloße Eintragung der Erben in Bruchteilseigentum	445
28. Erbschaftskauf- und Erbteilsübertragungsvertrag	447

a) Erbschaftskauf und Erbteilsübertragung – b) Grundbesitz als Nachlaßgegenstand – c) Teilweise Übertragung eines Erbteils – d) Erbteilsübertragung an einen Miterben – e) Vorkaufsrecht für Miterben – f) Genehmigungspflichten – g) Sicherung von Leistung und Gegenleistung – h) Grunderwerbsteuer – i) Verpfändung des Erbteils – k) Ausscheiden eines Miterben im Wege der Abschichtung

29. Vertrag über Aufhebung von Miteigentum (Realteilung)	460
30. Gesellschaften als Grundstückseigentümer	460

a) Personengesellschaften als Grundstückseigentümer – b) Gesellschafterwechsel bei BGB-Gesellschaft – c) Gesellschafterwechsel bei OHG, KG, Partnerschaft, EWIV – d) Umwandlung von Personengesellschaften – e) Auflösung – f) Sonstiges – g) Grundstückserwerb durch Vor-GmbH – h) Umwandlungsvorgänge nach UmwG

31. Eintragung des Erstehers nach Zwangsversteigerung	486
32. Nachträgliche Buchung eines – buchungsfreien – Grundstücks	488
33. Aufgebot eines Grundstückseigentümers und Aneignung	492
34. Aufgabe des Eigentums, Aneignung	496

IV. Zweite Abteilung des Grundbuchs

A. *Allgemeine Erläuterungen*	498
1. Die Eintragungen	498
2. Die Einteilung der zweiten Abteilung des Grundbuchblatts	499
3. Mehrere Eintragungen in Abteilung II	500
B. *Einzelfälle*	501
1. Grunddienstbarkeit bestehend in einem Geh- und Fahrtrecht	501

a) Recht, Entstehung – b) Belastungsgegenstand – c) Berechtigter – d) Dienstbarkeitsinhalt: aa) Benutzungsdienstbarkeit; bb) Unterlassungsdienstbarkeit; cc) Ausschluß eines Eigentümerrechts; dd) Verschiedene Arten der Belastung; ee) Vorteil für das herrschende Grundstück – e) Eintragungsbewilligung – f) Grundbucheintragung – g) Bedingung, Befristung – h) Vermerk bei herrschendem Grundstück – i) Gesetzliches Schuldverhältnis; Schonungspflicht; Bauliche Anlagen – k) Ausübung der Dienstbarkeit – l) Keine Übertragung – m) Teilung des herrschenden Grundsücks – n) Zwangsversteigerung – o) Verzicht auf Überbau- und Notwegrente – p) Besonderheiten – q) Keine Umwandlung – r) Altrechtliche Dienstbarkeiten

2. Erlöschen und Löschung einer Grunddienstbarkeit	542

a) Aufhebung und Löschung – b) Erlöschen – c) Grundstücksteilung – d) Zwangsversteigerung

3. Beschränkte persönliche Dienstbarkeit betr Wasserleitungsrecht	546

a) Recht, Entstehung – b) Belastungsgegenstand – c) Berechtigter – d) Dienstbarkeitsinhalt: aa) Benutzungsdienstbarkeit; bb) Unterlassungsdienstbarkeit; cc) Ausschluß eines Eigentümerrechts; dd) Verschiedene Arten der Belastung; ee) Vorteil für den Berechtigten; ff) Öffentlich-rechtliche Zwecke – e) Eintragungsbewilligung – f) Grundbucheintragung – g) Bedingung und Befristung – h) Übertragung – i) Aufhebung und Löschung: aa) Rechtsgeschäftliche Aufhebung; bb) Erlöschen; cc) Löschung überholter Dienstbarkeiten – k) Zwangsversteigerung

XVII

Inhalt

4. Beschränkte persönliche Dienstbarkeit betr Wettbewerbs- und Verkaufsbeschränkungen 558
   a) Wettbewerbsklauseln und Verkaufsbeschränkungen – b) Zulässiger Inhalt – c) Bezugsverpflichtung – d) Gewerbebetriebsdienstbarkeiten – e) Wettbewerbsverbotsdienstbarkeit – f) Unterlassungsdienstbarkeit für Bezugsverpflichtung – g) Recht zum Errichten einer Einrichtung – h) Eintragung – i) Bedingung, Befristung – k) Verlängerung – l) Beendigung

5. Beschränkte persönliche Dienstbarkeit betr Wohnungsrecht 565
   a) Recht, Entstehung – b) Belastungsgegenstand – c) Berechtigter – d) Dienstbarkeitsinhalt – e) Eintragungsbewilligung – f) Grundbucheintragung – g) Bedingung, Befristung – h) Ausübung des Wohnungsrechts – i) Übertragung, Überlassung zur Ausübung – k) Änderung des Ausübungsbereichs – l) Pfändung – m) Zwangsversteigerung – n) Aufhebung, Erlöschen, Löschung – o) Besonderheiten – p) Wohnungsrecht (Nutzungsrecht) und Mietrecht

6. Reallast betr Zaununterhaltung 590
   a) Recht, Entstehung – b) Belastungsgegenstand – c) Berechtigter – d) Inhalt des Rechts – e) Stammrecht, Einzelleistungen – f) Eintragungsbewilligung – g) Grundbucheintrag – h) Bedingung, Befristung – i) Vermerk bei herrschendem Grundstück – k) Persönliche Haftung des Grundstückseigentümers – l) Sicherungsreallast – m) Teilung, Vereinigung, Zuschreibung – n) Übertragung, Pfändung – o) Aufhebung, Erlöschen, Löschung – p) Zwangsversteigerung – q) Landesrechtliche Besonderheiten

7. Leibgeding (Altenteil) 608
   a) Inhalt des Rechtes, Entstehung – b) Inhalt des Rechtes im Einzelnen – c) Belastungsgegenstand – d) Berechtigter – e) Eintragungsbewilligung, Eintragung – f) Änderung, Aufhebung, Löschung – g) Übertragung, Pfändung, Zwangsversteigerung – h) Landesrecht

8. Löschung eines Leibgedings 618

9. Widerspruch zur Erhaltung des dinglichen Rechts auf Rückstände 619

10. Nießbrauch 620
    a) Recht, Entstehung, Vorkommen – b) Abgrenzung zu anderen Rechtsinstituten – c) Belastungsgegenstand – d) Berechtigter – e) Inhalt des Nießbrauchs – f) Eintragungsbewilligung – g) Grundbucheintrag – h) Bedingung, Befristung – i) Übertragung, Pfändung – k) Aufhebung, Erlöschen, Löschung – l) Zwangsversteigerung – m) Sonstiges

11. Vorkaufsrecht mit Hinweisen auf Ankaufsrecht 633
    a) Recht, Verpflichteter – b) Entstehung – c) Belastungsobjekt – d) Berechtigter – e) Mehrere Berechtigte – f) Eintragungsbewilligung – g) Grundbucheintrag – h) Bedingung, Befristung, Inhalt des VR: aa) Ausübung nur bei Kaufvertrag; bb) Kaufvertrag muß rechtswirksam sein; cc) Mitteilung und fristgemäße Ausübung; dd) Folgen der wirksamen VR-Ausübung; ee) Rücktritt, Anfechtung, Aufhebung des Kaufvertrages; – k) Wirkungen des VR gegenüber Dritten – l) Übertragung des Vorkaufsrechts – m) Teilung, Vereinigung, Bestandteilszuschreibung – n) Erlöschen, Verzicht, Aufhebung, Löschung – o) Zwangsversteigerung, Insolvenzverfahren – p) Dingliches und schuldrechliches VR – Anhang: Ankaufsrecht an einem Grundstück

12. Vereinbarung über Ausschluß der Aufhebung einer Gemeinschaft und sonstige Vereinbarungen zwischen Miteigentümern 662
    a) Anteilsbelastung – b) Belastungsgegenstand – c) Berechtigter – d) Inhalt der Anteilsbelastung – e) Eintragungsbewilligung – f) Grundbucheintragung – g) Schuldrechtliche Wirkung der Vereinbarung – h) Erbengemeinschaft, andere Gesamthandsgemeinschaft

13. Eintragung einer Vormerkung, insbesondere Auflassungsvormerkung 670
    a) Zweck, Anwendungsbereich – b) Recht, Entstehung, Abgrenzung – c) Der gesicherte Anspruch: aa) Schuldrechtliche Ansprüche; bb) Wirksamkeit des Anspruchs; cc) Künftige und bedingte Ansprüche; dd) Schwebend unwirksame Ansprüche – d) Schuldner des Anspruchs (Identitätsgebot) – e) Gläubiger (Berechtig-

ter) der Vormerkung – f) Belastungsgegenstand – g) Bewilligung – h) Eintragung – i) Übertragung, Inhaltsänderung, Pfändung – k) Wirkungen der Vormerkung: aa) Schutz gegen beeinträchtigende Verfügungen; bb) Rangwahrung durch Vormerkung; cc) Schutz gegen Zwangsvollstreckungsmaßnahmen; dd) Schutz der Vormerkung im Insolvenzverfahren des Verpflichteten – l) Gutgläubiger Erwerb der Vormerkung – m) Erlöschen und Löschung der Vormerkung – n) Vormerkung aufgrund einstweiliger Verfügung – o) Notar und Vormerkung

14. Verpfändung des Anspruchs auf Eigentumsverschaffung sowie des Anwartschaftsrechts des Auflassungsempfängers und Eintragung bei der Auflassungsvormerkung 719
    a) Der Anspruch auf Eigentumsverschaffung als Gegenstand eines Pfandrechts – b) Bestellung des Pfandrechts am Anspruch auf Eigentumsverschaffung – c) Wirkung des Pfandrechts – d) Verfügung über das Grundstück nach Verpfändung des schuldrechtlichen Anspruchs (Abstraktionsprinzip) – e) Vormerkung als Schutzmittel – f) Grundbuchberichtigung mit Eintragung der Verpfändung bei der Auflassungsvormerkung – g) Endgültige Kreditsicherung mit Grundpfandrecht – h) Auflösend bedingte Verpfändung – i) Mehrmalige Verpfändung – k) Verpfändung nach (Teil) Abtretung – l) Verpfändung des Anspruchs auf Eigentumsverschaffung auch nach Auflassung möglich – m) Verpfändung des Anwartschaftsrechts aus Auflassung

15. Pfändung des Anspruchs auf Eigentumsverschaffung sowie des Anwartschaftsrechts des Auflassungsempfängers und Eintragung bei der Auflassungsvormerkung 743
    a) Pfändung des Eigentumsverschaffungsanspruchs – b) Pfändung des Anwartschaftsrechts aus Auflassung

16. Sicherung eines Wiederkaufsrechts 748
17. Eintragung eines Widerspruchs 755
    a) Zweck, Voraussetzungen – b) Entstehung – c) Eintragung – d) Wirkungen
18. Eintragung (Löschung) eines Zwangsversteigerungs-(Zwangsverwaltungs-)Vermerks 757
    a) Zweck der Eintragung – b) Eintragung – c) Mitteilungen – d) Wirkung der Eintragung – e) Löschung – f) Zuständigkeit – g) Rechtsbehelf
19. Eintragung eines Insolvenzvermerks 760
    a) Zweck der Eintragung – b) Eintragung – c) Wirkung der Eintragung – d) Löschung des Vermerks – e) Eigenverwaltung – f) Verfügungsverbot und -beschränkung im Eröffnungsverfahren – g) Zustimmungsbedürftige Geschäfte nach einem bestätigten Insolvenzplan – h) Zuständigkeit – i) Konkurs-, Vergleichs- und Gesamtvollstreckungsverfahren – k) Ausländisches Insolvenzverfahren
20. Eintragung eines gerichtlichen Verfügungsverbots 766
    a) Zulässigkeit und Zweck – b) Eintragung – c) Wirkung der Eintragung – d) Löschung – e) Rechtsbehelf – f) Erwerbsverbot
21. Eintragung eines Rechtshängigkeitsvermerks 768
22. Eintragung der Pfändung eines Miterbenanteils 771
    a) Pfändung eines Miterbenanteils; Zulässigkeit der Eintragung – b) Antrag und Unrichtigkeitsnachweis – c) Voreintragung – d) Grundbucheintragung – e) Wirkung der Eintragung – f) Mehrfache Pfändung – g) Löschung – h) Sonstiges
23. Verpfändung und Pfändung eines BGB-Gesellschaftsanteils 775
    a) Verpfändung des Gesellschaftsanteils – b) Pfandwirkungen für Grundstücke – c) Grundbucheintragung – d) Antrag und Unrichtigkeitsnachweis – e) Eintragungsvermerk – f) Pfändung
24. Bestellung eines Erbbaurechts 778
    a) Recht, Entstehung – b) Bedingungen, Zeitbestimmungen – c) Berechtigter – d) Belastungsgegenstand: aa) Grundstück; bb) Beschränkung der Ausübung; cc) Gesamt-Erbbaurecht; dd) Mehrere Erbbaurechte; ee) Unter-Erbbaurecht – e) Bauwerk – f) Verpflichtungsgeschäft, Einigung: aa) Schuldrechtlicher Vertrag; bb) Einigung; cc) Zustimmungen, Genehmigungen; dd) Prüfungspflicht des Grundbuchamts –

Inhalt

g) Eintragung: aa) Allgemeines; bb) Notwendigkeit der 1. Rangstelle – h) Die Nichtigkeit des Erbbaurechts und seine Folgen – i) Vertraglicher Inhalt des Erbbaurechts (§§ 2–8 ErbbauVO): aa) Allgemeines; bb) Vereinbarungen über die Errichtung, die Instandhaltung und Verwendung des Bauwerks; cc) Vereinbarungen über die Versicherung des Bauwerks und seinen Wiederaufbau im Falle der Zerstörung; dd) Vereinbarungen über die Tragung der öffentlichen und privatrechtlichen Lasten und Abgaben; ee) Vereinbarungen über eine Verpflichtung des Erbbauberechtigten, das Erbbaurecht beim Eintreten bestimmter Voraussetzungen auf den Grundstückseigentümer zu übertragen (Heimfall); ff) Vereinbarungen über eine Verpflichtung des Erbbauberechtigten zur Zahlung von Vertragsstrafen; gg) Vereinbarung über die Einräumung eines Vorrechts für den Erbbauberechtigten auf Erneuerung des Erbbaurechts nach dessen Ablauf; hh) Vereinbarung über eine Verpflichtung des Grundstückseigentümers, das Grundstück an den jeweiligen Erbbauberechtigten zu verkaufen; ii) Vereinbarungen über die Zustimmung des Grundstückseigentümers zur Veräußerung und Belastung des Erbbaurechts – k) Erbbaurecht und Grunderwerbsteuer

25. Erbbauzins-Reallast 833

a) Der Erbbauzins als Belastung des Erbbaurechts – b) Inhaltsänderung, Aufhebung – c) Rang, versteigerungsfester Erbbauzins: aa) Rang; Stillhalteerklärungen; bb) Versteigerungsfester Erbbauzins; cc) Rangvorbehalt – d) Erbbauzins als reallastartiges Recht – e) Wertsicherungsvereinbarungen als Inhalt des Erbbauzinses – f) Schuldrechtliche Vereinbarungen zur Anpassung des Erbbauzinses und Sicherung durch Vormerkung: aa) Schuldrechtliche Anpassungsvereinbarung; bb) Änderung der wirtschaftlichen Verhältnisse; cc) Vereinbarung von Anpassungsmaßstäben; dd) Beschränkung nach § 9 a ErbbauVO; ee) Wirkung der Anpassungsverpflichtung; ff) Keine Anpassungsverpflichtung bei Eigentümer-Erbbaurecht; gg) Sicherung der Anpassungsverpflichtung durch Vormerkung; hh) Eintragung der Erhöhung; sonstiges; ii) Erhöhung bei Wegfall der Geschäftsgrundlage

26. Andere Belastungen und Änderungen 854

a) Belastung des Erbbaurechts – b) Ab- und Zuschreibungen, Vereinigungen – c) Teilung des Erbbaurechts und des Grundstücks

27. Änderung des Inhalts (Dauer) eines Erbbaurechts 858
28. Eintragung eines neuen Erbbauberechtigten 860
29. Eintragung eines neuen Eigentümers des mit einem Erbbaurecht belasteten Grundstücks 861
30. Beendigung und Löschung des Erbbaurechts 862

a) Beendigung des Erbbaurechts – b) Löschung des Erbbaurechts

31. Grundstücksrechte im Beitrittsgebiet.. 867

V. Dritte Abteilung des Grundbuchs

A. *Allgemeine Erläuterungen* 868

1. Die Eintragungen 868
2. Die Einteilung der dritten Abteilung des Grundbuchblatts 868
3. Mehrere Einteilungen in Abteilung III 869

B. *Einzelfälle* 870

1. Briefhypothek 870

a) Recht, Entstehung – b) Belastungsgegenstand – c) Berechtigter – d) Forderung – e) Eintragungsbewilligung – f) Grundbucheintragung – g) Zinsen – h) Nebenleistungen – i) Bezugnahme auf Eintragungsbewilligung – k) Verzicht auf Legitimation des Brief-Gläubigers – l) Zu Einzelabreden – m) Tilgungshypothek, Abzahlungshypothek – n) Hypothek eines Treuhänders – o) Deckungsstock – p) Bedingung, Befristung – q) Teilung, Vereinigung, Zuschreibung – r) Übertragung Verpfändung, Pfändung – s) Aufhebung, Erlöschen, Löschung – t) Zwangsversteigerung – u) Hypothekenbrief – v) Vorzeitige Darlehensauszahlung – w) Eigentümergrundschuld

Inhalt

2. Vollstreckbare Briefhypothek 909
3. Schuldurkunde auf Hypothekenbestellung größeren Umfangs 923
   a) Hypothekenurkunde und allgemeine Geschäftsbedingungen – b) Gesetzesverstoß und AGB-Klauseln – c) Eingeschränkte Vorlesungspflicht
4. Buchhypothek 930
5. Sicherungshypothek 931
6. Höchstbetragshypothek 935
7. Rangvorbehalt bei Hypothekenbestellung 937
   a) Wesen des Vorbehalts, Entstehung – b) Gegenstand des Vorbehalts – c) Berechtigter – d) Das vorbehaltene Recht – e) Eintragungsbewilligung – f) Grundbucheintragung – g) Bedingung, Befristung – h) Zuschreibung – i) Übertragung, Pfändung, Zwangsversteigerung – k) Erlöschen, Aufhebung – l) Nachbelastung – m) Ausnutzung des Rangvorbehalts
8. Zwangshypothek 947
   a) Recht, Entstehung – b) Belastungsgegenstand – c) Berechtigter – d) Forderung – e) Eintragungsantrag – f) Prüfung des Grundbuchamts – g) Eintragung – h) Vollstreckung in mehrere Grundstücke – i) Eintragungsnachricht – j) Rechtsbehelf, Grundbuchunrichtigkeit – k) Zurücknahme des Antrags – l) Einzelfragen und Sonderfälle – m) Verwaltungsvollstreckung – n) Zwangsversteigerung – o) Eigentümergrundschuld, Löschung – p) Insolvenzverfahren, Gesamtvollstreckung und Zwangshypothek
9. Arresthypothek 969
10. Gesamthypothek auf Grundstücken des gleichen Amtsgerichtsbezirks 973
    a) Recht – b) Entstehung – c) Antrag – d) Grundbucheintragung – e) Grundstücksteilung; Abschreibung eines mithaftenden Grundstücks – f) Mögliche Einzelhypotheken
11. Gesamthypothek auf Grundstücken verschiedener Amtsgerichtsbezirke 978
12. Vormerkung für eine Hypothek 980
13. Hypothekeneintragung auf Grund einer Vormerkung 983
14. Briefgrundschuld in vollstreckbarer Form mit Hinweisen auf Grundschuld-Kreditsicherungsvertrag 984
    a) Recht, Entstehung – b) Belastungsgegenstand – c) Berechtigter – d) Sicherungszweck – e) Eintragungsbewilligung – f) Grundbucheintragung – g) Bedingung, Befristung – h) Grundschuldbrief – i) Teilung, Vereinigung, Zuschreibung – k) Übertragung, Verpfändung, Pfändung – l) Rückgewähranspruch; Übergang auf den Grundstückseigentümer – m) Vor- und Nachteile der Grundschuld – n) Aufhebung, Erlöschen, Löschung – o) Zwangsversteigerung – **Anhang:** Grundschuld – Kreditsicherungsvertrag
15. Eigentümergrundschuld 1025
16. Rentenschuld 1029
    a) Recht, Entstehung – b) Belastungsgegenstand – c) Eintragungsbewilligung – d) Grundbucheintragung – e) Erhöhung der Ablösungssumme – f) Eigentümerrentenschuld – g) Sicherung einer Forderung
17. Abtretung einer Briefhypothek (Briefgrundschuld) 1031
    a) Abtretung – b) Die abzutretende Hypothekenforderung – c) Abtretungsvertrag und Briefübergabe – d) Grundbuchberichtigung (-eintragung) – e) Abtretung an Grundstückseigentümer – f) Abtretung von Zinsrückständen – g) Abtretung einer Briefgrundschuld
18. Abtretung einer Buchhypothek (Buchgrundschuld) 1042
19. Teilabtretung einer Briefhypothek (Briefgrundschuld) 1044
20. Teilabtretung einer Buchhypothek (Buchgrundschuld) 1047
20 a. Teilung einer Hypothek (Grundschuld) ohne Abtretung 1047

Inhalt

21. Abtretung einer aus einer Hypothek entstandenen Eigentümergrundschuld unter Umwandlung in eine neue Hypothek 1048
22. Verpfändung einer Briefhypothek (Briefgrundschuld) 1050
   a) Pfandrecht, Verpfändung – b) Verpfändungserklärung – c) Briefübergabe – d) Grundbuchberichtigung (-eintragung) – e) Rückständige Zinsen – f) – h) Einzelfragen – i) Erlöschen des Pfandrechts – k) Grundschuld
23. Verpfändung einer Buchhypothek (Buchgrundschuld) 1055
24. Eintragung der Pfändung einer (Buch-)Hypothek oder Grundschuld bei Überweisung zur Einziehung 1057
   a) Pfändung der Buchhypothek – b) Eintragungserfordernisse – c) Grundbucheintragung – d) Arrestpfändung – e) Voll- und Teilpfändung – f) Mehrfache Pfändung – g) Überweisung – h) Vorpfändung – i) Zinsrückstände, Nebenleistungen – k) Bestellung der Hypothek nach Forderungspfändung – l) Pfändung der Grundschuld – m) Eigentümergrundschuld – n) Höchstbetragshypothek
25. Eintragung der Pfändung einer Briefhypothek bei Überweisung an Zahlungs Statt 1062
   a) Pfändung der Briefhypothek – b) Grundbuchberichtigung (-eintragung) – c) Arrestpfändung – d) Teilpfändung – e) Mehrfache Pfändung – f) Überweisung – g) Vorpfändung – h) Rückständige Zinsen – i) Grundschuld und Eigentümergrundschuld
26. Zinssatzerhöhung 1065
27. Zinsherabsetzung 1069
28. Änderung der Zahlungsbestimmungen 1070
29. Forderungsauswechslung bei einer Verkehrshypothek 1071
30. Nachträgliche Ausschließung der Erteilung eines Briefs 1072
31. Aufhebung der Ausschließung einer Brieferteilung 1073
32. Umwandlung einer Höchstbetragshypothek in eine Briefhypothek mit Forderungsauswechslung und Buchung einer Eigentümergrundschuld 1074
33. Umwandlung einer Brief-Hypothek in eine Grundschuld 1077
34. Sonstige Formulare für Umwandlung 1079
35. Einräumung von Vorrang 1082
   a) Wesen, Voraussetzungen – b) Antrag Bewilligung – c) Grundbucheintragung – d) Wirkung der Rangänderung – e) Bedingung, Befristung – f) Einzelfragen und Besonderheiten – g) Rangänderung nur hinsichtlich eines Teils einer Hypothek oder Grundschuld – h) Gesetzlicher Löschungsanspruch, Löschungsvormerkung – i) Aufhebung
36. Einräumung von Gleichrang 1092
37. Rangänderung zwischen mehreren Teilhypotheken 1092
38. Löschungsvormerkung, gesetzlicher Löschungsanspruch 1093
   a) Zulässigkeit und Erwerb der Löschungsvormerkung – b) Eintragungsbewilligung – c) Grundbucheintragung – d) Vormerkungswirkungen, Einzelfragen – e) Löschung und Übertragung der Löschungsvormerkung – f) Ausschluß des Löschungsanspruchs – g) Alt- und Übergangsrechte
39. Widerspruch gegen eine Darlehens-Buchhypothek wegen unterbliebener Darlehenshingabe 1114
40. Nachträgliche Mitbelastung eines Grundstücks 1116
41. Verteilung einer Gesamthypothek 1128
42. Nießbrauch an einer Hypothek 1131
43. Einheitshypothek 1132
44. Verzicht auf eine Hypothek und Löschung 1136
   a) Verzicht, Wirkung – b) Eintragung – c) Verzicht auf eine Gesamthypothek, Teilverzicht – d) Vormund, Insolvenzverfahren – e) Zinsen, Nebenleistungen, Kosten, Zwangsversteigerung

Inhalt

45. Entlassung eines einzelnen Grundstücks aus der Mithaft 1139
   a) Verzicht, Wirkung – b) Eintragung – c) Pfandfreigabe eines Grundstücksteils –
   d) Kein Teilvollzug einer Löschungsbewilligung – e) Vollzug einer Pfandfreigabe als
   Löschung (beim letzten Objekt)
46. Beglaubigte Quittung und Löschung einer Brief- oder Buchhypothek 1144
47. Löschungsbewilligung und Voll-Löschung eines Grundpfandrechts 1149
48. Teilquittung und Teillöschung eines Grundpfandrechts 1153
49. Grundpfandrechte im Beitrittsgebiet 1154

Dritter Teil. Wohnungseigentum und Dauerwohnrecht

I. Besonderheiten gegenüber dem allgemeinen Recht

1. Wohnungseigentum 1157
2. Dauerwohnrecht 1160
3. Rechtsgrundlagen 1160

II. Begründung von WE (TE)

1. Wesen des Wohnungs/Teileigentums 1160
2. Ein Grundstück (§ 1 Abs 4 WEG) 1161
3. Miteigentum 1162
4. Gebäude 1165
5. Räume, Abgeschlossenheit 1166
6. Sondereigentum 1170
7. Gemeinschaftliches Eigentum 1171
8. Garagenstellplätze 1177

III. Form der Begründung von WE (TE)

1. Vertragliche Einräumung von SE 1185
2. Teilungserklärung 1187
3. Eintragungsunterlagen 1187

IV. Prüfungspflicht des Grundbuchamts

1. Eintragungsvoraussetzungen 1189
2. Aufteilungsplan 1190
3. Fehlerhafter Plan oder Bescheinigung 1194
4. Gesetzmäßigkeit der Vereinbarungen (Bestimmungen) über das Verhältnis
   der WEigter untereinander 1195
5. Grunderwerbsteuer 1195

V. Grundbuchmäßige Behandlung

1. Anlegung eines besonderen Grundbuchblattes 1196
2. Grundbuchblatt des Grundstücks 1196
3. Grundbuchblatt für den WE/TE-Anteil 1197
4. Grundbuchinhalt bei Bezugnahme auf Aufteilungsplan 1200
5. Bezeichnung der Art des SE 1201

Inhalt

VI. Entstehung des Sondereigentums bei noch zu errichtenden Gebäuden
1. Bedeutung der Gebäudeerrichtung 1204
2. Abweichung zwischen Teilungsplan und Gebäudeerrichtung 1207

VII. Gemeinschaft der Wohnungseigentümer
1. Übersicht 1210
2. Allgemeine Grundsätze 1210
3. Vereinbarungen und Mehrheitsbeschlüsse der WEigter 1211
   a) Gesetzliche Aufgabenverteilung; Öffnungsklausel – b) Wirkung abweichender Regelungen gegen einen Sonderrechtsnachfolger – c) Wirkung und Eintragung bei Beschlußkompetenz auf Grund Öffnungsklausel – d) „Schriftlicher" Beschluß und Vereinbarung durch „allstimmigen" Beschluß
4. Allgemeine gesetzliche Rechte und Pflichten 1217
5. Grenzen der Gestaltungsfreiheit 1219
6. Veräußerungsbeschränkungen 1220
7. Gebrauchsregelung 1227
8. Sondernutzungsrechte 1229
9. Lastentragung 1240

VIII. Verwaltung
1. Allgemeines 1245
2. Verwaltung durch die WEigter (TEigter) 1245
3. Wohnungseigentümerversammlung 1246
4. Verwaltung des gemeinschaftlichen Eigentums durch den Verwalter 1251
5. Aufgaben des Verwaltungsbeirats 1254

IX. Verfügung über das WE (TE)
1. Allgemeines 1255
2. Veräußerung 1255
3. Vormerkung auf WE (TE) 1256
4. Belastung des Grundstücks 1258
5. Belastung des einzelnen WE (TE) 1260

X. Inhaltsänderung, Unterteilung, andere Verfügungen
1. Überblick 1263
2. Nachträgliche Vereinbarungen über das Verhältnis der WEigter (TEigter) 1263
3. Einseitige Änderung der Teilungserklärung durch den Eigentümer 1266
4. Veräußerung von Sondernutzungsrechten 1266
5. Erweiterung oder Einschränkung des SE 1268
   a) Umwandlung von SE in Gemeinschaftseigentum und umgekehrt – b) Abspaltung eines MitEAnteils mit Begründung neuen SE – c) Abtrennung von Teilen mehrerer MitEAnteile zur Begründung neuen SE – d) Ermächtigung (Vollmacht) zu einseitigen Änderungen bezüglich SE
6. Veräußerung von SE an einen anderen Gemeinschafter 1272
7. Änderung der MitEAnteile unter WEigtern (TEigtern) 1274
8. Erweiterung oder Einschränkung des SE bei gleichzeitiger Änderung der MitEAnteile 1276

Inhalt

9. Unterteilung ohne Veräußerung 1276
10. Unterteilung mit Veräußerung 1278
11. Änderungen des Sondereigentums mit baulichen Veränderungen 1278
12. Vereinigung, Bestandteilszuschreibung 1280
13. Zuerwerb einer Grundstücksfläche 1281
14. Veräußerung einer Grundstücksfläche 1281
15. Teilung des WE-Grundstücks 1282
16. Verzicht des WEigters (TEigters) 1282

XI. Entscheidung durch das Gericht, Entziehung des Wohnungseigentums

A. *Entscheidung im FGG-Verfahren* 1283
B. *Entziehung des Wohnungseigentums* 1284
  1. Voraussetzungen der Entziehung des WE 1284
  2. Wirkung des Urteils 1284
  3. Versteigerung des WE 1285

XII. Aufhebung des Sondereigentums

1. Keine einseitige Aufhebungsmöglichkeit 1285
2. Vertragliche Aufhebung 1286

XIII. Wohnungserbbaurecht (Teilerbbaurecht)

1. Begründung eines Wohnungserbbaurechts 1287
2. Erlöschen eines Wohnungserbbaurechts 1288

XIV. Dauerwohnrecht – Dauernutzungsrecht

1. Inhalt des Dauerwohnrechts 1290
2. Bestellung eines Dauerwohnrechts 1292
3. Langfristiges Dauerwohnrecht, Bestand in der Zwangsversteigerung 1293
4. Veräußerung von Dauerwohnrecht oder Grundstück 1293
5. Heimfall beim Dauerwohnrecht 1293
6. Beendigung eines Dauerwohnrechts 1294
7. Teilzeitnutzungsrecht 1294

Vierter Teil. Für Notar und Grundbuchamt wichtige einzelne Rechtsfragen

I. Grundstückskauf

A. *Form des Kaufvertrags* 1297
  1. Notarielle Beurkundung erforderlich 1297
  2. Folgen der Nichtbeurkundung 1317
  3. Heilung des Formmangels 1318
B. *Beteiligte beim Grundstückskauf* 1320
  1. Allgemeine Fragen 1320
  2. Güterrechtliche Fragen 1320
  3. Erbrechtliche Fragen 1321

Inhalt

    4. Sonstige allgemeine Verfügungsbeschränkungen 1323
    5. Mehrere Personen (Gesellschaften) als Käufer 1324
    6. Erwerb durch einen noch zu benennenden Dritten 1325
    7. Vertretung der Beteiligten 1325
    8. Identitätsfeststellung 1325
    9. Verbrauchervertrag 1325
C. *Kaufgegenstand* 1327
    1. Bezeichnung des Kaufgrundstücks 1327
    2. Weiterverkauf vor Eigentumserwerb 1328
    3. Mitverkaufte Gegenstände 1330
    4. Grundstücksverwechslung 1332
D. *Kaufpreishöhe und -tilgung* 1333
    1. Höhe des Kaufpreises 1333
    2. Kaufpreiszerlegung 1335
    3. Kaufpreisfälligkeit, Sicherung von Leistung und Gegenleistung 1335
    4. Kaufpreistilgung 1338
        a) Schuldübernahme – b) Verwendung vorhandener Grundschulden für Darlehen des Käufers – c) Abtretung von Eigentümerrechten; treuhänderisch Zweckbindung – d) Mitwirkung des Verkäufers bei der Bestellung von Finanzierungsgrundschulden des Käufers – e) Grundstückskauf und Verbraucherdarlehensvertrag
E. *Rechts- und Sachmängel* 1345
    1. Neuregelung durch Schuldrechtsmodernisierungsgesetz 1345
    2. Rechtsmängel 1347
    3. Öffentliche Lasten 1348
    4. Sachmängel 1348
    5. Vertragliche Regelung der Sachmängelrechte; Grenzen für den Ausschluß von Sachmängelrechten 1350
F. *Übergabe, Gefahrtragung, Übergang von Nutzen und Lasten* 1356
    1. Notwendigkeit der vertraglichen Regelung 1356
    2. Übergabe im einzelnen 1359
    3. Nutzungen und Lasten des Kaufgrundstücks 1359
    4. Erschließungsbeitrag im besonderen 1360
G. *Kosten und Steuern* 1364
    1. Vertragliche Regelung zweckmäßig 1364
    2. Gesetzliche Kostentragung 1364
    3. Grunderwerbsteuer 1365
H. *Öffentlich-rechtliche Genehmigungserfordernisse* 1366
I. *Sonstige Vereinbarungen und Fragen* 1366
    1. Sicherstellung eines Zugangs 1366
    2. Bebauung 1367
    3. Beachtung von aus dem Grundbuch nicht ersichtlichen Lasten 1367
    4. Architekten-Bindungsklausel 1372
    5. Verjährung 1374
K. *Auflassung und Eigentumseintragung* 1374

Inhalt

L. **Besonderheiten beim Kauf vom Bauträger** 1375
   1. Rechtsnatur des Bauträger-Vertrages 1375
   2. Gesetzliche Grundlagen des Bauträgervertrags 1377
      a) AGB-Recht, Verbraucherrecht – b) Makler- und Bauträgerverordnung – c) Verordnung über Abschlagszahlungen bei Bauträgerverträgen
   3. Kaufpreisfälligkeit und Kaufpreiszahlung beim Bauträgervertrag 1381
      a) Fälligkeit nach § 3 MaBV – b) Fälligkeit nach § 7 MaBV – c) Zwangsvollstreckungsunterwerfung des Käufers, Verjährung, Bauabzugsteuer
   4. Vorbehalt der Eigentumsumschreibung 1390
   5. Rechts- und Sachmängelhaftung beim Bauträgervertrag 1391
   6. Weitere Fragen beim Bauträgervertrag 1394
   7. Das Bauherren-Modell 1396
   8. Das Generalübernehmer-Modell 1399
   9. Geschlossene Immobilien-Fonds 1400

M. *Sonderfall des Grundstückskaufs gegen eine Rente* 1401
   1. Allgemeine Fragen 1401
   2. Risiko des Verkaufs auf Rentenbasis und seine Begrenzung 1402
   3. Rentenhöhe 1403
   4. Einfluß des Lebensalters des Verkäufers 1403
   5. Verrentungstabellen 1404
   6. Wertsicherungsklauseln für Grundstücks-Renten 1406
   7. Sicherstellung einer Kaufvertrags-Rente 1406
   8. Rechtslage bei Nichtzahlung der Rente 1407

N. *Wertsicherungsklauseln* 1409
   1. Vom Währungsgesetz zum Preisklauselgesetz 1409
   2. Geltungsbereich des Indexierungsverbots mit Erlaubnisvorbehalt (§ 2 PaPkG, Preisklauselverordnung) 1410
   3. Die Genehmigungsgrundsätze nach Preisklauselverordnung 1413
   4. Genehmigungsverfahren 1415
   5. Vorgehen in Zweifelsfällen 1415
   6. Rechtswirkung der Genehmigung und deren Versagung 1416
   7. Preisanpassungsklauseln bei Notar und Grundbuchamt 1416
   8. Wertsicherungsklauseln der Vertragspraxis 1416
      a) Allgemeine Anforderungen – b) Sicherstellung der Ansprüche aus Wertsicherungsklauseln – c) Einzelne Preisanpassungsklauseln

II. Grundstücksauflassung und Eigentumseintragung

A. *Rechtsgrundlagen* 1422

B. *Hauptsächliche Fälle von Grundstückserwerb* 1422
   1. Auflassung erforderlich 1422
   2. Auflassung nicht erforderlich 1424

C. *Inhalt und Wirkungen der Auflassung* 1427
   1. Beziehungen zwischen Auflassung und schuldrechtlichem Vertrag 1427
   2. Einzelfragen beim Veräußerer 1428

Inhalt

    3. Einzelfragen beim Erwerber 1430
    4. Voraussetzungen und Form der Auflassung 1434
    5. Bedingungen und Befristungen bei der Auflassung 1437
    6. Zuständigkeit zur Beurkundung einer Auflassung 1438

D. *Verfahren vor dem Grundbuchamt* 1440
    1. Vorlage und Prüfung der Auflassung 1440
    2. Vorliegen der erforderlichen Genehmigungen 1440
    3. Einfluß des Todes einer Vertragspartei 1441
    4. Sonstige Fragen zur Auflassung 1442

III. Güterrechtliche Fragen

A. *Gesetzlicher Güterstand der Zugewinngemeinschaft* 1443
    1. Bestehen der Zugewinngemeinschaft 1443
    2. Verfügungsrechte und Verfügungsbeschränkungen bei Zugewinngemeinschaft 1444
    3. Möglichkeiten zum Ausschluß der Verfügungsbeschränkungen 1452

B. *Gütertrennung* 1453
    1. Bestehen von Gütertrennung 1453
    2. Verfügungsrecht bei Gütertrennung 1453

C. *Eheliche Gütergemeinschaft* 1453
    1. Bestehen von Gütergemeinschaft 1454
    2. Verfügungsrechte bei Gütergemeinschaft 1454

D. *Fortgesetzte Gütergemeinschaft* 1457
    1. Bestehen von fortgesetzter Gütergemeinschaft 1457
    2. Verfügungsrechte bei fortgesetzter Gütergemeinschaft 1457

E. *Errungenschaftsgemeinschaft* 1458

F. *Nachweis des einzelnen Güterstandes* 1459
    1. Zugewinngemeinschaft 1459
    2. Gütertrennung 1459
    3. Güter-, Errungenschafts- und Vermögensgemeinschaft 1459
    4. Nachweis über Fortbestehen eines Güterstandes 1460

G. *Abschließende Betrachtung der güterrechtlichen Verfügungsbeschränkungen* 1460
    1. Materielle und formelle Rechtslage 1460
    2. Verfahren vor dem Grundbuchamt 1461
    3. Verfahren vor dem Notar 1462
    4. Sonderfragen bei ehelicher Gütergemeinschaft 1463

H. *Güterrechtliche Fragen im Beitrittsgebiet* 1464
    1. Überleitung, Option zum FGB-Güterstand 1464
    2. Gesetzliche Umwandlung des gemeinschaftlichen Vermögens in Bruchteilseigentum 1465
    3. Überleitung des optierten FGB-Güterstandes 1467

Inhalt

I. Gesetzlicher Güterstand der Vertriebenen und Flüchtlinge 1468
   1. Rechtsgrundlagen 1468
   2. Übersicht 1469
   3. Gesetzlicher Eintritt der Zugewinngemeinschaft im einzelnen 1469
   4. Ausschluß der Überleitung im einzelnen 1469

K. Ausländisches Güterrecht 1470
   1. Deutsches Kollisionsrecht 1471
      a) Entwicklung zum IPR-Gesetz 1986 – b) Grundsätze des Art 15 EGBGB – c) Die einzelnen Anknüpfungstatbestände – d) Güterrechtsstatut durch Rechtswahl (Art 15 Abs 2 EGBGB) – e) Übergangsregelung (Art 220 Abs 3 EGBGB) – f) Rück- und Weiterverweisung
   2. Notar und ausländisches Güterrecht 1477
   3. Grundbuchamt und ausländisches Güterrecht 1478
   4. Ausländische güterrechtliche Vorschriften im einzelnen 1481

L. Vermögensstand von Lebenspartnern 1482

IV. Testamentsvollstreckung im Grundstücksrecht

A. Inhalt einer Testamentsvollstreckung 1484
   1. Amt, Verwaltungs- und Verfügungsbefugnis des Testamentsvollstreckers ... 1484
   2. Unentgeltliche Verfügungen des Testamentsvollstreckers 1485

B. Grundstücksverfügungen des Testamentsvollstreckers 1492
   1. Allgemeine Grundsätze 1492
   2. Bestellung von Grundpfandrechten durch den Testamentsvollstrecker 1493
   3. Gewährung einer Grundstücksausstattung, Betriebs- oder Hofübergabe ... 1494
   4. Sonstige Grundstücksverfügungen durch den Testamentsvollstrecker 1494
   5. Überlassung von Nachlaßgegenständen an Erben 1496

C. Nachweis der Verfügungsbefugnis des Testamentsvollstreckers 1499
   1. Testamentsvollstrecker-Zeugnis 1499
   2. Eintragung des Testamentsvollstrecker-Vermerks 1501
   3. Löschung des Testamentsvollstrecker-Vermerks 1503
   4. Vermächtnisvollstreckung 1505
   5. Testamentsvollstreckung nach vormaligem Recht der DDR 1505
   6. Testamentsvollstreckung nach ausländischem Recht 1505

V. Vor- und Nacherbschaft im Grundstücksrecht

A. Verfügungsrechte des Vorerben 1506
   1. Vor- und Nacherbfolge 1506
   2. Unentgeltliche Verfügungen des Vorerben (§ 2113 Abs 2 BGB) 1507
   3. Entgeltliche Verfügungen des nicht befreiten Vorerben (§ 2113 Abs 1 BGB) 1509
   4. Entgeltliche Verfügungen des befreiten Vorerben 1511
   5. Verfügungen bei Miteigentum an Grundstücken 1513
      a) Einschränkung der Wirksamkeit von Verfügungen – b) Miteigentum nach Bruchteilen – c) Gesamthandsgemeinschaften – d) Erbengemeinschaft an dem Bruchteil eines Miteigentümers
   6. Verfügungen des über den Tod hinaus Bevollmächtigten 1516

Inhalt

B. *Rechtslage für das Grundbuchamt bei Grundstücksverfügungen des Vorerben* 1517
    1. Bei eingetragenem Nacherbschaftsvermerk 1517
    2. Bei Fehlen oder Löschung des Nacherbschaftsvermerks 1517
    3. Besonderheiten bei Löschung eines Rechts im Grundbuch 1518

C. *Nacherbschaftsvermerk im Grundbuch* 1520
    1. Eintragung des Nacherbschaftsvermerks (§ 51 GBO) 1520
    2. Verzicht auf Eintragung des Nacherbschaftsvermerks 1524
    3. Nacherbschaftsvermerk kommt nicht in Frage 1525
    4. Löschung des Nacherbschaftsvermerks vor Eintritt des Nacherbfalls 1526
    5. Nacherbschaftsvermerk nach Eintritt der Nacherbfolge 1532

D. *Sonstige grundbuchliche Fragen zur Vor- und Nacherbschaft* 1534
    1. Besonderer Fall bedingter Nacherbfolge 1534
    2. Übertragung des Anwartschaftsrechts des Nacherben 1535
    3. Erwerb eines Nachlaßgegenstandes durch den Vorerben ohne Nacherbenbindung 1536
    4. Surrogationserwerb 1537
    5. Nachvermächtnis 1537

VI. Rechtsgeschäftliche Vertretung im Grundstücksverkehr

A. *Allgemeine Fragen* 1537

B. *Form der Vollmacht* 1539
    1. Grundsatz der Formfreiheit (§ 167 BGB) 1539
    2. Formerfordernis für Vollmacht nach § 29 GBO 1540
    3. Formerfordernis des § 311 b Abs 1 S 1 BGB für Vollmachten 1541

C. *Nachträgliche Genehmigung vollmachtlosen Handelns* 1545
    1. Anwendungsfälle 1545
    2. Form der nachträglichen Genehmigung 1546
    3. Wirksamwerden der Genehmigungserklärung 1546
    4. Wirkung der Genehmigung 1548
    5. Verweigerung der Genehmigung 1548

D. *Beschränkungen und Erweiterungen der Vollmacht* 1549
    1. Allgemeines 1549
    2. Verbot des Selbstkontrahierens 1551
    3. Übertragung einer Vollmacht und Erteilung von Untervollmacht 1555

E. *Erlöschen einer Vollmacht* 1556
    1. Übersicht 1556
    2. Erlöschen durch Beendigung des zugrundeliegenden Rechtsverhältnisses .. 1557
        a) Beendigung des Rechtsverhältnisses – b) Tod und Geschäftsunfähigkeit des Vollmachtgebers – c) Erlöschen durch Tod des Bevollmächtigten
    3. Erlöschen der Vollmacht durch Widerruf 1560

F. *Nachweis der Vollmacht bei Notar und Grundbuchamt* 1560
    1. Nachweis der Vollmacht beim Notar 1560
    2. Nachweis der Vollmacht beim Grundbuchamt 1561

Inhalt

G. Prokura 1567
   1. Inhalt der Prokura 1567
   2. Besondere Arten von Prokura 1567

H. Handlungsvollmacht 1568

VII. Gesetzliche Vertretung im Grundstücksverkehr

A. Vertretung durch Eltern 1569
   1. Elterliche Sorge 1569
       a) Vater und Mutter als Vertreter – b) Ein Elternteil als Vertreter – c) Pflegerbestellung und Ausschließung der Verwaltung – d) Verbot des Selbstkontrahierens – e) „Lediglich rechtlicher Vorteil" für 7–18 jährigen – f) Erbauseinandersetzung – g) Bevollmächtigung durch Eltern – h) Schenkung in Vertretung des Kindes
   2. Nachweis der elterlichen Sorge 1580
   3. Vormaliges Erziehungsrecht im Beitrittsgebiet 1581

B. Vertretung durch Vormund, Pfleger oder Betreuer 1581
   1. Vertretung durch Vormund 1581
   2. Vertretung durch Pfleger 1581
   3. Vertretung durch Betreuer 1582
   4. Sonstige Fragen 1582

C. Vertretung bei Aktiengesellschaft 1582
   1. Vertretung durch Vorstand 1582
   2. Vertretung bei Liquidation 1584

D. Vertretung bei Kommanditgesellschaft auf Aktien 1584
   1. Vertretung durch voll haftenden Gesellschafter 1584
   2. Vorhandensein mehrerer voll haftender Gesellschafter 1585

E. Vertretung bei Gesellschaft mit beschränkter Haftung 1585
   1. Gesetzliche Vertretung durch Geschäftsführer 1585
   2. Vollmachterteilung durch Geschäftsführer 1585
   3. Selbstkontrahierungsverbot 1585
   4. Vertretung bei Liquidation 1586

F. Vertretung bei offener Handelsgesellschaft 1586
   1. Vertretung durch Gesellschafter 1586
   2. Selbstkontrahierungsverbot 1587
   3. Vertretung bei Liquidation 1587

G. Vertretung bei Kommanditgesellschaft 1588
   1. Vertretung durch persönlich haftenden Gesellschafter 1588
   2. Vertretung bei Liquidation 1588
   3. Vertretung bei GmbH & Co KG 1588

H. Vertretung der Partnerschaft 1588
   1. Vertretung durch Partner 1588
   2. Vertretung bei Liquidation 1589

I. Vertretung der Europäischen wirtschaftlichen Interessenvereinigung 1589

Inhalt

K. *Vertretung bei Gesellschaft nach bürgerlichem Recht und stiller Gesellschaft* 1589
   1. BGB-Gesellschaft 1589
   2. Stille Gesellschaft 1590

L. *Vertretung ausländischer Gesellschaften* 1590

M. *Nachweis der Vertretungsbefugnis* 1592
   1. Zeugnis aus dem Handelsregister 1592
   2. Bezugnahme auf das Register 1594

N. *Vertretung bei Genossenschaft* 1594
   1. Vertretung durch Vorstand 1594
   2. Prokura und Vollmachterteilung durch Vorstand 1594
   3. Vertretung bei Liquidation 1594
   4. Nachweis der Vertretungsbefugnis 1595

O. *Vertretung bei Verein und Stiftung* 1595
   1. Rechtsfähiger Verein 1595
   2. Nicht rechtsfähiger Verein 1596
   3. Versicherungsverein aG 1596
   4. Stiftung 1597

P. *Vertretung von Bundesrepublik und Ländern* 1597
   1. Bundesrepublik 1597
   2. Länder 1597

Q. *Vertretung eines Kreises und einer Gemeinde* 1598
   1. Kreis 1598
   2. Gemeinde 1598

R. *Vertretung sonstiger Körperschaften des öffentlichen Rechts und dgl* ... 1600

VIII. Familien- und vormundschaftsgerichtliche Genehmigung im Grundstücksverkehr

A. *Beschränkungen für Eltern, Vormund, Pfleger und Betreuer* 1604
   1. Beschränkung der Vertretungsmacht 1604
   2. Genehmigungserfordernisse für Eltern 1606
   3. Genehmigung bei Eltern ist nicht erforderlich 1611
   4. Genehmigung für Vormund, Pfleger und Betreuer ist erforderlich 1612
   5. Löschungsvormerkung, Grundbuchberichtigung 1616

B. *Verfahren vor dem Familien/Vormundschaftsgericht* 1616
   a) Antrag und Anhörung – b) Für Genehmigung maßgebliche Gesichtspunkte – c) Genehmigung, Bekanntmachung, Mitteilung an Vertragsgegner – d) Rechtsbehelf – e) Negativerklärung des Familien/Vormundschaftsgerichts

C. *Genehmigung bei Vertragsbeurkundung* 1621
   a) Vertragsbeurkundung nach Genehmigung – b) Genehmigung nach Vertragsbeurkundung – c) Doppelvollmacht

D. *Prüfung durch das Grundbuchamt* 1625
   a) Prüfung der Vertretungsmacht des gesetzlichen Vertreters – b) Prüfung bei bewilligter Eintragung (§ 19 GBO) – c) Prüfung bei Einigung (§ 20 GBO) – d) Nachträgliche Vorlage der Genehmigung; Beanstandung mit Zwischenverfügung

Inhalt

Fünfter Teil. Öffentlich-rechtliche Verfügungsbeschränkungen und Vorkaufsrechte

I. Überblick

1. Verfügungsbeschränkungen 1629
   a) Bau- und Bodenrecht – b) Landwirtschaftsrecht – c) Wirtschafts- und Sozialrecht – d) Verfügungsbeschränkungen für öffentliche Rechtsträger – e) Verfügungsbeschränkungen im Beitrittsgebiet
2. Bedeutung der Verfügungsbeschränkungen 1630
   a) Bestehende Genehmigungspflicht – b) Grundbuchliche Fragen
3. Gesetzliche öffentlich-rechtliche Vorkaufsrechte 1632
   a) Die einzelnen Vorkaufsrechte – b) Zweck der Vorkaufsrechte

II. Verkehrsbeschränkungen nach dem BauGB

A. Teilungsgenehmigung nach § 19 BauGB 1633
1. Bis 31. 12. 1997 geltende Rechtslage 1633
2. Rechtslage ab 1. 1. 1998, Überblick 1633
   a) § 19 BauGB als Ermächtigungsgrundlage – b) Ausschluß der Teilungsgenehmigung durch Landesverordnung
3. Die bodenverkehrsrechtliche Teilungsgenehmigung im einzelnen 1634
   a) Genehmigungspflichtige Teilungen – b) Teilungsgenehmigung nach Landesbauordnung – c) Grundstücksbegriff – d) Die Teilungserklärung – e) Versagungsgründe – f) Verfahrensrecht – g) Wirkung der Genehmigung, Rücknahme – h) Befreiungen von der Genehmigungspflicht – i) Verhältnis zu anderen Verfügungsbeschränkungen
4. Grundbuchamt und Genehmigungspflicht nach § 19 BauGB 1641
5. Notar und Genehmigungspflicht nach BauGB 1644
   a) Belehrungspflicht des Notars – b) Antragsrecht des Notars
6. Grundstücksteilung im Rahmen der Sachenrechtsbereinigung 1645

B. Verfügungsbeschränkungen zur Sicherung von Gebieten mit Fremdenverkehrsfunktionen (§ 22 BauGB) 1646
1. Allgemeines 1646
2. Voraussetzungen der Genehmigungspflicht 1646
3. Voraussetzungen der Genehmigung im einzelnen 1647
4. Genehmigungspflicht und vorgehende Grundbuchanträge 1648
5. Genehmigungsverfahren 1649
6. Genehmigungspflicht nach § 22 BauGB im Verhältnis zu Grundbuchamt und Notar 1649

C. Verfügungsbeschränkungen im Bereich einer Erhaltungssatzung (§ 172 Abs 1 S 4 BauGB) 1650
1. Allgemeines 1650
2. Sachlicher und zeitlicher Geltungsbereich 1650
3. Voraussetzungen der Genehmigung im einzelnen 1651
4. Verfahren 1653
5. Genehmigungspflicht nach § 172 Abs 1 S 4 BauGB und Grundbuchamt und Notar 1653

D. Verfügungsbeschränkungen zur Sicherstellung der baulichen Nutzung (§ 35 Abs 5 BauGB) 1654

Inhalt

E. Verkehrsbeschränkungen bei Baulandumlegung 1655
1. Rechtsgrundlagen und Zweck der Umlegung 1655
2. Einleitung des Verfahrens und Umlegungsstelle 1656
3. Verfügungssperre während der Umlegung 1657
   a) Allgemeiner Inhalt der Verfügungssperre – b) Einzelheiten zur Verfügungssperre – c) Genehmigungsfreie Vorgänge – d) Versagung der Genehmigung – e) Genehmigungsverfahren
4. Verfügungen über Alt- und Neugrundstücke während der Umlegung 1660
   a) Verfügung über die alten Grundstücke – b) Keine Abtretung des Zuteilungsanspruchs – c) Verfügung über die neuen Grundstücke
5. Abschluß der Umlegung, Grundbuchberichtigung 1663
6. Freiwillige Umlegung 1664

F. Grenzregelungsverfahren (§§ 80–84 BauGB) 1666
1. Rechtsgrundlagen, Zweck und Inhalt der Grenzregelung 1666
2. Keine Verfügungssperre und kein Vorkaufsrecht 1667
3. Eintragung im Grundbuch 1667

G. Verkehrsbeschränkungen nach dem besonderen Städtebaurecht (§§ 136 ff BauGB) 1668
1. Rechtsgrundlagen 1668
2. Verkehrsbeschränkungen und Erwerbsrechte in Sanierungsgebieten 1668
   a) Allgemeine Fragen – b) Überblick über die genehmigungspflichtigen Vorgänge – c) Gründe für die Versagung der Genehmigung – d) Erwerbspflicht der Gemeinde bei Versagung der Genehmigung – e) Erteilung der Genehmigung – f) Genehmigungsbehörde und Genehmigungsverfahren – g) Eintragung im Grundbuch – h) Freistellung von der Genehmigungspflicht – i) Teilweiser Wegfall der Genehmigung nach Landwirtschaftsrecht – k) Der Ausgleichsbetrag des Eigentümers
3. Verkehrsbeschränkungen in Entwicklungsbereichen 1674

III. Vormaliges Heimstättenrecht

1. Aufhebung des RHeimstG 1676
2. Löschung des Heimstättenvermerks 1676
   a) Löschung des Reichsheimstättenvermerks nach dem 31. Dez 1998 – b) Löschung des Reichsheimstättenvermerks in Grundbüchern des Beitrittsgebiets
3. Keine Eigentümerschuld aus Altrechten bei Erlöschen der Forderung 1677
   a) Erlöschen der Hypothek oder Grundschuld – b) Grundbuchhinweis bei Löschung des Heimstättenvermerks
4. Rechtsbehelf 1678

IV. Verfügungsbeschränkungen nach Landwirtschaftsrecht

A. Allgemeine landwirtschaftliche Verfügungsbeschränkungen (GrdstVG) 1678
1. Rechtsgrundlagen 1678
2. Vom Grundstücksverkehrsgesetz erfaßte Grundstücke (grundstücksgleiche Rechte) 1679
   a) Land- und forstwirtschaftliche Grundstücke, Betrieb – b) Moor- und Ödland – c) Grundstücksbegriff – d) Baugelände und Bauerwartungsland – e) Erbbaurecht – f) Sonstige grundstücksgleiche Rechte
3. Verfügungsbeschränkungen bei rechtsgeschäftlicher Veräußerung 1681
   a) Art und Wirkung der Veräußerungsbeschränkungen – b) Genehmigungspflichtige Veräußerungen – c) Genehmigungsfreie Veräußerungen – d) Rechtslage bei Höfen

Inhalt

und Anerbengütern – e) Genehmigungsbehörde – f) Grundsätze für die Entscheidung der Genehmigungsbehörde – g) Fälle, in denen die Genehmigung erteilt werden muß – h) Fälle, in denen die Genehmigung versagt werden muß – i) Genehmigung unter einer Auflage oder Bedingung – k) Verfahren vor der Genehmigungsbehörde – l) Verfahren vor dem Amtsgericht– m) Verfahren vor dem Oberlandesgericht – n) Verfahren vor dem Bundesgerichtshof – o) Fragen der Rechtskraft und der erneuten Antragstellung – p) Verhältnis der Veräußerungsbeschränkungen nach dem Grundstücksverkehrsgesetz zu anderen Veräußerungsbeschränkungen

    4. Zwangsweise Grundstücksveräußerung 1708
    5. Belastungsbeschränkungen 1708
        a) Grundpfandrecht – b) Nießbrauch – c) Pachtverträge
    6. Grundbuchamt und Verfügungsbeschränkungen nach GrdstVG 1709
        a) Genehmigung als Eintragungserfordernis – b) Prüfungspflicht des Grundbuchamts – c) Rechtskraft der Genehmigung
    7. Notar und Verfügungsbeschränkungen nach GrdstVG 1713
        a) Belehrungspflicht – b) Stellung des Genehmigungsantrags und Entgegennahme der Entscheidung durch den Notar

B. Verfügungsbeschränkungen bei Flurbereinigung 1715
    1. Rechtsgrundlagen und Zweck der Flurbereinigung 1715
    2. Rechtslage während der Flurbereinigung 1715
        a) Grundsätzlich keine Sperre des Grundstücksverkehrs – b) Verfahren während der Flurbereinigung – c) Wirkung der Flurbereinigung gegen den Erwerber – d) Ausnahmsweises Bestehen einer Verfügungsbeschränkung – e) Vorläufige Besitzeinweisung – f) Beschränkungen für die Teilnehmergemeinschaft
    3. Rechtslage nach durchgeführter Flurbereinigung 1719
        a) Ausführungsanordnung und deren Wirkungen – b) Grundbuchberichtigung – c) Genehmigungspflichten nach erfolgter Flurbereinigung

C. Vormaliges Entschuldungsrecht 1723

V. Verfügungsbeschränkungen im Wirtschafts- und Sozialrecht

A. Verfügungsbeschränkungen nach Sozialversicherungs- und Versorgungsrecht 1724
    1. Sozialversicherungsträger 1724
        a) Grundstückserwerb – b) Grundstücksveräußerung und -belastung
    2. Versorgungsrecht 1724
        a) Belastung, Veräußerung – b) Löschung

B. Verfügungsbeschränkungen für Bausparkassen, Hypothekenbanken, Versicherungsunternehmen und Kapitalanlagegesellschaften 1725
    1. Versicherungsunternehmen und Bausparkassen 1725
        a) Grundstückserwerb – b) Verfügung über Grundstücke und Grundpfandrechte durch Versicherungsunternehmen
    2. Hypothekenbanken 1727
    3. Kapitalanlagegesellschaften 1727

C. Verfügungsbeschränkungen im Wohnungsbau 1728
    1. Wohnraumförderungsgesetz, Wohnungsbindungsgesetz 1728
    2. Bergarbeiterwohnungsbau 1728

D. Verfügungsbeschränkungen nach Außenwirtschaftsrecht 1728
    1. Allgemeines 1728
    2. Genehmigungsfragen und Meldepflichten 1729

Inhalt

VI. Verfügungsbeschränkungen für öffentliche Rechtsträger

A. *Verfügungsbeschränkungen nach Kommunalrecht* 1729
  1. Rechtsquellen 1729
  2. Inhalt der Verfügungsbeschränkungen nach Gemeinderecht 1732
     a) Veräußerung von Gemeindegrundstücken – b) Belastungsbeschränkungen
  3. Ähnliche Rechtslage für Ämter, Kreise und dgl. 1736
     a) Ämter und Kreise – b) Zweckverbände
  4. Rechtslage bei Bund und Ländern 1736

B. *Verfügungsbeschränkungen nach Kirchenrecht* 1737
  1. Genehmigungspflicht 1737
  2. Wirksamkeitserfordernis, Prüfung durch das Grundbuchamt 1737
  3. Sonstiges 1738

C. *Verfügungsbeschränkungen für Innungen und Handwerkskammern* 1738
  1. Innungen 1738
  2. Handwerkskammern und dgl 1738

D. *Wasser- und Bodenverbandsrecht* 1739

E. *Verfügungsbeschränkungen für ausländische juristische Personen* 1739

VII. Sonstige einschlägige Gesetze

A. *Verfügungsbeschränkungen im Enteignungsverfahren* 1739

B. *Bundesrecht* 1740
  1. Rechtsträger-Abwicklungsgesetz 1740
  2. Bahneinheiten (Art 112 EGBGB) 1740
  3. Familienfideikommisse 1740
  4. Bergwerkseigentum 1740
  5. Ausgleichsleistungsgesetz 1740

C. *Landesrecht* 1741
  1. Baden-Württemberg 1741
  2. Bayern 1741
  3. Sonstige Länder 1741
  4. Rechtsgrundlagen landesrechtlicher Beschränkungen 1742

VIII. Öffentlich-rechtliche Vorkaufsrechte

A. *Vorkaufsrechte nach Baugesetzbuch* 1742
  1. Rechtsgrundlagen, Geltungsbereich 1742
  2. Die Vorkaufsrechte im einzelnen 1743
     a) Das allgemeine Vorkaufsrecht nach § 24 BauGB – b) Das besondere Vorkaufsrecht nach § 25 BauGB – c) Konkurrenzverhältnis der Vorkaufsrechte
  3. Voraussetzungen für die Ausübung des Vorkaufsrechts 1744
     a) Ausübung nur bei Kaufvertrag mit Dritten – b) Sonstige gesetzliche Ausübungsverbote – c) Ausübung nur bei Wohl der Allgemeinheit
  4. Ausübungserklärung und Frist 1747
  5. Anzeigepflicht an die Gemeinde 1748
  6. Vorkaufsrecht und Genehmigung nach BauGB 1749

Inhalt

7. Die Wirkung der Vorkaufsrechtsausübung 1750
   a) Entdinglichung – b) Art der Vorkaufsrechtsausübung – c) Ausübung des Vorkaufsrechts zugunsten Dritter – d) Rechtsmittel – e) Schicksal des ursprünglichen Kaufvertrags nach Ausübung des gemeindlichen Vorkaufsrechts – f) Sonstiges
8. Grundbuchamt und Vorkaufsrecht 1753
   a) Negativattest nur bei Kaufverträgen – b) Zuständigkeit für Erteilung des Negativattestes – c) Pflicht zur Erteilung des Negativzeugnisses
9. Notar und Vorkaufsrecht 1755

B. *Gesetzliche siedlungsrechtliche Vorkaufs- und Wiederkaufsrechte* 1756
   1. Rechtsgrundlagen und Grundsatzfragen 1756
   2. Voraussetzungen für die Ausübung des siedlungsrechtlichen Vorkaufsrechts 1757
      a) Ausübungsvoraussetzungen – b) Mindestgröße für die Ausübung des Vorkaufsrechts – c) Vorkaufsrecht grundsätzlich nur an landwirtschaftlichen Grundstücken – d) Vorkaufsrecht besteht nur beim Verkauf – e) Nichtbestehen des Vorkaufsrechts bei Verkauf an bestimmte Erwerber – f) Vorkaufsrecht nur bei Vorliegen eines Genehmigungs-Versagungsgrundes
   3. Mitteilungs- und Zwischenbescheidverfahren 1762
      a) Mitteilungspflicht an Siedlungsbehörde – b) Zwischenbescheid an Verkäufer
   4. Verfahren bei Ausübung des Vorkaufsrechts 1763
      a) Zeitpunkt der Vorkaufsrechts-Ausübung – b) Fristgemäße Mitteilung der Vorkaufsrechts-Ausübung an die Beteiligten – c) Anrufung des Landwirtschaftsgerichts
   5. Folgen der wirksamen Ausübung oder Nichtausübung des Vorkaufsrechts 1766
      a) Folgen des Vertragszustandekommens – b) Folgen der Nichtausübung eines an sich bestehenden Vorkaufsrechts
   6. Sonstige Fragen zum siedlungsrechtlichen Vorkaufsrecht 1767
      a) Erwerbsrecht dritter Personen – b) Verzicht auf Vorkaufsrecht – c) Belehrungspflicht des Notars – d) Grundbuchamt und siedlungsrechtliches Vorkaufsrecht – e) Kostenfragen
   7. Siedlungsrechtliche Wiederkaufsrechte 1768
      a) Wiederkaufsrecht des Siedlungsunternehmens – b) Wiederkaufsrecht des Ansiedlers

C. *Sonstige Vorkaufsrechte* 1769
   1. Vorkaufsrecht des Mieters bei Umwandlung (§ 577 BGB) 1769
   2. Vorkaufsrechte bei verkehrsrechtlichen Verfahren 1773
   3. Vorkaufsrechte nach Landesrecht 1773
      a) Denkmalschutz – b) Naturschutz, Forstrecht – c) Sonstiges

Sechster Teil. Der Grundstücksverkehr im Beitrittsgebiet
– Grundzüge –

I. Das Grundstücksrecht nach dem Zivilgesetzbuch und seine Überleitung

A. *Eigentum und dingliche Rechte* 1779
B. *Grundsätze des Überleitungsrechts* 1780
   1. Grundsätzliche Regelungen des Einigungsvertrages 1780
   2. Grundsätze der Überleitung 1780
   3. Die weitere Gesetzgebung zum Grundstücksrecht 1781

II. Überleitung und Verfügungsbefugnis bei Volkseigentum

A. *Grundsätze der Eigentumszuordnung* 1783
   1. Volkseigentum 1783
   2. Eigentumsübertragung nach Art 21 und 22 Einigungsvertrag 1783

Inhalt

3. Vermögen der Treuhandanstalt bzw Bundesanstalt für vereinigungsbedingte Sonderaufgaben 1784

B. *Verfahren der Vermögenszuordnung* 1786
   1. Grundsätze des Verfahrens 1786
   2. Die Verfügungsbefugnis nach § 8 VZOG 1788
      a) Verfügungsberechtigte Stelle nach § 8 Abs 1 VZOG – b) Inhalt und Umfang der Verfügungsbefugnis – c) Verfügungsbefugnis bei nicht wirksam entstandenem Volkseigentum – d) Umwandlung volkseigener Betriebe der Gebäudewirtschaft – e) Zeitliche Grenze der Verfügungsbefugnis – f) Öffentlich-rechtliche Genehmigungen
   3. Öffentlich-rechtliche Restitution 1793

C. *Wirksamkeit von Grundstückskaufverträgen nach dem Verkaufsgesetz vom 7. 3. 1990* 1795
   1. Wirksamkeitsmängel von Kaufverträgen 1795
      a) Zur Verfügungsbefugnis staatlicher Stellen – b) Unwirksamkeit von Verträgen im Namen des Rates der Kommune
   2. Heilung fehlerhafter Grundstückskaufverträge nach dem Wohnraummodernisierungssicherungsgesetz 1796
      a) Grundzüge des Wohnraummodernisierungssicherungsgesetzes – b) Heilung von Mängeln der Vertretungsmacht – c) Heilung von „Modrow-Kaufverträgen" nach Art 233 § 8 Abs 2 EGBGB
   3. Ausschlußfrist bei Grundbuchunrichtigkeit nach Art 237 EGBGB 1799
      a) Fehlerhafte Überführung in Volkseigentum (Art 237 § 1 EGBGB) – b) Ausschlußfrist bei Grundbuchunrichtigkeit (Art 237 § 2 EGBGB)

III. Genossenschaftliches Eigentum

A. *Landwirtschaftliche Produktionsgenossenschaften* 1801
   1. Rechtsverhältnisse der Genossenschaft 1801
      a) Umwandlung der Genossenschaft nach dem Landwirtschafts-Anpassungsgesetz – b) Ausscheiden eines Mitgliedes aus der Genossenschaft
   2. Genossenschaftliches Eigentum an Grundstücken und Baulichkeiten 1803
      a) Nutzungsbefugnisse der LPG – b) Selbständiges Eigentum der LPG

B. *Eigentumsverhältnisse sonstiger Genossenschaften* 1804
   1. Eigentum der Konsumgenossenschaften 1804
   2. Eigentum der Wohnungsgenossenschaften 1806
   3. Produktionsgenossenschaften des Handwerks 1806

IV. Verfügungsbeschränkungen und Rückerstattung von Grundstücken

A. *Rückerstattung nach VermG* 1807
   1. Allgemeines 1807
   2. Verfahren 1809
   3. Wirkungen des Restitutionsbescheides 1809
      a) Rückerstattung von Grundstücken – b) Restitution sonstiger Rechte

B. *Verfügungen über den Rückerstattungsanspruch* 1813

C. *Die Unterlassungspflicht nach § 3 Abs 3 VermG* 1814

D. *Vorkaufsrecht von Mietern, Nutzern und Berechtigten (§§ 20, 20a VermG)* .. 1815

E. *Die Grundstücksverkehrsordnung (GVO)* 1816
   1. Einführung 1816

Inhalt

2. Wirkung der Genehmigung 1817
3. Genehmigungsbedürftige Rechtsgeschäfte 1817
4. Genehmigungsfreie Rechtsgeschäfte 1819
5. Die Genehmigungstatbestände 1821
6. Verfahren und Zuständigkeit 1822
7. Aufhebung und Anfechtung der Genehmigung 1823
8. Grundbuchamt 1825
9. Notar 1826

F. *Das Investitionsvorranggesetz* 1827

V. Abwicklung der Bodenreform

A. *Grundlagen zur Abwicklung der Bodenreform* 1827
1. Rechtslage bis zum 22. 7. 1992 1827
2. Regelungssystematik der Art 233 §§ 11–16 EGBGB 1829

B. *Abwicklung der Bodenreform* 1829
1. Betroffene Grundstücke 1829
2. Eigentumszuweisung 1830
3. Anspruch des „Besserberechtigten" 1831
4. Widerspruchsverfahren und Benachrichtigungsverfahren 1832
5. Übergangsvorschriften 1832

VI. Gebäudeeigentum im Rechtsverkehr

A. *Einführung* 1833

B. *Die Überleitung des Nutzungsrechts und des Gebäudeeigentums* 1834
1. Gebäudeeigentum auf der Grundlage eines Nutzungsrechts 1834
2. Nutzungsrechtsloses Gebäudeeigentum von LPG, Wohnungs- und Arbeiterwohnungsgenossenschaften und von VEB 1835
3. Besitzrecht und Verfügungsverbot aufgrund Moratorium 1836

C. *Aufgabe, Vereinigung, Zuschreibung und Teilung von Gebäudeeigentum* ... 1837
1. Aufgabe 1837
2. Bestandteilzuschreibung 1839
3. Vereinigung 1840
4. Realteilung und Aufteilung nach WEG 1840

D. *Notar und Gebäudeeigentum* 1841

VII. Sachenrechts- und Schuldrechtsbereinigung

A. *Erfaßte Fälle der Bodennutzung* 1842

B. *Sachenrechtsbereinigung* 1842
1. Einführung 1842
2. Die Anspruchslösung 1843
3. Der Ankauf des Grundstücks 1844
4. Rechtsfolgen des Erwerbs 1845
   a) Allgemeines – b) Verfügungsverbot – c) Aufgabepflicht
5. Der Erbbaurechtsvertrag 1848

Inhalt

- 6. Das notarielle Vermittlungsverfahren 1849
- 7. Sicherung der Ansprüche aus der Sachenrechtsbereinigung 1850
- C. *Schuldrechtanpassung* 1851
  - 1. Allgemeines 1851
  - 2. Grundsätze der Schuldrechtanpassung 1852
  - 3. Baulichkeiten 1853
  - 4. Das Vorkaufsrecht des Nutzers 1853
- D. *Verkehrsflächenbereinigungsgesetz* 1854
  - 1. Regelungsgehalt des Gesetzes 1854
  - 2. Anwendungsbereich (§ 1 und § 2 VerkFlBerG) 1855
  - 3. Ankauf öffentlich genutzter Flächen (§ 3 Abs 1 VerkFlBerG) 1856
    - a) Erwerbsrecht nach § 3 Abs 1 VerkFlBerG und Inhalt des Kaufvertrages – b) Bestimmung des Kaufpreises (§ 5 und § 6 VerkFlBerG)
  - 4. Einrede des Grundstückseigentümers 1858
  - 5. Bestellung einer Dienstbarkeit bei beschränkter Grundstücksnutzung 1859
  - 6. Abschlußfrist für die Geltendmachung der Ansprüche 1859

VIII. Bodensonderung

- A. *Zweck der Bodensonderung* 1860
- B. *Verfahren und Zuständigkeit* 1861
- C. *Wirkung des Sonderungsplanes* 1861
- D. *Grundstücksverkehr und Sonderungsbescheid* 1862

Siebter Teil. Euro als Währung, frühere Währungsumstellungen und Lastenausgleich

I. Umstellung eingetragener Rechte auf den Euro

- A. *Der Euro als Währungseinheit* 1865
- B. *Umstellung der Währungsbezeichnung im Grundbuch bis 31. Dez 2001* 1866
- C. *Umstellung der Währungsbezeichnung im Grundbuch ab 1. Jan 2002* 1866
- D. *Bewilligungsinhalt vom 1. Jan 2002 an* 1868
- E. *Rechte in anderen Währungen* 1868

II. Währungsreform 1948

- A. *Arten der Umstellung* 1869
- B. *Fristen für die Eintragung der Vollumstellung im Grundbuch* 1869
- C. *Unterlagen für die Eintragung der Umstellung* 1870
- D. *Erleichterung der Eintragung der Umstellung nach Fristablauf* 1870
- E. *Erleichterungen für die Löschung umgestellter Grundpfandrechte* 1871

III. Mark-, GM- und RM-Rechte im Beitrittsgebiet

IV. Lastenausgleich

Sachregister 1875

Abkürzungsverzeichnis

aA	anderer Ansicht
aaO	am angegebenen Ort
Abl	Amtsblatt
Abs	Absatz
Abschn	Abschnitt
Abt	Abteilung
abw	abweichend
AcP	Archiv für die civilistische Praxis
aE	am Ende
ÄndG	Änderungsgesetz
aF	alter Fassung
AG	Amtsgericht auch: Ausführungsgesetz
AGBG	(Früheres) Gesetz zur Regelung des Rechts der Allgemeinen Geschäftsbedingungen
AGBGB	Ausführungsgesetz zum BGB
AgrarR	Agrarrecht (Zeitschrift für das gesamte Recht der Landwirtschaft)
AktG	Aktiengesetz
AktO	Aktenordnung
Anh	Anhang
Anl	Anlage
Anm	Anmerkung
AnmVO	Verordnung über die Anmeldung vermögensrechtlicher Ansprüche
AO	Abgabenordnung (1997)
Art	Artikel
Aufl	Auflage
AV	Allgemeine Verfügung
AVO	Ausführungsverordnung
AWG	Außenwirtschaftsgesetz
bad	badisch
BAnz	Bundesanzeiger
Bauer Bauer/vOefele Bauer/vOefele/(Autor)	Bauer/von Oefele, GBO, 1999
BauGB	Baugesetzbuch
BauGBMaßnG	(Vormaliges) Maßnahmengesetz zum Baugesetzbuch
BauR	Baurecht (Zeitschrift)
bay	bayerisch
BayBSVJu	Bereinigte Sammlung der bay Justizverwaltungsvorschriften
BayJMBl	Bayerisches Justizministerialblatt
BayObLG	Bayerisches Oberstes Landesgericht auch: Entscheidungssammlung des BayObLG in Zivilsachen
BayRS	Bayerische Rechtssammlung (Stand 1. 1. 1983)
BayVBl	Bayerische Verwaltungsblätter (Zeitschrift)
BayVGH	Bayerischer Verwaltungsgerichtshof
BB	Der Betriebs-Berater (Zeitschrift)

Abkürzungen

BBauBl	Bundesbaublatt
BBauG	(früheres) Bundesbaugesetz
BBergG	Bundesberggesetz
BBodSchG	Bundes-Bodenschutzgesetz
Beil	Beilage
Bek	Bekanntmachung
Bem	Bemerkung
Beschl	Beschluß
bestr	bestritten
Betr	Der Betrieb
betr	betreffend
BeurkG	Beurkundungsgesetz
BezG	Bezirksgericht
BFH	Bundesfinanzhof
	auch: Entscheidungen des Bundesfinanzhofs
BGB	Bürgerliches Gesetzbuch
BGBl	Bundesgesetzblatt
BGB-RGRK	Reichsgerichtsräte-Kommentar zum BGB, 12. Aufl (ab 1974)
BGH	Bundesgerichtshof
	auch: Entscheidungssammlung des BGH in Zivilsachen
BJM	Bundesjustizministerium
Bl	Blatt
BlGWB	Blätter für Grundstücks-, Bau- und Wohnungsrecht
BNotO	Bundesnotarordnung
BoSoG	Bodensonderungsgesetz
BRS	Baurechtsammlung. Begr von Thiel, weitergef von Gelzer
BS	Bereinigte Sammlung
BStBl	Bundessteuerblatt
BT	Bundestag
Buchst	Buchstabe
BuW	Betrieb und Wirtschaft
BVerfG	Bundesverfassungsgericht
	auch: Entscheidungen des Bundesverfassungsgerichts
BVerwG	Bundesverwaltungsgericht
	auch: Entscheidungen des Bundesverwaltungsgerichts
BWNotZ	Zeitschrift für das Notariat in Baden-Württmberg
bzw	beziehungsweise
Demharter	Demharter, Grundbuchordnung, 24. Aufl 2002
DFG	Deutsche Freiwillige Gerichtsbarkeit
dgl	dergleichen, desgleichen
dh	das heißt
DJ	Deutsche Justiz
DJZ	Deutsche Juristen-Zeitung
DNotI-Report	Informationsdienst des Deutschen Notarinstituts
DNotZ	Deutsche Notar-Zeitschrift
DOfNot	Dienstordnung für Notare
DÖV	Die Öffentliche Verwaltung (Zeitschrift)
DR	Deutsches Recht, Wochenausgabe
DRiZ	Deutsche Richterzeitung
DRM	Deutsches Recht, Monatsausgabe
DRZ	Deutsche Rechtszeitschrift
DStR	Deutsches Steuerrecht (Zeitschrift)
DtZ	Deutsch-Deutsche Rechtszeitschrift

Abkürzungen

DV	Deutsche Verwaltung
DVBl	Deutsches Verwaltungsblatt (Zeitschrift)
DVO	Durchführungsverordnung
DWW	Deutsche Wohnungswirtschaft (Zeitschrift)
EFG	Entscheidungen der Finanzgerichte
EG	Einführungsgesetz
EGBGB	Einführungsgesetz zum BGB
EheG	Ehegesetz
Einl	Einleitung
einschl	einschließlich
ErbbauVO	Verordnung über das Erbbaurecht
ErbStG	Erbschaftsteuergesetz
ErgBd	Ergänzungsband
Erl	Erlaß
Erman(Bearbeiter)	Erman, BGB, 10. Aufl (2000)
EStG	Einkommensteuergesetz
EuroEG	Euro-Einführungsgesetz
eV	eingetragener Verein
ev	eventuell
EWIV	Europäische wirtschaftliche Interessenvereinigung
FamRZ	Zeitschrift für das gesamte Familienrecht (Ehe und Familie im privaten und öffentlichen Recht)
FGB	Familiengesetzbuch (der ehem DDR)
FGG	Gesetz über die Angelegenheiten der Freiwilligen Gerichtsbarkeit
FGPrax	Praxis der Freiwilligen Gerichtsbarkeit (Zeitschrift)
FlurbG	Flurbereinigungsgesetz
fr	früher
FS	Festschrift
Fußn	Fußnote
GBA	Grundbuchamt
GBAVO	Ausführungsverordnung zur GBO
GBBerG	Grundbuchbereinigungsgesetz
GBGA	Geschäftsanweisung für die Behandlung der Grundbuchsachen
GBl	Gesetzblatt
GBGeschO	Geschäftsordnung für die Grundbuchämter
GBMaßnG	Gesetz über Maßnahmen auf dem Gebiet des Grundbuchwesens
GBO	Grundbuchordnung
GBV	Grundbuchverfügung
GBVereinfVO	Grundbuchvereinfachungsverordnung
GBVfg	Grundbuchverfügung (alte Fassung)
GBVO	Verordnung des bad-württ Justizministeriums zur Ausführung des Landesgesetzes über die freiwillige Gerichtsbarkeit im Bereich des Grundbuchwesens
GemErl	Gemeinsamer Erlaß
GenG	Genossenschaftsgesetz
Ges	Gesetz
GesO	(Vormalige) Gesamtvollstreckungsordnung
GG	Grundgesetz
GGV	Gebäudegrundbuchverfügung

XLIII

Abkürzungen

GlBerG	Gleichberechtigungsgesetz
GmbHG	Gesetz betr die Gesellschaften mit beschränkter Haftung
GrdstVG	Grundstücksverkehrsgesetz
GrEStDVO	Durchführungsverordnung zum GrEStG
GrEStG	Grunderwerbsteuergesetz
GrundRÄndG	Grundstücksrechtsänderungsgesetz
GS	Gesetzessammlung
Güthe/Triebel	Güthe/Triebel, GBO, 6. Aufl (1936/37)
GVBl	Gesetz- und Verordnungsblatt
GVG	Gerichtsverfassungsgesetz
GVO	Grundstücksverkehrsordnung (früher Grundstücksverkehrsverordnung, GVVO)
HansJVBl	Hanseatisches Justizverwaltungsblatt
HeimstG	(Vormaliges) Heimstättengesetz
Hesse/Saage/Fischer	Hesse/Saage/Fischer, GBO, 4. Aufl
HEZ	Höchstrichterliche Entscheidungen
HGB	Handelsgesetzbuch
hM	herrschende Meinung
HöfeO	Höfeordnung
HöfeVfO	Verfahrensordnung in Höfesachen
HofV	Hofraumverordnung
HRR	Höchstrichterliche Rechtsprechung
idF	in der Fassung
Ingenstau/Hustedt	Ingenstau/Hustedt, ErbbauVO, 8. Aufl (2001)
InsO	Insolvenzordnung
InVorG	Investitionsvorranggesetz
Iprax	Praxis des Internationalen Privat- und Verfahrensrechts (Zeitschrift)
iVm	in Verbindung mit
JBl	Justizblatt
JFG	Jahrbuch für Entscheidungen in Angelegenheiten der freiwilligen Gerichtsbarkeit und des Grundbuchrechts
JFG ErgBd	Entscheidungen des Kammergerichts und des Oberlandesgerichts München in Kosten-, Straf-, Miet- und Pachtschutzsachen
JM	Justizministerium
JMBl	Justizministerialblatt
JMBlNW	Justizministerialblatt für das Land Nordrhein-Westfalen
JR	Juristische Rundschau (Zeitschrift)
JurBüro	Das Juristische Büro (Zeitschrift)
JuS	Juristische Schulung (Zeitschrift)
Justiz	Die Justiz, Amtsblatt des Justizministeriums Baden-Württemberg
JVBl	Justitzverwaltungsblatt (Zeitschrift; erscheint nicht mehr)
JW	Juristische Wochenschrift
JZ	Juristenzeitung
K/E/H/E	Kuntze/Ertl/Herrmann/Eickmann, Grundbuchrecht, 5. Aufl (1999)
Keidel/Krafka/Willer	Keidel/Krafka/Willer, Registerrecht, 6. Aufl (2003)
Keidel/Kuntze/Winkler	Keidel/Kuntze/Winkler, FGG, 15. Aufl (2003)

Abkürzungen

Kersten/Bühling (Autor) Formularbuch	Kersten/Bühling, Formularbuch und Praxis der freiwilligen Gerichtsbarkeit, 21. Aufl (2001)
KG	Kammergericht
KGJ	Jahrbuch für Entscheidungen des Kammergerichts
KO	(Vormalige) Konkursordnung
KostO	Kostenordnung
KPS	Kimme/Pée/Schmidt-Räntsch, Offene Vermögensfragen, Rechtsprechungssammlung
KRG	Kontrollratsgesetz
KTS	Zeitschrift für Insolvenzrecht, Konkurs/Treuhand/Sanierung
LAG	Lastenausgleichsgesetz
lfd Nr	laufende Nummer
LFGG	(bad-württ) Landesgesetz über die freiwillige Gerichtsbarkeit
LG	Landgericht
LKV	Landes- und Kommunalverwaltung (Zeitschrift)
LM	Nachschlagewerk des Bundesgerichtshofs in Zivilsachen, herausgegeben von Lindenmaier, Möhring ua
LPG	Landwirtschaftliche Produktionsgenossenschaft
LPGG	Gesetz über die landwirtschaftlichen Produktionsgenossenschaften
LwAnpG	Landwirtschaftsanpassunggesetz
LwVG	Gesetz über das gerichtliche Verfahren in Landwirtschaftssachen
LZ	Leipziger Zeitschrift für Deutsches Recht
MDR	Monatsschrift für Deutsches Recht
MeAnlG	Meliorationsanlagengesetz
Meikel (Autor)	Meikel, Grundbuchrecht, 8. Aufl (1997 ff)
Min	Ministerium
MIR	Meikel/Imhof/Riedel, GBO, 6. Aufl (1965/71)
MittBayNot	Mitteilungen des Bay Notarvereins, der Notarkasse und der Landesnotarkammer Bayern
MittRhNotK	Mitteilungen der Rheinischen Notarkammer (jetzt RNotZ)
MünchKomm(-Autor)	Münchener Kommentar zum Bürgerlichen Gesetzbuch, 4. Aufl (2000 ff), soweit erschienen, sonst 3. Aufl (1993 ff)
nachst	nachstehend
nds	niedersächsisch
NdsRpfl	Niedersächsische Rechtspflege
nF	neue Fassung
NJ	Neue Justiz (Zeitschrift)
NJW	Neue Juristische Wochenschrift
NJW-RR	NJW-Rechtsprechungs-Report (Zivilrecht)
NotBZ	Zeitschrift für die notarielle Beratungs- und Beurkundungspraxis
Nr	Nummer
NRW	Nordrhein-Westfalen
NVwZ	Neue Zeitschrift für Verwaltungsrecht
NVwZ-RR	Rechtsprechungs-Report Verwaltungsrecht (Zeitschrift)
NZI	Neue Zeitschrift für das Recht der Insolvenz und Sanierung

Abkürzungen

v Oefele/Winkler	von Oefele/Winkler, Handbuch des Erbbaurechts, 3. Aufl (2003)
OGH	Oberster Gerichtshof für die britische Zone
oHG	offene Handelsgesellschaft
OLG	Oberlandesgericht bzw Die Rechtsprechung der Oberlandesgerichte auf dem Gebiete des Zivilrechts
OLG-NL	OLG-Rechtsprechung Neue Länder (Zeitschrift)
OLG-Report	Schnelldienst der Zivilrechtsprechung des (genannten) Oberlandesgerichts
OLGZ	Entscheidungen der Oberlandesgerichte in Zivilsachen (ab 1965)
OVG	Oberverwaltungsgericht
OV-Spezial	Offene Vermögensfragen Spezial
Palandt(Bearbeiter)	Palandt, BGB, 62. Aufl (2003)
PaPkG	Preisangaben- und Preisklauselgesetz
PGH	Produktionsgenossenschaft des Handwerks
pr	preußisch
PrKV	Preisklauselverordnung
RAnB	Rechtsprechung Spezial neue Bundesländer
RdErl	Runderlaß
RdL	Recht der Landwirtschaft (Zeitschrift)
Rdn	Randnote
Recht	Das Recht, Beilag zur Deutschen Justiz
RegBl	Regierungsblatt
RegVBG	Registerverfahrensbeschleunigungsgesetz
RG	Reichsgericht
RGBl	Reichsgesetzblatt
RGRK	Reichsgerichtsräte-Kommentar (siehe BGB-RGRK)
RHeimstG	(Vormaliges) Reichsheimstättengesetz
RJA	Reichsjustizamt, Entscheidungssammlung in Angelegenheiten der freiwilligen Gerichtsbarkeit
RJM	Reichsjustizministerium
RNotZ	Rheinische Notar-Zeitschrift (vormals MittRhNotK)
Rpfleger	Der Deutsche Rechtspfleger
RPflG	Rechtspflegergesetz
RpflJB	Rechtspfleger-Jahrbuch
RSG	Reichssiedlungsgesetz
RVI	Rechtshandbuch Vermögen und Investitionen in der ehem DDR
RVO	Reichsversicherungsordnung
S	Seite
s	siehe
SachenRÄndG	Sachenrechtsänderungsgesetz
SachenRBerG	Sachenrechtsbereinigungsgesetz
SchlHA	Schleswig-Holsteinische Anzeigen
SchRG	Gesetz zur Regelung der landwirtschaftlichen Schuldverhältnisse
SchuldRAnpG	Schuldrechtsanpassungsgesetz
SJZ	Süddeutsche Juristenzeitung
Soergel(Bearbeiter)	Soergel, BGB, 13. Aufl (2000 ff)
sog	sogenannt

Abkürzungen

Sp	Spalte
SpTrUG	Gesetz über die Spaltung der von der Treuhandanstalt verwalteten Unternehmen (Spaltungsgesetz)
SPV	Sonderungsplanverordnung
StAnz	Staatsanzeiger
Staudinger (Bearbeiter)	Staudinger, BGB, 13. Aufl (1995 ff), bei Einzelbänden spätere Neubearbeitung
StBauFG	(früheres) Städtebauförderungsgesetz
Stöber	Stöber, Forderungspfändung, 13. Aufl (2002)
Stöber	Stöber, GBO-Verfahren und Grundstückssachenrecht, 2. Aufl (1998)
Stöber	Stöber, ZVG-Handbuch: Zwangsvollstreckung in das unbewegliche Vermögen, 7. Aufl (1999)
Stöber	Stöber, Zwangsversteigerungsgesetz, 17. Aufl (2002)
str	strittig
TreuhG	Treuhandgesetz
TV	Testamentsvollstrecker
ua	unter anderem
UmstG	Umstellungsgesetz
UmwG	Umwandlungsgesetz
unbestr	unbestritten
uU	unter Umständen
v	vom, von
VAG	Gesetz über die Beaufsichtigung der Versicherungsunternehmen
VereinfVO	Vereinfachungsverordnung
VerglO	(vormalige) Vergleichsordnung
VerkFlBerG	Verkehrsflächenbereinigungsgesetz
VermG	Vermögensgesetz
VermRÄndG	Vermögensrechtsänderungsgesetz
VermRAnpG	Vermögensrechtsanpassungsgesetz
VersR	Zeitschrift Versicherungsrecht
VerwBl	Verwaltungsblatt (Zeitschrift)
Vfg	Verfügung
VG	Verwaltungsgericht
VGH	Verwaltungsgerichtshof
vgl	vergleiche
VIZ	Zeitschrift für Vermögens- und Immobilienrecht
VO	Verordnung
VOBl	Verordnungsblatt
VOBlBrZ	Verordnungsblatt für die britische Zone
Vorbem	Vorbemerkung
vorst	vorstehend
VR	Vorkaufsrecht
VwGO	Verwaltungsgerichtsordnung
VwVfG	Verwaltungsverfahrensgesetz
VZOG	Vermögenszuordnungsgesetz
WährG	Währungsgesetz
WarnErgBd	Warneyer, Die Rechtsprechung des Reichsgerichts auf dem Gebiete des Zivilrechts (Ergänzungsband)

Abkürzungen

WarnJ	Warneyer, Jahrbuch der Entscheidungen
WEG	Gesetz über das Wohnungseigentum und das Dauerwohnrecht
WGV	Verordnung über die Anlegung und Führung der Wohnungs- und Teileigentumsgrundbücher (Wohnungsgrundbuchverfügung)
Winkler	Winkler, Beurkundungsgesetz, 15. Aufl (2003)
WM	Wertpapier-Mitteilungen (Teil IV B)
WSG	Wohnsiedlungsgesetz
württ	württembergisch
WürttNV	Württ Notarverein, Mitteilungen aus der Praxis
WuM	Wohnungswirtschaft und Mietrecht
ZAP	Zeitschrift für die Anwaltspraxis
ZAP-DDR	Zeitschrift für die Anwaltspraxis – Ausgabe DDR
ZBlFG	Zentralblatt für freiwillige Gerichtsbarkeit und Notariat sowie Zwangsversteigerung
ZEV	Zeitschrift für Erbrecht und Vermögensnachfolge
ZfBR	Zeitschrift für Baurecht
ZfIR	Zeitschrift für Immobilienrecht
ZGB	Zivilgesetzbuch (der ehem DDR)
Ziff	Ziffer
ZIP	Zeitschrift für Wirtschaftsrecht
ZJBl	Zentraljustizblatt für die britische Zone
ZMR	Zeitschrift für Miet- und Raumrecht
ZNotP	Zeitschrift für die NotarPraxis
ZOV	Zeitschrift für Offene Vermögensfragen
ZPO	Zivilprozeßordnung
ZS	Zivilsenat
ZVG	Zwangsversteigerungsgesetz
zZt	zur Zeit

Schrifttumsverzeichnis

Amann/Brambring/Hertel, Vertragspraxis nach neuem Schuldrecht, 2. Aufl (2003)
Bärmann/Pick, Wohnungseigentumsgesetz, 15. Aufl (2001)
Bärmann/Pick/Merle, Wohnungseigentumsgesetz, 8. Aufl (1999) [9. Aufl 2003]
Bärmann/Seuß, Praxis des Wohnungseigentums, 4. Aufl (1999)
Basty, Der Bauträgervertrag, 4. Aufl (2002) mit aktuellen Ergänzungen (2002)
Bauer, Bauer/vOefele sowie *Bauer/vOefele/(Bearbeiter)*, GBO (1999)
Baur/Stürner, Lehrbuch des Sachenrechts, 17. Aufl (1998)
Beck'sches Formularbuch zum Bürgerlichen, Handels- und Wirtschaftsrecht, 8. Aufl (2003)
Beck'sches Notar-Handbuch, 3. Aufl (2000)
Bengel/Simmerding, Grundbuch, Grundstück, Grenze, 5. Aufl (2000)
Böhringer, Besonderheiten des Liegenschaftsrechts in den neuen Bundesländern (1993)
Brand/Schnitzler, Verfahren in Grundbuchsachen, 9. Aufl (1957)

Czub, Sachenrechtsbereinigung (1994)

Demharter, Grundbuchordnung, 24. Aufl (2002)
Dempewolf, Der Rückübertragungsanspruch bei Sicherungsgrundschulden (1958)
Diester, Rechtsprechung zum Wohnungseigentumsgesetz (1967)
–, Die Aufgaben der Grundbuchämter nach dem WEG (1965)
–, Wichtige Rechtsfragen des Wohnungseigentums (1974)

Eickmann, Grundbuchverfahrensrecht, 3. Aufl (1994)
–, Grundstücksrecht in den neuen Bundesländern, 3. Aufl (1996)
Eickmann/Autor, Sachenrechtsbereinigung (1994 ff)
Erman, BGB, 10. Aufl (2000)

Fieberg/Reichenbach/Messerschmidt/Neuhaus, Vermögensgesetz, 17. Aufl (2002)

Grziwotz, Praxis-Handbuch Grundbuch- und Grundstücksrecht (1999)
Güthe/Triebel, GBO, 6. Aufl (1936/37)

Haegele, Grundstückverkehrsbeschränkungen, 3. Aufl (1970)
Haegele/Winkler, Der Testamentsvollstrecker, 16. Aufl (2001)
Hesse/Saage/Fischer, Grundbuchordnung, 4. Aufl (1957)
Holzer/Kramer, Grundbuchrecht (1994)

Ingenstau/Hustedt, Erbbaurecht, 8. Aufl (2001)

Jansen, Freiwillige Gerichtsbarkeit, 2. Aufl (1969/70) und BeurkG (1971)
Jauernig, Bürgerliches Gesetzbuch, 10. Aufl (2003)

Keidel/Krafka/Willer, Registerrecht, 6. Aufl (2003)
Keidel/Kuntze/Winkler, Freiwillige Gerichtsbarkeit, 15. Aufl (2003)
Keller, Grundstücke in Vollstreckung und Insolvenz (1998)
Keller/Padberg, Nutzungsrechte an Grundstücken in den neuen Ländern (1996)
Kersten/Bühling, Formularbuch und Praxis der freiwilligen Gerichtsbarkeit, 21. Aufl (2001)
Kimme, Offene Vermögensfragen (1993 ff)
Korte, Handbuch der Beurkundung von Grundstücksgeschäften (1990)
Krauß, Grundstückskaufverträge nach der Schuldrechtsreform (2002)
Kriegel, Grundstückteilungen und Grundstücksvereinigungen, 3. Aufl (1967)
–, Grundstücksabmarkung, Rechtsgrundlagen und Verfahren (1964)
Kuntze/Ertl/Herrmann/Eickmann, Grundbuchrecht, 5. Aufl (1999)

Schrifttum

Löscher, Grundbuchrecht, Lehrbuch (1974)

Meikel(Bearbeiter), Grundbuchrecht, 8. Aufl (1997–1998)
Moser-Merdian/Flik/Keller, Das Grundbuchverfahren in den neuen Bundesländern, Band 1: 3. Aufl (1995); Band 2: 2. Aufl. (1996)
Münchener Kommentar zum Bürgerlichen Gesetzbuch, 4. Aufl (2000 ff), Band 6: 3. Aufl (1997)

von Oefele/Winkler, Handbuch des Erbbaurechts, 3. Aufl (2003)

Palandt, BGB, Kurzkommentar, 62. Aufl (2003)

Rädler/Raupach/Bezzenberger, Vermögen in der ehemaligen DDR (Loseblatt)
Reichsgerichtsräte-Kommentar zum BGB, 12. Aufl (ab 1974)
Reithmann, Allgemeines Urkundenrecht (1972)
Reithmann/Albrecht, Handbuch der notariellen Vertragsgestaltung, 8. Aufl (2001) mit Nachtrag (2002)
Reithmann/Meichssner/von Heymann, Kauf vom Bauträger, 7. Aufl (1995)
Ripfel, Grundbuchrecht (1961)
RVI/Autor, Rechtshandbuch Vermögen und Investitionen in der ehem DDR, 38. Aufl (2002)

Säcker, Vermögensrecht (1995)
Schmidt-Räntsch, Eigentumszuordnung, Rechtsträgerschaft und Nutzungsrechte an Grundstücken, 2. Aufl (1995)
Schwab/Prütting, Sachenrecht, 28. Aufl (1999)
Soergel, BGB, 13. Aufl (2000 ff)
Staudinger, BGB, 13. Aufl (1995 ff), bei Einzelbänden spätere Neubearbeitung
Stöber, Forderungspfändung, 13. Aufl (2002)
–, GBO-Verfahren und Grundstückssachenrecht, 2. Aufl (1998)
–, Vereinsrecht, 8. Aufl (2000)
–, ZVG-Handbuch: Zwangsvollstreckung in das unbewegliche Vermögen, 7. Aufl (1999)
–, Zwangsversteigerungsgesetz, 17. Aufl (2002)

Thieme, GBO, Kommentar, 4. Aufl (1955 mit Nachtr)

Weitnauer, Wohnungseigentumsgesetz, 8. Aufl (1995)
Winkler, Beurkundungsgesetz, 15. Aufl (2003)

Zöller/(Bearbeiter), Zivilprozeßordnung, 23. Aufl (2002) [24. Aufl 2004]

– Schrifttum zu *Einzelfragen* ist jeweils an den einschlägigen Stellen angeführt –

Erster Teil
Grundstücks- und Grundbuchrecht
I. Begriffe, Grundsätze und Rechtsquellen

A. Allgemeine Fragen

1. Grundbuchsystem, Grundbuchrecht

Literatur: Böhringer, Das deutsche Grundbuchsystem im internationalen Rechtsvergleich, BWNotZ 1987, 25; Böhringer, Die Grundlagen der Grundbuchführung im Wandel der Zeiten, BWNotZ 1999, 161; Ertl, Entwicklungsstand und Entwicklungstendenzen des Grundbuchrechts nach 80 Jahren Grundbuchordnung, Rpfleger 1980, 1; Hesse, Das neue Grundbuchrecht, DNotZ 1935, 700; Reithmann, Die Aufgaben öffentlicher Register, DNotZ 1979, 67; Stewing, Geschichte des Grundbuches, Rpfleger 1989, 445.

Das **Grundbuchrecht** regelt Einrichtung und Führung des Grundbuchs als öffentliches Buch über Rechtsverhältnisse am Grundbesitz. Die Notwendigkeit zur Führung des Grundbuchs ergibt sich aus dem materiellen Grundstücksrecht. Das Sachenrecht des Bürgerlichen Gesetzbuchs (§§ 873–1203) setzt voraus, daß Grundstücke zu buchen und die an den einzelnen Grundstücken bestehenden privaten Rechte durch das Grundbuch nachzuweisen sind (Grundbuchsystem). Nach dem Eintragungssystem des materiellen Liegenschaftsrechts gibt es in der Regel keinen Erwerb, keine Veränderung und keine Aufhebung von Eigentum und sonstigen Rechten an Grundstücken ohne Eintragung in das Grundbuch (§§ 873, 875, 877, 925 BGB; § 867 Abs 1 ZPO). Der Grundbuchinhalt ist zudem für die Beweisvermutung der eingetragenen Rechte (§ 891 BGB) und zur Sicherung des redlichen Rechtsverkehrs als Grundlage des gutgläubigen Erwerbs (§ 892, auch § 893 BGB) bedeutsam. Damit erfordert das materielle Sachenrecht zugleich, daß die Einrichtung des Grundbuchs als öffentliches Buch, die formellen Voraussetzungen, unter denen eine Eintragung in das Grundbuch vorzunehmen ist, und das Eintragungsverfahren bestimmt sind. Mit diesen Regelungen umfaßt das Grundbuchrecht das **formelle Recht**. 1

Das **Grundbuch** hat die Aufgabe, dem Immobiliarverkehr eine sichere Grundlage zu geben. Hauptzweck der Bucheinrichtung ist es, auf zuverlässiger Grundlage bestimmte und sichere Rechtsverhältnisse für unbewegliche Sachen zu schaffen und zu erhalten.[1] Wesentlich ist das Grundbuch dazu bestimmt, klar und übersichtlich über den dinglichen Rechtszustand an Grundstücken Auskunft zu geben.[2] Damit ist das Grundbuch insbesondere für die Rechtsbeziehungen zwischen den Grundstückseigentümern und den 2

---

[1] RG 61, 374 (377); RG 145, 343 (354).
[2] RG 143, 159 (165); OLG Hamm DNotZ 1986, 626 = NJW 1986, 3213 = Rpfleger 1986, 364 (365).

1. Teil. I. Begriffe, Grundsätze und Rechtsquellen

an Grundstücken dinglich Berechtigten maßgebend. Dem Realkredit dient es als sichere Unterlage. Wer am Grundstückverkehr teilnehmen will, ist gehalten, sich durch Einsicht des Grundbuchs die Erkenntnisquelle zu erschließen, die ihm eine zuverlässige Beurteilung des dinglichen Rechtszustands ermöglicht.[3] Allerdings entspricht der Inhalt des Grundbuchs nicht immer den tatsächlich bestehenden Verhältnissen. Er kann durch Rechtsänderungen, die außerhalb des Grundbuchs eingetreten sind, oder durch Eintragungen, die allein nicht zu den erstrebten Rechtsänderungen führen, unvollständig oder unrichtig geworden sein (s Rdn 356 ff).

3 Mit der Entwicklung des **öffentlichen Bodenrechts**,[4] namentlich durch das Baugesetzbuch (= BauGB), in dem seit Juli 1987 das frühere Bundesbaugesetz und das vormalige Städtebauförderungsgesetz zusammengefaßt sind, durch Grundstücksverkehrsgesetz (GrdstVG), Reichssiedlungsgesetz, Flurbereinigungsgesetz (FlurbG) und Enteignungsgesetze, hat das Grundbuch für ein weiteres Teilgebiet des Liegenschaftsrechts Bedeutung erlangt. Gesetze des öffentlichen Bodenrechts enthalten neben materiellen Regelungen verschiedenster Art (wie über Veräußerungs-, Belastungs-, Teilungs- und Erwerbsbeschränkungen, gesetzliche Vorkaufsrechte, Enteignung, öffentliche Lasten) auch Verfahrensbestimmungen; Vorschriften über Eintragungsfähigkeit (zB von Verfügungsbeschränkungen, gesetzlichen Vorkaufsrechten) und Grundbuchverfahren sehen sie jedoch nur unvollkommen vor. Das kann Konflikte ergeben und die Sicherheit des privaten Grundstücksverkehrs beeinträchtigen.[5] Dem Grundbuch soll daher in diesem Bereich auch eine **Warn- und Schutzfunktion** zukommen. Folgt man dem, dann könnte das Grundbuch diese Aufgabe mit Eintragungsfähigkeit[6] (vgl aber Rdn 27) der auf andere Weise nicht erkennbaren öffentlich-rechtlichen Eingriffe (Verfügungsbeschränkungen, Vorkaufsrechte) erfüllen, wenn deren Wirkung mit der unterlassenen oder verzögerten Eintragung eingeschränkt würde.[7]

4 Der Funktion des Grundbuchs, sichere Auskunft über Rechte an Grundstücken zu geben, tragen Vorschriften des öffentlichen Bodenrechts über die Führung sonstiger Verzeichnisse über Grundstückslasten (wie eines Baulastenverzeichnisses) nicht Rechnung. Den Erfordernissen des Rechtsverkehrs ist Kundbarmachung von Rechtsverhältnissen an Grundstücken in solchen „Nebengrundbüchern" nicht dienlich (dazu Rdn 3197), vom überflüssigen Verwaltungsaufwand ganz abgesehen.

5 Einrichtung und Führung des Grundbuchs setzt das Eintragungssystem des materiellen Liegenschaftsrechts für Grundstücke (Begriff Rdn 561) und für **grundstücksgleiche Rechte** voraus. Auf grundstücksgleiche Rechte sind nach besonderer gesetzlicher Bestimmung die für Grundstücke geltenden Vor-

---

[3] RG aaO (Fußn 2).
[4] Näher hierzu Ertl Rpfleger 1980, 1 (insbesondere II 6).
[5] Beispiel bei K/E/H/E Einleitung A 10; dazu auch Bauer Einleitung A 5.
[6] Eintragungsfähigkeit bejahen K/E/H/E Einleitung A 10; Ertl Rpfleger 1980, 1 (6; Abschn IV 4); Ertl MittBayNot 1979, 214 (217). Nur bei ausdrücklicher gesetzlicher Vorschrift halten wir Verfügungsbeschränkungen und Vorkaufsrechte des öffentlichen Rechts für eintragungsfähig (vgl Rdn 27) mit Demharter Rdn 23 Anh zu § 13; Meikel/Morvilius Einl C 5 (zum Teil anders Meikel/Böttcher Einl B 14).
[7] Näher dazu K/E/H/E Einleitung A 10; Ertl Rpfleger 1980, 1 (insbesondere IV 4); Michalski MittBayNot 1988, 204.

A. Allgemeine Fragen

schriften anzuwenden. Bundesrechtlich als grundstücksgleiches Recht geregelt sind das Erbbaurecht und das Bergwerkseigentum (§ 9 Bundesberggesetz, BBergG, vom 13. Aug 1980, BGBl I 1310). Im übrigen beruhen grundstücksgleiche Rechte auf Landesrecht. Zu nennen sind Fischereirechte, Kohlen- und Salzabbaugerechtigkeiten sowie sonstige Gerechtigkeiten.[8]

Das **Wohnungseigentum** (Teileigentum) ist echtes Eigentum, somit kein grundstücksgleiches Recht. Für Buchung der Rechtsverhältnisse an ihm werden Wohnungsgrundbuchblätter (Teileigentumsgrundbuchblätter) angelegt (§ 7 Abs 1 WEG mit Ausnahme in Abs 2). 6

Das Grundstücks- und Grundbuchrecht gehört zur konkurrierenden Gesetzgebung des Bundes (Art 74 Nr 1 GG). Mit der GBO ist das Rechtsgebiet abschließend bundesrechtlich geregelt; Länderkompetenzen bestehen nur im Rahmen des § 117 GBO iVm Art 119 EGBGB. 7

Geschichtliche Entwicklung:[9] Im deutschen Raum führte die Verknüpfung politischer Rechte mit dem Besitz von Grund und Boden schon im Mittelalter zur Ausbildung eines Sonderrechts für Grundstücke. Seine Grundlage war die Öffentlichkeit der Rechtsverhältnisse an den einzelnen Grundstücken. Sie war in älterer Zeit dadurch ausreichend gewährleistet, daß die Rechtsgeschäfte, welche eine Änderung des jeweiligen Rechtszustandes bezweckten, vor der versammelten Gemeinde vorgenommen wurden. Als mit wachsendem Verkehr auch die Schreibkunst sich ausbreitete, ging man dazu über, die Geschäfte schriftlich zu beurkunden und die Urkunden zu sammeln. So gelangte man, namentlich in den verkehrsreichen Städten, zur Anlegung und Führung öffentlicher Bücher, die über die Rechtsverhältnisse an Grundbesitz sichere Auskunft geben konnten. Diese deutsche Institution wurde weitgehend verdrängt, als das römische Recht sich in Deutschland Geltung verschaffte. Nur in einigen Städten, namentlich in Hamburg und Lübeck, blieben die Einrichtungen erhalten. 8

Die recht unterschiedliche weitere Entwicklung des Grundstücksrechts und Realkredits in Deutschland bis 1900 hatte sodann verschiedene Systeme gebracht:

a) Das Immobilienrecht **ohne Bucheinrichtung** des gemeinen Rechts hatte nur noch vereinzelt Geltung. Ein eigenartiges buchloses Immobilienrecht hatte sich in Bremen unter Fortbildung der Auflassung des Mittelalters entwickelt. Das Eigentum wurde hier bei Veräußerung unter der Hand durch „Lassung" erworben, die Verpfändung der Grundstücke wurde mittels „Handfesten" bewirkt. Klarheit und Sicherheit brachte ein öffentliches Aufgebot in allen Fällen der Veräußerung und Verpfändung. Mit solcher Erschwernis erwies sich dieses Rechtssystem immer mehr auch als unzulänglich.

b) Das **Transkriptions- und Inskriptionssystem** des französischen Rechts (code civil) bildete Grundlage des Immobilienrechts insbesondere im preuß OLG-Bezirk Köln, der bayer Pfalz, in Baden, der hess Provinz Rheinhessen und in Elsaß-Lothringen. In diesen Rechtsbereichen wurde das Eigentum durch formlosen Vertrag übertragen; desgleichen erforderte der Erwerb von Hypotheken und anderen Belastungen keine Eintragung. Durch Eintragung (transkription) der Erwerbsurkunde in das Transkriptionsregister und durch Inskription von Hypotheken und Privilegien erlangten die dinglichen Rechte nur Wirksamkeit gegen Dritte.

---

[8] Zu diesen landesrechtlichen Vorschriften s MIR (6. Aufl) Bem 14 ff zu § 3 und Bem 41 ff zu § 117. Hingewiesen werden soll hier noch auf die vor dem 1. 1. 1900 begründeten landesrechtlichen Stockwerkseigentumsrechte (für Baden-Württemberg §§ 36 ff Bad-Württ-AGBGB). Zum früheren Stockwerkseigentum in Bayern, das als Miteigentum weiter besteht, siehe BayObLG 1995, 413 (416) und 1997, 98 (103).
[9] Quelle insbesondere: Motive zu dem Entwurfe eines Bürgerlichen Gesetzbuches für das Deutsche Reich, Band III: Sachenrecht, Amtliche Ausgabe, 1888; Abschnitt V: Die Bucheinrichtung als Grundlage des Immobilienrechts, Seiten 9–21.

c) Das **Pfandbuchsystem** war insbesondere in Bayern (ohne Pfalz), Württemberg und Weimar eingeführt. Das Pfandbuch (Hypothekenbuch) hatte nur die Hypothekenrechte und den Verkehr damit zu sichern, erfüllt mithin lediglich die Aufgabe, den Realkredit auf eine sichere Grundlage zu stellen. Hypotheken konnten nur durch Eintragung in das Hypothekenbuch entstehen. Für diesen Zweck werden auch die mit Hypotheken belasteten Liegenschaften und ihre Eigentümer erfaßt. Das Eigentum wurde aber nicht durch Eintragung übertragen; nach dem Traditionsprinzip des römischen Rechts wurde es durch Übergabe erworben. Die Begründung anderer dinglicher Rechte erfolgte im wesentlichen gleichfalls ohne Buchung.

d) Das **Grundbuchsystem** als das dem Pfandbuchsystem gegenüber konsequentere und vollkommenere System war Grundlage des Immobilienrechts insbesondere für Preußen (mit Ausnahmen), Oldenburg, Sachsen, Anhalt, Hamburg und Nassau. Grundstücke, Eigentum und Belastungen wurden im Grundbuch dargestellt. Eigentumsübertragung und Belastungen waren dem Eintragungsprinzip unterworfen.

2. Begründung, Belastung, Übertragung, Änderung, Aufhebung von Grundstücksrechten

9 Rechtsänderungen an Grundstücken und Grundstücksrechten regelt das materielle Grundstücksrecht des Bürgerlichen Gesetzbuchs (Rdn 1) auf der Grundlage des **Konsens-** und **Eintragungsprinzips**. Für die Rechtsänderung, die nach dem Willen des bisherigen Berechtigten und des Erwerbers, sonach durch Rechtsgeschäft, eintreten soll, ist neben der Eintragung (Rdn 1) als übereinstimmende Willenskundgabe der Beteiligten Einigung (dinglicher Vertrag), vereinzelt auch nur einseitige Willenserklärung des Berechtigten erforderlich. Dazu muß die Zustimmung eines Dritten kommen, wenn die Rechtsänderung seine Rechtsstellung berührt. Meist geht die Einigung der Eintragung in das Grundbuch voraus; doch ist dies nicht unbedingt notwendig. Einen dinglichen Vertrag, damit eine Einigung, zugunsten eines Dritten ermöglicht das geltende Recht nicht; § 328 BGB ist auf dingliche Rechte nicht anwendbar. Für einen Dritten (einen an der Einigung für den Rechtserwerb nicht Beteiligten) kann daher ein Recht an einem Grundstück oder Grundstücksrecht nicht begründet werden.[10]

10 **Einigung** über den Eintritt der Rechtsänderung und **Eintragung** sind erforderlich zur
- Übertragung des Eigentums an einem Grundstück (§ 873 Abs 1 BGB), zu erklären in der Form der Auflassung (§ 925 Abs 1 BGB);
- Belastung eines Grundstücks mit einem Recht (§ 873 Abs 1 BGB) (zB Bestellung einer Dienstbarkeit, einer Hypothek oder Grundschuld);
- Übertragung oder Belastung eines Rechts an einem Grundstück (§ 873 Abs 1 BGB) (zB Abtretung oder Verpfändung einer Grundschuld);
- Änderung des Inhalts eines Rechts an einem Grundstück (§ 877 BGB) (zB der Zahlungsbedingungen einer Hypothek). Hierfür ist auch die Zustimmung eines Dritten erforderlich, für den das Grundstücksrecht mit einem Recht (zB einem Nießbrauch, einem Pfandrecht) belastet ist.

---

[10] BGH 41, 95 = NJW 1964, 1124 mit weit Nachw; BGH LM BGB § 1105 Nr 1 = DNotZ 1965, 612 = Rpfleger 1965, 223; BGH DNotZ 1995, 494 = NJW 1993, 2617 = Rpfleger 1993, 503 mit weit Nachw; BayObLG MittBayNot 2003, 126 = NJW 2003, 1402 = NotBZ 2003, 275 = Rpfleger 2003, 177; OLG Düsseldorf MittRhNotK 1990, 52; LG Wuppertal MittRhNotK 1994, 218; Liedel DNotZ 1991, 855 (863 ff); Linnenbrink MittRhNotK 1992, 261 (265).

A. Allgemeine Fragen

Erklärung nur des Berechtigten und **Eintragung** in das Grundbuch erfordern 11
- Aufgabe des Eigentums an einem Grundstück (§ 928 Abs 1 BGB);
- Aufhebung eines Rechts an einem Grundstück (§ 875 Abs 1 BGB). Sie erfordert weiter die
  - Zustimmung des Eigentümers, wenn eine Hypothek, Grundschuld oder Rentenschuld aufgehoben wird (§ 1183 BGB mit § 1192 Abs 1 und § 1200 Abs 1 BGB);
  - Zustimmung des Dritten, für den das Grundstücksrecht mit einem Recht belastet ist (§ 876 BGB).

Eintragung zusammen mit hoheitlichem Handeln eines Staatsorgans führt 12
insbesondere bei **Zwangsvollstreckung** zu Rechtsänderung, so bei Eintragung einer Zwangshypothek (§ 867 Abs 1 ZPO) oder Pfändung einer Buchhypothek (§ 830 Abs 1 ZPO). Rechtsänderungen **ohne** Grundbucheintragung können durch staatlichen Hoheitsakt (zB Zuschlag, §§ 90, 91 Abs 1 ZVG) eintreten oder kraft Gesetzes erfolgen (zB Erbfolge; Umwandlung eines Pfandrechts in eine Sicherungshypothek, § 1287 BGB, § 848 Abs 2 ZPO).

3. Grundsätze des Grundstücks- und Grundbuchrechts

Das **materielle** Grundstücksrecht regelt den Inhalt, die Entstehung, Änderung 13
und Aufhebung der Rechte an Grundstücken. Enthalten ist es als Sachenrecht im Dritten Buch des Bürgerlichen Gesetzbuchs (§§ 873–1203) und in Nebengesetzen (ErbbauVO; RSG, WEG). Einrichtung der Grundbücher, Voraussetzungen der Eintragung und Eintragungsverfahren regelt das Grundbuchrecht als **formelles** Sachenrecht (Rdn 1) in der Grundbuchordnung und ihren Nebenbestimmungen. Grundstücksrecht und Grundbuchrecht sind eng miteinander verflochten, sinnvoll aufeinander abgestimmt und ergänzen sich gegenseitig.[11] Beide Rechtsgebiete beruhen auf Grundsätzen, für die trotz der verschiedenen Bedeutung der materiellen und formellen Vorschriften zum Teil gleiche Bezeichnungen verwendet werden.
Hauptgrundsätze des Grundstücks- und Grundbuchrechts sind:

a) Eintragungsgrundsatz

aa) Erwerb, Veränderung und Aufhebung von Eigentum und sonstigen Rech- 14
ten an Grundstücken sind nach dem **materiellen** Eintragungsprinzip von der Eintragung in das Grundbuch abhängig (Rdn 1). Die Eintragung ist neben der Willenskundgabe (Rdn 9–11) materielles Erfordernis der rechtsgeschäftlichen Rechtsänderung; Rechtserwerb durch Zwangsvollstreckung (Rdn 12) erfordert zumeist gleichfalls Eintragung. Eine Einschränkung besteht bei Übertragung und Belastung einer Hypothek, Grundschuld und Rentenschuld, über die ein Brief erteilt ist (§ 1154 Abs 1 mit § 1192 Abs 1 und § 1200 Abs 1; für Pfändung § 830 und § 857 Abs 6 ZPO). Rechtsänderungen außerhalb des Grundbuchs werden nachträglich berichtigend eingetragen (§ 894 BGB) (Rdn 359).

bb) Die **formellen** Voraussetzungen, unter denen eine Eintragung in das Grundbuch vorzunehmen ist, regelt das Grundbuchverfahrensrecht.

---
[11] Ertl Rpfleger 1980, 1 (2 unter II 3) und 1980, 41 (unter I 1).

b) Einigungsgrundsatz

15 aa) **Materielles Konsensprinzip:** Für eine rechtsgeschäftliche Änderung der dinglichen Rechtslage ist außer der Eintragung auch Einigung des Berechtigten und des anderen Teils erforderlich (§ 873 Abs 1 BGB). Ausnahme für Aufgabe des Eigentums und eines Rechts an einem Grundstück, die nur einseitige Erklärung erfordern. Die Einigung ist unabhängig von den obligatorischen (schuldrechtlichen) Beziehungen der Beteiligten zueinander (Abstraktionsprinzip). Das Grundgeschäft (Kausalgeschäft) ist kein Tatbestandsmerkmal der dinglichen Rechtsänderung und nicht Bedingung für deren Rechtswirksamkeit.

bb) **Formelles Konsensprinzip** (Bewilligungsgrundsatz): Zur Eintragung in das Grundbuch ist einseitige Bewilligung des Betroffenen erforderlich und ausreichend (§ 19 GBO; Rdn 95). Die nach materiellem Recht zur Rechtsänderung nötigen Willenserklärungen brauchen dem Grundbuchamt nicht nachgewiesen zu werden. Ausnahme: § 20 GBO (hierzu Rdn 108).

c) Antragsgrundsatz

16 Auf ihm beruht das Grundbuchverfahren. Er bedeutet, daß eine Eintragung in das Grundbuch nur auf Antrag erfolgt (§ 13 Abs 1 GBO). Einzelheiten Rdn 85 ff. Nur in Ausnahmefällen wird das Grundbuchamt von Amts wegen tätig (Rdn 204).

d) Öffentlichkeitsgrundsatz

17 aa) Das **materielle Publizitätsprinzip** schützt für den rechtsgeschäftlichen Rechtsverkehr das Vertrauen auf Richtigkeit und Vollständigkeit des Inhalts des Grundbuchs. Dem Grundbuch ist öffentlicher Glaube für den Schutz des redlichen rechtsgeschäftlichen Erwerb eines Rechts an einem Grundstück oder an einem eingetragenen Recht beigelegt (Gutglaubenswirkung). Einzelheiten Rdn 336 ff.

bb) Das **formelle Publizitätsprinzip** gebietet demzufolge Offenlegung des Grundbuchs zur Einsicht durch die am Rechtsverkehr Teilnehmenden (§ 12 GBO; Rdn 524).

e) Bestimmtheitsgrundsatz

18 Der Bestimmtheitsgrundsatz (Spezialitätsprinzip) gebietet, daß das Grundstück, über das durch Rechtsgeschäft verfügt werden soll, sowie Berechtigter und Inhalt eines an einem Grundstück eintragungsfähigen Rechts klar und eindeutig feststehen müssen (Gebot der Klarheit und Wahrheit).

f) Typenzwang

19 Begründet werden können nur Grundstücksrechte, die das Gesetz zuläßt (numerus clausus der Sachenrechte; hierzu Rdn 22). Inhaltliche Gestaltung der abänderbaren Rechte ist nur in den gesetzlich vorgesehenen Grenzen zulässig (Typenfixierung).

g) Grundsatz der Sachprüfung (Legalitätsprinzip)

20 Er gilt nur für das formelle Grundbuchrecht und bedeutet, daß das Grundbuchamt im Eintragungsverfahren die Gesetzesmäßigkeit der beantragten

Eintragung nach den Erfordernissen des formellen Grundbuchrechts zu prüfen hat (dazu Rdn 206 ff). Besonderheit: § 20 GBO.

h) Vorranggrundsatz

aa) Nach dem **materiellen Prioritätsgrundsatz** richtet sich der Rang der Grundstücksrechte nach der Reihenfolge ihrer Eintragung in das Grundbuch (§ 879 BGB).

bb) Formell – im Grundbuchverfahren – ist der früher beantragten Eintragung der bessere Rang gewährleistet (§§ 17, 45 GBO).

B. Eintragungsfähige und nicht eintragungsfähige Rechte

1. Grundsätze zur Eintragungsfähigkeit

Als **Bestand** werden im Grundbuch Grundstücke und grundstücksgleiche Rechte (Rdn 5) gebucht. Als **Rechtsverhältnisse** an ihnen können nur Rechte an Grundstücken und grundstücksgleichen Rechten sowie Rechte an Grundstücksrechten je mit ihrem zugelassenen Inhalt, Sicherungsmittel, Verfügungsbeschränkungen und sonstige Vermerke eingetragen werden, die vom Gesetz zur Eintragung bestimmt und zugelassen sind. Der Kreis der eintragungsfähigen Rechte, Rechtsverhältnisse und Vermerke ist damit abschließend geregelt. Was das Gesetz zur Eintragung nicht zuläßt, darf nicht eingetragen werden.
Eintragungsfähig sind:
– alle **dinglichen Rechte** des Sachenrechts des BGB. Es sind dies Eigentum, Grunddienstbarkeiten, beschränkte persönliche Dienstbarkeiten, Nießbrauchrechte, Reallasten, Vorkaufsrechte, Hypotheken, Grundschulden und Rentenschulden, außerdem Erbbaurechte und als Belastung des Anteils eines Miteigentümers die Regelung der Verwaltung und Benutzung (§ 1010 BGB), sowie der Verzicht auf eine Überbau- oder Notwegrente und die Feststellung ihrer Höhe durch Vertrag (§ 914 Abs 2 S 2, § 917 Abs 2 S 2 BGB);
– als **Rechte an** (übertragbaren) **Grundstücksrechten:** Pfandrechte (§ 873 mit § 1273 Abs 1 BGB) und Nießbrauchsrechte (§ 1068 Abs 1 BGB);
– als **dingliche Sicherungsmittel** Vormerkungen und Widersprüche;
– bestimmte **gesetzliche Verfügungsbeschränkungen,** und zwar grundsätzlich nur relative, nicht auch absolute;
– **rechtsgeschäftliche Verfügungsbeschränkungen** in Sonderfällen. Im übrigen sind rechtsgeschäftliche Verfügungsbeschränkungen nicht eintragbar (vgl § 137 BGB);[1]
– bestimmte sonstige Vermerke (Rdn 26).

Anhaltspunkte dafür, welche Eintragungen im Grundbuch zulässig sind, ergeben sich aus §§ 4–23 GBV.

2. Eintragungsfähige Verfügungsbeschränkungen und Vermerke

Eintragungsfähig sind die Eröffnung des Insolvenzverfahrens (§ 32 InsO; früher Konkurseröffnung [§§ 6, 113 KO]), Anordnung der Zwangsverstei-

---

[1] RG 73, 16 (18); 90, 232 (237); zu den rechtsgeschäftlichen Verfügungsverboten s ausführlich Pikalo DNotZ 1972, 644; auch Böttcher Rpfleger 1983, 49.

gerung und Zwangsverwaltung (§§ 19, 146 Abs 1 ZVG), Testamentsvollstreckung (§§ 2197, 2211 BGB), Nacherbschaft (§§ 2100 ff BGB) sowie Nachlaßverwaltung (§§ 1975, 1984 BGB). Ferner sind eintragungsfähig: Verfügungsbeschränkungen nach § 21 Abs 2 Nr 2 InsO (§ 23 Abs 3 mit § 32 InsO), auf Grund einer einstweiligen Verfügung (§§ 935, 938 ZPO) und nach §§ 52, 53 FlurbG, weiter die Verfügungsbeschränkung infolge Bestellung eines Treuhänders zur Überwachung des Deckungsstocks eines Versicherungsunternehmens (§§ 72, 110 VAG) sowie die Veräußerungs- und Belastungsverbote nach § 75 BVG und § 31 Soldatenversorgungsgesetz.

25   Vereinbarte (rechtsgeschäftliche) Verfügungsbeschränkungen können als Inhalt eines **Erbbaurechts** (§ 5 ErbbauVO), eines **Wohnungs- oder Teileigentums** (§ 12 WEG) oder eines **Dauerwohn- oder Dauernutzungsrechts** (§ 35 WEG) im Grundbuch vermerkt werden.

26   Als sonstiger **Vermerk** eintragungsfähig ist der Vermerk über die Eigenschaft als Hof (Ehegattenhof; sogen Hofvermerk; § 1 HöfeO, § 3 Abs 1 HöfeVO).

3. Nicht eintragungsfähige Rechte, Verfügungsbeschränkungen und Vermerke

27   Ausgeschlossen von der Eintragung in das Grundbuch sind das Recht auf die Überbau- und Notwegrente (§ 914 Abs 2 S 1, § 917 Abs 2 BGB) und die auf dem Grundstück ruhenden öffentlichen Lasten als solche (§ 54 GBO), es sei denn, ihre Eintragung ist gesetzlich besonders zugelassen oder angeordnet;[2] dies kann auch durch Landesrecht geschehen. Zu vermerken sind im Grundbuch zB die im Umlegungsverfahren festgesetzte Verpflichtung des Eigentümers (Erbbauberechtigten) zu Geldleistungen nach den §§ 57–61 BauGB (§ 64 Abs 6 BauGB).
Als absolute Verfügungsbeschränkungen nicht eintragungsfähig sind ua solche nach dem BauGB, nach dem landwirtschaftlichen Grundstückverkehrsrecht und nach ehelichem Güterrecht. Nicht eintragungsfähig sind ferner Angaben über die Geschäftsfähigkeit und Vertretungsbefugnis, ferner Vermerke über ein gesetzliches Vorkaufsrecht nach Siedlungsrecht und sonstige gesetzliche Vorkaufsrechte[3] (s Rdn 3), Vermerke über Veräußerungs-, Belastungs-, Teilungs- und Erwerbsbeschränkungen.

4. Sonstige Eintragungsfragen

28   **Unnötige Eintragungen,** dh solche Eintragungen, die nur wiederholen, was bereits kraft Gesetzes rechtens ist,[4] sollen zwar nicht im Grundbuch erfolgen, sie sind aber auch nicht unzulässig, zumal die Grenze oft flüssig sein kann. Das gleiche gilt für **unerhebliche Eintragungen.** Im Grundbuch soll nicht mehr eingetragen werden als tatsächlich nötig ist.

---

[2] ZB der Bodenschutzlastvermerk (§ 93 b GBV mit § 25 BBodSchG). Für eine erweiterte Eintragungsfähigkeit öffentlicher Lasten Ertl Rpfleger 1980, 1 (6; IV 4).
[3] Für eine Eintragungsfähigkeit des BauGB-Vorkaufsrechts Michalski MittBayNot 1988, 204 (208).
[4] RG 119, 211 (213); 130, 350 (354); KG JFG 3, 329; BayObLG 1995, 153 (155) = DNotZ 1996, 24 (25); OLG Hamm MittRhNotK 1997, 390 = NJW-RR 1998, 304; Bauer AT I 130; K/E/H/E Einl B 9; Meikel/Morvilius Einl C 9.

C. Rechtsquellen des Grundstücks- und Grundbuchrechts

1. Materielles Recht

Die materiellen Vorschriften über das Grundstücksrecht sind in erster Linie im dritten Teil des **BGB** mit der Überschrift „Sachenrecht" enthalten (§§ 854 ff). Dort finden sich **allgemeine Vorschriften** über Rechte an Grundstücken (§§ 873–902), über das **Eigentum** (§§ 903–928, 985–1007), über **Miteigentum** (§§ 1008–1011), über **Dienstbarkeiten** (Grunddienstbarkeiten, beschränkte persönliche Dienstbarkeiten, Nießbrauch, §§ 1018–1093), Vorkaufsrecht (§§ 1094–1104) und Reallast (§§ 1105–1112) sowie über Grundpfandrechte,[1] worunter Hypotheken, Grundschulden und Rentenschulden verstanden werden (§§ 1113–1203 BGB).

An weiteren Vorschriften zum materiellen Recht sind zu nennen:
Verordnung über das **Erbbaurecht** v 15. 1. 1919 (RGBl 72, Berichtigung 122), zuletzt geändert durch Gesetz v 23. 7. 2002 (BGBl I 2850) [= Schönfelder Nr 41];
Gesetz über das **Wohnungseigentum** und das **Dauerwohnrecht** v 15. 3. 1951 (BGBl I 175; Berichtigung 209), zuletzt geändert durch Gesetz v 23. 7. 2002 (BGBl I 2850) [= Schönfelder Nr 37].

2. Formelles Grundbuchrecht

Das Grundbuchrecht ist Teilgebiet der freiwilligen Gerichtsbarkeit, aber größtenteils nicht im FGG, sondern in einer besonderen **Grundbuchordnung** samt Ergänzungsvorschriften geregelt. Diese Vorschriften befassen sich mit der Einrichtung des Grundbuchs und der Grundbuchämter, ferner mit dem Verfahren, das zu einer Eintragung im Grundbuch führt. Daneben gelten für das Grundbuchrecht allerdings auch bestimmte Vorschriften des FGG, des BGB und zahlreiche landesrechtliche Vorschriften. Das Grundbuchrecht enthält Ordnungsvorschriften. Eine Eintragung, die unter Verstoß gegen die Sollvorschriften des Grundbuchverfahrensrechts (der Grundbuchordnung und ihrer Nebenbestimmungen) erfolgt, ist daher nicht allein deswegen unwirksam; sie berührt den Eintritt der materiellen Rechtsänderung nicht. Die Unwirksamkeit einer Grundbucheintragung, die eine rechtsgeschäftliche Rechtsänderung herbeiführen soll, kann sich nur aus einem Mangel der materiellen Voraussetzungen des Rechtsgeschäfts ergeben.

Rechtsgrundlagen des formellen Grundbuchrechts sind insbesondere

a) **Grundbuchordnung** vom 26. 5. 1994 (BGBl I 1114) mit Änderungen (= Schönfelder Nr 114);

b) **Verordnung zur Durchführung der Grundbuchordnung** (Grundbuchverfügung – GBV) idF der Bek vom 24. 1. 1995 (BGBl I 114), geändert durch Verordnungen vom 11. 7. 1997 (BGBl I 1808), vom 10. 2. 1999 (BGBl I 147 [155]) und vom 18. 3. 1999 (BGBl I 497). Die GBV (samt den ihr beigegebenen Vordruckmustern, ausgenommen jedoch die darin enthaltenen Probeeintragungen) ist Rechtsverordnung. Auf Einhaltung ihrer Vorschriften durch

---

[1] Das BGB verwendet den Sammelbegriff „Grundpfandrecht" nicht.

1. Teil. I. Begriffe, Grundsätze und Rechtsquellen

das Grundbuchamt haben die Beteiligten daher einen Rechtsanspruch, der im Beschwerdegang durchgesetzt werden kann.

c) Landesrechtliche Vorschriften **über die geschäftliche Behandlung der Grundbuchsachen,** so:

aa) in **Bayern** die **Geschäftsanweisung für die Behandlung der Grundbuchsachen** (GBGA) vom 7. 12. 1981 (BayJMBl 190); deren § 29 und § 61 sind neu gefaßt mit Bekanntmachung vom 9. 10. 1984 (BayJMBl 204); weitere Änderung ist mit Bekanntmachung vom 8. 4. 1986 (BayJMBl 29), vom 11. 4. 1988 (BayJMBl 50) und vom 11. 5. 1998 (BayJMBl 64 [114]) erfolgt;

bb) in **Brandenburg** die AV des Ministers der Justiz über geschäftliche Behandlung der Grundbuchsachen (Grundbuchgeschäftsanweisung – BrandGBGA) vom 22. 7. 1993 (JMBl 128);

cc) in **Hamburg** die AV der Justizbehörde vom 22. 12. 1971 (Hamb JVBl 107) betr Geschäftliche Behandlung der Grundbuchsachen, deren § 36 ist geändert durch AV der Justizbehörde vom 31. 5. 1988 (HambJVBl 51);

dd) in **Hessen** der RdErl. d. MdJ vom 20. 10. 1988 (HessJMBl 781) betr Geschäftlicher Behandlung der Grundbuchsachen;

ee) in **Niedersachsen** die AV d. Nds. MdJ vom 3. 11. 1967 (Nds. Rpfl. 241), abgedruckt in der AktO – amtliche Ausgabe – als AV 2, und geändert mit AV vom 9. 7. 1969 (Nds. Rpfl. 172) sowie AV vom 4. 2. 1975 (Nds. Rpfl. 29);

ff) in **Nordrhein-Westfalen** die AV d. JM vom 14. 10. 1970 (JMBl NRW 253) betr Geschäftliche Behandlung der Grundbuchsachen (GBGA); Änderung ist mit AV d. JM vom 27. 3. 1987 (JMBlNW 97) und vom 28. 3. 1990 (JMBlNW 97) erfolgt;

gg) in **Rheinland-Pfalz** das Rundschreiben des Ministeriums der Justiz vom 12. 12. 1983 (JBl 1984, 2) betr Geschäftliche Behandlung der Grundbuchsachen;

hh) in **Sachsen** die Verwaltungsvorschrift über die Behandlung der Grundbuchsachen (VwVBGBS) vom 10. 2. 1999 (SächsJMBl 85);

ii) in **Sachsen-Anhalt** die Geschäftsanweisung für die Behandlung der Grundbuchsachen (GBGA-LSA) vom 17. 2. 1993 (MinBl-LSA S. 1010);

kk) in **Schleswig-Holstein** AV d. JM vom 4. 11. 1982 (SchlHA 185) betr Geschäftliche Behandlung der Grundbuchsachen; deren § 10 ist neu gefaßt mit AV vom 13. 8. 1984 (SchlHA 158);

ll) in **Thüringen** die Geschäftsanweisung für die Behandlung der Grundbuchsachen (ThürGBGA) vom 17. 5. 1996 (JMBl für Thüringen S 53).

d) **Verordnung über die Wiederherstellung zerstörter oder abhanden gekommener Grundbücher und Urkunden** vom 26. 7. 1940 (RGBl I 1048). S dazu auch § 141 GBO;

e) **Gesetz über Maßnahmen auf dem Gebiet des Grundbuchwesens** vom 20. 12. 1963 (BGBl I 986); mehrfach geändert.

f) **Verordnung über die Anlegung und Führung der Wohnungs- und Teileigentumsgrundbücher** (Wohnungsgrundbuchverfügung – WGV) idF der Bek vom 24. 1. 1995 (BGBl I 134);

g) (früher auch:) **Verordnung über die Einführung des Reichskatasters als amtlichen Verzeichnisses der Grundstücke im Sinne des § 2 Abs 2 GBO** vom 23. 1. 1940 (RGBl I 240), als überholt aufgehoben VO vom 19. 11. 1995 (BGBl I 1527).

C. Rechtsquellen des Grundstücks- und Grundbuchrechts

h) **Gesetz über die Angelegenheiten der freiwilligen Gerichtsbarkeit** vom 17./20. 5. 1898 mit Änderungen (s Schönfelder Nr 112). Für das fr Preußen dazu: Gesetz über die freiwillige Gerichtsbarkeit vom 21. 9. 1899 (GS 249) mit Änderungen. Wegen der sonstigen FG-Landesvorschriften s die Zusammenstellungen bei Jansen und Keidel-Kuntze-Winkler;

i) **Beurkundungsgesetz** vom 28. 8. 1969 (BGBl I 513) mit Änderungen (s Schönfelder Nr 23);

k) **Kostenordnung** idF vom 26. 7. 1957 mit Änderungen (s Schönfelder Nr 119).

3. Sondervorschriften neue Bundesländer

a) **Grundbuchbereinigungsgesetz** (GBBerG) Art 2 des RegVGB vom 20. 12. 1993 (BGBl I 2182 [2192], geändert zuletzt durch Art 5 Abs 5 des Gesetzes vom 26. 11. 2001 (BGBl I 3138 [3181]); 32a

b) Gesetz über die Sonderung unvermessener und überbauter Grundstücke nach der Karte (**Bodensonderungsgesetz** – BoSoG) vom 20. 12. 1993 (BGBl I 2182), geändert zuletzt durch Art 22 des Gesetzes vom 21. 8. 2002 (BGBl I 3322 [3332]);

c) **Sonderungsplanverordnung** (SPV) vom 20. 12. 1994 (BGBl I 3701);

d) Verordnung über die **vorrangige Bearbeitung investiver Grundbuchsachen** (Grundbuchvorrangsverordnung – GBVorV) vom 3. 10. 1994 (BGBl I 2796);

e) **Grundstücksverkehrsordnung** (GVO) vom 20. 12. 1993 (BGBl I 2182, zuletzt geändert durch Art 25 des Gesetzes vom 21. 8. 2002 (BGBl I 3322 [3332]);

f) Verordnung über die grundbuchmäßige Behandlung von Anteilen an ungetrennten Hofräumen (**Hofraumverordnung** – HofV) vom 24. 9. 1993 (BGBl I 2182);

g) Verordnung über die Anlegung und Führung von Gebäudegrundbüchern (**Gebäudegrundbuchverfügung** – GGV) vom 15. 7. 1994 (BGBl I 1606).

4. Hinweise auf Landesrecht

Landesrechtliche Vorschriften ua

a) **Baden-Württemberg:** BadWürtt Ausführungsgesetz zum Bürgerlichen Gesetzbuch (AGBGB) vom 26. 11. 1974 (GBl 498; mit Änderungen); Landesgesetz über die freiwillige Gerichtsbarkeit (LFGG) vom 12. 2. 1975 (GBl 116; mit Änderungen); VO des Justizministeriums zur Ausführung des Landesgesetzes über die freiwillige Gerichtsbarkeit im Bereich des Grundbuchwesens (GBVO) vom 21. 5. 1975 (GBl 398); Erste und Zweite Verwaltungsvorschrift zur Ausführung des Landesgesetzes über die freiwillige Gerichtsbarkeit vom 5. u 26. 5. 1975 (Justiz 1975, 201 u 209); AV über Grundstücksangelegenheiten des Landes (Zuständigkeit, Vertretung vor den Notariaten und Grundbuchämtern, Bezeichnung des Landes bei der Eintragung staatlicher Grundstücke im Grundbuch) vom 20. 4. 1982 (Jusiz 1982, 182). 33

b) **Bayern:** Gesetz zur Ausführung des Bürgerlichen Gesetzbuchs und anderer Gesetze (AGBGB) vom 20. 9. 1982 (BayRS 400–1): Art 7–23 (Leibgedings- 34 vertrag), Art 43–54 (Nachbarrecht), Art 55–60 (Buchungsfreie Grundstücke und altrechtliche Grunddienstbarkeiten), Art 61–66 (Sonstige sachenrechtliche Vorschriften); Gesetz zur Ausführung des Gerichtsverfassungsgesetzes und von Verfahrensgesetzen des Bundes (AGGVG) vom 23. 6. 1981 (BayRS 300–1): Art 40–43 (Ausführung der Grundbuchordnung); aufgehoben ist [Art 56 Abs 2 Nr 3 dieses Gesetzes] das AusfG zu der GBO vom 9. 6. 1899 (BayBS III 127); Verordnung über die grundbuchmäßige Behandlung von Bergwerkseigentum und von Fischereirechten vom 7. 10. 1982 (BayRS 315–1).

34a **Brandenburg:** Brandenburgisches Ausführungsgesetz zum Bürgerlichen Gesetzbuch (BbgAGBGB) vom 28. 7. 2000 (GVBl I 114).

35 c) **Hessen:** Hessisches Ausführungsgesetz zum Bürgerlichen Gesetzbuch (Hess. AGBGB) vom 18. 12. 1984 (GVBl 344).

36 d) **Niedersachsen:** Niedersächsisches Ausführungsgesetz zum Bürgerlichen Gesetzbuch (Nds. AGBGB) vom 4. 3. 1971 (GVBl 73; mit Änderungen); Gesetz zur Vereinheitlichung des Landesgrundbuchrechts v. 1. 6. 1982 (GVBl S 137); VO über die nach Landesrecht zu führenden Grundbücher vom 25. 6. 1982 (GVBl S 274). (Zur Neuregelung des Landesgrundbuchrechts s Haas NdsRpfl 1982, 105).

37 e) **Rheinland-Pfalz:** Landesgesetz zur Ausführung des Bürgerlichen Gesetzbuches (AGBGB) vom 18. 11. 1976 (GVBl 259).

38 f) **Schleswig-Holstein:** Ausführungsgesetz zum Bürgerlichen Gesetzbuch für das Land Schleswig-Holstein (AGBGB Schl.H) vom 27. 9. 1974 (GVOBl 357).

39 Zur **Grundbuchumschreibung** ergingen in den Jahren 1936/1937, teils auch erst nach 1949 zahlreiche Vorschriften für die einzelnen Länder.

II. Organe des Grundbuchwesens

A. Zuständigkeit in Grundbuchsachen

1. Amtsgericht als Grundbuchamt

40 **Grundsatz** ist: Die **Grundbücher** werden von den **Amtsgerichten** als Grundbuchämter **geführt** (§ 1 Abs 1 S 1 GBO). Zuständig sind die Amtsgerichte für das Grundbuchverfahren **erster Instanz.** Ausnahmen für Baden und Württemberg s Rdn 43.

41 Das Grundbuchamt führt die **Bezeichnung des Amtsgerichts,** zu dem es gehört, ohne oder mit (§ 1 Abs 1 GBGA) dem Zusatz „Grundbuchamt".

42 Zur Vornahme von **Beurkundungen und Unterschriftsbeglaubigungen** in Grundbuchsachen ist nur noch der Notar zuständig. Dazu gehören auch der Bad und der Württ Notar, die (nach Rdnr 43) zugleich die Grundbuchämter verwalten (§ 64 BeurkG). Die (frühere) Zuständigkeit des Grundbuchamts – und des Amtsgerichts – besteht seit 1. 1. 1970 nicht mehr (§ 57 Abs 6 und 7 BeurkG). Reine **Anträge,** die schriftlich eingereicht werden können, kann das Grundbuchamt zur Niederschrift aufnehmen (vgl Rdn 155).

A. Zuständigkeit in Grundbuchsachen

2. Ausnahmsweise Zuständigkeit anderer Stellen

In **Baden-Württemberg** sind die (staatlichen) **Grundbuchämter** für die Füh- 43
rung der Grundbücher zuständig (§ 1 Abs 1 S 3 und § 143 Abs 1 GBO sowie
§ 1 Abs 1 LFGG, GBl 1975, 116). Das Grundbuchamt führt die Bezeichnung
der Gemeinde, in der es errichtet ist. Jede Gemeinde hat(te) im fr Land Württemberg ein eigenes staatliches Grundbuchamt. **Grundbuchbeamte** sind für
die zum Notariatsbezirk gehörenden Grundbuchämter die **Notare** bei den
Notariaten (die bad Notare und die württ Bezirksnotare führen seit 1. 7.
1975 die einheitliche Bezeichnung „Notar im Landesdienst"; § 17 Abs 1
LFGG) und die Notarvertreter (§ 29 Abs 1 LFGG). Durch besondere Anordnung des Justizministeriums werden im bad Rechtsgebiet[1] auch die den Notariaten zugewiesenen **Rechtspfleger** zu Grundbuchbeamten bestellt (§ 29
Abs 1 S 2 LFGG). Deren Zuständigkeit: § 35 iVm § 3 Nr 1 Buchst h RPflG
und § 17 Abs 3 LFGG. Grundbuchbeamter ist der Notar (Rechtspfleger) als
Einzelbeamter. Ein Urkundsbeamter der Geschäftsstelle wirkt bei Grundbuchgeschäften neben dem Notar oder Rechtspfleger daher in den Fällen
nicht mit, in denen nach Bundesrecht der Richter oder Rechtspfleger gemeinsam mit einem Urkundsbeamten zuständig sind (§ 29 Abs 2 S 2 LFGG). Unterschrieben werden die Eintragungen im Grundbuch daher vom Notar (Notarvertreter oder Rechtspfleger) (§ 6 GBVO).

Ein **Ratschreiber** wird von jeder Gemeinde, die Sitz eines Grundbuchamts ist,
bestellt (§ 31 Abs 1 LFGG). Der Ratschreiber ist in Vertretung des Grundbuchbeamten verpflichtet,

1. schriftliche Erklärungen für das Grundbuchamt entgegenzunehmen und, soweit vorgeschrieben, mit dem Eingangsvermerk zu versehen;
2. Einsicht in das Grundbuch, in die Urkunden, auf die im Grundbuch verwiesen ist, und in die noch nicht erledigten Eintragungsanträge zu gestatten sowie Abschriften zu erteilen und zu beglaubigen (§ 32 Abs 1 LFGG).

Im bad Rechtsgebiet ist der Ratschreiber nach § 32 Abs 2 LFGG zuständig
3. für die Aufgaben des Urkundsbeamten der Geschäftsstelle;
4. für sonstige Verrichtungen der Geschäftsstelle und des Kanzleidienstes;
5. für das Kosten- und Rechnungswesen.

Der Ratschreiber im bad und im württ Rechtsgebiet ist für die zu seinem
Grundbuchamtsbezirk gehörenden Grundstücke, Grundstücksteile und Miteigentumsanteile befugt, in Grundbuchangelegenheiten Erklärungen zu entwerfen und folgende Erklärungen zu beurkunden (§ 32 Abs 3 LFGG):

6. Kauf- und Tauschverträge sowie Vollmachten hierzu;
7. Bewilligungen, Zustimmungen und Anträge zur Eintragung oder Löschung von dinglichen Rechten, die nach den von ihm beurkundeten Verträgen zu bestellen oder zu beseitigen sind;
8. Auflassungen zu den von ihm beurkundeten Verträgen.

Der Ratschreiber soll nur in einfach gelagerten Fällen tätig werden (§ 32
Abs 3 S 2 LFGG).

---

[1] Hierzu Nieder, Zuständigkeiten des Notars (im badischen Rechtsgebiet) neben dem Rechtspfleger, BWNotZ 1990, 111.

Der Ratschreiber ist ferner allgemein befugt, Unterschriften und Abschriften öffentlich zu beglaubigen. Zur Beglaubigung eines Handzeichens und der Zeichnung einer Firma oder Namensunterschrift, die zur Aufbewahrung bei Gericht bestimmt ist, ist er nicht befugt. Er soll ferner Unterschriften nicht beglaubigen, wenn die Urkunde zur Verwendung im Ausland bestimmt ist (§ 32 Abs 4 LFGG).
Erinnerung gegen Entscheidungen des Ratschreibers: § 33 LFGG.
Im Hohenzollerischen Rechtsgebiet (d s Gemeinden der Grundbuchamtsbezirke Gammertingen, Hechingen und Sigmaringen) sind die Ratschreiber nur zu Beglaubigung von Unterschriften im Rahmen des vorstehend behandelten § 32 Abs 4 LFGG befugt (§ 50 Abs 4 LFGG).
Die Einführung des EDV-Grundbuchs führt zu einer Konzentration der Grundbuchämter.[2] Die Aufhebung zahlreicher (kleiner) Grundbuchämter bestimmt nun die Verordnung des Justizministeriums zur Änderung der Organisationsverordnung LFGG vom 2. Dez 2002 (GBl 493).

B. Einzelne Organe bei Zuständigkeit des Amtsgerichts

1. Übersicht

44 In Grundbuchsachen werden beim Amtsgericht tätig
– der **Richter** nur noch ausnahmsweise. Seine (ursprüngliche) Zuständigkeit ergibt sich aus der Zuweisung der Grundbuchgeschäfte an das Amtsgericht,[1]
– der **Rechtspfleger**.
Richter und Rechtspfleger als die das Amtsgericht als Grundbuchamt nach außen grundsätzlich vertretenden Funktionsträger bezeichnet die GBO mit dem neutralen Begriff „für die Führung des Grundbuches zuständige Personen".[2]
Aufgaben in Grundbuchsachen sind außerdem übertragen
– dem **Urkundsbeamten der Geschäftsstelle** (Rdn 49),
– **Beamten** (Angestellten) der Geschäftsstelle sowie (ermächtigten) **Justizangestellten**.

2. Grundbuchrichter

45 Der Richter beim Amtsgericht wird in Grundbuchsachen nur noch vereinzelt tätig. Er entscheidet über die (seltene) befristete Erinnerung gegen (mit Beschwerde nicht anfechtbare) Entscheidungen des Rechtspflegers (§ 11 Abs 2 und 3 RPflG) und Anträge, die auf Änderung einer Entscheidung des Urkundsbeamten der Geschäftsstelle gerichtet sind (§ 12c Abs 4 S 1 GBO, § 4 Abs 2 Nr 3 RPflG) sowie über die Ablehnung des Rechtspflegers (§ 10 S 2 RPflG). Er ist weiter zuständig für die Bearbeitung einer ihm nach § 5 RPflG vorgeleg-

---

[2] Hierzu, auch zur interkommunalen Zusammenarbeit und zu den Folgen des Wegfalls des gemeindlichen Grundbuchamts für den Ratschreiber vgl Böhringer BWNotZ 2001, 1.
[1] Begründung zu § 12c GBO, BT-Drucks 12/5553, Seite 63.
[2] Begründung aaO.

ten Grundbuchsache;[3] Verletzung der Vorlagepflicht ist jedoch ohne Einfluß auf die Wirksamkeit des Geschäfts des Rechtspflegers (§ 8 Abs 3 RPflG). Rechtsmittel gegen Entscheidungen des Grundbuchrichters: Beschwerde (§ 71 GBO).

3. Rechtspfleger

Dem Rechtspfleger beim Amtsgericht sind die (richterlichen) Geschäfte in Grundbuchsachen (seit 1. 7. 1970) **in vollem Umfang übertragen** (§ 3 Nr 1 h RPflG). Ein Richtervorbehalt besteht nicht.[4] 46
Die Verteilung der Zuständigkeit unter mehrere Rechtspfleger eines Grundbuchamts hat in einem **Geschäftsverteilungsplan** zu erfolgen.[5] Dieser hat die Zuständigkeit nach allgemeinen Merkmalen zu verteilen sowie die Vertretung jedes Rechtspflegers zu regeln.

Der Rechtspfleger hat **alle** zur Erledigung der ihm voll übertragenen Grundbuchgeschäfte **erforderlichen Maßnahmen** zu treffen (§ 4 Abs 1 RPflG; Ausnahme ohne praktische Bedeutung in Grundbuchsachen § 4 Abs 2 Nr 1, 2 RPflG). Vorlagepflicht an den Richter besteht in den Fällen des § 5 RPflG. Zur Entscheidung über Anträge, die auf Abänderung einer Entscheidung des Urkundsbeamten der Geschäftsstelle gerichtet sind, ist der Rechtspfleger nicht befugt (§ 4 Abs 2 Nr 3 RPflG). Entgegennahme eines Eintragungsantrags (-ersuchens) und Beurkundung des Zeitpunkts des Eingangs beim Grundbuchamt können wirksam nur durch denjenigen Rechtspfleger (oder dessen durch die Geschäftsverteilung bestimmten Vertreter) vorgenommen werden, der für die Führung des Grundbuchs über das betroffene Grundstück nach der Geschäftsverteilung zuständig ist (§ 13 Abs 3 GBO); praktisch nimmt Eintragungsanträge jedoch durchweg der hierfür bestimmte (zuständige) Beamte oder Angestellte der Geschäftsstelle entgegen (§ 13 Abs 3 GBO; s Rdn 56). 47

Der Rechtspfleger veranlaßt als für die Führung des Grundbuchs zuständige Person (Rdn 44) sogleich auch die Eintragungen in das maschinell geführte Grundbuch (§ 130 GBO). Eintragungen in das Papier-Grundbuch hat der Rechtspfleger mit **Eintragungsverfügung** unter Angabe des Wortlauts zu verfügen (§ 44 Abs 1 S 2 GBO); wegen ihres Inhalts Rdn 221. Diese Eintragungen unterzeichnet der Rechtspfleger (§ 44 Abs 1 S 2 GBO; zusammen mit dem Urkundsbeamten oder ermächtigten Justizangestellten) nur mit seinem 48

---

[3] Hat der Grundbuchrichter eine ihm vom Rechtspfleger vorgelegte Sache an diesen zurückgegeben, so ist der Rechtspfleger an die vom Richter niedergelegte Auffassung gebunden. Er darf dann die Sache nicht noch einmal dem Richter mit der Begründung vorlegen, er wolle von dessen Auffassung abweichen (BGH VersR 1968, 1186).
[4] Auch in den Fällen, in denen nach § 35 GBO der Nachweis der Erbfolge oder der Befugnis eines Testamentsvollstreckers durch eine in einer öffentlichen Urkunde enthaltene Verfügung von Todes wegen geführt wird, entscheidet der Rechtspfleger, obwohl im Verfahren auf Erteilung eines Erbscheins nach § 16 Abs 1 Nr 6 RPflG auch jetzt noch der Richter zuständig ist. Zur Beseitigung dieser Diskrepanz bestand der Plan, § 35 GBO abzuändern; er wurde nicht weiter verfolgt.
[5] Einzelheiten zur Geschäftsverteilung unter mehreren Rechtspflegern s Giese Rpfleger 1953, 149; Koellreuther Rpfleger 1953, 1; Schorn Rpfleger 1957, 267; Wedewer JVBl 1958, 2; Bauer/vOefele/Waldner Rdn 21 zu § 1; K/E/H/E Rdn 24 zu § 1. Teilweise abweichend Brüggemann JR 1964, 81. Verwaltungsvorschriften der Länder über die Geschäftsverteilung unter Rechtspflegern s Kommentare zum RPflG.

Namen ohne weiteren Zusatz, insbesondere nicht mit dem Zusatz „Rechtspfleger". In gleicher Weise sind vom Rechtspfleger (zusammen mit dem Urkundsbeamten oder ermächtigten Justizangestellten) Hypotheken-, Grundschuld- und Rentenschuldbriefe sowie die nachträglich auf sie gesetzten Vermerke zu unterzeichnen (§ 56 Abs 2, § 62 Abs 2, § 70 Abs 1 GBO); nicht unterschrieben werden müssen jedoch maschinell hergestellte Briefe für in dem maschinell geführten Grundbuch eingetragene Rechte (§ 87 S 1 GBV). Bei Verfügungen, die der Rechtspfleger trifft, und im Schriftverkehr hat er seiner Unterschrift das Wort „Rechtspfleger" (in Urschrift wie in Ausfertigung) beizufügen (§ 12 RPflG).

4. Urkundsbeamter der Geschäftsstelle

49 Der Urkundsbeamte der Geschäftsstelle ist, wenn das Grundbuch auf Papier geführt wird, zuständig für die Ausführung der Eintragungsverfügungen und die Mitunterzeichnung der Eintragungen im Grundbuch (§ 44 Abs 1 S 2 u 3 GBO) sowie der Briefe über Grundpfandrechte (§ 56 Abs 2, § 62 Abs 2, § 70 Abs 1 GBO). Ferner ist der Urkundsbeamte[6] selbständig zuständig nach § 12c Abs 1 GBO zur Gestattung der Einsicht in das Grundbuch oder die Grundakten (§ 12 Abs 1 GBO), zur Erteilung von Abschriften aus dem Grundbuch oder den Grundakten (§ 12 Abs 2 GBO), zur Erteilung von Auskünften aus dem Verzeichnis der Eigentümer und der Grundstücke sowie einem für die Grundbuchführung eingerichteten weiteren Verzeichnis nach Maßgabe von § 12a GBO, zur Erteilung von Auskünften in den gesetzlich vorgeschriebenen Fällen (§ 45 Abs 3 GBV) sowie zur Entscheidung über Anträge auf Rückgabe von Urkunden (vgl § 10 Abs 1 GBO) und Versendung von Grundakten an andere inländische Behörden. Weiter ist der Urkundsbeamte zuständig (§ 12c Abs 2 GBO) für die Beglaubigung von Abschriften, für Eintragungsverfügungen, welche die Übereinstimmung zwischen dem für die Bezeichnung im Grundbuch maßgebenden Verzeichnis oder einem sonstigen hiermit in Verbindung stehenden Verzeichnis und dem Grundbuch bezwecken (mit gewissen Einschränkungen, vgl § 12c Abs 2 Nr 2 GBO), ferner für Eintragungsverfügungen, welche die Eintragung oder Löschung des Vermerks über die Eröffnung des Insolvenzverfahrens und über die Verfügungsbeschränkungen nach der InsO sowie die Eintragung und Löschung des Zwangsverwaltungs- oder Zwangsversteigerungsvermerks betreffen und für Eintragungsverfügungen, die eine Berichtigung des Namens, Berufs oder Wohnsitzes natürlicher Personen zum Gegenstand haben sowie schließlich für die Anfertigung der Übereinstimmungsnachweise bei Wiedergabe aufzubewahrender Urkunden und geschlossener Grundbücher auf Bild- oder Datenträger (§ 10a Abs 2 GBO). **Rechtsbehelfe** bei Zuständigkeit des Urkundsbeamten Rdn 523.

5. Andere Bedienstete

50 Durch einen (dafür zuständigen) Beamten oder Angestellten der Geschäftsstelle erfolgt (durchweg an Stelle einer für die Führung des Grundbuchs zu-

---

[6] Die Zuständigkeit des Urkundsbeamten der Geschäftsstelle ist in Grundbuchsachen durch das RPflG unberührt geblieben (§ 26 RpflG).

ständigen Person) die Entgegennahme von Anträgen oder Ersuchen auf Eintragung und Beurkundung des Eingangszeitpunktes (§ 13 Abs 3 GBO).
Ein (dazu von der Leitung des Amtsgerichts ermächtigter) Justizangestellter ist (an Stelle des Urkundsbeamten der Geschäftsstelle) zuständig für Veranlassung der verfügten Grundbucheintragungen und Mitunterzeichnung der Eintragungen im Papier-Grundbuch (§ 44 Abs 1 S 2 GBO) sowie für die Mitunterzeichnung der Briefe über Grundpfandrechte (§ 56 Abs 2, § 62 Abs 2, § 70 Abs 1 GBO) und für die Beglaubigung (nicht aber auch für die Erteilung) von Abschriften aus dem Grundbuch oder den Grundakten (§ 12c Abs 2 Nr 1 GBO).
Ein zweiter Beamter der Geschäftsstelle oder ein (dazu ermächtigter) Justizangestellter hat die vom Urkundsbeamten der Geschäftsstelle nach § 12c Abs 2 Nr 2–4 GBO verfügten Eintragungen im Papier-Grundbuch mit zu unterzeichnen (§ 44 Abs 1 S 3 GBO).
Ein (ermächtigter) Bediensteter der Behörde (Stelle), die nach § 12b GBO frühere Grundbücher und Grundakten (auch als Wiedergabe auf einem Bildträger oder auf anderen Datenträgern) aufbewahrt, entscheidet über die Gewährung von Einsicht oder die Erteilung von Abschriften (§ 12c Abs 5 GBO).

6. Örtliche Zuständigkeit

Örtlich zuständig ist das Grundbuchamt für alle in seinem Bezirk liegenden Grundstücke ohne Rücksicht auf den Eigentümer und seinen Wohnsitz (§ 1 Abs 1 S 2 GBO). Grundbuchamtsbezirk ist daher der Amtsgerichtsbezirk (§ 1 Abs 1 S 1 GBO; Besonderheit in Baden-Württemberg, § 143 GBO). Wenn ein Grundstück im Bezirk mehrerer Grundbuchämter liegt, ist die Zuständigkeit des Grundbuchamts nach § 1 Abs 2 GBO zu bestimmen. Dieser Bestimmung bedarf es auch, wenn nachträglich – durch eine Änderung der Grundbuchbezirke im Zuge der Gebietsreform – die Voraussetzungen des § 1 Abs 2 GBO eintreten, sofern das Gesetz über die Gebietsneugliederung keine Regelung trifft.[7] Die Handlung eines örtlich unzuständigen Grundbuchamts ist nicht unwirksam (§ 7 FGG).[8] Beschwerde gegen sie ist zulässig, hat aber nur die Wirkung, daß dem Grundbuchamt für die Zukunft die weitere Bearbeitung der Sache entzogen wird. 51

7. Sonstige Fragen

Für die **Ausschließung von Grundbuchrichter und -rechtspfleger** gelten § 6 FGG, § 10 RPflG. Nimmt eine kraft Gesetzes von der Mitwirkung ausgeschlossene für die Führung des Grundbuchs zuständige Person ein Geschäft vor, so ist dieses nicht ungültig (§ 11 GBO, § 7 FGG). Es ist aber Beschwerde im Dienstaufsichtsweg zulässig, auch muß sich der Beamte uU disziplinarisch verantworten. **Abgelehnt** werden kann der Grundbuchrichter, -rechtspfleger (§ 10 RPflG) und Urkundsbeamte der Geschäftsstelle (§ 12c Abs 3 GBO) bei Vorhandensein eines gesetzlichen Ausschließungsgrundes sowie wegen Be- 52

---

[7] OLG Frankfurt Rpfleger 1979, 209.
[8] RG 132, 409; Hesse DFG 1936, 23 (25).

sorgnis der Befangenheit;[9] § 6 Abs 2 S 2 FGG, der dies ausschloß, ist nichtig.[10] Es sind die §§ 42–48 ZPO entsprechend anzuwenden.[11]

53 Die Vorschriften der GBO sind **Sollvorschriften,** deren Verletzung nicht zur Unwirksamkeit des betroffenen Geschäfts führt (vgl Rdn 31). Sie sind aber gleichwohl unbedingt einzuhalten. Eine **Sollvorschrift ist stets als Mußvorschrift** anzusehen. Die Beteiligten haben Anspruch auf Einhaltung der Sollvorschriften der GBO und der GBV.

54 Die für die Führung des Grundbuchs zuständigen Personen, Urkundsbeamte der Geschäftsstelle und die übrigen Bediensteten des Grundbuchamts haben ihre **Dienstgeschäfte mit peinlichster Sorgfalt zu erledigen.** Bei vorsätzlicher oder fahrlässiger Amtspflichtverletzung[12] besteht zivilrechtliche **Haftung,** wenn einem Beteiligten ein Schaden entstanden ist, der mit der Pflichtverletzung in ursächlichem Zusammenhang steht.[13] Dem Beteiligten gegenüber haftet der Staat (Art 34 GG). Bei Vorsatz oder grober Fahrlässigkeit kann der Staat bei dem Beamten Rückgriff nehmen (§ 839 BGB).

C. Beitrittsgebiet

Literatur: von Schuckmann, Einrichtung und Führung des Grundbuchs in der ehem. DDR, Rpfleger 1991, 139.

54a In den Ländern **Brandenburg, Mecklenburg-Vorpommern, Sachsen, Sachsen-Anhalt** und **Thüringen** sowie in dem Teil des Landes Berlin, in dem das Grundgesetz bis dahin nicht galt, war die Grundbuchführung am Tag vor dem Wirksamwerden des Beitritts geregelt durch die

– Verordnung über die staatliche Dokumentation der Grundstücke und Grundstücksrechte in der Deutschen Demokratischen Republik (Grundstücksdokumentationsordnung) vom 6. 11. 1975 (GBl I 697; Änderung durch Ges v 24. 6. 1990, GBl 524);
– Anordnung über das Verfahren in Grundbuchsachen (Grundbuchverfahrensordnung) vom 30. 12. 1975 (GBl I 1976, 42).

Die Grundbuchführung oblag damals den Liegenschaftsdiensten der Räte der Bezirke (§ 5 Abs 1 Grundstücksdokumentationsordnung). Mit dem Beitritt zur Bundesrepublik Deutschland gem Art 23 GG am 3. Oktober 1990 sind in diesen Ländern und dem bezeichneten Gebiet Berlins mit dem Bundesrecht die Grundbuchordnung und die wei-

---

[9] Ablehnung eines Rechtspflegers in einer Grundbuchsache wegen Besorgnis der Befangenheit s LG Bayreuth NJW-RR 1986, 678.
[10] BVerfG 21, 139 = DNotZ 1967, 748.
[11] BayObLG 1967, 474 = NJW 1968, 802; OLG Braunschweig Rpfleger 1970, 167; Keidel Rpfleger 1969, 181.
[12] Zur Abgrenzung der vorsätzlichen von der fahrlässigen Amtspflichtverletzung BGH NJW 1988, 2037 = Rpfleger 1988, 353.
[13] S zu § 839 Abs 3 BGB auch RG JW 1926, 746; BGH MDR 1958, 759; Thieme MDR 1958, 912 und Ritzinger BWNotZ 1988, 104. Amtspflichten obliegen dem Grundbuchamt allen gegenüber, die im Vertrauen auf eine richtige Handhabung der Grundstücksgeschäfte und die dadurch geschaffene Rechtslage im Rechtsverkehr tätig werden (RG 155, 253; BGH 124, 100 (108) = NJW 1994, 650 = Rpfleger 1994, 245), hinsichtlich Eintragung des Nacherbenvermerks auch dem gegenüber, der später vom Vorerben das Grundstück kauft (RG 151, 395; s aber auch RG 151, 175).

teren Rechtsvorschriften für Grundbuchführung mit Besonderheiten („Maßgaben"; zu diesen 10. Aufl. Rdn 54a) in Kraft getreten. Diese Maßgaben sind seit 25. Dez. 1993 nicht mehr anzuwenden (Art 4 Abs 2 Registerverfahrensbeschleunigungsgesetz, BGBl I 1993, 2182 [2204]).

Geführt werden die Grundbücher auch in den Ländern des Beitrittsgebiets nun von den Amtsgerichten (§ 144 Abs 1 Nr 1 S 1 GBO).

III. Akten- und Registerführung sowie Eingangsvermerk

A. Antragseingang beim Grundbuchamt

1. Zeitpunkt des Antragseingangs (§ 13 Abs 2 S 2 GBO)

Literatur: Spiritus, Die gleichzeitige Vorlage mehrerer Anträge beim Grundbuchamt, DNotZ 1977, 343.

Eingegangen ist der Eintragungsantrag (§ 13 Abs 1 GBO) oder ein Eintragungsersuchen (§ 38 GBO) bei dem Grundbuchamt, wenn er (es) einer zur Entgegennahme zuständigen Person vorgelegt (§ 13 Abs 2 S 2 GBO), mithin in ihren Besitz gelangt ist (zur Bedeutung des Eingangszeitpunkts Rdn 91, 110). Nicht maßgebend ist also zB der Zeitpunkt, in dem die zuständige Person eine ihr verschlossen vorgelegte Sendung öffnet oder von dem Inhalt der Urkunde Kenntnis nimmt oder den Eingangsvermerk anbringt. Mehrere gleichzeitig vorgelegte Anträge sind zum gleichen Zeitpunkt eingegangen. Ein zur Niederschrift gestellter Antrag ist mit dem Abschluß der Niederschrift bei dem Grundbuchamt eingegangen; zu diesem gehört auch die Unterzeichnung durch die zuständige Person (§ 13 Abs 2 S 3 GBO). Außerhalb des Dienstes, zB in der Wohnung, kann und soll die Entgegennahme von Anträgen abgelehnt werden. Der Briefkasten des Amtsgerichts soll für Eingaben in Grundbuchsachen nicht benützt werden. In der Aufschrift des Briefkastens ist hierauf hinzuweisen (§ 21 Abs 6 GBGA). 55

2. Zur Entgegennahme zuständige Personen (§ 13 Abs 3 GBO)

Zur Entgegennahme des Eintragungsantrages oder -ersuchens sowie Beisetzung und Unterzeichnung des Eingangsvermerks sind nebeneinander, im übrigen aber **ausschließlich zuständig**[1] (§ 13 Abs 3 GBO): 56
- der mit der Führung des Grundbuchs über das betroffene Grundstück betraute Richter oder Rechtspfleger (als die dafür zuständige Person, siehe Rdn 44). Ihm steht sein geschäftsplanmäßig bestellter Vertreter gleich. Andere Rechtspfleger des Amtsgerichts sind nicht befugt, den Grundbuchrechtspfleger zu vertreten;
- der von der Leitung des Amtsgerichts zur Entgegennahme von Eintragungsanträgen und zur Beurkundung des Zeitpunktes des Eingangs für das ganze Grundbuchamt (oder für die in Betracht kommende einzelne Abteilung) bestellte Beamte (oder Angestellte) der Geschäftsstelle (§ 13 Abs 3 S 1 GBO; s Rdn 50).

---

[1] Zuständigkeit des Ratschreibers in Baden-Württemberg für die Entgegennahme der Anträge s Rdn 43.

Bezieht sich ein Antrag oder Ersuchen auf **mehrere Grundstücke** in verschiedenen Geschäftsbereichen des gleichen Grundbuchamtes, so ist jeder zur Entgegennahme des Antrags und Beisetzung des Eingangsvermerks zuständig, der damit für einen dieser Geschäftsbereiche in Betracht kommt (§ 13 Abs 3 S 2 GBO). Durch die (landesrechtlichen) Geschäftsordnungen ist sichergestellt, daß der Antrag unverzüglich an die richtige Stelle weitergeleitet und daß die Vorlage des Antrags bei den anderen Stellen nicht übersehen wird.

Nimmt ein kraft Gesetzes **ausgeschlossener Grundbuchbeamter** (s Rdn 52) einen Eintragungsantrag oder ein Ersuchen entgegen, so darf und muß er auch den Zeitpunkt des Eingangs beim Grundbuchamt beurkunden (§ 13 GBO).[2]

3. Der Eingangsvermerk (§ 13 Abs 2 S 1 GBO)

57 Der Zeitpunkt, in welchem ein Eintragungsantrag[3] (§ 13 Abs 1 GBO) oder ein Eintragungsersuchen (§ 38 GBO) beim Grundbuchamt – nicht beim Amtsgericht als solchem – eingeht, ist auf dem Antrag **genau zu vermerken** (§ 13 Abs 2 S 1 GBO). Als öffentliche Urkunde (§ 418 ZPO) beweist der Eingangsvermerk den Eingangszeitpunkt (Unrichtigkeitsnachweis ist zulässig, § 418 Abs 2 ZPO). Gewährleistet wird damit der Vollzug mehrerer Anträge in der Reihenfolge ihres Eingangs (§ 17 GBO; auch § 45 GBO) und der Nachweis in allen Fällen, in denen der Zeitpunkt des Antragseingangs rechtliche Bedeutung erlangt. Der Eingangsvermerk muß so genau sein, daß aus ihm ersehen werden kann, ob mehrere Anträge **gleichzeitig** oder **zu verschiedenen Zeitpunkten** eingegangen sind. Deshalb muß der Eingangsvermerk den Eingangszeitpunkt nach Tag, Stunde und Minute genau angeben (§ 21 Abs 1 GBGA). Ein Datumstempel darf verwendet werden. Stunde und Minute sind dann ggfs handschriftlich einzufügen. Mehrere gleichzeitig vorgelegte Anträge erhalten den gleichen Eingangsvermerk, auch wenn sie mit römischen Ziffern versehen sind[4] (zur darin enthaltenen Rangbestimmung s Rdn 315).

Der Eingangsvermerk ist von der beurkundenden Person mit dem **ausgeschriebenen Namen** zu unterzeichnen. Ein Namenszeichen genügt also nicht (§ 21 Abs 1 GBGA).

Der Eingangsvermerk soll möglichst in die rechte obere Ecke der ersten Seite des Antrags gesetzt werden. Er soll auch die Zahl der etwaigen Beilagen angeben (§ 21 Abs 2 GBGA). Die Beilagen des Antrags erhalten keinen Eingangsvermerk, auch nicht eine bloße Eintragungsbewilligung. Wiederholt der Notar in einem Schreiben den von den Beteiligten bereits gestellten Antrag

---

[2] Hesse DFG 1936, 24. Ein an das Grundbuchamt gerichteter Antrag, der vor Dienstbeginn einem zur Entgegennahme von Anträgen nicht zuständigen Justizangestellten übergeben und von diesem auf den Schreibtisch des erst bei Dienstbeginn erschienenen zuständigen Beamten gelegt wird, hat gleichen Rang mit einem bei Dienstbeginn dem zuständigen Beamten direkt übergebenen Antrag, LG Hamburg MDR 1973, 138.
[3] Beschwerden in Grundbuchsachen sind in der Regel nicht als Anträge zu betrachten.
[4] OLG Koblenz DNotZ 1976, 549; Bauer/vOefele/Wilke Rdn 76 zu § 13 (anders aber Rdn 15 zu § 17); dazu aber kritisch Spiritus DNotZ 1977, 343; ablehnend Meikel/Bestelmeyer Rdn 7 zu § 17; Staudinger/Kutter Rdn 40 ff zu § 879 BGB. Gleiches gilt, wenn der Einreichende sonst (formlos) den Wunsch geäußert hat, die Anträge als nacheinander eingegangen zu behandeln, OLG Frankfurt BWNotZ 1992, 60 = NJW-RR 1992, 725 = Rpfleger 1991, 362.

(s Rdn 183), so ist der Eingangsvermerk auch darauf anzubringen. Auf einem bloßen Anschreiben des Notars ist der Vermerk dagegen nicht beizusetzen (vgl Rdn 181).

Ein **Versehen** bei Anbringung des Eingangsvermerks kann berichtigt werden, 58 und zwar auch dann, wenn dadurch die Reihenfolge mehrerer Anträge eine Änderung erleidet. Im zuletzt genannten Falle ist die Berichtigung aber nur so lange möglich, als die beantragten Eintragungen noch nicht vollzogen sind. Der alte Vermerk darf aber nicht geändert, es muß vielmehr ein besonderer Berichtigungsvermerk angebracht werden.

Eine **Empfangsbescheinigung** ist dem Einlieferer einer Urkunde (insbesondere eines Eintragungsantrags) von der Geschäftsstelle auf Verlangen zu erteilen (§ 25 Abs 2 GBGA).

4. Weitere Behandlung des Antrags

Das einen Eintragungsantrag (ein Eintragungsersuchen) enthaltende Schrift- 59 stück ist nach Beisetzung des Eingangsvermerks unverzüglich vor Eintritt in die sachliche Bearbeitung an den **Registrator** (Grundbuchführer) der zuständigen Abteilung abzugeben (§ 22 Abs 1 GBGA). Dieser stellt, nachdem das Schriftstück die Ordnungsnummer erhalten hat, fest, ob noch andere das gleiche Grundstück betreffende Anträge oder Ersuchen eingegangen sind und macht über die Feststellungen einen Vermerk (GBGA aaO). Sodann legt er den Antrag (das Ersuchen) mit den Grundakten (ggfs mit dem Kontrollblatt) dem für die Erledigung zuständigen Rechtspfleger (oder Urkundsbeamten) vor (GBGA aaO).

Bezieht sich der Antrag auf **mehrere im** Bezirk des Grundbuchamts gelegene **Grundstücke,** so gibt der Registrator unverzüglich, nachdem das Schriftstück seine Ordnungsnummer bei einem der beteiligten Grundstücke erhalten hat, zu den Grundakten der übrigen Grundstücke Nachricht durch ein **Merkblatt,** auf dem der Zeitpunkt des Eingangs und der Verbleib des Antrags (Ersuchens) vermerkt ist. Das Merkblatt erhält bei den Grundakten, für die es bestimmt ist, eine besondere Ordnungsnummer. Das Merkblatt wird bis zur Erledigung des Antrags unter dem Deckel der Grundakten, zu denen es gehört, aufbewahrt. Danach ist es zu den Grundakten zu heften (§ 22 Abs 2 GBGA).

B. Grundakten

Die Anlegung und Führung der Grundakten ist in der **Aktenordnung** geregelt, 60 außerdem in § 24 (auch § 100) GBV und in den landesrechtlichen Geschäftsordnungen (zB §§ 17–20 GBGA).

1. Bildung der Grundakten

Die Grundakten werden aus den **Schriften zu dem einzelnen Grundbuchblatt** 61 (auch Erbbau-, Wohnungseigentums- oder Teileigentumsgrundbuchblatt) gebildet (§ 21 Abs 1 S 1 AktO). Zu den für jedes Grundbuchblatt geführten Grundakten werden die in dessen Angelegenheit anfallenden Schriftstücke, geordnet nach dem Tag des Eingangs, vereinigt (§ 3 Abs 1 S 1 AktO). Eine

Urkunde, auf die sich Eintragungen auf mehreren Grundbuchblättern gründen, wird in der Regel endgültig zu den Grundakten genommen, bei denen sie ihre erste Ordnungsnummer erhalten hat (§ 21 Abs 1 AktO). Die Urkunde über eine Auflassung soll nach § 21 Abs 1 AktO jedoch zu den Grundakten des veräußerten Grundstücks genommen werden, bei Übertragung auf ein neues Grundbuchblatt somit zu den Grundakten für dieses Grundbuchblatt. Für ein gemeinschaftliches Grundbuchblatt (§ 4 GBO) wird nur ein Grundakt geführt (§ 21 Abs 1 AktO). Einzelheiten zur Bildung und Führung der Grundakten (auch dazu, ob die Akten zu heften sind) §§ 3, 21 AktO.

62 Über den **Verbleib der Grundakten** ist sorgfältig zu wachen. Besonderes Augenmerk ist auf sie zu legen, wenn Einsicht gewährt wird. Die Grundakten und die bei ihnen lose befindlichen Urkunden dürfen nur in Gegenwart eines Beamten des Grundbuchamtes zur Einsicht vorgelegt werden. Versendung der Grundakten ist nur zulässig an deutsche Justizbehörden sowie an andere deutsche Stellen, die nach den bestehenden Vorschriften ein Recht auf Übersendung der Grundakten haben (für Bayern abweichend § 19 Abs 1 GBGA). Über die Anträge auf Versendung von Grundakten an inländische Gerichte oder Behörden entscheidet der Urkundsbeamte der Geschäftsstelle (§ 12c Abs 1 Nr 4 GBO). Bei Versendung ist ein **Kontrollblatt** nach § 5 Abs 2 AktO anzulegen. Der sicheren Verwahrung der Grundbücher und der Grundakten ist größte Aufmerksamkeit zu widmen. Die gleichzeitige Entfernung eines Grundbuchs und der dazugehörigen Grundakten ist nicht zulässig.

63 Für **buchungsfreie Grundstücke** sind **Sammelakten** anzulegen, und zwar gemarkungsweise (§ 21 Abs 7 Buchst a AktO).

64 Die **Schließung** eines Grundbuchblatts ist auf den Grundakten zu vermerken (§ 21 Abs 4 AktO).

2. Bestandteile der Grundakten

65 Bestandteile der Grundakten werden alle Schriftstücke, die sich auf das Grundbuchblatt beziehen, in erster Linie also die Urkunden und die Abschriften von solchen, die nach § 10 Abs 1 GBO vom Grundbuchamt als Eintragungsunterlagen aufzubewahren sind (hierbei gehört die Bewilligung der Eintragung eines Erbbaurechts zu den Grundakten des Erbbaugrundbuchblattes; § 24 Abs 1 GBV). Urkunden, die lediglich zur Herbeiführung der Bindung an die Einigung bei ihm eingereicht werden, muß das Grundbuchamt auf Grund des § 873 Abs 2 BGB dann entgegennehmen und aufbewahren (also zu den Grundakten nehmen), wenn die Einigung nicht bereits auf einem anderen der in § 873 Abs 2 BGB zur Wahl gestellten Wege für sämtliche Beteiligte bindend geworden ist (s dazu Rdn 109). Für die Auflassung gilt das infolge der Sondervorschrift des § 925 BGB nicht. Nach § 10 GBO besteht keine Verpflichtung des Grundbuchamts, eingereichte Urkunden vor Stellung des Eintragungsantrags aufzubewahren.[1] Es besteht außerdem keine Verpflichtung, eine Urkunde oder eine beglaubigte Abschrift davon über das der Eintragungsbewilligung zugrunde liegende Rechtsgeschäft (Kauf-, Tausch-, Schen-

---

[1] BayObLG 1957, 229 = Rpfleger 1957, 351; auch BayObLG MittBayNot 1989, 209 = NJW-RR 1989, 718: Das Grundbuchamt ist berechtigt, aber nicht verpflichtet, außerhalb eines Antragsverfahrens Urkunden zu den Grundakten zu nehmen.

B. Grundakten

kungsvertrag, Schuldurkunde über Darlehensvertrag mit der Verpflichtung zur Sicherung durch Hypothek oder Grundschuld) aufzubewahren (§ 10 Abs 3 GBO, der Übergabe solcher Urkunden an das Grundbuchamt zur Aufbewahrung vorsah, ist aufgehoben, Art 5 Abs 2 Nr 1 Ges vom 6. Juni 1995, BGBl I 778).

Zu den Grundakten werden ferner alle Eingänge, Protokolle, Verfügungen, Entwürfe, Kostenrechnungen usw genommen. Veranlaßt eine zu den Grundakten zu nehmende Urkunde Eintragungen auf **verschiedenen Grundbuchblättern** desselben Grundbuchamtes, so ist sie zu den Grundakten eines der beteiligten Blätter zu nehmen (s Rdn 59); auf sie ist in den Grundakten der anderen Blätter zu verweisen (§ 24 Abs 2 GBV). Unzulässig ist es, die Schriften über mehrere Grundbuchblätter in einem Grundaktenstück zusammenzufassen, selbst wenn die in Frage stehenden Grundstücke demselben Eigentümer gehören. Die Eintragungsverfügung (s Rdn 221) ist urschriftlich zu dem die Eintragung veranlassenden Schriftstück, ggfs seiner beglaubigten Abschrift (§ 10 Abs 1 S 2 GBO), zu nehmen (§ 26 Abs 6 GBGA).

Unterbringung der Eintragungsverfügung in den Grundakten für den Fall, daß sie sich auf mehrere Grundbuchblätter bezieht: § 26 Abs 6 GBGA.

Wenn sich ein Eintragungsantrag oder -ersuchen auf mehrere im Bezirk des Grundbuchamts gelegene **Grundstücke** bezieht, die auf verschiedenen Grundbuchblättern eingetragen sind, so gibt, nachdem das Schriftstück eine Ordnungsnummer bei einem der beteiligten Grundbuchblätter erhalten hat, der Grundbuchführer der zuständigen Grundbuchabteilung zu den Grundakten der übrigen beteiligten Grundbuchblätter Nachricht durch ein **Merkblatt**, auf dem der Zeitpunkt des Eingangs und der Verbleib des Antrags oder Ersuchens vermerkt sind (§ 22 Abs 2 GBGA). Das Merkblatt erhält bei den Grundakten, für die es bestimmt ist, eine besondere Ordnungsnummer. Es wird bis zur Erledigung des Antrags oder Ersuchens unter dem Deckel der Grundakten, zu denen es gehört, aufbewahrt.

Ein Grundaktenband besteht aus folgenden Teilen: dem **Aktenumschlag** (Aktendeckel), dem **Vorblatt**, den **Schriften als Akteninhalt** und dem **Sonderheft**. Unmittelbar nach der Vorderseite des Aktendeckels und vor dem Vorblatt befindet sich als erste Schrift das **Handblatt** (soweit es noch geführt wird, s Rdn 78) mit dem dazugehörigen **Wohnungsblatt**.

66

Innerhalb der Grundakten erhält jedes selbständige Schriftstück in der Reihenfolge seines Eingangs eine **Ordnungsnummer** (§ 21 Abs 1 AktO). Die Ordnungsnummern sind auf einem Vorblatt der Akten unter Beifügung des Datums der Schriften reihenweise untereinander in Jahresabschnitten zu verzeichnen (§ 21 Abs 2 AktO). Das Vorblatt ist also ein Verzeichnis der Eintragungsanträge. Bei der Abgabe eines Schriftstücks ist seine Nummer im Vorblatt zu streichen, der Tag der Abgabe sowie der Verbleib sind daneben zu vermerken. Die Ordnungsnummer läuft auch in einem zweiten und weiteren Bande und auch dann weiter, wenn die Akten bei einem anderen Gericht fortzuführen sind. Dies gilt auch dann, wenn bei Umschreibung eines Grundbuchblattes die Grundakten des geschlossenen Blattes für das neue Blatt weitergeführt werden (s § 32 S 1 GBV). Die Ordnungsnummer bestimmt die Folge der Schriftstücke in den Akten. Die Anlagen eines Schriftstücks erhalten keine besondere Nummer, sondern werden durch die Ordnungsnummer des Hauptschriftstücks mitbestimmt. Sie erhalten, wenn es zur Vermeidung

67

von Irrtümern notwendig erscheint, einen Zugehörigkeitsvermerk (§ 21 Abs 1 AktO). Zustellungsurkunden und Empfangsbescheinigungen, Abschriften und dgl, auf die keine Verfügung gesetzt ist, erhalten keine Ordnungsnummer (§ 21 Abs 1 AktO). Die Ordnungsnummer wird durch den Registrator der zuständigen Grundbuchabteilung (Grundbuchführer) auf das Schriftstück gesetzt, sobald dieses mit dem Eingangsvermerk versehen ist.[2]

68 Werden **Grundakten versandt,** so wird auch mit den zu dem Kontrollblatt eingehenden Schriften die Nummernfolge fortgesetzt. Ergibt sich nach Rückkunft der Akten, daß infolge Fortführung der Akten an der auswärtigen Stelle (zB in der Beschwerdeinstanz) mehrere Schriftstücke dieselbe Nummer tragen, so sind die bei dem Kontrollblatt entstandenen Nummern mit einem kleinen Unterscheidungsbuchstaben (zB „8 a") zu versehen (s § 21 Abs 2 S 3 und 4 AktO).

69 Zur Erhaltung der Übersichtlichkeit können nach § 21 Abs 3 AktO **Schriftstücke von vorübergehender Bedeutung** zu Sonderheften genommen werden; diese sind bei den Grundakten aufzubewahren. Als Schriftstücke von vorübergehender Bedeutung kommen insbesondere in Betracht:
– alle lediglich den Geschäftsgang betreffenden Schriftstücke, zB Anträge auf Terminsanberaumung und Gesuche um Erteilung von Abschriften, sofern sie nicht Erklärungen von selbständiger Bedeutung enthalten,
– unbrauchbar gemachte Hypotheken- usw Briefe und dazu gehörige Schuldurkunden, die den Beteiligten wegen unbekannten Aufenthaltes nicht ausgehändigt werden können.

Der Grundbuchrechtspfleger kann einzelne Schriftstücke dieser Art von der gesonderten Aufbewahrung ausschließen oder andere (zB Anträge auf Gestattung der Grundbucheinsicht, Anfragen, Begleitschreiben) dafür bestimmen. Nicht aber dürfen in Sonderhefte genommen werden Urkunden, die mit Rücksicht auf § 10 Abs 1 GBO dauernd bei den Grundakten aufzubewahren sind, ferner geschlossene Handblätter sowie die Schriften, die sich auf die Wert- und Kostenberechnung beziehen oder Kostenmarken tragen. Die Weglegung des Sonderhefts wird nach Bedarf verfügt und ausgeführt, das Weglegungsjahr ist auf den Grundakten zu vermerken (§ 10 Abs 3 AktO).

70 Zu den Grundakten ist im Einzelfall ein **Merkblatt** zu fertigen. Es hat gewöhnlich eine rosa Farbe und soll weitere den bisherigen Eintragungsantrag berührende Eintragungen verhindern (s auch Rdn 65).

Behandlung und Aufbewahrung von Urkunden, die nicht zu den Grundakten gehören, s § 25 Abs 1 GBGA.

C. Beim Grundbuchamt geführte Listen und Register

1. Ordnung der Akten

71 Die Ordnung der Akten ergibt sich aus der Ordnung des Grundbuchs (§ 1 Abs 2 AktO). Ein (gesondertes) Aktenregister wird in Grundbuchsachen nicht

---

[2] Geht eine Ordnungsnummer aus den Grundakten verloren und nimmt das Grundbuchamt an, daß sie einen Eintragungsantrag betrifft, so darf dieser Sachverhalt nicht zu einer Sperre des Grundbuchs führen. Das Grundbuchamt hat vielmehr nach Ablauf einer angemessenen Suchfrist weitere Eintragungsanträge (-Ersuchen) nach der gegebenen Grundbuchlage zu erledigen, KG JR 1954, 465.

C. Beim Grundbuchamt geführte Listen und Register

geführt. Jedes Aktenstück erhält ein Aktenzeichen, unter dem alle dazugehörigen Schriftstücke zu führen sind (§ 4 Abs 1 S 1 AktO). Als **Aktenzeichen** dient die Bezeichnung des Grundbuchs nach Gemarkung (Bezirk) und Blatt, nötigenfalls unter Angabe des Bandes, zB „Oberhof 10" oder „Boll 13/130" (§ 4 Abs 4 S 1 AktO). Aktenzeichen und Ordnungsnummer (Rdn 67) bilden zusammen die Geschäftsnummer (§ 4 Abs 4 S 2 AktO). Unter dieser **Geschäftsnummer** (zB „Boll 13/130/96") sind die Schriftstücke eines Grundaktenstückes zu führen.

2. Verzeichnisse (§ 12a GBO)

Einrichten dürfen die Grundbuchämter (§ 12a Abs 1 S 1 GBO) 72
– ein Verzeichnis der Eigentümer,
– ein Verzeichnis der Grundstücke,
– weitere für die Führung des Grundbuchs erforderliche Verzeichnisse, jedoch nur mit Genehmigung der Landesjustizverwaltung.

Diese Verzeichnisse können auch dann maschinell geführt werden, wenn das Grundbuch selbst noch in Papierform geführt wird.
Die Verzeichnisse sind lediglich Hilfsmittel für die Führung des Grundbuchs. Es besteht daher keine Verpflichtungen, diese Verzeichnisse immer aktuell zu halten; eine Haftung bei nicht richtiger Auskunft besteht nicht (§ 12a Abs 1 S 2 GBO).

Auskunft zu erteilen ist aus diesen Verzeichnissen, wenn sie öffentlich zugänglich gemacht sind (§ 12a Abs 1 S 3 GBO). Das wird für das Eigentümerverzeichnis und das Verzeichnis der Grundstücke gelten. Solange ein Verzeichnis nur für den Dienstbetrieb genutzt wird (so zB das Tagebuch), muß eine Auskunft nicht gewährt werden.[1] Auch ein behördenöffentlich gehaltenes Verzeichnis ist (noch) nicht öffentlich zugänglich.[2] Im Einzelfall besteht Anspruch auf Auskunft aus einem öffentlich zugänglichen Verzeichnis nur, wenn diese erforderlich ist, um Einsicht in das Grundbuch nehmen oder Abschriftenerteilung veranlassen zu können und diese nach § 12 GBO auch zulässig ist[3] (§ 12a Abs 1 S 3 GBO). Das berechtigte Interesse (§ 12 GBO) ist durch Vortrag überzeugender Tatsachen darzulegen; Glaubhaftmachung (ggfs Beweis) kann nur bei begründeten Bedenken verlangt werden[4] (s Rdn 526). Zulässig ist auch Erteilung einer Auskunft aus einem Verzeichnis, die eine nach § 12 GBO zulässige Grundbucheinsicht entbehrlich macht (§ 12a Abs 1 S 4 GBO als „Kann"vorschrift), wie zB über den auch aus dem Verzeichnis feststellbaren Eigentümer eines (bestimmten) Grundstücks, wenn für dessen Erkundung ein berechtigtes Interesse nach § 12 Abs 1 GBO besteht. Auskunft, die Einsicht in das Grundbuch entbehrlich macht, kann nach § 12a Abs 1 S 4 GBO „aus Verzeichnissen nach Satz 1 ... gewährt werden", damit auch aus öffentlich nicht zugänglich gemachten Verzeichnissen (Satz 3). Zur Auffindung eines Grundbuchblatts und damit des gebuchten Grundstücks, das für Einsicht oder Erteilung von Abschriften nicht bezeich- 72a

---

[1] Begründung zu § 12a GBO, BT-Drucks 12/5553, Seite 62.
[2] Begründung aaO.
[3] Begründung aaO.
[4] LG Stuttgart BWNotZ 2002, 68.

net werden kann, ermöglicht jedoch nur Satz 3 des § 12a Abs 1 GBO Auskunft aus öffentlich zugänglich gemachten Verzeichnissen. Soweit demnach Auskunft nicht zu erteilen ist, weil ein Verzeichnis nicht öffentlich zugänglich gemacht ist, kann ein Auskunftsverlangen (etwa zunächst für Ermittlung des Grundbesitzes einer bestimmten Person oder sonst zur Vorbereitung der Grundbucheinsicht) auch nicht auf Satz 4 des § 12a Abs 1 S 4 GBO gestützt werden.[5] Die **Einsicht** in eines der Verzeichnisse ermöglicht § 12a Abs 1 S 5 GBO nur inländischen Gerichten, Behörden und Notaren. Sonst ist eine Einsicht in ein Verzeichnis nicht vorgesehen; Abs 1 S 3 u 4 des § 12a GBO begründen kein Einsichtsrecht.[6] Ein Anspruch auf Erteilung von Abschriften aus einem Verzeichnis besteht nicht (§ 12a Abs 1 S 6 GBO). Über die Erteilung von Auskünften aus einem öffentlich zugänglich gemachten Verzeichnis oder die Gewährung der Einsicht in ein solches Verzeichnis entscheidet der Urkundsbeamte der Geschäftsstelle (§ 12c Abs 1 Nr 2 GBO).

Als Verzeichnis kann (mit Genehmigung der Landesjustizverwaltung) auch das Liegenschaftskataster verwendet werden (§ 12a Abs 2 GBO).

3. Die einzelnen Verzeichnisse

a) Eigentümerverzeichnis

73 Geführt wird ein Verzeichnis der Eigentümer (§ 21 Abs 8 AktO). Eingerichtet ist es in alphabetischer Ordnung für den Bezirk des Grundbuchamts. Eine andere Gliederung (zB abteilungsweise Führung) kann der Behördenleiter anordnen, wenn dies die örtlichen Verhältnisse (zB ein besonders stark bevölkerter Gerichtsbezirk) zweckdienlich erscheinen lassen.

In das Eigentümerverzeichnis ist jeder Grundstückseigentümer unter Bezeichnung seines gesamten Grundbesitzes (auch seiner Wohnungs- und Teileigentumsrechte und ihm gehörender grundstücksgleicher Rechte) nur einmal aufzunehmen. Das Verzeichnis muß Familien- und Vornamen (bei juristischen Personen und Handelsgesellschaften deren genaue Bezeichnung), Beruf (dafür Geburtsdatum, wenn es im Grundbuch eingetragen oder den Eintragungsunterlagen zu entnehmen ist) und Wohnort des Eigentümers sowie Hinweis auf das Grundbuch (Grundbuchbezirk, ggfs Band, Blatt) enthalten. Die näheren Anordnungen trifft der Behördenvorstand (§ 21 Abs 8 AktO).

b) Grundstücksverzeichnis

74 Einrichtung und Führung eines Verzeichnisses der Grundstücke, der Wohnungs- und Teileigentumsrechte sowie der grundstücksgleichen Rechte regelt § 21 Abs 9 AktO.

c) Eingangsliste

75 Eine Eingangsliste kann in einfachster Form auf Anordnung des Behördenleiters geführt werden (§ 21 Abs 6 S 2 AktO). Sie dient zur Überwachung der rechtzeitigen Bearbeitung der Eintragungsanträge und -ersuchen.

---

[5] KG DNotZ 1997, 734 = Rpfleger 1997, 303.
[6] KG DNotZ 1997, 734 = aaO.

C. Beim Grundbuchamt geführte Listen und Register

d) Tagebuch

Jede Abteilung der Geschäftsstelle führt über die Eintragungen im Grund- 76
buch ein Tagebuch nach dem der Aktenordnung beigegebenen Muster 10
(§ 21 Abs 6 AktO). Für mehrere Grundbuchabteilungen kann ein gemeinsames Tagebuch nach Bestimmung des Behördenleiters geführt werden (§ 21 Abs 6 AktO). Nähere Anweisungen für die Führung des Tagebuchs enthalten die Erläuterungen zu dem Muster in der Aktenordnung.

Das Tagebuch soll eine Übersicht über die Eintragungstätigkeit des Grundbuchamtes zu statistischen Zwecken (Unterlagen für die Geschäftsübersicht) darstellen. In das Tagebuch werden nur Eintragungsverfügungen und Zurückweisungen von Eintragungsanträgen aufgenommen. Andere Anträge und Ersuchen, zB auf Grundbucheinsicht, Erteilung von Abschriften usw, werden nicht eingetragen.

Die Eintragungen in das Tagebuch werden durch den Urkundsbeamten der Geschäftsstelle erledigt. Die Eintragung erfolgt erst, wenn eine Eintragungsverfügung oder Zurückweisung ergangen ist. Der Abschluß der Eintragung erfolgt erst nach vollständiger Erledigung der Verfügung.

e) Beamtenverzeichnis

Zu führen ist schließlich ein Verzeichnis der Beamten (einschließlich ihrer 77
Vertreter), die zur Entgegennahme von Eintragungsanträgen und -ersuchen zuständig sind. Anzugeben sind in dem Verzeichnis auch der Anfangs- und Endtag der Zuständigkeit sowie (wenn mehrere Abteilungen des Grundbuchamts bestehen) der Geschäftskreis jedes Beamten. Das Verzeichnis ist zu den Sammelakten (zu diesen § 1 Abs 6 AktO) zu nehmen.

4. Das Handblatt

Ein Handblatt (früher auch Blattübersicht, Hilfsblatt oder Tabelle genannt) 78
ist eine wortgetreue Abschrift des Papier-Grundbuchblattes (§ 24 Abs 4 GBV). Zum maschinell geführten Grundbuch wird ein Handblatt nicht angelegt (§ 73 S 3 Halbs 2 GBV veweist nicht auf § 24 Abs 4). Das Handblatt wird bei den Grundakten als ein in seiner Einrichtung dem Grundbuchblatt entsprechender Vordruck verwahrt, welcher eine wörtliche Wiedergabe des gesamten Inhalts des Grundbuchblatts enthält (§ 24 Abs 4 GBV); beim Loseblatt-Grundbuch wird es in einem Schnellhefter mit herausnehmbaren Einlegebogen geführt (§ 20 Abs 1 GBGA). Verwahrt wird das Handblatt bei den Grundakten unter dem Aktendeckel des letzten Bandes (§ 21 Abs 5 AktO).

Zweck des Handblattes ist es, die Bearbeitung der Grundbuchsachen zu erleichtern; es enthebt den Grundbuchbeamten der Notwendigkeit, das Grundbuch selbst in jedem einzelnen Fall einzusehen. Die Verantwortung für die Übereinstimmung des Handblatts mit dem gesamten Inhalt des Grundbuchblatts trägt der mit der Führung des Grundbuchs beauftragte Beamte. Die Eintragungen im Handblatt brauchen nicht unterschrieben zu werden; es ist jedoch üblich, daß durch Unterschrift, Handzeichen oder in ähnlicher Weise gekennzeichnet wird, wenn die Eintragung im Handblatt mit derjenigen im Grundbuch verglichen worden ist und übereinstimmt. Stimmen Grundbuch und Handblatt nicht überein, so sind ausschließlich die Eintragungen im Grundbuch maßgebend. Wer sich nur auf das Handblatt verläßt, wird nicht geschützt, kann aber einen Rückgriffsanspruch an den Staat haben, ohne daß der Staat den Einwand mitwirkenden Verschuldens wegen Unterlassung der Einsicht in das Grundbuch selbst erheben könnte.

Ein **Wohnungsblatt** (Muster 11 AktO) ist über die Anschriften der eingetragenen Beteiligten (Eigentümer, Grundpfandrechtsgläubiger usw), bestellten Vertreter oder Zustellungsbevollmächtigten im Bedarfsfall als Vorblatt des Handblatts zu führen und auf dem laufenden zu halten (§ 21 Abs 5 S 2 AktO).

IV. Einrichtung des Grundbuchs

1. Grundbuch in festem Band

79 Die Grundbücher wurden früher nur als feste Bände geführt (§ 2 GBVfg aF).

2. Loseblatt-Grundbuch[1]

80 Führung des Grundbuchs in
- **Bänden** mit herausnehmbaren **Einlegebogen** oder
- **Einzelheften** mit herausnehmbaren **Einlegebogen**

hat die VO vom 26. 6. 1961 (BAnz Nr 124) mit Änderung des § 2 GBVfg ermöglicht.[2] Sie ermöglicht Fertigung der Grundbucheintragungen mit Schreibmaschine (§ 27 Abs 1 GBGA) mit Durchschlag des Eintragungstextes in das Handblatt (§ 20 Abs 4, § 28 GBGA) und Herstellung der Eintragungsmitteilungen im Durchschreibeverfahren (§ 28 GBGA). Einrichtung des Grundbuchs in Bänden oder Einzelheften mit herausnehmbaren Einlegebogen bestimmt sich nach den näheren Anordnungen der Landesjustizverwaltungen[3]

---

[1] Versuche mit dem Loseblatt-Grundbuch wurden bereits seit dem Jahre 1929 gemacht. S für einige Bezirke des fr Landes Preußen die AV v 24. 10. 1929 (JMBl 1929, 319) und nach Neufassung der GBO die AV des RJustMin v 21. 6. 1936 (DJ 1033), deren § 6 durch VO v 26. 6. 1961 aufgehoben worden ist (s auch AV v 4. 5. 1937, DJ 1937, 1029).

[2] Zur Folge hatte das auch eine Neueinfügung des § 27a (Abgabe von Grundbuchblättern) und des § 37 Abs 3 (Wiederverwendung geschlossener Grundbücher), eine Aufhebung des § 66 (jetzt § 96) Abs 2 (Fortführung bisheriger Grundbuchhefte) und eine Änderung des § 34 GBVfg (Schließung des Grundbuchs) durch die gleiche VO.

[3] Im einzelnen s zum Loseblatt-Grundbuch ua folgende landesrechtliche Vorschriften:
Baden-Württemberg: Einheften der Grundbuchhefte in den Umschlag (gilt nur im württembergischem Rechtsgebiet), AV d JM v 20. 10. 1965 (Justiz 327); Einführung des Loseblatt- Grundbuchs, AV d JM v 14. 4. 1969 (Justiz 129);
Bayern: Zunächst Bek über die Einführung des Loseblattgrundbuchs in Bänden mit Schraubverschluß vom 20. 6. 1969 (BayJMBl 144) mit Änderungen. Diese Bek ist aufgehoben und ersetzt durch die Geschäftsanweisung für die Behandlung der Grundbuchsachen (GBGA) v 7. 12. 1981 (BayJMBl S 190); zum Loseblattgrundbuch §§ 5, 7–14 dieser GBGA;
Berlin: Einrichtung und Führung des Loseblattgrundbuchs, AV v 21. 5. 1976 (ABl 739). Außerdem: VO über die Einrichtung und Führung des Grundbuchs in dem in Art 3 des Einigungsvertrags genannten Teil des Landes Berlin (Berliner Grundbuchverordnung – BlnGrundbVO) v 27. 10. 1991 (GVOBl 237);

(§ 2 GBV); diese regeln die Loseblattgrundbuchführung erfreulicherweise weitgehend nach gleichen Grundsätzen.

Umschreibung des (früher) in festen Bänden geführten Grundbuchs auf das Loseblattsystem erfolgt nach §§ 29 ff GBV und den gem § 2 GBV ergangenen Anordnungen der Landesjustizverwaltungen. Zur schnelleren **Umstellung** der früheren Grundbücher in festen Bänden auf Bände mit herausnehmbaren Einlegebogen hat § 101 (als § 70 a GBV eingefügt durch VO vom 23. 7. 1984, BGBl I 1025) ein vereinfachtes Verfahren mit Verwendung von Ablichtungen der bisherigen Blätter zugelassen.

3. Grundbuchbände und -blätter

Grundbuchbände (feste Bände ebenso wie Bände mit herausnehmbaren Einlegebogen) umfassen mehrere **Grundbuchblätter** (§ 2 S 2 GBV). Äußere Gestaltung (auch Format und Umfang) der Grundbücher bestimmt sich nach landesrechtlichen Vorschriften (zB § 15 GBGA). Mehrere Bände desselben Grundbuchbezirks sind fortlaufend numeriert (§ 2 S 2 GBV). Fortlaufende Nummern führen auch sämtliche Grundbuchblätter desselben Grundbuchbezirks (§ 3 Abs 1 GBV mit Einzelheiten). Jedes Grundbuchblatt ist in der Regel nur für ein Grundstück bestimmt. Dieses Blatt ist für das Grundstück das **Grundbuch im Sinne des BGB** (§ 3 Abs 1 S 2 GBO).[4] Maßgebend für die

---

Hamburg: Einrichtung und Führung des Loseblatt-Grundbuchs, AV der Justizbehörde v 14. 12. 1961 (HmbJVBl 1962, 5), geändert durch AV v 27. 5. 1969 (HmbJVBl 51) berichtigt durch AV v 14. 2. 1991 (HmbJVBl 23); Einrichtung und Führung des Loseblatt-Grundbuchs, AV der Justizbehörde v 2. 7. 1990 (HmbJVBl 50);
Hessen: Einrichtung und Führung des Loseblatt-Grundbuchs, RdErl d MdJ v 2. 12. 1976 (HessJMBl 1051);
Niedersachsen: Einrichtung und Führung des Loseblatt-Grundbuchs, AV d Nds MdJ v 26. 6. 1986 (Nds Rpfl 169);
Nordrhein-Westfalen: Einrichtung und Führung des Loseblatt-Grundbuchs, zunächst AV d JM v 8. 12. 1961 (JMBl NRW 292, mit Ergänzungen und Änderungen); diese AV ist aufgehoben und ersetzt durch die AV d JM v 19. 7. 1988 (JMBl NW 195); Einführung der Loseblattform für das Berggrundbuch, AV d JM v 15. 9. 1972 (JMBl NW 223), geändert durch AV v 11. 4. 1989 (JMBl NW 109);
Rheinland-Pfalz: Rundschreiben des Ministeriums der Justiz betr Einrichtung und Führung des Einzelheftgrundbuchs 3. 6. 1991 (JBl 130), geändert durch Rundschreiben v. 7. 3. 1994 (JBl 111);
Saarland: Erlaß betr Einrichtung und Führung des Loseblatt-Grundbuchs bei saarländischen Amtsgerichten, AV des JM v 29. 10. 1970 (GMBl Saar 652);
Sachsen: § 3 Abs 1 Sächsische Grundbuchverordnung (Sächs. GrundbV) v 14. 6. 1991 (SächsGVBl S 154);
Sachsen-Anhalt: § 16 Abs 1 Geschäftsanweisung für die Behandlung der Grundbuchsachen (GBGA-LSA) v. 17. 2. 1993 (MinBlatt LSA S 1010);
Schleswig-Holstein: AV vom 20. 12. 1962 (SchlHA 1963, 9, 10), AV vom 6. 10. 1972 (SchlHA 1971, 223) je betr Einrichtung und Führung des Loseblatt-Grundbuchs;
Thüringen: § 11 der Thüringer Geschäftsanweisung für die Behandlung der Grundbuchsachen (ThürGBGA) vom 17. 5. 1996 (JMBl für Thüringen S 53).
[4] Führung eines gemeinschaftlichen Grundbuchblattes über mehrere Grundstücke desselben Eigentümers, dessen Grundbücher von verschiedenen Grundbuchämtern geführt werden (§ 4 Abs 2 GBO) erfordert, daß die Grundstücke zu einer Wirtschaftsgemeinschaft gehören, die infolge sachenrechtlicher Vorschriften gewissen Beschränkun-

1. Teil. IV. Einrichtung des Grundbuchs

Ordnung des Grundbuchs ist also nicht die Person des Eigentümers, sondern die Sache, das „Reale". Das Grundbuch ist daher bundesrechtlich grundsätzlich nach dem System des **Realfoliums** angelegt. Den Gegensatz bildet das System des **Personalfoliums,** bei dem die Ausrichtung nach der Person des Eigentümers erfolgt. Hier werden sämtliche dem gleichen Eigentümer oder den gleichen Miteigentümern derselben Miteigentumsarten gehörenden Grundstücke auf einem Blatt vereinigt (dazu § 4 GBO).

83 Jedes Grundbuchblatt besteht aus der Aufschrift, dem Bestandsverzeichnis und drei Abteilungen (§ 4 GBV). Dem folgt die Gliederung im 2. Teil dieses Buches über Grundbuchformulare mit Erläuterungen. Weil Grundbuch iS des bürgerlichen Rechts das Blatt des Grundbuchs (§ 3 Abs 1 S 2 GBO) in der **Gesamtheit seiner Eintragungen** ist, schadet Eintragung auf diesem Blatt durch den Grundbuchbeamten an einer falschen Stelle (selbst in einer falschen Abteilung) der materiellen Wirksamkeit der Eintragung grundsätzlich nicht.

Zur leichteren Auffindung der Grundstücke sind die Grundbücher für räumlich kleinere abgegrenzte Bezirke – **Grundbuchbezirke** – angelegt (§ 2 Abs 1 GBO). Grundbuchbezirke sind die Bezirke der Gemeinden (§ 1 GBV). Ein Amtsgerichtsbezirk kann aus nur einem oder aus mehreren Grundbuchbezirken bestehen.

4. Das in maschineller Form geführte Grundbuch

a) Ablösung des Papier-Grundbuchs

84 Das in maschineller Form als automatisierte Datei geführte Grundbuch hat das Papier-Grundbuch inzwischen weitgehend abgelöst.[5] Eingeleitet hat die Umstellung des **Grundbuchs auf EDV-Basis** das Registerverfahrensbeschleunigungsgesetz (RegVBG).[6] In einem neuen 7. Abschnitt der GBO über „das maschinell geführte Grundbuch" hat es grundlegende Bestimmungen für die Einführung des maschinell geführten Grundbuchs sowie die sachlichen Mindestvoraussetzungen für ein solches automatisiertes Grundbuch[7] geregelt. Bei diesem werden einzugebende Daten auf einem Datenträger dauer-

---

gen im Rechtsverkehr unterliegt. Die Zusammenschreibung rechtfertigen daher nicht schon bloße Betriebsverbundenheit und gemeinsame Nutzung (OLG Düsseldorf MittRhNotK 1977, 145), das Bestehen eines Gesamthaftungsverhältnisses (OLG Köln Rpfleger 1976, 16; OLG Hamm Rpfleger 1960, 92) oder gleiche Verkehrsbeschränkungen für alle Grundstücke (zB Genehmigungsbedürftigkeit nach dem GrdstVG, LG Memmingen Rpfleger 1964, 55 mit Anm Haegele); siehe auch KG JFG 28, 124 = JW 1938, 2676. Als Ausnahmevorschrift kann § 4 Abs 2 GBO nicht ausdehnend ausgelegt werden.

[5] Zur Automatisierung der Grundbuchführung von den ersten Planungsarbeiten seit 1970 über ein automationsunterstütztes dezentrales Eintragungsverfahren siehe zuletzt 12. Auflage Rdn 84.

[6] Gesetz zur Vereinfachung und Beschleunigung registerrechtlicher und anderer Verfahren (Registerverfahrensbeschleunigungsgesetz – RegVBG). Vom 20. Dez 1993, BGBl I 2182. Gesetzentwurf der Bundesregierung mit Begründung, Stellungnahme des Bundesrates und Gegenäußerung der Bundesregierung: BT-Drucks 12/5553; Beschlußempfehlung und Bericht des Rechtsausschusses BT-Drucks 12/6228.

[7] Begründung zu § 126, BT-Drucks 12/5553, S 76.

1. Teil. IV. Einrichtung des Grundbuchs

haft gespeichert, das Original des Grundbuchs mit seinem Bestandsverzeichnis und 3 Abteilungen damit in einem Datenspeicher geführt, von dem sie nicht ohne technische Hilfsmittel in lesbarer Form wiedergegeben werden können[8] (zum Begriff des maschinell geführten Grundbuchs auch § 62 GBV). Durch diese Speicherung der einzugebenden Daten auf einem Datenträger unterscheidet sich dieses vollelektronische Grundbuch grundlegend von früheren automationsunterstützten Verfahren zur Führung des Grundbuchs auf Papier.

b) Besonderheiten des maschinell geführten Grundbuchs

aa) Die maschinelle Grundbuchführung hat Regelung bedingt auch 84a
– der besonderen **Anforderungen**, die an das maschinell geführte Grundbuch zu stellen sind. Bestimmung im einzelnen trifft § 126 Abs 1 GBO; ergänzende Regelungen enthalten §§ 63–66 GBV.
– der **Zeitpunkte**, in dem das maschinell geführte Grundbuch für ein (somit für jedes einzelne) Grundbuchblatt (§ 3 Abs 1 S 1 GBO), auch für ein gemeinschaftliches Grundbuchblatt (§ 4 Abs 1 GBO), an die Stelle des bisherigen Grundbuchs in Papierform tritt. § 128 Abs 1 GBO bestimmt dafür den Zeitpunkt, in dem das maschinell geführte Grundbuch nach Aufnahme der Eintragungen des Grundbuchblatts in den für die Grundbucheintragungen bestimmten Datenspeicher (ausdrücklich) freigegeben ist (zur Freigabe auch § 71 GBV). Das Anlegungsverfahren regeln §§ 67–73 GBV. Schließungsvermerk im bisherigen Grundbuchblatt: § 128 Abs 2 GBO. Freigabevermerk auf dem maschinell geführten Grundbuchblatt: § 71 GBV. Fortführung der Grundakten und Aussonderung sowie Vernichtung des Handblatts: § 73 GBV.
– der Grundbuchführung und des Zeitpunktes, an dem eine Eintragung wirksam wird (Rdn 227a).
– der Erteilung von Abschriften und Gewährung von Grundbucheinsicht (Rdn 84d–e).

bb) Die **äußere Form** der Eintragungen bestimmt sich nach Abschnitt III „Die 84b Eintragungen" der GBV (§§ 13–23); sie entspricht der für das Papier-Grundbuch (§ 76 GBO). **Veranlaßt** werden **Eintragungen** in das maschinell geführte Grundbuch von der für die Führung dieses Grundbuchs zuständigen Person (Richter oder Rechtspfleger, Rdn 44; § 130 S 1 Halbs 2 mit § 44 Abs 1 S 2 erster Halbs GBO, insbes aber § 74 Abs 1 S 1 GBV; Besonderheit für Einspeicherung aus dem Liegenschaftskataster: § 127 GBO). Landesrechtlich kann durch Rechtsverordnung bestimmt werden, daß auch die Eintragung in das maschinell geführte Grundbuch von dem Urkundsbeamten der Geschäftsstelle (nicht jedoch sonst einem Justizangestellten) auf Verfügung des für die Grundbuchführung zuständigen Richters oder Rechtspflegers veranlaßt wird (§ 74 Abs 1 S 3 GBV). Die Aufnahme in den Datenspeicher ist zu verfizieren (§ 74 Abs 2 GBV). Die Art und Weise der Verikation bestimmt die Landesjustizverwaltung.

cc) Jede Eintragung soll den Tag angeben, an dem sie mit Speicherung wirk- 84c sam geworden ist (§ 129 Abs 2 S 1 GBO mit Ausnahme in S 2 für die nach

---

[8] Begründung zu § 126, aaO S 77.

§ 127 Abs 1 Nr 1 GBO maschinell aus dem Liegenschaftskataster zu übernehmenden Angaben).

84 d dd) Bei Führung des Grundbuchs in maschineller Form als automatisierte Datei tritt an die Stelle der Abschrift (§ 12 Abs 2 GBO) der **Ausdruck**, an die Stelle der beglaubigten Abschrift der **amtliche Ausdruck** (§ 131 S 1 GBO). Die Ausdrucke werden nicht unterschrieben (§ 131 S 2 GBO). Der amtliche Ausdruck wird als solcher bezeichnet und mit einem Dienstsiegel oder -stempel versehen; er steht einer beglaubigten Abschrift gleich (§ 131 S 3 GBO; Beweiskraft daher wie Rdn 169. Nähere Einzelregelung in § 78 GBV.

84 e ee) Die **Einsicht** in das maschinell geführte Grundbuch (zu ihr auch §§ 77–79 GBV) ist nur unter den Voraussetzungen des § 12 Abs 1 GBO zulässig. Sie erfolgt durch Wiedergabe des betreffenden Grundbuchblatts auf einem Bildschirm (§ 79 Abs 1 S 1 GBV). Die Einsicht kann auch bei einem anderen als dem Grundbuchamt genommen werden, das dieses Grundbuch führt (§ 132 S 1 GBO, § 79 Abs 3 GBV). Dieses einsichtgewährende Grundbuchamt entscheidet über die Zulässigkeit der Einsicht (§ 132 S 2 GBO, § 79 Abs 3 GBV).

84 f ff) Automatisierter **Abruf von Daten**: § 133 GBO, §§ 80–85 GBV. Besonderheiten für Zusammenarbeit mit den katasterführenden Stellen: § 86 GBV. Sonderbestimmungen für Hypotheken-, Grundschuld- und Rentenschuldbriefe: §§ 87–89 GBO.

V. Eintragungsvoraussetzungen

A. Eintragungsantrag (§ 13 Abs 1 S 1 GBO)

Literatur: Böhringer, Anforderungen an den Grundbuchantrag einer Gesellschaft, Rpfleger 1994, 449; Ertl, Antrag, Bewilligung und Einigung im Grundstücks- und Grundbuchrecht, Rpfleger 1980, 41; Ertl, Verzicht auf das Antragsrecht nach § 13 Abs 2 GBO – ein neuer Weg zum Schutz des Grundstücksverkäufers?, DNotZ 1975, 644; Haegele, Gibt es unwiderrufliche Eintragungsanträge?, Rpfleger 1957, 293; Rademacher, Die Bedeutung des Antrags und der Bewilligung im Grundbuchverfahren, MittRhNotK 1983, 81 und 105.

1. Antrag als Eintragungserfordernis

85 a) Grundsatz ist, daß eine Eintragung in das Grundbuch **nur auf Antrag** erfolgt (§ 13 Abs 1 S 1 GBO; Antragsgrundsatz, Rdn 16). Bei Eintragung zur Rechtsänderung oder Grundbuchberichtigung steht das Privatinteresse der Beteiligten im Vordergrund;[1] das Grundbuchamt hat daher nicht ohne und nicht gegen den Willen der Beteiligten tätig zu werden, es darf nicht über den Antrag hinausgehen[2] und von ihm auch sonst nicht abweichen. Der Antrag ist Erfordernis des Grundbuchverfahrens, § 13 Abs 1 GBO somit nur Ordnungsvorschrift. Rechtsänderung oder Grundbuchberichtigung bewirkt eine

---

[1] Denkschrift zur Grundbuchordnung, abgedr bei Hahn/Mugdan, Die gesamten Materialien zu den Reichs-Justizgesetzen, Band V, 1897, Seite 154.
[2] Ertl Rpfleger 1980, 41 (42).

A. Eintragungsantrag

Eintragung daher auch, wenn sie ohne (zB weil der Antragsteller nicht antragsberechtigt war) oder auf Grund eines fehlerhaften Antrags erfolgt ist. Durch eine Eintragung, die ohne Antrag erfolgt ist, wird das Grundbuch nicht unrichtig.[3] Besondere Bestimmung trifft die Grundbuchordnung in § 38 über Eintragung auf Ersuchen einer Behörde und in Sonderfällen über Eintragung von Amts wegen (zB § 18 Abs 2, § 23 Abs 1 S 1, §§ 48, 51, 52, 53 Abs 1, § 84, § 116 Abs 1).

b) Der Eintragungsantrag (Form Rdn 155) ist **Verfahrenshandlung**;[4] er enthält das an das Grundbuchamt gerichtete Begehren auf Eintragung. § 130 BGB wird trotzdem direkt oder entsprechend angewendet: bei Eingang des Antrags beim Grundbuchamt muß der Antragsteller rechts- und geschäftsfähig (bzw prozeßfähig) sein; doch ist § 130 Abs 2 BGB zu beachten. Das Grundbuchamt ist an die gestellten Anträge, nicht aber an die vom Antragsteller vorgeschlagene Fassung der Eintragung gebunden (s Rdn 223). 86

c) Der **Eingang** des Antrags **beim Grundbuchamt** hat erhebliche verfahrens- und materiellrechtliche Wirkungen. Ihm kommt Bedeutung zu für die Reihenfolge der Erledigung verschiedener Anträge (§ 17 GBO), für den Rang (§ 45 GBO; s Rdn 308 ff) und wegen des öffentlichen Glaubens des Grundbuchs (§ 892 BGB; s Rdn 336 ff). Bei nachträglich eintretenden Verfügungsbeschränkungen führt der Eingang des Antrags zur Anwendung des § 878 BGB, wenn dessen sonstige Voraussetzungen vorliegen. 87

2. Antragsberechtigung (§ 13 Abs 1 S 2 GBO); Vertretung

a) **Antragsberechtigt** ist als unmittelbar Beteiligter jeder, dessen Recht von der Eintragung betroffen wird oder zu dessen Gunsten die Eintragung erfolgen soll (§ 13 Abs 1 S 2 GBO). **Betroffen** ist der Beteiligte, dessen grundbuchmäßiges Recht (auch Vormerkung) durch die Eintragung rechtlich (nicht nur im wirtschaftlichen Sinn) beeinträchtigt wird,[5] somit einen Verlust erleidet (Passivbeteiligter; zu ihm Rdn 100), so der Eigentümer bei Veräußerung oder Belastung des Grundstücks (nicht aber der Berechtigte einer Auflassungsvormerkung bei vormerkungswidriger Verfügung[6]), der Grundschuldgläubiger bei Löschung. Als **Begünstigter** antragsberechtigt ist jeder, zu dessen Gunsten die Eintragung erfolgen soll (Aktivbeteiligter), also jeder Berechtigte eines einzutragenden dinglichen Rechts; Begünstigung nur in wirtschaftlichem Sinn genügt nicht. Jeder von mehreren Antragsberechtigten kann einzeln Eintragungsantrag stellen;[7] Eintragung einer Hypothek kann somit der Eigentümer (als Betroffener) und der Gläubiger (als Begünstigter) beantragen. Zum Antragsrecht beim Rangrücktritt s Rdn 2563. Der nur mit- 88

---

[3] BGH 141, 347 (349 f) = aaO (nachf Fußn 4); BayObLG 1988, 124 (127).
[4] BGH 141, 347 (349) = DNotZ 1999, 734 (736) = NJW 1999, 2369 = NotBZ 1999, 171 mit Anm Demharter = Rpfleger 1999, 437; BayObLG MittBayNot 1999, 94 = Rpfleger 1999, 100 (daher keine Anfechtung).
[5] BGH 66, 341 (345) = DNotZ 1976, 490 (492) = NJW 1976, 962 (963) = Rpfleger 1976, 206.
[6] BayObLG NotBZ 2001, 226; Betroffener ist der Vormerkungsberechtigte nur bezüglich seiner durch die Vormerkung gewährten Rechtsstellung.
[7] Denkschrift (wie Fußn 1) Seite 154; KG OLG 41, 154 (155).

1. Teil. V. Eintragungsvoraussetzungen

telbar Betroffene (Begriff Rdn 100a) ist antragsberechtigt, wenn für die Eintragung seine Bewilligung erforderlich ist, er somit in das Grundbuchverfahren einbezogen ist. Nicht antragsberechtigt ist nur der mittelbar Begünstigte (dessen Recht die Eintragung nicht unmittelbar betrifft, der durch sie aber einen Vorteil erlangt); kein Antragsrecht hat daher zB der Gläubiger eines Grundpfandrechts am Hauptgrundstück für Bestandteilszuschreibung (§ 890 Abs 2 BGB; Rdn 655). Ausnahme: § 14 GBO für den dort bezeichneten Fall der Grundbuchberichtigung und § 9 Abs 1 S 2 GBO für den Vermerk eines subjektiv-dinglichen Rechts.

Die Antragsberechtigung muß nicht in grundbuchmäßiger Form (§ 29 GBO) nachgewiesen werden[8] (schlüssiger Sachvortrag reicht aus). Sie muß bis zum **Zeitpunkt** der Eintragung bestehen. Das Antragsrecht wird durch Zeitablauf nicht verwirkt.[9] Ein Verzicht auf das Antragsrecht[10] oder eine das eigene Antragsrecht verdrängende Vollmacht für einen Dritten (Notar)[11] ist mit dem verfahrensrechtlichen Charakter des Antrags nicht vereinbar (s auch Rdn 183).

88a **b) Antragsbefugnis:** Mit Antrag (§ 13 GBO) kann der Beteiligte (Rdn 88) selbst eine Eintragung nur verlangen, wenn er als Rechtsinhaber (für Berichtigung: Buchberechtigter) oder Erwerber die rechtsändernde oder berichtigende Eintragung herbeiführen kann, somit verfügungsbefugt ist. Mit Entziehung der rechtlichen Verfügungsbefugnis (wie Rdn 101) entfällt daher auch die Antragsbefugnis (daher keine Löschung eines zur Insolvenzmasse gehörenden Rechts auf Antrag des Insolvenzschuldners); ausgeübt wird sie durch den an die Stelle Beteiligten Verfügungsbefugten (Insolvenzverwalter usw; wie Rdn 101).

88b **c) Bei Vertretung des Antragstellers** durch einen rechtsgeschäftlichen (Rdn 3532 ff) oder gesetzlichen (Rdn 3597 ff) Vertreter hat das Grundbuchamt die Vertretungsbefugnis vom Amts wegen zur prüfen (§ 12 FGG; siehe Rdn 206 und 3579). Enthält der Antrag auch eine zur Eintragung erforderliche Erklärung (gemischter Antrag), ist die Vollmacht oder Vertretung einer juristischen Person durch öffentliche oder öffentlich beglaubigte Urkunde (§ 29 Abs 1 GBO) nachzuweisen (§ 30 GBO); ebenso ist dann der Nachweis der Vertreterbefugnis bei Handelsgesellschaften usw durch ein Zeugnis des Registergerichts (§ 32 GBO), Bezugnahme auf das Register (§ 34 GBO) oder Notarbescheinigung (§ 21 BNotO; Rdn 3638) zu führen. Für den **reinen Eintragungsantrag**, der Verfahrenshandlung ist (Rdn 86), gilt § 29 GBO nicht (Rdn 155), auch nicht für den Nachweis einer Vollmacht des Vertreters des

---

[8] BGH 141, 347 = aaO (Fußn 4); ThürOLG (Vorlagebeschluß) NJW-RR 1999, 1031 = Rpfleger 1999, 390 (Leits).
[9] OLG Hamm DNotZ 1973, 615 = Rpfleger 1973, 303; BayObLG DNotZ 1994, 182 (184). Gestützt werden kann der Antrag auch auf eine Eintragungsbewilligung, die vor mehr als 25 Jahren wirksam geworden ist, BayObLG aaO.
[10] LG Frankfurt MittRhNotK 1992, 116 = Rpfleger 1992, 58; LG Magdeburg Rpfleger 1996, 244.
[11] OLG Karlsruhe BWNotZ 1994, 69. Unrichtig OLG Hamm DNotZ 1975, 686 = Rpfleger 1975, 250; abl hierzu Ertl DNotZ 1975, 644; Herrmann MittBayNot 1975, 173; vgl auch Ertl Rpfleger 1980, 41 (42) und OLG Frankfurt DNotZ 1992, 389 (390) = OLGZ 1992, 41.

A. Eintragungsantrag

Antragstellers. Der Nachweis der Vertretungsbefugnis ist vielmehr in der für Verfahrenshandlungen allgemein bestimmten Form, somit nach FGG-Verfahrensrecht (siehe Rdn 31) zu führen (Besonderheit für Antrag auf Eintragung einer Zwangshypothek Rdn 2166). Es liegt daher im pflichtgemäßen Ermessen des Grundbuchamts, ob es einen besonderen Vertretungsnachweis verlangen will (vgl Rdn 499). Dieser kann daher auch durch eine schriftliche, zu den Akten abzugebende Vollmacht geführt werden.[12] Durch öffentlich beglaubigte Vollmacht ist die Bevollmächtigung nur auf Anordnung des Grundbuchamtes nachzuweisen (§ 13 S 3 FGG). Entsprechendes gilt für den Nachweis der Vertretungsbefugnis bei einer jur Person sowie bei Handelsgesellschaften usw (für diese § 32 GBO).[13] Als Verfahrensvoraussetzung ist Vertretung einer jur Person sowie Handelsgesellschaft usw nach FGG-Verfahrensrecht im Wege des Freibeweises zu würdigen. Daher liegt es im pflichtgemäßen Ermessen des Grundbuchamts, ob es einen besonderen Vertretungsnachweis in der Form des § 29 GBO, bei Handelsgesellschaften nach § 32 (mit § 34) GBO verlangen will. § 29 und § 32 GBO regeln nicht die Notwendigkeit des Nachweises durch Urkunde oder Registerzeugnis,[14] sondern die Form für den Fall, daß ein besonderer Vertretungsnachweis zu führen ist.

3. Inhalt des Antrags

a) Der Antrag muß die Person des **Antragstellers** bezeichnen (damit dessen Berechtigung geprüft werden kann) und das Begehren einer **bestimmten Eintragung** enthalten. Er kann auf die Bewilligung Bezug nehmen. Vollziehbar ist ein Antrag nur, wenn eine ihn deckende Eintragungsbewilligung (§ 19 GBO, s Rdn 95) oder andere Eintragungsgrundlage vorliegt;[15] er darf über die Bewilligung weder hinausgehen noch hinter ihr zurückbleiben.[16] 89

b) Einem Eintragungsantrag, dessen Erledigung an einen **Vorbehalt** geknüpft ist, soll nicht stattgegeben werden (§ 16 Abs 1 GBO). Das Grundbuchamt hat einen solchen Antrag zurückzuweisen; im Einzelfalle kann auch der Erlaß einer Zwischenverfügung (vgl Rdn 427ff) in Frage kommen.[17] 90

---

[12] So auch Böhringer Rpfleger 1994, 449; Bauer/vOefele/Schaub Rdn 12 zu § 30.
[13] So auch Böhringer Rpfleger 1994, 449; Meikel/Brambring Rdn 13 zu § 30.
[14] Nicht richtig uE daher Demharter Rdn 10, K/E/H/E Rdn 10, je zu § 30: Vertretungsmacht gesetzlicher Vertreter jur Personen sei *stets* in der Form der § 29 Abs 1 S 2, § 32 GBO nachzuweisen.
[15] BayObLG 1976, 180 (188); BayObLG MittBayNot 1978, 155 = Rpfleger 1978, 447; BayObLG DNotZ 1997, 321 mit Anm Wulf (§ 331); Stöber GBO-Verfahren Rdn 205.
[16] BayObLG MittBayNot 1992, 45 = NJW-RR 1991, 718.
[17] Als einen Vorbehalt iS des § 16 Abs 1 GBO hat das LG München I (MittBayNot 1969, 145 = MittRhNotK 1969, 730) die in einem Löschungsantrag des Berechtigten enthaltene Klausel „auf Kosten des vorbezeichneten Eigentümers" angesehen. Ein mit dem Antrag auf Eintragung einer Auflassungsvormerkung verbundener Antrag auf Löschung dieser Vormerkung mit der Eintragung des Käufers „falls nicht ein anderer Eintragungsantrag beim Grundbuchamt eingegangen ist", ist dagegen kein Vorbehalt iS des § 16 Abs 1 GBO (OLG Düsseldorf MittRhNotK 1965, 16; OLG Hamm MittRhNotK 1992, 149 = NJW-RR 1992, 1299 = Rpfleger 1992, 474; s auch LG Kiel SchlHA 1966, 169 und Rdn 1540).

4. Mehrere Anträge; Reihenfolge der Eintragungen (§ 16 Abs 2, § 17 GBO)

91 a) Werden von einem Antragsteller oder von verschiedenen Beteiligten **mehrere Eintragungen** beantragt (gleich steht das Ersuchen einer Behörde, § 38 GBO[18]), durch die dasselbe Recht betroffen wird, so darf die später beantragte Eintragung nicht vor Erledigung des früher gestellten Antrags erfolgen[19] (§ 17 GBO). Diese Reihenfolge der Antragserledigung sichert Prüfung der Zulässigkeit der Eintragungen nach der Zeitfolge der Anträge und gewährleistet Rechten am Grundstück das Rangverhältnis nach der zeitlichen Reihenfolge der Antragstellung (§ 45 GBO; dazu Rdn 310).
Dasselbe Recht (Eigentum, Recht am Grundstück oder an einem das Grundstück belastenden Recht) ist von den beantragten mehreren (rechtsändernden oder berichtigenden) Eintragungen betroffen, wenn
- durch die Eintragungen ein Rangverhältnis zwischen mehreren Rechten (§ 879 BGB; auch § 45 GBO) begründet wird (dazu Rdn 308),
- eine Eintragung die andere ausschließt (so bei Eintragung eines Eigentumswechsels und einer Hypothek[20]) oder sonst in irgendeiner Weise beeinflußt oder beschränkt (an weitere Voraussetzungen knüpft),[21] wie bei Anträgen auf Verpfändung und Löschung eines Grundpfandrechts,
- die früher beantragte Eintragung die später beantragte erst zulässig macht (so bei Eintragung einer Grundschuld an einer nach dem früheren Antrag erst zu bildenden WEG-Einheit[22]); das schließt Zurückweisung des später gestellten Antrags vor Erledigung des früher gestellten aus.

Erledigt ist der früher gestellte Antrag mit wirksamer Speicherung (§ 129 Abs 1 S 1 GBO) oder Unterzeichnung (§ 44 Abs 1 GBO) der beantragten Eintragung, Eintragung einer Vormerkung oder eines Widerspruchs nach § 18 Abs 2 GBO (dann aber keine Löschung des betroffenen Rechts), Zurückweisung (sie muß mit Zustellung an den Antragsteller, im Falle des § 15 GBO an den Notar, wirksam geworden sein, § 16 Abs 1 FGG) oder Zurücknahme (Form § 31 GBO).

Ausnahmen bestehen
- wenn der Antragsteller eine abweichende Bestimmung trifft. Eine nachträgliche Bestimmung ist formbedürftig (§ 31 S 1 GBO), weil sie eine teilweise Zurücknahme des früher gestellten Antrags enthält; Ausnahme nach § 31 S 2 GBO, wenn die nachträgliche Bestimmung zum Nachteil eines Berichtigungsantrags getroffen wird;
- wenn der früher gestellte Antrag erst durch die später beantragte Eintragung seine Rechtsgrundlage erhält,[23] die zunächst beantragte Eintragung somit erst nach der später beantragten zulässig wird. Der Zweck des § 17

---

[18] RG HRR 1940 Nr 516.
[19] Erledigung des später eingegangenen Antrags (zB auf Eintragung einer Zwangshypothek) vor dem früher eingegangenen Antrag (zB auf Eigentumsumschreibung) begründet keine Grundbuchunrichtigkeit, ermöglicht somit nicht die Eintragung eines Amtswiderspruchs, BayObLG DNotZ 1995, 68 = Rpfleger 1995, 16; siehe auch Rdn 324.
[20] OLG Dresden JFG 2, 445 (447).
[21] OLG Dresden aaO.
[22] OLG Düsseldorf MittBayNot 1985, 199 (200).
[23] KG JFG 7, 335 (342); LG Bamberg MittBayNot 1964, 393.

A. Eintragungsantrag

GBO trifft auf diesen Fall nicht zu. Beispiel: Der Antrag auf Eintragung einer Grundschuld durch den Grundstückserwerber wird vorzeitig gestellt und ist damit vor dem Antrag auf Eintragung der Auflassung eingegangen;
– nach § 130 Abs 3 ZVG für Eintragungsanträge des Erstehers, die vor Erledigung des Grundbuchersuchens des Vollstreckungsgerichts gestellt sind.

Ausgeschlossen ist nur die später beantragte Eintragung, nicht aber Beanstandung des später gestellten Antrags mit Zwischenverfügung (§ 18 Abs 1 GBO) und Zurückweisung des später gestellten Antrags aus Gründen, die nicht mit der noch ausstehenden Erledigung des Erstantrags in Verbindung stehen (bei Vorbehalt nach § 16 Abs 2 GBO aber keine Einzelentscheidung).

Für Anträge auf Eintragungen, die verschiedene Rechte (auch verschiedene Teile eines Rechts) betreffen, ist keine Erledigungsreihenfolge bestimmt.

b) Werden **mehrere Eintragungen** beantragt, so kann der Antragsteller bestimmen, daß die **eine Eintragung nicht ohne die andere erfolgen** soll (§ 16 Abs 2 GBO). Diese Bestimmung bedarf keiner Form.[24] Sie kann auch stillschweigend gewollt sein.[25] Eine solche Bestimmung ergibt sich jedoch nicht schon allein aus der äußeren Zusammenfassung der Anträge oder Eintragungsbewil-

92

---

[24] Eine stillschweigend gewollte Bestimmung über gleichzeitigen Vollzug mehrerer Eintragungen (Hofübergabe und Grundschuld) kann zu Zweifeln an der richtigen Beurkundung der nach dem Eingangsvermerk mit einem nur kurzen Zeitunterschied (2 Minuten) eingegangenen Anträge Anlaß geben (OLG Köln Rpfleger 1980, 222) und Aufklärung erfordern.
[25] KGJ 35 A 195; BayObLG 1973, 309 (311); OLG Frankfurt Rpfleger 1980, 107; BayObLG BWNotZ 1991, 142 = MittBayNot 1991, 122 = MittRhNotK 1991, 124 = (mitget) Rpfleger 1991, 194 (Eintragung einer Auflassung und Löschung des Nacherbenvermerks); OLG Hamm OLGZ 1988, 260 = Rpfleger 1988, 404 (Löschung eines Wohnungsrechts gegen Einräumung einer Reallast). Aufschlußreich ist noch immer der Grundbuchprüfungserlaß des JustMin Stuttgart v. 13. 8. 1953 (WürttNotV 1954, 57), in dem ua festgestellt ist: „Hat sich in einem Grundstücksveräußerungsvertrag der Veräußerer verpflichtet, eine Grundschuld zur Löschung zu bringen und ist im Anschluß an die zum Veräußerungsvertrag erklärte Auflassung lediglich die Eintragung des Eigentumswechsels beantragt worden, so darf das Grundbuchamt mit der Eigentumsumschreibung nicht zuwarten, bis die Löschung der Grundschuld erfolgen kann. ... Ist dagegen neben dem Antrag auf Eigentumswechsel auch der Antrag auf Löschung der Grundschuld gestellt und steht der Erledigung eines der beiden Anträge ein Hindernis entgegen (zB das Fehlen der Bewilligung zur Löschung der Grundschuld), so wird das Grundbuchamt zu prüfen haben, ob der Wille des Antragstellers erkennbar auf die einheitliche Erledigung der beiden Anträge gerichtet ist. ... Kommt das Grundbuchamt dabei zu dem Ergebnis, daß der Wille des Antragstellers nicht auf die einheitliche Erledigung der Anträge gerichtet ist, so wird es über jeden Antrag alsbald gesondert und unabhängig von dem anderen zu entscheiden haben. Ergibt sich dagegen, daß nach ausdrücklich erklärtem Willen des Antragstellers oder nach seinem anzunehmenden stillschweigenden Vorbehalt [zu stillschweigenden Bestimmungen nach § 16 Abs 2 GBO s nun auch K/E/H/E Rdn 17 zu § 16 mit weit Nachw] eine Eintragung nicht ohne die andere erfolgen soll, so kann über die Anträge nur einheitlich entschieden werden. Muß einer von ihnen zurückgewiesen werden, so hat dies die Zurückweisung des anderen auch dann zur Folge, wenn dem anderen kein Eintragungshindernis entgegensteht (JFG 1, 343; 21, 106)".

ligungen in einer Urkunde. Die Anträge müssen vielmehr in einem solchen inneren Zusammenhang rechtlicher oder wirtschaftlicher Natur stehen, daß ihr gemeinsamer Vollzug als von den Parteien gewollt angesehen werden muß.[26] Das ist bei Veräußerungsverträgen (Kauf- und Übergabeverträgen) mit dinglichen Rechten zugunsten der Veräußerer oder diesen nahestehenden Dritten regelmäßig der Fall. Bei einem Hofübergabevertrag ist daher regelmäßig davon auszugehen, daß jedenfalls nach dem Willen des Übergebers die Eintragung der Auflassung nur vollzogen werden darf, wenn gleichzeitig die zur Sicherung seiner Ansprüche vom Übernehmer bewilligten Grundbucheintragungen vorgenommen werden[27] (s auch Rdn 317). Entsprechendes gilt für andere Grundstücksveräußerungsverträge, weil bei ihnen nach der regelmäßigen Vorstellung der Vertragsparteien der Erwerber das Grundstück belastet mit den dem Veräußerer oder diesem nahestehenden Dritten eingeräumten dinglichen Rechten erhalten soll.[28] Eine stillschweigende Bestimmung nach § 16 Abs 2 GBO ist daher anzunehmen, wenn mit der Eintragung eines Eigentumswechsels gleichzeitig Eintragungen zugunsten des Veräußerers (Restkaufgeldhypothek, Nießbrauch) beantragt werden.[29] Ist im schuldrechtlichen Vertrag vereinbart, daß der Erwerber keine Belastungen übernimmt, ist damit von den Beteiligten regelmäßig kein Antragsverbund vereinbart; beantragt der Notar dann Vollzug der Auflassung, stellt er mangels Antrag auf Löschung von Belastungen auch keinen Antragsverbund her, so daß die Eigentumsumschreibung ohne weiteres zu vollziehen ist.[30] Auch nachträglich und durch Erklärung nur eines Antragstellers können Anträge nach § 16 Abs 2 GBO zu gemeinsamem Vollzug verbunden werden.[31] Die verbundenen mehreren Anträge müssen jedoch dem Grundbuchamt vorliegen. Unzulässig ist es, die Erledigung eines Antrags von dem gleichzeitigen Vollzug eines erst noch einzureichenden weiteren Antrags abhängig zu machen.[32] Wird die Erledigung **nur eines von mehreren** in einer Urkunde enthaltenen Anträgen vom Antragsteller verlangt, so hat das Grundbuchamt zu prüfen, ob die mehreren Eintragungsanträge nach dem Willen der Beteiligten unabhängig voneinander sind (dann Einzelerledigung möglich) oder

---

[26] KGJ 35 A 195 (198); OLG Hamm DNotZ 1973, 615 = Rpfleger 1973, 305 und OLGZ 1988, 260 = aaO (Fußn 25).
[27] BayObLG 1975, 1 = DNotZ 1976, 103 = Rpfleger 1975, 94; LG Hamburg Rpfleger 1987, 103.
[28] BayObLG DNotZ 1977, 367 = Rpfleger 1976, 302; BayObLG MittBayNot 1992, 391 = NJW 1992, 1369 = Rpfleger 1993, 13; anders BayObLG Rpfleger 1982, 334, das bei gleichzeitiger Vorlage von Auflassung mit Bewilligung der Rückauflassungsvormerkung zugunsten des Veräußerers und Vorlage einer vom Erwerber bestellten Grundschuld § 16 Abs 2 GBO (nicht prüft und) nicht anwendet.
[29] BayObLG MittBayNot 1992, 391 = aaO; OLG Hamm DNotZ 1973, 615 = aaO; LG Frankenthal Rpfleger 1985, 231.
[30] Richtig Grundbuchprüfungserlaß JustMin Stuttgart aaO (Fußn 25). Unrichtig BayObLG DNotZ 1994, 891 = Rpfleger 1994, 58 sowie OLG Frankfurt Rpfleger 1996, 104 und OLG Hamm MittRhNotK 1996, 330, die im Antrag auf Vollzug der Auflassung einen Antrag auf „lastenfreie" Auflassung und damit einen Löschungsantrag (!) sehen und dies aus den schuldrechtlichen Vereinbarungen herleiten, die vom Grundbuchamt jedoch gar nicht zu prüfen sind (Rdn 208).
[31] OLG Frankfurt Rpfleger 1976, 401.
[32] OLG Frankfurt Rpfleger 1976, 401.

A. Eintragungsantrag

stillschweigend oder ausdrücklich unter einem Vorbehalt nach § 16 Abs 2 GBO stehen. Steht bei Abhängigkeit mehrerer Anträge nach § 16 Abs 2 GBO nur einem der mehreren Anträge ein Eintragungshindernis entgegen, so ist gegen diesen Antrag Zwischenverfügung zu erlassen mit dem Hinweis, daß wegen des Antragsverbundes auch dem anderen Antrag nicht stattgegeben werden kann; hier kann die Zwischenverfügung – ausnahmsweise – auch auf Antragsrücknahme zielen.[33] Eine Verletzung des § 16 GBO ist materiell-rechtlich nicht von Bedeutung, macht also das Grundbuch nicht unrichtig. Die Entscheidung des Grundbuchamts kann auch nicht mit Erfolg deshalb im Beschwerdeweg angegriffen werden, weil es die verfahrensrechtliche Einheit verbundener Anträge aufgelöst und einem Antrag durch Eintragung stattgegeben, den anderen dagegen abgewiesen hat.[34]

5. Zurücknahme des Eintragungsantrags (§ 31 GBO)

Der Eintragungsantrag kann von demjenigen, der ihn gestellt hat, ohne Angabe von Gründen **jederzeit** solange **zurückgenommen** werden, als die Eintragung im Grundbuch nicht vollzogen – wirksam gespeichert oder unterzeichnet – ist. Darauf, daß die Eintragung bereits verfügt ist, kommt es nicht an.[35] Rücknahme des Eintragungsantrags kann vor wirksamer Abspeicherung daher auch erfolgen, wenn Abspeicherungsbefehl bereits erteilt ist (die Antragsrücknahme verpflichtet zur Zurücknahme des Befehls zur Abspeicherung, um das Wirksamwerden der Eintragung zu verhindern[36]). Es gibt **keinen „unwiderruflichen"** Eintragungsantrag. Denn der Antrag ist reine Verfahrenshandlung. Das Grundbuchamt hat einen Verzicht auf Antragsrücknahme daher nicht zu beachten. Er kann nur obligatorische, nicht aber verfahrensrechtliche Wirkungen haben.[37]

Ist ein Antrag von mehreren Antragstellern eingereicht worden und nimmt nur einer von ihnen seinen Antrag zurück, so hat das Grundbuchamt über die anderen Anträge zu entscheiden.[38] Dadurch, daß sie selbst einen Antrag stellen, können sich die übrigen Beteiligten des Eintragungsverfahrens (zB der Gläubiger des bewilligten Grundpfandrechts) dagegen schützen, daß der bewilligende Antragsteller (Eigentümer) seinen Antrag zurücknimmt;[39] sie haften dann allerdings für die Eintragungskosten (§ 2 Nr 1 KostO).

93

---

[33] OLG Hamm Rpfleger 1975, 134; BayObLG 1977, 268 (279); BayObLG 1979, 81 (85) = Rpfleger 1979, 210; BayObLG MittBayNot 1981, 186; Meyer-Stolte Rpfleger 1981, 440 in zu Recht kritischer Anmerkung zu LG Oldenburg Rpfleger 1981, 439, das zu Unrecht die Eintragung der Rentenreallast für den zwischenzeitlich verstorbenen Übergeber fordert. Richtig dagegen hierzu OLG Hamm DNotZ 1973, 615 = Rpfleger 1973, 305, das in solchen Fällen den Verbund nach § 16 Abs 2 GBO als nicht mehr gewollt ansieht.
[34] BayObLG 1979, 81 = aaO.
[35] BayObLG 1954, 141 (146).
[36] Begründung zu § 129 Abs 1 GBO, BT-Drucks 12/5553, S 81.
[37] BayObLG 1972, 204 (215); OLG Düsseldorf NJW 1956, 876 (877); Wörbelauer DNotZ 1965, 529; Bauer/vOefele/Wilke Rdn 59; K/E/H/E Rdn 50; Demharter Rdn 39, 57, je zu § 13.
[38] OLG Jena Rpfleger 2001, 298.
[39] LG Hannover Rpfleger 1985, 146.

Die Antragsrücknahme ist möglich trotz materiell-rechtlicher Bindung an die Einigung;[40] sie ist auch unabhängig von der Frage der Wirksamkeit und der Widerrufsmöglichkeit der Bewilligung.[41]

Auch teilweise Rücknahme des Antrags ist zulässig, führt jedoch nur zur Eintragung, wenn auch die Bewilligung in gleicher Weise eingeschränkt wird,[42] wofür regelmäßig eine entsprechende Vermutung spricht, wenn der bewilligende Betroffene seinen Antrag zurücknimmt.

Vertretung bei der Antragsrücknahme ist zulässig.

93a Zurücknahme des Antrags erfordert rechtliche **Verfügungsbefugnis**, ist dem Antragsteller daher verwehrt, wenn ihm diese **entzogen** und einem Verwalter (insbes Insolvenzverwalter) übertragen ist (s Rdn 88 a). Der Insolvenzverwalter kann den vom Insolvenzschuldner vor Verfahrenseröffnung gestellten Eintragungsantrag stets zurücknehmen[43] (s auch Rdn 119 aE). Ein dem Schuldner im Eröffnungsverfahren auferlegtes allgemeines Verfügungsverbot (§ 21 Abs 2 Nr 2 InsO) erfaßt nicht die Rücknahme des Antrags als Verfahrenshandlung, sofern damit das Massevermögen nicht verringert wird, sie sich somit vorteilhaft auswirkt wie die Zurücknahme des Antrags auf Eintragung eines Grundstücksnießbrauchs.[44]

94 Die Zurücknahme eines Eintragungsantrags bedarf der öffentlichen **Beurkundung** oder **Beglaubigung** (§ 31 S 1 GBO).[45] Die Formvorschrift dient der Rechtssicherheit; sie soll dem Grundbuchamt die sichere Feststellung gewährleisten, daß der Antrag nicht mehr gilt. Wenn der Notar, der den Eintragungsantrag gemäß § 15 GBO (s Rdn 174 ff) gestellt hat, diesen zurücknimmt, genügt eine mit seiner Unterschrift und dem Amtssiegel versehene Erklärung (§ 24 Abs 3 BNotO; s Rdn 190). Nur ein auf Berichtigung des Grundbuchs (Rdn 360) gerichteter Antrag kann privatschriftlich zurückgenommen werden (§ 31 S 2 GBO). Im übrigen hindert formlose (nur schriftliche) Zurücknahme die Erledigung des Antrags nicht. Das Grundbuchamt muß in diesem Falle also eintragen oder einen nicht vollziehbaren Antrag zurückweisen.

Eine Antragsrücknahme, die in öffentlicher oder öffentlich beglaubigter Urkunde erklärt werden müßte, liegt nicht vor, wenn der Antragsteller erklärt hat, daß einige der in der vorgelegten Urkunde gestellten Anträge noch **nicht als dem Grundbuchamt zugegangen** gelten sollen,[46] oder wenn beim Grund-

---

[40] BayObLG 1972, 204 (215); KG DNotZ 1973, 33 (36) = Rpfleger 1972, 174.
[41] Zum Problem, ob nach Rücknahme des Antrages durch den Eigentümer jetzt der Begünstigte unter Verwendung der alten Bewilligung Antrag stellen kann, vgl Rdn 107.
[42] BayObLG 1991, 97 (102) = NJW-RR 1991, 718 (719) = Rpfleger 1991, 303 (304); BayObLG DNotZ 1997, 321 mit Anm Wulf (S 331).
[43] Demharter Rdn 38; K/E/H/E Rdn 48; Meikel/Böttcher Rdn 90, je zu § 13; aA (sowohl „Konkurs"verwalter als auch Gemeinschuldner selbst) Bauer/vOefele/Wilke Rdn 102 zu § 13, nicht richtig.
[44] KG DNotZ 1973, 33 = aaO (Fußn 40) für das vormalige Veräußerungsverbot nach § 106 Abs 1 S 3 KO.
[45] Bei einer Erbengemeinschaft genügt Antragszurücknahme durch die Mehrheit der Erben (§§ 2038, 745 BGB), OLG Düsseldorf NJW 1956, 877.
[46] Ein Eintragungsantrag liegt beim Grundbuchamt auch nicht vor, wenn die Urkunde zwar einen Eintragungsantrag enthält, der Notar aber in seinem Begleitschreiben nur auf einen anderen in der Urkunde enthaltenen Antrag mit der Bitte um Eintragung Be-

buchamt vorher oder gleichzeitig ein Widerruf eingeht; dann ist der Antrag beim Grundbuchamt nicht als eingegangen anzusehen (§ 130 BGB). In dem Antrag, eine Urkunde zurückzugeben, liegt noch keine Zurücknahme des Eintragungsantrags.[47]

B. Eintragungsbewilligung (§ 19 GBO)

Literatur: Behmer, Die Eintragungsbewilligung in den Fällen des § 20 GBO, Rpfleger 1984, 306; Ertl, Antrag, Bewilligung und Einigung im Grundstücks- und Grundbuchrecht, Rpfleger 1980, 41; Ertl, Ist § 130 BGB auf die Eintragungsbewilligung anwendbar?, Rpfleger 1982, 407; Geißler, Bewilligungsmängel im Grundbuchverfahrensrecht, BWNotZ 1991, 48; Nieder, Entwicklungstendenzen und Probleme des Grundbuchverfahrensrechts, NJW 1984, 329; Wolfsteiner, Bewilligungsprinzip, Beweislast und Beweisführung im Grundbuchverfahren, DNotZ 1987, 67.

1. Bewilligung als Eintragungsgrundlage

a) Formelles Konsensprinzip

Rechtsänderung durch rechtsgeschäftliche Verfügung nach § 873 BGB tritt ein auf Grund von **Einigung** und **Grundbucheintragung** (Aufhebung eines dinglichen Rechts s § 875 BGB, bei Grundpfandrechten auch § 1183 BGB). Während das materielle Recht vom Grundsatz der Einigung (§ 873 BGB) beherrscht wird (materielles Konsensprinzip Rdn 9, 15), gilt im Grundbuchrecht das sog **formelle Konsensprinzip** (Rdn 15): im (Grundbuch-)Verfahrensrecht genügt für die Eintragung einer Rechtsänderung (Begründung, Inhaltsänderung oder Belastung eines Rechts), Löschung oder Eintragung einer Grundbuchberichtigung der Nachweis der **einseitigen Bewilligung** des von der Eintragung Betroffenen (zu Ausnahmen hiervon vgl Rdn 99). Ob die zur Rechtsänderung nötigen materiell-rechtlichen Voraussetzungen vorliegen, muß vom Grundbuchamt (Ausnahme: § 20 GBO) nicht geprüft werden (zum Prüfungsrecht des Grundbuchamts Rdn 206 ff). Zweck dieses in § 19 GBO niedergelegten Grundsatzes ist es, das Grundbuchverfahren und den Rechtsverkehr zu erleichtern und zu beschleunigen. 95

b) Verhältnis zur Einigung und zum schuldrechtlichen Grundgeschäft

Die **Einigung** ist ein **dinglicher Vertrag,** bei dem der Wille der Beteiligten auf materielle Rechtsänderung gerichtet ist; er enthält eine Verfügung über das Recht. Durch die **einseitige Bewilligung** (§ 19 GBO) gestattet der Betroffene eine ihn beeinträchtigende Grundbucheintragung; sie ist als Erfordernis des Grundbuchverfahrens Grundlage der Eintragung, hat aber keine materiellrechtliche Bedeutung.[1] Wird auf Grund einer Bewilligung eine Grundbuchein- 96

---

zug nimmt (OLG Köln KTS 1968, 245 und OLGZ 1990, 18 = Rpfleger 1990, 159). Zu diesen Fragen auch Rdn 183.
[47] RG 60, 392 (396).
[1] K/E/H/E Rdn 9 zu § 19. Doch kann in Bewilligung des Betroffenen und Antrags des Berechtigten die Einigung nach § 873 enthalten sein, vgl BayObLG DNotZ 1975, 685 (686) = Rpfleger 1975, 26 mit weit Nachw; ebenso kann in einer formellrechtlichen Löschungsbewilligung zugleich eine materiellrechtliche Aufhebungserklärung liegen, BGH 60, 46 (52) = NJW 1973, 323 (325).

tragung vorgenommen, ohne daß die materiell-rechtliche Einigung vorliegt, so wird durch die Eintragung das Grundbuch unrichtig (§ 894 BGB). Umgekehrt ist das Grundbuch richtig, die erstrebte Rechtsänderung mithin eingetreten, wenn die materiell-rechtliche Einigung vorliegt, die Eintragung aber unter Verletzung der Verfahrensvorschrift des § 19 GBO vorgenommen wurde.[2] § 19 GBO ist Ordnungsvorschrift, deren Verletzung Amtshaftungsansprüche begründen kann.

Unterschieden werden muß zwischen
- dem **schuldrechtlichen Grundgeschäft**, das die Verpflichtung begründet, die dingliche Rechtsänderung zu bewirken (Anspruchsgrundlagen zB Kauf, § 433 Abs 1 BGB; Tausch, §§ 480, 433 Abs 1 BGB; Schenkungsversprechen, §§ 516, 518 BGB),
- den **sachenrechtlichen Erklärungen** (Einigungsvertrag, § 873 BGB; einseitige sachenrechtliche Erklärung, § 875 BGB; s Rdn 9, 15),
- der **grundbuchrechtlichen Bewilligung** nach § 19 GBO.

97 In der dem Grundbuchamt zur Kenntnis gebrachten sachenrechtlichen Einigung (§ 873 BGB) liegt regelmäßig auch die Bewilligung des Betroffenen nach § 19 GBO. Doch besteht die Möglichkeit, daß trotz materiell-rechtlicher Einigung die Bewilligung nach § 19 GBO nicht erklärt wird; dies muß aber ausdrücklich hervorgehoben oder den Umständen deutlich zu entnehmen sein.[3] Daher ist im Falle des § 20 GBO im Regelfall keine (nochmalige gesonderte) Bewilligung nach § 19 GBO nötig, da die Einigung die Bewilligung bereits einschließt; wird aber ausdrücklich die Bewilligung vorbehalten, darf eine Eintragung auf Grund der bloßen Einigung (ohne Bewilligung) nicht erfolgen.[4]

c) Rechtsnatur

98 Die Bewilligung ist nach nun herrschender Meinung[5] **Verfahrenshandlung** ohne rechtsgeschäftlichen Charakter, mithin ohne materielle Verfügungswir-

---

[2] BayObLG 2000, 176 (179) = NJW-RR 2001, 47 = Rpfleger 2000, 448.
[3] So BayObLG DNotZ 1975, 685 = Rpfleger 1975, 26.
[4] Herrschende Meinung, siehe Bauer/vOefele/Kössinger Rdn 14–17 zu § 20; K/E/H/E Rdn 5 ff zu § 20; Demharter Rdn 2 zu § 20; Meikel/Lichtenberger Rdn 18 ff zu § 19 und Rdn 4 zu § 20; Ertl DNotZ 1975, 646 (647); Stöber, GBO-Verfahren, Rdn 283. Auch BGH MittBayNot 1987, 245 = Rpfleger 1987, 452 unterscheidet zwischen Auflassung und Bewilligung; ebenso bei Bestellung eines Erbbaurechts BGH 61, 209 = Rpfleger 1973, 355; auch BGH Rpfleger 1982, 153 und BGH MittBayNot 1984, 181 = Rpfleger 1984, 310 für die Auflassung; vgl auch Behmer Rpfleger 1984, 306 zur ausdrücklich vorbehaltenen Bewilligung als Mittel der Verkäufersicherung, ebenso Weser MittBayNot 1993, 253. AA RG 141, 374 (376).
[5] Staudinger/Gursky Rdn 242 zu § 873 BGB; Jauernig Rdn 27 zu § 873 BGB; Stöber, GBO-Verfahren, Rdn 250; Ertl DNotZ 1964, 260, DNotZ 1967, 339 und 406 sowie Rpfleger 1980, 41 (46) (mit eingehender Begründung und Dokumentation); Bauer/vOefele/Kössinger Rdn 29–33; Demharter Rdn 13; K/E/H/E Rdn 14–27; Meikel/Lichtenberger Rdn 34–45, je zu § 19; Nieder NJW 1984, 329 (331); aus der Rechtsprechung: BayObLG MittBayNot 1993, 17 = MittRhNotK 1992, 312 = NJW-RR 1993, 283 = Rpfleger 1993, 189; BayObLG BWNotZ 1989, 15; BayObLG DNotI-Report 2003, 94; OLG Hammn MittBayNot 1989, 27 = Rpfleger 1989, 148; OLG Düsseldorf (Vorlagebeschluß, mitgeteilt) Rpfleger 1981, 177. Der BGH 84, 202 = DNotZ 1983, 309 = NJW 1982, 2817 = Rpfleger 1982, 414 hat eine ausdrückliche

kung. Die Bewilligung gestattet die Grundbucheintragung, ändert aber an der materiellen Rechtslage nichts (höchstens an der Buchposition); sie ist eine (verfahrensrechtliche) Verfügung über ein grundbuchmäßiges Recht. Nach dieser Auffassung müssen alle Probleme der Bewilligung regelmäßig nach den Grundsätzen des Verfahrensrechts (der freiw Gerichtsbarkeit, hilfsweise nach allgemeinem Verfahrensrecht) gelöst werden. Früher wurde die Bewilligung zumeist als verfahrensrechtliche und zugleich rechtsgeschäftliche, weil eine materiellrechtliche Verfügung enthaltende, einseitige empfangsbedürftige Willenserklärung[6] angesehen; diese Meinung wird heute nicht mehr vertreten. Die Lehre von der verfahrensrechtlichen Natur der Bewilligung ist nicht nur dogmatisch klarer, sondern auch zur Lösung praktischer Probleme (zB Verhältnis Einigung und Bewilligung; Wirksamkeit und Widerruf der Bewilligung) geeigneter.

d) Geltungsbereich

Die Bewilligung ist für **rechtsändernde** und für **berichtigende** Eintragungen nötig. Dem Grundbuchamt brauchen mit der auf Rechtsänderung gerichteten Bewilligung nicht der materiell-rechtliche Vorgang (die Einigung), mit der auf Berichtigung gerichteten Bewilligung nicht die Grundbuchunrichtigkeit nachgewiesen werden. Im Falle des § 20 GBO genügt die einseitige Bewilligung nie (hierzu Rdn 108). Einer Bewilligung bedarf es nicht in gesetzlich geregelten Fällen (zB § 21 GBO; § 1139 BGB) und dann, wenn eine Eintragung von Amts wegen zu erfolgen hat. Ersetzt wird die Bewilligung in einer Reihe von gesetzlich geregelten Fällen (zB §§ 22, 23 Abs 2, §§ 25, 26, 38 GBO) sowie in bestimmten Fällen durch einen Vollstreckungstitel (§§ 830, 866, 867, 894, 932, 935 ff ZPO, §§ 885, 899 Abs 2, § 927 Abs 3 BGB).

99

2. Bewilligungsberechtigung

a) Betroffener

Die Eintragungsbewilligung hat derjenige abzugeben, **dessen grundbuchmäßiges Recht** von der Eintragung **betroffen** wird (s § 19 GBO). Betroffen ist, wessen Rechtsstellung durch die vorzunehmende Eintragung rechtlich, nicht nur wirtschaftlich, unmittelbar oder mittelbar, beeinträchtigt wird oder zumindest rechtlich nachteilig berührt werden kann[7] (Passivbeteiligter, verlierender Teil).
Unmittelbar betroffen ist bei **rechtsändernder Eintragung** der Rechtsinhaber. Das ist der Eigentümer, Gläubiger oder Berechtigte eines Rechts an dem Grundstück oder eines Rechts an einem Grundstücksrecht (Vormerkung und Widerspruch stehen gleich), dessen Rechtsstellung mit Eintragung durch rechtsgeschäftliche Verfügung übertragen, inhaltlich verändert, durch Bela-

100

Stellungnahme zwar vermieden, im Ergebnis aber sich der Lehre von der rein verfahrensrechtlichen Natur der Bewilligung angeschlossen.
[6] Horber (16. Auflage) Anm 3 A zu § 19; KGJ 43 A 146 (148); BayObLG 1952, 40 u 1954, 100 = DNotZ 1954, 394 = NJW 1954, 1120.
[7] BGH 66, 341 (345); BGH 91, 343 (346) = DNotZ 1984, 695 = NJW 1984, 2409 = Rpfleger 1984, 408; BGH 145, 133 (136) = DNotZ 2001, 381 = NJW 2000, 3643 = Rpfleger 2001, 69; BayObLG 1981, 156 (158) = MittBayNot 1981, 122 = MittRhNotK 1981, 164 = Rpfleger 1981, 354; BayObLG 1991, 313 (317) = NJW-RR 1992, 208 (209) = Rpfleger 1992, 20; BayObLG DNotZ 1996, 297 (301).

stung mit dem Recht eines Dritten beschränkt oder mit Löschung aufgehoben werden soll (s auch Rdn 88). Bei Eintragung einer **Verfügungsbeschränkung** ist Betroffener derjenige, dem die Eintragung die Ausübung seines Rechts vereiteln (schmälern) wird, bei Löschung einer Verfügungsbeschränkung derjenige, dem sie grundbuchersichtlichen Schutz entziehen wird. Bei Eintragung zur **Grundbuchberichtigung** ist Betroffener der Buchberechtigte als Berichtigungsverpflichteter, somit derjenige, zu dessen Gunsten das Grundbuch etwas Unrichtiges bekundet.[8] Seine (formale) Rechtsposition soll durch die Grundbucheintragung zugunsten des dinglichen Berechtigten geändert werden. Damit ist er Betroffener, der nach dem formellen Konsensprinzip des Grundbuchverfahrensrechts die der wirklichen Rechtslage entsprechende Eintragung (in der erforderlichen Form) zu ermöglichen hat.[9] Nach anderer Ansicht[10] ist Betroffener bei Berichtigungen der Buchberechtigte, wenn es um die Löschung eines Rechts oder Eintragung des wahren Berechtigten geht, in allen übrigen Fällen der Berichtigung und bei Rechtsänderung der wahre Berechtigte. Dem ist so verallgemeinernd nicht zu folgen.

Als Verfahrenserklärung (Rdn 98) schafft die Bewilligung die Entscheidungsgrundlage für Vornahme der rechtsändernden oder berichtigenden Eintragung. Berechtigt zur Vornahme dieser Verfahrenserklärung für **rechtsändernde Eintragung** ist der Rechtsinhaber;[11] er kann die rechtsändernde Grundbucheintragung gestatten. Die verfahrensrechtliche Natur der Bewilligung kann nicht diese Verfahrensberechtigung des Rechtsinhabers schmälern, sondern lediglich für seine Feststellung im Grundbuchverfahren Bedeutung erlangen. Verfahrensrechtlich legitimiert wird der Berechtigte daher mit Voreintragung nach dem Inhalt des Grundbuchs (sonst mit Nachweisen über die Rechtsnachfolge des Grundpfandgläubigers, § 39 Abs 2 GBO, über die Erbenstellung im Falle des § 40 GBO). Von dem durch diese Verfahrensgrundlage legitimierten Bewilligungsbefugten ist daher nicht weiter nachzuweisen, daß er als Betroffener zur Erklärung der für rechtsändernde Eintragung erforderlichen Bewilligung befugt ist. Jedoch ist die Bewilligungsberechtigung des verfahrensrechtlich legitimierten Rechtsinhabers (des Buchberechtigten) für das Grundbuchamt (mit der Vermutung des § 891 BGB) widerlegt, wenn die Unrichtigkeit des Grundbuchs (der nach § 39 Abs 2, § 40 GBO ausgewiesenen Berechtigung) bekannt ist (hierzu Rdn 342). Mit dieser Begriffsbestimmung der Bewilligungsberechtigung steht (trotz anderer Begründung) die „rein verfahrensrechtliche Auffassung" im Ergebnis ersichtlich in Übereinstimmung.

100 a Als **mittelbar Betroffener** hat außerdem zu bewilligen
– jeder Zustimmungsverpflichtete. Ist nach materiellem Recht für eine Rechtsänderung die Zustimmung des Drittberechtigten notwendig (Beispiele:

---

[8] LG Erfurt NotBZ 2001, 115 und 429; Stöber, GBO-Verfahren, Rdn 256; s auch Motive zum BGB III S 234.
[9] Bauer/vOefele/Kössinger Rdn 120 ff; K/E/H/E Rdn 49 ff; Meikel/Lichtenberger Rdn 82 ff, je zu § 19.
[10] Demharter Rdn 47 zu § 19; dazu aber Stöber, GBO-Verfahren, Rdn 256.
[11] Siehe zB BayObLG 1988, 229 (231) = DNotZ 1988, 361 (362): „Die Bewilligungsbefugnis ist Ausfluß der materiellen Verfügungsbefugnis"; OLG Hamm OLGZ 1989, 9 (12) = Rpfleger 1989, 148 (149): „Die Verfügungsbefugnis ist Grundlage der formellen Bewilligungsbefugnis".

B. Eintragungsbewilligung

§§ 876, 877, 880 Abs 3, § 1180 Abs 1 S 2, § 1183 BGB, § 26 ErbbauVO), so ist auch grundbuchrechtlich dessen Einwilligung nötig[12] (für Eigentümerzustimmung zur Löschung s § 27 GBO),

– bei Inhaltsänderung eines Rechts mit Erweiterung seines Umfangs jeder im Rang gleich- und nachstehende dingliche Berechtigte;[13] Ausnahmen: §§ 1119, 1186, 1198, 1203 BGB.

Bewilligen muß als nur **möglicherweise Betroffener** auch ein Rechtsinhaber, für dessen Rechtsstellung eine ungünstige Wirkung der Eintragung zwar nicht feststellbar ist, sie eine solche aber vielleicht haben kann.[14] Das ist jeder Berechtigte, dessen rechtliche Benachteiligung nicht mit Sicherheit ausgeschlossen werden kann.[15] Nicht erforderlich ist die Bewilligung eines Dritten, dessen dingliche Rechtsstellung durch die einzutragende Änderung nicht berührt wird.[16]   100 b

Läßt die Eintragung der Änderung des Inhalts eines Rechts **nicht erkennen**, wer gewinnender und wer verlierender Teil ist, so haben als Betroffene der Berechtigte (Rechtsinhaber) und der Eigentümer des Grundstücks zu bewilligen. Rechtlich beeinträchtigt werden durch die Eintragung dann sowohl das Recht an dem Grundstück als auch das Eigentum selbst.[17] Beispiele: Umwandlung einer Buchhypothek in eine Briefhypothek oder umgekehrt, Umwandlung einer Sicherungshypothek in eine Verkehrshypothek und umgekehrt, Auswechslung der Hypothekenforderung.   100 c

Sind **mehrere Beteiligte** in ihrem Recht beeinträchtigt, so haben sie alle als Betroffene zu bewilligen.[18]   100 d

b) Bewilligungsbefugnis

Mit Bewilligung (§ 19 GBO) kann der Rechtsinhaber (für Berichtigung: der Buchberechtigte) für das Grundbuchverfahren die Grundlage für rechtsändernde oder berichtigende Eintragung nicht mehr schaffen, wenn er über sein Recht nicht mehr verfügen kann.[19] **Entziehung der rechtlichen Verfügungsbefugnis** mit Eröffnung des Insolvenzverfahrens (§ 80 Abs 1 InsO), Anordnung der Nachlaßverwaltung (§ 1984 Abs 1 BGB) oder der Vorerbenverwaltung (§ 2129 Abs 1 BGB) hat daher auch **Entziehung der Bewilligungsbefugnis** zur Folge (zum Testamentsvollstrecker s Rdn 3424 ff). Das Verfügungsrecht über das fremde Recht wird durch den Insolvenzverwalter (§ 80 Abs 1 InsO), Nachlaßverwalter (§ 1985 Abs 1 BGB) oder Vorerbenverwalter (§ 2129 Abs 1 mit § 1052 BGB) ausgeübt. Der Verwalter ist insoweit kraft Gesetzes an die Stelle des Rechtsinhabers getreten.[20] Mit dem Verfügungsrecht wird somit auch die Bewilligungsbefugnis von dem Verwalter ausgeübt.   101

Eine **Beschränkung** des Rechtsinhabers in seiner Verfügungsbefugnis kann gesetzlich (zB nach § 1365 BGB für Verfügung über das Gesamtvermögen bei   101 a

---

[12] BGH 91, 343 (347); BayObLG 1989, 28 (31); BayObLG 1981, 156 (159).
[13] BayObLG 1959, 520 (529).
[14] RG 119, 313 (316); BayObLG 1981, 156 (158); Stöber, GBO-Verfahren, Rdn 258; Demharter Rdn 50 zu § 19 mit weit Nachw.
[15] BGH 91, 343 (346); KG JFG 14, 146–148; BayObLG 1974, 217 (220).
[16] BGH 91, 343 (346) mit Nachweisen.
[17] Denkschrift zur GBO, Seite 156; Stöber, GBO-Verfahren, Rdn 255.
[18] BayObLG 1981, 156 (158); OLG Düsseldorf Rpfleger 2001, 230.
[19] Hierzu Stöber, GBO-Verfahren, Rdn 309.
[20] RG 71, 38 (40); Stöber, GBO-Verfahren, Rdn 307 mit Rdn 7.

Zugewinngemeinschaft), durch gerichtlichen oder behördlichen Hoheitsakt (zB Pfändung, §§ 829, 830 ZPO) oder vertraglich (zB nach § 12 WEG für Veräußerung eines Wohnungseigentums, nach § 5 ErbbauVO für Veräußerung eines Erbbaurechts) begründet sein. Der Rechtsinhaber bleibt in diesen Fällen verfügungsbefugt; als Betroffener kann daher nur er (für Grundbuchberichtigung: der unrichtig Eingetragene) die für die Eintragung erforderliche Bewilligung erklären. Diese Bewilligungsbefugnis besteht jedoch (gleich der Verfügungsbefugnis) nur noch unbeschadet des geschützten Rechts des Dritten. Bewilligte Grundbucheintragung kann bei Verfügungsbeschränkung daher
– Zustimmung des Dritten erfordern und deshalb ohne Nachweis der Zustimmung nicht zulässig sein;
– zulässig sein, weil die Verfügungsbeschränkung keine Grundbuch „sperre" bewirkt.
Hierzu siehe bei den einzelnen Verfügungsbeschränkungen.

101 b Die Verfügungsbefugnis des Bewilligenden muß bis zum **Zeitpunkt** der Eintragung vorliegen,[21] soweit nicht nach § 878 BGB der hierfür maßgebliche Zeitpunkt vorverlegt wird (vgl hierzu Rdn 110 ff).

101 c Die Eintragungsbewilligung eines **Nichtberechtigten** kann als unwirksam nicht Grundlage für eine Grundbucheintragung bieten. Sie ist aber wirksam, wenn ein Fall des § 185 Abs 1 oder 2 BGB vorliegt. § 185 BGB ist (ebenso wie § 878 BGB) auf die Eintragungsbewilligung als verfahrensrechtliche Erklärung entsprechend anwendbar.[22]

c) Vertretung

102 Die Bewilligung nach § 19 GBO kann durch einen Vertreter abgegeben werden. Zur gesetzlichen Vertretung s Rdn 3597 ff. Bei rechtsgeschäftlicher Vertretung muß eine ausreichende Vollmacht zur Abgabe der Bewilligung bestehen. Eine besondere Form ist materiell-rechtlich nicht nötig (§ 167 Abs 2 BGB); nach Verfahrensrecht ist aber das Bestehen der Vollmacht in der **Form des § 29 GBO nachzuweisen**.[23] Die Vollmacht muß im Zeitpunkt des Wirksamwerdens der Bewilligung noch bestehen[24] (s dazu Rdn 106), ihr späterer Wegfall ist unschädlich. Eine fehlende Vollmacht kann bis zur Eintragung nachgeholt werden.[25] Die gesetzlichen Vermutungen für Bestehen (§ 172 BGB) und Dauer der Vollmacht (§§ 168, 672, 673 BGB) sind auch vom Grundbuchamt zu beachten, es sei denn, daß ihm besondere Umstände bekannt sind, die zu Zweifeln Anlaß geben; vgl im übrigen Rdn 3579 ff.

---

[21] OLG Frankfurt OLGZ 1980, 100 = Rpfleger 1980, 63 mit weit Nachw; BayObLG Rpfleger 1980, 476 mit Nachw und Rpfleger 1999, 25 (26). Nach früher hM, weil die Bewilligung Verfügung über das Recht ist, nach der Meinung der verfahrensrechtlichen Natur der Bewilligung, weil in ihr eine verfahrensrechtliche Verfügung (ähnlich Prozeßführungsbefugnis) liegt.
[22] BayObLG 1970, 254 (256); KGJ 47 A 159; OLG Düsseldorf NJW 1963, 162; OLG München HRR 1941 Nr 2; vgl außerdem OLG Köln DNotZ 1980, 628 = Rpfleger 1980, 222; OLG Frankfurt Rpfleger 1981, 19 (allerdings bedenklich in der Begründung einer vom Eigentum abgespaltenen Rechtsmacht).
[23] BayObLG MittBayNot 1985, 24 = Rpfleger 1984, 463.
[24] KG DNotZ 1972, 615 (617); BayObLG Rpfleger 1977, 439.
[25] BayObLG DNotZ 1986, 238.

B. Eintragungsbewilligung

3. Inhalt

Die Sicherheit des Rechtsverkehrs, dem das ganze Grundbuchsystem dient, verlangt für die Bewilligung als Grundlage der Eintragung einen **klaren und bestimmten Inhalt**. Die Eintragungsbewilligung muß klar und unzweideutig ergeben 103

– daß eine **bestimmte Grundbucheintragung** gewollt ist. Bedingte, befristete oder sonst an Vorbehalte gebundene Bewilligungen sind unwirksam, wenn nicht Bedingungseintritt oder Anfangstermin in der Form des § 29 GBO nachgewiesen sind.[26] Dies gilt nicht für den Vorbehalt gleichzeitiger anderer Eintragungen (§ 16 Abs 2 GBO analog), nicht für echte Rechtsbedingungen (gesetzliche Wirksamkeitserfordernisse, zB behördliche Genehmigung) und nicht für unbedingte Bewilligung einzutragender bedingter oder befristeter Rechte;
– **wer die Bewilligung abgibt**, damit dessen Berechtigung (Rdn 100) geprüft werden kann;
– welchen **Inhalt die Eintragung** haben soll (Rdn 225 ff);
– wer der **Berechtigte der Eintragung** sein soll (vgl § 15 GBV) und in welchem Gemeinschaftsverhältnis mehrere Berechtigte stehen (§ 47 GBO);
– **an welchem Grundstück** oder Grundstücksrecht eingetragen werden soll (vgl hierzu § 28 GBO, Rdn 130 ff).

Einen bestimmten Wortlaut, zB den Ausdruck „bewilligen", schreibt § 19 GBO nicht vor. Der Wille des Betroffenen, die Eintragung im Grundbuch zu dulden, muß nur zweifelsfrei zum Ausdruck gebracht sein.[27] Bewilligungserklärungen sind auslegungsfähig (§§ 133, 157 BGB; s Rdn 172). Daher kann eine Eintragungsbewilligung auch in die Form eines Eintragungs„antrags" gekleidet sein; das ist regelmäßig anzunehmen, wenn der Eigentümer Antrag stellt, zu Lasten seines Grundstücks ein Recht in das Grundbuch einzutragen.[28]

Die Eintragungsbewilligung muß den Inhalt der einzutragenden dinglichen Rechtsänderung eindeutig und vollständig bezeichnen. In der Bewilligung selbst ist die Verweisung auf eine andere das Recht näher bezeichnende öffentliche oder öffentlich beglaubigte Urkunde zulässig, wenn diese entweder bereits bei den Grundakten (auch Grundakten anderer Blattstellen, soweit sie genau bezeichnet sind[29]) liegt oder mit der Eintragungsbewilligung eingereicht wird (§ 10 Abs 1, 2, § 34 GBO).[30] Jedoch dürfen keine Zweifel über die Identität dieser anderen Urkunde möglich sein. Diese Grundsätze gelten 104

---

[26] Bauer/vOefele/Kössinger Rdn 56 zu § 19; K/E/H/E Rdn 32 zu § 19; Demharter Rdn 31 zu § 19, je mit weit Nachw; OLG Frankfurt Rpfleger 1980, 291 zur Bewilligung „Zug um Zug gegen Zahlung"; OLG Frankfurt Rpfleger 1975, 177 und Rpfleger 1996, 151.
[27] BayObLG 1974, 365 = DNotZ 1975, 685 = Rpfleger 1975, 26; OLG Frankfurt OLGZ 1980, 100 = Rpfleger 1980, 63; unrichtig LG Wuppertal MittRhNotK 1983, 14.
[28] OLG Frankfurt aaO (Fußn 27).
[29] BayObLG Rpfleger 1987, 451.
[30] RG HRR 1931 Nr 1459; OLG Frankfurt Rpfleger 1956, 193 (194); BayObLG MittBayNot 1975, 93; OLG Köln MittRhNotK 1984, 192. Die Freigabe einer noch wegzumessenden Teilfläche von einem eingetragenen Recht kann daher für Lage und Größe der Teilfläche auf einen bei Abgabe der Erklärung erst noch zu fertigenden Veränderungsnachweis verweisen, vgl BayObLG 1986, 327 = MittBayNot 1986, 255.

aber nur für die sog unechte Verweisung (erläuternde Verweisung, Verweisung im Tatbestand), zB zur Kennzeichnung der Berechtigten Verweisung auf die zu einem bestimmten Zeitpunkt in bestimmten Wohnungsgrundbüchern eingetragenen Eigentümer.[31] Unzulässig ist eine Bezugnahme auf nicht mehr geltendes Recht oder auf Verwaltungsvorschriften, die nicht allgemein bekannt sind.[32] Im übrigen ist bei echter Verweisung § 9 Abs 1 S 2 und 3 (Verweisung und Beifügung von Karten, Plänen usw) bzw § 13 a BeurkG einzuhalten (beachte aber § 13 a Abs 4 BeurkG), s auch Rdn 871, 3122.

105 Ist die Eintragungsbewilligung mit dem Grundgeschäft (s Rdn 96) in einer Urkunde verbunden, so müssen die nur schuldrechtlichen Vereinbarungen vom Inhalt der bewilligten dinglichen Rechtsänderung klar und eindeutig getrennt werden. Diese Trennung kann nicht dadurch dem Grundbuchamt überlassen werden, daß bei Vermischung von schuldrechtlichem und dinglichem Inhalt eines Rechts in der Urkunde die Eintragung „soweit gesetzlich zulässig" oder „soweit eintragungsfähig" bewilligt wird.[33] Eine solche Bewilligung ist zu unbestimmt und nicht eintragungsfähig.

4. Wirksamkeit, Widerruf

106 a) Wann die Eintragungsbewilligung wirksam wird, mithin ein Widerruf beachtlich ist oder nicht, ist gesetzlich nicht geregelt. Der reine Eintragungs**an**trag kann jederzeit zurückgenommen werden (vgl Rdn 93). Der materiellrechtliche **Einigungs**vertrag (§ 873 BGB) und die materiell-rechtliche **Aufgabeerklärung** (§ 875 BGB) sind grundsätzlich frei widerruflich, wenn nicht die Ausnahmen des § 873 Abs 2 BGB vorliegen. Diese Bindung an die materiellrechtliche Einigung darf aber nicht mit der Bindung an die Eintragungsbewilligung verwechselt werden.[34]

b) Die frühere Lehre vom rechtsgeschäftlichen Charakter der Bewilligung hielt diese nach § 130 BGB für wirksam, wenn die Urkunde, die die Bewilligung enthält, mit dem Willen des Erklärenden einem Empfangsberechtigten (Grundbuchamt oder Begünstigter) in Urschrift, Ausfertigung oder beglaubigter Abschrift zuging.[35] Nach diesem Zeitpunkt sei ein Widerruf unbeachtlich. Es könne höchstens der Antrag zurückgenommen werden, wobei aber dem Bewilligenden seine Bewilligung zurückgegeben wird; das Grundbuchamt wird eine beglaubigte Abschrift der zurückzugebenden Eintragungsbewilligung aber bei den Grundakten behalten, wenn ein Antrag auf Vollzug der Bewilligung durch einen anderen Beteiligten im Zeitpunkt der Rücknahme des Antrags bereits vorliegt.[36]

---

[31] BayObLG MittBayNot 1975, 93; BayObLG DNotZ 1985, 372 = Rpfleger 1984, 145 (Bezugnahme auf Grundbuchinhalt bei nachträglicher Mitbelastung); OLG Köln MittRhNotK 1984, 192.
[32] KGJ 46 A 221; 53 A 207.
[33] BGH 21, 34 = NJW 1956, 1196; BayObLG 1969, 97 = DNotZ 1969, 492 = Rpfleger 1969, 241; BayObLG 1967, 54 = NJW 1967, 1373; OLG Frankfurt Rpfleger 1973, 23 und 1977, 101.
[34] BGH 46, 398 = DNotZ 1967, 371; K/E/H/E Rdn 171 zu § 19.
[35] Horber (16. Auflage) Anm 9 A, 3 C zu § 19.
[36] Ob das Grundbuchamt hierzu verpflichtet oder nur berechtigt war, war zweifelhaft. Vgl Horber/Demharter (19. Auflage) Anm 6 b zu § 31 (Pflicht) und Ertl DNotZ 1967, 339 (343) (Ermessen).

c) Nach der nun herrschenden Lehre von der verfahrensrechtlichen Natur der **107** Bewilligung ist § 130 BGB nicht anwendbar.[37] Die Bewilligung wird danach **wirksam,** wenn sie entweder in Urschrift oder Ausfertigung (sie verkörpern das Einverständnis des Bewilligenden mit ihrer Verwendung im Verfahren) dem Grundbuchamt vorliegt oder in Urschrift oder Ausfertigung dem Begünstigten oder Dritten ausgehändigt[38] wurde oder Voraussetzungen vorliegen, die für den Begünstigten einen unwiderruflichen gesetzlichen Anspruch (§ 51 Abs 1, nicht § 51 Abs 2 BeurkG) auf Aushändigung der Urschrift oder einer Ausfertigung der Bewilligung begründen.[39] Eine beglaubigte Abschrift reicht nach dieser Auffassung nur, wenn der Berechtigte sein Einverständnis mit ihrer Verwendung auf andere Weise deutlich erkennbar gemacht hat (zB eigene Antragstellung).[40] Nimmt nach Grundbuchvorlage der Bewilligende seinen Antrag zurück und liegt kein weiterer Antrag (des Begünstigten) vor, ist das Verfahren beendet; die Bewilligung ist unwirksam und dem Bewilligenden zurückzugeben. Ein erst nach Antragsrücknahme gestellter Antrag des Begünstigten kann nicht zur Eintragung führen, solange nicht die Bewilligung wieder ins Verfahren durch den Bewilligenden selbst (Antragstellung) oder den Begünstigten (Vorlage der Urschrift oder einer Ausfertigung) eingebracht wird.[41] Mit der Bewilligung verbundene Treuhandaufträge muß das Grundbuchamt nicht beachten, soweit dies nicht gegen Treu und Glauben verstößt und ihre Beachtung ohne Anstellung von Ermittlungen und ohne Beweiserhebung möglich ist; zu beachten ist daher zB die in der Löschungsbewilligung enthaltene Einschränkung, daß Antrag für weiteren Vollzug nur durch einen bestimmten Notar gestellt werden darf.[42] Ein Widerruf der Bewilligung nach Aushändigung der Urschrift oder einer Ausfertigung an den Begünstigten ist in der Form des § 29 GBO allein nicht möglich; es muß dem Begünstigten Urschrift oder Ausfertigung entzogen werden.[43] Nach Zurück-

---

[37] So ausdrücklich für das Problem, wie lange die Bewilligung wirksam bleibt, BGH 84, 202 = aaO (Fußn 5); wie hier auch OLG Hamm MittBayNot 1989, 27 = OLGZ 1989, 9 (13) = Rpfleger 1989, 148; vgl auch Ertl Rpfleger 1982, 407; Nieder NJW 1984, 329 (331); jetzt auch Demharter Rdn 21; Meikel/Lichtenberger Rdn 390 ff, je zu § 19.
[38] OLG Frankfurt NJW-RR 1995, 785. Die Aushändigung einer beglaubigten Abschrift reicht nicht, Ertl Rpfleger 1980, 41 (47) gegen OLG Frankfurt DNotZ 1970, 162; BayObLG DNotZ 1994, 182 (183).
[39] BayObLG DNotZ 1994, 182 (183). Unrichtig daher LG Oldenburg Rpfleger 1983, 102: die Bewilligung der Auflassungsvormerkung ist mit Beurkundung des sie enthaltenden Kaufvertrags wirksam und unwiderruflich geworden, da der Käufer als Beteiligter den Anspruch auf Ausfertigung der (Bewilligungs-)Urkunde nach § 51 Abs 1 BeurkG hatte.
[40] Vgl hierzu K/E/H/E Rdn 167 zu § 19; Ertl DNotZ 1967, 339 ff, 406 ff; ders Rpfleger 1980, 41 (43 ff); OLG Hamm OLGZ 1989, 9 (13) = aaO (Fußn 37).
[41] So jetzt BGH 84, 202 = aaO (Fußn 4) auf Vorlagebeschluß des OLG Düsseldorf (mitgeteilt) Rpfleger 1981, 177. Vgl auch K/E/H/E Rdn 169 und 175 zu § 19 und Ertl DNotZ 1967, 406; Meikel/Lichtenberger Rdn 422 ff zu § 19; OLG Hamm OLGZ 1989, 9 (13) = aaO (Fußn 37).
[42] LG Berlin Rpfleger 2001, 409; LG Gera BWNotZ 2002, 90 mit Anm Böhringer = MittBayNot 2002, 190 mit zutr Anm Munzig.
[43] K/E/H/E Rdn 178 zu § 19; vgl auch Rademacher MittRhNotK 1983, 105 (110) und OLG Frankfurt NJW-RR 1995, 785. Anfechtbar ist die Bewilligung als verfahrensrechtliche Erklärung nicht, BayObLG DNotI-Report 2003, 94.

weisung des Antrags des Begünstigten kann daher die beim Grundbuchamt verbliebene Bewilligung als Grundlage für einen von ihm später neu gestellten Eintragungsantrag dienen.[44] Einigkeit besteht darüber, daß die Wirksamkeit und Widerruflichkeit bzw Unwiderruflichkeit der Parteivereinbarung entzogen ist; auf Grund Vertrages unwiderrufliche Bewilligungen gibt es nicht.[45] Für zulässig zu erachten ist Einschränkung der Bewilligung durch den Bewilligenden zusammen mit dem Begünstigten (Dritten) oder durch den von beiden bevollmächtigten Notar[46] (s Rdn 184; Erfordernis für Vollzug eines teilweise zurückgenommenen [eingeschränkten] Antrags s Rdn 93).

107a d) Durch spätere **Beschränkung der Geschäftsfähigkeit** oder nachfolgenden Eintritt der **Geschäftsunfähigkeit** des Bewilligenden wird die Rechtswirksamkeit der (wirksam gewordenen) Eintragungsbewilligung nicht berührt[47] (§ 130 BGB, entspr Anwendung; s auch Rdn 3300).

107b e) Mit dem **Tod** dessen, der die Erklärung abgegeben hat, verliert die (wirksam gewordene) Eintragungsbewilligung nicht ihre Wirksamkeit. Die (nicht widerrufene) Eintragungsbewilligung gilt auch dem **Erben** des Bewilligenden gegenüber.[48] Er ist als Gesamtrechtsnachfolger an die Bewilligung in gleicher Weise gebunden wie der bewilligende Erblasser.[49] Die Bewilligung bleibt daher auch nach dem Tod dessen, der sie erklärt hat, noch Eintragungsgrundlage;[50] einer weiteren Bewilligung des Erben bedarf es nicht. Für Grundbucheintragung genügt[51] die (wirksame) Eintragungsbewilligung des Erblassers daher auch dann, wenn inzwischen der Erbe als Berechtigter in das Grundbuch eingetragen worden ist.[52] Der rechtsgeschäftliche Erwerber des Eigentums oder eines Grundstücksrechts, so ein Miterbe nach Auflassung bei Erbauseinandersetzung und Eintragung als Alleineigentümer,[53] ein Dritter, der das Grundstück oder Recht inzwischen erworben hat,[54] ist nicht Gesamtrechtsnachfolger des bewilligenden Erblassers; dessen Eintragungsbewilligung ermöglicht in einem solchen Fall Grundbucheintragung daher nicht. Zum Tod des Grundstücksveräußerers nach Auflassung s Rdn 3345.

---

[44] OLG Frankfurt NJW-RR 1995, 785.
[45] BGH DNotZ 1967, 370.
[46] BayObLG (2 Z BR 85/95) DNotI-Report 1995, 224.
[47] Ertl Rpfleger 1982, 407 (409); K/E/H/E Rdn 76 zu § 19.
[48] BGH 48, 351 (356) = DNotZ 1968, 414 = Rpfleger 1968, 49; auch Gutachten DNotI-Report 1997, 65.
[49] BayObLG 1999, 104 (109) = NJW-RR 1999, 1392 (1393).
[50] BayObLG 1990, 306 (312) = NJW-RR 1991, 361 (362) = MittRNotK 1991, 22 (23) und aaO (Fußn 49); K/E/H/E Rdn 76 zu § 19.
[51] BGH 48, 351 (356) = aaO.
[52] BGH 48, 351 (356) = aaO; BayObLG 1990, 306 (312) = aaO; Demharter Rdn 23 zu § 19.
[53] BayObLG MittBayNot 1998, 257 = MittRhNotK 1998, 133 = NJW-RR 1998, 879 = Rpfleger 1998, 334; auch BayObLG 1956, 172 = NJW 1956, 1279: Auflassung durch Erbengemeinschaft kann nach Erwerb des Alleineigentums durch einen der Miterben bei Erbauseinandersetzung nicht mehr vollzogen werden.
[54] BayObLG 1999, 104 = aaO (Fußn 49).

f) **In anderen Fällen der Gesamtrechtsnachfolge** wie zB bei Erbteilsübertragung,⁵⁵ Vereinbarung von Gütergemeinschaft, muß sich der Rechtsnachfolger ebenso die bei seinem Rechtserwerb bereits (wirksam) erklärte Eintragungsbewilligung (wie eine eigene Erklärung) zurechnen lassen. Die durch die Eintragungsbewilligung geschaffene Rechtslage bleibt zu Lasten des Gesamtrechtsnachfolgers (Erbteilserwerbers usw) bestehen; einer weiteren Eintragungsbewilligung des Rechtsnachfolgers bedarf es daher nicht.⁵⁶ 107 c

g) **Verschmelzung** im Wege der Aufnahme oder Neugründung (§ 2 UmwG) bewirkt Übergang des Vermögens des übertragenden Rechtsträgers auf den übernehmenden oder neuen Rechtsträger (§ 20 Abs 1, § 36 Abs 1 UmwG; Rdn 995 a), ist somit Gesamtrechtsnachfolge. Für Weitergeltung der noch von dem erloschenen übertragenden Rechtsträger erklärten Eintragungsbewilligung gilt daher das vorst Gesagte ebenso.⁵⁷ 107 d

C. Einigung (§ 20 GBO)

Die Einigung nach § 873 BGB ist die materiell-rechtliche Grundlage für die einseitig bewilligte (§ 19 GBO) Grundbucheintragung, weil ohne Einigung kein Rechtserwerb eintritt, sondern nur eine Buchposition erlangt wird (s Rdn 98). Die materiell-rechtliche Einigung ist im Grundbucheintragungsverfahren nur im Fall der **Auflassung** eines Grundstückes (§ 925 BGB) und bei **Bestellung, Änderung** des Inhalts oder **Übertragung** eines **Erbbaurechts** nachzuweisen. Diese in § 20 GBO enthaltene Ausnahme vom Grundsatz, daß zur Eintragung die einseitige Bewilligung des von ihr Betroffenen genügt (Rdn 95) hat ihren Grund darin, daß mit dem Grundstückseigentum und dem Erbbaurecht wesentliche privat- und öffentlich-rechtliche Verpflichtungen verbunden sind und daher an der Übereinstimmung zwischen Grundbucheintragung und materieller Rechtslage ein besonderes Interesse besteht. Diese Übereinstimmung wird durch die Prüfung der dinglichen Einigung durch das Grundbuchamt gemäß § 20 GBO sichergestellt.¹ 108

§ 20 GBO ist Ordnungsvorschrift und vom Grundbuchamt als Amtspflicht zu beachten; ein Verstoß gegen § 20 GBO hat aber keine materiell-rechtlichen Folgen.

Die **Bindung** an die materiell-rechtliche **Einigung** (§ 873 BGB) der Vertragsparteien tritt nach § 873 Abs 2 BGB in folgenden Fällen ein: 109
– Die sachenrechtlichen rechtsgeschäftlichen Erklärungen müssen von beiden Vertragsteilen abgegeben und notariell **beurkundet** sein. Notarielle Unterschriftsbeglaubigung reicht nicht aus, wohl aber ein Prozeßvergleich, der in der mündlichen Verhandlung geschlossen wird (§ 127 a BGB); der durch

---

⁵⁵ BayObLG 1986, 493 = DNotZ 1987, 365 = NJW-RR 1987, 398 = Rpfleger 1987, 110.
⁵⁶ BayObLG 1986, 493 (496) = aaO.
⁵⁷ Gutachten DNotI-Report 1998, 177.
¹ Zum Umfang der Prüfungsbefugnis des Grundbuchamts im Rahmen des § 20 GBO vgl BayObLG 1986, 81 = DNotZ 1987, 98 = Rpfleger 1986, 369; vgl auch Wolfsteiner DNotZ 1987, 67 (73).

Schriftsatz der Parteien angenommene schriftlich unterbreitete Vergleichsvorschlag (§ 278 a Abs 6 ZPO) und der Anwaltsvergleich nach § 796 a ZPO ersetzen die notarielle Beurkundung jedoch nicht.[2] Anwendungsfall zB: Bestellung einer Kaufpreishypothek in einem notariellen Kaufvertrag.

– Die sachenrechtlichen Erklärungen beider Vertragsteile vor dem Grundbuchamt werden nicht mehr praktisch, da das Grundbuchamt seit 1. 1. 1970 keine Beurkundungsbefugnis mehr hat (s § 57 Abs 6, 8 BeurkG).
– Die sachenrechtlichen Erklärungen beider Vertragsparteien müssen **beim Grundbuchamt eingereicht** sein. Auch privatschriftliche Erklärungen werden damit bindend (es geht hier um die materiell-rechtliche Einigung, nicht um die Bewilligung des § 19 GBO).
– Der Berechtigte hat dem anderen Teil eine den Vorschriften der GBO (§§ 19, 28, 29) entsprechende **Eintragungsbewilligung ausgehändigt**. Dabei ist Übergabe der Urkunde (Übergang des unmittelbaren Besitzes) an den Erwerber oder an dessen Vertreter erforderlich. Wenn der Grundstückseigentümer in seiner formgerechten Eintragungsbewilligung (zB Hypotheken- oder Grundschuldbestellung) dem Notar, der vom Begünstigten (Hypothekengläubiger) zur Entgegennahme der Eintragungsbewilligung bevollmächtigt ist, Weisung erteilt hat, dem letzteren eine Ausfertigung (nicht eine beglaubigte Abschrift) der notariellen Urkunde zu erteilen, tritt die Bindung nicht ein, so lange nicht die Ausfertigung erstellt[3] (und vom Notar ihre Inbesitznahme erkennbar dokumentiert[3a]) wurde. Denn „aushändigen" bedeutet unmittelbaren Besitz, nicht nur – bis zur Herstellung der Ausfertigung – jederzeit widerrufbare Aussicht auf Ausfertigung verschaffen. Vertretbar wäre lediglich, der Aushändigung die Fälle gleichzustellen, in denen ein **gesetzlicher** (§ 51 BeurkG), also nicht durch einen einzelnen Beteiligten entziehbarer Anspruch auf Ausfertigung besteht.[4] Noch weniger tritt die Bindung an die materiellrechtliche Einigung ein durch die bloße Einreichung der formgerechten Eintragungsbewilligung durch den verfügungsberechtigten Grundstückseigentümer beim Grundbuchamt.[5] Die Übersendung einer beglaubigten Abschrift der Eintragungsbewilligung an den Begünstigten führt nicht zur Bindung an die Einigung, da die beglaubigte Abschrift die Eintragungsbewilligung im Rechtsverkehr nicht ersetzt; dies könnte nur die Ausfertigung (§ 47 BeurkG) oder die Urschrift (§ 45 BeurkG) sein.[6] § 873 Abs 2 BGB ist zwingend und kann durch Parteivereinbarung nicht geändert werden.

---

[2] Zöller/Greger Rdn 25 zu § 278 ZPO und Zöller/Geimer Rdn 8 zu § 796 a ZPO.
[3] BGH 46, 398 = DNotZ 1967, 370 mit zust Anm Wörbelauer = NJW 1967, 771 = Rpfleger 1967, 142 mit Anm Haegele; s auch Ertl DNotZ 1967, 562. Das gleiche gilt für die Anweisung, vollstreckbare Ausfertigung zu erteilen; OLG Frankfurt DNotZ 1970, 162.
[3a] Vgl zur Herbeiführung der Bindungswirkung durch Entgegennahme durch den Notar Schürmann ZNotP 2000, 229.
[4] So für Bewilligung K/E/H/E Rdn 181 zu § 19; vgl auch Kofler MittRhNotK 1972, 674.
[5] OLG Düsseldorf NJW 1956, 876; KG HRR 1930, 975; Rahn BWNotZ 1967, 272.
[6] Einschränkend OLG Frankfurt DNotZ 1970, 162; kritisch hierzu und wie Text K/E/H/E Rdn 89 und 177 zu § 19.

Die notariell beurkundete **Auflassung** (§ 925 BGB) ist in jedem Fall nach § 873 Abs 2 BGB bindend. Ob die vor dem Notar mündlich durch die Beteiligten erklärte, vom Notar aber noch nicht oder nicht wirksam beurkundete Auflassung bereits bindend ist, ist umstritten.[7]

D. Nachträgliche Verfügungsbeschränkungen und § 878 BGB

Literatur: Böhringer, Prinzipien des § 878 BGB und Antragsberechtigung des nachmaligen Gemeinschuldners, BWNotZ 1979, 141; Böhringer, Analoge Anwendung des § 878 BGB bei Wegfall der Verfügungsmacht der Verwalter kraft Amtes, BWNotZ 1984, 137; Böttcher, Verfügungsentziehungen, Rpfleger 1983, 187; Böttcher, Verfügungsbeschränkungen, Rpfleger 1984, 377 und 1985, 1; Dieckmann, Zum Schutz des Auflassungsempfängers, der sich mit dem Berechtigten geeinigt und den Eintragungsantrag gestellt hat, Festschrift für Schiedermair, 1976, S 99; Eickmann, Konkurseröffnung und Grundbuch, Rpfleger 1972, 77; Ertl, Muß das Grundbuchamt den gutgläubigen Erwerb aus der Konkursmasse verhindern?, MittBayNot 1975, 204; Ertl, Antrag, Bewilligung und Einigung im Grundstücks- und Grundbuchrecht, Rpfleger 1980, 41; Ganter, Die Anwendung des § 878 BGB bei der Gläubigeranfechtung innerhalb und außerhalb des Konkurses, DNotZ 1995, 517; Haegele, Konkurseröffnung und Grundstückskaufvertrag, KTS 1968, 157; Knöchlein, Grundstückskauf und Konkurs, DNotZ 1959, 3; Müller, Die Bedeutung des § 878 BGB für die Abwicklung des Grundstückskaufvertrages im Konkurs des Verkäufers, JZ 1980, 554; Plander, Das Wahlrecht des Konkursverwalters und des Vergleichsschuldners nach §§ 17 Abs 1 KO, 50 Abs 1 VerglO und die Stellung des Vertragspartners im Falle des § 878 BGB, JZ 1973, 45; Rahn, § 878 BGB aus grundbuchrechtlicher Sicht, BWNotZ 1967, 269; Schönfeld und Seufert, Nochmals: Wie wirkt sich die entsprechende Anwendung des § 878 BGB auf die Bewilligung einer Vormerkung aus?, NJW 1959, 1417; Schönfeld, Verfügungsbeschränkung und öffentlicher Glaube des Grundbuchs, JZ 1959, 140; Tiedtke, Universalsukzession und Gütergemeinschaft, FamRZ 1976, 510; Wörbelauer, § 878 BGB und der Konkurs des Grundpfandrechtsschuldners, DNotZ 1965, 580.

1. Bedeutung und Zweck des § 878 BGB

Die Verfügung über ein Grundstück oder ein Recht an einem Grundstück setzt sich aus zwei Tatbeständen zusammen (s Rdn 1, 9 und 14): Den rechtsgeschäftlichen **Erklärungen** (Einigung, Aufhebungserklärung) **und der Grundbucheintragung** (§§ 873, 875, 877 BGB). Die zur Wirksamkeit jeder Verfügung nötige Verfügungsbefugnis des Verfügenden muß allgemein bei Wirkungseintritt der Verfügung, bei mehraktigen Verfügungstatbeständen also bei Eintritt des letzten Tatbestandsmerkmals vorliegen.[1] Wird nach Einigung, aber vor Eintragung, dem Rechtsinhaber mit Eröffnung des Insolvenzverfahrens (§ 80 Abs 1 InsO), Anordnung der Nachlaßverwaltung (§ 1984 Abs 1 BGB) oder der Vorerbenverwaltung (§ 2129 Abs 1 BGB) die rechtliche Verfügungsbefugnis entzogen (s Rdn 101), so könnte die Verfügung mit Ein-

110

---

[7] Staudinger/Pfeifer Rdn 111 zu § 925 BGB einerseits, Bassenge Rpfleger 1977, 8 mit weit Nachw über den Streitstand andererseits.
[1] BGH 136, 87 (92) = DNotZ 1998, 283 = NJW 1997, 2751 = Rpfleger 1998, 16. Bei Tod und Geschäftsunfähigkeit des Erklärenden schützt § 130 Abs 2 BGB den Erklärungsempfänger umfassend: es kommt hier nur auf den Zeitpunkt der Abgabe der Erklärung an (Rdn 107 b).

tragung nicht mehr wirksam werden. Daher dürfte dann das Grundbuchamt die Eintragung nicht mehr vollziehen. Bei Beschränkung des Rechtsinhabers in seiner Verfügungsbefugnis (Rdn 101 a) vor Eintragung könnte die Verfügung mit Eintragung Wirksamkeit gegenüber dem geschützten Dritten nicht mehr erlangen. Aus der Notwendigkeit der Eintragung ergeben sich daher für den Begünstigten Gefahren; denn je länger das Grundbuchamt für die Vornahme der Eintragung benötigt, desto größer wäre das Risiko, daß durch jetzt eintretende Verfügungsbeschränkungen die Vollendung (oder auch die volle Wirksamkeit gegenüber jedermann) des Verfügungstatbestandes verhindert würde. Dieser aus dem Eintragungsgrundsatz folgenden Gefahr von Rechtsnachteilen für den Begünstigten infolge Abhängigkeit von den Zufälligkeiten des Eintragungsverfahrens, auf deren Dauer die Beteiligten keinen Einfluß haben, soll § 878 BGB begegnen: Der Begünstigte soll keine Nachteile dadurch erleiden, daß dem Verfügenden **nach Antragsstellung, aber vor Eintragung** (also während der Dauer des Eintragungsverfahrens) die Verfügungsbefugnis entzogen oder daß er in der Verfügung beschränkt wird, vorausgesetzt, die Beteiligten haben alles ihrerseits zur Vornahme der Eintragung Notwendige getan und die Eintragung folgt nach.[2] In diesem Fall läßt es § 878 BGB genügen, wenn die Verfügungsbefugnis nur im Zeitpunkt der Abgabe der Willenserklärung und der Antragsstellung beim Grundbuchamt vorlag. Das Weiterbestehen der Verfügungsbefugnis wird sodann zugunsten des Erwerbers fingiert bzw der Verfügungstatbestand in Hinblick auf den Wegfall der Verfügungsbefugnis um das Eintragungserfordernis gekürzt.

2. Anwendungsbereich des § 878 BGB

111 § 878 BGB gewährt **Schutz nur für** rechtsgeschäftliche Erklärungen nach §§ 873, 875, 877 BGB sowie kraft ausdrücklicher gesetzlicher Vorschrift für eine Rangänderung (§ 880 Abs 2 S 1), für eine Teilung des herrschenden Grundstückes bei einer Reallast (§ 1109 Abs 2 S 2), für die Ausschließung eines Hypothekenbriefes (§ 1116 Abs 2 S 2), für die Verteilung einer Gesamthypothek (§ 1132 Abs 2 S 2), für die Abtretung einer Hypothekenforderung bei Briefausschluß (§ 1154 Abs 3), für den Verzicht auf eine Hypothek (§ 1168 Abs 2 S 2), für die Auswechslung einer Hypothekenforderung (§ 1180 Abs 1 S 2), für eine Grundschuld in entsprechenden Fällen (§ 1192 Abs 1), für die Bestellung einer Eigentümergrundschuld (§ 1196 Abs 2), sowie beim Rechtserwerb nach Eröffnung des Insolvenzverfahrens über das Vermögen des Verfügenden, wenn das Insolvenzverfahren in einem Zeitpunkt eröffnet wird, in dem die Voraussetzungen des § 878 BGB bereits vorlagen (§ 91 Abs 2 InsO).

112 Erklärungen, die **durch Urteil** nach § 894, 895 ZPO ersetzt sind, stehen rechtsgeschäftlichen Erklärungen gleich; § 878 BGB ist anwendbar. Entsprechend ist § 878 BGB anwendbar auf die Eigentumsaufgabe nach § 928 BGB, die Berichtigungsbewilligung (nicht auf den auf Unrichtigkeitsnachweis gestützten Berichtigungsantrag), bewilligte Widersprüche nach § 899

---

[2] Böhringer BWNotZ 1979, 141; MünchKomm/Wacke Rdn 1 zu § 878 BGB; RG 89, 152; 135, 378; BGH 9, 250 = NJW 1953, 898; Schönfeld JZ 1959, 141. Grundlegend vor allem Rahn BWNotZ 1967, 269; vgl auch Wörbelauer DNotZ 1965, 530, 580.

D. Nachträgliche Verfügungsbeschränkungen und § 878 BGB

BGB[3] und auf die bewilligte (nicht die erzwungene) Vormerkung nach §§ 883, 885 BGB.[4] Wird daher im Falle der Eröffnung des Insolvenzverfahrens über das Vermögen des Verfügenden eine bewilligte Vormerkung in Anwendung des § 878 BGB **nach** Eröffnung des Verfahrens eingetragen, so führt dies zum Schutz des Vormerkungsberechtigten nach § 106 InsO.

Nicht anwendbar ist § 878 BGB auf Erwerbsvorgänge, die im Wege der Zwangsvollstreckung erfolgen, zB Eintragung einer Zwangshypothek, einer Vormerkung oder eines Widerspruchs auf Grund einstweiliger Verfügung.[5] Nicht anwendbar ist § 878 BGB auf einseitige, stets widerrufliche Erklärungen wie Vereinigung, Bestandteilszuschreibung,[6] Teilung oder Teilungserklärung nach § 8 WEG.[7] Da in allen diesen Fällen Verfügung, Bewilligung und Antrag bis zur Eintragung einseitig zurückgenommen werden können und eine Bindung mangels eines Begünstigten nicht eintreten kann, besteht in solchen Fällen kein Schutzbedürfnis.[8] 113

Zustimmungen Dritter (§§ 876, 880, 1183 BGB) werden sofort mit ihrem Zugang wirksam; § 878 BGB wird für sie nicht benötigt und ist insoweit nicht anwendbar. Zustimmungen nach §§ 5, 6 ErbbauVO, § 12 WEG werden sofort mit Zugang gegenüber dem Verfügenden wirksam und beseitigen insofern eine bis dahin bestehende Verfügungsbeschränkung; werden diese Zustimmungen nachträglich widerrufen, so führt dies (der Widerruf wäre nach § 183 BGB bis zur Grundbucheintragung wirksam, soweit Widerruflichkeit nicht rechtsgeschäftlich ausgeschlossen ist) zum Wegfall der Verfügungsbefugnis des Verfügenden und damit zur Anwendung des § 878 BGB.[9] 114

3. Voraussetzungen für die Anwendung des § 878 BGB

§ 878 BGB ist nur anwendbar, wenn die Entziehung der rechtlichen Verfügungsbefugnis oder die Verfügungsbeschränkung des Berechtigten iS des § 878 BGB (dazu Rdn 124–126) erst in einem **Zeitpunkt** eintritt, in dem 115

---

[3] HM, vgl Palandt/Bassenge Rdn 4 zu § 878 und 5 zu § 899 BGB mit Nachweis des Streitstandes.
[4] BGH 28, 182 = DNotZ 1959, 36; BGH 138, 179 (186) = MittBayNot 1998, 244 (246) = MittRhNotK 1998, 175 = NJW 1998, 2134 (2136) = Rpfleger 1998, 360; dazu Rahn NJW 1959, 97; Seufert NJW 1959, 527; Thieme MDR 1959, 200; BGH 138, 179 (186) = MittBayNot 1998, 244 = MittRhNotK 1998, 175 = NJW 1998, 2134 = Rpfleger 1998, 360; BayObLG 1954, 17 = DNotZ 1954, 397 = NJW 1954, 1120; OLG Köln Rpfleger 1973, 299 (zur Aufhebung der Vormerkung).
[5] RG 84, 280; 120, 118; BGH 9, 250 = NJW 1953, 898; KG HRR 1934, 167; KG DNotZ 1962, 400 = Rpfleger 1962, 177; Staudinger/Gursky Rdn 13 zu § 878 BGB. Für eine analoge Anwendung des § 878 BGB auf alle eintragungsbedürftigen Vollstreckungsakte MünchKomm/Wacke Rdn 3, 18 zu § 878 BGB; Böhringer BWNotZ 1985, 102.
[6] Anders Bauer/vOefele/Kössinger Rdn 165 zu § 19.
[7] Für § 8 WEG: LG Köln MittRhNotK 1984, 16; aA LG Leipzig MittBayNot 2000, 324 = NotZB 2000, 342; Palandt/Bassenge Rdn 4 und – wenn auch zweifelnd – Staudinger/Gursky Rdn 9, je zu § 878 BGB; auch Bindung nach § 873 Abs 2 BGB wird verneint, s Rdn 2846.
[8] MünchKomm/Wacke Rdn 6, Staudinger/Gursky Rdn 31, je zu § 878 BGB; Bauer/vOefele/Kössinger Rdn 165 zu § 19.
[9] BGH NJW 1963, 36 = DNotZ 1963, 433; Böttcher Rpfleger 1984, 377 (379).

– die Einigung nach § 873 Abs 2 BGB oder die einseitige Erklärung nach § 875 Abs 2 BGB bindend geworden ist (Rdn 116), und
– der Eintragungsantrag (§ 13 Abs 1 GBO) beim Grundbuchamt rechtswirksam gestellt ist (Rdn 117–120), und
– zusätzlich alle sonstigen materiell-rechtlichen Voraussetzungen für die Wirksamkeit der Verfügung vorliegen (Rdn 121, 122).

Alle diese Voraussetzungen müssen vor Entziehung der Verfügungsbefugnis oder vor Eintritt der Verfügungsbeschränkungen erfüllt sein; die Reihenfolge ist beliebig.

a) Bindung an die Einigung

116 Den **Eintritt der Bindung** bei der Einigung bestimmt § 873 Abs 2 BGB (s dazu eingehend Rdn 109), bei einseitigen Erklärungen § 875 Abs 2 BGB. Hat der Verfügende seine Eintragungsbewilligung dem Grundbuchamt vorgelegt, so bewirkt dies keine Bindung nach § 873 Abs 2 BGB (dritter Fall), da dem Grundbuchamt hier keine (Einigungs-)Erklärung des Begünstigten eingereicht ist, anders dagegen wenn auch der Begünstigte – selbst oder durch den Notar (§ 15 GBO) – den Eintragungsantrag gestellt hat: spätestens hierin liegt seine Einigungserklärung.[10] Legt der Begünstigte Urschrift oder Ausfertigung (beglaubigte Abschrift genügt nicht, s Rdn 109) der Eintragungsbewilligung mit eigenem Antrag dem Grundbuchamt vor, hat das Grundbuchamt von der Aushändigung im Sinne des § 873 Abs 2 BGB und damit von der eingetretenen Bindung auszugehen.[11] Ist eine bewilligte Vormerkung in einem beurkundeten (Kauf-, Tausch-, Schenkungs-)Vertrag enthalten, ist der Nachweis der Bindung unproblematisch: § 873 Abs 2 BGB erster Fall. Im übrigen genügt aber für die Vormerkung die – materiell-rechtliche – einseitige Bewilligung des Betroffenen (§ 885 BGB); die Bindung tritt in diesem Fall ein in analoger Anwendung des § 875 Abs 2 BGB durch Vorlage der Bewilligung beim Grundbuchamt.[12] Hat der Begünstigte selbst einen Eintragungsantrag gestellt (was dringend zu empfehlen ist, da trotz eingetretener Bindung nach § 875 Abs 2 BGB der Verfügende seinen Antrag [§ 13 Abs 1 GBO] noch zurücknehmen kann) so ist darüber hinaus die Bindung an eine Einigung im Sinne des § 873 Abs 2 BGB dritter Fall nachgewiesen.

Bei gemeinschaftlich Verfügenden (zB Miterben) können Einzelne früher gebunden sein als andere; § 878 BGB ist für jeden jeweils gesondert zu prüfen.[13]

b) Wirksam gestellter Eintragungsantrag

117 § 878 BGB verlangt weiter, daß der Eintragungsantrag nach § 13 GBO **vor** Eintritt der **Verfügungsbeschränkung** beim Grundbuchamt **eingegangen** ist, sich gerade auf das betroffene Recht bezieht[14] und tatsächlich zur Eintragung führt.[15]

---

[10] Wörbelauer DNotZ 1965, 529; Rahn BWNotZ 1967, 269.
[11] Zweifelnd Rahn BWNotZ 1967, 273 (274).
[12] MünchKomm/Wacke Rdn 9, 16 zu § 878 BGB.
[13] KG JW 1935, 3640; KG JFG 13, 92.
[14] Zur Frage des „vergessenen" Antrags im Sinne einer falsa demonstratio LG Duisburg Rpfleger 1995, 456.
[15] Hat das Grundbuchamt dabei formelle Mängel übersehen, ist das unschädlich.

D. Nachträgliche Verfügungsbeschränkungen und § 878 BGB

Eine **Zwischenverfügung** des Grundbuchamtes nach § 18 GBO soll nach allgemeiner Meinung[16] die Anwendung des § 878 BGB nicht hindern, wenn die Beteiligten – wenn auch erst nach Entziehung der Verfügungsbefugnis oder Eintritt der Verfügungsbeschränkung – die Beanstandung beheben und der gestellte Antrag somit zur Eintragung führt. Dies gilt jedoch nicht generell. Soweit ersichtlich betreffen die hierzu ergangenen Entscheidungen alle das Fehlen der grunderwerbsteuerlichen Unbedenklichkeitsbescheinigung bei der Eigentumsumschreibung oder die mangelnde Briefvorlage bei Grundpfandrechten.[17] Wird dagegen zB das Fehlen der vormundschaftsgerichtlichen Genehmigung oder einer sonstigen für die Wirksamkeit der materiell-rechtlichen Verfügung notwendigen öffentlich-rechtlichen Genehmigung durch Zwischenverfügung beanstandet, so kann – wenn das Vorliegen dieser Genehmigung Voraussetzung für die Anwendung des § 878 BGB ist, vgl dazu Rdn 115 und 121 – die Zwischenverfügung nicht die Anwendbarkeit des § 878 BGB erhalten, wenn inzwischen vor der Erteilung der Genehmigung und damit vor Wirksamwerden der materiellrechtlichen Erklärung die Entziehung der Verfügungsbefugnis erfolgt oder eine Verfügungsbeschränkung eintritt.[18] Etwas anderes muß gelten, wenn eine für die Wirksamkeit notwendige materiellrechtliche Genehmigung vorher zwar erteilt war, aber der Bescheid dem Grundbuchamt noch nicht vorgelegt wurde. Denn die Zwischenverfügung kann im Hinblick auf § 878 BGB nur in solchen Fällen unschädlich sein, wo lediglich Mängel hinsichtlich formaler Eintragungsvoraussetzungen beanstandet und behoben werden (zB Unbedenklichkeitsbescheinigung des Finanzamtes, Vorkaufsrechtsbescheinigung nach § 28 BauGB, Briefvorlage bei Entlassung eines Grundstücks aus der Mithaft, Vorlage eines bereits vor Entziehung der Verfügungsbefugnis oder Eintritt der Verfügungsbeschränkung erteilten Genehmigungsbescheides). Rügt die Zwischenverfügung dagegen – zu Recht – Mängel hinsichtlich der Rechtswirksamkeit der Erklärung selbst, so kann deren Behebung nach Entziehung oder Beschränkung der Verfügungsbefugnis nicht mehr zur Anwendung des § 878 BGB führen.[19]

118

Der Schutz des § 878 BGB entfällt, wenn der **Antrag** rechtmäßig (rechtsfehlerfrei) **zurückgewiesen** wird.[20] Wenn das Grundbuchamt bei Aufhebung eines (rechtsfehlerhaften) Zurückweisungsbeschlusses durch das Beschwerdegericht zur Eintragung angewiesen wird, besteht die vor der Zurückweisung bereits eingetretene Wirkung des § 878 BGB fort.[21] Diese Schutzwirkung besteht hingegen nicht fort, wenn nach (rechtsfehlerfreier) Zurückweisung des Antrags die Aufhebung des Zurückweisungsbeschlusses durch das Beschwerdegericht und die Eintragung auf neuen Tatsachen (neuem Vorbringen) beru-

119

---

[16] Demharter Rdn 10 zu § 13; K/E/H/E Rdn 90 zu § 19; LG Nürnberg-Fürth Mitt-BayNot 1978, 216.
[17] KG DNotV 1930, 630; RG DNotV 1930, 169; LG Nürnberg-Fürth aaO.
[18] Wie hier Palandt/Bassenge Rdn 15 zu § 878 BGB; Erman/Hagen/Lorenz Rdn 13 zu § 878 BGB.
[19] So im Ergebnis auch Staudinger/Gursky Rdn 38 zu § 878 BGB; aA Soergel/Stürner Rdn 5 zu § 878 BGB; Knöchlein DNotZ 1959, 3.
[20] BGH 136, 87 (91) = aaO (Fußn 1).
[21] Siehe auch Ertl Rpfleger 1980, 43, der zu Recht darauf hinweist, daß zwischenzeitlich eingetragene weitere Veränderungen der Verwirklichung des Antrages entgegenstehen können.

hen[22] (kein Schutz des Antragsstellers vor Verzögerungen, die er selbst zu vertreten hat). Mit rechtmäßiger (rechtsfehlerfreier) Zurückweisung ist der Eintragungsantrag erledigt; für Schutz nach § 878 BGB lebt er nicht wieder auf, wenn die Aufhebung der Zurückweisung auf neuen Tatsachen (neuem Vorbringen) beruht, sondern wird wie ein nach der Verfügungsbeschränkung neu gestellter Antrag behandelt.[23] Wird der Antrag **zurückgenommen,** ist § 878 BGB ebenfalls nicht mehr anwendbar; die Verfügung ist unwirksam. Da trotz eingetretener materiellrechtlicher Bindung der Antrag nach § 13 Abs 1 GBO als reine Verfahrenshandlung jederzeit bis zur Eintragung einseitig zurückgenommen werden kann (s Rdn 93), besteht für den Begünstigten trotz § 878 BGB ein effektiver Schutz gegen nachträgliche Entziehung oder Beschränkung der Verfügungsbefugnis beim Betroffenen nur, wenn er selbst einen Antrag nach § 13 Abs 1 GBO stellt oder gemäß § 15 GBO durch den Notar stellen läßt; andernfalls könnte durch Rücknahme des nur vom Betroffenen gestellten Antrags der Schutz des § 878 BGB zunichte gemacht werden. Dies gilt insbesondere bei nachträglicher Eröffnung des Insolvenzverfahrens über das Vermögen des Betroffenen: Der Insolvenzverwalter (§ 80 Abs 1 InsO) kann den vom Schuldner des Insolvenzverfahrens gestellten Grundbuchantrag nach § 31 GBO zurücknehmen und damit – wenn der Begünstigte keinen eigenen Antrag gestellt hat – § 878 BGB verhindern; denn § 878 BGB läßt die – verfahrensrechtliche – Befugnis zur Antragszurücknahme, die mit Eröffnung des Insolvenzverfahrens auf den Insolvenzverwalter übergegangen ist, völlig unberührt.[24]

120 **Entziehung** der Verfügungsbefugnis nach Stellung des Antrags (Eingang beim Grundbuchamt, § 13 Abs 2 GBO) mit Eröffnung des Insolvenzverfahrens (§ 80 Abs 1 InsO; andere Fälle Rdn 101) beeinträchtigt die Wirksamkeit des Antrags nicht. Das gilt für den Antrag des Betroffenen[25] ebenso wie für den Antrag des Begünstigten. Der Verwalter nimmt mit Übergang der Verfügungsbefugnis über das fremde Recht (für Insolvenzverwalter § 80 Abs 1 InsO) auch verfahrensrechtlich die Beteiligtenstellung des Antragstellers ein; er ist in dem durch den Antrag eingeleiteten Grundbuchverfahren (keine Verfahrensunterbrechung) kraft Gesetzes an die Stelle des Rechtsinhabers getreten[26] (sonst könnte zB der Insolvenzverwalter den vom Schuldner des Insolvenzverfahrens gestellten Antrag nicht zurücknehmen und ein von dem späteren Schuldner des Insolvenzverfahrens als Begünstigter gestellter Antrag bei Eintritt einer Beschränkung des verfügenden Betroffenen Schutz nach § 878 BGB nicht gewährleisten).

Daß auch der vom Betroffenen gestellte Antrag mit Entziehung der Verfügungsbefugnis nicht von selbst wirkungslos wird, Erwerbsschutz nach § 878 BGB somit nicht entfällt, wird (weitschweifig) auch wie folgt begründet: Ein wirksamer Antrag (§ 13 Abs 1 GBO) setzt Antragsberechtigung, dh die Befugnis, das Grundbuchverfahren in Gang zu bringen, voraus; sie fließt beim Betroffenen aus seiner allgemeinen Verfügungsbefugnis. Die Antragsberechtigung muß bis zur Eintragung selbst vorhanden sein und blei-

---

[22] BGH 136, 87 = aaO (Fußn 1).
[23] BGH 136, 87 = aaO (Fußn 1).
[24] HM, Böhringer BWNotZ 1979, 141 (144); Haegele KTS 1968, 165; Rahn BWNotZ 1967, 269 (274); Ertl Rpfleger 1980, 44. AA MünchKomm/Wacke Rdn 23 zu § 878 BGB und im Ergebnis auch K. Müller JZ 1980, 554.
[25] Anders Ertl Rpfleger 1980, 41 (44); Böhringer BWNotZ 1979, 141 (144).
[26] Stöber, GBO-Verfahren, Rdn 198.

D. Nachträgliche Verfügungsbeschränkungen und § 878 BGB

ben. Fällt sie nach Antragsstellung, aber vor Eintragung weg, darf im Grundsatz der Antrag nicht mehr vollzogen werden. Andererseits fingiert § 878 BGB gerade das Fortbestehen der Verfügungsbefugnis des Betroffenen trotz tatsächlich eingetretener Verfügungsbeschränkung. Diese Wirkung des § 878 BGB ist nicht nur auf die materiellrechtlichen Einigungserklärungen beschränkt, sondern gilt auch dort, wo die Grundbuchordnung die Verfügungsberechtigung verlangt: so mit Sicherheit bei der Bewilligung nach § 19 GBO; dann aber auch beim Antrag nach § 13 Abs 1 GBO, da kein Grund besteht, die Bewilligungsberechtigung und die Antragsberechtigung unterschiedlich zu beurteilen. Der Antrag des Betroffenen wird somit nachträglich nicht von selbst wirkungslos, wenn § 878 BGB eingreift; der Fortbestand der Verfügungsbefugnis wird auch im Hinblick auf die Antragsberechtigung fingiert.[27]

c) Vorliegen sonstiger materiell-rechtlicher Wirksamkeitsvoraussetzungen

Da § 878 BGB nur die Gefahren beseitigen soll, die aus den Unwägbarkeiten des Grundbucheintragungsverfahrens entstehen, nicht aber aus anderen Gründen noch nicht voll wirksame Verfügungen begünstigen soll, erfordert seine Anwendung, daß alle **sonstigen materiellrechtlichen Voraussetzungen** für die Wirksamkeit der zur Eintragung beantragten Verfügung vor Eintritt der Verfügungsbeschränkung vorliegen. Bei Bestellung eines Briefgrundpfandrechtes gibt § 878 BGB dem Gläubiger nur Schutz, wenn vor Eintritt der Verfügungsbeschränkung der Brief übergeben oder die Übergabe durch eine Vereinbarung nach § 1117 Abs 2 BGB ersetzt ist.[28] Diese Vereinbarung ist materiell-rechtlich formlos wirksam; ihr Vorliegen ist dem Grundbuchamt aber im Falle des § 878 BGB nachzuweisen. Eine Anweisung nach § 60 Abs 2 GBO ist eine einseitige Erklärung des Eigentümers und nicht mit der Vereinbarung nach § 1117 Abs 2 BGB identisch. Enthält die Bewilligungsurkunde des Eigentümers eine solche Anweisung und stellt der Begünstigte einen eigenen Antrag, so liegt darin auch die Einigung nach § 1117 Abs 2 BGB.[29] Sind zur Wirksamkeit der beantragten Verfügung behördliche oder gerichtliche Genehmigungen notwendig (zB GrdstVG, BauGB), so müssen auch diese Genehmigungen vor Eintritt der Verfügungsbeschränkung erteilt sein[30] (s auch Rdn 118). § 878 BGB schützt den Begünstigten nur vor den Gefahren, die dadurch entstehen, daß die zum Rechtserwerb notwendigen Grundbucheintragungen nicht sofort nach Vorlage vorgenommen werden; die Vorschrift schützt das Vertrauen des Erwerbers auf eine bereits weitgehend gefestigte Rechtsposition (Bindung an die Einigung, Ingangsetzen des Grundbuchverfahrens). Dieses Vertrauen besteht nicht, wenn aus anderen materiellrechtli-

121

---

[27] So die wohl hM, vgl MünchKomm/Wacke Rdn 8; Palandt/Bassenge Rdn 16, je zu § 878 BGB; K. Müller JZ 1980, 554; Rahn BWNotZ 1967, 272; offen gelassen vom BGH DNotZ 1989, 160 = NJW-RR 1988, 1274 = Rpfleger 1988, 543.
[28] KG Rpfleger 1975, 89; Eickmann Rpfleger 1972, 77.
[29] K/E/H/E Rdn 89 zu § 19; Wörbelauer DNotZ 1965, 518 (522); weitergehend Eickmann Rpfleger 1972, 77 (81), der auch eine einseitige Weisung des Eigentümers nach § 60 Abs 2 GBO für § 878 BGB genügen läßt, wenn sie vor Eintritt der Verfügungsbeschränkung beim Grundbuchamt einging.
[30] Wie hier Staudinger/Gursky Rdn 38, Palandt/Bassenge Rdn 15, je zu § 878 BGB; OLG Hamm JMBlNRW 1948, 242 und 1951, 93. AA OLG Köln NJW 1955, 80 (ausgenommen vormundschaftsgerichtliche Genehmigung); Knöchlein DNotZ 1959, 3 (17 ff); Dieckmann in Festschrift Schiedermair 1976, S 99; MünchKomm/Wacke Rdn 12 zu § 878 BGB.

chen Gründen eine solche Sicherheit zugunsten des Erwerbers noch nicht besteht. Fehlt zB die vormundschaftsgerichtliche Genehmigung zur Auflassung, besteht sogar bis zu ihrer Mitteilung (§ 1829 BGB) kein schutzwürdiges Vertrauen des Erwerbers darauf, daß er diese Rechtsposition tatsächlich erwirbt. Steht die Genehmigung nach Grundstücksverkehrsgesetz aus, ist schwebende Unwirksamkeit die Folge, somit auch kein schutzwertes Vertrauen auf den Erwerb bis zur Erteilung der Genehmigung.[31] Damit wird nicht derjenige begünstigt, der eine Verfügungsbeschränkung erwirkt, sondern lediglich die Konsequenz daraus gezogen, daß das von § 878 BGB vorausgesetzte schützenswerte Vertrauen des Begünstigten in solchen Fällen noch nicht besteht. Eine Rückwirkung analog § 184 BGB kann bei diesen öffentlich-rechtlichen Genehmigungen ebenso wenig zur Anwendung des § 878 BGB führen wie im Falle der rückwirkenden Genehmigung der Verfügung des Nichtberechtigten durch den Berechtigten (s dazu Rdn 125); Zwischenverfügung vgl Rdn 118. Wird eine Vormerkung zur Eintragung beantragt, ist zu prüfen, ob eine Genehmigung gerade für die Vormerkung Wirksamkeitsvoraussetzung ist oder nicht (dazu Rdn 1508). Ist für die Wirksamkeit der Vormerkung die Genehmigung nicht erforderlich, so ist § 878 BGB hinsichtlich der Vormerkung anwendbar, auch wenn die Genehmigung zum Rechtsgeschäft selbst noch nicht erteilt ist (zB BauGB).

122 In Fällen, in denen eine zur Wirksamkeit eines Rechtsgeschäftes erforderliche Genehmigung der vorbehandelten Art im Zeitpunkt des Eingangs des Eintragungsantrages beim Grundbuchamt noch nicht wirksam erteilt ist, kommt es mithin nicht entscheidend darauf an, ob der Notar mit Einreichung der Urkunde samt Antrag beim Grundbuchamt so lange wartet, bis die Genehmigung erteilt ist, oder ob er die den Berechtigten bindenden Unterlagen samt Eintragungsantrag – entgegen seiner Amtspflicht nach § 53 BeurkG – schon vorher beim Grundbuchamt einreicht und den Erlaß einer Zwischenverfügung nach § 18 GBO in Kauf nimmt. Entsteht eine Verfügungsbeschränkung vor Erteilung der Genehmigung, so ist die Rechtslage in beiden Fällen für den Begünstigten die gleiche, nämlich Wirkungslosigkeit des Geschäfts, falls nicht für den Begünstigten eine Vormerkung nach § 883 BGB eingetragen ist (s § 883 Abs 2, § 91 InsO).

4. Verfügungen des Berechtigten

123 § 878 BGB verlangt, daß der Verfügende im Zeitpunkt der Abgabe der Verfügungserklärung der **Berechtigte** ist. Materiellrechtlich ist dazu nicht erforderlich, daß er im Grundbuch eingetragen ist, wohl aber grundbuchrechtlich (§§ 39, 40 GBO; dazu Rdn 136); jedoch hat die Verletzung des § 39 GBO keine Folgen für das materielle Recht.

124 An die Stelle des Rechtsinhabers tritt in den einschlägigen Fällen der Insolvenzverwalter, der Nachlaßverwalter oder der Testamentsvollstrecker; er ist als Inhaber der Verfügungsbefugnis „Berechtigter" im Sinne des § 878 BGB. Verliert er seine Verfügungsbefugnis (zB Beendigung des Amtes des Insolvenzverwalters, des Testamentsvollstreckers nach Eintritt der in § 878 BGB bestimmten Voraussetzungen), so muß § 878 BGB entgegen der herrschenden

---

[31] BGH DNotZ 1979, 306; vgl auch Linden MittBayNot 1981, 174.

D. Nachträgliche Verfügungsbeschränkungen und § 878 BGB

Meinung in der Rechtsprechung[32] im Interesse des Vertrauensschutzes zugunsten des Erwerbers in gleicher Weise angewendet werden wie bei Entziehung der Verfügungsbefugnis. Die Interessenlage ist in beiden Fällen identisch: Nur von der von den Beteiligten nicht zu beeinflussenden Dauer des Grundbucheintragungsverfahrens hängt es hier wie dort ab, ob die Verfügung wirksam wird oder nicht; die Schutzbedürftigkeit des Begünstigten ist in beiden Fällen die gleiche. Wollte man anders, dh so wie die herrschende Meinung entscheiden, muß jedem Vertragspartner eines Insolvenzverwalters, Nachlaßverwalters oder Testamentsvollstreckers zumindest dringend empfohlen werden, Leistungen erst zu erbringen, wenn die Verfügung der anderen Seite im Grundbuch vollzogen ist. Auch das bringt dann aber keine volle Sicherheit, weil Rechtserwerb mit Grundbucheintragung nicht eintritt, wenn die Verfügungsbefugnis fehlt und § 878 BGB keine Anwendung findet.[33]

Bei **Verfügung eines Nichtberechtigten,** der nachträglich in der Verfügungsbefugnis beschränkt wird, muß unterschieden werden: Verfügt er mit Einwilligung des Berechtigten, so steht dies – da sofort wirksam (§ 185 Abs 1 BGB) – der Verfügung des Berechtigten gleich.[34] Die Genehmigung durch den Berechtigten oder nachträglicher Erwerb des Objektes durch den Verfügenden (s § 185 Abs 2 BGB) können sich jedoch gegenüber zwischenzeitlich eintretenden Verfügungsbeschränkungen beim verfügenden Nichtberechtigten nicht auswirken.[35] Bei Verfügungen des Auflassungsempfängers (A läßt an B auf, dieser sofort an C; A läßt an B auf; dieser bestellt C eine Grundschuld) ist somit entscheidend, ob in der erklärten Auflassung des Eigentümers A die Einwilligung zu der von B getätigten Verfügung liegt[36] (§ 878 BGB anwendbar) oder nicht (§ 878 BGB nicht anwendbar). Ebenso ist § 878 BGB anwendbar, wenn der einwilligende Rechtsinhaber in der Verfügung beschränkt wird, nachdem die Einwilligung erteilt ist und bei der Verfügung des Nichtberechtigten die übrigen Voraussetzungen des § 878 BGB erfüllt sind.[37]

125

---

[32] OLG Celle DNotZ 1953, 158 = NJW 1953, 945; KG OLG 26, 4; BayObLG NJW 1956, 1279 und MittBayNot 1999, 82 = Rpfleger 1999, 25; OLG Brandenburg VIZ 1995, 365; OLG Frankfurt OLGZ 1980, 100; OLG Köln MittRhNotK 1981, 139; LG Neubrandenburg MDR 1995, 491; LG Osnabrück KTS 1972, 202; BGB-RGRK/Augustin Rdn 5 zu § 878. Wie hier Staudinger/Gursky Rdn 52, Palandt/Bassenge Rdn 11, MünchKomm/Wacke Rdn 13, je zu § 878 BGB; Bauer/vOefele/Kössinger Rdn 173 zu § 19; Däubler JZ 1963, 591; Böhringer BWNotZ 1984, 137 und BWNotZ 1985, 102; Heil RNotZ 2001, 269; Zahn MittRhNotK 2000, 89 (108).

[33] Dazu Heil RNotZ 2001, 269 mit Löschungsvorschlag für Vertragsgestaltung bei Grundstückskauf.

[34] So die hM in der Literatur: Palandt/Bassenge Rdn 6; MünchKomm/Wacke Rdn 14; Staudinger/Gursky Rdn 54, sämtliche zu § 878 BGB; Däubler JZ 1963, 588; Schönfeld JZ 1959, 142; OLG Köln Rpfleger 1975, 20; KG DNotZ 1934, 284; aA RG 135, 382; BayObLG 1960, 462 = DNotZ 1961 198; BayObLG Rpfleger 1973, 97; BGH 49, 197 (207) läßt diese Frage offen.

[35] BGH 49, 197 (207); BayObLG 1960, 462 = DNotZ 1961, 198; RG 89, 156.

[36] Bejaht für Auflassung BayObLG 1970, 254; BayObLG 1973, 97; verneint für die Bewilligung einer Auflassungsvormerkung, BayObLG 1979, 13 = DNotZ 1979, 426 = Rpfleger 1979, 134; bezweifelt für Belastungsbefugnis BayObLG 1970, 254 = DNotZ 1971, 45 = Rpfleger 1970, 431.

[37] Palandt/Bassenge Rdn 7; Staudinger/Gursky Rdn 57, je zu § 878 BGB.

5. Unter den Schutz des § 878 BGB fallende Beschränkungen

126 Alle außerhalb des Grundbuches entstehenden **absoluten** und **relativen** Verfügungsbeschränkungen fallen unter § 878 BGB. Das sind Beschränkungen, die die Befugnis des Berechtigten, ein Recht durch Rechtsgeschäft zu übertragen, zu belasten, seinen Inhalt zu ändern oder das Recht aufzuheben, beeinträchtigen. Die Verfügungsbeschränkungen beruhen entweder auf Gesetz (§ 135 BGB), gerichtlicher oder behördlicher Anordnung (§ 136 BGB) oder – ausnahmsweise (§ 137 BGB) – auf Rechtsgeschäft (zB §§ 5, 6 ErbbauVO; §§ 12, 35 WEG;[38] nach dem Zeitpunkt des § 878 BGB vereinbarte Gütergemeinschaft, § 1408 Abs 2, § 1424 BGB).[39] Diese Verfügungsbeschränkungen haben meist ein Veräußerungs- und/oder Belastungsverbot zum Gegenstand; Beispiele: Verfügungsverbot im Insolvenzeröffnungsverfahren (§ 21 Abs 2 Nr 2 InsO), Zwangsversteigerungs- und Zwangsverwaltungsbeschlagnahme, Nacherbfolge, Verfügungsbeschränkungen auf Grund einstweiliger Verfügung oder auf Grund Pfändung; das gleiche gilt für Verfügungsbeschränkungen aus dem öffentlichen Recht, zB Umlegung, Sanierungs- und Entwicklungsverfahren nach BauGB[40] (vgl Rdn 3864, 3888). Relative Verfügungsbeschränkungen können im Grundbuch eingetragen werden; die Eintragung ist zu ihrer Wirksamkeit aber nicht erforderlich (wohl aber geboten, um die Möglichkeit gutgläubigen Erwerbs, § 892 Abs 2 BGB, zu verhindern). Der Eintritt der genannten relativen Verfügungsbeschränkungen nach Vorliegen der Voraussetzungen des § 878 BGB schadet selbst dann nicht, wenn sie unter Verletzung des Erledigungsgebotes der §§ 17, 45 GBO vor der beantragten Verfügung eingetragen werden.[41]

Den Verfügungsbeschränkungen gleichgestellt sind die Fälle der **Entziehung der Verfügungsbefugnis,** zB bei Eröffnung des Insolvenzverfahrens, Anordnung des Nachlaßverwaltungsverfahrens oder Eintritt einer Testamentsvollstreckung.

Nicht anwendbar ist § 878 BGB auf Verfügungsbeschränkungen, die erst mit ihrer Eintragung wirksam werden (zB § 75 BVG); ebenso nicht auf relative oder absolute Erwerbsverbote.[42]

Bei der absoluten Verfügungsbeschränkung des § 1365 BGB spielt § 878 BGB keine Rolle, da entscheidender Zeitpunkt für die Kenntnis des Vertragsgegners vom Vorliegen der Voraussetzungen des § 1365 BGB der Abschluß des obligatorischen Geschäftes ist.[43]

---

[38] Zur Veräußerungsbeschränkung nach § 12 WEG OLG Hamm MittRhNotK 1995, 148 = NJW-RR 1994, 975 = Rpfleger 1994, 460.
[39] Palandt/Bassenge Rdn 11 zu § 878 BGB; Böttcher Rpfleger 1984, 377 (379). AA BayObLG MittBayNot 1975, 228 = MittRhNotK 1975, 221, das bei Wegfall der alleinigen Rechtsinhaberschaft § 878 BGB überhaupt nicht anwenden will. Kritisch hierzu Tiedtke FamRZ 1976, 510.
[40] Staudinger/Gursky Rdn 24 zu § 878 BGB.
[41] KG JW 1932, 2441, (2443); Palandt/Bassenge Rdn 16 zu § 878 BGB.
[42] RG 120, 118; BayObLG 1997, 55 = NJW-RR 1997, 913 = Rpfleger 1997, 304; KG DNotZ 1962, 460; aA Münzel JW 1929, 108.
[43] BayObLG 1967, 87 (91) = NJW 1967, 1614; BayObLG MittBayNot 1978, 11; BayObLG 1987, 431 (Vorlagebeschluß); ausführlich hierzu s Rdn 3364.

D. Nachträgliche Verfügungsbeschränkungen und § 878 BGB

Weitere (andere) Verfügungen, die der beantragten Verfügung inhaltlich widersprechen und vor ihrer Erledigung durch Eintragung, wenn auch unter Verletzung des Erledigungsgebotes nach §§ 17, 45 GBO wirksam geworden sind, fallen nicht unter § 878 BGB. Eine bewilligte Vormerkung nach § 883 BGB ist keine Verfügungsbeschränkung, gegen die § 878 BGB einem anderen Recht zum Erfolg verhelfen kann; auch hier wahren nur §§ 17, 45 GBO dem anderen Recht den ihm zukommenden Rang. An einem Beispiel: A läßt an B auf und verkauft zwischenzeitlich an C; wird die Auflassungsvormerkung für C vor Vollzug der Auflassung an B vollzogen, so ist dies wirksam.

6. Nachweis und Prüfung der Voraussetzungen des § 878 BGB

a) Entziehung der rechtlichen Verfügungsbefugnis

Die vom Rechtsinhaber **vor Entziehung** der rechtlichen Verfügungsbefugnis 127 mit Eröffnung des Insolvenzverfahrens (§ 80 Abs 1 InsO), Anordnung der Nachlaßverwaltung (§ 1984 Abs 1 BGB) oder der Vorerbenverwaltung (§ 2129 Abs 1 BGB) bewilligte (§ 19 GBO) oder mit Einigung (§ 20 GBO) und Bewilligung (Rdn 97) ermöglichte Grundbucheintragung hat zu erfolgen, wenn sämtliche Voraussetzungen des § 878 BGB vorliegen. Die Verfügungsbefugnis (damit auch die Bewilligungsbefugnis) wird als fortbestehend fingiert; der Antrag ist daher zu vollziehen, das Grundbuchamt darf die Entziehung der Verfügungsbefugnis nicht beachten. Für **Prüfung** maßgebend sind auch hier der Inhalt des Grundbuchs und die Eintragungsunterlagen. Die beim Grundbuchamt offenkundigen Tatsachen bedürfen keines Beweises (§ 29 Abs 1 S 2 GBO). Im übrigen hat auch die für Prüfung der Erfordernisse des § 878 BGB nötigen Unterlagen der Antragsteller dem Grundbuchamt vorzulegen (Rdn 152). Dazu ist nötigenfalls mit Zwischenverfügung Gelegenheit zu geben (§ 18 GBO). Soweit die Führung des Urkundenbeweises (§ 29 GBO) nicht möglich ist, kann auch in diesen Fällen die Anwendung allgemeiner Erfahrungssätze in freier Beweiswürdigung (Rdn 159) Bedeutung erlangen;[44] die Beweismittelbeschränkung des § 29 GBO gilt hierfür nicht.

b) Beschränkung der Verfügungsbefugnis

Die nur eingeschränkte Wirkung einer (relativen) Verfügungsbeschränkung 127a hindert eine beantragte Eintragung nicht. Für Prüfung der Bewilligungsberechtigung werden auch die Voraussetzungen des § 878 BGB daher vom Grundbuchamt nicht geprüft.

7. Wirkungen des § 878 BGB

Ist Grundbucheintragung erfolgt und liegen sämtliche Voraussetzungen des 128 § 878 BGB vor, so wird für rechtsgeschäftliche Rechtsänderung (§ 873 Abs 1 BGB) die Verfügungsbefugnis als fortbestehend fingiert. Ob der Erwerber von der Entziehung der Verfügungsbefugnis oder einer Verfügungsbeschränkung Kenntnis hat, spielt für den § 878 BGB (im Gegensatz zu § 892 BGB)

---

[44] Für Nachweis mit großzügiger Anwendung von Erfahrungssätzen auch K/E/H/E Rdn 88 zu § 19.

keine Rolle; § 878 BGB ist keine Norm des Gutglaubensschutzes,[45] sondern schützt das Vertrauen darauf, daß Veränderungen in der Verfügungsbefugnis nach Eintritt der Bindung und Ingangsetzung des Verfahrens während der Dauer des Eintragungsverfahrens dem Begünstigten nicht zum Nachteil gereichen sollen. Ist eine der Voraussetzungen des § 878 BGB nicht erfüllt, so kann auch die Eintragung Rechtsänderung nicht bewirken; das Grundbuch ist unrichtig. Doch kann dann Rechtserwerb nach § 892 BGB eingetreten sein. Beispiel:

Bestellt der Eigentümer E dem Gläubiger G eine Hypothek und wird das Insolvenzverfahren über das Vermögen des E nach bindender Einigung, auch über die Ersetzung der Briefübergabe (§ 1117 Abs 2 BGB), und Antragsstellung (zB durch G) eröffnet, so ist gemäß § 878 BGB die Hypothek einzutragen. Ihre Entstehung als Fremdhypothek setzt aber die Auszahlung des Darlehens voraus; hierfür gibt § 878 BGB keinen Schutz, wohl aber kann § 892 Abs 1 S 2 BGB hier helfen: Ist im Zeitpunkt der Auszahlung der Gläubiger gutgläubig, so erwirbt er die Hypothek mit Auszahlung gemäß § 91 Abs 2 InsO, § 892 BGB.[46] Wird dagegen das Insolvenzverfahren vor Antragstellung beim Grundbuchamt eröffnet (zB Eröffnung um 10.00 Uhr; der Antrag auf Eintragung der Hypothek geht beim Grundbuchamt um 10.30 Uhr ein; das Grundbuchamt erhält vor Eintragung der Hypothek Kenntnis von der Eröffnung des Insolvenzverfahrens), so greift § 878 BGB nicht ein, da die Verfügungsbeschränkung vor dem nach § 878 BGB maßgebenden Zeitpunkt eingetreten ist. Hier stellt sich die Frage, ob § 892 BGB dem Begünstigten einen Anspruch an das Grundbuchamt auf Vollzug und damit auf Vollendung des gutgläubigen Erwerbs gibt; dies wird gegen herrschende Meinung vielfach bejaht (s Rdn 352).

129 Liegen für eine beantragte Eintragung die Voraussetzungen des § 878 BGB vor, so ist bei zwischenzeitlich eröffnetem Insolvenzverfahren der Insolvenzverwalter nicht berechtigt, wegen der fehlenden Eintragung die Erfüllung gemäß § 103 InsO abzulehnen und damit die Verfügung des Gemeinschuldners zunichte zu machen.[47] Trotz Anwendbarkeit des § 878 BGB ist eine Anfechtung des sachenrechtlichen Geschäftes auf Grund der Anfechtungsbestimmungen der Insolvenzordnung und des Anfechtungsgesetzes möglich; streitig ist, ob es dafür auf die Eintragung im Grundbuch[48] oder auf Einigungserklärung und Eintragungsantrag[49] auch für den maßgeblichen Zeitpunkt ankommt.

---

[45] Rahn NJW 1959, 97 und BWNotZ 1960, 1; Schönfeld JZ 1959, 140 und NJW 1959, 1417; Böhringer BWNotZ 1979, 141; MünchKomm/Wacke Rdn 2 zu § 878 BGB; aA BGH 28, 182 = NJW 1958, 2013.
[46] Wörbelauer DNotZ 1965, 581; in diesem Fall schließen sich § 878 und § 892 BGB nicht aus, sondern ergänzen sich (so richtig Seufert NJW 1959, 527 gegen Rahn NJW 1959, 97).
[47] Eingehend K. Müller JZ 1980, 554; MünchKomm/Wacke Rdn 23 zu § 878 BGB.
[48] RG 51, 284; 81, 424; BGH 41, 17 = NJW 1964, 1277; BGH DNotZ 1983, 484 = NJW 1983, 1543; OLG Frankfurt KTS 1957, 14; OLG München DNotZ 1966, 371; Ganter DNotZ 1995, 517; BGB-RGRK/Augustin Rdn 12, 31 zu § 878.
[49] Wörbelauer DNotZ 1965, 580, 587, 591; MünchKomm/Wacke Rdn 24 zu § 878 BGB mit weit Nachw; BGH DNotZ 1995, 532.

E. Bezeichnung des Grundstücks und der Geldbeträge (§ 28 GBO)

a) Bezeichnung des Grundstücks

Der Gegenstand eines dinglichen Rechts muß eindeutig feststehen (Bestimmtheitsgrundsatz, Rdn 18). Das **Grundstück**, auf dessen Blatt eine Eintragung erfolgen soll, muß daher für das Grundbuchverfahren **bestimmt bezeichnet** werden. Die Ordnungsvorschrift[1] des § 28 S 1 GBO soll die Eintragung bei dem richtigen Grundstück sichern.[2] Zu bezeichnen ist das Grundstück übereinstimmend mit dem Grundbuch oder durch Hinweis auf das Grundbuchblatt (§ 28 S 1 GBO) in erster Linie in der Eintragungsbewilligung oder, wenn eine solche nicht erforderlich ist, in dem Eintragungsantrag. Verstanden werden darunter Eintragungsbewilligungen jeder Art, auch Berichtigungsbewilligungen,[3] Bewilligungen der nur mittelbar Betroffenen, Zustimmungserklärungen des Grundstückseigentümers zur Löschung von Grundpfandrechten nach § 27 GBO. Das gleiche gilt für alle Urkunden, die eine Eintragungsbewilligung, ersetzen; Beispiele: Abtretungsurkunde, beglaubigte Quittung, Urteile[4] nach §§ 894, 895 ZPO, einstweilige Verfügung.[5]

130

Wird Bezeichnung übereinstimmend mit dem Grundbuch gewählt, so genügt in der Regel Angabe der Gemarkung, des Kartenblatts (der Flur) und der Flurstücksnummer.[6] Erfolgt Hinweis auf das Grundbuchblatt, so ist das das Grundbuch führende Amtsgericht, der Grundbuchbezirk, die Nummer (des Bandes und) des Blattes anzugeben.[7] Ungetrennte Hofräume (im Beitrittsgebiet) als Grundstücke s Rdn 576 a. Die eine oder andere der beiden Bezeichnungen genügt, beide zusammen können nicht verlangt werden.[8] Unzureichend ist die Angabe nur der Straße mit Hausnummer;[9] bei unzulänglicher Bezeichnung hat das Grundbuchamt auch nicht aus dem Eigentümerverzeichnis zu ermitteln, welches Grundstück gemeint sein kann.[10]

Ein **Verstoß** gegen § 28 S 1 GBO führt dazu, daß dem Antrag auf Grundbucheintragung nicht stattgegeben werden kann, hat aber keine Bedeutung für die rechtsgeschäftlichen Erklärungen (Einigung; obligatorischer Vertrag). Wird ausdrücklich der gesamte Grundbesitz des A aufgelassen (ohne weitere

131

---

[1] BGH NJW 1986, 1867 = Rpfleger 1986, 210; BGH DNotZ 1988, 109 = NJW 1988, 415 = Rpfleger 1987, 452.
[2] BGH 90, 323 = NJW 1984, 1959 = Rpfleger 1984, 310; BGH DNotZ 1988, 109 = aaO (Fußn 1); BayObLG NJW-RR 1990, 722; OLG Hamm DNotZ 1971, 48; OLG Köln DNotZ 1992, 371 = NJW-RR 1992, 1043 = Rpfleger 1992, 153; OLG Zweibrücken DNotZ 1988, 590 = Rpfleger 1988, 183 (unrichtige Größenangabe unschädlich).
[3] BGH NJW 1986, 1867 = aaO (Fußn 1); KGJ 34 A 304 (305).
[4] BGH NJW 1986, 1867 = aaO (Fußn 1).
[5] BayObLG JurBüro 1981, 427 = Rpfleger 1981, 190 mit Anm Meyer-Stolte; OLG Düsseldorf Rpfleger 1978, 216.
[6] BayObLG 1990, 722 (723). Ein Grundstück, zu dem ein Anliegerweg (Rdn 563) gehört, ist auch ohne Hinweis auf diesen „übereinstimmend mit dem Grundbuch" bezeichnet, BayObLG DNotZ 1993, 389 = Rpfleger 1993, 104.
[7] LG Neubrandenburg Rpfleger 1994, 161 (162).
[8] OLG Bremen Rpfleger 1975, 364.
[9] KG JFG 11, 325 (328).
[10] KG OLG 30, 409.

Bezeichnung und ohne Hinweis auf das Grundbuchblatt), so ist die Auflassung wirksam; sie kann aber nicht vollzogen werden, da sie in einem solchen Fall keine den Erfordernissen des § 28 S 1 GBO entsprechende Bewilligung enthält;[11] diese Bewilligung kann durch den entsprechend bevollmächtigten Notar in sog notarieller Eigenurkunde (s Rdn 164) abgegeben[12] werden.

132 Sind auf dem Grundbuchblatt **mehrere** rechtlich selbständige **Grundstücke** verzeichnet, so sind mangels besonderer Angabe alle Grundstücke als betroffen anzusehen, jedenfalls dann, wenn dies aus der Eintragungsgrundlage (Bewilligung, Urteil, einstweilige Verfügung) klar hervorgeht; dabei ist die Eintragungsgrundlage selbst auszulegen (vgl Rdn 172); die Auslegung muß aber wegen des Bestimmtheitsgrundsatzes (Rdn 18) zu einem eindeutigen Ergebnis führen.[13] Nicht eindeutig sind bei Hinweis auf das Grundbuchblatt Formulierungen wie „das Grundstück" (Einzahl),[14] oder „das Anwesen X-heim HsNr 50",[15] wenn auf dem angegebenen Grundbuchblatt mehrere selbständige Grundstücke vorgetragen sind. Wird dagegen der „gesamte weitere (an einer ordnungsgemäß bezeichneten [Band- und] Blattstelle vorgetragene) Grundbesitz" aufgelassen, so ist dies auch dann eindeutig nach § 28 S 1 GBO, wenn die – überflüssigerweise – hinzugefügte Flächenangabe falsch ist.[16]

Sollen nur **einzelne** von mehreren auf dem gleichen Grundbuchblatt gebuchten Grundstücken von der Eintragung betroffen sein, so ist Bezeichnung in Übereinstimmung mit dem Grundbuch geboten. Bezeichnung durch Hinweis auf das Grundbuchblatt genügt dann, wenn klargestellt ist, ob alle Grundstücke gemeint sind oder ob nur ein einzelnes gemeint ist,[17] wenn somit auch noch die laufende Nummer des Bestandsverzeichnisses (ist nicht zu empfehlen) oder die Flurstücksnummer angegeben wird.[18] Entspricht die Eintragungsgrundlage diesen Anforderungen, so kann die Eintragung wegen zwischenzeitlicher Veränderungen dieses Grundstücks (Teilungen, Ab- und Zuschreibungen) nicht versagt werden.[19] Zur Bezeichnung eines noch nicht vermessenen Grundstücksteils s Rdn 863, 888, 1118, 1141, 1503.

---

[11] BGH MittBayNot 1984, 181 = Rpfleger 1984, 310; BGH NJW 1986, 1867 sowie BGH DNotZ 1988, 109 = je aaO (Fußn 1); OLG Düsseldorf DNotZ 1952, 35; BayObLG DNotZ 1983, 172 und 434 = Rpfleger 1982, 416; vgl auch BayObLG Rpfleger 1982, 141 (zu den materiellen Bestimmtheitsanforderungen der Auflassung); BayObLG DNotZ 1988, 117 = Rpfleger 1988, 60.
[12] BayObLG DNotZ 1983, 434 mit Anm Reithmann = Rpfleger 1982, 416; BayObLG DNotZ 1988, 117 = aaO (Fußn 11).
[13] BayObLG MDR 1981, 62 = MittBayNot 1980, 207 = Rpfleger 1980, 433; BayObLG MittBayNot 1981, 22 = Rpfleger 1981, 147; BayObLG aaO (Fußn 5); BayObLG Rpfleger 1982, 141; OLG Hamm NJW 1966, 2411; LG Neubrandenburg aaO (Fußn 7).
[14] BayObLG JurBüro 1981, 427 = Rpfleger 1981, 190 mit Anm Meyer-Stolte; LG Kiel SchlHA 1989, 157.
[15] BayObLG MDR 1981, 62 = aaO (Fußn 13); BayObLG Rpfleger 1982, 141.
[16] BayObLG MittBayNot 1981, 22 = aaO (Fußn 13); OLG Köln DNotZ 1992, 371 = aaO (Fußn 2); OLG Zweibrücken aaO (Fußn 2).
[17] BayObLG Rpfleger 1980, 433 = aaO (Fußn 13); LG Neubrandenburg Rpfleger 1994, 161 (162).
[18] LG Neubrandenburg Rpfleger 1994, 161 (162); K/E/H/E Rdn 13 zu § 28.
[19] LG Köln MittRhNotK 1979, 75.

E. Bezeichnung des Grundstücks und der Geldbeträge

§ 28 S 1 GBO darf jedoch **nicht förmlend angewendet** werden;[20] eine Bewilligung (und jede andere für die Eintragung erforderliche Erklärung) kann auch im Hinblick auf § 28 S 1 GBO ausgelegt werden.[21] Genügen kann (nach Umschreibung des Grundbuchblatts) daher auch die Bezeichnung des früheren (bisherigen) Grundbuchblatts. Die Vorschrift will die Eintragung bei dem richtigen Grundstück sicherstellen. Das beachtet die Rechtsprechung zu wenig, die auch bei Gesamtrechten jeweils genaue Aufführung aller mithaftenden betroffenen Grundstücke verlangt und zB bei Löschung von Gesamthypotheken (-grundschulden) die Bezeichnung eines Grundstücks nach § 28 S 1 GBO und Angabe der Mithaft nicht genügen läßt[22] (s Rdn 2752). Die Argumentation geht dabei weniger vom Zweck des § 28 S 1 GBO aus, die Bestimmtheit des Inhalts der Erklärung und den Vollzug beim richtigen Grundstück zu sichern, als vielmehr vom Bestreben, Haftungsgefahren für das Grundbuchamt zu vermeiden. 133

Mangelhafte Grundstücksbezeichnung nach § 28 S 1 GBO kann nicht im reinen Eintragungsantrag (§ 13 Abs 1 GBO), sondern nur in einer Bewilligung (§ 19 GBO) oder in den sie ersetzenden Urkunden korrigiert werden.[23] Bei Verstoß gegen § 28 S 1 GBO ist regelmäßig Zwischenverfügung geboten; Zurückweisung (s aber Rdn 2179) hat zu erfolgen, wenn die Eintragung im Wege der Zwangsvollstreckung erfolgen soll.[24] 134

b) Angabe der Geldbeträge

§ 28 S 2 GBO verlangt, daß alle in das Grundbuch einzutragenden **Geldbeträge** (Hypotheken, Grund- und Rentenschulden, Reallasten, Ablösungsbeträge) in der jeweils geltenden (inländischen) Währung, also in Euro zu 100 Cent, anzugeben sind.[25] Angabe der Geldbeträge in einer anderen Währung wurde auf Grund des § 28 S 2 GBO zugelassen durch Verordnung über Grundpfandrechte in ausländischer Währung und in Euro vom 30. Okt. 1997 (BGBl I 2683). Angegeben werden können die Geldbeträge danach auch in der Währung 135

– eines der Mitgliedstaaten der Europ Union (der nicht zur EURO-Zone gehört),
– der Schweizerischen Eidgenossenschaft,
– der Vereinigten Staaten von Amerika

(§ 1 der VO). Von dem **1. Jan. 2002** an können Grundpfandrechte (entsprechendes gilt für Reallasten) nicht mehr in der (früheren) Währung von

---

[20] BGH 90, 323 (327) = aaO (Fußn 2); OLG Hamm DNotZ 1971, 48; BayObLG MittBayNot 1981, 247 = Rpfleger 1982, 62 und NJW-RR 1990, 722; OLG Zweibrücken aaO (Fußn 2).
[21] BGH 90, 323 (327) = aaO (Fußn 2).
[22] BayObLG 1961, 103 (106) = DNotZ 1961, 591 = Rpfleger 1962, 20 mit Anm Haegele; BayObLG 1995, 279 = DNotZ 1997, 319 mit i.E. zust Anm Wulf; OLG Köln DNotZ 1976, 746 mit abl Anm Teubner = Rpfleger 1976, 402; OLG Neustadt Rpfleger 1962, 345 mit Anm Haegele; LG Kassel Rpfleger 1987, 241 (hier Mithaft in Löschungsbewilligung jedoch nicht genannt); aA Hieber DNotZ 1961, 576; Bauer/vOefele/Kössinger Rdn 38, 39; Meikel/Lichtenberger Rdn 49, je zu § 28.
[23] KG OLG 40, 42. Zur Ergänzung durch notarielle Eigenurkunde s Rdn 131.
[24] OLG Hamm DNotZ 1971, 48.
[25] Dies gilt auch für die berichtigende Wiedereintragung zu Unrecht gelöschter RM-, jetzt auch DM-Rechte, vgl Demharter Rdn 18 zu § 28.

Mitgliedstaaten der Europ Union, in denen der Euro an die Stelle der nationalen Währungseinheiten getreten ist, neu begründet oder in der Weise geändert werden, daß der aus ihnen zu zahlende Geldbetrag in einer solchen Währung angegeben wird (§ 2 S 1 der VO); zu diesem Zeitpunkt bereits im Grundbuch eingetragene Rechte bleiben unberührt (§ 2 S 2 VO). Umstellung der bis 31. 12. 2001 eingetragenen DM-Rechte auf den Euro s Rdn 4302 ff. Eintragungen in anderer ausländischer Währung sind ebenso wie Eintragungen in anderen Wertmessern (Roggen, Feingold, jeweiliger sonstiger Wert ausländischer Währung) heute materiell nicht möglich.[26]

F. Voreintragung des Betroffenen (§§ 39, 40 GBO)

Literatur: Stöber, Grundbucheintragung der Erben nach Pfändung des Erbanteils, Rpfleger 1976, 197; Vollhardt, Verzicht auf Voreintragung des Erben, MittBayNot 1986, 114; Wolfsteiner, Zur Voreintragung des Erben bei der Veräußerung eines Nachlaßgrundstücks, NotBZ 2001, 134.

a) Voreintragungsgrundsatz

136 Eintragung des bisherigen Berechtigten ist nach materiellem Recht kein Erfordernis einer Rechtsänderung (Rdn 9). Im Grundbuchverfahren ist jedoch die Gesetzesmäßigkeit einer einzutragenden Rechtsänderung oder Grundbuchberichtigung zu prüfen (Rdn 20). Einem eingetragenen Berechtigten muß zudem gewährleistet sein, daß nicht entgegen der mit seiner Eintragung verbundenen Vermutung des § 891 BGB (Rdn 337) ein anderer unbefugt über das Recht verfügt.[1] Dem dient die Ordnungsvorschrift des § 39 Abs 1 GBO, die eine Eintragung davon abhängig macht, daß **derjenige, dessen Recht** durch sie **betroffen wird,** als der Berechtigte **eingetragen** ist (**Voreintragungsgrundsatz**). Das hat zur Folge, daß der Rechtszustand des Grundbuchs nicht bloß richtig, sondern auch in allen Entwicklungsstufen klar und verständlich wiedergegeben ist; Zweck[2] der Ordnungsvorschrift des § 39 GBO ist dies nicht.[3] § 39 Abs 1 GBO gibt ein formelles Eintragungserfordernis für alle Eintragungen, durch die ein Recht betroffen (rechtlich verändert) wird. Gleich ist, ob die Eintragung der Rechtsänderung (Übertragung, Belastung oder Löschung eines Rechts) dienen oder als Grundbuchberichtigung erfolgen soll und ob sie auf Bewilligung, im Wege der Zwangsvollstreckung (zB Eintragung einer Zwangshypothek) oder auf Ersuchen einer Behörde zu geschehen hat. Ausnahmen: Rdn 141–143. Eintragungen rein tatsächlicher Art (zB Berichtigungen, die im Kataster durch die Vermessungsbehörde vorgenom-

---

[26] Zu den teilweise weiter geltenden Ausnahmeregelungen zur Ordnungsvorschrift des § 28 S 2 GBO s Demharter Rdn 30–33 zu § 28.
[1] Denkschrift zur GBO, Hahn/Mugdan, 1897, Seite 161; RG 53, 303.
[2] Ähnlich Weber DNotZ 1955, 457. Zum Gesetzeszweck auch Riedel DNotZ 1954, 602.
[3] Insofern nicht eindeutig RG 133, 279 (283); BGH 16, 101 = DNotZ 1955, 141 = NJW 1955, 342 = Rpfleger 1955, 123 mit Anm Bruhn; BayObLG 2003, 284 = DNotZ 2003, 49 = Rpfleger 2003, 25; KG NJW-RR 1993, 151 = OLGZ 1992, 404 (406) = Rpfleger 1992, 430; auch Bauer Rdn 3 zu § 39. Der Zweck des § 39 GBO ist damit weder zwiespältig noch fragwürdig, wie dies von K/E/H/E Rdn 2 zu § 39 angenommen wird.

men wurden) fallen nicht unter § 39 Abs 1 GBO. Als Ordnungsvorschrift ist § 39 Abs 1 GBO vom Grundbuchamt zu beachten; ein Verstoß hat jedoch keine materiellrechtliche Folge.

b) Voreintragung des Betroffenen

Betroffener ist, wer durch die Eintragung rechtlich beeinträchtigt wird. Der Begriff „Betroffensein" ist somit wie im Falle des § 19 GBO auszulegen (siehe Rdn 100). Mithin fordert § 39 Abs 1 GBO Eintragung sowohl des unmittelbar als auch eines mittelbar Betroffenen. Von der Verfügung eines Nichtberechtigten wird der wahre Berechtigte betroffen, auch dann, wenn er eingewilligt oder genehmigt hat. Eingetragen ist der berechtigte Betroffene als solcher nur, wenn auch sein Recht eingetragen ist.[4] Betroffen von der Eintragung kann jedes dingliche Recht sein (Eigentum, jedes beschränkte dingliche Recht) oder ein Recht an einem solchen (zB ein Pfandrecht), aber auch eine Vormerkung, ein Widerspruch oder eine Verfügungsbeschränkung. Das Recht des Betroffenen muß richtig, dh so eingetragen sein, wie es der wirklichen Rechtslage entspricht. Die Eintragung muß alle wesentlichen Bestandteile enthalten. Eine Eintragung, die unvollständig oder zweifelhaft ist, entspricht nicht dem § 39 Abs 1 GBO.[5] Mehrere Berechtigte müssen mit ihren Anteilen in Bruchteilen oder ihrem Gemeinschaftsverhältnis eingetragen sein.[6] 137

Eine **unrichtig gewordene Bezeichnung** des Berechtigten (Änderung des Familiennamens mit Eheschließung usw, Firmenänderung) braucht nicht richtiggestellt zu werden. Nur unrichtig ist die Bezeichnung des eingetragenen Betroffenen auch, wenn eine eingetragene offene Handelsgesellschaft Kommanditgesellschaft geworden[7] oder in Liquidation gegangen[8] oder in eine Gesellschaft des bürgerlichen Rechts umgewandelt worden ist.[9] 138

Voreingetragen sein muß der Betroffene im **Zeitpunkt** der neuen Eintragung (daß er früher eingetragen war, genügt nicht), nicht aber bereits zur Zeit der Einigung[10] oder Eintragungsbewilligung. Es genügt, wenn die Eintragung des Betroffenen zugleich mit der neuen Eintragung erfolgt. Daß Voreintragung des Betroffenen möglich wäre, weil alle Eintragungsunterlagen vorliegen, genügt nicht. 139

Die Voreintragung des Betroffenen erfolgt nur auf **Antrag**; Antragsrecht des Vollstreckungsgläubigers § 14 GBO.[11] Auslegung eines Antrags auf Grund- 140

---

[4] BGH 16, 101 = aaO (Fußn 3).
[5] BayObLG 1952, 306 (312) = DNotZ 1953, 131 (133) = NJW 1953, 826 (827) = Rpfleger 1953, 129 (132).
[6] OLG Hamm DNotZ 1965, 408; BayObLG MittBayNot 1995, 296; BayObLG 2003, 284 = aaO (Fußn 3; Bruchteilseigentum zu je $1/2$ für unrichtig eingetragene Gütergemeinschaft muß auch voreingetragen sein, wenn Übertragung des Anteils eines Ehegatten auf den anderen eingetragen werden soll). Voreintragung eines Miterben ist auch dann zu verlangen, wenn dieser zu Unrecht als Miteigentümer gelöscht worden ist und das Grundstück unter seiner Mitwirkung von allen Miteigentümern veräußert wird, LG Aachen MittRhNotK 1966, 592.
[7] KG JFG 1, 368.
[8] KG JFG 4, 276 (285); OLG Frankfurt OLGZ 1980, 95 = Rpfleger 1980, 62.
[9] BayObLG 1948/51, 430 = NJW 1952, 28; LG Mannheim BWNotZ 1986, 131.
[10] RG 84, 100 (105).
[11] Voreintragung der Erben nach Pfändung des Erbanteils s Stöber Rpfleger 1976, 197.

bucheintragung kann ergeben, daß zugleich auch die für den Vollzug erforderliche Voreintragung des Betroffenen beantragt ist.[12] Das Grundbuchamt kann mit Zwischenverfügung Voreintragung fordern, nicht aber den Betroffenen von Amts wegen eintragen. Bewilligt der Auflassungsempfänger, ohne als Eigentümer eingetragen zu sein, die Eintragung einer Grundschuld, so ist das Grundbuchamt nicht zu der Auflage an den Bewilligenden befugt, seine Eintragung als Eigentümer herbeizuführen.[13]

c) **Ausnahmen**

141 Ausnahmen vom Erfordernis der Voreintragung bestehen
   – bei einer **Brief**hypothek, Briefgrundschuld oder Briefrentenschuld nach § 39 Abs 2 GBO. Der Eintragung des betroffenen Gläubigers steht es gleich, wenn dieser sich im Besitz des Briefes befindet und sein Gläubigerrecht nach § 1155 BGB nachweist;
   – wenn der Betroffene **Erbe des eingetragenen Berechtigten** ist nach Maßgabe des § 40 GBO (Rdn 142);
   – zur Eintragung einer **Vormerkung** oder eines **Widerspruchs** nach § 18 Abs 2 GBO;
   – zur Eintragung eines **Widerspruchs** bei der bereits abgetretenen Darlehensbuchhypothek ohne Brief nach § 1139 BGB (Rdn 2642);
   – zur Eintragung des **Zwangsversteigerungs-** oder **Zwangsverwaltungsvermerks** (Rdn 1621) (anders für Eintragung des Insolvenzvermerks [Rdn 1634]);
   – zur Eintragung des Eigentümers nach Erlaß eines Ausschlußurteils (§ 927 Abs 2 BGB) oder des Aneignungsberechtigten (§ 928 Abs 2 BGB);
   – zur Eintragung einer Verfügung über eine für den eingetragenen Grundstückseigentümer aus einem Fremdrecht hervorgegangene Eigentümergrundschuld (dazu Rdn 2426, 2447, 2535);
   – zur Eintragung einer **Löschungsvormerkung** nach § 1179 BGB oder auf Ersuchen des Vollstreckungsgerichts (§ 130a ZVG);
   – bei Eintragungen und Verfügungen nach § 34 VermG oder nach § 2 oder § 8 VZOG (§ 11 Abs 1 GBBerG);
   – im Beitrittsgebiet zur Eintragung der grundbuchmäßigen Erklärung einer Bewilligungsstelle nach Maßgabe von § 105 Abs 1 Nr 6 GBV;
   – zur Eintragung auf Grund der Erklärung einer ausländischen staatlichen oder öffentlichen Stelle, wenn zum Nachweis der Rechtsinhaberschaft eine Bestätigung des Auswärtigen Amtes vorliegt (§ 104a GBV).

d) **Der Erbe als Betroffener**

142 Voreintragung des **Erben** des eingetragenen Berechtigten als Betroffener ist nicht erforderlich, wenn die Übertragung oder die Aufhebung des Rechts eingetragen werden soll, oder wenn auf Grund Bewilligung des Erblassers oder eines Nachlaßpflegers oder auf Grund eines gegen den Erblasser oder den Nachlaßpfleger vollstreckbaren Titels einzutragen ist (§ 40 Abs 1 GBO). Gleiches gilt für eine Eintragung, die vom Testamentsvollstrecker bewilligt ist oder auf Grund eines gegen diesen vollstreckbaren Titels zu erfolgen hat, so-

---

[12] BayObLG DNotZ 1979, 428 = Rpfleger 1979, 106.
[13] BayObLG 1970, 254 = DNotZ 1971, 45 = Rpfleger 1970, 431.

F. Voreintragung des Betroffenen

fern Bewilligung oder Titel gegen den Erben wirksam sind (§ 40 Abs 2 GBO). Es soll einmal für Fälle, in denen der Erbe das eingetragene Recht nicht behalten, sondern veräußern oder aufgeben will, die Berechtigung des Erben nicht grundbuchersichtlich werden. Damit soll das Grundbuchverfahren erleichtert und vermieden werden, daß dem Erben, wenn seine Eintragung durch Interessen Dritter nicht geboten ist, unnötige Kosten entstehen. Im übrigen ist eine Vereinfachung für die Eintragungen bestimmt, in denen der Erbe (selbst wenn er aus irgendwelchen Gründen noch nicht bekannt ist) Erklärungen des Erblassers, Nachlaßpflegers (dem steht der Nachlaßverwalter gleich) oder Testamentsvollstreckers sowie gegen diese gerichtete vollstreckbare Titel gegen sich gelten lassen muß.[14] Das schließt nicht aus, daß der Erbe gleichwohl seine vorherige Eintragung beantragt. Wird die Erbfolge nicht durch Erbschein, sondern durch beglaubigte Abschrift eines öffentlichen Testaments oder Erbvertrags und Eröffnungsniederschrift nachgewiesen (§ 35 Abs 1 Satz 2 GBO), sollte Voreintragung erfolgen, um demjenigen, der vom Erben erwirbt, den Schutz des § 892 BGB zu schaffen.[15] Voreintragung als Erbe erübrigt sich unter den Voraussetzungen des § 40 GBO für den Alleinerben, für mehrere Erben in Erbengemeinschaft,[16] für den Erbeserben,[17] Vorerben[18] und Nacherben (nach Eintritt der Nacherbfolge), nicht aber für einen Vermächtnisnehmer, Erbschaftskäufer[19] und den Pflichtteilsberechtigten und auch nicht für einen Miterben als Erwerber eines Nachlaßgrundstücks durch Auflassung bei Auseinandersetzung, ferner nicht für einen einzelnen Miterben,[20] weshalb eine Verfügung nur über einen Anteil am Nachlaß (§ 2033 Abs 1 BGB) Eintragung der Erbengemeinschaft erfordert,[21] schließlich auch nicht bei Wechsel im Bestand der Gesellschafter einer BGB-Gesellschaft[22] (ist kein erbgangsähnlicher Rechtsvorgang). Veräußerung eines Nachlaßgrundstücks durch Miterben zusammen mit einem Erbteilserwerber erübrigt mit Voreintragung der Erben in Erbengemeinschaft auch Voreintragung des Erbteilserwerbers. Nur wenn der Erblasser eingetragener Berechtigter ist, kann die Voreintragung des Erben unterbleiben. Dem steht bei einem Briefrecht der Fall des § 39 Abs 2 GBO gleich: Eintragung des Erben ist sonach nicht erforderlich, wenn er sich im Besitz des Briefes befindet und das Gläubigerrecht des Erblassers nach § 1155 BGB nachweist.[23] Eintragung des Erblassers als Grundstückseigentümer genügt für Übertragung oder Aufhebung des aus einem Fremdrecht hervorgegangenen Eigentümergrundpfandrechts. Nicht von Bedeutung ist, ob das Recht vor oder nach dem Erbfall Eigentümerrecht geworden ist, ob also der eingetragene Erblasser oder sogleich der Erbe das

---

[14] Denkschrift zur GBO, Hahn/Mugdan, 1897, Seite 162.
[15] Vollhardt MittBayNot 1986, 114; Wolfsteiner NotBZ 2001, 134, der Voreintragung auch für geboten erachtet, wenn ein Erbschein vorliegt, weil der Schutz des § 2366 BGB dem des § 892 BGB nicht gleichwertig ist.
[16] KG JFG 22, 161 (162).
[17] RG 53, 298; KGJ 28 A 285; KGJ 49 A 174 = OLG 36, 181.
[18] RG 65, 214 (218).
[19] KG OLG 4, 189.
[20] KG JFG 22, 161.
[21] OLG Hamm DNotZ 1966, 744.
[22] KG NJW-RR 1993, 151 = OLGZ 1993, 404 = Rpfleger 1992, 430.
[23] RG 88, 345 (349); KG KGJ 36 A 242.

1. Teil. V. Eintragungsvoraussetzungen

Eigentümerrecht erworben hat.[24] Nur bei Eintragung der Übertragung oder Aufhebung des Rechts, nicht aber bei sonstigen Eintragungen, kann die Voreintragung des Erben unterbleiben. Unerheblich ist, ob die Eintragung rechtsändernd oder berichtigend erfolgt und auf welcher Grundlage (Bewilligung, Urteil, Unrichtigkeitsnachweis) sie zu geschehen hat. Veräußern die Erben ein Grundstück, ist zur Eintragung der Auflassungsvormerkung für den Erwerber die Voreintragung der Erben nicht erforderlich,[25] wohl aber zur Eintragung eines für Rechnung des Erwerbers von den Erben zur Eintragung bewilligten Finanzierungsgrundpfandrechts.[26]

e) Erbgangsähnliche Fälle

143 Voreintragung ist auch in erbgangsähnlichen Fällen der Gesamtrechtsnachfolge unter den sonstigen Voraussetzungen des § 40 GBO nicht erforderlich, so bei
- Anfall eines Vereins- oder Stiftungsvermögens[27] an den Fiskus (§ 45 Abs 3, §§ 46, 88 BGB);[28]
- Rechtsnachfolge durch Gebietsreform (Eingemeindung;[29] Teilung einer Gemeinde);
- Rechtsübergang mit Eintritt ehelicher oder fortgesetzter Gütergemeinschaft (wenn das betroffene Recht auf den Namen eines Ehegatten eingetragen ist);
- Rechtsnachfolge durch Umwandlung eines Rechtsträgers (einer Kapitalgesellschaft, einer Genossenschaft, eines Versicherungsvereins aG) durch Verschmelzung, Spaltung, Vermögensübertragung oder Formwechsel (hier Fortbestand des Rechtsträgers in der neuen Rechtsform) nach dem Umwandlungsgesetz;
- gesetzlichem Eigentumsübergang auf Grund TreuhandG;[30]
- Rechtsnachfolge in das frühere Postvermögen auf die drei Postunternehmen (Art 3 §§ 12 ff PostneuordnungsG BGBl I 1994, 2325; dazu Merkblatt des BMJ vom 12. 12. 1994, MittBayNot 1995, 501).

G. Weitere Eintragungsvoraussetzungen

144 Antrag, Bewilligung (im Falle des § 20 GBO Nachweis der Einigung) und Voreintragung des Betroffenen allein genügen vielfach zur Eintragung in das

---

[24] Demharter Rdn 15 zu § 40; K/E/H/E Rdn 16 zu § 40.
[25] KG JFG 7, 328.
[26] Zwar hat die Rechtsprechung § 40 GBO auch angewendet, wenn mit der Übertragung eine Belastung oder Inhaltsänderung verbunden war (zB Verpfändung eines Grundstücksrechts und sofort anschließende Abtretung, KG DRiZ 1931 Nr 511); doch waren es stets Fälle, in denen der Erbe sofort mit der Belastung aus dem Grundbuch verschwindet; so auch KGJ 36, 239; Güthe/Triebel Rdn 12 zu § 40 GBO.
[27] Berichtigung des Grundbuchs nach Erlöschen einer kirchlichen Stiftung (der katholischen Kirche) auf die Diözese als Gesamtnachfolgerin erfordert Vorlage eines Erbscheins (eines dem Erbschein entprechenden Zeugnisses), BayObLG MittBayNot 1994, 321 = NJW-RR 1994, 914 = Rpfleger 1994, 410.
[28] KG JFG 1, 289 (292).
[29] RG 87, 284.
[30] BezG Schwerin VIZ 1992, 287 = ZIP 1992, 214.

G. Weitere Eintragungsvoraussetzungen

Grundbuch nicht; oft müssen noch andere Eintragungsvoraussetzungen erfüllt sein. Die wichtigsten sind:

a) Zur **Löschung eines Grundpfandrechts** ist Zustimmung des Grundstückseigentümers erforderlich (§ 27 GBO). Grund: Sicherung der sachenrechtlichen Zustimmung (§ 1183 BGB) für Aufhebung und Wahrung der Eigentümerinteressen am Erwerb eines Eigentümergrundpfandrechts für berichtigende Löschung.

b) Vorlegung des **Hypotheken-**, Grundschuld- oder Rentenschuld**briefs** für eine (rechtsändernde oder berichtigende) Eintragung bei dem Grundpfandrecht (§§ 41, 42 GBO). Grund: Nachweis des Rechtsinhabers (Rdn 342 a). Ausnahme: Eintragung einer Löschungsvormerkung nach § 1179 BGB (§ 41 Abs 1 S 3 GBO) sowie auf Ersuchen des Vollstreckungsgerichts in den Fällen der §§ 131, 158 Abs 2 ZVG und nach Maßgabe von § 41 Abs 1 S 2 GBO für Eintragung eines Widerspruchs.[1] Ersetzung der Briefvorlage mit Ausschlußurteil nach Maßgabe von § 41 Abs 2 GBO.

c) **Genehmigung des Familien- oder Vormundschaftsgerichts** (Rdn 3743) und Genehmigung **einer Behörde** im Rahmen der Ausführungen Rdn 3800 ff.

d) Vorlage der **Unbedenklichkeitsbescheinigung des Finanzamts** nach § 22 GrEStG.[2] Der Erwerber eines Grundstücks oder eines Erbbaurechts darf erst dann als Eigentümer in das Grundbuch eingetragen werden, wenn eine Bescheinigung des zuständigen Finanzamts vorgelegt wird, daß der Eintragung steuerliche Bedenken nicht entgegenstehen (Unbedenklichkeitsbescheinigung nach § 22 GrEStG). Das Grundbuchamt hat dabei zu prüfen, ob sich die vorgelegte Unbedenklichkeitsbescheinigung auf die beantragte Eintragung bezieht; Ungenauigkeiten bezüglich der Höhe der Steuer oder des Kreises der Steuerpflichtigen sind nicht zu prüfen.[3] Bei Kettengeschäften (Verkauf und Auflassung A–B, Weiterverkauf und Auflassung B–C) kann eine direkte Eigentumsumschreibung von A auf C vollzogen werden, wenn die Unbedenklichkeitsbescheinigung zum Verkauf B–C vorliegt; die Unbedenklichkeitsbescheinigung für den Vertrag A–B kann dagegen nicht verlangt werden für die Umschreibung von A auf C.[4] Eine Unbedenklichkeitsbescheinigung ist grundsätzlich in allen Fällen erforderlich, in denen eine unter das Grunderwerbsteuergesetz fallende Rechtsänderung im Grundbuch vollzogen werden soll, gleichgültig ob es um eine rechtsändernde oder nur berichtigende Eintragung

145

146

147

148

---

[1] Keine Ausnahme aber für Eintragung einer Vormerkung, auch wenn sie auf Grund einstweiliger Verfügung erfolgen soll, OLG Düsseldorf Rpfleger 1995, 104. Keine Ausnahme auch für Briefvorlage im Rahmen des Vollzugs einer Umlegung, OLG Düsseldorf NJW-RR 1997, 1375.
[2] **Literatur:** Böhringer, Die Grundbuchsperre des § 22 GrEStG und ihre Ausnahmen, Rpfleger 2000, 99; Hofmann, Anzeigepflichten des Notars nach dem Grunderwerbsteuergesetz und deren Hintergrund, NotBZ 2001, 164.
[3] OLG Hamm MittRhNotK 1997, 357 = Rpfleger 1997, 524.
[4] BFH BStBl 1963 III 219; LG Lüneburg Rpfleger 1987, 105; zur Frage der Vertragsgestaltung (und zur Amtspflichtverletzung), wenn in diesem Fall der eingetragene Eigentümer (A) für die Grunderwerbsteuer zum Verkauf A/B in Anspruch genommen wird, BGH DNotZ 1992, 813 = NJW-RR 1992, 1178.

1. Teil. V. Eintragungsvoraussetzungen

geht.[5] Namensänderung (Firmenänderung) ist als Richtigstellung tatsächlicher Angaben (Rdn 290) nicht berichtigende Eigentümereintragung, somit kein grunderwerbsteuerbarer Vorgang; Vorlage einer Unbedenklichkeitsbescheinigung kann daher nicht verlangt werden.[6] Der Versuch, den Grunderwerb ausländischer „Briefkastenfirmen" durch Verweigerung der Unbedenklichkeitsbescheinigung zu verhindern, wurde durch die Finanzverwaltung wieder aufgegeben.[7] Zu deren Rechts- und Eintragungsfähigkeit s Rdn 3636 a.

149 Ob ein Rechtsvorgang seiner Art nach unter das GrEStG fällt, hat das Grundbuchamt von Amts wegen zu prüfen; nur wenn es die Frage bejaht, darf es die Eigentümereintragung von der Vorlage der Unbedenklichkeitsbescheinigung abhängig machen.[8] Die Klärung etwaiger (tatsächlicher oder rechtlicher) Zweifel am Bestehen eines steuerpflichtigen Vorgangs ist dem Finanzamt vorbehalten.[9] Von der Vorlage einer Unbedenklichkeitsbescheinigung kann das Grundbuchamt daher nur absehen, wenn ein (gesetzlicher) Tatbestand für Steuerbefreiung eindeutig erfüllt ist.[9] Nach § 1 Abs 2a GrEStG ist eine wesentliche Veränderung im Gesellschafterbestand einer grundstücksbesitzenden Personengesellschaft grunderwerbsteuerpflichtig. Ob die Tatbestandsmerkmale dieser Vorschrift vorliegen, kann und darf das Grundbuchamt regelmäßig nicht prüfen. Da ein Gesellschafterwechsel damit grunderwerbsteuerbar sein kann, ist für den Vollzug der Grundbuchberichtigung generell Unbedenklichkeitsbescheinigung nötig.[10] Unbedenklichkeitsbescheinigung ist auch nötig, wenn ein Gesellschafter bei Ausscheiden der übrigen Gesellschafter das Unternehmen unter Ausschluß der Liquidation als Alleininhaber fortführt.[11]

150 Eine Unbedenklichkeitsbescheinigung ist für einen unter das GrEStG fallenden Rechtsvorgang auch nötig, wenn GrESt-Befreiung besteht (zB in den Fällen des § 3 GrEStG).[12]
Ausnahmen können die obersten Finanzbehörden der Länder im Einvernehmen mit den Landesjustizverwaltungen vorsehen (§ 22 Abs 1 S 2 GrEStG).[13]

---

[5] OLG Frankfurt NJW-RR 1995, 1168 = Rpfleger 1995, 346; Weber NJW 1973, 2015.
[6] OLG Frankfurt NJW-RR 1995, 1168 = aaO.
[7] Nach BFH BB 1995, 2099 und BFH BB 1995, 2413; s Erl BB 1995, 2414 = MittRhNotK 1996, 69 sowie für Nordrhein-Westfalen MittRhNotK 1997, 367; enger Erl Berliner SenFin ZNotP 1997, 64; vgl auch Schuck BB 1998, 616.
[8] OLG Frankfurt aaO; OLG Stuttgart Rpfleger 1976, 135 mit weit Nachw; BayObLG MitBayNot 1983, 67 = MittRhNotK 1983, 13 = Rpfleger 1983, 103; BayObLG BB 1983, 2076; BayObLG MitBayNot 1995, 288 Leits; OLG Hamm MittRhNotK 1997, 357 = aaO (Fußn 2); OLG Zweibrücken NJW-RR 2000, 1686 = Rpfleger 2000, 544; LG Köln MittRhNotK 1994, 253.
[9] OLG Zweibrücken NJW-RR 2000, 1686 = aaO.
[10] BFH BB 1986, 382 = MitBayNot 1986, 278; OLG Celle Rpfleger 1985, 187; OLG Oldenburg NJW-RR 1998, 1632. Überholt damit BayObLG Rpfleger 1983, 103 = aaO (Fußn 8); Weber NJW 1981, 1940.
[11] BayObLG MitBayNot 1995, 288.
[12] Anders für Miteintragung des Ehegatten eines Erben in Gütergemeinschaft, die schon bei Erbfall bestanden hat (Befreiung nach § 3 Nr 4 GrEStG) LG Köln MittRhNotK 1994, 253.
[13] Hierzu für **Bayern** § 61 GBGA idF v 11. 4. 1988 (JMBl 1988, 50) und Schreiben des FinMin v 29. 4. 1999, MitBayNot 1999, 322 (Höchstbetrag der Gegenleistung insge-

G. Weitere Eintragungsvoraussetzungen

Zugelassen sind Ausnahmen insbesondere für die bloß berichtigenden Umschreibung des Eigentums auf den Alleinerben oder auf Miterben, und entsprechend für die Eintragung des Erben eines solchen Erben vor dessen Eintragung im Grundbuch. Bei Grundstückserwerb von Todes wegen (Eigentumswechsel durch Erbfolge, § 3 Nr 2 GrEStG) erteilen Finanzbehörden daher keine Unbedenklichkeitsbescheinigung zur Grundbuchberichtigung auf den Alleinerben, die Miterben oder auf Erbeserben (es sei denn, daß sie vom Grundbuchamt gefordert wird).[14] Durch landesrechtliche Vorschriften wird auf die Unbedenklichkeitsbescheinigung verzichtet auch bei Erwerb von geringwertigen Grundstücken unterhalb der Wertgrenze des § 3 Nr 1 GrEStG, bei Begründung der ehelichen Gütergemeinschaft, bei Erwerb durch Verwandte in gerader Linie oder zB bei Eigentumswechsel zwischen Gebietskörperschaften infolge Wechsels der Straßenbaulast. Bestehen jedoch Zweifel, ob ein Befreiungstatbestand eingreift, hat das Grundbuchamt Unbedenklichkeitsbescheinigung zu verlangen, da es nicht selbst über die Auslegung und Anwendung der Befreiungsvorschriften zu entscheiden hat.[15]

Für die Grundbucheintragung ist das Erfordernis der Unbedenklichkeitsbescheinigung Ordnungsvorschrift. Vorzulegen ist die Unbedenklichkeitsbescheinigung im Original; eine beglaubigte Abschrift genügt nicht, da hier auch der Besitz der Urkunde entscheidend ist.[16] Die sachlich-rechtliche Wirksamkeit der Auflassung berührt die Unbedenklichkeitsbescheinigung nicht. Eintragung der Auflassung trotz fehlender Bescheinigung oder Widerruf der Bescheinigung nach Eintragung der Rechtsänderung führen daher nicht zur Unrichtigkeit des Grundbuchs. Der Widerruf der Unbedenklichkeitsbescheinigung durch das Finanzamt vor Grundbucheintragung steht dem Auflassungsvollzug entgegen; das Grundbuchamt hat den Widerruf bis zur Vollendung der Eintragung als Eintragungshindernis zu berücksichtigen.[17]

151

---

samt 5000 „DM" auch, wenn auf der Veräußerer- oder Erwerberseite mehrere Personen beteiligt sind, LG Ansbach MittBayNot 1992, 278; die materiell-rechtlichen Fragen dieser Freigrenze bei Veräußerung/Erwerb durch bzw von mehreren hat das Grundbuchamt nicht zu entscheiden; hierzu FinMinErl MittBayNot 2002, 322 und RNotZ 2002, 349 sowie MittBayNot 2003, 244; zu vertraglichen Gestaltungsmöglichkeiten vgl Everts MittBayNot 2003, 204); für **Baden-Württemberg** AV d. JuM v 10. 4. 1984, Justiz 1984, 180 und Erlaß des FinM v 22. 11. 1996, BB 1996, 2558 für **Hessen** Erlaß des FinMin vom 7. 8. 1997, NJW 1998, 43; für **Nordrhein-Westfalen** Erlaß des FinMin vom 16. 6. 1999, JMBl S 181 = MittRhNotK 1999, 252 = NJW 2000, 125; für **Rheinland-Pfalz** Schreiben des FinMin vom 20. 8. 1999, MittBayNot 1999, 506; für **Sachsen** Nr 52 Verwaltungsvorschrift über die Behandlung von Grundbuchsachen (JMBl 1999, 85); für **Schleswig-Holstein** Schreiben des FinMin vom 28. 1. 2000, NJW 2000, 2803: für **Thüringen** § 65 ThürGBGA (JMBl für Thüringen 1996, 53).
[14] EinfErlaß zum GrEStG vom 21. 12. 1982, BStBl I 968, zu § 22.
[15] BayObLG BB 1983, 2076; BayObLG MittBayNot 1984, 37 = MittRhNotK 1984, 86; auch OLG Zweibrücken aaO (Fußn 8).
[16] Dies zeigt § 133 AO (Pflicht zur Rückgabe der Urkunde bei Widerruf oder Aufhebung, zB bei Anzeige einer Aufhebung nach § 16 GrEStG); aA (unrichtig) LG Berlin NotBZ 2002, 383.
[17] BayObLG 1975, 90 = DNotZ 1976, 100 = Rpfleger 1975, 227.

H. Form der Nachweise für Eintragungsvoraussetzungen (§ 29 GBO)

Literatur: Eickmann, Die Gewinnung der Entscheidungsgrundlagen im Grundbuchverfahren, Rpfleger 1979, 169; Haegele, Urkundenvorlage beim Grundbuchamt, Rpfleger 1967, 33; Promberger, Notarielle „Bescheinigungen" über Registereintragungen, Rpfleger 1977, 355 und 1982, 460; Wolfsteiner, Bewilligungsprinzip, Beweislast und Beweisführung im Grundbuchverfahren, DNotZ 1987, 67; Wulf, Zur Auslegung von Grundbucherklärungen, MittRhNotK 1996, 41.

1. § 29 GBO als Beweismittelbeschränkung

152 Im Grundbuchverfahren obliegt es allein dem Antragsteller (Antragsgrundsatz; s Rdn 16), alle für die begehrte Eintragung erforderlichen Unterlagen beizubringen. Das Grundbuchamt prüft zwar auf Grund materiellen und Verfahrens-Rechts, welche Beweise für die begehrte Eintragung nötig sind, ist selbst aber weder berechtigt noch verpflichtet, eigene Ermittlungen anzustellen oder Beweise zu erheben.[1] Darüber hinaus enthält § 29 GBO für das Grundbuchverfahren eine Beschränkung der zulässigen Beweismittel.[2] Die Eintragungsunterlagen können nur durch Urkundenbeweis nachgewiesen werden; alle sonstigen gemäß § 12 FGG in der Freiwilligen Gerichtsbarkeit zugelassenen Beweismittel der ZPO sind im Grundbuchverfahren ausgeschlossen, soweit nicht durch Gesetz oder Rechtsprechung hiervon Ausnahmen zugelassen sind.[3] Zweck des § 29 GBO ist es, dafür zu sorgen, daß Eintragungen in das Grundbuch wegen ihrer rechtlichen und wirtschaftlichen Bedeutung (Rechtsänderung) und wegen der mit dem öffentlichen Glauben verbundenen Gefahren[4] (§§ 892, 893 BGB) nur dann vorgenommen werden, wenn ihre Voraussetzungen dem Grundbuchamt in der strengen und sicheren Form des Urkundenbeweises dargetan sind.

153 § 29 GBO enthält aber keine materiell-rechtliche Formvorschrift, sondern ist Ordnungsvorschrift.[5] Seine Verletzung macht die Grundbucheintragung nicht unwirksam, wenn die materiell-rechtlichen Voraussetzungen für die Eintragung vorliegen. Das Grundbuchamt hat jedoch stets die Beachtung des § 29 GBO durchzusetzen (Zwischenverfügung, Zurückweisung; vgl Rdn 427 ff).

2. Geltungsbereich des § 29 GBO

154 a) Die **Eintragungsbewilligung** sowie sonstige zur Eintragung erforderliche **Erklärungen** müssen durch öffentliche oder öffentlich beglaubigte Urkunden nachgewiesen werden (§ 29 Abs 1 S 1 GBO). Dazu gehören auch Berichtigungsbewilligung, Einigungserklärungen nach § 20 GBO, Zustimmungen

---

[1] BGH 30, 255 (258) = DNotZ 1959, 540 = Rpfleger 1960, 122; BGH 35, 135 (139) = NJW 1961, 1301 = Rpfleger 1961, 233 mit Anm Haegele; BayObLG 1959, 442 (446); 1969, 278 (281); 1971, 252 (257) = Rpfleger 1971, 429; 1988, 148, (150); 1989, 111 (113); Stöber, GBO-Verfahren, Rdn 386.
[2] Stöber, GBO-Verfahren, Rdn 387; Eickmann Rpfleger 1979, 169.
[3] OLG Frankfurt NJW-RR 1988, 225.
[4] BayObLG 1988, 148 (150) = Rpfleger 1988, 477 (478).
[5] BGH DNotZ 1963, 313.

H. Form der Nachweise für Eintragungsvoraussetzungen

(§ 22 Abs 2, § 27 GBO), Abtretungs- und Belastungserklärungen (§ 26 GBO) sowie alle sonstigen Erklärungen, die eine grundbuchrechtliche Erklärung ergänzen oder begründen (zB Vollmacht, Einwilligung oder Genehmigung nach § 185 BGB, Ehegattenzustimmung nach § 1365 BGB, Zustimmungen nach § 12 WEG, §§ 5, 6 ErbbauVO). § 29 Abs 1 S 1 GBO gilt auch für sog Geständniserklärungen, zB Bestätigung, daß eine (mündliche, schriftliche) Vollmacht erteilt war,[6] oder Erklärung von Zedent und Zessionar, daß die Bedingung für die Wirksamkeit einer Abtretung eingetreten ist.[7]

§ 29 GBO gilt **nicht** für den reinen **Eintragungsantrag** (§ 30 GBO), der nur in einem Schriftstück niedergelegt sein muß (§ 13 Abs 1 S 1 GBO) – mündliche Antragstellung ohne Niederschrift genügt nicht.[8] Enthält der Antrag aber in Wirklichkeit gleichzeitig eine Bewilligung, so bedarf dieser gemischte Antrag der Form des § 29 GBO. 155

b) Eintragungsvoraussetzungen, die **nicht Erklärungen** sind, müssen in der Form einer öffentlichen Urkunde nachgewiesen werden (§ 29 Abs 1 S 2 GBO); nur öffentlich beglaubigte Urkunden sind hier nicht ausreichend. Solche sonstige Eintragungsvoraussetzungen sind zB Geburt, Tod,[9] Eheschließung oder -scheidung, gerichtliche Entscheidungen (zB nach § 894 ZPO oder familien- sowie vormundschaftsgerichtliche Genehmigung samt Nachweis des Zugangs ihrer Mitteilung an den Vertragsgegner; s Rdn 3738 ff), Eintritt von Bedingungen,[10] mit denen eine Eintragungsbewilligung – soweit zulässig; s Rdn 103 – versehen ist. Die Befugnis zur Vertretung einer inländischen Handelsgesellschaft kann nur durch ein Zeugnis des Registergerichts oder durch eine notarielle Bescheinigung nach § 21 BNotO nachgewiesen werden (§ 32 GBO; s auch Rdn 3637). Auch notarielle Bescheinigungen, die nicht einen Vertretungsnachweis zum Gegenstand haben, zB Sitzverlegung, Umwandlung, Firmenänderung, Neueintragung einer Kapitalgesellschaft in das Handelsregister, für die bereits als Vorgesellschaft Grundbucheintragung erfolgt ist, ermöglicht dem Notar § 21 Abs 1 Nr 2 BNotO.[11] Für ausländische Gesellschaften gilt nicht § 32, sondern § 29 GBO[12] (vgl dazu Rdn 3636 b). 156

---

[6] BGH 29, 366 (368) = DNotZ 1959, 312 = NJW 1959, 883; s dazu Rdn 3536.
[7] BayObLG 1984, 155 = MittBayNot 1984, 186 = Rpfleger 1984, 404.
[8] BayObLG DNotZ 1978, 240 (241) = Rpfleger 1977, 134 (135) mit Nachw.
[9] Recht auf Erteilung einer Sterbeurkunde zur Grundbuchberichtigung (jedenfalls unmittelbar an das Grundbuchamt) BGH DNotZ 1997, 633 = NJW 1996, 3006.
[10] OLG Frankfurt MittRhNotK 1996, 53 = NJW-RR 1996, 529 = Rpfleger 1996, 151 (Notarbestätigung [im Regelfall] nicht ausreichend). Zum Nachweis des Bedingungseintritts durch öffentliche Urkunde auch BayObLG DNotZ 1997, 337 = NJW-RR 1997, 1173.
[11] Diese Bescheinigung hat die gleiche Beweiskraft wie das Zeugnis des Registergerichts (§ 21 Abs 1 S 2 BNotO). Das Handelsregister hat selbst Beweiskraft auch für Bestehen und Erlöschen von Gesellschaften, Einzelkaufleuten, Firmenänderungen, Umwandlungen und Verschmelzungen, so richtig Kuntze DNotZ 1990, 172 und Buchberger Rpfleger 1994, 215 gegen (insoweit unrichtig) BayObLG DNotZ 1990, 171 = NJW-RR 1989, 977; Bay ObLG 1993, 137 = DNotZ 1993, 601 = NJW-RR 1993, 848 = Rpfleger 1993, 495 und 1994, 215 mit Anm Buchberger.
[12] Bauer/vOefele/Schaub Teil F Rdn 125; Bausback DNotZ 1996, 254; Langhein Rpfleger 1996, 45.

1. Teil. V. Eintragungsvoraussetzungen

157 c) **Ausnahmen** von den Vorschriften des § 29 GBO sind teilweise in der GBO, zum Teil in sonstigen Gesetzen enthalten. Vgl §§ 29 a, 31 S 2 oder § 35 Abs 3 GBO wegen Nachweis der Erbfolge bei einem geringwertigen Grundstück (Rdn 801), §§ 18, 19 GBMaßnG bei Löschung eines von RM auf DM umgestellten Grundpfandrechts bis zur Höhe von 3000 Euro oder bei Löschung einer umgestellten Rentenschuld oder Reallast bis zu 15 Euro Jahreswert (Rdn 4319), sowie § 1 des Gesetzes über die Eintragung von Zinssenkungen vom 11. 5. 1937 (Rdn 2506) und § 10 Abs 2 GGV, wenn zum Nachweis des Gebäudeeigentums die erforderlichen Nachweise nicht vorgelegt werden können.

158 d) Schließlich ist **§ 29 GBO** dort **nicht** anzuwenden, wo **Eintragungsvoraussetzungen**, die nicht Erklärungen sind, **offenkundig**[13] sind. Offenkundig sind die allen lebenserfahrenen Menschen ohne weiteres bekannten Tatsachen und – enger – auch die dem zuständigen Grundbuchamt zweifelsfrei bekannten Tatsachen, ohne Unterschied, ob die Kenntnis amtlich oder außeramtlich erlangt wurde. Aktenkundige, also aus den Akten hervorgehende Tatsachen sind offenkundig, wenn sie in den Akten selbst zur Entstehung gelangt sind (zB Erteilung der familien- oder vormundschaftsgerichtlichen Genehmigung). Sind in anderen Akten Tatsachen nur formgerecht bezeugt, sind sie zwar nicht offenkundig; die Verweisung auf diese Akten ist aber im Sinne des § 29 GBO zulässig.[14]
Offenkundige Tatsachen sind in der Eintragungsverfügung aktenkundig zu machen (s Rdn 222).

159 e) Auch die Rechtsprechung hat Ausnahmen von der strengen Anwendung des § 29 GBO zugelassen. Denn nicht alle Tatsachen, die das Grundbuchamt für die Eintragung zu prüfen hat (Rdn 206), können durch öffentliche Urkunden in der Form des § 29 Abs 1 S 2 GBO nachgewiesen werden; dies gilt insbesondere für das Nichtvorliegen eintragungshindernder Tatsachen (zB Geschäftsfähigkeit der Beteiligten, Nichtbestehen von Verfügungsbeschränkungen, Wegfall einer erteilten Vollmacht) oder das Vorliegen sogenannter Nebenumstände, die die nachgewiesene Erklärung erst wirksam machen.[15] Hier gestattet die Rechtsprechung seit langem die Verwendung und Würdigung von **Erfahrungssätzen**, um dem Antragsteller Beweisnöte zu ersparen. Für Tatsachen, für deren Vorliegen oder Nichtvorliegen eine allgemeine Lebenserfahrung spricht (zB die Geschäftsfähigkeit der Beteiligten, das Nichtbestehen von Verfügungsbeschränkungen, das Fortbestehen einer wirksam erteilten, unbefristeten Vollmacht, Nachweis der Entgeltlichkeit bei Verfügungen des Testamentsvollstreckers) gilt die Beweismittelbeschränkung des

---

[13] Über Familienbuch und Familienregister als Grundlagen für Grundbucheintragungen s Neuschwander BWNotZ 1968, 24. Für das Grundbuchamt besteht keine Ermittlungspflicht zur Herbeiführung der Offenkundigkeit (OLG Hamm Rpfleger 1953, 15). Zur Offenkundigkeit der Eheschließung, wenn die Beteiligten inzwischen von einem anderen Grundbuchamt als Miteigentümer eines Grundstücks in Gütergemeinschaft eingetragen worden sind, s BayObLG DNotZ 1957, 311.
Zu Veröffentlichung im Bundesanzeiger LG Köln MittRhNotK 1982, 62.
[14] OLG Köln Rpfleger 1986, 298; BayObLG Rpfleger 1987, 451.
[15] Hierzu KGJ 32 A 287 (290); KGJ 35 A 231 (235); Eickmann Rpfleger 1979, 173.

H. Form der Nachweise für Eintragungsvoraussetzungen

§ 29 GBO nicht, vielmehr sind alle Beweismittel zulässig,[16] auch die eidesstattliche Versicherung zum Nachweis des Nichtvorhandenseins bestimmter Tatsachen.[17] Die Anwendung von Erfahrungssätzen und das Absehen von der Beweismittelbeschränkung des § 29 GBO in den erwähnten Fällen sollen leeren Formalismus und unnötige Erschwerungen des Verfahrens vermeiden. Andererseits darf das Grundbuchamt, wo ein formgerechter Nachweis ohne besondere Schwierigkeiten möglich ist, nicht davon abgehen, Urkunden zu fordern, weil es im einzelnen Falle von der Richtigkeit des Vorbringens überzeugt ist. Die Verfahrensvorschriften sind zu beachten, und ein Verstoß kann leicht Schadensersatzansprüche (s darüber Rdn 54) im Gefolge haben.

f) § 29 GBO gilt nicht für Erklärungen und Tatsachen, die geeignet sind, eine beantragte Eintragung zu verhindern,[18] zB wenn das Grundbuchamt Erkenntnisse erhält, aus denen sich Zweifel an der Geschäftsfähigkeit des Bewilligenden oder an seiner uneingeschränkten Verfügungsbefugnis (zB § 1365 BGB) ergeben (vgl auch Rdn 209 a). Solche Erklärungen oder Tatsachen können die für den Regelfall ausreichende Beweiskraft der in § 29 GBO genannten Beweismittel erschüttern oder beseitigen. Die Pflicht des Grundbuchamtes zur Berücksichtigung solcher eintragungshindernden Tatsachen folgt aus dem Legalitätsprinzip (s dazu Rdn 20). Bei bloß einseitigen Erklärungen von Verfahrensbeteiligten ist jedoch erhebliche Zurückhaltung geboten, insbesondere wenn der Betroffene die Anfechtung oder den Widerruf der Bewilligung oder der Einigung behauptet. Eine andere Verfügung des Berechtigten, die der nunmehr beantragten widerspricht (zB Doppelauflassung) ist keine eintragungshindernde Tatsache und berechtigt nicht zur Beanstandung.[19] Wenn auch nicht § 29 GBO für eintragungshindernde Tatsachen gilt, so müssen sie doch gemäß allgemeinem Verfahrensrecht (§ 15 FGG) im Strengbeweis festgestellt werden.[20] 160

Zur Frage, wann das Grundbuchamt berechtigt ist, Anträge wegen fehlender Nachweise zurückzuweisen und zur Frage der materiellen Beweislast (Feststellungslast) s Rdn 209 a.

---

[16] BayObLG 1986, 208 (211) = MittBayNot 1986, 266 = Rpfleger 1986, 470; BayObLG NJW-RR 1990, 721 und Rpfleger 1992, 152 (ärztliches Zeugnis für Geschäftsfähigkeit); OLG Hamm MittBayNot 1999, 248 = Rpfleger 1999, 385; Eickmann Rpfleger 1979, 169 (172); Jung Rpfleger 1999, 204; unrichtig LG Freiburg BWNotZ 1982, 17, das ein Sachverständigengutachten zum Nachweis der Entgeltlichkeit der Verfügung des befreiten Vorerben ablehnt.

[17] OLG Zweibrücken DNotZ 1986, 240 = OLGZ 1985, 408; OLG Zweibrücken Rpfleger 1987, 157; OLG Frankfurt MittRhNotK 1986, 23; LG Bochum Rpfleger 1987, 197; LG Stuttgart BWNotZ 1988, 163; abl Böhringer BWNotZ 1988, 155 und BayObLG DNotZ 1993, 598 hinsichtlich des Nachweises des Fortbestandes einer altrechtlichen Dienstbarkeit.

[18] Herrschende Meinung, BGH 35, 135 (139) = aaO (Fußn 1); BayObLG 1967, 13 = DNotZ 1967, 429 = Rpfleger 1967, 145; BayObLG 1974, 336 = Rpfleger 1974, 396; BayObLG DNotZ 1990, 739 und BayObLG MittBayNot 1991, 256 mit Anm Amann = Rpfleger 1992, 56; restriktiver Ertl DNotZ 1990, 684; einschränkend auch K/E/H/E Rdn 131 zu § 29.

[19] BayObLG Rpfleger 1983, 249.

[20] Eickmann Rpfleger 1979, 169 (172).

3. Öffentliche und öffentlich beglaubigte Urkunden

161 Eine **öffentliche Urkunde** liegt vor, wenn sie durch eine öffentliche Behörde oder durch eine mit öffentlichem Glauben versehene Person innerhalb der Amtsbefugnisse in der vorgeschriebenen Form ausgestellt ist, § 415 ZPO, der auch für die GBO gilt.[21]

Behörden[22] bedürfen in eigenen Angelegenheiten[23] für sog **bewirkende Urkunden,** dh solche, die selbst eine Willenserklärung verkörpern, keiner weiteren notariellen Beurkundung.[24] Eine bezeugende Urkunde kann eine Behörde nur errichten, wenn und soweit sie hierzu ausdrücklich ermächtigt ist, wie zB die Vorstände der Vermessungsbehörden nach § 61 Abs 1 Nr 6 BeurkG mit dem Gesetz über die Beurkundungs- und Beglaubigungsbefugnis der Vermessungsbehörden v 15. 11. 1937 (RGBl I 1257)[25] oder die Enteignungsbehörde nach § 37 Landbeschaffungsgesetz.[26] Das Grundbuchamt hat bei solchen Urkunden seine (formelle) Prüfung auf § 29 Abs 3 GBO zu beschränken, also auch nicht zu prüfen, ob die erforderliche Zahl von Unterschriften[27] vorhanden ist oder die Unterzeichner Vertretungsmacht besitzen.[28] Nur wenn konkrete Anhaltspunkte bestehen, kann die Vertretungsbefugnis des Unterzeichners (auch bei nur einer Unterschrift) in Zweifel gezogen werden.

Für **bezeugende Urkunden** (Beurkundung fremder Erklärungen) gelten die Vorschriften des BeurkG,[29] und zwar auch für die Personen und Stellen, die auf Grund besonderer Rechtsvorschriften neben den Notaren zur Beurkun-

---

[21] BGH 25, 168.
[22] Zur fortbestehenden Behördeneigenschaft einer Sparkasse im Sinne des § 29 Abs 3 GBO nach HRefG vgl LG Marburg NJW-RR 2001, 1100 = Rpfleger 2001, 175 und OLG Zweibrücken Rpfleger 2001, 71.
[23] Eigene Angelegenheit ist auch die Erteilung einer Vollmacht an einen Behördenangehörigen zur Abgabe von Grundbucherklärungen im Zuständigkeitsbereich der Behörde, LG Dresden Rpfleger 1995, 67 (für vormalige Treuhandanstalt). Zum Nachweis der Vertretungsmacht des Organs einer Behörde, das selbst (also nicht durch einen Bevollmächtigten [§ 29 Abs 3 GBO]) bei der Beurkundung auftritt, s Gutachten DNotI-Report 2000, 101. Um eigene Angelegenheiten der Behörde handelt es sich nicht, wenn die Behörde als Bevollmächtigter eines Privaten für diesen Erklärungen abgibt, LG Kiel DNotZ 1987, 48; unrichtig OLG Celle Rpfleger 1984, 61 mit abl Anm Meyer-Stolte.
[24] BayObLG 1975, 227 (229) = DNotZ 1976, 120; KG Rpfleger 1974, 399 (400); Haegele Rpfleger 1967, 33.
[25] Das Gesetz ist weitgehend durch landesrechtliche Regelungen mit gleicher Zuständigkeit ersetzt; s Rdn 628.
[26] Breuer Rpfleger 1981, 337; OLG Schleswig DNotZ 1981, 562 = Rpfleger 1981, 351.
[27] OLG Zweibrücken Rpfleger 2001, 71 = ZNotP 2001, 32.
[28] BayObLG DNotZ 1987, 39; BayObLG MittBayNot 1978, 10 = Rpfleger 1978, 141; Rathgeber BWNotZ 1980, 134; BayObLG MittBayNot 1980, 113; zur Form des Eintragungsersuchens einer nicht siegelführenden Behörde BayObLG 1986, 86; OLG Düsseldorf MittRhNotK 1998, 85 (Behördenschreiben ohne Siegel ist keine öffentliche Urkunde).
[29] Zur nachträglichen Berichtigung notarieller Urkunden s Kanzleiter DNotZ 1990, 478 und Reithmann DNotZ 1999, 27 sowie Gutachten DNotI-Report 1997, 133. OLG Köln MittBayNot 1993, 170 mit Anm Röll.

H. Form der Nachweise für Eintragungsvoraussetzungen

dung zuständig sind (zB deutsche Konsularbeamte nach §§ 10, 19, 24 KonsularG v 11. 9. 1974, BGBl I 2317).
Öffentliche Urkunde ist auch der protokollierte (damit in einer Verhandlung geschlossene, § 160 Abs 2 Nr 1 ZPO) **Prozeßvergleich** (§ 127a BGB), dessen Formvorschriften nicht im BeurkG, sondern in der ZPO (§§ 159 ff) enthalten sind,[30] nicht der durch Schriftsatz der Parteien angenommene schriftlich unterbreitete Vergleichsvorschlag (§ 278 Abs 6 ZPO) und nicht der Anwaltsvergleich (§ 796a ZPO, wie Rdn 109). Der Nachweis einer Prozeßvollmacht wird dadurch erbracht, daß der Prozeßbevollmächtigte als solcher im Vergleich angegeben ist.[31] Es kommt dabei auf den Zeitpunkt des Vergleichsabschlusses an. Das Grundbuchamt hat die Vertretungsbefugnis nicht nachzuprüfen. Nachzuweisen ist dagegen, daß ein etwaiges Widerrufsrecht nicht ausgeübt worden ist (s dazu für den Fall der Auflassung Rdn 3333).

Eine **öffentlich beglaubigte Urkunde** ist eine Privaturkunde, auf der die Unterschrift oder das Handzeichen des Unterzeichnenden durch den Notar beglaubigt ist (§ 418 ZPO, §§ 39, 40 BeurkG). Neben den Notaren sind für Beglaubigungen im Rahmen ihrer Amtsbefugnisse zuständig die Konsularbeamten (§§ 10, 19, 24 KonsularG), Vermessungsämter (s Rdn 161) und diejenigen Stellen, denen durch Landesrecht auf der Grundlage des § 63 BeurkG eine Zuständigkeit zur Beglaubigung von Unterschriften und Abschriften – nicht aber von Handzeichen – eingeräumt wurde.[32] **162**
Der Beglaubigungsvermerk kann auch nach dem Tod oder nach Verlust der Geschäftsfähigkeit des Unterzeichnenden durch den Notar nachgeholt werden, wenn die Anerkennung der Unterschrift vorher erfolgte.[33]
Auch eine Beglaubigung einer Blanko-Unterschrift (§ 40 Abs 5 BeurkG), bei der also die Erklärung erst nachträglich über die Unterschrift gesetzt oder der unvollständige Text ergänzt wird, genügt der Form des § 29 GBO; nur wenn das Grundbuchamt konkrete Anhaltspunkte hat, daß die Ausfüllung des

---

[30] Unterschrift der Beteiligten ist nicht erforderlich (RG 48, 186).
[31] BayObLG 22, 136; OLG Frankfurt Rpfleger 1980, 291.
[32] Von dieser Ermächtigung (kein Verstoß gegen Verfassungsrecht, BVerfG, Vorprüfungsausschuß, NJW 1981, 2401) haben Gebrauch gemacht (vgl dazu Stoltenberg JurBüro 1989, 307):
Hessen: Ortsgerichtsgesetz vom 2. 4. 1980 (GVBl 164), nach dessen § 13 der Ortsgerichtsvorsteher nach wie vor zur öffentlichen Beglaubigung von Unterschriften und zur Beglaubigung von Abschriften öffentlicher oder privater Urkunden zuständig ist.
Rheinland-Pfalz: Landesgesetz über die Beglaubigungsbefugnis vom 21. 7. 1978 (GVBl 597 = BS 2010–4), nach welchem zur öffentlichen Beglaubigung von Unterschriften die Ortsbürgermeister und Ortsvorsteher, Verbandsgemeindeverwaltungen und Gemeindeverwaltungen der verbandsfreien Gemeinden sowie die Stadtverwaltungen der kreisfreien und großen kreisangehörigen Städte befugt sind (§ 2). Zum Umfang der Beglaubigungsbefugnis s auch § 4 dieses Ges (Sollvorschrift für örtliche Zuständigkeit). Die nach § 3 des Gesetzes (aF) gegebene ortsgerichtliche Zuständigkeit ist seit 31. 12. 1985 erloschen.
Die Beglaubigung durch eine nach Landesrecht zuständige Stelle erfüllt im ganzen Bundesgebiet die Form des § 29 GBO, LG Bonn Rpfleger 1983, 309.
In **Bayern** sind die Bürgermeister und andere Gemeindebeamte zur öffentlichen Beglaubigung von Unterschriften nicht befugt.
[33] Winkler Rdn 63, Jansen Anm 33, je zu § 40 BeurkG; aA KGJ 21 A 276.

Blanketts nicht dem Willen des Unterzeichners entspricht, hat es eine solche Bewilligung zu beanstanden.[34]

163 Die nachträgliche **Berichtigung** von offenbaren Schreibversehen, Auslassungen oder sonstigen offenbaren Unrichtigkeiten durch den Beglaubigungs-Notar ist nach § 44 a Abs 2 BeurkG[35] zulässig und nimmt der Erklärung nicht den Charakter einer öffentlich beglaubigten Erklärung. Streitig ist, ob dies auch für sonstige nachträgliche Änderungen im Text der durch die beglaubigte Unterschrift abgeschlossenen Erklärung durch den Unterzeichner selbst oder mit seiner Zustimmung durch Dritte gilt. Der Meinung,[36] solche nachträgliche Änderungen müßten erneut unterschrieben und beglaubigt werden, ist jedoch folgendes entgegenzuhalten:[37] Bei der Beglaubigung wird nur die Echtheit der Unterschrift des Unterzeichners bestätigt, nur der Beglaubigungsvermerk selbst ist öffentliche Urkunde. Der Text der Urkunde kann hand- oder maschinenschriftlich sein, kann von vornherein Streichungen, Ausbesserungen, Ergänzungen enthalten, ohne daß dadurch der Beglaubigung die Rechtswirksamkeit entzogen wird. Das Grundbuchamt kann nicht prüfen, ob eine Änderung vor oder nach Unterschriftsbeglaubigung vorgenommen wurde.[38] Wie bei der Blankobeglaubigung der Text erst nach Unterschrift (mit Zustimmung des Unterzeichners) ausgefüllt wird, so ist eine nachträgliche Änderung des über der Unterschrift stehenden Textes durch den Unterzeichner selbst oder einen Dritten – auch den mündlich oder schriftlich bevollmächtigten Notar – ohne erneute Unterschriftsbeglaubigung möglich,[39] ohne daß dadurch der Charakter der Erklärung als öffentlich-beglaubigt verloren ginge. Allerdings gilt für Urkunden, bei denen äußere Mängel bestehen, zB Streichungen oder Einschaltungen im Text, die Echtheitsvermutung des § 440 Abs 2 ZPO nicht. Das Grundbuchamt kann daher eine Bewilligung beanstanden, wenn es Zweifel daran hat, daß eine Änderung nachträglich unberechtet (zB durch andere als die unterschreibende Person und ohne deren Zustimmung) erfolgt ist.[40]

---

[34] Hornig DNotZ 1971, 69.
[35] Dazu Gutachten DNotI-Report 1999, 117 und DNotI-Report 2000, 73 (zur nachträglichen Berichtigung nach Grundbuchvollzug). Nach allgemeiner Meinung war dies schon vor dieser gesetzlichen Regelung zulässig, RG 60, 397; OLG Hamburg DNotZ 1951, 422; LG Köln MittRhNotK 1979, 202; auch OLG Celle DNotZ 1981, 203 und OLG Celle MittBayNot 1984, 207 = MittRhNotK 1984, 105 = Rpfleger 1984, 230; LG Köln MittRhNotK 1987, 48.
[36] KGJ 29 A 116; Jansen Rdn 13 zu § 40 BeurkG; Demharter Rdn 44 zu § 29; OLG Celle aaO (Fußn 35); offen gelassen durch BayObLG DNotZ 1985, 220 = Rpfleger 1985, 105.
[37] Winkler Rdn 81 zu § 40 BeurkG; MünchKomm/Einsele Rdn 5, Soergel/Hefermehl Rdn 3, je zu § 129 BGB; LG Aachen MittRhNotK 1982, 151 mit Anm Faßbender; LG Köln MittRhNotK 1979, 202; LG Köln MittRhNotK 1983, 199; LG Düsseldorf MittBayNot 1984, 207 = MittRhNotK 1984, 107; Winkler MittBayNot 1984, 209 und DNotZ 1985, 224; Gutachten DNotI-Report 1997, 133.
[38] AG Bremen DNotZ 1961, 555.
[39] Winkler MittBayNot 1984, 209 und DNotZ 1985, 224; LG Aachen aaO (Fußn 37); LG Göttingen MittRhNotK 1987, 82; LG Itzehoe DNotZ 1990, 159; teilweise abweichend BayObLG DNotZ 1985, 220 = aaO (Fußn 36).
[40] BayObLG DNotZ 1985, 220 = aaO (Fußn 36); Winkler aaO (Fußn 39); s auch Gutachten DNotI-Report 1997, 133.

H. Form der Nachweise für Eintragungsvoraussetzungen

4. Die notarielle Eigenurkunde als öffentliche Urkunde

Eine sog **notarielle Eigenurkunde,** mit der ein Notar von ihm selbst beurkundete oder beglaubigte Grundbucherklärungen, insbesondere Bewilligungen, nachträglich ergänzt oder ändert, bedarf keiner weiteren Beglaubigung; sie ist öffentliche Urkunde, wenn sie vom Notar unterschrieben und gesiegelt ist.[41] Voraussetzung ist jedoch, daß es sich um Erklärungen (bewirkende Urkunden, nicht Zeugnisurkunden) im Rahmen seiner Betreuungstätigkeit auf dem Gebiet der vorsorgenden Rechtspflege gemäß § 24 BNotO handelt und dem Notar von dem oder den Beteiligten entsprechende ausdrückliche Vollmacht erteilt wurde.[42] Diese Vollmacht ist dem Grundbuchamt in der Form des § 29 GBO nachzuweisen; sie kann aber vom Notar – weil im Rahmen seiner Betreuungstätigkeit liegend – auf sich selbst beurkundet werden.[43] Auf Grund solcher Vollmacht kann daher in **notarieller Eigenurkunde**[44] die Bewilligung namens des Betroffenen erklärt[45] (zB wenn sie kraft ausdrücklicher Anordnung in der Auflassung nicht enthalten ist; s Rdn 97) oder eine Bewilligung geändert oder ergänzt (Identitätserklärungen nach Vermessung einer bereits aufgelassenen Teilfläche; s Rdn 890 ff) oder auch eine familien- oder vormundschaftsgerichtliche Genehmigung entgegengenommen, dem anderen Vertragsteil mitgeteilt und die Mitteilung wiederum entgegengenommen werden. Die dem Notar erteilte Vollmacht, die Bewilligung zu ändern, geht auch auf den Vertreter (Verwalter oder Amtsnachfolger) über.[46]

164

5. Ausländische Urkunden

Auch **ausländische Urkunden** fallen unter § 29 GBO, da für sie § 415 ZPO entsprechend gilt. Nach § 2 des Ges v 1. 5. 1878 (RGBl 89) kann das Grundbuchamt aber Legalisation der ausländischen Urkunde durch einen deutschen

165

---

[41] Seit BGH 78, 36 = DNotZ 1981, 118 = NJW 1981, 125 = Rpfleger 1980, 465 (dazu Winkler DNotZ 1981, 251) absolut herrschende Meinung; vgl BayObLG DNotZ 1983, 434 mit Anm Reithmann = Rpfleger 1982, 416; BayObLG DNotZ 1988, 117 = NJW-RR 1988, 330 = Rpfleger 1988, 60; OLG Frankfurt MittBayNot 2001, 225 mit Anm Reithmann; LG Bielefeld DNotZ 1979, 630; grundlegend Reithmann, Allgemeines Urkundenrecht, S 27 ff; ders DNotZ 1975, 338; Gutachten DNotI-Report 1998, 169.
[42] Reithmann aaO (Fußn 41). In eigenen Angelegenheiten des Notars (Löschung einer zu seinen Gunsten eingetragenen Hypothek) bedarf daher seine Unterschrift der Beglaubigung durch einen anderen Notar, OLG Zweibrücken Rpfleger 1982, 276; OLG Düsseldorf DNotZ 1989, 638 = Rpfleger 1989, 58.
[43] RG 121, 30 (34); BayObLG 1955, 155 (161) = DNotZ 1956, 209; BayObLG DNotZ 1988, 117 = aaO (Fußn 41); zum Umfang einer solchen Vollmacht vgl OLG Zweibrücken DNotZ 1988, 589 = Rpfleger 1988, 249; BGH 78, 36 = aaO (Fußn 41); Reithmann DNotZ 1975, 324 (338); Winkler Rdn 155 zu § 3 BeurkG.
[44] Diese Eigenurkunden sind nicht in die Urkundenrolle einzutragen (§ 8 DONot), da auf sie das BeurkG nicht anwendbar ist; s Winkler Rdn 6 zu § 1 BeurkG.
[45] OLG Frankfurt MittBayNot 2001, 225 mit Anm Reithmann.
[46] LG Köln MittRhNotK 1984, 104 (105); LG Düsseldorf MittBayNot 2002, 526.

Konsul[47] oder Gesandten verlangen, wenn nicht folgende Ausnahmen vorliegen[48]
- Staatsverträge,[49] die Befreiung von der Legalisation vorsehen (derzeit im Verhältnis zu Belgien, Dänemark, Frankreich, Griechenland, Italien, Österreich), wobei zu beachten ist, daß nicht in allen Fällen auch notarielle Urkunden befreit sind (zB Schweiz[50]);
- Europäisches Übereinkommen vom 7. 6. 1968 zur Befreiung der von diplomatischen oder konsularischen Vertretern errichteten Urkunden von der Legalisation[51] (BGBl 1971 II 85, 1023);
- Haager Übereinkommen vom 5. 10. 1961 zur Befreiung ausländischer öffentlicher Urkunden von der Legalisation[52] (BGBl 1965 II 875); anstelle der Legalisation tritt eine verkürzte formalisierte Echtheitsbestätigung, die „Apostille".[53]

Das Grundbuchamt muß aber keine Legalisation (Apostille[54]) verlangen; ihm steht insoweit ein Ermessen zu.[55]

6. Vorlage der Urkunden in Urschrift, Ausfertigung, beglaubigter Abschrift

166 Die in § 29 GBO genannten Urkunden können dem Grundbuchamt in **Urschrift, Ausfertigung** oder **beglaubigter Abschrift** eingereicht werden.

167 Dem Grundbuchamt liegt die Urschrift einer Urkunde in der Regel nur dann vor, wenn es sich um eine mit **notarieller Unterschriftsbeglaubigung** versehene Urkunde handelt (s Rdn 162). Zur Urkundensammlung des Notars ist hier lediglich eine beglaubigte Abschrift bzw ein Vermerkblatt zu nehmen (§ 19 DONot)

168 Die Urschrift einer von einem Notar aufgenommenen öffentlichen Urkunde verbleibt in der notariellen Verwahrung (§ 45 Abs 1 BeurkG), so daß dem Grundbuchamt nur eine Ausfertigung oder eine beglaubigte Abschrift, je möglich auch in Gestalt einer Fotokopie, vorgelegt werden kann.

---

[47] Zum konsularischen Beurkundungswesen Bindseil DNotZ 1993, 5 und Geimer DNotZ 1978, 4.
[48] Vgl die Übersicht bei K/E/H/E Rdn 106 ff, Demharter Rdn 50 ff, je zu § 29. Aktuelle Übersichten finden sich in den Justizministerialblättern der Länder.
[49] S die Zusammenstellung BayJMBl 2001, 5.
[50] Allgemein zur Legalisierung Bindseil DNotZ 1992, 275; Bülow DNotZ 1955, 9; Weber DNotZ 1967, 469.
[51] Darstellung der Staaten, in denen das Übereinkommen in Kraft ist, BayJMBl 2001, 10.
[52] Darstellung der Staaten, in denen das Übereinkommen in Kraft ist, BayJMBl 2001, 9.
[53] S zB BayObLG MittBayNot 1989, 273 für die Urkunde eines Notars mit Sitz im Großherzogtum Luxemburg; BayObLG DNotZ 1993, 397 = Rpfleger 1993, 192: Apostille für die in den Vereinigten Staaten von Amerika von einem Notary Public vorgenommene Unterschriftsbeglaubigung; OLG Zweibrücken MittBayNot 1999, 480 = MittRhNotK 1999, 241 = Rpfleger 1999, 326 (Unterschriftsbeglaubigung durch kanadischen Notary public).
[54] BayObLG DNotZ 1993, 397 = aaO.
[55] Vgl zu ausländischen Urkunden im Registerrecht Langhein Rpfleger 1996, 45; Bausbach DNotZ 1996, 254; LG Wiesbaden Rpfleger 1988, 17 zur Beglaubigung durch holländischen und belgischen Notar.

H. Form der Nachweise für Eintragungsvoraussetzungen

Die **Ausfertigung** einer notariellen Urkunde ist dazu bestimmt, die **Urschrift im Rechtsverkehr zu ersetzen** (§ 47 BeurkG). Vorlage einer Ausfertigung einer notariellen Urkunde genügt immer als Nachweis gegenüber dem Grundbuchamt.

Beglaubigte Abschrift ist das Zeugnis einer Urkundsperson, daß die Abschrift mit der Urschrift der Urkunde übereinstimmt. Ihre Beweiskraft ist die gleiche wie die einer Ausfertigung.[56] Insoweit steht sie der Ausfertigung gleich, die sie im Rechtsverkehr ersetzen kann. Nachweis des Urkunden**inhalts** in grundbuchmäßiger Form (§ 29 Abs 1 GBO) kann daher auch durch Vorlage einer beglaubigten Abschrift einer öffentlichen oder öffentlich beglaubigten Urkunde[57] erbracht werden, ebenso durch beglaubigte Abschrift einer (ordnungsgemäß) beglaubigten Abschrift einer öffentlichen oder öffentlich beglaubigten Urkunde.[58] Ob die im Wege der Fotokopie hergestellte beglaubigte Abschrift den Originalschriftzug des Unterzeichnenden und/oder des Notars zeigt oder ob diese – abschriftlich – durch „gez." vermerkt sind, spielt für die Rechtsqualität der beglaubigten Abschrift keine Rolle.[59] Beglaubigte Abschrift einer Privaturkunde, die keine Unterschriftsbeglaubigung enthält, entspricht den Erfordernissen des § 29 GBO nicht.

169

Weil eine beglaubigte Abschrift jedoch nur den Nachweis des Urkunden**inhalts** ermöglicht (Rdn 169), ist zu unterscheiden:

170

a) Als Eintragungsgrundlage genügt Vorlage einer beglaubigten Abschrift der (öffentlichen oder mit öffentlicher Unterschriftsbeglaubigung versehenen) Urkunde, soweit Bestehen und Inhalt der Urkunde in grundbuchmäßiger Form (§ 29 Abs 1 GBO) nachzuweisen sind. Das gilt auch – entgegen mitunter vertretener gegenteiliger Ansicht – für die eine Auflassung (§ 925 BGB) enthaltende öffentliche Urkunde (s Rdn 3342). Ein Recht auf Einsichtnahme in die Urkunden-Urschrift hat das Grundbuchamt in diesen Fällen nicht.

b) Die Urschrift oder eine diese im Rechtsverkehr ersetzende Ausfertigung der Urkunde muß vorgelegt werden, wenn mit dem **Besitz** der Urkunde (nicht etwa mit deren Inhalt) Rechtsfolgen verbunden sind. Ein hier besonders wichtiger Fall ist die Vollmacht (wegen Einzelheiten s Rdn 3579 ff); zum Erbschein s Rdn 782.

---

[56] KG JFG 12, 260 (264). Röll weist MittBayNot 1958, 267 mit Recht darauf hin, daß besser gesagt wird: „Der Besitz der Ausfertigung ersetzt im Rechtsverkehr den Besitz der Urschrift."

[57] Abweichendes ergibt sich auch nicht aus BGH DNotZ 1980, 534 = NJW 1980, 1047, wonach im Zivilprozeß Urkunden**beweis** nach § 420 ZPO durch Vorlegung der öffentlich beglaubigten Privaturkunde zu führen ist. Diese Bestimmung betrifft den Beweisantritt im Zivilprozeß, § 29 Abs 1 GBO regelt **Nachweis und Form** der Eintragungsbewilligung als **Eintragungsgrundlage**. Für diesen Nachweis des Inhalts und der Form der Eintragungsbewilligung erbringt beglaubigte Abschrift einer öffentlich beglaubigten Urkunde vollen Beweis für die Übereinstimmung mit der Urschrift, so daß sie diese auch im Rechtsverkehr ersetzt; so iE OLG Frankfurt DNotZ 1993, 757 = OLGZ 1993, 410 = NJW-RR 1993, 983; LG Wuppertal Rpfleger 1972, 100; Gutachten DNotI-Report 1998, 77; s auch Winkler Rdn 11 zu § 42 BeurkG.

[58] KG Rpfleger 1998, 109; Haegele Rpfleger 1967, 33 (39).

[59] So richtig Kanzleiter MittRhNotK 1984, 60 und DNotZ 1993, 759 sowie LG Düsseldorf MittRhNotK 1987, 78 gegen LG Aachen MittRhNotK 1984, 59 = Rpfleger 1983, 310.

171 Die **Eintragungsbewilligung** muß als Eintragungsgrundlage wirksam sein. Sie muß daher vom Bewilligenden eingereicht oder mit seinem Willen einem Empfangsberechtigten (dem Begünstigten oder Grundbuchamt) zugegangen sein (s Rdn 107). Daraus folgt:[60]
- Vorlage einer beglaubigten Abschrift der Eintragungsbewilligung genügt als Eintragungsgrundlage, wenn sie der Bewilligende selbst oder durch den Notar dem Grundbuchamt vorlegt oder wenn dem sie vorlegenden Begünstigten ein gesetzlicher Anspruch auf Erteilung einer Ausfertigung zusteht (§ 51 Abs 1 BeurkG), zB als Auflassungsempfänger.
- Vorlage einer Urkundenausfertigung oder der Urschrift der Urkunde, die das Einverständnis des Bewilligenden mit der Verwendung der Bewilligung im Verfahren verkörpern, ist erforderlich, wenn der Begünstigte die Bewilligung dem Grundbuchamt vorlegt oder durch den Notar vorlegen läßt, der Betroffene selbst (oder durch den Notar) aber keinen Antrag stellt.

7. Auslegung und Umdeutung von Grundbucherklärungen

a) Auslegung

172 Der Zweck des Grundbuchs, auf sicherer Grundlage bestimmte und eindeutige Rechtsverhältnisse zu schaffen und zu erhalten (Rdn 2), und der öffentliche Glaube des Grundbuchs (§ 892 BGB) erfordern klare und eindeutige Eintragungen (grundbuchrechtlicher Bestimmtheitsgrundsatz). Sie sind nur möglich, wenn auch die Eintragungsunterlagen eindeutig und zweifelsfrei sind.[61] Dieser Grundsatz darf jedoch nicht überspannt werden. Auch Grundbucherklärungen, insbesondere Eintragungsantrag und -bewilligung, Auflassung, Zustimmung des Eigentümers zur Löschung einer Hypothek, sind vielmehr (wie Verfahrenserklärungen als Prozeßhandlungen allgemein[62]) der Auslegung fähig.[63] Ausgeschlossen ist eine Auslegung jedoch, wenn der Wortlaut der Erklärung eindeutig ist.[64] Für die Auslegung gilt (gem §§ 133, 157 BGB) der Grundsatz, daß auf den Wortlaut und Sinn der Grundbucherklärung (insbesondere einer Eintragungsbewilligung) abzustellen ist, wie er sich für einen unbefangenen Betrachter als nächstliegende Bedeutung der Er-

---

[60] Ertl Rpfleger 1980, 41 (47); Stöber, GBO-Verfahren, Rdn 405.
[61] BayObLG Rpfleger 1994, 58 mit Nachw.
[62] Zöller/Greger, ZPO, Rdn 25 vor § 128.
[63] BGH 90, 323 (327) = NJW 1984, 1959 = Rpfleger 1984, 310 (Bewilligung im Hinblick auf § 28 GBO); BayObLG 1974, 112 (114f) = DNotZ 1974, 441 = Rpfleger 1974, 222 (Auflassung); BayObLG ständig zB MittBayNot 1987, 140 = NJW-RR 1987, 792 (Belastungsvollmacht) sowie DNotZ 1992, 306 = NJW 1992, 306 und MittBayNot 1993, 17 = MittRhNotK 1992, 312 = NJW-RR 1993, 283 = Rpfleger 1993, 189 (je Eintragungsbewilligung); KG DNotZ 1968, 95 (96) = Rpfleger 1968, 50 mit Anm Riedel; OLG Köln Rpfleger 1981, 440 (Auflassung); OLG Zweibrücken MittBayNot 1999, 564 = Rpfleger 1999, 533 (Eigentümerzustimmung nach § 27 GBO).
[64] BGH 32, 60 (63); BayObLG 1973, 220 (223) = DNotZ 1974, 92 = Rpfleger 1974, 282; BGH MittBayNot 1998, 30 = NJW-RR 1998, 158 = Rpfleger 1998, 104; BayObLG 1979, 12 (15) = DNotZ 1979, 426 = Rpfleger 1979, 134; BayObLG DNotZ 1982, 254 (256); BayObLG Rpfleger 1982, 141; s auch RG 158, 119 (124); BayObLG 1966, 242 (244).

H. Form der Nachweise für Eintragungsvoraussetzungen

klärung ergibt.[65] Grenzen sind der Auslegung durch den das Grundbuchverfahren beherrschenden Bestimmtheitsgrundsatz und das grundsätzliche Erfordernis urkundlich zu belegender Eintragungsunterlagen (Rdn 152) gesetzt:[66] jede Auslegung muß eine Grundlage in den dem Grundbuchamt vorgelegten Urkunden haben; den nicht urkundlich niedergelegten Willen der Beteiligten darf das Grundbuchamt nicht ermitteln.[67] Abreden sind als Bestandteil der Eintragungsbewilligung bei Auslegung jedoch auch dann zu berücksichtigen, wenn vereinbart wurde, daß sie nicht in das Grundbuch eingetragen werden sollen.[68] Die Auslegung muß im Hinblick auf die Anforderungen des Grundbuchverfahrens an Klarheit und Bestimmtheit des objektiven Inhalts einer Grundbucherklärung zu einem dieser Bestimmtheit entsprechenden eindeutigen Ergebnis führen.[69]

b) Umdeutung

Auch Umdeutung von Erklärungen der Beteiligten (§ 140 BGB) ist im Grundbuchverfahren denkbar.[70] Ihr sind allerdings – ebenso wie der Auslegung – Grenzen gesetzt durch den das Grundbuchverfahren beherrschenden Bestimmtheitsgrundsatz, das Erfordernis urkundlich belegter Eintragungsunterlagen und das Fehlen einer Ermittlungs- und Beweiserhebungspflicht des Grundbuchamts im Eintragungsverfahren.[71] Daher kann es bei unklaren

173

---

[65] RG 136, 232 (234; für Grundbucheintragung); BGH DNotZ 1970, 567 Leits = WM 1969, 661; BGH 59, 205 (209) = DNotZ 1973, 20 (22); BGH 60, 46 (52) = DNotZ 1973, 367 (370); BayObLG 1977, 189 (191) = DNotZ 1978, 238 = Rpfleger 1977, 360; BayObLG 1980, 108 (113) = Rpfleger 1980, 293; BayObLG DNotZ 1980, 100 (101) = Rpfleger 1979, 424; BayObLG DNotZ 1980, 230 (231); BayObLG DNotZ 1982, 254 (255); BayObLG Rpfleger 1982, 141; BayObLG 1984, 122 (124) = DNotZ 1984, 562 = Rpfleger 1984, 351; BayObLG MittBayNot 1985, 20 (21); BayObLG NJW-RR 1986, 380; BayObLG NJW-RR 1987, 792 = aaO; BayObLG DNotZ 1995, 56 = Rpfleger 1994, 344. Abzulehnen ist die Ansicht des BayObLG, das bei Urkunden, die von Gerichten formuliert sind (Prozeßvergleich) eine Auslegung für möglich hält, die es – bei gleichem Sachverhalt – bei notariellen Urkunden leugnet; BayObLG 1979, 12 = DNotZ 1979, 426 = Rpfleger 1979, 134 einerseits und BayObLG MittBayNot 1980, 22 (24) andererseits.
[66] BayObLG 1974, 112 (114) = aaO mit weit Nachw; BayObLG 1977, 189 (191) = aaO; BayObLG 1980, 108 (112) = aaO; BayObLG DNotZ 1980, 230 (231); BayObLG DNotZ 1980, 100 (101) = aaO); BayObLG Rpfleger 1980, 19; BayObLG Rpfleger 1982, 141; BayObLG DNotZ 1982, 254 (256); BayObLG 1984, 122 (124) = aaO.
[67] Anders BGH 59, 205 (209) = DNotZ 1973, 20 (22) für Auslegung durch das Prozeßgericht; sehr weitgehend auch LG Duisburg Rpfleger 1995, 456.
[68] BGH DNotZ 1970, 567 Leits = aaO (Fußn 65).
[69] BayObLG DNotZ 1980, 100 (102) = aaO; BayObLG DNotZ 1980, 230 (231); BayObLG Rpfleger 1980, 19; BayObLG Rpfleger 1982, 141; BayObLG DNotZ 1982, 254 (256).
[70] BayObLG Rpfleger 1982, 141; BayObLG 1983, 118 (123) = DNotZ 1983, 754 = Rpfleger 1983, 346; BayObLG 1997, 121 (123) = MittBayNot 1997, 225 (226) = NJW-RR 1997, 1237; OLG Bremen OLGZ 1967, 10; KG DNotZ 1968, 95 = NJW 1967, 2358 = Rpfleger 1968, 50 mit Anm Riedel; OLG Stuttgart OLGZ 1979, 21 (24); s auch Hieber DNotZ 1954, 303.
[71] BayObLG 1983, 118 (123) = aaO; KG DNotZ 1968, 95 = aaO; OLG Düsseldorf DNotZ 1977, 305 (307); zu den Grenzen der Umdeutung auch OLG Hamm Rpfleger 1957, 117.

Verhältnissen nicht Aufgabe des Grundbuchamts sein, eine Umdeutung vorzunehmen, um dem Eintragungsantrag zum Erfolg zu verhelfen.[72] Wenn die Grundbucherklärung ihrem Wortlaut nach nicht eintragungsfähig ist, objektiv und nach dem wirtschaftlich Gewollten jedoch den Erfordernissen eines anderen, eintragungsfähigen Rechts entspricht, kann auch das Grundbuchamt, wenn es zu einer abschließenden Würdigung in der Lage ist, sich einer Umdeutung nicht verschließen.[73] Eine Umdeutung kommt nicht in Frage, wenn es an einem unwirksamen Rechtsgeschäft fehlt und der Mangel nur in der Diskrepanz zwischen materiellem Rechtsgeschäft und Eintragung besteht.[74]

I. Antragsermächtigung des Notars in Grundbuchsachen (§ 15 GBO)

Literatur: Haegele, Zum Antragsrecht des Notars in Grundbuchsachen, Rpfleger 1974, 417; Hieber, Fragen zur Antragsbefugnis des Notars nach § 15 GBO, DNotZ 1956, 172; Safferling, Antragstellung des bevollmächtigten Notars nach dem Tod eines Beteiligten, Rpfleger 1971, 294; Spieß, Das Recht des Notars zur teilweisen Stellung und Rücknahme von Anträgen und zur Verbindung mehrerer Anträge ohne ausdrückliche Ermächtigung in der Urkunde, MittRhNotK 1972, 359.

1. Rechtsgrundlagen

174 Eine gesetzliche Vermutung für die Vollmacht des Notars, Grundbuchanträge für die Antragsberechtigten zu stellen, begründet § 15 GBO: Ist die zu einer Eintragung erforderliche Erklärung von einem deutschen **Notar beurkundet oder beglaubigt**, so gilt dieser[1] als ermächtigt, im Namen eines Antragsberechtigten die Eintragung zu beantragen. Soweit diese Ermächtigung reicht, ist der Notar auch befugt, die von ihm gestellten Anträge zurückzunehmen (§ 24 Abs 3 BNotO; s dazu Rdn 190 ff).

Dem Notar selbst steht sein **Vertreter** gleich (§ 39 Abs 4 BNotO). Die Vorschrift, daß sich ein im Amt befindlicher Notar bei Bestellung eines Vertreters der Ausübung seines Amtes enthalten soll (§ 44 Abs 1 BNotO), berührt die Wirksamkeit eines von ihm gleichwohl gemäß § 15 GBO gestellten Antrags nicht. Dem Notar steht im Rahmen des § 56 BNotO ein **Notariatsverwalter** gleich.[2] Bei Beendigung des Amtes geht die Ermächtigung nach § 15 GBO auf den **Amtsnachfolger** über.[3]

Für die **Form** des vom Notar nach § 15 GBO gestellten Antrags gilt das Gleiche wie für den vom Beteiligten selbst gestellten Antrag (s Rdn 155); die Beifügung des Dienstsiegels ist üblich, aber nicht erforderlich.[4]

---

[72] BayObLG 1953, 333 (335) = DNotZ 1954, 30 = Rpfleger 1954, 45; BayObLG 1983, 118 (123) = aaO; BayObLG 1997, 121 (123) = aaO (Fußn 70).
[73] BayObLG 1983, 118 (123) = aaO; KG DNotZ 1968, 95 = aaO; LG Regensburg MittBayNot 1990, 43; dazu Böhringer MittBayNot 1990, 12.
[74] BayObLG MittBayNot 1995, 460; BayObLG DNotZ 1998, 752.
[1] Nicht auch ein mit ihm in Bürogemeinschaft verbundener weiterer Notar, BayObLG NJW-RR 1989, 1495.
[2] BayObLG 1962, 18 = DNotZ 1962, 314; LG Schwerin NotBZ 2001, 392.
[3] BayObLG DNotZ 1961, 317; BayObLG 1969, 91 = DNotZ 1969, 541 = Rpfleger 1969, 243.
[4] Groß BWNotZ 1984, 163 (165).

I. Antragsermächtigung des Notars in Grundbuchsachen

Die in § 15 GBO enthaltene gesetzliche **Vermutung** ist weder vom Antrag noch vom Einverständnis der Antragsberechtigten abhängig; sie ist aber **widerlegbar**, sie kann also durch eine entgegenstehende Willenserklärung der Beteiligten entkräftet werden.[5] Diese Vollmachtswiderlegung muß sich aber eindeutig aus der Erklärung selbst oder den Eintragungsunterlagen oder sonstigen, dem Grundbuchamt bekannt gewordenen Umständen, wozu auch die Interessenlage eines Beteiligten gehören kann, ergeben. Ohne eindeutige Vollmachtswiderlegung besteht die Antragsermächtigung des Notars. Auch ein nachträglicher Widerruf der Ermächtigung ist möglich, aber formbedürftig (§ 31 GBO). Ein solcher Widerruf ist aber nur beachtlich, wenn er vor der Stellung des Antrags, dh vor dessen Eingang beim Grundbuchamt, erfolgt. Nach diesem Zeitpunkt ist nur noch Antragsrücknahme in der Form des § 31 GBO möglich (s darüber Rdn 190 ff).[6]

2. Rechtfertigung der Antragsermächtigung des Notars

§ 15 GBO, durch den ein Vollmachtsnachweis entfällt, findet seine Rechtfertigung in dem besonderen Verhältnis, in das der Notar durch Leistung seiner Dienste zu den Beteiligten getreten ist, in der Erwägung, daß er sich nicht ohne Auftrag in die Verhältnisse anderer einmischen werde sowie in der Erfahrung, daß der Wille der Beteiligten regelmäßig auf die Besorgung der ganzen Grundbuchangelegenheit durch den Notar gerichtet ist[7] (s auch Rdn 189). 175

3. Kein eigenes gesetzliches Antragsrecht des Notars

Der Notar hat kein eigenes Antragsrecht,[8] er kann vielmehr einen Antrag lediglich als Bevollmächtigter eines Antragsberechtigten stellen. Tut er dies, so liegt ein Antrag des Beteiligten, gestellt durch einen Vertreter (Notar) vor; die Terminologie „Notarantrag" ist daher mißverständlich. Wer antragsberechtigt ist, richtet sich nach § 13 Abs 1 S 2, § 14 GBO. Die Antragsberechtigung des Vertretenen muß bis zur Eintragung vorliegen (vgl Rdn 88); entfällt sie vor Eintragung (zB mit Eintritt der Geschäftsunfähigkeit), so entfällt auch die 176

---

[5] Vgl BayObLG DNotZ 1978, 240 = Rpfleger 1977, 134; BayObLG 1985, 153 = MittBayNot 1985, 150 (152) = MittRhNotK 1985, 205 = Rpfleger 1985, 356 = BayObLG DNotZ 1987, 217 = Rpfleger 1987, 14; OLG Düsseldorf MittRhNotK 1997, 262 = NJW-RR 1998, 17 = Rpfleger 1997, 474 (475). Abzulehnen OLG Celle Rpfleger 1980, 389, soweit darin die Tendenz anklingt, die Vollmachtsvermutung für den Notar sei wegen Widerstreits der Interessen der Beteiligten erloschen, nachdem eine (uU unvollständige) Eintragung erfolgt ist. Die Vollmachtsvermutung für den Notar besteht ohne zeitliche Begrenzung so lange, bis die in der Urkunde enthaltenen Bewilligungen vollständig vollzogen sind.
[6] BayObLG DNotZ 1984, 643 = Rpfleger 1984, 96; OLG Zweibrücken Rpfleger 1984, 265.
[7] BGH 29, 372 = NJW 1959, 883; BayObLG 1955, 160 = DNotZ 1956, 213 (dazu kritisch Hieber DNotZ 1956, 172); BayObLG 1985, 153 (157) = Rpfleger 1985, 356 (357). S auch § 24 Abs 1 BNotO.
[8] BayObLG NJW-RR 1989, 1495; BayObLG MittBayNot 1993, 82 = NJW-RR 1993, 530.

Antragsberechtigung des Notars.⁹ Eine von einem Vertreter ohne Vertretungsmacht abgegebene Grundbucherklärung vermittelt dem sie beglaubigenden Notar nicht das Antragsrecht nach § 15 GBO.¹⁰

4. Voraussetzungen der Antragsermächtigung des Notars

177 Der Notar muß **als Urkundsperson tätig** geworden sein, um einen Antrag nach § 15 GBO stellen zu können. Er muß also eine Erklärung in Grundbuchsachen entweder **beurkundet** oder auf einer solchen eine **Unterschrift beglaubigt** haben. Der bloße Entwurf einer Urkunde oder die Beglaubigung einer Abschrift einer Eintragungsbewilligung oder die Beratung eines Beteiligten ermächtigen den Notar nicht zur Antragstellung nach § 15 GBO.¹¹

178 Die Beurkundung oder Beglaubigung muß sich auf eine zu einer Eintragung im Grundbuch **erforderliche Erklärung** beziehen. Darunter sind sämtliche Erklärungen zu verstehen, die eine unmittelbare Eintragungsgrundlage bilden. Die Beurkundung oder Beglaubigung eines **reinen Eintragungsantrags** (§ 13 Abs 1 GBO) gibt dem Notar keine Antragsermächtigung nach § 15 GBO. Anders liegt der Fall bei einer nur äußerlich als Antrag gekennzeichneten Erklärung, die in Wirklichkeit eine Bewilligung oder eine Zustimmung iS des § 19 GBO enthält (gemischter Antrag, § 30 GBO). Beispiele: Löschungsantrag des Grundstückseigentümers über ein Grundpfandrecht, soweit er auf einer Bewilligung des Gläubigers beruht (§ 27 GBO), Antrag des Gläubigers auf Teilung seiner Hypothek, wenn die Teile verschiedenen Rang erhalten sollen.¹²

Im einzelnen fallen unter die in § 15 GBO genannten zu einer Eintragung erforderlichen Erklärungen die Eintragungsbewilligung nach § 19 GBO, die Auflassungserklärung nach § 20 GBO, die Zustimmungserklärungen nach § 22 Abs 2, § 27 GBO, die Abtretungs- und Verpfändungserklärungen nach § 26 GBO und die Zwangsvollstreckungsunterwerfungs-Klausel nach § 794 Abs 1 Nr 5, § 800 ZPO.

179 Nicht unter die Grundbucherklärungen nach § 15 GBO fallen neben reinen Eintragungsanträgen solche Erklärungen, die zwar zur Eintragung erforderlich sind, die sich aber **nicht unmittelbar** auf die Eintragung beziehen. Beispiele: Vollmachten, Genehmigungs- und sonstige Legitimationsurkunden. Unter § 15 GBO fallen ferner nicht Urkunden über das **Kausalgeschäft.** Beurkundet der Notar nur einen Grundstückskauf- oder ähnlichen Vertrag oder die bloße Verpflichtung zur Eintragung eines Grundpfandrechts, so steht ihm das Antragsrecht nicht zu, weil die hierbei von den Beteiligten abgegebenen Erklärungen nicht zur unmittelbaren Herbeiführung einer Eintragung im Grundbuch erforderlich sind. Für einen Antrag, ein Recht wegen nachgewiesener Unrichtigkeit (§ 22 Abs 1 GBO, da anders bewilligt) zu löschen, begründet § 15 GBO keine Antragsermächtigung.¹³

---

⁹ Zum Antragsrecht des Notars nach dem Tod eines Antragsberechtigten LG Aschaffenburg Rpfleger 1971, 319 und Safferling Rpfleger 1971, 294 sowie OLG Celle Rpfleger 1980, 389 (hierzu aber Fußn 5).
¹⁰ OLG Hamm Rpfleger 1986, 367.
¹¹ OLG München JFG 20, 128; Demharter Rdn 6 zu § 15.
¹² KG JFG 14, 146. Weitere Einzelfälle gemischter Anträge s Demharter Rdn 4 zu § 30.
¹³ BayObLG NJW-RR 1989, 1495.

I. Antragsermächtigung des Notars in Grundbuchsachen

5. Zeitpunkt der Antragstellung durch den Notar

In der Regel wird der Notar einen Antrag nach § 15 GBO bei der **Einreichung** der in einer Grundbuchsache errichteten oder beglaubigten Urkunde beim Grundbuchamt stellen. Der Notar kann aber einen Antrag auch noch **nachträglich** stellen, etwa im Rahmen von Gegenvorstellungen gegenüber einer vom Grundbuchamt durch Zwischenverfügung erhobenen Beanstandung.[14] 180

6. Notar als Vertreter oder als Bote

Zur Schaffung klarer Verhältnisse sollte der Notar in jedem Fall ausdrücklich erklären, ob er als Vertreter oder nur als Bote für die Antragsteller tätig werden will. Am deutlichsten kommt die Tatsache, daß der Notar als Vertreter tätig werden will, dadurch zum Ausdruck, daß er formuliert: 181

    Ich stelle namens ... (s dazu nächste Rdn 182) folgende Anträge ...

Nur Bote ist der Notar, wenn er formuliert: „Dem Grundbuchamt zum Vollzug" oder „zur weiteren Veranlassung" oder „mit der Bitte, den gestellten Anträgen zu entsprechen".[15] Die Formulierung „mit der Bitte um Vollzug nach § 15 GBO" läßt eigene Antragstellung erkennen.[16] Ist der Notar nur als Bote tätig, so kann er keine Anträge zurücknehmen und ist nicht beschwerdeberechtigt (s zu diesen Fragen Rdn 189 ff).
Einen Antrag, den er zunächst nur als Bote eingereicht hat, kann der Notar nachträglich namens eines Antragsberechtigten wiederholen. Dies ist anzunehmen, wenn der Notar auf Beanstandungen des Grundbuchamts entsprechende Ausführungen macht.[17]

7. Bezeichnung des Antragsberechtigten durch den Notar

Der Notar kann auf Grund des § 15 GBO einen Antrag zum Grundbuch **für jeden** Antragsberechtigten stellen, also auch für einen solchen, dessen Erklärung er gar nicht beurkundet oder beglaubigt hat[18] oder der überhaupt keine Erklärung abgegeben hat.[19] Es genügt, wenn er die Erklärung irgend eines Antragsberechtigten beurkundet oder beglaubigt hat; die Erklärung desjenigen, für den er nach § 15 GBO handeln will, kann also von einem anderen 182

---

[14] BayObLG DNotZ 1987, 39; BayObLG BWNotZ 1988, 62.
[15] BGH DNotZ 1964, 435; BayObLG 11, 335; 12, 339; KG JW 1937, 114; OLG Köln KTS 1968, 245; OLG München JFG 15, 123 und 22, 30; Bauer/vOefele/Wilke Rdn 13 zu § 15; s aber auch KG DNotZ 1933, 372; OLG Hamburg MDR 1954, 493; Vorlage eines Prozeßvergleichs durch Notar kann Botentätigkeit sein, BayObLG (mitgeteilt) Rpfleger 1988, 237.
[16] So Demharter Rdn 13 zu § 15, der daher OLG München DNotZ 1943, 261 (mit abl Anm Luther) als bedenklich bezeichnet; ebenso KG Rpfleger 1991, 305; § 15; LG Traunstein Rpfleger 1988, 524 (auch für den Fall, daß Urkunde überhaupt keinen Antrag erhält).
[17] RG JW 1929, 740; BayObLG 1948/51, 511; 1952, 272; 1960, 235; 1962, 186; 1964, 171; 1967, 409; BayObLG DNotZ 1987, 39; BayObLG DNotZ 1996, 32 = Rpfleger 1995, 495.
[18] KGJ 22 A 294 (295).
[19] KGJ 21 A 93; BayObLG DNotZ 1984, 643 = Rpfleger 1984, 96.

Notar beurkundet oder beglaubigt sein. Damit besteht für jeden Notar, der als Urkundsperson unter den Rdn 178 ersichtlichen Voraussetzungen tätig ist, die Vollmachtsvermutung nach § 15 GBO.[20]

Der Notar wird, schon zu seiner eigenen Deckung und im Hinblick darauf, daß der Grundbuchverkehr klare Erklärungen erfordert, bei Stellung eines Antrags nach § 15 GBO jeweils ausdrücklich angeben, **für welchen von mehreren Antragsberechtigten** er den Eintragungsantrag stellt.[21] Fehlt eine solche Angabe, so ist bei einer Mehrheit von Antragsberechtigten (die meist gegeben sein wird) für die Regel der Antrag als im Namen **aller Berechtigten** gestellt anzusehen.[22] Dies gilt aber nicht, wenn sich aus den Umständen des einzelnen Falles ergibt, daß der Antrag für bestimmte Antragsberechtigte nicht gestellt werden soll, zB dann, wenn in der dem Grundbuchamt eingereichten Urkunde nur ein Antragsberechtigter den Antrag gestellt hat und der Notar sich im Begleitschreiben auf eine Wiederholung dieses Antrags beschränkt (s auch Rdn 183).[23] Die Kostenübernahmeerklärung durch den Käufer eines Grundstücks oder den Grundschuldbesteller widerlegt nicht mit der im Grundbuchverfahren erforderlichen Klarheit die Vermutung des § 15 GBO, daß die Anträge auch im Namen des Veräußerers/Gläubigers gestellt sind, auch wenn der Notar keine ausdrückliche Erklärung abgibt, in wessen Namen er den Antrag stellt.[24] Denn dem Interesse des Verkäufers/Gläubigers, keine Kosten tragen zu müssen, steht auf der anderen Seite sein sachliches Interesse an der Eintragung gegenüber. Nur durch eigene Antragstellung kann der Grundpfandrechtsgläubiger sicher sein, daß das Recht eingetragen wird; beim Kaufvertrag zB ist der Verkäufer auch an der Eintragung der Vormerkung für den Käufer interessiert (Kaufpreisfälligkeit),[25] ebenso an der Eintragung der Auflassung (um der Gefahr der Inanspruchnahme wegen öffentlicher Lasten zu entgehen). Ob beim Vollzug von Löschungsbewilligungen und Pfandfreigaben die vom Gläubiger in der Bewilligung abgegebene Erklärung, er übernehme keine Kosten, eine ausreichend eindeutige Vollmachtswiderlegung

---

[20] Ist einem Antragsberechtigten die Stellung eines Eintragungsantrags durch einstweilige Verfügung untersagt worden, so ist auch der Notar nicht mehr befugt, die Eintragung für ihn zu beantragen, BayObLG BayRpflZ 1923, 232.

[21] RG 11, 361; RG JW 1929, 741; BayObLG 1952, 272; Riedel DNotZ 1954, 166.

[22] RG HRR 1932 Nr 1468; OLG Hamburg MDR 1954, 493; KGJ 38 A 194 (196); BayObLG 1985, 153 = MittBayNot 1985, 150 = MittRhNotK 1985, 153 = Rpfleger 1985, 356; BayObLG MittBayNot 1993, 82 = aaO (Fußn 8); BayObLG MittBayNot 1993, 150 = MittRhNotK 1993, 117; BayObLG MittBayNot 1993, 365; LG Landau Rpfleger 1982, 338. Unrichtig LG Bayreuth Rpfleger 1980, 475, das die Vermutung für eine Antragstellung aller Beteiligter praktisch umkehrt, so zu Recht auch Meyer-Stolte Rpfleger 1980, 475.

[23] KGJ 24 A 91; KG OLGZ 1991, 287 = Rpfleger 1991, 305; OLG Hamburg aaO; OLG Zweibrücken JurBüro 1989, 501 = MittBayNot 1989, 92 = Rpfleger 1989, 17 (Grundschuld); OLG Schleswig DNotZ 1988, 787 (Auflassungsvormerkung); Bauer/vOefele/Wilke Rdn 14 zu § 15; aA BayObLG MittBayNot 1993, 365.

[24] BayObLG 1976, 258 = DNotZ 1977, 692; BayObLG DNotZ 1984, 643 = Rpfleger 1984, 96; BayObLG 1985, 153 = aaO (Fußn 22); OLG Zweibrücken Rpfleger 1984, 265; OLG Karlsruhe BWNotZ 1977, 124; OLG Düsseldorf Rpfleger 1986, 368; OLG Köln MittRhNotK 1986, 148 = Rpfleger 1986, 411; LG Landau Rpfleger 1982, 338; aA – unrichtig – OLG Düsseldorf DNotZ 1977, 696 = Rpfleger 1977, 266.

[25] BayObLG (2 Z 25/78) mitgeteilt Rpfleger 1979, 124.

darstellt, ist umstritten.²⁶ Die genaue Bezeichnung desjenigen, für den der Notar den Antrag stellt, ist auch im Hinblick auf die Zurücknahme eines Antrags von wesentlicher Bedeutung. Für den Notar dürfte es empfehlenswert sein, den Antrag im Namen sämtlicher Beteiligter zu stellen, um einseitige Rücknahme zu vermeiden (s Rdn 190, 192), soweit er nicht ausdrücklich andere Weisung erhält.

8. Antragstellung durch Notar und durch Beteiligte

Der Notar kann einen Antrag nach § 15 GBO auch dann stellen, wenn die Antragsberechtigten oder ein Teil von ihnen selbst schon den Eintragungsantrag gestellt haben.²⁷ Das Verhältnis zwischen den von den Beteiligten direkt gestellten Anträgen – insbesondere wenn sie in der Bewilligungsurkunde selbst enthalten sind – und den vom Notar nach § 15 GBO namens der Beteiligten gestellten Anträgen ist umstritten. Die als herrschend bezeichnete Meinung²⁸ nimmt an, daß in solchen Fällen zwei Anträge (Notar und Beteiligte) vorliegen mit der Folge, daß bei Rücknahme des Notarantrages der Antrag der Beteiligten bestehen bleibt.²⁹ Die Gegenmeinung³⁰ ist der Ansicht, der vom Notar nach § 15 GBO für die Beteiligten gestellte Antrag bewirke, daß die in der vorgelegten Bewilligungsurkunde enthaltenen Anträge der Beteiligten als nicht gestellt gelten; denn diese seien nur für den Fall formuliert und gestellt, daß der Notar aus irgendwelchen Gründen den Vollzug im Grundbuch nicht betreibe. Nach dieser Ansicht geht dem Grundbuchamt in solchen Fällen nur der vom Notar gestellte Antrag zu, gleichgültig, ob der Notar dies ausdrücklich erwähnt („... die Anträge der Beteiligten gelten als nicht gestellt") oder nicht. Der zuletzt genannten Meinung ist zuzustimmen.

183

---

²⁶ OLG Bremen Rpfleger 1987, 494 (keine Antragsermächtigung); aA BayObLG DNotZ 1987, 217 = Rpfleger 1987, 14; LG Mannheim BWNotZ 1987, 119 mit abl Anm Pöschl.
²⁷ BayObLG 1952, 272; OLG Hamm DNotZ 1954, 203 mit Anm Grußendorf; KGJ 44 A 170; KG Rpfleger 1971, 313.
²⁸ BayObLG 1955, 48 = DNotZ 1956, 206; BayObLG DNotZ 1989, 364 (ohne jede Problemdiskussion); BayObLG 1988, 307 (310) = DNotZ 1989, 366 (367) = Rpfleger 1989, 147; OLG Hamm JMBlNRW 1961, 273; OLG Schleswig SchlHA 1959, 197; OLG Frankfurt Rpfleger 1958, 221 u Rpfleger 1973, 403; zust Demharter Rdn 9 zu § 31; Bauch Rpfleger 1982, 457; Nieder NJW 1984, 329; ausdrücklich offen gelassen von BayObLG 1975, 1 = DNotZ 1976, 103 = Rpfleger 1975, 94; BayObLG DNotZ 1978, 240 = aaO (Fußn 5). Auch BGH 71, 349 = DNotZ 1978, 696 = Rpfleger 1978, 365 nimmt zwei Anträge an, ohne sich mit der Gegenmeinung und vor allem dem Problem zweier identischer Anträge der gleichen Person auseinanderzusetzen.
²⁹ Die weitere Konsequenz wäre dann aber bei dieser Ansicht, daß das Grundbuchamt immer über alle in der Urkunde enthaltenen Anträge zu entscheiden hat, auch wenn der Notarantrag nach § 15 GBO nur eine Eintragung von mehreren erfaßt. Diese Konsequenzen zieht die hM aber keineswegs; s auch OLG Köln OLGZ 1990, 18 = Rpfleger 1990, 159.
³⁰ OLG Braunschweig DNotZ 1961, 413 mit Anm Hieber = NJW 1961, 1362; LG Oldenburg Rpfleger 1982, 172; LG Kassel Beschluß v 7. 3. 1984, 6 T 81/84 (unveröffentlicht); AG Memmingen MittBayNot 1984, 261; Hieber DNotZ 1956, 172; Bauer/vOefele/Wilke Rdn 35; Meikel/Böttcher Rdn 29; K/E/H/E Rdn 21, je zu § 15; Ertl Rpfleger 1980, 41 (43); Rademacher MittRhNotK 1983, 81 (87).

Der Antrag nach § 15 GBO ist vom Notar im Namen der Beteiligten gestellt (Vertretung), nicht kraft eigenen Antragsrechts des Notars; auch der nach § 15 GBO gestellte Antrag ist Beteiligtenantrag, nicht „Notarantrag": ein daneben vom Beteiligten selbst gestellter Antrag wäre mit dem durch den Notar für ihn gestellten Antrag sachlich und personell identisch und daher schlecht denkbar. Die Antragstellung durch den Notar nach § 15 GBO ist vielmehr Übernahme der Vertretung der Beteiligten durch den Notar (sofort oder später) mit der Folge, daß der Verfahrensvertreter nunmehr für die Beteiligten das Verfahren betreibt, nicht etwa beide nebeneinander. Wird jemand aber im Verfahren durch einen Bevollmächtigten vertreten, so sind regelmäßig allein dessen Verfahrenshandlungen maßgebend, soweit sie durch die Verfahrensvollmacht gedeckt sind und nicht ausnahmsweise ein entgegengesetzter Wille des Vertretenen deutlich erkennbar ist. Daher ist auch nur vom Notar Antrag nach § 15 GBO gestellt, wenn er mit seinem Antrag (zB auf Eintragung der Auflassungsvormerkung) als Eintragungsgrundlage eine Urkunde vorlegt, in der noch weitere Anträge der Beteiligten enthalten sind (zB auf Eintragung oder Löschung eines Rechts); diese weiteren Anträge der Beteiligten hat der Notar dann nicht zugleich als Bote vorgelegt, sofern dies nicht ausdrücklich erklärt[31] oder sicher aus den Umständen erkennbar ist.[32]

Aus materiellrechtlichen (keine verdrängende Vollmacht zulässig; s Rdn 88) und verfahrensrechtlichen Gründen (Verfahrensherrschaft eines Beteiligten ist nicht übertragbar) abzulehnen ist die Ansicht, die Antragsberechtigten können auf ihr Antragsrecht zugunsten des Notars verzichten oder dem Notar eine Vollmacht erteilen, die ihre eigene Zuständigkeit, Anträge zu stellen oder zurückzunehmen, beseitigt.[33]

9. Verhältnis von Antragsrecht zur Änderung und Ergänzung der Bewilligung

184 Die Ermächtigung des Notars nach § 15 GBO gilt nur für den Eintragungs**antrag**. Der Notar kann diesem Antrag nur solche Erklärungen beifügen, durch die das Grundbuchamt ausschließlich zur Vornahme der von den **Beteiligten bewilligten Eintragung** veranlaßt werden soll (Beispiel: Bestimmung nach § 16 Abs 2 GBO).

Der Notar kann mit der Vollmachtsvermutung des § 15 GBO die Erklärungen der Beteiligten, die neben dem reinen Antrag zur Eintragung erforderlich sind, nicht ersetzen, solche auch nicht abändern oder ergänzen und dadurch der Bewilligung einen anderen Inhalt geben.[34] Er kann also nicht etwas bean-

---

[31] OLG Köln OLGZ 1990, 18 = aaO.
[32] ZB wenn die Beteiligten die Urkunde persönlich beim Grundbuchamt eingereicht haben, BayObLG DNotZ 1978, 240 = aaO (Fußn 5).
[33] So aber OLG Hamm DNotZ 1975, 686 = Rpfleger 1975, 250; ablehnend hierzu Ertl DNotZ 1975, 644; Herrmann MittBayNot 1975, 173; wie hier OLG Karlsruhe BWNotZ 1994, 69; LG Frankfurt MittRhNotK 1992, 116 = Rpfleger 1992, 58; LG Magdeburg Rpfleger 1996, 244; siehe auch OLG Frankfurt DNotZ 1992, 389 (390).
[34] Weicht der Antrag des Notars von den zur Eintragung erforderlichen Erklärungen der Beteiligten ab, haben diese aber selbst in der Urkunde einen ordnungsmäßigen Antrag gestellt, so kann der Antrag des Notars zurückgewiesen und gleichzeitig dem Antrag der Beteiligten entsprochen werden (RG 60, 395 auf dem Boden der Meinung vom Vorliegen zweier Anträge, Rdn 183). Das Grundbuchamt wird aber den Notar

I. Antragsermächtigung des Notars in Grundbuchsachen

tragen, was mit der Eintragungsbewilligung oder den ihr gleichstehenden Erklärungen in **Widerspruch** steht. Der Antrag des Notars muß sich vielmehr mit dem Inhalt der Bewilligung decken.[35] Schränkt der Notar den Antrag ein (Teilrücknahme), führt dies nur zur Eintragung, wenn auch die Bewilligung entsprechend eingeschränkt wird (Rdn 93), ggfs durch notarielle Eigenurkunde auf Grund besonders erteilter Vollmacht (Rdn 185). Mehrdeutige Erklärungen der Beteiligten kann der Notar aber durch seinen Antrag klarstellen.[36]

Eine **fehlende Eintragungsunterlage** vermag der Antrag des Notars nicht zu ersetzen, etwa die Zustimmung des Eigentümers im Falle der Grundbuchberichtigung (§ 22 Abs 2 GBO) und der Grundpfandrechtslöschung (§ 27 GBO) oder die Angabe des Gemeinschaftsverhältnisses zwischen mehreren Eigentümern oder Berechtigten (§ 47 GBO).[37]

Die Beurkundung einer Auflassung berechtigt den Notar nicht, den Antrag auf Eintragung einer **Auflassungsvormerkung** (§ 883 BGB) zu stellen.[38] Eine abweichende Bestimmung über die **Aushändigung des Briefs** über eine Hypothek oder Grundschuld (§ 60 GBO) kann der Notar ebenfalls nicht treffen.[39]

Stehen mehrere Eintragungsanträge ausdrücklich oder stillschweigend miteinander in einem Verbund nach § 16 Abs 2 GBO (vgl dazu Rdn 92), so kann der beurkundende Notar – ohne besondere Vollmacht (zur Vollmacht s Rdn 185) – nicht durch seine Antragstellung nur einzelne Anträge zum Vollzug bringen;[40] wohl aber kann er mehrere bisher nicht voneinander abhängige Anträge selbst nach § 16 Abs 2 GBO miteinander verbinden, sofern er sich dadurch nicht in Widerspruch zu Erklärungen der Beteiligten setzt.[41]

Das Antragsrecht des Notars enthält nach hM in der Rechtsprechung nicht die Befugnis, eine Rangbestimmung nach § 45 Abs 3 GBO im Antrag zu tref-

---

zuvor auf die Unstimmigkeiten zur etwaigen Berichtigung hinweisen. Ob der Notar den von einem Beteiligten **unvollständig gestellten Antrag** durch einen vollständigen ergänzen kann, richtet sich nach der Lage des Einzelfalles (für allgemeines Ersetzungsrecht des Notars K/E/H/E Rdn 31 zu § 15). Nach BayObLG Rpfleger 1978, 447 = MittBayNot 1978, 155 deckt eine für ein ganzes Grundstück erklärte Auflassung nicht einen Antrag auf Vollzug der Auflassung nach Abschreibung einer Teilfläche. Vgl auch BayObLG Rpfleger 1982, 17 zur Ersetzung eines nicht hinreichend bestimmten Lageplans.

[35] OLG Düsseldorf DNotZ 1950, 41; OLG München JFG 22, 30; OLG Hamm Rpfleger 1986, 367.
[36] BayObLG 1955, 162 = DNotZ 1956, 214; vgl aber auch OLG Frankfurt Rpfleger 1979, 418 über die Grenzen einer solchen „Klarstellung". Nach LG Oldenburg Rpfleger 1982, 175 kann die fehlende Sitzangabe einer Handelsgesellschaft durch Bescheinigung des Notars nach § 20 Abs 1 BNotO ersetzt werden.
[37] BayObLG DNotZ 1980, 481 = Rpfleger 1980, 19 (20); OLG Köln Rpfleger 1980, 286.
[38] BayObLG 31, 243; BayObLG 1979, 12 = DNotZ 1979, 426 = Rpfleger 1979, 134; abweichend Hieber DNotZ 1954, 67 (71). Enthält ein Grundstückskauf Anträge auf Eintragung des Käufers als Eigentümer und einer Auflassungsvormerkung, so ist der Notar befugt, zunächst nur den Antrag auf Eintragung der Vormerkung einzureichen (KG DNotZ 1971, 418 = Rpfleger 1971, 312).
[39] RG HRR 1932 Nr 267; KGJ 30 A 272 (275). Antrag auf Brieferteilung bei Briefrecht ist möglich; OLG Düsseldorf Rpfleger 1974, 224.
[40] KG JW 1937, 477 und Rpfleger 1971, 313; BayObLG 1975, 1 = DNotZ 1976, 103 = Rpfleger 1975, 94.
[41] Spieß MittRhNotK 1972, 373.

fen, wenn diese in der Bewilligung selbst nicht enthalten ist,[42] wohl aber besteht diese Befugnis, wenn dem Notar von den Beteiligten hierzu verfahrensrechtliche Vollmacht (Rdn 185) erteilt ist.[43] Reihenfolge und damit den Rang der Eintragungen im Grundbuch kann der Notar aber dadurch lenken, daß er die Anträge zu verschiedenen Zeitpunkten – wobei schon je eine Minute Zeitabstand genügt – beim Grundbuchamt einreicht.

185 Rangbestimmungen nach § 45 Abs 3 GBO,[44] Auflösung eines von den Beteiligten angeordneten Antragsverbundes nach § 16 Abs 2 GBO, überhaupt **Änderungen** und **Ergänzungen von Bewilligungen** kann der beurkundende Notar jedoch dann treffen, wenn er hierzu von den Beteiligten bevollmächtigt worden ist (Vollmacht verfahrensrechtlicher oder rechtsgeschäftlicher Natur). Diese Vollmacht bedarf der Form des § 29 GBO.[45] Die Ermächtigung, „alle zum Vollzug des Vertrags erforderlichen Erklärungen abzugeben und Anträge zu stellen", erlaubt auch Änderung/Einschränkung der Eintragungsbewilligung und Rangbestimmung nach § 45 Abs 3 GBO.[46] Sie kann vom Notar auf sich selbst beurkundet werden (s Rdn 164). Die auf Grund dieser Vollmacht vom Notar abgegebenen Erklärungen, mit denen die Bewilligung ergänzt oder geändert wird, genügen als **notarielle Eigenurkunden** der Form des § 29 GBO, wenn sie vom Notar unterzeichnet und gesiegelt sind (s Rdn 164).

10. Eintragungsnachricht an den Notar

186 Hat der Notar einen Antrag nach § 15 GBO namens eines oder aller Antragsberechtigten gestellt, so ist eine etwaige **Zwischenverfügung** und **Zurückweisung** des Eintragungsantrags (§ 18 GBO) nur dem Notar, nicht den Antragstellern selbst bekanntzumachen,[47] auch wenn neben dem Notar ein Antragsberechtigter selbst den Eintragungsantrag gestellt hat (Rdn 183). Benachrichtigung nur des Antragstellers selbst ist in vorstehenden Fällen unwirksam.[48]

187 **Eintragungsnachricht** erhält der Notar, der einen Eintragungsantrag eingereicht hat, in jedem Fall (§ 55 Abs 1 GBO); unerheblich ist, ob der Notar nach § 15 GBO Eintragungsantrag gestellt oder den Eintragungsantrag eines

---

[42] OLG Frankfurt OLGZ 1991, 416 = Rpfleger 1991, 362 mit krit Anm Meyer-Stolte; OLG Hamm DNotZ 1950, 40; KG MittBayNot 2001, 79 = Rpfleger 2000, 453; OLG Koblenz DNotZ 1976, 549 (Bezifferung der Anträge enthaltenden mehreren gleichzeitig vorgelegten Urkunden mit römischen Zahlen, kritisch dazu Spiritus DNotZ 1977, 343); OLG Schleswig SchlHA 1960, 208; LG Saarbrücken Rpfleger 2000, 109 (110); aA die überwiegende Literatur, zB K/E/H/E Rdn 28, Meikel/Böttcher Rdn 31, je zu § 15; Staudinger/Kutter Rdn 39 zu § 879 BGB mit weit Nachw.
[43] BayObLG 1992, 131 (139) = MittBayNot 1992, 391 = NJW-RR 1992, 1369 = Rpfleger 1993, 13; LG Saarbrücken Rpfleger 2000, 109; Demharter Rdn 31 zu § 45.
[44] Vgl zur Eigenurkunde für Rangbestimmung Gutachten DNotI-Report 1998, 169.
[45] Eine im nicht verlesenen Teil einer Urkunde nach § 14 BeurkG enthaltene Vollmacht für den Notar ist formgerecht, LG Kempten MittBayNot 1983, 192.
[46] BayObLG DNotZ 1997, 321 mit Anm Wulf (S 331); ebenso LG Saarbrücken Rpfleger 2000, 109 (Vollmacht „zur Durchführung"); Bauer/vOefele/Wilke Rdn 37 zu § 15; Demharter Rdn 31 zu § 45; anders OLG Hamm MittRhNotK 1996, 330 (nicht richtig).
[47] RG 110, 361; BGH 28, 109 = DNotZ 1958, 557 = NJW 1958, 1532; BayObLG 1988, 307 = DNotZ 1989, 366 = Rpfleger 1989, 147.
[48] KGJ 38 A 194 (200); OLG München JFG 18, 20.

I. Antragsermächtigung des Notars in Grundbuchsachen

(der) Beteiligten dem Grundbuchamt als Bote zugeleitet hat.[49] Hat der Notar den Eintragungsantrag nur als Bote dem Grundbuchamt weitergeleitet, erhält auch der Antragsteller Eintragungsnachricht[50] (§ 55 Abs 1 GBO). Wenn nur der Notar Antrag gemäß § 15 GBO für einen oder alle Antragsberechtigten gestellt hat, ist dem Notar die nach § 55 Abs 1 GBO für den Antragsteller bestimmte Eintragungsnachricht zu übersenden, nicht dem vertretenen Antragsberechtigten selbst;[51] eine partielle Einschränkung der Vollmacht für den Notar dahin, daß er nicht berechtigt sein soll zum Empfang der Eintragungsnachricht, soll gegenüber dem Grundbuchamt unwirksam sein.[52] Eintragungsnachricht erhält der Notar dann nur einmal (keine Häufung der Bekanntmachungen gleichen Inhalts, Rdn 302, und auch keine vielfache Benachrichtigung des Notars, der Antrag für mehrere Antragsberechtigte gestellt hat). Übernimmt der Notar durch Antragstellung nach § 15 GBO das Verfahren für einen Beteiligten, der zunächst selbst Antrag gestellt hat (Notar hat Anträge zunächst nur als Bote weitergeleitet), so erhält nunmehr nur der Notar, nicht auch der Antragsteller selbst, Eintragungsnachricht;[53] dies folgt aus der hier vertretenen Auffassung des Verhältnisses zwischen „Notarantrag" und Beteiligtenantrag (s Rdn 183). Wenn der Notar für den Antragsteller Eintragungsnachricht erhält, wird diesem selbst auch nicht in seiner Eigenschaft als Begünstigter, Betroffener (auch Grundpfandgläubiger) nochmals Eintragungsnachricht erteilt, weil ein Antragsteller nur (einmal) in dieser Eigenschaft Nachricht erhält[54] (Rdn 302).

Inwieweit für den Notar eine Amtspflicht besteht, die Eintragungsnachricht für die Beteiligten zu **prüfen**, ist eine noch nicht voll geklärte Frage. Hat der Notar den Antrag nach § 15 GBO gestellt, so erhält er Vollzugsnachricht. Er ist in diesem Fall zu ihrer Prüfung in der Lage und verpflichtet;[55] die Prü-

188

---

[49] Begründung zu § 55, BT-Drucks 12/5553, S 68.
[50] So auch Schreiben des Bay Staatsmin der Justiz MittBayNot 1995, 414.
[51] RG 110, 361; BGH 28, 109 = aaO (Fußn 47); OLG Zweibrücken DNotZ 1969, 358 (mit Anm Schmidt) = Rpfleger 1968, 154 (mit Anm Haegele); OLG Düsseldorf Rpfleger 1984, 311 und MittRhNotK 1997, 262 = Rpfleger 1997, 474; Schreiben des Bay Staatsmin der Justiz aaO (Fußn 50).
[52] OLG Düsseldorf DNotZ 2001, 704 = NJW-RR 2001, 1023 = Rpfleger 2001, 124; OLG Jena Rpfleger 2002, 516; OLG Köln MittBayNot 2001, 319 = NotBZ 2001, 153 = Rpfleger 2001, 123; LG Bielefeld Rpfleger 2002, 142; LG Koblenz MittBayNot 1997, 38 = MittRhNotK 1996, 331 = NJW-RR 1997, 720 = Rpfleger 1996, 449; LG Saarbrücken DNotI-Report 2001, 85 = RNotZ 2001, 213 (kein Widerruf der Vollmacht nur für den Empfang der Eintragungsnachricht; nach Stellung des Antrags ist ein Widerruf ohnedies ausgeschlossen, s Rdn 174 aE); aA LG Potsdam NotBZ 2002, 386 (bei Widerruf der Empfangsvollmacht für die Eintragungsmitteilung Unterrichtung der Beteiligten).
[53] KGJ 38 A 194 (200); K/E/H/E Rdn 38; Demharter Rdn 19, je zu § 15; BayObLG 1988, 307 = aaO (Fußn 47), das hier allerdings die „sachliche Identität" des „Notar"- und „Beteiligtenantrags" entdeckt; aA Bauch MittBayNot 1983, 155.
[54] AA Bauch MittBayNot 1983, 155.
[55] So Jansen Anm 12 zu § 53 BeurkG; Winkler Rdn 56ff zu § 53 BeurkG; Eylmann/Vaasen/Hertel Rdn 24 zu § 24 BNotO; aA (Prüfungspflicht nur bei Übernahme eines besonderen Treuhandauftrags) Weber DNotZ 1974, 393; Reithmann DNotZ 1975, 332. S ferner Zusammenstellung der Bundesnotarkammer vom August 1970 (mitgeteilt JurBüro 1970, 825, 829) und Haftpflichtecke DNotZ 1964, 720 und 1976,

fungspflicht bezieht sich aber nur auf Umstände, die aus der Eintragungsbekanntmachung selbst in Verbindung mit den gestellten Anträgen ersichtlich sind.[56] Eine Prüfungspflicht für den Notar besteht dagegen nicht, wenn er die Anträge der Beteiligten lediglich als Bote an das Grundbuchamt weitergeleitet hat (§ 53 BeurkG).[57]

11. Beschwerderecht des Notars

189 Wird der vom Notar für einen Antragsberechtigten nach § 15 GBO gestellte Antrag vom Grundbuchamt zurückgewiesen oder wird Zwischenverfügung erlassen, so steht ihm im Namen eines Antragsberechtigten, aber nicht in eigenem Namen[58] (vgl Rdn 176), das Beschwerderecht – auch die weitere Beschwerde – nach §§ 71 ff GBO zu. Die Vollmacht des Notars zur Beschwerdeeinlegung muß im Regelfall nicht nachgewiesen werden, wenn sie aus den Umständen ersichtlich ist, zB durch Einreichung eines Schriftsatzes gegen die Zwischenverfügung.[59] Der Antragsberechtigte, für den der Notar Beschwerde einlegt, braucht nicht derjenige zu sein, für den der Notar den Eintragungsantrag gestellt hat. Legt der Notar das Rechtsmittel nicht ausdrücklich für einen einzelnen Antragsberechtigten ein, so gilt es als im Namen aller Antragsberechtigten erhoben[60] (vgl dazu Rdn 182), falls sich aus den Umständen des Falles nicht etwas anderes ergibt.[61] Der Umstand, daß ein Beteiligter selbst ebenfalls den Eintragungsantrag gestellt hat (Rdn 183), steht der Beschwerde des Notars nicht entgegen.

Ist der Notar nur als **Bote** tätig (Rdn 181), so kann er Beschwerde nur auf Grund besonderer Vollmacht einlegen. Legt er gegen eine Zwischenverfügung Rechtsmittel ein, so dürfte darin aber zugleich die nachträgliche Antragstellung nach § 15 GBO liegen (s Rdn 183).

12. Zurücknahme eines nur vom Notar gestellten Antrags

190 Der Notar, der **allein** einen **Eintragungsantrag** nach § 15 GBO beim Grundbuchamt **eingereicht** hat, kann diesen, solange er noch nicht im Grundbuch vollzogen ist, ohne Vollmachtsnachweis und ohne Mitwirkung eines Antragsberechtigten und tatsächlichen Antragstellers zurücknehmen. Das ist durch eine mit seiner Unterschrift und seinem Amtssiegel versehene Erklärung möglich (§ 24 Abs 3 BNotO).

485; abzulehnen BGH MittRhNotK 1987, 286 = Rpfleger 1987, 458 Leits, der (im Erbscheinsverfahren) die Haftung für fehlerhafte Gerichtsentscheidungen auf den Notar überwälzt.
[56] K/E/H/E Rdn 7 zu § 55.
[57] BGH 28, 104 = DNotZ 1958, 557; Winkler Rdn 59 zu § 53 BeurkG.
[58] KGJ 35 A 199; KG NJW 1959, 1086; BayObLG MittBayNot 1993, 82 = NJW-RR 1993, 530.
[59] BayObLG DNotZ 1987, 39; BayObLG BWNotZ 1988, 62; BayObLG DNotZ 1996, 32 = Rpfleger 1995, 495, das eine Vollmachtsvermutung für den Notar auch bejaht, wenn die Voraussetzungen des § 15 GBO nicht vorliegen.
[60] S dazu BayObLG 1971, 194 = DNotZ 1971, 598 = Rpfleger 1971, 357; BayObLG MittBayNot 1993, 82 = aaO (Fußn 58); BayObLG MittBayNot 1993, 150 = MittRhNotK 1993, 117.
[61] BayObLG 1953, 185; 1967, 409.

I. Antragsermächtigung des Notars in Grundbuchsachen

Der Notar kann **einzelne Anträge** von mehreren zurücknehmen[62] (Form auch hier: § 24 Abs 3 BNotO[63]) es sei denn, die Anträge sollen nach dem ausdrücklichen oder sonst erkennbaren Willen der Beteiligten nur gemeinsam vollzogen werden (§ 16 Abs 2 GBO).[64] Liegt eine solche Verknüpfung mehrerer Anträge vor, kann der Notar einzelne Anträge nur auf Grund besonderer Vollmacht durch notarielle Eigenurkunde (s hierzu Rdn 164, 185) zurücknehmen.[65] In Zweifelsfällen, in denen sich die Verknüpfung der Anträge in vorstehendem Sinn nicht aus der vorgelegten Urkunde ergibt, bleibt die Entscheidung über teilweise Zurücknahme dem Notar überlassen. Das Grundbuchamt kann von ihm keinen zusätzlichen Nachweis seiner Berechtigung verlangen, da diese nach § 24 Abs 2 BNotO vermutet wird.[66] Beim Grundbuchamt müssen mithin schon konkrete Anhaltspunkte für die Verknüpfung mehrerer Anträge nach § 16 Abs 2 GBO gegeben sein, wenn es die Zurücknahme eines von mehreren Anträgen als nicht zulässig erachten will.[67]

13. Zurücknahme eines von einem Beteiligten gestellten Antrags

Der Notar kann den von einem **Antragsberechtigten** selbst gestellten Antrag (den er zB als Bote überbracht hat) auf Grund der Vollmachtsvermutung des § 15 GBO (§ 24 Abs 3 BNotO) nicht zurücknehmen, sondern benötigt hierzu eine besondere **Vollmacht,** der Form des § 29 GBO bedarf, in der Bewilligungsurkunde selbst aber erteilt werden kann. Die Rücknahmeerklärung des so bevollmächtigten Notars ist wirksam, wenn sie mit seiner Unterschrift und seinem Amtssiegel versehen ist (notarielle Eigenurkunde, s Rdn 164).

191

14. Zurücknahme eines Notarantrags durch einen Beteiligten

Ein Antragsberechtigter kann den vom Notar für ihn gestellten Antrag selbst in der Form des § 31 GBO **zurücknehmen.** Geschieht dies, so muß aber das Grundbuchamt prüfen, ob der Notar den Eintragungsantrag nicht noch für andere Antragsberechtigte gestellt hat. Diese Prüfung ist dann einfach, wenn der Notar bei Antragstellung ausdrücklich angegeben hat, **für wen** er den Antrag stellt (Rdn 182). Ist dies dagegen nicht der Fall, so muß das Grundbuchamt unterstellen, daß der Notar den Antrag für **alle Antragsberechtigten** gestellt hat (Rdn 182). Nimmt zB bei einer Auflassung lediglich der Verkäufer seinen Antrag auf Eigentumsumschreibung zurück, muß das Grundbuchamt im Falle einer Antragstellung durch den Notar „nach § 15 GBO" den Antrag für den Käufer vollziehen. Hat der Notar eine Hypothek- oder Grundschuld-

192

---

[62] BayObLG JFG 9, 201.
[63] BayObLG DNotZ 1994, 891.
[64] BayObLG 1955, 53 = DNotZ 1956, 206 und OLG München DNotZ 1941, 31. Spieß MittRhNotK 1972, 366 spricht allerdings nur von einer grundsätzlichen Anerkennung dieser Möglichkeit durch die Rechtsprechung. Nach seiner Ansicht besteht ein Zurücknahmerecht nicht, soweit ein Teil einer einheitlichen Eintragung zurückgenommen werden soll, zB Rücknahme der Bestimmung, daß die Erteilung eines Hypothekenbriefs ausgeschlossen ist.
[65] OLG Hamm OLGZ 1988, 260 = Rpfleger 1988, 404.
[66] OLG Hamm JR 1949, 226; unrichtig LG Oldenburg Rpfleger 1981, 439 mit abl Anm Meyer-Stolte.
[67] Spieß MittRhNotK 1972, 366.

bestellung beurkundet oder eine Eintragungsbewilligung beglaubigt und geht aus seinem Antrag nicht eindeutig hervor, für wen er den Antrag stellt, so besteht zwar regelmäßig die Vermutung dafür, daß der Antrag auch namens des Gläubigers gestellt ist (s hierzu Rdn 182), doch sollte der Notar, besonders wenn er sog Notarbestätigungen erteilt, den Antrag immer ausdrücklich auch im Namen des Gläubigers stellen, um eine einseitige Rücknahme durch den Eigentümer zu vermeiden, wenn das Grundbuchamt etwa wegen besonderer Umstände eine Antragstellung des Notars für den Gläubiger verneint.

15. Zurücknahme eines vom Notar und von den Beteiligten gestellten Antrags

193 Ist ein Eintragungsantrag bereits von den Beteiligten gestellt, hat sich ihm aber der Notar noch nachträglich ausdrücklich angeschlossen (s Rdn 181), so wirkt sich nach der Meinung, daß zwei Anträge des gleichen Beteiligten (!) vorliegen, wenn dieser selbst (in der Urkunde) und der Notar für ihn nach § 15 GBO Vollzug beantragt (s Rdn 183), die Rücknahme des Antrags des Notars nicht aus, da der als fortbestehend anzusehende Antrag der Beteiligten vollzogen werden kann und muß. Den nach dieser Auffassung bestehenden, von den Beteiligten selbst gestellten Antrag kann der Notar nur nach den in Rdn 191 dargestellten Regeln zurücknehmen. Diese Ansicht ist aus den Rdn 183 genannten Gründen abzulehnen.

Nehmen **alle** Antragsteller in der Form des § 31 GBO ihre Anträge zurück, bedarf es keiner Rücknahme des vom Notar gestellten Antrages, da der auf Nichtvollzug gerichtete und formgerecht ausgedrückte Wille der Beteiligten gleichzeitig Rücknahme und Vollmachtswiderruf ist.

16. Widerruf der Verknüpfungsbestimmung des § 16 Abs 2 GBO

194 Hat der Notar zulässigerweise (weil keine entgegenstehenden Erklärungen der Beteiligten in der Urkunde Ausdruck gefunden haben) bei Antragstellung eine Bestimmung nach § 16 GBO getroffen, kann er diese Verknüpfung in der Form des § 24 Abs 3 BNotO auch zurücknehmen. Von den Beteiligten selbst getroffene Anordnungen nach § 16 Abs 2 GBO kann der Notar nicht zurücknehmen, soweit ihm nicht hierzu Vollmacht erteilt wurde (s Rdn 184, 185, 190).

17. Kostenrecht

195 Durch die Stellung eines Antrags nach § 15 GBO entsteht für den Notar keine Kostenhaftung; der Notar ist nicht etwa selbst Schuldner der durch seinen Antrag entstehenden Kosten. Kostenpflichtig ist allein derjenige, für den der Notar einen Antrag stellt.[68]

18. Urkundenrückgabe

196 Der Notar kann die mit den gestellten Anträgen eingereichten Urkunden zurückfordern.[69] Hat der Notar im Zusammenhang mit der Antragstellung beim Grundbuchamt Grundpfandrechtsbriefe vorgelegt, so sind diese an ihn

---

[68] OLG Hamm DNotZ 1952, 86; KG JVBl 1941, 61.
[69] KGJ 44 A 170.

zurückzugeben. Im übrigen sind die Briefe an diejenigen zurückzugeben, die sie vorgelegt haben.[70]

19. Urkundeneinreichung durch den Notar beim Grundbuchamt

Nach § 53 BeurkG hat der Notar die von ihm beurkundeten oder beglaubigten Eintragungsbewilligungen unverzüglich nach Vollzugsreife dem Grundbuchamt vorzulegen; eine verspätete Einreichung stellt eine Amtspflichtverletzung des Notars dar.[71] „Unverzüglich" bedeutet nicht „sofort", sondern nach § 121 BGB „ohne schuldhaftes Zögern". Dies bedeutet, daß dem Notar zunächst eine angemessene Frist für die büromäßige Bearbeitung der Urkunde (Eintragung in die Urkundenrolle, Herstellung von Abschriften, Bewertung, Beglaubigung, Anfertigung der Begleitschreiben) zur Verfügung stehen muß, die sicher einige Tage umfassen kann.[72] Unter Berücksichtigung dieser Bearbeitungszeit, der Vorlage und eines Toleranzspielraums von einigen Tagen dürfte die Vorlage innerhalb von 10 Tagen nach Vollzugsreife als noch ausreichend anzusehen sein.[73]

§ 53 BeurkG gilt jedoch nur, soweit nicht die Beteiligten dem Notar übereinstimmend andere Weisungen erteilt haben. Auf die mit der Verzögerung verbundenen Gefahren soll der Notar hinweisen; die Verbindlichkeit der Anweisung hängt von der Belehrung aber nicht ab.[74] Der einseitige **Widerruf** der **Vollzugsvollmacht** oder ihre einseitige Änderung[75] durch einen von mehreren Beteiligten beseitigt regelmäßig die Vollzugsverpflichtung des Notars nach § 53 BeurkG nicht; das gilt auch für seine Pflicht, ggfs Nebenerklärungen einzuholen und von ihm abhilfefähige Vollzugshindernisse zu beseitigen.[76] Nur in Ausnahmefällen, in denen eine anfängliche (zB § 311b Abs 1 [= § 313 aF], § 125 BGB[77] oder Geschäftsunfähigkeit[78]) oder nachträgliche[79] (zB durch Anfechtung, Rücktritt) Unwirksamkeit der Urkunde in sehr hohem Maße wahrscheinlich und dies dem Notar aufgrund ausreichend substantiierter Tat-

197

---

[70] KGJ 38 A 194; 39 A 162; 44 A 170.
[71] BGH NJW 2002, 3391; OLG Zweibrücken DNotZ 1973, 442; Winkler Rdn 16 zu § 53 BeurkG; Haftpflichtecke DNotZ 1976, 479 ff.
[72] Bearbeitungszeit von 4 Werktagen bis zur Stellung des Antrags auf Eintragung einer Auflassungsvormerkung kann keine unrichtige Sachbehandlung sein, LG Duisburg MittRhNotK 1993, 76.
[73] So richtig Schippel MittBayNot 1979, 35 und Kanzleiter DNotZ 1979, 314 in ihren überzeugend begründeten Anmerkungen zu BGH DNotZ 1979, 311 = JurBüro 1979, 681 = VersR 1979, 181, der in Verkennung der tatsächlichen Möglichkeiten des Notars sofortige Vorlage noch am selben Tag verlangt. Dagegen auch Haftpflichtecke DNotZ 1979, 725.
[74] BGH DNotZ 1990, 441.
[75] OLG Düsseldorf MittBayNot 2002, 206.
[76] OLG Hamm MittBayNot 1994, 370 = MittRhNotK 1994, 183; OLG Hamm MittBayNot 1995, 411 = MittNotK 1995, 274.
[77] BayObLG DNotZ 1998, 645; OLG Jena DNotI-Report 1999, 169; OLG Köln MittRhNotK 1999, 318 (alle bezüglich „Unterverbriefung"); OLG Frankfurt DNotI-Report 1998, 62; BayObLG DNotZ 2000, 372 mit Anm Reithmann = NJW-RR 2000, 1231 (jeweils zum Einwand nichtbeurkundeter Nebenabreden).
[78] BayObLG ZNotP 1998, 388.
[79] BayObLG 1998, 6 = DNotZ 1998, 646 und DNotZ 1998, 648.

1. Teil. V. Eintragungsvoraussetzungen

sachen klar erkennbar ist, darf (und muß) der Notar vom Vollzug absehen, ggfs – soweit noch möglich – den Antrag zurücknehmen.[80] Er sollte den Beteiligten in solchen Zweifelsfällen einen beschwerdefähigen (§ 15 BNotO) Vorbescheid mit der Ankündigung seiner beabsichtigten Maßnahme erteilen.

20. Angestellter des Notars als Bevollmächtigter

198 In dem von einem Notar beurkundeten Rechtsgeschäft ist noch immer mitunter auch eine mehr oder weniger weitreichende Vollmacht auf Notarangestellte zur Abgabe ergänzender, erweiternder oder abändernder Erklärungen enthalten. Eine solche Vollmacht schließt das Antragsrecht des Notars nach § 15 GBO nicht aus.[81] Im Hinblick auf die inzwischen unstreitige Anerkennung notarieller Eigenurkunden ist eine solche Vollmacht für Notarangestellte nicht mehr zu empfehlen;[82] die Vollmacht sollte dem Notar selbst erteilt werden.[83] Eine Amtspflicht des Notars, eine Grundschuldbestellung durch den bevollmächtigten Notarangestellten zu beurkunden[84] oder einen (namentlich) bevollmächtigten Notarangestellten zur Abgabe der Erklärung für den Vollmachtgeber anzuhalten, besteht (jedenfalls bei streitigem Sachverhalt) nicht.[85] Ob eine Vollmacht für den Notarangestellten zur Bestellung von Finanzierungsgrundpfandrechten für den Käufer mit der notariellen Dienstpflicht vereinbar ist, wird von den einzelnen Notarkammern unterschiedlich beurteilt.[86] Kauft ein Verbraucher (§ 13 BGB) von einem Unternehmer (§ 14 BGB), soll eine Vollmacht für Mitarbeiter des Notars gegen § 17 Abs 2 a S 2 Nr 1 BeurkG verstoßen.[87]

K. Eintragung auf Ersuchen einer Behörde (§ 38 GBO)

Literatur: Berroth, Zur Form von Erklärungen oder Ersuchen einer Behörde, BWNotZ 1979, 121.

1. Behördenersuchen als Eintragungsgrundlage

199 Auf **Ersuchen** einer Behörde erfolgt die Grundbucheintragung in den gesetzlich vorgesehenen Fällen (§ 38 GBO). Das Behördenersuchen ersetzt als Eintragungsgrundlage den sonst erforderlichen Eintragungs**antrag** (§ 13 Abs 1

---

[80] Eingehend hierzu Winkler MittBayNot 1998, 141 (144 ff); Schramm ZNotP 1999, 342.
[81] OLG Hamm DNotZ 1954, 203.
[82] Für Vollzugsvollmacht zur Abgabe materiell-rechtlicher Erklärungen Dieterle BWNotZ 2001, 115. Zur Frage der Haftung des Notarangestellten als Auflassungsbevollmächtigter BGH MittBayNot 2003, 154 = NJW 2003, 578 = NotBZ 2003, 111 mit Anm Schlee = RNotZ 2003, 62.
[83] Vgl auch Dieterle BWNotZ 1991, 172.
[84] LG Traunstein MittBayNot 2000, 574.
[85] OLG Frankfurt BWNotZ 2001, 129 = MittBayNot 2000, 466 mit Anm Reithmann; dazu Dieterle BWNotZ 2001, 115, Zur Haftung des Notars und des Angestellten BGH aaO.
[86] Zulässig zB nach Richtlinien der Notarkammern Frankfurt, Hamburg, Stuttgart; unzulässig nach Richtlinien der Rheinischen Notarkammer, ebenso Bayern, Pfalz, Mecklenburg-Vorpommern; vgl Rieger MittBayNot 2002, 325 (331).
[87] Hertel ZNotP 2002, 286; Rieger MittBayNot 2002, 325 (331); aA Maaß ZNotP 2002, 455; Keller ZNotP 2003, 180.

K. Eintragung auf Ersuchen einer Behörde

S 1 GBO; Rdn 85), die Eintragungsbewilligung[1] (§ 19 GBO) und einen Unrichtigkeitsnachweis (§ 22 GBO)[2] sowie etwa zur Eintragung erforderliche Erklärungen Dritter.[3] Andere allgemeine Eintragungsvoraussetzungen müssen auch bei Ersuchen einer Behörde gegeben sein, so Bezeichnung des Grundstücks und der Geldbeträge in Euro oder sonst zugelassener Währung (§ 28 GBO) sowie des Berechtigten nach § 15 GBV, Voreintragung (§ 39 GBO; davon Einschränkungen) und Bezeichnung der Anteile oder des Rechtsverhältnisses mehrerer Beteiligter (§ 47 GBO), außerdem die steuerliche Unbedenklichkeitsbescheinigung und Briefvorlage (§§ 41–43 GBO; mit Einschränkungen). Das Ersuchen darf nicht unter einen Vorbehalt gestellt sein (§ 16 GBO). Das Behördenersuchen ist regelmäßig ausschließliche Verfahrensgrundlage. Daher ist ein Beteiligter dann nicht befugt, selbst durch Antrag beim Grundbuchamt das Verfahren (neben oder an Stelle der Behörde) zu betreiben.[4] Ausnahmen insbesondere § 32 Abs 2 S 2 InsO und Eintragung auf Grund einstweiliger Verfügung nach § 941 ZPO.[5]

2. Fälle des Ersuchens

Der Behörde muß durch bundes- oder landesrechtliche Vorschrift (Letztere auf der Grundlage von § 136 Abs 1 GBO) die **Befugnis** eingeräumt sein, das Grundbuchamt um die Eintragung zu ersuchen. Vornehmlich handelt es sich um Zuständigkeiten nach Verfahrensrecht (auch auf dem Gebiet der freiwilligen Gerichtsbarkeit) und dem öffentlichen Recht. **Beispiele:** § 941 ZPO: Gericht für Eintragung auf Grund einstweiliger Verfügung;[6] § 19 Abs 1, §§ 34, 130, 130a Abs 2, §§ 146, 158 Abs 2, § 161 Abs 4 ZVG: Vollstreckungsgericht für Verfahren der Zwangsversteigerung und Zwangsverwaltung; § 23 Abs 3, § 25 Abs 1, § 32 Abs 2 und 3, § 200 Abs 2 S 3, § 215 Abs 1 S 3, § 258 Abs 3 S 3 InsO: Insolvenzgericht in Insolvenzverfahren; § 54 Abs 1 FGG: Vormundschaftsgericht für Ersuchen um Eintragung einer Sicherungshypothek; § 322 Abs 3 AO sowie § 7 JBeitrO: Vollstreckungsbehörde für Eintragung einer Zwangshypothek. Außerdem insbesondere sämtliche auf Grund öffentlichen Rechts einzutragenden Rechtsvorgänge, die im Grundbuch verlautbart werden sollen (zB Auflassungsvormerkung nach § 24 Abs 2 BauGB; Eigentumsumschreibung auf Grund Ausübung des Vorkaufsrechts für Durchführung des Bebauungsplans nach § 28 Abs 3 BauGB; Eintragung der Rechtsänderungen im Umlegungsverfahren und Löschung des Umlegungsvermerks nach § 74 Abs 1 BauGB; Vollzug der Enteignung[7] nach § 117 Abs 7 BauGB sowie entspre-

200

---

[1] Das Ersuchen des Prozeßgerichts nach § 941 ZPO hat nur die Bedeutung des Eintragungsantrags, ersetzt somit andere Eintragungserfordernisse nicht. Allgemeine Ansicht im Anschluß an KG JFG 5, 298 (303).
[2] OLG Frankfurt Rpfleger 1993, 486 (487).
[3] Denkschrift zur Grundbuchordnung, abgedr bei Hahn/Mugdan, Die gesamten Materialien zu den Reichs-Justizgesetzen, Band V, 1897, Seite 161.
[4] KG JFG 18, 68 (72); OLG München JFG 23, 326 (330).
[5] KGJ 41 A 220; KG JFG 5, 298 (303).
[6] Zur Grundbucheintragung auf Ersuchen des Prozeßgerichts Demharter Rpfleger 1998, 133.
[7] Als Grundlage der Eintragung einer Eigentumsänderung auf Grund einer Enteignung nach dem BBauG (jetzt BauGB) ist im Grundbuch die Ausführungsanordnung der Ent-

de auf Landesrecht beruhende Rechtsvorgänge, zB nach Art 27 Abs 4, Art 34 Abs 7 BayEnteignungsgesetz).

3. Inhalt und Form des Ersuchens

201 Das Ersuchen der Behörde muß den Erfordernissen der ermächtigenden gesetzlichen Vorschrift entsprechen;[8] insbesondere sonach durch die zuständige Behörde gestellt und auf eine Eintragung gerichtet sein, um die nach der gesetzlichen Vorschrift ersucht werden kann. Das Ersuchen hat die Grundbuchstelle zu bezeichnen (§ 28 S 1 GBO) und das Begehren einer bestimmten Eintragung (ebenso wie der Eintragungsantrag, Rdn 89) zu enthalten. Es muß somit die vorzunehmende Eintragung selbst nennen; hierwegen kann nicht auf eine Anlage Bezug genommen werden (damit würde das Ersuchen auch der Form des § 29 Abs 3 GBO nicht entsprechen, weil ein Ersuchen um Vornahme der in einer Anlage dargestellten Eintragung durch die Unterschrift nicht gedeckt wäre). Ein Ersuchen, in dem nur auf eine Anlage Bezug genommen ist, entspricht den Erfordernissen daher nicht.[9] Ergänzende Bezugnahme auf eine Anlage (wenn sie öffentliche oder öffentlich beglaubigte Urkunde ist) kann erfolgen zur näheren Bezeichnung des Inhalts der Eintragung (ebenso wie bei Grundbucheintragung nach §§ 874, 1115 BGB) sowie dann, wenn eine genau bezeichnete Stelle der Anlage genannt ist, aus der sich ein weiterer Eintragungsinhalt eindeutig ergibt.[10]

Das Ersuchen darf nicht auf eine sonst unzulässige Eintragung gerichtet sein (unzulässig zB Eintragung einer Zwangshypothek unter 750,01 Euro oder auf mehreren Grundstücken, ZPO § 866 Abs 3, § 867 Abs 2). Es muß in der **Form** des § 29 Abs 3 GBO gestellt, somit schriftlich abgefaßt und unterschrieben (nicht ausgefertigt) und mit Siegel oder Stempel versehen sein. Verwendung eines Vordrucks mit bereits aufgedrucktem Dienstsiegel genügt nicht.[11] Erforderliche Urkunden müssen beigefügt sein, zB nach § 158 Abs 2 ZVG eine Ausfertigung des Protokolls über den Kapitalzahlungstermin, nach § 80 FlurbG eine Bescheinigung über den neuen Rechtszustand mit begl Auszug aus dem Flurbereinigungsplan oder nach § 74 Abs 1 BauGB eine beglaubigte Abschrift der Bekanntmachung und Ausfertigung des Umlegungsplans.

4. Reihenfolge der Eintragungen

202 Erledigung des Behördenersuchens bei Zusammentreffen mit anderen Anträgen oder Ersuchen erfolgt in der Reihenfolge der Eingänge (§ 17 GBO). Das Ersuchen ersetzt den (sonst erforderlichen) Eintragungsantrag, ist somit für den Vollzug mehrerer Eintragungen Antrag im Sinne des § 17 GBO.

---

eignungsbehörde anzugeben. Die Erwähnung des Enteignungsbeschlusses ist daneben zur Verdeutlichung angebracht. Dazu KG NJW 1966, 1033 = Rpfleger 1967, 115 mit Anm Haegele. Zur Eintragung des Abtretungsbegünstigten als Eigentümer nach Eigentumsübergang im Zwangsabtretungs-(Enteignungs-)Verfahren nach EnWiFG (mit BayGEG) s BayObLG 1971, 336 = Rpfleger 1972, 26.
[8] Denkschrift zur Grundbuchordnung (wie Fußn 3) Seite 161.
[9] KG JFG 15, 67 (69).
[10] KG JFG 15, 67 (69).
[11] Berroth BWNotZ 1979, 121, unter Mitteilung eines Erlasses des Bad-Württ JustMin.

L. Eintragungen von Amts wegen

5. Zurücknahme und Berichtigung des Ersuchens

Das Eintragungsersuchen kann (wie jeder Eintragungsantrag, Rdn 93) von der ersuchenden Behörde bis zum Vollzug der Eintragung (Speicherung oder Unterzeichnung) zurückgenommen werden. Die Zurücknahme bedarf (wie das Ersuchen) der Form des § 29 Abs 3 GBO. Das Ersuchen kann bis zur Erledigung (Eintragung) auch berichtigt oder ergänzt werden. Auch dies hat in der Form des § 29 Abs 3 GBO zu erfolgen. Entsprechend § 34 Abs 2 VermG ist das Amt zur Regelung offener Vermögensfragen befugt, bei Unrichtigkeit des Grundbuchs einen Widerspruch eintragen zu lassen.[12]   203

L. Eintragungen von Amts wegen

1. Amtsverfahren in besonderen Einzelfällen

Von Amts wegen wird in dem vom Antragsgrundsatz beherrschten Grundbuchverfahren (Rdn 16) eine Eintragung nur in Ausnahmefällen vorgenommen. Einleitung eines Grundbuchverfahrens und Eintragung erfolgen nur dann von Amts wegen, wenn das durch besondere Bestimmung angeordnet ist. Wenn ein Amtsverfahren beim Vorliegen bestimmter Voraussetzungen vorgeschrieben ist, hat das Grundbuchamt (Rechtspfleger, Richter, Urkundsbeamter) von Amts wegen tätig zu werden, sobald es auf irgend eine Weise von dem Vorhandensein der Voraussetzungen Kenntnis erlangt.[1] Einem „Antrag", ein Amtsverfahren einzuleiten (auch der Mitteilung einer Behörde) kommt dann nur die Bedeutung einer Anregung zu, die Tätigkeit vorzunehmen.[2] Auf diese Anregung hin hat das Grundbuchamt zu prüfen, ob eine Eintragungsverfügung zu treffen ist oder ob Ermittlungen (§ 12 FGG) anzustellen sind.[3]   204

2. Die wesentlichen Amtsverfahren

Von Amts wegen erfolgen ua **Anlegung eines Grundbuchblatts** (§ 116 Abs 1 GBO), **Umschreibung eines unübersichtlich gewordenen Grundbuchblattes** (§§ 28 ff GBV), **Löschung einer gegenstandslosen Eintragung** (§§ 84 ff GBO), Eintragung einer **neuen Rangordnung** (§§ 90 ff GBO), Eintragung und Löschung einer **Vormerkung** oder eines **Widerspruchs bei Beanstandung** von Anträgen (§ 18 GBO), Eintragung des Rechts der **Nacherben** und die Ernennung eines **Testamentsvollstreckers** (§§ 51, 52 GBO), Berichtigung des Vermerks eines dem jeweiligen Eigentümers eines Grundstücks zustehenden Rechts auf dem Blatt des **berechtigten Grundstücks**, wenn das Blatt geändert oder aufgehoben wird (§ 9 Abs 2 GBO), Eintragung eines **Widerspruchs und Löschung** einer **unzulässigen Eintragung** (§ 53 GBO). Ist ein Grundbuch **zerstört** worden oder abhanden gekommen, so hat das Grundbuchamt seine Wiederherstellung von Amts wegen vorzunehmen.[4]   205

---

[12] OLG Naumburg Rpfleger 1993, 444 = VIZ 1993, 405.
[1] Grundsatz des Amtsverfahrens; hierzu Keidel/Kuntze/Winkler Rdn 3 zu § 12 FGG.
[2] Keidel/Kuntze/Winkler Rdn 8 zu § 12 FGG.
[3] Keidel/Kuntze/Winkler Rdn 8 zu § 12 FGG.
[4] S dazu Hesse DFG 1940, 97. S auch § 27 Nr 6 GBMaßnG. Wegen der Wiederherstellung kriegszerstörter Hypotheken- und Grundschuldbriefe s § 26 GBMaßnG. S fer-

VI. Die Grundbucheintragung

A. Prüfungspflicht und Prüfungsrecht des Grundbuchamts

1. Prüfung im Antragsverfahren

206 a) Das **Grundbuchamt prüft**
- seine **Zuständigkeit** (Rdn 40–43; örtliche: Rdn 51)
- den **Eintragungs**antrag (Rdn 85 ff) wie folgt
  - Antrags**berechtigung** (Rdn 88)
  - **Rechtsfähigkeit** und **Geschäftsfähigkeit** des Antragstellers, ggfs dessen **Vertretung** (Nachweis)
  - Antrags**inhalt** (Rdn 89) und Bezeichnung des Grundstücks (Rdn 130–134)
  - **Form** (Rdn 155)
- die Eintragungs**bewilligung** (Rdn 95 ff) wie folgt
  - Bewilligungs**berechtigung** (Rdn 100–101 b)
  - **Rechtsfähigkeit** und **Geschäftsfähigkeit** des Bewilligenden, ggfs **Vertretung** (Nachweis, Rdn 102)
  - Bewilligungs**inhalt** (Rdn 103, 104) und Bezeichnung des Grundstücks (Rdn 130–134) und der Geldbeträge in Euro oder einer anderen zugelassenen Währung (Rdn 135)
  - **Form** (Rdn 152 ff)
- die **Eintragungsfähigkeit** daraufhin, ob
  - ein **eintragungsfähiges Recht** (eine eintragungsfähige Löschung) bewilligt und beantragt ist (s Rdn 23–28) und
  - dieses im Einzelfall mit **eintragungsfähigem Inhalt** ausgestaltet ist (dazu auch nachf Rdn 209–217)
- in Fällen des § 20 GBO die **Einigung** (insbesondere Auflassung) (Rdn 10, 108)
- **Zustimmung Dritter** (Rdn 145)
- **Voreintragung** des Betroffenen (Rdn 136–143)
- Vorlegung des **Briefes** (Rdn 146)
- Behördliche **Genehmigungen** und **Zeugnisse** (zB Rdn 147, 148)

207 b) Das materielle Sachenrecht setzt die Einrichtung des Grundbuchs und Regelung des Eintragungsverfahrens voraus (Rdn 1). Es geht damit von der **Amtspflicht** des Grundbuchamts aus, Eintragungs**anträge** zu bearbeiten, auf ihre Gesetzesmäßigkeit **zu prüfen** und über sie zu entscheiden. Damit ist sichergestellt, daß die an Grundstücken Berechtigten ihre Sachenrechte durch Grundbucheintragung nachweisen und ändern können. Voraussetzungen und Gesetzesmäßigkeit einer beantragten Eintragung regelt das Grundbuchverfahrensrecht. Mit dem Eintragungsverfahren bestimmt es Notwendigkeit,

---

ner das Gesetz über die Kraftloserklärung von Hypotheken-, Grundschuld- und Rentenschuldbriefen in besonderen Fällen vom 18. 4. 1950 (BGBl I 88), mit Änderungsgesetzen vom 20. 12. 1952 (BGBl I 830), 25. 12. 1955 (BGBl I 867), 29. 4. 1960 (BGBl I 297) ohne zeitlich beschränkte Geltungsdauer.

A. Prüfungspflicht und Prüfungsrecht des Grundbuchamts

Umfang und Ausmaß der Sachprüfung durch das Grundbuchamt (Rdn 20). Die Prüfungspflicht des Grundbuchamts findet damit ihre Grundlage und Grenzen in den Verfahrensgrundsätzen und Einzelbestimmungen des formellen Grundbuchrechts. Ein weitergehendes Prüfungsrecht des Grundbuchamts besteht nicht. Prüfungspflicht und -recht entsprechen einander.[1] Das gewährleistet Gleichbehandlung aller Eintragungsanträge und Rechtsklarheit mit Zuverlässigkeit (Beständigkeit) des Eintragungsverfahrens.

c) Prüfungspflicht und -recht des Grundbuchamts unterstehen dem **Antragsgrundsatz** des Grundbuchverfahrensrechts (Rdn 16). Das Grundbuchamt darf nicht gegen den oder ohne Willen der Beteiligten tätig werden. Es hat über jeden Antrag zu entscheiden und weder über ihn hinauszugehen noch hinter ihm zurückzubleiben.[2]

Grundbuchverfahren und damit Sachprüfung durch das Grundbuchamt werden vor allem von dem **Bewilligungsgrundsatz** beherrscht (formelles Konsensprinzip, Rdn 15, 95). Eintragungsgrundlage ist danach regelmäßig die einseitige Bewilligung des Betroffenen. Die nach materiellem Recht zur Rechtsänderung nötigen Willenserklärungen sind daher nicht zu prüfen (Besonderheit Rdn 209; gesetzliche Ausnahme: § 20 GBO; dazu Rdn 108). „Das Grundbuchamt hat deshalb grundsätzlich nicht zu prüfen, ob das zur Bestellung eines dinglichen Rechts erforderliche materiell-rechtliche Rechtsgeschäft (Einigung) rechtswirksam zustande gekommen ist oder ob das Rechtsverhältnis ... rechtswirksam begründet worden ist".[3] Nicht zu prüfen hat das Grundbuchamt die Gültigkeit des den Eintragungsgrundlagen (im Falle des § 20 GBO: dem dinglichen Rechtsgeschäft) zugrunde liegenden schuldrechtlichen Grundgeschäfts (Kausalgeschäft, s Rdn 96). Es darf die bewilligte (nach § 20 GBO zu vollziehende) Rechtsänderung selbst dann nicht ablehnen, wenn es dieses Rechtsgeschäft für nichtig hält.[4] Ausnahme: Wenn die Nichtigkeit oder Unwirksamkeit des Grundgeschäfts auch (im Falle des § 20 GBO) die dingliche Einigung erfaßt oder das Grundgeschäft in anderem Zusammenhang (etwa wegen der darin enthaltenen Vollmacht für das Vollzugsgeschäft) für das Vorliegen der Eintragungsvoraussetzungen bedeutsam ist.[5] Das Grundbuchamt darf auch Auflassungen oder Eintragungsbewilligungen nicht

208

---

[1] So die heute hM, vgl K/E/H/E Einl C 43; Meikel/Böttcher Einl H 2; Ritzinger BWNotZ 1981, 6; Schöner DNotZ 1979, 624; Schmitz MittBayNot 1982, 57; aA offenbar OLG Celle DNotZ 1979, 622 = Rpfleger 1979, 261.
[2] K/E/H/E Einl C 3 und C 51; Ritzinger BWNotZ 1981, 6.
[3] So BayObLG MittBayNot 1981, 188; ähnlich schon Motive zum BGB (Amtliche Ausgabe, 1888) Band 3 S 176f (Anhang „Vorbehalte für die Grundbuchordnung"); ebenso BayObLG 1979, 434 = DNotZ 1980, 357 = Rpfleger 1980, 105; OLG Frankfurt DNotZ 1981, 40 = NJW 1981, 876 = Rpfleger 1980, 292; OLG Karlsruhe BWNotZ 2002, 11 = Rpfleger 2001, 343; OLG Oldenburg NdsRpfl 1985, 16; LG Düsseldorf MittRhNotK 1982, 45. Für eine weitergehende Prüfungspflicht (und -recht) Eickmann Rpfleger 1973, 341 und Rpfleger 1978, 1; Schmid BB 1979, 1639 und Rpfleger 1987, 133.
[4] BayObLG Rpfleger 1969, 48 mit zust Anm Haegele; BayObLG MittBayNot 1981, 188 und DNotZ 1990, 510 = NJW-RR 1990, 87; KGJ 46, 171 (175); OLG Düsseldorf Rpfleger 1957, 413; OLG Hamm Rpfleger 1959, 127 (128); OLG Frankfurt DNotZ 1981, 40 = aaO; Ripfel Rpfleger 1963, 141.
[5] BayObLG NJW-RR 1990, 87 = aaO; OLG Hamm Rpfleger 1959, 127.

deswegen beanstanden (zurückweisen), weil sie mit den schuldrechtlichen Vereinbarungen möglicherweise nicht übereinstimmen;[5a] denn ein Prüfungsrecht für das obligatorische Kausalgeschäft steht dem Grundbuchamt – wie ausgeführt – regelmäßig nicht zu.

209 d) Die nach dem **Legalitätsprinzip** erforderliche Prüfung der Gesetzesmäßigkeit einer beantragten Eintragung (Rdn 20) verpflichtet das Grundbuchamt auch, das Grundbuch mit der wirklichen Rechtslage in Einklang zu halten. Das Grundbuchamt darf daher nicht bewußt dazu mitwirken, das Grundbuch unrichtig zu machen;[6] es darf keine Eintragung vornehmen, deren Unrichtigkeit ihm bekannt ist.[7] Nur in diesem Rahmen erfordert und ermöglicht im Geltungsbereich des formellen Konsensprinzips (§ 19 GBO) das Legalitätsprinzip Prüfung der dinglichen Einigung (§ 873 BGB) oder – in noch selteneren Ausnahmefällen (s Rdn 208) – des schuldrechtlichen Grundgeschäfts. Diese Pflicht, das Grundbuch richtig zu halten, ist demnach gegenüber dem Grundsatz der Eintragung auf Grund der einseitigen formgerechten Bewilligung (§§ 19, 29 GBO) die **Ausnahme**. Wie jedes öffentliche Register dient das Grundbuch der Kundbarmachung von Rechten und nicht der materiellen Rechtsverwirklichung.[8] Die GBO stellt mit der Normierung der §§ 19, 29 das Interesse an schneller Eintragung höher als das Interesse an vollständiger Richtigkeit des Grundbuchs.[9]

209a Aus dem Spannungsverhältnis zwischen Bewilligungsgrundsatz und Legalitätsprinzip sind auch die folgenden im Rahmen der Prüfungspflicht des Grundbuchamts entstehenden Fragen zu beantworten:

[5a] OLG Frankfurt DNotZ 1981, 40 = Rpfleger 1980, 292; OLG Celle MittRhNotK 1996, 227 = Rpfleger 1996, 336; LG Aurich Rpfleger 1986, 469 (jeweils keine Prüfung der vereinbarten Lastenfreistellung). Vgl auch Gutachten DNotI-Report 1995, 57. Unrichtig dagegen OLG Hamm MittRhNotK 1996, 330 und BayObLG DNotZ 1994, 891 = Rpfleger 1994, 58, die die schuldrechtliche Pflicht zur Lastenfreistellung als „Antrags"(?)verbund gemäß § 16 Abs 2 GBO sehen.

[6] BGH 35, 135 = NJW 1961, 1302 = Rpfleger 1961, 233; BayObLG 1967, 13 = DNotZ 1967, 429 = Rpfleger 1967, 145; BayObLG 1981, 110 (112) = MittBayNot 1981, 200 (201) = NJW 1981, 1519 mit weit Nachw; OLG Hamm Rpfleger 1973, 137.

[7] BGH 106, 108 (110).

[8] So richtig Reithmann DNotZ 1979, 67 und MittBayNot 1989, 17 (18); auch Bauer Einl Rdn 26 ff; abweichend Meikel/Böttcher Einl Rdn H 26.

[9] Daß das Legalitätsprinzip durch den Bewilligungsgrundsatz begrenzt und zur Ausnahme werden soll, ergibt sich entgegen Schmid Rpfleger 1987, 133 schon aus den in den Motiven zum BGB (aaO Fußn 3) dargestellten „Vorbehalten für die Grundbuchordnung", wo es heißt:

„Wenn hiernach einerseits das Verfahren in Grundbuchsachen so zu regeln ist, daß es dem Verkehre die nöthige Rechtssicherheit verbürgt, so findet andererseits dieses Ziel eine gewisse Schranke an dem Bestreben des Verkehrs, sich frei zu bewegen, in der Erfüllung seiner Aufgaben nicht durch das Eingreifen von Behörden gehemmt zu werden. Deshalb ist das Verfahren thunlichst einfach zu gestalten, namentlich das Legalitätsprinzip in der Richtung zu begrenzen, daß die Prüfung verwickelter Verhältnisse und die Entscheidung schwieriger Rechtsfragen den Grundbuchbeamten nicht zugemutet wird. Nur wenn die Gesetzgebung diesen Gedanken verwirklicht, kann sie darauf rechnen, daß die mit dem Grundbuchsysteme verbundene Erschwerung der Geschäfte nicht zu einer die Freiheit des Verkehrs störenden Belästigung des Publikums ausartet ..."

A. Prüfungspflicht und Prüfungsrecht des Grundbuchamts

– unter welchen Voraussetzungen ist das Grundbuchamt berechtigt, Anträge wegen fehlender Nachweise zurückzuweisen oder Zwischenverfügung zu erlassen?
– wie ist zu entscheiden, wenn im Grundbuchverfahren eine Tatsache ungeklärt bleibt?

Die zuletzt aufgeworfene Frage nach der **Beweislast** (Feststellungslast) beantwortet das BayObLG[10] dahin, daß der Antragsteller die Beweislast für die Ordnungsmäßigkeit der Eintragungsbewilligung trägt (Zurückweisung des Antrags, wenn nach Zwischenverfügung fehlende Nachweise nicht erbracht werden), während das Grundbuchamt die Beweislast dafür trägt, daß durch den Vollzug der Bewilligung das Grundbuch unrichtig würde (bloße Zweifel, ob durch die beantragte Eintragung das Grundbuch unrichtig wird, können daher die Eintragung nicht hindern). Zu Recht wird darüber hinaus betont,[11] daß auch beim Nachweis der Ordnungsmäßigkeit der Eintragungsbewilligung der Antragsteller die Beweislast nur für die Tatsachen trägt, die er auch im Zivilprozeß vortragen müßte, um seine Klage schlüssig zu machen. Die Beweislast für Einwendungen und Einreden (im materiellen Sinn) liegt dagegen beim Grundbuchamt. Denn die Regeln über die Beweislast als Regeln des materiellen Rechts können im Grundbuchverfahren nicht anders verteilt sein als im Zivilprozeß,[12] da auch das Grundbuchverfahrensrecht wie jedes Verfahrensrecht zur Durchsetzung des materiellen Rechts dient. Bleibt daher letztlich[13] ungeklärt, ob der Bewilligende geschäftsfähig (verfügungsbeschränkt) war oder nicht, so hat das Grundbuchamt die Bewilligung zu vollziehen;[14] denn auch in einem auf Feststellung der Wirksamkeit der Bewilligung gerichteten Zivilprozeß würde bei einem non liquet hinsichtlich der Geschäftsfähigkeit die Wirksamkeit der Bewilligung festgestellt. Aus den gleichen Gründen hat das Grundbuchamt regelmäßig (Erfahrungssatz) davon auszugehen, daß eine ausländische Kapitalgesellschaft ihren tatsächlichen Sitz in dem Staat hat, in dem sie gegründet wurde, und damit rechtsfähig ist[15] (s dazu näher Rdn 3636a).

Die Regeln der Beweislast spielen schließlich auch eine Rolle bei der Frage, unter welchen Voraussetzungen das Grundbuchamt berechtigt ist, Anträge

---

[10] BayObLG 1986, 81 = DNotZ 1987, 98 = Rpfleger 1986, 369.
[11] Wolfsteiner DNotZ 1987, 67 (75 ff); ähnlich auch Eickmann Rpfleger 1979, 169 (170); Meikel/Böttcher Einl F 107.
[12] Ähnlich im Ergebnis auch Meikel/Böttcher Einl F 108 ff.
[13] Zwischenverfügung bei ernsthaft durch Tatsachen begründeten Zweifeln an der Geschäftsfähigkeit des Bewilligenden ist zulässig und geboten; werden Zweifel beseitigt, zB durch fachärztliches dem Erstgutachter widersprechendes Gutachten, so ist einzutragen; der volle Nachweis der Geschäftsfähigkeit ist nicht zu führen, so BayObLG 1989, 111 = MittBayNot 1989, 307 = MittRhNotK 1989, 169 = NJW-RR 1989, 910; BayObLG NJW-RR 1990, 721 = Rpfleger 1990, 405 Leits; BayObLG MittBayNot 1991, 256 Leits; BayObLG Rpfleger 1992, 152.
[14] BayObLG NJW-RR 1990, 721 (trotz verbleibender Zweifel ist wieder vom Grundsatz der Geschäftsfähigkeit auszugehen); BayObLG 1989, 111 = aaO (Fußn 13); BayObLG Rpfleger 1992, 152; LG Köln MittRhNotK 1993, 227; Wolfsteiner DNotZ 1987, 67 (75); Eickmann Rpfleger 1979, 169 (174); anders noch BayObLG 1974, 336 = DNotZ 1975, 555 = Rpfleger 1974, 396; OLG Karlsruhe DNotZ 1965, 476.
[15] OLG Hamm MittBayNot 1995, 68 = MittRhNotK 1994, 350 = Rpfleger 1995, 153.

wegen **fehlender Nachweise** zurückzuweisen oder Zwischenverfügung zu erlassen: für Tatsachen, bei denen die Beweislast beim Antragsteller liegt, kann das Grundbuchamt durch Zwischenverfügung weitere Nachweise verlangen oder mangels Nachweise den Antrag zurückweisen, wenn ihm aus den Eintragungsunterlagen selbst oder durch sonstige Umstände Tatsachen (nicht subjektive Vermutungen, Bedenken oder Zweifel) bekannt werden (auch offenkundige oder gerichtsbekannte[16]), die den Beweiswert der Eintragungsunterlagen **erschüttern**. Für Tatsachen, bei denen die Beweislast beim Grundbuchamt liegt (vgl Rdn 209a bei und mit Fußn 10 und 11), ist Zwischenverfügung oder Zurückweisung nur möglich, wenn sich aus den Eintragungsunterlagen oder offenkundigen oder gerichtsbekannten Tatsachen die Unwirksamkeit der Eintragungsgrundlage nachweisen läßt.[17] In solchen Fällen können Eintragungen nicht schon dann abgelehnt werden, wenn sie möglicherweise mit der wahren Rechtslage nicht übereinstimmen oder bloße Zweifel an der wirksamen Rechtsbegründung bestehen.[18] Nur wenn das Grundbuchamt auf Grund feststehender Tatsachen zur **sicheren Kenntnis** oder Überzeugung kommt, daß durch die beantragte Eintragung das Grundbuch unrichtig würde, kann es die Eintragung beanstanden (Zwischenverfügung, ggfs Zurückweisung, s Rdn 427ff). Eine vorübergehende Unrichtigkeit, die nachträglich geheilt werden kann (zB durch nachfolgende rechtswirksame Einigung), gibt im Bereich des formellen Konsensprinzips dem Grundbuchamt kein Recht zur Beanstandung, wohl aber im Bereich des § 20 GBO; hier darf das Grundbuchamt auch eine nachgewiesene vorübergehende Unrichtigkeit nicht bewußt eintragen.[19]

209b Gegenstand auch dieser – erweiterten – Prüfung des Grundbuchamtes sind in erster Linie die eingereichten oder in Bezug genommenen Eintragungsunterlagen und die hieraus gewonnenen Erkenntnisse, aber auch Umstände, die auf andere Weise dem Grundbuchamt bekannt geworden sind oder auf der Anwendung von Erfahrungssätzen beruhen (Rdn 159). Zur eigenen Ermittlung nach § 12 FGG ist das Grundbuchamt weder verpflichtet noch berechtigt.[20] Über den Urkundeninhalt hinausgehende Ermittlungen über Vorstellungen, Absichten und Bindungen der Beteiligten sind dem Grundbuchamt infolgedessen verwehrt.[21] Es kann keine Zwischenverfügung erlassen zur Ausforschung solcher außerhalb der Urkunde liegenden Umstände.

---

[16] ZB zwischenzeitlicher (rechtskräftiger) Zuschlag (§ 90 ZVG), ThürOLG Rpfleger 2001, 343.
[17] So BayObLG 1986, 81 = aaO (Fußn 10); Wolfsteiner DNotZ 1987, 67 (77ff).
[18] BayObLG 1981, 109 (112); BayObLG MittBayNot 1981, 188; BayObLG 1986, 81 = aaO (Fußn 10); BayObLG DNotZ 1995, 56 = Rpfleger 1994, 344; OLG Karlsruhe Rpfleger 1994, 248; OLG Hamm DNotI-Report 1996, 32 = MittBayNot 1996, 210; LG Aachen MittRhNotK 1997, 143; LG Stuttgart BWNotZ 1997, 70.
[19] K/E/H/E Einl C 72; Nieder NJW 1984, 329 (337).
[20] Ständige Rechtsprechung, vgl BGH 30, 255 (258) = Rpfleger 1960, 122; BGH 35, 135 (139) = Rpfleger 1961, 233; BayObLG 1973, 246 = Rpfleger 1973, 429 mit weit Nachweisen der eigenen Rechtsprechung; BayObLG 1988, 148 (150) und 1989, 111 (113); OLG Hamm Rpfleger 1958, 15; KG Rpfleger 1968, 224; Stöber, GBO-Verfahren, Rdn 386.
[21] BayObLG DNotZ 1981, 567; KG DNotZ 1972, 173 (176); Wolfsteiner DNotZ 1987, 67 (78).

A. Prüfungspflicht und Prüfungsrecht des Grundbuchamts

Die Rechtsprechung hat gegenüber Versuchen, das Prüfungsrecht des Grundbuchamts unter Berufung auf die gebotene Richtigkeitsgewähr übermäßig auszudehnen, stets den gesetzlich verankerten grundsätzlichen Vorrang des formellen Konsensprinzips (§ 19 GBO) betont und in vielen Fällen klare Grenzen gezogen.[22] Die im Eintragungsverfahren für Gesetzesmäßigkeit der Eintragung verlangten Unterlagen setzen den Erkenntnismöglichkeiten des Grundbuchamts Grenzen. Ihm ist damit regelmäßig eine abschließende Beurteilung materieller Rechtsbeziehungen und damit von Verstößen gegen allgemeine Rechtsbegriffe wie „Treu und Glauben" (§ 242 BGB) sowie „Sittenwidrigkeit" (§ 138 BGB) nicht möglich. Die Entscheidung über solche Fragen setzt eine wertende Beurteilung in Kenntnis des gesamten Sachverhaltes und aller Umstände voraus, die dem Grundbuchamt im Regelfall nicht zur Verfügung stehen.[23] Dagegen können sich aus den vorgelegten Eintragungsunterlagen Tatsachen für die Überzeugung des Grundbuchamts ergeben, daß eine begehrte Eintragung ohne Rechtsfolgen bleiben wird, weil das Rechtsgeschäft gegen ein gesetzliches Verbot verstößt und daher nichtig ist (§ 134 BGB). In einem solchen Fall ist daher (im Gegensatz zur Beurteilung generalklauselartiger Rechtsbegriffe) der Verstoß gegen ein gesetzliches Verbot (§ 134 BGB) durch das Grundbuchamt zu prüfen.[24]

210

e) Ein Grundbuchbeamter ist bei Bearbeitung eines Grundbuchgeschäfts grundsätzlich **nicht verpflichtet,** die **Grundakten** daraufhin **zu prüfen,** ob sich aus ihnen Bedenken gegen die beantragte Eintragung ergeben. Er kann sich auf die sorgfältige Prüfung der eingereichten und in Bezug genommenen Antragsunterlagen sowie des Grundbuchblattes beschränken.[25]

2. Prüfung Allgemeiner Geschäftsbedingungen

Prüfungsrecht und -pflicht des Grundbuchamtes gegenüber dem (früheren) AGBG[26] waren zunächst heftig umstritten. Die Kommentarliteratur zum

211

---

[22] BayObLG 1986, 81 = aaO (Fußn 10) und BayObLG 1992, 85 = DNotZ 1992, 575 = NJW-RR 1992, 1235 = Rpfleger 1992, 341; OLG Karlsruhe Rpfleger 1994, 248, jeweils zum ausländischen Güterrecht (zu diesem Rdn 3421), haben diesen auch aus den Motiven (vgl Fußn 3) ableitbaren Vorrang des Bewilligungsprinzips gegenüber dem Legalitätsprinzip erneut zu Recht herausgestellt; BayObLG MittBayNot 1978, 11 = MittRhNotK 1978, 100 (nur konkrete, bestimmte Anhaltspunkte berechtigen zur Beanstandung nach § 1365 BGB); BayObLG 1979, 434 = DNotZ 1980, 357 = Rpfleger 1980, 105; BayObLG MittBayNot 1981, 127 = MittRhNotK 1981, 183 = Rpfleger 1981, 297 (Beschränkung der Prüfungskompetenz im Hinblick auf das AGB-Gesetz, s dazu Rdn 211); BayObLG DNotZ 1981, 567 (keine weiteren Ermittlungen hinsichtlich des einer Vollmacht zugrunde liegenden Auftragsverhältnisses); OLG Köln NJW-RR 1989, 780 = Rpfleger 1989, 405 (eingeschränkte Prüfung von Teilungserklärungen nach WEG hinsichtlich Verstößen nach § 242 BGB).
[23] BayObLG MittBayNot 1981, 188; Schmidt BB 1979, 698; LG München II Rpfleger 1983, 268; OLG Köln Rpfleger 1985, 435; BayObLG MittBayNot 1985, 192.
[24] BGH DNotZ 1980, 475 = Rpfleger 1980, 271; LG Stuttgart BWNotZ 1976, 86.
[25] OLG Düsseldorf Rpfleger 1966, 261 mit zust Anm Riedel; LG Gera BWNotZ 2002, 90 mit Anm Böhringer = MittBayNot 2002, 191 mit Anm Munzig.
[26] Vgl hierzu Schlenker, Die Bedeutung des AGBG im Grundbuchantragsverfahren, Diss Tübingen, 1982.

AGBG[27] bejahte eine nahezu uneingeschränkte Prüfungsbefugnis des Grundbuchamtes mit der Begründung, es müsse wie jedes Rechtsanwendungsorgan dieses Gesetz anwenden. Ob diese Befugnis mit dem Grundbuchverfahrensrecht (Rdn 207) vereinbar ist, wurde von der AGBG-Literatur in der Regel nicht behandelt. Die Literatur zum Grundbuchrecht lehnt durchweg eine Kompetenz des Grundbuchamtes, Eintragungsbewilligungen auf ihre inhaltliche Vereinbarkeit mit dem (früheren) AGBG zu prüfen, entweder vollständig ab oder beschränkt diese Befugnis auf offensichtliche Verstöße.[28] Eine uneingeschränkte Prüfungskompetenz des Grundbuchamtes haben nur Eickmann,[29] Schmid[30] und Böttcher[31] vertreten. Die Rechtsprechung, die bisher mit der Eintragungsfähigkeit von Hypothekenbestimmungen (s Rdn 2071ff) und dinglichen Zwangsvollstreckungsunterwerfungsklauseln befaßt war, hat zunächst die Entscheidung über die AGB-Prüfungsbefugnis des Grundbuchamtes teils offengelassen,[32] teils ohne weitere Begründung bejaht,[33] teils vollständig abgelehnt[34] oder zwar ein Prüfungsrecht bejaht, aber entsprechende Pflichten verneint.[35] Nach diesen anfänglichen Schwankungen haben sich inzwischen in der obergerichtlichen Rechtsprechung[36] folgende **Grundsätze** herausgebildet:
- das AGBG vom 9. 12. 1976 und die Übernahme der AGB-Bestimmungen in das BGB (§§ 305ff) ab 1. 1. 2002 haben die Verfahrensgrundsätze der Grundbuchordnung nicht geändert;
- AGB-Vorschriften sind vom Grundbuchamt nur im Rahmen der von der GBO gewährten Prüfungsbefugnis (Rdn 206, 207) zu beachten;
- nur wenn das Grundbuchamt die **sichere Überzeugung** hat, daß mit einer beantragten Eintragung das Grundbuch wegen Verstoßes gegen AGB-

---

[27] Schlosser/Coester-Waltjen/Graba Rdn 17 vor §§ 9–11; Stürner BWNotZ 1977, 106 und 1978, 2; differenzierter jetzt Staudinger/Koester (1998) Rdn 16 Einl zu §§ 8–11 AGBG; Ulmer/Brandner/Hensen Rdn 55 zu § 9 AGBG.

[28] Demharter Rdn 40ff zu § 19; K/E/H/E Einl C 75ff; Ertl Rpfleger 1980, 1 (7ff); ders DNotZ 1981, 149 (157ff); F Schmidt MittBayNot 1978, 89 = MittRhNotK 1978, 89; ders BB 1979, 696; Schippel/Brambring DNotZ 1977, 156; Dietlein JZ 1977, 637; Schöner DNotZ 1979, 624; Schmitz MittBayNot 1982, 57.

[29] Eickmann Rpfleger 1973, 341 und Rpfleger 1978, 1.

[30] H Schmid BB 1979, 1639 und Rpfleger 1987, 133.

[31] Meikel/Böttcher Einl H 127–147, 148ff.

[32] BGH DNotZ 1980, 475 = Rpfleger 1980, 271; zustimmend F Schmidt MittBayNot 1980, 118; ablehnend Löwe BB 1980, 1241 und Gasteyer Rpfleger 1980, 422. Wie BGH BayObLG DNotZ 1981, 128.

[33] OLG Stuttgart DNotZ 1979, 21; LG Ellwangen BWNotZ 1978, 15; LG Flensburg Rpfleger 1980, 192; LG Stuttgart BWNotZ 1978, 12 und BWNotZ 1978, 13.

[34] LG Aschaffenburg DNotZ 1979, 178 = MittBayNot 1979, 9 mit Anm F Schmidt, ebenso vor Inkrafttreten des AGBG LG Würzburg DNotZ 1975, 221 = JZ 1975, 287 mit Anm Scheyhing.

[35] OLG Celle DNotZ 1979, 622 mit abl Anm Schöner = Rpfleger 1979, 261.

[36] OLG Hamm DNotZ 1979, 752 = Rpfleger 1979, 405; BayObL 2002, 296 = DNotZ 2003, 51 = NJW-RR 2002, 1669 und RNotZ 2003, 183 = NotBZ 2003, 157 Leits = ZfIR 2003, 513; BayObLG 1979, 434 = DNotZ 1980, 357 = Rpfleger 1980, 105; BayObLG MittBayNot 1981, 127 = MittRhNotK 1981, 183 = Rpfleger 1981, 297; BayObLG Rpfleger 1981, 396; OLG Frankfurt MittBayNot 1998, 345 = Rpfleger 1998, 336; OLG Köln NJW-RR 1989, 780 = Rpfleger 1989, 405; LG Aachen MittRhNotK 1997, 143.

A. Prüfungspflicht und Prüfungsrecht des Grundbuchamts

Vorschriften dauernd unrichtig würde, hat es die Eintragung abzulehnen. Dies ist am ehesten bei Verstößen gegen § 309 BGB (früher § 11 AGBG) denkbar, nur eingeschränkt bei Verstößen gegen § 308 BGB (früher § 10 AGBG) und bei Verstößen gegen § 307 BGB (früher § 9 AGBG) nur in extremen Ausnahmefällen.

Es sind folgende Überlegungen maßgebend:

Durch AGB-Vorschriften ist über „ob" und „wieviel" von Prüfungspflicht und -recht des Grundbuchamtes keine Aussage getroffen. Dies entscheidet nur das Verfahrensrecht, nicht das materielle Recht: AGB-Recht enthält keine Regeln für das Grundbuchamt; es hat daher das Grundbuchverfahrensrecht und die danach bestehende Prüfungskompetenz des Grundbuchamtes in ihrem Umfang nicht verändert oder erweitert, insbesondere nicht das formelle Konsensprinzip durch das materielle Konsensprinzip ersetzt.[37] Aber auch im Bereich des materiellen Konsensprinzips (§ 20 GBO) – Auflassung und Einigung über die Bestellung eines Erbbaurechts können zB als Verträge unter § 305 BGB (früher § 1 AGBG) fallen – erscheint eine Unwirksamkeit der Auflassung wegen Verstoß gegen das AGB-Recht praktisch nicht denkbar, weil sie als rein dingliches Erfüllungsgeschäft von dem zugrunde liegenden Verpflichtungsgeschäft unabhängig ist und sich im Regelfall etwaige Unwirksamkeiten im Bereich des obligatorischen Grundgeschäftes nicht auf das dingliche Erfüllungsgeschäft auswirken.[38]

212

Die einseitige Bewilligung nach § 19 GBO, die im übrigen zur Grundbucheintragung notwendig, aber auch ausreichend ist, kann unmittelbar und direkt Allgemeinen Geschäftsbedingungen nicht unterstellt werden, da sie eine einseitige rein verfahrensrechtliche Erklärung ist (s Rdn 98);[39] eine analoge Anwendung des AGB-Rechts scheidet ebenfalls aus, weil es an einer Regelungslücke fehlt: Die generelle Prüfung durch das Grundbuchamt ist nicht nötig, um die Zwecke des AGB-Rechts zu verwirklichen, zumal die Entscheidungen des Grundbuchamtes keiner materiellen Rechtskraft fähig sind und der Eigentümer ggfs in kurzer Zeit die Eintragung eines Widerspruchs nach § 899 BGB erreichen kann. Der auf dem Interessengegensatz zwischen Verwender und Kunden beruhenden Konzeption Allgemeiner Geschäftsbedingungen entspricht es mehr, wenn Streitigkeiten zwischen den Parteien nur im tatsächlichen Streitfall ausgetragen werden und nicht präventiv durch das Grundbuchamt in einem Verfahren, in dem unter Umständen beide Vertragsteile dem Grundbuchamt als Streitgegner gegenüber stehen[40] (bei Hypothekenein-

213

---

[37] Dies wurde von F Schmidt MittBayNot 1978, 89 = MittRhNotK 1978, 89 mit aller Deutlichkeit herausgearbeitet und durch die Rspr des OLG Hamm und des BayObLG (aaO = Fußn 36) bestätigt; diese Auffassung dürfte als herrschend zu bezeichnen sein. So zB LG Aachen MittRhNotK 1997, 143.
[38] Vgl statt vieler OLG Frankfurt DNotZ 1981, 40 = NJW 1981, 876 mit weit Nachw; vgl weiter § 306 BGB.
[39] Demharter Rdn 41 zu § 19; Dietlein JZ 1977, 637; Schippel/Brambring DNotZ 1977, 156; F Schmidt MittBayNot 1979, 89 = MittRhNotK 1979, 89; Schöner DNotZ 1979, 624; aA Eickmann Rpfleger 1978, 1; Stürner JZ 1977, 431, 639; OLG Frankfurt MittBayNot 1998, 345 = aaO (Fußn 35); OLG Stuttgart DNotZ 1979, 21; offen gelassen BayObLG aaO (= Fußn 36).
[40] Wolfsteiner (DNotZ 1987, 67, 70) beklagt zu Recht, daß es Tendenzen gibt, die Auffassung des GBO-Gesetzgebers vom Grundbuchrichter als „Diener" der Parteien

tragung ist auch der Eigentümer an rascher Eintragung wegen der damit verbundenen schnelleren Kreditauszahlung interessiert).[41]

Allgemeine Geschäftsbedingungen können nur in der der Bewilligung zugrunde liegenden dinglichen Einigung nach § 873 BGB enthalten sein, da nur diese Einigung Vertrag im Sinne des § 305 BGB ist.

214 Ein Prüfungsrecht im Hinblick auf die inhaltliche Übereinstimmung von Bewilligung und Einigung hat das Grundbuchamt im Bereich des § 19 GBO nur im Rahmen des Legalitätsprinzips (s Rdn 209), wenn das Grundbuch durch eine Eintragung, die auf einer gegen AGB-Recht verstoßenden Einigung beruht, unrichtig würde. Während die Ansicht, eine gegen AGB-Recht verstoßende Eintragung sei völlig wirkungslos und müsse als inhaltlich unzulässig gelöscht werden[42] (§ 53 Abs 1 S 2 GBO) zu Recht abgelehnt wird, vertritt die hM[43] den Standpunkt, bei Verstoß gegen §§ 307–309 BGB (früher §§ 9–11 AGBG) sei die entsprechende dingliche Einigung unwirksam und damit auch das dingliche Recht (zB die Hypothek) insoweit nicht wirksam entstanden; das Grundbuch werde durch die trotzdem vorgenommene Eintragung unrichtig (§ 894 BGB).[44] Das Grundbuchamt kann also Eintragungsbewilligungen nicht schon dann beanstanden, wenn sie möglicherweise gegen AGB-Recht verstoßen oder ihre Wirksamkeit im Hinblick auf AGB-Recht **zweifelhaft** ist.

215 Nur wenn das Grundbuchamt **aus den eingereichten Eintragungsunterlagen** ohne weitere Sachverhaltsprüfung oder rechtlich schwierige Abwägungen **sichere Kenntnis** davon hat, daß das Grundbuch durch die bewilligte Eintragung dauernd unrichtig würde (mangels insoweit wirksamer Einigung), kann es die Eintragung ablehnen oder bei ebenso offensichtlichen Zweifeln Zwischenverfügung erlassen.[45] In dieser Eindeutigkeit müssen dem Grundbuch-

---

zu verschieben zu einer primär hoheitlichen Aufsichts- und Führungsfunktion; ähnlich Reithmann MittBayNot 1989, 17.

[41] Hierauf weist Böhringer BWNotZ 1980, 129 zu Recht hin.

[42] So H Schmid BB 1979, 1639 und Rpfleger 1987, 133; Meikel/Böttcher Einl H 125, 126; abgelehnt von OLG Köln aaO (Fußn 36) und LG Aachen aaO (Fußn 37) sowie von Ertl Rpfleger 1980, 8, da sich die Wirkungslosigkeit nicht lediglich aus Eintragungsvermerk und Bewilligung ohne Zuhilfenahme anderer Beweismittel ergibt; vgl auch BayObLG MittBayNot 1981, 72.

[43] So die Fußnoten 33, 35, 36 erwähnte Rechtsprechung, weiter Demharter Rdn 48 zu § 53; Eickmann aaO (Fußn 29) und die AGBG-Literatur (Fußn 27).

[44] Da eine nach dem AGB-Recht unwirksame Klausel in einer Individualvereinbarung wirksam sein kann, das Grundbuch bei AGB-Verstoß andererseits eine bloße Buchposition des Verwenders darstellt, muß die Möglichkeit eines gutgläubigen Erwerbs dieser (in Wirklichkeit dem Verwender nicht zustehenden) Rechtsposition bejaht werden; ähnlich Ertl Rpfleger 1980, 1 und DNotZ 1981, 149 (159). AA H Schmid BB 1979, 1639 (1641) sowie Rpfleger 1987, 133 und ihm folgend Ulmer in Festschrift für Hermann Weitnauer (1980) 226; Meikel/Böttcher Einl H 125, 126: deren Begründung, Gesetzwidriges könne nicht gutgläubig erworben werden, ist in dieser Allgemeinheit falsch; dieser Grundsatz gilt nur für unzulässige Eintragungen iS des § 53 Abs 1 S 2 GBO; dies hat besonders OLG Köln aaO (Fußn 36) deutlich herausgearbeitet. Im übrigen aber setzt gutgläubiger Erwerb gerade eine gesetzwidrige Position beim Verfügenden voraus.

[45] BayObLG 1979, 434 = aaO (Fußn 36); LG Aachen aaO (Fußn 37); Demharter, K/E/H/E, F Schmidt (alle Fußn 28).

A. Prüfungspflicht und Prüfungsrecht des Grundbuchamts

amt aus den eingereichten Eintragungsunterlagen insbesondere auch die Voraussetzungen des § 305 BGB bekannt sein, nämlich, daß die Einigung zu vorformulierten Bedingungen erklärt wurde und diese von einer Partei gestellt, also nicht ausgehandelt wurden (§ 305 Abs 1 S 3 BGB). Das Grundbuchamt kann sich dabei an Anscheinsregeln halten: Ist die Bewilligung in einem vorgedruckten oder auf eine sonstige Weise offensichtlich vervielfältigten Schriftstück enthalten, in dem nur noch die individuellen Daten des Bewilligenden und des betroffenen Grundstücks eingesetzt sind, oder weiß das Grundbuchamt infolge gleichlautender, ihm vorliegender anderer Urkunden, daß der Verwender stets den gleichen Text gebraucht, so spricht eine Vermutung für das Vorliegen von AGB und damit gleichzeitig nach den Beweislastregeln dafür, daß sie nicht im einzelnen ausgehandelt sind;[46] bei Verbraucherverträgen gelten auch die Vermutungen des § 310 Abs 3 BGB. Streichungen oder Änderungen im vorgedruckten Text entkräften diese eindeutige Vermutung für das Vorliegen von AGB mit der Folge, daß das Grundbuchamt keine sichere Kenntnis mehr vom Vorliegen eines AGB-Verstoßes hat. Dies gilt hinsichtlich der einzelnen geänderten Klauseln ebenso wie gegenüber dem gesamten Einigungsvertrag, da für das Grundbuchamt nicht aus der Eintragungsbewilligung erkennbar ist, ob nicht die unveränderten Klauseln gerade wegen der veränderten Klausel akzeptiert wurden, also in einem Prozeß des gegenseitigen Gebens oder Nehmens ausgehandelt wurden. Hat das Grundbuchamt die notwendige sichere Kenntnis vom Vorliegen von AGB, ggfs auch über die Verweisung in § 310 Abs 3 BGB (in der Praxis nahezu ausschließlich bei Hypothekenbestellungen), so kann der Antragsteller den Beweis einer Individualabrede nach § 305 Abs 1 S 3 BGB mit allen Beweismitteln ohne die Beweismittelbeschränkung des § 29 GBO führen.[47]

Das Grundbuchamt kann bei Zweifeln keineswegs eigene Aufklärung betreiben. Es kann nicht von den Beteiligten die Vorlage weiterer Unterlagen (zB Vertragsverhandlungen, Entwürfe, schuldrechtliche Nebenvereinbarung) verlangen, aus denen sich die Anwendbarkeit oder Nichtanwendbarkeit des AGB-Rechts ergibt (§ 305 Abs 1 S 2 BGB). Den Antragsteller trifft hier keineswegs eine Beweislast oder Feststellungslast.[48] Denn nach den feststehenden Verfahrensgrundsätzen berechtigen bloße Zweifel über die Rechtswirksamkeit einer Einigung nicht zur Beanstandung, sondern nur die sichere Kenntnis von deren Rechtsunwirksamkeit.[49]

216

Hat das Grundbuchamt diese sichere Kenntnis von der Anwendbarkeit des AGB-Rechts (§ 305 BGB), so ist seine Prüfungskompetenz für die Unwirksamkeitstatbestände der §§ 307–309 (früher §§ 9–11 AGBG) unterschiedlich: Diese Vorschriften sind nur insoweit anwendbar, als in der Einigung über die Bestellung des dinglichen Rechts von dessen dispositivem Inhalt abgewichen wurde. Klauseln, die gegen zwingende Vorschriften des dinglichen Rechtes verstoßen, sind nach § 134 BGB nichtig; sind sie mit zwingenden sachen-

217

---

[46] BayObLG aaO (Fußn 36) Böhringer BWNotZ 1980, 129.
[47] Es handelt sich um „Nebenumstände" vgl Rdn 159.
[48] Böhringer BWNotZ 1980, 129 (131); Schmidt MittBayNot 1978, 89 (94); BayObLG 1979, 434 (437) = DNotZ 1980, 357 = Rpfleger 1980, 105; OLG Hamm aaO (Fußn 36); aA Eickmann Rpfleger 1978, 8.
[49] BayObLG, OLG Hamm und OLG Köln je aaO (Fußn 36).

rechtlichen Bestimmungen vereinbar, entfällt insoweit jede weitere Prüfung des dinglichen Rechtes nach dem AGB-Recht.[50]

Die Klauselverbote des § 309 BGB (früher § 11 AGBG) können noch am ehesten durch das Grundbuchamt überprüft werden, da die Entscheidung über diese Tatbestände in der Regel lediglich aus der Kenntnis und Auslegung der in der Eintragungsbewilligung enthaltenen Vertragsklauseln getroffen werden kann.

Enge Grenzen sind dem Prüfungsrecht des Grundbuchamtes dagegen im Bereich der §§ 307 und 308 BGB (früher §§ 9 und 10 AGBG) gezogen. Hier hat der Gesetzgeber unbestimmte Rechtsbegriffe verwendet, mit engerem Beurteilungsspielraum in § 308 BGB (= § 10 AGBG), Generalklauseln in § 307 BGB (= § 9 AGBG). Sollen diese Bestimmungen angewendet werden, müssen die unbestimmten Rechtsbegriffe erst durch wertende Entscheidungen ausgefüllt werden. Solche Wertungen (ob eine gesetzliche Regelung einen „wesentlichen Grundgedanken" enthält, ob die Vereinbarung im konkreten Fall auch tatsächlich „unangemessen" ist, ob „wesentliche" Rechte oder Pflichten, die sich aus der „Natur des Vertrages" ergeben, so eingeschränkt werden, daß die Erreichung des „Vertragszweckes gefährdet" wird, § 307 BGB) können nur getroffen werden, wenn dem Rechtsanwendungsorgan der gesamte Sachverhalt in allen Stadien der Verhandlung, den Absichten der Beteiligten und ihren speziellen Situationen bekannt ist. Das Grundbuchamt kennt vom gesamten Sachverhalt nur einen kleinen Ausschnitt, die Eintragungsbewilligung. Wertungen, die eine über die Eintragungsbewilligung hinausgehende Kenntnis voraussetzen, kann das Grundbuchamt infolgedessen nicht treffen. Eine entsprechende Prüfungsbefugnis fehlt ihm; zu entsprechenden eigenen Ermittlungen ist das Grundbuchamt nach § 12 FGG nicht berechtigt. Zu diesem Zweck kann es keine Zwischenverfügung erlassen.[51] Diese Beschränkung der Erkenntnismöglichkeiten ist von der Grundbuchordnung im Interesse der Schnelligkeit und Sicherheit der Eintragung unter Inkaufnahme von Unrichtigkeiten des Grundbuches gewollt und im Bereich des „klassischen" BGB unbestritten: Verstöße gegen §§ 242, 138 BGB waren und sind der Prüfung durch das Grundbuchamt nur in extremen Ausnahmefällen zugänglich, nämlich dann, wenn aus den dem Grundbuchamt vorliegenden Eintragungsunterlagen die Unwirksamkeit ganz offensichtlich und ohne den geringsten Zweifel hervorgeht; regelmäßig aber kommt dem Grundbuchamt eine solche Beurteilung (und damit ein Prüfungs- und Beanstandungsrecht) nicht zu.[52] Diese Grundsätze gelten in gleicher Weise für die unbestimmten Rechtsbegriffe des § 307 BGB (= § 9 AGBG), der lediglich eine spezialgesetzliche Ausprägung des § 242 BGB ist: Auch hier ist nur in extremen Ausnahmefällen ein Prüfungsrecht des Grundbuchamtes denkbar, während in der Regel mangels Erkenntnismöglichkeiten dem Grundbuchamt eine Prüfung, Entscheidung und insbesondere auch Ermittlungen versagt sind.[53]

---

[50] BGH aaO; BayObLG aaO (je Fußn 32).
[51] OLG Hamm aaO (Fußn 36); Schmidt MittBayNot 1978, 89 = MittRhNotK 1979, 89; BayObLG MittBayNot 1981, 188.
[52] So ausdrücklich zu § 138 BGB BayObLG MittBayNot 1981, 188.
[53] So ausdrücklich OLG Hamm und OLG Frankfurt je aaO (Fußn 36); Schmidt aaO; Schöner aaO (alle Fußn 39). Das BayObLG aaO = Fußn 36 läßt die Frage offen, be-

A. Prüfungspflicht und Prüfungsrecht des Grundbuchamts

Bei den unbestimmten Rechtsbegriffen des § 308 BGB (= § 10 AGBG) ist das Prüfungsrecht des Grundbuchamtes ebenfalls beschränkt: Nur Wertungen, die im Einzelfall ohne weitere Ermittlungen und ohne nähere Kenntnis weiterer Umstände lediglich aus den vorgelegten Eintragungsunterlagen ohne Zweifel beurteilt werden können, berechtigen das Grundbuchamt zur Prüfung und Beanstandung.[54] Ergibt die Prüfung einer Eintragungsbewilligung, daß sie nicht gegen §§ 309 oder 308 BGB verstößt, so kann sie im Rahmen der dargestellten eingeschränkten Prüfungskompetenz des Grundbuchamtes auch und gerade nicht wegen Verstoßes gegen § 307 BGB beanstandet werden: Es fehlt hier jegliche Offensichtlichkeit und Sachverhaltserkenntnis(möglichkeit) des Grundbuchamtes.[55]

Für die Praxis sind noch folgende Gesichtspunkte zu berücksichtigen: **218**
- Als Folge der Unsicherheiten in der Grundbuchbehandlung von Hypothekenbestellungen, die im Bereich des Grundbuchrechtes nahezu ausschließlich Allgemeine Geschäftsbedingungen enthalten können, ist in der Praxis eine verstärkte „Flucht" in die Grundschuld[56] zu beobachten, auch bei Hypothekenbanken.
- Im Bereich der Auflassungsvormerkungen führt § 306 BGB (vordem § 6 AGBG) dazu, daß die Vormerkung ohne weitere Prüfung einzutragen ist, auch wenn einzelne Klauseln des schuldrechtlichen Kaufvertrages unwirksam sein sollten, da der Vertrag im übrigen, dh insbesondere hinsichtlich der Übereignungsverpflichtung, wirksam bleibt.

3. Prüfung bei Behördenersuchen

Bei Behördenersuchen (§ 38 GBO, Rdn 199) hat das Grundbuchamt zu **prüfen 219**
- seine **Zuständigkeit** (Rdn 40–43; örtliche Rdn 51),
- das Ersuchen wie folgt:
  - **Zuständigkeit** der ersuchenden **Behörde** nach gesetzlicher Vorschrift,
  - **Inhalt** des Ersuchens und Bezeichnung des Grundstücks (Rdn 201),
  - **Form** des Ersuchens (Rdn 201);
- die **Eintragungsfähigkeit**[57] daraufhin, ob,
  - ein **eintragungsfähiges Recht** oder ein eintragungsfähiger Vermerk (s Rdn 23–28; eine eintragungsfähige Löschung) in das Grundbuch eingetragen werden soll,
  - ob (insbesondere) das eintragungsfähige Recht im Einzelfall mit **eintragungsfähigem Inhalt** ausgestaltet ist;
- Vorliegen der dem Ersuchen (etwa) **beizufügenden Urkunden**,
- **Voreintragung des Betroffenen** (soweit erforderlich) **und Erfüllung weiterer durch das Ersuchen nicht ersetzter Eintragungserfordernisse** (Rdn 199).

---

tont andererseits aber stets die eingeschränkte Prüfungskompetenz im Bereich des AGBG; wie hier OLG Köln aaO (Fußn 36).
[54] BayObLG aaO = Fußn 36; Böhringer BWNotZ 1980, 129; weitergehend ein Prüfungsrecht ablehnend F Schmidt aaO = Fußn 28.
[55] BayObLG MittBayNot 1981, 127 = MittRhNot 1981, 183 = Rpfleger 1981, 297.
[56] Wegen angeblicher Nichtigkeit des Darlehensvertrages kann die Eintragung der Grundschuld nicht verweigert werden, LG Düsseldorf MittRhNotK 1982, 45.
[57] LG Tübingen BWNotZ 1984, 39.

1. Teil. VI. Die Grundbucheintragung

Ob die Behörde zu dem Ersuchen um Eintragung befugt ist, wird nur daraufhin geprüft, ob die ersuchende Behörde nach gesetzlicher Vorschrift überhaupt (abstrakt) dazu befugt ist, das Grundbuchamt um eine Eintragung der in Rede stehenden Art zu ersuchen.[58] Ob im Einzelfall die Behörde auch tatsächlich befugt ist, um die beantragte Eintragung zu ersuchen, ob somit im konkreten Fall die Voraussetzungen der beantragten Eintragung vorliegen, hat das Grundbuchamt nicht zu prüfen.[59] Die Verantwortung für die Rechtmäßigkeit des Ersuchens im Einzelfall trägt allein die ersuchende Behörde.[60] Nur wenn das Grundbuchamt weiß, daß es an den Voraussetzungen mangelt, unter denen die Behörde zu dem Ersuchen befugt ist (wenn insoweit der Sachverhalt sicher bekannt ist und ohne jeden Zweifel geklärt ist, daß dem Ersuchen jede Rechtsgrundlage fehlt), ist es zurückzuweisen.[61] Eine Eintragung, deren Unrichtigkeit ihm bekannt ist, darf das Grundbuchamt auch auf Behördenersuchen nicht vornehmen.[62]

B. Die Eintragungsverfügung (§ 44 Abs 1 S 2, § 130 GBO)

220 a) Das Grundbuchamt hat
- eine beantragte (mit Ersuchen einer Behörde verlangte) Eintragung
  - in das maschinell geführte Grundbuch **am Bildschirm zu veranlassen** oder (gesondert) zu verfügen und vorzunehmen (§ 130 S 1 Halbs 2, S 2 GBO),
  - mit **Eintragungsverfügung** zur Eintragung in das Papier-Grundbuch zu veranlassen und vorzunehmen (§ 44 Abs 1 S 2 Halbs 1 und § 130 S 1 Halbs 2 und S 2 GBO)

wenn alle Eintragungsvoraussetzungen erfüllt sind;
- mit **Zwischenverfügung** nach § 18 Abs 1 GBO dem Antragsteller Frist zur Behebung eines Hindernisses zu bestimmen, wenn der Eintragung ein behebbares Hindernis entgegensteht (Rdn 427 ff; zur formlosen Beanstandung Rdn 445);
- den Antrag unter Angabe der Gründe **zurückzuweisen**, wenn der beantragten Eintragung ein mit Zwischenverfügung (ausnahmsweise) nicht zu beanstandendes Hindernis entgegensteht oder Beseitigung eines Hindernisses

---

[58] BGH 19, 355 (358) = NJW 1956, 463; BayObLG 1955, 314 (318); BayObLG 1970, 182 (184) = Rpfleger 1970, 346; KG JFG 7, 397 (399); OLG Frankfurt Rpfleger 1993, 486 (487); OLG Hamm OLGZ 1978, 304 (307) = Rpfleger 1978, 374; OLG Köln DNotZ 1958, 487.

[59] Siehe hierzu zB auch § 322 Abs 3 AO: Die Vollstreckungsbehörde hat zu bestätigen, daß die gesetzlichen Voraussetzungen für die Vollstreckung vorliegen. Diese Fragen unterliegen nicht der Beurteilung des Grundbuchamts; vgl OLG Hamm Rpfleger 1983, 481.

[60] BGH 19, 355 (358) = aaO; BayObLG 1952, 157 (158 f); BayObLG 1955, 314 (318); BayObLG 1970, 182 (184) = aaO; KG JFG 7, 397; OLG Hamm OLGZ 1978, 304 (307) = aaO; OLG Frankfurt Rpfleger 1974, 436; KG Rpfleger 1997, 154.

[61] BayObLG 1952, 157 (158); BayObLG 1970, 182 (184) = aaO; OLG Frankfurt Rpfleger 1974, 436; OLG Hamm OLGZ 1978, 304 (307) = aaO; KG Rpfleger 1997, 154.

[62] BGH 106, 108 (110).

B. Die Eintragungsverfügung

nicht in der mit Zwischenverfügung gesetzten Frist erfolgt ist (§ 18 Abs 1 GBO; Einzelheiten Rdn 465 ff).

b) Bei maschineller Grundbuchführung bedarf es einer besonderen (förmlichen, schriftlichen) Verfügung nicht, wenn auch die Eintragung von der für die Führung des Grundbuchs zuständigen Person (s Rdn 44) veranlaßt wird (§ 74 Abs 1 S 2 GBV). Die Eintragung wird dann am Bildschirm verfügt. Wird demnach die Eintragung nicht besonders schriftlich verfügt, so ist der Veranlasser der Speicherung in geeigneter Weise (zB durch Kennzeichen) aktenkundig oder sonst feststellbar zu machen (§ 130 S 2 GBO). Es soll ermittelt werden können, wer die Eintragung angeordnet hat. Sonst ist die Eintragung zu verfügen (§ 130 S 1 Halbs 2 mit § 44 Abs 1 S 2 Halbs 1 GBO); Ausnahme bei Einspeicherung aus dem Liegenschaftskataster nach § 127 Abs 1 GBO (§ 74 Abs 1 GBV). 221

c) Die Eintragung in das Papier-Grundbuch ist von der für die Führung des Grundbuchs zuständigen Personen (Richter oder Rechtspfleger, Rdn 44), in Sonderfällen von dem Urkundsbeamten der Geschäftsstelle **schriftlich unter Angabe** ihres **Wortlauts** zu verfügen (§ 44 Abs 1 S 2 Halbs 1 GBO). In der Eintragungsverfügung ist die Grundbuchstelle, an der die Eintragung zu bewirken ist, unter Angabe von Band und Blatt sowie Abteilung und Spalte zu bezeichnen (§ 26 GBGA). Die Zeit der Eintragung ist nach deren Abschluß vom Grundbuchführer nachzutragen. Von der Angabe des Wortlauts der Eintragung in der Eintragungsverfügung könnte in besonderen Ausnahmefällen Abstand genommen werden. Denkbar wäre das bei zahlreichen im wesentlichen gleichlautenden Eintragungen und in Fällen, in denen die zu vollziehende Urkunde bereits einen genau formulierten, zur unmittelbaren Aufnahme in das Grundbuch ohne weiteres geeigneten Eintragungswortlaut enthält. Dann ist lediglich zu verfügen 221 a

Einzutragen nach Antrag.

d) Wird eine Eintragungsvoraussetzung als **offenkundig** angesehen, so ist dies aktenkundig zu machen (§ 26 GBGA). 222

e) Die **Fassung** des Eintragungsvermerks **bestimmt das Grundbuchamt**.[1] Dessen Rechtspfleger (Richter oder Urkundsbeamter) legt in der Eintragungsverfügung als Wortlaut des Eintragungsvermerks den notwendigen und etwa weitergehend zulässigen Eintragungsinhalt fest und trägt allein die Verantwortung dafür. Bei Fassung des Eintragungsvermerks hat das Grundbuchamt nach seinem Ermessen auch zu bestimmen, was in den Vermerk selbst aufzunehmen ist und was durch Bezugnahme auf die Eintragungsbewilligung (§§ 874, 1115 BGB, § 44 Abs 2 GBO) mittelbar zur Eintragung zu bringen ist.[2] An den Fassungsvorschlag eines Beteiligten ist das Grundbuch- 223

---

[1] BayObLG 1995, 153 (156)= DNotZ 1996, 24 (26).
[2] RG 50, 145 (153); BGH 47, 41 = DNotZ 1967, 753 = NJW 1967, 925 = Rpfleger 1967, 111 mit Anm Haegele; BayObLG 1956, 196 (203); BayObLG 1960, 231 (239); KGJ 50 A 149 (153); KG NJW 1966, 1776 = Rpfleger 1966, 303 mit Anm Haegele; LG München DNotZ 1973, 617; Haegele und Riedel Rpfleger 1963, 262; Hamelbeck DNotZ 1964, 498; Schäfer BWNotZ 1962, 277; **anders:** OLG Düsseldorf JMBlNRW 1962, 82 = Rpfleger 1963, 287; OLG Schleswig Rpfleger 1964, 82 mit abl Anm Haegele; Dieckmann Rpfleger 1963, 267.

amt nicht gebunden.³ Die Beteiligten haben einen öffentlich-rechtlichen Anspruch an das Grundbuchamt auf richtige Grundbuchführung und daher eindeutige (rechtlich richtige) Fassung beantragter Grundbucheintragungen (Beschwerderecht hierwegen Rdn 485) unter Beachtung auch der Sollvorschriften des Grundbuchverfahrensrechts (Rdn 31). Bestimmung über die Formulierung der Eintragung kann ein Beteiligter deswegen für das Grundbuchamt verbindlich nicht treffen. Das schließt natürlich nicht aus, daß der Rechtspfleger (Richter oder Urkundsbeamte) sich der von Beteiligten vorgeschlagenen Fassung bedient, wenn sie ihm sachlich richtig und zweckmäßig erscheint.

224 f) Für Eintragungen, die auf **mehreren Grundbuchblättern** vorzunehmen sind, kann eine Eintragungsverfügung getroffen werden, die zu den Grundakten genommen wird, in denen das die Eintragung veranlassende Schriftstück endgültig verbleibt. Zu den Grundakten, in denen sich die Urschrift der Eintragungsverfügung nicht befindet, ist von dieser keine Abschrift zu nehmen, es ist vielmehr in diesen Akten auf die Stelle zu verweisen, wo sich die Eintragungsverfügung befindet. Zu dem Hinweis kann gegebenenfalls das **Merkblatt** (s darüber Rdn 65) verwendet werden; auf ihm ist der Tag der Eintragung zu vermerken. Es kann aber auch für jedes einzelne Grundstück eine besondere Eintragungsverfügung erlassen und zu den zugehörigen Grundakten genommen werden, sofern dies im Einzelfall zweckmäßig erscheint.

C. Die Eintragungen in das Grundbuch
(§§ 873, 874, 1115 BGB; §§ 44, 130 GBO)

1. Materielles Eintragungserfordernis

Literatur: Jung, Tod des Berechtigten vor Eintragung im Grundbuch, Rpfleger 1996, 94; Streuer, Die Grundbucheintragung als Voraussetzung der Rechtsänderung, Rpfleger 1988, 513.

225 **Grundbucheintragung** ist „jede in das Grundbuch aufgenommene Angabe über die Rechtsverhältnisse des Grundstückes" ... „Als Regel gilt, daß die Eintragung die wirkliche mit ihr eintretende oder bereits früher eingetretene Rechtslage genau und vollständig angeben soll."¹ Nach materiellem Recht erfordert Eintragung einer Rechtsänderung in das Grundbuch (insbesondere Übertragung des Eigentums, Belastung eines Grundstücks mit einem Recht sowie Übertragung oder Belastung eines solchen Rechts, § 873 Abs 1 BGB) **Eintragungsvermerk** mit Bezeichnung des Berechtigten und der Rechtsänderung, bei Belastung mit Angabe des Inhalts sowie Umfangs des Grundstücksrechts, auf dem für das Grundstück angelegten Grundbuchblatt (§ 3 Abs 1 GBO) oder für ein bestimmtes Grundstück (mehrere Grundstücke) auf einem gemeinschaftlichen Grundbuchblatt (§ 4 Abs 1 GBO). **Notwendiger Eintragungsinhalt** ist somit die bestimmte Bezeichnung der materiellen Rechtsände-

---

³ BayObLG 1995, 153 = aaO; ebenso (für Handelsregister) OLG Düsseldorf MittRhNotK 1997, 437.
¹ So Motive zum GBO-Entwurf, Amtliche Ausgabe, 1889, Seite 51.

rung mit ihrem gesetzlich gebotenen Inhalt. Für Grundstücksbelastung genügt hierfür neben der Bezeichnung des Berechtigten bei Rechten, die im Gesetz erschöpfend geregelt sind (zB bei einem Nießbrauch, Erbbaurecht, Vorkaufsrecht) die allgemeine Bezeichnung des Rechts.[2] In anderen Fällen (dies insbesondere bei Dienstbarkeiten) muß jedoch im Grundbuchvermerk der wesentliche Inhalt des Rechts wenigstens schlagwortartig gekennzeichnet werden.[3] Notwendiger Eintragungsinhalt bei Grundpfandrechten: § 1115 Abs 1 BGB. Bei Grundstücksbelastung kann (und soll, § 44 Abs 2 GBO) zur näheren Bezeichnung des Inhalts des Rechts auf die Eintragungsbewilligung nach Maßgabe von § 874 BGB (mit § 1115 BGB für Grundpfandrechte), § 885 Abs 2 BGB, Bezug genommen werden (Einzelheiten Rdn 262 ff). Grundbucheintragung (-inhalt) sind Eintragungsvermerk und der zulässig in Bezug genommene Inhalt der Eintragungsbewilligung zusammen; sie können nur einheitlich gelesen und gewürdigt werden.[4] Entsprechendes gilt für Eintragung zur Grundbuchberichtigung (§ 894 BGB), für Eintragung der Änderung des Inhalts eines Rechts (§ 877 BGB), außerdem für Eintragung einer abweichenden Bestimmung der Rangverhältnisse (§ 879 Abs 3 BGB) sowie einer Rangänderung (§ 880 Abs 2 BGB) und eines Rangvorbehalts (§ 881 Abs 2 BGB), für Eintragung einer Vormerkung (§ 885 BGB) und für andere Grundbucheintragungen. Löschung wird durch Eintragung eines Löschungsvermerks oder dadurch vollzogen, daß bei Übertragung des Grundstücks auf ein anderes Grundbuchblatt das Recht nicht mitübertragen wird (§ 46 GBO; hierzu Rdn 281).

2. Eintragung nach Grundbuchverfahrensrecht

Der notwendige Eintragungsinhalt ergibt sich aus dem materiellen Recht. Das Verfahrensrecht der GBO enthält ergänzend daher (zumeist) Ordnungsvorschriften über **Fassung** und **äußere Form** der Eintragung[5] in § 28 S 2 GBO (Bezeichnung der Geldbeträge), § 44 Abs 1 und 2, § 129 Abs 2 GBO (Tagesangabe, Unterschrift als Wirksamkeitserfordernis [s Rdn 227], und Bezugnahme) sowie in §§ 45–52 GBO. Im Eintragungsverfahren sind diese Bestimmungen auch zu beachten, soweit sie über die materiellrechtlichen Erfordernisse der Grundbucheintragung hinausgehen. Gleiches gilt für die Bestimmungen der GBV (Rechtsverordnung mit Grundlage in § 1 Abs 4 GBO) über die Einteilung des Grundbuchblatts und damit die Stelle der Eintragung im Grundbuch (§§ 4–12) sowie über die Eintragungen (§§ 13–21). Die Probeeintragungen in den der GBV beigefügten Mustern gehören nicht dazu (§ 22 GBV). Für die **äußere Form** der Eintragungen bestimmt § 21 Abs 1 GBV, daß sie deutlich und ohne Abkürzung zu schreiben sind und daß im Grundbuch nichts radiert[6] oder unleserlich gemacht werden darf. Sämtliche Eintragungen in das Bestandsverzeichnis und in der zweiten und dritten Abteilung (hier insbesondere auch Veränderungen und Löschungen) sind an der

226

---

[2] BGH 35, 378 (382) = DNotZ 1963, 42 = NJW 1961, 2157.
[3] BGH 21, 378 = aaO; hierzu Rdn 1145.
[4] RG 88, 83 (88); 113, 223 (229).
[5] Motive zum GBO-Entwurf (aaO Fußn 1) Seite 51.
[6] Eine durch Radierung unbefugt vorgenommene Veränderung im Grundbuch ist keine Eintragung im Rechtssinn; OLG Frankfurt JurBüro 1981, 1878 = Rpfleger 1981, 479.

zunächst freien Stelle in unmittelbarem Anschluß an die vorhergehende Eintragung derselben Spalte und ohne Rücksicht darauf, zu welcher Eintragung einer anderen Spalte sie gehören, vorzunehmen (§ 21 Abs 3 GBV). Druck der Eintragungen beim Grundbuch in Loseblattform: § 21 Abs 1 GBV; Verwendung von Stempeln: § 21 Abs 2 GBV. Tinte, Farbband und Stempel: §§ 27, 29 GBGA. Sperrung eines noch vorhandenen freien Eintragungsraums in einem Loseblatt-Grundbuch, wenn nachfolgende Eintragungen gedruckt werden: § 21 Abs 4 GBV.

Wegen der demnach notwendigen und gebräuchlichen Fassung der Eintragungen siehe die Grundbuchformulare mit Erläuterungen im Zweiten Teil des Buchs.

3. Unterschrift und Datum (§ 44 GBO)

227 a) Jede Eintragung in das Papier-Grundbuch ist von der für die Führung des Grundbuchs zuständigen Person (Richter oder Rechtspfleger, Rdn 44) und von dem Urkundsbeamten der Geschäftsstelle oder einem ermächtigten Justizangestellten (bei Zuständigkeit des Urkundsbeamten von diesem zusammen mit einem zweiten Beamten der Geschäftsstelle oder einem ermächtigten Justizangestellten) zu **unterschreiben** (§ 44 Abs 1 GBO). Sie ist damit abgeschlossen. Unterzeichnet wird mit dem (Familien)Namen ohne Beifügung der Amtsbezeichnung. Erforderlich ist ein die Identität des Unterschreibenden ausreichend kennzeichnender individueller Schriftzug, der einmalig ist, charakteristische Merkmale aufweist, sich als Widergabe eines Namens darstellt und die Absicht einer vollen Unterschriftsleistung erkennen läßt.[7] Lesbarkeit der Unterschrift ist nicht verlangt; Kennzeichnung nur mit einer Paraphe genügt jedoch nicht.[7] Die Unterschriften sind unter dem (nach § 20 GBV einheitlichen) Eintragungsvermerk, aber vor dem unter neuer laufender Nummer folgenden Eintragungsvermerk zu leisten (s dazu im einzelnen die Probeeintragungen in Anlage zu GBV). Die Unterschriften sind Wirksamkeitserfordernis (nicht lediglich Ordnungsvorschrift). Fehlt die Unterschrift der oder auch nur eines zuständigen Beamten, ist die Eintragung unwirksam (nicht erfolgt); gutgläubiger Erwerb ist dann nicht möglich. Daß die Unterschriften am selben Tag geleistet worden sind, setzt die Wirksamkeit der Eintragung nicht voraus;[8] wirksam wird die Eintragung erst an dem Tag, an dem die zweite Unterschrift erfolgt; dieser ist als Eintragungstag anzugeben.[9] In Baden-Württemberg genügt die Unterschrift des Notars oder Rechtspflegers (§ 143 GBO); die Unterschrift eines zweiten Beamten ist nicht erforderlich.[10] Besonderheiten gelten auch in den neuen Bundesländern (Grundlage § 144 Abs 1 S 3 und 4 GBO). Es unterzeichnen allein in Brandenburg der Bedienstete, der die Aufgaben des Rechtspflegers (in Sonderfällen die des Urkundsbeamten der Geschäftsstelle) wahrnimmt (§ 2 Abs 4 GrundbGBbg vom 17. 11. 1992, GBl I 482), in Mecklenburg-Vorpommern der Grundbuchführer, das ist der Bedienstete, der die Aufgaben des Richters sowie (im Rahmen

---

[7] OLG Zweibrücken Rpfleger 2000, 267.
[8] OLG Köln Rpfleger 1980, 477.
[9] OLG Karlsruhe Justiz 1979, 336 = MittRhNotK 1979, 215.
[10] Richtigstellung versehentlich fehlerhafter Grundbucheinträge s Maier WürttNotV 1951, 85.

C. Die Eintragungen in das Grundbuch

seiner Zuständigkeit) die des Urkundsbeamten der Geschäftsstelle wahrnimmt (§ 2 Abs 4 Ges über die Führung der Grundbücher vom 14. 6. 1991, GVOBl 215), in Sachsen der Bedienstete, der die Führung des Grundbuchs wahrnimmt (§ 43 Abs 2 Justizgesetz vom 24. Nov 2000, GVBl S 482), in Sachsen-Anhalt der Bedienstete, dem die Führung des Grundbuchs übertragen ist oder (für die ihm übertragenen Geschäfte) der Urkundsbeamte (§ 17 AusfG zum GVG idF vom 15. März 1995, GVBl 72), und in Thüringen der Grundbuchführer, das ist der Rechtspfleger (näher § 2 Abs 1 Ges) sowie (im Rahmen seiner Zuständigkeit) der Grundbuchbedienstete (§§ 4, 5 Thüringer Ges zur Regelung gerichtsorganisatorischer Fragen vom 1. 10. 1991, GVBl 419). Der Unterschrift eines weiteren Bediensteten bedarf es auch in diesen Ländern nicht. Diese Besonderheiten sind bedenklich. Sie gewährleisten volle Sicherheit der Grundbuchführung nicht und bieten Grundlage für Haftungsgefahren.

Jeder selbständige Vermerk ist gesondert zu unterschreiben. Sind bei einer Eintragung mehrere Spalten des Bestandsverzeichnisses oder derselben Abteilung auszufüllen, so gelten die sämtlichen Vermerke im Sinne des § 44 GBO nur als eine Eintragung (§ 20 GBV), die von den zuständigen Beamten nur einmal unterzeichnet wird.

Auch bei maschineller Grundbuchführung genügt für eine Grundbucheintragung die bloße Eingabe der Daten über die Tastatur allein nicht. Wesentliches Merkmal der Grundbucheintragung ist die Unterschrift (§ 44 Abs 1 GBO). An Stelle der handschriftlichen Unterschrift ist beim EDV-Grundbuch eine elektronische Unterschrift zu verwenden. Diese ist zwar bei maschineller Grundbuchführung nicht Wirksamkeitserfordernis (§ 44 Abs 1 S 2 Halbs 1 GBO findet nach § 130 S 1 GBO keine Anwendung). Es ist aber eine Eintragung nur möglich, wenn die für die Führung des Grundbuchs zuständige Person (Richter oder Rechtspfleger, Rdn 44) oder – bei landesrechtlicher Bestimmung, daß Eintragung von dem Urkundsbeamten veranlaßt wird (§ 74 Abs 1 S 3 GBV) – der Urkundsbeamte der Eintragung ihren oder seinen Namen hinzusetzt und beides elektronisch unterschreibt (§ 75 S 1 GBV). Die Ausführung der elektronischen Unterschrift bestimmt § 75 S 2 GBV. Die unterschriebene Eintragung und die elektronische Unterschrift werden Bestandteil des maschinell geführten Grundbuchs (§ 75 S 3 GBV). Wirksam wird eine (elektronisch unterschriebene) Eintragung, sobald sie in den für die Grundbucheintragungen bestimmten Datenspeicher aufgenommen ist und auf Dauer inhaltlich unverändert in lesbarer Form wiedergegeben werden kann (§ 129 Abs 1 S 1 GBO). Dieser Eintritt der Wirksamkeit einer Eintragung kann auch nach Dienstschluß liegen.[11] 227a

b) Bei maschineller Grundbuchführung soll nach § 130 Abs 2 S 1 GBO jede Eintragung den **Tag angeben,** an dem sie wirksam geworden ist (Rdn 227a). Dieser Angabe des Eintragungstages bedarf es bei maschineller Einspeicherung von Angaben aus dem Liegenschaftskataster nicht (§ 129 Abs 2 S 2 GBO). 228

c) Den **Tag,** an welchem die Eintragung in das Papier-Grundbuch erfolgt, soll jede Eintragung angeben (§ 44 Abs 1 S 1 GBO; ist für die maschinelle Grundbuchführung nicht anzuwenden, § 130 S 1 GBO). Tag der Eintragung ist der Kalendertag, an dem der Eintragungsvermerk im Grundbuch von den 228a

---

[11] Begründung zu § 129, BT-Drucks 12/5553, S 81.

zuständigen Beamten unterschrieben wird (s § 30 GBGA), bei Unterzeichnung an verschiedenen Tagen (praktisch seltene Besonderheit) sonach der Tag, an dem die letzte Unterschrift geleistet wird (dann keine Angabe des Tages der früheren Unterzeichnung durch den anderen Beamten). Üblich ist Tagesangabe (Kalendertag, Monat, in den Mustern zur GBV immer mit Namen genannt, und Jahr) am Schluß des Eintragungsvermerks. Bei einer Eintragung, für die mehrere Spalten des Bestandsverzeichnisses oder derselben Abteilung auszufüllen sind, gelten die sämtlichen Vermerke nur als eine Eintragung (§ 20 GBV), die sonach nur zusammen (gebräuchlich am Schluß) mit Datumsangabe versehen werden (s dazu im einzelnen die Probeeintragungen in Anlage zur GBV). Als Sollbestimmung ist § 44 Abs 1 S 1 Ordnungsvorschrift; wenn der Eintragungstag nicht oder unrichtig (zB ein vor Unterzeichnung liegender Tag) angegeben ist, ist die unterzeichnete Eintragung daher gleichwohl wirksam erfolgt; die Zeit der Buchung ist dann, wenn dies bedeutsam ist, mit zulässigen Beweismitteln nachzuweisen. Nachgetragen werden kann die fehlende Tagesangabe der Eintragung, wenn sich der Eintragungstag noch genau feststellen läßt, als Berichtigung eines offenbaren Schreibversehens mit datiertem und unterzeichnetem Berichtigungsvermerk.

4. Bezeichnung des Berechtigten (§ 15 GBV)

a) Natürliche Personen

229 **aa)** Jede **natürliche Person** ist bei Grundbucheintragung als Berechtigter (Eigentümer, Gläubiger eines Grundpfandrechts, Berechtigter eines sonstigen Rechts am Grundstück oder eines Rechts an einem das Grundstück belastenden Rechts) in Abteilungen I, II und III zu bezeichnen (§ 15 Abs 1 Buchst a GBV) mit
– ihrem **Familien-** und **Vornamen,**
– Beruf und Wohnort (die Wohnung[12] kommt ins Wohnungsblatt)
sowie nötigenfalls noch mit anderen sie deutlich kennzeichnenden Merkmalen[13] (zB Geburtsdatum). Das **Geburtsdatum** ist stets anzugeben, wenn es sich aus den Eintragungsunterlagen ergibt (Angabe des Geburtstages zur Bezeichnung der Beteiligten siehe § 26 Abs 2 DONot[14]). Wird das Geburtsdatum angegeben, so bedarf es nicht der Angabe des Berufs und des Wohnorts (GBV aaO). Zweck dieser Bezeichnung des Berechtigten ist es, ihn im Grundbuch so genau zu kennzeichnen, daß nach Möglichkeit jeder Zweifel über seine Person und jede Verwechslung ausgeschlossen ist und hierdurch die Klarheit des Grundbuchs erhalten wird.[15] Einzutragen hat das Grund-

---

[12] Angabe der Wohnung (Adresse) in den Eintragungsunterlagen kann erforderlich sein, wenn sonstige Bezeichnung des Berechtigten noch keine hinreichenden Unterscheidungsmerkmale gibt; BayObLG 1981, 391 = aaO (nachf Fußn 15), das folgendes Beispiel gibt: „Hans Müller in München".
[13] Zur Behandlung gleichnamiger Personen im Rechtsverkehr Herminghausen DNotZ 1952, 528.
[14] Dazu Kanzleiter DNotZ 1975, 26 (29).
[15] BayObLG 1981, 391 = MittBayNot 1982, 23 = MittRhNotK 1982, 43 = Rpfleger 1982, 97.

C. Die Eintragungen in das Grundbuch

buchamt den Namen des Berechtigten antragsgemäß gleichlautend mit dem im Erwerbstitel genannten Namen.[16] Zur Eintragung eines nicht beantragten Namens ist es nicht befugt.[17] Fehlt eine für die Bezeichnung des Berechtigten (nach § 15 GBV) vorgeschriebene Angabe (und wird sie auf Zwischenverfügung auch nicht nachgebracht), so ist die Eintragung abzulehnen. Der Bestimmtheitsgrundsatz erfordert eine ausreichende sofortige Bestimmtheit der beantragten Eintragung (und nicht nur eine vielleicht später mögliche Bestimmbarkeit eines eingetragenen Berechtigten).

bb) Als Familienname (§ 15 Abs 1 Buchst a GBV) ist der Name einzutragen, 230
der im Verkehr mit Behörden anzugeben ist. Das ist
- der Geburtsname (§§ 1616, 1617 Abs 1, §§ 1617a–c BGB) oder der mit Namensänderung an dessen Stelle getretene Name, zB mit Einbenennung oder Adoption (§§ 1618, 1757 Abs 1 BGB, behördlicher Namensänderung),
- der Ehename, den Ehegatten (ohne Begleitnamen) führen (§ 1355 BGB),
- der Ehename mit dem vorangestellten oder angefügten Begleitnamen, wenn der Begleitname nach § 1355 Abs 4 BGB (vor dem 1. 7. 1976 auch Art 12 des 1. EheRG) beibehalten ist.
- der Lebenspartnerschaftsname, bei vorangestelltem oder angefügtem Namen mit diesem (§ 3 LPartG).

Name des verwitweten oder geschiedenen Ehegatten: § 1355 Abs 5 BGB. Jeder Ehegatte (auch Lebenspartner) kann seinem Familiennamen einen auf einen früheren Namen hinweisenden Zusatz anfügen wie „geborene(r)" oder „verwitwete(r)" (Ausfluß des allgemeinen Persönlichkeitsrechts). Gleiches kann für die Bezeichnung der Ehefrau mit dem Mannesnamen und -beruf gelten („Ehefrau des Kaufmanns Hans Huber").[18] Wenn Eheleute (auch Lebenspartner) mit gemeinsamem Familiennamen als Berechtigte einzutragen sind (§ 47 GBO), braucht der gemeinsame Familienname nur einmal geschrieben werden; Beispiel:

> Schneider Hans und Anna, geb Zwirn, Kaufmannseheleute

auch

> Schneider Hans, Kaufmann,
> und seine Ehefrau Anna, geb Zwirn, Richterin am Amtsgericht

Die Kennzeichnung zweier Beteiligter als Eheleute (Lebenspartner) im Grundbuch ist auch zulässig und hilfreich, wenn die Ehegatten keinen gemeinsamen Ehenamen führen (§ 1355 Abs 1 S 3 BGB oder bei Ehegatten aus dem romanischen Rechtskreis).

---

[16] **Stirbt** der in der Eintragungsbewilligung bezeichnete **Berechtigte**, so ist ein Recht (auf Antrag) für den (nach § 35 GBO legitimierten) Erben einzutragen; einer Ergänzung der Eintragungsbewilligung bedarf es hierfür nicht, LG Düsseldorf MDR 1987, 153 = Rpfleger 1987, 14; Jung Rpfleger 1996, 94 (mit Hinweis auf die Ausnahme bei einem auf die Lebenszeit des Berechtigten beschränkten Recht). Zum Tod des Erwerbers nach Auflassung Rdn 3347.
[17] BayObLG 1972, 373 = NJW 1973, 1048 = Rpfleger 1973, 56.
[18] LG Köln MittBayNot 1976, 176 = MittRhNotK 1975, 489.

Ein Künstlername oder anderer **Deckname** (Pseudonym) ist für den amtlichen Verkehr nicht Familienname, kann somit auch dann, wenn der damit Bezeichnete unter einem solchen Namen allgemein bekannt ist, nicht für die Grundbucheintragung verwendet werden.

Ein Name **fremden Ursprungs** wird in lateinische Buchstaben umgeschrieben, jedoch mit den der fremden Sprache eigentümlichen Schriftzeichen (Akzent, Häkchen usw) versehen.

231 Ein Einzel**kaufmann** ist bei Grundbucheintragung mit seinem bürgerlichen Namen zu bezeichnen, nicht mit seiner Firma;[19] sie ist Name des Kaufmanns für den Handelsverkehr und im Prozeß (§ 17 HGB), nicht jedoch für Bezeichnung im bürgerlichen Rechtsverkehr und gegenüber Behörden, somit auch nicht für Grundbucheintragung. Damit ist auch Eintragung des Einzelkaufmanns unter der Firma einer Zweigniederlassung seines Handelsgeschäfts ausgeschlossen. Erfolgt gleichwohl ordnungswidrig Eintragung des Einzelkaufmanns unter seiner Firma, dann ist damit nach dem materiellrechtlichen Eintragungserfordernis der Inhaber der Firma zur Zeit der Eintragung bezeichnet.[20] Auch ein auf die Firma des Einzelkaufmanns hinweisender Zusatz („Alleininhaber der Firma ...") kann nicht eingetragen werden.[21]

232 cc) Mit „**Vornamen**" bezeichnet § 15 Abs 1 Buchst a GBV den Vornamen, den der Berechtigte führt. Es kann Bezeichnung mit mehreren Vornamen (dann aber keine Unterstreichung des Rufnamens), aber auch nur mit einem von ihnen erfolgen, der nicht der Rufname zu sein braucht. Verwendung einer (im Verkehr gebräuchlichen) Kurzform des Vornamens (Fritz für Friedrich, Hans für Johann) schmälert dessen Kennzeichnungsfunktion nicht (wird als Vorname auch im Ausweis dargestellt), ist somit ausreichende Schreibweise des Vornamens. Die Kurzform (Abkürzung) eines Vornamens bezeichnet den Berechtigten nur dann nicht hinreichend, wenn sie (ausnahmsweise) begründete Zweifel an der Identität (Bestimmtheit) des damit Genannten verursacht. Abkürzung nur noch mit dem Anfangsbuchstaben (H. für Heinz) ist für Grundbucheintragung keine ausreichende Schreibweise des Vornamens. Abkürzungen mit Anfangsbuchstaben für weitere Vornamen (Friedrich K. J.) können aber zusätzlich verwendet werden; wenn der Berechtigte damit im Erwerbstitel weiter bezeichnet ist, sind sie auch in das Grundbuch einzutragen.

233 dd) Eine **Adelsbezeichnung** ist Bestandteil des Familiennamens (Art 109 Weimarer RV), wird somit vor diesem (Beispiel: Graf von R.), nicht etwa vor dem Vornamen (also nicht Graf Otto von R.) geschrieben.[22] Für Frauen können Adelsbezeichnungen in der weiblichen Form (Gräfin, Freifrau, Baronesse) gebraucht werden.[23] Ausländische Adelsbezeichnungen (Lord, Earl, Edler von ... usw) werden in ihrer Ursprungsform (nicht übersetzt) verwendet.[24]

---

[19] BayObLG DNotZ 1981, 578 = Rpfleger 1981, 192; Eintragung des Kaufmanns als Gläubiger einer Zwangssicherungshypothek s Rdn 2162.
[20] BayObLG DNotZ 1981, 578 = aaO.
[21] LG Bremen Rpfleger 1977, 211 mit zust Anm Haegele; KG DNotZ 1926, 493.
[22] Zur Bezeichnung „Fürst" im Grundbuch s LG Hanau DNotZ 1929, 389.
[23] RG 113, 107.
[24] Nach deutschem Recht keine Verdeutschung ausländischer Adelsbezeichnungen, BayObLG 1989, 147 = NJW-RR 1989, 1035.

ee) **Akademische Grade** (Doktor,[25] Doktor h.c., Diplomgrade) sind zwar nicht Namensbestandteil. Wenn sie geführt werden, sind sie zur Bezeichnung der Person mit deren Namen jedoch einzutragen (ständige Übung und Ausfluß des allgemeinen Persönlichkeitsrechts). Sie werden vor dem Familiennamen eingetragen. Eine rechtliche Verpflichtung zur Angabe des akademischen Grades gegenüber Behörden besteht nicht; seine Eintragung in ein öffentliches Register,[26] damit auch in das Grundbuch, unterbleibt daher, wenn sie nicht gewollt ist. Akademische Würden (zB Ehrensenator, Ehrenbürger) sind keine akademischen Grade, somit nicht eintragbar. 234

ff) Als **Beruf** (soweit er noch eingetragen wird) kann der ausgeübte oder (auch zusätzlich) ein anderer erlernter (auch ein früher ausgeübter) Beruf eingetragen werden. Er sollte möglichst genau bezeichnet werden, bei Beamten, Soldaten usw mit der Amtsbezeichnung (dem Dienstgrad usw), ggfs mit dem Zusatz „außer Dienst" (a. D.). Rentner können als solche oder mit ihrem erlernten (auch zuletzt ausgeübten) Beruf eingetragen werden. Eine Berechtigte, die keine Berufstätigkeit ausübt, ist auf Verlangen als „Hausfrau" („Hausmann") zu bezeichnen[27] oder auch mit der Angabe „ohne Beruf" (auch „berufslos") einzutragen. Kinder können mit einer von ihren Eltern (Vater oder Mutter) abgeleiteten „Berufsbezeichnung" benannt werden (zB Kaufmannssohn, Landwirtstochter). 235

gg) Als **Wohnort** ist die politische Gemeinde in der amtlichen Schreibweise zu bezeichnen. Ein Ortsteil oder (eingemeindeter) Gemeindeteil kann zusätzlich angegeben werden (zB Zeitlofs-Roßbach). Ausländische Orte können in der Schreibweise ihres Landes oder in der allgemein üblichen deutschen Bezeichnung geschrieben werden; es kann auch der deutschen Schreibweise die fremde Bezeichnung (in Klammern) hinzugefügt werden. Angabe auch des Staates, in dem der Ort im Ausland liegt, ist zulässig, aber nicht notwendig. 236

hh) Mit dem aus den Eintragungsunterlagen ersichtlichen **Geburtsdatum** kann der Monatsname in Buchstaben ausgeschrieben oder mit seiner (arabischen) Ziffer bezeichnet werden. 237

ii) In besonderen Ausnahmefällen kann von einem der Mindesterfordernisse des § 15 Abs 1 Buchst a GBV abgesehen werden.[28] Dann aber ist stets erforderlich, daß der Berechtigte durch Angabe anderer Merkmale so genau beschrieben wird, wie dies die Funktionsfähigkeit des Rechtsverkehrs erfordert. Ein Wohnsitzloser kann als Berechtigter durch andere ihn deutlich kennzeichnende Merkmale (insbesondere Geburtsdatum und -ort) ausreichend bezeichnet werden.[28] 238

---

[25] LG Hamburg Rpfleger 1969, 94, dieses auch zur Eintragung, wenn der akademische Grad erst nach der Grundbucheintragung des Berechtigten erworben worden ist.
[26] BayObLG 1990, 41 = MDR 1990, 635; auch BayObLG 1995, 140 (143; keine Eintragung von Amts wegen in das Geburtenbuch).
[27] Vgl zu dieser Frage OLG Hamm BWNotZ 1962, 171 = DNotZ 1963, 685 = Rpfleger 1962, 274 mit Anm Haegele sowie BayObLG 1963, 80 = DNotZ 1963, 683 = Rpfleger 1963, 295 mit Anm Haegele.
[28] BayObLG 1981, 391 = MittBayNot 1982, 23 = MittRhNot 1982, 43 = Rpfleger 1982, 97.

239 **kk) Namensänderungen,** die durch Verheiratung, Tod und dgl eintreten (ebenso die Berufsänderung), können bei Nachweis in der Form des § 29 GBO von Amts wegen (damit ebenso auf Anregung eines Beteiligten) in das Grundbuch eingetragen werden.[29] Dazu kann die Angabe des Notars über den Personenstand der Beteiligten genügen,[30] so zB, wenn der beurkundende Notar die Namensänderung durch Einsichtnahme in den Personalausweis feststellt.[31] Die **Personengleichheit** eines Berechtigten, der durch Eheschließung (auch Begründung einer Lebenspartnerschaft) einen anderen Namen erhalten hat, mit der noch unter ihrem früheren Namen im Grundbuch eingetragenen Person kann ebenfalls durch eine Bestätigung des Notars, die sich auf die Tatsache der Namensänderung infolge Verheiratung erstreckt, ausreichend nachgewiesen werden.[32] Ist im Grundbuch zB Grundbesitz der Frau noch auf ihren Mädchennamen eingetragen, so bedarf es vor Vornahme einer Eintragung bei diesem Grundbesitz nicht etwa der Eigentümeränderung auf den Namen der Frau gemäß § 39 Abs 1 GBO. Denn tatsächliche Unrichtigkeiten in der Bezeichnung der Person des Eigentümers fallen nicht unter diese Vorschrift. Derartige Eintragungen im Grundbuch bedürfen an sich keiner besonderen Beurkundung. Da aber die zeitliche Reihenfolge der Eintragungen aus dem Grundbuch hervorgehen muß, ist die Unterzeichnung neben der Beisetzung des Datums der Eintragung zum mindesten geboten.

b) Handelsgesellschaften, BGB-Gesellschaft, Partnerschaft, EWIV

Literatur: Demharter, Ist die BGB-Gesellschaft jetzt grundbuchfähig?, Rpfleger 2001, 329; Dümig, Grundbuchfähigkeit der Gesellschaft bürgerlichen Rechts infolge Anerkennung ihrer Rechts- und Parteifähigkeit, Rpfleger 2002, 53; Hans, Grundbucheintragungen auf die Firma der Haupt- oder Zweigniederlassung, Rpfleger 1961, 43; Heil, Das Grundeigentum der Gesellschaft bürgerlichen Rechts – res extra commercium?, NJW 2002, 2158; Keller, Probleme der Rechtsfähigkeit und Grundbuchfähigkeit der Gesellschaft bürgerlichen Rechts unter Berücksichtigung insolvenzrechtlicher Verfügungsbeeinträchtigungen, NotBZ 2001, 397; Lautner, Auswirkungen der Rechts- und Parteifähigkeit der (Außen-)Gesellschaft bürgerlichen Rechts auf die notarielle Tätigkeit im Grundstücksverkehr, MittBayNot 2001, 425; Münch, Die Gesellschaft bürgerlichen Rechts in Grundbuch und Register, DNotZ 2001, 535; Nagel, Grundeigentum und Grundbucheintragung der GbR, NJW 2003, 1646; Stöber, Grundbuchfähigkeit der BGB-Gesellschaft, MDR 2001, 544; Ulmer und Steffek, Die Grundbuchfähigkeit einer rechts- und parteifähigen GbR, NJW 2002, 330; Woite, Grundbucheintragungen für Zweigniederlassungen, NJW 1970, 548.

240 **aa) Personenhandelsgesellschaften** (OHG, KG, auch GmbH & Co KG), desgleichen die Partnerschaft und die Europ wirtschaftliche Interessenvereinigung (EWIV) erwerben Rechte unter ihrer Firma (§ 124 Abs 1 mit § 161

---

[29] LG Mainz NJW-RR 1999, 1032 = ZNotP 1999, 477. Nicht einzutragen ist jedoch (ohne Zustimmung des Berechtigten) der Grund der Namensänderung; insbesondere ist eine Adoption als Grundlage der Namensänderung nicht durch Grundbucheintragung offenzulegen (Grund: § 1758 Abs 1 BGB), OLG Schleswig Rpfleger 1990, 203.
[30] KGJ 52 A 112.
[31] LG Wuppertal DNotZ 1977, 612 Leits = MittBayNot 1977, 68 = MittRhNotK 1976, 597.
[32] OLG Hamm DNotZ 1965, 46 = JMBlNRW 1964, 53; LG Berlin DNotZ 1963, 250 = NJW 1962, 1353 = Rpfleger 1962, 53; LG Darmstadt DNotZ 1942, 198; LG Mainz NJW-RR 1999, 1032 = aaO (Fußn 29).

Abs 2 HGB, § 7 Abs 2 PartGG). Im Grundbuch sind sie daher mit ihrer Firma (die Partnerschaft mit ihrem Namen) und ihrem Sitz zu bezeichnen (§ 15 Abs 1 Buchst b GBVfg). Die einzutragende Firma muß mit der Bezeichnung im Erwerbstitel übereinstimmen[33] (s auch Rdn 249); sie hat so genau zu sein, wie sie im Handelsregister eingetragen ist,[34] muß somit (ab 1. 4. 2003; Übergangsfrist bis dahin Art 38 EGHGB) stets einen Rechtsformzusatz enthalten (§ 19 HGB). Der Angabe des Gesellschaftsverhältnisses bedarf es zusätzlich zu dem die Gesellschaftsform bezeichnenden Firmenzusatz (OHG, KG) nicht.[35] Für nicht erforderlich wird es gehalten, den Sitz einer Handelsgesellschaft oder juristischen Person zur Bezeichnung der Berechtigten im Grundbuch anzugeben, wenn sich dieser bereits eindeutig aus der Firmenbezeichnung ergibt.[36]

bb) Gesellschafter einer **bürgerlich-rechtlichen Gesellschaft** (zu deren Vorkommen und Verwendungszwecken s Rdn 982) sind mit ihren Namen (§ 15 GBV) unter Angabe des Rechtsverhältnisses (§ 47 GBO) einzutragen.[37] Auf den Gesellschaftszweck hinweisende Zusätze, zB Auf- und Erschließungsgesellschaft, sind eintragungsfähig;[38] auch eine schlagwortartige Bezeichnung für eine BGB-Gesellschaft kann bei der Angabe des Gesellschaftsverhältnisses (§ 47 GBO) mit eingetragen werden, insbesondere dann, wenn dies nach den konkreten Umständen des Falles zur Vermeidung möglicher Verwechslungen bei personengleichen Gesellschaften zweckmäßig erscheint.[39] **Beispiel:** 241

... (Namen) als Gesellschafter bürgerlichen Rechts mit der Bezeichnung ...

Die Eintragung der Gesellschafter mit ihrem Rechtsverhältnis hat auch zu erfolgen, wenn zahlreiche Personen (ca 1500) Gesellschafter sind; auch eine Großgesellschaft dieses Umfangs ist als solche nicht selbst eintragungsfähig.[40] Die **Gesellschaft bürgerlichen Rechts** selbst ist **nicht grundbuchfähig**; sie kann 241a als solche unter einem Namen in das Grundbuch als Berechtigte nicht eingetragen werden.[41] Gegenteiliges ergibt sich nicht daraus, daß der (II. ZS des)

---

[33] BayObLG DNotZ 1981, 578 = Rpfleger 1981, 192.
[34] OLG München JFG 15, 168; KGJ 19 A 99; eine insoweit unrichtige Bezeichnung des Berechtigten im Erwerbstitel kann durch notarielle Eigenurkunde berichtigt werden, wenn ersichtlich die Identität des Berechtigten gewahrt bleibt, LG Ravensburg BWNotZ 1992, 172.
[35] BayObLG DNotZ 1981, 578 = aaO.
[36] OLG Bremen JurBüro 1973, 883. Im übrigen kann die unterbliebene Sitzangabe durch Bescheinigung des Notars nach § 20 Abs 1 BNotO nachgeholt werden, LG Oldenburg Rpfleger 1982, 175.
[37] OLG Düsseldorf DNotZ 1997, 737 mit Anm Demharter = NJW-RR 1997, 1991 = Rpfleger 1997, 429; OLG Frankfurt Rpfleger 1975, 177; zu Einzelmeinungen DNotI-Report 1997, 67.
[38] AA – überholt – OLG Hamm MDR 1973, 763 = Rpfleger 1973, 250.
[39] OLG Frankfurt Rpfleger 1975, 177; OLG Hamm DNotZ 1983, 750 = OLGZ 1983, 288 = Rpfleger 1983, 432.
[40] LG Stuttgart MittRhNotK 1999, 244 = NJW-RR 1999, 743 = Rpfleger 1999, 272.
[41] BayObLG 2002, 330 = DNotZ 2003, 52 = NJW 2003, 70 = Rpfleger 2003, 78 mit Anm. Dümig; LG Dresden NotBZ 2002, 384 mit abl Anm Hammer; Demharter Rdn 108 zu § 19 und Rpfleger 2001, 329 sowie 2002, 538; Stöber MDR 2001, 544; Anm MittBayNot 2001, 197 (Anmerkung); Heil DNotZ 2002, 60 (Anmerkung) und NJW 2002, 2158; Münch DNotZ 2001, 535; Prütting FS Wiedemann (2002) S 1177

BGH[42] beschränkt auf den Zivilprozeß[43] die Parteifähigkeit der BGB-Gesellschaft bejaht und dafür (im Hinblick auf § 50 Abs 1 ZPO) angenommen hat, sie besitze (ohne juristische Person zu sein) Rechtsfähigkeit, soweit sie durch Teilnahme am Rechtsverkehr eigene Rechte und Pflichten begründet. Auch nach dieser (weitgehenden) Anschauung können spezielle Gesichtspunkte, dh besondere Rechtsvorschriften und die Eigenart der zu beurteilenden Rechtsverhältnisse, der Fähigkeit der BGB-Gesellschaft entgegenstehen, bestimmte Positionen einzunehmen.[44] Demnach schließen Besonderheiten des Grundbuchrechts und die Eigenart dinglicher Rechtspositionen die Grundbuchfähigkeit der BGB-Gesellschaft aus.[45] Erworben werden können Eigentum und dingliche Rechte an Grundstücken rechtsgeschäftlich nur durch Einigung und Eintragung in das Grundbuch (§ 873 Abs 1 BGB). Bestimmung über diese Eintragung trifft das Grundbuchverfahrensrecht (Rdn 1); es sieht in § 15 Abs 1 GBV und § 47 GBO Eintragung der einzelnen BGB-Gesellschafter als Rechtsträger und des maßgeblichen Rechtsverhältnisses vor.[46] Die nach § 47 GBO erforderliche Eintragung der gesamthänderischen Verbundenheit der Rechtsträger „als Gesellschafter bürgerlichen Rechts" hat vor allem das Verfügungsrecht der Berechtigten über das dingliche Recht (§ 719 Abs 1 BGB) ersichtlich zu machen[47] (Rdn 253); die BGB-Gesellschaft wird damit nicht eingetragen.[48] Daß sie nicht als solche in das Grundbuch eingetragen werden kann, stellt auch § 15 Abs 3 GBV dar. Ihre Grundbucheintragung scheitert

---

(1185); Wiedemann JZ 2001, 655 (661; Anmerkung); auch K Schmidt NJW 2002, 993 (1002); Schöpflin NZG 2003, 117; für Grundbuchfähigkeit hingegen: Dümig Rpfleger 2002, 53; Keller NotBZ 2001, 397; Nagel, NJW 2003, 1646; Pohlmann WM 2002, 1421; Timm NJW 1995, 3209; Ulmer und Steffek NJW 2002, 330; Wertenbruch NJW 2002, 230; Ott NJW 2003, 1223.

[42] BGH 146, 341 = DNotZ 2001, 234 mit Anm Schemann = JZ 2001, 655 mit Anm Wiedemann = NJW 2001, 1056 = Rpfleger 2001, 246. Es handelt sich um ein Versäumnisurteil (in BGHZ ist das nicht erkennbar gemacht; zu ihm vermerkt Stürner JZ 2002, 1108 [Anmerkung] bis April 2002 bereits 93 Veröffentlichungen). Gegen dieses wurde Einspruch eingelegt. Der Rechtsstreit wurde sodann für erledigt erklärt (dazu Jauernig NJW 2001, 2231; Stürner JZ 2002, 1108; Prütting FS Wiedemann (2002) S 1177 [1180]). Das Versäumnisurteil ist damit „ex tunc" wirkungslos geworden (Zöller/Vollkommer Rdn 12 zu § 91a ZPO mit Nachw). In seiner späteren Entscheidung über die Kosten (§ 91a ZPO) hat der BGH JZ 2002, 1106 (1107) = NJW 2002, 1207 „zwecks Vermeidung überflüssiger Wiederholungen" dennoch auf seine Ausführungen in diesem (nicht mehr existenten) Versäumnisurteil verwiesen und an ihnen „auch nach erneuter Überprüfung" festgehalten.

[43] So ausdrücklich BGH NJW 2002, 1207 (1208) = aaO.

[44] BGH 146, 341 (343) = aaO und NJW 2002, 1207 (1208) = aaO.

[45] Eingehend dazu BayObLG 2002, 330 = aaO.

[46] Stöber MDR 2001, 544; Prütting FS Wiedemann (2002) S 1177 (1185).

[47] So bereits Denkschrift zur GBO (Hahn/Mugdan, Die gesamten Materialien zu den Reichsjustizgesetzen) Band V (1897) Seite 165, in der dargestellt ist, daß das BGB die Grundsätze der Rechtsgemeinschaft zur gesamten Hand auf das Gesellschaftsvermögen zur Anwendung gebracht hat und bei ihr nach § 719 BGB eine Verfügung über den Anteil an einzelnen zu dem gemeinschaftlichen Vermögen gehörenden Gegenständen ausgeschlossen ist, das Grundbuch daher mit Eintragung des für die Gemeinschaft maßgebenden Rechtsverhältnisses darüber sichere Auskunft geben müsse.

[48] BayObLG 2002, 330 = aaO.

ebenso an der Selbstverständlichkeit, daß sie Beurteilung des Bestehens der Gesellschaft und der Verfügungsbefugnis der Rechtsträger erfordern würde, Nachweis mangels Eintragung der Gesellschaft in einem öffentlichen Register aber nicht geführt werden kann. Nach Eintragung der BGB-Gesellschaft würde überdies die Richtigkeitsvermutung des § 891 BGB nur an die eingetragene Gesellschaft (nicht an die Gesellschafter) anknüpfen, deren Rechtsverhältnisse durch ein öffentliches Register nicht ausgewiesen sind, somit nicht sicher feststellbar wären. Dem Rechtsverkehr könnte Grundbucheintragung der BGB-Gesellschaft Rechtssicherheit zudem deshalb nicht gewährleisten, weil ein sicherer Rechtserwerb mangels Registerpublizität dieser Berechtigten nicht gegeben wäre; Schutz des Vertrauens auf den Inhalt des Grundbuchs als elementarer Grundsatz des Sachenrechts, den §§ 892, 893 BGB sichern, wäre somit nicht mehr gewährleistet. Grundbucheintragung jeder Rechtsänderung würde zudem überhaupt scheitern, weil die Vertretungsbefugnis der für eine eingetragene BGB-Gesellschaft Handelnden in grundbuchmäßiger Form (§§ 29, 32 BGB) nicht nachgewiesen werden könnte.

cc) Juristische Personen des Handelsrechts (AG, KGaA, GmbH) werden als Berechtigte im Grundbuch mit ihrer Firma und ihrem Sitz bezeichnet (§ 15 Abs 1 Buchst b GBV). Zu ihrer Firma gehören auch die Rechtsformbezeichnungen, ausgeschrieben oder mit allgemein verständlicher Abkürzung[49] (§ 4 AktG, § 4 GmbHG). Die Firma ist daher mit diesem das Gesellschaftsverhältnis bezeichnenden Zusatz einzutragen. Zur Vor-GmbH (Gründungs-GmbH) s Rdn 987, 990.

242

dd) Auch unter der **Firma einer Zweigniederlassung**[50] und mit dem **Ort der Zweigniederlassung**[51] kann eine Handelsgesellschaft[52] (auch juristische Person des Handelsrechts) als Berechtigte in das Grundbuch eingetragen werden. Die Zweigniederlassung einer Handelsgesellschaft ist als Unternehmensteil selbständig zwar nicht rechtsfähig. Mit ihrer Zweigniederlassung

243

---

[49] BGH 62, 230 = DNotZ 1974, 748 = Rpfleger 1974, 220.
[50] RG 62, 7; KGJ 32 A 199; KG JFG 15, 104 = JW 1937, 1743; OLG Dresden OLG 9, 315; LG Berlin MittBayNot 1984, 89; LG Bonn DNotZ 1970, 663 = NJW 1970, 570; LG Flensburg MittRhNotK 1978, 153 = WM 1978, 1191; LG Lübeck SchlHA 1967, 1843; LG Meiningen NJW-RR 2000, 680; LG Memmingen Rpfleger 1981, 233; s auch BayObLG 1972, 373 (377) = Rpfleger 1973, 56.
[51] Woite NJW 1970, 548; LG Bonn DNotZ 1970, 663 = aaO; LG Memmingen Rpfleger 1981, 233; anders LG Bochum NJW 1969, 1492; LG Lübeck SchlHA 1967, 1843; (offenbar auch) OLG Schleswig NJW 1969, 2151 Leits (Angabe auch des Sitzes).
[52] Wenn die Zweigniederlassung die gleiche Firma wie die Hauptniederlassung (ohne Zusatz) führt, kann nur diese mit dem Sitz der Hauptniederlassung des Unternehmens eingetragen werden (anders LG Bonn DNotZ 1970, 663 = aaO: Firma mit Ort der Zweigniederlassung eintragbar). Für einen auf den Geschäftsbereich der Zweigniederlassung hinweisenden Klammerzusatz und für Angabe des Orts der Zweigniederlassung fehlen Grundlage und Anlaß (KG OLG 9, 352; anders Woite aaO); der Offenlegung des Geschäftsbereichs der Zweigniederlassung dient die Zweigniederlassungsfirma. Durch Grundbucheintragung ist nur der Unternehmensinhaber mit seiner Firma zu bezeichnen, nicht aber eine nur betriebsinterne Vermögenszuweisung darzustellen.

nimmt eine Handelsgesellschaft am Rechtsverkehr aber selbständig und für die von der Zweigniederlassung aus betriebenen Geschäfte unter deren Firma teil (vgl auch § 15 Abs 4 HGB). Das ermöglicht für den Unternehmensteil der Zweigniederlassung auch Grundbucheintragung unter deren Firma und dem Ort dieser Niederlassung, zumal bei Verschiedenheit der Firma von Hauptniederlassung und Zweigniederlassung letztere die Firma der Hauptniederlassung zu enthalten und die Zweigniederlassungseigenschaft offenzulegen hat. Grundlage für Eintragung einer Handelsgesellschaft mit der Firma ihrer Haupt- oder ihrer Zweigniederlassung ist deren Bezeichnung im Erwerbstitel (der Eintragungsbewilligung);[53] gesonderter Nachweis der Vermögenszuordnung an die Zweigniederlassung (ist nur interner Geschäftsvorgang) kann nicht verlangt werden. Eintragung unter der Firma der Hauptniederlassung mit zusätzlicher Angabe der Firma der Zweigniederlassung in Klammern (oder umgekehrt) halten wir nicht für zulässig, weil die Berechtigte so doppelt mit ihren Namen ausgewiesen wäre.[54] Mit Eintragung unter der Firma der Hauptniederlassung oder unter einer Zweigniederlassungsfirma ist die Berechtigte (materiell und formell) korrekt bezeichnet. Grundbuchberichtigung mit Eintragung der Firma der Hauptniederlassung an Stelle der (fortgeführten) Zweigniederlassungsfirma (und umgekehrt) ist daher nicht möglich,[55] dergleichen nicht Eintragung der Vermögenszuordnung auf eine andere Zweigniederlassung.[56] Änderung der betriebsinternen Vermögensumschichtung begründet keine Grundbuchunrichtigkeit. Nur wenn die Zweigniederlassung aufgehoben wird, wird der Rechtsträger nicht mehr mit ihrer Firma bezeichnet; gleich der Namensänderung ist dann Bezeichnung des Unternehmens unter der Firma der Hauptniederlassung als Grundbuchberichtigung einzutragen. Wenn die Zweigniederlassung mit der Firma veräußert und diese (unter Streichung des auf die Zweigniederlassungseigenschaft hindeutenden Firmenzusatzes) fortgeführt wird, liegt Rechtsänderung vor; Übergang eines bisher der Zweigniederlassung zugeordnet gewesenen Rechts des Veräußerers auf den Erwerber erfordert daher Verfügung (Auflassung, Abtretung) und Grundbucheintragung.

Auch die inländische **Zweigniederlassung einer ausländischen Handelsgesellschaft** ist unter ihrer Zweigniederlassungsfirma einzutragen.

244 ee) **Änderung der Firma** ist (wie die Namensänderung der natürlichen Person, Rdn 239) bei Nachweis von Amts wegen in das Grundbuch einzutragen.

244a ff) Zur Rechtsfähigkeit **ausländischer Gesellschaften** und zum Prüfungsrecht des Grundbuchamts s Rdn 3636a, auch 148 mit Fußn 7.

---

[53] RG 62, 7 (10); BayObLG 1972, 373 (377) = aaO; LG Berlin MittBayNot 1984, 89; LG Flensburg MittRhNotK 1978, 153 = WM 1978, 1191; LG Memmingen Rpfleger 1981, 233 (kein Fassungsermessen des Grundbuchamts).
[54] So auch LG Meiningen MittRhNotK 2000, 342 = NJW-RR 2000, 680. AA Hans Rpfleger 1961, 43 und Woite NJW 1970, 548, die § 15 Abs 2 GBV entsprechend anwenden möchten; hierfür findet sich aber keine Grundlage.
[55] AA aber KG JFG 15, 104 = JW 1937, 1743.
[56] AA LG Konstanz MittRhNotK 1992, 117 = Rpfleger 1992, 247 mit krit Anm Hintzen.

C. Die Eintragungen in das Grundbuch

c) **Genossenschaft und Verein**

aa) Die Bezeichnung „**eingetragene Genossenschaft**" (= eG; § 3 GenG) gehört zur Firma der Genossenschaft. Die Firma ist daher mit diesem das Gesellschaftsverhältnis bezeichnenden Zusatz einzutragen. Eintragung der Genossenschaft unter der Firma und dem Ort ihrer Zweigniederlassung s das Rdn 243 Gesagte. Die Vor-Genossenschaft (die durch Errichtung des Statuts, § 5 GenG, gegründete, im Genossenschaftsregister aber noch nicht eingetragene Genossenschaft) ist (wie die Vor-GmbH) grundbuchfähig[57] (s daher Rdn 990).

245

bb) Ein **eingetragener Verein** wird mit seinem Namen im Grundbuch eingetragen. Der Zusatz „eingetragener Verein" („eV") ist Namensteil (§ 65 BGB), sonach mit einzutragen.

246

cc) Ein **nicht rechtsfähiger Verein** (§ 54 BGB) ist nicht Träger des Vereinsvermögens; er kann als solcher nicht in das Grundbuch eingetragen werden.[58] Rechtsfähigkeit besitzt der nicht rechtsfähige Verein auch nicht, weil auf ihn Vorschriften über die Gesellschaft Anwendung finden (§ 54 S 1 BGB) und der Gesellschaft bürgerlichen Rechts Rechtsfähigkeit zugestanden ist (Rdn 241a). Der nicht rechtsfähige Verein ist körperschaftlich organisierte Vereinigung, BGB-Gesellschaft ist er nicht; für ihn gilt daher weitgehend das Vereinsrecht des BGB.[59] Danach erlangt ein Verein Rechtsfähigkeit durch Eintragung in das Vereinsregister (§ 21 BGB) oder staatliche Verleihung (§ 22 BGB). Fehlende Rechtsfähigkeit kennzeichnet damit gerade den nicht rechtsfähigen Verein als Personenverband mit körperschaftlicher Verfassung und unterscheidet ihn vom Verein, der durch Hoheitsakt (Eintragung in das Vereinsregister oder staatliche Verleihung) Rechtsfähigkeit erlangt. Dieser spezielle rechtliche Gesichtspunkt (dazu Rdn 241a) schließt es aus, daß der Verein als nicht rechtsfähige körperschaftliche Personenvereinigung allein durch Teilnahme am Rechtsverkehr Rechtsfähigkeit erlangt. Rechtsfähigkeit (gleich der BGB-Gesellschaft) eines Vereins, der nach (ausdrücklicher) gesetzlicher Regelung (§ 54 mit §§ 21, 22 BGB) nicht rechtsfähig ist, wäre ohnedies nicht hinnehmbar widersprüchlich.

Die Vereinsmitglieder können auch nicht zusammengefaßt unter dem Vereinssammelnamen eingetragen werden.[60] Die Eintragung des Vereins wäre nicht rechtswirksam;[61] sie kann nicht in eine solche der Mitglieder umgedeutet werden. Einzutragen sind die (= alle) Mitglieder; dem einzutragenden Rechtsverhältnis kann die Vereinsbezeichnung hinzugefügt werden.[62] Die Eintragung kann also lauten:

> A, B und C, Miteigentümer zur gesamten Hand
> als Mitglieder des nicht eingetragenen Vereins X

---

[57] Gutachten DNotI-Report 1998, 66.
[58] Für Grundbuchfähigkeit des nicht rechtsfähigen Vereins Soergel/Hadding Rdn 18; MünchKomm/Reuter Rdn 16, je zu § 54 BGB; zum Teil abweichend Jung NJW 1986, 157; kritisch Erman/Westermann Rdn 8 zu § 54 BGB.
[59] BGH 42, 210 (216) = NJW 1965, 29; Stöber, Vereinsrecht, Rdn 1232–1235.
[60] Stöber Vereinsrecht Rdn 1269; K. Schmidt NJW 1984, 2249; anders Staudinger/Weick Rdn 80 zu § 54 BGB.
[61] RG 127, 311.
[62] Stöber Vereinsrecht Rdn 1269.

1. Teil. VI. Die Grundbucheintragung

oder

A, B und C als Mitglieder zur gesamten Hand des nicht rechtsfähigen Vereins X.

Das gilt auch für den Verein im Gründungsstadium; auf ihn finden die für die GmbH-Gründerorganisation geltenden Grundsätze keine Anwendung.[63]

246a dd) **Politische Parteien** sind (durchweg) nicht rechtsfähige Vereine. Grundbuchfähig sind sie als solche nicht.[64] Ebenso kann eine (nicht rechtsfähige) **Gewerkschaft** nicht eingetragen werden.

d) Andere juristische Personen, Körperschaften des öffentlichen Rechts

247 aa) Eine **Stiftung** (des Privatrechts sowie des öffentlichen Rechts) wird als juristische Person mit ihrem Namen und ihrem Sitz im Grundbuch bezeichnet (§ 15 Abs 1 Buchst b GBV).

248 bb) **Körperschaften** (Bundes- und Landesfiskus, Gemeinden und Gemeindeverbände usw) und Anstalten des öffentlichen Rechts und andere Personen (auch Sondervermögen) des öffentlichen Rechts werden im Grundbuch mit ihrem Namen und Sitz bezeichnet (§ 15 Abs 1 Buchst b GBV). Bei Eintragungen für den **Fiskus**, eine Gemeinde oder eine sonstige juristische Person des öffentlichen Rechts kann auf Antrag des Berechtigten der Teil seines Vermögens, zu dem das eingetragene Grundstück oder Recht gehört oder die Zweckbestimmung des Grundstücks oder des Rechts durch einen dem Namen des Berechtigten in Klammern beizufügenden Zusatz bezeichnet werden (§ 15 Abs 2 GBV). Dieser Klammerzusatz kann, wenn er in der Eintragungsbewilligung angeregt ist, vom Grundbuchamt ohne Zwischenverfügung oder ausdrückliche Zurückweisung im Grundbucheintrag weggelassen werden.[65] Auf Antrag kann auch angegeben werden, durch welche Behörde der Fiskus (nicht auch eine Gemeinde[66] oder sonstige juristische Person des öffentlichen Rechts) vertreten wird (§ 15 Abs 2 S 2 GBV).

249 cc) Mit dem Namen einer **nichtrechtsfähigen Anstalt** kann eine juristische Person des öffentlichen Rechts ebenso eingetragen werden[67] wie eine Handelsgesellschaft mit der Firma ihrer Zweigniederlassung (Rdn 243). Grundlage für Eintragung einer juristischen Person des öffentlichen Rechts, die für eine nicht rechtsfähige Anstalt mit einem besonderen Namen ausgestattet ist,

---

[63] LG Kaiserslautern aaO; Stöber Vereinsrecht Rdn 1269; Staudinger/Weick Rdn 80 zu § 54 BGB.
[64] OLG Zweibrücken MittBayNot 1985, 258 = NJW-RR 1986, 181 = OLGZ 1986, 145 = Rpfleger 1986, 12 (für Bezirksverband); LG Kaiserslautern MittBayNot 1978, 203; Stöber Vereinsrecht Rdn 1269; K. Schmidt NJW 1984, 2249; Böhringer BWNotZ 1985, 73 (74, 76) und 102 (108); aA OLG Zweibrücken MittBayNot 2000, 42 = NJW-RR 2000, 749 = Rpfleger 1999, 531 (für Gesamt-Partei; aufgehoben damit LG Koblenz Rpfleger 1999, 387); LG Berlin Rpfleger 2003, 291; Kempfler NJW 2000, 3763; Morlok/Schulte-Trux NJW 1992, 2058; Demharter Rdn 101 zu § 19 (für Gebietsverband der jeweils höchsten Stufe); dazu auch Gutachten DNotI-Report 1996, 84.
[65] LG Hof Rpfleger 1965, 367.
[66] Eintragung einer Dienstbarkeit hat daher auch nicht zugunsten des Landkreises, vertreten durch das Straßenbauamt, zu erfolgen (keine Bedenken gegen diese Eintragung hat LG Hildesheim NdsRpfl 1962, 226).
[67] BayObLG 1972, 373 = Rpfleger 1973, 56; LG Itzehoe Rpfleger 1991, 498.

C. Die Eintragungen in das Grundbuch

ist deren Bezeichnung in der Eintragungsbewilligung als Erwerbstitel; diese Namensbezeichnung läßt für ein Formulierungsermessen des Grundbuchamts keinen Raum.[68]

dd) Eine Änderung in der Bezeichnung der juristischen Person ist bei Nachweis (wie die Namensänderung der natürlichen Person, Rdn 239) von Amts wegen in das Grundbuch einzutragen.

e) Der subjektiv-dingliche Berechtigte

Der jeweilige Eigentümer eines anderen Grundstücks als Berechtigter einer Grunddienstbarkeit (§ 1018 BGB) oder eines Vorkaufsrechts (§ 1094 Abs 2 BGB) wird im Grundbuch als solcher mit Bezeichnung des herrschenden Grundstücks eingetragen (vgl Rdn 1114). Angabe des derzeitigen Eigentümers dieses Grundstücks erfolgt daneben nicht; sie wäre unzulässig.

250

f) Materielle Berechtigung

Den Nachweis, daß eine einzutragende Person existiert, kann das Grundbuchamt nicht verlangen. Es hat die Eintragung jedoch abzulehnen, wenn der Bezeichnete gestorben ist[69] (Ausnahme: § 130 ZVG) oder nicht rechtsfähig ist, ebenso, wenn die Bezeichnung Zweifel an der Rechtsfähigkeit offen läßt.[70] Zur Eintragung eines unbekannten Beteiligten s Rdn 809.

251

g) Der Treuhänder als Berechtigter

Literatur: Haegele, Der Treuhänder im Grundstücksrecht, JurBüro 1969, 395. Wegen des Treuhänders im Hypothekenrecht s Rdn 2004.

Ein Treuhänder kann als Berechtigter nur dann – mit seinem Namen oder seiner Firma – in das Grundbuch eingetragen werden, wenn er **nach außen hin die volle Rechtsstellung** des Berechtigten hat, nach dem Willen aller Beteiligten mithin ein echtes Treuhandverhältnis mit Übertragung des Eigentums oder Einräumung des Grundstücksrechts auf ihn gegeben ist. Ein Zusatz des Inhalts, daß der als Eigentümer oder Gläubiger Eingetragene Treuhänder eines Dritten ist, oder ein anderer Hinweis auf das Treuhandverhältnis, darf in das Grundbuch nicht eingetragen werden.[71] Treuhänder und Treugeber können also auch nicht nebeneinander in das Grundbuch eingetragen werden. Die Rechte des Treugebers sind nur schuldrechtlicher Natur; das Treuhandverhältnis ist für das Grundbuch als rechtsgeschäftliche Verfügungsbeschränkung nach § 137 S 1 BGB bedeutungslos.

252

Ergibt sich aus der Eintragungsbewilligung, daß der als Treuhänder Angegebene **nicht Vollberechtigter** sein soll, so darf die Umschreibung (Eintragung) auf ihn im Grundbuch nicht erfolgen. Etwaige Unklarheiten der Eintragungsbewilligung sind durch Zwischenverfügung nach § 18 GBO zu klären.

Der als Rechtsinhaber eingetragene **Treuhänder** ist nach außen hin **allein verfügungsberechtigt**. Mißbraucht er diese Befugnis, so ist die von ihm unter Überschreitung der ihm vom Treugeber gesetzten Schranken vorgenommene Verfügung auch dem Treugeber gegenüber voll wirksam. Der Treugeber

---

[68] BayObLG 1972, 373 = aaO.
[69] KG JFG 10, 212; Antrag auf Eintragung des legitimierten Erben Rdn 229 Fußn 16; wegen Einzelheiten Rdn 3347.
[70] KGJ 24 A 83. S aber zur ausländischen Kapitalgesellschaft Rdn 209a und 3636a.
[71] LG Stuttgart BWNotZ 1977, 90.

kann allerdings seinen Rückübertragungsanspruch durch Eintragung einer Auflassungsvormerkung am Grundstück bzw einer Übertragungsvormerkung an einem Grundstücksrecht nach § 883 BGB gegenüber dem Treuhänder vor vertragswidrigen Verfügungen sichern. Dagegen ist eine nur auflösend bedingte Eigentumsübertragung auf den Treuhänder nicht möglich (§ 925 Abs 2 BGB).

Auch dann, wenn im Grundbuch die Treuhänderschaft unzulässigerweise mitvermerkt ist, kann **nach dem Tode des Treuhänders** nur dessen Erbe rechtsverbindliche Erklärungen über das Grundstück abgeben.

5. Gemeinschaftsverhältnisse (§ 47 GBO)

a) Eintragung des Gemeinschaftsverhältnisses

253 aa) Wenn ein Recht (Eigentum oder ein beschränktes dingliches Recht) für mehrere gemeinschaftlich[72] einzutragen ist, so hat die Eintragung in der Weise zu erfolgen, daß entweder die **Anteile der Berechtigten in Bruchteilen angegeben** werden oder das für die **Gemeinschaft maßgebliche Rechtsverhältnis bezeichnet** wird (§ 47 GBO). Einzutragen sind damit Art und Inhalt der Gemeinschaft, um Art und Umfang der Rechtsposition (vor allem das Verfügungsrecht der einzelnen Berechtigten über das dingliche Recht im ganzen bzw über den Anteil des einzelnen hieran) ersichtlich zu machen.[73] Dies gilt auch für die Eintragung von Vormerkungen[74] und Widersprüchen,[75] sowie Verfügungsbeschränkungen. Eine Ausnahme besteht für Altenteile nach § 49 GBO, der als Erweiterung des § 874 BGB eine materiell-rechtliche Vorschrift darstellt (s Rdn 263, 1335). OHG und KG erwerben Eigentum und Rechte unter ihrer Firma (§ 124 Abs 1 mit § 161 Abs 2 HGB); weil somit Eintragung der Handelsgesellschaft mit ihrer Firma erfolgt (§ 15 Abs 1 Buchst b GBV), nicht aber Eintragung der Gesellschafter, kommt § 47 GBO nicht zur Anwendung. Entsprechendes gilt für die Partnerschaft und für die Europ wirtschaftliche Interessenvereinigung. Zur BGB-Gesellschaft s Rdn 241 a.

254 bb) Als **Eintragungsgrundlage** hat die Auflassung, sonst die Eintragungsbewilligung (auch die einstweilige Verfügung, im Falle des § 38 GBO das Behördenersuchen) genaue Angaben[76] über die Anteile der Berechtigten in Bruchteilen[77] oder das für die Gemeinschaft maßgebende Rechtsverhältnis zu

---

[72] Eintragung für **Wohnungseigentümer** s Rdn 2182.
[73] BGH DNotZ 1981, 121 = NJW 1981, 176 = Rpfleger 1980, 464. Eingehend und kritisch über die verschiedenen Rechtspositionen, die für eine Gemeinschaft relevant sind, aber keineswegs alle über § 47 GBO verlautbart werden müssen (zB Einziehungs-, Erfüllungs-, Verteilungs-, Verwaltungs- und Vertretungsmodus) Amann in FS Hagen, S 75 ff; Bauer/vOefele/Wegmann Rdn 1–10 zu § 47.
[74] BGH DNotZ 1981, 121 = aaO (Fußn 73); BayObLG 1963, 128 (132) = DNotZ 1964, 343 = NJW 1963, 2276; OLG Frankfurt Rpfleger 1975, 177.
[75] KGJ 29 A 236.
[76] Es genügt, daß sich das Gemeinschaftsverhältnis durch Auslegung der Urkunde erkennen läßt. Beispiel: Für Vormerkung zur Sicherung eines Rückauflassungsanspruchs kann zum Ausdruck kommen, daß bei Rückübertragung wieder die alten Eigentumsverhältnisse am Grundstück hergestellt werden sollen; LG Nürnberg-Fürth MittBayNot 1981, 16.
[77] RG 54, 86; BGH DNotZ 1981, 121 = aaO (Fußn 73); BayObLG 1955, 157; 1957, 322 = Rpfleger 1958, 88. Ungenügend ist die Angabe, daß Eheleute im gesetzlichen

enthalten. Die Angabe der Bruchteile von Miteigentümern (Mitberechtigten) oder ihres Gemeinschaftsverhältnisses ist nicht deshalb entbehrlich, weil nach § 742 BGB Teilhabern im Zweifel gleiche Anteile zustehen. In der Auflassung kann auf das im obligatorischen Vertrag angegebene Gemeinschaftsverhältnis Bezug genommen werden.[78] § 13a BeurkG muß hierfür nicht eingehalten werden, da es sich nicht um eine Verweisung im Sinne dieser Vorschrift handelt.[79] Die Formulierung

> in dem in der Vorurkunde URNr ... angegebenen Beteiligungsverhältnis

ist als solche eine auslegungsfähige Erklärung, die auf eine von den gleichen Beteiligten vereinbarte und formgerecht beurkundete Erklärung verweist.[80] Die Angabe über das Gemeinschaftsverhältnis in der Eintragungsbewilligung hat das Grundbuchamt grundsätzlich **nicht nachzuprüfen,** da nur ein Gemeinschaftsverhältnis überhaupt angegeben werden muß. Ob es richtig ist, ist eine Frage, ob durch die Eintragung des angegebenen Gemeinschaftsverhältnisses das Grundbuch unrichtig würde. Dies kann das Grundbuchamt aber nur bei sicherer Kenntnis der Unrichtigkeit beanstanden (s Rdn 210 Fußn 22 und Rdn 3421–3422). Anders ist es zB, wenn für den Käufer bereits ein Grundbuch vorhanden ist, aus dem sich ergibt, daß der jetzt allein erwerbende Ehegatte in Gütergemeinschaft lebt; ebenso wenn sich aus der Urkunde selbst sichere Hinweise ergeben, daß das angegebene Gemeinschaftsverhältnis unrichtig ist (s Rdn 3421b). Bei **späteren Eintragungen** hat das Grundbuchamt von der Richtigkeit des darin ordnungsmäßig eingetragenen Gemeinschaftsverhältnisses auszugehen (§ 891 BGB; s Rdn 341), falls es nicht weiß – bloße Zweifel genügen nicht –, daß die Eintragung unrichtig ist.

cc) Die in der Eintragungsbewilligung **fehlende Angabe** kann nur durch den Bewilligenden in der Form des § 29 Abs 1 GBO, nicht durch den Berechtigten nachgeholt werden. Eine Ausnahme besteht bei der Zwangshypothek, wo der Berechtigte in seinem Antrag (der dann der Form des § 29 GBO bedarf, s Rdn 2181) ein im Titel fehlendes Beteiligungsverhältnis nachholen kann.[81] Zum Fehlen oder unrichtiger Angabe des Gemeinschaftsverhältnisses bei Auflassung s Rdn 761, 762, 3312. 255

dd) **Einzutragen** ist bei gemeinschaftlicher Berechtigung nach Bruchteilen (§§ 741 ff BGB) der Anteil jedes Berechtigten mit seinem Bruchteil („zur Hälfte"; „zu je ½"); Zusammenfassung mit Angaben wie „je zu einem Drittel" oder „je zur Hälfte" oder auch „zu gleichen Bruchteilen" reicht aus,[82] nicht mehr aber die Angabe „zu gleichen Rechten";[83] auch die Angabe „zu glei- 256

Güterstand leben; ein Gemeinschaftsverhältnis ist allein damit noch nicht bezeichnet, BayObLG (17. 12. 1975) mitgeteilt Rpfleger 1976, 123.
[78] OLG Düsseldorf DNotZ 1977, 611.
[79] Tiedtke DNotZ 1991, 348.
[80] AA – unrichtig – LG Stuttgart BWNotZ 1981, 91.
[81] Gleiches nimmt OLG Frankfurt MDR 1989, 365 = OLGZ 1989, 6 für Eintragung einer Vormerkung auf Grund einstweiliger Verfügung an, wenn sie das Rechtsverhältnis der Berechtigten nicht ergibt und es sich auch durch Auslegung der Verfügung nicht ermitteln läßt.
[82] Vgl RG 76, 413; KG DR 1944, 254.
[83] KG DNotZ 1937, 54 = JW 1937, 46.

chen Rechten und Anteilen" ist nicht zureichend,[84] jedenfalls aber besser zu vermeiden. Im übrigen ist das Gemeinschaftsverhältnis (zB Gesamtgut der Gütergemeinschaft, Gesellschaft nach BGB; dazu Rdn 241) zu bezeichnen. Der Anteil eines Bruchteilsmiteigentümers (-berechtigten) kann stets nur mit einem einheitlichen Bruchteil bezeichnet werden, auch wenn er in verschiedenen Erwerbsvorgängen mehrere Anteile getrennt voneinander erworben hat; ein von einem Bruchteilsberechtigten dazu erworbener Anteil verliert durch Verschmelzung mit seinem bisherigen Anteil seine rechtliche Selbständigkeit.[85]

257 ee) **Fehlt im Grundbuch** – nicht aber auch in der Eintragungsbewilligung (Auflassung) – die Angabe des Gemeinschaftsverhältnisses, so ist die Eintragung wirksam, aber unvollständig und unrichtig.[86] Ein Eingetragensein nach § 39 GBO (Rdn 136) ist bei Verletzung des § 47 GBO nicht gegeben.

Hat das **Grundbuchamt** eine **Angabe** nach § 47 GBO **fehlerhaft unterlassen** (obwohl die Angabe in der Eintragungsbewilligung enthalten ist), so kann es das Versäumte von Amts wegen nachholen, wenn kein Grund für die Annahme einer zwischenzeitlichen Rechtsänderung besteht. Eine **undeutliche Angabe** des Gemeinschaftsverhältnisses im Grundbuch kann durch besonderen Vermerk klargestellt werden (s Rdn 295).

Ist das Gemeinschaftsverhältnis im Grundbuch unrichtig eingetragen, so erfolgt Berichtigung nur auf Antrag, der Berichtigungsbewilligung oder Unrichtigkeitsnachweis erfordert.[87]

b) Miteigentum (Mitberechtigung) nach Bruchteilen

258 Bei Miteigentum in Gemeinschaft nach Bruchteilen (§§ 741–758 BGB) steht das einzige Recht mehreren **gemeinschaftlich zu ziffernmäßig** bestimmten ideellen Anteilen (nicht zu realen Teilen) zu. Eine Gemeinschaft nach Bruchteilen entsteht durch Gesetz oder Rechtsgeschäft.

Für das Miteigentum nach Bruchteilen an einem Grundstück gelten zusätzlich §§ 1008 bis 1011 BGB. Auf die **einzelnen Anteile** sind alle Vorschriften über das **Alleineigentum** anzuwenden.[88]

Jeder Bruchteilseigentümer kann über seinen Anteil durch Veräußerung oder Belastung **selbständig verfügen,** soweit nicht die Besonderheiten der einzelnen Rechte entgegenstehen. Ob Belastung eines Miteigentumsanteils zulässig ist, ist bei den einzelnen Rechten dargestellt. Belastung der gesamten Sache ist nur durch alle Miteigentümer möglich (§ 747 BGB),[89] und zwar auch zugunsten ei-

---

[84] Weist nicht notwendig auf eine Bruchteilsgemeinschaft hin, Güthe/Triebel Rdn 7 zu § 47.
[85] LG Köln MittRhNotK 1977, 32.
[86] OLG Hamm DNotZ 1965, 408. Ein gutgläubiger Erwerb ist aber ausgeschlossen, da die Unvollständigkeit für jedermann erkennbar ist (RG JW 1934, 2612).
[87] Zur Berichtigung der Eigentümereintragung s § 22 Abs 2 GBO und OLG Hamm aaO, ferner Rdn 370.
[88] RG 146, 363 (364).
[89] Wirken nicht alle mit, so kann der Antrag nicht in Belastung nur der Anteile der mitwirkenden Miteigentümer umgedeutet werden (OLG Düsseldorf JMBl NRW 1959, 180). Veräußert jemand ein ganzes Grundstück und ist er nur Bruchteilseigentümer, kann die Auflassung nicht in die des Miteigentumsanteils umgedeutet werden (OLG Frankfurt Rpfleger 1975, 174).

C. Die Eintragungen in das Grundbuch

nes Miteigentümers[90] (§§ 1009, 747 BGB). Wird von Miteigentümern gemeinsam ein ideeller Bruchteil eines Grundstücks verkauft, so kann das Grundbuchamt eine genaue Angabe darüber verlangen, welchen Bruchteil hierbei der einzelne Miteigentümer abgibt,[91] soweit nicht durch Auslegung der Erklärungen ohne Schwierigkeiten der Wille ermittelt werden kann; dabei ist davon auszugehen, daß – wenn nichts anderes verlautbart ist – die Verkäufer jeweils gleiche Miteigentumsanteile abgeben.[92] Ein Miteigentümer kann wirksam über Bruchteile am Gesamtgrundstück verfügen, solange sie nicht größer sind als sein eigener Bruchteil.[93]

Eine Vereinbarung der Bruchteilseigentümer, ihre Anteile nicht zu verkaufen, hat keine dingliche Wirkung (§ 137 BGB).[94] Wohl aber können sich die Miteigentümer schuldrechtlich verpflichten, über ihre Anteile nicht zu verfügen und im Falle der Zuwiderhandlung ihre Anteile auf die übrigen Miteigentümer zu einem bestimmten oder wenigstens bestimmbaren (s §§ 315 ff BGB) Preis zu übertragen. Eine solche Übertragungsverpflichtung kann durch eine Vormerkung nach § 883 BGB gesichert werden (Rdn 1489). An einer Bruchteilsgemeinschaft kann eine Gesamthandsgemeinschaft beteiligt sein.

Keine Gemeinschaft nach Bruchteilen liegt vor, wenn am gleichen Gegenstand **verschiedene Rechte mehrerer Personen** bestehen.

c) Gesamthandsgemeinschaft

Der Kreis der Gesamthandsgemeinschaften ist im Gesetz abschließend geregelt. Im Bereich des BGB sind Gesamthandsgemeinschaften: 259
- die **Gesellschaft nach bürgerlichem Recht** (§§ 705 ff BGB; dazu Rdn 241a);
- die **eheliche** und die **fortgesetzte Gütergemeinschaft** (§§ 1415 ff, §§ 1483 ff BGB), über Art 234 § 4a Abs 2 EGBGB auch die **Eigentums- und Vermögensgemeinschaft** des Familiengesetzbuchs der „DDR";
- die **Erbengemeinschaft** (§§ 2032 ff BGB);
- der nicht rechtsfähige Verein (§ 54 BGB).

Zur Vermögensgemeinschaft von Lebenspartnern s Rdn 3423a.

Aus dem Handels- und Gesellschaftsrecht sind zusätzlich die **OHG** (§§ 105 ff HGB) und die **KG** (einschl der **GmbH & Co KG**; §§ 161 ff HGB), die Part-

---

[90] Belastung mit einem Nießbrauch zugunsten eines Miteigentümers OLG Frankfurt Rpfleger 1994, 204.
[91] LG Nürnberg-Fürth MittBayNot 1966, 9.
[92] BayObLG 1977, 189 = DNotZ 1978, 238 = Rpfleger 1977, 360; OLG Frankfurt Rpfleger 1978, 213.
[93] BayObLG DNotZ 1980, 98 = Rpfleger 1979, 302.
[94] Die Eintragung der vollständigen Satzung einer aus zahlreichen Miteigentümern von Grundstücken bestehenden Interessengemeinde im Grundbuch ist ihrem Inhalte nach unzulässig, da sie in erster Linie das Organisationsstatut dieser Personenmehrheit darlegt und nicht den dinglichen Rechtszustand der Grundstücke. Soweit die Satzung Veräußerungen von Grundstücken von einem Mehrheitsbeschluß des erweiterten Vorstandes und Veräußerungen von Anteilen der Teilhaber von dessen Genehmigung abhängig macht, handelt es sich um nicht eintragungsfähige Verfügungsbeschränkungen (OLG Hamm DNotZ 1973, 549 = Rpfleger 1973, 138). Vereinbarungen der Miteigentümer über Maßnahmen zur Durchführung der Teilung beziehen sich nicht auf Verwaltungsmaßnahmen, sie können nicht als Anteilsbelastung in das Grundbuch eingetragen werden (OLG Köln DNotZ 1971, 373 = Rpfleger 1971, 217).

nerschaft (§ 1 PartGG) sowie die Europ wirtschaftliche Interessenvereinigung (EWIV, s Rdn 240), zu nennen, die auf der BGB-Gesellschaft aufbauen. Sie können hier außer Betracht bleiben, weil sie als solche (unter ihrer Firma) in das Grundbuch eingetragen werden.

Kapitalgesellschaften sind keine Gesamthandsgemeinschaften. Die stille Gesellschaft (§§ 230 ff HGB) tritt nach außen nicht als Gesellschaft in Erscheinung; gesamthänderisches Vermögen besteht bei ihr nicht.

Bei Gesamthandsgemeinschaften kann – im Unterschied zur Bruchteilsgemeinschaft – kein Anteilsberechtigter, abgesehen von der – kraft Gesetzes entstehenden – Erbengemeinschaft (§§ 2033 ff BGB), über seinen **Anteil am Gesamthandsvermögen** verfügen (§§ 719, 1419 BGB). Bei der BGB-Gesellschaft ist der Ausschluß des Verfügungsrechts des einzelnen Gesellschafters über seinen Gesellschaftsanteil vertraglich abdingbar.[95] Bei allen Gesamthandsgruppen kann ein daran Beteiligter nicht über seinen **Anteil an den einzelnen** dazu gehörenden **Gegenständen** verfügen.

Fassungsvorschläge für Bezeichnung des Gemeinschaftsverhältnisses:

- als Gesellschafter des bürgerlichen Rechts
- in Gütergemeinschaft
- in fortgesetzter Gütergemeinschaft
- in beendeter, nicht auseinandergesetzter Gütergemeinschaft
- in beendeter, nicht auseinandergesetzter fortgesetzter Gütergemeinschaft
- in Eigentums- und Vermögensgemeinschaft nach dem Familiengesetzbuch der DDR
- in Erbengemeinschaft
- Miteigentümer zur gesamten Hand
  als Mitglieder des nicht eingetragenen Vereins ....[96]

Verschiedene personenidentische Gesamthandsgemeinschaften als Miteigentümer (Berechtigte) müssen als solche aus dem Grundbuch ersichtlich sein[97] (so zB A und B in Erbengemeinschaft zur Hälfte sowie A und B in Erbengemeinschaft zur anderen Hälfte; vgl Rdn 805).

d) Gesamtberechtigung

260 Bei der Gesamtberechtigung (Gesamtgläubigerschaft) nach § 428 BGB kann **jeder** der mehreren Gesamtberechtigten das **ganze Recht** oder einen Teil davon **fordern,** der Schuldner hat aber nur einmal zu leisten. Der Eigentümer muß bei ihr immer nur das Ausüben des Rechts durch einen einzigen Berechtigten dulden, nicht das gleichzeitig und nebeneinander erfolgende Ausüben durch die mehreren Berechtigten. Zum **Nachweis** der **Erfüllung** genügt die Quittung eines der Berechtigten (s Rdn 2734). § 428 BGB regelt daher die Frage, wer zur Einziehung einer Forderung (eines Rechts) berechtigt ist bzw wem gegenüber wann Erfüllung eintritt. Darüber, daß Gesamtgläubigerschaft auch im Sachenrecht möglich ist und unter § 47 GBO fällt, bestehen nach herrschender Ansicht keine grundsätzlichen Zweifel.[98] Gesamtgläubigerschaft

---

[95] Vgl BGH WM 1961, 303.
[96] Hierzu Stöber Vereinsrecht Rdn 1269; s auch bereits Rdn 246.
[97] BayObLG 1990, 188 = BWNotZ 1991, 56 = MittBayNot 1990, 308 = MittRhNotK 1990, 249 = NJW-RR 1991, 188 = Rpfleger 1990, 503; LG München II MittBayNot 1981, 248.
[98] BGH 46, 260 = Rpfleger 1967, 143 und BayObLG 1963, 128 = DNotZ 1964, 343. Zur Zulässigkeit der Gesamtberechtigung bei den einzelnen Rechten vgl die Ausfüh-

ist aber regelmäßig ausgeschlossen, wenn das Recht zum Gesamtgut einer ehelichen Gütergemeinschaft gehört (s aber auch Rdn 261 h).
Eintragung von Gesamtberechtigten im Grundbuch erfolgt in der Regel mit den Worten

> ... als Gesamtberechtigte gemäß § 428 BGB[99]

oder

> ... als Gesamtgläubiger.

Die allgemeine Bezeichnung „... als Gesamtberechtigte" in Bewilligung und Eintragung ist unzureichend,[100] es ist vielmehr ein das Rechtsverhältnis näher kennzeichnender Zusatz erforderlich, wie etwa „als Gesamtberechtigte gemäß § 428 BGB". Dies gilt unabhängig davon, ob im konkreten Fall auch das Vorliegen einer Gesamthandsgemeinschaft naheliegend ist oder nicht.
Nicht verwechselt werden darf die vorst behandelte Gesamtberechtigung mit einer **teilbaren Leistung** nach § 420 BGB. Hier liegt im Zweifel eine Berechtigung nach Bruchteilen vor.
Ist die **Leistung unteilbar,** so kann zwar jeder Berechtigte die Leistung fordern, aber nicht an sich allein, sondern nur an alle (§ 432 BGB). Der Schuldner hat in diesem Fall kein eigenes Wahlrecht. Auch diese Gesamtberechtigung nach § 432 BGB ist eintragbar.[101]
Bei **Eigentum** ist Gesamtgläubigerschaft ausgeschlossen.[102] Wegen der Rechtslage bei einer Auflassungsvormerkung s aber Rdn 1499, beim Erbbaurecht s Rdn 1685.

261

e) Sukzessiv- und Alternativberechtigung

Literatur: Amann, Das gemeinschaftliche Recht, das dem überlebenden Berechtigten allein zusteht, MittBayNot 1990, 225; Liedel, Dasselbe oder das gleiche: Sukzessivberechtigungen angesichts neuerer Entscheidungen des BayObLG, DNotZ 1991, 855; Rastätter, Alternativ- und Sukzessivberechtigung bei der Auflassungsvormerkung, BWNotZ 1994, 27; Streuer, Sukzessivberechtigung bei dinglichen Rechten und Vormerkungen, Rpfleger 1994, 397.

aa) Fälle, in denen ein (im Grundbuch zu verlautbarendes) Recht mehreren Berechtigten in zeitlichem Nacheinander zustehen soll, werden als Sukzessiv-

261 a

---

rungen jeweils an der einschlägigen Stelle. Die Zweifel von Woelki Rpfleger 1968, 208 an der Zulässigkeit der Gesamtberechtigung sind vereinzelt geblieben. Kritisch gegenüber §§ 428, 432 BGB nunmehr jedoch Amann aaO (Fußn 73) und Bauer/vOefele/Wegmann Rdn 36, 38 ff zu § 47 GBO, die die Funktion des § 47 GBO auf die Wiedergabe von Einzel-, Bruchteils- oder Gesamthandseigentum beschränken und damit die Verlautbarung von Einziehungs- oder Erfüllungsmodalitäten im Grundbuch verneinen.

[99] BGH DNotZ 1981, 121 = NJW 1981, 176 = Rpfleger 1980, 464.
[100] BGH DNotZ 1981, 121 = aaO (Fußn 99); OLG Frankfurt Rpfleger 1976, 403 und (Vorlagebeschluß, mitgeteilt) Rpfleger 1980, 417 = NJW 1980, 1592 Leits; BayObLG MittBayNot 1995, 296 = Rpfleger 1996, 21; aA OLG Düsseldorf MittRhNotK 1974, 488 (überholt).
[101] LG Bochum Rpfleger 1981, 148 mit Anm Meyer-Stolte; als zulässig erwähnt auch von BGH DNotZ 1979, 499 = Rpfleger 1979, 56; BGH DNotZ 1981, 121 = Rpfleger 1980, 464; dafür auch Amann aaO (Fußn 73) S 91; aA KG Rpfleger 1985, 435; Bauer/vOefele/Wegmann Rdn 40 ff zu § 47.
[102] OLG Köln MittRhNotK 1974, 257; Woelki Rpfleger 1968, 208.

1. Teil. VI. Die Grundbucheintragung

berechtigung und/oder Alternativberechtigung bezeichnet. Eine eindeutige Begriffsunterscheidung ist nicht möglich.[103] Als **Alternativberechtigung** wurde der Fall verstanden, bei dem ein Recht verschiedenen Personen jeweils allein zusteht (ohne daß sie in einem Gemeinschaftsverhältnis verbunden sind) mit der Maßgabe, daß das Recht nur entweder für den einen oder den anderen entstehen kann.[104] Bei dieser Alternativberechtigung liegen stets zwei selbständige Rechte vor, so daß auch im Grundbuch je selbständige Rechte einzutragen (oder vorzumerken) sind.[105] Unter **Sukzessivberechtigung** wird ein bei Begründung des Rechtsverhältnisses von vornherein für den Fall des Eintritts bestimmter Ereignisse vereinbarter Wechsel auf der Gläubigerseite eines Rechts verstanden, der jedoch die Identität des einen und einzigen Rechts(verhältnisses) nicht beeinträchtigt; infolgedessen wurde im Falle solcher Sukzessivberechtigung im Grundbuch auch nur ein einziges Recht eingetragen (oder vorgemerkt), das aber mehreren nacheinanderfolgenden Berechtigten zustehen soll.[106] Es geht in der Praxis um folgende Fälle:

– ein Recht oder Anspruch steht zunächst mehreren Berechtigten gemeinschaftlich in Bruchteils- oder Gesamthandsgemeinschaft und mit dem Tod eines Berechtigten dem Überlebenden allein zu,[107] zB Wohnungsrecht oder durch Vormerkung gesicherter Rückübertragungsanspruch für Eheleute in Gütergemeinschaft. Steht das Recht dagegen mehreren Beteiligten von vornherein[108] als Gesamtgläubigern zu, stellt sich das Problem der Sukzessivberechtigung nicht (s Rdn 260);
– ein Recht oder Anspruch steht zunächst einem Berechtigten allein zu und mit Eintritt eines bestimmten Ereignisses von selbst einem anderen, zB Tankstellendienstbarkeit für den jeweiligen Inhaber einer Einzelfirma,[109] Vormerkung für den jeweiligen Eigentümer eines Grundstücks.[110]

---

[103] Jedenfalls nicht mehr, seit BayObLG DNotZ 1991, 892 = NJW-RR 1990, 662 = (mitget) Rpfleger 1990, 198 beide Begriffe synonym verwendet; auch BayObLG 1995, 149 = DNotZ 1996, 366 mit Anm Liedel = NJW-RR 1995, 1297 = Rpfleger 1995, 498 trägt zur Unterscheidung nichts bei.
[104] ZB BayObLG 1984, 252 = DNotZ 1985, 702 = Rpfleger 1985, 55; OLG Köln MittRhNotK 1984, 218; auch OLG Köln MittRhNotK 1997, 84 (85).
[105] S BayObLG und OLG Köln je aaO (Fußn 104).
[106] RG 76, 89 (Hypothek); RG 128, 246 (Auflassungsvormerkung); KG DNotV 1930, 299 (Rückauflassungs-Vormerkung für jeweiligen Grundstückseigentümer); KG JW 1932, 2445 (Beschränkte persönliche Dienstbarkeit); KG DNotZ 1937, 330 (Tankstellenerrichtungs- und -unterhaltungs-Dienstbarkeit für jeweiligen Inhaber eines unter einer bestimmten Firma betriebenen Geschäfts); OLG Zweibrücken MittRhNotK 1985, 122 = Rpfleger 1985, 284; BayObLG 1995, 149 = aaO Fußn 103 (je zur Rückauflassungsvormerkung); LG Oldenburg MittBayNot 1974, 266 = Rpfleger 1974, 263 (Rückauflassungsvormerkung); LG Aachen MittRhNotK 1978, 172; LG Landshut MittBayNot 1992, 276 = Rpfleger 1992, 338; vgl auch Meder BWNotZ 1982, 36; Staudinger/Gursky Rdn 73, Soergel/Stürner Rdn 14, je zu § 883 BGB.
[107] Fälle vom OLG Zweibrücken, LG Oldenburg, LG Aachen und LG Landshut je aaO (Fußn 106).
[108] Dies betont zu Recht OLG Köln MittRhNotK 1984, 218.
[109] KG DNotZ 1937, 330.
[110] RG 128, 246; BGH 28, 99 = NJW 1958, 1677 mit Anm Thieme MDR 1959, 31 kann hierfür nicht herangezogen werden, da diese Entscheidung sich nur mit der Vormerkung für den Versprechensempfänger beim Vertrag zugunsten Dritter befaßt. S hierzu auch Gutachten DNotI-Report 2001, 113.

C. Die Eintragungen in das Grundbuch

bb) Die Rechtsprechung des RG[111] und KG[112] und die sie zitierenden neuen Entscheidungen[113] hielten in diesen Fällen eine einzige Rechtseintragung (Vormerkung) im Grundbuch als Sukzessivberechtigung für zulässig und ausreichend, da es sich um ein und dasselbe Recht handle, weil es aus demselben Rechtsverhältnis hervorgehe, in der Person des späteren Rechtsinhabers fortbestehe bzw lediglich das Subjekt des Anspruchs wechsle.[114] Ob auf diese Rechtsprechung heute noch Verlaß ist, muß bezweifelt werden,[115] auch wenn das BayObLG[116] die Sukzessivberechtigung nunmehr erneut bejaht. Die Vertragsgestaltung, die stets den sichersten Weg gehen muß, sollte in Zukunft Vorsicht walten lassen. Hierfür sind folgende Erwägungen maßgebend:

261b

Den Wegfall der Berechtigung beim bisherigen und den Eintritt der Berechtigung beim nunmehrigen Rechtsinhaber erklärt das BayObLG[117] rechtstechnisch mit dem Eintritt auflösender bzw aufschiebender Bedingungen; es erkennt darin jeweils selbständige Rechte, die auch jeweils gesondert im Grundbuch einzutragen sind. Darüber hinaus bestehen gegen die RG- und KG-Rechtsprechung auch erhebliche dogmatische Bedenken:
– das BGB kennt keine Begründung dinglicher Rechte zugunsten Dritter (s Rdn 9),
– das BGB kennt nur subjektive Rechte und Ansprüche (von den gesetzlich zugelassenen subjektiv-dinglichen Rechten abgesehen), zu deren Individualisierungsmerkmalen die Person des Berechtigten gehört; ein Wechsel in der Person des Gläubigers unter Wahrung der Identität des Anspruchs (Rechts) gibt es nur im Rahmen der vom BGB vorgesehenen Möglichkeiten.[118] Als solche kommen für einen Gläubigerwechsel nur in Betracht
– Erbfolge (andere Gesamtrechtsnachfolge),
– Abtretung, auch Vorausabtretung,
– Vertragsübernahme.[119]
Daneben gibt es nur die in §§ 420 ff BGB geregelte Mehrheit von Gläubigern, insbesondere die Gesamtgläubigerschaft (§ 428 BGB), sowie die bei Verkaufsrecht und Wiederkaufsrecht gesetzlich geregelte Mehrheit von Gläubigern (§ 461, 472 BGB).[120] Ob über diese Möglichkeiten hinaus nach BGB ein

---

[111] RG 128, 246.
[112] KG DNotZ 1937, 330.
[113] Siehe die Fußn 106 Genannten.
[114] Wenn selbständige Ansprüche begründet werden, müssen dagegen getrennte Vormerkungen eingetragen werden, BayObLG MittBayNot 2002, 396 = ZNotP 2003, 66.
[115] Gegen RG und KG seinerzeit schon BayObLG JFG 4, 347; OLG Dresden OLG 40, 35; heute insbesondere BayObLG 1984, 252 = aaO (Fußn 104); BayObLG DNotZ 1991, 892 = aaO (Fußn 103).
[116] BayObLG 1995, 149 = aaO = Fußn 103 mit dem Argument, der einheitliche Anspruch sei aus einer ihm immanenten Vorausabtretung oder ihm stets innewohnenden Gesamtberechtigung nach § 428 BGB herzuleiten.
[117] BayObLG aaO (Fußn 103 und 104).
[118] Vgl Flume, Das Rechtsgeschäft, 3. Aufl 1979, § 1.8a; Amann MittBayNot 1990, 225 (227); im Ergebnis ähnlich Liedel DNotZ 1991, 855 (866 ff).
[119] BGH 95, 88 (94) = NJW 1985, 2528; BGH NJW-RR 1992, 591 (592); BGH DNotZ 1993, 443 = NJW-RR 1993, 562.
[120] BayObLG 1993, 1 = MittBayNot 1993, 84 = MittRhNotK 1993, 71 = NJW-RR 1993, 472 = Rpfleger 1993, 328; BGH DNotZ 1998, 293 = Rpfleger 1998, 17.

Gläubigerwechsel bei fortbestehender Identität desselben Rechts(verhältnisses) vereinbart werden kann, ist sehr zweifelhaft. Überzeugende Begründungen hierfür fehlen.[121]

261 c cc) Eintragung eines **Grundstücksrechts** für mehrere alternativ oder sukzessiv Berechtigte erscheint uns daher nicht zulässig, es sei denn auf der Grundlage von Gewohnheitsrecht. Die für Belastung des Grundstücks erforderliche Einigung des Berechtigten mit dem anderen Teil (§ 873 Abs 1 BGB) gebietet Belastung zugunsten eines bestimmten Berechtigten (auch mehrerer gemeinschaftlich Berechtigter, § 47 GBO) und schließt damit Belastung zugunsten eines noch nicht bestimmten von mehreren alternativ oder nacheinander (sukzessive) Berechtigten aus. Das hindert auch Eintragung einer Alternativ- oder Sukzessivberechtigung auf Grund (nur einseitiger) Bewilligung (§ 19 GBO).

Das RG[122] hat allerdings die Eintragung einer Hypothekenforderung „für die Witwe S ... bzw nach deren Tode für ihre vier Kinder" nicht beanstandet. Ebenso wurde Bestellung einer Hypothek in der Weise für möglich erachtet, daß sie dem einen Berechtigten auflösend bedingt durch ein bestimmtes Ereignis und dem nächsten aufschiebend bedingt durch dasselbe Ereignis zustehe, wenn die gesicherte Forderung in gleicher Weise bedingt ist.[123] Ob dem noch zu folgen ist, ist jedoch zweifelhaft (siehe oben).

261 d dd) Auch für die **Vormerkung** erlangt Bedeutung, ob der Gläubiger des zu sichernden Anspruchs (§ 883 Abs 1 BGB) alternativ oder sukzessiv berechtigt sein kann. Ist das der Fall, dann muß auch die auf Grund einstweiliger Verfügung oder Bewilligung des Betroffenen einzutragende (§ 885 Abs 1 BGB) und damit entstehende Vormerkung die Sicherung dieses Anspruchs ermöglichen.

Das RG[124] hat auf der Grundlage seiner ständigen Rechtsprechung angenommen, daß „das Recht der Schuldverhältnisse es zuläßt, einen persönlichen Auflassungsanspruch so zu begründen, daß die Person des Gläubigers jeweils durch ein sachliches Merkmal bestimmt wird, nämlich durch die Eigenschaft als Eigentümer eines anderen Grundstücks". Weil sonach „kraft des das Schuldrecht beherrschenden Grundsatzes der Vertragsfreiheit ... die Begründung eines Auflassungsanspruchs durch den jeweiligen Eigentümer eines anderen Grundstücks als möglich" anerkannt war, wurde auch dessen Sicherung durch Vormerkung für zulässig erachtet.[125] Eintragung einer Löschungsvormerkung nach § 1179 BGB aF zugunsten des jeweiligen Gläubigers einer anderen Hypothek hat das RG[126] gleichfalls zugelassen. Für zulässig erachtet wurde

---

[121] Vgl Liedel DNotZ 1991, 855 (870 ff); das BayObLG aaO (Fußn 116) postuliert als Anspruchsinhalt, was nur durch entsprechende rechtsgeschäftliche Ausgestaltung (s dazu Rdn 261 d) erreicht werden kann.
[122] RG (29. 3. 1911) RG 76, 89 (insbes S 90 und 91).
[123] LG Traunstein MittBayNot 1978, 61. So auch BGB-RGRK/Mattern Rdn 20 zu § 1113; mit Einschränkung Staudinger/Wolfsteiner Rdn 21, 61, Palandt/Bassenge Rdn 15, je zu § 1113 BGB.
[124] RG (3. 5. 1930) RG 128, 246 (insbes S 248, 249).
[125] Hierzu auch Gutachten DNotI-Report 2001, 113.
[126] RG (11. 4. 1906) RG 63, 152; RG 128, 246 (250). Diese Vormerkung entsprach ständiger Rechtsprechung und dauernder Praxis bis zur Neufassung des § 1179 BGB mit Wirkung ab 1. Jan 1978 (s Rdn 2597), damit sind Löschungsvormerkungen für solche Berechtigte entfallen (s Rdn 2608).

C. Die Eintragungen in das Grundbuch

weiter eine Vormerkung zugunsten des jeweiligen Inhabers eines unter einer bestimmten Firma betriebenen Handelsgeschäfts,[127] eine Vormerkung zugunsten der noch nicht erzeugten Abkömmlinge einer Person[128] und zugunsten des längstlebenden Ehegatten[129] (s bereits Rdn 261 b).

Anspruch und Vormerkung bestehen in solchen Fällen jedenfalls auf gewohnheitsrechtlicher Grundlage fort;[130] Anlaß für Eintragung eines Widerspruchs (§ 53 Abs 1 GBO) besteht daher nicht.

Zu **empfehlen** ist der Rechtspraxis:

ee) Soweit es um **abtretbare** und/oder **vererbliche Rechte** geht (insbesondere durch Vormerkung gesicherte Ansprüche auf Übertragung von Eigentum oder auf Begründung dinglicher Rechte) sollten diese nicht mehr für den jeweiligen Berechtigten bestellt und eingetragen werden, sondern nur für den an der Begründung des Anspruchs mitwirkenden Gläubiger;[131] dieser kann und muß dann seinen Anspruch vererben und/oder abtreten. Der Rechtsübergang ist dann bei dem für ihn eingetragenen Recht (zB Vormerkung) berichtigend einzutragen. Auch eine Vorausabtretung ist möglich. Ein für Ehegatten in Gütergemeinschaft begründeter, durch Vormerkung gesicherter Anspruch auf Rückübertragung eines Grundstücks kann im Übergabevertrag bereits auf den überlebenden Ehegatten allein abgetreten und die für die Ehegatten als Gesamthandsberechtigte eingetragene Vormerkung nach dem Tod des Erstverberbenden auf den Überlebenden allein berichtigt werden. Bei Vormerkungen zur Sicherung von Rückübereignungsansprüchen wird Begründung für Ehegatten analog §§ 461, 472 BGB für zulässig gehalten;[132] wir folgen dem nicht (s Rdn 1407a, 1498a).

261e

ff) Bei **nicht abtretbaren**/nicht vererblichen **Rechten** (Hauptfälle: beschränkte persönliche Dienstbarkeit, Nießbrauch) versagt diese Möglichkeit. Hier ist von der Bestellung von Dienstbarkeiten zB für den jeweiligen Inhaber einer Einzelfirma abzuraten.[133] Möglich ist die Eintragung von selbständigen Einzelrechten. Möglich ist aber auch der Abschluß eines obligatorischen Vertrages zwischen Eigentümer und dem ersten Rechtsinhaber, in dem sich der Eigentümer gegenüber dem ersten Rechtsinhaber (Versprechensempfänger) verpflichtet, zB dem jeweiligen künftigen Firmeninhaber eine entsprechende Dienstbarkeit einzuräumen. Dieser Anspruch des Versprechensempfängers ist

261f

---

[127] KG DNotZ 1937, 330 (kritisch dazu Röll MittBayNot 1963, 89); BGH 28, 99 = NJW 1958, 1677 mit Anm Thieme MDR 1959, 31.
[128] RG 61, 355.
[129] LG Köln MittRhNotK 1981, 237 = Rpfleger 1982, 17.
[130] So auch Gutachten DNotI-Report 2001, 113 (114).
[131] Ein anderes Problem ist, wie dieser zu bezeichnen ist. Daher ist eine Auflassungsvormerkung für die übrigen Eigentümer einer Eigentumswohnanlage (gemeint diejenigen, die am Stichtag Eigentümer sind) zulässig, BayObLG DNotZ 1976, 603 Leits = MittBayNot 1975, 93 = MittRhNotK 1975, 403 = Rpfleger 1975, 243; BayObLG MittBayNot 1995, 296 = Rpfleger 19961, 21.
[132] BGH und BayObLG je aaO = Fußn 120; LG Augsburg BWNotZ 1995, 61 = MittBayNot 1994, 336 = MittRhNotK 1994, 172 = Rpfleger 1994, 342; LG Nürnberg-Fürth MittBayNot 1994, 140; Grziwotz MittBayNot 1993, 74; Bauer/vOefele/Wegmann Rdn 146 zu § 47.
[133] Wie hier Liedel DNotZ 1991, 855; Bauer/vOefele/Wegmann Rdn 147 zu § 47.

1. Teil. VI. Die Grundbucheintragung

durch Vormerkung im Grundbuch sicherbar.[134] Dieser Anspruch des Versprechensempfängers ist abtretbar und vererblich.

261 g gg) Die Fälle, in denen ein Recht **zunächst mehreren gemeinschaftlich** und nach dem Tod eines von ihnen **dem Überlebenden allein** zustehen soll, können regelmäßig über die Vereinbarung einer Gesamtgläubigerschaft (§ 428 BGB) gelöst werden (s Rdn 260). Da jedem der Gesamtgläubiger von Anfang an ein eigener Anspruch zusteht, bleibt dieser Anspruch auch beim Tod eines anderen Gesamtgläubigers unberührt, eines besonderen Sukzessivvermerks im Grundbuch bedarf es daher nicht.[135]

261 h hh) Schwierigkeiten bestehen damit nur noch in den Fällen, in denen Ehegatten in Gütergemeinschaft zB Berechtigte unvererblicher Rechte sind und diese nach dem Tod dem Überlebenden allein zustehen sollen.

Die bisherige Rechtsprechung[136] vertritt nämlich die Auffassung, bei Vorliegen einer Gesamthandsberechtigung könne den Gesamthändern kein Recht als Gesamtgläubigern zustehen. Ohne Anerkennung einer Sukzessivberechtigung nach alter RG- und KG-Rechtsprechung müßten daher zB für Nießbrauch für Eheleute in Gütergemeinschaft drei Rechte im Grundbuch eingetragen werden: für die Eheleute in Gütergemeinschaft sowie jeweils bedingte Rechte für Mann und Frau. Die Rechtsprechung zur Gesamtgläubigerschaft bei Gesamthandsgemeinschaften bedarf jedoch der Überprüfung.

Die Gesamthandsgemeinschaft überlagert lediglich die auch in der Gütergemeinschaft mögliche Vereinbarung einer Gesamtgläubigerschaft.[137] Dies wird insbesondere in den von Amann[137] aufgeführten Beispielen deutlich, wenn zB die Rechte zunächst für die Ehegatten als Gesamtgläubiger eingetragen wurden und diese nachträglich Gütergemeinschaft vereinbart haben oder in denen die gesamthänderische Berechtigung eingetragen ist und nun die Gütergemeinschaft aufgehoben wird; gerade im letzten Fall kann nicht die Konsequenz einer ehevertraglichen Beendigung der Gütergemeinschaft das Erlöschen des Wohnungsrechts (Nießbrauch, Altenteil) sein, vielmehr wird auch hier von einem Fortbestehen des Rechts in der Form der Gesamtgläubigerschaft auszugehen sein, die nur bisher von der weitergehenden Gesamthandsgemeinschaft verdeckt und überlagert war. Jedenfalls dort, wo ein Recht für Ehegatten in Gütergemeinschaft besteht mit der Maßgabe, daß es bei Tod des ersten dem Überlebenden allein zusteht, ist wegen der hierin liegenden materiellrechtlichen Vereinbarung einer Gesamtgläubigerschaft (§ 428 BGB) nur die Eintragung **eines Rechts** für die Ehegatten zulässig und wirksam.[138]

---

[134] Fall von BGH 28, 99 = aaO (Fußn 110).
[135] AA Amann MittBayNot 1990, 225 (229).
[136] BayObLG DNotZ 1968, 493.
[137] Amann aaO (Fußn 135); wie hier jetzt auch BayObLG 1995, 149 = DNotZ 1996, 366 mit Anm Liedel = aaO (Fußn 103).
[138] Die Eintragung eines (Sukzessiv-) Vermerks, daß das Recht nach Ableben des Erstversterbenden dem Überlebenden allein zusteht, ist empfehlenswert, aber nicht Wirksamkeitsvoraussetzung, Amann aaO (Fußn 73) S 93; Bauer/vOefele/Wegmann Rdn 149 zu § 47.

ii) Eine **Vormerkung** zur Sicherung des Anspruchs auf Eintragung einer **Grunddienstbarkeit**[139] (sonst eines subjektiv-dinglichen Rechts) ist für eine bestimmte natürliche oder juristische Person einzutragen, wenn diese (zB als Käufer des später berechtigten Grundstücks) Gläubiger des Anspruchs auf Einräumung der Dienstbarkeit (Bestellung des Rechts) ist (s Rdn 1494). Ob Anspruch auf Bestellung eines **subjektiv-dinglichen Rechts** (Grunddienstbarkeit, Vorkaufsrecht, Reallast, somit auch Erbbauzinsreallast) auch für den „jeweiligen Eigentümer des herrschenden Grundstücks" schuldrechtlich begründet und durch Vormerkung gesichert werden kann, könnte nun fraglich erscheinen. Der BGH[140] hat Sicherung (eines künftigen oder bedingten) Anspruchs (daß zu bestimmten Zeitpunkten die Höhe des Erbbauzinses veränderten Umständen angepaßt wird) „sogar auch zugunsten des jeweiligen Eigentümers eines Grundstücks" für zulässig erachtet (allerdings nur unter Hinweis auf RG 128, 248). Demgemäß wird ein künftiger Anspruch auf Eintragung einer Reallast mit geändertem Inhalt auch durch Eintragung einer Vormerkung für den jeweiligen Eigentümer im Erbbaugrundbuch zugelassen.[141] Es entspricht jedenfalls wohl gewohnheitsrechtlicher Praxis, daß ein Recht, das „zugunsten des jeweiligen Eigentümers eines anderen Grundstücks" bestellt werden kann, daher auch zu dessen Gunsten vormerkbar sein muß, da durch Vormerkung gesichert werden kann, was im Grundbuch auch endgültig eingetragen werden kann.[142] Ob demnach im Einzelfall der Anspruch für den Vertragspartner persönlich[143] oder für den jeweiligen Eigentümer des später berechtigten Grundstücks durch Vormerkung gesichert werden soll, ist durch eindeutige Fassung der Urkunde klarzustellen. Sicherer ist der Weg, den Anspruch (und die Vormerkung) für den Vertragspartner persönlich zu begründen und bei Veräußerung des Grundstücks diese Ansprüche an den Erwerber abzutreten.

6. Bezugnahme auf die Eintragungsbewilligung (§ 874 BGB)

Literatur: Haegele, Bezugnahmemöglichkeiten im Grundbuch, BWNotZ 1975, 29; Tschischka, Die Erweiterung der Bezugnahme bei der Grundbuchumschreibung, Rpfleger 1961, 185.

a) Gesetzliche Grundlagen für die Bezugnahme-Möglichkeiten

Eintragung für Rechtsänderung (§ 873 BGB) oder zur Grundbuchberichtigung (§ 894 BGB) müßte durch Aufnahme des im Einzelfall festgelegten

---

[139] Das LG München II MittBayNot 1972, 229 hat für Eintragung einer Vormerkung zur Sicherung des Anspruchs auf Einräumung einer Grunddienstbarkeit zugunsten des jeweiligen Eigentümers eines (erst noch durch Vermessung zu bildenden) Grundstücks angenommen, als (Erst-)Berechtigter könne nur eine bestimmte Person eingetragen werden und die spätere „Bestimmtheit hinsichtlich des Anspruchsinhalts" sei nicht in Frage gestellt, weil „die künftige Bestimmbarkeit des späteren Grunddienstbarkeitsberechtigten durch ein sachliches Merkmal sichergestellt" sei.
[140] BGH 22, 220 (225) = DNotZ 1957, 300 = NJW 1957, 98 = Rpfleger 1957, 12.
[141] BGH 61, 209 (211); BayObLG 1969, 97 (98, 102). S auch Gutachten DNotI-Report 2001, 113.
[142] BayObLG 1963, 128 (131); BayObLG 1969, 97 (102).
[143] Fall des OLG Düsseldorf MittRhNotK 1988, 234 und (wohl auch) des LG München II MittBayNot 1972, 229.

1. Teil. VI. Die Grundbucheintragung

gesamten Inhalts (aller eintragungsfähigen und eintragungsbedürftigen Bestimmungen) eines Rechts in den in das Grundbuch einzuschreibenden Eintragungsvermerk erfolgen. Solch umfangreiche Eintragungen würden mit Überfüllung und Überlastung die Übersichtlichkeit des Grundbuchs gefährden.[144] Zur Erleichterung der Grundbuchführung läßt § 874 BGB deshalb bei der Eintragung eines Rechts, mit dem ein Grundstück belastet wird (niemals also bei der Eintragung des Eigentums am Grundstück selbst) zur **näheren Bezeichnung** des **Inhalts des Rechts** Bezugnahme auf die Eintragungsbewilligung zu (soweit nicht das Gesetz ein anderes vorschreibt). Die Regelung hat materiellrechtlichen Charakter, weil sie die Bestimmungen über die rechtliche Wirkung der Eintragung in das Grundbuch modifiziert.[145] Verfahrensrechtlich ermöglicht sie dem Grundbuchamt, den Eintragungsvermerk klar, übersichtlich und allgemein verständlich zu fassen.[146] Daher schreibt § 44 Abs 2 S 1 GBO (als Sollvorschrift des Verfahrensrechts) die Bezugnahme vor (Rdn 271).

263 Belastungen, bei deren Eintragung auf die Eintragungsbewilligung Bezug genommen werden kann, sind Dienstbarkeiten, Nießbrauch, Reallast, Vorkaufsrecht, Hypothek, Grundschuld oder Rentenschuld. Das gleiche wie für die Neubelastung gilt für **Änderungen des Inhalts** eines Rechts an einem Grundstück (§ 877 BGB). Bei Eintragung einer **Vormerkung** und eines **Widerspruchs** kann zur näheren Bezeichnung des zu sichernden Anspruchs auf die einstweilige Verfügung oder die Eintragungsbewilligung Bezug genommen werden (§ 885 Abs 2, § 899 BGB).[147] Bei Eintragung von **Grundpfandrechten** sind Bezugnahme-Möglichkeit und ausdrücklich erforderliche Grundbucheintragung im einzelnen auch in §§ 1115, 1116 Abs 2, § 1179a Abs 5, § 1184 Abs 2, § 1189 Abs 1, § 1190 Abs 1, §§ 1192, 1195, 1199 BGB geregelt.
Bezugnahme ist auch möglich bei einem **Erbbaurecht** (§ 14 Abs 1 ErbbauVO; s aber auch § 56 Abs 2 GBV und § 5 ErbbauVO), sowie bei **Wohnungseigentum** und **Dauerwohnrecht** (§ 7 Abs 3, § 32 Abs 2 WEG; s aber auch § 12 WEG iVm § 3 Abs 2 WGV).
Bezugnahme in entsprechender Anwendung des § 874 BGB ist außerdem zulässig bei Eintragung der Belastung eines Rechts an einem Grundstück (mit einem Nießbrauch oder Pfandrecht).[148]
Ergänzt werden die Vorschriften des BGB über die Bezugnahme materiellrechtlich für Eintragung eines Leibgedings durch § 49 GBO (dazu Rdn 1325).

b) Bezugnahme nur zur näheren Bezeichnung des Rechtsinhalts zulässig

264 Die Bezugnahme ist in jedem Falle nur zur **näheren Bezeichnung** des Inhalts des Rechts (oder vorgemerkten Anspruchs) zulässig, nicht auch zur Bezeichnung des belasteten Grundstücks.[149] Das **Recht** muß also **im Grundbuch selbst** insoweit **bezeichnet** sein, daß daraus seine **allgemeine Rechtsnatur** und

---

[144] RG 50, 145 (153); 113, 223 (229); KG JW 1937, 1549.
[145] Motive zum BGB, Band III, Seite 472.
[146] Staudinger/Gursky Rdn 1 zu § 874 BGB.
[147] Diese besondere Vorschrift war neben § 874 BGB geboten, weil die Vormerkung kein Recht am Grundstück nach § 874 BGB ist.
[148] KG OLG 14, 64; BGB-RGRK/Augustin Rdn 3 zu § 874; MünchKomm/Wacke Rdn 7 zu § 874 BGB; Staudinger/Gursky Rdn 13 zu § 874 BGB.
[149] BayObLG 1986, 513 (517) = DNotZ 1987, 621 = Rpfleger 1987, 101.

C. Die Eintragungen in das Grundbuch

seine **besondere Art** erkennbar sind.[150] Dies gilt insbesondere auch für die Angabe der **Person des Berechtigten** (bei einer Verfügungsbeschränkung der Person des Geschützten). Sind **mehrere Berechtigte** beteiligt, so bedarf es **im Grundbuch selbst** grundsätzlich der **Angabe der Anteile** oder **des Gemeinschaftsverhältnisses** (§ 47 GBO, vgl Rdn 253). Ausnahme bei Leibgeding s § 49 GBO (dazu Rdn 1335).

c) Gesetzlicher Ausschluß der Bezugnahme-Möglichkeiten

Für bestimmte Angaben ist eine Bezugnahme kraft Gesetzes ausgeschlossen: für den **Höchstbetrag des Ersatzes** bei Erlöschen eines Rechts durch den Zuschlag (§ 882 BGB); für eine **abweichende Rangbestimmung** (§ 879 BGB); für den **Rangvorbehalt** (§ 881 BGB); für wesentliche bei Eintragung einer Hypothek erforderliche Angaben (§ 1115 Abs 1 BGB); für die **Briefausschließung** und deren **Aufhebung** (§ 1116 Abs 2 BGB); für die Bezeichnung als **Sicherungshypothek** (§ 1184 Abs 1 BGB); für den **Grundbuchvertreter** bei Hypothek für Inhaber- oder Orderpapiere (§ 1189 Abs 1 BGB); für die **Inhabergrundschuld** (§ 1195 BGB); für die Unterwerfung unter die **dingliche Zwangsvollstreckung** (§ 800 ZPO). Die Ausnahmen von der Bezugnahme-Möglichkeit sind bei den einzelnen Eintragungsvorgängen dargestellt. 265

Bezugnahme erfolgt nicht (erfordert auch § 44 Abs 2 S 1 GBO als Sollvorschrift des Verfahrensrechts nicht), wenn der notwendige Inhalt des Eintragungsvermerks das Recht (die Belastung, Verfügungsbeschränkung usw) bereits vollständig darstellt, eine weitere Bezeichnung des Inhalts des Rechts (der Belastung, Verfügungsbeschränkung usw) somit nicht zu erfolgen hat. Das kann der Fall sein z B beim Nießbrauch (Rdn 1381; mit Einschränkungen), Vorkaufsrecht (Rdn 1409; mit Einschränkungen) und gilt bei Eintragung z B eines Rangvermerks (Rdn 2566), des Zwangsverwaltungs- oder Zwangsversteigerungsvermerks sowie des Insolvenzvermerks.

d) Bezugnahmemöglichkeit bei Befristung und Bedingung

Die Tatsache, daß ein Recht befristet oder bedingt (oder beides) ist, **muß als solche aus dem Grundbuch** selbst **ersichtlich** sein; denn die Befristung oder Bedingung gehört nicht zum Inhalt des Rechts. Eine Bezugnahme auf die Eintragungsbewilligung ist hier nur hinsichtlich Voraussetzungen und Zeitpunkt des Eintritts oder des Wegfalls der Befristung oder Bedingung zulässig.[151] Ist wegen einer Bedingung oder Befristung in mithin **unzulässiger Weise** auf die Eintragungsbewilligung Bezug genommen, so ist gleichwohl ein nur bedingtes oder befristetes Recht entstanden (s Rdn 276). Bei Nichteintragung eines Widerspruchs von Amts wegen ist aber gutgläubiger Erwerb des buchmäßig verlautbarten unbedingten oder unbefristeten Rechts (§ 892 BGB) möglich.[152] 266

---

[150] RG 89, 159; KGJ 49 A 169; 51 A 266; OLG Nürnberg MDR 1977, 929.
[151] RG 10, 248; KGJ 49 A 187; 50 A 188; BayObLG Rpfleger 1967, 11 und BayObLG 1973, 24; OLG Frankfurt Rpfleger 1974, 430; KG DNotZ 1956, 555; OLG Köln DNotZ 1963, 48; LG Darmstadt MDR 1958, 525 = Rpfleger 1959, 34 mit Anm Haegele; LG Mannheim BWNotZ 1984, 22; abweichend OLG Karlsruhe DNotZ 1968, 432 (Bezugnahme ausreichend; dagegen OLG Frankfurt aaO).
[152] BGB-RGRK/Augustin Rdn 103 zu § 873; RG DNotZ 1934, 616. Wegen Behandlung eines sowohl befristeten wie bedingten Rechts s OLG Köln DNotZ 1963, 48 = Rpfleger 1963, 381; LG Mannheim BWNotZ 1984, 22.

e) Bedeutung der Bezugnahme-Möglichkeiten

267 Bezugnahme auf die Eintragungsbewilligung zur näheren Kennzeichnung des Inhalts eines Rechts ermöglicht § 874 BGB als Bestimmung des **materiellen Grundstücksrechts**. Für Rechtsänderung (§ 873 BGB) oder Grundbuchberichtigung (§ 894 BGB) ist der zulässig in Bezug genommene Inhalt der Eintragungsbewilligung materiellrechtlich **Grundbuchinhalt**. Grundbucheintragung des (materiellen) Sachenrechts sind Eintragungsvermerk und die in Bezug genommene Eintragungsbewilligung. Sie bilden eine Einheit, die nur zusammen gelesen und gewürdigt werden kann (Rdn 225).

f) Erschöpfende Rechtsbezeichnung in der Eintragungsbewilligung

268 **Voraussetzungen** für die Möglichkeit der Bezugnahme auf die Eintragungsbewilligung sind, daß der **Inhalt des einzutragenden Rechts** in der in Bezug genommenen Urkunde (Eintragungsbewilligung nach § 19 GBO; vollstreckbares Urteil nach § 894 ZPO; einstweilige Verfügung nach § 885 Abs 2 BGB; Arrestbefehl nach §§ 916 ff ZPO, Behördenersuchen nach § 38 GBO) **erschöpfend bezeichnet** ist und daß die Urkunde in Urschrift, Ausfertigung oder beglaubigter Abschrift bei den Grundakten verwahrt wird. Eine bloße Bezugnahme auf andere Akten des das Grundbuch führenden Amtsgerichts ist nur dann zulässig, wenn diese Akten der Vernichtung nicht unterliegen (§ 24 Abs 3 GBV).

Zum Inhalt der Eintragungsbewilligung und zur Möglichkeit der Verweisung s Rdn 104.

g) Bezugnahme auf Gesetzesbestimmungen und dgl

269 Eine Verweisung auf (noch geltende) **inländische Vorschriften** (damit statische Verweisung) **im Grundbucheintrag** ist zulässig, soweit es sich um Vorschriften handelt, die in einer amtlichen Gesetzessammlung veröffentlicht sind.[153] Dynamische Verweisung in dem Sinn, daß die in Bezug genommene Vorschrift in der jeweils geltenden Fassung maßgeblich sein soll, kann dem Bestimmtheitsgrundsatz nicht entsprechen, ist somit nicht als zulässig anzusehen. Auf nicht mehr geltende Rechtsvorschriften darf dagegen im Eintragungsvermerk nicht verwiesen werden.[154] Die Verweisung auf **Verwaltungsvorschriften** ist unzulässig.[155]

h) Allgemeiner Grundsatz für die Bezugnahme

270 Was hinsichtlich des Rechts durch **zulässige Bezugnahme** auf die Eintragungsbewilligung als eingetragen gelten kann, **soll nicht** in das **Grundbuch selbst eingetragen** werden[156] (§ 44 Abs 2 S 1 GBO).

Im Rahmen dieses Grundsatzes sind die maßgeblichen Vorschriften, insbesondere § 874 BGB, weit auszulegen. Sie gelten insbesondere auch für
- die **Belastung eines** eingetragenen **Rechts** an einem Grundstück mit einem eintragungsfähigen Recht, wie Nießbrauch oder Pfandrecht (Rdn 263);

---

[153] KG JFG 4, 373 (378); KGJ 26 A 271; 46 A 221; 51 A 252 (254).
[154] KG OLG 8, 131; KGJ 46, 221; 51 A 252 (254); RG 89, 159.
[155] KGJ 53, 206. Auf nur örtlich bestehende Vorschriften oder auf die „jeweilige Fassung" einer Satzung (im übrigen s zur Bezugnahme auf eine Satzung § 1115 Abs 2 BGB) kann nicht Bezug genommen werden (KGJ 46 A 221 und KG JFG 5, 344).
[156] RG 50, 145 (153).

C. Die Eintragungen in das Grundbuch

- **Verfügungsbeschränkungen**, wenn zugleich ein selbständiges Recht zur Eintragung gelangt, wie dies zB der Fall ist bei: Nacherbschaftsvermerk (§ 51 GBO), Testamentsvollstreckervermerk (§ 52 GBO). Der Inhalt einer auf einstweiliger Verfügung beruhenden Verfügungsbeschränkung muß dagegen aus dem Grundbuch selbst hervorgehen;[157]
- die **Rangänderung** und den **Rangvorbehalt**, soweit es sich um die **nähere Bezeichnung** (etwa Brief- oder Buchrecht) handelt, während der **Umfang des Rangrücktritts** oder des vorbehaltenen Rechts aus der Eintragung selbst ersichtlich sein muß;[158]
- **Bedingungen** oder **Befristungen**, die mit dem Recht verbunden sind, hinsichtlich ihrer **Einzelheiten**;[159]
- die **Vormerkung** (hierwegen § 885 Abs 2 BGB) und den **Widerspruch**, wobei sich aber aus der Eintragung selbst ergeben muß, gegen welches Recht sie sich richten und welchen Berechtigten sie schützen.[160]

i) Bezugnahme ist nicht Ermessenssache des Grundbuchamts

Bezugnahme in dem gesetzlich möglichen Umfang schreibt (jetzt) § 44 Abs 2 S 1 GBO als „Soll"vorschrift des Verfahrensrechts vor. Als Sollvorschrift soll die Bestimmung Nichtigkeit der Eintragung für den Fall verhindern, daß eine Bezugnahme unterbleibt, obwohl sie möglich war.[161] Jedoch liegt es nun nicht mehr im Ermessen des Grundbuchamts,[162] ob und inwieweit es zur näheren Bezeichnung des Inhalts eines einzutragenden Rechts im zulässigen Rahmen auf die Eintragungsbewilligung **Bezug nehmen** will oder ob es den gesamten Inhalt der Eintragungsbewilligung in das Grundbuch selbst übernehmen will. Auf Fassung der Eintragung mit Bezugnahme nach Maßgabe des § 44 Abs 2 GBO haben die Beteiligten (nun) vielmehr einen im Beschwerdeverfahren durchsetzbaren Rechtsanspruch.[163] Demnach ist auch dann nicht (mehr) von der Bezugnahme abzusehen, wenn der Inhalt des Rechts sich mit wenigen Worten erschöpfend im Grundbuch selbst eintragen läßt. Wenn gleichwohl bereits der Eintragungsvermerk den Inhalt des Rechts vollständig darstellt, ist eine Bezugnahme auf die Eintragungsbewilligung jedoch entbehrlich.[164] Stets hat das Grundbuchamt sorgfältig prüfen, ob und inwieweit eine **Bezugnahme überhaupt zulässig** ist. Die Erwägung der Raumersparnis und Kurzfassung darf dann nicht durchgreifen, wenn die wirksame Fassung des Eintragungsvermerks, aber auch gebotene Klarheit und Sicherheit

271

---

[157] Noch umstrittene Frage. Wegen der einzelnen Meinungen s BGB-RGRK/Augustin Rdn 4 zu § 873. Die oben vertretene Ansicht stellt den Mittelweg dar, der in jedem Falle gangbar ist.
[158] RG JW 1933, 605.
[159] KGJ 49 A 187; JFG 13, 76.
[160] KGJ 23 A 133; 45 A 230 (231); aA (Widerspruch gehört nicht hierher) BGB-RGRK/Augustin Rdn 3 zu § 874.
[161] Begründung zu § 44 Abs 2 GBO, BT-Drucks 12/5553, S 67.
[162] Enger Demharter Rdn 37 zu § 44: Ermessen des Grundbuchamts, das durch § 44 Abs 2 eingeschränkt wird.
[163] Anders § 44 GBO idF bis 24. 12. 1994 (Inkrafttretens RegVBG); dazu 10. Aufl Rdn 271.
[164] OLG Frankfurt NJW-RR 1997, 1447 (1448).

eine – umfangreichere – Eintragung erfordern. Denn eine unzulässige Bezugnahme wirkt nicht als wirksame Eintragung (s darüber Rdn 274).

k) Fassung der Bezugnahme

272 Das Wort „Bezugnahme" ist im Grundbuch nicht unbedingt erforderlich, aber meist üblich und gebräuchlich. Es genügt auch, wenn in das Grundbuch eingetragen wird „gemäß Eintragungsbewilligung", auch „gemäß Bewilligung" oder „gemäß Urkunde", sofern diese eine Eintragungsbewilligung darstellt. Notwendig ist eine **genaue Bezeichnung** der in Frage stehenden Urkunde oder (soweit zur Klarstellung erforderlich) des als Eintragungsbewilligung in Betracht kommenden Teils der Urkunde (s darüber Rdn 105). Nicht eintragungsfähige schuldrechtliche Vereinbarungen schließt die Bezugnahme aber auch dann nicht ein, wenn sie nicht genau abgefaßt ist und schuldrechtliche Abreden in der Bewilligung nicht getrennt dargestellt (s Rdn 105) oder sonst erkennbar abgegrenzt sind.[165] Zur Fassung, wenn die Bezugnahme sich auf einzelne Punkte der Eintragungsbewilligung nicht erstrecken soll, Rdn 1259.

Das **Datum** der in Bezug genommenen (öffentlichen oder öffentlich beglaubigten; § 29 GBO) Urkunde ist im Grundbuch anzugeben. Handelt es sich um eine Urkunde, auf der nur die Unterschriften öffentlich beglaubigt sind, so ist das Datum der Bewilligung, nicht das der Unterschriftsbeglaubigung maßgebend. Üblich ist aber in diesem Falle die Angabe der beiden Daten.[166] Ist aus der öffentlich beglaubigten Eintragungsbewilligung der Zeitpunkt ihrer Errichtung nicht zu ersehen, so genügt in der Bezugnahme das Datum der Unterschriftsbeglaubigung.[167]

In der Bezugnahme sind der **Name des Notars,** der Notarin oder (in Baden-Württemberg) die Bezeichnung des Notariats und jeweils die Nummer der Urkundenrolle (nicht aber der Sitz des Notars oder der Notarin[168]), bei Eintragungen auf Grund eines Ersuchens (§ 38 GBO) die Bezeichnung der ersuchenden Stelle und deren Aktenzeichen, anzugeben (§ 44 Abs 2 S 2 GBO als „Sollvorschrift").

Weicht eine in **Abschrift** beim Grundbuchamt liegende Urkunde vom Inhalt der **Urschrift ab,** so kann das in diesem Falle unrichtige Grundbuch nur unter denselben Voraussetzungen und in gleicher Weise berichtigt werden wie bei einer sonstigen Berichtigung.

l) Folgen einer zulässigen Bezugnahme

273 Ist im Grundbuch ein Recht mit zulässiger Bezugnahme eingetragen worden, so **gilt der Inhalt** der Eintragungsbewilligung **als** mit **eingetragen.** Eintragungsvermerk im Grundbuch und im übrigen in Bezug genommene Eintragungsbewilligung sind in diesem Falle als eine **Einheit** zu betrachten und zu würdigen.[169] Auf eine solche einheitliche Eintragung erstreckt sich auch der öffentli-

---

[165] OLG Frankfurt NJW-RR 1997, 1447.
[166] KG DNotV 1931, 547 = JW 1931, 1045; Bauer/vOefele/Knothe Rdn 47 zu § 44.
[167] LG Oldenburg Rpfleger 1980, 278; Bauer/vOefele/Knothe aaO.
[168] Anders Keller BWNotZ 1994, 73 (79). Anders auch die Eintragungsmuster in den Anlagen zur GBV. Durch § 44 Abs 2 Satz 2 GBO nicht gedeckt.
[169] RG 113, 229; BGH 21, 34 = NJW 1956, 1196 = Rpfleger 1956, 231 mit Anm Bruhn und WM 1968, 1087; OLG Frankfurt NJW-RR 1997, 1447; KG JW 1937,

che Glaube des Grundbuchs (§§ 892, 893 BGB; Rdn 336 ff) in vollem Umfang.[170]

m) Folgen einer unzulässigen Bezugnahme

Bei unzulässig erfolgter Bezugnahme ist je nach Lage des Falles die Folge verschieden. Ist eine Bezugnahme auf die Eintragungsbewilligung **nicht zulässig** und **fehlt** der Eintragung eines Rechts im Grundbuch daher ein Erfordernis, das für dieses Recht seiner Gattung nach eigentümlich und wesentlich ist, so ist die ganze Eintragung unzulässig und unwirksam. Das Recht ist **nicht zur Entstehung gelangt** und die gesamte Eintragung im Grundbuch ist von Amts wegen zu löschen[171] (§ 53 Abs 1 S 2 GBO; s dazu Rdn 416 ff). **Beispiele** für solche Fälle: Bezugnahme zur Bezeichnung der Person des Berechtigten oder des Geldbetrags eines Grundpfandrechts. 274

Bezieht sich die **unzulässige Bezugnahme** lediglich auf eine einzeln für die **konkrete Ausgestaltung** des Rechts wesentliche Bestimmung oder auf einen unwesentlichen Zusatz, so ist nur die unzulässige Bezugnahme im Grundbuch zu löschen. Die Wirksamkeit der Eintragung im übrigen bleibt in solchen Fällen unberührt. **Beispiele** dafür: Bestimmungen über den Zinssatz, über den Ausschluß der Erteilung eines Hypothekenbriefs, Vermerk über die dingliche Zwangsvollstreckungsunterwerfung. Für den Bestand des Rechts in einem solchen Falle ist aber wesentlich, daß sich der verbleibende **Teileintrag** mit dem **Willen der Beteiligten** noch deckt. Es muß also unter den Beteiligten eine entsprechende Einigung nachträglich noch zustande kommen oder nach §§ 139, 140 BGB anzunehmen sein, daß das Recht auch ohne die nicht wirksam eingetragenen Bestimmungen dem Willen der Beteiligten noch entspricht.[172] Ist infolge der unzulässigen Bezugnahme im Grundbuch weniger eingetragen als nach der Eintragungsbewilligung beantragt war, so ist bei entsprechender Einigung im vorstehenden Sinne nur das geringere Recht wirksam entstanden, also etwa ohne den Zinssatz. Von einer Unrichtigkeit des Grundbuchs kann man hier aber nicht sprechen. 275

Soweit bei unzulässiger Bezugnahme eine nachträgliche **Einigung** der Parteien im Sinne der vorstehenden Ausführungen **nicht erfolgt** ist, ist das **Grundbuch** dagegen **unrichtig** und es ist ein **Widerspruch** gegen seine Richtigkeit nach § 53 Abs 1 S 1 GBO (s Rdn 392 ff) **einzutragen**. Ein solcher Widerspruch ist von Amts wegen aber auch dann einzutragen, wenn infolge der unzulässigen Bezugnahme die Eintragung einen weitergehenden Inhalt hat als der früheren Einigung entspricht. Ein Beispielsfall dafür ist die Unterstellung eines eintragungsfähigen Rechts unter eine Befristung oder Bedingung. Ist diese nur durch – unzulässige – Bezugnahme eingetragen, so entsteht trotz der damit insoweit unwirksamen Eintragung das Recht auf Grund der tatsächlich vereinbarten Bedingung oder Befristung nur als bedingtes[173] oder befristetes. Der 276

1549; KG DFG 1939, 206. Die (zulässige) Bezugnahme macht alles das zum Gegenstand der Eintragung, was in der Urkunde bei einer dem § 133 BGB entsprechenden Auslegung zum Inhalt des Rechts gemacht werden sollte, KG JFG 1, 284.
[170] RG 88, 113, 229; BGH 21, 34 = aaO (Fußn 26).
[171] RG 89, 159; KG JW 1936, 3477; OLG Düsseldorf DNotZ 1958, 157; OLG Hamm DNotZ 1954, 207.
[172] RG 108, 148.
[173] BayObLG MittBayNot 1998, 256 (257) = Rpfleger 1998, 334.

Inhalt des Grundbuchs ist also unrichtig, daher der Amtswiderspruch einzutragen. S auch Rdn 266.

Zur Auslegung eines Grundbucheintrags (Rdn 293) kann eine unzulässige Bezugnahme nicht verwertet werden.

277 Ist in einem einschlägigen Falle ein Amtswiderspruch nicht eingetragen, so ist an dem Recht **gutgläubiger Erwerb** nach § 892 BGB mit der Folge möglich, daß der Grundbuchinhalt mit der auf Grund des gutgläubigen Erwerbs eingetretenen Rechtslage wieder übereinstimmt (s Rdn 343 ff). Kein gutgläubiger Erwerb kann jedoch bei nach § 53 Abs 1 S 2 GBO zu löschender inhaltlich unzulässiger Eintragung erfolgen.

278 Bezieht sich die unzulässige Bezugnahme nur auf eine **überflüssige Bestimmung,** so ist sie zwar unwirksam, für den Bestand des Rechts aber unschädlich.

279 Ist eine Eintragung nach den bis jetzt gemachten Ausführungen wegen Unzulässigkeit der Bezugnahme von Amts wegen gelöscht worden, so kann sie **nur neu herbeigeführt** werden, wobei die alte Eintragungsbewilligung die Grundlage bildet, sofern die nur durch Bezugnahme eingetragen gewesene Bestimmung überhaupt eintragungsfähig ist.[174] Eines neuen Eintragungsantrags bedarf es hier nicht, da der alte Antrag zufolge der wegen Nichtigkeit von Amts wegen gelöschten Eintragung noch gar nicht erledigt worden ist.[175] Eine Rangverschlechterung wird in solchen Fällen vielfach eintreten. Ist in der Zwischenzeit eine Änderung in der Person des Grundstückseigentümers eingetreten, so kann der alte Antrag nicht mehr vollzogen werden, so daß er vom Grundbuchamt zurückgewiesen werden muß. Eine Berichtigung der unzulässigen und daher von Amts wegen zu löschenden alten Eintragung ist in keinem Falle zulässig.

280 Ist die Eintragung **nur teilweise unwirksam,** das Grundbuch aber richtig, so ist neben der notwendigen Einigung der Beteiligten eine erweiternde Eintragung im Grundbuch erforderlich. Auch hierbei kann sich eine Rangverschlechterung ergeben, bei inzwischen eingetretenen Eigentumswechsel im Hinblick auf den öffentlichen Glauben des Grundbuchs sogar die Unmöglichkeit der Eintragung der Erweiterung.

7. Formen der Löschung (§ 46 GBO)

Literatur: Haegele, Löschung eines Rechts durch Nichtübertragung auf ein anderes Grundbuchblatt, BWNotZ 1975, 1; Mausfeld, Die grundbuchliche Behandlung der Haftentlassungserklärungen, Rpfleger 1957, 240.

a) Zwei Arten von Löschungen

281 Das Grundbuchrecht kennt nur zwei gleichwertige Formen der Löschung eines in Abteilung II oder III eingetragenen Rechts jeglicher Art (einschl Vormerkung, Widerspruch, Verfügungsbeschränkung):
– die allgemeine Form der Eintragung eines **Löschungsvermerks** (§ 46 Abs 1 GBO) unter gleichzeitiger Rötung der gelöschten Eintragung (§ 17 Abs 2 GBV) und

---

[174] S zu vorstehend behandelten Fragen insbesondere Reinmold MittRhNotK 1963, 385 (395); BayObLG aaO (Fußn 30).
[175] OLG Köln NJW 1957, 992; OLG Düsseldorf DNotZ 1958, 158.

C. Die Eintragungen in das Grundbuch

– die Löschung durch Nichtmitübertragung des Rechts auf das neue Grundbuchblatt (§ 46 Abs 2 GBO).
Andere Möglichkeiten der Löschung gibt es nicht. Wesentlich im Falle einer Löschung nach § 46 Abs 1 GBO ist lediglich der mit Datum und (im Papier-Grundbuch) Unterschrift versehene **Löschungsvermerk**. Die in § 17 Abs 2 GBV zusätzlich vorgeschriebene **Rötung** (im maschinell geführten Grundbuch: schwarze Unterstreichung, § 91 S 2 GBV) für sich allein führt die Wirkung der Löschung nicht herbei.[176] Sie ist nur ein zur Übersichtlichkeit des Grundbuchs geschaffenes Hilfs- und Hinweismittel. Umgekehrt ist ein Löschungsvermerk gültig und bewirkt die Löschung in materiellem Sinn, auch wenn das Rotunterstreichen versehentlich unterbleibt. Die Rötung (das Unterstreichen) ist keine Eintragung im Sinne der GBO, gehört daher für sich allein nicht zum Inhalt des Grundbuchs nach § 892 BGB. Wer eine versehentliche Rötung (ein Unterstreichen) irrtümlich für eine Löschung hält, kann sich auf den öffentlichen Glauben des Grundbuchs nicht berufen. Doch kann die Nichtbeachtung der Vorschriften über das Unterstreichen Schadensersatz wegen Amtspflichtverletzung durch den Grundbuchbeamten begründen.

b) Löschungsform bestimmt Grundbuchamt

Ob die Löschung nach Abs 1 oder nach Abs 2 des § 46 GBO erfolgen soll, bestimmt allein das **Grundbuchamt nach freiem Ermessen** und Zweckmäßigkeit. Die Beteiligten haben auf die Art des Vorgehens des Grundbuchamts keinen Einfluß und insoweit keine Antragsbefugnis. Sie können die technischen Vorgänge meist auch nicht genügend überblicken. Schon aus Vereinfachungsgründen sollte das Grundbuchamt aber vom Verfahren nach Abs 2 des § 46 GBO möglichst Gebrauch machen. Der Grundsatz der Grundbuchklarheit kann aber einen Löschungsvermerk rechtfertigen. Kosten werden mit Löschung nach § 46 Abs 2 GBO nicht erspart; die Löschungsgebühr des § 68 KostO wird unabhängig davon erhoben, ob die Löschung durch Eintragung eines Löschungsvermerks (§ 46 Abs 1 GBO) oder durch Nichtmitübertragung auf ein anderes Grundbuchblatt (§ 46 Abs 2 GBO) erfolgt.[177]

282

c) Löschungsfälle

Bei Übertragung eines Grundstücks oder eines Grundstücksteils auf ein anderes Grundbuchblatt kann ein Recht zu löschen sein, weil es:
– an dem zu übertragenden Grundstück oder Grundstücksteil **wegfallen soll**,
– **nicht oder nicht mehr** auf dem abzuschreibenden Grundstück ruht (also außerhalb des Grundbuchs bereits erloschen ist).
Voraussetzung ist in jedem Falle, daß das Grundstück oder ein Grundstücksteil **auf ein anderes Grundbuchblatt übertragen** wird. Anwendungsfälle: Zusammenschreibung nach § 4 GBO und deren Aufhebung; Vereinigung nach § 5 Abs 1 GBO und deren Aufhebung; Zuschreibung nach § 6 Abs 1 GBO und deren Aufhebung; selbständige Buchung, Umschreibung aus grundbuchtechnischen Gründen (§ 28 GBV; Neufassung der Abt II oder III – § 33 GBV

283

---

[176] KG DRZ 1931, 265; BayObLG 1961, 36 = NJW 1961, 1265; BayObLG 1995, 413 (418).
[177] Jetzt allgem herrschende Meinung; s OLG Düsseldorf Rpfleger 1977, 460 mit weit Nachw.

– wird der Umschreibung gleichzusetzen sein). Dabei ist es ohne Bedeutung, aus welchem Grunde diese Übertragung erfolgt. Wird dagegen ein Grundstücksteil **auf demselben Blatt** unter neuer Nummer als selbständiges Grundstück eingetragen, so werden die Belastungen nicht besonders übertragen; soll das Recht gelöscht werden, so bedarf es eines besonderen Löschungsvermerks[178] nach § 46 Abs 1 GBO.

d) Entlassung aus Mithaft

284 Unter **Rdn 283 erstbezeichnete Alternative** fallen die Rechtsgeschäfte, welche **Entlassungen aus der Mithaft** darstellen (s dazu auch Rdn 2706 ff): Eine in der Form des § 29 GBO erklärte Haftentlassung ist als **Verzicht des Gläubigers** auf die Gesamthypothek an dem freigegebenen Grundstück nach § 1175 Abs 1 S 2 BGB aufzufassen. Die Zustimmung des Eigentümers zur Löschung ist daher nicht erforderlich (Rdn 2718). Auf Grund der Freigabe- oder Verzichtserklärung des Gläubigers[179] in der Form des § 29 GBO kann der Eigentümer (auch der Gläubiger selbst) jederzeit formlos den Antrag auf Löschung der Belastung an dem fraglichen Grundstück(steil) stellen, ohne daß zuvor der Verzicht als solcher in das Grundbuch einzutragen ist. Es kann mithin auch ohne weiteres die pfandfreie Grundstücks-Abschreibung ohne Eintragung eines Löschungsvermerks erfolgen.

Unrichtig ist in solchen Fällen, zunächst die Freigabe eines Grundstücks durch entsprechenden besonderen Löschungsvermerk einzutragen und dieses Grundstück sodann sofort auf ein anderes Blatt zu übertragen. Denn auch der Freigabevermerk müßte sofort wieder gerötet (unterstrichen) werden, weil er das abgeschriebene Grundstück betrifft und daher im alten Blatt gegenstandslos geworden ist.[180]

Löschung durch Nichtübertragung ist auch bei einem **Grundpfandrecht** möglich, für das **nur ein Grundstück haftet,** wenn dieses Grundstück auf einen neuen Eigentümer in ein neues Grundbuchblatt übertragen wird. In diesem Falle ist zur Nichtübertragung aber die formbedürftige Zustimmungserklärung des Eigentümers erforderlich (§ 27 GBO, auch § 1183 BGB).

e) Erlöschen des Rechts

285 Anwendungsfälle für **Rdn 283 zweite Alternative** sind insbesondere bei **Dienstbarkeiten** gegeben. Wenn ein belastetes Grundstück geteilt wird (womit nicht notwendig eine Veräußerung verbunden sein muß) und die Ausübung des Rechtes auf einen bestimmten Teil räumlich (zB bei Wege- oder Leitungsrechten) beschränkt ist, werden die außerhalb des Bereichs der Ausübung liegenden Teile des Grundstücks von dem Recht frei (§§ 1026, 1090 BGB). Bei der Buchung der freigewordenen Trennstücke auf einem be-

---

[178] Siehe BayObLG 1995, 413 (418).
[179] Die Bewilligung des Betroffenen kann durch ein **Unschädlichkeitszeugnis** nach Landesrecht ersetzt werden (s Rdn 739).
[180] Vgl Haegele Rpfleger 1957, 365. Bei Mitübertragung einer Last bedarf es im alten Grundbuch weder eines Übertragungs- noch eines Löschungsvermerks. S dazu § 13 Abs 2 GBV. Die Übertragung kommt im alten Blatt allein durch den Übertragungsvermerk in Spalte 8 des Bestandsverzeichnisses zum Ausdruck. Für das fr Württemberg s allerdings § 43 WürttGBVO.

C. Die Eintragungen in das Grundbuch

sondern Grundbuchblatt ist das Recht nicht mehr zu übertragen.[181] Voraussetzung dafür ist der **grundbuchmäßige Nachweis des räumlich begrenzten Inhalts** des Rechtes. Einzelheiten zu dieser Frage Rdn 1189.

f) Art der Nichtmitübertragung

Bei Löschung durch Nichtübertragung ist im alten und neuen Grundbuch keinerlei Vermerk (weder der Verzicht des Gläubigers noch ein Löschungsvermerk) einzutragen. Der Eintrag ist stets nur zu röten (unterstreichen). Die Nummer eines aus der Haftung freigewordenen Grundstücks wird in Spalten 2 der Abt II, III nur (rot) unterstrichen. Der Zusammenhang dieser Rötung (Unterstreichung) mit der Übertragung des Grundstücks im Bestandsverzeichnis des Grundbuchs ist durch den dort einzutragenden Abschreibungsvermerk genügend gewahrt. **286**

Die pfandfreie Abschreibung hat das Grundbuchamt (bei Eintragung in das Papier-Grundbuch) **besonders zu verfügen,** da sie wie eine Löschung wirkt. Die Verfügung kann lauten:

> Das Recht Blatt ... Abt. III Nr ... ist nicht mit zu übertragen und an dem Grundstück Nr ... zu röten. Pfandfreie Abschreibung ist beantragt, Freigabeerklärung des Gläubigers liegt vor.

Bei maschineller Grundbuchführung ist ein entsprechender Aktenvermerk geboten.

Erfolgt pfandfreie Abschreibung bei einer **Briefhypothek** oder Briefgrundschuld, so ist Vorlage des Briefes und entsprechende Briefergänzung erforderlich, denn die Nichtübertragung des Briefrechts bedeutet insoweit seine Löschung, ist mithin Eintragung „bei der Hypothek" iS der §§ 41, 62 GBO. Briefvermerk: Rdn 2027. **287**

g) Folgen der Nichtmitübertragung

Die – wenn auch versehentliche – Nichtübertragung nach § 46 Abs 2 GBO steht der **Löschung gleich.** Fehlt es an einer wirksamen Aufhebungserklärung, so ist das Grundbuch unrichtig.[182] Nachholung der Mitübertragung von Amts wegen ist nicht mehr möglich,[183] nachdem die durch die Fortlassung der Eintragung vollzogene Löschung wirksam geworden ist. Es ist jedoch **288**
– auf Antrag (§ 13 GBO) das Recht im Wege der Grundbuchberichtigung (§ 22 GBO; auch Berichtigungsbewilligung, § 19 GBO) wieder einzutragen[184] (Rdn 369). Ausnahme: wenn gutgläubiger Erwerb eines Dritten Grundbuchberichtigung ausschließt);
– sonst ein Amtswiderspruch einzutragen[185] (§ 53 GBO);

---

[181] BayObLG 1954, 286 = MittBayNotV 1955, 68.
[182] KGJ 46 A 210 (212); BayObLG 1988, 124 (127); BayObLG 1995, 413 (419).
[183] KGJ 46 A 210 (211); BayObLG 1988, 124.
[184] Nicht richtig LG Gera BWNotZ 2002, 90 = MittBayNot 2002, 190 mit Anm Munzig in der allgemeinen Aussage, nur ein Amtswiderspruch sei möglich, nicht aber Wiedereintragung des fehlerhaft gelöschten Rechts (übersehen § 22 GBO). Für Unrichtigkeitsnachweis im entschiedenen Fall muß allerdings der vor Wiedereintragung des versehentlich gelöschten Rechts (23. 11. 2000) eingetragenen Auflassungsvormerkung (11. 10. 2000) und späteren Eigentümereintragung (8. 2. 2001) Rechnung getragen werden.
[185] So auch BayObLG 1988, 124 (127); LG München MittBayNot 1954, 62; wegen Einzelheiten s Rdn 392 ff.

– letztlich Beschwerde mit dem beschränkten Ziel der Eintragung eines Widerspruchs gegen die Löschung zulässig.

Fassung des Amtswiderspruchs

> Widerspruch für ... gegen die Löschung der Hypothek zu ... (Bezeichnung des Rechts mit Nebenleistungen nach § 1115 BGB) infolge Nichtmitübertragung des Rechts aus Blatt ... Abt III Nr. ... von Amts wegen eingetragen am ....

Wird ein Recht mit übertragen, obwohl seine Löschung durch Nichtmitübertragung hätte erfolgen sollen, so kann die Löschung nur in der Form der Eintragung eines Löschungsvermerks nachgeholt werden.

8. Berichtigung von Eintragungen

a) Verbesserung von Schreibversehen vor Unterzeichnung (§ 31 GBGA)

289 Ein Schreibfehler im Papier-Grundbuch, der den Sinn der Eintragung nicht verändert, kann noch vor seiner Unterzeichnung berichtigt werden. Diese Berichtigung erfolgt dadurch, daß die fehlerhaften Worte, Buchstaben oder Zeichen durchgestrichen und – soweit erforderlich – in richtiger Schreibweise entweder unmittelbar bei der Streichung oder unter Verwendung von Einschaltezeichen wiederholt werden. Die unrichtig geschriebenen Worte, Buchstaben oder Zeichen müssen lesbar bleiben (möglich mit Einfügung in Klammern mit dem Wort: „richtig: ..." vor dem Klammerzeichen). Auch sonstige Schreibversehen, insbesondere unrichtige Zahlen, können durch Verbesserung der noch nicht unterschriebenen Eintragung berichtigt werden, wenn dadurch der ursprünglich eingeschriebene Text nicht unleserlich oder unübersichtlich wird. Diese Berichtigung ist am Ende des Textes zu bescheinigen. Versehentliche rote Unterstreichungen werden dadurch beseitigt, daß der rote Strich durch kleine schwarze Striche durchkreuzt wird. Dazu mit Einzelheiten § 31 GBGA.

b) Berichtigung nach Unterzeichnung

290 aa) Nach Speicherung oder Unterzeichnung der Eintragung können nur noch **Angaben rein tatsächlicher Art** (jederzeit) von Amts wegen berichtigt werden.[186] Die eingetragenen Rechtsverhältnisse können nur bei Unrichtigkeit des Grundbuchs (§ 894 BGB) auf Antrag (§ 13 Abs 1 GBO) mit neuer Eintragung auf Grund eines Unrichtigkeitsnachweises (§ 22 GBO) oder einer Berichtigungsbewilligung (§ 19 GBO) richtiggestellt werden. Wenn eine Unrichtigkeit des Grundbuchs unter Verletzung gesetzlicher Vorschriften vom Grundbuchamt herbeigeführt worden ist, ist nach § 53 GBO zu verfahren (dazu Rdn 392 ff). Eine Angabe nur rein tatsächlicher Art ist Gegenstand einer Berichtigung (nach Speicherung oder Unterzeichnung), wenn die im Eintragungsvermerk (rechtsändernd oder berichtigend) dargestellten Rechtsverhältnisse nicht verändert werden, wenn somit nur der unrichtig eingetragene oder unrichtig gewordene Wortlaut der inhaltlich gleichbleibend eingetrage-

---

[186] KG JFG 8, 241 (243); BayObLG 1948–51, 426 (430) = DNotZ 1951, 430; BayObLG 1969, 284; auch Hesse DFG 1936, 27. Der Antrag eines Beteiligten hat die Bedeutung einer Anregung, BayObLG 1959, 152 (162).

C. Die Eintragungen in das Grundbuch

nen Rechtsverhältnisse durch eine Fassung ersetzt wird, die sich als richtige Bezeichnung des bereits Eingetragenen erwiesen hat.[187]

Beispiele:
- Richtigstellung oder Änderung der **Bezeichnung** des eingetragenen **Grundstücks**,[188] dessen Identität unverändert bleibt;
- Berichtigung der **Bezeichnung** des eingetragen **Berechtigten** mit Richtigstellung einer nach § 15 GBV zu einer Bezeichnung eingetragenen Angabe, mithin Richtigstellung eines Schreibversehens (der Schreibweise) bei Namensangabe,[189] reine Namensänderung (mit Heirat, Scheidung, Adoption usw), Änderung des Berufs oder Wohnorts und Änderung der Firma[190] oder des Sitzes einer juristischen Person oder Handelsgesellschaft,[191] nicht aber Änderung zur Bezeichnung eines anderen Rechtsinhabers.[192]
- Richtigstellung des **Datums** der eingetragenen Auflassung oder der in Bezug genommenen Eintragungsbewilligung, des Datums des Erbscheins, der Grundbuchstelle des mithaftenden Grundstücks usw.

bb) Berichtigung einer Angabe rein tatsächlicher Art erfordert, daß die **Unrichtigkeit** der mit dem Eintragungswortlaut verlautbarten Angaben **feststeht**.[193] Zur Feststellung der Unrichtigkeit können alle Beweismittel verwendet werden (uU auch Ermittlungen von Amts wegen nach § 12 FGG vorzunehmen sein); Nachweis der Unrichtigkeit (§ 22 GBO) in der Form des § 29 GBO kann nicht verlangt werden.[194] 291

cc) Die Berichtigung rein tatsächlicher Angaben erfolgt durch Eintragung eines **Berichtigungsvermerks**. Die Eintragung des Vermerks ist vom Rechtspfleger (bei Zuständigkeit des Urkundsbeamten für die Verfügung der zu berichtigenden Eintragung von diesem) zu veranlassen oder zu verfügen (§ 31 GBGA). Eingetragen wird die Berichtigung der Eigentümerbezeichnung in Abteilung I Spalte 2 unter Wiederholung der bisherigen laufenden Nummer (des berichtigten Eintrags) in Spalte 1. 292

---

[187] Vgl KG JFG 8, 241 (243).
[188] BayObLG 1969, 284 (288).
[189] KG OLG 7, 197.
[190] OLG Frankfurt Rpfleger 1995, 346. Auch des Namens eines Vereins, BayObLG 1959, 152 (162).
[191] Umwandlung einer OHG/KG in eine BGB-Gesellschaft, BayObLG 1948–51, 426 = DNotZ 1951, 430; LG Mannheim BWNotZ 1986, 131; Umwandlung einer OHG in eine KG, KG JFG 1, 368 = OLG 42, 161.
[192] OLG Frankfurt Rpfleger 1964, 116 mit Anm Haegele. Daher keine abweichende Auslegung und keine Richtigstellung von Amts wegen, wenn der aus einer Grunddienstbarkeit Berechtigte durch Angabe der Parzellennummer des herrschenden Grundstücks eindeutig bezeichnet ist, dem Grundbuchamt jedoch bei Eintragung eine Verwechslung des herrschenden Grundstücks unterlaufen ist, BGH 123, 297 = DNotZ 1994, 230 = NJW 1993, 3197 = Rpfleger 1994, 157 (= jedenfalls nicht nach Veräußerung des dienenden Grundstücks); BayObLG 1992, 204 (Vorlagebeschluß) = MittBayNot 1992, 333 (Leits); BayObLG DNotZ 1997, 335; BayObLG DNotZ 1998, 295 = NJW-RR 1997, 1511; Demharter Rpfleger 1987, 497, anders OLG Düsseldorf DNotZ 1987, 122 = NJW-RR 1987, 1102 = Rpfleger 1987, 496. S. auch OLG Zweibrücken NJW-RR 1989, 1100 = OLGZ 1989, 489: Kein Berichtigungsanspruch des Eigentümers des tatsächlich gemeinten Grundstücks bei Eintragung eines in der Einigung (Bewilligung) versehentlich falsch bezeichneten Grundstücks.
[193] BayObLG 1959, 152 (162); LG Mainz NJW-RR 1999, 1032 = ZNotP 1999, 477.
[194] KG JFG 8, 368 = OLG 42, 161; KG JFG 8, 241 (243); BayObLG 1959, 152 (162).

1. Teil. VI. Die Grundbucheintragung

Beispiel:

    Familienname des Eigentümers ist nun Müller. Berichtigt am ...

oder

    Der Eigentümer heißt mit Vornamen richtig Karl. Berichtigt am ...

Eine Berichtigung der in Abteilung I eingetragenen Eintragungsunterlagen wird (wie diese) in Spalte 4 eingetragen.

Beispiel:

    Die Auflassung ist richtig am ... erfolgt. Berichtigt am ...

Berichtigungen tatsächlicher Angaben in Abteilungen II und III werden in die jeweilige Spalte „Veränderungen" eingetragen. Der Berichtigungsvermerk ist mit dem Eintragungstag zu versehen und (im Papier-Grundbuch) zu unterzeichnen (§ 44 Abs 1 GBO).

9. Auslegung von Grundbucheintragungen

293 Grundbucheintragungen sind der Auslegung fähig. Abzustellen ist hierbei vorrangig auf Wortlaut und Sinn der Grundbucheintragung und der darin in Bezug genommenen Eintragungsbewilligung,[195] wie er sich für einen unbefangenen Betrachter als nächstliegende Bedeutung des Eingetragenen ergibt.[196] Andere Umstände dürfen nur insoweit herangezogen werden, als sie nach den besonderen Verhältnissen des Einzelfalles für jedermann ohne weiteres erkennbar sind. Auch die Entstehungsgeschichte ist daher unerheblich, wenn sie nicht aus den Eintragungsunterlagen erkennbar wird.[197] Das bedingt die Zweckbestimmung des Grundbuchs, über bestehende dingliche Rechte jedem Gutgläubigen und jedem der unbestimmten Rechtsnachfolger und Rechtsverpflichteten eindeutig Aufschluß zu geben.[198] Es gelten somit gleiche Grundsätze wie für Auslegung von Grundbucherklärungen; s daher auch Rdn 172.

---

[195] Für die Auslegung können Teile der notariellen Urkunde aber nicht herangezogen werden, die nicht durch (zulässige) Bezugnahme Grundbuchinhalt wurden, BayObLG NotBZ 2002, 264 = Rpfleger 2002, 563.
[196] RG 136, 232 (234; Verzinsungsbeginn bei Grundschuld); BGH DNotZ 1966, 486 (487; Baubeschränkung); BGH 47, 190 (196) = NJW 1967, 1611 (Erbbaurecht); BGH 59, 205 (209) = DNotZ 1973, 20 (22) = NJW 1973, 1464 (Erbbaurecht); BGH 60, 226 (231) = DNotZ 1973, 410 = NJW 1973, 846 = Rpfleger 1973, 208 (Vorrangeinräumung); BGH DNotZ 1974, 294 (Nießbrauch); BGH DNotZ 1976, 16 (17; Erbbaurecht); BGH DNotZ 1976, 529 = NJW 1976, 417 (Wegerecht); BGH MittBayNot 1982, 244 = NJW 1983, 115 = Rpfleger 1983, 15 (Gewerbeverbot für Garagengrundstück); BGH 92, 351 (355) = NJW 1985, 385 = Rpfleger 1985, 101 (Wegerecht); BGH NJW-RR 1991, 457 = Rpfleger 1991, 49 (Dienstbarkeitsinhalt); BGH MittBayNot 1999, 62 = NJW-RR 1999, 166 = Rpfleger 1999, 65 (Wegedienstbarkeit); BGH DNotZ 2002, 721 (722; Tonerde-Abbaudienstbarkeit); BayObLG 1961, 23 (32); BayObLGZ 1964, 1 (4); BayObLG DNotZ 1984, 565 (hier mit weit Nachw) = Rpfleger 1983, 143; OLG Köln NJW-RR 1992, 1430.
[197] BGH DNotZ 1976, 16.
[198] BGH DNotZ 1976, 16 (17).

C. Die Eintragungen in das Grundbuch

10. Klarstellungsvermerk

a) Der Eintragungs**vermerk** kann Rechtsverhältnisse am Grundstück (auch ein Recht an einem Grundstücksrecht, eine Verfügungsbeschränkung usw) inhaltlich zwar **richtig, aber** doch **unklar** darstellen. Dann sind nicht Angaben rein tatsächlicher Art unzulänglich eingetragen, die berichtigt werden könnten (Rdn 290). Mit der Fassung des Eintragungsvermerks ist dann vielmehr die (rechtsändernd oder berichtigend) eingetragene Rechtslage ungenau dargestellt. Grundbuchunrichtigkeit (vgl Rdn 356) besteht bei nur unklarem Eintrag nicht, weil Bestand (Art, Inhalt und Umfang) der Rechtsverhältnisse am Grundstück bereits inhaltlich richtig und vollständig eingetragen und nur durch den unklar gefaßten Eintragungsvermerk unvollkommen (ungenau) dargestellt sind. Das gilt auch, wenn die Bedeutung des Grundbuchinhalts durch Auslegung festgestellt werden kann[199] (und muß), für die dann Unterlagen aber nur der Grundbucheintrag selbst und die darin zulässigerweise in Bezug genommene Eintragungsbewilligung sowie offenkundige Tatsachen sein können (Rdn 172).

294

b) Klarstellung eines unklar gefaßten Eintragungsvermerks kann von Amts wegen oder auch nur auf Antrag (hat nur die Bedeutung einer Anregung) durch Eintragung eines **Klarstellungsvermerks**[200] erfolgen. Die Zulässigkeit des Klarstellungsvermerks ergibt sich aus dem öffentlich-rechtlichen Anspruch der Beteiligten an das Grundbuchamt auf richtige Grundbuchführung und daher eindeutige (rechtlich richtige und damit auch klare) Fassung der beantragten Grundbucheintragungen.

295

c) Eingetragen werden kann mit Klarstellungsvermerk nur eine **deutlichere** (genauere) **Fassung** des Eintragungsinhalts (der inhaltlich bereits eingetragenen Rechtsverhältnisse), nicht aber eine (sachliche) Änderung der eingetragenen Rechtslage oder Berichtigung der Eintragung.[201] Eintragung eines Klarstellungsvermerks setzt somit voraus, daß das eingetragene Recht mit seinem Eintragungsinhalt besteht und bekannt ist, daß also nur die Verlautbarung des Rechts der notwendigen Klarheit ermangelt.[202] Ein Klarstellungsvermerk kommt daher nicht in Betracht, wenn die Gefahr besteht, daß durch die

296

---
[199] Klarstellung des Eintragungsvermerks „zur Vermeidung von Zweifeln bei der Auslegung" hat KGJ 47 A 198 (201) für zulässig erachtet.
[200] Zulässigkeit dieses Vermerks: KGJ 37 A 213; KGJ 47 A 198 (201; „... zur Vermeidung einer dem Rechtsverkehr hinderlichen Überfüllung des Grundbuchs nur in zwingenden Fällen zugelassen"); RG 132, 106 (112; kurzer Zusatz zulässig, „der, wenn auch nicht nötig, so doch geeignet, Zweifel zu verhüten"); KG DR 1942, 1796; OLG Hamm OLGZ 1985, 23 (32) = Rpfleger 1985, 17 (20 liSp) (klarstellender Rangvermerk); OLG Hamm MittBayNot 1982, 202; MittRhNotK 1985, 121 = OLGZ 1985, 273 = Rpfleger 1985, 286; Haegele und Riedel Rpfleger 1963, 262 (266); auch BayObLG 1952, 141 (142, 145), 1988, 124 (126) = (mitget) Rpfleger 1988, 237 und 1990, 188 = NJW-RR 1991, 88 = Rpfleger 1990, 503 sowie BayObLG 2002, 30 = DNotZ 2002, 731 = Rpfleger 2002, 303; Meikel/Morvilius Einl C 25 und C 50; Bauer AT I 80.
[201] BayObLG 1988, 124 (126) = aaO.
[202] OLG Stuttgart BWNotZ 1981, 121 = Justiz 1981, 283 = MDR 1981, 680 = Rpfleger 1981, 355; s auch OLG Karlsruhe BWNotZ 1986, 70.

(vermeintliche) bloße Klarstellung in Wirklichkeit in das Recht selbst eingegriffen wird, insbesondere auch dadurch, daß dessen Abgrenzung und damit auch dessen Inhalt verändert wird,[203] oder auch dadurch, daß alternativ und sich gegenseitig ausschließend eine Rechtsänderung sich entweder nach der bisherigen oder der neuen Eintragung bestimmen soll.[204] Erfolgen kann Klarstellung zur Beseitigung von Zweifeln,[205] zur Bereinigung einer zweideutig gefaßten Eintragung sowie als Hinweis auf die Wirksamkeit eines Rechts gegenüber einer Verfügungsbeschränkung (zB gegenüber dem Recht des Nacherben,[206] s Rdn 3490) oder gegenüber einer (Auflassungs-)Vormerkung (Rdn 1523a); sogen **Wirksamkeitsvermerk**.

297 d) **Rechtsbehelf** gegen unklare Formulierung der Eintragung: Fassungsbeschwerde (Rdn 485).

D. Eintragungsnachricht (§ 55 GBO)

Literatur: Bauch, Zu den Mitteilungspflichten des Grundbuchamts nach § 55 GBO, MittBayNot 1983, 155; Demharter, Neue Mitteilungspflichten des Grundbuchamts, FGPrax 1995, 216; Haegele, Benachrichtigung in Grundbuchsachen, BWNotZ 1977, 81; Joachim, Grundbuchliche Benachrichtigung von Dienstbarkeitsberechtigten bei Eigentumswechsel, Rpfleger 1963, 107.

298 a) **Benachrichtigung** des den Antrag einreichenden Notars und der Beteiligten von jeder (rechtsändernden oder berichtigenden) **Eintragung** in das Grundbuch hat nach § 55 GBO zu erfolgen. Die Regelung beruht auf der Erwägung, daß die Nächstbeteiligten ein Interesse daran haben, Veränderungen des Grundbuchstands sogleich zu erfahren. Die Eintragungsverfügung wird nicht bekannt gemacht.

b) Bekanntmachung **hat zu erfolgen an**
299 – den den Antrag einreichenden **Notar** (dazu Rdn 187);
– **Antragsteller** (§ 13 Abs 1 S 2, § 14 GBO), im Falle des § 38 GBO an ersuchende Behörde. Jeder von mehreren Antragstellern erhält selbständig Eintragungsnachricht. Nicht benachrichtigt wird, wer antragsberechtigt war,

---

[203] OLG Stuttgart Justiz 1981, 283 = aaO.
[204] Daher kein Klarstellungsvermerk, wenn er lediglich dazu dienen soll, wegen Zweifel an einer rechtswirksamen Auflassung alternativ den Eigentumserwerb auf der Grundlage einer vorsorglich wiederholten zweiten Auflassung zusätzlich im Grundbuch zu verlautbaren, BayObLG 2002, 30 = aaO (Fußn 6).
[205] RG 132, 106 (113).
[206] BayObLG DNotZ 1998, 206 = NJW-RR 1997, 1239 = Rpfleger 1997, 429; OLG Hamm Rpfleger 1957, 19 mit Anm Haegele; KG JFG 13, 111 = HRR 1935 Nr 1525; OLG Saarland BWNotZ 1995, 170 mit Anm Bühler = MittRhNotK 1995, 25 = Rpfleger 1995, 404. Der **Wirksamkeitsvermerk** begründet nicht die Wirksamkeit eines dinglichen Rechts gegenüber dem Nacherbenvermerk (einer anderen Verfügungsbeschränkung), sondern kennzeichnet lediglich eine außerhalb des Grundbuchs eingetretene Wirksamkeit und gibt damit eine Klarstellung des Eintragungsinhalts, die durch den Eintragungsvermerk sonst nicht zum Ausdruck kommt. Eintragungsgrundlage ist daher Berichtigungsbewilligung der (= aller) Nacherben und Ersatznacherben (§ 19 GBO) oder Unrichtigkeitsnachweis (§ 22 GBO); BayObLG DNotZ 1998, 206 = aaO.

D. Eintragungsnachricht

Eintragungsantrag aber nicht gestellt hat. Nachricht erhält jedoch auch, wer als Nichtberechtigter Antrag gestellt hat, wenn doch die Eintragung auf Antrag eines anderen Berechtigten erfolgt ist.[1] Zur Benachrichtigung, wenn Eintragungsantrag vom **Notar** (§ 15 GBO) gestellt ist: Rdn 186, 187 mit Einzelheiten. Wer eine **von Amts wegen** vorzunehmende Eintragung angeregt hat, erhält Nachricht nicht nach § 55 Abs 1 GBO als Antragsteller; Mitteilung an ihn erfolgt jedoch als Bescheid über die Bearbeitung der Eingabe;

— **Eingetragenen Eigentümer.** Er erhält von allen Eintragungen auf seinem Grundbuchblatt Nachricht (zB auch von der Eintragung oder Löschung des Pfandrechts an einem Grundpfandrecht). Bei Auflassung erhält der bisherige Eigentümer (als solcher) und der neue Eigentümer (als Begünstigter) Nachricht. Als Eigentümer erhält auch der eingetragene Nichteigentümer Nachricht. Kennt das Grundbuchamt die Grundbuchunrichtigkeit, so kann (sollte, nicht aber muß) es auch den nicht eingetragenen wirklichen Eigentümer benachrichtigen. Für den noch eingetragenen Erblasser erfolgt Benachrichtigung des (der) Erben, wenn Erbfall und Erbe(n) bekannt sind. Als „Eigentümer" benachrichtigt wird nur der Miteigentümer eines Bruchteils, wenn Eintragung nur bei diesem erfolgt (§ 55 Abs 2 S 1 GBO), nicht ein auf dem Grundbuchblatt weiter eingetragener Eigentümer, bei Eintragung einer Hypothek (Zwangshypothek) auf einem Miteigentumsanteil (§ 1114 BGB, § 864 Abs 2 ZPO) somit nur dessen Eigentümer, nicht aber die anderen Miteigentümer. Eine Erbteilsübertragung ist den übrigen Miteigentümern mitzuteilen, weil sie in ihrer Rechtsstellung als Gesamthandsmiteigentümer betroffen sind;

300

— alle **aus dem Grundbuch ersichtlichen Personen,** die durch die Eintragung **begünstigt** (Begriff entspricht § 13 Abs 1 S 2 GBO) oder von ihr **betroffen** (Begriff wie § 19 GBO) sind, somit auch die nur mittelbar Betroffenen. Nicht eingetragene Rechtsänderung (zB Abtretung eines Grundpfandrechts durch Briefübergabe, § 1154 BGB) begründet keinen Anspruch auf Benachrichtigung. Kennt das Grundbuchamt den nicht eingetragenen Rechtsübergang, dann kann (sollte, nicht aber muß) es auch den nicht eingetragenen wirklichen Berechtigten benachrichtigen. Als Betroffene zu benachrichtigen sind bei Eintragung eines (neuen) **Eigentümers** auch diejenigen, für die eine **Hypothek,** Grundschuld, Rentenschuld oder Reallast oder ein Recht an einem solchen Recht (Nießbrauch, Pfandrecht) eingetragen ist (Klarstellung in § 55 Abs 1 letzter Halbsatz). Nicht benachrichtigt von der Eintragung eines Eigentümers werden jedoch Begünstigte (auch Grundpfandgläubiger) der Rechte, die allein an dem Anteil eines anderen Miteigentümers (an einem nicht veräußerten Anteil) eingetragen sind (§ 55 Abs 2 S 2 GBO). Keine Nachricht erhalten von einem Eigentumswechsel Berechtigte aus Dienstbarkeiten und Vorkaufsrechten.[2]

301

c) Wer schon als **Antragsteller** zu benachrichtigen ist, erhält Eintragungsnachricht nur in dieser Eigenschaft. Nochmalige (mehrfache) Bekanntma-

302

---

[1] So auch Bauch MittBayNot 1983, 155; Meikel/Morvilius Rdn 7 zu § 55.
[2] Allgemeine Ansicht, zB Bauer/vOefele/Meincke Rdn 13, Demharter Rdn 14, Meikel/Morvilius Rdn 17, je zu § 55; für Dienstbarkeitsberechtigte anders Joachim Rpfleger 1963, 107.

chung erfolgt somit nicht, weil der Antragsteller als eingetragener Eigentümer oder grundbuchersichtlicher Begünstigter bzw Betroffener (auch Grundpfandgläubiger) zu benachrichtigen gewesen wäre, wenn er Antrag nicht gestellt hätte[3] (keine Häufung von Bekanntmachungspflichten gleichen Inhalts); s dazu auch Rdn 187.

303 d) Die **Anschriften** der zu benachrichtigenden Personen sind aus den Grundakten festzustellen (hierfür Wohnungsblatt, § 21 Abs 5 AktO). Eine Pflicht des Grundbuchamts zur Ermittlung von Änderungen besteht nicht; einfache Erhebungen sind jedoch zulässig und empfehlenswert. Bekannt gewordene Änderungen müssen beachtet werden (neue Anschrift ist oder wird nachträglich bekannt oder ergibt sich aus dem Postvermerk auf dem Rückbrief; Erben sind bekannt). Als bekannt hat eine Änderung der Anschrift zu gelten, wenn nach den Eintragungsunterlagen ein Baugrundstück (insbesondere durch einen Bauträger) veräußert wurde und der Erwerber nach (zwischenzeitlich sicherer) Fertigstellung des Gebäudes (oder auch der Eigentumswohnung) selbst einziehen wollte. Wenn eine Bekanntmachung mit dem Vermerk zurückkommt, daß der Empfänger nicht zu ermitteln (oder verstorben) sei, ist von dem für die Verfügung der Bekanntmachung zuständigen Rechtspfleger (Urkundsbeamten) zu prüfen, ob nicht ein Versehen bei Versendung unterlaufen ist (offensichtliche Mängel hat sogleich die Geschäftsstelle zu beheben). Ist das nicht der Fall, ergibt der Postvermerk keine neue Anschrift und ist eine solche auch sonst nicht bekannt geworden, so wird die Mitteilung nach Verfügung des Rechtspflegers (etwa zuständigen Urkundsbeamten) zu den Akten genommen. Meldet sich der Empfänger später, so wird ihm die Benachrichtigung ausgehändigt.

e) Wenn ein Beteiligter einen **Vertreter** oder Zustellungsempfänger bestellt hat, ist dieser zu benachrichtigen. Zur Benachrichtigungsvollmacht Rdn 2396.

304 f) Die Bekanntmachung hat die **Eintragung wörtlich wiederzugeben** (§ 55 Abs 6 S 1 GBO). Inhalt der Bekanntmachung im übrigen: § 55 Abs 6 S 2 und 3 GBO. Eine maschinell erstellte Mitteilung muß nicht unterschrieben werden (§ 42 GBV mit Einzelheiten). Förmliche Zustellung ist nicht vorgeschrieben. Die Bekanntmachung der Eintragung wird vom Rechtspfleger verfügt[4] (bei Zuständigkeit des Urkundsbeamten von diesem) und von der Geschäftsstelle ausgeführt. In den Grundakten ist zu vermerken, welche Eintragungen bekanntgemacht worden sind sowie an wen und wann die Bekanntmachung erfolgt ist. Die Bekanntmachung ist nach Möglichkeit zu beschleunigen.

305 g) Auf die **Grundbuchnachricht** kann ein Beteiligter – auch der Notar, s aber auch Rdn 187 – formlos (ganz oder teilweise) **verzichten** (§ 55 Abs 7 GBO). Bei Gütergemeinschaft kann allerdings der etwa allein auftretende Ehegatte für den anderen Ehegatten nicht wirksam auf die Eintragungsnachricht ver-

---

[3] OLG Zweibrücken DNotZ 1969, 358 mit krit Anm Schmidt = Rpfleger 1968, 154 mit zust Anm Haegele; BayObLG 1988, 307 = DNotZ 1989, 366 = Rpfleger 1989, 147; K/E/H/E Rdn 2, Meikel/Morvilius Rdn 8, je zu § 55; s auch Riggers JurBüro 1970, 729; Bauch MittBayNot 1983, 155 (157).
[4] BayObLG 1988, 307 (308) = aaO.

D. Eintragungsnachricht

zichten. Verzichten bei einer Beurkundung anwesende Beteiligte auf Eintragungsnachricht, so erstreckt sich dieser Verzicht nicht auf andere Beteiligte, die später dem beurkundeten Geschäft zustimmen.[5] Ein Verzicht auf Eintragungsnachricht wird vielfach vordruckmäßig und rein mechanisch erklärt. In wichtigen Grundbuchgeschäften sollte er aber wohl überlegt werden. Erhält ein Berechtigter eine Eintragungsnachricht, so kann er am sichersten nachprüfen, ob die gestellten Anträge auch alle antragsgemäß vollzogen sind oder ob nicht etwa versehentlich ein geplanter Antrag in Wirklichkeit gar nicht gestellt und die beabsichtigte Eintragung im Grundbuch demgemäß auch nicht erfolgt ist.

h) Der in einer Grundbuchsache Beteiligte hat die ihm nach § 55 GBO Abs 1 übersandte **Eintragungsnachricht** sorgfältig zu **prüfen**[6] (zur Prüfung durch den Notar Rdn 188). Er darf sie nicht einfach unbesehen ablegen. Bei Anhaltspunkten für eine Amtspflichtverletzung des Grundbuchamts, aber auch für ein Versehen und ebenso bei sonst erkennbarer Unrichtigkeit der Eintragung hat der Beteiligte durch Erinnerung oder Beschwerde auf den Fehler hinzuweisen.[6] In Zweifelsfällen muß er sich unverzüglich beim Grundbuchamt nach der Sachlage erkundigen. Die Nichtbeachtung dieser Pflicht, ebenso das Nichtanmahnen einer ausgebliebenen Eintragungsnachricht beim Grundbuchamt nach angemessener Zeit, hat uU den **Verlust des Schadensersatzanspruches** gegen den Staat wegen etwaiger Amtspflichtverletzung des Grundbuchamts (s Rdn 54) zur Folge. Die Fertigung der Eintragungsnachrichten dient also auch der **Sicherung des Grundbuchamts.**[7] 306

Lehnt es das Grundbuchamt ab, eine Grundbucheintragung bekanntzumachen, so ist diese Entscheidung **anfechtbar.**[8] Für übergangene Beteiligte stellt das bloße Unterbleiben einer Eintragungsbekanntmachung jedoch keine beschwerdefähige Entscheidung des Grundbuchamts dar;[9] nicht beschwerdefähig ist somit die durch Verfügung getroffene (dem übergangenen Beteiligten auch nicht bekanntgemachte) Bestimmung, daß die Eintragung nur anderen Beteiligten, etwa nur dem Notar, mitzuteilen ist.[10] 306a

i) **Bekanntgemacht** werden außerdem 307
– Veränderungen der grundbuchmäßigen Bezeichnung des Grundstücks und die Eintragung eines Eigentümers auch der Behörde, welche das amtliche Verzeichnis der Grundstücke (Liegenschaftskataster, § 2 Abs 2 GBO) führt (§ 55 Abs 3 GBO);
– die Eintragung des Verzichts auf das Eigentum (§ 928 Abs 1 BGB) auch der für die Abgabe der Aneignungserklärung und der für die Führung des Liegenschaftskatasters zuständigen Behörde (§ 55 Abs 4 GBO mit Sonderregelung für Verzicht auf ein Grundstück aus der Bodenreform, Art 233 § 15 Abs 3 EGBGB);

---

[5] LG Ravensburg Prüfungserlaß BWNotZ 1957, 159.
[6] BGH DNotZ 1984, 511 mit Anm Zimmermann = NJW 1984, 1748 mit Nachweisen.
[7] S dazu RG 138, 116; RG DR 1936, 278.
[8] KGJ 28 A 152 (154); BayObLG 1988, 307 (308) = aaO (Fußn 3).
[9] BayObLG 1988, 307 = aaO.
[10] BayObLG 1988, 307 = aaO.

- die Eintragung eines Vermerks über ein subjektiv-dingliches Recht auf dem Blatt des herrschenden Grundstücks (§ 9 Abs 1 GBO) auch dem Grundbuchamt, welches das Blatt des belasteten Grundstücks führt (§ 55 Abs 5 S 1 GBO). Weiter dann, wenn der Vermerk eingetragen ist, jede Änderung oder Aufhebung des Rechts durch das Grundbuchamt, welches das Grundbuchblatt des belasteten Grundstücks führt, auch dem Grundbuchamt des herrschenden Grundstücks (§ 55 Abs 5 S 2 GBO);
- die Umschreibung des Grundbuchblatts den § 39 Abs 3 GBV Genannten (dort mit Einzelheiten);
- die Änderung der Zuständigkeit für die Führung des Grundbuchblatts (Übergang auf ein anderes Grundbuchamt) den § 40 GBV Genannten (dort mit Einzelheiten);
- der Übergang eines Grundstücks in einen anderen Grundbuchamtsbezirk desselben Grundbuchamts nach § 40 Abs 2 GBV;
- Abschrift der Verfügung, bei Gesamtrechten auch Eintragungen, an ein anderes beteiligtes Grundbuchamt nach Maßgabe von § 55a GBO. Unterrichtung des Betroffenen von dieser Mitteilung erfolgt nicht (§ 55b S 2 GBO);
- Eintragungen nach sonstigen bundes- und landesrechtlichen Bestimmungen (§ 55 Abs 8 GBO), z B nach § 17 ErbbauVO, § 13 GGV (betr Gebäudegrundbuch), § 54 Abs 2, § 108 Abs 6, § 143 Abs 4 S 3 BauGB, § 29 Abs 4 BewG.

307a k) **Verständigung** (Unterrichtung) des Eigentümers oder sonst Betroffenen davon erfolgt nicht
- daß nach § 55 Abs 3 GBO Mitteilung über Änderungen im Bestandsverzeichnis und bei der Eintragung von Eigentümern oder Erbbauberechtigten an das Katasteramt erfolgt (§ 55 S 1 GBO). Grund: Zweck ist Erhaltung der Übereinstimmung von Grundbuch und Kataster; ein Bedürfnis für Unterrichtung besteht in diesem Fall nicht;
- daß sonst auf Grund von Rechtsvorschriften im Zusammenhang mit Grundbucheintragungen das Grundbuchamt Mitteilungen an Gerichte oder Behörden oder sonstige Stellen macht (§ 55b S 1 GBO), so z B in Zwangsversteigerungs- und Zwangsverwaltungsverfahren nach § 19 Abs 2 (mit § 146 Abs 1) ZVG, in Bodenordnungs- und Enteignungsverfahren, bei Eigentumsverzicht nach § 55 Abs 4 GBO. Grund: Der Eigentümer und die sonst Betroffenen sind an diesen Verfahren beteiligt und erhalten daher Kenntnis durch die für diese Verfahren zuständigen Stellen.

307b f) Mitteilungen als Datenübermittlung an öffentliche Stellen des Bundes oder eines Landes für andere Zwecke als die des Verfahrens, für das die Daten erhoben sind, ermöglichen §§ 12, 13 Abs 1, §§ 15–17 EGGVG. Als Verwaltungsvorschrift bestimmt die **Anordnung über Mitteilungen in Zivilsachen** (**MiZi**) Verpflichtungen des Grundbuchamts zu Mitteilungen in Abschnitt XVIII (dort auch landesrechtliche Besonderheiten). Wiedergegeben sind dort auch wichtige, in besonderen Rechtsvorschriften (dabei auch GBO und GBV) enthaltene Mitteilungspflichten.

VII. Rangverhältnisse im Grundbuch

Literatur: Bauch und Bielau, Stillschweigende Rangbestimmung bei Grundstücksveräußerung, Rpfleger 1983, 421 und 425; Böttcher, Das Rangverhältnis im Grundbuchverfahren, BWNotZ 1988, 73; Stadler, Der Rang im Immobiliarsachenrecht, AcP 189 (1989) 425; Streuer, Rangdarstellung durch Rangvermerke, Rpfleger 1985, 388.

1. Gesetzliches Rangverhältnis (§ 879 BGB, §§ 17, 45 GBO)

Beschränkte dingliche Rechte, die ein Grundstück belasten – Grunddienstbarkeiten, Vorkaufsrechte, Nießbrauchrechte, beschränkte persönliche Dienstbarkeiten, Reallasten und Grundpfandrechte – stehen in einem **Rangverhältnis** zueinander (§ 879 BGB). Der Rang eines Rechts hat Bedeutung für dessen Wert und Sicherheit; er bestimmt Berücksichtigung und Befriedigungsaussichten des Rechts bei Zwangsversteigerung und Zwangsverwaltung des belasteten Grundstücks. Rechte, die einem die Zwangsversteigerung betreibenden Gläubiger im Rang vorgehen, können durch diese nicht beeinträchtigt werden; sie bleiben bei Erteilung des Zuschlags als Belastung des Grundstücks bestehen (Deckungsgrundsatz; §§ 44, 52 ZVG). Die Reihenfolge der Befriedigung der Rechtsverfolgungskosten sowie der Ansprüche auf wiederkehrende Leistungen (insbesondere Zinsen) und andere Nebenleistungen bestehen bleibender Rechte und der Gesamtansprüche der durch den Zuschlag erlöschenden Rechte (§ 90 Abs 1 ZVG) richtet sich nach dem Rangverhältnis, das unter den Rechten besteht (§ 11 ZVG). Nach diesem erfolgt auch die Verteilung der Nutzungen des Grundstücks in der Zwangsverwaltung (§ 155 ZVG).

308

Materiellrechtlich regelt § 879 BGB das Rangverhältnis eingetragener Rechte. Danach bestimmt sich das Rangverhältnis, wenn die Rechte in **derselben Abteilung** des Grundbuchs eingetragen sind, nach der **Reihenfolge der Eintragungen** (Prioritätsgrundsatz, s Rdn 21). Sind die Rechte in **verschiedenen Abteilungen** des Grundbuchs eingetragen, so hat das unter **Angabe eines früheren Tages** eingetragene Recht den Vorrang; die unter Angabe desselben Tages eingetragenen Rechte haben gleichen Rang. Eine abweichende Bestimmung des Rangverhältnisses bedarf der besonderen Eintragung im Grundbuch.[1]

309

Das **Grundbuchverfahren** zur Herstellung des einem Recht zukommenden Rangs bestimmen § 17 und § 45 GBO. Sind **in einer Abteilung** des Grundbuchs mehrere Eintragungen zu bewirken, so erhalten sie die Reihenfolge, welche der Zeitfolge der Anträge entspricht. Sind die Anträge gleichzeitig gestellt, so ist im Grundbuch besonders zu vermerken, daß die Eintragungen gleichen Rang haben (§ 45 Abs 1 GBO); die Ranggleichheit darf nicht etwa

310

---

[1] Werden anläßlich einer Eigentumsumschreibung neue Grundbuchblätter angelegt, so bleibt es auch bei der Erledigung mehrerer Eintragungen am selben Tag bei dem Grundsatz, daß die Reihenfolge der Eintragungen auch für die nach § 873 BGB zu entscheidende Frage maßgebend ist, ob der Verfügende noch im Zeitpunkt der Eintragung der Rechtsänderung im Grundbuch für die Rechtsänderung verfügungsberechtigt war (BGH BWNotZ 1971, 63 = DNotZ 1971, 411). Wegen Anwendung der § 185 BGB s jedoch Rdn 101 c.

durch – ordnungswidrige – Zusammenfassung unter einer Nummer erfolgen.[2]
Werden mehrere Eintragungen, die nicht gleichzeitig beantragt sind, in **verschiedenen Abteilungen** des Grundbuchs unter Angabe desselben Tages bewirkt, so ist im Grundbuch zu vermerken, daß die später beantragte Eintragung der früher beantragten im Rang nachsteht (§ 45 Abs 2 GBO). Sind die Anträge für verschiedene Abteilungen gleichzeitig eingegangen, so ist ein besonderer Rangvermerk nicht notwendig, wenn die Anträge sämtlich am gleichen Tag vollzogen werden.

311 Mit anderen Worten ausgedrückt, gilt also folgendes:
Sind die Eintragungsanträge **gleichzeitig beim Grundbuchamt eingegangen** (Eingangsvermerk s Rdn 57), so steht den einzutragenden Rechten gesetzlich gleicher Rang zu. Für die Art der Ersichtlichmachung dieses Gleichranges im Grundbuch ist zu unterscheiden, ob die Rechte in derselben Abteilung oder ob sie in verschiedenen Abteilungen des Grundbuchs einzutragen sind. Hat die Eintragung in derselben Abteilung zu erfolgen, so kann das Grundbuchamt die einzelnen Rechte in beliebiger Reihenfolge eintragen, es muß aber bei jeder Eintragung den Gleichrang dieser Rechte ausdrücklich vermerken, weil, wenn dieser Vermerk fehlen würde, die Rangordnung sich gemäß § 879 BGB nur nach der Reihenfolge der Eintragungen bestimmen würde. Falls und soweit dagegen die Eintragung der Rechte in verschiedenen Abteilungen des Grundbuchs zu vollziehen ist, genügt bei Eintragung am gleichen Tag das einfache Eintragungsdatum, um den Gleichrang der Rechte zum Ausdruck zu bringen.

312 Sind die Eintragungsanträge **nicht gleichzeitig** beim Grundbuchamt eingegangen, so haben die einzutragenden Rechte den Rang zu beanspruchen, der der Zeitfolge des Eingangs der einzelnen Eintragungsanträge beim Grundbuchamt entspricht (§ 17 GBO). Für die Art der Ersichtlichmachung dieses Ranges ist wieder zu unterscheiden, ob die Rechte in derselben Abteilung oder in verschiedenen Abteilungen des Grundbuchs einzutragen sind. Sind sie in derselben Abteilung einzutragen, so muß das Grundbuchamt die einzelnen Eintragungen in der zeitlichen Reihenfolge des Eingangs der Eintragungsanträge vornehmen. Falls und soweit die Rechte dagegen in verschiedenen Abteilungen des Grundbuchs einzutragen sind, muß das Grundbuchamt das früher beantragte Recht an einem früheren Tage eintragen; es kann die Eintragung allerdings auch am gleichen Tage vornehmen, muß dann aber den (sich nach der Zeit des Eingangs der Eintragungsanträge richtenden) verschiedenen Rang in den Eintragungen ausdrücklich vermerken, weil andernfalls infolge des gleichen Eintragungstages gleicher Rang bestehen würde.

313 Wegen des Falles, daß einer Eintragung **Hindernisse im Wege stehen** und daher eine **Zwischenverfügung** erlassen wird, s Rdn 457 ff (dort ua auch zur Sicherung für Erhaltung des Ranges der beanstandeten Eintragung).

2. Einigung über Rang; Rangbestimmung

314 Die Beteiligten können (müssen jedoch nicht) bei Bestellung eines Rechts dessen **Rang** als Inhalt des Rechts **mit dinglicher Wirkung** bestimmen. Materielle

---

[2] Die Eintragung mehrerer selbständiger Rechte unter einer Nummer im Grundbuch ist ordnungswidrig und zu unterlassen. Dazu Rdn 1112, 1909. Zur Frage der Eintragung von 2 Vormerkungen unter einer Nummer s OLG Köln Rpfleger 1960, 56.

Rangbestimmung erfordert Einigung zwischen Eigentümer und Erwerber des Rechts über das Rangverhältnis (§ 873 Abs 1 BGB) und Eintragung, die den vereinbarten Rang nach Maßgabe des § 879 Abs 1, 3 BGB darstellt.

Im **Eintragungsverfahren** erfolgt Rangeintragung immer nach Maßgabe des § 45 GBO. Dies beruht auf dem Grundsatz, daß dem Recht, das auf Grund des zeitlich früher gestellten Antrags einzutragen ist, besserer Rang gebührt, wenn nichts Abweichendes bestimmt ist. Zu unterscheiden ist, ob eine Rangbestimmung schon in der Eintragungs**bewilligung** getroffen ist[3] oder nicht. Mit der Bewilligung als Grundlage der Eintragung gestattet der Betroffene die ihn beeinträchtigende Grundbucheintragung (Rdn 98). Mit ihr muß sich der Antrag inhaltlich decken (Rdn 89). In einem Antrag kann daher keine von der Bewilligung abweichende Rangbestimmung getroffen werden;[4] eine Änderung kann nur durch Änderung der Bewilligung herbeigeführt werden.[5] Nur wenn die Eintragungsbewilligung keine Rangbestimmung enthält, kann sie vom Antragsteller getroffen werden (§ 45 Abs 3 GBO). Das Antragsrecht des Notars nach § 15 GBO schließt die Rangbestimmung nicht ein, wenn ihm nicht Vollmacht erteilt wurde (Vollmacht im Grundbuchverfahren uneingeschränkt zu vertreten reicht aus) (Rdn 184, auch Rdn 185). Getroffen werden kann eine abweichende Rangbestimmung bis zur Eintragung eines der Rechte.[6] Als Rangbestimmung (auch als Bestimmung, daß der früher gestellte Antrag abweichend von § 17 GBO erst nach dem später gestellten erledigt werden soll; Rdn 91) ist es daher auch anzusehen, wenn in tagesverschieden eingegangenen (unerledigten) Anträgen Eintragung einer Auflassungsvormerkung und einer Grundschuld mit „Rangrücktritt" der Vormerkung hinter die Grundschuld verlangt ist.[6] Eintragung hat dann nicht als Rangänderung nach § 880 BGB, sondern nach § 45 GBO mit dem bestimmten Rangverhältnis zu erfolgen. Eine Rangbestimmung durch den entsprechend bevollmächtigten (Rdn 184, 185) Notar liegt auch vor, wenn mehrere vorgelegte Anträge mit Ziffern versehen sind; sie sind, wenn sie gleichzeitig beim Grundbuchamt eingegangen sind, dann mit entsprechendem Rangvermerk einzutragen (s dazu Rdn 57 mit Fußn 4). Nach Eintragung eines der Rechte ist keine abweichende Bestimmung, sondern nur noch Rangänderung (§ 880 BGB) möglich.[7] Bei widersprechenden Rangbestimmungen in Bewilligungen oder/und Anträgen ist zunächst mit Zwischenverfügung auf Klarstellung hinzuwirken

315

---

[3] Wirksame Rangbestimmung (nicht nur Vereinbarung eines schuldrechtlichen Rangverschaffungsanspruchs) ist Bewilligung zu einem notariellen Übergabevertrag, daß „die Rückauflassungsvormerkung Rang nach dem Nießbrauchsrecht (der Übergeber) erhalten soll", OLG Düsseldorf MittRhNotK 1994, 80. Zur Bezeichnung der Rangstelle bei Bestellung einer Hypothek (Grundschuld) siehe hingegen Rdn 1942.
[4] Im Widerspruch dazu unter Berufung auf (nicht bestehende) allgemeine Auffassung K/E/H/E Rdn 15 zu § 45: Bei widersprechenden Rang„bestimmungen" in Antrag und Bewilligung gelte nur Letztere; so auch Bauer/vOefele/Knothe Rdn 40 zu § 45.
[5] Güthe/Triebel Rdn 15 zu § 45.
[6] OLG Köln Rpfleger 1998, 216.
[7] Nicht richtig OLG Köln Rpfleger 1998, 215 (Leits 2): Bei tagesverschiedener Eintragung der Auflassungsvormerkung vor der Grundschuld sei der Rangbestimmung durch Rangvermerke zu entsprechen. Der nach dem Zeitpunkt der (Erst-)Eintragung bestimmte Rang (für Auflassungsvormerkung BGH 46, 124 [127] = DNotZ 1967, 490 = NJW 1967, 566) kann nicht durch eine spätere Eintragung verändert werden.

(Rdn 427 ff). Für eine abweichende Bestimmung des Rangverhältnisses mehrerer Eintragungen gilt sodann:

a) Bewilligung enthält Rangbestimmung

316 Enthalten Bewilligungen (oder enthält nur eine Bewilligung) eine Rangbestimmung, brauchen sie die Anträge nicht zu wiederholen.[8] Auf die Bewilligungen gestützte Anträge genügen.
Enthalten **alle** Bewilligungen Rangbestimmungen und **stimmen sie überein,** ist nach den Bewilligungen einzutragen. Stimmen die Rangbestimmungen in den Bewilligungen **nicht** überein, kann bei gleichzeitigem Eingang keinem Antrag stattgegeben werden.[9] Sind die Anträge nacheinander gestellt, so ist der zuerst gestellte Antrag durch Eintragung zu erledigen, der widersprechende spätere Antrag ist zurückzuweisen.[10]
Enthält **nur eine** Bewilligung eine Rangbestimmung, während die andere Bewilligung keine solche trifft, so ist, wenn der **Eigentümer Antrag** gestellt hat, nach der Bestimmung einzutragen, gleichgültig, ob die Anträge gleichzeitig oder nacheinander eingegangen sind.[11] Sind die Anträge nicht gleichzeitig gestellt und ist die Bestimmung erst in der mit dem späteren Antrag des Eigentümers eingereichten Bewilligung getroffen, so stellt das zulässige Änderung der widerruflichen und daher abänderbaren früheren Bewilligung (Rdn 107) in Form des § 29 GBO dar. Hat der **Berechtigte Antrag** gestellt, so kann dieser Antrag vom Eigentümer nicht zurückgenommen werden (Rdn 93), sonach auch vom Eigentümer durch spätere Rangbestimmung nach § 45 Abs 3 GBO nicht eingeschränkt werden.[12] Die zu dieser Zeit unwiderrufliche Bewilligung (Rdn 107) erfordert Erledigung des zuerst gestellten Antrags mit Eintragung und Zurückweisung des mit widersprechender Rangbewilligung später gestellten Antrags.

317 Rangbestimmung in der Bewilligung kann (ebenso wie Verbindung von Anträgen zu gemeinsamem Vollzug; dazu Rdn 92) auch **stillschweigend gewollt** sein. Das ist bei Veräußerungsverträgen (Kauf- und Übergabevertrag) mit dinglichen Rechten zugunsten des Veräußerers (oder als Gegenleistung zugunsten eines Dritten, insbesondere eines nahen Angehörigen des Veräußerers) regelmäßig der Fall. Bei solchen Verträgen geht in aller Regel der Wille der Beteiligten dahin, daß die Eintragung der Auflassung Zug um Zug gegen die Eintragung der zugunsten des Veräußerers (oder Dritten) bestellten Rechte bewirkt werde (Rdn 92), diese Rechte daher auch die „bereiteste" Rangstelle (mehrere untereinander Gleichrang[13]) und damit **Rang vor weiteren**

---

[8] OLG Brandenburg Rpfleger 2002, 135.
[9] Güthe/Triebel Rdn 15 zu § 45; wohl auch Bauer/vOefele/Knothe Rdn 42 zu § 45 (Zwischenverfügung zur Klarstellung).
[10] Güthe/Triebel aaO (Fußn 5).
[11] Ähnlich Güthe/Triebel Rdn 16 zu § 45: Das durch die erste Bewilligung vorgeschriebene Rangverhältnis sei maßgebend, wenn 2. Bewilligung (ohne Rangbestimmung) damit nicht in Widerspruch steht. Wie hier außerdem – für gleichzeitig eingegangene Bewilligungen desselben Betroffenen – BayObLG MittBayNot 1982, 240 = Rpfleger 1982, 334.
[12] Anders K/E/H/E Rdn 17 zu § 45: Enthält nur eine Bewilligung eine Rangbestimmung, so ist sie (immer) vollziehbar. Dem vermögen wir nicht zu folgen.
[13] LG Augsburg Rpfleger 1983, 435.

Rechten erhalten sollen, die der Erwerber bestellt. Bewilligung der Rechte zugunsten des Veräußerers (oder als Gegenleistung für einen Dritten) durch den Erwerber schließt dann zugleich (stillschweigende) Rangbestimmung in Übereinstimmung mit dem Willen der Beteiligten des Grundstücksveräußerungsvertrags ein,[14] so daß sich gleich- oder gar vorrangige Belastung des Grundstücks mit weiteren (neu) vom Erwerber bewilligten Rechten in unmittelbarem Zusammenhang mit der Eintragung des Eigentumsübergangs verbietet.[15] Rangbestimmung mit solcher Auslegung für ein dem Veräußerer (einem Dritten) bestelltes Recht kann nur dann nicht angenommen werden, wenn sich für einen abweichenden Bewilligungsinhalt Anhaltspunkte ergeben.[16]

b) Keine Rangbestimmung in Bewilligungen

Enthält keine Bewilligung eine Rangbestimmung, kann sie **im Antrag** des Betroffenen oder der Begünstigten getroffen werden (§ 45 Abs 3 GBO). Der Antrag ersetzt dann eine zur Eintragung erforderliche Erklärung, bedarf sonach der Form des § 29 Abs 1 S 1 GBO (§ 30 GBO).[17] Eigentümerzustimmung für Eintragung von Grundpfandrechten, die mit Rangbestimmung nur von Gläubigern beantragt ist, ist nicht erforderlich (§ 880 Abs 2 S 2 GBO gilt nur für nachträgliche Rangbestimmungen). 318

Enthält keine Bewilligung eine Rangbestimmung, enthalten aber **mehrere** Eintragungs**anträge** Rangbestimmungen und stimmen sie überein, ist nach den Anträgen einzutragen. Widersprechen sich die Anträge mit den Rangbestimmungen, so kann bei gleichzeitigem Eingang keinem Antrag stattgegeben werden.[18] Hat der Eigentümer die Anträge gestellt, so kann in dem abweichenden zweiten Antrag eine Abänderung der im ersten Eintragungsantrag getroffenen Rangbestimmung liegen, die der Form des § 29 GBO bedarf. Erfolgt Abänderung in dieser Form nicht, dann ist der zuerst gestellte Antrag, in dem Vorrang beansprucht ist, durch Eintragung zu erledigen,[19] der spätere Antrag zurückzuweisen.[20] Haben die Gläubiger Anträge gestellt so ist dem zeitlich zuerst eingegangenen Antrag, der Vorrang in Anspruch nimmt, stattzugeben. Der zweite Antrag muß geändert werden oder, weil eine andere als die beantragte Eintragung nicht erfolgen darf, zurückgewiesen werden. 319

---

[14] Amann MittBayNot 1994, 330; Bauch Rpfleger 1983, 421.
[15] Dazu BayObLG DNotZ 1977, 367 = Rpfleger 1976, 302; BayObLG 1992, 131 = MittBayNot 1992, 391 = NJW-RR 1992, 1369 = Rpfleger 1993, 13.
[16] Eindeutige Fassung der Bewilligung, in der eine Rangbestimmung fehlte, hat BayObLG MittBayNot 1982, 240 = Rpfleger 1982, 334 angenommen. Für eine Auslegung (stillschweigende Rangbestimmung) hat es daher keinen Raum gesehen. Kritik an solch allgemeiner Aussage erhebt Bauch Rpfleger 1983, 421 zutreffend angesichts des wirtschaftlichen und rechtlichen (§ 16 Abs 2 GBO) Zusammenhangs der bewilligten Belastungen mit dem Veräußerungsvertrag; wie hier nun BayObLG MittBayNot 1992, 391 = aaO (Fußn 15).
[17] BayObLG MittBayNot 1982, 240 = Rpfleger 1982, 334 (335); BayObLG 1992, 131 (139) = aaO (Fußn 15).
[18] Demharter Rdn 31, Güthe/Triebel Rdn 17, je zu § 45.
[19] Demharter Rdn 31 zu § 45.
[20] Güthe/Triebel Rdn 17 zu § 45. Anders K/E/H/E Rdn 20 zu § 45: Wenn Rangbestimmungen in mehreren Anträgen sich widersprechen, werden die Anträge in der Eintragungsreihenfolge vollzogen, auch wenn einem Recht durch den Eingang ein besserer Rang verschafft wird, als beantragt ist.

320 Enthält keine Bewilligung und nur **ein** Eintragungs**antrag** eine Rangbestimmung, so ist nach Antrag einzutragen, wenn die Rangbestimmung in dem zuerst eingegangenen Antrag (auch zugunsten des nach dem späteren Antrag einzutragenden Rechts) getroffen ist[21] oder wenn die Rangbestimmung im zweiten Antrag dem Vollzug mit Rang nach der Zeitfolge der Anträge nicht entgegensteht. Der spätere Antragsteller kann nicht ohne Zustimmung des früheren Antragstellers Rang vor diesem beanspruchen, durch eine Rangbestimmung die Vollzugsreihenfolge des § 45 Abs 1, 2 GBO daher nicht einseitig ändern.

321 Die Erklärung in einer Grundschuldbestellungsurkunde, daß die Grundschuld ausschließlich erste, notfalls nächstoffene Rangstelle zu erhalten hat, stellt keine (dingliche) Rangbestimmung dar (s auch Rdn 1942). Sie gibt zu erkennen, daß die Grundschuld auch dann zur Entstehung gelangen soll, wenn sie nur diejenige Rangstelle erhält, die ihr nach der Rechtslage im Zeitpunkt der Eintragung von Gesetzes wegen (verfahrensrechtlich) gebührt.[22] Keine Rangbestimmung wird auch angenommen, wenn in dem Formular für die Eintragungsbewilligung für die Rangstelle durch Streichung zu konkretisierende Alternativen vorgesehen sind und Streichung unterblieben ist;[23] Eintragung erfolgt auch dann an rangbereiter Stelle.

322 Rangbestimmung zwischen zwei gleichzeitig zur Eintragung beantragten Grundpfandrechten ist für das Eintragungsverfahren aber in Bewilligungen getroffen, wenn sie vorsehen, daß das eine Grundpfandrecht „in Abt III an erster Stelle, vorerst jedoch rangbereit", und das andere Grundpfandrecht „in Abt III nach x Euro (Nennbetrag des anderen Grundpfandrechts) bzw vorerst rangbereit" einzutragen sei.[24]

Eine Rangfolge kann auch dadurch herbeigeführt werden, daß die Beteiligten ihre Anträge nacheinander, also nicht gleichzeitig, beim Grundbuchamt einreichen, und zwar in der Reihenfolge, in der die Eintragungen im Grundbuch nacheinander kommen sollen. Wegen der Stellung des Notars hierbei s Rdn 184.

323 Das Grundbuchamt muß die verlangte Rangabweichung bei Vornahme der Eintragungen durch **entsprechende Reihenfolge** dieser Einträge oder durch entsprechende Rangvermerke zum Ausdruck bringen.

3. Rangverletzung

324 Haben sich bei Bestellung eines Rechts die Beteiligten über den **Rang** mit dinglicher Wirkung **geeinigt** (Rdn 314), erfolgt Eintragung aber (nach § 45 Abs 1 oder 2 GBO) an anderer Rangstelle, dann wäre das Recht (weil Einigung und Eintragung sich nicht decken, s § 873 Abs 1 BGB) nicht entstanden.[25] Stets ist jedoch das Recht im gesetzlichen Rang des § 879 BGB entstanden, wenn davon auszugehen ist, daß die Beteiligten das Recht jedenfalls

---

[21] Demharter Rdn 31, Güthe/Triebel Rdn 18, je zu § 45.
[22] BayObLG DNotZ 1977, 367 = Rpfleger 1976, 302; OLG München MittBayNot 1994, 329 mit Anm Amann.
[23] OLG Celle OLG-Report 1997, 210 (keine in sich widersprüchliche Erklärung); Bauer/vOefele/Knothe Rdn 42 zu § 45.
[24] LG Köln MittRhNotK 1981, 259.
[25] BGH MittBayNot 1990, 102 = NJW-RR 1990, 206; OLG München aaO (Fußn 22).

mit diesem Rang haben entstehen lassen wollen (Anwendung des § 139 BGB).²⁶ Ist eine (materielle) Rangvereinbarung nicht getroffen, werden aber bei Eintragung Verfahrensvorschriften über das Rangverhältnis (insbes §§ 17, 45 GBO) verletzt, so ist ausschließlich der **im Grundbuch eingetragene Rang maßgebend**. Das Grundbuch ist also nicht nach § 894 BGB unrichtig, so daß auch kein Amtswiderspruch darin eingetragen werden kann.²⁷ Der Benachteiligte hat auch **keinen Bereicherungsanspruch** gegenüber dem auf diese Weise Bevorzugten.²⁸ Wohl aber kann ein **Schadensersatzanspruch gegen den Staat** wegen Amtspflichtverletzung durch den Grundbuchbeamten gegeben sein, etwa wenn das Recht später in der Zwangsversteigerung ausfällt. Das Grundbuch kann jedoch durch Eintragung eines falschen Rangvermerks unter bestimmten Voraussetzungen unrichtig geworden sein; zum Amtswiderspruch in diesem Falle Rdn 399.

Der abweichend vom Grundbuch vereinbarte Rang kann nur auf Grund des Verpflichtungsgeschäfts beansprucht und im Wege der Rangänderung nach § 880 BGB im Grundbuch eingetragen werden; notfalls muß er durch Klage erzwungen werden.²⁹

4. Rangänderung

Das Rangverhältnis unter bereits eingetragenen Rechten kann nachträglich geändert werden (§ 880 BGB). Zu einer solchen Rangänderung ist **Einigung** zwischen den Gläubigern (Berechtigten) der Rechte, bei Hypotheken und Grundschulden auch **Zustimmung** des **Grundstückseigentümers**, sowie **Eintragung** im Grundbuch (auf Antrag) erforderlich (§ 880 BGB; Einzelheiten s Rdn 2558).   325

5. Rangvorbehalt

Der Grundstückseigentümer kann sich bei der Belastung eines Grundstücks mit einem Recht die Befugnis vorbehalten, ein anderes Recht mit Vorrang eintragen zu lassen (Rangvorbehalt nach § 881 BGB; Einzelheiten s Rdn 2128).   326

6. Rangklarstellung (§§ 90–115 GBO)

Das Grundbuchamt kann aus **besonderem Anlaß**, insbesondere bei Umschreibung unübersichtlicher Grundbücher, **Unübersichtlichkeit** und **Unklar-**   327

---

²⁶ BGH aaO (Fußn 25).
²⁷ RG 57, 277; 73, 173; KG DFG 1943, 135; OLG Düsseldorf SJZ 1950, 913 = JR 1950, 686. Siehe auch Rdn 91. Wird jedoch unter Verletzung des § 17 GBO eine Eintragung vorgenommen, durch welche die früher beantragte Eintragung unzulässig wird, so darf der frühere Antrag nicht mehr vollzogen werden. Geschieht dies dennoch, so wird bei Vollzug der früher beantragten Eintragung das Grundbuch unrichtig mit der Folge, daß dagegen ein Amtswiderspruch (§ 53 GBO) einzutragen ist (so K/E/H/E Rdn 35 zu § 17).
²⁸ BGH DNotZ 1956, 480 = NJW 1956, 1314.
²⁹ S zu Fragen der Rangverletzung auch Baumann JR 1951, 415; Lent NJW 1957, 177; Hoche JuS 1962, 60 zu hievor BGH; Amann MittBayNot 1994, 330; Rahn BWNotZ 1958, 7; Röver NJW 1957, 177; Westermann JZ 1956, 655. Über den Rang von Grundpfandrechten bei Verfügungen des Nichtberechtigten s Spindler MDR 1960, 454.

1. Teil. VII. Rangverhältnisse im Grundbuch

heit in den **Rangverhältnissen** von Amts wegen oder auf Hinweis (Antrag) eines Beteiligten beseitigen (§§ 90 ff GBO). Zuständig dafür ist der Rechtspfleger (§ 3 Nr 1 h RPflG).

328 **Voraussetzung** für die Einleitung des Verfahrens ist entweder eine **Unklarheit** oder eine **Unübersichtlichkeit** in den Rangverhältnissen. Unklarheit ist gegeben, wenn die materielle Rangfolge mehrerer in einem Rangverhältnis zueinander stehender Rechte so gestaltet ist, daß Zweifel und Meinungsverschiedenheiten darüber möglich oder tatsächlich vorhanden sind, das wahre Rangverhältnis mithin nicht mit Sicherheit festgestellt werden kann. Eine Unübersichtlichkeit in den Rangverhältnissen liegt dann vor, wenn das materielle Rangverhältnis verworren oder besonders verwickelt ist. **Beispiel:** Häufung relativer Rangverhältnisse zufolge entsprechender Rangvorbehalte oder zufolge gutgläubigen Erwerbs. Eine rein formelle Unübersichtlichkeit innerhalb des Grundbuchblatts ist nicht ausreichend; ihr kann durch dessen bloße Umschreibung abgeholfen werden.

329 Ob das Grundbuchamt das Rang-Klarstellungsverfahren einleitet, liegt in seinem **Ermessen.** Es soll sich dabei von Zweckmäßigkeitserwägungen leiten lassen, insbesondere von den Erfolgsaussichten, den Schwierigkeiten der Ermittlung und der Frage der damit verbundenen Kosten. Das Verfahren kann jederzeit eingestellt werden, wenn seine Fortsetzung keinen Erfolg verspricht (§ 109 GBO).

Die **Einleitung** des Rangklarstellungsverfahrens ist im Grundbuch zu vermerken (§ 91 Abs 3 GBO). Auch ist der – unanfechtbare – Beschluß allen Beteiligten von Amts wegen zuzustellen (§ 91 Abs 2 GBO).

Fassung des Vermerks im Grundbuch:

> Das Verfahren zur Klarstellung der Rangverhältnisse ist eingeleitet.

330 **Als Beteiligte gelten** der eingetragene Eigentümer, bei Gesamtrechten auch die etwaigen Eigentümer mitbelasteter Grundstücke. Ferner gelten als Beteiligte alle im Grundbuch in Abt II und III eingetragenen Berechtigten und solche Personen, die ein Recht am Grundstück oder an einem das Grundstück belastenden Recht anmelden und auf Verlangen glaubhaft machen. Bei Bestehen von Testamentsvollstreckung ist nur der Testamentsvollstrecker Beteiligter.

Nicht beteiligt sind Personen, die zwar im Grundbuch eingetragen sind, deren Rechte aber von der Rangklarstellung nicht betroffen werden. Dies trifft auf den Eigentümer eines **Erbbaurechts** zu, da dieses Recht stets an erster Rangstelle am Grundstück eingetragen sein muß.

Sind einzelne von der Einleitung des Verfahrens benachrichtigte Personen **nur Buchberechtigte,** so haben sie dem Grundbuchamt unverzüglich mitzuteilen, was ihnen über die Person der wahren Berechtigten bekannt ist. Ein schriftlicher Hinweis auf diese Pflicht ist den Beteiligten mit dem Einleitungsbeschluß zuzustellen (§ 93 GBO). Schuldhafte Verletzung dieser Anzeigepflicht kann Schadensersatzansprüche gegen den Buchberechtigten auslösen (§ 823 Abs 2 BGB). Das Grundbuchamt ist befugt, von Amts wegen Ermittlungen über die wahre Berechtigung der eingetragenen Personen anzustellen. Ergibt sich dabei, daß andere oder weitere Personen Rechte an dem vom Verfahren betroffenen Grundstück haben, so gelten die neuen Berechtigten mit dem Zeitpunkt ihres Bekanntwerdens beim Grundbuchamt als Beteiligte (§ 95 GBO mit Einzelheiten).

Eine **öffentliche Zustellung** ist im Rangklarstellungsverfahren ausgeschlossen (§ 98 GBO). Dagegen kann das Grundbuchamt Beteiligten, deren Person oder Aufenthalt unbekannt ist, einen Pfleger bestellen (§ 96 GBO). 331

Zur Durchführung der Rangklarstellung ist zunächst ein **Termin zur mündlichen Verhandlung** vor dem Grundbuchamt anzusetzen. Zu ihm sind alle Beteiligten zu laden (§§ 100, 101 GBO mit Einzelheiten). Ziel dieser Verhandlung ist die Herbeiführung einer **Einigung** über eine klare Rangordnung. Kommt diese zustande, so hat das Grundbuchamt die Einigung zu beurkunden (diese Zuständigkeit hat das BeurkG nicht beschränkt, siehe dessen § 59). Ein im Termin nicht erschienener Beteiligter kann seine Zustimmung zu der Vereinbarung in öffentlicher oder öffentlich beglaubigter Urkunde erteilen. Das Grundbuchamt hat bei Zustandekommen der Einigung die im Grundbuch eingetragenen Rechte entsprechend umzuschreiben. 332

Kommt eine **Einigung nicht zustande**, so hat das Grundbuchamt einen **Vorschlag** für eine **neue Rangordnung** auszuarbeiten und den Beteiligten mit dem Hinweis darauf zuzustellen, daß sie innerhalb einer Frist, die grundsätzlich mindestens einen Monat seit der Zustellung betragen soll, bei dem Grundbuchamt Widerspruch erheben können (§§ 103, 104 GBO). Wegen der Möglichkeit der Wiedereinsetzung in den vorigen Stand s § 105 GBO. Nach Ablauf der Widerspruchsfrist kann das Grundbuchamt die **neue Rangordnung durch Beschluß feststellen.** Es kann aber auch, wenn etwa auf Grund eingegangener Widersprüche Anlaß dazu besteht, nochmals einen neuen Vorschlag den Beteiligten unterbreiten. Hält dagegen das Grundbuchamt trotz etwaiger Widersprüche an seinem ersten Vorschlag fest, so ist im ergehenden Beschluß mit Begründung über die Widersprüche zu entscheiden. Der Beschluß ist den Beteiligten zuzustellen. 333

Wird **Widerspruch nicht erhoben,** so braucht der Beschluß weder begründet noch den Beteiligten zugestellt zu werden. Er ist den Beteiligten jedoch schriftlich oder mündlich bekanntzugeben. Der Beschluß wird in diesem Falle mit vorstehender Bekanntgabe rechtskräftig. 334

Wird **Widerspruch** erhoben und dieser durch Beschluß **zurückgewiesen,** steht dem Beteiligten **Beschwerde** mit einer Frist von zwei Wochen zu. Weitere Beschwerde ist nicht zulässig (§ 110 GBO). Je nach der daraufhin ergehenden Entscheidung ist die neue Rangordnung im Grundbuch einzutragen.

Ist eine Klarstellung der Rangverhältnisse im Grundbuch eingetragen, so ist diese als von **Anfang an eingetragen** zu betrachten (§ 112 GBO). Gegen die Eintragung ist nur beschränkte Beschwerde (Rdn 478) zulässig. Sie kann mit Erfolg nur darauf gestützt werden, daß die eingetragene Rangordnung nicht der Einigung der Beteiligten oder dem Feststellungsbeschluß des Grundbuchamts entspricht. 335

Grundpfandrechtsbriefe sind entsprechend zu berichten. Hierfür kann deren Vorlage vom Grundbuchamt erzwungen werden (§§ 99, 62, 70 GBO; § 33 FGG).

Das Verfahren zur Klarstellung der Rangverhältnisse ist **gebührenfrei** (§ 70 Abs 2 KostO). Über die Verteilung der Auslagen des Grundbuchamts und die den Beteiligten etwa erwachsenen außergerichtlichen Kosten entscheidet das Grundbuchamt nach billigem Ermessen (§ 114 GBO).

VIII. Beweiskraft und öffentlicher Glaube des Grundbuchs

A. Vermutung für Richtigkeit des Grundbuchs (§ 891 BGB)

1. Bedeutung des Grundbuchinhalts

336 Mit dem Grundbuchsystem ist für den Immobiliarverkehr eine sichere Grundlage geschaffen (Rdn 1). Nachgewiesen werden durch das Grundbuch die an den einzelnen Grundstücken bestehenden Rechte (Rdn 1). Grundbucheintragung allein führt aber nicht zur Änderung der dinglichen Rechtslage (Rdn 9). Im Einzelfall ist es möglich, daß zwischen Grundbuchinhalt (formeller Rechtslage) und wirklicher (materieller) Berechtigung Übereinstimmung nicht besteht (Rdn 356). Bei solcher Diskrepanz kann das Grundbuch seine Aufgabe nur erfüllen, wenn auf seinen Inhalt als sichere Erkenntnisquelle der Rechte an Immobilien Verlaß ist. Das gewährleisten
– § 891 BGB mit der **Beweisvermutung** für die Richtigkeit der Grundbucheintragungen,
– § 892 BGB mit dem **Schutz** des redlichen Verkehrs.

2. Rechtsvermutung des § 891 BGB

Literatur: Ertl, Verdeckte Nachverpfändung und Pfandfreigabe von Grundstücken, DNotZ 1990, 684; Flik, Gilt die Vermutung des § 891 BGB auch in den neuen Bundesländern, DtZ 1996, 74; Herold, Grenzstreitigkeiten und ihre Regelung, BlGBW 1961, 225.

337 **a) Es wird vermutet,** daß ein durch das Grundbuch ausgewiesenes Recht oder eine im Grundbuch eingetragene Aufhebung eines Rechts für und gegen den Rechtsinhaber oder früheren Berechtigten als bewiesen gilt (§ 891 BGB), sofern dieser Beweis nicht durch Gegenbeweis entkräftet wird.[1] Die (widerlegbare) Vermutung wirkt für und gegen den Eingetragenen. Aber auch der Rechtsverkehr kann von der Richtigkeit des Grundbuchs ausgehen. Jeder, für den das eingetragene Recht von Bedeutung ist (auch ein Vertragsgegner), kann sich auf die Vermutung des § 891 BGB berufen.[2] Widerlegung der Vermutung erfordert Beweis der Unrichtigkeit; Erschütterung der Vermutung genügt nicht.[3] Die Beweislast trifft, weil die Vermutung zu widerlegen ist, denjenigen, der das Gegenteil behauptet. Dies gilt auch insoweit, als nach den Behauptungen des Eingetragenen ein Erwerb durch Genehmigung der zunächst schwebend unwirksamen Auflassung oder Einigung (zB nach § 1821 Abs 1 Nr 1 iVm § 1829 Abs 3 BGB) in Betracht kommt.[4] Ein im Grundbuch

---

[1] Motive zum Entwurf des BGB, Band III, Seite 155.
[2] BGH DNotZ 1970, 411 = Rpfleger 1970, 201; Haegele Rpfleger 1975, 153.
[3] BGH DNotZ 1970, 411 = aaO (Fußn 2); BGH DNotZ 1980, 354 (356) = NJW 1980, 1047 (1048). Aber keine Vermutung nach § 891 BGB, wenn die Eintragung auf Feststellung des Erbrechts des Fiskus beruht und der Feststellungsbeschluß aufgehoben ist, OLG Dresden Rpfleger 1999, 323.
[4] BGH BWNotZ 1981, 13 = NJW 1979, 1656 = Rpfleger 1979, 254.

A. Vermutung für Richtigkeit des Grundbuchs

eingetragener Widerspruch entkräftet die Vermutung nicht.[5] Bei Briefgrundpfandrechten erstreckt § 1155 BGB die Beweisvermutung auch auf außergrundbuchliche Abtretungen.[6]

b) Positive Vermutung besteht nach § 891 Abs 1 BGB dahin, daß ein **eingetragenes Recht** dem eingetragenen Berechtigten ab Eintragung für deren Dauer[7] mit dem eingetragenen Inhalt zusteht. Die Vermutung gilt für das Eigentum, für die das Grundstück belastenden dinglichen Rechte und für jedes ein solches Recht belastende Recht; im einzelnen zu den Rechten, auf die sich die Vermutung erstreckt, Rdn 344 ff. Die Vermutung der Rechtsinhaberschaft umfaßt auch den in Anspruch genommenen Rechtserwerb, mithin auch eine hierfür erforderliche Vertretungsmacht.[8] Die Vermutung gilt für alle wirksam und inhaltlich zulässig eingetragenen Rechte, gleichgültig, ob die Eintragung einen rechtsgeschäftlichen Rechtserwerb herbeiführen sollte (Rdn 9) oder im Wege der Zwangsvollstreckung (§ 867 Abs 1 S 2 ZPO) oder nur berichtigend erfolgt ist[9] (Rdn 374); sie gilt nicht für eine inhaltlich unzulässige Eintragung. Bei Hypotheken (nicht aber bei der Sicherungshypothek, § 1185 Abs 2 BGB) wird auch das Bestehen der Forderung vermutet und die Vermutung auf die dem Eigentümer nach § 1137 BGB zustehenden Einreden erstreckt (§ 1138 BGB). 338

c) Negative Vermutung besteht nach § 891 Abs 2 BGB dahin, daß ein im Grundbuch eingetragenes Recht, wenn es **gelöscht** ist, für die Zeit nach der Löschung[10] **nicht mehr besteht.** Löschung kann durch Eintragung eines Löschungsvermerks oder dadurch erfolgt sein, daß das Recht bei der Übertragung des Grundstücks oder eines Grundstücksteils auf ein anderes Blatt nicht mit übertragen wurde (§ 46 GBO). Für Widerlegung der Vermutung trifft die Beweislast für Grundbuchunrichtigkeit denjenigen, der den Bestand des Rechts (dessen unrichtige Löschung) behauptet. Steht fest, daß die Löschung nicht der Grundbuchberichtigung, sondern der Aufhebung (oder Übertragung) des eingetragenen Rechts gedient hat, so wird das frühere Bestehen des Rechts iS von § 891 Abs 1 BGB vermutet.[11] 339

d) Unbefugte Änderungen einer Eintragung, die keine Eintragungswirkungen nach § 44 Abs 1 GBO haben (so eine durch Radierung unbefugt vorgenommene Veränderung) erfaßt die Beweisvermutung nach § 891 BGB nicht. Die rechtlichen Wirkungen der (bisherigen) Eintragung bleiben trotz der unrichtigen Änderung (Radierung) erhalten.[12] 340

---

[5] BGH DNotZ 1970, 411 = aaO (Fußn 2); BGH 52, 355 = NJW 1969, 2139 = Rpfleger 1969, 423; BayObLG JurBüro 1983, 762 = (mitget) Rpfleger 1983, 13 (dort auch S 17); OLG Koblenz Rpfleger 1997, 428.
[6] BayObLG 1973, 246 = DNotZ 1974, 93 = Rpfleger 1973, 429.
[7] BGH 52, 355 = aaO (Fußn 5).
[8] BGH LM BGB § 891 Nr 5; BGH DNotZ 1980, 354 = NJW 1980, 1047.
[9] OLG Frankfurt Rpfleger 1991, 361.
[10] BGH 52, 355 = aaO (Fußn 5).
[11] BGH 52, 355 = aaO (Fußn 5).
[12] OLG Frankfurt OLGZ 1982, 56 = Rpfleger 1981, 479. Anders, wenn mit Übertragung auf ein anderes Blatt der Inhalt der Eintragung so verkürzt wird, daß er inhaltlich unzulässig ist (Eintragungswirkung nach § 46 Abs 2 GBO), OLG Köln Rpfleger 1982, 463.

3. Vermutung gilt auch für das Grundbuchamt

341 a) Die Vermutung des § 891 BGB gilt auch für das Grundbuchamt.[13] Im Eintragungsverfahren hat daher das Grundbuchamt davon auszugehen, daß der eingetragene Rechtsinhaber Berechtigter ist (§ 891 Abs 1 BGB) und daß ein gelöschtes Recht nicht besteht (§ 891 Abs 2 BGB).

342 b) Bloße **Zweifel** des Grundbuchamts heben die Vermutung des § 891 BGB nicht auf. Sie verpflichten das Grundbuchamt nicht, Nachforschungen anzustellen.[14] Die Möglichkeit oder Wahrscheinlichkeit, daß die Eintragung unrichtig ist, muß das Grundbuchamt daher außer Betracht lassen. Über die Vermutung des § 891 BGB darf das Grundbuchamt sich nur hinwegsetzen, wenn es die volle Überzeugung[15] von der Unrichtigkeit des Grundbuchs (oder im Falle des § 1155 BGB von dem Nichtbestehen der Gläubigerstellung) gewonnen hat.[16] Daß die Rechtsvermutung lediglich erschüttert ist, genügt nicht.[17] **Widerlegt** ist für das Grundbuchamt die Vermutung des § 891 BGB mithin, wenn dem Grundbuchbeamten die Unrichtigkeit des Grundbuchs bekannt ist. Das ist der Fall, wenn
- die Grundbuchunrichtigkeit sich mit Sicherheit aus urkundlichen Erklärungen der Beteiligten, aus anderen öffentlichen Urkunden (§ 415 ZPO) oder aus den Grundakten ergibt. **Beispiele:** Hypothekengläubiger hat in öffentlich beglaubigter Urkunde erklärt, daß die Forderung erloschen ist; dem Grundbuchamt liegt Zuschlagsbeschluß vor, nach dem der Eingetragene nicht mehr Eigentümer (§ 90 Abs 1 ZVG) oder ein eingetragenes Recht erloschen ist (§ 91 Abs 1 ZVG);
- die Kenntnis des Grundbuchbeamten auf feststehenden Tatsachen beruht, die ihm anderweit (zB als Prozeßrichter, aus anderen Akten wie Vormundschafts-, Nachlaß- oder Prozeßakten) bekannt geworden sind. Diese Tatsachen müssen die sichere Überzeugung vermitteln, daß die gesetzliche Vermutung der Wahrheit widerspricht.[18]

---

[13] KG DNotZ 1973, 301 = NJW 1973, 56 = OLGZ 1973, 76 = Rpfleger 1973, 21; BayObLG 1972, 46 (48) = Rpfleger 1971, 182; BayObLG 1971, 351 (354); BayObLG 1967, 295 (297); BayObLG JurBüro 1983, 762 = aaO (Fußn 5); BayObLG DNotZ 1990, 739 = NJW-RR 1989, 718; BayObLG DNotZ 1993, 335 = NJW-RR 1991, 1398 = Rpfleger 1992, 56; OLG Frankfurt Rpfleger 1991, 361 und 1997, 105 (106); OLG Köln MittRhNotK 1995, 321; OLG Stuttgart OLGZ 1979, 21 (24); OLG Zweibrücken Rpfleger 1997, 428. Diese Vermutungswirkung gilt auch für die auf Grund einer etwaigen Gesetzesverletzung vorgenommene Eintragung, BayObLG MittRhNotK 2000, 72 = Rpflegere 2000. 266.
[14] Haegele Rpfleger 1975, 153.
[15] OLG Köln MittRhNotK 1983, 52 und MittBayNot 1996, 40 = MittRhNotK 1995, 321; LG Freiburg Rpfleger 1981, 145 (146); auch OLG Stuttgart aaO (Fußn 13) sowie BayObLG DNotZ 1990, 739 = aaO: § 891 BGB kann durch bekannte Tatsachen, nicht aber durch bloße Vermutungen widerlegt sein.
[16] KG DNotZ 1973, 301 = aaO (Fußn 13); OLG Frankfurt Rpfleger 1991, 361.
[17] Eine nur privatschriftliche Abtretungserklärung beweist daher den Übergang eines Grundpfandrechts gegen die Vermutung des § 891 BGB nicht, OLG Köln MittRhNotK 1983, 52 und MittBayNot 1996, 40 = MittRhNotK 1995, 321.
[18] OLG Köln MittRhNotK 1983, 52.

A. Vermutung für Richtigkeit des Grundbuchs

c) aa) Für den als Gläubiger eines **Briefgrundpfandrechts** Eingetragenen 342a
spricht die Vermutung des § 891 Abs 1 BGB nur, wenn er Besitzer des
Grundpfandrechtsbriefes ist.[19] Gleiches gilt für den als Gläubiger eines Briefgrundpfandrechts durch eine Reihe von öffentlich beglaubigten Abtretungserklärungen Ausgewiesenen[20] (§ 1155 S 1 BGB). Daher soll die Eintragung
nur erfolgen, wenn der Brief vorgelegt ist (§ 41 Abs 1 S 1 mit § 42 GBO; Besonderheit für Eintragung eines Widerspruchs in § 41 Abs 1 S 2 GBO).
bb) Briefbesitz, der die Vermutung des § 891 Abs 1 (mit § 1155) BGB begründet, kann **unmittelbarer** (§ 854 Abs 1 BGB) oder **mittelbarer** (§ 868 BGB)
Besitz des Briefes sein. Vermutet wird für den mittelbaren Besitzer des Briefes
ebenso wie für den unmittelbaren Briefbesitzer, daß die Übergabe erfolgt sei,
er somit das Grundpfandrecht erworben hat (§ 1117 Abs 3 und – für Zessionar – § 1154 Abs 1 Hs 2 BGB). Für eine Grundbucheintragung erfordert § 41
Abs 1 S 1 GBO nur, daß dem Grundbuchamt „der Brief vorgelegt wird".[21]
Vorgelegt werden kann der Brief nur von dem unmittelbaren Besitzer. Damit
ist sonach der Nachweis des Briefbesitzes stets auch für eine vom mittelbaren
Briefbesitzer bewilligte Grundbucheintragung erbracht. Weiteren Nachweis
des Gläubigerrechts des Eingetragenen oder nach § 1155 BGB durch Abtretungserklärung Ausgewiesenen (zu dieser Beweislast des Antragstellers
Rdn 209a) gebieten § 41 Abs 1 GBO oder Grundsätze des Grundbuchverfahrensrechts nicht. Insbesondere ist somit nicht erfordert, daß bei Vorlage des
Briefes durch einen Dritten auch das zum Besitz berechtigende Rechtsverhältnis (§ 868 BGB) darzutun oder nachzuweisen[22] oder etwa sogleich ein
(angenommenes) Gläubigerrecht des unmittelbaren Briefbesitzers zu widerlegen wäre. Vorlage des Grundschuldbriefes gebietet § 41 Abs 1 GBO „für Sicherheit des Verkehrs"; das rechtfertigt und erfordert Grundbucheintragung
stets, wenn diese durch den unmittelbaren Briefbesitzer mit Einreichung des
Grundpfandrechtsbriefes als Eintragungsunterlage ermöglicht wird.
cc) Ist mit Vorlegung des Briefes für eine Eintragung das Gläubigerrecht des
Eingetragenen – oder durch Urkunden nach § 1155 BGB Ausgewiesenen –
nachgewiesen, dann heben bloße Zweifel diese Vermutung nicht wieder auf
(s Rdn 342). Nur durch feststehende Tatsachen begründete sichere Kenntnis
könnte es dem Grundbuchamt dann ermöglichen, sich über die Rechtsvermutung des § 891 Abs 1 BGB hinwegzusetzen (Rdn 342). Daraus folgt:
α) **Vorlegung des Briefes durch den Notar** genügt dem Erfordernis des § 41
Abs 1 GBO stets. Briefbesitz zum Nachweis des Gläubigerrechts des Eingetragenen oder nach § 1155 BGB urkundlich Ausgewiesenen ist damit dargetan. Der Notar ist auf Grund seines Treuhandverhältnisses (ggfs sonstigen

---

[19] Herrschende Meinung; hierzu Denkschrift zur GBO, abgedr bei Hahn/Mugdan, Die gesamten Materialien zu den Reichs-Justizgesetzen, 1897, Seite 163; BayObLG 1973, 246 = aaO (Fußn 6); BayObLG JurBüro 1983, 762 = aaO (Fußn 5); KG DNotZ 1973, 301 = aaO (Fußn 13); Staudinger/Gursky Rdn 37 zu § 891 BGB mit weit Nachw.
[20] KG DNotZ 1973, 301 = aaO (Fußn 13); LG Freiburg Rpfleger 1981, 145 (146).
[21] Dazu Begründung zu § 41 GBO in der Denkschrift s Fußn 19).
[22] Das könnte in grundbuchmäßiger Form (§ 29 Abs 1 GBO) kaum dargetan werden. Nicht hilfreich wäre auch Verwendung und Würdigung von Erfahrungssätzen (s Rdn 159).

Rechtsverhältnisses) dem Berechtigten gegenüber nur auf Zeit zu (unmittelbarem) Besitz berechtigt. Weitere Nachweise und damit Darlegung des Besitzverhältnisses kann das Grundbuchamt nicht verlangen.[23]

β) **Legt** sonst **ein Dritter** (insbesondere eine Bank) **den Brief vor,** dann gilt gleiches. Mit Einreichung des Briefes durch den Dritten stellt dieser unmittelbare Besitzer den Brief als Eintragungsgrundlage zur Verfügung. Das ermöglicht nach § 41 Abs 1 GBO Vollzug der Grundbucheintragung, die von dem eingetragenen oder nach § 1155 BGB urkundlich ausgewiesenen Gläubiger bewilligt ist.

ψ) Auch wenn von einem **Dritten** (immer wieder auch von einer Bank) der Grundpfandrechtsbrief zugleich mit einer privatschriftlichen Abtretungserklärung an sie vorgelegt wird,[24] reicht er den Brief als Eintragungsunterlage ein, damit eine Grundbucheintragung (durchweg eine Nachverpfändung, Pfandfreigabe oder Rangänderung) ermöglicht wird, die von dem Eingetragenen oder nach § 1155 Abs 1 BGB urkundlich ausgewiesenen Gläubiger bewilligt ist. Ob dann die Vermutung des § 891 Abs 1 (mit § 1155 BGB) für das Gläubigerrecht des Bewilligenden widerlegt (nicht nur erschüttert) ist, ist vorrangig keine Frage des Briefbesitzes und der Briefvorlage, sondern davon abhängig, ob eine privatschriftliche Erklärung bereits als feststehende Tatsache dem Grundbuchamt sichere Kenntnis davon geben kann (hierwegen Rdn 209a), daß die für die Rechtsvermutung des § 891 Abs 1 (ggfs mit § 1155) BGB nachgewiesene Grundbucheintragung des Gläubigers unrichtig (geworden) ist. Das ist nicht anzunehmen. Für Prüfung der Voraussetzungen einer Grundbucheintragung gebietet § 29 GBO Nachweis durch öffentliche oder öffentlich beglaubigte Urkunde. Privatschriftliche Erklärungen sind nicht zuverlässige Grundlage einer Eintragung. Eine privatschriftliche Erklärung kann dem Grundbuchamt daher nicht sichere Kenntnis von der Unrichtigkeit einer durch Grundbucheintragung (ggfs mit öffentlich beglaubigten Abtretungserklärungen, § 1155 BGB) ausgewiesenen Berechtigung gewährleisten.[25] Auch in einem solchen Fall wird daher der Grundpfandrechtsbrief als Eintragungsunterlage zu der Grundbucheintragung vorgelegt, die von dem durch Eintragung (ggfs mit den Urkunden des § 1155 BGB) ausgewiesenen Grundpfandrechtsgläubiger bewilligt ist.[26]

---

[23] Richtig daher OLG Köln MittBayNot 1996, 40 = MittRhNotK 1995, 321, das Vorlage der ihm „vom Grundstückseigentümer überreichten Grundschuldbriefe" durch den Notar für Löschung von Eigentümerrechten hat genügen lassen, obwohl die Grundpfandrechte in dem zur Löschung verpflichtenden Kaufvertrag als abgetreten bezeichnet waren.

[24] Fälle des BayObLG (15. 3. 1989, 2 Z 17/89 und 3. 7. 1991, 2 Z 71/91) aaO (= Fußn 26) sowie des OLG Köln (12. 1. 1983, 2 Wx 42/83, aaO (= Fußn 26).

[25] Sonst ergäbe sich das widersprüchliche Ergebnis, daß die Berechtigung des Eingetragenen (durch öffentlich beglaubigte Abtretungserklärungen Ausgewiesenen) nicht nachgewiesen wäre, weil eine Privaturkunde hinderlich ist, und umgekehrt eine Berechtigung des durch die Privaturkunde Ausgewiesenen nicht angenommen werden könnte, weil die Form des § 29 GBO nicht gewahrt ist. In einem solchen Fall wäre schließlich keiner der „Beteiligten" als bewilligungberechtigt legitimiert, könnte somit überhaupt keine Grundbucheintragung erfolgen.

[26] Zutreffend OLG Köln (12. 1. 1983, 2 Wx 42/83) MittRhNotK 1983, 52 und MittBayNot 1996, 40 = MittRhNotK 1995, 321. Im Ergebnis so auch Ertl DNotZ 1990,

δ) Für Beanstandung des Eintragungsantrags besteht in solchen Fällen auch keine (sichere) Kenntnis des Grundbuchamts davon, daß durch die Eintragung das Grundbuch unrichtig werden könnte (hierwegen Rdn 209 a). Denn der Dritte will als Briefbesitzer selbst dann, wenn ihm das Grundpfandrecht abgetreten ist, die Grundbucheintragung mit Einreichung des Grundpfandrechtsbriefes als Eintragungsunterlage ermöglichen. Die Verfügung des durch Eintragung im Grundbuch oder Urkunden nach § 1155 BGB ausgewiesenen Gläubigers, der bewilligt hat, erfolgt dann wirksam mit Einwilligung des Berechtigten (§ 185 Abs 1 BGB; bedarf materiell keiner Form). Auch solche Verfügung und damit ebenso deren Grundbucheintragung ermöglicht das Sachenrecht. „Hauptzweck des Briefes ist der, die Übertragung der Hypothekenforderung zu erleichtern".[27] Mit der Möglichkeit, ein Grundpfandrecht (erleichtert) ohne Grundbucheintragung zu übertragen, erlaubt das (materielle) Sachenrecht es den Beteiligten auch, von der Offenlegung eines Gläubigerwechsels abzusehen (vergleichbar der stillen Forderungszession mit Einziehungsermächtigung). Die Möglichkeit, in solcher Weise am Rechtsverkehr teilzunehmen, kann nicht durch Verfahrensrecht mit dem Erfordernis eingeschränkt oder behindert werden, nur für Grundbucheintragung einer Rechtsänderung (Pfandfreigabe, Nachverpfändung, Rangänderung) einen Gläubigerwechsel darzutun und nachzuweisen, der nach dem Willen der Beteiligten nicht kundgemacht werden soll.

B. Schutz gutgläubigen Erwerbs durch öffentlichen Glauben des Grundbuchs (§§ 892, 893 BGB)

1. Grundsätze des Schutzes

Literatur: Bestelmeyer, Gutgläubiger Erwerb und Erledigungsreihenfolge des § 17 GBO, Rpfleger 1997, 424; Hildesheim, Die vorweggenommene Erbfolge im Anwendungsbereich des § 892 BGB, Rpfleger 1997, 12; Lenenbach, Guter Glaube des Grundbuchamts als ungeschriebene Voraussetzung des Gutglaubenserwerbs?, NJW 1999, 923; Lutter, Grenzen des Gutglaubenschutzes, AcP 164, 122; Ostendorf, Der Gutglaubenserwerb des Verwaltungstreuhänders, NJW 1974, 217; Pikalo, Funktion des Grundbuchs im Landwirtschaftsrecht unter besonderer Berücksichtigung des guten Glaubens, DNotZ 1957, 227; Rahn, Hat § 892 Abs. 2 BGB Bedeutung für das Grundbuchverfahren?, Justiz 1966, 258; Schönfeld, Verfügungsbeschränkung und öffentlicher Glaube des Grundbuchs, JZ 1959, 140.

Rechtserwerb durch Rechtsgeschäft erfordert mit Einigung (Rdn 9) eine Verfügung des Rechtsinhabers (§ 873 Abs 1 BGB). Dieser kann Eigentum und Rechte auf einen Erwerber übertragen, weil er als Berechtigter die Rechts-

---

684 (insbes 699–701) und Amann MittBayNot 1991, 258 (Anmerkung). Anders BayObLG (25. 9. 1973, 2 Z 38/73) BayObLG 1973, 246 = DNotZ 1974, 93; BayObLG (21. 9. 1982, 2 Z 66/82) MittBayNot 1982, 246 = Rpfleger 1983, 17; BayObLG (15. 3. 1989, 2 Z 17/89) DNotZ 1990, 739 = NJW-RR 1989, 718; BayObLG (3. 7. 1991, 2 Z 71/91) DNotZ 1993, 335 = MittBayNot 1991, 256 mit abl Anm Amann = NJW-RR 1991, 1398 = Rpfleger 1992, 56 und 1993, 279 mit abl Anm Bestelmeyer.
[27] Motive zu dem BGB-Entwurf, Band III Seite 616.

1. Teil. VIII. Beweiskraft und öffentlicher Glaube des Grundbuchs

macht zur Verfügung über das Grundstück oder Grundstücksrecht hat. Diese Rechtsmacht fehlt einem eingetragenen Berechtigten, wenn das Grundbuch mit der wirklichen (materiellen) Rechtslage nicht übereinstimmt (Rdn 356), der Eingetragene sonach nicht oder nicht in dem eingetragenen Umfang Rechtsinhaber ist. Dann kann das Grundbuch seine Aufgabe, dem Rechtsverkehr eine sichere Grundlage zu geben, nur erfüllen, wenn sich die Beteiligten für den redlichen Geschäftsverkehr darauf verlassen können, daß die Eintragungen die Rechte an Grund und Boden richtig ausweisen. Deshalb **schützt das materielle Liegenschaftsrecht** (§§ 892, 893 BGB) das **Vertrauen auf das Grundbuch** mit der unwiderlegbaren Vermutung, daß der Grundbuchinhalt für den rechtsgeschäftlichen Rechtsverkehr als richtig und vollständig gilt (materielles Publizitätsprinzip; Rdn 17). Zum Schutz des Rechtserwerbs wird durch den Grundsatz des öffentlichen Glaubens des Grundbuchs zugunsten des gutgläubigen Erwerbers eines im Grundbuch eingetragenen Rechts fingiert, daß der Eingetragene, von dem er sein Recht herleitet, der wahre Berechtigte ist und daß dessen Recht mit dem grundbuchmäßigen Inhalt besteht.[1] Der Rechtsschein ersetzt demnach das Recht. Für Rechte am Grundstück (zB Eigentum, Dienstbarkeit, Hypothek) und Rechte an einem solchen Recht (zB Pfandrecht) gewährleistet der öffentliche Glaube die Richtigkeit und Vollständigkeit des Grundbuchs. Für den Rechtserwerb des Gutgläubigen bewirkt der Rechtsschein somit

– positiv, daß ein eingetragenes Recht einem eingetragenen Berechtigten mit dem eingetragenen Inhalt zusteht;

– negativ, daß nicht eingetragene oder unrichtig gelöschte Rechte nicht bestehen; dabei macht es keinen Unterschied, ob ein Recht durch Löschungsvermerk (§ 46 Abs 1 GBO) oder durch Nichtmitübertragung (§ 46 Abs 2 GBO) gelöscht worden ist.[2]

Gegenüber relativen **Verfügungsbeschränkungen** wirkt der öffentliche Glaube des Grundbuchs nur negativ: vor einer eintragbaren relativen Verfügungsbeschränkung ist der redliche Erwerber geschützt, wenn sie aus dem Grundbuch nicht ersichtlich ist (§ 892 Abs 1 Satz 2 BGB). Gegenüber Verfügungsbeschränkungen, die erst mit Grundbucheintragung entstehen (zB § 12 WEG, § 5 ErbbauVO), ist gutgläubiger Erwerb dann möglich, wenn sie zB fälschlich gelöscht[3] oder unwirksam eingetragen wurden.[4] Gegenüber absoluten Verfügungsbeschränkungen wie zB § 1365 BGB ist gutgläubiger Erwerb nicht möglich.

Kenntnis vom Buchstand ist für den gutgläubigen Erwerb ebenso wenig erforderlich wie ein Vertrauen auf den Buchstand oder eine Kausalität zwischen Buchstand und Erwerb.[5]

---

[1] RG 116, 177 (180).
[2] BGH 104, 139 = DNotZ 1989, 146 = NJW 1988, 2037 = Rpfleger 1988, 353.
[3] Staudinger/Gursky Rdn 211 zu § 892 BGB.
[4] Vgl hierzu LG München II MittBayNot 1994, 137, das bei Diskrepanz zwischen Eintragungsvermerk (keine Verwalterzustimmung bei Veräußerung an Abkömmlinge) und Eintragungsbewilligung (danach Verwalterzustimmung erforderlich) dieser den Vorrang gibt und die Veräußerungsbeschränkung bei Abkömmlingen damit für eingetragen und wirksam hält; dazu kritisch Reuter MittBayNot 1994, 115.
[5] RG 86, 353 (356); BGH DNotZ 1980, 743 = NJW 1980, 2413 = Rpfleger 1980, 336.

B. Schutz gutgläubigen Erwerbs durch öffentlichen Glauben des Grundbuchs

2. Inhalt des Grundbuchs als Schutzbereich

a) Schutzbereich ist der **Inhalt des Grundbuchs**, das ist das für das Grundstück angelegte Grundbuchblatt (Rdn 82). Der öffentliche Glaube garantiert Bestand, Inhalt und Rang der eingetragenen Rechte am Grundstück (Eigentum und Grundstücksbelastungen) und an Grundstücksrechten nach dem Zusammenhang der Eintragungen in den verschiedenen Abteilungen[6] einschließlich der zulässig (§§ 874, 1115 BGB) in Bezug genommenen Eintragungsbewilligung.[7] Unbefugte Änderungen einer Eintragung, die keine Eintragungswirkungen nach § 44 GBO haben (so eine durch Radierung unbefugt vorgenommene Änderung) sind nicht Eintragung im Rechtssinn (vgl bereits Rdn 340 mit Fußn 12), ermöglichen sonach keinen gutgläubigen Erwerb einer Rechtsstellung.[8]

344

b) Auf **Bestandsangaben**, die das Eigentum oder das Recht eines dinglichen Berechtigten an einer bestimmten Bodenfläche ausweisen, erstreckt sich der öffentliche Glaube des Grundbuchs.[9] Gutgläubiger Erwerb erfaßt daher auch die Eintragung eines Flurstücks im Bestandsverzeichnis,[10] bei anderer Lage in der Örtlichkeit den Grenzverlauf[11] nach den Angaben des Bestandsverzeichnisses (mit den zugehörigen Angaben in den Katasterbüchern und -karten), eine im Bestandsverzeichnis als Teil des Grundstücks gebuchte Parzelle und die einem Grundstück zugemessene und zugeschriebene Teilfläche.[12] Der (nach § 7 Abs 3 und 4 WEG) zulässig in Bezug genommene Aufteilungsplan nimmt am öffentlichen Glauben des Grundbuchs teil, soweit es sich um die Abgrenzung von Sonder- und Gemeinschaftseigentum handelt.[13] Nur tatsächliche Angaben im Bestandsverzeichnis, die lediglich der Beschreibung des in seinen Grenzen feststehenden Grundstücks nach Wirtschaftsart, Lage, Bebauung und Größe[14] dienen, nehmen am öffentlichen Glauben des Grundbuchs nicht teil. Ein gutgläubiger Erwerber kann sich daher nicht auf das angegebene Flächenmaß oder darauf verlassen, daß die Wirtschaftsart (zB Gebäude) richtig und das Grundstück nicht dem Privatrechtsverkehr (zB als öffentlicher Weg) entzogen ist. Inhalt des Grundbuchs für die Vermutung des § 891 BGB und für den Gutglaubensschutz des § 892 BGB sind jedoch nur Eintragun-

345

---

[6] RG 98, 215 (219).
[7] BGH DNotZ 1976, 529 = NJW 1976, 417 = Rpfleger 1976, 91.
[8] OLG Frankfurt OLGZ 1982, 56 = Rpfleger 1981, 479.
[9] RG 73, 129; OLG Nürnberg MDR 1976, 666 = MittBayNot 1976, 137; LG Frankenthal NJW 1956, 873; BayObLG DNotZ 1980, 745 = Rpfleger 1980, 294.
[10] BayObLG (18. 12. 1979, mitgeteilt) Rpfleger 1980, 141; BayObLG MittBayNot 1981, 125; BayObLG DNotZ 1996, 32 = Rpfleger 1995, 495 (Grundstücksteilung); OLG Frankfurt OLGZ 1985, 157 = Rpfleger 1985, 229 = MittRhNotK 1985, 43.
[11] Kein öffentlicher Glaube des Grundbuchs bei Grenzveränderungen infolge Überflutung oder Verlandung (nach Art 7, 8 BayWG) s BayObLG 1987, 410 = MittBayNot 1988, 38 = Rpfleger 1988, 254; ebenso für NdsWG OLG Oldenburg NdsRpfl 1991, 175 = Rpfleger 1991, 412.
[12] BayObLG DNotZ 1980, 745 = aaO (Fußn 9).
[13] BayObLG DNotZ 1980, 745 = aaO (Fußn 9) und MittBayNot 1980, 162. Dazu auch Rdn 2872; anders bei inhaltlich unzulässiger Eintragung, s BayObLG MittBayNot 1988, 22 mit Anm Röll.
[14] OLG Nürnberg MDR 1976, 666 = MittBayNot 1976, 137; BayObLG DNotZ 1980, 745 = aaO (Fußn 9); BayObLG 1976, 106 (109) = Rpfleger 1976, 251.

gen auf dem Blatt des belasteten Grundstücks, nicht aber auch der Vermerk eines subjektiv-dinglichen Rechts auf dem Blatt des herrschenden Grundstücks (§ 9 Abs 1 GBO).[15] Daher kann eine Grunddienstbarkeit (als Grundstücksbestandteil, § 96 BGB) vom Erwerber des herrschenden Grundstücks auch dann gutgläubig erworben werden, wenn sie im Grundbuch des herrschenden Grundstücks nicht vermerkt ist.[16] Der Inhalt der in Spalte 4 der ersten Abteilung des Grundbuchs enthaltenen Angaben über die „Grundlage der Eintragung" (damit auch der Tag der Auflassung) nimmt am öffentlichen Glauben des Grundbuchs nicht teil.[17] Widersprüchlicher Grundbuchinhalt (Diskrepanz zwischen Belastungsvermerk in Abt II oder III und laufenden Nummern der belasteten Grundstücke im Bestandsverzeichnis nach Buchungen von Zu- und Abschreibungen und Umschreibung des Grundbuchblatts) weist lastenfreies Eigentum nicht aus, ermöglicht gutgläubigen lastenfreien Erwerb daher nicht.[18] Einschränkungen gelten für die Sicherungshypothek (vgl § 1184 BGB; s Rdn 2096).

346 c) **Persönliche Verhältnisse** des Eigentümers oder Berechtigten (Geschäftsfähigkeit, Rechtsfähigkeit einer juristischen Person[19] und Vertretungsbefugnis ihrer Organe, Familienstand, der keine Verfügungsbeschränkung des § 1365 BGB begründet) und Identität des Verfügenden mit dem Eingetragenen[20] sind nicht geschützt. Nicht in den Schutzbereich des öffentlichen Glaubens fallen außerdem eine inhaltlich unzulässige Eintragung[21] sowie **nicht eintragungsfähige Rechte**, Belastungen und Beschränkungen (zB öffentliche Lasten des Grundstücks, § 54 GBO, öffentlich-rechtliche Beschränkungen, dazu Rdn 3, und Belastungen wie Bauverbote, Anliegerbeiträge). Die Eigenschaft als öffentlich gefördert im Sinne des Wohnungsbindungsgesetzes kann daher nicht mit gutgläubigem Eigentumserwerb erlöschen.[22] Über Grundbucheintragung (und Eintragungsbewilligung) hinaus nehmen für jedermann erkennbare tatsächliche Verhältnisse am Gutglaubensschutz nicht teil; das Vertrauen auf den durch sie verursachten Rechtsschein (zB über den Inhalt eines Wegerechts) fällt daher nicht in den Anwendungsbereich des § 892 BGB.[23]

347 d) Eine **altrechtliche Grunddienstbarkeit,** die bereits vor Inkrafttreten des BGB wirksam bestand (Art 184 EGBGB), bedarf zur Erhaltung ihrer Wirk-

---

[15] BayObLG DNotZ 1980, 103 = Rpfleger 1979, 381; BayObLG 1986, 513 (516) = DNotZ 1987, 621 = Rpfleger 1987, 101.
[16] BayObLG 1986, 513 = aaO; OLG Hamm DNotZ 2003, 355 = Rpfleger 2003, 349; OLG Frankfurt Rpfleger 1979, 418.
[17] BGH 7, 64 = NJW 1952, 1289; BayObLG MittBayNot 2002, 114 = Rpfleger 2002, 303.
[18] OLG Köln NJW-RR 1998, 1630 = Rpfleger 1998, 333.
[19] OLG Frankfurt MittRhNotK 1997, 235 = NJW-RR 1997, 401 = Rpfleger 1997, 105 mit weit Nachw.
[20] RG 128, 279.
[21] BGH 130, 159 (170) = NJW 1995, 2851 (2854) = Rpfleger 1996, 19 (21) mit weit Nachw; BayObLG 1987, 390 (398); BayObLG MittBayNot 1991, 255; BayObLG 1995, 399 (403) = DNotZ 1996, 660 = NJW-RR 1996, 721 = Rpfleger 1996, 240; OLG Köln Rpfleger 1982, 463.
[22] VG Freiburg NJW 1979, 1843.
[23] BGH DNotZ 1976, 529 = NJW 1976, 417 = Rpfleger 1976, 91.

B. Schutz gutgläubigen Erwerbs durch öffentlichen Glauben des Grundbuchs

samkeit gegenüber dem öffentlichen Glauben des Grundbuchs nicht der Eintragung (Art 187 Abs 1 EGBGB; dort Abs 2 Ausnahme für Landesrecht). Ist die altrechtliche Dienstbarkeit aber einmal im Grundbuch eingetragen und wird sie später zu Unrecht gelöscht, so nimmt sie am öffentlichen Glauben des Grundbuchs mit der Folge teil, daß ein gutgläubiger Erwerber das dienende Grundstück insoweit lastenfrei erwerben kann;[24] desgleichen nimmt sie auch für den Fall ihrer (unrichtigen) Eintragung am öffentlichen Glauben und damit Gutglaubensschutz des Grundbuchs teil.[25]

e) Maßgebend ist der Grundbuchstand in dem **Zeitpunkt**, in dem der Rechtserwerb sich vollendet[26] (zu § 892 Abs 2 s Rdn 351). Erforderlich ist dazu in der Regel die Eintragung des Erwerbers in das Grundbuch und das Zustandekommen der Einigung der Beteiligten über diesen Erwerb. Wenn das Grundbuch nach dem Antrag auf Eigentumsumschreibung mit Löschung einer Belastung (Vorkaufsrecht) unrichtig wird und danach der Umschreibungsantrag vollzogen wird, erwirbt der neue Eigentümer jedenfalls dann lastenfreies Eigentum, wenn er auch noch im Zeitpunkt der Eigentumsumschreibung gutgläubig war (§ 892 Abs 2 BGB ist hier nicht anwendbar).[27] Auf welchen Zeitpunkt es in einem solchen Fall hinsichtlich der Kenntnis von der Unrichtigkeit ankommt, ist streitig; dazu[28]. Wird der Berechtigte aus einer Auflassungsvormerkung als Eigentümer in das Grundbuch eingetragen und die Auflassungsvormerkung gleichzeitig oder später gelöscht, so wird eine in der Zeit zwischen Eintragung und Löschung der Vormerkung bestellte Grundschuld (Zwischenrecht) durch Erwerb seitens eines gutgläubigen Dritten auch dem Eigentümer gegenüber wirksam.[28]

348

3. Geschützte Rechtsvorgänge

a) Geschützt ist nur der **rechtsgeschäftliche** (entgeltliche und unentgeltliche) Erwerb (Rdn 9) durch Verkehrsgeschäft. Kein Gutglaubensschutz besteht daher bei Erwerb durch Zwangsvollstreckung, so bei Eintragung einer Zwangshypothek[29] auf einem dem Schuldner nicht gehörenden Grundstück oder bei Pfändung (kein Schutz gegen nicht eingetragene Verfügungsbeschränkungen[30]), bei Erwerb kraft Gesetzes (wie bei Erbfolge, § 1922 BGB, sowie in anderen Fällen der Gesamtrechtsnachfolge) und bei Erwerb von Anteilen der Gesellschafter einer BGB-Gesellschaft, die fälschlich als Eigentümer (Berechtigte) eingetragen sind (Rdn 982 e). Als dem Erbgang gleichwertig ist die Eigentumsübertragung unter Lebenden vom Gutglaubensschutz ausgeschlossen, wenn das Übertragungsgeschäft als Vorwegnahme der Erbfolge gewollt und auch tatsächlich so ausgestaltet ist[31] (Hofübergabe, Gutsüberlassungs-

349

---

[24] BGH 104, 139 = aaO (Fußn 2); offen gelassen noch von BayObLG DNotZ 1980, 103 = aaO (Fußn 15); s auch LG Bayreuth MittBayNot 1987, 200 mit zust Anm Schmidt.
[25] BGH 104, 139 = aaO (Fußn 2).
[26] BGH DNotZ 1980, 743 = aaO (Fußn 5).
[27] BGH DNotZ 1980, 743 = aaO (Fußn 5).
[28] BGH 60, 46 = DNotZ 1973, 367 = NJW 1973, 323.
[29] BGH WM 1963, 219; BGH 64, 194 = NJW 1975, 1282 = Rpfleger 1975, 246.
[30] RG 90, 337.
[31] RG 123, 52; 136, 148; KG HRR 1931 Nr 1756; OLG Zweibrücken OLGZ 1981, 139 und MittRhNotK 2000, 117 = Rpfleger 2000, 10 = ZNotP 1999, 438; BayObLG

185

vertrag), außerdem der Erwerb des Erben auf Grund eines Auseinandersetzungsvertrags.[32] Ausgeschlossen vom Schutz des öffentlichen Glaubens des Grundbuchs ist aber nur derjenige, der kraft Gesetzes oder im Wege der Zwangsvollstreckung erworben hat. Dagegen steht ein etwaiger weiterer Erwerb des betreffenden Rechts auf Grund eines Rechtsgeschäfts unter dem Schutz des § 892 BGB, vorausgesetzt, daß für diesen weiteren Erwerb auch die sonstigen allgemeinen Voraussetzungen dieses Schutzes vorliegen. Die eingetragene Zwangshypothek kann daher bei rechtsgeschäftlicher Verfügung des durch einen nicht geschützten Begründungsakt eingetragenen Gläubigers von einem Dritten gutgläubig erworben werden, falls die zugrunde liegende Forderung besteht.[33] Auch für den Erwerb von dem wirklichen oder legitimierten (§ 2366 BGB) Erben des eingetragenen Nichtberechtigten gilt der öffentliche Glaube des Grundbuchs; der für den eingetragenen Erblasser sprechende Rechtsschein wirkt für den Erben fort. Schutz bei rechtsgeschäftlichem Erwerb besteht auch, wenn eine für die Einigung erforderliche Erklärung durch rechtskräftiges Urteil ersetzt ist (§ 894 ZPO).

350 b) Geschützt wird nur das **Verkehrsgeschäft**,[34] also der Dritterwerber. Keinen Schutz gibt es daher bei völliger Personengleichheit auf der Veräußerer- und Erwerberseite wie bei persönlicher Identität (Bucheigentümer bestellt sich eine Eigentümergrundschuld) und bei wirtschaftlicher Identität (Umwandlung von Bucheigentum in Eigentum einer juristischen Person mit den gleichen Berechtigten als Gesellschafter; Eigentumsübertragung von Bucheigentümer auf „seine" Einmann-GmbH).

4. Ausschluß des gutgläubigen Erwerbs

351 Gutglaubensschutz setzt Redlichkeit des Erwerbers voraus, ist mithin ausgeschlossen (§ 892 Abs 1 S 1 BGB), wenn
– die **Unrichtigkeit** des Grundbuchs dem Erwerber **bekannt** ist (zum Zeitpunkt Rdn 348),
– ein **Widerspruch** gegen die Richtigkeit im Grundbuch eingetragen ist.
Durch einen im Grundbuch eingetragenen **Widerspruch** wird jedermann davor gewarnt, dem Inhalt des Grundbuchs insoweit zu vertrauen, als dieser Inhalt vom Widerspruch erfaßt wird. Wer dem entgegen handelt, tut dies auf eigene Gefahr, dh er kann sich insoweit auf den Schutz des öffentlichen Glaubens nicht verlassen.
Bekannt ist dem Erwerber die Grundbuchunrichtigkeit, wenn er positive Kenntnis hat, gleichgültig, wie er diese Kenntnis erlangt hat. Eine auf Fahrlässigkeit beruhende Nichtkenntnis der Unrichtigkeit des Grundbuchs steht der Kenntnis der Unrichtigkeit nicht gleich. Das gleiche gilt bei bloßen Zweifeln hinsichtlich der Richtigkeit des Grundbuchs. Kenntnis über die Unrich-

---

MittBayNot 1986, 129 = NJW-RR 1986, 882; BayObLG DNotZ 1988, 781 und 2002, 200; aA LG Bielefeld Rpfleger 1999, 22; Hildesheim Rpfleger 1997, 12.
[32] RG 136, 148.
[33] BGH 64, 194 = aaO (Fußn 29).
[34] Hierzu zählt auch die Geschäfts- und Vermögensübernahme durch Rechtsgeschäft, insbesondere Kauf, BayObLG 1989, 136 = NJW 1989, 907 = (mitget) Rpfleger 1989, 396.

B. Schutz gutgläubigen Erwerbs durch öffentlichen Glauben des Grundbuchs

tigkeit des Grundbuchs liegt dagegen vor, wenn der Erwerber über die Unrichtigkeit so aufgeklärt worden ist, daß sich ein redlich Denkender der Überzeugung nicht verschließen würde. Dies wird vielfach bei Verwandtengeschäften der Fall sein. Im übrigen ist niemand, der ein Grundstücksgeschäft vornimmt, verpflichtet, nachzuprüfen, ob der Inhalt des Grundbuchs der wirklichen Rechtslage entspricht. Auch wer dies nicht nachgeprüft hat, kann den Schutz des öffentlichen Glaubens in Anspruch nehmen.
Ist ein Grundstücksgeschäft von einem **Vertreter** (Bevollmächtigten oder einem gesetzlichen Vertreter) vorgenommen worden, so kommt es nicht auf die **Kenntnis** des Vertretenen, sondern auf die des Vertreters an (§ 166 Abs 1 BGB; bei Vollmachten siehe auch dessen Abs 2). Sind mehrere Personen vertretungsberechtigt (zB bei einer juristischen Person oder einer Handelsgesellschaft), dann kann der Schutz des öffentlichen Glaubens des Grundbuchs nicht in Anspruch genommen werden, wenn auch nur einer von diesen Vertretern Kenntnis von der Unrichtigkeit des Grundbuchs hat; dies gilt selbst dann, wenn gerade dieser Vertreter bei dem betreffenden Rechtsgeschäft nicht mitgewirkt hat.[35]
Für die Kenntnis des Erwerbers ist die Zeit der Stellung des Antrags auf Eintragung oder, wenn die erforderliche Einigung erst später zustandekommt, die Zeit der Einigung maßgebend (§ 892 Abs 2 BGB), soweit nicht noch weitere Erfordernisse fehlen (Hypothekenbriefübergabe, Genehmigungen). Dies verbessert die Rechtsstellung des Erwerbers. Denn er kann danach den Schutz des öffentlichen Glaubens des Grundbuchs auch dann in Anspruch nehmen, wenn er im Zeitpunkt der Vollendung seines Erwerbs in bezug auf die Richtigkeit des Grundbuchs nicht mehr gutgläubig war.
Wer den Schutz des öffentlichen Glaubens des Grundbuchs in Anspruch nimmt, braucht seine Gutgläubigkeit nicht nachzuweisen. Beweispflichtig ist derjenige, der diese Gutgläubigkeit bestreitet.

5. Gutgläubiger Erwerb im Grundbuchverfahren

a) Gutgläubiger Erwerb, der **eingetreten** ist, muß auch im Grundbuchverfahren berücksichtigt werden.[36] Zur Widerlegung der Vermutung des § 891 Abs 1 BGB gehört daher auch im Grundbuchverkehr der Ausschluß des gutgläubigen Erwerbs durch den eingetragenen Berechtigten.[37] Nach gutgläubigem Erwerb eines Grundstücksrechts kommt es bei weiterer Verfügung für den anschließenden Erwerber nicht mehr auf den guten Glauben an; er erwirbt vom Berechtigten.[38] Durch Nichtberufung auf den guten Glauben (Verzicht des Erwerbers) kann gutgläubiger Erwerb eines Rechts an einem Grundstück nicht wieder beseitigt (aufgehoben) werden.[39]

352

b) Ob für einen redlichen Verfügungsempfänger gutgläubiger Rechtserwerb mit Eintragung auch dann herbeizuführen ist, wenn das **Grundbuchamt** die Unrichtigkeit des Grundbuchs (so bei Auflassung oder Belastung durch den

---

[35] BGH NJW 2001, 359.
[36] KG DNotZ 1973, 301 = NJW 1973, 56 = OLGZ 1973, 76 = Rpfleger 1973, 21; K/E/H/E Rdn 94 zu § 19; s auch BayObLG MittBayNot 1981, 125.
[37] KG DNotZ 1973, 301 = aaO (Fußn 36).
[38] BayObLG 1986, 513 = aaO (Fußn 15); BayObLG 1985, 401.
[39] OLG Frankfurt OLGZ 1985, 157 = aaO (Fußn 10).

eingetragenen Nichteigentümer) oder eine nicht eingetragene Verfügungsbeschränkung kennt (s das Beispiel Rdn 128 am Ende), ist streitig. Rechtsprechung[40] und ein Teil des Schrifttums[41] haben bislang die Ansicht vertreten, daß ein Antrag abgelehnt werden muß, wenn durch Eintragung ein noch nicht vollzogener Rechtserwerb herbeigeführt werden würde, von dem der Grundbuchbeamte weiß, daß er nur gutgläubig geschehen könne. Wenn der Grundbuchbeamte die Grundbuchunrichtigkeit kennt, aber für die Kenntnis des Erwerbers in dem nach § 892 Abs 2 BGB maßgeblichen Zeitpunkt keinerlei Anhalt hat, ist demnach der Antrag zurückzuweisen, weil es nicht zu den Aufgaben des Grundbuchamts gehört, dem Verfügungsempfänger zum gutgläubigen Rechtserwerb nach § 892 BGB zu verhelfen.

c) Diese Ansicht wird in der Literatur zunehmend unter Hinweis auf den Normzweck des § 892 Abs 2 BGB verworfen.[42] Demnach hat das Grundbuchamt einem Antrag auch zu entsprechen,[43] wenn es bei seiner Prüfung feststellt, daß zu gutgläubigem Erwerb nach § 892 BGB als letzter die Rechtsänderung vollendender Akt nur noch die Grundbucheintragung fehlt. Rechtmäßigen Erwerb soll das Grundbuchamt nicht mit Verstoß gegen § 892 BGB und § 17 GBO verhindern dürfen. Das wird jedenfalls für den Fall angenommen, daß der Erwerber selbst Eintragungsantrag gestellt hat.[44]

352a d) Wenn bereits eine (gutgläubig erworbene) Auflassungs**vormerkung** (eine Vormerkung für die sonstige Rechtsänderung) eingetragen ist, soll die Eintragung des Erwerbers (des durch die Vormerkung gesicherten Rechts) nicht mehr abgelehnt werden dürfen[45] (anders damit, wenn der Erwerber bereits

---

[40] BayObLG 1954, 97 = DNotZ 1954, 394 = NJW 1954, 1120 und BayObLG 1994, 66 = MittBayNot 1994, 324 = Rpfleger 1994, 453; OLG Frankfurt Rpfleger 1991, 361; KG DNotZ 1973, 301 = aaO (Fußn 36); OLG Düsseldorf MittBayNot 1975, 224; OLG Karlsruhe NJW-RR 1998, 445 = Rpfleger 1998, 68; OLG München DFG 16, 144 (149); KGJ 27 A 97; 28 A 92; 40 A 265.
[41] BGB-RGRK/Augustin Rdn 25 zu § 892; Palandt/Bassenge Rdn 1 zu § 892; Güthe/Triebel Rdn 70 vor § 13; Rahn NJW 1959, 97; Bestelmeyer Rpfleger 1997, 424; Schönfeld JZ 1959, 140; Stöber, GBO-Verfahren, Rdn 321–326 und 343.
[42] K/E/H/E Rdn 100 zu § 19; Ertl MittBayNot 1975, 204 und Rpfleger 1980, 41 (44 unter II 9); Eickmann Rpfleger 1972, 77; Habscheid ZZP 1977, 199; Böttcher Rpfleger 1983, 187 (190f) und Rpfleger 1990, 486 (492); Lenenbach NJW 1999, 923; Bauer/vOefele/Wilke Rdn 97 zu § 13 (im Gegensatz zu Bauer/vOefele/Kössinger Rdn 233–251 zu § 19); Meikel/Böttcher Einl H Rdn 68ff; Böhringer BWNotZ 1985, 102; MünchKomm-Wacke Rdn 70; Staudinger/Gursky Rdn 203, je zu § 892 BGB sowie LG Koblenz Rpfleger 1997, 158; anders die Beschwerdeentscheidung OLG Koblenz Rpfleger 1997, 424.
[43] Davon zu unterscheiden ist der von BGH 97, 184 = NJW 1986, 1687 = Rpfleger 1986, 215 entschiedene Fall, daß Bindung an Antrag und Bewilligung (§§ 13, 19 GBO) keinen Anspruch begründet, eine sachenrechtlich und grundbuchmäßig objektiv falsche Eintragung vorzunehmen (Eintragung einer vom Erbbauberechtigten unter Vorlage einer gefälschten Eigentümerzustimmung nach § 5 ErbbauVO bewilligten Eigentümergrundschuld), um erst dadurch die Voraussetzungen für einen gutgläubigen Erwerb (mit Abtretung der Grundschuld) zu schaffen.
[44] Ertl Rpfleger 1980, 41.
[45] OLG Karlsruhe NJW-RR 1998, 445 = aaO; OLG Dresden NotBZ 1999, 261 mit Anm Scheel; LG Erfurt NotBZ 2000, 387; Mülbert AcP 197, 336 (347ff).

B. Schutz gutgläubigen Erwerbs durch öffentlichen Glauben des Grundbuchs

bei Stellung des Antrags auf Eintragung der Vormerkung bösgläubig war). Dem ist nicht zu folgen. Die Vormerkung sichert rechtmäßigen Erwerb; sie gewährleistet aber keinen (sonst nicht möglichen) gutgläubigen Erwerb. Schutzwirkungen einer gutgläubig erworbenen Vormerkung gegen Rechte des wirklichen Eigentümers (Berechtigten) sind nicht im Grundbuchverfahren zu wahren (keine Prüfung und Entscheidung, ob die Vormerkung gutgläubig erworben ist, durch das Grundbuchamt), sondern ermöglichen es dem Vormerkungsberechtigten, seinen vorgemerkten Anspruch auch gegen den wahren Berechtigten analog § 888 BGB durchzusetzen (Rdn 1536). Daß Eintragung zur Verwirklichung des vorgemerkten Anspruchs möglich ist, ist somit durch Zustimmung des wahren Berechtigten nachzuweisen oder vom Prozeßgericht zu entscheiden.

6. Rechtshängigkeit, Vormerkung

a) **Rechtshängigkeit** ist keine materiellrechtliche Verfügungsbeschränkung. Der Erwerber nach Eintritt der Rechtshängigkeit muß aber das Urteil nach § 325 Abs 1 ZPO gegen sich gelten lassen. Gutglaubensschutz schließt diese Urteilswirkung aus (§ 325 Abs 2 ZPO). In das Grundbuch kann daher ein Vermerk des Inhalts eingetragen werden, daß wegen eines eingetragenen Rechts ein Rechtsstreit anhängig ist. Ausgenommen sind Rechtsstreite, die Ansprüche aus einer eingetragenen Reallast, Hypothek, Grundschuld oder Rentenschuld betreffen, weil das Urteil gegen den Erwerber des belasteten Grundstücks auch dann wirkt, wenn dieser die Rechtshängigkeit nicht gekannt hat (§ 325 Abs 3 S 1 ZPO). 353

b) Zum **Gutglaubensschutz** bei Vormerkung siehe Rdn 1534.

7. Schadloshaltung des durch den öffentlichen Glauben des Grundbuchs Geschädigten

Mit dem Schutz desjenigen, der sich auf den öffentlichen Glauben des Grundbuchs berufen kann, ist notwendig eine Einbuße für denjenigen verbunden, der der wirkliche Berechtigte ist. Welche Ansprüche diesem Geschädigten zum Zwecke seiner Schadloshaltung zustehen, ergibt sich aus § 816 BGB, möglicherweise auch aus §§ 823, 826 BGB. Ein Nichtberechtigter, der über einen Gegenstand eine Verfügung trifft, die dem Berechtigten gegenüber wirksam ist, ist gegenüber dem letzteren zur **Herausgabe** des durch die Verfügung Erlangten verpflichtet. Erfolgt die Verfügung unentgeltlich, so trifft die gleiche Verpflichtung denjenigen, welcher auf Grund der Verfügung unmittelbar einen rechtlichen Vorteil erlangt. Diese Verpflichtung (nach § 816 Abs 1 S 2 BGB) besteht auch, wenn bei unentgeltlichem Erwerb eines Grundstücks vom Eigentümer das Recht eines Dritten an dem Grundstück infolge des öffentlichen Glaubens des Grundbuchinhalts erlischt.[46] 354

8. Besonderer Schutz bei Leistungsbewirkung

Durch den Schutz des § 892 BGB wird nur der Erwerber eines Grundstücksrechts oder eines Rechts an einem solchen Recht begünstigt. Es gibt aber in 355

---

[46] BGH DNotZ 1983, 38 = MDR 1982, 217 = NJW 1982, 761 = Rpfleger 1982, 60 Leits.

Ansehung dieser Rechte außer ihrem Erwerb noch andere Rechtsgeschäfte. Die behandelten Vorschriften finden entsprechende Anwendung, wenn an denjenigen, für welchen ein Recht **im Grundbuch eingetragen** ist, auf Grund dieses Rechts eine Leistung bewirkt wird (§ 893 BGB). Mithin kann zB der Grundstückseigentümer an den eingetragenen Gläubiger eines hypothekarischen Rechts risikolos Zahlungen in Ansehung dieses Rechts leisten. Natürlich ist der Zahlende auch hier nur dann geschützt, wenn er bei der Zahlung in Ansehung des Gläubigerrechts des Befriedigten gutgläubig ist. In diesem Falle ist die Rechtslage zugunsten des gutgläubigen Zahlenden so anzusehen, als ob er an den wahren Gläubiger gezahlt hätte, und zwar mit allen rechtlichen Wirkungen, die eine Zahlung hat. Einige **Ausnahmen** von diesem Grundsatz gelten für Sicherungshypotheken, Briefhypotheken und Briefgrundschulden (vgl ua §§ 1155, 1156, 1185 BGB).

C. Guter Glaube im Beitrittsgebiet

Literatur: Böhringer, Der Grundstücksverkehr bei im Grundbuch unsichtbaren Gebäudeeigentumsrechten, Mitbenutzungsrechten und Dienstbarkeiten, NotBZ 2002, 117; Cremer: Wiederherstellung des öffentlichen Glaubens des Grundbuchs und Beseitigung sonstiger spezifischer Rechtsunsicherheiten im Grundstücksrecht des Beitrittsgebiets, NZB 2000 Sonderh S 13.

355 a In der (vormaligen) DDR wurden Rechte an Grundstücken häufig nicht in das Grundbuch eingetragen. Diese Rechte bestehen auch nach der Wiedervereinigung außerhalb des Grundbuchs. Der öffentliche Glaube des Grundbuchs war in den neuen Bundesländern daher stark eingeschränkt. Es handelt sich im einzelnen um folgende „unsichtbare Belastungen":
– dingliche Nutzungsrechte (siehe Rdn 4267)
– selbständiges Gebäudeeigentum (siehe Rdn 4267 ff)
– Mitbenutzungsrechte: Es gab Mitbenutzungsrechte, die nicht in das Grundbuch eingetragen werden mußten (zB Wege- und Überfahrtsrechte, Leitungsrechte etc), die durch den Einigungsvertrag in Art 233 § 5 EGBGB weiterhin aufrechterhalten wurden.

Der Grundstücksverkehr war darüber hinaus dadurch beeinträchtigt, daß sich im Anwendungsbereich des SachenRBerG (s Rdn 4283 ff) die Ansprüche auf Ankauf des Grundstücks oder Bestellung eines Erbbaurechts zum hälftigen Verkehrswert bzw hälftigen Erbbauzins gegen den jeweiligen Eigentümer, also auch gegen einen Erwerber eines Grundstücks, richten konnten.

Auf das rechtlich selbständige **Gebäudeeigentum** und die Ansprüche nach dem SachenRBerG sind §§ 891, 892 BGB bereits tatbestandsmäßig nicht anwendbar, da es sich nicht um Rechte am Grundstück handelt.[1] Der Gesetzgeber hat daher im Registerverfahrensbeschleunigungsgesetz vom 20. 12. 1993 (BGBl I 2182) ausdrücklich die Möglichkeit eines gutgläubigen Erwerbs auch im Hinblick auf das selbständige Gebäudeeigentum und die Ansprüche nach dem SachenRBerG angeordnet (Art 231 § 5 Abs 3 EGBGB, § 111 SachenRBerG). Allerdings wurde gleichzeitig für alle „unsichtbaren Belastungen" eine zeitliche Einschränkung des gutgläubigen Erwerbs (zunächst) bis zum 1. 1.

---

[1] Schmidt-Räntsch VIZ 1997, 2; Böhringer DtZ 1997, 42.

A. Grundbuchberichtigung auf Antrag

1997 vorgesehen; diese **Frist** wurde bis zum **31. 12. 2000**, zuletzt durch das Zweite Eigentumsfristengesetz (EFG, BGBl 1999 I 2493) verlängert.[2] Für Nutzungsrechte gilt daher nach Art 233 § 4 Abs 2 EGBGB, für selbständiges Gebäudeeigentum nach Art 231 § 5 Abs 3 EGBGB, für Mitbenutzungsrechte nach Art 233 § 5 Abs 2 EGBGB und für Ansprüche nach dem SachenRBerG nach § 111 Abs 1 SachenRBerG, daß diese Rechte erlöschen, wenn nach dem 31. 12. 2000 das Eigentum am Grundstück übertragen wird, es sei denn, daß das Recht im Grundbuch des veräußerten Grundstücks (bzw ein Vermerk nach dem SachenRBerG; § 111 Abs 1 SachenRBerG) eingetragen oder dem Erwerber des Grundstücks das Recht bekannt war. Für die Berechtigten dieser „unsichtbaren Grundstücksbelastungen" bedeutet dies, daß sie zur Sicherung ihrer Rechte bis zum Ablauf dieser Schutzfrist eine entsprechende Grundbucheintragung ihrer Rechte erreichen mußten[3] (dazu Rdn 4292a). Für nicht im Grundbuch eingetragene Mitbenutzungsrechte nach Art 233 § 5 Abs 1 EGBGB oder ein sonstiges nicht im Grundbuch eingetragenes beschränkt dingliches Recht[4] gilt darüber hinaus § 8 Abs 1 GBBerG.[5] Dieses Recht ist mit Ablauf des 31. 12. 2000 erloschen, wenn nicht der Eigentümer des Grundstücks vorher das Bestehen dieses Rechts in der Form des § 29 GBO anerkennt und die entsprechende Grundbuchberichtigung bewilligt oder der Berechtigte eine die Verjährung unterbrechende Maßnahme ergriffen hat.[6]

IX. Grundbuchberichtigung, Grundbuchunrichtigkeit

A. Grundbuchberichtigung auf Antrag
(§ 894 BGB; §§ 13, 14, 19, 22–24, 29 GBO)

Literatur: Furtner, Verhältnis der grundbuchrechtlichen Rechtsbehelfe zu der Klage aus dem sachenrechtlichen Anspruch, DNotZ 1963, 196; Köbler, Der Grundbuchberichtigungsanspruch, JuS 1982, 181; Pohle, Der materiellrechtliche und der prozessuale Verzicht auf den Grundbuchberichtigungsanspruch, JZ 1956, 53; Stöber, Grundbucheintragung der Erben nach Pfändung des Erbanteils Rpfleger 1976, 197; Taupitz, Rechtsprobleme der teilweisen Unrichtigkeit des Grundbuchs, WM 1983, 1150.

1. Die Unrichtigkeit des Grundbuchs

a) Das Grundbuch hat die Rechte am Grund und Boden richtig und vollständig nachzuweisen[1] (s auch Rdn 2). Daß im Einzelfall der Inhalt des Grund- 356

---

[2] Vgl außerdem zu weiteren Fristen, die durch das EFG verlängert wurden, Schmidt-Räntsch aaO.
[3] Vgl zur Klage auf Grundbuchberichtigung Flik und Keller DtZ 1996, 330; Merkblatt des BMJ zur Eintragung von dinglichen Nutzungsrechten, Gebäudeeigentum und Mitbenutzungsrechten im Grundbuch v 22. 11. 1995, OV-Spezial 1996, 212.
[4] Dazu gehören auch Grunddienstbarkeiten nach dem sächs BGB 1863, BGH NotBZ 2003, 227.
[5] Die Vorschrift begegnet keinen verfassungsrechtlichen Bedenken, BGH NotBZ 2003, 227.
[6] Die Frist des § 8 GBBerG ist durch § 18 Sachenrechts-Durchführungsverordnung v 20. 12. 1994 (BGBl I 3900) bis zum Ablauf des 31. 12. 2005, längstens jedoch bis zum Ablauf der für die in Art 233 § 5 Abs 1 EGBGB bezeichneten Rechte geltenden Gutglaubensfrist (31. 12. 2000) verlängert worden.
[1] Motive zum BGB, Band III, Seite 234.

1. Teil. IX. Grundbuchberichtigung, Grundbuchunrichtigkeit

buchs nicht mit der wirklichen (materiellen) Rechtslage übereinstimmt, ist jedoch unvermeidbar. **Unrichtig** ist das Grundbuch (dazu § 894 BGB), wenn sein Inhalt in Ansehung eines Rechtes an dem Grundstück, eines Rechtes an einem solchen Rechte oder einer Verfügungsbeschränkung der in § 892 Abs 1 BGB bezeichneten Art mit der wirklichen Rechtslage nicht im Einklange steht (zur unrichtigen Tatsachenangabe Rdn 290). Es kann als **ursprüngliche** Unrichtigkeit des Grundbuchs eine Diskrepanz zwischen Grundbuchinhalt und materieller Rechtslage sogleich durch eine Grundbucheintragung (auch Löschung, s Rdn 400) entstanden sein, wenn sie die eingetragene Rechtsänderung nicht bewirkt hat, weil deren materielle Erfordernisse[2] (Rdn 9) nicht gegeben sind, oder wenn sie eine Grundbuchberichtigung abweichend von der materiellen Rechtslage darstellt. Es kann aber auch **nachträgliche** Unrichtigkeit hinsichtlich eines zunächst richtig eingetragenen Rechts mit außergrundbuchlicher (nicht eingetragener) Änderung der dinglichen Rechtslage eingetreten sein. **Beispiele**[3] für Unrichtigkeit des Grundbuchs:

- Abtretung einer Briefhypothek außerhalb des Grundbuchs,
- Ausfall der aufschiebenden Bedingung bei einem Recht (Rdn 266) oder Eintritt einer auflösenden Bedingung,
- Enteignung,
- Erbgang einschl Vor- und Nacherbfolge, Erbteilsübertragung, Pfändung oder Verpfändung eines Miterbenanteils,
- Erlöschen eines auf Lebenszeit bestellten Rechts (Rdn 375),
- Fehlen der Einigung nach § 873 BGB (Rdn 10),
- Flurbereinigung,
- Geschäftsunfähigkeit eines Beteiligten,
- Vereinbarung von Gütergemeinschaft,
- Umlegung von Bauland,
- Verpfändung einer Briefhypothek oder -grundschuld außerhalb des Grundbuchs,
- Zuschlag in Zwangsversteigerung,
- Zuweisung nach §§ 13 ff GrdstVG.

Zu Einzelheiten s bei den Grundbuchformularen zu diesen und den weiteren Eintragungsvorgängen.

357 **b)** Für den nicht oder nicht richtig eingetragenen Rechtsinhaber oder sonst mit seiner materiellen Berechtigung nicht oder nicht richtig grundbuchersichtlichen Berechtigten kann der unrichtige (auch unvollständige) Inhalt des Grundbuchs eine **Gefahr** bedeuten, weil nach materiellem Liegenschaftsrecht für den rechtsgeschäftlichen Rechtsverkehr das Vertrauen auf den Grundbuchinhalt geschützt ist (Rdn 337, 343). Ratsam ist es daher, eine Grundbuchunrichtigkeit baldmöglichst beseitigen zu lassen. Notwendig wird eine Grundbuchberichtigung, wenn eine Eintragung erfolgen soll, der von ihr Betroffene aber noch nicht als Eigentümer des Grundstücks oder als Inhaber des Grundstücksrechts eingetragen ist (§§ 39, 40 GBO; dazu Rdn 136).

---

[2] Keine Grundbuchunrichtigkeit, wenn die Eintragung wegen Fehlens formeller Voraussetzungen nicht hätte erfolgen dürfen (Verstoß gegen Sollbestimmungen der GBO), jedoch die materielle Rechtslage (Rechtserwerb mit Einigung und Eintragung) richtig dargestellt ist; OLG Königsberg OLG 25, 378; s auch Rdn 31.

[3] Die Beispiele sind keineswegs erschöpfend. Unrichtigkeit ist auch möglich in bezug auf eine Vormerkung oder einen Widerspruch, BayObLG 1959, 226 = Rpfleger 1960, 161.

A. Grundbuchberichtigung auf Antrag

c) **Schutz** vor Rechtsverlust bei Grundbuchunrichtigkeit gewährleistet Eintragung eines **Widerspruchs** (§ 892 mit § 899 BGB; dazu Rdn 351).

d) Mit **gutgläubigem Rechtserwerb** durch einen Dritten (§ 892 BGB) endet die Grundbuchunrichtigkeit. Nach gutgläubigem Eigentumserwerb ist daher Grundbuchberichtigung durch Eintragung eines nicht grundbuchersichtlichen (insbesondere zu Unrecht gelöschten) Rechts nicht mehr möglich.[4] Nur im Rang hinter Zwischenrechten Gutgläubiger kann Grundbuchberichtigung durch Eintragung eines nicht grundbuchersichtlichen (insbesondere zu Unrecht gelöschten) Rechts erfolgen, wenn das Grundstück inzwischen zugunsten gutgläubiger Rechtserwerber weiter belastet oder ein nachstehendes Recht an einen gutgläubigen Dritten übertragen (auch verpfändet) worden ist.[5]

2. Berichtigungsmöglichkeiten

Die Eintragung zur Berichtigung des Grundbuchs dient dem **Zweck**, den Inhalt des Grundbuchs mit der wirklichen Rechtslage wieder in Einklang zu bringen, bewirkt somit keine Rechtsänderung (Rdn 9). Dinglichen **Anspruch**[6] auf Berichtigung des Grundbuchs bei unrichtigem Grundbuchinhalt begründet § 894 BGB;[7] im Insolvenzverfahren des Buchberechtigten richtet er sich gegen den Insolvenzverwalter.[8] **Verfahrensfrage** ist, unter welchen Voraussetzungen das Grundbuchamt eine berichtigende Eintragung vorzunehmen hat; Eintragungsvoraussetzungen und Eintragungsverfahren bestimmen sich deshalb nach Grundbuchrecht (Rdn 1). Es unterscheidet
– nach der **Art** der Grundbuchunrichtigkeit zwischen
  – der **Unrichtigkeit des Grundbuchinhalts** hinsichtlich der **rechtlichen Verhältnisse** eines Grundstücks, mithin in Ansehung eines Rechtes an dem Grundstück, eines Rechtes an einem solchen Recht oder einer Verfügungsbeschränkung der in § 892 Abs 1 BGB bezeichneten Art (hierzu § 894 BGB);

---

[4] KG JFG 2, 401 (406); auch BGB-RGRK/Augustin Rdn 14 zu § 894; BayObLG 1985, 401 = DNotZ 1986, 357 und MittBayNot 1991, 79 (80).
[5] KG JFG 2, 401 (406).
[6] Kann der Berechtigte den Nachweis der Unrichtigkeit des Grundbuchs ohne Zweifel durch eine in seinem Besitz befindliche öffentliche Urkunde führen, so entfällt das Rechtsschutzbedürfnis für eine auf Erteilung der Berichtigungsbewilligung gerichtete Klage; OLG Frankfurt NJW 1969, 1906 mit krit Anm Hoffmann NJW 1970, 148 und OLG Zweibrücken NJW 1967, 1809. Das Rechtsschutzbedürfnis für eine Berichtigungsklage ist aber gegeben, wenn der Beschwerdeführer zwar sein Ziel auch mit einem Eintragungsantrag verfolgen könnte, jedoch nicht auszuschließen ist, daß diesem Antrag andere in der Zwischenzeit gestellte Anträge vorgehen (OLG Oldenburg DNotZ 1966, 42), oder wenn der Erfolg eines Grundbuchberichtigungsverfahrens nach § 22 GBO zweifelhaft ist (OLG Schleswig MDR 1982, 143 = SchlHA 1982, 36). Zum Einwand unzulässiger Rechtsausübung gegenüber einem Berichtigungsantrag wegen schuldrechtlicher Verpflichtung des Grundstückseigentümers s auch BGH NJW 1974, 1651, BGH NJW 1962, 163.
[7] Der Grundbuchberichtigungsanspruch kann verwirkt werden, BGH 122, 308 = DNotZ 1993, 738 = NJW 1993, 2178.
[8] OLG Celle NJW 1985, 204.

1. Teil. IX. Grundbuchberichtigung, Grundbuchunrichtigkeit

- der **unrichtigen Tatsachenangabe** (d. i. unzutreffende Eintragung der Angaben rein tatsächlicher Art). Deren Berichtigung (besser: Richtigstellung) kann jederzeit von Amts wegen erfolgen (dazu bereits Rdn 290);
- nach der **Ursache** der Grundbuchunrichtigkeit zwischen
  - der nicht durch Gesetzesverstoß des Grundbuchamts eingetretenen Unrichtigkeit des Grundbuchs;
  - der Grundbuchunrichtigkeit, die das Grundbuchamt unter Verletzung gesetzlicher Vorschriften bewirkt hat. Sie hat zur Folge, daß das Grundbuchamt von Amts wegen einen Widerspruch einzutragen oder eine inhaltlich unzulässige Eintragung von Amts wegen zu löschen hat (§ 53 GBO; hierzu Rdn 392 ff).

Keine Unrichtigkeit des Grundbuchs stellen Ungenauigkeiten oder Unklarheiten in der Fassung[9] und offenbare Schreibversehen dar; solche Mängel einer Eintragung sind von Amts wegen zu berichtigen (s Rdn 289 ff).

Bei unrichtigem Grundbuchinhalt erfolgt die Grundbuchberichtigung in einzelnen Sonderfällen (zB § 130 ZVG) auf Behördenersuchen (§ 38 GBO), sonst nur auf **Antrag** (§ 13 Abs 1 GBO). Von Amts wegen hat das Grundbuchamt nur bei Gesetzesverstoß nach Maßgabe des § 53 GBO tätig zu werden (dazu Rdn 392). Beseitigung einer inhaltlich zulässigen unrichtigen Eintragung (somit die berichtigende Grundbucheintragung selbst) ist auch in diesem Fall von einem Beteiligten zu beantragen (s Rdn 414).

3. Berichtigungsverfahren

360 Die Eintragung zur Berichtigung des Grundbuchinhalts erfolgt in dem vom Antragsgrundsatz und Bewilligungsgrundsatz beherrschten Grundbuchverfahren (Rdn 85 ff), wenn dem Grundbuchamt vorliegen
- **Eintragungsantrag**[10] (§ 13 Abs 1 GBO). Antragsberechtigt ist sowohl derjenige, der ein Recht auf Berichtigung des Grundbuchs hat wie auch derjenige, der zur Berichtigung verpflichtet ist. Antragsberechtigt für Berichtigung mit Löschung eines vor- oder gleichrangig rechtsunwirksam eingetragenen oder bereits erloschenen Rechts ist daher auch der Gläubiger eines nach- oder gleichrangig eingetragenen Grundpfandrechts.[11] Sind mehrere Antragsbefugte vorhanden, so genügt der Antrag eines von ihnen (zB eines Miterben). Der Berichtigungsantrag kann schriftlich (ohne Unterschriftsbeglaubigung) gestellt werden;
- **Eintragungsbewilligung** (§ 19 GBO; Rdn 95, insbes aber Rdn 361 ff);
- für Berichtigung des Grundbuchs durch Eintragung eines Eigentümers oder Erbbauberechtigten dessen **Zustimmung** (§ 22 Abs 2 GBO, dazu Rdn 370);

---

[9] RG 53, 412.
[10] Umdeutung eines Berichtigungsantrags in den Antrag auf Vollzug einer Auflassung oder sonst bewilligten Eintragung (BayObLG Rpfleger 1982, 141) und ebenso des Antrags auf Vollzug einer (irrtümlich erklärten) Auflassung in den Antrag auf Grundbuchberichtigung (so LG Nürnberg-Fürth Rpfleger 1980, 227; anders Meyer-Stolte in Anmerkung hierzu Rpfleger 1980, 228) ist grundsätzlich möglich, soweit die allein zulässige Eintragung als gewollt anzusehen ist.
[11] BGH FamRZ 1996, 1274 (1275) = MittBayNot 1997, 51 (52); BGB-RGRK/Augustin Rdn 20; Staudinger/Gursky Rdn 62, je zu § 894.

A. Grundbuchberichtigung auf Antrag

Ausnahme: Wenn Berichtigung auf Gläubigerantrag (§ 14 GBO) oder auf Grund Unrichtigkeitsnachweis erfolgt.
Sonstige Eintragungsunterlagen müssen in ordnungsgemäßer Form vorliegen und die übrigen Eintragungserfordernisse (zB Voreintragung des Betroffenen, § 39 GBO; Briefvorlage, § 41 GBO) müssen erfüllt sein.
Der Bewilligung des von einer berichtigenden Eintragung Betroffenen bedarf es jedoch nicht, wenn die tatsächlich bestehende **Unrichtigkeit** des Grundbuchinhalts **nachgewiesen** wird.[12] Derjenige, der die Grundbuchberichtigung betreibt, hat unter diesen beiden Möglichkeiten die Wahl, es sei denn, daß nach der Sachlage nur die eine der Möglichkeiten in Frage kommt. So kann die Erbfolge nur durch Erbnachweis bewiesen werden (s (Rdn 780 ff).[13]

4. Berichtigungsbewilligung (§ 19 GBO)

a) Mit **Bewilligung zur Berichtigung** des Grundbuchs gestattet der Betroffene die ihn beeinträchtigende Grundbucheintragung (Rdn 96). Als Grundlage der Eintragung ist auch die Bewilligung zur Grundbuchberichtigung rein verfahrensrechtlicher Natur (Rdn 98). Weil die Bewilligung Eintragungsgrundlage ist, braucht dem Grundbuchamt für eine ordnungsgemäß bewilligte berichtigende Eintragung die Grundbuchunrichtigkeit nicht (noch gesondert) nachgewiesen zu werden[14] (Rdn 99). Die Richtigkeit der in der Berichtigungsbewilligung dargestellten Tatsachen, die die Grundbuchunrichtigkeit ergeben, braucht (und hat) das Grundbuchamt daher nicht zu prüfen.[15] Dies gilt allerdings nicht in den Fällen, in denen sich aus den mit der Berichtigungsbewilligung vorgelegten Urkunden oder aus anderen dem Grundbuchamt bekannten Umständen ergibt, daß das Grundbuch durch die der Bewilligung entsprechende Eintragung unrichtig werden würde,[16] so wenn es für den Grundstückserwerb durch den Rechtsvorgänger des Bewilligenden an der Eintragung fehlt.[17] 361

b) Bewilligungsberechtigter **Betroffener** (§ 19 GBO) ist derjenige, dessen grundbuchmäßiges (im Grundbuch eingetragenes) Recht von der Berichtigung betroffen wird (Rdn 100), somit (nur) der Buchberechtigte;[18] zur Rechtslage für Grundbuchberichtigung bei Tod eines BGB-Gesellschafters s Rdn 983 a. Erforderlich ist, wenn mehrere Personen (zB Miterben) von der Eintragung betroffen sind, Bewilligung **aller** Betroffenen. Auch ein nur mittelbar Betroffener hat zu 362

---

[12] Die Unrichtigkeit, deren Berichtigung begehrt wird, muß nachgewiesen werden, auch wenn es sich um **altrechtliche Grunddienstbarkeiten** handelt (BayObLG Rpfleger 1982, 467). Die Eintragung einer „Freiveräußerungsklausel" bei Forstberechtigungen im Wege der Grundbuchberichtigung setzt den Nachweis voraus, daß eine solche Beschränkung der Berechtigungen schon immer besteht (BayObLG 1972, 267 = DNotZ 1973, 371).
[13] KGJ 44 A 231 = OLG 26, 131.
[14] BayObLG 1994, 33 (38) = Rpfleger 1994, 410; OLG Frankfurt NJW-RR 1996, 14; LG Köln MittRhNotK 1988, 256.
[15] BayObLG 1984, 155 = MittBayNot 1984, 186 = Rpfleger 1984, 404; BayObLG 1994, 33 (38) aaO; OLG Frankfurt NJW-RR 1996, 14.
[16] RG 73, 154 (157); BayObLG 1954, 225 (230); KGJ 41 A 201.
[17] BayObLG Rpfleger 1982, 141.
[18] Wie hier nun auch BayObLG DNotZ 1988, 781 (für den Betroffenen iS von § 39 GBO).

bewilligen (Rdn 100 a). Der Verfügungsberechtigte hat die Bewilligung abzugeben, wenn der Betroffene selbst nicht verfügungsbefugt ist (Rdn 101).

363 c) Für den **Inhalt der Berichtigungsbewilligung** gilt das Rdn 103 Gesagte. Sie muß (Ausnahme bei Löschung) erkennen lassen, daß Eintragung zur Grundbuchberichtigung (somit keine Rechtsänderung nach § 873 BGB) bewilligt wird.[19] Ihr weiterer Inhalt richtet sich im einzelnen nach der Art der Grundbuchunrichtigkeit:

364 aa) Zur Berichtigung durch **Eintragung eines Eigentümers** oder Erbbauberechtigten ist schlüssig[20] darzulegen,[21] daß der Grundbucheintrag unrichtig ist und durch die bewilligte neue Eintragung richtig wird.[22] Daß die (alle) Beteiligten lediglich darin übereinstimmen, daß der vorhandene Eintrag unrichtig und die verlangte Eintragung richtig ist, genügt nicht. Die Bewilligung hat vielmehr die Ursache (den Grund) der Grundbuchunrichtigkeit darzustellen, somit Tatsachen zu bezeichnen, aus denen die Grundbuchunrichtigkeit schlüssig folgt. Zum Gesellschafterwechsel bei der BGB-Gesellschaft s Rdn 982 ff.

365 bb) Zur **Eintragung** eines nicht eingetragenen **Rechts,** insbesondere zur Wiedereintragung eines zu Unrecht gelöschten Rechts, muß das berichtigend einzutragende Recht an dem Grundstück (das Recht an einem solchen Recht oder auch die einzutragende Verfügungsbeschränkung) mit seinem einzutragenden (vollständigen) Inhalt bezeichnet und schlüssig dargelegt (nicht aber nachgewiesen, s Rdn 364) werden, daß der Grundbuchinhalt durch die bewilligte Eintragung richtig wird.

366 cc) Zur Berichtigung durch **Eintragung** eines anderen **Rechtsinhabers** (Berechtigten) ist ebenfalls schlüssig darzulegen, daß der Grundbucheintrag unrichtig ist und durch die bewilligte neue Eintragung richtig wird. Das erfordert bei Rechtsänderung außerhalb des Grundbuchs (Abtretung, Ablösung, Befriedigung durch Eigentümer nach § 1142 BGB, Erlöschen der durch Hypothek gesicherten Forderung, Zahlung durch Bürgen oder persönlichen Schuldner usw) Bezeichnung des Rechtsaktes (des materiellen Rechtsvor-

---

[19] KGJ 51 A 252 (254, 256). Zur Notwendigkeit inhaltlicher Eindeutigkeit LG Rostock Rpfleger 2000, 496.
[20] S dazu BayObLG Rpfleger 1982, 141 und OLG Frankfurt NJW-RR 1996, 14 (Bewilligung im Prozeßvergleich). Bewilligte Berichtigung nach Anfechtung einer Auflassung erfordert daher auch Vortrag des konkreten Anfechtungsgrundes (des Lebenssachverhalts, der den Anfechtungsgrund ergibt), GBAmt Langenargen/LG Ravensburg BWNotZ 1989, 68.
[21] Nicht aber nachzuweisen; OLG Colmar OLG 9, 332.
[22] KG OLG 2, 410; KG OLG 14, 76; BayObLG DNotZ 1991, 598 = (mitget) Rpfleger 1990, 198 und BayObLG 1994, 33 (38) = Rpfleger 1994, 410; OLG Frankfurt MittRhNotK 1996, 192 = NJW-RR 1996, 14 = Rpfleger 1996, 403; ThürOLG Rpfleger 2001, 125. Nach BGH NJW 1970, 1544 = Rpfleger 1970, 280 kann ein Grundbuchberichtigungsanspruch nicht auf die Löschung des eingetragenen Eigentümers beschränkt werden. Würde nicht gleichzeitig ein neuer Eigentümer eingetragen, so würde das zu einem inhaltlich unzulässigen Eintrag führen, der Amtslöschung erfordern würde. Dies gilt auch, wenn der richtige Eigentümer nicht ermittelt ist. Hier bietet sich an, die Eintragung eines Widerspruchs im Wege der einstweiligen Verfügung zu betreiben (§ 899 BGB).

A. Grundbuchberichtigung auf Antrag

gangs), der berichtigend einzutragen ist.[23] Die Bewilligung, daß das Recht nicht mehr dem bisher eingetragenen, sondern einem anderen zusteht, genügt allein daher nicht.[24]

dd) Zur Eintragung einer Berichtigung des **Inhalts** eines eingetragenen Rechts hat die Bewilligung den berichtigend einzutragenden Inhalt des Rechts zu bezeichnen und die bisherige Grundbuchunrichtigkeit schlüssig darzulegen (wie Rdn 364). Nur wenn ein unrichtig eingetragener Teil des Inhalts eines Rechts gelöscht werden soll, bedarf es der Angabe einer materiellrechtlichen Grundlage der Grundbuchunrichtigkeit nicht (Rdn 368). 367

ee) Zur **Löschung eines Rechts** braucht die Bewilligung nur zum Ausdruck zu bringen, daß die Löschung stattfinden soll. Angabe der materiellrechtlichen Grundlage der Grundbuchunrichtigkeit ist darüber hinaus hier nicht erforderlich.[25] 368

5. Unrichtigkeitsnachweis (§ 22 Abs 1 GBO)

a) Unrichtigkeitsnachweis ersetzt nach § 22 Abs 1 S 1 GBO die Berichtigungsbewilligung als Eintragungsgrundlage, nicht aber sonstige Voraussetzungen der Eintragung (Antrag nach § 13 Abs 1 GBO; Voreintragung des Betroffenen nach § 39 GBO; Briefvorlage nach § 41 GBO usw). Diese Ausnahme vom Bewilligungsgrundsatz will gewährleisten, daß Grundbuchverfahren nicht über Gebühr erschwert werden.[26] 369

b) Nachzuweisen ist die Nichtübereinstimmung des Grundbuchs mit der wirklichen Rechtslage in Ansehung eines Rechtes an dem Grundstück, eines Rechtes an einem solchen Rechte oder einer Verfügungsbeschränkung der in § 892 Abs 1 BGB bezeichneten Art. Das erfordert den Nachweis aller Tatsachen, die nach der Rechtsüberzeugung des Grundbuchamts die Grundbuchunrichtigkeit ergeben. An diesen Nachweis sind strenge Anforderungen zu stellen,[27] weil er Grundbucheintragung ohne Zustimmung (Bewilligung) des Betroffenen ermöglicht, somit gewährleisten muß, daß am Verfahren nicht Beteiligte nicht geschädigt werden können.[28] Es sind alle Möglichkeiten, bis auf ganz entfernte, auszuräumen, die der Richtigkeit der begehrten berichtigenden Eintragung entgegenstehen könnten.[29] Ein gewisser Grad von Wahr-

---

[23] KG JW 1934, 1056 = HRR 1934 Nr 651.
[24] KG JW 1934, 1056 = aaO; KGJ 40 A 268; OLG München JFG 18, 117 (120).
[25] KG JW 1934, 1956 = aaO; s auch BayObLG 1952, 321 (322).
[26] Denkschrift zur GBO, Hahn/Mugdan Materialien Band V (1897) Seite 157.
[27] BayObLG 1971, 336 (339); BayObLG DNotZ 1983, 320 (322) = Rpfleger 1982, 467 (468); BayObLG 1986, 317 = MDR 1987, 67; BayObLG DNotZ 1987, 216; BayObLG NJW-RR 1990, 722 (723); BayObLG MittBayNot 1995, 42; BayObLG MittBayNot 2003, 126 = NJW 2003, 1402 = NotBZ 2003, 275 = Rpfleger 2003, 177; OLG Frankfurt OLGZ 1994, 129 (131) = Rpfleger 1994, 106 und 1996, 336 (337); OLG Stuttgart Rpfleger 1960, 338; LG Bamberg Rpfleger 1983, 347 (348); enger (keine übertriebenen Anforderungen) AG München MittBayNot 1994, 442.
[28] BayObLG 1971, 336 (339); BayObLG MittBayNot 1979, 225 = Rpfleger 1979, 381; BayObLG Rpfleger 1982, 467 (468); OLG Düsseldorf Rpfleger 1967, 13.
[29] BayObLG 1971, 336 (339) und 1986, 317 (320); KG JFG 2, 401 (406); OLG Frankfurt Rpfleger 1994, 106 = aaO und Rpfleger 1996, 336 (337); auch BayObLG MittBayNot 1995, 42: ganz entfernte Möglichkeiten brauchen nicht widerlegt zu werden.

scheinlichkeit für die behauptete Unrichtigkeit genügt nicht.[30] Die Vorlage einer Urkunde (eines notariellen Testaments) genügt für den Nachweis der Unrichtigkeit daher nicht, wenn die beurkundete Erklärung nicht eindeutig ist und die Möglichkeit nicht gänzlich fern liegt, daß die Erklärung unter Mitberücksichtigung von für die Auslegung erheblichen, aber in der Urkunde nicht enthaltenen Umständen einen Sinn haben kann, bei dessen Zugrundelegung das Grundbuch nicht unrichtig wäre.[31] Nicht erbracht ist der Unrichtigkeitsnachweis, wenn eine nicht eingetragene Grundstücksbelastung rechtsgeschäftlich nicht erworben sein kann, zB weil es für die Bestellung einer Grunddienstbarkeit an einem (weiteren) Grundstück an der Eintragung fehlt,[32] außerdem nicht durch eine Versicherung nach § 9 Abs 1 S 3 BAutobahnG (BGBl 1951 I 157) für Rückübertragung von Grundstückseigentum vom Bund auf ein Bundesland.[33] Wenn Löschung eines Rechts ohne Bewilligung (§ 19 GBO) erfolgt ist, kann nicht deshalb, weil die Bewilligung nur verfahrensrechtliche Bedeutung hat, stets auch noch Nachweis gefordert werden, daß vor oder nach der Löschung eine (materiell formlose) Aufhebungserklärung nach § 875 Abs 1 BGB (bei Grundpfandrechtslöschung auch die Eigentümerzustimmung nach § 1183 BGB) nicht abgegeben wurde.[34] Dieser Nachweis kann in der Form des § 29 Abs 1 GBO nicht geführt werden. Zur Abwendung von Beweisnöten kann daher Anwendung von Erfahrungssätzen (Rdn 159) geboten sein. Dabei kann gegen das Vorliegen einer Aufhebungserklärung auch sprechen, daß der Berechtigte eine Berichtigungsbewilligung verweigert.[35] Abweichende Ansicht kann zu lebensfremdem Ergebnis führen. Beispiel: Bemerkt der Rechtspfleger oder Berechtigte sogleich die versehentliche Löschung (etwa bei maschineller Grundbuchführung), so kann der beantragten (§ 13 Abs 1 GBO) Wiedereintragung im Wege der Grundbuchberichtigung nichts im Wege stehen.[36]

c) Form

369a Der Nachweis der Grundbuchunrichtigkeit ist nach § 29 Abs 1 GBO zu führen,[37] somit durch öffentliche (Erklärungen auch durch öffentlich beglaubig-

---

[30] BayObLG 1971, 336 (339); und aaO (Fußn 28); BayObLG Rpfleger 1980, 186; BayObLG 1986, 317 (320); auch BayObLG Rpfleger 1982, 141 und MittBayNot 1995, 42; OLG Düsseldorf Rpfleger 1967, 13; OLG Frankfurt aaO (Fußn 29); OLG Naumburg FGPrax 2000, 90.
[31] BayObLG 1986, 317 = aaO (Fußn 27).
[32] BayObLG 1980, 476.
[33] LG Bamberg Rpfleger 1983, 347.
[34] So aber BayObLG MittBayNot 1995, 42.
[35] Anders BayObLG MittBayNot 1995, 42.
[36] Die enge Ansicht des BayObLG MittBayNot 1995, 42 macht die lange Zeit zwischen Löschung (1986) und erstrebter Wiedereintragung (1994) faßbar, aber weder naheliegend noch verständlich.
[37] BayObLG 1971, 336 (339); BayObLG Rpfleger 1982, 467 (468); BayObLG 1985, 401 (402) = DNotZ 1986, 357; BayObLG 1988, 102 (107); BayObLG NJW-RR 1990, 722 (723). Hiervon kann auch nicht mit der Erwägung abgesehen werden, die Beschaffung eines formgerechten Nachweises (zB von einer [damals] in der Tschechoslowakei wohnhaften Miterbin) sei im Einzelfall unzumutbar, BayObLG MittBayNot 1985, 24 = Rpfleger 1984, 463.

A. Grundbuchberichtigung auf Antrag

te) Urkunden. Er muß lückenlos sein.[38] Wenn die Grundbuchunrichtigkeit offenkundig ist, bedarf es keines Nachweises mehr.[39]

6. Eigentümerzustimmung (§ 22 Abs 2 GBO)

Die Zustimmung des Eigentümers (Erbbauberechtigten) im Falle des § 22 Abs 2 GBO (Rdn 360) ist mit Rücksicht auf die Bedeutung des Eigentums gefordert, das nicht bloß Rechte gewährt, sondern auch Verpflichtungen (insbesondere öffentlich- rechtlicher Natur) begründet.[40] Zustimmen muß der wahre (wirkliche) Eigentümer,[41] nicht der vermeintliche (bisher eingetragene).[42] Die Zustimmung ist weiteres Eintragungserfordernis; sie muß somit zur Bewilligung des eingetragenen Nichtberechtigten (nach § 22 Abs 1 erforderlich) hinzutreten.[43] Wenn mehrere Personen als Eigentümer berichtigend eingetragen werden sollen, müssen alle zustimmen, auch wenn einer von ihnen Eintragungsantrag gestellt hat.[44] Als zur Eintragung erforderliche Erklärung bedarf die Zustimmung der öffentlich beglaubigten Form (§ 29 Abs 1 S 1 GBO); Eintragungsantrag des Eigentümers in dieser Form genügt (§ 30 GBO). Ein die Berichtigungsbewilligung ersetzendes Urteil weist (als öffentliche Urkunde) auch nach, daß der Antragsteller (Kläger) seine Eintragung als Eigentümer anstrebt, beinhaltet damit zugleich die Zustimmung in grundbuchmäßiger Form.[45]

370

7. Besonderes Antragsrecht Dritter (§ 14 GBO)

a) Berichtigung des Grundbuchs durch **Eintragung** des tatsächlich **Berechtigten** kann auch von demjenigen beantragt werden, der auf Grund eines gegen den Berechtigten **vollstreckbaren Titels** eine Eintragung in das Grundbuch verlangen kann, sofern die Zulässigkeit dieser Eintragung von der vorherigen Berichtigung des Grundbuchs abhängt (§ 14 GBO). Das Antragsrecht des

371

---

[38] BayObLG Rpfleger 1971, 336 (339); BayObLG MittBayNot 1979, 225 = Rpfleger 1979, 381; BayObLG Rpfleger 1980, 108, Rpfleger 1980, 186 und Rpfleger 1982, 467.
[39] S OLG Frankfurt MittRhNotK 1993, 288 = OLGZ 1994, 129 = Rpfleger 1994, 106; OLG Stuttgart Rpfleger 1960, 338.
[40] Kommissionsbericht, abgedr bei Hahn/Mugdan Materialien Band V (1897) Seite 218 (219); auch RG 73, 154 (156). Änderung des Abs 2 durch Erstreckung der Ausnahme auch auf den Fall des Unrichtigkeitsnachweises durch VO vom 5. 10. 1942 (RGBl I 573).
[41] Der im Wege der Berichtigung neu einzutragende Eigentümer.
[42] RG 73, 154 (156); auch OLG Stuttgart DNotZ 1971, 478 = OLGZ 1970, 436 mit folgender weiterer Feststellung: „Ist zweifelhaft, ob der Buchberechtigte oder der neu Einzutragende durch Erbfolge Grundstückseigentümer geworden ist, so genügt es für die Grundbuchberichtigung nicht, daß zwischen beiden Einigkeit über das Eigentum des ersteren besteht und dieser der Berichtigung zustimmt. Vielmehr muß das Erbrecht des Neueinzutragenden in grundbuchmäßiger Form nach § 35 GBO nachgewiesen werden."
[43] RG 73, 154 (156); BayObLG OLG 40, 260 (262).
[44] KGJ 37 A 273; KG OLG 41, 154 (155).
[45] OLG Jena OLG-Report 2001, 442.

Dritten besteht somit nicht, wenn die Eintragung auf Grund des Titels ohne Voreintragung des Berechtigten erfolgen kann (§ 39 Abs 2, § 40 GBO). Der Gläubiger wird mit Erweiterung der in § 13 Abs 1 S 2 GBO geregelten Antragsberechtigung in die Lage versetzt, eine nach § 39 Abs 1 GBO erforderliche Voreintragung des Berechtigten (zu dieser Rdn 136 ff) herbeizuführen; damit wird Vereitelung oder Verzögerung der Durchsetzung des Gläubigeranspruchs durch den Schuldner, der Berichtigungsantrag nicht stellt, ausgeschlossen. Ausnahme: Eintragung des Erstehers und der Sicherungshypotheken gegen ihn, die nur auf Ersuchen des Vollstreckungsgerichts erfolgt (§ 130 ZVG). Praktische Bedeutung erlangt § 14 GBO für Eintragung einer Zwangshypothek; zur Eintragung bei Pfändung eines Miterbenanteils Rdn 1663.

372 b) **Vollstreckbarer Titel** §§ 704, 794, 801 ZPO usw. Eintragungsbewilligung eines nicht eingetragenen Berechtigten (zB Erben) gehört nicht dazu, begründet für den Begünstigten somit kein Antragsrecht. Die Eintragung in das Grundbuch (auch eine Löschung), die dem Gläubiger auf Grund des Titels möglich sein muß, kann rechtsbegründenden (zB Zwangssicherungshypothek)[46] oder berichtigenden Charakter (Eintragung der Pfändung eines Briefrechts)[47] haben. In Betracht kommen mithin Titel, die auf Bewilligung einer Eintragung lauten (§§ 894, 895 ZPO) und Titel, die Geldvollstreckung ermöglichen. Der Titel muß den Antragsteller als Gläubiger und den einzutragenden Berechtigten als Schuldner ausweisen (§ 750 ZPO). Er muß, wenn mehrere Berechtigte einzutragen sind, gegen alle lauten.[48] Es muß sich um einen „vollstreckbaren" Titel handeln, der die Eintragung in das Grundbuch ermöglicht. Der Titel muß daher mit einer (erforderlichen) Vollstreckungsklausel[49] versehen sein, auch bei Rechtsnachfolge auf der Gläubiger- oder Schuldnerseite.[50] Das Grundbuchamt wird bei berichtigender Eintragung zwar nicht als Vollstreckungsorgan tätig; es hat aber zu prüfen, ob auf Grund des Vollstreckungstitels eine Eintragung erfolgen kann. Das ist jedoch nicht der Fall, wenn der Vollstreckungstitel nicht in der Form vorliegt, in der er Vollstreckungsvoraussetzung zu sein hat. Daher hat er

---

[46] Kein Antragsrecht sonach bei Geldvollstreckung zur Eintragung einer Zwangssicherungshypothek für den Gläubiger einer Vollstreckungsforderung bis zu 750 Euro; § 866 Abs 3 ZPO.

[47] Eintragung erfolgt auch dann auf Grund eines vollstreckbaren Titels, wenn die unmittelbare Grundlage der Eintragung ein Pfändungsbeschluß ist; KG JFG 14, 324 (329).

[48] KGJ 37 A 273 (279).

[49] **AA** Demharter Rdn 9, K/E/H/E Rdn 7, je zu § 14: Einfache Ausfertigung genügt, vollstreckbare Ausfertigung ist nicht erforderlich, da Antrag kein Akt der Zwangsvollstreckung (darauf aber kommt es nicht an). Die Vollstreckungsklausel bereitet nur die Zwangsvollstreckung in formeller Hinsicht vor; sie ist Bescheinigung des zuständigen Organs über Bestand und Vollstreckbarkeit des Titels (hat damit Zeugnis- und Schutzfunktion; Zöller/Stöber Rdn 1 zu § 724 ZPO). Die Vollstreckbarkeit des Titels (Erfordernis nach § 14 GBO) hat das Grundbuchamt daher so zu prüfen wie ein Vollstreckungsorgan (Zöller/Stöber aaO), sondern von dem zuständigen Organ, dem die Urschrift zugänglich ist, mit Erteilung der Vollstreckungsklausel bescheinigt zu sein.

[50] **AA** KG Rpfleger 1975, 133; Demharter Rdn 8 zu § 14; enger: K/E/H/E Rdn 7 zu § 14: Voraussetzungen für die Umschreibung müssen gegeben sein.

A. Grundbuchberichtigung auf Antrag

auch zugestellt zu sein;[51] sonstige Voraussetzungen der Zwangsvollstreckung (Fristablauf, Sicherheitsleistung, § 751 ZPO mit Einschränkung nach § 720 a ZPO, Angebot einer Gegenleistung, § 756 ZPO usw) müssen demnach ebenso erfüllt sein. Diese Voraussetzungen sind für die Antragsberechtigung des § 14 GBO nachzuweisen, sind somit nicht Voraussetzungen der Eintragung iS des § 29 Abs 1 S 2 GBO, bedürfen daher nicht der dort bezeichneten Form.[52]

c) Der Berichtigungs**antrag** des nach § 14 GBO Antragsberechtigten kann schriftlich gestellt werden; zur Eintragung erforderliche Erklärungen (§ 30 GBO) ersetzt er nicht. Die für Berichtigung notwendigen Unterlagen (Berichtigungsbewilligung oder Unrichtigkeitsnachweis, nicht aber Eigentümerzustimmung, § 22 GBO) hat der Antragsteller beizubringen; Briefvorlage ist erforderlich (§ 41 GBO). Beschaffung der Unterlagen ermöglichen insbesondere §§ 792, 896 ZPO, §§ 34, 85 FGG, § 2264 BGB, § 9 HGB. Zurückgenommen werden kann der Antrag schriftlich (erfordert keine Unterschriftsbeglaubigung, § 31 S 2 GBO). 373

8. Die Grundbucheintragung bei Grundbuchberichtigung

Notwendiger **Eintragungsinhalt** ist auch bei Grundbuchberichtigung die bestimmte Bezeichnung des einzutragenden Rechts am Grundstück, des Rechtes an einem solchen Recht oder der Verfügungsbeschränkung mit dem gesetzlichen Inhalt sowie der einzutragenden Veränderung. Für Eintragungsvermerk und auch Eintragung nach Grundbuchverfahrensrecht gilt das Rdn 225 ff Gesagte. Datum und Unterschrift: § 44 Abs 1 GBO (Rdn 227, 228) sowie § 130 GBO (Rdn 227 a). Bei Eintragung eines Eigentümers wird in Spalte 4 der Abt I die Grundlage der Eintragung, somit die Bewilligung der Berichtigung des Grundbuchs eingetragen (§ 9 Buchst d GBV) oder der Unrichtigkeitsnachweis als Eintragungsgrundlage angegeben. Auf eine Urkunde mit der Eigentümerzustimmung (§ 22 Abs 2 GBO) wird nicht verwiesen. Bei Eintragung einer Grundstücksbelastung in Abt II und III kann zur näheren Bezeichnung des Inhalts des Rechts nach Maßgabe von §§ 874, 1115 BGB auf die Eintragungsbewilligung (Berichtigungsbewilligung) Bezug genommen werden („Soll"-Erfordernis nach § 44 Abs 2 GBO). Bei einer berichtigend einzutragenden Änderung des Berechtigten ist die „wirkliche Rechtslage" (§ 894 BGB) darzustellen, somit die Veränderung im Eintragungsvermerk nicht lediglich formell als „berichtigende Eintragung" zu bezeichnen,[53] sondern unter Angabe des Rechtsakts einzutragen, wie das materielle Recht sich geändert hat.[54] Als verändernder Erwerbsvorgang ist somit nicht die Berichtigungsbewilligung oder der Unrichtigkeitsnachweis anzugeben, sondern der materielle Rechtsvorgang, also: Abtretung, Übergang durch Erbfolge usw. 374

---

[51] **AA:** Zustellung ist nicht erforderlich: Bauer/vOefele/Wilke Rdn 26, K/E/H/E Rdn 7, Demharter Rdn 9, je zu § 14.
[52] Daher genügt als Zustellungsnachweis schriftliches Empfangsbekenntnis des Anwalts nach §§ 174, 195 ZPO.
[53] Das würde nur den Vorgang der Einschreibung kennzeichnen; s Güthe/Triebel Rdn 10 zu § 44.
[54] Güthe/Triebel Rdn 10 zu § 44.

1. Teil. IX. Grundbuchberichtigung, Grundbuchunrichtigkeit

9. Löschung eines zeitlich beschränkten Rechts (§§ 23, 24 GBO)

Literatur: Amann, Unwirksamkeit und Umdeutung von Löschungserleichterungen, DNotZ 1998, 6; Böttcher, Der Löschungserleichterungsvermerk gemäß §§ 23 Abs 2, 24 GBO, MittRhNotK 1987, 219; Frank, Der unzulässige Löschungserleichterungsvermerk, MittBayNot 1997, 217; Lülsdorf, Die Löschung von auf Lebenszeit des Berechtigten beschränkten Rechten, MittRhNotK 1994, 129; Streuer, Löschungserleichterung bei Auflassungsvormerkung und Vorkaufsrecht, Rpfleger 1986, 245.

375 Grundbuchberichtigung durch Löschung eines auf Lebenszeit oder ein bestimmtes Lebensalter des Berechtigten oder sonst zeitlich beschränkten Rechts kann **durch Unrichtigkeitsnachweis** (Nachweis über das Erlöschen des Rechts durch Tod, Endtermin, Eintritt einer auflösenden Bedingung) gemäß § 22 Abs 1, §§ 23, 24 GBO **nur** erfolgen,
- wenn **Rückstände** von Leistungen **ausgeschlossen** sind, **oder**
- wenn **Rückstände** von Leistungen zwar nicht ausgeschlossen sind, aber die **Löschung erst nach Ablauf eines Jahres** nach dem Tod des Berechtigten oder dem sonstigen Erlöschen des Rechts erfolgen soll **und** der **Rechtsnachfolger** der **Löschung** beim Grundbuchamt **nicht widersprochen** hat, **oder**
- wenn Rückstände von Leistungen zwar nicht ausgeschlossen sind, aber eine **Vorlöschungsklausel** (§ 23 Abs 2 iVm § 24 GBO) im Grundbuch bei dem zu löschenden Recht **eingetragen** ist.

In allen anderen Fällen ist die Löschung durch Nachweis der Unrichtigkeit nicht möglich, sondern nur mit Berichtigungsbewilligung des Betroffenen oder seines Rechtsnachfolgers, somit immer, wenn Rückstände nicht ausgeschlossen sind, eine Vorlöschungsklausel nicht eingetreten ist **und**
- Löschung vor Ablauf eines Jahres nach dem Tod des Berechtigten oder dem sonstigen Erlöschen des Rechts erfolgen soll, **oder**
- der Berechtigte (§ 24 GBO) oder der Rechtsnachfolger des Berechtigten (§ 23 GBO) der Löschung beim Grundbuchamt widersprochen hat.

Damit soll die Gefährdung des Anspruchs des Rechtsnachfolgers des Berechtigten (bzw des Berechtigten selbst im Fall des § 24 GBO) auf Rückstände von Leistungen abgewendet werden.

376 Durch Eintragung der sog **Vorlöschungsklausel** (§ 23 Abs 2 mit § 24 GBO) kann die Löschung bei Nachweis des Todes des Berechtigten oder des sonstigen Ereignisses für die zeitliche Beendigung des Rechts erleichtert werden; durch sie ist Löschung auf Grund Unrichtigkeitsnachweis auch möglich vor Ablauf des Sperrjahres und ohne Rücksicht auf einen etwaigen Widerspruch des Rechtsnachfolgers des Berechtigten. Voraussetzung für die Eintragung der Vorlöschungsklausel ist jedoch stets, daß das Recht zeitlich (auf Lebenszeit, § 23 GBO) beschränkt ist[55] und Rückstände von Leistungen des (eingetragenen) Rechts möglich sind. Keine Rückstände iS von §§ 23, 24 GBO sind rein schuldrechtliche Ansprüche aus dem dem Recht zugrunde liegenden Bestellungsvertrag oder zB aus unerlaubter Handlung, die nicht Inhalt des (dinglichen) Rechts sind.[56]

---

[55] Eine **Reallast** für **Grabpflegekosten** zugunsten der Übergeber eines Grundstückes ist nicht auf Lebenszeit der Übergeber beschränkt; Vorlöschungsklausel ist daher nicht eintragungsfähig und trotz Vorlöschungsklausel ist Löschung durch Unrichtigkeitsnachweis (Sterbeurkunde) nicht möglich, siehe Rdn 1344.
[56] OLG Hamm NJW-RR 2001, 1099 = Rpfleger 2001, 402.

B. Berichtigungszwang bezüglich der Eigentümer-Eintragung

Wird die Vorlöschungsklausel gleichzeitig mit Bestellung des zeitlich beschränkten Rechts vereinbart und im Grundbuch eingetragen, so genügt Bewilligung des Grundstückseigentümers, der das Recht von vornherein mit dieser Inhaltsbeschränkung bestellen kann.[57] Bewilligung des Berechtigten des zeitlich beschränkten Rechts ist somit nur bei nachträglicher Vereinbarung der Löschungserleichterung nötig.

Die Vorlöschungsklausel ist unmittelbar ins Grundbuch einzutragen, Bezugnahme ist nicht möglich.

Diese Löschungsfälle und die Eintragung der Vorlöschungsklausel erlangen Bedeutung insbesondere bei Nießbrauch (Rdn 1391), Reallast (Rdn 1314), Leibgeding (Rdn 1343 ff; dort Rdn 1344a auch zur Umdeutung der Bewilligung einer Vorlöschungsklausel in eine Vollmacht über den Tod hinaus für eine Löschungsbewilligung) und Wohnungsrecht (Rdn 1268 ff), außerdem beim unvererblichen Vorkaufsrecht (Rdn 1436). S daher bei diesen Rechten. Zur Vormerkung s Rdn 1544. Widerspruch zur Erhaltung des dinglichen Rechts auf Rückstände Rdn 1352 ff.

B. Berichtigungszwang bezüglich der Eigentümer-Eintragung, Berichtigung von Amts wegen (§§ 82, 82a, 83 GBO; § 33 FGG)

Literatur: Riedel, Verfahren beim Grundbuchberichtigungszwang nach § 82 GBO, JurBüro 1979, 659.

a) Grundbuchberichtigung erfolgt auf Antrag (§ 13 Abs 1 S 1 GBO). Es besteht aber auch ein allgemeines Interesse an der fortdauernden Übereinstimmung der Eigentümereintragung im Grundbuch, insbesondere im Hinblick auf die den Eigentümer treffenden Pflichten des öffentlichen Rechts. Dem trägt der Grundbuchberichtigungszwang des § 82 GBO Rechnung (Sollvorschrift, von der das Grundbuchamt Gebrauch zu machen hat[1]). Demnach steht es nicht im Belieben des Eigentümers, ob er Antrag auf Berichtigung des Grundbuchs stellen und die erforderlichen Unterlagen beschaffen will. § 82 GBO begründet vielmehr die öffentlichrechtliche Verpflichtung hierzu.[2]

377

b) **Voraussetzung** des Berichtigungszwangs ist, daß

378

aa) das Grundbuch hinsichtlich der **Eintragung des Eigentümers** oder Erbbauberechtigten durch Rechtsübergang außerhalb des Grundbuchs **unrichtig** im Sinne des § 894 BGB (Rdn 356) geworden ist. Beispiele: Erbgang, Erbteilsübertragung, Eintritt von ehelicher oder fortgesetzter Gütergemeinschaft, Umwandlung und Verschmelzung bei einer Kapitalgesellschaft. Es sind dies alles Fälle, in denen der Eigentumsübergang keine Auflassung erfordert (s dazu auch Rdn 3293). Nicht dazu gehören Änderung nur des Namens (auch der Firma), Berufs oder Wohnorts des Eigentümers und Eigentumsübergang

---

[57] In diesem Sinn ist die frühere Streitfrage entschieden durch BGH 66, 341 = DNotZ 1976, 490 = Rpfleger 1976, 206 mit Nachweis des früheren Streitstandes.
[1] OLG Frankfurt Rpfleger 1977, 409 und 1978, 413; LG Ellwangen BWNotZ 1977, 177 = JurBüro 1979, 759; auch BayObLG 1994, 158 = FamRZ 1995, 119 = NJW-RR 1995, 272 (273) = Rpfleger 1995, 183.
[2] OLG Frankfurt und LG Ellwangen je aaO; auch BayObLG 1994, 158 (162) = aaO.

durch Zuschlag (§ 90 Abs 1 ZVG), weil Eintragung des Erstehers nur auf Ersuchen des Vollstreckungsgerichts erfolgen kann (§ 130 Abs 1 ZVG).

bb) das **Grundbuchamt** von der unrichtig gewordenen Eigentümereintragung **Kenntnis hat.** Weil das Verfahren von Amts wegen einzuleiten ist, hat das Grundbuchamt zur Festlegung der Unrichtigkeit und des zur Antragstellung Verpflichteten erforderliche Ermittlungen zu veranstalten (§ 12 FGG), wenn ihm ausreichende Tatsachen für einen außergrundbuchlichen Rechtsübergang zur Kenntnis gelangt sind.

cc) für **Zurückstellung berechtigte Gründe** nicht vorliegen (§ 82 S 2; Einschreitungsermessen). Gründe, die Zurückstellung rechtfertigen können, sind zum Beispiel: Alsbaldige Veräußerung[3] des Grundstücks oder Aufteilung in Wohnungseigentum[4] ist geplant; Zwangsversteigerung zur Aufhebung der Gemeinschaft steht an; das Grundstück soll demnächst belastet werden, was eine Berichtigung des Grundbuchs ohnehin zur Voraussetzung hat. **Berechtigter** Grund für Zurückstellung bis zum Ablauf der 2-Jahresfrist des § 60 Abs 4 KostO soll sich aus der Erwägung ergeben, daß infolge der in dieser Frist beantragten kostenfreien, damit förderungswürdigen Grundbuchberichtigung nicht angenommen werden kann, schon vor Fristablauf solle Anlaß zur Erzwingung der Berichtigung bestehen, sofern im Einzelfall nicht besondere Gründe eine andere Handhabung gebieten.[5] Das bestimmt § 82 S 2 BGB als „Soll"vorschrift jedoch nicht und rechtfertigt so generell auch das Interesse an richtiger Eigentümereintragung (Rdn 377) nicht ohne weiteres; das Einschreitungsermessen des Grundbuchamts ist vielmehr durch eine konkrete Frist nicht eingeengt.

379 c) **Verpflichtet** zur Herbeiführung der Grundbuchberichtigung ist der **Eigentümer** oder, wenn der in Frage stehende Grundbesitz der Verwaltung[6] eines Testamentsvollstreckers unterliegt, dieser. Bei Miteigentum und bei Gesamthandseigentum kann sich das Grundbuchamt an jeden Eigentümer mit der Aufforderung zur Herbeiführung der Grundbuchberichtigung wenden[7] oder auch an alle. Nach dem Tod eines Miterben kann ein Grundbuchberichtigungsverfahren gegen seine Erben oder einen von ihnen eingeleitet werden.[8] Steht die Verwaltung des fraglichen Grundbesitzes mehreren Testamentsvollstreckern zu, so werden mangels abweichender Verwaltungsanordnungen des Erblassers alle Testamentsvollstrecker zur Berichtigung aufzufordern sein (§ 2224 BGB).[9]

380 d) Das **Grundbuchamt** hat dem Verpflichteten **aufzugeben**
– **Antrag** auf Berichtigung des Grundbuchs zu stellen. Der Verpflichtete kann den Berichtigungsantrag schriftlich stellen (§ 13 Abs 1 S 1 GBO);

---

[3] Verzögerung der Eigentumsübertragung rechtfertigt ohne Rücksicht auf die Ursache keine Zurückstellung, BayObLG (29. 5. 1991, mitget) Rpfleger 1991, 354.
[4] OLG Frankfurt Rpfleger 2002, 433 mit zust Anm Dümig.
[5] OLG Frankfurt und Dümig aaO; Bauer/vOefele/Budde Rdn 11 zu § 82.
[6] Kein Berichtigungszwangsverfahren gegen den Nachlaßverwalter eines verstorbenen BGB-Gesellschafters hinsichtlich eines zum Gesellschaftsvermögen gehörenden Grundstücks, OLG Hamm OLGZ 1993, 147 = MittRhNotK 1993, 73 = Rpfleger 1993, 282.
[7] OLG Frankfurt Rpfleger 1978, 413; KG JFG 14, 418.
[8] OLG Frankfurt Rpfleger 1978, 413.
[9] OLG München JFG 17, 298.

B. Berichtigungszwang bezüglich der Eigentümer-Eintragung

– die zur Berichtigung des Grundbuchs notwendigen Unterlagen (Erbschein usw) **zu beschaffen.** Es sind nur Unterlagen zu beschaffen, die eine außergrundbuchlich bereits eingetretene Rechtsänderung bezeugen. Die Verpflichtung hat nicht zum Inhalt, eine neue, die materielle Rechtslage klärende oder ändernde Entscheidung oder Feststellung herbeizuführen, wie etwa eine Todeserklärung.[10] Ist Berichtigungsantrag bereits gestellt, so kann das Zwangsverfahren auch nur auf die Beibringung der zur Berichtigung des Grundbuchs notwendigen Unterlagen beschränkt werden. Ebenso kann das Zwangsverfahren auf die Stellung der Grundbuchberichtigungsantrags beschränkt werden, wenn die notwendigen Unterlagen bereits vorliegen.

e) Verfahren

Das Zwangsverfahren hat das Grundbuchamt (Rechtspfleger, § 3 Nr 1h RPflG) von Amts wegen einzuleiten; hierfür kann auch Anregung eines Beteiligten[11] Anlaß sein. Die Verpflichtungen des § 82 GBO sind durch Verfügung (auch Beschlußform ist möglich) aufzuerlegen. Die Verfügung soll die notwendigen Berichtigungsunterlagen bezeichnen. Zur Erfüllung der Verpflichtungen ist eine angemessene Frist zu setzen. Wenn der Verpflichtete den ihm durch Verfügung auferlegten Verpflichtungen unbegründet nicht nachkommt, ist er zur Befolgung der Anordnung durch Androhung und Festsetzung von Zwangsgeld anzuhalten (§ 33 Abs 1 FGG). 381

Die Verfügung, mit der dem Verpflichteten auferlegt wird, Berichtigungsantrag zu stellen und notwendige Unterlagen zu beschaffen, und die Verfügungen im Zwangsgeldverfahren, sind mit Beschwerde nach allgemeinen Vorschriften anfechtbar (Rdn 470). Beschwerdefähig ist auch die Ablehnung der verlangten Einleitung des Verfahrens (s Rdn 493).

Wenn nach Festsetzung eines Zwangsgeldes der Erbe das Nachlaßgrundstück an einen Dritten aufgelassen hat, ist auch dann, wenn der Eigentumsumschreibung noch ein Vollzugshindernis entgegensteht, zu prüfen, ob der Zwangsgeldbeschluß aufzuheben ist.[12]

f) Formularmuster zum Berichtigungszwang 382

Sehr geehrter Herr Schneider!   – zustellen –

Als Alleinerbe Ihres am ... verstorbenen Vaters, Herrn Otto Schneider, Maler in Astadt, müssen Sie das Grundbuch bezüglich der in (Band 3) Blatt 20 eingetragenen Grundstücke Flurstück 10 und 12 in Astadt auf Ihren Namen berichtigen zu lassen. Verpflichtet dazu sind Sie nach § 82 GBO.

Sie werden gebeten, bis spätestens ... einschließlich den Antrag auf Berichtigung des Grundbuchs unter Vorlage des – wie hier bekannt – Ihnen bereits erteilten Erbscheins des Nachlaßgerichts Astadt zu stellen. Der Antrag kann ohne öffentliche Unterschriftsbeglau-

---

[10] LG Kleve MittRhNotK 1967, 110.
[11] Der Antrag eines Beteiligten hat nur die Bedeutung einer Anregung, OLG Hamm MittBayNot 1994, 326 (328) = NJW-RR 1994, 271 = OLGZ 1994, 257 (261) = Rpfleger 1994, 248. Jedoch kann in ein Beschwerdeverfahren, in dem die Ablehnung einer beantragten Grundbuchberichtigung angegriffen wird, nicht erstmals als weiterer Verfahrensgegenstand die Grundbuchberichtigung im Amtsverfahren nach den §§ 82 ff GBO eingeführt werden (OLG Hamm aaO).
[12] OLG Frankfurt Rpfleger 1977, 409.

bigung gestellt werden. Sie können sich gleichwohl der Hilfe eines Notars bedienen oder hier vorsprechen.
Der genannte § 82 GBO hat folgenden Wortlaut: ...

Astadt, den ...   Mit vorzüglicher Hochachtung
Amtsgericht Astadt   Paulus, Rechtspfleger

Kommt der Verpflichtete der **Aufforderung** des Grundbuchamts **nicht nach,** so kann die **Berichtigung erzwungen** werden (§ 33 FGG):

Sehr geehrter Herr Schneider!   – zustellen –

Der Verfügung des Amtsgerichts vom ..., mit der Sie gebeten wurden, den Antrag auf Berichtigung des Grundbuchs von Astadt (Band 3) Blatt 20 bezüglich der Grundstücke Flurstück 10 und 12 unter Vorlage Ihres Erbscheins auf Ableben Ihres Herrn Vaters einzureichen, sind Sie innerhalb der gesetzten Frist nicht nachgekommen.
Es wird Ihnen daher nunmehr aufgegeben, innerhalb einer mit der Zustellung dieser Verfügung beginnenden Frist von einem Monat der genannten Aufforderung vom ... nachzukommen. Andernfalls müßte gegen Sie ein Zwangsgeld von ... Euro festgesetzt werden (§ 82 Satz 1 GBO).
Gegen diese Verfügung findet das Rechtsmittel der Beschwerde statt (§ 71 Abs 1 GBO). Die Beschwerde kann durch Einreichung eines Schriftsatzes oder durch Erklärung zur Niederschrift des Grundbuchamts eingelegt werden.

Astadt, den ...   Mit vorzüglicher Hochachtung
Amtsgericht Astadt   Paulus, Rechtspfleger

383 g) **Von Amts wegen** kann das Grundbuchamt (Rechtspfleger, § 3 Nr 1 h RPflG) das Grundbuch hinsichtlich der Eintragung des Eigentümers (auch des Erbbauberechtigten; nicht aber sonst) **berichtigen,** wenn die Unrichtigkeit durch Rechtsübergang außerhalb des Grundbuchs feststeht, das Berichtigungsverfahren nach § 82 GBO jedoch nicht durchführbar ist oder keine Aussicht auf Erfolg bietet (§ 82 a GBO). Das kann der Fall sein, wenn der Verpflichtete außerhalb Deutschland wohnt oder sein derzeitiger Aufenthalt nicht bekannt ist oder wenn er vermögenslos ist und ein Zwangsgeldverfahren (§ 33 FGG) daher nicht zum Ziele führen kann. Bei Grundbuchberichtigung von Amts wegen nach § 82 a GBO entfällt nur der Eintragungsantrag (§ 13 Abs 1 S 1 GBO). Der für die Eintragung erforderliche Unrichtigkeitsnachweis (§ 22 GBO, bei Erbfolge § 35 GBO) muß als Eintragungsgrundlage ebenso wie sonstige Voraussetzungen der Eintragung erfüllt sein. Im Rahmen dieser Amtsberichtigung kann das Grundbuchamt das Nachlaßgericht um Ermittlung der Erben (§ 82 a S 2 GBO), nicht aber um Einziehung eines Erbscheins ersuchen und auch eigene Ermittlungen zur Vervollständigung des Erbscheins nicht anstellen.[13]

Das **Nachlaßgericht** hat dem Grundbuchamt von dem Erbfall und den Miterben Mitteilung zu machen, wenn es einen Erbschein erteilt oder sonst die Erben ermittelt hat und ihm bekannt ist, daß zum Nachlaß ein Grundstück gehört. Die gleiche Mitteilungspflicht besteht, wenn das Nachlaßgericht ein Testament oder einen Erbvertrag eröffnet (s § 83 GBO). Das Nachlaßgericht hat in solchen Fällen ferner die Erben, soweit ihm ihr Aufenthalt bekannt ist, darauf hinzuweisen, daß durch den Erbfall das Grundbuch unrichtig geworden ist und welche gebührenrechtliche Vergünstigungen (vgl § 60 Abs 4 KostO) für eine Grundbuchberichtigung bestehen (§ 83 GBO).

---

[13] KG Rpfleger 1977, 307.

Bei Weigerung des Nachlaßgerichts, auf Ersuchen des Grundbuchamts die Erben des eingetragenen Eigentümers zu ermitteln (§ 82a GBO), kann das OLG angerufen werden (entsprechende Anwendung des § 159 GVG).[14] Berichtigungszwangsverfahren (§ 82 GBO) und Grundbuchberichtigung von Amts wegen (§ 82a GBO) kommen auch dann in Betracht, wenn ein Beteiligter bereits Antrag auf Grundbuchberichtigung gestellt hat.[15] Veranlaßt sein kann ein solches Vorgehen des Grundbuchamts vor allem dann, wenn der Berichtigungsantrag ohne die Mitwirkung eines anderen Beteiligten keinen Erfolg haben kann wie dann, weil der Antragsteller den Nachweis der Rechtsnachfolge (Erbschein für Nachweis der Erbfolge nach einem Miterben) nicht selbst beschaffen kann.[16]

383a

C. Löschung gegenstandsloser Eintragungen (§§ 84–89 GBO)

Literatur: Peter, Löschung gegenstandsloser Rechte, BWNotZ 1983, 49.

a) Durch die Entwicklung überholte Eintragungen, denen eine rechtliche Bedeutung für die Zukunft nicht mehr zukommt, somit **dauernd gegenstandslose** Eintragungen in Abteilung II und III, sollen das Grundbuch nicht belasten und den Grundbuchverkehr nicht erschweren.[1] Bereinigung des Grundbuchs mit Löschung von Amts wegen ermöglicht § 84 GBO. Zur Löschung zeitlich überholter Dienstbarkeiten (auch Nießbrauche) nach § 5 Abs 3 GBBerG siehe Rdn 1217a. Löschung von Kohleabbaugerechtigkeiten und zugehörigen Dienstbarkeiten im Beitrittsgebiet: § 5 Abs 3 mit 2 GBBerG.

384

b) **Gegenstandslos** ist eine Eintragung (§ 84 Abs 2 GBO)

385

aa) aus **rechtlichen** Gründen, soweit das Recht, auf das sich die Eintragung bezieht, nicht besteht **und** seine Entstehung auch in Zukunft endgültig ausgeschlossen ist. Beide Voraussetzungen müssen gegeben sein; wenn die Möglichkeit besteht, daß ein Recht noch zur Entstehung gelangt, ist die Löschung ausgeschlossen.

bb) aus **tatsächlichen** Gründen, soweit das Recht, auf das sich die Eintragung bezieht, tatsächlich dauernd nicht ausgeübt werden kann, ihm somit eine praktische Bedeutung nicht mehr zukommt und auch künftig nicht mehr zukommen kann.[2] Vorübergehend (auch längerfristig) nicht mögliche Ausübung genügt nicht, desgleichen genügt nicht, daß eine Dienstbarkeit vom Berechtigten, gleich aus welchen Gründen, nicht ausgeübt wird.[3]

Diese Voraussetzungen können bei grundbuchersichtlichen Rechten jeder Art gegeben sein, auch bei Vormerkung, Widerspruch, Verfügungsbeschränkung, Enteignungsvermerk und ähnlichen Eintragungen (§ 84 Abs 3 GBO), nicht jedoch bei Eigentum. **Beispiele** für zwar entstandene, aber erloschene Rechte:

---

[14] KG OLGZ 1969, 134 = Rpfleger 1969, 57.
[15] BayObLG 1994, 158 = aaO (Fußn 1).
[16] KG JFG 14, 418; BayObLG aaO (Fußn 1).
[1] Zur Entstehungsgeschichte s KG JFG 10, 280 (283).
[2] KG JFG 10, 280 (285). Wenn es nie mehr ausgeübt werden kann, BayObLG MittBayNot 1992, 397.
[3] BayObLG 1986, 218 (221) = Rpfleger 1986, 373.

Wegfall des Berechtigten eines unveräußerlichen Rechts wie Nießbrauch, Wohnungsrecht auf bestimmte Zeit oder auf Lebenszeit; Eintritt einer auflösenden Bedingung. Eine Vormerkung kann durch rechtswirksame Einräumung oder Aufhebung des vorgemerkten Rechts im Einzelfalle gegenstandslos werden, zu empfehlen ist ihre Löschung aber nicht (s Rdn 1539). Ist eine **Vormerkung** zur Sicherung eines **Auflassungsanspruchs** eingetragen, der zugrunde liegende Kaufvertrag aber nichtig, weil der Verkäufer geisteskrank ist, so ist die Entstehung des Anspruchs auf Eigentumsübergang mit Sicherheit ausgeschlossen, ein Anwendungsfall des § 84 GBO also gegeben. Anders ist die Rechtslage, wenn der Verkäufer nur beschränkt geschäftsfähig ist, denn hier kann die schwebende Unwirksamkeit noch durch die Genehmigung seitens des gesetzlichen Vertreters beseitigt werden.

Tatsächliche Gegenstandslosigkeit liegt nur vor, wenn das eingetragene Recht aus tatsächlichen Gründen **dauernd** nicht ausgeübt werden kann.[4] Sie kann gegeben sein, weil die Person des Berechtigten nicht zu ermitteln ist,[5] insbesondere aber bei Wegfall des Gegenstands des Rechts oder bei dessen grundlegender Veränderung, wenn auch kein Anspruch auf Wiederherstellung des ursprünglichen Zustands mehr besteht.[6] Dies kann zB zutreffen bei dauerndem Wegfall einer Brücke, bei Aufhebung eines Weges, an denen ein Wegerecht besteht, bei Bebauung eines mit einem Weiderecht belasteten Grundstücks, bei Nutzungsänderung (Bebauung) des mit dem Recht zur Benutzung eines Brunnens belasteten Grundstücks, wenn der Brunnen zugeschüttet worden ist. Ein Überfahrtsrecht kann dagegen nicht allein deshalb als gegenstandslos gelöscht werden, weil es einem verbindlichen Bebauungsplan widerspricht,[7] eine Auflassungsvormerkung nicht deshalb, weil für den Anspruch die (30jährige) Verjährungsfrist verstrichen ist,[8] ein Wasserleitungsrecht nicht bereits deshalb, weil das belastete Grundstück teilweise bebaut wurde.[9]

386 c) Das **Verfahren** zur Löschung einer gegenstandslosen Eintragung leitet das Grundbuchamt von Amts wegen ein; hierfür kann auch Anregung eines Beteiligten[10] Anlaß sein. Verfahrenseinleitung soll nur erfolgen, wenn besondere äußere Umstände hinreichend Anlaß dazu geben (§ 85 Abs 1 GBO mit Einzelheiten). Bei Beurteilung der Frage, ob eine Eintragung gegenstandslos ist, ist große Vorsicht zu üben.[11] Es ist nicht Zweck des Löschungsverfahrens nach §§ 84 ff GBO, einen Streit der Beteiligten über das Bestehen oder Nichtbestehen eines eingetragenen Rechts (insbesondere einer Grunddienstbarkeit) zu entscheiden.[12] Über die Einleitung entscheidet das Grundbuchamt

---

[4] Zur Frage der Gegenstandslosigkeit alter Grundlasten in Bayern s Carmine DNotZ 1957, 7.
[5] KG JFG 10, 280 (285).
[6] BayObLG 1986, 218 (221) = aaO.
[7] OLG Hamm JMBl NRW 1965, 197 = MDR 1966, 51.
[8] OLG Köln OLGZ 1986, 310 = Rpfleger 1986, 374.
[9] BayObLG 1986, 218 (222) = aaO; zum Wasserleitungsrecht s auch Rdn 1188.
[10] Anträge von Beteiligten haben nur die Bedeutung von Anregungen, BayObLG 1973, 272 (273).
[11] OLG Hamm JMBlNRW 1964, 78; KG JFG 10, 280 (284); BayObLG 1986, 218 (221) = aaO.
[12] OLG Hamm OLGZ 1965, 239 (241); BayObLG 1986, 218 (221).

nach freiem Ermessen (§ 85 Abs 2 GBO). Eine allgemeine Verpflichtung, die Grundbücher auf gegenstandslose Eintragungen durchzusehen, besteht nicht. Es muß Grund zu der Annahme bestehen, daß die Eintragung gegenstandslos ist (§ 85 Abs 1 GBO). Hierfür erforderliche Ermittlungen sind bei Anlaß von Amts wegen anzustellen (§ 12 FGG). Förmlicher Einleitungsbeschluß und Nachricht an Beteiligte von der Verfahrenseinleitung sind nicht erforderlich. Wird jedoch Einleitung des von einem Beteiligten (Eigentümer, am Grundstück oder an einem Grundstücksrecht Berechtigter) angeregten Verfahrens abgelehnt oder das nach Anregung eingeleitete Verfahren eingestellt, dann ist die Entscheidung mit Gründen zu versehen (§ 86 GBO).

d) **Voraussetzung der Löschung** einer Eintragung ist (§ 87 GBO), 387
aa) entweder, daß sich aus **festgestellten Tatsachen** oder Rechtsverhältnissen ergibt, daß die Eintragung gegenstandslos ist;
bb) oder daß dem Betroffenen eine **Löschungsankündigung** zugestellt ist und er **Widerspruch** in der bestimmten Frist[13] nicht erhoben hat;
cc) oder daß durch begründeten Beschluß **rechtskräftig festgestellt** ist, daß die Eintragung gegenstandslos ist.
Jede dieser Voraussetzungen ermöglicht Löschung; jedoch kommt Löschungsankündigung (Buchst bb) nur in Betracht, wenn Urkundennachweis der Gegenstandslosigkeit nicht beschafft werden kann. Feststellung der Löschungsvoraussetzungen durch Beschluß erfolgt nur, wenn Urkundennachweis nicht beschafft werden kann und der Betroffene einer Löschungsankündigung widersprochen hat. Wenn Urkundennachweis der Gegenstandslosigkeit vorliegt, kann Löschung ohne weiteres erfolgen (keine Löschungsankündigung; Beteiligten ist jedoch rechtliches Gehör zu gewähren, Art 103 Abs 1 GG). Wenn der Betroffene einer Löschungsankündigung nicht widerspricht, wird die Löschung verfügt; Feststellung durch Beschluß erfolgt dann nicht mehr. Tatsachen oder Rechtsverhältnisse (Buchst aa) können Gegenstandslosigkeit ohne weiteres nur dann ergeben, wenn sie durch **öffentliche** (nicht auch öffentlich beglaubigte) **Urkunden** ausgewiesen oder wenn sie beim Grundbuchamt offenkundig sind (§ 87 Buchst a mit § 29 Abs 1 GBO). Für Zustellung einer Löschungsankündigung (Buchst bb) **Betroffener** ist der Inhaber des Rechts, dessen Löschung angekündigt werden soll, außerdem jeder Berechtigte eines Rechts an diesem Recht, bei Grundpfandrechten auch der Grundstückseigentümer (Feststellung erforderlich, weil öffentliche Zustellung nicht erfolgen kann, § 88 Abs 2 Buchst b GBO). Löschungsankündigung (Buchst bb) und Feststellungsbeschluß (Buchst cc) werden mit Bekanntmachung an den (die) Beteiligten (Betroffenen) wirksam (§ 16 Abs 1 FGG); sie erfolgt durch **Zustellung von Amts wegen** (§ 16 Abs 2 FGG mit § 88 Abs 2 GBO); einem Anwesenden können sie auch zu Protokoll bekanntgemacht werden (§ 16 Abs 3 FGG). Zustellung an einen Verfahrensbevollmächtigten eines Beteiligten hat nach § 172 ZPO zu erfolgen, wenn der Beteiligte dem Grundbuchamt gegenüber klar zum Ausdruck gebracht hat, daß Zustellungen nur an seinen Bevollmächtigten erfolgen sollen (Rdn 454). Bestimmung eines Zustellungsbevollmächtigten durch einen nicht im Inland wohnenden Beteiligten

---

[13] Auch ein Widerspruch nach Fristablauf aber noch vor Löschung hindert diese (Peter BWNotZ 1983, 49, 52). Über diesen Widerspruch ist durch Beschluß zu entscheiden.

und Zustellung durch Aufgabe zur Post sind ausgeschlossen (§ 184 ZPO ist nicht anzuwenden, § 88 Abs 2 Buchst a GBO). Die Löschungsankündigung (Buchst bb) kann nicht öffentlich zugestellt werden (§ 88 Abs 2 Buchst b GBO); der Feststellungsbeschluß (Buchst cc) kann auch einem unbekannten Beteiligten öffentlich zugestellt werden (§ 88 Abs 2 Buchst c GBO). Vorlegung von Hypotheken-, Grundschuld- und Rentenschuldbriefen kann durch das Grundbuchamt veranlaßt werden (§ 88 Abs 1 GBO).

388 **e) Beispiel für Ankündigung an den Eingetragenen**

> Herrn Albert Reiff, Schneidermeister in Leerdorf
>
> Sehr geehrter Herr Reiff!
> Im Grundbuch von Leerdorf (Band 1) Blatt 3, Eigentümer Anton Sauber, Metzger in Leerdorf, ist für Sie auf die Dauer Ihres ledigen Standes in Abt. II Nr. 1 ein Wohnungsrecht eingetragen, das auf der in Abschrift hiermit mitgeteilten Eintragungsbewilligung vom ... beruht.
> Nach § 84 GBO können Eintragungen, die gegenstandslos geworden sind, von Amts wegen gelöscht werden. Das Grundbuchamt nimmt an, daß diese Vorschrift auf Ihr Wohnungsrecht Anwendung findet, weil ... Sie werden daher gebeten, bis spätestens ... hierher mitzuteilen, ob Sie mit der Löschung Ihres Rechts einverstanden sind oder ob und aus welchen Gründen Sie der Löschung widersprechen wollen. Sollte innerhalb der vorstehenden Frist von Ihnen ein Widerspruch nicht eingehen, so wird das Grundbuchamt das Wohnungsrecht von Amts wegen löschen.
>
> Leerdorf, den ...　　　　　　　　　　　　　　Mit vorzüglicher Hochachtung/
> Amtsgericht ...　　　　　　　　　　　　　　　　　　　　Schön, Rechtspfleger

389 f) Die **Löschung** erfolgt durch Eintragung eines Löschungsvermerks; auch Löschung durch Nichtübertragung ist möglich (§ 46 GBO). Rötung: § 17 Abs 2 GBV. Eintragungsmitteilung ist nach § 55 GBO zu erteilen.

390 g) Die **Löschung hat kein Erlöschen** des Rechts zur Folge, wenn die Gegenstandslosigkeit der Eintragung zu Unrecht angenommen worden ist. Das Grundbuch wird in einem solchen Falle unrichtig;[14] wegen seiner Berichtigung s Rdn 356 ff. Der Betroffene kann die Wiedereintragung seines Rechts unbefristet verlangen, sofern es nicht durch gutgläubigen Erwerb erloschen ist.

391 h) Einleitung und Durchführung des Löschungsverfahrens, somit auch die Löschungsankündigung (§ 87 Buchst b GBO) und die Ablehnung der Anregung eines Beteiligten (§ 86 GBO)[15] sind **unanfechtbar** (§ 85 Abs 2 Halbs 2 GBO); gegen Verfügungen des Rechtspflegers findet jedoch befristete Rechtspflegererinnerung statt, über die der Richter entscheidet; ihr kann der Rechtspfleger abhelfen (§ 11 Abs 2 RPflG). Eine nicht zulässige Beschwerde des Beteiligten, der eine Löschung erfolglos angeregt hat, ist jedoch als Berichtigungsantrag zu behandeln, soweit eine Unrichtigkeit des Grundbuchs nachgewiesen ist.[16] Gegen den Feststellungsbeschluß (§ 87 Buchst c GBO) findet Beschwerde statt; sie ist binnen zwei Wochen einzulegen (§ 89 GBO, auch wegen Fristverlängerung und Rechtsmittelbelehrung); bei Zurückwei-

---

[14] KG JFG 10, 280; BayObLG 1986, 218 (221); es entfällt jedoch die Rechtsvermutung des § 891 Abs 1 BGB.
[15] BayObLG 1973, 272.
[16] BayObLG 1973, 272.

sung ist befristete weitere Beschwerde zulässig; wenn das Landgericht den Beschluß aufhebt ist weitere Beschwerde ausgeschlossen (folgt aus § 85 Abs 2 GBO).[17] Beschwerdeberechtigt ist nur der Betroffene (Rdn 387).[18] Die Löschung kann mit der nach allgemeinen Vorschriften zulässigen Beschwerde angefochten werden. Sie ist nur mit dem Ziele der Eintragung eines Widerspruchs zulässig, wenn eine dem öffentlichen Glauben des Grundbuchs unterliegende Eintragung gelöscht worden ist (s Rdn 479). Bedarf das gelöschte Recht zur Erhaltung seiner Wirksamkeit gegenüber Dritten nicht der der Eintragung, so ist Beschwerde unbeschränkt zulässig.[19]

Kosten: § 70 KostO. Auferlegung der Löschungsgebühr an die Beteiligten kann nur durch das Grundbuchamt (nicht durch den Kostenbeamten) erfolgen.[20] Sie wird dann in Frage kommen, wenn ein Beteiligter das Verfahren angeregt hat, um die Kosten der Löschung auf dem ordentlichen Weg des Antragsverfahrens zu sparen.[21] Für Auslagen haftet nach § 2 Nr 2 KostO derjenige, dessen Interesse wahrgenommen worden ist.

D. Amtswiderspruch (§ 53 GBO)

Literatur: Demharter, Guter Glaube und Glaubhaftmachung, Rpfleger 1991, 41; Weimar, Der Widerspruch und Amtswiderspruch, MDR 1974, 642.

Vorgang: Beim Grundbuchamt wurde bei Eintragung einer Eigentumsänderung übersehen, daß für den Grundstücksveräußerer ein Betreuer bestellt und Einwilligungsvorbehalt angeordnet ist und daher zur Wirksamkeit dieser Verfügung die Genehmigung des Betreuers (§§ 108, 1903 Abs 1 BGB) und des Vormundschaftsgerichts (§§ 1821, 1908 i Abs 1 S 1 BGB) erforderlich ist. 392

Eintragung im Grundbuch

> Widerspruch zugunsten des G e i s t Otto, geb. am ..., wohnh in Bürg gegen die auf Müller Franz, geb. am 23. 2. 1935, erfolgte Umschreibung des Eigentums am Grundstück. Eingetragen am ...

1. Schutz vor Gefährdung durch unrichtige Eintragung

Der **Amtswiderspruch** des § 53 Abs 1 S 1 GBO hat dieselbe rechtliche Wirkung wie der Widerspruch nach § 899 BGB.[1] Er soll die mit dem öffentlichen Glauben des Grundbuchs verknüpften Gefahren beseitigen[2] (Rdn 343, 1613). Bei Unrichtigkeit des Grundbuchs kann für den Betroffenen ein Rechtsverlust dadurch eintreten, daß ein Dritter im Vertrauen auf die Richtigkeit des Grundbuchs ein Recht gutgläubig erwirbt. Der Widerspruch schließt jedoch gutgläubigen Erwerb (§ 892 BGB) und damit eine Schädigung des Berechtig- 393

---

[17] KG HRR 1939 Nr 1364; BayObLG DNotZ 1988, 1115.
[18] BayObLG 1973, 272.
[19] KG JFG 10, 282; OLG Hamm RdL 1965, 173, 199.
[20] BayObLG 1952, 255.
[21] KG JW 1933, 1333.
[1] BGH 25, 16 (25) = NJW 1957, 1229 = Rpfleger 1958, 310 (311 re Sp).
[2] Schutz vor Verjährung eines gelöschten Rechts: § 902 Abs 2 BGB.

1. Teil. IX. Grundbuchberichtigung, Grundbuchunrichtigkeit

ten aus.[3] Grundsätzlich ist es dem gefährdeten Beteiligten überlassen, die Eintragung des ihn schützenden Widerspruchs (§ 899 BGB) herbeizuführen. Das Grundbuchamt hat jedoch **von Amts wegen** mit Eintragung eines Widerspruchs Schutz vor Rechtsverlust bei Grundbuchunrichtigkeit sicherzustellen, wenn es selbst mit Vornahme der unrichtigen Eintragung gesetzliche Vorschriften verletzt hat. Damit sollen zugleich Schadensersatzansprüche gegen den Staat abgewendet werden, die das Versehen des Grundbuchamts begründen könnte.[4]

2. Voraussetzungen des Amtswiderspruchs

394 a) Von Amts wegen ist nach § 53 Abs 1 S 1 GBO ein Widerspruch in das Grundbuch einzutragen, wenn
- das **Grundbuch** durch eine Eintragung **unrichtig** geworden ist;
- die unrichtige Grundbucheintragung das **Grundbuchamt** unter **Verletzung gesetzlicher Vorschriften** vorgenommen hat;
- an die Eintragung sich gutgläubiger Erwerb anschließen kann;
- die Gesetzesverletzung feststeht und die Unrichtigkeit des Grundbuchs mindestens glaubhaft ist.

395 b) **Unrichtigkeit des Grundbuchs,** die Eintragung eines Widerspruchs (§ 899 Abs 1 BGB) und damit auch des Amtswiderspruchs nach § 53 Abs 1 S 1 GBO ermöglicht, kann nur die **rechtliche** Unrichtigkeit des Grundbuchinhalts sein (Rdn 356). Sie ist nach § 894 BGB gegeben, wenn der aus dem Eintragungsvermerk und einer zulässig in Bezug genommenen Eintragungsbewilligung (§§ 874, 1115 BGB)[5] bestehende Inhalt des Grundbuchs in Ansehung eines Rechts an dem Grundstück, eines Rechts an einem solchen Recht oder einer Verfügungsbeschränkung der in § 892 Abs 1 BGB bezeichneten Art (zu ihr jedoch Rdn 404) mit der wirklichen (materiellen) Rechtslage nicht in Einklang steht.[6] Bei nur unrichtiger Tatsachenangabe (Rdn 290) ist daher Eintragung eines Widerspruchs ausgeschlossen. Die durch Verletzung gesetzlicher Vorschriften herbeigeführte Unrichtigkeit muß noch im Zeitpunkt der Eintragung des Amtswiderspruchs bestehen.[7] Eintragung eines Amtswiderspruchs ist daher ausgeschlossen, wenn in der Zwischenzeit, zB mit Genehmigung der von einem vollmachtlosen Vertreter erklärten Auflassung[8] oder infolge gutgläubigen Erwerbs, ein unrichtig gewesener Grundbuchinhalt richtig geworden ist,[9] oder eine Grundstücksbelastung mit Zuschlag erlo-

---

[3] BGH aaO.
[4] BGH aaO; BGH Rpfleger 1985, 189; OLG Hamm OLGZ 1980, 186 (189) = Rpfleger 1980, 229; BayObLG Rpfleger 1981, 397 (398); zum Zweck der Regelung auch Denkschrift, abgedruckt bei Hahn/Mudgan, Materialien, Band V (1897) S 167.
[5] BayObLG MittBayNot 1981, 72 = Rpfleger 1981, 190.
[6] Widerruf einer Schenkung (§ 530 BGB) begründet Anspruch auf Herausgabe des Geschenkten, bewirkt aber keine dingliche Rechtsänderung; daher ist kein Amtswiderspruch möglich, BayObLG NJW-RR 1992, 1236 = Rpfleger 1993, 17.
[7] BayObLG Rpfleger 1981, 397 (398); KG JFG 13, 228 (232); OLG Hamm NJW 1961, 560; OLG München JFG 17, 293 (297); OLG Frankfurt Rpfleger 1979, 418 (419).
[8] BayObLG DNotZ 1980, 167.
[9] BayObLG Rpfleger 1980, 108 und DNotZ 1980, 745 = Rpfleger 1980, 294 (295); BayObLG 1981, 397 (398); BayObLG 1985, 401 = DNotZ 1986, 357; OLG Hamm

D. Amtswiderspruch

schen ist.¹⁰ Auch dann kann ein Amtswiderspruch noch eingetragen werden, wenn das unrichtig eingetragene Recht bereits **auf einen Dritten umgeschrieben** worden ist, sofern die bei Eintragung des Rechtsvorgängers des nunmehrigen Berechtigten mit Gesetzesverletzung entstandene Grundbuchunrichtigkeit noch fortbesteht, weil der nunmehr eingetragene Berechtigte nicht gutgläubig erworben hat.¹¹ Die Unrichtigkeit des Grundbuchs besteht Dritten gegenüber auch nach nur beschränktem Rechtserwerb des nach § 892 Abs 1 S 1 BGB Geschützten noch; weil in diesem Fall das Grundbuch mit gutgläubigem Erwerb nicht uneingeschränkt richtig geworden ist, ist zum Schutz vor weiterem Rechtsverlust mit späterem gutgläubigem Erwerb Dritter noch immer ein Amtswiderspruch einzutragen. Eingetragen wird ein Amtswiderspruch zum Schutz des Grundstückseigentümers daher nach gutgläubigem Erwerb von Grundpfandrechten (anderen Grundstücksrechten) infolge Verfügung des unrichtig als Eigentümer eingetragenen Nichtberechtigten (Schutz vor weiterem Rechtsverlust aufgrund gutgläubigen Dritterwerbs als Folge erneuter Belastung). Ebenso kann ein Amtswiderspruch für den Grundstückseigentümer gegen die Eintragung eines Erbbaurechts nach gutgläubigem Erwerb von Grundpfandrechten am eingetragenen, aber nicht entstandenen Erbbaurecht noch eingetragen werden.¹²

Grundbuchunrichtigkeit besteht nicht bei nur **unklarem Eintrag**. Er liegt vor, wenn sich aus der Grundbucheintragung nur unklar ergibt, was sie als Eintragungsinhalt darstellen soll (was der Grundbuchbeamte, der die Eintragung verfügt hat, darstellen wollte), der Grundbuchinhalt durch **Auslegung** aber vollständig festgestellt werden kann. Unterlagen für eine Auslegung können aber nur offenkundige Tatsachen, Eintragungen im Grundbuch selbst und die darin zulässigerweise in Bezug genommene Eintragungsbewilligung bilden. Zur Auslegung s Rdn 293. Bei nur unklarer Eintragung kommt Eintragung eines bloßen Klarstellungsvermerks in Frage (Rdn 294). Allerdings ist die Grenze zur unrichtigen Eintragung vielfach flüssig. Eine unrichtige Eintragung ist zB gegeben, wenn in einem wesentlichen Punkt aus der Eintragung nicht ersichtlich ist, was eigentlich eingetragen ist. 396

Bei **nur unvollständiger Grundbucheintragung** ist Vervollständigung mit der Folge, daß die Eintragung eines Amtswiderspruchs nicht in Frage kommt, dann möglich, wenn die Unvollständigkeit **nur den Umfang** des teilweise eingetragenen Rechts betrifft, der Ergänzung nicht eine inzwischen erfolgte Neueintragung entgegensteht und demjenigen, der die Eintragung bewilligt hat, noch die Befugnis über das betr Recht zusteht. **Beispiel:** Nichteintragung der bei einem Grundpfandrecht vereinbarten Nebenleistungen; Nicht-(wirksame) Eintragung einer Bedingung des Rechts.¹²ᵃ 397

DNotZ 1954, 256 mit zust Anm Hoche. Dazu, ob die Unrichtigkeit bei weiterem Erwerb glaubhaft ist, s Rdn 405. Für Eintragung eines Amtswiderspruchs gegen den Bestand eines Briefrechts bleibt, sofern der Brief nicht vorliegt, die Möglichkeit eines gutgläubigen Erwerbs außerhalb des Grundbuchs außer Betracht, BayObLG 1995, 399 = DNotZ 1996, 660 = NJW-RR 1996, 721 = Rpfleger 1996, 240.
¹⁰ BayObLG Rpfleger 1981, 397 und (2. 3. 1978, mitget) Rpfleger 1978, 298.
¹¹ KG JFG 13, 228; OLG München JFG 17, 293; BayObLG 24, 244.
¹² BayObLG 1986, 294 = Rpfleger 1986, 471.
¹²ᵃ BayObLG MittBayNot 1998, 256 = NJW-RR 1998, 1025.

1. Teil. IX. Grundbuchberichtigung, Grundbuchunrichtigkeit

398 Bei Eintragungen von Amts wegen, etwa eines Nacherben- oder Testamentsvollstreckervermerks (§§ 51, 52 GBO), kommt die Eintragung eines Widerspruchs dann in Frage, wenn eine Nachholung des unterbliebenen Vermerks nicht mehr zulässig ist, weil das Recht bereits auf einen Dritten umgeschrieben ist.[13] Bei bloßer Belastung mit dem Recht eines Dritten ist dagegen die Nachholung der Eintragung des Vermerks noch zulässig.

399 **Besonderheiten** bestehen bei unvollständiger Eintragung des **Rangs** eines dinglichen Rechts. Hier kann das Grundbuch nicht unrichtig sein, weil sich der Rang bei fehlendem Rangvermerk oder Rangvorbehalt ausschließlich entweder nach der räumlichen Folge im Grundbuch oder nach dem Eintragungsdatum richtet (§ 45 GBO).[14] Hat jedoch das Grundbuchamt trotz Rangbestimmung unter Verletzung des § 45 GBO bei der Eintragung mehrerer Rechte einen **Rangvermerk** eingetragen, so ist bei dem mit dem Vorrang (auch Gleichrang) eingetragenen Recht ein Amtswiderspruch einzutragen, wenn glaubhaft ist, daß das verlautbarte Rangverhältnis nicht der Einigung über den Rang (§ 879 Abs 3 BGB) entspricht, durch den Rangvermerk das Grundbuch somit unrichtig geworden ist[15] (s hierwegen Rdn 324).

400 c) Entstanden sein muß die Grundbuchunrichtigkeit durch eine **Eintragung** (§§ 44, 129, 130 GBO), auch Löschung, somit auch durch Nichtmitübertragung eines eingetragenen Rechts auf ein anderes Grundbuchblatt (§ 46 Abs 2 GBO).[16] Nichterledigung eines Eintragungsantrags – auch eines von mehreren nach § 16 Abs 2 GBO verbundenen Anträgen – ist keine Eintragung; daher kommt hier Amtswiderspruch nicht in Betracht.[17]

401 d) Unter **Verletzung gesetzlicher Vorschriften** muß das Grundbuchamt die Grundbuchunrichtigkeit bewirkende Eintragung vorgenommen haben. Das ist der Fall, wenn die Eintragung unter Verletzung materieller oder formeller Bestimmungen (einer Muß- oder Sollvorschrift, nicht aber nur einer Dienstanweisung) erfolgt ist, wenn somit das Grundbuchamt materielles oder formelles Recht nicht oder nicht richtig angewendet hat. Verletzung der Ermittlungspflicht im Grundbuchblattanlegungsverfahren genügt,[18] ebenso Verletzung ausländischen Rechts.[19] Die Gesetzesverletzung muß bei Ein-

---

[13] KG KGJ 52 A 140.
[14] BayObLG DNotZ 1937, 444 und OLG 12, 162.
[15] BayObLG Rpfleger 1976, 302: Keine (dingliche) Rangbestimmung (Rdn 314) für später beantragte, mit Rangvermerk vorrangig eingetragene Grundschuld und keine Einigung über (unter Verstoß gegen § 45 GBO) eingetragenen Nachrang früher beantragter Rechte ein Abt II. Daher Gleichrang der am selben Tag eingetragenen Rechte (§ 879 Abs 1 S 2 BGB) und Widerspruch hinsichtlich des ohne abweichende Rangbestimmung nach § 879 Abs 3 BGB eingetragenen Rangs wegen Grundbuchunrichtigkeit. OLG Brandenburg Rpfleger 2002, 135: Rangbestimmung für beide Grundschulden; Eintragung abweichend im Gleichrang (§ 879 Abs 3 BGB). Rang daher nach der Reihenfolge der Eintragungen (§ 879 Abs 1 S 1 BGB). Grundbuchunrichtigkeit hinsichtlich des ohne abweichende Bestimmung nach § 879 Abs 3 eingetragenen Gleichrangs und Löschung des Gleichrangvermerks auf Antrag (§ 13 Abs 1 GBO), somit Widerspruch, wenn kein Antrag gestellt ist. So auch LG Köln MittRhNotK 1981, 259.
[16] BayObLG Rpfleger 1982, 176; LG Aachen DNotZ 1984, 767.
[17] BayObLG Rpfleger 1982, 176.
[18] OLG München JFG 17, 293; OLG Hamm Rpfleger 1980, 229.
[19] KG JFG 16, 23 (29).

D. Amtswiderspruch

tragung erfolgt sein; maßgebend ist somit die Rechtslage bei Eintragung.[20] Für die Eintragung muß die Gesetzesverletzung ursächlich sein.[21] Gleichgültig ist, ob die Gesetzesverletzung durch den Grundbuchrichter, den Rechtspfleger oder Urkundsbeamten (Grundbuchführer) erfolgt ist. Es genügt objektive Gesetzesverletzung; ein Verschulden ist nicht erforderlich.[22] An objektiver Gesetzesverletzung fehlt es, wenn das Grundbuchamt bei der Eintragung Ermittlungen unterlassen hat, zu denen damals nach Lage der Sache kein Anlaß bestand.[23] Bei Erbnachweis durch einen später als unrichtig eingezogenen Erbschein sind keine gesetzlichen Vorschriften verletzt worden, wenn die Unrichtigkeit des Erbscheins dem Grundbuchamt nicht bekannt war und sich auch nicht feststellen läßt, daß sie ihm bei gehöriger Aufmerksamkeit nicht hätte entgehen können.[24] Aber auch bei objektiver Gesetzesverletzung kann ein Amtswiderspruch nicht eingetragen werden, wenn diese Verletzung darauf beruht, daß die an sich richtiger Gesetzesanwendung entsprechende Eintragung auf Grund eines **unrichtigen** oder unvollständigen **Sachverhalts** erfolgt ist, ohne daß der Sachverhaltsmangel dem Grundbuchamt im Zeitpunkt der Eintragung bekannt oder infolge Fahrlässigkeit unbekannt war. **Beispiel:** Eintragung einer Zwangshypothek infolge Unkenntnis über die Eröffnung des Insolvenzverfahrens.[25] Eine Gesetzesverletzung liegt somit nicht vor, wenn das Grundbuchamt auf den ihm unterbreiteten Sachverhalt das Gesetz richtig angewendet hat, auch wenn dieser Sachverhalt unrichtig war, es sei denn, daß die Unrichtigkeit dem Grundbuchamt bekannt war oder bei gehöriger Prüfung erkennbar gewesen wäre.[26] Beruht die Beurteilung auf der Auslegung einer nicht bedenkenfreien Urkunde, so kommt die Eintragung dann nicht unter Verletzung gesetzlicher Vorschriften zustande, wenn die Auslegung des Grundbuchamts rechtlich vertretbar ist.[27]
Ergibt sich die Unrichtigkeit des Grundbuchs lediglich aus einer anderen Auslegung von Eintragungsunterlagen, so liegt ein Gesetzesverstoß nur dann vor, wenn bei der ersten Auslegung gegen die geltenden Auslegungsregeln verstoßen worden ist.[28]
Einzelbeispiele für das Vorliegen einer Gesetzesverletzung: Eintragung eines neuen Eigentümers bei einem land- oder forstwirtschaftlichen Grundstück trotz erforderlicher, aber fehlender Genehmigung nach dem GrdstVG (Teil 5); Eintragung von Erben ohne Testamentsvollstreckervermerk, weil das

402

---

[20] RG 108, 176 (179); KGJ 40, 172; BGH 30, 255 = DNotZ 1959, 540 = NJW 1959, 1635 = Rpfleger 1960, 122 mit Anm Haegele; OLG Freiburg DNotZ 1952, 94 (95); OLG Hamm Rpfleger 1960, 405; LG Berlin NJW 1947/48, 230; LG Frankfurt NJW 1953, 587 mit Anm Krüger – Gesetzesänderung mit rückwirkender Kraft –.
[21] KG DNotZ 1956, 195.
[22] BGH 30, 255 = aaO (Fußn 20).
[23] OLG Düsseldorf JMBlNRW 1967, 222.
[24] OLG Frankfurt Rpfleger 1979, 106.
[25] KG JW 1932, 1064.
[26] BGH 30, 255 = aaO (Fußn 20); BayObLG (4. 12. 1986, mitget) Rpfleger 1987, 152.
[27] OLG Hamm DNotZ 1967, 686 = OLGZ 1967, 109; OLG Hamm Rpfleger 1976, 132; OLG Frankfurt Rpfleger 1976, 132; s auch – wegen Gesetzesauslegung – LG Lübeck JurBüro 1973, 625.
[28] KG DNotZ 1972, 176; LG Hannover MittRhNotK 1987, 167.

1. Teil. IX. Grundbuchberichtigung, Grundbuchunrichtigkeit

Grundbuchamt die Ernennung eines solchen verneint (Rdn 3466); Eintragung von Erbfolge bei einem in Wirklichkeit zum Gesamtgut einer fortgesetzten Gütergemeinschaft gehörenden Grundstück (Rdn 821). Hat das Grundbuchamt vor der Eintragung des neuen Eigentümers nicht in dem erforderlichen Umfang geprüft, ob der Testamentsvollstrecker etwa unentgeltlich verfügt hat (s dazu Rdn 3435), so ist ein Amtswiderspruch allein schon wegen der verfahrensrechtlich verfehlten Behandlung des Falles einzutragen.[29] Hat das Grundbuchamt ein durch eine Erklärung auf zwei Grundstücken bestelltes Grundpfandrecht bei diesen eingetragen und ergibt sich im Beschwerdeverfahren, daß das Grundpfandrecht mangels Verfügungsbefugnis des Schuldners auf dem einen Grundstück nicht hätte eingetragen werden dürfen, so ist ein Widerspruch nur auf dem für dieses Grundstück gebildeten Grundbuchblatt einzutragen, nicht auch bei dem anderen Grundstück, das der Schuldner wirksam belasten konnte.[30]

Eine erst nach der Eintragung einer Zwangshypothek dem Grundbuchamt bekanntgewordene Einstellung der Zwangsvollstreckung aus einer vollstreckbaren Urkunde kann nur zur Eintragung eines Widerspruchs, nicht zur Löschung der Zwangshypothek führen.[31]

403 Gesetzesverletzung ist nicht gegeben, wenn eine dazu zuständige Behörde um Vornahme einer – unrichtigen – Eintragung ersucht oder wenn das Beschwerdegericht eine Eintragung unter Verletzung gesetzlicher Vorschriften angeordnet hat. Hier ist Einlegung weiterer Beschwerde notwendig.[32] Weiter kommt Eintragung eines Amtswiderspruchs nicht in Betracht, wenn die Eintragung wegen Fehlens einer Eintragungsvoraussetzung, zB der Bewilligung oder Voreintragung eines Betroffenen, nicht erfolgen durfte, der materiellen Rechtslage aber entspricht.[33]

404 e) Nur bei Grundbucheintragungen, die unter dem **Schutz des öffentlichen Glaubens** des Grundbuchs stehen, kann mit Eintragung eines Widerspruchs Schutz vor Rechtsverlust gewährt werden. Nach Sinn und Zweck des § 53 GBO kann Eintragung eines Amtswiderspruchs daher nicht erfolgen, wenn sich an die Eintragung **kein gutgläubiger Erwerb anschließen** kann.[34] Die Eintragung eines Amtswiderspruchs ist sonach nicht möglich gegen die Eintragung eines Leibgedings sowie eines Wohnungsrechts wegen der höchst-persönlichen Natur dieser Rechte und ihrer grundsätzlichen Unübertragbarkeit,[35] gegen die Eintragung eines Widerspruchs,[36] einer Verfügungsbeschränkung oder eines Rechtshängigkeitsvermerks[37] sowie eines Nacher-

---

[29] OLG Zweibrücken Rpfleger 1968, 88.
[30] BayObLG 1960, 457 = DNotZ 1961, 198.
[31] OLG Köln OLGZ 1967, 499.
[32] KG JW 1937, 3176; KG JFG 3, 264; BayObLG MittBayNot 1990, 361 (362) = MittRhNotK 1990, 278.
[33] Demharter Rdn 6 zu § 53.
[34] BGH 25, 16 = aaO (Fußn 1), entgegen der erweiternden (durch die BGH-Entscheidung überholten) Auslegung des OLG Hamm Rpfleger 1957, 117.
[35] BayObLG 1954, 141 (142, 149); auch KG Rpfleger 1975, 68; aA Bauer/vOefele/Meincke Rdn 40; K/E/H/E Rdn 4; Meikel/Streck Rdn 54, je zu § 53.
[36] RG 117, 346 (352).
[37] OLG Stuttgart Justiz 1979, 333.

D. Amtswiderspruch

ben-,[38] Testamentsvollstrecker-[39] oder eines Zwangsversteigerungsvermerks. Gutgläubiger Erwerb, mithin auch Amtswiderspruch ist aber möglich und zulässig bei Löschung eines Widerspruchs oder solchen Vermerks.[40]
Bei einer **Vormerkung** ist die Eintragung eines Amtswiderspruchs insoweit zulässig, als ihre Eintragung einen Rechtserwerb auf Grund des öffentlichen Glaubens des Grundbuchs ermöglicht.[41] Das kann bei der bewilligten Vormerkung der Fall sein (vorausgesetzt, daß der vorgemerkte Anspruch besteht[42]) und wird für die erzwungene Vormerkung verneint (dazu Rdn 1534). Zulässig ist ein Widerspruch stets, wenn die Vormerkung zu Unrecht gelöscht ist.[43]
Ist der Vermerk über die materielle Grundlage der Eintragung unrichtig, weil ein früherer Miterbe, dem sämtliche Erbanteile übertragen worden waren, als Eigentümer „auf Grund Auflassung" mit Rücksicht auf eine rechtlich unerhebliche, neben der Übertragung der Miterbenanteile erfolgte Auflassung eingetragen worden ist, so ist das Grundbuch zwar unrichtig, die Eintragung eines Amtswiderspruchs scheidet jedoch auch hier aus, weil ein gutgläubiger Erwerb nicht in Frage kommt.[44]

f) Die **Gesetzesverletzung** muß objektiv **feststehen**, somit erwiesen sein;[45] die **405** Unrichtigkeit des Grundbuchs muß nur **glaubhaft**[46] sein.[47] Muß glaubhaft sein, daß ein Erwerber nicht gutgläubig war (s Rdn 395; Beispiel: Hypothek wird unrichtig gelöscht, dann Eigentumswechsel; Grundbuchunrichtigkeit, wenn der Erwerber Kenntnis hatte, somit nicht gutgläubig lastenfrei erworben hat), dann muß glaubhaft sein, daß er die Grundbuchunrichtigkeit kannte.[48] Muß dagegen gutgläubiger Erwerb glaubhaft sein (Beispiel: die unzulässig gelöschte Grundschuld wird nach Eigentumswechsel vom Grundbuchamt im Wege der Grundbuchberichtigung wieder eingetragen; Grundbuchunrichtigkeit, wenn der Erwerber das Grundstückseigentum gutgläubig erworben

---

[38] KG JFG 21, 251 (252); OLG Hamm Rpfleger 1957, 415 mit Anm Haegele; auch BayObLG 1957, 285 (287).
[39] KGJ 40 A 196 (199).
[40] S BGH 60, 46 = DNotZ 1973, 367 = NJW 1973, 323; RG 129, 184; 132, 423; BayObLG (19. 8. 1976, mitget) Rpfleger 1976, 421. Zur unterlassenen Eintragung eines Nacherben- oder Testamentsvollstreckervermerks s bereits Rdn 398.
[41] BGH 25, 16 = aaO (Fußn 1); BayObLG 1999, 226 = MittBayNot 2000, 38 = NJW-RR 1999, 1689 = Rpfleger 2000, 9.
[42] BayObLG 1999, 226 = aaO.
[43] RG 129, 184 und die Fußn 40 Genannten.
[44] OLG Celle NJW 1957, 1842; vgl auch BGH Rpfleger 1958, 371.
[45] BayObLG 1952, 24 (27); BayObLG 1954, 141 (142, 145); BayObLG 1959, 319 (324); BayObLG 1971, 336 (339); BayObLG Rpfleger 1981, 397 (398); BayObLG 1983, 187 (188); BayObLG BWNotZ 1983, 61 (62); BayObLG DNotZ 1985, 47; BayObLG 1985, 401 (402) = DNotZ 1986, 357.
[46] Glaubhafte Grundbuchunrichtigkeit kann sich auch aus den Gründen eines rechtskräftigen Urteils ergeben, BayObLG (31. 7. 1986, mitget) Rpfleger 1987, 152.
[47] BayObLG aaO (Fußn 45; alle Entscheidungen); BayObLG MittRhNotK 2000, 72 (73) = Rpfleger 2000, 266. OLG Hamm OLGZ 1980, 186 (189) = Rpfleger 1980, 229; KG JFG 7, 250 (253); OLG Karlsruhe Justiz 1983, 306.
[48] KG OLG 12, 162 (165); KG JFG 13, 228 (232); LG Aachen DNotZ 1984, 767; LG Bielefeld Rpfleger 1999, 22; Demharter Rpfleger 1991, 41 mit weit Nachw; s auch KG Rpfleger 1973, 21 (22).

hat), so ist nach dem in § 892 BGB normierten Regelfall vom gutgläubigen Erwerb auszugehen (Grundbuchunrichtigkeit mit weiterer Eintragung somit als glaubhaft anzusehen), solange für den Erwerbsvorgang Bösgläubigkeit mit positiver Kenntnis von der Unrichtigkeit des Grundbuchs nicht mit Sicherheit feststeht.[49] Gegebenenfalls sind wegen einer etwaigen Unrichtigkeit des Grundbuchs von Amts wegen Ermittlungen (§ 12 FGG) anzustellen.[50]

406 g) Daß Widerspruch bereits nach § 899 BGB auf Grund einstweiliger Verfügung oder Bewilligung des Betroffenen eingetragen ist, schließt nicht aus, daß gegen die Eintragung noch ein Amtswiderspruch in das Grundbuch eingetragen wird, weil er weitergehenden Schutz bietet.[51]

3. Verfahren, Eintragung

407 a) Einzutragen ist der Widerspruch nach § 53 Abs 1 S 1 GBO **von Amts wegen,** wenn sich dessen Voraussetzungen „ergeben". Das Grundbuchamt ist somit zur Eintragung eines Widerspruchs nur verpflichtet, wenn ihm die Unrichtigkeit einer Grundbucheintragung bekannt wird. Es braucht nicht etwa ohne besonderen Anlaß die bestehenden Eintragungen auf ihre Richtigkeit nachzuprüfen.[52] § 891 BGB gilt auch für das Grundbuchamt. Besonderen Anlaß zur Prüfung bietet aber immer die Anregung eines Beteiligten (ihr muß das Grundbuchamt nachgehen) und die Umschreibung eines Grundbuchblatts (§ 29 S 1 GBV). Der Antrag eines Beteiligten hat die Bedeutung einer Anregung.

408 b) **Zuständig** ist der Rechtspfleger (§ 3 Nr 1 h RPflG). Kenntnis des Richters ist jedoch Kenntnis des Grundbuchamts, erfordert sonach gleichfalls Eintragung des Amtswiderspruchs.

409 c) Zur Eintragung eines Amtswiderspruchs bei einer Briefhypothek oder Briefgrundschuld muß grundsätzlich der **Brief** dem Grundbuchamt vorliegen, damit der Widerspruch darauf vermerkt werden kann. Dies gilt allerdings nicht, wenn der Widerspruch sich darauf gründet, daß das Grundpfandrecht nicht bestehe oder einer Einrede unterliege oder daß es unrichtig eingetragen sei[53] (§ 41 Abs 1 S 2 mit § 53 Abs 2 GBO). Hier kann der Widerspruch zunächst ohne Briefvorlage eingetragen werden (Ausnahme bei einem Inhaberrecht, § 53 Abs 2 S 2 GBO). Jedoch auch in einem solchen Ausnahmefall hat das Grundbuchamt nachträglich den Besitzer des Briefs zur Vorlegung anzuhalten[53] (§ 62 Abs 2 GBO); Zwangsmaßnahmen gegen den Briefbesitzer s § 33 FGG.

410 d) Der Widerspruch hat den **Berechtigten,** zu dessen Gunsten er eingetragen wird, zu bezeichnen,[54] und den **Berichtigungsanspruch** nach seinem Inhalt

---

[49] BayObLG 1985, 401 = DNotZ 1986, 357 und (14. 2. 1990, mitget) Rpfleger 1991, 193; Demharter aaO.
[50] OLG Oldenburg Rpfleger 1966, 174 mit Anm Riedel.
[51] KG JFG 12, 301 (303).
[52] RG JW 1936, 1211.
[53] Unrichtig eingetragen ist das Grundpfandrecht auch, wenn sein Rang nicht richtig verlautbart ist, OLG Hamm Rpfleger 2002, 565.
[54] BGH DNotZ 1962, 399 = MDR 1962, 388 = NJW 1962, 963; BGH DNotZ 1986, 145 = NJW 1985, 3070 = Rpfleger 1985, 189. Für einen Ausnahmefall noch anders OLG Frankfurt (Vorlagebeschluß, mitget) Rpfleger 1985, 9 (überholt durch BGH aaO).

D. Amtswiderspruch

(nicht nach seiner Entstehung) anzugeben (s Formular Rdn 392). Berechtigter ist derjenige, der gemäß § 894 BGB einen Anspruch auf Berichtigung des Grundbuchs hat, weil es durch die Eintragung unrichtig geworden ist (s Rdn 393). Das ist der (wahre) Inhaber des nicht oder nicht richtig eingetragenen Rechts als der durch die Unrichtigkeit des Grundbuchs unmittelbar Beeinträchtigte.[55] Werden durch die Eintragung, gegen die sich der Widerspruch richtet, mehrere Personen betroffen, so sind sämtliche als Berechtigte einzutragen[56] (dies gilt auch für Eheleute bei Verletzung des § 1365 BGB). Ist das Grundbuch mangels Genehmigung einer Behörde unrichtig, so ist die Behörde regelmäßig nicht der Berechtigte, selbst wenn sie um Eintragung eines Widerspruchs ersuchen kann. Berechtigter ist vielmehr der bisherige Grundstückseigentümer.[57] Die Bezugnahme auf eine Urkunde, aus der der Berechtigte und zu sichernde Anspruch erst entnommen werden sollen, ist unzulässig.

Ein Amtswiderspruch ohne Nennung des (oder der) Berechtigten ist inhaltlich unzulässig und von Amts wegen zu löschen,[58] ebenso wie ein Widerspruch, bei dem eine sonst notwendige Angabe fehlt. Zugleich ist ein neuer Widerspruch einzutragen, wenn die Voraussetzungen für die Widerspruchseintragung noch weiter bestehen.

e) Der Widerspruch gegen die Eintragung des **Eigentümers** ist in Abt II Hauptspalte über die ganze Spalte einzutragen (§ 12 Abs 1 Buchst a, Abs 2 GBV). Widersprüche gegen **Eintragungen anderer Art** sind in Abt II oder III bei dem betroffenen Recht in der Veränderungsspalte einzutragen (§ 10 Abs 1 Buchst a, Abs 5, § 11 Abs 1, 6, § 12 Abs 1 Buchst c und Abs 2 GBV), und zwar über die ganze Spalte, wenn Berichtigung durch Löschung in der Löschungsspalte erfolgen soll und halbspaltig in den übrigen Fällen (§ 19 Abs 1, 3 GBV). Widersprüche gegen Löschung von Rechten an Grundstücken in Abt II und III sind in der Hauptspalte, Widersprüche gegen Löschung von Rechten oder Verfügungsbeschränkungen an Grundstücksrechten sind in der Veränderungsspalte einzutragen, und zwar in beiden Fällen halbspaltig (§ 12 Abs 1 Buchst b, § 19 Abs 1, 3 GBV). Nur das linke Viertel der Spalte ist auszufüllen, wenn ein Widerspruch zugunsten eines Antrags eingetragen wird, der selbst einen Widerspruch zum Inhalt hat.

411

f) **Eintragungsmitteilung**
Siehe § 55 GBO.

412

g) Die Eintragung ist **gebührenfrei** (§ 69 Abs 1 Nr 2 KostO).

h) **Rechtsbehelfe**
Gegen die **Eintragung** eines Amtswiderspruchs finden unbeschränkte **Beschwerde** (bei Anordnung der Eintragung durch das Landgericht weitere Beschwerde[59]) nach den allgemeinen Regeln statt[60] (§ 73 GBO, § 11 Abs 1

---
[55] BayObLG 1987, 231 = DNotZ 1988, 157 = Rpfleger 1987, 450; KG JFG 11, 207 (210).
[56] OLG Hamm NJW 1960, 436 = Rpfleger 1959, 349 mit zust Anm Haegele.
[57] RG JW 1925, 1779.
[58] BGH DNotZ 1962, 399 und DNotZ 1986, 145 = je aaO (Fußn 54).
[59] OLG Frankfurt Rpfleger 1998, 412.
[60] BayObLG (19. 8. 1976, mitget) Rpfleger 1976, 421; BayObLG 1986, 294 (297) und MittBayNot 1998, 256 = NJW-RR 1998, 1025.

RPflG) mit dem Ziel seiner Löschung. Beschwerdeberechtigt ist, wenn Löschung eines Amtswiderspruchs oder Aufhebung der Anordnung, einen solchen einzutragen, verlangt wird, derjenige, gegen dessen vom Grundbuch verlautbarte Rechtsstellung sich der Widerspruch richtet, bei einem Amtswiderspruch gegen die Löschung eines dinglichen Rechts somit der Grundstückseigentümer, nicht aber der Berechtigte einer Auflassungsvormerkung.[61] Es genügt Glaubhaftmachung, daß eine Unrichtigkeit des Grundbuchs nicht vorliegt.[62] Ein Amtswiderspruch ist auf Beschwerde zu löschen, wenn sich ergibt, daß dem eingetragenen Berechtigten ein Berichtigungsanspruch nach § 894 BGB nicht zusteht, mag auch eine andere Person einen solchen Anspruch haben und das Grundbuch insoweit unrichtig sein.[63] Stellt sich heraus, daß bei der Eintragung des Rechts, bei dem ein Amtswiderspruch vermerkt wurde, eine Gesetzesverletzung tatsächlich nicht vorgelegen hat, muß – auf Beschwerde des Betroffenen – der Widerspruch gelöscht bzw das Grundbuchamt zur Löschung angewiesen werden.[64] Dies gilt auch dann, wenn die bei der Eintragung des Widerspruchs angenommene Unrichtigkeit des Grundbuchs nach wie vor gegeben ist.[65]

Wegen der Beschwerde mit dem Ziele, gegen eine Eintragung im Grundbuch die Eintragung eines Widerspruchs zu erreichen, s Rdn 479.

4. Wirkung und Löschung des Widerspruchs

413 a) Der Amtswiderspruch **schützt** vor Rechtsverlust bei Grundbuchunrichtigkeit (Rdn 393). Durch ihn wird aber **weder** das **unterlaufene Versehen beseitigt noch** die **Berichtigung** des Grundbuchs **durchgeführt**. Die Eintragung eines Widerspruchs als solche hindert weitere Verfügungen über das betroffene Recht, mit Ausnahme von Löschungen, nicht, sofern nicht das Grundbuchamt den Widerspruch deshalb eingetragen hat, weil die Unrichtigkeit des Grundbuchs positiv feststeht, nicht nur glaubhaft ist.[66] Derjenige, zu dessen Gunsten der Widerspruch eingetragen ist, hat keine Verfügungsbefugnis über das vom Widerspruch betroffene Recht.

414 b) **Löschung** oder **sonstige Beseitigung** der **unrichtigen Eintragung** ist auch dann, wenn sie durch Gesetzesverstoß des Grundbuchamts bewirkt worden ist, von den Beteiligten selbst herbeizuführen (Rdn 359). Berichtigung des Grundbuchs erfolgt stets nur auf Antrag (Rdn 360), wenn entweder die Berichtigung bewilligt oder die Unrichtigkeit nachgewiesen ist.

---

[61] BayObLG MittBayNot 1991, 78; BayObLG 1998, 255 = DNotZ 1999, 667 = Rpfleger 1999, 178; OLG Brandenburg Rpfleger 2002, 197.
[62] BayObLG 29, 347 und 1952, 26; ferner OLG Hamm DNotZ 1968, 631 = NJW 1968, 1289 = OLGZ 1968, 209 und OLG Düsseldorf Rpfleger 1976, 313; auch BayObLG DNotZ 1988, 167 (Löschung, wenn nicht glaubhaft gemacht ist, daß das Grundbuch unrichtig ist).
[63] OLG Düsseldorf Rpfleger 2001, 230; OLG Hamm DNotZ 1968, 246 = OLGZ 1967, 342; OlG Jena Rpfleger 2001, 73.
[64] OLG Düsseldorf Rpfleger 1976, 313.
[65] OLG Hamm JMBlNRW 1965, 269.
[66] S zu diesem Fall Demharter Rdn 39 zu § 53.

c) **Auch die Löschung des Amtswiderspruchs** muß von den Beteiligten selbst **415**
herbeigeführt werden, selbst wenn das Grundbuchamt den Widerspruch nachträglich als ungerechtfertigt erkennt. Von Amts wegen erfolgt Löschung des Widerspruchs nicht. Doch hat auf Beschwerde des vom Widerspruch Betroffenen Löschung bereits dann zu erfolgen, wenn die Unrichtigkeit des Grundbuchs nicht mehr glaubhaft erscheint.[67] Im übrigen ist zur Löschung entweder Löschungsbewilligung des aus dem Widerspruch Berechtigten[68] oder ein entsprechendes Urteil oder der Nachweis der Unrichtigkeit des Grundbuchs (§§ 19, 22 GBO) erforderlich. Ist ein Amtswiderspruch auf Grund Bewilligung des Berechtigten gelöscht worden, so kann er nicht erneut eingetragen werden.[69] Liegen die vorbehandelten Löschungsvoraussetzungen nicht vor, so wird der Widerspruch bei der Grundbuchberichtigung nicht gelöscht, da er gegenüber einem zwischenzeitlichen Erwerb noch Wirkung hat. Bei Fehlen solchen Erwerbs kann der Widerspruch allerdings gerötet werden.

E. Amtslöschung (§ 53 GBO)

Vorgang: Das Grundbuchamt hat eine Grundschuld mit dem Vermerk „zur Sicherung einer Darlehensforderung" eingetragen.

Eintragung im Grundbuch:

Vermerk „Zur Sicherung einer Darlehensforderung" als inhaltlich unzulässig von Amts wegen gelöscht am ... ...

1. Löschung bedeutungsloser Eintragungen

Wenn sich eine Eintragung ihrem **Inhalt** nach als **unzulässig** erweist, kann **416**
zwar aus ihr kein Nachteil erwachsen, weil sich auf sie der öffentliche Glaube des Grundbuchs nicht erstreckt. Das allgemeine Interesse erfordert aber, daß die Bedeutungslosigkeit der Eintragung durch das Grundbuchamt selbst ersichtlich gemacht wird. § 53 Abs 1 S 2 GBO verpflichtet daher das Grundbuchamt, die ihrem Inhalt nach unzulässige Eintragung von Amts wegen zu löschen.[1]

2. Voraussetzungen der Amtslöschung

a) Eine **Eintragung** muß inhaltlich unzulässig sein. Die inhaltliche Unzulässigkeit muß sich aus dem Grundbuch (dem Eintragungsvermerk) selbst oder der zulässigerweise in Bezug genommenen Eintragungsbewilligung (§§ 874, 1115 BGB) bestimmt ergeben (sie muß feststehen); andere Beweismittel dürfen nicht verwendet werden.[2] Daher dürfen außerhalb des Grundbuchs (bzw **417**

---

[67] BayObLG 1952, 24; OLG Hamm DNotZ 1968, 631 = aaO (Fußn 62).
[68] BGH DNotZ 1986, 145 = aaO (Fußn 54); KG OLG 36, 179 (180); KG HRR 1933 Nr 142.
[69] KG HRR 1933, 142.
[1] Zum Zweck der Regelung s Denkschrift, abgedr bei Hahn/Mudgan, Materialien, Band V (1897) S 167.
[2] RG 113, 223 (229); BayObLG 1957, 217 (223) = DNotZ 1958, 413; BayObLG 1975, 398 (403); BayObLG Rpfleger 1981, 190; OLG Hamm MittBayNot 1998, 186 Leits; OLG Zweibrücken MittBayNot 2001, 481 = Rpfleger 2001, 485.

der Eintragungsbewilligung) liegende Umstände bei Prüfung der Frage der inhaltlichen Unzulässigkeit der Grundbucheintragung nicht berücksichtigt werden.[3] Bloße Zweifel an der Zulässigkeit der Eintragung oder an deren Klarheit ermöglichen Amtslöschung nicht.[4] Bei nur unrichtiger Tatsachenangabe (Rdn 290) erfolgt Amtslöschung nach § 53 Abs 1 S 2 GBO nicht (zur Berichtigung Rdn 290).

418 b) **Inhaltlich unzulässig** eingetragen ist ein Recht, wenn es am Grundstück überhaupt nicht begründet werden kann[5] oder wenn es – ganz oder teilweise – nicht mit einem gesetzlich gebotenen oder erlaubten Inhalt eingetragen ist, oder wenn die Eintragung in einem wesentlichen Punkt einander widersprechende Angaben enthält oder auch bei Auslegung so unklar ist, daß nicht ersehen werden kann, was eigentlich eingetragen ist.[6] Eine Eintragung ist auch inhaltlich unzulässig, wenn mehrere Auslegungen möglich sind, von denen jede zu einer anderen zulässigen Belastung führt.[7] Inhaltlich unzulässig ist ferner die **unvollständige Eintragung** eines an sich eintragungsfähigen Rechts, wenn also die Eintragung einen wesentlichen Bestandteil des Rechts nicht enthält.[8] Weiter kann auch die **unzulässige Bezugnahme** auf die **Eintragungsbewilligung** den Grundbucheintrag inhaltlich unzulässig machen. Eine an sich zulässige Eintragung wird dagegen nicht unzulässig, wenn sie durch eine spätere Eintragung gegenstandslos wird, etwa eine Auflassungsvormerkung durch die Eigentümereintragung. Durch **überflüssige Vermerke** wird eine Grundbucheintragung nicht inhaltlich unzulässig. Auch der überflüssige Vermerk ist es nicht, falls er in einem unnötigen, aber sachenrechtlich erheblichen Zusatz besteht.[9]

Löschungen können nicht ihrem Inhalt nach unzulässig sein.[10]

Sowenig wie ein Amtswiderspruch eintragbar ist, wenn ein Grundbucheintrag durch **Auslegung** aufrechterhalten werden kann (Rdn 396), sowenig ist in einem solchen Falle eine Amtslöschung zulässig.[11] **Beispiel:** Die Eintragung einer Vormerkung zur Sicherung eines Wiederkaufsrechts hat im Zweifel den bedingten oder künftigen Rückauflassungsanspruch aus dem schuldrechtlichen Wiederkaufsrecht zum Gegenstand und kann daher nicht als inhaltlich unzulässig von Amts wegen gelöscht werden.[12]

---

[3] RG 88, 83; 113, 229; 130, 64.
[4] BayObLG NJW-RR 2002, 885 = Rpfleger 2002, 140; OLG Frankfurt OLGZ 1983, 165 (166).
[5] Denkschrift aaO (Fußn 1).
[6] RG 118, 229; 130, 64 (67); BayObLG 1961, 23 (35) = NJW 1961, 1265; OLG Hamm DNotZ 1962, 402 = Rpfleger 1962, 59.
[7] OLG Hamm DNotZ 1970, 417 = MDR 1970, 764.
[8] RG 88, 83; 113, 229; 130, 64; BayObLG 1957, 224 = DNotZ 1958, 413; OLG Hamburg DNotZ 1962, 193 = Rpfleger 1962, 259.
[9] BayObLG Rpfleger 1953, 451.
[10] BayObLG 1961, 23 (36) = NJW 1961, 1265; OLG Düsseldorf JMBlNRW 1955, 30.
[11] BayObLG DNotZ 1990, 175 = Rpfleger 1989, 361; OLG Hamm DNotZ 1970, 417 = MDR 1970, 764, wonach allerdings eine Eintragung inhaltlich unzulässig ist, wenn entweder jede Auslegung iS einer zulässigen Belastung ausgeschlossen ist oder wenn mehrere Auslegungen möglich sind, von denen jede zu einer anderen zulässigen Belastung führt.
[12] BayObLG 1961, 63 = DNotZ 1962, 587 = Rpfleger 1962, 406.

E. Amtslöschung

Einzelbeispiele für unzulässige Grundbucheinträge: Eintragung eines Mietrechts (Rdn 1274), Dienstbarkeit bei Fehlen der Angabe ihres Inhalts im Grundbuch selbst (bloße Bezugnahme auf Eintragungsbewilligung genügt insoweit nicht),[13] dingliches Vorkaufsrecht mit bestimmtem Kaufpreis (Rdn 1442), Erbbaurecht an nicht erster Rangstelle (s Rdn 1740), Grundpfandrecht nur am Anteil eines Miterben vor eingetragener Erbteilung,[14] laufende Zinsen oder sofortige Vollstreckbarkeit aus einer Höchstbetragshypothek insgesamt (Rdn 2119, 2126), Grundschuld mit der Angabe „für ein Darlehen" (Rdn 2290), Zwangshypothek als Gesamtrecht oder von nicht mehr als 750 Euro (Rdn 2200), Vormerkung des Anspruchs auf Abtretung einer Eigentümergrundschuld, die erst künftig durch Tilgung einer Fremdhypothek entstehen wird, Fehlen der Angabe des Berechtigten aus einem dinglichen Recht oder einem Amtswiderspruch,[15] Vormerkung ohne Angabe des zu sichernden Anspruchs.[16]

c) Ob die Eintragung inhaltlich unzulässig ist, richtet sich nach dem **zur Zeit ihrer Vornahme** geltenden Recht.[17] Ein späterer Wechsel der Gesetzgebung ist unbeachtlich. Ob das auch gilt, wenn es sich um eine Gesetzesänderung mit rückwirkender Kraft handelt, ist umstritten, u. E. jedoch zu bejahen.[18]

419

3. Verfahren, Eintragung

a) Die **Löschung** ist **von Amts wegen** vorzunehmen, wenn sich die inhaltliche Unzulässigkeit einer Eintragung ergibt (s Rdn 386). Spätere Eintragungen verhindern die Amtslöschung nicht. Hat das **Beschwerdegericht** die Amtslöschung angeordnet, so steht dem Grundbuchamt kein Prüfungsrecht zu. Hier muß weitere Beschwerde erhoben werden.

420

b) Berichtigung einer inhaltlich unzulässigen Eintragung oder deren Umschreibung in eine Eintragung mit zulässigem Inhalt ist nicht möglich.

c) Wenn nur ein **Teil einer Eintragung** inhaltlich unzulässig ist, hängt es von der Lage des Einzelfalles ab, ob dadurch die ganze Eintragung unzulässig und daher insgesamt zu löschen ist oder ob die bei Ausschaltung des unzulässigen Teils verbleibende restliche Eintragung alle wesentlichen Erfordernisse einer wirksamen Eintragung enthält und daher bestehenzubleiben hat. Zweifel, die sich erst aus der Zusammenhaltung von Eintragungsvermerk und Eintragungsbewilligung ergeben, begründen nur dann eine inhaltliche Unzulässigkeit der ganzen Eintragung, wenn sie sich als anderweitig unbehebbar darstellen.[19] Im Falle der Löschung nur des unzulässigen Teils kann die restliche Eintragung uU das Grundbuch unrichtig machen mit der Folge der Notwen-

421

---

[13] S etwa RG 89, 159; OLG Düsseldorf DNotZ 1958, 155 = MDR 1957, 429; OLG Hamm DNotZ 1954, 207 mit Anm Jansen; LG Köln Rpfleger 1981, 294 mit Anm Meyer-Stolte.
[14] RG 88, 22 (27); BayObLG 1952, 246.
[15] KGJ 45 A 230; BGH DNotZ 1962, 399 = MDR 1962, 388 = NJW 1962, 963; BayObLG 32, 380 und 1953, 83.
[16] KGJ 46 A 200 (203).
[17] OLG Hamm NJW-RR 1995, 914. Ausnahmefall; s BayObLG Rpfleger 1953, 450.
[18] Anders BayObLG 1953, 165 (172); KG OLGZ 1977, 6 (8).
[19] BGH DNotZ 1967, 106 = NJW 1966, 1656.

digkeit der Eintragung eines Amtswiderspruchs nach Rdn 392 ff.[20] **Beispiel** für Unzulässigkeit des ganzen Eintrags: Hypothek mit Zusatz, daß der Gläubiger sich nur an die Grundstücksnutzungen halten darf. **Beispiel** für nur teilweise Unzulässigkeit: Fehlen einer Angabe über aus einer Hypothek zu erbringende Nebenleistungen[21]; Eintragung eines Schuldgrunds bei einer Grundschuld (s Muster vor Rdn 416).

422 d) **Zuständig** ist der Rechtspfleger (§ 3 Nr 1 h RPflG). Kenntnis des Richters erfordert gleichfalls Amtslöschung (Rdn 408).

423 e) Zur Amtslöschung eines Brief-Grundpfandrechts ist **Briefvorlage** ausnahmslos erforderlich (§§ 41, 42 GBO). Zwangsmittel: § 33 FGG.

424 f) Dem in der unzulässigen Eintragung bezeichneten Berechtigten und dem Grundstückseigentümer ist vor Löschung Gelegenheit zur Äußerung zu geben; sie haben Anspruch auf **rechtliches Gehör** (Art 103 Abs 1 GG).[22]

425 g) Die Löschung erfolgt durch Eintragung eines Löschungsvermerks. Die Formel wird in der Regel lauten:

> Von Amts wegen als inhaltlich unzulässig gelöscht.

h) **Eintragungsmitteilung:** Siehe § 55 GBO.

i) Die Eintragung ist **gebührenfrei** (§ 69 Abs 1 Nr 2 KostO).

k) **Rechtsbehelfe**

Beschwerde (dann weitere Beschwerde) mit dem Ziel der Eintragung eines Widerspruchs.

l) Löschungsankündigung mit (befristetem, beschwerdefähigem) **Vorbescheid** halten wir nicht für zulässig (Rdn 473 a) (Unrichtigkeit als Löschungsvoraussetzung kann sich bei Zweifeln nicht aus dem Grundbuch ergeben, somit nicht feststehen, s Rdn 417).

4. Wirkung der Amtslöschung

426 Die Amtslöschung einer Eintragung hat regelmäßig zur Folge, daß der der gelöschten Eintragung zugrunde liegende **Eintragungsantrag noch unerledigt** ist.[23] Ob bzw mit welchem Rang er vollzogen werden kann, hängt vom jetzigen Grundbuchstand ab und davon, daß die Eintragung nicht auch jetzt noch inhaltlich unzulässig ist.

X. Zwischenverfügung, Zurückweisung (§ 18 GBO)

Literatur: Blomeyer, Die Beschwerde gegen die Zwischenverfügung, DNotZ 1971, 329; Böttcher, Zurückweisung und Zwischenverfügung im Grundbuchverfahren, MittBayNot 1987, 9 und 65; Eckhardt, Zweckentfremdung der Zwischenverfügung,

---

[20] KGJ 42 A 256.
[21] RG 113, 229.
[22] BayObLG 1961, 23 (24, 29) = DNotZ 1961, 317; BayObLG MittBayNot 1998, 257 = MittRhNotK 1998, 133 = NJW-RR 1998, 879 = Rpfleger 1998, 334.
[23] BayObLG NJW-RR 1998, 879 = aaO; BayObLG DNotZ 1998, 295 (299) = NJW-RR 1997, 1511; OLG Hamm DNotZ 1954, 209.

1. Teil. X. Zwischenverfügung, Zurückweisung

BWNotZ 1984, 109; Habscheid, Die Entscheidung des Grundbuchamts nach § 18 GBO, NJW 1967, 225; Heckschen und Wagner, Zur Anforderung von Kostenvorschüssen durch die Grundbuchämter, NotBZ 2001, 83; Hoche, Zwischenverfügung und Rangschutzvermerk bei Anträgen auf Eintragung einer Zwangshypothek, DNotZ 1957, 3; Jansen, Die Beschwerde gegen die Zwischenverfügung. Eine Entgegnung, DNotZ 1971, 531; Riggers, Die Entwertung der Zwischenverfügung nach § 18 GBO, Rpfleger 1957, 181.

1. Vollzugshindernis

Steht einer beantragten Eintragung (auch einem Behördenersuchen, § 38 GBO) ein Hindernis entgegen, so ist **427**
– entweder dem Antragsteller eine angemessene **Frist zur Behebung des Hindernisses** zu bestimmen,
– oder die beantragte Eintragung unter Angabe der Gründe **zurückzuweisen** (§ 18 Abs 1 S 1 GBO). Wird auf Zwischenverfügung das Antragshindernis ausgeräumt, dann hat die Eintragung zu erfolgen. Wenn das Hindernis nicht behoben wird, ist der Antrag nach Ablauf der Frist zurückzuweisen (§ 18 Abs 1 S 2 GBO). Vollzugshindernis kann jeder bis zur Vollendung der Eintragung[1] erkennbar werdende Mangel eines formellen oder materiellen Eintragungserfordernisses sein.[2] Ein Eintragungshindernis kann auch darin bestehen, daß die Eintragung zur Unrichtigkeit des Grundbuchs führen würde[3] (Legalitätsprinzip, Rdn 209). Das muß sich aber auf Grund feststehender Tatsachen zur sicheren Überzeugung des Grundbuchamts ergeben (s dazu Rdn 209–210). Von Amts wegen hat das Grundbuchamt fehlende Unterlagen und dgl nicht beizubringen; entsprechende Ermittlungen darf es gar nicht anstellen.[4]

2. Zwischenverfügung oder Zurückweisung

a) § 18 Abs 1 GBO gewährleistet sachliche Antragserledigung auch bei **Vorliegen eines Vollzugshindernisses.** Sachgemäße Erledigung eines Antrags schließt demnach regelmäßig sofortige Zurückweisung aus. In den Fällen, „in denen der Antrag an einem leicht zu behebenden Mangel der Begründung leidet", würde eine sofortige Zurückweisung empfindliche Härten mit sich bringen.[5] Das praktische Bedürfnis erfordert eine so strenge Behandlung nicht.[6] Es soll daher nach der Entstehungsgeschichte im Ermessen des **428**

---

[1] BayObLG 1948–51, 360 (365).
[2] Siehe KG OLG 18, 199 (200).
[3] BayObLG 1986, 81 = DNotZ 1987, 98 = NJW-RR 1986, 893 = Rpfleger 1986, 369.
[4] KG DNotV 1930, 492; aA teilweise BayObLG 1956, 218 = DNotZ 1956, 596 mit krit Anm Schweyer = NJW 1956, 1800 = Rpfleger 1957, 22 und Rdn 209 b.
[5] So bereits Denkschrift zur GBO, abgedr bei Hahn/Mugdan, Die Gesamten Materialien zu den Reichs-Justizgesetzen, Band V, 1897, Seite 156. Zur Entstehungsgeschichte auch RG 126, 107 (110).
[6] Denkschrift S 156; dort ist auch hervorgehoben, daß es schon damals „nach der Übung der Buchbehörden ... in den meisten Rechtsgebieten für statthaft erachtet

Grundbuchamts stehen, ob der Antrag sofort unter Angabe der Gründe zurückzuweisen oder dem Antragsteller zunächst eine Frist zur Hebung des Hindernisses zu bestimmen ist.

429 **b) aa) Regel** ist Erlaß einer **Zwischenverfügung**.[7] Sofortige Zurückweisung eines Antrags rechtfertigt sich nur in Ausnahmefällen. Das bedingen rechtsstaatliche Verfahrensgrundsätze. Nach Wortlaut und Entstehungsgeschichte stehen dem Grundbuch Zwischenverfügung oder Zurückweisung wahlweise[8] nebeneinander zur Verfügung. Dem Grundbuchamt läßt § 18 Abs 1 GBO als Bestimmung des Verfahrensrechts damit einen Ermessens- und Beurteilungsspielraum zur Leitung, Förderung und Ausgestaltung des Verfahrens offen. Die Bestimmung muß daher mit Blick auf das Verfahrensziel und die Grundrechte ausgelegt und angewendet werden.[9] In seinen Rechten darf ein Antragsteller durch eine gerichtliche Maßnahme nicht betroffen werden, ohne vorher Gelegenheit zur Äußerung gehabt zu haben (folgt aus Art 103 Abs 1 GG).[10] Dem Antragsteller ist daher Gelegenheit zu geben, fehlende Voraussetzungen der beantragten (rechtsändernden oder berichtigenden) Grundbucheintragung in angemessener Frist zu erfüllen. Auf die Beibringung der zum Vollzug eines Antrags notwendigen Entscheidungsunterlagen hat das Grundbuchamt hinzuwirken (§ 139 ZPO,[11] der entsprechend gilt). Es hat daher einem Antragsteller, der einen behebbaren Mangel nicht erkannt oder einen rechtlichen Gesichtspunkt übersehen oder für unwesentlich gehalten hat, vor einer negativen Entscheidung auch Gelegenheit zu geben, das Eintragungshindernis zu beseitigen. Das ermöglicht es ihm zugleich, sich zu dem vom Grundbuchamt festgestellten Eintragungshindernis zu äußern (auch das Grundbuchamt kann sich irren; Pflicht zur Sach- und Rechtsaufklärung). Um der Verfahrensbeschleunigung willen darf nicht eine schnelle Entscheidung auf unvollständige oder sonst unzulängliche Verfahrensunterlagen gestützt werden.

430 **bb)** Ob ein Vollzugshindernis „leicht" oder „schwer" behebbar ist, kann nach rechtsstaatlichen Verfahrensgrundsätzen keine wesentliche Bedeutung dafür erlangen, ob mit Zwischenverfügung zu beanstanden oder sofort zurückzuweisen ist. Von (früher) herrschender Ansicht[12] wird für Entscheidung

---

(wurde), vor der entgültigen Zurückweisung eines Antrags Zwischenverfügung zu erlassen."
[7] Ähnlich Bauer/vOefele/Wilke Rdn 83–85 zu § 18: Zwischenverfügung immer bei (innerhalb eines überschaubaren Zeitraums) behebbarem Mangel.
[8] So auch bereits RG 126, 107, außerdem: BayObLG 1956, 122 (127); BayObLG 1979, 81 (85) = Rpfleger 1979, 210; BayObLG 1984, 126 (128); OLG Celle DNotZ 1954, 32 mit Anm Keidel; OLG Hamm DNotZ 1970, 661 (663) = Rpfleger 1970, 343 (344); OLG Karlsruhe JFG 4, 404 (405); LG Heilbronn BWNotZ 1980, 168. Die Ausübung des Ermessens unterliegt der Nachprüfung durch das Beschwerdegericht, s bereits RG 126, 107 (109).
[9] Dazu allgemein BVerfG 42, 64 = NJW 1976, 1391 = Rpfleger 1976, 389; BVerfG 46, 325 = NJW 1978, 368 = Rpfleger 1978, 206.
[10] Zöller/Greger, ZPO, Rdn 3 vor § 128.
[11] Dazu Zöller/Greger, ZPO, Rdn 1 zu § 139.
[12] So schon RG 126, 107 (109); außerdem OLG Hamm DNotZ 1966, 744 und DNotZ 1970, 661 (663) = Rpfleger 1970, 343 (344); BayObLG 1984, 126 = Rpfleger 1984, 406; OLG Düsseldorf NJW 1986, 1819 = Rpfleger 1986, 297. So augenschein-

des Grundbuchamts nach pflichtgemäßem Ermessen solche Abgrenzung angenommen. Sie kann dem Anspruch des Antragstellers auf „faire Verfahrensdurchführung" als Ausprägung des Rechtsstaatsprinzips[13] aber schon wegen der durchweg subjektiven Beurteilungsmaßstäbe nicht Rechnung tragen. Was dem Grundbuchamt schwer erscheint, kann dem Antragsteller mühelos und kurzfristig gelingen (aber auch umgekehrt). Sinnvoller Verfahrensgestaltung unter Wahrung des Rechts des Antragstellers auf effektiven Rechtsschutz,[14] gleichermaßen aber im Hinblick auf die gebotene Verfahrenserledigung, dient die **zeitliche Eingrenzung** mit Gewährung einer angemessenen Frist. In ihr muß dem Antragsteller Beseitigung auch eines (vermeintlich) schwer zu behebenden Eintragungshindernisses grundsätzlich ermöglicht werden. Mit dem Erfordernis, daß angemessene Frist zur Hebung des Hindernisses zu bestimmen ist, trägt § 18 Abs 1 GBO als Verfahrensvorschrift auch bereits dem Interesse der Allgemeinheit an der raschen Abwicklung des Grundbuchverfahrens Rechnung. Dem kann daher im Einzelfall für die Entscheidung des Grundbuchamts, ob Zwischenverfügung zu erlassen oder ein Antrag sogleich zurückzuweisen ist, keine gesonderte Bedeutung mehr zukommen.[15]

cc) **Andere (nachrangige) Antragsteller** müssen für die Entscheidung, ob ein Antrag mit Zwischenverfügung zu beanstanden ist, unberücksichtigt bleiben.[16] Sie sind an dem Antragsverfahren, in dem ein Vollzugshindernis besteht, nicht beteiligt. Für Gestaltung und Ablauf des Verfahrens, in dem ein Eintragungshindernis besteht, kann ein späterer Antrag, der nicht Verfahrensgegenstand ist, keine Bedeutung erlangen. Dem Verfahrensanspruch weiterer Antragsteller an das Grundbuchamt auf Behandlung ihrer nachfolgend zu vollziehenden Anträge trägt § 18 Abs 2 GBO mit Erledigung des nach § 17 GBO vorrangigen Antrags durch Eintragung einer Amtsvormerkung oder eines Amtswiderspruchs Rechnung. Nur unterschiedliche Behandlung konkurrierender Eintragungsanträge verbietet sich.[17]

431

dd) Die ältere Ansicht, daß der Zurückweisung Vorrang zukomme, ist überholt. Für sie kann weder geltend gemacht werden, daß das Gesetz selbst (§ 18 Abs 1 GBO) die Zurückweisung voranstellt,[18] noch, es müsse als Regel gelten, daß der dem Grundbuchamt eingereichte Antrag die begehrte Eintragung alsbald zu ermöglichen habe, somit mängelfrei und vollständig sein müsse.[19]

432

c) aa) Mit **Zwischenverfügung** ist ein Antrag nach der **Art** des Hindernisses stets zu beanstanden, **wenn fehlende Eintragungsunterlagen** nachgebracht (andere Eintragungserfordernisse hergestellt) werden können. Mit Zwischen-

433

---

lich noch immer BayObLG 1997, 55 (58) = NJW-RR 1997, 913 = Rpfleger 1997, 304.
[13] Zu diesem Grundsatz allgemein BVerfG 46, 325 = aaO; BVerfG 49, 220 = NJW 1979, 534 = Rpfleger 1979, 296; BVerfG 51, 50 = Rpfleger 1979, 296.
[14] BVerfG 49, 220 = aaO.
[15] Anders Demharter Rdn 23 zu § 18 GBO.
[16] Anders Demharter Rdn 23 zu § 18; s auch Habscheid NJW 1967, 225 (228 liSp).
[17] LG Oldenburg Rpfleger 1981, 232.
[18] So zB noch RG 126, 107 (111).
[19] So zB RG 126, 107 (111).

verfügung kann daher auch beanstandet werden, daß eine Löschungsbewilligung[20] oder die Bewilligung eines mittelbar Betroffenen[21] fehlt.

434 bb) Es kann nicht, wie angenommen wird,[22] sofortige Zurückweisung schon zwingend geboten sein, wenn der „Mangel des Antrags" nicht mit rückwirkender Kraft geheilt werden kann.[23] § 18 Abs 1 GBO ist Bestimmung des Verfahrensrechts, die sachgerechte Erledigung des Eintragungsantrags regelt. Daher ist lediglich bedeutsam, ob der mangelhafte Antrag **als Verfahrenshandlung** schutzwürdig ist. Materielle Auswirkung und Beurteilung eines Erwerbsvorgangs (oder einer Grundbuchberichtigung) kann dafür keine Bedeutung erlangen. Dem Antragsteller ist nach § 18 Abs 1 GBO Gelegenheit

---

[20] So auch BayObLG Rpfleger 1994, 58 für Löschungsbewilligung der dinglich Berechtigten zur lastenfreien Übertragung eines Grundstücks oder lastenfreien Abschreibung eines Grundstücksteils. Anders BayObLG 1988, 229 = DNotZ 1989, 361 (für Löschung eines Leibgedings, weil bei Antragseingang die Bewilligungen aller Erben noch nicht erklärt waren) und BayObLG MittBayNot 1989, 312 sowie DNotZ 1990, 295 (für Löschung einer Auflassungsvormerkung, weil die Bewilligung der Vormerkungsberechtigten nicht erklärt war), das sich unzutreffend (s Rdn 434) darauf stützt, daß eine erst später erklärte Bewilligung nicht zurückwirken, der Mangel somit nicht mit rückwirkender Kraft geheilt werden könne. Damit läßt das BayObLG auch das Wesen der Bewilligung als Verfahrenshandlung (Rdn 98) und ebenso unberücksichtigt, daß die Verfahrensunterlagen Eintragung bei Vollziehung im Grundbuch (mit Speicherung oder Unterzeichnung, § 44 S 2 GBO) rechtfertigen müssen, nicht aber bereits bei Antragstellung. Zutreffend nun BayObLG 1990, 6 (8) mit der Erwägung, der Anwendungsbereich der Zwischenverfügung würde in der Praxis zu sehr eingeschränkt, wenn sie auch zur Beibringung der noch fehlenden Bewilligung eines nur mittelbar Betroffenen deshalb ausgeschlossen wäre, weil auch hier „der Mangel des Antrags nicht mit rückwirkender Kraft geheilt werden kann."

[21] So auch BayObLG 1990, 6 = (mitget) Rpfleger 1990, 197; OLG Hamm Rpfleger 2002, 353; s auch BayObLG Rpfleger 1994, 58; BayObLG DNotZ 1997, 324 mit Anm Wulf = Rpfleger 1997, 154 (Eigentümerzustimmung nach § 27 GBO).

[22] K/E/H/E Rdn 16 zu § 18 GBO; OLG München JFG 21, 102 (105); KG JFG 23, 143 (145); BayObLG 1980, 299 (306) = DNotZ 1981, 573 (576); BayObLG Rpfleger 1981, 397; BayObLG 1982, 210 (216) = MittBayNot 1982, 129 (131); BayObLG MittBayNot 1983, 125 = MittRhNotK 1983, 214; BayObLG 1983, 181 (183); BayObLG 1984, 105 (106) = MittBayNot 1984, 132 = MittRhNotK 1984, 119; BayObLG 1984, 126 (128) = Rpfleger 1984, 406; BayObLG MittBayNot 1984, 192; BayObLG DNotZ 1986, 237; BayObLG BWNotZ 1986, 69 = Rpfleger 1986, 176; BayObLG 1988, 229 = DNotZ 1989, 361 = MittRhNotK 1988, 208 = (mitget) Rpfleger 1988, 519; BayObLG DNotZ 1989, 373 (374); BayObLG 1988, 229 = DNotZ 1989, 361; BayObLG MittBayNot 1989, 313; BayObLG DNotZ 1990, 295; BayObLG NJW-RR 1991, 465; BayObLG Rpfleger 1994, 58; BayObLG MittBayNot 1995, 42; BayObLG MDR 1997, 450 = Rpfleger 1997, 258; BayObLG 1997, 282 (283) = MittBayNot 1998, 34 = MittRhNotK 1997, 398 = NotBZ 1997, 210; BayObLG DNotZ 1998, 125 (126) mit Anm Ott = NJW-RR 1997, 1236; BayObLG NJW-RR 2002, 1237; OLG Frankfurt DNotZ 1991, 604 mit Anm Herrmann = NJW-RR 1990, 1042 = OLGZ 1990, 253 = Rpfleger 1990, 292; OLG Hamm Rpfleger 2002, 353; ThürOLG NotBZ 2002, 458 = Rpfleger 2002, 431; LG Bielefeld Rpfleger 1989, 364 und Rpfleger 1993, 241; LG Regensburg Rpfleger 1991, 245; Böttcher MittBayNot 1986, 9 (11).

[23] Wie hier auch Bauer/vOefele/Wilke Rdn 34 und 80 zu § 18; Stöber, GBO-Verfahren, Rdn 509.

zur Herstellung fehlender Voraussetzungen einer Grundbucheintragung zu geben (Rdn 429). Der mangelhafte Antrag ist als Verfahrenshandlung daher jedenfalls immer schutzwürdig, wenn der Antragsteller den Vollzugsmangel nicht gekannt oder übersehen hat (s § 139 Abs 2 ZPO, der entsprechend gilt). Wenn noch gar kein weiterer Eintragungsantrag (für dasselbe Recht) vorliegt, kann Beanstandung mit Zwischenverfügung nicht schon deshalb ausgeschlossen sein, weil sich daraus später auch eine Anspruchskonkurrenz entwickeln könnte. Weder aus § 17 GBO noch aus § 18 GBO ergibt sich, daß für den Antragsteller eines erst später eingehenden weiteren Antrags die Erwartung bestehen kann, für die Vollzugsreihenfolge sei nur mit vorgehenden Anträgen zu rechnen, die Mängelheilung mit rückwirkender Kraft gewährleisten (zumal die Abgrenzung im Einzelfall schwierig sein kann). Wenn aber schon (nicht zulässig, Rdn 431) nachrangige Antragsteller mit berücksichtigt werden, dann kann nur auf den bei Erlaß der Zwischenverfügung (zumeist) noch unbestimmten Zeitpunkt der später beantragten Eintragung (des Antragseingangs beim Grundbuchamt) abgestellt werden. Bei Behebung eines („nicht rückwirkend" ausräumbaren) Hindernisses bis zu diesem Zeitpunkt (ohne oder auch nach Erlaß einer Zwischenverfügung) bedarf es dann aber jedenfalls keiner Erneuerung des ersten Antrags; seine Wirksamkeit bleibt vielmehr unberührt.[24] Behebung eines dem ersten Antrag anhaftenden, „nicht rückwirkend" ausräumbaren Hindernisses kann bis zu diesem Zeitpunkt wie auch bereits bei Erlaß der Zwischenverfügung aber schon erfolgt, dem Grundbuchamt jedoch (vielleicht versehentlich) noch nicht nachgewiesen sein. Allein fehlender Nachweis gehört aber nicht zu den Mängeln, die einem weiteren Antrag gegenüber nicht wirksam ausgeräumt werden könnten. Daher findet sich auch für eine solche Fallgestaltung kein Anhalt im Verfahrensgesetz, der sofortige Zurückweisung eines Antrags gebieten würde.

d) aa) Für die Notwendigkeit sofortiger **Zurückweisung** müssen **im Einzelfall besondere Gründe** sprechen, weil sich sofortige Zurückweisung eines Antrags nur ausnahmsweise rechtfertigt.[25] Der Antrag darf dann als Verfahrenshandlung nicht schutzwürdig sein, weil Fristbestimmung offensichtlich zweckwidrig wäre.[26] Die Gründe, die das ergeben, müssen vom Grundbuchamt in der (zu begründenden) zurückweisenden Entscheidung dargestellt werden. Ausnahmsweise rechtfertigt sich Zurückweisung zB, wenn dem Antragsteller bereits eine zeitlang Gelegenheit gegeben war, eine fehlende Eintragungsunterlage beizubringen und sicher feststeht, daß die Behebung des Eintragungshindernisses auch in angemessener weiterer Frist nicht zu erwarten ist.[27]

435

---

[24] RG 110, 203 (206).
[25] BayObLG 1984, 126 = Rpfleger 1984, 406 läßt genügen, daß nicht zu erwarten ist, daß ein Eintragungshindernis binnen angemessener Frist beseitigt werden kann. Dort waren (bei Entscheidung durch das Rechtsbeschwerdegericht) besondere Gründe jedoch zu beurteilen: Vollmachtsbestätigung und Genehmigung waren verweigert, ein Rechtsstreit war noch immer in der ersten Instanz anhängig, die Erledigung war nicht absehbar.
[26] RG 126, 107 (110).
[27] OLG Frankfurt Rpfleger 1997, 209 (210; Zurückweisung 7 Monate nach Antragseingang); auch BayObLG 1997, 55 (58) = aaO (Fußn 12).

436 **bb)** Daß der Antragsteller bei Einreichung seines Antrags dessen Mangelhaftigkeit oder Unvollständigkeit gekannt hat,[28] oder bei Anwendung ausreichender Sorgfalt das Hindernis hätte vermeiden können,[29] rechtfertigt allein sofortige Zurückweisung nicht.[30] Dies kann aber in Verbindung mit anderen Umständen und Erfahrungen (ausnahmsweise) Zurückweisung gebieten, so bei mutwilliger Vorlage eines mangelhaften Antrags, bei wiederholter Vorlage eines (nach längerer Frist zur Behebung eines Hindernisses) zurückgewiesenen Antrags mit unverändertem Mangel,[31] auch denkbar bei gerichtsbekannter Nachlässigkeit oder Säumigkeit des Antragstellers, nicht aber schon, wenn sich das Hindernis bei Anwendung ausreichender Sorgfalt hätte vermeiden lassen.

437 **cc)** Zurückweisungsgrund ist **Unzuständigkeit** des angegangenen Grundbuchamts.[32] Die Möglichkeit der Abgabe auf Antrag (hierzu s § 23 Abs 1 GBGA) gebietet jedoch vorweg formlose Beanstandung (Rdn 445).

438 **dd)** Nach der **Art des Eintragungshindernisses** hat sofortige Zurückweisung zu erfolgen, wenn **sicher** feststeht, daß das Hindernis **überhaupt nicht behoben werden kann**.[33] Denn in jeder Zwischenverfügung liegt zugleich der Ausspruch, dem Antrag werde nach Beseitigung des Hindernisses stattgegeben. Wenn die beantragte Eintragung unzulässig ist, ist auch der Antrag als Verfahrenshandlung nicht schutzwürdig. Mit Zwischenverfügung kann dann auch eine Frist zur Behebung des Hindernisses nicht bestimmt werden. Eine Zwischenverfügung ist daher ausgeschlossen, wenn das Recht überhaupt nicht eintragungsfähig ist. Beispiele: Miet- oder Pachtrecht,[34] Löschung eines nicht bzw nicht mehr eingetragenen Rechts, Belastung eines nicht bestehenden Wohnungseigentumsrechts,[35] Abtretung einer Grunddienstbarkeit,[36] Löschung einer Dienstbarkeit (Wohnungsrecht) nur an einem ideellen Miteigentumsanteil[37] (würde unzulässige Einzelbelastung der übrigen Anteile bewirken).

439 **e) aa)** Zwischenverfügung ist nicht unzulässig (wie angenommen wird[38]), wenn nach Auffassung des Grundbuchamts nur ein **neuer**, anderslautender **Antrag** zur Eintragung führen kann, wie dann, wenn Nießbrauch beantragt

---

[28] RG 126, 107 (112), das zutreffend auch ausführt: „Es läßt sich nicht anerkennen, daß in solchem Falle der Gesichtspunkt billiger Vermeidung unnötiger Härten grundsätzlich versage, zumal wenn der Antragsteller selbst auf die Unvollständigkeit seines Antrags hinweist, zugleich aber die Nachlieferung des Fehlenden ankündigt."
[29] KGJ 40 A 99.
[30] BayObLG MittBayNot 2002, 290 mit Anm Schmucker (fehlender Erbschein).
[31] LG Wuppertal MittRhNotK 1985, 11.
[32] RG 126, 107 (110).
[33] RG 106, 74 (80); BayObLG 1970, 163 (165) = DNotZ 1970, 602 = Rpfleger 1970, 346; BayObLG 1984, 136 (138); BayObLG MittBayNot 1986, 175; KG JFG 8, 236 (240); OLG München JFG 14, 317 (318); auch RG 126, 107 (110); LG Wuppertal MittRhNotK 1997, 146.
[34] Zu erwägen ist aber, daß Begründung eines dinglichen Wohnrechts gewollt (und damit beantragt) sein kann, s RG 54, 233 (236).
[35] OLG Hamm DNotZ 1984, 108 = OLGZ 1983, 386 = Rpfleger 1983, 395.
[36] OLG Hamm OLGZ 1980, 270 = Rpfleger 1980, 225.
[37] OLG Hamm DNotZ 2001, 216.
[38] K/E/H/E Rdn 20 zu § 18; BayObLG DNotZ 1982, 439 = Rpfleger 1981, 397.

1. Teil. X. Zwischenverfügung, Zurückweisung

ist, aber nur eine beschränkte persönliche Dienstbarkeit eingetragen werden könnte,[39] oder wenn Eintragung einer Grunddienstbarkeit beantragt wird, mit dem angegebenen Inhalt jedoch lediglich eine beschränkte persönliche Dienstbarkeit eingetragen werden könnte.[40] Auch in solchen Fällen ist der **Antrag Verfahrenshandlung,** über die zu entscheiden ist. Demnach ist nicht die beantragte Eintragung (Nießbrauch, Dienstbarkeit) unzulässig, sondern als Grundlage der Eintragung rechtfertigt die Eintragungsbewilligung (§ 19 GBO; eine andere Eintragungsgrundlage) die beantragte zulässige Eintragung nicht. Der Fall ist nicht anders zu behandeln wie ein Antrag, dem eine Eintragungsbewilligung (versehentlich) nicht beigefügt ist. Der Mangel kann durch Vorlage einer mit dem Antrag übereinstimmenden Bewilligung (§ 19 GBO; ggfs entsprechender anderer Eintragungsgrundlage) ohne weiteres behoben werden. Immer wenn ein fehlendes Eintragungserfordernis (eine Eintragungsgrundlage, die den Antrag vollziehbar macht) nachgebracht werden kann, ist aber Zwischenverfügung veranlaßt (Rdn 433).

Beispiele: a) Beantragt ist Eintragung einer Hypothek. Dem Antrag ist durch ein Kanzleiversehen eine Bewilligung über eine Grundschuld beigefügt worden, die nicht mehr verwendet werden sollte. Ordnungsgemäße Bewilligung für die beantragte Hypothek ist nur nachzureichen.

b) Beantragt ist Eintragung eines dinglichen Wohnungsrechts (§ 1093 BGB). Es wurde (versehentlich) jedoch Ausschluß des Eigentümers von der Benutzung der Räume nicht bestimmt. Es könnte nur eine (gewöhnliche) beschränkte persönliche Dienstbarkeit eingetragen werden. Das aber gerade soll nicht geschehen.

Zu a) und b): In beiden Fällen soll gerade kein neuer, anderslautender Antrag gestellt werden. Zur Erledigung des bereits gestellten Antrags soll vielmehr das fehlende Eintragungserfordernis nachgebracht werden.
In einem solchen Fall kann auch in der Zwischenverfügung das Mittel oder der Weg zur Beseitigung des Vollzugshindernisses angegeben werden. 440

Beispiel

> ... Bewilligung einzureichen, nach der für Eintragung des Wohnungsrechts der Dienstbarkeitsinhalt so bestimmt ist, daß der Berechtigte befugt ist, die Räume ... als Wohnung „unter Ausschluß des Eigentümers" zu benutzen.

Es kann nur nicht – umgekehrt – daran festgehalten werden, daß mit dem in der Eintragungsbewilligung dargestellten Inhalt lediglich eine beschränkte persönliche Dienstbarkeit eingetragen werden kann und der Antrag geändert werden muß[41] (Änderung des Antrags mit inhaltlicher Veränderung des einzutragenden Rechts wäre unzulässiger Inhalt der Zwischenverfügung[42]). Dem Antragsteller gewährleistet Erlaß einer Zwischenverfügung auch in solchen Fällen effektiven Rechtsschutz. Nach sofortiger Zurückweisung seines Antrags könnte er den verloren gegangenen Vollzugsrang auch mit erneutem

---

[39] AA BayObLG DNotZ 1982, 439 = aaO; Kleist MittRhNotK 1985, 133 (138).
[40] Zur Eintragung eines Wohnungsrechts als Grunddienstbarkeit statt als beschränkte persönliche Dienstbarkeit s OLG München HRR 1936 Nr 271.
[41] Insoweit zutreffend BayObLG DNotZ 1982, 439 = aaO.
[42] BayObLG 1997, 282 = aaO (Fußn 22); BayObLG DNotZ 1998, 125 mit Anm Ott = aaO (Fußn 22).

Antrag schon nach kürzester Zeit bei entsprechend gestaltetem Inhalt der Eintragungsbewilligung nicht wieder erlangen. Sicherung des Vollzugsrangs mit Vormerkung (oder Widerspruch, § 18 Abs 2 GBO) und damit auch effektiver Rechtsschutz mit der Möglichkeit, die Entscheidung des Grundbuchamts durch das Beschwerde- oder Rechtsbeschwerdegericht überprüfen zu lassen (erfordert schon Art 19 Abs 4 GG), müssen aber nach rechtsstaatlichen Verfahrensgrundsätzen gewahrt bleiben.

441 Bereinigung des mit Zwischenverfügung in solchen Fällen beanstandeten Mangels erfordert stets auch Prüfung, ob tatsächlich der Antrag unverändert geblieben ist und sein Vollzugshindernis behoben wurde (dann Rangwahrung durch Antrag mit Zwischenverfügung) oder ob nicht umgekehrt die Eintragungsgrundlage (der Bewilligungsinhalt) unverändert geblieben ist und der Antrag neu gefaßt wurde. Dann handelt es sich um einen **anderslautenden** Antrag.

442 bb) Entsprechendes gilt für die Fälle, daß der Antragsteller nicht Antragsberechtigter ist,[43] der Bewilligende in seiner Verfügungsbefugnis durch ein absolutes Verfügungsverbot beschränkt ist oder Antragstellung durch einstweilige Verfügung oder durch Urteil verboten ist.[44] Auch dann ist demnach nicht schon allein wegen der Art des Eintragungshindernisses ein zwingender Zurückweisungsgrund gegeben.[45] Die gerichtliche Entscheidung kann aufgehoben, aber auch zu Unrecht erlassen und angefochten oder durch Parteivereinbarung gegenstandslos geworden sein, die fehlende Antragsberechtigung kann bereits wieder bestehen, Nachweis dafür dem Grundbuchamt nur noch nicht zur Kenntnis gelangt sein. Auch in diesen Fällen ist daher dem Antragsteller mit Zwischenverfügung Gelegenheit zu geben, mit Nachweis, daß das Hindernis bereits nicht mehr besteht, die Voraussetzungen der beantragten Grundbucheintragung zu schaffen. Sofortige Zurückweisung des Antrags rechtfertigt sich daher auch hier nur, wenn der Antrag als Verfahrenshandlung aus besonderen Gründen (die auch aus dem Verfügungs- oder Erwerbsverbot selbst folgen können) nicht schutzwürdig ist.

442a Auch **Nachholung einer Auflassung** kann mit Zwischenverfügung aufgegeben werden (anders BayObLG[46]). Die Auflassung ist Eintragungsgrundlage (§ 20

---

[43] KG JFG 14, 444 (446) = JW 1937, 892; Böttcher MittBayNot 1987, 9 (10); Beispiel: Grundstückseigentümer beantragt Eintragung der Abtretung einer auf seinem Grundstück ruhenden Hypothek. Das Recht könnte aber Eigentümergrundschuld sein.
[44] Zu einem solchen Verbot RG 117, 287; 120, 118; zur Antragszurückweisung KG Rpfleger 1962, 177; OLG Hamm DNotZ 1970, 661 (663) = OLGZ 1970, 438 = Rpfleger 1970, 343 (344); BayObLG BWNotZ 1982, 90 (92); LG Stuttgart BWNotZ 1982, 90 (93).
[45] So aber K/E/H/E Rdn 17–19 zu § 18. Für Zurückweisung bei Erwerbsverbot mit einstweiliger Verfügung auch BayObLG DNotZ 1982, 90 (92) und OLG Hamm DNotZ 1970, 661 (663), das aber in dem Erwerbsverbot kein leicht und schnell behebbares Hindernis gesehen hat. Zwischenverfügung beim Vorliegen besonderer Umstände hält das LG Stuttgart BWNotZ 1982, 90 (93) für zulässig.
[46] BayObLG DNotZ 1986, 237 = (mitget) Rpfleger 1985, 486; BayObLG BWNotZ 1986, 69 = NJW-RR 1986, 505 = Rpfleger 1986, 176; BayObLG DNotZ 1989, 373 (keine erneute Auflassung zum Vollzug eines Veränderungsnachweises); BayObLG (23. 2. 1989, mitget) Rpfleger 1989, 396 (keine Auflassung mit anderem Inhalt); BayObLG NJW-RR 1991, 465 und DNotZ 2001, 557 (keine erneute Erklärung einer nicht ausreichenden Auflassung); OLG Frankfurt DNotZ 1991, 604 mit Anm Herr-

GBO); wenn der mangelhafte Antrag als Verfahrenshandlung schutzwürdig ist, kann ihr Fehlen damit mit Zwischenverfügung beanstandet werden (Rdn 434). Das ist jedenfalls der Fall, wenn der Antragsteller den Mangel nicht gekannt oder übersehen hat (Rdn 434). Erforderlich ist nur, daß der Antrag unverändert bleibt und mit Vorlage der Auflassung vollziehbar wird.

Beispiele: Eintragung der Auflassung einer (noch nicht vermessenen) Teilfläche, die wegen (vermeintlich[47]) unzureichender Kennzeichnung (damit als nicht hinreichend bestimmt) wiederholt werden soll;[48] Veränderung der Miteigentumsquoten bei der Begründung von Wohnungseigentum[49]).

Ausgeschlossen ist Zwischenverfügung zur Nachholung einer Auflassung somit nur, wenn deren Vollzug auch einen anderslautenden (= neuen) Antrag erfordert.

Beispiel: Antrag auf Eintragung einer Erbteilsübertragung, später Antrag auf Eintragung einer für Erbauseinandersetzung erklärten Auflassung.

f) Wenn das Grundbuchamt als Vollstreckungsorgan und Organ der Grundbuchführung tätig wird (so bei Eintragung einer Zwangshypothek,[50] § 867 ZPO), hat es in ersterer Eigenschaft **Vollstreckungsvoraussetzungen** zu prüfen. Vollstreckungsrechtliche Mängel hat es dann als Vollstreckungsorgan zu beanstanden (Rdn 2179). Wenn (soweit) ein Vollstreckungsmangel besteht, gilt der Eintragungsantrag nicht als nach § 17 GBO „rangwahrend" gestellt. Daher kann ein Vollstreckungshindernis nicht mit rangwahrender Zwischenverfügung (sie wäre Maßnahme des Grundbuchverfahrens) beanstandet werden. Es ist zwar auch dann der Antrag nicht sofort zurückzuweisen. Vielmehr sind fehlende Vollstreckungsvoraussetzungen, die dem Beginn der Zwangsvollstreckung und damit dem Grundbuch-Eintragungsverfahren entgegenstehen, vom Grundbuchamt im Vollstreckungsverfahren mit nicht rangwahrender Verfügung nach § 139 ZPO zu beanstanden.[51]

443

3. Rechtsprechung zur Zwischenverfügung und sonst typische Einzelfälle

In welchen Fällen ein Vollzugshindernis mit Zwischenverfügung zu beanstanden ist, hat die Rechtsprechung vielfach erörtert. Die Entscheidungen können jedoch nur Hinweise für die Beurteilung in Einzelfällen geben, deren Besonderheiten stets zu würdigen sind. Grundsatz bleibt, daß Erlaß einer

444

---

mann = NJW-RR 1990, 1042 = OLGZ 1990, 253 = Rpfleger 1990, 292 (keine Nachholung einer fehlenden Auflassung); auch Böttcher MittBayNot 1987, 9 (13); OLG Hamm MittRhNotK 1996, 225 (keine erneute Erklärung einer nicht ausreichenden Auflassung).

[47] Der Antragsteller muß unter Wahrung des Vollzugsrangs seines Antrags Gelegenheit finden, die Beanstandung des Grundbuchamts, die Auflassungsfläche sei nicht hinreichend deutlich gekennzeichnet (zum Problem Rdn 877 mit 863 ff), durch das Beschwerde- und Rechtsbeschwerdegericht überprüfen zu lassen (Rdn 440; auch das Grundbuchamt kann irren).

[48] Fall BayObLG NJW-RR 1986, 505 = aaO (Fußn 46).

[49] Fall BayObLG DNotZ 1986, 237 = aaO (Fußn 46).

[50] BGH 27, 310 = DNotZ 1958, 480 = NJW 1958, 1090; OLG Hamm Rpfleger 1973, 440; Zöller/Stöber, ZPO, Rdn 1 zu § 867.

[51] Zöller/Stöber, ZPO, Rdn 4 und 15 zu § 867; Böttcher MittBayNot 1987, 9 (15).

1. Teil. X. Zwischenverfügung, Zurückweisung

Zwischenverfügung die Regel ist (Rdn 429) und daß rechtsstaatliche Verfahrensgrundsätze immer auch Aufklärungs- und Hinweispflicht im Einzelfall gebieten. Zwischenverfügung kann demnach zulässig sein
- zur **Klarstellung** des Antrags, wenn er und seine Unterlagen Widersprüche aufweisen,[52]
- zur **Einschränkung** des Antrags[53] oder zur Zurücknahme eines von mehreren nach § 16 Abs 2 GBO (s Rdn 92) verbundenen Anträgen, damit den übrigen stattgegeben werden kann.[54] Auf Zurücknahme eines Eintragungsantrags kann durch Zwischenverfügung regelmäßig zwar nicht hingewirkt werden. Etwas anderes gilt aber, wenn – etwa bei miteinander verbundenen Anträgen – durch die Zurücknahme eines Antrags die Eintragung auf einen anderen Antrag hin ermöglicht werden soll.[55] Auch wenn nur eine Nebenbestimmung eines (ohne diese) eintragungsfähigen Rechts unzulässig ist, kann Zwischenverfügung zur Einschränkung des Antrags erlassen werden.
- zur Beseitigung eines nach § 16 Abs 1 GBO **unzulässigen Vorbehalts**,[56]
- zur Veranlassung des Antrags auf Voreintragung des Betroffenen (§ 39 Abs 1 GBO);[57]
- zur Vorlage der Eigentümerzustimmung nach § 880 Abs 2 S 2 BGB für den Rangrücktritt eines Grundpfandrechts;[58]
- zum Nachweis **fehlender Unterlagen**[59] wie einer familien- oder vormundschaftsgerichtlichen oder behördlichen Genehmigung, einer Vollmacht, auch bei Auflassung eines Grundstücks durch einen Vertreter ohne Vertretungsmacht,[60] zur Beibringung eines Erbscheins oder der Zustimmung eines Nacherben, wenn das Grundbuchamt aus tatsächlichen Gründen nicht klären kann, ob eine befreite Vorerbschaft vorliegt,[61]
- zur **Ausräumung von Zweifeln** an der Vollzugsfähigkeit einer Urkunde durch Vorlage weiterer geeigneter Eintragungsunterlagen oder anderer Nachweise für das Vorliegen der Eintragungsvoraussetzungen[62] (Einschränkung, wenn es um behauptete Grundbuchunrichtigkeit geht, s Rdn 209, 427; Beweislastregeln s Rdn 209 a);
- zum **Nachweis** von Eintragungsunterlagen in der nach § 29 GBO erforderlichen **Form**; sind mehrere Bogen einer Ausfertigung nicht mit Schnur und

---

[52] KG HRR 1935 Nr 866; KG DR 1942, 1412; BayObLG 1997, 129 (131) = NJW-RR 1997, 912 = Rpfleger 1997, 371; OLG Frankfurt NJW-RR 1999, 17 (18); Böttcher MittBayNot 1987, 65.
[53] KGJ 44 A 263 (268); BayObLG Rpfleger 1976, 180; BayObLG 1976, 44 = Rpfleger 1976, 181; BayObLG 1977, 81 (83); BayObLG 1997, 129 (131) = aaO; OLG Frankfurt NJW-RR 1999, 17 (18).
[54] BGH 71, 349 (351) = DNotZ 1978, 696 (697) = NJW 1978, 1915; OLG Frankfurt NJW-RR 1999, 17 (18); KG JFG 1, 439 (441); KG JFG 13, 111 (112).
[55] OLG Hamm DNotZ 1970, 48 = OLGZ 1970, 447.
[56] KG JFG 19, 135; KG HRR 1940 Nr 1077.
[57] BayObLG 1990, 51 = MittBayNot 1990, 249 = MittRhNotK 1990, 134 = NJW-RR 1990, 906; LG Chemnitz NotBZ 2002, 270.
[58] OLG Hamm Rpfleger 2002, 353.
[59] BayObLG MittBayNot 1981, 25 (26).
[60] OLG Braunschweig NJW 1966, 58 = OLGZ 1965, 351.
[61] OLG Hamm DNotZ 1972, 96.
[62] BayObLG MittBayNot 1981, 25.

Siegel, sondern nur durch Klebestreifen miteinander verbunden, so ist die Urkunde nicht in der vorgesehenen Form des § 415 ZPO aufgenommen. Das Grundbuchamt kann durch Zwischenverfügung die Eintragung von der Behebung dieses Mangels abhängig machen,[63]
- zur Vorlage eines **Hypotheken- oder Grundschuldbriefes**,[64]
- zur **Sicherstellung der Kosten**[65], wenn Leistung eines Vorschusses vor Vornahme des Geschäfts zur Sicherung des Eingangs der Kosten im konkreten Fall[66] angebracht erscheint (§ 8 Abs 2 KostO mit Einzelheiten). Eine Zwischenverfügung, in der die Nichtzahlung eines Kostenvorschusses als Eintragungshindernis angegeben wird, ist unvollständig, wenn aus ihr die Höhe des zu zahlenden Kostenvorschusses nicht ersichtlich ist: die Tatsache, daß dem Kostenschuldner die Kostennachricht (s §§ 22, 31 KostV) mitgeteilt wird, beseitigt die Unvollständigkeit der Zwischenverfügung nicht.[67] Die Zwischenverfügung muß auch dann, wenn sie gem § 15 GBO dem Urkundsnotar zugestellt wird (s Rdn 186), die Höhe des Vorschusses angeben.[68] Wenn alle Antragsberechtigten (oder für sie der Notar gemäß § 15 GBO) Vollzugsantrag gestellt haben, verletzt der Grundbuchbeamte seine Amtspflichten, wenn es nicht vor Zurückweisung des Eintragungsantrags sämtlichen Kostenschuldnern Gelegenheit zur Zahlung des fehlenden Kostenvorschusses gibt.[69] Jedoch ist eine Zwischenverfügung, mit der dem Antragsteller aufgegeben wird nachzuweisen, daß die für einen am Kaufvertrag **nicht beteiligten Dritten** erklärte Übernahme der Vollzugskosten durch dessen Genehmigung Wirksamkeit erlangt hat, nicht gerechtfertigt.[70] Für die Aufforderung an einen Beteiligten, seinen Mitwirkungspflichten bei der Ermittlung des Geschäftswerts nachzukommen, bietet § 18 Abs 1 GBO (und § 8 Abs 2 KostO) keine Grundlage.[71]
- zur Vorlage der steuerlichen **Unbedenklichkeitsbescheinigung**[72] (s Rdn 148).

4. Formlose Beanstandung

a) Entscheidung über einen Eintragungsantrag (auch ein Behördenersuchen, § 38 GBO) erfolgt nach der GBO nur durch Vornahme der Eintragung (§ 44

445

---

[63] OLG Schleswig DNotZ 1972, 556.
[64] OLG Karlsruhe JFG 7, 241 (243).
[65] KG JFG 15, 314; OLG München JFG 17, 332; OLG München JFG 18, 20; LG Düsseldorf Rpfleger 1986, 175; LG Frankenthal Rpfleger 1984, 312; LG Köln MittRhNotK 1985, 216; Böttcher MittBayNot 1987, 65 (66).
[66] Heckschen und Wagner NotBZ 2001, 83; verbietet generelle Anforderung von Kostenvorschüssen oder von einem bestimmten Geschäftswert an.
[67] OLG München DFG 1938, 179 = HRR 1938 Nr. 1292.
[68] OLG München JFG 18, 20.
[69] BGH DNotZ 1982, 238 = VersR 1982, 160. S auch KG Rpfleger 1982, 173: Keine unrichtige Sachbehandlung (i. S. von § 16 Abs 1 KostO), wenn eine Eintragung zunächst durch Zwischenverfügung von der Vorschußzahlung abhängig gemacht, nach Eingang eines weiteren (eintragungsreifen) Antrags jedoch auch die früher beantragte Eintragung ohne Vorschußzahlung verfügt wird.
[70] BayObLG Rpfleger 1969, 48 mit Anm Haegele.
[71] OLG Hamm DNotZ 2000, 651 = MittRhNotK 2000, 217 = Rpfleger 2000, 268.
[72] OLG Düsseldorf NJW 1986, 1819 = Rpfleger 1986, 297; OLG Zweibrücken NJW-RR 2000, 1686 = Rpfleger 2000, 544.

1. Teil. X. Zwischenverfügung, Zurückweisung

GBO), Zwischenverfügung oder Zurückweisung (§ 18 Abs 1 GBO). Es wird daher geltend gemacht, daß es andere Möglichkeiten der Antragsbehandlung grundsätzlich nicht gebe,[73] somit auch formlose Erinnerung, dh die ohne Fristsetzung erfolgende (formlose) Beanstandung eines Eintragungsantrags[74] unstatthaft sei. Dem können wir so allgemein nicht folgen. Die formlose Beanstandung eines Antrags ohne Setzung einer besonderen Frist ist zwar in der GBO nicht vorgesehen; sie kann auch nicht angefochten werden (Rdn 473). Sie verbietet sich deswegen aber nicht; auch kommen in der Praxis solche stillschweigende Fristgewährungen vor. Zulässig sind sie als Meinungsäußerung des Grundbuchamts, mithin als bloßer Hinweis auf ein bei vorläufiger Prüfung (Durchsicht) des Antrags festgestelltes Eintragungshindernis oder bloße Äußerung der Ansicht des Grundbuchamts verbunden mit der Ankündigung einer in Aussicht genommenen Entscheidung (Ablehnung, auch Zwischenverfügung), falls ein Hindernis fortbesteht oder auch nur der Antrag aufrechterhalten wird.[75] Ein derartiger Hinweis vor Entscheidung mit der nach Verfahrensrecht gegebenen Maßnahme kann in einfach gelagerten Fällen (bei eindeutigem, leicht behebbarem Hindernis, bei entsprechendem Interesse des Antragstellers an Förderung seines Anliegens) dem Verfahrensziel, die beantragte rechtsändernde oder berichtigende Grundbucheintragung herbeizuführen, dienlich sein. Er ist als Ausfluß der allgemeinen Aufklärungs- und Fürsorgepflicht des Grundbuchamts (Rdn 429) nicht nur zulässig, sondern erforderlichenfalls auch geboten. Die Grenzen formloser Beanstandung und die Notwendigkeit, Mängel förmlich zu beanstanden, ergeben sich jedoch aus dem öffentlich-rechtlichen Recht des Antragstellers, daß das Grundbuchamt als Rechtspflegeorgan das zur sachgemäßen Erledigung des Antrags Notwendige tut.[76] Nicht zulässig ist daher ein zunächst nur allgemeiner Hinweis auf einen Hinderungsgrund, wenn er nicht im Interesse des Antragstellers liegt oder liegen kann wie bei schwerwiegenden Mängeln, abweichender Beurteilung durch Gericht und Antragsteller, Erfordernis der Vollzugsreife nachfolgender Anträge (§§ 17, 18 Abs 2 GBO). Ebenso kann aber stillschweigend Frist zur Behebung von Beanstandungen gesetzt werden, wenn der Antragsteller seinen Antrag sogleich mit dem Bemerken einreicht, daß gewisse Hindernisse binnen einer von ihm bezeichneten Frist beseitigt würden, insbesondere daß fehlende Antragsanlagen in kurzer Frist nachgebracht werden. Erlaß einer Zwischenverfügung oder sofortige Zurückweisung des Antrags in einem solchen Fall[77] ist nicht veranlaßt; vielmehr kann auch hier das Grundbuchamt Wiedervorlage nach Ablauf einer kurzen (angemessenen) Frist verfügen, wenn nicht besondere Umstände (schwere Mängel, nachfolgender Antrag) die vereinfachte, formlose Verfahrensweise ausschließen.

---

[73] Demharter Rdn 1 zu § 18; K/E/H/E Rdn 47, 48 zu § 18; Kleist MittRhNotK 1985, 133 (134).
[74] Demharter aaO; Bauer/vOefele/Wilke Rdn 11, 12 zu § 18; BayObLG 1995, 359 = NJW-RR 1996, 589 = Rpfleger 1996, 191; RG 60, 392 (395); auch OLG Hamm Rpfleger 1975, 134 bestätigen dies nicht.
[75] Dazu OLG Hamm Rpfleger 1975, 134; LG Mönchengladbach Rpfleger 2002, 201.
[76] Zum Justizanspruch, auch Justizgewährungsanspruch, allgemein Zöller/Vollkommer, ZPO, Einl Rdn 48.
[77] S aber KGJ 31 A 250.

b) **Formose Beanstandung** und **stillschweigende Fristgewährung** sind Maßnahmen des Grundbuchamts bei Prüfung des Antrags, mit der sie in zeitlichem Zusammenhang stehen müssen; als Ausfluß der allgemeinen Aufklärungs- und Fürsorgepflicht dienen sie der Erledigung des Eintragungsantrags. Sie unterscheiden sich damit von der **Aussetzung** des Verfahrens, die tatsächlichen Stillstand bewirkt. Eine Aussetzung des Grundbucheintragungs-Antragsverfahrens und eine Zurückstellung der Entscheidung über den Eintragungsantrag nach Abschluß des Prüfungsverfahrens, die dem „Ruhen" (Stillstand) des Verfahrens gleichkommen würde, sind nicht zulässig.[78] Ausnahme:[79] § 130 Abs 3 ZVG. 446

5. Inhalt der Zwischenverfügung

Amtsgericht Oberhof ... den ... 447
Aktenz: ...
      Zwischenverfügung in dem Grundbuchverfahren ...
1. Dem Antrag des Karl Brod, Müller in Oberhof, vom ...
   ihn als neuen Eigentümer des im Grundbuch von Oberhof (Band 1) Blatt 15 auf Max Stein, Maurer in Oberhof, gebuchten Grundstücks Flurstück 100 Gartenland im Schatten 20 a 10 m² in das Grundbuch einzutragen,
   kann erst entsprochen werden, wenn ein Zeugnis der Gemeinde über Nichtausübung oder Nichtbestehen des Vorkaufsrechts (§ 28 Abs 1 BauGB) vorgelegt wird.
   Zur Vorlage dieses Zeugnisses wird dem Antragsteller eine Frist bis ... einschließlich mit der Maßgabe gesetzt, daß nach fruchtlosem Ablauf dieser Frist der Antrag kostenpflichtig zurückgewiesen wird.
2. Zustellen an den Antragsteller Karl Brod.
3. Wiedervorlage mit Zustellungsnachweis am ... falls nicht der Mangel vorher behoben wird.

a) Die Zwischenverfügung hat 448
– das **Grundbuchverfahren** mit Antragsteller (und seinem Verfahrensbevollmächtigten) sowie der beantragten Eintragung **zu bezeichnen,** der ein Hindernis entgegensteht,
– das (behebbare) **Eintragungshindernis** darzustellen,
– das **Mittel** oder den Weg **zur Beseitigung** des Vollzugshindernisses anzugeben,
– eine **angemessene Frist** zur Behebung des Hindernisses zu bestimmen.
Androhung der Zurückweisung bei nicht fristgemäßer Beseitigung des Hindernisses wird mitunter als Verfügungsinhalt gefordert,[80] gehört jedoch als Entscheidung über den Antrag nach Fristablauf nicht notwendig dazu.[81]

---

[78] BayObLG 1978, 15 und 1984, 126 (129); OLG Frankfurt OLGZ 1990, 147 = MDR 1990, 557; OLG Hamm DNotZ 2000, 651 = aaO (Fußn 71); KG HRR 1930 Nr 1505; KG JW 1932, 2890.
[79] Siehe auch Eckhardt BWNotZ 1984, 109 für den Fall, daß das Ergebnis der Flurbereinigung noch nicht in das Grundbuch eingetragen und ein Eintragungsersuchen der Flurbereinigungsbehörde noch nicht gestellt ist. Vgl auch OLG Düsseldorf MittBayNot 1985, 199.
[80] K/E/H/E Rdn 52 zu § 18.
[81] So auch Bauer/vOefele/Wilke Rdn 42; Meikel/Böttcher Rdn 111, je zu § 18.

449 **b) Bezeichnung des Grundbuchverfahrens,** in dem die Verfügung ergeht, hat mit Angabe des Antragstellers und der beantragten Eintragung samt Grundbuchblatt (§ 3 Abs 1 GBO), bei Führung eines gemeinschaftlichen Grundbuchblatts (§ 4 Abs 1 GBO) auch unter Angabe eines oder mehrerer Grundstücke, auf die sich der Antrag bezieht, zu erfolgen. Gliederung in Rubrum (Kopf) der Verfügung mit Bezeichnung des Grundbuchverfahrens und Antragstellers, außerdem des Gerichts, Aktenzeichens und Tag der Verfügung, sowie Verfügungsformel und Gründe ist zweckmäßig und üblich, wenn auch nicht vorgesehen.

450 c) Das **Hindernis,** das der Eintragung entgegensteht, muß konkret und bestimmt bezeichnet werden. Eine Verfügung, die den Vollzug als rechtlich zweifelhaft bezeichnet und Vorlage weiterer (nicht näher genannter) Nachweise fordert, genügt den Anforderungen nicht.[82] Wenn **mehrere** Eintragungshindernisse vorliegen, sind sie **alle** sogleich in der Zwischenverfügung darzustellen.[83] Eine stufenweise Beanstandung ist unzulässig. Ausgeschlossen ist sie nicht. Mit weiterer Zwischenverfügung können vielmehr auch neue Hinderungsgründe geltend gemacht werden. Ein Verstoß gegen das Erfordernis, sämtliche Hinderungsgründe auf einmal zu bezeichnen, liegt dann nicht vor, wenn bei Beseitigung eines Hindernisses ein neuer Hinderungsgrund aufgetreten ist wie dann, wenn eine fehlende Zustimmung nicht durch alle Betroffene erklärt oder nicht in der erforderlichen Form eingereicht wurde. Ein Hinderungsgrund ist aber auch dann zu beachten, somit neu zu beanstanden, wenn er bereits früher bestanden hat, jedoch erst bei nochmaliger Prüfung des Antrags bis zur Vollendung der Eintragung (Rdn 227, 227a) neu erkannt wurde.

451 d) Klare[84] Angabe des **Mittels** oder der Wege **zur Beseitigung** des Vollzugshindernisses[85] erfordert § 18 Abs 1 S 1 GBO für Zwischenverfügung. Es sind **alle** zur Beseitigung eines Hindernisses bestehenden Mittel und Möglichkeiten anzuführen.[86] Hierfür muß die Zwischenverfügung so gefaßt sein, daß sie dem Antragsteller eine sachgerechte Entscheidung über die weitere Wahrung seiner Rechte ermöglicht.[87] Ein bestimmter Weg unter mehreren möglichen darf nicht vorgeschrieben,[88] ein neuer (anderslautender) Eintragungsantrag

---

[82] BayObLG MittBayNot 1981, 25 = (mitget) Rpfleger 1981, 283.
[83] BayObLG 1970, 163 (165) = DNotZ 1970, 602 = Rpfleger 1970, 346; BayObLG 1990, 51 (57) = MittBayNot 1990, 249 = MittRhNotK 1990, 134 = NJW-RR 1990, 906 = Rpfleger 1990, 363; BayObLG MittBayNot 1995, 288 Leits; OLG Frankfurt Rpfleger 1994, 204; auch ThürOLG NotBZ 2002, 458 = Rpfleger 2002, 431.
[84] BayObLG MittBayNot 1981, 25; BayObLG (29. 1. 1987, mitget) Rpfleger 1987, 356; BayObLG 1997, 129 (131) = aaO (Fußn 52); OLG Frankfurt NJW-RR 1999, 17. Die Angabe kann auch durch Auslegung der Zwischenverfügung festgestellt werden, BayObLG JurBüro 1983, 909 = (mitget) Rpfleger 1983, 12.
[85] Nur darauf, daß der Eintragungsantrag zurückgenommen werde, darf die Zwischenverfügung nicht zielen; OLG Hamm Rpfleger 1970, 396; BayObLG DNotZ 1993, 595 = NJW-RR 1993, 530; s bereits Rdn 444.
[86] KGJ 52 A 204 (208); KG HRR 1935 Nr 3043 = JW 1935, 3042; BayObLG 1970, 163 (165) = aaO (Fußn 83); OLG Frankfurt Rpfleger 1977, 103, NJW 1993, 150 = OLGZ 1993, 169 = Rpfleger 1993, 147 und Rpfleger 1994, 204.
[87] OLG Hamm JMBlNRW 1963, 180.
[88] OLG Hamm Rpfleger 1973, 167 (168 li Sp).

1. Teil. X. Zwischenverfügung, Zurückweisung

nicht anheimgestellt werden.[89] Wie fehlende Unterlagen zu beschaffen sind, ist nicht aufzuführen. Erwägt das Grundbuchamt nur die rechtlichen Möglichkeiten, die „eventuell" zur Beseitigung eines Eintragungshindernisses führen können, bezeichnet es also diese nicht ausdrücklich, so liegt keine Zwischenverfügung vor,[90] sondern nur eine Ansichtsäußerung des Grundbuchamts (mithin formlose Beanstandung im Sinne des Rdn 445 Gesagten).

e) Die **Fristsetzung** ist wesentliches Erfordernis der Zwischenverfügung. Es muß eine **angemessene** (also nicht unangemessen kurze[91]) Frist genau[92] bestimmt werden; sie wird zweckmäßigerweise mit einem Kalendertag als Endzeitpunkt bestimmt („bis ... einschließlich"), kann aber auch mit dem Anfangszeitpunkt und ihrer Dauer angegeben werden („3 Wochen ab Zustellung der Verfügung"; Berechnung s § 17 FGG, §§ 186 ff BGB). Eine Zwischenverfügung ohne Fristsetzung ist unzulässig.[93] 452

f) Weitere **Begründung** kann nach rechtsstaatlichen Verfahrensgrundsätzen geboten sein. Danach beruht die Begründungspflicht auf der Erwägung, daß dem Betroffenen eine sachgemäße Wahrnehmung seiner Rechte ermöglicht sein muß.[94] Erforderlich ist demnach eine weitere Begründung, wenn nicht bereits der notwendige Verfügungsinhalt eindeutig die Erwägungen darstellt, auf denen die Verfügung in tatsächlicher und rechtlicher Hinsicht beruht;[95] ebenso ist weitere Begründung nötig, wenn der Antrag Unklarheiten oder Unstimmigkeiten enthält, die der Erläuterung bedürfen, oder wenn eine streitige, zweifelhafte oder schwierige Rechtsfrage Bedeutung erlangt, somit immer dann, wenn die Erwägungen des Gerichts für Erlaß der Zwischenverfügung nicht ohne weiteres auf der Hand liegen. Hinweis auf eine dem Antragsteller nicht bekannte Entscheidung des Grundbuchamts „in einem ähnlich gelagerten Fall" reicht zur Begründung der Zwischenverfügung nicht aus.[96] 453

Die Zwischenverfügung muß vom Rechtspfleger (Richter; bei Zuständigkeit vom Urkundsbeamten) **unterschrieben** werden, auch wenn ein von Hand (oder in Maschinenschrift) ausgefülltes Formular verwendet wird. Eine maschinell erstellte Zwischenverfügung braucht nach § 42 S 1 GBV nicht unterschrieben zu werden. In diesem Fall soll auf dem Schreiben der Vermerk angebracht sein (§ 42 S 2 GBV): 453 a

Dieses Schreiben ist maschinell erstellt und auch ohne Unterschrift wirksam.

---

[89] BayObLG 1986, 511 = DNotZ 1987, 367; auch BayObLG 1984, 252 (253) = DNotZ 1985, 703: Keine inhaltliche Änderung des gestellten Antrags dahin, daß statt einer Vormerkung zwei eingetragen werden sollen.
[90] OLG Frankfurt DNotZ 1974, 434 = Rpfleger 1974, 193.
[91] Siehe KG JW 1926, 2588; LG Aschaffenburg DR 1941, 1557.
[92] Unzulässig somit „baldige" Behebung des Hindernisses, KG OLG 35, 9 (10).
[93] BayObLG 1995, 279 = MittBayNot 1995, 462 = MittRhNotK 1995, 323; BayObLG DNotZ 1996, 99 = Rpfleger 1996, 148; zur Nachholung der Fristsetzung BayObLG NJW-RR 1996, 589 = Rpfleger 1996, 191.
[94] BVerfG 50, 287 = NJW 1979, 1161.
[95] Zu begründen ist dann auch die Zwischenverfügung, mit der die Eintragung von der Zahlung eines Kostenvorschusses abhängig gemacht wird, LG München II MittBayNot 1999, 185.
[96] LG Aachen MittRhNotK 1978, 111.

Es wird angenommen, daß das nur für die zur Bekanntmachung versandten Abdrucke und Ausfertigungen, nicht aber für die Urschrift in den Grundakten gelten solle.[97] Dem jedoch ist nicht zu folgen. Verzicht auf die Unterzeichnung bei maschineller Herstellung der Urschrift trägt der durch die technische Entwicklung ermöglichten Vereinfachung und Rationalisierung Rechnung. Es weist bereits der maschinelle Ausdruck der Verfügung, der den Rechtspfleger (Richter oder Urkundsbeamten) bezeichnet, zuverlässig aus, daß es sich nicht nur um einen Entwurf, sondern um die Urschrift der Zwischenfügung handelt. Daß es bei maschineller Bearbeitung einer Unterschrift auch auf der Urschrift der Beschlüsse und Verfügungen (Bescheide usw) nicht bedarf, entspricht allgemeiner Regelung (zB § 703 b ZPO, § 37 Abs 4 VwFG; § 119 Abs 3 AO). Das bestimmt § 42 S 1 GBV trotz der nicht gelungenen Einordnung in Abschnitt „Bekanntmachung der Eintragungen" und des möglicherweise ungenauen Wortlauts gleichermaßen für die Form der Grundbuch-Zwischenverfügung.

6. Bekanntmachung und Wirkung der Zwischenverfügung

454 a) Die Zwischenverfügung ist dem **Antragsteller** (nicht auch an weitere Antragsberechtigte, die keinen Antrag gestellt haben,[98] s Rdn 467) nach den für die **Zustellung von Amts wegen** geltenden Vorschriften der ZPO (§§ 166–190) förmlich zuzustellen (§ 16 Abs 2 FGG).[99] Sie wird mit der Bekanntmachung wirksam (§ 16 Abs 1 FGG). Zustellung an einen **Bevollmächtigten** des Antragstellers hat in Anwendung des § 172 ZPO zu erfolgen, wenn der Antragsteller dem Grundbuchamt gegenüber klar zum Ausdruck gebracht hat, daß Zustellungen nur an seinen Bevollmächtigten erfolgen sollen.[100] Das ist immer der Fall, wenn der Notar für einen Beteiligten Eintragungsantrag gestellt hat. Dem Notar als Antragsteller (§ 15 GBO) muß die Zwischenverfügung selbst dann zugestellt werden, wenn er in seinem Eintragungsantrag vermerkt hat, die Kosten zahle der Eigentümer.[101] Zustellung an die Beteiligten selbst setzt die Frist hier nicht in Lauf, und zwar selbst dann nicht, wenn die Beteiligten neben dem Notar den Eintragungsantrag gestellt haben.[102]

455 b) Das Ende der in der Zwischenverfügung gesetzten Frist ist im **Geschäftskalender zu vermerken**. Es empfiehlt sich, den Antrag nicht in die Grundakten einzuheften, sondern vorn vor dem Handblatt in das Aktenstück einzulegen, ferner einen ins Auge fallenden Bleistiftvermerk auf dem Deckel der Grundakten oder im Handblatt anzubringen.

---

[97] BayObLG 1995, 363 = DNotZ 1996, 99 = NJW-RR 1996, 1167 = Rpfleger 1996, 148; Meikel/Ebeling Rdn 1 zu § 42 GBV; früher so bereits OLG Zweibrücken NJW-RR 1994, 209.
[98] Anders Böttcher MittBayNot 1987, 65 (68).
[99] Bekanntmachung zur Niederschrift nach § 16 Abs 3 FGG wäre zulässig, erlangt jedoch keine praktische Bedeutung.
[100] Grundsätzlich für FGG-Verfahren BGH 65, 41 = NJW 1975, 1518 = Rpfleger 1975, 350 mit Anm Walchshöfer; dieser auch Rpfleger 1974, 254.
[101] LG Köln MittBayNot 1960, 69 = MittRhNotK 1959, 250.
[102] Vgl KGJ 38, 197.

c) Durch die Zwischenverfügung werden die **Wirkungen des Antrags nicht** 456
berührt.[103] Das Grundbuchamt ist an die Zwischenverfügung nicht gebunden. Es kann sie jederzeit aufheben und die beantragte Eintragung vornehmen. Das Grundbuchamt darf die **Frist auch verlängern,** selbst nach Ablauf der zuerst gesetzten Frist[104] und verkürzen, letzteres, wenn sich nachträglich herausstellt, daß das Hindernis in kürzerer Frist behoben werden kann, als ursprünglich angenommen wurde. Zur Verlängerung einer zu kurz bemessenen Frist (auch wenn Umstände dafür nachträglich vorgebracht werden) ist das Grundbuchamt verpflichtet. Verpflichtung zur Verlängerung einer (bereits hinreichenden) Frist besteht jedoch dann nicht, wenn weitere Eintragungsanträge vorliegen und Gefährdung der übersichtlichen Erledigung der Grundbuchgeschäfte zu besorgen ist.[105] Stellt sich vor Ablauf der Frist heraus, daß das Hindernis überhaupt nicht beseitigt werden kann, so ist die Frist nicht abzukürzen, sondern es ist unter Aufhebung der Zwischenverfügung der Antrag ohne Rücksicht auf die gesetzte Frist zurückzuweisen; dann muß dem Antragsteller vor Entscheidung aber rechtliches Gehör gewährt werden.

7. Vormerkung oder Widerspruch bei neuem Antrag

Vorgang: Vor Beseitigung des aus der Zwischenverfügung Rdn 447 ersichtlichen Mangels geht beim Grundbuchamt der Antrag des Eigentümers auf Eintragung einer Grundschuld über 5000 Euro zugunsten der Kreissparkasse Oberhof, zahlungsfällig und verzinslich vom Tage der Eintragung zu 10% jährlich, ein. Diesem Antrag stehen Hindernisse nicht entgegen. Das Grundbuchamt veranlaßt (§ 130 S 1 GBO; Verfügung nach § 44 Abs 1 S 2 GBO) folgende **Eintragungen:**[106] 457

A. Abteilung II

1	2	3
3	4	Vormerkung gemäß § 18 Abs 2 GBO zur Sicherung des Anspruchs des Brod Karl, geb. 15. 2. 1953, auf Übertragung des Eigentums unter Bezugnahme auf die Auflassung vom ... (Notar ... URNr. ...) im Range vor der Post Abt. III Nr. 3 von Amts wegen eingetragen am ... [**oder:** „Eigentumsübertragungsvormerkung (üblich auch: Auflassungsvormerkung) für Brod Karl, geb. 15. 2. 1953, gemäß § 18 Abs 2 GBO unter Bezugnahme ... im Rang vor der Post Abt. III Nr. 3 eingetragen am ..."]

B. Abteilung III

1	2	3	4
3	4	5000 EUR	Grundschuld zu fünftausend Euro für die Kreissparkasse Oberhof in Oberhof mit 10% Zinsen jährlich; unter Bezugnahme auf die Bewilligung vom ... (Notar ... URNr. ...) im Range nach der Vormerkung Abt. II Nr. 3 eingetragen am ... ...

---

[103] RG 110, 203 (206).
[104] KG JW 1926, 1588.
[105] OLG Frankfurt NJW-RR 1997, 719 = Rpfleger 1997, 255.
[106] Vormerkung gemäß § 18 Abs 2 GBO für einen Nießbrauch siehe Anlage 2a zur GBV, Abt II Nr 7 und Anlage 2 b zur GBV, Abt II Nr 2.

1. Teil. X. Zwischenverfügung, Zurückweisung

Bekanntmachung erfolgt an Eigentümer (alle Eintragungen), an Karl Brod (Eintragung der Vormerkung), an Kreissparkasse Oberhof (Eintragung der Grundschuld und der Vormerkung).

458 **Nächster Vorgang:** Der Grundstückserwerber Karl Brod legt am ... das nach § 28 Abs 1 BauGB erforderliche Zeugnis der Gemeinde vor. Das Grundbuchamt veranlaßt (§ 130 S 1 GBO; Verfügung und § 44 Abs 1 S 2 GBO) folgende **Eintragungen:**

A. Abteilung I

1	2	3	4
2	Brod Karl, geb 15. 2. 1953	4	Aufgelassen am ... und eingetragen am ...

B. Abteilung III

8	9	10
3	5000 €	Fünftausend Euro von Amts wegen gelöscht am ...

Die frühere Eigentümereintragung sowie die Eintragungen Abt. II Nr. 3 und Abt. III Nr. 3 mit Ausnahme des Löschungsvermerks werden (rot) unterstrichen.

Bekanntmachung erfolgt an bisherigen und neuen Grundstückseigentümer (alle) Eintragungen und an Gläubiger Abt. III Nr. 3 (Löschung dieses Grundpfandrechts).

459 a) Die Zwischenverfügung läßt die Wirksamkeit des beanstandeten Antrags unberührt (Rdn 456); sie verändert somit auch die Vollzugsreihenfolge nach der Ordnungsvorschrift des § 17 GBO nicht, schließt aber auch Vollzug einer später (oder auch gleichzeitig) beantragten Eintragung, durch die dasselbe Recht betroffen wird, nicht dauernd aus. **Für sofortige Erledigung eines nachfolgenden** (auch gleichzeitigen) **Antrags gewährt** § 18 Abs 2 S 1 GBO **Schutz** des ersten Antragstellers gegen die Vereitelung oder Beeinträchtigung seines Antrags durch die Erledigung des späteren Antrags für den Fall der Beseitigung des der Eintragung zunächst entgegenstehenden Hindernisses.[107] Demnach ist, wenn vor Antragserledigung eine andere Eintragung beantragt wird, nach Erlaß der Zwischenverfügung[108] **zugunsten des früher gestellten Antrags** von Amts wegen eine **Vormerkung** oder ein **Widerspruch** einzutragen. Diese Eintragung **gilt** für die Vollzugsreihenfolge des § 17 GBO **als Erledigung des ersten Antrags.** Damit wird Erledigung des zweiten Antrags vor dem ersten unter Vorbehalt ermöglicht.[109]

460 b) **Dasselbe Recht** (Eigentum, Recht am Grundstück, Recht an einem Grundstücksrecht) ist durch mehrere Eintragungsanträge **betroffen,** wenn

---

[107] RG 110, 203 (207).
[108] Anders K/E/H/E Rdn 71 zu § 18 „ob bereits eine Zwischenverfügung nach Abs 1 erlassen ist, ist unerheblich". Dem ist nicht zu folgen. § 17 GBO verpflichtet zur Behandlung des früher gestellten Antrags vor dem folgenden. Erst die Fristsetzung, somit auch Beanstandung mit Zwischenverfügung des ersten Eintragungsantrags, ermöglicht daher Vormerkung oder Widerspruch zum Vollzug der später beantragten Eintragung.
[109] RG 110, 203 (207).

– die eine Eintragung die andere unzulässig machen (ausschließen) würde (Eintragung einer Auflassung und einer vom „bisherigen" Eigentümer bewilligten Belastung des Grundstücks; der Abtretung und der Pfändung eines Grundpfandrechts usw);
– zwischen den Eintragungen ein Rangverhältnis bestehen wird (Belastung eines Grundstücks mit mehreren Rechten, § 879 BGB);

nicht aber, wie auch angenommen wird,[110] wenn die früher beantragte Eintragung die später beantragte Eintragung erst zulässig macht; der zweite Antrag betrifft dann vor Erledigung des ersten Antrags ein anderes Recht, könnte somit trotz Sicherung des ersten Antrags durch Vormerkung oder Widerspruch nicht vollzogen werden.

Wenn die Eintragungen **verschiedene Rechte** betreffen, erfordert § 17 GBO keine Vollzugsreihenfolge, kann somit auch Eintragung einer Vormerkung oder eines Widerspruchs zur vorläufigen Erledigung des ersten Antrags nicht erfolgen. **Beispiel:** Eintragung einer Grundschuld und Löschung einer vorrangigen Hypothek.

c) Vormerkung oder Widerspruch sind **von Amts wegen einzutragen,**[111] sobald der früher gestellte Antrag durch Zwischenverfügung beschieden ist und der später das gleiche Recht betreffende Antrag vollzogen werden kann. Trotz Eintragung einer Vormerkung kann einem späteren Antrag nicht stattgegeben werden, wenn mit ihm die Löschung des betroffenen Rechts beantragt ist; denn es gibt keine vorläufige Löschung.[112] Eine **Vormerkung** ist einzutragen, wenn der frühere Antrag eine **rechtsändernde Eintragung** zum Gegenstand hat, ein **Widerspruch,** wenn er eine **berichtigende Eintragung** betrifft.[113] Die Eintragung hat den Zweck, den öffentlich-rechtlichen Anspruch des ersten Antragstellers gegen das Grundbuchamt auf Schutz gegen die Vereitelung oder Beeinträchtigung seines Antrags durch die vorherige Erledigung des späteren Antrags für den Fall der Beseitigung des der zuerst beantragten Eintragung entgegenstehenden Hindernisses zu verwirklichen.[114] Die Vormerkung setzt somit keinen schuldrechtlichen Anspruch voraus (sie ist also auch dann einzutragen, wenn der der Auflassung zugrunde liegende Vertrag formnichtig ist);[115] der Widerspruch richtet sich demzufolge nicht gegen die Richtigkeit des Grundbuchs. Der Betroffene braucht nicht als Berechtigter nach § 39 GBO eingetragen zu sein, wie überhaupt die grundbuchlichen Voraussetzungen einer auf Antrag vorzunehmenden Eintragung nicht vorzuliegen brauchen. Bei der Vormerkung nach § 18 Abs 2 GBO handelt es sich nicht um eine unter § 883 BGB fallende Vormerkung.[116]

461

Die Eintragung von Vormerkung oder Widerspruch erfolgt nach §§ 12, 19 GBV (Muster Anlage 2a zur GBV Abt III Nr 4) in der Weise, daß in den

462

---

[110] ZB K/E/H/E Rdn 72 zu § 18 mit Rdn 17 zu § 17.
[111] Verstoß bewirkt keine Grundbuchunrichtigkeit, BayObLG 1998, 275 = DNotZ 1999, 671 = Rpfleger 1999, 123.
[112] Demharter Rdn 10; K/E/H/E Rdn 28, je zu § 17.
[113] RG 55, 240 (343).
[114] RG 110, 203 (207).
[115] RG 55, 340 (343).
[116] RG 110, 203 (207).

Fällen des § 12 Abs 1 Buchst b und c GBV (nicht aber wenn die Vormerkung einen Anspruch auf Eigentumsübertragung sichert) die rechte Hälfte der in Betracht kommenden Hauptspalte für die endgültige Eintragung freigelassen wird. Betrifft der Antrag, zu dessen Gunsten die Vormerkung oder der Widerspruch einzutragen ist, selbst eine Vormerkung oder einen Widerspruch, so erfolgt die Eintragung viertelspaltig. Der Rang wird bei Eintragung in der gleichen Abteilung nur durch die Reihenfolge zum Ausdruck gebracht (§ 45 Abs 1 GBO; § 879 Abs 1 BGB). Besteht kein Rangverhältnis (Beispiel: Übertragung und Pfändung einer Hypothek), so erfolgt die an zweiter Stelle beantragte Eintragung „unter Vorbehalt einer Vormerkung für ..."

463 **Formulare für weitere Eintragungen** – außer Vormerkung eines Auflassungsanspruchs – nur in linker Hälfte der Spalte:

> Vormerkung zur Sicherung der Eintragung (oder: der Erhaltung des Anspruchs auf Eintragung) einer mit ...% verzinslichen Hypothek über ... Euro zugunsten des ... gemäß § 18 Abs. 2 GBO eingetragen unter Bezugnahme auf die Eintragungsbewilligung vom ... (Notar ... URNr. ...) am ...

Werden die Anstände rechtzeitig beseitigt, so ist die Hypothek als solche an der durch die Vormerkung gesicherten Stelle endgültig einzutragen, dh auf der rechten Hälfte der Spalte. Eine besondere Nummernbezeichnung erhält die endgültige Eintragung nicht (§ 19 GBV; vgl Muster Anlage 2a zur GBV Abt III Eintr 4 zu GBV).

Nur in linker Hälfte der Spalte:

> Widerspruch gegen die Löschung der Hypothek Nr. 6 über ... Euro zugunsten des Anspruchs des ... auf Wiedereintragung dieser Hypothek. Gemäß § 18 Abs. 2 GBO eingetragen am ...

464 d) Wenn das **Eintragungshindernis behoben** wird (und kein weiterer Mangel besteht) ist die zuerst beantragte Eintragung vorzunehmen; einer Erneuerung des Antrags bedarf es hierfür nicht.[117] Die spätere Eintragung ist zugleich zu löschen, soweit sie dem ersten Antrag entgegensteht, also nicht mehr hätte vollzogen werden dürfen, wenn die früher beantragte Eintragung bereits im Zeitpunkt der Eintragung von Vormerkung oder Widerspruch vorgenommen worden wäre, weil dem ersten Antrag durch die Vormerkung (den Widerspruch) der ihm nach § 17 GBO gebührende Rang gesichert ist.[118] Einer Bewilligung des inzwischen eingetragenen Berechtigten (§ 19 GBO) bedarf es hierfür nicht.[119] Besteht zwischen der zuerst und der später beantragten Eintragung ein Rangverhältnis, so erhält die früher beantragte Eintragung zufolge Umschreibung der Vormerkung in die endgültige Eintragung ohne weiteres den Rang vor der später beantragten bestehen bleibenden Eintragung. Die Vormerkung (der Widerspruch) wird nicht gelöscht, sondern nur unterstrichen (gerötet, § 19 Abs 2 GBV). Von Amts wegen zu löschen ist die Vormerkung oder der Widerspruch außerdem, wenn der früher gestellte Antrag zurückgewiesen wird (§ 18 Abs 2 S 2 GBO), ebenso,

---

[117] RG 110, 203 (206); OLG Frankfurt Rpfleger 1998, 421 (422).
[118] RG 110, 203 (207).
[119] RG 110, 203, (207); OLG Frankfurt Rpfleger 1998, 421.

1. Teil. X. Zwischenverfügung, Zurückweisung

wenn er zurückgenommen wird.[120] Die Löschung darf erst erfolgen, wenn die Zurückweisung wirksam geworden ist (§ 16 Abs 1 FGG). Die später beantragte Eintragung wird damit vorbehaltlos wirksam, und zwar auch dann, wenn die Zurückweisung des früheren Antrags auf Beschwerde aufgehoben wird.[121]

8. Zurückweisung des Antrags

Andere Erledigungsart: Das Zeugnis wird innerhalb der gesetzten Frist nicht eingereicht. Dann hat folgender **Beschluß** zu ergehen: 465

> Der Antrag des Karl Brod, Müller in Oberhof, vom ..., ihn als Eigentümer des Grundstücks Oberhof (Band 1) Blatt 15 Flurstück 100 Gartenland im Schatten 20 a 10 m² einzutragen, wird kostenpflichtig zurückgewiesen,
> weil das durch Zwischenverfügung vom ... angeforderte Zeugnis der Gemeinde über Nichtausübung oder Nichtbestehen des Vorkaufsrechts (§ 28 Abs 1 BauGB) nicht fristgemäß eingegangen ist.

Einzutragen ist in Abt. II Spalte Löschungen:

> Sp. 6: 3
> Sp. 7: Gelöscht von Amts wegen am ... ...
> Die Eintragung Abt. II Nr. 3 mit Ausnahme des Löschungsvermerks und der Rangvermerk bei Abt. III Nr. 3 sind (rot) zu unterstreichen.

Bekanntmachung des Beschlusses erfolgt unter Zustellung an Karl Brod, Bekanntmachung der Eintragung erfolgt an Eigentümer und Grundschuldgläubiger.

a) **Zurückweisung** des Antrags, dem ein Hindernis entgegensteht, hat in Ausnahmefällen (Rdn 429) sofort, sonst nach Ablauf der mit Zwischenverfügung gesetzten Frist zu erfolgen, wenn nicht inzwischen die Hebung des Hindernisses[122] nachgewiesen ist (§ 18 Abs 1 S 2 GBO). Auch nach Ablauf der in der Zwischenverfügung gesetzten Frist können die Anstände noch behoben werden. Die Zurückweisung hat schriftlich durch Beschluß (Bezeichnung als Verfügung ist jedoch unschädlich) unter Angabe der Gründe zu erfolgen. Es sind sämtliche Eintragungshindernisse zu bezeichnen, selbst wenn eines von mehreren zur Zurückweisung genügen würde. Damit soll die Gefahr erneuter Zurückweisung vermindert werden.[123] Ein Ausspruch über die Kostentragungspflicht ist nicht erforderlich[124] (s § 13 a FGG). Der Beschluß muß (auch bei maschinellem Ausdruck) vom Rechtspfleger (Richter; bei Zuständigkeit vom Urkundsbeamten) unterschrieben werden. 466

b) **Bekanntzumachen** ist der Beschluß dem Antragsteller (nicht an Antragsberechtigte, die keinen Antrag gestellt haben[125]) nach § 16 FGG. Bekanntma- 467

---

[120] S dazu KG DNotZ 1973, 33 = Rpfleger 1972, 174.
[121] RG 135, 385.
[122] Auch Zahlung des Kostenvorschusses; daß das Verfahren ruht, kann nicht angeordnet werden, OLG Hamm MittRhNotK 2000, 217 = Rpfleger 2000, 268.
[123] RG 84, 265 (274, 275).
[124] S BGH Rpfleger 1954, 511; Keidel Rpfleger 1954, 176.
[125] Für Zustellung auch an diese Böttcher MittBayNot 1987, 9 (15); zu weitgehend, weil sie nicht Verfahrensbeteiligte sind und die Entscheidung nicht einen von ihnen gestellten Antrag betrifft.

1. Teil. X. Zwischenverfügung, Zurückweisung

chung an einen Bevollmächtigten (insbesondere Notar) s Rdn 454. Wirksam wird der Beschluß mit dem Zeitpunkt, in dem er dem Antragsteller bekanntgemacht ist (§ 16 Abs 1 FGG). Deshalb darf das Grundbuchamt den Zurückweisungsbeschluß nicht mehr absenden, wenn vor seiner Bekanntgabe das Eintragungshindernis beseitigt wird. Wenn das Hindernis nach Erlaß, aber vor Bekanntmachung der Zurückweisungsbeschlusses behoben wird, ist der zurückweisende Beschluß aufzuheben.

468 c) Mit der wirksam gewordenen Zurückweisung ist der Antrag formellrechtlich erledigt (§ 17 GBO). Die Zurückweisung ist jedoch **ohne Einfluß auf das materielle Rechtsverhältnis**. Eine Bindung (§§ 873, 875 BGB) bleibt bestehen. Bei Wiederholung des Antrags richten sich dessen Wirkungen und der Rang nach dem Eingangszeitpunkt des neuen Antrags.[126] Wird die Zurückweisung vom Beschwerdegericht aufgehoben, so leben die Wirkungen des ursprünglichen Antrags wieder auf,[127] die Ranganwartschaft aber nur, wenn die Beschwerde nicht auf neue Tatsachen gestützt war. Jedoch bleiben die zwischen der Zurückweisung und ihrer Aufhebung vorgenommenen Eintragungen in Bestand[128] und Rang unberührt.[129] Wird die Beschwerde auf neue Tatsachen gestützt, so richtet sich die Ranganwartschaft nach dem Eingang des Vorbringens der neuen Tatsachen.[130] Das Grundbuchamt kann die Zurückweisung von Amts wegen[131] aufheben, solange das Beschwerdegericht nicht die Beschwerde als unbegründet zurückgewiesen hat. Zu Bindungsfragen s auch Rdn 93.

9. Rechtsbehelfe

469 Gegen die Zwischenverfügung sowie gegen die Zurückweisung ist fristlose **Beschwerde** gegeben (§§ 71 ff GBO). Sie kann auf einzelne (jede) von mehreren Beanstandungen beschränkt werden.[132] Die Beschwerde gegen die Zurückweisung wegen Nichtzahlung des Kostenvorschusses[133] kann mit Erfolg auch auf die nachträgliche Einzahlung (den nachträglichen Eingang des Zahlungsnachweises beim Grundbuchamt) gestützt werden (§ 74 GBO; Wirkung wie Rdn 468).[134] Das Beschwerdegericht kann eine einstweilige Anordnung erlassen (§ 76 GBO), insbesondere dem Grundbuchamt aufgeben, eine Vormerkung oder einen Widerspruch einzutragen, oder anordnen, daß die Vollziehung der angefochtenen Entscheidung auszusetzen ist. Eine durch Eintragung in das Grundbuch gegenstandslos gewordene Zwischenverfügung

---

[126] KG JFG 9, 398.
[127] BGH 45, 191 = DNotZ 1966, 673 (676); BayObLG Rpfleger 1983, 101 mit Anm Meyer-Stolte; LG Düsseldorf Rpfleger 1986, 175 mit Anm Meyer-Stolte.
[128] RG 135, 378 (385); BGH aaO.
[129] BayObLG Rpfleger 1983, 101 mit Anm Meyer-Stolte.
[130] KGJ 52, 122; LG Köln MittRhNotK 1985, 216.
[131] Umstrittene Frage.
[132] BayObLG 1997, 160 = NJW-RR 1998, 86.
[133] Auch hier Beschwerde nach § 71 GBO, nicht nach § 8 Abs 3 KostO; OLG Hamm Rpfleger 2000, 268 = aaO (Fußn 122).
[134] LG Düsseldorf Rpfleger 1986, 175 mit krit Anm Meyer-Stolte; LG Köln MittRhNotK 1985, 216.

kann nicht mehr angefochten werden.[135] Unzulässig ist (bzw wird) eine Beschwerde gegen die Zwischenverfügung wegen Erledigung der Hauptsache, wenn das angenommene Vollzugshindernis beseitigt wird.[136] Wurde der Eintragungsantrag bereits vor Ablauf der mit Zwischenverfügung gesetzten Frist abgewiesen, so ist der Beschluß wegen dieses Mangels vom Beschwerdegericht nur dann aufzuheben, wenn das Eintragungshindernis noch innerhalb der Frist behoben wurde.[137] Ist der Antragsteller einer Zwischenverfügung des Grundbuchamts nicht nachgekommen, ohne sie jedoch mit Beschwerde anzugreifen, und wendet er sich dann mit dem Rechtsmittel gegen den seinen Antrag zurückweisenden Beschluß, so kann er im Beschwerdeverfahren nicht hilfsweise den Erlaß derselben Zwischenverfügung verlangen, welche das Grundbuchamt erlassen hatte und die von ihm nicht beachtet worden war.[138]

XI. Rechtsbehelfe und Rechtsmittel in Grundbuchsachen
(§ 12c Abs 4, 5, §§ 71–81 GBO; § 11 RpflG)

Literatur: Blomeyer, Die Beschwerde gegen die Zwischenverfügung, DNotZ 1971, 329; Budde, Die Beschwerde im Grundbuchrecht, Rpfleger 1999, 513; Furtner, Verhältnis der grundbuchrechtlichen Rechtsbehelfe zu der Klage aus dem sachenrechtlichen Anspruch, DNotZ 1963, 196; Furtner, Die Beschwerdeberechtigung in Grundbuchsachen, DNotZ 1961, 453; Jansen, Zulässigkeit der Beschwerde gegen die Zurückweisung eines Grundbuchberichtigungsantrags, NJW 1965, 619; Jansen, Die Beschwerde gegen die Zwischenverfügung (Eine Entgegnung), DNotZ 1971, 531; Kahlfeld, Vorbescheid in Grundbuchsachen, BWNotZ 1998, 60; Köstler, Der Antrag auf Löschung einer Grundbucheintragung in der Beschwerde, JR 1987, 402; Otte, Die Beschwerde gegen die Zurückweisung eines Berichtigungsantrages nach § 22 GBO, NJW 1964, 634; Riedel, Der Antrag im Abhilfe- und Beschwerdeverfahren in Grundbuchsachen, Rpfleger 1969, 149; Weiß, Beschränkte Erinnerung gegen Eintragungen im Grundbuch, DNotZ 1985, 524; Wolff, Zulässigkeit einer beschränkten Erinnerung gegen Eintragungen im Grundbuch, Rpfleger 1984, 385.

1. Die Rechtsbehelfe

Gegen Entscheidungen des Grundbuchamts findet das Rechtsmittel der **Beschwerde** statt (§ 71 Abs 1 GBO, bei Rechtspflegertätigkeit mit § 11 Abs 1 RPflG). Anfechtung einer Eintragung (auch Löschung; im einzelnen Rdn 478 ff) mit Beschwerde ist jedoch ausgeschlossen (§ 71 Abs 2 S 1 GBO). Wenn Eintragung erfolgt ist, kann aber mit Beschwerde verlangt werden, daß das Grundbuchamt angewiesen wird, nach § 53 GBO einen Widerspruch einzutragen oder eine Löschung vorzunehmen (§ 71 Abs 2 S 2 GBO). Im Verfahren zur Klarstellung der Rangverhältnisse findet bei Verwerfung oder Zurückweisung eines Wiedereinsetzungsantrags (§ 105 Abs 2 GBO) und gegen die Entscheidung über einen Widerspruch (§ 110 GBO) sofortige FGG-

470

---

[135] OLG Frankfurt OLGZ 1970, 283.
[136] BayObLG Rpfleger 1982, 275; BayObLG 1993, 137 = MittBayNot 1993, 212.
[137] BayObLG 1995, 359 = NJW-RR 1996, 589 = Rpfleger 1996, 191 (für Beschwerde gegen Zwischenverfügung).
[138] OLG Celle DNotZ 1955, 544.

2. Beschwerdefähige Entscheidungen

471 a) Mit Beschwerde anfechtbar sind alle **Sachentscheidungen** des Grundbuchamts, eine Eintragung jedoch nur mit der Beschränkung des § 71 Abs 2 S 2 GBO. Sachentscheidungen sind alle Beschlüsse und Verfügungen, die in der Sache selbst ergehen, auf einen sachlichen Erfolg gerichtet, für die Außenwelt bestimmt und Beteiligten bekanntgemacht worden sind.[1] Ohne Beschränkung zulässig ist Beschwerde damit gegen
- **Zurückweisung** eines Antrags,
- **Zwischenverfügung**,
- **sonstige Entscheidungen** (sachliche Entschließungen) des Grundbuchamts.

472 b) Die **Zurückweisung eines Antrags** (Rdn 465 ff), auch eines Behördenersuchens (§ 38 GBO) und einer Anregung, eine Eintragung von Amts wegen vorzunehmen[2] (zum Berichtigungsantrag s jedoch Rdn 481), ist als abschließende sachliche Entscheidung mit Beschwerde anfechtbar, sobald der Zurückweisungsbeschluß erlassen ist. Das ist der Fall, wenn ihn das Grundbuchamt aus seiner Verfügungsgewalt entlassen hat, wenn er somit der Außenwelt mit dem Willen des Grundbuchamts übergeben ist.[3] Das entspricht dem Zeitpunkt der Bekanntmachung an den Antragsteller (Rdn 467), auch wenn sie an ihn selbst, nicht jedoch ordnungsgemäß an seinen Bevollmächtigten (Notar als Vertreter) erfolgt ist. Beschwerde ist gegen die Zurückweisung eines Eintragungsantrags auch zulässig, wenn bereits gegen eine Zwischenverfügung aus dem gleichen Grund erfolglos Beschwerde eingelegt war.[4]

473 c) Die **Zwischenverfügung** ist als Sachentscheidung anfechtbar. Sie beeinträchtigt mit der Bestimmung, ein der Eintragung entgegenstehendes Hindernis zu beseitigen, das Recht des Antragstellers auf Vollzug seines Antrags. Anfechtbar ist als sachliche Entschließung jede Verfügung,[5] die Hebung eines Hindernisses für den Vollzug der beantragten Eintragung fordert, auch wenn sie in ihrer Form nicht den Rdn 448 dargestellten Anforderungen entspricht. Als Zwischenverfügung ist daher auch eine Entschließung anfechtbar, die Beseitigung eines Eintragungshindernisses fordert (auch als Anordnung der Ergänzung des Antrags oder Beibringung von Eintragungsunterlagen), Mittel oder Weg zur Beseitigung des Vollzugshindernisses aber nicht oder nur unzulänglich bezeichnet oder keine Frist zur Hebung des Hindernisses setzt.[6] Keine als Zwischenverfügung anfechtbare beschwerdefähige Entscheidung ist demge-

---

[1] OLG Hamm OLGZ 1975, 150 = Rpfleger 1975, 134; LG Aachen MittRhNotK 1964, 576.
[2] OLG München JFG 14, 105 (108); KG OLGZ 1987, 257 (260) = Rpfleger 1987, 301.
[3] Keidel/Kuntze/Winkler Rdn 51 zu § 19 FGG.
[4] KG HRR 1933 Nr 1027 (auch zur Bindung des Beschwerdegerichts).
[5] Zur (nochmaligen) Beschwerde nach Ergänzung einer Zwischenverfügung, gegen die zuvor bereits eine erfolglos gebliebene Beschwerde (Erinnerung) eingelegt war, wenn ergänzend beanstandet worden ist, daß vorgelegte Nachweise zur Beseitigung des in der vom Beschwerdegericht bestätigten Zwischenverfügung angenommenen Vollzugshindernisses nicht ausreichen, s BayObLG DNotZ 1983, 440 (442).
[6] LG Mönchengladbach Rpfleger 2002, 201.

genüber die nur unverbindliche (vorläufige) **Meinungsäußerung** des Grundbuchamts[7] (auch wenn sie als „Zwischenverfügung" bezeichnet ist[8]), insbesondere die mit der Empfehlung, einen Antrag zurückzunehmen, verbundene Wiedergabe einer Rechtsansicht,[9] oder die Empfehlung, einen Antrag zur Vermeidung seiner Abweisung zurückzunehmen[10] oder einen anderen Antrag zu stellen[11] und der Hinweis auf ein nicht behebbares Eintragungshindernis unter dem Gesichtspunkt des rechtlichen Gehörs.[12] Keine mit Beschwerde anfechtbare Entscheidung ist daher die Mitteilung, mit der das Grundbuchamt anheimgibt, einen auf Eigentumsumschreibung gerichteten Antrag, dem es nicht stattgeben zu können glaubt, zurückzunehmen und einen Grundbuchberichtigungsantrag zu stellen.[13] Unverbindliche Meinungsäußerung, die nicht anfechtbar ist, ist auch jede sonstige nur formlose Beanstandung (Rdn 445).

d) Ein **Vorbescheid** ist in Grundbuchsachen **nicht** statthaft;[14] daher ist auch eine Ankündigung des Grundbuchamts nicht beschwerdefähig,[15] es beabsichtige eine bestimmte Eintragung oder Löschung vorzunehmen, sofern nicht binnen einer bestimmten Frist Beschwerde eingelegt werde.

473 a

e) Als **sonstige Entscheidung** mit Beschwerde anfechtbar sind sachliche Entschließungen[16] bei Herstellung,[17] Aushändigung,[18] Einforderung oder Unbrauchbarmachung eines Briefes über eine Hypothek, Grund- oder Rentenschuld, bei Aufbewahrung[19] oder Herausgabe eingereichter Urkun-

474

---

[7] BGH NJW 1998, 3347 = NotBZ 1998, 148 = Rpfleger 1998, 420.
[8] BayObLG NJW-RR 1998, 737; OLG Frankfurt MittRhNotK 1997, 235 = NJW-RR 1997, 401 = Rpfleger 1997, 105.
[9] OLG Hamm OLGZ 1975, 150 = aaO; OLG Frankfurt Rpfleger 1975, 59; 1978, 306 und JurBüro 1980, 1565; BayObLG (27. 3. 1987, mitget) Rpfleger 1987, 357.
[10] BayObLG 1977, 268 (270) mit weit Nachw; BayObLG NJW-RR 1988, 869; BayObLG DNotZ 1993, 595 = NJW-RR 1993, 530.
[11] BayObLG Rpfleger 1981, 60 (Leits) und MittBayNot 1981, 23; LG Mönchengladbach Rpfleger 2002, 201.
[12] OLG Frankfurt NJW-RR 1997, 401 = aaO (Fußn 8); LG Mönchengladbach aaO.
[13] BGH DNotZ 1980, 741 = NJW 1980, 2521 = Rpfleger 1980, 273 mit Anm Meyer-Stolte; ebenso Vorlagebeschluß des OLG Hamm (15 W 129/78) NJW 1979, 784 Leits = (mitget) Rpfleger 1979, 167.
[14] BGH DNotZ 1980, 741 = NJW 1980, 2521 = Rpfleger 1980, 273; BayObLG 1993, 52 = DNotZ 1993, 599 mit weit Nachw; BayObLG 1994, 199 = DNotZ 1995, 72 = NJW-RR 1994, 1429 (auch nicht für Ankündigung der Löschung einer Eintragung als inhaltlich unzulässig); OLG Karlsruhe Rpfleger 1993, 192 mit weit Nachw; OLG Zweibrükken Rpfleger 1997, 428; LG Freiburg BWNotZ 1980, 661; LG Memmingen Rpfleger 1980, 251; K/E/H/E Rdn 60 zu § 71 mit weit Nachw; Bauer/vOefele/Wilke Rdn 16 zu § 18; Bestelmeyer Rpfleger 1997, 423 (425); anders zB LG Koblenz Rpfleger 1997, 158 und Kahlfeld BWNotZ 1998, 60 (in Ausnahmefällen; LG Koblenz aufgehoben durch OLG Zweibrücken aaO; Meikel/Böttcher Rdn 29 zu § 18 mit weit Nachw.
[15] Zur weiteren Beschwerde, wenn das Landgericht sich mit dem (unzulässigen) Rechtsbehelf in der Sache selbst auseinandergesetzt hat, OLG Karlsruhe aaO.
[16] Gegen die Versagung der Auskunft (des Grundbuchaufschlusses) ist nicht die Beschwerde nach der GBO eröffnet, sondern nur Dienstaufsichtsbeschwerde möglich (BayObLG 1967, 347).
[17] KGJ 52 A 215; KG JFG 15, 158 (159); BayObLG 1974, 55 (56).
[18] KG OLG 44, 163.
[19] BayObLG 1975, 264 (265).

1. Teil. XI. Rechtsbehelfe und Rechtsmittel in Grundbuchsachen

den,[20] bei Grundbucheinsicht[21] sowie bei Erteilung von Abschriften aus dem Grundbuch und den Grundakten. Zum Berichtigungszwangsverfahren s Rdn 381, zur Löschung gegenstandsloser Eintragungen Rdn 391.

475 f) **Keine** anfechtbare Sachentscheidung des Grundbuchamts liegt vor, wenn dieses **auf Anordnung des Beschwerdegerichts** tätig geworden ist.[22] Es kann dann, wenn keine neuen Tatsachen geltend gemacht werden, nur die Entscheidung des Beschwerdegerichts mit weiterer Beschwerde angefochten werden (§ 78 GBO). Wenn das Grundbuchamt entsprechend einer Anordnung des Beschwerdegerichts die beantragte Eintragung vorgenommen hat, kann daher der Eigentümer die gleichen Rechtsfragen auch nicht dadurch erneut zur Entscheidung bringen, daß er jetzt Antrag auf Löschung dieser Eintragung stellt. Ein solcher Antrag ist, auch wenn er in einen Antrag auf Eintragung eines Amtswiderspruchs oder auf Vornahme einer Amtslöschung (§ 71 Abs 2 GBO) umgedeutet wird, jedenfalls so lange unzulässig, als der Sachverhalt, der der Entscheidung zugrunde gelegen hat, sich nicht entscheidend verändert hat oder nicht nachträglich feststeht, daß der Entscheidung offensichtlich ein in maßgebenden Punkten unrichtiger Sachverhalt zugrunde gelegt worden ist.[23]
Ein Beweisbeschluß des Grundbuchamts stelle keine mit Beschwerde anfechtbare Entscheidung dar.[24]

476 g) Anfechtung einer **Kostenentscheidung**: § 20a FGG. Erinnerung gegen den **Kostenansatz**: § 14 KostO.

3. Beschwerde bei Eintragung

477 a) Die **Eintragungsverfügung** (§ 44 Abs 1 S 2 GBO) ist als innerdienstliche Anordnung (Eintragungsanweisung an den Grundbuchführer) nicht Sachentscheidung; sie ist daher nicht anfechtbar,[25] selbst wenn sie dem Antragsteller bekannt gemacht wurde.[26]

478 b) Gegen eine **Eintragung** (auch Löschung) ist Beschwerde nach § 71 Abs 2 S 1 GBO unzulässig. Ausgeschlossen[27] ist sie mit Rücksicht auf die Rechts-

---

[20] Gegen die Ablehnung der Erteilung einer vollstreckbaren Ausfertigung einer in den Grundakten verwahrten Urkunde durch das Grundbuchamt sind die Rechtsmittel nach der GBO gegeben, BGH NJW 1967, 1371.
[21] Beschwerde auch gegen die vom Grundbuchrichter bestätigte, vom Urkundsbeamten ausgesprochene Ablehnung einer Auskunftserteilung aus dem Eigentümerverzeichnis (§ 12a Abs 1 GBO), § 12c Abs 1 Nr 2 mit § 12c Abs 4 S 2 und § 12a Abs 1 S 1 GBO.
[22] BayObLG (mitget) Rpfleger 1987, 357.
[23] OLG Frankfurt DNotZ 1964, 497 = NJW 1963, 2033.
[24] OLG Köln NJW-RR 1991, 85 = Rpfleger 1990, 353.
[25] KG JFG 10, 214; KG JFG 12, 268 (269); OLG München JFG 16, 144 (146); vgl auch (für Handelsregister) KG JFG 1, 253 (254); KG JFG 4, 245; KG JFG 5, 270 (271); OLG Hamm NJW 1963, 1554.
[26] AA LG Lübeck NJW-RR 1995, 1420; außerdem (für Handels- bzw Vereinsregister) OLG Stuttgart OLGZ 1970, 419 = Rpfleger 1970, 283; OLG Stuttgart OLGZ 1974, 340 (341) und Rpfleger 1975, 97; LG Bremen Rpfleger 1992, 98.
[27] Auch wenn eine Verfügung des Grundbuchamts unanfechtbar ist, ist Verfassungsbeschwerde zulässig.

stellung, welche durch die Eintragung für Dritte geschaffen ist.[28] Es soll nicht eine Grundbucheintragung im Wege der Beschwerde beseitigt werden können;[29] wer im Vertrauen auf die Richtigkeit des Grundbuchs ein Recht an einem Grundstück oder an einem eingetragenen Recht erworben hat, soll geschützt bleiben; durch Löschung soll nicht in die Rechtsstellung der Beteiligten eingegriffen werden.[30] Nach dem Gesetzeszweck besteht die Beschwerdebeschränkung des § 71 Abs 2 S 1 GBO nur für Grundbucheintragungen, die unter dem **Schutz des öffentlichen Glaubens** des Grundbuchs stehen.[31] Für Eintragungen, an die sich kein gutgläubiger Erwerb anschließen kann,[32] besteht daher keine Beschwerdebeschränkung[33] (Rdn 480). Ausgeschlossen ist die Beschwerde somit nur gegen eine (rechtsändernde oder berichtigende) Eintragung (auch Löschung) **rechtlicher Verhältnisse** eines Grundstücks, soweit sie unter dem Schutz des öffentlichen Glaubens stehen[34] (Rdn 344), somit in keinem Fall gegen unrichtige Tatsachenangaben.

c) Mit (**beschränkter**) **Beschwerde** gegen eine Eintragung der Rdn 478 bezeichneten Art kann jedoch Eintragung eines Widerspruchs oder Löschung nach § 53 GBO verlangt werden (§ 71 Abs 2 S 2 GBO). Beschwerde mit solchem Beschwerdeantrag ist (ausnahmsweise) zulässig, weil sie nicht auf Beseitigung einer inhaltlich zulässigen Grundbucheintragung zielt, somit der Grund für Ausschluß der Beschwerde nicht zutrifft. Zulässig ist Beschwerde gegen eine Eintragung, wenn verlangt wird, daß das Grundbuchamt angewiesen wird 479

---

[28] Denkschrift zur GBO, abgedr bei Hahn/Mugdan, Materialien Band V, 1897, Seite 173.
[29] BGH 25, 16 (22) = NJW 1957, 1229.
[30] BGH 25, 16 = aaO.
[31] Gegen eine auf Grund einstweiliger Verfügung eingetragene Vormerkung ist daher Beschwerde mit dem Ziel ihrer Löschung zulässig (KG Rpfleger 1962, 211; BayObLG Rpfleger 1987, 57; BayObLG NJW-RR 1987, 812 = Rpfleger 1987, 407; s auch KG NJW 1969, 138 = Rpfleger 1969, 48). Beschwerde nach § 71 GBO (nicht Vollstreckungserinnerung nach § 766 ZPO) findet auch gegen die Eintragung einer Vormerkung zur Sicherung des Anspruchs auf Eintragung einer Bauhandwerkersicherungshypothek statt (LG Essen Rpfleger 1975, 315; OLG Stuttgart BWNotZ 1986, 89 = Justiz 1986, 322).
[32] Gegen die Eintragung einer Zwangshypothek ist die – unbefristete – Beschwerde nach § 71 GBO, nicht die – sofortige – Beschwerde nach § 793 ZPO gegeben (OLG Köln OLGZ 1967, 499; BayObLG 1975, 392 = Rpfleger 1976, 66). Sie ist nach § 71 Abs 2 S 2 GBO auf Maßnahmen nach § 53 Abs 1 GBO beschränkt (BayObLG JurBüro 1982, 1098 = Rpfleger 1982, 98; BayObLG 1983, 187 (188); auch BayObLG JurBüro 1983, 116 und OLG Naumburg NotBZ 2002, 193). Gegen die Eintragung einer inhaltlich zulässigen Zwangshypothek ist die Beschwerde mit dem Ziel der Löschung dann zulässig, wenn nach dem konkreten Inhalt des Grundbuchs die Möglichkeit eines gutgläubigen Erwerbs sowohl für die Vergangenheit (infolge Fehlens einer entsprechenden Eintragung) als auch für die Zukunft (infolge Eintragung eines Amtswiderspruchs) rechtlich ausgeschlossen ist (BGH 64, 194 = NJW 1975, 1282 = Rpfleger 1975, 246).
[33] BGH 25, 16 = aaO (Fußn 29); BGH 64, 194 = aaO (Fußn 32); BGH 108, 372 (375); BayObLG DNotZ 1983, 318; BayObLG NJW-RR 1987, 334 = Rpfleger 1987, 57.
[34] Dazu gehört die einer juristischen Person des öffentlichen Rechts zustehende beschränkte persönliche Dienstbarkeit (Wohnungsbesetzungsrecht), die unter den Voraussetzungen des § 1092 Abs 2 BGB übertragbar ist, BayObLG MittBayNot 1991, 79.

- nach § 53 GBO **einen Widerspruch** einzutragen, weil durch die Eintragung das Grundbuch unrichtig geworden ist **und** das Grundbuchamt sie unter Verletzung gesetzlicher Vorschriften vorgenommen hat (Rdn 393). Dem durch eine solche Eintragung Beeinträchtigten wird es damit im Hinblick auf die ihm durch den öffentlichen Glauben des Grundbuchs drohenden Gefahren ermöglicht, „im Beschwerdeweg tunlichst rasch die Eintragung eines Widerspruchs zu verlangen."[35]
- nach § 53 GBO **eine Löschung** vorzunehmen, somit eine Eintragung zu löschen, die ihrem Inhalt nach unzulässig ist (Rdn 416), wenn das Grundbuchamt dem Löschungsantrag (auch in Form einer Anregung) nicht entsprochen hat. Gegen eine inhaltlich zulässige Eintragung ist Beschwerde mit dem Ziel der Löschung nach § 71 Abs 2 S 1 GBO ausgeschlossen; Ablehnung einer beantragten Löschung ist mit Beschwerde nach § 71 Abs 1 anfechtbar (s jedoch zum Berichtigungsantrag Rdn 481).

480 d) Nicht ausgeschlossen ist mit § 71 Abs 2 S 1 GBO die Beschwerde gegen alle Eintragungen, die nicht unter dem Schutz des öffentlichen Glaubens des Grundbuchs stehen. Beschwerde auch gegen eine Eintragung ist somit zulässig

aa) wenn eine **unrichtige Tatsachenangabe** (Eintragung der Angaben rein tatsächlicher Art, Rdn 290) beanstandet wird. Beispiele: Eintragungen, die sich auf die Lage, Beschreibung und Größe des Grundstücks beziehen, Bezeichnung des eingetragenen Berechtigten (Schreibweise seines Namens);

bb) wenn eine Eintragung der **rechtlichen Verhältnisse** des Grundstücks beanstandet wird, die **nicht** unter dem Schutz des **öffentlichen Glaubens** des Grundbuchs steht. Beispiele: Nacherbenvermerk (§ 51 GBO, s Rdn 3523), Mithaftvermerk (§ 48 GBO), dingliche Zwangsvollstreckungsunterwerfung (§ 800 ZPO),[36] der (unter Verletzung gesetzlicher Vorschriften eingetragene) Widerspruch, der keinen Berichtigungsanspruch sichert.[37]

481 e) Daß die Beschwerde gegen eine Eintragung nach § 71 Abs 2 S 1 GBO unzulässig ist, erlangt auch für den Rechtsbehelf gegen die **Zurückweisung eines Berichtigungsantrags** Bedeutung. Denn dieser Ausschluß des Beschwerderechts kann nicht dadurch umgangen werden, daß zunächst die Berichtigung einer Eintragung verlangt und dann gegen die ablehnende Entscheidung Beschwerde eingelegt wird.[38] Demnach gilt:

482 aa) Berichtigung einer **ursprünglichen Unrichtigkeit:** Der Rechtsbehelf gegen die Zurückweisung des auf § 22 GBO (Unrichtigkeitsnachweis) gestützten Antrags auf Berichtigung richtet sich gegen die Eintragung selbst. Beschwerde (Erinnerung) gegen die Zurückweisung des Berichtigungsantrags mit dem Ziel der Beseitigung der Eintragung ist daher nach § 71 Abs 2 S 1 GBO unzulässig.[39] Verlangt werden kann mit Beschwerde jedoch, daß das Grund-

---

[35] Denkschrift zur GBO (Fußn 24) S 173.
[36] BGH 108, 372 (375); KG HRR 1931 Nr 1705; OLG München JFG 15, 259.
[37] OLG Düsseldorf Rpfleger 2001, 230.
[38] OLG Düsseldorf Rpfleger 1963, 287 (288); OLG Hamm OLGZ 1969, 303 (304) und Rpfleger 1993, 486 (487).
[39] RG 110, 65 (70, 71); KGJ 39 A 283 (285–293); KG JFG 1, 366 (367); KG OLGZ 1969, 303 (304); BayObLG 1952, 157; BayObLG 1970, 182 (184); OLG Frankfurt

buchamt angewiesen wird, nach § 53 GBO einen Widerspruch einzutragen oder eine Löschung vorzunehmen (§ 71 Abs 2 S 2 GBO).⁴⁰

bb) Berichtigung einer **nachträglichen Unrichtigkeit:** Der Rechtsbehelf gegen die Zurückweisung des auf § 22 GBO (Unrichtigkeitsnachweis) gestützten Antrags auf Beseitigung richtet sich nicht gegen die Vornahme der Eintragung, sondern dagegen, daß die (zulässig gewesene) Eintragung trotz der nachträglich eingetretenen Rechtsänderung weiterbesteht. § 71 Abs 2 S 1 GBO trifft daher nicht zu. Es ist deshalb nach § 71 Abs 1 GBO gegen den Zurückweisungsbeschluß Beschwerde zulässig.⁴¹ 483

cc) Unbeschränkt zulässig ist nach § 71 Abs 1 GBO die Beschwerde gegen die Zurückweisung eines Berichtigungsantrags, 484
- wenn die Berichtigung nicht auf den Nachweis der Unrichtigkeit des Grundbuchs (§ 22 GBO), sondern auf Berichtigungsbewilligung sämtlicher Betroffenen (Form: § 29 GBO) gestützt wird;⁴²
- wenn Berichtigung einer Eintragung abgelehnt ist, die nicht unter dem Schutz des öffentlichen Glaubens des Grundbuchs steht⁴³ (zu diesen Eintragungen Rdn 480).

f) Zulässig ist nach einhelliger Meinung auch die sogen **Fassungsbeschwerde** gegen eine Eintragung.⁴⁴ Sie richtet sich nicht gegen die Eintragung rechtlicher Verhältnisse des Grundstücks, die unter dem Schutz des öffentlichen Glaubens stehen, sondern nur gegen die vom Grundbuchamt vorgenommene Fassung (Formulierung) der Eintragung. 485

aa) Wenn andere Fassung (Eintragung) einer **Tatsachenangabe** verlangt wird (Beispiele: Berichtigung der Namensangabe⁴⁵ oder sonst unrichtigen Bezeichnung des Berechtigten, wenn seine Identität feststeht⁴⁶) handelt es sich um eine bereits nach dem Rdn 480 Gesagten zulässige Beschwerde. 486

bb) Wenn andere Fassung einer Eintragung der **rechtlichen Verhältnisse** eines Grundstücks (eines Rechts an einem Grundstück oder eines Rechts an einem solchen Recht, auch einer Verfügungsbeschränkung der in § 892 Abs 1 BGB 487

Rpfleger 1979, 418 (419), 1993, 486 und 1996, 336; Jansen NJW 1965, 619; aA Otte NJW 1964, 634; Köstler JR 1987, 402; BezG Gera Rpfleger 1994, 106.
⁴⁰ BayObLG 1952, 157; BayObLG 1972, 267 (268); BayObLG DNotZ 1980, 543 = Rpfleger 1980, 151 (152); OLG Hamm OLGZ 1969, 303.
⁴¹ RG 110, 65 (71); KGJ 39 A 283 (284); KG JFG 1, 366 (367); BayObLG 1952, 157 (159 f).
⁴² KGJ 39 A 288; KG JFG 3, 406; KG HRR 1928 Nr 1875; KG OLGZ 1965, 69 = Rpfleger 1965, 232; OLG Braunschweig JFG 4, 401 (402).
⁴³ OLG Celle DNotZ 1955, 396 = NJW 1955, 1234; KG OLGZ 1969, 202 = NJW 1969, 138; BayObLG 1970, 182 (184); BayObLG 1972, 267 (268).
⁴⁴ BayObLG 1952, 141 (142); BayObLG 1956, 196 (198) = DNotZ 1956, 547; BayObLG 1967, 405 (406) = DNotZ 1968, 442; BayObLG 1972, 373 = Rpfleger 1973, 56; OLG Braunschweig Rpfleger 1964, 119; OLG Düsseldorf DNotZ 1962, 652 (Leits) = Rpfleger 1963, 287; OLG Düsseldorf DNotZ 1971, 724; OLG Frankfurt Rpfleger 1978, 312 (314); OLG Hamm NJW 1967, 934 (935); KG JFG 5, 397 (400); KG JFG 15, 331 (333); KG DR 1944, 255; OLG Stuttgart Rpfleger 1960, 338; OLG Stuttgart BWNotZ 1981, 121 = MDR 1981, 680 = Rpfleger 1981, 355.
⁴⁵ BayObLG 1972, 373 = aaO (Fußn 44).
⁴⁶ OLG Stuttgart Rpfleger 1960, 339.

bezeichneten Art) verlangt wird, ist die Fassungsbeschwerde auch gegen eine Eintragung zulässig, die unter dem Schutz des öffentlichen Glaubens des Grundbuchs steht. Denn der Bestand (Art, Inhalt und Umfang) des eingetragenen Rechts soll dann unverändert bleiben. Weil der Eintragungsvermerk die Rechtsverhältnisse bereits inhaltlich richtig und vollständig, aber doch ungenau (unklar) wiedergibt, soll mit Fassungsbeschwerde dann nur Klarstellung eines unklar gefaßten Eintragungsvermerks durchgesetzt werden.[47] Die Zulässigkeit dieser Fassungsbeschwerde folgt wie zulässige Eintragung eines Klarstellungsvermerks (Rdn 295) aus dem öffentlich-rechtlichen Anspruch der Beteiligten an das Grundbuchamt auf richtige Grundbuchführung und daher eindeutige (rechtlich richtige und damit auch klare) Fassung beantragter Grundbucheintragungen. Nicht selten wird allerdings versucht, mit Fassungsbeschwerde eine nach § 71 Abs 2 S 1 GBO nicht zulässige Beschwerde gegen eingetragene Rechtsverhältnisse durchzusetzen.

4. Beschwerdeberechtigte

488 a) Beschwerdeberechtigt ist jeder, der durch die angefochtene Entscheidung (Verfügung, anfechtbare Eintragung) in seiner **Rechtsstellung beeinträchtigt** ist und ein rechtlich geschütztes Interesse an ihrer Beseitigung hat.[48] Die Beeinträchtigung nur wirtschaftlicher Interessen[49] oder ein irgendwie geartetes sonst berechtigtes Interesse[50] genügen nicht, selbst wenn der Beschwerdeführer schuldrechtlich zur Herbeiführung einer Eintragung oder des sonst erstrebten Erfolgs verpflichtet ist.[51] Rechtsbeeinträchtigung im Sinne von § 20 Abs 1 FGG braucht nicht vorzuliegen.[52] Beeinträchtigung der Rechtsstellung durch die Entscheidung muß gegeben sein, wenn diese in dem vom Beschwerdeführer behaupteten Sinn unrichtig wäre.[53]

---

[47] **Fassungsbeschwerde** zur Behebung von Unklarheiten (auch Zweifeln) BayObLG 1972, 373 = aaO (Fußn 44); OLG Düsseldorf Rpfleger 1963, 287 = aaO; OLG Hamm NJW 1967, 934; OLG Stuttgart BWNotZ 1981, 121 = aaO; Fassungsbeschwerde zur „Ergänzung" durch klarstellenden Vermerk (Zusatzeintragung) BayObLG 1952, 141 (142); BayObLG 1967, 405 (406) = aaO; BayObLG 1988, 124 (126); BayObLG 1990, 188 (189); OLG Braunschweig Rpfleger 1964, 119; KG JFG 5, 397 (400).
[48] BGH 80, 126 (127) = DNotZ 1982, 240 = NJW 1981, 1563; BayObLG 1977, 251 (254); BayObLG Rpfleger 1980, 63; BayObLG Rpfleger 1982, 470; BayObLG MittRhNotK 1989, 52; OLG Stuttgart OLGZ 1973, 422; KG JFG 14, 448.
[49] BGH 80, 126 = aaO; BayObLG 1957, 102 (106); BayObLG 1974, 294 (296) = DNotZ 1975, 308.
[50] BayObLG Rpfleger 1980, 63.
[51] BayObLG 1969, 284 (288) = Rpfleger 1970, 26; KGJ 52 A 162 (163); KG OLG 25, 275. Derjenige, zu dessen Gunsten die Eintragung hätte erfolgen sollen, ist gegen die Löschung einer Amtsvormerkung (Rdn 459) auch mit dem beschränkten Ziel des § 71 Abs 2 S 2 GBO zur Beschwerde jedenfalls dann nicht befugt, wenn der Eintragungsantrag nicht von ihm gestellt worden war (KG OLGZ 1972, 322).
[52] § 20 Abs 1 FGG gilt nicht für das Grundbuchverfahren, BayObLG 1957, 102 (105).
[53] BayObLG 1977, 251 (254); BayObLG 1979, 81 (84); BayObLG Rpfleger 1980, 63.

b) Im Grundbucheintragungs-**Antragsverfahren** entspricht die Beschwerdeberechtigung der Antragsberechtigung;[54] bei Zurückweisung eines Antrags auf Eintragung (auch Löschung eines Rechts)[55] oder bei Erlaß einer Zwischenverfügung[56] ist daher der Antragsteller[57] beeinträchtigt,[58] steht somit ihm die Beschwerde immer zu. Beschwerdeberechtigt ist dann aber auch ein nach § 13 Abs 2 GBO Antragsberechtigter, wenn er selbst den Eintragungsantrag nicht gestellt hat;[59] § 20 Abs 2 FGG findet keine Anwendung.[60] 489

c) **Beschränkt beschwerdeberechtigt** nach § 71 Abs 2 S 2 GBO mit dem Ziel, das Grundbuchamt zur Eintragung eines Amtswiderspruchs anzuweisen, ist nur der Beteiligte, der, falls die Eintragung unrichtig wäre, nach § 894 BGB einen Anspruch auf Berichtigung des Grundbuchs hätte, zu dessen Gunsten also der Widerspruch gebucht werden müßte[61] (für eine Erbengemeinschaft nach § 2039 S 2 BGB auch der einzelne Miterbe)[62] sowie ein von diesem durch Abtretung des Berichtigungsanspruchs zur Geltendmachung im eigenen Interesse Berechtigter.[63] Kein Beschwerderecht gegen die (vormerkungswidrige) Eintragung eines Eigentums steht daher dem Berechtigten einer Auflassungsvormerkung zu (begründet keinen Grundbuchberichtigungsanspruch);[64] nicht beschwerdeberechtigt ist ein Miteigentümer, wenn ein anderer Mitei- 490

---

[54] BGH NJW 1998, 3347 = aaO (Fußn 7); BayObLG 1969, 284; BayObLG 1974, 294 (296) = DNotZ 1975, 308; BayObLG 1976, 180 (185); BayObLG 1980, 37 (39) mit weit Nachw; OLG Frankfurt OLGZ 1970, 283 (284); OLG Hamm OLGZ 1973, 258 (259) = Rpfleger 1973, 133.
[55] BayObLG 1973, 272 (273).
[56] BayObLG 1977, 251 (254); auch Löschung wegen Grundbuchunrichtigkeit, BayObLG MittRhNotK 1989, 52.
[57] Auch ein einzelnes Mitglied der Erbengemeinschaft, wenn Berichtigung zugunsten von Miterben erfolgen soll, BayObLG (20. 10. 1988, mitget) Rpfleger 1989, 184; s auch Rdn 490.
[58] Kein Beschwerderecht verschafft die Zurückweisung des Eintragungsantrags eines nicht antragsberechtigten Antragstellers, BayObLG MittBayNot 1994, 39. Dem Antragsteller, der wegen der Zurückweisung eines Eintragungsantrags (Antrag auf Eigentümereintragung) beschwerdebefugt ist, steht aber auch gegen die Zurückweisung eines damit nach § 16 Abs 2 GBO verbundenen anderen Antrags (Löschung des Nacherbenvermerks) ein Beschwerderecht zu, auch wenn er bei isolierter Antragstellung nicht beschwerdeberechtigt wäre, OLG Hamm Rpfleger 1996, 504.
[59] BayObLG 1980, 37 (40); OLG München JFG 14, 342; OLG Oldenburg DNotZ 1966, 42.
[60] BGH NJW 1998, 3347 = aaO (Fußn 7); BayObLG 1980, 37 (40).
[61] BGH 106, 253 (255) = NJW 1989, 1609 = Rpfleger 1989, 189; BayObLG 1977, 1 (2); BayObLG 1983, 187 (188); BayObLG 1987, 231 = DNotZ 1988, 157 = NJW-RR 1987, 1416 = Rpfleger 1987, 450; BayObLG 1989, 270 (272); OLG Hamm NJW-RR 1002, 1518 = Rpfleger 2002, 617 Leits; KG OLGZ 1972, 323 = Rpfleger 1972, 174; OLG Celle NJW 1963, 1160; OLG Köln Rpfleger 2002, 195; LG Frankenthal Rpfleger 1984, 407.
[62] OLG Zweibrücken Rpfleger 1968, 88; s auch Rdn 489.
[63] RG 112, 260 (265); KG JFG 11, 207 (210); KG JFG 18, 54 (55); KG OLGZ 1972, 323 = aaO.
[64] BayObLG 1987, 231 = aaO (Fußn 61). Auch BayObLG MittBayNot 1997, 37: Kein Beschwerderecht des Vormerkungsberechtigten gegen eine (sonstige) Eintragung, der eine vormerkungswidrige Verfügung zugrunde liegt.

gentümer seinen Anteil (oder einen Bruchteil davon) auf einen Dritten übertragen hat.[65]

491 d) Beschwerdeberechtigt bei sonst anfechtbarer **Grundbucheintragung** oder nach anderer **antragsgemäß erlassener Verfügung** ist jeder, der durch sie in seiner Rechtsstellung negativ betroffen ist und deshalb an der Beseitigung (oder Richtigstellung) der Maßnahme ein Interesse hat.[66] Das Beschwerderecht steht damit auch demjenigen zu, der erst nach Erlaß der Entscheidung in die durch sie beeinträchtigte Rechtsstellung eingerückt ist.

492 e) Gegen **Löschung einer Amtsvormerkung** (eines Amtswiderspruchs) nach § 18 Abs 2 GBO steht ein Beschwerderecht nur dem Antragsteller zu, dessen Anspruch auf abschließende gesetzesmäßige Erledigung des Antrags nach Zwischenverfügung zu sichern war, nicht auch einem Antragsberechtigten, der den beanstandeten Antrag nicht gestellt hat.[67]

493 f) Im **Berichtigungszwangsverfahren** (§ 82 GBO) ist, wenn das Grundbuchamt eine Anregung auf Einleitung des Verfahrens abgelehnt hat, der Anregende beschwerdeberechtigt, wenn seine Rechtsstellung beeinträchtigt ist; das gilt für jeden, der ein Recht am Grundstück besitzt.[68] Ein Titelgläubiger, dem die Erben des eingetragenen Eigentümers bekannt sind und der den Erbanteil seines Schuldners gepfändet hat, ist gegen die Ablehnung der Einleitung des Amtsverfahrens jedoch nicht beschwerdeberechtigt.[69]

494 g) Im **Amtslöschungsverfahren** (§ 84 GBO) ist nur der Betroffene beschwerdeberechtigt, nicht auch der Beteiligte, der die Löschung im eigenen Interesse beantragt hat.[70]

495 h) Soweit das Verfügungsrecht eines Nachlaßverwalters oder Testamentsvollstreckers reicht, hat der Erbe kein Beschwerderecht. Der im Grundbuch vermerkte Nacherbe hat keine Beschwerdeberechtigung gegen die Anordnung, die vom Vorerben (bzw dem für ihn handelnden Insolvenzverwalter) erklärte Auflassung eines Nachlaßgrundstücks im Grundbuch einzutragen.[71]

496 i) Die Beschwerdeberechtigung muß auch noch im Zeitpunkt der Beschwerdeentscheidung (nicht nur bei Beschwerdeeinlegung) gegeben sein.[72]

---

[65] BayObLG (18. 10. 1990, mitget) Rpfleger 1991, 4.
[66] Nicht beschwerdeberechtigt ist der Vormerkungsberechtigte, wenn gegen einen im Grundbuch vermerkten Vorrang einer Grundschuld vor einer Auflassungsvormerkung ein Amtswiderspruch eingetragen ist, BayObLG Rpfleger 1982, 470.
[67] KG OLGZ 1972, 322 = Rpfleger 1972, 174.
[68] KG JFG 14, 448; auch KG JFG 14, 418 (421); BayObLG 1994, 158 = FamRZ 1995, 119 = NJW-RR 1995, 272 (273) = Rpfleger 1995, 103.
[69] OLG Hamm MittBayNot 1994, 326 (328) = NJW-RR 1994, 271 = OLGZ 1994, 257 (261) = Rpfleger 1994, 248.
[70] BayObLG 1973, 272 (273) = DNotZ 1974, 235 = Rpfleger 1973, 433.
[71] BayObLG JurBüro 1980, 1244 = Rpfleger 1980, 64.
[72] BayObLG 1969, 284; OLG Frankfurt NJW-RR 1997, 1447; OLG Hamm NJW-RR 1997, 593.

5. Einlegung der Beschwerde, Abhilferecht

a) **Eingelegt** werden kann die Beschwerde bei dem Grundbuchamt oder bei dem Beschwerdegericht (Landgericht, § 73 Abs 1 GBO). Zulässig ist sie, sobald die anzufechtende Entscheidung (Verfügung usw) erlassen ist (Rdn 472). Unzulässig ist eine im voraus gegen eine möglicherweise künftig ergehende Entscheidung eingelegte Beschwerde (Eventualbeschwerde); Heilung der Unwirksamkeit tritt auch nicht dadurch ein, daß die Entscheidung später erlassen wird.[73]

497

b) Einzulegen ist die Beschwerde durch **Einreichung einer Beschwerdeschrift**[74] oder durch Erklärung zur Niederschrift des Grundbuchamts oder der Geschäftsstelle des Beschwerdegerichts (§ 73 Abs 2 GBO). Eine Beschwerdefrist ist nicht vorgesehen (Ausnahme für Löschungs-Feststellungsbeschluß, § 89 GBO); Verwirkung durch Zeitablauf tritt nicht ein.[75] Anwaltszwang besteht nicht. Eines besonderen (bestimmten) Antrags oder einer Begründung bedarf die Beschwerde nicht.[76] Es muß aber erkennbar sein, welche Entscheidung angefochten wird und aus welchem Interesse (mit welchem Ziel) ihre Überprüfung verlangt wird. Antragstellung ist dennoch vielfach üblich und zur Klarstellung des Beschwerdeziels auch zu empfehlen. Die Beschwerde kann auch auf neue Tatsachen und Beweise gestützt werden (§ 74 GBO).

498

c) Eine **Bevollmächtigung** wird von Amts wegen (§ 12 FGG) geprüft. Ob ein besonderer Nachweis der Vollmacht zu führen ist, liegt im pflichtgemäßen Ermessen des Gerichts;[77] es kann auch Nachweis durch öffentlich beglaubigte Vollmacht verlangen (§ 13 S 3 FGG). Beschwerderecht des **Notars**: Rdn 189. Auch wenn die Voraussetzungen des § 15 GBO nicht vorliegen, ist für die Beschwerde eines Notars in einer Grundbuchsache davon auszugehen, daß er bevollmächtigt ist.[78] Zurückgewiesen werden kann eine Beschwerde des Notars mangels Vollmachtnachweis stets aber erst dann, wenn vorher Gelegenheit gegeben war, die Vollmacht nachzuweisen.[79]

499

d) Das **Grundbuchamt** kann der Beschwerde (auch der befristeten nach § 89 GBO) **abhelfen,** wenn es diese für begründet hält (§ 75 GBO). Ausgeschlossen ist Abänderung einer der sofortigen Beschwerde nach FGG-Vorschriften unterliegenden Entscheidung (Fälle der § 105 Abs 2, § 110 Abs 1 GBO, § 2

500

---

[73] OLG Hamm MittBayNot 1979, 80 = OLGZ 1979, 419 = Rpfleger 1979, 461.
[74] Wenn auf (schriftliche Erinnerung) gegen eine Zwischenverfügung das Grundbuchamt diese Zwischenverfügung (teilweise) wiederholt, ist telefonische Erklärung des Erinnerungsführers gegen diese (zweite) Zwischenverfügung ausreichend, wenn sie vom Rechtspfleger in den Akten festgehalten ist, BayObLG MDR 1980, 238.
[75] BGH DNotZ 1968, 414 = NJW 1968, 105 = Rpfleger 1968, 49; dazu kritisch Riedel Rpfleger 1969, 151. In dem vom BGH entschiedenen Fall handelte es sich um eine Zeitspanne von rund 60 Jahren. Riedel führt richtig aus, daß eine mit solcher Verspätung eingelegte Beschwerde nur als neuer Antrag aufzufassen und gegebenenfalls umzudeuten ist.
[76] Keidel/Kuntze/Winkler Rdn 23 zu § 21 FGG.
[77] Einzelheiten: Keidel/Kuntze/Winkler Rdn 15 zu § 13 FGG.
[78] BayObLG DNotZ 1996, 32 = Rpfleger 1994, 495.
[79] BayObLG aaO.

1. Teil. XI. Rechtsbehelfe und Rechtsmittel in Grundbuchsachen

Abs 1, § 4 Abs 4 und § 14 Abs 2 GBMaßnG), ihr kann nicht abgeholfen werden. Dem Abhilferecht entspricht die Pflicht, die Beschwerde zu prüfen und zulässigen sowie begründeten Einwendungen mit Änderung der angefochtenen Entscheidung zu entsprechen. Prüfung der Beschwerde, Abhilfe und Vorlage an das Beschwerdegericht sind als Grundbuchgeschäft Rechtspflegeraufgaben[80] (§ 3 Nr 1h, § 4 Abs 1, auch § 11 Abs 1 RPflG). Hat der (dafür nicht zuständige) Richter eines dieser Geschäfte wahrgenommen, so wird dadurch die Wirksamkeit nicht berührt (§ 8 Abs 1 RPflG). Nur dem Richter, nicht auch dem Rechtspfleger, obliegen diese Geschäftsaufgaben des Grundbuchamts jedoch, wenn eine von ihm erlassene Entscheidung (Fälle der §§ 5, 6 RPflG) angefochten ist,[81] damit auch, wenn die Beschwerde sich gegen die Entscheidung des Grundbuchrichters über die Änderung einer Maßnahme des Urkundsbeamten richtet (für diese Entscheidung keine Zuständigkeit des Rechtspflegers, § 12c Abs 4 GBO).

501 e) **Zurückgenommen** werden kann die Beschwerde bis zum Erlaß der Entscheidung des Beschwerdegerichts, jedoch dann nicht mehr, wenn ihr abgeholfen worden ist. Die Zurücknahme muß dem Grundbuchamt oder dem Beschwerdegericht unbedingt (vorbehaltlos) erklärt werden; für Erklärung besteht keine Formvorschrift; gleichzeitige Zurücknahme des Eintragungsantrags bedarf jedoch nach § 31 GBO (dort S 2 Ausnahme für Antrag auf Grundbuchberichtigung) der Form des § 29 S 1 GBO. Zustimmung Dritter ist nicht erforderlich. Ein **Verzicht** auf Beschwerdeeinlegung ist nach Entscheidung zulässig. Er ist dem Grundbuchamt in der Form des § 29 GBO nachzuweisen.[82] Vorher ist ein Verzicht unwirksam.

6. Wirkungen einer Beschwerde

502 **Aufschiebende Wirkung** hat die Beschwerde **nicht**. Das Grundbuchamt kann trotz einer mit Beschwerde angefochtenen Zurückweisung eines Eintragungsantrags andere bei ihm eingehende Anträge vollziehen. Auch wenn die Beschwerde Erfolg hat, erhält der dann zu vollziehende Eintragungsantrag nur **Rang** vor den noch nicht erledigten inzwischen eingegangenen Eintragungsanträgen. Eine Beschwerde gegen eine Zwischenverfügung hindert die endgültige Zurückweisung des Antrags durch das Grundbuchamt nicht, solange das Beschwerdegericht noch nicht entschieden hat.[83] UU ist der Vollzug des Eintragungsantrags, der erst in der Beschwerdeinstanz Erfolg hat, überhaupt nicht mehr möglich. Um diese Verschlechterung der Rechtsstellung des Beschwerdeführers zu vermeiden, sieht § 76 Abs 1 GBO vor, daß das Beschwerdegericht vor der Entscheidung eine einstweilige Anordnung erlassen, insbesondere dem Grundbuchamt aufgeben kann, eine Vormerkung oder einen Widerspruch einzutragen, oder anordnen kann, daß die Vollziehung

---

[80] BayObLG 1999, 248 = DNotZ 2000, 63 = NJW-RR 1999, 1691 = Rpfleger 1999, 526 (mit zu weitgehendem Leits); OLG Jena NotBZ 2000, 65 = Rpfleger 2000, 210 und 2001, 73; Bauer/vOefele/Budde Rdn 1, Demharter Rdn 5, je zu § 75; Budde Rpfleger 1999, 513.
[81] So auch Bauer/vOefele/Budde Rdn 1 zu § 75.
[82] OLG Frankfurt DNotZ 1972, 180. Zur Zurücknahme der Beschwerde und zum Verzicht darauf auch Riedel Rpfleger 1969, 156.
[83] KGJ 51 A 276.

der angefochtenen Entscheidung auszusetzen ist. Vielfach wird der Notar die Anregung zu einer derartigen einstweiligen Anordnung geben. Die einstweilige Anordnung ist nicht anfechtbar,[84] desgleichen nicht die Ablehnung einer solchen.

7. Beschwerdeverfahren

a) Über die Beschwerde **entscheidet das Landgericht** (Zivilkammer, §§ 72, 81 Abs 1 GBO). Es hat für den Verfahrensgegenstand der angefochtenen Verfügung das gesamte Sach- und Rechtsverhältnis nachzuprüfen und zur Zeit der Entscheidung zu beurteilen.[85] Ob ein Verstoß gegen Denkgesetze oder allgemeine Erfahrungssätze (vgl Rdn 159) vorliegt, hat das Beschwerdegericht (auch die Rechtsbeschwerdeinstanz)[86] selbständig zu prüfen. Auf einen neuen Verfahrensgegenstand darf die Entscheidung nicht ausgedehnt werden.[87] Es kann aber ein Antrag eingeschränkt werden.[88] Bei Beschwerde gegen eine **Zwischenverfügung** ist Beschwerdegegenstand nur die in der Zwischenverfügung erhobene Beanstandung, nicht die Entscheidung über den Eintragungsantrag selbst.[89] Daher ist das Beschwerdegericht in einem solchen Fall darauf beschränkt, zu prüfen, ob das in der Zwischenverfügung geltend gemachte Eintragungshindernis besteht. Andere Eintragungshindernisse können nicht zur Zurückweisung der Beschwerde führen.[90] Wenn dem Vollzug des Eintragungsantrags nicht das in der Zwischenverfügung bezeichnete Hindernis, aber ein anderes entgegensteht, muß daher die Zwischenverfügung aufgehoben werden. Dann kann lediglich in den Gründen der Beschwerdeentschei-

503

---

[84] S zu diesen Fragen auch Riedel Rpfleger 1969, 155.
[85] KG DNotZ 1972, 176 (178); ThürOLG Rpfleger 2002, 431; Einzelheiten: Keidel/Kuntze/Winkler Rdn 6–13 zu § 25 FGG.
[86] BayObLG Rpfleger 1967, 11; kritisch dazu Riedel Rpfleger 1967, 6.
[87] Neue Anträge sind in der Beschwerdeinstanz insoweit ausgeschlossen, als sie den Gegenstand der erstinstanzlichen Entscheidung verändern würden, auch wenn veränderte tatsächliche Verhältnisse einen anderen Antrag rechtfertigen würden (BayObLG 1934, 365; OLG Köln NJW 1963, 541). Ein neuer Eintragungsantrag (über den das Grundbuchamt noch nicht entschieden hat) kann in der Beschwerdeinstanz nicht gestellt werden (BayObLG mitget Rpfleger 1987, 357; BayObLG DNotZ 1999, 822). Ein (neuer) Antrag muß stets bei dem Gericht der ersten Instanz gestellt werden (BayObLG 16, 192 und 1961, 289; s auch Riedel Rpfleger 1969, 151). Die Beschwerde selbst hat nicht die Bedeutung eines neuen Eintragungsantrags (Riedel Rpfleger 1969, 151).
[88] BayObLG DNotZ 1999, 822.
[89] BayObLG 1967, 408 (410); BayObLG 1972, 24 (28) mit weit Nachw; BayObLG 1976, 289 (292); BayObLG 1982, 348 (351); BayObLG DNotZ 1983, 752; BayObLG DNotZ 1986, 497; BayObLG 1990, 51 (56); BayObLG 1993, 166 = MittBayNot 1993, 214 = MittRhNotK 1993, 189 = NJW-RR 1993, 1043; OLG Frankfurt Rpfleger 1979, 315; KG JFG 8, 236; OLG Hamm Rpfleger 2002, 353 (354), KG Rpfleger 1965, 366; KG DNotZ 1972, 176 (177); KG NJW-RR 1993, 268 = OLGZ 1993, 270 = Rpfleger 1993, 236; OLG Zweibrücken OLGZ 1991, 153. Zur Prüfungspflicht des Beschwerdegerichts bei Anfechtung einer Zwischenverfügung s auch einerseits Jansen DNotZ 1971, 531 in Übereinstimmung mit der herrschenden Ansicht, andererseits Blomeyer DNotZ 1971, 329.
[90] BayObLG 1972, 24 (28); BayObLG 1976, 289 (292); BayObLG 1982, 348 (351); BayObLG DNotZ 1983, 752; OLG Frankfurt Rpfleger 1979, 315.

dung wegweisend (ohne Bindungswirkung) auf das weitergehende Vollzugshindernis hingewiesen und dem Grundbuchamt so Gelegenheit gegeben werden, den Antrag nunmehr selbständig auch unter diesem weiteren Gesichtspunkt zu prüfen[91] (daher auch keine weitere Beschwerde des Antragstellers zur Beanstandung dieses weiteren Eintragungshindernisses[92]).

504 b) Im **Antragsverfahren** ist das Landgericht nicht berechtigt, Ermittlungen anzustellen. Vielmehr hat der Beschwerdeführer die noch fehlenden Unterlagen beizubringen. Deren Vorlage kann ihm das Landgericht durch (unanfechtbaren) Zwischenbeschluß aufgeben.

505 c) **Rechtliches Gehör** ist auch im Beschwerdeverfahren zu gewähren (Art 103 Abs 1 GG).[93]

506 d) Als **unzulässig verworfen** wird die Beschwerde, wenn sie nicht statthaft ist (auch wenn die Beschwerdeberechtigung fehlt).

507 e) **Unbegründet zurückgewiesen** wird eine zulässige Beschwerde, wenn ihre sachliche Prüfung zu einer Änderung der angefochtenen Entscheidung (Verfügung usw) keinen Anlaß gibt, auch wenn die Entscheidung aus anderen als den vom Grundbuchamt angenommenen Gründen gerechtfertigt ist,[94] wie zB auf Grund neuer Tatsachen, aber auch aus anderen rechtlichen Erwägungen. Die Beschwerde gegen eine Zwischenverfügung bleibt mangels Beschwer erfolglos, wenn statt der Zwischenverfügung sofortige Zurückweisung des Antrags geboten gewesen wäre.[95]

508 f) Wenn eine zulässige **Beschwerde begründet** ist, trifft das Landgericht unter Aufhebung der angefochtenen Entscheidung selbst die sachliche Entscheidung oder überträgt diese dem Grundbuchamt, an das die Sache zur anderweitigen Entscheidung zurückverwiesen wird.[96] Wenn eine Zwischenverfügung oder die Zurückweisung eines Antrags aufgehoben wird, kann das Grundbuchamt auch zur Vornahme der beantragten Eintragung (auch Löschung) angewiesen werden. Eine Zwischenverfügung kann das Landgericht auch mit der Weisung an das Grundbuchamt aufheben, von den erhobenen Bedenken Abstand zu nehmen und über den Eintragungsantrag anderweitig zu entscheiden.[97] Fehlt in der Zwischenverfügung die Fristsetzung, so ist sie auf Beschwerde hin schon aus diesem Grund aufzuheben.[98] Erläßt das Landgericht unter Aufhebung eines

---

[91] BayObLG 1967, 408 (410); OLG Hamm aaO (Fußn 89); KG NJW-RR 1993, 268 = OLGZ 1993, 270 = Rpfleger 1993, 236; OLG Zweibrücken aaO.
[92] OLG Hamm aaO (Fußn 89).
[93] Zum rechtlichen Gehör in Grundbuchsachen s BayObLG MDR 1973, 407 = Rpfleger 1973, 97; OLG Köln Rpfleger 1981, 398; Ertl MittBayNot 1979, 217.
[94] Näher Keidel/Kuntze/Winkler Rdn 16 zu § 25 FGG.
[95] KGJ 51 A 296.
[96] Keidel/Kuntze/Winkler Rdn 17–22 zu § 25 FGG; anders BayObLG NJW-RR 1987, 1204: Das Beschwerdegericht hat sich darauf zu beschränken, eine unbegründete Zwischenverfügung aufzuheben.
[97] Nicht aber mit der (bindenden) Weisung, den Eintragungsantrag zurückzuweisen, KG NJW-RR 1993, 268 = aaO.
[98] OLG Hamm OLGZ 1975, 150 = Rpfleger 1975, 134; OLG Frankfurt JurBüro 1981, 102 = MittRhNotK 1981, 64.

Zurückweisungsbeschlusses eine Zwischenverfügung, dann muß diese den Rdn 448 dargestellten Erfordernissen entsprechen. Ist eine beschränkt eingelegte Beschwerde (§ 71 Abs 2 S 2 GBO) begründet, so lautet die Entscheidung dahin, daß das Grundbuchamt zur Eintragung eines bestimmten Amtswiderspruchs oder zu einer bestimmten Amtslöschung angewiesen wird.

g) Den Beschwerdeführer darf die Beschwerdeentscheidung gegenüber der angefochtenen Entscheidung **nicht schlechter stellen** (reformatio in peius).[99] Daher kann das Landgericht einen Eintragungsantrag nicht zurückweisen, wenn das Grundbuchamt ihn nur mit Zwischenverfügung beanstandet hat.[100] Zurückzuweisen hat das Landgericht jedoch eine Beschwerde, wenn sie sich aus anderen Gründen als den vom Grundbuchamt berücksichtigten als ungerechtfertigt erweist. Zur Löschung einer inhaltlich unzulässigen Eintragung kann das Landgericht das Grundbuchamt trotz des Verbots der Schlechterstellung des Beschwerdeführers anweisen.[101] 509

h) **Kostenentscheidung:** § 13a FGG. Zu erfolgen hat sie nur, wenn an dem Beschwerdeverfahren noch weitere Personen beteiligt sind (Beteiligte im entgegengesetzten Sinn). Für die Gerichtskosten ist die Kostenschuld in § 2 Nr 1 KostO gesetzlich bestimmt. Ein Ausspruch über die Kostentragungspflicht ist deswegen nicht erforderlich.[102] Wird er trotzdem getroffen, so hat er nur die Bedeutung einer nicht bindenden Anweisung an den Kostenbeamten.[103] 510

i) Die Entscheidung des Beschwerdegerichts ist mit **Gründen** zu versehen (§ 77 GBO). Die Gründe müssen in tatsächlicher und rechtlicher Hinsicht so ausführlich abgefaßt sein, daß das Rechtsbeschwerdegericht eine tragfähige Grundlage zur Überprüfung der Entscheidung hat. Völlige Bezugnahme auf die Entscheidung oder Zwischenverfügung des Amtsgerichts ist weder in tatsächlicher noch in rechtlicher Hinsicht zulässig.[104] Dem Beschwerdeführer (seinem Vertreter, Rdn 454) ist die Entscheidung des Beschwerdegerichts **mitzuteilen** (§ 77 GBO). Mit dieser Bekanntmachung wird sie wirksam (§ 16 Abs 1 FGG). Die Bekanntmachung erfolgt nach § 16 Abs 2 S 2 FGG; Zustellung ist nur ausnahmsweise erforderlich, wenn mit der Bekanntmachung eine Beschwerdefrist zu laufen beginnt (§ 16 Abs 2 S 1 FGG), somit dann, wenn die Beschwerdeentscheidung eine Zwischenverfügung enthält (§ 18 Abs 1 GBO) und in den Fällen der §§ 89, 105 Abs 2, § 110 GBO. 511

k) Das Grundbuchamt ist an die Beschwerdeentscheidung **gebunden**.[105] Hat das Landgericht eine Zwischenverfügung des Grundbuchamts aufgehoben und die Sache an das Grundbuchamt zurückverwiesen, so erstreckt sich die Bindung nur auf die den Beschwerdegegenstand unmittelbar betreffenden Gründe der Beschwerdeentscheidung.[106] Die Bindung entfällt mit Änderung 512

---

[99] Dazu eingehend Keidel/Kuntze/Winkler Rdn 115 ff zu § 19 FGG.
[100] BayObLG 1954, 225; Riedel Rpfleger 1969, 153.
[101] OLG Düsseldorf DNotZ 1958, 157.
[102] BayObLG 1993, 137 (139).
[103] Einzelheiten: Keidel/Kuntze/Winkler Rdn 19–21 vor und Anm zu § 13a FGG.
[104] OLG Köln MDR 1981, 1028 = Rpfleger 1981, 398.
[105] BayObLG Rpfleger 1974, 18 (21) = Rpfleger 1974, 148 (149).
[106] BayObLG 1974, 18 = aaO.

1. Teil. XI. Rechtsbehelfe und Rechtsmittel in Grundbuchsachen

des Sachverhalts[107] (auch Neubekanntwerden von Tatsachen). Sie besteht nicht an rechtliche Hinweise, auf denen die Entscheidung nicht beruht.[108]

8. Weitere Beschwerde

513 a) Gegen die Beschwerdeentscheidung des Landgerichts[109] ist **weitere Beschwerde** zulässig, wenn die Entscheidung auf einer Verletzung des Rechts[110] beruht (§ 78 S 1 GBO). Das Recht ist verletzt, wenn eine Rechtsnorm nicht oder nicht richtig angewendet worden ist (§ 546 ZPO mit § 78 S 2 GBO). Bei bestimmten Verfahrensmängeln (Einzelheiten § 547 ZPO mit § 78 S 2 GBO) ist Gesetzesverletzung ohne weitere Prüfung anzunehmen. Keine mit Beschwerde anfechtbare Entscheidung stellen Hinweise dar, die lediglich in den Gründen des landgerichtlichen Beschlusses wegweisend (ohne Bindungswirkung) gegeben werden (Rdn 503); gegen solche Hinweise in einem landgerichtlichen Beschluß, durch den die angefochtene Zwischenverfügung des Grundbuchamts aufgehoben wird, findet weitere Beschwerde daher nicht statt.[111]

514 b) **Beschwerdeberechtigt** für Einlegung der weiteren Beschwerde ist der Antragsteller. Es gelten die gleichen Grundsätze, die für die Beschwerdeberechtigung bei der Erstbeschwerde maßgebend sind[112] (Rdn 488–496). Hat das Beschwerdegericht die Zurückweisung eines Antrags oder die Zwischenverfügung aufgehoben, dann ist für den Beschwerdeführer als Antragsteller keine Beschwerdeberechtigung mit dem Ziel gegeben, die aufgehobene zurückweisende Entscheidung oder Zwischenverfügung wieder herzustellen[113] oder (nach Aufhebung der Zwischenverfügung) das Grundbuchamt zum Vollzug des Eintragungsantrags anzuweisen.[114] Weil Ziel der Anfechtung einer Zwischenverfügung oder eines Zurückweisungsbeschlusses nur sein kann, das Antragsrecht durchzusetzen (den verfahrensrechtlichen Anspruch auf Eintragung zu verwirklichen), kann eine Beschwerdeentscheidung von einem Antragsberechtigten nur mit dem Ziel angefochten werden, die angenommene Beanstandung fallen zu lassen und die beantragte Eintragung vorzunehmen,[115] für den Zurückweisungsbeschluß zunächst Zwischenverfügung zu erlassen[116] oder die mit Zwischenverfügung gesetzte Frist zu verlän-

---

[107] Dazu Keidel/Kuntze/Winkler Rdn 25 zu § 25 FGG.
[108] Keidel/Kuntze/Winkler Rdn 25 zu § 25 FGG.
[109] Nicht statthaft ist somit weitere Beschwerde gegen eine (im Beschwerdeverfahren ergangene) Zwischenverfügung des Grundbuchamts, unter Übergehung des Landgerichts, BayObLG 1993, 228 = DNotZ 1993, 743 = NJW-RR 1993, 1171.
[110] Unklare Sachschilderungen im landgerichtlichen Beschluß s OLG Köln MDR 1984, 857 = Rpfleger 1984, 352.
[111] BayObLG DNotZ 1986, 497 = Rpfleger 1986, 217 Leits; OLG Zweibrücken OLGZ 1991, 153.
[112] BayObLG 1980, 37 (39).
[113] BayObLG 1977, 251 (254); BayObLG 1980, 37 (40); OLG Stuttgart OLGZ 1968, 336 (337). Auch wenn er aus Gründen, die nachträglich entstanden sind, ein Interesse daran hat, daß die Eintragung unterbleibt, BayObLG Rpfleger 1980, 63.
[114] BayObLG MittBayNot 2000, 437.
[115] BayObLG NJW-RR 1987, 1204.
[116] Auch wenn nur geltend gemacht wird, das Grundbuchamt hätte den Antrag nicht abweisen dürfen, sondern mit Zwischenverfügung Gelegenheit zur Zurücknahme des Antrags geben müssen, BayObLG 1979, 81 = Rpfleger 1979, 210.

gern.¹¹⁷ Den von der Eintragung Betroffenen, der Eintragungsantrag nicht gestellt hat, steht bei Rechtsbeeinträchtigung weitere Beschwerde auch zu, wenn das Beschwerdegericht die Zurückweisung des Antrags oder die Zwischenverfügung aufgehoben hat.¹¹⁸ Beeinträchtigung des von der Eintragung Betroffenen wird angenommen, wenn das Beschwerdegericht den Zurückweisungsbeschluß oder die Zwischenverfügung nicht nur aufgehoben, sondern das Grundbuchamt auch zur Eintragung angewiesen hat,¹¹⁹ nicht aber, wenn das Grundbuchamt nicht zugleich angewiesen worden ist, die Eintragung vorzunehmen.¹²⁰

c) **Eingelegt** werden kann die weitere Beschwerde bei dem Grundbuchamt, dem Landgericht oder dem Gericht der weiteren Beschwerde selbst (§ 80 Abs 1 S 1 GBO). Einzulegen ist sie nach § 73 Abs 2 GBO durch Einreichung einer Beschwerdeschrift oder durch Erklärung zu Niederschrift¹²¹ des Grundbuchamts¹²² oder der Geschäftsstelle des Gerichts (Rechtspflegergeschäft nach § 24 Abs 1 Nr 1a RPflG). Eine Beschwerdeschrift **muß** von einem Rechtsanwalt unterzeichnet sein (§ 80 Abs 1 S 2 GBO). Dann jedoch bedarf es der Zuziehung eines Rechtsanwalts nicht, wenn die Beschwerde von dem **Notar** eingelegt wird, der nach § 15 GBO den Eintragungsantrag (§ 80 Abs 1 S 3 GBO) oder Antrag bei dem Gericht erster Instanz gestellt hat (§ 29 Abs 1 S 3 FGG),¹²³ oder wenn sie von einer Behörde eingelegt wird (§ 80 Abs 1 S 3 GBO). Eine Beschwerdefrist ist nicht vorgesehen (Ausnahmen: § 89 Abs 1 und § 105 Abs 2 GBO). 515

d) Grundbuchamt und Landgericht können der weiteren Beschwerde **nicht abhelfen** (§ 80 Abs 2 GBO). Aufschiebende Wirkung hat auch die weitere Beschwerde nicht. Das Gericht der weiteren Beschwerde kann jedoch vor Entscheidung eine einstweilige Anordnung erlassen (§ 76 Abs 1 mit § 80 Abs 3 GBO). Dadurch, daß vom Grundbuchamt der Eintragungsantrag zurückge- 516

---

¹¹⁷ BayObLG 1980, 37 (40); OLG Stuttgart OLGZ 1968, 336; KG DR 1943, 705.
¹¹⁸ BGH NJW 1998, 3347 = NotBZ 1998, 148 = Rpfleger 1998, 420 gegen BayObLG 1998, 59 = MittBayNot 1998, 260 = NJW-RR 1998, 1024; anders auch BayObLG 1980, 37 = Rpfleger 1980, 141; BayObLG (mitget) Rpfleger 1983, 12 (weitere Beschwerde nach Aufhebung der Zwischenverfügung auch nicht bei behaupteter Verletzung rechtlichen Gehörs); BayObLG (mitget) Rpfleger 1984, 404 (keine weitere Beschwerde eines anderen Beteiligten zur Wiederherstellung einer Zurückweisung); BayObLG Rpfleger 1991, 107 sowie DNotZ 1995, 304 (keine weitere Beschwerde eines anderen Beteiligten mit dem Ziel, eine Zwischenverfügung wieder herzustellen).
¹¹⁹ BGH NJW 1998, 3347 = aaO (Fußn 118); BayObLG 1999, 104.
¹²⁰ BGH NJW 1998, 3347 = aaO; BayObLG DNotZ 2002, 149 = NJW-RR 2002, 443 = Rpfleger 2002, 140. Dann weitere Beschwerde auch nicht bei behaupteter Verletzung rechtlichen Gehörs (BGH aaO; siehe auch Fußn 118) und nicht mit dem Ziel der Eintragung eines Amtswiderspruchs (BayObLG aaO; auch OLG Düsseldorf Rpfleger 1996, 404).
¹²¹ Zur Niederschrift, die (nur) auf einen Schriftsatz des Beschwerdeführers Bezug nimmt, s OLG Köln OLGZ 1990, 18 = Rpfleger 1990, 14; auch (für Rechtsbeschwerde nach OWiG) OLG Düsseldorf Rpfleger 1996, 19 mit weit Nachw.
¹²² Nur zu Niederschrift des Grundbuchamts, in erster Instanz zuständig ist, nicht auch zu Niederschrift eines anderen Grundbuchamts oder Amtsgerichts, BayObLG (24. 3. 1988, mitget) Rpfleger 1988, 238; OLG Frankfurt OLGZ 1990, 147.
¹²³ BayObLG DNotZ 1994, 888 = MittBayNot 1994, 431.

1. Teil. XI. Rechtsbehelfe und Rechtsmittel in Grundbuchsachen

wiesen wird, wird die Zulässigkeit der bereits eingelegten weiteren Beschwerde gegen die eine Zwischenverfügung bestätigende Entscheidung nicht berührt;[124] daher kann auch nach Zurückweisung des Eintragungsantrags gegen die eine Zwischenverfügung bestätigende Entscheidung noch weitere Beschwerde erhoben werden.[125] Hat sie Erfolg, so ist das Grundbuchamt gehalten, den nunmehr wirkungslos gewordenen Zurückweisungsbeschluß von Amts wegen aufzuheben.[126]

517 e) Über die weitere Beschwerde entscheidet[127] das **Oberlandesgericht** (§ 79 Abs 1 GBO; Zivilsenat, § 81 Abs 1 GBO), in Bayern das Bayerische Oberste Landesgericht, in Rheinland-Pfalz das OLG Zweibrücken. Dem Bundesgerichtshof ist die weitere Beschwerde vorzulegen, wenn von der Entscheidung eines anderen Oberlandesgerichts, des (Reichsgerichts oder) Bundesgerichtshofs abgewichen werden soll (§ 79 Abs 2 GBO mit Einzelheiten); dann entscheidet über die weitere Beschwerde[128] der Bundesgerichtshof (§ 79 Abs 3 GBO).

518 f) Die **Erledigung der Hauptsache** mit Beseitigung des Eintragungshindernisses, Aufhebung der Zwischenverfügung, Vollzug des Eintragungsantrags usw) ist im Beschwerdeverfahren von Amts wegen zu berücksichtigen.[129] Die Be-

---

[124] BGH 88, 62 (64) = NJW 1983, 2226; KG HRR 1930 Nr 415 und 1932 Nr 269; BayObLG 1969, 278 = MittBayNot 1969, 317 = Rpfleger 1970, 22 mit weit Nachw; OLG Frankfurt Rpfleger 1977, 103; OLG Zweibrücken OLGZ 1975, 405. Der Zurückweisung kann die Grundlage noch dadurch entzogen werden, daß nachträgliche Aufhebung der Zwischenverfügung erreicht und damit das Grundbuchamt genötigt wird, den Antrag erneut zu prüfen.
[125] BayObLG NJW-RR 1988, 980; BayObLG 1992, 131 = NJW-RR 1992, 1369; OLG Frankfurt Rpfleger 1977, 103 und NJW-RR 1997, 209 = Rpfleger 1997, 103; OLG Karlsruhe Justiz 1983, 457. Hat das LG die erste Beschwerde gegen eine Zwischenverfügung des Grundbuchamts als unzulässig verworfen, so ist aber die dagegen gerichtete weitere Beschwerde jedenfalls dann unzulässig, wenn das Grundbuchamt nach ihrer Einlegung den Eintragungsantrag endgültig zurückgewiesen hat (BGH MittBayNot 2002, 393 = NJW 2002, 2461 [2462] = Rpfleger 2002, 559; KG DNotZ 1971, 415 = NJW 1971, 1463). Die weitere Beschwerde mit dem Ziel der Eintragung eines Amtswiderspruchs ist jedoch zulässig, wenn das Grundbuchamt entsprechend dem landgerichtlichen Beschluß dem Eintragungsantrag entsprochen hat (BayObLG JurBüro 1980, 1244 = Rpfleger 1980, 64) sowie dann, wenn das Grundbuchamt einen Eintragungsantrag zurückgewiesen hat, das LG auf erste Beschwerde – verfahrensfehlerhaft – lediglich den Ablehnungsgrund des Grundbuchamts verworfen und dieses daraufhin – nach Prüfung der Voraussetzungen im übrigen – die Eintragung vorgenommen hat. Der Gegenstand der weiteren Beschwerde beschränkt sich in diesem Fall nicht auf den vom LG geprüften – ursprünglichen – Ablehnungsgrund des Grundbuchamts (KG DNotZ 1972, 176 = Rpfleger 1972, 58).
[126] BayObLG 1969, 278 = aaO; KG OLGZ 1965, 93; KG HRR 1930 Nr 415.
[127] Zur Berücksichtigung neuer Tatsachen im Verfahren der weiteren Beschwerde s BGH 35, 135 = FamRZ 1961, 302 (mit Anm Meyer-Stolte FamRZ 1961, 363) = Rpfleger 1961, 233 mit Anm Haegele.
[128] Für den Verfahrensgegenstand, der zur Vorlage geführt hat (zB Rückauflassungsvormerkung); über die Beschwerde für damit verbundene selbständige Verfahrensgegenstände (Eigentumswechsel, Nießbrauchsbestellung) entscheidet das Oberlandesgericht selbst, BGH NJW 2002, 2461 = aaO (Fußn 125).
[129] BayObLG MittBayNot 1990, 355 mit Nachw.

1. Teil. XI. Rechtsbehelfe und Rechtsmittel in Grundbuchsachen

schwerde wird dann unzulässig, wenn sie nicht auf die Kosten beschränkt wird.[130] Zulässig bleibt die Beschwerde ohne Rücksicht auf die Mindestbeschwer des § 20a Abs 2 FGG, wenn sie auf die Kosten beschränkt wird.[131]

9. Befristete Rechtspflegererinnerung

Befristete Erinnerung (2 Wochen, § 22 Abs 1 FGG) gegen eine Entscheidung des Rechtspflegers sieht § 11 Abs 2 RPflG für den Fall vor, daß ein Rechtsmittel nach den allgemeinen verfahrensrechtlichen Vorschriften nicht gegeben, Beschwerde somit nicht zulässig ist. Dieser Erinnerung kann der Rechtspfleger abhelfen; hilft er nicht ab, entscheidet der Richter (§ 11 Abs 2 S 2–4 RPflG). In Grundbuchsachen erlangt diese befristete Rechtspflegererinnerung (nahezu) keine Bedeutung. Gegen eine mit Beschwerde nicht anfechtbare Eintragung, damit auch Löschung (§ 71 Abs 2 S 1 GBO) findet auch befristete Erinnerung nicht statt (§ 11 Abs 3 S 1 RPflG). 519

Die Randnummern 520 und 521 sind entfallen. 520, 521

10. Besonderheit in Baden-Württemberg

Im Land **Baden-Württemberg** führt der Instanzenzug vom Grundbuchamt (Notar im Landesdienst, s Rdn 43, oder Rechtspfleger bei einem Grundbuchamt des badischen Rechtsgebiets) unmittelbar zum Landgericht (§ 143 Abs 1 GBO; § 4 Abs 1, § 5 Abs 1 S 2 bad-württ LFGG). Gegen die Entscheidung des Ratschreibers ist die Erinnerung zulässig; über sie entscheidet, wenn der Ratschreiber nicht abhilft, der Notar; Einzelheiten § 33 bad-württ LFGG. 522

11. Rechtsbehelf gegen Urkundsbeamten-Entscheidung

Eine Entscheidung des Urkundsbeamten der Geschäftsstelle (wegen seiner Zuständigkeit s Rdn 49) und sonstige Maßnahmen dieses Beamten können mit der form- und fristlosen Erinnerung angefochten werden. Entspricht der Urkundsbeamte der Erinnerung nicht, so entscheidet über diese der Grundbuchrichter (§ 12c Abs 4 S 1 GBO, § 4 Abs 2 Nr 3 RPflG). Das gilt auch, wenn Eintragung einer Tatsachenangabe[132] durch den Urkundsbeamten oder Zurückweisung eines Eintragungsantrags (-ersuchens) durch ihn angefochten wird. Beschwerde nach § 71 Abs 1 GBO findet erst gegen die Entscheidung des Grundbuchrichters statt (§ 12c Abs 4 S 2 GBO). 523

---

[130] BayObLG aaO.
[131] BGH MittRhNotK 1983, 70 = NJW 1983, 1672; BGH 86, 393 (395) = DNotZ 1984, 487; BayObLG 1963, 80; BayObLG MittBayNot 1980, 22, 1981, 18 und 1990, 355 je mit weit Nachw; BayObLG 1993, 137 = MittBayNot 1993, 212.
[132] Angenommen wird vielfach, daß gegen eine vom Urkundsbeamten verfügte Eintragung unmittelbar Beschwerde nach § 71 GBO gegeben sei, ohne daß es einer vorherigen Entscheidung des Grundbuchrichters bedürfe (so BayObLG 1976, 106 (109); K/E/H/E Rdn 11 zu § 71). Dem vermögen wir nicht zu folgen (ebenso OLG Oldenburg Rpfleger 1992, 387; Demharter Rdn 10 zu § 71). Die Beschwerde findet erst gegen die Entscheidung des Grundbuchrichters statt (§ 12c Abs 4 S 2 GBO). Es entspricht allgemeinem Grundsatz (zB § 573 ZPO, auch für FGG-Verfahren), daß Einwendungen gegen Entscheidungen, Maßnahmen usw des Urkundsbeamten zunächst richterlich zu überprüfen sind. Für Grundbucheintragungen ergeben sich keine Besonderheiten.

1. Teil. XII. Grundbuch- u. Grundakten-Einsicht, Abschriften- u. Auskunftserteilung

523 a Hat der **Rechtspfleger** ein Geschäft des Urkundsbeamten wahrgenommen, so wird die Wirksamkeit dieses Geschäfts hierdurch nicht berührt (§ 8 Abs 5 RPflG). Gegen die Entscheidung des Rechtspflegers findet dann die nach allgemeinen verfahrensrechtlichen Vorschriften zulässige Beschwerde statt[133] (§ 71 GBO, § 11 Abs 1 RPflG), wenn eine solche nicht gegeben ist befristete Rechtspflegererinnerung nach § 11 Abs 2 RPflG. Das muß auch gelten, wenn ein Beamter des gehobenen Dienstes entschieden (zB Grundbucheinsicht abgelehnt) und nicht erkennbar gemacht hat, ob er als Rechtspfleger oder als Urkundsbeamter (§ 27 Abs 1 RPflG) gehandelt hat;[134] die Maßnahme ist dann dem Rechtspfleger als für die Führung des Grundbuchs zuständige Person (Rdn 44) in seinem Aufgabenbereich zuzuordnen, nicht aber als (dem Rechtspfleger nicht übertragene) Urkundsbeamtentätigkeit vorgenommen.

Hat der **Richter** in einer Angelegenheit entschieden, die Geschäftsaufgabe des Urkundsbeamten ist (zB Grundbucheinsicht abgelehnt), findet Beschwerde statt[135] (§ 71 Abs. 1 GBO).

XII. Grundbuch- und Grundakten-Einsicht, Abschriften- und Auskunftserteilung

A. Einsicht in Grundbuch und Grundakten (§§ 12–12 b GBO)

1. Zulässigkeit der Einsicht

Literatur: Böhringer, Informationelles Selbstbestimmungsrecht kontra Publizitätsprinzip bei § 12 GBO, Rpfleger 1987, 181; Böhringer, Der Einfluß des informationellen Selbstbestimmungsrechts auf das Grundbuchverfahrensrecht, Rpfleger 1989, 309; Böhringer, Grundbucheinsicht – quo vadis?, Rpfleger 2001, 331; Flik, Zur Frage der Einsichtnahme in das Grundbuch und in die Grundakten, BWNotZ 1985, 54; Franz, Ist das Interesse am Grundstückskauf ein berechtigtes Interesse zur Einsicht des Grundbuchs?, NJW 1999, 406; Frohn, Akten- und Registereinsicht (Abschn 4: Die Einsicht in das Grundbuch und die Grundakten) RpflJB 1982, 343; Grziwotz, Grundbucheinsicht, allgemeines Persönlichkeitsrecht und rechtliches Gehör, MittBayNot 1995, 97; Lüke, Registereinsicht und Datenschutz, NJW 1983, 1407; Melchers, Das Recht auf Grundbucheinsicht, Rpfleger 1993, 309; Pardey, Informationelles Selbstbestimmungsrecht und Akteneinsicht, NJW 1979, 1647; Pfeilschifter, Grundbucheinsichtsrecht und Gutglaubensschutz für Mieter und Mietinteressenten, WuM 1986, 372; Schreiner, Das Recht auf Einsicht in das Grundbuch, Rpfleger 1980, 51.

---

[133] BayObLG Rpfleger 1997, 101 (Eintragung des Zwangsversteigerungsvermerks); BayObLG 1982, 29 (30); KG Rpfleger 1972, 54 und 1998, 65; K/E/H/E Rdn 10; Meikel/Streck Rdn 14, je zu § 71; aA OLG Hamm Rpfleger 1989, 319; Bauer/vOefele/Budde Rdn 12 zu § 71.
[134] Nach OLG Frankfurt NJW-RR 1997, 910 = Rpfleger 1997, 205 (mit teilweise überholter Begründung) kann dann das Landgericht in der Sache entscheiden, sofern dies entsprechend § 538 Abs 1 ZPO sachdienlich erscheint. So auch K/E/H/E Rdn 10; Meikel/Streck Rdn 14, je zu §§ 71.
[135] BayObLG MittRhNotK 1999, 110 = Rpfleger 1999, 216.

A. Einsicht in Grundbuch und Grundakten

a) Die Einsicht seines Grundbuchs ist dem **Eigentümer** (Wohnungseigentümer, Gebäudeeigentümer, Erbbauberechtigten) gestattet. Einsicht durch einen Dritten ist zulässig, wenn die für den Einzelfall erklärte Zustimmung des eingetragenen Eigentümers dargelegt (nachgewiesen) wird (§ 43 Abs 2 S 2 GBV).

524

b) Sonst ist die **Einsicht** des Grundbuchs jedem gestattet, der ein **berechtigtes Interesse** darlegt (§ 12 Abs 1 GBO).[1] Diese Eingrenzung des Einsichtsrechts ist verfassungsrechtlich unbedenklich.[2] Sie dient dem Persönlichkeitsschutz des Eingetragenen.[3] Einsicht ist bei berechtigtem Interesse auch in die Urkunden zu gestatten, auf die bei einer Eintragung Bezug genommen wird, sowie in die noch nicht erledigten Eintragungsanträge (§ 12 Abs 2 S 1 GBO). Bei berechtigtem Interesse[4] ist auch die Einsicht anderer zu den Grundakten genommener Urkunden statthaft (§ 46 Abs 1 GBV, § 142 GBO). Ermöglicht ist Grundbucheinsicht damit wegen einer zu erwartenden Teilnahme am Rechtsverkehr im Zusammenhang mit im Grundbuch dokumentierten Rechtsverhältnissen.[5] Diese Offenlegung des Grundbuchs zur Einsicht durch die am Rechtsverkehr Teilnehmenden ist notwendige Folge der mit Grundbucheintragungen verbundenen materiell-rechtlichen Vermutungs- und Gutglaubensschutzwirkungen (§§ 891–893 BGB).[6] Einsicht in die noch nicht erledigten Eintragungsanträge ist für die vollständige Kenntnis der Rechtsverhältnisse am Grundstück wegen der für die Antragserledigung nach dem Eingangszeitpunkt vorgeschriebenen Reihenfolge (§ 17 GBO) ermöglicht.[7] Das

524a

---

[1] Datenschutzrecht hat keine unmittelbare Auswirkung auf die Auslegung des § 12 GBO, schränkt insbesondere das Einsichtsrecht nicht ein; dazu Lüke NJW 1983, 1407 sowie Lüke und Dutt Rpfleger 1984, 253; Melchers Rpfleger 1993, 309 (310); auch BayObLG 1990, 127 (129) = Rpfleger 1992, 513; OLG Hamm DNotZ 1989, 376 mit abl Anm Eickmann = NJW 1988, 2482 = Rpfleger 1988, 473. Anspruch auf Bereinigung seines Grundbuchblatts durch „Umschreibung" (damit „kreditschädigende" Eintragungen nicht mehr erkennbar sind) hat der Eigentümer (idR) nicht, s Rdn 613a.

[2] BVerfG 64, 229 (238) = BGBl 1983 I 1097 = NJW 1983, 2811 = Rpfleger 1983, 388 mit Anm Schmid; BVerfG MDR 2001, 146 mit Anm Wollweber = NJW 2001, 503 = Rpfleger 2001, 15.

[3] BVerfG NJW 2001, 503 (504) = aaO.

[4] Das sich nicht notwendig auf die Kenntnis der eingetragenen Rechtsverhältnisse (und des Inhalts der in Bezug genommenen Urkunden) beziehen muß. Daher bei berechtigtem Interesse (Nachweis der Verfügungsbefugnis gegenüber der Bank) auch Einsicht in den Kaufvertrag durch einen Dritten (Ehefrau des Veräußerers), auf dessen Konto (weisungsgemäß) der Kaufpreis (unter Nennung des Veräußerers als Berechtigter) überwiesen ist. OLG Stuttgart BWNotZ 1998, 145 mit krit Anm Henzler (der jedoch § 142 GBO mit § 46 Abs 1 GBV nicht würdigt).

[5] BVerfG NJW 2001, 503 (504 reSp) = Rpfleger 2001, 15 (16).

[6] BGH 80, 126 = DNotZ 1982, 240 = JZ 1981, 373 mit Anm Schubert = NJW 1981, 1563 = Rpfleger 1981, 287; BayObLG BWNotZ 1991, 144. Dazu auch BVerwG BWNotZ 1981, 22 mit Anm v Gärtner: „... Zielrichtung des § 12 GBO geht gerade auf Publizität und nicht auf irgend einen Geheimschutz." Wie BVerwG auch OLG Düsseldorf MittRhNotK 1987, 104 = NJW 1987, 1651 = Rpfleger 1987, 199; OLG Hamm DNotZ 1986, 497 mit Anm Eickmann = OLGZ 1986, 148 = Rpfleger 1986, 128; kritisch dazu Melchers Rpfleger 1993, 309 (312).

[7] Motive zur GBO, Amtliche Ausgabe, 1889, Seite 45; Denkschrift zur GBO, 1897, Seite 152.

schließt das Recht ein, auch die noch nicht zu den Grundakten genommenen Eintragungsanträge[8] einzusehen.[9] Bei Grundbuchämtern, insbesondere bei größeren und zentralen Ämtern, müssen die organisatorischen Voraussetzungen für Erfüllung des ungeschmälerten Einsichtsrechts geschaffen werden und Vorrang vor Rationalisierungs- oder Zentralisierungsbestrebungen erhalten. Schwierigkeiten im Geschäftsablauf großer Behörden können nicht dazu führen,[10] mit Schmälerung des Einsichtsrechts elementare Interessen der am Rechtsverkehr Teilnehmenden einzuschränken und zu verletzen.

525 c) Ein **berechtigtes Interesse** für Einsicht des Grundbuchs einer Privatperson, Handelsgesellschaft und auch juristischen Person[11] hat der Antragsteller, der ein verständiges, durch die Sachlage gerechtfertigtes Interesse verfolgt.[12] Es braucht sich – im Gegensatz zum rechtlichen Interesse – nicht auf ein bereits vorhandenes Recht oder konkretes Rechtsverhältnis[13] stützen. Auch ein bloß tatsächliches, insbesondere wirtschaftliches Interesse kann genügen.[14] Die Beschränkung der Einsichtsbefugnis auf Fälle des berechtigten Interesses dient dem Persönlichkeitsschutz des Eingetragenen;[15] sie soll mißbräuchliche Einsichtnahmen verhindern, durch die das schutzwürdige Interesse Eingetragener

---

[8] Wer ein Grundstücksgeschäft vornehmen und sich vorher durch Einsicht des Grundbuchs über die Rechtsverhältnisse an dem fraglichen Grundstück oder Grundstücksrecht unterrichten will, darf es nicht unterlassen, auch die sich darauf beziehenden beim Grundbuchamt liegenden **noch unerledigten Eintragungsanträge** anzusehen. Denn die Eintragungsanträge müssen vom Grundbuchamt in der Reihenfolge ihres Eingangs erledigt werden, was nicht nur für den Rang des Rechts wichtig sein kann, sondern auch insofern, als ein später eingegangener Eintragungsantrag unter Umständen überhaupt nicht mehr zur Erledigung kommen kann. Ein Antrag auf Eintragung einer Hypothek kann zB nicht mehr vollzogen werden, wenn auf Grund einer beim Grundbuchamt früher eingegangenen Auflassung das Grundstück zunächst auf den neuen Eigentümer übertragen wird.
[9] So auch Bauer/vOefele/Maaß Rdn 61 zu § 12. Nicht richtig K/E/H/E Rdn 7 zu § 12; auch Schreiner Rpfleger 1980, 51 (53) und Frohn RpflJB 1982, 343 (371).
[10] Wie K/E/H/E aaO (Fußn 9) folgern; übereinstimmend mit diesen auch Meikel-Böttcher Rdn 68 zu § 12.
[11] BVerfG NJW 2001, 503 (505) = aaO.
[12] BayObLG BWNotZ 1983, 90 = JurBüro 1983, 1384; BayObLG BWNotZ 1991, 144; BayObLG MittBayNot 1991, 171; BayObLG MittBayNot 1993, 210 = NJW 1993, 1142; BayObLG NJW-RR 1998, 1241 und DNotZ 1999, 739 = je aaO (Fußn 13); OLG Karlsruhe Justiz 1964, 43; OLG Stuttgart Justiz 1970, 92 = Rpfleger 1970, 92; OLG Hamm OLGZ 1971, 232 = NJW 1971, 899 = Rpfleger 1971, 107; OLG Hamm NJW 1988, 2482 = aaO (Fußn 1); Lüke NJW 1983, 1407; Meikel/Böttcher Rdn 3 zu § 12; auch Melchers Rpfleger 1993, 309 (310).
[13] BayObLG NJW-RR 1998, 1241 = Rpfleger 1998, 338; BayObLG DNotZ 1999, 739 = Rpfleger 1999, 216.
[14] BayObLG NJW-RR 1998, 1241 und DNotZ 1999, 739 = je aaO; KG Rpfleger 2001, 539 (540). Ein „wirtschaftliches" Interesse hat LG Kempten NJW 1989, 2825 zur Einsicht des Grundbuchs, in dem Grundstücke einer Aktiengesellschaft verzeichnet sind, durch einen Aktionär genügen lassen; das kann so allgemein nicht angenommen werden; das berechtigte (wirtschaftliche) Interesse muß im Einzelfall durch Tatsachenvortrag dargetan sein.
[15] BVerfG NJW 2001, 503 (504) = aaO.

A. Einsicht in Grundbuch und Grundakten

daran verletzt werden könnte, Unbefugten keinen Einblick in ihre Vermögensverhältnisse zu ermöglichen.[16]
Ein berechtigtes Interesse hat jeder **Berechtigte eines** eingetragenen oder nicht eingetragenen (zB als Pfändungsgläubiger) **Rechts** am Grundstück oder an einem Grundstücksrecht, ebenso derjenige, dem ein Anspruch auf Übertragung des Eigentums oder Einräumung eines sonstigen Rechts am Grundstück zusteht, auch wenn zur Sicherung dieses Anspruchs keine Vormerkung eingetragen ist.[17] Kein berechtigtes Interesse an der Grundbucheinsicht besteht für einen Interessenten, der den Namen des Grundstückseigentümers erfahren will, um mit ihm wegen eines eventuellen Verkaufs des Grundstücks Verbindung aufzunehmen.[18] Aber auch für denjenigen, der über den Erwerb des Grundstücks oder eines Rechts an dem Grundstück mit dem Berechtigten bereits verhandelt, wird angesichts des schutzwürdigen Interesses Eingetragener ein berechtigtes Interesse an Grundbucheinsicht nicht (oder doch nur in ganz besonderen Ausnahmefällen) bejaht werden können, zumal den Belangen von Kauf- und Erwerbsinteressen durch Grundbucheinsicht mit Vollmacht des Verkäufers (Veräußerers) in der Praxis umfassend Rechnung getragen werden kann.[19] Dies hat zur Wahrung schutzwürdiger Belange Eingetragener auch für denjenigen zu gelten, welcher mit dem Eigentümer des Grundstücks einen Werkvertrag abschließen will, der nach § 648 BGB den Anspruch auf Bestellung einer Sicherungshypothek gewährt.[20]
Auch ein vom Eigentümer beauftragter **Immobilienmakler** kann nur mit dessen Vollmacht Einsicht in das Grundbuch nehmen.[21] Für ihn ist ein berechtigtes eigenes Interesse an Einsicht des Grundbuchs und/oder der Grundakten aber dann zu bejahen, wenn er feststellen will, ob ein von ihm vermittelter Kaufvertrag[22] zur Eigentumseintragung geführt hat[23] oder wenn er auf ande-

---

[16] BayObLG MDR 1980, 64 = Rpfleger 1979, 424 und 1980, 290 Leits mit Anm Schmid; BayObLG BWNotZ 1991, 114; BayObLG MittBayNot 1991, 171 (172); BayObLG NJW-RR 1998, 1241 und DNotZ 1999, 739 = je aaO (Fußn 13); OLG Karlsruhe Rpfleger 1996, 334.
[17] LG Berlin Rpfleger 1981, 481.
[18] BayObLG JurBüro 1984, 1081 = Rpfleger 1984, 351; aA (unrichtig) Franz NJW 1999, 406.
[19] Einsichtnahme bejaht von BayObLG BWNotZ 1991, 144 = (mitget) Rpfleger 1991, 354 (dem Kaufinteressenten steht grundsätzlich das Recht zur Einsicht des Grundbuchs zu, wenn er darlegt, daß er bereits in Kaufverhandlungen eingetreten ist [wenn konkrete Anhaltspunkte dafür vorliegen, daß der Eigentümer zum Verkauf bereit ist]); außerdem von Schreiner Rpfleger 1980, 51; LG Stuttgart BWNotZ 1982, 94; Meikel/Böttcher Rdn 27 zu § 12; enger jedoch K/E/H/E Rdn 6 zu § 12; offen gelassen von BayObLG Rpfleger 1984, 351 = aaO.
[20] Ähnlich Meikel/Böttcher Rdn 15 zu § 12; K/E/H/E Rdn 6 „Bauhandwerker" zu § 12: vor Vertragsabschluß kein Einsichtsrecht; anders Denkschrift zur GBO, 1897, Seite 152; auch Bauer/vOefele/Maß Rdn 31 zu § 12.
[21] BayObLG BWNotZ 1983, 89 = Rpfleger 1983, 272; Melchers Rpfleger 1993, 309 (314 und 316).
[22] Hat der Nachweismakler nur mit Kaufinteressenten (nicht aber mit dem Verkäufer) eine Provisionsvereinbarung getroffen, steht ihm über die Auskunft des Grundbuchamts hinaus, daß der Grundstückserwerber auf der vom Makler vorgelegten Nachweisliste nicht aufgeführt ist, kein weiteres Einsichtsrecht zu, OLG Karlsruhe NJW-RR 1996, 1043 = Rpfleger 1996, 334 und 1997, 372 mit krit Anm Frey.

re Weise den für die Berechnung der ihm zustehenden Provision maßgebenden Kaufpreis nicht erfahren kann.[24]

Gläubiger des Eigentümers oder eines eingetragenen Berechtigten haben ein Recht auf Einsicht ohne Rücksicht darauf, ob sie für ihren Anspruch bereits einen Vollstreckungstitel erstritten haben oder nicht.[25] Darlegung eines dem Grundstückseigentümer gewährten Darlehens jedenfalls in Höhe von über 750 Euro (im Einzelfall uU auch weniger) genügt daher für die Gewährung der Grundbucheinsicht.[26] Auch wer die Einräumung eines Kredits erst beabsichtigt, kann sich durch die Grundbucheinsicht über den Umfang zu gewährender Sicherheiten vergewissern, wenn er die Kreditverhandlungen darlegt.[27]

Ein **Wohnungseigentümer** kann ein berechtigtes Interesse daran haben, die für die (alle) übrigen Miteigentumsanteile angelegten Grundbuchblätter einzusehen,[28] ein **Mieter**[29] und auch ein (ernsthafter) Mietinteressent kann ein sachliches, somit berechtigtes Interesse an der Einsicht des Grundbuchblatts des Vermieters haben.[30]

Für einen geschiedenen **Ehegatten** kann ein Zugewinnanspruch ein berechtigtes Interesse an der Grundbucheinsicht (Einsicht in Kaufverträge bei den Grundakten) begründen.[31] Der durch Erbvertrag Bedachte, dem auf den Tod des Vertragspartners ein Recht zur Übernahme des landwirtschaftlichen Betriebs, so wie er zur Zeit des Erbfalls im Grundbuch eingetragen ist, eingeräumt ist, hat bereits vor dem Erbfall ein berechtigtes Interesse an der Ein-

---

[23] OLG Stuttgart Justiz 1983, 80 = Rpfleger 1983, 272 (berechtigtes Interesse auch an Grundbuchabschrift ohne Abt II und III); LG Köln NJW-RR 1999, 455 = Rpfleger 1998, 70 (Einsicht in Abt I); dagegen Melchers Rpfleger 1993, 309 (316); anders, wenn Auftrag durch einen vollmachtlosen Vertreter erteilt war, s LG Ellwangen BWNotZ 1983, 41.

[24] OLG Karlsruhe Justiz 1964, 43; offen gelassen von BayObLG MDR 1983, 678 = aaO, das noch Hinweise auf unveröffentlichte Entscheidung gibt.

[25] OLG Zweibrücken NJW 1989, 531 (Einsicht des Geschädigten insoweit, als er Zugriffsmöglichkeiten gegen Schädiger überprüfen will).

[26] BayObLG BB 1975, 1041 = Rpfleger 1975, 361; aA LG Offenburg BWNotZ 1996, 126 = Rpfleger 1996, 342; auch Bauer/v Oefele/Maß Rdn 39 zu § 12.

[27] K/E/H/E Rdn 6 „Gläubiger" zu § 12; Frohn RpflJB 1982, 343 (372).

[28] Weitergehend OLG Düsseldorf MittRhNotK 1987, 104 = NJW 1987, 1651 = Rpfleger 1987, 199: „… hat grundsätzlich ein berechtigtes Interesse daran, die die übrigen Mitglieder betreffenden grundbuchlichen Vorgänge einzusehen"; ist zu allgemein und jedenfalls für Einsicht der Eintragungen in Abt III nicht sachgerecht; allein aus den Beziehungen, die mit der Gemeinschaft der Wohnungseigentümer begründet sind (§§ 10ff WEG), folgt noch kein verständiges Interesse für Einsicht eines anderen (selbständigen) Grundbuchblatts; ähnlich Melchers Rpfleger 1993, 309 (312).

[29] BayObLG MittBayNot 1993, 210 = NJW 1993, 1142 (aber ohne konkreten Sachvortrag kein Interesse an der Kenntnis der Eintragungen in Abt III des Mietgrundstücks).

[30] OLG Hamm DNotZ 1986, 497 = aaO (Fußn 6): „Sowohl für die Entschließung über eine Anmietung als auch für weitere Dispositionen nach der Anmietung … kann die Kenntnis vom Grundbuchinhalt von Bedeutung sein", so daß (die damit aus sachlichen Gründen begehrte Einsicht) zu gewähren ist. So auch BayObLG NJW 1993, 210. Dem folgend Meikel/Böttcher Rdn 40 zu § 12. LG Mannheim NJW 1992, 2492 = Rpfleger 1992, 246: Einsicht in Bestandsverzeichnis und Abt I zur Verteidigung in einem Räumprozeß wegen Eigenbedarfs.

[31] LG Stuttgart BWNotZ 1996, 43 = NJW-RR 1996, 532.

A. Einsicht in Grundbuch und Grundakten

sicht.[32] Ein möglicher künftiger Ausgleichs-, Pflichtteils- oder Pflichtteilsergänzungsanspruch kann Grundbucheinsicht jedoch nicht rechtfertigen,[33] ebenso nicht im Hinblick auf mögliche Unterhaltsansprüche und Ansprüche des Sozialhilfeträgers die Besorgnis, ein hochbetagter, im Pflegeheim lebender Elternteil könne sein gesamtes Immobiliarvermögen veräußert haben.[34] Allein mit persönlichen Motiven, etwa dem gedeihlichen Zusammenleben innerhalb einer Familie, kann ein berechtigtes Interesse nicht dargetan werden.[35]
Auch ein **öffentliches Interesse** kann zur Grundbucheinsicht berechtigen.[36] Jedoch muß derjenige, der die Grundbucheinsicht verlangt, darlegen, daß er befugt ist, das öffentliche Interesse wahrzunehmen.[37]
Für eine Auskunftei wird ein eigenes Interesse an Grundbucheinsicht verneint.[38] Zu verweigern ist die Einsicht, wenn sie lediglich aus Neugier oder zu unbefugten Zwecken erfolgen soll.[39]

d) Sein berechtigtes Interesse hat der Antragsteller dem Grundbuchamt **darzulegen**. Das erfordert Vortrag von Tatsachen, die dem Grundbuchamt überzeugenden Anhalt für die Richtigkeit des Vorbringens geben.[40] Bloße Behauptungen genügen nicht;[41] der Tatsachenvortrag muß über die bloße Behauptung eines Interesses hinausgehen. Allein die Erklärung einer Großbank, sie gewähre Kredit, ist unsubstantiiert; dem Grundbuchamt ermöglicht sie die Beurteilung, ob im konkreten Fall ein berechtigtes Interesse besteht, nicht.[42] Vorzutragen sind Tatsachen, die einen gewissen Grad von Wahrscheinlichkeit in sich tragen, so daß sich das Grundbuchamt eine Meinung darüber bilden kann, ob sie das geltend gemachte Interesse als berechtigt ausweisen.[42] Für ausreichend angesehen wurde Erklärung einer Bank, daß sie Inhaberin der an sie abgetretenen Eigentümergrundschuld außerhalb des Grundbuchs geworden ist,[43] sowie Darlegung eines Kreditinstituts, daß es mit dem Grund-

526

---

[32] OLG Stuttgart Justiz 1970, 92 = Rpfleger 1970, 92; kritisch dazu Melchers Rpfleger 1993, 309 (316).
[33] BayObLG NJW-RR 1998, 1241 = aaO (Fußn 14); OLG Düsseldorf NJW-RR 1997, 720 = Rpfleger 1997, 258; Böhringer Rpfleger 1984, 181 (Anmerkung) zutr gegen LG Ellwangen daselbst = BWNotZ 1984, 124; ablehnend zu LG Ellwangen auch Flik BWNotZ 1985, 54; Melchers Rpfleger 1993, 309 (316); Meikel/Böttcher Rdn 44 zu § 12.
[34] Anders LG Stuttgart BWNotZ 1998, 147 = Rpfleger 1998, 339.
[35] BayObLG NJW-RR 1998, 1241 = aaO (Fußn 14).
[36] Gegen Grundbucheinsicht aus öffentlich motiviertem Interesse Melchers Rpfleger 1993, 309 (313).
[37] OLG Hamm OLGZ 1971, 232 = aaO (Fußn 12; keine Einsicht des Bürgers einer Stadt in das Grundbuch eines städtischen gemeinnützigen Wohnungsunternehmens); LG Freiburg BWNotZ 1982, 65 (kein Einsichtsrecht eines einzelnen Gemeinderats).
[38] BayObLG Rpfleger 1973, 272 = aaO mit Nachw.
[39] KGJ 20 A 173; OLG München HRR 1927 Nr 739; dazu auch OLG Hamm DNotZ 1986, 497 = aaO (Fußn 6) und OLG Hamm NJW 1988, 2482 = aaO (Fußn 1).
[40] LG Stuttgart BWNotZ 1981, 174; Schreiner Rpfleger 1980, 51 (52).
[41] BayObLG Rpfleger 1983, 272 = aaO; LG Offenburg Rpfleger 1996, 342; Melchers Rpfleger 1993, 309 (314).
[42] LG Stuttgart aaO (Fußn 40); LG Heilbronn BWNotZ 1982, 150 = Justiz 1982, 372 = Rpfleger 1982, 414.
[43] LG Berlin Rpfleger 1981, 482.

1. Teil. XII. Grundbuch- u. Grundakten-Einsicht, Abschriften- u. Auskunftserteilung

stückseigentümer in Geschäftsverbindung steht und daraus einen Anspruch auf Einräumung des dinglichen Rechts besitzt.[44] Glaubhaftmachung (§ 34 Abs 1 FGG; § 294 ZPO) ist nicht vorgesehen. Bei begründeten Bedenken kann aber Vorlage von Unterlagen, ggfs auch Glaubhaftmachung und sogar Beweis verlangt werden.[45] Der bloße Verdacht, beim Kauf eines durch Teilung entstandenen Grundstücks betrogen worden zu sein, weist ein berechtigtes Interesse für Einsicht in die Grundbücher der Nachbargrundstücke nicht aus.[46] Kein berechtigtes Interesse für Einsicht in eine Vielzahl von Grundakten begründet der Verdacht, vor Jahrzehnten bei der Vergabe eines Erbbaurechts übervorteilt worden zu sein.[47]

526a Ein Recht auf Grundbucheinsicht kann auch der **Presse** zur Wahrnehmung öffentlicher Interessen zustehen.[48] Auch deren Einsichtsrecht für publizistische Zwecke gebietet ein berechtigtes Interesse,[49] das infolge des Grundrechts der Pressefreiheit (Art 5 Abs 1 S 2 GG) mit Darlegung eines konkreten Informationsinteresse hinreichend belegt ist.[50] Zu prüfen hat das Grundbuchamt damit, ob das von der Presse dargelegte Informationsinteresse besteht (das ermöglicht keine eigene Bewertung durch das Grundbuchamt) und ob die Einsichtnahme geeignet ist, dem Informationsanliegen Rechnung zu tragen.[51] Dafür wird es darauf ankommen, ob es sich um eine Angelegenheit und Fragen handelt, die die Öffentlichkeit wesentlich angehen und die Recherche der Aufbereitung einer ernsthaften und sachbezogenen Auseinandersetzung dienen soll;[52] daß lediglich private Angelegenheiten, die nur die Neugierde befriedigen werden, ausgebreitet werden sollen, kann demgegenüber nicht genügen.[53]

527 e) **Notare** (damit ebenso eine ausgewiesene beauftragte Person, der sich der Notar für die Grundbucheinsicht bedient) sowie Rechtsanwälte, die im nachgewiesenen Auftrag eines Notars das Grundbuchamt einsehen wol-

---

[44] LG Berlin Rpfleger 1981, 481; LG Heilbronn BWNotZ 1982, 150 = aaO (Fußn 42) (Eröffnung eines Girokontos und Kreditverhandlungen).
[45] BayObLG Rpfleger 1983, 272 = aaO; LG Stuttgart BWNotZ 2002, 68.
[46] BayObLG MittBayNot 1991, 171 = (mitget) Rpfleger 1991, 354.
[47] BayObLG DNotZ 1999, 739 = aaO (Fußn 13).
[48] BVerfG NJW 2001, 503 (504) = aaO (Fußn 2); auch OLG Düsseldorf NJW-RR 1992, 695 = Rpfleger 1992, 18 (dieses zur Ausgestaltung des Einsichtsrechts aber durch BVerfG überholt); OLG Hamm NJW 1988, 2482 = aaO (Fußn 1: Kaufhausfirma nach Anmeldung des Konkurses, von dem 340 Arbeitsplätze betroffen waren; es war Veräußerung an eine ausländische Briefkastenfirma vorgebracht); LG Frankfurt Rpfleger 1978, 316; LG Mosbach BWNotZ 1990, 46 = NJW-RR 1990, 212 = Rpfleger 1990, 60 (Recherchen eines Journalisten über Unregelmäßigkeiten bei Grundstückserwerb eines Kommunalpolitikers).
[49] BVerfG NJW 2001, 503 (505) = aaO (Fußn 2).
[50] BVerfG aaO (Fußn 2) mit Einzelheiten.
[51] BVerfG NJW 2001, 503 (505, 506) = aaO (Fußn 2) mit Einzelheiten.
[52] BVerfG NJW 2001, 503 (506) = aaO (Fußn 2).
[53] Hierzu auch KG Rpfleger 2001, 539: Keine Grundbucheinsicht, wenn es lediglich um unterhaltende Berichterstattung und Befriedigung der Neugier der Öffentlichkeit dahin geht, etwas über die finanzielle Gesamtsituation der Eigentümerin (Ehegattin eines bekannten Schauspielers und Unterhaltungskünstlers) und ihrer Familie zu erfahren.

len,⁵⁴ weiter öffentlich bestellte Vermessungsingenieure und dinglich Berechtigte hinsichtlich des belasteten Grundstücks, außerdem Beauftragte inländischer öffentlicher **Behörden** sind befugt, das Grundbuch einzusehen und eine Abschrift zu verlangen, ohne daß es der Darlegung eines berechtigten Interesses bedarf (§ 43 GBV). Das für Grundbucheinsicht erforderliche berechtigte Interesse (§ 12 Abs 1 GBO) folgt für Notare und Behörden bereits aus deren Tätigkeit in Ausübung der Amtspflichten (Notarpflicht zur Unterrichtung über Grundbuchinhalt: § 21 BeurkG); Befreiung gewährt § 43 GBV daher von der Darlegung dieses Interesses im Einzelfall zur Erleichterung und Vereinfachung des Verfahrens bei Einsichtnahme. Wenn das Grundbuchamt im Einzelfall sicher weiß, daß (ausnahmsweise) ein berechtigtes Interesse (zB einer Behörde) doch nicht vorliegt, ist Einsicht des Grundbuchs (mithin insbesondere auch Erteilung einer Abschrift) auch durch § 43 GBV nicht gestattet.⁵⁵ Kreditinstitute, auch öffentlich-rechtliche Sparkassen,⁵⁶ sind von der Darlegung eines berechtigten Interesses nicht befreit.

f) Über das Verlangen auf Grundbucheinsicht hat das Grundbuchamt nach Prüfung des berechtigten Interesses (entfällt im Falle des § 43 GBV) zu **entscheiden**.⁵⁷ Anhörung des Grundstückseigentümers oder sonstiger aus dem Grundbuch ersichtlicher dinglicher Berechtigter ist weder vorgesehen noch geboten.⁵⁸ Auch bei Grundbucheinsicht durch die Presse besteht ein Anhörungsrecht des Eigentümers nicht.⁵⁹ Einsichtgewährung ohne vorherige Anhörung verletzt auch nicht Art 103 Abs 1 GG. Dem Grundstückseigentümer und den sonstigen am Grundstück dinglich Berechtigten steht gegen die Gewährung der Grundbucheinsicht kein Beschwerderecht zu.⁶⁰

528

g) Das Recht auf Einsicht besteht so weit, wie ein berechtigtes Interesse dargelegt ist. UU können Eintragungen in einzelnen Abteilungen von der Grund-

529

---

⁵⁴ Der Rechtsanwalt, der für seinen Mandanten tätig wird und dessen Einsichtsrecht ausübt, hat wie dieser ein berechtigtes Interesse darzutun, BayObLG JurBüro 1984, 1081 = Rpfleger 1984, 351.
⁵⁵ LG Bonn Rpfleger 1993, 333 (keine Einsicht, wenn sie für Zwangsvollstreckung in das Grundstück erfolgen soll, der Schuldner jedoch nicht Eigentümer des Grundstücks ist).
⁵⁶ BVerfG 64, 229 = aaO (Fußn 2) in Abweichung von BayObLG Betrieb 1980, 157.
⁵⁷ Hat über den Antrag auf Grundbucheinsicht nicht der an sich zuständige Urkundsbeamte, sondern sofort der Grundbuchrichter entschieden, so nötigt das nicht zur Aufhebung der Entscheidung (OLG Hamm OLGZ 1971, 232 = aaO, Fußn 12), auch LG Bonn Rpfleger 1993, 333.
⁵⁸ BVerfG NJW 2001, 503 = aaO (Fußn 2); BGH 80, 126 = aaO (Fußn 6); Grziwotz MittBayNot 1995, 97 (102); aA BayObLG MittBayNot 1993, 210 = NJW 1993, 1142: Dem Grundbuchamt ist es nicht verwehrt, dem Eigentümer Gelegenheit zu geben, sich zum Einsichtsbegehren zu äußern.
⁵⁹ BVerfG NJW 2001, 503 = aaO (Fußn 2); anders vordem OLG Düsseldorf NJW-RR 1992, 695 = Rpfleger 1992, 18 und OLG Hamm NJW 1988, 2483 = aaO (Fußn 1), durch BVerfG überholt.
⁶⁰ BGH 80, 126 = aaO (Fußn 6); OLG Braunschweig OLG 29, 392; OLG Karlsruhe KGJ 48, 252; OLG Stuttgart BWNotZ 1957, 197 und Justiz 1992, 107 = Rpfleger 1992, 247; Grziwotz MittBayNot 1995, 97 (102); anders OLG Karlsruhe (Vorlagebeschluß, mitgeteilt) Rpfleger 1981, 178; Melchers Rpfleger 1993, 309 (313 f und 317).

1. Teil. XII. Grundbuch- u. Grundakten-Einsicht, Abschriften- u. Auskunftserteilung

bucheinsicht ausgenommen sein[61] (daher keine Einsicht in Abteilung III, wenn nur Interesse am Inhalt, nicht aber auch am Rang einer Dienstbarkeit besteht). Bei gemeinschaftlichem Grundbuchblatt (§ 4 Abs 1 GBO) kann die Einsicht auf die Eintragungen für nur eines (oder für nur einige) der Grundstücke beschränkt, weitergehende Einsicht in das gesamte Grundbuchblatt somit ausgeschlossen sein.[62] Durch schutzwürdige Eigentümerinteressen kann insbesondere dem Recht auf Einsicht der Grundakten Grenzen gesetzt sein.[63]

530 h) Eingesehen werden kann **persönlich** oder durch einen **Bevollmächtigten**.[64] Nachweis der Vollmacht kann, muß aber nicht verlangt werden. Gebühren werden für die Grundbucheinsicht nicht erhoben (§ 74 KostO).

531 i) Grundbucheinsicht in das maschinell geführte Grundbuch: Rdn 84 e.

532 k) Das **Eigentümerverzeichnis** (§ 12 a Abs 1 GBO; § 21 Abs 8 AktO; Rdn 73) gehört nicht zum Grundbuch; es ist Schriftgut der Justizverwaltung. Das Recht auf Grundbucheinsicht (§ 12 Abs 1 GBO) erstreckt sich daher nicht auf das Eigentümerverzeichnis.[65] Aus einem öffentlich zugänglich gemachten Eigentümerverzeichnis ist jedoch Auskunft zu erteilen (Rdn 72 a). Gewährung von Einsicht in das öffentlich nicht zugänglich gemachte Eigentümerverzeichnis ist Angelegenheit der Justizverwaltung. Zuständig hierfür ist der Vorstand des Amtsgerichts oder sein Vertreter (das kann nach der Geschäftsverteilung auch der Urkundsbeamte des Grundbuchamts sein).[66] Notaren[67] (damit ebenso ausgewiesenen beauftragten Personen), inländischen Gerichten und Behörden ermöglicht § 12 a Abs 1 S 5 GBO die Einsicht in das Eigentümerverzeichnis (kein Ermessen des Grundbuchamts). Diese Einsichtnahme ist aus Gründen des Datenschutzes jedoch auf die Bekanntgabe der Angaben beschränkt, die zur Bearbeitung des jeweils konkreten Falles benötigt werden.[68] Übermittlung von Daten aus dem Eigentümerverzeichnis an Kreditinstitute (auch Sparkassen) und damit Einsicht durch diese ist hingegen durch § 11 BDSG (Datenübermittlung) ausgeschlossen.[68]

533 l) Soweit Einsicht gestattet ist, sind auf Verlangen Ausdrucke und amtliche Ausdrucke (Abschriften) zu erteilen, Abschriften sind auf Antrag zu beglaubigen. Das Nähere ergibt sich aus § 12 GBO, § 46 GBV. Aus einem beim Grundbuchamt geführten Verzeichnis wird, auch wenn Einsicht erfolgen kann, eine Abschrift nicht erteilt (§ 12 a Abs 1 S 6 GBO).

533 a m) Einsicht in **frühere Grundbücher** und in Grundakten, die im **Beitrittsgebiet** (Rdn 54 a) von anderen als den grundbuchführenden Stellen aufbewahrt

---

[61] Schreiner Rpfleger 1980, 51 (53); Melchers Rpfleger 1993, 309 (314); großzügiger Meikel/Böttcher Rdn 66 zu § 12.
[62] BayObLG MittBayNot 1993, 210 = NJW 1993, 1142.
[63] Flik BWNotZ 1985, 54; OLG Zweibrücken NJW 1989, 531.
[64] KG JW 1936, 2342.
[65] LG Berlin Rpfleger 1997, 212.
[66] Rechtsbehelf bei Ablehnung der Einsicht (Auskunft) Rdn 474 Fußn 21.
[67] LG Berlin Rpfleger 1997, 212 (Einsicht setzt Darlegung eines rechtlichen Interesses nicht voraus).
[68] LG Berlin Rpfleger 1997, 212; Lüke und Dutt Rpfleger 1984, 253.

2. Pflicht des Notars zur Grundbucheinsicht

Bei Geschäften, die im Grundbuch eingetragene oder einzutragende Rechte zum Gegenstand haben, soll sich der Notar über den Grundbuchinhalt unterrichten. Wie er sich diese Kenntnis verschafft, bleibt ihm überlassen.[69] Er kann sich aller ihm zulässig erscheinenden Mittel bedienen. Die Grundbucheinsicht muß aus jüngster Zeit stammen; es muß den Umständen nach unwahrscheinlich sein, daß in der Zwischenzeit Änderungen vorgenommen worden sind.[70] Ohne Unterrichtung über den Grundbuchinhalt soll der Notar eine Beurkundung nur vornehmen, wenn die Beteiligten trotz konkreter und deutlicher[71] Belehrung über die damit verbundenen Gefahren auf einer sofortigen Beurkundung bestehen; dies soll er in der Niederschrift vermerken (§ 21 Abs 1 BeurkG).[72] Andernfalls ist ein Vermerk über Grundbucheinsicht nicht vorgeschrieben. Eine vom OLG Saarbrücken[73] angenommene Pflicht des Notars, sämtliche Grundstücke eines Veräußerers zu ermitteln (etwa anhand des Eigentümerverzeichnisses) muß verneint werden.[74]

534

Zur Einsicht der **Grundakten** oder alter Blattstellen ist der Notar gesetzlich nicht verpflichtet.[75] Da auf die in Grundakten befindlichen Eintragungsbewilligungen in aller Regel im Grundbuch Bezug genommen ist, läßt sich ihre Einsicht durch den Notar aber meist doch nicht umgehen.

B. Abschriftenerteilung aus Grundbuch und Grundakten

1. Anspruch hierauf

Soweit das Recht auf Einsicht des Grundbuchs, der Grundakten und der noch nicht erledigten Eintragungsanträge geht (Rdn 524), kann der Berechtigte eine Abschrift dieser Unterlagen verlangen (§ 12 Abs 2 GBO, § 46 Abs 3 GBV).

535

---

[69] Zur Haftung des Notars für das Verschulden von Hilfspersonen, derer er sich zur Grundbucheinsicht bedient, BGH 131, 200 = DNotZ 1996, 581 = NJW 1996, 464; Preuß DNotZ 1996, 508.
[70] OLG Hamm MittBayNot 1979, 85 = VersR 1979, 676 (eine 5–6 Wochen alte Einsicht genügte daher nicht); OLG Frankfurt DNotZ 1985, 244 (wenn keine besonderen Umstände vorliegen, keine Überprüfung einer 6 Wochen alten Einsicht); LG München II MittBayNot 1978, 237 (eine 14 Tage alte Einsicht reicht aus); LG Frankenthal JurBüro 1987, 1721 (kurzfristige Überprüfung vor Beurkundung bei größeren Objekten nötig).
[71] OLG Hamm aaO (Fußn 70); BayObLG 1989, 256 = DNotZ 1990, 667.
[72] S auch OLG Oldenburg Rpfleger 1963, 580 mit Anm Rohs.
[73] OLG Saarbrücken DNotZ 1977, 495.
[74] Vgl Maurer DNotZ 1977, 497.
[75] LG München II aaO (Fußn 70), auch zur Ausnahme, wenn sich aus einem Bleistiftvermerk im Grundbuch oder sonst – zB Markertabelle im EDV-Grundbuch – Anhaltspunkte für unerledigte Anträge ergeben; OLG Köln MittRhNot 1985, 23 und DNotZ 1989, 454.

1. Teil. XII. Grundbuch- u. Grundakten-Einsicht, Abschriften- u. Auskunftserteilung

2. Art der Abschriften

536 Man unterscheidet zwischen **unbeglaubigter** und **beglaubigter** Abschrift (Ausdruck und amtlicher Ausdruck bei maschineller Grundbuchführung, Rdn 84 d); die Wahl hat der Antragsteller.[1] Daß mehrere Blätter einer beglaubigten Abschrift mit Schnur und Siegel verbunden werden, kann nicht verlangt werden.[2] Die Bestätigung oder Ergänzung früher gefertigter Abschriften ist zulässig (§ 44 Abs 2 S 1 GBV).[3] Ergänzt werden kann jedoch nur eine früher erteilte Abschrift, wenn sie zu diesem Zweck vom Antragsteller eingereicht worden ist, nicht aber eine bei den Grundakten (als Überstück) aufbewahrte (noch nicht erteilte) Abschrift. Wer eine Grundbuchblattabschrift beantragt, hat Anspruch auf eine ordnungsgemäße einheitliche (nicht durch Ergänzungsvermerke fortgeführte) Abschrift. Auf einfachen Abschriften ist der Tag anzugeben, an dem sie gefertigt sind. Der Vermerk ist jedoch nicht zu unterzeichnen. (§ 44 Abs 3 GBV). Aufnahme gelöschter Eintragungen: § 44 Abs 4 GBV. Die Erteilung einer beglaubigten Abschrift eines Teils des Grundbuchblatts ist zulässig. In diesem Falle sind in die Abschrift die Eintragungen aufzunehmen, welche den Gegenstand betreffen, auf den sich die Abschrift beziehen soll. In dem Beglaubigungsvermerk ist der Gegenstand anzugeben und zu bezeugen, daß weitere ihn betreffende Eintragungen im Grundbuch nicht enthalten sind. Die Erteilung eines abgekürzten Auszugs aus dem Inhalt des Grundbuchs ist nicht zulässig (§ 12 GBO; §§ 44–46 GBV).

C. Auskunftserteilung durch das Grundbuchamt

1. Grundsätzlich besteht keine Auskunftspflicht

537 Zur Erteilung von Auskünften aus dem Grundbuch ist das Grundbuchamt grundsätzlich nicht verpflichtet.[1] Eine Auskunftspflicht besteht nur im Rahmen besonderer gesetzlicher Vorschriften (§ 45 Abs 3 S 1 GBV),[2] insbesondere im Rahmen einer Grundstücksvollstreckung; s § 17 Abs 2, § 19 Abs 2, 3 und § 146 ZVG. Auskunft aus den beim Grundbuchamt geführten Verzeichnissen s Rdn 72 a. Nur aus einem öffentlich zugänglich gemachten Verzeichnis der Eigentümer (auch einem sonstigen Verzeichnis) und nur unter den

---

[1] Die Beglaubigung eines unrichtigen „Grundbuchauszugs" stellt eine Amtspflichtverletzung des Notars dar. Zur Belehrungspflicht gegenüber einer Bank, wenn dem Notar nicht bekannt ist, daß sich der unrichtige Grundbuchauszug im Besitz der Bank befindet, OLG Koblenz DNotZ 1974, 764.
[2] BayObLG Rpfleger 1982, 172 Leits mit Anm Schriftl.
[3] Eine Ergänzung einer früher erteilten Abschrift soll unterbleiben, wenn die Ergänzung gegenüber der Erteilung einer Abschrift durch Ablichtung einen unverhältnismäßigen Arbeitsaufwand, insbesondere erhebliche oder zeitraubende Schreibarbeiten erfordern würde; andere Versagungsgründe bleiben unberührt (§ 44 Abs 2 S 2 GBV).
[1] BayObLG MittBayNot 1991, 171.
[2] Wegen der **Haftung** bei einer Auskunft, zu deren Erteilung für das Grundbuchamt eine Amtspflicht nicht besteht, s RG JW 1934, 2398. Der Beamte, der eine Auskunft verweigert, kann, wenn Auskunftspflicht nicht besteht, zur Auskunftserteilung auch vom Beschwerdegericht nicht angehalten werden (KGJ 21 A 273; 23 A 213); s auch Rdn 474 Fußn 21.

weiteren Voraussetzungen des § 12a Abs 1 S 3 und 4 GBO (Rdn 72a), nicht aber sonst braucht daher das Grundbuchamt auch die Frage eines Gläubigers zu beantworten, ob der Schuldner Grundbesitz in einem (bezeichneten) Bezirk hat.[3]

2. Rechts- und Amtshilfe

Gerichten und Behörden gegenüber besteht in engen Grenzen eine Auskunftspflicht im Rahmen der Pflicht zur Gewährung von Rechts- und Amtshilfe. Auskunft im Wege der Amtshilfe kann jedoch nicht verlangt werden, wenn die Behörde die Amtshandlung selbst vornehmen (vgl § 5 Abs 1 Nr 2 VwVfG) oder wenn sie die zur Durchführung ihrer Aufgaben nötige Kenntnis von Tatsachen selbst ermitteln kann (vgl hierzu § 5 Abs 1 Nr 3 VwVfG), wie insbesondere mit Anforderung von Ausdrucken (Abschriften, § 12 Abs 2 GBO). Denn grundsätzlich haben Behörden die ihnen übertragenen Aufgaben selbst wahrzunehmen; die Inanspruchnahme der Amtshilfe hat daher Ausnahme zu bleiben und nur aus besonderen Gründen zu erfolgen. Von einer örtlichen Behörde, deren Bedienstete das Grundbuch einsehen können, kann daher nicht im Wege der Amtshilfe fernmündlicher Grundbuchaufschluß verlangt werden. Ebenso kann von einer auswärtigen Behörde nicht Auskunft im Wege der Amtshilfe verlangt werden, wenn sie sich die erforderliche Kenntnis des Inhalts des Grundbuchs oder der Grundakten mit Anforderung eines Ausdrucks (einer Abschrift, § 12 Abs 2 GBO) verschaffen kann. Auskunft im Wege der Amtshilfe bleibt daher auf Sonderfälle beschränkt (insbesondere auf Eilfälle, in denen sofortige Kenntnis des Grundbuchstandes oder einer aktenkundigen Tatsache unumgänglich ist). In diesen engen Grenzen muß eine Auskunftspflicht auch gegenüber dem Notar als Träger eines öffentlichen Amtes (§ 1 BNotO) bejaht werden.[4] Damit in Einklang steht, daß auch für die dem Notar aufgetragene Unterrichtung über den Grundbuchinhalt[5] (§ 21 Abs 1 BeurkG) telefonische Auskunft des Grundbuchamts nur in Ausnahmefällen genügt.[6]

538

Diese Randnummern sind **nicht** belegt.

539–549

---

[3] LG Ravensburg Rpfleger 1987, 365; kritisch dazu (und für Grundbucheinsicht) Melchers Rpfleger 1993, 309 (315).
[4] So verstanden hat Winkler Rpfleger 1979, 319 (320; Besprechung der 6. Auflage dieses Handbuchs) Auskunftspflicht gegenüber Notaren ebenso, wie sie gegenüber Gerichten und Behörden besteht, mit Recht verlangt. Enger demgegenüber (kein Anspruch des Notars auf Erteilung von Auskünften) Schreiner Rpfleger 1980, 51 (54; unter VIII).
[5] Ersucht der Notar das Grundbuchamt, ihm einen „Grundbuchaufschluß" zu erteilen, so kann dies entweder bedeuten, daß er eine Grundbuchabschrift oder aber, daß er eine schriftliche Auskunft über einzelne Punkte des Grundbuchinhalts wünscht. Im letzteren Fall ist – von den in § 45 Abs 3 S 1 GBV genannten Fällen der Auskunftspflicht abgesehen – das Grundbuchamt zwar berechtigt, aber nicht gesetzlich verpflichtet, eine Auskunft zu erteilen. Als Richtschnur dafür, ob die Auskunft erteilt werden soll oder nicht, können die in den §§ 542, 543 der früheren Bayerischen Dienstanweisung für die Grundbuchämter von 27. 2. 1905 niedergelegten Grundsätze gelten. Gegen die Versagung der Auskunft (des Grundbuchaufschlusses) ist dann nicht die Beschwerde nach der GBO eröffnet, sondern nur die Dienstaufsichtsbeschwerde möglich (BayObLG MittBayNot 1967, 345).
[6] Winkler Rdn 18 zu § 21 BeurkG mit Nachw.

Zweiter Teil

Grundbuchformulare mit Erläuterungen

I. Aufschrift des Grundbuchblatts
GBV § 5

1. Eintragungen in der Aufschrift

In der Aufschrift sind das Amtsgericht, der Grundbuchbezirk und die Nummer des Bandes und Blattes anzugeben (§ 5 S 1 GBV, § 12 Nr 1 GBGA). **Muster:** Anlage 1 zur GBV. Beim maschinell geführten Grundbuch erfolgt Bezeichnung eines Bandes nicht (§ 63 S 2 GBV).
Durch einen **Zusatz** wird auf die Vereinigung oder Teilung eines Gemeindebezirks hingewiesen, wenn gleichwohl die bisherigen Grundbuchbezirke beibehalten sind (§ 5 S 2 mit § 1 Abs 2 GBV).
Außerdem werden in der Aufschrift angegeben: Die Verweisung auf das bisherige Blatt bei Zuständigkeitswechsel (§ 25 Abs 2a GBV) sowie in Klammern mit dem Zusatz „früher" der bisherige Bezirk und die bisherige Band- und Blattnummer bei Abgabe des Grundbuchbandes infolge Bezirksänderung (§ 26 Abs 3 S 2 GBV), der Schließungsvermerk bei Schließung des Grundbuchblatts (§ 36 Buchst b GBV; Muster: Anlage 2a zur GBV), auch bei Schließung infolge Umstellung (§ 101 Abs 5 GBV), die Verweisung auf das bisherige Blatt bei Umschreibung (§ 30 Abs 1 Buchst b GBV; Muster: Anlage 2 b zur GBV), der Vermerk, daß ein Blatt bei der Umstellung an die Stelle des bisherigen Blattes getreten ist und daß im bisherigen Blatt enthaltene Rötungen schwarz sichtbar sind (§ 101 Abs 2 GBV), und ein Wiederbenutzungsvermerk bei Wiederverwendung eines geschlossenen Grundbuchblatts (§ 37 Abs 2c GBV).

550

Beim **Loseblatt-Grundbuch** ist der Aufschriftbogen grau gestaltet (§ 11 Abs 1 GBGA). Es erfolgen Eintragungen auch nach Maßgabe von § 12 Nrn 1, 2 GBGA. Die Rückseite des Aufschriftbogens enthält das Verzeichnis der Einlegebogen. Anzulegen ist es nach dem vorhandenen Bestand; diese Anlegung ist vom Grundbuchführer mit Datum und Unterschrift zu bescheinigen. Einzelheiten: § 12 Nr 3 GBGA.

551

Beim **maschinell geführten Grundbuch** hat in der Wiedergabe auf dem Bildschirm und bei Ausdrucken in der Aufschrift der Freigabevermerk zu erscheinen (§ 71, auch § 67 S 4 GBV). Abschreibevermerk in der Aufschrift des abgeschlossenen Blattes: § 71 mit § 67 S 4 GBV.

2. Formularmuster

a) **Aufschrift** (§ 5 S 1 GBV)

552

Amtsgericht Hauptstadt
Grundbuch von Neustadt
Band I Blatt 15

2. Teil. I. Aufschrift des Grundbuchblatts

553 **b) Schließungsvermerk** (§ 36 Buchst b GBV)

> Wegen Unübersichtlichkeit geschlossen und auf das Blatt ... umgeschrieben am ...

554 **c) Verweisung** auf das bisherige Blatt (§ 30 Abs 1 Buchst b GBV)

> Dieses Blatt ist an die Stelle des wegen Unübersichtlichkeit geschlossenen Blattes ... getreten, eingetragen am ...

555 **d) Vermerk bei Umstellung** auf dem neuen Blatt (§ 101 Abs 2 GBV)

> Dieses Blatt ist bei der Umstellung auf das Loseblatt-Grundbuch an die Stelle des bisherigen Blattes mit der gleichen Bezeichnung getreten.
> Die im bisherigen Blatt enthaltenen Rötungen sind schwarz, insbesondere als schwarze Unterstreichung, sichtbar. Eingetragen am ...

556 **e) Freigabevermerk** in der Aufschrift des maschinell geführten Grundbuchs (§ 71 GBV)

> Dieses Blatt ist zur Fortführung auf EDV umgestellt/neu gefaßt worden und an die Stelle des bisherigen Blattes getreten. In dem Blatt enthaltene Rötungen sind schwarz sichtbar. Freigegeben am/zum ...

oder (bei Anlegung durch Umschreibung § 68 GBV)

> Dieses Blatt ist zur Fortführung auf EDV umgeschrieben worden und an die Stelle des Blattes ... getreten. In dem Blatt enthaltene Rötungen sind schwarz sichtbar. Freigegeben am/zum ...

Abschreibevermerk in der Aufschrift des bisherigen Blattes (§ 71 GBV)

> Zur Fortführung auf EDV umgestellt/neu gefaßt und geschlossen am/zum ...

oder (bei Anlegung durch Umschreibung, § 68 GBV):

> Zur Fortführung auf EDV auf das Blatt ... umgeschrieben und geschlossen am/zum ...

3. Sonderblätter

557 In der Aufschrift eines **Erbbaugrundbuchblattes** ist unter die Blattnummer in Klammern das Wort

> Erbbaugrundbuch

zu setzen (§ 55 Abs 2 GBV). Muster: Anlage 9 zur GBV.

558 Bei Anlegung eines besonderen Blattes nach dem **Wohnungseigentumsgesetz** ist in der Aufschrift unter die Blattnummer in Klammern zu setzen das Wort

> Wohnungsgrundbuch bzw Teileigentumsgrundbuch
> bzw Wohnungserbbaugrundbuch oder Teilerbbaugrundbuch

Ist mit dem Miteigentumsanteil Sondereigentum sowohl an einer Wohnung als auch an nicht zu Wohnzwecken dienenden Räumen verbunden und überwiegt nicht einer dieser Zwecke offensichtlich, so ist das Grundbuchblatt in Klammern zu bezeichnen als

> Wohnungs- und Teileigentumsgrundbuch

Wird von der Anlegung besonderer Grundbuchblätter gemäß § 7 Abs 2 WEG abgesehen, so lautet die Bezeichnung des Blattes in der Aufschrift in Klammern

A. Allgemeine Erläuterungen

Gemeinschaftliches Wohnungsgrundbuch bzw
Gemeinschaftliches Teileigentumsgrundbuch bzw
Gemeinschaftliches Wohnungs- und Teileigentumsgrundbuch

(§§ 2, 7, 8 WGV). Muster: Anlage 1 und 3 zur WGV.
Bei einem Hof im Sinne des **Höferechts** ist auf Ersuchen des Landwirtschafts- 559
gerichts der „Hofvermerk" von Amts wegen in der Aufschrift einzutragen
(§§ 3, 6 Höfe VfO). Wortlaut

> Hof gemäß der Höfeordnung. Eingetragen am ...

bzw:

> Ehegattenhof gemäß der Höfeordnung. Eingetragen am ...

II. Bestandsverzeichnis des Grundbuchs
GBO §§ 2–7; GBV §§ 4, 6–8

A. Allgemeine Erläuterungen

1. Das zu buchende Grundstück (§§ 2, 3 GBO)

Literatur: Bengel/Simmerding, Grundbuch, Grundstück, Grenze, 5. Aufl 2000; Minning, Die Vermessung aus der Sicht des Notariats, MittRhNotK 1973, 671; Röll, Grundstücksteilungen, Vereinigungen und Bestandteilszuschreibungen im Anschluß an Vermessungen, DNotZ 1968, 523; Vetter, Die Führung des Liegenschaftskatasters in Baden-Württemberg, BWNotZ 1977, 73; Ziegler, Ermittlung und Genauigkeit der Flächenangaben in Kataster und Grundbuch, MittBayNot 1989, 65.

a) Das Grundbuchblatt

Jedes Grundstück erhält im Grundbuch ein besonderes Grundbuchblatt (§ 3   560
Abs 1 S 1 GBO). Ein gemeinschaftliches Grundbuchblatt kann über mehrere
Grundstücke desselben Eigentümers geführt werden (§ 4 Abs 1 GBO mit Einzelheiten). Mit dieser Buchung der Grundstücke ist die Anlegung des Grundbuchs erfolgt, die das nach dem Grundbuchsystem geregelte Sachenrecht des
Bürgerlichen Gesetzbuchs voraussetzt (Rdn 1).

b) Das Grundstück

Grundstück **in der Natur** (im tatsächlichen Sinn) ist „ein räumlich abgegrenz-   561
ter Teil der Erdoberfläche".[1] Für das „Grundstück" **im Rechtssinne** gibt weder das BGB noch die GBO eine Begriffsbestimmung. Aus den Vorschriften
über die Buchung der Grundstücke ergibt sich jedoch, daß ein räumlich abgegrenzter Teil der Erdoberfläche zu einem Grundstück im Rechtssinn wird,
wenn er im Grundbuch als rechtliche Einheit an besonderer Stelle eingetragen
ist. Das ist der Fall, wenn das Grundstück auf einem Grundbuchblatt einzeln
(§ 3 Abs 1 GBO) oder auf einem gemeinschaftlichen Grundbuchblatt (§ 4
Abs 1 GBO) unter einer besonderen Nummer (s § 6 Abs 1 GBV) vorgetragen
ist. Grundstück im Rechtssinn (im Sinne des Liegenschaftsrechts des BGB

---

[1] RG 68, 24 (25).

und der GBO) ist somit „jeder (gegen andere Teile) räumlich abgegrenzter Teil der Erdoberfläche, der (auf einem besonderen Grundbuchblatt für sich allein oder auf einem gemeinschaftlichen Grundbuchblatt unter einer besonderen Nummer) im Verzeichnis der Grundstücke (jetzt Bestandverzeichnis) gebucht ist",[2] oder kurz „... diejenige Bodenfläche, die im Grundbuch eine besondere Stelle hat".[3] In besonderen Fällen (insbesondere für Grundstücke des Bundes, der Länder, Gemeinden usw, vgl § 3 Abs 2 GBO) ist Buchung des Grundstücks nicht wesentlich für Annahme eines selbständigen Grundstücks im Rechtssinn.[4]

c) Das amtliche Verzeichnis

562 **Benannt** werden die Grundstücke **im Bestandsverzeichnis** des Grundbuchs nach einem amtlichen Verzeichnis (zu diesem Rdn 571), in dem sie unter Nummern (oder Buchstaben) aufgeführt sind (§ 2 Abs 2 GBO); näher zu dieser Benennung § 6 Abs 3 GBV. Das amtliche Verzeichnis hat die Aufgabe, die Grundstücke mit ihrer Lage in der Natur, somit den Grundstücksgrenzen (Nachweis der tatsächlichen Verhältnisse von Grund und Boden) für den Rechtsverkehr nachzuweisen und zu kennzeichnen (nummernmäßig zu bezeichnen). Im Grundbuch werden die durch das amtliche Verzeichnis nachgewiesenen Grundstücke für den Rechtsverkehr und den Nachweis der privaten Rechte benannt (Rdn 1; Nachweis der rechtlichen Verhältnisse von Grund und Boden). Das amtliche Verzeichnis ist Grundlage für die Bezeichnung der Grundstücke im Bestandsverzeichnis des Grundbuchs. Buchung eines Grundstücks im Grundbuch setzt Nachweis und Bezeichnung im amtlichen Verzeichnis voraus (Aussage von § 2 Abs 2 GBO).

d) Katastergrundstück und Grundbuchblatt

563 Regel ist, daß jedes im amtlichen Verzeichnis mit besonderer Nummer (Buchstaben; Flurnummer) aufgeführte Grundstück (Katastergrundstück) ein **besonderes Grundbuchblatt** (§ 3 Abs 1 S 1 GBO; oder eine besondere Nummer in einem gemeinschaftlichen Grundbuchblatt, § 4 Abs 1 GBO) erhält.[5] Ausnahmen läßt jedoch § 890 BGB zu; mehrere in dem amtlichen Verzeichnis (Liegenschaftskataster) ausgewiesene Grundstücke können demnach dadurch zu einem Grundstück (im Rechtssinne) vereinigt werden, daß der Eigentümer sie als ein Grundstück in das Grundbuch eintragen läßt (§ 890 Abs 1 BGB); außerdem kann ein (im Liegenschaftskataster ausgewiesenes) Grundstück dadurch zum Bestandteil eines anderen (im Liegenschaftskataster ausgewiesenen) Grundstücks gemacht werden, daß der Eigentümer es diesem im Grundbuch zuschreiben läßt (§ 890 Abs 2 BGB). Ein Grundstück im Rechts-

---

[2] RG 84, 265 (270); auch BayObLG Rpfleger 1981, 190 (191 reSp) = JurBüro 1981, 427.
[3] BayObLG JFG 8, 206 (207); auch BayObLG 1954, 258 (262): Grundstück im Rechtssinn (Grundbuchgrundstück) ist als buchungstechnische Einheit des Grundbuchs „eine aus einem oder mehreren Flurstücken bestehende Fläche, die im Grundbuch eine besondere Stelle hat (§ 3 Abs 1 GBO) und damit in selbständiger Weise gebucht ist." Außerdem BayObLG 1965, 470 (473); auch OLG Saarbrücken OLGZ 1972, 129 (132).
[4] Siehe BayObLG 1981, 324 (329) = Rpfleger 1982, 19 (20) mit Nachw.
[5] Dazu BayObLG JFG 8, 206 (207).

A. Allgemeine Erläuterungen

sinn kann somit katastermäßig auch mehrere Flurnummern (oder ähnliche Katasterbezeichnungen) führen; ein Flurstück (Katastergrundstück) kann aber nicht mehrere Grundstücke umfassen.[6] Jedoch kann ein Grundstück im katastermäßigen Sinn (mit eigener Flurnummer) rechtlich anteilig im jeweiligen „Allein"eigentum der Eigentümer der anliegenden Grundstücke stehen, aus denen Flächen zu dem Katastergrundstück gezogen sind, so als Anliegerweg (-graben) mit eigener Flurstücknummer[7] oder Anliegergewässer (Eigentum der Ufergrundstücke).[8]

2. Das gemeinschaftliche Grundbuchblatt (§ 4 GBO)

a) Führung

Führung eines **gemeinschaftlichen Grundbuchblatts** über mehrere Grundstücke läßt § 4 GBO zu. Mit dieser Ausnahme von dem Grundsatz, daß jedes Grundstück ein besonderes Grundbuchblatt erhält (§ 3 Abs 1 S 1 GBO) sollten für Gegenden mit zersplittertem Grundbesitz das Verfahren des Grundbuchamts und Verfügungen des Eigentümers über seinen Grundbesitz vereinfacht werden.[9] Zulässig ist unter den Voraussetzungen des § 4 GBO auch Führung eines gemeinschaftlichen Grundbuchblatts für grundstücksgleiche Rechte oder für Grundstücke und grundstücksgleiche Rechte. 564

b) Voraussetzung

Voraussetzung für Führung eines gemeinschaftlichen Grundbuchblatts ist nach § 4 Abs 1 GBO 565

aa) Zuständigkeit des Grundbuchamts für die Führung der Grundbücher über die mehreren Grundstücke (Ausnahme Abs 2). Diese können daher auch in verschiedenen Grundbuchbezirken (Gemarkungen, § 2 Abs 1 GBO) des Grundbuchamts liegen.

bb) Gleicher Eigentümer (gleicher Berechtigter der grundstücksgleichen Rechte), bei gemeinschaftlichem Eigentum somit gleiches Bruchteilseigentum oder gleiches Rechtsverhältnis der mehreren Eigentümer. Buchung auf dem gleichen Grundbuchblatt ist daher zB zulässig für mehrere Grundstücke einer

---

[6] BayObLG 1954, 258; BayObLG 1956, 470 (473).
[7] S BayObLG Rpfleger 1977, 103 und (8. 3. 1990 mitget) Rpfleger 1990, 1988; BayObLG DNotZ 1993, 388 = Rpfleger 1993, 104; BayObLG 1993, 363 = DNotZ 1995, 54 = Rpfleger 1994, 205; BayObLG 1997, 367 (369). Zu einem Anliegerweg (mit eigener Flurnummer) als Bestandteil nur eines der angrenzenden (einander gegenüberliegenden) Grundstücke s BayObLG 1997, 311 = NJW-RR 1998, 524. Zum Anliegerweg (Wegeanteil) bei Veräußerung (nur) einer Teilfläche des angrenzenden Grundstücks s BayObLG DNotZ 1998, 820. Bei Anlegung neuer **Angrenzerwege** ist deren katastermäßige Bezeichnung mit einer besonderen Wege-Flurstücknummer nicht mehr zulässig (BayObLG Rpfleger 1977, 103; BayObLG 1993, 363 [364] = aaO).
[8] Vgl dazu BayObLG MittBayNot 1983, 64 = Rpfleger 1983, 344 Leits; Bauch MittBayNot 1984, 1 (Berichtigung S 120); OLG Celle MittBayNot 1984, 29 mit abl Anm Bauch, insbesondere auch zum Problem der (Mit-)Beleihung solcher zum Grundstück gehörender Teile; dazu auch BayObLG DNotZ 1993, 388.
[9] Denkschrift zur GBO, abgedr bei Hahn/Mugdan, Seite 149.

Erbengemeinschaft, die zum gleichen Nachlaß gehören, nicht aber für Grundstücke der gleichen Eigentümer in Erbengemeinschaft nach mehreren Erblassern.

cc) **Verwirrung** (Unübersichtlichkeit des Grundbuchs) darf von der Buchung auf einem gemeinschaftlichen Grundbuchblatt **nicht zu besorgen** sein. Zu diesem Begriff Rdn 634. Verschiedenheit der Belastungen wird für Zusammenschreibung nur in besonderen Einzelfällen Hinderungsgrund sein, weil sie nach den Grundbuchformularen in Abt II und III durchweg klar dargestellt werden können.

c) **Anlegung**

566 Anlegung eines gemeinschaftlichen Grundbuchblatts erfolgt **von Amts wegen;** Antrag des Eigentümers oder eines dinglichen Berechtigten, auch deren Zustimmung, ist nicht erforderlich, desgleichen nicht vorherige Anhörung des Eigentümers.[10] Zusammenschreibung der Grundstücke auf einem Grunduchblatt kann, wenn die Voraussetzungen vorliegen, nach dem (pflichtgemäßen) Ermessen des Grundbuchamts erfolgen.[11] Dabei muß das Grundbuchamt auch die Gründe würdigen, die der Eigentümer gegen eine Zusammenschreibung vorgebracht hat.[12]

d) **Wirkungen**

567 Die Zusammenschreibung nach § 4 GBO ist nur grundbuchtechnische Maßnahme, die keine materiell-rechtlichen Folgen hat.[13] Die auf einem gemeinschaftlichen Grundbuchblatt unter jeweils eigener Nummer gebuchten Grundstücke bleiben **rechtlich selbständig**[14] (davon zu unterscheiden Vereinigung oder Bestandsteilszuschreibung, § 890 BGB). Die bisherigen Belastungen der einzelnen Grundstücke bleiben unverändert bestehen (keine Mithaft), über jedes der zusammengeschriebenen Grundstücke kann der Eigentümer gesondert verfügen. Werden sie alle mit einem Grundpfandrecht belastet, so entsteht ein Gesamtrecht (§ 1132 Abs 1 BGB; bei einer Zwangshypothek unzulässig, § 867 Abs 2 ZPO).

e) **Rechtsbehelf**

568 Als Entscheidung des Grundbuchamts ist Zusammenschreibung (auch deren Ablehnung) sowie Wiederaufhebung (Rdn 570; auch ihre Ablehnung) mit (unbefristeter) Beschwerde (§ 71 Abs 1 GBO) anfechtbar (keine Eintragung nach § 71 Abs 2 GBO). Beschwerdeberechtigt ist nur der Eigentümer.

f) **Rechtlich verbundene Grundstücke**

569 Für Grundstücke, die zu einem Hof iS der HöfeO gehören oder in ähnlicher Weise bundes- oder landesrechtlich miteinander verbunden sind, ist unter der weiteren Voraussetzung des § 4 Abs 1 GBO Führung eines gemeinschaft-

---

[10] Dies soll empfehlenswert sein nach KG DR 1942, 1710. Dem ist für die alltäglichen Fälle der Praxis nicht zu folgen.
[11] LG Aachen MittRhNotK 1987, 164.
[12] LG Aachen aaO.
[13] BayObLG 1970, 163 (166) = DNotZ 1970, 602 = Rpfleger 1970, 346.
[14] KG HRR 1941 Nr 28; BayObLG 1970, 163 (166) = aaO.

lichen Grundbuchblatts auch zulässig, wenn die Grundbücher von verschiedenen Grundbuchämtern geführt werden (§ 4 Abs 2 GBO; auch zur Zuständigkeit). § 4 Abs 2 GBO ermöglicht damit insbes die in § 7 HöfeVfO vorgesehene Buchung von Hofgrundstücken im Bereich der HöfeO. Dem Antrag eines Landwirts und Eigentümers eines Hofes iS der HöfeO, ein neue erworbenes landwirtschaftliches Grundstück auf das bereits für den Hof angelegte Grundbuchblatt zu übertragen, ist regelmäßig zu entsprechen. Eines besonderen Nachweises der Hofzugehörigkeit bedarf es nur, wenn konkrete Anhaltspunkte gegeben sind, daß das Grundstück nicht zum Hof gehören dürfte.[15] Mit den in ähnlicher Weise verbundenen Grundstücken sind zB die in Rheinland-Pfalz zu einem Hof gehörenden Grundstücke, Anerbengüter im Gebiet des früheren Landes Württemberg und hessische Landgüter sowie Schutzforste nach landesrechtlichen Bestimmungen erfaßt. Auf andere als die genannten Wirtschaftseinheiten ist § 4 Abs 2 GBO als Sondervorschrift nicht ausdehnend anzuwenden.[16] Zusammenschreibung auf einem Grundbuchblatt ist bei Zuständigkeit verschiedener Grundbuchämter daher nicht schon zulässig, wenn nach dem Willen des Eigentümers lange Dauer einer sonstigen Zusammengehörigkeit gewährleistet erscheint[17] oder wenn die Grundstücke samtverbindlich haftend belastet sind oder werden sollen.[18] Insbesondere fallen landwirtschaftliche Anwesen, die nicht einem landesrechtlichen Höfe- oder Anerbenrecht unterliegen, nicht unter diese Bestimmung.[19]

g) Wiederaufhebung

Die gemeinschaftliche Buchung ist von Amts wegen wieder aufzuheben, wenn ihre Voraussetzungen nicht vorgelegen haben oder später weggefallen sind (notwendig bei Eigentumswechsel an einem der Grundstücke); sie kann aufgehoben werden, wenn andere Umstände die Wiederaufhebung zweckmäßig erscheinen lassen. Die Wiederaufhebung einer Zusammenschreibung von (insbesondere in verschiedenen Grundbuchbezirken gelegenen) Grundstücken hindern, wenn es an den sachlichen Voraussetzungen des § 4 Abs 2 GBO fehlt, bloße Zweckmäßigkeitsgründe und langer Zeitablauf (über 30 Jahre) nicht.[20] 570

3. Das amtliche Grundstücksverzeichnis (Liegenschaftskataster)

a) Rechtsgrundlagen

Amtliche Grundstücksverzeichnisse waren schon vor Anlegung des Grundbuchs (nach Inkrafttreten des BGB) in den meisten damaligen Bundesstaa- 571

---

[15] OLG Celle NdsRpfl 1974, 283 = Rpfleger 1974, 433.
[16] BayObLG 1974, 25; OLG Köln Rpfleger 1976, 16; OLG Hamm Rpfleger 1960, 92 und Rpfleger 1987, 195.
[17] KG JFG 14, 209 = HRR 1937 Nr 108 = JW 1937, 112; OLG Hamm Rpfleger 1987, 195.
[18] OLG Hamm Rpfleger 1960, 92 und Rpfleger 1987, 195; OLG Köln Rpfleger 1976, 16.
[19] BayObLG 1974, 25 = aaO; OLG Hamm Rpfleger 1987, 195.
[20] OLG Hamm Rpfleger 1987, 195.

2. Teil. II. Bestandsverzeichnis des Grundbuchs

ten vorhanden (Flurbücher, Lagerbücher, Fundbücher, Meßregister usw). Die Grundbuchordnung (vom 24. 3. 1897) ging davon aus, daß die Beschaffung des Verzeichnisses der Grundstücke zur Anlegung des Grundbuchs gehört und behielt deren Einrichtung deshalb landesrechtlicher Verordnung vor.[21] An die Stelle der landesrechtlichen amtlichen Verzeichnisse der Grundstücke trat später das Reichskataster.[22] Jetzt ist Einrichtung des amtlichen Verzeichnisses der Grundstücke (des Liegenschaftskatasters) Landesangelegenheit (§ 2 Abs 2 GBO). An die Stelle des Reichskatasters sind die landesrechtlichen Liegenschaftskataster[23] als amtliche Verzeichnisse der

---

[21] Denkschrift zur Grundbuchordnung, abgedr bei Hahn/Mugdan, Materialien, 1897, Seite 149.

[22] Verordnung über die Einführung des Reichskatasters als amtlichen Verzeichnisses der Grundstücke im Sinne des § 2 Abs 2 GBO vom 23. Jan 1940 (RGBl I 240 = BGBl III 315-11-13; aufgehoben, s Rdn 32) mit Einzelheiten zum maßgeblichen Zeitpunkt in Allgem Verfügung des Reichsministers der Justiz über die Einführung des Reichskatasters als amtliches Verzeichnis der Grundstücke vom 28. April 1941 (Dt Justiz S 548).

[23] **Landesgesetze** (auch zum Vermessungswesen):
Baden-Württemberg: Vermessungsgesetz vom 4. Juli 1961 (GBl 201), zul geändert durch (Art 4) Ges vom 8. Nov 1999 (GBl 435).
Berlin: Gesetz über das Vermessungswesen (VermGBln) vom 9. Jan 1996 (GVBl 56).
Brandenburg: Gesetz über die Landesvermessung und das Liegenschaftskataster (Vermessungs- und Liegenschaftsgesetz – VermLiegG) vom 19. Dez 1997 (GVBl 1998, 2).
Bremen: Gesetz über die Landesvermessung und das Liegenschaftskataster (Vermessungs- und Katastergesetz) vom 16. Okt 1990 (GBl 313).
Hamburg: Gesetz über das Vermessungswesen (HmbVermG) vom 30. Juni 1993 (GVOBl 135).
Hessen: Gesetz über das Liegenschaftskataster und die Landesvermessung (Vermessungsgesetz – HVG –) vom 2. Okt 1992 (GVBl I 453).
Mecklenburg-Vorpommern: Gesetz über die Landesvermessung und das Liegenschaftskataster des Landes Mecklenburg-Vorpommern – Vermessungs- und Katastergesetz (VermKatG) vom 22. Juli 2002 (GVBl 524 = BS 219-4).
Niedersachsen: Gesetz über das amtliche Vermessungswesen (NVermG) vom 12. 12. 2002 (GVBl 2003, 5).
Nordrhein-Westfalen: Gesetz über die Landesvermessung und das Liegenschaftskataster (Vermessungs- und Katastergesetz – VermKatG NW) vom 30. Mai 1990 (GV 360).
Rheinland-Pfalz: Landesgesetz über das Liegenschaftskataster (Katastergesetz) vom 7. Dez 1959 (GVBl 234), mit Änderungen (= BS Nr 219-10).
Saarland: Gesetz über die Landesvermessung und das Liegenschaftskataster (Saarl Vermessungs- und Katastergesetz – SVermKatG) vom 16. Okt 1997 (Amtsbl 1130).
Sachsen: Gesetz über die Landesvermessung und das Liegenschaftskataster (Vermessungsgesetz – SVermG) vom 12. Mai 2003 (GVBl 121).
Sachsen-Anhalt: Vermessungs- und Katastergesetz (VermKatG LSA) vom 22. Mai 1992 (GVBl 362): Das Liegenschaftskataster ist nach § 3 Abs 3 S 1 amtliches Verzeichnis der Grundstücke. DVO zum VermKatG LSA vom 24. Juni 1992 (GVBl 569).
Schleswig-Holstein: Gesetz über die Landesvermessung und das Liegenschaftskataster (Vermessungs- und Katastergesetz – VermKatG) vom 6. Dez 1974 (GVOBl 470).
Thüringen: Gesetz über das Liegenschaftskataster (Thüringer Katastergesetz – ThürKatG) vom 7. Aug 1991 (GVBl 285).

A. Allgemeine Erläuterungen

Grundstücke getreten. Für **Bayern** bestimmt das Gesetz über die Landesvermessung und das Liegenschaftskataster (Vermessungs- und Katastergesetz – VermKatG –) vom 31. Juni 1970 (mit Änderungen; BayRS 219-1) in **§ 5 Abs 2**:

Das Liegenschaftskataster ist amtliches Verzeichnis der Grundstücke im Sinne des § 2 Abs 2 der Grundbuchordnung.

b) Das Liegenschaftskataster

aa) Das Liegenschaftskataster[24] bilden[25]
– das Kataster**kartenwerk**, und
– die Kataster**bücher** (Art 5 Abs 1 S 2 VermKatG).
Im Katasterkartenwerk werden die Liegenschaften des Staatsgebiets (das sind Grundstücke und Gebäude) dargestellt, in den Katasterbüchern werden sie beschrieben (Art 5 Abs 1 S 1 mit Abs 3 VermKatG). Die Nachweise im Liegenschaftskataster über Gestalt, Größe und örtliche Lage der Liegenschaften sowie über die Art und Abgrenzung der Nutzungsarten beruht auf dem Ergebnis von Vermessungen (Katastervermessungen) und örtlichen Erhebungen (Art 6 Abs 3 VermKatG); jedoch beruhen die Angaben über Nutzungsart, Ertragsfähigkeit und Abgrenzung der landwirtschaftlich und gärtnerisch nutzbaren Grundstücke auf den rechtskräftig festgestellten Ergebnissen der Bodenschätzung[26] (Art 6 Abs 2 VermKatG). Das Liegenschaftskataster wird durch Fortführung auf dem laufenden gehalten (Art 7 VermKatG).

572

bb) Die **Einrichtung des Liegenschaftskatasters** ist landesrechtlich geregelt, in Bayern durch die Katastereinrichtungsanweisung (KatEA).[27] Sie sieht vor (Nr 1.21), daß das Liegenschaftskataster aus einem beschreibenden und einem darstellenden Teil besteht. Der beschreibende Teil umfaßt das Automatisierte Liegenschaftsbuch (ALB; Nr 2 KatEA). Den darstellenden Teil bildet das **Katasterkartenwerk** (Nr 2 KatEA).

573

cc) Buchungseinheit für die Beschreibung und kartenmäßige Darstellung der Bodenflächen im Liegenschaftskataster ist das Flurstück. Ein **Flurstück** ist eine zusammenhängende abgegrenzte Bodenfläche (Nr 3.1.1 KatEA). Die Flurstücke werden nach Gemarkungen (Numerierungsbezirke, Nr 3.3.1 KatEA) mit Nummern bezeichnet, die entweder ganze Zahlen oder Bruchzahlen sind (Nr 3.1.2 KatEA). Die Gemarkungen entsprechen zumeist den Gemeindegebieten; größere Gemeindegebiete sind in mehrere Gemarkungen

574

---

[24] Zum Rechtsschutz gegen Maßnahmen der Vermessungsbehörden s BayVerwG BayVBl 1974, 45 = MittBayNot 1974, 24; OLG München NJW-RR 1990, 1248.
[25] Hier nach der Rechtslage in Bayern dargestellt. In anderen Bundesländern bestehen durchweg vergleichbare Regelungen.
[26] Zur Bodenschätzung s Minning MittRhNotK 1973, 671.
[27] Anweisung zur Einrichtung des Liegenschaftskatasters. Bekanntmachung des Bayer Staatsministeriums der Finanzen vom 26. Mai 1992. Sonderdruck im Verlag des Bayer Landesvermessungsamts, München.
Dazu Anweisung zur Fortführung des Liegenschaftskatasters (Katasterfortführungsanweisung – KatFA – vom 9. Jan 1995 (Amtsblatt der BayStMdF 1995, 52).

unterteilt (Nr 3.3.2 KatEA). Die Flurstücke bilden die Grundlage für den Nachweis der Grundstücke im Grundbuch (Nr 3.1.3 KatEA).

575 dd) Für jedes Flurstück wird die **Art der Nutzung** nachgewiesen (Nr 8.1.1 KatEA). Bezeichnet werden die Nutzungsarten und ihre Abkürzungen wie folgt:

Bezeichnung der Wirtschaftsart (Nutzungsart) im Grundbuch[28]

Nutzungsart	Abkürzung	Bezeichnung im Grundbuch
Gruppe 100:		
Gebäude- und Freifläche ... 100	GF	
Öffentlich ... 110	GFÖ	
Wohnen ... 130	GFW	
Dienstleistungen, Handel, Wirtschaft ... 140	GFD	
Landwirtschaft, Gartenbau 150	GFL	Gebäude- und Freifläche
Industrie, Gewerbe ... 170	GFI	
Verkehr, Ver- u. Entsorgung ... 180	GFV	
Erholung ... 190	GFE	
Bauplatz ... 199	Baupl	
Gruppe 200:		
Ackerland ... 211	A	
Acker-Grünland ... 212	AGr	
Acker (Hackraine) ... 213	A(Hack)	
Acker (Obstbäume oder -sträucher) ... 214	A(Obst)	
Acker (Neukultur) ... 215	A(NK)	
Acker (Weingarten) ... 217	A(Wg)	
Acker (Hopfengarten) ... 221	A(Hpf)	
Grünland ... 231	Gr	Landwirtschaftsfläche nach der Bodenschätzung
Grünland-Acker ... 232	GrA	
Grünland (Hackraine) ... 233	Gr(Hack)	
Wiese ... 234	W	
Streuwiese ... 235	Str	
Hutung ... 236	Hu	
Grünland (Obstbäume oder -sträucher) ... 237	Gr(Obst)	
Grünland (Neukultur) ... 238	Gr(NK)	
Gartenland ... 240	G	

[28] **Anlage 6 zur** (Bayer) **GBGA** idF vom 8. 4. 1986, JMBl 29 (S 31, 32); jetzt Anlage 3.1 zur KatEA.

A. Allgemeine Erläuterungen

Nutzungsart	Abkürzung	Bezeichnung im Grundbuch
Gruppe 300:		
Betriebsgelände 300	BetrGel	⎫
Abbauland 310	Abbaula	⎪
Sandgrube 311	Sandgr	⎪
Kiesgrube 312	Kiesgr	⎪
Lehmgrube 313	Lehmgr	⎪
Steinbruch 314	Steinbr	⎪
Kohlengrube 316	Kohlegr	⎪
Torfstich 317	Torfst	⎬ **Betriebsfläche**
Tongrube 318	Tongr	⎪
Mergelgrube 319	Mergel	⎪
Halde 320	Halde	⎪
Lagerplatz 330	Lagerpl	⎪
Versorgungsanlage 340	VersorgA	⎪
Brunnen, Wasserbehälter .. 341	Brunnen	⎪
Entsorgungsanlage 350	EntsorgA	⎪
Kläranlage 353	Kläranl	⎭
Gruppe 400:		
Erholungsfläche 400	ErholFl	⎫
Sportplatz 410	Sportpl	⎪
Schwimmbad 416	SchwBad	⎪
Grünanlage 420	Grünal	⎪
Park 421	Park	⎬ **Erholungsfläche**
Spielplatz 422	Spielpl	⎪
Kleingartenanlage 426	Kleinga	⎪
Wochenendhausgelände 427	WochGel	⎪
Campingplatz 430	Camping	⎭
Gruppe 500:		
Verkehrsfläche 500	Verkehr	⎫
Verkehrsfläche 500	Straße	⎪
Straße mit Zugehörungen .. 519	StramZ	⎪
Weg 520	Weg	⎪
Radweg 521	Radweg	⎪
Gehweg 522	Gehweg	⎪
Geh- und Radweg 523	GehRadW	⎬ **Verkehrsfläche**
Gehsteig 524	GehStg	⎪
Weg mit Zugehörungen 529	Weg mZ	⎪
Platz 530	Platz	⎪
Parkplatz 531	Parkpl	⎪
Bahngelände 540	Bahngel	⎪
Fluggelände 550	Fluggel	⎭
Gruppe 600:		
Landwirtschaftsfläche 600	Lw	⎫ **Landwirtschaftsfläche**
Weingarten 640	Wg	⎬ außerhalb der
Moor 650	Mo	⎪ Bodenschätzung
Heide/Hutung 660	Hei	⎭

2. Teil. II. Bestandsverzeichnis des Grundbuchs

Nutzungsart		Abkürzung	Bezeichnung im Grundbuch
Gruppe 700:			
Wald	700	H	
Laubwald	710	LH	
Nadelwald	720	NH	Waldfläche
Mischwald	730	LNH	
Gebüsch	740	Gebüsch	
Gruppe 800:			
Wasserfläche	800	Wa	
Wasserfläche mit Zugeh.	809	Wa mZ	Wasserfläche
Sumpffläche	890	Sumpf	
Gruppe 900:			
Übungsgelände	910	Übungsgel	Übungsgelände
Truppenübungsplatz	913	TruÜbPl	
Schutzfläche/-streifen	920	Schutzfl	Schutzfläche
Damm	921	Damm	
Historische Anlage	930	HistorA	Historische Anlage
Denkmal	933	Denkmal	
Friedhof	940	Friedhof	**Friedhof**
Ödland/Umland	950	U	**Ödland**
Graben	960	Graben	**Graben**

576 Eintragung der Wirtschafts- (Nutzungs-) Art in das **Grundbuch** erfolgt nach landesrechtlicher Regelung mit ihrer vollen Bezeichnung (also ohne jede Abkürzung); in **Bayern** genügt die Eintragung der **Gruppenbezeichnung** der ausgewiesenen Nutzungsart. Hierzu näher § 32 Abs 3 GBGA.

c) Ungetrennte Hofräume im Beitrittsgebiet

576a Anteile an ungetrennten (unvermessenen) Hofräumen in den ehemals preußischen Gebieten der neuen Bundesländer werden als Grundstücke[29] im Grundbuch eingetragen, übertragen und belastet.[30] Als amtliches Verzeichnis iS des § 2 Abs 2 GBO gilt bei ihnen (vorbehaltlich anderer bundesgesetzlicher Bestimmungen) bis zur Aufnahme des Grundstücks in das amtliche Verzeichnis das **Gebäudesteuerbuch** oder, soweit dieses nicht oder nicht mehr vorhanden ist, der zuletzt erlassene Bescheid über den steuerlichen Einheitswert dieses Grundstücks (§ 1 Abs 1 Verordnung über die grundbuchmäßige Behandlung von Anteilen an ungetrennten Hofräumen, Hofraumverordnung – HofV, vom 24. Sept 1993, BGBl I 1658; Besonderheiten dort § 1 Abs 2 und 3). Im Grundbuch ist das dort als Anteil an einem ungetrennten Hofraum bezeichnete Grundstück mit der Nummer des Gebäudesteuerbuchs (im Falle

---

[29] Der Anteil an einem ungetrennten Hofraum stellt ein Grundstück im Rechtssinne dar, BGH (31. 1. 1997, V AR 209/95) DNotI-Report 1997, 93.
[30] Bis zum Inkrafttreten der Hofraumverordnung (Okt 1993) so bereits Ufer DtZ 1992, 272; Frenz DNotZ 1992, 808; unrichtig (kein Grundstück im Sinne des BGB) BezG Erfurt DNotZ 1992, 804 = VIZ 1992, 163 mit abl Anm Schmidt-Räntsch = Rpfleger 1992, 471.

A. Allgemeine Erläuterungen

ihres Fehlens mit der Bezeichnung und dem Aktenzeichen des Bescheids unter Angabe der Behörde, die ihn erlassen hat) zu bezeichnen (§ 2 Abs 1 HofV). Diese Bezeichnung kann von Amts wegen nachgeholt werden; sie ist von Amts wegen nachzuholen, wenn in dem jeweiligen Grundbuch eine sonstige Eintragung vorgenommen werden soll (§ 2 Abs 2 HofV). Der Festlegung unvermessenen Eigentums, unvermessener Nutzungsrechte, des räumlichen Umfangs von Ansprüchen nach dem Sachenrechtsbereinigungsgesetz oder von neu zu ordnenden dinglichen Rechtsverhältnissen, dient ein **Sonderungsverfahren**. Es ist im Gesetz über die Sonderung unvermessener und überbauter Grundstücke nach der Karte (Bodensonderungsgesetz – BoSoG)[31] geregelt (s dazu Rdn 4297 ff).

d) Frühere landesrechtliche Regelungen.
Literatur: Ufer, Über die Gebäudesteuerrollen in Preußen, DNotZ 1992, 777.

Soweit das **Liegenschaftskataster noch nicht angelegt** ist, ist es bei der bisherigen landesrechtlichen Regelung verblieben.[32]

577

aa) Baden-Württemberg: Amtliches Verzeichnis der Grundstücke iS des § 2 Abs 2 GBO waren bis zur Einführung des Liegenschaftskatasters:
– im badischen Rechtsgebiet das **Lagerbuch,** das von den Vermessungsämtern geführt wird und aus einem fortlaufenden Grundstücksverzeichnis und aus einem Gemeindeatlas besteht.
– im württembergischen Rechtsgebiet das **Primärkataster** (nebst Fortsetzungen I und II sowie den Meßurkunden);
– im früher **hohenzollerischen** Rechtsgebiet die **Katasterbücher.**
Rechtsgrundlage: § 2 bad-württ GBVO v 21. 5. 1975, GBl S 398.

bb) In **Bayern** ist an Stelle des für den Bereich des Grundsteuerkatasters verwendeten Messungsverzeichnisses und der für den Bereich des Liegenschaftskatasters vorgeschriebenen Veränderungsnachweise ein einheitlicher **Veränderungsnachweis** eingeführt (Bek v 15. 9. 1952 – BayBSVJu III 118). Dazu jetzt §§ 45–48 GBGA.
Frühere Rechtsgrundlage: § 179 BayDienstanweisung für die Grundbuchämter in den Landesteilen rechts des Rheins vom 27. 2. 1905 (JMBl 63).

cc) In **Hessen** ist, soweit das Liegenschaftskataster noch nicht angelegt ist, amtliches Verzeichnis das **Grundsteuerkataster**, das von den Katasterämtern geführt wird. Rechtsgrundlagen: § 4 AVO v. 13. 1. 1900, Bek vom 12. 8. 1947 (St Anz Nr 36) und Erl vom 27. 2. 1951 (JMBl 37).

dd) Im fr **Preußen** dienten als amtliches Verzeichnis insoweit die von den Katasterämtern geführten **Katasterbücher** (Grund- und Gebäudesteuerbücher). Rechtsgrundlagen: Gesetze v. 21. 5. 1861 (GS 253, 317) betr die anderweite Regelung der Grundsteuer und die Einführung einer allgemeinen Gebäudesteuer.
Die Nachtragung von Veränderungen erfolgt auf Grund der Flurbuch- und Gebäudesteuerrollenanhänge und der Veränderungsanmeldungen der Katasterämter sowie der Eigentumsveränderungslisten und Mitteilungen des Grundbuchamts. Rechtsgrundlagen: §§ 3–6 AV v 18. 2. 1911 (JMBl 91), RdErl PrFinM v 12. 3. 1929 (JMBl 91), AV v 3. 3. 1931 (JMBl 94).

---

[31] Vom 20. Dez 1993, BGBl I 2215 (= Art 14 des Registerverfahrensbeschleunigungsgesetzes – RegVBG). Zum Verkauf nicht vermessener Hofflächen Gutachten DNotI-Report 1995, 105.
[32] Ihre Fortgeltung hat die Aufhebung des § 6 GBAVO nicht berührt; hierzu Begründung BT-Drucks 12/5553, S 98.

e) Zurückführung

578 Die **Zurückführung** der Grundbücher auf das Liegenschaftskataster war (soweit noch erforderlich: ist) in den Bezirken, in denen das Liegenschaftskataster (zunächst: das Reichskataster) amtliches Verzeichnis der Grundstücke geworden ist, nach den von den Vermessungsbehörden den Grundbuchämtern zugeleiteten Durchschriften der Bestandsblätter des Liegenschaftsbuchs vorzunehmen (AV des Reichsministers der Justiz vom 20. Jan 1940, Dt Justiz 212).[33] Zuständigkeit des Urkundsbeamten und Mitunterzeichnung eines zweiten Beamten der Geschäftsstelle oder eines ermächtigten Justizangestellten: § 12 c Abs 2, § 44 Abs 1 S 3 GBO.

f) Katastervermessungen

579 Der Festlegung und Sicherung der Eigentumsgrenzen dienen **Katastervermessungen** (Art 8 Abs 1 VermKatG). Örtlich erkennbar werden die Grenzen der Grundstücke durch Marken (Grenzzeichen) bezeichnet (Abmarkung; Art 1 Abs 1 AbmG).[34] Das Ergebnis der Abmarkungen wird im Liegenschaftskataster nachgewiesen (Art 1 Abs 3 AbmG). Die Abmarkung wird von den staatlichen Vermessungsbehörden vollzogen (Art 3 Abs 1 AbmG mit Ausnahmen).[35]

4. Das Bestandsverzeichnis des Grundbuchblatts (§§ 6–8 GBV)

Literatur: Wendt, Die Buchung dienender Grundstücke, Rpfleger 1992, 457.

a) Einteilung, Eintragung der Grundstücke

580 In das Bestandsverzeichnis des Grundbuchblatts (§ 4 GBV) ist das oder sind die Grundstücke, für das oder die das Grundbuchblatt (als Grundbuch, Rdn 560) geführt wird (§ 3 Abs 1 S 1, § 4 Abs 1 GBO), nach ihrer Benennung im amtlichen Verzeichnis (§ 2 Abs 2 GBO; Rdn 562) einzutragen. Seine Einteilung regelt § 6 GBV; es ist in 8 Spalten untergeteilt.

581 In **Spalte 1** wird die laufende Nummer des Grundstücks eingetragen. Jedes Grundstück im Rechtssinne erhält eine einzige Nummer, auch wenn es aus mehreren Flurstücken besteht. Auf diese laufende Nummer wird bei Eintragungen zum Grundstück verwiesen, zB in Spalte 5 bei Bestand und Zuschreibungen und in Spalte 7 bei Abschreibungen, aber auch bei Belastung in Abteilung II oder III je in Spalte 2. Die laufende Nummer der Grundstücke

---

[33] In Bayern aufgehoben durch Bekanntmachung vom 20. Nov 1979 (JMBl 236 [239]). In Rheinland-Pfalz aufgehoben und ersetzt durch Verwaltungsvorschrift betr Übereinstimmung zwischen Grundbuch und Liegenschaftskataster vom 9. März 1982 (JBl 82).

[34] Gesetz über die Abmarkung der Grundstücke (Abmarkungsgesetz – AbmG) vom 6. Aug 1981 (BayRS 219-2), zuletzt geändert am 28. März 2000 (GVBl 140); dazu auch Feldgeschworenenordnung (FO) vom 16. Okt 1981 (BayRS 219-6); vgl dazu auch Ziegler MittBayNot 1989, 65.

[35] Die durch das Setzen eines Grenzsteins bezeichnete örtliche Vermarkung der durch vorausgehende Vermessung ermittelten Grenzen eines Grundstücks stellt einen Verwaltungsakt dar. Eine Grenzvermarkung kann als beurkundender Verwaltungsakt nach Eintritt der Bestandskraft nur im Einverständnis der betroffenen Grundstückseigentümer oder auf Grund eines zivilrechtlichen Urteils, aus dem sich die Unrichtigkeit der Grenze ergibt, geändert werden (OVG Münster RdL 1972, 110). Zum Rechtsweg s auch Art 21 Abs 1 BayAbmG.

A. Allgemeine Erläuterungen

ermöglicht auch eine unterschiedliche Belastung in Abteilung II und III bei Führung eines gemeinschaftlichen Blattes.
Bei Eintragung des Vermerks über ein Recht, das dem jeweiligen Eigentümer eines auf dem Blatt verzeichneten Grundstücks zusteht (§ 9 S 1 GBO) sowie bei Eintragung eines Miteigentumsanteils an einem dienenden Grundstück (§ 3 Abs 5 GBO) wird in Spalte 1 die laufende Nummer der Eintragung vermerkt; dieser wird durch einen Bruchstrich getrennt die laufende Nummer des herrschenden Grundstücks mit dem Zusatz „zu" beigefügt (§ 7 Abs 2, § 8 Buchst a GBV). Beispiel Muster Anlage 1 zur GBV (lfd Nummer 7 zu 1 des Bestandsverzeichnisses) und Muster Anlage 2a und b zur GBV (lfd Nummer 8 zu 6 bzw 3 zu 1, 2 des Bestandsverzeichnisses).

Spalte 2 dient der Aufnahme der früheren laufenden Nummer des Grundstücks bei Teilung, Vereinigung oder Zuschreibung (vgl Rdn 621 ff). Liegt ein solcher Fall nicht vor, so wird in Spalte 2 ein waagrechter Strich eingetragen. 582

Spalte 3 ist unterteilt in Unterspalte 3a–3e; sie dient zur Bezeichnung der Grundstücke nach dem amtlichen Verzeichnis im Sinne des § 2 Abs 2 GBO (Liegenschaftskataster oder dgl), wobei eingetragen werden in 583
– Unterspalte a die Bezeichnung der Gemarkung,
– Unterspalte b die vermessungstechnische Bezeichnung des Grundstücks nach Buchstaben oder Nummern der Karte,
– Unterspalte c und d die Artikel oder Nummern des Steuerbuchs (Katasterbuchs; Grundsteuermutterrolle, Gebäudesteuerrolle oä), wenn solche Bezeichnungen vorhanden sind, und
– Unterspalte e Wirtschaftsart (zB Acker, Wiese, Garten, Wohnhaus mit Hofraum usw) und Lage (Straße, Hausnummer, sonstige ortsübliche Bezeichnung).

Besonderheiten können nach näherer Anordnung der Landesjustizverwaltung bestehen (§ 6 Abs 3a GBV)

a) für **Unterspalte d** (zur Grundstücksbezeichnung nach der Gebäudesteuerrolle oder einem ähnlichen Buche):
– sie kann mit der Maßgabe wegzulassen sein, daß die Unterspalte c durch die Buchstaben c/d bezeichnet wird;
– es kann aber auch nur angeordnet sein, daß Eintragung der Grundstücksbezeichnung nach den Steuerbüchern in Unterspalten c und d unterbleibt;

b) für **Unterspalte e** (Wirtschaftsart usw): Es kann nach landesrechtlicher Anordnung die Angabe der Wirtschaftsart unterbleiben. Diese Besonderheit beruht auf der Erwägung, daß diese zur Individualisierung des Grundstücks gedachte Angabe ihren Wert verloren hat und oft nicht aktuell ist. Weiterhin stets anzugeben ist aber die Lagebezeichnung, die als Orientierungshilfsmittel ein wichtiges Indentifizierungsmerkmal des Grundstücks ist.[36]

c) bei Grundbuchführung in **Loseblattform**
– für **Unterspalten a und b**: sie können in der Weise zusammenzulegen sein, daß die vermessungstechnische Bezeichnung des Grundstücks unterhalb der Bezeichnung der Gemarkung (des sonstigen vermessungstechnischen Bezirks) einzutragen ist; es kann auch die Eintragung der Bezeichnung der Gemarkung (des sonstigen Vermessungstechnischen Bezirks) zu unterblei-

---

[36] Begründung BT-Drucks 982/98, Seite 83.

ben haben, wenn sie mit der des Grundbuchbezirks übereinstimmt. Anordnung für **Bayern:** § 11 Abs 4 mit § 32 Abs 1 GBGA.

– für **Unterspalten c und d:** sie können wegzulassen sein; durch den Buchstaben c ist dann die für die Eintragung der Wirtschaftsart des Grundstücks und der Lage bestimmte Unterspalte „e" zu bezeichnen. Anordnung für **Bayern:** § 11 Abs 5 GBGA.

Eintragung **eines Grundstücks,** das aus mehreren Teilen besteht, die in dem amtlichen Verzeichnis als **selbständige Teile** aufgeführt sind (so mehrere Katasterparzellen; mehrere Flurstücknummern) kann nach dem Ermessen des Grundbuchamts in der Weise erfolgen (Grundlage: § 6 Abs 4 GBV), daß in **Unterspalte b** die vermessungstechnische Bezeichnung des Grundstücks sowie in **Unterspalten c und d** die Grundstücksbezeichnung nach Steuerbüchern nicht eingetragen werden. Nachgewiesen werden müssen dann jedoch die fehlenden Angaben in einem bei den Grundakten aufzubewahrenden beglaubigten Auszug aus dem maßgeblichen amtlichen Verzeichnis der Grundstücke (Verbindung mit dem Handblatt, § 33 Abs 1 GBGA). Die Angaben in Unterspalte 3 (Wirtschaftsart und Lage) genügen dann als Gesamtbezeichnung (zB Landgut).

584 **Spalte 4** enthält die Angaben über die Größe des Grundstücks nach dem amtlichen Verzeichnis, ausgeschieden in ha, ar und m².

Zur gesetzlichen Einheit der Fläche sind nach Anlage 1 der Ausführungsverordnung zum Gesetz über **Einheiten im Meßwesen** (Einheitenverordnung – EinhV) vom 13. 12. 1985 (BGBl I 2272) das Ar (Zeichen: **a**) und das Hektar (Zeichen: **ha**) bestimmt. Für das Quadratmeter (oder Meterquadrat) konnte die Abkürzung „qm" nur bis zum 31. 12. 1974 verwendet werden; sie ist jetzt „m²". Diese Bezeichnungen sind im amtlichen und im geschäftlichen Verkehr ausschließlich zu verwenden.

Besteht **ein Grundstück** aus mehreren Teilen, die im **amtlichen Verzeichnis** als **selbständige Teile** aufgeführt sind (zB Katasterparzellen, Flurstücknummern), so ist entweder die Gesamtgröße oder die Größe getrennt nach den aus dem Grundbuch ersichtlichen selbständigen Teilen anzugeben. Ist das Grundstück nach Maßgabe des § 6 Abs 4 GBV bezeichnet, so ist die Gesamtgröße anzugeben. Beispiel für die an zweiter Stelle genannte Buchungsmöglichkeit:

1 Bestadt 1/1	Ackerland, Weiher	10 a 15 m²
1/2	Ackerland, Weiher	5 a 25 m²
2/1	Grünland beim See	20 a 40 m²
2/2	Wald beim See	13 a 13 m²

Daß es sich dabei nur um **ein** Grundstück im Rechtssinne (s Rdn 624, 632) handelt, ergibt sich daraus, daß die Buchung unter einer Nummer des Bestandsverzeichnisses erfolgt.

Soweit im amtlichen Verzeichnis die Grundstücksgröße nur mit 3 Dezimalstellen angegeben und eine Ergänzung auf 4 Stellen auf Grund älterer Unterlagen nicht möglich ist, sind entweder die m² durch Anhängung einer 0 abzurunden oder es ist die Größe nur in ha und a mit einer Dezimalstelle anzugeben (zB 2,658 ha anzugeben mit 2 ha 65 a 80 m² oder mit 2 ha 65,8 a);

585 **Spalten 5 und 6** weisen den Bestand bei Anlegung des Blattes und die nachträglichen Zuschreibungen auf. In Spalte 5 wird jeweils die laufende Nummer des betroffenen Grundstücks (Nummer der Spalte 1) eingeschrieben und in

A. Allgemeine Erläuterungen

Spalte 6 der Vorgang. Ferner werden hier eingetragen die Teilung eines Grundstücks (sofern nicht der Teil auf ein anderes Blatt übertragen wird), die Vereinigung und die Bestandsteilzuschreibung (vgl Rdn 621 ff). In Spalte 5 und 6 werden außerdem eingetragen die Vermerke über Berichtigung der Bestandsangaben. Keines Vermerks in Spalte 6 bedarf es jedoch, wenn lediglich die in Abs 3 Buchst a Nr 3 GBV für die Unterspalte c vorgeschriebene Angabe aus Steuerbüchern nachgetragen oder berichtigt wird.

Spalten 7 und 8 sind bestimmt für die Abschreibungen, bei denen das Grundstück aus dem Grundbuchblatt ausscheidet. In Spalte 7 wird jeweils die laufende Nummer des betroffenen Grundstücks (Nummer der Spalte 1) eingeschrieben und in Spalte 8 der Vorgang.
Die Unterzeichnung der Eintragung erfolgt in den Spalten 6 bzw 8.

b) Buchung eines dienenden Grundstücks in Miteigentum

Ein Grundstück, das im gemeinschaftlichen Eigentum mehrerer Personen steht, erhält im Grundbuch gleichfalls ein besonderes Grundbuchblatt (§ 3 Abs 1 GBO); es kann auch auf einem gemeinschaftlichen Grundbuchblatt über mehrere Grundstücke derselben (mehreren) Eigentümer unter einer besonderen Nummer eingetragen werden (§ 4 Abs 1 GBO). **Abgesehen werden** kann aber nach § 3 Abs 4 GBO in einem solchen Fall von der Führung eines Grundbuchblatts für ein Grundstück, wenn
- das Grundstück den wirtschaftlichen Zwecken mehrerer (sogen herrschender) Grundstücke zu dienen bestimmt ist[37] (sogen dienendes Grundstück)
- und in einem dieser Bestimmung entsprechenden räumlichen Verhältnis zu diesen herrschenden Grundstücken steht;
- außerdem das dienende Grundstück im Miteigentum (nach Bruchteilen, §§ 741 ff, 1008 BGB) der Eigentümer der herrschenden Grundstücke steht;
- keine Verwirrung zu besorgen ist, weil ein Grundbuchblatt für das dienende Grundstück nicht angelegt ist, vielmehr nur noch die Miteigentumsanteile als solche auf dem Grundbuchblatt der herrschenden Grundstücke eingetragen werden;
- keine wesentliche Erschwerung des Rechtsverkehrs oder der Grundbuchführung zu besorgen ist.

Beispiele: Hofräume, gemeinschaftliche Zufahrts- oder Anliegerwege, Garagenvorplatz, Mülltonnenstellplatz, andere Gemeinschaftsanlagen, Tiefgaragenstellplätze in der Rechtsform eines Miteigentumsbruchteils an einer Sondereigentumseinheit (Tiefgarage, Mehrfachparker) uä.

In diesem Fall müssen an Stelle des ganzen Grundstücks die den Eigentümern zustehenden einzelnen **Miteigentumsanteile** an dem dienenden Grundstück auf dem Grundbuchblatt des dem einzelnen Eigentümer gehörenden Grundstücks **eingetragen** werden (§ 3 Abs 5 S 1 GBO). Diese Eintragung gilt als Grundbuch für den einzelnen Miteigentumsanteil (§ 3 Abs 5 S 2 GBO).
Eintragung im Bestandsverzeichnis: § 8 GBV. Eintragungsbeispiel: Anlage 1 zur GBV Bestandsverzeichnis 7 zu 6.
Buchung nach § 3 Abs 4 und 5 GBO kann bereits erfolgen, wenn nur eines der herrschenden Grundstücke den Eigentümer gewechselt hat, alle übrigen

586

587

587a

---

[37] Voraussetzung ist nicht mehr, daß das Grundstück für sich allein nur von geringer wirtschaftlicher Bedeutung ist.

herrschenden Grundstücke aber noch im Eigentum der gleichen Person stehen.[38] Nur ein Miteigentumsanteil an einem dienenden Grundstück kann dann jedoch von diesem nicht abgebucht und auf das Grundbuchblatt des herrschenden Grundstücks übertragen werden; es müssen auch die übrigen Anteile gleichzeitig auf die herrschenden Einzelgrundstücke aufgeteilt werden, die noch im Eigentum eines Veräußerers stehen.[39]

587b Auch wenn die beteiligten Grundstücke noch **einem Eigentümer** gehören, ist bereits die Buchung von Miteigentumsanteilen auf den Grundbuchblättern der herrschenden Grundstücke (§ 3 Abs 4 und 5 GBO) zulässig, sofern der Eigentümer die Teilung des Eigentums am dienenden Grundstück in Miteigentumsanteile (unter Festlegung ihrer Größe) und deren Zuordnung[40] zu den herrschenden Grundstücken gegenüber dem Grundbuchamt erklärt hat (§ 3 Abs 6 GBO); Ausnahme vom Erfordernis des § 3 Abs 4 GBO, daß die Miteigentumsanteile im Zeitpunkt der Buchung bestehen müssen. Die weiteren Voraussetzungen des § 3 Abs 4 GBO (Rdn 587) müssen auch in diesem Fall vorliegen. Ermöglicht ist damit die Verselbständigung der Miteigentumsanteile am dienenden Grundstück schon vor ihrer Veräußerung; ein Bedürfnis für eine solche Buchung kann insbesondere für Grundstücke eines Bauträgers bestehen, die demnächst an verschiedene Personen veräußert werden sollen. Die Erklärung des Eigentümers über die Bestimmung der Miteigentumsanteile und ihre Zuordnung zu den herrschenden Grundstücken hat gegenüber dem Grundbuchamt zu geschehen. Sie betrifft die Art der Buchung (stellt somit keine rechtsgeschäftliche Verfügung über das Grundstück dar); daher unterliegt sie nicht der Form des § 29 GBO;[41] sie ist dem Grundbuchamt jedoch schriftlich einzureichen oder zur Niederschrift zu erklären (mündliche Erklärung allein genügt nicht). Nachweis oder Glaubhaftmachung, daß die einzelnen herrschenden Grundstücke mit den dazugehörenden Miteigentumsanteilen veräußert werden sollen, wird nicht verlangt. Ist jedoch dem Grundbuchamt bekannt oder erkennbar, daß die Grundstücke nicht demnächst an verschiedene Personen veräußert werden sollen, kann Buchung der Miteigentumsanteile auch nach Teilung des Eigentums am dienenden Grundstück wegen erschwerter Grundbuchführung (§ 3 Abs 4 GBO) nicht erfolgen. Wirksam wird diese Teilung des Eigentums am dienenden Grundstück mit der Buchung der einzelnen Miteigentumsanteile auf den Grundbuchblättern der herrschenden Grundstücke (§ 4 Abs 6 letzter Halbs GBO).

587c Miteigentümer eines (dienenden) Grundstücks können auch **Wohnungs-** und **Teileigentümer** sein;[42] es kann (zB als Straßengrundstück) dem wirtschaftlichen Zweck ihrer WE/TE-Einheiten zu dienen bestimmt sein. Wenn von der Führung eines Grundbuchblatts für das dienende Grundstück abgesehen wird, sind nach § 3 Abs 5 GBO an Stelle des ganzen Grundstücks dann die

---

[38] OLG Köln OLGZ 1982, 141 = MittRhNotK 1981, 264 = Rpfleger 1981, 481; LG Nürnberg-Fürth MittBayNot 1971, 87 = Rpfleger 1971, 223 mit Anm Meyer-Stolte.
[39] LG Nürnberg-Fürth aaO.
[40] Dh alle Miteigentumsanteile müssen herrschenden Grundstücken zugeordnet sein, BayObLG 1994, 221 = DNotZ 1995, 74 = Rpfleger 1995, 153; dazu auch Frank MittBayNot 1994, 512.
[41] Begründung zu § 3 Abs 6 GBO, BT-Drucks 12/5553, S 55.
[42] BayObLG 1994, 221 = aaO (Fußn 40); OLG Düsseldorf Rpfleger 1970, 394.

den Wohnungs- und Teileigentümern zustehenden Miteigentumsanteile an dem dienenden Grundstück auf deren WE/TE-Grundbuchblättern einzutragen. Das gebietet nicht, daß das dienende Grundstück sämtlichen Wohnungs- und Teileigentümern zugeordnet ist;[43] es kann auch dem wirtschaftlichen Zweck nur einzelner Wohnungs- und/oder Teileigentümer dienen (auch nur dem wirtschaftlichen Zweck der Wohnungseigentümer, nicht aber auch dem der Teileigentümer) und nur in deren Miteigentum stehen; zu buchen sind die einzelnen Miteigentumsanteile an dem dienenden Grundstück dann nur auf den Grundbuchblättern der einzelnen Eigentümer dieser WE-Einheiten.

Buchung der Miteigentumsanteile an einem dienenden Grundstück auf den Grundbuchblättern der herrschenden Grundstücke (§ 3 Abs 5, auch 6, GBO) erfolgt **von Amts wegen**. § 3 Abs 7 GBO sieht sie als **Regelform** vor (Einschränkung des durch die „Kann"-Bestimmungen begründeten Ermessens). Anträge der Beteiligten haben nur die Bedeutung von Anregungen.[44] Die Ablehnung einer solcher Anregung unterliegt der Beschwerde.[45]   588

Ein **Grundbuchblatt** für das nach § 3 Abs 5, auch 6, GBO auf den Grundbuchblättern der anderen (herrschenden) Grundstücke gebuchten geringwertigen (dienenden) Grundstück ist **wieder anzulegen,** wenn die Miteigentumsanteile nicht mehr den Eigentümern der herrschenden Grundstücke zustehen (§ 3 Abs 8 GBO), wenn somit das Grundstück als Ganzes veräußert ist oder wenn Miteigentumsanteile ohne das jeweils herrschende Grundstück veräußert werden. Diese Regelung ist zwingend; die Anlegung des Grundbuchblatts erfolgt von Amts wegen.   589

Belastung des dienenden Grundstücks als Ganzes mit einem Recht verpflichtet nicht grundsätzlich zur Anlegung eines neuen Grundbuchblatts. Nur dann hat das Grundbuchamt von Amts wegen wieder ein Grundbuchblatt anzulegen (§ 3 Abs 9 GBO), wenn bei Fortführung der Buchung nach § 3 Abs 5 und 6 GBO die Grundstücksbelastung Verwirrung begründen oder wesentliche Erschwerung des Rechtsverkehrs oder der Grundbuchführung besorgen lassen würde (Wegfall einer der Voraussetzungen des § 3 Abs 4 GBO). Das wird bei Belastung des dienenden Grundstücks mit einem Erbbaurecht der Fall sein. Buchung der Miteigentumsanteile nach § 3 Abs 5, auch 6, GBO kann insbesondere beibehalten werden bei Belastung des dienenden Grundstücks mit einer Dienstbarkeit[46] (damit auch bei nachträglicher Eintragung einer altrechtlichen Dienstbarkeit).[47] Belastung des dienenden Grundstücks mit einem Grundpfandrecht ist durch Mitbelastungsvermerk nach § 48 GBO kenntlich zu machen. Bei Belastung mit einem anderen Recht ist das Recht auf allen[48] Grundbuchblättern einzutragen, auf denen die Miteigentumsan-   590

---

[43] OLG Celle MittBayNot 1998, 104 = Rpfleger 1997, 522.
[44] OLG Düsseldorf Rpfleger 1970, 394 (395); s auch OLG Düsseldorf NJW 1985, 2537 = OLGZ 1985, 422 = Rpfleger 1985, 395.
[45] OLG Düsseldorf OLGZ 1985, 422 = aaO (Fußn 44).
[46] So schon vor Neufassung des § 3 Abs 9 GBO durch das RegVBG: OLG Celle Rpfleger 1992, 473; Wendt Rpfleger 1992, 457 (464).
[47] BayObLG 1991, 139 = MittBayNot 1991, 170 Leits = Rpfleger 1991, 299.
[48] Eintragung einer Dienstbarkeit als Belastung nur einzelner Miteigentumsanteile wäre inhaltlich unzulässig (Rdn 1117).

teile gebucht sind, und von Amts wegen bei allen beteiligten Grundbuchblättern kenntlich zu machen, daß das dienende Grundstück als Ganzes belastet ist; auf die übrigen Eintragungen ist jeweils zu verweisen (§ 3 Abs 9 GBO).

Beispiel

> Als Belastung des Grundstücks als Ganzes unter Verweisung auf die Eintragungen bei den übrigen Miteigentumsanteilen (Band ...) Blatt ... gemäß Bewilligung vom ... eingetragen am ...

Vermerke über Verfügungsbeschränkungen usw (Insolvenz-, Zwangsversteigerungs- und Zwangsverwaltungsvermerk, Nacherben- und Testamentsvollstreckervermerk usw) stellen keine Belastung des Grundstücks als Ganzes dar; sie betreffen jeweils nur den auf dem Grundbuchblatt eingetragenen Miteigentumsanteil. Belastungsvermerk unter Verweisung auf übrige Eintragungen (§ 3 Abs 9 GBO) wird in einem solchen Fall daher nicht eingetragen.

590a **Anlegung eines neuen Grundbuchblatts** (§ 3 Abs 1 GBO) für das nach § 3 Abs 5, auch 6, GBO gebuchte dienende Grundstück hat von Amts wegen zu erfolgen, wenn sonst eines der Erfordernisse des § 3 Abs 4 GBO entfallen, somit das Grundstück nicht mehr als geringwertig den wirtschaftlichen Zwecken mehrerer anderer Grundstücke zu dienen bestimmt ist, oder von der Beibehaltung der Buchung Verwirrung oder eine wesentliche Erschwerung des Rechtsverkehrs oder der Grundbuchführung zu besorgen wäre. Es besteht dann kein Anspruch darauf, daß Miteigentumsanteile an dem Grundstück nach § 3 Abs 5, auch 6, GBO weiterhin auf den Blättern der herrschenden Grundstücke gebucht bleiben, etwa um Belastungen vor anderen Miteigentümern „geheim zu halten".[49] Das gilt auch, wenn die Grundstücke noch einem Eigentümer gehören und nach § 3 Abs 6 GBO gebucht sind. Dann sind die Voraussetzungen für diese Buchung des dienenden Grundstücks auch entfallen, wenn der Alleineigentümer, zB infolge Aufgabe der Bebauungs- und Veräußerungsabsicht, die Teilung und Zuordnung aufhebt. Das ist uE zulässig. Zu erfolgen hat die Aufhebung der Teilung und Zuordnung (wie diese selbst) durch Erklärung gegenüber dem Grundbuchamt, für die Schriftform genügt (Rdn 587b).

591 c) Einzutragen ist außerdem in das Bestandsverzeichnis der **Vermerk über Rechte**, die dem jeweiligen Eigentümer eines auf dem Blatt verzeichneten Grundstücks zustehen (§ 9 GBO). Eintragung hat in Spalten 1, 3 und 4 zu erfolgen (§ 7 Abs 1–3 GBV); Spalten 5–8 siehe § 7 Abs 4–6 GBV. Eintragungsbeispiel: Anlage 2a zur GBV Bestandsverzeichnis Nr 8 zu 6 sowie 10 zu 6.

592 d) In das Bestandsverzeichnis eines Erbbaugrundbuchs wird das **Erbbaurecht** nach Maßgabe von § 56 GBV eingetragen (Rdn 1727), in das Bestandsverzeichnis eines **Wohnungs-** oder **Teileigentumsgrundbuchs** wird der Miteigentumsanteil mit dem zu ihm gehörenden Sondereigentum eingetragen (§ 7 Abs 1 WEG; § 3 WGV; Rdn 2865).

---

[49] OLG Düsseldorf OLGZ 1985, 422 = aaO (Fußn 44).

A. Allgemeine Erläuterungen

5. Fortführung und Erneuerung des Liegenschaftskatasters
a) Veränderungen an Liegenschaften
Das Liegenschaftskataster wird durch Übernahme aller **Veränderungen** an 593
den eingetragenen Liegenschaften und durch **Berichtigung** fehlerhafter Angaben **auf dem laufenden gehalten** (Art 7 VermKatG; Nr 1.1 KatFA[50]). Veränderungen im Liegenschaftsbuch ergeben sich aus (s Nr 1.1 KatFA)
– Katastervermessungen,
– Feststellungen und örtliche Erhebungen der Vermessungsämter,
– sonstigen Vorgängen, die andere Stellen den Vermessungsämtern mitteilen wie insbesondere
  – Bodenordnungsmaßnahmen (Umlegung, Grenzregelung) nach dem BauGB,
  – Verfahren nach dem FlurbG,
  – Nachschätzungen,
  – Änderungen der Lagebezeichnung,
  – Gerichtsentscheidungen,
  – Eigentumsübergänge ohne Vermessung.
Berichtigungen erfolgen insbesondere bei (s Nr 1.3 KatFG)
– einem Katastrierungsfehler,
– einem Aufnahmefehler,
– Flächenberichtigung,
– einem Zeichen-, Erfassungs- Schreib- oder Rechenfehler (ohne Auswirkung auf die Angabe der Flurstücksfläche) und bei ähnlicher offenbarer Unrichtigkeit.

b) Veränderungen in Bestand und Begrenzung
Eine **Veränderung im Bestand** der Flurstücke tritt ein, wenn ein Flurstück neu 594
entsteht oder wenn ein bestehendes Flurstück wegfällt (Nr 1.2.7 KatFA). Bei einer **Veränderung in der Begrenzung** eines Flurstücks wird das Flurstück durch einen Flächenzugang vergrößert oder durch einen Flächenabgang verkleinert (Nr 1.2.7 KatFA). Solche Veränderungen mit Veränderungen der Flurstücknummer und Flurstücksfläche entstehen in der Regel durch Zerlegung und Verschmelzung von Flurstücken.[51]
Zerlegung ist die katastertechnische Aufteilung eines Flurstücks in mehrere 595
selbständige Flurstücke sowie die Abtrennung eines Flurstücksteils unter zeitweiliger Verselbständigung (Zuflurstück, s Rdn 684) (Nr 8.1 KatFA). Sie wird entweder zusammen mit einer entsprechenden (rechtlichen) Teilung des Grundstücks (Abschreibung eines Grundstücksteils; Rdn 666) oder ohne eine

---
[50] Anweisung zur Fortführung des Liegenschaftskatasters in Bayern (Katasterfortführungsanweisung – KatFA –); s Rdn 573 Fußn 27.
[51] Stellt ein Veränderungsnachweis des Vermessungsamts eine Grenzveränderung infolge Überflutung nach Art 7 Abs 1 BayWG dar, so ist auf die Übernahme dieser Berichtigung in das Grundbuch § 22 GBO nicht anzuwenden. Die Berichtigung kann aufgrund des Veränderungsnachweises in das Grundbuch übernommen werden, BayObLG 1987, 410 = MittBayNot 1988, 38 = Rpfleger 1988, 254. So auch OLG Oldenburg NdsRpfl 1991, 175 = Rpfleger 1991, 412 für Erweiterung des Gewässerbettes gem § 3 BWaStrG.

solche Teilung (Flurstückszerlegung ohne Grundstücksteilung) vorgenommen. Eine Flurstückszerlegung ohne Grundstücksteilung kann aus katastertechnischen Gründen und ohne Zustimmung des Eigentümers vorgenommen werden (Nr 8.1 KatFA).

596 **Verschmelzung** ist der katastertechnische Zusammenschluß eines Flurstücks oder Flurstücksteils (Zuflurstück; zu diesem Rdn 684) mit einem anderen Flurstück oder Flurstücksteil zu einem Flurstück (Nr 8.2 KatFA). Die Zusammenfassung von Flächen zu einem Flurstück mit Verschmelzung soll bewirken, daß die Zahl der Flurstücke möglichst niedrig bleibt und eine örtlich zusammenhängende, einheitlich bewirtschaftete Bodenfläche eines Eigentümers nur ein Flurstück bildet (Nr 2.14 KatO mit Einzelheiten). Sie ist daher von einem Antrag nicht abhängig (sachlich begründeter Anregung soll Rechnung getragen werden) und in das Ermessen der Katasterbehörde gestellt. Die Verschmelzung setzt voraus, daß die zu verschmelzenden Flurstücke Teile desselben Grundstücks im Grundbuchsinn (Rdn 561) bilden (Nr 8.2 KatFA).

c) Veränderung in der Beschreibung

597 Veränderungen in der katastertechnischen Beschreibung der Flurstücke sind (s Nr 1.25 KatFA) Änderungen der Lagebezeichnung, Nutzungsart, Flächen der Flurstücksabschnitte, Beschreibung der Gebäude usw.

d) **Grundlagen für Katasterfortführung**

598 **Veränderungslisten** des Grundbuchamts (Rdn 606) bilden die Grundlage für die Fortführung des Liegenschaftskatasters für Veränderungen in der Buchung eines Grundstücks sowie für Veränderungen der Eigentümer und ihrer Rechtsverhältnisse im Grundbuch (Nr 18 KatFA). In Sonderfällen (so insbesondere bei städtebaulicher Umlegung, bei Flurbereinigung) bilden Fortführungsunterlagen die von den zuständigen Behörden erstellten Ausarbeitungen. Sonst werden Veränderungen und Berichtigungen, die in das Liegenschaftskataster übernommen werden sollen, in **Veränderungsnachweisen** dargestellt (Nr 6 KatFA). Sie dienen insbesondere als Grundlage für die Übernahme der Veränderungen
 - im Bestand und in der Begrenzung der Flurstücke,
 - der Lagebezeichnung, Nutzungsart (verbunden mit einer Änderung der Wirtschaftsart) und von Anliegervermerken,
 - der Gemarkung,
 - der Flurstücksnummer,
 - zur Berichtigung der Katasterangaben (Nr 1.3 KatFA, mit Einschränkung).

599 Ein Ausschnitt aus der Flurkarte wird dem Veränderungsnachweis beigegeben (Kartenbeilage), wenn in ihm Veränderungen im Bestand oder in der Begrenzung der Flurstücke oder Veränderungen in der katastertechnischen Bezeichnung der Flurstücke behandelt werden (Nr 12.1 KatFA). Der Veränderungsnachweis wird nach Fertigstellung geprüft und durch die amtliche Ausfertigung abgeschlossen (Nr 13 KatEA; dort auch zur Prüfungsbescheinigung). Die Geltungsdauer des Veränderungsnachweises ist nicht begrenzt; er kann jedoch rückgängig gemacht werden, wenn er Veränderungen enthält, die erst nach Eintragung im Grundbuch in das Liegenschaftsbuch zu über-

A. Allgemeine Erläuterungen

nehmen sind und die Eintragung in das Grundbuch innerhalb eines Jahres nicht beantragt ist (Nr 2.513 KatFEA).
Ein **Auszug** für das Grundbuchamt wird von einem Veränderungsnachweis gefertigt, wenn von ihm Angaben im Bestandsverzeichnis des Grundbuchs berührt werden (Nr 21.1 KatFA). Wenn der Veränderungsnachweis Veränderungen enthält, die Gegenstand eines Rechtsgeschäfts sind, wird der Auszug für das Grundbuchamt dem von den Beteiligten benannten Notar zugeleitet; im übrigen wird der Auszug unmittelbar an das Grundbuchamt gesandt (Nr 21.1 KatFA). 600

6. Erhaltung der Übereinstimmung zwischen Grundbuch und amtlichem Grundstücksverzeichnis

a) Übernahme der Änderungen des Liegenschaftskatasters in das Grundbuch

Benennung der Grundstücke im Grundbuch nach dem Liegenschaftskataster als amtlichem Verzeichnis (§ 2 Abs 2 GBO) erfordert, daß auch bei Fortführung des Liegenschaftskatasters (Rdn 593) die in den Grundbüchern enthaltenen Angaben zur Bezeichnung der Grundstücke und ihrer Größe in Übereinstimmung mit ihm gehalten werden. Nähere Bestimmungen hierfür traf die (auf § 1 Abs 3 [jetzt 4] GBO: Einrichtung und Führung des Grundbuchs beruhende) Allgem Verfügung des Reichsministers der Justiz über die Erhaltung der Übereinstimmung zwischen dem Grundbuch und dem Reichskataster vom 20. Jan 1940, Dt Justiz 214. Sie ist in den Bundesländern durchweg aufgehoben und durch neue landesrechtliche Bestimmungen ersetzt oder doch vielfach geändert. In Bayern gilt sie nicht mehr; an ihre Stelle sind §§ 38–48 GBGA getreten. Demnach gilt (in den Grundzügen übereinstimmend auch mit den Regelungen in anderen Bundesländern): 601

Zu **unterscheiden** sind
– die **Fortführung des Liegenschaftskatasters,** die einer vom Eigentümer beabsichtigten **Rechtsänderung** vorauszugehen hat (Teilung, Vereinigung, Zuschreibung von Grundstücken); sie kann im Grundbuch nur auf **Antrag,** somit dann vollzogen werden, wenn der Eigentümer Eintragung der beabsichtigten Rechtsänderung beantragt (§ 13 Abs 1 S 1 GBO; dazu Rdn 85 ff; zur Abschreibung bei Belastung eines Grundstücksteils s § 7 Abs 1 GBO); 602
– die **Fortführung des Liegenschaftskatasters** mit Änderung eines **Katastervortrags** über die Bezeichnung eines im Katasterkartenwerk dargestellten und im Katasterbuch beschriebenen Grundstücks, durch den sonach keine Veränderung am Umfang (Bestand) dieser Liegenschaft eintritt. Solche Änderungen werden **von Amts wegen** in das Grundbuch übernommen. Sie beziehen sich auf die für die Einrichtung des Grundbuchs (§ 1 Abs 4 GBO) erforderliche Buchung der Grundstücke, nicht aber auf die im Grundbuch dargestellten Rechte, deren Änderung nur auf Antrag (§ 13 Abs 1 GBO) einzutragen ist. Solche Bestandsänderungen sind (s § 45 Abs 2 GBGA sowie Rdn 598) 603
  – Veränderungen in der katastertechnischen Bezeichnung der Flurstücke (insbesondere bei Änderung der Flurstücknummern),
  – Veränderungen in der Gemeindezugehörigkeit der Flurstücke,
  – alle Berichtigungen (zu diesen bereits Rdn 593).

Zu diesen Bestandsänderungen gehören auch die Veränderungen in der Lagebezeichnung von **Straßen**flurstücken sowie die Änderung von Straßennamen und Hausnummern. Ihre Übernahme (Eintragung) in das Grundbuch ist näher geregelt für Bayern in den Gem Bekanntmachungen vom 30. Sept. 1980, BayJMBl S 210 und 211.

604 **Mitgeteilt** werden dem Grundbuchamt die Änderungen des Liegenschaftskatasters vom Vermessungsamt (der Katasterbehörde) durch Übersendung von Auszügen aus den **Veränderungsnachweisen** (§ 45 Abs 1 S 1 GBGA). Die Bestandsangaben im Grundbuch werden auf Grund des Veränderungsnachweises von Amts wegen geändert. Sie werden in der Weise übernommen, daß das Grundstück mit den neuen Angaben unter einer neuen laufenden Nummer eingetragen wird (§ 48 Abs 1 S 1 GBGA). Die neue Angabe kann auch unter oder über der rot zu unterstreichenden bisherigen Angaben eingetragen werden, wenn dadurch die Übersichtlichkeit nicht beeinträchtigt wird (§ 48 Abs 1 S 3 GBGA). Der Veränderungsnachweis ist Verwaltungsakt;[52] das Grundbuchamt ist daher für die Benennung der Grundstücks im Grundbuch (§ 2 Abs 2 GBO) an ihn gebunden,[53] es hat ihn durch Berichtigung der Bestandsangaben im Grundbuch ohne weiteres[54] zu vollziehen.[55] Nur wenn die Vollziehung zu Rechtsänderungen führt (insbesondere eine Auflassung erfordert) oder durch ein weiteres Grundbuchgeschäft veranlaßt ist (zB Anlegung eines Grundbuchblatts für ein noch nicht gebuchtes Grundstück, § 7 GBAVO) hat das Grundbuchamt zu prüfen, ob der Vollzug deswegen noch der Erfüllung weiterer Voraussetzungen bedarf.[56] Der zur Berichtigung von Bestandsangaben vorgelegte Veränderungsnachweis stellt kein Ersuchen nach §§ 38, 29 Abs 3 GBO dar; er bedarf daher nicht des Siegels (Stempels).[57] Der Auszug hat jedoch den landesrechtlich bestimmten Formerfordernissen zu entsprechen (Ausfertigungsvermerk als Erfordernis Rdn 599). Soweit diese Abweichendes nicht bestimmen, brauchen die Blätter des Veränderungsnachweises nicht mit Schnur und Siegel verbunden zu werden.[58]

605 Die Grundbucheintragung wird durch Eintragungsverfügung veranlaßt (§ 47 mit § 26 GBGA; Besonderheit bei maschineller Grundbuchführung: §§ 127, 130 GBO; dazu auch Rdn 607a). Der Eigentümer ist von der Änderung oder Berichtigung zu benachrichtigen, wenn sie mit einer Änderung der Gemar-

---

[52] BVerwG NJW 1966, 609 = Rpfleger 1966, 108 (auch zum Rechtsweg zu den Verwaltungsgerichten).
[53] BVerwG aaO; BayObLG 1981, 324 = Rpfleger 1982, 19; OLG Düsseldorf Rpfleger 1988, 140; auch BayObLG (8. 3. 1990, mitget) Rpfleger 1990, 198.
[54] Bereinigung von Unstimmigkeiten: § 46 GBGA.
[55] BayObLG 1981, 324 = aaO; OLG Düsseldorf aaO. BayObLG auch zum Vollzug des Veränderungsnachweises, der die Veränderung von Flächen eines Ufergrundstücks im Verhältnis zu einem Anliegergewässer (iS des Art 6 BayWG) durch natürliche Verlandung betrifft; dazu auch Bauch MittBayNot 1984, 1; s auch BayObLG (8. 3. 1990, mitget) Rpfleger 1990, 198. Zu Prüfungsbefugnis (und -pflicht) des Grundbuchamts dazu, ob bei Veränderung einer Größenangabe die Eigentumsgrenzen gewahrt bleiben (Herabsetzung der Bestandsgröße durch Minderung um eine verlandete Fläche) außerdem OLG Oldenburg Rpfleger 1992, 387.
[56] BayObLG 1981, 324 = aaO.
[57] OLG Düsseldorf OLGZ 1988, 58 = Rpfleger 1988, 140.
[58] OLG Düsseldorf aaO; LG Frankfurt DNotZ 1965, 688.

A. Allgemeine Erläuterungen

kung, der Flurstücksnummer oder des Bestandes der Flurstücke verbunden ist (§ 48 Abs 2 GBGA).
Änderung der Grundbuchbezirke: §§ 49–51 GBGA.
Wenn das Grundbuchamt die Übernahme der in einem Veränderungsnachweis enthaltenen Änderung in das Grundbuch ablehnt, steht der Vermessungs/Katasterbehörde die Beschwerde[59] gegen diese Entscheidung zu.[60] Der Eigentümer hat öffentlich-rechtlichen Anspruch auf Grundbuchführung unter Beachtung auch der Sollvorschriften des Grundbuchverfahrensrechts (Rdn 223). Bezeichnung des eingetragenen Grundstücks abweichend vom amtlichen Verzeichnis, somit Ablehnung der Übernahme der in einem Veränderungsnachweis enthaltenen Änderung, begründet daher auch für ihn ein Anfechtungsrecht[61] (Zulässigkeit der Anfechtung solcher Tatsacheneintragung s Rdn 480 mit 290). 605 a

b) Übernahme der Grundbucheintragungen in das Liegenschaftskataster

Bezeichnung der Buchungsstelle des Grundbuchs im Liegenschaftskataster und Nachweis der Eigentümer der im Grundbuch eingetragenen Grundstücke (sowie der Inhaber von Erbbaurechten) in Übereinstimmung mit dem Grundbuch (Art 6 Abs 1 S 1 VermKatG) erfordert Fortführung des Liegenschaftskatasters bei Veränderungen in der Buchung eines Grundstücks im Grundbuch sowie bei Veränderungen in der ersten Abteilung des Grundbuchs. Zur Fortführung des Liegenschaftskatasters müssen daher solche Veränderungen vom Grundbuchamt der Katasterbehörde mitgeteilt werden. Diese Datenübermittlung durch das Grundbuchamt erlaubt § 15 Nr 2 EGGVG; die Mitteilungspflicht regelt wie folgt 606

Nr XVIII MiZi

1. Mitteilungen zur Erhaltung der Übereinstimmung von Grundbuch und Liegenschaftskataster

(1) Mitzuteilen sind
1. die Eintragung eines Eigentümers, Wohnungs- oder Teileigentümers, Erbbauberechtigten, Wohnungs- oder Teilerbbauberechtigten, selbständigen Gebäudeeigentümers, Inhabers eines dinglichen Nutzungsrechts im Sinne des § 1 Nr 2 Buchst a GGV (§ 55 Abs 3 GBO);
2. Veränderungen der grundbuchmäßigen Bezeichnung eines Grundstücks, Wohnungs- oder Teileigentums, Erbbaurechts, Wohnungs- oder Teilerbbaurechts, selbständigen Gebäudeeigentums, dinglichen Nutzungsrechts im Sinne des § 1 Nr 2 Buchst a GGV (§ 55 Abs 3 GBO);
3. die Neuanlegung eines Grundbuchblatts;
4. die Umschreibung eines Grundbuchblatts (§ 39 Abs 3 GBV);
5. die Übertragung von Miteigentumsanteilen im Falle des § 3 Abs 8 GBO;
6. die Ausbuchung eines Grundstücks oder Grundstücksteils nach § 3 Abs 3 GBO;

---

[59] Rechtsbehelf bei Ablehnung durch den Urkundsbeamten (Zuständigkeit: § 12 Abs 2 GBO): § 12 Abs 4 GBO, Rdn 523.
[60] OLG Hamm OLGZ 1985, 276 = Rpfleger 1985, 396 mit Anm Tröster; OLG Düsseldorf OLGZ 1988, 58 = aaO.
[61] Anders LG Aachen Rpfleger 1986, 11; bei Übernahme einer Veränderung tatsächlicher Art aus dem Liegenschaftskataster unbeschränkte Beschwerde mit dem Ziel der Rückgängigmachung der Eintragung, BayObLG (8. 3. 1990, mitget) Rpfleger 1990, 198.

7. die Eintragung eines vom Buchungszwang befreiten Grundstücks auf ein bereits bestehendes Grundbuchblatt nach § 3 Abs 2 GBO;
8. die Schließung eines Grundbuchblattes, wenn das Grundstück sich in der Örtlichkeit nicht nachweisen läßt;
9. die Schließung eines Wohnungs- oder Teileigentumsgrundbuchblattes nach § 9 Abs 1 WEG.

(2) Die Mitteilungen erfolgen laufend oder monatlich (je nach den in den Ländern bestehenden Rechtsvorschriften oder nach Vereinbarung mit der für die Führung des Liegenschaftskatasters zuständigen Behörde).

(3) Die Mitteilungen sind außer in den Fällen des Absatzes 4 an die für die Führung des Liegenschaftskatasters zuständige Behörde zu richten.

(4) Von dem Zeitpunkt an, in dem nach Mitteilung der Flurbereinigungsbehörde oder Flurneuordnungsbehörde die rechtlichen Wirkungen des Flurbereinigungsplans oder Tausch- bzw Bodenordnungsplans eintreten, bis zu dem Zeitpunkt, in dem die Flurbereinigungsbehörde oder Flurneuordnungsbehörde die Abgabe der Berichtigungsunterlagen an die für die Führung des Liegenschaftskatasters zuständige Behörde mitteilt, sind die in Absatz 1 bezeichneten Mitteilungen an die Flurbereinigungsbehörde bzw Flurneuordnungsbehörde zu richten.

Landesrechtlich sind noch verschiedene Besonderheiten vorgesehen.
Für **Bayern** gelten außerdem §§ 38–43 GBGA.

607 Das Vermessungsamt (die Katasterbehörde) prüft die ihm übersandten Mitteilungen des Grundbuchamts auf die Übereinstimmung mit dem Liegenschaftskataster. Gibt es eine Mitteilung berichtigt, vervollständigt oder mit Bemerkungen versehen an das Grundbuchamt zurück, so hat dieses über eine etwaige Richtigstellung der eingetragenen Bestandsangaben zu entscheiden. Nach Erledigung ist die Mitteilung unverzüglich wieder an das Vermessungsamt zurückzuleiten (§ 43 GBGA).

c) Zusammenarbeit mit den katasterführenden Stellen bei maschinell geführtem Grundbuch

607a Maschinelle Übernahme von Daten des Liegenschaftskatasters in das Grundbuch und umgekehrt ermöglicht § 127 GBO nach besonderer Bestimmung der Landesregierungen (Landesjustizverwaltungen). Soweit das amtliche Verzeichnis (§ 2 Abs 2 GBO) maschinell geführt wird, durch Rechtsverordnung Bestimmung nach § 127 GBO aber nicht getroffen ist, kann das Grundbuchamt die aus dem amtlichen Verzeichnis für die Führung des Grundbuchs benötigten Daten aus dem Liegenschaftskataster anfordern, soweit dies nach den katasterrechtlichen Vorschriften zulässig ist (§ 86 Abs 1 GBV). Die für die Führung des amtlichen Verzeichnisses zuständige Behörde darf aus amtlichen Verzeichnissen benötigte Angaben aus dem Bestandsverzeichnis und der ersten Abteilung anfordern (§ 86 Abs 2 GBV). Datenübermittlung zur Durchführung eines Bodenordnungsverfahrens: § 86 Abs 3 GBV.

7. Buchungsfreie Grundstücke

608 **a) Ausnahmen von der Buchungspflicht** sind für Grundstücke vorgesehen, die wegen der Rechtsstellung des Eigentümers oder wegen ihrer Zweckbestimmung am Privatrechtsverkehr nicht teilzunehmen pflegen.[62] Es sind dies nach

---

[62] Motive zu § 11 GBO-Entw, Amtliche Ausgabe 1889, Seite 38.

A. Allgemeine Erläuterungen

§ 3 Abs 2 GBO die Grundstücke des Bundes, der Länder, der Gemeinden, anderer Kommunalverbände, der Kirchen (das sind die Religionsgesellschaften mit Rechtsfähigkeit, nicht aber Kirchenvereine oder Kirchenbauvereine), Klöster und Schulen, die Wasserläufe (Begriff bestimmt Landesrecht, Art 65 EGBGB; Bundeswasserstraßen sind als Grundstücke des Bundes buchungsfrei), die öffentlichen Wege (erfordert Widmung für den öffentlichen Verkehr durch die zuständige Behörde; bleibt dann auch in „Privat"eigentum buchungsfrei) sowie die Grundstücke, welche einem dem öffentlichen Verkehr dienenden Bahnunternehmen gewidmet sind.

b) Ein buchungsfreies Grundstück **erhält ein Grundbuchblatt** nur auf **Antrag** des Eigentümers oder eines Berechtigten (§ 3 Abs 2 GBO). Anlegungsverfahren: §§ 117–125 GBO. 609

c) **Auszuscheiden aus dem Grundbuch** ist ein Grundstück auf Antrag des Eigentümers, wenn dieser nach dem Rdn 608 Gesagten von der Eintragung befreit ist; weitere Voraussetzung ist, daß das Grundstück in Abt II und III nicht belastet ist (§ 3 Abs 2 GBO). Buchungsbeispiel hierzu Rdn 722. 610

8. Anlegung eines Grundbuchblatts

Angelegt wird ein Grundbuchblatt, wenn es für Eintragung eines Grundstücks (§ 3 Abs 1 GBO) erstmals verwendet wird. Hierfür ist ein Grundbuchblatt anzulegen 611
– von Amts wegen für ein (neu festgestelltes) buchungspflichtiges Grundstück, das ein Blatt bei der Anlegung des Grundbuchs noch nicht erhalten hat (§ 116 GBO, auch zum Verfahren bei Anlegung);
– auf schriftlichen Antrag für ein buchungsfreies Grundstück im Falle des § 3 Abs 2 Buchst a GBO (dazu Rdn 609);
– von Amts wegen für ein Grundstück, das aus einem Grundbuchblatt ganz (§ 13 Abs 3 GBV) oder als Grundstücksteil (§ 13 Abs 4 GBV) abgeschrieben (aber nicht nach § 3 Abs 2 GBO aus dem Grundbuch ausgeschieden) wird;
– von Amts wegen für ein dienendes Grundstück, das nur mit seinen Miteigentumsanteilen auf den Grundbuchblättern der herrschenden Grundstücke eingetragen ist, wenn das dienende Grundstück als Ganzes belastet werden soll und nicht nach § 3 Abs 6 GBO verfahren wird oder wenn die Anteile an dem dienenden Grundstück nicht mehr den Eigentümern der herrschenden Grundstücke zustehen (§ 3 Abs 8 GBO).
– von Amts wegen bei **Umschreibung eines Grundbuchblatts.** Sie erfolgt
  – bei Raummangel nach § 23 GBV;
  – wegen Unübersichtlichkeit nach § 28 Abs 1 GBV;
  – zur Vereinfachung nach § 28 Abs 2 Buchst a GBV;
  – zur Ausscheidung eines Grundbuchbandes nach § 28 Abs 2 Buchst b GBV;
  – zur Umstellung auf das Loseblattgrundbuch nach § 101 GBV (dazu bereits Rdn 81);
– bei Zuständigkeitswechsel nach § 25 (auch § 27) GBV (Besonderheit bei Loseblattgrundbuch nach § 27a GBV, außerdem bei Abgabe des Grundbuchbandes nach § 26 GBV).

2. Teil. II. Bestandsverzeichnis des Grundbuchs

Für die Anlegung neuer Grundbuchblätter werden nur noch Bände des Loseblatt-Grundbuchs verwendet (§ 5 Abs 2 GBGA). Verfahren bei Anlegung: § 12 GBGA.

Umgeschrieben werden kann ein bisher in Papierform geführtes Grundbuchblatt, wenn es **maschinell geführt** werden soll (§ 68 Abs 1 GBV). Durchführung dieser Umschreibung: § 68 Abs 2 GBV. Anlegung des maschinell geführten Grundbuchs durch Neufassung: § 69 GBV.

9. Schließung des Grundbuchblatts

612 Schließung des für ein Grundstück oder gemeinschaftlich für mehrere Grundstücke geführten Grundbuchblatts erfolgt, wenn es für Grundbucheintragungen nicht mehr zu verwenden ist. Das ist der Fall, wenn
- alle auf dem Blatt eingetragenen Grundstücke abgeschrieben, dh nach anderen Grundbuchblättern übertragen sind (§ 34 Buchst a GBV);
- alle auf dem Blatt eingetragenen Grundstücke aus dem Grundbuch ausscheiden, etwa weil sie nicht mehr buchungspflichtig sind und der Eigentümer einen entsprechenden Antrag stellt (§ 34 Buchst a GBV);
- die Zuständigkeit für die Führung des Blattes auf ein anderes Grundbuchamt oder in einen anderen Grundbuchbezirk des gleichen Grundbuchamts übergeht (§ 25, § 27 GBV; vgl Rdn 51 mit Besonderheit für Loseblattgrundbuch in § 27a GBV);
- das Grundstück, etwa durch Abschwemmung oder Bergrutsch, untergegangen ist (§ 34 Buchst c GBV);
- das Grundstück sich in der Örtlichkeit nicht nachweisen läßt (§ 35 Abs 1 GBV);
- ein Grundbuchblatt, insbesondere wegen Unübersichtlichkeit, umgeschrieben ist (§ 30 Abs 2 GBV; s dazu Rdn 691);
- an Stelle des Grundstücks die Miteigentumsanteile der Miteigentümer nach § 3 Abs 4 und 5 GBO im Grundbuch eingetragen werden und weitere Grundstücke nicht eingetragen sind (§ 34 Buchst b GBV);
- eine Doppelbuchung beseitigt werden soll (§ 38 GBV). Es ist zu unterscheiden, ob das Grundstück für sich allein auf mehreren Grundbuchblättern eingetragen ist oder ob es auf einem der mehreren Grundbuchblätter zusammen mit anderen Grundstücken oder Grundstücksteilen gebucht ist;
- das Grundbuchblatt in einem festen Band durch die Verwendung von Ablichtungen auf einen Band mit herausnehmbaren Einlegebogen umgestellt worden ist (§ 101 Abs 5 GBV);
- Umschreibung des in Papierform geführten Grundbuchblatts bei Anlegung eines maschinell geführten Grundbuchs erfolgt ist (§ 68 Abs 2 mit § 30 Abs 2 GBV).

613 Geschlossen wird ein Grundbuchblatt, indem
- sämtliche Seiten des Blattes, soweit sie Eintragungen enthalten, (rot) **durchkreuzt** werden;
- ein **Schließungsvermerk,** in dem der Grund der Schließung anzugeben ist, in der Aufschrift eingetragen wird (§ 36 GBV; s Schließungsvermerk Rdn 553; für Loseblattgrundbuch s auch § 14 GBGA). Zugleich ist auf den Grundakten die Schließung zu vermerken (§ 21 Abs 4 AktO). Wenn jedoch das Grundbuchblatt geschlossen wird, weil es unübersichtlich geworden

A. Allgemeine Erläuterungen

ist, werden die Grundakten unter entsprechender Änderung ihrer Bezeichnung für das neue Blatt weitergeführt (§ 32 GBV). Dem anderen Grundbuchamt sind die Grundakten zu übersenden, wenn Schließung bei Zuständigkeitswechsel erfolgt (§ 25 Abs 1, auch § 26 Abs 4 GBV). Ausnahmsweise Wiederverwendung eines geschlossenen Blattes: § 37 GBV; sie erfolgt nicht, wenn das Grundbuch in Einzelheften mit herausnehmbaren Einlegebogen geführt wird (§ 37 Abs 3 GBV mit Regelung der Wiederverwendung der Nummer eines geschlossenen Grundbuchblatts im Einzelheft für ein neues Blatt desselben Grundbuchbezirks).

Nach Löschung eines Zwangsversteigerungs- oder Zwangsverwaltungsvermerks oder einer Zwangssicherungshypothek (auch mehrerer solcher Eintragungen) kann der Grundstückseigentümer Umschreibung (Neuanlegung) des Grundbuchblatts **nicht verlangen**.[63] Das Interesse des Eigentümers, der nach Besserung seiner wirtschaftlichen Lage von den Dritten weiterhin erkennbaren Eintragungen kreditschädigende oder doch diskriminierende Auswirkungen befürchtet, daran, daß ein Vollstreckungsvermerk oder eine Zwangshypothek nicht mehr aus seinem Grundbuch hervorgeht, begründet keinen Anspruch auf Bereinigung seines Grundbuchblatts durch „Umschreibung". Wenn das Grundbuchamt pflichtwidrig eine Zwangshypothek eingetragen hat (wie zB dann, wenn es übersehen hat, daß der Eigentümer nicht der im Vollstreckungstitel bezeichnete Schuldner war), begründet jedoch effektiver Grundrechtsschutz einen Anspruch auf Umschreibung des Grundbuchblatts (auf Antrag) dergestalt, daß die zu Unrecht eingetragene, inzwischen gelöschte Zwangshypothek daraus nicht mehr ersichtlich ist.[64]

613 a

Umschreibung (Rdn 691) mit Schließung des umgeschriebenen Grundbuchblatts ist geboten, wenn bei Namensberichtigung eine Adoption als Grundlage der Eintragung (unter Verstoß gegen das Offenbarungsverbot des § 1758 Abs 1 BGB) angegeben wurde.[65] Korrektur nur im Wege der Rötung genügt in diesem Fall nicht.

613 b

10. Keine Anteilssonderblätter

a) Buchung der **Anteile von Miteigentümern** eines Grundstücks auf Anteilssonderblättern sieht die GBO nicht vor. Diese Buchung wird für Grundstücke in Feriengebieten zur Erleichterung des Rechtsverkehrs und der Grundbuchführung in den Fällen ins Auge gefaßt, in denen Gemeinden nach § 22 BauGB erforderliche Genehmigungen für Bildung von Wohnungs/Teileigentum (dazu Rdn 3846) nicht erteilen. Abgeschlossene Wohnungen können in solchen Fällen für Veräußerung mit Regelung der Rechtsbeziehungen der Miteigentümer über Verwaltung, Benutzung und Ausschluß der Aufhebung der Gemeinschaft sowie „Verdinglichung" der schuldrechtlichen Vereinbarung mit Grundbucheintragung (§ 1010 BGB; dazu Rdn 1459 ff, 2909 d) – wenn auch

613 c

---

[63] BayObLG 1992, 127 = MittRhNotK 1992, 188 = NJW-RR 1993, 475 = Rpfleger 1992, 513; OLG Düsseldorf DNotZ 1988, 169 = NJW 1988, 975 = Rpfleger 1987, 409; LG Bonn MittRhNotK 1988, 121 = Rpfleger 1988, 311; LG Köln MittRhNotK 1984, 247; Stöber, ZVG, Rdn 2.5 zu § 34; anders Böhringer BWNotZ 1981, 1 (Grundbuchumschreibung kann nach 5 Jahren erfolgen).
[64] OLG Frankfurt NJW 1988, 976; Böhringer aaO.
[65] OLG Schleswig NJW-RR 1990, 23 = Rpfleger 1990, 203.

nur unzulänglich – verselbständigt werden. Das ermöglicht es auch zB einer Betriebsgesellschaft eines Campingplatzes, ein größeres Areal zu erwerben und Bruchteile an Geldanleger zu veräußern, denen im Wege der Nutzungsvereinbarung nach § 1010 BGB Stellplätze zur ausschließlichen Nutzung zugewiesen werden. Eintragung von Eigentumsänderungen (Veräußerung und Vererbung) und von Einzelbelastungen (§ 1114 BGB) auf einem für das Grundstück im Eigentum zahlreicher Miteigentümer geführten Grundbuchblatt (§ 3 Abs 1 S 1 GBO), insbesondere der Finanzierungsgrundpfandrechte der Miteigentümer, kann dann leicht zu Unübersichtlichkeit des Grundbuchs führen und soll Verwirrung besorgen lassen. Dem soll mit Buchung eines jeden Miteigentumsanteils und der an ihm bestehenden Rechtsverhältnisse auf einem Miteigentumssonderblatt in Anlehnung an § 3 Abs 4 GBO im Wege der Rechtsfortbildung oder analog abgeholfen werden. Dabei wird nicht einheitlich verfahren. Es wird vom Ursprungs-Grundbuchblatt der jeweils veräußerte Bruchteil abgeschrieben und auf einem neuen Grundbuchblatt gebucht; im Ursprungs-Grundbuchblatt bleibt dann letztlich nur noch ein Bruchteilseigentümer eingetragen. Es werden aber auch an Stelle des Ursprungs-Grundbuchs für alle Miteigentumsanteile „Anteilsgrundbücher" angelegt, auf denen entweder jeweils das Grundstück insgesamt oder sogleich nur die einzelnen Anteile gebucht werden. Es wird auch nicht ausgeschlossen, daß Anteilssonderblätter in Anlehnung an § 3 Abs 6 GBO bereits dann angelegt werden können, wenn das Grundstück noch einem Eigentümer gehört, dieser aber die (künftige) Teilung des Eigentums „erklärt" hat; zum Teil wird das erst nach Veräußerung zunächst nur eines Miteigentumsanteils für das verbleibende Miteigentum des ursprünglichen Alleineigentümers für zulässig erachtet.

613d b) Die Führung von Anteilssonderblättern ist als Abweichung von § 3 Abs 1 S 1 GBO **nicht zulässig**. Gleichwohl angelegte Anteilssonderblätter verstoßen gegen diese Bestimmung des Grundbuchverfahrensrechts. Unwirksamkeit bewirkt dieser Verstoß gegen das formelle Recht indes nicht. Die Beteiligten haben jedoch einen Rechtsanspruch auf Einhaltung des § 3 Abs 1 S 1 GBO durch das Grundbuchamt, der mit Beschwerde durchgesetzt werden kann. Für Rechtsfortbildung besteht schon deshalb kein Anlaß, weil bloße Unzweckmäßigkeit einer Norm (des § 3 Abs 1 S 1 GBO; sofern sie überhaupt gegeben ist) keine Gesetzeslücke begründet, es somit nicht rechtfertigt, über ihren eindeutigen Wortlaut hinwegzugehen.

613e c) Ob § 3 Abs 1 S 1 GBO unzweckmäßig und Buchung auf Anteilssonderblättern zur Erleichterung des Rechtsverkehrs und der Grundbuchführung geboten ist, ist zudem recht zweifelhaft. § 3 Abs 1 S 1 GBO gründet sich auf den **Zweck** des Grundbuchs, daß **sämtliche Angaben** über die Rechtsverhältnisse **eines** Grundstücks **an einer Stelle** zu finden sein müssen.[66] Damit dient diese Grundbuchführung öffentlichen Interessen, einfach und übersichtlich über den dinglichen Rechtszustand an jedem Grundstück, damit auch über den Grundstücksbeschrieb und die Eigentumsverhältnisse sowie Belastungen (insbesondere auch mit Dienstbarkeiten) Auskunft zu geben. Daher können Einzelinteressen an übersichtlicher Buchung eines Miteigentumsanteils (auch

---

[66] Denkschrift zur GBO (wie Fußn 9) S 149; Güthe/Triebel Rdn 1 zu § 3 unter Hinweis auf die Motive zur GBO S 32.

wenn ihm durch Benutzungsregelung eine bestimmte Wohneinheit zugeordnet ist) und seiner Belastung mit Grundpfandrechten nicht ohne weiteres Vorrang vor dem Gesamtinteresse haben, sämtliche Angaben über die Rechtsverhältnisse eines Grundstücks an einer Stelle zu finden. Wenn etwa das Grundstück mit einer Dienstbarkeit belastet oder für Veräußerung einer Grundstücksfläche eine Auflassungsvormerkung eingetragen werden soll, werden Berechtigte und der beurkundende Notar es nicht minder unübersichtlich finden, wenn über Wirksamkeit und Ordnungsmäßigkeit der Buchung, damit für Rechtmäßigkeit der Dienstbarkeit oder Vormerkung, nur noch die zusammengefaßten Eintragungen in Abt II zahlreicher Anteilssonderblätter Auskunft geben können. Solche Erschwernisse bereitet auch Erwerbsinteressenten die Prüfung, ob die Anteilsbelastung über Ausschluß des Aufhebungsrechts und Regelung der Verwaltung und Benutzung (§ 1010 BGB) durch Grundbucheintragung in zahlreichen Anteilssonderblättern gegen Sonderrechtsnachfolger aller Miteigentümer wirksam ist; dabei kann noch weiter Bedeutung erlangen, daß diese (schuldrechtliche) Regelung verschiedene Miteigentümer voraussetzt, bei (ohnedies nicht zulässiger) Teilung des Eigentums oder (nach Abveräußerung eines Anteils) des verbleibenden Miteigentums eines Eigentümers sonach weder schuldrechtlich begründet noch dinglich abgesichert werden kann (s Rdn 1462).

d) Analoge Anwendung des § 3 Abs 4–6 GBO verbietet sich, weil keine Gesetzeslücke besteht (es will vielmehr nur § 22 BauGB der „Unterteilung" eines Grundstücks zur Bildung abgeschlossener Wohneinheiten entgegenwirken[67]) und weil keine Rechtsgleichheit gegeben ist (keine Zuordnung eines dienenden zu einem herrschenden Grundstück). 613 f

e) Anlegung von Anteilsblättern im Wege der Vorratsteilung für Miteigentumsanteile in der Hand eines Eigentümers kann auch keine Einzelbelastung nach § 1114 BGB ermöglichen. § 1114 BGB erlaubt Einzelbelastung „in den in § 3 Abs 6 der Grundbuchordnung bezeichneten Fällen", stellt damit auf Buchung nach Teilung eines dienenden Grundstücks ab. Fehlerhaft (tatsächliche) Buchung des Hauptgrundstücks eines Eigentümers, dessen Eigentum nicht nach § 3 Abs 6 GBO teilbar ist, kann Einzelbelastung daher nicht rechtfertigen. Erfolgt sie dennoch, wird die Belastung als Verstoß gegen materielles Recht als unwirksam angesehen.[68] 613 g

B. Einzelfälle

1. Berichtigung der Grundstücksfläche auf Grund einer amtlichen Katasterunterlage (GBV § 6)

Vorgang: Das Grundbuchamt erhält vom Vermessungsamt einen Auszug aus einem Veränderungsnachweis (§ 45 Abs 1 GBGA). Er weist nach Neuvermes- 614

---

[67] Dieses Verfahren begründet den (falschen) Anschein, es handle sich um nahezu das Gleiche wie Wohnungs-/Teileigentum, obwohl hierzu gravierende Unterschiede bestehen. Hierzu sollte das Grundbuchamt keine Hilfestellung leisten.
[68] Herrschende Meinung, siehe Staudinger/Wolfsteiner Rdn 6 zu § 1114 (dieser aber Rdn 7 für Wirksamkeit); BGB-RGRK/Mattern, Rdn 12; Erman/Wenzel Rdn 2, je zu § 1114.

sung eine Berichtigung des Flächeninhalts eines Flurstücks aus (statt der im Grundbuch eingetragenen 10 a 20 m² in Wirklichkeit 10 a 22 m²), dessen Begrenzung unverändert geblieben ist.

Das Grundbuchamt veranlaßt (§ 130 S 1 GBO; Verfügung nach § 44 Abs 1 S 2 GBO) folgende **Eintragung**:

Bestandsverzeichnis

Sp. 4: (über der [rot] zu unterstreichenden bisherigen Angabe): 10 a 22 m²
Sp. 5: 1
Sp. 6: Spalte 4 berichtigt auf Grund des Veränderungsnachweises vom ... am ...

615 a) Die Änderung wird **von Amts wegen** in das Grundbuch übernommen (Rdn 603). Zuständig ist der Urkundsbeamte der Geschäftsstelle (§ 12 c Abs 2 Nr 2 GBO). Eingetragen wird die Bestandsberichtigung in der Weise, daß das Grundstück mit der neuen Angabe unter einer neuen laufenden Nummer vorgetragen wird ([rot] unterstrichen wird dann die bisherige Eintragung in Spalten 1–4) oder unter Einschreibung der neuen Angabe unter oder über der (rot) zu unterstreichenden bisherigen Angabe (so Verfügungsbeispiel; § 48 Abs 1 GBGA). In Spalte 6 (mit 5) wird ein Vermerk über die Berichtigung der Bestandsangabe eingetragen (§ 6 Abs 6 Buchst e mit Abs 8 GBV).

616 b) **Eintragungsnachricht** erhält der Eigentümer (§ 55 Abs 1 GBO); Eintragungsmitteilung erfolgt an das Vermessungsamt (§ 55 Abs 3 GBO).

617 c) Als **Rechtsmittel** ist Beschwerde nach § 71 Abs 1 GBO (Erinnerung an den Richter nach § 12 c Abs 4 GBO) mit dem Ziel der Löschung zulässig.[1] Die Beschwerde kann jedoch nicht darauf gestützt werden, daß die Begrenzung des Flurstücks in der Katasterkarte dem (größeren) Umfang des Eigentums nicht entspreche.[2]

618 Diese Randnummer ist entfallen.

2. Andere Berichtigung auf Grund amtlicher Katasterunterlagen (§ 6 GBV)

619 **Vorgang**: Ein bisher nicht bebautes Grundstück ist überbaut worden. Der dem Grundbuchamt zugegangene Auszug aus dem Veränderungsnachweis (§ 45 Abs 1 GBGA) stellt die durch Änderung der Nutzungsart veranlaßten Veränderungen in der Beschreibung des Flurstücks dar. Landesrechtliche Bestimmung darüber, daß die Eintragung der Wirtschaftsart unterbleibt, ist nicht getroffen.

Das Grundbuchamt veranlaßt (§ 130 S 1 GBO; Verfügung nach § 44 Abs 1 S 2 GBO) folgende Eintragung:

Bestandsverzeichnis

Sp. 3 c: (über der [rot] zu unterstreichenden bisherigen Angabe):
        Hauptstraße Nr 10, Gebäude- und Freifläche
Sp. 5: 2
Sp. 6: Spalte 3 c berichtigt auf Grund des Veränderungsnachweises vom ... am ...

620 S die Anmerkungen Rdn 615 ff. Bekanntmachung erfolgt an den Grundstückseigentümer. Wenn für Flächen eines Flurstücks verschiedene Nutzungs-

---

[1] BayObLG 1976, 106 (109) = Rpfleger 1976, 251; s auch Rdn 605 a.
[2] BayObLG 1976, 106 = aaO.

B. Einzelfälle

arten festgestellt sind, werden diese im Liegenschaftskataster getrennt nachgewiesen. Als Änderung der Bestandsangaben sind daher in das Grundbuch von Amts wegen auch Veränderungen in der Beschreibung eines Flurstücks durch Änderung der Wirtschaftsart (Nutzungsart) der Flurstücksfläche in gleicher Weise zu übernehmen. Entsprechendes gilt für Veränderungen in der katastermäßigen Bezeichnung der Flurstücke durch Änderung der Flurstücksnummern oder des Gemarkungsnamens, außerdem für Veränderungen im Bestand und in der Begrenzung der Flurstücke, wenn sie Grenzen und Größe eines Grundstücks (Begriff Rdn 561) nicht berühren.

Beispiele:
a) Ein Flurstück Nr 50 in einer Größe von 4 a wies bisher die Bezeichnung Ackerland auf. Jetzt trägt es die Bezeichnung Flurstück 50, Gebäude- und Freifläche, Hauptstraße Nr 10 mit 2 a, und Flurstück Nr 50/1, Landwirtschaftsfläche bei der Hauptstraße mit 2 a. Es darf ohne Antrag des Eigentümers nicht etwa das Gebäude unter Abschreibung als neues selbständiges Grundstück in das Grundbuch eingetragen werden.

b) Im Grundbuch sind als **ein Grundstück** unter einer Nummer eingetragen Flurstück Nr 51 Landwirtschaftsfläche an der Dorfstraße mit 2 a, und Flurstück Nr 52, Betriebsfläche Dorfstraße 10 mit 2 a, zusammen 4 a. Dem Flurstück Nr 51 sind 20 m² ab- und dem Betriebsgebäude Nr 10 als Gartenland zugemessen worden. Eine Änderung in der Gesamtgröße des Grundstücks ist nicht eingetreten. Anders liegt der Fall, wenn die beiden Grundstücke je unter besonderer Nummer gebucht sind und der gleiche Ab- und Zugang vor sich gegangen ist.

3. Vereinigung von Grundstücken
BGB § 890 Abs 1
GBO §§ 5, 13, 29 (30)
GBV §§ 6, 13

Antragsformular 621

Eingegangen beim Grundbuchamt
am ... Uhr ... Min.
Unterschrift

An das Grundbuchamt Hauptstadt

Ich beantrage, meine im Grundbuch von Neustadt [Band I] Blatt 10 unter Nr 1 und 2 gebuchten Grundstücke Flurstück 18 und Flurstück 20 zu einem Grundstück zu vereinigen. Auf Nachricht von der Eintragung verzichte ich. Wert der beiden Grundstücke 5000 Euro.

Hauptstadt, den ...   Karl Adam

Ich beglaubige die vorstehende vor mir vollzogene [anerkannte] Unterschrift des Herrn Karl Adam, geb am 1. 12. 1934, wohnhaft Bahnhofstr 2 in Hauptstadt, ausgewiesen durch seinen deutschen Reisepaß.

(Siegel)   Hauptstadt, den ...   Notar Genau

Grundbucheintragung 622

Bestandsverzeichnis
Sp. 1: 3
Sp. 2: 1, 2
Sp. 3/4: [Grundstücksbezeichnung nach Flurstücken,
    Wirtschaftsart und Lage sowie Größe]
Sp. 5: 1, 2, 3

2. Teil. II. Bestandsverzeichnis des Grundbuchs

Sp. 6: BV Nr 2 mit BV Nr 1 vereinigt und als BV Nr 3 neu vorgetragen am ...
   oder: „BV Nr 1 und 2 vereinigt zu BV Nr 3; eingetragen am ..."
Die früheren Eintragungen in Nr 1 und 2 sind in den Sp. 1–4 (rot) zu unterstreichen.

Literatur: Corvey, Die Vereinigung von Grundstücken im Grundbuch, Rpfleger 1959, 173; Merkel und Corvey, Nochmals: Die Vereinigung von Grundstücken im Grundbuch, Rpfleger 1960, 391; Minning, Die Vermessung aus der Sicht des Notariats, MittRhNotK 1973, 671; Röll, Grundstücksteilungen, Vereinigungen und Bestandteilszuschreibungen im Anschluß an Vermessungen, DNotZ 1968, 523; Stöber, Was verwirrt bei Vereinigung?, MittBayNot 2001, 281; Weber, Das mißverstandene „Zuflurstück", DNotZ 1960, 229; Wendt, Verwirrungsgefahr bei unterschiedlicher Belastung mit Grundpfandrechten, Rpfleger 1983, 192.

a) Grundstücksveränderungen

623 Der Eigentümer kann kraft seiner dinglichen Berechtigung (§ 903 BGB) Grundstücke (Begriff Rdn 561) als Gegenstand seines Sachenrechts verändern durch
– Vereinigung (§ 890 Abs 1 BGB),
– Bestandteilszuschreibung (§ 890 Abs 2 BGB; Rdn 650),
– Teilung (Rdn 666).
Rechte Dritter an Grundstücken dürfen bei Änderung des Grundstücksbestands durch den Eigentümer nicht beeinträchtigt werden. Belastungen eines Grundstücks müssen sich daher bei Grundstücksveränderung fortsetzen, wenn nicht der Berechtigte die Lastenfreistellung genehmigt.

b) Vereinigung

624 **aa)** Zu **einem Grundstück** (Begriff Rdn 561) **vereinigt** werden können zwei oder mehr (rechtlich selbständige) Grundstücke dadurch, daß der Eigentümer sie als ein Grundstück in das Grundbuch eintragen läßt (§ 890 Abs 1 BGB). Das (einheitliche) Grundstück entsteht damit aus den bisher (rechtlich) selbständigen Grundstücken; sie werden (unwesentliche[1]) Bestandteile des neuen (einheitlichen) Grundstücks. <u>Belastungen der (bisherigen) Einzelgrundstücke (die sich bei Grundstücksveränderung fortsetzen) bleiben bei Vereinigung als (Einzel)Belastungen des jeweiligen Grundstücksteils weiterhin (selbständig) bestehen.</u>[2] Bestehende Belastungen in Abteilung II und III des Grundbuchs erstrecken sich daher gesetzlich nicht auf den jeweils anderen Grundstücksteil des neuen Grundstücks[3] (anders nur für Grundpfandrechte bei Bestandteilszuschreibung nach § 1131 BGB). Eine Gesamthypothek wird daher auch nicht zur Einzelhypothek (auf dem einheitlichen neuen Grundstück); vielmehr finden die Vorschriften über die Gesamthypothek auf sie nach wie vor Anwendung.[4] Neubelastung ist nur noch auf dem neu gebildeten Grundstück (und nur noch zugunsten des vereinigten neuen Grundstücks) zulässig. Eintragung einer Grundstücksvereinigung im Grundbuch ohne darauf gerichtete

---

[1] BGH LM BGB § 1018 Nr 26 = NJW 1978, 320 Leits = Rpfleger 1978, 52; OLG Hamm DNotZ 2003, 355 (357) = Rpfleger 2003, 349 (351).
[2] Vollstreckung eines Grundpfandgläubigers in seinen belasteten Grundstücks„teil" s Stöber, ZVG, Einl Rdn 11.
[3] BGH LM BGB § 1018 Nr 26 = aaO (für Grunddienstbarkeit); OLG Hamm aaO (Fußn 1).
[4] OLG Karlsruhe OLG 39, 222 (223).

B. Einzelfälle

Willenserklärung des Eigentümers (sie ist materiell-rechtlich formfrei) hat Entstehen eines Grundstücks nach § 890 Abs 1 BGB nicht zur Folge;[5] gutgläubiger Erwerb Dritter wird jedoch geschützt (§ 892 BGB).

bb) Die zu vereinigenden Grundstücke müssen **demselben Eigentümer** (denselben Miteigentümern im gleichen Anteils- oder Berechtigungsverhältnis) gehören. Unterschiedliche Eigentumsverhältnisse an den einzelnen Grundstücken schließen Vereinigung aus. 625

cc) Die zu vereinigenden Grundstücke sollen in demselben Grundbuchamts- und Katasteramtsbezirk liegen (§ 5 Abs 2 S 1 GBO). Das Entstehen neuer Grundstücke, die über die Grenzen eines Grundbuchamts- oder Katasteramtsbezirks hinausgehen, soll damit für den Regelfall (nicht aber ausnahmslos) ausgeschlossen werden.[6] Die Grundstücke **sollen räumlich aneinandergrenzen** (§ 5 Abs 2 S 1 GBO). Eine Vereinigung (oder Zuschreibung) kommt bei natürlicher Betrachtungsweise dann in erster Linie in Betracht, weil damit auch eine übereinstimmende Festlegung von Grundstücks- und Flurstücksgrenzen ermöglicht wird.[6] Diese Einschränkung gilt aber nur als Regel, nicht jedoch als grundsätzliches Erfordernis. Auch eine Vereinigung nicht aneinandergrenzender und selbst in verschiedenen Grundbuchamts- oder Katasterbezirken liegender Grundstücke kann zweckmäßig und für den Grundstückseigentümer unverzichtbar (oder doch nützlich) sein. Dann kann sie erfolgen. Abgewichen werden kann (= pflichtgemäßes Ermessen des Grundbuchamts) von den Regelerfordernissen des § 5 Abs 2 S 1 GBO daher dann, wenn hierfür, insbesondere (bezeichnet nur Beispiele, nennt aber keine ausschließlichen Erfordernisse) wegen der Zusammengehörigkeit baulicher Anlagen und Nebenanlagen, ein erhebliches Bedürfnis besteht (§ 5 Abs 2 S 2 GBO). 625 a

Beispiele: Garagen- oder Mülltonnengrundstücke, insbes wenn die Baubehörde die Vereinigung verlangt (um dann durch Verweigerung der Teilungsgenehmigung die Verbindung der Grundstücke sicherstellen zu können);[6] Bildung eines Wohnungs- und/oder Teileigentumsgrundstücks nach § 1 Abs 4 WEG.

Zweckmäßig und für den Grundstückseigentümer vorteilhaft kann die Vereinigung nicht aneinandergrenzender Grundstücke auch sonst bei wirtschaftlich einheitlicher Nutzung sein, so bei Bauvorhaben auf verschiedenen Parzellen, die nur durch eine öffentliche oder private Straßen- oder Wegefläche getrennt sind,[7] oder bei wirtschaftlich gleicher Nutzung (zB gegenüberliegender Garagen auf verschiedenen, nur durch die Zufahrt getrennten Grundstücken). Nachweis der Lage des Grundstücks ist durch beglaubigte Karte der zuständigen Behörde zu führen (§ 5 Abs 2 S 3 GBO); Ausnahme bei Offenkundigkeit. Das erhebliche Bedürfnis ist glaubhaft zu machen (§ 294 Abs 1 ZPO); § 29 GBO gilt für die Form der Glaubhaftmachung nicht (§ 5 Abs 2 S 4 GBO); substantiierter Tatsachenvortrag kann genügen.[8] Verstoß gegen die Sollvorschrift des § 5 Abs 2 GBO berührt die materiell-rechtliche Wirksamkeit der Vereinigung nicht.

---

[5] KG OLG 40, 30; KGJ 49 A 232 (235); OLG Kassel JW 1933, 1339.
[6] Begründung zu § 5 Abs 2 GBO, BT-Drucks 12/5553, S 58.
[7] LG Marburg Rpfleger 1996, 341: Trennung zusammengehörender baulicher Anlagen nur durch eine gemeindliche Grabenparzelle.
[8] Keller BWNotZ 1994, 73 (77).

625b dd) **Landesrechtliche Vorschriften** können die Vereinigung weiter untersagen oder beschränken (Art 119 Nr 3 EGBGB). Grund:[9] Wahrung eines landesrechtlich unter Umständen bestehenden besonderen Bedürfnisses.

Art 30 AGBGB **Baden-Württemberg** regelt:
Die Vereinigung mehrerer Grundstücke und die Zuschreibung eines Grundstücks zu einem anderen (§ 890 Abs 1 und 2 des Bürgerlichen Gesetzbuchs) ist zulässig, wenn die beteiligten Grundstücke in demselben Grundbuchbezirk liegen, unmittelbar aneinander grenzen und nicht mit unterschiedlichen Grundpfandrechten belastet sind. Grenzen die Grundstücke nicht unmittelbar aneinander, soll eine Vereinigung und Zuschreibung nur erfolgen, wenn hierfür, insbesondere wegen der Zusammengehörigkeit baulicher Anlagen und Nebenanlagen, ein erhebliches Bedürfnis besteht.

§ 22 AGBGB **Hessen** lautet:
(1) Ein Grundstück soll nur dann mit einem anderen Grundstück vereinigt oder diesem als Bestandteil zugeschrieben werden (§ 890 des Bürgerlichen Gesetzbuchs), wenn die Grundstücke in demselben Grundbuchbezirk liegen und nicht oder nur mit denselben Rechten belastet sind. Einer Belastung mit denselben Rechten steht es gleich, wenn durch Gesetz oder auf Grund einer Einigung der Beteiligten die Rechte, mit denen ein Grundstück belastet ist, auf die anderen Grundstücke in der Weise erstreckt werden, daß jede Belastung für alle Grundstücke den gleichen Rang erhält.
(2) Eine Dienstbarkeit oder eine Reallast steht einer Vereinigung oder Zuschreibung nicht entgegen, wenn mit ihr ein Grundstücksteil nach § 7 Abs 2 der Grundbuchordnung ohne vorherige Abschreibung belastet werden könnte.
Sachlich mit Hessen übereinstimmende Vorschriften bestehen in **Rheinland-Pfalz** (§ 19 AGBGB) und **Saarland** (§ 23 AGJusG).

626 Die **Vereinigung eines Miteigentumsanteils** mit einem anderen Miteigentumsanteil oder Grundstück wird nach wie vor zu Recht verneint.[10] Dies gilt auch bei Buchung eines Miteigentumsanteils nach § 3 Abs 4 und 5 GBO; diese Buchung enthält rechtlich keine Vereinigung. Zur Vereinigung von Miteigentumsanteilen verbunden mit Sonder-/Teileigentum untereinander und mit Grundstücken s Rdn 2979.

627 Die Vereinigung eines Grundstücks mit einem grundstücksgleichen Recht oder von mehreren (gleichartigen) grundstücksgleichen Rechten (zu Erbbaurechten Rdn 1848) ist zulässig; vor Verwirrung schützt § 5 GBO.[11]

c) **Erklärung und Antrag des Eigentümers**

628 aa) Antrag des Eigentümers ist für die Grundbucheintragung nach § 13 Abs 1 GBO Verfahrenserfordernis. Der Antrag bedarf, wenn er zugleich die dem Grundbuchamt nachzuweisende materiellrechtliche Erklärung des Eigentümers enthält (§ 890 Abs 1 BGB; bei Miteigentum ist Erklärung aller Mitei-

---

[9] Begründung zu § 5 Abs 2 GBO, BT-Drucks 12/5553, S 59.
[10] BayObLG 1993, 297 = DNotZ 1995, 51 = NJW-RR 1994, 403 = Rpfleger 1994, 108; OLG Saarbrücken OLGZ 1972, 129 (132); BGB-RGRK/Augustin Rdn 5 zu § 890; Bauer/v Oefele/Waldner Rdn 18; Demharter Rdn 5, K/E/H/E Rdn 10, Meikel/Böttcher Rdn 9 und 17, je zu § 5; Staudenmaier NJW 1964, 2145; aA nur Bünger NJW 1964, 584.
[11] BGB-RGRK/Augustin Rdn 5 zu § 890 BGB; Bünger NJW 1965, 2095; Bauer/v Oefele/Waldner Rdn 14; Meikel/Böttcher Rdn 7 und 11, je zu § 5; auch OLG Saarbrücken aaO; Vereinigung mehrerer Erbbaurechte Demharter DNotZ 1986, 457 (458); aA Staudinger/Gursky (Bearbeitung 2002) Rdn 19 zu § 890 BGB.

B. Einzelfälle

gentümer nachzuweisen) der Form des § 29 Abs 1 (§ 30) GBO.[12] Eine Zuständigkeit der Vermessungsbehörden begründete das **Gesetz über die Beurkundungs- und Beglaubigungsbefugnis der Vermessungsbehörden** vom 15. Nov 1937 (RGBl I 1257), dessen § 1 Abs 1 lautete:

(1) Die Vorstände der Vermessungsbehörden, die das amtliche Verzeichnis im Sinne des § 2 Abs 2 der Grundbuchordnung führen, sowie die von den Vorständen beauftragten Beamten dieser Behörden sind befugt, Anträge des Eigentümers auf Vereinigung (§ 890 Abs 1 BGB) oder Teilung von Grundstücken ihres Bezirks öffentlich zu beurkunden oder zu beglaubigen.

Das Gesetz wurde durch § 61 Abs 1 Nr 6 BeurkG als Landesrecht aufrechterhalten. Durchweg ist es nun durch landesrechtliche Regelungen mit gleicher Zuständigkeit ersetzt.[13]

Der Antragsteller muß bei Eintragung der Vereinigung Eigentümer sein; Antrag kann somit auch von einem Grundstückserwerber zum Vollzug zusammen mit dem Erwerbsvorgang gestellt werden (Wirksamkeit der materiellrechtlich erforderlichen Erklärung des § 890 Abs 1 BGB nach § 185 Abs 2 BGB).[14] Der Gläubiger eines Grundpfandrechts sowie der Berechtigte eines anderen Grundstücksrechts kann Antrag auf Grundstücksvereinigung nicht stellen. **629**

bb) Daß Vereinigung nach § 890 Abs 1 BGB (oder ob Bestandteilszuschreibung nach § 890 Abs 2 BGB) gewollt ist, muß wegen der rechtlichen Auswirkungen der unterschiedlichen Zusammenfassung von Grundstücken aus der als Eintragungsgrundlage nachzuweisenden materiell-rechtlichen Erklärung des Eigentümers (somit aus dem diese enthaltenden Eintragungsantrag) **klar hervorgehen**.[15] Ein Antrag „auf Vollzug des Veränderungsnachweises samt aller darin enthaltenen Verschmelzungen" wird im Zweifel als Antrag auf Vereinigung als normale Form der „Verschmelzung" angesehen;[16] zutreffender erscheint es uns, in einem solchen Fall Klarstellung des Antrags zu verlangen.[17] **630**

cc) Dinglich Berechtigte müssen der Vereinigung **nicht zustimmen**. Genehmigung des Familien- oder Vormundschaftsgerichts ist nicht erforderlich.[18] Vereinigung schafft aus den bisher selbständigen Grundstücken einen dem Liegenschaftsrecht unterliegenden neuen Gegenstand, verändert jedoch den Bestand des Kindes- bzw Mündelvermögens oder des Vermögens eines Betreuten nicht. Sie wird damit von dem Genehmigungstatbestand des § 1821 Abs 1 Nr 1 BGB (für Eltern mit § 1643 BGB, für Betreuer mit § 1908i Abs 1 **631**

---

[12] BayObLG 1957, 354 (357) = DNotZ 1958, 388; BayObLG 1976, 180 (188); KGJ 31 A 236 (237).
[13] So in Bayern durch Art 9 des Gesetzes über die Landesvermessung und das Liegenschaftskataster (Vermessungs- und Katastergesetz) vom 31. Juli 1970 (BayRS 219-1).
[14] MünchKomm/Wacke Rdn 6 zu § 890 BGB.
[15] BayObLG MittBayNot 1994, 128.
[16] BayObLG MittBayNot 1994, 128 (129); LG Schweinfurt MittBayNot 1978, 217; Röll DNotZ 1968, 523 (529); s auch BayObLG 1957, 354 (359) = aaO; anders Meikel/Böttcher Rdn 26 zu § 5.
[17] So auch K/E/H/E Rdn 18 zu § 5; außerdem KG OLG 39, 221.
[18] So (im Ergebnis) auch Klüsener Rpfleger 1981, 461 (464); Meikel/Böttcher Rdn 21 zu § 6.

BGB) nicht erfaßt. Ebenso ist bei Gütergemeinschaft keine Einwilligung des nicht verwaltenden Ehegatten nach § 1424 BGB[19] und bei Zugewinngemeinschaft keine Einwilligung des Ehegatten aus den Gründen des § 1365 BGB erforderlich. Vereinigung ist auch nicht unentgeltliche Verfügung des Testamentsvollstreckers nach § 2205 S 3 BGB.

d) Liegenschaftskataster

632 **aa)** Die Vereinigung (nach § 890 Abs 1 BGB) mehrerer Grundstücke (die im Grundbuch bereits als rechtliche Einheiten eingetragen sind; anders beim Zuflurstück) erfordert **keine Fortführung** des Liegenschaftskatasters. Die bisherigen Grundstücke werden als nun katastermäße Teile (Bodenflächen als unwesentliche Bestandteile) des (einheitlichen) neuen Grundstücks im Grundbuch mit ihren bisherigen Flurstücknummern und ihren im Liegenschaftskataster beschriebenen Nutzungsarten bezeichnet. Eintragung der Grundstücksgröße in Spalte 4 erfolgt nach § 6 Abs 5 GBV (Rdn 584). Vereinigte Grundstücke (jetzt Flurstücke) **können** aber auch durch das Vermessungsamt zu einem und nur noch einer Nummer bezeichneten Flurstück als Buchungseinheit im Liegenschaftskataster **verschmolzen** werden (dazu Rdn 596), wenn sie eine zusammenhängende abgrenzbare Bodenfläche bilden (Nr 2.11 KatO). Diese katastermäßige Verschmelzung setzt die rechtliche Verbindung durch Vereinigung (auch Bestandteilszuschreibung) voraus, kann somit nicht vor dieser in das Grundbuch übernommen werden, weil ein Flurstück nicht mehrere Grundstücke umfassen kann. Ein Veränderungsnachweis kann dem Eigentümer nicht vorschreiben, ob er Vereinigung oder Bestandteilszuschreibung zu wählen hat und wie er die rechtliche Verbindung herstellt. Das Grundbuchamt hat immer erst den Vorgang der rechtlichen Verbindung und dann erst die Berichtigung im Bestandsverzeichnis zu vollziehen.[20]

633 **bb)** Ein **Teil eines Grundstücks** kann mit einem (anderen) Grundstück (oder vorher zu verselbständigenden Teil eines anderen Grundstücks) nur vereinigt werden, wenn er vorher katastermäßig (Erfordernis des § 2 Abs 2 GBO) und grundbuchmäßig (erfordert Begriff „Grundstück" nach § 890 Abs 1 BGB) verselbständigt worden ist. Verselbständigt in diesem Sinn ist auch die Bildung eines sog Zuflurstücks, wenn dem Grundstücksteil für Kataster und Grundbuch nur vorübergehende Bedeutung zukommt (dazu näher Rdn 684).

e) Keine Verwirrung

634 **aa)** Die Vereinigung von Grundstücken kann in das Grundbuch nur eingetragen werden, wenn hiervon **Verwirrung nicht zu besorgen** ist (§ 5 Abs 1 S 1 GBO; formelles Erfordernis). Wenn Verwirrung zu besorgen ist, ist die vom Eigentümer beantragte Buchung abzulehnen. § 5 Abs 1 S 1 GBO sieht damit im Interesse der Klarheit und Übersichtlichkeit des Grundbuchs als gesetzliche Inhaltsbestimmung des Eigentums (Art 14 Abs 1 S 2 GG) eine Ein-

---

[19] So (im Ergebnis) auch LG Augsburg FamRZ 1968, 31 = Rpfleger 1965, 369 mit Anm Haegele (für Bestandteilszuschreibung); Meikel/Böttcher Rdn 21 zu § 6.
[20] LG München I MittBayNot 1979, 70: Werden im Veränderungsnachweis FlNr 1/2 und 1/3 verschmolzen unter 1/2, so kann der Eigentümer auch beantragen, 1/2 der FlNr 1/3 als Bestandteil zuzuschreiben; erst anschließend erfolgt der Vollzug im Bestandsverzeichnis.

B. Einzelfälle

schränkung der Rechte des Eigentümers vor.[21] Das Tatbestandsmerkmal „Besorgnis der Verwirrung" ist Begriff mit umschriebenem und damit nachprüfbarem rechtlichem Inhalt (unbestimmter Rechtsbegriff); für eine Ermessensentscheidung des Grundbuchamts ist daher kein Raum.[22]

bb) Verwirrung wird namentlich dann **zu besorgen** sein, wenn die Vereinigung „wegen verschiedener Belastung der Grundstücke das Grundbuch unübersichtlich machen oder bei der Zwangsvollstreckung zu Verwicklungen führen würde."[23] Die Verschiedenheit der Belastung mit Grundpfandrechten ist daher als „unbedingtes Hindernis für die ... Vereinigung" anzusehen.[23] Eine verschiedene Belastung der verschiedenen Flächenteile eines Grundstücks mit Grundpfandrechten ist geeignet, die Grundbuchführung und das Zwangsversteigerungsverfahren[24] zu erschweren und Verwirrung anzurichten.[25] Ermöglicht ist Einzelbelastung eines Grundstücksteils nur mit einer Dienstbarkeit und einer Reallast, wenn eine Karte vorgelegt wird und im Einzelfall Verwirrung hiervon nicht zu besorgen ist (§ 7 Abs 2 GBO). Eine ursprüngliche Einzelbelastung nur des Flächenabschnitts eines Grundstücks mit Grundpfandrechten kennt das Sachenrecht des BGB nicht (§ 1113 Abs 1, §§ 1114, 1191 Abs 1, § 1199 Abs 2 BGB); gesetzlich ist sie somit nicht vorgesehen,[26] verfahrensrechtlich ist sie durch § 7 Abs 1 GBO gleichfalls nicht ermöglicht. § 5 GBO soll ebenso bewirken, daß der Eigentümer nicht nachträglich durch eine Vereinigung die Belastung eines Grundstücksteils mit einem Grundpfandrecht herbeiführt.[27] Der Eigentümer, dem nachträgliche Grundstücksbelastung mit einem Grundpfandrecht verwehrt ist, unterliegt daher keiner weitergehenden Eigentumsbeschränkung (Art 14 Abs 1 S 2 GG) als der Eigentümer, dem (ursprüngliche) Bestellung eines Grundpfandrechts an der Fläche nur eines Flurstücks seines Grundstücks auch nicht möglich ist.[27] Unerheblich ist, daß für Vereinigung diese Inhaltsbestimmung des Eigentums in der Verfahrensvorschrift des § 5 Abs 1 GBO erfolgt ist. Das ist geschehen, weil eine zuwiderlaufende Eintragung keine Nichtigkeit bewirken soll[28] und die Ordnungsvorschrift des Grundbuchverfahrensrechts als genügend angesehen wurde, „um den mit einer nicht einheitlichen Belastung des Grundstücks verbundenen Uebelständen zu begegnen".[29]

635

---

[21] BayObLG 1977, 119 (120) = DNotZ 1978, 102 = Rpfleger 1977, 251; OLG Hamm Rpfleger 1998, 154; KG NJW-RR 1989, 1360 = OLGZ 1989, 385 = Rpfleger 1989, 500; LG Wuppertal MittRhNotK 1995, 65 (66); Stöber MittBayNot 2001, 281.
[22] BayObLG 1977, 119 = aaO (Aufgabe von BayObLG 10, 630 [633]; 29, 162 [165]); BayObLG DNotZ 1978, 103 (104) = Rpfleger 1977, 442; BayObLG MittBayNot 1995, 125 = Rpfleger 1995, 151; OLG Hamm Rpfleger 1998, 154; KG NJW-RR 1989, 1360 = aaO; LG Wuppertal aaO (Fußn 21).
[23] Denkschrift zur GBO, abgedr bei Hahn/Mugdan, Materialien, 1897, Seite 150.
[24] Zu den Verwicklungen bei Zwangsversteigerung Stöber MittBayNot 201, 281 (283).
[25] Motive zum BGB-Entwurf, Amtliche Ausgabe, 1888, Seite 56.
[26] Motive zum BGB-Entwurf, Seite 56; zur Entstehungsgeschichte Stöber MittBayNot 2001, 281 (282).
[27] Stöber MittBayNot 2001, 281 (282).
[28] Motive zum BGB-Entwurf, Seite 58; Stöber MittBayNot 2001, 281 (282).
[29] Motive zum BGB-Entwurf, Seite 58.

636 cc) **Einzelbelastung** eines der zu vereinigenden Grundstücke mit einem **Grundpfandrecht** läßt nach diesem Regelungszweck des § 5 Abs 1 S 1 GBO somit **stets Verwirrung besorgen,** ermöglicht damit Vereinigung nicht. Damit in Widerspruch gehen Rechtsprechung[30] und Schrifttum[31] davon aus, daß eine Beschränkung der Rechte des Eigentümers aus Art 14 GG und damit § 890 BGB nur dann gerechtfertigt sei, wenn sie der Grundbuchverkehr aus objektiv nachvollziehbaren Erwägungen im Einzelfall eindeutig erfordert, einzelne (unterschiedliche) Belastung der Grundstücke mit verschiedenen Grundpfandrechten für sich allein somit die Vereinigung nicht hindern könne.[32] Es soll Verwirrung daher erst zu besorgen sein, wenn mit der beantragten Eintragung der Grundbuchstand derart unübersichtlich und schwer verständlich würde, daß der gesamte grundbuchrechtliche Rechtszustand nicht mehr mit der für den Grundbuchverkehr notwendigen Klarheit und Bestimmtheit erkennbar wäre und die Gefahr von Streitigkeiten und Verwicklungen, vor allem im Falle einer Zwangsversteigerung, bestünde.[33] Das soll auch der Fall sein, wenn der Grundbuchinhalt erst nach genauer Untersuchung und längerer Überlegung erkannt werden könnte.[34] Es sollen überdies bei Prüfung der Frage, ob durch eine Vereinigung eine Verwirrung des Grundbuchs iS von § 5 Abs 1 S 1 GBO **zu besorgen** ist, nicht nur die gegenwärtigen Belastungen der Grundstücke und die unmittelbaren Folgen der Vereinigung zu berücksichtigen sein, sondern auch sonstige Folgen, die sich aus Anträgen ergeben, die in Verbindung mit dem Vereinigungsantrag gestellt sind.[35] Eine zukünftige Entwicklung, die im Zeitpunkt der Antragstellung noch nicht sicher überschaubar ist, soll das Grundbuchamt dagegen nicht berücksichtigen dürfen.[36] Daher soll auch nicht berücksichtigt werden können, daß das Vermessungsamt später jederzeit die noch selbständig geführten Flurstücke zu einem Flurstück mit nur noch einer Flurstücknummer zusammenfassen (verschmelzen) kann.[37] Dem können wir nicht folgen. Es ist nicht

---

[30] BayObLG 1977, 119 (120) = aaO (Fußn 21); KG NJW-RR 1989, 1360 (1361) = aaO (Fußn 21); OLG Hamm Rpfleger 1998, 154 (155).
[31] Meikel/Böttcher Rdn 30 zu § 5; auch Demharter Rdn 14; K/E/H/E Rdn 12, je zu § 5.
[32] Die Fußn 30 Genannten sowie OLG Düsseldorf NJW-RR 2000, 608 = aaO (Fußn 33); LG Detmold Rpfleger 2000, 22; LG Münster NJW-RR 1998, 1242 = Rpfleger 1998, 243 und 2000, 22.
[33] BayObLG 1993, 365 = DNotZ 1994, 242 = NJW-RR 1994, 404 = Rpfleger 1994, 250; BayObLG MittBayNot 1995, 125 = Rpfleger 1995, 151; BayObLG DNotZ 1997, 398 (399) = Rpfleger 1997, 102; KG OLG 8, 300 (301) und NJW-RR 1989, 1360 = aaO; KG OLG 39, 221 (222); OLG Hamm Rpfleger 1968, 121 und Rpfleger 1998, 154 (155); OLG Düsseldorf DNotZ 1971, 479 (480) und DNotI-Report 2000, 54 = NJW-RR 2000, 608 = OLG-Report 2000, 113 = Rpfleger 2000, 211; OLG Schleswig Rpfleger 1982, 371 = SchlHA 1982, 169; LG Aachen MittRhNotK 1965, 515 (517), MittRhNotK 1982, 46 und Rpfleger 1986, 50; LG Augsburg MittBayNot 1998, 187; LG Wuppertal aaO (Fußn 21); LG Hildesheim Rpfleger 1981, 107.
[34] BayObLG 1977, 119 (121) = aaO; OLG Düsseldorf NJW-RR 2000, 608 = aaO.
[35] OLG Düsseldorf Rpfleger 1998, 154.
[36] OLG Hamm Rpfleger 1968, 121; vgl auch OLG Düsseldorf DNotZ 1971, 479.
[37] OLG Hamm Rpfleger 1998, 154; OLG Düsseldorf NJW-RR 2000, 608 = aaO (Fußn 33); OLG Schleswig Rpfleger 1982, 371 (372) = aaO (Fußn 33); LG Augsburg MittBayNot 1998, 187; LG Münster NJW-RR 1998, 1242 = Rpfleger 1998, 243.

darauf abzustellen, ob die zu vereinigenden Grundstücke sogleich belastungsmäßig verschmolzen werden sollen oder ob die Vereinigung die Voraussetzung für eine später ohne weiteres mögliche katastermäßige Verschmelzung der Flurstücke schafft. Verlangt ist auch nicht, daß Verwirrung bereits durch Eintragung der Vereinigung entsteht, sondern, daß durch Vereinigung Verwirrung nicht zu besorgen ist.

dd) Nicht richtig ist, daß nach Eintragung der Vereinigung aus dem Grundbuch (nur) zu ersehen sei, auf welchem Teil des einheitlichen Grundstücks welche Belastung in welcher Rangfolge lastet, solange das vereinigte Grundstück noch mit den Flurstücknummern seiner Flächenteile gebucht bleibe,[38] während nach Aufnahme der Flurstücksverschmelzung in das Bestandsverzeichnis des Grundbuchs aus diesem nicht mehr ersichtlich sei, auf welchen einzelnen Teilen des Grundstücks Grundpfandrechte lasten. Daher soll Verwirrung (regelmäßig) erst zu besorgen sein, wenn die Flurstücke des Grundstücks vermessungsrechtlich verschmolzen (dazu Rdn 596) werden, das Grundstück damit eine einheitliche Flurstücknummer erhält und im Grundbuch nur noch mit dieser benannt wird.[39] Für eingetragene Rechtsverhältnisse bestehen die Bestandsangaben vielmehr aus den Eintragungen im Bestandsverzeichnis von der in Spalte 2 der Abt II und III bezeichneten Nummer des belasteten Grundstücks an bis zu dem durch Veränderungsnachweis veranlaßten letzten Bestandsvortrag.[40] Die Eintragungsvorgänge sind grundbuchtechnisch damit so gestaltet, daß auch nach Vereinigung mit späterer Verschmelzung der Flurstücke die ursprüngliche Einzelbelastung jedes Grundstücks grundbuchersichtlich bleibt.

637

ee) Eintragung der Flurstücksverschmelzung in das Bestandsverzeichnis des Grundbuchs nach Vereinigung soll überdies bei unterschiedlicher Belastung des Grundstücks vom Grundbuchamt als unzulässig abzulehnen sein, weil sie nicht mehr ersehen lasse, auf welchen einzelnen Teilen des Grundstücks Grundpfandrechte lasten, und deshalb materielles Recht verletze.[41] Das ist nicht zutreffend und auch nicht nachvollziehbar.[42] Die Grundstücke werden im Grundbuch (Bestandsverzeichnis, § 6 GBV) nach den in den Ländern eingerichteten amtlichen Verzeichnissen benannt (§ 2 Abs 2 GBO). Das gebietet, daß bei Fortführung des Liegenschaftskatasters, damit auch nach Verschmelzung, die im Grundbuch eingetragene Bezeichnung des Grundstücks in Übereinstimmung mit dem Liegenschaftskataster gehalten wird (Rdn 601). Die Änderung eines Katastervortrags über die Bezeichnung des Grundstücks ist

638

---

[38] KG NJW-RR 1989, 1360 = aaO (Fußn 30); auch OLG Düsseldorf NJW-RR 2000, 608 = aaO (Fußn 33).
[39] So aber OLG Hamm Rpfleger 1998, 154; KG NJW-RR 1989, 1360 = aaO (Fußn 30); LG Detmold Rpfleger 2002, 22; LG Münster Rpfleger 1998, 243 und 2002, 22; LG Wuppertal MittRhNotK 1995, 65 (66).
[40] Stöber MittBayNot 2001, 281 (284).
[41] OLG Hamm Rpfleger 1998, 154 (155 reSp unten/156 liSp oben); OLG Düsseldorf NJW-RR 2000, 608 = aaO (Fußn 33); LG Detmold Rpfleger 2002, 22; Bauer/vOefele/Waldner Rdn 25 zu §§ 5, 6; Meikel/Böttcher Rdn 33 zu § 5; Böttcher BWNotZ 1986, 73 (74); Wendt Rpfleger 1983, 192 (196f unter V); dieser ergänzend auch Rpfleger 1994, 456.
[42] Siehe bereits Stöber MittBayNot 2001, 281 (284).

daher von Amts wegen in das Grundbuch zu übernehmen (Rdn 603). Der Veränderungsnachweis des Vermessungsamts, in dem die Änderung dargestellt ist, ist Verwaltungsakt; als solcher ist er für das Grundbuchamt verbindlich. Prüfung und Beanstandung einer mit Veränderungsnachweis ausgewiesenen Verschmelzung durch das Grundbuchamt schließt das aus.[43]

638a ff) Entstehen durch Vereinigung **unterschiedliche Rangverhältnisse** der Belastungen in Abt III, wird dies in aller Regel zu Verwirrung führen.[44] Hier müssen daher entweder Freigaben (§ 1175 Abs 1 S 2 BGB) durch die Gläubiger abgegeben oder die Grundpfandrechte auch auf die bisher nicht belasteten Grundstücke ausgedehnt werden (sogen Nachverpfändung; Pfandunterstellung); im letzten Fall ist häufig auch eine Rangregelung erforderlich. Auch Vereinigung (Bestandteilszuschreibung) von Grundstücken mit unterschiedlichen Rangverhältnissen von Rechten, die in Abt II des Grundbuchs im Rang nach einem Grundpfandrecht eingetragen sind, und katastermäßige Verschmelzung der Flurstücke sollen regelmäßig Verwirrung besorgen lassen.[45] Aus diesem Grund sollten Rechte in Abt II möglichst nicht auf ein damit bisher nicht belastetes Grundstück erstreckt werden, wenn hierdurch unterschiedliche Rangverhältnisse entstehen. Insbesondere bei Dienstbarkeiten sollte daher eine Belastungsausdehnung[46] die Ausnahme sein.

639 gg) Belastung eines der zu vereinigenden Grundstücke nur mit einer **Dienstbarkeit** oder **Reallast** wird im Hinblick auf die Besonderheit von § 7 Abs 2 GBO (s bereits Rdn 635) Verwirrung vielfach nicht besorgen lassen (so bei Belastung einer Grundstücksfläche mit einer erstrangigen Dienstbarkeit [einem Wasserleitungsrecht]).[47] Keine Verwirrung braucht ebenso zu entstehen (Einzelfallfrage), wenn auf den zu vereinigenden Grundstücken die gleichen Dienstbarkeiten eingetragen sind; sie können als eine einheitliche Dienstbarkeit auf dem neuen Grundstück eingetragen werden.[48] Sind die nach Vereinigung unselbständigen Teilflächen in Abt II unterschiedlich (auch im Rang) belastet (zB mit Dienstbarkeiten oder Nießbrauch[49]), so bedeutet

---

[43] Der Vermessungsbehörde steht Beschwerde gegen die Entscheidung zu, wenn das Grundbuchamt die Übernahme der in einem Veränderungsnachweis enthaltene Änderung in das Grundbuch ablehnt, Rdn 605a

[44] BayObLG 1977, 119 = aaO (Fußn 21); OLG Frankfurt Rpfleger 1975, 312; K/E/H/E Rdn 13 zu § 5; Meyer-Stolte Rpfleger 1981, 107 (gegen LG Hildesheim ebenda) und Rpfleger 1980, 191; teilweise anders BayObLG MittBayNot 1980, 66 = Rpfleger 1980, 191 mit abl Anm Meyer-Stolte (jetzt aufgegeben durch BayObLG aaO = Fußn 45).

[45] BayObLG 1993, 365 = aaO (Fußn 33) und Rpfleger 1994, 456 (Leits) mit abl Anm Wendt; auch BayObLG DNotZ 1997, 398 = Rpfleger 1997, 102.

[46] Das Grundbuchamt kann sie nicht verlangen; BayObLG MittBayNot 1995, 125 = Rpfleger 1995, 151; BayObLG MittBayNot 1996, 435 = Rpfleger 1997, 102.

[47] BayObLG DNotZ 1987, 219 mit Anm Wirner = Rpfleger 1987, 13; OLG Frankfurt DNotZ 1993, 612 = OLGZ 1993, 419 = Rpfleger 1993, 396; BayObLG MittBayNot 1995, 125 = Rpfleger 1995, 151 (Rechtsfolgen, die sich [bei Zuschreibung nach § 1131 BGB] ergeben, können durch entsprechende Grundbucheintragung deutlich gemacht werden).

[48] BayObLG DNotZ 1978, 103 = Rpfleger 1977, 442; nach LG Darmstadt Rpfleger 1982, 216 mit abl Anm Meyer-Stolte soll dies auch für den Nießbrauch gelten.

[49] BayObLG DNotZ 1997, 398 = Rpfleger 1997, 102.

das keine Verwirrung, wenn über die Ausübungsstelle kein Zweifel entstehen können, sich sonach die Grundstücksteile klar im Grundbuch – wenn auch unter Zuhilfenahme des im Eintragungsvermerk in Bezug genommenen Veränderungsnachweises – verlautbaren lassen[50] (vgl auch § 7 Abs 2 GBO). In vergleichbarer Weise braucht es keine Verwirrung besorgen lassen, wenn Auflassungsvormerkungen mit unterschiedlicher Rangfolge eingetragen sind[51] oder wenn nur eines der Grundstücke der Nacherbfolge unterliegt.[52]

hh) Ohne weiteres zulässig ist die Vereinigung samt Verschmelzung mehrerer Grundstücke, von denen bisher nur eines das herrschende Grundstück aus einer Dienstbarkeit ist. Eine Verwirrung ist regelmäßig hierwegen nicht zu besorgen,[53] zumal es dafür nur auf das belastete, nicht auf das herrschende Grundstück ankommt. Unerheblich ist dabei, ob das Recht bei dem herrschenden Grundstück nach § 9 GBO vermerkt ist. Die Ergänzung dieses Vermerks ist dort nur für den Fall vorgeschrieben, daß die Dienstbarkeit am belasteten Grundstück geändert oder aufgehoben wird. Die Dienstbarkeit bleibt im bisherigen Umfang bestehen, dh sie verbleibt dem Gesamtgrundstück, jedoch unter Beschränkung der Ausübung für den Grundstücksteil, der früher herrschendes Grundstück war.[54] Eine Ausdehnung der Grunddienstbarkeit zugunsten des Gesamtgrundstücks ist nicht nötig.

639 a

f) Voreintragung

Voreintragung des (tatsächlichen) Eigentümers als Betroffener ist für Eintragung der Vereinigung erforderlich (§ 39 Abs 1 GBO). Ausnahme: § 40 GBO für Eintragung des Veräußerers bei Abschreibung eines (veräußerten) Grundstücks oder Grundstücksteils zur Vereinigung mit einem Grundstück des Erwerbers.

640

g) Grundbucheintragung[55]

aa) Wenn die (alle) zu vereinigenden Grundstücke bereits auf **demselben Grundbuchblatt** gebucht sind (gemeinschaftliches Grundbuchblatt nach § 4 Abs 1 GBO), ist das durch die Vereinigung entstehende Grundstück im Bestandverzeichnis unter einer neuen laufenden Nummer einzutragen; neben dieser Nummer ist in der **Spalte 2** auf die bisherigen laufenden Nummern der beteiligten Grundstücke zu verweisen (§ 13 Abs 1 S 2 GBV). Eintragung in **Spalte 3** erfolgt mit der im Liegenschaftskataster (amtlichen Verzeichnis) geführten Bezeichnung der bisherigen Grundstücke, die selbständig Katasterteile des neuen Grundstücks bleiben (Buchung in Spalte 3 auch nach § 6

641

---

[50] BayObLG DNotZ 1997, 398 = aaO; LG Nürnberg-Fürth MittBayNot 1981, 124; LG Hildesheim Rpfleger 1981, 107 mit abl Anm Meyer-Stolte; auch OLG Schleswig Rpfleger 1982, 371.
[51] KG OLG 8, 300 und NJW-RR 1989, 1360 = aaO (Fußn 21).
[52] LG Aachen MittRhNotK 1983, 162.
[53] BayObLG 1974, 5 = DNotZ 1974, 443 = Rpfleger 1974, 148; LG Aschaffenburg DNotZ 1971, 623 und Rpfleger 1973, 299.
[54] KG HRR 1936 Nr 804; BayObLG DJZ 1933, 1439; BayObLG 2002, 372 = DNotZ 2003, 352 = NJW-RR 2003, 451 = Rpfleger 2003, 241; Röll DNotZ 1968, 523; Staudinger/Mayer Rdn 44 zu § 1018 BGB; Mayer MittBayNot 2003, 220 (221).
[55] Mindestanforderungen an den grundbuchrechtlichen Vollzug der Vereinigung und Auslegung einer unklaren Grundbucheintragung bei Vereinigung s OLG Saarbrücken OLGZ 1972, 129.

Abs 4 GBV). In **Spalte 4** ist entweder die Gesamtgröße oder die Größe getrennt nach den aus dem Grundbuch ersichtlichen selbständigen Flurstücksnummern anzugeben (dazu § 6 Abs 5 S 2 GBV). In **Spalte 6** (mit der laufenden Nummer in **Spalte 5**) ist zugleich die Vereinigung der Grundstücke zu einem Grundstück einzutragen (§ 6 Abs 6 Buchst c mit Abs 8 GBV). Die sich auf die beteiligten Grundstücke beziehenden bisherigen Eintragungen in den Spalten 1–4 (nicht aber auch in den Spalten 5 und 6) sind (rot) zu unterstreichen (§ 13 Abs 1 S 1 GBV). Eintragung des neuen Grundstücks erfolgt unter der neuen laufenden Nummer sogleich mit seiner neuen Bezeichnung im Liegenschaftskataster (amtlichen Verzeichnis), wenn die bisherigen Grundstücke zugleich auch als Buchungseinheit verschmolzen und daher nur noch mit einer Flurstücknummer bezeichnet sind; dann ist auch die Berichtigung der Bestandsangaben in Spalte 6 einzutragen (§ 6 Abs 6 Buchst e GBV). **Beispiel**

> BV Nr 1 und 2 vereinigt zu BV Nr 3 unter gleichzeitiger Berichtigung der Bestandsangaben in Spalte 3 auf Grund des Veränderungsnachweises Nr ... vom ... am ...

Eintragungen in Abteilungen I, II und III erfolgen nicht, weil das Eigentum sich nicht verändert und die Belastungen auf den bisherigen Grundstücken bestehen bleiben.[56] Der Vollzug der Vereinigung ist grundbuchlich wirksam, wenn das Grundbuch die bisher selbständigen Grundstücke in einer rechtlich den Mindestanforderungen genügenden Weise, nämlich von anderen „Grundbuchgrundstücken" und jedem Flurstück grundbuchmäßig unterscheidbar als ein (zusammengesetztes) Grundstück ausweist.[57]

642 **bb)** Vereinigung mehrerer Grundstücke desselben Eigentümers, die auf **verschiedenen Grundbuchblättern** eingetragen sind, ist auf einem gemeinschaftlichen Grundbuchblatt (§ 4 Abs 1 GBO) zu buchen. Es sind daher zunächst
– entweder auf das Grundbuchblatt eines der beteiligten Grundstücke die (alle) übrigen Grundstücke oder
– alle Grundstücke auf ein neu anzulegendes (gemeinschaftliches) Grundbuchblatt

zu übertragen. Jedes zu übertragende Grundstück ist, ebenso wie alle auf ein neu anzulegendes (gemeinschaftliches) Grundbuchblatt zu übernehmenden Grundstücke, zunächst in Spalten 1–4 des Bestandsverzeichnisses einzeln unter besonderer Nummer mit seiner bisherigen Bezeichnung und Größe einzutragen. In Abteilung I Spalte 4 (mit laufender Nummer in Spalte 3) ist, wenn der Eigentümer unverändert bleibt, die auf das gemeinschaftliche

---

[56] Die Grundbucheintragungen, die die Einzelbelastung(en) ausweisen, sind auch zu wahren, wenn das Grundbuchblatt später umgeschrieben (§ 28 GBV) oder das Bestandsverzeichnis neu gefaßt wird (§ 33 GBV). Die nach Vereinigung (und Verschmelzung) unterstrichenen (geröteten) vormaligen Bestandseintragungen sind daher stets auch dann in das neue Blatt zu übernehmen, wenn eines der vereinigten Einzelgrundstücke einzeln belastet war; Meikel/Ebeling Rdn 6 zu § 30 GBV; Stöber MittBayNot 2001, 281 (285); auch K/E/H/E Rdn 12 zu § 6 GBV. **Unrichtig** wird das Grundbuch, wenn bei Blattumschreibung die Beschränkung der Belastung auf den Grundstücksteil (das vor Vereinigung belastete Einzelgrundstück) nicht übernommen wird. Bei Veräußerung des herrschenden Grundstücks kann die Grunddienstbarkeit im eingetragenen Umfang daher **gutgläubig erworben** werden, ObLG Hamm DNotZ 2003, 355 = Rpfleger 2003, 349.

[57] OLG Saarbrücken OLGZ 1972, 129.

B. Einzelfälle

Grundbuchblatt zu übertragende Eintragungsgrundlage einzuschreiben; **Beispiel**

> Aufgelassen am ...; (Band ...) Blatt ... eingetragen am ...; hierher übertragen am ...

Wenn Übertragung auf ein gemeinschaftliches Blatt bei Grundstückserwerb erfolgt, ist in Spalte 4 der Abteilung I die Auflassung einzutragen (Aufgelassen am ... und eingetragen am ...). In Abteilung II und III werden an dem (jedem) übertragenen Grundstück bestehende Belastungen eingetragen, und zwar in Spalte 2 der Abt II und III unter Bezeichnung der laufenden Nummer, unter der das übertragene Grundstück (zunächst) einzeln gebucht ist (nicht der Nummer, unter der das vereinigte Grundstück dann eingetragen wird). Erst dann ist unter der nächsten laufenden Nummer das vereinigte (ggfs auch verschmolzene) Grundstück nach dem Rdn 641 Gesagten zu buchen. Dabei wird in Spalte 6 der Übertragungs- und Vereinigungsvermerk zusammengefaßt. **Beispiel** (Anlage 2a zur GBV Bestandsverzeichnis Nr 3, 4, 5)

> BV Nr 2 von (Band ...) Blatt ... hierher übertragen, mit BV Nr 1 vereinigt und als BV Nr 3 neu vorgetragen am ...

Auf diese Weise bleibt – insbesondere auch bei gleichzeitiger katastermäßiger Verschmelzung der Grundstücke – sichergestellt, daß sich aus dem Grundbuch zweifelsfrei entnehmen läßt, aus welchen Einzelgrundstücken mit verschiedenen Flurstücknummern das nunmehrige Grundstück hervorgegangen ist und ggfs an welchen Grundstücksteilen bisherige Belastungen fortbestehen.[58] Nicht zulässig ist es, ohne vorherige Eintragung des von einem anderen Blatt übertragenen Grundstücks sogleich das durch die Vereinigung entstehende neue Grundstück im Bestandsverzeichnis unter einer neuen laufenden Nummer einzutragen.

cc) Liegen die zu vereinigenden Grundstücke in **verschiedenen Amtsgerichtsbezirken** und wird Vereinigung ausnahmsweise für zulässig erachtet (§ 5 Abs 2 S 2 GBO; ist sie auch durch landesgesetzliche Vorschrift nicht ausgeschlossen, Art 119 Nr 3 EGBGB; dazu Rdn 625b, ist folgende **Verfügung** zu treffen: 643

> 1. Beglaubigte Abschrift des Antrags an das Amtsgericht Altdorf senden mit dem Ersuchen um Übersendung der Grundakten Altdorf (Band 2) Blatt 20.
> 2. Wiedervorlage nach 2 Wochen.

Sind die angeforderten Grundakten eingegangen, so ist zu verfügen:

> 1. Urschriftlich mit den Grundakten Neustadt (Band I) Blatt 5 und Altdorf (Band 2) Blatt 20 an das Landgericht Oberau zur Bestimmung des zuständigen Grundbuchamts gemäß § 5 Abs 1 Satz 2 GBO, § 5 FGG,
>   – Zu versenden als versiegeltes Wertpaket mit 10 000 EUR Wertangabe –.
> 2. Wiedervorlage nach zwei Wochen.

Ist sodann vom LG (bzw OLG, § 5 FGG) das Amtsgericht Hauptstadt als zuständiges Gericht bestimmt worden, so verfügt dieses wie folgt:

> 1. Die Grundstücke Neustadt (Band I) Blatt 5 und Altdorf (Band 2) Blatt 20 sollen vereinigt werden.

---

[58] Wahrung dieser Grundbucheintragungen bei Umschreibung des Grundbuchblattes oder Neufassung des Bestandsverzeichnisses siehe Fußn 56.

2. Teil. II. Bestandsverzeichnis des Grundbuchs

2. Die Grundakten Neustadt (Band I) Blatt 5 sind mit beglaubigter Abschrift dieser Verfügung an das Amtsgericht Altdorf zu senden mit der Bitte um Rückgabe nach Schließung des dortigen Grundbuchblattes.

Das Amtsgericht Altdorf hat sodann in der Aufschrift seines Blattes einzutragen:

Das Blatt ist wegen Übergangs der Zuständigkeit für die Führung des Blattes auf das Grundbuchamt in Hauptstadt geschlossen am ...

und sämtliche nicht völlig leeren Seiten mit Ausnahme des Schließungsvermerks (rot) zu durchkreuzen sowie zu verfügen:

1. Die Schließung ist auf dem Aktendeckel zu vermerken.
2. Die wörtliche Übereinstimmung des Handblattes mit dem Grundbuchblatt ist zu bescheinigen.
3. Nachricht an Katasteramt, Eigentümer und dinglich Berechtigte.
4. Urschriftlich mit den Grundakten Altdorf (Band 2) Blatt 20 an das Amtsgericht in Hauptstadt zur weiteren Verfügung.

Das Amtsgericht Hauptstadt veranlaßt (§ 130 S 1 GBO; Verfügung nach § 44 Abs 1 S 2 GBO) schließlich folgende Eintragungen:

A. Bestandsverzeichnis

Lfd. Nr.	Bisherige lfd. Nr. der Grundstücke	Bezeichnung der Grundstücke und der mit dem Eigentum verbundenen Rechte		Größe		
		Gemarkung (nur bei Abweichung vom Grundbuchbezirk angeben) Flurstück	Wirtschaftsart und Lage	ha	a	m²
		a/b	c			
1	2	3		4		
3	–	Altdorf 215	Beim Haus, Landwirtschaftsfläche	–	20	10
4	2, 3	150	Hauptstraße 5, Wohnhaus, Hofraum, Garten	–	25	05
		Altdort 215	Beim Haus, Landwirtschaftsfläche			

Zur lfd. Nr. der Grundstücke	Bestand und Zuschreibungen
5	6
2, 3, 4	BV Nr 3 von Altdorf (Band 2) Blatt 20 hierher übertragen, mit BV Nr 2 vereinigt und als BV Nr 4 als ein Grundstück neu vorgetragen am ...

B. Abteilung I

1	2	3	4
		3	Aufgelassen am ... und Altdorf (Band 2) Blatt 20 eingetragen am ... hierher übertragen am ...

C. Abteilung II

1	2	3
3	3	Nießbrauch des Müller Max, geb. am ..., bei Altdorf (Band 2) Blatt 20 eingetragen am ..., hierher übertragen am ...

B. Einzelfälle

Im Bestandsverzeichnis sind die Eintragungen zur lfd. Nr der Grundstücke 2 und 3 in den Sp. 1–4 (rot) zu unterstreichen.

Geht, wie im Beispiel Rdn 643 unterstellt ist, die Zuständigkeit zur Führung des ganzen Grundbuchblattes auf ein anderes Grundbuchamt über (§ 25 Abs 1 GBV), so ist das **Grundbuchblatt** ohne vorherige Abschreibung zu schließen. Geht nur die Zuständigkeit über eines von mehreren auf einem gemeinschaftlichen Blatt eingetragenen Grundstücken oder über einen Grundstücksteil auf ein anderes Grundbuchamt über (§ 25 Abs 3a, b, 4 GBV), so ist – ohne Schließung – abzuschreiben. Der Abschreibungsvermerk in Spalte 8 des Bestandsverzeichnisses würde dann lauten: 644

BV Nr 3 nach dem vom Amtsgericht Hauptstadt geführten Grundbuch von Neustadt (Band . .) Blatt ... übertragen. Eingetragen am ...

Dabei hat die Eintragung des Grundbuchblattes, auf welches das abgeschriebene Grundstück übertragen wird, erst nach erfolgter Benachrichtigung gemäß § 25 Abs 4 GBV ohne nochmalige Unterschrift der Grundbuchbeamten zu erfolgen.

Die **Übertragung der Belastungen in Abt II und III** des Grundbuchs bedarf keiner besonderen Verfügung, diese Übertragung kommt durch den Inhalt des Schließungsvermerks zum Ausdruck. Wird nicht der ganze Bestand in den genannten Abteilungen übertragen, so erfolgt die Übertragung „zur Mithaft", falls nicht Löschung der Lasten am Restgrundstück erfolgen kann. 645

Steht die **Vereinigung mit einem Eigentumswechsel in Zusammenhang**, so hat das Grundbuchamt vor Eintragung der Vereinigung die Eigentumsänderung einzutragen, im Falle des § 25 Abs 3b GBV – Übergang der Zuständigkeit auf ein anderes Grundbuchamt – nach Übertragung des aufgelassenen Grundstücks(-teils) auf ein besonderes Blatt.[59] 646

h) **Eintragungsmitteilung** erhält der Notar, der den Antrag eingereicht hat (§ 55 Abs 1 GBO), und der Eigentümer (§ 55 Abs 1 GBO); die Eintragung ist außerdem dem Vermessungsamt mitzuteilen. 647

i) Als **Rechtsmittel** ist gegen die Zurückweisung eines Vereinigungsantrags unbeschränkte Beschwerde (§ 71 Abs 1 GBO) zulässig. Beschwerdeberechtigt ist nur der Eigentümer, nicht auch ein dinglich Berechtigter.[60] Unrichtig ist das Grundbuch, wenn Vereinigung ohne darauf gerichtete Erklärung des Eigentümers eingetragen ist; Folge: Amtswiderspruch unter der weiteren Voraussetzung des § 53 Abs 1 S 1 GBO (keine Amtslöschung der Vereinigung, da nicht inhaltlich unzulässig). Wenn sich nachträglich herausstellt, daß Verwirrung eintritt (§ 5 GBO), kann die Vereinigung nicht (von Amts wegen) rückgängig gemacht werden. 648

k) Die **Wiederaufhebung einer Vereinigung** ist nur durch Teilung des einheitlichen Grundstücks möglich. Die Wiederaufhebung einer Vereinigung kann der **Genehmigungspflicht** nach § 19 **BauGB** unterliegen.[61] 649

---

[59] KGJ 36 A 191.
[60] OLG Karlsruhe OLG 39, 222.
[61] BayObLG 1974, 237 = DNotZ 1975, 147 = Rpfleger 1974, 311.

2. Teil. II. Bestandsverzeichnis des Grundbuchs

4. Zuschreibung eines Grundstücks zum Bestandteil eines anderen
BGB § 890 Abs 2, § 1131
GBO §§ 6, 13, 29 (30)
GBV §§ 6, 13

650 Antragsformular

An das Grundbuchamt Hauptstadt

Ich beantrage, mein im Grundbuch von Neustadt (Band 1) Blatt 10 unter Nr 5 eingetragenes Grundstück Flurstück 30 dem auf diesem Grundbuchblatt unter Nr 4 eingetragenen Grundstück Flurstück 50 als Bestandteil zuzuschreiben.

Wert des zuzuschreibenden Grundstücks: 5000 €.

Karl Adam – folgt Unterschriftsbeglaubigung

651 Grundbucheintragung

Bestandsverzeichnis

Lfd. Nr.	Bisherige lfd. Nr. der Grundstücke	Bezeichnung der Grundstücke und der mit dem Eigentum verbundenen Rechte		Größe		
		Gemarkung (nur bei Abweichung vom Grundbuchbezirk angeben) Flurstück	Wirtschaftsart und Lage	ha	a	m²
		a/b	c			
1	2	3		4		
6	4, 5	50 30	Auf der Höhe, Waldfläche Ziegenhügel, Landwirtschaftsfläche	1	70	18

Bestand und Zuschreibungen	
Zur lfd. Nr. der Grundstücke	
5	*) 6
4, 5, 6	BV Nr 5 der BV Nr 4 als Bestandteil zugeschrieben und als BV Nr 6 neuvorgetragen am …

Die früheren Eintragungen im Bestandsverzeichnis Nr 4 und 5 sind in den Spalten 1–4 (rot) zu unterstreichen.

Literatur: Beck, Zur „verdeckten Nachverpfändung" von Grundstücken, NJW 1970, 1781; Bleutge, Rangvorbehalt und Bestandteilszuschreibung, Rpfleger 1974, 387; Bünger, Zuschreibung eines Grundstückmiteigentumsanteils als Bestandteil eines anderen Grundstücks, NJW 1964, 583 und NJW 1965, 2095; Ertl, Verdeckte Nachverpfändung und Pfandfreigabe von Grundstücken, DNotZ 1990, 684; Roellenbleg, Kann ein Zuflurstück einem anderen Zuflurstück als Bestandteil zugeschrieben werden?, DNotZ 1971, 286; Staudenmaier, Zuschreibung eines Miteigentumsanteils im Grundbuch?, NJW 1964, 2145; außerdem die vor Rdn 623 Genannten.

---

*) Hier wie Anlage 2a zur GBV Bestandsverzeichnis Spalten 5–6 Nr 6, 7, 9; siehe auch Anlage 1 zur GBV Bestandsverzeichnis Spalten 5–6 Nr 3, 5, 6.

B. Einzelfälle

a) Bestandteilszuschreibung

aa) Ein (rechtlich selbständiges) Grundstück kann dadurch zum **Bestandteil** 652
eines anderen Grundstücks gemacht werden, daß der Eigentümer es diesem
Grundstück zuschreiben läßt (§ 890 Abs 2 BGB). Das zugeschriebene Grundstück (auch mehrere) wird damit zum (nicht wesentlichen) Bestandteil des
Hauptgrundstücks (auch Stammgrundstück). Das durch Bestandteilszuschreibung (neu) gebildete Grundstück ist genauso einheitlich wie ein durch Vereinigung entstandenes Grundstück.[1] Von der Vereinigung unterscheidet sich
die Bestandteilszuschreibung nur durch die nach § 1131 BGB gesetzlich eintretende Pfanderstreckung: für Grundpfandrechte (Hypothek, Grundschuld,
Rentenschuld) gilt (abweichend von der Vereinigung), daß sich die an dem
Hauptgrundstück bestehenden Grundpfandrechte kraft Gesetzes auf das zugeschriebene Grundstück erstrecken (§ 1131 mit § 1192 Abs 1, § 1200 Abs 1
BGB). Die am zugeschriebenen Grundstück bestehenden Grundpfandrechte
werden dagegen gesetzlich nicht auf das Hauptgrundstück erstreckt. Am Bestandteilsgrundstück eingetragene Belastungen gehen aber den erstreckten
Grundpfandrechten im Rang vor (§ 1132 S 2 BGB). Die Erstreckung der
Grundpfandrechte nach § 1131 BGB erfaßt auch die eingetragene Unterwerfungsklausel[2] und einen etwa beim Grundpfandrecht eingetragenen Rangvorbehalt.[3] Ob über § 1107 BGB bei Bestandteilszuschreibung auch Reallasten
nach § 1131 BGB erstreckt werden, ist streitig, dürfte aber zu verneinen
sein.[4] Andere Belastungen (in Abteilung II) der bisherigen Einzelgrundstücke
bleiben (wie bei Vereinigung, Rdn 624) als (Einzel)Belastungen des jeweiligen
Grundstücksteils weiterhin selbständig bestehen. Eine Dienstbarkeit erstreckt
sich daher nicht auf die zugeschriebene Fläche, wenn dem dienenden Grundstück ein Grundstück (Grundstücksteil) zugeschrieben wird.[5] Neubestellung
von Rechten (in Abteilung II mit Besonderheit nach § 7 Abs 2 GBO) ist nur
noch auf dem mit Bestandteilszuschreibung entstandenen einheitlichen
Grundstück zulässig.

bb) Ein Grundstück kann nur einem anderen Grundstück, nicht mehreren 653
Grundstücken als Bestandteil zugeschrieben werden.[6] Wohl aber ist es

---

[1] Röll DNotZ 1968, 523 (528).
[2] BGB-RGRK/Mattern Rdn 3 zu § 1132; Staudinger/Wolfsteiner Rdn 7 zu § 1131; BayObLG 29, 162 und 1954, 258 (270); Bauer/v Oefele/Waldner Rdn 52 zu §§ 5, 6; Meikel/Böttcher Rdn 49 zu § 6.
[3] So Bleutge Rpfleger 1974, 387; BGB-RGRK/Mattern Rdn 3, Staudinger/Wolfsteiner Rdn 6, je zu § 1131; Demharter Rdn 23 zu § 6; K/E/H/E Rdn 26 zu § 6; der Rang ist Inhalt des Rechts; er soll aber unverändert bleiben. Erkennt man die Erstreckung des Rangvorbehaltes nicht an, wird er bei Bestandteilszuschreibung völlig entwertet: da er auf dem zugeschriebenen Teil nicht bestünde, eine selbständige Belastung des Hauptgrundstückes aber nicht mehr möglich ist, könnte der Rangvorbehalt nicht mehr ausgenutzt werden (so überzeugend Bleutge aaO). Gegenansicht: Haegele Rpfleger 1975, 158; BGB-RGRK/Augustin Rdn 16 zu § 890.
[4] So OLG Königsberg OLG 11, 332; BGB-RGRK/Rothe Rdn 4 zu § 1107 und BGB-RGRK/Mattern Rdn 2 zu § 1131; Bauer/v Oefele/Waldner Rdn 53 zu §§ 5, 6; K/E/H/E Rdn 26 zu § 6; Meikel/Böttcher Rdn 51 zu § 6; Staudinger/Gursky Rdn 41 zu § 890; Staudinger/Amann Rdn 7 zu § 1107; aA MünchKomm/Joost Rdn 16 zu § 1107 BGB.
[5] BGH DNotZ 1978, 156 = NJW 1978, 320 = Rpfleger 1978, 52.
[6] KG DFG 1941, 80 = DNotZ 1941, 265.

möglich, das bisherige Grundstück in mehreren Teilflächen (sie müssen im amtlichen Verzeichnis ausgewiesen sein, was zumeist durch Bildung von Zuflurstücken geschieht; zu diesen Rdn 684) verschiedenen anderen Grundstücken zuzuschreiben. Dem Hauptgrundstück können auch zugleich mehrere andere Grundstücke (Teilflächen) als Bestandteil zugeschrieben werden. Werden Teilflächen zwischen verschiedenen Grundstückseigentümern verändert, ist auch ein obligatorischer Vertrag abzuschließen und die Auflassung zu erklären (und einzutragen); dabei sind dann die nötigen Ab- und Zuschreibungsanträge zu stellen. Wenn Hauptgrundstück ein vereinigtes Grundstück (§ 890 Abs 1 BGB) ist, kann nur ihm, nicht einer Flurstücksfläche (einem Katastergrundstück) als Bestandteil das andere Grundstück zugeschrieben werden.[7] Zuschreibung von Miteigentum verbunden mit Sonder- oder Teileigentum Rdn 2980, von Miteigentumsanteilen Rdn 626, eines Erbbaurechts Rdn 1847, von Grundstück und Gebäudeeigentum Rdn 4276.

653a cc) **Bestandteilzuschreibung** setzt – wie Vereinigung – voraus, daß die **Eigentumsverhältnisse** am Hauptgrundstück und am zuzuschreibenden Grundstück gleich sind (hierzu Rdn 625).

654 dd) Die Grundstücke sollen in demselben Grundbuchamts- und Katasteramtsbezirk liegen und **räumlich aneinandergrenzen** (§ 6 Abs 2 mit § 5 Abs 2 GBO; zur Abweichung von diesen Erfordernissen dort; dazu Rdn 625a). Das Hauptgrundstück braucht nicht das größere oder gegenüber dem zuzuschreibenden Grundstück wirtschaftlich bedeutendere zu sein.[8] Landesrechtliche Vorschriften können die Bestandteilzuschreibung untersagen oder weiter einschränken (Art 119 Nr 3 EGBGB; dazu Rdn 625b).

b) Erklärung und Antrag des Eigentümers

655 aa) Zum **Antrag** des Eigentümers (und seiner Form) Rdn 628. Eine Beurkundungs- und Beglaubigungsbefugnis der Vermessungsbehörde besteht für diesen Antrag nicht.[9] Der Gläubiger eines Grundpfandrechts[10] (auch am Hauptgrundstück) sowie die Berechtigten anderer Grundstücksrechte sind nicht berechtigt, beim Grundbuchamt Antrag auf Bestandteilzuschreibung zu stellen.

655a bb) Dinglich Berechtigte müssen der Bestandteilzuschreibung nicht zustimmen.

656 cc) Wenn das Hauptgrundstück **nicht mit Grundpfandrechten**[11] belastet ist, gesetzlich eine Hafterstreckung nach § 1131 S 1 BGB auf das zuzuschreibende Grundstück sonach nicht eintritt, verändert die Bestandteilzuschreibung

---

[7] KG OLG 2, 407; MünchKomm/Wacke Rdn 14 zu § 890 BGB.
[8] Röll DNotZ 1968, 523 (529).
[9] Die Zuständigkeit der Vermessungsbehörden ist wegen der besonderen rechtlichen Folgen der Zuschreibung (§ 1131 BGB), die eine Belehrung erforderlich machen können, nicht auf die Bestandteilzuschreibung erstreckt.
[10] BayObLG 1976, 180 = DNotZ 1977, 242; anders KGJ 30 A 178 für Gläubiger einer auf dem Hauptgrundstück lastenden Hypothek (überholt), aber auch MünchKomm/Wacke Rdn 8 zu § 890 BGB.
[11] Zur Frage, ob die Belastung mit einer Reallast Hafterstreckung bewirkt und damit auch hier Bedeutung erlangt, s Rdn 652.

(wie Vereinigung, Rdn 631) den Bestand des Vermögens des Mündels- bzw Kindes oder Betreuten nicht. Dieser Fall der Bestandteilszuschreibung wird daher nicht vom Genehmigungstatbestand der § 1821 Abs 1 Nr 1 BGB (für Eltern mit § 1643 BGB, für Betreuer mit § 1908 i Abs 1 BGB) erfaßt.[12] Ebenso ist in einem solchen Fall bei Gütergemeinschaft keine Einwilligung des nicht verwaltenden Ehegatten nach § 1424 BGB[13] und bei Zugewinngemeinschaft keine Einwilligung des Ehegatten aus den Gründen des § 1365 BGB erforderlich. Bestandteilszuschreibung ohne Hafterstreckung ist auch nicht unentgeltliche Verfügung des Testamentsvollstreckers nach § 2205 S 3 BGB.

Wenn das **Hauptgrundstück** mit einem Grundpfandrecht **belastet** ist, bewirkt Bestandteilszuschreibung gesetzlich Hafterstreckung auf das bereits zum Kindesvermögen gehörende Grundstück (§ 1131 S 1 BGB). Diese Rechtsänderung als Folge der auf Bestandteilszuschreibung gerichteten Willenserklärung des Eigentümers wird von dem Genehmigungstatbestand des § 1821 Abs 1 Nr 1 BGB (für Eltern mit § 1634 BGB, für Betreuer mit § 1908 i Abs 1 BGB) nach seinem Schutzzweck erfaßt. Es ist daher in diesem Fall familien- bzw vormundschaftsgerichtliche Genehmigung[14] und ebenso bei Gütergemeinschaft Einwilligung des nicht verwaltenden Ehegatten nach § 1424 BGB[15] erforderlich. Desgleichen kann Bestandteilszuschreibung mit Hafterstreckung bei Zugewinngemeinschaft Einwilligung des Ehegatten aus den Gründen des § 1365 BGB erfordern und unentgeltliche Verfügung des Testamentsvollstreckers nach § 2205 S 3 BGB sein.[16] Das gilt auch, wenn das zuzuschreibende Grundstück schon zum Gesamtgut oder Minderjährigenvermögen gehört, das mit Grundpfandrechten belastete Hauptgrundstück jedoch neu erworben wird (s aber § 1821 Nr 5 mit § 1643 BGB für Genehmigung des entgeltlichen Grundstückserwerbs).

Bestandteilszuschreibung **bei Erwerb** des zuzuschreibenden Grundstücks (auch einer Teilfläche) mit Erstreckung der Grundpfandrechte, die an dem bereits zum Vermögen des Mündels, Kindes, Betreuten oder zum Gesamtgut gehörenden Grundstück lasten, auf das zuzuschreibende Erwerbsgrundstück (auch nur eine Teilfläche), steht mit dem Erwerbsvorgang in Zusammenhang. Als Erwerbsmodalität wird der Zuschreibungsantrag in zeitlichem und innerem Zusammenhang mit dem Erwerbsvorgang wie dieser nicht vom Schutzzweck der § 1821 Abs 1 Nr 1 (mit § 1643 bzw § 1908 i Abs 1) BGB und § 1424 BGB erfaßt. Er kann daher vom gesetzlichen Vertreter oder Ehegatten genehmigungs-[17] und einwilligungsfrei[18] gestellt werden. Jedoch erfordert nach § 1821 Nr 5 (mit § 1643 bzw § 1908 i Abs 1) BGB genehmigungspflichtiger Grundstückserwerb nach dem Schutzzweck des Genehmigungstatbestands auch Genehmigung des Zuschreibungsantrags.

657

658

---

[12] Klüsener Rpfleger 1981, 461 (474).
[13] Erman/Heckelmann Rdn 2 zu § 1424 BGB; s auch Rdn 631 Fußn 19.
[14] Klüsener aaO; Meikel/Böttcher Rdn 18 zu § 6.
[15] Meikel/Böttcher Rdn 20 zu § 6.
[16] KG JFG 17, 63.
[17] So zB K/E/H/E Rdn 19 zu § 6; Meikel/Böttcher Rdn 18 zu § 6.
[18] LG Augsburg Rpfleger 1965, 369 mit zust Anm Haegele; Meikel/Böttcher Rdn 20 zu § 6; K/E/H/E Rdn 17 zu § 6.

2. Teil. II. Bestandsverzeichnis des Grundbuchs

c) Liegenschaftskataster

659 Die Katastergrundstücke (Flurstücknummern) können bei Bestandteilszuschreibung – wie bei Vereinigung – selbständig bleiben; Fortführung des Liegenschaftskatasters, mithin Vorlage eines Veränderungsnachweises, ist dann nicht erforderlich (Rdn 632). Es kann für das durch Bestandteilszuschreibung zu bildende Grundstück, dessen Flächen eine zusammenhängende abgrenzbare Bodenfläche bilden, durch das Vermessungsamt aber auch ein nur noch mit einer Nummer bezeichnetes Flurstück als Buchungseinheit gebildet werden (katastermäßige Verschmelzung der Flurstücke). Soll ein Zuflurstück (Rdn 684) einem Grundstück als Bestandteil zugeschrieben werden, ist stets ein Veränderungsnachweis nötig.

d) Keine Verwirrung, Voreintragung

659a Bestandteilszuschreibung setzt – wie Vereinigung – voraus, daß hiervon Verwirrung nicht zu besorgen ist (§ 6 Abs 1 S 1 GBO; dazu Rdn 634–639a). Voreintragung des Eigentümers (§ 39 GBO) ist erforderlich.

e) Grundbucheintragung

660 §§ 6, 13 GBV; s das Rdn 641 Gesagte. Eintragung der Grundstücksgröße in Spalte 4: § 6 Abs 5 GBV (dazu Rdn 584). Eintragungen in Abteilung I, II und III erfolgen nicht; die Hafterstreckung nach § 1131 BGB tritt gesetzlich ein; eingetragen wird auch sie nicht. Eintragungsbeispiel Anlage 1 zur GBV Bestandsverzeichnis Nr 3, 5, 6 sowie Anlage 2a, Bestandsverzeichnis Nr 6, 7, 9.

661 Liegen die Grundstücke zwar **in demselben Amtsgerichtsbezirk, aber in verschiedenen Grundbuchbezirken**, zB Neustadt und Unterau, so sind zunächst

1. In der Aufschrift des Grundbuchs von Unterau (Band II) Blatt 20 einzutragen:
   Das Blatt ist am … geschlossen worden, weil sein Bestand dem Grundstück von Neustadt (Band 1) Blatt 5 Nr 8 als Bestandteil zugeschrieben worden ist.
2. Sämtliche nicht völlig leeren Seiten mit Ausnahme des Schließungsvermerks (rot) zu durchkreuzen.
3. Die Schließung auf dem Aktendeckel zu vermerken.

Sodann werden im Grundbuch von Neustadt (Band 1) Blatt 5 folgende Eintragungen veranlaßt (§ 130 S 1 GBO; Verfügung nach § 44 Abs 1 S 2 GBO):

A. Bestandsverzeichnis

Lfd. Nr.	Bisherige lfd. Nr. der Grundstücke	Bezeichnung der Grundstücke und der mit dem Eigentum verbundenen Rechte		Größe		
		Gemarkung (nur bei Abweichung vom Grundbuchbezirk angeben) Flurstück a/b	Wirtschaftsart und Lage c	ha	a	m²
1	2	3		4		
9	–	Unterau 30	Auf der Höhe, Waldfläche	–	50	30
10	8,9	12 Unterau 30	Auf der Höhe, Waldfläche Auf der Höhe, Waldfläche	1	70	18

B. Einzelfälle

Zur lfd. Nr. der Grundstücke	Bestand und Zuschreibungen
5	6
8, 9, 10	BV Nr 9 von Unterau (Band 2) Blatt 20 hierher übertragen, der BV Nr 8 als Bestandteil zugeschrieben und als BV Nr 10 neu vorgetragen am ...

B. Abteilung I

1	2	3	4
		9	Aufgelassen am ..., Unterau (Band 2) Blatt 20 eingetragen am ..., hierher übertragen am ...

Im Bestandsverzeichnis sind die Eintragungen zur lfd. Nr der Grundstücke 8 und 9 in den Spalten 1–4 (rot) zu unterstreichen.

Liegen die Grundstücke in **verschiedenen Amtsgerichtsbezirken,** so ist nach § 6 Abs 1 Satz 2 GBO das Grundbuchamt des Hauptgrundstücks zuständig. Wegen des Geschäftsvorgangs gilt das zu Rdn 643 (nach der Zuständigkeitsbestimmung) Ausgeführte entsprechend. 662

f) **Eintragungsnachricht** erhält der Notar, der den Antrag eingereicht hat (§ 55 Abs 1 GBO), und der Eigentümer (§ 55 Abs 1 GBO). Bekanntmachung erfolgt an das Vermessungsamt. 663

g) **Rechtsmittel:** Wie Rdn 648. 664

h) Die **Wiederaufhebung** der Bestandteilszuschreibung ist nur durch Teilung des einheitlichen Grundstücks möglich (Rdn 649). Diese Wiederaufhebung kann der Genehmigung nach § 19 BauGB unterliegen (s Rdn 649). 665

5. Teilung eines Grundstücks
BGB § 903 (§§ 1025, 1026, 1108 Abs 2, § 1109 Abs 3)
GBO §§ 2, 7, 13, 29 (30)
GBV §§ 6, 13

Antragsformular 666

Ich beantrage, von dem im Grundbuch von Neustadt (Band 1) Blatt 5 unter Nr 4 gebuchten Grundstück Flurstück 20 die nach dem Veränderungsnachweis des Katasteramts Hauptstadt vom ... abgemessene Fläche von 165 m^2 abzuschreiben und sie als selbständiges Grundstück unter Flurstück 20/2 Beim Dorf, Landwirtschaftsfläche zu buchen. Wert 3000 €.

Neustadt, den ...   Karl Adam – folgt Unterschriftsbeglaubigung –

667 Grundbucheintragung

Bestandsverzeichnis

Lfd. Nr.	Bisherige lfd. Nr. der Grundstücke	Bezeichnung der Grundstücke und der mit dem Eigentum verbundenen Rechte		Größe		
		Gemarkung (nur bei Abweichung vom Grundbuchbezirk angeben) Flurstück	Wirtschaftsart und Lage	ha	a	m²
		a/b	c			
1	2	3		4		
5	Teil von Nr 4	20	Beim Weiher, Landwirtschaftsfläche	–	1	35
6	Teil von Nr 4	20/2	Beim Dorf, Landwirtschaftsfläche	–	1	65

Bestand und Zuschreibungen	
Zur lfd. Nr. der Grundstücke	
5	6
4, 5, 6	BV Nr 4 geteilt in BV Nr 5, 6 am ... [**auch:** BV Nr 4 geteilt und unter BV Nr 5 und 6 als selbständige Grundstücke eingetragen am ...]

Im Bestandsverzeichnis sind die Eintragungen zu Nr 4 in den Spalten 1–4 (rot) zu unterstreichen.

Literatur: S vor Rdn 623.

a) Grundstücksteilung

668 Die Befugnis des Eigentümers zur Teilung seines Grundstücks folgt aus § 903 BGB. Teilung erfordert, daß der Eigentümer einen Flächenabschnitt seines Grundstücks (Bezeichnung im amtlichen Verzeichnis, Rdn 562) im Grundbuch abschreiben und als selbständiges Grundstück buchen läßt.[1] Veranlaßt sein kann eine Grundstücksteilung

– zur Bildung mehrerer **selbständiger Grundstücke des Eigentümers** aus Flächenteilen seines Grundstücks, ohne daß Belastung erfolgt (verallgemeinernd als Teilung im eigenen Besitz bezeichnet); sie erfolgt meist als Vorratsteilung für spätere Veräußerung),

– zur **Veräußerung** eines Flächenabschnitts (Rdn 859–893) oder des Grundstücks in einzelnen Flächenabschnitten an mehrere Erwerber, und

– zur **Belastung** (§ 7 Abs 1 GBO, Rdn 671).

Keine Teilung im Rechtssinn ist die Zerlegung eines Flurstücks in zwei oder mehrere Flurstücke mit eigenen Nummern, wenn die neu gebildeten Flurstücksnummern nach wie vor als Grundstück unter einer Nummer im Bestandsverzeichnis gebucht bleiben. Wenn bei einem Anliegerweg (Angrenzerweg) jeder Angrenzer Alleineigentümer der von seinem Grundstück zum Weg gezogenen Teilfläche ist, erfordert die Eintragung der Teilfläche als selbständiges Grundstück im Grundbuch Eintragung der Grundstücksteilung

---

[1] Motive zum BGB, Band III, S 59, 60.

nach Wegmessung und Bildung eines eigenen Flurstücks.² Soll der mit einer Flurstücknummer versehene Anliegerweg in seiner Gesamtheit rechtlich verselbständigt werden, so genügt im Veränderungsnachweis idR (anders wegen möglicher Verwirrung bei fortbestehender Einzelbelastung der abzuschreibenden Flächen) Darstellung des bisherigen Anliegerwegs und der Grundstücke, bei denen der Zugehörigkeitsvermerk wegfallen soll, in einer zur Übernahme in das Grundbuch geeigneten Weise (Zwischenschritt der katastermäßigen und grundbuchmäßigen Verselbständigung der Wegeteilflächen unterbleibt).³ Rechte, die am Grundstück bestehen, dürfen durch die Teilung nicht beeinträchtigt werden; sie bestehen daher an den verselbständigten Teil-Grundstücken fort (vgl für Grundpfandrechte § 1132 BGB).⁴ Das gilt auch für die Zwangssicherungshypothek; Teilung des mit einer Zwangssicherungshypothek belasteten Grundstücks hindert § 867 Abs 2 ZPO daher nicht.⁵ Rechte, die für das geteilte Grundstück bestanden haben, bestehen grundsätzlich für die einzelnen Teile fort⁶ (Rdn 1124). Ausnahmen regeln §§ 1025, 1026, 1109 Abs 3 BGB.⁷ Wird bei der Teilung ein auf der Grenze stehendes (bisher einheitliches) Gebäude durchschnitten und wechselt das Eigentum an einem Teilstück (nachträglicher Eigengrenzüberbau), so liegt das Eigentum am Gebäude beim Eigentümer des Grundstücks, auf dem das Gebäude objektiv seinen Schwerpunkt hat.⁸

b) Teilungserklärung und Antrag des Eigentümers

aa) Antrag des Eigentümers ist für die Grundbucheintragung nach § 13 Abs 1 GBO Verfahrenserfordernis (Besonderheit bei Belastung nach § 7 Abs 1 GBO). Der Antrag bedarf, wenn er zugleich die dem Grundbuchamt nachzuweisende materiell-rechtliche Teilungserklärung des Eigentümers enthält (bei Miteigentum ist Erklärung aller Eigentümer nachzuweisen) der Form des § 29 Abs 1 (§ 30 GBO).⁹ Beurkundungs- und Beglaubigungsbefugnis der Vermessungsbehörden s Rdn 628. Der Antragsteller muß bei Eintragung der Teilung Eigentümer sein. Der Gläubiger eines Grundpfandrechts sowie die Berechtigten anderer Grundstücksrechte sind nicht berechtigt, Teilungsantrag zu stellen. Zur

669

---

² BayObLG Rpfleger 1977, 103 und DNotZ 1993, 388 = Rpfleger 1993, 104 (auch zur Auslegung des Kaufvertrags und der Eintragungsbewilligung, wenn der Hinweis auf den Anliegerweg fehlt).
³ BayObLG 1993, 363 = DNotZ 1995, 54 = Rpfleger 1994, 205.
⁴ Vgl hierzu grundlegend BayObLG 1973, 21 = DNotZ 1973, 415 = Rpfleger 1973, 133.
⁵ BayObLG 1996, 41 = DNotZ 1997, 391 = NJW-RR 1996, 1041 = Rpfleger 1996, 333; Zöller/Stöber Rdn 16 zu § 867 ZPO; Stöber, ZVG, Einl Rdn 68.5; Stöber, ZVG-Handbuch, Rdn 26.
⁶ Siehe BayObLG 1973, 21 = aaO; BayObLG MittBayNot 1983, 168 = Rpfleger 1983, 434.
⁷ Zur lastenfreien Abschreibung einer Teilfläche nach § 1026 BGB vgl LG Landshut MittBayNot 1978, 215; BayObLG 1985, 31.
⁸ BGH 64, 333 = DNotZ 1976, 224 = NJW 1975, 1553; BGH DNotZ 1982, 43 = NJW 1982, 756; BGH NJW 1985, 789; BGH 105, 202 = NJW 1989, 221; BGH 110, 298 = DNotZ 1991, 595 = NJW 1990, 1791; BGH DNotZ 2002, 290 = NJW 2002, 54 (zu den Grundsätzen des Eigengrenzüberbaus für verschiedene Geschosse eines Gebäudes).
⁹ BayObLG 1956, 470 (475) = DNotZ 1958, 393; OLG Hamm NJW 1974, 865 (866) = Rpfleger 1974, 190 (191); KG NJW 1969, 470; KG JW 1937, 896; BVerwG NJW 1985, 1792.

möglichen Genehmigungspflicht für Teilung eines Grundstücks nach BauGB oder Landesbauordnungen s Rdn 3814ff. Daneben können nach Art 119 Nr 2 EGBGB weitere landesrechtliche Genehmigungserfordernisse bestehen (Rdn 4099ff). Weitere grundbuchverfahrensrechtliche Voraussetzungen (wie zB nach § 5 Abs 2 GBO für die Vereinigung) bestehen nicht. Wird daher ein Grundstück im Rechtssinn zunächst in eine Vielzahl von Flurstücken (ohne rechtliche Teilung) zerlegt und werden erst dann einzelne Parzellen auch rechtlich verselbständigt, kann als Folge ein Grundstück entstehen, das aus mehreren räumlich nicht zusammenhängenden Grundstücksflächen besteht.

670 bb) **Dingliche Berechtigte** müssen der Teilung nicht zustimmen.[10] Für Teilung im eigenen Besitz ist Genehmigung des Familien- bzw Vormundschaftsgerichts nicht erforderlich,[11] ebenso bei Gütergemeinschaft keine Einwilligung des nicht verwaltenden Ehegatten nach § 1424 BGB (s das Rdn 631 Gesagte).

671 cc) Ein **realer Teil** eines Grundstücks ist von diesem abzuschreiben und als selbständiges Grundstück zu buchen, wenn er **mit einem Recht belastet** werden soll (§ 7 Abs 1 GBO; Ausnahme nach näherer Maßgabe von § 7 Abs 2 GBO für Belastung mit Dienstbarkeit und Reallast, s Rdn 1118 und 1290). Die sonach notwendige Teilung eines Grundstücks soll von Amts wegen zu erfolgen haben,[12] also keines Antrags des Eigentümers bedürfen. Teilung ohne privatrechtliche Gestaltungserklärung des Eigentümers (Teilungserklärung) ermöglicht das materielle Recht jedoch nicht. Als Bestimmung des Verfahrensrechts ist § 7 Abs 1 GBO daher so zu verstehen, daß die Belastungsbewilligung des Eigentümers auch die materielle Teilungserklärung zum Ausdruck bringt (s § 133 BGB), deren Vollzug im Grundbuch auch zu erfolgen hat, wenn von einem dazu Berechtigten die Eintragung der Belastung beantragt ist. Daher ermöglicht auch § 7 Abs 1 GBO Belastung eines Grundstücksteils mit einer Zwangshypothek nicht und ebenso nicht Belastung eines Grundstücksteils, wenn der Eigentümer die Belastung bewilligt, aber ausdrücklich erklärt hat, daß er Teilung des Grundstücks nicht gestattet. Weitere Besonderheiten für Grundstücksteilung zur Belastung mit einem Recht bestehen nicht; für Voraussetzungen (auch hinsichtlich des Auszugs aus dem amtlichen Verzeichnis), bundes- und landesrechtliche Teilungsbeschränkungen und Durchführung der Teilung gilt das gleiche wie für Teilung im eigenen Besitz oder zur Veräußerung.

c) **Liegenschaftskataster**

672 aa) Wenn im **Liegenschaftskataster** (amtlichen Verzeichnis) der abzuschreibende Flächenabschnitt und dann ebenso das Restgrundstück bereits als selbständige Buchungseinheiten dargestellt, sonach als Flurstücke ausgewiesene Bodenflächen erfaßt und jeweils **mit Flurstücksnummern** selbständig **bezeichnet** sind, können die durch Teilung entstehenden Grundstücke nach dem amtlichen Verzeichnis benannt werden (§ 2 Abs 2 GBO).[13] Vollzug der Tei-

---

[10] KG NJW 1969, 470.
[11] Klüsener Rpfleger 1981, 461 (464); K/E/H/E Rdn 188 zu § 19; Meikel/Böttcher Rdn 6 zu § 7.
[12] BayObLG 1956, 470 (475, 476), insoweit DNotZ 1958, 393 nicht abgedruckt.
[13] Bei Aufhebung der Vereinigung oder Bestandteilszuschreibung bei einem Grundstück, das aus zwei oder mehr Flurstücknummern besteht, siehe Rdn 632.

B. Einzelfälle

lung erfordert dann Fortführung des Liegenschaftskatasters nicht. Vorlage eines Auszugs aus dem amtlichen Verzeichnis ist daher nicht erforderlich, wenn der abzuschreibende Grundstücksteil im Grundbuch bereits nach dem amtlichen Verzeichnis benannt ist oder war (§ 2 Abs 4 GBO).

bb) Notwendig ist Fortführung des Liegenschaftskatasters (amtlichen Verzeichnisses) zur Benennung der neuen Grundstücke im Grundbuch nach § 2 Abs 2 GBO jedoch für Grundbucheintragung der Teilung eines katastermäßig als Buchungseinheit nur mit einer Flurstücknummer erfaßten und dargestellten Grundstücks. Dann kann Teilung eines Grundstücks nur in das Grundbuch eingetragen werden, wenn ein **Auszug aus dem** beschreibenden Teil des **amtlichen Verzeichnisses**, nach landesrechtlicher Anordnung darüber hinaus auch eine von der zuständigen Behörde **beglaubigte Karte**, vorgelegt werden, aus denen Größe und Lage der Teile ersichtlich sind (§ 2 Abs 3 GBO mit Einzelheiten; zu diesen Unterlagen s Rdn 598 ff). 673

d) Voreintragung

Voreintragung des Eigentümers als Betroffener ist für Eintragung der Teilung erforderlich (§ 39 GBO). Ausnahmen: § 40 GBO für Eintragung des Veräußerers bei Abschreibung des in Teilen insgesamt veräußerten Grundstücks. 674

e) Grundbucheintragung[14]

aa) Wenn die durch Teilung entstehenden Grundstücke auf dem bisherigen Grundbuchblatt des Eigentümers (§ 4 Abs 1 GBO; dies insbesondere bei Vorratsteilung) gebucht werden können, sind sie im Bestandsverzeichnis **unter neuen laufenden** Nummern nach ihren Bezeichnungen im Liegenschaftskataster (amtlichen Verzeichnis, § 2 Abs 2 GBO) nach Maßgabe des § 6 GBV einzutragen (§ 13 Abs 2 und 4 GBV).[15] In **Spalte 2** ist auf die bisherige laufende Nummer des Grundstücks zu verweisen (GBV aaO). In **Spalte 6** (mit der laufenden Nummer in Spalte 5) ist zugleich als Teilungsvermerk die Eintragung der Grundstücksteile als selbständige Grundstücke einzutragen (§ 6 Abs 6 Buchst d GBV). Die Eintragungen, die sich auf das ursprüngliche Grundstück beziehen, sind in den Spalten 1 bis 4 (rot) zu unterstreichen (§ 13 Abs 2 GBV). Eintragung in Abteilungen I, II und III erfolgen nicht. Eintragungs**beispiele**: Anlage 2a zur GBV Bestandsverzeichnis Spalten 5, 6 Nr 9, 11, 12. 675

bb) Wenn **Übertragung** eines durch Teilung entstehenden Grundstück auf ein anderes Grundbuchblatt (insbesondere bei Veräußerung) erfolgen soll, könnte gleichfalls nach dem Rdn 675 Gesagten verfahren und dann eines der Grundstücke abgeschrieben werden.[16] Es kann aber auch (üblich) sogleich das abzuschreibende, durch Teilung entstehende Grundstück auf ein anderes Blatt übertragen und nur das „Rest"grundstück im Bestandsverzeichnis des bisherigen Grundbuchblatts neu gebucht werden (§ 13 Abs 4 mit Abs 2 676

---

[14] Zum Vollzug der Teilung im Grundbuch auch BayObLG 1956, 470 (476).
[15] Auch bei Aufhebung der Vereinigung von Grundstücken (§ 890 Abs 1 BGB) oder einer Bestandteilszuschreibung (§ 890 Abs 2 BGB) ist nicht diese einzutragen, sondern das abzuteilende Trennstück vom Gesamtgrundstück abzuschreiben, mithin unter neuen laufenden Nummern einzutragen wie hier dargestellt; BayObLG 1956, 470 (473) = DNotZ 1958, 393.
[16] OLG Frankfurt DNotZ 1962, 256.

335

GBV).¹⁷ Dann ist die Abschreibung in Spalte 8 (mit der laufenden Nummer in Spalte 7) einzutragen (§ 6 Abs 8 mit 7 GBV). Eintragungs**beispiele** hierfür: Anlage 2a zur GBV Bestandsverzeichnis Spalten 7, 8 Nr 5, 6 und 2, 7. Besteht das zu teilende Grundstück aus mehreren Teilen, die im amtlichen Verzeichnis (§ 2 Abs 2 GBO) als selbständige Teile aufgeführt sind, und wird ein solcher Teil abgeschrieben, so kann von der Eintragung der bei dem Grundstück verbleibenden Teile unter neuer laufender Nummer nach Maßgabe des § 13 Abs 4 GBV abgesehen werden. Angenommen, es seien unter einer Nummer im Bestandsverzeichnis vier Kataster-Grundstücke gebucht wie dies aus Rdn 584 zu Spalte 4 des Bestandsverzeichnisses ersichtlich ist, wovon ein Kataster-Grundstück infolge Verkaufs in ein anderes Grundbuch zu übertragen ist, so genügt es, dieses Katastergrundstück rot zu unterstreichen und in Spalten 7 und 8 des Bestandsverzeichnisses einzutragen:

> 1 Flurstück ¹/₁ übertragen nach Band ... Blatt ... am ...

677 cc) Scheidet das abgeschriebene Grundstück aus dem Grundbuch aus – weil es nicht mehr buchungspflichtig ist – so ist für Spalte 8 des Grundbuchs zu verfügen und einzutragen:

> Aus dem Grundbuch ausgeschieden am ...

Scheidet nur ein Teilgrundstück aus dem Grundbuch aus, so ist zu verfügen und einzutragen:

> Von Nr 5 Teilstück b aus den Grundbuch ausgeschieden am ... Rest laufende Nr 6.

Hierauf werden die sich auf Nr 5 des Bestandsverzeichnisses beziehenden Eintragungen in den Spalten 1–4 (rot) unterstrichen, und unter Nr 6 des Verzeichnisses wird das Restgrundstück als neues Grundstück eingetragen mit dem Vermerk in Spalte 2:

> Rest von 5.

678 f) **Eintragungsnachricht** erhält der Notar, der den Antrag eingereicht hat (§ 55 Abs 1 GBO), und der Eigentümer als Antragsteller (§ 55 Abs 1 GBO). Bekanntmachung erfolgt an das Vermessungsamt.

679 g) **Rechtsmittel:** Wie Rdn 648. Bei Eintragung der Teilung ist nur beschränkte, auf die Eintragung eines Amtswiderspruchs gerichtete Beschwerde zulässig (§ 71 Abs 2 S 2 GBO).¹⁸

6. Das Zuflurstück bei Grundstücksteilung, Vereinigung und Bestandteilzuschreibung
GBO §§ 2, 5–7, 13, 29 (30)
BGB §§ 890, 903
GBV §§ 6, 13

680 **Antragsformular 1**

> Ich beantrage, von meinem im Grundbuch von Neustadt (Band 1) Blatt 6 Bestandsverzeichnis Nr 1 gebuchten Grundstück Flurstück 135 zu bisher 1 a 85 m² die nach dem Veränderungsnachweis des Vermessungsamts Hauptstadt vom ... weggemessene Teilfläche

---

¹⁷ Siehe OLG Frankfurt aaO (Fußn 16).
¹⁸ BayObLG DNotZ 1996, 32 = Rpfleger 1995, 495.

B. Einzelfälle

von 20 m² abzuschreiben und dieses Zuflurstück mit meinem auf diesem Grundbuchblatt Bestandsverzeichnis Nr 2 gebuchten Grundstück Flurstück 148 zu bisher 1 a 18 m² zu vereinigen.
Auf Nachricht von der Eintragung verzichte ich.
Wert des Zuflurstücks und des damit zu vereinigenden Grundstücks 3000 €.

Hauptstadt, den ...   Karl Adam (folgt Unterschriftsbeglaubigung)

Grundbucheintragung 1   681

Bestandsverzeichnis

Lfd. Nr.	Bisherige lfd. Nr. der Grundstücke	Bezeichnung der Grundstücke und der mit dem Eigentum verbundenen Rechte		Größe		
		Gemarkung (nur bei Abweichung vom Grundbuchbezirk angeben) Flurstück	Wirtschaftsart und Lage	ha	a	m²
		a/b	c			
1	2	3		4		
3	Rest von 1	135	Am Dorfhang, Landwirtschaftsfläche	–	1	65
4	2	148	Lehenacker, Landwirtschaftsfläche	–	1	38

Zur lfd. Nr. der Grundstücke	Bestand und Zuschreibungen
5	6
1, 2, 3, 4	BV Nr 1 geteilt; Rest als BV Nr 3 neu eingetragen; Zuflurstück von 20 m² aus BV Nr 1 mit BV Nr 2 vereinigt und als BV Nr 4 neu vorgetragen am ...

Die Eintragungen Nr 1 und 2 sind in den Spalten 1–4 rot zu unterstreichen.

Antragsformular 2   682

Ich beantrage, von dem im Grundbuch von Neustadt (Band 1) Blatt 5 Bestandsverzeichnis 10 gebuchten Grundstück Flurstück 20 die nach dem Veränderungsnachweis des Katasteramts Hauptstadt vom ... weggemessene Fläche von 30 a abzuschreiben und diese Fläche dem in (Band 2) Blatt 20 Bestandsverzeichnis Nr 13 eingetragenen Grundstück Flurstück 65 als Bestandteil zuzuschreiben. Wert 4000 €.

Grundbucheintragung 2   683

1. Grundbuch von Neustadt (Band 1) Blatt 5

Bestandsverzeichnis

Lfd. Nr.	Bisherige lfd. Nr. der Grundstücke	Bezeichnung der Grundstücke und der mit dem Eigentum verbundenen Rechte		Größe		
		Gemarkung (nur bei Abweichung vom Grundbuchbezirk angeben) Flurstück	Wirtschaftsart und Lage	ha	a	m²
		a/b	c			
1	2	3		4		
11	Rest von 10	20	Beim Südhang, Landwirtschaftsfläche	–	52	00

2. Teil. II. Bestandsverzeichnis des Grundbuchs

Zur lfd. Nr. der Grundstücke	Bestand und Zuschreibungen
5	6
10, 11	Veränderungsnachweis 54/03: BV Nr 10 geteilt; Zuflurstück von 3000 m² übertragen nach (Band 2) Blatt 20; Rest als BV Nr 11 neu vorgetragen am ...

2. Grundbuch von Neustadt (Band 2) **Blatt 20**

Bestandsverzeichnis

Lfd. Nr.	Bisherige lfd. Nr. der Grundstücke	Bezeichnung der Grundstücke und der mit dem Eigentum verbundenen Rechte		Größe		
		Gemarkung (nur bei Abweichung vom Grundbuchbezirk angeben) Flurstück	Wirtschaftsart und Lage	ha	a	m²
		a/b	c			
1	2	3		4		
14	13	65	Im Oberanger, Landwirtschaftsfläche	–	93	02

Zur lfd. Nr. der Grundstücke	Bestand und Zuschreibungen
5	6
13, 14	Zuflurstück (zu FlSt 65 aus FlSt 20) von 3000 m² übertragen aus (Band 1) Blatt 5, der Nr 13 als Bestandteil zugeschrieben und unter Nr 14 neu vorgetragen am ...

Die früheren Eintragungen sind in den Spalten 1–4 (rot) zu unterstreichen, und zwar
a) Band 1 Blatt 5: BV lfd Nr 10
b) Band 2 Blatt 20: BV lfd Nr 13.

a) Das Zuflurstück

684 Vollzug einer Grundstücksteilung (Rdn 668) mit Abtrennung einer **Teilfläche**, die im Liegenschaftskataster nicht als selbständige Bodenfläche mit einer Flurstücknummer bezeichnet ist, erfordert Fortführung des Liegenschaftskatasters (Rdn 672, 598 ff; dort auch zur Vermessung). Die abzutrennende Fläche müßte hierfür im Liegenschaftskataster verselbständigt, dh mit einer eigenen Nummer ausgewiesen werden. Sogleich mit Vollzug der Grundstücksteilung durch Grundbucheintragung (Rdn 675) könnte eine als dann selbständiges Grundstück abgetrennte Teilfläche wieder mit einem benachbarten Grundstück (oder einem Teil davon) desselben Eigentümers vereinigt (§ 890 Abs 1 BGB; Rdn 624) oder einem benachbarten Grundstück desselben Eigentümers als Bestandteil zugeschrieben werden (§ 890 Abs 2 BGB; Rdn 650). Auch als Buchungseinheit im Liegenschaftskataster könnten dann die vereinigten oder als Bestandteile gebuchten Grundflächen als zusammenhängende

abgrenzbare Bodenfläche durch das Vermessungsamt sogleich wieder zu einem mit nur noch einer Nummer bezeichneten Flurstück verschmolzen werden (Rdn 596). Wenn solche Bestandsveränderungen im Grundbuch gleichzeitig vollzogen werden, tritt die veränderte Teilfläche im Rechtsverkehr nur für den einheitlichen Grundbucheintragungsvorgang ihrer Abschreibung und Eintragung der Vereinigung oder Bestandteilszuschreibung als selbständiges Grundstück und damit als im Liegenschaftskataster auszuweisende und kartenmäßig darzustellende Bodenfläche in Erscheinung. Wegen dieser **nur vorübergehenden Bedeutung** als Teilfläche und Grundstück wird im Liegenschaftskataster der Flächenübergang **vereinfacht dargestellt** (dazu Nr 8.3 KatFA). Der als Bodenfläche nur vorübergehend zu verselbständigende Flurstücksteil erhält für die einheitlich zu vollziehende Bestandsveränderungen keine selbständige Flurstücknummer; diese Fläche wird in das Grundbuch auch nicht als selbständiges Grundstück aufgenommen. Für den einheitlichen Eintragungsvorgang ihrer Abschreibung und Vereinigung oder Bestandteilszuschreibung wird die Bodenfläche im Liegenschaftskataster (amtlichen Verzeichnis) als **Zuflurstück** (Flurstück ohne selbständige Flurstücknummer) ausgewiesen und für den Grundbuchvollzug dargestellt (§ 2 Abs 3 S 2 GBO). Benannt wird das Zuflurstück mit einer auf das aufzunehmende Flurstück hindeutenden (Bestimmungsnummer) und die Herkunft (das Stammgrundstück) ausweisenden Bezeichnung (vereinfachte Grundstücksbezeichnung), zB

Zu 26/1 (aus 27)

(sogen „Zu-"Nummer). Das Zuflurstück wird nur im Veränderungsnachweis dargestellt. In die Katasterbücher wird es nicht übernommen. Seine Bezeichnung wird weder in die Flurkarten noch in die Kartenbeilagen zu den Veränderungsnachweisen eingeschrieben (Nr 8.3 KatFA). Es kann auch nicht als selbständiges Grundstück in das Grundbuch eingetragen werden. **Rechtlich** (§§ 890, 903 BGB) ist das Zuflurstück für Eintragung der Grundstücksveränderungen in das Grundbuch selbständiges Grundstück.[1] Grundstück im Rechtssinn ist es somit für Abtrennung von seinem Stammgrundstück und die Vereinigung mit einem anderen Grundstück oder für die Bestandteilszuschreibung, damit aber auch für die Eintragung eines mit solcher Veränderung zusammenhängenden Eigentumsübergangs (§ 873 BGB), nicht aber in anderer Beziehung.

b) Mehrere Zuflurstücke

Mehrere Zuflurstücke können zugleich mit einem Grundstück vereinigt oder einem Grundstück als Bestandteil zugeschrieben werden. Neu entstehen kann ein Grundstück auch in der Weise, daß es ausschließlich aus Zuflurstücken zusammengesetzt wird. Für die Eintragung dieses neuen Flurstücks als Grund-

685

---

[1] Ganz allgemeine Ansicht, so BGH DNotZ 1954, 197; BayObLG 1954, 258 = MittBayNot 1954, 30; BayObLG 1957, 354 (356) = DNotZ 1958, 388 mit Anm F. Riedel; BayObLG MittBayNot 1960, 141; BayObLG DNotZ 1972, 350 = Rpfleger 1972, 18; BayObLG 1974, 18 (23) = DNotZ 1974, 443 = Rpfleger 1974, 148; BayObLG NJW-RR 1991, 465 = (mitget) Rpfleger 1991, 4; OLG Frankfurt DNotZ 1960, 246 = Rpfleger 1960, 127; OLG Neustadt Rpfleger 1963, 241 mit Anm Haegele; Röll DNotZ 1968, 523 (524); Weber DNotZ 1960, 229.

stück im Grundbuch, somit auch für Eintragung der Vereinigung, muß es als Flurstück mit neuem Bestand im Veränderungsnachweis ausgewiesen sein (§ 2 Abs 2 GBO). Wenn beantragt ist, einen Veränderungsnachweis zu vollziehen, und hierbei die bei der Vermessung gebildeten mehreren Zuflurstücke zu einem Bestimmungsgrundstück mit einer neuen Flurstücksnummer zusammengefaßt wurden, kann jedoch einem Zuflurstück ein anderes Zuflurstück nicht als Bestandteil zugeschrieben werden, weil dieser katastermäßigen Zusammenmessung das Spiegelbild der Vereinigung entspricht.[2]

c) Mit Zuflurstück vollziehbare Rechtsänderungen

686 In das Grundbuch eingetragen werden können unter Bezeichnung eines Grundstücks als Zuflurstück nur Rechtsänderungen, für deren Vollzug das Zuflurstück Grundstück im Rechtssinn ist. Daher ermöglicht Ausweisung einer Bodenfläche im Veränderungsnachweis als Zuflurstück **nur Vollzug des einheitlichen Eintragungsvorgangs** seiner Abschreibung und Eintragung der Vereinigung oder Bestandteilszuschreibung (sowie damit etwa verbundene Eigentumsübertragung). Für diesen Grundbuchvollzug müssen zugleich **alle Verfahrenserfordernisse** der Teilung (Rdn 669 ff; insbesondere Antrag, Voreintragung, Teilungsgenehmigung, kein landesrechtliches Teilungsverbot) **und der Vereinigung** oder Bestandteilszuschreibung (Rdn 624 ff, 652 ff; somit insbesondere darauf gerichteter Antrag, keine Besorgnis der Verwirrung, Voreintragung) erfüllt sein. Wenn dem Antrag auf Vereinigung oder Bestandteilszuschreibung ein Vollzugshindernis entgegensteht, ist auch der mit ihm verbundene (s auch § 16 Abs 2 GBO) Antrag auf Teilung nicht vollziehbar. **Fortführung des Liegenschaftskatasters** (amtliches Verzeichnis) ist für den einheitlichen Buchungsvorgang wie sonst bei Teilung und Vereinigung oder Bestandteilszuschreibung erforderlich, jedoch mit der Besonderheit, daß im Veränderungsnachweis die Grundstücksfläche, die Gegenstand der Rechtsänderung ist, als Zuflurstück ausgewiesen sein muß (damit ist dem Grundbuchamt zugleich bescheinigt, daß unter den Voraussetzungen des § 2 Abs 3 S 2 GBO davon abgesehen ist, die Fläche mit einer besonderen Nummer zu versehen). Teilung des Grundstücks und gleichzeitige Vereinigung der als Zuflurstück ausgewiesenen Teilfläche mit einem anderen Grundstück oder Bestandteilszuschreibung kann somit nur in das Grundbuch eingetragen werden, wenn der beglaubigte Auszug aus dem beschreibenden Teil des amtlichen Verzeichnisses (Veränderungsnachweis), nach landesrechtlicher Bestimmung außerdem die von der zuständige Behörde beglaubigte Karte, vorliegen, aus denen Größe und Lage des durch Teilung entstehenden Restgrundstücks und des Zuflurgrundstücks (für dieses keine selbständige Eintragung in der Kartenbeilage; § 2 Abs 3 Buchst a GBO mit Einzelheiten; dazu Rdn 684) und weiter die durch Vereinigung des Zuflurstücks mit einem anderen Grundstück oder Bestandteilszuschreibung entstehende Bodenfläche als Buchungseinheit (Flurstück mit Flurstücknummer) für die Benennung des Grundstücks im Grundbuch (§ 2 Abs 2 GBO) ersichtlich sind. Das Grundbuchamt hat die Ordnungsvorschrift des § 2 Abs 3 GBO zu beachten; die

---

[2] BayObLG DNotZ 1972, 350 = Rpfleger 1972, 18; OLG Frankfurt DNotZ 1977, 243 = Rpfleger 1976, 245; aA Roellenbleg DNotZ 1971, 286; K/E/H/E Rdn 6; Meikel/Böttcher Rdn 11, je zu § 6; LG München II MittBayNot 1967, 9.

B. Einzelfälle

Wirksamkeit der Abschreibung ist jedoch nicht davon abhängig, daß die Bestimmung eingehalten wurde.[3] Die Unterlagen müssen sich auch auf den abzuschreibenden Teil des Grundstücks beziehen; Unterlagen, die sich nur auf den verbleibenden Teil beziehen, sind ungenügend.[4]

d) Grundbucheintragung

Grundbuchvollzug der Vereinigung eines Grundstücks mit einem Zuflurstück sowie dessen Bestandteilszuschreibung sind in der GBV nicht näher geregelt; §§ 6, 13 GBV beziehen sich nur auf den Vollzug der Vereinigung und Bestandteilszuschreibung selbständig gebuchter Grundstücke.[5] Diese Bestimmungen der GBV sind jedoch unter Beachtung der nur vorübergehenden rechtlichen Selbständigkeit des Zuflurstücks entsprechend anzuwenden, weil auch ein Zuflurstück für die Vereinigung und Bestandteilszuschreibung als Grundbuchgrundstück zu behandeln ist.[6] Grundbucheintragung erfolgt daher wie folgt: 687

aa) Wenn die von der Bestandsveränderung betroffenen Grundstücke **auf einem Grundbuchblatt** des (gleichen) Eigentümers (§ 4 Abs 1 GBO) **eingetragen sind und bleiben,** sind sie im Bestandverzeichnis unter neuen laufenden Nummern nach Maßgabe des § 6 GBV neu einzutragen (§ 13 Abs 1 und 2 GBV). In Spalte 2 ist jeweils auf die bisherige laufende Nummer der Grundstücke zu verweisen (GBV aaO). In Spalte 6 (mit der laufenden Nummer in Spalte 5) ist die Bestandsveränderung, die durch Teilung und Vereinigung (oder Bestandteilszuschreibung) herbeigeführt wird, unter Bezeichnung des Zuflurstücks einzutragen (§ 6 Abs 6 Buchst c, d GBV). Die Eintragungen, die sich auf die ursprünglichen Grundstücke beziehen, sind in den Spalten 1 bis 4 rot zu unterstreichen (§ 13 Abs 2 GBV). Eintragungen in Abteilungen I, II und III erfolgen bei solcher Bestandsveränderung nicht.[7] 688

bb) Wenn **Übertragung des Zuflurstücks** auf ein **anderes Grundbuchblatt** (insbesondere bei Veräußerung) zu erfolgen hat, wird im Bestandsverzeichnis des **bisherigen** Grundbuchblatts nur das durch Teilung entstehende (Rest-) Grundstück nach Maßgabe des § 6 GBV neu gebucht (§ 13 Abs 2, 4 GBV). Das abzuschreibende Zuflurstück wird auf diesem Grundbuchblatt nicht selbständig eingetragen. Abschreibungsvermerk wird in **Spalte 8** (mit laufenden Nummern in Spalte 7) eingetragen (§ 6 Abs 8 mit Abs 7 GBV). 689

Auf dem Grundbuchblatt des Grundstücks, mit dem das Zuflurstück vereinigt oder dem es als Bestandteil zugeschrieben wird, wird im Bestandsverzeichnis unter **neuer laufender Nummer** das durch die Rechtsänderung entstehende Grundstück nach seiner Bezeichnung im Liegenschaftskataster (amtlichen Verzeichnis) nach Maßgabe des § 6 GBV neu eingetragen (§ 13 Abs 1 GBV). In **Spalte 2** ist auf die bisherige laufende Nummer dieses Grundstücks zu verweisen (GBV aaO). In **Spalte 6** (mit laufenden Nummern in Spalte 5) wird die Übertragung des Zuflurstücks auf das Grundbuchblatt und 690

---

[3] LG Kiel SchlHA 1982, 44.
[4] OLG Hamm Rpfleger 1968, 121.
[5] BayObLG 1974, 18 (23) = aaO (Fußn 1).
[6] BayObLG 1974, 18 (23) = aaO (Fußn 1).
[7] Vollzogen werden in Abteilung II und III jedoch die gesondert beantragten Eintragungen wie Pfandfreigaben, Mitbelastungen.

die Bestandsveränderung mit Vereinigung oder Bestandteilszuschreibung eingetragen (§ 6 Abs 6 Buchst b GBV). Die Eintragung, die sich auf das ursprüngliche Grundstück bezieht, ist in Spalten 1 bis 4 (rot) zu unterstreichen (§ 13 Abs 2 GBV). In Abteilung I erfolgt Eintragung der Auflassung, wenn die Bestandsveränderung mit Grundstückserwerb (Eigentumsübergang des Zuflurstücks) verbunden ist. Beispiel (für Spalte 4 mit laufender Nummer in Spalte 3)

> Zuflurstück (zu FlSt 26/1 aus FlSt 27) von 1 m² aufgelassen am ... und eingetragen am ...

oder:

> 1 m² (zu FlSt 26/1 aus FlSt 27) aufgelassen am ... und eingetragen am ...

Sonst (bei Veränderung im eigenen Bestand mit Übertragung des Zuflurstücks auf ein anderes Blatt) erfolgt Eintragung in Abteilung I nicht; der bereits eingetragene Eigentümer ist mit Vereinigung (Bestandteilszuschreibung) zugleich auch als Eigentümer der Zuflurgrundstücksfläche ausgewiesen.

7. Umschreibung eines Grundbuchblattes
GBV §§ 23, 28–33, 39 (§ 69 Abs 2, §§ 98, 99)

691 Wortlaut der Eintragung (Umschreibung)

1. Grundbuch von Neustadt (Band 2) **Blatt 30**

Aufschrift

Wegen Unübersichtlichkeit geschlossen und auf das Blatt Neustadt (Band ...) Blatt ... umgeschrieben am ...
Sämtliche nicht völlig leeren Seiten mit Ausnahme des Schließungsvermerks sind (rot) zu durchkreuzen.

2. Grundbuch von Neustadt (Band ...) **Blatt ...**

A. Aufschrift

Dieses Blatt ist an Stelle des wegen Unübersichtlichkeit geschlossenen Blattes Neustadt (Band 2) Blatt 30 getreten. Eingetragen am ...

B. Bestandsverzeichnis

1	2	3		4	5	6
1–2 3	Gelöscht –	100/2	Hauptstraße 10, Scheuer und Stall	–	12 50	3	Bei Umschreibung des unübersichtlichen Blattes Neustadt (Band 2) Blatt 30 als Bestand eingetragen am ...

C. Abteilung I

1	2	3	4
1, 2 3	Gelöscht. Bauer Paul, geb am 15. 12. 1940	3	Das auf dem unübersichtlich gewordenen Blatt Neustadt (Band 2) Blatt 30 eingetragene Eigentum bei Umschreibung dieses Blattes hierher übertragen am ...

B. Einzelfälle

D. Abteilung II

1	2	3
1	Gelöscht	
2	3	Beschränkte persönliche Dienstbarkeit (Wohnungsrecht) für F a d e n Maria, geb am 15. 2. 1925, unter Bezugnahme auf die Bewilligung von ... (Notar ... URNr ...) eingetragen am ... und umgeschrieben am ...

E. Abteilung III

1	2	3	4
1	3	1000 EUR	Hypothek zu eintausend Euro, mit acht vom Hundert jährlich verzinslich, für G e l d Robert, geb am 2. 3. 1920. Unter Bezugnahme auf die Eintragungsbewilligung vom ... (Notar ... URNr ...) eingetragen am ... und umgeschrieben am ...
2–4	Gelöscht		

5	6	7
1	1000 €	Verpfändet an R e i c h Hans, geb 13. 8. 1925, wegen eines Darlehens von 1000 € nebst sechs vom Hundert Zinsen seit ... Unter Bezugnahme auf die Eintragungsbewilligung vom (Notar ... URNr ...) eingetragen am ... und umgeschrieben am ...

Die laufenden Nummern der gelöschten Eintragungen sind (rot) zu unterstreichen.

a) Umschreibung zur Anlegung eines neuen Grundbuchblatts s Rdn 611. Für die Anlegung eines neuen Papier-Grundbuchblatts sind nur noch Bände des Loseblatt-Grundbuchs zu verwenden (§ 5 Abs 2 GBGA). Verfahren bei dessen Anlegung: § 12 GBGA. Anlegung des maschinell geführten Grundbuchs durch Umschreibung: § 68 GBV.

b) Umschreibungsverfahren

aa) Der **Inhalt** des Grundbuchs auf dem alten Blatt ist vor der Umschreibung nach Maßgabe des § 29 GBV zu **bereinigen**. Es sind Eintragungen, die von Amts wegen vorzunehmen sind, zu bewirken (zB §§ 4, 53 GBO), die Beteiligten ggfs über die Beseitigung unrichtiger Eintragungen sowie über die Vereinigung oder Zuschreibung von Grundstücken zu belehren und ein erforderliches Löschungsverfahren (§§ 84–89 GBO) oder Rangklarstellungsverfahren (§§ 90–115 GBO) durchzuführen.

bb) Gestaltung des neuen Blatts: § 30 GBV. Nicht völlig klar gefaßte Eintragungsvermerke können auf das neue Grundbuchblatt mit einem eindeutig klar gestellten Wortlaut übernommen werden.[8] In der Aufschrift des neuen Blattes ist auf das bisherige Blatt zu verweisen (§ 30 Abs 1 Buchst b GBV). Eintragungsvermerke sind ggfs so zusammenzufassen oder zu ändern, daß nur ihr gegenwärtiger Inhalt auf das neue Blatt übernommen wird (§ 30 Abs 1 Buchst d GBV). Eine nach Vereinigung oder Verschmelzung unterstrichene (gerötete) Bestandseintragung ist zu übernehmen, wenn eines der vormaligen Einzelgrundstücke einzeln belastet war und diese Belastung noch besteht.[9] Eine bisher unterbliebene oder nicht im zulässigen Umfang vorge-

692

693

694

---

[8] BayObLG 1961, 63 (64) = Rpfleger 1962, 406.
[9] Stöber MittBayNot 2001, 281 (285); Meikel/Ebeling Rdn 6 zu § 30 GBV; auch K/E/H/E Rdn 12 zu § 6 GBV. Grundbuchunrichtigkeit und gutgläubiger Erwerb, wenn die Beschränkung der Belastung auf den Grundstücksteil nicht übertragen wird, s Rdn 641 Fußn 56.

nommene Bezugnahme auf die Eintragungsbewilligung kann bis zu dem Umfang nachgeholt oder erweitert werden, wie dies nach § 44 Abs 2 GBO bei erstmaliger Eintragung zulässig ist (§ 44 Abs 3 GBO). Der Tag der ersten Eintragung eines Rechts in Abt II und III ist mit zu übertragen (§ 30 Abs 1 Buchst g GBV). Unterzeichnung nach Bezeichnung des übertragenen Vermerks mit dem Zusatz „Umgeschrieben" sowie Vermerk in Spalte 6 des Bestandsverzeichnisses und in Spalte 4 der Abteilung I: § 30 Abs 1 Buchst h GBV. Sammelbuchung bei Umschreibung Rdn 1910.

695 c) **Muster** für Durchführung der Umschreibung (die nicht Teil der GBV als Rechtsverordnung sind, § 31 mit § 22 S 2 GBV): Anlagen 2a und b zur GBV.

696 d) Der **Brief** über ein Grundpfandrecht ist auf Antrag zu ergänzen (§ 57 Abs 2 GBO); der Vermerk kann lauten:

> Das Grundbuchblatt des belasteten Grundstücks Neustadt (Band 2) Blatt 30 ist wegen Unübersichtlichkeit geschlossen und auf das Grundbuchblatt Neustadt (Band ...) Blatt ... übertragen.
>   Datum und Unterschriften

697 e) Das umgeschriebene Blatt ist zu **schließen**; im Schließungsvermerk ist die Bezeichnung des neuen Blatts anzugeben (§ 30 Abs 2 GBV). Schließung: Rdn 612.

698 f) **Bekanntmachung** erfolgt an den Eigentümer, die eingetragenen dinglichen Berechtigten und die Katasterbehörde (§ 39 Abs 3 GBV mit Einzelheiten).

699 g) Wenn als **Teil des Grundbuchblatts** nur das Bestandsverzeichnis oder eine einzelne Abteilung des Grundbuchblatts unübersichtlich geworden ist, so kann sie für sich allein neu gefaßt werden (§ 33 GBV mit Einzelheiten).

8. Das Gebäudegrundbuchblatt im Beitrittsgebiet

A. Gebäudeeigentum

Literatur: Böhringer, Neuerungen bei Art 233 EGBGB und beim Grundbuchbereinigungsgesetz, DtZ 1994, 301; Hügel, Der Umgang mit Gebäudeeigentum, MittBayNot 1993, 196; Hügel, Gebäudeeigentum – Kein Ende in Sicht, DtZ 1994, 144; Keller, Das Gebäudeeigentum und seine grundbuchmäßige Behandlung nach der Gebäudegrundbuchverfügung – GGV, MittBayNot 1994, 389; Zirker, LPG-Gebäudesondereigentum und Feldinventar in den neuen Bundesländern, VIZ 1993, 338.

699a a) In den Ländern **Brandenburg, Mecklenburg-Vorpommern, Sachsen, Sachsen-Anhalt** und **Thüringen** sowie in dem **Teil** des Landes **Berlin**, in dem das Grundgesetz früher nicht galt (Beitrittsgebiet), konnte selbständiges Eigentum an Gebäuden, Baulichkeiten, Anlagen, Anpflanzungen oder Einrichtungen unabhängig vom Eigentum am Boden entstehen. Die Gebäude usw, die demnach vom Grundstückseigentum unabhängiges Eigentum waren, gehören weiterhin nicht zu den Bestandteilen des Grundstücks (Art 231 § 5 Abs 1 EGBGB). Als **Gebäudeeigentum** besteht das selbständige Eigentum an diesen Gebäuden fort; das Nutzungsrecht an dem Grundstück und die Anlagen, Anpflanzungen oder Einrichtungen gelten als wesentliche Bestandteile des Gebäudes (Art 231 § 5 Abs 2 EGBGB). Gebäudeeigentum konnte entstehen
– als persönliches Eigentum eines Nutzungsberechtigten nach Verleihung eines **Nutzungsrechts** (Art 233 § 4 EGBGB) an

B. Einzelfälle

- einem volkseigenen Grundstück (Art 287 ZGB),
- genossenschaftlich genutztem Boden (Art 291 ZGB),
- in sonstigen durch Rechtsvorschriften festgelegten Fällen (Art 295 Abs 2 ZGB), sowie
- **ohne** dingliches **Nutzungsrecht** durch
  - genehmigte Gebäudeerrichtung (Art 233 § 2 b EGBGB)
  - Gebäudeerrichtung nach § 459 ZGB (Art 233 § 8 EGBGB).

Demnach waren und sind Gebäudeeigentum

- nach § 288 Abs 4 ZGB die auf Grund eines **Nutzungsrechts** an einem **volkseigenen Grundstück** (zu diesem Nutzungsrecht §§ 287–290 ZGB) auf diesem errichteten Gebäude, Anlagen und Anpflanzungen des Nutzungsberechtigten. Verliehen werden konnte nach dem Gesetz über die Verleihung von Nutzungsrechten an volkseigenen Grundstücken vom 14. Dez 1970 (GBl I 372, mit Änderungen; NutzungsRG) 699b
  - gesellschaftlichen **Organisationen** und sozialistischen **Genossenschaften** sowie ihren Einrichtungen und Betrieben (die juristische Personen waren) ein Nutzungsrecht am Grundstück, wenn sie dieses bebaut hatten oder bebauen wollten und auch, wenn Erbbaurechte oder Erbpachtverträge bestanden (§ 1 NutzungsRG). Verleihung eines Nutzungsrechts war demnach insbesondere vorgesehen an
    - Arbeiterwohnungsbaugenossenschaften nach § 7 der VO über Arbeiterwohnungsbaugenossenschaften vom 21. Nov 1963 (GBl 1964 II 17) idF vom 23. Febr 1973 (GBl I 109). Die Wohngebäude sowie das sonstige genossenschaftliche Eigentum waren dinglich nicht belastbar (§ 7 Abs 4 S 3 VO),
    - gemeinnützige Wohnungsbaugenossenschaften nach § 3 Abs 2, § 15 Abs 2 der VO über die Umbildung gemeinnütziger und sonstiger Wohnungsbaugenossenschaften vom 14. 3. 1957 (GBl 200),
  - **Bürgern** ein Nutzungsrecht zur Errichtung und persönlichen Nutzung eines Eigenheimes[1] oder eines anderen persönlichen Zwecken dienenden Gebäudes nach § 2 Abs 1 des Ges;
- nach § 292 Abs 3 ZGB die auf der einem Bürger zugewiesenen **genossenschaftlich genutzten Bodenfläche** (zu diesem Nutzungsrecht §§ 291–294 ZGB) errichteten Gebäude, Anlagen und Anpflanzungen des Nutzungsberechtigten. Bestimmung traf die Verordnung über die Bereitstellung von genossenschaftlich genutzten Bodenflächen zur Errichtung von Eigenheimen auf dem Lande vom 9. Sept 1976 (BGBl I 426; BereitstVO); 699c
- nach § 295 Abs 2 S 1 ZGB das durch **sonstige Rechtsvorschriften** festgelegte selbständige Eigentum an Gebäuden und Anlagen unabhängig vom Boden. Demnach gab es 699d
  - Eigentum einer **landwirtschaftlichen Produktionsgenossenschaft** (LPG) – nun deren Rechtsnachfolger – an den von der LPG auf dem von ihr genutzten Boden errichteten Gebäuden und Anlagen (samt Anpflanzungen) nach §§ 18, 27 des Gesetzes über die landwirtschaftlichen Produktions-

---

[1] Kein Nutzungsrecht zur Errichtung und persönlichen Nutzung eines Eigenheimes, wenn die hierfür nach § 287 ZGB erforderlichen Voraussetzungen nicht gegeben waren, auch nicht aufgrund der sozialen Wirklichkeit in der ehem DDR, BGH 121, 347 = DNotZ 1993, 734 = NJW 1993, 1706.

genossenschaften vom 2. Juli 1982 (GBl I 433, mit Änderungen). § 18 LPG-Gesetz ist seit 1. 7. 1990 aufgehoben (Ges vom 28. 6. 1990, GBl I 483).

– Eigentum eines „anderen Staates" an gebauten oder ihm verkauften und übereigneten Gebäuden nach der VO über die Verleihung von Nutzungsrechten an volkseigenen Grundstücken, den Verkauf von Gebäuden und die Übertragung von Gebäudeteil-Nutzungsrechten an andere Staaten vom 26. Sept 1974 (GBl I 555)

– nach **Art 233 § 2 b Abs 1 EGBGB** Eigentum des Nutzers an Gebäuden und Anlagen landwirtschaftlicher Produktionsgenossenschaften sowie Gebäuden und Anlagen von Arbeiter-Wohnungsbaugenossenschaften und von gemeinnützigen Wohnungsbaugenossenschaften auf ehemals volkseigenen Grundstücken bei **Besitzrecht** auf Grund einer bestandskräftigen Baugenehmigung oder mit Billigung staatlicher oder gesellschaftlicher Organe (Art 233 § 2a Buchst a und b EGBGB). Wenn nicht festzustellen ist, ob demnach Gebäudeeigentum entstanden ist und wem es zusteht, so wird dies durch den Präsidenten oder Oberfinanzdirektion nach Maßgabe des Vermögenszuordnungsgesetzes festgestellt (Art 233 § 2 b Abs 3 EGBGB). Feststellung des Gebäudeeigentums und seines Inhabers durch das Grundbuchamt nach Maßgabe der Bestimmungen des Grundbuchrechts bleibt davon unberührt[2] (Art 233 § 2 b Abs 3 S 3 EGBGB).

699e – nach **§ 459 Abs 1 ZGB** als **Volkseigentum** unabhängig vom Eigentum am Boden die von einem volkseigenen Betrieb, einem staatlichen Organ oder einer staatlichen Einrichtung auf vertraglich genutzten Grundstücken errichteten Gebäude und Anlagen.[3] Diese Bestimmung wurde ab 9. 8. 1990 aufgehoben (Ges vom 22. Juli 1990, GBl I 903). Eigentumsverhältnisse blieben jedoch bestehen,[4] soweit nicht die besonderen Vorschriften über die Abwicklung des Volkseigentums (Art 233 § 2 Abs 2 EGBGB) und das Sachenrechtsbereinigungsgesetz (Art 233 § 8 EGBGB) Besonderheiten bestimmen.

699f **Volkseigene Gebäude** können für Gewerbezwecke an private Handwerker und Gewerbetreibende **verkauft sein,** volkseigene Ein- und Zweifamilienhäuser und andere Gebäude an Bürger (§§ 1 und 2 des Gesetzes über den Verkauf volkseigener Gebäude vom 7. März 1990, GBl I 157). Dem Käufer war ein Nutzungsrecht für das zum Gebäude gehörende volkseigene Grundstück zu verleihen (§ 4 Abs 2 S 1 Ges, dort auch zu Ausnahmen); es kann aber auch beim Gebäudekauf das volkseigene Grundstück mit erworben sein (§ 4 Abs 2 S 2 Ges).

699g b) Für das **Gebäudeeigentum** nach § 288 Abs 4 und § 292 Abs 3 ZGB sowie auf Grund anderer Rechtsvorschriften (Art 233 § 4 Abs 7 EGBGB) gelten vom Wirksamwerden des Beitritts an (3. Okt 1990) die sich **auf Grundstücke beziehenden Vorschriften** des BGB (ausgenommen §§ 927, 928; Art 233 § 4 Abs 1 S 1 und Abs 7 EGBGB). Gebäudeeigentum wird demnach durch Einigung (Auflassung) und Eintragung übertragen (§ 873 Abs 1, § 925 BGB). Belastet werden kann es mit den Grundstücksrechten des BGB; Belastung erfordert Einigung und Eintragung (§ 873 Abs 1 BGB).

---

[2] Hierzu OLG Brandenburg Rpfleger 1996, 22.
[3] Zu diesem Gebäudeeigentum Keller MittBayNot 1994, 389 (390).
[4] Hierzu Lambsdorff und Stuth VIZ 1992, 348 (Übersicht); Volhard VIZ 1993, 481.

B. Einzelfälle

Zu unterscheiden von diesem Gebäudeeigentum sind **Wochenendhäuser** sowie andere Baulichkeiten, die der Erholung, Freizeitgestaltung oder ähnlichen persönlichen Bedürfnissen dienen und in Ausübung eines vertraglich vereinbarten Nutzungsrechts errichtet wurden (§ 296 Abs 1 S 1 ZGB). Sie waren unabhängig vom Eigentum am Boden Eigentum des Nutzungsberechtigten (soweit nichts anderes vereinbart war, § 296 Abs 1 S 1 ZGB). Für das Eigentum an diesen Baulichkeiten galten die Bestimmungen über das Eigentum an beweglichen Sachen entsprechend (§ 296 Abs 1 S 2 ZGB). Über sie ist nun nach §§ 929 ff BGB zu verfügen. Die Unterscheidung ist nicht nach der Art des Gebäudes (Besonderheiten des Baukörpers usw) feststellbar; sie bestimmt sich nach der Art des Nutzungsrechts: Mit Errichtung auf Grund eines (nur) vertraglich vereinbarten Nutzungsrechts ist (bewegliches) Eigentum an Wochenendhäusern und anderen Gebäulichkeiten entstanden. 699 h

B. Gebäudegrundbuchblatt

a) **Nutzungsrechte** an Grundstücken waren nach Maßgabe besonderer Rechtsvorschriften Gegenstand der staatlichen **Dokumentation** (§ 2 Abs 1 c, § 3 Abs 1 a Verordnung über die staatliche Dokumentation der Grundstücke und Grundstücksrechte, Grundstücksdokumentationsordnung [= GDO] vom 6. Nov 1975, GBl I 697, mit Änderung), die durch **Eintragungen im Grundbuch** vollzogen wurde (§ 4 GDO). Wenn entsprechend den Rechtsvorschriften Gebäude usw auf besonderen Grundbuchblättern (Gebäudegrundbuchblättern) nachzuweisen waren, war die Anlegung des Gebäudegrundbuchblattes in dem Grundbuchblatt des Grundstücks zu vermerken, auf dem das Gebäude errichtet war oder wurde (§ 36 Anordnung über das Verfahren in Grundbuchsachen [Grundbuchverfahrensordnung] vom 30. Dez 1975, GBl 1976 I 42). 699 i

b) Ein besonderes **Gebäudegrundbuchblatt war anzulegen** 699 k

aa) für Gebäude auf einem gesellschaftlichen Organisationen oder Bürgern zur Nutzung überlassenen volkseigenen Grundstück (Rdn 699 b) nach § 4 Abs 4 S 3 NutzungsRG. Auf dem Grundbuchblatt des volkseigenen Grundstücks war die Verleihung des Nutzungsrechts einzutragen (§ 4 Abs 3 NutzungsRG). Für die im genossenschaftlichen Wohnungsbau auf fremden (volkseigenen) Grundstücken errichteten Wohngebäude war ein Gebäudegrundbuch nach § 7 Abs 4 S 2 der Verordnung über die Arbeiterwohnungsbaugenossenschaften anzulegen, für die Wohngebäude gemeinnütziger Wohnungsbaugenossenschaften nach § 15 Abs 2 S 3 VO vom 14. 3. 1957,

bb) für Gebäude auf einer zugewiesenen genossenschaftlichen Bodenfläche (Rdn 699 c) nach § 4 Abs 2 S 2 der VO über die Bereitstellung von genossenschaftlich genutzten Bodenflächen zur Errichtung von Eigenheimen auf dem Lande vom 9. Sept 1976 (GBl 426). Im Grundbuch des Grundstücks wurde das Nutzungsrecht nicht eingetragen,

cc) für Grundeigentum einer landwirtschaftlichen Produktionsgenossenschaft (LPG, Rdn 699 d), ohne besondere (ausdrückliche) Rechtsvorschrift nach der grundsätzlichen Regelung der Grundstücksdokumentationsordnung (§ 4), daß der Nachweis in einem Gebäudegrundbuchblatt erforderlich ist, wenn

2. Teil. II. Bestandsverzeichnis des Grundbuchs

Gebäude- und Grundeigentum auseinanderfallen.[5] Durchweg war jedoch für LPG-Gebäudeeigentum ein Gebäudegrundbuchblatt nicht angelegt.

dd) für Gebäude „anderer Staaten" nach § 4 Abs 2 der VO vom 26. Sept 1974 (s Rdn 699 d),

ee) für Gebäude im Volkseigentum auf einem vertraglich genutzten Grundstück (Rdn 699 e) nach § 8 Abs 1 Nr 1 der VO über die Sicherung des Volkseigentums bei Baumaßnahmen von Betrieben auf vertraglich genutzten nichtvolkseigenen Grundstücken vom 7. April 1983 (GBl I 129). In den Grundbuchblättern der betroffenen Grundstücke war auf die baulichen Anlagen durch Vermerke hinzuweisen (§ 8 Abs 1 Nr 2 dieser VO).

ff) für verkaufte volkseigene Gebäude, Ein- und Zweifamilienhäuser (Rdn 699 f) nach § 4 Abs 1 des Gesetzes über den Verkauf volkseigener Grundstücke vom 7. März 1990 (GBl I 157).

699 l **c)** Die Vorschriften über die Führung von **Grundbuchblättern** waren zunächst **weiter anzuwenden**. Dies galt auch für die Kenntlichmachung der Anlegung des Gebäudegrundbuchblatts im Grundbuch des Grundstücks (Einigungsvertrag Anlage I Kap III Sachgebiet B Abschn III Nr 1 Buchst d). Für ein Gebäude in dem vom Grundstückseigentum unabhängigen Eigentum eines Nutzungsberechtigten, das ein Blatt noch nicht erhalten hatte, wurde ein Gebäudegrundbuchblatt von Amts wegen nach §§ 7–17 (vormalige) AVO-GBO angelegt (Einigungsvertrag aaO Nr 2).

699 m Jetzt regelt (seit 1. Okt 1994) die **Verordnung über die Anlegung und Führung von Gebäudegrundbüchern** (Gebäudegrundbuchverfügung – GGV) vom 15. Juli 1994 (BGBl I 1606)
– die Anlegung und Führung von Gebäudegrundbuchblättern für Gebäudeeigentum nach Art 231 § 5 und Art 233 §§ 2 b, 4 und 8 EGBGB;
– die Eintragung
  – eines Nutzungsrechts,
  – eines Gebäudeeigentums ohne Nutzungsrecht und
  – eines Vermerks zur Sicherung der Ansprüche aus der Sachenrechtsbereinigung aus dem Recht zum Besitz gem Art 233 § 2 a EGBGB
in das Grundbuchblatt des betroffenen Grundstücks.

699 n Die Führung der vorhandenen Gebäudegrundbuchblätter richtet sich danach nach den am 2. Okt 1990 (Tag vor Wirksamwerden des Beitritts) geltenden Vorschriften über Anlegung und Führung von Grundbuchblättern (§ 144 Abs 1 Nr 4 S 1 GBO, § 2 S 1 GGV; Anpassung eingetragener Vermerke nach § 15 Abs 1 S 2 GGV). Dies gilt auch für die Kenntlichmachung der Anlegung des Gebäudegrundbuchblatts im Grundbuchblatt des Grundstücks (§ 144 Abs 1 Nr 4 S 2 GBO). Die vorhandenen Gebäudegrundbuchblätter können gem § 3 GGV fortgeführt, umgeschrieben oder neu gefaßt werden (§ 2 S 2 GGV). Für die Gestaltung und Führung von **neu anzulegenden Grundbuchblättern** gelten die Vorschriften über die Anlegung und Führung eines Erbbaugrundbuchs mit näherer Einzelregelung in der GGV (§ 3 Abs 1 GGV). Den Antrag auf Anlegung des Grundbuchblatts kann auch der Gebäudeeigen-

---

[5] BezG Dresden MittBayNot 1992, 142 = Rpfleger 1991, 493; hierzu auch Böhringer, Anlegung eines Grundbuchs für LPGG-Gebäudeeigentum, MittBayNot 1992, 112; aA GBAmt Osterburg Rpfleger 1992, 477 (überholt).

B. Einzelfälle

tümer stellen (§ 144 Abs 1 Nr 4 S 3 GBO). In der Aufschrift des Gebäudegrundbuchblatts ist unter die Blattnummer in Klammern das Wort zu setzen (§ 3 Abs 3 GGV mit § 55 Abs 2 GBV)

> Gebäudegrundbuch

Im Bestandsverzeichnis des Grundbuchs erfolgt Eintragung des Gebäudeeigentums nach § 3 GGV. In dem durch die Spalten 3 und 4 gebildeten Raum wird eingetragen:

> Gebäudeeigentum auf Grund eines dinglichen Nutzungsrechts auf ...

bzw

> Gebäudeeigentum gemäß Artikel 233 § 2b EGBGB auf ...

oder

> Gebäudeeigentum gemäß Artikel 233 § 8 EGBGB auf ...

(es folgen die grundbuchmäßige Bezeichnung des Grundstücks, auf dem das Gebäude errichtet ist, unter Angabe der Eintragungsstelle, sowie der Inhalt und der räumliche Umfang des Nutzungsrechts, auf Grund dessen das Gebäude errichtet ist).

Das Vorhandensein des Gebäudes ist bei Eintragungen oder Berichtigungen im Gebäudegrundbuchblatt in den Fällen des § 288 Abs 4 und § 292 Abs 3 ZGB sowie in den entsprechenden Fällen auf Grund anderer Rechtsverhältnisse (Fälle des Art 233 § 4 EGBGB, hierzu Rdn 699a) nicht zu prüfen (§ 144 Abs 1 Nr 4 S 5 GBO). Den Nachweis des Bestehens des Gebäudeeigentums und des Eigentums daran für Eintragung regelt § 4 GGV.

Das dem Gebäudeeigentum zugrunde liegende **Nutzungsrecht** wird (in den Fällen des Art 233 § 4 Abs 1 S 2 EGBGB; dort Bestimmung über Eintragung von Amts wegen vor Anlegung eines Gebäudegrundbuchblatts) in der zweiten Abteilung des für das belastete Grundstück bestehenden Grundbuchblatts eingetragen, und zwar auch bei bereits angelegtem Gebäudegrundbuchblatt bei der nächsten anstehenden Eintragung (§ 5 GGV mit Einzelheiten). Vor Anlegung des Gebäudegrundbuchblatts für Eintragung des Gebäudeeigentums nach Art 233 §§ 2b und 8 EGBGB (Gebäudeeigentum ohne dingliches Nutzungsrecht, dazu Rdn 699a, und aufgrund des früheren § 459 ZGB, dazu Rdn 699a) wird das Gebäudeeigentum von Amts wegen in Abt II des Grundbuchblatts für das vom Gebäudeeigentum betroffenen Grundstück eingetragen (§ 6 GGV mit Einzelheiten). In Spalte 3 der Abt II lautet die Eintragung (§ 5 Abs 2 und § 6 GGV):

> Dingliches Nutzungsrecht für den jeweiligen Gebäudeeigentümer unter Bezugnahme auf das Gebäudegrundbuchblatt ...

bzw

> Gebäudeeigentum gemäß Artikel 233 2b EGBGB für den jeweiligen Gebäudeeigentümer unter Bezugnahme auf das Grundbuchblatt ...

oder

> Gebäudeeigentum gemäß Artikel 233 § 8 EGBGB für ...

Eintragung eines Vermerks zur Sicherung der Ansprüche aus der Sachenrechtsbereinigung aus dem Recht zum Besitz (Art 233 § 2a EGBGB) erfolgt in Abteilung II nach Maßgabe von § 7 GGV.

Weitere Einzelregelungen treffen § 8 GGV über Nutzungsrecht, Gebäudeeigentum oder Recht zum Besitz für mehrere Berechtigte, § 9 über Nutzungsrecht oder Gebäudeeigentum auf bestimmten Grundstücksteilen, § 10 über Nutzungsrecht, Gebäudeeigentum oder Recht zum Besitz auf nicht bestimmten Grundstücken oder Gebäudeteilen, und § 11 GGV über Eintragung eines Widerspruchs, weiter § 13 GGV über Bekanntmachungen und § 14 über Begriffsbestimmungen sowie Teilung von Grundstücken und Gebäudeeigentum.

III. Erste Abteilung des Grundbuchs

A. Allgemeine Erläuterungen

1. Die Eintragungen

700 In die erste Abteilung des Grundbuchblatts (§ 4 GBV) wird der **Eigentümer** eingetragen (§ 9 GBV); bei mehreren gemeinschaftlichen Eigentümern werden außerdem die Anteile der Berechtigten oder das für die Gemeinschaft maßgebliche Rechtsverhältnis (§ 47 GBO) eingetragen (§ 9 GBV). Die erste Abteilung eines Erbbaugrundbuchblatts dient zur Eintragung des Erbbauberechtigten (§ 57 Abs 1 GBV).
Eigentümereintragung in Abteilung I kann erfolgen
– **für den Erwerb** des Grundstückseigentums durch Rechtsgeschäft (§ 873 BGB; Auflassung, § 925 BGB). Diese Eintragung wirkt rechtsbegründend (s Rdn 10);
– **nach Erwerb** des Grundstückseigentums **kraft Gesetzes,** zB mit Erbfall (§ 1922 BGB), Zuschlag in der Zwangsversteigerung (§ 90 Abs 1 ZVG) zur Berichtigung des Grundbuchs. Diese Eintragung wirkt rechtsbekundend (deklaratorisch);
– zur **Berichtigung des Grundbuchs** in sonstigen Fällen der Unrichtigkeit (vgl § 894 BGB).
Bezeichnung des einzutragenden Eigentümers: § 15 GBV (Rdn 229 ff). Gemeinschaftsverhältnis und deren Eintragung Rdn 253 ff.

2. Die erste Abteilung des Grundbuchblatts

701 Die Einteilung der ersten Abteilung des Grundbuchblatts regelt § 9 GBV; sie ist in 4 Spalten untergeteilt.

a) In **Spalte 1** wird die laufende Nummer der in Spalte 2 aufzunehmenden Eigentümereintragung eingetragen. Mehrere Eigentümer (Miteigentümer, insbesondere Eheleute, Geschwister, Miterben) werden unter einer laufenden Nummer eingetragen; dabei wird jeder Miteigentümer unter einem besonderen Buchstaben (in Spalte 1) aufgeführt, also 1 a, b, c (siehe Anlage 2a zur GBV unter Nr 2 a, b, c sowie Anlage 2b zur GBV unter Nr 1 a, b, je der ersten Abteilung).

702 b) **Spalte 2** dient der Eintragung des Eigentümers (der Eigentümer), bei mehreren Eigentümern auch der Angabe ihrer Anteile oder ihres Gemeinschaftsverhältnisses (§ 47 GBO; vgl bereits Rdn 700).

B. Einzelfälle

c) In **Spalte 3** wird die laufende Nummer des Grundstücks in Spalte 1 des Bestandsverzeichnisses (Rdn 581) bezeichnet, auf die sich die in Spalte 4 aufzunehmende Eintragungsgrundlage bezieht. 703

d) In **Spalte 4** werden eingetragen 704
– mit dem Tag der Auflassung oder der anderweitigen Grundlage der Eintragung der rechtliche Vorgang, auf dessen Grundlage die Eigentümereintragung beruht. Beispiele: Auflassung, Erbschein, Testament, Zuschlagsbeschluß, Berichtigungsbewilligung, Behördenersuchen, Enteignungsbeschluß),
– der Verzicht auf das Eigentum an einem Grundstück (§ 928 BGB),
– der Tag der Eintragung.
Bei Auflassung erfolgt Angabe des ihr zugrunde liegenden schuldrechtlichen Rechtsgeschäfts (zB Kaufvertrag, Auseinandersetzungsvertrag) nicht.

Wenn ein Grundbuchblatt **umschrieben** wird, weil es unübersichtlich geworden ist, hat der Vermerk in Spalte 4 zu lauten (§ 30 Abs 1 Buchst h Nr 2 GBV): 705

> Das auf dem unübersichtlich gewordenen Blatt ... eingetragene Eigentum bei Umschreibung des Blattes hier eingetragen am ...

Wenn Zusammenschreibung mehrerer Grundstücke auf einem **gemeinschaftlichen Blatt** (§ 4 Abs 1 GBO) erfolgt oder aufgehoben wird, sind bei Übertragung des Eigentums am Grundstück die Eintragungsgrundlage und der ursprüngliche Eintragungstag mit anzugeben. Fassung:

> Aufgelassen am ... und (Band ...) Blatt ... eingetragen am ... Hierher übertragen am ...

Fassung somit bei Buchung des **Miteigentumsteils** an einem dienenden Grundstück auf dem Grundbuchblatt des herrschenden Grundstücks (§ 3 Abs 4 GBO; hierzu Anlage 1 zur GBV unter Nr 2 Spalte 4 der ersten Abteilung):

> Aufgelassen am ... und (Band ...) Blatt ... eingetragen am ... Gemäß § 3 Abs 3 GBO hier eingetragen am ...

e) Die **Unterzeichnung** der Eintragung im Papier-Grundbuch durch den Rechtspfleger und Urkundsbeamten erfolgt ebenfalls in Spalte 4. 706

f) Bei der Eintragung eines neuen Eigentümers sind die Vermerke in Spalten 1–4, die sich auf den bisherigen Eigentümer beziehen, (rot) **zu unterstreichen** (§ 16 GBV). 707

g) Eine **Berichtigung** in der Bezeichnung des Eigentümers wird in Spalte 2 eingetragen; dieser Eintrag erhält keine selbständige laufende Nummer. Die Unterzeichnung dieses Berichtigungsvermerks erfolgt in Spalte 2 (nicht in Spalte 4). 708

B. Einzelfälle

1. Auflassung aller Grundstücke eines Grundbuchblatts

BGB §§ 873, 925, 925 a
GBO §§ 13, 19, 20, 29
GBV §§ 9, 15, 16

Urkunde 709

> Vor mir, dem Notar Paul Genau mit dem Amtssitz in Hauptstadt, erscheinen heute am ...... in meinen Amtsräumen Hauptstr 1,
> 1. Herr Otto Müller, geb 27. 6. 1949, Hauptstadt, Lindenstr. 2,
>   nach Angabe im gesetzlichen Güterstand lebend;

2. Teil. III. Erste Abteilung des Grundbuchs

2. Herr Walter Lehmann, geb am 14. 9. 1946, und seine Ehefrau Maria Lehmann, geb Huber, geb am 14. 11. 1954, beide wohnhaft Eichenstraße 5 in Neustadt, nach Angabe in Gütertrennung lebend
Alle Beteiligten sind mir, Notar, persönlich bekannt.
Die Frage des Notars nach einer Vorbefassung im Sinne des § 3 Abs 1 Satz 1 Nr 7 BeurkG wurde von den Beteiligten verneint.
Nach Unterrichtung über den Grundbuchinhalt beurkunde ich auf Antrag der Beteiligten ihre Erklärungen wie folgt:
Wir nehmen Bezug auf den Kaufvertrag vom ... Urkunde des Notars Just in Hauptstadt; beglaubigte Abschrift dieser Urkunde legen wir vor.
Wir sind darüber einig, daß das Eigentum an den im Grundbuch von Neustadt (Band 1) Blatt 5 Bestandsverzeichnis Nr 1–4 eingetragenen Grundstücken Flurstück Nr 80, 81, 82 und 109 auf Walter und Maria Lehmann als Miteigentümer zu gleichen Teilen übergeht.
Ich, Otto Müller, bewillige, und wir, Walter und Maria Lehmann, beantragen die Umschreibung des Eigentums im Grundbuch; wir beantragen die erworbenen Grundstücke zu unseren übrigen im Grundbuch für Neustadt (Band 3) Blatt 30 vorgetragenen Grundstücken zu übertragen.
In Gegenwart des Notars vorgelesen, genehmigt und unterschrieben.

Otto Müller   Walter Lehmann   Maria Lehmann   Notar Paul Genau

710 Grundbucheintragung

1. Grundbuch von Neustadt (Band 1) Blatt 5

A. Aufschrift

Wegen Übertragung des Bestandes nach (Band 3) Blatt 30 geschlossen am ...

B. Bestandsverzeichnis

7	8
1, 2, 3, 4	Übertragen nach (Band 3) Blatt 30 am ...

Sämtliche nicht völlig leeren Seiten mit Ausnahme des Schließungsvermerks sind (rot) zu durchkreuzen.

2. Grundbuch von Neustadt (Band 3) Blatt 30

A. Bestandsverzeichnis

1	2	3		4	5	6	
6	–	80	Ackerland bei der Mühle	–	20	10	6, 7	Von (Band I) Blatt 5 hierher
7	–	81	Wiese beim Wald	–	15	30	8, 9	übertragen am ...
8	–	82	Ackerland im Holzen	–	30	10		
9	–	109	Wiese am See	–	12	60		

B. Abteilung I

1	2	3	4
		6, 7, 8, 9	Aufgelassen am ... und eingetragen am ...

C. Abteilung II

1	2	3
1	8	Nießbrauch für Müller Otto, Landwirt in Neustadt, in (Band 1) Blatt 5 eingetragen am ... und umgeschrieben am ...

B. Einzelfälle

Eintragungsnachricht erhalten Notar Genau, Walter Lehmann, Maria Lehmann und Otto Müller; Eintragungsmitteilung ist dem Vermessungsamt, Nachricht zu den Grundakten Neustadt (Band 1) Blatt 5 zu geben.

Zusammenhängende Ausführungen zur Auflassung s Rdn 3287 ff. **711**
Die zur rechtsgeschäftlichen Übertragung des Eigentums (Miteigentums) an Grundstücken nötige **Einigung** (§ 873 BGB) zwischen Veräußerer und Erwerber, vom Gesetz Auflassung genannt, bedarf der Form des § 925 BGB (s Rdn 3320 ff). Das Beurkundungsverfahren richtet sich ausschließlich nach §§ 8 ff BeurkG. Die im Formular (Rdn 709) enthaltene „Bezugnahme" ist trotz § 13 a BeurkG möglich.[1] Mit der Auflassung wird zwischen denselben Beteiligten des ursprünglichen, formgerecht beurkundeten Rechtsgeschäfts deren Erklärung ergänzt (Erfüllungshandlung). Das gilt auch, wenn die Auflassung bei mehreren Erwerbern erklärt wird

„... in dem in der Vorurkunde URNr ... genannten Beteiligtenverhältnis";[2]

hier ist ein Beteiligungsverhältnis nach § 47 GBO Gegenstand der Erklärung; sein Inhalt ist durch Auslegung zweifelsfrei zu ermitteln. Die Vorurkunde ist nur Identifizierungsbehelf für die neue Erklärung, enthält also nur eine sog unechte Verweisung.

§ 20 GBO legt – als Ausnahme vom formellen Konsensprinzip des § 19 GBO **712**
(s dazu Rdn 95 ff) – dem Grundbuchamt die Pflicht auf, vor der Eintragung das Vorliegen der Einigung der Beteiligten über den Eigentumsübergang zu prüfen. Zum Umfang der Prüfungsbefugnis und zur Beweislast s Rdn 207–209 a. Eine formgerechte auszugsweise Ausfertigung oder beglaubigte Abschrift (hierzu Rdn 170) der notariellen Urkunde, in der die Auflassung beurkundet ist, reicht zur Eigentumsumschreibung aus.[3]

In der Regel ist in der Auflassung auch die **Bewilligung nach § 19 GBO** ent- **713**
halten, es sei denn, daß etwas anderes ausdrücklich erklärt oder aus den Umständen deutlich zu entnehmen ist (vgl Rdn 97 sowie Rdn 3203). Andererseits ist die gleichzeitige Beurkundung der Bewilligung des Verkäufers und des Antrags des Käufers auf Eintragung des Eigentums vor einer zuständigen Stelle gleichzeitig Auflassung nach § 925 BGB,[4] da ein bestimmter Wortlaut nicht vorgeschrieben ist.

Ein **Antrag auf Eintragung** (§ 13 Abs 1 S 1 GBO) muß aber immer ausdrück- **714**
lich gestellt werden. Einigung, Bewilligung und Antrag müssen sich decken. Im allgemeinen wird es genügen, wenn nur der **Erwerber** den **Antrag** stellt. Andererseits kann aber der Verkäufer ein Interesse an der Eigentumsumschreibung haben, zB im Hinblick auf die mit dem Eigentum verbundenen öffentlichen und privaten Lasten, zB Erschließungs- und Anliegerkosten,[5] Wohngeld bei Eigentumswohnungen. Beantragen Veräußerer und Erwerber die Eintragung der Eigentumsänderung im Grundbuch, so muß diese auch

---

[1] Vgl hierzu Brambring DNotZ 1980, 281 (287); Lichtenberger NJW 1980, 866; Schippel DNotZ 1979, 736; Tiedtke DNotZ 1991, 348.
[2] AA – unrichtig – LG Stuttgart BWNotZ 1981, 91.
[3] BayObLG DNotZ 1981, 570 = Rpfleger 1981, 233; zur Auflassung in einer Anlage der Niederschrift s Rdn 3325.
[4] RG 54, 378; KG HRR 1936, 137.
[5] Vgl hierzu BayObLG DNotZ 1977, 692; OLG Düsseldorf DNotZ 1977, 696.

dann vollzogen werden, wenn eine Partei den Antrag später ordnungsgemäß zurücknimmt (s Rdn 93). Antragstellung durch beide Vertragsteile macht beide auch zum Kostenschuldner (§ 2 Nr 1 KostO).

715 Bei Auflassung an **mehrere Erwerber** ist nach hM Angabe des Gemeinschaftsverhältnisses (§ 47 GBO; s Rdn 253 ff) notwendiger Teil der Einigungserklärung; s hierzu eingehend Rdn 3311; zur Auflassung an BGB-Gesellschaft s Rdn 3314.

716 Bei **Übertragung** von **Belastungen**[6] in Abt II und III auf das neue Grundbuchblatt soll die Bezugnahme auf die Eintragungsbewilligung (andere Unterlage) bis zu dem nach § 44 Abs 2 GBO zulässigen Umfang nachgeholt oder erweitert werden (§ 44 Abs 3 S 1 GBO), sofern hierdurch der Inhalt der Eintragung nicht verändert wird (§ 44 Abs 3 S 2 GBO). Auch der Wortlaut dieser Eintragung ist zu verfügen (§ 44 Abs 1 S 2 GBO; bei maschineller Grundbuchführung Besonderheit nach § 130 GBO). Ist die Eintragung unverändert zu übernehmen (erfolgt Nachholung einer Bezugnahme nicht), bedarf es keiner besonderen Verfügung. Handelt es sich um die Mitübertragung einer Hypothek, so hat die Eintragung in Abt III Sp 4 zu lauten:

> Hypothek zu zwanzigtausend Euro für XY-Versicherungs AG in Neustadt, mit zehn vom Hundert Jahreszinsen, unter Bezugnahme auf die Eintragungsbewilligung vom ... in (Band 1) Blatt 5 eingetragen am ... hierher übertragen am ...

717 Bei Auflassung und Eintragung am gleichen Tage kann eingetragen werden:

> Aufgelassen und eingetragen am ...

Erfolgt die Eintragung nur im gleichen Monat, so kann gesagt werden:

> Aufgelassen am ... und eingetragen am ... November ...

718 Bleiben die sämtlichen aufgelassenen Grundstücke auf dem bisherigen Grundbuchblatt stehen, so lautet die Eintragung:

1	2	3	4
2	Lehmann Walter, geb am 14. 9. 1946, und Lehmann Maria, geb Huber, geb am 14. 11. 1954 als Miteigentümer je zur Hälfte	1, 2, 3, 4	Aufgelassen am ... und eingetragen am ...

Die frühere Eigentümereintragung ist (rot) zu unterstreichen.

719 **Eintragungsgrundlage** ist in allen Fällen die **Auflassung**, nicht etwa das schuldrechtliche Verpflichtungsgeschäft, das im Grundbuch nicht angegeben wird (anders im fr Württemberg, zB „Auflassung vom ... auf Grund Kaufvertrags vom gleichen Tag").

720 Ein Eintragungsantrag auf Grund **Auflassung** ist ein völlig neuer Antrag gegenüber dem vorhergehenden, der eine inhaltlich gleiche **Grundbuchberichtigung** erstrebt hatte.[7] Der neue Antrag kann daher nicht in die Form einer Beschwerde gegen die Ablehnung der zunächst begehrten Grundbuchberichtigung gekleidet werden. Ein Antrag auf Grundbuchberichtigung kann nicht

---

[6] Die Vereinbarung einer Belastungsübernahme kann das Grundbuchamt nicht verlangen, da es den obligatorischen Vertrag nicht zu prüfen hat, so richtig LG Aurich Rpfleger 1986, 469; s auch Rdn 92 mit Fußn 30.
[7] OLG Hamm Rpfleger 1953, 128.

B. Einzelfälle

in eine Auflassung umgedeutet werden, weil hier ein Übertragungswille fehlt.[8] Umgekehrt kann in einer Auflassung zwar eine Berichtigungsbewilligung enthalten sein; sie kann aber nicht den Unrichtigkeitsnachweis ersetzen, wo allein dieser vorgeschrieben ist.[9]

2. Auflassung einzelner Grundstücke unter Ausscheiden aus dem Grundbuch
Rechtsgrundlagen wie bei Rdn 709 und GBO § 3 Abs 2

Urkunde 721

– allgemeine Eingangsformel –
1. Herr Johann Adam, Gärtner in Neustadt,
2. Herr Paul Burg, Bürgermeister in Neustadt,
   handelnd als gesetzlicher Vertreter der Gemeinde Neustadt.
– Vorbefassungsvermerk (wie Rdn 709; § 3 Abs 1 S 1 Nr 7, S 2 BeurkG) –
Die Erschienenen erklären in gleichzeitiger Anwesenheit:
Wir sind darüber einig, daß das Eigentum an dem im Grundbuch von Neustadt (Band 3) Blatt 40 Bestandsverzeichnis Nr 12 gebuchten Grundstück Flurstück Nr 15 Wiese und Ackerland in der Au 30 a 15 m^2 auf die Gemeinde Neustadt übergehen soll.
Ich, Johann Adam, bewillige die Eintragung dieser Eigentumsänderung in das Grundbuch.
Ich, Bürgermeister Burg, beantrage, die Eigentumsänderung in das Grundbuch einzutragen, ein besonderes Grundbuch für das Grundstück aber nicht anzulegen.
Wir übergeben Ausfertigung des vor Notar Genau in Hauptstadt am ... geschlossenen Kaufvertrags, die Unbedenklichkeitsbescheinigung des Finanzamts Hauptstadt vom ... und die Genehmigung der landwirtschaftlichen Behörde vom ... Die Kosten der Auflassung und Eigentumsumschreibung hat die Gemeinde Neustadt allein zu tragen.
Vom Notar vorgelesen, von den Beteiligten genehmigt und unterschrieben

Johann Adam   Paul Burg   Notar Max Just

Grundbucheintragung 722

Bestandsverzeichnis

7	8
12	Aufgelassen an die Gemeinde Neustadt am ... und eingetragen am ... Aus dem Grundbuch ausgeschieden am ...

Im Bestandsverzeichnis sind zu Nr 12 die Eintragung in den Spalten 1–6 (rot) zu unterstreichen.
Eintragungsnachricht erhalten Notar Just, Veräußerer und Erwerber.
Eintragungsmitteilung ist dem Vermessungsamt zu geben.

Buchungsfreie Grundstücke s § 3 Abs 2 GBO. Die dort genannten Grundstückseigentümer legen in aller Regel Wert darauf, daß ihre sämtlichen Grundstücke im Grundbuch gleichwohl eingetragen sind, so daß Ausbuchungsanträge selten vorkommen (s zum Anlegungsverfahren Rdn 1003 ff). 723

Im Fall der **Übertragung in ein neues Grundbuch** wird die nächstoffene (Band- und) Blattnummer, die bei Absetzung der Verfügung meist nicht be- 724

---

[8] Palandt/Bassenge Rdn 11 § 925 BGB; vgl auch OLG Frankfurt Rpfleger 1973, 394 (sehr streng); zum Fehlen des Erklärungswillens (§ 116 BGB) LG Ravensburg BWNotZ 1979, 89.
[9] So richtig Meyer-Stolte in abl Anm zu LG Nürnberg-Fürth Rpfleger 1980, 227.

2. Teil. III. Erste Abteilung des Grundbuchs

kannt ist, durch den Urkundsbeamten bei der Eintragung in das Grundbuch eingesetzt.

725 **Vertretung der Gemeinden** in den einzelnen Ländern s Rdn 3660.

3. Auflassung durch Bevollmächtigte

726 **Urkunde**

– allgemeine Eingangsformel –

> Der Beteiligte erklärt:
> Ich handle im eigenen Namen und als Vertreter des Herrn Max Michel, Gärtner in Neustadt, auf Grund der in der diesamtlichen Kaufvertrags-Urkunde vom ... URNr... in § 5 enthaltenen Vollmacht.
> Der Kaufpreis ist bezahlt.
> Wir sind über den Übergang des Eigentums am Grundstück Flurstück 13, Grünland beim Ort zu 5 a 10 m^2, eingetragen im Grundbuch von Neustadt (Band 1) Blatt 5, auf den Käufer Max Michel einig.
> Ich, der Verkäufer Paul Adam bewillige und der Käufer Max Michel beantragt die Umschreibung des Eigentums im Grundbuch.
> Vom Notar vorgelesen, vom Beteiligten genehmigt und unterschrieben
>
> Paul Adam   Notar Max Just

727 Zur Vollmacht vgl eingehend Rdn 3532 ff.

728 Zum Nachweis von Erteilung und Fortbestand der Vollmacht gegenüber dem Grundbuchamt s Rdn 3579 ff; zum Einfluß der Unwirksamkeit des obligatorischen Vertrags auf die Auflassungsvollmacht s Rdn 3567; zur Prüfung hinsichtlich der Beschränkungen nach § 181 BGB s Rdn 3556 ff.

729 Erhält das Grundbuchamt sichere Kenntnis, daß im Zeitpunkt der Erklärung der Auflassung eine Vollmacht widerrufen war, so kann mangels wirksamer Auflassung die Eigentumsumschreibung nicht vollzogen werden. Die Beweismittelbeschränkung des § 29 GBO gilt für die Kenntniserlangung einer solchen eintragungshindernden Tatsache nicht[1] (s Rdn 160). Die vor Wirksamwerden eines Vollmachtswiderrufs erklärte Einigung bleibt jedoch wirksam;[2] das gleiche gilt für die in ihr enthaltenen Bewilligung (s Rdn 97), da diese im Fall des § 925 BGB sofort mit notarieller Beurkundung unwiderruflich wird (der Begünstigte hat Anspruch auf Ausfertigung nach § 51 Abs 1 BeurkG, s Rdn 107).

730 Auflassungsvollmacht bei Eröffnung des Insolvenzverfahrens s Rdn 3564. Die einem Rechtsanwalt erteilte Vollmacht steht bei dessen Tod zwar für bestimmte Fälle dem Abwickler der Kanzlei zu, doch können diese Voraussetzungen regelmäßig nicht in der Form des § 29 GBO nachgewiesen werden, so daß praktisch neue Vollmacht nötig ist.[3]

731 Zum Einfluß von Tod oder Geschäftsunfähigkeit des Vollmachtgebers oder des Bevollmächtigten s Rdn 3568–3573.

732 Wird einem **Angestellten des Notars** Auflassungsvollmacht in einem vom Notar beurkundeten Vertrag erteilt (hierzu Rdn 198), so ist es Amtspflicht des

---

[1] OLG Kiel MDR 1947, 163.
[2] BayObLG DNotZ 1983, 752.
[3] LG Hamburg Rpfleger 1981, 482.

B. Einzelfälle

Notars, sicherzustellen, daß Auftrag und Vollmacht an seinen Angestellten übermittelt werden.[4]
Inhaltlich muß die Auflassungsvollmacht klar und deutlich formuliert sein; die Anforderungen dürfen aber nicht überspannt werden.[5]

4. Auflassung unter Abschreibung und Vereinigung eines Grundstücksteils, der bisher noch keine besondere Flurnummer hatte

Rechtsgrundlagen wie Rdn 709, ferner GBO §§ 2, 5, 46 Abs 2

Urkunde 733

– allgemeine Eingangsformel –

Die Erschienenen erklären in gleichzeitiger Anwesenheit:
Wir haben zu Urkunde des amtierenden Notars vom ... URNr ... einen Kaufvertrag geschlossen. Die in der Vorurkunde verkaufte Teilfläche ist vermessen. Das Messungsergebnis ist enthalten im amtlich geprüften Auszug aus dem Veränderungsnachweis des Vermessungsamts Hauptstadt für die Gemarkung Neustadt Nr 182. In Erfüllung des genannten Kaufvertrages sind wir über den Übergang des Eigentums an dem durch Veränderungsnachweis Nr 182 für die Gemarkung Neustadt neu gebildeten Grundstück
  Flurstück 120/2 Gemarkung Neustadt,
  Wiese im Feld mit 23 a 15 m²
auf den Erwerber Otto Blau einig.
Ich, Josef Adam, bewillige und ich, Otto Blau, beantrage die Eintragung der Eigentumsänderung in das Grundbuch, und zwar unter Vereinigung des veräußerten Trennstücks mit dem bereits mir gehörenden Grundstück Grundbuch von Neustadt (Band 6) Blatt 55, Bestandsverzeichnis Nr 1 Flurstück 121.
Dem Grundbuchamt wird weiter vorgelegt:
a) Veränderungsnachweis Nr 182 Gemarkung Neustadt,
b) Unbedenklichkeitsbescheinigung des Finanzamts,
c) Genehmigung nach Grundstücksverkehrsgesetz,
d) Negativattest gemäß § 28 Abs 1 BauGB (Vorkaufsrecht)
e) Freigabe der Kreissparkasse Hauptstadt für deren Grundschuld Abt III Nr 1.
Vom Notar vorgelesen, von den Beteiligten genehmigt und unterschrieben
  Josef Adam   Otto Blau   Notar Paul Genau

Grundbucheintragung 734

1. Grundbuch von Neustadt (Band 5) Blatt 50

Bestandsverzeichnis

1	2	3	4	...	7	8
6	Rest von 5	120/1	Wiese im Graben	1 14 13	5, 6	Veränderungsnachweis .../03: BV Nr 5 geteilt; FlSt 120/2 übertragen nach Neustadt (Band 6) Blatt 55; Rest als BV Nr 6 neu vorgetragen am ...

Im Bestandsverzeichnis sind die Eintragungen zu Nr 5 in den Spalten 1–4 (rot) zu unterstreichen.

---

[4] BGH MittRhNotK 1964, 414; s auch LG Wuppertal MittRhNotK 1978, 14; OLG Köln MittRhNotK 1983, 209.
[5] Unrichtig daher OLG Celle Rpfleger 1980, 150 mit zu Recht abl Anm Meyer-Stolte.

2. Teil. III. Erste Abteilung des Grundbuchs

2. Grundbuch von Neustadt (Band 6) **Blatt 55**

A. Bestandsverzeichnis

1	2	3		4	5		6
2	–	120/2	Wiese im Feld	–	23	15	1, 2, 3	BV Nr 2 von Neustadt (Band 5) Blatt 50 hierher übertragen, mit BV Nr 1 vereinigt und als BV Nr 3 neu vorgetragen am ...
3	1, 2	121	Gartenland	} 1	12	20	
		120/2	Wiese im Feld				

B. Abteilung I

1	2	3	4
		2	Aufgelassen am ... und eingetragen am ...

Im Bestandsverzeichnis sind die Eintragungen zur lfd. Nr der Grundstücke 1 und 2 in den Spalten 1–4 (rot) zu unterstreichen.
Die Buchgrundschuld Abt. III Nr 1 ist nicht mitzuübertragen, da lastenfreie Übertragung beantragt ist und Freigabeerklärung des Gläubigers vorliegt.
Bekanntmachung der Eintragungen erfolgt an Notar Genau, alten und neuen Eigentümer, Grundschuldgläubiger, Vermessungsamt. **Nachricht** ist zu den Grundakten von Neustadt (Band 5) Blatt 50 mit Nebenauszug und Karte zu geben.

735 Zur Teilung, Abschreibung und Vereinigung s Rdn 623 ff. Das in der Nachtragsurkunde aufgelassene Grundstück muß ausreichend deutlich (§ 28 S 1 GBO) bezeichnet sein. Die bloße Bezeichnung „Kaufobjekt" genügt dann nicht, wenn nicht durch eine weitere Beschreibung, zB endgültige Größe nach Veränderungsnachweis, neue Flurstücknummer uä, die Identität näher bestimmt wird.[1]

736 Weitere Formulare für Auflassungen in Verbindung mit **Vereinigungen** oder **Zuschreibungen** im Anschluß an den vorangehenden schuldrechtlichen Vertrag:

a) Auf Grund des vorstehenden Kaufvertrags sind wir darüber einig, daß das Eigentum an den Grundstücken Flurstück 100 und 101 auf den Käufer übergehen soll. Der Veräußerer bewilligt, der Käufer beantragt den Vollzug der Auflassung und gleichzeitig die Vereinigung der beiden Grundstücke.

b) Gleiche Formulierung, aber statt Antrag auf Vereinigung der beiden Käufergrundstücke: Ich, der Käufer, beantrage, die FlNr 101 der FlNr 100 (oder umgekehrt die FlNr 100 der FlNr 101) als Bestandteil zuzuschreiben.

c) Wir sind über den Eigentumsübergang an der Teilfläche von 10 m², weggemessen auf Grund Veränderungsnachweises des Vermessungsamts ... Nr ... von dem Grundstück Flurstück 10, auf den Erwerber einig. Der Veräußerer bewilligt, der Käufer beantragt den Vollzug der Auflassung; er beantragt gleichzeitig, die erworbene Fläche von 10 m² dem in (Band 1) Blatt 5 Bestandsverzeichnis Nr 10 gebuchten Grundstück Flurstück 11 als Bestandteil zuzuschreiben.

737 Handelt es sich um Teilflächen im Rahmen eines **Tauschvertrags**, so hat jeder Erwerber die entsprechenden Anträge zu stellen. Auch wenn beide Tauschflächen gleich groß sind, sind die Ab- und Zugänge im Grundbuch wie sonst darzustellen, obwohl sich der Gesamtmeßgehalt nicht verändert (wohl aber die Fläche in der Natur).

---

[1] BayObLG MittBayNot 1981, 247 = Rpfleger 1982, 62.

B. Einzelfälle

Unterschiede zwischen **Vereinigung** und **Zuschreibung** s Rdn 623 ff. **Löschung** durch **Nichtmitübertragung** nach § 46 Abs 2 GBO s Rdn 281 ff. Formular für eine **Haftentlassung** (auch „Freigabe" oder „Pfandfreigabe" genannt) durch den Gläubiger Rdn 2704.

738

Wenn ein **Unschädlichkeitszeugnis**[2] vorgelegt wird, kann ein Grundstücksteil ohne materiell-rechtliche Aufgabeerklärung (§ 875 BGB) und ohne Bewilligung (§ 19 GBO) des betroffenen Gläubigers (Berechtigten) einer Belastung (Haftentlassung, Pfandfreigabe) lastenfrei abgeschrieben werden[3] (§ 46 Abs 2 GBO). Maßgebend ist hierfür das durch Art 120 EGBGB unberührt gebliebene Landesrecht:

739

Vgl für Baden-Württemberg §§ 22 ff AGBGB v 26. 11. 1974 (GBl 498), für Bayern Gesetz vom 28. 4. 1953 (BayRS 403–2), mit Änderung vom 7. 8. 2003 (GVBl 512), für Brandenburg §§ 20–30 AGBGB vom 28. 7. 2000 (GVBl I 114), für Bremen § 23 AGBGB idF v 6. 12. 1928 (GBl 355), für Hamburg §§ 35 ff AGBGB idF v 1. 7. 1958 (GVBl 195), für Hessen Gesetz vom 4. 11. 1957 (GVBl 145), für Niedersachsen Gesetz vom 7. 6. 1990 (GVBl 156), für Nordrhein-Westfalen Gesetz vom 29. 3. 1966 (GVBl 136), geändert durch Gesetz v 7. 4. 1970 (GVBl 251) sowie Gesetz v 18. 5. 1982 (GVBl 248), und AV v 21. 6. 1966 (JMBl NRW 157), für die Gebiete des fr Preußen Art 20 AGGBO v 26. 9. 1899 (GS 307), für Rheinland-Pfalz Gesetz vom 26. 9. 2000 (GVBl 399 = BS 3212–3), für Saarland Gesetz vom 25. 1. 1967 (GBl 206) und Erlaß v 29. 6. 1967 (Abl 541), für Sachsen §§ 46–53 Justizgesetz 24. 11. 2000 (GVBl 482), für Sachsen-Anhalt Gesetz vom 4. 2. 1993 (GVBl 40), für Schleswig-Holstein §§ 14 ff AGBGB v 27. 7. 1974 (GVOBl 357), für Thüringen Gesetz vom 3. 1. 1994 (GVBl 10).

Die Vorschriften in den einzelnen Ländern sind unterschiedlich, ebenso die Zuständigkeit für die Erteilung des Zeugnisses. **Zweck** des Unschädlichkeitszeugnisses ist es in allen Fällen, Härten, die durch das Erfordernis von Freigabeerklärungen verursacht würden, jedenfalls dort zu vermeiden, wo es um geringfügige,[4] den Gläubiger einer Belastung im Ergebnis nicht beeinträchtigende Abschreibungen geht. Wurde Feststellung der Unschädlichkeit vom Wertausgleich abhängig gemacht, ist lastenfreie Abschreibung möglich, wenn Teilung, Auflassung, Vereinigung und Hafterstreckung einheitlich im Grundbuch vollzogen werden.[5] **Verfassungsrechtliche Bedenken** gegen die Gesetze bestehen nicht. Allerdings sind die im Gesetz selbst vorgesehenen verfahrensrechtlichen Vorschriften streng einzuhalten;[6] dem betroffenen Gläubiger einer

---

[2] **Schrifttum** zum Unschädlichkeitszeugnis: Matiba DNotZ 1932, 361; Mayer MittBayNot 1993, 333 (Lastenfreie Abschreibung einer Teilfläche von Fortstrechen); Panz BWNotZ 1998, 16; Pöttgen MittRhNotK 1965, 668; Ripfel Justiz 1960, 105; Röll MittBayNot 1968, 353; Thomas, Schlüter VIZ 1998, 183; Wudy NotBZ 1998, 132 und 178 (= neue Bundesländer); ferner Rpfl JB 1959, 64. Ausführlich zum Unschädlichkeitszeugnis Staudinger/Promberger (12. Aufl) Rdn 38 ff zu Art 120 EGBGB.
[3] LG Regensburg Rpfleger 1988, 406.
[4] Bei Prüfung der Geringfügigkeit sind Wert und Umfang bereits früher unschädlich abgeschriebener Flächen mit erneut beantragten Flächen zusammenzurechnen, LG Oldenburg NdsRpfl 1983, 236; im übrigen ist für die Ermittlung der Wertminderung nicht auf den Wert des Trennstücks abzustellen, sondern auf die Differenz zwischen Verkehrswert des Stammgrundstücks (vor Wegmessung des Trennstücks) und des Restgrundstückes, vgl Sprau, Justizgesetze in Bayern, 1988, Rdn 32 Einf UnschZG; ebenso BayVerfGH MittBayNot 1989, 22.
[5] BayObLG MittBayNot 1994, 128.
[6] BayObLG DNotZ 1994, 178.

Belastung, den das Grundbuchamt von Amts wegen (§ 12 FGG) zu ermitteln hat, ist rechtliches Gehör zu gewähren.[7]

740 Ob Unschädlichkeit mit Wirkung gegen alle an dem Grundstück dinglich Berechtigten festgestellt werden kann oder nur gegenüber bestimmten Berechtigten,[8] hängt von der jeweiligen landesrechtlichen Vorschrift ab,[9] zB in Bayern nur gegenüber Berechtigten aus Hypotheken, Grund- und Rentenschulden sowie Reallasten und unter gewissen Voraussetzungen aus Grunddienstbarkeiten, beschränkten persönlichen Dienstbarkeiten und Vorkaufsrechten und gegenüber Vormerkungen für diese Rechte, nicht dagegen zu Lasten eines Nießbrauchs, eines Erbbaurechts und einer Auflassungsvormerkung. Wenn der Erbbauberechtigte die pfandfreie Abschreibung bewilligt hat, kann ein Unschädlichkeitszeugnis für lastenfreie Abschreibung eines Grundstücksteils auch zu Lasten der an dem Erbbaurecht dinglich Berechtigten erteilt werden.[10] Der Nacherbenvermerk ist keine „Belastung", für die Unschädlichkeitszeugnis erteilt werden könnte.[11]

741 Auf Grund Unschädlichkeitszeugnis können außer Teilflächen auch lastenfrei abgeschrieben werden: ganze Grundstücke bei Gesamtbelastungen,[12] ideelle Miteigentumsanteile,[13] Miteigentumsanteile verbunden mit Sondereigentum (Wohnungseigentum); ersetzt werden kann durch Unschädlichkeitszeugnis bei Wohnungseigentum die Zustimmung dinglich Berechtigter zu Änderungen der Teilungserklärung (Gemeinschaftsordnung) sowie Umwandlung von Sonder- in Gemeinschaftseigentum und umgekehrt.[14] Für lastenfreie Abschreibung einer Grundstücksteilfläche, die nicht an einen Dritten veräußert, sondern mit einem anderen Grundstück des gleichen Eigentümers vereinigt oder ihm als Bestandteil zugeschrieben werden soll, kommt Erteilung eines Unschädlichkeitszeugnisses nicht in Betracht.[15]

742 Sind **Dienstbarkeiten** betroffen, ist zu unterscheiden: Gehört die abzuschreibende Teilfläche nicht zum Ausübungsbereich der Dienstbarkeit, so erlischt diese an der Teilfläche gemäß § 1026 BGB (s Rdn 1189). Trotzdem hat auch hier das Unschädlichkeitszeugnis Sinn und Wert, da die Voraussetzungen des

---

[7] BayVerfGH DNotZ 1971, 627 Leits = MittBayNot 1970, 140; BayVerfG MittBayNot 1989, 22.
[8] ZB früher in Bayern gemäß Gesetz vom 28. 4. 1953 (BayRS 403-2); vgl. hierzu BayObLG 1962, 396 (399) = Rpfleger 1963, 87; anders jetzt nach dem Gesetz vom 7. 8. 2003 (GVBl 512).
[9] Zum Anwendungsbereich in den neuen Bundesländern s Wudy NotBZ 1998, 132 (138).
[10] BayObLG 1962, 396 = Rpfleger 1963, 87; BayObLG MittBayNot 1993, 368 (370).
[11] LG Frankfurt Rpfleger 1986, 472.
[12] BGH 18, 296 = Rpfleger 1955, 348.
[13] BayObLG 1965, 466 = DNotZ 1966, 609 = Rpfleger 1966, 335; BayObLG MittBayNot 1993, 368 (370); Wudy NotBZ 1998, 132 (136) für neue Bundesländer.
[14] BayObLG 1988, 1 = NJW-RR 1988, 592 = Rpfleger 1988, 140 mit Anm Reinel; BayObLG MittBayNot 1993, 368 (370); jetzt auch Art 1 Abs 2 BayUZG; OLG Hamburg MittBayNot 2002, 399 = OLG-Report 2002, 93; LG München I MittBayNot 1967, 365 und MittBayNot 1983, 174; aA für NRW OLG Köln ZMR 1993, 428, das jedoch § 4 des Gesetzes über Unschädlichkeitszeugnisse nicht (ausreichend) beachtet, wonach die Vorschriften über Trennstücke auch auf Wohnungseigentum anzuwenden sind.
[15] BayObLG 1989, 200 = DNotZ 1990, 294 = (mitget) Rpfleger 1989, 396.

B. Einzelfälle

§ 1026 BGB häufig nicht in der Form des § 29 GBO nachweisbar sind; dagegen sind im Unschädlichkeitsverfahren alle Ermittlungen und Beweismittel zulässig und geboten (§ 12 FGG). Gehört die abzuschreibende Teilfläche dagegen zum Ausübungsbereich der Dienstbarkeit, kommt ein Unschädlichkeitszeugnis grundsätzlich nicht in Betracht (ohne Rücksicht auf etwaige Wertgrenzen); Ausnahmen sind jedoch dort möglich, wo zB die abzuschreibende Teilfläche für die Errichtung eines öffentlichen Weges verwendet wird, dessen Benutzung dem Berechtigten die gleichen Möglichkeiten gibt wie die Dienstbarkeit.[16]

Für Erteilung eines Unschädlichkeitszeugnisses und Löschung der Belastung ist kein Raum, wenn die Grundstücksteilfläche bereits unter Mitübertragung der Belastung abgeschrieben und der Eigentumswechsel im Grundbuch vollzogen ist.[17] 743

Diese Randnummer ist entfallen. 744

5. Auflassung auf Grund eines Urteils
ZPO §§ 894, 705; im übrigen s wie bei Rdn 709

Urkunde 745

– allgemeine Eingangsformel –

> Der Erschienene erklärt:
> Max Bauer, Schreiner in Hauptstadt, ist durch rechtskräftiges Urteil des Landgerichts Oberheim vom ... von dem ich eine mit Rechtskraftbescheinigung versehene Ausfertigung übergebe, verurteilt, das im Grundbuch von Neustadt (Band 3) Blatt 30 verzeichnete Grundstück Flurstück 15 auf mich aufzulassen.
> Ich nehme diese Auflassung hiermit entgegen und beantrage, mich als neuen Eigentümer in das Grundbuch einzutragen.
> Ausfertigung des notariell beurkundeten Kaufvertrags vom ..., auf Grund dessen die Verurteilung des Verkäufers erfolgt ist, und Unbedenklichkeitsbescheinigung des Finanzamts übergebe ich gleichzeitig.
> Vom Notar vorgelesen, vom Beteiligten genehmigt und unterschrieben
> Max Müller   Notar Pünktlich

Grundbucheintragung: Wie sonst auf Grund Auflassung. Eintragung in das Grundbuch erfolgt auf Grund „Auflassung", nicht auf Grund Urteils. 746

Ist der Verkäufer eines Grundstücks rechtskräftig zur Auflassung verurteilt, so muß die **Einigungserklärung des Erwerbers** gleichwohl beurkundet werden.[1] Die Einigungserklärung des Verkäufers und seine Eintragungsbewilligung werden dagegen durch das rechtskräftige Urteil ersetzt (§ 894 ZPO). Gleichzeitige Anwesenheit der Parteien (§ 925 BGB) ist hier nicht notwendig, doch ist die Erklärung des Erwerbers nur dann formwirksam im Sinn des § 925 Abs 1 BGB abgegeben, wenn im Zeitpunkt ihrer Abgabe (Entgegennahme der Auflassung) 747

---

[16] BayObLG MittBayNot 1981, 136; LG Augsburg MittBayNot 1979, 116 = Rpfleger 1979, 338; vgl weiter LG Hof Rpfleger 1964, 22 mit Anm Haegele; Wudy NotBZ 1998, 178 (180).
[17] BayObLG MittBayNot 1978, 152 = Rpfleger 1978, 317; aA LG Aachen MittRhNotK 1968, 377.
[1] KG DNotZ 1936, 204. Beglaubigung der Erklärung des Erwerbers reicht nicht, OLG Celle DNotZ 1979, 308.

2. Teil. III. Erste Abteilung des Grundbuchs

das rechtskräftige Urteil gegen den Auflassungspflichtigen bereits vorliegt; eine Beurkundung der Erklärung des Erwerbers vor Vorliegen der rechtskräftigen Verurteilung des Veräußerers zur Auflassung ist formunwirksam.[2]

748 **Vollstreckungsklausel** und deren Zustellung an den Beklagten (vgl §§ 724, 750 ZPO) sind nicht erforderlich. Nur dann, wenn die Auflassung von einer Gegenleistung, etwa von der Zug-um-Zug-Zahlung des Kaufpreises, abhängig ist[3], muß vollstreckbare Ausfertigung im Zeitpunkt der Auflassung erteilt sein (§ 894 Abs 1, §§ 726, 730 ZPO). Das Grundbuchamt hat aber nicht zu prüfen, ob bei einer Zug-um-Zug-Verurteilung die Gegenleistung erbracht ist; dies geschieht allein im Klauselerteilungsverfahren.[4] Im Falle der Rechtsnachfolge bedarf es der Umschreibung nach §§ 727ff ZPO. Ein Beginn der Zwangsvollstreckung (mit der Folge des § 779 ZPO) ist hier nicht denkbar; sobald die Rechtskraftwirkung vorhanden ist, ist die Zwangsvollstreckung beendet. Die nachfolgende Eintragung ins Grundbuch gehört nicht zur Zwangsvollstreckung.

749 Auf **vollstreckbare Vergleiche** findet § 894 ZPO keine Anwendung. Aus ihnen muß, soweit sie nicht bereits die Auflassung oder die Bewilligung nach § 19 GBO enthalten, nach § 888 ZPO vollstreckt werden.[5] Wegen der Auflassung im **Prozeßvergleich** s Rdn 3338.

750 Eine zur Auflassung etwa erforderliche **Genehmigung des Familien- oder Vormundschaftsgerichts** ist bei Verurteilung zur Auflassung dem Grundbuchamt nicht besonders nachzuweisen.[6] Behördliche Genehmigungen werden durch das Urteil nach § 894 BGB dagegen nicht ersetzt,[7] zB Genehmigung nach GrdstVG. **Erklärungen dritter Personen** werden durch die Verurteilung nicht ersetzt, so zB nicht diejenige des Testamentsvollstreckers eines Erben. Derartige Zustimmungen müssen entweder in der Form der §§ 19, 20 GBO oder gleichfalls durch rechtskräftiges Urteil nachgewiesen werden.

751 Auf die Übertragung des Eigentums nach § 1383 BGB durch das Familiengericht auf einen Ehegatten ist § 894 ZPO entsprechend anwendbar. Auch hier ist die Erklärung der Einigung des erwerbenden Ehegatten vor einem Notar noch nötig.[8]

6. Auflassung eines Miteigentumsanteils
BGB §§ 873, 925, 741, 747, 1008ff
GBO §§ 13, 19, 20, 29, 47; im übrigen wie bei Rdn 709

752 **Urkunde**
– allgemeine Eingangsformel –
Die Erschienenen erklären:
Wir nehmen Bezug auf den Kaufvertrag, diesamtliche URNr 245/2003. Wir sind nunmehr einig über den Übergang des Eigentums an dem Hälftemiteigentumsanteil des Erschiene-

---

[2] BayObLG 1983, 181 = DNotZ 1984, 628 Leits = Rpfleger 1983, 390; Zöller/Stöber Rdn 7 zu § 894 ZPO.
[3] Vgl dazu BGH DNotZ 1993, 381 = Rpfleger 1992, 207.
[4] BayObLG DNotZ 1985, 47 = Rpfleger 1983, 480; Zöller/Stöber Rdn 8 zu § 894 ZPO.
[5] OLG Frankfurt Rpfleger 1980, 291; Zöller/Stöber Rdn 3 zu § 894 ZPO.
[6] BayObLG 1953, 111 = MDR 1953, 561; Zöller/Stöber Rdn 7 zu § 894 ZPO; aA Stein/Jonas/Brehm Rdn 24 zu § 894 ZPO; vgl auch Müller FamRZ 1956, 44.
[7] BGH 82, 292 (297) = NJW 1982, 881 = Rpfleger 1982, 95; Zöller/Stöber Rdn 7 zu § 894 ZPO.
[8] So zutr Meyer-Stolte Rpfleger 1976, 7.

B. Einzelfälle

nen Nr 1 an dem im Grundbuch von Neustadt (Band 4) Blatt 55 eingetragenen Grundstück Flurstück 75 auf den Erschienenen Nr 2.
Der Veräußerer bewilligt und der Erwerber beantragt den Vollzug der Eigentumsänderung im Grundbuch. – folgt Abschluß der Urkunde –

Grundbucheintragung 753

Abteilung I

1	2	3	4
3 a	L a d e n Max, geb am 5. 12. 1935, zu ½	1	Auf Grund der Auflassung des Miteigentumsanteils des Robert Grund vom ... eingetragen am ...
b	B r o t Otto geb am 12. 9. 1937, zu ½		

Die frühere Eigentumseintragung ist in den Spalten 1 und 2 (rot) zu unterstreichen.
Bekanntmachung erfolgt an Notar ... sowie alten und neuen Eigentümer.

Mehrere Eigentümer, die in einem Verhältnis der im § 47 GBO genannten 754
Art stehen, werden nach § 9 Buchst a GBV **unter einer laufenden Nummer** im Grundbuch eingetragen; jeder Eigentümer ist unter einem **besonderen** Buchstaben (dieser in Spalte 1) aufzuführen. Ob auch bei jeder Änderung des Gemeinschaftsverhältnisses eine neue lfd Nummer zu nehmen ist, ist zweifelhaft. Wird das Eigentum sämtlicher Berechtigten von der Änderung betroffen, wie etwa bei Umwandlung von Gesamthandseigentum in Bruchteilseigentum oder umgekehrt, so ist Eintragung unter einer neuen lfd Nummer erforderlich. Wenn dagegen von der Veränderung nur ein einzelner Miteigentümer betroffen wird, so ist eine neue lfd Nummer nicht erforderlich. Zwar kann auch in diesem Fall die ganze Gemeinschaft in ihrer veränderten Zusammensetzung unter einer neuen lfd Nummer eingetragen werden. Die Praxis trägt hier unter einer neuen lfd Nummer aber lediglich die Veränderung ein.
Fassung der Eintragung sonach, wenn im Beispielsfall (Rdn 753) Brot an Müller weiterveräußert:

1	2	3	4
4 zu 3 b	M ü l l e r Wilhelm, geb am 25. 10 1937, zu ½	1	Auflassung vom ... eingetragen am ...

Unterstrichen (gerötet) wird in diesem Fall in Spalte 1 (lfd Nummer 3) der Buchst b und in Spalte 2 der Voreigentümer „Brot Otto, geb am 12. 9. 1937, zu ½". Die Eintragungen lfd Nummer 3 in Spalten 3 und 4 der Abt I werden weder bei solcher Fassung der Eintragung noch bei Eintragung der ganzen Gemeinschaft in ihrer veränderten Zusammensetzung unter einer neuen lfd Nummer unterstrichen (gerötet), weil diese für den Eigentumserwerb des nicht von der Änderung betroffenen anderen Miteigentümers ihre Bedeutung behalten.
Wird ein Miteigentumsanteil **auf mehrere zu Bruchteilen** übertragen, so ent- 755
steht keine besondere Bruchteilsgemeinschaft an dem Anteil. Vielmehr treten die Erwerber mit den entsprechenden Anteilen an dem Grundstück in die das

ganze Grundstück betreffende Bruchteilsgemeinschaft ein.[1] Das gleiche gilt, wenn ein Miteigentümer von seinem Miteigentumsanteil einen ideellen Bruchteil oder mehrere veräußert; wird hier die Auflassung (vereinfachend) hinsichtlich ideeller Bruchteile des Gesamtgrundstücks erklärt, ist dies solange zulässig, als diese Bruchteile insgesamt nicht größer sind als der Anteil des verfügenden Miteigentümers.[2] Beim Wohnungseigentum dagegen ist am Miteigentumsanteil, der mit Sondereigentum verbunden ist, eine eigene Bruchteilsberechtigung möglich (s Rdn 2815). Lassen Miteigentümer, die jeweils zur Hälfte berechtigt sind, an einen Dritten einen Hälftemiteigentumsanteil am Grundstück auf, so besteht eine Vermutung dafür, daß jeder an den Dritten einen Viertelmiteigentumsanteil abgibt.[3] Die Belastung eines Miteigentumsanteils hindert weder dessen Teilung noch dessen Übertragung an den anderen Miteigentümer.[4]

756 Der Anspruch eines Grundstücksmiteigentümers auf **Aufhebung der Bruchteilsgemeinschaft** und Teilung des Erlöses ist pfändbar.[5] Jedoch kann die Pfändung des (schuldrechtlichen) Anspruchs nicht in das Grundbuch des Gemeinschaftsgrundstücks als „Anteilsbelastung" oder „Verfügungsbeschränkung" eingetragen werden.[6]

757 Die Auflassung eines ganzen Grundstücks kann nicht in die Auflassung eines Miteigentumsbruchteils umgedeutet werden, wenn sich herausstellt, daß der Veräußerer nur Bruchteilseigentümer ist; hier ist eine neue Auflassung nötig.[7]

7. Eintragung von Eheleuten kraft Gütergemeinschaft

BGB §§ 1415 ff, 894, 895, 897
GBO §§ 13, 19, 22, 29, 33, 34, 47
GBV §§ 9, 15, 16

758 **Antragsformular**

> Wir leben auf Grund Ehevertrags vom ... in Gütergemeinschaft und beantragen, alle im Grundbuch von Neustadt (Band 1) Blatt 10 auf den Namen des Ehemannes und sämtliche im Grundbuch von Neustadt (Band 2) Blatt 20 auf den Namen der Ehefrau gebuchten Grundstücke auf das Gesamtgut der Gütergemeinschaft umzuschreiben, und zwar auf ein gemeinschaftliches Grundbuchblatt.
> Ausfertigung des Ehevertrags und Unbedenklichkeitsbescheinigung des Finanzamts fügen wir bei.
> Neustadt, den ...
> Johann Sauber   Johanna Sauber   (ohne Unterschriftsbeglaubigung)

---

[1] BGH 13, 141 = NJW 1954, 1035; BGH 49, 250 (252); BayObLG 1979, 122 = DNotZ 1980, 98 = Rpfleger 1979, 302; LG Berlin NJW 1956, 471.
[2] BayObLG 1979, 122 = aaO (Fußn 1).
[3] BayObLG 1977, 189 = DNotZ 1978, 238 = Rpfleger 1977, 360; OLG Frankfurt Rpfleger 1978, 213.
[4] BayObLG 1996, 41 = DNotZ 1997, 391 = NJW-RR 1996, 1041 = Rpfleger 1996, 333.
[5] BGH 90, 207 = NJW 1984, 1968; OLG Köln OLGZ 1969, 338 = Rpfleger 1969, 170; LG Hamburg MDR 1977, 1019. Einzelheiten s Stöber, Forderungspfändung, Rdn 1542–1545 mit weit Nachw.
[6] AG/LG Siegen Rpfleger 1988, 249 mit zust Anm Tröster; Stöber, Forderungspfändung, Rdn 1545; Zöller/Stöber Rdn 12 zu § 857 ZPO.
[7] OLG Frankfurt DNotZ 1975, 606 = Rpfleger 1975, 174.

B. Einzelfälle

Grundbucheintragung

Abteilung I

1	2	3	4
2 a b	S a u b e r Johann, Landwirt in Neustadt. seine Ehefrau S a u b e r Johanna, geb Putz dort, in Gütergemeinschaft	1, 2, 3, 4, 5	Auf Grund Ehevertrags vom … eingetragen am …

oder

Sp. 4: Auf Grund Berichtigungsbewilligung vom … eingetragen am …

oder

Sp. 4: Auf Grund des Zeugnisses des Amtsgerichts in Hauptstadt vom … eingetragen am …

Mit Vereinbarung der Gütergemeinschaft durch Ehevertrag (dazu Rdn 3374 ff) wird der gesamte auf Mann oder Frau oder auf beide als Miteigentümer gebuchte Grundbesitz **kraft Gesetzes** (§ 1416 Abs 2 BGB) **Gesamtgut**, es sei denn, er wird durch Ehevertrag zu **Vorbehaltsgut** des betr Ehegatten erklärt. Da der Wechsel im Eigentum kraft Gesetzes, nicht durch Rechtsgeschäft erfolgt, bedarf es keiner Auflassung, sondern der Berichtigung des unrichtig gewordenen Grundbuchs. Gütergemeinschaft kann auch zum alleinigen Zweck der Eigentumsübertragung vereinbart und anschließend sofort wieder aufgehoben werden, allerdings nicht in der gleichen Urkunde.[1]

Der **Antrag auf Berichtigung** des Grundbuchs kann von beiden Eheleuten gemeinschaftlich oder vom einzelnen Ehegatten gestellt werden ohne Rücksicht darauf, wer Gesamtgutsverwalter ist. Die Berichtigung erfordert Unrichtigkeitsnachweis (§ 22 Abs 1 GBO) mit Nachweis, daß Gütergemeinschaft als vertragsgemäßer Güterstand besteht (vgl § 33 GBO; Vorlage einer notariellen Ehevertragsausfertigung wird als ausreichend anerkannt, solange keine Anhaltspunkte für Änderung oder Aufhebung bestehen) oder Berichtigungsbewilligung des als Eigentümer eingetragenen Ehegatten (§ 19 GBO) in der Form des § 29 GBO; der Nachweis des Güterrechts ist bei Vorliegen der Berichtigungsbewilligung des eingetragenen Eigentümers entbehrlich. Die Zustimmung des anderen Ehegatten wird – entgegen dem Wortlaut des § 22 Abs 2 GBO – von Rechtsprechung und -lehre im Falle der Berichtigungsbewilligung für entbehrlich gehalten.[2]

Wird ein Grundstück an nur **einen Ehegatten** aufgelassen, der aber in Gütergemeinschaft lebt oder nach Auflassung, aber vor Eintragung Gütergemeinschaft vereinbart, so kann das Grundstück auf Grund eines bloßen Berichtigungsantrages eines der Ehegatten und Unrichtigkeitsnachweis unmittelbar auf die jetzt zwischen dem Erwerber und seinem Ehegatten bestehende Gütergemeinschaft eingetragen werden, ohne daß es der Mitwirkung des Verkäufers bedarf (vgl Rdn 3378).[3] Das gleiche gilt, wenn ein Grundstück **an Ehegatten** als Berechtigte **zu Bruchteilen** aufgelassen ist, diese aber in Wirklichkeit in Gütergemeinschaft leben (und entsprechendes Vorbehaltsgut nicht

---

[1] OLG Stuttgart BWNotZ 1990, 113 = MittBayNot 1990, 312 = NJW-RR 1990, 837 = OLGZ 1990, 262 = Rpfleger 1990, 255.
[2] KG JFG 13, 78 = JW 1935, 2515; Bauer/vOefele/Schaub Rdn 22, Güthe/Triebel Anm 64, K/E/H/E Rdn 3, je zu § 33; Staudinger/Thiele Rdn 38 zu § 1416 BGB.
[3] RG 84, 326 sowie Rdn 3378 Fußn 18.

vereinbart ist).⁴ Folgt man der Unmittelbarkeitstheorie (der Erwerb für das Gesamtgut erfolgt unmittelbar ohne Durchgang durch das Vermögen des erwerbenden Ehegatten und ohne Rücksicht auf seine subjektiven Vorstellungen), so wird das in der Auflassung enthaltene Berechtigungsverhältnis auf Grund der gesetzlich zwingenden Vorschrift des § 1416 Abs 1 S 2 BGB entsprechend modifiziert; die falsche Bezeichnung des Gemeinschaftsverhältnisses ist angesichts der zwingenden Rechtsfolge des § 1416 Abs 1 S 2 BGB unbeachtlich; die Auflassung wirkt zwangsläufig zwischen Veräußerer und den Ehegatten als Gesamthändern. Folgt man der Durchgangstheorie (der alleinerwerbende Ehegatte wird Eigentümer, eine logische Sekunde später wird die Gesamthandsgemeinschaft Rechtsnachfolger), so kann auch bei bestehender Gütergemeinschaft jeder Ehegatte einen ideellen Miteigentumsanteil zu Alleineigentum erwerben; ebenso wie der Erwerb von Alleineigentum an einem ganzen Grundstück fällt dieser (jeweilige) Miteigentumsanteil dann kraft Gesetzes (§ 1416 Abs 2 BGB) nach einer logischen Sekunde in das Gesamtgut der Gütergemeinschaft. Die Auflassung ist somit wirksam; das Grundbuch kann wie im obigen Fall des Alleinerwerbs eines ganzen Grundstücks durch bloßen Antrag berichtigt werden.⁵

762 Wird die Auflassung an Ehegatten zum Gesamtgut der Gütergemeinschaft erklärt, obwohl sie **nicht in diesem Güterstand leben**, so müßte das Grundbuchamt, wenn die Auflassung unwirksam wäre,⁶ bei Kenntnis die Eintragung ablehnen. Im Interesse der Rechtssicherheit muß hier aber regelmäßig eine Umdeutung auf entsprechenden Antrag der Erwerber zugelassen werden: das Grundbuchamt hat mangels entgegenstehender Anhaltspunkte davon auszugehen, daß bei einem solchen Irrtum über den Güterstand eine Auflassung an die Erwerber als Miteigentümer zu gleichen Bruchteilen gewollt und ausgedrückt ist; das wirklich gewollte Bruchteilsverhältnis ist durch Antrag der Erwerber in der Form des § 29 GBO – oder notarielle Eigenurkunde bei entsprechender Vollzugsvollmacht für den Notar – klarzustellen.⁷ Eine Auflassung an die Erwerber nach Bruchteilen und für den Fall, daß sie in Gütergemeinschaft leben, zum Gesamtgut der Gütergemeinschaft, verstößt gegen den Bestimmtheitsgrundsatz und ist unwirksam.⁸
Hier werden die verhängnisvollen Folgen deutlich, die entstehen, wenn man mit der hM die Angabe des Gemeinschaftsverhältnisses als notwendigen Teil

---

⁴ So nunmehr BGH 82, 346 = DNotZ 1982, 692 = NJW 1982, 1097 = Rpfleger 1982, 135 auf Vorlagebeschluß des OLG Köln MittRhNotK 1981, 187, wodurch die rechtlich und praktisch nicht haltbaren Gegenansichten, zB OLG Zweibrücken, OLG Frankfurt, BayObLG, OLG Düsseldorf (Fundstellen bei BGH aaO) verworfen wurden. Wie BGH auch Rehle DNotZ 1979, 196; Tiedtke FamRZ 1979, 370; Panz BWNotZ 1979, 86; Leikamm BWNotZ 1979, 164; Ertl Rpfleger 1980, 50; Meyer-Stolte Rpfleger 1980, 166 und 1982, 18.
⁵ BGH 82, 346 = aaO (Fußn 4 sowie die dort angegebene Literatur); ebenso schon LG Köln DNotZ 1977, 244; LG Düsseldorf Rpfleger 1977, 24; LG Bonn MittRhNotK 1981, 66.
⁶ So zB Panz BWNotZ 1979, 86.
⁷ BayObLG 1983, 118 = DNotZ 1983, 754 = Rpfleger 1983, 346; K/E/H/E Rdn 103; Meikel/Lichtenberger Rdn 225 ff, je zu § 20; Böhringer BWNotZ 1985, 102.
⁸ OLG Zweibrücken MittBayNot 1980, 68 = MittRhNotK 1980, 89. Möglich wäre es aber, zwei Auflassungen erklären zu lassen und nur eine zum Vollzug zu bringen.

B. Einzelfälle

der materiellrechtlichen Auflassungserklärung ansieht und bei fehlerhafter Angabe des Gemeinschaftsverhältnisses die Auflassung für unwirksam ansieht. In allen diesen Fällen haben die Erwerber – trotz Eintragung im Grundbuch – kein Eigentum erworben, soweit eine Umdeutung nicht stattfindet; das Grundbuch wäre unrichtig, oft Jahre oder Jahrzehnte nach der Auflassung. Zu den Zweifeln an der Richtigkeit dieser Meinung s eingehend Rdn 3312.

Für die Eintragung genügt die Formulierung 763

    Gesamtgut der Gütergemeinschaft oder in Gütergemeinschaft.

Aussagen über die Gesamtgutsverwaltung sind in der Grundbucheintragung nicht zu treffen.[9]

Wird durch Ehevertrag ein Gesamtgutsgrundstück nachträglich zu **Vorbehaltsgut** eines Ehegatten erklärt, so ist dazu Auflassung erforderlich,[10] ebenso für den umgekehrten Fall der Überführung von Vorbehaltsgut in Gesamtgut.[11] Die Vorbehaltsgutseigenschaft kann in keinem Falle in das Grundbuch eingetragen werden. Will ein Ehegatte ein Grundstück zu Alleineigentum erwerben, unterbleibt aber die Begründung von Vorbehaltsgut beim Erwerb, weil er irrig glaubt, im gesetzlichen Güterstand zu leben, so kann er die Auflassung, die über § 1416 Abs 2 BGB zum Gesamtgut geführt hat, anfechten (§§ 119, 142 BGB); es ist dann erneute Auflassung und Vorbehaltsgutsbegründung oder Bestimmung nach § 1418 Abs 2 Nr 2 BGB nötig; dies ist dann bei der Eigentümereintragung auf Grund der ursprünglichen Auflassung zu vermerken.[12] 764

Statt der Ehevertragsausfertigung oder -abschrift kann ein **Zeugnis aus dem Güterrechtsregister** über die Gütergemeinschaft vorgelegt werden (§ 33 GBO) wenn – in der Praxis selten – die Gütergemeinschaft in das Güterrechtsregister eingetragen ist. Wird das Zeugnis durch Bezugnahme auf das Güterrechtsregister des gleichen Gerichts ersetzt (§ 34 GBO), so ist ein Vermerk über das Ergebnis der Prüfung zu den Grundakten zu bringen. 765

Auch wenn die Beteiligten bereits von einem anderen Grundbuchamt als Eigentümer eines Grundstücks in Gütergemeinschaft eingetragen worden sind, müssen sie, wenn der Ehevertrag vor der Heirat geschlossen wurde, die Eheschließung nachweisen.[13] 766

Wird ein schon bestehendes Grundbuchblatt verwendet, so ist derjenige **Ehegatte,** der dort bereits als **Alleineigentümer** eingetragen ist, unter der nächsten laufenden Nummer erneut in das Grundbuch einzutragen, und zwar mit besonderem Buchstaben (§ 9 Buchst a GBV), die frühere Eigentumseintragung ist bei diesem Ehegatten in den Spalten 1 und 2, nicht in Spalten 3, 4 (rot) zu unterstreichen. Zusätzlich ist in Spalte 4 das Ehevertragsdatum neu vorzutragen. 767

---

[9] Haegele Rpfleger 1958, 204; aA Meyer Rpfleger 1958, 204.
[10] KGJ 35 B 25; KG JFG 15, 192; KGJ 52, 140; Erman/Heckelmann Rdn 1 zu § 1418 BGB; Meyer-Stolte Rpfleger 1982, 18; aA MünchKomm/Kanzleiter Rdn 3 zu § 1418 BGB; in der Auflassung eines gütergemeinschaftlichen Grundstücks an einen der Ehegatten kann die ehevertragliche Begründung von Vorbehaltsgut liegen, LG Köln MittRhNotK 1986, 103.
[11] HM, vgl BGB-RGRK/Finke Rdn 8; Soergel/Gaul Rdn 7; Palandt/Brudermüller Rdn 3, je zu § 1416 BGB; aA MünchKomm/Kanzleiter Rdn 18 zu § 1416 BGB.
[12] BayObLG MittBayNot 1979, 74.
[13] BayObLG 1957, 49 = DNotZ 1957, 311.

Werden die Grundstücke von Mann und Frau auf ein neues Grundbuchblatt übertragen, so sind an den alten Stellen entsprechende Übertragungsvermerke einzutragen.

768 Vereinbart der Veräußerer nach Auflassung, aber vor deren Vollzug mit seinem Ehegatten Gütergemeinschaft, so verliert er die (alleinige) Verfügungsbefugnis; zum Erwerb ist nach wohl überwiegender Meinung neue Auflassung oder die Zustimmung des Ehegatten (§ 185 BGB) nötig,[14] es sei denn, § 878 BGB greift bereits zugunsten des Erwerbers ein (s dazu Rdn 126).

769 Zur grundbuchrechtlichen Lage, wenn zum Gesamtgut einer ehelichen Gütergemeinschaft ein Grundstück gehört und der erstverstorbene Ehegatte den Überlebenden als Vorerben eingesetzt hat, s Rdn 3487b.

770 Ist ein Grundstück oder ein Recht an einem Grundstück zum Gesamtgut einer Gütergemeinschaft eingetragen, so bleibt die Eintragung so lange maßgebend als das Grundbuchamt keine begründeten Zweifel an der Richtigkeit der Eintragung hat.[15] § 891 BGB gilt auch für das Grundbuchamt (s Rdn 341 ff).

771 Die **nach Beendigung** der ehelichen Gütergemeinschaft (im Falle ihrer Nichtfortsetzung) bis zur Vornahme der Auseinandersetzung bestehende **Liquidationsgemeinschaft** (§ 1471 BGB) kann im Grundbuch vermerkt werden.[16] Fassung der Eintragung:

> Gesamtgut der beendigten noch nicht auseinandergesetzten Gütergemeinschaft

oder

> in beendeter, nicht auseinandergesetzter Gütergemeinschaft.

772 Die Grundsätze für die Eintragung der Gütergemeinschaft nach BGB (insbesondere Rdn 760–762) gelten auch für Gesamthandsgemeinschaften (vollständige „Gütergemeinschaft", „Errungenschaftsgemeinschaft") nach **ausländischem Güterrecht**, die infolge zunehmender Beteiligung ausländischer Staatsangehöriger am Grundstücksverkehr (und zunehmender Einführung von Gesamthandsgemeinschaften als gesetzlicher Güterstand in ausländischen Rechtsordnungen) im Grundbuch als Beteiligungsverhältnis nach § 47 GBO einzutragen sind (zum ausländischen Güterrecht, zur Prüfungspflicht des Grundbuchamts und zur Eintragung ausländischer Güterstände s Rdn 3409, 3421 ff).

773 Die Grundsätze für die Gütergemeinschaft sind auch für die **Errungenschaftsgemeinschaft** (§ 1519 BGB aF) anwendbar, nur mit der Abweichung, daß es statt Gütergemeinschaft „Errungenschaftsgemeinschaft" zu heißen hat.

774 Errungenschaftsgemeinschaft ist seit 1. 7. 1958 kein gesetzlich normiertes vertragliches Güterrecht mehr. Beendete Errungenschaftsgemeinschaft s Rdn 820.

---

[14] BayObLG MittBayNot 1975, 228 = MittRhNotK 1975, 751 = Rpfleger 1975, 348; LG Ellwangen BWNotZ 1982, 150; Palandt/Bassenge Rdn 11 zu § 873 BGB; aA Tiedtke FamRZ 1976, 510; Böhringer BWNotZ 1983, 133 und 1985, 102; MünchKomm/Kanzleiter Rdn 7 zu § 1416 BGB; MünchKomm/Wacke Rdn 33 zu § 873 BGB, die alle den nachträglich vereinbarte Gütergemeinschaft als Gesamtrechtsnachfolge ansehen und wie bei der Erbfolge vom Wirksambleiben der Einigung auch gegenüber dem Gesamtrechtsnachfolger ausgehen.
[15] KGJ 29 A 148; BayObLG JFG 3, 313.
[16] BayObLG 21 A 17.

B. Einzelfälle

Bei Errungenschaftsgemeinschaft wird nur derjenige Grundbesitz **Gesamtgut**, 775
der **nach Abschluß des Ehevertrags entgeltlich erworben** worden ist.
Grundstücke, die vor Ehevertragsabschluß erworben worden sind, fallen also
nicht kraft Gesetzes in das Gesamtgut, sondern nur dann, wenn sie unter
ehevertraglicher Erklärung zu Gesamtgut von dem betr Ehegatten ausdrücklich auf das Gesamtgut aufgelassen werden.

Durch den nach Ehevertragsabschluß liegenden Erwerbsvertrag über das 776
Grundstück und die Vorlage des Ehevertrags wird die **Unrichtigkeit des
Grundbuchs** ohne weiteres nachgewiesen, zumal für die Gesamtgutseigenschaft eine gesetzliche Vermutung besteht. Der Antrag bedarf daher keiner
Form. Er kann von jedem Ehegatten oder von beiden Eheleuten zusammen
gestellt werden. S auch Rdn 760, 761.

Haben Ehegatten in den neuen Bundesländern gemäß Art 234 § 4 Abs 2 777
EGBGB für den bis zum 2. 10. 1990 (in der DDR) geltenden gesetzlichen Güterstand der **Eigentums- und Vermögensgemeinschaft** nach §§ 13 ff FGB
wirksam optiert (s Rdn 3400), so ist diese der Errungenschaftsgemeinschaft
vergleichbare Gesamthandsberechtigung im Grundbuch einzutragen (vgl dazu auch Rdn 259).

8. Eintragung von Erben in Erbengemeinschaft
BGB §§ 2032 ff, 2353 ff
GBO §§ 35, 47

Antragsmuster 778

Im Grundbuch von Neustadt (Band 3) Blatt 30 sind die Eheleute Hans und Anna Todt als Miteigentümer der dort im Bestandsverzeichnis unter Nr 1–4 gebuchten Grundstücke Flurstück 10–13 je zur Hälfte eingetragen. Hans Todt ist am 1. Oktober 1999 gestorben und nach dem in Ausfertigung übergebenen Erbschein des Nachlaßgerichts Hauptstadt vom ... von der Witwe Anna Todt, geb Maier, und den beiden Kindern Friedrich Todt, geb am 2. 1. 1945, und Julie Todt, geb am 3. 8 1950, beerbt worden. Anna Todt beantragt hiermit die Berichtigung des Grundbuchs in bezug auf die Eigentumshälfte des Erblassers Hans Todt durch Eintragung der vorgenannten Erben in Erbengemeinschaft im Grundbuch.

Neustadt, den ...   Anna Todt   (ohne Unterschriftsbeglaubigung)

Grundbucheintragung 779

Abteilung I

1	2	3	4
4 a	Todt Anna, geb Maier, geb am 12. 4. 1921,	1–4	Nr 4 a aufgelassen am ... und eingetragen am ...
b	dieselbe		Nr 4 b, c, d auf Grund des Erbscheins des Amtsgerichts in Hauptstadt vom ... eingetragen am ...
c	Todt Friedrich, geb am 2. 1. 1945,		
d	Todt Julie geb am 3. 8. 1950 Ziff. 4 a zur Hälfte, Ziff. 4 b, c, d in Erbengemeinschaft zur anderen Hälfte		

Unterstreichen (röten) Eintrag Nr 3 Sp. 1 u 2.
Die frühere Eigentumsübertragung bleibt bezüglich der Hälfte der Witwe Todt stehen.

780 Der Antrag kann von **jedem Erben allein** gestellt werden. Er ist auf Grundbuchberichtigung gerichtet, die hier nur durch Unrichtigkeitsnachweis (§ 35 Abs 1 GBO), nicht durch Berichtigungsbewilligung erreicht werden kann. Der Antrag bedarf nicht der Form des § 29 GBO. **Eintragungsnachricht** erhalten alle Erben, soweit nicht darauf verzichtet ist. Der Nacherbe ist nicht antragsberechtigt (Rdn 3505 a).

781 Die Erbfolge ist grundsätzlich durch einen **Erbschein**[1] nachzuweisen (§ 35 Abs 1 GBO). Zur Eintragung des Fiskus als gesetzlichen Erben bedarf es ebenfalls eines Erbscheins. Der Feststellungsbeschluß des Nachlaßgerichts nach § 1964 BGB allein genügt nicht.[2]

Der **Erbschein** muß **wirksam erteilt** sein. Im Normalfall geschieht dies durch Aushändigung des Zeugnisses an den Antragsteller oder einen von ihm benannten Dritten (auch Behörde).[3] Daß der Erbschein wirksam erteilt ist, kann angenommen werden, wenn er von einem Erben vorgelegt wird. Der Erbschein ist auch erteilt, wenn das Nachlaßgericht zwar keine Erbscheinsurkunde ausfertigt, aber auf Antrag des Erben die Nachlaßakten mit der Urschrift des den Wortlaut des Erbscheins enthaltenden Anordnungsbeschlusses dem Grundbuchamt zur Berichtigung des Grundbuchs zuleitet.[4] Er ist noch nicht erteilt (kann somit nicht Grundlage für Grundbuchberichtigung sein), wenn die Erteilung eines Erbscheins bereits verfügt, die Herausgabe einer Ausfertigung jedoch von der Zahlung eines Kostenvorschusses abhängig gemacht wurde.[4a]

782 Der Erbschein ist in **Urschrift** oder **Ausfertigung** vorzulegen; eine beglaubigte Abschrift genügt auch für die Grundbuchberichtigung nicht.[5] Denn der Erbschein kann zwischen der Beurkundung und der Eintragung im Grundbuch vom Nachlaßgericht als unrichtig eingezogen worden sein (§ 2361 BGB). Der Einziehung unterliegen aber nur Urschrift und Ausfertigung (nicht auch Abschriften) des Erbscheins; denn nur Urschrift oder Ausfertigung verkörpern im Rechtsverkehr diese gerichtliche Zeugnisurkunde.[6] Auch wenn ein Notar mehrere auf Nachweis der Erbfolge gestützte Anträge an verschiedene Grundbuchämter richtet, reicht die Vorlage beglaubigter Erbscheinsabschriften mit der Versicherung, daß sich die Ausfertigung des Erbscheins in seinem

---

[1] BayObLG MDR 1987, 762 = (mitget) Rpfleger 1987, 357. Auch ein kostenrechtlich begünstigter Erbschein („Nur zu verwenden zur Grundbuchberichtigung"; s § 107a KostO) ist Erbschein im Sinne des § 2353 BGB und damit nach § 35 Abs 1 Satz 1 GBO, BayObLG 1983, 176 = DNotZ 1984, 44 = Rpfleger 1983, 442. Berichtigungsbewilligung des Testamentsvollstreckers ersetzt Vorlage des Erbscheins nicht, s Rdn 3466.
[2] OLG Köln MDR 1965, 993; OLG Frankfurt MDR 1984, 145; BayObLG MDR 1987, 762; OLG Dresden Rpfleger 1999, 323; aA AG Lüneburg Rpfleger 1971, 23.
[3] Vgl dazu MünchKomm/Promberger Rdn 98ff, Staudinger/Schilken Rdn 59ff, je zu § 2353 BGB mit Nachweisen über den Streitstand.
[4] BayObLG 1960, 501 = DNotZ 1962, 199 = Rpfleger 1961, 437 mit Anm Haegele; KG Rpfleger 1981, 497.
[4a] OLG Hamm MittBayNot 1994, 326 = NJW-RR 1994, 271 = OLGZ 1994, 257 = Rpfleger 1994, 249.
[5] BGH DNotZ 1982, 159 = NJW 1982, 170 = Rpfleger 1982, 16 Leits; KG DNotZ 1972, 615.
[6] Staudinger/Schilken Rdn 62ff zu § 2353 BGB.

B. Einzelfälle

Besitz befinde, nicht mehr aus.[7] § 35 Abs 1 GBO verlangt die Vorlage der Ausfertigung, von der auf Antrag des Erben jederzeit auch mehrere Exemplare erteilt werden. Wird die Erbscheinsausfertigung vom Antragsteller zurückverlangt, so ist zu den Grundakten eine beglaubigte Abschrift zu fertigen.[8] Verweisung auf den in den Nachlaßakten befindlichen Erbschein genügt statt der Erbscheinsausfertigung, wenn Grundbuchamt und Nachlaßgericht zum gleichen Amtsgericht gehören.[9] Die – in Bayern von Amts wegen zu treffende – Erbenfeststellung durch das Nachlaßgericht (Art 37 BayAGGVG v 23. 6. 1981, BayRS 300–1–1) ist für das Grundbuchamt nicht bindend; sie reicht weder bei gesetzlicher noch bei testamentarischer Erbfolge für die Grundbuchberichtigung aus.[10] 783

Das Grundbuchamt hat bei Eintragung der Erbfolge auf Grund Erbscheins lediglich zu **prüfen,** ob er von der sachlich zuständigen Stelle ausgestellt ist und das Erbrecht unzweideutig, dh klar, verständlich und vollständig[11] bezeugt. Weitere Prüfungen stehen dem Grundbuchamt nicht zu; insbesondere hat es **nicht** selbst die **Richtigkeit** des Erbscheins **nachzuprüfen,** gleichgültig, ob es um die Formgültigkeit der Verfügung von Todes wegen, deren Auslegung oder die Beurteilung sonstiger Tatsachen geht. Die Verantwortung für die Feststellung des Erbrechts und die Richtigkeit des Erbscheins liegt ausschließlich beim Nachlaßgericht.[12] Die Beweiskraft des Erbscheins nach § 2365 BGB gilt auch im Grundbuchverfahren. 784

Solange ein **Erbschein nicht eingezogen** ist, kann im Grundbuchverfahren nicht der Einwand erhoben werden, der Erbschein sei unrichtig erteilt worden und die dadurch erfolgte Eintragung im Grundbuch sei unrichtig.[13] Das Grundbuchamt kann einen Erbschein nur dann beanstanden, wenn ihm neue, von dem Nachlaßgericht bei der Erteilung des Erbscheins offenbar noch nicht berücksichtigte Tatsachen positiv bekannt werden, die der sachlichen Richtigkeit des Erbscheins entgegenstehen und von denen das Grundbuchamt annehmen muß, daß das Nachlaßgericht im Fall ihrer Kenntnis den Erb- 785

---

[7] Bauer/vOefele/Schaub Rdn 64, Meikel/Roth Rdn 54, je zu § 35; anders noch OLG Schleswig SchlHA 1949, 375; K/E/H/E Rdn 32 zu § 35.
[8] S auch MittBayNot 1958, 268.
[9] BGH DNotZ 1982, 159 = aaO (Fußn 5); Hauptstelle und Zweigstelle eines Gerichts sind hierfür als ein Amtsgericht anzusehen, LG Landau/Pfalz MittBayNot 1990, 114 Leits.
[10] BayObLG 1989, 8 = DNotZ 1989, 574 = NJW-RR 1989, 184 = Rpfleger 1989, 278 unter Aufgabe der bedenklichen Entscheidung BayObLG 1974, 1 = DNotZ 1974, 233 = Rpfleger 1974, 434 mit insoweit abl Anm Bokelmann.
[11] GBA und LG Ellwangen BWNotZ 1992, 174 (unterbliebene Angabe des Zeitpunkts der eingetretenen Nacherbfolge).
[12] So die absolut hM, vgl KG OLG 9, 333; KG JFG 18, 42; KGJ 34 A 227; KGJ 37 A 249; OLG München JFG 16, 144; OLG Celle NdsRpfl 1958, 140; OLG Frankfurt Rpfleger 1979, 106; BayObLG (20. 10. 1988, mitget) Rpfleger 1989, 184; BayObLG 1990, 51 (53) = NJW-RR 1990, 906; BayObLG 1990, 82(86) = NJW-RR 1990, 844 (für TV-Zeugnis); BayObLG BWNotZ 1991, 142 = MittBayNot 1991, 122 = MittRhNot 1991, 124 = (mitget) Rpfleger 1991, 194 (für TV-Zeugnis); BayObLG DNotZ 1998, 138 = Rpfleger 1997, 156.
[13] BayObLG MittBayNot 1970, 161; vgl auch LG Freiburg BWNotZ 1981, 38; zum Fall, daß widersprechende Erbscheine erteilt sind, s Hermingshausen NJW 1986, 571 mit weit Nachw.

schein einziehen oder für kraftlos erklären würde. Das Verlangen nach Vorlage eines neuen Erbscheins ist in diesem Fall vom Grundbuchamt (noch) nicht gerechtfertigt: schließlich ist denkbar, daß das Nachlaßgericht trotzdem den ursprünglichen Erbschein aufrechterhält. Richtigerweise hat das Grundbuchamt dem Nachlaßgericht Mitteilung zu machen mit dem Ziel der Überprüfung des Erbscheins (§ 2361 Abs 1 BGB);[14] denn auch hier ist die Erbenfeststellung durch das Nachlaßgericht für das Grundbuchamt bindend und vorrangig.

786 Beruht die Erbfolge auf einer **Verfügung von Todes wegen,** die in einer **öffentlichen Urkunde** enthalten ist (öffentliches Testament, § 2231 Nr 1, § 2232 BGB, oder Erbvertrag, § 2276 BGB, errichtet vor einem Notar oder vor einem deutschen Konsul, §§ 10, 11 KonsularG, vor dem 1. 1. 1970 auch vor dem Richter nach den einschlägigen Beurkundungsvorschriften, aber auch Nottestamente nach §§ 2249, 2250 BGB), so genügt es in der Regel (§ 35 Abs 1 S 2 GBO), daß an Stelle eines Erbscheins beglaubigte (§ 29 Abs 1 GBO) Abschriften[15] der Verfügung von Todes wegen und der Niederschrift über ihre Eröffnung (je beglaubigt durch das Nachlaßgericht), vorgelegt werden. Verbindung der Verfügung von Todes wegen und der Eröffnungsniederschrift mit Schnur und Siegel kann nicht gefordert werden.[16] Ein Eröffnungsvermerk mit Stempelaufdruck auf dem Testament, der den Erfordernissen einer Eröffnungsniederschrift nicht entspricht (§ 2260 Abs 3 BGB), genügt als Eintragungsgrundlage nicht. Das Nachlaßgericht könnte auch Ausfertigungen der beiden Urkunden erteilen, denn diese befinden sich dauernd in seiner Verwahrung.[17] Die Vorlage dieser beglaubigten Abschriften wird ersetzt durch Verweisung auf die in den Nachlaßakten enthaltenen Urschriften des öffentlichen Testaments und der Eröffnungsniederschrift, wenn Grundbuchamt und Nachlaßgericht zum gleichen Gericht gehören.[18] Der Nachweis der Annahme oder Nichtausschlagung der Erbschaft kann vom Grundbuchamt regelmäßig nicht verlangt werden; daher genügt auch eine Testamentseröffnung ohne Anwesenheit der Beteiligten;[19] im Berichtigungsantrag des Erben liegt regelmäßig auch eine Annahme der Erbschaft.

787 Bei Nachweis der Erbfolge mit Verfügung von Todes wegen in öffentlicher Urkunde samt Eröffnungsniederschrift hat das Grundbuchamt zunächst die

---

[14] So BayObLG DNotZ 1998, 138 = aaO (Fußn 12); BayObLG 1990, 82 (86); ebenso K/E/H/E Rdn 54–58 zu § 35; Demharter Rdn 26 zu § 35; abzulehnen OLG Frankfurt Rpfleger 1953, 36, das die Funktionsverteilung zwischen Grundbuchamt und Nachlaßgericht verkennt. Zu den Amtspflichten, die wahrzunehmen sind, wenn sich bei der Bearbeitung einer Grundbuchsache herausstellt, daß ein erteilter Erbschein unrichtig ist, s auch BGH 117, 287 = NJW 1992, 1884 = Rpfleger 1992, 351.
[15] Ausreichend ist Vorlage einer beglaubigten Abschrift, die von einer beglaubigten Abschrift der öffentlichen Urkunde oder der Eröffnungsniederschrift hergestellt ist (KG Rpfleger 1998, 108; s Rdn 169). Der Beweiswert dieser Abschrift könnte nur beeinträchtigt sein, wenn konkrete Bedenken gegen die Richtigkeit oder Echtheit bestehen (entspr Anwendung von § 435 ZPO; KG aaO).
[16] Westphal Rpfleger 1980, 214 und 460; Bayer Rpfleger 1980, 459.
[17] Staudinger/Schilken Rdn 16 zu § 2264 BGB.
[18] KG JW 1938, 1411; OLG München JFG 20, 373; LG Köln MittRhNotK 1978, 52; BGH DNotZ 1982, 159 = aaO (Fußn 5).
[19] LG Amberg Rpfleger 1991, 451.

B. Einzelfälle

Formgültigkeit[20] der Verfügung und sodann ihren **Inhalt** zu **prüfen**.[21] Die inhaltliche Prüfung erstreckt sich auf die Erbeinsetzung sowie deren Beschränkungen durch Vor- und Nacherbfolge oder durch Testamentsvollstreckung, ebenso darauf, ob eine spätere Verfügung von Todes wegen, zB infolge der Bindungswirkung eines früheren gemeinschaftlichen Testaments, unwirksam ist.[21a] Das Grundbuchamt hat die letztwillige Verfügung selbständig auszulegen und rechtlich zu würdigen, auch wenn es sich um rechtlich schwierige Fragen handelt.[22] Andere dem Grundbuchamt vorliegende öffentliche Urkunden sind bei der Auslegung zu berücksichtigen.[23] An die in einer vom Nachlaßgericht erlassenen Verfügung bereits getroffene Feststellung des Erben oder eine Beschränkung des Erben ist das Grundbuchamt insoweit gebunden, als es nicht eine Erbfolge eintragen darf, die der Feststellung des Nachlaßgerichts widerspricht. Beispiele: das Nachlaßgericht hat TV-Zeugnis bereits erteilt, das Grundbuchamt kann das Testament nicht dahin auslegen, daß TVg nicht eingetreten sei; das Nachlaßgericht hat einen Erbscheinsantrag zurückgewiesen; das Grundbuchamt kann nicht die Erbfolge eintragen, die nach diesem Erbscheinsantrag eingetreten sein soll; das Nachlaßgericht hat Nachlaßsicherung (insbesondere Pflegschaft, § 1960 BGB) angeordnet, weil Testamentsauslegung Erbenfeststellung noch nicht ermöglicht hat (... Erbe ist unbekannt); das Grundbuchamt kann Erbfolge nicht feststellen und eintragen. Das Grundbuchamt ist aber nicht berechtigt und verpflichtet, eigene Ermittlungen anzustellen. Bei Vorliegen einer in öffentlicher Urkunde errichteten Verfügung von Todes wegen kann das Grundbuchamt daher nur einen **Erbschein verlangen**, wenn sich bei der Prüfung des Erbrechts begründete (konkrete) Zweifel ergeben, die nur durch weitere Ermittlungen über den **tatsächlichen** Willen des Erblassers oder sonstige tatsächliche Verhältnisse geklärt werden können;[24] die Art der Bedenken hat das Grundbuchamt in seiner Zwischenverfügung genau anzugeben.[25] Abstrakte Zweifel und bloße Vermutungen allgemeiner Art rechtfertigen nicht das Verlangen nach Vorlage eines Erbscheins, damit auch nicht bloß die auf Vermutungen gestützte Mög-

788

---

[20] Die Beweiskraft der notariellen Urkunde (§ 415 ZPO) erstreckt sich auch auf den Beurkundungsvorgang (darauf, daß die Erklärung nach Inhalt und Begleitumständen abgegeben wurde), OLG Frankfurt DNotZ 1991, 389 = NJW-RR 1990, 717 = OLGZ 1990, 288 = Rpfleger 1990, 290.
[21] Zur Vorlage eines Erbscheins, wenn Zweifel an der Testierfähigkeit bestehen, s LG Koblenz NJW 1960, 2104 mit Anm Buschmann = Rpfleger 1960, 295.
[21a] BayObLG MittRhNotK 2000, 72 = Rpfleger 2000, 266.
[22] BayObLG 1970, 137 (139) = Rpfleger 1970, 344; BayObLG 1974, 1 = aaO (Fußn 10); BayObLG 1982, 449 (452) = DNotZ 1984, 502 = Rpfleger 1983, 104; BayObLG DNotZ 1995, 306 = MittBayNot 1995, 58 mit Anm Hohmann = Rpfleger 1995, 249 mit weit Nachw; OLG Frankfurt Rpfleger 1980, 434; OLG Hamm DNotZ 1972, 96 (98) und DNotZ 2001, 395 (396) = Rpfleger 2001, 71; OLG Köln BWNotZ 2000, 95 = MittBayNot 2000, 238 = MittRhNotK 2000, 74 = Rpfleger 2000, 157; OLG Stuttgart Rpfleger 1975, 135; Haegele Rpfleger 1975, 154.
[23] BayObLG DNotZ 1995, 306 = aaO.
[24] Vgl die Fußn 22 angeführt Rechtsprechung sowie BayObLG MittRhNotK 2000, 72 = Rpfleger 2000, 266; OLG Hamm DNotZ 1970, 160 und MittBayNot 2000, 457 mit Abl Anm Welskop; KG JFG 11, 194; KG JW 1938, 1411.
[25] OLG Hamm JMBlNRW 1963, 180; OLG Hamm DNotZ 1970, 160; OLG Stuttgart Rpfleger 1975, 135.

lichkeit, daß die Verfügung von Todes wegen später aufgehoben[25a] oder geändert sein könnte.[26] Einen Erbschein hat das Grundbuchamt aber auch dann zu verlangen, wenn es die Erbfolge oder das Vorliegen von Beschränkungen des Erben (Vor- und Nacherbfolge einschließlich Ersatznacherbfolge, Testamentsvollstreckung) anders beurteilt als der Antragsteller; so wie im Erbscheinsverfahren der Erbschein nur entsprechend dem Antrag, nicht aber abweichend vom Antrag erteilt werden darf, so kann das Grundbuchamt im Berichtigungsverfahren nach § 35 Abs 1 GBO nur dem Antrag stattgeben oder, wenn es von der Auffassung des Antragstellers abweicht, Erbschein verlangen, nicht aber etwas gegen den Willen des Antragstellers eintragen.[27]

789 Nach Bokelmann[28] muß entgegen der herrschenden Ansicht das Grundbuchamt bei Vorliegen eines öffentlichen Testaments mit Eröffnungsprotokoll gleichwohl die **Nachlaßakten beiziehen,** um prüfen zu können, ob weitere Testamente vorhanden oder die Testamente anfechtbar oder bereits angefochten sind. Es gibt wohl keine triftigen Gründe gegen diese Beiziehung. In dieser Richtung beim Grundbuchamt aufkommende Zweifel können gerade durch Beiziehung der Nachlaßakten am einfachsten beseitigt werden.

Ist das Testament **anfechtbar** (und ist eine Anfechtung naheliegend oder wahrscheinlich) oder bereits angefochten und ist dies dem Grundbuchamt bekannt (zB durch die von Bokelmann empfohlene Beiziehung der Nachlaßakten), so hat das Grundbuchamt Erbschein zu verlangen, da die Frage der Gültigkeit der letztwilligen Verfügung möglichst einheitlich zu entscheiden ist; hierzu aber ist das Nachlaßgericht zuständig.[29]

790 Einen Erbschein kann das Grundbuchamt verlangen, wenn in der letztwilligen Verfügung die Erben nicht zweifelsfrei bezeichnet sind (zB Erben sind „meine Kinder"), es sei denn, die zu Erben (auch Nacherben oder Ersatznacherben) Berufenen können im Erbschein nicht genauer als in der letztwilligen Verfügung bezeichnet werden,[30] zB bei Eintragung des Nacherbenvermerks (§ 51 GBO) anläßlich der Eintragung des Vorerben, wenn zu diesem Zeitpunkt auf Grund der letztwilligen Verfügung noch nicht abschließend feststeht, wer Nacherbe ist bzw wird.[31] Kann dagegen in solchen Fällen die Erbfolge mit Hilfe anderer öffentlicher Urkunden (zB Personenstandsurkunden) nachgewiesen werden, so kann Erbschein nicht verlangt werden.[32] Auch

---

[25a] OLG Frankfurt MittBayNot 1999, 184 = MittRhNotK 1998, 363 = Rpfleger 1998, 513.
[26] OLG Hamm JMBlNRW 1963, 180.
[27] OLG Stuttgart Rpfleger 1975, 135; LG Hannover MittRhNotK 1987, 167; s auch Rdn 3469.
[28] Bokelmann Rpfleger 1971, 337 und Rpfleger 1974, 435; zustimmend auch Haegele Rpfleger 1975, 154.
[29] Bokelmann Rpfleger 1971, 338 mit weit Nachw aus der Rechtsprechung; einschränkend OLG Celle NJW 1961, 562.
[30] OLG Hamm DNotZ 1966, 108 = Rpfleger 1966, 19 mit zust Anm Haegele; OLG Köln MittRhNotK 1988, 44 (das aber nicht darüber zu entscheiden hatte, ob durch Personenstandsurkunden und eine eidesstattliche Versicherung über das Nicht-Vorhandensein weiterer Abkömmlinge ein Erbschein entbehrlich war).
[31] BayObLG 1982, 449 = DNotZ 1984, 502 = Rpfleger 1983, 104; aA LG Frankfurt Rpfleger 1984, 271; LG Mannheim BWNotZ 1984, 125.
[32] BayObLG 2000, 167 (169) = DNotZ 2001, 385 = NJW-RR 2000, 1545 = Rpfleger 2000, 451 mit weit Nachw; BayObLG 1974, 1 = aaO (Fußn 10); OLG Frankfurt

B. Einzelfälle

eine eidesstattliche Versicherung hat das Grundbuchamt in solchen Fällen immer dann zu verwerten, wenn auch das Nachlaßgericht ohne weitere Ermittlungen eine solche eidesstattliche Versicherung (§ 2356 Abs 2 BGB) der Erbscheinserteilung zugrunde legen würde.[33] Dies gilt insbesondere dort, wo es um den Nachweis des Nichtvorliegens bestimmter Tatsachen geht[34] (zB daß keine weiteren Kinder geboren worden sind; daß jemand nicht wieder geheiratet hat; daß ein die Fortsetzung einer BGB-Gesellschaft mit den Erben des Gesellschafters anordnender Vertrag nicht geändert wurde); auch im Grundbucheintragungsverfahren gilt die Beweismittelbeschränkung des § 29 GBO nicht für den Nachweis des Nichtvorliegens eintragungshindernder Tatsachen (s Rdn 159, 160). Nach diesen Grundsätzen ist auch die Berichtigung des Grundbuchs bei bedingten Erbeinsetzungen (zB Verwirkungsklausel,[35] Rücktrittsvorbehalt beim Erbvertrag) zu behandeln.[36]

OLGZ 1981, 30 = Rpfleger 1980, 434; KG JFG 11, 194 und JFG 20, 217; LG Bonn NJW 1964, 208; LG Stuttgart BWNotZ 1967, 154; Bauer/vOefele/Schaub Rdn 138 zu § 35; aA Meikel/Roth Rdn 120 zu § 35.

[33] OLG Frankfurt OLGZ 1981, 30 = aaO (Fußn 32); BGH in seinem Beschluß, mit dem er den Vorlagebeschluß des OLG Frankfurt zurückgab, mitgeteilt Rpfleger 1980, 417 sowie im Nichtannahmebeschluß, mitgeteilt DNotZ 1985, 367; OLG Frankfurt OLGZ 1985, 411 = MittRhNotK 1986, 23 = Rpfleger 1986, 51 mit abl Anm Meyer-Stolte; OLG Hamm MittBayNot 1997, 105 = MittRhNotK 1997, 192 = NJW-RR 1997, 646 = Rpfleger 1997, 210; SchlHOLG MittRhNotK 2000, 114 = MittRhNotK 2000, 117 = NJW-RR 1999, 1530 = Rpfleger 1999, 533; BayObLG 2000, 167 = aaO (Fußn 32); OLG Zweibrücken DNotZ 1986, 240 = OLGZ 1985, 408; LG Bochum Rpfleger 1987, 197; LG Köln MittRhNotK 1988, 177; LG Koblenz MittRhNotK 1995, 67; Bokelmann Rpfleger 1974, 435; Bauer/vOefele/Schaub Rdn 138 zu § 35. AA Meyer-Stolte Rpfleger 1980, 434; LG Mannheim, LG Frankfurt, je aaO (Fußn 31); LG Kassel Rpfleger 1993, 397; sowie Böhringer BWNotZ 1988, 155; Meikel/Roth Rdn 118 zu § 35.

[34] BayObLG 2000, 167 = aaO (Fußn 32); BayObLG Rpfleger 2003, 353 (eidesstattliche Versicherung zum Nachweis des Nichtbestehens fortgesetzter Gütergemeinschaft); OLG Frankfurt, OLG Zweibrücken, OLG Hamm, SchlHOLG, LG Bochum, LG Köln, LG Koblenz, je aaO (Fußn 33); AG Stuttgart BWNotZ 1967, 214; aA noch LG Wiesbaden Rpfleger 1967, 216 mit Anm Haegele; Meyer-Stolte Rpfleger 1980, 434. Vgl auch LGDüsseldorf Rpfleger 1981, 403: das Nichtvorhandensein von erbteilsmindernden Personen muß nicht nachgewiesen, sondern nur eidesstattlich versichert werden; LG Aachen Rpfleger 1984, 231 mit Anm Meyer-Stolte. Vgl auch BGH DNotZ 1982, 159 = aaO (Fußn 5); OLG Celle Rpfleger 1979, 197 (zur Fortsetzung einer durch Tod aufgelösten BGB-Gesellschaft). AA – unrichtig – LG Tübingen BWNotZ 1982, 168.

[35] Nachweis des Erbrechts des Schlußerben, das davon abhängt, daß er nach dem ersten Erbfall keinen Pflichtteilsanspruch geltend gemacht hat (automatische Ausschlußklausel), daher durch eidesstattliche Versicherung (in öffentlicher Urkunde), LG Bochum Rpfleger 1992, 194 mit krit Anm Meyer-Stolte und Rpfleger 1992, 427 Leits mit krit Anm Preißinger; LG Koblenz MittRhNotK 1995, 67; **aA** (es ist Vorlage eines Erbscheins erforderlich) LG Kassel Rpfleger 1993, 397; LG Mannheim BWNotZ 1985, 126; großzügiger LG Köln MittRhNotK 1988, 177: Vorlage des Testaments mit Verwirkungsklausel genügt, wenn Nichteintritt der auflösenden Bedingung (Geltendmachung des Pflichtteils) nicht zweifelhaft ist; ähnlich auch LG Stuttgart BWNotZ 1988, 163. Die Vorlage eines Erbscheins kann das Grundbuchamt nur verlangen, wenn es den Nachweis der Erbfolge durch die eidesstattliche Versicherung des oder der Schlußerben im konkreten Fall nicht als erbracht ansieht, OLG Frankfurt DNotZ 1995, 312

791 Gesetzliche Auslegungsregeln hat das Grundbuchamt anzuwenden, wenn auch das Nachlaßgericht sie anwenden müßte, dh wenn auf andere Weise nicht zu lösende Zweifel bestehen.[37] Sind vor Anwendung gesetzlicher Auslegungsregeln noch tatsächliche Umstände zu klären, hat das Grundbuchamt einen Erbschein zu verlangen. Da sowohl mit Erbschein wie mit der Verfügung von Todes wegen in öffentlicher Urkunde eine Grundbuchberichtigung (§ 22 GBO) beantragt wird, hat das Grundbuchamt in beiden Fällen zu prüfen, ob die Unrichtigkeit damit ausreichend sicher (s dazu Rdn 369) nachgewiesen wird.[38]

792 An die einmal von ihm getroffene Auslegung der Verfügung von Todes wegen ist das Grundbuchamt gebunden; es kann sie also später nicht anders auslegen, wenn nicht neue Tatsachen vorliegen oder das Grundbuch offensichtlich unrichtig ist.[39]

793 Durch ein gemeinschaftliches Testament kann nach Ehescheidung der für die Grundbuchberichtigung erforderliche Nachweis der Erbfolge nicht mehr geführt werden, da § 2268 BGB eine Vermutung für die Unwirksamkeit begründet.[40] Ist in einem gemeinschaftlichen Testament dem überlebenden Ehegatten die Befugnis eingeräumt, durch letztwillige Verfügung einen anderen Schlußerben als den eingesetzten zu bestimmen, so rechtfertigt dieser bloße Ausschluß der Wechselbezüglichkeit (§ 2270 Abs 2 BGB) nicht das Verlangen nach einem Erbschein, wenn keine konkreten Anhaltspunkte für das Vorliegen einer solchen weiteren Verfügung von Todes wegen vorliegen.[41] Ein gemeinschaftliches Testament muß sowohl beim Tod des Erstversterbenden wie auch beim Tod des Letztversterbenden eröffnet und mit der beglaubigten Abschrift der Eröffnungsniederschrift vorgelegt werden. Wird die vertragliche (oder wechselbezügliche) Schlußerbeneinsetzung in einem Erbvertrag (gemeinschaftlichen Testament) vom überlebenden Ehegatten wirksam angefochten (§ 2281 BGB), wird rückwirkend zum Todestag des Erstverstorbenen das Grundbuch unrichtig; zur notwendigen Grundbuchberichtigung ist Erbschein erforderlich.

= NJW-RR 1994, 203 = OLGZ 1994, 262 = Rpfleger 1994, 206. Ist der Längstlebende ermächtigt, den Abkömmling, der den Pflichtteilsanspruch geltend gemacht hat (und seine Nachkommen) durch letztwillige Verfügung von der Schlußerbfolge auszuschließen (fakultative Ausschlußklausel), dann kann ein Erbschein nur verlangt werden, wenn begründeter (konkreter) Anhalt besteht, daß der Abkömmling nach Geltendmachung des Pflichtteils als Schlußerbe wirksam ausgeschlossen wurde (Gutachten DNotI-Report 2002, 129 [130, 131]). Auch eine bloß auf Vermutung gestützte Möglichkeit, daß der Pflichtteilsanspruch geltend gemacht wurde und eine weitere Verfügung von Todes wegen vorhanden sein könnte, genügt keinesfalls (wie Rdn 788).
[36] LG Kleve MittRhNotK 1989, 273 (Rücktritt von einem Versorgungsvertrag als auflösende Bedingung).
[37] OLG Hamm MittBayNot 1969, 39 = MDR 1968, 1012; OLG Köln Rpfleger 2000, 157 (158) = aaO (Fußn 22); OLG Stuttgart, NJW-RR 1992, 516 = OLGZ 1992, 147 = Rpfleger 1992, 154 und 427 Leits mit krit Anm Peißinger.
[38] BayObLG 1986, 317 zu Zweifeln, ob öffentliches Testament zur Berichtigung genügt, wenn Zweifel bestehen, ob eingetragener Eigentümer nur Vorerbe war. Auch ein Erbschein nach dem Vorerben hilft hier nicht weiter.
[39] BayObLG Rpfleger 1982, 467 (468); vgl auch LG Freiburg BWNotZ 1981, 38.
[40] OLG Frankfurt Rpfleger 1978, 412.
[41] AG Marl MittBayNot 1976, 180 sowie OLG Hamm JMBlNRW 1963, 180.

B. Einzelfälle

Zum Nachweis des Eintritts der Nacherbfolge bei Tod des Vorerben s Rdn 3525a.

Liegt **neben** einem **öffentlichen** Testament auch ein **eigenhändiges** Testament vor, so ist zu prüfen, ob es oder das öffentliche Testament für die Erbfolge entscheidend ist. Ist das öffentliche Testament maßgebend, so reicht es als Ausweis aus. Andernfalls muß ein Erbschein vorgelegt werden.[42] Ob das privatschriftliche Testament formwirksam ist oder nicht, hat das Grundbuchamt zu prüfen[42a] (zur Prüfung der Formgültigkeit s bereits Rdn 787). Außer Betracht bleibt die nur privatschriftliche Aufhebung eines Erbvertrags[42a] (Formverstoß nach § 2290 Abs 4 mit § 2276 BGB); der privatschriftliche Aufhebungsvertrag von Ehegatten kann jedoch als gemeinschaftliches Testament (§ 2292 BGB) anzusehen und formwirksam sein (dann Erbschein nötig). Hat der Erblasser neben einem öffentlichen Testament ein späteres eigenhändiges Testament mit sinngemäß gleichem Inhalt errichtet, so wird, wenn die Erbfolge nicht auf dem eigenhändigen, sondern auf dem öffentlichen Testament beruht,[43] das Grundbuch auf Grund des öffentlichen Testaments mit Eröffnungsniederschrift berichtigt. Das eigenhändige Testament muß dem Grundbuchamt jedoch zur Überprüfung des gleichgerichteten Inhalts vorgelegt werden.[44] Nicht auch auf dem öffentlichen Testament beruht das Erbrecht, wenn diese Verfügung von Todes wegen durch das spätere eigenhändige Testament widerrufen (ohne Einschränkung ausdrücklich für ungültig erklärt) wurde (§§ 2253, 2254 BGB; dann ist kein Raum für Anwendung des § 2258 Abs 1 BGB); ein Erbschein ist zur Eigentumsumschreibung daher erforderlich, wenn der in dem notariellen Testament als alleiniger, nicht befreiter Vorerbe Berufene in einem späteren eigenhändigen Testament (in dem das notarielle Testament ausdrücklich für ungültig erklärt wird) als unbeschränkter Alleinerbe eingesetzt ist.[45] Wird durch ein späteres eigenhändiges Testament die in öffentlicher Verfügung von Todes wegen enthaltene Erbeinsetzung zweier von drei Erben aufgehoben und der dritte als Alleinerbe berufen, so beruht dessen Alleinerbrecht entgegen BayObLG[46] nicht auf dem öffentlichen Testament, da in diesem der Erbe nur zu einem Bruchteil eingesetzt ist und das Prinzip der Anwachsung auf diesen Fall nicht anwendbar ist. Werden dem Grundbuchamt **Erbscheinsausfertigung und beglaubigte Abschriften** der in öffentlicher Urkunde enthaltenen Verfügung von Todes wegen und des Eröffnungsprotokolls hierüber vorgelegt, so hat sich das Grundbuchamt nur nach dem Erbschein zu richten.[47]

Die der Niederschrift über die Eröffnung einer letztwilligen Verfügung in ihrer Eigenschaft als öffentlichen Urkunde innewohnende **Beweiskraft** umfaßt nicht die Erklärungen der an der Verhandlung Beteiligten darüber, wer als

---

[42] KG JFG 18, 334; BayObLG MittBayNot 1993, 28; s auch Haegele Rpfleger 1975, 154 und kritisch dazu Bokelmann Rpfleger 1971, 338.
[42a] OLG Frankfurt Rpfleger 1998, 513 = aaO (Fußn 25a).
[43] BayObLG MittBayNot 1983, 16 = Rpfleger 1983, 18.
[44] OLG Oldenburg Rpfleger 1974, 434 und 1975, 313 Leits mit Anm Meyer-Stolte; zustimmend Haegele Rpfleger 1975, 154.
[45] BayObLG MittBayNot 1993, 28.
[46] BayObLG 1986, 421 = MittBayNot 1987, 43 = Rpfleger 1987, 59.
[47] KG RJA 10, 641.

2. Teil. III. Erste Abteilung des Grundbuchs

Erben des Erblassers in Frage kommen.[48] Ist also testamentarisch bestimmt, daß an der gesetzlichen Erbfolge nichts geändert wird, so ist ein Erbschein nicht entbehrlich, wenn in der Niederschrift über die Eröffnung Feststellungen über die gesetzlichen Erben enthalten sind.[49]

796 Der Vorlage eines Erbscheins bzw der öffentlichen Verfügung von Todes wegen zur Grundbuchberichtigung bedarf es auch dann, wenn eine über den **Tod des Vollmachtgebers hinaus** wirkende Vollmacht vorliegt.[50] Jedoch kann ein derartig Bevollmächtigter ohne Nachweis des Erbrechts Verfügungen treffen, wenn diese nicht von einer Grundbuchberichtigung abhängig sind (s dazu Rdn 142). Dies gilt selbst dann, wenn für den Nachlaß Testamentsvollstreckung besteht.[51] Dazu ist kein Nachweis der Erbfolge erforderlich.

797 Der Erbschein kann durch ein **Zeugnis** nach §§ 36, 37 GBO (vgl Rdn 832 ff) ersetzt werden.

798 Rdn 798 ist entfallen.

799 Im Bereich des **Höferechts** muß der Erbschein nach § 18 Abs 2 S 2 HöfeO (diese idF vom 26. 7. 1976, BGBl I 1933) den Hoferben als solchen bezeichnen.[52] Auf Antrag wird dem Erben ein auf die Hoffolge beschränkter Erbschein erteilt (Hoffolgezeugnis,[53] § 18 Abs 2 S 3 HöfeO). Der Nachweis der Hoferbfolge wird dem Grundbuchamt gegenüber auch durch einen Hoferbenfeststellungsbeschluß gem § 11 Abs 1 Höfeverfahrensordnung (BGBl 1976 I 881) erbracht.[54] Das Grundbuchamt, dem eine solche feststellende rechtskräftige Entscheidung vorgelegt ist, kann zum Nachweis der Person des Hoferben einen Erbschein oder ein Hoffolgezeugnis nicht mehr verlangen.[55] Ein öffentliches Testament, durch das der Hoferbe bestimmt ist, reicht als Nachweis nicht allein aus, wenn die Wirtschaftsfähigkeit des Hoferben (§ 6 Abs 1 S 1 und 2, Abs 6 HöfeO) beim Grundbuchamt nicht offenkundig oder durch feststellende Entscheidung nachgewiesen ist[56] oder wenn nicht ausgeschlossen werden kann, daß der Erblasser zu Lebzeiten eine formlose Hoferbenbestimmung vorgenommen hat, so daß die Erbeinsetzung gegenstandslos wäre (§ 7 Abs 2 HöfeO).[57]

800 Für die Berichtigung des Grundbuchs durch Eintragung der Erbfolge nach **Ausländern** ist **in der Regel** ein **deutscher Erbschein** nötig, der Fremdrechtserbschein nach § 2369 BGB (Anwendung ausländischen Rechts) oder Eigenrechtserbschein nach § 2353 (Anwendung deutschen Rechts auf Grund Art

---

[48] BayObLG 1983, 176 = DNotZ 1984, 44 = Rpfleger 1983, 442.
[49] LG Stuttgart BWNotZ 1967, 154; vgl aber auch Fußn 32.
[50] LG Heidelberg BWNotZ 1975, 47 = NJW 1973, 1088.
[51] KG JFG 12, 276; K/E/H/E Rdn 17 zu § 35.
[52] Allgemeiner Erbschein des Nachlaßgerichts (über das hoffreie Vermögen) reicht nicht aus, OLG Köln MittRhNotK 1999, 282.
[53] Erteilung in Rheinland-Pfalz durch das Landwirtschaftsgericht, § 30 Abs 2 S 1 Landesgesetz über die HöfeO; vordem BGH NJW-RR 1995, 197 = Rpfleger 1995, 151.
[54] OLG Hamm DNotZ 1962, 422.
[55] OLG Celle NdsRpfl 1972, 214; Lange/Wulff/Lüdtke-Handjery, HöfeO, 10. Aufl, Rdn 35 zu § 18.
[56] Lange/Wulff/Lüdtke-Handjery, HöfeO, Rdn 34 zu § 18; auch OLG Oldenburg NJW 1958, 554. Zum Erbnachweis im Bereich des Höferechts vgl Schmidt MDR 1960, 19; Staudinger/Schilken Rdn 8–39 Vorbem vor § 2353 BGB.
[57] OLG Oldenburg NdsRpfl 1984, 236 = Rpfleger 1984, 13 und Rpfleger 1989, 95.

B. Einzelfälle

25 Abs 2 – Rechtswahl für unbewegliches Vermögen[58] –, Art 5 Abs 2 EGBGB oder Staatsvertrag oder Rückverweisung [Art 4 EGBGB], letzterer auch beschränkt auf einzelne Nachlaßstücke, zB unbewegliches Vermögen), sein kann.[59] Ausländische Erbscheine haben nach hM[60] nur Beweis-, keine Legitimationswirkung und können Grundlage für die Eintragung der Erbfolge im Grundbuch nur sein, wenn mit dem entsprechenden Land staatsvertragliche Regelungen bestehen (meist nicht zutreffend); gegenüber der (seit 1986) grundsätzlich bestehenden Anerkennung ausländischer FGG-Entscheidungen sei § 35 GBO vorrangige Sondervorschrift.[61] Gerade dies wird jedoch zunehmend mit dem Argument bestritten, § 16 a FGG sei als jüngere Vorschrift anwendbar, wenn nicht vorrangig und ausländische Erbnachweise sind nach dieser Meinung jedenfalls dann für die Grundbuchberichtigung anzuerkennen,[62] wenn die erteilende ausländische Stelle international zuständig war,[63] sie einem inländischen Nachlaßgericht materiell und verfahrensrechtlich vergleichbar ist und das erteilte Zeugnis Legitimationswirkung hat.[64]

Auch bei Ausländern ist der Nachweis der Erbfolge durch eine in einer öffentlichen Urkunde niedergelegten letzwilligen Verfügung und der Eröffnungsniederschrift möglich.[65] Die Kenntnis des ausländischen Rechts hat sich das Grundbuchamt selbst zu verschaffen, auch wenn hierfür ein größerer Zeit-, Arbeits- und Kostenaufwand nötig ist; ggfs hat das Grundbuchamt die Rechtslage durch das Gutachten eines Universitätsinstituts für internationales

---

[58] Zur Rechtswahl nach Art 25 Abs 2 EGBGB vgl LG Mainz DNotZ 1994, 564 mit abl Anm Schotten = Rpfleger 1993, 280; Krzywon BWNotZ 1986, 154 und BWNotZ 1987, 4; Lichtenberger DNotZ 1986, 644 (665); Mankowski FamRZ 1994, 1457; Pünder MittRhNotK 1989, 1; Reinhart BWNotZ 1987, 97.

[59] Zum internationalen Nachlaßverfahrensrecht vgl die Übersicht von Riering MittBayNot 1999, 519. Zur Behandlung von Ausländernachlässen s Karle Justiz 1966, 107; BWNotZ 1970, 78; Raster RpflJB 1978, 300. Vgl weiter auch Johnen MittRhNotK 1986, 57; Kiefer MittRhNotK 1977, 65 = MittBayNot 1978, 41; Reinhart BWNotZ 1987, 97 (103); Schotten Rpfleger 1991, 181.

[60] KG JFG 16, 30; 17, 342; NJW 1954, 1331; KG DNotZ 1998, 303 = NJW-RR 1997, 1094 = Rpfleger 1997, 384; BayObLG 1965, 377 und FamRZ 1991, 1237; MünchKomm/Promberger Rdn 74 zu § 2353; Palandt/Heldrich Rdn 22 zu Art 25 EGBGB; Staudinger/Schilken Rdn 12 zu § 2369.

[61] Geimer FS Ferid (1988), 89, 117; Krzywon BWNotZ 1989, 133.

[62] Kaufhold ZEV 1997, 399; Bauer/v Oefele/Schaub Teil F Rdn 558 ff; MünchKomm/Birk Rdn 358 ff (362) zu Art 25 EGBGB.

[63] Daher sind Einantwortungsurkunden österreichischer Gerichte als Erbnachweis nach § 35 GBO nicht verwendbar, da österreichische Verlassenschaftsgerichte für unbewegliches Vermögen außerhalb Österreichs international nicht zuständig sind, vgl OLG Zweibrücken MDR 1990, 341 = Rpfleger 1990, 121; Krzywon BWNotZ 1989, 133 (135); Ferid/Firsching, Intern Erbrecht, Österreich, Grundz C III Rdn 15.

[64] Vgl Übersicht bei Bauer/v Oefele/Schaub Teil F Rdn 564 ff, insbesondere 570, für das „certificat d'heritier" in den Departements des früheren Elsass-Lothringen und Rdn 577 für das „certificato d'eredità" in den italienischen Provinzen Südtirol und Venetien. Für Anerkennung der schweizerischen Erbbescheinigung nach Art 559 ZGB Kaufhold ZEV 1997, 399 (401); Linde BWNotZ 1961, 16; dagegen: BayObLG NJW-RR 1991, 1098, Bauer/v Oefele/Schaub Teil F Rdn 583; Gutachten DNotI-Report 2000, 81. Für Belgien s MittRhNotK 1959, 247.

[65] Fehlt ein solches (ausländisches) Eröffnungsverfahren, ist Erbschein nötig, Bauer/v Oefele/Schaub Rdn 120 zu § 35.

Privatrecht klären zu lassen. Das Ermittlungsverbot steht dem nicht entgegen.[66] Ob allerdings eine öffentliche Urkunde vorliegt, hat das Grundbuchamt genau zu prüfen.[67] Keine Bedenken bestehen bei Urkunden von Notaren aus dem Bereich des Lateinischen Notariats. Besteht nach dem anwendbaren ausländischen Recht für im Testament übergangene Abkömmlinge ein materielles Noterbrecht (zB Niederlande, Frankreich, Italien), so ist durch das öffentliche Testament allein die Erbfolge nicht ausreichend nachgewiesen, das Verlangen nach Erbschein also gerechtfertigt.[68]

Kommt in einer Grundbuchsache ausländisches Recht in Frage, so kann der **Grundbuchrechtspfleger** das Geschäft dem **Richter vorlegen** (§ 5 Abs 2 RPflG).

801 Bei **Grundstücken** oder Grundstücksanteilen mit einem Wert von weniger als 3000 Euro kann das Grundbuchamt von der Beibringung eines Erbscheins oder eines öffentlichen Testaments mit Eröffnungsprotokoll für die Eintragung des Eigentümers absehen und sich mit anderen nicht der Form des § 29 GBO entsprechenden Beweismitteln, auch einer eidesstattlichen Versicherung, begnügen, wenn die Beibringung der genannten Nachweise unverhältnismäßige Kosten oder Mühe verursachen würde (§ 35 Abs 3 GBO).

802 Wie die Erbfolge wird der Fall behandelt, daß ein **Verein**[69] oder eine **Stiftung**[70] aufgelöst wird oder die Rechtsfähigkeit verliert und das Vermögen auf Grund gesetzlicher Vorschrift (§ 45 Abs 3 BGB) oder der Stiftungsverfassung (§ 88 BGB) an den Fiskus fällt.

803 Ist ein **Testamentsvollstrecker** über den ganzen Nachlaß vorhanden, so kann er und jeder Erbe den Berichtigungsantrag stellen (Rdn 3466).

804 Strenggenommen wäre es nicht richtig, als **Grundlage der Eintragung** den Erbschein anzugeben, die Erbfolge beruht bei gesetzlicher Erbfolge auf dem Tode des Erblassers, so daß richtiger sein Todestag anzugeben wäre. Testamentarische Erbfolge beruht auf Verfügung von Todes wegen, so daß richtiger deren Errichtungstag und der Todestag einzutragen wären. Erbschein und Testament bezeichnet jedoch § 9 Buchst d GBV als Eintragungsgrundlage; die Praxis verfährt danach (sie hat sich zudem an diese Rechtsverordnung zu halten).

805 Sind **Eheleute je zur Hälfte** (oder zu anderen Bruchteilen) im Grundbuch eingetragen und soll die Berichtigung des Grundbuchs durch Umschreibung auf die Erben erst nach dem Tod beider Eheleute erfolgen, so müssen sowohl die Erben des Mannes wie die der Frau gesondert in das Grundbuch eingetragen werden, da es sich um zwei rechtlich selbständige Erbfälle handelt (vgl Rdn 259). Ebenso müssen nach dem Tod mehrerer Erben einer Erbengemeinschaft (Hauptgemeinschaft) die (ganz oder teilweise) personengleichen Mit-

---

[66] LG Aachen Rpfleger 1965, 233; zurückhaltender Pinckernelle u Spreen DNotZ 1967, 203 Fußn 47. Eine Liste von Gutachtern ist veröffentlicht DNotZ 1994, 88 und DNotZ 2003, 310. AA (für großzügiges Verlangen nach Erbschein bei Anwendung ausländischen Rechts) Meikel/Roth Rdn 123 ff zu § 35.
[67] Vgl dazu umfassend Bauer/v Oefele/Knothe Teil F Rdn 623 ff.
[68] OLG Düsseldorf MittRhNotK 1983, 111.
[69] Dazu Stöber, Vereinsrecht, Rdn 827.
[70] Zur Rechtsnachfolge bei Erlöschen einer kirchlichen Stiftung BayObLG 1994, 33 = MittBayNot 1994, 321 = Rpfleger 1994, 410.

B. Einzelfälle

glieder der einzelnen Untergemeinschaften mit ihrem jeweiligen Rechtsverhältnis gesondert eingetragen werden.[71]

Bei Eintragung einer Erbengemeinschaft müssen der Erblasser und das Verwandtschaftsverhältnis der Erben zum Erblasser nicht aufgeführt werden. Fassungsvorschlag (nur skizziert): 806

    1. a) Maier Hans, geb am 23. 8. 1930
       b) Maier Marta, geb am 25. 9. 1932
       in Erbengemeinschaft, zur Hälfte
    2. a) Maier Hans, geb am 23. 8. 1930
       b) Maier Marta, geb am 25. 9. 1932
       in Erbengemeinschaft, zur Hälfte

Ist ein Ehegatte **Alleinerbe** des anderen Ehegatten geworden und sind beide im Grundbuch als Eigentümer eingetragen, so muß die Eintragung des überlebenden Ehegatten als Eigentümer an nächster Stelle erfolgen; zu unterstreichen (zu röten) ist der ganze bisherige Eintrag. Es ist also nicht etwa zulässig, nur den Namen des verstorbenen Ehegatten zu unterstreichen (zu röten) und zu vermerken, daß der andere Ehegatte jetzt Alleineigentümer ist. 807

Ein nachverstorbener Erbe oder Miterbe des Erblassers kann nicht mehr als Eigentümer oder Miteigentümer in das Grundbuch eingetragen werden;[72] seine Eintragung würde nicht den derzeitigen Rechtszustand wiedergeben (siehe auch Rdn 3347). Bei mehrfacher Erbfolge hat Grundbuchberichtigung daher durch Eintragung des oder der Erben des verstorbenen Erben oder Miterben des eingetragenen Eigentümers zu erfolgen. Die mehrfache Rechtsnachfolge macht der Eintragungsvermerk in Spalte 4 der ersten Abteilung (Grundlage der Eintragung) ersichtlich. 808

Unbekannte Erben können, wie auch sonst unbekannte Beteiligte, in das Grundbuch eingetragen werden, wenn die Person des Berechtigten nicht feststellbar ist und eine Notwendigkeit für ihre Eintragung sich (unmittelbar oder mittelbar) aus einem Gesetz ergibt (zB § 126 Abs 2 S 2 mit § 128 Abs 1 S 1, § 130 Abs 1 S 1 ZVG, § 2162 Abs 2, § 2178 BGB) oder sonst besteht.[73] Der Personenkreis muß hinreichend bestimmt sein, also so genau, wie dies nach Lage des Falles möglich ist. Ein vertretungs-, erwerbs- und verfügungsberechtigtes Organ (Pfleger für die unbekannten Beteiligten, Nachlaßpfleger, Testamentsvollstrecker), das das Recht für die unbekannten Beteiligten gültig (auf Grund Einigung mit dem anderen Teil) erwerben kann, muß vorhanden sein.[74] Das gilt besonders, wenn ein Beteiligter vermißt ist.[75] 809

---

[71] BayObLG 1990, 188 = BWNotZ 1991, 56 = NJW-RR 1991, 88 = MittBayNot 1990, 308 = MittRhNotK 1990, 249 = Rpfleger 1990, 503; Venjakob Rpfleger 1993, 3.
[72] BayObLG 1994, 158 = MittBayNot 1994, 435 = MittRhNotK 1994, 254 = NJW-RR 1995, 272 = Rpfleger 1995, 103.
[73] BayObLG 1994, 158 = aaO; vgl auch Gutachten DNotI-Report 2000, 142.
[74] KGJ 34 A 276; KGJ 42 A 220 (222); BayObLG 1994, 158 = aaO.
[75] Haegele Rpfleger 1956, 228; Hohenstein WürttNotV 1949, 190 und die Aufsätze MittRhNotK 1960, 262 und RpflJB 1957, 53; BayObLG BWNotZ 1978, 162 (Nachlaßpflegschaft, wenn Miterbe verschollen ist und Todeserklärung nicht beantragt wird); BayObLG MittBayNot 1984, 91 mit Anm Promberger (Nachlaßpflegschaft für Straßengrundabtretung, wenn Erben nur schwierig zu ermitteln sind).

2. Teil. III. Erste Abteilung des Grundbuchs

Fassungsvorschlag

> Diejenigen unbekannten Personen, die am Nachlaß des ... zum Anteil des kriegsvermißten ... als Miterbe beteiligt sind.

Die Eintragung „unbekannter Erben" wird auch dann für zulässig angesehen, wenn andernfalls eine nur einheitlich mögliche Grundbuchberichtigung nicht durchführbar wäre.[76]

810 Es ist nicht möglich, auf Grund eines Teilerbscheins nur einige von mehreren Erben in das Grundbuch einzutragen, die übrigen Miterben aber unerwähnt zu lassen.[77]

811 **Veränderung der Miterbenanteile** durch Übertragung des Erbteils eines Miterben auf einen anderen Miterben siehe Rdn 965.

812 Eine **Unbedenklichkeitsbescheinigung des Finanzamts** in bezug auf die GrESt ist bei der Grundbuchberichtigung durch Eintragung der Erbfolge in der Regel nicht erforderlich (s Rdn 150).

813 Das Grundbuchamt darf und muß die beantragte Eintragung eines Erben **ablehnen,** wenn es Kenntnis davon hat, daß die Voreintragung des buchmäßig betroffenen Berechtigten (Erblassers) nicht der wirklichen Rechtslage entspricht.[78]

9. Eintragung eines Alleinerben auf Grund öffentlichen Testaments

> BGB §§ 1922, 1942, 2231 Nr 1, §§ 2232, 2249, 2250,
> 2251, 2260, 2273, 2274 ff, 2300
> BeurkG §§ 27 ff
> GBO §§ 13, 22, 29, 35, 47, 82, 82 a, 83
> GBV §§ 9, 15, 16

814 **Antragsformular**

> Ich bin Alleinerbe des am ... in Neustadt verstorbenen Schreinermeisters Fritz Stuhl in Neustadt geworden.
> Unter Übergabe einer Abschrift des Testaments des Erblassers, beurkundet von Notar Genau in Hauptstadt am ... und einer Abschrift der Niederschrift über die Eröffnung dieses Testaments am ... beide Abschriften beglaubigt vom Amtsgericht Hauptstadt als Nachlaßgericht für Neustadt, beantrage ich, mich an Stelle des Erblassers als neuen Eigentümer des im Grundbuch von Neustadt (Band 1) Blatt 10 Bestandsverzeichnis lfde Nr 1 eingetragenen Grundstücks Hof- und Gebäudefläche Hauptstr. 50 in Neustadt einzutragen.
> Ich habe in Neustadt bis jetzt noch keinen Grundbesitz.
> Die angeschlossenen Erbnachweise werden zurückerbeten.
>
> Neustadt, den ...   Otto Forst   (ohne Unterschriftsbeglaubigung)

815 **Grundbucheintragung**

1	2	3	4
5	Forst Otto, geb am 21. 12. 1923	1	Erbfolge auf Grund des am ... eröffneten Testaments vom ... eingetragen am ...

> Die frühere Eigentümereintragung ist (rot) zu unterstreichen
> **Bekanntmachung** erfolgt an den neuen Grundstückseigentümer und die nach Abt III dinglich Berechtigten.

---

[76] BayObLG 1994, 158 = aaO.
[77] AG Osterhofen NJW 1955, 467 mit zust Anm v Thieme.
[78] OLG Hamm DNotZ 1955, 76 mit zust Anm Pritsch.

B. Einzelfälle

Es handelt sich um eine Grundbuchberichtigung. Die Erbfolge wird durch 816
das **öffentliche Testament mit Eröffnungs-Protokoll** gemäß § 35 Abs 1 GBO
nachgewiesen (s Rdn 786). Der Beglaubigung der Unterschrift des Antragstellers bedarf es nicht. Vgl im übrigen Rdn 786 ff.

Zuständig ist der **Rechtspfleger** (nicht der Richter), obwohl die Erbfolge nicht 817
durch Erbschein nachgewiesen wird.

10. Eintragung von Erben nach beendeter Gütergemeinschaft
BGB §§ 1471 ff

Antragsformular 818

> Im Grundbuch von Neustadt (Band 1) Blatt 10 sind in Abt. I Nr 3 die Eheleute Moritz Ziegel, Maurer in Neustadt, und Ottilie Ziegel, geb Brech, dort, als Eigentümer in Gütergemeinschaft eingetragen. Der Ehemann Moritz Ziegel ist am 10. August 2002 gestorben und nach dem in Ausfertigung übergebenen Erbschein des Amtsgerichts Hauptstadt vom ... von seiner Witwe Ottilie Ziegel und den beiden Töchtern Hanna und Franziska Ziegel beerbt worden. Ich, die Witwe, beantrage, das Grundbuch dahin richtigzustellen, daß an Stelle meines Mannes seine vorstehenden Erben eingetragen werden.
>
> Neustadt, den ...   Ottilie Ziegel   (ohne Unterschriftsbeglaubigung)

Eigentumseintragung 819

> 4 a) Z i e g e l Ottilie, geb Brech, Witwe des Ziegel Moritz, Maurer in Neustadt,
> b) aa) Witwe Z i e g e l Ottilie
>   bb) Tochter Z i e g e l Hanna, Haustochter
>   cc) Tochter Z i e g e l Franziska, Näherin
> sämtlich in Neustadt
> in Erbengemeinschaft
> Buchst a und b Gesamtgut der beendeten Gütergemeinschaft.

Durch den Tod eines Ehegatten wird die Gütergemeinschaft beendet, soweit 820
nicht fortgesetzte Gütergemeinschaft eintritt (s Rdn 821 ff). Die beendete Gesamthandsgemeinschaft ist nach den Vorschriften der §§ 1475 ff BGB auseinanderzusetzen. Bei Errungenschaftsgemeinschaft alten Rechts (§ 1546 BGB aF) gilt das gleiche.

11. Eintragung der Teilnehmer einer fortgesetzten Gütergemeinschaft
BGB §§ 1483 ff

Antragsformular 821

> Im Grundbuch von Neustadt (Band 1) Blatt 10 sind als Eigentümer Oskar Pfarr, Vikar in Neustadt, und seine Ehefrau Brunhilde Pfarr, geb Geist, zum Gesamtgut der Gütergemeinschaft eingetragen. Der Ehemann Oskar Pfarr ist am 10. Oktober 2002 gestorben. Seine Witwe Brunhilde Pfarr setzt mit den gemeinschaftlichen Kindern Johann Pfarr, Kaufmann in Neustadt und Anna Maier, geb Pfarr, Ehefrau des Fritz Maier, Händlers in Neustadt, die Gütergemeinschaft fort; vgl. das in Ausfertigung übergebene Zeugnis des Amtsgerichts Hauptstadt vom 5. November 2002.
>
> Es wird beantragt, diese Personen in fortgesetzter Gütergemeinschaft in das Grundbuch einzutragen.
>
> Neustadt, den ...   Brunhilde Pfarr   (ohne Unterschriftsbeglaubigung)

2. Teil. III. Erste Abteilung des Grundbuchs

822 **Eigentümereintragung**

    4 a) P f a r r Brunhilde, geb Geist, Vikarswitwe in Neustadt,
       b) P f a r r Johann, Kaufmann in Neustadt
       c) M a i e r Anna, geb Pfarr, Ehefrau des Maier Fritz, Händler in Neustadt,
       Buchst. a bis c Gesamtgut der fortgesetzten Gütergemeinschaft

823 Das Bestehen[1] der fortgesetzten Gütergemeinschaft (§§ 1483 ff BGB) ist durch ein **Zeugnis des Nachlaßgerichts** nach § 1507 BGB nachzuweisen. Es kann durch ein Zeugnis des Nachlaßgerichts nach §§ 36, 37 GBO (Rdn 830 ff) ersetzt werden, nicht dagegen durch Vorlage des Ehevertrags oder eines Erbscheins.[2] Sind auch **nichtgemeinschaftliche Abkömmlinge** vorhanden (§ 1483 Abs 2 BGB), so ist in dem Zeugnis der Bruchteil zu bezeichnen, der Gesamtgut der fortgesetzten Gütergemeinschaft geworden ist.[3] Enthält das Zeugnis keine solchen Angaben, so beweist dies, daß erbberechtigte nicht gemeinschaftliche Abkömmlinge des verstorbenen Ehegatten nicht vorhanden sind.[4]

824 Das Zeugnis beweist nur die Rechtsnachfolge in das Gesamtgut der bisherigen ehelichen Gütergemeinschaft (§ 1485 BGB), nicht dagegen die Zugehörigkeit eines Gegenstandes zum Gesamtgut. Das Zeugnis bescheinigt auch nicht das Fortbestehen der fortgesetzten Gütergemeinschaft. Gleichwohl kann sich das Grundbuchamt mit Vorlage eines Zeugnisses älteren Datums begnügen, wenn es keine begründeten Zweifel an dessen Richtigkeit hat. Das Nachlaßgericht hat auf Antrag ein Zeugnis darüber zu erteilen, daß fortgesetzte Gütergemeinschaft nicht eingetreten ist.[5] Der Nichteintritt der fortgesetzten Gütergemeinschaft kann aber auch durch andere öffentliche Urkunden nachgewiesen werden (§ 29 Abs 1 S 2 GBO), zB durch ein gemeinschaftliches öffentliches Testament (oder Erbvertrag), in dem sich die Ehegatten zu alleinigen Erben eingesetzt haben, weil damit stillschweigend alle anteilsberechtigten Abkömmlinge von der fortgesetzten Gütergemeinschaft ausgeschlossen sind und damit auch die fortgesetzte Gütergemeinschaft selbst ausgeschlossen ist (§ 1511 Abs 1, § 1516 Abs 3 BGB), jedenfalls soweit nicht ausnahmsweise die Erbeinsetzung erkennbar sich nur auf Vorbehalts- oder Sondergut beziehen sollte.[6] Während bei der „allgemeinen" Gütergemeinschaft, die vor dem 1. 7. 1958 abgeschlossen war, nach dem Tod eines Ehegatten die fortgesetzte Gütergemeinschaft eintritt (Art 8 § 6 GleichberG 1957), wenn die Fortsetzung nicht im Ehevertrag ausgeschlossen ist,[7] ist nach § 1483 BGB heute das Verhältnis genau umgekehrt: ist die Fortsetzung nicht vertraglich vereinbart, dann tritt sie auch nicht ein.

825 Das Zeugnis nach § 1507 BGB ist dem Grundbuchamt grundsätzlich **in Ausfertigung** vorzulegen (vgl Rdn 782), weil die Vorschriften über den Erbschein

---

[1] Das Nichtbestehen der fortgesetzten Gütergemeinschaft kann durch eidesstattliche Versicherung nachgewiesen werden, BayObLG Rpfleger 2003, 353.
[2] Wegen eines Teilzeugnisses über die fortgesetzte Gütergemeinschaft bei Vorhandensein eines vermißten Beteiligten s Müller FamRZ 1956, 339.
[3] KGJ 34 A 229; KG DNotZ 1934, 616.
[4] KG DNotZ 1934, 616.
[5] Palandt/Brudermüller Rdn 4 zu § 1507 BGB.
[6] OLG Frankfurt Rpfleger 1978, 412 im Anschluß an OG Posen DR 1944, 455; LG Marburg Rpfleger 2000, 70.
[7] Nach KG DFG 1944, 21 genügte daher für den Nachweis des Ausschlusses des Eintritts der fortgesetzten Gütergemeinschaft eine Abschrift des Ehevertrages.

B. Einzelfälle

entsprechende Anwendung finden. Verweisung auf die Akten des Nachlaßgerichts, in denen sich das Zeugnis befindet, ist zulässig, wenn es sich um das gleiche Amtsgericht handelt[8] (vgl Rdn 783).

Der Antrag kann von dem überlebenden Ehegatten allein (schriftlich) gestellt werden. Die gemeinschaftlichen Abkömmlinge, die kein Recht haben, die Erteilung des Zeugnisses zu beantragen, haben die Möglichkeit, beim Grundbuchamt die Berichtigung des Grundbuchs nach §§ 82, 82a GBO anzuregen. Nach Beendigung der fortgesetzten Gütergemeinschaft ist eine Berichtigung des Zeugnisses (§ 1507 BGB) nur möglich, wenn es durch einen Umstand unrichtig geworden ist, der vor der Beendigung eingetreten ist oder doch auf die Zeit vor der Beendigung zurückwirkt.[9] 826

Zum Verfügungsrecht des überlebenden Ehegatten über den zum Gesamtgut der fortgesetzten Gütergemeinschaft gehörenden Grundbesitz s Rdn 3381 ff. 827

Stirbt ein an einer fortgesetzten Gütergemeinschaft beteiligter Abkömmling nach deren Beendigung, aber noch vor Beendigung der Auseinandersetzung des Gesamtguts, so vererbt sich sein Recht an der Auseinandersetzungsgemeinschaft nach allgemeinen Grundsätzen.[10] 828

Sind beim Tode des erstverstorbenen Ehegatten neben den – an der fortgesetzten Gütergemeinschaft teilnehmenden – gemeinschaftlichen Abkömmlingen auch einseitige Abkömmlinge vorhanden (s dazu Rdn 823), so müssen diese im Falle einer Grundbuchberichtigung in das Grundbuch mit eingetragen werden. Ihre Erbberechtigung ist dabei nach § 35 GBO (Erbschein usw) nachzuweisen (s Rdn 781 ff). Der **Antrag** kann in diesem Falle wie folgt gefaßt werden: 829

> Im Grundbuch von Neustadt (Band 1) Blatt 10 sind als Eigentümer Oskar Pfarr, Vikar in Neustadt, und seine Ehefrau Brunhilde Pfarr, geb Geist, zum Gesamtgut der Gütergemeinschaft (auf Grund Ehevertrags vom ...) eingetragen.
> Der Ehemann Oskar Pfarr ist am ... gestorben. Seine Erben sind:
> I. die Witwe Brunhilde Pfarr, geb Geist,
> II. folgende Kinder:
>   1. aus der 1. Ehe des Erblassers mit Johanna, geb Todt
>   a) Fritz Pfarr, Mechaniker in Neustadt
>   b) Paul Pfarr, Kaufmann in Neustadt
>   2. aus der Ehe mit der jetzigen Witwe:
>   c) Anna Maier, geb Pfarr, Ehefrau des Fritz Maier, Händlers in Neustadt
>   d) Johann Pfarr, Kaufmann in Neustadt.
> Die Witwe Brunhilde Pfarr setzt die Gütergemeinschaft mit den gemeinschaftlichen Kindern Anna Maier und Johann Pfarr fort. Sie beantragt hiermit, an Stelle des Erblassers dessen Erben – dabei die Witwe und die gemeinschaftlichen Abkömmlinge in fortgesetzter Gütergemeinschaft – einzutragen.
> Auf die Akten des Amtsgerichts Hauptstadt über den Nachlaß des Erblassers, in denen sich sowohl Erbschein wie auch Zeugnis über die fortgesetzte Gütergemeinschaft befinden, wird Bezug genommen.
> Neustadt, den ...   Brunhilde Pfarr   (ohne Unterschriftsbeglaubigung)

Hier hat der neue **Eintrag** in Abt I des Grundbuchs zu lauten (unter voller Löschung der bisherigen Eigentümereintragung):

---

[8] OLG München JFG 20, 373.
[9] BayObLG 1967, 70 = DNotZ 1968, 35 = Rpfleger 1968, 21 mit Anm Haegele.
[10] BayObLG aaO (Fußn 9).

2. Teil. III. Erste Abteilung des Grundbuchs

2 a) **Pfarr** Brunhilde, geb Geist, Witwe des Pfarr Oskar, Vikar in Neustadt,
  b) an Stelle des Oskar Pfarr
    aa) die gemeinschaftlichen Kinder mit Brunhilde Pfarr
      α) **Maier** Anna, geb Pfarr, Ehefrau des Maier Fritz, Händer in Neustadt
      β) **Pfarr** Johann, Kaufmann in Neustadt
      mit Pfarr Brunhilde in fortgesetzter Gütergemeinschaft
    bb) die einseitigen Kinder des Oskar Pfarr
      α) **Pfarr** Fritz, Mechaniker in Neustadt
      β) **Pfarr** Paul, Kaufmann in Neustadt
    a) und b) in Erbengemeinschaft

12. Eintragung eines Erben auf Grund Auseinandersetzungserzeugnisses

BGB §§ 873, 925, 1922, 1942, 2032 ff, 2353 ff
FGG §§ 167 ff, 72 ff, 86 ff
GBO §§ 13, 19, 20, 29, 35, 36, 37

830 Antragsformular

Ich beantrage, mich als Alleineigentümer des auf den verstorbenen Johann Holz, Schreiner in Neustadt, im Grundbuch von Neustadt (Band 1) Blatt 10 Bestandsverzeichnis lfde Nr 6 eingetragenen Grundstücks Mühlgasse 5 in Neustadt einzutragen. Ich übergebe dazu Zeugnis über die Nachlaßauseinandersetzung vor dem Amtsgericht Hauptstadt als Nachlaßgericht vom ..., sowie Unbedenklichkeitsbescheinigung des Finanzamts Hauptstadt vom ...... Den Wert des Grundstücks gebe ich mit 20 000 Euro an.

Neustadt, den...   Otto Holz   (ohne Unterschriftsbeglaubigung)

831 Grundbucheintragung

1	2	3	4
4	Holz Otto, geb am 14. 7. 1940	6	Aufgelassen am ... und eingetragen am ...

Die frühere Eigentümereintragung ist (rot) zu unterstreichen.
Bekanntmachung erfolgt an den neuen Grundstückseigentümer und die Witwe Holz.

832 Es handelt sich um einen reinen Antrag, der einer besonderen Form nicht bedarf. In der Regel wird der Antrag allerdings bereits bei der vorangehenden Auflassung des Grundstücks durch die Beteiligten gestellt werden. Die Eintragungsbewilligungen der Beteiligten selbst werden durch das Nachlaßzeugnis ersetzt.
Ein derartiges Zeugnis hat in der Regel etwa folgenden Inhalt

Zeugnis nach § 36 GBO

Erben des am ...... verstorbenen ...... sind ... die Witwe ...... zu ½ und das einzige Kind, der Sohn ...... zu ½. Die Erben haben das auf den Namen des Erblassers im Grundbuch von ... Band ...... Blatt ...... Bestandsverzeichnis Nr ... gebuchte Grundstück Flurstück ...... in der Erbauseinandersetzungsurkunde des Notars Genau in M. vom ... URNr ... an den Miterben, Sohn ...... aufgelassen und dessen Eintragung im Grundbuch bewilligt (und beantragt).

......, den ......   Amtsgericht: Unterschrift

Das Auseinandersetzungszeugnis, das über Grundstückseigentum, Erbbaurecht oder Grundpfandrecht erteilt werden kann, **beweist die Erbfolge,** ferner die zur Eintragung des Eigentumsübergangs **erforderlichen Erklärungen** so-

B. Einzelfälle

wie die zur Rechtswirksamkeit der Auflassung notwendigen Erklärungen von gesetzlichem Vertreter oder Vormund (Pfleger, Betreuer) und von Behörden (Vormundschaftsgericht). Dadurch, daß das Zeugnis den zum Nachweis der Erbfolge sonst grundsätzlich erforderlichen Erbschein erübrigt, erspart es den Beteiligten erhebliche Kosten (§§ 107, 111 Abs 1 Nr 1 KostO).
Ein Zeugnis nach § 36 GBO kann auch erteilt werden, wenn der Erblasser nur als Miteigentümer oder Gesamthandsberechtigter an einem Grundstück beteiligt ist.[1] Es kann nicht erteilt werden für die Eintragung eines Vermächtnisnehmers oder Dritten (Nicht-Erben).

Das Zeugnis ist dem Grundbuchamt in Urschrift oder **Ausfertigung** vorzulegen. Daß Vorlage einer beglaubigten Abschrift des Zeugnisses ausreicht,[2] weil ihm – anders als beim Erbschein nach § 2366 BGB – kein öffentlicher Glaube beigelegt ist, halten wir nicht für richtig. Beglaubigte Zeugnisabschrift sieht die gegenüber § 29 Abs 1 GBO speziellere Vorschrift des § 36 (auch § 37) GBO nicht vor, so daß, wie beim Erbschein (Rdn 782 und der dort genannte Beschluß des BGH) die Urschrift oder eine Ausfertigung des Zeugnisses vorzuliegen hat. Das Zeugnis unterliegt zudem der Einziehung (Rdn 834), die aber nicht auch auf eine beglaubigte Abschrift erstreckt wird; dieser kann daher nicht über den Wortlaut der §§ 36, 37 GBO hinaus die erforderliche Beweiskraft zukommen. Zudem kommt es nicht darauf an, daß dem Zeugnis kein öffentlicher Glaube beigelegt ist; entscheidend ist vielmehr, daß sich an die Eintragung auf Grund einer nur beglaubigten Abschrift des (möglicherweise bereits eingezogenen) Zeugnisses gutgläubiger Erwerb (§ 892 BGB) anschließen könnte. 833

Eingezogen werden kann das Zeugnis von Amts wegen oder auf Anregung eines Beteiligten, wenn es einen unrichtigen Inhalt hat (§ 2361 BGB). Die sachliche Richtigkeit des Zeugnisses hat das Grundbuchamt regelmäßig nicht zu prüfen; sind ihm aber Tatsachen bekannt, die zur Einziehung des Zeugnisses führen würden, so hat es zu verfahren wie im vergleichbaren Fall des Erbscheins; s Rdn 785 aE. 834

Die **Eintragungsnachricht** ist an die Erben (deren Vertreter) zu richten. 835

Das Zeugnis nach §§ 36, 37 GBO ist durch das BeurkG nicht berührt worden. Dieses Gesetz hat die Zuständigkeit des Nachlaßgerichts zur amtlichen Vermittlung einer Nachlaß- oder Gesamtgutsauseinandersetzung (§§ 86 ff FGG) unverändert gelassen.[3] Auf Grund landesrechtlicher Vorschriften ist in manchen Fällen auch der Notar zuständig,[4] zB Baden-Württemberg § 38 LFGG v 12. 1. 1975 (GBl 116), Bayern Art 38 AGGVG (BayRS 300-1-1), Hessen Art 24 HessFG v 12. 4. 1954 (GVBl 59); Niedersachsen Art 14 FGG v 24. 2. 1971 (GVBl 43) ehemaliges Preußen Art 21 ff PrFGG. In Bayern kann das Zeugnis nach Art 39 AGGVG unter bestimmten Umständen auch von einem Notar ausgestellt werden. 836

---

[1] KG DFG 1940, 78 = DNotZ 1940, 411.
[2] So K/E/H/E Rdn 11 zu § 36; wie hier Meikel/Roth Rdn 10 zu § 36 und Demharter (seit 23. Aufl) Rdn 14 zu §§ 36, 37 unter Aufgabe der abweichenden Ansicht.
[3] S Haegele, BeurkG, S 63; Zimmermann Rpfleger 1970, 195.
[4] Vgl Leikam WürttNotV 1952, 56; Bracker MittBayNot 1984, 114; BayObLG 1983, 101 = MittBayNot 1983, 136.

2. Teil. III. Erste Abteilung des Grundbuchs

Nach § 36 Abs 2 GBO genügt auch ohne gerichtliche Nachlaßvermittlung eine notarielle Urkunde, die die nötigen formgerechten Erklärungen der Beteiligten (Auflassung, Bewilligung) enthält; die nach § 36 Abs 2a GBO nötigen Voraussetzungen für Erteilung eines Erbscheins sind Antrag (§ 2353 BGB), Angaben und Nachweise gemäß §§ 2354–2356 BGB.

13. Auflassung eines Nachlaßgrundstücks an den Vermächtnisnehmer
BGB §§ 873, 925, 2174
GBO §§ 20, 40

837 Urkunde

– üblicher Eingang der Niederschrift –

Es erscheinen, persönlich bekannt:
1. Herr Otto Müller, Landwirt, geboren am …, wohnhaft Gartenstraße 3, Neustadt,
2. Herr Franz Müller, Schmied, geboren am …, wohnhaft Nelkenstraße 1, Neustadt,
3. Herr Rupert Lehmann, Händler, geboren am …, wohnhaft Ziegelstraße 5, Neustadt,
und erklären:
Die am … verstorbene Maria Müller, geb Ruck, Ehefrau des Erschienenen Nr 1, hat durch Testament vom …, dem Erschienenen Nr 3, Rupert Lehmann, ihr im Grundbuch von Neustadt (Band 1) Blatt 10 Bestandsverzeichnis lfde Nr 12 eingetragenes Grundstück Flurstück 15 – Wiese beim Ort – 30 a 15 m² als Vermächtnis zugewendet.
In Erfüllung der testamentarischen Verpflichtung sind Otto und Franz Müller als Erben der Maria Müller und Rupert Lehmann über den Übergang des Eigentums am genannten Grundstück auf den Erschienenen Nr 3 einig. Wir bewilligen und ich, der Erschienene Nr 3, beantrage die Eintragung dieser Eigentumsänderung im Grundbuch.
Hinsichtlich des Nachweises der Erbfolge verweisen wir auf den Erbschein vom … Az VI … des hiesigen Nachlaßgerichts.
Die Kosten trägt der Vermächtnisnehmer. Wert des Grundstücks 3000 Euro.
In Gegenwart des Notars vorgelesen, genehmigt und unterschrieben:

(folgt Urkundenabschluß)

838 Grundbucheintragung

1	2	3	4
5	Lehmann Rupert geb am …	12	Aufgelassen am … und eingetragen am …

Die frühere Eigentümereintragung ist (rot) zu unterstreichen.
Bekanntmachung erfolgt an Notar …, die beiden Erben und den Erwerber.

839 Da ein **Vermächtnis** keine unmittelbare dingliche Wirkung hat, sondern dem Vermächtnisnehmer nur einen **Anspruch**[1] auf Leistung des vermachten Gegenstandes gibt (§ 2174 BGB), muß das Recht nach allgemeinen Regeln (Einigung, § 873 bzw § 925 BGB, und Eintragung auf Grund Bewilligung und Antrag) eingeräumt werden. Der Voreintragung des Erben bedarf es nicht (§ 40 Abs 1 GBO).

840 Zu erbringen ist nur der **Erbnachweis** (vgl Rdn 781 ff). Wird zB ein Erbschein vorgelegt, so kann nicht noch Vorlage einer Abschrift des (notariellen) Te-

---

[1] Auch wenn das als Erbstatut berufene ausländische Recht einem Vermächtnis beim Erbfall unmittelbar dingliche Wirkung beilegt (Vindikationslegat), begründet das Vermächtnis eines in Deutschland belegenen Grundstücks hier nur einen schuldrechtlichen Anspruch, BGH DNotZ 1995, 704 = MittBayNot 1995, 224 mit Anm Geimer.

B. Einzelfälle

staments und der Urkunde über seine Eröffnung verlangt werden. § 925 a BGB enthält eine Vorlegungspflicht nur für Veräußerungsverträge und gilt nur für den die Auflassung beurkundenden Notar.

Soweit einer der Erben minderjährig ist, kann er bei der Auflassung gleichwohl durch den miterbenden gesetzlichen Vertreter vertreten werden. Beide stehen hier auf der gleichen Seite, es tritt der gesetzliche Vertreter mit den Kindern nicht in rechtsgeschäftliche Beziehungen und auch zwischen den erbenden Kindern selbst findet eine Auseinandersetzung nicht statt (vgl Rdn 3601). 841

Zweckmäßig ist vielfach, daß der Erblasser den Bedachten zu seinem **Testamentsvollstrecker** ernennt mit der einzigen Aufgabe, nach seinem Tode das Vermächtnis auf sich selbst zu erfüllen, unabhängig von den Erben und der Nachlaßauseinandersetzung. Auch eine im notariellen Testament enthaltene (§ 29 GBO) postmortale Vollmacht an den Vermächtnisnehmer zur Vornahme der Erfüllungshandlung ist möglich und zulässig.[2] 842

Gesetzlich hat der mit dem Grundstücksvermächtnis Beschwerte die Kosten der Grundstücksumschreibung zu tragen[3] (§ 2174 BGB). 843

Die Rdn 844–848 sind nicht belegt 844–848

14. Grundstückskaufvertrag[1]

URNr .../... **Kaufvertrag** 849

Verhandelt am ... vor dem Notar Alfred Hagen in Altstadt in dessen Geschäftsräumen Hauptstraße 3.
An der Verhandlung nahmen teil:
1. Herr Josef Bauer, geboren am 14. 10. 1925, wohnhaft Ludwigstraße 2, Altstadt,
   hier handelnd
   a) für sich selbst,
   b) für seine Ehefrau Johanna Bauer, geborene Fort, geboren am 28. 4. 1929, ebenda wohnhaft,
      auf Grund behaupteter mündlicher Vollmacht, mit dem Versprechen, Vollmachtsbestätigung in grundbuchtauglicher Form unverzüglich nachzureichen.
   Herr Bauer ist mir, Notar, persönlich bekannt
2. Anton Tüchtig, geboren am 25. 3. 1942,
   und seine Ehefrau Lina Tüchtig, geborene Schnell, geboren am 8. 2. 1946,
   beide wohnhaft Hauptstraße 4 in Altstadt,
   nach Angabe im gesetzlichen Güterstande des BGB lebend.
   Herr Tüchtig wies sich aus durch seinen österreichischen, Frau Tüchtig durch ihren deutschen Reisepaß. Beide Ausweise sind in Kopie beigefügt.[2]
   Die Frage des Notars nach einer Vorbefassung im Sinn des § 13 Abs 1 S 1 Nr 7 BeurkG wurde von den Beteiligten verneint.[3]

---

[2] OLG Köln DNotZ 1993, 136 = Rpfleger 1992, 299.
[3] BGH DNotZ 1964, 232 = NJW 1963, 1602.
[1] Es handelt sich im folgenden um einen Individualvertrag, keinen Formular- oder Verbrauchervertrag. Vgl die teilweise umfangreicheren Muster bei Krauß, Grundstückskaufverträge (2002); Kersten/Bühling, Formularbuch und Praxis der Freiwilligen Gerichtsbarkeit, 21. Aufl; Beck'sches Notarhandbuch, 3. Aufl, Teil A I; Münchener Vertragshandbuch, 5. Aufl, Band V, 1. Halbband.
[2] Siehe Rdn 3144 a.
[3] Vgl Eylmann NJW 1998, 2929; Wagner DNotI-Report 1998, 184; Winkler Rdn 135 ff zu § 3 BeurkG.

2. Teil. III. Erste Abteilung des Grundbuchs

Nach Unterrichtung über den Grundbuchinhalt beurkundete ich auf Antrag der Beteiligten ihre Erklärungen wie folgt:

I. Grundbuchstand
Im Grundbuch des Amtsgerichts Altstadt für Altstadt (Band 1) Blatt 10 sind die Eheleute Josef und Johanna Bauer, geb Fort eingetragen als Eigentümer in Gütergemeinschaft des dort vorgetragenen Grundbesitzes der Gemarkung Altstadt

Fl.Nr 100/2 Ludwigstraße 4, Wohnhaus, Hofraum, Garten zu   0,0982 ha.

In Abt. II ist eingetragen:
Geh- und Fahrtrecht für den jeweiligen Eigentümer der Fl.Nr 100/1 Gemarkung Altstadt;
In Abt. III sind eingetragen:

20 000,- DM   Hypothek ohne Brief für die XY-Hypothekenbank AG in X mit Zinsen bis zu 15% jährlich,
30 000,- DM   Grundschuld mit Brief für die Volksbank Altstadt eG in Altstadt samt Zinsen zu 16%,
40 000,- €   Grundschuld ohne Brief für M-Bank,
50 000,- €   Grundschuld mit Brief für die Eigentümer Josef Bauer und Johanna Bauer, als Berechtigte in Gütergemeinschaft.

II. Kauf
Die Eheleute Josef und Johanna Bauer,
– im folgenden „Veräußerer" genannt –,
verkaufen an die Eheleute Anton und Lina Tüchtig,
– im folgenden „Erwerber" genannt –,
als Miteigentümer je zur Hälfte,
den in Abschnitt I. aufgeführten Grundbesitz mit allen Bestandteilen, Rechten[4] und dem Zubehör.

Die Ehegatten Tüchtig machten im Hinblick auf ihren Güterstand noch folgende Angaben: Wir haben am 3. Mai 1976 in München geheiratet. Im Zeitpunkt dieser Heirat hatte der Ehemann nur die österreichische, die Ehefrau nur die deutsche Staatsangehörigkeit. Im Zeitpunkt dieser Heirat hatte der Ehemann seinen gewöhnlichen Aufenthalt in der Bundesrepublik Deutschland, ebenso die Ehefrau. Einen Ehevertrag haben die Ehegatten Tüchtig bisher nicht vereinbart; sie sind jedoch nach ihrer Angabe stets davon ausgegangen, daß für die vermögensrechtlichen Wirkungen ihrer Ehe deutsches Recht maßgebend ist.[5]

III. Kaufpreis
Der Kaufpreis beträgt   400 000,- €
– vierhunderttausend Euro –.
1. Ein Teilbetrag wird durch Schuldübernahme[6] wie folgt getilgt:
Der Erwerber übernimmt in Anrechnung auf den Kaufpreis im Wege der befreienden Schuldübernahme zur weiteren Tilgung und Verzinsung mit Wirkung ab ...... die durch die Hypothek zu 20 000,- DM (jetzt 10 225,84 €) der Hypothekenbank X.Y. und die Grundschuld zu 30 000,- DM (jetzt 15 338,76 €) der Volksbank Altstadt e.G. gesicherten Darlehensverbindlichkeiten mit dem Stand zum ......, die nach Angabe der Beteiligten bei der Hypothekenbank X.Y. 5520 € und bei der Volksbank Altstadt e.G. ca. 12 780 € betragen. Die genannten Grundpfandrechte bleiben bestehen.
Die Beteiligten verweisen[7] auf die Hypothekenbestellungsurkunde des Notars Genau in X-Stadt vom 28. 10. 1987, URNr 1894/87, und auf die Grundschuldbestellungsurkunde

---

[4] Vgl Rdn 3148.
[5] Vgl Rdn 3414.
[6] Vgl Rdn 3153 ff, dort auch zur Frage der Anwendung der Vorschriften über den Verbraucherdarlehensvertrag auf die Schuldübernahme.
[7] Ob eine Bezugnahme auf den Grundbuchinhalt für eine Zwangsvollstreckungsunterwerfung ausreichend ist, ist zweifelhaft: BGH DNotZ 1995, 770 = NJW 1995, 1162 = Rpfleger 1995, 366 mit Anm Münzberg läßt sie (nunmehr) zu; ablehnend Münch

B. Einzelfälle

des amtierenden Notars vom 14. 2. 1992, URNr 289/92, die ihnen bekannt sind. Sie lagen während der Beurkundung in beglaubigter Abschrift (URNr 1894/77 Notar Genau) bzw Urschrift (diesamtliche URNr 289/82) vor. Die Beteiligten verzichten auf deren Verlesung, nicht jedoch auf ihre Beifügung zu dieser Urkunde. Sie sollen jedoch nur mitausgefertigt werden, wenn den Grundpfandgläubigern vollstreckbare Ausfertigung dieser Urkunde zu erteilen ist.

Der Erwerber verpflichtet sich gegenüber dem Gläubiger der übernommenen Grundschuld zur Zahlung eines Geldbetrages, dessen Höhe ihrem Nominalbetrag von 15 338,76 € samt den in der in Bezug genommenen Grundschuldbestellungsurkunde enthaltenen Zinsen entspricht (§ 780 BGB).

Wegen dieser Zahlungsverpflichtung und der übernommenen Hypothekenschuld samt der in der in Bezug genommenen Hypothekenbestellungsurkunde enthaltenen Hypothekenzinsen unterwirft sich der Erwerber der sofortigen Zwangsvollstreckung aus dieser Urkunde. Vollstreckungsklausel ist jederzeit auf Verlangen der Gläubiger zu erteilen ohne Nachweis der für Entstehung oder Fälligkeit maßgebenden Umstände.[8]

Mehrere Erwerber haften als Gesamtschuldner.

Der Veräußerer tritt bereits jetzt an den Erwerber – im angegebenen Anteilsverhältnis – seine Ansprüche auf Löschung, Rückübertragung oder Verzicht sowie sämtliche Eigentümerrechte hinsichtlich der übernommenen Grundpfandrechte einschließlich Eigentümergrundschulden ab, die ihm bis zur Eigentumsumschreibung zustehen; entsprechende Umschreibung wird bewilligt. Soweit der Veräußerer diese Ansprüche an nachrangige Grundpfandrechtsgläubiger abgetreten hat, tritt er seine Ansprüche auf Rückabtretung hiermit entsprechend ab. Die gesamten Abtretungen sind jedoch aufschiebend bedingt; sie werden wirksam mit Umschreibung des Eigentums im Grundbuch auf den Erwerber.

Die gesamte Schuldübernahme samt abstraktem Schuldanerkenntnis ist aufschiebend bedingt. Sie werden wirksam, wenn die Voraussetzungen für die Fälligkeit der in nach-

---

DNotZ 1995, 749 sowie Wolfsteiner, Die vollstreckbare Urkunde, § 16.11 mit weit Nachw. Die hier verwendete Verweisung durch Beurkundung nach § 13a BeurkG genügt wohl für eine wirksame Vollstreckungsunterwerfung, da die Beurkundung nach § 13a Abs 1 BeurkG (erlaubt nur Verweisung auf andere notarielle Niederschrift, also nicht auf Grundbuchinhalt) ebenso wirksam und gültig ist wie die nach § 9 BeurkG und den Anforderungen nach § 794 Abs 1 Nr 5 ZPO jedenfalls dann genügt, wenn die in Bezug genommene Urkunde in Urschrift, beglaubigter Abschrift oder Ausfertigung vorliegt und beigefügt wird (Einschränkung des § 13a Abs 2 BeurkG durch das Bestimmtheitserfordernis des § 794 Abs 1 Nr 5 ZPO); wie hier auch Kersten/Bühling/Wolfsteiner, Formularbuch, § 21 Rdn 66.

[8] Die Gläubiger übernommener Grundschulden verlangen – soweit bei der Grundschuldbestellung ein abstraktes Schuldversprechen mit persönlicher Zwangsvollstreckungsunterwerfung abgegeben wurde – ein solches Schuldversprechen samt persönlicher Zwangsvollstreckungsunterwerfung auch von den Übernehmern der Schuld. Aus Kostengründen empfiehlt es sich, dieses Schuldversprechen mit Zwangsvollstreckungsunterwerfung im Kaufvertrag mitzubeurkunden. Wissen die Beteiligten den exakten Schuldsaldo nicht, so empfiehlt sich wegen § 794 Abs 1 Nr 5 ZPO ein Anerkenntnis mit Unterwerfung hinsichtlich des Nominalbetrages der übernommenen Grundschuld. Die notwendige Absicherung des Käufers muß durch den Sicherungsvertrag erfolgen, der zwischen ihm und dem Gläubiger abzuschließen ist; zu Gunsten des Verkäufers muß sichergestellt werden, daß die „übernommene Grundschuld" nicht vor Eigentumswechsel für anderweitige Schulden des Erwerbers gegenüber dem Gläubiger in Anspruch genommen werden kann; daher ist beim Abschluß des entsprechenden Sicherungsvertrages auch die Mitwirkung des Veräußerers notwendig. Der Abschluß dieses Sicherungsvertrages kann (sollte) – wie hier im Formular – zur Wirksamkeitsbedingung der Schuldübernahme gemacht werden.

folgender Ziffer 3. genannten Kaufpreisrate vorliegen. Weitere Wirksamkeitsvoraussetzung ist eine Änderung der Zweckbestimmung für übernommene Grundschulden in der Weise, daß diese ab Übernahmestichtag nur die vorstehend bezifferte Verbindlichkeit des Veräußerers, andere Verbindlichkeiten des Erwerbers aber erst nach Eigentumsumschreibung sichern.

Die Genehmigung der Schuldübernahme werden die Vertragsteile selbst beantragen. Die Kosten dafür, eine Liegenbelassungsgebühr oder ein eventuell neu zu entrichtendes Disagio trägt der Erwerber. Der Notar soll eine Ausfertigung des Vertrages an die Gläubiger der Grundpfandrechte senden.

Mit diesen Schuldübernahmen gilt ein Kaufpreisteil von 18 300,– €
– achtzehntausenddreihundert Euro – als getilgt. Sollte sich gegenüber dem angenommenen Schuldstand zum … eine Abweichung ergeben, ist der Unterschiedsbetrag bei der unter nachfolgender Ziffer 2 genannten Rate zwischen den Vertragsparteien auszugleichen.

Der Notar hat darauf hingewiesen, daß auf die Schuldübernahme möglicherweise die gesetzlichen Bestimmungen über Verbraucherdarlehen anwendbar sind, ebenso auf die daraus entstehenden Folgen, insbesondere das Widerrufsrecht des Verbrauchers (Erwerbers).

Alternative 1 (im Kaufvertrag eher selten):

Bis zum Zeitpunkt der Wirksamkeit der Schuldübernahme und bis zur Erteilung oder Verweigerung ihrer Genehmigung durch den Gläubiger übernimmt der Erwerber die Schuld zur Erfüllung.

Der Notar wies darauf hin, daß der bisherige Schuldner von der Haftung erst frei wird, wenn der Gläubiger die Schuldübernahme genehmigt und daß der Veräußerer bei Verweigerung der Genehmigung trotz Eigentumswechsel weiter bis zur endgültigen Darlehenstilgung haftet.[9]

Alternative 2:

Wird die Genehmigung zur Schuldübernahme verweigert, so ist der Erwerber verpflichtet, den durch Schuldübernahme zu tilgenden Teil des Kaufpreises zu zahlen, sobald der Urkundsnotar bestätigt, daß die Freistellung des Vertragsobjekts von diesem Grundpfandrecht bei Zahlung des vom Gläubiger verlangten Ablösungsbetrages gesichert ist und die übrigen Fälligkeitsvoraussetzungen nach Ziff. 2 vorliegen. Eine etwaige Vorfälligkeitsentschädigung trägt dabei der Veräußerer. Der Erwerber hat sodann den vom Gläubiger verlangten Ablösungsbetrag in Anrechnung auf den Kaufpreis direkt an den Gläubiger zu bezahlen. Der Gläubiger soll durch diese Vereinbarung keinen unmittelbaren Anspruch auf Zahlung erlangen; der Veräußerer hat insoweit keinen Anspruch auf Zahlung des Kaufpreises an sich, sondern nur einen Anspruch auf Zahlung an den Gläubiger.

2. Ein Teilbetrag von 361 700,– €
– dreihunderteinundsechzigtausendsiebenhundert Euro – ist zur Zahlung fällig – d. h. Eingang beim Veräußerer – am …, nicht jedoch vor Ablauf von 2 Wochen nach Absendung einer Mitteilung des Notars, daß

a) Vollmachtsbestätigung in grundbuchmäßiger Form von Frau Johanna Bauer, geb Fort dem Notar vorliegt,

---

[9] Soll bei Verweigerung der Genehmigung die Erfüllungsübernahme gelten, ist der Verkäufer deutlich darauf aufmerksam zu machen, daß er – trotz Eigentumsverlust – oft noch lange mithaftet (soweit der Gläubiger nicht von einem vereinbarten außerordentlichen Kündigungsrecht Gebrauch macht) und insoweit von der künftigen Zahlungsfähigkeit bzw -willigkeit des Käufers abhängt. Will der Verkäufer dieses Risiko nicht eingehen, dann muß Alternative 2 vereinbart werden, vgl dazu BGH DNotZ 1992, 27 = NJW 1991, 1822. Weitere Alternativen bei Ogilvie MittRhNotK 1990, 145 (158).

B. Einzelfälle

b) die Auflassungsvormerkung für die Erwerber im Grundbuch im Rang nach den in Abschnitt I. dieser Urkunde aufgeführten Belastungen mit Ausnahme der Eigentümergrundschuld zu 50 000,- € eingetragen ist; Grundpfandrechte, die vom Erwerber im Zusammenwirken mit dem Veräußerer bestellt wurden, dürfen jedoch im Range vorgehen,
c) die Eigentümergrundschuld zu 50 000,- € im Grundbuch gelöscht ist,
d) die Gemeinde bestätigt hat, daß ein gesetzliches Vorkaufsrecht nicht besteht bzw nicht ausgeübt wird,
e) dem Notar sämtliche erforderlichen Freistellungsunterlagen vorliegen, ggf unter Auflagen, die aus dem Kaufpreis erfüllbar sind. Sind dem Notar solche Auflagen gemacht worden, hat der Erwerber, wenn die übrigen Fälligkeitsvoraussetzungen vorliegen, diese von den eingetragenen Gläubigern dem Notar mitgeteilten Ablösungsbeträge in Anrechnung auf den Kaufpreis an die Grundpfandrechtsgläubiger des Veräußerers zu zahlen. Der Gläubiger soll durch diese Vereinbarung keinen unmittelbaren Anspruch auf Zahlung erlangen; der Veräußerer hat insoweit keinen Anspruch auf Zahlung des Kaufpreises an sich, sondern nur einen Anspruch auf Zahlung an den Gläubiger.[10]

Weitere Voraussetzung für die Fälligkeit des Kaufpreises ist die vertragsgemäße Räumung des Vertragsobjekts, die hierüber erfolgte Mitteilung des Veräußerers an den Erwerber und der Ablauf von 5 Bankarbeitstagen nach Zugang dieser Mitteilung an den Erwerber

3. Der Restkaufpreis von 20 000,- €
– zwanzigtausend Euro – wird den Erwerbern gestundet. Er ist von heute an mit jährlich 5% zu verzinsen. Die Zinsen sind zahlbar jeweils nachträglich am 31. 12. eines jeden Jahres. Die Hauptsumme ist nach Kündigung zur Rückzahlung fällig. Die Kündigungsfrist beträgt für beide Vertragsteile jeweils sechs Monate. Der Veräußerer ist jedoch zur ordentlichen Kündigung erstmals zum ... berechtigt.

Der Veräußerer ist berechtigt, die sofortige Zahlung des Restkaufpreises zu verlangen, wenn der Erwerber mit einer Zinszahlung länger als sechs Wochen im Rückstand ist, die Zwangsversteigerung oder Zwangsverwaltung des Kaufgrundstückes angeordnet wird, der Erwerber seine Zahlungen einstellt oder das Insolvenzverfahren über das Vermögen des Erwerbers oder eines von ihnen eröffnet wird oder dem Veräußerer nicht unverzüglich nachgewiesen wird, daß die Gebäude des Kaufobjekts ausreichend gegen Brandschaden versichert sind.

Zur Sicherung des Kaufpreisrestes bewilligen die Erwerber und beantragt der Veräußerer die Eintragung einer

Hypothek ohne Brief zu 20 000,- €

für die Veräußerer als Berechtigte in Gütergemeinschaft mit den vorstehenden Zins- und Zahlungsbestimmungen am Kaufgrundstück. Die Kaufpreishypothek erhält Rang nach den nach diesem Vertrag bestehenbleibenden Grundpfandrechten sowie einem weiteren durch den Erwerber unter Mitwirkung des Veräußerers zur Kaufpreisfinanzierung bestellten Grundpfandrecht zu 80 000,- €. Die Erwerber unterwerfen sich in Ansehung der Hypothek der sofortigen Zwangsvollstreckung aus dieser Urkunde mit der Maßgabe, daß in Ansehung der Hypothek die Vollstreckung gegen den jeweiligen Grundstückseigentümer zulässig sein soll. Sie bewilligen und der Veräußerer beantragt die Eintragung der Zwangsvollstreckungsunterwerfung in das Grundbuch.

Die Eintragung der Eigentumsänderung darf nicht ohne gleichzeitige Eintragung der Hypothek erfolgen.

4. Der nicht zur Wegfertigung von Grundpfandrechten benötigte Kaufpreis ist auf das Konto des Veräußerers bei X-Bank AG, Konto Nr 2222 (BLZ 700 050 00) zu überweisen.

5. Geht der Kaufpreis nicht innerhalb der Fälligkeit beim Veräußerer ein, so schuldet der Erwerber ohne weitere Mahnung oder Frist ab Fälligkeit Zinsen in Höhe von 12% jähr-

---

[10] Vgl dazu Hoffmann NJW 1987, 3153; BGH NJW 1985, 1155 (1157); BGH DNotZ 2000, 572.

lich. Die Geltendmachung eines weiteren Verzugsschadens bei Vorliegen der Verzugsvoraussetzungen ist hierdurch nicht ausgeschlossen.
6. Mehrere Erwerber haften als Gesamtschuldner. Handlungen und Unterlassungen eines Gesamtschuldners wirken für und gegen den anderen Gesamtschuldner, ebenso Erklärungen, die einem Gesamtschuldner gegenüber abgegeben werden.
7. Die für die Geltendmachung von Schadensersatz statt der Leistung oder Rücktritt jeweils wegen nicht vertragsgerechter Zahlung des Kaufpreises gesetzlich geltende angemessene Nachfrist wird auf zwei Wochen vereinbart.

IV. Zwangsvollstreckungsunterwerfung

Der Erwerber – mehrere als Gesamtschuldner – unterwirft sich wegen seiner in dieser Urkunde eingegangenen Verpflichtung zur Zahlung des Kaufpreises samt der vorstehend vereinbarten Zinsen hieraus ab heute[11] der sofortigen Zwangsvollstreckung aus dieser Urkunde. Zur Erteilung der Vollstreckungsklausel bedarf es der Fälligkeitsmitteilung des Notars, nicht jedoch des Nachweises sonstiger die Vollstreckbarkeit begründender Tatsachen. Eine Beweislastumkehr ist damit nicht verbunden.

V. Besitz, Nutzungen, Lasten[12]

Besitz, Nutzungen und Lasten des Vertragsgegenstandes, die Gefahren aller Art sowie die mit dem Vertragsobjekt verbundene Haftung und Verkehrssicherungspflicht gehen mit Wirkung ab Zahlung der Kaufpreisrate zu 361 700,– € auf den Erwerber über.
Der verkaufte Vertragsgegenstand ist nach Angabe des Veräußerers nicht vermietet;[13] das Vertragsobjekt wird vom Veräußerer selbst bewohnt. Der Veräußerer ist verpflichtet, das Vertragsobjekt bis spätestens ... vollständig zu räumen.
Kommt der Veräußerer seiner Räumungsverpflichtung innerhalb der gesetzen Frist nicht nach, so schuldet er dem Erwerber je angefangenen Monat nach dem ..., in der das Vertragsobjekt nicht geräumt wurde, eine Vertragsstrafe von 2000,– €. Diese Vertragsstrafe ist jeweils sofort mit dem 1. Tag des Zeitraumes, in dem jeweils die Vertragsstrafe verwirkt ist, zur Zahlung fällig. Die Vorschrift des § 341 Abs 3 BGB wird abbedungen.[14]

VI. Erschließungsbeiträge[15]

Erschließungsbeiträge einschließlich etwaiger Kostenerstattungsbeiträge nach BauGB (§§ 127 ff, 135 a ff) und einmalige Abgaben nach dem Kommunalabgabengesetz trägt der Veräußerer, soweit hierüber ein Bescheid bis heute zugegangen ist. Beitragsbescheide, die ab morgen zugehen, hat der Erwerber zu bezahlen, auch soweit sie Maßnahmen betreffen, die vor dem heutigen Tage durchgeführt worden sind.
Vorausleistungen werden an den Erwerber abgetreten und sind mit dessen endgültiger Beitragsschuld zu verrechnen.

VII. Gewährleistung, Belastungen

1. Soweit in dieser Urkunde nichts anderes vereinbart ist, ist der Veräußerer verpflichtet, dem Erwerber ungehinderten Besitz- und lastenfreies Eigentum am Vertragsobjekt zu verschaffen. Zur Beibringung hierzu erforderlicher Freistellungsunterlagen ist der Veräußerer unverzüglich verpflichtet.
Bindungen nach dem Wohnungsbindungsgesetz dürfen bei Eigentumsübergang nicht bestehen.

---

[11] Für die Fälligkeits- oder Verzugszinsen ist die Vollstreckungsunterwerfung nur wirksam (Bestimmtheitsgrundsatz), wenn der Beginn der Verzinsung in der Urkunde (auch fiktiv) festgelegt ist, BGH DNotZ 2000, 635 = NJW 2000, 951.
[12] Vgl dazu Rdn 3175 ff.
[13] Zur Regelung, wenn das Vertragsobjekt vermietet ist, s Rdn 3175 a.
[14] In AGB unzulässig, BGH 85, 305 = NJW 1983, 385; bezüglich der Räumungsverpflichtung ist aber Zwangsvollstreckungsunterwerfung möglich, § 794 Abs 1 Nr 5 ZPO; s dazu Rdn 3175.
[15] Vgl dazu Rdn 3180 ff.

B. Einzelfälle

Im übrigen haftet der Veräußerer nicht für öffentlich-rechtliche Beschränkungen, insbesondere Baulasten; er erklärt, daß ihm Baulasten zu Lasten des Vertragsobjekts nicht bekannt sind
Der Notar hat das Baulastenverzeichnis nicht eingesehen, hat die Beteiligten aber auf die Möglichkeit der Einsichtnahme hingewiesen.
2. Der Erwerber übernimmt das in Abt II eingetragene Geh- und Fahrtrecht zur weiteren Duldung und Erfüllung. Der Veräußerer tritt an den Erwerber alle etwaigen Ansprüche auf dessen Löschung ab.
3. Soweit nicht zwingende Vorschriften entgegenstehen oder in dieser Urkunde nichts anderes vereinbart ist, sind sämtliche Ansprüche und Rechte des Erwerbers wegen Sachmängeln aller Art einschließlich etwaiger Anfechtungs- und Leistungsverweigerungsrechte ausgeschlossen, d. h. der Vertragsgegenstand wird verkauft und in dem Zustand geschuldet, wie er sich zur Zeit der nach Angabe erfolgten Besichtigung befand.
Ab dem Zeitpunkt des Besitzüberganges hat der Erwerber den Veräußerer auch von jeder Inanspruchnahme für etwaige schädliche Bodenveränderungen freizustellen, soweit nicht der Veräußerer diese verursacht hat. In letzterem Fall trifft den Veräußerer die entsprechende Freistellungspflicht gegenüber dem Erwerber.
Nachweislich nach der Besichtigung bis zum Zeitpunkt des Besitzüberganges entstandene Mängel – gewöhnliche Abnutzung ausgenommen – hat der Veräußerer auf eigene Kosten zu beseitigen; kommt er dem nach Aufforderung des Erwerbers innerhalb angemessener Frist nicht nach, haftet er für solche Mängel nach den gesetzlichen Vorschriften; die Verjährung für solche Ansprüche wird auf 3 Monate verkürzt.
Der Veräußerer erklärt, daß ihm verborgene Mängel, die bei einer Besichtigung nicht erkannt werden können, insbesondere schädliche Bodenveränderungen aus der früheren Lagerung, Verfüllung oder Verarbeitung von gefährlichen Stoffen nicht bekannt sind.

VIII. Grundbucherklärungen
1. Auflassungsvormerkung
Zur Sicherung des Anspruchs des Erwerbers auf Verschaffung des Eigentums am Kaufobjekt bewilligt der Veräußerer und beantragt der Erwerber die Eintragung einer
Vormerkung gemäß § 883 BGB
für den Erwerber im angegebenen Anteilsverhältnis, im Rang nach den in Abschnitt I. aufgeführten Belastungen.
Der Erwerber bewilligt und beantragt bereits heute die Löschung dieser Vormerkung Zug um Zug mit Vollzug der Auflassung im Grundbuch, vorausgesetzt, daß inzwischen Eintragungen ohne Zustimmung des Erwerbers nicht erfolgt sind.
Die Vertragsteile bewilligen und beantragen weiter bei der Vormerkung die Eintragung eines Rangvorbehalts des Inhalts, daß die Eintragung von Grundschulden/Hypotheken für beliebige Gläubiger bis zur Höhe des Kaufpreises samt Jahreszinsen bis zu 20% seit heute und einer einmaligen Nebenleistung bis zu 10% des Grundpfandrechtsbetrages im Vorrang vor der Vormerkung vorbehalten bleibt, jedoch nur für solche Grundpfandrechte, die vom Erwerber in Ausübung der in dieser Urkunde erteilten Vollmacht bewilligt werden.
2. Lastenfreistellung
Die Vertragsteile stimmen der Löschung sämtlicher Belastungen, die vom Erwerber nicht übernommen werden, mit dem Antrag auf Vollzug im Grundbuch zu.
3. Vollzugsnachricht
Sämtliche Vollzugsnachrichten des Grundbuchamtes sind an den amtierenden Notar zu senden.
4. Anweisung
Die Vertragsteile weisen den Notar unwiderruflich an, die Eigentumsumschreibung erst zu beantragen, wenn ihm die vollständige Zahlung des Kaufpreises vom Veräußerer schriftlich oder vom Erwerber durch Vorlage einer Bescheinigung seiner Bank über die

Ausführung der Überweisung des Kaufpreises nachgewiesen wird und die Unbedenklichkeitsbescheinigung des Finanzamts – GrESt – vorliegt.
Bis zu diesem Zeitpunkt sind Ausfertigungen oder beglaubigte Abschriften nur ohne die Anlage zu dieser Urkunde zu erteilen. Die Vertragsteile verweisen hiermit auf diese Anlage.

IX. Vollzug des Vertrages
Die Beteiligten bevollmächtigen den Notar,
a) alle Anträge, Bewilligungen und Erklärungen abzugeben, ggfs zu ändern, die zum Vollzug dieser Urkunde im Grundbuch zweckdienlich sind;
b) alle zu diesem Vertrag erforderlichen Genehmigungen und Zeugnisse zu beantragen und entgegenzunehmen, sowie gegebenenfalls gemäß § 510 BGB diesen Vertrag der Gemeinde anzuzeigen.

Gerichtliche oder behördliche Genehmigungen zu diesem Vertrag sind nicht erforderlich.
Der Notar belehrte über die Möglichkeit des Bestehens gesetzlicher Vorkaufsrechte (insbesondere nach Naturschutz-, Baugesetzbuch).
Er wies darauf hin, daß das Eigentum erst umgeschrieben wird, wenn die Gemeinde bescheinigt hat, daß ein Vorkaufsrecht nach §§ 24 ff BauGB nicht besteht oder nicht ausgeübt wird.

X. Mitwirkung bei der Finanzierung, Finanzierungsvollmacht[16]
Der Veräußerer verpflichtet sich, am Vertragsobjekt Grundpfandrechte für Rechnung des Erwerbers zur Kaufpreisfinanzierung zu bestellen, wenn gleichzeitig die nachfolgend aufgeführte Sicherungsvereinbarung zwischen ihm und dem Grundpfandrechtsgläubiger vereinbart wird.
Der Veräußerer erteilt hiermit dem Erwerber – mehreren jeweils einzeln – die von etwaigen Genehmigungen zu diesem Vertrag unabhängige Vollmacht, das Kaufobjekt auf Kosten des Erwerbers mit Grundpfandrechten für der deutschen Finanzdienstleistungsaufsicht unterliegende Kreditinstitute und Versicherungen bis zum Gesamtbetrag von 80 000,– € samt beliebigen Zinsen und Nebenleistungen zu belasten, das Kaufobjekt in Ansehung solcher Grundpfandrechte der Zwangsvollstreckung in dinglicher Hinsicht zu unterwerfen und den Grundbuchvollzug einschließlich dinglicher Zwangsvollstreckungsunterwerfung, Löschungen, Teillöschungen und Rangeinweisungen zu bewilligen und zu beantragen.
Für den Veräußerer kann jedoch keine persönliche Haftung übernommen werden.
Von der Vollmacht kann nur Gebrauch gemacht werden, wenn gleichzeitig in der Grundpfandrechtsbestellungsurkunde die nachfolgende Sicherungsvereinbarung enthalten ist, die folgenden Wortlaut haben muß:
„Der Gläubiger darf das Grundpfandrecht nur insoweit als Sicherheit verwerten und/oder behalten, als er tatsächlich Zahlungen mit Tilgungswirkung auf die Kaufpreisschuld des Käufers geleistet hat. Ist die Grundschuld zurückzugewähren, so kann nur Löschung verlangt werden, nicht Abtretung oder Verzicht. Alle weiteren innerhalb oder außerhalb dieser Urkunde getroffenen Zweckbestimmungserklärungen, Sicherungs- und Verwertungsvereinbarungen gelten daher erst nach Eigentumsumschreibung."
Mit dieser Einschränkung ist der Erwerber auch bevollmächtigt, Zweckbestimmungserklärungen und Sicherungsvereinbarungen im Namen des Veräußerers zu unterzeichnen.
Die Erwerber erteilen sich hiermit gegenseitig Vollmacht, die vorgenannten Grundpfandrechte samt dinglicher Zwangsvollstreckungsunterwerfung zu bestellen, sowie persönliche Schuldanerkenntnisse samt persönlicher Zwangsvollstreckungsunterwerfung jeweils im Namen des Vollmachtgebers zu erklären und mit der für ihn eingetragenen bzw zur Eintragung kommenden Auflassungsvormerkung im Rang hinter solche Grundpfandrechte zurückzutreten bzw Rangeinweisungen vorzunehmen.

---

[16] Vgl hierzu Rdn 3158 ff sowie insbesondere Ertl MittBayNot 1989, 53.

B. Einzelfälle

XI. Kosten, Ausfertigungen
1. Die Kosten dieser Urkunde und ihres Vollzuges und die anfallende Grunderwerbsteuer trägt der Erwerber.
Der Veräußerer wurde auf seine gesetzliche Mithaft hingewiesen.
Die Kosten der Lastenfreistellung und der Vollmachtsbestätigung von Frau Bauer trägt der Veräußerer.
2. Von dieser Urkunde erhalten:
Die Vertragsteile und das Grundbuchamt,
beglaubigte Abschrift;
das Finanzamt – Grunderwerbsteuerstelle –
der Gutachterausschuß
je Abschrift.
Die Gemeinde erhält im Rahmen der Vorkaufsrechtsanfrage eine auszugsweise Abschrift (nur Abschnitte I – ohne Belastungen – und II).

XII. Belehrungen
Der Notar hat über folgendes belehrt:
1. Das Eigentum am Vertragsobjekt geht nicht schon mit Unterzeichnung dieses Vertrages, sondern erst mit Umschreibung im Grundbuch auf den Erwerber über; hierzu ist neben der Kaufpreiszahlung die grunderwerbsteuerliche Unbedenklichkeitsbescheinigung nötig.
2. Für die auf dem Vertragsobjekt ruhenden öffentlichen Abgaben und Lasten, insbesondere Erschließungsbeiträge haftet der Gemeinde gegenüber der jeweilige Grundstückseigentümer. Die in diesem Vertrag geregelte Verteilung der Kosten betrifft nur das Innenverhältnis zwischen Veräußerer und Erwerber.
3. Alle Vereinbarungen dieses Vertrages müssen richtig und vollständig beurkundet sein, nicht oder nicht richtig beurkundete Abreden sind unwirksam und können unter Umständen den ganzen Vertrag unwirksam machen.
4. Wenn der Vertragsgrundbesitz innerhalb der letzten 10 Jahre erworben, ererbt, aus einem Betriebsvermögen oder in ein Betriebsvermögen eingeleitet wurde, kann die Übertragung des Grundbesitzes Einkommensteuer nach § 23 EStG auslösen, bei der auch bauliche Veränderungen und Abschreibungen gewinnwirksam werden können. Den Beteiligten wurde vor der Beurkundung empfohlen, sich in diesem Fall steuerlichen Rat beim Steuerberater oder Finanzamt einzuholen.[17]

Vorgelesen samt Anlage vom Notar, von den Beteiligten genehmigt und eigenhändig unterschrieben: (folgen Unterschriften)

Anlage

zum Kaufvertrag, Urkunde des Notars Alfred Hagen in Altstadt vom ...   URNr ...

Auflassung zum Kaufvertrag:
Die Vertragsteile sind über den Übergang des Eigentums gemäß Abschnitt II. des Kaufvertrages auf den Erwerber im angegebenen Anteilsverhältnis einig. Der Veräußerer bewilligt und der Erwerber beantragt die Eintragung der Rechtsänderung im Grundbuch.
Ende der Anlage.

Probleme des Grundstückskaufes als besonderes wichtiges Grundstücksgeschäft sind in **Rdn 3100 ff** systematisch behandelt. Zum Prüfungsrecht des Grundbuchamts im Hinblick auf § 925 a BGB s Rdn 3299. 850

Der **Notar** hat bei der Beurkundung von Kaufverträgen in Erfüllung seiner Verpflichtungen aus § 17 BeurkG nicht nur dafür zu sorgen, daß eine wirk- 851

---

[17] Formulierung nach Tiedtke und Wälzholz NotBZ 2000, 133 (139).

same Urkunde errichtet und der erstrebte Rechtserfolg erreicht wird. Er hat das Beurkundungsverfahren so zu gestalten, daß die Einhaltung seiner Grundpflichten aus § 17 Abs 1 und 2 BeurkG stets gewährleistet ist (§ 17 Abs 2 a S 1 BeurkG).[18] Zu den darüber hinausgehenden Verfahrensgrundsätzen bei Verbraucherverträgen s Rdn 3144 b. Dabei obliegen ihm erhebliche **Belehrungspflichten**,[19] die sich insbesondere auf die rechtliche Verzahnung von Leistung und Gegenleistung beziehen; er hat nicht nur über die möglichen rechtlichen Folgen einer beabsichtigten Vorleistung zu belehren, sondern auch Wege vorzuschlagen, diese Risiken zu vermeiden.[19a] Der Notar hat über die vorhandenen Belastungen des Kaufobjekts und die Möglichkeiten einer Sicherung des lastenfreien Erwerbs zu belehren.[20] Er muß vor jeglicher Zahlung vor Sicherung der Lastenfreistellung ausdrücklich warnen.[21] Umgekehrt muß er den Verkäufer vor Aufgabe von Eigentum oder Nutzung vor Sicherstellung des Kaufpreises warnen bzw für entsprechende vertragliche Abhilfe sorgen (zB Aussetzung der Auflassung oder der Bewilligung oder Aufschub der Umschreibung [s dazu Rdn 3203 mit Einzelheiten], Rückauflassungsvormerkung, Kaufpreisresthypothek);[22] das gleiche gilt, wenn der Verkäufer dem Käufer Vollmacht zur Grundstücksbelastung vor Kaufpreiszahlung erteilt[23] (s dazu Rdn 3158 ff), ebenso für sonstige mögliche Hindernisse für den Eigentumserwerb, zB Genehmigungen oder auch das Vorkaufsrecht nach §§ 24 ff BauGB. Angesichts der Gefahren, die die Ausübung des Vorkaufsrechts zum Verkehrswert (§ 28 Abs 3 BauGB) für den Rückzahlungsanspruch des Käufers mit sich bringen kann, ist dringend zu empfehlen, die Fälligkeit des Kaufpreises von der Vorlage des Negativzeugnisses abhängig zu machen.

---

[18] Vgl hierzu Brambring DNotI-Report 1998, 184; Winkler ZNotP 1999 Beilage 1.
[19] Vorschläge für Belehrungsvermerke s Stauch BWNotZ 1984, 97; zur Beweislast s DNotZ 1985, 25.
[19a] BGH DNotZ 1998, 637; OLG Köln RNotZ 2003, 202.
[20] OLG Düsseldorf DNotZ 1976, 681; KG DNotZ 1976, 681; BGH DNotZ 1976, 629 mit weit Nachw; BGH DNotZ 1978, 177; BGH DNotZ 1984, 638 (zur Aufnahme der Belastungen in die Urkunde); BGH DNotZ 1989, 449 = NJW 1989, 102 (wegen Auflassungsvormerkung). Zur Belehrung über § 1365 BGB s BGH DNotZ 1975, 620 mit Anm Reithmann; zur Belehrungspflicht hinsichtlich Insolvenzordnung, Anfechtsgesetz s Röll DNotZ 1976, 453; Uhlenbruck MittRhNotK 1994, 305; Grziwotz NotBZ 2000, 9; zur Belehrungspflicht, wenn Zwangsversteigerung angeordnet ist, s OLG Düsseldorf VersR 1991, 1297; Jursnik MittBayNot 1999, 125 und 433.
[21] BGH DNotZ 1998, 637 mit Anm Reithmann; BGH DNotZ 1995, 407 mit Anm Haug; BGH DNotZ 1976, 629 mit weit Nachw; BGH DNotZ 1973, 240; KG DNotZ 1979, 681 = VersR 1979, 472. Diese Belehrungspflicht gilt auch bei Rechtsgeschäften zwischen nahen Angehörigen, BGH DNotZ 1997, 64.
[22] OLG Düsseldorf DNotZ 1977, 661; OLG Celle DNotZ 1972, 763; OLG Hamm DNotZ 1982, 751 (Leits) = VersR 1982, 807; OLG Düsseldorf DNotZ 1983, 55; OLG Hamm DNotZ 1992, 821 (Amtspflichtverletzung, wenn grunderwerbsteuerliche Unbedenklichkeitsbescheinigung Kaufpreisfälligkeitsvoraussetzung ist); BGH DNotZ 1992, 813; instruktiv Kanzleiter DNotZ 1996, 242.
[23] Zur Pflicht des Verkäufers, bei einer Finanzierung mitzuwirken, vgl Brych DNotZ 1974, 413; Wolfsteiner MittBayNot 1981, 1 (11); BGH DNotZ 1978, 478; LG Hanau MittBayNot 1981, 150; LG Stuttgart BWNotZ 1980, 68; Ertl MittBayNot 1989, 53; s auch Rdn 3158.

B. Einzelfälle

Wegen Grundbucheinsicht durch den Notar s Rdn 534. Die Flurkarte hat der Notar nicht einzusehen,[24] wohl aber – wo nötig – weitere Sachverhaltsklärung von den Beteiligten zu fordern. Belastungen sind bei Grundstückskaufverträgen grundsätzlich zu erwähnen.[25]

Meist wird eine Abwicklung der gegenseitigen Leistungen der Vertragsteile, die die beiderseitigen Sicherungsinteressen berücksichtigt, ohne **treuhänderische Mitwirkung des Notars** beim Vollzug gar nicht möglich sein, sei es über die Hinterlegung des Kaufpreises (s dazu Rdn 3152) oder bei Direktzahlung des Käufers durch die Mitteilung über die Fälligkeit des Kaufpreises,[26] die Überwachung der Eigentumsumschreibung,[27] das Anfordern von Löschungsunterlagen zu treuen Händen mit anschließender Zahlungsabwicklung von Bank zu Bank, die Einholung von Genehmigungen, Vorkaufsrechtsbescheinigungen. 852

Diese Rdn ist entfallen. 853

Der Grundstückskaufvertrag ist nach § 311 b Abs 1 BGB **beurkundungspflichtig**. Zu dieser Vorschrift, die regelt, was und wann beurkundet werden muß, s Rdn 3100 ff. Wie zu beurkunden ist, regelt das Beurkundungsgesetz (§§ 9 ff). Der zu beurkundende Vertrag kann auch **als Anlage zur Niederschrift** genommen werden (§ 9 Abs 1 S 2 BeurkG), zB wenn die Parteien einen bereits fertig formulierten Vertrag zur Beurkundung übergeben. Da die Belehrungspflicht des Notars nach § 17 BeurkG auch eine solche Anlage in gleicher Weise umfaßt wie eine eigene Formulierung, wird dies eher selten vorkommen. Es wird dann in die Niederschrift die Erklärung aufgenommen. 854

> Die Erschienenen übergeben den als Anlage zu dieser Niederschrift genommenen, von ihnen unterzeichneten und mit dem ... datierten Kaufvertrag über den im Grundbuch von ... (Band ...) Blatt ... eingetragenen Grundbesitz und erklären: Wir bekennen uns voll und ganz zum Inhalt des übergebenen Vertrags, an dem wir keinerlei Änderungen (oder: folgende Änderungen) vornehmen

Auf die Anlage muß in der Urkunde selbst verwiesen werden (§ 9 Abs 1 S 2 BeurkG). Die Verweisung muß als Erklärung der Beteiligten protokolliert werden und den Willen erkennen lassen, daß die Erklärungen in der beigefügten Anlage ebenfalls Gegenstand der Beurkundung sein sollen.[28] Die Anlage muß mit vorgelesen werden; Schlußformel zB wie folgt:[29]

---

[24] AA – unrichtig – OLG Frankfurt NJW-RR 1991, 154; dazu auch Reithmann MittBayNot 1994, 203.
[25] RG HRR 1939, 395; BGH DNotZ 1984, 636 (638).
[26] Vgl dazu BGH 96, 157 = DNotZ 1986, 406 mit Anm Hanau = NJW 1986, 576; BGH DNotZ 1987, 560; KG DNotZ 1987, 577.
[27] OLG Köln BB 1994, 2444 (Kaufpreisbestätigung durch vollmachtlosen Vertreter); vgl OLG Köln MittRhNotK 1986, 269 (zur Verweigerung der Umschreibung, wenn Zahlung streitig ist); vgl hierzu auch OLG Frankfurt OLGZ 1992, 41; LG Karlsruhe BWNotZ 1991, 147; LG Köln MittRhNotK 1995, 144 (Zahlung auf anderes Konto); Renner NotBZ 1999, 205 (Bestätigung des Verkäufers, daß er Scheck erhalten hat).
[28] BGH DNotZ 1995, 35 = NJW 1994, 2095; BGH MittBayNot 1997, 33 = MittRhNotK 1997, 19 = NJW 1997, 312; OLG Köln BB 1993, 317 = Rpfleger 1993, 71.
[29] Gültigkeitsvoraussetzung ist das nicht (der allgemeine Abschlußvermerk deckt auch das Vorlesen der Anlage), wohl aber aus Beweisgründen zweckmäßig; Winkler Rdn 56 zu § 9 BeurkG mit weit Nachw; BGH DNotZ 1995, 26 = NJW 1994, 1288 = Rpfleger 1994, 412; OLG München MittBayNot 1981, 149; OLG Celle Rpfleger 1983, 310.

2. Teil. III. Erste Abteilung des Grundbuchs

Samt Anlage vorgelesen, genehmigt und eigenhändig wie folgt unterschrieben

Die Anlage selbst bekommt am besten eine besondere Überschrift, insbesondere aus Beweissicherungsgründen, etwa:

Anlage zu dem Kaufvertrag Urk-Rolle ...   Notar ......

Die Anlage ist mit der Niederschrift durch Schnur und Siegel zu verbinden (§ 44 BeurkG). Die Anlage muß von den Beteiligten nicht gesondert unterschrieben werden (anders § 14 BeurkG, der aber auch nur Sollvorschrift ist).[30]

Ist die Auflassung (wie im Muster) in einer Anlage enthalten, so genügt es, wenn zur Eigentumsumschreibung lediglich eine auszugsweise beglaubigte Abschrift der Urkunde, nämlich nur die Anlage (Auflassung), dem Grundbuchamt vorgelegt wird, wenn bereits vorher wegen der Vormerkung das Grundbuchamt die Hauptkurunde (ohne die Anlage) erhalten hat. Diese auszugsweise Beglaubigung ist zulässig, da sie einen eindeutig von anderen Bestimmungen trennbaren Gegenstand betrifft und die Hauptkurunde durch Angabe von Notar, Urkundenrollennummer und Jahr zweifelsfrei bezeichnet ist. Weitere Voraussetzungen (zB Urkundeneingang, Grundbuchstand, Unterschriften) verlangt § 42 Abs 3 BeurkG nicht.[31]

Zur Behandlung von Karten, Zeichnungen, Abbildungen, Handrissen als Anlagen nach § 9 Abs 1 S 3 BeurkG s Rdn 871 ff. Zur Verweisung nach § 13 a BeurkG s Rdn 3122.

Vollmachten oder sonstige Vertretungsnachweise sind keine Anlagen im Sinne des § 9 BeurkG; für sie gilt § 12 BeurkG.

15. Verkauf einer Eigentumswohnung

855 Grundsätzlich kann hier das Grundstückskaufvertragsformular mit entsprechender terminologischer Abwandlung verwendet werden. Bezeichnung des WE (TE) als Kaufgegenstand s Rdn 3145. Ist zur Veräußerung des Wohnungseigentums die Verwalterzustimmung (§ 12 WEG) nötig (dazu Rdn 2896), sollte ihr Vorliegen weitere Kaufpreisfälligkeitsvoraussetzung sein, da erst mit ihr der schuldrechtliche Vertrag wirksam wird.

856 Wird eine vermietete Eigentumswohnung veräußert, ist zu prüfen, ob ein Mietervorkaufsrecht besteht (s dazu Rdn 4180). Zur Regelung beim Besitzübergang s im übrigen Rdn 3175.

857 Beim Verkauf von Wohnungseigentum wird häufig vom Verkäufer die Zusicherung verlangt, daß die Wohnung keinen Bindungen nach dem Wohnungsbindungsgesetz unterliegt. Eine generelle diesbezügliche Belehrungspflicht des Notars ohne besondere Anhaltspunkte besteht nicht.[1]

858 Bei Verkauf von Wohnungs/Teileigentum sollte die Übernahme der laufenden Lasten des Wohnungseigentums stets geregelt werden, zB wie folgt:

---

[30] Siehe wegen der Vertragsbeurkundung bei Übergabe einer Anlage auch OLG Celle DNotZ 1954, 32 mit Anm Keidel.
[31] LG Ingolstadt Rpfleger 1992, 289; Winkler Rdn 32 zu § 42 BeurkG; die Gegenansicht Jansen, FGG, Rdn 10 zu § 42 BeurkG, übersieht, daß die früheren formellen Vorschriften der § 182 Abs 2 FGG und der hierzu erlassenen landesrechtlichen Ausführungsgesetze (zB Art 47 PrFGG) aufgehoben und durch § 42 Abs 3 BeurkG ersetzt worden sind.
[1] OLG Köln DNotZ 1987, 695; OLG Düsseldorf VersR 1993, 236; s auch Rdn 3162.

B. Einzelfälle

Eintritt in die Eigentümergemeinschaft
Der Erwerber übernimmt die sich aus der Teilungserklärung samt Gemeinschafts- und Hausordnung und den Beschlüssen der Eigentümergemeinschaft ergebenden Rechte und Verpflichtungen, insbesondere die Pflicht zur Zahlung des Wohngeldes mit Wirkung ab Besitzübergang.
Für etwaige Restforderungen auf das Wohngeld aus einem im Zeitpunkt des Besitzüberganges bereits abgeschlossenen Wirtschaftsjahr haftet noch der Veräußerer; ihm stehen auch etwaige Guthaben hieraus zu.
Für etwaige Restforderungen auf das Wohngeld aus dem laufenden Wirtschaftsjahr, haften Veräußerer und Erwerber anteilig im Verhältnis der Dauer ihrer Besitzzeit.
Entsprechendes gilt für die Verteilung etwaiger Guthaben. Soweit jedoch Verbrauchskosten durch Messung festgestellt und entsprechend umgelegt wird, trägt sie bis zum Besitzübergang der Veräußerer, anschließend der Erwerber.
Der Notar hat darüber belehrt, daß gegenüber der Wohnungseigentümergemeinschaft der Veräußerer bis zur Eigentumsumschreibung für das Wohngeld haftet, unabhängig von den Vereinbarungen zwischen Veräußerer und Erwerber.
Ein etwaiges Guthaben des Veräußerers am Verwaltungsvermögen, einschließlich Instandsetzungsrücklage, wird entschädigungslos auf den Erwerber übertragen.[2]
Vor Besitzübergang ausgeführte Reparaturen am Gemeinschaftseigentum, die nicht von der Rücklage gedeckt sind, gehen zu Lasten des Veräußerers, spätere zu Lasten des Erwerbers. Der Veräußerer versichert, daß Beschlüsse über Instandsetzungsmaßnahmen, die nicht von der Rücklage gedeckt sind, bis heute nicht gefaßt sind.
Der Veräußerer bevollmächtigt den Erwerber, ab ... für ihn das Stimmrecht in Eigentümerversammlungen auszuüben und Ladungen hierzu in Empfang zu nehmen.
Eine Zustimmung des Verwalters ist erforderlich.

16. Verkauf einer nicht vermessenen Teilfläche

Literatur: Böhmer, Zur bestimmten Bezeichnung einer noch nicht vermessenen Grundstücksteilfläche, MittBayNot 1998, 329; von Campe, Zum Bestimmtheitserfordernis bei der Bezeichnung von Grundstücksteilflächen – Vereinbarungen eines Leistungsbestimmungsrechts als Problemlösung? DNotZ 2000, 109; von Campe, Teilflächenverkauf, Bestimmtheitsgrundsatz und Leistungsbestimmungsrecht in der neueren Rechtsprechung, NotBZ 2003, 41; Geißel, Der Teilflächenverkauf, MittRhNotK 1997, 333.

(Eingang wie üblich) 859

Paul Bauer verkauft an Fritz Land von seinem im Grundbuch von Asch (Band 1) Blatt 5 eingetragenen Grundstück Flurstück 10 Ackerland am Berg 50 a 30 m² der Markung Asch ein amtlich noch nicht wegvermessenes Trennstück (Teilfläche), das wie folgt begrenzt wird:
a) im Norden durch die Grenze des Grundstücks zu FlStNr 11,
b) im Süden durch den quer durch das Grundstück laufenden, vom Verkäufer angelegten Privatweg, ohne diesen Weg selbst,
c) im Osten durch eine Linie, die parallel der Ostgrenze des Grundstücks, aber in einem Abstand von 3 m ab dieser, verläuft,
d) im Westen durch den auf dem Grundstück stehenden Zaun, wobei dieser Zaun gerade noch auf dem verkauften Trennstück steht.

Die verkaufte Fläche hat eine Größe von ca 215 m², ohne daß damit eine bestimmte Größe garantiert oder als Beschaffenheit vereinbart ist; ein abweichender Flächeninhalt der Teilfläche hat lediglich Bedeutung für die Kaufpreisfestsetzung.

Die Vertragsteile verpflichten sich, die Auflassung zu erklären, wenn der amtliche Veränderungsnachweis und die Unbedenklichkeitsbescheinigung des Finanzamts – GrESt – dem Notar vorliegen und der Kaufpreis vollständig bezahlt ist.

---

[2] Siehe dazu Rdn 3148 mit Fußn 23.

2. Teil. III. Erste Abteilung des Grundbuchs

> Die Vermessung beantragen die Vertragsteile selbst. Die Kosten der Vermessung und Abmarkung trägt ...
> **Kaufpreis:**
> Der Kaufpreis beträgt 300,– €/m², somit für die angenommene Fläche von 215 m² 64 500,– €
> – i. W. vierundsechzigtausendfünfhundert Euro –.
> Sollte sich auf Grund der amtlichen Vermessung eine Abweichung gegenüber der angenommenen Fläche von 215 m² ergeben, so ist das Mehr- oder Mindermaß mit 300,– €/m² bei Beurkundung der Auflassung zinslos auszugleichen. Trotz Belehrung durch den Notar wird auf die Absicherung eines Rückzahlungsanspruchs des Erwerbers bei etwaigem Mindermaß, zB durch Bankbürgschaft, verzichtet.[1]

(Folgen die sonst üblichen Bestimmungen)

860 Statt der in Worten gegebenen Beschreibung der Teilfläche kann auch formuliert werden:

> Das verkaufte Trennstück ist in dem beigefügten Lageplan mit den Buchstaben A – B – C – D – A rot umrandet. Die Vertragsteile nehmen auf diesen Lageplan, der der Urkunde als Anlage beigefügt ist, Bezug; er lag den Beteiligten während der Beurkundung zur Durchsicht vor.

Nur selten (zB bei Straßengrundabtretung) kann es zweckmäßig sein, in den Vertrag folgende Vollmacht aufzunehmen:

17. Vollmacht beim Verkauf einer nicht vermessenen Teilfläche

861
> Der Käufer erteilt hiermit für sich und seine Erben dem Verkäufer Vollmacht, ihn bei Beurkundung der Auflassung zu vertreten und alle Erklärungen, Bewilligungen und Anträge abzugeben, die zum Vollzug der Auflassung und des Veränderungsnachweises erforderlich oder zweckdienlich sind.
> Der Bevollmächtigte ist von den Beschränkungen des § 181 BGB befreit.

Im Regelfall sollten Verkäufer und Käufer an der Beurkundung der Auflassung persönlich teilnehmen, Ausnahmsweise kann Vollmacht zugunsten einer Vertragspartei zweckmäßig sein (zB bei Straßengrundabtretungen). Stets zweckmäßig ist Auflassungsvollmacht mehrerer Käufer oder Verkäufer untereinander. Vorsicht ist geboten für Vollmachten für das Personal des Notars (s Rdn 3323).

18. Nachtrag zum Trennstücksverkauf

862 (Eingang wie üblich)

> Es erscheinen, persönlich bekannt:
> 1. Herr Fritz Land, Landwirt und Schmiedemeister hier,
> 2. Herr Paul Bauer, Landwirt hier.
> Die Beteiligten erklärten:
> Die in der diesamtlichen Vorurkunde URNr ... verkaufte Teilfläche ist vermessen. Das Messungsergebnis ist enthalten im amtlich geprüften Auszug aus dem Veränderungsnachweis des Vermessungsamts ... für die Gemarkung Asch Nr ...
> Wir erkennen das Ergebnis der Vermessung als richtig an.

---

[1] Vgl OLG Nürnberg DNotZ 1990, 458.

B. Einzelfälle

Wir sind über den Übergang des Eigentums an dem gemäß Veränderungsnachweis Nr...
für die Gemarkung Asch neu gebildeten Grundstück
Flurstück 10/2 Gemarkung Asch,
        Gartenland am Berg mit 2 a 20 m²
auf den Erwerber Fritz Land einig.
Der Veräußerer Paul Bauer bewilligt und ich, der Erwerber Fritz Land beantrage die Eintragung der Eigentumsänderung in das Grundbuch.
Der Kaufpreis beträgt gemäß der Vorurkunde 300,– €/m², somit für die Gesamtfläche von
220 m²   66 000,– €.
64 500,– € sind bereits bezahlt; der Restbetrag von 1500,– € ist sofort fällig.
Die dem Paul Bauer verbliebene Restfläche von 48 a 10 m² ist Flurstück 10/1.
Vom Notar vorgelesen, vom Beteiligten genehmigt und unterschrieben
        Fritz Land   Paul Bauer   Notar Rasch

a) Beurkundung des schuldrechtlichen Vertrags

Der **schuldrechtliche Vertrag** kann auch bereits beurkundet werden, wenn bei 863
Veräußerung eines Grundstücksteils ein **Veränderungsnachweis** samt Lageplan (Rdn 598–600) noch nicht vorliegt. Dann muß aber[1]
- **Willensübereinstimmung** der Vertragsparteien bestehen. Diese müssen sich über die Größe, die Lage und den Zuschnitt der Fläche, deren Grenzziehung (Vermessung und Vermarkung) erst noch erfolgen soll, einig sein (inhaltliche **Bestimmtheit** des Vereinbarten). Der von den Vertragsparteien gewollte (und vereinbarte) Bestimmtheitsgrad kann dabei variieren[2] von abschließender Festlegung einerseits bis zu einem vereinbarten weitgehenden Bestimmungsrecht einer Partei (s Rdn 868) andererseits;
- dieser Wille in der **Urkunde** seinen Niederschlag gefunden haben, in der Urkunde somit zum Ausdruck gebracht sein, worauf die Vertragschließenden sich geeinigt haben (**Beurkundungserfordernis** nach § 311b Abs 1 S 1 BGB, das sich auch auf diese genaue Bezeichnung des Verpflichtungsgegenstandes erstreckt).

Beide Voraussetzungen müssen für die Wirksamkeit des Rechtsgeschäfts nebeneinander vorliegen. Ungenügende Bezeichnung des beabsichtigten Grenzverlaufs der nach übereinstimmenden Vorstellungen der Beteiligten veräußerten Fläche führt zur Formnichtigkeit (zum Ausnahmefall der sog falsa demonstratio s Rdn 875).

b) Bezeichnung der veräußerten Teilfläche

aa) Bestimmtheit der Fläche. Bezeichnung des Vertragsgegenstandes im 864
schuldrechtlichen Vertrag zur Begründung der Leistungspflicht des Veräußerers (beim Kauf § 433 Abs 1 S 1 BGB) erfordert,[3] daß
- entweder auf Grund der beschreibenden Angaben in der Vertragsurkunde

---

[1] Dazu grundsätzlich und mit Einzelheiten BGH 150, 334 = DNotZ 2002, 937 = MittBayNot 2002, 390 mit Anm Kanzleiter = NJW 2002, 2247 = Rpfleger 2002, 513. Ältere Rechtsprechung damit zum Teil überholt; siehe RG JW 1925, 2237 und DR 1941, 2192; BGH NJW 1988, 1262; BGH NJW 1989, 898 = DNotZ 1989, 503; BGH DNotZ 1989, 41; BGH DNotZ 2000, 121 = NJW-RR 1999, 1030; OLG Brandenburg DNotI-Report 1998, 82.
[2] BGH 150, 334 = aaO; BGH NotBZ 2002, 59; OLG Düsseldorf MittBayNot 2002, 44; Kanzleiter MittBayNot 2002, 13.
[3] BGH 150, 334 = aaO.

– oder anhand einer zeichnerischen – nicht notwendig maßstabgerechten – Darstellung
die veräußerte Teilfläche genau ermittelt (festgestellt) werden kann. Von beiden Möglichkeiten gleichzeitig Gebrauch zu machen ist nicht erforderlich, allerdings vielfach zweckmäßig. Ist der veräußerte Grundstücksteil keine durch gerade Linien begrenzte geometrische Figur, so wird eine wörtliche Beschreibung vielfach überhaupt nicht möglich sein, so daß die Verweisung auf einen Lageplan die einzige Möglichkeit zur Kennzeichnung der Grenzen des Grundstücksteiles ist. Soll die exakte Flächengröße entscheidend für den Zuschnitt der Teilfläche sein, müssen bei der Festlegung von deren geometrischer Form diejenigen Grenzen, die verschiebbar sind (um den gewollten Flächeninhalt zu erreichen) als solche gekennzeichnet werden.[4] Daß auch jeder außenstehende Dritte auf Grund der Angaben im Vertrag oder der zeichnerischen Darstellung die Grenzen der veräußerten Grundstücksteilfläche einwandfrei und unschwer feststellen kann, gebietet das nicht. Wenn aus mehreren Grundstücken noch zu vermessende Teilflächen veräußert werden, gilt das Gebot bestimmter Flächenbezeichnung für jedes der Grundstücke; Bezeichnung nur der Gesamtfläche („Größe etwa ..."), nicht aber der Einzelflächen und deren Lage, genügt daher nicht.[5]

865 **bb) Bezeichnung in der Vertragsurkunde.** Für Bezeichnung (Beschreibung) des Vertragsgegenstandes in der Urkunde werden in der Regel die Grenzen des Trennstücks nach den vier Himmelsrichtungen festgelegt. Vielfach können in der Natur bei Beurkundung vorhandene Merkmale von gewisser Bestandsdauer[6] wie Bäume, Grenzsteine, Telegrafenmasten und ähnliche Leitungen, Winkel, abgesteckte Pflöcke,[7] Zäune oder Metermaß den erforderlichen und zulässigen Ausgangspunkt für die Beschreibung des Grundstücksteils im Vertrag bilden.

866 **cc) Verweisung auf Lageplan.** Bezeichnung der veräußerten Teilfläche durch **Verweisung** auf eine der Urkunde als **Anlage** beigefügte bildliche Darstellung (Lageplan, Karte, Handskizze, auch Lichtbild) ermöglicht § 9 Abs 1 BeurkG. Maßstabgerecht muß der Plan oder die Skizze nicht notwendig sein.[8] Sie muß aber eine zureichende Abgrenzung ermöglichen;[9] dies verlangt Einzeichnung von eindeutigen Markierungspunkten, die keinen Zweifel an der geometrischen Form der veräußerten Fläche lassen. Soll nach dem Willen der Vertragsparteien die noch zu vermessende Teilfläche bereits im schuldrechtlichen Vertrag abschließend festgelegt sein, ist nach BGH[10] eine nicht maßstabgerechte Planskizze nicht ausreichend, der Vertrag nach § 155 BGB mangels Bestimmtheit unwirksam, wenn sich hieraus Zweifelsfragen ergeben. Die

---

[4] Vgl Böhmer MittBayNot 1998, 329 (331).
[5] BGH DNotZ 1969, 286, = NJW 1969, 131 = Rpfleger 1969, 44.
[6] BGH DNotZ 1969, 486 = NJW 1969, 502.
[7] BGH DNotZ 1989, 503.
[8] BGH 150, 334 = aaO unter teilweiser Korrektur von BGH DNotZ 2000, 121 = NJW-RR 1999, 1030; vCampe NotBZ 2003, 41 (42). Kritisch zum maßstabgerechten Plan überhaupt Kanzleiter MittBayNot 2002, 393.
[9] Arnold DNotZ 1980, 262 (270); BGH NJW 1988, 1262; BGH NJW 1989, 898 = MittBayNot 1989, 76.
[10] BGH 150, 334 = aaO.

B. Einzelfälle

Verweisung auf die Anlage muß in die Niederschrift als Erklärung der Beteiligten aufgenommen werden,[11] zB mit der Formulierung:

> Die verkaufte Teilfläche ist in dem dieser Urkunde als Anlage beigefügten Lageplan, auf den verwiesen wird, rot eingezeichnet.

Ein bestimmter Wortlaut der Verweisung ist nicht vorgeschrieben; doch muß aus der Formulierung der Wille hervorgehen, die Anlage zum Erklärungsinhalt zu machen.[12] Die bloße Beiheftung der Karte (Skizze usw) zur Urkunde ohne Aufnahme einer entsprechenden Verweisungserklärung der Beteiligten genügt nicht den zwingenden Vorschriften des Beurkundungsverfahrens, ist somit formunwirksam.[13] An Stelle des nicht möglichen Vorlesens sind die bildlichen Darstellungen den Beteiligten zur Durchsicht vorzulegen[14] (§ 13a Abs 1 S 4 BeurkG). Auch schriftliche Textteile, die sich auf der Karte befinden und nur zu deren Erläuterung dienen (zB Legende einer Karte) müssen nicht verlesen werden. Verlesen werden müssen aber Texte, die eine selbständige Bedeutung haben (zB eine Angabe über den Abstand der neuen Grenze zu einer bereits bestehenden).[15] Mit der Haupturkunde muß die Anlage mit Schnur und Prägesiegel verbunden werden (§ 44 BeurkG; Sollvorschrift). Die in der mit der Urkunde verbundenen Planskizze enthaltene Umgrenzung der Teilfläche ist Teil der öffentlichen Urkunde und nimmt an deren Beweiskraft teil (§ 415 ZPO), gleichgültig, ob es sich um einen amtlichen Lageplan handelt oder um eine den den Beteiligten selbst erstellte Handskizze.

Größte Vorsicht ist geboten, wenn Karten oder bildliche Darstellungen der Urkunde nicht als Anlage nach § 9 Abs 1 S 3 BeurkG beigefügt werden. In diesem Fall können die bildlichen Darstellungen nur Auslegungsbehelfe für eine in der Beurkundung im übrigen enthaltene, den Formvorschriften genügende eindeutige Erklärung (zB ausreichende Beschreibung der Teilfläche mit Worten) sein.[16] Es ist dringend davon abzuraten, sich auf solche Risiken einzulassen. 867

dd) Vereinbarung eines Bestimmungsrechts. Sind die vertragsgegenständlichen noch nicht vermessenen Teilflächen in der notariellen Urkunde im obigen Sinn nicht hinreichend genau bezeichnet, so liegt dennoch eine wirksame (und ausreichend beurkundete) schuldrechtliche Vereinbarung vor, wenn **einem Vertragsteil oder einem Dritten** die genaue **Bezeichnung** und Begren- 868

---

[11] BGH DNotZ 1995, 35 = NJW 1994, 2095; Melchers BWNotZ 1991, 41.
[12] ZB genügt der Abschlußvermerk „nebst Anlage genehmigt"; aus dem bloßen Fehlen des Hinweises auf die Anlage kann richtigerweise noch nicht auf das Fehlen des Verweisungswillens geschlossen werden (s Rdn 854 Fußn 29), uU aber aus einem Durchstreichen des Vermerks „nebst Anlage", vgl OLG Köln MDR 1984, 1024 = Rpfleger 1984, 407 mit krit Anm Stoy Rpfleger 1985, 59; BGH, OLG Köln aaO (Rdn 854 Fußn 28).
[13] BGH DNotZ 1982, 228 = Rpfleger 1981, 286; die dort für die Unterschriftsbeglaubigung (§ 39 BeurkG) getroffenen Feststellungen gelten erst recht für die Beurkundung von Willenserklärungen; ebenso BGH DNotZ 1995, 35 aaO (Fußn 11).
[14] Dies ist bei blinden Beteiligten natürlich nicht möglich; hier muß Beschreibung in Worten oder Überlassung des Bestimmungsrechts an einen Dritten oder Stellvertretung gewählt werden; vgl Seyfang BWNotZ 1983, 82.
[15] Arnold aaO (Fußn 9), Winkler Rpfleger 1980, 169 (170).
[16] Winkler Rpfleger 1980, 169 (170); Hagen DNotZ 1984, 267 (279).

zung der Teilfläche vertraglich überlassen worden ist[17] (§§ 315, 317 BGB). Die Ausübung des Bestimmungsrechts ist formfrei.[18] Doch muß auch bei Einräumung eines Bestimmungsrechts an eine Vertragspartei oder an einen Dritten eine gewisse Konkretisierung gefordert werden. Die Einräumung eines Bestimmungsrechts für das Vermessungsamt dürfte nicht möglich sein, da dieses nicht selbst bestimmt, sondern auf Antrag eines Beteiligten tätig wird; diesem Beteiligten ist daher das Bestimmungsrecht einzuräumen.

c) Größenangabe

869 Die **Größe** eines verkauften, noch nicht vermessenen Trennstücks wird im Vertrag durchwegs **annähernd angegeben** („ca ... m^2"), zusätzlich zur Beschreibung des Trennstückes in Worten und/oder durch Bezugnahme auf einen Lageplan. Nach der Vermessung weicht das katasteramtlich gebildete Trennstück häufig von den Festlegungen im schuldrechtlichen Vertrag ab. Abweichungen können darin bestehen, daß Lage und Zuschnitt des tatsächlich herausgemessenen Grundstückes mit den im Vertrag (durch Worte oder durch Verweisung auf einen Plan) beschriebenen Grenzlinien nicht übereinstimmen, aber auch darin, daß die nach der Vermessung sich ergebende Grundstücksgröße von der im Vertrag angenommenen abweicht.[19]

870 Entscheidende Bedeutung hat dann zunächst, ob das tatsächlich vermessene Trennstück mit der im obligatorischen Vertrag beschriebenen Teilfläche identisch ist. Ist dies nicht der Fall, bestehen insoweit mangels einer formwirksamen vertraglichen Vereinbarung (§ 311b Abs 1 BGB) keine rechtswirksamen gegenseitigen Verpflichtungen zur Übereignung und Abnahme.[20] Für die Frage der Identität zwischen vermessenem und urkundlich beschriebenem Trennstück ist zunächst der reale Zuschnitt des Grundstückes und seine Lage in der Natur im Verhältnis zur Beschreibung des Grundstücksteils im Kaufvertrag entscheidend;[21] die Größe der Parzelle **kann daneben** ebenfalls eine Rolle für die Festlegung der Fläche spielen. Ist dagegen nach dem Kaufvertrag die Flächengröße vorrangig, da insoweit variable Grenzziehung (s Rdn 864) oder ein Geländebestimmungsrecht eines Beteiligten oder eines Dritten (Rdn 868) vereinbart ist, so ist die Einhaltung der vereinbarten Größe für die Identität der Fläche entscheidend. Ob bei vorrangig geometrischer Festlegung die Identität vorliegt, richtet sich nach den Festlegungen der Beteiligten im schuldrechtlichen Vertrag: Je genauer die Teilfläche (mit Worten oder durch Verweisung auf einen Lageplan, ggfs auch durch eine das Vertragsobjekt **beschreibende** Größenangabe) gekennzeichnet wurde, desto geringer darf das vermessene Teil-

---

[17] BGH 150, 334 = aaO; BGH DNotZ 2000, 121 (126) = aaO (Fußn 8), Böhmer MittBayNot 1998, 329; vCampe DNotZ 2000, 109 (116 ff); Kanzleiter NJW 2000, 1919; Geißel MittRhNotK 1997, 333 (335).
[18] BGH BB 1967, 1394; BGH DNotZ 1973, 609; BGH MittBayNot 1981, 233 (235); RG 165, 161 (163); BayObLG DNotZ 1974, 174 = Rpfleger 1974, 65; s auch Riggers JurBüro 1974, 956.
[19] Zur Ermittlung und Genauigkeit der Flächenangaben in Kataster und Grundbuch s Ziegler MittBayNot 1989, 65.
[20] BGH MittBayNot 1995, 31 = MittRhNotK 1995, 23 = NJW 1995, 957 = Rpfleger 1995, 342; BGH DNotZ 1971, 95; OLG Düsseldorf NJW-RR 1996, 82.
[21] BGH DNotZ 1971, 95; BGH NJW 1995, 957 = aaO (Fußn 20); LG Köln MittRhNotK 1991, 153.

B. Einzelfälle

stück von dieser räumlichen Festlegung abweichen. Bestehen somit zwischen der Beschreibung der veräußerten Teilfläche im beurkundeten Vertrag und der räumlichen Grenzziehung nach der Vermessung mehr als nur geringfügige Differenzen, so ist für das nicht mit dem schuldrechtlichen Kaufvertrag in seiner räumlichen Festlegung übereinstimmende vermessene Trennstück keine Übereignungs- und Abnahmeverpflichtung (§ 433 BGB) begründet; etwaige Vollmachten zur Erklärung der Auflassung, die im schuldrechtlichen Vertrag enthalten sind, sind nicht verwendbar und geben keine Vertretungsmacht.[22] In solchen Fällen bedarf es einer beurkundungspflichtigen Änderungsvereinbarung, die in der Praxis zusammen mit der Auflassung beurkundet wird; eine solche Änderungsvereinbarung liegt in der vielfach durch die Praxis verwendeten „**Messungsanerkennung**" („wir erkennen das Ergebnis der amtlichen Vermessung als richtig und unserem Vertragswillen entsprechend an").

Stimmen dagegen Lage und Zuschnitt des vermessenen Grundstückes mit der geometrischen Festlegung der Teilfläche im schuldrechtlichen Vertrag überein, weicht aber die Größe des vermessenen Grundstückes von der angenommenen Ca-Fläche ab, so ist im Regelfall **für die Übereignungsverpflichtung** die Umgrenzung allein entscheidend und die Flächendifferenz für die Identität des Vertragsobjekts ohne Bedeutung;[23] denn im Regelfall (anders in den Fällen, in denen ausnahmsweise die Grundstücksgröße Kennzeichnungsfunktion hat, s Rdn 864 mit Fußn 4) dient, wenn die Teilfläche durch Flächenangaben **und** durch Bezugnahme auf einen Lageplan beschrieben wird, die Flächenangabe nicht der Kennzeichnung und Beschreibung (Identifizierung) des Vertragsobjektes.[24] 871

Enthält der Vertrag neben der geometrischen Beschreibung der Fläche eine Größenangabe, so kann darin – auch wenn die Flächenangabe nicht der Kennzeichnung und Beschreibung (Identifizierung) des Vertragsobjektes dient – eine **Beschaffenheitsvereinbarung** nach § 434 Abs 1 S 1 BGB oder eine selbständige **Garantie** nach § 443 BGB liegen. Nach Aufhebung des § 468 BGB aF durch das Schuldrechtsmodernisierungsgesetz ist von einer selbständigen Garantie nur auszugehen, wenn die Formulierung des Vertragstextes entsprechende Anhaltspunkte liefert, zB durch Verwendung der Begriffe „zusichern" oder „garantieren". Ob mit der Flächenangabe (Teilfläche von ca ... m²) eine bestimmte (Größen-)Beschaffenheit vertraglich vereinbart ist, muß durch Auslegung vom Standpunkt eines objektiven Erklärungsempfängers ermittelt werden. Entscheidend ist dafür, ob der Wert des konkreten Grundstückes wesentlich durch seine Größe (mit-)bestimmt ist oder ob es auf andere Vorzüge des Objektes als die Flächengröße ankommt. Bei der Bedeutung, die heute zumindest im Bereich des Bau- und Bauerwartungslandes, aber auch im Bereich landwirtschaftlich genutzter Grundstücke, der Grundstücksgröße zukommt, muß man regelmäßig von einer Vermutung für eine Beschaffenheitsvereinbarung ausgehen, wenn neben der Beschreibung der Teilfläche Flä- 872

---

[22] BGH NJW 1995, 957 = aaO (Fußn 20); OLG Hamm Rpfleger 1985, 288 = MittBayNot 1985, 197; BayObLG DNotZ 1989, 373.
[23] BGH DNotZ 1981, 235; BGH MDR 1967, 477. Vollmachten zur Auflassung oder Identitätsfeststellung sind verwendbar; LG Wuppertal MittRhNotK 1984, 167; LG Köln MittRhNotK 1991, 153.
[24] BGH DNotZ 1979, 336; anders BGH DNotZ 1971, 95, hier kam der Größenangabe eine Kennzeichnungsfunktion zu.

chenangaben enthalten sind.[25] Dies gilt vor allem dann, wenn durch die Flächenangabe das Vertrauen des Erwerbers in die weitestgehende Genauigkeit der Grundstücksgröße erweckt werden soll.[26]

873 Im **Individualvertrag**, der nicht Verbrauchervertrag (§ 310 Abs 3 BGB) ist, können Rechte des Käufers wegen einer bestimmten Größenbeschaffenheit rechtswirksam **ausgeschlossen** werden. Nicht empfehlenswert ist es, sich dabei auf die allgemeine Ausschlußklausel von Rechten des Käufers wegen Sachmängeln zu verlassen; vielmehr ist es dringend zu empfehlen, von vorneherein im Vertrag klarzustellen, daß die Größe weder vereinbarte noch objektive Beschaffenheit ist und insofern Ansprüche und Rechte des Käufers wegen Mindergröße nicht bestehen. Die in einem Verbrauchervertrag (§ 310 Abs 3 BGB) oder AGB-Vertrag (§§ 305 ff BGB) etwa enthaltene allgemeine Klausel über den Ausschluß von Rechten des Käufers bei Sachmängeln dürfte Ansprüchen des Käufers wegen Mindergröße nicht entgegenstehen, da das Nebeneinander einer vereinbarten Größe (als Eigenschaft der Kaufsache) und einer generellen Rechtsausschlußklausel wohl gegen das Transparenzgebot des § 307 Abs 1 S 2 BGB verstoßen dürfte. Dagegen sind auch im Verbraucher- und/oder AGB-Vertrag eine negative Beschaffenheitsvereinbarung („eine bestimmte Größe der Teilfläche ist nicht vereinbarte Beschaffenheit") zulässig und demgemäß auch entsprechend konkret formulierte Rechtsausschlußtatbestände wirksam, soweit § 309 Nr 7 BGB beachtet ist.[27]

874 Wenn der Kaufpreis als Festpreis ohne Rücksicht auf das Messungsergebnis vereinbart wurde, hat die Frage, ob in der Flächenangabe eine Beschaffenheitsvereinbarung liegt, erhebliche Bedeutung: Führt hier eine Flächenabweichung (zu Ungunsten des Käufers, also eine Flächenverringerung) zur Anwendung des § 437 BGB, so kann der Käufer trotz Festpreisabrede Minderung oder Schadenersatz verlangen[28] oder vom Vertrag zurücktreten (§ 323 BGB). Trotz vorliegender Größenzusicherung führt allerdings nicht jede Abweichung zwischen angenommener Ca-Fläche und tatsächlicher Fläche zu diesen Rechtsfolgen: Wegen der in der Natur eines Näherungswertes liegenden Unsicherheit sind geringfügige Abweichungen möglich, ohne daß die Rechtsfolge des § 437 BGB ausgelöst wird. Wie hoch diese „Toleranzgrenze" ist, muß nach Lage des Einzelfalles beurteilt werden; je genauer die angenommene Flächenbezifferung ist, desto weniger Abweichungen zu Ungunsten des Käufers werden – ohne Rechtsfolgen – zugelassen.[29] Liegt dagegen keine Garantie oder Beschaffen-

---

[25] BGH MittBayNot 1984, 175; OLG Nürnberg MDR 1976, 142; OLG Düsseldorf ZNotP 2000, 321; LG Nürnberg-Fürth MittBayNot 1979, 105 (jeweils noch zu § 468 BGB aF).
[26] BGH MittBayNot 1984, 175 (177).
[27] Die frühere Rechtsprechung zu § 468 BGB dürfte durch die Neuregelung der Sachmängelhaftung überholt sein, vgl BGH MittBayNot 1984, 175 (177); BGH JR 1985, 364; BGH DNotZ 1986, 284; Staudinger/Honsell Rdn 11 zu § 476 BGB; Stürner BWNotZ 1977, 110; Ring DNotZ 1953, 389 und Richter DNotZ 1953, 386. Ob § 309 Nr 8b aa BGB entgegensteht, hängt davon ab, ob das durch Vermessung zu bildende Grundstück eine „neu hergestellte" Sache ist.
[28] Auch Schadensersatz statt der Leistung (§ 281 BGB).
[29] BGH, OLG Nürnberg, LG Nürnberg-Fürth, je aaO (Fußn 25) Abweichung von 1% geringfügig, 7,5% nicht mehr geringfügig (LG Nürnberg-Fürth aaO); BGH MittBayNot 1984, 175 (177).

heitsvereinbarung vor, sind auch bei größerer Flächendifferenz Ansprüche des Käufers ausgeschlossen, soweit die Identität des Vertragsobjekts gewahrt ist. Ist die vermessene Fläche größer als die angenommene Fläche, entsprechen aber Lage und Zuschnitt des Grundstückes in der Natur seiner vertraglichen Beschreibung, so bleibt der Verkäufer zur Übereignung verpflichtet, ohne einen Kaufpreisausgleich verlangen zu können, wenn er eine Festpreisabrede getroffen hat; über § 242 BGB (Überschreiten der zumutbaren Opfergrenze) wird nur in extremen Ausnahmefällen eine Vertraganpassung erreicht werden können.[30] Im Hinblick auf diese unterschiedlichen Konsequenzen sollte bei der Vertragsgestaltung darauf geachtet werden, ob eine Flächenangabe überhaupt nötig und gewollt ist; soweit eine Flächenangabe beurkundet wird, sollte unbedingt geklärt und zum Ausdruck gebracht werden, ob damit eine selbständige Garantie der Größe nach § 443 BGB oder eine Beschaffenheitsvereinbarung verbunden ist oder etwa nur ein Bestimmungsfaktor für die vorläufige Kaufpreisbemessung unter Ausschluß aller weiteren Rechte.

d) Irrtümliche Bezeichnung des Kaufobjekts

875 Wird im notariellen Vertrag **irrtümlich** (beiderseitiger Irrtum) als Kaufobjekt das ganze Grundstück bezeichnet, während die Parteien übereinstimmend nur eine (noch zu vermessende) Teilfläche aus diesem Grundstück zum Vertragsgegenstand machen wollten, so ist die unrichtige Bezeichnung des von den Beteiligten übereinstimmend Gewollten für die (Form-)Wirksamkeit des Kaufvertrages unschädlich, wenn nur das objektiv Erklärte dem Formerfordernis des § 311b Abs 1 BGB genügt. Diesen von der Rechtsprechung des RG[31] bereits entwickelten Lehrsatz „falsa demonstratio non nocet" hat der BGH nach zwischenzeitlichen Zweifeln[32] unter Berufung auf die Rechtswerte der Rechtssicherheit und des Vertrauensschutzes, die ein Abgehen von einer gefestigten Rechtsprechung nur bei „schlechthin zwingenden Gründen" ausnahmsweise zulassen, eindeutig bestätigt.[33] Dieser Grundsatz gilt auch bei versehentlichem Verkauf des ganzen Grundstücks; nach der Regel „falsa demonstratio non nocet" gilt die in Wirklichkeit gewollte Teilfläche als verkauft.[34] Die Entscheidung des BGH[35] vom 23. 3. 1979 steht dem nicht entgegen: im dort entschiedenen Fall wurde – entgegen dem Leitsatz – kein ganzes Grundstück, sondern eine Teilfläche – ersichtlich aus der von der Grundbucheintragung abweichenden ca-m²-Fläche – zum Vertragsgegenstand ge-

---

[30] OLG München DNotZ 1974, 227 (keine Nachzahlung bei Mehrfläche von 32%); OLG Düsseldorf MittRhNotK 1978, 144 befaßt sich nur mit der Frage, ob bei einer Größenabweichung von 42% noch die Identität zwischen angenommener und tatsächlich vermessener Teilfläche bestand. UU besteht jedoch für den Verkäufer in einem solchen Fall ein Anfechtungsrecht nach § 119 BGB, vgl BGH DNotZ 1979, 682 (684).
[31] RG 46, 225; 60, 338; 73, 154; 133, 279.
[32] BGH 74, 116 = DNotZ 1979, 403 = NJW 1979, 1350 = Rpfleger 1979, 252; ganz deutlich Linden (Richter am V. ZS des BGH) MittBayNot 1981, 169 (171).
[33] BGH 87, 150 = DNotZ 1983, 618 = Rpfleger 1983, 306; zustimmend vCampe NotBZ 2003, 41 (45f); Ludwig JZ 1983, 762; Köbl DNotZ 1983, 598; abl Wieling JZ 1983, 760; allgemein zur BGH-Rspr Hagen DNotZ 1984, 267 (283).
[34] BGH NJW 2002, 1038 = NotBZ 2002, 97 = Rpfleger 2002, 255 = ZNotP 2002, 149; OLG Nürnberg DNotZ 1966, 542 (544); abl Waldner NotBZ 2002, 174.
[35] BGH 74, 116 = aaO (Fußn 32).

macht, die aber nicht näher beschrieben wurde, so daß der Vertrag formnichtig war.[36]

876 Haben die Vertragsteile das Kaufgrundstück vor Beurkundung besichtigt und sind sie dabei **übereinstimmend** von einem bestimmten Grenzverlauf des Kaufgrundstücks ausgegangen, obwohl nach Grundbuch und Kataster zum Grundstück noch eine weitere Fläche gehört, so soll sich die gemäß Grundbucheintragung erklärte Auflassung (also hinsichtlich der ganzen Flurstücknummer) nach den Regeln der falsa demonstratio nur auf das Grundstück in seiner in der Natur ersichtlichen Grenze beziehen mit der Folge, daß hinsichtlich der Restfläche keine Auflassung erklärt ist.[37] Unrichtig ist es jedoch, diese in Wirklichkeit nur eine Teilfläche erfassende Auflassung und das obligatorische Grundgeschäft wegen mangelnder Beschreibung der Teilfläche für unwirksam zu halten;[38] auch hier muß dann die Regel von der falsa demonstratio geltungserhaltend angewendet werden.[39]

e) **Auflassung**

877 aa) **Schuldrechtlicher Vertrag und Auflassung.** Vielfach wird zunächst **nur der schuldrechtliche Veräußerungsvertrag** beurkundet und der Zeitpunkt der Auflassung bis zur Vorlage des amtlichen Veränderungsnachweises hinausgeschoben. Zur Vollmacht für die Auflassung s Rdn 861. Die sofortige Mitbeurkundung der Auflassung im Veräußerungsvertrag ist aber nicht unzulässig. Auch für die Auflassung genügt zweifelsfreie (hinreichend deutliche) Kennzeichnung des Grundstücksteils. Es gelten hierfür die gleichen Grundsätze wie für die Bestimmung der Fläche im schuldrechtlichen Vertrag (§ 311b Abs 1 BGB); s Rdn 863 ff. Katastermäßige Bezeichnung ist bei der Auflassung noch nicht notwendig,[40] wohl aber für den Vollzug der Auflassung im Grundbuch und eine entsprechende Eintragungsbewilligung.[41] Daher muß auch auf eine Klage auf Auflassung vor katastermäßiger Abschreibung der Teilfläche ein stattgebendes Urteil ergehen können, wenn die aufzulassende Teilfläche genügend bestimmt bezeichnet werden kann.[42]

---

[36] So richtig Köbl DNotZ 1983, 598 (601); unrichtig wegen des mißverständlichen BGH- Leitsatzes Palandt/Heinrichs Rdn 37 zu § 311b BGB.
[37] RG 60, 338 (340); RG 66, 21; RG 77, 33; BGH NJW 2002, 1038 = aaO (Fußn 34); OLG Hamm NJW-RR 1992, 152 = MDR 1991, 759; LG Frankenthal NJW 1956, 873; vorsichtiger, nur für ganz eindeutige Ausnahmefälle, Lutter AcP 164, 122 (140 ff).
[38] So aber OLG Hamm NJW-RR 1992, 152 = MDR 1991, 759, das BGH 74, 116 mißverstanden hat.
[39] BGH NJW 2002, 1038 = aaO (Fußn 34).
[40] RG JW 1925, 2237; JW 1934, 1222 und DR 1941, 2196; BayObLG 1956, 410; 1962, 362 (371) = Rpfleger 1963, 243; BayObLG DNotZ 1988, 117 = Rpfleger 1988, 60; OLG Hamm DNotZ 1958, 643 = Rpfleger 1958, 268.
[41] BGH Rpfleger 1982, 153; BGH MittBayNot 1984, 181 = NJW 1984, 1959 = Rpfleger 1984, 310; BGH NJW 1986, 1867 = Rpfleger 1986, 210; BGH DNotZ 1988, 109 = Rpfleger 1987, 452.
[42] So auch BGH MittBayNot 1984, 181 = aaO (Fußn 41) für den Fall, daß bereits Veränderungsnachweis vorliegt, in Abweichung von seiner früher vertretenen Auffassung BGH 37, 233 = DNotZ 1963, 226 = NJW 1962, 1715; unzulässig bleibt aber eine Klage auf Eintragungs- (auch Berichtigungs-)bewilligung hinsichtlich einer Teilfläche, solange kein sie ausweisender Veränderungsnachweis vorliegt, BGH NJW 1986, 1867 und DNotZ 1988, 109 = aaO (Fußn 41).

B. Einzelfälle

bb) **Auflassung nach Vermessung und Vermarkung.** Der nachträglichen Auflassung (Formular: Rdn 862) ist gegenüber der sofort im schuldrechtlichen Vertrag erklärten Auflassung unbedingt der Vorzug zu geben, auch deshalb, weil in diesem Fall auf Grund des inzwischen gefertigten Veränderungsnachweises der endgültige Grundstücksbeschrieb in seinen Einzelheiten völlig zweifelsfrei angeführt werden kann.[43] Eventuelle Abweichungen des Trennstücks gegenüber den angenommenen Grenzen oder Größen können in der Nachtragsurkunde zusammen mit der Auflassung beurkundet und damit für die Auflassung eine sichere Rechtsgrundlage geschaffen werden (vgl hierzu Rdn 870). Außerdem wird mit der vorweg erklärten Auflassung allein wenig erreicht: eine Eigentumsumschreibung kann ohne Veränderungsnachweis nicht beantragt werden. Liegt er später vor, wird das Grundbuchamt die vorher erklärte Auflassung nur vollziehen, wenn ihm die Identität des aufgelassenen mit dem im Veränderungsnachweis aufgeführten Grundstück nachgewiesen wird. Die sofort erklärte, aber noch auf längere Zeit unvollziehbare Auflassung führt nur zu Problemen darüber, ob etwa bereits ein Anwartschaftsrecht entstanden ist (vgl Rdn 3318). 878

Für den Vollzug der Auflassung im Grundbuch ist § 28 S 1 GBO (s Rdn 130) zu beachten. Wird die Auflassung erst nach Vermessung erklärt, kann dies ohne Schwierigkeiten entsprechend den Festlegungen des Veränderungsnachweises geschehen.[44]

cc) **Beurkundung der Auflassung mit dem schuldrechtlichen Vertrag.** Werden Kaufvertrag und Auflassung gleichzeitig beurkundet, so könnte die Urkunde dem **Grundbuchamt** sofort zum Vollzug eingereicht werden. Das Grundbuchamt hat dann aber im Wege der **Zwischenverfügung** nach §§ 18, 25 GBO den Beteiligten eine Frist zur Beibringung des Veränderungsnachweises und der Erklärung, daß das vermessene Grundstück mit dem nach dem Vertrag aufgelassenen Trennstück übereinstimmt, zu setzen. Der Notar ist jedoch nicht verpflichtet, in diesem Stadium mangelnder Vollzugsreife die Urkunde dem Grundbuchamt vorzulegen. Das Grundbuchamt wäre hier mit unerledigten Anträgen blockiert. Es bedarf daher keiner besonderen Anweisung an den Notar, erst nach Vorliegen des Veränderungsnachweises und der Identitätsfeststellung nach § 28 S 1 GBO die Urkunde dem Grundbuchamt vorzulegen. Soll der Käufer in der Zwischenzeit geschützt werden, bietet sich die Eintragung einer Auflassungsvormerkung an. 879

Ist die Auflassung bereits mit dem schuldrechtlichen Vertrag mitbeurkundet, so ist nach Vorliegen des Veränderungsnachweises ein **Nachtrag** zum Veräußerungsvertrag erforderlich, in dem der verkaufte Grundstücksteil katastermäßig genau bezeichnet wird (§ 28 S 1 GBO), damit die Identität des nachträglich vermessenen Grundstücksteils mit dem im Vertrag bezeichneten Teil zweifelsfrei nachgewiesen ist. Diese „**Identitätserklärung**" ist nicht Teil der Auflassung oder sonstige materiellrechtliche Erklärung; sie hat vielmehr nur grundbuchverfahrensrechtliche Bedeutung: sie stellt die Verbindung her zwischen der wirksam erklärten Auflassung und dem Veränderungsnachweis, in- 880

---

[43] So eindringlich auch K/E/H/E Rdn 109 zu § 20; ebenso OLG Düsseldorf MittRhNotK 1980, 95.
[44] Vgl aber auch BayObLG MittBayNot 1981, 247 = Rpfleger 1982, 62 zu den Anforderungen an die Grundstücksbezeichnung.

dem sie das von der Auflassung betroffene Grundstück nunmehr dem Verfahrensrecht entsprechend (§ 28 S 1 GBO) kennzeichnet. Sie ist damit Teil der Bewilligung (§ 19 GBO) und kann daher nur vom Veräußerer abgegeben werden; der Erwerber ist hierzu nur berechtigt, wenn aus den Erklärungen des Veräußerers eine entsprechende Befugnis entnommen werden kann.[45] Eine Beurkundung nach § 311 b Abs 1 BGB oder § 925 BGB ist hier nicht erforderlich, vorausgesetzt, das vermessene Grundstück ist mit dem im Veräußerungsvertrag bezeichneten identisch (s Rdn 870). Lediglich nach § 29 GBO ist Vorlage einer mit Unterschriftsbeglaubigung versehenen Nachtragsurkunde erforderlich.[46] Bei bereits früher erklärter Auflassung genügt es daher, wenn nur der Verkäufer die hier behandelte Nachtragsurkunde unterzeichnet und seine Unterschrift beglaubigen läßt. Auch die Identitätserklärung ist (ausnahmsweise) entbehrlich und kann vom Grundbuchamt nicht verlangt werden, wenn keine vernünftigen Zweifel an der Identität zwischen aufgelassener und vermessener Fläche bestehen.[47]

881 Wird der **Notar** bei Beurkundung eines Kaufvertrags über ein katasteramtlich noch nicht bezeichnetes Grundstück von den Beteiligten **ermächtigt**, die **katasteramtliche Bezeichnung** nachträglich gegenüber dem Grundbuchamt anzugeben, so bedarf die entsprechende Erklärung des Notars nicht der Beglaubigung durch einen anderen Notar; es genügt die sogen **notarielle Eigenurkunde**, dh Unterzeichnung der Erklärung durch den Notar und Beifügung des Siegels, der Form des § 29 GBO; s hierzu ausführlich Rdn 164.

882 **Muster einer entsprechenden Vollmacht:**

> ... Die Vertragsteile bevollmächtigen den Notar, im Anschluß an den Veränderungsnachweis das verkaufte und aufgelassene Vertragsgrundstück in grundbuchmäßiger Form zu bezeichnen sowie alle Erklärungen, Bewilligungen und Anträge abzugeben, die zum Vollzug des Veränderungsnachweises und dieses Vertrages erforderlich oder zweckdienlich sind.

883 Die auf Grund einer solchen Vollmacht in notarieller Eigenurkunde getroffene Identitätserklärung kann dann lauten:

> **Feststellung nach § 28 Satz 1 GBO**
> Mit meiner Urkunde vom 6. August 2002, URNr 994/02, hat Herr A. an Herrn B. eine Teilfläche aus FlNr 432 Gemarkung X.Stadt verkauft und aufgelassen.
> Auf Grund der in Abschnitt XIII. des genannten Kaufvertrages von den Vertragsteilen erteilten Vollmacht stelle ich, Notar, fest, daß sich die verkaufte und aufgelassene Teilfläche nach Vermessung gemäß Veränderungsnachweis Nr 1045 Gemarkung X.Stadt nunmehr beschreibt als
> FlNr 432/1 An der Hauptstraße, Bauplatz, zu 0,0845 ha

---

[45] Wie hier K/E/H/E Rdn 107 zu § 20; LG Bielefeld Rpfleger 1989, 364; auch BayObLG 1974, 112 (115) = DNotZ 1974, 441 = Rpfleger 1974, 222 gibt dem Erwerber die Befugnis nur bei entsprechender Ermächtigung durch den Veräußerer. AA die früher herrschende Meinung, BayObLG NJW 1966, 600 mit krit Anm Schmalz = Rpfleger 1967, 177 mit zust Anm Haegele; OLG Hamm DNotZ 1958, 643 = Rpfleger 1958, 268 mit zust Anm Haegele; Demharter Rdn 32 zu § 20; Haegele Rpfleger 1973, 272.

[46] OLG Hamm MittRhNotK 1980, 233; aA Bauer/v Oefele/Kössinger Rdn 53 ff, 173 ff zu § 20, der die Identität zwischen der aufgelassenen und der jetzt vermessenen Fläche bei Zweifeln nur durch neue Auflassung gewahrt sieht (anders dagegen Bauer AT I Rdn 95).

[47] OLG Köln DNotZ 1992, 371 = NJW-RR 1992, 1043 = Rpfleger 1992, 153.

B. Einzelfälle

Es wird bewilligt und beantragt, die Auflassung hinsichtlich dieses Grundstückes im Grundbuch zu vollziehen.

X.Stadt, den 12. Dezember 2002   L. S   Genau, Notar

(Die Eigenurkunde erhält keine UR-Nr, s Rdn 164 Fußn 44)

Es ist jedoch jedem Notar zu raten, von solchen Vollmachten sehr sparsam Gebrauch zu machen, jedenfalls nur dann, wenn Abänderungen der endgültigen Vermessungsergebnisse gegenüber dem angenommenen ausgeschlossen sind; das gleiche gilt für Auflassungsvollmachten an Notarangestellte (s Rdn 3323). 884

Betont werden muß nochmals, daß diese Identitätserklärung (§ 28 S 1 GBO) nur dort ausreicht, wo das vermessene Grundstück mit dem im Kaufvertrag beurkundeten und aufgelassenen übereinstimmt (vgl Rdn 869 ff); ist dies nicht der Fall oder bestehen für das Grundbuchamt begründete Zweifel (Prüfungsrecht[48]), ist für das nun vermessene Teilstück eine (neue) Auflassung vorzulegen. 885

f) Zuflurstück

Bei Verkauf eines Grundstücksteils, der **keine eigene Flurstücksnummer erhalten** hat, sondern einem dem Erwerber bereits gehörenden Grundstück **zugeschrieben** werden soll (Zuflurstück, s Rdn 684), ist der Zuschreibungsantrag in die Nachtragsurkunde mitaufzunehmen. Werden zwei Grundstücksteile unter Zusammenmessung zu einem neuen Flurstück aufgelassen, so kann der Antrag, sie als ein Grundstück in das Grundbuch einzutragen, in dem Antrag enthalten sein, die Auflassung des neuen Grundstücks auf Grund des Veränderungsnachweises einzutragen.[49] 886

g) Lastenfreistellung

In der Regel verpflichtet sich der Veräußerer, den veräußerten Grundstücksteil von den darauf in Abt III (uU auch in Abt II) eingetragenen **Belastungen** unverzüglich zu **befreien**. Dazu sind von den Gläubigern Verzichtserklärungen über die Grundpfandrechte an dem veräußerten Grundstücksteil beizubringen, da in diesem Falle daran die Rechte erlöschen (§ 1175 Abs 1 S 2 BGB) und das Grundbuch unrichtig wird (sog Pfandfreigabe; zu dieser Rdn 2704 ff). Der Zustimmung des Grundstückseigentümers bedarf es hierzu nicht (§ 27 S 2 GBO), wohl aber des Antrags (§ 13 Abs 1 GBO). Eine Bewilligung der pfandfreien Abschreibung ist regelmäßig als Verzichtserklärung in vorstehendem Sinne zu werten.[50] Werden die Pfandfreigaben (wie üblich) vor Erstellung des Veränderungsnachweises (eingeholt und) abgegeben, muß die in der Freigabebewilligung beschriebene Teilfläche ebenfalls bestimmt beschrieben sein (Bezugnahme auf den Kaufvertrag reicht) und mit der auf Grund Veränderungsnachweis sich ergebenden Fläche übereinstimmen;[51] zulässig ist auch eine Freigabe der auf Grund des aufzustellenden Veränderungsnachweises sich ergebenden Teilfläche; sie gibt das Bestimmungsrecht letztlich den Kaufvertragsparteien. Der Rangrücktritt eines dinglich Berech- 887

---

[48] Wie hier Demharter Rdn 32 zu § 20; aA (kein Prüfungsrecht) LG Saarbrücken MittRhNotK 1997, 364.
[49] BayObLG DNotZ 1958, 333 mit Anm Riedel.
[50] KG JW 1937, 1553; BayObLG DNotZ 1980, 481 = Rpfleger 1980, 19; LG Augsburg MittBayNot 1979, 20.
[51] BayObLG 1986, 327 = MittBayNot 1986, 255 = MittRhNotK 1987, 21.

tigten hinter eine Auflassungsvormerkung für eine Teilfläche kann nicht als Freigabe dieser Teilfläche vom zurücktretenden Recht ausgelegt werden.[52]

888 Optimale Sicherheit (Schutz gegenüber Verfügungsbeschränkungen des dinglichen Gläubigers, Abtretung des Rechts an einen Dritten oder Zwangsversteigerung) gewährt nur die Kombination von Pfandfreigabe und Rangrücktritt des dinglichen Gläubigers hinter die Auflassungsvormerkung.[53] Die von Wörner[54] stattdessen vorgeschlagene „Freigabevormerkung" kann dagegen vergleichbare Sicherheit nicht bieten, da zweifelhaft ist, ob der Anspruch auf Verzicht (§ 1175 Abs 1 S 2 BGB) für den Fall, daß die Grundschuld durch Realteilung des belasteten Grundbesitzes Gesamtgrundschuld wird, eintragungsfähig ist, diese Vormerkung eine Zwangsversteigerung nicht hindern würde und die von Wörner vorgeschlagene Vereinbarung des Verzichts auf Durchführung der Zwangsversteigerung bezüglich einer veräußerten Teilfläche sicher nicht möglich ist.[55] Zur Rangfähigkeit der Vormerkung siehe im übrigen Rdn 1531 a.

889 Da bei Beurkundung des schuldrechtlichen Veräußerungsvertrags oft noch nicht klar ist, ob ein Grundpfandrecht nur an der veräußerten Teilfläche gelöscht, am Restbesitz aber bestehen bleiben soll, oder ob es im gesamten gelöscht werden soll (hier ist Eigentümerzustimmung nach § 27 GBO, § 1183 BGB nötig), empfiehlt es sich, die Zustimmung des Eigentümers zur Löschung aller Grundpfandrechte, die nicht bestehen bleiben sollen, in die Urkunde mit aufzunehmen; die Formulierung „allen zur Pfand- und Lastenfreistellung (der veräußerten Teilfläche) erforderlichen Gläubigererklärungen stimmt der Verkäufer zu" enthält keine Zustimmung zur Gesamtlöschung der Hypothek;[56] dagegen enthält die Formulierung „der Löschung aller Belastungen, die vom Erwerber nicht übernommen werden, wird mit Vollzugsantrag zugestimmt", die Zustimmung nach § 27 GBO, § 1183 BGB, ohne daß dies durch – nicht dem Gesetz entsprechende – Begriffe wie „Gesamtlöschung" ausgedrückt werden muß. Wird auch ein Eigentümerantrag mitbeurkundet, muß der Notar durch entsprechende Antragstellung nach § 15 GBO dafür sorgen, daß dieser Antrag nur bei Vollzugsreife gestellt wird.

h) Vermessungskosten, Genehmigungen, Verjährung

890 a) Die **Kosten der Vermessung** des Grundstücks hat gesetzlich (§ 448 Abs 1 BGB) der Verkäufer zu tragen,[57] doch werden sie oft vom Erwerber über-

---

[52] BayObLG Rpfleger 1984, 404 Leits.
[53] Der Rangrücktritt wird vom BGH 96, 157 (169) als das geeignete Sicherungsmittel bezeichnet; vgl auch LG Frankenthal MittBayNot 1988, 180; Bertolini MittBayNot 1987, 174. Die Bedenken von Amann in Beck'sches Notarhandbuch A I 103 und Wörner MittBayNot 2001, 450 gegen die Schutzwirkung des Rangrücktritts von Grundpfandrechtsgläubigern hinter die Vormerkung teilen wir nicht; siehe dazu Rdn 1531 a, 2579.
[54] Wörner MittBayNot 2001, 450.
[55] Zur Unzulässigkeit vollstreckungsbeschränkender Vereinbarungen als Inhalt der Grundschuld siehe Rdn 2315. Zur Unzulässigkeit einer Beschränkung der Zwangsversteigerung bzgl einer nicht vermessenen Teilfläche Stöber ZVG Einl Rdn 11.8.
[56] BayObLG Rpfleger 1997, 154; BayObLG DNotZ 1980, 481 = aaO (Fußn 50); BayObLG Rpfleger 1973, 404.
[57] LG Kassel MDR 1957, 228.

B. Einzelfälle

nommen; sie werden dann bei der Berechnung der Grunderwerbsteuer dem Kaufpreis hinzugerechnet.[58]

b) Zur Veräußerung eines Trennstücks kann wegen der darin enthaltenen Grundstücksteilung **Genehmigung nach dem BauGB** oder landesrechtlicher Bauordnung erforderlich sein. S Rdn 3818 ff. Wegen Genehmigungspflicht nach dem **GrdstVG** s Rdn 3924 ff. Wird die erforderliche Teilungsgenehmigung versagt, ist der Kaufvertrag nicht erfüllbar; es liegt anfängliche objektive Unmöglichkeit vor, die zur Haftung des Verkäufers auf das positive Interesse führt, ausgenommen der Fall, daß er das Hindernis bei Vertragsschluß nicht kannte und seine Unkenntnis auch nicht zu vertreten hat (leichte Fahrlässigkeit reicht für die Haftung), § 311a Abs 1, 2 BGB; eine Kenntnis auch des Käufers führt nur im Rahmen des § 254 BGB zu einer Reduzierung der Schadensersatzpflicht, nicht zu deren Beseitigung. Zur Vermeidung dieser idR nicht gewollten Rechtsfolge sollte der schuldrechtliche Vertrag am besten durch die Erteilung der Teilungsgenehmigung aufschiebend bedingt und durch ihre Nichterteilung bis zu einem bestimmten Termin auflösend bedingt abgeschlossen werden;[59] statt dessen kann auch ein Rücktrittsrecht für den Fall ihrer Nichterteilung (mit Ausschluß von weiteren Schadensersatzansprüchen) vereinbart werden.[60] 891

c) In Einzelfällen kann auch eine Verlängerung der 10-jährigen gesetzlichen **Verjährung** (§ 196 BGB) auf bis zu 30 Jahre ab gesetzlichem Verjährungsbeginn (§ 202 Abs 2 BGB) empfehlenswert sein. 892

i) Auflassungsvormerkung

Zur Eintragung einer Vormerkung zur Sicherung des Anspruchs auf Verschaffung des Eigentums an einer noch nicht vermessenen Teilfläche s Rdn 1503. Wurde zunächst nur der Kaufvertrag allein beurkundet, ist nur er beim Grundbuchamt einzureichen (unverzüglich, s Rdn 197), wenn eine Auflassungsvormerkung in das Grundbuch eingetragen werden soll. 893

Diese Randnummern sind nicht belegt. 894–897

19. Grundstückskaufvertragsangebot

Urkundsform, Eingang wie üblich. 898

    Es erscheint, persönlich bekannt:
        Herr Paul Bauer, geb am 12. 10. 1954, wohnhaft ...
    und erklärt:

---

[58] BFH Betr 1975, 1300 = MittBayNot 1975, 196; allerdings bei Kosten bis (früher) 5000 DM für alle sonstige Leistungen und vorbehaltene Nutzungen zur Verwaltungsvereinfachung regelmäßig kein Ansatz gemäß koord Ländererlaß vom 12. 3. 1997, Steuererlasse 600 § 9/8.

[59] Tiedtke und Wälzholz NotBZ 2001 Beilage S 13 ff; Wälzholz und Bülow MittBayNot 2001, 509, 510 (mit Musterformulierung); dabei sollte dem Nachweis des Eintritts oder Ausfalls der Bedingung durch entsprechende notarielle Eigenurkunden Beachtung geschenkt werden.

[60] Bei Verbraucherverträgen und AGB-Verträgen ist dabei aber § 309 Nr 8, § 308 Nr 8 BGB zu berücksichtigen; unter Umständen droht auch Unwirksamkeit nach § 307 Abs 2 Nr 2 BGB.

2. Teil. III. Erste Abteilung des Grundbuchs

Herrn Fritz Stark, Landwirt in Asch Hs. Nr 26, biete ich hiermit den Abschluß des nachstehenden
Kaufvertrags an.
Dieses Angebot kann nur bis zum Ablauf des 31. Dezember 2003 mittags 12 Uhr zur Urkunde eines deutschen Notars angenommen werden. Auf den Zeitpunkt des Zugangs der Annahmeerklärung kommt es für die Rechtzeitigkeit der Annahme nicht an. Ich beantrage, Herrn Fritz Stark eine Ausfertigung dieses Vertragsangebots unverzüglich zu übersenden.

Mein Kaufvertragsangebot lautet:

(Hierauf folgt der vollständige Inhalt des Kaufvertrags, etwa wie in Rdn 849, jedoch ohne Auflassung (nur Auflassungsverpflichtung) und ohne Zwangsvollstreckungsunterwerfung, wenn das Angebot vom Verkäufer gemacht wird).

(Abschlußvermerk mit Unterschriften)

20. Grundstückskaufvertragsannahme

899 **Urkundsform,** Eingang wie üblich.

Es erscheint, persönlich bekannt:
Herr Fritz Stark, geb am 20. 7. 1952, Landwirt, hier,
und erklärt:
Durch Urkunde vom ... aufgenommen von dem gleichen Notar, hat mir Herr Paul Bauer, geb am 12. 10. 1954, wohnhaft ..., den Abschluß eines Kaufvertrags angeboten.
Eine Ausfertigung habe ich erhalten.
Ich nehme dieses Angebot vollinhaltlich an.
Ich wiederhole alle in der Angebotsurkunde enthaltenen einseitigen Erklärungen, Bewilligungen und Vollmachten unter Verweisung auf die Vorurkunde. Sie lag während der Beurkundung in Ausfertigung vor. Auf ihre Verlesung und Beifügung zu dieser Urkunde wird verzichtet.
Diese Urkunde ist auszufertigen wie im zustande gekommenen Vertrag bestimmt.

(Abschlußvermerk mit Unterschriften)

900 Sind Veräußerer und Erwerber nicht gleichzeitig beim Notar anwesend, ist der Abschluß des Kaufvertrages durch jeweils **getrennte Beurkundung** des **Angebots** und der **Annahme** möglich (§ 128 BGB). Das Angebot kann vom Veräußerer oder vom Erwerber ausgehen.
Das Angebot wird wirksam, wenn es mit Willen des Erklärenden abgegeben und dem Angebotsempfänger in der formgerechten Verkörperung, dh in Ausfertigung[1] zugegangen ist (§ 130 Abs 1 BGB); Zugang einer (beglaubigten) Abschrift (Faxkopie) reicht nicht, soweit nicht (auch konkludent, also formlos, jedoch ausdrückliche Bestimmung im Angebot empfehlenswert) Verzicht auf die Erfüllung dieses Formerfordernisses vereinbart ist.[2]
Regelmäßig bestimmt der Anbietende in seinem Angebot die **Frist,** innerhalb der das Angebot angenommen werden kann (§ 148 BGB); von der Beurkundung eines Angebots ohne Fristbestimmung ist wegen der damit verbundenen

---

[1] BGH 31, 5; BGH 130, 71 = DNotZ 1996, 967 = NJW 1995, 2217; BayObLG DNotZ 1979, 350 mit weit Nachw; OLG Stuttgart BB 1992, 1669; ausführlich Gutachten DNotI-Report 1995, 145 und Kanzleiter DNotZ 1996, 931.
[2] BGH 130, 71 = aaO; vgl dazu auch Armbruster NJW 1996, 438 sowie Kanzleiter DNotZ 1996, 931, der das Dogma vom Zugang in formgerechter Verkörperung ablehnt; OLG Dresden ZNotP 1999, 402; dazu mit Muster Wudy ZNotP 1999, 394.

B. Einzelfälle

Unsicherheit (§ 147 Abs 2 BGB) abzuraten. Ob ein ausdrücklich unbefristetes Angebot zulässig ist (Knebelung, § 138 BGB), ist streitig.[3] Bei sehr langfristigen Angeboten kann die Bindung in Ausnahmefällen durch einseitigen Widerruf des Anbietenden beseitigt werden.[4]

Enthält das Angebot eine bestimmte Annahmefrist, empfiehlt es sich dringend festzulegen, daß für die Rechtzeitigkeit der Annahme deren Beurkundung genügt, da die Rechtsprechung[5] § 152 BGB nicht anwendet, wenn eine bestimmte Annahmefrist festgelegt ist. Nach Fristablauf ist das Angebot erloschen; eine jetzt erst erklärte Annahme gilt als neuer Antrag (§ 150 Abs 1 BGB). Der Anbietende kann aber auch bestimmen, daß eine Annahme nach Fristablauf so lange möglich ist, als er (der Anbietende) das Angebot nicht gegenüber dem Angebotsempfänger widerrufen hat, zB

> Der Verkäufer hält sich an das Angebot so lange gebunden, bis er widerruft. Der Widerruf, der schriftlich zugehen muß, ist nicht vor dem ... zulässig.

Die Annahme durch einen vollmachtlosen Vertreter innerhalb der Annahmefrist und **Genehmigung** durch den Vertretenen **nach Ablauf der Frist** wirkt nicht zurück, dh der Vertrag ist mangels fristgerechter Annahme nicht zustande gekommen.[6] Die Verlängerung der Annahmefrist bedarf als Erweiterung der Veräußerungs/Erwerbspflicht der Beurkundung (§ 311b Abs 1 S 1 BGB); zur Frage, ob diese Verlängerung bei der zur Sicherung des Auflassungsanspruchs eingetragenen Vormerkung der Eintragung als Inhaltsänderung bedarf, s Rdn 1519.

Da die **Auflassung** gleichzeitige Anwesenheit beider Vertragsteile verlangt (§ 925 BGB), kann sie nicht getrennt in der Form von Angebot und Annahme beurkundet werden. Sie ist daher entweder gesondert nach der Annahme zu erklären oder sie wird zusammen mit der Annahme durch den Annehmenden erklärt und entgegengenommen, wenn der Annehmende insoweit vom Anbietenden bevollmächtigt ist. Ist der Käufer der Anbietende, entstehen keine Probleme. Ist der Verkäufer der Anbietende, bringt eine Auflassungsvollmacht auf den Käufer für den Verkäufer das Risiko, daß der Käufer treuwidrig von der Vollmacht Gebrauch macht oder die Eigentumsumschreibung betreibt, bevor der Verkäufer den Kaufpreis erhalten hat (Belehrungspflicht des Notars). Eine Anweisung an den Notar, die Auflassung erst dann dem Grundbuchamt zum Vollzug vorzulegen, wenn ihm die Bezahlung des Kaufpreises nachgewiesen ist und bis dahin die Auflassung enthaltende Ausfertigungen und Abschriften nicht zu erteilen, nützt im Angebot nichts, wenn sie nicht vom Annehmenden in der Annahme ebenfalls erteilt wird. Das Angebot kann aber die Annahme unter die Bedingung einer solchen Anweisung stellen. Dabei sollte klargestellt werden, welcher Notar (des Angebots, der Annahme) den Grundbuchvollzug betreiben soll.

901

---

[3] Henrich, Vorvertrag, Optionsvertrag, Vorrechtsvertrag, 1965, S 242 (unzulässig); von Einem, Die Rechtsnatur der Option, 1974, S 21; Allerkamp MittRhNotK 1981, 55, 56 (zulässig).
[4] Wegfall der Geschäftsgrundlage, vgl MünchKomm/Kramer Rdn 48 vor § 145 BGB; OLG Düsseldorf DNotZ 1992, 49 = NJW-RR 1991, 311 = OLGZ 1991, 88.
[5] RG 96, 275; BGH NJW-RR 1989, 198; Palandt/Heinrichs Rdn 2 § 152 BGB; aA Staudinger/Bork Rdn 7, 9 zu § 152 BGB; MünchKomm/Kramer Rdn 3 zu § 152 BGB.
[6] BGH DNotZ 1974, 159.

902 Der Anbietende kann sich in der Angebotsurkunde hinsichtlich seiner Verpflichtung der **Zwangsvollstreckung unterwerfen**[7] (§ 794 Abs 1 Nr 5 ZPO), also zB der anbietende Käufer hinsichtlich seiner Zahlungsverpflichtung,[8] der anbietende Verkäufer zB hinsichtlich seiner Räumungsverpflichtung. Vollstreckbare Ausfertigung dieser durch das Zustandekommen des Vertrages aufschiebend bedingten Unterwerfung ist nach § 726 (mit § 795) ZPO zu erteilen, wenn das Zustandekommen des Vertrags mit Annahme des Angebots offenkundig (Beurkundung durch den gleichen Notar) oder durch öffentliche Urkunde (Ausfertigung oder beglaubigte Abschrift der Annahmeurkunde eines andere Notars) nachgewiesen ist.

Eine im Angebot eines Vertragsteils enthaltene Zwangsvollstreckungsunterwerfung des Angebotsempfängers ist wirkungslos, wenn sie vom Anbietenden nicht in offener Stellvertretung des Angebotsempfängers abgegeben wird; eine in der Annahme des Angebots (und der Vollstreckungsunterwerfung) liegende Genehmigung nach § 185 BGB ist bei der Zwangsvollstreckungsunterwerfung wirkungslos. Denkbar wäre es, daß der Anbietende im Hinblick auf die erklärte Vollstreckungsunterwerfung des Angebotsempfängers als dessen vollmachtloser Vertreter handelt; dann müßte in der Annahme eine ausdrückliche Genehmigung dieses vollmachtlosen Handelns erklärt werden. Empfehlenswert ist diese Verfahrensweise vor allem im Hinblick auf § 17 Abs 2a S 1 BeurkG jedoch nicht. Der richtige Weg, eine Zwangsvollstreckungsunterwerfung des Angebotsempfängers in einem solchen Fall zu erreichen, besteht darin, die Annahme durch den Angebotsempfänger an die Bedingung einer in der Annahme zu erklärenden Zwangsvollstreckungsunterwerfung zu knüpfen (allerdings mit der kostenrechtlichen Folge einer $^{10}/_{10}$-Gebühr für die Annahme).[9] Wird die Vollstreckungsunterwerfung nicht oder erst nach Fristablauf erklärt, ist die Annahme unwirksam.[10]

903 Bei **Beurkundung der Annahme** muß das Angebot nicht wieder – erneut – mitbeurkundet werden.[11] Die Bezugnahme auf das Angebot dient lediglich seiner Identifizierung. Eine Verlesung des Angebots gem § 13 Abs 1 BeurkG ist nicht erforderlich. Eine wirksame Beurkundung der Annahme kann deshalb auch erfolgen, wenn der Annehmende die Angebotsurkunde nicht vorlegen kann oder will[12] (zur Auflassung aber Rdn 901).

903a Enthält das Angebot Bewilligung und Anträge des Angebotsempfängers (zB Angebot des Verkäufers, in dem Käufer Kaufpreisresthypothek oder Rückauflassungsvormerkung für Wiederkaufsrecht bewilligt), so ergibt eine Auslegung der beurkundeten Annahmeerklärung nach §§ 133, 157 BGB, daß in ihr eine entsprechende Bewilligungserklärung auch enthalten ist; zumindest ist in

---

[7] RG 132, 6.
[8] AG Wiesbaden DGVZ 1996, 94 und (mit Sachverhaltsberichtigung) 140 Leits mit Anm Stöber.
[9] BayObLG DNotZ 1987, 176; ausführlich Winkler DNotZ 1971, 354 und 715; Wolfsteiner MittRhNotK 1985, 113 mit weit Nachw; auch Rudisch BWNotZ 1984, 159 (160); Weber MittRhNotK 1987, 37 (43).
[10] OLG Dresden NotBZ 1999, 180 = ZNotP 1999, 123.
[11] BGH 125, 218 (223) = DNotZ 1994, 764 (767) = MittBayNot 1994, 414 mit Anm Korte = Rpfleger 1994, 408.
[12] Zum Umfang der Belehrung durch den Notar in diesem Fall siehe BGH 125, 218 (224) = aaO.

B. Einzelfälle

der Annahmeerklärung jedoch eine Genehmigung (§ 185 BGB) zu der vom Nicht-Berechtigten abgegebenen Bewilligungserklärung enthalten;[13] im Bereich des § 19 GBO bestehen – anders als bei Zwangsvollstreckungsunterwerfung – keine rechtlichen Bedenken gegen die Anwendbarkeit des § 185 BGB. Ob in gleicher Weise durch bloße Annahmeerklärung auch eine in der Angebotsurkunde enthaltene Vollmacht durch den Annehmenden erteilt sein kann, ist im Einzelfall durch Auslegung zu ermitteln; da für die Erteilung der Vollmacht ein bestimmter Wortlaut nicht vorgeschrieben ist, kann aus der dogmatischen Beurteilung der Vollmacht als einseitiges Rechtsgeschäft noch nicht geschlossen werden, sie könne in der Annahmeerklärung nicht erteilt sein;[14] soweit die Vollmacht aber – ausnahmsweise – beurkundungsbedürftig ist, wird in der Beurkundung der reinen Annahmeerklärung ohne Verlesung des Vollmachtswortlauts oder Verweisung nach § 13a BeurkG keine formgerechte Beurkundung der Vollmacht liegen.[15] Nur im Hinblick auf solche einseitigen Erklärungen des Angebotsempfängers in der Angebotsurkunde sollte daher vorsorglich von der Verweisung nach § 13a BeurkG Gebrauch gemacht werden.[16]

Das Angebot muß alle wesentlichen Bestandteile des Vertrages enthalten. Das zu veräußernde Grundstück oder den (noch nicht vermessenen) Grundstücksteil hat das Angebot (wie der Kaufvertrag) bestimmt zu bezeichnen[17] (Rdn 863 ff). Wird die Bestimmung einem Vertragsteil oder einem Dritten vorbehalten (Rdn 868), dann muß auch das Bestimmungsrecht bereits im Angebot vorgesehen werden.[18] Zu seinem notwendigen Inhalt gehört auch die **Bestimmtheit** oder Bestimmbarkeit **des Angebotsempfängers** bzw des Vertragsgegners. Ein Angebot „an den, den es angeht", bei dem also der Vertragsgegner völlig unbestimmt bleibt, ist im Bereich der Grundstückskaufverträge regelmäßig nicht denkbar, da es dem Veräußerer nahezu immer auf bestimmte persönliche Eigenschaften des Käufers (zB seine finanzielle Zuverlässigkeit) ankommt;[19] fehlt daher im Angebot jeder Hinweis auf den Vertragsgegner und ist auch einem Dritten kein Benennungsrecht eingeräumt, so ist ein solches „Angebot" nicht wirksam, da zumindest insoweit rechtswirksame Beurkundung fehlt, die durch bloße Nennung einer Person im Ausfertigungsvermerk einer solchen Urkunde nicht ersetzt wird.[20] Soll auf ein solches hinsichtlich des Angebotsempfängers unbestimmtes Angebot eine Annahme für eine Person beurkundet werden, die im Besitz einer solchen „pauschalen"

904

---

[13] Unrichtig daher LG Wuppertal MittRhNotK 1983, 14; im Ergebnis wie hier Winkler DNotZ 1971, 715 und LG Karlsruhe MittBayNot 1993, 22.
[14] AA LG Freiburg BWNotZ 1984, 41; Rudisch BWNotZ 1984, 159 (162).
[15] Insoweit richtig LG Freiburg BWNotZ 1984, 41.
[16] So auch Weber MittRhNotK 1987, 37 (43).
[17] OLG Düsseldorf MittBayNot 2002, 44.
[18] OLG Düsseldorf aaO, das Bestimmungsrecht des Angebotsempfängers in analoger Anwendung von § 316 BGB in dem Vorbehalt im Vertragsangebot gesehen hat, daß in Abstimmung mit dem Angebotsempfänger die entgültige Bestimmung des Kaufgegenstandes einem späteren Zeitpunkt vorbehalten bleibt. Zustimmend Kanzleiter MittBayNot 2002, 13.
[19] Ludwig DNotZ 1982, 724; Bach MittRhNotK 1984, 161; einschränkend Münch-Komm/Kanzleiter Rdn 50 zu § 313 BGB.
[20] Ludwig DNotZ 1982, 724; OLG Karlsruhe DNotZ 1988, 694 mit Anm Ludwig.

Angebotsurkunde ist, sollte der Notar dringend auf die drohende Nichtigkeit hinweisen und darauf dringen, daß der „Annehmende" unter Verweisung auf die Angebotsurkunde (§ 13a BeurkG) dem „Anbietenden" ein gleiches Angebot macht, das von diesem dann angenommen wird.

905 Probleme hinsichtlich Form, rechtlicher Begründung und Wirksamkeit sowie grundbuchlicher Sicherung durch Vormerkung (s dazu Rdn 1494) ergeben sich beim sog Angebot an vom Angebotsempfänger erst noch **zu benennende Dritte**. Dabei spielt der Fall, daß der Vertragspartner bei Abgabe des Angebots durch den Veräußerer bereits feststeht, der für ihn in offener Stellvertretung das Angebot in Empfang nehmende Dritte dessen Identität aber erst bei oder nach der Annahme offenbart, in der Praxis keine Rolle.[21] Dagegen sind die Fälle praktisch, in denen jemand sich ein Grundstück von einem Eigentümer „an die Hand geben läßt", um es meist zusammen mit Bauleistungen (Fertighaus, Bauherrenmodell) an „Endverbraucher" weiterzugeben, ohne dabei das Grundstück selbst zu erwerben. Hier soll der veräußernde Eigentümer in einem Zeitpunkt gebunden werden, in dem die späteren Grundstückserwerber noch gar nicht feststehen.[22]

906 Wird das Angebot in der Weise abgegeben, daß es vom Angebotsempfänger selbst oder von den von diesem benannten Dritten angenommen werden kann, so handelt es sich um ein „normales" Angebot, bei dem der Angebotsempfänger die Rechte aus dem Angebot (durch Benennung) übertragen kann. Schwierigere Probleme entstehen dort, wo dem Angebotsempfänger kein eigenes Eintrittsrecht eingeräumt ist: das Angebot an den zu benennenden Dritten bindet den Eigentümer frühestens nach der Benennung des Dritten und Zugang der Angebotsausfertigung an ihn, da vorher – mangels Zugang – ein wirksames und somit bindendes Angebot noch nicht vorliegt.[23] Um eine Bindung des Eigentümers herzustellen, muß daher zwischen ihm und dem Angebotsempfänger (dem Benennungsberechtigten) ein Vertrag abgeschlossen werden, durch den sich der Eigentümer verpflichtet, einen entsprechenden Grundstückskaufvertrag mit den benannten Dritten abzuschließen und das Grundstück an diese zu übereignen. Durch diesen Vertrag erlangt der Benennungsberechtigte einen eigenen Anspruch auf Abschluß des Hauptvertrages und Übereignung zwischen Eigentümer und Dritten (vgl § 335 BGB), der durch Vormerkung sicherbar ist.[24] Möglich und sinnvoll ist es, daß der Benennungsberechtigte unwiderruflich bevollmächtigt wird, mit der Benennung diesen Vertrag zwischen Eigentümer und Drittem zustande zu bringen. Der Vertrag zwischen Eigentümer und Benennungsberechtigten (Angebotsempfänger) ist nach § 311b Abs 1 BGB beurkundungsbedürftig; wird er

---

[21] Nachweis zB durch Hinterlegung des Namens beim Notar im verschlossenen Umschlag, s Wietfeld DNotV 1930, 336; vgl auch Ludwig NJW 1983, 2792 (2795).
[22] Vgl die Übersicht (Gutachten) DNotI-Report 1997, 112.
[23] So richtig Hörer Rpfleger 1984, 346; Bach MittRhNotK 1984, 161 (163); Ludwig Rpfleger 1986, 345. Zur Übersicht über die verschiedenen Konstruktionen und ihre unterschiedlichen Folgen für Vormerkbarkeit und Insolvenz vgl Preuß AcP 2001, 580 (607ff) und DNotZ 2002, 283.
[24] BGH DNotZ 1983, 484 = NJW 1983, 1543 = Rpfleger 1983, 169; LG Ravensburg Rpfleger 1989, 320 mit Anm Ludwig; Bach MittRhNotK 1984, 161; Denk NJW 1984, 1009; Ludwig NJW 1983, 2792 und Rpfleger 1986, 345 (347); Preuß aaO (Fußn 23); aA Hörer Rpfleger 1984, 346.

B. Einzelfälle

in Angebot und Annahme aufgespalten, ist auch die Annahme beurkundungsbedürftig. Im Angebot an den vom Angebotsempfänger zu benennenden Dritten sollte streng zwischen diesen beiden Beziehungen (Eigentümer – Benennungsberechtigter; Eigentümer – Dritter) unterschieden werden. Macht der Angebotsempfänger von diesem Benennungsrecht Gebrauch, so kommt – bei entsprechender Vollmacht (siehe vorstehend) – durch die Annahme des Benannten der Vertrag zwischen diesem und dem Verkäufer zustande. Die Benennung des Dritten durch den Angebotsempfänger sollte im Hinblick auf die streitigen Auffassungen zu deren Form[25] in der sichersten Weise, also in notarieller Urkunde – am besten in der Annahmeurkunde – erfolgen.

Soll der Anbietende für die Abgabe des Angebots und die damit eingegangene Bindung vom Angebotsempfänger eine Gegenleistung (Geld, Darlehen, usw) erhalten, so kann dies nur unter dessen Mitwirkung bindend vereinbart werden. Die Vereinbarung über dieses Bindungsentgelt ist beurkundungspflichtig;[26] dies gilt auch dann, wenn es vom Angebotsempfänger zu leisten ist, der nicht identisch ist mit den Käufern (zB wenn dem Angebotsempfänger nur ein Benennungsrecht eingeräumt ist).[27] Hat der Anbietende dem Angebotsempfänger in dem Kaufangebot das Recht eingeräumt, die Verlängerung des Kaufangebots gegen Zahlung eines Entgelts verlangen zu können, so bedarf die Ausübung dieses Rechts gleichfalls der notariellen Beurkundung.[28] Auch für das Versprechen zur Zahlung einer Entschädigung bei Nichtannahme gilt die gleiche Beurkundungspflicht;[29] ebenso für die Vereinbarung der Kostenübernahme durch den Angebotsempfänger bei Nichtannahme[30] und für ein mit dem Angebot rechtlich verbundenes (bis zur Annahme) befristetes Mietverhältnis.[31]

907

Schließlich sollte in einem Angebot auch geregelt werden, ob das Recht, das Angebot anzunehmen, vererblich und übertragbar ist; enthält das Angebot keine Regelung, ist durch Auslegung zu ermitteln, ob der Anbietende mit der Auswechslung des Vertragspartners als einverstanden gelten kann oder nicht.[32]

---

[25] Für Beurkundungsform wegen Ergänzung des Veräußerungsvertrages Ludwig DNotZ 1982, 724 (728) und Rpfleger 1986, 345 mit weit Nachw über die Gegenmeinungen; Bach MittRhNotK 1984, 161 (163). Formlos: RG 140, 335 (nach dieser Auffassung muß aber für den Grundbuchvollzug die Form des § 29 GBO eingehalten werden). Vgl weiter DNotI-Report 1997, 112.
[26] BGH DNotZ 1961, 314; BGH DNotZ 1985, 279; Allerkamp MittRhNotK 1981, 55 (56).
[27] Vom Veräußerer betrachtet ist dies Teil der Gegenleistung für die Hingabe des Grundstücks. Vgl hierzu BGH DNotZ 1961, 314; BGH DNotZ 1965, 552; Linden MittBayNot 1981, 170; Staudinger/Wufka Rdn 74 zu § 313 BGB; zur Heilung durch formgültigen Abschluß des Vertrages mit dem Erwerber BGH DNotZ 1982, 433 mit Anm Wolfsteiner = Rpfleger 1982, 138.
[28] OLG Hamm DNotZ 2000, 772.
[29] BGH DNotZ 1986, 264 = NJW 1986, 246.
[30] OLG München MittBayNot 1991, 19.
[31] OLG München MittBayNot 1987, 242.
[32] Zur Frage, ob und unter welchen Voraussetzungen das durch Angebot begründete Gestaltungsrecht zur Annahme gepfändet und zur Einziehung überwiesen werden kann, s LG Koblenz RNotZ 2001, 392.

908 Die systematische Aufspaltung von Kaufverträgen in Angebot und Annahme stellt einen Gestaltungsmißbrauch des Beurkundungsverfahrens dar und ist vom Notar zu vermeiden[33] (jetzt § 17 Abs 2 a S 1 BeurkG).

21. Änderung oder Aufhebung eines Kaufvertrags

909 ### a) Kaufvertragsänderung vor Auflassung

(Eingang wie üblich)

> Die Erschienenen erklären: Wir ändern den zwischen uns am ...... vor dem gleichen Notar über das Grundstück Flurstück ...... der hiesigen Gemarkung geschlossenen Kaufvertrag wie folgt:
> Die Frist für die Ausübung des in § ... des Kaufvertrages vereinbarten Rücktrittsrechts wird verlängert bis einschließlich ... Im übrigen wird an den Bestimmungen des Kaufvertrags nichts geändert.
> Die Kosten dieses Nachtrags trägt ...
> Diese Urkunde ist wie die Vorurkunde auszufertigen und mit dieser zu verbinden.

(Abschluß der Niederschrift wie sonst)

910 ### b) Kaufvertragsänderung nach Auflassung

Der sachliche Inhalt der Vereinbarung ist der gleiche wie hiervor unter Buchstabe a, jedoch ist Beurkundung der Änderung nach erfolgter Auflassung nicht mehr erforderlich, es genügt die Aufnahme einer entsprechenden Privaturkunde; s Rdn 3115.

911 ### c) Aufhebung eines Kaufvertrags

> 1. Wir haben am ...... vor dem Notar ...... in ...... einen Kaufvertrag über das Grundstück hiesiger Gemarkung Flurstück ...... geschlossen.
> 2. Den in Nr 1 genannten Kaufvertrag, der keine Grundstücksauflassung enthält, heben wir hiermit in vollem Umfange rückwirkend auf. Gegenseitige Ansprüche aus diesem Kaufvertrag sind nicht entstanden.
> 3. Eine Abschrift dieser Vereinbarung erhält Finanzamt ...... zur Aufhebung des Grunderwerbsteuerbescheids Grunderwerbsteuerliste Nr ....

(Folgen Datum und Unterschriften von Verkäufer und Käufer)

912 Zur Frage der Beurkundungsbedürftigkeit von Änderungen eines Grundstückskaufvertrages oder seiner Aufhebung s Rdn 3115, 3118.
Wird ein bereits beurkundeter und mit der Auflassung verbundener Vertrag nachträglich geändert, so bedarf **es nicht** einer **erneuten Auflassung**.[1]

913 Von der Aufhebung einer Grundstücksveräußerung ist die **Zurücknahme** des in der Regel bei der Auflassung (von beiden Parteien, oft nur vom Käufer) gestellten **Antrags auf Eintragung der Eigentumsänderung** gegenüber dem Grundbuchamt zu unterscheiden, in der uU eine Aufhebung des Kaufvertrags liegen kann; zur Rücknahme dieses Antrags §§ 13, 31 S 1 GBO, § 15 GBO, § 24 Abs 3 BNotO sowie Rdn 93, 190.

---

[33] Brambring DNotI-Report 1998, 184; vorher schon BNotK DNotZ 1976, 326; OLG Hamburg MDR 1976, 499; OLG Celle DNotZ 1977, 628; Neubauer MDR 1977, 194.
[1] Vgl OLG München DNotZ 1942, 34.

B. Einzelfälle

Wegen Rückerstattung bzw Erlaß der Grunderwerbsteuer s § 16 GrEStG. Bei Aufhebung eines Kaufvertrages und Neuabschluß mit einem Dritten ist im Hinblick auf § 16 GrEStG größte Vorsicht geboten.[2]

22. Grundstückstauschvertrag

(Eingang wie üblich)   914

§ 1
Es vertauschen hiermit,
a) Rudolf Alt sein im Grundbuch von Asch (Band 1) Blatt 5 eingetragenes Grundstück der Gemarkung Asch Flurstück 30 Wiese im Ösch mit 40 a 20 m² an Josef Feld
b) Josef Feld sein im Grundbuch von Asch (Band 1) Blatt 10 eingetragenes Grundstück der Gemarkung Asch Flurstück 45 Wiese im Hardt mit 45 a 10 m² an Rudolf Alt.

§ 2
Als Werte werden festgesetzt:
a) für Flurstück 30 der Betrag von   10 000 €,
b) für Flurstück 45 der Betrag von   11 000 €.
Somit hat Rudolf Alt an Josef Feld ein Aufgeld von
   1000 € – eintausend Euro –
zu entrichten, und zwar bis …, ohne Zinsen bis dahin.

§ 3
Mitvertauscht werden die gesetzlichen Bestandteile und Zubehörstücke, soweit solche im Eigentum der Veräußerer stehen.

§ 4
Ansprüche und Rechte des jeweiligen Erwerbers gegen den jeweiligen Veräußerer wegen Sachmängeln aller Art sind ausgeschlossen. Den Erwerbern sind die Einträge in Abt. II des Grundbuchs bekannt; sie bleiben bestehen. Die Belastungen in Abt. III des Grundbuchs haben die Veräußerer unverzüglich auf ihre Kosten zu beseitigen. Sie stimmen den jeweiligen Löschungen mit Antrag auf Vollzug im Grundbuch zu.

§ 5
Besitz, Nutzungen, Lasten und die Verkehrssicherungspflicht hinsichtlich der vertauschten Vertragsobjekte sowie die Gefahren ihres zufälligen Untergangs oder ihrer zufälligen Verschlechterung gehen mit Wirkung ab heute auf den jeweiligen Erwerber über.
Die vertauschten Vertragsobjekte sind nach Angabe der jeweiligen Veräußerer nicht verpachtet.

§ 6
Die Vertragsteile sind über den Übergang des Eigentums an den vertauschten Flächen auf den jeweiligen Erwerber einig; der jeweilige Veräußerer bewilligt, der jeweilige Erwerber beantragt den Vollzug der Auflassung. Die Eintragung von Vormerkungen wünschen die Vertragsteile trotz Belehrung durch den Notar nicht.

§ 7
Von den Kosten dieses Vertrags bezahlt jeder Teil die Hälfte. Im übrigen hat jeder Erwerber die Kosten seines Erwerbs einschließlich Grunderwerbsteuer zu bezahlen.
Die Parteien werden auf ihre gegenseitige Haftung für die Kosten und Steuern hingewiesen.

---

[2] BFH BStBl 1986 II 271; BFH BStBl 1987 II 826; BFH BStBl 1988 II 292 = DNotZ 1989, 220; BFH BB 1994, 1205; BayStMdF MittBayNot 1994, 558; zu Vertragsübernahme und Vertragsbeitritt in grunderwerbsteuerlicher Sicht s Erl FinMin Baden-Württemberg BB 1995, 1943; vgl auch Gutachten DNotI-Report 1994 Nr 22 S 1.

2. Teil. III. Erste Abteilung des Grundbuchs

§ 8
Den Beteiligten ist bekannt, daß zur Wirksamkeit dieses Vertrags die Genehmigung des Landwirtschaftsamts Ulm erforderlich ist, deren Erteilung sie beantragen. Der Bescheid soll dem Notar übermittelt werden.
(folgt Abschlußvermerk)

915 Beim Tausch (§ 480 BGB) besteht die Gegenleistung für die Veräußerung nicht (nur) in der Zahlung von Geld, sondern in der Übereignung einer Sache, hier in der Hingabe von Grundbesitz gegen den Erwerb von Grundbesitz. Es gelten daher die Hinweise für den Grundstückskauf auch weitgehend für den Tausch. Bei der Vertragsgestaltung ist der Sicherung lastenfreien Erwerbs für jedes Grundstück besondere Aufmerksamkeit zu gewähren. <u>Werden an Stelle des gewollten Tauschs zwei selbständige Kaufverträge beurkundet, so sind sie mangels formwirksamer Beurkundung nichtig (§ 311b Abs 1, § 125 BGB), da die rechtliche Abhängigkeit beider Veräußerungen nicht beurkundet ist</u>[1] (s auch Rdn 3120).

916 Es empfiehlt sich, im Tauschvertrag festzulegen, ob getrennter Vollzug hinsichtlich jeder Tauschfläche zulässig sein soll oder nicht. Bei getrenntem Vollzug sollte jedoch auf jeden Fall eine Auflassungsvormerkung bewilligt und beantragt werden und die Lastenfreistellung des später umzuschreibenden Grundstücks bei Stellung des Umschreibungsantrags für das erste Grundstück gesichert sein.

23. Schenkungsvertrag (Ausstattung) über ein Grundstück

917 (Eingang wie üblich)

§ 1
Balthasar Mehl und Helga Mehl, geb Korn, schenken ihren Kindern Emma Brot, geb Mehl, und Helmut Mehl – beide nachstehend als „der Erwerber" bezeichnet – ihr im Grundbuch von Boll (Band 4) Blatt 34 eingetragenes Grundstück der Gemarkung Boll
Flurstück 15 Bauplatz am kleinen See 10 a 16 m²
als Berechtigten zu gleichen Bruchteilen. Die Vertragsteile sind über den Übergang des Eigentums im angegebenen Anteilsverhältnis einig. Die Ehegatten Mehl bewilligen, der Erwerber beantragt den Vollzug der Auflassung im Grundbuch.

§ 2
1. Ansprüche und Rechte des Erwerbers wegen Rechts- und Sachmängeln sind ausgeschlossen. Besitz, Nutzungen, Lasten, Gefahren aller Art und die Verkehrssicherungspflicht gehen ab heute auf den Erwerber über.
2. Der Erwerber hat sich den heutigen Wert der Zuwendung, der mit ... € angesetzt wird, auf seinen Pflichtteil nach dem Veräußerer anrechnen zu lassen, worüber die Vertragsteile einig sind. Der Erwerber hat weiter den genannten Wert bei einer künftigen Erbfolge gemäß §§ 2050 ff BGB im Verhältnis zu den übrigen Abkömmlingen der Veräußerer auszugleichen.

§ 3
„Erwerber im Sinne dieses Abschnitts ist der jeweilige Erwerber, „übergebener Grundbesitz" ist der jeweils übertragene Hälftemiteigentumsanteil
Wenn
a) der Erwerber den heute übergebenen Grundbesitz ohne schriftliche Zustimmung der Veräußerer oder eines überlebenden Veräußererteiles belastet – auch Belastungen im

---

[1] RG WarnRspr 1912 Nr 247.

B. Einzelfälle

Wege der Zwangsvollstreckung[1] fallen hierunter – oder ganz oder teilweise veräußert[2]
– auch durch Begründung von Gesamthandeigentum – oder

b) der Erwerber vor dem Veräußerer oder dem überlebenden Veräußererteil verstirbt und der Grundbesitz nicht ausschließlich an Abkömmlinge durch Erbschaft oder Vermächtnis fällt,[2] oder

c) eine wesentliche Verschlechterung in den Vermögensverhältnissen des Erwerbers eintritt,[3] oder die Zwangsversteigerung oder Zwangsverwaltung in den übergebenen Grundbesitz angeordnet wird, oder

d) die Ehe des Erwerbers vor Ableben des letzten Veräußererteils geschieden wird und in dieser Ehe nicht Gütertrennung oder eine Modifikation des gesetzlichen Güterstandes dahin vereinbart ist, daß der übergebene Grundbesitz bei der Berechnung des Anfangs- und Endvermögens ausgeschlossen ist,[4] oder

e) der Veräußerer bzw der überlebende Veräußerer berechtigt ist, die heutige Zuwendung wegen groben Undanks zu widerrufen,

so ist der Erwerber verpflichtet, auf schriftliches Verlangen der Veräußerer oder eines Veräußererteiles, den übergebenen Grundbesitz unentgeltlich auf die Veräußerer als Gesamtgläubiger nach § 428 BGB zurückzuübertragen, wobei der Anspruch zu Lebzeiten beider Veräußerer diesen als Berechtigten zu gleichen Bruchteilen und nach dem Tod des Erstversterbenden dem Überlebenden allein zusteht; keiner der Veräußerer ist befugt, zu Lasten des anderen über den Übereignungsanspruch zu verfügen.[4a]

Das Verlangen kann nur innerhalb von 9 Monaten durch eingeschriebenen Brief oder Zustellung nach § 132 BGB gestellt werden, seitdem der Berechtigte positive Kenntnis von einem das Rückforderungsrecht begründenden Tatbestand hat.

Die Rückübertragung hat unentgeltlich zu erfolgen, soweit nicht nachstehend etwas anderes bestimmt ist. Für geleistete Dienste, wiederkehrende Zahlungen, für Benutzung des Vertragsgegenstandes ist keine Vergütung zu entrichten; Tilgungen und geleistete Zinsen werden nicht ersetzt. Werterhöhende Investitionen sind dem Erwerber zu dem im Zeitpunkt der Rückübertragung bestehenden Zeitwert zu ersetzen, eine Ersatzpflicht besteht jedoch nicht, wenn die Investitionsmaßnahmen ohne Zustimmung des Veräußerers erfolgt sind oder auf der eigenen Arbeitsleistung des Erwerbers beruhen. Der Berechtigte übernimmt lediglich diejenigen Belastungen des Grundbesitzes, die im Range vor der zu seinen Gunsten eingetragenen Vormerkung eingetragen oder mit seiner Zustimmung bestellt worden sind. Die mit der Rückübertragung verbundenen Kosten, eine etwaige Grunderwerb- und Schenkungsteuer trägt der Verpflichtete.

Der Rückübertragungsanspruch ist höchstpersönlich, nicht übertragbar und nicht vererblich; der bereits ausgeübte Rückübertragungsanspruch ist übertragbar und vererblich.

Zur Sicherung des Rückübertragungsanspruches bewilligt der Erwerber und beantragt der Veräußerer die Eintragung einer auf die Lebenszeit der Berechtigten befristeten Vormerkung am übergebenen Grundbesitz [siehe oben] zur Sicherung der Ansprüche der Veräußerer als Gesamtberechtigte gemäß § 428 BGB auf Auflassung. Der Notar hat darüber belehrt, daß auf Grund der vorstehenden Regelung der Vormerkungsschutz auf jeden Fall mit dem Tod des Berechtigten erlischt.

---

[1] Nach VG Gießen DNotZ 2001, 784 soll die Rückauflassungsvormerkung gegenüber einer Zwangssicherungshypothek des Sozialhilfeträgers für Leistungen an den Beschenkten nicht wirksam sein. Dem kann nicht gefolgt werden, so auch Mayer DNotZ 2001, 786.
[2] Zur Zulässigkeit einer Absicherung durch Vormerkung s Rdn 1484, 1489.
[3] Zur Insolvenzfestigkeit solcher durch Vormerkung gesicherter Ansprüche Uhlenbruck, FS Rhein Notariat (1998) S 125; Spiegelberger MittBayNot 2000, 1; J. Mayer, Der Übergabevertrag, Rdn 243 ff.
[4] Zulässig nach BayObLG DNotZ 2002, 784; LG München I MittBayNot 2002, 404.
[4a] S dazu J. Mayer, Der Übergabevertrag, Rdn 259; anders, wenn selbständige Ansprüche jedes Ehegatten begründet werden, vgl BayObLG MittBayNot 2002, 396 = ZNotP 2003, 66.

2. Teil. III. Erste Abteilung des Grundbuchs

§ 4
(Kosten, Abschriften)
Vom Notar vorgelesen, ...

Literatur: Ellenbeck, Die Vereinbarung von Rückforderungsrechten in Grundstücksübertragungsverträgen, MittRhNotK 1997, 41; Fembacher und Franzmann, Rückforderungsklauseln und Pflichtteilsklauseln in Überlassungsverträgen mit Minderjährigen, MittBayNot 2002, 78; Jülicher, Vertragliche Rückfallklauseln, Widerrufsvorbehalte, auflösende Bedingungen und Weiterleitungsklauseln in Schenkungsverträgen, ZEV 1998, 201; Langenfeld/Günther, Grundstückszuwendungen im Zivil- und Steuerrecht, 4. Aufl 1999; Langenfeld, Stufenweise vorweggenommene Erbfolge in ein Grundstück durch Gründung einer Familiengesellschaft bürgerlichen Rechts, ZEV 1995, 157; J. Mayer, Der Übergabevertrag, 2. Aufl (2001); Schippers, Der verlängerte Rückforderungsvorbehalt, MittRhNotK 1998, 69; Spiegelberger, Vermögensnachfolge, 1994; Spiegelberger, Rückfallklauseln in Überlassungsverträgen, MittBayNot 2000, 1; Wegmann, Grundstücksüberlassung, 2. Aufl 1999, sowie die Literaturübersicht bei der Übergabe (Rdn 934).

918 Eine **Schenkung** setzt objektiv eine Bereicherung des Beschenkten und subjektiv Einigung über die Unentgeltlichkeit der Zuwendung voraus (§ 516 BGB). Sind die Beteiligten sich darüber einig, daß nur einem Teil der Zuwendung eine Gegenleistung gegenüber steht, liegt eine **gemischte Schenkung** vor;[5] auf sie werden teils die Schenkungsvorschriften, teils die Regeln des jeweiligen entgeltlichen Geschäfts angewendet, wobei für die Anwendung jeweils die Auslegung des Vertrages nach Zweck und Interessenlage entscheidend ist.[6] Von der gemischten Schenkung ist die **Auflagenschenkung** (§ 525 BGB) zu unterscheiden, bei der der gesamte Zuwendungsgegenstand geschenkt ist und lediglich nach Vollzug der Schenkung Leistung aus dem Wert der Zuwendung verlangt werden kann[7] (vgl §§ 526, 527 BGB).

919 Die Übertragung eines Grundstücks unter Vorbehalt von Versorgungsleistungen für den Veräußerer, zB Wohnungsrecht, Altenteil, ist rechtlich Schenkung unter Auflage[8] (zur Übergabe s Rdn 934).
Eine Vermögensübertragung „im Wege der vorweggenommenen Erbfolge" enthält (allein) noch keine Aussage über die Unentgeltlichkeit.[9] Im Rahmen seiner Pflicht zur Ermittlung des Willens der Beteiligten (§ 17 BeurkG) sollte der Notar sich mit dieser Aussage nicht begnügen, sondern die jeweils wirklich gewollten Regelungen und Rechtsfolgen (ermitteln und) beurkunden.[10]

920 Eine weitere Form der Schenkung ist die **Zweckschenkung**, bei der der Schenker zwar bezweckt, den Empfänger zu einer bestimmten Leistung zu bewegen; dies wird aber nicht Vertragsinhalt und rechtliche Verpflichtung, sondern ist (nur) übereinstimmend gewollte Geschäftsgrundlage der Schenkung; tritt der bezweckte Erfolg nicht ein, besteht ein Rückforderungsrecht

---

[5] RG 16, 132 (Schenkung unter Übernahme von Grundpfandrechten).
[6] BGH 3, 206; 30, 120; BGH NJW 1972, 247; vgl Übersicht bei MünchKomm/Kollhosser Rdn 29 ff zu § 516 BGB.
[7] RG 60, 238; 105, 305.
[8] BGH DNotZ 1989, 775 = NJW 1989, 2122; ausnahmsweise auch voll entgeltliches Rechtsgeschäft möglich, OLG Düsseldorf DNotZ 1996, 652 und NotBZ 2002, 151; BGH MittRhNotK 1997, 76 = NJW-RR 1996, 754.
[9] BGH DNotZ 1996, 640 = NJW 1995, 1349.
[10] Ebenso Jerschke in Beck'sches Notarhandbuch, Teil A V Rdn 78; bedenklich Mayer DNotZ 1996, 604.

B. Einzelfälle

nach § 812 Abs 1 S 2, 2. Fall, BGB[11] oder wegen Wegfall der Geschäftsgrundlage iS des § 313 BGB.

Zu unterscheiden von der Schenkung ist die **Ausstattung**,[12] die Eltern ihren Kindern (nicht auch einem Enkel, s Rdn 924) gewähren; sie ist keine Schenkung (unterliegt daher keiner Pflichtteilsergänzung nach § 2325 BGB), wenn die Ausstattung zur Zeit ihrer Hingabe unter Berücksichtigung der Umstände, insbesondere der Vermögensverhältnisse des Ausstattungsgebers, angemessen war.[13] Hier könnte die Formulierung in § 1 und § 2 Ziff 2 des Übertragungsvertrages lauten: 921

> ... gewähren ...... als gemeinsame elterliche je hälftig gegebene Zuwendung ihr Grundstück FlNr 15 Gemarkung Boll ...
> (folgt Auflassung)
> Die Zuwendung wird als Ausstattung gewährt, die mit .... € ausgleichungspflichtig ist.
> Die Erwerber haben sich die Ausstattung auf ihren Pflichtteil nach beiden Elternteilen anrechnen zu lassen, worüber die Vertragteile einig sind ...

Wenn beide Eltern noch leben, sollte festgelegt werden, ob die Ausstattung aus dem Vermögen des Vaters oder der Mutter oder etwa je hälftig aus dem beiderseitigen Vermögen gewährt wird. Dabei kommt es nicht unbedingt darauf an, auf wessen Namen das Grundstück im Grundbuch eingetragen ist. Es kann zB ein auf den Vater allein gebuchtes Grundstück trotzdem als je hälftige Ausstattung von Vater und Mutter gegeben werden, wobei es allerdings zweckmäßig ist, gleichzeitig zu bestimmen, ob und in welcher Höhe das Vermögen von Vater und Mutter später auszugleichen ist.[14]   922

Da ein Ausstattungsvertrag ein unentgeltlicher Erwerb ist können Eltern ihre minderjährigen Kinder bei einem solchen Vertrag vertreten, soweit den Kindern damit nur ein rechtlicher Vorteil zugewendet wird[15] (s dazu Rdn 3602 ff); Vertretung durch einen Ergänzungspfleger und Genehmigung des Vormundschaftsgerichts ist erforderlich, wenn der Erwerber Grundpfandrechte samt gesicherten Darlehen zu übernehmen oder andere Gegenleistungen zu erbringen hat (§ 1821 Abs 1 Nr 5 BGB).   923

Grundstückszuwendungen von Großeltern an ein Enkelkind sind, wenn bei Vertragsschluß das Kind des Veräußerers (Elternteil des Enkels) lebt, keine Ausstattungen nach § 1624 BGB. Soll dennoch beim Tod der Großeltern eine Ausgleichung stattfinden, ist im Vertrag folgendes zu bestimmen: 924

> Der Preis für das Grundstück beträgt ... €; er wird dem Erwerber bis zur künftigen Auseinandersetzung des Nachlasses des Veräußerers zinslos gestundet und ist alsdann in die Nachlaßmasse zu zahlen.

---

[11] BGH DNotZ 1985, 83.
[12] Wegen der Abgrenzung zwischen Schenkung und Ausstattung s Schmidt BWNotZ 1971, 29 sowie eingehend Langenfeld/Günther Rdn 203 ff; Kerscher/Tank ZEV 1997, 354; Sailer NotBZ 2002, 81.
[13] RG 141, 359; Jerschke in Beck'sches Notarhandbuch Teil A V Rdn 47 ff.
[14] Eine solche Ausgleichung ist wegen der in ihr enthaltenen Kürzung des Pflichtteils (§§ 2316, 2050 BGB) nur in der Form des § 2346 BGB wirksam und stellt für den Ausstattungsempfänger keinen rechtlichen Vorteil dar. Vgl auch BGH 88, 102 = DNotZ 1984, 497 = NJW 1983, 2875.
[15] Die mit der Ausstattung verbundene Ausgleichspflicht ändert hieran nichts, BGH 15, 168 = DNotZ 1955, 72 = NJW 1955, 1353; aA Lange NJW 1955, 1339; Münch-Komm/Frank Rdn 9 zu § 2315 BGB.

925 Die Ausstattung unterliegt, soweit nicht bei der Zuwendung etwas anderes vereinbart wird, der Ausgleichung (§§ 2050 ff, § 2316 BGB). Nach Abschluß des Vertrages kann die Ausgleichungspflicht durch Verfügung von Todes wegen erlassen werden.[16]

926 Auch bei der Schenkung oder Übergabe (Rdn 934 ff) spielen Probleme der **Ausgleichung**[17] unter mehreren Abkömmlingen (§§ 2050 ff BGB) und/oder der **Anrechnung** auf den Pflichtteil (§§ 2315, 2316 BGB) eine erhebliche Rolle. Ausstattung und Schenkung sind auf den Pflichtteil anzurechnen, wenn dies der Veräußerer sofort bei der Zuwendung bestimmt[18] (§ 2315 BGB).

Die Anordnung einer Anrechnung auf den Pflichtteil **nach Vertragsabschluß** ist nur in der Form des (insoweit beschränkten) Pflichtteilsverzichts mit dem Pflichtteilsberechtigten (§ 2346 Abs 2, § 2348 BGB) zulässig. Häufig werden Schenkungen mit Pflichtteilsverzichtverträgen, auch gegenständlich beschränkten,[19] verbunden. Schenkungen können beim Tod des Schenkers Pflichtteilsergänzungsansprüche übergangener Pflichtteilsberechtigter auslösen. Die 10-Jahres-Frist des § 2325 Abs 3 BGB beginnt bei Schenkungen an den Ehegatten erst mit Auflösung der Ehe, sonst dann, wenn die Schenkung vollzogen ist (Eigentumsumschreibung)[20] und der Veräußerer den Vertragsgegenstand auch im wesentlichen nicht weiter auf Grund vertraglicher Absprachen nutzt (zB Nießbrauch uä).[21]

927 Im übrigen unterliegen Schenkungen, ausgenommen Pflicht- und Anstandsschenkungen (§ 534 BGB), nicht jedoch Ausstattungen nach § 1624 BGB, dem zwingenden, vertraglich also nicht im voraus abdingbaren Rückforderungsrecht (§ 528 BGB) und dem Widerrufsrecht wegen groben Undanks (§ 530 BGB). Der Widerruf wegen groben Undanks kann bei gemischten Schenkungen nur geltend gemacht werden, wenn der unentgeltliche Teil überwiegt und nur Zug um Zug gegen Wertausgleich des entgeltlichen Teils der Vereinbarung.[22] Umstritten ist, ob der Widerruf einer Schenkung an ein Schwiegerkind möglich ist, wenn dessen Ehe mit dem Kind des Schenkers ge-

---

[16] RG 90, 419 (422).
[17] Vgl dazu Wolfsteiner MittBayNot 1982, 61; Peters BWNotZ 1986, 28; Götte BWNotZ 1995, 84; Sailer NotBZ 2002, 81.
[18] Ob Schenkung mit dieser Anrechnungsbestimmung dem Minderjährigen nur einen rechtlichen Vorteil bringt, ist streitig; dafür BGH 15, 168 = aaO (Fußn 15); auch Soergel/Dieckmann Rdn 7 zu § 2315 BGB; dagegen MünchKomm/Frank Rdn 9; Staudinger/Haas Rdn 26, 31, je zu § 2315 BGB; Mayer, Übergabevertrag, Rdn 145.
[19] Er wird allgemein für zulässig gehalten, vgl statt vieler Palandt/Edenhofer Rdn 6 zu § 2346 BGB; Cremer MittRhNotK 1978, 169; Jordan Rpfleger 1985, 7; Weirich DNotZ 1986, 5. Zur Verknüpfung von Zuwendung (Erfüllung) und Verzicht vgl Mayer MittBayNot 1985, 101.
[20] BGH 102, 289 = DNotZ 1988, 441 = NJW 1988, 821 = Rpfleger 1988, 68.
[21] BGH 125, 395 = DNotZ 1994, 784 mit Anm Siegmann = NJW-RR 1994, 1791; BGH MittBayNot 1996, 307 = NJW-RR 1996, 705; dazu auch Wegmann MittBayNot 1994, 307; Heinrich MittRhNotK 1995, 157; Mayer FamRZ 1994, 739; LG Münster MittBayNot 1997, 113.
[22] BGH 30, 120; BGH DNotZ 1988, 364 = NJW-RR 1988, 584; BGH 107, 156 = DNotZ 1989, 775 = NJW 1989, 2122; BGH MittRhNotK 1995, 170 = NJW-RR 1995, 77; zu Verwendungsersatzansprüchen vgl BGH ZNotP 1999, 203.

B. Einzelfälle

schieden wird.[23] Der Rückforderungsanspruch wegen Notbedarfs (§ 528 BGB), wenn der Schenker seinen eigenen angemessenen Unterhalt oder seine gesetzliche Unterhaltspflicht nicht mehr bestreiten kann, steht nur dem Schenker selbst zu, erlischt also mit dessen Tod, wenn er nicht vorher geltend gemacht wurde.[24] Der Übergang dieses Rückforderungsanspruchs des Hilfeempfängers[25] kann vom Träger der Sozialhilfe nach § 90 BSHG bewirkt werden; der Anspruch kann dann gegen den Beschenkten (auch gegenüber dessen Erben[26]) geltend gemacht werden. Hat die Überleitung vor dem Tod des Schenkers stattgefunden, ist die Geltendmachung des Rückforderungsanspruches auch nach dem Tod des Schenkers noch möglich[27]; dies gilt auch dann, wenn der Beschenkte Erbe des Schenkers wird (kein Erlöschen des Anspruchs gegenüber Sozialhilfeträger).[28] Nach Auffassung des BGH[29] liegt eine Geltendmachung des Rückforderungsanspruchs iS des § 528 BGB bereits vor, wenn der Schenker Sozialhilfe = Leistung eines Dritten entgegengenommen und damit zu erkennen gegeben hat, daß er ohne Rückforderung zur Bestreitung seines Unterhalts nicht in der Lage ist; damit ist Überleitung auch nach dem Tod des Schenkers möglich.[29] Mehrere gleichzeitig Beschenkte haften gesamtschuldnerisch nach § 528 BGB; der Schenker kann nicht den Rückgabepflichtigen benennen.[30] Über § 528 BGB, § 90 BSHG besteht somit eine nicht zu unterschätzende Möglichkeit, daß auch schon längere Zeit verschenktes Vermögen letztlich für den Unterhalt des Schenkers (zB Aufenthalt in einem Pflegeheim) eingesetzt werden muß.[31] Bei regelmäßigem Unterhaltsbedarf des Schenkers richtet sich der Anspruch gegen den Beschenkten nach

---

[23] Nach BGH 129, 259 = DNotZ 1995, 937 = NJW 1995, 1889 grundsätzlich kein Widerrufsrecht der Schwiegereltern, sondern Behandlung beim begünstigten Schwiegerkind wie ehebedingte Zuwendungen; anders (direkte Rückforderung) bei Schenkung an Schwiegerkind bei dessen ehelichen Verfehlungen jetzt BGH ZNotP 1999, 324; für Rückforderungsrechte OLG Köln MittBayNot 1995, 135 = MittRhNotK 1995, 173; OLG Oldenburg MittBayNot 1995, 138; OLG Düsseldorf MittRhNotK 1995, 268; differenzierend OLG Naumburg MittRhNotK 2000, 289; vgl dazu Grziwotz MittBayNot 1995, 140.

[24] BGH 123, 264 = DNotZ 1994, 450 = NJW 1994, 256; OLG Karlsruhe MittRhNotK 1995, 174 = NJW-RR 1995, 571.

[25] Nicht überleitungsfähig ist der Rückforderungsanspruch des Schenkers, weil dieser einer Unterhaltsverpflichtung nicht nachkommen kann (Ausnahme bei Hilfe in besonderen Lebenslagen dessen Eltern oder Ehegatten); dieser Anspruch ist auch nicht pfändbar (§ 852 Abs 2 ZPO). Zugriffsmöglichkeit ist aber dadurch denkbar, daß der Rückforderungsanspruch als tatsächlich vorhandenes Vermögen gewertet und Leistungsfähigkeit damit angenommen wird, vgl LG Lübeck FamRZ 1997, 961. Zur Frage der Sittenwidrigkeit von Schenkungen zur Verhinderung des Sozialhiferückgriffs OVG Münster NJW 1997, 2901.

[26] BGH DNotZ 1992, 109.

[27] BGH 96, 380 = MittRhNotK 1986, 118 = NJW 1986, 1606; BGH 123, 264 = aaO (Fußn 24).

[28] BGH MittRhNotK 1995, 266 = DNotZ 1996, 642.

[29] BGH 147, 288 = DNotZ 2001, 841 = NJW 2001, 2084.

[30] BGH 137, 76 = DNotZ 1998, 875 = NJW 1998, 537. Vgl. ausführlich Rundel MittBayNot 2003, 177.

[31] Zum Einfluß des Sozialrechts auf die Vertragsgestaltung vgl Littig/J. Mayer, Sozialhilferegreß gegenüber Erben und Beschenkten (1999); Germer BWNotZ 1987, 73; Karpen MittRhNotK 1988, 131; Krauß MittBayNot 1992, 77; Mayer DNotZ 1995, 571; Kohler BWNotZ 2001, 54; J. Mayer MittBayNot 2002, 152 und ZEV 2003, 173.

§ 528 BGB auf wiederkehrende Geldleistungen, bis der Wert des geschenkten Gegenstandes erschöpft ist.[32] Eine allgemeine Begrenzung des Rückforderungsanspruches enthält § 529 BGB;[33] gegenüber einem vom Sozialhilfeträger übergeleiteten Rückforderungsanspruch ist es unbeachtlich, ob der übertragene Grundbesitz beim Schenker[34] Schonvermögen war oder wieder wäre oder ob er dies beim Beschenkten ist.[35]

928 Rückübertragungsverpflichtungen der aus dem Muster ersichtlichen oder ähnlicher Art kommen nicht selten vor. Sie haben entweder Strafcharakter (Muster § 3 a, e) oder sollen den Zugriff Dritter (Gläubiger des Beschenkten) verhindern[36] (Muster § 3 c, teilweise auch § 3 d) oder den Grundbesitz bei Wegfall der Geschäftsgrundlage (Muster § 3 a, b, d) in der engeren Familie halten. Auch ein freies nicht an bestimmte Tatbestandsvoraussetzungen geknüpftes Widerrufsrecht kann vereinbart werden.[37]

Regelmäßig enden die (jedenfalls die noch nicht ausgeübten) Rückforderungsrechte mit dem Tod des Schenkers; zur Behandlung der Vormerkung siehe Rdn 1544 b. Vor der Vereinbarung von Weiterübertragungsklauseln[38] (dh Bindung über den Tod der Schenker hinaus und Verpflichtung des Beschenkten, den Grundbesitz zB an seine Kinder oder Geschwister weiter zu übereignen) ist zu warnen: sie führt zu unabsehbaren Bindungen und leidet als Schenkung unter Auflage oder als Vertrag zugunsten Dritter (nämlich zugunsten der Enkel oder Geschwister) darunter, daß das Rechtsverhältnis (§ 516 BGB) zwischen Schenker und Dritten gar nicht, jedenfalls nicht formgerecht (§ 518 BGB) abgeschlossen ist. Zur Notwendigkeit familien- bzw vormundschaftsgeschichtlicher Genehmigung solcher Vereinbarungen bei minderjährigen Schenkungsempfängern s Rdn 3611. Solche (Rück-)Übertragungsverpflichtungen können durch Vormerkung nach § 883 BGB gesichert werden, s Rdn 1484. Zur Frage, auf wen und in welchem Beteiligungsverhältnis als Berechtiger die Rückauflassungsvormerkung eingetragen werden kann, s Rdn 261 a, 1499 ff. Zur Frage der (Un)Zulässigkeit einer Löschungserleichterung (§ 23 Abs 2 GBO) bei einer solchen Vormerkung s Rdn 1544. Übernehmen Erwerber eines Grundstücks in Bruchteilsgemeinschaft solche Rückübertragungsverpflichtungen, so sind sie regelmäßig als voneinander unabhängig gewollt; es ist an jedem Miteigentumsanteil (eine Rück-)Auflassungsvormerkung zu bewilligen und einzutragen (s Formular § 3 1. Satz).

---

[32] BGH MittBayNot 1996, 192 = NJW 1996, 987.
[33] BGH 143, 51 = MittBayNot 2000, 226 = NJW 2000, 728 = ZNotP 2000, 106 (Bedürftigkeit muß innerhalb der 10-Jahres-Frist eingetreten sein).
[34] OVG Münster NJW 1992, 1123; BGH NJW 1994, 1655.
[35] BVerwG NJW 1992, 3312.
[36] Zu ihrer Wirksamkeit in der Insolvenz des Beschenkten vgl Ellenbeck MittRhNotK 1997, 41 (46); Uhlenbruck, FS des Rheinischen Notariats (1998), S. 125 ff; Spiegelberger MittBayNot 2000, 1 (8).
[37] Zur faktischen Rechtlosigkeit des Erwerbers J. Mayer, Der Übergabevertrag, Rdn 233, 234. Zur Anerkennung als vollzogene Schenkung im Erbschaftsteuerrecht BFH BStBl 1983 II 179; BStBl 1989 II 1034; vorsichtiger J. Mayer aaO; Wegmann, Grundstücksüberlassung, Rdn 185. Von Gläubigern des Rückforderungsberechtigten kann das Recht zur Rückforderung gepfändet und zur Einziehung überwiesen werden, BGH FamRZ 2003, 858 = NJW 2003, 1858 = NotBZ 2003, 229 = Rpfleger 2003, 372.
[38] Dazu Jülicher ZEV 1998, 201 (205).

B. Einzelfälle

Steuerliche Probleme (vor allem Erbschaft-, Einkommen-, teilweise auch **929** Grunderwerbsteuer) spielen bei Schenkungen, (insbesondere gemischten), Ausstattungen, Übergaben (Rdn 934) und ehebedingten Zuwendungen eine erhebliche Rolle. Eigenständige steuerrechtliche Prüfung und/oder die Zuziehung des steuerlichen Beraters ist in diesem Bereich dringend zu empfehlen.

24. Ehebezogene Zuwendung

Urkundsform (Eingang wie üblich) **930**

§ 1
Herr Max Bauer – nachstehend „Veräußerer" genannt – überträgt hiermit sein Hausgrundstück der Gemarkung Boll
  FlNr 215/7 Friedenstr 10, Wohnhaus mit Garage, Hofraum zu 0,1120 ha,
samt allen Bestandteilen und dem Zubehör an seine Ehefrau Helga Bauer, geb Huber – nachstehend „Erwerber" genannt – zum Alleineigentum.

§ 2
Die Übertragung erfolgt ohne Gegenleistung im Wege der ehebezogenen Zuwendung als Beitrag zur Verwirklichung, Erhaltung und Sicherung unserer ehelichen Lebensgemeinschaft.

§ 3
Der Notar hat darüber belehrt, daß im Falle einer Scheidung diese Zuwendung nicht nach den Regeln der Schenkung zurückgefordert oder widerrufen werden kann, sondern nur über den Zugewinnausgleich bei gesetzlichem Güterstand oder bei Gütertrennung höchstens nach den Regeln über den Wegfall der Geschäftsgrundlage behandelt wird.
(.... folgen die übrigen üblichen Bestimmungen).

Alternative:

Wird die Ehe der Vertragsteile rechtskräftig geschieden, ist der Erwerber verpflichtet, das Vertragsobjekt unentgeltlich auf den Veräußerer zurückzuübertragen. Hat der Erwerber jedoch aus seinem Vermögen im Sinne des § 1374 Abs 2 BGB Verwendungen auf das Vertragsobjekt gemacht, so sind diese ihm Zug um Zug mit Rückauflassung zu erstatten. Darlehen, die am Vertragsobjekt durch Grundpfandrechte gesichert sind und die von den Vertragsteilen gemeinschaftlich geschuldet werden, hat der Rückübertragungsberechtigte ebenfalls mit Wirkung ab Rückauflassung als alleiniger Schuldner zur weiteren Verzinsung und Tilgung zu übernehmen; er hat für eine Freistellung des Rückübertragungsverpflichteten durch die Gläubiger zu sorgen.
(Dieser bedingte Rückübertragungsanspruch kann durch eine Auflassungsvormerkung gesichert werden).

Literatur: Arend, Übertragungen zwischen Ehegatten, MittRhNotK 1990, 65; Bauer, Schenkung und unbenannte Zuwendung nach der neuesten Rechsprechung, MittBayNot 1994, 302; Brambring, Abschied von der „ehebedingten Zuwendung" außerhalb des Scheidungsfalls und neue Lösungswege, ZEV 1996, 248; Draschka, Unbenannte Zuwendungen und der erbrechtliche Schutz gegen unentgeltliche Vermögensverfügungen, DNotZ 1993, 100; Hayler, Rechtsfolgen ehebedingter Zuwendungen im Verhältnis zu Dritten (1999); Jaeger, Zur rechtlichen Deutung ehebezogener (sogenannter unbenannter) Zuwendungen und zu ihrer Rückabwicklung nach Scheitern der Ehe, DNotZ 1991, 431; Kolhosser, Ehebezogene Zuwendungen und Schenkungen unter Ehegatten, NJW 1994, 2313; Langenfeld, Zur Rückabwicklung von Ehegattenzuwendungen im gesetzlichen Güterstand, NJW 1986, 2541; Lieb, Die Ehegattenmitarbeit im Spannungsfeld zwischen Rechtsgeschäft, Bereicherungsausgleich und gesetzlichem Güterstand, Tübingen, 1970, S 121 ff; Morhard, „Unbenannte Zuwendungen" zwischen Ehegatten – Rechtsfolgen und Grenzen der Vertragsgestaltung, NJW 1987,

1734; Rossak, „Benannte" und „unbenannte" Zuwendungen zwischen Ehegatten im gesetzlichen Güterstand, MittBayNot 1984, 74; Sandweg, Zuwendungen zwischen Ehegatten in der notariellen Praxis, BWNotZ 1985, 34; Sandweg, Ehebedingte Zuwendungen und ihre Drittwirkung, NJW 1989, 1965; Schotten, Die ehebedingte Zuwendung – ein überflüssiges Rechtsinstitut? – NJW 1990, 2841; Tiedtge, Güterrechtlicher und schuldrechtlicher Ausgleich bei Scheidung der Ehe, DNotZ 1983, 161.

931 Zuwendungen unter Ehegatten sind regelmäßig keine Schenkungen[1] im Sinne der §§ 516 ff BGB, sondern „unbenannte", „ehebedingte" oder „ehebezogene" Zuwendungen; sie liegen vor, wenn der Zuwendung die Vorstellung oder Erwartung zugrundeliegt, daß die eheliche Lebensgemeinschaft Bestand haben werde oder sie sonst um der Ehe willen und als Beitrag zur Verwirklichung oder Ausgestaltung, Erhaltung oder Sicherung der ehelichen Lebensgemeinschaft erbracht wird.[2] Obwohl die Zuwendung objektiv unentgeltlich ist, fehlt in diesen Fällen die für die Annahme einer Schenkung notwendige Einigung über die Unentgeltlichkeit, dh einseitige Freigebigkeit ohne Verfolgung gemeinsamer Zwecke.[3] Der Notar sollte bei Zuwendungen zwischen Ehegatten versuchen[4] zu klären, ob eine solche ehebezogene Zuwendung gewollt ist oder ob die Zuwendung einen darüber hinausgehenden Rechtsgrund in einem der gesetzlich geregelten schuldrechtlichen Verkehrsgeschäfte (zB Darlehen, Kauf, Schenkung, Treuhandverhältnis, Innengesellschaft[5] uä) hat. Die Angabe einer „Schenkung" oder „Überlassung" hat zu unterbleiben, wenn in Wirklichkeit eine ehebezogene Zuwendung gewollt ist.[6] In der Praxis geht es um folgende Zuwendungen:[7]
– Beteiligung des nicht verdienenden Ehegatten an der Familienwohnung (Haus)
– Übertragung von Vermögen zur eigenständigen Alterssicherung des nicht verdienenden Ehegatten
– haftungsmäßig günstige Organisation des Vermögens, zB durch Schutz von Familienvermögen vor dem Zugriff von Gläubigern eines Ehegatten[8]

---

[1] BGH DNotZ 1983, 177; BGH 87, 145 = DNotZ 1983, 690 = NJW 1983, 1611; BGH 101, 65 (70) = DNotZ 1988, 171 = NJW 1987, 2814; BGH DNotZ 1991, 492 = MittBayNot 1990, 179 mit Anm Frank = NJW-RR 1990, 386; BGH DNotZ 1992, 439 = NJW 1992, 238; sowie die im Vorspann aufgeführte Literatur; kritisch Schotten NJW 1990, 2841; Brambring ZEV 1996, 248.
[2] So die Definition BGH DNotZ 1991, 492 = aaO; auch BGH FamRZ 1997, 933 = NJW 1997, 2747 und BGH 142, 137 (148) = DNotZ 2000, 514 = FamRZ 1999, 518.
[3] Auf dieses subjektive Unterscheidungselement stellen ab BGH DNotZ 1991, 492 = aaO; Jaeger DNotZ 1991, 431 (436 ff); Frank MittBayNot 1990, 179.
[4] Wie weit die Klärungspflicht des Notars geht, ist streitig, vgl Sandweg BWNotZ 1985, 34 einerseits und Rossak MittBayNot 1984, 74 andererseits.
[5] Den Ausgleich über eine (konkludent vereinbarte) Innengesellschaft betont nunmehr BGH 142, 137 = DNotZ 2000, 514 mit Anm Grziwotz (486, auch mit Abgrenzungskriterien) = aaO (Fußn 2).
[6] Aus älteren Verträgen kann aus der Bezeichnung „Schenkung" oder Überlassung die Annahme einer ehebezogenen Zuwendung nicht verneint werden, so Morhard NJW 1987, 1734; Sandweg NJW 1989, 1965; Frank MittBayNot 1990, 179; so jetzt auch BGH DNotZ 1991, 492 = aaO (Fußn 1).
[7] BGH DNotZ 1991, 492 = aaO (Fußn 1); Langenfeld/Günther Rdn 239 ff.
[8] Vgl hierzu auch Lotter MittBayNot 1998, 422.

B. Einzelfälle

– Vermögenserwerb und Vermögensübertragungen zur steuerlich optimalen Gestaltung der Vermögensverhältnisse der Familie.

Auf ehebezogene Zuwendungen sind die Vorschriften der §§ 516 ff BGB nicht anwendbar, insbesondere nicht §§ 528, 530 BGB. Bei Scheitern der Ehe findet ein Ausgleich im gesetzlichen Güterstand[9] regelmäßig nur über den Zugewinnausgleich statt, bei Gütertrennung ggf nach den Regeln über den Wegfall der Geschäftsgrundlage. Ist dagegen eine Rückübertragung des zugewendeten Gegenstandes an den Veräußerer im Falle des Scheiterns der Ehe gewollt, so müssen entsprechende Rückübertragungsansprüche in der Urkunde begründet werden. Dabei sollten das Schicksal etwaiger Verwendungen des Empfängers aus eigenem Vermögen während seiner Besitzzeit, die weitere Verzinsung und Tilgung auf dem Vertragsobjekt ruhender Belastungen und etwaige Vereinbarungen über die Durchführung des Zugewinnausgleichs in solchen Rückübertragungsfällen geregelt werden.[10] Zur Sicherung der Rückübertragungsansprüche kann eine Auflassungsvormerkung eingetragen werden.

932

Soweit in solchen Verträgen mit ehebezogenen Zuwendungen Vereinbarungen güterrechtlicher Art, auch nur die Modifizierung des gesetzlichen Güterstandes durch Vereinbarung spezieller Zugewinnausgleichsregeln, enthalten sind, ist die Form des § 1410 BGB einzuhalten, so daß getrennte Beurkundung von Angebot und Annahme nicht möglich ist.

Aus der Tatsache, daß auf solche ehebezogenen Zuwendungen die Vorschriften der §§ 516 ff BGB nicht anwendbar sind, können jedoch keine weiterreichenden Schlüsse gezogen werden.[11] In anderen Rechtsbereichen werden die ehebezogenen Zuwendungen zu Recht als unentgeltliche Rechtsgeschäfte behandelt, so zB für den Bereich der Gläubiger- und Insolvenzanfechtung[12] oder im Erbrecht im Hinblick auf den Schutz gegenüber unentgeltlichen Verfügungen (§ 2113 Abs 2, § 2205 S 2, §§ 2287, 2325 BGB);[13] auch im Schenkungssteuerrecht wird sie als steuerbarer Vorgang behandelt,[14] so daß Vorsicht beim Miterwerb des nicht vermögenden oder erwerbstätigen Ehegatten geboten ist.

933

---

[9] BGH 119, 392 (396) = NJW 1993, 385; BGH 115, 132 = DNotZ 1992, 435 = NJW 1991, 2553; BGH 101, 65 = aaO (Fußn 1); BGH 70, 291 = DNotZ 1978, 432 = NJW 1978, 1809; sowie ausführlich Jaeger DNotZ 1991, 431 ff. Keine Pflicht des Notars, über die Möglichkeit der Vereinbarung von Rückforderungsrechten zu belehren, OLG Düsseldorf MittRhNotK 1996, 361.

[10] Vgl hierzu jeweils mit Mustern Langenfeld NJW 1986, 2541 und Handbuch der Eheverträge und Scheidungsvereinbarungen, 3. Aufl, 1996, Rdn 890 ff; Arend MittRhNotK 1990, 65.

[11] Brambring ZEV 1996, 248; früher schon Schotten NJW 1990, 2841; unhaltbar und zu weitgehend Morhard NJW 1987, 1734.

[12] BGH 113, 393 = NJW 1991, 1610; BGH 116, 167 (173) = DNotZ 1992, 513 (516) = NJW 1992, 564; OLG Celle NJW 1990, 720; OLG München DNotI-Report 1997, 83; vgl dazu ausführlich Lotter MittBayNot 1998, 422.

[13] BGH 116, 167 = aaO; Schmidt-Kessel DNotZ 1989, Sonderheft Notartag, S 162 ff; Draschka DNotZ 1993, 100. Kritisch in Bezug auf Pflichtteil und Pflichtteilergänzung Hayler MittBayNot 2000, 290 und DNotZ 2000, 681.

[14] BFH DNotZ 1994, 554 mit Anm Schuck. Nur die Übertragung eines ausschließlich eigengenutzten Familienheims unter Ehegatten ist nach § 13 Abs 1 Nr 4a ErbStG von der Schenkungsteuer befreit.

Soll die Zuwendung zwischen Ehegatten keinen ehe- und familienrechtlichen Bezug haben und sind die Beteiligten über die Freigebigkeit und die Anwendbarkeit der §§ 516 ff BGB einig, kann auch zwischen Ehegatten eine Schenkung vereinbart werden.[15]

25. Übergabevertrag

934

...

Es erscheinen, persönlich bekannt:
1. Herr Fritz Alt, Bauer in Mähringen, geboren am 1. Oktober 1935, und dessen Ehefrau Anna Alt, geb Otto in Mähringen, geboren am 12. März 1936, laut Grundbuchvortrag in Gütergemeinschaft lebend,
2. deren beider Sohn Herr Johann Alt, geb. 15. 2. 1965, wohnh in Mähringen, und dessen Ehefrau Marie Alt, geb Moser, geb. 27. 4. 1968, wohnh in Mähringen, nach Angabe in Gütergemeinschaft lebend.
3. Frau Frieda Alt, geb am 12. 11. 1958, ebenda wohnhaft, nach Angabe ledig.

Die Erschienenen erklären:
Wir schließen hiermit den folgenden

Hof-Übergabevertrag:

§ 1. Gegenstand der Übergabe

Die Bauerseheleute Fritz und Anna Alt übergeben an ihren Sohn Johann Alt[1] ihr im Grundbuch von Mährigen (Band 1) Blatt 5 Bestandsverzeichnis Nr 3–25 eingetragenes landwirtschaftliches Anwesen der Gemarkung Mähringen:

„Lindenhof" Haus Nr 30 im Ort

mit allen Bestandteilen, Rechten und dem Zubehör.

Die einzelnen Grundstücke sind in der Anlage zu dieser Urkunde, auf die hiermit verwiesen wird, aufgeführt.

Übergeben und aufgelassen sind alle Grundstücke und Grundstücksrechte, die sich im Eigentum der Veräußerer befinden, auch soweit sie in dieser Urkunde nicht oder nicht richtig aufgeführt sein sollten. Der Erwerber und seine Hofnachfolger werden von den Übergebern mit Wirkung über ihren Tod hinaus bevollmächtigt, alle Erklärungen abzugeben, die zur Eigentumsumschreibung solcher Grundstücke und Grundstücksrechte erforderlich sind. Nicht übergeben ist lediglich der ausdrücklich den Veräußerern vorbehaltene Grundbesitz. Übergeben ist insbesondere der gesamte landwirtschaftliche Betrieb mit allen Aktiven und Passiven mit Wirkung ab Besitzübergang (§ 5). Zum gleichen Tag tritt der Erwerber in alle betrieblichen Rechte und Pflichten ein, vorbehaltlich der etwa erforderlichen Zustimmung Dritter.

§ 2. Gegenleistungen an die Übergeber

Der Übernehmer hat gegenüber den Übergebern folgende Gegenleistungen zu erbringen:

1. Schuldübernahme

Der Erwerber und seine Ehefrau Marie übernehmen im Wege der befreienden Schuldübernahme zur weiteren Tilgung und Verzinsung mit Wirkung ab Besitzübergang (§ 5) das durch die Hypothek zu 80 000,- € samt im Grundbuch eingetragenen Zinsen von

---

[15] BGH 87, 145 = aaO (Fußn 1); BGH MittBayNot 1993, 375; für eine solche Schenkung besteht die Möglichkeit des Widerrufs nach § 530 BGB, wozu auch eheliche Untreue zählen kann, BGH DNotZ 1983, 103 = FamRZ 1982, 1066 mit Anm Bosch; s dazu auch OLG Köln MDR 1981, 757 = NJW 1982, 390 und Karakatsanes FamRZ 1986, 1049; vgl weiter OLG Karlsruhe NJW 1989, 2136.

[1] Es empfiehlt sich, die Überlassung nur auf das Kind vorzunehmen und lediglich die Miteintragung des in Gütergemeinschaft lebenden Schwiegerkindes zu beantragen, vgl Rdn 929.

B. Einzelfälle

12%, zuzüglich 0,5% Verwaltungskostenbeitrag jährlich, jeweils seit ..., aus der ursprünglichen Darlehenssumme der Deutschen Siedlungs- und Landesrentenbank in Bonn gesicherte Darlehen mit einer Höhe von 74 280,– € sowie die durch die Grundschuld zu 50 000,– € samt 15 % Zinsen seit ...[2] der Raiffeisenbank Ulm e. G. gesicherten Darlehensverbindlichkeiten von ca. 38 000,– €.

Der Erwerber und seine Ehefrau Marie verpflichten sich gegenüber dem Gläubiger der übernommenen Grundschuld jeweils zur Zahlung eines Geldbetrages, dessen Höhe dem Nominalbetrag der übernommenen Grundschuld samt der im Grundbuch eingetragenen, oben aufgeführten Nebenleistungen entspricht (§ 780 BGB).

Wegen dieser Zahlungsverpflichtung und der übernommenen Hypothekenschulden samt den angegebenen Zinsen und Nebenleistungen unterwerfen sich der Erwerber und seine Ehefrau Marie der sofortigen Zwangsvollstreckung in ihr gesamtes Vermögen. Vollstreckungsklausel ist jederzeit auf Verlangen der Gläubiger zu erteilen ohne Nachweis der für Entstehung oder Fälligkeit maßgebenden Umstände.

Der Veräußerer tritt bereits jetzt an den Erwerber seine Ansprüche auf Löschung, Rückübertragung oder Verzicht sowie sämtliche Eigentümerrechte hinsichtlich der übernommenen Grundpfandrechte ab, die ihm bis zur Eigentumsumschreibung zustehen; die entsprechende Umschreibung im Grundbuch wird bewilligt. Diese Abtretung wird wirksam mit Umschreibung des Eigentums im Grundbuch auf den Erwerber.

Der Notar wies darauf hin, daß der bisherige Schuldner von der Haftung erst frei wird, wenn der Gläubiger die Schuldübernahme genehmigt. Die Genehmigung zur Schuldübernahme werden die Vertragsteile selbst beantragen.

Bis zur Genehmigung übernimmt der Erwerber die Schuld zur Erfüllung.

Auf Gefahren für den Bestand des nachfolgenden Leibgedings durch die bestehenbleibenden vorrangigen Grundpfandrechte (Wegfall des Leibgedings in der Zwangsversteigerung, wenn aus dieser Grundschuld die Versteigerung betrieben wird) und die Möglichkeiten, diese Risiken zu verringern, wies der Notar eindringlich hin.

2. Leibgeding

Die Übernehmer haben an die Übergeber – als Berechtigte in Gütergemeinschaft, bei Beendigung der Gütergemeinschaft als Gesamtberechtigte nach § 428 BGB – auf deren beider Lebenszeit ein

Leibgeding

zu erbringen, bestehend aus:

a) dem unbeschränkten ausschließlichen Wohnungsrecht in den beiden auf der Ostseite gelegenen Zimmern im 1. Stock der Hofstelle. Dieses Recht umfaßt auch das Recht zur Mitbenützung der Küche zum Kochen, der Waschküche, des Bads und der Toilette, des Kellers, des Gartens Flurstück 10, sowie aller sonstigen zum gemeinschaftlichen Gebrauch bestimmten Einrichtungen und Anlagen. Heizung und Beleuchtung, Instandhaltung, Reinigung und Schönheitsreparaturen bezüglich der Wohnungsrechts-Räume gehen zu Lasten der Übernehmer;

b) der Lieferung der folgenden landwirtschaftlichen Erzeugnisse in hofüblich brauchfähiger Ware, je hälftig an Martini und Lichtmeß, soweit nicht der Natur der Sache nach eine andere Lieferzeit geboten ist, in der Übergeber-Wohnung:

(folgt genaue Einzelaufführung der den Übergebern zu liefernden Erzeugnisse nach Art, Menge und sonstigen Kennzeichen)

Kleider, Wäsche und Schuhzeug haben die Übernehmer den Übergebern nicht zu stellen.
Die Übergeber haben die Wahl und das Recht, am Tische der Übernehmer mitzuessen. Solange dies geschieht, sind die vorgenannten Erzeugnisse nicht zu liefern, abgesehen von Milch, Brot und Getränken, auf welche die Übergeber stets Anspruch haben. Stirbt einer der Berechtigten, so sind die Reichnisse in unveränderter Weise weiterzuliefern.

---

[2] Zur Verweisung wegen der Zinsen und Nebenleistungen nach § 13a BeurkG auf die Bestellungsurkunden, vgl Formular Rdn 849 III 1.

2. Teil. III. Erste Abteilung des Grundbuchs

Im Falle einer Wiederverheiratung des überlebenden Ehegatten tritt eine Änderung in ihrem Umfang ebenfalls nicht ein;
c) dem Übergeber, soweit dieser hierzu nicht mehr selbst in der Lage ist, auf dessen Verlangen den Haushalt zu führen, also insbesondere die Mahlzeiten und Getränke zu den üblichen Zeiten zuzubereiten, die Wohnung, Kleidung, Wäsche, Schuhe zu reinigen und instandzuhalten, Besorgungen vorzunehmen und Fahrdienste zu leisten; die Kosten für die Lebensmittel trägt jedoch der Übergeber selbst;
d) bei Krankheit und Gebrechlichkeit des Veräußerers dessen häusliche Pflege im übergebenen Anwesen zu übernehmen, soweit sie den Erwerber – insbesondere ohne Inanspruchnahme fremder Pflegekräfte oder geschulten Personals – nach Zeitaufwand und Intensität nicht stärker belastet als die Verrichtungen, die für die Einordnung in Pflegestufe I des PflegeVG (§ 15 SGB XI), maßgebend sind. Diese Verpflichtungen ruhen auf alle Fälle ersatzlos, wenn und solange der Übergeber in einem Krankenhaus, einem Pflegeheim oder einer ähnlichen Heileinrichtung untergebracht ist, weil nach fachärztlicher Feststellung aus medizinischen oder pflegerischen Gründen dort eine Unterbringung erforderlich ist.[3]
e) die Beerdigungskosten und Grabstein- sowie Grabpflegekosten belasten ebenfalls die Übernehmer.

Die Übergeber beziehen Altersrente ab ... Diese darf in keiner Weise auf das Leibgeding angerechnet werden.

Die Übergeber, die zu keinerlei Mitarbeit auf dem Hofe verpflichtet sind, haben, ohne dafür eine Begründung abgeben zu müssen, jederzeit das Recht, den Hof dauernd zu verlassen. In diesem Fall entfällt das Leibgeding; es tritt an seine Stelle vom Tage des Auszugs eine jährliche Geldrente von 3000 €, fällig in monatlichen Raten von 250 € am ersten jeden Monats zum voraus.[4] Diese Rente wird geschuldet als dauernde Last; die in Abschnitt f) vereinbarten Bedingungen gelten entsprechend. Auch diese Rente ermäßigt sich nicht im Falle des Todes eines Berechtigten, wohl aber entfällt sie im Falle einer Wiederverheiratung des überlebenden Ehegatten. Das Recht der Übergeber, im Falle des Wegzugs alle ihnen gehörenden Vermögensgegenstände mitzunehmen, wird von den Übernehmern ausdrücklich anerkannt.

Solange mehrere Berechtigte vorhanden sind, sind bei Ausübung der Rechte die sich aus der Pflicht zur ehelichen Familien- und Lebensgemeinschaft ergebenden Beschränkungen einzuhalten.
f) einem monatlichen Unterhaltsbeitrag in Höhe von 130,- € – einhundertdreißig Euro –, jeweils zahlbar im Voraus bis zum Dritten eines Monats, erstmals für den Monat ...

Diese Rente wird geschuldet als dauernde Last; auf die Zahlungsverpflichtung ist die Vorschrift des § 323 ZPO anwendbar, d.h. Berechtigter und Verpflichteter können bei einer wesentlichen Änderung der Verhältnisse beim Berechtigten oder Verpflichteten eine Änderung der Rente verlangen. Eine Änderung in diesem Sinne darf jedoch aus

---

[3] Formulierung nach J. Mayer, Der Übergabevertrag, Rdn 201 f, 224; dort auch kritisch zu Regelungen, die die Erbringung der Pflegeleistungen von der Abführung des Pflegegeldes nach PflegeVG an den Übernehmer abhängig machen, zB Amann DNotI-Report 1995, 62 (64); Jerschke in Beck'sches Notarhandbuch A V Rdn 205. Zur Frage, ob das ersatzlose Ruhen der Verpflichtungen bei Krankenhausaufenthalt wirksam ist, vgl Fußn 4.

[4] Vorsicht ist geboten bei ersatzlosem Wegfall von Wohnrecht und/oder Pflegeverpflichtungen bei unverschuldetem Wegzug des Berechtigten aus dem übergebenen Anwesen: BGH DNotZ 2002, 702 sieht darin einen unzulässigen Vertrag zu Lasten Dritter (der Sozialhilfeverwaltung), was sicher nicht zutrifft; nicht mehr aufrechterhalten insoweit von BGH DNotI-Report 2003, 119 = NotBZ 2003, 314 = RNotZ 2003, 450. Denkbar erscheint jedoch eine verstärkte Anwendung von § 138 BGB auf solchen ersatzlosen Wegfall der Leistungen, so auch Krauß DNotZ 2002, 705; J. Mayer MittBayNot 2002, 152; Kornexl ZEV 2002, 117.

B. Einzelfälle

einem Mehrbedarf des Berechtigten nicht abgeleitet werden, der sich infolge seiner dauernden Pflegebedürftigkeit oder durch seine Übersiedlung in ein Altersheim oder Alterspflegeheim ergibt.[5]
Beim Wegfall eines Berechtigten vermindern sich die zu erbringenden Leistungen nicht.
Dingliche Sicherung:
Zur Sicherung der vereinbarten Leistungen
   bewilligt der Übernehmer und
   beantragt der Übergeber
in das Grundbuch einzutragen
   a) am Hausgrundstück Fl.Nr ...
     für das Wohnungsrecht eine beschränkte persönliche Dienstbarkeit (§ 1093 BGB),
   b) für die übrigen wiederkehrenden Leistungen (ohne Beerdigungs-, Grabstein- und Grabpflegekosten) eine Reallast am übergebenen Grundbesitz zugunsten der Übergeber als Berechtigte in Gütergemeinschaft, bei Beendigung der Gütergemeinschaft als Gesamtberechtigten nach § 428 BGB
unter Zusammenfassung zu einem
   Leibgeding,
mit dem Zusatz, daß zur Löschung Todesnachweis genügt.
Die bei den vereinbarten Renten vereinbarten Abänderungsbefugnisse gemäß § 323 ZPO sind jedoch nicht Inhalt der Reallast, sondern nur schuldrechtlich vereinbart.
3. Wegen der in Ziffer 2. eingegangenen Verpflichtungen zur Zahlung bestimmter Geldbeträge und zur Lieferung vertretbarer Sachen unterwerfen sich der Übernehmer und seine Ehefrau Marie Alt als Gesamtschuldner der sofortigen Zwangsvollstreckung aus dieser Urkunde mit der Maßgabe, daß Vollstreckungsklausel jederzeit auf einseitigen Antrag der Gläubiger ohne weitere Nachweise erteilt werden kann.

§ 3. Wohnrecht für Schwester; gegenständlich beschränkter Pflichtteilsverzicht

1. Die Übernehmer räumen Frau Frieda Alt auf die Dauer ihres ledigen Standes, längstens auf Lebenszeit, das
   Wohnrecht
am Hausgrundstück Lindenhof, Hs.Nr 30 ein, bestehend in der Alleinbenutzung der Kammer im Dachgeschoß rechts vom Treppenaufgang sowie der Mitbenutzung aller zum gemeinsamen Gebrauch der Hausbewohner bestimmten Anlagen und Einrichtungen. Die Ausübung des Wohnungsrechtes kann dritten Personen nicht überlassen werden.
Zur Sicherung dieses Wohnungsrechtes bewilligen die Übernehmer und beantragt Frieda Alt die Eintragung einer beschränkten persönlichen Dienstbarkeit nach § 1093 BGB für Frieda Alt im Grundbuch im Range nach der Hypothek und dem Leibgeding für die Übergeber.
2. Frau Frieda Alt verzichtet hiermit für sich und ihre Abkömmlinge gegenüber ihren Eltern Fritz und Anna Alt in der Weise auf ihr Pflichtteilsrecht, daß sämtliche in dieser Urkunde an ihren Bruder Johann Alt und dessen Ehefrau Marie Alt übertragenen Vermögensgegenstände für die Berechnung ihres Pflichtteils nicht heranzuziehen sind.
Herr Fritz und Frau Anna Alt nehmen diesen gegenständlich beschränkten Pflichtteilsverzicht an.

§ 4. Gewährleistung

Für die Sorgfaltspflicht, die Rechts- und Sachmängelhaftung gelten die Bestimmungen der §§ 521–524 BGB. Der Erwerber übernimmt die in Abt II des Grundbuchs eingetragene Belastung und tritt in die zugrundeliegenden Verpflichtungen ein (Überfahrtsrecht zugunsten FlstNr 10).

---

[5] Eine solche Begrenzungsklausel kann allerdings die Anerkennung als dauernde Last in Frage stellen, als sog Mindestklausel, siehe dazu „Rentenerlaß" des BMF vom 26. 8. 2002, ZEV 2002, 450.

2. Teil. III. Erste Abteilung des Grundbuchs

§ 5. Übergang von Besitz, Nutzungen und Lasten

Besitz, Nutzungen und Lasten, Gefahren aller Art sowie die Verkehrssicherungspflicht gehen vom 1. Januar ... auf den Übernehmer über.

In die bestehenden Versicherungsverträge – Hagelversicherung, Diebstahlversicherung – und in landwirtschaftliche Mitgliedschaftsrechte treten die Übernehmer ein. Die übergebenen Grundstücke Flurstück Nr ... liegen in einer Flurbereinigung. Die Übernehmer treten in alle Rechte und Pflichten aus diesem Verfahren mit sofortiger Beitragspflicht ein. Die Übergeber verzichten auf Erstattung bereits bezahlter Beiträge durch die Übernehmer.

§ 6. Auflassung

Die Vertragsteile sind über den Eigentumsübergang am übergebenen Grundbesitz einig. Die Übergeber bewilligen den Vollzug der Auflassung im Grundbuch. Der Übernehmer und seine Ehefrau beantragen, sie als Eigentümer in Gütergemeinschaft in das Grundbuch einzutragen.

§ 7. Kosten, Abschriften

Die Kosten dieses Vertrags und seines Vollzugs sowie eine etwa anfallende Schenkungssteuer für seinen Erwerb trägt der Übernehmer. Von dieser Urkunde erhalten die Vertragsteile das Grundbuchamt, die Genehmigungsbehörde, das Finanzamt – Grunderwerbsteuer und das Finanzamt – Schenkungsteuerstelle beglaubigte Abschrift.

§ 8. Genehmigungserfordernis

Den Beteiligten ist bekannt, daß zur Wirksamkeit dieses Vertrags die Genehmigung nach dem Grundstücksverkehrsgesetz erforderlich ist. Sie beantragen hiermit deren Erteilung und ermächtigen den Notar zur Entgegennahme des Beschlusses.

§ 9. Ausgleichsansprüche

Wird der heute übergebene Hof von den Übernehmern bzw. ihren Erben oder sonstigen Rechtsnachfolgern innerhalb von 15 Jahren, von heute an gerechnet, ganz oder teilweise veräußert, so ist den im Zeitpunkt der Veräußerung vorhandenen anderen Abkömmlingen der Übergeber, die in diesem Zeitpunkt neben dem heute übernehmenden Sohn ihre gesetzlichen Erben wären, ein Ausgleich des Inhalts zu verschaffen, daß ihnen am Veräußerungsgewinn derjenige Betrag zusteht, den sie erhalten würden, wenn sie im Zeitpunkt der Veräußerung gesetzlich am Hofe mit erbberechtigt wären. Veräußerungsgewinn ist die Differenz zwischen dem heutigen Verkehrswert und dem erzielten oder marktüblich erzielbaren Erlös abzüglich der Aufwendungen des Übernehmers aus diesem Vertrag, etwaiger werterhöhender Aufwendungen des Übernehmers und der auf den Veräußerungsgewinn entfallenden Einkommensteuer.

Die Ausgleichpflicht besteht nicht
- für Veräußerungen an Abkömmlinge des Übernehmers,
- für Veräußerungen bis zu insgesamt ... ha,
- soweit der Erwerber den Erlös innerhalb von zwei Jahren ab Veräußerung zum Erwerb von anderen landwirtschaftlichen Grundstücken (in diesem Fall gilt die Spekulationsklausel auch bei einer Veräußerung der erworbenen Grundstücke), Vieh, Maschinen verwendet oder innerhalb von vier Jahren zur Errichtung baulicher oder technischer Anlagen wieder in den Betrieb oder einen Ersatzbetrieb investiert,
- soweit der Erwerber den Erlös innerhalb von vier Jahren zur Abfindung weichender Erben verwendet,
- bei Berufsaufgabe wegen Todes oder Berufsunfähigkeit des Erwerbers,
- bei Vereinbarung des Güterstandes der Gütergemeinschaft durch den Erwerber mit seinem Ehegatten,
- für Veräußerungen zum Zweck des Zusammenschlusses landwirtschaftlicher Unternehmen.

Als Veräußerung gilt auch eine, die im Wege der Zwangsvollstreckung, Enteignung oder Umlegung nach dem Baugesetzbuch erfolgt.

Die Ansprüche sind vererblich und übertragbar. Sie verjähren in zwei Jahren nach Schluß des Jahres, in dem der Berechtigte vom Eintritt der Voraussetzungen seines Anspruchs

B. Einzelfälle

Kenntnis erlangt, spätestens ohne Rücksicht auf diese Kenntnis in 5 Jahren nach dem Schluß des Jahres, in dem die Voraussetzungen des Anspruchs erfüllt sind.
Diese Bestimmungen können von dem Veräußerer – bei zwei Veräußerern nach dem Tode eines von ihnen vom Überlebenden allein – durch Vereinbarung mit dem Erwerber ohne Zustimmung der übrigen Abkömmlinge aufgehoben oder geändert werden.
Bei Streitigkeiten entscheidet auf Antrag der Übernehmer oder der sonstigen Berechtigten das Landwirtschaftsamt durch Schiedsgutachten.
Sicherstellung dieser Vereinbarung wird nicht gewünscht.
Das Leibgeding der Übergeber nach § 2 ist bei Berechnung des Ausgleichsanspruchs mit jährlich ... € einzustellen, zu rechnen mit dem im Zeitpunkt der Weiterveräußerung nach § 24 Abs. 2 (nicht Abs. 3) KostO in Frage kommenden Vervielfältiger, während das Wohnungsrecht der Tochter Frieda außer Ansatz bleibt.
Für die Veräußerung kommt es auf den Zeitpunkt des Abschlusses des schuldrechtlichen Vertrags an.

§ 10. Anrechnung
Soweit die Zuwendungen in dieser Urkunde den Wert der vom Übernehmer zu erbringenden Gegenleistung übersteigen, erfolgt die Zuwendung als Ausstattung (uU auch „und in Anrechnung auf den gesetzlichen Pflichtteilanspruch des Übernehmers am Nachlaß seiner Eltern"). Die Übergabe des landwirtschaftlichen Grundbesitzes erfolgt zum Ertragswert.
Samt Anlage vom Notar vorgelesen ...

Anlage zum Übergabevertrag URNr ... Notar X.:
Der übergebene Grundbesitz beschreibt sich wie folgt ...

Literatur: Eckardt, Ein „bayerisches Höferecht" – Zur Gestaltung der Hofübergabeverträge, AgrarR 1975, 136; Faßbender, Zur Hofübergabe, DNotZ 1986, 67; Hiller ua, Die landwirtschaftliche Familiengesellschaft, BWNotZ 1985, 108; Krauß, Überlassungen und Übergaben im Lichte des Sozialrechts, MittBayNot 1992, 77; Lüdtke-Handjery, Hofübergabe als vertragliche und erbrechtliche Nachfolge, DNotZ 1985, 332; Moll/Peter, Die Beteiligung weichender Erben am Hofübergabevertrag, AgrarR 1980, 321 (dazu auch Steffen AgrarR 1981, 97 und Stöcker AgrarR 1981, 100 sowie nochmals Pikalo DNotZ 1981, 473 und Lüdtke-Handjery AgrarR 1982, 7); Pikalo, Die gleitende Hofübergabe, DNotZ 1968, 69; Pikalo, Alte und neue Probleme aus dem Recht der landwirtschaftlichen Betriebsvererbung, MittRhNotK 1969, 238; Rastätter, Vertragliche Pflegeleistungen im Kontext der Pflegeversicherung und des Sozialhilferechts – Gestaltungsvorschläge, ZEV 1996, 281; Scharpf, Abfindungsbrennereien bei Hofübergabe, BWNotZ 1958, 235; Schulte, Übergabeverträge, die erst nach dem Tode des Übergebers erfüllt werden sollen, RdL 1968, 119; Vidal, Die Praxis der Hofnachfolge im altbayerischen Raum, AgrarR 1980, 93; Waldner-Cedzich/Ott, Zwei Einzelfragen zur Übergabe mit weichenden Geschwistern, MittBayNot 1988, 65; Weber, Einzelfragen zur Hofübergabe, BWNotZ 1987, 1; Wegmann, Zur Diskussion: Die vorweggenommene Vorerbfolge, MittBayNot 1991, 1; Weyland, Pflegeverpflichtung in Übergabeverträgen, MittRhNotK 1997, 55; Winkler, Randfragen zum Übergabevertrag, AgrarR 1979, 237 = MittBayNot 1979, 53. Sowie Literatur vor Rdn 918.

Der **Übergabevertrag** ist nach wohl einheitlicher Rechtsauffassung ein **Vertrag,** durch den Eltern ihren Hof bei Lebzeiten mit Rücksicht auf die künftige Erbfolge an einen ihrer Abkömmlinge oder sonstige Verwandte abgeben und dabei für sich ausreichenden **Lebensunterhalt** (Leibgeding-Altenteil) ausbedingen.[6] Einmalige Zahlungen an den Übergeber (Gutabstandsgeld, Über-

---
[6] RG 118, 20 = DNotZ 1927, 620 = JW 1927, 2499; OLG Celle NdsRpfl 1947, 62. Zum Unterschied zwischen Übergabe- und Kaufvertrag OLG Celle RdL 1960, 293 und OLG Hamm RdL 1960, 292.

gabepreis) und Gleichstellungsgelder (Abstandszahlungen) an Geschwister führen bei Überlassung von Betriebsvermögen, wenn sie den (anteiligen) Buchwert übersteigen, zu einem möglichen Veräußerungsgewinn des Übergebers und Anschaffungskosten beim Erwerber; aus steuerlichen Gründen ist daher heute größte Vorsicht bei der Wahl dieser (traditionellen) Klauseln geboten.[7] Der Übergabevertrag setzt keine wirtschaftliche Ausgewogenheit von Leistung und Gegenleistung voraus, § 138 Abs 2 BGB ist nicht anwendbar.[8] Zum Leibgeding s Rdn 1320; zum Wohnungsrecht s Rdn 1234; zur Übertragung von Milchreferenzmengen s Rdn 3148 a.

936 Es würde zu weit führen, über den **Inhalt** eines Übergabevertrags in diesem Buche Einzelausführungen zu machen. Die Bezeichnung eventuell vom Übergeber zurückbehaltener Grundstücke (s Rdn 942) und Gegenstände, die Versorgung der Übergeber, die Versorgung und Abfindung weichender Geschwister und Regeln, die den Hof in der Familie halten sollen (Erbvertrag, Rückfallklauseln, vgl Rdn 917, 928) bilden bei jedem Übergabevertrag die wichtigsten Themen. Im Anwendungsbereich der HöfeO ist für den Übergabevertrag auf deren § 7 hinzuweisen. Seit einiger Zeit geht der Übergabe vielfach ein Gesellschafts- oder Pachtverhältnis zwischen Eltern und Kind voraus. An Stelle des abrupten Generationswechsels tritt ein **stufenweiser oder gleitender Wechsel**.[9]

937 Der Übergabevertrag gegen Leibgeding, uU Abfindungen an Geschwister, wird überwiegend als Schenkung unter Auflage[10] behandelt; allerdings besteht wegen rückständiger Einzelleistungen kein Rücktrittsrecht der Übergeber vom Übergabevertrag[11] (s hierzu auch Rdn 3251); überdies ist das gesetzliche Rücktrittsrecht nach §§ 527, 323 (= 325 aF) BGB vielfach durch landesrechtliche Vorschriften ausgeschlossen oder beschränkt.[12] Die Vereinbarung eines vertraglichen Rücktrittsrechts der Übergeber bei vorsätzlichen und groben Vertragsverletzungen ist durchaus sachgerecht.[13] Aber nicht jede Vermögensübertragung gegen Wart und Pflege und Wohnungsrecht ist Altenteilsvertrag im Sinne des EGBGB, sondern kann gegenseitiger Vertrag sein, bei dem Rücktritt nach §§ 320, 323 (= § 325 aF) BGB möglich ist.[14] Der Sicherheit des Leibgedings ist besondere Aufmerksamkeit zu widmen (Beleh-

---

[7] Vgl dazu Spiegelberger, Vermögensnachfolge, Rdn 343 ff; Langenfeld/Günther, Grundstückszuwendungen, Rdn 166 ff.
[8] BayObLG DNotZ 1994, 869.
[9] S dazu ferner Neumann, Gesellschaftsverträge zwischen dem Bauern und seinem Sohn (1965); Faßbender DNotZ 1976, 393; Pikalo MittRhNotK 1976, 193; Nordalm/Hötzel/Schulte AgrarR 1977, 51, 108; Langenfeld ZEV 1995, 157.
[10] MünchKomm/Kollhosser Rdn 5 zu § 525 BGB; vgl auch BGH 107, 156 = DNotZ 1989, 775 = NJW 1989, 2122; aA – gemischte Schenkung – LG Passau RdL 1975, 70.
[11] BGH 3, 206 = NJW 1952, 20; BayObLG 1964, 344; nach BGH MittRhNotK 1995, 170 unterliegt die Übergabe nur den Schenkungsvorschriften, wenn der unentgeltliche Charakter überwiegt.
[12] ZB Art 15 § 7 PrAGBGB v 20. 9. 1899 (GS 177); § 16 HessAGBGB v 18. 12. 1984 (GVBl 344); Art 17 BayAGBGB v 20. 9. 1982 (BayRS 400-1). Vgl auch die Übersicht über einschlägiges Landesrecht bei Staudinger/Kriegbaum (12. Aufl) Rdn 5 zu Art 96 EGBGB.
[13] Faßbender DNotZ 1986, 67 (75).
[14] BGH MittBayNot 2000, 223 = MittRhNotK 2000, 203; OLG Düsseldorf NotBZ 2001, 466 = Rpfleger 2001, 542.

B. Einzelfälle

rungspflicht des Notars[15]); dies gilt vor allem im Hinblick auf die Rangstelle des Leibgedings gegenüber Grundpfandrechten. Auch bei Übernahme von (valutierten oder nicht valutierten) Grundpfandrechten ist zu beachten und darauf hinzuweisen, daß damit die Rechte der Übergeber gefährdet sein können (auch durch Neuvalutierung seitens des Übernehmers); Abhilfe: zB Belassung der Eigentümerrechte bezüglich der Grundschulden beim Veräußerer, Einmal- bzw Nichtmehrvalutierungsvereinbarungen mit dem Grundschuldgläubiger.

Wird **Dritten**, wie insbesondere Geschwistern, **ein Grundstücksrecht** (Wohnungsrecht, Reallast, Hypothek usw) **bestellt**, so ist zu beachten, daß das geltende Recht einen dinglichen Vertrag, damit Einigung zur Belastung des Grundstücks (§ 873 Abs 1 BGB) zugunsten eines Dritten nicht kennt (s Rdn 9), und daß nach Ansicht des BGH[16] der Notar die Beteiligten darüber zu belehren hat. Am besten ist es daher – wie im Übergabevertrag Rdn 934 (§ 3 Ziff 1) geschehen – den Dritten an der Beurkundung zu beteiligen und die Einigung mit zu beurkunden. Sonst soll die Belehrung in der Niederschrift vermerkt werden (§ 17 Abs 2 BeurkG). Denkbar ist auch, für die (formlose) Einigung (§ 873 Abs 1 BGB) das Angebot des Übernehmers an den berechtigten Dritten im Übergabevertrag zu beurkunden und die Annahmeerklärung dieses Dritten schriftlich einzuholen oder durch die Beteiligten einholen zu lassen. Eintragung des dem Dritten bestellten Rechts erfolgt auf Bewilligung (§ 19 GBO); im Eintragungsverfahren erlangt die Einigung daher keine Bedeutung; Prüfung der Einigung durch das Grundbuchamt erfolgt daher nicht[17] (Rdn 208).

937a

Die in § 9 des Vertrages enthaltenen **Ausgleichsansprüche** sind nicht einfach zu formulieren.[18] Im Geltungsbereich der HöfeO gibt § 13 HöfeO eine gesetzliche Regelung (mit 20jähriger Bindungsfrist). Je länger die Frist dauert, innerhalb der bei Veräußerungen Ausgleich zu leisten ist, desto sicherer wird im Ernstfall gestritten. Wegen einer anderen Gestaltungsmöglichkeit (Rücktritt) s OLG Köln MittRhNotK 1974, 255. Besondere Sorgfalt ist den Anrechnungsbestimmungen (§ 10 des Musters) zu widmen; sie beeinflussen in Verbindung mit der Übergabe Pflichtteilsansprüche der weichenden Geschwister.[19]

938

Ist ein Übergabevertrag in der vom Übernehmer erkannten Erwartung abgeschlossen, der Hof werde im **Besitz der Familie bleiben,** so kann der Übergeber bei einer Weiterveräußerung an einen Familienfremden **Erhöhung der Gegenleistung** auf Grund des § 242 BGB verlangen.[20] In einem Übergabevertrag den Übergebern versprochene Gleichstellungsgelder für die Geschwister des Übernehmers sind als Vertrag zugunsten Dritter zu beurteilen.[21]

939

---

[15] BGH DNotZ 1996, 568 = NJW 1996, 522.
[16] BGH DNotZ 1995, 494 = NJW 1993, 2617 = Rpfleger 1993, 503.
[17] OLG Karlsruhe BWNotZ 2002, 11.
[18] S Haegele RdL 1963, 258; Pikalo DNotZ 1968, 83; BGH MittBayNot 1985, 184; OLG München RdL 1987, 262 (zu einem Umgehungsfall).
[19] Dazu Sostmann MittRhNotK 1976, 479; Götte BWNotZ 1995, 84; Mayer FamRZ 1994, 739; Behmer FamRZ 1994, 1375; Sailer NotBZ 2002, 81; zur Formulierung s Wolfsteiner MittBayNot 1982, 61.
[20] BGH 40, 334.
[21] BGH 113, 310 = DNotZ 1992, 32, auch zur Frage späterer Anpassung infolge Wertänderungen.

940 Zum Rechtsanspruch auf Vertragsgenehmigung nach **GrdstVG**, wenn ein land- oder forstwirtschaftlicher Betrieb geschlossen im Wege der vorweggenommenen Erbfolge übertragen wird, und zum Einfluß von Rückübertragungsverpflichtungen s Rdn 3986.

941 Sozialrechtliche Gesichtspunkte spielen in den letzten Jahren eine immer größere Rolle. Im Bereich der Landwirtschaft ist das Gesetz über die Alterssicherung der Landwirte (ALG, BGBl 1994 I 1891) zu beachten, besonders wenn der Übergeber noch Besitz zurückbehält.[22]

Der Einfluß der Übergabe und der Versorgungsleistungen auf bestehende oder künftige Renten, auf die Leistungen aus der Pflegeversicherung[23] (SGB XI) und auf Leistungen bzw Inanspruchnahmen nach dem BSHG können ebenfalls die Vertragsgestaltung beeinflussen.[24] Häufig verlangen weichende Geschwister, insbesondere wenn sie auf Pflichtteilsansprüche verzichten, vom Übernehmer eine Freistellung von etwaigen Regreßansprüchen aus der gesetzlichen Unterhaltspflicht;[25] problematisch ist dabei die (notwendige) Begrenzung der Freistellungsverpflichtung und ihre Absicherung, zB durch Höchstbetragshypothek oder Grundschuld (beides schmälert die Kreditgrundlage des Erwerbers).[26]

942 Schließlich hat das Steuerrecht auch im Bereich der landwirtschaftlichen Übergaben erheblichen Einfluß. Der Rückbehalt von Grundstücken durch den Übergeber oder die Abfindung weichender Erben mit Grundstücken ist ertragsteuerlich eine Entnahme und führt grundsätzlich zu einem steuerpflichtigen Veräußerungsgewinn; diese Folge wird vom Gesetzgeber durch die steuerfreie Wiederanlagemöglichkeit (§§ 6b, c EStG) und durch Freibeträge (§ 14a EStG) gemildert.[27] Im Ertragsteuerrecht ist die Rechtsprechung des BFH[28] zur vorweggenommenen Erbfolge zu beachten. Danach sind
– **Versorgungsleistungen** an den Übergeber, dessen Ehegatten oder Geschwister des Übernehmers sowie übernommene betriebliche Verbindlichkeiten kein Veräußerungsentgelt, sie machen die Vermögensübertragung nicht entgeltlich; soweit dauernde Lasten (§ 10 Abs 1 Nr 1a EStG) vereinbart werden sollen, sind deren steuerliche Voraussetzungen zu beachten;[29]

---

[22] Die Abgabe iS des ALG setzt Auflassung voraus, so daß bei Überlassung nicht vermessener Teilflächen Schwierigkeiten entstehen können, BayLSG MittBayNot 1993, 168.
[23] Vgl dazu Mayer DNotZ 1995, 571 und ZEV 1997, 176; Amann DNotI-Report 1995, 62; Rastätter ZEV 1996, 281; Weyland MittRhNotK 1997, 55.
[24] Gitter, Der Einfluß des Sozialrechts auf die Vertragsgestaltung, DNotZ 1984, 595; Böhm, Grundstücksveräußerungen von Kriegsopfern – Rentenberatung durch Versorgungsämter, DNotZ 1983, 658; sowie Fußn 4 und Rdn 927 mit Fußn 31.
[25] Vgl dazu Weber BWNotZ 1987, 1; Waldner-Cedzich/Ott MittBayNot 1988, 65; Weyland MittRhNotK 1997, 73; Rastätter ZEV 1996, 281.
[26] Kritisch daher J. Mayer, Der Übergabevertrag, Rdn 218 und ZEV 1997, 176; vgl auch Krauß MittBayNot 1992, 77; Reithmann/Albrecht Rdn 714.
[27] Vgl hierzu Spiegelberger, Vermögensnachfolge, Rdn 345; Petzold DNotZ 1976, 133; Moll und Peter DNotZ 1981, 212 und 724; Martin MittBayNot 1980, 143; Ochs MittBayNot 1985, 171.
[28] BFH GrSen BStBl 1990 II 847 = NJW 1991, 254; dazu vor allem Spiegelberger, Vermögensnachfolge (1994); BMF-Schreiben v 13. 1. 1993, BStBl I 80.
[29] Vgl hierzu BMF-Schreiben v 26. 8. 2002, BStBl I 893 = Steuererlasse ESt § 10/5 = ZEV 2002, 450 mit seiner Unterscheidung zwischen der Übertragung existenzsichern-

B. Einzelfälle

– **Abstandszahlungen** an den Übergeber oder an Geschwister des Übernehmers oder übernommene private Verbindlichkeiten des Übergebers Entgelt für die Betriebsübertragung, so daß beim Übergeber ein Veräußerungsgewinn entstehen kann (AfA beim Übernehmer).
Die steuergünstige Vertragsgestaltung kann im Einzelfall zum Abschied von traditionellen Mustern nötigen.
Ähnliche Gesichtspunkte gelten auch für die Überlassung gewerblicher Betriebe. 942a

26. Erbteilungsvertrag

(Eingang wie üblich) … 943

Es erschienen, persönlich bekannt:
1. Herr Otto Baumann, geb am …, wohnhaft …
2. Frau Lina Adler, geb Baumann, geb am …, wohnhaft …
3. deren Ehemann Herr Max Adler, geb am …, ebenda wohnhaft
4. Fräulein Else Baumann, geb am …, wohnhaft …
Die Erschienenen erklären: Wir beantragen die Beurkundung des folgenden

Erbteilungsvertrags:

§ 1
Am … ist in … Maria Baumann, geb Maier, gestorben. Ihre Erben sind nach dem Erbschein des Nachlaßgerichts Asch vom 10. September 2002 die Kinder Otto Baumann, Lina Adler und Else Baumann je zu einem Drittel geworden. Der noch unverteilte Nachlaß der Erblasserin besteht lediglich aus den in § 2 bezeichneten Grundstücken. Der übrige Nachlaß der Erblasserin ist nach Angabe von den drei Erben bereits verteilt worden, ohne daß diese Verteilung in Zusammenhang mit der jetzigen Grundstücksverteilung stand.

§ 2
Die Erblasserin ist noch als Eigentümerin folgender Grundstücke im Grundbuch eingetragen:

A. Gemarkung Asch

Grundbuch (Band 1) Blatt 10

		Wertansatz
FlurNr 50 Ackerland im Busch	10 a 20 m^2	6 000 €
FlurNr 60 Wiese im rauhen Baum	30 a 40 m^2	14 000 €
FlurNr 70 Baumacker im Greuth	15 a 30 m^2	8 000 €
FlurNr 80 Ackerland im langen Feld	28 a 60 m^2	12 000 €

B. Gemarkung Merklingen

Grundbuch (Band 1) Blatt 20
| FlurNr 90 Acker in Ostfeld | 30 a 20 m^2 | 14 000 € |

§ 3
Die Vertragsteile setzen sich über den in § 2 aufgeführten Grundbesitz in der Weise auseinander, daß erhalten

---

der Wirtschaftseinheiten des Typus 1 (ausreichend Ertrag bringend) und Typus 2 (nicht ausreichend Ertrag bringend); dazu Spiegelberger ZEV 2002, 443; Winkler DNotZ 1998, 544; Weimer NotZB 1998, 1; Theilacker BWNotZ 1997, 135. Zur dauernden Last bei Typus 2 vgl Vorlagebeschluß BFH X. Senat BB 2000, 338 = MittRhNotK 2000, 127; hierzu Weimer MittRhNotK 2000, 114.

2. Teil. III. Erste Abteilung des Grundbuchs

a) Otto Baumann die FlNr 50 und 70 der Gemarkung Asch und die FlNr 90 der Gemarkung Merklingen
b) Lina Adler die FlNr 60 Gemarkung Asch
c) Else Baumann die FlNr 80 Gemarkung Asch,
jeweils samt allen Rechten, Bestandteilen und Zubehör zu Alleineigentum je zu dem in § 2 festgelegten Wertansatz.
Danach erhalten im einzelnen:

a) Otto Baumann	Grundstücke	im Wert von	28 000 €
b) Lina Adler	ein Grundstück	im Wert von	14 000 €
c) Else Baumann	ein Grundstück	im Wert von	12 000 €
		Gesamtnachlaß	54 000 €

An erhaltenen Ausstattungen haben zum Nachlaß auszugleichen:
aa) Otto Baumann auf Grund Ausstattungsvertrag vom ...
für das Grundstück Flurstück 100 der Gemarkung Asch .... 12 000 €
bb) Lina Adler Fahrnisaussteuer von... .... 18 000 €
.... 84 000 €

Hieran würde jedes Kind zu ⅓ erben .... 28 000 €
Es haben mithin zu beanspruchen:

1. Otto Baumann Erbteil		28 000 €
ab Vorempfang		12 000 €
Rest		16 000 €
2. Lina Adler Erbteil		28 000 €
ab Vorempfang		18 000 €
Rest		10 000 €
3. Else Baumann Erbteil		28 000 €

§ 4
Nach den Vereinbarungen in § 3 ergibt sich folgender
Teilungsplan:

a) Otto Baumann fordert Erbteil .... 16 000 €
erhält Grundstücke .... 28 000 €
zuviel .... 12 000 €
die er an Else Baumann zu zahlen hat,
b) Lina Adler fordert Erbteil .... 10 000 €
erhält Grundstück .... 14 000 €
zuviel .... 4 000 €
die sie an Else Baumann zu zahlen hat,
c) Else Baumann fordert Erbteil .... 28 000 €
erhält Grundstück .... 12 000 €
zu wenig .... 16 000 €
wovon sie 12 000 € von Otto Baumann und
4 000 € von Lina Adler erhält

Otto Baumann und Lina Adler haben ihre Gleichstellungsschulden bis spätestens ... in barem Gelde und ohne Zinsen bis dahin an Else Baumann zu zahlen. Hypothekarische Sicherstellung und Zwangsvollstreckungsunterwerfung werden nicht verlangt.
Damit sind alle Ansprüche der Erben an den Nachlaß ihrer Mutter vollständig bereinigt, kein Erbe kann weitergehende Ansprüche geltend machen.

§ 5
Alle Ansprüche und Rechte wegen Sachmängeln sind ausgeschlossen. Das bei FlurNr 90 der Gemarkung Merklingen eingetragene Überfahrtsrecht ist den Beteiligten bekannt. Abt. III des Grundbuchs ist lastenfrei.

§ 6
Besitz, Nutzungen und Lasten, Gefahren aller Art sowie die Verkehrssicherungspflicht sind bereits ab ... auf den jeweiligen Grundstückserwerber übergegangen.

B. Einzelfälle

Die Kosten dieses Erbteilungsvertrags tragen die drei Erben zu je einem Drittel. Die Kosten der Eigentumsumschreibung im Grundbuch trägt jeder Erbe bezüglich seiner Grundstücke. Grunderwerbsteuer kommt nicht zum Ansatz.

§ 8
Den Beteiligten ist bekannt, daß zur Wirksamkeit dieser Erbteilung die Genehmigung nach dem Grundstücksverkehrsgesetz erforderlich ist, die hiermit beantragt wird. Otto Baumann ist Berufslandwirt und hat bereits ein eigenes landwirtschaftliches Anwesen mit Hofstelle in der Größe von rund 10 ha. Seine Schwester Else Baumann arbeitet bei ihm und hat auch bereits 1 ha landwirtschaftlichen Grundbesitz.
Lina Adler ist in der Landwirtschaft der Eltern aufgewachsen. Ihr Ehemann hat ebenfalls rund 1 ha landwirtschaftliche Grundstücke.
Die Wertansätze liegen unter dem Verkehrswert.
Im Anschluß an diesen Vertrag erklären die Erschienenen in gleichzeitiger Anwesenheit folgende

Auflassung:

Wir sind darüber einig, daß das Eigentum an den in § 2 näher beschriebenen Grundstücken der Gemarkungen Asch und Merklingen auf die in § 3 genannten Erwerber übergehen soll. Der Grundstückserwerb der Lina Adler fällt kraft Gesetzes in das Gesamtgut der zwischen ihr und ihrem Ehemann Max Adler bestehenden Gütergemeinschaft.
Wir alle bewilligen und beantragen die Eintragung dieser Eigentumsänderungen in das Grundbuch.

(folgt Urkundenabschluß)

S die **Anmerkungen** Rdn 947 ff. 944

27. Bloße Eintragung der Erben in Bruchteilseigentum
BGB §§ 311 b, 873, 925, 1922, 1942, 2032 ff, 2353 ff
GBO §§ 10, 13, 19, 20, 22, 24, 29, 35, 47
GBV §§ 9, 15, 16

(Eingang wie üblich) 945

Die Erschienenen erklären:
Nach dem Grundbuch von Neustadt (Band 1) Blatt 10 ist Moritz Durst, Gastwirt in Neustadt, Eigentümer des im Bestandsverzeichnis unter Nr 1 eingetragenen Grundstücks Hauptstraße 40 in Neustadt. Er ist am ... gestorben und nach dem in Ausfertigung übergebenen Erbschein des Amtsgerichts Hauptstadt vom 15. Mai 2002 von uns drei Kindern je zu $1/3$ beerbt worden.
Wir vereinbaren, daß uns künftig das Eigentum an dem genannten Grundstück je zu $1/3$ als Bruchteilseigentum zustehen soll. Demgemäß sind wir über den Eigentumsübergang an dem genannten Grundstück auf uns drei zu je einem $1/3$-Bruchteil, einig.
Wir bewilligen und beantragen die Eintragung dieser Eigentumsänderung in das Grundbuch.
Vorgelesen, genehmigt und unterschrieben:
Karl Durst   Max Durst   Otto Durst   Notar Just

Grundbucheintragung 946

1	2	3	4
4 a) b) c)	Durst Karl, geb am ... Durst Max, geb am ... Durst Otto, geb am ... je zu einem Drittel	1	Aufgelassen am ...; eingetragen am ...

Die frühere Eigentümereintragung ist (rot) zu unterstreichen.
Bekanntmachung erfolgt an Notar Just, die neuen Eigentümer und die nach Abt. III dinglich Berechtigten.

947 Eine Umwandlung der Erbengemeinschaft in eine einfache Miteigentümergemeinschaft (§ 741 BGB) mit gleichen Anteilen wird selten vorkommen, weil bei Bruchteilseigentum jeder Eigentümer rechtlich über seinen Anteil allein verfügen kann und die spätere Auseinandersetzung unter den Miteigentümern nach Bruchteilen nicht mehr grunderwerbsteuerbefreit ist. In der Regel belassen es vielmehr die Erben in einem solchen Falle bei der eingetretenen Erbengemeinschaft – Gesamthandsgemeinschaft[1] – und warten ab, bis einer von ihnen den Grundbesitz allein übernehmen kann oder bis der eine dieses und der andere Erbe jenes Grundstück in Alleineigentum übernimmt oder bis alle Grundstücke an Fremde verkauft werden können. Erforderlich sind zu einem Vertrag des hier behandelten Inhalts notarielle **Beurkundung, Auflassung** und **Eigentumsumschreibung**[2] (§§ 311b Abs 1, 873, 925 BGB).

948 **Grunderwerbsteuer** wird zwar durch die Umwandlung der Erbengemeinschaft in eine Bruchteilsgemeinschaft mit zahlenmäßig gleichen oder verschiedenen Anteilen nicht ausgelöst (§ 3 Ziff 3 GrEStG), wohl aber wird die spätere Auflösung der Bruchteilsgemeinschaft grundsätzlich steuerpflichtig, wenn dabei einer der Erben die Grundstücksanteile der übrigen Miterben erwirbt. Einkommensteuerlich ist Vorsicht bei Auseinandersetzung von Betriebsvermögen geboten; Erwerb von Privatvermögen in der Erbauseinandersetzung durch Realteilung ohne Ausgleichszahlung ist steuerneutral, bei Erwerb mit Ausgleichszahlung liegt (teil)entgeltlicher Erwerb im Sinne der „Spekulationssteuer" (§ 22 Nr 2, § 23 Abs 1 Nr 1 EStG) vor.[3]

949 Die in Rdn 943 § 3 enthaltene Ausgleichung beruht auf §§ 2050, 2055 BGB.

950 Beteiligung **minderjähriger** Erben s Rdn 3613. Vormundschaftsgerichtliche Genehmigung eines Erbteilungsvertrags: § 1822 Nr 2 BGB (gilt nicht für Eltern, § 1643 Abs 1 BGB, wohl aber §§ 1643, 1821 Abs 1 Nr 1 BGB, wenn Grundbesitz zur Erbschaft gehört).

951 Rdn 951 ist nicht belegt

952 Eine Erbauseinandersetzung kann sich auf die **Erbteile einzelner Miterben beschränken**, die (durch Erbteilsübertragung, s Rdn 955 ff) ausscheiden, während die übrigen Erben in Erbengemeinschaft verbleiben. Eine Erbauseinandersetzung kann sich auch auf einen **Teil des Nachlasses** beschränken.[4] Der unwirksame Verkauf eines erbengemeinschaftlichen Anteils (§ 2033 Abs 2 BGB) an einem Nachlaßgrundstück kann in einen Auseinandersetzungsvertrag umgedeutet werden, wenn alle Miterben mitgewirkt haben und der Auseinandersetzungsvertrag zum selben Ergebnis führt wie der nichtige Kaufvertrag.[5]

953 Nach erfolgter **Auseinandersetzung** kann die **Erbengemeinschaft** durch die an ihr beteiligt gewesenen Erben **nicht wieder neu** – durch Vertrag – **begründet**

---

[1] Die Erbengemeinschaft als solche besitzt keine Rechtsfähigkeit BGH MittBayNot 2003, 228 = NotBZ 2002, 450 = Rpfleger 2002, 625.
[2] RG 57, 432; 118, 244; BGH 21, 229 (231).
[3] Vgl Reich ZNotP 2000, 375 (378).
[4] OLG Köln JMBlNRW 1958, 127.
[5] OLG Bremen OLGZ 1987, 10.

werden, auch nicht dadurch, daß die Erben den wirksam gewordenen Erbauseinandersetzungsvertrag im allseitigen Einverständnis wieder aufheben. Dies gilt auch dann, wenn die Auseinandersetzung nur hinsichtlich einzelner Nachlaßgegenstände, etwa am Grundbesitz, vorgenommen worden ist, die Erbengemeinschaft aber am übrigen Nachlaß fortbesteht, bezüglich der verteilten Nachlaßgegenstände.[6] Möglich ist es dagegen, den Auseinandersetzungsvertrag wegen Irrtums anzufechten.[7] Auch ein Rücktritt vom Auseinandersetzungsvertrag ist unter gewissen Voraussetzungen möglich, nämlich dann, wenn ein Miterbe einen Nachlaßgegenstand gegen Abfindung der übrigen Miterben übernommen hat, mit seinen Zahlungsverpflichtungen in Verzug kommt und die Miterben aus diesem Grunde ihren Rücktritt von der Auseinandersetzung erklären.[8] Die Miterben, die sich hinsichtlich eines Teils des Nachlasses auseinandergesetzt haben, können sich aber zu einer neuen Gesamthandsgemeinschaft durch Gründung einer BGB-Gesellschaft zusammenschließen. Dazu bedarf es bei Grundbesitz der notariellen Beurkundung und der Auflassung. Auflassung ist auch erforderlich zur Umschreibung eines Nachlaßgrundstücks auf eine durch die Erben gebildete OHG oder KG[9] (s Rdn 3290).

Für inländische Erbschaften **ausländischer Erben** besteht keine devisenrechtliche Genehmigungspflicht. Wegen Einzelheiten s Rdn 4071, 4093. 954

28. Erbschaftskauf- und Erbteilsübertragungsvertrag

(Eingang wie üblich) 955

   Die Erschienenen erklärten:
   I. Vorbemerkungen
   Am ... verstarb in Neustadt der Landwirt Ludwig Todt. Er wurde beerbt von seinem Sohn Max Todt zu 1/3 gemäß Erbschein des Amtsgerichts Hauptstadt vom ... (Az ...).
   II. Grundbesitz
   Der ungeteilte Nachlaß des in Abschnitt I. genannten Erblassers besteht nach Angabe der Beteiligten nur noch aus dem im Grundbuch des Amtsgerichts Neustadt für Neustadt (Band ...) Blatt ... eingetragenen Grundbesitz der Gemarkung Neustadt. Er ist wie folgt belastet: ...
   III. Erbteilskauf
   Herr Max Todt – nachstehend „Verkäufer" genannt –, verkauft hiermit seinen in Abschnitt I. aufgeführten Erbteil am Nachlaß des Ludwig Todt an Herrn Hermann Wald – nachstehend „Käufer" genannt – zu Alleineigentum.
   IV. Kaufpreis
   Der Kaufpreis beträgt 80 000,– € – i. W. achtzigtausend Euro –.
   Der Kaufpreis ist fällig innerhalb von 10 Tagen nach Zugang (Einwurf-Einschreiben) einer Mitteilung des Notars, daß
   – Verzichtserklärung der beiden übrigen Miterben auf ihr gesetzliches Vorkaufsrecht dem Notar vorliegt oder die Frist für die Ausübung des Vorkaufsrechts abgelaufen ist, ohne

---

[6] OLG Düsseldorf Rpfleger 1952, 244; KG DNotZ 1952, 84.
[7] KG DRiZ 1952 Rspr Nr 565.
[8] Palandt/Edenhofer Rdn 23 zu § 2042 BGB; vgl auch LG Frankenthal MittBayNot 1978, 17 = MittRhNotK 1978, 101.
[9] KG JFG 21, 168; OLG Hamm DNotZ 1958, 416; Fischer DNotZ 1955, 182; aA Ganßmüller DNotZ 1955, 172.

2. Teil. III. Erste Abteilung des Grundbuchs

daß die Beteiligten den Notar von einer Vorkaufsrechtsausübung schriftlich verständigt haben;
– der in Abschnitt VII. 2. bewilligte Widerspruch zugunsten des Käufers im Grundbuch eingetragen ist und ihm nur die vorstehend aufgeführten Belastungen im Rang vorgehen.

Wegen dieser Zahlungsverpflichtung unterwirft sich der Käufer der sofortigen Zwangsvollstreckung aus dieser Urkunde mit der Maßgabe, daß jederzeit auf einseitigen Antrag ohne Nachweis der für die Fälligkeit maßgebenden Voraussetzungen Vollstreckungsklausel erteilt werden darf.

V. Besitzübergang, Gewährleistung

Nutzungen und Lasten sowie die Gefahr des zufälligen Untergangs oder der zufälligen Verschlechterung der Erbschaftsgegenstände gehen mit Wirkung ab heute auf den Käufer über.

Der Verkäufer hat außer dem Anteil an dem in Abschnitt II. genannten Grundbesitz keine anderen Nachlaßgegenstände oder Surrogate herauszugeben, keinen Wertersatz zu leisten und verzichtet auf den Ersatz aller von ihm auf die Erbschaft gemachten Aufwendungen, erfüllten Verbindlichkeiten, Abgaben und außerordentlichen Lasten. Eine auf den veräußerten Erbteil entfallende Erbschaftsteuer ist vom Verkäufer zu zahlen.

Für die Verpflichtung des Verkäufers zur Gewährleistung für Rechts- und Sachmängel gilt ausschließlich § 2376 BGB, soweit nicht nachfolgend Abweichendes bestimmt ist. Der Verkäufer schuldet dem Käufer jedoch, daß,
– der vorgenannte Grundbesitz zur Erbschaft gehört,
– keine Nachlaßverbindlichkeiten bestehen, soweit in dieser Urkunde nichts anderes bestimmt ist,
– eine etwa angefallene Erbschaftssteuer bezahlt ist,
– der vertragsgegenständliche Erbteil nicht anderweitig veräußert oder verpfändet wurde und auch nicht gepfändet oder mit sonstigen Rechten Dritter belastet ist,
– zwischen den Erben auch schuldrechtlich kein Auseinandersetzungsvertrag abgeschlossen wurde.

VI. Rücktrittsrecht

Kommt der Käufer mit der Zahlung des Kaufpreises ganz oder teilweise in Verzug, so ist der Verkäufer berechtigt, vom Kaufvertrag zurückzutreten.

Der Rücktritt ist mit eingeschriebenem Brief dem Erwerber zu erklären.

Durch den Rücktritt anfallende und bis dahin angefallene Kosten und Steuern hat der Erwerber zu tragen.

VII. Erbteilsübertragung

1. Bedingte Übertragung
    In Vollzug des Kaufvertrages überträgt der Verkäufer den verkauften Erbteil an den Käufer mit sofortiger dinglicher Wirkung, jedoch unter der auflösenden Bedingung, daß die Erbteilsübertragung unwirksam wird, wenn der Verkäufer aufgrund des in Abschn VI. dieser Urkunde vorbehaltenen Rücktrittsrechtes vom Kaufvertrag zurücktritt. Der Käufer nimmt die – auflösend bedingte – Übertragung des Erbteiles hiermit an.
2. Grundbuchberichtigung, Widerspruch
    Der Verkäufer bewilligt, der Käufer beantragt, die Erbteilsübertragung im Wege der Berichtigung in das Grundbuch einzutragen.
    Der Verkäufer bewilligt, der Käufer beantragt, die Eintragung eines entsprechenden Widerspruches gemäß § 899 BGB gegen die Richtigkeit des Grundbuches.
    Der Käufer bewilligt und beantragt bereits heute die Löschung des Widerspruches Zug um Zug mit Vollzug der vorbeantragten Grundbuchberichtigung (Erbteilsübertragung).
3. Verfügungsbeschränkung
    Um den Verkäufer bis zum Wegfall der auflösenden Bedingung gegen den möglichen Verlust seiner Rechtsposition durch zwischenzeitlichen gutgläubigen Erwerb eines Dritten zu schützen, bewilligt und beantragt der Käufer, gleichzeitig mit Vollzug der vorbeantragten Grundbuchberichtigung (Erbteilsübertragung) die in der auflösenden Bedingung liegende Verfügungsbeschränkung des Käufers in Abteilung II des Grundbuches

in der Weise einzutragen, daß dort vermerkt wird, daß die heute erfolgte Erbteilsübertragung auflösend bedingt ist und die Bedingung mit dem Rücktritt des Verkäufers vom Erbteilskaufvertrag eintritt.

Der Verkäufer bewilligt und der Erwerber beantragt bereits heute die Löschung der eingetragenen Verfügungsbeschränkung.

Der beurkundende Notar wird unwiderruflich angewiesen, Ausfertigungen und beglaubigte Abschriften dieser Urkunde nur auszugsweise, ohne die vorstehende Erklärung zur Löschung der Verfügungsbeschränkung, zu erteilen, solange, bis der Verkäufer bestätigt hat, daß das vereinbarte Entgelt gezahlt wurde oder dies der Käufer durch Vorlage einer Bescheinigung seiner Bank über die Ausführung der Überweisung des Entgeltes an die Bank des Verkäufers nachgewiesen hat.

VIII. Kosten, Abschriften
Die Kosten dieser Urkunde, der Grundbuchberichtigung sowie eine etwa anfallende Grunderwerbsteuer trägt der Käufer.
Auf die gesetzliche Mithaftung des Verkäufers wurde hingewiesen.
Von der Urkunde erhalten:
Die Vertragsteile,
das Grundbuchamt
je beglaubigte Abschrift,
das Finanzamt – Grunderwerbsteuerstelle –
einfache Abschrift.
Nach Hinweis auf die Anzeigepflicht gemäß § 2384 BGB beauftragen die Vertragsteile den Notar, eine beglaubigte Abschrift dieses Vertrages an das Nachlaßgericht Hauptstadt zu Az. . . . zu übersenden.

IX. Belehrungen
Der Notar hat über folgendes belehrt:
1. Der Käufer wird in seinem Vertrauen in die unbeschränkte und unbelastete Erbenstellung des Verkäufers und die Zugehörigkeit des aufgeführten Grundbesitzes zur Erbschaft nicht geschützt und ist insoweit auf die Richtigkeit der Angaben des Verkäufers angewiesen.
2. Durch die Erbteilsübertragung gehen sämtliche im ungeteilten Nachlaß befindlichen Vermögenswerte einschließlich Nachlaßverbindlichkeiten auf den Erwerber über.
3. Die Haftung des Verkäufers für Nachlaßverbindlichkeiten besteht trotz der Erbteilsübertragung weiter. Daneben haftet auch der Käufer den Nachlaßgläubigern sofort für alle Nachlaßverbindlichkeiten.
4. Sämtliche im Zusammenhang mit der Erbteilsveräußerung getroffenen Vereinbarungen müssen richtig und vollständig beurkundet sein. Nichtbeurkundete Abreden sind unwirksam und können den ganzen Vertrag unwirksam machen.
5. Die beantragte Grundbuchberichtigung kann erst erfolgen, wenn die Unbedenklichkeitsbescheinigung des Finanzamtes wegen der Grunderwerbsteuer vorliegt.
6. Den Miterben steht gemäß §§ 2034 ff BGB ein gesetzliches Vorkaufsrecht am veräußerten Erbteil zu, das innerhalb von zwei Monaten nach Mitteilung des rechtswirksamen Veräußerungsvertrages auszuüben wäre.

X. Vorkaufsrecht der Miterben
Die Beteiligten bevollmächtigen hiermit den Notar, den Miterben im Hinblick auf ihr gesetzliches Vorkaufsrecht nach § 2034 ff BGB diesen Erbteilsübertragungsvertrag und seine Rechtswirksamkeit unter Beifügung einer beglaubigten Abschrift dieser Urkunde mitzuteilen.
Miterben sind laut Erbschein . . .
Machen der oder die Miterben von ihrem gesetzlichen Vorkaufsrecht Gebrauch, so ist im Verhältnis zum heutigen Erwerber der Veräußerer zum Rücktritt von diesem Vertrag berechtigt; er hat den Erwerber in diesem Fall von allen aus diesem Vertrag entstandenen Kosten freizustellen, soweit diese Kosten nicht vom Vorkaufsberechtigten zu tragen sind.
Weitere Ansprüche des Erwerbers bestehen nicht.

Der Veräußerer tritt jedoch für den Fall, daß er den Kaufpreis vom heutigen Erwerber bei Ausübung des Vorkaufsrechtes bereits erhalten hat, seine Ansprüche gegen den Vorkaufsberechtigten auf Zahlung des Kaufpreises an den heutigen Erwerber ab. Dieser nimmt die Abtretung an.

In Gegenwart des Notars vorgelesen, genehmigt und unterschrieben:
Max Todt   Hermann Wald   Notar Pünktlich

Literatur: Erberl-Borges, Erbauseinandersetzung durch formloses Ausscheiden von Miterben aus der Erbengemeinschaft, MittRhNotK 1998, 242; Haegele, Zur Rechtslage, wenn im Rahmen einer Erbengemeinschaft ein Erbteil mehreren Personen zusteht, Rpfleger 1968, 173; Haegele, Rechtsfragen zu Erbteilskauf und Erbteilsübertragung, BWNotZ 1972, 1 und BWNotZ 1971, 129; Kehrer, Die teilweise Verfügung eines Miterben über seinen Erbteil, BWNotZ 1957, 262; Keim, Erbauseinandersetzung und Erbanteilsübertragung, RNotZ 2003, 374; Mauch, Zur Sicherungsproblematik beim Erbteilskauf, BWNotZ 1993, 134; N. Mayer, Sicherungsprobleme beim Erbteilskauf, ZEV 1997, 105; Neusser, Probleme des Erbteilkaufs, MittRhNotK 1979, 143; Staudenmaier, Teilübertragung von Gesellschaftsanteilen und Erbteilen, DNotZ 1966, 724; Stöber, Grundbucheintragung der Erben nach Pfändung des Erbteils, Rpfleger 1976, 197; Venjakob, Die Untergemeinschaft innerhalb der Erbengemeinschaft, Rpfleger 1993, 2; Zarnekow, Der Erbschaftskauf, MittRhNotK 1969, 620.

a) Erbschaftskauf und Erbteilsübertragung

956 Der **Erbschaftskauf** und die **Erbteilsübertragung** sind **beurkundungsbedürftig** (§ 2371, 2033 BGB). Für den Umfang der Beurkundungspflicht beim Erbteilskauf gelten die für § 311b Abs 1 BGB entwickelten Grundsätze entsprechend (s Rdn 3100 ff). Ein Formmangel des schuldrechtlichen Geschäftes (§ 2371, 2385 BGB) wird nach hM[1] **nicht** durch das Erfüllungsgeschäft geheilt, auch nicht, wenn das Erfüllungsgeschäft in einer Erbteilsübertragung nach § 2033 BGB besteht, für das die gleiche Formvorschrift gilt.

957 Der **Erbschaftskauf** ist ein rein schuldrechtlicher Vertrag, mit dem sich jemand verpflichtet, eine ihm angefallene oder sonst von ihm erworbene Erbschaft an einen anderen im gesamten gegen Zahlung des Kaufpreises zu übertragen (§ 2371 BGB); gleich behandelt werden sonstige auf die Veräußerung einer solchen Erbschaft gerichteten Verträge, zB Tausch, Schenkung (hier genügt Beurkundung des Schenkungs**versprechens** allein nicht, § 2385 BGB). § 2376 Abs 1 und 2 BGB enthält richtigerweise[2] eine gesetzliche Einschränkung der Regel des § 433 Abs 1 S 2 BGB. Eine vertragliche Klarstellung der diesbezüglichen Pflichten, ggfs unterschieden danach, ob ein Miterbe oder ein Dritter kauft, ist zu empfehlen. Bei der Erfüllung der Verträge ist zu unterscheiden, ob der Veräußerer Allein- oder Miterbe ist. Der Alleinerbe kann seine Verpflichtung nur durch Einzelübertragung sämtlicher zur Erbschaft gehörenden Gegenstände erfüllen; der Miterbe erfüllt seine Verpflichtung durch Übertragung seines Erbteils nach § 2033 BGB.

---

[1] RG 129, 122; 137, 171; BGH DNotZ 1968, 48 = NJW 1967, 1128; BGH DNotZ 1971, 37; MünchKomm/Musielak Rdn 7 ff; Palandt/Edenhofer Rdn 3, je zu § 2371 BGB. AA für den Fall, daß Erfüllung durch Erbteilsübertragung stattfindet: Habscheid FamRZ 1968, 15; Schlüter JuS 1969, 15; Erman/Schlüter Rdn 5; Soergel/Zimmermann Rdn 22; Staudinger/Olshausen Rdn 27, je zu § 2371 BGB.

[2] So Palandt/Edenhofer Rdn 1, 2 zu § 2376 BGB; Hertel in Amann/Brambring/Hertel, Vertragspraxis nach neuem Schuldrecht, B IV 5.

B. Einzelfälle

Die **Erbteilsübertragung** (§ 2033 BGB) ist **Verfügungsgeschäft** und nach dem Abstraktionsprinzip streng vom Kausalgeschäft (§§ 2371, 2385 BGB) zu trennen. In der Praxis werden Verpflichtungs- und Verfügungsgeschäft meist gemeinsam beurkundet, ggfs sind die Formulierungen auszulegen, ob auch eine Verfügung gewollt war.[3] 958

Gegenstand der Verfügung[4] ist die ideelle, nach der Erbquote bestimmte Beteiligung am Gesamthandsvermögen der Erbengemeinschaft. Eine Erbteilsübertragung ist daher nur so lange möglich, als wenigstens noch ein gesamthänderischer Vermögensgegenstand im Zeitpunkt der Verfügung vorhanden ist.[5] Hat der Erblasser eine Beteiligung an einer Personengesellschaft mehreren Miterben hinterlassen, geht diese im Wege der Sondererbfolge quotal auf die Miterben über, so daß eine Erbteilsübertragung diese Gesellschaftsbeteiligung nicht erfaßt (s Rdn 983 Fußn 46). 959

Ein Miterbe kann – wenn Testamentsvollstreckung angeordnet ist – seinen Erbteil ohne Mitwirkung des Testamentsvollstreckers übertragen,[6] entgegenstehende Anordnungen des Erblassers sind unwirksam (§ 137 BGB), wenn sie nicht eine auflösend bedingte Erbeinsetzung enthalten. 960

Stirbt ein **Miterbe**, so können seine Erben über den in seinem Nachlaß befindlichen Erbanteil nur gemeinschaftlich verfügen.[7]

Verfügt dagegen ein **Miterbe des verstorbenen Miterben** über seinen **Anteil am Nachlaß** des letzteren, so liegt eine zulässige Verfügung vor, da es sich nicht um eine Verfügung über einen einzelnen Nachlaßgegenstand gemäß § 2033 Abs 2 BGB handelt.[8] 961

b) Grundbesitz als Nachlaßgegenstand

Auch wenn zu einem Nachlaß Grundbesitz gehört, vollzieht sich der Erwerb des Erbteils durch dessen formgerechte Übertragung (§ 2033 BGB); einer Auflassung bedarf es nicht. Eine Verfügung über das Grundstück liegt in der Erbteilsübertragung auch dann nicht, wenn der Nachlaß nur noch aus einem Grundstück besteht.[9] Unter besonderen Umständen kann umgekehrt die Veräußerung des einzigen Nachlaßgegenstandes als Erbteilsübertragung anzusehen sein, wenn ein darauf gerichteter Wille der Parteien erkennbar ist.[10] 962

Die Erbteilsübertragung ist im Wege der Grundbuch**berichtigung** einzutragen.[11] Sie erfolgt auf Antrag (§ 13 Abs 1 GBO). Eintragungsgrundlage kann sein 963

---

[3] RG 137, 171; BayObLG Rpfleger 1982, 217 zur (unglücklichen) Formulierung „Verkauf mit sofortiger dinglicher Wirkung"; auch Staudinger/Olshausen Rdn 77 Einl zu § 2371 BGB; Rahn BWNotZ 1956, 1.
[4] Der Nachlaßpfleger kann über den Erbanteil des unbekannten Erben nicht verfügen, LG Aachen Rpfleger 1991, 314.
[5] BGH DNotZ 1969, 623 = NJW 1969, 92 = Rpfleger 1969, 14; OLG Celle BWNotZ 1968, 122.
[6] LG Essen Rpfleger 1960, 57 mit Anm Haegele.
[7] RG 162, 397.
[8] BayObLG 1960, 38 = DNotZ 1960, 483 = Rpfleger 1961, 19 mit Anm Haegele.
[9] BayObLG 1967, 408 = Rpfleger 1968, 188 mit Anm Haegele.
[10] BGH BB 1965, 307 = NJW 1965, 852.
[11] RG 90, 232; KGJ 37 A 273; BGH FamRZ 1965, 267 = NJW 1965, 862; OLG Celle NdsRpfl 1967, 126.

- als **Unrichtigkeitsnachweis** (§ 22 Abs 1 GBO; zu ihm Rdn 369; in der Praxis die Regel) Ausfertigung oder beglaubigte Abschrift (Rdn 166 ff) der notariellen Urkunde[12] über die (ohne Bedingung erfolgte) Erbteilsübertragung (§ 2033 Abs 1 BGB; zum Nachweis des Eintritts einer Bedingung s Rdn 156), oder
- **Berichtigungsbewilligung** des übertragenden (als Veräußerer ausgeschiedenen) Miterben (§ 19 GBO; zu dieser Rdn 361; Form: § 29 GBO) und Zustimmung des Erbteilserwerbers (§ 22 Abs 2 GBO). Inhalt der Berichtigungsbewilligung: Rdn 364. Schlüssige Darlegung der Grundbuchunrichtigkeit erfordert auch Bezeichnung der über die Anteilsverfügung errichteten notariellen Urkunde (mit Datum und UrkRNr); deren Vorlage kann daneben nicht verlangt werden.

Voreintragung der (= aller) Miterben gebietet § 39 Abs 1 GBO (dazu Rdn 136 ff); zulässig ist Grundbuchberichtigung auf den Erbteilserwerber daher nur, wenn mindestens gleichzeitig alle Erben in Erbengemeinschaft in das Grundbuch eingetragen werden.[13]

Einzutragen ist die Erbteilsübertragung in Abt I Spalten 1–4.

Fassungsvorschlag

1	2	3	4
5	1–4	Wald Hermann	Erbteilsübertragung vom ...
zu 4 b		geb 12. 4. 1936	eingetragen am ...

Der übertragende (ausscheidende) Miterbe ist in Spalten 1 (nur Buchstabe) und 2 (rot) zu unterstreichen (§ 16 GBV).

c) Teilweise Übertragung eines Erbteils

964 Teilweise Übertragung eines Erbteils – nur zu einem Bruchteil – ist zulässig.[14] Tritt ein Miterbe seinen Erbteil an einem Nachlaß, zu dem ein Grundstück gehört, an **mehrere andere Personen zu Bruchteilen** ab, so ist die zwischen den Erwerbern bestehende Bruchteilsgemeinschaft (neben der alle Eigentümer umfassenden Erbengemeinschaft) in das Grundbuch miteinzutragen[15] (§ 47

---

[12] Auch hier bedarf eine Vollmacht zur Erbteilsübertragung der Form des § 29 GBO, BayObLG MittBayNot 1985, 24 = Rpfleger 1984, 463; unrichtig LG Erfurt MittBayNot 1994, 177 mit Anm Hügel. Zur ausnahmsweisen Beurkundungsbedürftigkeit der Vollmacht s Rdn 3537 ff.

[13] BayObLG 1994, 158 = MittBayNot 1994, 435 = MittRhNotK 1994, 254 = NJW-RR 1995, 272 = Rpfleger 1995, 103; OLG Hamm DNotZ 1966, 744.

[14] BGH DNotZ 1964, 622 = NJW 1963, 1610; BayObLG 1990, 188 (190) = NJW-RR 1991, 88 = Rpfleger 1990, 503; BayObLG 1991, 146 = DNotZ 1992, 255 = NJW 1991, 1030 = Rpfleger 1991, 315; LG Dresden Rpfleger 1996, 243 mit zust Anm Böhringer; abl Venjakob Rpfleger 1997, 19.

[15] OLG Düsseldorf DNotZ 1968, 177; OLG Düsseldorf DNotZ 1968, 173 = Rpfleger 1968, 188; OLG Köln Rpfleger 1974, 109; LG Augsburg MittBayNot 1984, 36; LG Mönchengladbach DNotZ 1967, 434; Haegele Rpfleger 1968, 173 und Rpfleger 1969, 272; gegenteiliger Ansicht, daß es der Miteintragung der Bruchteilsgemeinschaft nicht bedarf, BayObLG 1967, 405 = DNotZ 1968, 442 = NJW 1968, 505 = Rpfleger 1968, 187; auch Venjakob Rpfleger 1993, 2 (4 ff). Für Bruchteilsgemeinschaft mehrerer Personen bei Erbteilsübertragung und zur Teilungsversteigerung zur Auseinandersetzung der Erbengemeinschaft auf Antrag nur eines der Erwerber LG Berlin Rpfleger 1996, 472 mit Anm Bestelmeyer.

B. Einzelfälle

GBO). Die kleinere Bruchteilsgemeinschaft hat uE innerhalb der größeren Erbengemeinschaft durchaus ihren berechtigten und notwendigen Platz (s dazu die von Haegele gebrachten Fassungsbeispiele Rpfleger 1968, 178). Die hier behandelte Frage wirft sich auch dann auf, wenn der Erbteilserwerber in Gütergemeinschaft lebt und dies dem Grundbuchamt offenkundig ist. Der Ehegatte wird auch hier miteinzutragen sein, zumal er sofort Grundbuchberichtigung beantragen könnte. Das Grundbuchamt hat durch Zwischenverfügung auf entsprechende Antragstellung hinzuwirken.

d) Erbteilsübertragung an einen Miterben

Die Übertragung des Erbteils eines Miterben auf einen **anderen Miterben** führt im Wege der Anwachsung zur Vergrößerung des Erbteils, den der Erwerber bereits innehat. Einzutragen ist diese Übertragung des Anteils des (zu bezeichnenden) Miterben auf den (anzuführenden) erwerbenden Miterben in Spalte 4 der Abt I (Grundlage der Eintragung). **Fassungsvorschlag** 965

> Übertragung des Erbteils Huber Karl (1 c) auf
> Huber Johann (1 a) vom ... eingetragen am ...
>
> Der übertragende (ausscheidende) Miterbe ist in Spalten 1 (nur Buchstabe) und 2 (rot) zu unterstreichen (§ 16 GBV).

Überträgt ein Miterbe nur einen **Bruchteil** seines Anteils auf einen **anderen Miterben,** so entsteht zwischen diesen beiden Miterben an dem Anteil keine Gemeinschaft (Untergemeinschaft) nach §§ 741 ff BGB. Die Übertragung führt vielmehr im Wege der Anwachsung zur Vergrößerung des Erbteils, den der Erwerber bereits innehat.[16] Einzutragen ist die teilweise Übertragung des Anteils des (zu bezeichnenden) Miterben auf den (anzuführenden) erwerbenden Miterben in Spalte 4 der Abt I (Grundlage der Eintragung); daraus ergibt sich zugleich die Verkleinerung des Anteils des übertragenden Miterben[17] (der eingetragen bleibt). Tritt ein Miterbe seinen Erbteil an alle übrigen Miterben ab, ohne daß über das Gemeinschaftsverhältnis der übrigen Miterben an diesem Erbteil in der Urkunde etwas zum Ausdruck kommt, so erwerben sie diesen Anteil als Gesamthänder im Verhältnis ihrer Erbteile (analog § 2094 BGB).[18] Selbstverständlich ist auch der Erwerb eines solchen Anteils durch alle übrigen Miterben in Bruchteilsgemeinschaft möglich; dies muß aber in der Urkunde deutlich zum Ausdruck kommen; hierfür würde es genügen, wenn der Erwerb des Erbteils durch die übrigen Miterben abweichend vom Verhältnis ihrer Erbteile erfolgen soll, da dies nur bei Bruchteilserwerb möglich ist.

Wenn einer von mehreren Miterben seinen Erbteil an einen anderen Miterben übertragen hat, kann „dieser" Erbteil (dh ein ihm entsprechender Bruchteil der Erbteile des Empfängers) wieder zurückübertragen werden.[19] Haben sich mit Erbteilsübertragung alle Erbteile in der Hand eines Miterben vereinigt (ist 966

---

[16] BayObLG 1991, 146 = aaO (Fußn 14), auch zur Fassung der Eintragung; offen gelassen hat das BayObLG, ob die Beteiligten in diesem Fall eine Bruchteilsgemeinschaft vereinbaren können.
[17] BayObLG 1991, 146 (150) = aaO; LG Düsseldorf RNotZ 2002, 233.
[18] BayObLG 1980, 328 = DNotZ 1981, 292 = NJW 1981, 830 = Rpfleger 1981, 21; BayObLG 1991, 146 = aaO.
[19] LG Frankenthal MittBayNot 1978, 17 = MittRhNotK 1978, 101.

dieser somit Alleineigentümer geworden[20]), so ist eine Rückgängigmachung in Form eines Wiederauflebens der Erbanteile ausgeschlossen.[21]

e) Vorkaufsrecht der Miterben

967 Beim **Verkauf** eines Erbteils an einen Dritten (Nichtmiterben) steht den übrigen Miterben (an Stelle eines bereits verstorbenen Miterben dessen Erben, § 1922 Abs 1 BGB, nicht jedoch ein Sonderrechtsnachfolger[22] in den Erbteil) ein gesetzliches Vorkaufsrecht zu (§ 2034 BGB); üben sie es aus, so erwerben sie durch die Übertragung den Erbteil des Veräußerers zur gesamten Hand im Verhältnis ihrer Erbteile.[23] Dritter in diesem Sinn ist auch ein Erbteilserwerber, der noch weitere Erbteile aufkauft[24] sowie ein früher ausgeschiedener Miterbe, der jetzt wieder einen Erbteil kauft.[25] Ein durch Erbteilsabtretung bereits ausgeschiedener Miterbe hat kein Vorkaufsrecht mehr bei späteren weiteren Erbteilsverkäufen.[26] Jedoch geht ein durch Ausübung des Vorkaufsrechts bereits erlangter Anspruch mit nachträglicher Veräußerung des Erbteils nicht ohne weiteres wieder verloren.[27] Rechte aus der Vorkaufserklärung sind frei übertragbar;[28] eine derartige Übertragung kann auch mit der Erbteilsübertragung verbunden werden (muß im Einzelfall bestimmt werden).[29]

Bei Ausübung des Vorkaufsrechts nach § 2035 BGB (dh nach Übertragung auf den Käufer) kommt zwischen den das Recht ausübenden Miterben und dem Käufer kein Kaufvertrag zustande, vielmehr entsteht ein gesetzliches Schuldverhältnis, kraft dessen der Käufer verpflichtet ist, den von ihm erworbenen

---

[20] OLG Köln Rpfleger 1993, 349.
[21] OLG Düsseldorf NJW 1977, 1828. Zur Sicherungsübereignung eines Erbteils s BGH NJW 1957, 1515; zur auflösend bedingten Übertragung s Staudenmaier BWNotZ 1959, 191, aber auch Keller BWNotZ 1962, 286 sowie Winkler MittBayNot 1978, 1, insbesondere zu der aus einer auflösend bedingten Erbteilsübertragung folgenden Rechtsstellung des bedingten Grundstückseigentümers. Vgl auch BGH DNotZ 1993, 119 = NJW-RR 1992, 733 = Rpfleger 1992, 361: Bei (nach AnfG) anfechtbarer Übertragung des Miterbenanteils auf den einzigen anderen Miterben ist eine Rückgewähr in Natur nicht allgemein ausgeschlossen; sie ist jedenfalls möglich, wenn der Nachlaß nur aus einem Grundstück besteht.
[22] BGH 86, 379 = DNotZ 1983, 628 = NJW 1983, 1555 = Rpfleger 1983, 276.
[23] BGH LM Nr 1 zu § 2034 BGB; Haegele BWNotZ 1971, 129, 136; BayObLG 1980, 328 = aaO (Fußn 18) mwN. Zur Rechtslage, wenn einer von mehreren vorkaufsberechtigten Miterben ausübt, die anderen weder ausüben noch verzichten BGH DNotZ 1982, 368 = Rpfleger 1982, 27.
[24] BGH 56, 115 (116); BGH 121, 47 (48) = DNotZ 1993, 536 = NJW 1993, 726 = Rpfleger 1993, 343.
[25] LG Heilbronn BWNotZ 1998, 95.
[26] BGH 121, 47 = aaO; BGH 86, 379 = aaO (Fußn 22); BGH DNotZ 2002, 297 = Rpfleger 2002, 148 (149); ebenso nicht ein Miterbe, der den über die Vorkaufsrechtsausübung zu erwerbenden Erbteil bereits vor Ausübung weiterverkauft, BGH DNotZ 1991, 543 = NJW-RR 1990, 1282.
[27] BGH 121, 47 (51) = aaO.
[28] Wenn mehrere Miterben des VR ausgeübt haben, kann der aus der Ausübung entstandene Anspruch wegen seiner gesamthänderischen Gebundenheit nicht von nur einem der Miterben anteilig übertragen werden, und zwar auch nicht auf einen anderen sein VR ausübenden Miterben, BGH DNotZ 2002, 297 = aaO.
[29] BGH 121, 47 (52) = aaO.

Anteil auf die Miterben zu übertragen,[30] während diese ihm den an den verkaufenden Miterben etwa bereits bezahlten Kaufpreis zu erstatten haben.[31] Die übrigen Miterben eines Erblassers sind auch dann zum Vorkauf berechtigt, wenn der Erbe oder Erbeserbe eines Miterben dessen Anteil an einen Dritten verkauft,[32] nicht jedoch, wenn ein Erbe eines Miterben seinen Miterbenanteil nach diesem veräußert (möglicherweise anders, wenn alle Erben des Miterben ihre Miterbenanteile nach dem Miterben veräußern und der Nachlaß des Miterben nur aus dem Erbanteil am Nachlaß des ursprünglichen Erblassers besteht).[33] Beim Verkauf eines Erbteils durch den Insolvenzverwalter besteht kein Vorkaufsrecht der anderen Miterben.[34]
Über das Vorkaufsrecht der Miterben nach § 2034 BGB hat der Notar zu belehren (§ 20 BeurkG greift zwar nicht ein, doch folgt dies aus seiner allgemeinen Belehrungspflicht).[35]

f) Genehmigungspflichten

Zur Frage, wann die Erbteilsübertragung bei Vorhandensein von **land- oder forstwirtschaftlichen Grundstücken** im Nachlaß der **Genehmigung** nach dem GrdstVG bedarf, s Rdn 3958. Der (entgeltliche oder unentgeltliche) Erwerb eines Erbteils durch einen Minderjährigen ist wegen der Erbenhaftung nach § 2382 BGB nie lediglich rechtlich vorteilhaft (auch nicht, wenn er bereits Miterbe ist[36]) und bedarf wie die Veräußerung eines Erbteils stets der familien- oder vormundschaftsgerichtlichen Genehmigung[37] (§ 1822 Nr 10, Nr 1, § 1821 Nr 1 und 5 BGB).

968

g) Sicherung von Leistung und Gegenleistung

Die **Sicherung von Leistung und Gegenleistung** bereitet bei Erbteilskauf und -übertragung besondere Probleme.[38] Zunächst muß allerdings betont werden, daß der Erbteilserwerber immer Risiken trägt, die nicht aufhebbar sind, da es beim Rechtserwerb keinen Schutz des guten Glaubens gibt: Das Vertrauen des Erwerbers in die Erbenstellung des Veräußerers, in die Freiheit des Erbteils von Belastungen und Beschränkungen, an die Zugehörigkeit eines Gegenstandes zum Nachlaß wird nicht geschützt; § 2366 BGB ist nicht anwendbar.
Die getrennte Beurkundung von Erbteilskauf und Erbteilsübertragung (letztere nach Kaufpreiszahlung, die fällig ist nach Klärung des Vorkaufsrechts

969

---

[30] Zur Rückübertragung auf die ihr VR ausübenden Miterben ist der Erwerber eines Miterbenanteils auch dann verpflichtet, wenn das VR dem verkaufenden Miterben gegenüber ausgeübt worden war und dieser den Erbteil erst nach Ablauf der Zweimonatsfrist (§ 2034 Abs 2 S 1 BGB) dinglich auf den Erwerber übertragen hat, BGH DNotZ 2002, 297 = aaO.
[31] BGH DNotZ 1952, 490.
[32] BGH DNotZ 1969, 623 mit Anm Kanzleiter = NJW 1969, 92 = Rpfleger 1969, 14.
[33] BGH DNotZ 1975, 726 = NJW 1975, 445 = Rpfleger 1975, 123; vgl auch Kreuzer MittBayNot 1989, 293.
[34] BGH MittBayNot 1976, 222 = NJW 1977, 37 = Rpfleger 1977, 14.
[35] BGH MittBayNot 1968, 307 = MDR 1968, 1002.
[36] LG Deggendorf MittBayNot 1999, 285.
[37] OLG Köln Rpfleger 1996, 446.
[38] Hierzu umfassend Staudenmaier BWNotZ 1959, 191; Neusser MittRhNotK 1979, 143; Mauch BWNotZ 1993, 134; N. Mayer ZEV 1997, 105.

der Miterben durch Verzicht oder Fristablauf und Vorliegen etwaiger Genehmigungen) sichert zwar das Kaufpreisrisiko des Verkäufers, belastet aber den Käufer mit dem Risiko, den Erbteil trotz Zahlung nicht zu erhalten, wenn über das Vermögen des Veräußerers zwischenzeitlich das Insolvenzverfahren eröffnet, über den Erbteil anderweitig verfügt oder der Erbteil gepfändet wird; darüber hinaus könnte die Erbengemeinschaft auch den Nachlaßgrundbesitz zwischenzeitlich veräußern oder belasten. Eine Vormerkung zur Sicherung des Anspruchs auf Erbteilsübertragung kann im Grundbuch nicht eingetragen werden, da der schuldrechtliche Anspruch nicht auf eine Rechtsänderung im Grundbuch gerichtet ist.

970 Es besteht jedoch die Möglichkeit, Erbteilskauf und -übertragung gemeinsam zu beurkunden: die Übertragung (§ 2033 BGB) ist aufschiebend bedingt durch die Zahlung des Kaufpreises; für den Grundbuchvollzug sollte in diesem Fall weiter vereinbart werden, daß die Bedingung auch durch Erteilung einer den Grundbuchberichtigungsantrag enthaltenen Ausfertigung eintritt; bis zur Zahlung wird der Notar angewiesen, solche Ausfertigung nicht zu erteilen.

Dadurch wird der Erwerber vor zwischenzeitlichen anderweitigen Verfügungen des Veräußerers über den Erbteil geschützt (§ 161 BGB, dessen Abs 3 ist nicht anwendbar, da es beim Erwerb von Rechten keinen gutgläubigen Erwerb gibt). Zum Schutz vor Verfügungen aller Erben über ein Nachlaßgrundstück könnte eine Verfügungsbeschränkung (§ 161 Abs 1 BGB) in Abt II des Grundbuchs eingetragen werden.[39] Ein anderer Weg[40] (vgl Formular Abschnitt VII.) besteht darin, daß die Erbteilsübertragung auflösend bedingt durch Ausübung eines dem Verkäufer vorbehaltenen Rücktrittsrechts vom Erbteilskauf bei Nichtzahlung erfolgt. Die Verfügungsbeschränkung des Erwerbers infolge der auflösenden Bedingung sollte auch hier in das Grundbuch (Abt II) wegen § 161 Abs 3 BGB eingetragen werden. Löschung der Verfügungsbeschränkung erfolgt auf Bewilligung des Verkäufers, die bei Beurkundung dem Notar zur treuhänderischen Verwahrung erteilt wird. Bis zum Vollzug der Grundbuchberichtigung (für die Unbedenklichkeitsbescheinigung nach GrEStG nötig ist) kann ein Widerspruch (§ 899 BGB) für den Erwerber gegen die Richtigkeit des Grundbuchs auf Bewilligung des Veräußerers eingetragen werden.

971 Über die unabdingbare Haftung des Erwerbers für Nachlaßverbindlichkeiten sollte ein Belehrungsvermerk in die Urkunde aufgenommen werden.

h) Grunderwerbsteuer

972 Jeder Übergang eines Erbanteils, zu dem Grundbesitz gehört, ist ein grunderwerbsteuerbarer Vorgang[41] (§ 1 Abs 1 Ziff 3 GrEStG), der nur nach den allgemeinen Vorschriften grunderwerbsteuerbefreit sein kann (zB § 3 Ziff 3 GrEStG). Die Übertragung eines Erbteils auf einen Miterben fällt nach Ansicht der Finanzverwaltung immer unter § 3 Ziff 3 GrEStG.[42]

---

[39] Neusser aaO (Fußn 38) S 147–149; BayObLG 1994, 29 = MittBayNot 1994, 223; MittRhNotK 1994, 152 = Rpfleger 1994, 343; LG Nürnberg-Fürth MittBayNot 1982, 21.
[40] So Staudenmaier und Mauch je aaO (Fußn 38).
[41] BFH BStBl II 1976, 159 = MittBayNot 1976, 45.
[42] NdsFinMin im Einvernehmen mit den übrigen Finanzbehörden der Länder DNotZ 1984, 657 = (FM Bayern v 13. 12. 1984) Steuererlasse 600 § 3/3.

B. Einzelfälle

i) Verpfändung des Erbteils

Die **Erbteilsverpfändung** (§ 1273 mit § 2033 BGB) ist gleichfalls beurkundungsbedürftiges Verfügungsgeschäft (§ 1274 Abs 1 mit § 2033 Abs 1 S 2 BGB). Notwendiges Erfordernis der Verpfändung ist neben der Bezeichnung des Miterbenanteils als Pfandgegenstand und dem Ausdruck des Verpfändungswillens die Bezeichnung der zu sichernden Forderung.[43] Verpfändungsanzeige des Gläubigers an die übrigen Miterben (§ 1280 BGB) ist nicht Wirksamkeitserfordernis.[44] **Beispiel** für Erbteilsverpfändung:

973

> Max Todt ist am Nachlaß seines am ...... verstorbenen Vaters, des Landwirts Rudolf Todt, als Miterbe kraft Gesetzes zu $^1/_3$ berufen, vgl Erbschein des Nachlaßgerichts Hauptstadt vom ...... Der Nachlaß ist noch nicht auseinandergesetzt.
> Max Todt schuldet seinem Bruder Hermann Todt aus Darlehen den Betrag von 10 000 €, verzinslich vom 1. Januar ... an zu 6% und rückzahlbar gegen dreimonatige Kündigung.
> Zur Sicherung dieses Darlehens verpfändet Max Todt hiermit seinem Bruder Hermann Todt seinen vorgenannten Erbanteil. Hermann Todt nimmt die Verpfändung an.
> Die Berichtigung des Grundbuchs von Neustadt (Band 1) Blatt 10 Bestandsverzeichnis Nr 1–6 durch Eintragung der Erben des Rudolf Todt gemäß dem in Ausfertigung anliegenden Erbschein wird hiermit beantragt, ebenso daran anschließend die Eintragung der Erbteilsverpfändung bei den genannten Grundstücken im Grundbuch.
> Alle Kosten trägt Max Todt.

Den verpfändenden Miterben beschränkt die Erbteilsverpfändung in seiner Mitberechtigung am Nachlaß und damit in der Ausübung seiner Miterbenrechte (einschließlich der Verfügungsbefugnis über einzelne Nachlaßgegenstände) zugunsten des Gläubigers. Um demnach die Verpfändung den übrigen Miterben gegenüber praktisch wirksam zu machen, muß der Pfandgläubiger diese von der Verpfändung benachrichtigen, damit sie seine Zustimmung zu einer Verfügung über einzelne Nachlaßgegenstände einholen und ihn bei der Auseinandersetzung zuziehen.[45] **In das Grundbuch** eines zum Nachlaß gehörenden Grundstücks (grundstücksgleichen Rechts oder bei einem Recht an einem Grundstück) kann die Verpfändung des Erbteils eingetragen werden, weil sie eine Änderung der Verfügungsbefugnis sämtlicher Miterben zur Folge hat. Die Eintragung ist Grundbuchberichtigung. Voreintragung der Erben ist erforderlich (§ 39 GBO). Hierwegen s die Ausführungen über die Eintragung der Erbteilpfändung (Rdn 1659), die entsprechend gelten. **Fassungsvorschlag** für Eintragung einer Erbteilsverpfändung:

974

> Erbanteil des Max Todt am Nachlaß des Rudolf Todt verpfändet an Hermann Todt ...

Zur Übertragung eines verpfändeten Erbteils ist Mitwirkung des Pfandgläubigers nicht erforderlich. Das Pfandrecht bleibt bestehen, auch wenn es dem Erwerber des Erbteils unbekannt sein sollte. §§ 891, 892 BGB sind nicht anwendbar.[46]

975

---

[43] RG 148, 349 (351).
[44] RG 83, 27 (28, 29); BayObLG 1959, 50 (56).
[45] BayObLG 1959, 50 (56); MünchKomm/Dütz Rdn 33 zu § 2033 BGB.
[46] OLG Köln MittBayNot 1997, 240 (Leits).

976 Veräußert der Testamentsvollstrecker das Grundstück in wirksamer Weise (s dazu Rdn 3424), so verliert der Verpfändungseintrag seine Bedeutung und kann als gegenstandslos gelöscht werden.[47] An Stelle des Grundstücks tritt dann der Erlös aus diesem.

k) Ausscheiden eines Miterben im Wege der Abschichtung

976a aa) Neben der Erbauseinandersetzung durch Einzelverfügung (Rdn 943ff) oder durch Erbteilsübertragung läßt der BGH[48] die sog **Abschichtung** als weiteren Weg der vollständigen oder teilweisen Auseinandersetzung der Erbengemeinschaft zu. Sie wird von der Erbteilsübertragung dadurch unterschieden, daß der Miterbe (gegen Abfindung) einverständlich aus der Erbengemeinschaft ausscheidet, seine Mitgliedschaftsrechte somit aufgibt, damit nicht (rechtsgeschäftlich) auf einen bestimmten Rechtsnachfolger überträgt. Die Abschichtung soll (materiellrechtlich) keiner Form bedürfen, und zwar auch dann, wenn zu der Erbengemeinschaft Grundbesitz gehört, weil Anwachsung dingliche Rechtsänderung kraft Gesetzes bewirkt. Wenn als Abfindung jedoch die Leistung eines Gegenstandes vereinbart wird, der nur durch ein formbedürftiges Rechtsgeschäft übertragen werden kann (wie ein Grundstück), wird auch für die Abschichtung Beachtung der für dieses Rechtsgeschäft nach § 311b Abs1 S 1 BGB geltenden Form verlangt.[49]

976b bb) Die (zulässige) dingliche Abschichtung kann uE nicht formfrei erfolgen. Die Aufgabe der Mitgliedschaftsrechte ist als Verfügung über den Anteil des Miterben am Nachlaß in § 2033 Abs 1 BGB erfaßt. Einigung mit den übrigen Miterben über die Rechtsänderung erfordert der Grundsatz des BGB,[50] daß derjenige, zu dessen Gunsten des Rechtsinhaber verfügt, nicht ohne seinen Willen berechtigt werden kann. Die übrigen (verbleibenden) Miterben begünstigt die Verfügung, weil sich ihre Mitgliedschaftsrechte mit dem Ausscheiden des verfügenden Miterben erweitern. Vergrößerung der Erbteile der übrigen (verbleibenden) Miterben bewirkt rechtsgeschäftliches Ausscheiden eines der Miterben (wie Erbteilsübertragung an alle Miterben; Rdn 965) im Wege der Anwachsung (analog § 2094 BGB). Alleineigentum entsteht demnach, wenn sich mit Abschichtung alle Erbteile in der Hand eines Miterben vereinigen; damit ist die Erbengemeinschaft beendet.

976c cc) Als **Verfügungsgeschäft** über den Miterbenanteil bedarf das Einvernehmen der (= aller) Erben über das Ausscheiden eines Miterben aus der Erbengemeinschaft nach § 2033 Abs 1 S 1 BGB der **notariellen Beurkundung.**[51] Der gegenteiligen Ansicht des BGH kann nicht gefolgt werden. Die dingliche Rechtsänderung durch Anwachsung wird nicht kraft Gesetzes bewirkt, sondern rechtsgeschäftlich durch das vertragliche Einvernehmen der Miterben herbeigeführt. Unerheblich bleibt daher (entgegen BGH), daß Ausscheiden eines Miterben im Wege der Abschichtung kein auf die Veräußerung oder

---

[47] KG DNotZ 1941, 127.
[48] BGH 138, 8 = DNotZ 1999, 60 mit Anm Rieger = MittBayNot 1998, 188 mit Anm Reimann = NJW 1998, 1557 = Rpfleger 1998, 287 mit weit Nachw.
[49] BGH 138, 8 = aaO.
[50] Dazu Stöber, GBO-Verfahren, Rdn 5.
[51] So auch Eberl-Borges MittRhNotK 1998, 242; Reimann MittBayNot 1998, 190; Rieger DNotZ 1999, 64 (71 unter E I 2).

B. Einzelfälle

den Erwerb von Nachlaßgegenständen gerichtetes Erwerbsgeschäft ist; denn Beurkundung gebietet nicht § 311 b Abs 1 S 1 BGB (vertragliche Übertragung oder Erwerb des Eigentums an einem Grundstück ist nicht Gegenstand eines – verpflichtenden – Vertrags; die Vorschrift findet daher auch nicht analog Anwendung), sondern für die Verfügung über den Miterbenanteil § 2033 Abs 1 S 2 BGB. Daß Verfügung über den Nachlaßanteil eines Miterben sich in der Übertragung auf einen (bestimmten) Rechtsnachfolger erschöpfe, die Formvorschrift damit nicht zu gelten habe, wenn der Miterbe „lediglich auf seine Rechte als Mitglied der Erbengemeinschaft" verzichtet (wie der BGH annimmt), widerspricht schon dem Wortlaut des § 2033 Abs 1 S 2 BGB, der notarielle Beurkundung für jede Verfügung über den Anteil eines Miterben gebietet.

dd) Auch bei Abschichtung ist (wie bei Erbteilsübertragung, Rdn 957) vom dinglichen Verfügungsgeschäft (§ 2033 Abs 1 BGB) das schuldrechtliche **Verpflichtungsgeschäft** zu unterscheiden. Es ist nach §§ 2371, 2385 (§ 1922 Abs 2) BGB beurkundungspflichtig.[52] 976d

ee) Dingliche Abschichtung bewirkt **Rechtsänderung** mit (formwirksamem) vertraglichem Einvernehmen der Miterben (Rdn 976b). Das Grundbuch wird dadurch unrichtig, daß der Erbanteil des ausscheidenden Miterben den verbleibenden oder dem letzten Miterben anwächst. Grundbucheintragung ist somit Grundbuch**berichtigung**. Sie erfolgt auf Antrag (§ 13 Abs 1 GBO), wenn Unrichtigkeitsnachweis mit Vorlage der über die (dingliche) Abschichtung errichteten (notariellen) Urkunde erbracht ist (§ 22 Abs 1 GBO) oder der ausgeschiedene Miterbe und die (= alle) verbleibenden anderen Miterben sie bewilligen (§ 19 GBO; Form: § 29 GBO). Dazu Rdn 963. 976e

ff) Die berichtigende **Eintragung** erfolgt in Abteilung I unter neuer laufender Nummer in Spalte 1 und in Spalte 2 durch Eintragung der verbleibenden Miterben mit ihren Namen (§ 15 Abs 1 Buchst a GBV) mit Angabe der Erbengemeinschaft als Rechtsverhältnis (§ 47 GBO) oder Eintragung des Miterben, in dessen Hand sich alle Erbteile vereinigt haben. In Spalte 4 wird unter Angabe des ändernden Rechtsaktes (Rdn 374) als Grundlage der Eintragung der Unrichtigkeitsnachweis oder die Berichtigungsbewilligung bezeichnet (§ 9 GBV). Unterstreichen (röten) der bisherigen Eintragung: § 16 GBV. **Beispiele:** 976f

1	2	3	4
2 a)	Schmidt Siegfried geb am 26. 6. 1935	1	Der Anteil des ausgeschiedenen Miterben Kolb Karl ist den übrigen Miterben angewachsen; gemäß Bewilligung vom ... (Notar ... UrkRNr ...) eingetragen am ...
b)	Unter Ursula geb am 29. 7 1938		
	in Erbengemeinschaft		
3	Unter Ursula geb am 29. 7. 1938	1	Der Anteil des ausgeschiedenen Miterben Siegfried Schmidt ist der Miterbin Ursula Unter angewachsen; auf Grund Urkunde des Notars ... vom ..., UrkRNr ... eingetragen am ...

---

[52] Eberl-Borges MittRhNotK 1998, 242 (243 unter 5); Rieger DNotZ 1999, 64.

2. Teil. III. Erste Abteilung des Grundbuchs

29. Vertrag über die Aufhebung von Miteigentum (Realteilung)

977 (Eingang wie üblich)

Die Erschienenen erklären:
1. Im Grundbuch von Neuenstadt/K. (Band 3) Blatt 25 Bestandsverzeichnis Nr 1 ist das Grundstück der Gemarkung Neuenstadt/K.
    Flurstück 50, Wiese in den Lohgärten, 14 a 50 m²
als Eigentum von Oskar und Max Halb je zur ungeteilten Hälfte eingetragen. Durch Veränderungsnachweis des Katasteramts Heilbronn vom 1. Oktober 2002 ist dieses Grundstück vermessen worden in
    Flurst. 50/1, Bauplatz, 7 a 30 m²
    Flurst. 50/2, Bauplatz, 7 a 20 m².
2. Es erhalten nunmehr:
    a) Oskar Halb das Flurstück 50/1.
    b) Max Halb das Flurstück 50/2.
3. Beide Grundstücke sind gleichwertig. Kein Teil hat also an den anderen eine Geldleistung zu entrichten.
4. Genehmigung nach § 19 BauGB liegt vor.
5. Wir sind darüber einig, daß das Eigentum an der dem Oskar Halb gehörenden Hälfte an Flurst. 50/2 auf Max Halb und das Eigentum an der dem Max Halb gehörenden Hälfte an Flurst. 50/1 auf Oskar Halb übergeht. Wir beide bewilligen und der Erwerber beantragt die Eintragung dieser Eigentumsänderung in das Grundbuch.

(folgen Bestimmungen über den Übergang von Besitz, Nutzen, Lasten, die Gewährleistung sowie Kosten und Steuern sowie Urkundenabschluß)

978 Es darf nicht etwa jeweils das ganze Grundstück – FlurSt 50/1 bzw 50/2 – auf den einzelnen Erwerber aufgelassen werden, denn die Hälfte daran gehört ihm bisher schon.[53]

979 § 7 Abs 1 und 2 GrEStG enthalten Grunderwerbsteuerbefreiungen für die flächenmäßige Aufteilung eines in Bruchteils- oder Gesamthandseigentum stehenden Grundstücks.
Bei der Realteilung sollten Erschließungsprobleme (Zufahrt, Versorgungsleitungen) mit den Beteiligten besprochen und geregelt werden (s auch Rdn 3193).

30. Gesellschaften als Grundstückseigentümer

980 (Eingang der Urkunde wie üblich)

1. Die Herren Adam, Bader und Christ errichten eine offene Handelsgesellschaft unter der Firma Adam, Bader & Co mit dem Sitz in Neustadt. Der Gesellschaftsvertrag ist in der Anlage 1 zu dieser Urkunde enthalten.
2. Die Einlagen der Gesellschafter bestehen:
    a) bei Herrn Adam aus einer sofort fälligen Zahlung von .... 30 000 €
    b) bei Herrn Bader in der Einbringung einer Geschäftseinrichtung, wie diese in dem als Anlage 2 zu diesem Vertrag beigefügten Verzeichnis im einzelnen beschrieben ist,
    c) bei Herrn Christ in der Einbringung des im Grundbuch von Neustadt (Band 1) Blatt 1 eingetragenen Grundstücks FlSt Nr 280/5 Gemarkung Neustadt, Hauptstraße 5

---

[53] Zur Formulierung und Auslegung der Auflassungserklärungen in solchen Fällen s OLG Frankfurt Rpfleger 1978, 213.

B. Einzelfälle

3. Für die Grundstückseinbringung in die Gesellschaft gelten folgende Bestimmungen: ...
4. Herr Christ und die offene Handelsgesellschaft in Firma Adam, Bader & Co mit dem Sitz in Neustadt sind über den Übergang des Eigentums am genannten Grundbesitz auf die offene Handelsgesellschaft einig. Herr Christ bewilligt, die offene Handelsgesellschaft beantragt die Umschreibung des Eigentums im Grundbuch.
Handelsregisterfeststellung erfolgt gesondert nach Eintragung der offenen Handelsgesellschaft im Handelsregister.
... (folgen weitere Bestimmungen, zB zur Einbringung der Geschäftseinrichtung)
Auf die Anlagen 1 und 2 wird verwiesen
Samt Anlagen vom Notar vorgelesen, von den Beteiligten genehmigt und unterschrieben:
...

a) Personengesellschaften als Grundstückseigentümer

Literatur: Eickmann, Die Gesellschaft bürgerlichen Rechts im Grundbuchverfahren, Rpfleger 1985, 85; Ertl, Muß zur Grundbuchberichtigung nach dem Tod eines BGB-Gesellschafters dem Grundbuchamt der Gesellschaftsvertrag vorgelegt werden?, Mitt-BayNot 1992, 11; Limmer, Personengesellschaften und Immobilien; Form-, Schutz- und ordnungspolitische Defizite am Beispiel des geschlossenen Immobilienfonds, FS Hagen (1999) S 322; Vossius, Sicherungsgeschäfte bei der Übertragung von BGB-Gesellschaftsanteilen, BB 1988 Beil 5; Wenz, Die Gesellschaft bürgerlichen Rechts im Grundstücksverkehr, MittRhNotK 1996, 377; außerdem die vor Rdn 240 Genannten.

aa) Gesellschafter einer **BGB-Gesellschaft** (§ 705 BGB), **OHG** (§ 105 HGB) oder **KG** (§ 161 HGB, damit auch einer GmbH & Co KG), einer Partnerschaft (§ 1 Abs 1 und Abs 4 PartGG) sowie einer **Europ wirtschaftlichen Interessenvereinigung**[1] (= EWIV) sind gemeinschaftlich Eigentümer (Gesamthandseigentümer, s Rdn 259) eines zum Gesellschaftsvermögen gehörenden Grundstücks (§ 718 Abs 1 BGB). Über seinen Anteil an dem Grundstück (es ist zum Gesellschaftsvermögen gehörender Einzelgegenstand) kann ein Gesellschafter nicht verfügen (§ 719 Abs 1 BGB). Als Eigentümer in das Grundbuch eingetragen werden 981

– Gesellschafter einer BGB-Gesellschaft mit ihren Namen (§ 15 Abs 1 Buchst a GBV) unter Angabe des Rechtsverhältnisses (§ 47 GBO; dazu Rdn 241, 241 a). Eintragung in BGB-Gesellschaft erfolgt auch, wenn bei einer zweigliedrigen Gesellschaft ein Gesellschafter (intern) am Gesellschaftsvermögen nicht beteiligt[2] oder ein Gesellschafter Treuhänder des anderen ist;[3]
– Gesellschafter einer Personenhandelsgesellschaft (OHG, KG, auch GmbH & Co KG) sowie einer EWIV mit ihrer Firma (§ 15 Abs 1 Buchst b GBV), unter der sie Rechte erwerben (§ 124 Abs 1 mit § 161 Abs 2 HGB; Art 1 Abs 2 EWG-VO; dazu Rdn 240).
– Gesellschafter einer Partnerschaft mit dem Namen der Partnerschaft (Rdn 240).

bb) Übertragung des **Eigentums** an einem Grundstück an eine BGB-Gesellschaft bzw deren Gesellschafter (vgl zur Streitfrage Rdn 241 a) und an eine 981 a

---
[1] Verordnung des Rates der Europ Gemeinschaften über die Schaffung einer Europ wirtschaftlichen Interessenvereinigung (EWIV), Amtsblatt der Europ Gemeinschaften Nr L 199 v 31. 7. 1985, S 1.
[2] LG Münster Rpfleger 1996, 284 mit Anm Waldner; auch OLG Hamm NJW-RR 1996, 1446.
[3] BGH DStR 1992, 403.

OHG oder KG (auch GmbH & Co KG), an eine Partnerschaft sowie eine EWIV für Rechtserwerb unter deren Firma (Namen) erfordert Einigung und Eintragung (§ 925 BGB, Rdn 10). Vertretung: Rdn 3629–3635. Wenn Gesellschafterwechsel (zu den Fällen Rdn 982–983c) nach Auflassung,[4] aber noch vor Eintragung der BGB-Gesellschafter erfolgt ist, ist das Grundstück auf Grund des Berichtigungsantrags eines der Erwerber (s Rdn 360) und Berichtigungsbewilligung oder Unrichtigkeitsnachweis unmittelbar auf die nunmehrigen BGB-Gesellschafter einzutragen, ohne daß es einer Mitwirkung des Veräußerers (Verkäufers usw) bedarf.[5] Ebenso berührt Gesellschafterwechsel bei der veräußernden Gesellschaft nach Auflassung deren Wirksamkeit nicht.[6] Bei Umwandlung der (erwerbenden) BGB-Gesellschaft in eine OHG oder KG (Rdn 984a) hat ohne Mitwirkung des Veräußerers Eintragung unter deren Firma als Richtigstellung der Bezeichnung des Berechtigten zu erfolgen.

981b cc) Zur Frage der **Beurkundungspflicht** für (gesamten) **Gesellschaftsvertrag** (§ 705 Abs 1 BGB, § 105 Abs 2 mit § 161 Abs 2 HGB) und ebenso für den Partnerschaftsvertrag (§ 3 PartGG) sowie für den Gründungsvertrag der EWIV (Art 5 EWG-VO) bei Verpflichtung zur Einbringung eines Grundstücks sowie für bestimmte Fälle des Beitritts eines neuen Gesellschafters s Rdn 3103.

981c dd) Erwerb eines Grundstücks oder von Rechten an Grundstücken (zur Vormerkung Rdn 981e) unter der Firma der **Personenhandelsgesellschaft** (§ 124 Abs 1, § 161 Abs 2 HGB) ist von deren Geschäftsbeginn an möglich, wenn sie ein Handelsgewerbe (§ 1 Abs 2 HGB) betreibt (§ 123 Abs 2, §§ 2, 105 Abs 2 HGB), in allen anderen Fälle, auch bei der EWIV, ab deren Eintragung in das Handelsregister[7] (§ 123 Abs 1 HGB, Art 1 Abs 2 EWG-VO), bei der Partnerschaft ab Eintragung in das Partnerschaftsregister (§ 7 Abs 1 PartGG). Nach Grundbuchverfahrensrecht ist auch in diesem Bereich zwischen den Fällen des materiellen (§ 20 GBO) und des formellen Konsensprinzips (§ 19 GBO; Bewilligungsgrundsatz) zu unterscheiden wie folgt:

981d ee) **Auflassung** eines Grundstücks **nach Gründung** der OHG oder KG (auch der GmbH & Co KG) sowie der Partnerschaft und der EWIV, aber **vor Registereintragung** und vor Geschäftsbeginn, damit bereits an die OHG oder KG (desgleichen Partnerschaft und EWIV) „in Gründung" kann wirksam bereits

---

[4] Anders bei Gesellschafterwechsel vor Auflassung, LG Leipzig NotBZ 2002, 307 mit Anm Wudy, der aber durch Auslegung der Berichtigungsbewilligung zu dem Ergebnis kommt, daß der neue Gesellschafter erst nach Auflassung in die BGB-Gesellschaft eingetreten sei.
[5] BGH ZNotP 2003, 149; BayObLG 1991, 320 = DNotZ 1992, 155 mit Anm Jaschke = NJW-RR 1992, 227 = Rpfleger 1992, 100 (Beitritt eines weiteren Gesellschafters); LG Hannover MittBayNot 1993, 389 (Übertragung sämtlicher Gesellschaftsanteile auf neue Gesellschafter); Bauer/v Oefele/Kössinger Rdn 121ff, K/E/H/E Rdn 28, Meikel/Lichtenberger Rdn 234, je zu § 20; Zimmermann BWNotZ 1995, 73 (80); aA (neue Auflassung erforderlich): LG Aachen Rpfleger 1987, 104 und 300 Leits mit abl Anm Schmitz-Valkenberg sowie 410 mit zust Anm Voormann und nochmals Rpfleger 1988, 14 mit abl Anm Jaschke; Eickmann Rpfleger 1985, 85 (90).
[6] BGH ZNotP 2003, 149; LG Köln RNotZ 2002, 54 = Rpfleger 2002, 23; K/E/H/E Rdn 28 zu § 20 mit Nachw.
[7] BayObLG DNotZ 1984, 567 = NJW 1984, 497 = Rpfleger 1984, 13; K/E/H/E Rdn 67 zu § 20.

B. Einzelfälle

erklärt werden. Bei Auflassung (Einigung) wird dann Willensübereinstimmung für Rechtserwerb zum Gesellschaftsvermögen bereits zwischen Veräußerer und den Gesellschaftern der Personengesellschaft erklärt, die als Gesellschaft bürgerlichen Rechts besteht,[8] und deren Rechtsverhältnisse sich mit Registereintragung oder Geschäftsbeginn nur (identitätswahrend) ändern.[9] Daher kann die OHG oder KG und EWIV unter ihrer Firma, die Partnerschaft unter ihrem Namen, in das Grundbuch als Eigentümerin auch dann eingetragen werden, wenn sie erst nach Auflassung mit Registereintragung oder Geschäftsbeginn entstanden ist.[10] Grundbucheintragung der kein Handelsgewerbe (§ 1 Abs 2 HGB) betreibenden OHG oder KG (desgleichen Partnerschaft und EWIV) „in Gründung" als Eigentümerin ist jedoch nicht möglich,[11] weil die Gesellschaft noch nicht als Handelsgesellschaft bzw Partnerschaft besteht (sondern als BGB-Gesellschaft) und damit als solche Eigentum unter einer Firma bzw ihrem Namen noch nicht erwerben kann (§ 124 Abs 1 HGB, § 7 Abs 2 PartGG, Art 1 Abs 2 EWG-VO) und ebenso, weil § 47 GBO Eintragung der für die Gesellschafter noch nicht bestehenden Rechtsverhältnisse ausschließt. Die ein Handelsgewerbe betreibende OHG oder KG in Gründung könnte als Eigentümerin nur in das Grundbuch eingetragen werden, wenn ihr Geschäftsbeginn und die Eigenschaft des Geschäftsbetriebs als Handelsgewerbe (§ 1 Abs 2 HGB) in der Form der § 29 GBO nachgewiesen werden; dies dürfte regelmäßig nicht möglich sein. Für die OHG oder KG (auch Partnerschaft und EWIV) „in Gründung" können bis zur Registereintragung der Personenhandelsgesellschaft (Partnerschaft, EWIV) oder bis zum Geschäftsbeginn auch nicht deren Gesellschafter als Gesellschafter bürgerlichen Rechts eingetragen werden, weil Eintragung einer mit dem Erwerbstitel nicht übereinstimmenden Bezeichnung des Berechtigten nicht möglich ist (s Rdn 229); anders ist es, wenn bei Auflassung an die OHG, KG, Partnerschaft oder EWIV „in Gründung" zusätzlich eine Bewilligung zur Eintragung der Gesellschafter in BGB-Gesellschaft erklärt ist.

ff) Wird **Eintragung eines Rechts** für eine Personenhandelsgesellschaft (OHG, KG), eine Partnerschaft oder eine EWIV **bewilligt**, so hat das Grundbuchamt im Rahmen des § 19 GBO regelmäßig nicht zu prüfen, ob die Berechtigte (bereits) im Handels- bzw Partnerschaftsregister eingetragen ist (s Rdn 251). Wenn das Grundbuchamt aber sichere Kenntnis hat, daß die OHG, KG oder EWIV noch nicht im Handelsregister, die Partnerschaft noch nicht im Partnerschaftsregister eingetragen ist, so ist Eintragung des bewilligten dinglichen Rechts für die OHG/KG, Partnerschaft oder EWIV in Gründung aus den

981e

---

[8] BayObLG 1985, 212 (213) = DNotZ 1986, 156 = Rpfleger 1985, 353. Daher sollten bei der KG in Gründung alle Gesellschafter, auch die Kommanditisten, dem Rechtsgeschäft zustimmen (§ 714 BGB), da streitig ist, ob die Vertretungsbefugnis des Komplementärs schon vor Eintragung der KG gilt; vgl zum gleichen Problem bei der Vor-GmbH Rdn 992; vgl auch Gutachten DNotI-Report 2002, 185.
[9] Der Rechtsübergang erfordert daher keine Auflassung mehr, BayObLG DNotZ 1984, 567 (568) = aaO mit weit Nachw.
[10] BayObLG DNotZ 1984, 567 (569) = aaO.
[11] So auch Bauer AT I Rdn 27; anders LG Hildesheim GmbHR 1997, 799; K/E/H/E Rdn 67 zu § 20; Meikel/Lichtenberger Rdn 248 zu § 20 (im Gegensatz zu Meikel/Böttcher Einl F 51); Böhringer BWNotZ 1985, 108 und Rpfleger 1991, 3; zweifelnd Demharter Rdn 104 zu § 19.

Rdn 981 d dargestellten Gründen nicht möglich. Etwas anderes gilt nur für die **Vormerkung** (§ 883 BGB). Diese kann auch für eine noch nicht eingetragene OHG, KG, Partnerschaft oder EWIV in das Grundbuch eingetragen werden,[12] da sie kein dingliches Recht ist, sondern nur den wirksam begründeten schuldrechtlichen Anspruch der künftigen OHG, KG, Partnerschaft oder EWIV sichert, und eine Vormerkung zB auch für eine noch nicht erzeugte Person eingetragen werden kann, wenn der Gläubiger nur genügend bestimmbar ist.[13] Dies ist der Fall, wenn dem Antrag auf Eintragung der Vormerkung zB beglaubigte Abschrift der Handelsregisteranmeldung bzw Anmeldung zum Partnerschaftsregister beigefügt ist. Stets ist jedoch auch dann die OHG, KG oder EWIV unter ihrer Firma, die Partnerschaft unter ihrem Namen, als Berechtigte in das Grundbuch einzutragen, wenn sie erst nach dem Zeitpunkt der Bewilligung in das Handels- bzw Partnerschaftsregister eingetragen wurde.

b) Gesellschafterwechsel bei BGB-Gesellschaft

982 **aa) Bedeutung der BGB-Gesellschaft** im Grundstücksrecht: Die BGB-Gesellschaft spielt als Eigentümerin von Grundstücken eine ständig wachsende Rolle. Da zulässiger Gesellschaftszweck nicht nur die Verwaltung von Grundbesitz, sondern auch dessen bloßes Halten und Bewohnen sein kann,[14] wird sie vielfältig verwendet: von der Eigenheim-Gesellschaft (Ehegatten erwerben das Familienheim als BGB-Gesellschafter)[15] über die Grundbesitz-BGB-Gesellschaft bei der sog Betriebsaufspaltung bis zum geschlossenen Immobilienfonds in der Rechtsform der BGB-Gesellschaft. Als Motive[16] für ihre Verwendung gelten:
– die gesamthänderische Gebundenheit (keine Verfügung über den Anteil am Grundbesitz möglich; Verfügung über den Gesellschaftsanteil nur mit Zustimmung der übrigen Gesellschafter oder auf Grund Zulassung im Gesellschaftsvertrag möglich),
– Möglichkeiten, den Gesellschaftsanteil bei Tod am Nachlaß, möglicherweise auch an Pflichtteilsberechtigten, „vorbeizusteuern",[17]
– die gesellschaftsrechtliche Beteiligung ohne die Form des § 311b Abs 1 BGB und uU ohne Grunderwerbsteuer zu übertragen (s Rdn 149).

Einzutragen in das Grundbuch ist die BGB-Gesellschaft mit Bezeichnung der einzelnen Gesellschafter nach § 15 GBV und dem Zusatz „als Gesellschafter bürgerlichen Rechts" (§ 47 BGO; Rdn 241, 241a). Das gebietet auch

---

[12] BayObLG 1985, 212 = aaO; LG Essen MittRhNotK 1971, 148; K/E/H/E Rdn 67 zu § 20; Rißmann/Waldner Rpfleger 1984, 59; aA nur LG Frankenthal MittBayNot 1982, 241 = Rpfleger 1982, 346.
[13] BayObLG 1979, 172 = DNotZ 1979, 502 = Rpfleger 1979, 303 unter Berufung auf RG 65, 277 (281).
[14] BGH DNotZ 1982, 159 = NJW 1982, 170 = Rpfleger 1982, 23.
[15] BGH DNotZ 1982, 159 = aaO; Rapp MittBayNot 1987, 70; K. Schmidt AcP 1982, 481.
[16] Zum Rechtsvergleich zwischen Bruchteilsgemeinschaft und BGB-Gesellschaft s Mayer BWNotZ 2002, 143. Zu Fallgruppen und Gestaltungstypen Langenfeld, Die Gesellschaft bürgerlichen Rechts, 6. Aufl (2003).
[17] So Rapp MittBayNot 1987, 70; Palandt/Edenhofer Rdn 13 zu § 2325; aA Münch-Komm/Frank Rdn 16 zu § 2325.

B. Einzelfälle

Eintragung eines Wechsels in der Zusammensetzung der Gesellschafter (Rdn 241 a).

bb) Scheidet ein Gesellschafter aus der BGB-Gesellschaft aus und besteht die Gesellschaft unter den übrigen Gesellschaftern fort (§ 736 BGB) oder wird ein Gesellschafter aus einer fortbestehenden BGB-Gesellschaft ausgeschlossen (§ 737 BGB), so wächst sein Anteil am Gesellschaftsvermögen den übrigen Gesellschaftern zu (§ 738 Abs 1 S 1 BGB). Diese bleiben nach traditioneller Auffassung gemeinschaftlich Eigentümer des zum Gesellschaftsvermögen gehörenden Grundstücks;[18] besonderer Übertragungsakt (Auflassung) ist nicht erforderlich (s Rdn 3293). Der Ausscheidende erlangt lediglich einen Auseinandersetzungs(zahlungs)anspruch nach § 738 BGB. Mit dem Ausscheiden oder Ausschluß eines Gesellschafters aus der fortbestehenden BGB-Gesellschaft wird das Grundbuch somit unrichtig. Die verbleibenden Gesellschafter, die infolge Anwachsung nunmehr gemeinschaftlich Eigentümer des Gesellschaftsgrundstücks sind, haben Anspruch auf Grundbuchberichtigung gegen den ausgeschiedenen Gesellschafter (§ 894 BGB). Zur berichtigenden Grundbucheintragung, die auf Antrag erfolgt (§ 13 Abs 1 GBO), ist **Bewilligung** (§ 19 GBO) des ausgeschiedenen oder ausgeschlossenen Gesellschafters und der verbleibenden übrigen Gesellschafter[19] (sie sind betroffen, weil das Grundbuch auch ihre Eigentumsverhältnisse unzutreffend ausweist, somit zu ihren Ungunsten etwas Unrichtiges bekundet, s Rdn 100) oder **Nachweis der Unrichtigkeit** des Grundbuchs[20] (§ 22 GBO) je in der Form des § 29 GBO erforderlich. Zum Inhalt der Berichtigungsbewilligung Rdn 364. Nach der (hier abgelehnten) Auffassung von der Grundbuchfähigkeit der BGB-Gesellschaft (s Rdn 241 a) wäre Eigentümer des Grundstücks die (rechtsfähige) Gesellschaft selbst; eine Veränderung ihres Gesellschafterbestandes hätte keinen Einfluß auf die Eigentums-, sondern lediglich auf die Vertretungsverhältnisse (§§ 709, 714 BGB); aber auch diese müßten, solange kein öffentliches Register für die BGB-Gesellschaft existiert, grundbuchlich verlautbart werden.[21]

982 a

cc) Scheidet ein Gesellschafter aus einer Gesellschaft aus, die **nur aus zwei** Gesellschaftern besteht, oder wird aus einer solchen Gesellschaft ein Gesellschafter ausgeschlossen, so wird dadurch die Gesellschaft beendet. Das Gesellschaftsvermögen geht im Wege der Anwachsung (Gesamtrechtsnachfolge) – ohne Auflassung – in das Alleineigentum des verbleibenden Gesellschafters

982 b

---

[18] BGH 138, 82 (85) = DNotZ 1998, 744 (746) = NJW 1998, 1220.
[19] Abweichend Eickmann Rpfleger 1985, 85 (90): die verbleibenden übrigen Gesellschafter haben nach § 22 Abs 2 GBO zuzustimmen.
[20] Dazu gehört auch der Nachweis, daß für einen Ausschluß ein wichtiger Grund vorlag, und ggfs Nachweis, daß in der gesellschaftsvertraglich bestimmten Frist keine Klage gegen den Beschluß erhoben wurde (beides praktisch nicht in der Form des § 29 GBO nachweisbar), OLG Stuttgart NJW 1990, 2757 = Rpfleger 1990, 252.
[21] So die – ohne jede grundbuchverfahrensrechtliche Grundlage – gemachten Vorschläge, daß beim Grundbuchamt nach Veränderungen im Gesellschafterbestand entsprechende Gesellschafterlisten (so Ulmer und Steffek NJW 2002, 330) oder entsprechend notariell beglaubigte Abtretungsvereinbarungen, die eine ununterbrochene Kette bis zur Urschrift oder Ausfertigung des Gesellschaftsvertrags darstellen (so Dümig ZfIR 2002, 796) einzureichen sind, oder die Gesellschafter und ihre Vertretungsbefugnis einzutragen seien (so Hammer NotBZ 2002, 385; Nagel NJW 2003, 1647).

über.²² Das gleiche gilt, wenn ein solches Übernahmerecht im Gesellschaftsvertrag oder für den konkreten Einzelfall vereinbart ist. Eine derartige Abrede bedarf nicht der Form des § 311 b Abs 1 S 1 BGB.²³ Anspruch auf Grundbuchberichtigung besteht nach § 894 BGB.²⁴ Die berichtigende Grundbucheintragung erfordert Antrag sowie Berichtigungsbewilligung oder Unrichtigkeitsnachweis (wie Rdn 982 a). Ist an einer BGB-Gesellschaft (Hauptgesellschaft) neben anderen Gesellschaftern eine andere BGB-Gesellschaft beteiligt und werden auf diese (Untergesellschaft) die Anteile der übrigen Hauptgesellschafter übertragen, so erlischt die Hauptgesellschaft; das der Hauptgesellschaft gehörende Grundstück wird im Wege der Anwachsung Alleineigentum der Untergesellschaft.²⁵

982 c dd) Ein **neuer Gesellschafter,** der in die BGB-Gesellschaft **eintritt** (erfordert regelmäßig nicht formbedürftigen [Ausnahme Rdn 3103] Aufnahmevertrag sämtlicher Gesellschafter mit dem Eintretenden) wird Miteigentümer des Gesellschaftsgrundstücks (§ 718 BGB; Anwachsung²⁶). Zur berichtigenden Grundbucheintragung, die auf Antrag erfolgt (§ 13 Abs 1 GBO), ist Bewilligung der bisherigen Gesellschafter (§ 19 GBO) und Zustimmung des Eintretenden (§ 22 Abs 2 GBO entspr)²⁷ oder Nachweis der Unrichtigkeit des Grundbuchs (§ 22 GBO) je in der Form des § 29 GBO erforderlich. Zum Inhalt der Berichtigungsbewilligung Rdn 364.

982 d ee) **Ausscheiden** eines Gesellschafters (Rdn 982 a) und **Neueintritt** eines weiteren Gesellschafters (Rdn 982 c) einer BGB-Gesellschaft können als selbständige Änderungen der Gesellschafter **zeitlich zusammentreffen;** Rechtsbeziehungen zwischen Ausscheidendem und Neueintretendem bestehen dann nicht. Folge und Grundbuchberichtigung auch in diesem Fall wie Rdn 982 a und c. Vorsicht ist jedoch geboten, wenn bei einer Personengesellschaft alle Gesellschafter bis auf einen ausscheiden und gleichzeitig neue Gesellschafter eintreten sollen. Hier muß durch entsprechende Vertragsgestaltung (am besten wird die nachst Rdn 982 e beschriebene Beteiligungsübertragung gewählt) sichergestellt werden, daß nicht infolge Anwachsung beim einzigen verbleibenden Gesellschafter (zumindest in einer logischen Sekunde) die Gesellschaft erlischt; der Neueintritt wäre dann nur durch Neugründung der

---

²² BGH NJW 1990, 1171 = Rpfleger 1990, 158 mit weit Nachw; BGH NJW-RR 1993, 1443 (Übernahme des Gesellschaftsvermögens mit Aktiven und Passiven ohne Liquidation); BGH NJW 1999, 3557. Entsprechendes gilt für das Ausscheiden eines Gesellschafters aus einer Gesellschaft, die sich in Liquidation befindet, LG Münster Rpfleger 1992, 149. Vgl weiter MünchKomm/Ulmer Rdn 21 zu § 718 BGB; Baumbach/Hopt Rdn 35 zu § 131 HGB.
²³ BGH NJW 1990, 1171 = aaO mit weit Nachw; kritisch K. Schmidt NJW 1996, 3325; Ulmer/Löbbe DNotZ 1998, 711 ff sowie Rdn 3103.
²⁴ BGH NJW 1990, 1171 = aaO, auch zum Zurückbehaltungsrecht des ausgeschiedenen Gesellschafters am Grundbuchberichtigungsanspruch, wenn ihm noch Abfindungsansprüche gegen den verbleibenden Gesellschafter zustehen.
²⁵ So richtig BGH BB 1990, 869; aA – unrichtig – BayObLG DNotZ 1991, 598.
²⁶ Somit keine Auflassung, Rdn 3293.
²⁷ Ebenso OLG Frankfurt MittRhNotK 1996, 192 = NJW-RR 1996, 1123 = Rpfleger 1996, 403; ThürOLG Rpfleger 2001, 125 (nicht aber auch noch Vorlage des den Eigentumswechsel beweisenden Vorgangs in der Form des § 29 GBO); Eickmann Rpfleger 1985, 85 (91).

B. Einzelfälle

Gesellschaft mit Grundstückseinbringung (§ 311b Abs 1 S 1, § 925 BGB) möglich.²⁸

ff) Ausscheiden eines Gesellschafters und Neueintritt eines Gesellschafters einer BGB-Gesellschaft können sich auch in der Weise vollziehen, daß der ausscheidende Gesellschafter seinen **Gesellschaftsanteil** – mit Zustimmung der übrigen Gesellschafter, die bereits im Gesellschaftsvertrag allgemein oder für bestimmte Fälle enthalten sein kann – an den Eintretenden **abtritt** mit der Folge, daß dieser ohne weiteres in die Rechtsstellung eintritt, die der Veräußerer innehatte, somit (sogen derivativer) Rechtsnachfolger des Veräußerers in dessen Gesellschafterstellung wird.²⁹ Auch dieser Wechsel der Beteiligungsverhältnisse ist im Wege der Berichtigung in das Grundbuch einzutragen³⁰ (wie Rdn 982a). Zur berichtigenden Grundbucheintragung, die auf Antrag erfolgt (§ 13 Abs 1 GBO), ist Bewilligung des ausscheidenden Gesellschafters (§ 19 GBO; zu deren Inhalt Rn 364) und Zustimmung des Eintretenden (§ 22 Abs 2 GBO) oder Nachweis der Unrichtigkeit des Grundbuchs (§ 22 Abs 1 GBO; dazu gehört auch Nachweis, daß die übrigen Gesellschafter zugestimmt haben) je in der Form des § 29 GBO erforderlich. Bewilligung auch der übrigen Gesellschafter,³¹ die als solche weiterhin Miteigentümer bleiben, ist nötig, weil sich der Mitgliederwechsel wegen des damit verbundenen Eingriffs in ihre Rechtssphäre³² nur mit ihrer Zustimmung oder Zulassung im Gesellschaftsvertrag vollzogen haben kann.

Berichtigungsbewilligung der übrigen, von der Anteilsabtretung nicht betroffenen Gesellschafter ist entbehrlich, wenn die Abtretung im BGB-Gesellschaftsvertrag zugelassen ist und dieser in der Form des § 29 GBO vorgelegt wird. Einen Nachweis, daß der Gesellschaftsvertrag inzwischen nicht abgeändert ist,³³ kann das Grundbuchamt nur verlangen, wenn es durch konkrete Tatsachen belegte Zweifel daran hat, daß solche Änderungen möglicherweise erfolgt sind. Die bloß theoretische Möglichkeit einer solchen Änderung des Gesellschaftsvertrags (die nur einstimmig möglich wäre) stellt im Regelfall eine im Rahmen des § 22 GBO nicht zu prüfende nur ganz entfernt liegende Möglichkeit dar, die der Antragsteller nicht widerlegen muß (s Rdn 369).

Wenn ein Mitgesellschafter den Gesellschaftsanteil eines (damit) ausscheidenden anderen Gesellschafters durch Abtretung zu seiner bisherigen Mitberechtigung hinzuerwirbt erlangt er, damit zwar keine selbständige gesamthänderische Mitberechtigung; Grundbuchunrichtigkeit ist dann aber eingetre-

982e

982f

---

²⁸ Zur Grunderwerbsteuer in diesem Fall BFH BStBl 1979 II 81 = DNotZ 1980, 389 sowie jetzt § 1 Abs 2a GrEStG (Wechsel von mindestens 95% der Beteiligung).
²⁹ Zu diesem Mitgliederwechsel s näher BGH 13, 179; BGH 44, 229 (231) = DNotZ 1966, 504 = NJW 1966, 499; BGH 71, 296 (299) = NJW 1978, 1525; BGH 81, 82 = NJW 1981, 2747, außerdem MünchKomm/Ulmer Rdn 19 ff zu § 719 BGB.
³⁰ BGH 138, 82 (85) = aaO (Fußn 18) und BGH DNotZ 1998, 741 = NJW 1997, 860.
³¹ Diese verlangt Eickmann Rpfleger 1985, 85 (90) nicht. Damit jedoch ist nicht ausgewiesen, daß der Mitgliederwechsel durch Abtretung des Gesellschaftsanteils ordnungsgemäß mit Zustimmung der übrigen Gesellschafter erfolgt ist. Dem ist daher nicht zu folgen.
³² BGH 13, 179 (186).
³³ Vgl dazu LG Tübingen BWNotZ 1986, 69 einerseits und LG Tübingen BWNotZ 1982, 168 andererseits; wie hier iE auch BayObLG 1997, 307 = DNotZ 1998, 811 (814) mit Anm Schöner = NJW-RR 1998, 592.

ten, weil der ausgeschiedene Gesellschafter noch als Miteigentümer eingetragen ist. Daß der Gesellschafter durch Übertragung auf einen (oder mehrere) anderen Gesellschafter ausgeschieden ist, ist in Spalte 4 der Abt I (Grundlage der Eintragung) zu vermerken;[34] entsprechendes gilt bei teilweiser Abtretung der Beteiligung.[35] Auch in einem solchen Fall haben die berichtigende Eintragung alle Gesellschafter zu bewilligen, soweit die Anteilsabtretung nicht im Gesellschaftsvertrag (Form: § 29 GBO) gestattet ist.

982g **Alleiniger Rechtsträger** wird der Gesellschafter, dem der Gesellschaftsanteil des anderen Gesellschafters einer Zweipersonengesellschaft abgetreten wird und ebenso der Gesellschafter, dem alle anderen Gesellschaftsanteile einer Mehrpersonengesellschaft abgetreten werden. In gleicher Weise wird mit Abtretung sämtlicher Gesellschaftsanteile an einen (einzigen) Erwerber dieser alleiniger Rechtsträger[36] (keine Einmann-Personengesellschaft). Die Gesellschaft ist damit erloschen. Alleineigentum (alleiniges Gläubigerrecht) hat der bisherige Gesellschafter oder Erwerber mit Anteilsabtretung erworben (keine Auflassung). Grundbucheintragung erfolgt daher als Grundbuchberichtigung (wie Rdn 982e).

982h Gesellschafterwechsel in der Form der Anteilsübertragung spielt in der Vertragspraxis eine wachsende Rolle. Nach der Rechtsprechung[37] unterliegen – von Fällen bewußter Umgehung abgesehen – solche Anteilsveräußerungen nicht der Form des § 311b Abs 1 S 1 BGB; dies soll sogar gelten, wenn alle Gesellschafter ihre Anteile gemeinsam an neue Gesellschafter übertragen und das Gesellschaftsvermögen im wesentlichen aus Grundstücken besteht. Die Normzwecke des § 311b Abs 1 S 1 BGB (Warnfunktion, Beweisfunktion, Richtigkeitsgewähr) verlangen uE jedoch in den letzteren Fällen die Beurkundung der Abtretungsvereinbarungen in analoger Anwendung des § 311b Abs 1 S 1 BGB.[38]

Bei der Gestaltung solcher Anteilsabtretungen ist zu beachten:

– Da Gesellschaftsanteile, nicht Grundstücke (-anteile), veräußert werden, kann der wirtschaftliche Zweck (Erwerb von – lastenfreiem – Grundbesitz) nur indirekt, über entsprechende Zusicherungen (Garantien) des Veräußerers erreicht werden. Eintragung einer Vormerkung ist nicht zulässig, gutgläubiger Erwerb nicht möglich.[39] Schutz gegen zwischenzeitliche Veräußerung des zum Gesellschaftsvermögen gehörenden Grundstücks bietet nur die einstweilige Verfügung (Veräußerungsverbot).

---

[34] OLG Frankfurt Rpfleger 1982, 469 will nur Ausscheiden vermerken.
[35] Vergleichbar mit teilweiser Erbteilsabtretung, s Rdn 965 mit Fußn 17.
[36] OLG Düsseldorf DNotZ 1999, 400 mit Anm Kanzleiter = NJW-RR 1999, 619 = Rpfleger 1999, 70.
[37] BGH 86, 367 = DNotZ 1984, 169 = NJW 1983, 1110; OLG Frankfurt Rpfleger 1996, 403 = aaO (Fußn 27); MünchKomm/Kanzleiter Rdn 14 zu § 311b; Korte, Handbuch der Beurkundung von Grundstücksgeschäften, S 198.
[38] Wie hier MünchKomm/Ulmer Rdn 27ff zu § 719 BGB; Ulmer und Löbbe DNotZ 1998, 711 (die den für die analoge Anwendung des [früheren] § 313 BGB nötigen Umgehungstatbestand nach objektiven Kriterien abgrenzen); K. Schmidt AcP 1982, 481, 508ff und NJW 1996, 3325; Limmer FS Hagen S 323 (334); Mock FS Bezzenberger (2000) S 529ff; vgl weiter OLG Hamm DNotZ 2000, 384.
[39] BGH DNotZ 1998, 741 = aaO (Fußn 30).

B. Einzelfälle

- Da der Erwerber jedenfalls das Gesamthandsvermögen mit allen Verbindlichkeiten übernimmt, kann er sich gegen nicht gewollte Verbindlichkeiten nur durch entsprechende Bilanzgarantien oder Freistellungserklärungen absichern; nachdem vom BGH[40] analog § 130 HGB auch die persönliche Haftung des Eintretenden für vor seinem Beitritt begründete Gesellschaftsschulden angenommen wird, läßt sich eine Absicherung ebenfalls nur durch Zusicherung, ggfs unterlegt mit Bürgschaft, erreichen.
- Der Veräußerer wird die Abtretung der Beteiligung nur aufschiebend bedingt durch Erfüllung der Gegenleistung erklären.[41] Die Berichtigungsbewilligung in der Form des § 29 GBO wird regelmäßig erst nach Bedingungseintritt erteilt.
- Genehmigungserfordernisse privatrechtlicher (zB § 12 WEG, § 5 ErbbauVO)[42] oder öffentlich-rechtlicher Natur[43] (zB § 2 GrdstVG, §§ 51, 144 BauGB) gelten nicht für die Übertragung von Gesellschaftsanteilen, zu deren Vermögen die betreffenden Grundstücke gehören. Zur Frage, ob Unbedenklichkeitsbescheinigung für Grundbuchberichtigung erforderlich ist, s Rdn 149.

gg) Durch den **Tod eines Gesellschafters** der BGB-Gesellschaft wird die Gesellschaft nicht aufgelöst, wenn das im Gesellschaftsvertrag bestimmt ist[44] (§ 727 Abs 1 BGB). Dann tritt der Erbe in die Gesellschaft an Stelle des verstorbenen Gesellschafters ein, wenn der Gesellschaftsvertrag dies vorsieht (s § 139 Abs 1 HGB, entspr Anwendung; erbrechtliche Nachfolgeklausel); die Nachfolge in die Mitgliedschaft vollzieht sich dann nach Erbrecht.[45] Bei mehreren Miterben, die nach gesellschaftsvertraglicher Bestimmung als Rechtsnachfolger eintreten, tritt hinsichtlich des Gesellschaftsanteils von vornherein eine Sondernachfolge ein; sie werden nicht in Erbengemeinschaft Gesellschafter, sondern einzeln (entsprechend der Miterbenquote).[46] Ist nur einer von mehreren Miterben (oder ist von mehreren Miterben nur ein Teil) gesellschaftsvertraglich zur Nachfolge als Gesellschafter zugelassen (qualifizierte Nachfolgeklausel), so geht auf diesen der ganze Anteil des Erblassers unmittelbar über.[47] Miterben, die laut Gesellschaftsvertrag nicht nachfolgeberechtigt sind, können nicht auf Grund ihrer Erbfolge Gesellschafter wer-

983

---

[40] BGH NJW 2003, 1803 = RNotZ 2003, 324; kritisch K. Schmidt NJW 2003, 1897. Von der früheren Rechtsprechung wurde dies noch abgelehnt, zB BGH DNotZ 1979, 537; MünchKomm/Ulmer Rdn 56 zu § 714 BGB.
[41] Vgl hierzu Vossius BB 1988 Beilage 5.
[42] AA – unrichtig – OLG Köln MittRhNotK 1991, 114 mit abl Anm Tönnies.
[43] Siehe Rdn 3947 und 3949.
[44] Eine ergänzende Auslegung hat Vorrang vor der Auflösung, BGH DNotZ 1979, 354 = NJW 1979, 1705.
[45] BGH 22, 186 = DNotZ 1957, 405 = NJW 1957, 180; BGH 68, 225 = DNotZ 1977, 550 = NJW 1977, 1339.
[46] BGH 22, 186 = aaO; BGH NJW 1999, 571 (572) = Rpfleger 1999, 185 mit weit Nachw; BayObLG 1990, 306 (310); daher kann durch Erbteilsübertragung nicht über einen im Nachlaß befindlichen Personengesellschaftsanteil verfügt werden, Gutachten DNotI-Report 1997, 59.
[47] BGH 68, 225 = aaO. Zur Frage, ob das Grundbuchamt eine qualifizierte Nachfolgeklausel bei Zweifeln selbst auslegen darf, vgl LG Hamburg Rpfleger 1999, 388 mit Anm Alff.

den.[48] Kein neuer Gesellschafter tritt mit dem Ausscheiden des Erblassers in die fortbestehende BGB-Gesellschaft ein, wenn die Gesellschaft nur unter den übrigen Gesellschaftern fortbestehen (ein Erbe sonach nicht Gesellschafter werden) soll (der Anteil des Erblassers am Gesellschaftsvermögen wächst dann den übrigen Gesellschaftern zu). Es tritt mit dem Ausscheiden des Erblassers auch dann kein neuer Gesellschafter in die fortbestehende BGB-Gesellschaft ein, wenn der durch gesellschaftsvertragliche Bestimmung vererblich gestellte Anteil des Erblassers auf einen (oder mehrere) Erben übergeht, der als Gesellschafter bereits (gesamthänderisch) Grundstückseigentümer ist; der Anteil des (ausscheidenden) Erblassers wächst dann dem ihn beerbenden Gesellschafter an. Als Alleinerbe des verstorbenen Gesellschafters einer Zweipersonengesellschaft wird der überlebende Gesellschafter alleiniger Rechtsträger (keine Einmann-Personengesellschaft); ihm ist als Alleinerben der Gesellschaftsanteil des Erblassers angewachsen, so daß er nun Alleineigentümer (alleiniger Gläubiger) ist.[49]

983a Berichtigende **Grundbucheintragung** solcher Rechtsänderungen erfolgt auf Antrag (§ 13 Abs 1 GBO); sie erfordert[50] entweder
- **Unrichtigkeitsnachweis** (§ 22 Abs 1 S 1 GBO) durch öffentliche Urkunde (§ 29 Abs 1 GBO), oder
- Berichtigungs-**Bewilligung** (§ 19 GBO) aller verbleibenden Gesellschafter und aller nach § 35 GBO ausgewiesenen Erben (damit auch der nicht eintretenden) des durch Tod ausgeschiedenen Gesellschafters. Zum Inhalt dieser Berichtigungsbewilligung s Rdn 364.

Für Grundbuchberichtigung mit **Unrichtigkeitsnachweis** ist der Gesellschaftsvertrag[51] in der Form des § 29 Abs 1 GBO[52] vorzulegen. Trifft er Bestimmung über die Fortsetzung der Gesellschaft nur unter den übrigen Gesellschaftern (Fortsetzungsklausel, § 736 BGB), ist für das Ausscheiden des verstorbenen Gesellschafters Vorlage der Sterbeurkunde ausreichend.[53] Auch die Erbfolge ist in der Form des § 29 Abs 1 GBO nachzuweisen, wenn der Gesellschaftsvertrag eine erbrechtliche Nachfolgeklausel vorsieht, die Nachfolge in die Mitgliedschaft des Erblassers sich auf Grund der (einfachen oder qualifizierten) Nachfolgeklausel sonach mit Eintritt des bzw der oder nur ei-

---

[48] BGH 22, 186 = aaO.
[49] BayObLG 1975, 355 = Rpfleger 1975, 448; OLG Hamm NJW-RR 1996, 1446.
[50] Eingehend dazu Ertl MittBayNot 1992, 11; Schöner DNotZ 1998, 815; s auch Gutachten DNotI-Report 2001, 80.
[51] Zutreffend insoweit auch BayObLG 1991, 301 = DNot 1992, 157 mit Anm Jaschke = NJW-RR 1992, 228 = Rpfleger 1992, 19; BayObLG 1997, 307 = aaO (Fußn 33); OLG Schleswig MittBayNot 1992, 139 mit Anm Ertl = MittRhNotK 1992, 151 = Rpfleger 1992, 149; OLG Zweibrücken MittBayNot 1995, 210 = MittRhNotK 1996, 188 = Rpfleger 1995, 453 u 1996, 192 mit Anm Gerken; Zimmermann BWNotZ 1995, 73 (80).
[52] Ertl MittBayNot 1992, 11. Anders BayObLG 1991, 301 = aaO sowie BayObLG 1992, 259 = DNotZ 1993, 394 = Rpfleger 1993, 105: Ausnahmsweise genügt Vorlage eines nicht dieser Form entsprechenden Gesellschaftsvertrags, wenn sonst die Grundbuchunrichtigkeit (auch auf Grund einer Berichtigungsbewilligung) nicht beseitigt werden könnte. Verstößt gegen § 29 Abs 1 GBO; s hierwegen Schöner DNotZ 1998, 815 (817).
[53] Schöner DNotZ 1998, 815 (816).

B. Einzelfälle

nes (einzelner) der Erben nach Erbrecht vollzieht.[54] Ein Nachweis, daß der Gesellschaftsvertrag nicht abgeändert wurde, kann nur verlangt werden, wenn durch konkrete Tatsachen belegte Zweifel bestehen, daß die Nachfolgeklausel unverändert geblieben ist, nicht aber schon wegen der bloß theoretischen Möglichkeit einer Änderung (Rdn 982e).

Für Grundbuchberichtigung auf Grund Berichtigungs-**Bewilligung** kann Vorlage des Gesellschaftsvertrags nicht auch noch verlangt werden.[55] Zu bewilligen haben die Berichtigung auch die (= alle) Erben[56] des verstorbenen Gesellschafters[57] als dessen Rechtsnachfolger. Die Zustimmung eintretender Erben (§ 22 Abs 2 GBO) schließt deren Berichtigungsbewilligung ein.

Fortsetzung der Gesellschaft mit einem **Dritten** oder einem **Erben**, dem ein **Eintrittsrecht** gewährt ist (auszuüben durch Erklärung nach dem Erbfall) ist Aufnahme eines neuen Gesellschafters. Behandlung daher wie Rdn 982c. 983b

hh) Die **berichtigende Eintragung erfolgt** in den Fällen Rdn 982a–983b in Abteilung I unter neuer laufender Nummer in Spalte 1 und in Spalte 2 durch (Neu-)Eintragung der nunmehrigen BGB-Gesellschafter mit ihren Namen (§ 15 Abs 1 Buchst a GBV) sowie unter Angabe des Rechtsverhältnisses (§ 47 GBO); dazu Rdn 241. In Spalte 4 wird unter Angabe des Rechtsakts, wie das materielle Recht sich geändert hat (Rdn 374), als Grundlage der Eintragung die Bewilligung der Berichtigung des Grundbuchs oder der Unrichtigkeits- 983c

---

[54] Schöner DNotZ 1998, 815 (817).
[55] Schöner DNotZ 1998, 815; Ertl MittBayNot 1992, 11; anders BayObLG 1998, 307 = aaO; auch bereits BayObLG 1991, 301 (306) = aaO und BayObLG 1992, 259 = aaO; OLG Schleswig, OLG Zweibrücken und Zimmermann, alle Fußn 51; Jaschke DNotZ 1992, 160, sowie wohl auch BayObLG NotBZ 2001, 33 mit krit Anm Egerland = ZNotP 2001, 67, das hier aber auch Erklärung der verbleibenden Gesellschafter und aller Erben (Form: § 29 GBO) genügen läßt, daß ein Gesellschaftsvertrag mit Abweichung von der gesetzlichen Regelung nicht abgeschlossen wurde.
[56] Anders Eickmann Rpfleger 1985, 85 (92): Die Erben sind mangels Nachlaßzugehörigkeit des Gesellschaftsanteils nicht bewilligungsberechtigt. Durch die berichtigende Eintragung soll das aber und damit gerade erst bekundet werden, daß mit dem Tod eines Gesellschafters die Rechtsstellung der Erben sich nicht nach gesetzlicher Regel (§ 727 BGB), sondern nach abweichender gesellschaftsvertraglicher Abrede bestimmt. Als Rechtsnachfolger des Buchberechtigten sind seine Erben von der Eintragung daher betroffen. Würde Eintragung (stets) Todesnachweis und Nachweis der Fortsetzungsvereinbarung erfordern (so Eickmann aaO), würde der Berichtigungsanspruch des § 894 BGB praktisch entfallen und damit Grundbuchberichtigung nicht herbeizuführen sein, wenn der Nachweis (Form § 22 Abs 1 GBO) scheitert (der ganze Gesellschaftsvertrag und/oder die erbrechtliche Nachfolgeklausel kann mündlich vereinbart sein).
[57] Die Mitwirkung der Erben als Rechtsnachfolger des verstorbenen Gesellschafters bei Bewilligung der Grundbuchberichtigung ist ihrer Verpflichtung zur Mitwirkung bei Anmeldung der Handelsregistereintragung vergleichbar. Anzumelden zur Eintragung in das Handelsregister haben das Ausscheiden eines Gesellschafters durch Tod neben sämtlichen verbleibenden Gesellschaftern auch die Erben des Verstorbenen, und zwar auch dann, wenn sie nach dem Gesellschaftsvertrag nicht nachfolge- oder eintrittsberechtigt sind; dazu BayObLG DNotZ 1979, 109 = Rpfleger 1978, 450; BayObLG 1993, 288. Das gilt, wenn die Gesellschaft nur unter den übrigen Gesellschaftern fortgesetzt wird, ebenso aber, wenn zugleich von sämtlichen verbleibenden Gesellschaftern und einem eintretenden Erben dessen Eintritt in die Gesellschaft angemeldet wird.

nachweis eingetragen (§ 9 GBV). Rötung der bisherigen Eintragung: § 16 GBV. **Beispiele:**[58]

> Der Anteil des ausgeschiedenen Gesellschafters ... ist den übrigen Gesellschaftern angewachsen; gemäß Bewilligung vom ... eingetragen am ...
>
> Anteilsanwachsung an den neuen Gesellschafter ... gemäß Bewilligung vom ... eingetragen am ...
>
> Gesellschafterwechsel mit Abtretung des Gesellschaftsanteils[59] ... an ...; gemäß Bewilligung vom ... eingetragen am ...
>
> Erbeneintritt des ... auf Grund gesellschaftsvertraglicher Bestimmung und Erbscheins des Amtsgerichts ... vom ... eingetragen am ...
>
> Anwachsung des Anteils des verstorbenen Gesellschafters ... an die übrigen Gesellschafter auf Grund gesellschaftsvertraglicher Bestimmung;[60] gemäß Bewilligung vom ... eingetragen am ...
>
> Anwachsung des Anteils des verstorbenen Gesellschafters ... an die Gesellschafter A..., B... und C... auf Grund gesellschaftsvertraglicher Bestimmung; gemäß Bewilligung vom ... eingetragen am ...[61]

c) Gesellschafterwechsel bei OHG, KG, Partnerschaft, EWIV

984 Grundbucheintragung erfolgt nicht, wenn aus einer Personenhandelsgesellschaft (OHG, KG, damit auch GmbH & Co KG), aus einer Partnerschaft oder einer EWIV ein Gesellschafter ausscheidet oder in diese Gesellschaft ein neuer Gesellschafter eintritt, damit auch nicht bei Gesellschafterwechsel mit Tod eines Gesellschafters. Auch die Gesellschafter, die nach solcher Veränderung im Bestand der Gesellschafter Eigentümer des Grundstücks sind, werden unter ihrer Firma bzw dem Namen der Partnerschaft bezeichnet (§ 124 Abs 1, § 161 Abs 2 HGB, § 7 Abs 2 PartGG, Art 1 Abs 2, Art 5a EWG-VO), die mit Eintragung bereits erfolgt ist (§ 15 Abs 1 Buchst b GBV). Nur bei Ausscheiden eines Gesellschafters aus einer zweigliedrigen Gesellschaft (auch aller Gesellschafter bis auf einen aus einer mehrgliedrigen Gesellschaft) und Ge-

---

[58] Eintragungsbeispiele für Änderungen im Gesellschafterbestand gibt Eickmann Rpfleger 1985, 85 (90–93), der jedoch von Eintragung der BGB-Gesellschafter unter neuer laufender Nummer absieht und eine Grundlage der Eintragung nicht bezeichnet.

[59] So kann auch bei Ausscheiden eines Gesellschafters mit Anteilsübertragung an einen bisherigen Mitgesellschafter (Rdn 982e) eingetragen werden. Anders für diesen Fall (Eintragung nicht unter neuer laufender Nummer) OLG Frankfurt Rpfleger 1982, 469 mit krit Anm Meyer-Stolte.

[60] Nach BayObLG 1991, 301 = aaO (Fußn 51) könnte der Vermerk etwa wie folgt lauten:
„Der Anteil des verstorbenen Gesellschafters ist den Mitgesellschaftern aufgrund Nachfolgevereinbarung als Erben angewachsen."

[61] Anders für diesen Fall BayObLG 1993, 134: Anwachsung ist außer durch Rötung des Namens des ausgeschiedenen Gesellschafters in einem Eintrag in Spalte 4 zum Ausdruck zu bringen; nochmalige Aufführung der Namen der Beteiligten in Spalte 2 der Abteilung I erfolgt nicht (würde lediglich der Klarstellung dienen). Es wird aber nicht der erwerbende Gesellschafter nochmals eingetragen. Vielmehr erfolgt Eintragung der Grundstückseigentümer mit ihrem Rechtsverhältnis (§ 47 GBO) nach Ausscheiden des verstorbenen Gesellschafters zur Berichtigung des Grundbuchs (Rdn 700). Eigentümereintragung ist daher uE unter neuer laufender Nummer vorzunehmen (zur Grundbucheintragung bei Grundbuchberichtigung Rdn 374).

schäftsübernahme durch den verbleibenden Gesellschafter wird das bisherige Gesellschaftsvermögen sein Alleineigentum (Übernahme auf Grund gesellschaftsvertraglicher Vereinbarung). Daß ein Gesellschafter einer OHG oder KG das fortbestehende Handelsgeschäft ohne Liquidation mit Aktiven und Passiven übernommen hat und damit Alleineigentümer des vormaligen Gesellschaftsgrundstücks ist, kann durch ein Zeugnis des Registergerichts über die Eintragung (§ 32 GBO, auch § 9 Abs 2 HGB) nachgewiesen werden.[62] Nicht möglich ist der Nachweis, wenn das Handelsgeschäft gar nicht oder nicht als kaufmännisches Unternehmen fortgeführt, daher die Firma im Handelsregister gelöscht wird; hier erfordert die Grundbuchberichtigung die Berichtigungsbewilligung; die von allen betroffenen Gesellschaftern in öffentlich beglaubigter Form (§ 12 HGB) unterzeichnete Handelsregisteranmeldung, die den Vorgang der Anwachsung darstellt, ist ein auch im Grundbuchverfahren tauglicher Unrichtigkeitsnachweis (§§ 22, 29 GBO). Ebenso kann mit dem Hinweis darauf, daß die Firma des einzigen Kommanditisten im Handelsregister gelöscht ist (mit einem entsprechenden Zeugnis bzw der Handelsregisterblattabschrift), der Nachweis des Vermögensübergangs auf den alleinigen Komplementär nicht geführt werden.[63]

d) Umwandlung von Personengesellschaften

aa) Eine **Gesellschaft bürgerlichen Rechts** wandelt sich mit Betrieb eines Handelsgewerbes (§ 1 Abs 2 HGB) unter gemeinschaftlicher Firma **in eine OHG** (§ 105 HGB) oder **KG** (§ 161 HGB). Damit ändert sich die Identität der Gesellschaft nicht; Vermögensübertragung erfolgt nicht (keine Auflassung, Rdn 3293). Das Gesellschaftsvermögen der BGB-Gesellschaft ist weiterhin Gesamthandsvermögen ihrer Gesellschafter, die jetzt lediglich unter ihrer Firma einzutragen sind (§ 124 Abs 1 HGB; identitätswahrender Formwechsel außerhalb des UmwG).[64] Umgekehrt kann sich eine **OHG** oder **KG** mit endgültiger Aufgabe des Geschäftsbetriebs[65] oder Fortfall seines kaufmännischen Umfangs (§ 1 Abs 2 HGB) und Löschung im Handelsregister (sonst § 5 HGB) **in eine Gesellschaft bürgerlichen Rechts** umwandeln. Auch hier bleibt das Gesamthandsvermögen identisch. Bei solcher (formwechselnden) Umwandlung tritt kein Rechtsübergang durch Wechsel des Eigentümers ein; sie bewirkt daher keine Grundbuchunrichtigkeit[66] iS der § 894 BGB, § 22 GBO. Im Grundbuch ist der Berechtigte nunmehr lediglich unter einer nicht mehr zutreffenden Bezeichnung seiner Rechtsverhältnisse eingetragen. Bei deren Anpassung handelt es sich um eine Richtigstellung tatsächlicher

984a

---

[62] Kuntze DNotZ 1990, 172 (175). Vgl dazu auch Gutachten DNotI-Report 2001, 9.
[63] BayObLG DNotZ 1990, 171 mit Anm Kuntze = NJW-RR 1989, 977; insoweit richtig auch BayObLG 1993, 137 = DNotZ 1993, 601 = Rpfleger 1993, 495; LG Schwerin NotBZ 2001, 308.
[64] BayObLG 2002, 137 = MittBayNot 2002, 309 = NJW-RR 2002, 163 = Rpfleger 2002, 536 mit Anm Demharter; LG München I MittBayNot 2001, 482 mit Anm Limmer = Rpfleger 2001, 489.
[65] BGH 32, 307 (311, 312); OLG Hamm NJW-RR 1996, 1446.
[66] BGH NJW 1982, 170 (172); BayObLG 1948–1951, 426 (430) = NJW 1952, 28; BayObLG 2002, 137 = aaO; OLG Hamm NJW-RR 1996, 1446; auch KG Rpfleger 1989, 98.

Angaben⁶⁷ (vgl Rdn 290). Die bisherigen Gesellschafter der BGB-Gesellschaft können daher in der Rechtsform der OHG oder KG mit ihrer Firma (§ 15 Abs 1 Buchst b GBV) und umgekehrt können die bisher als Gesellschafter einer Personenhandelsgesellschaft mit ihrer Firma eingetragenen Eigentümer daher als Gesellschafter der BGB-Gesellschaft mit ihren Namen (§ 15 Abs 1 Buchst a GBV) unter Angabe des Rechtsverhältnisses (§ 47 GBO) in das Grundbuch eingetragen werden. Für diese berichtigende Eintragung hat die Unrichtigkeit festzustehen (Rdn 291; dort auch zu den Beweismitteln). Für Eintragung der Handelsgesellschaft (OHG, KG) als Eigentümerin oder Inhaberin eines Rechts läßt § 15 Abs 3 GBV (verlangt auch Antrag, der nicht erforderlich wäre, Rdn 290) Nachweis durch eine Bescheinigung des Registergerichts über die Eintragung und darüber, daß die Handelsgesellschaft nach dem (einem) eingereichten Vertrag aus der Gesellschaft bürgerlichen Rechts hervorgegangen ist, genügen. Regelmäßig wird sich jedoch Identität der Gesamthand nur durch Berichtigungsbewilligung der Berechtigten (§ 29 GBO) führen lassen. Ein Vertrag über die Errichtung der OHG oder KG wird dem Registergericht durchweg nicht vorliegen (ist bei Anmeldung der OHG oder KG nicht einzureichen, §§ 106, 108 HGB); durch öffentliche Urkunde oder ausreichend mit anderen Beweismitteln wird sich der Übergang von der BGB-Gesellschaft zur OHG oder KG (oder umgekehrt) gewöhnlich nicht nachweisen lassen. Löschung der OHG oder KG im Handelsregister allein besagt noch nichts über das Schicksal eines zum Gesellschaftsvermögen gehörenden Grundstücks. Entsprechendes gilt, wenn eine BGB-Gesellschaft Partnerschaft oder eine solche BGB-Gesellschaft wird (s § 15 Abs 3 GBV).

984 b bb) Grundbucheintragung erfolgt nicht, wenn sich eine **OHG** mit Eintritt eines Kommanditisten (auch Beteiligungsumwandlung) **in eine KG** oder umgekehrt eine **KG** mit Ausscheiden aller Kommanditisten (auch Beteiligungsumwandlung) in eine OHG umwandelt (formwechselnde Umwandlung). Die Gesellschafter bleiben auch nach solcher Veränderung der Haftungsverhältnisse mit ihrer Firma bezeichnet (§ 124 Abs 1, § 161 Abs 2 HGB), die mit der Eintragung bereits erfolgt ist (§ 15 Abs 1 Buchst b GBV). Erfolgt gleichzeitig Änderung der Firma, so ist die neue Firma bei Nachweis von Amts wegen einzutragen (Rdn 244). Mit Gesellschafterwechsel ist jedoch ein Eigentumswechsel eingetreten, wenn aus einer KG der einzige persönlich haftende Gesellschafter ausgeschieden ist und die Kommanditisten die Gesellschaft als BGB-Gesellschafter fortsetzen.⁶⁸ Dann liegt wegen des Ausscheidens Grundbuchunrichtigkeit vor; berichtigende Eintragung erfolgt nach dem Rdn 982 b Gesagten.

e) **Auflösung**

985 aa) Die **BGB-Gesellschaft** gilt nach Auflösung insbesondere für die Erhaltung und Verwaltung des Gesellschaftsvermögens als fortbestehend (§ 730 Abs 2 S 1 BGB). Geschäftsführung und damit Vertretung nach Auflösung: § 730

---

⁶⁷ BGH, BayObLG und OLG Hamm je aaO; LG München I Rpfleger 2001, 489 = aaO (Fußn 64); daher für Vornahme neuer Eintragung keine vorherige Berichtigung des Grundbuchs (§ 39 GBO) erforderlich, BayObLG aaO.
⁶⁸ KG Rpfleger 1989, 98.

B. Einzelfälle

Abs 2 S 2 (mit § 714) BGB. Wird durch den Tod eines Gesellschafters die Gesellschaft aufgelöst (s Rdn 983), sind an der Abwicklungsgesellschaft (§ 727 Abs 2 S 3 BGB) die bisherigen Gesellschafter und der Erbe des verstorbenen Gesellschafters oder seine Miterben in Erbengemeinschaft beteiligt.[69] Zur berichtigenden Grundbucheintragung, die auf Antrag erfolgt (§ 13 Abs 1 GBO), ist Bewilligung der (= aller) bisherigen Gesellschafter, damit auch der (= aller) Erben des durch Tod ausgeschiedenen Gesellschafters (§ 19 GBO; zu deren Inhalt Rdn 364) oder Nachweis der Unrichtigkeit des Grundbuchs (§ 22 Abs 1 GBO; dazu gehört auch Nachweis der Abwicklungsgesellschaft[70]) je in der Form des § 29 GBO erforderlich. Die Eintragung erfolgt in Abt I unter neuer laufender Nummer (wie Rdn 983 c). **Beispiel**[71] (in Anlehnung an Rdn 779)

1	2	3	4
4a	Todt Anna, geb Maier, Landwirtswitwe in Neustadt	1–4	Nr 4a aufgelassen am ... und eingetragen am ...
b	dieselbe		Nr 4b, c, d auf Grund des Erbscheins des Amtsgerichts in ... vom ... eingetragen am
c	Todt Friedrich, Kaufmann in Neustadt		
d	Todt Julie Haustochter in Neustadt Ziff 4b–d in Erbengemeinschaft, diese mit Ziff 4a als Gesellschafter der aufgelösten Gesellschaft bürgerlichen Rechts		

bb) Vereinbaren die Gesellschafter vor Abschluß der Liquidation **Umwandlung** der Abwicklungsgesellschaft in eine wieder **werbende** (aktive) **Gesellschaft** bürgerlichen Rechts (ohne Gesellschafterwechsel), so tritt kein Eigentumswechsel und damit keine Grundbuchunrichtigkeit ein[72] (s bereits Rdn 984a). Als Abwicklungsgesellschafter sind die Berechtigten nunmehr lediglich unter einer nicht zutreffenden Bezeichnung im Grundbuch eingetragen. Soll diese angepaßt werden, so handelt es sich um eine Richtigstellung tatsächlicher Angaben (siehe Rdn 984a). 986

cc) Personenhandelsgesellschaften (OHG, KG): Rdn 138. 986a

f) Sonstiges: Verpfändung Rdn 1668–1673; Pfändung Rdn 1674; Testamentsvollstreckung Rdn 3426 und 3466. Die Befugnisse des Nachlaßverwalters eines Gesellschafter-Erben ermächtigen nicht zur Mitwirkung an der Verfügung über ein Gesellschaftsgrundstück.[73] 986b

---

[69] BGH NJW 1982, 170 (171); BayObLG 1991, 301 = aaO (Fußn 51).
[70] BGH aaO (S 172).
[71] Ein Eintragungsbeispiel (ohne Neuvortrag unter neuer laufender Nummer) gibt Eickmann Rpfleger 1985, 85 (92).
[72] BGH NJW 1982, 170 (172) = aaO (Fußn 14); OLG Celle Rpfleger 1979, 197.
[73] BayObLG 1990, 306 = MittBayNot 1991, 28 = MittRhNotK 1991, 22 = NJW-RR 1991, 361; OLG Hamm MittRhNotK 1993, 73 = OLGZ 1993, 147 = Rpfleger 1993, 282 (daher auch kein Zwang zur Grundbuchberichtigung gegen Nachlaßverwalter; s Rdn 379).

g) Grundstückserwerb durch Vor-GmbH

987 aa) Einbringung als Sacheinlage. Soll bei **Errichtung einer GmbH** ein Grundstück als Sacheinlage eingebracht werden (§ 5 Abs 4 GmbHG), so ist – obwohl die GmbH als Träger von Rechten und Pflichten im Zeitpunkt der Gründung mangels Eintragung im Handelsregister noch nicht existiert, § 11 GmbHG – die Auflassung des einzubringenden Grundstückes und deren Eintragung im Grundbuch schon vor Eintragung der GmbH im Handelsregister zulässig und notwendig: dies verlangt § 7 Abs 3 GmbHG.[74] Die **Auflassung** ist in diesem Fall **an** die werdende GmbH (**Vor-GmbH**, Gründungsorganisation) zu erklären, die mit Beurkundung des GmbH-Vertrages entstanden ist. Sie wird vertreten durch den/die Geschäftsführer, die jedenfalls zu allen Maßnahmen Vertretungsmacht haben, die zur Entstehung der GmbH notwendig sind. Die Formulierung könnte lauten:

> Die Beteiligten sind über den Übergang des Eigentums an dem vorbezeichneten Grundstück auf die mit Urkunde des Notars X in ... vom ... URNr ... gegründete GmbH unter der Firma ... (in Gründung) einig.

Dem Grundbuchamt sind vorzulegen die Gründungsurkunde und – soweit diese nicht die Geschäftsführerbestellung enthält – die Geschäftsführerbestellung in der Form des § 29 GBO.
Die **Eintragung** im Grundbuch erfolgt ebenfalls **zugunsten der Vor-GmbH**.[75] Es genügt als Eigentümer-Eintragung[76] zB

> A-GmbH in Gründung Sitz X.

988 Mit Eintragung der GmbH im Handelsregister gehen ohne weitere rechtsgeschäftliche Erklärungen alle Aktiva und Passiva der Vor-GmbH (Gründerorganisation) auf die GmbH über, da die Gründerorganisation nur ein gesetzlich notwendiges Durchgangsstadium für die Entstehung der juristischen Person ist.[77] Es bedarf keiner Auflassung, sondern nur einer Grundbuchberichtigung: sie ist bloße Namensberichtigung, da Gründerorganisation und GmbH identisch sind. Der Nachweis wird durch beglaubigten Handelsregisterauszug erbracht, bei Firmenänderung zwischen Gründung und Eintragung in Verbindung mit der entsprechenden notariellen Nachtragsurkunde.

989 Bei Gründung einer **Einmann-GmbH** (§ 1 GmbHG) gelten die gleichen Grundsätze[78] für Einbringung eines Grundstücks als Sacheinlage: auch hier ist Auflassung an die Vor-GmbH (wie sie auch immer dogmatisch zu erklären sein mag) und Umschreibung des Eigentums auf sie im Grundbuch zulässig und nötig.

990 bb) Allgemeine Grundbuchfähigkeit der Vor-GmbH. Darüber hinaus muß die zwischen Gründung und Eintragung der GmbH im Handelsregister[79] be-

---

[74] Böhringer BWNotZ 1981, 53 und Rpfleger 1988, 446; Groß BWNotZ 1981, 97 (98); Priester DNotZ 1980, 515 (522); ebenso für das frühere Recht BGH 45, 339 = DNotZ 1967, 381 = NJW 1966, 1311.
[75] BGH aaO (Fußn 74).
[76] Böhringer BWNotZ 1981, 53 (54) mit weiteren Beispielen.
[77] BGH, Böhringer, Priester, je aaO (Fußn 74).
[78] Böhringer, Groß, je aaO (Fußn 74); Bork MittRhNotK 1981, 1 (5); K. Schmidt NJW 1980, 1775.
[79] Nicht um eine Vor-GmbH handelt es sich, wenn nach dem Willen der Gründer eine GmbH nicht entstehen soll, die Beteiligten des Gesellschaftsvertrags somit gar nicht

B. Einzelfälle

stehende Vor-GmbH allgemein als grundbuchfähig angesehen werden.[80] Die Eintragung einer Vormerkung für eine Vor-GmbH wird von der Rechtsprechung[81] mit der Begründung zugelassen, für die Vormerkung genüge Bestimmbarkeit des Gläubigers nach sachlichen Umständen. Aber auch die allgemeine Grundbuchfähigkeit der Vor-GmbH muß, nachdem die Komplementär- und Eintragungsfähigkeit der Vor-GmbH im Handelsregister (der KG) vom BGH[82] anerkannt ist, bejaht werden. Die Vor-GmbH ist als ein auf die künftige juristische Person hin angelegtes Rechtsgebilde bereits körperschaftlich strukturiert und kann daher durch ihre Geschäftsführer als Vertretungsorgane nach außen geschlossen auftreten[83] und schuldrechtliche sowie dingliche Verträge abschließen, durch die Rechte und Pflichten der Vor-GmbH begründet werden.[84] Rechtsbeziehungen, die rechtswirksam für die Vor-GmbH begründet worden sind, werden mit Eintragung der GmbH von selbst solche der eingetragenen GmbH[85], da Vor-GmbH und später eingetragene GmbH der gleiche Rechtsträger sind. Kann die Vor-GmbH aber als solche Rechte und Pflichten begründen,[86] dann muß dies auch für den Erwerb dinglicher Rechtspositionen gelten. Das Verfahrensrecht (GBO) hat – wie jedes Verfahrensrecht – der materiellen Rechtsverwirklichung zu dienen. Ist nach materiellem Recht der Erwerb dinglicher Rechte an Grundstücken durch die Vor-GmbH möglich, dann muß die Grundbuchordnung auch einen Weg gewähren, mit der die für den dinglichen Rechtserwerb notwendige Eintragung sichergestellt wird.[87] Verfahrensrechtlich einschlägige Vorschriften können hier nur sein § 15 Abs 1 Buchst b GBV oder § 47 GBO. Es bestehen folgende Möglichkeiten:
– Behandlung der Vor-GmbH wie die BGB-Gesellschaft, dh Eintragung der die Vor-GmbH bildenden Gesellschafter mit Gesellschaftszusatz[88] („als Gesell-

---

beabsichtigt haben, die Eintragung der Handelsgesellschaft in das Handelsregister zu betreiben. Anzuwenden sind auf eine solche „unechte Vorgesellschaft" die Vorschriften der Gesellschaftsform, in der das Geschäft im konkreten Einzelfall tatsächlich betrieben worden ist, somit das Recht der OHG oder der BGB-Gesellschaft, BGH 143, 314 (319).

[80] Dafür LG Nürnberg-Fürth DNotZ 1986, 377 = Rpfleger 1986, 254; Huber, FS Robert Fischer, 1979, 263 (270); K/E/H/E Rdn 68 zu § 20; Bauer AT I Rdn 26; Meikel/Böttcher/Lichtenberger Einl F 52 b und Rdn 248 zu § 20; Böhringer Rpfleger 1988, 446 mit weit Nachw.

[81] BayObLG 1979, 172 = DNotZ 1979, 502 = Rpfleger 1979, 303; BayObLG 1985, 368 = DNotZ 1986, 177 = Rpfleger 1988, 96; OLG Hamm DNotZ 1981, 582 = Rpfleger 1981, 296; LG Nürnberg-Fürth = aaO (Fußn 80) (zur Abtretung des Auflassungsanspruchs durch Vor-GmbH und Umschreibung der Vormerkung); LG Lüneburg MittBayNot 1989, 30.

[82] BGH MittBayNot 1985, 39 = NJW 1985, 736.

[83] BGH 80, 129 = MittBayNot 1981, 192 = NJW 1981, 1373 mit Anm K. Schmidt (S 1345) und Flume (S 1753).

[84] Flume NJW 1981, 1753 (1754).

[85] BGH aaO (Fußn 83).

[86] Zum Beispiel persönlich haftender Gesellschafter einer Kommanditgesellschaft sein und für diese als solcher bereits tätig werden, so BGH aaO (Fußn 82 und 83).

[87] BGH MittBayNot 1985, 39.

[88] So Flume, FS Geßler, 1971, 3 ff (31).

schafter der X. Y.-GmbH in Gründung"); dagegen spricht die bereits in der Gründungsphase vorhandene körperschaftliche Struktur der Vor-GmbH,
- Behandlung wie OHG, KG,
- Behandlung wie eingetragene GmbH (§ 15 Abs 1 Buchst b GBV).

991 Eine ausdrückliche gesetzliche Zulassung dieser Eintragung fehlt. Die bestehende verfahrensrechtliche Lücke ist im Wege der Gesetzesanalogie zu § 15 Abs 1 Buchst b GBV zu schließen, da die Vor-GmbH der eingetragenen juristischen Person sachlich am nächsten steht. Für diese Gesetzesanalogie spricht weiter, daß sie bereits bei Behandlung der Sacheinlage (stillschweigend) gezogen wird: Auch hier enthält das Gesetz (§ 7 Abs 3 GmbH-Gesetz) nur die materiellrechtliche Anordnung, die Vor-GmbH dürfe und müsse Eigentümer eines eingebrachten Grundstückes oder eines eingebrachten dinglichen Rechtes vor Handelsregistereintragung werden; wie dies verfahrensrechtlich zu bewerkstelligen ist, bleibt offen: Die hier zugelassene Eintragung der Vor-GmbH (s Rdn 987) bedeutet bereits die analoge Anwendung des § 15 Abs 1 Buchst b GBV, um das materiellrechtlich Gewollte und Angeordnete verfahrensrechtlich zu ermöglichen. Da aber ganz generell die Vor-GmbH unter ihrer Firma (... GmbH in Gründung) am Rechtsverkehr teilnehmen kann (unter bestimmten Voraussetzungen vgl unten), muß auch hier das Verfahrensrecht die materiellrechtliche Rechtsverwirklichung zulassen, und zwar ebenfalls durch analoge Anwendung des § 15 Abs 1 Buchst b GBV.

992 Materiellrechtlich wird die Vor-GmbH dann berechtigt und verpflichtet, wenn die Gesellschafter der Vor-GmbH den/die Geschäftsführer übereinstimmend ermächtigt haben, bereits vor Eintragung der GmbH Rechtsgeschäfte für die Vor-GmbH abzuschließen, da keine **Vertretungsmacht** der Geschäftsführer außerhalb des Zwecks der Vorgesellschaft besteht, Entstehung der GmbH als juristische Person zu fördern und bis dahin das schon eingebrachte Vermögen zu verwalten und zu erhalten. Für Erwerbsgeschäfte im Gründungsstadium müssen die (= alle) Gründer die Vertretungsmacht der Geschäftsführer daher erweitern. Dies kann auch allgemein geschehen, zB durch die Ermächtigung, bereits vor Registereintragung die Geschäfte aufzunehmen. Dann besteht für die Geschäftsführer Vertretungsmacht im (nicht weiter beschränkbaren) Umfang des § 37 Abs 2 GmbHG.[89] Die Rechte und Pflichten aus solchen Rechtsgeschäften gehen mit Eintragung der GmbH im Handelsregister ohne weitere Rechtshandlungen auf die GmbH über. Dieser Übergang wird im Grundbuch durch Grundbuchberichtigung vermerkt. Rechtsgrundlage: Unrichtigkeitsnachweis durch Handelsregisterauszug.

993 cc) **Die beendete Gründungsgesellschaft.** Die Vor-GmbH mit körperschaftlicher Struktur besteht nur solange, wie die Gründungsgesellschaft die Registereintragung betreibt. Wird die Eintragung aufgegeben (Antragsrücknahme, endgültige Ablehnung der Eintragung), dann wandelt sich die Vor-GmbH in eine Vor-GmbH in Liquidation um, die auseinandergesetzt werden muß, da das Gesellschaftsvermögen nicht automatisch an die Gründer fällt. Wird die Vor-Gesellschaft fortgeführt, ohne daß die Eintragung weiter betrieben wird,

---

[89] Herrschende Meinung, BGH 80, 129 = aaO (Fußn 83); Baumbach/Hueck Rdn 18 zu § 11 GmbHG; aA – unbeschränkte Vertretungsbefugnis gem §§ 35, 37 GmbHG – Scholz/K. Schmidt Rdn 63 ff zu § 11 GmbHG mit weit Nachweisen für abweichende Meinungen.

wandelt sie sich damit in eine OHG, unter Umständen in eine BGB-Gesellschaft um.[90] Nach Auffassung des BayObLG[91] können für eine Vor-GmbH keine Rechte mehr entstehen, wenn diese im Zeitpunkt der Rechtsbegründung ihre Handelsregistereintragung nicht mehr betreibt; trotzdem eingetragene Vormerkungen seien daher mangels eines „Berechtigten" nicht entstanden. Diese dem bloßen Wortlaut verhaftete Auffassung verkennt, daß mit dem Vertragsschluß sehr wohl Rechtsbeziehungen (Rechte und Pflichten) entstanden sind, nämlich für die Vor-GmbH in Liquidation oder für eine OHG oder BGB-Gesellschaft. Die eingetragene Vormerkung ist daher im Hinblick auf das Berechtigungsverhältnis auszulegen, ggfs umzudeuten.[92] Wird bei der Einmann-GmbH das Weiterbetreiben der Eintragung aufgegeben, so erlischt die Einmann-Vorgesellschaft; eingebrachte Vermögensgegenstände (Liquidation hier nicht erforderlich) stehen wieder dem Gründer persönlich zu.[93]

dd) Nachweise im Grundbuchverfahren. Sollen zugunsten einer Vor-GmbH Rechte im Grundbuch **eingetragen** werden, sind im Bereich des materiellen Konsensprinzips (§ 20 GBO) neben der rechtsbegründenden Einigung und der Bewilligung vorzulegen: Vertrag über die Gründung der GmbH; Geschäftsführerbestellung in öffentlich beglaubigter Form (§ 29 GBO), soweit nicht im Gesellschaftsvertrag enthalten; Nachweis, daß der/die Geschäftsführer zum Abschluß des konkreten Rechtsgeschäftes oder generell vor Registereintragung (s Rdn 992) durch sämtliche Gründungsgesellschafter ermächtigt sind (§ 29 GBO);[94] Nachweis, daß die Eintragung im Handelsregister betrieben wird, zB durch Vorlage der Handelsregisteranmeldung in beglaubigter Abschrift, ggfs Bescheinigung des Registergerichts über Vorliegen der Anmeldung; es muß jedoch auch eine Erklärung der Gründungsgesellschafter in öffentlich beglaubigter Form oder des die Handelsregistereintragung betreibenden Notars in Form einer Eigenurkunde genügen, daß Eintragung der GmbH noch betrieben wird. Im Bereich des formellen Konsensprinzips (§ 19 GBO) ist Nachweis der Vertretungsbefugnis auf der Seite der erwerbenden GmbH

993 a

---

[90] Schwierigkeiten in der Grundbuchbehandlung bestehen auch hier nicht: Es ist Grundbuchberichtigung nötig durch Eintragung der OHG oder der BGB-Gesellschaft auf Grund Berichtigungsbewilligung oder Unrichtigkeitsnachweis in der Form des § 29 GBO; vergleichbare Grundbuchberichtigungen ergeben sich, wenn zB eine OHG infolge Absinkens auf einen Kleingewerbebetrieb auf Antrag im Handelsregister gelöscht wird und sich nunmehr das dingliche Recht im Eigentum der kraft Gesetzes bestehenden BGB-Gesellschaft befindet (s Rdn 984 a).
[91] BayObLG MittBayNot 1987, 249 = Rpfleger 1987, 407.
[92] So im Ergebnis auch Böhringer Rpfleger 1988, 446 (450); abl auch H. Schmidt GmbHR 1987, 393; K. Schmidt GmbHR 1988, 91.
[93] Zur dogmatischen Begründung Scholz/K. Schmidt Rdn 148 zu § 11 GmbHG. Bei eingebrachtem Grundbesitz führt dies zum grunderwerbsteuerpflichtigen Rechtsträgerwechsel, BFH MittBayNot 2002, 316 = NotBZ 2002, 153.
[94] Nicht richtig Böhringer („Zur Grundbuchfähigkeit einer GmbH im Gründungsstadium") Rpfleger 1988, 446 (448), Nachweis, daß der Geschäftsführer zur Vornahme des Rechtsgeschäfts ermächtigt war, sei nicht mehr erforderlich, da heute die Vor-GmbH grundbuchfähig für jeglichen Erwerb ist (verwechselt „Grundbuchfähigkeit" mit der Vertretungsmacht der Geschäftsführer); bedenklich auch LG Limburg MittBayNot 1989, 30.

in Gründung überhaupt nicht erforderlich, da die Einigung vom Grundbuchamt nicht zu prüfen ist. Dies gilt auch für die Auflassungsvormerkung für die GmbH in Gründung: Ob der Erwerbsvorgang rechtswirksam ist, muß nicht geprüft werden.

994 **ee) Vorgründungsgesellschaft.** Von der im Grundbuch eintragungsfähigen Vor-GmbH ist die sog **Vorgründungsgesellschaft** zu unterscheiden. Eine solche vor Abschluß des notariellen GmbH-Vertrags etwa bestehende Personenvereinigung ist eigenständige Personengesellschaft (BGB-Gesellschaft, uU OHG, KG) und als solche auch im Grundbuch zu behandeln. Das Recht der GmbH bzw Vor-GmbH gilt für sie nicht.[95]

h) Umwandlungsvorgänge nach UmwG

Literatur: Böhringer, Grundbuchberichtigung bei Umwandlungen nach dem Umwandlungsgesetz, Rpfleger 2001, 59; Volmer, Vollzugsprobleme bei Spaltungen – Grundbuchvollzug und vollstreckbare Urkunde –, WM 2002, 428.

995 **aa) Allgemeines.** Die im UmwG 1995 erfaßten Umwandlungen führen materiell-rechtlich zu einer vollständigen oder partiellen Gesamtrechtsnachfolge (bei Umwandlung durch Verschmelzung, Spaltung, Vermögensübertragung) bzw zu einer (zumindest gesetzlich fingierten) Identität des bisherigen Rechtsträgers mit dem neuen Rechtsträger (bei Umwandlung durch Formwechsel). Das UmwG 1995 hat die Möglichkeiten der Umwandlung, dh der an ihr beteiligungsfähigen Rechtsträger, gegenüber den früheren Vorschriften erheblich erweitert. Auch die Partnerschaftsgesellschaft ist umwandlungsfähig (§ 3 Abs 1 Nr 1, §§ 124, 191 Abs 1 Nr 1 u Abs 2 Nr 2 UmwG). Grenzüberschreitende Umwandlungen sind jedoch nicht möglich (§ 1 UmwG). Die EWIV ist nicht umwandlungsfähig, die BGB-Gesellschaft nur insoweit, als ein Formwechsel von der Kapitalgesellschaft in die BGB-Gesellschaft möglich ist (§ 226 UmwG).

995 a **bb) Verschmelzung.** Mit Wirksamkeit der Verschmelzung durch Aufnahme oder durch Neugründung (§ 2 Nr 1 und 2 UmwG), die durch Eintragung der Verschmelzung in das Register des Sitzes des übernehmenden Rechtsträgers eintritt (§ 20 UmwG), geht das Vermögen des oder der übertragenden Rechtsträger, damit auch das Eigentum und sonstige Rechte an Grundstücken oder Grundstücksrechten, auf den übernehmenden Rechtsträger über (§ 20 Abs 1 Nr 1 UmwG). Einer Auflassung oder sonstiger Einzelübertragungsakte bedarf es hierzu nicht. Das Grundbuch ist durch diesen Vermögensübergang außerhalb des Grundbuchs unrichtig geworden; es ist auf schriftlichen (keine Unterschriftsbeglaubigung) Antrag (§ 13 Abs 1 GBO) zu berichtigen. Der Nachweis der Unrichtigkeit (§ 22 GBO) wird durch Vorlage eines beglaubigten Handelsregisterauszugs der übernehmenden Gesellschaft (auch Zeugnis des Registergerichts nach § 32 GBO;[96] Notarbescheinigung nach § 21 Abs 1 S 1 Nr 2 BNotO s Rdn 156) oder Verweisung auf das beim gleichen Amtsgericht geführte Register (§ 34 GBO) geführt. Eigentümerzustimmung ist nicht verlangt (§ 22 Abs 2 GBO). Berichtigungsbewilligung ist

---

[95] S hierzu grundlegend BGH DNotZ 1984, 585 (587).
[96] Böhringer Rpfleger 2001, 59 (61); Bauer/vOefele/Schaub Rdn 28; K/E/H/E Rdn 7, je zu § 32.

ausgeschlossen[97] (kann von den vormaligen Organen des bereits erloschenen übertragenden Rechtsträgers nicht abgegeben werden).
Die „Umwandlung" einer Kapitalgesellschaft in das Vermögen ihres einzigen Gesellschafters ist als Verschmelzung des Vermögens der Kapitalgesellschaft im Wege der Aufnahme mit dem Vermögen ihres Gesellschafters ausgestaltet (§ 120 UmwG). Auch hier ist die Rechtsnachfolge durch Vorlage des beglaubigten Handelsregisterauszuges der Einzelfirma zu führen (§§ 122, 121, 20 UmwG); ist die Einzelfirma nicht eintragungspflichtig (zB Kleingewerbetreibender) und auch nicht nach § 2 HGB eingetragen, ist die Verschmelzung dennoch möglich; dann ist maßgeblich die Eintragung beim übertragenden Rechtsträger, so daß in diesem Fall Vorlage des Registerblatts der übertragenden Kapitalgesellschaft genügt.[98]

cc) Spaltungen. Neu eingeführt durch das UmwG 1995 wurde die Umwandlung durch Spaltung. Sie existiert in drei Formen: 995 b
- **Aufspaltung** eines Rechtsträgers durch Übertragung von (sämtlichen) Vermögensteilen auf eine oder mehrere bestehende oder neugegründete Rechtsträger (§ 123 Abs 1 UmwG); der übertragende Rechtsträger erlischt;
- **Abspaltung,** bei der Teile des Vermögens eines Rechtsträgers auf bestehende oder neu zu gründende Rechtsträger übertragen werden; hier bleibt der übertragende Rechtsträger bestehen (§ 123 Abs 2 UmwG);
- **Ausgliederung,** bei der ebenfalls Teile des Vermögens eines Rechtsträgers auf bestehende oder neu zu gründende Rechtsträger übertragen werden, bei der jedoch der übetragende Rechtsträger selbst Anteile am übernehmenden Rechtsträger erhält (nicht wie bei der Abspaltung dessen Anteilseigner, § 123 Abs 3 UmwG).

In allen Fällen der Spaltung tritt eine **partielle Gesamtrechtsnachfolge** hinsichtlich der abgespaltenen Vermögensgegenstände ein, dh Einzelübertragungsakte, auch Auflassung, sind nicht erforderlich.[99] Das Grundbuch wird mit Rechtswirksamkeit der Spaltung, die mit Eintragung im Register des übertragenden Rechtsträgers eintritt (§ 131 UmwG), unrichtig. Der Vermögensübergang ergibt sich dabei im einzelnen aus dem notariell beurkundeten[100] (§§ 126, 125, 6 UmwG) Spaltungs- und Übernahmevertrag bzw Spaltungsplan (§ 136 UmwG), in dem die übertragenen Vermögensgegenstände (Aktiva und Passiva) genau zu bezeichnen und aufzuführen sind (§ 126 Abs 1 Nr 9 UmwG). Grundstücke und Rechte an Grundstücken müssen so genau bezeichnet werden wie bei rechtsgeschäftlicher Übertragung (s dazu Rdn 103 ff, 130 ff). Die Verfahrensvorschrift des § 28 S 1 GBO ist gemäß § 126 Abs 2 S 2 UmwG anwendbar; durch diese Verweisung wird jedoch aus der Verfahrensvorschrift des § 28 S 1 GBO keine materiellrechtliche Norm:[101] Wie bei rechtsgeschäftlichem Rechtsübergang (zB Auflassung) ge-

---
[97] Böhringer Rpfleger 2001, 59 (60, 62).
[98] So jetzt § 122 Abs 2 UmwG, der diese frühere Streitfrage gelöst hat.
[99] LG Ellwangen BWNotZ 1996, 125 = Rpfleger 1996, 154 mit Anm Böhringer.
[100] Beurkundung durch Notar im Ausland (Zürich) unwirksam nach LG Augsburg MittBayNot 1996, 318 = NJW-RR 1997, 420; aA LG Kiel MittBayNot 1997, 247 (Leits) = NotBZ 1987, 139 (betr Österreichischen Notar).
[101] Volmer WM 2002, 428 (430); Mayer in Widmann/Mayer Rdn 212 zu § 126 UmwG.

nügt materiellrechtliche Bestimmtheit, die dann vorliegt, wenn und solange aufgrund der Festsetzungen im Spaltungs- und Übernahmevertrag bzw Spaltungsplan durch Auslegung eine eindeutige Vermögenszuordnung möglich ist.[102] Genügt der Spaltungs- und Übernahmevertrag bzw Spaltungsplan zwar diesen materiellrechtlichen Bestimmtheitskriterien, nicht aber dem verfahrensrechtlichen Bestimmtheitsgebot des § 28 S 1 GBO, tritt zwar materiellrechtlich Rechtsübergang nach § 131 UmwG ein; der – berichtigende – Grundbuchvollzug ist jedoch nur möglich, wenn nachträglich dem verfahrensrechtlichen Bestimmtheitsgebot des § 28 S 1 GBO durch „Identitätserklärung" (s Rdn 880) in Form einer Berichtigungsbewilligung der an der Spaltung beteiligten Rechtsträger vorgelegt wird. Auch im Falle der bereits vollzogenen Aufspaltung kann diese Berichtigungsbewilligung durch entsprechende Bewilligung der an die Stelle des untergegangenen übertragenden Rechtsträgers getretenen und damit im grundbuchrechtlichen Sinne betroffenen (§ 19 GBO) – sämtlichen – neuen Rechtsträger abgegeben werden.[103] Genügt der Spaltungs- und Übernahmevertrag oder Spaltungsplan nicht dem materiellrechtlichen Bestimmtheitsgrundsatz, dh ist auch durch Auslegung eine eindeutige Vermögenszuordnung nicht möglich, tritt ein diesbezüglicher Rechtsübergang durch Eintragung der Spaltung im Handelsregister nicht ein;[104] für eine Grundbuch**berichtigung** ist daher kein Raum. Möglich ist dann nur ein entsprechender Einzelübertragungsakt (samt Eintragung im Grundbuch).[105]

995 c   Sollen **nicht vermessene Teilflächen** im Wege der Spaltung übergehen, so sind diese durch Einzeichnung in eine Karte oder durch genaue Beschreibung in Worten (s Rdn 863 ff) im Spaltungs- und Übernahmevertrag oder Spaltungsplan bzw dessen Anlage zu bezeichnen; Bezeichnung nach § 28 S 1 GBO ist in diesem Stadium noch nicht nötig.[106] Der Eigentumsübergang an dieser Fläche setzt jedoch nicht nur die vollzogene Spaltung, sondern ebenso den Vollzug der Teilung und Bildung des Grundstücks im Rechtssinne (s Rdn 668 ff) voraus. Vor Vollzug der Teilung und Bildung des (Teil-)Grundstücks im Rechtssinne kann auch die Aufnahme einer nicht vermessenen Teilfläche in den Vertrag oder Plan und Vollzug der Spaltung im Handelsregister einen Eigentumswechsel an der (nicht vermessenen und damit grundbuchrechtlich noch nicht existenten) Teilfläche nicht herbeiführen. Die Aufnahme der nicht vermessenen Teilfläche in den Vertrag oder Plan nach Maßgabe des oben Genannten und der Vollzug der Spaltung begründen hinsichtlich dieser Teilfläche vor Vollzug der Teilung im Grundbuch (nur) eine Art Anwartschaft des neuen Rechtsträgers auf das Eigentum an dieser Fläche. Es erstarkt zum vollen Eigentum, wenn die Teilfläche durch Vollzug der Teilung im

---

[102] Volmer aaO.
[103] Mayer, Volmer, je aaO; im Ergebnis auch Böhringer Rpfleger 1992, 45 (47) und Rpfleger 2001, 59 (63).
[104] Mayer aaO (Fußn 101).
[105] Bei Ausgliederung und Abspaltung können Einzelübertragungsakte ohne weiteres vorgenommen werden; bei Aufspaltung ist an die Anwendung von § 25 Abs 2 UmwG zu denken; so Mayer in Widmann/Mayer Rdn 214 zu § 128 UmwG.
[106] Böhringer Rpfleger 1996, 154; Mayer in Widmann/Mayer Rdn 213 zu § 126 UmwG.

B. Einzelfälle

Grundbuch rechtlich existent wird.[107] Erst in diesem Zeitpunkt kann die Grundbuchberichtigung durch Vollzug der Spaltung erfolgen (so daß für diese Berichtigung die Auslegung des § 132 UmwG bezüglich der Teilungsgenehmigung keine Rolle spielt[108]). Steht fest, daß die Teilung im Grundbuch nicht vollzogen wird, zB weil die hierzu erforderliche Teilungsgenehmigung (§ 19 BauGB, landesrechtliche Bauordnungen, landesrechtliche Naturschutz- oder Waldgesetze oä), bestandskräftig versagt wurde, so erlischt die vorbeschriebene „Anwartschaft". Im Wege der Auslegung, hilfsweise Umdeutung, ist unter Mitwirkung der an der Spaltung Beteiligten (s oben) das für diesen Fall Gewollte in der Form des § 29 GBO zu (er)klären (vgl hierzu auch den Grundsatz in § 131 Abs 3 UmwG).

Eine **Einschränkung** der durch Spaltung bewirkten partiellen Gesamtrechtsnachfolge enthält § 132 UmwG, dessen Auslegung heftig umstritten ist.[109] § 132 UmwG enthält drei unterschiedliche Übertragungshindernisse bzw Beschränkungen:

995 d

α) Vorschriften, die die Übertragbarkeit eines bestimmten Gegenstandes ausschließen

Hierunter fallen Gegenstände (Rechte), die nicht durch Rechtsgeschäft übertragen werden können; sie können auch nicht im Wege der Spaltung (ebensowenig wie im Wege der Verschmelzung) übergehen: zB eine Hypothek ohne Forderung (§ 131 Abs 1 Nr 1 S 2 UmwG), schuldrechtliche Vorkaufsrechte (soweit nichts anderes vereinbart ist), subjektiv persönliche Vorkaufsrechte einer natürlichen Person (bei Ausgliederung des Unternehmens eines Einzelkaufmannes, § 152 UmwG). Diese nicht übertragbaren Rechte erlöschen bei Aufspaltung, da der bisherige Rechtsträger erlischt;[110] bei Abspaltung und Ausgliederung verbleiben solche Rechte beim übertragenden Rechtsträger. Da die Spaltung eine partielle Gesamtrechtsnachfolge bewirkt, ist bei Nießbrauch, beschränkter persönlicher Dienstbarkeit und bei subjektiv persönlichem Vorkaufsrecht, jeweils zugunsten einer juristischen Person oder einer rechtsfähigen Personengesellschaft, Übertragbarkeit und damit Rechtsübergang nach § 1059 a Abs 1 Nr 1,[111] Abs 2, § 1092, § 1098 Abs 3 BGB im Regelfall (Ausnahme § 1059 a Abs 1 Nr 1 BGB am Ende) gegeben; § 1059 a Abs 1 Nr 2 BGB ist nicht einschlägig.

β) Vorschriften, die die Übertragung an bestimmte Voraussetzungen anknüpfen

Hierunter fallen etwa notwendige Zustimmungen Dritter für die rechtsgeschäftliche Übertragung von zB Wohnungseigentum (§ 12 WEG), Erbbaurecht (§ 5 ErbbauVO), die Zustimmung von Mitgesellschaftern bei Übertra-

---

[107] Mayer in Widmann/Mayer Rdn 213 zu § 126 UmwG spricht von „schwebender Unwirksamkeit".
[108] Insoweit unzutreffend (weil zu ungenau) LG Ellwangen Rpfleger 1996, 154 = aaO (Fußn 99).
[109] Vgl Mayer in Widmann/Mayer Rdn 9–23 zu § 132 UmwG.
[110] AA für Vorkaufsrecht Palandt/Putzo Rdn 3 zu § 473 BGB, mit der (fragwürdigen) Begründung, es läge wirtschaftliche Identität vor.
[111] Mayer in Widmann/Mayer Rdn 32 zu § 132 UmwG; Böhringer Rpfleger 1996, 154; aA Kallmayer ZIP 1994, 1746 (1756).

gung von Beteiligungen an Personengesellschaften oder vinkulierte Beteiligungen an AG und GmbH, auch die Zustimmung nach § 1365 BGB oder die Verfügungsbeschränkungen des Vorerben nach § 2113 BGB (bei Ausgliederung aus dem Unternehmen eines Einzelkaufmannes, § 152 UmwG).

γ) *Vorschriften, nach denen die Übertragung eines Gegenstandes einer staatlichen Genehmigung bedarf* (zB Grundstücksverkehrsgesetz, § 51 BauGB, GVO uä, s hierzu 5. Teil dieses Handbuchs)

Die Teilungsgenehmigung nach BauGB (uä Normen) fällt nicht unter diese Vorschrift, da sie nicht für die Übertragung erforderlich ist, sondern Voraussetzung für die Bildung des zu übertragenden Gegenstandes ist, s Rdn 995 c.

Unter Berücksichtigung der in der Norm des § 132 UmwG liegenden Wertungswidersprüche und unter Berücksichtigung der durch die europäische Spaltungsrichtlinie vorgegebenen Normen hat sich hinsichtlich der vorstehenden unter β) und γ) genannten Übertragungsbeschränkungen eine deutlich restriktive Auslegung herausgebildet.[112] Bei im einzelnen unterschiedlicher Begründung werden die unter β) und γ) genannten Übertragungshindernisse im Ergebnis nicht angewendet bei
– Aufspaltung
– Totalausgliederung
– Abspaltungen und Ausgliederungen, bei denen jeweils Sachgesamtheiten (zB Betrieb, Teilbetrieb) übertragen werden.

Die Zustimmungen und Genehmigungen sind nach dieser in der Literatur herausgebildeten Meinung somit nur noch dort erforderlich, wo Ausgliederungen und Abspaltungen wirtschaftlich deutlich in die Nähe einer Einzelgegenstandsübertragung im Rechtsgewand der Spaltung geraten. Im Bereich der öffentlich-rechtlichen Genehmigungen wird auch eine Einschränkung dahin erörtert,[113] daß solche öffentlich-rechtlichen Genehmigungen nicht nötig sind, bei denen der Schwerpunkt der Genehmigungspflicht den schuldrechtlichen Vorgang und damit die Kontrolle des rechtsgeschäftlichen Einzelrechtsverkehrs betrifft.

Im Ergebnis führt dies dazu, daß öffentlich-rechtliche Genehmigungen und Zustimmungen Dritter für Spaltungsvorgänge trotz des Wortlauts des § 132 UmwG regelmäßig nicht nötig sind, außer bei Abspaltungen und Ausgliederungen, die wirtschaftlich im wesentlichen einer Einzelrechtsübertragung gleichkommen.

995 e Auch die „Umwandlung" eines **einzelkaufmännischen Unternehmens** in eine Personen-Handelsgesellschaft, Kapitalgesellschaft oder Genossenschaft ist ein Fall der Spaltung durch Ausgliederung (§ 152 UmwG). Auch hier geht das Vermögen ohne Einzelübertragungsakt mit Wirksamwerden der Ausgliederung im Register des Einzelkaufmanns (§ 131 UmwG) auf den übernehmenden Rechtsträger (zB Kapitalgesellschaft) über. Die Ausgliederung kann das gesamte Vermögen der bisherigen Einzelfirma umfassen (dann erlischt sie mit Wirksamwerden dieser Spaltung) oder nur einen Teil des Vermögens der Einzelfirma.

---

[112] Vgl Mayer aaO = Rdn 109 mit Nachw.
[113] LG Ellwangen Rpfleger 1996, 154 = aaO (Fußn 99).

B. Einzelfälle

Die **Berichtigung des Grundbuchs** erfolgt 995f
- bei Aufspaltung auf schriftlichen (keine Unterschriftsbeglaubigung) Antrag (§ 13 Abs 1 GBO) des jeweils neuen Rechtsträgers (der übertragende Rechtsträger ist erloschen),
- bei der Abspaltung und Ausgliederung auf schriftlichen (keine Unterschriftsbeglaubigung) Antrag (§ 13 Abs 1 GBO) des übertragenden oder übernehmenden Rechtsträgers

und Unrichtigkeitsnachweis (§ 22 GBO), der durch beglaubigten Handelsregisterauszug der übertragenden Gesellschaft (im übrigen wie Rdn 995a) und Spaltungs- sowie Übernahmevertrag oder Spaltungsplan in Ausfertigung oder beglaubigter Abschrift geführt wird. Eine Berichtigungsbewilligung **statt** des **Unrichtigkeitsnachweises** ist auch bei Abspaltung und Ausgliederung nicht zulässig,[114] da durch die Vorlage des Spaltungs- und Übernahmevertrages oder Spaltungsplans und Berichtigungsbewilligung allein der Rechtsübergang außerhalb des Grundbuches nicht – wie bei der Grundbuchberichtigung durch Bewilligung erforderlich – schlüssig dargelegt werden kann: es müßte in jedem Fall der Vollzug im Handelsregister der übertragenden Gesellschaft (mit Datum) vorgetragen werden (s Rdn 364 und Rdn 995b aE). Berichtigungsbewilligung als die Verfahrensvorschrift des § 28 S 1 GBO (§ 126 Abs 2 S 2 UmwG) ausfüllende Identitätserklärung (s Rdn 878) ist dagegen zulässig, erfordert aber daneben Vorlage des Spaltungs- sowie Übernahmevertrags oder Spaltungsplans, um den Vortrag der (erfolgten) partiellen Gesamtrechtsnachfolge schlüssig zu machen.[115]

Das Grundbuchamt hat bei der beantragten Berichtigung die Einhaltung der Vorschriften der formellen Erfordernisse einschließlich der genauen Bezeichnung der Grundstücke nach § 28 S 1 GBO zu überprüfen, ebenso die Erfordernisse des § 132 UmwG; es hat dabei jedoch die vorstehend aufgeführte restriktive Auslegung zu berücksichtigen.

dd) Vermögensübertragungen. Die Vermögensübertragung nach §§ 174ff 995g UmwG führt zur entsprechenden Anwendung der Verschmelzungsvorschriften (bei Vollübertragung § 176 UmwG) oder der Spaltungsvorschriften (bei Teilübertragung) und damit ebenfalls zur vollständigen oder partiellen Gesamtrechtsnachfolge. Die Ausführungen Rdn 995a–f gelten entsprechend.

ee) Formwechsel. Nach § 190 UmwG können die in § 191 Abs 1 UmwG auf- 995h geführten Rechtsträger (OHG, KG Partnerschaftsgesellschaft, Kapitalgesellschaften, eG, rechtsfähige Verein, Versicherungsverein auf Gegenseitigkeit, Körperschaften und Anstalten des öffentlichen Rechts) nach Maßgabe der § 191 Abs 2, §§ 214, 226, 258, 272, 291, 301 UmwG in eine andere von Gesetz vorgesehene Rechtsform umgewandelt werden.

Durch den mit der Eintragung der neuen Rechtsform in das Register wirksamen Formwechsel (§ 202 Abs 1 Nr 1 UmwG) bleibt die Identität des bisherigen Rechtsträgers in der nunmehr neuen Rechtsform erhalten (bzw wird gesetzlich fingiert).

---

[114] AA Böhringer Rpfleger 2002, 59 (64); Meikel/Böttcher Rdn 88 zu § 22; Ittner MittRhNotK 1997, 105 (126); Volmer WM 2002, 428 (431).
[115] AA Volmer WM 2002, 428 (431).

Das Grundbuch ist infolge eines solchen Formwechsels unrichtig geworden; es besteht der als Rechtsinhaber eingetragene Rechtsträger in der neuen Rechtsform fort (unrichtige Tatsachenangabe, s Rdn 359). Die Richtigstellung durch Bezeichnung des Namens oder der Firma des Rechtsträgers neuer Rechtsform kann (jederzeit) von Amts wegen erfolgen (Rdn 290–292 und 359). Der Nachweis der Unrichtigkeit wird durch Vorlage des beglaubigten Handelsregisterauszuges der umgewandelten Firma oder Verweisung auf das beim gleichen Amtsgericht geführte Handelsregister (§ 34 GBO) erbracht. Ausnahme: Bei Umwandlung einer Kapitalgesellschaft in eine BGB-Gesellschaft sind deren Gesellschafter als Eigentümer in BGB-Gesellschaft (s dazu Rdn 241a) berichtigend einzutragen unter Vorlage des beglaubigten Handelsregisterauszuges der Kapitalgesellschaft, aus der sich die Tatsache der Umwandlung ergibt und ggfs des notariell beurkundeten Umwandlungsbeschlusses, aus dem sich die Person der BGB-Gesellschafter ergibt (§ 193 Abs 3, § 194 Abs 1 Nr 3 UmwG).

995 i ff) Unbedenklichkeitsbescheinigung des Finanzamtes – Grunderwerbsteuerstelle – ist für Eigentumsberichtigung infolge Verschmelzung, Aufspaltung, Abspaltung oder Ausgliederung sowie Vermögensübertragung erforderlich. Formwechsel unterliegt nicht der Grunderwerbsteuer (kein Rechtsträgerwechsel); Richtigstellung durch Bezeichnung des Rechtsträgers neuer Rechtsform erfordert daher keine Unbedenklichkeitsbescheinigung.

31. Eintragung des Erstehers nach Zwangsversteigerung

ZVG §§ 90, 91, 118, 128–131
GBO §§ 28, 29 Abs 3, 38
GBV §§ 10, 11, 16, 17

996 Grundbucheintragung

A. Abteilung I

1	2	3	4
5	Link Robert geb 3. 4. 1948	5	Zuschlagsbeschluß des Amtsgerichts Hauptstadt vom ... (Az K .../02) eingetragen am ...

B. Abteilung II: Spalten 6 und 7: Löschung des Zwangsversteigerungsvermerks

C. Abteilung III

1	2	3	4
9	5	10 000 EUR	Sicherungshypothek zu zehntausend Euro für Häuser Ludwig, geb am ..., für die infolge Nichtberichtigung des Bargebots übertragene zahlungsfällige Forderung gegen den Ersteher Robert Link, geb 3. 4. 1948, mit vier vH seit ... verzinslich, auf Grund des das Grundstück betreffenden Zwangsversteigerungsverfahrens eingetragen am ...

Spalten 8–10: Löschung der durch den Zuschlag erloschenen Grundpfandrechte.
Zu unterstreichen (röten) sind die frühere Eigentümereintragung, der (gelöschte) Zwangsversteigerungsvermerk in Abt II Sp 1–3 sowie die gelöschten Rechte in Abt III Sp 1–4 (auch 5 mit 7).
Bekanntmachung erfolgt an früheren und neuen Eigentümer von allen Eintragungen, die Gläubiger der in Abt III gelöschten Rechte von den sie betreffenden Löschungen und den neuen Gläubiger Ludwig Häuser von der Eintragung seiner Sicherungshypothek. Eintragungsmitteilung erhält das Vollstreckungsgericht zu den Zwangsversteigerungsakten.

B. Einzelfälle

Eintragung erfolgt auf **Ersuchen** des Vollstreckungsgerichts (§ 38 GBO; § 130, auch § 130a ZVG). Form und Inhalt des Ersuchens: Rdn 201. Wenn mehrere Ersteher als Eigentümer oder mehrere Berechtigte als Gläubiger einer Sicherungshypothek einzutragen sind, hat das Ersuchen auch deren Anteile in Bruchteilen oder das für die Gemeinschaft maßgebende Rechtsverhältnis zu bezeichnen (§ 47 GBO). Zuschlagsbeschluß oder Protokoll über den Verteilungstermin sind nicht Eintragungsgrundlage, müssen somit nicht vorliegen. Steuerliche Unbedenklichkeitsbescheinigung des Finanzamts ist für Eintragung des Erstehers[1] erforderlich (§ 22 GrEStG); sie muß dem Ersuchen beigefügt sein. 997

Zu **prüfen** hat das Grundbuchamt nur die formelle Ordnungsmäßigkeit des Ersuchens, nicht die sachliche Richtigkeit (Rdn 219). Es hat daher die Rechtskraft des Zuschlagsbeschlusses, das Erlöschen der zu löschenden Rechte und die Ausführung des Teilungsplans nicht zu prüfen. Auch das Vorliegen etwa erforderlicher Genehmigungen braucht dem Grundbuchamt nicht nachgewiesen zu werden, somit nicht eine Verwalterzustimmung nach § 12 WEG oder ein Negativattest nach § 28 Abs 1 BauGB.[2] Nur wenn das Ersuchen an einem **formellen Mangel** leidet (insbesondere nicht mit Unterschrift, Stempel oder Siegel versehen ist) darf das Grundbuchamt die Eintragung ablehnen. Das Fehlen der Unbedenklichkeitsbescheinigung des Finanzamts kann mit Zwischenverfügung beanstandet werden.[3] Das Ersuchen kann **nur einheitlich erledigt** (§ 16 Abs 2 GBO) oder beanstandet, somit nicht nur zum Teil abgelehnt oder mit abweichendem Inhalt (zB anderer Rangfolge der Sicherungshypotheken) erledigt werden.[4] 998

Der **Ersteher** ist (neu) auch dann einzutragen, wenn er schon bisher als Eigentümer (oder Miteigentümer) eingetragen war. Ist der **Ersteher gestorben**, so hat ihn das Grundbuchamt auch bei Kenntnis dieser Tatsache in das Grundbuch einzutragen.[5] 999

Die zu **löschenden Rechte** müssen im Ersuchen bezeichnet sein; Verweisung nur auf den Zuschlag oder das Verteilungsprotokoll ist daher unzulässig.[6] Einzeln aufgeführt sein müssen in dem Ersuchen auch die zu löschenden Rechte, die nach Eintragung des Versteigerungsvermerks, aber vor Zuschlagerteilung in das Grundbuch eingetragen worden sind.[7] Auf nach Verkündung des Zuschlags eingetragene Rechte darf sich das Ersuchen nicht erstrecken,[8] ebenso nicht auf 1000

---

[1] Bei Abtretung des Rechts aus dem Meistgebot (§ 81 Abs 2 ZVG) nicht auch für die Abgabe des Meistgebots, LG Lüneburg Rpfleger 1987, 105.
[2] LG Frankenthal Rpfleger 1984, 183.
[3] KGJ 52 A 154.
[4] Falschbehandlung siehe Sachverhalt des LG Gera MittBayNot 2003, 130 mit Anm Stöber = NotBZ 2002, 423 = RNotZ 2002, 511.
[5] KG JFG 10, 208.
[6] Stöber Rdn 2.13 zu § 130 ZVG.
[7] Stöber aaO.
[8] Stöber aaO; Dassler/Schiffhauer Rdn 26 zu § 130 ZVG; Meikel/Roth Rdn 91 zu § 38; anders Hornung Rpfleger 1980, 249; je mit Stellungnahme zum Problem und mit Nachweisen. Zu den Rechten, die zwischen Zuschlag und Eigentumsberichtigung eingetragen worden sind, wenn der bisherige Eigentümer den Zuschlag erhalten hat, s Meyer/Stolte Rpfleger 1983, 240. Für Ersuchen um Löschung der nach dem Zuschlag eingetragenen Rechte auch K/E/H/E Rdn 50, Bauer Rdn 53, je zu § 38; Steiner/Eickmann Rdn 39 zu § 130 ZVG.

Löschung der vom Ersteher bewilligten und (unter Verstoß gegen § 130 Abs 3 ZVG) bereits eingetragenen Rechte (diese sind entstanden). Zur Löschung einer Hypothek, Grundschuld oder Rentenschuld sowie zur Vorrangeintragung einer Sicherungshypothek gegen den Ersteher (§ 128 ZVG) ist nicht erforderlich, daß die **Briefe** über die Grundpfandrechte vorliegen (§ 131 ZVG), das gleiche gilt für die Eintragung einer Löschungsvormerkung nach § 130a Abs 2 S 1 ZVG. Das Grundbuchamt ist nicht berechtigt oder verpflichtet, nach der Löschung eines in der Zwangsversteigerung erloschenen Grundpfandrechts den **Besitzer des Briefes** zur Vorlegung anzuhalten (s §§ 127, 131 ZVG).[9]

1001 Für übertragene Forderungen gegen den Ersteher sind **Sicherungshypotheken** mit dem (im Ersuchen zu bezeichnenden Rang) des Anspruchs einzutragen (§ 128 ZVG). Dabei ist ersichtlich zu machen, daß die Eintragung der Hypotheken auf Grund des Zwangsversteigerungsverfahrens erfolgt (§ 130 Abs 1 S 2 ZVG). Die Sicherungshypotheken sind mit dem im Ersuchen bezeichneten Rang, damit im Rang vor (etwaigen) Rechten einzutragen, deren Eintragung der Ersteher bewilligt hat und die (verbotswidrig; § 130 Abs 3 ZVG) bereits eingetragen sind.[10] In welcher Höhe Zinsen der übertragenen Forderung vom Zuschlag an einzutragen sind,[11] bestimmt sich nach dem Eintragungsersuchen des Vollstreckungsgerichts (keine Prüfung der sachlichen Richtigkeit durch das Grundbuchamt, Rdn 998). Wenn um Eintragung der Sicherungshypothek mit „gesetzlichen" Zinsen[12] von 5% über dem jeweiligen Basiszinssatz ersucht ist, soll die Sicherungshypothek mit diesem variablen Zinssatz ohne Angabe eines Höchstbetrags einzutragen sein.[13] Zur Eintragung der Sicherungshypotheken gegen den Ersteher im einzelnen s Stöber, ZVG, 17. Aufl 2002, Rdn 2.14 zu § 130 und die Anmerk zu § 128.

1002 Wenn der **Ersteher** bereits vor seiner Eintragung als Eigentümer die **Eintragung** eines Rechts an dem versteigerten Grundstück **bewilligt** hat, darf diese Eintragung erst nach Erledigung des Grundbuchersuchens des Vollstreckungsgerichts erfolgen (§ 130 Abs 3 ZVG). Ein vorzeitiger Antrag ist aber nicht zurückzuweisen und nicht mit Zwischenverfügung zu beanstanden, sondern aufzubewahren, bis er vollziehbar ist.[14] Gleiches gilt für einen Gläubigerantrag auf Eintragung einer Zwangs- oder Arresthypothek gegen den Ersteher.[15]

32. Nachträgliche Buchung eines – buchungsfreien – Grundstücks
GBO §§ 116–125, 3 Abs 2–9

1003 **Vorgang:** Die Stadtgemeinde Neustadt beantragt, für das bisher nicht gebuchte Grundstück Ortsweg Räubergasse 5a 50 m² ein Grundbuchblatt an-

---

[9] OLG München DFG 1942, 7.
[10] Stöber MittBayNot 2003, 131.
[11] Zur Frage, in welcher Höhe die übertragene Forderung zu verzinsen ist, s Stöber Rdn 5 zu § 118 ZVG.
[12] Bindung des Grundbuchamts an das Eintragungsersuchen schließt es aus, die Eintragung der „gesetzlichen" Zinsen abzulehnen, weil das Grundstück nach § 1118 BGB haftet, KG Rpfleger 2003, 204.
[13] LG Kassel NJW-RR 2001, 1239.
[14] RG 62, 140 (144); LG Gera MittBayNot 2003, 130 mit Anm Stöber; LG Heilbronn MittBayNot 1982, 134; Stöber Rdn 6 zu § 130 ZVG.
[15] LG Lahn-Gießen Rpfleger 1979, 352 mit Anm Schiffhauer.

B. Einzelfälle

zulegen und sie als Grundstückseigentümerin einzutragen. Sie hat ausgeführt, daß das Grundstück dem öffentlichen Verkehr diene, die Stadtgemeinde schon seit mehr als 100 Jahren den Besitz daran ausübe, den Weg unterhalte und auch im Kataster und der Fortführung dazu als Besitzerin des Ortswegs gebucht sei. Auf die vorhandene Karte im Veränderungsnachweis hat die Stadtgemeinde Bezug genommen.

Öffentliche Bekanntmachung des Grundbuchamts (§ 122 GBO) 1004

Die Stadtgemeinde Neustadt hat beantragt, sie als Eigentümerin des bisher nicht gebuchten auf Gemarkung Neustadt liegenden Grundstücks

FlSt Nr 183/2, Ortsweg Räubergasse 5 a 50 m²

in das Grundbuch einzutragen.
Zur Glaubhaftmachung ihres Antrags hat sich die Stadtgemeinde Neustadt auf das Kataster und seine Fortführung berufen, in dem sie als Besitzerin des Grundstücks aufgeführt ist. Die Antragstellerin hat ferner darauf hingewiesen, daß das Grundstück in erkennbarer Weise dem öffentlichen Verkehr dient und sie schon seit mehr als 100 Jahre den Besitz an dem Grundstück ausübt, auch den Weg unterhält.
Die Anlegung des Grundbuchblattes für das genannte Grundstück und die Eintragung der Stadtgemeinde Neustadt als sein Eigentümer steht bevor. Personen, die Einwendungen gegen die vorsichtliche Eintragung geltend machen, wollen ihren Einspruch binnen 1 Monat seit Aushang dieser Bekanntmachung hierher mitteilen.
Neustadt, den .....

Amtsgericht
Resch Rechtspfleger

Verfügung des Grundbuchamts zu dieser Bekanntmachung 1005

1. Vorstehende Bekanntmachung ist dem Bürgermeister der Stadtgemeinde Neustadt mit der Bitte zu übersenden, sie an der Gemeindetafel einen Monat zum Aushang zu bringen und sodann unter Beurkundung des Beginns und des Endes des Aushangs hierher zurückzusenden.
2. Abschrift der Bekanntmachung erhalten folgende Anlieger: ...... mit Zusatz. Etwaige Einwendungen gegen die beabsichtigte Eigentumseintragung sind binnen 1 Monat hierher mitzuteilen.
3. Wiedervorlage nach 5 Wochen.

Grundbucheintragung 1006

nach Ablauf der Einmonatsfrist ohne Erhebung von Einwendungen

A. Bestandsverzeichnis

1	2	3	4	5	6
1	–	183/2 Ortsweg Räubergasse	–	5 50	1 Bei Anlegung des Grundbuchs eingetragen am ...

B. Abteilung I

1	2	3	4
1	Stadtgemeinde Neustadt	1	Bei Anlegung des Grundbuchs mit unbekanntem Grund und unbekannter Zeit des Erwerbs eingetragen am ...

Bekanntmachung erfolgt an die Eigentümerin und an das Vermessungsamt.

Bei nicht eingetragenen, aber buchungspflichtigen Grundstücken erfolgt die 1007
Anlegung eines Grundbuchblatts von Amts wegen (§ 116 Abs 1 GBO). Han-

delt es sich dagegen um ein buchungsfreies Grundstück (§ 3 Abs 2 GBO), so erfolgt die Eintragung nur auf Antrag. Einer Form bedarf dieser Antrag nicht. Die Antragsberechtigung muß aber nachgewiesen werden; andernfalls ist der Antrag zurückzuweisen.[1]

1008 Die Eintragung darf nur an Hand eines beglaubigten Auszugs aus dem amtlichen Verzeichnis (Liegenschaftskataster) erfolgen (§ 117 mit § 2 Abs 2 GBO).

1009 Das Grundbuchamt hat, und zwar auch dann, wenn das Verfahren nur auf Antrag eingeleitet wird, von Amts wegen die zur Feststellung des Eigentums erforderlichen **Ermittlungen** anzustellen und die geeigneten Beweise zu erheben (§ 118 GBO).[2] Zwischenverfügungen nach § 18 GBO sind daher unzulässig.[3] Auf die Benutzung bestimmter Beweismittel ist das Grundbuchamt nicht beschränkt; ihm stehen sämtliche zulässigen Beweismittel zur Verfügung, auch die Vernehmung von Zeugen.[4] Es können insbesondere Nebenanlieger (ersichtlich aus der Flurkarte) gehört werden sowie diejenigen Personen, für deren Eigentum Anzeichen vorhanden sind. Wie weit die Ermittlungen auszudehnen sind, hängt von dem pflichtgemäßen Ermessen des Grundbuchamts ab. Dessen Ermittlungspflicht im Anlegungsverfahren gebietet umfassende Nachforschungen; es sind alle Erkenntnisquellen, die zur Aufklärung des Grundstückseigentums dienen können, auszuschöpfen. Auch ein **Aufgebot** kann zur Ermittlung des Eigentümers erlassen werden (§§ 119, 120 GBO). Hat ein Aufgebotsverfahren nicht stattgefunden, so darf das Grundbuchblatt erst angelegt werden, nachdem in der Gemeinde, in deren Bezirk das Grundstück liegt, das Bevorstehen der Anlegung und der Name des als Eigentümer Einzutragenden öffentlich **bekanntgemacht** und seit der Bekanntmachung ein Monat verstrichen ist (§ 122 GBO). Die öffentliche Bekanntmachung kann erst am Schluß der Ermittlungen ergehen, wenn das Grundbuchamt sich über den einzutragenden Eigentümer schlüssig geworden ist.[5] Die Art der Bekanntmachung – regelmäßig Aushang an der Gemeindetafel oder im einschlägigen Amtsblatt oder dgl – bestimmt das Grundbuchamt. Ein Aufgebot selbst wird das Grundbuchamt in der Regel nur erlassen, wenn der Grundstückseigentümer gänzlich unbekannt ist.

1010 Werden **Einwendungen** erhoben, so hat das Grundbuchamt nach den allgemeinen Grundsätzen der freiwilligen Gerichtsbarkeit selbst über das Eigentum zu entscheiden; es darf die Beteiligten nicht auf den Prozeßweg verweisen.

1011 Bei der das Verfahren abschließenden Anlegung des Grundbuchblatts – auch wenn sich herausstellt, daß das Grundstück herrenlos ist – wird **als Eigentümer** eingetragen der ermittelte Eigentümer, der Grundstücksbesitzer oder der, dessen Eigentum am wahrscheinlichsten erscheint. Nach überwiegender Ansicht darf dann, wenn ein ordnungsmäßiger Antrag vorliegt (s Rdn 1007), das Verfahren nicht damit enden, daß der Antrag zurückgewiesen wird, weil der Antragsteller sein **Eigentum nicht nachweisen** kann. Vielmehr muß

---

[1] BayObLG 1965, 400 = Rpfleger 1966, 332; auch zur Person des Antragstellers; es ging hierbei um die Buchung eines Wasserlaufs.
[2] Zur Verpflichtung, den Sachverhalt aufzuklären und Beweise zu erheben, s OLG Oldenburg NdsRpfl 1975, 17. Zur Bindung an die Feststellungen im amtlichen Veränderungsnachweis BayObLG Rpfleger 1982, 19.
[3] KGJ 48 A 167; KG JFG 13, 127.
[4] KGJ 48 A 194; OLG Hamm OLGZ 1980, 186 = Rpfleger 1980, 229.
[5] OLG Oldenburg aaO (Fußn 2).

B. Einzelfälle

dann grundsätzlich ein Grundbuchblatt angelegt und als Eigentümer eine der vorgenannten Personen eingetragen werden.[6] Die Eigentümereintragung hat keine rechtsbegründende Wirkung. Personen, die später Eigentumsansprüche erheben, können ihr Recht im Prozeßweg oder durch Widerspruch (§ 894 BGB) verfolgen, auch wenn sie sich im Anlegungsverfahren nicht gemeldet haben.

Zum Eigentum einer Beteiligtengesamtheit an buchungsfreien Grundstücken s OLG Celle NdsRpfl 1954, 180 und LG Verden RdL 1967, 328; zum wahrscheinlichsten Eigentum (Gemeinde oder Angrenzer) bei einem als Kirchenweg benutzten Wegegrundstück s BayObLG BWNotZ 1981, 122 = Rpfleger 1981, 300. Zum Eigentum des Freistaates Bayern an den im ufernahen Bereich flachen Wassers (sogen Halde) des bayer Anteils am Bodensee gelegenen Grundstücken s BayObLG 1989, 270 = NJW 1989, 2475 = (mitget) Rpfleger 1989, 396. Zum Eigentum der Uferanlieger für Anlandungen an einer Insel in einem schiffbaren oder flößbaren Fluß s BGH 92, 326 = NJW 1985, 1289.

Ein bestimmter **Erwerbsgrund** wird nicht immer angegeben werden können, es genügt dann, einzutragen „auf Grund der Ermittlungen des Grundbuchamts". 1012

Beschränkte **dingliche Rechte** am zu buchenden Grundstück und sonstige Eigentumsbeschränkungen werden nur eingetragen, wenn diese beim Grundbuchamt angemeldet und entweder vom Eigentümer anerkannt oder in der Form des § 29 GBO durch Urkunden nachgewiesen werden, deren erklärter Inhalt vom Eigentümer stammt. Die Anmeldung (ebenso der Urkundennachweis) kann nicht mehr im Rechtsmittelverfahren nachgeholt werden.[7] Bestreitet der Eigentümer vor dem Grundbuchamt das angemeldete dingliche Recht, so wird es, falls es glaubhaft gemacht ist, durch Eintragung eines Widerspruchs gesichert (§ 124 GBO). 1013

Beschwerde gegen die Anlegung eines Grundbuchblattes ist unzulässig (§ 125 S 1 GBO). Im Wege der Beschwerde kann jedoch verlangt werden, daß das Grundbuchamt angewiesen wird, einen Widerspruch nach § 53 GBO einzutragen[8] (§ 125 S 2 GBO). Dabei ist das Beschwerdegericht nicht an die vom Grundbuchamt vorgenommene Beweiswürdigung gebunden.[9] Die Verletzung der Ermittlungspflicht im Anlegungsverfahren kann als Verletzung gesetzlicher Vorschriften iS des § 53 GBO die Anordnung eines Widerspruchs rechtfertigen.[10] Gegen die Ankündigung einer bestimmten Sachbehandlung im Anlegungsverfahren gibt es keine Beschwerde.[11] Eine demnach unzulässige Beschwerde kann aber als Antrag anzusehen sein, zugleich mit der Eintragung des bestrittenen Eigentums einen Widerspruch zugunsten dessen einzu- 1014

---

[6] BayObLG 1965, 400 = Rpfleger 1966, 332 mit weit Nachw; BayObLG 1989, 270 (272); OLG Stuttgart BWNotZ 1990, 120 = Justiz 1990, 299; dagegen für Zurückweisung des Antrags einer Gemeinde auf Buchung eines bisher nicht eingetragenen Grundstücks, wenn das Eigentum der Gemeinde nicht ermittelt ist, OLG Hamm Rpfleger 1952, 243 mit abl Anm Bruhn. S auch LG Heilbronn BWNotZ 1982, 8.
[7] OLG Karlsruhe Rpfleger 1999, 486.
[8] Löschung der bei Grundbuchanlegung vorgenommenen Eintragung als inhaltlich unzulässig (§ 53 Abs 1 S 2 GBO) kommt nicht in Betracht, BayObLG 1989, 270 (271).
[9] OLG Oldenburg MDR 1956, 114.
[10] OLG Hamm OLGZ 1980, 186 = aaO (Fußn 4).
[11] BayObLG BWNotZ 1981, 122 = Rpfleger 1981, 300. Ebenso gibt es keine Beschwerde gegen eine öffentliche Bekanntmachung; LG Heilbronn BWNotZ 1982, 8.

tragen, der Einwendungen erhebt.[12] Der hier behandelte § 125 GBO betrifft nur die erstmalige Anlegung eines Grundbuchblattes, ist also auf die Anlegung eines neuen Blattes für schon anderweitig gebuchte Grundstücke nicht anzuwenden.[13]

1015 **Bei Veräußerung buchungsfreier Grundstücke** an private Personen ist die vorherige Anlegung eines Grundbuchblatts erforderlich. Dies gilt auch dann, wenn nur ein Teil eines buchungsfreien Grundstücks an eine Privatperson veräußert werden soll, es sei denn, die zu veräußernde Fläche hat eine eigene Flurnummer erhalten. Im übrigen ist der Rechtsverkehr mit buchungsfreien Grundstücken durch Landesgesetz[14] geregelt.

1016 So bestimmt zB Art 29 des bad-württ AGBGB folgendes:

„(1) Zur Übertragung des Eigentums an einem Grundstück, das im Grundbuch nicht eingetragen ist und auch nach der Übertragung nicht eingetragen zu werden braucht, sowie zur Begründung der Dienstbarkeit an einem Grundstück, das im Grundbuch nicht eingetragen ist und nicht eingetragen zu werden braucht, genügt die Einigung der Beteiligten über die Rechtsänderung; zur Aufhebung der Dienstbarkeit an einem solchen Grundstück genügt die Erklärung des Berechtigten, daß er das Recht aufgebe.
(2) Die Einigung und Erklärung bedürfen der notariellen Beurkundung. Die Einigung über den Eigentumsübergang kann nicht unter einer Bedingung oder einer Zeitbestimmung erfolgen.
(3) Der Notar soll eine Ausfertigung der Urkunde dem Grundbuchamt, in dessen Bezirk das Grundstück liegt, zur Aufbewahrung einreichen."

1017 Einer **Unbedenklichkeitsbescheinigung des Finanzamts** bedarf es im Anlegungsverfahren nicht.[15]

33. Aufgebot eines Grundstückseigentümers und Aneignung
BGB § 927
ZPO §§ 946–959, 977–981, 1024
GBO § 13 Abs 1, § 30

1018 **Eidesstattliche Versicherung**

Am ... erscheint vor dem unterzeichneten Notar ... in der Amtsstelle in ... Herr Ludwig F. geboren am ... wohnhaft in ... mir, Notar, persönlich bekannt. Herr F. erklärte, eine Versicherung an Eides Statt zur Glaubhaftmachung einer Tatsache bei Gericht abgeben zu wollen. Der Notar hat den Erschienenen über die Bedeutung einer Versicherung an Eides Statt belehrt und besonders auf die strafrechtlichen Folgen einer vorsätzlich oder fahrlässig falsch abgegebenen eidesstattlichen Versicherung hingewiesen. Der Erschienene erklärte hierauf, was folgt:
Im Grundbuch des Amtsgerichts A-Stadt für A-Stadt (Band 29) Blatt 4089 ist seit 15. 10. 1915 Herr Richard F. als Alleineigentümer der FINr 21 eingetragen.

---

[12] BayObLG aaO (Fußn 11). Nach aA ist Beschwerde zulässig gegen die Zurückweisung eines Antrages wenn zugleich angekündigt wird, daß bei Anlegung des Grundbuchblattes ein anderer als Eigentümer eingetragen wird, OLG Stuttgart aaO.
[13] OLG Düsseldorf MittRhNotK 1970, 295 = Rpfleger 1970, 394; OLG Köln MittRhNotK 1981, 264.
[14] Wegen Rechtsänderungen bei buchungsfreien Grundstücken s für Baden-Württemberg § 29 Bad-WürttAGBGB vom 26. 11. 1974 (GBl 498; nachstehend wiedergegeben), für Bayern Art 55 BayAGBGB v 20. 9. 1982 (BayRS 400–1-J), für Schleswig-Holstein § 21 SchlHAGBGB vom 27. 9. 1974 (GVOBl 357).
[15] KG JFG 13, 127 (129).

B. Einzelfälle

Herr Richard F ist am 22. 9. 1932 verstorben. Er hinterließ seine Ehefrau Maria, die am 8. 12. 1934 verstorben ist, sowie zehn Kinder. Von diesen sind zwei im zweiten Weltkrieg vermißt, weitere drei sind nach USA und Südamerika ausgewandert: die Mehrzahl ist verstorben und hat wiederum Kinder hinterlassen, von denen auch bereits einige verstorben sind. Eine Grundbuchberichtigung hinsichtlich des verstorbenen Richard F. hat bis heute nicht stattgefunden. Grundbucheintragungen, die der Zustimmung des Verstorbenen oder seiner Erben bedurft hätten, sind seit 15. 10. 1915 nicht erfolgt. Das Grundstück FlNr 21 Gemarkung A-Stadt habe ich, Ludwig F. seit 1. Januar 1955 stets als Eigenbesitzer inne gehabt; ich habe das Grundstück stets alleine (landwirtschaftlich) genutzt und habe ebenso alleine sämtliche Lasten getragen. Vor diesem Zeitpunkt hat dieses Grundstück mein Vater Albert F. als Eigenbesitzer inne gehabt, es stets im ganzen allein landwirtschaftlich genutzt und allein sämtliche Lasten getragen.

Zur Glaubhaftmachung lege ich Bescheinigung der Gemeinde A vor, daß mein Vater und ich stets die Grundsteuer für dieses Grundstück gezahlt haben.

Zum 1. Januar 1955 habe ich den gesamten landwirtschaftlichen Betrieb von meinem Vater Albert F. im Wege der Übergabe erhalten. Mein Vater Albert F. hat seinerseits den landwirtschaftlichen Betrieb am 2. 6. 1929 von seinem Vater Richard F., dem eingetragenen Eigentümer, durch Übergabevertrag zur Urkunde des Notars Y in Z erhalten. In diesem Übergabevertrag ist jedoch die FlNr 21 nicht erwähnt, da für dieses Grundstück ein eigenes Grundbuchblatt bestand. Sowohl mein Vater wie ich haben dieses Grundstück immer als unser Eigentum betrachtet, da es immer Bestandteil des jeweils geschlossen übergebenen landwirtschaftlichen Betriebes war.

Ich versichere daher, daß ich bzw. mein Rechtsvorgänger Albert F. das Grundstück FlNr 21 Gemarkung A-Stadt seit über dreißig Jahren als Eigenbesitzer innehaben.

(folgt Abschlußvermerk)

1019

An das Amtsgericht
– Zivilgericht –
X-Stadt

Betrifft: Aufgebot eines Grundstückseigentümers nach § 927 BGB.
Ich überreiche Vollmacht des Herrn Ludwig F., Landwirt in A-Stadt, Hauptstr. 25 und beantrage namens und im Auftrag des Herrn Ludwig F. das Aufgebot gemäß § 927 BGB, §§ 946 ff ZPO zum Zwecke des Ausschlusses des als Eigentümer der FlNr 21 Gemarkung A-Stadt im Grundbuch des Amtsgerichts X für A-Stadt (Band 29) Blatt 4089 eingetragenen Richard F. Ich beantrage, das Ausschlußurteil hinsichtlich des Eigentums des genannten Richard F. am genannten Grundstück zu erlassen.
Begründung: ... (Verweisung auf die eidesstattliche Versicherung oder Wiedergabe des dort geschilderten Sachverhalts)

XY, Notar

Literatur: Muhr, Das Aufgebotsverfahren des Grundbuches der ZPO in der notariellen Praxis, MittRhNotK 1965, 150; Siebels, Die Ersitzung im Liegenschaftsrecht, MittRhNotK 1971, 441, 457.

1020 Ein im Grundbuch eingetragener Nicht-Eigentümer (Buchberechtigter) kann das Eigentum am Grundstück gemäß § 900 BGB durch Ersitzung erwerben. Wer im Grundbuch nicht eingetragen ist, kann das Eigentum nicht durch bloße Ersitzung erwerben, sondern nur, wenn er den eingetragenen Eigentümer mit seinem Eigentum im Wege des Aufgebotsverfahrens ausschließt und sich als Eigentümer im Grundbuch eintragen läßt (§ 927 BGB). Diese Vorschrift hat erhebliche Bedeutung dort, wo ein verstorbener oder verschollener Eigentümer[1] im Grundbuch eingetragen ist und die Nachweise der Erbfolge aus tatsächli-

---

[1] Kein Aufgebotsverfahren, wenn eine juristische Person Eigentümer ist, die noch besteht und deren Organe feststellbar sind, BGH DNotI-Report 2003, 109.

chen Gründen nicht oder nur mit unverhältnismäßigem Aufwand beschafft werden können (§ 927 Abs 1 S 3 BGB). Auch das Eigentum an einem ideellen Bruchteil unterliegt dem Aufgebot nach § 927 BGB, nicht aber der Anteil an einer Gesamthandsbeteiligung;[1a] möglich ist aber der Ausschluß aller Gesamthänder, auch wenn der Antragsteller selbst zu ihnen gehört.[2]

1021 In dem am häufigsten vorkommenden, auch im Muster behandelten Fall des § 927 Abs 1 S 3 BGB ist das **Aufgebotsverfahren nur zulässig,** wenn der **eingetragene Eigentümer gestorben** (für tot erklärt) oder **verschollen ist** und eine **Eintragung, die seiner Zustimmung bedurfte, seit 30 Jahren vor Beginn des Aufgebotsverfahrens nicht erfolgt** ist; ob der Eigentümer der Eintragung tatsächlich zugestimmt hat, spielt hier keine Rolle. Eine Eintragung, die durch einen Abwesenheitspfleger bewilligt wurde, unterbricht den Fristlauf jedoch nicht;[3] denn der Rechtsgrund der Aufgebotsersitzung ist die Tatsache, daß sich der Eigentümer nicht um sein Recht kümmert; dies ist auch dann nicht der Fall, wenn ein Abwesenheitspfleger eine Eintragung veranlaßt hat. Die Frist wird aber durch eine von einem rechtsgeschäftlich Bevollmächtigten des Eigentümers bewilligte Eintragung unterbrochen.[4] § 927 macht für den Fall, daß der im Grundbuch eingetragene Eigentümer verstorben ist, die Einleitung eines Aufgebotsverfahrens nicht davon abhängig, daß die Erben und Erbeserben des eingetragenen Eigentümers unbekannt oder nicht feststellbar sind.[5]

1022 Weitere Voraussetzung für die Zulässigkeit des Aufgebots ist mindestens **30jähriger Eigenbesitz des Antragstellers.** Für die Berechnung der Frist gelten §§ 938–944 BGB; die Eigenbesitzzeit eines Rechtsvorgängers wird nach § 943 BGB dem (Sonder- oder Gesamt-)Rechtsnachfolger gutgeschrieben. Eigenbesitzer (§ 872 BGB) ist, wer die tatsächliche Gewalt über die Sache mit dem Willen ausübt, sie wie eine ihm gehörende zu beherrschen;[6] auf den guten Glauben an ein Recht zum Besitz kommt es nicht an. Der im Erbgang erworbene Eigenbesitz nach § 857 BGB steht weder rechtlich noch tatsächlich dem Eigenbesitz eines anderen entgegen.[7]

1023 Das Aufgebotsverfahren ist in den §§ 946–959, 977–981 ZPO geregelt. Zuständig ist das Amtsgericht der belegenen Sache (§ 978 ZPO); antragsberechtigt ist der Eigenbesitzer (§ 979 ZPO; mehrere gemeinsam). Der Antragsteller hat die zur Begründung seines Antrages erforderlichen Tatsachen (§ 927 Abs 1 BGB) glaubhaft zu machen (§ 294 ZPO). Die Tatsache, daß innerhalb der letzten dreißig Jahre keine Eintragung im Grundbuch erfolgt ist, muß durch beglaubigte Grundbuchblattabschrift nachgewiesen werden. Der Tod des eingetragenen Eigentümers ist durch Sterbeurkunde, Todeserklärung, aber auch durch eidesstattliche Versicherung glaubhaft zu machen; für den Eigenbesitz des Antragstellers dürfte dessen eidesstattliche Versicherung al-

---

[1a] LG Aurich NJW-RR 1994, 1170
[2] OLG Bamberg NJW 1966, 1413; Siebels MittRhNotK 1971, 441 (466); Palandt/Bassenge Rdn 1; aA MünchKomm/Kanzleiter Rdn 3, je zu § 927 BGB.
[3] AG Berlin-Schöneberg MittBayNot 1975, 22.
[4] So richtig MünchKomm/Kanzleiter Rdn 4 zu § 927 BGB, gegen LG Flensburg SchlHA 1962, 246.
[5] LG Köln MittRhNotK 1985, 215.
[6] BGH 132, 245 (257) = NJW 1996, 1890 (1893); Palandt/Bassenge Rdn 1 zu § 872 BGB.
[7] OLG Bamberg NJW 1966, 1413.

B. Einzelfälle

lein zur Glaubhaftmachung nicht ausreichen; hier müssen eidesstattliche Versicherungen Unbeteiligter oder sonstige Beweismittel (zB Besitzbescheinigung der Gemeinde, Nachweis über Tragung der öffentlichen Lasten) vorgelegt werden. Eine Bevollmächtigung des Notars ist möglich; sie muß ausdrücklich erteilt werden; aus der Beurkundung der eidesstattlichen Versicherung folgt keine Vollmachtsvermutung für das Aufgebotsverfahren.

Das Amtsgericht hat zu prüfen, ob die materiell-rechtlichen Voraussetzungen des § 927 BGB glaubhaft gemacht sind. Ist dies nach Überzeugung des Gerichts der Fall, so ist der Antrag zulässig; das Gericht muß das Aufgebot erlassen; in ihm wird der Aufgebotstermin festgesetzt und öffentlich zur Eigentumsanmeldung spätestens im Termin aufgefordert unter Androhung der Folge des Eigentumsausschlusses; zum Inhalt des Aufgebots im Einzelnen § 947 Abs 2, § 981 ZPO. Für die Veröffentlichung gelten § 948 ZPO sowie über § 1024 Abs 1 ZPO landesrechtliche Sondervorschriften; die Mindestaufgebotsfrist beträgt sechs Wochen, § 950 ZPO.

Meldet bis zum festgesetzten Termin niemand ein entgegenstehendes Recht an, so wird durch Ausschlußurteil (das vom Antragsteller ausdrücklich beantragt werden muß, vgl Muster) jeder bisherige Eigentümer mit seinem Eigentumsrecht ausgeschlossen; das Grundstück wird herrenlos. Auch etwa bestehende Verfügungsbeschränkungen des ausgeschlossenen Eigentümers entfallen. Wird innerhalb der Aufgebotsfrist ein Recht angemeldet, so ist entweder das Verfahren auszusetzen oder ein Ausschlußurteil mit dem Vorbehalt des angemeldeten Rechts zu erlassen. Eine sachliche Prüfung des Bestandes des angemeldeten Rechtes findet im Aufgebotsverfahren nicht statt. Dies bleibt dem ordentlichen Verfahren (§§ 253 ff ZPO) vorbehalten. Wird im ordentlichen Verfahren der Bestand des angemeldeten Rechtes verneint und daraufhin der Vorbehalt beseitigt, wird der Antragsteller des Aufgebotsverfahrens so behandelt, als ob zu seinen Gunsten ein vorbehaltloses Ausschlußurteil ergangen wäre. Andere Rechte als das Eigentum am Grundstück, insbesondere obligatorische Ansprüche auf Übertragung des Eigentums, können die Ausschlußwirkung gegenüber dem Rechtsinhaber nicht beseitigen.[8]

1024

Nach Erlaß des Ausschlußurteils kann sich der Antragsteller das nunmehr herrenlose Grundstück nach § 927 Abs 2 BGB aneignen, indem er seine Eintragung als Eigentümer im Grundbuch beantragt. Er hat hierzu eine Ausfertigung des Ausschlußurteils, das sofort nach Erlaß rechtskräftig wird (§ 957 ZPO), vorzulegen. Einer Unbedenklichkeitsbescheinigung des Finanzamtes bedarf es nicht, da Ausschlußurteil und Eintragung des Antragstellers auf Grund Aneignung keine grunderwerbsteuerbaren Tatbestände sind.[9] Auch ein Widerspruch[10] zur Sicherung des Aneignungsrechtes kann eingetragen werden, doch dürfte dies in der Praxis entbehrlich sein, da der Antrag sofort nach Erlaß des Ausschlußurteils gestellt werden kann und dem Antragsteller somit der Schutz des § 17 GBO zugute kommt.

1025

Der Antrag an das Grundbuchamt (§ 13 Abs 1 GBO) enthält die Erklärung des Aneignungswillens; der Antrag bedarf nach nunmehr wohl überwie-

1026

---

[8] BGH 76, 169 = NJW 1980, 1521 = Rpfleger 1980, 217.
[9] OLG Zweibrücken DNotZ 1987, 233 = NJW-RR 1986, 1461 = Rpfleger 1987, 105.
[10] Staudinger/Pfeifer Rdn 19 zu § 927 BGB mit weit Nachw auch zur Gegenmeinung (Absicherung durch Eintragung einer Vormerkung); Siebels aaO S 464.

der Ansicht[11] der Form des § 29 GBO. Mehrere Antragsteller müssen im Antrag das Gemeinschaftsverhältnis nach § 47 GBO angeben.[12] Der Antrag kann wie folgt lauten:

> An das Grundbuchamt X
> Namens des Herrn Ludwig F., geb am ... Landwirt in A-Stadt, Hauptstr 25, dessen Vollmacht ich beifüge, beantrage ich die Eintragung des Herrn Ludwig F. als Eigentümer der FlNr 21 Gemarkung A-Stadt (Grundbuch für A-Stadt [Band 29] Blatt 4089); namens des Herrn Ludwig F. erkläre ich hiermit die Aneignung dieses Grundstückes.
> Ausfertigung des Ausschlußurteils des Amtsgerichts X vom ... Az 70/02 füge ich bei.
> Der Wert des Grundstückes beträgt 2000,– €. XY Notar

1027 Ist im Ausschlußurteil ein Vorbehalt zugunsten der Rechte eines Dritten gemacht, so kann der Antragsteller seine Eintragung nur erreichen, wenn er den Wegfall des Vorbehalts in Form des § 29 GBO nachweist (Verzicht des Vorbehaltsberechtigten oder Urteil nach § 894 ZPO).

34. Aufgabe des Eigentums, Aneignung
BGB § 928
GBO § 13 Abs 1, § 19

1028 Verzicht auf das Eigentum

> An das
> Amtsgericht – Grundbuchamt
> ...
>
> Betrifft: Aufgabe des Eigentums
> Ich bin alleiniger Eigentümer des im Grundbuch von ... (Band ...) Blatt ... eingetragenen Grundstücks FlStNr ... [mit Beschrieb nach § 28 S 1 GBO].
> Hiermit verzichte ich gemäß § 928 Abs 1 BGB auf das Eigentum an diesem Grundstück.
> Ich beantrage, diesen Verzicht in das Grundbuch einzutragen.
> Georg Gleichgültig (folgt Unterschriftsbeglaubigung)

1029 Grundbucheintragung (nur sachlicher Teil)

> Abteilung I Spalte 3: 2
> Spalte 4: Gleichgültig Georg hat das Eigentum an dem Grundstück durch Verzicht (§ 928 Abs 1 BGB) aufgegeben. Eingetragen am ...
> Unterstreichen (Röten): Eigentümer in Spalte 2 der lfd Nr 1.

1030 Der Grundstückseigentümer kann das **Eigentum** an seinem Grundstück **aufgeben**. Der Verzicht ist gegenüber dem Grundbuchamt zu erklären und in das Grundbuch einzutragen (§ 928 Abs 1 BGB). Er bedarf (materiellrechtlich) keiner Form; Grundbucheintragung auf Antrag (§ 13 Abs 1 GBO) erfordert Erklärung (schließt Eintragungsbewilligung ein[1]) in der Form des § 29 GBO. Die Bewilligungsberechtigung und Bewilligungsbefugnis (Verfügungsbefug-

---

[11] BGB-RGRK/Augustin Rdn 14, Staudinger/Pfeifer Rdn 29, 30, je zu § 927 BGB; MünchKomm/Kanzleiter Rdn 11 zu § 928; SchlHOLG JurBüro 1989, 90; aA OLG Jena Rpfleger 2003, 177; Palandt/Bassenge Rdn 5 zu § 927 BGB; Saenger MDR 2001, 134.
[12] ZB „als Erwerber in ungeteilter Erbengemeinschaft", LG Aachen MittRhNotK 1971, 405.
[1] BayObLG 1983, 85 (88) = Rpfleger 1983, 308.

B. Einzelfälle

nis) ist vom Grundbuchamt zu prüfen. Eintragung erfolgt in Abt I Spalte 4 (mit Spalte 3; § 9 Buchst d mit c GBV); der in Spalte 2 eingetragene Eigentümer wird unterstrichen (gerötet, § 16 GBV entspr). Rechtsbehelf: Beschwerde mit dem Ziel der Berichtigung durch Löschung und Wiedereintragung des Eigentümers.[2] Mit Wirksamkeit des Verzichts wird das Grundstück **herrenlos.** Grundstücksbelastungen (auch eine Eigentümergrundschuld; sie wird Fremdrecht) bleiben unberührt.

Ein **Miteigentumsanteil nach Bruchteilen** an einem Grundstück kann nach hM **nicht** entsprechend § 928 Abs 1 BGB durch Verzicht aufgegeben werden.[3] Unzulässig ist ebenso der Verzicht eines Wohnungs- oder Teileigentümers.[4] Dem Verwalter der WEigter-Gemeinschaft steht jedoch gegen die Eintragung des Verzichts (oder gegen die Zurückweisung des Antrags, den Verzicht wieder zu löschen) kein Beschwerderecht zu.[5] 1031

Aneignungsberechtigt ist der Fiskus des Bundeslandes, in dessen Gebiet das Grundstück liegt (§ 928 Abs 2 S 1 BGB). Er erwirbt das Eigentum dadurch, daß er sich als Eigentümer in das Grundbuch eintragen läßt (§ 928 Abs 2 S 2 BGB). Die Ausübung des Aneignungsrechts ist zeitlich nicht begrenzt.[6] Die Grundbucheintragung erfordert Antrag in der Form des § 29 (mit § 30) GBO; Unbedenklichkeitsbescheinigung ist nicht erforderlich.[7] Eintragung erfolgt in Abt I (§ 9 GBV). Als Grundlage der Eintragung wird in Spalte 4 angegeben 1032

> Aneignungsrecht ausgeübt am ...; eingetragen am ...

Erworben wird das Eigentum mit der Eintragung (Unterzeichnung nach § 44 GBO oder Wirksamwerden mit Aufnahme in den Datenspeicher nach § 129 Abs 1 GBO). Gutgläubig kann, wenn die Eigentumsaufgabe unwirksam ist, das Eigentum von dem Aneignungsberechtigten jedoch nicht erworben werden.[8] Grundstücksrechte bleiben bestehen (s bereits Rdn 1030); lastenfreier Erwerb ist auch nach § 892 BGB nicht möglich (Grund: ursprünglicher Erwerb).

Das **Aneignungsrecht** kann (in der Form des § 925 BGB; jedoch keine Grundbucheintragung) **übertragen** werden.[9] Der Fiskus kann auf sein Aneignungsrecht auch **verzichten.**[10] Der Verzicht kann nicht in das Grundbuch 1033

---

[2] OLG Zweibrücken OLGZ 1981, 139.
[3] BGH 115, 1 = DNotZ 1992, 359 = JR 1992, 149 mit zust Anm Hennsler = NJW 1991, 2488 = Rpfleger 1991, 495; KG NJW 1989, 42 = OLGZ 1988, 355; LG Koblenz NJW-RR 2003, 234; aA (für Aufgabemöglichkeit unter Darlegung der Gesetzgebungsmotive) Kanzleiter NJW 1996, 905.
[4] BayObLG 1991, 90 = BWNotZ 1991, 92 = MittBayNot 1991, 117 = NJW 1991, 1962 = Rpfleger 1991, 247; OLG Düsseldorf MittBayNot 2001, 207 = NJW-RR 2001, 233; LG Konstanz BWNotZ 1989, 171 = MittBayNot 1990, 113 = NJW-RR 1989, 1424.
[5] BGH 108, 278 (281) = DNotZ 1990, 291 = NJW 1990, 251 = Rpfleger 1989, 497; BayObLG DNotZ 1989, 438.
[6] BGH 108, 278 (281) = aaO.
[7] Böhringer Rpfleger 2000, 99 (102).
[8] OLG Zweibrücken OLGZ 1981, 139 (141).
[9] BGH 108, 278 (281) = aaO. Eintragung des Zessionars als Grundstückseigentümer erfordert Unbedenklichkeitsbescheinigung, Böhringer Rpfleger 2000, 99 (102).
[10] BGH 108, 278 = aaO.

eingetracht werden.[11] Nach wirksamem Verzicht auf das Aneignungsrecht kann sich jeder Dritte das herrenlose Grundstück aneignen.[12] Der (originäre) Eigentumserwerb erfordert Erklärung gegenüber dem Grundbuchamt (Form für Eintragung: § 29 mit § 30 GBO) und Grundbucheintragung.[13] Diese erfolgt auf Antrag (§ 13 Abs 1 GBO); sie erfordert Nachweis des Verzichts durch den Fiskus in der Form des § 29 GBO; Unbedenklichkeitsbescheinigung ist nicht nötig.[14]

1034–1099 Die Randnummern 1034–1099 sind **nicht** belegt

IV. Zweite Abteilung des Grundbuchs

A. Allgemeine Erläuterungen

1. Die Eintragungen

1100 In die zweite Abteilung des Grundbuchblatts (§ 4 GBV) werden eingetragen (§ 10 Abs 1 GBV)

a) alle **Belastungen des Grundstücks** (oder eines Anteils am Grundstück) mit Ausnahme von Hypotheken, Grundschulden und Rentenschulden (die in Abt III des Grundbuchblatts eingetragen werden), somit
– Grunddienstbarkeit (§§ 1018–1029 BGB);
– Nießbrauch (§§ 1030–1089 BGB);
– beschränkte persönliche Dienstbarkeit (§§ 1090–1093 BGB);
– Vorkaufsrecht (§§ 1094–1104 BGB);
– Reallast (§§ 1105–1112 BGB);
– Erbbaurecht (VO über Erbbaurecht v 15. 1. 1919);
– Dauerwohnrechte und Dauernutzungsrechte (§§ 31 ff WEG).
Bezeichnung des einzutragenden Berechtigten: § 15 GBV (Rdn 229 ff). Gemeinschaftsverhältnisse und deren Eintragung Rdn 253 ff.

1101 b) **Vormerkungen** und **Widersprüche,** die sich auf eine in Abteilung II des Grundbuchblatts einzutragende **Belastung beziehen** (zu ihrer Eintragung §§ 12, 19 GBV),

1102 c) die **Beschränkungen** des Verfügungsrechts **des Eigentümers** sowie die das Eigentum betreffenden Vormerkungen und Widersprüche (zu ihrer Eintragung §§ 12, 19 GBV). **Verfügungsbeschränkungen** sind insbesondere: zwischen Miteigentümern mit dinglicher Wirkung getroffene Vereinbarungen (§ 749 Abs 2, § 1010 Abs 1 BGB), Testamentsvollstreckung, Nacherbschaft, Verpfändung oder Pfändung eines Erbteils bei Vorhandensein von Grundbesitz, Insolvenzvermerk, Zwangsversteigerungs- oder Zwangsverwaltungsvermerk,

1103 d) **Grundbuchvermerke,** die im Enteignungsverfahren, im Verfahren zur Klarstellung der Rangverhältnisse (§§ 90–115 GBO) und in ähnlichen Fällen vor-

---

[11] LG Hamburg DNotZ 1967, 34 = NJW 1966, 1715; AG Unna Rpfleger 1991, 17; BGB-RGRK/Augustin Rdn 8 zu § 928; offen gelassen von BGH 108, 278 (281) = aaO.
[12] BGH 108, 278 = aaO.
[13] BGH 108, 278 = aaO.
[14] Böhringer aaO.

B. Einzelfälle

gesehen sind und auf diese Verfahren hinweisen. Auf den **Wert-Ausgleichsbetrag** nach § 25 BBodSchG (BGBl 1998 I 502), der als öffentliche Last auf dem Grundstück ruht (§ 25 Abs 6 S I BBodSchG), wird durch einen Grundbuchvermerk (**Bodenschutzlastvermerk**) hingewiesen. Eintragung erfolgt auf Ersuchen (§ 38 GBO) der für die Festsetzung des Ausgleichsbetrags zuständigen Behörde (§ 93b Abs 2 S 1 GBV) ohne Zustimmung des Eigentümers (§ 93b Abs 2 S 5 GBV) in Abt II des Grundbuchs (§ 93a GBV). Der Bodenschutzlastvermerk lautet (§ 93b Abs I S 2 GBV):

> Bodenschutzlast. Auf dem Grundstück ruht ein Ausgleichsbetrag nach § 25 des Bundes-Bodenschutzgesetzes als öffentliche Last.

Löschung erfolgt gleichfalls auf Ersuchen der zuständigen Behörde (§ 93b Abs 2 S 1 GBV) ohne Zustimmung des Eigentümers (§ 93b Abs 2 S 5 GBV).
Eingetragen werden können in Abteilung II des Grundbuchs **nur** die gesetzlich **zugelassenen Rechte** an Grundstücken (Typenzwang; numerus clausus der Sachenrechte; Rdn 19) mit ihrem gesetzlich zugelassenen Inhalt. Durch abweichende **Parteivereinbarung** ist die inhaltliche Gestaltung der Rechte nur in den gesetzlich vorgesehenen Grenzen zulässig (Typenfixierung; Rdn 19). Näheres bei den einzelnen Eintragungsvorgängen. Die damit den Parteivereinbarungen gesetzten Grenzen gelten auch für **dingliche Vereinbarungen zugunsten Dritter** (§ 328 BGB); sie werden für das Sachenrecht als unzulässig angesehen (siehe Rdn 9). Dies ist namentlich für Rechtsnachfolgeklauseln bei Rechten der Abteilung II von Bedeutung und wird bei den einzelnen Rechten jeweils mitbehandelt. 1104

Nicht in Abteilung II eingetragen werden können **schuldrechtliche Rechte**, wie zB Miete oder Pacht[1] (Wohnungsrecht s Rdn 1234), außerdem **öffentliche Lasten**,[2] soweit nicht ihre Eintragung gesetzlich besonders zugelassen ist (§ 54 GBO; zum Bodenschutzlastvermerk Rdn 1103). Zu Verfügungsbeschränkungen des öffentlichen Rechts s Rdn 3. Auch **Beschränkungen in der Verfügungsfähigkeit** können nicht eingetragen werden, zB Beschränkungen in der Geschäftsfähigkeit (§§ 104ff BGB), aus **Güterrecht** sich ergebende Beschränkungen, das **Vorkaufsrecht nach Reichssiedlungsgesetz,** eine auf **öffentlichem Recht** bestehende Verfügungsbeschränkung (etwa nach dem GrdstVG) mit Ausnahme des (früheren) Entschuldungsvermerks nach § 80 SchRG. Derartige öffentlichrechtliche Verfügungsbeschränkungen greifen aber in die Verfügungsrechte des Grundstückseigentümers wesentlich ein, s hierzu Rdn 3800ff. 1105

2. Die Einteilung der zweiten Abteilung des Grundbuchblatts

Die Einteilung der zweiten Abteilung des Grundbuchblatts regelt § 10 Abs 2–7 GBV; sie ist in **7 Spalten** untergeteilt. 1106
– In **Spalte 1** wird die laufende Nummer der in dieser Abteilung erfolgenden Eintragungen angegeben (§ 10 Abs 2 GBV).

---

[1] RG 54, 233.
[2] Zum Begriff der öffentlichen Last s Stöber Rdn 6 zu § 10 ZVG. Zur Frage, unter welchen Voraussetzungen nach landesrechtl Kommunalabgabengesetz eine öffentliche Last gegeben ist (hier für Rheinland-Pfalz) s BGH NJW 1981, 2127 = Rpfleger 1981, 349 und (für Schleswig-Holstein) BGH NJW 1989, 107 = Rpfleger 1988, 541.

2. Teil. IV. Zweite Abteilung des Grundbuchs

1107 – **Spalte 2** dient zur Angabe der laufenden Nummer, unter der das betroffene (belastete) Grundstück im Bestandsverzeichnis des Grundbuchblatts eingetragen ist (§ 10 Abs 3 GBV).

1108 – In **Spalte 3** werden inhaltlich eingetragen (§ 10 Abs. 4 GBV)
 – die Belastungen (s Rdn 1100)
 – Beschränkungen des Verfügungsrechts des Eigentümers
 – Beschränkungen des Berechtigten in der Verfügung über ein in Spalten 1–3 eingetragenes Recht, wenn diese Verfügungsbeschränkung von vorneherein besteht und sogleich mit dem Recht einzutragen ist (Änderung seit 24. 2. 1999; Eintragung hatte vordem im Spalte 5 zu erfolgen)
 – sonstige Vermerke.
 Ersichtlich zu machen ist in Spalte 3 außerdem bei gleichzeitiger Eintragung mit der Belastung der Vermerk darüber, daß ein subjektiv-dingliches Recht beim herrschenden Grundstück eingetragen ist (§ 9 Abs. 3 GBO); Änderung seit 24. 2. 1999).

1109 – Die **Spalte 5** (mit Angabe der laufenden Nummer in **Spalte 4**) ist nach § 10 Abs. 5 GBV bestimmt zur Eintragung
 – von Veränderungen der in den Spalten 1–3 eingetragenen Rechte
 – von Veränderungen der (sonst) in Spalten 1–3 eingetragenen Vermerke
 – der Beschränkungen des Berechtigten in der Verfügung über ein in Spalten 1–3 eingetragenes Recht, wenn diese Verfügungsbeschränkung nachträglich eingetragen wird
 – des Vermerks nach § 9 Abs. 3 GBO darüber, daß ein subjektiv-dingliches Recht beim herrschenden Grundstück eingetragen ist, wenn der Vermerk nachträglich eingetragen wird.

1110 – In der **Spalte 7** (mit Angabe der laufenden Nummer in **Spalte 6**) erfolgt die Löschung der in den Spalten 3 und 5 eingetragenen Rechte und Vermerke (§ 10 Abs 6, 7 GBV).

1111 Die Angabe des Eintragungs**datums** und die **Unterzeichnung** der Eintragung durch den Grundbuchrechtspfleger und Urkundsbeamten erfolgen (je nach Maßgabe der Eintragung) in Spalten 3 (für Lasten und Beschränkungen), 5 (für Veränderungen) oder 7 (für Löschungen); hierzu § 20 GBV. Wenn eine Eintragung ganz gelöscht wird, ist sie (rot) zu unterstreichen; dasselbe gilt für Vermerke, die ausschließlich die gelöschte Eintragung betreffen (§ 17 Abs 2 GBV); Rötungen im übrigen § 17 Abs 2, 3, § 19 Abs 2, 3 GBV.

3. Mehrere Eintragungen in Abteilung II

1112 **Jedes Recht** (jede Belastung des Grundstücks, jede Vormerkung, jeder Widerspruch, jede Eigentümerbeschränkungen usw) ist in Abteilung II unter einer **selbständigen Nummer** einzutragen. Sammelbuchung durch Zusammenfassung mehrerer Rechte (Eigentümerbeschränkungen usw) unter einer Nummer würde zwar die materielle Wirksamkeit der Eintragung nicht beeinträchtigen, wäre aber ordnungswidrig und ist daher zu unterlassen;[3] jedenfalls ist sie als

---

[3] So für Erbbaurecht und Vorkaufsrecht BayObLG 1953, 64 = NJW 1953, 826 Leits (auch zum Rangverhältnis, wenn mehrere selbständige Rechte unter einer Nummer eingetragen sind).

B. Einzelfälle

unzweckmäßig abzulehnen (dazu auch Rdn 1909). Aus Vereinfachungsgründen wird ausnahmsweise zusammenfassende Eintragung mehrerer Rechte bei gleichem Inhalt unter einer Nummer für zulässig erachtet bei Wohnungsrechten (insbesondere für Eheleute oder Geschwister).[4]

B. Einzelfälle

1. Grunddienstbarkeit bestehend in einem Geh- und Fahrtrecht

BGB §§ 96, 882, 1018–1029
EGBGB Art 115, 184, 187
GBO § 7 Abs 2, §§ 9, 13, 19, 21, 28, 29
GBV §§ 7, 10, 14, 15

Antragsformular 1113

Karl Wachsam räumt dem jeweiligen Eigentümer des Grundstücks Flurstück 10 der Gemarkung Oberhof, eingetragen im Grundbuch von Oberhof (Band 1) Blatt 15, auf Dauer das Recht ein, den auf der Ostseite seines Grundstücks Flurstück 12 der Gemarkung Oberhof, eingetragen im Grundbuch von Oberhof (Band 2) Blatt 33, von der Hauptstraße bis zum Grundstück Flurstück 38 bereits ausgebauten Weg zum Fahren und zum Gehen zu seinem Grundstück, nicht aber zum Abstellen von Fahrzeugen, mitzubenützen. Das Fahrtrecht kann nur mit Kraftfahrzeugen bis zu einem zulässigen Gesamtgewicht von 2 to ausgeübt werden.
Die Ausübung des Geh- und Fahrtrechts ist auf die Wegefläche beschränkt.
Die Unterhaltungs- und Verkehrssicherungspflicht für den Überfahrtsweg obliegt den Eigentümern des berechtigten und des belasteten Grundstücks zu gleichen Teilen.
Die Eintragung der vorstehenden Grunddienstbarkeit bei dem vorgenannten belasteten Grundstück wird hiermit bewilligt und beantragt.
Es wird beantragt, das Recht bei dem berechtigten Grundstück zu vermerken.
Die Eintragungskosten trägt der Eigentümer des berechtigten Grundstücks. Wert des Rechts 20 000 €.

Oberhof, den ...   Karl Wachsam   (Unterschriftsbeglaubigung)

Grundbucheintragung 1114

1	2	3
5	7	Grunddienstbarkeit (Geh- und Fahrtrecht) für den jeweiligen Eigentümer des Grundstücks FlStNr ... (derzeit Oberhof [Band 1] Blatt 15). Unter Bezugnahme auf die Eintragungsbewilligung vom ... (Notar .... URNr ...) hier eingetragen und auf dem Blatt des herrschenden Grundstücks vermerkt am ...
		[**oder:** Grunddienstbarkeit (Geh- und Fahrtrecht) für den jeweiligen Eigentümer von BV Nr.... in [Bd. 1] Bl. 15, vermerkt nach § 9 GBO, gemäß Bewilligung vom ... (Notar ... URNr ...) eingetragen am ...]

---

[4] BayObLG 1957, 322 = Rpfleger 1958, 88 mit Anm Haegele (BayObLG 1957, 330 auch zur Frage, ob – und wann – in einem solchen Fall ein Gleichrangvermerk entbehrlich ist); außerdem RG HRR 1929 Nr 602; RG JR 1925 Nr 880 = Recht 1925 Nr 456; OLG Oldenburg DNotZ 1957, 317 mit Anm Saage = NdsRpfl 1957, 30; Jestaedt Rpfleger 1970, 380; s auch Rdn 1244.

2. Teil. IV. Zweite Abteilung des Grundbuchs

außerdem (auf dem Blatt des herrschenden Grundstücks)

A. Bestandsverzeichnis

1	2	3	4	5	6
3 zu 1	–	Grunddienstbarkeit (Geh- und Fahrtrecht) an dem Grundstück FlStNr ... (Oberhof [Band 2] Blatt 33), eingetragen daselbst Abt. II Nr. 5 [**oder:** Grunddienstbarkeit (Geh- und Fahrtrecht) eingetragen in [Bd. 2] Bl. 33 an BV Nr. 7 in Abt. II/5.]		3 zu 1	Hier vermerkt am ...

B. Abteilung I

...	3	4
	3 zu 1	Oberhof (Band 2) Blatt 33 eingetragen und hier vermerkt am ...

Eintragungs**mitteilung** erfolgt an Notar ..., an Grundstückseigentümer und die Berechtigten.

Literatur (auch zur beschränkten persönlichen Dienstbarkeit): Adamczyk, Dienstbarkeiten in der notariellen Praxis, MittRhNotK 1998, 105; Amann, Zur dinglichen Sicherung von Nebenleistungspflichten bei Wohnungsrechten und anderen Dienstbarkeiten, DNotZ 1982, 396; Amann, Steuerung des Bierabsatzes durch Dienstbarkeiten, DNotZ 1986, 578; Amann, Leistungspflichten und Leistungsansprüche aus Dienstbarkeiten, DNotZ 1989, 531; Andrae, Gemeinschaftliche Anlagen und deren Absicherung, BWNotZ 1984, 31; Clasen, Eintragung einer Grunddienstbarkeit bei Vorliegen eines gesetzlich begründeten öffentlich-rechtlichen Bauverbots, BlGBW 1976, 227; Ertl, Dienstbarkeiten gegen Zweckentfremdung von Ferien- und Austragshäusern, MittBayNot 1985, 177; Ertl, Dienstbarkeit oder Nießbrauch – was ist zulässig?, MittBayNot 1988, 53; Feckler, Die grundbuchmäßige Absicherung von Wettbewerbsverboten, Rpfleger 1969, 1; Freudling, Die Reichweite wettbewerbsbeschränkender Dienstbarkeiten am Beispiel eines Wettbewerbsverbots über Baustoffe, BB 1990, 940; Haegele, Wohnungsrecht, Leibgeding und ähnliche Rechte in Zwangsvollstreckung, Konkurs und Vergleich, DNotZ 1976, 5; Joost, Sachenrechtliche Zulässigkeit wettbewerbsbeschränkender Dienstbarkeiten, NJW 1981, 308; Kraiß, Dienstbarkeit und Baugenehmigungsverfahren, BWNotZ 1971, 43; Kristic, Die Fremdenverkehrsdienstbarkeit in der notariellen Praxis, MittBayNot 2003, 263; Linde, Wärmelieferungsverträge und ihre dingliche Sicherung, BWNotZ 1980, 29; Löscher, Mitbenützungsrechte Dritter bei Grunddienstbarkeiten, Rpfleger 1962, 432; Münch, Die Sicherungsdienstbarkeit zwischen Gewerberecht und Kartellrecht, ZHR 1993, 599; Odersky, Die beschränkte persönliche Dienstbarkeit als Mittel zur Sicherung öffentlicher Zwecke, FS für das Bayerische Notariat (1987) 213; Panz, Rechtsgeschäftlich vereinbarte Zweckbestimmungen des Eigentums und Möglichkeiten ihrer Absicherung durch Dienstbarkeiten, BWNotZ 1984, 36; Quack, Beschränkte persönliche Dienstbarkeiten zur Sicherung planungsrechtlicher Zweckbindungen, Rpfleger 1979, 281; Reimann, Zur dinglichen Sicherung von Wettbewerbsverboten, MittBayNot 1974, 1; Ricken, Grunddienstbarkeiten bei Veränderungen der tatsächlichen Verhältnisse, WM 2001, 979; Riedel, Unklarheiten im Recht der Dienstbarkeiten, Rpfleger 1966, 131; Ripfel, Bedeutung und Rechtswirkungen der Gestattung bei Verbotsdienstbarkeiten, DNotZ 1961, 145; Ripfel, Dienstbarkeit, Wohnungsrecht und Gegenleistung, DNotZ 1968, 404; Rutenfranz, Inhaltsgleiche, beschränkte persönliche Dienstbarkeiten auf dem Grundstück und dem Erbbaurecht, DNotZ 1965, 464; Schiffhauer, Die Grunddienstbarkeit in der Zwangsversteigerung, Rpfleger 1975, 187; Schöner, Zur Abgrenzung von Dienstbarkeit und Nießbrauch, DNotZ 1982, 416; Schopp, Das Belegungsrecht für Wohnungen und andere Räume und seine Ausgestaltung, Rpfleger 1964, 131; Schopp, Tankstellen-Mietverträge und Dienstbarkeiten, ZMR 1971, 233; Stürner, Dienstbarkeit heute, AcP 194 (1994) 265; Volmer, Zur Unterhaltspflicht bei Geh- und Fahrtrechten unter Mitbenutzungsbefugnis des dienenden Eigentümers (§ 1021 BGB), MittBayNot 2000, 387; Walter und Maier, Die Sicherung von Bezugs- und Abnahmeverpflichtungen durch Dienstbarkeiten, NJW 1988, 377; Weimar, Verlegung der Ausübung einer Dienstbarkeit, JR 1980, 361; Weitnauer, Bestellung einer beschränkten persönlichen Dienstbarkeit für den Eigentümer, DNotZ 1964, 716; Zimmermann, Belastung von Wohnungseigentum mit Dienstbarkeiten, Rpfleger 1981, 333.

a) Recht, Entstehung

Grunddienstbarkeit (§ 1018 BGB) ist die Belastung eines (des dienenden) Grundstücks zugunsten des jeweiligen Eigentümers eines anderen (des herrschenden) Grundstücks in der Weise, daß 1115
– dieser das Grundstück in einzelnen Beziehungen benutzen darf, oder
– auf dem Grundstück gewisse Handlungen nicht vorgenommen werden dürfen, oder
– die Ausübung eines Rechts ausgeschlossen ist, das sich aus dem Eigentum an dem belasteten Grundstück dem anderen Grundstück gegenüber ergibt.

Als Grundstücksbelastung bringt die Grunddienstbarkeit eine Einschränkung des Eigentümers (§ 903 BGB) dahin, „daß etwas zu unterlassen ist, was kraft des Eigentums am herrschenden Grundstück an sich erlaubt sein würde. Der Umfang der Eigentumsbeschränkung und des beschränkten Rechts wird im einzelnen durch den Parteiwillen bestimmt."[1] Hauptinhalt der Grunddienstbarkeit kann demnach nur ein Dulden oder ein Unterlassen des Eigentümers des belasteten Grundstücks sein, nicht jedoch ein positives (aktives) Tun.

Als Grundstücksrecht (materiell) **entsteht** die Grunddienstbarkeit mit Einigung der Beteiligten und Eintragung in das Grundbuch (§ 873 BGB; Rdn 9). Die **Eintragung** erfolgt auf Antrag (§ 13 Abs 1 GBO), wenn der Betroffene sie bewilligt (§ 19 GBO). Form der Bewilligung: § 29 GBO. Begründung und Fortbestand der Grunddienstbarkeit als Grundstücksbelastung sind unabhängig von schuldrechtlichen Beziehungen der Beteiligten, sonach auch von einem obligatorischen Bestellungsvertrag. Die (bewilligte) Eintragung erfolgt daher auch für einen (berechtigten) Grundstückseigentümer, der an dem zur Bestellung verpflichtenden Vertrag nicht beteiligt ist; doch entsteht zu seinen Gunsten die Dienstbarkeit erst mit (formloser) Einigung zwischen ihm und dem Eigentümer des belasteten Grundstücks (vgl Rdn 937a). Zu Aufhebung und Löschung Rdn 1187; zum Erlöschen Rdn 1188. 1116

b) Belastungsgegenstand

Belastet werden kann mit einer Grunddienstbarkeit jedes **Grundstück** im Rechtssinne (Begriff Rdn 561), desgleichen ein **Erbbaurecht** als grundstücksgleiches Recht (§ 11 ErbbauVO). Ein ideeller Miteigentumsanteil (§§ 741, 1117

---

[1] Motive zum BGB, 1888, Band III Seite 479.

1008 BGB) kann nicht mit einer Grunddienstbarkeit belastet werden,[2] auch nicht bei Buchung als Anteil an einem dienenden Grundstück nach § 3 Abs 5, 6 GBO. Eine dennoch auf einem ideellen Miteigentumsanteil eingetragene Grunddienstbarkeit müßte als inhaltlich unzulässig gelöscht werden.[3] Das soll nicht gelten, Belastung des Miteigentumsanteils mithin zulässig sein, wenn die Dienstbarkeit mit dem Inhalt bestellt wird, daß die Ausübung eines Rechts ausgeschlossen ist (dritte Alternative des § 1018 BGB) und die ausgeschlossene Rechtsausübung überhaupt kein tatsächliches Verhalten, sondern die Geltendmachung einer „teilbaren" Forderung zum Inhalt hat (Geldforderung bei Bergschadenverzicht).[4] Dem kann jedoch nicht gefolgt werden.[5] Auch der auszuschließende Anspruch steht Miteigentümern in Bruchteilsgemeinschaft zu und kann nur zur Leistung an die Gemeinschaft gefordert werden (§ 432 Abs 1 S 1 BGB). **Wohnungseigentum** kann einzeln mit einer Grunddienstbarkeit unter bestimmten Voraussetzungen belastet werden (Rdn 2952 mit Einzelheiten), desgleichen das Grundstück als Ganzes nach Aufteilung in Wohnungseigentum (Rdn 2948). Ausgeschlossen ist die Belastung eines Gesamthandanteils (zB Miterbenanteil, § 2033 Abs 2 BGB; Gesellschaftsanteil, § 719 Abs 1 BGB).

1118   Zur Belastung nur eines **realen Teils** eines Grundstücks (einer bestimmten Grundstücksfläche[6]) mit einer Grunddienstbarkeit bieten sich folgende Gestaltungsmöglichkeiten:

– Der Grundstücksteil kann von dem Grundstück abgeschrieben und als selbständiges Grundstück auf dem gleichen oder einem anderen Grundbuchblatt eingetragen werden (§ 7 Abs 1 GBO; zu dieser Teilung s Rdn 666 ff).

– Ohne Abschreibung kann der Grundstücksteil belastet werden, wenn Verwirrung nicht zu besorgen ist (§ 7 Abs 2 S 1 GBO). Größe und Lage des belasteten Grundstücksteils müssen dann aber aus einer von der zuständigen Behörde beglaubigten Karte ersichtlich sein (§ 7 Abs 2 S 2 mit § 2 Abs 3 GBO). In Bewilligung und Eintragung muß dieser Grundstücksteil genau bezeichnet sein. Fassung zB

> ... auf demjenigen Teil dieses Grundstücks, der im Lageplan des staatlichen Vermessungsamts ... vom ... mit den Buchstaben A, B, C, D, A umschrieben ist ... Auf diesen Lageplan wird Bezug genommen.

---

[2] BGH 36, 187 (189) = NJW 1962, 633 (634); BayObLG 1974, 396 (399) = NJW 1975, 59 = Rpfleger 1975, 22; OLG Düsseldorf MittBayNot 1976, 137 = MittRhNotK 1976, 743.
[3] KG DNotZ 1934, 52 = HRR 1933 Nr 592 = JW 1933, 626; KG DNotZ 1975, 105 = Rpfleger 1975, 68; BayObLG MittBayNot 1995, 288 = Rpfleger 1995, 455 (bei Eintragung der das gemeinschaftliche Eigentum der Wohnungseigentümer belastenden Grunddienstbarkeit nur in einzelnen Wohnungsgrundbüchern); OLG Frankfurt MittRhNotK 1979, 175 = Rpfleger 1979, 149.
[4] OLG Hamm MittRhNotK 1981, 191 = OLGZ 1981, 53 = Rpfleger 1980, 468; LG Bochum Rpfleger 1982, 372; Staudinger/Mayer Rdn 55, Palandt/Bassenge Rdn 2, je zu § 1018 BGB.
[5] Kritisch zur Begründung im Hinblick auf Besonderheit des Wohnungseigentumsrechts, wenn auch im Ergebnis zustimmend, Zimmermann Rpfleger 1981, 333 (334).
[6] Zur Anwendung von § 316 BGB in einem beurkundungsbedürftigen **Vorvertrag** zur Bestellung eines dinglichen Kiesausbeuterechts auf einer noch zu vermessenden Grundstücksfläche, von der unzutreffend beurkundet ist, die Beteiligten seien sich über die Lage einig, siehe BGH NJW-RR 1988, 970.

B. Einzelfälle

Es kann das gesamte Grundstück mit der Grunddienstbarkeit belastet, ihre **1119**
Ausübung aber auf einen realen Grundstücksteil **beschränkt** werden (s § 1023
Abs 1 S 2 BGB). Dann steht es grundsätzlich im Belieben der Beteiligten, ob sie
die Bestimmung des **Ausübungsorts** rechtsgeschäftlich zum **Inhalt der Dienstbarkeit**[7] machen oder der **tatsächlichen Ausübung** überlassen.[8] Wenn die Ausübungsstelle rechtsgeschäftlich festgelegter Grunddienstbarkeitsinhalt sein soll, muß sie durch Einigung zum Inhalt der Dienstbarkeit gemacht und in Eintragungsbewilligung und Grundbucheintragung (Bezugnahme genügt) hinreichend bestimmt bezeichnet werden (Rdn 1141, 1146). Wenn hingegen die tatsächliche Ausübung maßgeblich sein soll, besteht dieses Erfordernis nicht,[9] bedarf sonach die örtliche Lage der Ausübungsstelle auch keiner Festlegung in der Eintragungsbewilligung.[10] Daß die Ausübungsstelle rechtsgeschäftlicher Dienstbarkeitsinhalt sein soll, ergibt sich auch bei einer Leitungsdienstbarkeit über eine bereits angelegte Leitung nicht aus der Eintragungsbewilligung, wenn sie keine Bezugnahme auf die schon vorhandene Leitung enthält.[11] Wird dagegen die „derzeit gewählte Trasse" einer bereits verlegten Leitung in der Bewilligung (und Eintragung) aufgeführt, spricht dies für eine zulässige rechtsgeschäftliche Festlegung der Ausübungsstelle.[12] Überhaupt ohne Bedeutung für die dingliche Festlegung einer Ausübungsstelle (und eine daran gebundene Bauverbotszone) sind schuldrechtliche Abreden über den Verlauf einer Leitung. Selbst wenn eine Leitungsdienstbarkeit das Verbot enthält, in einem bestimmten Abstand beiderseits der Leitung (Schutzstreifen) Gebäude zu errichten (Bauverbot), muß die Ausübungsstelle nicht als vereinbarter Inhalt der Dienstbarkeit festgelegt werden.[13] Lage und Größe der Ausübungsstelle müssen daher auch bei einer das gesamte Grundstück belastenden Dienstbarkeit, die zur Errichtung einer Anlage (einer Netzstation) berechtigt,[14] und bei einem Wegerecht mit der Berechtigung zur Verlegung von Versorgungsleitungen,[15] nicht als rechtsgeschäftlicher Inhalt des Rechts vereinbart werden.

---

[7] Dann macht allerdings auch nur geringfügige Abweichung der Ausübungsstelle (wie eines geplanten Leitungsverlaufs) grundbuchmäßige Änderung des Dienstbarkeitsinhalts erforderlich; BGH LM BGB § 1023 Nr 1 = DNotZ 1976, 530 = Rpfleger 1976, 126; BGH 90, 181 (186) = DNotZ 1985, 37 = NJW 1984, 2210 = Rpfleger 1984, 227 mit Anm Böttcher.
[8] BGH DNotZ 1982, 228 = NJW 1981, 1781 = Rpfleger 1981, 286; BGH 90, 181 (183) = aaO (Fußn 7); BGH DNotZ 2002, 721 mit Anm Dümig = NJW 2002, 3021 = Rpfleger 2002, 511; BayObLG DNotZ 1984, 565 = Rpfleger 1983, 143.
[9] BGH 90, 181 (183) = aaO (Fußn 7); BGH DNotZ 1982, 228 und DNotZ 2002, 721 = je aaO (Fußn 8).
[10] BGH 90, 181 (184) = aaO (Fußn 7).
[11] BGH 90, 181 (183 f) = aaO (Fußn 7).
[12] BayObLG MittBayNot 1992, 399.
[13] BGH 90, 181 (184) = aaO (Fußn 7); anders OLG Celle (Vorlagebeschluß) mitgeteilt Rpfleger 1983, 386 und die frühere Rechtsprechung, so OLG Hamm NJW 1981, 1632 = OLGZ 1981, 270 und DNotZ 1968, 310 = NJW 1967, 2365 = OLGZ 1967, 456; OLG Celle NdsRpfl 1978, 57 und NdsRpfl 1982, 198; KG DNotZ 1973, 373 = NJW 1973, 1128 = Rpfleger 1973, 300; dazu kritisch OLG Oldenburg MittRhNotK 1979, 215 = Rpfleger 1979, 199; anders für das rein landwirtschaftlich genutzte Grundstück OLG Bremen NJW 1965, 2403.
[14] KG DNotZ 1973, 373 = NJW 1973, 1128 = Rpfleger 1973, 300.
[15] LG Aachen MittRhNotK 1981, 110 mit zust Anm Schepp.

1120 **Gesamtbelastung** mehrerer Grundstücke mit einer Grunddienstbarkeit ist nach inzwischen herrschender Meinung zu bejahen.[16] Das BayObLG[17] hat eine Gesamtgrunddienstbarkeit für zulässig erachtet, wenn sich die Ausübung notwendigerweise auf mehrere Grundstücke erstreckt.

1121 Die Bestellung **mehrerer Grunddienstbarkeiten** gleichen Inhalts zu Lasten mehrerer dienender Grundstücke ist zulässig.

1122 Auf eine hinzugekommene Grundstücksfläche erstreckt sich die Grunddienstbarkeit gesetzlich weder bei **Vereinigung** (§ 890 Abs 1 BGB) noch bei Zuschreibung (§ 890 Abs 2 BGB). In diesen Fällen beschränkt sich die Grunddienstbarkeit nach wie vor auf den Grundstücksteil, der ursprünglich mit ihr belastet wurde[18] (s auch Rdn 624). Belastung auch der hinzugekommenen Fläche erfordert rechtsgeschäftliche Ausdehnung der Grunddienstbarkeit.

c) Berechtigter

1123 Berechtigter einer Grunddienstbarkeit kann nur der **jeweilige Eigentümer** eines anderen Grundstücks sein, auch der jeweilige Berechtigte eines grundstücksgleichen Rechts (wie eines Erbbaurechts, § 11 ErbbauVO) und ein jeweiliger Wohnungseigentümer. Um ein Recht „zugunsten des jeweiligen Eigentümers eines anderen Grundstücks" (nicht aber um ein gemeinschaftliches Recht nach § 47 GBO) handelt es sich auch dann, wenn das herrschende Grundstück mehreren Berechtigten (als Bruchteilseigentümer oder Gesamthänder, zB in Erbengemeinschaft oder als BGB-Gesellschafter) gehört.[19] Wer zur Geltendmachung des durch die Grunddienstbarkeit gesicherten Anspruchs befugt ist, richtet sich nach den Eigentumsverhältnissen am herrschenden Grundstück.[19] Daher kann eine Grunddienstbarkeit zugunsten des jeweiligen Eigentümers eines anderen Grundstücks auch dann (ohne nähere Angabe des Beteiligungsverhältnisses nach § 47 GBO) bestellt werden, wenn das herrschende Grundstück in Wohnungs- oder Teileigentum aufgeteilt ist.[19] Der Eigentümer des herrschenden Grundstücks kann zugleich Miteigentümer des belasteten Grundstücks sein (auch umgekehrt). Allein für den Bruchteil des Miteigentümers eines anderen Grundstücks kann eine Grunddienstbarkeit nicht bestellt wer-

---

[16] Für Zulässigkeit auch KG JW 1937, 2606; OLG Jena KGJ 44, 358; LG Hildesheim NJW 1960, 49; LG Braunschweig NdsRpfl 1963, 229; Demharter Rdn 8 zu § 48; K/E/H/E Rdn 3 zu § 48 (wenn auch kritisch); BGB-RGRK/Rothe Rdn 5, Staudinger/Mayer Rdn 61, je zu § 1018 BGB; auch LG Nürnberg-Fürth MittBayNot 1982, 26 (Wohnungsrecht, wenn das Wohnhaus auf beiden Grundstücken steht) und Böhringer BWNotZ 1988, 97 (II 2, 3). AA – Gesamtgrunddienstbarkeit unzulässig – LG Dortmund Rpfleger 1963, 197 mit zust Anm Haegele; Lutter DNotZ 1960, 85; Hampel Rpfleger 1962, 126.
[17] BayObLG 1955, 170 (174); BayObLG 1989, 442 = DNotZ 1991, 254 = MittBayNot 1990, 41 mit Anm Ertl = Rpfleger 1990, 111; offen gelassen von BayObLG DNotZ 1976, 227 = Rpfleger 1976, 14.
[18] BGH DNotZ 1978, 156 = LM BGB § 1018 Nr 26 = NJW 1978, 320 = Rpfleger 1978, 52; KGJ 30 A 190 (195); OLG Hamm DNotZ 2003, 355 = Rpfleger 2003, 349; OLG München MittBayNot 2003, 219 mit Anm J Mayer.
[19] OLG Düsseldorf MittRhNotK 1988, 175; OLG Stuttgart BWNotZ 1990, 115 = NJW-RR 1990, 659 = Rpfleger 1990, 254 eine weitere Beschränkung, zB nur Eigentümer/Mieter einer bestimmten Wohnung auf dem (nicht in WE aufgeteilten) Grundstück, ist nicht möglich, OLG Frankfurt MittBayNot 2003, 383.

B. Einzelfälle

den.[20] Personengleichheit des Eigentümers des herrschenden und des dienenden Grundstücks schließt die Bestellung einer Grunddienstbarkeit nicht aus. Bestellung einer **„Eigentümer"-Grunddienstbarkeit** ist ebenso zulässig[21] wie bei schutzwürdigem wirtschaftlichem oder ideellem Interesse eine beschränkte persönliche Dienstbarkeit für den Eigentümer des belasteten Grundstücks möglich ist (Rdn 1200). Entstehen der „Eigentümer"-Grunddienstbarkeit erfordert nur einseitige Erklärung des Eigentümers[22] und Eintragung. Zugunsten des jeweiligen Eigentümers eines realen Grundstücksteils (einer Grundstücksteilfläche, auch zB nur einer bestimmten Wohnung) kann eine Grunddienstbarkeit nur bestellt werden, wenn dieser Teil abgeschrieben und als selbständiges Grundstück gebucht ist.[23] Zulässig ist es jedoch, die Ausübung der Dienstbarkeit zum Vorteil eines realen Teils des herrschenden Grundstücks ohne Verselbständigung dieses Teils zu beschränken.[24] Dagegen ist Bestellung einer Grunddienstbarkeit an einem realen Teil eines Grundstücks (s § 7 Abs 2 GBO) zugunsten des jeweiligen Eigentümers des gleichen Grundstücks, beschränkt auf andere Teile, nicht möglich; dasselbe Grundstück im Rechtssinn kann nicht für das gleiche Recht herrschend und dienend sein.[25] Eintragung einer Grunddienstbarkeit, die den Berechtigten nicht ersehen läßt, ist inhaltlich unzulässig; der Grundbucheintrag ist nach § 53 Abs 1 S 2 GBO von Amts wegen zu löschen.[26] Nur ungenaue Bezeichnung des eingetragenen Berechtigten ist jedoch auslegungsfähig. Auch aus dem Vorteil, den die Dienstbarkeit dem jeweiligen Eigentümer eines anderen Grundstücks gewährt, kann sich die Eintragung des Berechtigten (wenn sie als solche unterblieben ist) hinreichend genau ergeben.[27]

Zugunsten der jeweiligen Eigentümer **mehrerer** selbständiger Grundstücke kann nach inzwischen hM[28] **einheitlich** eine Grunddienstbarkeit bestellt werden. Nach § 1025 BGB besteht die Grunddienstbarkeit bei Teilung des herrschenden Grundstücks für die einzelnen Teile als Gesamtrecht fort. Weil Berechtigungsverhältnisse, die sich bei Teilung des Grundstücks ergeben können, auch sogleich bei Bestellung der Grunddienstbarkeit zulässig sein müssen, hal-

1124

---

[20] BGB-RGRK/Rothe Rdn 9, MünchKomm/Falckenberg Rdn 22, Staudinger/Mayer Rdn 45, je zu § 1018 BGB.
[21] RG 142, 231 = DNotZ 1934, 280; BGH MittBayNot 1984, 126 (127); BGH NJW 1988, 2362 (2363); BayObLG 1989, 89 (92).
[22] RG 142, 231 (236 ff).
[23] KG 53, 170 (171); BayObLG 1965, 267 = DNotZ 1966, 174 = NJW 1966, 56 = Rpfleger 1966, 367 mit Anm Haegele; OLG Jena Rpfleger 2002, 516; Staudinger/Mayer Rdn 43 zu § 1018 BGB.
[24] BayObLG 1965, 267 = aaO (Fußn 23).
[25] BayObLG DNotZ 1995, 305 = Rpfleger 1995, 151.
[26] OLG Frankfurt Rpfleger 1980, 185.
[27] OLG Frankfurt aaO (Fußn 26); MünchKomm/Falckenberg Rdn 22 zu § 1018 BGB; offen gelassen von BGH 123, 297 (302) = DNotZ 1994, 230 = NJW 1993, 3197 = Rpfleger 1994, 157. Zur Verwechslung des herrschenden Grundstücks bei Eintragung s Rdn 290 Fußn 7.
[28] BayObLG MittBayNot 1983, 168 = Rpfleger 1983, 434; BayObLG MittBayNot 2002, 288 mit Anm Mayer = NotBZ 2002, 264; MünchKomm/Falckenberg Rdn 23, BGB-RGRK/Rothe Rdn 10, Palandt/Bassenge Rdn 3, Soergel/Stürner Rdn 38, je zu § 1018 BGB; Herget NJW 1966, 1060; aA LG Dortmund Rpfleger 1963, 197; Haegele Rpfleger 1969, 266.

ten wir Bedenken gegen die einheitliche Grunddienstbarkeit zugunsten der jeweiligen Eigentümer mehrerer Grundstücke nicht für begründet. Gestaltungsgrenzen setzt § 1019 BGB mit der Regelung, daß die einheitliche Grunddienstbarkeit für die Benutzung sämtlicher berechtigter Grundstücke vorteilhaft sein muß.[29] Daher kann auch nicht einschränkend gefordert werden, daß die berechtigten Grundstücke im Eigentum ein- und derselben Person stehen müssen.[30]

1125 Rdn 1125 ist entfallen.

1126 Die Eigentümer mehrerer Grundstücke können als Gesamtberechtigte oder als Berechtigte der Dienstbarkeit zu (bestimmten) Bruchteilen eingetragen werden.[31] Die Eintragungsbewilligung muß das gemeinschaftliche Rechtsverhältnis oder die Anteile der Berechtigten in Bruchteilen bezeichnen[32] (§ 47 GBO). Die ohne Beteiligungsverhältnis eingetragene Dienstbarkeit (Wegerecht) zugunsten mehrerer Grundstücke wird als Einzelrechte angesehen.[33]

1127 Einzelne Dienstbarkeiten gleicher Art zugunsten der Eigentümer mehrerer Grundstücke können selbständig und mit unterschiedlichem Rang (§ 879 BGB) bestellt werden. Zur Bestellung eines Wegerechts an einem Grundstück ist eine Zustimmung des Berechtigten eines an demselben Grundstück bereits bestehenden Wegerechts nicht erforderlich. Der besserrangige Wegeberechtigte ist nicht befugt, den Inhaber eines nachrangigen Wegerechts von der Benutzung des Weges auszuschließen oder ihn in der Ausübung seines Wegerechts zu behindern.[34]

1128 Zur **Vereinigung** (Verschmelzung) des herrschenden Grundstücks s Rdn 637. Vereinigung des herrschenden mit dem dienenden Grundstück oder Bestandteilszuschreibung des einen zum anderen führt zum Erlöschen der Dienstbarkeit.[35] Löschung (auf Bewilligung des Berechtigten) erfordert dann, wenn das Recht auf dem Blatt des herrschenden Grundstücks vermerkt ist, Bewilligung der mittelbar Betroffenen (§ 21 mit § 9 GBO) nicht (sie sind nicht beeinträchtigt, weil die Dienstbarkeitsbefugnis nun Eigentümerberechtigung ist).[36]

---

[29] BayObLG 1965, 267 = aaO (Fußn 23); ihm folgend KG NJW 1970, 1686 (1687) = Rpfleger 1970, 281 (282, I 3 der Gründe); BayObLG 1989, 442 = DNotZ 1991, 254 = NJW-RR 1990, 208 = Rpfleger 1990, 111; SchlHOLG SchlHA 1975, 94; LG Traunstein Rpfleger 1987, 242. So auch (für Wohnungseigentumsrechte) LG Essen MittBayNot 1972, 299 = MittRhNotK 1973, 1 = Rpfleger 1972, 367 mit krit Anm Haegele.

[30] So LG Köln MittRhNotK 1972, 706 gegen OLG Frankfurt NJW 1969, 469 = OLGZ 1968, 449.

[31] BayObLG 1965, 267 (271) = aaO (Fußn 23) mit weit Nachw; BayObLG 2002, 263 = DNotZ 2002, 950 = NJW-RR 2002, 1530 Leits = Rpfleger 2002, 619; BGB-RGRK/Rothe Rdn 10 zu § 1018; LG Traunstein Rpfleger 1987, 242; Palandt/Bassenge Rdn 3 zu § 1018 BGB; kritisch – für eine modifizierte Gesamtberechtigung – Staudinger/Mayer Rdn 51 zu § 1018 BGB.

[32] BayObLG MitBayNot 2002, 288 mit Anm Mayer = aaO (Fußn 28, mit – nicht unbedenklicher – Ausnahme für den Fall, daß Eigentümer der herrschenden Grundstücke ein und dieselbe Person ist).

[33] So LG Düsseldorf MittRhNotK 1978, 19; anders aber LG Traunstein aaO: Bei Bestellung eines Rechts (im Wege der Auslegung) Gesamtberechtigung gem § 428 BGB.

[34] OLG Hamm Rpfleger 1981, 105.

[35] KGJ 51 A 258 (261); BGB-RGRK/Rothe Rdn 36, Soergel/Stürner Rdn 49, Staudinger/Mayer Rdn 187, je zu § 1018; aM MünchKomm/Falckenberg Rdn 68 zu § 1018 BGB mit Nachw; offen gelassen von BayObLG MittBayNot 1995, 125.

[36] BayObLG DNotZ 1995, 305 = Rpfleger 1995, 151.

B. Einzelfälle

d) Dienstbarkeitsinhalt

aa) **Benutzungsdienstbarkeit.** Die Befugnis zur Benutzung des Grundstücks in einzelnen Beziehungen bedeutet, daß der Eigentümer etwas dulden muß, was er auf Grund seines Eigentums verbieten könnte.[37]   1129

> **Beispiele:** Berechtigung zum Gehen, Fahren, Lagern von Gegenständen, Wasserbezug, Ableiten von Wasser. Legen und Belassen von Rohrleitungen oder Leitungsmasten, Errichten und Unterhalten einer Windkraftanlage,[38] Ferienparkbetriebsrecht.[38a]

Benutzung erfordert fortgesetzten oder wiederholten Gebrauch. Die Berechtigung zur Vornahme nur einer einmaligen Handlung kann daher nicht allein den Inhalt einer Benutzungsdienstbarkeit bilden.[39] Jedoch kann die Berechtigung zur Vornahme einer einmaligen Handlung (zB Abbruch einer Garage) unselbständiger Teil einer Dienstbarkeit sein, durch die in erster Linie sichergestellt werden soll, daß auf dem dienenden Grundstück gewisse Handlungen nicht vorgenommen werden dürfen (Bebauungsverbot als Unterlassungsdienstbarkeit), wenn diese einmalige Handlung erst die fortlaufende Unterlassung ermöglicht.[40]

Die Grunddienstbarkeit kann nur **Grundstücksnutzung in einzelnen Beziehungen** gestatten. Die umfassende Befugnis zu allen denkbaren Nutzungen des Grundstücks – nach Wahl des Berechtigten – kann nicht Dienstbarkeitsinhalt sein; eine Grunddienstbarkeit mit dem Recht, ein Grundstück „dauernd zu benutzen",[41] ist daher auch dann nicht zulässig, wenn mit ihr nur ein Teil des Grundstücks[42] belastet werden soll[43] (wegen der Abgren-   1130

---

[37] BGH 29, 244 = DNotZ 1959, 191 = NJW 1959, 670 (671) = Rpfleger 1959, 123 (124).
[38] Dazu gehören soll nach BayObLG (29. 9. 1980, 2 Z 63/79) MittBayNot 1980, 203 auch die vom Eigentümer einer Wohnung in einer Eigentumswohnanlage (Appartementeigentümer) zu duldende Belegung durch den Eigentümer eines herrschenden Grundstücks (Hotelgrundstück), nämlich die „Bestimmung der Zeit und Dauer der Belegung mit Personen aus dem Kreis seiner Gäste".
Mit solcher Bestimmung duldet der Eigentümer aber nicht die Einzelbenutzung des Grundstücks durch den Berechtigten. Die Grundstücksbenutzung erfolgt vielmehr durch die vom Berechtigten eingewiesenen Personen. Die Verpflichtung sollte daher (wie das Wohnungsbelegungsrecht; Rdn 1205) unter § 1018 (2. Alternative) fallen.
Auf dem Grundstück dürfen gewisse Handlungen nicht vorgenommen werden; der Eigentümer soll es weder selbst bewohnen (besitzen oder benutzen) noch nach seinem Belieben (§ 903 BGB) Dritten zur Benutzung überlassen dürfen.
[38a] BGH DNotZ 2003, 533 = NJW-RR 2003, 733 = Rpfleger 2003, 410.
[39] RG 60, 317 (320); KGJ 39 A 215; BayObLG DNotZ 1966, 538 mit Anm Schlierf.
[40] BayObLG DNotZ 1966, 538 mit Anm Schlierf.
[41] Zur Mitbenutzung des gesamten Hausgrundstücks s Rdn 1204.
[42] BayObLG NotBZ 2003, 198; KG DNotZ 1992, 673 = OLGZ 1991, 385 = Rpfleger 1991, 411. Soll Nutzung einer Grundstücksteilfläche nur in einzelner Beziehung gestattet sein, so ist auch nach der nacf abgelehnten Meinung der Dienstbarkeitsinhalt zulässig, wenn dem Eigentümer eine sinnvolle Nutzung der Restfläche bleibt; BGH NJW 1992, 1101 = Rpfleger 1992, 338. Das Recht zur Benutzung einer Scheune bei einer Restgrundstücksfläche von über 1 ha wurde daher als zulässiger Dienstbarkeitsinhalt angesehen; LG Regensburg BWNotZ 1987, 144 = MittBayNot 1987, 103 = Rpfleger 1987, 295 mit zust Anm Dietzel.
[43] BayObLG 1986, 54 = DNotZ 1986, 622 mit zust Anm Kanzleiter = NJW-RR 1986, 883 = Rpfleger 1986, 255; BayObLG DNotI-Report 2003, 77 = NotBZ 2003, 198;

zung zum Nießbrauch siehe Rdn 1362). Jedoch stellt § 1018 (1. Alternative) BGB auf die Festlegung einer bestimmten Nutzungsart oder einzelner konkret spezifizierter Nutzungsmöglichkeiten ab, nicht aber, wie angenommen wird,[44] darauf, ob dem Eigentümer noch eine wirtschaftlich sinnvolle oder wertvolle Nutzungsmöglichkeit verbleibt.[45] Die Berechtigung zu einzelner, bestimmter Nutzungsmöglichkeit[46] kann daher auch Inhalt einer Grunddienstbarkeit sein, wenn sich das Nutzungsrecht auf die gesamte Grundstücks**fläche** erstreckt mit der Folge, daß damit jede Nutzungsmöglichkeit, die das Grundstück nach seiner Beschaffenheit bietet, erschöpft ist, somit andere Nutzungsmöglichkeiten des Eigentümers nur (ganz) geringfügig oder nahezu theoretisch sind (zB bloßes Betretungsrecht), er mithin von jeder anderen Nutzung seines Grundstücks praktisch ausgeschlossen ist.[47] Der Rechtsprechung, daß eine auf die ganze Grundstücksfläche erstreckte Einzelnutzung nicht als Dienstbarkeit, sondern nur als Nießbrauch eingeräumt werden kann, ist daher nicht zu folgen. Zulässig ist somit auch eine Dienstbarkeit, die zur Errichtung und Unterhaltung einer die gesamte Grundstücksfläche erfassenden Anlage berechtigt[48] oder die dem Berechtigten die Nutzung der gesamten Grundstücksfläche für ein Freizeitzentrum ermöglicht.[49] Ebenso zulässig ist auch eine Dienstbarkeit an einem Wohnungseigentum mit der Berechtigung der WE-Gemeinschaft, die Wohnung ausschließlich als Hausmeisterwohnung zu benutzen.[50] Bei einer Grunddienstbarkeit mit Ausübungsbeschränkung auf einen Teil des Grundstücks (Rdn 1119) verbleibt dem Eigentümer die volle Nutzung an der von der Ausübung nicht betroffenen Grundstücksfläche; sie ist schon deshalb auch dann zulässig, wenn

---

KG DNotZ 1992, 673 = aaO. Der Dienstbarkeitsinhalt wäre zudem unbestimmt, s Rdn 1140.

[44] ZB OLG Hamm Rpfleger 1981, 105 und die (nachf) Fußn 48–50 Genannten; offengelassen von BayObLG 1989, 442 aaO (Fußn 17) und BGH NJW 1992, 1101 = aaO.

[45] Dazu eingehend und mit weit Nachw Schöner DNotZ 1982, 416 sowie Ertl MittBayNot 1988, 53; Staudinger/Mayer Rdn 94–101 zu § 1018 BGB. S auch noch BayObLG MittBayNot 1985, 127 (128): Nicht nur unwesentliche Nutzungsmöglichkeit für den Eigentümer.

[46] Beispiele: Holznutzungsrecht an Waldgrundstück; Recht an einem Gartengrundstück auf Nutzung als Gemüsegarten oder an einem Weidegrundstück auf Nutzung als Weide und Viehkoppel, Tankstelleneinrichtungs- und Tankstellenbetriebsrecht usw; s Schöner sowie Ertl je aaO (Fußn 45).

[47] Hierwegen und zur Abgrenzung der Dienstbarkeit vom Nießbrauch eingehend Schöner und Ertl je aaO (Fußn 45); vgl auch OLG Frankfurt DNotZ 1986, 93 = OLGZ 1985, 399 = Rpfleger 1985, 393; wie hier auch Demharter Rdn 16 Anh zu § 44; Staudinger/Mayer Rdn 101 zu § 1018 BGB.

[48] AA KG DNotZ 1973, 373 = NJW 1973, 1128 = Rpfleger 1973, 300.

[49] Ebenso Ertl MittBayNot 1988, 53 (62). Anders OLG Köln DNotZ 1982, 442 = Rpfleger 1982, 61; Soergel/Stürner Rdn 12 zu § 1018, der nur materiell abgrenzt und mit der Empfehlung, den Streit im Prozeß auszutragen, der vorsorgenden Rechtspflege „Steine statt Brot" gibt.

[50] Ertl MittBayNot 1988, 53 (62). Anders BayObLG DNotZ 1980, 540 = MittBayNot 1980, 14 = Rpfleger 1980, 150. Dazu kritisch nun aber BayObLG 1987, 359 = DNotZ 1988, 313 = Rpfleger 1988, 62: Recht zur Benutzung eines Kfz-Stellplatzes als Dienstbarkeit an einem Teileigentum auch dann zulässig, wenn das Sondereigentum nur aus dem Stellplatz besteht.

B. Einzelfälle

sie eine Art der Nutzung in einzelnen Beziehungen gestattet, die den Eigentümer von jeglicher Mitbenutzung ausschließt.[51] In der Verallgemeinerung, das Grundstück „zu nutzen und nutzen zu lassen", kann eine Dienstbarkeit nicht bestellt werden.[52]

Eigentümerrechte (§ 903 BGB) schränkt die Befugnis des Dienstbarkeitsberechtigten nur ein (Rdn 1115), soweit ungestörte Ausübung des Nutzungsrechts das erfordert (§ 1028 BGB). Ein ausschließliches Nutzungsrecht begründet die Nutzungsdienstbarkeit somit nicht. Der Eigentümer bleibt daher zu jeder die Grunddienstbarkeit nicht beeinträchtigenden **Mitbenutzung** des Grundstücks berechtigt, damit auch zur gleichen Nutzung des Ausübungsbereichs und auch einer Anlage (s Rdn 1020 S 2, § 1021 Abs 1 S 2). Beispiele: Mitbenutzung eines Weges oder einer Straße beim Geh- und Fahrtrecht, Wasserbezug beim Wasserentnahmerecht, Ableiten von Wasser beim Kanalrecht. Ausschluß des Eigentümers von jeglicher gleichen Nutzung (Mitbenutzung) erfordert Unterlassungspflicht als Dienstbarkeitsinhalt (§ 1018 BGB, 2. Alternative; Rdn 1131). Beide Arten der Belastung können zusammengefaßt, also miteinander zu einer einheitlichen Dienstbarkeit verbunden werden (Rdn 1138). Das geschieht praktisch mitunter auch durch Bestellung einer Dienstbarkeit zur „alleinigen" oder „ausschließlichen" Nutzung. Bedenken gegen die Zulässigkeit einer Dienstbarkeit solcher Art bestehen zwar nicht;[52a] Eintragung des mit einer Dienstbarkeit zur „ausschließlichen" Nutzung vereinbarten Ausschlusses des Eigentümers von gleicher Nutzung (Mitbenutzung) in das Grundbuch wird bei entsprechender schlagwortartiger Bezeichnung des Dienstbarkeitsinhalts (Rdn 1145) durch Bezugnahme auf die Eintragungsbewilligung (jedenfalls bei der Tankstellendienstbarkeit) für genügend erachtet (s Rdn 1146 aE und 1229). Besser ist es aber auf jeden Fall, die beiden Arten der Belastung mit klarer Festlegung des Inhalts der Dienstbarkeit in der Eintragungsbewilligung (Rdn 1140) und bei Grundbucheintragung (Rdn 1145) darzustellen (Beispiel Rdn 1219, 1220), ratsam ist das schon deshalb, weil damit Zweifel über den Inhalt der Dienstbarkeit und Auslegung der Eintragungsbewilligung am besten vermieden werden können.

1130a

bb) Unterlassungsdienstbarkeit. Gewisse Handlungen dürfen auf dem Grundstück nicht vorgenommen werden, wenn der Eigentümer etwas zu unterlassen hat, was er sonst auf Grund seines Eigentums tun dürfte.[53] Zu unterlassende

1131

---

[51] BGH DNotZ 1993, 55 = NJW 1992, 1101 = Rpfleger 1992, 338 mit Anm Schoch; BayObLG NotBZ 2003, 198 = aaO (Fußn 43).
[52] So iE auch OLG Zweibrücken DNotZ 1982, 444 = Rpfleger 1982, 98.
[52a] BGH 35, 378 (381) = DNotZ 1963, 42 = NJW 1961, 2157 = Rpfleger 1961, 394; Palandt/Bassenge Rdn 14; Staudinger/Mayer Rdn 93, je zu § 1018 BGB.
[53] BGH 29, 244 = aaO (Fußn 37); BGH NJW 1981, 383 (384) mit Nachw; BGH MittBayNot 1982, 244 = NJW 1983, 115 = Rpfleger 1983, 15; BGH 107, 289 (292) = DNotZ 1990, 493 mit Anm Amann Seite 498 = NJW 1989, 2391 = Rpfleger 1989, 452. Der Inhalt der Dienstbarkeit muß sonach über eine gesetzlich bestehende Duldungspflicht hinausgehen, OLG Köln Rpfleger 1982, 463. Handlungen, die dem Eigentümer bereits durch Gesetz verboten sind, können nicht Inhalt einer Dienstbarkeit sein. Eine Grunddienstbarkeit des Inhalts, auf dem Grundstück „keine ABC-Waffen und -Trägersysteme herzustellen, zu lagern, zu transportieren und zu verwenden", kann daher nicht bestellt werden; dazu AG/LG Siegen Rpfleger 1984, 57, 58 mit Anm Tröster.

2. Teil. IV. Zweite Abteilung des Grundbuchs

Handlungen können nur **tatsächliche** Maßnahmen sein, die dem Grundstückseigentümer an sich erlaubt sind als Ausfluß des sich aus § 903 BGB ergebenden Rechts, mit dem Grundstück beliebig zu verfahren und andere von jeder Einwirkung auszuschließen.[54] Beschränkt werden kann der Eigentümer somit nur in der tatsächlichen Herrschaft über sein Grundstück (in dessen tatsächlichem Gebrauch).[55]

> **Beispiele:** Bebauungsverbot, Baubeschränkung, Verbot, ein Fenster zu öffnen (es ständig geschlossen zu halten),[56] Einhaltung eines Grenzabstandes, Gewerbeverbot (Ausschluß jeglichen Gewerbes[57] oder Verbot, eine bestimmte Gewerbeart auszuüben[58]).

Das Verbot von Handlungen muß sich auf die Benutzung des Grundstücks in tatsächlicher Hinsicht auswirken, also eine Verschiedenheit in der Art der Benutzung des Grundstücks zur Folge haben.[59] Damit wird ausgedrückt, daß die ausgeschlossene Handlung in Beziehung zum Grundstück stehen, mithin unmittelbare Wirkungen auf den tatsächlichen Gebrauch des Grundstücks haben muß,[60] daß sonach eine Beschränkung in der bisherigen Benutzungsfreiheit des Eigentümers herbeigeführt werden muß.[60] Daß etwa die Änderung der Nutzung nach außen in Erscheinung zu treten habe oder das Grundstück selbst im sachlichen Bestand sich verändern müsse, erfordert das nicht.[61] Daher wurde (zu weitgehend) geltend gemacht,[62] bestimmte Unterlassungsverpflichtung des Eigentümers begründe bei gleichbleibendem Nutzungszweck eines auf dem Grundstück errichteten Gebäudes (Wohnhaus, Hotel) oder eines dort eingerichteten Betriebs keine Verschiedenheit in der Art der Benutzung. Ein Verbot, das Grundstück (oder ein Wohnhaus) anders als für den Betrieb der Landwirtschaft zu nutzen, wird daher als inhaltlich zu unbestimmt und als (unzulässige) Beschränkung der rechtlichen Verfügungsfreiheit abgelehnt.[62] Schon aus diesem Grunde unzulässig ist daher auch ein

---

[54] BayObLG 1980, 232 = MittBayNot 1980, 201 = (mitgeteilt) Rpfleger 1981, 12; BayObLG 1989, 89 (93) = MittBayNot 1989, 212 = Rpfleger 1989, 401 mit Anm Quack; BayObLG 1997, 129 (132) = DNotZ 1998, 122 = NJW-RR 1997, 912 = Rpfleger 1997, 371.
[55] BGH DNotZ 1963, 44 = NJW 1962, 486; BayObLG aaO (Fußn 54) und MittBayNot 1981, 239 = NJW 1982, 1054 = Rpfleger 1982, 60; OLG Zweibrücken MittBayNot 2001, 481 = Rpfleger 2001, 485.
[56] BGH 107, 289 = aaO (Fußn 53).
[57] S BGH NJW 1983, 115 = aaO (Fußn 53).
[58] S BGH BWNotZ 1984, 43 = MittBayNot 1983, 224 = NJW 1984, 924 = Rpfleger 1983, 478 mit Anm Quack mit weit Nachw.
[59] BGH 29, 244 = aaO (Fußn 37); BayObLG 1980, 232 = aaO (Fußn 54) sowie BayObLG BWNotZ 1981, 170 = MDR 1981, 758 = Rpfleger 1981, 352; BayObLG NJW 1982, 1054 = aaO (Fußn 55); BayObLG MittBayNot 1982, 121 = Rpfleger 1982, 273; BayObLG 1985, 193 = DNotZ 1986, 228 mit Anm Ring = NJW 1985, 2485; BayObLG 1985, 285 (287) = DNotZ 1986, 231 mit zust Anm Ring = NJW 1986, 3211 = Rpfleger 1986, 10; BayObLG 1989, 89 (93) = aaO; Ertl MittBayNot 1985, 177.
[60] Dazu BGH 29, 244 = aaO (Fußn 37).
[61] BGH 29, 244 = aaO (Fußn 37); BayObLG 1980, 232 = aaO (Fußn 54).
[62] BayObLG 1980, 232 = aaO (Fußn 54); BayObLG NJW 1982, 1054 = aaO (Fußn 55); BayObLG BWNotZ 1981, 170 = aaO (Fußn 59); auch BayObLG MittBayNot 1982, 121 (dazu aber bei Fußn 70); BayObLG 1989, 347 = DNotZ 1990, 506 mit zust Anm Ring = MittBayNot 1990, 34 mit Anm Ertl = Rpfleger 1989, 14.

B. Einzelfälle

Verbot, Asylbewerber oder ähnlich abgegrenzte Personengruppen auf dem Grundstück zu beherbergen.[63] Seit jeher als zulässige Unterlassungsverpflichtung wird jedoch das Wohnungsbesetzungsrecht betrachtet, also das Verbot, das Grundstück bestimmten Personen nicht zum Gebrauch zu überlassen, die festgelegten Anforderungen nicht entsprechen (zB Zuweisung an Staatsbedienstete bei Wohnungsbesetzungsrecht, dazu Rdn 1205; Nutzungsausschluß durch andere Personen als Arbeiter eines bestimmten Betriebs; Nutzungsausschluß durch andere Personen als die vom Berechtigten bestimmten [Austraghausdienstbarkeit in der Form des Wohnungsbesetzungsrechts];[64] Nutzungsausschluß durch Personen, die nicht den [durch Altersangabe bezeichneten] Senioren zuzurechnen sind[65]). Daher kann auch das Verbot, ein Grundstück (Wohnungseigentum) „nicht länger als sechs Wochen im Jahr selbst zu bewohnen oder durch ein und denselben Dritten bewohnen zu lassen", es „zu anderen beruflichen oder gewerblichen Zwecken als denen eines fremdenverkehrsgewerblichen Beherbergungsbetriebs mit ständig wechselnder Belegung zu nutzen" und/oder „es nur über einen Dritten zu vermieten", Inhalt einer Dienstbarkeit sein.[66] Gerade bei den „Austraghaus-" und „Fremdenverkehrs-"Dienstbarkeiten hängt die Zulässigkeit der Dienstbarkeit von der sorgfältigen Formulierung[67] im Einzelfall ab.

Die **rechtliche Verfügungsbefugnis** des Eigentümers kann durch eine Dienstbarkeit nicht ausgeschlossen oder beschränkt werden (§ 137 BGB). Daher kann ein Veräußerungsverbot oder eine Veräußerungsbeschränkung[68] oder das Verbot, Aufteilung nach WEG vorzunehmen, nicht Inhalt einer Dienstbarkeit sein. Das Verbot, das Grundstück einem Dritten zu überlassen (bzw zu einem anderen als einem bezeichneten bestimmten Zweck zu überlassen) bringt eine Beschränkung der rechtlichen Befugnisse des Grundstückseigentümers jedoch nur, wenn es auf Grundstücksübernahme zielende Rechtsgeschäfte außerhalb des erlaubten Zwecks untersagt. Das Verbot, ein Hotelgrundstück zu einem anderen Zweck als zur Fortführung des Hotels an Dritte zu überlassen, kann damit nicht Inhalt einer Dienstbarkeit sein, wenn Befugnisse des Grundstückseigentümers zur rechtsgeschäftlichen Verfügung über das Grundstück ausgeschlossen sein

1132

---

[63] Vgl Gutachten DNotI-Report 1993 Heft 7 S 1 mit dem Hinweis, daß diese Unzulässigkeit durch ein (grundbuchrechtlich zulässiges) generelles Verbot von Sammelunterkünften oä umgangen werden kann; dort auch zur Frage der Sittenwidrigkeit.
[64] BayObLG 1989, 89 = aaO (Austraghaus im Außenbereich); LG München II MittBayNot 2002, 400.
[65] So zutreffend Odersky FS Bayer Notariat S 213; Panz BWNotZ 1984, 36; anders GBAmt Ulm BWNotZ 1984, 37, das jedoch unzutreffend in dem (unzulänglich formulierten) Dienstbarkeitsinhalt keine Unterlassungsdienstbarkeit gesehen hat, sondern von der Verpflichtung des Eigentümers zu positivem Tun ausgegangen ist.
[66] BayObLG 1985, 193 = aaO (Fußn 59, Fremdenverkehrsdienstbarkeit); BGH DNotZ 2003, 533 = aaO (Fußn 38 a); LG Ravensburg BWNotZ 1992, 77 = Rpfleger 1992, 192. Ständig wechselnde Belegung des Gebäudes ist nicht bestimmt bei Einschränkung, daß nicht untersagt ist „eine Wohnungsbenutzung bis zu acht Wochen im Jahr durch den Eigentümer selbst oder durch ein und denselben Dritten (gleichgültig, ob je Ferienwohnung oder insgesamt"), eine Fremdenverkehrsdienstbarkeit mit solchem Inhalt daher nicht zulässig, BayObLG MittBayNot 1989, 273. Vgl auch Kristic MittBayNot 2003, 263.
[67] Muster für beide Arten bei Ertl MittBayNot 1985, 177 (179).
[68] OLG Frankfurt Rpfleger 1978, 306.

sollen.⁶⁹ Entsprechendes gilt für die Bestimmung, der Grundstückseigentümer habe jede Nutzung einer in einem Wohnhaus zu errichtenden Wohnung durch Dritte zu unterlassen (nur die Nutzung durch den Eigentümer sei gestattet)⁷⁰ und für die Bestimmung, ein Kraftfahrzeugstellplatz dürfe nur zur Einstellung von Kraftfahrzeugen des Eigentümers der Eigentumswohnung verwendet werden, zu der der Stellplatz gehört⁷¹, oder nur zur Benutzung durch Kunden.⁷² Dadurch, daß der Eigentümer mit einer ihm auferlegten Beschränkung des tatsächlichen Gebrauchs des Grundstücks zugleich auch in seiner rechtlichen Verfügungsfreiheit eingeschränkt wird, wird eine Dienstbarkeit mit zulässigem Inhalt nicht ausgeschlossen (s Rdn 1134 aE). Ist neben zulässiger Beschränkung des tatsächlichen Gebrauchs (zB Verbot eines bestimmten Gewerbebetriebs wie einer Gaststätte; dazu Rdn 1225) als Inhalt der Dienstbarkeit mit unzulässiger Beschränkung der rechtlichen Verfügungsfreiheit (zB Verbot, auf dem Grundstück bestimmte weitere Waren außer den vom Berechtigten bezogenen zu verkaufen; dazu Rdn 1222) teilweise auch ein unzulässiger Inhalt vorgesehen, so ist die Dienstbarkeit insgesamt unzulässig.⁷³

Eine Unterlassungspflicht mit Beschränkung des tatsächlichen Gebrauchs des Grundstücks, nicht aber die Einschränkung der rechtlichen Verfügungsfreiheit haben Gewerbebetriebsverbot und -beschränkung zum Gegenstand (Rdn 1225); sie können daher Inhalt einer Grunddienstbarkeit sein, auch wenn sie letztlich auf Wettbewerbsbeschränkung zielen.

1133 Die Pflicht zu **positivem** (aktivem) **Tun,**

    Beispiele: Herstellung oder Abbruch eines Bauwerks, Aufforstung eines Grundstücks, Freistellung von Kosten,

kann nicht Hauptinhalt einer Grunddienstbarkeit sein.⁷⁴ Zulässig ist es aber, mit dem Recht aus einer Grunddienstbarkeit die Pflicht des Eigentümers zu positivem Tun als Nebenverpflichtung zu verbinden⁷⁵ (vgl bereits § 1021 Abs 1, § 1022 BGB).

    Beispiele: Erhaltung einer Mauer, Unterhaltung eines Zauns, Schneiden einer Hecke, Errichtung und Unterhaltung von Schutzvorrichtungen.

1134 Als positive Leistungspflicht kann eine unmittelbare Abnahme- oder Bezugspflicht (zB von Fernwärme) nicht Hauptinhalt einer Grunddienstbarkeit (einer beschränkten persönlichen Dienstbarkeit) sein.⁷⁶ Eine Unterlassungs-

---

⁶⁹ BayObLG MittBayNot 1981, 21 = Rpfleger 1981, 105; vgl aber auch BayObLG MittBayNot 1985, 123 (Fremdenverkehrsdienstbarkeit).
⁷⁰ Daher folgen wir iE (nicht in der Begründung) BayObLG MittBayNot 1982, 121 = Rpfleger 1982, 273 (hier für Dienstbarkeit zugunsten der öffentlichen Hand).
⁷¹ LG Bamberg MittBayNot 1984, 83.
⁷² LG Aachen MittRhNotK 1997, 363.
⁷³ BayObLG NJW 1982, 1054 = aaO (Fußn 55).
⁷⁴ Die Verpflichtung des Fischereiberechtigten, Fischkarten auszustellen, kann nicht Inhalt der (beschränkten persönlichen) Dienstbarkeit an einem selbständigen Fischereirecht sein, BayObLG (mitget) Rpfleger 1988, 237.
⁷⁵ BGH DNotZ 1959, 240; BayObLG 1976, 218 = DNotZ 1977, 303 = Rpfleger 1976, 397; BayObLG MittBayNot 1978, 213 = MittRhNotK 1979, 15; siehe demgegenüber jedoch LG Mannheim BWNotZ 1978, 44.
⁷⁶ BGH MittBayNot 1984, 126 (127); OLG Zweibrücken MittBayNot 2001, 481 = aaO (Fußn 55).

pflicht kann aber auch dann durch Dienstbarkeit gesichert werden, wenn infolge Fassung der Unterlassungspflicht (Ausschluß aller diesbezüglichen Möglichkeiten bis auf eine) dies für den Verpflichteten praktisch die gleiche Wirkung äußert wie die Verpflichtung zu positivem Tun. Daher kann Inhalt einer Grunddienstbarkeit (beschränkten persönlichen Dienstbarkeit) auch die Verpflichtung des Grundstückseigentümers sein, es zu unterlassen, auf dem Grundstück „Anlagen zu errichten oder zu betreiben oder errichten und betreiben zu lassen, die der Erzeugung von Wärme zur Raumheizung und von Wärme zur Bereitung von Brauchwarmwasser dienen",[77] ebenso die Verpflichtung, es zu unterlassen, Wärme oder Wärmeenergie zum Zwecke der Raumheizung und der Bereitung von Gebrauchwarmwasser zu beziehen, außer aus der im Bereich eines bestimmten Teileigentums gewerblich betriebenen Wärmeversorgungsanlage[78] sowie die Verpflichtung, außer der Wärmeenergieversorgung über Erdgas jede andere Wärmeenergieversorgung zu unterlassen,[79] und die Verpflichtung, das Grundstück nicht mit anderen Brennstoffen als mit Flüssiggas (ausgenommen offenes Kaminfeuer) zu beheizen.[79a] Solche Dienstbarkeiten sind regelmäßig weder wegen Verstoßes gegen die guten Sitten nichtig[80] noch stellen sie eine unzulässige Gesetzesumgehung dar; auch ein Scheingeschäft (§ 117 Abs 1 BGB) liegt nicht vor.[81] Der noch vertretenen Gegenansicht können wir (s bereits 6. Aufl Rdn 480; nun mit BGH[82]) auch weiterhin nicht folgen. Der Grundstückseigentümer wird auch mit solchen Unterlassungsverpflichtungen nur in einzelnen Beziehungen von der Grundstücksnutzung ausgeschlossen, nicht aber unzulässig insgesamt von der Nutzungsmöglichkeit des Grundstücks. Daß die verbleibende Nutzungs in einem bestimmten Nutzungsbereich nur noch einzelne Handlungen ermöglicht, steht einer als Hauptinhalt der Dienstbarkeit unzulässigen Verpflichtung zu positivem Tun nicht gleich. Jede Pflicht zum Unterlassen führt notwendigerweise zu einer mehr oder weniger starken Einengung des Handlungsspielraums des Verpflichteten.[83] Deshalb kann eine „Unterlassungs"-

---

[77] Fall BGH MittBayNot 1984, 126 (127).
[78] Anders BayObLG aaO (Fußn 75).
[79] Anders BayObLG DNotZ 1982, 252 = Rpfleger 1980, 279 = MDR 1980, 579; zustimmend Linde BWNotZ 1980, 29 (32); Zimmermann Rpfleger 1981, 335; BayObLG MDR 1982, 936 = MittRhNotK 1982, 246 = (mitget) Rpfleger 1983, 12; Joost NJW 1981, 308 (312). Dessen (Joost) Bedenken gegen eine „Versteinerung" der Energieversorgung sind rechtspolitisch berechtigt. Das Problem kann aber mit einer Begrenzung der Laufzeit der Dienstbarkeit (Befristung) oder des schuldrechtlichen Grundverhältnisses über § 138 BGB gelöst werden, ohne daß für die Handhabung des Rechtsinstituts Dienstbarkeit neue Schwierigkeiten und Unklarheiten aufgebaut werden.
[79a] OLG Zweibrücken MittBayNot 2001, 481 = aaO (Fußn 55).
[80] Fehlende zeitliche Begrenzung (dazu Rdn 1226) einer solchen Grunddienstbarkeit ist nicht sittenwidrig; BGH MittBayNot 1984, 126 (128); vgl auch BGH NJW 1985, 2474 = Rpfleger 1985, 354; BayObLG BWNotZ 1985, 163 = MittBayNot 1985, 192.
[81] BGH MittBayNot 1984, 126.
[82] BGH MittBayNot 1984, 126 (128). So jetzt auch BayObLG MittBayNot 1985, 194 (196), das ausdrücklich offen läßt, ob es an der Rechtsprechung zur „formellen" Unterlassungsdienstbarkeit festhält. Ebenso Walter und Maier NJW 1988, 377. Vgl auch Herbst, FS Schippel (1996), 187. Zum vergleichbaren Fall der „Bierlieferungsdienstbarkeit" s Rdn 1223 und die dort Genannten.
[83] BGH MittBayNot 1984, 126 (128).

Dienstbarkeit auch zur Sicherung der ins Auge gefaßten Grundstücksnutzung verwendet werden; dies erfolgt vielfach bei vollständigem Verbot bestimmter gewerblicher Handlungen (Rdn 1221) oder bei einer Bebauungsbeschränkung des Inhalts, daß jede Bebauung mit Ausnahme eines Einfamilienhauses untersagt ist;[84] auch dies läuft praktisch im Hinblick auf den bezahlten Kaufpreis (Bauplatz) auf ein Baugebot (positives Tun) hinaus, ohne daß bisher die Dienstbarkeit als zulässiges Sicherungsmittel bestritten worden wäre. Dabei lassen sich Grenzen zur „formellen" Unterlassungsdienstbarkeit, die „materiell" ein positives Tun bedeutet, praktisch nicht ziehen. Insbesondere kann die Zulässigkeit des Rechtsinstituts „Dienstbarkeit" nicht von den Motiven der sie verwendenden Beteiligten abhängen: Ein Verbot, auf einem Grundstück fossile Brennstoffe zu verbrennen (oder Rauch zu erzeugen) ist als (klassische) Unterlassungsdienstbarkeit zulässig[85] gleichgültig, ob der Berechtigte nur ein Interesse an der Verhinderung von Luftverschmutzung hat oder Interesse am Absatz eigener Wärmeenergie. Das Gesetz kennt eine Unterscheidung zwischen „echter" und „formeller" Unterlassung nicht. Im Einzelfall würde sie ganz erhebliche Abgrenzungsschwierigkeiten bereiten.[86] Über die Zulässigkeit der Dienstbarkeit müßte wohl stets nach „billigem" Ermessen entschieden werden; jede Berechenbarkeit wäre ausgeschaltet. Dafür findet sich im Sachenrecht keine Grundlage. Eine Dienstbarkeit für Unterlassungsverpflichtungen muß daher stets möglich sein, auch wenn praktische Folge der Einhaltung der Unterlassungsverpflichtung ein bestimmtes positives Tun ist. Zutreffend wird daher als Dienstbarkeitsinhalt Beschränkung des tatsächlichen Gebrauchs des Eigentümers mit der Verpflichtung angesehen, mit Ausnahme von Notkaminen keine Kraftstromanlagen zu Heizzwecken, keine Kamine und keine anderen Anlagen, die den Betrieb von Wärmeeinrichtungen jeglicher Art ermöglichen, auf dem Grundstück errichten zu lassen oder zu dulden.[87] Dadurch, daß der Eigentümer mit der ihm auferlegten Beschränkung des tatsächlichen Gebrauchs des Grundstücks zugleich auch in seiner rechtlichen Verfügungsfreiheit eingeschränkt wird, wird die Eintragungsfähigkeit einer Dienstbarkeit mit solchem Inhalt nicht ausgeschlossen[87] (s bereits Rdn 1132). Dieser Umstand wirft vielmehr lediglich die Frage auf, ob der Begünstigte nicht gegen die guten Sitten verstößt und rechtsmißbräuchlich handelt, wenn er sich auf diesem Wege mittelbar eine dingliche Sicherung für eine nicht eintragungsfähige Verpflichtung verschafft.[87]

1135 cc) **Ausschluß eines Eigentümerrechts.** Der Ausschluß eines Rechts, das sich aus dem Eigentum an dem belasteten Grundstück dem anderen Grundstück

---

[84] OLG Köln Rpfleger 1980, 467; LG Köln Rpfleger 1981, 294.
[85] AA BayObLG MDR 1982, 936 = MittBayNot 1982, 242 = MittRhNotK 1982, 246. Die Entscheidung übergeht die dem Eigentümer verbleibenden Alternativen zur Wärmeversorgung (Fernwärme, Solarenergie, Wärmepumpe, Erdwärme) aus nicht näher erörterten und damit völlig unbestimmbar gebliebenen „praktischen" Gründen. Seine weitere Behauptung, der Eigentümer könne nur noch ausschließlich in einer Richtung tätig werden und dies könne nicht Inhalt einer Dienstbarkeit sein, ist in dieser Allgemeinheit nicht richtig; vgl anders (richtig) OLG Köln Rpfleger 1980, 467; jetzt auch BayObLG aaO (Fußn 82).
[86] So auch BGH MittBayNot 1984, 126 (128).
[87] OLG Düsseldorf DNotZ 1980, 159 = Rpfleger 1979, 304; s auch BayObLG 1989, 89 (95).

B. Einzelfälle

gegenüber ergibt, ermöglicht vornehmlich Sicherung der Verpflichtung, nachbarrechtliche Befugnisse (§§ 904–923 BGB) nicht oder nicht in dem gesetzlichen Umfang auszuüben.

Beispiele: Dulden wesentlicher Immissionen (vgl § 906 BGB), einer gefährlichen Anlage (vgl § 907 BGB) oder von Grenzbäumen (vgl § 910 BGB).

Inhalt einer Grunddienstbarkeit kann damit auch die Verpflichtung sein, sämtliche Einwirkungen auf das belastete Grundstück durch Baumwurf aus dem auf einem berechtigten Nachbargrundstück stehenden Wald zu dulden „und insoweit auf Schadensersatzansprüche zu verzichten, die zum Inhalt des Eigentums gehören".[88] Der Ausschluß von Rechten, die gegenüber jedermann bestehen können oder nicht aus dem Eigentum am Grundstück erwachsen, so schuldrechtlicher Ansprüche, kann nicht Dienstbarkeitsinhalt sein.[89] Auch Verzicht auf Schadensersatzansprüche zwischen Eigentümern benachbarter Grundstücke, die sich nicht aus dem Eigentum ergeben, sondern andere Rechtsgrundlagen haben (zB unerlaubte Handlung, vertraglich gestattete Einwirkung auf das Grundstück) kann damit nicht durch Dienstbarkeit abgesichert werden.[90] Die Verpflichtung, auf Schadensersatzanspruch aus Wildschaden zu verzichten, kann nicht Dienstbarkeitsinhalt sein.[91]

Bergschadenverzicht (Verzicht auf die Entschädigung von Bergschäden, auch als Bergschadenminderwertverzicht) kann unabhängig von der Verpflichtung, den bergmäßigen Abbau zu dulden, als Ausschluß (oder Beschränkung) eines Eigentümerrechts Inhalt einer Grunddienstbarkeit zugunsten des Bergwerkseigentümers sein[92] (jedoch nicht als Belastung eines Miteigentumsanteils; s Rdn 1117). Entsprechendes gilt für Verzicht auf Schadensersatz in sonstigen Fällen, in denen der Entschädigungsanspruch an Stelle des ausgeschlossenen Abwehranspruchs (§ 1004 BGB) als Eigentümerrecht besteht (§ 906 Abs 2 S 2 BGB; § 14 Bundesimmissionsschutzgesetz).[93] Der Rechtsausschluß muß jedoch hinreichend bestimmt sein. Das ist nicht der Fall bei einem allgemein gehaltenen Industrieimmissionsschadenverzicht, durch den der Eigentümer ganz unvorhersehbaren und ins Unübersehbare wachsenden Beeinträchtigungen ausgesetzt sein könnte.[94] Der Verzicht auf Rechtsmittel gegen

1136

---

[88] BayObLG DNotZ 1991, 253 = NJW-RR 1990, 207 = Rpfleger 1990, 54.
[89] BayObLG DNotZ 1991, 253 = aaO.
[90] LG Traunstein MittBayNot 1981, 241. Damit können die Anforderungen an gesunde Wohn- und Arbeitsverhältnisse in der Bauleitplanung der Gemeinden (§ 1 Abs 5 S 2 Nr 1 BauGB) nicht durch Immissionsduldungsdienstbarkeiten ausgehebelt werden, vgl Grziwotz ZNotP 2002, 291 (293).
[91] BayObLG 1959, 362 = DNotZ 1960, 247 = Rpfleger 1960, 402.
[92] OLG Hamm DNotZ 1966, 100 = OLGZ 1965, 78; OLG Hamm MittRhNotK 1981, 191 = OLGZ 1981, 53 = Rpfleger 1980, 468; außerdem RG 130, 350; RG 166, 105; auch BGH MDR 1970, 998 = LM BGB § 839 (Ff) Nr 14. Auch OLG Hamm DNotZ 1986, 626 = OLGZ 1986, 311 = NJW 1986, 3213 = Rpfleger 1986, 364. Die bereits gesetzlich bestehende Pflicht, Einwirkungen aus Bergwerksunternehmen und Aufbereitungsanlagen zu dulden, kann nicht Inhalt einer Dienstbarkeit sein. Zur Bezeichnung des Inhalts einer Dienstbarkeit bei Eintragung, der über die gesetzliche Duldungspflicht hinausgeht, vgl OLG Köln Rpfleger 1982, 463.
[93] Zimmermann Rpfleger 1981, 333 (334); LG Traunstein MittBayNot 1981, 241.
[94] OLG Hamm DNotZ 1986, 626 = aaO. Daher keine (beschränkte persönliche) Dienstbarkeit des Inhalts, daß von Bergwerken, Anlagen und Grundstücken der Ruhr-

behördliche Bescheide (in hinreichend bestimmten Fällen) soll neben der Duldung von Immissionen weiterer Dienstbarkeitsinhalt sein können.[95]

1137 Verpflichtungen und Beschränkungen, die sich bereits aus dem Gesetz ergeben, sind nicht eintragungsfähig.[96] Wenn jedoch Zweifel bestehen, ob die Erfordernisse einer gesetzlich geregelten Unterlassungspflicht gegeben sind, kann eine nachbarliche Unterlassungspflicht als Inhalt der Grunddienstbarkeit vereinbart und in das Grundbuch eingetragen werden. Das gilt gleichermaßen für Zweifel über Berechtigung und Umfang nachbarrechtlicher Befugnisse, auch wenn sich solche im Einzelfall nur möglicherweise ergeben können.[97] Dienstbarkeitsinhalt kann daher sein die Berechtigung des Eigentümers des Nachbargrundstücks, bis an die Grenze zu bauen,[97] auf 1½-geschossige Bauweise[97a] oder sonst eine Baubeschränkung auf eine reduzierte Bebauung, selbst wenn diese im (derzeit geltenden) Bebauungsplan vorgeschrieben ist.[98] Über die gesetzliche Duldungspflicht des § 906 BGB hinaus geht die Verpflichtung zur zeitlich unbegrenzten Duldung landwirtschaftlicher Immissionen; sie kann daher Inhalt einer Grunddienstbarkeit sein.[99]

1138 dd) **Verschiedene Arten der Belastung.** In einer Grunddienstbarkeit können verschiedene Arten der Belastung (Benutzungsrecht, Unterlassungspflicht, Ausschluß eines Eigentümerrechts) zusammengefaßt werden. Die miteinander verbundenen Belastungen bilden dann zusammen den Inhalt einer Dienstbarkeit (Rdn 1222). Bei solcher Zusammenfassung verschiedener Arten der Belastung in einer Dienstbarkeit handelt es sich nicht um zwei oder mehr selbständige Dienstbarkeiten. Für jede Art der Belastung kann aber auch eine Einzeldienstbarkeit bestellt werden.[100]

1139 ee) **Vorteil für das herrschende Grundstück.** Für die Benutzung des herrschenden Grundstücks muß die Grunddienstbarkeit Vorteil bieten (§ 1019 S 1 BGB). Er bestimmt sich nach Lage, Beschaffenheit und Zweckbestimmung des berechtigten Grundstücks. Gleich ist, ob sich ein Vorteil für das Grundstück selbst, ein Wohngebäude auf dem Grundstück, eine Fabrik oder einen sonstigen Gewerbebetrieb[101] usw auf dem Grundstück ergibt (zulässig ist daher als Inhalt der Dienstbarkeit die Nutzung als Kundenparkplatz unter

---

kohle AG ausgehende Einwirkungen zu dulden sind, ohne aus dem Grundeigentum sich ergebende Unterlassungs- und Schadensersatzansprüche erheben zu können. Hierzu s auch LG Köln Rpfleger 1994, 56.
[95] LG Köln Rpfleger 1994, 56; vgl dazu Gutachten DNotI-Report 1997, 58.
[96] OLG Celle DNotZ 1958, 421 = NJW 1958, 1096; OLG Hamm DNotZ 1986, 626 = aaO; OLG Köln Rpfleger 1982, 463; LG Lübeck DNotZ 1956, 558.
[97] OLG Celle DNotZ 1958, 421 = NJW 1958, 1096; s auch OLG Düsseldorf DNotZ 1978, 353 = Rpfleger 1978, 16.
[97a] BGH DNotZ 2002, 718 = NJW 2002, 1797 = Rpfleger 2002, 352.
[98] OLG Hamm MittBayNot 1996, 378 = MittRhNotK 1996, 324 = Rpfleger 1996, 444.
[99] LG Augsburg MittBayNot 1978, 215.
[100] Ob eine oder zwei Grunddienstbarkeiten eingetragen sind, ist allein dem Eintragungsvermerk, nicht der in Bezug genommenen Eintragungsbewilligung zu entnehmen. Gutgläubiger Erwerb eines einheitlichen Geh- und Fahrtrechts ist nicht möglich, wenn im Grundbuch ein (selbständiges) Gehrecht und ein (selbständiges) Fahrtrecht eingetragen sind, BayObLG (mitget) Rpfleger 1985, 486.
[101] OLG München NJW 1957, 1765; aber auch OLG Stuttgart Justiz 1964, 285 (für Recht zur Steinausbeute oder Gewinnung sonstiger Bodenbestandteile).

B. Einzelfälle

Ausschluß des Berechtigten, des Betriebsinhabers und seiner Angestellten[102]) und ob er für die gegenwärtige oder eine erst künftige Benutzung des Grundstücks besteht. Ein bloß persönlicher Nutzen des Eigentümers, der in der Beschaffenheit des herrschenden Grundstücks keine Grundlage hat, genügt nicht.[103] Vorteil bringt ein Wettbewerbsverbot dem herrschenden Grundstück daher nur, wenn mit ihm ein zu schützender Gewerbebetrieb verbunden ist.[103] Auch ein nur mittelbarer Vorteil genügt, wie die Annehmlichkeit des Wohnens und damit in ästhetischer Hinsicht eine Harmonie des Baustils. Der Vorteil für das herrschende Grundstück kann daher auch darin bestehen, daß einer Häusergruppe ein bestimmter architektonischer Charakter erhalten bleibt (Baubeschränkung in Villengegend).[104] Für die Benutzung eines nur mit Garagen bebauten Grundstücks kann auch eine Grunddienstbarkeit des Inhalts, daß auf dem dienenden Hausgrundstück kein Gewerbe ausgeübt und die einheitliche Gestaltung der umliegenden Wohnsiedlungen nicht durch bauliche Maßnahmen verändert werden darf, von Vorteil sein.[105] Nachbarschaft des herrschenden und des dienenden Grundstücks ist nicht nötig; weite Entfernung der beiden Grundstücke kann aber einen Vorteil (eine Annehmlichkeit) ausschließen und damit die Grunddienstbarkeit verbieten.[106] Wettbewerbs- und Gewerbeverbot können auch bei weiter Entfernung (17 km) für das herrschende Grundstück noch von Vorteil sein.[107] Nicht richtig ist daher die allgemeine Aussage,[108] eine Unterlassungspflicht (Gastwirtschafts-, Getränkeausschank- und Getränkevertriebsverbot) könne für das (entfernte) herrschende Grundstück dann nicht von Vorteil sein, wenn das Verbot nicht geeignet ist, den auf dem herrschenden Grundstück bestehenden Gewerbebetrieb (Brauerei) zu fördern oder den Charakter dieses Grundstücks hinsichtlich seiner Lage und Zweckbestimmung zu erhalten.

e) Eintragungsbewilligung

Die Eintragungsbewilligung muß das Recht als Grunddienstbarkeit (nicht unbedingt durch Aufnahme dieses Wortes; schlagwortartige Kennzeichnung des Inhalts des Rechts ist jedoch erforderlich; dazu Rdn 1145) sowie das zu belastende und das herrschende Grundstück (dazu bereits Rdn 1123) bezeichnen und den durch Parteiwillen bestimmten Inhalt der Dienstbarkeit klar festlegen.[109] Nicht bestimmt ist der Dienstbarkeitsinhalt bezeichnet mit

1140

---

[102] LG Aachen MittRhNotK 1997, 363.
[103] OLG München NJW 1957, 1765.
[104] BGH DNotZ 1968, 28 = LM BGB § 1019 Nr 2; BGH NJW 1983, 115 = Rpfleger 1983, 15.
[105] BGH MittBayNot 1982, 244 = NJW 1983, 115 = Rpfleger 1983, 15.
[106] Dazu OLG Stuttgart Justiz 1964, 285; LG Deggendorf MittBayNot 1972, 66 mit krit Anm Reimann und MittBayNot 1991, 262 (Geh- und Fahrtrecht für 30 km entfernten Gewebebetrieb möglich); Reimann MittBayNot 1974, 4; ferner Knöchlein BB 1961, 589 (593); Walberer DNotZ 1958, 153.
[107] Zutreffend Ring MittBayNot 1980, 16 gegen OLG München MittBayNot 1980, 15; s aber auch OLG München MDR 1983, 934 (Vorteil für 15 km entfernte ländliche Brauerei).
[108] OLG München MittBayNot 1980, 15 mit abl Anm Ring.
[109] BGH DNotZ 1969, 486 = NJW 1969, 502 = Rpfleger 1969, 128; KG DNotZ 1973, 373 = NJW 1973, 1128 = Rpfleger 1973, 200; OLG Hamm OLGZ 1981, 270

der nur allgemeinen Erlaubnis, das Grundstück „zu nutzen und nutzen zu lassen" (s Rdn 1130, auch 1148), oder mit „Nutzung in Übereinstimmung mit den Interessen des Natur- und Landschaftsschutzes",[110] oder das Grundstück „nur nach Maßgabe der Satzung und der satzungsgemäß gefaßten Beschlüsse eines Vereins" zu nutzen,[111] mit der Formulierung, eine vorhandene (Gleis)Anlage „in zumutbarer Weise" zu nutzen,[112] mit der Verpflichtung, auf dem Grundstück nur Einrichtungen entsprechend den Festsetzungen eines Bebauungsplans zu schaffen, die unmittelbar oder mittelbar dem Fremdenverkehr dienen[113] (Abgrenzung bleibt völlig unklar) oder mit dem Begriff „Ausnutzungsziffer" zur Abgrenzung einer Baubeschränkung.[114] Bestimmt ist die Beschränkung auf „1$\frac{1}{2}$-geschossige Bauweise",[114a] nicht aber eine Baubeschränkung des Inhalts, den Blick freizuhalten.[114a] Zur Formulierung, daß ein Wohnhaus für dauernd nur dem landwirtschaftlichen Betrieb dienen dürfe, s Rdn 1131 mit Fußn 62. Als ausreichend erachtet wurde die Bewilligung (gegenseitiger) nachbarrechtlicher Dienstbarkeiten zur Belassung, Benutzung und Unterhaltung aller bestehenden „Anlagen der Ver- und Entsorgung".[115]

1141 Wenn die **Ausübung** der Grunddienstbarkeit auf einen realen Grundstücksteil rechtsgeschäftlich **beschränkt** wird (Rdn 1119), muß die Ausübungsstelle als Grundstücksfläche in der Eintragungsbewilligung mit der notwendigen Bestimmtheit (somit eindeutig) bezeichnet (dargestellt) werden.[116] Das ist nicht erforderlich, wenn die Festlegung der Ausübungsstelle der tatsächlichen Ausübung überlassen bleibt.[117] Sicher kann die Ausübungsstelle der auf einen realen Grundstücksteil beschränkten Dienstbarkeit in der Weise bezeichnet werden, daß in der Eintragungsbewilligung auf eine allgemein zugängliche Karte (Flurkarte, Plan, Skizze) Bezug genommen wird, in die die Ausübungsstelle

---

(271 f) = aaO (Fußn 15); BayObLG Rpfleger 1982, 12; OLG Frankfurt OLGZ 1983, 34 = Rpfleger 1983, 61.
[110] LG Dortmund Rpfleger 1993, 108.
[111] OLG Düsseldorf MittRhNotK 1995, 319 = NJW-RR 1996, 15.
[112] OLG Frankfurt OLGZ 1983, 34 = aaO (Fußn 109).
[113] BayObLG MittBayNot 1981, 239 = NJW 1982, 1054 = Rpfleger 1982, 60, desgleichen mit der Verpflichtung, das Grundstück nicht zu anderen Zwecken zu nutzen als für „versorgungswirtschaftliche Einrichtungen", LG Mannheim BWNotZ 1985, 21 und OLG Karlsruhe BWNotZ 1985, 123 mit Anm Pöschl.
[114] OLG Frankfurt Rpfleger 1980, 280.
[114a] BGH DNotZ 2002, 718 = aaO (Fußn 97a), auch dazu, daß der Beschränkung auf 1$\frac{1}{2}$-geschossige Bauweise nicht der veränderte Inhalt beigemessen werden kann, „den freien Blick auf die Landschaft nicht zu verbauen"; OLG Hamm Rpfleger 1996, 444 = aaO (Fußn 98).
[115] BayObLG DNotZ 1989, 568 = (mitget) Rpfleger 1988, 519 (ist als Einzelfallentscheidung uE keiner Verallgemeinerung zugänglich).
[116] BGH DNotZ 1969, 486 = aaO (Fußn 109); BGH DNotZ 1982, 228 = NJW 1981, 1781 = Rpfleger 1981, 286; BGH DNotZ 1982, 230 = NJW 1982, 1039 = Rpfleger 1982, 16; BGH 90, 181 (183) = aaO (Fußn 8); BayObLG Rpfleger 1982, 12; BayObLG 1988, 102 (106) = DNotZ 1989, 164; BayObLG MittBayNot 1991, 255 (256); KG DNotZ 1973, 373 = aaO (Fußn 109); OLG Hamm DNotZ 1968, 310 = NJW 1967, 2365 = OLGZ 1967, 456; OLG Hamm JMBlNW 1961, 275.
[117] BGH aaO (Fußn 116); KG DNotZ 1973, 373 = aaO (Fußn 109); LG Aachen MittRhNotK 1981, 110 mit zust Anm Schepp.

B. Einzelfälle

eingezeichnet ist.[118] Karte und Zeichnung müssen über die Lageverhältnisse eindeutig Auskunft geben (Bestimmtheitserfordernis). Verwendung einer „amtlichen Karte" erfordert das nicht. Allgemein zugänglich ist die in Bezug genommene Karte, wenn sie mit der Eintragungsbewilligung (nach Maßgabe des § 44 BeurkG) mit Schnur und Prägesiegel verbunden ist.[119] Ohne Bezugnahme in der Bewilligung genügt jedoch bloße Verbindung der Flurkarte mit Schnur und Siegel oder ein notarieller Vermerk auf der Zeichnung (Skizze usw), sie bilde eine „Anlage zur notariellen Urkunde" nicht[120] (dazu insbesondere Rdn 871, 872). Die Karte muß bei Beglaubigung der Unterschrift vorliegen und mit dem Bewilligungstext durch Schnur und Siegel verbunden werden. Liegt die Karte bei Beglaubigung der Unterschrift unter der Bewilligung nicht vor, so dürfte dies wie eine Beglaubigung einer Unterschrift unter lückenhaftem Text (Blankobeglaubigung, § 40 Abs 5 BeurkG) zu behandeln sein.

Gesetzlich geboten ist (bei rechtsgeschäftlicher Beschränkung der Dienstbarkeitsausübung auf einen realen Grundstücksteil) Bezeichnung der Ausübungsstelle durch Vorlage (und Aufbewahrung) einer Karte nicht (anders, wenn überhaupt nur ein Grundstücksteil belastet werden soll, § 7 Abs 2 mit § 2 Abs 3 GBO).[121] Die Fläche kann auch in der Eintragungsbewilligung selbst so genau beschrieben werden, daß sie in der Natur ohne weiteres feststellbar ist.[122] Das kann (jedenfalls für einen schmalen Weg zwischen Acker- und Gartengrundstück; entsprechendes gilt aber auch für andere Wegerechte und sonstige Dienstbarkeiten wie zB Leitungsrechte, Rohrverlegungsrechte) selbst durch Bezugnahme auf Anlagen im Gelände geschehen, die ihrer Natur nach wandelbar und veränderbar sind (Bäume, Hecken, Pfähle, Zäune, Gräben), wenn nach Lage des Falles wenigstens mit einer gewissen Dauer ihres Verbleibs zu rechnen ist.[123] Der BGH[124] hat deshalb als ausreichend angesehen Bezeichnung der Ausübungsstelle mit „dem 2 m breiten (unbefestigten) Weg, der zum Feldweg nach A führt" und „hinter dem Grundbesitz" des Bewilligenden liegt.[125] In der Bewilligung einer Dienstbarkeit für eine Rohr-

1142

---

[118] BGH DNotZ 1982, 228 = aaO (Fußn 116); BGH 59, 11 = DNotZ 1972, 533 = NJW 1972, 1283 = Rpfleger 1972, 250.
[119] BGH 59, 11 = aaO (Fußn 118); Weber DNotZ 1972, 145. Nach Klärung dieser Frage kommt früher abweichenden Meinungen (Nachweise 6. Auflage Rdn 485b) keine Bedeutung mehr zu. Bezugnahme auf einen der Eintragungsbewilligung nicht beigefügten Plan genügt nicht, BayObLG MittBayNot 1991, 255.
[120] BGH DNotZ 1982, 228 = aaO (Fußn 116).
[121] BGH DNotZ 1969, 486 = aaO (Fußn 109).
[122] BGH 59, 11 = aaO (Fußn 118).
[123] BGH DNotZ 1969, 486 = aaO (Fußn 109); auch BGH 59, 11 = aaO (Fußn 118); BayObLG 1988, 102 (106).
[124] BGH DNotZ 1969, 486 = aaO (Fußn 109).
[125] Nicht genügend ist für Bezeichnung eines realen Grundstücksteils aber Einräumung eines Geh- und Fahrtrechts „entlang der Grenze der gemeinschaftlichen Einfahrt" ohne Angabe der Wegbreite. Anders (nicht zutreffend) OLG Stuttgart Justiz 1991, 88 = Rpfleger 1991, 198, das damit den Grundstücksstreifen als (bestimmt) bezeichnet ansieht, „der für eine solche Nutzung benötigt wird," dann aber gerade auch Umfangsänderungen, die sich mit der technischen Entwicklung ergeben können, hinnimmt. Die Bewilligung hat in diesem Fall jedoch nicht eine rechtsgeschäftliche Beschränkung auf einen realen Grundstücksteil bestimmt, sondern mit Einschränkung

leitung mit Bauverbotsstreifen (auch bei Leitungsdienstbarkeiten für Strom, Wasser, Telefon) nach erfolgter Verlegung der Leitung ist mit Bezeichnung des Leitungsverlaufs und Beschreibung der danach sich richtenden Fläche des Bauverbots die Ausübungsstelle in der Natur bereits bestimmt bezeichnet, sonach keine weitere Beschreibung des Leitungsverlaufs erforderlich.[126] Bezeichnung des Leitungsverlaufs „wie bisher" genügt daher zwar,[127] sollte aber nach Maßgabe des Einzelfalls doch im Interesse der späteren Beweisbarkeit und damit Sicherheit durch weitere Beschreibung der Ausübungsstelle ergänzt werden. Bezugnahme auf ein der Eintragungsbewilligung beigefügtes Baugesuch genügt nicht.[128]

1143 Wenn das ganze Grundstück mit einem Wegerecht belastet wird, genügt zur Eintragung, daß der Verlauf des Weges (nicht aber seine Breite) aus der Eintragungsbewilligung ersichtlich ist.[129] Wenn die Ausübungsstelle dem tatsächlichen Gebrauch überlassen ist, ist dem Grundsatz der Bestimmtheit mit Bewilligung (Eintragung) eines Geh- und Fahrtrechts auf einem drei Meter breiten Streifen des belasteten Grundstücks hinreichend entsprochen.[130] Das dem Eigentümer eines derart belasteten Grundstücks eingeräumte Recht, den Verlauf des Weges festzulegen und damit den Ort der Ausübung der Dienstbarkeit zu bestimmen, bedeutet demnach weder eine eintragungsfähige noch eine eintragungspflichtige Einschränkung der Dienstbarkeit.[130]

1144 Mit der Bewilligung einer beschränkten persönlichen Dienstbarkeit zugunsten des jeweiligen Eigentümers eines Grundstücks kann Bestellung einer Grunddienstbarkeit gewollt sein.[131] Bewilligung eines Wegerechts (Fahrtrechts) zugunsten eines Beteiligten des Urkundsgeschäfts kann bei sprachlich unzweideutiger Erklärung jedoch nicht als Bewilligung einer Grunddienstbarkeit ausgelegt werden.[132]

f) Grundbucheintragung

1145 In das Grundbuch muß die Grunddienstbarkeit mit ihrem Wesenskern schlagwortartig eingetragen werden. Bezeichnung auch als Grunddienstbarkeit empfiehlt sich, ist aber nicht unbedingt notwendig.[133] Aus der einzutragenden Natur des Rechts ergibt sich bereits, daß es sich um eine Dienstbarkeit handelt; daß sie Grunddienstbarkeit nach § 1018 BGB ist, stellt die Bezeichnung

---

des Rechts auf Benutzung den Inhalt (Umfang) des Geh- und Fahrtrechts für Festlegung der Ausübungsstelle durch tatsächliche Nutzung festgelegt.
[126] BGH DNotZ 1982, 230 = aaO (Fußn 116); OLG Oldenburg MittRhNotK 1979, 215 = Rpfleger 1979, 199; OLG Celle NdsRpfl 1982, 198. Zur Behauptungs- und Beweislast (im Rechtsstreit) über die dann allein aus dem Grundbuch nicht feststellbare Ausübungsstelle nach Veränderung (Zerstörung) des (früheren) Leitungsverlaufs s BGH MDR 1984, 1015 = NJW 1984, 2157.
[127] BGH DNotZ 1982, 230 = aaO (Fußn 116); ähnlich BayObLG MittBayNot 1992, 399.
[128] BayObLG 1983, 253 = Rpfleger 1984, 12.
[129] LG Lübeck SchlHA 1971, 85 Leits. Zur Festlegung der Ausübungsstelle aber Rdn 1141.
[130] LG Hof NJW 1963, 1111.
[131] BGH DNotZ 1969, 357 = LM BGB § 1018 Nr 15 = Rpfleger 1969, 85.
[132] OLG Frankfurt Rpfleger 1979, 418.
[133] BayObLG 1958, 323 = DNotZ 1959, 196 = NJW 1959, 578 = Rpfleger 1959, 22; BayObLG 1981, 117 = BWNotZ 1981, 168 = MittBayNot 1982, 24 = Rpfleger 1981, 295.

B. Einzelfälle

des jeweiligen Eigentümers eines anderen Grundstücks als des Berechtigten dar.[134] Allein die gesetzliche Bezeichnung des Rechts als „Grunddienstbarkeit" genügt nicht; immer bedarf es vielmehr einer genaueren Umschreibung des Rechts. Sein wesentlicher Inhalt im Einzelfall muß wenigstens schlagwortartig gekennzeichnet sein, weil Grunddienstbarkeiten einen verschiedenartigen Inhalt haben und in mannigfacher Weise ausgestaltet sein können.[135] Gebräuchliche Bezeichnungen für häufiger vorkommende Dienstbarkeiten sind:

Anbaurecht
Arkadenrecht
Baubeschränkung
Bebauungsrecht
Bebauungsverbot (-beschränkung)
Brandmauermitbenutzungsrecht
Brandmaueranbaurecht
Farbgebungsbeschränkung
Fensterrecht
Fernsehantennenrecht
Garagenrecht
Gartenbenutzungsrecht
  (auch: -mitbenutzungsrecht)
Gaststättenbetriebsverbot
Gehrecht
Geh- und Fahrtrecht
Gewerbebetriebsbeschränkung
Gewerbebetriebsverbot
Gewerbliches Benutzungsrecht
Grenzanbaurecht

Hochspannungsleitungsrecht
Kabelrecht
Kanalrecht
Kraftfahrzeugabstellrecht
Kraftfahrzeugeinstellrecht
Mastenrecht
Tankstellenrecht
Transformatorenrecht
Überbaurecht
Versorgungsleitungsrecht
Viehtreiberecht
Wasserentnahmerecht
Wegerecht
Weiderecht
Windkraftanlagerecht
Wohnungsbesetzungsrecht
Wohnungsrecht
Zaunrecht
Zaunerrichtungsverbot.

Zur Bezeichnung des näheren Inhalts des Rechts (auch seines Umfangs und der Ausübungsstelle) kann auf die Eintragungsbewilligung Bezug genommen werden (§ 874 BGB; dazu Rdn 262 ff). Die Bewilligung muß hierfür die erforderliche Klarheit aufweisen.[136] Bezugnahme auf die Eintragungsbewilligung ist zulässig zB dafür, ob ein Wegerecht etwa nur zum Gehen oder auch zum Fahren, Reiten und Viehtreiben oder dgl berechtigt. In derartigen Fällen wäre jedoch auch die verschiedenartige Grundstücksberechtigung in das Grundbuch selbst einzutragen (s nachf). Ferner ist Bezugnahme möglich wegen der örtlichen Lage des in Frage kommenden Weges wenn die Dienstbarkeit auf dem ganzen Grundstück ruht. Jedoch genügt die Bezugnahme nicht, wenn die Ausübung der Dienstbarkeit als durch die Unterhaltung des Weges

1146

---

[134] BayObLG 1981, 117 = aaO (Fußn 133).
[135] BGH 35, 378 = DNotZ 1963, 42 = NJW 1961, 2157 = Rpfleger 1961, 394 mit zust Anm Haegele; BGH NJW 1983, 115 = MittBayNot 1982, 244 = Rpfleger 1983, 15; BayObLG 1981, 117 = aaO (Fußn 129) und MittBayNot 1986, 129 = Rpfleger 1986, 296; BayObLG DNotZ 1989, 572 = Rpfleger 1989, 230; BayObLG DNotZ 1990, 175 (176) = Rpfleger 1989, 361; BayObLG DNotZ 1991, 258 = (mitget) Rpfleger 1990, 198; OLG Köln NJW 1957, 992 und Rpfleger 1982, 464; OLG Hamm Rpfleger 1980, 467; KG Rpfleger 1959, 20.
[136] BGH DNotZ 1969, 486 = aaO (Fußn 109).

seitens des Berechtigten des herrschenden Grundstücks bedingt anzusehen ist.[137] Bei Tankstellen-Dienstbarkeiten genügt zur Eintragung ihrer Ausschließlichkeit die Bezugnahme, wenn auch die Mitaufnahme des Wortes, bestehend in dem „ausschließlichen" Recht ..., im Grundbuch selbst keine Mehrbelastung darstellt (s Rdn 1229).[138]

1147 Soll eine Dienstbarkeit zur Grundstücksnutzung in **mehrfacher Beziehung** berechtigen, so muß der verschiedenartige Dienstbarkeitsinhalt mit seinem jeweiligen Wesenskern schlagwortartig eingetragen werden (zB Fahrt- und Garagenrecht; Kellerbenutzungs-, Wasserleitungsanschluß- und Hofraumbenutzungsrecht).[139] Gleiches gilt, wenn die Dienstbarkeit verschiedene zu unterlassende Handlungen zum Inhalt hat (zB Baubeschränkung und Gebäudenutzungsbeschränkung).[140]

1148 Eintragung des wesentlichen Inhalts (Wesenskerns) der Dienstbarkeit mit schlagwortartiger Kennzeichnung (Rdn 1145) schließt Verkürzungen nicht aus;[141] sie lassen sich vor allem bei Dienstbarkeiten mit umfangreichem Inhalt nicht immer vermeiden. Der Eintragungsvermerk selbst darf jedoch auch bei Bezugnahme auf die Eintragungsbewilligung nicht so farblos oder nichtssagend sein, daß die Art der Belastung nur noch der Eintragungsbewilligung entnommen werden kann. Daher fehlt dem Vermerk „Nutzungsbeschränkung"[142] oder „Benützungsrecht und Benützungsbeschränkung"[143] (auch „Benutzungsrecht"[144]) die erforderliche Aussage- und Kennzeichnungskraft. Als ausreichend[145] angesehen wurde (bei Bezugnahme auf die Bewilligung, in der der Inhalt des Rechts dargestellt war) die schlagwortartige Eintragung als „Hochspannungsleitungsrecht"[146] (für Überspannungsrecht unter Einschluß der Baubeschränkung und der Grundstücksbetretungsbefugnis sowie des Rechts zur Erstellung von Masten, an denen die Leitungen befe-

---

[137] OLG Frankfurt MittBayNot 1974, 266 = Rpfleger 1974, 430.
[138] BGH 35, 378 = aaO (Fußn 52 a); BayObLG 1958, 323 = Rpfleger 1959, 20; OLG Stuttgart Rpfleger 1959, 22; OLG Hamm Rpfleger 1961, 238.
[139] OLG Nürnberg MDR 1977, 529 = NJW 1978, 706 Leits = OLGZ 1978, 79; OLG Nürnberg NJW-RR 2000, 1257 = Rpfleger 2000, 325 (Eintragung als „Geh-, Fahr- und Leitungsrecht" bezeichnet nicht die weitergehende Berechtigung, den Grundstücksstreifen einzuzäunen und über den Zugang durch das Eingangstor allein zu bestimmen).
[140] BGH DNotZ 1966, 486 = NJW 1965, 2398.
[141] BayObLG DNotZ 1989, 572 = Rpfleger 1989, 230; BayObLG DNotZ 1990, 170 (176) = Rpfleger 1989, 361 mit weit Nachw (Lichtrecht).
[142] OLG Köln DNotZ 1981, 51 = Rpfleger 1980, 467. Dazu wiederum LG Köln MittRhNotK 1981, 139 = Rpfleger 1981, 294 mit abl Anm Meyer-Stolte, das Eintragung „Dienstbarkeit (Baubeschränkung und Wohnungsbenutzungsgebot)" nicht als zulässig ansieht. Zu unzulässiger Bezeichnung als nur allgemeine Erlaubnis, das Grundstück „zu nutzen und nutzen zu lassen" s bereits Rdn 1130, 1140.
[143] BayObLG 1990, 35 = DNotZ 1991, 258 = Rpfleger 1990, 198; auch wenn die „Benützungsbeschränkung" nur ein Wohnungseigentum zugunsten einer Gemeinde belastet, BayObLG DNotZ 1994, 888 = Rpfleger 1995, 13.
[144] BayObLG 1995, 413 (421).
[145] Abgestellt für die Frage ausreichender Kennzeichnung wird („maßgeblich") auf die Rechtslage im Zeitpunkt der Eintragung der Dienstbarkeit, OLG Hamm NJW-RR 1995, 914 (für „verfügungs- und benutzungsbeschränkend"; als Einzelfallentscheidung nicht verallgemeinerungsfähig).
[146] BayObLG 1981, 117 = aaO (Fußn 133).

stigt sind) und „Erzeugungsverbot von Wärmewarmwasser" (auch für das Verbot der Erzeugung von Wärme zur Raumheizung),[147] die Eintragung (im Jahr 1956) „Benutzungsrecht" für das Hochspannungsleitungsrecht einer Elektrizitätsgesellschaft[148], die Eintragung „Mitbenutzungsrecht" für die Berechtigung zur „Mitbenutzung des gesamten Hausgrundstücks"[149] (zu dieser Dienstbarkeit Rdn 1204) und die Eintragung „Wohnungsbesetzungsrecht".[150] Eintragung als „Bebauungsbeschränkung" hat der BGH[151] auch für das in der in Bezug genommenen Eintragungsbewilligung noch enthaltene Verbot, einen von bisher einheitlicher Farbgestaltung der Siedlung abweichenden Außenanstrich anzubringen, als Verbot einer Maßnahme der baulichen Gestaltung genügen lassen. Daß der Inhalt einer Dienstbarkeit über eine gesetzlich bestehende Duldungspflicht hinausgeht, muß sich aus dem Eintragungsvermerk selbst ergeben.[152] Wenn die Angabe des Inhalts des Rechts im Eintragungsvermerk fehlt und insoweit nur noch auf die Eintragungsbewilligung Bezug genommen ist, ist die Grunddienstbarkeit als inhaltlich unzulässig zu löschen;[153] dann ist auch gutgläubig lastenfreier Erwerb möglich.[154]

g) Bedingung, Befristung

1149 Die Grunddienstbarkeit kann auflösend oder aufschiebend bedingt (§ 158 BGB) und befristet (§ 163 BGB) bestellt werden. Bedingung und Befristung müssen in das Grundbuch selbst eingetragen werden[155] (keine Bezugnahme, Rdn 266). Wenn die Dienstbarkeit bedingt und befristet ist, müssen beide Merkmale in das Grundbuch eingetragen werden.[156] Bezugnahmemöglichkeit in einem solchen Fall s Rdn 266. Für zulässig gehalten wird eine auflösende Bedingung für den Fall, daß das berechtigte Grundstück Eigentum einer bestimmten Person wird.[157] Der Umstand, daß das Erlöschen eines auflösend bedingten grundbuchlichen Rechts sich nicht aus dem Grundbuch entnehmen läßt, sondern von einem außerhalb des Grundbuchs eintretenden Ereignis ab-

---

[147] BayObLG DNotZ 1989, 572 = aaO (Fußn 141).
[148] BayObLG Rpfleger 1981, 479. Für Neueintragung kann dies aber (auch nach Hinweis des BayObLG) nicht mehr als genügend angesehen werden. Gleiches gilt für „Benützungsrecht" bei Eintragung im Jahre 1932 für die „Deutsche Reichsbahn-Gesellschaft", BayObLG MittBayNot 1986, 129 = Rpfleger 1986, 276.
[149] OLG Zweibrücken MittBayNot 1999, 76 = NJW-RR 1998, 1474.
[150] BayObLG MittBayNot 1980, 203 = (mitget) Rpfleger 1981, 12 (zu dieser Entscheidung bereits Fußn 38).
[151] BGH MittBayNot 1982, 244 = NJW 1983, 115 = Rpfleger 1983, 15.
[152] OLG Köln Rpfleger 1982, 463.
[153] BayObLG 1990 35 = aaO; BayObLG MittBayNot 1998, 257 = MittRhNotK 1998, 133 = NJW-RR 1998, 879 = Rpfleger 1998, 334 (für eine 1938 eingetragene Dienstbarkeit); OLG Düsseldorf DNotZ 1958, 155; OLG Hamm DNotZ 1954, 207 mit Anm Jansen; OLG Köln NJW 1957, 982. S aber wegen eines Sonderfalls – Grunddienstbarkeit zur Eisenbahnstreckenführung für den jeweiligen Inhaber einer Bahneinheit – KG OLGZ 1975, 301.
[154] OLG Köln Rpfleger 1982, 463.
[155] BayObLG MittBayNot 1998, 256 = NJW-RR 1998, 1025.
[156] OLG Köln DNotZ 1963, 48 = Rpfleger 1963, 381 mit Anm Haegele.
[157] BayObLG KGJ 44, 357.

hängig gemacht wird, macht das Recht nicht unzulässig.[158] Ohne Vereinbarung einer entsprechenden Bedingung (Darstellung in Eintragungsbewilligung und Grundbucheintragung) ist die Wirksamkeit der Dienstbarkeit (insbesondere einer Unterlassungspflicht) vom Bestehen eines entsprechenden schuldrechtlichen Vertrags nicht abhängig (nicht akzessorischer Charakter der Grunddienstbarkeit).[159] Zeitliche Beschränkung einer Dienstbarkeit ist aber nicht in der Weise möglich, daß eine solche auf ... Jahre bestellt wird mit der Maßgabe, daß sich ihre Geltungsdauer jeweils um weitere ... Jahre verlängert, wenn nicht ein Jahr zuvor gekündigt wird. Die Grunddienstbarkeit als dingliches Recht unterliegt keiner Kündigung; sie kann jedoch auflösend bedingt durch die Kündigung des schuldrechtlichen Kausalverhältnisses bestellt werden.[160] Bedingung der Dienstbarkeit durch Gewährung einer Gegenleistung Rdn 1146 und 1160.

h) Vermerk bei herrschendem Grundstück

1150 Auf dem Grundbuchblatt des herrschenden Grundstücks (dessen Bestandteil sie ist, § 96 BGB) ist auf (formlosen) Antrag seines Eigentümers (sonstige Antragsberechtigte § 9 Abs 1 GBO) die Grunddienstbarkeit zu vermerken (§ 9 Abs 1 GBO). Die Eintragung des Vermerks ist von Amts wegen auf dem Blatt des belasteten Grundstücks ersichtlich zu machen (§ 9 Abs 3 GBO). Bedeutung des Vermerks: Zur Löschung der Grunddienstbarkeit sowie zur Inhaltsänderung ist dem Grundbuchamt die Zustimmung der dinglich Berechtigten des herrschenden Grundstücks (auch des Gläubigers einer Auflassungsvormerkung[161]) nachzuweisen (§ 21 GBO; § 876 S 2 BGB). Durch die Eintragung des Vermerks im Bestandsverzeichnis des berechtigten Grundstücks sichern sich die Gläubiger von Grundpfandrechten des herrschenden Grundstücks (der Vormerkungsberechtigte) mithin davor, bei Löschung der Dienstbarkeit, die uU für den Wert ihres Grundstücks von wesentlicher Bedeutung ist, übergangen zu werden. Der Vermerk hat sonach nur kundmachende Bedeutung. Für Entstehung, Änderung und Aufhebung des Rechts ist nur die Eintragung auf dem Blatt des belasteten Grundstücks maßgebend, das auch allein Grundlage für den öffentlichen Glauben des Grundbuchs (§ 892 BGB; Rdn 345) bildet.[162] Fehlt der Vermerk und löscht das Grundbuchamt ohne Zustimmung der Grundpfandrechtsgläubiger (des Vormerkungsberechtigten), so ist das Grundbuch unrichtig geworden; denn die Beibringung der Einwilligung der Gläubiger von Grundpfandrechten (des Berechtigten einer Auflassungsvormerkung) an dem berechtigten Grundstück

---

[158] OLG Hamm Rpfleger 1959, 19; BayObLG Rpfleger 1985, 488; BayObLG 1989, 442 (446) = DNotZ 1991, 254 = NJW-RR 1990, 208 = Rpfleger 1991, 111 (Bestehen eines Miet- oder Pachtvertrags als Bedingung); aA – überholt – BayObLG MittBayNot 1984, 253 = Rpfleger 1984, 415; s dazu Rdn 1382.
[159] BGH MittBayNot 1984, 126 (127); auch BGH MittBayNot 1985, 190 = NJW 1985, 2474 = Rpfleger 1985, 354.
[160] BGH NJW 1974, 2123.
[161] So auch Demharter Rdn 4 zu § 22; aA Jung Rpfleger 2000, 372. Aber auf die Vormerkung ist § 876 S 1 entsprechend anzuwenden (KG JFG 9, 218 [222]; BayObLG MittBayNot 1987, 88 = Rpfleger 1987, 156), somit für die nach § 876 S 2 BGB erforderliche Zustimmung des Vormerkungsberechtigten auch § 21 GBO.
[162] RG JW 1929, 745.

B. Einzelfälle

ist nur zur Löschung (formell) als nicht erforderlich erklärt, nicht aber materiell zur Aufhebung des Rechts (§ 876 S 2 BGB). Die Grundpfandrechtsgläubiger (der Vormerkungsberechtigte) können theoretisch die Wiedereintragung der Dienstbarkeit mit der Grundbuchberichtigungsklage erzwingen. Wegen des Vermerks im Falle der Grundstücksvereinigung s Rdn 637.
Soweit nicht Banken oder andere Dritte verlangen, daß eine Dienstbarkeit am Blatt des berechtigten Grundstücks vermerkt wird, sollte den Beteiligten wegen der von ihnen gar nicht abschätzbaren, sich aus § 876 (S 2) BGB, § 21 GBO ergebenden Folgen vom Vermerk auf dem Blatt des berechtigten Grundstücks abgeraten werden.

Eintragung des Vermerks erfolgt   1151
– auf dem Blatt des herrschenden Grundstücks nach § 7 GBV im Bestandverzeichnis, Spalten 1, 3 und 4 sowie 5 und 6 (Zeitpunkt der Eintragung).[163]

Beispiel (Eintragungsbeispiel auch Anlage 2a zur GBV, Bestandsverzeichnis Nr $\frac{8}{zu\ 6}$):

| 2 | Wegerecht an dem Grundstück Buchhain FIStNr ... eingetragen im Grundbuch von |
| zu 1 | Buchhain (Band ...) Blatt ... Abt II Nr 1; |

– auf dem Blatt des dienenden Grundstücks nach § 10 Abs 4 und 5 GBV in Abt II Spalte 4 oder 5 (siehe Rdn 1108 und 1109).

Beispiel (Eintragungsbeispiel auch Anlage 2a zur GBV, Abt II Spalten 4–5 Nr 3):

Das Recht ist auf dem Blatt des herrschenden Grundstücks vermerkt. Hier vermerkt am ...

Wenn das herrschende Grundstück in Wohnungs- oder Teileigentum aufgeteilt ist, erfolgt Eintragung des Vermerks in den Spalten 1, 3 und 4 der Bestandsverzeichnisse sämtlicher für Miteigentumsanteile an dem herrschenden Grundstück angelegten Wohnungs- und Teileigentumsgrundbücher[164] mit Hinweis hierauf in dem in Spalte 6 einzutragenden Vermerk (§ 3 Abs 7 WGV mit Eintragungsbeispiel $\frac{3}{zu\ 2}$ in Anlage 1 hierzu).

i) Gesetzliches Schuldverhältnis; Schonungspflicht; Bauliche Anlagen

Die Grunddienstbarkeit begründet neben dem dinglichen Recht zwischen den   1152
Eigentümern des herrschenden und des dienenden Grundstücks ein **gesetzliches Schuldverhältnis**,[165] aus dem sich Nebenrechte und Nebenpflichten ergeben. Gegenstand dieses Schuldverhältnisses sind vor allem „das Nutzungsverhältnis begleitende Pflichten des aus der Dienstbarkeit Berechtigten",[166] können aber auch Pflichten des belasteten Grundstückseigentümers sein.[167] Auch § 278 BGB (Verschulden eines Erfüllungsgehilfen) gilt für das gesetzliche Schuldverhältnis.[168] Den Eigentümer des belasteten Grundstücks kann das

---
[163] Zur Grundstücksbezeichnung im Vermerk auch KG Rpfleger 1975, 226 mit Anm Huhn.
[164] OLG Düsseldorf MittRhNotK 1988, 175.
[165] BGH 95, 144 = DNotZ 1986, 25 = NJW 1985, 2944; BGH 106, 348 (350) = DNotZ 1989, 565 = NJW 1989, 1607.
[166] BGH 95, 144 (146) und 106, 348 (350) = je aaO.
[167] BGH 106, 348 (350) = aaO.
[168] BGH 95, 144 = aaO (Verschulden eines Pächters).

Schuldverhältnis verpflichten, eine (deckungsgleiche) Baulast zu übernehmen.[169]

Das Interesse des Eigentümers des belasteten Grundstücks hat der Berechtigte bei Ausübung seines Rechts tunlichst zu **schonen** (§ 1020 S 1 BGB). Die Verletzung dieser Schonungspflicht kann Schadensersatzanspruch (§ 241 Abs 2, §§ 280, 282 BGB) begründen.[170]

1153 Eine **Anlage**, die der Eigentümer des herrschenden Grundstücks[171] als Dienstbarkeitsberechtigter auf dem belasteten Grundstück hält, hat er in ordnungsgemäßem Zustand zu erhalten (§ 1020 S 2 BGB). Anlage ist jede zur Ausübung der Dienstbarkeit geschaffene Einrichtung, so ein befestigter Weg, eine Brücke oder Stauschleuse, ein Wehr oder Kanal, eine Rohrleitung. Zur Ausübung der Dienstbarkeit hält der Berechtigte die Anlage, wenn er sie sich wirtschaftlich nutzbar macht. Gleichgültig ist, wer die Anlage errichtet hat und wem sie gehört. Zu erhalten ist die Anlage, soweit das Interesse des Eigentümers des belasteten Grundstücks, dem kein Mitbenutzungsrecht zusteht (bei diesem Rdn 1153b), es erfordert; sein Interesse besteht im Ausschluß von Eigentumsbeeinträchtigung; den Schutz eines Mitbenutzungsinteresses des Grundstückseigentümers begründet die (gesetzliche) Erhaltungspflicht damit nicht. Diese gesetzliche Erhaltungspflicht kann nicht in das Grundbuch eingetragen werden;[172] „Regelung" in der Eintragungsbewilligung hat daher nicht zu erfolgen.

1153a **Bestimmt** werden kann, daß der **Eigentümer des belasteten Grundstücks** die Anlage zu unterhalten hat, soweit das Interesse des Berechtigten an deren Benutzung[173] es erfordert (§ 1021 Abs 1 S 1 BGB). Diese vertragliche Regelung der Unterhaltungspflicht kann bei Bestellung der Dienstbarkeit oder nachträglich getroffen werden. Die Unterhaltungspflicht des Grundstückseigentümers gehört (als Nebenverpflichtung[174]) zum Inhalt der Dienstbarkeit; die Bestimmung bedarf daher der Eintragung (§ 873 BGB; Bezugnahme genügt, § 874 BGB), bei nachträglicher Regelung als Inhaltsänderung nach § 877 mit § 873 BGB. Die Übertragung der Unterhaltungspflicht auf den Grundstückseigentümer hebt die gesetzliche Erhaltungspflicht des Berechtigten aus § 1020 S 2 BGB (Rdn 1153) auf. Die Vereinbarung kann vorsehen, daß der Eigentümer die Ausführung der zur Unterhaltung der Anlage erforderlichen Arbeiten übernimmt

---

[169] BGH 106, 348 = aaO; BGH DNotZ 1991, 250 = Rpfleger 1990, 58; BGH DNotZ 1993, 57 = NJW-RR 1992, 1484; s auch BGH NJW 1992, 2885, einschränkend BGH DNotZ 1994, 885 = NJW 1994, 2757 und NJW-RR 1995, 15; s auch BGH NJW 2002, 1797 (1798) = aaO (Fußn 97a).

[170] BGH 95, 144 = aaO.

[171] Bei der Neubegründung oder Änderung von Grunddienstbarkeiten kann der Berechtigte auch zur Mittragung von Kosten der Anlegung, des Ausbaues und der Unterhaltung von Versorgungsleitungen (für Elektrizität und Wasser) und Wegen (Umgestaltung eines unbefestigten Gehwegs zu einem befestigten Geh- und Fahrweg) verpflichtet werden, BGH 54, 10 = NJW 1970, 1371.

[172] BayObLG 1965, 267 (272) = DNotZ 1966, 174 = Rpfleger 1966, 367 mit Anm Haegele; OLG Frankfurt OLGZ 1983, 34 (35) = Rpfleger 1983, 61.

[173] Schließt die Pflicht zur Erhaltung in einem gebrauchsfähigen Zustand ein.

[174] Bestellung einer (selbständigen) Reallast (§ 1105 BGB) hat zu erfolgen, wenn die Unterhaltungspflicht den Hauptinhalt eines Rechts am Grundstück des Verpflichteten bilden soll.

B. Einzelfälle

oder die dafür nötigen Kosten vorschießt oder erstattet.[175] Es kann auch eine Pflicht zur Tragung nur der Unterhaltungskosten geregelt werden, ohne daß zugleich Bestimmung über die Verpflichtung zur naturalen Unterhaltung getroffen wird.[176] Daher kann auch bestimmt werden, daß der Eigentümer nur einen Teil der Unterhaltungskosten (zB die Hälfte) zu tragen hat.

Für den Fall, daß der Eigentümer des belasteten Grundstücks zur **Mitbenutzung** der zur Ausübung der Dienstbarkeit gehörenden Anlage berechtigt ist, ist die Unterhaltungspflicht gesetzlich nicht geregelt; § 1020 S 2 BGB (Erhaltungspflicht des Berechtigten, Rdn 1153) gilt für diesen Fall der gemeinsamen Nutzung der Anlage nicht. Es hat jeder Eigentümer (der des berechtigten und des belasteten Grundstücks) die Anlage (ohne Verpflichtung gegenüber dem anderen) insoweit zu unterhalten, als das seinem (eigenen) Interesse entspricht.[177] **Bestimmt**[178] werden kann in diesem Fall als Inhalt der Dienstbarkeit, daß der **Berechtigte** die Anlage zu unterhalten hat,[179] (auch) soweit es für das Benutzungsinteresse des Eigentümers des belasteten Grundstücks erforderlich ist (§ 1021 Abs 1 S 2 BGB). Möglich ist auch in diesem Fall Bestimmung über die Tragung nur der Unterhaltungskosten durch den Berechtigten, ohne daß zugleich eine Verpflichtung über die tatsächliche Unterhaltung vereinbart wird.[180] Daher kann auch bestimmt werden, daß der Berechtigte nur einen Teil der Unterhaltungskosten (zB die Hälfte) zu tragen hat. Ebenso zulässig ist (bei gemeinsamer Nutzung der Anlage) Regelung der Unterhaltungspflicht durch Verbindung einer Vereinbarung nach § 1021

1153b

---

[175] KG JFG 6, 282 (286).
[176] KG DNotZ 1970, 606 = NJW 1970, 1686 = OLGZ 1970, 372 = Rpfleger 1970, 281.
[177] Motive zum BGB, Band III (1888) Seite 484; KG DNotZ 1970, 606 = aaO; OLG Köln MittRhNotK 1996, 220 = NJW-RR 1996, 16; Gutachten DNotI-Report 2000, 117. AA OLG Köln NJW-RR 1990, 1165 = MDR 1990, 1013: Der Eigentümer des belasteten Grundstücks kann eine Beteiligung des Berechtigten an den Kosten der Unterhaltung und Verkehrssicherung der Anlage (Pkw-Zufahrt) verlangen, wenn beide die Anlage gemeinsam und in gleicher Weise benutzen.
[178] Zur Vereinbarung der Unterhaltspflicht (auch zur Unterhaltspflicht bei gleichrangigen und zwischen nachrangigen Grunddienstbarkeiten) s auch Volmer MittBayNot 2000, 387.
[179] ZB BayObLG 1990, 8 = DNotZ 1991, 257 = NJW-RR 1990, 600 = Rpfleger 1990, 197: Verpflichtung des Berechtigten eines Geh- und Fahrtrechts, die Kosten des „laufenden Unterhalts" des Grundstücks zu tragen. Auch die Vereinbarung, daß der Berechtigte die (mit der Unterhaltspflicht eng verwandte, sich teilweise mit ihr überschneidende) Verkehrssicherungspflicht für das Grundstück trägt, wurde daher als zulässiger Inhalt der Dienstbarkeit angesehen (BayObLG aaO: jedenfalls dann, wenn das ganze Grundstück Ausübungsbereich der Dienstbarkeit ist; Gutachten DNotI-Report 2000, 117). Wesentlich ist, daß es sich hier um eine von § 1021 Abs 1 S 2 BGB erfaßte Fallgestaltung handelt. Demgegenüber kann die Erhaltungspflicht des Eigentümers des herrschenden Grundstücks (Dienstbarkeitsberechtigten) nach § 1020 S 2 BGB nicht eingetragen werden (Rdn 1153). Als nicht eintragbar anzusehen ist daher die Übernahme der Verkehrssicherungspflicht für das Grundstück durch den Berechtigten eines Gartenbenutzungsrechts (OLG Köln MittRhNotK 1990, 219 = Rpfleger 1990, 409). Bei der Verkehrssicherung in bezug auf die von der Gartenbenutzung ausgehenden Gefahren handelt es sich um die (nicht eintragbare) Pflicht, die sich schon aus dem gesetzlichen Inhalt der Unterhaltungspflicht nach § 1020 S 2 BGB ergibt (OLG Köln aaO).
[180] KG JFG 6, 282 (286).

Abs 1 S 1 BGB (Unterhaltungspflicht des Eigentümers) mit einer Vereinbarung nach § 1021 Abs 1 S 2 BGB (Unterhaltungspflicht des Berechtigten) und damit Verteilung der Unterhaltungslasten.[181] In der Festlegung des Verhältnisses ihrer Beteiligung an der Unterhaltung sind Eigentümer und Berechtigter frei.[182] Die Regelung und Verteilung der Unterhaltungslast ermöglicht es somit auch, daß Eigentümer und Berechtigter jeweils einen dem Umfang ihres Gebrauchs entsprechenden (zu bestimmenden) Bruchteil übernehmen[183] (so im Antragsformular Rdn 1113).

1153 c Die **Verpflichtung des Berechtigten**, eine Anlage für das Benutzungsrecht des Eigentümers zu unterhalten (§ 1021 Abs 1 S 2 BGB, Rdn 1153 b), gehört zum **Inhalt der Grunddienstbarkeit**; dingliche Wirkung erlangt die Inhaltsvereinbarung daher mit Eintragung in das Grundbuch des belasteten Grundstücks (§ 873 BGB; Bezugnahme genügt, § 874 BGB), bei nachträglicher Regelung als Inhaltsänderung nach § 877 mit § 873 BGB. Auf diese Unterhaltungspflicht finden die Vorschriften über die Reallast entsprechende Anwendung (§ 1021 Abs 2 BGB). Die Vorschriften über die Begründung einer Reallast gehören dazu nicht („... eine solche Unterhaltungspflicht" setzt das Bestehen einer bereits anderweitig begründeten Verpflichtung voraus).[184] (Zusätzliche) Eintragung auf dem Blatt auch des herrschenden Grundstücks (als besondere Belastung dieses anderen Grundstücks) ist damit ausgeschlossen.[185] Auch der Schutz des öffentlichen Glaubens (§ 892 BGB) ermöglicht und erfordert solche Eintragung nicht; ein Erwerber des herrschenden Grundstücks erwirbt auch die Grunddienstbarkeit als Grundstücksbestandteil (§ 96 BGB) mit der Unterhaltsverpflichtung als Rechtsinhalt;[186] gleichermaßen erstreckt sich eine Belastung des herrschenden Grundstücks auch auf die Grunddienstbarkeit, die Grundstücksbestandteil (§ 96 BGB) mit der Inhaltsbestimmung ist, daß die Nutzungsbefugnis aus der Dienstbarkeit durch die vereinbarte Unterhaltungspflicht inhaltlich beschränkt ist.[187]

1153 d Besonderheit für Unterhaltungspflicht bei einer Dienstbarkeit, die in dem Recht besteht, eine bauliche Anlage auf einer baulichen (tragenden) Anlage des belasteten Grundstücks zu halten, s § 1022 BGB.

1153 e Die Grundsätze von Treu und Glauben können dazu führen, daß eine Grunddienstbarkeit eine neu errichtete Anlage ergreift, die zum Ersatz der bisher benützten an anderer Stelle des belasteten Grundstücks errichtet worden ist.[188]

---

[181] KG DNotZ 1970, 606 = aaO; MünchKomm/Falckenberg Rdn 5 zu 1021 BGB.
[182] KG DNotZ 1970, 606 = aaO.
[183] Zur variablen Lastentragungsregelung (bei späterem Hinzukommen weiterer Dienstbarkeitsberechtigter) vgl Volmer MittBayNot 2000, 387.
[184] So zutreffend BGB-RGRK/Rothe Rdn 6 zu § 1021.
[185] BGB-RGRK/Rothe Rdn 5; MünchKomm/Falckenberg Rdn 7, je zu § 1021 BGB; Meikel/Morvilius Einl C 238; Böhringer BWNotZ 1987, 142; streitig, anders (Eintragung dort ist erforderlich) KGJ 51 A 242 (246 ff); Güthe/Triebel Rdn 2 zu § 10 GBV (S 1367); AG Aalen/LG Ellwangen BWNotZ 1987, 141 mit abl Anm Böhringer (demgegenüber aber wie hier LG Ellwangen Urt 15. 3. 1992, 3 O 873/71; nicht veröffentlicht).
[186] BGB-RGRK/Rothe Rdn 5 zu § 1021.
[187] BGB-RGRK/Rothe Rdn 4 und 5 zu § 1021.
[188] BayObLG 1962, 24.

B. Einzelfälle

k) Ausübung der Dienstbarkeit

aa) Ein als Grunddienstbarkeit eingetragenes **Wegerecht** (Durchfahrtsrecht usw) kann, sofern der Bestellungsakt nichts Gegenteiliges ergibt, auch von solchen Personen ausgeübt werden, die zu dem Eigentümer des herrschenden Grundstücks in besonderen Beziehungen stehen, insbesondere von Familienangehörigen und Hausgenossen, Kunden und Besuchern, Angestellten sowie von Mietern und Pächtern,[189] damit (wohl) auch von einem Erbbauberechtigten.[190] Für die Frage, in welcher Art und Weise eine Grunddienstbarkeit ausgeübt werden darf, kommt es auf die im Bestandverzeichnis des Grundbuchs enthaltenen Angaben über die Kulturart des herrschenden Grundstücks jedenfalls dann nicht an, wenn der Text des Bestandsverzeichnisses offenkundig überholt ist und mit der wirklichen Grundstücksbeschaffenheit im Zeitpunkt der Wegerechtsbestellung nicht mehr im Einklang steht.[191] Wenn der Inhalt eines auf Dauer eingeräumten Wegerechts ohne Einschränkung als Recht zum Gehen und Fahren beschrieben ist, kann eine Beschränkung auf die Benutzung nur für einen der Nutzungsart des herrschenden Grundstücks zur Zeit der Bestellung entsprechenden Zweck (nur zu landwirtschaftlichen Zwecken; nicht später für das Wohngrundstück) nur hergeleitet werden, wenn dafür unter Berücksichtigung aller für Auslegung des Grundbuchinhalts verwertbaren Umstände eindeutige Anhaltspunkte vorliegen.[192]

1154

bb) Ein **Wegerecht** „zu allen haus- und landwirtschaftlichen Zwecken" berechtigt nicht zur gewerblichen Nutzung des Weges.[193] Ein zugunsten einer Gaststätte eingetragenes **Fahr- und Gehrecht** gewährt Gaststättenbesuchern nicht die Befugnis, den Weg über das belastete Grundstück zugleich auch zum Besuch eines von dritter Seite auf dem berechtigten Grundstück neben der Gaststätte angelegten Tennisplatzes zu benutzen.[194] Zum Schutz des Eigentümers kann ein Wegeberechtigter verpflichtet sein, ein Tor nachts verschlossen zu halten und die damit verbundene als geringfügig anzusehende Erschwerung seiner Rechtsausübung hinzunehmen.[195]

1155

cc) Enthält ein Grundbucheintrag, wonach der Berechtigte über das belastete Grundstück **fahren** und **gehen** darf, um auf sein eigenes Grundstück zu kommen, keine Beschränkung auf einen genau bestimmten Teil des belasteten Grundstücks, so ist im Zweifel anzunehmen, daß der Berechtigte das belastete Grundstück in seinem ganzen Umfang zur Ausübung seines Rechts benutzen darf und nicht ein für allemal auf einen Teil des Grundstücks angewiesen ist. Allerdings muß auch eine solche Dienstbarkeit schonend ausgeübt

1156

---

[189] BGH DNotZ 1971, 471 = LM BGB § 1018 Nr 20; BGH MDR 1967, 205 = NJW 1967, 246; OLG Hamburg HRR 1930 Nr 2063; Löscher Rpfleger 1962, 432.
[190] Gutachten DNotI-Report 2001, 185 (186).
[191] BGH DNotZ 1971, 471 = aaO (Fußn 189).
[192] BGH 92, 351 = MittBayNot 1985, 67 = NJW 1985, 385 = Rpfleger 1985, 101.
[193] BGH BB 1961, 700 = LM BGB § 1018 Nr 5 = MDR 1961, 672. S auch BGH Rpfleger 2003, 412.
[194] BGH DNotZ 1966, 671 = LM BGB § 1018 Nr 14.
[195] OLG Frankfurt NJW-RR 1986, 763. Dies gilt nicht für den Zugang (Zufahrt) zu einem Hotel oder ähnlichen gewerblichen Unternehmen, OLG Koblenz DNotZ 1999, 511. Zur Einrichtung von Toren und zu deren Ausgestaltung auch OLG Karlsruhe Justiz 1991, 52 = NJW-RR 1991, 785.

werden unter Berücksichtigung des durch die Verkehrsauffassung bestimmten und durch äußerliche Merkmale sich ausprägenden Charakters des belasteten Grundstücks. Eine solche Dienstbarkeit umfaßt auch nicht das Abstellen von Fahrzeugen auf dem belasteten Grundstück zum Waschen, Reparieren oder Parken und auch nicht die Benutzung des belasteten Grundstücks als Garagenvorhof (Verteilerfläche), um Fahrzeuge aus der Garage durch Rückstoßen und Wenden in die richtige Fahrbahn zu bringen.[196]

1157 **dd)** Zur Auslegung einer Grunddienstbarkeit[197] (wie „den Hofraum" eines Grundstücks „zum Zwecke der sofortigen Be- und Entladung von Fahrzeugen" zu einem anderen Grundstück „hin zu benutzen", „Baubeschränkung"), ist vorrangig auf Wortlaut und Sinn der Grundbucheintragung und der in Bezug genommenen Eintragungsbewilligung abzustellen, wie es sich für einen unbefangenen Betrachter als nächstliegende Bedeutung des Eingetragenen ergibt. Umstände außerhalb dieser Urkunde dürfen nur insoweit mit herangezogen werden, als sie nach den besonderen Verhältnissen des Einzelfalles für jedermann ohne weiteres erkennbar sind.[198]

1158 **ee) Für immer** liegt der **Umfang** einer Grunddienstbarkeit, insbesondere wenn sie zeitlich nicht begrenzt ist, **nicht** von vornherein starr fest; er ist vielmehr wandelbar.[199] Bei Bestimmung des Inhalts und Umfangs der für ihre Ausübung auf Veränderung angelegten[200] Dienstbarkeit ist daher geänderten Verhältnissen, insbesondere einer Bedarfssteigerung sowie wirtschaftlichen und technischen Veränderungen Rechnung zu tragen.[201] Für den Inhalt eines Wegerechts[202] (wie auch sonst einer Dienstbarkeit[203]) ist daher das jeweilige

---

[196] BGH MittRhNotK 1966, 168 = NJW 1965, 2340. Benutzung des mit einem Wegerecht (Fahrtrecht) belasteten Grundstücks nach den Besonderheiten des Einzelfalls auch als Wendefläche s OLG Düsseldorf MittRhNotK 1997, 133. Zulässige Ausübung eines Überfahrtrechts im bisherigen Umfang nach willkürlich herbeigeführter, mit einer Bedarfssteigerung verbundenen Betriebsänderung auf dem herrschenden Grundstück auch OLG Karlsruhe Justiz 1973, 204.
[197] Dazu auch BGH NJW-RR 1995, 15. Zu dem (notfalls durch Auslegung zu ermittelnden) Umfang eines Wegerechts s auch OLG Karlsruhe BWNotZ 1986, 174 = OLGZ 1986, 70.
[198] BGH NJW-RR 1991, 457 = Rpfleger 1991, 49; BGH NJW-RR 1995, 15; BGH NJW 2002, 1797 = aaO (Fußn 97a). Zur Ermittlung von Inhalt und Umfang einer Wegerechts-Dienstbarkeit s auch BGH WM 1971, 1186 und 1383.
[199] BGH DNotZ 1976, 20 = LM BGB § 1018 Nr 23. Zu Anpassung einer Grunddienstbarkeit, das für ein Hofanwesen „nötige Wasser" aus einer „Quelle gebührenfrei mittels eines Rohres zu entnehmen" dahin, daß der Dienstbarkeitsberechtigte künftig das aus einem Brunnen geförderte Wasser kostenlos entnehmen darf, s BGH NJW-RR 1988, 1229 = Rpfleger 1989, 16. Allgemein vgl Ricken WM 2001, 979.
[200] BGH DNotZ 1976, 20 = aaO (Fußn 199).
[201] BGH NJW 1959, 2059 (2060); BGH DNotZ 1960, 242 = MDR 1960, 380 und 660 mit Anm Thieme = NJW 1960, 673; BGH Rpfleger 2003, 412; OLG München MittBayNot 2003, 219 mit Anm J Mayer; dazu mit Einzelheiten insbesondere auch BGB-RGRK/Rothe Rdn 19 und 20 zu § 1018.
[202] Zum Umfang eines Wegerechts bei Umstellung des herrschenden Grundstücks von Zimmer- auf Appartementvermietung BGH DNotZ 1976, 20 = aaO (Fußn 199).
[203] Zur Anpassung einer Grunddienstbarkeit an veränderte Wohnverhältnisse OLG Hamburg MDR 1963, 679; zur Anpassung einer Wasserbezugsdienstbarkeit BGH DNotZ 1989, 562 = NJW-RR 1988, 1229 = Rpfleger 1989, 16.

B. Einzelfälle

Bedürfnis des herrschenden Grundstücks maßgebend, so daß mit einer Bedarfssteigerung zugleich der Inhalt der dinglichen Belastung wächst.[204] Das gilt aber immer nur für eine solche Steigerung, die sich noch in den Grenzen einer der Art nach gleichbleibenden Benutzung des dienenden Grundstücks[205] und im Rahmen einer als Dienstbarkeitsinhalt (ausdrücklich) festgelegten Beschränkung (zB Breite eines Weges; Befahren nur mit landwirtschaftlichen Fahrzeugen) hält. Ist der gesteigerte Bedarf des herrschenden Grundstücks auf eine im Zeitpunkt der Dienstbarkeitsbestellung nicht voraussehbare oder willkürliche Betriebsänderung zurückzuführen, so braucht der Eigentümer des dienenden Grundstücks die hierdurch hervorgerufene erhöhte Inanspruchnahme nicht zu dulden.[206] Auch Veränderungen im Gebrauch der Verkehrsmittel, wie sie die technische Entwicklung mit sich bringt, ist bei Bestimmung des Umfangs einer Dienstbarkeit Rechnung zu tragen.[207] Längere widerspruchslose Duldung einer Ausübung auf Grund wirtschaftlicher und technischer Veränderungen kann Anhalt für Auslegung des Inhalts und Umfangs einer Dienstbarkeit geben.[208] Berechtigungen, die Anpassung einer (älteren) Grunddienstbarkeit nicht gewähren, können als Grundstücksbelastung nur mit rechtsgeschäftlicher Inhaltsänderung einer bestehenden Grunddienstbarkeit (erfordert Einigung und Eintragung, § 877 BGB) oder mit Neubestellung einer (weiteren) Dienstbarkeit begründet werden.

ff) Hat der Eigentümer eines Grundstücks, für das als Grunddienstbarkeit ein **Wegerecht** eingetragen ist, auf diesem und auf einem benachbarten dritten Grundstück ein einheitliches Gebäude und einen einheitlichen Gewerbebetrieb errichtet, so wird dadurch die Ausübung des Wegerechts auch nicht etwa nur zeitweise unzulässig. Der Umfang der Berechtigung bemißt sich nunmehr nach dem Durchschnittsmaß der Nutzung aus der Zeit vor der Ausdehnung des Betriebs.[209] 1159

gg) Die **Ausübung** einer Dienstbarkeit kann durch die Gewährung einer **Gegenleistung bedingt** sein. Die Bedingung gehört in diesem Fall (anders bei Bedingung für das Entstehen und Erlöschen der Dienstbarkeit; s Rdn 1149) zum Inhalt der Dienstbarkeit. Zu ihrer Eintragung genügt hier daher die Bezugnahme auf die Eintragungsbewilligung[210] (vgl die bei einem Wohnungsrecht ähnliche Rechtslage gemäß Rdn 1281). Zulässig ist es sonach zwar, den Inhalt einer Grunddienstbarkeit so zu gestalten, daß der Berechtigte die einzelne Ausübungshandlung nur Zug um Zug gegen die vereinbarte Gegenlei- 1160

---

[204] BGH NJW 1959, 2059 (2060) und BGH BB 1962, 817.
[205] BGH NJW 1959, 2059 (2060) und BGH BB 1962, 817. S auch OLG Karlsruhe NJW-RR 1990, 663 zum Dienstbarkeitsinhalt, wenn eine nicht voraussehbar gewesene Nutzungsänderung (Übergang von landwirtschaftlicher zu gewerblicher Nutzung) zu keiner Bedarfssteigerung geführt hat.
[206] BGH NJW 1959, 2059 (2060); BGH BB 1962, 817; BGH DNotZ 1976, 20 = aaO mit Nachw; BGH 44, 171 = aaO (Fußn 209); BGH MittBayNot 1999, 62 = Rpfleger 1999, 65.
[207] BGH NJW 1959, 2059 (2060) und BB 1962, 817.
[208] BGH DNotZ 1960, 242 = aaO (Fußn 201).
[209] BGH 44, 171 = DNotZ 1966, 484 = NJW 1965, 2340.
[210] OLG Karlsruhe DNotZ 1968, 432.

stung, ja sogar erst nach vorausgegangener Gegenleistung vornehmen darf. Dagegen kann dem Berechtigten eine Pflicht zu einer Gegenleistung nicht dahin auferlegt werden, daß der Eigentümer des belasteten Grundstücks auf sie auch dann Anspruch hat, wenn der Berechtigte von seiner Dienstbarkeit keinen Gebrauch macht.

1161 hh) Ist eine Dienstbarkeit – Wegerecht – ordnungsmäßig bewilligt, aber im Grundbuch **unrichtig eingetragen** und deshalb nicht entstanden, so dauert die Pflicht des Bestellers der Dienstbarkeit zur Bestellung fort. Veräußert er das zu belastende Grundstück, so kann sich höchstens aus ergänzender Vertragsauslegung eine Übernahme der Bestellungspflicht durch den Grundstückserwerber ergeben.[211]

1162 Eine Dienstbarkeit, die unterirdische Verlegung, den Betrieb und die Unterhaltung einer Ferngasleitung mit Kabel und Zubehör (betriebsinterne Überwachungsleitung) gestattet, berechtigt nicht zu einer umfassenden telekommunikativen Nutzung der belasteten Grundstücke.[212] Es kann jedoch nach § 57 Abs 1 Nr 1 TKG (Telekommunikationsgesetz) der Grundstückseigentümer die Bestückung des vorhandenen Kabelschutzrohrs mit einem leistungsstärkeren Kabel zu dulden haben.[213] Zu dieser gesetzlichen Duldungspflicht des Eigentümers, der eine Strom- oder Gasleitung auf seinem Grundstück gestattet (hat), damit auch zusätzlich Telekommunikationsleitungen zu dulden, und zur Frage, ob diese Pflicht als Dienstbarkeitsinhalt abbedungen werden kann s Kirchner MittBayNot 2000, 202.

1163 ii) Erweiterung des durch eine Grunddienstbarkeit bestimmten Umfangs eines Nutzungsrechts durch schuldrechtliche (auf das Verhältnis zwischen den Vertragsparteien beschränkte) Vereinbarung ist zulässig.[214]

1164 kk) **Verlegung der Ausübung** einer auf einen Teil des belasteten Grundstücks beschränkten Grunddienstbarkeit auf eine andere, für den Berechtigten ebenso geeignete Stelle kann unter bestimmten Voraussetzungen **vom Eigentümer** verlangt werden (§ 1023 BGB). Wenn die Ausübungsstelle rechtsgeschäftlich bestimmter Dienstbarkeitsinhalt ist (Rdn 1119), erfordert Verlegung der Ausübung[215] Änderung des Rechtsinhalts mit Einigung und Eintragung.[216] Ist die Bestimmung des Ausübungsorts der tatsächlichen Ausübung überlassen, dann ist Verlegung der Ausübungsstelle Änderung des tatsächlichen Verhaltens. Den Inhalt der das Grundstück belastenden Dienstbarkeit berührt die begehr-

---

[211] BGH DNotZ 1971, 723.
[212] BGH 145, 16 = DNotZ 2001, 64 = NJW 2000, 3206 = Rpfleger 2000, 540; zur Duldungspflicht nach § 57 Abs 1 Nr 1 TKG auch BGH NJW 2002, 678 = Rpfleger 2002, 258.
[213] BGH 145, 16 (22) = aaO.
[214] BGH DNotZ 1964, 341 = NJW 1963, 1247.
[215] Zum Anspruch auf Verlegung eines Notleitungsrechts (Notwegerechts) an eine andere Stelle s BGH DNotZ 1982, 232 = NJW 1981, 1036 = Rpfleger 1981, 185 Leits; Anspruch auf Verlegung einer Grunddienstbarkeit für Parkeinstellplätze (allgemein) OLG Düsseldorf MittBayNot 2000, 321 = MittRhNotK 2000, 293.
[216] BGH DNotZ 1976, 530 = LM BGB § 1023 Nr 1 = Rpfleger 1976, 126 für eine Dienstbarkeit, die Unterhaltung und Benutzung einer Gleisanlage an einer genau bestimmten Stelle des belasteten Grundstücks betraf. S auch BGH 90, 181 und Rdn 1119 Fußn 7.

te Ausübungsverlegung dann nicht; diese bedarf deshalb keiner Eintragung in das Grundbuch.[217]

l) Keine Übertragung

Die Grunddienstbarkeit kann als Bestandteil des herrschenden Grundstücks (§ 96 BGB) nicht für sich allein auf einen anderen übertragen werden. Sie geht auf jeden Rechtsnachfolger des herrschenden Grundstücks ohne weiteres über. Der Ausschluß selbständiger Übertragbarkeit gilt auch für Abtretung der Grunddienstbarkeit vom Eigentümer an den Erbbauberechtigten des herrschenden Grundstücks.[218]

1165

m) Teilung des herrschenden Grundstücks

Wird das Grundstück des Berechtigten geteilt (Rdn 666), so besteht die Grunddienstbarkeit **für die einzelnen Teile fort** (§ 1025 S 1 BGB mit Eingrenzung für Schutz des Eigentümers des belasteten Grundstücks gegen beschwerlichere Ausübung in Halbs 2). Die fortbestehende Grunddienstbarkeit bleibt einheitliches Recht der nun mehreren Berechtigten[219] (es entstehen nicht mehrere selbständige Dienstbarkeiten). Ausnahme: Wenn die Dienstbarkeit nur einem der Teile (nur einem Trennstück) zum Vorteil gereicht (vgl Rdn 1139), erlischt sie für die übrigen Teile[219a] (§ 1025 S 2 BGB; Löschung Rdn 1189). Eintragung eines Vermerks über die Teilung des herrschenden Grundstücks auf dem Grundbuchblatt des belasteten Grundstücks wird für zulässig erachtet; jedoch wird angenommen, daß das Grundbuchamt zur Eintragung eines solchen Vermerks (weil es dafür keine Rechtsgrundlage gebe) nicht verpflichtet sei.[220] Es ändert sich mit Grundstücksteilung jedoch die Bezeichnung des eingetragenen (Rdn 250) „jeweiligen Eigentümers" des herrschenden Grundstücks. Dessen nun unrichtige Eintragung ist daher als damit unrichtige Tatsachenangabe richtigzustellen (Grundbuchberichtigung der Tatsachenangabe, s Rdn 290 und 359, vergleichbar der Namensänderung einer natürlichen Person, dazu Rdn 239). Der Berichtigungsvermerk in der Spalte Veränderungen kann lauten:

1166

> Grundstück des Berechtigten nach Teilung nun Oberhof (Band 1) Blatt 15 und (Band ...) Blatt ... Berichtigt am ...

Würde man – weitergehend – die Teilung des herrschenden Grundstücks als teilweise außergrundbuchliche Rechtsnachfolge (Aufspaltung der Berechtigung, wenn der Eigentümer gleich bleibt) ansehen,[221] dann würde § 894 BGB

---

[217] Dazu BGB-RGRK/Rothe Rdn 4 zu § 1023; zT anders Staudinger/Mayer Rdn 17 zu § 1023 BGB; außerdem die Darstellung des Meinungsstandes und die Nachweise bei BGH DNotZ 1976, 530 = aaO (Fußn 216).
[218] OLG Hamm DNotZ 1981, 264 = OLGZ 1980, 270 = Rpfleger 1980, 225.
[219] BGB-RGRK/Rothe Rdn 1, MünchKomm/Falckenberg Rdn 2, Palandt/Bassenge Rdn 1, Staudinger/Mayer Rdn 5, je zu § 1025 BGB, alle auch zum Rechtsverhältnis der Berechtigten und jeweils mit weit Nachw.
[219a] So bei Ausübungsbeschränkung nach Vereinigung (Rdn 639a), wenn diese rückgängig gemacht wird, BayObLG 2002, 372 = DNotZ 2003, 352 = NJW-RR 2003, 451 = Rpfleger 2003, 241.
[220] BayObLG 1995, 153 = DNotZ 1996, 24 = Rpfleger 1997, 15.
[221] So KG DNotZ 1975, 161 = NJW 1975, 697 = OLGZ 1975, 97 = Rpfleger 1974, 431.

(mit § 19 oder § 22 GBO) Grundlage für berichtigende Grundbucheintragung auf Antrag nach § 13 Abs 1 GBO bieten.

n) Zwangsversteigerung

1167 Die durch Zuschlag in der Zwangsversteigerung erloschene Grunddienstbarkeit hat Anspruch auf **Ersatz des Wertes** aus dem Versteigerungserlös mit Zahlung eines Kapitalbetrags (§ 92 Abs 1 ZVG).[222] Der **Höchstbetrag des Wertersatzes** kann nach § 882 BGB bestimmt und in das Grundbuch eingetragen werden (geschieht selten). Bestimmung des Höchstbetrags des Wertersatzes regelt den Inhalt des Rechts, erfordert daher materiell Einigung zwischen Berechtigtem und Eigentümer des belasteten Grundstücks und Eintragung (§ 873 BGB; auch bei nachträglicher Bestimmung, § 877 BGB). Eintragung auf Antrag (§ 13 Abs 1 GBO) erfordert Bewilligung des Betroffenen (§ 19 GBO). Betroffener ist bei Bestellung der Grunddienstbarkeit der Eigentümer des zu belastenden Grundstücks, bei nachträglicher Bestimmung (§ 877 BGB) nur der Eigentümer des herrschenden Grundstücks (als Rechtsinhaber). Zustimmung gleich- oder nachstehender Berechtigter ist nicht erforderlich. Die Bestimmung bedarf (als Inhalt des Rechts) der ausdrücklichen Eintragung in das Grundbuch (keine Bezugnahme; § 882 BGB). Der Höchstbetrag wird in Buchstaben geschrieben (§ 17 Abs 1 S 2 GBV). Eintragung zugleich mit der Grunddienstbarkeit erfolgt in Abt II Spalte 3, nachträgliche Eintragung in Spalte 5. Eintragungswortlaut (Rdn 1340; oder)

> Wertersatz gemäß § 882 BGB ... Euro.

o) Verzicht auf Überbau und Notwegrente

1168 Der Verzicht auf eine Überbau- und Notwegrente (§§ 914, 917 BGB) – sowie eine vertragliche Feststellung ihrer Höhe – ist nach herrschender Ansicht auf dem Grundbuchblatt des rentenpflichtigen Grundstücks einzutragen[223] und erfordert die Zustimmung und Bewilligung (§ 876 S 2 BGB, § 19 GBO) der dinglich Berechtigten am rentenberechtigten Grundstück.[224] Auf dem Blatt des rentenberechtigten Grundstücks kann der Verzicht nicht vermerkt werden.[225] Wenn zweifelhaft ist, ob ein entschuldigter oder ein nicht entschuldigter Überbau vorliegt, kann sowohl ein Verzicht auf Überbaurente wie eine auf Duldung des Überbaus gerichtete Grunddienstbarkeit eingetragen werden.[226]

---

[222] Dazu Schiffhauer Rpfleger 1975, 187. Eigentümergrunddienstbarkeit in der Zwangsversteigerung und Wertersatz s Staudenmaier BWNotZ 1964, 308.
[223] KG JFG 4, 387; OLG Bremen DNotZ 1965, 295 mit Anm Besell = Rpfleger 1965, 55 mit zust Anm Haegele; KG Rpfleger 1968, 52 mit zust Anm Haegele; BayObLG DNotZ 1977, 111 = Rpfleger 1976, 180 und BayObLG 1998, 152 = BWNotZ 1999, 170 = MittBayNot 1998, 343 = NJW-RR 1998, 1389 = Rpfleger 1998, 463; OLG Düsseldorf DNotZ 1978, 353 = Rpfleger 1978, 16. Gegenteiliger Ansicht noch Besell DNotZ 1965, 297 (Anm) und DNotZ 1968, 60 sowie Böck MittBayNot 1976, 63 (dem zuneigend Riggers JurBüro 1970, 644).
[224] BayObLG 1998, 152 = aaO (Fußn 223).
[225] BayObLG 1998, 152 = aaO (Fußn 223). Demharter Rdn 5, K/E/H/E Rdn 6, Meikel/Böttcher Rdn 25, je zu § 9 GBO; aA [Vermerk nach § 9 Abs 1 GBO] OLG Bremen DNotZ 1965, 295 = aaO (Fußn 223); KG Rpfleger 1968, 52; LG Düsseldorf Rpfleger 1990, 288.
[226] OLG Düsseldorf DNotZ 1978, 353 = Rpfleger 1978, 16; LG Wuppertal MittRhNotK 1997, 146.

B. Einzelfälle

p) Besonderheiten

Während einer **Baulandumlegung** ist die Bestellung einer Grunddienstbarkeit genehmigungspflichtig (s Rdn 3865). Auch für den Inhalt und Umfang einer im Umlegungsverfahren angeordneten Grunddienstbarkeit ist allein der Grundbuchinhalt maßgebend.[227]   1169
Grunddienstbarkeit in der **Flurbereinigung** s §§ 10, 45, 49, 68, 73 FlurbG.
Zum Verhältnis von Grunddienstbarkeiten und Pacht (Miete uä) s Rdn 1274 ff.

q) Keine Umwandlung

Umwandlung einer Grunddienstbarkeit in eine beschränkte persönliche Dienstbarkeit und umgekehrt[228] ist nicht möglich. Ersetzung einer Grunddienstbarkeit durch eine beschränkte persönliche Dienstbarkeit (wie auch umgekehrt) kann nur durch Aufhebung des bisherigen Rechts und Neubegründung der nunmehr erstrebten Grundstücksbelastung bewirkt werden; die Bewilligung der Beteiligten kann entsprechend auszulegen sein.[229]   1170

r) Altrechtliche Dienstbarkeiten

Literatur: Dehner, Altrechtliche Grunddienstbarkeiten in Sachsen und Thüringen, DtZ 1996, 298; Fischer, Die altrechtlichen Dienstbarkeiten in Bayern, AgrarR 1975, 132; Foag, Der Bestandsnachweis alter Wegerechte in Bayern, RdL 1961, 145; Helmschmidt, Das Wasserbezugsrecht im (bayer) Grundbuch, BayNotV 1960, 249; Hetzel, Badische altrechtliche Wege- und Zugangsrechte und alte gemeinschaftliche Hofeinfahrten und Hofreiten, BWNotZ 2000, 114; Kamlah und Fischer, Altrechtliche Dienstbarkeiten, ein Zopf zum Abschneiden, MittBayNot 1972, 221 und 1973, 7; Linde, Dienstbarkeiten nach badischem Landrecht, Justiz 1962, 136; Riedel, Über den Beweis altrechtlicher Grunddienstbarkeiten, RdL 1952, 32.

aa) Altrechtliche Dienstbarkeiten (bei Anlegung des Grundbuchs bestehende,   1171
EGBGB Art 186) bestehen mit dem sich aus den bisherigen Gesetzen ergebenden Inhalt (es gelten jedoch §§ 1020–1028 BGB) und Rang fort (Art 184 EGBGB). Sie bedürfen (vorbehaltlich landesgesetzlicher[230] Regelung, Art 187 Abs 2 EGBGB) zur Erhaltung der Wirksamkeit gegenüber dem öffentlichen Glauben des Grundbuchs[231] nicht der Eintragung (Art 187 Abs 1 EGBGB). Besonderheit: § 8 GBBerG, s Rdn 355a. Ist eine Grunddienstbarkeit vor dem

---

[227] BGH BB 1965, 1125.
[228] OLG Hamm Rpfleger 1989, 448.
[229] LG Zweibrücken Rpfleger 1975, 248 mit zust Anm Haegele; s auch Riggers Jur-Büro 1975, 1430.
[230] Solche sind ergangen für
Baden-Württemberg durch Art 31 Bad-Württ AGBGB; dazu Gursky BWNotZ 1986, 58 und OLG Stuttgart NJW 1998, 308;
Bremen durch Art 37 BremAGBGB;
Hamburg durch Art 44–46 HambAGBGB;
In **Bayern** besteht eine solche Anordnung nicht, s BayObLG 1967, 397 (401); 1969, 263 (268); 1970, 226 (228); 1982, 400 (403); 1985, 225 (227); Rpfleger 1982, 467 und BayObLG 1992, 224 (226), desgleichen nicht in Lübeck, OLG Schleswig NJW-RR 1992, 465.
[231] Zum maßgeblichen Zeitpunkt für den Verlust einer Grunddienstbarkeit durch gutgläubigen Erwerb nach § 31 Bad-Württ AGBGB, Gursky BWNotZ 1986, 58, auch OLG Karlsruhe BWNotZ 1988, 94.

1. 1. 1900 dadurch erloschen, daß das herrschende und das dienende Grundstück an denselben Eigentümer gelangten, so ist die Grunddienstbarkeit auch dann wieder aufgelebt, wenn die Trennung der beiden Grundstücke nach dem Inkrafttreten des BGB erfolgte.[232] Vgl aber für Bayern Art 57 Abs 2 AGBGB.

1172 Nach **Gemeinem Recht** genügte zur Entstehung einer Grunddienstbarkeit (Servitut) der schlichte Vertrag;[233] erworben werden konnte sie nach gemeinem Recht auch durch Ersitzung;[234] Unvordenklichkeit des Besitzes begründet die Rechtsvermutung für das Bestehen einer Dienstbarkeit (unvordenkliche Verjährung).[235] Nach **Bayer Landrecht**[236] konnte eine Grunddienstbarkeit[237] begründet werden rechtsgeschäftlich unmittelbar durch Vertrag oder mittelbar durch sogen „stillschweigende Bestellung" bei der Veräußerung eines Grundstücks[238] sowie durch Ersitzung,[239] unvordenkliche Verjährung[240] und Herkommen.[241] Nach **Badischem Landrecht** konnte eine Grunddienstbarkeit[242] rechtsgeschäftlich durch ausdrücklich erklärte „Vergünstigung",[243] aber auch dadurch entstehen, daß sie durch konkludente Handlung anerkannt wurde;[244] durch Ersitzung (nach 30 Jahren) konnte ein Recht auf Fort-

---

[232] BGH 56, 374 = NJW 1971, 2071.
[233] BGH 42, 63 = NJW 1964, 2016. In Bayern ab 1. 7. 1862 Errichtung einer notariellen Urkunde erforderlich, BayObLG 1970, 226 (229) und 1991, 139 = DNotZ 1992, 670 = (mitget) Rpfleger 1991, 353.
[234] BayObLG 1959, 478 (480), 1962, 24 (32) und 1996, 286 (292) = NJW-RR 1998, 304 je mit Nachw; auch BGH Justiz 1982, 125 und (für Gebiet der fr preuß Rechts) OLG Hamm MDR 1987, 234 = NJW-RR 1987, 137.
[235] OLG Frankfurt OLGZ 1989, 88 mit Besonderheiten für das Großherzogtum Nassau.
[236] Zum altrechtlichen Nürnberger Kellerrecht s BayObLG 1967, 397 = MittBayNot 1968, 1; OLG Nürnberg DNotZ 1962, 35 und MDR 1968, 324 = MittBayNot 1968, 1.
[237] Begründung eines Zufahrtsrechts im Jahre 1899 zugunsten einer bestimmten Person und deren Rechtsnachfolger als Grunddienstbarkeit s BayObLG Rpfleger 1982, 142 (Leits), desgleichen für eine 1894 bestellte Gewerbebetriebsbeschränkung „zugunsten der Gastwirtseheleute P und deren Nachfolger im Besitze des Gastwirtsanwesens..." BayObLG Rpfleger 1983, 344 (Leits).
[238] BayObLG 1962, 70 (74) mit Nachw.
[239] BayObLG 1962, 70 (74, 77) mit Nachw.
[240] S BayObLG 1969, 263 (266) und 1982, 400 (406); OLG München Rpfleger 1984, 461 und OLGZ 1990, 100.
[241] BayObLG 1962, 70 (74, 77) mit Nachw.
[242] Eine Gemeinde konnte ohne Angabe des herrschenden Grundstücks nicht Berechtigte einer Grunddienstbarkeit sein, ein Bauverbot nicht als persönliche Dienstbarkeit begründet werden, OLG Karlsruhe NJW-RR 1992, 1499.
[243] OLG Karlsruhe Justiz 1970, 349, Justiz 1983, 115 und 457; LG Baden-Baden Justiz 1982, 50. Eigentümerdienstbarkeiten kannte das Bad Landrecht nicht; OLG Karlsruhe Justiz 1983, 457.
[244] BGH 56, 374 = aaO (Fußn 232); BGH Justiz 1982, 125; OLG Karlsruhe Justiz 1970, 341 und 1982, 49. Als Erwerbstitel war „unfürdenklicher Besitz" nicht hinreichend, OLG Karlsruhe Justiz 1978, 295 = OLGZ 1978, 471 (473). Keine Ersitzung von Wegerechten für die Zeit nach Einführung des Bad Landrechts (1. 1. 1810), OLG Karlsruhe Justiz 1970, 341, auch Justiz 1978, 296 und Justiz 1983, 115. Zu einer seit unvordenklicher Zeit bestehenden Grunddienstbarkeit s OLG Karlsruhe Justiz 1977, 375 = OLGZ 1978, 81. Erwerb einer Grunddienstbarkeit durch unvordenkliche Verjährung unter der Geltung der „Österreichischen Rechtsbücher für die vorderösterrei-

B. Einzelfälle

bestand von Aussichtsfenstern (mit Baubeschränkung des Nachbargrundstücks) erworben werden.[245] Nach **preuß Allgemeinem Landrecht** konnte die Dienstbarkeit durch Vereinbarung oder letztwillige Verfügung entstehen, aber auch anläßlich des Verkaufs oder der Teilung von Grundstücken aufgrund eines den Beteiligten unterstellten Willens.[246] Nach altem **württembergischem Recht** konnte eine Dienstbarkeit entstehen durch Gesetz, Richterspruch und Rechtsgeschäft, aber auch durch Ersitzung und unvordenkliche Verjährung.[247] Für Entstehung einer Grunddienstbarkeit nach dem **Code Civil** (für ehem rheinisches Recht) war neben Anerkennung des Eigentümers Eintragung in das Grundbuch erforderlich.[248]

bb) Die **Eintragung** einer altrechtlichen Grunddienstbarkeit in das Grundbuch hat zu erfolgen,[249] wenn sie von dem Berechtigten[250] oder von dem Eigentümer des belasteten Grundstücks verlangt wird (Art 187 Abs 1 S 2 EGBGB). Die Eintragung ist Grundbuchberichtigung.[251] Sie darf nur erfolgen, wenn die Grunddienstbarkeit mit dem ihr zukommenden Rang eingetragen werden kann.[252] Für das Eintragungsverfahren gelten die Verfahrensvorschriften der GBO,[253] insbesondere somit §§ 13, 19, 22, 29 und 39. Der Antrag bedarf der Form des § 29 (mit § 30) GBO[254], weil er auch die nach Art 187 Abs 1 EGBGB erforderliche Erklärung einschließt, daß Eintragung (mit materiellrechtlicher Folge) verlangt wird. Eintragungsgrundlage kann sein

1173

---

chischen Lande" und Fortbestehen nach dem Außerkrafttreten der „Österreichischen Rechtsbücher" und auch nach dem 1. 1. 1810 (Inkrafttreten des Badischen Landrechts) siehe OLG Karlsruhe Justiz 1987, 15.
[245] OLG Karlsruhe BWNotZ 1988, 95.
[246] BayObLG DNotZ 1991, 160 = NJW-RR 1990, 724 = Rpfleger 1990, 351.
[247] LG Stuttgart BWNotZ 1979, 68.
[248] BGH DNotZ 1967, 103 = MDR 1966, 748 = LM Code civil Nr 5; zu Entstehungstatbeständen auch OLG Düsseldorf MittRhNotK 2001, 44; OLG Köln MittRhNotK 1984, 147 und Hodes NJW 1962, 1017 (Anm) gegen LG Wuppertal NJW 1962, 1017.
[249] Auch wenn nach landesrechtlicher Bestimmung (Art 187 Abs 2 EGBGB) zur Erhaltung der Wirksamkeit gegenüber dem öffentlichen Glauben des Grundbuchs Eintragung vorgesehen ist, tritt ein Rechtsverlust nicht bereits durch Fristversäumung (Nichteintragung in der bestimmten Frist) ein, sondern erst bei Übertragung des Grundstücks auf einen gutgläubigen Dritten. Bis dahin kann vom Eigentümer weiterhin gem § 894 BGB, Art 187 Abs 1 S 2 EGBGB Eintragung der Dienstbarkeit verlangt werden; OLG Karlsruhe Justiz 1982, 49, 1983, 306 sowie 1983, 457; LG Baden-Baden Justiz 1982, 50.
[250] Eigentümer des herrschenden Grundstücks oder Inhaber von Rechten daran, die sich auf die Grunddienstbarkeit erstrecken.
[251] BayObLG 1953, 80 (86); BayObLG 1967, 397 (401); BayObLG DNotZ 1980, 103 = MittBayNot 1979, 225 = Rpfleger 1979, 381; BayObLG 1982, 400 (402); BayObLG Rpfleger 1982, 467; BayObLG 1988, 102 = DNotZ 1989, 164 = (mitget) Rpfleger 1988, 237; BayObLG DNotZ 1991, 160 = NJW-RR 1990, 724 = Rpfleger 1990, 351 (352); BayObLG NJW-RR 1997, 466; KGJ 51 A 252 (255); OLG Karlsruhe Rpfleger 2002, 304; OLG Schleswig NJW-RR 1992, 465 (466); LG Bayreuth MittBayNot 1987, 200 mit Anm Fr Schmidt.
[252] KGJ 51 A 252.
[253] BayObLG 1953, 80 (86); 1967, 397 (401); BayObLG DNotZ 1980, 103 (104) = aaO (Fußn 239); BayObLG 1985, 225 (228); BayObLG Rpfleger 1982, 467; BayObLG 1988, 102 (105) = aaO; KGJ 51 A 252 (255); LG Bayreuth aaO.
[254] AA BayObLG NJW-RR 1997, 466.

- die **Bewilligung** desjenigen, dessen Recht von der Eintragung betroffen wird (§ 19 GBO), also Berichtigungsbewilligung des Eigentümers des dienenden Grundstücks. Diese muß zum Ausdruck bringen, daß die Grunddienstbarkeit unter Geltung des früheren Rechts entstanden ist.[255] Es ist auch Bewilligung des Berechtigten erforderlich; dessen Recht ist wegen der materiellrechtlichen Folge der Eintragung betroffen (Vermutung des § 891 BGB wirkt gegen ihn; Aufhebung nach BGB).[256] Wenn Rechte Dritter eingetragen sind, die später als die bisher nicht eingetragene Dienstbarkeit entstanden sind, ist auch ihre Bewilligung erforderlich, weil sonst die Grunddienstbarkeit nicht mit dem ihr zukommenden Rang eingetragen werden könnte.[257]
- **Unrichtigkeitsnachweis**[258] (§ 22 Abs 1 S 1 GBO) durch öffentliche Urkunde[259] (§ 29 Abs 1 GBO), daß die Grunddienstbarkeit besteht[260] (auch: nicht erloschen ist[261]). Den vollen Unrichtigkeitsnachweis hat der Antragsteller zu führen (Beweislast);[262] das Grundbuchamt ist zu eigenen Ermittlungen weder berechtigt noch verpflichtet; dem Eigentümer und den dinglichen Berechtigten soll jedoch rechtliches Gehör gewährt werden.[263]

Bedeutung der Eintragung: Der Berechtigte kann sich für das Recht und seinen Inhalt[264] auf die Vermutung des § 891 BGB berufen; für Aufhebung der

---

[255] KGJ 51 A 252.
[256] MünchKomm/Säcker Rdn 4 Fußn 8 zu Art 187 EGBGB; aA Staudinger/Dittmann Rdn 5 zu Art 187 EGBGB (Eigentümer des belasteten Grundstücks bedarf nicht der Mitwirkung des Berechtigten).
[257] KGJ 51 A 252. Bei Eintragung mit Rang hinter solchen Posten würde das Rangverhältnis der wahren Rechtslage nicht entsprechen; KGJ 51 A 252.
[258] Strenge Anforderungen hat an den Unrichtigkeitsnachweis das BayObLG gestellt (s die Fußn 247, 249 genannten Nachweise sowie BayObLG 1995, 413 [415]); so für den in der Form des § 29 GBO zu führenden Nachweis auch OLG Düsseldorf MittRhNotK 1998, 95 und OLG Karlsruhe Justiz 1983, 457 sowie Rpfleger 2002, 304. Gemilderte Beweisanforderungen (für den Nachweis im Rechtsstreit) stellen OLG Karlsruhe Justiz 1978, 295 = OLGZ 1978, 471 und Justiz 1982, 49; LG Baden-Baden Justiz 1982, 50. Zum Nachweis des Erwerbs durch Anerkenntnis nach Bad Landrecht außerdem BGH Justiz 1982, 125. Zum Nachweis (im Rechtsstreit) einer altrechtlichen Dienstbarkeit OLG Düsseldorf RNotZ 2001, 44 und OLG München Rpfleger 1984, 461.
[259] Anforderungen an Pläne der Vermessungsbehörde s OLG Karlsruhe Justiz 1983, 306 und BayObLG DNotZ 1993, 598, an eine Bescheinigung des Vermessungsamts Rdn 1189.
[260] KG OLG 8, 129; BayObLG DNotZ 1980, 103 (105). Erfordert auch Nachweis der privatrechtlichen Natur eines altrechtlichen Nutzungsrechts, BayObLG 1982, 400, und uU weiter auch Nachweis, daß die Dienstbarkeit fortbesteht, BayObLG Rpfleger 1990, 351 (352) = aaO.
[261] BayObLG 1985, 225 = (mitget) Rpfleger 1985, 487; BayObLG 1991, 139 = aaO (Fußn 233); BayObLG DNotZ 1993, 598; BayObLG NJW-RR 1997, 466 und NJW-RR 2001, 161; OLG Karlsruhe Rpfleger 2002, 304; LG Nürnberg-Fürth MittBayNot 1992, 336 (zB durch 10jährige Nichtausübung, Art 57, 56 Abs 3 BayAGBGB; dazu Bay ObLG 1992, 224) oder bei zwischenzeitlicher Grundstücksteilung, daß das Trennstück im Ausübungsbereich der Dienstbarkeit liegt und diese daran fortbesteht, BayObLG 1988, 102 = DNotZ 1989, 164.
[262] BayObLG 1988, 102 = DNotZ 1989, 164 = (mitget) Rpfleger 1988, 237.
[263] LG Nürnberg-Fürth MittBayNot 1992, 336.
[264] BayObLG 1972, 267 (270) mit Nachw; BayObLG 1995, 413 (417).

Grunddienstbarkeit und für alle anderen Erlöschensgründe ist das BGB maßgebend (Art 189 Abs 3 EGBGB).[265] (Zum Erlöschen kraft gutgläubig-lastenfreien Erwerbs nach § 892 BGB s Rdn 347.)

cc) Zur **Sicherung** des Grundbuchberichtigungsanspruchs auf Eintragung einer altrechtlichen Grunddienstbarkeit kann ein Widerspruch (§ 899 BGB) eingetragen werden.[266] Zur Sicherung eines Anspruchs auf Aufhebung einer altrechtlichen (nicht eingetragenen) Grunddienstbarkeit kann eine Vormerkung (§ 883 BGB) eingetragen werden; hierfür ist jedoch Voreintragung nötig.[267] 1174

dd) (Bayer) **Gemeinderechte** (altrechtliche Nutzungsrechte an Gemeindegrundstücken) können privatrechtlicher oder öffentlichrechtlicher[268] Natur sein.[269] Bei nachgewiesener privatrechtlicher Natur sind sie als altrechtliche Grunddienstbarkeiten bestehen geblieben und auf Verlangen in das Grundbuch einzutragen (Art 184, 187 Abs 1 S 2 EGBGB).[270] Sie sind nicht eintragungsfähig, wenn sie öffentlichrechtlichen Charakter haben. 1175
Bei Anlegung des Grundbuchs wurden Gemeinderechte ohne Untersuchung auf ihre Rechtsnatur vielfach mit der Beschreibung des berechtigten Grundstücks (als mit dem Eigentum an dem Anwesen verbunden) in das Bestandsverzeichnis des Grundbuchblatts (§ 6 GBV) aufgenommen.[271] Dies diente vornehmlich der Beschleunigung des Anlegungsverfahrens. Solche bereits eingetragene Gemeinderechte haben die Grundbuchämter ohne besonderen Anlaß nicht daraufhin zu überprüfen, ob sie wirklich privatrechtlicher Natur sind.[272] Jedoch ist ein eingetragenes Gemeinderecht als inhaltlich unzulässig zu löschen, wenn seine öffentlichrechtliche Natur klar erwiesen ist.[273] Das ist der Fall, wenn ein Gemeindenutzungsrecht von der Gemeinde abgelöst und sämtliche Gemeindegrundstücke, die Gegenstand des Nutzungsrechts waren, zwecks Entschädigung der Nutzungsberechtigen veräußert werden; aus diesem Sachverhalt tritt die öffentlichrechtliche Natur des Nutzungsrechts klar zutage.[274] Ein durch Ablösung auf die Gemeinde übergegangenes Gemeinderecht ist öffentlichrechtlicher Natur, kann sonach nicht in das Grundbuch eingetragen werden.[275]

---

[265] BGH 104, 139 = DNotZ 1989, 146 = NJW 1988, 2037 = Rpfleger 1988, 353; BayObLG 1995, 413 (419).
[266] OLG Kiel OLG 4, 292; aA MünchKomm/Säcker Rdn 4 zu Art 187 EGBGB.
[267] LG Regensburg Rpfleger 1976, 361.
[268] Auch wenn sie an Waldgrundstücken bestehen, BayObLG 1966, 468. Dazu auch Glaser, Gemeindenutzungsrechte in Bayern, MittBayNot 1988, 113. Zu öffentlichrechtlichen Nutzungsrechten (auch reale Bierschenkgerechtigkeit) bei Grundstücksteilung LG Nürnberg-Fürth MittBayNot 1988, 139.
[269] Dazu näher BayObLG 1960, 447 (450); 1982, 400; BayObLG MittBayNot 1990, 33.
[270] BayObLG 1982, 400 (402).
[271] BayObLG 1960, 447 (452); BayObLG 1964, 210 (211) = MittBayNot 1964, 193 = NJW 1964, 1573; BayObLG 1970, 21 (23) = MittBayNot 1970, 19 = Rpfleger 1970, 167; BayObLG 1970, 45 (47) = MittBayNot 1970, 21 = Rpfleger 1970, 168 Leits; BayObLG MittBayNot 1990, 33 = (mitget) Rpfleger 1990, 54.
[272] BayObLG 1960, 447 (453).
[273] BayObLG 1960, 447 (453); BayObLG 1970, 45 = aaO (Fußn 271).
[274] BayObLG 1970, 45 = aaO (Fußn 271); BayObLG MittBayNot 190, 33.
[275] BayObLG Rpfleger 1978, 316.

Wenn die öffentlich-rechtliche Natur eines Gemeindenutzungsrechts nicht feststeht, ist es ungeachtet dessen, ob es öffentlich-rechtlicher oder privatrechtlicher Natur ist, zu löschen (§ 22 GBO), wenn sein Erlöschen nachgewiesen ist. Für den Nachweis des Erlöschens reicht es dann aus, daß die Beteiligten in notarieller Form erklären, daß das Recht erloschen sei.[276]

1176–1184 Die Randnummern 1176–1184 sind entfallen.

2. Erlöschen und Löschung einer Grunddienstbarkeit
Rechtsgrundlagen s bei Rdn 1113

1185 **Antragsformular**

Als Eigentümer des Grundstücks FlSt Nr 15 bewillige und beantrage ich die Löschung des im Grundbuch von Oberhof (Band 1) Blatt 15 in Abteilung II auf Flurstück 13 – Eigentümer Max Platz, Maurer in Oberhof –
zugunsten des Grundstücks Flurstück 15
eingetragenen Überfahrts- und Übergangsrechts.
Das Recht ist beim berechtigten Grundstück nicht vermerkt.

Oberhof, den ......   Max Fleißig   (folgt Unterschriftsbeglaubigung)

1186 **Grundbucheintragung**

...	6	7
...	9	Grunddienstbarkeit zugunsten Grundbuch von Oberhof (Band 2) Blatt 33 gelöscht am ...

Die Eintragung über diese Dienstbarkeit in Sp. 1–3 ist (rot) zu unterstreichen.
Bekanntmachung erfolgt an den Grundstückseigentümer und bisherigen Berechtigten.

a) Aufhebung und Löschung

1187 Rechtsgeschäftliche Aufhebung (Rdn 11) der Grunddienstbarkeit erfordert materiell Aufgabeerklärung des Berechtigten (des Eigentümers des herrschenden Grundstücks; bei Miteigentum Erklärung aller Eigentümer) sowie Zustimmung der dinglich Berechtigten des herrschenden Grundstücks (§ 876 S 2; dazu Rdn 1150) und Löschung im Grundbuch des belasteten Grundstücks. Die Grundbucheintragung erfolgt auf Antrag (§ 13 Abs 1 GBO), wenn der Betroffene (Eigentümer des herrschenden Grundstücks) die Löschung bewilligt (§ 19 GBO). Zustimmung des Eigentümers des belasteten Grundstücks ist nicht erforderlich. Sind vom herrschenden Grundstück Teile abgeschrieben worden, so ist zur Löschung der Grunddienstbarkeit – soweit nicht Erlöschen des Rechts auf einem Teilstück nach § 1025 S 2 BGB in grundbuchmäßiger Form nachgewiesen wird; dazu Rdn 1189 – die Löschungsbewilligung auch sämtlicher Eigentümer der verselbständigten (berechtigten, vgl Rdn 1166) Grundstücke selbst dann erforderlich, wenn der Fortbestand der Grunddienstbarkeit für die Eigentümer der abgetrennten Teile im Grundbuch nicht vermerkt ist.[1] Form der Bewilligung: § 29 GBO.

---

[276] BayObLG MittBayNot 1990, 33 = (mitget) Rpfleger 1990, 54.
[1] KG DNotZ 1975, 161 = NJW 1975, 697 = OLGZ 1975, 97 = Rpfleger 1974, 431. Die Eigentümer der abgetrennten Teilflächen sind vom Grundbuchamt festzustellen; ihre namentliche Ermittlung kann nicht dem Antragsteller aufgebürdet werden; BayObLG MittBayNot 1996, 376 = Rpfleger 1997, 15. S hierzu auch Reuter, Wachsende Behinderung des Grundstücksverkehrs durch § 1025 BGB, Zeitschr für Rechtspolitik 1986, 199.

Bewilligung der Gläubiger der am herrschenden Grundstück lastenden Rechte ist für Löschung nur dann erforderlich, wenn das Recht auf dem Blatt des herrschenden Grundstücks vermerkt ist (§ 21 GBO).

b) Erlöschen

Die Grunddienstbarkeit erlischt, wenn das dienende Grundstück untergeht, infolge Veränderung des betroffenen Grundstücks die Ausübung dauernd ausgeschlossen ist oder wenn der Vorteil für das herrschende Grundstück (Rdn 1139) infolge grundlegender Änderung der tatsächlichen Verhältnisse oder der rechtlichen Grundlagen dauernd fortfällt.[2] Demnach ist eine Grunddienstbarkeit auf Freihaltung eines Bahnübergangs von Sichtbehinderungen erloschen, wenn die Strecke stillgelegt und das Bahngelände an Privatleute veräußert wurde.[3] Ein Wasserleitungsrecht kann mit Anschluß des herrschenden Grundstücks an die öffentliche Wasserversorgung erlöschen, wenn die Verwendung von anderem Wasser für jegliche Zwecke öffentlich-rechtlich untersagt ist oder wenn das Wasserleitungsrecht für das herrschende Grundstück infolge einer völlig veränderten, nicht mehr rückgängig zu machenden Zweckbestimmung (in Gegenwart und Zukunft) ohne jeden Nutzen ist.[4] Die Löschung ist hier Grundbuchberichtigung. Sie erfordert Bewilligung (§ 19 GBO) oder Unrichtigkeitsnachweis[5] (§ 22 Abs 1 GBO; Rdn 360).
Widmung einer Grundstücksfläche für den öffentlichen Verkehr bringt die Grunddienstbarkeit nicht ohne weiteres zum Erlöschen[6] ebenso nicht, wenn das herrschende Grundstück mittels Baulast einen weiteren Zugang erhält.[7] Eine Grunddienstbarkeit erlischt auch nicht dadurch, daß durch sie die Bebauung des dienenden Grundstücks nach Maßgabe der öffentlichen Bauleitplanung gehindert wird.[8] Bestand, Inhalt und Ausübbarkeit einer Dienstbarkeit (Verbot gewerblicher Betriebe), deren Bestellung städteplanerisch motiviert war, werden für sich allein durch eine Veränderung der öffentlich-

1188

---

[2] BGH WM 1966, 739 (740) = LM Code civil Nr 5; BGH LM BGB § 1020 Nr 1; BGH MDR 1984, 1015 = NJW 1984, 2157 (auch BGH DNotZ 1985, 549 = NJW 1985, 1025 = Rpfleger 1985, 185); BayObLG 1971, 1 (5) = MittBayNot 1971, 201; OLG München MDR 1983, 934 (Einstellung der Brauerei auf dem herrschenden Grundstück einer Getränke-Vertriebsverbotsdienstbarkeit). Besteht die objektive und dauernde Ausübungsunmöglichkeit schon von Anfang an, kann die Dienstbarkeit nicht wirksam entstehen, BGH DNotZ 1985, 549 = aaO.
[3] OLG Köln MittRhNotK 1980, 227 = OLGZ 1981, 16 = Rpfleger 1980, 389.
[4] BayObLG 1986, 218 (224) = Rpfleger 1986, 373; BayObLG 1988, 14 = BWNotZ 1988, 63 = MittRhNotK 1988, 176 = Rpfleger 1988, 246; BayObLG DNotZ 1999, 507.
[5] Zum Unrichtigkeitsnachweis OLG Köln OLGZ 1981, 16 = aaO (Fußn 3). Der Nachweis der Grundbuchunrichtigkeit (§ 22 Abs 1 GBO) ist nicht allein durch den Anschluß des herrschenden Grundstücks an die öffentliche Wasserversorgungsanlage aufgrund eines Anschluß- und Benutzungszwangs nach einer Wasserabgabesatzung geführt, wenn diese die Möglichkeit einer Befreiung vom Anschluß- und Benutzungszwang oder eine Beschränkung der Benutzungspflicht vorsieht und derartige Ausnahmen nicht ausgeschlossen erscheinen, BayObLG MittBayNot 1989, 314 = NJW-RR 1989, 1495.
[6] BayObLG 1971, 1 = aaO (Fußn 2); großzügiger OLG Düsseldorf MittBayNot 1995, 390; vgl auch Gutachten DNotI-Report 2003, 55.
[7] OLG Koblenz DNotZ 1999, 511.
[8] KG JR 1963, 18.

rechtlichen Zweckbestimmung des Geländes (Umzonung vom reinen zum allgemeinen Wohngebiet) noch nicht berührt.[9] Ältere Grunddienstbarkeiten, die eine Baubeschränkung zum Inhalt haben und deren Bestellung durch inzwischen außer Kraft getretene öffentlich-rechtliche Vorschriften veranlaßt worden ist, können nicht als sinn- und gegenstandslos gelöscht werden.[10] Eine Grunddienstbarkeit, die dem Eigentümer des herrschenden Grundstücks das alleinige Recht zum Betrieb einer Gaststätte in bestimmten Räumen des dienenden Grundstücks gibt, erlischt nicht ohne weiteres, wenn das Gaststättengebäude durch Brand zerstört wird.[11] Errichtung eines nicht zum Betrieb einer Gaststätte geeigneten Gebäudes anstelle des abgebrannten kann der Berechtigte der Dienstbarkeit nicht untersagen; auch eine Entschädigung kann er nicht verlangen.[11] Wird von einem dinglichen Wegerecht ein Gebrauch gemacht, der über den Umfang der Befugnisse des Berechtigten hinausgeht, so kann der Eigentümer des dienenden Grundstücks gegen dessen Beeinträchtigung sich mit den Rechtsbehelfen aus § 1004 Abs 1 BGB zur Wehr setzen. Daraus allein erwächst ihm noch kein Anspruch auf Aufhebung der Dienstbarkeit und Löschung im Grundbuch.[12] Als **auflösende Bedingung** kann das Erlöschen einer Grunddienstbarkeit bei Eintritt eines bestimmten Ereignisses vereinbart sein, so zB für den Fall, daß das berechtigte Grundstück im Erbweg auf eine andere Person als auf Abkömmlinge übergeht (s Rdn 1149). Wenn die zur Entstehung der Dienstbarkeit erforderliche dingliche Einigung nicht zustande gekommen ist, kann unter bestimmten Voraussetzungen dem auf Löschung gerichteten Berichtigungsbegehren des Grundstückseigentümers der Einwand der unzulässigen Rechtsausübung entgegenstehen.[13] Eine zu Unrecht gelöschte Grunddienstbarkeit erlischt, wenn das belastete Grundstück auf einen anderen im Wege des **Enteignungsverfahrens** übergeht, auch wenn dieser Erwerb auf einer Einigung der Beteiligten und eine Ausführungsanordnung der Enteignungsbehörde beruht und der Inhaber der Dienstbarkeit infolge Nichtanmeldung seines Rechts am Verfahren nicht teilgenommen hat.[14]

c) **Grundstücksteilung**

1189 Mit Teilung des **herrschenden** Grundstücks erlischt die Grunddienstbarkeit für Teile, denen sie nicht zum Vorteil (Rdn 1139) gereicht (§ 1025 S 2 BGB; zum Fortbestehen nach § 1025 S 1 BGB s Rdn 1166). Wenn das **belastete** Grundstück geteilt wird, so werden, wenn die Ausübung der Grunddienstbarkeit auf einen bestimmten Teil dieses Grundstücks beschränkt ist, die Teile, welche außerhalb des Bereichs der Ausübung liegen, von der Dienstbarkeit frei (§ 1026 BGB). Die Dienstbarkeit erlischt kraft Gesetzes an dem Teilgrundstück, das außerhalb ihres Ausübungsbereichs liegt.[15] Der Berech-

---

[9] BGH LM § 1028 BGB Nr 1 = MDR 1967, 661 = NJW 1967, 1609.
[10] BGH DNotZ 1970, 348 = MDR 1970, 312 = MittBayNot 1970, 47.
[11] BGH DNotZ 1980, 478 = NJW 1980, 179 = Rpfleger 1980, 13.
[12] BGH DNotZ 1966, 38 = NJW 1965, 1229; s auch BGH Betrieb 1974, 475.
[13] BGH DNotZ 1976, 22.
[14] OLG Hamburg OLG 1966, 225.
[15] BGH DNotZ 2002, 721 (724) mit Anm Dümig = NJW 2002, 3021 = Rpfleger 2002, 511; BayObLG 1985, 186; BayObLG NJW-RR 1987, 1101 = Rpfleger 1987, 451; BayObLG 1988, 102 (107) = DNotZ 1989, 164; BayObLG MittBayNot 1994, 318 (319).

B. Einzelfälle

tigte muß rechtlich (nicht nur tatsächlich) gehindert sein, bei Ausübung der Dienstbarkeit den betreffenden Teil des Stammgrundstücks zu benutzen.[15] Die rechtliche Beschränkung auf einen Teil des Grundstücks kann sich aus der Art der Dienstbarkeit oder aus rechtsgeschäftlicher Vereinbarung ergeben,[15] auch wenn die Bestimmung der Ausübungsstelle der tatsächlichen Ausübung durch den Berechtigten überlassen ist[16] (s Rdn 1119). Beschränkt auf einen bestimmten Teil ist die Dienstbarkeit bei rechtsgeschäftlicher Festlegung der Ausübungsstelle (Rdn 1119).[17] Dem Erlöschen der Dienstbarkeit an denjenigen Teilen, die außerhalb des Bereichs der Ausübung liegen, steht nicht entgegen, daß der Eigentümer des belasteten Grundstücks berechtigt ist zu bestimmen, daß die Ausübung der Dienstbarkeit auf einen anderen Teil des belasteten Grundstücks beschränkt werden kann.[18] Löschung der nach § 1025 S 2 bzw § 1026 BGB an Grundstücksteilen erloschenen Grunddienstbarkeit erfordert als Grundbuchberichtigung Bewilligung (§ 19 GBO) oder Unrichtigkeitsnachweis[19] (§ 22 Abs 1 GBO; s Rdn 1188). Nachzuweisen ist die Grundbuchunrichtigkeit mit dem Vorliegen der Voraussetzungen des § 1025 S 2 oder § 1026 BGB in der Form des § 29 Abs 1 GBO[20] (Rdn 369). Die Vorlage der Urkunden (zB Eintragungsbewilligung, in der die Ausübungsstelle bezeichnet ist, und der Eintragungsunterlagen mit Veränderungsnachweis über Teilung/Veräußerung der außerhalb der Ausübungsstelle liegenden Fläche) ersetzt bei ausreichender Bezeichnung Bezugnahme auf andere Grundakten des Grundbuchamts, in denen sie verwahrt werden.[21] Bescheinigung des Vermessungsamtes (hat von einem Beamten unterschrieben und mit dem Dienstsiegel versehen zu sein[22]), daß die abzuschreibende Fläche von der Dienstbarkeit nicht betroffen ist, genügt.[23] Löschung kann nur auf Antrag (nicht von Amts wegen) erfolgen. Wird ein Löschungsantrag nicht gestellt, so sind die Grundstücksteile mit der Belastung abzuschreiben. Von den Beteiligten kann das Grundbuch keinen Nachweis (mit Zwischenverfügung) darüber verlangen, ob die Grunddienstbarkeit auf der veräußerten Teilfläche fortbesteht oder nicht.[24] Nach Abschreibung des belasteten Grundstückteils kann ein

---

[15] (Siehe Fußnote Seite 544).
[16] BGH DNotZ 2002, 721 (724) mit Anm Dümig = aaO.
[17] KG MittBayNot 1969, 23 = NJW 1969, 470 = OLGZ 1969, 216 = Rpfleger 1969, 52.
[18] KG NJW 1969, 470 = aaO (Fußn 17).
[19] BayObLG 1990, 6 (7); BayObLG DNotZ 1997, 395 = Rpfleger 1997, 15 (16) (für Teilung des herrschenden Grundstücks). Opitz Rpfleger 2000, 367 (369, 371) verlangt (zu weitgehend) dem Berechtigten vor Löschung auf Grund Unrichtigkeitsnachweis (noch) rechtliches Gehör zu gewähren.
[20] BayObLG NJW-RR 1987, 1101 = aaO (Fußn 15); BayObLG MittBayNot 1994, 318 (319); BayObLG Rpfleger 1997, 15 (16) = aaO.
[21] BayObLG NJW-RR 1987, 1101 = aaO.
[22] BayObLG 1991, 139 = DNotZ 1992, 670 = (mitget) Rpfleger 1991, 354; BayObLG MittBayNot 1994, 318 (319); auch OLG Düsseldorf MittRhNotK 1998, 95.
[23] LG Landshut MittBayNot 1978, 215; auch BayObLG 1988, 102 = DNotZ 1989, 164 = (mitget) Rpfleger 1988, 237; BayObLG MittBayNot 1994, 318 (319) mit weit Nachw. S auch OLG Hamm Rpfleger 2000, 157 (Bescheinigung eines öffentlich bestellten Vermessungsingenieurs außerhalb des ihm zugewiesenen Geschäftskreises nicht ausreichend).
[24] LG Köln MittRhNotK 1994, 289.

Löschungsverfahren wegen Gegenstandslosigkeit (vgl Rdn 384) eingeleitet werden. Demgegenüber hat BayObLG[25] folgende Ansicht vertreten: Wird ein Teil des mit einer Dienstbarkeit belasteten Grundstücks abgeschrieben, so ist die Dienstbarkeit auf diesen Teil nicht mitzuübertragen, wenn (zweifelsfrei) feststeht[26], daß er außerhalb des Bereichs der Ausübung der Dienstbarkeit liegt. Dies gilt selbst dann, wenn die Beteiligten die Mitübertragung der Dienstbarkeit beantragen.
Vereinigung und Zuschreibung Rdn 1128.

d) Zwangsversteigerung

1190 Bei Zwangsversteigerung des dienenden Grundstücks erlischt die Grunddienstbarkeit mit Zuschlag, wenn sie nicht nach den Versteigerungsbedingungen bestehen bleibt (§ 91 Abs 1 ZVG). Löschung erfolgt auf Ersuchen des Vollstreckungsgerichts (§ 130 ZVG). Wertersatz Rdn 1167. Wenn bei Versteigerung des Grundstücksbruchteils eines Miteigentümers an ihm die Dienstbarkeit erloschen ist, hat ihre Löschung auf diesem Bruchteil zur Folge, daß die Eintragung auf dem nicht versteigerten Miteigentumsbruchteil als inhaltlich unzulässig zu löschen ist.[27] Gleiches gilt, wenn mit Zuschlag die auf einem in Wohnungseigentum aufgeteilten Grundstück lastende Grunddienstbarkeit an dem Grundstücksmiteigentumsanteil eines Wohnungseigentümers erlischt.[28] Daher bietet eine Dienstbarkeit Sicherheit nur, wenn ihr Verwertungsrechte im Rang nicht vorgehen (und nicht gleichstehen).

1191 Löschung **alter Grundlasten in Bayern** infolge Gegenstandslosigkeit s Carmine DNotZ 1957, 7. Löschung **alter Forstrechte** in Bayern s LG Hof Rpfleger 1963, 384. Erlöschen einer altrechtlichen Grunddienstbarkeit (Heimweiderecht in Bayern s BayOLG 1992, 224 = MittBayNot 1992, 397 Leits. Nach Art 703 CC hört eine Grunddienstbarkeit schon dann auf, wenn ihre Ausübung auch nur vorübergehend unmöglich ist. Dazu genügt bei einem Wegerecht, bei dessen Ausübung das Betreten eines dritten Grundstücks nötig ist, jedoch noch nicht, daß dem Dienstbarkeitsberechtigten kein Recht zum Betreten auch dieses Grundstücks zusteht, solange dessen Betreten tatsächlich geduldet wird (BGH MDR 1966, 748). Zur Beendigung einer altrechtlichen Dienstbarkeit s auch BGH DNotZ 1967, 103 und BayObLG 1985, 225.

3. Beschränkte persönliche Dienstbarkeit betr Wasserleitungsrecht
Rechtsgrundlagen BGB §§ 1090–1093
im übrigen s bei Rdn 1113

1192 Antragsformular

> Die Gemeinde Oberhof hat auf dem ihr gehörenden Grundstück Flurstück 15, Grundbuch von Oberhof (Band 1) Blatt 15, eine neue Wasserversorgungsanlage errichtet, zu der auch ein Wasserbehälter gehört. Von diesem Behälter aus führt eine Rohrleitung in das Neubaugebiet der Gemeinde Oberhof, welche durch die Grundstücke Flurstück 17, 19, 21, 23 geht. Der Verlauf der Rohrleitung ergibt sich aus dem dieser Urkunde als Anlage beigefügten Lageplan, auf den Bezug genommen wird.

---

[25] BayObLG 1954, 286 (291); auch DNotZ 1984, 565 = Rpfleger 1983, 143; dagegen Opitz Rpfleger 2000, 367.
[26] Ebenso für diesen Fall LG Köln aaO.
[27] KG DNotZ 1975, 105 = MDR 1975, 151 = Rpfleger 1975, 68.
[28] OLG Frankfurt MittRhNotK 1979, 175 = Rpfleger 1979, 149.

B. Einzelfälle

Die Eigentümer der vorgenannten Grundstücke gestatten der Gemeinde Oberhof, die 1½ Meter unter die Erdoberfläche kommende Rohrleitung in ihre Grundstücke einzulegen und dauernd dort zu belassen. Den von der Gemeinde Oberhof schriftlich beauftragten Personen ist es jederzeit gestattet, die belasteten Grundstücke zum Zwecke der Inspektion, Wartung oder Vornahme von Reparaturen und sonstigen Arbeiten an der Rohrleitung einschließlich deren Erneuerung zu betreten und aufgraben zu lassen. Der vorher bestehende Zustand ist auf Kosten der Gemeinde wieder herzustellen und ein den Grundstückseigentümern dadurch entstehender Schaden ist ihnen von der Gemeinde Oberhof jeweils zu ersetzen.

Die Eigentümer der vorbezeichneten Grundstücke bewilligen und beantragen die Eintragung der vorsichtlichen Wasserleitungsrechte als beschränkte persönliche Dienstbarkeiten zugunsten der Gemeinde Oberhof und zu Lasten ihrer Grundstücke im Grundbuch. Diese Grundstücke sind wie folgt eingetragen:

Flurstück Nr. 17 in (Band 1) Blatt 10
Flurstück Nr. 19 in (Band 3) Blatt 45 usw

(folgen Datum, Unterschriften der Grundstückseigentümer und Unterschriftsbeglaubigung)

Grundbucheintragung 1193

Als Inhalt der Dienstbarkeit ist im Grundbuch einzutragen (s auch Rdn 1114):

Beschränkte persönliche Dienstbarkeit (Wasserleitungsrecht) für die Gemeinde Oberhof, gemäß Bewilligung vom ... (Notar ... URNr ...) eingetragen am ...

Literatur: Vor Rdn 1115.

a) Recht, Entstehung

Beschränkte persönliche Dienstbarkeit (§ 1090 Abs 1 BGB) ist die Belastung 1194 eines Grundstücks in der Weise, daß derjenige, zu dessen Gunsten die Belastung erfolgt,
– berechtigt ist, das Grundstück in einzelnen Beziehungen zu benutzen, oder
– eine sonstige Befugnis hat, die den Inhalt einer Grunddienstbarkeit (Rdn 1115) bilden kann.

Die beschränkte persönliche Dienstbarkeit unterscheidet sich von der Grunddienstbarkeit sonach nur durch die Person des Berechtigten.

Als Grundstücksrecht (materiell) entsteht die beschränkte persönliche Dienstbarkeit mit Einigung der Beteiligten und Eintragung in das Grundbuch (§ 873 BGB; Rdn 9). Die Eintragung erfolgt auf Antrag (§ 13 Abs 1 GBO), wenn der Betroffene sie bewilligt (§ 19 GBO). Form der Bewilligung: § 29 GBO. Begründung und Fortbestand der beschränkten persönlichen Dienstbarkeit als Grundstücksbelastung sind unabhängig von schuldrechtlichen Beziehungen der Beteiligten, sonach auch von einem obligatorischen Bestellungsvertrag. Die (bewilligte) Eintragung erfolgt daher auch für einen Berechtigten, der an dem zur Bestellung verpflichtenden Vertrag nicht beteiligt ist; doch entsteht zu seinen Gunsten die Dienstbarkeit erst mit (formloser) Einigung zwischen ihm und dem Eigentümer des belasteten Grundstücks (vgl Rdn 937a).

b) Belastungsgegenstand

Wie Rdn 1117–1122 (zur Ausübungsstelle Rdn 1119). Auch eine beschränkte 1195 persönliche Dienstbarkeit kann nicht auf einem Grundstücksmiteigentumsanteil eingetragen werden.[1]

---

[1] Rechtslage durch das Wassergesetz NW nicht verändert, OLG Köln JMBlNW 1979, 224 = MittRhNotK 1979, 211.

c) Berechtigter

1196 Berechtigter einer beschränkten persönlichen Dienstbarkeit kann jede natürliche und juristische Person sein, auch eine Handelsgesellschaft (§ 124 Abs 1 und § 161 Abs 2 HGB), Partnerschaft (§ 7 Abs 2 PartGG mit § 124 Abs 1 HGB) sowie EWIV.

1197 Sind **mehrere Berechtigte** vorhanden, so ist es meist zweckmäßig, für jeden eine Dienstbarkeit – mit unter sich gleichem Rang – zu bestellen. Es kann aber auch für mehrere Personen, insbesondere bei einem Wohnungsrecht (Rdn 1234 ff), nur eine Dienstbarkeit bestellt werden (vgl Rdn 1245). **Bruchteilsgemeinschaft** ist ausgeschlossen, wenn das gesicherte Recht unteilbar ist (zB Überfahrts- oder Unterlassungsdienstbarkeit); es liegt eine Gläubigerschaft nach § 432 BGB vor, die auch im Grundbuch verlautbart werden muß (§ 47 GBO). **Gesamtberechtigung** nach § 428 BGB ist möglich (vgl auch Rdn 1245 für das Wohnungsrecht). Auch **Gesamthandsgemeinschaft** (zB für mehrere in BGB-Gesellschaft[2]) kann an einer Dienstbarkeit bestehen.[3] Wechseln die Personen der berechtigten Gesamthandsgemeinschaft (Ausscheiden, Eintritt von Gesellschaftern), so bleibt die Dienstbarkeit für die Gesellschafter in ihrem jeweiligen Bestand bestehen[4] (es erfolgt nicht Übertragung der Dienstbarkeit, so daß § 1092 Abs 1 S 1 BGB den Gesellschafterwechsel nicht hindert[5]). Der Gesellschafterwechsel ist im Wege der Berichtigung einzutragen (s dazu Rdn 982 d, e, 983 a ff).

1198 Rechtsverhältnisse bei Bestellung einer Dienstbarkeit für **Eheleute** s Rdn 261 h.

1199 Die einer **juristischen Person** (oder Handelsgesellschaft) bestellte beschränkte persönliche Dienstbarkeit kann nur für die Berechtigte selbst (§ 15 GBV), nicht jedoch zugleich auch für den Rechtsnachfolger im Grundbuch eingetragen werden.[6] Übertragbarkeit Rdn 1215.

1200 Eintragung einer beschränkten persönlichen Dienstbarkeit **für den Eigentümer**[7] **selbst** ist bei (jedem[8]) schutzwürdigem (eigenem oder fremdem) Bedürfnis zulässig. Es genügt ein eigenes schutzwürdiges wirtschaftliches oder ideelles Interesse des Berechtigten oder ein entsprechendes fremdes, das er fördern will.[9] Zulässig ist die Bestellung einer beschränkten persönlichen

---

[2] LG Landshut MittBayNot 1998, 261 Leits = Rpfleger 1997, 433; vgl im übrigen Rdn 241 (241 a).
[3] RG 155, 75 (85); Staudinger/Mayer Rdn 6 zu § 1090 mit weit Nachw.
[4] LG Landshut Rpfleger 1997, 433 = aaO; Staudinger/Mayer Rdn 6 zu § 1090; BGB-RGRK/Rothe Rdn 2 zu § 1061; ähnlich MünchKomm/Petzold Rdn 19 zu § 1030; Enneccerus/Wolff, Sachenrecht, 10. Aufl, § 118 II 1.
[5] LG Landshut Rpfleger 1997, 433 = aaO.
[6] OLG Düsseldorf MittBayNot 2001, 320 = RNotZ 2001, 210 = Rpfleger 2001, 297 (ber 489); LG Bochum Rpfleger 1976, 432; GBAmt Mannheim BWNotZ 1977, 26; anders OLG Düsseldorf DNotZ 1977, 611 Leits = MittBayNot 1976, 215 = MittRhNotK 1976, 641 für die einer OHG bestellte beschränkte persönliche Dienstbarkeit, das mit diesem Zusatz die Übertragbarkeit des Rechts klarstellen will; dem ist jedoch nicht zu folgen.
[7] Auch für (mehrere) Miteigentümer, LG Frankfurt NJW-RR 1992, 600 = Rpfleger 1992, 246.
[8] LG Frankfurt aaO.
[9] BGH 41, 209 = DNotZ 1964, 493 = NJW 1964, 1226 = Rpfleger 1964, 310 mit Anm Haegele; OLG Saarbrücken MittRhNotK 1992, 47 = OLGZ 1992, 5 = Rpfleger

B. Einzelfälle

Dienstbarkeit für den Eigentümer des belasteten Grundstücks daher, wenn sie mit Rücksicht auf eine beabsichtigte Veräußerung des Grundstücks[10] oder auch nur eines Miteigentumsanteils[11] geschieht und aus diesem Grund ein Bedürfnis für die Bestellung besteht. Bestellt werden kann für den Eigentümer ein Mitbenutzungsrecht an Räumen auch neben einem für einen Dritten bestellten Wohnungsrecht (§ 1093 BGB).[12] Das schutzwürdige Interesse ist in der Eintragungsbewilligung darzulegen. Bekundung der Veräußerungsabsicht in der Eintragungsbewilligung ist ausreichend;[13] Vorlage eines Kaufvertrags kann nicht verlangt werden.[13]

Zugunsten eines (Bruchteils-)**Miteigentümers** ist Belastung des Grundstücks mit einer beschränkten persönlichen Dienstbarkeit zulässig, ohne daß ein besonderes Bedürfnis dafür bestehen muß (§ 1009 Abs 1 BGB).[14] 1201

Sukzessiv- und Alternativberechtigung: Rdn 261 a–g. 1202

Muster:

> 1. Ich bewillige und beantrage die Eintragung einer beschränkten persönlichen Dienstbarkeit auf meinem im Grundbuch von ... (Bd. ...) Blatt ... Bestandsverzeichnis Nr. ... gebuchten Grundstück Gemarkung ... Flurstück ... zugunsten des XY in Z folgenden Inhalts: ...
> 2. Ich verpflichte mich gegenüber dem XY mit unmittelbarer Drittwirkung, Dienstbarkeiten gleichen Inhalts für alle Erben und Erbeserben des XY für beliebig viele Erbfälle zu bestellen. Dieser Anspruch ist veräußerlich und vererblich.
> Zu seiner Sicherung bewillige und beantrage ich die Eintragung einer Vormerkung zugunsten des XY auf Bestellung der Dienstbarkeiten vorstehenden Inhalts.

Wird die Dienstbarkeit für eine **juristische Person** bestellt, so könnte die Nachfolgeklausel etwa wie folgt formuliert werden:

> Ich verpflichte mich, die gleiche Dienstbarkeit für alle (mittelbaren und unmittelbaren) rechtsgeschäftlichen Erwerber des Geschäftsbetriebs der Berechtigten zu bestellen ...

1992, 16 und 151 mit Anm Reiff; auch (allgemein) BGH MittBayNot 1984, 126. Gegen die beschränkte persönliche Dienstbarkeit für den Grundstückseigentümer Roth-Stielow Justiz 1961, 322; kritisch Staudenmaier Rpfleger 1968, 14.

[10] BGH aaO (Fußn 9); OLG Frankfurt Rpfleger 1980, 63 und OLGZ 1984, 169 = aaO (Fußn 11). So auch schon für die Bestellung einer Tankstellenerrichtungs- und -betriebsdienstbarkeit am eigenen Grundstück im Hinblick auf die Eigentumsübertragung an den Tankstelleninhaber LG Karlsruhe Rpfleger 1956, 344 mit Anm Haegele, und für die Bestellung eines Bimsausbeuterechts am eigenen Grundstück im Hinblick auf eine durch behördliche Auflage erforderlich werdende Veräußerung LG Koblenz NJW 1961, 1821 = Rpfleger 1962, 16 mit Anm Haegele. Ebenso für die Bestellung eines Wohnungsrechts mit Rücksicht auf die beabsichtigte Grundstücksveräußerung und vorherige Grundpfandrechtsbestellung mit Rang nach dem Wohnungsrecht OLG Oldenburg DNotZ 1967, 687 = Rpfleger 1967, 410 mit krit Anm Haegele. Enger LG Köln MittRhNotK 1973, 533. Ob es angeht, die Zulässigkeit der Begründung einer Dienstbarkeit für den Eigentümer selbst von dem Vorliegen eines Bedürfnisses abhängig zu machen, bezweifeln Weitnauer DNotZ 1964, 716, Dammertz MittRhNotK 1970, 89, Reiff Rpfleger 1992, 151 und Riggers JurBüro 1965, 273. Noch weitergehend Riedel Rpfleger 1966, 131 und Staudinger/Mayer Rdn 4 zu § 1090 BGB.
[11] Übertragung eines ½-Miteigentumsanteils auf Tochter, OLG Frankfurt OLGZ 1984, 169 = MittBayNot 1984, 188 = Rpfleger 1984, 264.
[12] OLG Saarbrücken OLGZ 1992, 5 = aaO.
[13] OLG Oldenburg DNotZ 1967, 687 = Rpfleger 1967, 410 mit krit Anm Haegele.
[14] BayObLG 1991, 431 = DNotZ 1992, 366 = NJW-RR 1992, 847 = Rpfleger 1992, 191; LG Wuppertal MittRhNotK 1989, 172 (je Wohnungsrecht).

d) Dienstbarkeitsinhalt

1203 aa) **Benutzungsdienstbarkeit:** Siehe Rdn 1129, 1130.

> Beispiele: Berechtigung zur Gewinnung genau festgelegter Bodenerzeugnisse (Lehm, Ton, Torf usw), auch das Recht zum Aufstocken eines Gebäudes.[15]

1204 Zur Frage, ob die **erstmalige Einlegung** einer Rohrleitung mit zum Inhalt einer Dienstbarkeit gemacht werden kann, s Rdn 1228. Über inhaltsgleiche beschränkte persönliche Dienstbarkeiten auf dem Grundstück und dem Erbbaurecht s Rutenfranz DNotZ 1965, 464, insbesondere im Hinblick auf Versorgungsleitungen. Für eine Gemeinde kann eine Dienstbarkeit des Inhalts bestellt werden, das Grundstück dazu zu benutzen, die daran vorbeiführende Straße auszubauen, zu unterhalten und zum öffentlichen Verkehr zu verwenden.[16]
Für Bestellung einer Benutzungsdienstbarkeit zum **Betrieb einer Gaststätte** (auch eines Ladenlokals oder eines sonstigen gewerblichen Betriebs) wurde früher gefordert, daß dadurch für den Eigentümer nicht jede Möglichkeit der eigenen Nutzung des Grundstücks oder des darauf erstellten Gebäudes ausgeschlossen sein darf.[17] Grundstücksnutzung in einzelner Beziehung stellt jedoch auf die Festlegung einer bestimmten Nutzungsart (bzw auf konkret spezifizierte Nutzungsmöglichkeiten) ab und nicht darauf, ob dem Eigentümer noch eine wirtschaftlich sinnvolle oder wertvolle Nutzungsmöglichkeit bleibt (dazu näher Rdn 1130). Bestellt werden kann daher eine Dienstbarkeit zur Mitbenutzung des „gesamten Grundbesitzes und des Hauses"[18] oder eines Ferienhauses.[19] Zur Grundstücksnutzung in einzelner Beziehung kann eine beschränkte persönliche Dienstbarkeit daher auch den Inhalt haben, daß der Berechtigte ein auf dem Grundstück stehendes Gebäude oder Teile davon für geschäftliche Zwecke „unter Ausschluß einer Nutzung durch den Eigentümer" benutzen darf[20] (zum Mitbenutzungsrecht des Eigentümers und dessen Ausschluß s Rdn 1130 a). Werden dagegen dem Berechtigten alle Nutzungsrechte des Grundstücks samt darauf erstelltem Gebäude eingeräumt (soll er berechtigt sein, die Gesamtnutzungen zu ziehen, auch bei Ausschluß einzelner Nutzungsarten), so ist ein Nießbrauch (§ 1030 BGB) gegeben.

1205 bb) **Unterlassungsdienstbarkeit:** Siehe die Ausführungen Rdn 1131, 1132, denen anzufügen ist: Als **Wohnungsbesetzungsrecht**[21] kann eine Dienstbarkeit

---

[15] LG Flensburg JurBüro 1968, 649 mit zust Anm Riedel.
[16] LG Passau MDR 1971, 927 = NJW 1971, 2232 = Rpfleger 1972, 135; s auch BayObLG 1982, 246 = MittBayNot 1982, 175 = Rpfleger 1982, 372 (dazu Rdn 1210).
[17] LG Bückeburg Rpfleger 1963, 156 mit zust Anm Haegele.
[18] OLG Frankfurt DNotZ 1986, 93 = OLGZ 1985, 399 = Rpfleger 1985, 393; OLG Zweibrücken MittBayNot 1999, 76 = NJW-RR 1998, 1474.
[19] OLG Schleswig NJW-RR 1996, 1105.
[20] LG Bremen DNotZ 1970, 108 = JurBüro 1970, 92 mit zust Anm Schalhorn. In dem entschiedenen Fall sollte Inhalt der Dienstbarkeit die Nutzung sämtlicher Erdgeschoßräume des Hauses „unter Ausschluß des Eigentümers" sein. Die Frage, ob dem Eigentümer noch eine Nutzungsmöglichkeit bleiben müsse, hat sich damit gar nicht gestellt, s dazu auch Riggers JurBüro 1970, 643. Terrassenalleinnutzungsrecht ist als Dienstbarkeit an einem Wohnungseigentum nach BayObLG (MittBayNot 1985, 127 = Rpfleger 1985, 486) zulässig.
[21] BayObLG 1982, 184 = MittBayNot 1982, 122 = Rpfleger 1982, 215 mit Ausführungen und Nachweisen zur geschichtlichen Entwicklung des Wohnungsbesetzungsrechts sowie mit Abgrenzung zu BayObLG 1980, 232 = MDR 1981, 52 = MittBayNot 1980,

B. Einzelfälle

des Inhalts eingetragen werden, daß auf dem Grundstück errichtete Wohnungen nur an bestimmte Personenkreise, die vom Berechtigten benannt werden, zum Gebrauch überlassen werden dürfen. Die Dienstbarkeit beschränkt den Eigentümer in der tatsächlichen Sachherrschaft durch Einschränkung in der Auswahl der Personen nach Art und Zahl, denen die Benutzung des Grundstücks (das Bewohnen des Hauses) gestattet werden darf. Sie sollte stets zeitlich befristet oder auflösend bedingt ausgestattet werden, zwingend notwendig ist dies aber nicht[22].

Muster für Wohnungsbesetzungsrecht[23]

> Ich bewillige und beantrage zu Lasten meines Grundstücks FlSt Nr 101 Gemarkung Neustadt zugunsten der Stadt N die Eintragung einer befristeten beschränkten persönlichen Dienstbarkeit (Wohnungsbesetzungsrecht) folgenden Inhalts:
> Die Wohnungen, die auf dem Grundstück errichtet werden, dürfen auf die Dauer von 20 Jahren ab Bezugsfertigkeit nur von Personen genutzt werden, die vom Dienstbarkeitsberechtigten benannt werden. Diese Benennung gilt als erteilt für Personen
> a) deren Einkommen die Einkommensgrenze des § 25 II. WohnungsbauG nicht überschreitet und eine entsprechende Bescheinigung vorlegen, und
> b) Arbeitnehmer im Gewerbebetrieb des Grundstückseigentümers sind.

Ein Wohnungsbesetzungsrecht kann nicht in Gestalt eines anderweitigen Vermietungsverbots eingetragen werden.[24] Mehrere Dienstbarkeiten, die Wohnungsbesetzungsrechte enthalten, sollen zugunsten des gleichen Berechtigten eintragungsfähig sein, wenn ihre jeweilige Ausgestaltung und ihre näheren Bedingungen voneinander abweichen.[25] Die Eintragung eines befristeten Wohnungsbesetzungsrechts mit bedingtem Anfangszeitpunkt (amtlich festgesetzte Bezugsfertigkeit der Wohnungen) ist zulässig.[26]
Es macht keinen Unterschied, ob die untersagten „gewissen Handlungen" positiv durch ihre Benennung aufgezählt werden oder ob sie negativ durch Bezeichnung der gestatteten mehreren Handlungen oder auch der nur einzigen Befugnis des Eigentümers umschrieben werden.[27] Als Verbot der Vornahme

1206

201; BayObLG MittBayNot 1981, 21 = Rpfleger 1981, 105; BayObLG BWNotZ 1981, 170 = Rpfleger 1981, 352; BayObLG MittBayNot 1981, 239 = NJW 1982, 1054 = Rpfleger 1982, 60 (hierzu Rdn 1134); BayObLG 1989, 89 = MittBayNot 1989, 212 = Rpfleger 1989, 401 mit Anm Quack (Austragshaus im Außenbereich, hierzu Rdn 1131); LG München II MittBayNot 2002, 400 (Austragshaus); auch BGH DNotZ 2003, 533 (535) = NJW-RR 2003, 733 (735) = Rpfleger 2003, 410. Zum Besetzungsrecht für Wohnungen und andere Räume und seine Ausgestaltung s auch Schopp Rpfleger 1964, 331 sowie Walter und Maier NJW 1988, 377.
[22] BayObLG 2000, 140 = DNotZ 2001, 73 = NJW-RR 2001, 1022 = Rpfleger 2000, 384; BayObLG MittBayNot 2001, 317.
[23] Zur Sicherung zweckentsprechender Nutzung von Austragshäusern im Außenbereich (§ 35 BauGB) durch Wohnungsbesetzungsrechte Ertl MittBayNot 1985, 177; Gutachten DNotI-Report 2000, 165. Wegen der Beziehungen zwischen Wohnungsbesetzungsrecht und Möglichkeit der vorzeitigen Rückzahlung eines vom Berechtigten gewährten Darlehens s BGH DNotZ 1970, 403; BGH Betrieb 1975, 396 = NJW 1975, 381 = MittBayNot 1975, 75.
[24] OLG Düsseldorf NJW 1961, 176.
[25] LG Köln Rpfleger 1966, 12 mit abl Anm Lorbach.
[26] LG München I MittBayNot 1970, 25 = MittRhNotK 1970, 417.
[27] BayObLG 1965, 180 = DNotZ 1966, 99 = JZ 1965, 645 mit Anm Jansen = NJW 1965, 1484.

gewisser Handlungen auf dem Grundstück kann daher Inhalt einer Dienstbarkeit die Verpflichtung sein, ein Grundstück für keinen anderen Zweck als zur Einstellung von Kraftfahrzeugen nebst Zufahrt zu verwenden und zu diesem Zweck dauernd offenzuhalten;[28] ebenso die Verpflichtung, das Grundstück zu keinen anderen Zwecken als einer Behindertenwerkstatt zu nutzen.[29]

Zur Sicherung des Bestandes und der Unterhaltung **einer Einfriedung** kann eine beschränkte persönliche Dienstbarkeit eingetragen werden. Die Verpflichtung zum Bestehenlassen der Einfriedung ist Unterlassungspflicht, die Pflicht zur Unterhaltung der Einfriedung demgegenüber (zulässige) Nebenpflicht.[30] Wettbewerbs- und Gewerbebetriebsverbote als Dienstbarkeiten Rdn 1219 ff.

1207 cc) **Ausschluß eines Eigentümerrechts:** Rdn 1135. **Baubeschränkungen** können als Ausschluß eines Eigentümerrechts, aber auch als Unterlassungspflichten Gegenstand einer Dienstbarkeit sein. Dienstbarkeitsinhalt kann die Vereinbarung sein, daß Grundstückserwerber für sich und seine Rechtsnachfolger dem Verkäufer gegenüber bezüglich des Kaufobjekts auf alle Ersatzansprüche aus Beeinträchtigung und Schadensfällen, die ihm durch die Einwirkungen eines Eisenbahnbetriebs entstehen können, verzichtet.[31] Der Ausgleichsanspruch eines zur Sanierung einer schädlichen Bodenveränderung oder Altlast oder zur Beseitigung von Schadstoffen verpflichtet gewesenen Grundstückseigentümers gegen einen weiteren Verpflichteten (§ 24 Abs 2 BBodSchG) ist (persönlicher) Gläubigeranspruch des Verpflichteten, dem Kosten für Durchführung boden- und altlastbezogener Maßnahmen entstanden sind; Recht, das sich aus dem Grundstückseigentum ergibt (§ 1018 BGB 3. Alternative) ist er nicht. Sein Ausschluß kann daher nicht Dienstbarkeitsinhalt sein.

1208 dd) **Verschiedene Arten der Belastung:** Hierzu Rdn 1138.

1209 ee) **Vorteil für den Berechtigten.** Auch die beschränkte persönliche Dienstbarkeit muß dem Berechtigten einen (erlaubten) Vorteil bieten.[32] Es genügt aber bereits jeder schutzwürdige, im privaten oder öffentlichen Interesse liegende Vorteil, der mit privatrechtlichen Mitteln verfolgt wird.[33] Zur Bestellung einer beschränkten persönlichen Dienstbarkeit genügt daher, wenn ein zulässiger Zweck mit privatrechtlichen Mitteln verfolgt werden soll.[34] Es genügt jedes schutzwürdige eigene oder fremde Interesse.[35] Zulässiger Inhalt einer Dienstbarkeit kann deshalb eine Duldungsverpflichtung sein, die dahingehend eingeschränkt ist, daß sie nicht dem Berechtigten selbst, sondern einem Dritten zugute kommt,[36] wie bei einer Dienstbarkeit für die Stadtge-

---

[28] BayObLG 1965, 180 = aaO (Fußn 27).
[29] BayObLG 1985, 285 = DNotZ 1986, 231 mit zust Anm Ring = NJW 1986, 3211 = Rpfleger 1986, 10; Ertl MittBayNot 1985, 177.
[30] OLG Köln Rpfleger 1976, 209.
[31] OLG Frankfurt Rpfleger 1975, 59; LG Bad Kreuznach Rpfleger 1991, 448.
[32] BGH DNotZ 1985, 549 = NJW 1985, 1025 = Rpfleger 1985, 185.
[33] RG 111, 392; 159, 197; BGH 41, 209 = DNotZ 1964, 493 = Rpfleger 1964, 310; BGH DNotZ 1985, 34 = NJW 1984, 924 = Rpfleger 1983, 478 mit Anm Quack; BGH DNotZ 1985, 549 = NJW 1985, 1025 = Rpfleger 1985, 185; BayObLG 1965, 180 = aaO (Fußn 27); BayObLG 1982, 246 = MittBayNot 1982, 175 = Rpfleger 1982, 372.
[34] KG NJW 1954, 1245; BGH DNotZ 1985, 34 = aaO (Fußn 33).
[35] LG Traunstein MittBayNot 1980, 200; BGH DNotZ 1985, 34 = aaO (Fußn 33).
[36] Hierzu siehe Gutachten DNotI-Report 1995, 57.

B. Einzelfälle

meinde zur Duldung der Benutzung eines Grundstücks als Geh- und Fahrtfläche, wenn die Einschränkung dahin geht, daß die Grundstücksnutzung nur dem Eigentümer eines bestimmten anderen Grundstückes zugute kommen soll.[37] Nicht wirksam entsteht eine Dienstbarkeit, wenn ihre Ausübung schon bei der Bestellung objektiv und dauernd unmöglich ist.[38] Mit der Begründung, es bestehe bereits eine inhaltsgleiche Grunddienstbarkeit, Doppelsicherung sei nicht erforderlich, kann die Eintragung einer beschränkten persönlichen Dienstbarkeit nicht abgelehnt werden.[39]

ff) **Öffentlich-rechtliche Zwecke** können durch beschränkte persönliche Dienstbarkeit gesichert werden,[40] wenn der Inhalt der Dienstbarkeit nicht schon nach öffentlichem Recht gilt oder wenn ein öffentlich-rechtlich nur persönlich wirkender Verwaltungsakt verdinglicht werden soll,[41] wenn mithin die Dienstbarkeit über die Verpflichtung nach öffentlichem Recht hinausgehende Wirkung entfalten kann.[42] Unzulässig ist eine beschränkte persönliche Dienstbarkeit daher, wenn sie den Inhalt eines dinglich wirkenden Verwaltungsaktes oder einer allgemein geltenden planungsrechtlichen Norm nur wiederholt[43] (siehe auch bereits Rdn 1137 dazu, daß Verpflichtungen und Beschränkungen, die sich aus dem Gesetz ergeben, nicht eintragungsfähig sind). Zulässig sind in diesem Rahmen Dienstbarkeiten zur Sicherung planungsrechtlicher Zweckbestimmungen[43] und Bau- und Nutzungsbeschränkungen[44] zur Sicherung öffentlich-rechtlicher Belange. Eine Dienstbarkeit für Baubeschränkungen kann daher auch für öffentlich-rechtliche Belange bestellt werden, wenn dem Staat durch privatrechtlichen Begründungsakt ein privatrechtlicher Anspruch eingeräumt ist.[45] Auch zur Sicherung öffentlich-rechtlicher Zwecke kann aber nur der nach §§ 1018, 1090 BGB zulässige Inhalt einer Dienstbarkeit vereinbart werden.[46] Öffentlich-rechtliche Interessen an Sicherung bau- oder planungsrechtlicher Zweckbestimmungen ermöglichen es nicht, Verpflichtungen als Inhalt von Dienstbarkeiten festzulegen, die außerhalb der für sie vom Gesetz festgelegten Grenzen liegen.[47]

1210

1211

---

[37] LG Traunstein aaO.
[38] BGH DNotZ 1985, 549 = aaO (Fußn 32) (Bimsausbeuterecht in Wasserschutzgebiet).
[39] BayObLG 1982, 246 = aaO (Fußn 33; für Dienstbarkeit zugunsten der öffentlichen Hand zur Sicherung der Zufahrt zu einem Baugrundstück).
[40] BayObLG 1982, 246 = aaO (Fußn 33); BGH DNotZ 1985, 34 = aaO (Fußn 33); grundlegend Odersky in FS Bayer Notariat S 213.
[41] Quack Rpfleger 1979, 281. Zur Eintragung eines Geh- und Fahrtrechts, das durch Verwaltungsakt in dieser Form nicht begründet werden kann: BayObLG 1982, 246 = aaO (Fußn 33). Nicht zu prüfen ist im Grundbucheintragungsverfahren, ob die Zufahrt zu einem Baugrundstück ausreichend „rechtlich gesichert" (Art 4 Abs 3 Nr 2 BayBauO) ist; BayObLG 1982, 246 = aaO (Fußn 33).
[42] Dazu s auch BGH DNotZ 1985, 34 = aaO (Fußn 33) und OLG Hamm MittBayNot 1996, 378 = MittRhNotK 1996, 324 = Rpfleger 1996, 444 (Baubeschränkung trotz Beschränkung der baulichen Nutzung durch Bebauungsplan).
[43] Quack Rpfleger 1979, 281; BayObLG MittBayNot 1989, 273 mit Nachw.
[44] BayObLG 1989, 89 (insbes 95 f) = aaO (Fußn 21; Austragshaus im Außenbereich).
[45] LG München II MittBayNot 1965, 87 = MittRhNotK 1965, 74.
[46] BayObLG MittBayNot 1981, 21 = Rpfleger 1981, 105.
[47] BayObLG aaO (Fußn 46). Beispiele hierfür aus der Rechtsprechung: BayObLG aaO (Fußn 46): Verbot, ein Hotelgrundstück zu keinem anderen Zweck als zur Fortführung des Hotels an Dritte zu überlassen (als Beschränkung der rechtlichen Verfügungsfrei-

Für Zwecke des **Denkmalschutzes** ist eine Dienstbarkeit nach LG Passau[48] zulässig. Das kann jedoch nur für den – wohl nicht praktisch bedeutsamen – Fall gelten, daß die Dienstbarkeit eine nicht bereits durch das Denkmalschutzgesetz erfaßte Eigentümerverpflichtung zum Gegenstand hat. Nicht eintragungsfähig, weil nicht hinreichend bestimmt ist eine Dienstbarkeit derart, daß der Eigentümer alle Maßnahmen an dem auf dem Grundstück stehenden Gebäude zu unterlassen hat, die den „allgemein anerkannten Grundsätzen der Denkmalspflege" widersprechen.[49] Unzulässig, weil zu unbestimmt, ist auch eine Dienstbarkeit, daß das Grundstück nur in Übereinstimmung mit den Interessen des Naturschutzes genutzt werden darf.[50]

e) Eintragungsbewilligung

1212 Zu ihr Rdn 1140–1144. Die Bewilligung muß insbesondere den Inhalt der Dienstbarkeit klar festlegen. Der Bestimmtheitsgrundsatz erfordert bei Bewilligung einer Dienstbarkeit über die alleinige Nutzung einer bestimmten Anzahl von Kfz-Stellplätzen präzise Angabe der Anzahl (nicht aber auch der genauen Lage) der vom Berechtigten zu nutzenden Stellplätze.[51] Die Auslegung der Eintragungsbewilligung kann ergeben, daß eine Dienstbarkeit auch dann das Gesamtgrundstück belasten soll, wenn vereinbart ist, daß sich ihre tatsächliche Ausübung auf einen realen Grundstücksteil beschränkt.[52]

f) Grundbucheintragung

1213 In das Grundbuch muß die beschränkte persönliche Dienstbarkeit mit ihrem Wesenskern schlagwortartig eingetragen werden; zur Bezeichnung des näheren Inhalts des Rechts kann auf die Eintragungsbewilligung Bezug genommen werden (§ 874 BGB). Bezeichnung auch als beschränkte persönliche Dienstbarkeit empfiehlt sich, ist aber nicht unbedingt notwendig. Allein diese gesetzliche Bezeichnung des Rechts genügt aber nicht; immer bedarf es vielmehr einer genaueren Umschreibung des Rechts. Einzelheiten Rdn 1145–1148; dort auch zu gebräuchlichen Bezeichnungen für häufig vorkommende Dienstbarkeiten und zu Auslegungsfragen.

1214 g) Zu **Bedingung** und **Befristung** Rdn 1149.

h) Übertragung

1215 aa) Die beschränkte persönliche Dienstbarkeit ist nicht übertragbar (§ 1092 Abs 1 S 1 BGB). Zum Gesellschafterwechsel bei einer für eine Gesamthands-

---

heit unzulässig; s hierzu jedoch Rdn 1132); BayObLG 1980, 232 = aaO (Fußn 21): Verbot, ein Wohnhaus durch andere Personen als den Inhaber eines bestimmten landwirtschaftlichen Betriebs und dessen Familien- oder Betriebsangehörige zu Wohnzwecken zu nutzen usw (dazu Rdn 1131); BayObLG NJW 1982, 1054 = aaO (Fußn 21): Verpflichtung, auf dem Grundstück nur Einrichtungen entsprechend den Festsetzungen eines Bebauungsplanes zu schaffen, die unmittelbar oder mittelbar dem Fremdenverkehr dienen (als unbestimmt unzulässig; s Rdn 1140).
[48] LG Passau MittBayNot 1977, 191.
[49] LG Wuppertal MittRhNotK 1977, 130; OLG Düsseldorf MittRhNotK 1979, 72 = Rpfleger 1979, 305.
[50] LG Ravensburg BWNotZ 1992, 99; LG Dortmund Rpfleger 1993, 108.
[51] Grundbuchamt Mannheim BWNotZ 1981, 86.
[52] OLG Bremen NJW 1965, 2403.

B. Einzelfälle

gemeinschaft bestehenden Dienstbarkeit s Rdn 1197. Die Befugnis zur Ausübung kann einem anderen überlassen werden (§ 1092 Abs 1 S 2 BGB). Gestattung der Überlassung zur Ausübung kann durch Einigung und Eintragung zum Inhalt des Rechts gemacht werden.[53] Eintragung ist durch Bezugnahme auf die Eintragungsbewilligung möglich.[54] Zur Pfändung Stöber, Forderungspfändung, Rdn 1515–1524.

bb) Übertragung der einer **juristischen Person** oder rechtsfähigen Personengesellschaft (OHG, KG, Partnerschaft, EWIV, nicht BGB-Gesellschaft) zustehenden Dienstbarkeit s § 1092 Abs 2 mit § 1059a BGB. Übertragbarkeit der Dienstbarkeit einer juristischen Person oder einer rechtsfähigen Personengesellschaft zur Benutzung des Grundstücks für Versorgungsanlagen, für Straßenbahn- oder Eisenbahnunternehmen usw: § 1092 Abs 3 BGB. Eine (jede) Dienstbarkeit für eine juristische Person oder eine rechtsfähige Personengesellschaft geht nach § 1092 Abs 2 iVm § 1059a Abs 1 Nr 1 BGB bei **Gesamtrechtsnachfolge** auf den neuen Rechtsträger über, es sei denn, daß der Übergang ausdrücklich ausgeschlossen ist. Gesamtrechtsnachfolge sind auch Verschmelzung[55] und Spaltung nach UmwG, letztere jedenfalls in Fällen der Aufspaltung (§ 123 Abs 1 UmwG) und der Totalausgliederung;[56] in den anderen Fällen der Spaltung (Abspaltung, Ausgliederung) einer juristischen Person oder rechtsfähigen Personengesellschaft gehen jedenfalls Dienstbarkeiten im Sinne des § 1092 Abs 3 BGB mit wirksamer Spaltung auf den neuen Rechtsträger über,[57] so daß höchstens für den verbleibenden Rest von Dienstbarkeiten die Genehmigung nach § 1092 Abs 2, § 1059a Abs 1 Nr 2 BGB Voraussetzung für die Übertragung der Dienstbarkeit ohne Spaltung ist (§ 132 UmwG).[58]

1215a

i) Aufhebung und Löschung

aa) Rechtsgeschäftliche **Aufhebung** (Rdn 11) der beschränkten persönlichen Dienstbarkeit erfordert materiell Aufgabeerklärung des (aller) Berechtigten und Löschung im Grundbuch (§ 875 Abs 1 BGB). Die Grundbucheintragung erfolgt auf Antrag (§ 13 Abs 1 GBO), wenn der Betroffene (Dienstbarkeitsberechtigte) sie bewilligt (§ 19 GBO). Form der Bewilligung: § 29 GBO.

1216

bb) Erlöschen: Die beschränkte persönliche Dienstbarkeit erlischt mit dem Tod des Berechtigten (sie ist nicht vererblich), bei juristischen Personen mit deren Erlöschen (Beendigung der Liquidation, § 1061 mit § 1090 Abs 2 BGB).

1217

---

[53] KG DNotZ 1968, 750 = NJW 1968, 1882 = OLGZ 1968, 295 = Rpfleger 1968, 329; BayObLG 1982, 246 = aaO (Fußn 33). Der Dritte braucht im Eintragungsvermerk bzw in der in Bezug genommenen Eintragungsbewilligung nicht namentlich genannt zu sein; BayObLG 1982, 246 = aaO (Fußn 33).
[54] KG JW 1937, 716.
[55] BayObLG 1983, 143 (146) = MittBayNot 1983, 226 = Rpfleger 1983, 391 (Verschmelzung von Genossenschaften); OLG Karlsruhe BB 1989, 942.
[56] Eingehend Bungert BB 1997, 897; Mayer in Widmann/Mayer Rdn 32, 33 zu § 132 UmwG.
[57] Sie sind ohne weiteres übertragbar, § 132 UmwG daher nicht einschlägig, vgl Bungert BB 1997, 897 (900).
[58] In diesem Sinn Kallmayer ZIP 1994, 1746; Rieble ZIP 1997, 301; für Anwendung des § 1059a Abs 1 Nr 1 BGB auch in diesen Fällen Bungert BB 1997, 897.

Die Auflösung der juristischen Person führt nicht bereits zum Erlöschen ihrer beschränkten persönlichen Dienstbarkeit[59] (auch nach Auflösung ist Übertragung nach § 1059a mit § 1092 Abs 2 BGB noch möglich[60]). Wenn die juristische Person zwar nicht erloschen ist, die Dienstbarkeit aber der einzige Vermögenswert ist, der ihr Erlöschen hindert, kann der Eigentümer der belasteten Grundstücke gegen die Berechtigten Anspruch auf Bewilligung der Löschung haben.[61] Wenn das Erlöschen durch öffentliche Urkunde (insbesondere Sterbeurkunde) nachgewiesen ist, erfolgt Löschung auf Antrag des Grundstückseigentümers (§ 13 Abs 1 GBO) als Grundbuchberichtigung (§ 22 Abs 1 GBO). Rückstände von Leistungen sind bei der beschränkten persönlichen Dienstbarkeit (Nutzungsrecht) in der Regel ausgeschlossen; ausnahmeweise sind solche möglich, wenn für eine zur Ausübung des Rechts gehörende Anlage eine Unterhaltungspflicht des Eigentümers vereinbart ist (s Rdn 1153); zur Löschung in diesem Fall s Rdn 375 ff. Die beschränkte persönliche Dienstbarkeit erlischt[62] außerdem mit dem Eintritt einer auflösenden Bedingung (Rdn 1149), wenn das dienende Grundstück untergeht, infolge Veränderung des betroffenen Grundstücks oder sonst aus tatsächlichen oder rechtlichen Gründen die Ausübung dauernd ausgeschlossen ist (unmöglich wird)[63] oder wenn der Vorteil für den Berechtigten (Rdn 1209) mit grundlegender Änderung der tatsächlichen Verhältnisse oder der rechtlichen Grundlagen dauernd fortfällt,[64] außerdem mit Untergang im Enteignungsverfahren.[65] Durch Veränderung einer öffentlich-rechtlichen **Zweckbestimmung** des Geländes wird eine städteplanerisch motivierte Dienstbarkeit (Verbot gewerblicher Betriebe zugunsten einer Gemeinde) für sich allein noch nicht berührt.[66] Ein bloß in der Person des Berechtigten liegendes dauerndes Ausübungshindernis führt nicht zum Erlöschen (s Rdn 1267).

1217a **cc) Löschung überholter Dienstbarkeiten**

a) Fingiert wird das Erlöschen der nicht übertragbaren und nicht vererblichen beschränkten persönlichen Dienstbarkeit (§ 1090 Abs 2 mit § 1059 S 1 und § 1061 S 1 BGB) einer **natürlichen Person** mit dem Ablauf von einhundertundzehn Jahren von dem Geburtstag des Berechtigten an (§ 5 Abs 1 S 1 GBBerG[67] mit Besonderheit in S 2 für den Fall, daß der Geburtstag aus dem Grundbuch oder den Grundakten nicht ersichtlich ist). Eine vergleichbare Regelung für eine juristische Person sowie eine Personenhandelsgesellschaft, Partnerschaft und EWIV besteht nicht. Die Löschung erfolgt auf Antrag (§ 13

---

[59] RG 159, 193 (199); BGH WM 1963, 1209.
[60] BayObLG MittBayNot 1992, 397.
[61] OLG Düsseldorf DNotZ 1993, 399 = OLGZ 1993, 92.
[62] Zum Anspruch des Eigentümers gegen den Berechtigten aus einem Wegerecht, nach dessen Erlöschen die auf dem fremden Grundstück aufgebrachte Wegebefestigung zu beseitigen, s OLG Schleswig SchlHA 1968, 259.
[63] BGH DNotZ 1985, 549 = NJW 1985, 1025 = Rpfleger 1985, 185; BGH DNotZ 1985, 549 = aaO (Fußn 32).
[64] OLG Düsseldorf MittBayNot 1995, 390 (Widmung des dienenden Grundstücks zur öffentlichen Straße).
[65] OLG Hamm NJW 1966, 1132.
[66] BGH BB 1967, 650 = NJW 1967, 1609.
[67] Grundbuchbereinigungsgesetz = Art 2 des Registerverfahrensbeschleunigungsgesetzes – RegVBG, BGBl 1993 I 2182 (2192).

B. Einzelfälle

Abs 1 GBO) oder von Amts wegen (§ 5 Abs 3 GBBerG; ermöglicht eine antragsunabhängige Grundbuchbereinigung) im Wege der Grundbuchberichtigung (§ 894 BGB, § 22 Abs 1 GBO); auf den Nachweis des Versterbens für Löschung zur Grundbuchberichtigung wird verzichtet, weil nach der Lebenserfahrung davon auszugehen ist, daß der Berechtigte nicht mehr lebt.[68] Eine nach (nicht davor[69]) diesem Zeitpunkt des (fingierten) Erlöschens abgefaßte und dem Grundbuchamt innerhalb von 4 Wochen ab diesem Zeitpunkt zugegangene Erklärung des Berechtigten, daß er auf dem Fortbestand seines Rechtes bestehe (kaum denkbar), hindert den Eintritt des Erlöschens (§ 5 Abs 1 S 1 GBBerG). Diese Erklärung bedarf nicht der Form des § 29 GBO. Die Mitteilung ermöglicht Feststellung, daß der Beteiligte noch lebt; die 4-Wochenfrist ist daher nicht als Ausschlußfrist zu verstehen, sondern als Frist, die für Löschung abgelaufen sein muß; auch eine danach vor Löschung eingegangene Nachricht des Berechtigten läßt daher die Löschung nicht zu. **Uraltrechte**, in denen die 110-Jahresfrist schon vor dem Inkrafttreten des GBBerG (25. 12. 1993) abgelaufen war, gelten mit diesem Tag als erloschen (§ 5 Abs 1 S 3 GBBerG). Fingiert wird nach Zeitablauf das Erlöschen der Dienstbarkeit, nicht der Tod des Berechtigten. Für die Löschung ist daher ohne Belang, ob rückständige Leistungen möglich oder ausgeschlossen sind; § 23 GBO (dazu Rdn 375, 376) hat für die antragsunabhängige Grundbuchberichtigung (ebenso für Löschung auf Antrag) daher keine Bedeutung. Sind Rückstände vorhanden, so hat die Löschung bei Erklärung des Rechtsnachfolgers des Berechtigten nach § 5 Abs 1 GBBerG zu unterbleiben. Nach dem Zweck der Regelung (Löschungserleichterung zur Grundbuchbereinigung) ist Löschung dann aber für zulässig zu erachten, wenn der Rechtsnachfolger später (wiederum schriftlich oder zur Niederschrift) erklärt, daß die Rückstände zwischenzeitlich erloschen sind.

b) Ist der **Begünstigte** oder sein Aufenthalt **unbekannt**, so kann der Begünstigte im Wege des Aufgebotsverfahrens mit seinem Recht nach § 6 Abs 1 GBBerG ausgeschlossen werden. Das gilt auch, wenn Begünstigter eine juristische Person, Personenhandelsgesellschaft, Partnerschaft oder EWIV und zweifelhaft ist, ob sie noch besteht.[70] Geltungsbereich dieser Regelung: Beitrittsgebiet (Rdn 54a), in den übrigen Bundesländern nur, wenn sie durch Rechtsverordnung in Kraft gesetzt ist.

k) Zwangsversteigerung

Bei Zwangsversteigerung des belasteten Grundstücks erlischt die beschränkte persönliche Dienstbarkeit mit dem Zuschlag, wenn sie nicht nach den Versteigerungsbedingungen bestehen bleibt (§ 91 Abs 1 ZVG). Löschung erfolgt auf Ersuchen des Vollsteckungsgerichts (§ 130 ZVG). Der Berechtigte der erloschenen Dienstbarkeit hat Anspruch auf Ersatz des Wertes aus dem Versteigerungserlös durch Zahlung einer Geldrente, die dem Jahreswert des Rechts gleichkommt (§ 92 Abs 2 ZVG). Deckungskapital hierfür § 121 ZVG. Bestimmung und Eintragung eines Höchstbetrags des Wertersatzes: § 882 BGB; Rdn 1167.

1218

---

[68] Begründung zu § 5 GBBerG, BT-Drucks 12/5553, S 92 reSp und S 93 liSp.
[69] Begründung aaO, S 93 liSp.
[70] Begründung aaO, S 93 reSp und S 94 liSp.

2. Teil. IV. Zweite Abteilung des Grundbuchs

4. Beschränkte persönliche Dienstbarkeit betr Wettbewerbs- und Verkaufsbeschränkungen
Rechtsgrundlagen s bei Rdn 1192

1219 Antragsformular

    1. Der Grundstückseigentümer räumt hiermit der X-Aktiengesellschaft das alleinige Recht ein, solange ein Vertragsverhältnis mit ihr und ihren Rechtsnachfolgern besteht, mindestens jedoch bis 31. Dezember ... auf dem im Grundbuch von A (Band 1) Blatt 10 Bestandsverzeichnis 20 eingetragenen Grundstück FlSt Nr ... Motorentreibstoffe und Schmierstoffe jeder Art zu vertreiben oder durch Dritte vertreiben zu lassen sowie eine Tankstelle samt den dazu gehörenden Einrichtungen, insbesondere Tankzapfeinrichtungen und unterirdisch gelagerten Tanks, zu errichten, zu unterhalten und zu betreiben mit der Maßgabe, daß die Ausübung der Dienstbarkeit einem Dritten ganz oder zum Teil überlassen werden kann.

    2. Der Grundstückseigentümer verpflichtet sich gleichfalls für die Dauer des Vertragsverhältnisses und mindestens bis 31. Dezember ... weiter gegenüber der X-Aktiengesellschaft, auf dem genannten Grundstück weder selbst eine Tankstelle zu betreiben noch Motorentreibstoffe und Schmierstoffe jeder Art zu vertreiben oder vertreiben zu lassen.

    Er bewilligt und beantragt zur Sicherung der in den Abschnitten 1 und 2 eingegangenen Verpflichtungen zugunsten der X-Aktiengesellschaft die Eintragung einer bedingten und befristeten beschränkten persönlichen Dienstbarkeit (Tankstellenrecht und Gewerbebetriebsbeschränkung) im Grundbuch.

    (folgen Datum, Unterschrift des Eigentümers und Unterschriftsbeglaubigung)

1220 Grundbucheintragung (nur Abt II Spalte 3)

    Beschränkte persönliche Dienstbarkeit (Tankstellenrecht und Gewerbebetriebsbeschränkung), befristet und bedingt, für die X-Aktiengesellschaft in ... gemäß Bewilligung vom ... (Notar ... URNr ...) eingetragen am ...

Literatur vor Rdn 1115.

1221 a) Dienstbarkeiten mit **Wettbewerbsklauseln** und **Verkaufsbeschränkungen** sind besonders häufig im Bereiche des Brauerei-, Filmverleih-, Gastwirtschafts-, Kraftfahrzeug- und Tankstellengewerbes. Hier wollen sich die Lieferanten durch entsprechende Dienstbarkeiten dagegen absichern, daß der Belieferte auch zu Konkurrenzbetrieben in geschäftliche Beziehungen tritt oder andere gleichartige Gewerbe in Konkurrenz zu den Lieferanten treten können. Das Ziel solcher Lieferanten geht meist nicht nur dahin, daß auf dem Grundstück, das als Betriebsgrundstück mit der Dienstbarkeit belastet werden soll, kein dem Betrieb des Berechtigten **gleichartiges oder ähnliches Gewerbe geführt wird** (eigentliches Wettbewerbsverbot), sondern möglichst auch, daß der mit der Dienstbarkeit belastete Grundstückseigentümer **keine Konkurrenzerzeugnisse verkaufen** oder sonst vertreiben darf (Verkaufsbeschränkung).

1222 b) Zur Sicherung von Wettbewerbs- und Verkaufsbeschränkungen kann eine beschränkte persönliche Dienstbarkeit aber **nur mit dem** nach § 1090 (mit § 1018) BGB **zulässigen Inhalt** bestellt werden. Dienstbarkeiten sind demnach möglich als Benutzungsdienstbarkeit (Rdn 1129, 1130 und Rdn 1203), als Unterlassungsdienstbarkeit (Rdn 1131–1134 und Rdn 1205) und als Dienstbarkeit mit Ausschluß eines Eigentümerrechts (Rdn 1135 und 1207). Verschiedene Arten solcher Belastung (zB Einräumung eines Benutzungsrechts und Verpflichtung zur Unterlassung gewisser Handlungen) können auch in

B. Einzelfälle

einer Dienstbarkeit zusammengefaßt werden (Rdn 1138). Möglich ist daher die Kombination eines Betriebsrechts für den Berechtigten mit einem Verbot für den Eigentümer, die branchenspezifische Tätigkeit als solche (also nicht auf Konkurrenzerzeugnisse beschränkt) auf dem Grundstück zu unterlassen.[1] Zum Erfordernis der Grundstücksnutzung in einzelnen Beziehungen s Rdn 1130. Ausschluß der rechtlichen Verfügungsbefugnis des Eigentümers verbietet sich als Dienstbarkeitsinhalt (Rdn 1132). Kein Ausfluß des Eigentümerrechts, das mit einer Unterlassungsdienstbarkeit eingeschränkt werden könnte, sondern rechtsgeschäftliche Freiheit im Hinblick auf die wirtschaftliche Führung eines (zulässigen) Gewerbebetriebs, die nicht mit Dienstbarkeit eingeschränkt werden kann, ist das Recht zur freien Auswahl der (oder auch nur eines) Warenlieferanten.[2] Nicht Inhalt einer beschränkten persönlichen Dienstbarkeit kann daher das Verbot sein, auf dem Grundstück andere Waren als die eines bestimmten Herstellers oder Lieferanten zu vertreiben. Nicht durch beschränkte persönliche Dienstbarkeit gesichert werden kann auch das Verbot,
– in einer Tankstelle andere Betriebsstoffe, Fette und Öle als die einer bestimmten Mineralölfirma, oder in einer Gaststätte (Bierverkaufsstelle oder allgemein auf dem Grundstück) anderes als das von einer bestimmten Brauerei gelieferte (erzeugte) Bier zu vertreiben;[3]
– Motorentreibstoffe (Kraftstoffe) oder Motorenschmierstoffe jeder Art auf dem Grundstück zu lagern, feilzubieten oder zu vertreiben außer solche, die von der Berechtigten geliefert werden;[4]
– oder auch das Gebot, während einer bestimmten Zeit nur das Bier einer bestimmten Brauerei zu beziehen[5] und zu verkaufen.[6]

c) Eine zulässige **Unterlassungsdienstbarkeit** kann jedoch auch zur **Absicherung einer Bezugsverpflichtung**, zB einer Bierbezugsverpflichtung,[7] die für sich nicht Gegenstand einer beschränkten persönlichen Dienstbarkeit und damit einer unmittelbaren Sicherung sein (somit nicht zum dinglichen Inhalt der Dienstbarkeit gemacht werden) kann (Rdn 1132), verwendet werden. Dem Eigentümer wird damit generell eine bestimmte Betätigung (zB Bierausschank, s Rdn 1225) verboten; rein schuldrechtlich[8] kann ihm jedoch vom 1223

---

[1] Siehe den Fall BGH DNotZ 1976, 97 = Rpfleger 1975, 171; BGH DNotZ 1986, 618 = NJW 1985, 2474 = Rpfleger 1985, 354; BayObLG 1997, 129 = DNotZ 1998, 122 = NJW-RR 1997, 912 = Rpfleger 1997, 371.
[2] BGH 29, 244 = DNotZ 1959, 191 = NJW 1959, 670 = Rpfleger 1959, 123 mit Anm Haegele; BGH NJW 1981, 343 (344); BayObLG 1952, 287 = MittBayNotV 1953, 91; BayObLG 1997, 129 (133) = aaO.
[3] BGH 29, 244 = aaO (Fußn 2); BGH DNotZ 1986, 618 = NJW 1985, 2474 = Rpfleger 1985, 354; BayObLG 1952, 287 = aaO (Fußn 2); BayObLG 1953, 295.
[4] BayObLG DNotZ 1972, 350 = Rpfleger 1972, 18.
[5] LG Rottweil MDR 1980, 580.
[6] BayObLG 1953, 295.
[7] BGH DNotZ 1988, 572 mit zust Anm Amann = NJW 1988, 2364 = Rpfleger 1988, 403; BGH DNotZ 1988, 576 mit zust Anm Amann = NJW 1988, 2362; BGH DNotZ 1992, 665 = NJW-RR 1992, 593 (Getränkebezugsverpflichtung); BayObLG 1997, 129 (133) = aaO (Fußn 1); OLG Karlsruhe MittBayNot 1986, 256 = NJW 1986, 2312.
[8] Zu Grundsätzen der Sicherungsdienstbarkeit (für Sicherung von Bierbezugspflichten) eingehend Amann DNotZ 1986, 578; zu Sicherungszweck und -abrede bei Dienstbarkeitsbestellung außerdem Walter und Maier NJW 1988, 377.

Berechtigten gestattet werden, dessen Erzeugnisse zu vertreiben.[9] Eine solche Dienstbarkeit ist in der Regel weder sittenwidrig noch unzulässige Gesetzesumgehung[10] (s aber auch Rdn 1226).

1224 d) **Gewerbebetrieb**sdienstbarkeiten können mit der Befugnis zur Benutzung des Grundstücks in einzelnen Beziehungen (Rdn 1129) begründet werden. Zulässig ist eine beschränkte persönliche Dienstbarkeit des Inhalts, daß dem Berechtigten das alleinige Recht eingeräumt wird, auf dem dienenden Grundstück eine Tankstelle zu errichten und zu betreiben,[11] oder daß dem Berechtigten das Recht zusteht, in den auf dem Grundstück befindlichen und für derartige Zwecke geeigneten Räumen eine Gastwirtschaft zu betreiben,[12] oder daß der Berechtigte auf dem belasteten Grundstück „Biersorten jeder Art vertreiben oder vertreiben lassen" darf.[13]

1225 e) Eine **Wettbewerbsverbots**dienstbarkeit kann mit der Einschränkung des Eigentümers, daß auf dem Grundstück gewisse Handlungen nicht vorgenommen werden dürfen, begründet werden (Rdn 1131). Die zu unterlassenden Handlungen müssen (zwingend) die aus dem Eigentum fließenden Befugnisse einschränken; untersagt werden darf nicht lediglich eine Beschränkung der rechtlichen Verfügungsfreiheit.[14] Ist der tatsächliche Gebrauch eingeschränkt, so spielt es keine Rolle, daß die zu unterlassende Handlung im übrigen nach den Grundsätzen der persönlichen Freiheit und der Gewerbefreiheit gestattet ist und die Einschränkung des Eigentümers ihm gleichzeitig in jeder Hinsicht Beschränkungen auferlegt,[15] ihn daher als Wettbewerber ausschaltet.[16] Unterscheidende Kriterien der tatsächlichen Benutzung eines Grundstücks, deren Unterlassung als Dienstbarkeitsinhalt möglich ist, können sein die Art eines Gewerbes (Handels-, Handwerks-, Fabrikbetrieb) oder die Art der Waren, die auf dem Grundstück bearbeitet oder gelagert werden sollen oder mit welchen auf dem Grundstück gehandelt werden soll, nicht aber (vgl Rdn 1222) eine Unterscheidung nach Hersteller oder Marke bestimmter Waren.[17] Zulässig ist daher eine beschränkte persönliche Dienstbarkeit des Inhalts, daß auf dem Grundstück überhaupt kein Gewerbebetrieb errichtet oder

---

[9] BGH NJW 1981, 343 (344); BayObLG 1985, 290 = DNotZ 1986, 620.
[10] BGH 74, 293 = DNotZ 1980, 43 = NJW 1979, 2150 = Rpfleger 1979, 375; BGH DNotZ 1986, 618 = aaO (Fußn 1); BGH DNotZ 1988, 572 = aaO (Fußn 7); kritisch dazu Joost NJW 1981, 308: derartige Dienstbarkeiten stellen eine unzulässige Umgehung dar. Dem ist der BGH jedoch nicht gefolgt (NJW 1983, 115 = Rpfleger 1983, 15, MittBayNot 1984, 126 [127] und DNotZ 1988, 572 mit Anm Amann = aaO [Fußn 7]). So auch LG Aachen MittRhNotK 1985, 14 = Rpfleger 1985, 230 und BayObLG aaO (Fußn 9).
[11] BGH 29, 244 = aaO (Fußn 2). Zur Ausschließlichkeitsbindungen in Tankstellenverträgen auch Kreis BB 1967, 942.
[12] BGH DNotZ 1976, 97 = aaO (Fußn 1); LG Aachen MittRhNotK 1981, 138.
[13] BGH DNotZ 1986, 618 = aaO (Fußn 1); BayObLG 1997, 129 = aaO (Fußn 1; Nutzung zum ausschließlichen Verkauf von Weißbier).
[14] Dazu eingehend BGH 29, 244 = aaO (Fußn 2); auch BayObLG 1983, 143 (148).
[15] BGH 29, 244 = aaO (Fußn 2); BGH DNotZ 1963, 44 = NJW 1962, 486; BayObLG 1953, 295.
[16] OLG München NJW 1957, 1765; auch LG Aachen MittRhNotK 1981, 138.
[17] BGH DNotZ 1963, 44 = aaO (Fußn 15).

B. Einzelfälle

ein bestimmtes Gewerbe (Wäscherei, Schankwirtschaft, Schanklokal, öffentliche Vergnügungsstätte, Handel mit Kolonial-, Back- und Konditorwaren) nicht ausgeübt werden darf,[18] sonach der Betrieb eines bestimmten Gewerbes auf dem Grundstück zu unterlassen ist.[19] Zulässiger Inhalt einer beschränkten persönlichen Dienstbarkeit kann daher sein, daß
- auf dem Grundstück keine Tankstelle errichtet werden darf;[20]
- der Eigentümer auf dem Grundstück einen Bierverkauf selbst nicht betreiben und auch nicht betreiben lassen darf;[21]
- der Eigentümer auf dem Grundstück ein Gastwirtschafts- und Flaschenbierhandelsgewerbe nicht ausüben und durch Dritte nicht ausüben lassen darf;[22]
- auf dem Grundstück eine Verkaufsstelle für Bier in Flaschen nicht errichtet oder betrieben werden darf. Dieses Verbot erfaßt auch den Verkauf von Flaschenbier im Rahmen eines erlaubten Lebensmittelgeschäfts;[23]
- auf dem Grundstück kein Bier und keine alkoholfreien Getränke hergestellt, gelagert, verkauft oder sonstwie vertrieben werden dürfen;[24]
- auf dem Grundstück (ohne Zustimmung des Eigentümers des Brauereigrundstücks) Bier und sonstige geistige Getränke jeder Art nicht ausgeschenkt und nicht vertrieben werden dürfen[25] oder eine Gastwirtschaft oder Bierverkaufsstelle sonstiger Art (ohne Zustimmung) nicht betrieben werden darf.[26]

f) Eine **Unterlassungs**dienstbarkeit, die praktisch eine **Bezugsverpflichtung** **sichert** (zur Zulässigkeit Rdn 1223), kann von vorneherein befristet (zeitlich beschränkt) bestellt oder über eine Bedingung an den Bestand der schuldrechtlichen Bezugsverpflichtung gekoppelt werden (s Rdn 1230). Zur Absicherung einer Warenbezugsverpflichtung (Bierbezugsverpflichtung) kann eine Dienstbarkeit ebenso aber auch unbefristet und unbedingt bestellt werden. Die unbefristet und unbedingt bestellte Verbotsdienstbarkeit ist nicht allein deshalb sittenwidrig, weil damit der Zweck verfolgt wird, eine (noch abzuschließende) Bezugsbindung abzusichern.[27] **Unterschieden** werden muß bei

1226

---

[18] BGH 29, 244 = aaO (Fußn 2); BGH DNotZ 1963, 44 = aaO (Fußn 15); BGH NJW 1983, 115 = Rpfleger 1983, 15; BayObLG 1953, 295 mit weit Nachw; BGH NJW 1981, 343 (344); BayObLG 1983, 143 (148).
[19] BayObLG 1952, 287 = aaO (Fußn 2).
[20] BGH 29, 244 = aaO (Fußn 2).
[21] BGH DNotZ 1976, 97 = aaO (Fußn 1); BGH NJW 1981, 343 (344); BayObLG 1997, 129 = aaO (Fußn 1; Weißbier); LG Aachen MittRhNotK 1985, 14 = Rpfleger 1985, 230.
[22] OLG München MittBayNot 1973, 206.
[23] BGH DNotZ 1963, 44 = aaO (Fußn 15); BGH NJW 1981, 343 (344).
[24] BGH 74, 293 = aaO (Fußn 10); auch BGH DNotZ 1988, 572 mit zust Anm Amann („das Lagern und Ausschenken von Getränken" kann untersagt werden); BayObLG 1997, 129 (133) = aaO (Fußn 1).
[25] BGH NJW 1981, 343 (344).
[26] OLG Karlsruhe NJW 1986, 3212 = aaO (Fußn 7).
[27] So für Dienstbarkeit, nach der das Lagern und Ausschenken von Getränken auf dem Grundstück untersagt werden kann, die nur dem Zweck dienen soll, damit eine Getränkebezugsverpflichtung abzusichern, BGH DNotZ 1988, 572 mit Anm Amann = aaO (Fußn 7) in Abweichung von BGH 74, 293 = aaO (Fußn 10). Siehe auch bereits BGH MittBayNot 1984, 126 (128): Dienstbarkeit zur Sicherung von Wärmeversorgungsverträgen auch bei langfristiger (uU auch zeitlich unbeschränkter) Bezugsbindung

2. Teil. IV. Zweite Abteilung des Grundbuchs

Sicherung einer Bezugspflicht durch Verbotsdienstbarkeit (ähnlich wie im Fall der sog Sicherungsgrundschuld, dazu Rdn 2316 ff) zwischen
- der **Dienstbarkeit** als Grundstücksbelastung,
- dem schuldrechtlichen **Bezugsvertrag** und
- dem schuldrechtlichen **Sicherungsvertrag**.[28]

Die Dienstbarkeit ist als dingliches Recht abstrakt und grundsätzlich unabhängig[29] von den zugrundeliegenden schuldrechtlichen Vereinbarungen[30] (s bereits Rdn 1194). Begründung und Fortbestand der Dienstbarkeit als Grundstücksbelastung werden daher durch die Nichtigkeit einer gegen (nun) §§ 499 ff, 505 BGB, bisher das AbzG bzw VerbrKrG verstoßenden[31] oder einer sittenwidrigen zeitlich unbeschränkten (auch langjährigen[32]) schuldrechtlichen Bezugsverpflichtung (zB auch Verstoß gegen Art 81 EU-Vertrag idF des Amsterdamer Vertrages (früher 85 Nr 2 EG-Vertrag[33]) nicht berührt

---

nicht sittenwidrig. Hierzu auch LG Aachen MittRhNotK 1985, 14 = aaO (Fußn 10): Zulässigkeit einer über 15 Jahre hinaus bestellten Dienstbarkeit (zur Absicherung einer Bierbezugsverpflichtung), wenn sie durch den Fortfall der Bezugsverpflichtung auflösend bedingt ist und damit nicht von Anfang an eine langfristige Bindung besteht, sondern die Dienstbarkeitsdauer von späterer wirksamer Verlängerung des Liefervertrags (oder wirksamer Begründung eines neuen Lieferungsvertrags) abhängig ist.

[28] BGH DNotZ 1988, 572 = aaO (Fußn 7); auch BGH DNotZ 1990, 169 = NJW-RR 1989, 519 = Rpfleger 1989, 278 und BGH DNotZ 1992, 665 = NJW-RR 1992, 593; hierzu auch bereits Amann DNotZ 1986, 578.

[29] Die Vertragspraxis wird daher erwägen, ob die Dienstbarkeit als Grundstücksbelastung über eine (auflösende) Bedingung mit dem (schuldrechtlichen) Vertragsverhältnis verbunden werden soll; dazu Rdn 1230.

[30] Besonderheit bei der höchst selten vorkommenden Geschäftseinheit zwischen schuldrechtlichem und dinglichem Geschäft, § 139 BGB; s BGH DNotZ 1988, 572 = aaO (Fußn 6) und BGH DNotZ 1990 169 = aaO und BGH NJW-RR 1992, 593 (594) = aaO (Fußn 28). Ob die zeitliche Begrenzung der Sicherungsabrede auch den Bestand der Dienstbarkeit beeinflußt, wenn diese nicht durch auflösende Bedingung an die Dauer der Bezugsverträge geknüpft ist, läßt BGH NJW 1985, 2474 = Rpfleger 1985, 354 noch offen; s auch BGH DNotZ 1986, 618 = aaO (Fußn 1); anders noch OLG Karlsruhe DNotZ 1988, 579 mit abl Anm Amann = NJW-RR 1987, 1419: sittenwidrig wie der Getränkelieferungsvertrag nach Ablauf der zulässigen Bindungsfrist (15 Jahre).

[31] BGH DNotZ 1992, 665 = aaO (Fußn 28).

[32] Bindung von 15 Jahren wird für den Normalfall gebilligt (s jedoch auch BGH ZIP 1984, 335: keine feste zeitliche Begrenzung auf Bezugsdauer von 15 Jahren in „Normalfällen", sondern Einzelfallwürdigung der Ausschließlichkeitsvereinbarung); eine Bindungsfrist von 20 Jahren wird gerade noch hingenommen (BGH 74, 293 = aaO Fußn 10; LG Mönchengladbach MittRhNotK 1980, 110); in Ausnahmefällen, die aber als extreme Sonderfälle einer Verallgemeinerung nicht zugänglich sind, kann auch eine längere Bindung noch zulässig sein: 36 Jahre; BGH DNotZ 1976, 97 = aaO (Fußn 1); auch Hiddemann WM 1975, 942 (945). 30 Jahre, insbesondere dann, wenn die Dienstbarkeit im Zuge des Verkaufs eines brauereieigenen Grundstücks bestellt wird und sich auch aus dem Verhältnis von Kaufpreis/Verkehrswert des Grundstücks die lange Bindung rechtfertigt; LG Mönchengladbach MittRhNotK 1980, 110. Auch bei bereits befristeter Dienstbarkeit zur Sicherung einer Bierbezugsverpflichtung wurde die Vereinbarung einer über 20 Jahre (uU mehr) hinausgehenden Mindestlaufzeit als sittenwidrig nicht für zulässig erachtet (BGH DNotZ 1980, 45 = NJW 1979, 2149 = Rpfleger 1979, 411).

[33] S dazu EuGH DNotZ 1991, 662 mit Anm Raum; OLG Hamm NJW 1988, 1473; OLG Düsseldorf BB 1988, 1990; Sedemund NJW 1988, 3069. Ob der EuGH aller-

B. Einzelfälle

(§ 138 Abs 1 BGB).[34] Es richtet sich vielmehr (ebenso wie im Falle der sog Sicherungsgrundschuld, dazu Rdn 2304) zunächst[35] nach der entsprechenden Sicherungsvereinbarung, ob und wann der Berechtigte einer (unbeschränkten und unbedingten) Dienstbarkeit zur Absicherung einer Bezugsverpflichtung zur Löschung verpflichtet ist.[36] Der schuldrechtliche Löschungsanspruch des Bestellers der Unterlassungsdienstbarkeit geht mit der Veräußerung des Grundstücks nicht ohne weiteres auf den neuen Eigentümer über (vgl Rdn 2335). Der Sonderrechtsnachfolger im Eigentum des Grundstücks kann den schuldrechtlichen Löschungsanspruch vielmehr nur geltend machen, wenn ihm der „Rückgewähr"anspruch (Anspruch auf Löschung) im Bezug auf die Dienstbarkeit abgetreten worden ist (vgl die gleiche Rechtslage bei der Sicherungsgrundschuld) oder wenn er in die durch die Sicherungsvereinbarung begründeten schuldrechtlichen Beziehungen (vertraglich) eingetreten ist.[37]

Im **Eintragungsverfahren**[38] bleiben schuldrechtliche Rechtsbeziehungen der Beteiligten (der Sicherungsvertrag und der schuldrechtliche Bezugsvertrag, s Rdn 1194 und 1226), die für Begründung der Dienstbarkeit als Grundstücksbelastung unerheblich sind (s Rdn 1226), unbeachtet; auf sie erstreckt sich die Prüfung des Grundbuchamts nicht. Die Eintragung einer (zulässigen, s Rdn 1226) zeitlich unbefristeten und unbedingten Verbotsdienstbarkeit kann daher auch dann nicht abgelehnt werden, wenn sich aus den Eintragungsunterlagen ein Zusammenhang mit einer den Eigentümer übermäßig bindenden und daher sittenwidrigen (Bier)Bezugsverpflichtung ergeben sollte.[39] 1227

g) Das **Recht** zum **Errichten einer Einrichtung** wird in den Dienstbarkeitsinhalt oft mit aufgenommen. Auch der BGH[40] hat gegen eine Dienstbarkeit, die 1228

---

dings dieser aus dem deutschen Abstraktionsprinzip sich ergebenden Sicht folgen würde, wird von Staudinger/Mayer Rdn 122 zu § 1018 BGB zu Recht bezweifelt.

[34] BGH DNotZ 1988, 572 = aaO (Fußn 7); auch BGH DNotZ 1988, 576 mit zust Anm Amann = NJW 1988, 2362 (hier auch zur Laufzeit der Bezugsbindung, wenn der Käufer einer Gastwirtschaft in den Getränkebezugsvertrag des Verkäufers mit einer Brauerei eintritt); außerdem BGH DNotZ 1990, 169 = aaO.

[35] Wenn die Sicherungsabrede nicht wirksam zustande gekommen oder unwirksam geworden ist, ergibt sich der Löschungsanspruch aus § 812 Abs 1 BGB (Amann DNotZ 1988, 585); hierzu Rdn 2335.

[36] BGH DNotZ 1988, 572 = aaO (Fußn 7); BGH DNotZ 1992, 665 = aaO (Fußn 28).

[37] BGH DNotZ 1990, 169 = aaO. Erwerb mit Übernahme des Vertrags (ohne Neuabschluß) vgl Rdn 2335 Fußn 55. Klarstellung mit Abtretung des Löschungsanspruchs im Veräußerungsvertrag ist geboten. Zu diesen Fragen näher Amann DNotZ 1986, 578 (593 ff).

[38] Bindung des Grundbuchamts, wenn Löschung einer Dienstbarkeit unter Berufung auf deren Nichtigkeit beantragt ist, an ein rechtskräftiges Urteil, mit dem die auf Erteilung einer Löschungsbewilligung gerichtete Klage abgewiesen und Nichtigkeit der zur Absicherung einer Bierbezugsverpflichtung bestellten, zeitlich unbeschränkten Dienstbarkeit verneint wird, s OLG Zweibrücken OLGZ 1984, 385.

[39] Schon die frühere Rechtsprechung des BGH, die zeitliche Beschränkung der Dienstbarkeit geboten erscheinen ließ, hat es nicht ermöglicht, im Eintragungsverfahren die Prüfung auf schuldrechtliche Beziehungen zu erstrecken und die Eintragung bei langjähriger Bindung des zur Absicherung einer Warenbezugsverpflichtung bestellten Dienstbarkeit abzulehnen; dazu BayObLG MDR 1981, 759 = MittBayNot 1981, 188; BayObLG 1985, 290 = aaO (Fußn 9); Amann DNotZ 1986, 578 (580).

[40] BGH 35, 378 = DNotZ 1963, 42 = NJW 1961, 2157 = Rpfleger 1961, 394.

das Errichten einer Tankstelle mit zum Inhalt hatte, Bedenken nicht erhoben. Dieses Errichten gehört aber strenggenommen nicht zu den Vereinbarungen, für die eine Dienstbarkeit eingetragen werden kann, denn das Errichten stellt einen einmaligen Gebrauch des Grundstücks dar. Dieser genügt aber bei einer Dienstbarkeit nicht; notwendig ist hier ein fortgesetztes oder wenigstens wiederholtes Gebrauchmachen. Doch wird offenbar das Errichten nur im Zusammenhang mit den übrigen Rechten aus der Dienstbarkeit und nicht für sich allein betrachtet.

1229 h) Die **Eintragung** einer beschränkten persönlichen Dienstbarkeit muß deren Wesenskern schlagwortartig kennzeichnen (s Rdn 1145). Zur Verwendung der Bezeichnung „Tankstellenbetriebsverbot" s BayObLG[41], zur Bezeichnung „Tankstellenrecht", „Tankstellendienstbarkeit" und „Tankstellenbetrieb" für Dienstbarkeiten, die nicht nur das Recht geben, auf dem Grundstück eine Tankstelle zu betreiben, sondern dem Eigentümer auch die Errichtung von Konkurrenztankstellen verbieten, s OLG Hamm.[42] Daß dem Berechtigten das **alleinige** (= ausschließliche) Recht zusteht, auf dem Grundstück eine Tankstelle usw zu betreiben, kann durch Bezugnahme auf die Eintragungsbewilligung eingetragen werden.[43] Das kurze Wort „ausschließlich" in das Grundbuch selbst einzutragen schadet gleichwohl nicht.

1230 i) **Bedingung, Befristung:** Wettbewerbsverbotsdienstbarkeiten allein oder zusammen mit der Benutzungsbefugnis in der Weise, daß der Berechtigte das alleinige Recht hat, auf dem belasteten Grundstück eine Betriebs- und Vertriebsstätte für ein bestimmtes Gewerbe oder für eine bestimmte Verkaufsstelle (einzurichten und) zu betreiben, sind in aller Regel mit einer Bedingung oder einer Befristung, meist mit beidem, verbunden. Vielfach wird vereinbart, daß die Dienstbarkeit bestehen soll, **solange ein Vertragsverhältnis** (auch ein bestimmtes Mietverhältnis[44]) des Eigentümers mit dem Berechtigten aus der Dienstbarkeit besteht (im Fall von Unterlassungsdienstbarkeiten zur Sicherung von Wettbewerbsverboten ist die Beendigung eines Vertragsverhältnisses oft Bedingung für das Wirksamwerden der Dienstbarkeit), mindestens jedoch eine bestimmte Zahl von Jahren ab ihrer Eintragung im Grundbuch.[45] Eine solche Befristung oder Bedingung, die Voraussetzung für den Bestand des Rechts, nicht etwa Inhalt des Rechts ist, muß im Eintragungsvermerk selbst angeführt werden, während bezüglich der näheren Modalitäten auf die Eintragungsbewilligung Bezug genommen werden kann. Wenn eine beschränkte persönliche Dienstbarkeit sowohl auflösend bedingt als auch befristet ist, müssen beide Modalitäten in den Eintragungsvermerk aufgenommen werden.[46]

1231 k) Wird eine **befristete Dienstbarkeit** vor Fristablauf **verlängert**, so kann diese Tatsache als Änderung des Inhalts des Rechts eingetragen werden. Der Be-

---

[41] BayObLG MDR 1973, 851 Leits = NJW 1973, 2024 Leits = Rpfleger 1973, 298.
[42] OLG Hamm DNotZ 1961, 294 = NJW 1961, 1772 = Rpfleger 1961, 238 mit Anm Haegele.
[43] BGH 35, 378 = aaO (Fußn 40). Dazu auch Rdn 1130a.
[44] Zulässig, s Rdn 1149 mit Fußn 158.
[45] Bindung der Dienstbarkeit an das Bestehen des Mietverhältnisses gibt allein kein zwangsversteigerungsfestes dingliches Recht, s Rdn 1278.
[46] OLG Köln DNotZ 1963, 48 = Rpfleger 1963, 381; s auch Wehrens DNotZ 1963, 24 (29).

B. Einzelfälle

rechtigte wird im eigenen Interesse darauf bedacht sein, daß diese Inhaltsänderung durch Beibringung von Rangrücktrittserklärungen der in der Zwischenzeit eingetragenen Belastungen den Rang des Hauptrechts erhält.

l) Eine Dienstbarkeit, die dem Berechtigten das alleinige Recht zum Betrieb einer Gaststätte in bestimmten Räumen gibt, **erlischt nicht** ohne weiteres, wenn das Gaststättengebäude durch Brand zerstört wird.[47] Eine Unterlassungsdienstbarkeit (Verbot einer Gastwirtschaft bzw eines Flaschenbierhandelsgewerbes), die praktisch der Förderung des Bierabsatzes des Berechtigten dient, wird nicht dadurch gegenstandslos, daß der Brauereibetrieb des Berechtigten nicht mehr besteht, sofern eine andere Brauerei in die laufenden Verträge eingetreten ist.[48] Zur Wirkung der Beendigung des Tankstellenmietverhältnisses auf die Tankstellendienstbarkeit vgl Rdn 1275 ff. 1232

Randnummer 1233 ist entfallen. 1233

5. Beschränkte persönliche Dienstbarkeit betr Wohnungsrecht
BGB § 1093, im übrigen s bei Rdn 1192

Antragsformular 1234

    Ich, Richard Lang, räume
    a) meinem Vater Franz Lang, geb am ... Rentner in Oberhof,
    b) meiner Mutter Josefa Lang, geb. Maier geb am ..., in Oberhof,
    als Gesamtberechtigten nach § 428 BGB das lebenslängliche Wohnungsrecht an FlSt Nr 12/2 Gemarkung Oberhof, eingetragen im Grundbuch von Oberhof (Band 1) Blatt 15, ein.
    Das Wohnungsrecht umfaßt unter Ausschluß des Eigentümers die gesamten Räume im zweiten Stockwerk. Die Berechtigten sind auch befugt, die Nebenräume, wie Keller und Dachboden, sowie alle sonstigen dem gemeinsamen Gebrauch dienenden Einrichtungen und Anlagen mitzubenützen, auch die zu ihrer standesgemäßen Bedienung und Pflege erforderlichen Personen in die Wohnung aufzunehmen.
    Die Ausübung des Wohnungsrechts kann dritten Personen nicht überlassen werden.
    Der Eigentümer hat das Gebäude und die dem Wohnrecht unterliegenden Räume und Einrichtungen stets in ordnungsmäßigem, gut bewohnbarem und beheizbarem Zustand zu erhalten.
    Ich bewillige und beantrage die Eintragung des Wohnungsrechts als beschränkte persönliche Dienstbarkeit (§ 1093 BGB).
    Mein Vater ist 70 Jahre alt, meine Mutter 68 Jahre. Der Jahreswert des Wohnungsrechts beträgt je € 3600.
    Oberhof, den ......   Richard Lang   (folgt Unterschriftsbeglaubigung)

Grundbucheintragung 1235

1	2	3
1	3	Beschränkte persönliche Dienstbarkeit (Wohnungsrecht) für Lang Franz, geb am ..., und dessen Ehefrau Lang Josefa, geb. Maier, geb am ..., als Gesamtberechtigte nach § 428 BGB, unter Bezugnahme auf die Eintragungsbewilligung vom ... (Notar ... URNr ...) eingetragen am ...

    Bekanntmachung erfolgt an Notar ..., Grundstückseigentümer und Berechtigte.

---

[47] BGH DNotZ 1980, 478 = NJW 1979, 179 = Rpfleger 1980, 13 (für Grunddienstbarkeit) und mit der Begründung, daß die Dienstbarkeit – in einem einheitlichen Recht zusammengefaßt – nicht nur das Recht zur Benutzung des Grundstücks in einzelnen Beziehungen, sondern auch das Verbot zur Vornahme gewisser Handlungen enthalten hat. Zur Dienstbarkeit bei Zerstörung des Gebäudes s auch Rdn 1272.
[48] OLG München MittBayNot 1973, 206.

Literatur: Die vor Rdn 1115 Genannten und: Dammertz, Wohnungsrecht und Dauerwohnrecht, MittRhNotK 1970, 69; Eckhardt, Ist der Inhaber eines dinglichen Wohnungsrechts befugt, die Partnerin einer nichtehelichen Lebensgemeinschaft in die Wohnung aufzunehmen, FamRZ 1982, 763; Riedel, Zum Ausschluß von Rückständen nach §§ 23, 24 GBO, JurBüro 1979, 155; Rossak, Pfändbarkeit, Pfändung und Pfandverwertung von Nießbrauch und Wohnungsrecht, MittBayNot 2000, 383; Scheld, Wohnungsrecht und Ledigbund, Rpfleger 1983, 2.

a) Recht, Entstehung

1236 Ein **Wohnrecht** kann bestellt werden[1] als
- beschränkte persönliche Dienstbarkeit **nach § 1093 BGB** (Wohnungsrecht), wenn dem Berechtigten das Recht eingeräumt werden soll, ein bestimmtes Gebäude oder einen bestimmten Teil eines Gebäudes unter **Ausschluß des Eigentümers** als Wohnung zu benutzen;
- beschränkte persönliche Dienstbarkeit **nach §§ 1090 bis 1092** BGB, wenn nur die **Mitbenutzung** zum Wohnen ohne Ausschluß des Eigentümers gewollt ist;[2]
- **Reallast** nach § 1105 BGB („Wohnungsreallast"), wenn der Eigentümer verpflichtet sein soll, nicht lediglich die Benutzung von Räumen zu Wohnzwecken zu dulden, sondern Wohnraum durch positive, wiederkehrende Leistung zur Verfügung zu stellen (zu gewähren) und in gebrauchsfähigem Zustand zu erhalten, wobei dies aber nur allgemein – nicht an bestimmten Gebäuden oder Gebäudeteilen – und nicht unter Ausschluß des Eigentümers geschehen darf;[3] eine solche Reallast kann sein die Pflicht, bei Zerstörung des Gebäudes eine gleichwertige Wohnung zu gewähren (diese Reallast kann neben dem Wohnungsrecht eingetragen werden; Rdn 1272 mit Fußn 118);
- (veräußerliches und vererbliches) **Dauerwohnrecht** nach Maßgabe der §§ 31 ff WEG (Aufteilungsplan und Abgeschlossenheitsbescheinigung nötig; dazu Rdn 3000 ff).

Welche Rechtsform im Einzelfall gewollt ist, hängt nicht so sehr von der Bezeichnung des Rechts, als vielmehr davon ab, wie nach dem Wortlaut, Sinn und Zweck der Erklärungen die Rechte und Pflichten der Vertragspartner im einzelnen beschaffen sein sollen.[4] Wesentliche Kriterien für die Abgrenzung sind ua, ob das Wohnrecht an bestimmten Räumen bestehen soll (dann beschränkte persönliche Dienstbarkeit nach § 1093 oder §§ 1090–1092 BGB, jedoch nicht Reallast), ob der Eigentümer von der Benutzung ausgeschlossen sein soll (dann Wohnungsrecht nach § 1093 BGB) und ob er das Wohnen nur dulden (dann Dienstbarkeit nach §§ 1090–1093 BGB), oder ob er den Wohnraum gewähren soll (dann Reallast).[5] Wenn sich weitere Anhaltspunkte nicht

---

[1] Hierzu insbesondere OLG Hamm DNotZ 1976, 229 = Rpfleger 1975, 357.
[2] Hierzu auch BayObLG 1964, 1 = DNotZ 1965, 166; BayObLG MittBayNot 1981, 186 = MittRhNotK 1981, 188 = Rpfleger 1981, 353; OLG Hamm DNotZ 1962, 402. Auch wenn die Worte „unter Ausschluß des Eigentümers" in der Eintragungsbewilligung fehlen, ist regelmäßig nicht eine schlichte Wohnungsdienstbarkeit, sondern ein Wohnungsrecht nach § 1093 BGB bestellt (Rdn 1258).
[3] BGH 58, 57 = NJW 1972, 540; OLG Oldenburg Rpfleger 1978, 411; BayObLG Rpfleger 1981, 353 = aaO (Fußn 2); Hieber DNotZ 1950, 371; Reichert BWNotZ 1962, 124; Ring DNotZ 1954, 106; Hartung Rpfleger 1978, 48.
[4] OLG Hamm DNotZ 1976, 229 = Rpfleger 1975, 357 mit weit Nachw.
[5] Dazu und zu weiteren Einzelheiten OLG Hamm DNotZ 1976, 229 = Rpfleger 1975, 357; Nieder BWNotZ 1975, 3 (6); Böhringer BWNotZ 1987, 129 (131).

B. Einzelfälle

ergeben, handelt es sich bei einer im Eintragungsantrag als Wohnungsrecht bezeichneten Dienstbarkeit um ein Recht nach § 1093 BGB.[6] In der Mischform, daß der Begünstigte berechtigt sein soll, das Gebäude mit dem derzeitigen Eigentümer gemeinsam und im Falle dessen Vorversterbens vom Zeitpunkt des Todes an allein unter Ausschluß des neuen Eigentümers zu bewohnen, kann ein Wohnungsrecht als einheitliches Recht nicht bestellt werden;[7] möglich ist nur Bestellung einer beschränkten persönlichen Dienstbarkeit (§§ 1090–1092 BGB) zur Mitbenutzung zum Wohnen ohne Ausschluß des Eigentümers und eines aufschiebend bedingten Wohnungsrechts für den Fall des Vorversterbens des Eigentümers.

Ein Nießbrauch liegt vor, wenn ein Hausgrundstück zur Benutzung in jeder Hinsicht überlassen wird (zB auch gewerbliche Nutzung, Eigennutzung und Vermietung). Das dingliche Wohnungsrecht wird im Regelfall nur bei Überlassung einzelner Gebäudeteile oder Zimmer verwendet.[8] Nach der von uns vertretenen Auffassung zur Abgrenzung von Benutzungsdienstbarkeiten und Nießbrauch (s Rdn 1130) ist jedoch auch ein Wohnungsrecht an einem ganzen Gebäude (so schon der Wortlaut des § 1093 Abs 1 BGB) einschließlich gesamtem Grundstück[9] zulässig, da hier nur eine einzelne Nutzung (Wohnen), nicht aber die Gesamtnutzung (zB gewerbliche Nutzung, Vermietung) des Grundstücks überlassen ist und es nicht darauf ankommt, ob dem Eigentümer noch eine wirtschaftlich sinnvolle Nutzungsmöglichkeit bleibt. Zum umgekehrten Fall eines Nießbrauchs, wenn bestimmte Wohnräume ihm nicht unterliegen sollen, s Rdn 1362. Möglich ist die Bestellung eines Nießbrauchs und für den Fall seiner Aufgabe und Löschung eines – aufschiebend bedingten – Wohnungsrechts der hier behandelten Art.[10] Bei Bestellung von

1237

---

[6] LG Darmstadt MittBayNot 1957, 275 = MittRhNotK 1957, 795; AG Bremen Rpfleger 1965, 272; auch Rdn 1258. S zum Wohnungsrecht ausführlich Dammertz MittRhNotK 1970, 69; Kürzel BlGBW 1970, 127; Nieder BWNotZ 1975, 3 (zur badischen Wohnungsreallast S 6); Hartung Rpfleger 1978, 48.

[7] OLG Düsseldorf MittRhNotK 1997, 358 (und 390) = Rpfleger 1997, 472; Gutachten DNotI-Report 2002, 91. Davon zu unterscheiden ist die (zulässige) Bestellung eines Mitbenutzungsrechts an Räumen für den Eigentümer neben einem für einen Dritten bestellten Wohnungsrecht, Rdn 1200.

[8] Zur Abgrenzung des Wohnungsrechts zum Nießbrauch s auch Dammertz MittRhNotK 1970, 69 (75).

[9] BayObLG MittBayNot 1999, 561 = NJW-RR 1999, 1691 = Rpfleger 1999, 525.

[10] Mit Bestellung eines aufschiebend bedingten Wohnungsrechts stellt sich die Frage nicht, ob für den Berechtigten eines (nicht durch Ausschluß einzelner Nutzungen eingeschränkten) Nießbrauchs an dem belasteten Grundstück zusätzlich ein Wohnungsrecht eingetragen werden kann. Das OLG Hamm MittRhNotK 1997, 390 = NJW-RR 1998, 304 verneint das, weil der Berechtigte keine bessere Rechtsstellung erwirbt und daher kein rechtlich geschütztes Interesse an der Entstehung des Wohnungsrechts hat. Diese Ansicht halten wir für zu eng. Bestellung des Wohnungsrechts rechtfertigt sich bereits mit der Möglichkeit, den Nießbrauch aufzuheben und löschen zu lassen oder auch nur im Rang zu verschlechtern; der Bestand des Wohnungsrechts muß deswegen nicht an eine aufschiebende Bedingung geknüpft werden. Es können aber auch die schuldrechtlichen Kausalgeschäfte grundlegende Unterschiede aufweisen; so kann der Nießbraucher dem Besteller verpflichtet sein, sein Recht nur noch begrenzt oder zeitweilig nicht auszuüben. Vom Grundbuchamt ist das nicht nachzuprüfen; ihm ist dies für Darlegung eines rechtlichen Interesses an der Bestellung des weiteren Rechts daher auch nicht darzutun.

Wohnungsrechten und Nießbrauch spielt heute auch deren steuerliche Behandlung eine wesentliche Rolle.[11]

1238 Vielfach wird ein Wohnungsrecht in einem **Übergabevertrag** als Teil des zugunsten des Übergebers vereinbarten Leibgedings bestellt (s Rdn 1320 mit Rdn 934).

1239 Als Grundstücksrecht (materiell) **entsteht** das Wohnungsrecht nach § 1093 BGB mit Einigung der Beteiligten und Eintragung in das Grundbuch (§ 873 BGB; Rdn 9). Die **Eintragung** erfolgt auf Antrag (§ 13 Abs 1 GBO), wenn der Betroffene sie bewilligt (§ 19 GBO). Form der Bewilligung: § 29 GBO. Begründung und Fortbestand des Wohnungsrechts als Grundstücksbelastung sind unabhängig von schuldrechtlichen Beziehungen[12] der Beteiligten (Rdn 15), sonach auch von einem obligatorischen Bestellungsvertrag.[13] Die (bewilligte) Eintragung erfolgt daher auch für einen Berechtigten, der an dem zur Bestellung verpflichtenden Vertrag nicht beteiligt ist;[14] doch entsteht zu seinen Gunsten das Wohnungsrecht erst mit (formloser) Einigung zwischen ihm und dem Eigentümer des belasteten Grundstücks (vgl Rdn 937a)

1240 Durch die Zuwendung eines Wohnungsrechts in einer **Verfügung von Todes wegen** (Vermächtnis) wird dem Erben nur die Pflicht auferlegt, das Wohnungsrecht zugunsten des Berechtigten zu bestellen. Der Wohnungsberechtigte kann nicht sein Wohnungsrecht lediglich auf Grund des Testaments ohne Mitwirkung der Erben im Grundbuch eintragen lassen. Der Erblasser kann aber denjenigen, dem er ein Wohnungsrecht verschaffen will, zu seinem Testamentsvollstrecker bestellen mit der einzigen Aufgabe, nach dem Tode des Erblassers das Wohnungsrecht für sich selbst in das Grundbuch eintragen zu lassen. Dann bedarf es zur Eintragung des Wohnungsrechts nicht der Mitwirkung des oder der Erben, wohl aber der Vorlage eines Testamentsvollstreckerzeugnisses, wenn die Testamentsvollstreckung nicht in einer in öffentlicher Urkunde errichteten Verfügung von Todes wegen angeordnet ist (§ 35 Abs 2, Abs 1 S 2 GBO). Auch Erteilung einer postmortalen Vollmacht in der Form des § 29 GBO an den Vermächtnisnehmer ist möglich.

b) Belastungsgegenstand

1241 Wie Rdn 1117. Auf einem Grundstücksmiteigentumsanteil kann auch ein Wohnungsrecht als beschränkte persönliche Dienstbarkeit nicht eingetra-

---

[11] Vgl hierzu besonders den „Nießbrauchserlaß" des BMdF v 24. 7. 1998 (BStBl 1998 I 914 = MittBayNot 1998, 387 = ZNotP 1998, 368 = Steuererlasse 1 § 21/2) zur ertragsteuerlichen Behandlung solcher Rechte für Einkünfte aus Vermietung und Verpachtung.

[12] Zum Umfang eines schuldrechtlichen Wohnungsrechts s auch LG Köln NJW 1973, 1880.

[13] Zum schuldrechtlichen Vertrag als Rechtsgrund für das Wohnungsrecht s BGH DNotZ 1999, 500 mit Anm Frank = NJW-RR 1999, 376 = Rpfleger 1999, 122. Schuldrechtliche Verpflichtung zur unentgeltlichen Gebrauchsüberlassung einer Wohnung auf Lebenszeit ist Leihvertrag; er bedarf nicht der für Schenkungsversprechen nötigen Form; BGH DNotZ 1982, 557; OLG Koblenz MittRhNotK 1997, 79; OLG Köln MittRhNotK 1999, 278. Der notariellen Beurkundung bedarf jedoch das auf Bestellung eines dinglichen Wohnungsrechts gerichtete Schenkungsversprechen (§ 518 BGB). Zur Rechtslage bei Gewährung von Wohnrecht und Rente vgl BGH WM 1982, 100.

[14] Sonderfall LG Wuppertal MittRhNotK 1994, 218: Wenn die Einigung mit dem Dritten nach dem Willen der Vertragspartner auf absehbare Zeit nicht erfolgen soll.

B. Einzelfälle

gen werden (zu Wohnungseigentum Rdn 2952). Belastet wird bei Bestellung eines Wohnungsrechts das Grundstück selbst, nicht das Gebäude.[15] Die Zulässigkeit der Bestellung hängt daher nicht davon ab, ob das bewohnbare Gebäude (hier: Gartenhaus) mit oder ohne Baugenehmigung erstellt worden ist und ob es von dem Berechtigten tatsächlich bis an sein Lebensende als Wohnung benutzt werden kann. Art und Zweck des Gebäudes stehen jedenfalls der Bestellung eines lebenslänglichen Wohnungsrechts nicht entgegen.[16]

1242 An einem noch **unbebauten Grundstück**[17] (Baugrundstück) kann ein Wohnungsrecht bereits **vor Errichtung** der davon betroffenen Räume eingetragen werden. Das Grundbuchamt kann aber (im Einzelfall), um nicht einer dauernd gegenstandslosen Eintragung Vorschub zu leisten, die Vorlage einer Baubescheinigung der Gemeindebehörde verlangen oder den Dienstbarkeitsverpflichteten zur Abgabe einer eidesstattlichen Versicherung über sein Bauvorhaben veranlassen, was nach § 15 Abs 3 FGG auch im Grundbuchverfahren zur Glaubhaftmachung tatsächlicher Behauptungen statthaft ist.[18]
Belastet werden kann mit einem Wohnungsrecht nur ein Grundstück, auf dem es ausgeübt werden kann,[19] auf dem somit das Gebäude für Ausübung des Wohnungsrechts sich befindet oder errichtet werden soll. Daher kann ein **unbebautes Grundstück**, auf dem ein (bewohnbares) Gebäude nicht errichtet werden kann oder auch nur nicht errichtet werden soll, mit einem Wohnungsrecht nicht belastet (auch nicht mitbelastet) werden.[20] Eintragung eines Wohnungsrechts an einem unbebauten Grundstück, auf dem es dauernd nicht ausgeübt werden kann, würde dauernde Gegenstandslosigkeit bewirken (§ 84 GBO), kann daher nicht erfolgen.[21] Das schließt insbesondere auch Mitbelastung eines zum Hausgrundstück gehörenden (rechtlich selbständigen) Grundstücks, auf dem sich keine bewohnbaren Räume befinden (sondern etwa nur der Hausgarten[22]) mit einem Wohnungsrecht im Rahmen eines Leibgedings aus (Rdn 1334).

1243 Zur Belastung mehrerer Grundstücke mit einem Wohnungsrecht als Gesamtrecht s Rdn 1120 (auch Rdn 1248).

---

[15] BGH BB 1968, 105 = WM 1968, 37.
[16] BGH aaO (Fußn 15).
[17] BayObLG 1956, 94 = DNotZ 1956, 483 = NJW 1956, 871 = Rpfleger 1956, 285; BayObLG Rpfleger 1981, 353; OLG Hamm DNotZ 1976, 229 (232) = Rpfleger 1975, 357 mit Nachw.
[18] BayObLG 1956, 94 = aaO. Dazu auch LG Regensburg BWNotZ 1987, 147: Kein Nachweis der Ausbaubarkeit für ein durch Herstellung der Bezugsfertigkeit einer Wohnung im Speicher eines bereits errichteten Wohnhauses aufschiebend bedingtes Wohnungsrecht. Gegen Nachweise Staudinger/Mayer Rdn 17 zu § 1093 BGB.
[19] BGH 58, 57 = DNotZ 1972, 487 = Rpfleger 1972, 89.
[20] BayObLG DNotZ 1976, 227 = Rpfleger 1976, 14; OLG Hamm DNotZ 1973, 376 = Rpfleger 1973, 98; LG Kassel Rpfleger 1960, 404 mit Anm Haegele; LG Koblenz Rpfleger 1998, 197.
[21] Daher auch kein Wohnungsrecht an einem selbständig als Teileigentum gebuchten Tiefgaragenstellplatz, BayObLG 1986, 441 = DNotZ 1987, 223 = Rpfleger 1987, 62.
[22] OLG Zweibrücken Rpfleger 1998, 282; LG Koblenz aaO (Fußn 20); LG Köln MittRhNotK 1982, 141.

c) **Berechtigter**

1244 Berechtigter eines Wohnungsrechts kann jede natürliche Person, aber auch eine juristische Person und eine Handelsgesellschaft (§ 124 Abs 1 und § 161 Abs 2 HGB) sowie eine Partnerschaft (§ 7 Abs 2 PartGG, § 124 Abs 1 HGB) und EWIV, sein (die juristische Person und die rechtsfähige Personengesellschaft nur zur Überlassung der Wohnung an Dritte[23]), auch als (Bruchteils-) Miteigentümer des Grundstücks (s Rdn 1201). Bestellung eines Wohnungsrechts für den Eigentümer[24] selbst[25] s Rdn 1200. Sind **mehrere Berechtigte** vorhanden, so ist es das sicherste, für **jeden** Berechtigten ein **besonderes Wohnungsrecht** an denselben Räumen mit gleichem Rang zu bestellen. Dann bleibt nach dem Tode eines der Berechtigten das Recht des Überlebenden wie bisher, wenn auch nicht mehr beschränkt durch das – erloschene – Recht, bestehen, ohne daß für den Fall weitere Vereinbarungen zu treffen wären. In aller Regel sind mehrere selbständige Wohnungsrechte gemeint, wenn für Eheleute oder Geschwister ein Wohnungsrecht an denselben Räumen je auf deren Lebenszeit bestellt wird.[26] Ein Gemeinschaftsverhältnis im Sinne des § 47 GBO liegt dann zwischen den selbständig Berechtigten nicht vor.[27] Zur gleichzeitigen Bestellung mehrerer Wohnungsrechte an den gleichen Räumen bedarf es der Zustimmung des jeweils anderen Berechtigten nicht.[28] In diesem Sonderfall soll nach Ansicht des BayObLG die Eintragungen aus Vereinfachungsgründen sogar unter einer laufenden Nummer erfolgen könnten (dazu s Rdn 1112).

1245 Ein Wohnungsrecht kann für mehrere Personen auch als **Gesamtberechtigte** nach § 428 BGB[29] bestellt und eingetragen werden.[30] Wenn (wie beim Wohnungsrecht) Gesamtgläubigerschaft für höchstpersönliche Leistungen vereinbart ist, ist nach BayObLG[31] die Gesamtleistung erst mit der allen Gläubigern

---

[23] BGH 46, 253 (257) = NJW 1967, 627 (628); MünchKomm/Joost Rdn 13; Staudinger/Mayer Rdn 19, je zu § 1093 BGB.

[24] Bestellung hält LG Lüneburg Rpfleger 1998, 110 auch „ohne besonderes schutzwürdiges Interesse" für zulässig.

[25] Dessen Zulässigkeit ermöglicht auch Bestellung je eines rang- und inhaltsgleichen Wohnungsrechts für den Eigentümer und einen Dritten; aA (uE nicht zutreffend, s Rdn 1200) KG MittRhNotK 1985, 144 = OLGZ 1985, 65 = Rpfleger 1985, 185. Wie hier wohl auch OLG Saarbrücken MittRhNotK 1992, 47 = OLGZ 1992, 5 = Rpfleger 1992, 16 und 151 mit Anm Reiff; s außerdem (zulässig bei Gesamtberechtigung nach § 428 BGB) LG Lüneburg MittRhNotK 1990, 81 = NJW-RR 1990, 1037.

[26] BayObLG 1957, 322 = Rpfleger 1958, 88 mit zust Anm Haegele; BayObLG 1965, 267 = DNotZ 1966, 174 = Rpfleger 1966, 367.

[27] So auch OLG Oldenburg DNotZ 1957, 317 mit Anm Saage = NdsRpfl 1957, 30; s auch LG Lübeck SchlHA 1967, 182.

[28] BayObLG DNotZ 1980, 543 = Rpfleger 1980, 152.

[29] Dies auch für mehrere Eigentümer als Berechtigte, LG Lüneburg Rpfleger 1998, 110.

[30] S BGH 46, 253 = DNotZ 1967, 183 mit Anm Faßbender = Rpfleger 1967, 143 mit Anm Haegele; BGH FamRZ 1996, 1274 = MittBayNot 1997, 51 (52); BGH DNotZ 1997, 401 (402); S zum Fragengebiet mit weit Nachw auch Dammertz MittRhNotK 1970, 69 (95) und Meder BWNotZ 1982, 36 (37); gegen Gesamtgläubigerschaft OLG Hamm DNotZ 1966, 372; Woelki Rpfleger 1968, 208.

[31] BayObLG 1975, 191 = DNotZ 1975, 618 = Rpfleger 1975, 300; vgl dazu eingehend Staudinger/Mayer Rdn 23 zu § 1093 BGB.

B. Einzelfälle

erwiesenen Leistung erbracht. Die Gesamtgläubigerschaft bietet sich nach BayObLG[31] gerade für solche Austragsleistungen an.[32] Bewilligen Eigentümer und Inhaber des Wohnungsrechts, daß dieses dem bisherigen Inhaber und einem weiteren Berechtigten als Gesamtberechtigten zustehen soll, so ist die Erklärung nicht als unzulässige teilweise Übertragung des Wohnungsrechts zu sehen, sondern dahin auszulegen, daß die Neubestellung des Wohnungsrechts für den weiteren Berechtigten in Verbindung mit einer inhaltlichen Änderung des Rechts des bisherigen Berechtigten gewollt ist.[33] Soll ein bestehendes Wohnungsrecht nachträglich zwischen dem bisherigen Berechtigten und einem anderen derart geteilt werden, daß der andere an Stelle des ersteren berechtigt sein soll, einen Teil der Räume sofort, den anderen nach dem Tod des ursprünglichen Berechtigten zu benützen, so kann dies nur in der Weise eingetragen werden, daß bei dem bisherigen Recht als Inhaltsänderung eine Einschränkung, für den anderen ein neues Recht an nächstoffener Stelle vermerkt wird.[34]

Die Bestellung eines Wohnungsrechts für mehrere Berechtigte nach **Bruchteilen** ist, da diesem Recht wesenswidrig, nicht zulässig.[35]

Für mehrere Beteiligte als **Gesellschafter** nach §§ 705 ff BGB kann auch ein Wohnungsrecht eingetragen werden.[36]

Leben Ehegatten in **Gütergemeinschaft**, so ist die Rechtslage verschieden, je nachdem ob **1246**
– ein Wohnungsrecht nur für **einen der Ehegatten** bestellt wird,
– ein Wohnungsrecht für **beide Ehegatten gemeinschaftlich** vereinbart wird,
– **jedem Ehegatten ein selbständiges Wohnungsrecht** zustehen soll.

Im ersten Fall fällt das Recht in das **Sondergut** des berechtigten Ehegatten (§§ 1092, 1417 BGB).[37]

Im Falle der Variante 2 wird das gemeinsame Wohnungsrecht **Gesamtgut**.[38] Daneben ist Vereinbarung einer Gesamtgläubigerschaft und damit Entstehung nur eines Rechts für die Ehegatten gleichwohl zulässig[39] (Einzelheiten Rdn 261 h; vgl die Urkunde Rdn 934).

---

[31] (Siehe Fußnote Seite 570).
[32] Ist ein Wohnungsrecht für **mehrere Personen als Gesamtberechtigte** eingetragen, so können sie nur gemeinschaftlich hinter ein anderes Recht im Range zurücktreten. Es reicht nicht aus, daß ein Gesamtberechtigter allein den Rangrücktritt erklärt (LG Braunschweig Rpfleger 1972, 305 mit zust Anm Haegele; ebenso BayObLG 1975, 191 = DNotZ 1975, 619 = Rpfleger 1975, 300).
[33] OLG Düsseldorf MittRhNotK 1979, 191.
[34] KG DFG 1939, 155.
[35] OLG Köln DNotZ 1965, 686; Bader DNotZ 1965, 680; Dammertz MittRhNotK 1970, 69 (93); Meder BWNotZ 1982, 36 (37).
[36] Für grundsätzliche Zulässigkeit der Gesellschaftsform auch Dammertz MittRhNotK 1970, 94; Haegele Rpfleger 1971, 285; einschränkend OLG Köln DNotZ 1967, 501 mit abl Anm Faßbender, wenn Gegenstand der Gesellschaft lediglich die gemeinsame eheliche Lebensführung in der Wohnung ist.
[37] So BayObLG 1967, 480 = DNotZ 1968, 493 = Rpfleger 1968, 220, das auf Reinicke JZ 1967, 415 (416) in Anm II 1 zu BGH 46, 253 = JZ 1967, 413 = aaO (Fußn 23) hinweist.
[38] BayObLG 1967, 480 = aaO (Fußn 37) unter Hinweis auf die herrschende Lehre im Anschluß an BayObLG 1932, 282 = JW 1932, 3005 mit weit Nachw.
[39] Überholt BayObLG 1967, 480 = aaO (Fußn 37).

Im dritten Falle entsteht[40] für **jeden Ehegatten** ein **inhalts- und ranggleiches Recht** an demselben Grundstück derart, daß die beiden Rechte voneinander **völlig unabhängig sind** und sich nur hinsichtlich der tatsächlichen Möglichkeit der Raumnutzung gegenseitig beschränken. Jedes der Rechte entsteht damit von Anfang an in der Person des Berechtigten (für jeden Ehegatten getrennt und damit als Bestandteil der beiderseitigen Sondergüter), also nicht in Rechtsgemeinschaft für die beiden Ehegatten.[41]

In der Praxis wird man am sichersten gehen, wenn man in Fällen, in denen die Berechtigten in Gütergemeinschaft leben, ein gemeinsames Wohnungsrecht (bzw ein gemeinsames Leibgeding) zum Gesamtgut der Gütergemeinschaft bestellt mit der Maßgabe, daß es bei Beendigung der Gütergemeinschaft den Berechtigten als Gesamtgläubigern zusteht (s Rdn 261 h). Die anderen Konstruktionen sind nicht praxisnah.

d) Dienstbarkeitsinhalt

1247 Als Benutzungsdienstbarkeit (Rdn 1129) mit den in § 1093 BGB bestimmten Besonderheiten begründet das Wohnungsrecht als Hauptinhalt die Befugnis, ein Gebäude oder einen Gebäudeteil (einschließlich Zubehör) unter Ausschluß des Eigentümers **als Wohnung zu benutzen** (s bereits Rdn 1236). Die Nutzung von Anlagen und Einrichtungen außerhalb des Gebäudes umfaßt das Wohnungsrecht, wenn dies zum Wohnen wesensmäßig „dazugehört" (s Rdn 1255). Das Wohnungsrecht erstreckt sich deshalb auch auf die Grundstücksteile, auf deren Gebrauch der Berechtigte angewiesen ist, um das Gebäude oder einen Teil davon als Wohnung nutzen zu können[42] (Bedeutung für Teilung des Grundstücks Rdn 1271).

Unschädlich ist teilweise Benutzung oder Mitbenützung der Wohnungsräume zu beruflichen oder gewerblichen Zwecken.[43] Nicht unter § 1093 BGB fällt dagegen das Recht, in einem auf dem belasteten Grundstück befindlichen Gebäude ein **Geschäftslokal**, eine Werkstatt, eine **Tankstelle** oder eine Garage und dgl zu haben.[44] In solchen Fällen ist nur die Bestellung einer Dienstbarkeit nach § 1090 BGB möglich.

1248 Das dingliche Wohnungsrecht kann auf einen **unbebauten Teil** des Grundstücks, zB einen **Hausgarten**, erstreckt werden, sofern nur das Wohnen der Hauptzweck der Gesamtnutzung bleibt (§ 1093 Abs 3 BGB).[45] Zulässig ist die Eintragung eines Wohnungsrechts nebst dem Mitbenutzungsrecht am Garten nur an dem Hausgrundstück, nicht auch an rechtlich selbständigen unbebauten Grundstücken, auf die sich der Garten erstreckt (s Rdn 1242). Art, Inhalt und Umfang des Rechts zur Mitbenutzung des Gartens müssen für

---

[40] BayObLG 1967, 480 = aaO (Fußn 37); s auch Meder BWNotZ 1982, 36 (37).
[41] BayObLG 1967, 480 = aaO (Fußn 37).
[42] BayObLG 1985, 31 (34) = DNotZ 1986, 148 = Rpfleger 1985, 186.
[43] RG HRR 1932 Nr 1660; KGJ 53 A 159; KG HRR 1929 Nr 607.
[44] LG Münster DNotZ 1953, 148.
[45] OLG Schleswig DNotZ 1966, 429; BayObLG DNotZ 1976, 227 = Rpfleger 1976, 14; OLG Frankfurt Rpfleger 1982, 465 mit weit Nachw; LG Koblenz DNotZ 1970, 164 = Rpfleger 1970, 90 und Rpfleger 1998, 197; LG München I DNotZ 1971, 624; Dammertz MittRhNotK 1970, 69 (99); Staudinger/Mayer Rdn 30 zu § 1093 BGB; anders Ripfel, Grundbuchrecht, S 151.

B. Einzelfälle

die Eintragung in der Bewilligung nicht näher festgelegt sein.[46] Zur Frage, ob das Wohnungsrecht nach § 1093 BGB dem Berechtigten auch die Befugnis gibt, seinen Personenkraftwagen im Hof des belasteten Grundstücks abzustellen, s LG Ellwangen.[47] Wegen Garagenbenutzung beim Wohnungsrecht s LGe Osnabrück und Stade.[48]

Die Bestellung eines Wohnungsrechts begründet für den **Grundstückseigentümer** lediglich die Pflicht, die Ausübung des Wohnungsrechts zu **dulden**, nicht auch die Pflicht, den Gebrauch der Wohnung zu gewähren und diese in einem gebrauchsfähigen Zustand zu erhalten (s Rdn 1236). Es finden Nießbrauchsvorschriften nach Maßgabe des § 1093 Abs 1 S 2 BGB Anwendung. Der Wohnungs**berechtigte** hat hiernach bei Ausübung seines Nutzungsrechts die wirtschaftliche Bestimmung der ihm zur Verfügung gestellten Räume aufrechtzuerhalten und nach den Regeln einer ordnungsgemäßen Wirtschaft zu verfahren (§ 1036 Abs 2 mit § 1093 Abs 1 BGB); er hat das Interesse des Eigentümers zu schonen (§ 1020 S 1 mit § 1090 Abs 2). Umgestaltung oder wesentliche Veränderung der Räume (des Gebäudes) ist dem Wohnungsberechtigten nicht gestattet (§ 1037 Abs 1 mit § 1093 Abs 1 BGB). Berechtigung auch am Zubehör: § 1031 (mit § 1093 Abs 1) BGB. 1249

Für die **Erhaltung** der als Wohnung überlassenen Räume in ihrem wirtschaftlichen Bestand hat der Wohnungsberechtigte zu sorgen (§ 1041 S 1 mit § 1093 Abs 1 BGB). Erforderliche Maßnahmen (Reparaturen usw) hat er demnach auf eigene Kosten auszuführen. Ausbesserungen und Erneuerungen liegen ihm nur insoweit ob, als sie zu der gewöhnlichen Unterhaltung der Räume gehören (§ 1041 S 2 mit § 1093 Abs 1 BGB). Veränderungen oder Verschlechterungen, die durch eine ordnungsmäßige Nutzung herbeigeführt werden, belasten den Wohnungsberechtigten nicht. Ausbesserungen und Erneuerungen, die der Wohnungsberechtigte nicht selbst vornimmt, hat er dem Eigentümer zu gestatten (§ 1044 mit § 1093 Abs 1 BGB). Eine Verpflichtung des Eigentümers gegenüber dem Wohnungsberechtigten, eine außergewöhnliche Ausbesserung oder Erneuerung auf seine Kosten vorzunehmen (ebenso wie umgekehrt eine solche Verpflichtung des Wohnungsberechtigten gegenüber dem Eigentümer) besteht nicht.[49] 1250

Ob eine **abweichende Vereinbarung** der gesetzlichen Rechte und Pflichten zur Erhaltung (Kostentragung) sowie zu Ausbesserungen und Erneuerungen mit dinglicher Wirkung getroffen werden kann, ist vielfach unklar. § 1041 BGB würde (wie beim Nießbrauch, vgl Rdn 1375) eine Abänderung nur ermöglichen, soweit nicht gegen das Wesen der Dienstbarkeit verstoßen wird, insbesondere der Grundsatz der Substanzerhaltung der belasteten Sache nicht verletzt wird oder dem Dienstbarkeitscharakter des Wohnungs- 1251

---

[46] OLG Frankfurt MDR 1983, 131 = Rpfleger 1982, 465.
[47] LG Ellwangen Rpfleger 1965, 12 mit Anm Staudenmaier.
[48] LG Osnabrück MittBayNot 1972, 238 = MittRhNotK 1973, 3 = Rpfleger 1972, 308; LG Stade Rpfleger 1972, 96, je mit Anm Haegele.
[49] BGH 52, 234 = DNotZ 1970, 29 = NJW 1969, 1847; auch Kraiß BWNotZ 1972, 10. Ausbesserung eines schadhaft gewordenen Hausdachs kann der Wohnungsberechtigte vom Hauseigentümer verlangen nach AG Hamburg MDR 1967, 305; auch Kraiß aaO; anders LG Lübeck SchlHA 1963, 272.

2. Teil. IV. Zweite Abteilung des Grundbuchs

rechts zuwider positive Leistungen des Eigentümers festgelegt werden. Für eine **Anlage** ermöglicht dinglich wirkende abweichende Vereinbarung jedoch § 1021 Abs 1 mit § 1090 Abs 2 (auch § 1093 Abs 1) BGB. Anlage kann auch ein **Bauwerk** sein, ist mithin auch das Gebäude (der Gebäudeteil), an dem das Wohnungsrecht eingeräumt ist. Für das zur Ausübung des Wohnungsrechts gehörende Gebäude (die Gebäudeteile, insbesondere Räume), aber auch für die zum gemeinschaftlichen Gebrauch bestimmten Anlagen und Einrichtungen (§ 1093 Abs 3 BGB),[50] kann daher nach § 1021 Abs 1 S 1 BGB bestimmt werden, daß der Grundstückseigentümer die Unterhaltspflicht hat,[51] soweit das Interesse des Berechtigten es erfordert. Auf Anlagen und Einrichtungen, die weder zu dem Gebäude (Gebäudeteil) gehören, das Ausübungsbereich des Wohnungsrechts ist, noch Gemeinschaftsanlagen sind, kann die Vereinbarung über Erhaltung mit dinglicher Wirkung nicht erstreckt werden.[52] Für die Räume, an denen das Wohnungsrecht eingeräumt ist, ist demnach dinglich wirkende abweichende Vereinbarung zulässig, daß der Grundstückseigentümer verpflichtet ist, sie in einem jederzeit bewohnbaren und beheizbaren[53] Zustand zu erhalten. Auf eine solche mit dem Wohnungsrecht als Nebenleistungspflicht verbundene Unterhaltspflicht finden die Vorschriften über die Reallast entsprechende Anwendung (§ 1021 Abs 2 BGB). Sie wird aber nicht selbständig, sondern mit dem Wohnungsrecht eingetragen (unselbständige Unterhaltsreallast; Bezugnahme genügt; s auch Rdn 1153 a).

1252 Die öffentlichen und privaten **Lasten** des Gebäudes oder der Gebäudeteile (Räume), die als Wohnung benutzt werden (öffentliche: Grundsteuer, Brandversicherung usw; privatrechtliche: Zinsen von Grundpfandrechten, Reallasten), hat der Eigentümer zu tragen (§ 1047 BGB ist nicht anwendbar). Dem Wohnungsberechtigten können sie nur mit schuldrechtlicher Wirkung, nicht dinglich als Inhalt des Wohnungsrechts auferlegt werden.[54]

Privatrechtliche **Kosten** und öffentliche Abgaben (Nebenkosten für Wasser, Müllabfuhr, Kosten für Beleuchtung und Beheizung der Räume, Haftpflicht-

---

[50] OLG Köln MittRhNotK 1986, 204.
[51] So auch Gutachten DNotI-Report 2003, 82 und Kraiß BWNotZ 1972, 10, dieser mit differenziertem Formulierungsvorschlag. Weitergehend LG Gießen Rpfleger 1986, 174: Lastenverteilungsabrede (für Kosten für Erhaltung, Ausbesserung und Erneuerung der Räume, auch für außergewöhnliche Ausbesserungen und Erneuerungen) mit dinglicher Wirkung allgemein zulässig.
[52] Kraiß BWNotZ 1972, 10.
[53] Wenn damit nicht die Beheizung der Räume (der Betrieb der Heizanlage oder das Liefern der Heizenergie) gemeint ist, sondern die Erhaltung (dabei Ausbesserungen und Erneuerungen) der Heizanlage in den Räumen (zB Kamin, Zu- und Abflußrohre der Warmwasserleitung, Heizkörper, Stromleitungen für Heizanlagen); s BayObLG 1979, 372 = DNotZ 1980, 157 = Rpfleger 1980, 20; s auch BayObLG 1980, 176 = DNotZ 1981, 124 (127) = Rpfleger 1980, 385 und LG Köln MittRhNotK 1987, 106; s außerdem Amann DNotZ 1989, 531 (544 ff); Gutachten DNotI-Report 2003, 82.
[54] BayObLG 1988, 268 = DNotZ 1989, 569 = Rpfleger 1988, 522; AG Wolfratshausen Rpfleger 1988, 522; anders LG Gießen Rpfleger 1986, 174 und LG Traunstein Rpfleger 1986, 365 (Verpflichtung des Berechtigten, alle öffentlichen Lasten und Abgaben zu tragen, kann als Inhalt des Wohnungsrechts vereinbart werden); siehe zu beiden Entscheidungen (ablehnend) aber BayObLG aaO.

B. Einzelfälle

versicherung usw; s nachf), die dem Wohnungsberechtigten mit Ausübung des Wohnungsrechts entstehen, muß dieser selbst tragen.[55]

Durch **abweichende Vereinbarung** soll als zulässiger (dinglicher) Inhalt eines Wohnungsrechts über die Verpflichtung des Grundstückseigentümers hinaus, die Räume in einem jederzeit gut bewohnbaren (und beheizbaren) Zustand zu erhalten (Rdn 1251), auch dessen Pflicht festgelegt werden können, Kosten für Heizung und auch für Müllabfuhr zu tragen.[56] Für Kosten der Strom-, Gas-, Wasser-, Warmwasserversorgung sowie der Abwasserentsorgung, der Hausversicherung usw soll gleiches gelten.[57] Grundlage für solche abweichende Gestaltung des Inhalt des Wohnungsrechts sollen § 1090 Abs 2 und § 1093 Abs 1 S 2 BGB mit Verweisung auf einzelne Vorschriften der Grunddienstbarkeit und des Nießbrauchsrechts sein. Als zulässiger dinglicher Inhalt des Wohnungsrechts müßte durch vertragliche Regelung dann aber nicht nur die Verpflichtung zur Kostentragung, sondern auch die Pflicht des Eigentümers unmittelbar zur Lieferung von Strom, Wasser, Warmwasser oder Heizenergie festgelegt werden können,[58] desgleichen die Verpflichtung, die Wohnräume zu möblieren sowie mit Elektrogeräten, Haushaltsmaschinen, Teppichen und Bildern auszustatten und für laufende Unterhaltungskosten aufzukommen, Kosten (für Einrichtung und Benutzung) eines Fernsprechanschlusses zu tragen und Brennstoff für den offenen Kamin zu liefern.[59] 1253

Dem können wir nicht folgen. Wie beim Nießbrauch nicht dem Dienstbarkeitscharakter zuwider positive Leistungen des Eigentümers festgelegt werden können (s Rdn 1375), bleibt auch beim Wohnungsrecht Vereinbarung einer Leistungspflicht des Eigentümers mit dinglicher Wirkung ausgeschlossen. Als Gebrauchsrecht ist das Wohnungsrecht ein besonderer Fall der beschränkten persönlichen Dienstbarkeit. Mit seinem dinglichen Inhalt sind auch die Möglichkeiten inhaltlicher Gestaltung (dazu Rdn 19) zwingend festgelegt (§ 1093 mit §§ 1090–1092 BGB). Die Rechtsbeziehungen zwischen dem Wohnungsberechtigten und dem Eigentümer sind mit Verweisung auf Vorschriften der Grunddienstbarkeit und des Nießbrauchs gleichermaßen geregelt. Damit ist ebenso zwingend festgelegt, mit welchem Inhalt zwischen dem Eigentümer und dem Wohnungsberechtigten ein gesetzliches Schuldverhältnis entsteht (zu ihm Rdn 1375) oder durch inhaltliche Gestaltung des Grundstücksrechts „Wohnungsrecht" geschaffen und gestaltet werden kann. Eine Leistungspflicht des Eigentümers ist danach nicht gesetzlicher Inhalt des Wohnungsrechts. Begründung und inhaltliche Gestaltung einer Pflicht des Eigentümers, für Nebenleistungen aufzukommen, sehen diese Vorschriften nur mit der

---

[55] AG Lindlar MDR 1971, 844 = MittBayNot 1971, 366; MünchKomm/Joost Rdn 8 und 12 zu § 1093 BGB.
[56] BayObLG 1980, 176 = aaO (Fußn 53); OLG Schleswig DNotZ 1995, 895 = NJW-RR 1994, 1359 = Rpfleger 1995, 13 (auch Kosten für Schönheitsreparaturen); LG Kassel Rpfleger 2003, 414; LG Köln MittRhNotK 1987, 105; LG Neubrandenburg Rpfleger 1994, 293; LG Trier MittBayNot 1994, 545 Leits; auch Soergel/Stürner Rdn 11 zu § 1093 BGB; anders LG Itzehoe Rpfleger 1994, 159.
[57] BayObLG 1980, 176 = aaO (Fußn 53); LGe Kassel und Köln je aaO; Amann DNotZ 1982, 396 und 1991, 531 (544 ff); LG Neubrandenburg Rpfleger 1994, 293.
[58] Amann DNotZ 1982, 396.
[59] Daß solche Verpflichtungen nicht als Inhalt des Wohnungsrechts bestimmt werden können, stellt auch Amann DNotZ 1991, 531 (545) dar.

nach § 1021 Abs 1 S 1, Abs 2 mit § 1090 Abs 2 (und § 1093 Abs 1) BGB möglichen Vereinbarung vor, die Wohnung als Anlage auf dem belasteten Grundstück zu unterhalten[60] (dazu Rdn 1251). Begründung weitergehender (zusätzlicher) Leistungspflichten des Eigentümers[61] ermöglicht keine der nach § 1090 Abs 2 und § 1093 Abs 1 BGB anzuwendenden Vorschriften. Gestaltungsfreiheit besteht damit nur für das mit solchem Inhalt mögliche Nutzungsrecht. Abweichende Gestaltung des Inhalts des dinglichen Rechts ist daher auch nicht mit der Einschränkung zulässig, daß sich die dingliche Wirkung auf das zwischen Eigentümer und Berechtigtem bestehende gesetzliche Schuldverhältnisse beschränkt. Leistungspflichten des Eigentümers können daher auch nicht mit Wirkung nur für dieses gesetzliche Schuldverhältnis neu begründet werden. Auch solche Leistungspflichten würden das Wohnungsrecht als Nutzungsrecht inhaltlich mit der dem Wesen des Rechts widersprechenden Verpflichtung zur Gebrauchsgewährung ausgestalten (diese Verpflichtung entspricht der Wohnungsreallast, Rdn 1236, und ist Hauptpflicht des Vermieters, § 535 BGB). Dem entspricht es, daß auch gesetzliche Rechte und Pflichten des Schuldverhältnisses „Nießbrauch" mit dinglicher Wirkung nur insoweit abgeändert werden können, als damit nicht gegen das Wesen des Nießbrauchs verstoßen wird, insbesondere nicht seinem Dienstbarkeitscharakter zuwider positive Leistungspflichten des Eigentümers festgelegt werden (oben und Rdn 1375). Für Ausgestaltung des Gebrauchsrechts „Wohnungsrecht" mit Leistungspflichten besteht zudem keine Notwendigkeit, weil sie mit Reallast rechtlich einwandfrei begründet werden können. Wenn das nicht geschieht, können Kosten, die bei Ausübung des Wohnungsrechts entstehen, und die Verpflichtung zur Lieferung von Strom, Wasser, Warmwasser oder Heizenergie usw dem Grundstückseigentümer nur mit schuldrechtlicher Wirkung vertraglich (§ 311 Abs 1, § 241 Abs 1 BGB) auferlegt werden.

1254 Selbständig **gesichert** werden kann eine vereinbarte Pflicht des Eigentümers zu **Nebenleistungen** für die Räume des Wohnungsberechtigten daher nur durch Reallast[62] (§ 1105 BGB; Rdn 1287 ff). Nur die Reallast bietet dem Wohnungsberechtigten sonach optimalen Schutz.[63] Wegen möglicher landesrechtlicher Schranken (Art 115 EGBGB) s Rdn 1318.

1255 Ist das Wohnungsrecht auf **einen Teil des Gebäudes** beschränkt, so kann der Berechtigte kraft Gesetzes die zum **gemeinschaftlichen Gebrauch** der Bewohner **bestimmten Anlagen und Einrichtungen** (in ihrem jeweiligen Bestand und Umfang[64]) mitbenutzen (§ 1093 Abs 3 BGB). Solche Anlagen und Einrichtungen können sich auch außerhalb des Gebäudes befinden (Versorgungs- und Entsorgungsleitungen).[65] Art und Umfang der zum gemeinschaftlichen Gebrauch bestimmten Anlagen und Einrichtungen kann als Inhalt des Woh-

---

[60] Amann DNotZ 1982, 396.
[61] Dafür aber Amann DNotZ 1982, 396.
[62] Zu einer solchen Reallast LG Braunschweig RNotZ 2002, 177. Hierzu auch OLG Köln MittRhNotK 1992, 46: Freistellung von bestimmten Kosten (nicht unbestimmt „allen Nebenkosten"), die in der Person des Wohnungsberechtigten entstehen.
[63] So auch Amann DNotZ 1982, 396.
[64] BayObLG MittRhNotK 1997, 85 = NJW-RR 1997, 651; KG NJW-RR 2000, 607, beide zur (zumutbaren) Ersetzung oder Umgestaltung.
[65] BayObLG DNotZ 1992, 303 = Rpfleger 1992, 57; BayObLG 1985, 31 = DNotZ 1986, 148 = Rpfleger 1985, 186.

B. Einzelfälle

nungsrechts vertraglich geregelt werden.[66] Zur Vermeidung späterer Streitigkeiten ist es daher empfehlenswert, die im Einzelfall in Frage kommenden gemeinschaftlichen Anlagen und Einrichtungen (Abort, Küche, Waschküche, Keller, Badezimmer, andere Räume im Haus) ausdrücklich einzeln anzugeben. In Ermangelung solcher Angaben richtet sich der Umfang des Mitbenützungsrechts grundsätzlich nach der baulichen Beschaffenheit, Ausstattung und Größe des Gebäudes sowie den allgemeinen Lebens- und Wohngewohnheiten.[67] Eine Zentralheizung gehört zu den Gemeinschaftsanlagen.[68] Das Mitbenutzungsrecht erfaßt auch solche Anlagen, durch die eine frühere Einrichtung ersetzt oder weiter entwickelt wird (Umstellung der Zentralheizung von Koks- auf Ölfeuerung).[69] Die Zweckbestimmung einer zum gemeinschaftlichen Gebrauch aller Hausbewohner bestimmten Einrichtung endet nicht, wenn Teile davon von einem Bewohner ausschließlich benutzt oder unter besonderem Verschluß gehalten werden.[70]

Die zum gemeinschaftlichen Gebrauch bestimmte Anlage hat der **Eigentümer** des Grundstücks zu **unterhalten.** Auf Instandhaltung und Instandsetzung der gemeinschaftlichen Anlage (Heizanlage) hat der Wohnungsberechtigte gegenüber dem Grundstückseigentümer Anspruch[71] (damit ihm ungestörter Gebrauch der Wohnung gewährleistet ist). Als dinglicher Inhalt der Dienstbarkeit kann bestimmt werden, daß der Berechtigte die Anlage zu unterhalten hat, soweit es für das Benutzungsrecht des Eigentümers erforderlich ist (§ 1021 Abs 1 S 2 mit § 1090 Abs 2 und § 1093 Abs 1 BGB). Die Verpflichtung zur Unterhaltung der Anlage erfordert Vornahme jeder Tätigkeit, die darauf gerichtet ist, die Anlage in einem ordnungsgemäßen und gebrauchsfähigen Zustand zu erhalten. Unterhaltung (als Instandhaltung und Instandsetzung) einer Anlage ist damit zu unterscheiden vom Betrieb der Anlage. 1256

Kosten, die durch den **Betrieb** der Anlage entstehen, sind nicht Unterhaltungskosten. Wie Kosten, die mit Ausübung des Wohnungsrechts entstehen (Rdn 1252), hat der Wohnungsberechtigte auch die durch Mitbenutzung einer zum gemeinschaftlichen Gebrauch der Bewohner bestimmten Anlage (Einrichtungen) entstehenden Betriebskosten (anteilig mit) zu tragen. Betriebskosten fallen den Benutzern somit gemeinsam zur Last.[72] Grundlage der Verpflichtung zur (anteiligen) Aufbringung der Betriebskosten für gemein- 1257

---

[66] BayObLG 1980, 176 = aaO (Fußn 45); OLG Saarbrücken MittRhNotK 1996, 220 (221); BGB-RGRK/Rothe Rdn 8 zu § 1093. Das ermöglicht auch Bestimmung, daß weitere Wohnräume, wie zB ein Eßzimmer oder ein weiteres Wohnzimmer in einem Zweifamilienhaus (auch in einem Geschoß des Gebäudes), mitbenutzt werden können, OLG Saarbrücken aaO.
[67] OLG Frankfurt Rpfleger 1982, 465; BayObLG MittRhNotK 1997, 85 (86), auch zum Eigentümerrecht, vorhandene Anlagen und Einrichtungen (in zumutbarer Wiese) zu ersetzen oder umzugestalten.
[68] BGH 52, 234 = aaO (Fußn 49).
[69] BGH 52, 234 = aaO (Fußn 49).
[70] LG Verden NdsRpfl 1965, 84.
[71] BGH 52, 234 = aaO (Fußn 49). Streitig; dazu MünchKomm/Joost Rdn 12 zu § 1093 BGB.
[72] MünchKomm/Joost Rdn 12; Palandt/Bassenge Rdn 10 je zu § 1093 BGB; AG Dortmund ZMR 1962, 271; Dammertz MittRhNotK 1970, 69 (99); anders LG Hamburg MDR 1963, 218.

schaftliche Benutzung der Anlage können § 748 BGB (analoge Anwendung) oder die in Ausgestaltung des Rechts zum gemeinschaftlichen Gebrauch getroffenen vertraglichen Abreden sein (§ 311 Abs 1, § 241 Abs 1 BGB). Mit dinglicher Wirkung als Inhalt des Wohnungsrechts kann eine abweichende Vereinbarung über die Pflicht, Betriebskosten zu tragen, bei Mitbenutzung einer Anlage so wenig getroffen werden wie bei Betrieb der Anlage durch den Wohnungsberechtigten allein (Rdn 1253). Ausgeschlossen ist damit dingliche Vereinbarung, daß der Eigentümer des Grundstücks die Anlage zu betreiben und allein die Betriebskosten einer zum gemeinschaftlichen Gebrauch der Bewohner bestimmten Anlage (Einrichtung) zu tragen hat. Das würde eine Leistungspflicht des Eigentümers begründen, die als Inhalt einer Dienstbarkeit (damit auch des Wohnungsrechts) nicht bestimmt werden kann.

e) Eintragungsbewilligung

1258 Die Eintragungsbewilligung muß das Recht als Wohnungsrecht kennzeichnen sowie das zu belastende Grundstück und den Berechtigten bezeichnen; sie hat den durch Parteiwillen bestimmten **Inhalt** der Dienstbarkeit klar festzulegen. Zur Kennzeichnung der Dienstbarkeit als Wohnungsrecht ist auch die Berechtigung zur Nutzung als Wohnung „unter Ausschluß des Eigentümers" anzugeben. Auch wenn der Ausschluß des Eigentümers nicht besonders genannt ist, ist mit „Wohnungsrecht" bei entsprechender Inhaltsgestaltung jedoch (regelmäßig) Belastung des Grundstücks mit einer Wohnungsrechts-Dienstbarkeit nach § 1093 BGB gewollt[73] (Auslegung der Eintragungsbewilligung, s Rdn 172).

Wenn ein Wohnungsrecht mehreren Berechtigten bestellt wird, muß die Eintragungsbewilligung auch das Gemeinschaftsverhältnis genau kennzeichnen. Die **Räume,** in welchen ein (ausschließliches) Wohnungsrecht (nach § 1093 BGB) bestehen soll, sind in der **Eintragungsbewilligung** so genau zu beschreiben, daß jeder Dritte ohne weiteres feststellen kann, welche Räume gemeint sind.[74] An der erforderlichen Bestimmtheit fehlt es auch, wenn festgelegt wird, daß sich das Wohnungsrecht auf die bisher benützten Räume – ohne deren nähere Bezeichnung – beziehen soll.[75] Dem Berechtigten oder dem Eigentümer kann die Wahl der Räume, in denen das Wohnungsrecht ausgeübt werden soll, nicht vorbehalten bleiben;[76] zum Wahlrecht als Bedingung für das Wohnungsrecht s Rdn 1261. Das Gartenmitbenutzungsrecht braucht in der Eintragungsbewilligung nicht im einzelnen näher festgelegt zu sein (Rdn 1248).

---

[73] OLG Zweibrücken DNotZ 1997, 325 mit Zust Anm Wulf S 331; OLG Zweibrücken Rpfleger 1998, 282; LG Koblenz Rpfleger 1998, 197; Böhringer BWNotZ 1990, 153 zutreffend gegen OLG Stuttgart BWNotZ 1990, 163; aA auch OLG Koblenz NJW 2000, 3791.
[74] So insbesondere OLG Hamm DNotZ 1970, 417 = MDR 1970, 764; OLG Köln MittRhNotK 1979, 73; BayObLG DNotZ 1988, 587 = NJW-RR 1988, 982 = (mitget) Rpfleger 1988, 237; BayObLG 1999, 248 (250) = MittBayNot 1999, 561 (562) = NJW-RR 1999, 1691 (1692) = Rpfleger 1999, 525 (526).
[75] LG Bonn MittRhNotK 1963, 66, auch zu Auslegungsfragen für einen solchen Fall; zu solchen auch OLG Hamm Rpfleger 1962, 59; OLG Köln MittRhNotK 1979, 73; LG Koblenz Rpfleger 1998, 197 (recht großzügig); AG Bremen Rpfleger 1965, 272.
[76] BayObLG 1964, 1 = DNotZ 1965, 166.

B. Einzelfälle

Mangels näherer Angabe erstreckt sich das Wohnungsrecht auf das gesamte oder alle vorhandenen Gebäude[77] bzw Räume[78]. Im übrigen ist ein Wohnungsrecht, das ersichtlich nur Teile des Gebäudes erfaßt, bei dem sich aber die ihm unterliegenden Räume aus der Eintragungsbewilligung nicht sicher feststellen lassen, als inhaltlich unzulässig nach § 53 GBO von Amts wegen zu löschen.[79]

Daß das Wohnungsrecht **„unentgeltlich"** gewährt wird, gehört nicht zum Inhalt des (abstrakten) dinglichen Rechts, ist daher nicht in der Eintragungsbewilligung anzugeben und kann in das Grundbuch nicht eingetragen werden.[80] Regelung hat in dem (vom bewilligten Inhalt des dinglichen Rechts) zu trennenden (s Rdn 105) schuldrechtlichen Bestellungsvertrag zu erfolgen. Wird gleichwohl bei Grundstücksübertragung (zumeist im Wege der vorweggenommenen Erbfolge oder in einem Leibgedingsvertrag) dem Veräußerer „unentgeltlich" ein Wohnungsrecht gewährt und Eintragung dieses Rechts bewilligt, so kann die Urkunde dahin auszulegen sein (Rdn 172), daß sich diese „Unentgeltlichkeit" nicht auf den Inhalt des dinglichen Rechts, sondern das Verhältnis von Leistung und Gegenleistung auf Grund des schuldrechtlichen Bestellungsvertrags bezieht.[81] Bezugnahme auf die so verstandene Eintragungsbewilligung gebietet dann (klarstellend) jedoch Grundbucheintragung, daß

1259

„die Bezugnahme nicht die Unentgeltlichkeit des Rechts deckt".[82]

Zur Verdinglichung einer Gegenleistung als Bedingung für die Ausübung des Wohnungsrechts s Rdn 1279.

Die Bestellung eines Wohnungsrechts wird regelmäßig den Wert des Grundstücks nicht ausschöpfen, so daß Ehegattenzustimmung (Rdn 3352) nur in seltenen Ausnahmefällen erforderlich ist.[83] Erforderlich ist die Ehegattenzu-

---

[77] BayObLG 1999, 248 = MittBayNot 1999, 561 = NJW-RR 1999, 1691 = Rpfleger 1999, 525; BayObLG DNotZ 1988, 587 = aaO (Fußn 74); BayObLG 1999, 248 (250) = aaO (Fußn 74).
[78] LG Stendal NotBZ 2002, 425.
[79] Anders ist die Rechtslage bei Eintragung eines Wohnungsrechts als bloßem Mitbenutzungsrecht nach § 1090 BGB, s insbesondere OLG Hamm Rpfleger 1962, 59.
[80] BayObLG MittBayNot 1993, 17 = MittRhNotK 1992, 312 = NJW-RR 1993, 283 = Rpfleger 1993, 189 mit weit. Nachw.; OLG Frankfurt NJW-RR 1992, 345; OLG Hamm MittBayNot 1997, 230 Leits; OLG Köln MittRhNotK 1974, 409.
[81] BayObLG aaO (Fußn 80); siehe auch LG Neubrandenburg Rpfleger 1994, 293 (294; hier Klarstellung der Eintragungsbewilligung im Erinnerungsverfahren).
[82] OLG Frankfurt NJW-RR 1992, 345 (Klarstellung erfolgte durch bewilligende Eigentümer); OLG Hamm MittBayNot 1997, 230 Leits; OLG Köln MittRhNotK 1974, 409 (Klarstellung erfolgte durch die Beteiligten); Staudinger/Mayer Rdn 14 zu § 1093 BGB; anders BayObLG NJW 1993, 283 (284 reSp): Da schon Auslegung ergibt, daß die Eintragungsbewilligung nicht die Unentgeltlichkeit des Wohnungsrechts erfaßt, kommt ein die Bezugnahme einschränkender Vermerk nicht in Betracht. Grundbucheintragung kann aber schon zum Ausdruck bringen, was (nach Auslegung der Bewilligung oder Einschränkung des Antrags) als Inhalt des Rechts eingetragen wird und damit Auslegung auch noch der Grundbucheintragung (Rdn 293) durch ein Rechtsmittel- oder Prozeßgericht mit anderem Ergebnis ausschließen.
[83] BGH DNotZ 1990, 307 = NJW 1990, 112 = Rpfleger 1989, 404.

stimmung nach § 1365 BGB, wenn das Wohnungsrecht an einem bereits mit Grundpfandrechten belasteten Grundstück als einziger Vermögenswert bestellt wird, nur, wenn der Begünstigte weiß, daß es sich bei dem Hausgrundstück im wesentlichen um das ganze Vermögen des Bestellers handelt, daß und in welchem Umfang der Wert des Grundstücks durch die Vorbelastungen gemindert ist und daß der Wert des bestellten Wohnungsrechts den danach verbleibenden Hauswert im wesentlichen aufzehrt.[84] Prüfung durch das Grundbuchamt s Rdn 3394.

f) Grundbucheintragung

1260 In das Grundbuch muß das Wohnungsrecht mit dieser Bezeichnung eingetragen werden (Rdn 225), bei mehreren Berechtigten außerdem ihr Gemeinschaftsverhältnis (§ 47 GBO). Zur Bezeichnung des näheren Inhalts des Rechts kann auf die Eintragungsbewilligung Bezug genommen werden (§ 874 BGB). Bezeichnung im Grundbuch allein als „beschränkte persönliche Dienstbarkeit" genügt nicht. Bildet das Wohnungsrecht Teil eines Leibgedings, so bedarf es, wenn es mehreren Personen zusteht, im Grundbuch selbst nicht der Angabe des Rechtsverhältnisses, das zwischen den mehreren Berechtigten besteht (§§ 47, 49 GBO). Aus der Eintragungsbewilligung muß aber dieses Verhältnis ersichtlich sein.[85]

g) Bedingung, Befristung

1261 Das Wohnungsrecht kann auflösend oder aufschiebend bedingt (§ 158 BGB) und befristet (§ 163 BGB) bestellt werden. Als auflösende Bedingung (zulässig und) üblich ist Bestimmung, daß das Wohnungsrecht bei Erreichen eines bestimmten Lebensalters des Berechtigten oder Eintritt eines sonstigen Ereignisses (zB Verehelichung[86]) erlischt.[87] Als ausreichend bestimmt (weil objektiv bestimmbar) wird auch die auflösende Bedingung angesehen, daß „der Berechtigte das Anwesen nicht nur vorübergehend verläßt".[88] Die Ausübung eines Wahlrechts durch den Berechtigten oder Eigentümer[89] kann zulässige auflösende und zugleich aufschiebende Bedingung für ein Wohnungsrecht an verschiedenen Häusern oder Räumen sein.[90] Bedingung und Befristung müssen in das Grundbuch selbst eingetragen werden (keine Bezugnahme, Rdn 266). Wenn das Wohnungsrecht bedingt und befristet ist, müssen beide Merkmale in das Grundbuch aufgenommen werden (Rdn 1149). Eine **zeitliche Begrenzung** bildet der Tod des Wohnungsberechtigten. Zur Sukzessiv- und Alternativberechtigung s Rdn 261a.

---

[84] BGH 123, 93 = MittBayNot 1993, 374 = MittRhNotK 1993, 228 = NJW 1993, 228.
[85] So auch BGH DNotZ 1979, 499 = NJW 1979, 421 = Rpfleger 1979, 56.
[86] Zur Auslegung eines unklar „auf die Dauer des ledigen und besitzlosen Standes" eingetragenen Wohnungsrechts s BayObLG BWNotZ 1983, 17 = MittBayNot 1983, 13 = Rpfleger 1983, 61. Zum Vertragsverhältnis (Mietverhältnis) als Bedingung s Rdn 1276.
[87] BayObLG MittBayNot 1983, 13 = aaO (Fußn 86).
[88] BayObLG 1997, 246 = DNotZ 1998, 299 = NJW-RR 1998, 85.
[89] LG Ansbach MittBayNot 1998, 448. Wenn Wahl des Eigentümers auflösende Bedingung ist, bedeutet das, daß das Wohnungsrecht am nicht gewählten Haus erloschen ist. Es kann daher durch spätere Neu-Wahl nicht wieder aufleben (sondern ist neu zu bestellen).
[90] BayObLG DNotZ 1988, 587 = aaO (Fußn 74).

B. Einzelfälle

h) Ausübung des Wohnungsrechts

Der Wohnungsberechtigte ist gesetzlich befugt, seine **Familie** sowie die zur standesgemäßen Bedienung und zur Pflege (auch der mitaufgenommenen Familienangehörigen) **erforderlichen Personen** in die Wohnung aufzunehmen[91] (§ 1093 Abs 2 BGB; deckt nicht die Überlassung der Wohnung an Familienangehörige zur alleinigen Benutzung).[92] Der Kreis der Familienmitglieder bestimmt sich dabei nicht nach einem juristisch definierten (engen) Familienbegriff, sondern nach der Auffassung des gewöhnlichen Lebens, so für Aufnahme eines Sohnes mit Frau und Kindern, auch wenn der Wohnungsberechtigte nicht pflegebedürftig ist.[93] Der Inhaber eines dinglichen Wohnungsrechts begeht keinen **Mißbrauch**, wenn er die ihm nahestehenden Verwandten zu seiner Pflege zu sich nimmt. Der Partner (die Partnerin) einer nichtehelichen Lebensgemeinschaft kann jedenfalls dann in die Wohnung aufgenommen werden, wenn beide Partner unverheiratet sind und das Verhältnis auf Dauer angelegt ist, insbesondere wenn die Lebensgemeinschaft schon längere Zeit Bestand hat.[94] Die Ausübung des Wohnungsrechts richtet sich nach § 242 BGB, so daß der Grundstückseigentümer ihm nicht zumutbare Personen nicht zu dulden braucht. Abweichend von § 1093 Abs 2 BGB kann der Kreis der Personen, die in die dem Wohnungsrecht unterliegenden Räume aufgenommen werden dürfen, als Inhalt des Wohnungsrechts (vertraglich) geregelt werden.[95]

1262

i) Übertragung, Überlassung zur Ausübung

Das Wohnungsrecht ist als beschränkte persönliche Dienstbarkeit nicht übertragbar (§ 1092 Abs 1 S 1 mit § 1093 Abs 2 S 1 BGB). Die Befugnis zur Ausübung kann einem anderen jedoch überlassen werden, aber nur, wenn dies gestattet[96] ist (§ 1092 Abs 1 S 2 mit § 1093 Abs 1 S 1 BGB; dazu Rdn 1215). Für die Zeit, in der der Wohnungsberechtigte sein Wohnungsrecht nicht ausübt, kann er bei Fehlen einer entsprechenden Vereinbarung auch keine Entschädigung wegen der Nichtausübung verlangen, soweit nicht ausnahmsweise wegen Existenzgefährdung des Berechtigten bei dessen notwendiger auswärtiger Unterbringung nach den Grundsätzen des Wegfalls der Ge-

1263

---

[91] Zur Beendigung dieser Befugnis bei Umzug in ein Altenheim s OLG Oldenburg NJW-RR 1994, 467.
[92] OLG Oldenburg NJW-RR 1994, 467 (468).
[93] AG Lindlar ZMR 1972, 84, auch zum Verhältnis zwischen Grundstückseigentümer und aufgenommenen Familienangehörigen. Für langjährige Lebensgefährten: AG Ahrensburg MDR 1980, 936.
[94] BGH 84, 36 = FamRZ 1982, 774 mit krit Anm Stürner = MittBayNot 1982, 125 = NJW 1982, 1868 = Rpfleger 1982, 336; zustimmend Scheld Rpfleger 1983, 2; großzügiger (kann neuen Ehepartner aufnehmen) BGH DNotZ 1997, 401 (402); ablehnend Eckhardt FamRZ 1982, 763.
[95] BayObLG 1980, 176 = aaO (Fußn 53). Zulässig und eintragbar (Bezugnahme genügt) ist daher auch die Regelung, daß der nichteheliche Lebenspartner zur Familie (oder nicht zur Familie) im Sinne des § 1093 Abs 2 BGB rechnet; s BGH 84, 36 = aaO (Fußn 94); Stürner FamRZ 1982, 775; Scheld Rpfleger 1983, 2.
[96] S Dammertz MittRhNotK 1970, 69 (91); RG JW 1923, 760. Zur stillschweigenden Gestattung der Ausübung durch einen Angehörigen OLG Oldenburg NJW-RR 1994, 467.

schäftsgrundlage eine Anpassung der Vereinbarung stattfindet (zB dahin, daß ihm die Mieterträge zustehen).[97] Das Wohnrecht, das nicht Teil eines Leibgedings ist, ist daher auch nicht nach § 90 BSHG überleitungsfähig durch den Sozialhilfeträger;[98] Ausnahme: Wenn sich das Wohnungsrecht nach landesrechtlichen Leibgedingsvorschriften in eine Geldleistung umwandelt (zB Art 18 ff BayAGBGB) oder Anpassung wegen Wegfalls der Geschäftsgrundlage.[99] Gegen Entgelt **vermieten** kann der Wohnungsberechtigte die Wohnung nur dann, wenn ihm die Überlassung vom Grundstückseigentümer besonders gestattet worden ist. Das Besitzrecht eines solchen Mieters gegenüber dem Eigentümer endet mit Erlöschen des Wohnungsrechts.[100] Die dem Wohnungsberechtigten vom Voreigentümer erteilte Vermietungsberechtigung muß auch der Eigentumsnachfolger gegen sich gelten lassen, wenn er sie kannte und keine triftigen Gründe für ihren Widerruf vorliegen. Dem Wohnungsberechtigten, nicht dem Eigentümer, steht in einem solchen Falle der **Mietzinsanspruch** gegen den Mieter zu.[101]

Bei **Zuwiderhandlung** gegen die hiervor behandelten Vorschriften kann der Eigentümer gegen den Wohnberechtigten auf **Unterlassung klagen** (§ 1004 BGB), nicht aber von ihm Herausgabe des Mietzinses verlangen.[102]

k) Änderung des Ausübungsbereichs

1263 a Änderung der Gebäudeteile (Räume und/oder zu gemeinschaftlichem Gebrauch bestimmte Anlagen und Einrichtungen) ist Inhaltsänderung, erfordert somit Einigung und Eintragung (§ 877 mit § 873 BGB). Als erweiternde Inhaltsänderung verlangt Ausdehnung des Wohnungsrechts auf zusätzliche Räume oder weitere Anlagen und Einrichtungen Zustimmung der dinglichen Berechtigten, deren Rechte betroffen (iS von beeinträchtigt) sind. Einschränkung des Ausübungsbereichs (zB Beschränkung des Wohnungsrechts am gesamten Gebäude nur noch auf einen Gebäudeteil) ist als Teilaufhebung zu bewilligen und einzutragen (Rdn 1266). Werden Räume ausgewechselt (getauscht) und ist zweifelhaft, ob und wem die Inhaltsänderung zum Nachteil gereicht, so ist die Bewilligung sämtlicher in Betracht kommender Beteiligten erforderlich.

---

[97] OLG Celle NJW-RR 1999, 10; OLG Köln MittRhNotK 1995, 175 = NJW-RR 1995, 1358.
[98] OLG Braunschweig MittRhNotK 1996, 222; OLG Oldenburg NdsRpfl 1994, 305; AG Lahr MittRhNotK 1999, 112; Staudinger/Mayer Rdn 55 zu § 1093 BGB; Karpen MittRhNotK 1988, 131 (146) gegen Baur ZfS 1982, 229 und OLG Celle aaO (Fußn 97).
[99] OLG Köln NJW-RR 1995, 1358 = aaO; auch (für schuldrechtliches Wohnungsrecht) OVG Münster NJW 2001, 2191.
[100] BGH DNotZ 1990, 502. Das Mietverhältnis mit dem vermietenden Wohnungsberechtigten endet dagegen mit Erlöschen des Wohnungsrechts nicht, wenn dies nicht vertraglich vereinbart ist, BGH aaO (für den entsprechenden Fall des Nießbrauchs).
[101] LG Mannheim DWW 1967, 324 = ZMR 1968, 14. S zu dieser Frage auch BGH 59, 51 = DNotZ 1973, 28 = NJW 1972, 1416 und OLG Oldenburg NJW-RR 1994, 467. Zur Ausübung dinglicher Wohnungsrechte durch Dritte s auch Schmidt-Futterer ZMW 1967, 165.
[102] BGH aaO (Fußn 101). Zu unberechtigter Vermietung beim Wohnungsrecht s auch Kollhosser BB 1973, 820.

B. Einzelfälle

l) Pfändung

Das unübertragbare Wohnungsrecht (§ 1092 Abs 1 S 1 BGB) kann nicht gepfändet werden (§§ 851, 857 Abs 3 ZPO). Wenn aber Überlassung der Befugnis zur Ausübung an einen Dritten gestattet ist, kann das Wohnungsrecht zum Zwecke der Ausübung auch gepfändet werden (§ 857 Abs 3 ZPO). Ob diese Pfändung nur möglich ist, wenn die Gestattung der Überlassung zur Ausübung durch Einigung und Eintragung (Bezugnahme auf Eintragungsbewilligung genügt) zum Inhalt des Rechts gemacht ist[103] oder ob bereits eine rechtsgeschäftliche Vereinbarung zwischen Eigentümer und Wohnberechtigtem ausreichend ist,[104] ist streitig. Gegenstand der Pfändung ist dann die Dienstbarkeit selbst (das Stammrecht), nicht der Ausübungsanspruch.[105] Die Pfändung kann als Grundbuchberichtigung in das Grundbuch eingetragen werden. Damit kann sich der Gläubiger dagegen schützen, daß ohne seine Einwilligung (in Unkenntnis der Pfändung) das Wohnungsrecht gelöscht wird. Einzelheiten: Stöber, Forderungspfändung, Rdn 1515–1524. 1264

m) Zwangsversteigerung

Bei Zwangsversteigerung des belasteten Grundstücks erlischt das Wohnungsrecht mit dem Zuschlag, wenn es nicht nach den Versteigerungsbedingungen bestehen bleibt (§ 91 Abs 1 ZVG). Löschung erfolgt auf Ersuchen des Vollstreckungsgerichts (§ 130 ZVG). Der Berechtigte des durch Zuschlag erloschenen Wohnungsrechts hat Anspruch auf Ersatz des Wertes aus dem Versteigerungserlös durch Zahlung einer Geldrente, die dem Jahreswert des Rechts gleichkommt (§ 92 Abs 2 ZVG). Deckungskapital hierfür: § 121 ZVG. Bestimmung und Eintragung eines Höchstbetrags des Wertersatzes: § 882 BGB, Rdn 1167. 1265

n) Aufhebung, Erlöschen, Löschung

aa) Das Wohnungsrecht kann rechtsgeschäftlich jederzeit **aufgehoben** werden (§ 875 BGB). Auf Bewilligung des Berechtigten (§ 19 GBO; Form: § 29 GBO) und Antrag (§ 13 Abs 1 GBO), der in der Regel vom Grundstückseigentümer gestellt wird, ist es im Grundbuch zu löschen. Zu einem Löschungsantrag des Berechtigten selbst bedarf es der Zustimmung des Eigentümers nicht. 1266

bb) Das Wohnungsrecht **erlischt** mit dem **Tod des Berechtigten** (es ist nicht vererblich), bei juristischen Personen mit deren Beendigung (§ 1061 mit § 1090 Abs 2, § 1093 Abs 1 BGB), soweit bei letzteren nicht ein Fall des § 1059a BGB vorliegt (s § 1092 Abs 2 BGB). Vielfach erlischt das Wohnungsrecht schon früher mit Eintritt einer auflösenden Bedingung oder mit dem Eintritt eines bestimmten Zeitpunktes (s Rdn 1261), so ein auf Dauer des ledigen Standes oder bis zu einem bestimmten Lebensalter des Berechtigten bestelltes Wohnungsrecht. Eine nur in der Person des Berechtig- 1267

---

[103] So KG DNotZ 1968, 750 = NJW 1968, 1882 = OLGZ 1968, 295 = Rpfleger 1968, 329.
[104] BGH NJW 1962, 1392; BGH DNotZ 1964, 613 = NJW 1963, 2319; LG Detmold Rpfleger 1988, 372. Einseitige Erklärung des Eigentümers ist jedenfalls unzureichend, BGH DNotZ 1964, 613 = aaO.
[105] Siehe BGH 62, 133 = DNotZ 1974, 433 = Rpfleger 1974, 186 für Nießbrauch.

ten liegende dauernde Unmöglichkeit der Ausübung führt nicht zum Erlöschen.[106]

1268 cc) **Gelöscht**[107] werden kann das (erloschene) Wohnungsrecht im Grundbuch, **wenn Rückstände** von Leistungen **ausgeschlossen sind,** auf (formlosen) Antrag des Grundstückseigentümers.[108] Eintritt der (beim Grundbuchamt nicht offenkundigen) Grundbuchunrichtigkeit (Erlöschen des Wohnungsrechts durch Tod des Berechtigten, Erreichen des als Endzeitpunkt bestimmten Lebensalters, Eintritt des sonst bestimmten Zeitpunkts oder einer Bedingung) hat der Eigentümer durch öffentliche Urkunden nachzuweisen (§ 29 Abs 1 S 2 GBO; standesamtliche Sterbeurkunde, Heiratsurkunde[109]). Wenn der Nachweis in grundbuchmäßiger Form nicht geführt werden kann, erfordert die Löschung Berichtigungsbewilligung.[110] Rückstände sind beim Wohnungsrecht (in der Regel; wie hier BayObLG[111]) ausgeschlossen, weil es für den Grundstückseigentümer nur die Verpflichtung begründet, die Nutzung durch den Berechtigten zu dulden (Rdn 1249).

1269 dd) **Ausnahmsweise** sind auch beim Wohnungsrecht **Rückstände möglich,** wenn für eine zur Ausübung des Rechts gehörende Anlage (auch das Gebäude) eine Unterhaltungspflicht des Eigentümers vereinbart ist[112] (dazu Rdn 1251; Eintragung durch Bezugnahme auf Bewilligung genügt), sonst eine schuldrechtliche Eigentümerpflicht als Nebenleistungspflicht verdinglicht ist (Zahlung einer Geldrente für den Fall der „Aufgabe" des Wohnungsrechts)[113] oder landesrechtliche Bestimmungen beim Wohnungsrecht als Leibgeding (s Rdn 1347) eine gesetzliche Pflicht zur Erhaltung der Bewohnbarkeit oder

---

[106] OLG Celle NJW-RR 1999, 10 (Umzug ins Altenheim); OLG Köln MittRhNotK 1995, 175 = NJW-RR 1995, 1358; OLG Zweibrücken OLGZ 1987, 27; noch allgemeiner BGH DNotZ 1999, 500 mit Anm Frank = NJW-RR 1999, 376 (377) = Rpfleger 1999, 122 (123); anders bei Wohnungsrecht im Rahmen eines Leibgedings auf Grund landesrechtlicher Regelung (zB Art 18 BayAGBGB), vgl OLG Köln NJW-RR 1989, 138; siehe auch Rdn 1217 Fußn 61.
[107] Löschung eines zugunsten einer katholischen Benefiziumstiftung eingetragenen Wohnungsrechts wegen Gegenstandslosigkeit infolge Wegfalls des Berechtigten und Verwirkung: BayObLG 1999, 248 = aaO (Fußn 74).
[108] Zum Antragsrecht (für Grundbuchberichtigung) des Gläubigers eines gleich- oder nachrangigen Grundpfandrechts s Rdn 360.
[109] Der Antragsberechtigte hat ein rechtliches Interesse an der Erteilung einer Sterbe- oder Heiratsurkunde jedenfalls unmittelbar an das Grundbuchamt, BGH FamRZ 1996, 1274 = MittBayNot 1997, 51.
[110] BayObLG NJW-RR 1996, 589 = Rpfleger 1996, 191.
[111] BayObLG 1979, 372 = aaO (Fußn 53); OLG Frankfurt NJW-RR 1989, 146; OLG Hamm NJW-RR 2001, 1099 (1100) = Rpfleger 2001, 402; LG Bonn NJW 1963, 819; LG Frankenthal MittBayNot 1971, 361; Riggers JurBüro 1970, 645. **Anders:** Rückstände nicht ganz ausgeschlossen, LG Wuppertal MittBayNot 1977, 235 = MittRhNotK 1977, 131 („... in der Regel Rückstände nicht völlig ausgeschlossen"); Gantzer MittBayNot 1972, 6 (dieser jedoch für das Wohnungsrecht im Rahmen eines Leibgedings, wenn landesrechtliche Bestimmungen nach Wegzug des Berechtigten zur Zahlung einer Geldrente verpflichten); K/E/H/E Rdn 22 zu § 23.
[112] BayObLG 1979, 372 = aaO (Fußn 53); OLG Düsseldorf MittRhNotK 1994, 346 = Rpfleger 1995, 248; OLG Hamm MittBayNot 1996, 300 = MittRhNotK 1996, 225; LG Braunschweig RNotZ 2002, 177.
[113] OLG Hamm NJW-RR 2001, 1099 = aaO (Fußn 111).

B. Einzelfälle

eine Geldrente bei Wegzug vorsehen. Auf die mit dem Wohnungsrecht als Nebenleistungspflicht verbundene Unterhaltungspflicht finden Vorschriften über die Reallast entsprechende Anwendung (§ 1021 Abs 2 BGB); demnach aus dem Grundstück zu entrichtende wiederkehrende Leistungen (§ 1105 Abs 1 BGB) können rückständig sein. In diesem Fall kann das auf Lebenszeit des Berechtigten bestellte oder sonst zeitlich beschränkte Recht daher nur mit Bewilligung des Rechtsnachfolgers oder des Berechtigten oder erst nach Ablauf eines Jahres unter den weiteren Voraussetzungen des § 23 (auch § 24) GBO gelöscht werden.

ee) Eintragung eines **Vermerks nach § 23 Abs 2** (mit § 24) GBO dahingehend, daß zur Löschung des Rechts der Nachweis des Todes des Berechtigten (des für das Erlöschen des Wohnungsrechts sonst bestimmten Zeitpunkts oder Ereignisses) genügen soll (s dazu Rdn 376) ist beim rückstandslosen Wohnungsrecht als überflüssig unzulässig. Eingetragen werden kann dieser Vermerk nur ausnahmsweise, wenn wegen der mit dem Wohnungsrecht als Nebenleistungspflicht verbundenen Unterhaltungspflicht mit Anwendung der Vorschriften über die Reallast (Rdn 1269) Rückstände möglich sind.[114] 1270

ff) Erlöschensfiktion und Löschungserleichterung nach Ablauf von 110 Jahren (§ 5 GBBerG) sowie Aufgebotsverfahren bei unbekanntem Aufenthalt des Berechtigten (§ 6 GBBerG) wie Rdn 1217 a. 1270a

gg) Mit **Teilung** des belasteten Grundstücks werden Grundstücksteile frei, welche außerhalb des Ausübungsbereichs des Wohnungsrechts liegen (§ 1026 mit § 1093 Abs 1 und § 1090 Abs 2 BGB). Das Wohnungsrecht erlischt kraft Gesetzes an dem Teilgrundstück, das außerhalb seines Ausübungsbereichs liegt (dazu Rdn 1189). Löschung erfordert als Grundbuchberichtigung Bewilligung (§ 19 GBO) oder Unrichtigkeitsnachweis (§ 22 Abs 1 GBO; dazu Rdn 1188, 1189). Nachweis darüber, daß das Gebäude mit den Wohnungen nicht auf dem Teilgrundstück steht, genügt dafür nicht. Der Unrichtigkeitsnachweis (Form § 29 Abs 1 S 2 GBO) muß ebenso belegen, daß sich das Wohnungsrecht auch nicht deshalb auf das Teilgrundstück erstreckt, weil es Grundstücksfläche ist oder weil sich auf ihm Anlagen oder Einrichtungen befinden, auf deren Benutzung der Berechtigte angewiesen ist, um das Gebäude oder einen Teil davon als Wohnung nutzen zu können,[115] außerdem, daß es nicht unbebaute Grundstücksflächen (zB Hausgarten, Hoffläche, Garagenzufahrt) umfaßt, auf die das Wohnungsrecht erstreckt ist (s Rdn 1248). 1271

hh) Mit der **Zerstörung des Gebäudes** oder wenn die Räume, die Gegenstand des Wohnungsrechts sind, in einem Maße beschädigt werden, daß sie nachhaltig unbewohnbar sind, erlischt das Wohnungsrecht nach der Rechtsprechung des 1272

---

[114] Wie hier BayObLG 1979, 372 = aaO (Fußn 53); OLG Düsseldorf MittRhNotK 1994, 346 = Rpfleger 1995, 248 und NJW-RR 2003, 957 = RNotZ 2003, 315 = Rpfleger 2003, 351 (auch dazu, daß die [nur schuldrechtliche] Verpflichtung zur „endgültigen" Erstellung des Gebäudes keine Rückstandsleistung ist). Demharter Rdn 12 zu § 23. Zur nachträglichen Eintragung der Löschungsklausel ist Bewilligung des Inhabers des Wohnungsrechts erforderlich; BayObLG aaO; s auch Rdn 376.
[115] BayObLG 1985, 31 = aaO (Fußn 65); BayObLG DNotZ 1992, 303 = Rpfleger 1992, 57. Bescheinigung eines öffentlich bestellten Vermessungsingenieurs genügt nicht, OLG Hamm Rpfleger 2000, 157.

BGH.[116] Zweckmäßig ist es, in die Vereinbarung über Bestellung eines Wohnungsrechts Bestimmungen für den Fall der Zerstörung des Gebäudes aufzunehmen, zB über Ruhen des Rechts, Wiederaufbauverpflichtung, Zuschußpflicht des Wohnungsberechtigten, Ausgleichsanspruch des Berechtigten bei Nichtwiederaufbau.[117] Als Nebenverpflichtung kann die Pflicht zur Wiederherstellung des Gebäudes Inhalt eines Wohnungsrechts sein.[118]

Wegen landesrechtlicher Vorschriften, die im Rahmen eines Leibgedings bei zerstörtem Gebäude ohnehin eine Wiederaufbauverpflichtung des Grundstückseigentümers enthalten[119] s Rdn 1347.

o) **Besonderheiten**

1273 Besondere **landesrechtliche Vorschriften** gelten für die Fälle, in denen das Wohnungsrecht Teil eines **Leibgedings**-(Altenteils-, Leibzucht-, Auszugs-)**Vertrags** im Rahmen einer Übergabe von Grundbesitz ist. Wegen der gesetzlichen Grundlagen s Rdn 1347. Eine beschränkte persönliche Dienstbarkeit, bestehend in einem Wohnungsrecht an einem Grundstück, kann nicht zur **Mithaft** auf einem das Grundstück belastenden **Erbbaurecht** eingetragen werden.[120]

p) **Wohnungsrecht (Nutzungsrecht) und Mietrecht**

1274 Das **dingliche Wohnungsrecht** und das **schuldrechtliche Mietrecht sind** zwei **verschiedene,** voneinander unabhängige **Rechtsinstitute.**[121] Ein **Mietverhältnis als solches** kann nicht in das Grundbuch eingetragen werden. Die Miete gehört nicht zum geschlossenen Kreis der dinglichen Rechte.[122]

1275 Zur „**Verdinglichung**" eines **Mietverhältnisses** durfte nach der früheren Rechtsprechung[123] ein Wohnungsrecht (oder bei gewerblich genutzten Räu-

---

[116] BGH 7, 268 = NJW 1952, 1375; BGH 8, 58 = DNotZ 1953, 167 Leits = NJW 1953, 140; BGH DNotZ 1954, 383 = LM BGB § 1093 Nr 3; BGH DNotZ 1972, 488 = Rpfleger 1972, 129; außerdem OLG Frankfurt SJZ 1948, 385 mit krit Anm Ballerstedt; OLG München DNotZ 1954, 102 mit krit Anm Ring; OLG Karlsruhe BWNotZ 1990, 171 (auch zum Geldausgleich für das Wohnungsrecht, das der Käufer dem Verkäufer in teilweiser Anrechnung auf den Kaufpreis bestellt hat). AA Dammertz MittRhNotK 1970, 69 (105); auch Palandt/Bassenge Rdn 19 zu § 1093 und Riedel Rpfleger 1966, 133: Wohnungsrecht ruht in diesem Fall nur.

[117] S zu diesen Fragen auch Dammertz MittRhNotK 1970, 69 (106); Kraker BWNotZ 1958, 191; Riedel Rpfleger 1966, 134. Dammertz aaO auch zur Frage der Sicherungsmöglichkeit derartiger Vereinbarungen.

[118] LG Heilbronn BWNotZ 1975, 124. Die Eintragung einer Wohnungsreallast neben dem Wohnungsrecht hat das LG Braunschweig RNotZ 2002, 177 für zulässig erachtet, weil das Wohnungsrecht im Falle einer Zerstörung des Gebäudes oder einer starken, die Unbewohnbarkeit nach sich ziehenden Beschädigung erlischt.

[119] Ferner Dammertz MittRhNotK 1970, 69 (104) und Haegele Rpfleger 1954, 505.

[120] LG Düsseldorf MittRhNotK 1957, 522.

[121] BGH BB 1968, 767 = MittBayNot 1968, 219 = MittRhNotK 1968, 767. Schrifttum dazu ua Stiegele, Die Mietsicherungsdienstbarkeit (1995); Dammertz MittRhNotK 1970, 69; Ripfel DNotZ 1968, 404; Roquette BB 1967, 1177; Haegele Rpfleger 1973, 349.

[122] RG 54, 233; BGH WM 1962, 746, NJW 1963, 2319 und WM 1965, 649.

[123] BGH LM Nr 2 zu § 1092 BGB = NJW 1962, 1392 = WM 1962, 746; BGH WM 1965, 649; BGH Rpfleger 1974, 187; KGJ 24 A 121; LG Mannheim DNotZ 1972, 617; aA OLG Frankfurt SJZ 1948, 387.

B. Einzelfälle

men eine beschränkte persönliche Dienstbarkeit nach § 1090 BGB) nicht derart verwendet werden, daß das Wohnungsrecht vom Mietverhältnis inhaltlich abhängig sein soll.

Jedoch kann **neben** einem früher oder gleichzeitig geschlossenen Mietvertrag zusätzlich ein dingliches Wohnungsrecht (gleiches gilt für ausschließliche Nutzungsrechte, zB bei gewerblichen Räumen, § 1090 BGB) bestellt werden, wenn – wie regelmäßig – der wirkliche und ernstliche Wille der Beteiligten auf die Eintragung des dinglichen Rechts gerichtet ist.[124] Die früher vertretene Formel, eine Dienstbarkeit sei in solchen Fällen nur zulässig mit der Maßgabe, daß die Befugnisse des Berechtigten aus dem Wohnungsrecht sich nicht schlechthin nach dem von den Beteiligten geschlossenen Mietvertrag richten dürfen, da sonst die Grenze zwischen den beiden Rechten verwischt würde,[125] muß im Hinblick auf die Rechtsprechung des BGH zur Sicherungsdienstbarkeit (s Rdn 1226) korrigiert werden: Wird durch Einigung und Eintragung ein dingliches Recht wirksam bestellt, so können die von den Beteiligten mit der dinglichen Rechtseinräumung verfolgten Zwecke und Motive (hier vor allem die Vermeidung des außerordentlichen Kündigungsrechts des Erstehers der vermieteten Sache nach § 57a ZVG, § 111 InsO) die Wirksamkeit der sachenrechtlichen Entstehung des ernsthaft gewollten dinglichen Rechts nicht beeinträchtigen. Diese Zwecke sind in der Sicherungsvereinbarung enthalten, die der Dienstbarkeitsbestellung zugrunde liegt (vgl Rdn 1226). Diese Sicherungsvereinbarung verknüpft in zulässiger Weise das Schicksal von Mietvertrag und Dienstbarkeit. Vereinbarungen sind also unschädlich, wenn sie sich als Teil des Kausalgeschäfts (Sicherungsabrede) darstellen, welches der Einräumung des Wohnungsrechts den Rechtsgrund gibt.[126] Weil der Verpflichtungsvertrag zur Bestellung eines Wohnungsrechtes beliebige schuldrechtliche Vereinbarungen enthalten kann, auch wegen einer zu erbringenden Gegenleistung (Rdn 1280), besteht für besondere mietrechtliche Bestimmungen kein zwingendes Bedürfnis. Die als „Mietvertrag" bezeichneten Vereinbarungen können als nur schuldrechtlich wirkende Kausalvereinbarungen für Bestellung und Beibehaltung des im Vordergrund stehenden Wohnungsrechts aufrechterhalten werden.[127] In der Praxis wird jedoch meist ein Miet- oder Pachtvertrag geschlossen und gleichzeitig oder später eine Dienstbarkeit bestellt. Auch das ist zulässig,[128] wenn der Wille wirklich auf Bestellung eines dinglichen Rechts gerichtet ist.

1276

---

[124] So BGH BB 1968, 767; BGH NJW 1974, 2123; vgl auch BGH DNotZ 1999, 500 mit Anm Frank = aaO (Fußn 106).
[125] RG 54, 233; RG JW 1928, 2560 mit Anm Ruth; RG HRR 1929 Nr 602; BGH BB 1968, 767; BGH NJW 1974, 2123; OLG Hamm DNotZ 1957, 314; OLG Frankfurt SJZ 1948, 387; LG Düsseldorf ZMR 1957, 55.
[126] BGH WM 1962, 746; 1965, 649 und 1966, 1088; zum Verpflichtungsvertrag als Rechtsgrund für die Bestellung des Wohnungsrechts auch BGH DNotZ 1999, 500 = aaO (Fußn 106).
[127] Ebenso BGH DNotZ 1999, 500 = aaO (Fußn 106) und NJW 1974, 2123, der betont, daß jeder Dienstbarkeit ein schuldrechtliches Kausalgeschäft zugrunde liegt, das nicht Miete oder Pacht sei.
[128] Nachträgliche Bestellung eines Wohnungsrechts muß daher auch nicht regelmäßig nach dem Willen der Vertragsparteien den bestehenden Mietvertrag aufheben; anders OLG Köln MittRhNotK 1998, 131.

1277 Wenn das Wohnungsrecht aus irgend einem Grunde wegfällt, obwohl der früher abgeschlossene und dem Wohnungsrecht gewichene Mietvertrag eine **Fortdauer** des **Benutzungsrechts** über den Wegfall des Wohnungsrechts hinaus vorgesehen hatte, so wird ohne greifbare Anhaltspunkte die Vereinbarung eines bedingten Mietvertrags nicht angenommen werden können.[129] Ist ein dingliches Wohnungsrecht außerhalb und unabhängig von einem vorausgegangenen Mietvertrag bestellt worden, so wird – umgekehrter Fall – durch den Wegfall des Mietvertrags das der Bestellung des Wohnungsrechts zugrunde liegende schuldrechtliche Verhältnis (Rdn 1239) nicht notwendig berührt, so daß eine Klage auf Löschung des Rechts auch nicht auf § 812 BGB gestützt werden könnte.[130]

1278 Regelmäßig ist jedoch gewollt, daß das dingliche Recht nicht länger bestehen soll als der Mietvertrag dauert. Eine solche Bestimmung ist bei Einräumung der Dienstbarkeit zulässig. Sie kann als **auflösende Bedingung** des dinglichen Rechts selbst oder als Voraussetzung für den **schuldrechtlichen Löschungsanspruch** vereinbart werden. Die pauschale Verknüpfung des Bestands der Dienstbarkeit mit dem Mietvertrag führt aber dazu, daß der mit der Dienstbarkeitsbestellung verfolgte Zweck, ein zwangsversteigerungsfestes (§ 57a ZVG, auch Verkauf durch Insolvenzverwalter, § 111 InsO) Nutzungsrecht zu erhalten, nicht erreicht wird, da mit der außerordentlichen Kündigung des Mietverhältnisses nach § 57a ZVG auch die Grundlage für den Fortbestand der Dienstbarkeit entfallen wäre.[131] Besser wäre zB folgende Formulierung:

> Der Eigentümer ist berechtigt, die unverzügliche Löschung der Dienstbarkeit auf Kosten des Berechtigten zu verlangen, wenn das Mietverhältnis
> 1. vom Mieter gekündigt wird, oder
> 2. vom Vermieter aus Gründen gekündigt ist, die der Mieter zu vertreten hat, oder
> 3. das Mietverhältnis infolge Zeitablaufs beendet ist.

1279 Die Verpflichtung zur Erbringung einer Gegenleistung durch den Wohnungsberechtigten (fortlaufende Zahlung) kann nur mit rein **schuldrechtlicher Wirkung** vereinbart werden, sog **mietzinsähnlicher Form** des Wohnungsrechts.[132] Sie kann aber nie Inhalt des Wohnungsrechts sein.[133] Die Eintragung der Gegenleistung im Grundbuch, wenn auch nur durch Bezugnahme auf die Eintragungsbewilligung, mit der sie ein Teil des dinglichen Rechts werden würde, ist daher in jedem Falle unzulässig.

1280 Die Tatsache, daß Vereinbarung einer Gegenleistung nur mit schuldrechtlicher Wirkung zulässig ist, hat ua zur Folge, daß bei Nichtzahlung der – periodischen – Gegenleistung der Eigentümer des belasteten Grundstücks nur die

---

[129] BGH BB 1968, 767 und Dammertz MittRhNotK 1968, 80.
[130] BGH BWNotZ 1966, 297 = WM 1966, 1088 = ZMR 1966, 333; BGH DNotZ 1999, 500 = aaO (Fußn 106).
[131] Vgl dazu auch Mörtenkötter MittRhNotK 1995, 329 (346); Maaß/Oprée ZNotP 1997, 8 und 89; Kaufhold ZNotP 1998, 87; abl Wolfsteiner ZNotP 1997, 88, der zu Unrecht die Sicherungsvereinbarung als Teil des Mietvertrags ansieht; dazu aber BGH DNotZ 1999, 500 = aaO (Fußn 107).
[132] RG HRR 1929 Nr 602 und Nr 757; BGH WM 1962, 741, 1965, 849 und 1966, 1088; BGH BB 1968, 767; OLG Hamm DNotZ 1957, 314 mit Anm Glaser; KG JW 1923, 760.
[133] BayObLG Rpfleger 1988, 522; s auch Rdn 1259.

B. Einzelfälle

Möglichkeit hat, die sich bei einem Verzug aus einem gegenseitigen Vertrag ergebenden Rechte (§§ 281, 323 BGB) geltend zu machen, also insbesondere vom Vertrag zurückzutreten und damit Löschung des Wohnungsrechts zu verlangen.[134] Die Rücktrittsmöglichkeit liegt aber dann nicht im Interesse des Eigentümers, wenn das Wohnungsrecht die Gegenleistung für die Übertragung des Eigentums am belasteten Grundstück ist. Um auch die – wiederkehrende – Leistungspflicht des Berechtigten zu **verdinglichen,** kann das Wohnungsrecht dahin formuliert werden, daß es erlischt, wenn der Berechtigte seiner Pflicht zur Zahlung des wiederkehrend fällig werdenden Betrags zB einen Monat oder zwei aufeinanderfolgende Monate lang nicht binnen einer Schonfrist von einer Woche nachkommt (auflösend bedingtes Wohnungsrecht).[135] Die Vereinbarung einer solchen Bedingung muß, da nicht zum Inhalt des Rechts gehörend, in das Grundbuch selbst eingetragen werden; Bezugnahme auf die Bewilligung genügt insoweit nicht (s Rdn 266). Ein solches bedingtes Wohnungsrecht hat insbesondere für den Berechtigten einschneidende Folgen, da er sein Wohnungsrecht uU schon bei Zahlungsverzug mit einer Monatsrate verliert. Es ist daher der Vorschlag gemacht worden, nur die **Ausübung** des Wohnungsrechts, **nicht** dessen **Bestand** – die Bestellung –, bei Zahlungsverzug des Berechtigten **auflösend bedingt** festzulegen.

Das OLG Karlsruhe[136] hat in der Abrede: „Die Verkäuferin duldet die Überfahrt und den Übergang über das Restgrundstück zu dem Kaufgrundstück, und zwar zu einer hierwegen jeweils zu vereinbarenden Vergütung. Die Eintragung einer Grunddienstbarkeit wird bewilligt und beantragt," die Bestellung einer in ihrer Ausübung durch die Gewährung einer Gegenleistung bedingten Dienstbarkeit gesehen. 1281

Die durch Zahlung der Vergütung bedingte Ausübung bringt dem Grundstückseigentümer praktisch wenig. Wie soll der Grundstückseigentümer den sein – wenn auch durch Nichtzahlung mindestens zeitweise „erloschenes" – Wohnungsrecht ausübenden Berechtigten aus der Wohnung herausbringen, wenn für spätere Zeiträume die Gegenleistung wieder entrichtet wird? Ob es da nicht besser ist, trotz der oben vorgebrachten Bedenken festzulegen, daß das Wohnungsrecht erlischt und für spätere Zeiträume nicht wieder auflebt, wenn der Berechtigte seinen Zahlungsverpflichtungen bei sechs (oder zwölf) aufeinanderfolgenden Fälligkeitsterminen nicht pünktlich nachkommt? Das ist eine zwar uU harte, aber klare und auch verhältnismäßig rasch gerichtlich durchsetzbare Regelung. Der Berechtigte weiß auf alle Fälle, was ihm bei entsprechender Nichtzahlung droht. Kommt eine solche Regelung nicht in Betracht, so sollte bei Aufnahme einer „Erlöschensklausel" der hier behandelten Art zum Mindesten gesagt werden, daß das Wohnungsrecht nach Zahlung der Rückstände fortbesteht. Dadurch kann die Notwendigkeit der Auslegung der getroffenen Vereinbarungen entfallen. 1282

Enthält der über die Bestellung eines Wohnungsrechts geschlossene schuldrechtliche Verpflichtungsvertrag eine Vereinbarung zur Erbringung einer Gegenleistung durch den Wohnungsberechtigten (Rdn 1279ff) und wird das 1283

---

[134] OLG Köln MittRhNotK 1998, 131.
[135] Vgl Ripfel DNotZ 1968, 406; Dammertz MittRhNotK 1968, 88; Staudinger/Mayer Rdn 14 zu § 1093 BGB; aA MünchKomm/Joost Rdn 16 zu § 1093 BGB.
[136] OLG Karlsruhe DNotZ 1968, 432. Dagegen Ripfel DNotZ 1968, 406.

belastete Grundstück später veräußert, so geht der Anspruch auf die Gegenleistung nicht bereits kraft Gesetzes auf den Grundstückserwerber über, und zwar weder unmittelbar noch in entsprechender Anwendung des § 566 Abs 1 (= § 571 aF) BGB.[137] Es bedarf vielmehr einer entsprechenden Abtretungsvereinbarung.

1284 Durch die schuldrechtliche Vereinbarung im Wohnungsrechts-Verpflichtungsvertrag, daß das Entgelt an den jeweiligen Grundstückseigentümer zu zahlen ist, erwirbt ein Grundstückserwerber ohne Anspruchsabtretung die Entgeltforderung nicht[138] (s Rdn 261 a ff).

6. Reallast betr Zaununterhaltung
BGB §§ 1105–1112

1285 **Antragsformular**

> Der zwischen den Grundstücken der Gemarkung Oberhof
> a) Flurstück 10, Grundbuch von Oberhof (Band 1) Blatt 15,
> Eigentümer Max Ziegel, Maurer in Oberhof,
> b) Flurstück 12, Grundbuch von Oberhof (Band 1) Blatt 16,
> Eigentümer Anna Eva, Landwirtswitwe in Oberhof,
> auf der gemeinsamen Grenze befindliche, aus Holz mit Drahtgeflecht bestehende, jedem der genannten Grundstückseigentümer zur Hälfte gehörende Zaun ist von den jeweiligen Eigentümern der beiden Grundstücke auf je hälftige Kosten zu unterhalten.
> Es wird daher von jedem Eigentümer zu Lasten seines Grundstücks und zugunsten des jeweiligen Eigentümers des anderen Grundstücks die Eintragung einer Reallast bestehend in der Verpflichtung zur gemeinschaftlichen Unterhaltung des Zaunes entsprechend dieser Vereinbarung bewilligt und beantragt.
> Oberhof, den ...... Max Ziegel   Anna Eva   (folgt Unterschriftsbeglaubigung)

Muster einer Rentenreallast s Rdn 934.

1286 **Grundbucheintragung**

> Reallast für jeweiligen Eigentümer des FlStNr ... (Grundbuch von ... [Bd....] Blatt ...) bestehend in der Pflicht zur gemeinsamen Unterhaltung eines Zaunes; gemäß Bewilligung vom ...... (Notar ... URNr ...) eingetragen am ......

Literatur: Amann, Die Anpassung von Reallastleistungen gemäß § 323 ZPO, MittBayNot 1979, 219; Amann, Durchsetzung der Reallast ohne Verlust der Reallast, DNotZ 1993, 222; Andrae, Gemeinschaftliche Anlagen und deren dingliche Absicherung, BWNotZ 1984, 31; Beyerle, Ertragsbeteiligung als dingliches Recht, JZ 1955, 257; Buschmann, Gemeinschaftsanlagen in Wohnungsgroßbauten als Reallast, BlGBW 1973, 15; Hertzberg, Sicherung von Geldleistungen bei Rentenkaufverträgen und Übertragungsverträgen über Grundstücke, MittRhNotK 1988, 55; Joost, Verewigung ausschließlicher Bezugsbindungen durch dingliche Lasten?, JZ 1979, 467; Kirchner, Zulässigkeit der subjektiv-persönlichen Eigentümer-Reallast, MittBayNot 1972, 53; Linde, Wärmelieferungsverträge und ihre dingliche Sicherung, BWNotZ 1980, 29; Ripfel, Zur Eintreibbarkeit der Rente beim Verkauf auf Rentenbasis, DNotZ 1969, 84.

a) Recht, Entstehung

1287 **Reallast** (§ 1105 Abs 1 BGB) ist die Belastung eines Grundstücks in der Weise, daß an den Berechtigten wiederkehrende Leistungen aus dem Grund-

---
[137] BGH BB 1968, 767; ebenso BGH WM 1965, 649; Roquette MDR 1957, 712.
[138] AA Dammertz MittRhNotK 1970, 69 (79); Ripfel DNotZ 1968, 405.

stück zu entrichten sind. Die Leistungen müssen nicht in Natur aus dem Grundstück gewährt werden, vielmehr haftet das Grundstück für ihre Entrichtung. Ein wirtschaftlicher oder sonstiger Zusammenhang zwischen den Leistungen und dem belasteten Grundstück muß daher nicht bestehen.[1] Die Reallast verleiht kein unmittelbares Nutzungsrecht am Grundstück. „Entrichtung aus dem Grundstück ..." begründet ein Verwertungsrecht, das der Gläubiger wegen der einzelnen Leistungen im Wege der Zwangsvollstreckung (§§ 1107, 1147 BGB) verwirklichen kann.

Als Grundstücksrecht (materiell) **entsteht** die Reallast mit Einigung der Beteiligten und Eintragung in das Grundbuch (§ 873 BGB; Rdn 9). Die Eintragung erfolgt auf Antrag (§ 13 Abs 1 GBO), wenn der Betroffene sie bewilligt (§ 19 GBO). Form der Bewilligung: § 29 GBO. Begründung und Fortbestand der Reallast als Grundstücksbelastung sind unabhängig von schuldrechtlichen Beziehungen der Beteiligten (Rdn 15), sonach auch von einem obligatorischen Bestellungsvertrag.[2] Die (bewilligte) Eintragung erfolgt daher auch für einen Berechtigten, der an dem zur Bestellung verpflichtenden Vertrag nicht beteiligt ist; doch entsteht zu seinen Gunsten die Reallast erst mit (formloser) Einigung zwischen ihm und dem Eigentümer des belasteten Grundstücks (vgl Rdn 937a). 1288

b) Belastungsgegenstand

Grundstück und Erbbaurecht (als grundstücksgleiches Recht) wie Rdn 1117. Belastet werden kann mit einer Reallast auch ein ideeller Miteigentumsanteil (Bruchteil eines Miteigentümers, § 1106 BGB) und Wohnungseigentum[3] (s Rdn 2937), nicht aber ein Gesamthandsanteil (zB Miterbenanteil, § 2033 Abs 2 BGB; Gesellschaftsanteil, § 719 Abs 1 BGB). Der Alleineigentümer eines Grundstücks kann einen Bruchteil daran nicht mit einer Reallast belasten. Erwirbt der Eigentümer eines Grundstücksbruchteils einen weiteren Bruchteil und wird er damit Grundstücksalleineigentümer, so kann er nicht gleichzeitig mit dem Erwerb auf dem erworbenen Bruchteil eine Reallast bestellen.[4] Etwas anderes gilt, wenn Miteigentumsanteile zwar in der Hand eines Alleineigentümers stehen, aber gem § 3 Abs 6 GBO gebucht sind; sie sind selbständig belastbar.[5] 1289

Ein **realer Grundstücksteil** kann selbständig mit einer Reallast belastet werden. Dabei braucht der zu belastende Teil nicht vom Stammgrundstück abgeschrieben und als selbständiges Grundstück im Grundbuch eingetragen zu werden, wenn durch die Nichtabschreibung Verwirrung nicht zu besorgen ist, das Grundbuch also nicht unübersichtlich wird (§ 7 Abs 2 GBO). Dar- 1290

---

[1] OLG Celle DNotZ 1952, 429 und 1955, 316; OLG Schleswig DNotZ 1975, 720; LG Memmingen MittBayNot 1995, 212; einschränkend RG JW 1921, 895, wonach ein gewisser Zusammenhang mit dem Grundstück vorhanden sein muß.
[2] BayObLG 1959, 301 = DNotZ 1960, 147 = Rpfleger 1960, 402; BayObLG MittBayNot 1980, 204 = Rpfleger 1981, 206; OLG Hamm DNotI-Report 1998, 26 = MittBayNot 1998, 348 (Leits).
[3] OLG Düsseldorf DNotZ 1977, 305.
[4] BayObLG 30, 342; Ausnahme für Vorerben BayObLG 1968, 104 = DNotZ 1968, 626 = Rpfleger 1968, 221.
[5] BayObLG 1974, 466 (470) = DNotZ 1976, 28 = NJW 1975, 740 = Rpfleger 1975, 90; auch OLG Köln Rpfleger 1981, 481.

über, ob diese Voraussetzung gegeben ist, entscheidet das pflichtgemäße Ermessen des Grundbuchamts.[6] **Gesamtbelastung** mehrerer Grundstücke mit einer Reallast (auch Wohnungsreallast) ist zulässig.[7]

c) Berechtigter

1291 Eine Reallast kann für eine natürliche oder juristische Person (auch Handelsgesellschaft, § 124 Abs 1 und § 161 Abs 2 HGB und Partnerschaft, § 7 Abs 2 PartGG, § 124 Abs 1 HGB, sowie EWIV) – **subjektiv persönlich** – oder für den jeweiligen Eigentümer eines anderen Grundstücks im Rechtssinn (s Rdn 561) (auch für jeweiligen Wohnungseigentümer oder jeweiligen Berechtigten eines grundstücksgleichen Rechts) – **subjektiv-dinglich** – bestellt werden (§ 1105 Abs 1, 2 BGB), nicht aber für den jeweiligen Bruchteilsmiteigentümer eines anderen Grundstücks.[8] Soll nur der jeweilige Eigentümer eines realen Grundstücksteils Berechtigter einer subjektiv-dinglichen Reallast werden, so muß dieser Teil abgeschrieben und als selbständiges Grundstück gebucht werden.[9]

1292 Der **Eigentümer** eines Grundstücks kann sich selbst eine (subjektiv-persönliche) Reallast bestellen. Der Eigentümer mehrerer Grundstücke kann jedes von ihnen zugunsten des jeweiligen Eigentümers eines anderen (ihm derzeit gehörenden) Grundstücks mit einer subjektiv-dinglichen Reallast belasten (Eigentümer-Reallast).[10]

1293 Für **mehrere Personen** kann eine Reallast als Gesamtgläubiger nach § 428 BGB[11] (s hierwegen auch Rdn 1245) oder in Bruchteilsgemeinschaft (wenn Reallast übertragbar und Einzelleistungen teilbar),[12] bei ehelicher Gütergemeinschaft zu deren Gesamtgut und für den Fall von deren Beendigung für die Eheleute als Gesamtgläubiger (Rdn 261 h) bestellt werden.[13] Zur Sukzessiv- und Alternativberechtigung s Rdn 261 a. Bei unteilbarer Leistung ist auch eine Reallast für mehrere Mitberechtigte nach § 432 BGB zulässig (§ 1109 Abs 1 S 2 BGB).[14] Eine subjektiv-dingliche Reallast kann in gleicher Weise zugunsten der jeweiligen Eigentümer mehrerer Grundstücke bestellt werden (Folge auch von § 1109 Abs 1 BGB). Für mehrere Personen (etwa Eheleute) können auch nebeneinander selbständige Reallasten bestellt werden, mögen sie sich auch gegenseitig beeinträchtigen.

1294 Die subjektiv-persönliche Reallast ist vererblich,[15] sofern sie nicht rechtsgeschäftlich auf die Lebenszeit des Berechtigten beschränkt ist (s Rdn 1306a)

---

[6] BayObLG JFG 9, 192.
[7] BayObLG MittRhNotK 1981, 188 = Rpfleger 1981, 353; OLG Oldenburg Rpfleger 1978, 411; Hampel Rpfleger 1962, 126 mit Nachw.
[8] BayObLG 1990, 212 (215) = DNotZ 1991, 398 = Rpfleger 1990, 507.
[9] KG JFG 53, 171.
[10] BGH MittBayNot 1984, 126 (127); Kirchner MittBayNot 1972, 53; MünchKomm/Joost Rdn 33, Palandt/Bassenge Rdn 3, BGB-RGRK/Rothe Rdn 9, Staudinger/Amann Rdn 5, je zu § 1105 BGB.
[11] BayObLG 1975, 191 (194) = DNotZ 1975, 619 = Rpfleger 1975, 300; OLG München DNotZ 1939, 359 = JFG 18, 132; s auch BGH 46, 253 (255).
[12] BGB-RGRK/Rothe Rdn 7 zu § 1105 BGB.
[13] BayObLG 1965, 267 = DNotZ 1966, 174 = Rpfleger 1966, 367; OLG Oldenburg DNotZ 1969, 46; AG Erlangen MittBayNot 1964, 145.
[14] BGH 73, 211 = DNotZ 1979, 499 = Rpfleger 1979, 56.
[15] BayObLG 1983, 113 (116) = DNotZ 1984, 176; BayObLG DNotZ 1989, 567.

oder sich eine solchen Beschränkung aus der Natur der Leistungen (s Rdn 1313) ergibt.

Eine subjektiv-persönliche Reallast kann nicht in eine subjektiv-dingliche umgewandelt werden (§ 1111 Abs 1 BGB); ebenso ist nachträgliche Umschreibung einer subjektiv-dinglichen Reallast in eine subjektiv-persönliche nicht möglich (§ 1110 BGB). Aufhebung (Löschung) der einen Reallast und Neubestellung einer Reallast in anderer Form an nächstoffener Stelle ist aber zulässig. 1295

d) Inhalt des Rechts

Gegenstand einer Reallast können (dauernd oder wenigstens mehrmalig) wiederkehrende privatrechtliche **Leistungen jeder Art** sein. Die Leistungen können in Geld, Naturalien oder in Handlungen bestehen. Als Verwertungsrecht kann die Reallast jedoch nur Leistungen zum Gegenstand haben, die in einem positiven Geben oder Tun bestehen. Eine Verpflichtung des Grundstückseigentümers, die auf Unterlassen geht (Verzicht auf Wildschäden, Nichterhebung von Schadensersatzansprüchen) kann nicht durch Reallast gesichert werden.[16] Leistungen, die nicht in Geld bestehen, müssen einen Geldwert haben, dh der Anspruch auf die Leistungen muß ggfs der Umwandlung in eine Geldforderung fähig sein.[17] Wenn das nicht geschehen kann, können Leistungen aus dem Grundstück nicht entrichtet werden (§ 1105 BGB), insbesondere kann dann ein Anspruch darauf nicht wie Hypothekenzinsen durch Zwangsvollstreckung in das belastete Grundstück befriedigt werden (§§ 1107, 1147 BGB). Eintragung als Reallast ist dann ausgeschlossen. Vorbehalt für landesrechtliche Vorschriften: Art 115 EGBGB (Rdn 1318). 1296

Die zu erbringenden Leistungen müssen bei der Reallast nicht bestimmt, sondern **der Höhe nach bestimmbar** sein. Mit § 1105 Abs 1 S 2 BGB[18] hat der Gesetzgeber nunmehr ausdrücklich als möglichen Inhalt der Reallast eine Anpassung (Änderung) der Leistungen zugelassen, wenn anhand der in der entsprechenden Vereinbarung festgelegten Voraussetzungen Art und Umfang der Belastung des Grundstücks bestimmbar sind. Diese Änderungen der Reallast werden ohne weitere Bewilligung und Eintragung (dinglich) wirksam, wenn die vereinbarten Voraussetzungen vorliegen.[19] Die Rechtsprechung des BGH[20] hat hierzu folgende für die Praxis maßgebende Grundsätze herausgearbeitet, die auch für die Auslegung von § 1105 Abs 1 S 2 BGB maßgebend sind: 1297

---

[16] BayObLG 1959, 301 = DNotZ 1960, 147 = Rpfleger 1960, 402. Nicht sicherbar ist auch die Verpflichtung des Eigentümers, die Umlegung von Kosten auf den Wohnberechtigten zu unterlassen, OLG Köln MittRhNotK 1992, 46.
[17] BGH 130, 342 = DNotZ 1996, 93 = NJW 1995, 2780 = Rpfleger 1996, 61; BayObLG 1959, 301 = aaO (Fußn 16); BayObLG MittBayNot 1980, 204 = Rpfleger 1981, 106. Zwangsvollstreckung in das Grundstück erfordert einen auf Geldzahlung gerichteten Duldungstitel, AG/LG Deggendorf Rpfleger 1990, 308.
[18] Eingefügt durch Art 11a EuroEG vom 9. 6. 1998 (BGBl I 1242).
[19] Voraussetzung kann bei einer an einen Lebenshaltungskostenindex geknüpften Rente neben der Indexänderung auch ein entsprechendes schriftliches Gläubigerverlangen sein, BGH 111, 324 = aaO (nachf Fußn 20); LG Saarbrücken Rpfleger 2000, 109.
[20] BGH 130, 342 = aaO; BGH 22, 54 = DNotZ 1957, 200; BGH 111, 324 = DNotZ 1991, 803 = NJW 1990, 2380 = Rpfleger 1990, 453.

Der Umfang der tatsächlichen Belastung muß nicht ohne weiteres aus der Eintragung selbst und der in Bezug genommenen Eintragungsbewilligung allein ersichtlich sein. Es genügt vielmehr, wenn Art, Gegenstand und Umfang der Leistung auf Grund objektiver Umstände bestimmbar sind, die auch außerhalb des Grundbuchs liegen können, sofern sie nachprüfbar sind und mindestens in der Eintragungsbewilligung angedeutet sind.[21] Dabei kommt es nicht darauf an, ob ein Dritter die Umstände, aus denen sich die tatsächliche Belastung in einem bestimmten Zeitpunkt ergibt, feststellen kann. Entscheidend ist, daß die **höchstmögliche Belastung** des Grundstücks für jeden Dritten erkennbar ist und daß der Umfang der Haftung in einem bestimmten Zeitpunkt auf Grund der in der Eintragungsbewilligung enthaltenen Voraussetzungen bestimmt werden kann (notfalls durch richterliche Entscheidung).[22] Anpassungsklauseln, die nur zu einer Einschränkung der vereinbarten Leistungspflicht unter bestimmten Voraussetzungen führen, stellen daher die Bestimmbarkeit der Leistung nicht in Frage, wenn die Höchstbelastung im obigen Sinne erkennbar ist.[22] Für Anpassungsklauseln, die auch zu einer Erhöhung der Leistungen führen können, gelten dagegen engere Grenzen der Bestimmbarkeit.[23] Dies hat bei den verschiedenen der Reallast zugänglichen Leistungen folgende Auswirkungen:

1297a **Geldleistungen** in Gestalt von Rentenzahlungen (Rentenreallasten), zB auf Grund von Kaufverträgen (Rdn 3236 ff), Überlassungen mit Leibgedingsvereinbarungen (Rdn 1320 ff), müssen bestimmt (fest beziffert) oder bestimmbar sein. Als bestimmbare Geldleistungen kommen für die Reallast[24] in Frage
a) unbezifferte Geldleistungen,
b) bezifferte Geldleistungen mit Anpassungsklauseln.
Unter Anwendung der oben genannten Grundsätze ergibt sich für die Bestimmbarkeit (Eintragungsfähigkeit) solcher Leistungen als Reallasten folgendes:

1297b Bei **unbezifferten Geldleistungen** empfiehlt es sich, den Anforderungen des Bestimmtheitsgrundsatzes durch genauere Beschreibung der Leistungen nach Umfang und Leistungsvoraussetzungen in der Eintragungsbewilligung Rechnung zu tragen,[25] auch wenn die Rechtsprechung bei Reallasten für Alten-

---

[21] BGH 130, 342 (345) = aaO (Fußn 20); BGH 35, 22 = DNotZ 1961, 404; vgl weiter auch BayObLG DNotZ 1980, 94 = MDR 1980, 238; BayObLG 1953, 201 (205) = DNotZ 1954, 48 = Rpfleger 1955, 14; BayObLG MittBayNot 1987, 94 = MittRhNotK 1987, 280 mit zust Anm Schepp = (mitget) Rpfleger 1987, 356; BayObLG 1993, 228 (231) = DNotZ 1993, 473 = Rpfleger 1993, 485; OLG Düsseldorf NJW 1957, 1766; OLG Hamm OLGZ 1988, 260 = aaO (nachf Fußn 41); KG DNotZ 1985, 707 = OLGZ 1984, 425 = Rpfleger 1984, 347 mit weit Nachw; LG Oldenburg Rpfleger 1984, 462; LG Aachen MittRhNotK 1996, 232.
[22] BGH 130, 342 = aaO (Fußn 17); auch OLG Stuttgart DNotZ 1995, 317 (Vorlagebeschluß), beide insoweit gegen BayObLG DNotZ 1994, 180 = NJW-RR 1993, 1171.
[23] OLG Stuttgart DNotZ 1995, 317 am Ende insoweit in Übereinstimmung mit BayObLG 1993, 228 = aaO (Fußn 21).
[24] Zu unterscheiden ist, ob nur die schuldrechtliche Zahlungsverpflichtung wertgesichert sein soll oder auch die Reallast; letzteres muß aus Eintragungsbewilligung und Eintragung hervorgehen, vgl BGH NJW-RR 1989, 1098.
[25] Amann MittBayNot 1979, 219; Staudinger/Amann Rdn 12 zu § 1105 BGB.

B. Einzelfälle

teilsleistungen im Zusammenhang mit einem Überlassungsvertrag im Einzelfall (noch) recht großzügig ist. So wird für zulässig, weil genügend bestimmbar gehalten:

> Pflicht, für Arzt, Heilmittel und Kost aufzukommen, soweit die Mittel des Berechtigten nicht reichen[26]

ebenso

> Pflicht, die Kosten einer Unterbringung in einem Alten- und Pflegeheim zu tragen.[27]

Auch die Vereinbarung zur „Entrichtung des zu einem standesgemäßen Unterhalt erforderlichen Geldbetrages in monatlichen Raten" wurde für zulässig gehalten.[28] Dem ist jedoch nicht (mehr) zu folgen,[29] da die „Standesgemäßheit" allein so viele Unwägbarkeiten enthält, daß für nachrangig Berechtigte das Höchstmaß der Belastung nicht mehr feststellbar sein dürfte. Daher verlangt das BayObLG[30] zu Recht bei einer Unterhaltssicherungsklausel, daß bereits in der Eintragungsbewilligung der Betrag angegeben wird, den die Beteiligten für den standesgemäßen Unterhalt für angemessen halten; es muß erkennbar sein, aus welchen Einkünften (Einkunftsart, zB Lohn, Rente, Mieteinkünfte uä) dieser Betrag bestritten wird (nicht jedoch die Höhe dieser Einkünfte) und ob der Unterhaltsbetrag nur für den Berechtigten allein oder auch für weitere, ihm gegenüber unterhaltsberechtigte Personen bestimmt ist.

Bei **bezifferten Geldleistungen** mit Anpassungsvereinbarungen muß unterschieden werden:
– Nach § 2 Abs 1 Preisklauselverordnung (PrKV)[31] genehmigte, damit rechtswirksame) **Gleitklauseln** (s Rdn 3256 ff) entsprechen regelmäßig den Anforderungen der Bestimmbarkeit einer Reallast.[32]   1297 c
– Genehmigungsfreie **Spannungsklauseln** (s Rdn 3261, 3279) sind reallastfähig, wenn der gewählte Vergleichsmaßstab selbst zuverlässig feststellbar ist, wenn auch außerhalb des Grundbuchs und ggfs erst durch richterliche Entscheidung.   1297 d

Beispiele aus der Rechtsprechung: Ausreichend bestimmbar sind Zahlungen, die sich ändern nach
– dem Wert des belasteten Grundstücks,[33]
– der ortsüblich erzielbaren Nettomiete einer bestimmten Wohnung.[34]

Nicht zulässig, weil nicht ausreichend bestimmbar, sind Zahlungen, die sich ändern nach

---

[26] LG Würzburg MittBayNot 1975, 98; ähnlich auch OLG Nürnberg RdL 1967, 184.
[27] LG München II MittBayNot 1990, 244.
[28] BayObLG 1953, 201 = DNotZ 1954, 48 = Rpfleger 1955, 14.
[29] So jetzt OLG Düsseldorf MittRhNotK 1990, 167 und 218; BayObLG 1993, 228 = aaO (Fußn 21); Staudinger/Amann Rdn 12 zu § 1105 BGB.
[30] BayObLG 1993, 228 = aaO (Fußn 21); ähnlich auch OLG Oldenburg NJW-RR 1991, 1174 = Rpfleger 1991, 450.
[31] Vom 23. 9. 1998, BGBl I 3043.
[32] BGH DNotZ 1974, 90 = NJW 1973, 1838; BayObLG DNotZ 1969, 492; Schmitz-Valckenberg DNotZ 1968, 429; Haegele Rpfleger 1969, 51 (52) und 270; Müller-Frank MittRhNotK 1975, 355.
[33] BGH 22, 220.
[34] LG Nürnberg-Fürth MittBayNot 1982, 181 und MittBayNot 1992, 278.

– dem Wert oder Ertrag anderer Grundstücke gleicher Art und Lage,[35]
– den jeweiligen Kosten einer vom Berechtigten auszuwählenden Mietwohnung,[36]
– dem örtlichen Mietspiegel.[37]

1297e – **Leistungsvorbehalte** (s Rdn 3257) sind regelmäßig zu unbestimmt und damit nicht reallastfähig; zur Vormerkbarkeit s Rdn 1833. Etwas anderes gilt nur, wenn sie so ausgestaltet sind, daß amtliche Indices die Obergrenze der nach der Ermessensentscheidung festzulegenden Leistung bilden, da dann die Obergrenze der Belastung erkennbar ist.[38]

Bei all diesen Wertsicherungsvereinbarungen müssen jedoch Art und Umfang der Änderungen und deren Beginn festgelegt sein.[39] Der Beginn kann auch von einem Verlangen des Gläubigers abhängig sein.[40]

1297f Eine **dauernde Last** (§ 10 Abs 1 Ziff 1a EStG), bei der nur vorgesehen ist, jeder Vertragsteil könne in entsprechender Anwendung des § 323 ZPO bei Änderung seiner wirtschaftlichen Verhältnisse oder jeder anderen Änderung der Geschäftsgrundlage eine Abänderung des vereinbarten Betrages verlangen, stellt keinen bestimmbaren Geldwert mehr dar und kann nicht Inhalt einer Reallast sein.[41] Bestimmbar ist eine solche Abänderungsbefugnis nach § 323 ZPO nur, wenn die Klausel nicht nur selbst die einzelnen Umstände nennt, bei deren wesentlicher Änderung die Neufestsetzung der Leistung verlangt werden kann,[42] sondern auch bei Bestellung der Reallast schon die für die Höhe der zu sichernden Leistungen maßgebenden Bemessungsgrundlagen festgestellt werden; die Bezugnahme auf die Sicherung des „standesgemäßen Unterhalts" genügt hierfür nicht (mehr);[43] zu den hierzu erforderlichen Kriterien s Rdn 1297b.

---

[35] OLG Hamm DNotZ 1968, 244 = NJW 1967, 2362; OLG Düsseldorf DNotZ 1969, 297.
[36] KG DNotZ 1985, 707 = OLGZ 1984, 425 = Rpfleger 1984, 347.
[37] BayObLG 1979, 273 = Rpfleger 1979, 382.
[38] Auf dieses Kriterium stellt BGH 130, 342 = aaO (Fußn 17) ab.
[39] Staudinger/Amann Rdn 14 zu § 1105 BGB.
[40] BGH 111, 324 = aaO (Fußn 20).
[41] BayObLG DNotZ 1980, 94 = aaO (Fußn 21); BayObLG 1993, 228 (232) = aaO (Fußn 21); OLG Hamm OLGZ 1988, 260 = Rpfleger 1988, 404; OLG Frankfurt Rpfleger 1988, 247; OLG Oldenburg FamRZ 1991, 1174 = NJW-RR 1991, 1174 = Rpfleger 1991, 450; LG Wuppertal MittRhNotK 1985, 127. Dazu und zu weiteren Einzelheiten Amann MittBayNot 1979, 219. Vorbehalt der Anpassung nach § 323 ZPO ist zu unbestimmt auch nach LG Kleve MittRhNotK 1980, 9. Zu Unrecht als hinreichend bestimmbar angesehen hat LG Augsburg MittBayNot 1985, 259 die für ein Taschengeld vereinbarte Klausel „Wenn sich die Ertragskraft des landwirtschaftlichen Betriebes wesentlich verändert, ist das Taschengeld gem § 323 ZPO anzupassen". Nur allgemein gehaltene Anpassungsklauseln sind gleichermaßen zu unbestimmt, so Abhängigkeit „von der Entwicklung der Währungs- und Preisverhältnisse" und „von der gesamtwirtschaftlichen Entwicklung, insbesondere von der Entwicklung des allgemeinen Lebensstandards", auch „von der Leistungskraft der Übernehmer bzw des Überlebenden von diesen" (dazu LG Memmingen MDR 1981, 766) oder „von der prozentualen Erhöhung (oder Verminderung) der Sozialrente" (so Meyer-Stolte Rpfleger 1984, 462 gegen LG Oldenburg Rpfleger 1984, 462).
[42] Nur diesen Aspekt betonte BayObLG MittBayNot 1987, 94 = aaO (Fußn 21).
[43] BayObLG 1993, 228 = aaO (Fußn 21); OLG Düsseldorf MittRhNot 1990, 167, 218; OLG Hamm OLGZ 1988, 260 = aaO (Fußn 41); OLG Oldenburg aaO (Fußn 30).

B. Einzelfälle

Die Vereinbarung der dauernden Last ohne Mindest- und Höchstbeträge **1297 g**
birgt erhebliche Risiken für die Beteiligten, da die Rente auch auf null sinken
oder sich auch vervielfachen kann (zu Begrenzungsmöglichkeiten vgl auch
Rdn 934 Fußn 5). Reallast als dingliche Grundstücksbelastung und eine
zu sichernde persönliche Forderung (aus Grundstückskauf- oder -übergabe-
vertrag) sind voneinander unabhängig (Rdn 1288), brauchen sonach nicht
miteinander übereinzustimmen.[44] Zulässig ist daher Bestellung einer Reallast
zur Sicherung einer auf eine bestimmte Zeit bestellten sogen Amortisations-
rente, die neben der Tilgung auch Zinsen und Verwaltungskosten umfaßt,[45]
und Bestellung einer Reallast zur Sicherung einer aufgrund eines Grundstückskaufvertrags zu entrichtenden Rente mit der Abrede, von den monatlich zu zahlenden Raten solle ein Teil nicht zur Tilgung der Kaufpreisschuld,
sondern als Zinsen verwendet werden.[46] Zur Sicherungsreallast im übrigen
s Rdn 1310a; zum Ausschluß der persönlichen Haftung des Eigentümers für
fällige Leistungen (§ 1108 Abs 1 BGB) s Rdn 1310.

Naturallieferungen ergeben sich vielfach aus einem Leibgedingsvertrag[47] **1298**
(dazu Rdn 1320 ff).

Als **Handlungen** können wiederkehrende Leistungen bestehen zB in der Un- **1299**
terhaltung einer Mauer, Brücke oder Überfahrtsanlage, eines Gebäudes, Zaunes oder eines Weges, Freistellung eines anderen (Käufer eines reallastbelaste-
ten Grundstücks) von der Inanspruchnahme aus der Reallast,[48] außerdem in
der Lieferung von elektrischem Strom, Wärme,[49] Wasser, von Bodenbestand-
teilen oder Grundstückserzeugnissen, in sonstigen Dienstleistungen (wenn
nicht bloß einmalig, s Rdn 1301), vor allem Pflegeverpflichtungen, auch in
der Stellung einer Pflegeperson zur (lebenslänglichen) Versorgung und Betreuung.[50] Auch für unvertretbare Leistungen oder persönliche Dienstleistungen kann ein Recht bestellt werden;[51] Pflege- oder Versorgungsverpflichtun-
gen (Dienstleistungen) sind nicht deswegen zu unbestimmt, weil sie von
Zumutbarkeitskriterien auf Seiten des Verpflichteten abhängen; diese bedeuten nur eine Einschränkung der ansonsten genügend bestimmbaren vollen
Pflegeverpflichtung.[52]

Abnahme- und **Bezugspflichten** (Verpflichtung zur Abnahme von Strom, **1300**
Wärme, Warmwasser usw) können nicht Inhalt einer Reallast sein.[53] Die

---

[44] BayObLG MittBayNot 1980, 204 = Rpfleger 1981, 106.
[45] RG 85, 244 = JW 1914, 981.
[46] BayObLG MittBayNot 1980, 204 = Rpfleger 1981, 106.
[47] Zur Reallast als Teil des Leibgedings s Nieder BWNotZ 1975, 5 und Meder BWNotZ 1982, 36.
[48] LG Memmingen MittBayNot 1995, 212.
[49] BayObLG DNotZ 1993, 595 = NJW-RR 1993, 530 (auch wenn die Formulierung auf Recht auf Bezug von Wärme und Gebrauchwarmwasser lautet, ist die Lieferver-
pflichtung gemeint; s auch Linde BWNotZ 1980, 29.
[50] LG Aachen Rpfleger 1986, 211.
[51] BGH MittBayNot 1995, 456; Staudinger/Amann Rdn 8 zu § 1105 BGB.
[52] BGH und OLG Stuttgart (Vorlagebeschluß) je aaO (Fußn 17 und 22) jeweils gegen BayObLG DNotZ 1994, 180 = NJW-RR 1993, 1171.
[53] Joost JZ 1979, 467; MünchKomm/Joost, Rdn 9 zu § 1105 BGB, beide gegen OLG Celle JZ 1979, 268; wie dieses auch Linde BWNotZ 1980, 29 und Andrae BWNotZ 1984, 31.

bloße Abnahme hat für den Berechtigten keinen Geldwert;[54] als Verwertungsrecht kann die Abnahmepflicht daher „aus dem Grundstück" nicht geschuldet sein; die Gegenleistung ist bei bloßer Abnahme- oder Bezugspflicht nicht Leistungsgegenstand. Ein der Gegenleistung (Entgelt für Lieferung von Strom, Wärme, Warmwasser usw) entsprechender wiederkehrender Geldanspruch kann zwar Inhalt der Reallast sein, dient dem Sicherungsbedürfnis des Berechtigten jedoch nur, wenn er nicht durch Abnahme (der Energie usw) bedingt ist. Als Lösungsmöglichkeit würde sich anbieten Bestellung einer unbedingten Reallast (sie ist von schuldrechtlichen Beziehungen unabhängig, Rdn 1288) für Geldleistungen und obligatorischer Verrechnungsabrede (Verpflichtung, das Recht nur in Höhe der geschuldeten Gegenleistung in Anspruch zu nehmen, § 137 S 2 BGB). Sicherung der Verpflichtung (eines Wohnungseigentümers), die für die Wohnung benötigte Wärme ausschließlich von einem bestimmten Heizwerk zu beziehen, kann nicht durch Reallast erfolgen.[55]

1301 Als regelmäßig oder unregelmäßig **wiederkehrend** müssen sich die aus dem Grundstück zu entrichtenden Leistungen von Zeit zu Zeit wiederholen.[56] Sie können (als betagte Leistungen) auch erst nach dem Tod des (bewilligenden) Eigentümers beginnen.[57] Es braucht sich nicht um jeweils gleich große Leistungen handeln.[58] Einmalige Leistungen für sich allein können nicht durch Reallast gesichert werden (Ausnahme beim Leibgeding s Rdn 1329). Beispiele für nicht durch Reallast sicherungsfähige einmalige Leistungen: Verpflichtung zum Ausbau einer Straße oder Herstellung einer Wasserleitung,[59] zur Herstellung einer Kanalisation, zur Errichtung eines Gebäudes oder eines Zaunes.[60] Eine einmalige Leistung kann (außerhalb des Leibgedings;[61] hierzu Rdn 1329) auch dann nicht Inhalt der Reallast sein, wenn sie als „Nebenpflicht" im Zusammenhang mit wiederkehrenden Leistungen steht, mit diesen sonach verbunden sein soll (zB die Errichtung und Unterhaltung eines Zauns).[62]

e) **Stammrecht, Einzelleistungen**

1302 Unterschieden wird zwischen der Reallast als Grundstücksbelastung (§ 1105 BGB) und den ihr entspringenden Einzelleistungen (§ 1105 Abs 1, §§ 1107, 1108 Abs 1, § 1111 Abs 2 BGB). Beide (Reallast als Ganzes und das Recht auf die Einzelleistungen) sind als Grundstücksbelastung dinglicher Natur. Wesentlicher Unterschied: Die dingliche Haftung für das Recht im Ganzen

---

[54] Ausgenommen, wenn das Interesse des Berechtigten gerade an der Abnahme besteht, etwa bei der Beseitigung von Schadstoffen, MünchKomm/Joost Rdn 9 zu § 1105 BGB.
[55] OLG Celle und Joost je aaO (Fußn 53).
[56] Motive zum BGB, Band III, S 582.
[57] OLG Zweibrücken Rpfleger 1991, 496.
[58] BGH DNotZ 1975, 154 (155) = Rpfleger 1975, 56.
[59] BayObLG 1970, 100 = DNotZ 1970, 415 = Rpfleger 1970, 202.
[60] BayObLG 1973, 21 (26).
[61] Die Besonderheit beim Leibgeding beruht auf der nur dort ausnahmsweise möglichen ergänzenden Einbeziehung der einmaligen Leistung in den Gesamtbereich der wiederkehrenden Leistungen, dazu BayObLG 1970, 100 = aaO.
[62] BayObLG 1973, 21 (26); MünchKomm/Joost Rdn 11 zu § 1105 BGB; aA Staudinger/Amann Rdn 10 zu § 1105 BGB.

B. Einzelfälle

(Stammrecht) begründet Anspruch auf Wertersatz bei Erlöschen in der Zwangsversteigerung (§ 92 ZVG) und erlangt Bedeutung bei gesetzlich oder vertraglich möglicher Ablösung (Rdn 1316), die Einzelleistungen geben Anspruch auf Vollstreckung in das Grundstück zu dinglicher Befriedigung (§§ 1107, 1147 BGB) und begründen eine persönliche Haftung des Eigentümers (§ 1108 BGB; Rdn 1309). Die Ansprüche auf Einzelleistungen verjähren in 3 Jahren (§ 195 BGB; Beginn: § 199 Abs 1 BGB). Ihnen haften neben dem Grundstück mit seinen wesentlichen Bestandteilen alle Gegenstände, auf die sich eine Hypothek erstreckt (§§ 1107, 1147 mit §§ 1120–1131 BGB).

f) Eintragungsbewilligung

Sie muß das Recht als Reallast (Kennzeichnung des Rechts mit seinem Inhalt genügt) sowie das zu belastende Grundstück und den Berechtigten, bei mehreren auch das Gemeinschaftsverhältnis bezeichnen und die Leistungen bestimmbar festlegen, die nach dem Parteiwillen den Gegenstand der Reallast bilden sollen. Allgemeine Kennzeichnung der Leistungen wird für ausreichend erachtet, wenn danach Art und Gegenstand sowie Umfang (Geldwert) der Leistungen bestimmbar sind. Zur Feststellung der Leistungen können auch außerhalb der Eintragungsbewilligung (und der Grundbucheintragung) liegende Umstände herangezogen werden, soweit sie nachprüfbar sind und auf sie in der Bewilligung hingewiesen ist (s Rdn 1297).   **1303**

Wegen der Einzelleistungen aus einer Reallast, soweit sie in einer bestimmten Geldsumme oder in einer bestimmten Menge anderer vertretbarer Sache bestehen, kann sich der Schuldner persönlich und als Eigentümer (wegen des dinglichen Anspruchs) in notarieller Urkunde der sofortigen **Zwangsvollstreckung unterwerfen** (§ 794 Abs 1 Nr 5 ZPO). Unterwerfung unter die Zwangsvollstreckung mit Wirkung gegen den jeweiligen Eigentümer (§ 800 ZPO) kann bei der Reallast nicht, auch nicht hinsichtlich der einzelnen Leistungen, in das Grundbuch eingetragen werden.[63]   **1304**

g) Grundbucheintrag

In das Grundbuch muß die Reallast mit dem Berechtigten (bei mehreren Berechtigten auch mit deren Anteilen oder Rechtsverhältnis, § 47 GBO) und mit ihrem Wesenskern schlagwortartig eingetragen werden[64] (Rdn 225 ff). Bezeichnung als Reallast empfiehlt sich, ist aber nicht unbedingt notwendig.[65] Allein die gesetzliche Bezeichnung des Rechts als „Reallast" genügt nicht;[66] es bedarf vielmehr einer inhaltlichen Umgrenzung im Einzelfall durch wenigstens schlagwortartige allgemeine Bezeichnung der aus dem Grundstück zu entrichtenden wiederkehrenden Leistungen (vgl auch Rdn 225, 1145). Zur Bezeichnung des näheren Inhalts des Rechts kann auf die Eintragungsbewilligung Bezug genommen werden (§ 874 BGB). Die Höhe der Einzelleistungen   **1305**

---

[63] BayObLG 1959, 83 = DNotZ 1959, 402 = NJW 1959, 1876 = Rpfleger 1960, 287 mit Anm Haegele; BayObLG DNotZ 1980, 94 (96); OLG Dresden OLG 5, 132; zustimmend Hieber DNotZ 1959, 390; auch Ripfel DNotZ 1969, 84 (91); Zöller/Stöber Rdn 17 zu § 800 ZPO; anders MünchKomm/Joost Rdn 37 zu § 1105 BGB.
[64] BayObLG 1973, 21 (26).
[65] S BayObLG aaO (Fußn 64); so auch Staudinger/Amann Rdn 17 zu § 1105 BGB.
[66] Offen gelassen von OLG Köln NJW 1957, 992.

braucht in das Grundbuch nicht eingetragen zu werden; § 1115 BGB über Eintragung des Geldbetrags und der Höhe der Nebenleistungen bei einer Hypothek findet bei der Reallast keine Anwendung.[67] Die Reallast sichert die jeweilige Höhe einer wertgesicherten Rente (§ 1105 Abs 1 S 2 BGB; s Rdn 1297). Eine Vormerkung zur Sicherung des Anspruchs auf Erhöhung der Rente ist daher überflüssig und unzulässig.[68] Die Wertsicherungsklausel muß nicht in das Grundbuch selbst eingetragen werden. Es genügt vielmehr, daß die Reallast darin als schwankend charakterisiert wird.[69] Im übrigen kann der Inhalt der Klausel aber durch die Bezugnahme auf die Eintragungsbewilligung zum Inhalt der Eintragung gemacht werden. **Fassung** im Grundbuch etwa:

> Reallast für eine Rente von monatlich ... Euro mit Wertsicherungsklausel unter Bezugnahme auf die Bewilligung vom ...".

Dabei kann Angabe des Rentenbetrages in Euro im Grundbuch sogar noch wegbleiben. Ist eine genehmigungsbedürftige Wertsicherungsklausel mangels Genehmigung unwirksam, kann die Reallast dennoch eingetragen werden, wenn nach der Auslegung des Vertrags (der Eintragungsbewilligung) die Eintragung der Reallast ohne Wertsicherung dem Willen der Beteiligten entspricht.[70] Eintragungserleichterung bei Altenteil Rdn 1338.

1305 a **Zusammenfassung** mehrer im Range gleichstehender oder unmittelbar aufeinanderfolgender Reallasten des gleichen Berechtigten mit gleichem Inhalt (somit insbes als Geldleistungsreallasten, Erbbauzinsreallasten) zu einer **einheitlichen Reallast** ist zulässig[71] (ebenso wie die Bildung einer Einheitshypothek; zu dieser Rdn 2695). Die Zusammenfassung ist Inhaltsänderung (§ 877 BGB). Erforderlich ist daher formellrechtlich Bewilligung des Berechtigten und des Grundstückseigentümers (Erbbauberechtigten) und Grundbucheintrag, materiellrechtlich außerdem Einigung dieser Personen (§ 877 BGB). Eintragung erfolgt in Abt II Veränderungsspalte 5 (dazu auch Rdn 2699).

h) Bedingung, Befristung

1306 Die Reallast kann zeitlich unbeschränkt oder auflösend und aufschiebend bedingt (§ 158 BGB) sowie befristet (§ 163 BGB) bestellt werden (zu einem Vertragsverhältnis als Bedingung s Rdn 1382). Bedingung und Befristung müssen in das Grundbuch selbst eingetragen werden (keine Bezugnahme, Rdn 266).

1306 a **Befristet** (betagt) ist die **auf Lebenszeit** einer Person bestellte Reallast.[72] Bei ihr ist das Erlöschen des Rechts auf weitergehende wiederkehrende Leistun-

---

[67] KGJ 51 A 271.
[68] OLG Celle DNotZ 1977, 548. Davon zu unterscheiden ist der Fall, daß die Reallast für ein bestimmtes Rentenbezugsrecht bestellt ist und mit Vormerkung der aus einer Wertsicherungsklausel über die Rente sich ergebende (bedingte) Anspruch auf Eintragung einer **weiteren Reallast** (bei Erhöhung der Rente) gesichert werden soll; s den Fall BayObLG MittBayNot 1983, 233 und OLG Düsseldorf DNotZ 1989, 578 = Rpfleger 1989, 231; zur Vormerkung zur Sicherung des Anspruchs auf Änderung der Reallast auf Grund eines Leistungsvorbehalts s Rdn 1833 mit weit Nachw.
[69] Ripfel, Grundbuchrecht, S 145; Meikel/Morvilius Einl C 304.
[70] LG Bochum MittRhNotK 1977, 178.
[71] BayObLG 1996, 114 = DNotZ 1997, 144 mit Anm v Oefele = Rpfleger 1996, 445.
[72] Anders OLG Köln MittRhNotK 1994, 149 = Rpfleger 1994, 292: Eine als unvererbliches Recht bestellte Reallast ist nicht bedingt oder befristet, die Unvererblichkeit

B. Einzelfälle

gen von einem künftigen gewissen Ereignis abhängig (der genaue Termin steht aber noch nicht fest;[73] daher keine auflösende Bedingung). Die Tatsache dieser Befristung muß daher auch in das Grundbuch eingetragen werden (Rdn 266). Eintragung als „lebenslängliche" Reallast oder als solche „auf Lebenszeit" ist ausreichend; auch Eintragung nur der Vorlöschungsklausel (Rdn 376) sollte (insbesondere bei Absicherung im Rahmen eines Leibgedings) genügen. Nicht mehr befristet sind beim Lebenszeitrecht die Ansprüche auf Einzelleistungen (§§ 1107, 1108 BGB; Rdn 1302), die zu Lebzeiten des Berechtigten bereits entstanden (somit rückständig) sind. Sie erlöschen beim Tod des Berechtigten nicht,[74] sind vielmehr an dessen Erben zu erbringen (Vereinbarung, daß auch sie erlöschen, s Rdn 1314).

Die einzelnen Leistungen können auch von einer Gegenleistung abhängig sein. Diese kann als Bedingung vereinbart (dann Grundbucheintragung) oder lediglich schuldrechtlich in der Weise festgelegt werden, daß der Berechtigte die Gegenleistung zu erbringen hat, wenn er fällige Einzelleistungen in Anspruch nehmen will.[75]   **1307**

i) Vermerk bei herrschendem Grundstück

Die subjektiv-dingliche Reallast ist auf dem Grundbuchblatt des herrschenden Grundstücks (dessen Bestandteil sie ist, § 96 BGB) auf (formlosen) Antrag seines Eigentümers (sonstige Antragsberechtigte § 9 Abs 1 GBO) zu vermerken (§ 9 Abs 1 GBO). Näher hierzu Rdn 1150, 1151.   **1308**

k) Persönliche Haftung des Grundstückseigentümers

Der Grundstückseigentümer haftet für die während der Dauer seines Eigentums fällig werdenden Leistungen (nicht aber für vorhergehende Rückstände) auch persönlich[76] (§ 1108 Abs 1 BGB), ein Grundstückserwerber damit auch, wenn er nicht in das der Reallast zugrunde liegende Schuldverhältnis eingetreten ist. Diese persönliche Haftung mit dem Gesamtvermögen besteht neben der fortbestehenden Grundstückshaftung. Es steht im Ermessen des Reallastberechtigten, ob er dinglich in das Grundstück oder persönlich ge-   **1309**

---

betrifft den Inhalt des Rechts, für den Eintragung durch Bezugnahme auf die Eintragungsbewilligung genügt. Dem möchten wir nicht folgen. Die subjektiv-persönliche Reallast (insbes die reine Geld-Reallast) ist (wie dingliche Rechte grundsätzlich) vererblich (BGH LM Nr 1 zu § 1105 BGB = DNotZ 1965, 612 = Rpfleger 1965, 223; BayObLG 1993, 113 (116) = DNotZ 1985, 41 (42) = Rpfleger 1983, 308 (309); BayObLG DNotZ 1989, 567; MünchKomm/Joost Rdn 2 zu § 1111 BGB); mit dem Tod des Berechtigten erlöschen gesetzlich nur Nießbrauch (§ 1061 S 1 und § 1068 Abs 2 BGB), beschränkte persönliche Dienstbarkeit (§ 1090 Abs 2 mit § 1061 S 1 BGB) sowie mangels anderer Vereinbarung das dingliche Vorkaufsrecht (§ 1098 Abs 1 S 1 mit § 473 BGB). Vereinbarung, daß das Recht nicht vererblich ist, ist daher Bestimmung eines Endtermins (§ 163 BGB).
[73] BGH FamRZ 1979, 787 (788); Stöber Rdn 2.2 zu § 111 ZVG.
[74] Das verkennt OLG Köln Rpfleger 1994, 292 = aaO. Zum ähnlichen Fall, daß Anspruch und Vormerkung weiterbestehen, soweit ein Anspruch bei Eintritt des bedungenen Ereignisses bereits entstanden, aber noch nicht erfüllt war, s Rdn 1544 b.
[75] Vgl den Fall BGH NJW 1962, 2249; auch LG Köln DNotZ 1970, 568 Leits = MittRhNotK 1969, 654.
[76] RG 108, 292 (295); BGH NJW-RR 1989, 1098.

gen den haftenden Eigentümer vollstrecken will. Die persönliche Haftung dauert fort, auch wenn der für fällig gewordene Leistungen Haftende nicht mehr Grundstückseigentümer ist. Von dieser persönlichen Haftung ist die persönliche Schuld aus schuldrechtlicher Verpflichtung zu unterscheiden, wenn die Reallast, wie vielfach, **"zur Sicherung einer Forderung"** bestellt ist[77] (Rdn 1288, 1310a).

1310 Die persönliche Haftung des Eigentümers (§ 1108 Abs 1 BGB) kann **beschränkt** oder ganz **ausgeschlossen** werden (§ 1108 Abs 1 BGB ist nachgiebiges Recht). Beschränkung der persönlichen Haftung des Eigentümers ist auch in der Weise für zulässig zu erachten, daß sie unter bestimmten Voraussetzungen, so wenn wiederkehrende Leistungen aus einer durch die Reallast gesicherten Forderung erloschen sind, nicht bestehen soll.[78] Der Ausschluß oder die Beschränkung erfordert (materiell) als Inhaltsänderung Einigung und Eintragung. Die Eintragung erfolgt bei Bestellung des Rechts auf Bewilligung des Eigentümers, bei nachträglicher Inhaltsänderung auf Bewilligung des Berechtigten der Reallast. Bezugnahme nach § 874 BGB genügt. Ohne Eintragung hat die Vereinbarung, daß die persönliche Eigentümerhaftung ausgeschlossen sein soll, nur schuldrechtliche Wirkung zwischen den Vertragsparteien, insbesondere also keine Wirkung gegen Rechtsnachfolger. Erweiterung der persönlichen Haftung auf Rückstände des Voreigentümers kann nur schuldrechtlich vereinbart, nicht aber dinglich als Inhalt der Reallast bestimmt werden.

l) Sicherungsreallast

1310a Durch **schuldrechtlichen Vertrag** können bei der Reallast (wie bei der Grundschuld Rdn 2316 ff; dort auch wegen Einzelheiten) Rechtsbeziehungen hergestellt werden, die Verwendung der (abstrakten, Rdn 1288) Reallast für Forderungen (zB eine Unterhaltsrente) ermöglichen. Durch den Sicherungsvertrag wird mit nur schuldrechtlicher Wirkung die Berechtigung des Gläubigers der Reallast auf den Sicherungszweck beschränkt (vgl § 137 S 2 BGB). Vertragsinhalt im wesentlichen wie Rdn 2320. Der (schuldrechtliche) Sicherungsvertrag begründet ein Rechtsverhältnis zwischen dem Eigentümer des Grundstücks (als Sicherungsgeber) und dem Gläubiger der Reallast (als Sicherungsnehmer), das dem Eigentümer gegen den Gläubiger eine Einrede gegen jede vertragswidrige Geltendmachung der Reallast gibt (wie Rdn 2334). Diese Einrede kann auch jedem Rechtsnachfolger des Gläubigers der Reallast entgegengesetzt werden (wie Rdn 2339). Einredefrei stellt die Reallast jedoch gutgläubiger Erwerb (wie Rdn 2339). Vor Verlust der Einrede mit gutgläubigem Erwerb der Reallast durch einen Dritten schützt Eintragung eines Widerspruchs[79] (wie Rdn 2340). Als "Inhalt" der Reallast kann

---

[77] Zum Ausgleich im Innenverhältnis zwischen schuldrechtlich Verpflichtetem und nach § 1108 BGB haftendem Eigentümer, zB dem Ersteher in der Zwangsversteigerung, vgl BGH 123, 178 = NJW 1993, 2617 = Rpfleger 1993, 503; OLG Karlsruhe BWNotZ 2002, 63.
[78] Siehe OLG Hamm DNotI-Report 1998, 26 = MittBayNot 1998, 348 (Leits).
[79] Auf die bei Abtretung bereits fälligen (damit rückständigen) Leistungen finden die für Hypothekenzinsen geltenden Vorschriften Anwendung, für die § 1159 Abs 2 BGB gutgläubigen Erwerb (§ 892 BGB) ausschließt.

B. Einzelfälle

der Sicherungszweck nicht eingetragen werden[80] (Rdn 2290); er darf daher auch nicht in der Eintragungsbewilligung enthalten sein (Rdn 2287).

m) Teilung, Vereinigung, Zuschreibung

Wenn das **belastete** Grundstück geteilt wird, entsteht eine Gesamtreallast. Persönliche Haftung der Eigentümer der einzelnen Teile für fällige Einzelleistungen dann als Gesamtschuldner (§ 1108 Abs 2 BGB). Werden an einem mit einer Reallast belasteten Grundstück Wohnungseigentumsrechte begründet, so wird die Reallast Gesamtrecht. Lastenfreie Abschreibung eines Grundstücksteils erfordert Aufhebung (§§ 875, 876 BGB) oder Unschädlichkeitszeugnis (Rdn 739). Vereinigung oder Zuschreibung als Bestandteil (§ 890 BGB) erweitert die Berechtigung nicht; die Reallast bleibt Belastung des Grundstücksteils, an dem sie entstanden ist (Rdn 624, 652). Die an dem Bruchteil eines Miteigentümers lastende Reallast (§ 1106 BGB) bleibt auf ihm unverändert bestehen, auch wenn dieser später wegfällt;[81] die Belastung des fiktiv fortbestehenden Anteils kann auf den anderen Anteil erstreckt werden. Eine auf fiktiv fortbestehenden Miteigentumsanteilen lastende Gesamtreallast entsteht mit Teilung des Grundstücks, wenn die (neuen Teil-)Grundstücke jeweils in das Alleineigentum eines der bisherigen Miteigentümer übergehen.[82]

1311

Wird bei einer subjektiv-dinglichen Reallast das **berechtigte Grundstück** – auch ohne Veräußerung – **geteilt,** d.h. in mehrere selbständige Grundstücke zerlegt,[83] so besteht die Reallast für die einzelnen Teile fort (im einzelnen s § 1109 Abs 1 BGB); der Eigentümer kann aber bestimmen, daß die Reallast nur mit einem dieser Teile verbunden sein soll. Die Bestimmung ist dem Grundbuchamt gegenüber (Form: § 29 GBO) zu erklären und in das Grundbuch einzutragen. Zustimmung Dritter nach § 876 BGB ist erforderlich. Veräußert der Berechtigte nur einen Teil des begünstigten Grundstücks, ohne eine solche Bestimmung zu treffen, so bleibt die Reallast mit dem Grundstücksteil verbunden, den er behält, im übrigen erlischt sie kraft Gesetzes. Veräußert der Berechtigte alle Teile, so besteht die Reallast an ihnen fort; sie darf aber deshalb grundsätzlich nicht beschwerlicher werden (§ 1109 Abs 2 BGB). **Vereinigung** des berechtigten Grundstücks mit einem anderen Grundstück oder Bestandteilszuschreibung (§ 890 BGB) erweitert die Berechtigung nicht (s § 1110 BGB). Die subjektiv-dingliche Reallast bleibt unverändert Bestandteil (§ 96 BGB) des Teils der neuen Grundstücksfläche, zu deren Gunsten sie bei Bestellung entstanden ist.

1312

---

[80] Mißverständlich OLG Hamm DNotI-Report 1998, 26 = aaO, das Eintragung eines Leistungsverweigerungsrechts (soweit die schuldrechtliche Verpflichtung erfüllt ist) als Beschränkung der persönlichen Haftung des Eigentümers (§ 1108 Abs 1 BGB) zuläßt und damit nicht zwischen der Einrede aus dem Sicherungsvertrag gegen die Geltendmachung der Reallast (samt persönlicher Haftung des Eigentümers) und dem Ausschluß nur der persönlichen Haftung des Eigentümers nach § 1108 Abs 1 BGB unterscheidet.
[81] LG Regensburg Rpfleger 1988, 406.
[82] Freistellung der vom Eigentümer des unbelastet gewesenen Miteigentumsanteils erworbenen realen Grundstücksfläche kann mit Unschädlichkeitszeugnis erreicht werden, wenn die Voraussetzungen für dessen Erteilung vorliegen, s Rdn 739.
[83] KG KGJ 53 A 171.

n) Übertragung, Pfändung

1313 Die für den jeweiligen Eigentümer eines Grundstücks bestehende (subjektiv-dingliche) Reallast kann nicht vom Eigentum an diesem Grundstück getrennt werden (§ 1110 BGB). Sie kann daher für sich allein nicht auf einen anderen übertragen werden. Auf jeden Rechtsnachfolger des herrschenden Grundstücks geht sie (als dessen Bestandteil, § 96 BGB) ohne weiteres über. Die subjektiv-dingliche Reallast kann ebenso nicht gepfändet werden[84] (§ 851 Abs 1 ZPO). Die zugunsten einer bestimmten Person bestehende (subjektiv-persönliche) Reallast kann übertragen und daher auch gepfändet werden. Soweit der Anspruch auf Einzelleistungen selbst nicht übertragbar ist (§§ 399, 400, 413 BGB; Art 13, 15 EGBGB), wie zB ein Verköstigungs-, Wart- und Pflegeanspruch als höchstpersönliche Leistung,[85] kann auch die Reallast selbst nicht übertragen (§ 1111 Abs 2 BGB) und nicht gepfändet werden (§ 851 Abs 1 ZPO). Streitig ist, ob Teilübertragung der Reallast hinsichtlich übertragbarer Leistungen möglich ist, wenn der Anspruch auf einzelne Leistungen übertragbar, der auf andere Einzelleistungen unübertragbar ist. Hinsichtlich der übertragbaren Leistungen ist uE auch die Reallast selbst übertragbar[86] und damit auch pfändbar. Die Übertragung der Reallast im ganzen erfolgt durch Einigung und Eintragung im Grundbuch (§ 873 BGB). Das Recht auf einzelne fällige Leistungen aus der Reallast kann durch einfache Abtretung übertragen werden (§§ 1107, 1154, 398 BGB). Zur Pfändung eingehend Stöber, Forderungspfändung, Rdn 1734–1740.

o) Aufhebung, Erlöschen, Löschung

1314 Rechtsgeschäftliche Aufhebung der Reallast (§ 875, auch § 876 BGB) und Löschung im Grundbuch: Rdn 11. Zur Löschung einer Renten-Reallast ist bei einem minderjährigen Berechtigten Genehmigung des Familien- oder Vormundschaftsgerichts erforderlich[87] (§ 1643 Abs 1, § 1821 BGB). Zustimmung des Eigentümers des belasteten Grundstücks zur Aufhebung (§ 1183 BGB entsprechend) und Löschung (§ 27 GBO) ist nicht erforderlich.[88] Löschung (pfandfreie Abschreibung) mit Unschädlichkeitszeugnis: Rdn 739; landesrechtliche Besonderheiten: Art 120 EGBGB.

Handelt es sich um eine zugunsten einer bestimmten Person auf deren Lebenszeit bestellte[89] Reallast, so erlischt das Recht auf weitergehende wiederkehrende Leistungen (nicht auch bereits fällige Einzelleistungen) als **befristetes** Recht (Rdn 1306a) mit dem Tode des Berechtigten. Weil aber **Rückstände** nicht ausgeschlossen sind, kann Löschung auf (schriftlichen) Antrag (§ 13 Abs 1 GBO)

---

[84] RG 12, 202; Stöber, Forderungspfändung, Rdn 1735.
[85] BayObLG 1967, 480 = DNotZ 1968, 494; Meder BWNotZ 1982, 36 (38).
[86] RG 140, 64; Staudinger/Amann Rdn 4 zu § 1111 BGB; aA KG JW 1935, 2439; Meder BWNotZ 1982, 36 (38).
[87] LG Wuppertal MittBayNot 1961, 241.
[88] So auch Bauer/v Oefele/Kohler Rdn 8, Demharter Rdn 4, K/E/H/E Rdn 4, Meikel/Böttcher Rdn 6, je zu § 27; Staudinger/Amann Rdn 20 zu § 1105 BGB; aA Münch-Komm/Joost Rdn 40 zu § 1105 BGB (ist als irrig abzulehnen).
[89] Auf Lebenszeit bestellt ist die Reallast auch dann (Auslegung), wenn zwar nicht die Reallast, wohl aber der durch sie allein gesicherte Anspruch auf Lebenszeit beschränkt ist, wofür auch die Vorlöschungsklausel Indiz ist, OLG Düsseldorf RNotZ 2002, 454 = Rpfleger 2002, 618.

B. Einzelfälle

nur mit Bewilligung des Rechtsnachfolgers oder mit Unrichtigkeitsnachweis (Sterbeurkunde) erst nach Ablauf des Sperrjahres und nur dann erfolgen, wenn der Rechtsnachfolger des Berechtigten nicht widersprochen hat. Ist dagegen bei der Reallast eine Vorlöschungsklausel eingetragen (§ 23 Abs 2 GBO), dann erfolgt bei Unrichtigkeitsnachweis sofortige Löschung der auf Lebenszeit beschränkten Reallast. Auch die Vorlöschungsklausel ermöglicht Löschung ohne Bewilligung des Rechtsnachfolgers jedoch nicht, wenn (im Rahmen eines Leibgedings) auch Kosten der Beerdigung und Grabpflege Reallastleistungen sind (s Rdn 1344). Zur Löschung zeitlich beschränkter Rechte und zur Eintragung einer Vorlöschungsklausel s Rdn 375 ff. Schließlich ist auch möglich, gleich bei Eintragung der Reallast festzulegen, daß mit dem Tode des Berechtigten **etwaige Rückstände** aus seinem Recht **erlöschen**. Dann kann die Reallast bei Vorlage einer Sterbeurkunde über den Berechtigten ebenfalls auf Antrag des Grundstückseigentümers sofort gelöscht werden.

Für eine zugunsten einer bestimmten Person (subjektiv-persönlich, Rdn 1291) unveräußerlich (Rdn 1313; auch § 399 BGB) bestellte nicht vererbliche (Rdn 1306a, 1314) Reallast begründet § 5 GBBerG Erlöschensfiktion und Löschungserleichterung nach Ablauf von 110 Jahren.[90] In das Aufgebotsverfahren bei unbekanntem Aufenthalt des Berechtigten (§ 6 GBBerG) ist eine Reallast nicht einbezogen.

Verzicht des Berechtigten (§ 1168 BGB entsprechend) ist bei der Reallast 1315 nicht möglich, bewirkt mithin nicht, daß eine Eigentümerreallast entsteht.[91]

Für den Grundstückseigentümer kann das Recht zur **Ablösung** der Reallast (zu 1316 Landesrecht Art 113 EGBGB) durch Zahlung einer Ablösungssumme als Inhalt vereinbart werden.[92] Die Vereinbarung bedarf der Grundbucheintragung. Ablösbarkeit gehört nicht zum Inhalt der Reallast; die Vereinbarung muß daher (wie die auflösende Bedingung) als solche in das Grundbuch eingetragen werden, wegen Einzelheiten kann auf die Eintragungsbewilligung Bezug genommen werden[93] (§ 874 BGB). Ob für den Reallastgläubiger ein solches Ablösungsrecht (Verfallklausel) vereinbart werden kann, ist streitig.[94] Mit Ablösung der Reallast endet die Grundstücksbelastung (kein Übergang auf den Eigentümer).

p) Zwangsversteigerung

Bei Zwangsversteigerung[95] des belasteten Grundstücks erlischt die Reallast 1317 mit Zuschlag, wenn sie nicht nach den Versteigerungsbedingungen bestehen bleibt (§ 91 Abs 1 ZVG). Löschung erfolgt auf Ersuchen des Vollstreckungsgerichts (§ 130 ZVG). Der Berechtigte der durch Zuschlag erloschenen Real-

---

[90] Begründung BT-Drucks 12/5553, S 93.
[91] HM; vgl Palandt/Bassenge Rdn 3 zu § 1105; Staudinger/Amann Rdn 23 zu § 1105 und Rdn 25 zu § 1107 BGB.
[92] Staudinger/Amann Einl 22 zu § 1105 BGB.
[93] AA MünchKomm/Joost Rdn 12 zu § 1105 BGB.
[94] Unzulässig nach OLG Köln DNotZ 1991, 807 = Rpfleger 1991, 200; ebenso Staudinger/Amann (13. Aufl) Rdn 22 vor § 1105 BGB. Zulässig nach AG Schwandorf Rpfleger 1991, 149 und MünchKomm/Joost Rdn 12; Soergel/Stürner Rdn 15 und 20, je zu § 1105 BGB.
[95] Zur Reallast in der Zwangsversteigerung s im übrigen Haegele DNotZ 1976, 11; Hagena Rpfleger 1975, 73.

last hat Anspruch auf Ersatz des Wertes aus dem Versteigerungserlös. Wertersatz für eine Reallast von unbestimmter Dauer wird durch Zahlung einer dem Jahreswert des Rechts gleichkommenden Geldrente in Dreimonatsbeträgen geleistet (§ 92 Abs 2 ZVG; Deckungskapital im Teilungsplan § 121 ZVG); Wertersatz für eine Reallast von bestimmter Dauer wird mit Zahlung eines Kapitalbetrags geleistet (§ 92 Abs 1 ZVG). Bestimmung und Eintragung eines Höchstbetrags des Wertersatzes nach § 882 BGB Rdn 1167. Bei (ausnahmsweise) ablösbarer Reallast bestimmt sich der Betrag der Ersatzleistung durch die Ablösungssumme (§ 92 Abs 3 ZVG).

1317a Eine Vereinbarung, daß das Stammrecht (die Reallast als Ganzes) in der Zwangsversteigerung abweichend von § 12 ZVG den „Vorrang" vor den einzelnen Leistungen (zu diesen Rdn 1302) hat, kann zum dinglichen Inhalt der Reallast gemacht werden.[96] Die Bedeutung dieser Vereinbarung darf jedoch nicht verkannt und überschätzt werden. Wirkung erlangt sie nur für die Befriedigungreihenfolge des § 12 ZVG bei nicht ausreichender Masse[97] (entspricht § 367 Abs 1 BGB). Sie bewirkt keine Teilung der Reallast und schafft kein materielles Rangverhältnis zwischen mehreren Teilen des Rechts in der Weise, daß bei Vollstreckung fälliger Einzelleistungen in das haftende Grundstück das Stammrecht als dem Anspruch des Gläubigers vorgehendes Recht nach § 44 ZVG in das geringste Gebot aufgenommen werden könnte.[98] Das Recht des betreibenden Gläubigers wird in keinem Fall in das geringste Gebot aufgenommen, auch wenn er nur wegen eines Teils seines Anspruchs die Zwangsversteigerung betreibt.[99] Daher werden nie die nach § 12 Nr 2 ZVG vorweg zu befriedigenden Zinsen und anderen Nebenleistungen in das geringste Gebot aufgenommen, wenn der Gläubiger eines Grundpfandrechts die Zwangsversteigerung wegen seines danach wegzufertigenden Hauptanspruchs betreibt. In gleicher Weise kommt auch bei Abwandlung der Befriedigungsreihenfolge des § 12 ZVG die Reallast als Ganzes (das Stammrecht) nicht als bestehen bleibendes Recht (§ 52 ZVG) in das geringste Gebot, wenn wegen der erst danach wegzufertigenden Einzelleistungen die Zwangsversteigerung betrieben wird. Als Inhalt der Reallast kann auch nicht (in Anlehnung an § 9 Abs 3 ErbbauVO) vereinbart werden, daß bei Zwangsversteigerung aus der Reallast das Stammrecht in das geringste Gebot aufzunehmen sei; eine solche Vereinbarung ist nicht eintragungsfähig.[100] Wenn der Berechtigte die Zwangsversteigerung des haftenden Grundstücks wegen fälliger Einzelleistungen (§§ 1105, 1107 BGB) betreibt, erlischt somit stets die Reallast (das Stammrecht) als Grundstücksbelastung (§ 91 Abs 1 ZVG). Anders ist es nur, wenn der Reallastberechtigte **persönlich** gegen den haftenden Eigentümer **vollstreckt** (Rdn 1309), weil er als (persönlicher) Gläubiger dann nachrangig in Rangklasse 5 des § 10 Abs 1 ZVG steht, sowie auch, wenn die Reallast in **rangverschiedene Teile** aufgeteilt ist (erfordert Erklärung und Grundbucheintragung),

---

[96] BayObLG 1990, 282 = DNotZ 1991, 805 = NJW-RR 1991, 407 = Rpfleger 1991, 50.
[97] Dazu näher Stöber Rdn 4 zu § 12 ZVG; OLG Hamm (Vorlagebeschluß) RNotZ 2002, 576 = Rpfleger 2003, 24.
[98] Diesen Anschein erweckt (verfehlt) aber BayObLG 1990, 282 (283) = aaO; wie hier OLG Hamm aaO.
[99] Stöber Rdn 4.3 zu § 44 ZVG.
[100] LG Münster Rpfleger 2002, 435.

B. Einzelfälle

nämlich in eine vorrangige Teilreallast mit allen nach dem Zuschlag fälligen Leistungen und eine nachrangige Teilreallast mit den zuvor fälligen Leistungen,[101] und der Reallastgläubiger wegen seiner Einzelleistungen im Rang der nachrangigen Teilreallast die Zwangsversteigerung betreibt.[102]

q) Landesrechtliche Besonderheiten

Nach Art 115 EGBGB sind die **landesgesetzlichen Vorschriften**[103] unberührt geblieben, welche die Grundstücksbelastung mit Reallasten untersagen oder beschränken, sowie die landesgesetzlichen Vorschriften, welche den Inhalt und das Maß (auch Ablösung) von Reallasten näher bestimmen.

1318

Baden-Württemberg: § 33 AGBGB (v 26. 11. 1974, GBl 498; aufgehoben durch Gesetz v 28. 6. 2000, GBl 470) beschränkte die Begründung von Reallasten über die Lebenszeit des Berechtigten hinaus.

In **Bayern** bestehen für Reallasten keine Abweichungen von § 1105 BGB.[104]

Bremen: § 26 AGBGB.

In **Hessen** bestehen Beschränkungen für die Begründung von Reallasten nach § 25 HessAGBGB (v 18. 12. 1984, HessGVBl 344).

Nordrhein-Westfalen: Art 30 PreußAGBGB mit § 22 Abs 2 Ges v 28. 11. 1961 (GVBl 319). Es dürfen mit Ausnahme fester Geldrenten beständige (= zeitlich nicht begrenzte) Abgaben und Leistungen einem Grundstück nicht als Reallast auferlegt werden.[105] Es ist danach lediglich die Bestellung von unbefristeten Dauer-Reallasten unzulässig; zeitlich begrenzte Reallasten können mit jedem nach § 1105 BGB zulässigen Inhalt bestellt werden;[106] allerdings soll eine Reallast „auf die Standdauer des Gebäudes" zeitlich unbeschränkt und damit unzulässig sein.[107]

Rheinland-Pfalz: § 22 AGBGB v 18. 11. 1976.

Im **Saarland** ist Begründung einer Reallast über die Lebenszeit des Berechtigten hinaus unzulässig. Ist der Berechtigte der jeweilige Eigentümer eines anderen Grundstücks oder eine juristische Person, kann eine Reallast nicht über eine längere Zeit als dreißig Jahre begründet werden. Es gelten Ausnahmen. Einzelheiten: § 26 AGJustG v 5. 2. 1997 (ABl 258).

---

[101] Hierzu Amann DNotZ 1993, 222. Nur nachträgliche Aufspaltung mit Vorrang für alle nach dem nächsten Zuschlag fälligen Leistungen, nicht aber Begründung einer Reallast mit unterschiedlichem Rang für das Stammrecht und Rückstände hält OLG Hamm aaO (Fußn 97; Vorlagebeschluß) für zulässig.

[102] Amann aaO; Stöber Rdn 4.3 zu § 12 ZVG.

[103] Zusammenstellung bei Staudinger/Kanzleiter/Hönle Rdn 10 ff zu Art 115 EG-BGB; Darstellung der landesrechtlichen Regelungen auch bei Staudinger/Amann Rdn 4 ff Einl zu §§ 1105–1112 und Linde BWNotZ 1980, 30.

[104] Das AGBGB v 20. 9. 1982 (GVBl S 803; jetzt BayRS 400–1) enthält keine Beschränkungen.

[105] Daher keine (beständige) Reallast zur Sicherung des Rechts auf Unterhaltung einer Einfriedung, Streuer Rpfleger 1989, 57 in abl Anm zu LG Münster.

[106] LG Aachen MittRhNotK 1987, 280 = Rpfleger 1987, 452; LG Duisburg MittRhNotK 1987, 279 = Rpfleger 1987, 362; OLG Köln MittRhNotK 1992, 46 (47); LG Köln MittRhNotK 1987, 105 = NJW-RR 1987, 1414 = Rpfleger 1987, 362; alle gegen OLG Düsseldorf MittRhNotK 1986, 119 = Rpfleger 1986, 366 mit abl Anm Meyer-Stolte; abl zu OLG Düsseldorf auch Custodis MittRhNotK 1986, 177 = Rpfleger 1987, 233; Daniels MittRhNotK 1986, 166 und Hintzen MittRhNotK 1986, 166.

[107] OLG Köln MittRhNotK 1995, 349 = Rpfleger 1996, 190.

In **Schleswig-Holstein** ist das (preuß) Gesetz, betr die Ablösung von Reallasten in der Provinz Schleswig-Holstein v 3. 1. 1873 (PrGBl 3) noch in Kraft; nach seinem § 54 Abs 2 können mit Ausnahme fester Geldrenten keine anderen Reallasten begründet werden, außer für Bau und Unterhalt von Schulen und Kirchen.

Thüringen: § 23 AGBGB v 3. 12. 2002 (GVBl 424).

1319 **Keine Beschränkungen** bestehen auch in Berlin, Brandenburg, Hamburg außer Niedersachsen. Zur Ablösung alter Reallasten in Niedersachsen s Gesetz v 17. 5. 1967 (GBl 129 mit Änderung).[108]

7. Leibgeding (Altenteil)

BGB §§ 1030 ff, 1090 ff, 1105 ff, 873, 874, 882
EGBGB Art 96
GBO § 7 Abs 2, §§ 23, 24, 28, 47, 49
GBV §§ 10, 15 Abs 1

1320 **Antragsformular**

Dieses ergibt sich aus dem Formular eines Übergabevertrags Rdn 934.

1321 **Grundbucheintragung**

Leibgeding (oder: Altenteil) für Fritz Alt, geb am ..., und seine Ehefrau Anna Alt, geb. Otto, geb am ... Zur Löschung genügt der Nachweis des Todes der Berechtigten. Unter Bezugnahme auf die Bewilligung vom ...... (Notar ... URNr ...) eingetragen am ......

1322 Wegen des Berechtigungsverhältnisses s Rdn 1335. Seine Angabe im Grundbuch würde im Beispielsfall lauten:

... als Gesamtgläubiger nach § 428 BGB.

Literatur: Bengel, Das Leibgeding in der Zwangsversteigerung, MittBayNot 1970, 133; Böhringer, Das Altenteil in der notariellen Praxis, MittBayNot 1988, 103; Böhringer, Die Wohnungsgewährung als Leibgeding, BWNotZ 1987, 129; Dressel, Begründung und Abänderung von Altenteilsleistungen, RdL 1970, 58, 85; Drischler, Das Altenteil in der Zwangsversteigerung, Rpfleger 1983, 229; Haegele, Wohnungsrecht, Leibgeding uä Rechte in Zwangsvollstreckung, Konkurs und Vergleich, DNotZ 1976, 5; Hagena, Probleme des Doppelausgebots nach § 9 Abs 2 EGZVG, Rpfleger 1975, 73; Hartung, Einzelfragen zum im Altenteil enthaltenen Wohnrecht, Rpfleger 1978, 48; Kahlke, Erlöschen des Altenteils in der Zwangsversteigerung?, Rpfleger 1990, 233; Mayer, Leibgedingsrechte und Leistungsstörung, MittBayNot 1990, 149; Meder, Mehrere Begünstigte bei Leibgedingsrechten, BWNotZ 1982, 36; Nieder, Die dingliche Sicherung von Leibgedingen (Altenteilen), BWNotZ 1975, 3; Wolf, Das Leibgeding – ein alter Zopf?, MittBayNot 1994, 117.

a) Inhalt des Rechtes, Entstehung

1323 Der Begriff des Leibgedings (auch Altenteil, Auszug, Leibzucht genannt) ist gesetzlich nirgends definiert, wird aber in verschiedenen Vorschriften verwendet (Art 96 EGBGB, § 49 GBO, § 9 EGZVG). **Art 96** EGBGB trifft Bestimmung für den mit der Überlassung eines Grundstücks in Verbindung stehenden Leibgedingsvertrag.[1] Leibgeding (jeweils auch für Altenteil, Aus-

---

[108] Dazu Riggers JurBüro 1968, 353 und Seehusen RdL 1968, 116.
[1] BGH 125, 69 (71) = DNotZ 1994, 881 = NJW 1994, 1158 = Rpfleger 1994, 347 mit weit Nachw; auch schon BGH NJW 1962, 2249 und BGH 53, 41 (43) = DNotZ 1970, 249 = NJW 1970, 282.

B. Einzelfälle

zug, Leibzucht) in diesem Sinne[2] (des Art 96 EGBGB) ist ein vertraglich oder durch letztwillige Verfügung zugewandter Inbegriff von Nutzungen und Leistungen, die aus und auf einem Grundstück zu gewähren sind und der allgemeinen langfristigen, meist lebenslänglichen leiblichen und persönlichen Versorgung des Berechtigten dienen. Entsprechend seinem Versorgungs- und Fürsorgecharakter und unter Berücksichtigung seiner geschichtlichen Entwicklung setzt der Leibgedingsvertrag besondere persönliche Beziehungen (nicht notwendig verwandtschaftliche) zwischen den Beteiligten voraus. Die soziale Motivation, nämlich das Nachrücken der folgenden Generation in eine die Existenz wenigstens teilweise begründende Wirtschaftseinheit unter Abwägung der Interessen der weichenden und der nachrückenden Generation,[3] ist für die Annahme eines Leibgedings entscheidend.[4] Für diesen Leibgedingsvertrag enthalten landesrechtliche Vorschriften Sonderregelungen unter Abwägung der Interessen des abziehenden Altenteilers und des typischerweise nachrückenden Angehörigen der nächsten Generation. Dazu gehört ein schuldrechtlicher Vertrag nicht, bei dem der Charakter eines gegenseitigen Vertrags mit beiderseits (jedenfalls annähernd) gleichwertigen Leistungen im Vordergrund steht.[5]

Leibgedinge kommen vor allem bei der Übergabe landwirtschaftlicher Betriebe in Frage, können aber auch im Rahmen der Übergabe eines gewerblichen Betriebes vereinbart werden. Obwohl ein Leibgeding auch bei Übergabe eines städtischen Grundstückes[6] vereinbart werden kann, ist hier Zurückhaltung bei der Annahme eines Leibgedings geboten. Hier wird, zB bei einem reinen Wohnhausgrundstück, selten der Versorgungscharakter der Rechte im Vordergrund stehen.[7]

Die dingliche Absicherung ist für dieses Leibgeding nicht begriffsnotwendig; bei Vereinbarung eines Leibgedings im Rahmen einer Grundstücksüberlassung räumt das Landesrecht jedoch vielfach dem Berechtigten einen gesetzlichen Anspruch auf dingliche Absicherung durch Eintragung im Grundbuch ein (zB Art 16 BayAGBGB, BayRS 400–1; § 7 Ba.Wü. AGBGB, BWGBl 1974, 498; § 17 Hess. AGBGB, GVBl 1984, 344; § 6 Nds AGBGB, Nds

---

[2] Dazu die Fußn 1 und 4 Genannten; außerdem RG 162, 52; BayObLG 1975, 132 = DNotZ 1975, 622 = Rpfleger 1975, 314; KG MDR 1960, 234; OLG Hamm DNotZ 1970, 37 = OLGZ 1969, 380 = Rpfleger 1969, 396; OLG Schleswig Rpfleger 1980, 348.
[3] Ein Generationsunterschied ist aber nicht notwendig, OLG Köln DNotZ 1990, 513.
[4] BGH LM PrAGBGB Art 15 Nr 6; BGH 53, 41 (43) = aaO; BGH DNotZ 1982, 45 = NJW 1981, 2568 (2569); BGH DNotZ 1982, 697 (698); BGH MittBayNot 2000, 223 = MittRhNotK 2000, 203 (bei Vorbehalt lebenslangen Nießbrauchs kein Altenteil); BGH MittBayNot 1989, 81 = NJW-RR 1989, 451; BGH NJW 2003, 1325 = NotBZ 2003, 117 (kein Nachrücken in eine vom Übergeber bereits geschaffene Existenzgrundlage, wenn der Übernehmer in den Räumen seine Berufstätigkeit fortführt [oder eine eigene Berufstätigkeit aufnimmt]); siehe außerdem die Fußn 1 und 2 Genannten.
[5] BGH 125, 69 (71) = aaO (Fußn 1); LG Mainz RNotZ 2001, 113 mit abl Anm Keim.
[6] BGH FamRZ 1963, 37 = NJW 1962, 2249.
[7] BGH NJW 2003, 1325 = aaO; BGH MittBayNot 2000, 223 = aaO; BGH MittBayNot 1989, 81 = aaO (Fußn 4); OLG Düsseldorf NotBZ 2001, 466 = Rpfleger 2001, 542; OLG Hamm Rpfleger 1993, 488 Leits; OLG Köln MittRhNotK 1992, 118 = aaO (Fußn 15); LG Aachen Rpfleger 1991, 106 mit Anm Hintzen; LG Duisburg MittRhNotK 1989, 194; aA LG Bamberg MittBayNot 1992, 144.

GVBl 1971, 73; § 22 Thür. AGBGB, GVBl 2002, 424). Weiter ist beim Leibgedingsvertrag regelmäßig das Rücktrittsrecht wegen Leistungsstörungen ausgeschlossen (s Rdn 1347).

1324 § 49 GBO dient demgegenüber der Vereinfachung der Grundbuchführung. Für erweiterte **Bezugnahme auf die Eintragungsbewilligung** ermöglicht er die Bündelung von Rechten, die typischerweise zu Versorgungszwecken als Leibgeding (Altenteil usw) im Grundbuch eingetragen werden.[8] Eigenständiges dingliches Recht ist dieses Leibgeding nicht.[9] Die einzelnen Nutzungen und Leistungen sind durch die dem geschlossenen Kreis der Sachenrechte entsprechenden Rechtsinstitute (beschränkte persönliche Dienstbarkeit, Reallast, Nießbrauch, s hierzu Rdn 1194, 1287 und 1358) abzusichern. Für die Zulässigkeit und den Inhalt der das Leibgeding bildenden Einzelrechte sind stets die Vorschriften dieser Einzelrechte in vollem Umfang zu beachten. Die Eintragung der vielfältig ausgestalteten Einzelrechte, die die Versorgung des Berechtigten (meist) auf Lebenszeit sicherstellen sollen, würden das Grundbuch jedoch erheblich belasten und der Übersichtlichkeit abträglich sein.[10] Zur Erleichterung der Grundbuchführung bestimmt § 49 GBO daher, daß für Eintragung von Dienstbarkeiten und Reallasten zur dinglichen Absicherung des Versorgungsberechtigten von der Bezeichnung der einzelnen Rechte im Grundbuch abgesehen werden und mit der **Sammelbezeichnung** „Leibgeding" weitestgehende Bezugnahme auf die Eintragungsbewilligung erfolgen kann. § 49 GBO läßt damit die Bezugnahme auf die Eintragungsbewilligung zur Bezeichnung der Rechte selbst zu, während § 874 BGB Bezugnahme nur zur näheren Bezeichnung des Inhalts eines Rechts ermöglicht.[11]

1325 Das Leibgeding iS des § 49 GBO wird auch durch diese der Vereinfachung der Grundbuchführung dienende Sonderregelung gekennzeichnet.[12] Für Eintragungsfähigkeit der Rechte auf Sach- und Dienstleistungen für Versorgungszwecke in der Zusammenfassung als Leibgeding maßgeblich sind demnach allein die Rechte, die dessen Inhalt ausmachen. Diese Rechte sichern im wesentlichen Ansprüche auf Sach- und Dienstleistungen, die aus und auf einem Grundstück zu gewähren sind, der allgemeinen und persönlichen Versorgung des Berechtigten dienen (Versorgungscharakter des Leibgedings) und – regelmäßig lebenslängliche – Verknüpfung des Berechtigten mit dem belasteten Grundstück bezwecken.[13] Sie ruhen als Reallasten und beschränkte persönliche Dienstbarkeiten auf dem Grundstück, aus dem sie zu befriedigen sind. In der Verknüpfung miteinander bilden sie das Leibgeding.[14] Die Zweckbestimmung eines zu überlassenden Grundstücks und seine Eignung

---

[8] BGH 125, 69 (73) = aaO (Fußn 1).
[9] § 49 GBO erweitert den geschlossenen Kreis dinglicher Rechte nicht, BGH 125, 69 (72) = aaO (Fußn 1).
[10] BGH DNotZ 1979, 499 = Rpfleger 1979, 56.
[11] BGH DNotZ 1979, 499 = aaO (Fußn 10); BGH 125, 69 (72) = aaO (Fußn 1). Hierzu schon Motive zum Entwurf einer GBO, Amtl Ausgabe 1889, zu § 28 (S 63) unter Hinweis auf vormalige Landesgesetze.
[12] BGH 125, 69 (72) = aaO (Fußn 1).
[13] BGH 125, 69 (72) = aaO (Fußn 1); BayObLG 1994, 12 = (mitget) Rpfleger 1995, 335 (kein Leibgeding, wenn der Berechtigte von vornherein nicht auf dem Grundstück bleiben will).
[14] BGH 125, 69 (73) = aaO (Fußn 1) mit Nachw.

B. Einzelfälle

zur Sicherung wenigstens eines Teils der wirtschaftlichen Existenz des Übernehmers ist daher nicht Voraussetzung des Leibgedings für vereinfachte Eintragung nach § 49 GBO.[15] Nicht erheblich ist demnach der Rechtsgrund, dem das Leibgeding im Einzelfall seine Entstehung verdankt. Daher wird auch eine Grundstücksüberlassung nicht als begriffsnotwendig angesehen;[16] in der Praxis bildet sie freilich nahezu immer den Anlaß oder Beweggrund für die Vereinbarung eines Altenteils.

Das Leibgeding **entsteht** wie die es bildenden dinglichen Einzelrechte durch Einigung der Beteiligten und Eintragung im Grundbuch (§ 873 BGB; Rdn 9). Die Eintragung erfolgt auf Antrag (§ 13 Abs 1 GBO), wenn der betroffene Grundstückseigentümer sie bewilligt (§ 19 GBO). Wird das Leibgeding im Rahmen eines Grundstücksüberlassungsvertrages vereinbart, ist in der Regel davon auszugehen, daß der Vollzug der Eigentumsumschreibung und die Eintragung des Leibgedings im Sinne des § 16 Abs 2 GBO voneinander abhängig sind (s hierzu Rdn 92). 1326

b) Inhalt des Rechtes im Einzelnen

Der Inhalt eines Leibgedings im Einzelnen ist vielfältig; meist gehören zu ihm Geldrente, Lieferung von Naturalien wie Lebensmittel, Kleidung, Gas, Strom, Wasser, Holz, Kohlen, Dienstleistungen (Wart und Pflege) und ein Wohnungsrecht, häufig Grabunterhaltung.[17] Während das Wohnungsrecht durch eine beschränkte persönliche **Dienstbarkeit** sicherungsfähig ist (im einzelnen Rdn 1236ff), sind die übrigen Leistungen durch **Reallast** abzusichern (Rdn 1287ff). 1327

Ein **Nießbrauch** kann Bestandteil eines Leibgedings nur sein, wenn er nicht den gesamten (übergebenen) Grundbesitz erfaßt, also zB nur auf einem von mehreren Grundstücken bestellt wird; ein Nießbrauch am gesamten überlassenen Grundbesitz gibt dem Berechtigten eine eigene Erwerbsquelle und widerspricht damit dem Wesen des Leibgedings als sozial motiviertem Versorgungsvertrag.[18] Dagegen kann ein Wohnrecht auch uU allein Gegenstand eines Leibgedings sein.[19] 1328

Inhalt der **Reallast** können beim Leibgeding neben wiederkehrenden Leistungen auch einzelne **einmalige Verpflichtungen** sein, wenn sie innerhalb eines Gesamtbereiches wiederkehrender Leistungen liegen, das Leibgeding ergänzen und nur ihrer Natur nach einmalig sind.[20] Damit wird allerdings für den Bereich des Leibgedings der zulässige Inhalt des Rechtsinstituts „Reallast" 1329

---

[15] BGH 125, 69 = aaO (Fußn 1); damit überholt die Gegenansicht des OLG Köln MittBayNot 1994, 134 = MittRhNotK 1992, 118 = Rpfleger 1992, 431; und auch OLG Zweibrücken DNotZ 1994, 893 = MittBayNot 1994, 136.
[16] BGH 125, 69 (72) = aaO (Fußn 1) mit Nachw.
[17] AG Naila Rpfleger 1962, 17.
[18] BayObLG 1975, 132 = aaO (Fußn 2); Staudinger/Amann Rdn 36 Einl zu § 1105 BGB; Palandt/Bassenge Rdn 2 zu Art 96 EGBGB; K/E/H/E Rdn 3 zu § 49; KG OLG 40, 52; OLG Schleswig SchlHA 1957, 74; Reichert BWNotZ 1960, 119; aA Riggers JurBüro 1965, 961.
[19] OLG Hamm Rpfleger 1986, 270; LG Kiel SchlHA 1986, 87; LG Frankenthal Rpfleger 1989, 324; Böhringer BWNotZ 1987, 129; OLG Düsseldorf Rpfleger 2001, 542 = aaO (Fußn 7) steht dem nicht entgegen, da dort das materiellrechtliche (Art 96 EGBGB) Altenteil behandelt wird.
[20] BayObLG 1970, 100 = DNotZ 1970, 415 = Rpfleger 1970, 202.

erweitert (s hierzu Rdn 1296, 1301), begründbar letztlich wohl nur mit der Berufung auf Gewohnheitsrecht.[21] Daher können durch die das Leibgeding bildende Reallast gesichert[22] werden: die Pflicht, die Beerdigungskosten zu tragen, oder die Pflicht, im Falle der Veräußerung des übergebenen Anwesens oder wesentlicher Teile hiervon an familienfremde Dritte einen Teil des Erlöses an den Übergeber oder an Geschwister des Übernehmers zu bezahlen. Siehe hierzu auch Muster Rdn 934 (§ 9) mit Rdn 938. Im dort behandelten Fall könnte auch eine Höchstbetragshypothek, uU mit Rangvorbehalt für den Übernehmer, oder eine nicht abtretbare Grundschuld in Betracht kommen; sie müßte zugunsten der im Zeitpunkt der Übergabe vorhandenen Geschwister des Übernehmers eingetragen werden. Zu beachten ist aber, daß der bei einer Veräußerung erzielte Preis umso mehr von der investierten Arbeitskraft des Übernehmers abhängt, je länger die Zeitspanne zwischen Übergabe und Veräußerung ist; auch dies müssen die Beteiligten bei solchen Vereinbarungen abwägen.

1330 Die Verpflichtung zur **Pflege- und Unterhaltsgewährung** kann als Teil eines Leibgedings in das Grundbuch auch dann eingetragen werden, wenn die Verpflegung von der Zahlung eines **Ausgleichsbetrags** abhängig ist.[23] Ob die Verpflichtung, unter bestimmten Voraussetzungen an Stelle des gesamten Leibgedings eine einmalige Abfindung in Geld zu zahlen (Verfallklausel), als Nebenbestimmung bei einem Leibgeding eingetragen werden kann, ist streitig (s dazu Fußn 92 zu Rdn 1316); unstreitig kann sie durch eine besondere Sicherungshypothek oder Grundschuld gesichert werden.[24]

1331 Eine **Abfindungszahlung** in Form einer Rente für den Fall, daß der Leibgedingsberechtigte aus besonderen Gründen genötigt ist, den Hof dauernd zu verlassen und deshalb einzelne Leistungen (zB Wohnrecht, Lieferung von Naturalien) für ihn ohne Wert wären, kann dagegen den Inhalt eines Leibgedings bilden, da es sich nur um eine Art der weiteren Erbringung des Leibgedings handelt. Zur gesetzlichen Umwandlung von einzelnen Leistungen in eine Geldrente s Rdn 1342.

1332 Grunddienstbarkeit, subjektiv-dingliche Rentenreallast, Grundpfandrechte und das Dauerwohnrecht nach § 31 WEG können nicht Bestandteil eines Leibgedings sein; bei allen diesen Rechten fehlt der zentrale Gesichtspunkt der höchstpersönlichen Versorgung des Berechtigten.[25]

1333 Das im Leibgedingvertrag zugesicherte Recht auf freien Umgang des Berechtigten auf dem Anwesen schließt nicht ohne weiteres den Anspruch auf ständige **Offenhaltung des Hoftores** ein, um den Besuchern des Berechtigten die Benutzung der Zufahrt zum Hof mit einem Kraftwagen zu ermöglichen; anders ist es möglicherweise bei Krankheit und Gebrechlichkeit unter dem Gesichtspunkt der Hege und Pflege.[26] Zur Frage der Wertsicherungsklausel für eine Wahlschuld zwischen Naturalleistungen und Geldrente s Rdn 3266.

---

[21] Kritisch MünchKomm/Joost Rdn 25 zu § 1105 BGB.
[22] BayObLG 1970, 100 = aaO (Fußn 20); BayObLG 1983, 113 = BWNotZ 1983, 124 = MittBayNot 1983, 170 = Rpfleger 1983, 308.
[23] LG Köln MittRhNotK 1969, 654.
[24] KGJ 53 A 166; OLG Celle OLG 26, 102; BayObLG 1970, 100 = aaO (Fußn 20).
[25] Staudinger/Amann Rdn 36 Einl zu § 1105 BGB; Riggers JurBüro 1965, 962.
[26] OLG Celle RdL 1970, 96.

B. Einzelfälle

c) Belastungsgegenstand

Die in einem Leibgeding enthaltene beschränkte persönliche Dienstbarkeit für ein Wohnungsrecht kann auf solchen Grundstücken nicht eingetragen werden, auf denen sich keine für die Bewohnung in Frage kommenden Einrichtungen oder Flächen befinden (s Rdn 1248) oder errichtet werden sollen (Rdn 1242). Das gleiche gilt für einen Nießbrauch an einem von mehreren mit einem Leibgeding belasteten Grundstück. Auch er kann nicht an anderen Grundstücken begründet werden. Dies muß jedoch nicht aus dem Grundbuch selbst, sondern lediglich aus der in Bezug genommenen Eintragungsbewilligung ersichtlich sein; nur die Eintragungsbewilligung muß ergeben, auf welchen Grundstücken die Einzelrechte lasten sollen. Denn § 49 GBO läßt auch – entgegen § 48 GBO – die Bezugnahme auf die Eintragungsbewilligung hinsichtlich der belasteten Grundstücke zu.[27]

1334

d) Berechtigter

Sollen die **Rechte für mehrere Personen** – meist Eheleute – eingetragen werden, so genügt die Eintragung eines Rechts unter dem **Sammelbegriff Leibgeding** (Altenteil usw). Das zwischen den mehreren Berechtigten maßgebende Rechtsverhältnis (Bruchteils-, Gesamthandsgemeinschaft, Gesamtgläubiger nach § 428 BGB) braucht nicht im Grundbuch angegeben zu werden; es ist ausreichend, aber auch erforderlich, daß dieses Rechtsverhältnis in der Eintragungsbewilligung bezeichnet ist, wenn in dem Buchvermerk darauf Bezug genommen wird. Die von § 47 GBO verlangte Angabe im Grundbuch über das Berechtigungsverhältnis kann also im Fall des § 49 GBO ersetzt werden durch Bezugnahme auf die Eintragungsbewilligung; in dieser aber muß sie enthalten sein, widrigenfalls sie unvollständig ist.[28]

1335

Dies gilt auch, wenn der Grundbesitz den Übergebern in Gütergemeinschaft zustand.[29] Wegen der Rechtslage bei Gütergemeinschaft s Rdn 1246 und 261h.

Für mehrere Berechtigte kann ein Leibgeding als „Gesamtgläubiger" (§ 428 BGB) begründet werden;[30] die bloße Bezeichnung „als Gesamtberechtigte" ist zu unbestimmt und muß, wenn eine Gesamtgläubigerschaft nach § 428 BGB gemeint ist, durch einen entsprechenden Zusatz, zB „Gesamtberechtigte nach § 428 BGB" in der Eintragungsbewilligung gekennzeichnet werden.[31]

1336

Werden die einzelnen Rechte, aus denen sich das Leibgeding zusammensetzt, als solche eintragen, ist das unter den mehreren Berechtigten bestehende Verhältnis nach § 47 GBO einzutragen.

1337

---

[27] BGH 58, 57 = DNotZ 1972, 487 = Rpfleger 1972, 89; OLG Hamm DNotZ 1973, 376 = Rpfleger 1973, 98 und DNotZ 1976, 229 = Rpfleger 1975, 357; Böhringer MittBayNot 1988, 103 (111). AA (Belastung muß sich aus Grundbucheintrag selbst ergeben) Haegele Rpfleger 1960, 404; K/E/H/E Rdn 6 zu § 49.
[28] BGH 73, 211 = DNotZ 1979, 499 = NJW 1979, 421 = Rpfleger 1979, 56; ebenso Vorlagebeschluß OLG Frankfurt Rpfleger 1976, 417; BayObLG 1975, 191 = DNotZ 1975, 619 = Rpfleger 1975, 300; LG Osnabrück Rpfleger 1974, 263; aA früher KG OLG 29, 410.
[29] OLG Frankfurt Rpfleger 1973, 394.
[30] BayObLG 1975, 191 = aaO (Fußn 28); Meder BWNotZ 1982, 36.
[31] BGH DNotZ 1981, 121 = Rpfleger 1980, 464; auch Meder BWNotZ 1982, 36.

e) Eintragungsbewilligung, Eintragung

1338 Die Eintragungsbewilligung hat das Recht mit den einzelnen Nutzungen und Leistungen bestimmt zu beschreiben und die als Leibgeding (Altenteil usw) einzutragenden sachenrechtlichen Rechtsinstitute (Dienstbarkeit wie Rdn 1212 mit 1140, Wohnungsrecht Rdn 1258, Nießbrauch wie Rdn 1380, Reallast wie Rdn 1303) (hinreichend bestimmt[32]) zu kennzeichnen. Die einzelnen Rechtsinstitute, zB Dienstbarkeit, Reallast, müssen jede für sich den zwingenden inhaltlichen Anforderungen, die für sie gelten, entsprechen. In der Praxis ist das für die Reallast geltende Erfordernis der Bestimmbarkeit der zu erbringenden Leistungen im Rahmen des Leibgedings zu beachten (Einzelheiten Rdn 1297–1297e; zur dauernden Last s Rdn 1297f). Bezugnahme auf die jeweils gültige Sachbezugsverordnung in der Sozialversicherung enthält ausreichend bestimmbare Leistung und wird für zulässig erachtet.[33]

1339 Die Zusammenfassung mehrerer dinglicher Rechte unter der Sammelbezeichnung Leibgeding erfordert nicht den Gleichrang der sie bildenden Einzelrechte.[34] Das Grundbuchamt hat zu prüfen, ob die Begriffsmerkmale eines Leibgedings (soziale Motivation, Versorgungscharakter, s Rdn 1323, 1324) tatsächlich vorliegen; es genügt, wenn der Antragsteller die Umstände und Beziehungen formlos angibt.[35] Der Rechtsgrund, dem das Leibgeding im Einzelfall seine Entstehung verdankt, gehört nicht dazu (Rdn 1325). Daher hat das Grundbuchamt Wertungen darüber, ob das zu belastende Grundstück mindestens teilweise die wirtschaftliche Existenz des Eigentümers sichern soll und sichern kann, oder ob die Gesamtheit der Vereinbarungen der Beteiligten etwa den Charakter eines Austauschvertrages trägt, nicht anzustellen.[36]

1339a Bezeichnung der einzutragenden Rechte **im Grundbuch** mit dem Sammelbegriff „Leibgeding" (Altenteil, Leibzucht oder Auszug) unter Bezugnahme auf die Eintragungsbewilligung (§ 49 GBO) ist üblich und ratsam. Die Rechtsprechung hat schon seit langem aber auch anerkannt, daß das Recht nicht ausdrücklich als „Altenteil" usw bezeichnet sein muß.[37] Es genügt, daß sich der Charakter des Rechts (oder der Rechte) als eines Altenteils aus der Grundbucheintragung oder aus der darin in Bezug genommenen Eintragungsbewilligung hinreichend deutlich ergibt (bejaht für „Wohn- und Unterhaltsrecht").[37]

1340 Wird ein Grundstück mit einem Recht belastet, für welches nach den für die Zwangsversteigerung geltenden Vorschriften dem Berechtigten im Falle des Erlöschens durch den Zuschlag der Wert aus dem Erlös zu ersetzen ist – wie dies auf eine Reallast zutreffen kann (§ 92 ZVG) –, so kann der **Höchstbetrag des Ersatzes** bestimmt werden, zB mit den Worten:

> Der Höchstbetrag des Ersatzes für den Fall des Erlöschens durch den Zuschlag wird auf 30 000 Euro bestimmt.

---

[32] OLG Zweibrücken DNotZ 1997, 327 mit Anm Wulf.
[33] LG Kassel Rpfleger 1993, 63.
[34] LG Traunstein MittBayNot 1980, 65.
[35] OLG Schleswig Rpfleger 1980, 348.
[36] BGH 125, 69 (74) = aaO (Fußn 1).
[37] BGH 125, 69 (74) mit weit Nachw = aaO.

B. Einzelfälle

Diese Bestimmung bedarf der ausdrücklichen Eintragung in das Grundbuch (§ 882 BGB). Bewilligung des Grundstückseigentümers genügt hierfür, wenn die Eintragung des Höchstbetrags gleichzeitig mit der Eintragung der Reallast erfolgt. Die nachträgliche Festsetzung des Höchstbetrags – einzutragen in der Veränderungsspalte – bedarf nur der Bewilligung des Gläubigers, nicht auch des Grundstückseigentümers.

f) Änderung, Aufhebung, Löschung

Eines der mehreren in einem Leibgeding zusammengefaßten Rechte kann nachträglich im Wege der Inhaltsänderung durch ein anderes unter den Begriff des Leibgedings fallendes Recht ersetzt werden, etwa ein Wohnungsrecht durch eine Geldrente.[38] Einigung und Eintragung im Grundbuch auf der Grundlage einer Bewilligung des Berechtigten und des Eigentümers sind hierfür nötig. Eingetragen wird der Vermerk über die Inhaltsänderung in der Veränderungsspalte unter Bezugnahme auf die Änderungsbewilligung.[39] Gleichrang mit den bisherigen Einzelrechten ist nicht erforderlich (s auch Rdn 1339). Sind Zwischenrechte eingetragen, muß dem nachträglich eingeräumten oder geänderten Recht nicht der Vorrang eingeräumt werden; das Rangverhältnis ist vielmehr durch einen Vermerk in der Veränderungsspalte klarzustellen.[40]

1341

Die auf Grund des Vorbehalts in Art 96 EGBGB erlassenen landesrechtlichen Vorschriften zum Leibgeding regeln auch die Voraussetzungen für eine Umwandlung der Leibgedingsansprüche in Geldansprüche[41] (bei Wegzug des Berechtigten oder Verpflichteten), zB Art 18 BayAGBGB, Art 15 § 9 Abs 3 PrAGBGB, §§ 12 ff HessAGBGB, § 16 ThürAGBGB, und die Folgen von Leistungsstörungen (zB Ausschluß des Rücktrittsrechts oder der Kündigung).[42] Diese Vorschriften gelten aber nur, wenn es sich um ein Leibgeding im Sinne des Art 96 EGBGB handelt;[43] bei einem Leibgeding nach § 49 GBO gilt dies nur, wenn es gleichzeitig den (engeren) Tatbestand des Art 96 EGBGB erfüllt. Auch außerhalb des materiellrechtlichen Leibgedings sieht der BGH[44] bei Wegfall der Leistungspflicht (Pflegeverpflichtung) wegen Übersiedlung in ein Alten- und Pflegeheim ohne besondere Vereinbarung zwar keine Pflicht des Erwerbers, die Kosten der Heimunterbringung zu zahlen, wohl aber die ersparten Aufwendungen zu vergüten.

1342

Das Leibgeding wird nach Ableben des Berechtigten nach § 23 GBO gelöscht. Die Eintragung einer „Vorlöschungsklausel" (§ 23 Abs 2 GBO) ist zulässig, soweit das Leibgeding aus Rechten besteht, bei denen Rückstände an Leistungen nicht ausgeschlossen sind; dies ist immer der Fall, wenn Zahlungs-

1343

---

[38] KG DNotZ 1934, 862 = JW 1934, 2997.
[39] BayObLG 1975, 132 = Rpfleger 1975, 314.
[40] LG Traunstein MittBayNot 1980, 65.
[41] Zur Änderung und Herabsetzung von Leibgedingsansprüchen siehe weiter BGH NJW 1957, 1798; Dressel RdL 1970, 57; Kraker BWNotZ 1958, 189; Wöhrmann RdL 1949, 187; OLG Hamm MDR 1983, 756 = MittBayNot 1983, 228; OLG Köln NJW-RR 1989, 138; OLG Köln MittRhNotK 1993, 162.
[42] BayObLG DNotZ 1993, 603 = Rpfleger 1993, 443; BayObLG DNotZ 1996, 647 zum Problem des Schenkungswiderrufs bei Hofübergabe und Leibgeding.
[43] Vgl (für Art 15 § 9 Abs 3 PrAGBGB) OLG Hamm NJW-RR 1996, 1360.
[44] BGH DNotZ 2002, 702 mit Anm Krauß. Vgl dazu auch Rdn 934 mit Fußn 4.

pflichten, aber auch Unterhalts- und Pflegeverpflichtungen vereinbart sind.⁴⁵ Zur Vorlöschungsklausel siehe besonders Rdn 376.

1344 Enthält das Leibgeding die Verpflichtung zur Tragung der Beerdigungskosten und zur Grabpflege, handelt es sich um eine vererbliche Reallast und gerade nicht um ein auf Lebenszeit des Berechtigten beschränktes Recht; die Eintragung einer Vorlöschungsklausel ist nicht zulässig; auf Grund einer solchen unzulässig eingetragenen Vorlöschungsklausel kann eine Löschung nicht erfolgen.⁴⁶ Dagegen ist die Löschung der diesbezüglichen Mitberechtigung des Erstverstorbenen von zwei Anspruchsberechtigten ohne Bewilligung von dessen Erben möglich, wenn das Grabpflegerecht dem Überlebenden bis zu dessen Tod allein zustehen soll.⁴⁷ Zur Eintragung der Vorlöschungsklausel, wenn das Leibgeding – zulässig, s Rdn 1328 – nur aus einem Wohnungsrecht besteht, s Rdn 1268–1270.

1344a Bei Bewilligung und Eintragung einer Vorlöschungsklausel zur erwünschten und erstrebten Löschungserleichterung wurde früher durchweg nicht zwischen dem auf Lebenszeit beschränkten und dem vererblichen Teil der Reallast unterschieden; Vorlöschungsklauseln wurden auch eingetragen, wenn Inhalt der Leibgedings-Reallast auch noch die Verpflichtung zur Tragung der Beerdigungskosten und Grabpflege war. Solche (unzulässig) eingetragene Vorlöschungsklausel ermöglicht (vereinfachte) Löschung nicht (Rdn 1344 bei Fußn 46). In **Altfällen** aus der Zeit, in der die Vorlöschungsklausel uneingeschränkt verwendet und eingetragen wurde, bietet sich an, die von den Beteiligten gewollte Erleichterung und Vereinfachung des Grundbuchverfahrens mit **Umdeutung** der Eintragungsbewilligung (§ 140 BGB) zu verwirklichen (zur Umdeutung Rdn 173). Löschungserleichterung könnte zwar bereits Klarstellung in der Urkunde mit Aufnahme einer Vollmacht für Bewilligung der Löschung im Todesfall ermöglichen.⁴⁸ Ist das nicht geschehen, drängt es sich geradezu auf, die Bewilligung einer (unzulässigen) Vorlöschungsklausel durch den Leibgedingsberechtigten⁴⁹ (nicht durch den Grundstückseigentümer⁵⁰), die sich auch auf die nicht zu Lebzeiten des Berechtigten zu erbringenden Leistungen (Beerdigungs- und Grabpflegekosten, Rdn 1544) bezieht (auch wenn diese Bewilligung für Eintragung der Klausel nicht erforderlich gewesen wäre⁵¹), in eine Vollmacht für den Grundstückseigentümer über den Tod des

---

⁴⁵ LG Bremen DNotZ 1970, 109 = Rpfleger 1970, 43 mit Anm Haegele; vgl auch die Übersicht v Riedel JurBüro 1979, 156.
⁴⁶ BayObLG 1983, 113 = DNotZ 1985, 41 = Rpfleger 1983, 308; BayObLG BWNotZ 1988, 21 = MittRhNotK 1988, 116 = NJW-RR 1988, 464 = Rpfleger 1988, 98; BayObLG 1997, 121 (123) = DNotZ 1998, 66 = Rpfleger 1997, 343; BayObLG 1998, 250 = DNotZ 1999, 508 = MittBayNot 1999, 74 mit krit Anm Amann = NJW-RR 1999, 1320 = Rpfleger 1999, 71; K/E/H/E Rdn 33 zu § 23.
⁴⁷ OLG Hamm MittRhNotK 1988, 118 = NJW-RR 1988, 1101 = OLGZ 1988, 181 = Rpfleger 1988, 248.
⁴⁸ In § 2 Buchst f des Leibgedingsvertrags Rdn 934 sind die Beerdigungs-, Grabstein- und Grabpflegekosten als Teil der Leibgedings-Reallast ausgenommen.
⁴⁹ Bei nachträglicher Eintragung erforderlich, Rdn 376.
⁵⁰ Fall des BayObLG 1997, 121 = DNotZ 1998, 66 = NJW-RR 1997, 1237 = Rpfleger 1997, 373. Bewilligung des Grundstückseigentümers genügt bei Eintragung gleichzeitig mit zeitlich beschränktem Recht (Rdn 376).
⁵¹ Amann DNotZ 1998, 6 (15).

Berechtigten hinaus umzudeuten, die Löschung auch dieses Teils der Reallast namens der Erben zu bewilligen. Umdeutung ist ebenso naheliegend, wenn der Leibgedingsberechtigte für Eintragung der (unzulässigen) Vorlöschungsklausel zwar keine Bewilligung (als Verfahrenserklärung) abgegeben, durch Unterzeichnung der notariellen Urkunde, in der die Bestellung des im Todesfall voll löschbaren Rechts vereinbart ist, aber sein Einverständnis mit der vom Eigentümer dann bewilligten Löschungsklausel zum Ausdruck gebracht hat.[52] Dem ist das BayObLG[53] (wiederholt) jedoch nicht gefolgt; nach seiner Ansicht kann eine unzulässige Löschungserleichterung grundsätzlich nicht in eine Bevollmächtigung des Berechtigten zur Löschung umgedeutet werden. Seine Annahme, die Beteiligten hätten für diesen über den Tod hinausreichenden Teil der Reallast von vornherein keine Löschung bei Tod beabsichtigt, verkennt in krasser Weise den Willen der Beteiligten, der nahezu nie auf Sicherung der Grabpflege durch Grundbucheintragung nach dem Tod der Übergeber gerichtet ist.[54] Gerade im alltäglichen Fall, daß der Eigentümer allein oder doch zusammen mit seinen nächsten Angehörigen Erbe des Reallastberechtigten ist und vererbbare Vermögenswerte sonst nicht vorhanden sind, stößt es auf Unverständnis, wenn die erwünschte und für alle Beteiligte selbstverständliche Löschung des Rechts mit Todesnachweis erschwert und mit Kosten für Beschaffung des Erbnachweises belastet wird. Wirtschaftliche Gleichwertigkeit der Vollmacht als Löschungsgrundlage und mögliche abschließende Würdigung der Urkunde durch das Grundbuchamt rechtfertigen und erfordern es ebenso wie vordem stete Praxis als Vertrauensgrundlage[55], dem eindeutigen Willen des Berechtigten mit Umdeutung Rechnung zu tragen.

Das für mehrere Berechtigte als Gesamtgläubiger eingetragene Leibgeding kann nur mit Bewilligung aller Berechtigter gelöscht werden.[56]

1344b

g) Übertragung, Pfändung, Zwangsversteigerung

Soweit die Rechte aus dem Leibgedingsvertrag höchstpersönlicher Natur sind (zB Wart und Pflegeverpflichtungen), sind sie nicht übertragbar und nicht pfändbar. Der Träger der Sozialhilfe kann dagegen wegen § 90 Abs 1 S 4 BSHG auch die höchstpersönlichen Ansprüche des Altenteilers überleiten und in Form von Geldansprüchen gegen den Verpflichteten geltend machen, und zwar ohne die Einschränkungen der §§ 1601 ff (§ 1603) BGB.[57] Ob eine Ver-

1345

---

[52] Amann DNotZ 1998, 6 und Frank MittBayNot 1997, 217, je zutr gegen BayObLG 1997, 121 (124) = aaO. Zum vergleichbaren Problem bei Löschung der Auflassungsvormerkung s Rdn 1544b.
[53] BayObLG 1997, 121 = aaO (Fußn 50) und BayObLG 1998, 250 = DNotZ 1999, 508 = MittBayNot 1999, 74 mit krit Anm Amann = NJW-RR 1999, 1320 = Rpfleger 1999, 71.
[54] Ähnlich Amann DNotZ 1998, 6 und MittBayNot 1999, 75; außerdem Frank aaO (Fußn 52) und Wufka MittBayNot 1996, 156 (161).
[55] Schutzwürdiges Vertrauen soll nach BayObLG 1997, 121 (125) = aaO (Fußn 51) nicht gegeben sein.
[56] BayObLG 1975, 191 = aaO (Fußn 28); vgl hierzu auch Meder BWNotZ 1982, 36; BayObLG MittBayNot 1983, 233.
[57] LG Duisburg Rpfleger 1984, 97; AG Duisburg-Ruhrort Amtsvormund 1983, 530; vgl auch OLG Düsseldorf MittRhNotK 1988, 13 zum Wert der „umgewandelten" Ansprüche; Karpen MittRhNotK 1988, 131 (143).

einbarung, daß die Altenteilsleistungen ganz oder teilweise bei dauerndem beiderseits unverschuldetem Wegzug des Berechtigten vom Anwesen ruhen oder erlöschen, gegenüber dem Sozialhilferegreß wirksam ist, ist zweifelhaft (s Rdn 934 mit Fußn 4). Zum Einfluß des Sozialrechts s Rdn 941. Fortlaufende Bezüge aus einem dinglich gesicherten (aber auch aus einem nur schuldrechtlich vereinbarten) Leibgeding sind unpfändbar (§ 850b Abs 1 Nr 3 ZPO).[58]

1346 In der Zwangsversteigerung eröffnet § 9 EGZVG dem Landesgesetzgeber die Möglichkeit einer Begünstigung des Leibgedings dadurch, daß es bestehen bleibt, auch wenn es schlechteren Rang hat als der die Zwangsversteigerung betreibende Gläubiger.[59] Allerdings schränkt § 9 Abs 2 EGZVG diesen Vorzug letztlich nachhaltig ein: Auf Antrag eines vorrangigen Beteiligten hat Doppelausgebot zu erfolgen, dh auch Ausgebot mit „normalem" Wegfall des nachrangigen Leibgedings. S hierzu die vor Rdn 1323 aufgeführte Literatur.

h) Landesrecht

1347 Über den Inhalt des Leibgedings bestehen (vorwiegend) in den „alten" Bundesländern weitgehend landesrechtliche Ergänzungsvorschriften; vgl Baden-Württemberg §§ 6 ff AGBGB; Bayern Art 7–23 AGBGB;[60] Bremen Art 27 AGBGB; Hessen Art 4 ff AGBGB v 18. 12. 1984 (GVBl 344); Niedersachsen §§ 5–17 AGBGB; Rheinland-Pfalz Art 2 ff AGBGB; Schleswig-Holstein §§ 1 ff AGBGB; Saarland §§ 6–22 AGJusG; Thüringen §§ 4–21 AGBGB; für das frühere Preußen Art 15 PreußAGBGB. Sie schließen beim Leibgedingsvertrag regelmäßig Rücktritt des Übergebers aus, soweit er auf Nichterfüllung oder Verzug mit den Leibgedingsleistungen oder auf § 527 BGB gestützt wird;[61] Rückforderung nach § 530 BGB (gemischte Schenkung (s Rdn 927) ist dagegen möglich.

8. Löschung eines Leibgedings
GBO § 22 Abs 1, §§ 23, 24, 46, 48 Abs 1
GBV § 10 Abs 6, 7

1348 **Antragsformular**

Ich beantrage die Löschung des auf meinem Grundstück Grundbuch von Oberhof (Band 1) Blatt 3 in Abt. II Nr. 10 eingetragenen Leibgedings des Anton Bauer, Landwirts in Oberhof. Nach der anliegenden Sterbeurkunde vom ...... ist der Berechtigte am ...... gestorben, also vor mehr als einem Jahr.

Oberhof, den ......   Otto Bauer   (ohne Unterschriftsbeglaubigung)

---

[58] BGH 53, 41 = DNotZ 1970, 249 = Rpfleger 1970, 59; anders, wenn statt Leibgeding nur Nießbrauch vereinbart ist, LG Oldenburg Rpfleger 1982, 298 mit Anm Hornung.
[59] BGH Rpfleger 1984, 364.
[60] Vgl hierzu OLG München DNotZ 1954, 102 mit krit Anm Ring sowie besonders BayObLG 1974, 386 = MittBayNot 1975, 24.
[61] Anders bei Unzumutbarkeit, vgl zu diesen Fragen BGH 3, 206 (210); BayObLG MittRhNotK 1989, 14; Mayer MittBayNot 1990, 149; BayObLG 1989, 479 = MittBayNot 1990, 168.

B. Einzelfälle

Grundbucheintragung 1349

...	6	7
...		
	10	Leibgeding des Anton Bauer gelöscht am ...

Zu unterstreichen (röten) ist die Eintragung des Leibgedings des Anton Bauer in Sp. 3.
Eintragungsmitteilung erhalten der Notar und der Eigentümer.

Das Leibgeding enthält regelmäßig Rechte, die auf die Lebenszeit des Berech- 1350
tigten beschränkt sind (Ausnahme: Beerdigung, Grabpflege, s Rdn 1344).
Löschung des Rechts durch Unrichtigkeitsnachweis (Sterbeurkunde) auf
Grund (schriftlichen) Antrags (§ 13 Abs 1 GBO) ist, da beim Leibgeding
Rückstände nie ausgeschlossen sind, nur nach Ablauf des Sperrjahres möglich
und nur, wenn der Rechtsnachfolger des Berechtigten der Löschung nicht
widersprochen hat (s dazu Rdn 375).
Ist dagegen beim Leibgeding eine Vorlöschungsklausel eingetragen (§ 23 1351
Abs 2 GBO), ist ohne Rücksicht auf einen etwaigen Widerspruch eines
Rechtsnachfolgers des Berechtigten sofortige Löschung des auf Lebenszeit
beschränkten Rechts auf Grund Antrags (§ 13 Abs 1 GBO) und Sterbeurkunde möglich, ebenso, wenn vertraglich vereinbart ist, daß etwaige Rückstände
beim Tod des Berechtigten erlöschen.[1]
Zur Löschung zeitlich beschränkter Rechte und zur Eintragung einer Vorlöschungsklausel s Rdn 375 ff.

9. Widerspruch zur Erhaltung des dinglichen Rechts auf Rückstände
BGB §§ 1061, 1073, 1074, 1076, 1080, 1090 Abs 2, § 1105
GBO §§ 23, 24
GBV § 10 Abs 5 a und 7

Antragsformular 1352

Für den Landwirt Anton Bauer in Oberhof ist im Grundbuch von Oberhof (Band 1) Blatt 3 Abt. II Nr. 10 ein Leibgeding eingetragen. Der Berechtigte ist am ...... gestorben und nach dem in Ausfertigung übergebenen Erbschein des Nachlaßgerichts Oberhof vom ...... von mir, dem Unterzeichneten, als seinem Alleinerben beerbt worden.
Ich widerspreche der Löschung des Altenteils.

Oberhof, den ...... Albert Bauer (folgt Unterschriftsbeglaubigung)

Grundbucheintragung 1353

...	4	5
...		
	10	Widerspruch des Albert Bauer, geb am ... gegen die Löschung. Von Amts wegen eingetragen am ...

Eintragungsmitteilung erhalten der Notar, der Eigentümer und Albert Bauer

a) **Widerspruch** eines Rechtsnachfolgers des Berechtigten eines auf Lebenszeit 1354
beschränkten Rechts ermöglicht Löschung des Rechts auch ein Jahr nach
dem Tod des Berechtigten nur, wenn sie bewilligt ist (§§ 19, 23 Abs 1 GBO).
Widerspruch nur eines von mehreren Rechtsnachfolgern genügt. Rechtsnachfolger ist auch, wer das Recht (oder ein Recht daran) durch Rechtsgeschäft
oder im Wege der Zwangsvollstreckung erworben hat.[1*] Zur Sicherung des

---
[1] KGJ 44 A 246.
[1*] KG JW 1938, 2830.

widersprechenden Rechtsnachfolgers ist der Widerspruch von Amts wegen in das Grundbuch einzutragen (§ 23 Abs 1 GBO), und zwar auch dann, wenn ein Löschungsantrag bereits vorliegt; § 17 GBO gilt nicht, weil bereits der Eingang des Widerspruchs die Löschung hindert. Nicht mehr einzutragen ist ein Widerspruch des Rechtsnachfolgers, wenn bei Eingang das Recht bereits gelöscht ist. Wenn im Grundbuch eingetragen ist, daß zur Löschung des Rechts der Nachweis des Todes des Berechtigten genügt (§ 23 Abs 2 GBO), ist ein Widerspruch unzulässig; er hat dann keine Wirkungen und ist nicht einzutragen. Wirkungslos (unzulässig und nicht einzutragen) ist ein Widerspruch auch, wenn Rückstände von Leistungen ausgeschlossen sind, so bei einer beschränkten persönlichen Dienstbarkeit (Ausnahme: wenn mit ihr als Unterhaltspflicht eine unselbständige Reallast verbunden ist, § 1090 Abs 2, § 1021 Abs 2 BGB) und dann, wenn Erlöschen aller etwaiger Rückstände bei Tod des Berechtigten vereinbart und eingetragen ist.

1355 b) Der Widerspruch ist **Sicherungsmittel** eigener Art. Mit ihm kann der Rechtsnachfolger der Gefahr begegnen, daß die sonst ein Jahr nach dem Tod des Berechtigten allein auf Grund des Todesnachweises (§ 22 GBO) mögliche Löschung wegen bestehender Rückstände zur Unrichtigkeit des Grundbuchs führt. Erklärt werden muß der Widerspruch in der **Form** des § 29 Abs 1 GBO. Der Rechtsnachfolger muß sich dem Grundbuchamt gegenüber ausweisen (nach § 35 GBO durch Erbschein, Verfügung von Todes wegen mit Eröffnungsniederschrift usw; im übrigen in der Form des § 29 Abs 1 GBO).

10. Nießbrauch

BGB §§ 873, 874, 882, 900 Abs 2, §§ 1030 ff, 1059, 1061, 1075 Abs 1
EGBGB Art 80 Abs 2, 96, 120 Abs 1, 128, 164, 184, 185, 189
GBO §§ 13, 19, 23, 24, 29
GBV §§ 10, 15 Abs 1

1356 Antragsformular

Ich räume meiner Mutter Anna Ziegel, geb. Maurer, geb am ..., wohnhaft in Oberhof, den lebenslänglichen Nießbrauch an meinem Grundstück Grundbuch von Oberhof (Band 1) Blatt 15 Flurstück 100 ein, für dessen Inhalt die gesetzlichen Bestimmungen gelten, soweit nachstehend nichts Abweichendes bestimmt ist.

In Abweichung von den gesetzlichen Bestimmungen hat der Nießbraucher für sämtliche Ausbesserungen und Erneuerungen auf eigene Kosten zu sorgen, auch insoweit, als sie die gewöhnliche Unterhaltung der Sache überschreiten. Weiter hat der Nießbraucher auch sämtliche auf der nießbrauchsbelasteten Sache ruhenden öffentlichen Lasten einschließlich der außerordentlichen Lasten, die als auf den Stammwert der Sache gelegt anzusehen sind, zu tragen, ebenso sämtliche privatrechtlichen Lasten, die zur Zeit der Bestellung des Nießbrauches auf der Sache ruhen, einschließlich der Tilgung von Hypotheken und Grundschulden.

Ich bewillige und beantrage die Eintragung dieses Nießbrauchs auf dem belasteten Grundstück mit dem Vermerk, daß zur Löschung des Rechts der Nachweis des Todes der Berechtigten genügen soll. Der Jahreswert des Nießbrauchs beträgt 6000 €.

Oberhof, den ......   Johann Ziegel   (folgt Unterschriftsbeglaubigung)

B. Einzelfälle

Grundbucheintragung 1357

1	2	3
4	4	Nießbrauch für Ziegel Anna, geb. Maurer, geb am ... Zur Löschung genügt der Nachweis des Todes der Berechtigten. Gemäß Bewilligung vom ... (Notar ... URNr ...) eingetragen am ...

Bekanntmachung erfolgt an Notar ..., an den Eigentümer und die Berechtigte.

Literatur: Bühler, Ersatzlösungen für den Vorbehalts- und Vermächtnisnießbrauch, BWNotZ 1985, 25; Bratfisch und Haegele, Sammelbuchung von Nießbrauchsrechten, Rpfleger 1961, 40; Ertl, Dienstbarkeit oder Nießbrauch – was ist zulässig?, MittBayNot 1988, 53; Faber, Nießbrauch in sachen- und grundbuchrechtlicher Hinsicht, BWNotZ 1978, 151; Harder, Zur Lehre vom Eigentümernießbrauch, DNotZ 1970, 267; v Lübtow, Der Eigentümernießbrauch an Grundstücken, NJW 1962, 275; Petzoldt, Grundstücksübertragung unter Nießbrauchsvorbehalt, 5. Aufl 1995; Pikalo, Der Nießbrauch im Landwirtschaftsrecht, DNotZ 1971, 389; Rossak, Pfändbarkeit, Pfändung und Pfandverwertung von Nießbrauch und Wohnungsrecht, MittBayNot 2000, 383; Schippers, Aktuelle Fragen des Grundstücksnießbrauchs in der notariellen Praxis, MittRhNotK 1996, 197; F. Schmidt, Nießbrauch und Wohnungseigentum, MittBayNot 1997, 65 = WE 1998, 2 und 46; Weimar, Grundsatzfragen zum Nießbrauch und dinglichen Vorkaufsrecht, MDR 1974, 462. Die steuerrechtliche Literatur zum Nießbrauch ist hier nicht erfaßt; sie ist nahezu unübersehbar; umfassende Literaturübersichten geben Staudinger/Frank Vorbem vor §§ 1030 ff, MünchKomm/Petzoldt Rdn 38, 39 vor § 1030 BGB.

a) Recht, Entstehung, Vorkommen

Der Nießbrauch gewährt das dingliche Recht, die gesamten Nutzungen des mit ihm belasteten Gegenstandes zu ziehen (§ 1030 BGB). Definition der Nutzungen s § 100 BGB. Der Nießbrauch ist seinem Wesen nach Dienstbarkeit, gibt dem Berechtigten aber im Gegensatz zu anderen Dienstbarkeiten das Recht zur umfassenden Benutzung der Sache; allerdings können beim Nießbrauch einzelne Nutzungen ausgeschlossen werden (§ 1030 Abs 2 BGB). Zur Abgrenzung im einzelnen s Rdn 1362. Der Eigentümer, der durch die Nießbrauchsbestellung sachenrechtliche Herrschaftsrechte aus seinem Eigentümerrecht abgespalten hat, ist nur zur Duldung der Nutzung durch den Nießbraucher verpflichtet; positive Leistungspflichten können ihm (über den gesetzlichen Inhalt hinaus) mit dinglicher Wirkung nicht auferlegt werden.[1] 1358

Der Nießbrauch an Grundstücken entsteht durch (formlose) Einigung der Beteiligten und Eintragung im Grundbuch (§ 873 BGB), der Nießbrauch an Rechten nach den für die Übertragung des Rechts geltenden Vorschriften (§ 1069 BGB). Für die Eintragung sind Bewilligung des Betroffenen (Eigentümer, Rechtsinhaber) in der Form des § 29 GBO und Antrag nach § 13 Abs 1 GBO erforderlich. 1359

Der Nießbrauch als dingliches Recht ist **abzugrenzen** von rein **schuldrechtlichen Nutzungsrechten**: sie wirken nur zwischen den Vertragsteilen, nicht wie 1360

---

[1] BayObLG 1977, 81 = DNotZ 1978, 99 = Rpfleger 1977, 251; BayObLG 1977, 205 = MittBayNot 1977, 189 = Rpfleger 1977, 407; BayObLG 1972, 364 = DNotZ 1973, 299 = Rpfleger 1973, 55.

der Nießbrauch gegen den jeweiligen Eigentümer; sie geben dem Berechtigten auch nur ein obligatorisches Recht, Nutzungen zu ziehen (ähnlich wie ein Pachtvertrag), während der Nießbrauch dem Berechtigten eine sachenrechtliche Befugnis auf Nutzungsziehung gibt.[2] Der Nießbrauch als dingliches Recht ist schließlich abzugrenzen von dem schuldrechtlichen **Verpflichtungsgeschäft,** gerichtet auf Einräumung des Nießbrauches. Das Nießbrauchsvermächtnis stellt eine solche Verpflichtung des Erben dar, das dingliche Recht durch Einigung und Eintragung zu begründen (§§ 2174, 873 BGB). Im Verpflichtungsvertrag kann bereits eine Pflicht zur schuldrechtlichen Nutzungsgewährung enthalten sein.[3]

1361 In der Praxis spielt der **Nießbrauch an Grundstücken** eine wichtige Rolle,[4] vor allem im Bereich der vorweggenommenen Erbfolge (dh bei Grundstücks- und Betriebsüberlassungen) mit Nießbrauch für die Übergeber (sog Vorbehaltsnießbrauch), bei Erbfolgeregelungen durch letztwillige Verfügungen (Nießbrauchsvermächtnis anstelle von Vor- und Nacherbfolgen) und im Bereich der Familie zur Einkunftsverlagerung (Zuwendungsnießbrauch). Den stets damit verbundenen einkommen- und erbschaftsteuerlichen Problemen[5] ist dabei besondere Aufmerksamkeit zu widmen.

b) Abgrenzung zu anderen Rechtsinstituten

1362 Der Nießbrauch unterscheidet sich (wie bereits erwähnt) von der Dienstbarkeit (Benutzungsdienstbarkeit, § 1018 BGB, 1. Alternative) dadurch, daß er das Recht gibt, **alle** Nutzungen der belasteten Sache zu ziehen, während das Recht auf einzelne Nutzungen durch Dienstbarkeit gesichert werden kann (Grunddienstbarkeit, Rdn 1115 ff, beschränkte persönliche Dienstbarkeit, Rdn 1194 ff). Überschneidungen scheinen aber dadurch möglich zu sein, daß beim Nießbrauch einzelne Nutzungen ausgeschlossen werden können (§ 1030 Abs 2 BGB). Doch darf nach hM der Ausschluß einzelner Nutzungen nicht darauf hinauslaufen, daß von vornherein nur einzelne Nutzungen übrig bleiben, zB Ziehung der Mietzinsen oder Hälfte der Einkünfte[6] (anders: Hälfte der Nutzungen = Quotennießbrauch, s Rdn 1366); dagegen kann ausgeschlossen werden das Recht auf unmittelbaren Besitz oder auf persönlichen Gebrauch der Sache;[7] dann muß dem Nießbraucher aber der mittelbare Besitz und die Nutzungen (Rechtsfrüchte, zB Mietzinsen) zuste-

---

[2] MünchKomm/Petzoldt Rdn 12 vor § 1030 BGB. Zur Behandlung von Nießbrauch und Nutzungsrecht im EStR s Nießbrauchserlaß v 24. 7. 1998, BStBl I 914 = MittBayNot 1998, 387 = MittRhNotK 1998, 297 = ZNotP 1998, 368 = Steuererlasse 1 § 21/2. Vgl dazu Drosdzol NotBZ 2000, 395.
[3] BGH WM 1971, 1415.
[4] MünchKomm/Petzoldt Rdn 19, 24 vor § 1030 BGB.
[5] Vgl dazu vor allem Langenfeld/Günther, Grundstückszuwendungen im Zivil- und Steuerrecht, 4. Aufl 1999, Rdn 452 ff; Spiegelberger, Vermögensnachfolge, 1994.
[6] Staudinger/Frank Rdn 56; MünchKomm/Petzoldt Rdn 30; Palandt/Bassenge Rdn 6; Soergel/Stürner Rdn 10, je zu § 1030 BGB; OLG Celle OLG 6, 121 = aufgehoben durch RG 67, 378, das einen Nießbrauch gerichtet auf Ziehung der Mietzinsen anerkannt hat. Vgl hierzu auch Schöner DNotZ 1982, 416; Ertl MittBayNot 1988, 53; BayObLG 1987, 359 = BWNotZ 1988, 39 = MittBayNot 1988, 33 = MittRhNotK 1988, 42 = Rpfleger 1988, 62.
[7] BGH 13, 203 = NJW 1954, 1036.

hen.⁸ Diese von der hM vertretene Auslegung ist jedoch nur richtig, wenn bei der Benutzungsdienstbarkeit (§ 1018 BGB „Benutzung in einzelnen Beziehungen") korrespondierende Maßstäbe angelegt werden: Ist (bei § 1030 BGB) ein auf eine einzelne Nutzungsart beschränkter Nießbrauch nicht zulässig (ohne Rücksicht, ob diese Nutzung den wirtschaftlichen Gehalt der Sache ausschöpft oder nicht, zB Ziehung der Mietzinsen oder Holznutzung bei Waldgrundstück,⁹ so muß konsequenterweise für eine solche einzelne Nutzungsart die Dienstbarkeit zulässig sein, ohne Rücksicht darauf, ob dem Eigentümer noch eine wirtschaftlich sinnvolle Nutzung verbleibt;¹⁰ andernfalls könnten solche Nutzungsrechte weder durch Dienstbarkeit noch durch Nießbrauch gesichert werden; dies entspricht nicht der gesetzlichen Regelung¹¹ (dazu Rdn 1130).

Ein realer (räumlicher) Teil eines Gebäudes (wie bei Bestellung des Nießbrauchs an einem einzelnen Stockwerk eines Hauses) kann von dem Nutzungsrecht des Nießbrauchers nicht nach § 1030 Abs 2 BGB ausgeschlossen werden, da nicht eine einzelne Nutzungsart im Hinblick auf das gesamte Grundstück, sondern sämtliche Nutzungsarten eines realen Teiles des belasteten Objektes ausgeschlossen werden sollen.¹² Dagegen kann ein Nebengebäude (zB Garage) dadurch von der Nutzung ausgeschlossen werden, daß der Nießbrauch von vornherein nur das Grundstück ohne diese Teilfläche, auf der das Nebengebäude steht, belastet (s Rdn 1365). 1363

c) Belastungsgegenstand

Der Nießbrauch kann bestellt werden an einem Grundstück, Erbbaurecht, grundstücksgleichen Recht,¹³ Wohnungseigentum, Dauerwohn- und -nutzungsrecht,¹⁴ an einem Erbteil und an Grundpfandrechten. Beim Nießbrauch an einem Vermögen (§ 1085 BGB) muß das Recht durch Einzelakte begründet werden. 1364

---

⁸ OLG Hamm MittRhNotK 1983, 152 = Rpfleger 1983, 144; als Beschränkung des Nießbrauchs (§ 1030 Nr 2 BGB) kann zB auch vereinbart werden, daß Mietverträge mit einer bestimmten Laufzeit nur mit Zustimmung des Eigentümers (also nicht vom Nießbraucher allein) abgeschlossen werden können, LG Aachen Rpfleger 1986, 468.
⁹ BayObLG DNotZ 1982, 438.
¹⁰ Aufschlußreich sind hier die Entscheidungen des OLG Celle und des RG (je Fußn 6): Gegenstand der Berechtigung war das Recht, bei einem Mietshaus sämtliche Mietzinsen zu ziehen; während OLG Celle einen Nießbrauch für unzulässig, dagegen eine Dienstbarkeit für zulässig hielt, vertrat das RG genau die umgekehrte Auffassung.
¹¹ So aber die bis jetzt von den OLG (nicht vom BGH) mehrheitlich vertretene Meinung zu § 1018 BGB; hierzu eingehend Schöner DNotZ 1982, 416 und Ertl MittBayNot 1988, 53 mit detaillierten Abgrenzungen; der hier vertretenen Auffassung neigt nunmehr auch das BayObLG 1987, 359 = aaO (Fußn 6) zu; wie hier nun auch Staudinger/Frank Rdn 55 zu § 1030 BGB; Stürner AcP 1994, 265 (276).
¹² RG 164, 196; BayObLG 1979, 361 = DNotZ 1980, 479 = JR 1980, 288 mit Anm Grundmann = Rpfleger 1980, 141; LG Aachen RNotZ 2001, 587 (588); vgl auch LG Gießen NJW-RR 1997, 82. Durch Bestellung eines dem Nießbrauch vorrangigen Eigentümerwohnrechts (§ 1093 BGB) kann nach Ertl MittBayNot 1988, 53 (63) das gleiche Ergebnis erreicht werden.
¹³ Zum Nießbrauch an einem Fischereirecht in Bayern Reimann MittBayNot 1977, 179.
¹⁴ Staudinger/Frank Rdn 29 zu § 1069 BGB.

1365 Der Nießbrauch kann auch an einer **realen Teilfläche** eines Grundstücks begründet werden; der vorherigen Abschreibung und rechtlichen Verselbständigung der Teilfläche bedarf es nicht, wenn Verwirrung nicht zu besorgen ist; doch ist ein amtlicher Lageplan vorzulegen (§ 7 Abs 2 iVm § 2 Abs 3 GBO, die auch auf den Nießbrauch anwendbar sind, da er eine Form der Dienstbarkeit ist).[15] Ebenso wie die Dienstbarkeit (s Rdn 1119) ist auch beim Nießbrauch Belastung des ganzen Grundstücks und Beschränkung der Ausübung auf eine Teilfläche zulässig, da die Teilfläche zwar Bestandteil, aber nicht wesentlicher Bestandteil des Grundstücks ist.

1366 Der Nießbrauch kann auch an einem **ideellen Bruchteil** bestellt werden (Miteigentumsanteil); auch der Alleineigentümer kann an einem ideellen Grundstücksbruchteil einen Nießbrauch begründen; eine Beschränkung wie § 1114 BGB fehlt.[16]

Zulässig ist auch Bestellung eines Nießbrauchs am ganzen Grundstück, jedoch nur zu einem bloßen Bruchteil (**Quotennießbrauch**).[17] Diese Zulässigkeit folgt schon daraus, daß der Nießbrauch für mehrere Berechtigte zu Bruchteilen bestellt werden kann und er dort durch Wegfall aller Berechtigten bis auf den letzten entstehen kann. Besitz, Verwaltung und Ertrag stehen hier Eigentümer und Nießbraucher gemeinschaftlich zu (§§ 741 ff BGB).[18] Im Gegensatz zum Nießbrauch an einem (unausgeschiedenen) Miteigentumsanteil lastet hier der Bruchteils-(Quoten-)Nießbrauch am ganzen Grundstück, was den Nießbraucher zB besser stellt im Fall des § 1066 Abs 2 BGB gegenüber dem Inhaber eines Nießbrauchs an einem Miteigentumsanteil.[19]

Nießbrauchsbestellung an einem **Erbteil** eines Miterben erfolgt in der Form des § 2033 BGB (§ 1069 BGB). Diese Belastung kann – da sie ebenso wie Verpfändung oder Pfändung eines Erbteils (s Rdn 974, 1659 ff) eine Beschränkung der Verfügungsbefugnis über den nießbrauchsbelasteten Gegenstand des Miterben bewirkt – berichtigend bei den Nachlaßgrundstücken im Grundbuch vermerkt werden,[20] wenn diese auf die Erbengemeinschaft umgeschrieben sind (§ 39 GBO). Zulässig und ausreichend ist Eintragung als

  Nießbrauch am Erbteil des ... für ...

1367 Der Nießbrauch an einem Anteil an einer **Gesellschaft bürgerlichen Rechts** wird gemäß § 1069 BGB durch (bloße) Vereinbarung bestellt; die Zustimmung aller Gesellschafter ist hierzu nötig (§ 719 BGB); sie kann aber bereits im Gesellschaftsvertrag enthalten sein. Gehört zum Vermögen der BGB-Gesellschaft Grundbesitz, so ist streitig, ob die Nießbrauchsbestellung am Ge-

---

[15] MünchKomm/Petzoldt Rdn 4 zu § 1030 BGB; LG Tübingen BWNotZ 1981, 140.
[16] KG DNotZ 1936, 817; Gutachten DNotI-Report 2001, 98 (auch zum Bruchteilsnießbrauch bei nachträglichem teilweisem Verzicht des Nießbrauchers, den wir allerdings nicht für zulässig halten; s Rdn 1391).
[17] KG JW 1936, 2747; LG Aachen RNotZ 2001, 587; LG Köln MittRhNotK 1999, 246; LG Wuppertal MittRhNotK 1994, 317 = Rpfleger 1995, 209; Staudinger/Frank Rdn 39; Soergel/Stürner Rdn 10, je zu § 1030 BGB.
[18] LG Aachen RNotZ 2001, 587 (auch zur Vereinbarung nach § 745 Abs 2 BGB).
[19] Vgl dazu näher Staudinger/Frank Rdn 41 zu § 1030 BGB.
[20] OLG Hamm DNotZ 1977, 376 = OLGZ 1977, 283 = Rpfleger 1977, 136 mit weit Nachweisen aus Rechtsprechung und Literatur; aA Lindemeier DNotZ 1999, 876.

sellschaftsanteil berichtigend in das Grundbuch eingetragen werden kann;[21] die Antwort ist abhängig von den dem Nießbraucher gegenüber den Mitgesellschaftern zustehenden Mitwirkungsrechten in der Gesellschaft: bejaht man unmittelbare Mitwirkungsrechte des Nießbrauchers,[22] ist der Nießbrauch wegen der mit ihm verbundenen Verfügungsbeschränkungen der Gesellschafter eintragungsfähig. Nötig ist dann Berichtigungsbewilligung aller Gesellschafter oder Unrichtigkeitsnachweis durch Vorlage des Nießbrauchsvertrags und Zustimmung der übrigen Gesellschafter, je in der Form des § 29 GBO. Verneint man solche Mitwirkungsrechte, bleibt in der Gesellschaft (Verwaltung, Verfügung) allein der Gesellschafter zuständig;[23] der Nießbrauch beschränkt dann die dingliche Rechtsstellung der Gesellschafter nicht, so daß auch für eine Eintragung des Nießbrauchs kein Raum ist.

Der Nießbrauch an **mehreren selbständigen Grundstücken** ist nicht als einheitliches Recht, sondern als eine Mehrheit von selbständigen Rechten zu beurteilen.[24] Es werden daher auch keine Mitbelastungsvermerke beim einzelnen Recht eingetragen.[25] Der Antrag, ein Nießbrauchrecht auf mehreren Grundstücken einzutragen, ist im Hinblick darauf, daß die Eintragung eines Gesamtnießbrauchs unzulässig ist, gemäß § 133 BGB dahin auszulegen, daß auf den Grundstücken je ein Nießbrauch eingetragen werden soll.[26] 1368

Auf dem gleichen Grundstück könnten mehrere Nießbrauchsrechte nebeneinander bestellt werden, ohne daß ein für die Ausübung der einzelnen Rechte maßgebendes Rangverhältnis anzugeben wäre (vgl § 1060 BGB). Bestellt werden kann ein Nießbrauch auch im Rang nach einem das Grundstück belastenden Wohnungsrecht.[27] 1369

d) Berechtigter

Berechtigter eines Nießbrauchs kann eine bestimmte natürliche oder juristische Person (nicht der jeweilige Grundstückseigentümer) sein, auch eine Personenhandelsgesellschaft (§ 124 Abs 1 und § 161 Abs 2 HGB), Partnerschaft (§ 7 Abs 2 PartGG mit § 124 Abs 1 HGB) sowie EWIV. Auch für mehrere Beteiligte als Berechtigte in BGB-Gesellschaft ist Nießbrauch zulässig, s die Ausführungen bei der beschränkten persönlichen Dienstbarkeit Rdn 1197. Der Nießbrauch kann auch für Ehegatten zum Gesamtgut der Gütergemeinschaft bestellt werden (s den vergleichbaren Fall beim Wohnungsrecht Rdn 1246). Soll der Nießbrauch beim Tode des Erstversterbenden dem Über- 1370

---

[21] Dafür: OLG Hamm aaO (Fußn 20); Faber BWNotZ 1978, 151; Schüller MittRhNotK 1980, 106 = MittBayNot 1981, 101; Eickmann Rpfleger 1985, 85 (91); aA Staudinger/Frank Rdn 93 Anh zu §§ 1068, 1069 BGB; Lindemeier DNotZ 1999, 876.
[22] Baumbach/Hopt Rdn 46 zu § 105 HGB; MünchKomm/Ulmer Rdn 83 zu § 705 BGB.
[23] K. Schmidt, Gesellschaftsrecht, 3. Aufl, § 61 II 3; Soergel/Stürner Rdn 7g zu § 1068; Staudinger/Frank Rdn 93 Anh zu §§ 1068, 1069.
[24] KGJ 43 A 347.
[25] S hierzu auch Hampel Rpfleger 1962, 126.
[26] LG Verden NdsRpfl 1965, 252; LG Düsseldorf MittRhNotK 1973, 658; bedenklich LG Darmstadt Rpfleger 1982, 216, das bei Vereinigung zweier mit je einem Nießbrauch gleichen Ranges und Inhalts belasteter Grundstücke dessen Buchung als einheitliches Recht vorschlägt; kritisch hierzu auch Meyer-Stolte Rpfleger 1982, 217.
[27] LG Aschaffenburg MittBayNot 1992, 206.

lebenden ungeschmälert zustehen, so ist inzwischen zweifelhaft, ob dies durch die Bestellung eines einzigen Rechtes, das nacheinander mehreren Berechtigten zusteht, geschehen kann[28] (s dazu Rdn 261 a ff). Zulässig ist weiter die Bestellung eines Nießbrauches für mehrere Personen als Gesamtgläubiger (§ 428 BGB).[29] Stirbt hier einer der Berechtigten, bleibt das Recht für die übrigen bestehen. Im übrigen sollten – als sicherer Weg – Einzelrechte bestellt werden (s Rdn 261 f). Wenn sich der Grundstückseigentümer gegenüber dem Nießbraucher verpflichtet, nach dessen Tod für seine Erben einen weiteren Nießbrauch zu bestellen, kann der sich aus einer derartigen Verpflichtung des Grundstückseigentümers ergebende Anspruch durch eine Vormerkung mit den sich daraus ergebenden Wirkungen gesichert werden[30] (§ 883 Abs 3, § 888 BGB).

Zulässig ist ferner die Bestellung eines Nießbrauches für mehrere Berechtigte nach Bruchteilen.[31] Verstirbt hier ein Berechtigter, so erlischt hinsichtlich dieses Bruchteils der Nießbrauch; Eigentümer und verbleibendem Nießbraucher stehen Besitz und Verwaltung gemeinschaftlich zu; hieraus entsteht ein Quotennießbrauch (dazu Rdn 1366).

1371 Das Gemeinschaftsverhältnis ist in der Eintragungsbewilligung und in der Eintragung gemäß § 47 GBO anzugeben,[32] bei Eintragung eines Nießbrauchs, der – soweit zulässig, s Rdn 1328 – Teil eines Leibgedings ist, genügt Bezugnahme auf die Eintragungsbewilligung (s Rdn 1335).

1372 Im allgemeinen empfiehlt es sich bei Vorhandensein mehrerer Nießbrauchberechtigter dann, wenn beim Tode eines Berechtigten der Nießbrauch in bisherigem Umfang fortbestehen soll, mehrere gleichrangige, selbständige Rechte einzutragen, die sich, solange sie nebeneinander bestehen, gegenseitig in der Ausübung beschränken (§§ 1024, 1060, 1090 BGB). Die gegenseitige Beschränkung der mehreren Rechte muß im Grundbuch nicht besonders hervorgehoben werden. Beim Tode eines der Berechtigten bleibt das Recht des Überlebenden wie bisher, wenn auch nicht mehr beschränkt durch das erloschene Recht, bestehen, ohne daß für den Fall weitere Vereinbarungen getroffen werden müßten.

1373 Für den Eigentümer des belasteten Grundstücks selbst ist Eintragung eines Nießbrauches (Eigentümer-Nießbrauch) – wie bei der beschränkten persönlichen Dienstbarkeit – jedenfalls dann zulässig, wenn der Eigentümer ein begründetes schutzwürdiges Interesse an dessen Eintragung hat,[33] zB mit Rück-

---

[28] So aber noch KG JW 1932, 2445; KG DNotZ 1937, 330; Meder BWNotZ 1982, 36 (40); vgl auch Gutachten DNotI-Report 1996, 189.
[29] BayObLG 1955, 158 = DNotZ 1956, 211; OLG Düsseldorf MittBayNot 1967, 211 = MittRhNotK 1967, 129 mit weit Nachw. Das LG Schweinfurt MittBayNot 1982, 69 behandelt die Ersetzung der Gesamtgläubigerschaft durch eine Sukzessivberechtigung als Inhaltsänderung des Rechts.
[30] KG DRZ 1929, 730; LG Traunstein DNotZ 1963, 344 = NJW 1963, 2207; dazu auch Tröster Rpfleger 1967, 316 Fußn 32.
[31] OLG Düsseldorf Rpfleger 1975, 409; KG JFG 13, 447.
[32] OLG Oldenburg DNotZ 1959, 46; aA LG Göttingen MittBayNot 1959, 135 = NdsRpfl 1958, 238.
[33] OLG Köln NJW-RR 1999, 239; LG Koblenz Rpfleger 1962, 16; LG Stade NJW 1968, 1678 (zulässig, wenn zugleich gleich- oder nachrangig ein Fremdnießbrauch bestellt wird); LG Hamburg DNotZ 1969, 39 (zulässig bei bevorstehendem Verkauf,

B. Einzelfälle

sicht auf eine beabsichtigte Veräußerung des Grundstücks; dieses Interesse ist in der Eintragungsbewilligung darzulegen. Wir halten entgegen der hM den Eigentümernießbrauch ohne diese Einschränkung immer für zulässig:[34] das Interesse ist schwer nachprüfbar, es kann objektiv oder subjektiv verstanden werden und überfordert das auf dem formellen Konsensprinzip und der Beweismittelbeschränkung beruhende Grundbucheintragungsverfahren. Belastung des Grundstücks mit einem Nießbrauch zugunsten eines Miteigentümers ermöglicht § 1009 BGB (Rdn 258); ein besonderes Interesse braucht dafür somit nicht zu bestehen.

e) Inhalt des Nießbrauchs

Durch den Nießbrauch werden aus dem umfassenden Herrschaftsrecht des Eigentümers über die Sache Teile abgespalten und dem Nießbraucher zugewiesen, nämlich das Recht, sämtliche Nutzungen der Sache zu ziehen. 1374

Durch den Nießbrauch an einem Grundstück entsteht zwischen Eigentümer und Nießbrauchsberechtigtem ein **gesetzliches Schuldverhältnis,** das in den §§ 1030 ff BGB geregelt ist. Die gesetzlichen Rechte und Pflichten des Schuldverhältnisses „Nießbrauch" können durch vertragliche Vereinbarungen mit dinglicher Wirkung abgeändert werden, soweit nicht gegen das Wesen des Nießbrauchs verstoßen wird, insbesondere der Grundsatz der Substanzerhaltung der belasteten Sache nicht verletzt oder dem Dienstbarkeitscharakter des Nießbrauchs zuwider positive Leistungspflichten des Eigentümers festgelegt werden, zB Wiederaufforstungspflicht des Eigentümers.[35] So wird für **unabdingbar** gehalten: § 1036 Abs 1 (ein völliger Ausschluß des Nießbrauchers von Besitz und Nutzungen, dh auch vom mittelbaren Besitz und dem Recht auf Rechtsfrüchte, zB Mietzins, kann nicht Inhalt eines Nießbrauchs sein)[36], § 1036 Abs 2 (Pflicht, nach den Regeln einer ordnungsgemäßen Wirtschaft zu verfahren), § 1037 Abs 1 BGB (keine Möglichkeit des Nießbrauchers, Maßnahmen zur Umgestaltung der Sache zu treffen, auch wenn damit die Sache wertvoller wird; streitig ist, ob die Befugnis des Nießbrauchers zur Errichtung eines Gebäudes dinglicher Inhalt des Nießbrauchs sein kann);[37] § 1039 Abs 1 S 2, 3 BGB (Eigentümer- 1375

Vorlage eines notariellen Vertrages nicht erforderlich); LG Verden NdsRpfl 1970, 208; v Lübtow NJW 1962, 275; Soergel/Stürner Rdn 3; BGB-RGRK/Rothe Rdn 5; MünchKomm/Petzoldt Rdn 21, je zu § 1030 BGB. AA (Eigentümernießbrauch unzulässig): RG Recht 1920 Nr 664 (s auch RG 148, 321); OLG München HRR 1942 Nr. 544; OGH 1, 250 = NJW 1949, 261; OLG Düsseldorf NJW 1961, 561; Grundbuchamt Ulm BWNotZ 1981, 15. Vgl auch Gutachten DNotI-Report 1997, 73.

[34] Wie hier Staudinger/Frank Rdn 31; Palandt/Bassenge Rdn 4, je zu § 1030; Weitnauer DNotZ 1964, 711; Harder NJW 1969, 278 und DNotZ 1970, 267. S auch OLG Köln NJW-RR 1999, 239 (ohne eigene Stellungnahme).

[35] BayObLG aaO (Fußn 1); BayObLG 1985, 6 = BWNotZ 1985, 64 = MittBayNot 1985, 70 = MittRhNotK 1985, 40 = Rpfleger 1985, 285 (keine Pflicht des Eigentümers zur Darlehensaufnahme für Ausbesserungen).

[36] OLG Hamm MittRhNotK 1983, 153 = Rpfleger 1983, 144.

[37] Ablehnend KG DNotZ 1992, 675 mit krit Anm Frank = OLGZ 1992, 1 = Rpfleger 1992, 14; LG Köln MittRhNotK 1986, 24: Recht des Nießbrauchers, Gebäude beliebig umzubauen oder zu vergrößern, kann nicht Inhalt des Nießbrauchs sein; ebenso Soergel/Stürner Rdn 1 zu § 1037; aA – Befugnis zur Bebauung kann dinglicher Inhalt des Nießbrauchs sein, wenn die Bebauung durch den Nießbrauch gerade die von bei-

anspruch bei übermäßiger Fruchtziehung);[38] § 1041 S 1 BGB (Erhaltung der Sache in ihrem wirtschaftlichen Bestand – damit kann die Pflicht des Nießbrauchers, nach Kahlschlag ein Waldgrundstück wieder aufzuforsten, mit dinglicher Wirkung nicht abbedungen werden),[39] sowie §§ 1050,[40] 1053, 1055 BGB.

Abdingbar sind zB: § 1038 (Wirtschaftsplan); § 1041 S 2 BGB (Pflicht des Nießbrauchers zu Ausbesserungen und Erneuerungen);[41] §§ 1045–1047 BGB (Versicherung, Lastentragung), sowie § 1048, § 1049, § 1051 BGB.[42]

Rein schuldrechtliche, nur zwischen den Vertragsparteien wirkende Vereinbarungen können jedoch auch über die unabdingbaren Bestimmungen getroffen werden; sie werden aber nicht Inhalt des dinglichen Rechtes.[43]

1376 Der Nießbrauch gibt dem Berechtigten nicht das Recht zur Verfügung über die Sache (Grundstück); ein solcher Dispositionsnießbrauch kann nicht als dinglicher Inhalt des Nießbrauchs vereinbart werden.[44] Möglich ist es jedoch, dem Nießbraucher schuldrechtlich eine Ermächtigung zur Verfügung über das Grundstück im eigenen Namen (§ 185 Abs 1 BGB) zu erteilen.[45]

1377 Der Nießbrauch an einem Hausgrundstück erstreckt sich nach Zerstörung des Hauses ohne weiteres auf das wiederaufgebaute Haus.[46] Wird ein Grundstücksnießbrauch vereinbart, so erstrecken sich die Rechte des Nießbrauchers nicht kraft Gesetzes, vielmehr kraft Vereinbarung auch auf das Zubehör (§ 1031 BGB).

1378 Beim Nießbrauch an einem Miteigentumsanteil muß sich der Nießbraucher bei Verwaltung und Benutzung des gemeinschaftlichen Gegenstandes in den Grenzen des Nießbrauchs (bloße Nutzung, keine Umgestaltung) halten; bei darüber hinausgehenden Maßnahmen hat der Eigentümer mitzuwirken.[47] Das gilt auch beim Nießbrauch am Wohnungseigentum. Zum Stimmrecht in diesem Fall s Rdn 2927.

---

den Parteien gewollte wirtschaftliche Zweckbestimmung darstellt – Staudinger/Frank Rdn 5; MünchKomm/Petzoldt Rdn 6, je zu § 1037; Frank DNotZ 1992, 681.

[38] BayObLG 1977, 81 = aaO (Fußn 1).

[39] BayObLG 1977, 205 = aaO (Fußn 1); aA LG Augsburg MittBayNot 1976, 139; LG Ulm BWNotZ 1977, 173. Zum Nießbrauch an Wald s Gayler WürttNotV 1950, 200; 1951, 271; Hasel AgrarR 1971, 65; Oswald BWNotZ 1963, 167; OLG Nürnberg BB 1959, 1039 = MittBayNot 1959, 259; LG Münster DNotZ 1954, 260; vgl auch OLG Zweibrücken OLGZ 1984, 460 (zur Neubepflanzung eines in der Flurbereinigung gerodeten Weinbergs).

[40] BayObLG MittBayNot 1985, 128 (130).

[41] BayObLG 1985, 6 = aaO (Fußn 35); BayObLG DNotZ 1986, 151 = Rpfleger 1985, 285.

[42] BayObLG 1977, 81 = aaO (Fußn 1); unrichtig OLG Schleswig SchlHA 1961, 246, das zu Unrecht annimmt, das gesamte gesetzliche Schuldverhältnis könne nicht mit dinglicher Wirkung abgeändert werden.

[43] KG DNotZ 1992, 675 = aaO (Fußn 37): Befugnis zur Gebäudeerrichtung kann (nur) schuldrechtlich vereinbart werden.

[44] Unrichtig daher Friedrich NJW 1996, 32.

[45] OLG Celle DNotZ 1974, 731 mit Anm Winkler; vgl auch BGH NJW 1982, 31 = MDR 1982, 129. Vgl auch OLG Bremen Rpfleger 1983, 289 und Dubischar NJW 1984, 2440.

[46] BGH DNotZ 1965, 165 = MDR 1964, 493; s auch Riedel Rpfleger 1966, 133.

[47] BGH MDR 1983, 560 = NJW 1983, 932.

B. Einzelfälle

Beim Nießbrauch kann, anders als beim Wohnungsrecht, die Pflicht des Be- 1379
rechtigten, für den Nießbrauch ein Entgelt an den (jeweiligen) Eigentümer zu
zahlen, als dinglicher Inhalt des Nießbrauchs vereinbart und im Grundbuch
(durch Bezugnahme) eingetragen werden; das Entgelt muß jedoch mit der für
Grundbucheintragungen erforderlichen hinreichenden Bestimmbarkeit festgelegt sein; ein Entgelt, das sich nach einem örtlich bestimmten Mietspiegel
(§§ 558c, d BGB) richten soll, ist zu unbestimmt.[48]

f) Eintragungsbewilligung

Die Eintragungsbewilligung muß das Recht als Nießbrauch (Kennzeichnung 1380
des Rechts mit seinem Inhalt genügt), das zu belastende Grundstück und den
Berechtigten, bei mehreren auch das Gemeinschaftsverhältnis bezeichnen;
auch der Ausschluß einzelner Nutzungen (Formulierung zB: „Der Eigentümer
behält sich die Nutzungen aus ... vor") muß in der Bewilligung hinreichend
bestimmt enthalten sein. Behält in einem Übergabevertrag der **Übergeber
einem anderen** den Nießbrauch an dem übergebenen Grundbesitz vor, so
genügt seine Bewilligung zur Eintragung des Nießbrauchs, die des Erwerbers
ist nicht erforderlich;[49] nötig ist aber (formlose) Einigung mit dem anderen
(Dritten; s Rdn 937a).
Eine Ehegattenzustimmung nach § 1365 BGB ist für die Bewilligung eines
Nießbrauchs – ebenso wie bei Einräumung eines Wohnungsrechts (s dort
Rdn 1259 aE) – regelmäßig nicht erforderlich ist.[50]
Zur Einräumung eines Nießbrauches an einen Minderjährigen s Rdn 3610;
zur Einräumung durch einen Minderjährigen im Rahmen einer Grundstücks-
schenkung s Rdn 3608.

g) Grundbucheintrag

In das Grundbuch muß der Nießbrauch als solcher sowie der Berechtigte, bei 1381
mehreren Berechtigten unter Angabe des Gemeinschaftsverhältnisses (§ 47
GBO) eingetragen werden. Ist der Nießbrauch auf Lebenszeit des Berechtigten bestellt, so bedarf es der Eintragung des Wortes „lebenslänglich" im
Grundbuch nicht.[51] Der Ausschluß einzelner Nutzungen wird durch Bezugnahme auf die Bewilligung eingetragen.

h) Bedingung, Befristung

Der Nießbrauch kann, wenn er nicht auf Lebenszeit des Berechtigten bestellt 1382
ist, aufschiebend oder auflösend bedingt und/oder befristet bestellt werden.
Bedingungen und Befristungen des Nießbrauches müssen, da sie nicht zum

---

[48] BayObLG 1979, 273 = Rpfleger 1979, 382 = MittBayNot 1979, 165 = MittRhNotK 1979, 175; LG Nürnberg-Fürth Rpfleger 1979, 199.
[49] OLG Celle NdsRpfl 1949, 38.
[50] BGH 123, 93 = MittBayNot 1993, 374 = MittRhNotK 1993, 228 = NJW 1993, 228; BGH DNotZ 1990, 307 = NJW 1990, 112 = Rpfleger 1989, 404 (für Wohnungs- recht); im übrigen wendet die hM § 1365 BGB in den seltenen Ausnahmefällen an, bei denen besonders bei langjähriger Belastung der wesentliche Ertragswert des Grund- stückes ausgeschöpft wird, vgl Staudinger/Thiele Rdn 51 zu § 1365 BGB; OLG Schleswig FamRZ 1986, 63; BGH FamRZ 1966, 22; generell gegen Zustimmungs- pflicht: Soergel/Stürner Rdn 18a zu § 1030 BGB.
[51] KGJ 26 A 273.

Inhalt des Rechts gehören, sondern seinen rechtlichen Bestand betreffen, unmittelbar ins Grundbuch eingetragen werden; Bezugnahme genügt nicht. Für die Art der Bedingung gibt es aus Grundbuchrecht keine Einschränkungen, insbesondere kann aus dem grundbuchrechtlichen (Rdn 18) Bestimmtheitsgrundsatz nicht abgeleitet werden, daß nur bestimmte Bedingungen wie Tod, Eheschließung oä materiell für Beginn oder Ende eines Nießbrauchs vereinbart werden können. Ein Nießbrauch kann daher in der Weise auflösend bedingt bestellt werden, daß er nach Kündigung erlischt, die unter gewissen Voraussetzungen und mit bestimmten Fristen zulässig ist.[52] Er kann auch auflösend bedingt durch die Beendigung eines anderen Vertragsverhältnisses (bestimmten Mietverhältnisses) bestellt werden;[53] eine Löschung ist in solchen Fällen allerdings nur mit Bewilligung des Berechtigten möglich. Ist der Nießbrauch auf Zeit bestellt und soll er sich vertragsmäßig unter gewissen Voraussetzungen verlängern, so liegt bloße Inhaltsänderung vor.[54]

1383 Eine Eintragungsbewilligung des Inhalts, daß der Nießbrauch dem Berechtigten auf Lebenszeit und nach seinem Tode der Ehefrau zusteht, kann dahin ausgelegt werden, daß je ein durch den Tod des Erstberechtigten auflösend und aufschiebend bedingtes Recht bestellt werden sollte.[55]

1384 Vereinbart kann werden, daß der Nießbrauch **schon vor dem Tod** des Berechtigten, zB **durch Fristablauf** oder zufolge des Todes eines Dritten, erlöschen soll.

1385 Als auflösende Bedingung des Nießbrauches kann auch seine Pfändung vereinbart werden.[56]

i) Übertragung, Pfändung

1386 Der Nießbrauch ist **nicht übertragbar** und nicht vererblich; er erlischt mit dem Tod des Nießbrauchers (§§ 1059, 1061 BGB).

1387 Dagegen kann die **Ausübung** des Nießbrauchers einem **Dritten überlassen** werden[57] (§ 1059 BGB). Diese Überlassung ist im ganzen oder bezüglich einzelner Nutzungen möglich. Sie braucht vom Eigentümer der mit dem Nießbrauch belasteten Sache nicht ausdrücklich gestattet werden. Bei Grundstücken kann die Überlassung der Ausübung des Nießbrauchs nicht im Grundbuch eingetragen werden, auch nicht durch Bezugnahme,[58] wohl aber die vertragsmäßige Ausschließung der Übertragungsberechtigung.[59]

1388 Der einer juristischen Person sowie der einer rechtsfähigen Personengesellschaft zustehende Nießbrauch kann ausnahmsweise nach § 1059a BGB über-

---

[52] BayObLG DNotZ 1990, 510 = NJW-RR 1990, 87.
[53] BayObLG 1989, 442 (446) = aaO (Rdn 1149 Fußn 158); BayObLG Rpfleger 1985, 488; aA – überholt – BayObLG MittBayNot 1984, 253 = Rpfleger 1984, 405.
[54] KG JFG 13, 77.
[55] LG Aachen MittRhNotK 1970, 51; vgl auch LG Schweinfurt MittBayNot 1982, 69.
[56] OLG Frankfurt JurBüro 1980, 1899.
[57] Vermietung oder Verpachtung des belasteten Grundstücks ist typische Selbstausübung des Nießbrauchs, nicht aber Überlassung zur Ausübung durch den Mieter oder Pächter, BGH 109, 111 = DNotZ 1990, 502 = JR 1990, 417 mit Anm Schubert, auch zum Fortbestand des Vertragsverhältnisses bei Tod des Nießbrauchers.
[58] KG JFG 1, 412; KGJ 26 A 273.
[59] BGH 95, 99 = DNotZ 1986, 23 = Rpfleger 1985, 373; LG Mönchengladbach DNotZ 1969, 164 = NJW 1969, 140.

tragen werden; dazu und zu Umwandlungen (Verschmelzung, Spaltung) nach UmwG s Rdn 1215.

Die **Pfändung** des unveräußerlichen (§ 1059 S 1 BGB) Nießbrauchs ist zulässig, weil seine Ausübung einem anderen überlassen werden kann (§ 1059 S 2 BGB; § 857 Abs 3 ZPO), deshalb auch der Nießbrauch einer juristischen Person oder rechtsfähigen Personengesellschaft (dieser nach § 1059b BGB, nicht aber wegen der Übertragbarkeit nach § 1059a BGB). Aber auch der Nießbrauch, bei dem Überlassung der Ausübung rechtsgeschäftlich ausgeschlossen ist, unterliegt der Pfändung.[60] Gegenstand der Pfändung ist der Nießbrauch selbst als dingliches Recht, mithin nicht nur der schuldrechtliche Anspruch auf seine Ausübung.[61] Drittschuldner ist der Eigentümer des belasteten Grundstücks,[62] die Pfändung wird mit Zustellung des Pfändungsbeschlusses an ihn wirksam.[63] Grundbucheintragung ist für das Wirksamwerden der Pfändung nicht notwendig. Die wirksam gewordene Pfändung kann aber als Grundbuchberichtigung eingetragen werden, weil sie eine Änderung der Verfügungsbefugnis des Nießbrauchers bewirkt.[64] Die Eintragung erfordert schriftlichen Antrag und Nachweis, daß die Pfändung wirksam erfolgt ist (Vorlage des Pfändungsbeschlusses und des Nachweises über die Zustellung an den Drittschuldner). **Eintragungsformel:** 1389

Nießbrauch gepfändet für ... wegen einer Forderung von ... mit Pfändungsbeschluß des Amtsgerichts ... vom ... (Az ...)

Die Eintragung bewirkt, daß der Nießbrauch ohne Zustimmung des Gläubigers nicht mehr gelöscht werden kann. Auch die nicht eingetragene Pfändung schließt jedoch die Löschung des Nießbrauchs ohne Zustimmung des Pfändungsgläubigers aus, wenn sie dem Grundbuchamt bekannt ist.[65] Wegen weiterer Einzelheiten zur Pfändung des Nießbrauchs s Stöber, Forderungspfändung, Rdn 1709–1717.

Da der Nießbrauch der Zwangsvollstreckung unterworfen ist, fällt er auch in die Insolvenzmasse und unterliegt der Verfügungsbefugnis des Insolvenzverwalters, der zur Löschung ohne Mitwirkung des Nießbrauchers berechtigt ist.[66]

k) Aufhebung, Erlöschen, Löschung

Der Nießbrauch kann rechtsgeschäftlich jederzeit aufgehoben werden; er ist dann auf Bewilligung des Berechtigten und Antrag im Grundbuch zu löschen (§ 875 BGB). Der Zustimmung des Eigentümers zur Löschung bedarf es nicht. Vereinigung von Eigentum und Nießbrauch in einer Person stellen keinen Aufhebungsgrund dar (§ 889 BGB). 1390

---

[60] BGH 95, 99 = aaO.
[61] BGH 62, 133 = DNotZ 1974, 433 = Rpfleger 1974, 186; war bis zu dieser Entscheidung sehr umstritten und wurde im entgegengesetzten Sinn behandelt; Nachw dazu bei BGH aaO und Stöber, Forderungspfändung, Rdn 1710.
[62] RG 74, 78 (83); LG Bonn JurBüro 1979, 1725 = Rpfleger 1979, 349.
[63] Stöber, Forderungspfändung, Rdn 1710.
[64] Stöber, Forderungspfändung, Rdn 1714; LG Bonn Rpfleger 1979, 349 = aaO; Rossak MittBayNot 2000, 383.
[65] BayObLG DNotZ 1998, 302 = NJW-RR 1998, 1168 Leits = Rpfleger 1998, 69.
[66] OLG Frankfurt MDR 1990, 922 = NJW-RR 1991, 445.

Der Nießbrauch erlischt mit dem Tod des Berechtigten (bei mehreren s Rdn 1370 ff), bei einer juristischen Person sowie einer rechtsfähigen Personengesellschaft mit deren Beendigung (§ 1061 BGB), soweit bei letzteren nicht ein Fall des § 1059 a BGB vorliegt. Der Nießbrauch erlischt weiter mit Eintritt vereinbarter auflösender Bedingungen oder Ablauf der Frist bei Befristung. Der Nießbrauch an einem Miteigentumsanteil oder an einem BGB-Gesellschaftsanteil erlischt nicht dadurch, daß sich alle Anteile in der Hand eines Berechtigten vereinigen.[67]

1391 Für die **Löschung** im Grundbuch gelten §§ 23, 24 GBO (s dazu Rdn 375, 376). Da bei Erlöschen eines Nießbrauchs die Möglichkeit von rückständigen Leistungen nicht ausgeschlossen ist (§ 23 Abs 1 GBO), kann das Recht auf Antrag des Eigentümers und Unrichtigkeitsnachweis in der Form des § 29 GBO (zB Sterbeurkunde oder ähnliche Personenstandsurkunden, Bezugnahme auf das allgemein bekannte Datum bei fristbezogenem Nießbrauch) innerhalb eines Jahres nach Erlöschen nur gelöscht werden, wenn eine „Vorlöschungsklausel" nach § 23 Abs 2 GBO eingetragen ist (zu ihrer Eintragung Rdn 376). Ist eine solche Vorlöschungsklausel nicht eingetragen, ist für die Löschung des Nießbrauches vor Ablauf eines Jahres nach Erlöschen des Rechts oder bei Widerspruch des Rechtsnachfolgers dessen Bewilligung zur Löschung nötig. Der Vermerk im Grundbuch, daß zur Löschung eines befristeten Nießbrauchs der Zeitablauf genügt, berechtigt das Grundbuchamt nicht zur Löschung des Nießbrauchs infolge des Ablebens des Berechtigten.[68] Trotz Vorlöschungsklausel ist aber bei auflösend bedingtem Nießbrauch der Eintritt der Bedingung durch öffentliche Urkunden nachzuweisen; hierbei gelten strenge Anforderungen.

Erlöschensfiktion und Löschungserleichterung nach Ablauf von 110 Jahren (§ 5 GBBerG) sowie Aufgebotsverfahren bei unbekanntem Aufenthalt des Berechtigten (§ 6 GBBerG) wie Rdn 1217a.

Verzicht auf den Nießbrauch ist gesetzlich nicht vorgesehen; § 1168 BGB findet keine (entsprechende) Anwendung.[69]

l) Zwangsversteigerung

1392 Bei Zwangsversteigerung des belasteten Grundstücks erlischt der Nießbrauch mit dem Zuschlag, wenn er nicht nach den Versteigerungsbedingungen bestehen bleibt (§ 91 Abs 1 ZVG). Löschung erfolgt auf Ersuchen des Vollstreckungsgerichts (§ 130 ZVG). Der Berechtigte eines durch Zuschlag erloschenen Nießbrauchs hat Anspruch auf Ersatz des Wertes aus dem Versteigerungserlös. Wertersatz wird durch Zahlung einer dem Jahreswert des Rechts gleichkommenden Geldrente in Dreimonatsbeträgen geleistet (§ 92 Abs 2 ZVG; Deckungskapital im Teilungsplan § 121 ZVG). Bestimmung und Eintragung eines Höchstbetrags des Wertersatzes nach § 882 BGB Rdn 1167.

m) Sonstiges

1393 Genehmigungen sind für die Bestellung eines Nießbrauches erforderlich bei land- und forstwirtschaftlichen Grundstücken (s Rdn 4019), bei Grundstük-

---

[67] Unrichtig daher OLG Düsseldorf DNotZ 1999, 440 mit zu Recht abl Anm Kanzleiter = Rpfleger 1999, 70.
[68] LG Münster DNotZ 1954, 260.
[69] LG Gießen NJW-RR 1997, 82.

B. Einzelfälle

ken in der Baulandumlegung (§ 51 BauGB), im Sanierungsgebiet oder Entwicklungsbereich (§ 144 Abs 2 Nr 2, § 169 Abs 1 Nr 5 BauGB).

11. Vorkaufsrecht mit Hinweisen auf Ankaufsrecht
BGB §§ 1094 ff, 873, 874, 882, 311 b Abs 1, §§ 463–473
EGBGB Art 120 Abs 2 Nr 2
GBO §§ 9, 21
GBV §§ 7, 10, 14

Vertragliche notarielle Bestellung (Urkundsform) 1394

Ich, Karl Freundlich, räume dem Max Strebsam, geb 13. 2. 1958, Oberhof, an meinem im Grundbuch von Oberhof (Band 1) Blatt 15 Bestandsverzeichnis Nr 20 gebuchten Grundstück Flurstück Nr 1 der Gemarkung Oberhof das vererbliche und übertragbare Vorkaufsrecht für den ersten Verkaufsfall durch mich oder meine Sonderrechts- oder Gesamtrechtsnachfolger im Eigentum des belasteten Grundstücks ein.
Ich, Max Strebsam, nehme die Vorkaufsrechtseinräumung hiermit an.
Karl Freundlich bewilligt, Max Strebsam beantragt die Eintragung des Vorkaufsrechts an nächst offener Rangstelle. Der Grundstückswert beträgt ... Euro.

Grundbucheintragung 1395

1	2	3
6	20	Vorkaufsrecht für Strebsam Max, geb 13. 2. 1958, Oberhof, für den ersten das Vorkaufsrecht auslösenden Verkaufsfall, gemäß Bewilligung vom ... (Notar ... URNr ...) eingetragen am ...

Eintragungsmitteilung erhalten der Berechtigte und der Eigentümer sowie Notar ...

Bestellung für den jeweiligen Grundstückseigentümer 1396
Vertragliche notarielle Bestellung

Ich ...... bewillige und beantrage die Eintragung folgenden Vorkaufsrechts nach § 1094 Abs 2 BGB im Grundbuch:
Vorkaufsrecht für den jeweiligen Eigentümer der FlStNr 28 Gemarkung Astadt ([Band 1] Blatt 2 Bestandsverzeichnis 3) an dem Grundstück FlStNr 27 Gemarkung Astadt ([Band 4] Blatt 5 Bestandsverzeichnis 6) für alle Verkaufsfälle. Das Vorkaufsrecht erlischt am 31. Dezember 2009.
Ich ... nehme als derzeitiger Eigentümer des berechtigten Grundstücks die Vorkaufsrechtsbestellung hiermit an.

Im übrigen s Muster Rdn 1394.

Grundbucheintragung (nur Spalte 3)

Befristetes Vorkaufsrecht für jeweiligen Eigentümer von BV Nr ... in ... Bl ... für alle Verkaufsfälle. Gemäß Bewilligung vom ...... (Notar ... URNr ...) eingetragen am ......

Literatur: Bratfisch und Haegele, Sammelbuchung von Vorkaufsrechten, Rpfleger 1961, 40; Deimann, Löschung eines auf Lebenszeit des Berechtigten beschränkten Vorkaufsrechts, Rpfleger 1977, 91; Grziwotz, Fälligkeit und Verzinsung des Kaufpreises bei Ausübung eines Vorkaufsrechts, MittBayNot 1992, 173; Haegele, Zur Form der Bestellung eines dinglichen Vorkaufsrechts, BWNotZ 1971, 49; Hahn, Rechtsgeschäftliche Vorkaufsrechte im Rahmen von Grundstückskaufverträgen, MittRhNotK 1994, 193; Hochmann, Schuldrechtliches Vorkaufsrecht und Sicherung durch Vormerkung, BWNotZ 1981, 166; Leikam, Die Ausübung des dinglichen Vorkaufsrechts, BWNotZ 1986, 139; Mayer-Maly, Bedingte und anfechtbare Vorkaufsfälle, FS für K. Wagner (1987) 283; Panz, Die Auswirkungen von Änderungen im Grundstücksbestand auf Vorkaufsrechte und Analog-Vereinbarungen zu §§ 502, 513 BGB, BWNotZ 1995, 156; Schurig, Das Vorkaufsrecht im Privatrecht (1975); Stöber, Vorkaufsrechte in der Zwangsversteigerung, NJW 1988, 3121; Vogt, Muß der Vorkaufsberechtigte Änderungen des Drittkaufs bis zur Ausübung des Vorkaufsrechts gegen sich gelten lassen?, FS Hagen (1999) 219; Waldner, Das auf einen Verkaufsfall beschränkte Vorkaufsrecht, MDR 1986, 110; Weimar, Grundsatzfragen zum Nießbrauch und zum dinglichen Vorkaufsrecht, MDR 1974, 462.

a) Recht, Verpflichteter

1397 Das Vorkaufsrecht (= VR) gibt dem Berechtigten die Befugnis, den vorkaufsbelasteten Gegenstand zu denselben Bedingungen zu kaufen, zu denen ihn der Verpflichtete rechtswirksam an einen Dritten verkauft hat; mit der Ausübung des VR kommt sodann ein neuer Kaufvertrag zwischen Berechtigtem und Verpflichtetem zustande (s im einzelnen Rdn 1420).

Unterschieden werden muß zwischen gesetzlichen (s Rdn 1443) und rechtsgeschäftlich bestellten Vorkaufsrechten; bei den letzteren wiederum ist zu unterscheiden zwischen dem schuldrechtlichen VR (§§ 463–473 BGB) und dem **dinglichen VR** (§§ 1094–1104 BGB). Während das schuldrechtliche VR unbewegliche und bewegliche Sachen sowie Rechte erfassen kann, ist ein dingliches VR nur an unbeweglichen Sachen möglich (zum Belastungsobjekt im einzelnen s Rdn 1400). Zwar verweist § 1098 BGB bei der Behandlung des dinglichen VR auf das schuldrechtliche VR, doch bestehen neben Gemeinsamkeiten eine Reihe erheblicher Unterschiede (dazu im einzelnen Rdn 1441). Das **dingliche** VR ist eine Grundstücksbelastung, kraft deren der Eigentümer des belasteten Grundstücks zum Verkauf an den Berechtigten verpflichtet ist, wenn er das Grundstück rechtswirksam an einen Dritten verkauft hat und der Vorkaufsberechtigte sein VR ausübt. Das dingliche VR ist kein verdinglichtes persönliches VR, setzt ein solches auch nicht als Kausalgeschäft voraus und enthält regelmäßig (ohne besondere Vereinbarung) auch kein schuldrechtliches VR.[1]

1397a Vorkaufsverpflichtet ist der jeweilige Eigentümer des belasteten Grundstücks (Besonderheit beim VR für den ersten Verkaufsfall, s Rdn 1432); ihm steht der Inhaber eines Anwartschaftsrechts (Rdn 3318) auf Eigentumserwerb am Grundstück gleich; aber auch derjenige, der lediglich einen schuldrechtlichen Eigentumsverschaffungsanspruch auf das Grundstück hat und es vor Eigentumsumschreibung oder unter Verzicht auf seine Zwischeneintragung verkauft, ist Vorkaufsverpflichteter. Erwirbt B vom Eigentümer E das vorkaufsbelastete Grundstück und verkauft es sofort an C weiter, so löst der Verkauf B/C einen Vorkaufsfall aus.[2] Die Ausübungsfrist beginnt in dem Zeitpunkt, in dem sowohl der Vertrag E/B wie auch der Vertrag B/C rechtswirksam sind. Entfällt allerdings nachträglich der Erwerb E/B, so entfällt damit nachträglich und rückwirkend die Grundlage für eine wirksame Vorkaufsrechtsausübung.

b) Entstehung

1398 Das dingliche VR entsteht durch abstrakten dinglichen Vertrag (Einigung) und Eintragung im Grundbuch (§ 873 BGB), die auf Grund einer Bewilligung

---

[1] OLG Düsseldorf DNotZ 1999, 1015 und MittBayNot 2003, 50.
[2] BGH 60, 275 (294) = DNotZ 1973, 603 (606) = NJW 1973, 1278 (1281 aE); ähnlich MünchKomm/Westermann Rdn 8 zu § 1098.

des Grundstückseigentümers und Antrag nach § 13 Abs 1 GBO erfolgt. Diese dingliche Einigung ist formlos wirksam, die Bewilligung bedarf der öffentlichen Beglaubigung (§ 29 GBO). Dagegen bedarf der dem dinglichen Rechtsgeschäft zugrundeliegende **Verpflichtungsvertrag** der **notariellen Beurkundung** (§ 311b Abs 1 BGB), weil sich der Grundstückseigentümer damit bedingt zur Übertragung des Eigentums am Grundstück auf den VR-Berechtigten verpflichtet.[3] Ist die Verpflichtung zur VR-Bestellung in einem anderen Vertrag, zB Miet- oder Pachtvertrag enthalten, ist dieser, wenn die VR-Verpflichtung dessen untrennbarer Bestandteil, dh von ihm abhängig ist, im ganzen beurkundungsbedürftig.[4]

Dem Grundbuchamt muß das Verpflichtungsgeschäft nicht vorgelegt oder nachgewiesen werden. Vorlage der Eintragungsbewilligung und des Antrags genügen nach dem hier geltenden formellen Konsensprinzip[5] (Rdn 15). Der Formmangel des Verpflichtungsgeschäfts wird durch die Eintragung des dinglichen VR im Grundbuch geheilt,[6] wenn im Zeitpunkt der dinglichen Einigung noch Willensübereinstimmung bestand;[7] § 311b Abs 1 S 2 BGB ist anwendbar: an die Stelle der Auflassung tritt die Einigung nach § 873 BGB. 1399

Ebenso wie der Notar bei Grundstücksveräußerungsgeschäften die Beurkundungsform des § 311b Abs 1 S 1 BGB zu wahren hat (und nicht an privatschriftlichen, unterschriftsbeglaubigten Verträgen im Vertrauen auf die spätere Heilung mitwirken darf), muß er bei Bestellung eines dinglichen VR ebenfalls auf die Einhaltung der Beurkundungsform achten; Entwurf einer privatschriftlichen VR-Einräumung und Unterschriftsbeglaubigung sind ihm untersagt. Wird dem Notar dagegen eine Eintragungsbewilligung der Beteiligten vorgelegt mit dem Ansuchen, die Unterschrift des Bewilligenden zu beglaubigen, so kann er dies nicht ablehnen;[8] eine dem § 925a BGB entsprechende Vorschrift besteht nicht.

Beim schuldrechtlichen VR ist die Beurkundungsform des § 311b Abs 1 BGB unabdingbare Wirksamkeitsvoraussetzung; eine Heilung durch Grundbucheintragung (der Vormerkung) gibt es hier nicht.[9]

c) Belastungsobjekt

Bestellung eines VR ist an einem **Grundstück**, an bereits vorhandenen **Miteigentumsanteilen** an einem Grundstück (§ 1095 BGB), an **Wohnungs-** und 1400

---

[3] RG 110, 327 (333); 125, 261 (263); 165, 164; BGH DNotZ 1968, 93; BGH NJW-RR 1991, 205 (für VR an Erbbaurecht); Haegele BWNotZ 1971, 49 (54).
[4] BayObLG 1986, 342 = MittBayNot 1987, 53; OLG Koblenz NotBZ 2002, 187; BGH DNotZ 1993, 619 (621) (zu Vorkaufsrecht nach § 15 GmbHG, auch zur Bedeutung einer salvatorischen Klausel); BGH DNotZ 2000, 635 = NJW 2000, 951 (zur einseitigen Abhängigkeit; s dazu im übrigen Rdn 3120); aA – unrichtig und mit unzutreffender Berufung auf MünchKomm/Kanzleiter – OLG Düsseldorf DNotZ 1996, 39; dazu Basty DNotZ 1996, 630.
[5] RG 125, 264; LG Verden Rpfleger 1956, 129 mit Anm Haegele; Soergel/Stürner Rdn 6a zu § 1094 BGB; aA OLG Celle NJW 1949, 548.
[6] BGH DNotZ 1968, 93; RG 125, 263; JW 1934, 2545.
[7] Zum Zeitpunkt der Willenübereinstimmung vgl BGH DNotZ 1980, 222.
[8] Winkler Rdn 42 zu § 40 BeurkG; Haegele BWNotZ 1971, 49 (54).
[9] LG München I MittBayNot 1982, 265.

Teileigentum, sowie an einem **Erbbaurecht** möglich. Bestellung eines VR an einem unausgeschiedenen Miteigentumsanteil ist unzulässig, anders wenn er nach § 3 Abs 6, 4 GBO gebucht ist. Belastung des ganzen Grundstücks eines Alleineigentümers, in der Ausübung beschränkt auf einen unausgeschiedenen Miteigentumsanteil, verstößt nicht gegen § 1095 BGB und wird von uns für zulässig erachtet, zumal mit einem schuldrechtlichen VR und Vormerkung das gleiche Ergebnis erreicht werden könnte. Bei Bestellung an einem Grundstücksteil ist dessen Abschreibung nach § 7 GBO erforderlich.[10] Davon zu unterscheiden ist die (zulässige) Belastung des ganzen Grundstücks mit dem VR, das nur an einer Teilfläche des Grundstücks ausgeübt werden kann; diese Grundstücksteilfläche muß bestimmt bezeichnet, jedenfalls aber eindeutig bestimmbar sein.[11] An einem Raum als Teil eines Wohnungseigentums kann ein schuldrechtliches VR bestellt und durch Vormerkung (am Wohnungseigentum) gesichert werden.[12] **Mehrere Grundstücke** können nicht mit einem einheitlichen VR belastet werden (Gesamt-VR), sondern nur mit Einzelrechten.[13] Das Grundbuchamt hat daher, wenn „das VR" an mehreren Grundstücken eingetragen werden soll, die zulässige Form der Bestellung einzelner VR an den Grundstücken als gewollt anzusehen, wenn sich nicht aus Bewilligung und Antrag ausdrücklich ergibt, daß unzulässig die Eintragung eines Gesamt-VR verlangt ist.[14]

d) Berechtigter

1401 Ein dingliches VR kann bestellt werden
 – **subjektiv-persönlich,** dh zugunsten einer bestimmten natürlichen oder juristischen Person, auch einer Handelsgesellschaft (§ 124 Abs 1 mit § 161 Abs 2 HGB), Partnerschaft (§ 7 Abs 2 PartGG mit § 124 Abs 1 HGB) sowie EWIV, oder
 – **subjektiv-dinglich,** dh zugunsten des jeweiligen Eigentümers eines anderen Grundstückes (Wohnungs-/Teileigentums-, Erbbaurechts).

Eine Umwandlung vom einen in das andere Recht ist nur durch Löschung und Neubestellung, nicht durch Inhaltsänderung möglich (§ 1103 BGB). An einem ideellen Miteigentumsanteil kann ein subjektiv-dingliches VR zugunsten des jeweiligen Eigentümers eines anderen Miteigentumsanteils am gleichen Grundstück bestellt werden, bei mehreren verbleibenden Miteigentumsanteilen auch zugunsten der jeweiligen Eigentümer der übrigen Miteigentumsanteile. Denn das Bruchteilseigentum an einem Grundstück muß, wo es um den VR-Berechtigten geht, wie das selbständige Grundstück behandelt werden.[15] Ein subjektiv-persönliches VR kann auch in der Weise bestellt

---

[10] Vgl dazu auch OLG Hamm DNotI-Report 1996, 29 = NJW 1996, 849.
[11] BayObLG 1997, 160 = NJW-RR 1998, 86 = Rpfleger 1997, 473.
[12] LG Kempten MittBayNot 1977, 63 = MittRhNotK 1977, 79.
[13] BayObLG 1951, 618 = DNotZ 1953, 263 mit Anm Weber; BayObLG 1958, 196 (204); BayObLG 1974, 365 = DNotZ 1975, 607 Leits = Rpfleger 1975, 23; KG JFGErg 18, 146 (149) = DNotZ 1939, 39; Hampel Rpfleger 1962, 126.
[14] BayObLG 1974, 365 = aaO (Fußn 13).
[15] BayObLG 1958, 196 = BWNotZ 1958, 302; BayObLG MittBayNot 1982, 177 = Rpfleger 1982, 274; LG Nürnberg Fürth NJW 1957, 1521; Hahn WürttNotV 1954, 150; MünchKomm/Westermann Rdn 3, BGB-RGRK/Rothe Rdn 3, je zu § 1095 BGB.

B. Einzelfälle

werden, daß die Vererblichkeit (oder Übertragbarkeit) nur auf bestimmte Personen beschränkt sein soll;[16] dadurch wird weder der Grundsatz der Universalsukzession verletzt noch in die Testierfreiheit des Berechtigten eingegriffen; wird er durch andere Personen beerbt, verbleibt es hinsichtlich des VR beim Erlöschen als gesetzliche Regelfolge (§ 473 BGB). Daß der Eigentümer des belasteten und des berechtigten Grundstückes identisch sind, hindert die Bestellung des subjektiv-dinglichen VR nicht (§ 889 BGB).
Ein für den Berechtigten „und seine Rechtsnachfolger" bestelltes VR ist kein subjektiv-dingliches VR nach § 1094 Abs 2 BGB, sondern ein subjektiv-persönliches, das vererblich und übertragbar ist;[17] die Formulierung sollte vermieden werden. Eine eindeutige Formulierung ist hier vielmehr

> vererbliches und übertragbares Vorkaufsrecht für X.

Der Eigentümer eines Grundstückes kann auch für sich selbst ein (subjektiv-persönliches) VR bestellen,[18] jedenfalls dann, wenn er hierfür ein berechtigtes Interesse hat; es gelten insofern die gleichen Grundsätze wie beim Eigentümernießbrauch oder Eigentümerdienstbarkeiten (s Rdn 1373, 1200). Dies gilt jedoch nicht für das schuldrechtliche VR (s auch Rdn 1442). **1402**

Die Bestellung mehrerer VR an einem Grundstück im Gleichrang ist (ebenso wie die Eintragung ranggleicher Auflassungsvormerkungen, s Rdn 1506) zulässig.[19] **1403**

Mit verschiedenem Rang können mehrere VR an einem Grundstück bestellt und nach der Rangfolge ausgeübt werden. Führt die Ausübung eines für mehrere Verkaufsfälle bestellten rangschlechteren VR wegen des besseren Rangs eines anderen VR nicht zum endgültigen Eigentumsübergang, so kann das rangschlechtere Recht noch bei einem späteren Verkauf ausgeübt werden.[20] **1404**

Zugunsten eines Dritten kann ein dingliches VR nicht begründet werden, da die nach § 1094 BGB notwendige Einigung des Berechtigten und des Verpflichteten fehlt (Rdn 9 und 937a); das Grundbuchamt hat jedoch nicht zu prüfen, ob die Einigung vorliegt, da für die Eintragung des VR die einseitige Bewilligung nach dem formellen Konsensprinzip (§ 19 GBO) genügt.[21] **1405**

---

[16] OLG Hamm Rpfleger 1960, 154; LG Aachen MittRhNotK 1996, 328; LG Würzburg DNotZ 1992, 319; aA LG Stuttgart BWNotZ 1974, 85 = MittRhNotK 1974, 397.
[17] BGH DNotZ 1963, 235 = NJW 1962, 1344.
[18] So auch Bauer/vOefele/Kohler Einl III Rdn 133; K/E/H/E Einl K 8; Meikel/Morvilius Einl C 331. Vgl auch BayObLG MDR 1984, 144 = MittBayNot 1983, 229 = Rpfleger 1984, 142: ein subjektiv-persönliches VR erlischt nicht durch Erwerb des vorkaufsbelasteten Grundstücks.
[19] OLG Hamm DNotZ 1990, 178 = NJW-RR 1989, 912 = OLGZ 1989, 257 = Rpfleger 1989, 362; LG Landshut MittBayNot 1979, 69 mit Anm Böck; LG Düsseldorf MittRhNotK 1981, 197 = Rpfleger 1981, 479 mit abl Anm Zimmermann; AG Gemünden MittBayNot 1974, 145 mit zust Anm Promberger; Haegele Rpfleger 1975, 156; Palandt/Bassenge Rdn 1, BGB/RGRK Rdn 3, je zu § 1094 BGB; Holderbaum JZ 1965, 712; Lüdtke-Handjery BB 1974, 517. AA LG Darmstadt MDR 1958, 35; KG JFG 6, 293; Soergel/Stürner Rdn 3; Staudinger/Mader Rdn 12; MünchKomm/Westermann Rdn 8, je zu § 1094 BGB. Im wesentlichen ablehnend auch Zimmermann Rpfleger 1980, 326.
[20] BGH 35, 146 = DNotZ 1961, 544 = NJW 1961, 1669.
[21] LG Düsseldorf MittRhNotK 1977, 129.

e) **Mehrere Berechtigte**

1406 aa) Das subjektiv-persönliche und das subjektiv-dingliche VR kann **mehreren Berechtigten gemeinschaftlich** bestellt werden. Die Rechtsinhaber können in Bruchteilsgemeinschaft[22] (§ 741 BGB) oder zur gesamten Hand (als BGB-Gesellschafter, in Güter-[23] oder Erbengemeinschaft usw) berechtigt sein. Ausgeübt werden kann das VR, das mehreren gemeinschaftlich zusteht, nur im ganzen (§ 472 S 1 mit § 1098 Abs 1 S 1 BGB; Unteilbarkeit des VR als Ausnahme von § 420 BGB). Ist es für einen der Berechtigten erloschen oder übt einer von ihnen sein Recht nicht aus, so sind die übrigen berechtigt, das VR im ganzen auszuüben (§ 472 S 2 mit § 1098 Abs 1 S 1 BGB). Eine von einzelnen, aber nicht allen erklärte VR-Ausübung wird somit zugunsten der einzelnen Berechtigten erst wirksam, wenn das VR der Mitberechtigten durch Fristablauf oder Verzicht erloschen ist.[24] Für mehrere Berechtigte als Gesamtgläubiger (§ 428 BGB) kann ein VR bestellt werden mit der Folge, daß Übertragung des Eigentums an einen Gesamtgläubiger schuldbefreiend wirkt.[25]

1407 bb) Bestellung eines VR für mehrere Berechtigte gemeinschaftlich erfordert Festlegung der **Anteile in Bruchteilen** oder des gemeinschaftlichen **Rechtsverhältnisses** in der Eintragungsbewilligung (Rdn 254) und (neben Einigung, § 873 BGB) Eintragung des Rechts unter Bezeichnung der Anteile in Bruchteilen oder des Rechtsverhältnisses (§ 47 GBO). Demgegenüber soll beim VR das Gemeinschaftsverhältnis § 472 (früher § 513) BGB bestimmen; im Grundbuch, damit auch in der Eintragungsbewilligung, soll daher als Gemeinschaftsverhältnis nach § 47 GBO zu verlautbaren sein, daß § 472 BGB auf das VR Anwendung findet.[26]

---

[22] Zulässigkeit der Bruchteilsgemeinschaft: LG Ulm DNotI-Report 1995, 35; Ischinger Rpfleger 1949, 493. Nicht zulässig sein soll Bruchteilsgemeinschaft hingegen nach KG DNotZ 1929, 736 = JFG 6, 292; OLG Frankfurt NotBZ 1999, 27; Haegele Rpfleger 1975, 153 (156); BGB-RGRK/Rothe Rdn 9 zu § 1094; Meikel/Morvilius Einl C 328. LG Mönchengladbach MittRhNotK 1992, 273 (zustimmend MünchKomm/Westermann Rdn 8 zu § 1094) legt zu Recht das für mehrere Berechtigte zu Bruchteilen bewilligte VR dahin aus, daß die Ausübung nur gemeinschaftlich erfolgen kann, den Berechtigten durch Ausübung aber der Anspruch auf Übereignung des Grundstücks als Miteigentümer zu Bruchteilen zusteht (s dazu Rdn 1407, 1407a).
[23] Bestellung des VR für Ehegatten in Gütergemeinschaft nur, wenn das VR übertragbar ist (§ 1417 Abs 2 BGB); LG Amberg MittBayNot 1964, 385.
[24] BGH DNotZ 1982, 368 = Rpfleger 1982, 27 wendet § 472 (= § 513 aF) BGB auch auf die Ausübung eines für eine Gesamthand bestellten VR an; aA wohl nur Soergel/Huber Rdn 6 zu § 513 BGB aF.
[25] OLG Frankfurt DNotZ 1986, 239; LG Köln MittRhNotK 1977, 192 = MittBayNot 1978, 103; aA K/E/H/E Rdn 10 h zu § 47.
[26] BGH 136, 327 = DNotZ 1998, 292 = NJW 1997, 3235 = Rpfleger 1998, 17 und 154 mit krit Anm Streuer (für Vormerkung zur Sicherung des Anspruchs nach Ausübung eines schuldrechtlichen VR); anders KG (Vorlagebeschluß) DNotZ 1997, 743 = Rpfleger 1997, 377. Für Angabe des § 513 (nun § 472) BGB als Berechtigungsverhältnis (nur) beim dinglichen VR auch Brückner BWNotZ 1998, 170 (171). Überholt BayObLG 1958, 196 (202); OLG Frankfurt NotBZ 1999, 27 (mit Einschränkung allerdings für Gesamtgläubiger und Eheleute in Gütergemeinschaft); OLG Düsseldorf MittRhNotK 1983, 49, daß es der Angabe eines Anteilsverhältnisses bei Eintragung eines VR für mehrere Berechtigte nicht bedarf. So aber noch Bauer/vOefele/Wegmann Rdn 42 zu § 47 (mit Ausnahme für Gesamthands- und Gesamtberechtigte nach § 428 BGB).

cc) Diese Ansicht hat Widerspruch gefunden;[27] auch wir können ihr nicht folgen. § 472 regelt kein Gemeinschaftsverhältnis der Berechtigten, sondern mit der Ausübung der VR-Berechtigung (als Ausnahme zu § 420 BGB) die Unteilbarkeit des Rechts bei Vorhandensein mehrerer VR-Berechtigter. Eintragung der Anteile der Berechtigten in Bruchteilen oder ihres Gemeinschaftsverhältnisses nach § 47 GBO dient aber nicht dem Zweck, mit der Notwendigkeit gemeinschaftlicher Ausübung des VR dessen (gesetzliche) Unteilbarkeit grundbuchersichtlich zu machen, sondern beruht auf der Erwägung, daß das Grundbuch für den Rechtsverkehr über die „Verschiedenheit der Gestaltung" der Verfügungsbefugnis[28] über die anteilige Mitberechtigung bei einer Gemeinschaft nach Bruchteilen (§ 747 S 1 BGB) und bei den Gesamthandsgemeinschaften Auskunft zu geben hat.[29] Daher kann Angabe eines Gemeinschaftsverhältnisses (§ 47 GBO) durch Verlautbarung, daß § 472 BGB Anwendung finde, so wenig erfolgen wie bei Teilbarkeit eines Rechts (zB einer Grundschuld) Eintragung des Gemeinschaftsverhältnisses nicht durch die Kennzeichnung dargestellt werden kann, daß § 420 BGB Anwendung findet.[30]

1407 a

dd) Vom einzutragenden VR, das mehreren gemeinschaftlich zusteht, zu **unterscheiden ist** der mit Ausübung des Rechts bestehende (vormerkungsgesicherte, § 1098 Abs. 2 BGB) **Anspruch auf Übertragung des Eigentums.** Er wird nicht als Belastung des Grundstücks eingetragen; das nach Ausübung des VR bestehende Gemeinschaftsverhältnis am schuldrechtlichen Eigentumsübertragungsanspruch erlangt für Grundbucheintragung des VR daher keine Bedeutung.

1407 b

f) Eintragungsbewilligung

Sie muß das Recht als VR (dh als Grundstücksbelastung) sowie das zu belastende Grundstück in der Form des § 28 S 1 GBO bezeichnen; sie muß weiter den oder die Berechtigten bestimmt bezeichnen; zur Angabe des Gemeinschaftsverhältnisses s Rdn 1407. Die Bewilligung muß deutlich erkennbar machen, ob ein subjektiv-persönliches oder ein subjektiv-dingliches VR gewollt ist. Soweit Vereinbarungen über den Inhalt oder die Modalität der Ausübung des VR gesetzlich zulässig sind (zB Übertragbarkeit, Vererblichkeit, Bestellung für einen oder mehrere Verkaufsfälle, Ausschluß bestimmter Fälle von Veräußerungen[31]), müssen diese in der Bewilligung enthalten sein.
Die Bestellung eines VR unterliegt nicht der Zustimmungspflicht nach § 1365 BGB.
Die Bewilligung eines VR an einem land- oder forstwirtschaftlichen Grundstück bedarf keiner Genehmigung nach dem GrdstVG, wohl aber die spätere

1408

---

[27] Sehr kritisch gegen BGH Demharter MittBayNot 1998, 16; auch Streuer aaO (Fußn 26); anders hingegen Amann FS Hagen (1999) S 75.
[28] Übertragbar und vererblich ist das VR, sofern das bestimmt ist (§ 473 mit § 1098 Abs 1 S 1 BGB), außerdem mit Zustimmung des Verpflichteten (Rdn 1428); das subjektiv-dingliche VR geht mit Veräußerung des herrschenden Grundstücks (damit auch mit einem Miteigentumsanteil) auf den Erwerber über (§ 1094 Abs 2 BGB).
[29] Denkschrift zur BGO (Hahn/Mugdan, 1897) S 65.
[30] Wie hier im Ergebnis auch Staudinger/Mader Rdn 14 zu § 1094 BGB.
[31] BGH MittBayNot 1991, 74 = NJW-RR 1991, 526 = Rpfleger 1991, 199.

Ausübung des VR.[32] Bewilligung eines VR des Inhalts, daß es nur ausgeübt werden kann, wenn und soweit das Grundstück als „Untersuchungsgebiet" ausgewiesen ist, verstößt gegen den Bestimmtheitsgrundsatz. Eintragung ist daher nicht zulässig; ist sie erfolgt, muß das VR als inhaltlich unzulässig von Amts wegen gelöscht werden.[33]

Bestimmung des **Höchstbetrags des Wertersatzes** im Sinne des § 882 BGB ist bei einem dinglichen VR möglich.

g) Grundbucheintrag

1409　Für die Eintragung im Grundbuch genügt die Bezeichnung als VR sowie die Eintragung des oder der Berechtigten (§ 15 GBV); zur Angabe des Gemeinschaftsverhältnisses s Rdn 1407, 1407a. Wegen des näheren Inhalts des VR kann auf die Eintragungsbewilligung Bezug genommen werden; dies gilt insbesondere für VR, die für mehrere oder alle Verkaufsfälle bestellt werden.[34] Damit nicht erst die Grundakten eingesehen werden müssen, ist es aber ratsam, in der Eintragung selbst erkennbar zu machen, daß sich das VR nicht auf einen Verkaufsfall beschränkt. Bezeichnet damit der Eintragungsvermerk den Inhalt des VR vollständig, ist eine Bezugnahme auf die Eintragungsbewilligung entbehrlich (Rdn 271). Ist ein subjektiv-persönliches VR bewilligt, aber ein subjektiv-dingliches eingetragen, ist ein subjektiv-persönliches VR entstanden;[35] dies gilt aber nicht im umgekehrten Fall.[36] Ist dagegen ein schuldrechtliches VR (Rdn 1441) vereinbart und zur Sicherung des Eigentumsverschaffungsanspruchs eine Auflassungsvormerkung bewilligt, jedoch ein VR im Grundbuch eingetragen, liegt eine unzulässige, in sich widerspruchsvolle, von Amts wegen zu löschende Eintragung vor.[37]

h) Bedingung, Befristung

1409a　Das VR kann auflösend oder aufschiebend bedingt (§ 158 BGB) und befristet (§ 163 BGB) bestellt werden. Bedingung kann auch sein, daß das VR erlöschen soll, wenn das für das Grundstück bestehende Mietverhältnis endet.[38] Bedingung und Befristung[39] müssen in das Grundbuch selbst eingetragen werden (keine Bezugnahme).

---

[32] BGH NJW 1984, 122 = Rpfleger 1983, 397; BGH RdL 1952, 266; OLG Frankfurt RdL 1952, 179.
[33] BayObLG (1. 8. 1978, mitgeteilt) Rpfleger 1978, 435.
[34] LG Frankfurt Rpfleger 1979, 454; OLG Frankfurt NJW-RR 1997, 1447; OLG Köln Rpfleger 1982, 16.
[35] Offen gelassen von BayObLG MittBayNot 1982, 177 = Rpfleger 1982, 274. Das subjektiv-dingliche VR ist aber auch dann nicht entstanden (Grundbuch ist unrichtig), wenn es zwar bewilligt war, die Einigung aber auf ein subjektiv-persönliches VR lautete, BayObLG aaO.
[36] BayObLG NJW 1961, 1265.
[37] BayObLG MittBayNot 1995, 460.
[38] BayObLG BWNotZ 1991, 73 = MittBayNot 1990, 174 = MittRhNotK 1990, 108 = NJW-RR 1990, 1169 = (mitget) Rpfleger 1990, 198 (für subjektiv-persönliches VR); OLG Zweibrücken DNotZ 1990, 177 = OLGZ 1989, 399 (für subjektiv-persönliches VR); s auch bereits Rdn 1149 und 1382.
[39] LG Bielefeld Rpfleger 1999, 22.

B. Einzelfälle

i) Inhalt des VR

Für den Inhalt des dinglichen VR verweist § 1098 Abs 1 BGB im wesentlichen auf die Bestimmungen des schuldrechtlichen VR (§§ 463–473 BGB). Dies bedeutet im einzelnen: 1410

aa) Ausübung nur bei Kaufvertrag. Das VR kann **nur dann ausgeübt** werden, wenn der Eigentümer über das Grundstück einen **Kaufvertrag** abschließt. Dabei kommt es nur auf den Inhalt des Vertrags, nicht auf die von den Beteiligten für ihn gewählte Bezeichnung an.[40] 1411
Das VR kann also **nicht ausgeübt** werden, wenn es sich zB um einen Ausstattungs-, Erbteilungs-, Schenkungs- oder Übergabevertrag, auch gemischte Schenkung,[41] oder um einen Vertrag über Einbringung eines Grundstücks in eine Gesellschaft handelt (zum Umgehungsgeschäft s Rdn 1414). Das VR wird ferner durch einen zwischen dem VR-Verpflichteten und einem anderen abgeschlossenen Vertrag, der den Erwerb eines Grundstücks seitens des VR-Verpflichteten vorsieht – Ringtausch – nicht ausgelöst.[42] Ein VR an einem Betriebsgrundstück, das einer der beiden Gesellschafter dem anderen eingeräumt hat, kann in der Regel nicht ausgeübt werden, wenn der Gesellschafter, dem das Grundstück gehört, seine Gesellschafterstellung (und das mit ihr verbundene Eigentum an dem Grundstück) unter Zustimmung des anderen Gesellschafters auf einen Dritten überträgt.[43] Auch im Falle einer Erbteilsübertragung ist Ausübung des VR am Grundstück nicht möglich.[44] Bei der Auseinandersetzung eines in Bruchteils- oder Gesamthandseigentum stehenden Grundstücks – freihändig oder im Weg der Teilungsversteigerung – ist der das Grundstück erwerbende **Miteigentümer** nicht „Dritter" iS der §§ 1098, 463 BGB; ein VR kann daher in solchen Fällen nicht ausgeübt werden;[45] dies gilt auch beim Erwerb des Grundstücks in der Auseinandersetzungsversteigerung für ein an einem Miteigentumsanteil bestehendes VR.[46] Sind dagegen die Miteigentumsbruchteile an einem Grundstück jeweils mit einem VR für den (die) Eigentümer der anderen Bruchteile belastet, so stellt der Verkauf des Bruchteils an einen anderen Bruchteilseigentümer einen Vorkaufsfall dar.[47] Zum VR in der Zwangs-(Teilungs)versteigerung s Rdn 1437. Ein VR kann auch dann nicht ausgeübt werden, wenn dadurch die Auseinandersetzung einer Miteigentumsgemeinschaft für alle Zeiten unmöglich gemacht werden würde.[48] Verkauf des Grundstücks an einen von mehreren VR-Berechtigten stellt dagegen Verkauf

---

[40] RG 88, 361.
[41] RG 101, 99; 125, 123; zur Abgrenzung zum Verkauf zu günstigem Preis (Freundschaftspreis) Soergel/Huber Rdn 13 zu § 504 BGB aF; Staudinger/Mader Rdn 13 zu § 504 und Rdn 15 zu § 505 BGB (je aF); Hahn MittRhNotK 1994, 193 (197).
[42] BGH DNotZ 1968, 412 = NJW 1968, 104.
[43] OLG Nürnberg DNotZ 1970, 39.
[44] BGH BB 1970, 1073 = DNotZ 1970, 423; LG München II MittBayNot 1986, 179.
[45] BGH DNotZ 1954, 385 = NJW 1954, 1035; BGH 48, 1 = DNotZ 1968, 25 = NJW 1967, 1607; BGH DNotZ 1970, 423; BayObLG JurBüro 1981, 752 = MittBayNot 1981, 18.
[46] BGH 48, 1 = aaO (Fußn 45).
[47] Staudinger/Mader Rdn 7 zu § 1095 BGB; vgl auch Gutachten DNotI-Report 2000, 21.
[48] BGH WM 1967, 938.

an einen Dritten (§ 463 BGB) dar, enthält aber gleichzeitig auch dessen VR-Ausübungserklärung.[49]

1412 Das VR erstreckt sich im Zweifel (also besser vertraglich klar vereinbaren) nicht auf einen Verkauf, der mit Rücksicht auf ein künftiges Erbrecht an einen **gesetzlichen Erben** erfolgt (§ 470 Abs 1 BGB). Hier schließt also sogar ein echter Kauf die Ausübung des VR aus. Übernimmt im Wege der **Auseinandersetzung** ein Miterbe das mit VR für den ersten Verkaufsfall belastete Grundstück, so ist dessen Ausübung ausgeschlossen, da kein Kaufvertrag mit einem „Dritten" (vgl oben) vorliegt. Veräußert die Erbengemeinschaft ein mit dem dinglichen VR eines Dritten belastetes Nachlaßgrundstück an einen der Miterben, so kann das Vorkaufsrecht ebenfalls nicht ausgeübt werden. Das gleiche gilt im Falle der Veräußerung an eine Person, an die zuvor ein Miterbe seinen Erbanteil nach § 2033 Abs 1 BGB übertragen hatte, es sei denn, daß die Übertragung zum Zwecke der Vereitelung des VR geschehen ist.[50]
Zur Frage des Erlöschens des VR, wenn das belastete Grundstück veräußert wird, ohne daß ein Vorkaufsfall vorliegt, s Rdn 1432a.

1413 Werden mehrere mit VRen belastete Grundstücke zusammen durch einheitliches Rechtsgeschäft verkauft, so kann der Berechtigte, da es ein Gesamtvorkaufsrecht nicht gibt (s Rdn 1400 mit Fußn 13), die Ausübung des VR auf einzelne Grundstücke beschränken;[51] § 467 S 1 und S 2 BGB sind anwendbar. Besteht ein VR an einer Teilfläche und wird das ganze Grundstück veräußert, so ist für die Ausübung des VR § 467 BGB entsprechend anwendbar.[52] Werden mehrere Grundstücke in einem einheitlichen Vertrag verkauft, unterliegt aber nur eines davon dem VR, so kann es an diesem Grundstück ausgeübt werden, § 467 BGB ist entsprechend anwendbar.[53]

1414 Das VR kann auch gegenüber **Umgehungsgeschäften** ausgeübt werden, dh bei Vereinbarungen des VR-Verpflichteten mit einem Dritten, durch die statt eines Kaufvertrags Regelungen getroffen werden, die in ihrer Gesamtheit einem Kaufvertrag nahezu gleichkommen und in die der VR-Berechtigte zur Wahrung seiner Erwerbs- und Abwehrinteressen eintreten kann.[54] Zur Unwirksamkeit von Vereinbarungen, die einen „Fremdkörper" darstellen s Rdn 1422.

---

[49] OLG Hamm DNotZ 1989, 786.
[50] BGH DNotZ 1957, 654.
[51] OLG Düsseldorf DNotZ 2003, 436 = NJW-RR 2003, 801 gegen OLG Karlsruhe BWNotZ 1958, 218 (zu § 27 BadStammgüteraufhebungsG v 18. 7. 1923).
[52] BGH LM Nr 1 zu § 508; BGH MDR 1971, 285 = NJW 1971, 560; BayObLG 1966, 310 (315); OLG Karlsruhe NJW-RR 1996, 916 = DNotI-Report 1996, 197 zur Ermittlung des Kaufpreises; vgl hierzu auch BayVGH NJW 2000, 533 = BayVBl 1999, 563.
[53] Staudinger/Mader Rdn 3 zu § 508 BGB (aF); BGH MDR 1974, 655 vertritt zum siedlungsrechtlichen Vorkaufsrecht den gegenteiligen Standpunkt; die Entscheidung kann jedoch nicht verallgemeinert werden.
[54] BGH 115, 335 = DNotZ 1992, 414 = NJW 1992, 236 (Umgehung durch unwiderrufliches Angebot, Auflassungsvormerkung, Veräußerungs- und Belastungsvollmacht, Besitzübergang); BGH DNotZ 1998, 892 = NJW 1998, 2136 (erbvertragliche Zuwendung gegen Zahlung und Nichtverfügungsverpflichtung); OLG Nürnberg NJW-RR 1992, 461 (Umgehung durch Einbringung in Gesellschaft); vgl auch Schermeier AcP 196, 256.

B. Einzelfälle

Ein dingliches VR erfaßt einen **Vertrag, der vor Entstehung** des VR geschlos- 1415
sen worden ist, auch dann nicht, wenn eine zur Wirksamkeit des Kaufvertrags erforderliche Genehmigung erst nach Entstehung des VR erteilt
wird.[55]

Zum (schuldrechtlichen) VR des Mieters nach § 577 BGB s Rdn 4181 ff. 1416

bb) **Kaufvertrag muß rechtswirksam sein.** Das VR kann nur ausgeübt wer- 1417
den, wenn der Kaufvertrag des Grundstückseigentümers mit dem Dritten
rechtswirksam abgeschlossen ist. Dies setzt wirksame notarielle Beurkundung
(§ 311b Abs 1 S 1 BGB) des Kaufvertrages voraus, ebenso das Bestehen der
Vertretungsmacht bei Handeln eines Stellvertreters (Vollmacht oder nachträgliche Genehmigung, § 177 BGB). Bei aufschiebend bedingtem Kaufvertrag kann die Ausübung des VR schon vor Eintritt der Bedingung erklärt
werden[56] mit der Folge, daß der Ausfall der Bedingung auch vom VR-
Berechtigten hinzunehmen ist.[57] Ist zum Kaufvertrag eine behördliche (auch
gerichtliche) Genehmigung erforderlich, ist zwischen der Möglichkeit, die
Ausübung des VR zu erklären und der Verpflichtung, das VR fristgerecht
auszuüben, zu unterscheiden. Ausgeübt werden kann das VR nach Abschluß
des Kaufvertrags auch schon vor Erteilung der behördlichen (gerichtlichen)
Genehmigung mit Wirkung auf den Genehmigungszeitpunkt[58] (Recht zum
Handeln). Jedoch kann die Ausübungserklärung ohne Genehmigung des
Hauptvertrages nicht wirksam werden.[59] Verkäufer und Käufer können den
(mangels Genehmigung noch nicht wirksamen) Vertrag in der Schwebezeit
daher auch einverständlich aufheben oder abändern[60] und damit das VR
gegenstandslos machen.[61] Geschieht das nicht, hat der VR-Berechtigte nach
Genehmigungserteilung die Erklärung, das VR auszuüben, nicht zu wiederholen.[62] Für Ausübung in der 2-Monatsfrist des § 469 Abs 2 BGB (Verpflichtung zur Ausübung) muß die behördliche (gerichtliche) Genehmigung
(rechtswirksam) erteilt sein.[63] Auf das Vorliegen der Genehmigungen ist in
der in Rdn 1418 behandelten Mitteilung des Verkäufers ausdrücklich hinzuweisen;[64] die Genehmigungen selbst brauchen aber dem VR-Berechtigten
nicht vorgelegt zu werden. Ist eine Genehmigung nur für das Erfüllungsgeschäft nötig (zB § 19 BauGB), so spielt diese Genehmigung für die Rechtswirksamkeit des Kaufvertrages und die Ausübung des VR keine Rolle;[65] ihre
Mitteilung ist nicht erforderlich, um die Ausübungsfrist in Lauf zu setzen.

---

[55] BGH DNotZ 1957, 657 = NJW 1957, 1476.
[56] RG 98, 44 (49); BGH DNotZ 1998, 895 (897) = NJW 1998, 2352.
[57] BGH 139, 29 (33) = DNotZ 1998, 895 (897) = aaO; RG 98, 44; RG 106, 320.
[58] BGH 139, 29 = aaO für grundstücksverkehrsrechtliche Genehmigung.
[59] BGH 139, 29 = aaO mit Abgrenzung zu BGH 14, 1 = DNotZ 1954, 532 = NJW 1954, 1442; BGH 32, 383 (388) = NJW 1960, 1808.
[60] BGH 139, 29 (897) = aaO.
[61] Zur Änderung des (**wirksamen**) Vertrags vor Ausübung des VR s Rdn 1424.
[62] BGH 139, 29 (34) = DNotZ 1998, 895 (898) = aaO.
[63] RG 106, 231; 108, 94; 144, 158; BGH 14, 1 = aaO (Fußn 59); 32, 383 = aaO (Fußn 59); DNotZ 1957, 16; BWNotZ 1966, 253 = WM 1966, 891 und Betrieb 1967, 1963; kritisch MünchKomm/Westermann Rdn 16 zu § 504 BGB aF.
[64] BGH DNotZ 1994, 459 (460) = NJW 1994, 315 (316) („diese Tatsache muß mitge-
teilt sein").
[65] BGH DNotZ 1994, 459 = aaO; Heinrich DNotZ 1992, 771.

Die Unbedenklichkeitsbescheinigung des Finanzamts wegen der GrESt hat für die Rechtswirksamkeit des Kaufvertrages keine Bedeutung.

1418 cc) **Mitteilung und fristgemäße Ausübung.** Der Grundstückseigentümer (Verpflichtete, s Rdn 1397a) hat dem VR-Berechtigten den **Inhalt** des mit dem Dritterwerber geschlossenen Kaufvertrages durch Übermittlung einer Vertragsabschrift[65a] unverzüglich mitzuteilen und dabei zu bestätigen, daß nach Rdn 1417 etwa erforderliche Genehmigungen bereits in rechtswirksamer Form vorliegen. Eine Mitteilung vor Erteilung der zur Rechtswirksamkeit erforderlichen Genehmigungen setzt die Ausübungsfrist nicht in Gang, gibt aber das Recht zur Ausübung (s Rdn 1417). Die Mitteilung erfolgt am besten durch Einschreibebrief gegen Rückschein, gegen besondere Empfangsbescheinigung oder durch Zustellung nach § 132 BGB. Die Mitteilung durch den VR-Verpflichteten wird durch eine solche des Dritterwerbers ersetzt (§ 469 Abs 1 S 2 BGB). Erfolgt die Mitteilung nicht unverzüglich, so kann Schadensersatzpflicht eintreten,[66] abgesehen davon, daß dann auch die Frist zur Ausübung des VR nicht zu laufen beginnt. Der VR-Berechtigte hat zwar nach Erhalt der Mitteilung selbst zu prüfen, ob der Vorkaufsfall gegeben ist und die nachgenannte Ausübungsfrist damit zu laufen begonnen hat. Er braucht aber keine Ermittlungen über die Rechtslage hinsichtlich des Kaufvertrags anzustellen.[67] Die **Frist** zur Ausübung des VR beträgt gesetzlich **zwei Monate;** sie kann vertraglich verkürzt oder verlängert werden (§ 469 Abs 2 S 2 BGB). Die Frist beginnt (auch bei Verkauf einer Teilfläche aus einem größeren, mit dem VR belasteten Grundstück[68]) mit dem Tage zu laufen, an dem der VR-Berechtigte die Mitteilung des VR-Verpflichteten (oder des Dritterwerbers) erhalten hat (§ 469 Abs 2 S 1 BGB; für die Fristberechnung s §§ 186ff BGB). Die Frist ist eine Ausschlußfrist. Die Frist wird nicht in Lauf gesetzt, wenn der aus einem VR-Verpflichtete nur den mit dem Dritten geschlossenen ursprünglichen Vertrag mitteilt, nicht aber eine vor dieser Mitteilung erfolgte **Vertragsänderung;**[69] dazu auch Rdn 1424.

1419 Der **VR-Berechtigte** muß sein Recht **fristgemäß gegenüber** dem **VR-Verpflichteten** ausüben; Ausübung gegenüber dem Dritterwerber oder dem hierzu nicht eigens ermächtigten Notar[70] wäre wirkungslos. Die Ausübung bedarf keiner besonderen Form.[71] Schriftform und Übermittlung mit Zugangsnachweis (Einschreiben/Rückschein oder noch sicherer Zustellung durch Vermittlung des Gerichtsvollziehers, § 132 BGB) sind aus Beweisgründen drin-

---

[65a] Die Übersendung eines Vertragsentwurfs (der in wesentlichen Punkten vom Vertrag abweicht) erfüllt die Mitteilungspflicht nicht und setzt die Frist des § 469 BGB nicht in Lauf, BGH DNotZ 2003, 431.
[66] BGH DNotI-Report 2002, 38.
[67] BGH BWNotZ 1966, 253 = WM 1966, 891.
[68] BGH DNotZ 1994, 459 = aaO.
[69] BGH BWNotZ 1973, 123 = MittBayNot 1973, 198 = NJW 1973, 1365.
[70] Empfehlenswert ist eine solche Vollmacht für den Notar nicht; aA wohl Heinze NotBZ 1998, 152.
[71] HM, RG 77, 417; 169, 70; BGH MittBayNot 1996, 367 = NJW-RR 1996, 1167; BGH DNotI-Report 2000, 137 = NJW 2000, 2665; OLG Frankfurt NJW-RR 1999, 16; Sarnighausen NJW 1998, 37; aA Wufka DNotZ 1990, 339 (350ff), der notarielle Beurkundung nach der Erweiterung des (damaligen) § 313 BGB auf Erwerbsverpflichtungen für erforderlich hält; ebenso Einsele DNotZ 1996, 835.

gend zu empfehlen. Die Ausübung der VR ist unwirksam, wenn sie unter Bedingungen erfolgt oder der VR-Berechtigte es gleichzeitig ablehnt, die mit seiner Erklärung verbundenen Verpflichtungen zu tragen. Dies gilt auch dann, wenn der VR-Berechtigte die volle Bezahlung des Kaufpreises mit der Begründung von einer vorherigen gerichtlichen Überprüfung abhängig macht, es sei in ihm durch bestimmte Tatsachen der (sich später als unbegründet erweisende) Verdacht erweckt worden, daß durch die Ausgestaltung des Kaufvertrags, insbesondere hinsichtlich der Höhe des Kaufpreises, die Ausübung seines VR vereitelt oder erschwert werden sollte.[72]

Die Mitteilung des Vertrags ist nicht Wirksamkeitsvoraussetzung der Ausübung des VR. Diese Ausübung kann vielmehr auch durch Abschluß eines Vertrags zwischen dem Verpflichteten und dem VR-Berechtigten erfolgen.

dd) Folgen der wirksamen VR-Ausübung. Mit der fristgemäßen Ausübung des VR kommt der **Kauf zwischen dem Berechtigten und dem Verpflichteten** aus dem VR unter den Bestimmungen zustande, die der Verpflichtete mit dem Dritterwerber vereinbart hat (§ 464 Abs 2 BGB). Der VRBerechtigte tritt also nicht etwa in den mit dem Dritterwerber bereits geschlossenen Kaufvertrag ein; es kommt vielmehr zwischen ihm und dem VR-Verpflichteten ein neuer Kaufvertrag, allerdings zu den gleichen Bedingungen wie mit dem Dritterwerber vereinbart (Ausnahme: „Fremdkörper", s Rdn 1422 mit Fußn 83), zustande. Der neue Vertrag bedarf wiederum der etwa allgemein erforderlichen behördlichen Genehmigungen. Sie brauchen aber nicht innerhalb der für die Ausübung des VR bestehenden Frist erteilt zu sein.[73] 1420

Nicht ausgeschlossen ist durch § 464 Abs 2 BGB, daß der Verpflichtete freiwillig dem Berechtigten günstigere Bedingungen einräumt als diejenigen, die er mit dem Dritten vereinbart hat.[74]

Der VR-Berechtigte hat bei Ausübung seines VR insbesondere die **Kosten** des ursprünglichen Kaufvertrags zu tragen.[75] Ob dazu auch die Kosten für Auflassungsvormerkung (und deren Löschung) des Dritterwerbers zählen, ist streitig.[76] Ob der VR-Berechtigte auch Maklerkosten für den ursprünglichen Kaufvertrag zu tragen hat, hängt von der rechtlichen Gestaltung der Verpflichtung zur Zahlung der Käuferprovision ab, die als Käuferleistung auch vom VR-Berechtigten zu erfüllen ist („Maklerklausel" für den Anspruch des Verkäufers gegen den Käufer auf Zahlung der Käuferprovision an den Makler und zugleich für den als selbständiges Forderungsrecht ausgestalteten eigenen Anspruch des Maklers).[77] 1421

---

[72] BGH MDR 1962, 974; BGH DNotZ 1966, 482 = MDR 1966, 134.
[73] Anders bei noch fehlenden privatrechtlichen Genehmigungen nach § 184 BGB; Schindler/Pachtner BWNotZ 1973, 52; unrichtig Wendelstein BWNotZ 1972, 55.
[74] BGH DNotZ 1971, 185 = Rpfleger 1971, 13.
[75] BGH BB 1960, 964 = MDR 1960, 1004 = RdL 1960, 266; BGH MittRhNotK 1978, 46 = Rpfleger 1978, 97; OLG Celle NJW 1957, 1802; LG Bonn RdL 1953, 97; Hartmann NJW 1956, 899; Henrichs DNotZ 1955, 373; Krämer MittRhNotK 1961, 186, 214; Pessler NJW 1960, 1788.
[76] Für Erstattungspflicht MünchKomm/Westermann Rdn 7 zu § 505 BGB aF; BGH DNotZ 1982, 629 (630) = NJW 1982, 2068; gegen Erstattungspflicht Staudinger/Mader Rdn 19 zu § 505 BGB aF; LG Bonn NJW 1965, 1606.
[77] BGH 131, 318 = MittBayNot 1997, 97 = MittRhNotK 1996, 320 = NJW 1996, 654; vgl auch BGH BB 1963, 9 = LM BGB § 505 Nr 4 = MDR 1963, 303; OLG Düs-

1422 Der VR-Berechtigte hat nach wirksamer Ausübung eines dinglichen VR den mit dem Dritten **vereinbarten Kaufpreis** zu zahlen. Wegen der Rechtslage bei **Stundung** des Kaufpreises s § 468 BGB. Die im ursprünglichen Kaufvertrag getroffenen Fälligkeitsvereinbarungen gelten auch sinnentsprechend[78] für den VR-Berechtigten, jedoch mit der Maßgabe, daß Fälligkeit (auch etwaiger im Vertrag vereinbarter Vorfälligkeitszinsen[79]) immer erst frühestens nach Ausübung des VR eintreten kann.[80] Eine für Kaufpreisfälligkeit im Erwerbsvertrag vereinbarte Notarmitteilung (durch den den Erstvertrag beurkundenden Notar) soll Erfordernis auch für Fälligkeit des vom VR-Berechtigten zu zahlenden Kaufpreises sein,[81] obwohl der Notar gegenüber dem VR-Berechtigten zu keiner Mitteilung verpflichtet ist. Die vom Drittkäufer erklärte Zwangsvollstreckungsunterwerfung wirkt (natürlich) nicht zu Lasten des VR-Berechtigten.[82] Wird vom VR nur eine **Teilfläche** des verkauften Grundstücks oder eines von mehreren verkauften Grundstücken (s Rdn 1413) betroffen und entspricht der Kaufpreis dem Wert des Grundstücks, so hat der VR-Berechtigte für die Teilfläche einen Kaufpreis zu zahlen, der dem Wert der Teilfläche entspricht; § 467 BGB ist entsprechend anwendbar.[83] Zur Rechtslage bei Vereinbarung von Nebenleistungen s § 466 BGB. Dagegen verpflichten den VR-Berechtigten solche Bestimmungen des Erstvertrags nicht, die wesensgemäß nicht zum Kaufvertrag gehören und sich darin als **Fremdkörper** darstellen. Das ist in der Regel der Fall bei einer Vertragsgestaltung, die völlig außerhalb des Abhängigkeitsverhältnisses zwischen Leistung und Gegenleistung des Kaufs liegt, so nur für den Vorkaufsfall getroffen wurde und den Parteien des Erstvertrags bei dessen Durchführung keine irgendwie gearteten Vorteile bringt.[84]

1423 Da zwischen dem VR-Berechtigten und dem VR-Verpflichteten nur ein schuldrechtlicher Kaufvertrag zustande kommt, bedarf es noch der **Auflassung** des Grundstücks an den VR-Berechtigten (§ 925 BGB). Notfalls muß der VR-Berechtigte den Verpflichteten auf diese Auflassung verklagen. Der Drittkäufer muß der Auflassung zustimmen, wenn er bereits grundbuchmäßiger Eigentümer geworden ist. Er kann aber seine Zustimmung und die Herausgabe des Grundstücks bis zur Erstattung des von ihm etwa bereits

---

seldorf MDR 1999, 800 = MittRhNotK 1999, 153; LG Frankfurt NJW-RR 1996, 1080.

[78] So ist bei eingetragenem Vorkaufsrecht keine (weitere) Auflassungsvormerkung für den VR-Berechtigten und wohl auch keine Löschung der Vormerkung für den Drittkäufer nötig (wegen § 1098 Abs 2 BGB; s Rdn 1426), wohl aber die für den Drittkauf vereinbarte Lastenfreistellung; hierzu mit weiteren Einzelheiten Grziwotz MittBayNot 1992, 173 (175 ff) und NVwZ 1994, 215.

[79] BGH DNotZ 1996, 429 mit Anm Westermann = NJW 1995, 1827.

[80] BGH DNotZ 1983, 302 = NJW 1983, 682 = Rpfleger 1983, 62.

[81] Dazu Grziwotz (Anmerkung) sowie OLG München MittBayNot 1994, 30.

[82] LG Regensburg MittBayNot 1995, 486; Hahn MittRhNotK 1994, 193 (209).

[83] BGH MDR 1970, 221 = NJW 1970, 187; s auch Fußn 52.

[84] BGH BB 1980, 1446 = DNotZ 1981, 240 = MDR 1980, 1012; OLG Stuttgart DNotI-Report 2001, 101; die vereinbarte „Federführungsbefugnis" des Drittkäufers für Erschließungsmaßnahmen ist kein solcher Fremdkörper und wirksam, BGH DNotZ 1996, 1029 = NJW 1995, 3183 unter Aufhebung von OLG München DNotZ 1994, 483.

bezahlten Kaufpreises samt ihn treffenden Kosten verweigern[85] (§ 1100 BGB).

Auf das Grundstückszubehör (s §§ 97ff BGB) erstreckt sich das VR zwar an und für sich nicht. Doch ist im Zweifel anzunehmen, daß die Parteien auch das Zubehör dem VR unterstellen wollen (§ 1096 S 2 BGB; s auch für den Grundstücksverkauf § 311c BGB).

Nach hM[86] steht es den Vertragsparteien, solange das VR nicht ausgeübt ist, frei, **Zusätze und Änderungen** zum Kaufvertrag zu vereinbaren. Der VR-Berechtigte muß sie hinnehmen. Eine Änderung oder Ergänzung des Vertrags ist bis zur Ausübung des VR zulässig; sie muß dem VR-Berechtigten erneut mitgeteilt werden und setzt eine neue Frist zur Ausübung des VR in Lauf.[87] Der VR-Verpflichtete ist nicht gehalten, dem VR-Berechtigten die Ausübung des VR zu ermöglichen. Dies gilt auch gegenüber einer nach dem Gesetz vorkaufsberechtigten öffentlich-rechtlichen Körperschaft (etwa beim VR nach dem RSG). Es bedeutet keinen Gesetzesverstoß, wenn in einem dem (gesetzlichen) VR unterliegenden Vertrag eine Vertragsstrafe für den Fall vereinbart ist, daß das Grundstück innerhalb einer bestimmten Frist weiterveräußert wird.[88]

1424

ee) **Rücktritt, Anfechtung, Aufhebung des Kaufvertrages.** Eine Vereinbarung des VR-Verpflichteten mit dem Dritten, durch welche der **Kaufvertrag** von der **Nichtausübung** des VR abhängig gemacht oder dem Verpflichteten für den Fall der Ausübung des VR der Rücktritt vorbehalten wird, ist dem VR-Berechtigten gegenüber unwirksam[89] (§ 465 BGB). Das schließt eine gegenüber dem Dritterwerber getroffene Bestimmung nicht aus, daß der mit diesem geschlossene Vertrag nur bei Nichtausübung des VR wirksam sein soll.[90] Jeder vorsichtige Eigentümer wird in den Kaufvertrag mit dem Dritterwerber diese Bestimmung aufnehmen lassen. Andernfalls kann er sich Schadensersatzansprüchen des Dritterwerbers aussetzen. Eine im Kaufvertrag mit dem Dritten vereinbarte Bedingung, daß der Vertrag vom Nichtbestehen des VR abhängt, fällt auch unter § 465 BGB und ist dem VR-Berechtigten gegenüber unwirksam; ob dies auch gilt, wenn das Nichtbestehen eines VR nur die Geschäftsgrundlage des Vertrages darstellt, ist streitig.[91] Es steht den

1425

---

[85] Kennt der Käufer das VR des Dritten, so ist er im Verhältnis zum VR-Berechtigten bei Besitzerwerb innerhalb der VR-Ausübungsfrist wie ein bösgläubiger Besitzer (§ 990 BGB) zu behandeln, BGH NJW 1983, 2024.

[86] RG 118, 5; BGH NJW 1969, 1959; BGH NJW 1973, 1365; Staudinger/Mader Rdn 18; MünchKomm/Westermann Rdn 29, je zu § 505 BGB; Soergel/Huber Rdn 41 zu § 504 BGB; ablehnend mit eingehender Begründung Vogt FS Hagen (1998) S 219; ebenso Erman/Grunewald Rdn 15 zu § 504 BGB.

[87] BGH BWNotZ 1973, 123 = aaO (Fußn 69); BGH DNotZ 1970, 105; BGH DNotZ 1994, 459 = NJW 1994, 315.

[88] BGH DNotZ 1970, 105 = NJW 1969, 1959; teilweise gegenteiliger Ansicht Winkler NJW 1970, 98 und OLG Stuttgart DNotI-Report 2001, 101.

[89] BGH DNotZ 1990, 730 = NJW 1990, 1473 (Kaufvertrag gekoppelt mit Erlaßvertrag über VR, wobei VR-Berechtigter vollmachtlos vertreten ist; verweigert er Genehmigung, ist auch Kauf unwirksam [§ 139 BGB, ausgenommen Umgehungsabsicht]); betrifft einen Sonderfall und ist nicht allgemein anwendbar.

[90] BayObLG 1997, 223 = DNotZ 1998, 478 (Ausübung des VR als auflösende Bedingung).

[91] Nach BGH NJW 1987, 890 (893), zustimmend Burkart NJW 1987, 3157, führt das Fehlen einer solchen Geschäftsgrundlage in manchen Fällen auch zur Unwirksam-

Parteien auch frei, selbst mit Wirkung gegenüber dem VR-Berechtigten ein allgemeines oder ein besonderes Rücktrittsrecht des Verkäufers für bestimmte mit der Ausübung des VR, dh der Person des Käufers, nicht zusammenhängende Fälle festzulegen. Dagegen kann ein nach Ausübung des VR vom Drittkäufer auf Grund vorbehaltenen Rücktrittsrechts erklärter Rücktritt den zustandegekommenen Vertrag mit dem VR-Berechtigten ebenso wenig beeinträchtigen[92] wie eine Aufhebung des wirksamen Kaufvertrages durch Verkäufer und Käufer.[93] Eine analoge Anwendung des § 465 BGB ist auch für die Anfechtung des Kaufvertrags geboten: Anfechtungsrechte des Drittkäufers können das Rechtsverhältnis zwischen VR-Verpflichteten und VR-Berechtigten nicht berühren, ebenso nicht Anfechtungsrechte des Verkäufers, die ihren Grund in der Person des Drittkäufers haben.[94] Ein anfechtbarer, aber (noch) nicht angefochtener Kaufvertrag löst das VR jedoch aus.

k) Wirkung des VR gegenüber Dritten

1426 Den Schutz des VR-Berechtigten gegenüber Dritten gewährleistet § 1098 Abs 2 BGB. Gegen Verfügungen des Grundstückseigentümers zugunsten Dritter (zum Begriff der anspruchswidrigen Verfügung s Rdn 1522) hat das VR die **Wirkung einer Vormerkung** zur Sicherung des durch die Ausübung des VR entstehenden Anspruchs auf Übertragung des Eigentums, dh insbesondere die Wirkung der §§ 883, 888 BGB. Dieser Schutz beginnt im Hinblick auf die **Übertragung des Eigentums** am VR-belasteten Grundstück auf einen Dritten bereits mit der Entstehung des VR aufgrund Einigung und Eintragung, nicht erst mit der Ausübung des VR.[95]

Die Ausübung eines **dinglichen** VR wird nicht dadurch ausgeschlossen, daß der Dritterwerber, dh derjenige, der das Grundstück vom VR-Verpflichteten erworben hat, trotz des im Grundbuch eingetragenen VR auf Grund formgerechter Auflassung (§ 925 BGB) im Grundbuch **als neuer Eigentümer eingetragen** worden ist. Diese Eintragung muß das Grundbuchamt ohne weiteres vornehmen, weil das im Grundbuch eingetragene VR **keine Grundbuchsperre** des Inhalts darstellt, daß das Grundbuchamt spätere Eigentumsänderungen oder Belastungen nicht eintragen kann. Auf Grund der Vormerkungswirkung kann der VR-Berechtigte nach wirksam ausgeübtem VR die Zustimmung des Dritterwerbers zu der zwischen VR-Verpflichteten und VR-Berechtigten zu erklärenden Auflassung verlangen[96] (§§ 883, 888, 1098 BGB).

1427 Gegenüber Verfügungen des Eigentümers, die **Grundstücksbelastungen** sind, wirkt der Vormerkungsschutz erst von dem Zeitpunkt an, an dem das VR ausgeübt werden kann, dh nur gegenüber Belastungen, die nach Abschluß eines rechtswirksamen Kaufvertrages mit einem Dritten begründet werden; Grundstücksbelastungen, die nach Eintragung des VR, aber vor Eintritt

---

keit des durch Ausübung des VR zustande gekommenen Vertrages; aA Tiedtke NJW 1987, 874.
[92] BGH 67, 395 = DNotZ 1977, 349 = Rpfleger 1977, 164.
[93] BGH 14, 1 = DNotZ 1954, 532; RG 118, 4 (8).
[94] MünchKomm/Westermann Rdn 15; Staudinger/Mader Rdn 26, je zu § 504 BGB aF.
[95] BGH 60, 275 = DNotZ 1973, 603 = NJW 1973, 1278 = Rpfleger 1973, 294; BGB-RGRK Rdn 11; MünchKomm/Westermann Rdn 8, je zu § 1098 BGB.
[96] BayObLG 1982, 222 = MittBayNot 1982, 178 = Rpfleger 1982, 337.

des VR-Falles eingetragen sind, bleiben gegenüber dem Berechtigten wirksam.[97]

l) **Übertragung des Vorkaufsrechts**

Das für eine natürliche Person bestellte VR ist gesetzlich **weder vererblich noch übertragbar** (§ 1098 Abs 1 mit § 473 S 1 BGB). Es erlischt also mit dem Tode des Berechtigten. Ist das Recht auf eine bestimmte Zeit beschränkt, so ist es im Zweifel (besser vertraglich festlegen) vererblich (§ 473 S 2 BGB). Abweichende Bestimmungen können durch die Beteiligten getroffen werden. Sie müssen im Grundbuch eingetragen werden; Eintragung durch Bezugnahme auf die Eintragungsbewilligung genügt für Ausschluß, Erweiterung oder Einschränkung der Übertragbarkeit oder Vererblichkeit abweichend von §§ 1098, 473, 1059 a ff BGB.[98] Umwandlungsfälle nach UmwG s Rdn 995 ff. Ist Vererblichkeit weder durch Eintragungsvermerk noch durch Bezugnahme Grundbuchinhalt geworden, ist insoweit nur ein unvererbliches Vorkaufsrecht entstanden;[99] zur Löschung in diesem Fall s Rdn 1436. Übernimmt im Falle des Ausscheidens eines Gesellschafters einer OHG auf Grund des Gesellschaftsvertrages der verbleibende Gesellschafter das Handelsgeschäft, so geht auf diesen auch ein zugunsten der Gesellschaft bestelltes VR über.[100] 1428

Das subjektiv-dingliche VR ist Bestandteil des herrschenden Grundstücks und kann vom Eigentum nicht getrennt werden. Die Übertragung des herrschenden Grundstücks läßt das VR auf den neuen Eigentümer übergehen.[101] Mehreren Eigentümern, die das herrschende Grundstück erwerben, steht das VR nach § 473 BGB gemeinschaftlich zu. 1429

Das Rechtsverhältnis zwischen dem neuen Berechtigten und dem Verpflichteten bestimmt sich bei Übertragung (Rdn 1428) oder Übergang des VR auf einen neuen Eigentümer des herrschenden Grundstücks (Rdn 1429) nach der Zeit der Vollendung dieses Rechtserwerbs. Die Mitteilung des Kaufvertrags an den bisherigen VR-Berechtigten vor diesem Zeitpunkt (§ 469 mit § 1098 Abs 1 BGB) bleibt daher auch dem neuen Berechtigten gegenüber wirksam; eine neue Ausübungsfrist (§ 469 Abs 2 BGB) setzt der Wechsel des Berechtigten nicht in Gang. Ausgeübt werden kann das VR stets nur durch den VR-Berechtigten in dem Zeitpunkt, in dem die Erklärung dem Verpflichteten zugeht (§ 464 Abs 1 mit § 1098 Abs 2 BGB); entsprechendes gilt für den Verzicht (Rdn 1435). Der Kaufvertrag kommt zwischen diesem Berechtigten und dem Verpflichteten zustande. Der Eigentumsverschaffungsanspruch aus dem bereits ausgeübten subjektiv-dinglichen Vorkaufsrecht geht bei nachfolgendem Wechsel des Eigentums am „herrschenden" Grundstück nicht von selbst, sondern nur bei Abtretung über.[102] Die Abtretung der Rechte aus der Ausübung eines subjektiv-dinglichen VR kann im Grundbuch nicht eingetra- 1430

---

[97] BGH 60, 275 = aaO (Fußn 95); RG 154, 366; Palandt/Bassenge Rdn 7 zu § 1098 BGB.
[98] OLG Düsseldorf Rpfleger 1967, 13 mit Anm Haegele; OLG Hamm Rpfleger 1960, 154.
[99] OLG Hamm MittBayNot 1989, 27 = OLGZ 1989, 9 = Rpfleger 1989, 148 (auch zum Problem der noch teilweise unerledigten Bewilligung).
[100] BGH 50, 307 = DNotZ 1969, 161 = Rpfleger 1968, 351.
[101] BGH 37, 147 (152) = NJW 1962, 1344.
[102] BGH NJW-RR 1996, 466.

gen werden.¹⁰³ Es wird der Zessionar an Stelle des Zedenten nach § 1098 Abs 2 BGB vormerkungsgleich geschützt.¹⁰³

m) Teilung, Vereinigung, Bestandteilszuschreibung

1431 Wird das Grundstück des **Berechtigten geteilt**, besteht das subjektiv-dingliche VR für die neu gebildeten Teilgrundstücke fort. Die Vorschriften, nach denen im Falle der Teilung des herrschenden Grundstücks eine Grunddienstbarkeit und eine subjektiv-dingliche Reallast kraft Gesetzes erlöschen, sind auf das subjektiv-dingliche VR nicht entsprechend anwendbar.¹⁰⁴ Das VR kann dann von den nunmehr berechtigten Eigentümern nur gemeinschaftlich ausgeübt werden (§ 472 BGB).

Wird einem VR-**belasteten** Grundstück ein anderes nicht belastetes als Bestandteil zugeschrieben oder mit ihm vereinigt, so ändert sich am VR nichts; eine Erstreckung auf das unbelastete Grundstück findet nicht statt. Das gleiche gilt im umgekehrten Fall.¹⁰⁵

n) Erlöschen, Verzicht, Aufhebung, Löschung

1432 aa) Das dingliche VR kann rechtsgeschäftlich jederzeit **aufgehoben** werden; es ist auf (einseitige) Bewilligung des Berechtigten (im Zeitpunkt der Eintragung; § 875 BGB, § 19 GBO) und Antrag (§ 13 Abs 1 GBO) im Grundbuch zu löschen. Der Zustimmung des Eigentümers bedarf es nicht.

1432a bb) Das nur für den **ersten** Verkaufsfall bestellte VR erlischt, wenn es nicht fristgemäß bei Vorliegen eines Vorkaufsfalles ausgeübt wird; es lebt nicht wieder auf, wenn nach Fristablauf der Drittkäufer auf Grund vorbehaltenen Rücktrittsrecht vom Kaufvertrag zurücktritt. Es erlischt auch dann, wenn es nicht ausgeübt werden darf, weil der Eigentümer keinen Kaufvertrag (s Rdn 1411, 1412), sondern ein anderes Veräußerungsgeschäft¹⁰⁶ abgeschlossen hat; denn das VR beschränkt sich auf den Fall des Verkaufs durch den Eigentümer, dem das Grundstück zur Zeit der Bestellung des VR gehört, oder durch dessen Erben (§ 1097 BGB). Es erlischt, wenn das Grundstück auf andere Weise als Verkauf in das Eigentum eines Sonderrechtsnachfolgers des Verpflichteten übergeht.¹⁰⁷ In diesen Fällen ist das Grundbuch unrichtig geworden. Löschung erfolgt auf Grund (berichtigender) Löschungsbewilligung des Berechtigten, auf die Anspruch nach § 894 BGB besteht, und Antrag (§ 13 Abs 1 GBO). Unrichtigkeitsnachweis wird sich im Falle der Nichtausübung nicht in der Form des § 29 GBO erbringen lassen,¹⁰⁸ wohl aber in den

---

¹⁰³ BayObLG 1971, 28 = DNotZ 1971, 369 = Rpfleger 1971, 215.
¹⁰⁴ BayObLG 1973, 21 = DNotZ 1973, 415 = Rpfleger 1973, 133; Panz BWNotZ 1995, 156.
¹⁰⁵ Vgl dazu im einzelnen Panz BWNotZ 1995, 156 (158).
¹⁰⁶ Erlischt damit bei Verkauf mit Rücksicht auf ein künftiges Erbrecht (Fall des § 470 [früher § 511] BGB); OLG Stuttgart DNotZ 1998, 305 mit Anm Zeiß = Rpfleger 1997, 473; OLG Zweibrücken NJW-RR 2000, 94 = Rpfleger 1999, 532 = ZNotP 1999, 439.
¹⁰⁷ KGJ 40, 133; BGB-RGRK/Rothe Rdn 18 zu § 1094; Haegele Rpfleger 1957, 330.
¹⁰⁸ Nachzuweisen wäre wirksamer Zugang der Mitteilung nach § 469 BGB an den (alle) Vorkaufsberechtigten und Nichtausübung innerhalb der Frist. Denkbar wäre es, den Notar mit der Mitteilung **und** Entgegennahme der Ausübungserklärung zu beauf-

B. Einzelfälle

Fällen, in denen ein anderes Veräußerungsgeschäft geschlossen wurde;[109] dem VR-Berechtigten ist hierbei rechtliches Gehör zu gewähren.[110] Bei Erwerb eines Grundstücks durch einen Miteigentümer im Wege der Auseinandersetzung erlischt nach BayObLG[111] das auf einen Verkaufsfall beschränkte VR nicht, weil der Auseinandersetzungserwerb keine Sonderrechtsnachfolge im Eigentum im Sinne des § 1097 BGB darstellt; denn der erwerbende Miteigentümer ist nicht Dritter im Sinne der §§ 1098, 463 BGB. Das VR kann jedoch auch in der Weise ausgestaltet werden, daß es zwar nur für den ersten Verkaufsfall, aber auch bei einem Verkauf durch Sonderrechtsnachfolger des Bestellers gilt[112] (s auch Muster Rdn 1394).

cc) Das für **alle Verkaufsfälle bestellte** VR bleibt auch bei späteren Verkäufen und bei Nichtausübung bestehen. Es erlischt aber, wenn es einmal ausgeübt worden ist.[113] Sinngemäß das gleiche gilt für das VR für mehrere Verkaufsfälle. 1433

dd) Das subjektiv-persönliche VR erlischt nicht durch Erwerb des Grundstücks durch den VR-Berechtigten (§ 889 BGB),[114] es sei denn durch Erwerb auf Grund ausgeübten VR. 1434

ee) Der dingliche VR-Berechtigte kann schon, bevor der Vorkaufsfall eintritt, durch einen formlosen **Erlaßvertrag** mit dem VR-Verpflichteten sein VR materiell zum Erlöschen bringen, und zwar ohne daß das Recht im Grundbuch gelöscht werden muß; die Löschung im Grundbuch ist dann Grundbuchberichtigung, die auf Grund Unrichtigkeitsnachweis (Erlaßvertrag, Form § 29 GBO) oder Berichtigungsbewilligung erfolgt. Hat der VR-Berechtigte sich gegenüber dem VR-Verpflichteten verpflichtet, von seinem Recht überhaupt oder für bestimmte Verkaufsfälle keinen Gebrauch zu machen, so steht der Geltendmachung des VR der Einwand unzulässiger Rechtsausübung entgegen.[115] Abgesehen von der Aufhebung des VR nach § 875 BGB (Rdn 1432) ist ein einseitiger Verzicht auf das schuldrechtliche oder durch Kaufvertrag entstandene VR nach hM nicht möglich, sondern nur ein Erlaßvertrag, der aber auch vielfach als stillschweigender Erlaßvertrag anerkannt wird.[116] Dennoch ist ein einseitig vom Berechtigten erklärter Verzicht nicht bedeutungslos: der geltend gemachten Ausübung des VR kann der Einwand unzulässiger Rechtsausübung entgegengehalten werden. Dies gilt auch für die 1435

---

tragen, der sodann bei Nichtausübung diese Tatsachen gegenüber dem Grundbuchamt in Eigenurkunde bestätigt. Rechsprechung hierüber liegt jedoch nicht vor.

[109] So OLG Stuttgart, OLG Zweibrücken je aaO (Fußn 106). Unrichtig LG Koblenz MittRhNotK 1996, 329 und Zeiß DNotZ 1998, 308 mit abwegiger Auslegung des § 1097 BGB.
[110] OLG Zweibrücken NJW-RR 2000, 94 = aaO (Fußn 106).
[111] BayObLG JurBüro 1981, 752 = MittBayNot 1981, 18.
[112] KG OLG 41, 21; Palandt/Bassenge Rdn 4; BGB-RGRK/Rothe Rdn 4, je zu § 1097; Waldner MDR 1986, 110; aA Staudinger/Mader Rdn 2, 13 zu § 1097.
[113] RG HRR 1932 Nr 1208; vgl auch Gutachten DNotI-Report 1999, 149.
[114] BayObLG MDR 1984, 144 = MittBayNot 1983, 229 = Rpfleger 1984, 142.
[115] BGH DNotZ 1957, 306; s auch BGH BWNotZ 1969, 231; OLG Düsseldorf MDR 1967, 1014.
[116] RG 110, 409; RG 114, 155; RG JW 1912, 858; BGH 37, 147; BGH WM 1966, 893; aA Staudinger/Mader Rdn 23 ff zu § 505 BGB aF; Schurig S 174.

einseitige Zusage des Berechtigten gegenüber dem Dritten, vom VR keinen Gebrauch zu machen: sie bewirkt eine Unterlassungspflicht gegenüber dem Dritten, so daß sich der Berechtigte dem Dritten gegenüber nicht auf die Ausübung des VR berufen kann.[117]

Der Verzicht auf die Ausübung des VR (besser: Erlaßvertrag) bringt das für den ersten Verkaufsfall bestellte VR zum Erlöschen, nicht aber das für mehrere oder alle Verkaufsfälle bestellte VR; dieses kann bei späteren Verkaufsfällen wieder ausgeübt werden.

Die Erklärung des gesetzlichen Vertreters eines **Minderjährigen**, das VR im Hinblick auf einen bestimmten Kaufvertrag nicht ausgeübt zu haben, ist kein Rechtsgeschäft und somit ohne Genehmigung eines noch aufzustellenden Pflegers wirksam, auch wenn der gesetzliche Vertreter Eigentümer des mit dem VR belasteten Grundstücks werden will.[118]

1436 Das **unvererbliche VR** (Rdn 1428) erlischt mit dem Tod des Berechtigten. Gelöscht werden kann es bei Todesnachweis (§ 22 Abs 1 GBO) dann, wenn seit dem Tode ein Jahr verstrichen ist und der Rechtsnachfolger der Löschung nicht widersprochen hat (§ 23 Abs 1 GBO).[119] Innerhalb dieser Jahresfrist oder bei Widerspruch des Erben nach § 23 Abs 1 GBO kann es nur mit Bewilligung des Rechtsnachfolgers, nicht jedoch unter bloßer Vorlage der Sterbeurkunde gelöscht werden.[120] Denn rückständige Leistung ist möglich: Das VR kann zu Lebzeiten des Berechtigten bereits ausgeübt (§ 464 mit § 1098 Abs 1 BGB), der Eigentumsübertragungsanspruch aber noch nicht durchgesetzt sein. Der durch Ausübung des dinglichen Rechts bereits entstandene Übereignungsanspruch des VR-Berechtigten ist dann uneingeschränkt vererblich.[121] Dieser aus dem dinglichen Recht entstandene Anspruch ist „Rückstand" im Sinne des § 23 Abs 2 GBO; er ist nicht mit dem dinglichen identisch[122] (ähnlich wie rückständige Leistungen nicht mit der Reallast identisch sind). Für den Erben bestehen daher auch die den Übereignungsanspruch des VR-Berechtigten sichernden Vormerkungswirkungen des VR (§ 1098 Abs 2 BGB) fort.[123] Weil somit nur das VR, nicht jedoch für den rückständigen Übereignungsanspruch die Vormerkungswirkungen, auf Lebenszeit des Berechtigten beschränkt sind, unterscheidet sich das (unvererbliche) VR von der auf Lebenszeit des Berechtigten beschränkten Vormerkung. Daraus, daß bei dieser für Löschung Todesnachweis genügt und eine Vorlöschungsklausel nicht eintragbar ist (dazu Rdn 1544b), lassen sich daher für das VR gleiche Folgerungen nicht ableiten. Daher kann beim unvererblichen VR eine Vorlöschungsklausel nach § 23 Abs 2 GBO eingetragen werden. Sie erleichtert verfahrensrechtlich die Löschung, berührt den weiterbestehenden (dann aber

---

[117] BGH Betrieb 1966, 1351 = WM 1965, 1178.
[118] BayObLG MittBayNot 1964, 127 = MittRhNotK 1965, 647.
[119] OLG Hamm MittBayNot 1989, 27 = OLGZ 1989, 9 = Rpfleger 1989, 148; OLG Zweibrücken MittBayNot 1990, 112 = OLGZ 1990, 11 = Rpfleger 1989, 450; anders Streuer Rpfleger 1986, 245: § 23 GBO findet keine Anwendung (nicht richtig).
[120] OLG Hamm aaO (Fußn 119); AG Bochum NJW 1971, 289 mit Anm Burkhardt und 1971, 622 Leits mit Anm Gepp; Deimann Rpfleger 1977, 91.
[121] BGB-RGRK/Rothe Rdn 15 zu § 1094 und Rdn 9 zu § 1098.
[122] BGH 130, 385 = DNotZ 1996, 453 = NJW 1996, 59 = Rpfleger 1996, 100 (zur Vormerkung, trifft auf das zeitlich beschränkte dingliche VR nicht zu).
[123] OLG Hamm aaO (Fußn 119).

nicht mehr grundbuchlich gesicherten) Übereignungsanspruch jedoch nicht. Wird die Vorlöschungsklausel zugleich mit dem VR eingetragen, genügt die Bewilligung des Eigentümers (s Rdn 376). Entsprechendes gilt beim zeitlich beschränkten VR. Antrag des Eigentümers mit der Vorlage der Sterbeurkunde über den VR-Berechtigten genügt zur Löschung des VR (bei dem keine Vorlöschklausel eingetragen ist) auch dann nicht, wenn die Eintragungsbewilligung für das VR wegen der Vernichtung der Grundakten nicht mehr vorliegt,[124] weil in einem solchen Fall nicht mit Sicherheit dargetan ist, ob das VR vererblich vereinbart wurde. Können in einem solchen Fall Löschungsbewilligungen der Erben des Berechtigten nicht beigebracht werden, so bleibt das allerdings umständliche Aufgebotsverfahren[125] nach § 1104 BGB, § 986 ZPO.

1436a Für das subjektiv-persönliche VR (Rdn 1401), das unveräußerlich bestellt ist (Rdn 1428) begründet § 5 GBBerG keine Erlöschensfiktion und Löschungserleichterung nach Ablauf von 110 Jahren. Das VR kann zu Lebzeiten des Berechtigten bereits ausgeübt (§ 464 mit § 1098 Abs 1 BGB), der Eigentumsübertragungsanspruch aber noch nicht durchgesetzt sein; der Übereignungsanspruch ist dann vererblich (Rdn 1436). Das VR äußert dann Vormerkungswirkungen (§ 1098 Abs 2 BGB). Daher gehört es nicht zu den nach § 5 GBBerG erlöschenden und erleichtert zu löschenden Rechten.

o) Zwangsversteigerung, Insolvenzverfahren

1437 In der **Vollstreckungs**versteigerung und in der Insolvenzverwalterversteigerung (§§ 172–174 ZVG)[126] ist das VR ausgeschlossen (§ 1098 Abs 1 S 1, § 471 BGB). Das nur für einen Verkaufsfall bestellte VR entfällt damit, in der Vollstreckungsversteigerung auch dann, wenn es dem Anspruch des Gläubigers vorgeht. Das für mehrere oder alle Verkaufsfälle bestellte VR bleibt bei Feststellung im geringsten Gebot bestehen (§ 52 ZVG). Den Ersteher verpflichtet es als Belastung des Grundstücks; bei späterem Vorkaufsfall kann es wieder ausgeübt werden.[127] Ein VR, das nicht in das geringste Gebot (§ 44 ZVG) aufgenommen ist, erlischt mit dem Zuschlag (§ 91 Abs 1 ZVG); seine Wirkung endet damit, zur Ausübung besteht es nicht mehr.[128]

1438 Ausgeübt werden kann das VR bei Zwangsversteigerung zur **Aufhebung einer Gemeinschaft**[129] (§§ 180–185 ZVG) und bei Versteigerung eines Nachlaßgrundstücks (§§ 175–179 ZVG) (§ 1098 Abs 1 S 1 mit § 471 BGB), vorausgesetzt, daß es mit Berücksichtigung bei Aufstellung des geringsten Gebots bei Versteigerung gewahrt bleibt (dazu § 182 ZVG).[130] Die Ausübung hat außerhalb des Zwangsversteigerungsverfahrens zu erfolgen.[131] Bei Erwerb durch einen Miteigentümer ist Ausübung ausgeschlossen (s Rdn 1411). Dem Ersteher gegenüber hat das bestehenbleibende Vorkaufsrecht die Wirkung einer Vormerkung zur Sicherung des durch die Ausübung entstehenden Ei-

---

[124] AG Bochum NJW 1971, 289 mit Anm Burckhardt und S 662 mit Anm Gepp.
[125] Vgl hierzu Schöne Rpfleger 2002, 131.
[126] Stöber NJW 1988, 3121 (3122, Abschn II); Stöber Rdn 10.2 zu § 81 ZVG.
[127] Stöber ZVG aaO (Fußn 126).
[128] Stöber je aaO (Fußn 126).
[129] BGH 13, 133 = DNotZ 1954, 385 = NJW 1954, 1035; BGH 48, 1 = DNotZ 1968, 25 = NJW 1967, 1607.
[130] Stöber aaO (Fußn 126).
[131] Stöber je aaO (Fußn 126).

gentumsübertragungsanspruchs (§ 1098 Abs 2 BGB).[132] Das VR, das nicht in das geringste Gebot aufgenommen ist, erlischt mit Erteilung des Zuschlags (§ 91 Abs 1 ZVG).[133]

1439 Erlischt das für mehrere oder für alle Verkaufsfälle bestellte VR in der Zwangsversteigerung – wegen schlechten Ranges –, so hat der VR-Berechtigte Anspruch auf Ersatz des Wertes aus dem Versteigerungserlös (§ 92 Abs 1 ZVG).[134]

1440 Im **Insolvenzverfahren** über das Vermögen des VR-Verpflichteten besteht für das dingliche VR ein Aussonderungsanspruch. Der Berechtigte kann also die Anerkennung seines VR durch den Insolvenzverwalter verlangen (§ 47 InsO). Das VR kann dann ausgeübt werden, wenn der Insolvenzverwalter das Grundstück freihändig veräußert (§ 1098 Abs 1 S 2 BGB). Kommt es dagegen zur Grundstücks-Zwangsversteigerung, so besteht kein Ausübungsrecht.

p) Dingliches und schuldrechtliches VR

1441 Vom bisher behandelten dinglichen VR ist das schuldrechtliche VR zu unterscheiden, das in §§ 463–473 BGB geregelt ist. Verpflichtet ist beim schuldrechtlichen VR nur der Besteller und seine Erben, nicht der jeweilige Grundstückseigentümer;[135] es gilt daher auch nur für einen, nicht mehrere oder alle Verkaufsfälle.[136] Allerdings läßt die im Schuldrecht geltende Vertragsfreiheit zu, vertraglich zu vereinbaren, daß auch das schuldrechtliche VR ausgeübt werden kann bei jedem Verkauf des Grundstücks durch den Verpflichteten selbst oder durch einen Rechtsnachfolger im Eigentum. Damit wird die Verpflichtung des VR-Verpflichteten zur Eigentumsübertragung an den VR-Berechtigten wirksam, wenn das Grundstück durch irgend einen Eigentümer verkauft wird.[137] Wird zur Sicherung des (bedingten) Anspruchs auf Eigentumsübertragung eine Vormerkung[138] zugunsten des VR-Berechtigten im Grundbuch eingetragen (s Rdn 1489), so wird dem schuldrechtlichen VR, insbesondere auch in der jeden Verkauf erfassenden Modifikation, eine weitgehende dingliche Wirkung verliehen. Der Schutz durch eine solche Vormerkung geht sogar teilweise weiter als der Schutz des dinglichen VR: Der Berechtigte kann nicht nur bei Veräußerung an einen Dritten von diesem die Zustimmung zur Auflassung zwischen ihm und dem VR-Verpflichteten ver-

---

[132] Stöber NJW 1988, 3121 (3122).
[133] Stöber je aaO (Fußn 126).
[134] Einzelheiten bei Stöber Rdn 6.10 zu § 92 ZVG.
[135] BayObLG 1955, 48; zur Verwendung des schuldrechtlichen Vorkaufsrechtes s Hochmann BWNotZ 1981, 166.
[136] BGH DNotZ 1993, 506 (509) = NJW 1993, 324.
[137] Vgl Wörbelauer DNotZ 1963, 580 (582); vgl auch Hochmann BWNotZ 1981, 166; der die Übereignungspflicht auslösende Verkauf des Dritten macht diesen nicht zum Schuldner, so daß sich das Problem unzulässiger Verträge zu Lasten Dritter nicht stellt, so richtig Amann DNotZ 1995, 252 (257) gegen OLG Hamm DNotZ 1995, 315 = Rpfleger 1995, 208; ähnlich wie Amann auch OLG Düsseldorf Rpfleger 1996, 444 und BayObLG MittBayNot 1996, 433 sowie Berringer MittBayNot 2003, 34; zu wenig differenzierend Staudinger/Gursky Rdn 60 zu § 883 BGB.
[138] Die Vormerkung sichert den Auflassungsanspruch auch, wenn das VR bei Zwangsversteigerung zur Aufhebung der Gemeinschaft oder eines Nachlaßgrundstücks ausgeübt wird, dazu Stöber NJW 1988, 3121 (Abschn I).

B. Einzelfälle

langen (§§ 888, 883 Abs 2 BGB), sondern auch die Zustimmung zur Löschung von Grundstücksbelastungen, die **nach** Eintragung der Vormerkung, aber vor Ausübung des VR erfolgt sind.[139] Ein vorsichtiger Gläubiger wird beim durch Vormerkung gesicherten persönlichen VR vor Beleihung entweder die Zustimmung des VR-Berechtigten in öffentlich-beglaubigter Form oder dessen Rangrücktritt mit der Auflassungsvormerkung verlangen.

Die Begründung eines schuldrechtlichen VR (und Eintragung einer Auflassungsvormerkung) „für den jeweiligen Eigentümer eines Grundstücks"[140] dürfte keinen „sicheren Weg" mehr darstellen und sollte – da wohl unzulässig – unterbleiben; Einzelheiten s Rdn 261a ff.

Das persönliche, nicht durch eine Vormerkung nach § 883 BGB gesicherte VR berührt den Dritterwerber überhaupt nicht, selbst wenn er es kennt. Der Berechtigte hat keinen Herausgabeanspruch gegen den Käufer. Sorgt hier der VR-Verpflichtete nicht selbst dafür, daß der VR-Berechtigte das Grundstück, wenn er es will, tatsächlich bekommt, so wird der Dritterwerber rechtmäßiger Eigentümer. Der Berechtigte kann in diesem Falle nur Schadensersatzansprüche gegen den bisherigen Grundstückseigentümer als dem Besteller des VR geltend machen. Sein VR selbst ist untergegangen.

Im übrigen sind folgende Unterschiede zwischen dinglichem und schuldrechtlichem VR zu beachten: Das **dingliche** VR kann **nicht** zu einem von vornherein bestimmten **festen Kaufpreis** vereinbart werden. Der Berechtigte muß vielmehr im Falle der Ausübung des VR die Gegenleistung erbringen, die in dem der Ausübung vorangehenden Vertrag zwischen dem VR-Verpflichteten und dem Drittkäufer vereinbart worden ist, insbesondere den dort festgelegten Kaufpreis mit etwaigen Nebenleistungen (s aber Rdn 1422). Beim schuldrechtlichen VR kann ein fester Kaufpreis für die Ausübung festgelegt werden (Abweichung von § 464 Abs 2 BGB). Das persönliche VR erlischt, wenn der VR-Berechtigte den VR-Verpflichteten beerbt[141] (Konfusion), das dingliche VR bleibt hiervon unberührt.

Das dingliche VR kann auch beim **Verkauf durch den Insolvenzverwalter** ausgeübt werden, das persönliche dagegen nicht (§ 1098 Abs 1 S 2, § 471 BGB).[142]

Neben den vertraglichen VRen gibt es noch **gesetzliche** VRe. Sie sollen hier kurz erwähnt werden:

1442

1443

---

[139] Wörbelauer DNotZ 1963, 580 (584); Hochmann BWNotZ 1981, 166. Wird nur der Anspruch aus § 463 BGB ohne Änderung (damit nur für einen Verkaufsfall) vereinbart und durch Vormerkung gesichert, ist allerdings § 471 BGB zu berücksichtigen: Bei Vollstreckungs- und Insolvenzverwalterversteigerung (§ 172 ZVG) kann das VR nicht ausgeübt werden (s Rdn 1437); es wird damit auch bei Zwangsversteigerung durch einen nachrangigen Grundpfandrechtsgläubiger hinfällig (s Rdn 1437); mit dem VR erlischt auch die Vormerkung des VR-Berechtigten zur Sicherung des Eigentumsübertragungsanspruchs.

[140] Dafür MünchKomm/Westermann Rdn 8; Staudinger/Mader Rdn 3, je zu § 504 BGB (aF) unter Berufung auf RG 128, 246, das seinerseits dogmatische Begründungen vermissen läßt; dazu Rdn 261a ff.

[141] BGH DNotZ 2001, 55 mit Anm Lüke = JZ 2000, 1159 Leits mit Anm Flume = NJW 2000, 1033 = Rpfleger 2000, 209 (hebt OLG Schleswig NJW-RR 1999, 1258 auf); abl Dinstühler MittRhNotK 2000, 427; v Olshausen NotBZ 2000, 205 und NJW 2000, 2872; Wacke DNotZ 2001, 302; s auch Rdn 1539.

[142] BGH NJW 1977, 37.

- Das VR bei **Erbteilsverkauf** an einen Nichtmiterben (§ 2034 BGB; s Rdn 967);
- das **(schuldrechtliche)** VR des Mieters bei Verkauf von in Eigentumswohnungen umgewandelten Mietwohnungen nach § 577 BGB (s Rdn 4181);
- das nur im Bereich der **Landwirtschaft** interessierende VR nach §§ 4ff RSG in Verbindung mit §§ 27ff GrdstVG (s Rdn 4137ff);
- das VR nach §§ 24ff BauGB (Rdn 4108ff);
- das VR nach § 69 des Gesetzes über die **Landbeschaffung** v 23. 2. 1957 (BGBl I 134);
- die VRe nach **Landesrecht** (s Rdn 4187);
- das auf Antrag im Rückübertragungsverfahren einzuräumende VR von Mietern und Nutzern nach §§ 20, 34 VermG (s Rdn 4225).

Anhang: Ankaufsrecht an einem Grundstück

Literatur: Allerkamp, Vorvertrag, Option und Vorhand, MittRhNotK 1981, 56; Haegele, Zum Ankaufsrecht an Grundbesitz, Rpfleger 1963, 142; Häußermann BWNotZ 1959, 9; Henrich, Vorvertrag, Optionsvertrag, Vorrechtsvertrag (1965); Mümmler, Betrachtungen zum Wiederkaufsrecht und zum Ankaufsrecht, JurBüro 1973, 1109; Mummenhoff MittRhNotK 1967, 813; Wagner, Gestaltungen im Vorfeld des endgültigen Vertragsabschlusses, NotBZ 2000, 69.

1444 **Muster** (Urkundsform)

> A räumt hiermit B ein Ankaufsrecht in Form eines bedingten Kaufvertrages mit dem in der Anlage zu dieser Urkunde niedergelegten Inhalt ein. Auf die Anlage wird verwiesen.
> Dieser Kaufvertrag wird wirksam, wenn
> 1. für das Vertragsobjekt ein Bebauungsplan in Kraft tritt, der eine Geschoßflächenzahl von mindest 0,4 vorsieht, oder
> 2. B oder seine Erben schriftlich gegenüber dem A erklären, daß der Vertrag in Kraft treten soll.
> Ist die Bedingung nicht bis spätestens ... eingetreten, so wird das Ankaufsrecht unwirksam. In diesem Fall ist der Ankaufsberechtigte verpflichtet, unverzüglich die zu seinen Gunsten eingetragene Auflassungsvormerkung auf seine Kosten löschen zu lassen.
> Das Ankaufsrecht ist vererblich, jedoch nicht übertragbar.
> Zur Sicherung des bedingten Anspruchs des B auf Übertragung des Eigentums bewilligt A und beantragt B die Eintragung einer Auflassungsvormerkung an dem in der Anlage bezeichneten Vertragsobjekt an nächstoffener Rangstelle.
> (Es folgen allgemeine Bestimmungen sowie die Anlage mit dem Inhalt des Kaufvertrages, wobei in solchen Fällen der Kaufpreis meist noch nicht festgelegt ist, sondern erst künftiger Bestimmung vorbehalten bleibt, s Rdn 1448, 1450).

1444a Das Ankaufsrecht (auch Optionsrecht genannt) ist im **BGB nicht besonders geregelt.** Seine Anerkennung in Rechtsprechung und Schrifttum beruht auf den Bedürfnissen des Wirtschaftslebens und auf der im Schuldrecht herrschenden Vertragsfreiheit.

Durch ein Ankaufsrecht (= AnkR) erlangt der Berechtigte die **schuldrechtliche Befugnis,** bei **Eintritt bestimmter** vertraglich vereinbarter **Voraussetzungen** (Bedingung, Zeitablauf und dgl) das vom AnkR erfaßte Grundstück zu erwerben. Voraussetzung dafür ist im Regelfalle insbesondere nicht, daß vor Ausübung des Rechts ein Kaufvertrag des aus dem AnkR Verpflichteten mit einem Dritten geschlossen sein muß, wie dies bei einem Vorkaufsrecht der Fall ist. Besonderes Merkmal eines AnkR ist, daß der Ankaufsberechtigte

B. Einzelfälle

(= AnkBer) sich bei Vorliegen der vereinbarten Voraussetzungen allein durch einseitiges Handeln die Rechtsstellung eines Grundstückserwerbers und damit den Anspruch auf Verschaffung des Eigentums am Grundstück selbst verschaffen kann, ohne daß der durch das AnkR gebundene Grundstückseigentümer ihn daran hindern könnte. Früher wendete die Rechtsprechung[1] überwiegend auf das AnkR unterschiedslos die Bestimmungen des BGB über das **Wiederkaufsrecht** bzw das **Vorkaufsrecht** an. Das RG[2] hat dagegen festgestellt, daß ein AnkR rechtlich weder ein Wiederkaufsrecht noch ein persönliches Vorkaufsrecht ist. Dies schließt nicht aus, daß – je nach Ausgestaltung des AnkR – einzelne Vorschriften dieser Rechtsinstitute anwendbar sein können.

Das AnkR kann in **verschiedenen Rechtsformen**[3] verwirklicht werden, nämlich durch

– ein einseitiges Vertragsangebot des Grundstückseigentümers,[4]
– einen **Vorvertrag**[5] auf Abschluß eines Kaufvertrags, aus dem für den einen Teil ein Recht auf ein Vertragsangebot des anderen Teils mit sich bereits aus dem Vorvertrag ergebenden bestimmten oder bestimmbaren Inhalt erwächst,
– einen durch spätere Ausübungserklärung aufschiebend be**dingten Kaufvertrag**.

Eine Bedingung (Kaufpreisfestlegung) kann auch in den freien Willen beider Vertragsschließenden gestellt werden.[6] Die Bedingung kann auch Potestativbedingung sein, dh die Wirksamkeit des Kaufvertrags lediglich von einer Willenserklärung des Berechtigten abhängig sein.

Welche Rechtsform jeweils vorliegt, ist durch Auslegung aus den Umständen des Einzelfalls zu entnehmen, da das AnkR **kein eindeutiger Begriff** ist.[7] Den Beteiligten steht es frei, für welche der Rechtsformen sie sich entschließen wollen; es ist Aufgabe des Notars (§ 17 BeurkG), hier für Klärung des gewollten Sachverhalts und eindeutige Formulierung zu sorgen.

Ein AnkR als **einseitiges Vertragsangebot** ist zB gegeben, wenn nur der Grundstückseigentümer, nicht jedoch der Erwerber Bindungen eingeht, zB wenn der Eigentümer sich verpflichtet, das Grundstück dem Berechtigten zu den schon jetzt festgelegten Bestimmungen zu übertragen, sobald bestimmte Voraussetzungen vorliegen (zB Vollendung eines bestimmten Lebensalters des Verpflichteten) und dies vom Berechtigten verlangt wird. Soll für den Grundstückseigentümer für die Dauer der Bindung ein Entgelt vereinbart werden, so kann dies nur unter Mitwirkung des Zahlungspflichtigen in notarieller Form vereinbart werden (s Rdn 907).

Häufig wird ein AnkR dahin vereinbart, daß der Grundstückseigentümer sich verpflichtet, sein Grundstück für den Fall, daß er es überhaupt verkaufen sollte, zunächst dem Mieter, Pächter oder einem anderen Interessenten zum Ankauf

---

[1] BayObLG JFG 3, 321; 3, 349.
[2] RG 154, 355 (359); OLG Karlsruhe NJW 1958, 1189; LG Aachen Rpfleger 1963, 155.
[3] Diese Unterscheidung findet sich schon in RG 169, 65 (70, 71); BGH LM BGB § 433 Nr 16 = DNotZ 1963, 230 mit Anm Hense; BGH NJW 1967, 153 = MDR 1967, 120; BGH NJW 1969, 1479; BGH MittRhNotK 1970, 220 = WM 1970, 493.
[4] BGH DNotZ 1961, 314 (Angebot – bedingter Vertrag).
[5] RG 154, 335; 169, 185; BGH DNotZ 1961, 485 (Vorvertrag – bedingter Vertrag).
[6] BGH BB 1966, 1412 = MDR 1967, 120 = NJW 1967, 153.
[7] BGH DNotZ 1963, 230.

anzubieten, wobei der Kaufvertrag selbst erst in Zukunft unter noch in den Einzelheiten zu vereinbarenden Bedingungen abgeschlossen werden soll. Es handelt sich hier um einen **Vorvertrag** nach Rdn 1445. Davon zu unterscheiden ist die Verpflichtung des Eigentümers, einem Dritten ein Kaufangebot machen zu lassen, dh ihn am Verhandlungsgeschehen teilnehmen zu lassen.[8]

1448 Ein AnkR in der Form eines **aufschiebend bedingten Kaufvertrags** liegt dagegen vor, wenn alle Bestimmungen des Kaufvertrags bereits festgelegt, also beide Vertragsteile gebunden sind und die Wirksamkeit nur noch vom Eintritt der Bedingung abhängt. Ist Bedingung eine Ausübungserklärung des Berechtigten (Potestativbedingung), wird der Unterschied zwischen Angebot und bedingtem Kaufvertrag fließend. Daß der Kaufpreis zahlenmäßig noch nicht bestimmt ist, hindert die Annahme eines aufschiebend bedingten Kaufvertrags nicht, vorausgesetzt, daß der Kaufpreis durch die Parteien, Dritte, Verkehrssitte oder Handelsbrauch nach objektiven Merkmalen bestimmbar ist, zB daß als Kaufpreis der Verkehrswert im Zeitpunkt des Vertragsschlusses (oder im Zeitpunkt des Eintritts der Bedingung) und für den Fall der Nichteinigung über diesen Kaufpreis die Kaufpreisbestimmung durch Schiedsgutachter vereinbart wird.[9] Fälligkeit und Sicherstellung des Kaufpreises, auch eine Wertanpassungsklausel, können vereinbart werden.[10] Eine echte Indexklausel (Automatik) über die Höhe eines erst künftig entstehenden Anspruchs fällt nicht unter § 2 Preisangabengesetz und die Preisklauselverordnung (PrKV, früher § 3 WährG), kann daher rechtswirksam ohne Genehmigung vereinbart werden.[11]

1449 Auch die **Abgrenzung** zwischen Vorvertrag und bedingtem Kaufvertrag ist häufig schwierig. Auch der **Vorvertrag,** der die Vertragsteile zum Abschluß des Hauptvertrages verpflichtet, muß dessen Inhalt in bestimmter oder bestimmbarer Form wiedergeben, um einen klagbaren Anspruch zu geben. Die Unterscheidung kann letztlich nur nach den Umständen und der Willensrichtung der Beteiligten getroffen werden: Soll kein weiterer Vertrag abgeschlossen werden, sondern soll es nur noch darauf ankommen, ob der Berechtigte die vorbehaltene Erklärung, Rechte aus dem Vertrag wahrzunehmen, abgibt oder nicht, so liegt ein bedingter Kaufvertrag vor; soll dagegen erst ein weiterer Vertrag geschlossen werden, in dem erst bestimmte noch offene Punkte fixiert werden sollen, so liegt ein Vorvertrag vor.[12]

1450 Zuweilen findet sich in einer Vereinbarung über ein AnkR hinsichtlich des Kaufpreises folgende Bestimmung.

> „Der seinerzeitige Ankaufspreis wird in erster Linie durch Einigung der Parteien bestimmt. In Ermangelung einer solchen Einigung wird der Ankaufspreis für den Zeitpunkt der Ausübung des AnkR in der Weise festgesetzt, daß ein von der zuständigen Industrie- und Handelskammer zu bestellender Sachverständiger den angemessenen Preis – auf der Grundlage des dann festzustellenden Verkehrswerts – bindend bestimmt".

---

[8] Sog Vorhand, regelmäßig nicht beurkundungspflichtig, vgl Gutachten DNotI-Report 1999, 25.
[9] BGH MDR 1966, 120 = NJW 1967, 153.
[10] BGH DNotZ 1978, 616.
[11] Vgl Rdn 3281.
[12] Reinicke DNotZ 1953, 210; Hense DNotZ 1951, 128; Häußermann BWNotZ 1959, 9.

B. Einzelfälle

Wäre für den Kaufpreis nur auf das Sachverständigengutachten abgestellt, so müßte – wenn alle sonstigen Bestimmungen eines Kaufvertrages festgelegt sind – ein aufschiebend bedingter Kaufvertrag angenommen werden, da der Kaufpreis ohne weiteres bestimmbar ist (vgl auch Rdn 1448). Man wird bei einer derartigen Vereinbarung aber davon auszugehen haben, daß die Parteien sich wegen des Kaufpreises in erster Linie eine spätere Einigung vorbehalten haben. Die Bestimmung des Kaufpreises durch einen Sachverständigen ist nur hilfsweise für den Fall der Nichteinigung vorgesehen. Damit haben die Parteien bewußt von einer endgültigen Regelung des Kaufpreises zunächst abgesehen in der Erwartung, daß sich später über den angemessenen Preis selbst einigen werden. Diese Einigung ist Vertrag; im genannten Beispielsfall handelt es sich daher um einen Vorvertrag. Ein bedingter Kaufvertrag liegt hier nicht vor, weil der Kaufpreis hier nicht nach objektiven Merkmalen durch die Parteien bestimmbar ist; anders als in BGH DNotZ 1967, 493 = NJW 1967, 153 ist hier für die Einigung der Parteien kein Bewertungsmaßstab festgelegt. Ein bedingter Kaufvertrag kann nur angenommen werden, wenn alle für den Kauf wesentlichen Bestimmungen (Kaufpreis, Eigentums-, Besitzverschaffung, Rechts- und Sachmängelhaftung) festgelegt sind.

Die **Einräumung** eines AnkR bedarf stets der Form der **notariellen Beurkundung** (§ 311b Abs 1 BGB). Hat der Eigentümer eines Grundstücks seinem Pächter die Einräumung eines Ankaufsrechts mit der Maßgabe angeboten, daß es erst nach Beendigung des Pachtverhältnisses ausgeübt werden dürfe, und vereinbaren die Parteien dann vor Annahme des Angebots, der Pachtvertrag solle früher auslaufen als ursprünglich vorgesehen, so kann auch diese Vereinbarung der notariellen Beurkundung bedürfen.[13] Für den Umfang der Beurkundungspflicht gelten die gleichen Grundsätze wie bei der Beurkundung eines „normalen" Grundstücksveräußerungsvertrages (§ 311b Abs 1 BGB; s Rdn 3100ff). Ob bei unvollständiger Bezeichnung der zeitigen Begrenzung und der Gegenleistung die Form des § 311b Abs 1 BGB gewahrt ist, wenn die Urkunde den Hinweis enthält, die notarielle Urkunde werde errichtet „in Vollzug" einer privatschriftlichen Vereinbarung,[14] muß nach der Verschärfung der Rechtsprechung[15] bezweifelt werden; wir halten in diesem Fall die Form nicht mehr für gewahrt. Enthält der notariell beurkundete Vertrag über ein AnkR über die Höhe des Kaufpreises nichts anderes als die Erklärung, daß über die Bedingung zwischen den Beteiligten Einigkeit bestehe, so ist der Vertrag formnichtig (§ 311b Abs 1, § 125 BGB), auch wenn sich die Parteien bei Abschluß des notariellen Vertrags mündlich über den Kaufpreis geeinigt hatten.[16]

1451

Ob die **Ausübung** des AnkR ebenfalls der notariellen Beurkundung bedarf, richtet sich nach der Art des vereinbarten AnkR: Ein AnkR in Form eines Vertragsangebots kann nur durch beurkundungspflichtige Annahme ausgeübt werden (s auch Rdn 907). Dagegen ist die Ausübung eines AnkR formfrei

1452

---

[13] BGH DNotZ 1971, 722 = MDR 1972, 130.
[14] So BGH BB 1967, 1270 = DNotZ 1968, 411.
[15] BGH DNotZ 1978, 37 = Rpfleger 1978, 51; BGH DNotZ 1979, 682 = Rpfleger 1979, 374.
[16] BGH DNotZ 1968, 480.

möglich, wenn es in der Form eines bedingten Kaufvertrages wirksam (§ 311 b Abs 1 BGB) begründet ist; auch die Ausübung des AnkR durch Abgabe einer Willenserklärung durch den Berechtigten bei Potestativbedingung ist in diesem Fall nicht formbedürftig.[17] Ein in der Form eines Vorvertrages vereinbartes AnkR wird durch Abschluß des Hauptvertrages ausgeübt.[17a] Dieser Hauptvertrag ist – auch bei getrenntem Abschluß durch Angebot und Annahme – vollständig beurkundungspflichtig (§ 311 b Abs 1 BGB). Durch seinen formgültigen Abschluß werden Formmängel des Vorvertrages geheilt.[18]

1453 Die **Sicherung** eines AnkR durch Eintragung einer **Auflassungsvormerkung** nach § 883 BGB (Rdn 1475 ff) ist auf alle Fälle bei einem Verkaufsangebot und bei einem bedingten Kaufvertrag (Rdn 1445) möglich.[19] Auch ein AnkR in Form eines Vorvertrages kann durch eine Vormerkung zur Sicherung des künftigen Eigentumsverschaffungsanspruchs abgesichert werden, jedenfalls dann, wenn die Entstehung des Anspruchs nicht mehr im Willen des Veräußerers steht.[20] Bei Sicherung eines schuldrechtlichen VR (Rdn 1441) und eines AnkR müssen zwei Vormerkungen eingetragen werden.[21] Zur Eintragung nur einer Vormerkung für ein Ankaufsrecht, das an mehrere Bedingungen (Tatbestände) geknüpft ist, s Rdn 1515 a. Durch die Vormerkungswirkung kann das AnkR nahezu wie ein dingliches Recht ausgestaltet werden; ein durch Vormerkung gesichertes AnkR beeinträchtigt erheblich die Beleihungsfähigkeit eines Grundstücks.[22] Abhilfe durch Rangvorbehalt oder Rangrücktritt sind nicht immer möglich.

1454 Eintragung einer Vormerkung bei Vorhandensein **mehrerer Ank-Berechtigter** hat unter Bezeichnung der Anteile in Bruchteilen oder des Rechtsverhältnisses zu erfolgen (§ 47 GBO). Eintragung, daß zwischen den Berechtigten ein Rechtsverhältnis entsprechend § 472 BGB besteht, genügt nicht[23] (wie Rdn 1511). Ein AnkR zu Lasten des jeweiligen Grundstückseigentümers kann nicht vereinbart werden, da Verträge zu Lasten Dritter nicht möglich sind; eine entsprechende Vormerkung wäre ebenfalls unzulässig und nicht eintragungsfähig. Das AnkR als obligatorischer Vertrag wirkt nur zwischen den Vertragsparteien. Es ist daher auch bei zwischenzeitlichem Eigentümer-

---

[17] HM, vgl RG DNotZ 1942, 382; BGH DNotZ 1963, 230; BGH MittRhNotK 1970, 22 = WM 1970, 493; BGH MittBayNot 1996, 367 = NJW-RR 1996, 1167; OLG Hamm DNotZ 1951, 124 (auch DNotZ 2000, 772 [774]); MünchKomm/Kanzleiter Rdn 34, Palandt/Heinrichs Rdn 11, je zu § 311 b BGB; aA Staudinger/Wufka Rdn 91 ff zu § 313 aF BGB; Wufka DNotZ 1990, 339 (355); Einsele DNotZ 1996, 835.

[17a] Anders OLG Köln NJW-RR 2003, 375 = RNotZ 2003, 182: Ausübung des in einem (notariellen) Vorvertrag vereinbarten Ankaufsrechts formfrei.

[18] RG 169, 189; BGH DNotZ 1982, 433 mit Anm Wolfsteiner = Rpfleger 1982, 138, insoweit unter Aufgabe von BGH DNotZ 1961, 314.

[19] BGH DNotZ 2001, 805 (807) = NJW 2001, 2883.

[20] BGH DNotZ 1975, 546 mit weit Nachw; MünchKomm/Wacke Rdn 33, Staudinger/Gursky Rdn 181, je zu § 883 BGB; aA OLG München HRR 1942, 346.

[21] OLG Köln MittBayNot 1960, 65 = Rpfleger 1960, 56 mit Anm Haegele; aA BayObLG NotBZ 2003, 72 = RNotZ 2003, 48.

[22] Wörbelauer DNotZ 1963, 584.

[23] Anders früher BayObLG 1967, 275 = NJW 1968, 553 = Rpfleger 1968, 52 mit zust Anm Haegele; LG Augsburg MittBayNot 1994, 336 = MittRhNotK 1994, 172 = Rpfleger 1994, 342; LG Nürnberg-Fürth MittBayNot 1994, 140.

B. Einzelfälle

wechsel gegenüber dem Vertragsverpflichteten (seinerzeitigen Eigentümer oder dessen Erben) auszuüben, nicht gegenüber Sonderrechtsnachfolgern. Ist das AnkR durch Vormerkung gesichert, kann aber vom jetzigen Eigentümer Zustimmung zur Umschreibung des Eigentums auf den Berechtigten verlangt werden (§ 888 BGB). Ein AnkR sollte nicht für den jeweiligen Eigentümer eines anderen Grundstücks vereinbart werden, da Zweifel an der Zulässigkeit einer solchen Vereinbarung bestehen. Ein übertragbares/vererbliches AnkR stellt den sichereren Weg dar (s hierzu Rdn 261a ff).

Ein für den Todesfall eingeräumtes, durch eine Vormerkung gesichertes Ankaufsrecht bewirkt keine Grundbuchsperre und hindert den mit ihm belasteten Grundstückseigentümer nicht, anderweit über das Grundstück zu verfügen. Der Berechtigte kann vor Eintritt des Todesfalls einen Anspruch noch nicht geltend machen.[24] **1455**

Ob das AnkR **übertragbar** und daher **vererblich** ist, sollte in der Vereinbarung ausdrücklich geregelt werden; fehlt eine Regelung, ist durch Auslegung zu ermitteln, ob der AnkR-Verpflichtete mit einer Auswechslung des Vertragspartners einverstanden ist (s Rdn 907). Der Vertrag über die Übertragung eines AnkR bedarf nicht der notariellen Beurkundung.[25] **1456**

Im Regelfall wird ein AnkR befristet eingeräumt; ob ein unbefristetes AnkR zulässig ist (Knebelung, § 138 BGB), ist streitig (s Rdn 900 Fußn 3). **1457**
Das AnkR **erlischt**
- wenn der AnkBer auf seine **Ausübung** – formlos – **verzichtet** (Erlaß, § 397 BGB);
- wenn der AnkBer **innerhalb der festgelegten Frist** das AnkR **nicht formgerecht ausübt** oder seine Ausübung ausdrücklich – formlos – ablehnt;
- durch Erfüllung (Übereignung);
- wenn der Grundstückseigentümer gegen die Ausübung des AnkR die **Einrede** der **Verjährung** geltend machen kann und auch tatsächlich die Leistung verweigert (vgl § 214 BGB).

Der Anspruch aus dem AnkR ist nicht mehr durchsetzbar (nachträgliches Unvermögen), wenn das fragliche Grundstück – auch durch Zwangsversteigerung – in das Eigentum eines Dritten übergegangen ist, falls das AnkR nicht durch Vormerkung nach § 883 BGB gesichert ist.[26] Übt der AnkBer das AnkR vor Erteilung des Zuschlags form- und fristgemäß aus und ist die Auflassung (§ 925 BGB) erklärt und eingetragen, dann ist das Zwangsversteigerungsverfahren aufzuheben, wenn das Eigentum des AnkBer als entgegenstehendes Recht (§ 28 Abs 1 ZVG) den Verfahrensfortgang hindert. Das ist der Fall, wenn die Zwangsversteigerungsbeschlagnahme als vormerkungswidrige Verfügung dem AnkBer gegenüber unwirksam ist (§ 883 Abs 2 BGB), nicht aber bei Zwangsversteigerung wegen des dinglichen Anspruchs aus einem dem vorgemerkten Eigentumsübertragungsanspruch gegenüber wirksamem Recht.

Die Frage nach der **Verjährung** beim AnkR kann nicht einheitlich für jede Art von AnkR beantwortet werden. Ob beim AnkR in der Rechtsform des Kaufvorvertrags (Rdn 1445) der Anspruch des AnkBer auf Kaufvertragsabschluß **1458**

---

[24] BGH WM 1973, 208.
[25] Vgl auch BGH DNotZ 1984, 319 = Rpfleger 1984, 143; s auch Kaiser BlGBW 1956, 308.
[26] Einzelheiten s Wörbelauer DNotZ 1963, 580, 652, 718.

der Verjährungsfrist[27] von 10 Jahren nach § 196 BGB oder der regelmäßigen Verjährungsfrist von 3 Jahren nach §§ 195, 199 BGB unterliegt, ist noch nicht geklärt. Eine Verjährungsfrist (maximal 30 Jahre, § 202 Abs 2 BGB) sollte daher vertraglich festgelegt werden. Wird das AnkR dagegen in der Rechtsform des (sofort abgeschlossenen) bedingten Kaufvertrags vereinbart (Rdn 1445), so beginnt die Verjährung des bedingten Anspruchs des AnkBer (§ 433 Abs 1 BGB) nicht bereits mit seiner Einräumung, sondern erst mit dem Eintritt der Bedingung zu laufen, so daß sehr lange (und ungewisse) Verjährungsfristen bestünden. Es besteht daher ein Bedürfnis nach einer, wenn auch nur subsidiären Befristung für ein derartiges AnkR. Die für den ähnlichen Fall des Wiederkaufsrechts gegebene gesetzliche Ausschlußfrist des § 462 BGB wird daher angewendet (s Rdn 1609).[28] Bei einem AnkR in Form eines Vertragsangebots gilt § 151 S 2 BGB (s hierzu Rdn 900).

12. Vereinbarung über Ausschluß der Aufhebung einer Gemeinschaft
und sonstige Vereinbarungen zwischen Miteigentümern
BGB §§ 741, 749 ff, 1010

1459 Antragsformular

> Die Unterzeichneten sind je zur Hälfte Eigentümer des im Grundbuch von Oberhof (Band 1) Blatt 15 gebuchten Grundstücks FlstNr 315 Gemarkung Oberhof.
> Sie treffen folgende Vereinbarungen:
> 1. Mit dem Miteigentumsanteil des A ist das Recht auf alleinige und ausschließliche Nutzung der abgeschlossenen Wohnung im Erdgeschoß samt dem Keller links von der Treppe verbunden.
> Mit dem Miteigentumsanteil des B ist das Recht auf alleinige und ausschließliche Nutzung der abgeschlossenen Wohnung im 1. Stock samt dem Keller rechts von der Treppe verbunden.
> Der Hofraum, der in Wirklichkeit Garten ist, ist sichtbar in zwei Hälften abgeteilt, auf der Grenze stehen Beerensträucher. Der Anteil nördlich gehört zur Wohnung A, derjenige südlich zur Wohnung B.
> Jeder Miteigentümer hat an den von ihm benützten Räumen die laufenden Ausbesserungen auf alleinige Kosten vorzunehmen. Die Kosten für die Unterhaltung und etwaige Instandsetzung des Daches, der Außenmauern, der Keller- und der Bühnentreppe und sonstiger gemeinschaftlicher Hausteile treffen jeden Miteigentümer zur Hälfte.
> 2. Die Aufhebung der Gemeinschaft am Grundstück darf nie verlangt werden.
> Jeder Miteigentümer bewilligt und beantragt hiermit, in das Grundbuch als Belastung seines Anteils zugunsten des jeweiligen Miteigentümers einzutragen:
> a) die Benutzungsregelung,
> b) den Ausschluß des Rechts, die Aufhebung der Gemeinschaft zu verlangen.
>
> Oberhof, den ......   Max Durst   Franz Blau   (folgt Unterschriftsbeglaubigung)

1460 Grundbucheintragung (nur Spalte 3)

> Belastung jedes Anteils zugunsten des jeweiligen Miteigentümers:
> a) Benutzungsregelung nach § 1010 BGB;
> b) Ausschluß der Aufhebung der Gemeinschaft nach § 1010 BGB.
> Unter Bezugnahme auf die Bewilligung vom ...... (Notar ... URNr ...) eingetragen am ......

---

[27] Also nicht einer Ausschlussfrist, BGH DNotZ 1968, 23 = NJW 1967, 1605.
[28] BGH DNotZ 1968, 23 = NJW 1967, 1605; vgl zu § 503 BGB auch OLG Düsseldorf Rpfleger 1986, 255.

B. Einzelfälle

Literatur: Döbler, Vereinbarungen nach § 1010 Abs 1 BGB in der notariellen Praxis, MittRhNotK 1983, 181; Fleitz, Erwerb durch Miteigentümer (hier Nr 5 „Die Vorschrift des § 1010 Abs 1 BGB") BWNotZ 1977, 39; Heitmann, Änderung von Nutzungsregelungen gemäß § 1010 BGB, Rpfleger 1999, 431; Hilgers, Die Regelung der Verhältnisse einer Bruchteilsgemeinschaft, MittRhNotK 1970, 627; Panz, Benutzungsregelungen bei Untergemeinschaften, BWNotZ 1990, 67; Pöschl, In welcher Weise hat die Eintragung im Grundbuch in den Fällen des § 1010 BGB zu erfolgen?, BWNotZ 1974, 79; Tzermias, Zur Regelung des Gebrauchs bei Miteigentum, AcP 157, 455; Walter, Der gebundene Miteigentümer (Beschränkbarkeit der Verfügung über einen Miteigentumsanteil?), DNotZ 1975, 518.

a) Anteilsbelastung

Eintragung einer Vereinbarung von **Miteigentümern** eines Grundstücks **nach Bruchteilen** (§§ 741 ff, §§ 1008–1011 BGB) über Ausschluß oder Beschränkung des Rechts, Aufhebung der Gemeinschaft zu verlangen (§ 749 Abs 1 BGB) oder einer Regelung solcher Miteigentümer über die Verwaltung und Benutzung des Grundstücks bewirkt Verdinglichung der getroffenen Bestimmung: sie wirkt gegen einen Sonderrechtsnachfolger im Miteigentum **nur** durch Eintragung als Anteilsbelastung (§ 1010 Abs 1 BGB). Desgleichen kann von einem Sonderrechtsnachfolger Berichtigung einer gemeinschaftlichen Schuld aus dem Gegenstand oder einer Forderung, die sich auf die Gemeinschaft gründet, aus dem Schuldneranteil am gemeinschaftlichen Gegenstand (§§ 755, 756 BGB) nur verlangt werden, wenn der Anspruch im Grundbuch eingetragen ist (§ 1010 Abs 2 BGB). Erst mit Grundbucheintragung tritt die Wirkung der getroffenen Bestimmung gegen Dritte ein. Die Grundbucheintragung ist Anteilsbelastung (s § 1010 BGB; nicht eine besondere Art der Verfügungsbeschränkung); sie setzt materiell mithin neben Eintragung die Einigung der beteiligten Miteigentümer voraus (§ 873 BGB). Die **Eintragung** erfolgt auf Antrag (§ 13 Abs 1 GBO), wenn der Betroffene sie bewilligt (§ 19 GBO), dh der Miteigentümer, auf dessen Anteil die Bestimmung als Belastung im Grundbuch eingetragen werden soll.[1] Form der Bewilligung: § 29 GBO.

1461

b) Belastungsgegenstand

Die Vereinbarung (Regelung, auch der Anspruch aus §§ 755, 756 BGB) wird als Belastung des **Anteils des Miteigentümers** eingetragen, gegen dessen Sonderrechtsnachfolger sie wirken soll. Die Vereinbarung kann somit auch zu Lasten nur des Anteils eines Bruchteilsmiteigentümers eingetragen werden; sie kann aber auch zu Lasten der jeweiligen Einzelanteile mehrerer oder aller Bruchteilsmiteigentümer eingetragen werden. Die Eintragung erfolgt als Belastung des jeweiligen Miteigentumsanteils, nicht des Grundstücks; sie kann daher nicht von der inhaltsgleichen Bewilligung sämtlicher Miteigentümer abhängig gemacht werden.[2] Eintragung kann auch als Belastung eines nach § 3 Abs 4, 5 GBO gebuchten Anteils an einem „dienenden" Grundstück

1462

---

[1] BayObLG BWNotZ 1981, 148 = MittBayNot 1981, 183 = MittRNotK 1981, 236 = Rpfleger 1981, 352; OLG Hamm DNotZ 1973, 546 = Rpfleger 1973, 167. Vereinbarung einer Benutzungsregelung verpflichtet die Miteigentümer, an deren Eintragung in das Grundbuch mitzuwirken, OLG Frankfurt DNotZ 1990, 298.
[2] BayObLG BWNotZ 1981, 148 = aaO (Fußn 1).

erfolgen;³ ob dies auch gilt, wenn sich die Miteigentumsanteile noch in der Hand eines einzigen Eigentümers befinden (§ 3 Abs 6 GBO), ist streitig;⁴ da es sich um eine zwar verdinglichte, aber doch schuldrechtliche Regelung handelt, setzt sie verschiedene Eigentümer voraus (s auch Rdn 1472). Ist eine Benutzungsregelung nach § 1010 BGB zunächst zwischen zwei Miteigentümern vereinbart (und im Grundbuch eingetragen), so ist für eine „Unterteilung" eines dieser beiden Anteile eine lediglich die Untergemeinschaft erfassende Benutzungsregelung ausreichend, die lediglich an den hiervon betroffenen Miteigentumsanteilen einzutragen ist.⁵

c) Berechtigter

1463 Berechtigter ist der Miteigentümer, zu dessen Gunsten die Vereinbarung getroffen ist, dh der Miteigentümer, für den der Ausschluß des Aufhebungsrechts, die Verwaltungsvereinbarung oder Benutzungsregelung usw wirken soll.⁶ Die Vereinbarung kann zugunsten nur **eines** von mehreren Miteigentümern, aber auch zugunsten **aller anderen** Miteigentümer getroffen und eingetragen werden, und zwar sowohl für die derzeitigen Miteigentümer wie auch für die jeweiligen übrigen Miteigentümer.⁷

1464 Berechtigter kann **nicht ein** (außenstehender) **Dritter** sein.⁸ Für Ausschluß oder Einschränkung des Rechts, Aufhebung der Gemeinschaft zu verlangen, und für Verwaltungsregelung ist Berechtigung eines Dritten praktisch nicht denkbar. Sie ist aber, ebenso wie für eine Benutzungsregelung, rechtlich auch nicht zulässig. Die nach § 1010 Abs 1 BGB einzutragende Anteilsbelastung bewirkt Verdinglichung einer von gesetzlichen Vorschriften (§§ 742–758 BGB) abweichenden Regelung der Rechtsbeziehungen, die für Gemeinschafter nach Bruchteilen zueinander gelten. Die verdinglichte Vereinbarung kann daher nur Berechtigungen einschränken, die aus dem Gemeinschaftsverhältnis der Miteigentümer für einen (mehrere) von ihnen folgen; dem entspricht gleiche Erweiterung des (oder der) durch vorteilhafte Regelung begünstigten übrigen Miteigentümers. Berechtigter der Anteilsbelastung kann als Begünstigter daher nur ein Miteigentümer sein. Eine weitergehende Anteilsbelastung und damit eine solche zugunsten Dritter ermöglicht § 1010 Abs 1 BGB des-

---

³ BayObLG MittBayNot 1980, 209 = Rpfleger 1980, 478.
⁴ Ablehnend Vossius MittBayNot 1994, 12; Frank MittBayNot 1994, 512 (516); dafür LG Memmingen MittBayNot 1999, 77 mit zust Anm Rehle.
⁵ Panz BWNotZ 1990, 67. Heitmann Rpfleger 1999, 431 will die Regeln für die Untergemeinschaft – unrichtig – als Inhaltsänderung verlautbaren; dies setzt aber Mitwirkung aller an der schuldrechtlichen Vereinbarung Beteiligten voraus, unabhängig von der Frage der Betroffenheit iS des § 19 GBO.
⁶ BayObLG BWNotZ 1981, 148 = aaO (Fußn 1) und BayObLG DNotZ 1976, 744 = Rpfleger 1976, 304.
⁷ BayObLG BWNotZ 1981, 148 = aaO (Fußn 1); BayObLG DNotZ 1976, 744 = Rpfleger 1976, 304; OLG Hamm DNotZ 1973, 546 = Rpfleger 1973, 167.
⁸ Streitig: Offen gelassen von BayObLG BWNotZ 1981, 148 = aaO (Fußn 1). Bejaht für Benutzungsregelung von OLG Hamm DNotZ 1973, 546 = Rpfleger 1973, 167; auch Döbler MittRhNotK 1983, 181 (189) und MünchKomm/K.Schmidt Rdn 10 zu § 1010 BGB. Mit Einschränkung zugelassen von BGB-RGRK/Pikart Rdn 8 zu § 1010 BGB. Nur Miteigentümer können Berechtigte sein nach Palandt/Bassenge Rdn 2 zu § 1010 BGB; Ertl Rpfleger 1979, 81 (II 1) und Fleitz BWNotZ 1977, 40.

halb nicht. Berechtigungen Dritter zur Grundstücksbenutzung können nur durch Dienstbarkeiten, nicht aber durch Benutzungsvereinbarung der Gemeinschafter begründet werden. Deren Vereinbarungen beziehen sich nur auf die Benutzung des gemeinschaftlichen Gegenstands durch die gemeinschaftlich daran Berechtigten, können sonach nur die Rechtsbeziehungen der Gemeinschafter untereinander abweichend von gesetzlichen Vorschriften regeln, nicht aber Berechtigungen Dritter schaffen.

d) Inhalt der Anteilsbelastung

Als Anteilsbelastung eingetragen werden kann eine Vereinbarung der Bruchteilsmiteigentümer, durch die die **Verwaltung** und **Benutzung**[9] des gemeinschaftlichen Gegenstands abweichend von den gesetzlichen Vorschriften (§§ 743–745 BGB) geregelt ist. Gegenstand der Anteilsbelastung kann auch eine Vereinbarung der Miteigentümer sein, durch die das Miteigentümerrecht, jederzeit die **Aufhebung der Gemeinschaft zu verlangen** (§ 749 Abs 1 BGB), für immer oder auf Zeit[10] ausgeschlossen oder durch Bestimmung einer Kündigungsfrist beschränkt ist (§ 749 Abs 2 BGB). Nicht ausgeschlossen werden kann das Recht, Aufhebung der Gemeinschaft aus **wichtigem Grund**[11] zu verlangen und den Aufhebungsanspruch aus wichtigem Grund ohne Kündigungsfrist geltend zu machen (§ 749 Abs 3 mit Abs 2 BGB). Wirkung gegen den Gläubiger, der die Pfändung des Anteils eines Teilhabers erwirkt hat und dessen Schuldtitel nicht bloß vorläufig vollstreckbar ist, kann die eingetragene Vereinbarung über Ausschluß oder Beschränkung des Rechts, die Aufhebung der Gemeinschaft zu verlangen, nicht erlangen (§ 751 BGB). Die Vereinbarung hat im Insolvenzverfahren keine Wirkung (§ 84 Abs 2 InsO). Schon aus diesem Grund kann die Miteigentümervereinbarung nach § 1010 BGB keine auch nur annähernd gleiche Rechtssicherheit wie eine Aufteilung nach WEG geben; hierüber hat der Notar deutlich zu belehren. Bei Ausschluß des Aufhebungsrechts auf Zeit bleibt das im Zweifel an den Tod eines Miteigentümers geknüpfte Aufhebungsrecht der Gemeinschafter erhalten (§ 750 BGB).

1465

Vereinbarungen der Miteigentümer über die Durchführung der Teilung ihres Grundstücks und die Auflösung der Gemeinschaft sind nicht als Verwaltungsmaßnahmen anzusehen, wirken nicht für und gegen den Rechtsnachfolger und sind daher nicht eintragungsfähig.[12] Zulässig wären aber Verpflichtungen zur flächenmäßigen Aufteilung des Grundstücks auf die einzelnen Miteigentümer (Form: § 311b Abs 1 BGB) und Absicherung der Eigentumsverschaffungsansprüche durch Vormerkung. Als dinglich wirkende Verfügungsbeschränkung ist auch die Vereinbarung nicht zulässig und nicht eintragbar, daß „die Veräußerung, Belastung oder sonstige Verfügung über

1466

---

[9] Benutzung und Unterhaltung der vom Hausflur zum Boden führenden Leiter steht den beiden Miteigentümern gemeinschaftlich zu; KG OLG 43, 5.
[10] Möglich ist auch Ausschluß für bestimmte Zeit, dem ein Zeitraum mit möglicher Auseinandersetzung folgt und an den wieder eine Zeit ohne Auseinandersetzung anschließt, BayObLG DNotZ 1999, 1011 = Rpfleger 1999, 529.
[11] Zu den Voraussetzungen eines wichtigen Grundes s BGH MittBayNot 1995, 118 = NJW-RR 1995, 334 und BGH DNotZ 1995, 604 = NJW 1995, 267.
[12] OLG Köln DNotZ 1971, 373 = OLGZ 1970, 276 = Rpfleger 1971, 217; OLG Frankfurt Rpfleger 1976, 397.

einen Miteigentumsanteil der Zustimmung des (der) anderen Miteigentümer bedarf".[13] Zulässig ist und eingetragen werden kann die Vereinbarung zwischen Miteigentümern, daß einer von ihnen die Aufhebung der Gemeinschaft durch Zwangsversteigerung nur verlangen kann, wenn das Meistgebot eine bestimmte Höhe erreicht.[14] Vereinbarungen, die während des Bestehens der Gemeinschaft für die Zeit nach ihrer Beendigung getroffen werden, können über § 1010 BGB nicht dinglich gesichert werden.[15]

1467 Die Aufteilung des Benutzungsrechts nach Stockwerken kann als Benutzungsvereinbarung ebenso eingetragen werden[16] wie die Zuweisung von Gängen, Hofflächen, Zufahrten, Garten- und Rasenflächen zur Einzelnutzung oder die Aufteilung des Benutzungsrechts an solchen Grundstücks- bzw Gebäudeflächen. Zur Grundbucheintragung genügt es, wenn die Grundstücksteile, auf die sich die Benutzung erstreckt, in eine in der Eintragungsbewilligung in Bezug genommene allgemein zugängliche Karte (Lageplan, Skizze uä) eingezeichnet sind, wobei diese Karte die Lage des Grundstücks erkennen lassen muß[17] (dazu sowie zu Einzelheiten Rdn 1141). § 7 Abs 1 GBO hindert eine solche Eintragung nicht, da mit der Benutzungsregelung nicht ein Grundstücksteil, sondern der Anteil des Miteigentümers belastet wird.[18] Ist das im Miteigentum stehende Grundstück herrschendes Grundstück auf Grund einer Grunddienstbarkeit, kann die Ausübung der Dienstbarkeit über § 1010 BGB geregelt werden.[19] Die Auskehrung periodischer Nutzungen (Mietertrag bzw Anteil hieran) kann als Verwaltungsvereinbarung eingetragen werden.[20] Ob eine Vereinbarung der Miteigentümer über die Pflicht, Lasten und Kosten des gemeinschaftlichen Gegenstands zu tragen, Inhalt einer Regelung nach § 1010 BGB sein kann, ist streitig;[21] die Eintragung soll gegen den Grundsatz der geschlossenen Zahl der Sachenrechte verstoßen. Nach aA[22] ist Eintragung zulässig, weil es nicht der Interessenlage der Beteiligten entspricht, zwar eine von §§ 743, 744 BGB abweichende Benutzungsregelung mit Wirkung gegen Sonderrechtsnachfolger (über § 1010 BGB) vorzusehen, nicht aber die ihr entsprechende von § 748 BGB abweichende Lastenregelung. Dem ist zuzustimmen, sofern man nicht die Meinung vertritt,

---

[13] BayObLG (18. 10. 1990, mitget) Rpfleger 1991, 4; Walter DNotZ 1975, 518.
[14] KGJ 33 A 224; OLG Köln OLGZ 1970, 276 (279); BGB-RGRK/Pikart Rdn 8, Erman/Aderhold Rdn 4, je zu § 1010 BGB.
[15] BayObLG MittBayNot 1964, 275.
[16] BGB-RGRK/Pikart Rdn 10; MünchKomm/K. Schmidt Rdn 9, je zu § 1010 BGB.
[17] OLG Hamm DNotZ 1973, 546 = Rpfleger 1973, 167.
[18] OLG Hamm DNotZ 1973, 546 = Rpfleger 1973, 167.
[19] BayObLG Rpfleger 1990, 354.
[20] OLG Frankfurt NJW 1958, 65.
[21] Für Unzulässigkeit: OLG Hamm DNotZ 1973, 546 = Rpfleger 1973, 167; LG Köln MittRhNotK 1984, 105 mit weit Nachw; BGB-RGRK/Pikart Rdn 9, Erman/ Aderhold Rdn 4, MünchKomm/K. Schmidt Rdn 9, Palandt/Bassenge Rdn 3, Staudinger/Gursky Rdn 9, je zu § 1010 BGB.
[22] BayObLG DNotZ 1993, 391 = Rpfleger 1993, 59 (nicht eintragbar sind aber rein schadensersatzrechtliche Abreden wie die Haftung für Schäden, die durch unsachgemäßes Verhalten verursacht sind); LG Bonn MittRhNotK 1994, 81 (eintragbar jedenfalls gleichzeitig mit einer Benutzungsregelung); LG Traunstein MittBayNot 1978, 157 = MittRhNotK 1978, 173; K/E/H/E Einl D 31; Meikel/Morvilius Einl C 64.

B. Einzelfälle

die Lastenregelung (als Kehrseite und Teil der Benutzung) sei in der Benutzungsregelung bereits mitenthalten und mit deren Eintragung verdinglicht. Eine Regelung über die Benutzung von Garagen auf einem Grundstück, die von der Errichtung von mindestens 7 und höchstens 8 Garagen spricht, ist mit dem Bestimmtheitsgrundsatz nicht vereinbar.[23]

Für mehrere minderjährige Mitglieder einer Erbengemeinschaft, die Bruchteilsmiteigentümerin ist, muß nur ein Ergänzungspfleger zum Abschluß einer Benutzungsvereinbarung bestellt sein.[24] Wenn minderjährige Geschwister Bruchteilseigentümer sind, muß für jeden dieser Miteigentümer ein Ergänzungspfleger mitwirken.[25]

1468

e) Eintragungsbewilligung

Die Eintragungsbewilligung muß den zu belastenden Anteil, den Berechtigten[26] und die als Belastung einzutragende Verwaltungs- und/oder Benutzungsregelung sowie/oder den vereinbarten Ausschluß des Aufhebungsrechts, auch den gegen den Sonderrechtsnachfolger nach §§ 755, 756 BGB bestehenden Anspruch (betragsmäßig) hinreichend bestimmt bezeichnen. Zur Bezeichnung des Berechtigten genügt Angabe „zugunsten der jeweiligen Eigentümer der übrigen Miteigentumsanteile des Grundstücks".[27] Bei Ausschluß des Rechts, Aufhebung der Gemeinschaft zu verlangen, ergibt die Auslegung der Bewilligung regelmäßig, daß Berechtigte die jeweils übrigen an der Vereinbarung beteiligten Miteigentümer in dieser Eigenschaft, dh die jeweiligen Eigentümer sein sollen.[28] Den materiellen Rechtsvorgang als Inhalt der gewollten Eintragung, mithin die Einzelheiten einer vereinbarten Benutzungsregelung, Verwaltungsvereinbarung usw, muß die Bewilligung vollständig enthalten.[29]

1469

f) Grundbucheintragung

Eintragung erfolgt als Anteilsbelastung in Abteilung II (§ 10 GBV).[30] Die Eintragung muß den Berechtigten[31] der Anteilsbelastung bezeichnen (erkennen lassen). Rechtsnatur und Art der Anteilsbelastung (im Falle des § 1010 Abs 2 BGB der Anspruch betragsmäßig[32]) sind im **Grundbucheintrag** zu bezeichnen; zur näheren inhaltlichen Bezeichnung kann auf die Eintragungsbewilligung

1470

---

[23] OLG Hamm DNotZ 1973, 546 = Rpfleger 1973, 167.
[24] LG Nürnberg-Fürth MittBayNot 1977, 69 = MittRhNotK 1977, 82; Döbler MittRhNotK 1983, 181 (190).
[25] Döbler MittRhNotK 1983, 181 (190).
[26] BayObLG BWNotZ 1981, 148 = aaO (Fußn 1); BayObLG DNotZ 1976, 744 = Rpfleger 1976, 304; OLG Hamm DNotZ 1973, 546 = Rpfleger 1973, 167; Döbler MittRhNotK 1983, 181 (190).
[27] BayObLG BWNotZ 1981, 148 = aaO (Fußn 1).
[28] BayObLG DNotZ 1976, 744 = Rpfleger 1976, 304; Döbler MittRhNotK 1983, 181 (190).
[29] OLG Hamm DNotZ 1973, 546 = Rpfleger 1973, 167.
[30] BayObLG BWNotZ 1981, 148 = aaO (Fußn 1); BayObLG DNotZ 1980, 364 = Rpfleger 1979, 420.
[31] BayObLG BWNotZ 1981, 148 = aaO (Fußn 1); BayObLG DNotZ 1976, 744 = Rpfleger 1976, 304.
[32] Döbler MittRhNotK 1983, 181 (182).

Bezug genommen werden (§ 874 BGB).³³ Schlagwortartige Bezeichnung „Verwaltungs- und Benutzungsregelung" genügt.³⁴ Den Inhalt der Vereinbarung über die Regelung der Nutzung auch nur insoweit im Grundbuch anzugeben, daß ihre rechtliche Tragweite erkennbar ist, würde eine erhebliche Belastung des Grundbuchs bedeuten und doch keinen sicheren Hinweis für den Inhalt der über die Nutzung getroffenen Regelung ergeben.³⁵ Zulässigkeit der Bezugnahme schließt indes nicht aus, daß – insbes bei einfachen Regelungen – zu deren erläuternden Beschreibung eine schlagwortartige Bezeichnung oder ein kurzer Hinweis in das Grundbuch mit aufgenommen wird, so zB gemeinschaftliche Leiterbenützung,³⁶ Einzelbenützung des Hauses nach Stockwerken.³⁷

1471 Die Vereinbarungen zwischen Miteigentümern über Benutzungs- und Unterhaltungsregelung sowie über Ausschluß des Rechts, die Aufhebung der Gemeinschaft durch Zwangsversteigerung zu verlangen, und die Eintragung des gegen einen Sonderrechtsnachfolger wirkenden Anspruchs im Falle des § 1010 Abs 2 BGB stehen als Anteilsbelastung in einem **Rangverhältnis** zu anderen Belastungen,³⁸ insbesondere in Abt III. Änderung dieses Rangverhältnisses durch Vereinbarung ist zulässig.³⁹ Gegen Berechtigte schon bestehender vorrangiger dinglicher Rechte wirkt die Eintragung der Vereinbarung nicht; sie bedarf daher auch nicht deren Zustimmung.⁴⁰

1472 Wenn die **Bruchteilsgemeinschaft endet,** insbesondere mit Veräußerung des Grundstücks an einen Dritten (auch an mehrere Erwerber des gesamten Grundstücks, die wiederum in Bruchteilsgemeinschaft Eigentümer werden, nicht jedoch einzeln als Sondernachfolger je eines bisherigen Miteigentümers erwerben) oder mit Erwerb aller Miteigentumsanteile durch einen der Grundstücksmiteigentümer (nicht jedoch bei Anteilserwerb nur als Vorerbe⁴¹), werden zugleich Vereinbarungen der bisherigen Miteigentümer gegenstandslos, weil Sondernachfolge mit Erwerb des Bruchteils eines bisherigen Miteigentümers nicht mehr stattfinden kann (keine Einmanngemeinschaft; daher kein Fortbestand einer Vereinbarung vormaliger Miteigentümer als „Regelung" des Alleineigentümers⁴²). Zum Fall der Buchung von Miteigentumsanteilen

---

³³ BayObLG 1973, 84 = Rpfleger 1973, 246.
³⁴ BayObLG 1973, 84 = Rpfleger 1973, 246; Döbler MittRhNotK 1983, 181 (191).
³⁵ So BayObLG 1973, 84 = Rpfleger 1973, 246. Für Zulässigkeit der Bezugnahme auch K/E/H/E Rdn 33 zu § 10 GBV; Erman/Aderhold Rdn 5 zu § 1010 BGB; aA OLG München DR 1937, 615 = JFG 15, 294 (aber wohl überholt).
³⁶ KG OLG 43, 5.
³⁷ BayObLG 1973, 84 = Rpfleger 1973, 246.
³⁸ Bauch Rpfleger 1983, 421 (424) mit weit Nachw; nicht richtig LG Augsburg Rpfleger 1983, 435.
³⁹ LG Zweibrücken Rpfleger 1965, 56 mit zust Anm Haegele; Fleitz BWNotZ 1977, 39; Döbler MittRhNotK 1983, 181 (189).
⁴⁰ Fleitz BWNotZ 1977, 39.
⁴¹ Es kann mit Eintritt der Nacherbfolge die Bruchteilsgemeinschaft fortbestehen, aber auch der Miteigentümer seinen ihm schon vor dem Vorerbfall gehörenden ideellen Grundstücksanteil gesondert mit einem Grundpfandrecht belasten, BayObLG 1968, 104 = NJW 1968, 1431 = Rpfleger 1968, 221.
⁴² BayObLG MittBayNot 1964, 274. Anders – auf der Basis der der Eintragungsfähigkeit einer Miteigentümerregelung bei Alleineigentum und Buchung nach § 3 Abs 6 GBO – Rehle MittBayNot 1999, 78 (80; Anmerkung).

B. Einzelfälle

nach § 3 Abs 6 GBO s Rdn 1462. Die Löschung erfolgt als Grundbuchberichtigung (Bewilligung nach § 19 GBO oder nachgewiesene Grundbuchunrichtigkeit nach § 22 Abs 1 GBO). Veräußert dann der Alleineigentümer wieder einen Miteigentumsbruchteil, entsteht neuerlich eine Gemeinschaft nach Bruchteilen (§§ 741 ff BGB). Sondernachfolger eines früheren Miteigentümers ist der Erwerber nicht, auch wenn er von dem Alleineigentümer Grundstücksmiteigentum alsbald und zu dem gleichen Bruchteil erwirbt, wie es dem früheren Miteigentümer zugestanden hat. Bestimmung zwischen den Miteigentümern der neuerlichen Bruchteilsgemeinschaft muß daher neu vereinbart und durch Anteilsbelastung verdinglicht werden.

Jedoch **erlischt** die Anteilsbelastung **ausnahmsweise** auch bei Beendigung der Bruchteilsgemeinschaft **nicht,** wenn (und solange) nur einer der Miteigentumsanteile mit einem Grundpfandrecht oder einer Reallast belastet ist. Dann wird für die Zwangsvollstreckung wegen des dinglichen Anspruchs des Gläubigers das Weiterbestehen dieses belasteten ideellen (vormaligen) Bruchteils fingiert (§ 864 Abs 2 ZPO). Der Ersteher wird mit dem Zuschlag Eigentümer dieses Bruchteils (§ 90 Abs 1 ZVG). Zur Berücksichtigung in der Anteilsversteigerung und für die mit dem Ersteher bestehende Bruchteilsgemeinschaft kann daher auch die als Anteilsbelastung eingetragene Vereinbarung noch Bedeutung erlangen.

g) Schuldrechtliche Wirkung der Vereinbarung

Die schuldrechtliche Wirkung für und gegen die Miteigentümer eines Grundstücks, die eine abweichende Vereinbarung über Verwaltung und Benutzung oder über das Recht, die Aufhebung der Gemeinschaft zu verlangen, geschlossen haben, wird durch eine fehlende Eintragung nicht berührt. Gegen den Rechtsnachfolger eines Miteigentümers wirkt eine nicht eingetragene Vereinbarung jedoch selbst dann nicht, wenn er sie gekannt hat (kein Fall des § 892 Abs 1 S 2 BGB). Miteigentümer, die ihnen gegeneinander zustehende Nutzungsansprüche in Abweichung von der gesetzlichen Bestimmung des § 743 BGB geregelt haben, haben aber nicht nur alles zu unterlassen, was die von ihnen getroffene Regelung beeinträchtigen könnte, sondern sind auch verpflichtet, den Rechtszustand herbeizuführen und aufrechtzuerhalten, der die gesetzlichen Nutzungsansprüche ausschließt. Für diesen Leistungserfolg haben sie einzustehen, ohne daß es darauf ankommt, ob sie den Nichteintritt des Erfolges verschuldet haben.[43]

1473

Wirkung einer abweichenden Bestimmung **zugunsten** eines Rechtsnachfolgers eines Miteigentümers erfordert keine Eintragung, so daß sich auch der Rechtsnachfolger auf eine nicht eingetragene Regelung berufen kann (§ 746 BGB).

h) Erbengemeinschaft, andere Gesamthandsgemeinschaft

Beschränkungen der Erbauseinandersetzung (§§ 2042, 751 BGB) sind nicht eintragungsfähig,[44] desgleichen nicht Verwaltungs- und Benutzungsregelungen bei Erbengemeinschaft und entsprechende Vereinbarungen bei anderen Gesamthandsgemeinschaften. Wenn die Auseinandersetzung durch den Erb-

1474

---

[43] BGH 40, 326 = DNotZ 1965, 41 = NJW 1964, 648.
[44] KG DNotZ 1944, 15; Welter MittRhNotK 1986, 140 (141); MünchKomm/K. Schmidt Rdn 2 zu § 1010 BGB.

lasser ausgeschlossen oder erschwert ist, kann zur Sicherung des letztwilligen Veräußerungsverbots Eintragung als Anteilsbelastung (§ 2044 Abs 1 mit § 1010 Abs 1 BGB) erst nach Umwandlung des Grundstückseigentums in Bruchteilsmiteigentum erfolgen.[45]
Wenn eine Erbengemeinschaft Miteigentümerin eines Grundstücks zu einem Bruchteil ist oder sobald sie mit Erbfolge nach einem Bruchteilsmiteigentümer Grundstücksmiteigentümerin wird, kann sich für die übrigen Miteigentümer nach Bruchteilen Eintragung einer Vereinbarung über Ausschluß oder Erschwernis des Rechts, Aufhebung der Gemeinschaft zu verlangen (§ 1010 Abs 1 BGB) als vorteilhaft und zweckmäßig erweisen. Denn jeder Miterbe allein kann das Recht der Erbengemeinschaft, jederzeit Aufhebung der Bruchteilsgemeinschaft am ganzen Grundstück zu verlangen, geltend zu machen und daher auch allein Antrag auf Zwangsversteigerung zum Zwecke der Aufhebung der Bruchteilsgemeinschaft stellen (sogen großes Antragsrecht). Sein Recht beschränkt sich nicht darauf, lediglich den Antrag auf Aufhebung der Erbengemeinschaft an dem ihr zustehenden Bruchteilsmiteigentum zu stellen.[46] Eintragung der Vereinbarung über Ausschluß oder Erschwernis des Aufhebungsrechts hat in einem solchen Fall zur Folge, daß das Antragshindernis vom Vollstreckungsgericht von Amts wegen berücksichtigt wird (§ 28 ZVG).

13. Eintragung einer Vormerkung, insbesondere Auflassungsvormerkung
BGB §§ 883–885
GBO §§ 13, 25, 38, 41
GBV §§ 12, 19
ZPO §§ 935 ff, 941, 942

1475 Antragsformular

Siehe Formular Rdn 849 (Abschnitt VIII Nr 1). Der dort (noch) bewilligte und beantragte Rangvorbehalt ist in Rdn 2128 ff erörtert; er ist daher in der nachfolgenden Eintragungsverfügung nicht erfaßt.

1476 Grundbucheintragung

1	2	3
2	10	Auflassungsvormerkung [oder auch: Eigentumsübertragungsvormerkung] für **Tüchtig** Anton, geb 25. 3. 1942, und **Tüchtig** Lina, geb Schnell, geb 8. 2. 1946, als Berechtigte zu gleichen Bruchteilen, gemäß Bewilligung vom ... (Notar ... URNr ...) eingetragen am ...

Bekanntmachung erfolgt an Notar ..., an Eigentümer und Berechtigte.

Literatur: Amann, Keine Vormerkung eigenständiger Übereignungspflichten des Erben oder des jeweiligen Eigentümers, DNotZ 1995, 252; Amann, Vormerkungsschutz für den Zweitkäufer vor Eigentumserwerb des Erstkäufers, insbesondere durch Abtretung des Eigentumsverschaffungsanspruchs, FS Schippel (1996) 83; Amann, Wiederverwen-

---

[45] Allgemeine Ansicht; zB BayObLG 1952, 246; BGB-RGRK/Pikart Rdn 12 zu § 1010; Palandt/Edenhofer Rdn 5 zu § 2044 BGB; Meikel/Morvilius Einl C 69.
[46] OLG Hamm JMBlNRW 1958, 68 = Rpfleger 1958, 269 mit Anm Haegele; OLG Hamm Rpfleger 1964, 341 mit Anm Haegele; Stöber, ZVG-Handbuch, Rdn 699.

B. Einzelfälle

dung unwirksamer Eigentumsvormerkungen, MittBayNot 2000, 197; Angermaier, Die Sicherung des Rückauflassungsanspruches des Schenkers durch eine Vormerkung für den Fall, daß der Beschenkte vor dem Schenker verstirbt, MittBayNot 1973, 77; J. Baur, Die Durchsetzung einer gutgläubig erworbenen Auflassungsvormerkung, JZ 1967, 437; J. Blomeyer, Die Auflassungsvormerkung in der Zwangsversteigerung, DNotZ 1979, 515; Canaris, Die Verdinglichung obligatorischer Rechte, Festschrift für Flume I, 1978, 381; Dannecker, Die Durchsetzung einer gutgläubig erworbenen Auflassungsvormerkung, MittBayNot 1979, 144; Denck, Die Auflassungsvormerkung für den Versprechensempfänger und der Schutz des unbenannten Dritten, NJW 1984, 1009; Dieterle, Umschreibung der Auflassungsvormerkung in das Eigentum, Rpfleger 1986, 208; Ebel, Gutgläubiger Erwerb einer Auflassungsvormerkung vom eingetragenen Scheineigentümer und Erbfall, NJW 1982, 724; Ertl, Rechtsgrundlagen der Vormerkung für künftige und bedingte Ansprüche, Rpfleger 1977, 345, Ertl, Prüfung des schuldrechtlichen Anspruchs vor Eintragung und Amtslöschung der Auflassungsvormerkung, Rpfleger 1979, 361; Goetzke und Habermann, Die Wirkung der gutgläubig erworbenen Auflassungsvormerkung gegenüber dem wahren Berechtigten, JuS 1975, 82; Granderath und Hoche, Übergang der Vormerkung beim Schuldnerwechsel, NJW 1960, 562; Grziwotz, Sicherung von Rücküberlassungsansprüchen für Ehegatten in Gütergemeinschaft, MittBayNot 1993, 74; Haegele, Zur Vormerkung nach § 883, namentlich in Sonderfällen, BWNotZ 1971, 1; Hepting, Der Gutglaubensschutz bei Vormerkungen für künftige Ansprüche, NJW 1987, 865; Hieber, Löschung der Vormerkung, DNotZ 1952, 23/96; Hieber, Sicherung eines erbvertraglichen Anspruches durch Vormerkung, DNotZ 1952, 432 und DNotZ 1953, 635; Hieber, Sicherung eines Grundstücksvermächtnisses durch Auflassungsvormerkung, DNotZ 1958, 306; Hoche, Löschung der Vormerkung, DNotZ 1952, 21; Hoffmann, Auswirkungen einer Schuldübernahme auf eine Vormerkung, MittBayNot 1997, 10; Kohler, Vormerkbarkeit eines durch abredewidrige Veräußerung bedingten Rückerwerbsanspruchs, DNotZ 1989, 339; Lehmann, Verabschiedungsreif: Die Rangfähigkeit der Eigentumsvormerkung, NotBZ 2002, 205; Lichtenberger, Die Vormerkung zur Sicherung künftiger oder bedingter Ansprüche, NJW 1977, 1755; Ludwig, Die Auflassungsvormerkung und der noch zu benennende Dritte, NJW 1983, 2792 und Rpfleger 1986, 345; Ludwig, Die gutgläubig erworbene Vormerkung und der anschließende Erwerb des vorgemerkten Rechts, DNotZ 1987, 403; Lüke, Auflassungsvormerkung und Heilung des formnichtigen Kaufvertrages, JuS 1971, 341; Mollenkopf, Faktische Einwirkungen auf vormerkungsbetroffene Grundstücke (1998); Oexmann, Anspruch auf Löschung der rangschlechteren Vormerkung analog § 888 Abs 1 BGB, NJW 1977, 26; Paschke, Zum Schicksal der Auflassungsvormerkung bei fehlgeschlagenen Grundstücksverträgen, Betrieb 1983, 1587; Preuß, Die Vormerkungsfähigkeit von Übertragungsansprüchen auf den Todesfall, DNotZ 1998, 602; Rahn, Gutglaubensschutz und Rechtsnatur der Vormerkung, BWNotZ 1970, 25; Reinicke, Der Schutz des guten Glaubens bei Erwerb der Vormerkung, NJW 1964, 2373; Roloff, Die Durchsetzbarkeit der gutgläubig erworbenen Vormerkung gegenüber dem wahren Berechtigten, NJW 1968, 484; Ripfel, Zur Behandlung der Auflassungsvormerkung bei oder nach Vollzug der Auflassung, Rpfleger 1962, 200; Ripfel, Sicherheit für den Erwerber einer künftigen Raumeinheit, BWNotZ 1967, 222, 276; Ritzinger, Die „Umschreibung" der Auflassungsvormerkung, BWNotZ 1983, 25; Safferling, Vererbungsabreden und Grundbuch, Rpfleger 1973, 413; Sandweg, Anspruch und Belastungsgegenstand bei der Auflassungsvormerkung, BWNotZ 1994, 5; Schippers, Der verlängerte Rückforderungsvorbehalt, MittRhNotK 1998, 69; Schippers, Ungewiß und doch bestimmt (Zum bedingten Rückforderungsrecht), DNotZ 2001, 756: Schmidt, Sind Nebenansprüche durch Auflassungsvormerkung gesichert? BWNotZ 1975, 104; Schultz, Der Wirksamkeitsvermerk als Gestaltungsalternative zu Rangvorbehalt und Rangrücktritt der Auflassungsvormerkung, RNotZ 2001, 541; Wacke, Gutgläubiger Vormerkungserwerb und Konfusion, NJW 1981, 1577; Wacke, Erzwingt Novation den Verlust bestehender Sicherheiten, DNotZ 2000, 615; Wacke, Die Rückauflassungsvormerkung für den Fall des vom Beschenkten verübten groben Undanks, JZ 2003, 179; Wörbelauer, Das unter Eigentumsvormerkung stehende Grundstück – eine res extra commercium, DNotZ 1963, 580, 652, 718; Wufka, Abschied von der Löschungserleichterung bei (Rück-) Auflassungsvormerkungen, MittBayNot 1996, 156; Wunner, Gutglaubensschutz und Rechtsnatur der Vormerkung, NJW 1969, 113; Zimmer, Neue Eigentumsvormerkung ohne neue Eintragung?, NJW 2000, 2978.

a) Zweck, Anwendungsbereich

1477 Die Vormerkung hat die Aufgabe, **schuldrechtliche Ansprüche auf Begründung, Änderung oder Aufhebung eines dinglichen Rechts** an einem Grundstück gegen Vereitelung oder Beeinträchtigung zu schützen. Solche Möglichkeiten der Vereitelung bestehen, weil ein Recht an einem Grundstück nicht schon mit der Einigung zwischen den Beteiligten, sondern erst mit der im Regelfall nachfolgenden Eintragung im Grundbuch begründet oder verändert wird. Zwischen dinglicher Einigung oder Abgabe der Bewilligung und Eintragung kann ein längerer Zeitraum liegen; während dieser Zeit ist der Verfügende noch Berechtigter; zwischenzeitliche widersprechende Verfügungen des Berechtigten oder Zwangsvollstreckungsmaßnahmen gegen ihn wären somit gegenüber dem Vertragspartner wirksam. Das im Vertrag zugesprochene dingliche Recht am Grundstück könnte er nicht mehr erhalten; er wäre auf Schadensersatzansprüche beschränkt. Eventuell von ihm bereits erbrachte Geldleistungen wären gefährdet, wenn der Vertragspartner zur Rückzahlung nicht mehr in der Lage ist. Dies wird besonders wichtig bei der Vormerkung zur **Sicherung** des Anspruchs auf **Eigentumsübertragung** (Auflassungsvormerkung[1] oder Eigentumsübertragungsvormerkung): Hier liegt zwischen Abschluß des schuldrechtlichen Vertrages (Kauf, Tausch usw) und Eintragung der Eigentumsänderung im Grundbuch (auch noch nach erklärter Auflassung und Stellung eines Eintragungsantrages) ein erheblicher Zeitraum, zB weil der Verkäufer vorher die volle Kaufpreiszahlung verlangt oder behördliche Zustimmungen ausstehen oder die grunderwerbsteuerliche Unbedenklichkeitsbescheinigung für die Eigentumsumschreibung fehlt. Trotz wirksamen Verpflichtungsvertrages kann in dieser Zeit der Verkäufer das Grundstück an einen anderen auflassen oder es mit Dienstbarkeiten, Reallasten oder Grundpfandrechen belasten. Gläubiger des Verkäufers können noch Zwangshypotheken eintragen lassen oder das Grundstück zur Zwangsversteigerung bringen. Ein zwischenzeitlich er-

---

[1] Gegen den Begriff „**Auflassungsvormerkung**" werden seit einiger Zeit Bedenken vorgebracht (zB Weirich DNotZ 1982, 669, NJW 1989, 1979 und NotBZ 2003, 56; Amann in Beck'sches Notarhandbuch A I Rdn 155). Sie sind nicht begründet. Bei Eigentumswechsel wird in Abt I Sp 4 als Grundlage der Eintragung der Tag der Auflassung genannt („Aufgelassen am ... und eingetragen am ...; § 9 Buchst d GBV). Vorgemerkt wird diese Eintragung zur Sicherung des Anspruchs auf Übertragung des Eigentums (§ 12 Abs 1 Buchst a GBV), somit die Eintragung der Auflassung, die (als Verfügungsgeschäft) mit der Einigung zusammen den Eigentumsübergang bewirkt (Meikel/Ebeling Rdn 23 zu § 9 GBV). Die auch von der GBV für die Vormerkung zum Schutz des Rechts auf (Eintragung der) Auflassung (Motive zum BGB Band III S 238) verwendete Bezeichnung „Auflassungsvormerkung" (GBV Anlage 2a Abt II Nr 4) ist daher nach wie vor eindeutig und damit unverändert zutreffend; sie ist auch allgemein verständlich. Die Praxis verwendet die Bezeichnungen „Auflassungsvormerkung" und „Eigentumsübertragungsvormerkung" gleichwertig nebeneinander.

B. Einzelfälle

öffnetes Insolvenzverfahren erfaßt auch das Grundstück des Verkäufers und nimmt ihm die Verfügungsbefugnis. Gegen diese ihm drohenden Gefahren der Vereitelung seines Rechtserwerbes braucht der Käufer eine Sicherung, da die im Recht der beweglichen Sachen übliche Gestaltung aufschiebend bedingter Eigentumsübertragung hier (§ 925 Abs 2 BGB) nicht zur Verfügung steht.

Einen – wirtschaftlich vergleichbaren – **Schutz gewährt** die Eintragung einer **Vormerkung** durch die mit ihr verbundenen Wirkungen: 1478
– sie schützt gegen anderweitige rechtsgeschäftliche Verfügungen des Verpflichteten einschließlich nachträglich eintretender Verfügungsbeschränkungen (§ 883 Abs 2, § 888 BGB);
– sie schützt gegen Zwangsvollstreckungsmaßnahmen in das betroffene Recht (§ 883 Abs 2 S 2 BGB);
– sie schützt gegen zwischenzeitliche Eröffnung des Insolvenzverfahrens über das Vermögen des Verpflichteten (§ 106 InsO);
– sie schützt gegen Haftungsbeschränkung der Erben des Verpflichteten (§ 884 BGB);
– sie wahrt schließlich den Rang des einzutragenden Rechts (§ 883 Abs 3 BGB).

Neben der in der Praxis am häufigsten vorkommenden Vormerkung zur Sicherung der Ansprüche auf Eigentumsverschaffung (Auflassungsvormerkung) spielt die Vormerkung vor allem zur Sicherung der Ansprüche auf Bestellung von Grundpfandrechten (zB Bauhandwerkersicherungshypotheken, § 648 BGB) sowie von Ansprüchen auf Erhöhung des Erbbauzinses praktisch eine erhebliche Rolle.

b) Recht, Entstehung, Abgrenzung

Die Vormerkung nach § 883 BGB ist nach hL **kein dingliches Recht**, keine 1479 Grundstücksbelastung im üblichen Sinn, sondern ein besonderes **Sicherungsmittel eigener Art**, das dem geschützten schuldrechtlichen Anspruch auf dingliche Rechtsänderung in gewissem Umfang dingliche Wirkungen verleiht.[2] Die Vormerkung steht jedoch in gewisser Hinsicht zwischen Schuld- und Sachenrecht, da sie in ihrem Bestand und in ihrer Schutzwirkung vom Bestand des schuldrechtlichen Anspruches abhängig ist. Die Vormerkung ist zweifellos ein grundbuchmäßiges Recht im Sinne der GBO, die für ihre verfahrensmäßige Behandlung anwendbar ist.[3] Im Ergebnis wird die Vormerkung jedoch einem Grundstücksrecht im materiellem Sinn weitgehend gleichgestellt, insbesondere beim gutgläubigen Erwerb (s Rdn 1534 ff) und hinsichtlich der Anwendung des § 878 BGB (Rdn 112).

Die Vormerkung **entsteht** durch **Eintragung** im Grundbuch, die auf Grund 1480 **einseitiger Bewilligung** des Betroffenen oder **einstweiliger Verfügung** (§ 885 BGB) und Antrag (§ 13 Abs 1 GBO) des Berechtigten oder des Verpflichteten erfolgt. Weitere Voraussetzung ist das Bestehen eines wirksamen schuldrechtlichen Anspruches auf dingliche Rechtsänderung, wobei jedoch ein bedingter oder künftiger Anspruch genügt (§ 883 Abs 1 S 2 BGB).

---

[2] Ständige Rspr: RG 151, 389; BGH DNotZ 1975, 414 = NJW 1974, 2319; BayObLG 1976, 15 = DNotZ 1976, 421 = Rpfleger 1976, 129; BayObLG JurBüro 1980, 1103 = Rpfleger 1980, 294; Staudinger/Gursky Rdn 303 ff, MünchKomm/Wacke Rdn 3, je zu § 883 BGB mit weit Nachw zum Streitstand.
[3] K/E/H/E Einl G 1.

1481 Von der Vormerkung nach § 883 BGB ist die in § 18 Abs 2 GBO im Rahmen einer vom Grundbuchamt erlassenen **Zwischenverfügung** geregelte Amtsvormerkung zu unterscheiden. Diese gewährt dem Antragsteller in einem Grundbuchverfahren einen vorläufigen Schutz für den öffentlich-rechtlichen Anspruch gegen das Grundbuchamt auf Erledigung des von ihm gestellten Antrags nach Maßgabe des Sachstandes zur Zeit seines Eingangs beim Grundbuchamt (s dazu Rdn 457 ff).

Zu unterscheiden von der Vormerkung ist auch der **Widerspruch**; er protestiert gegen die Richtigkeit des Grundbuchs, verhindert also einen gutgläubigen Erwerb vom Nichtberechtigten (§ 892 Abs 1 S 1 BGB). Die Vormerkung prophezeit eine künftige Rechtsänderung (vom Berechtigten). Beide Sicherungsmittel können unter Umständen auch nebeneinander bestehen.[4]

c) Der gesicherte Anspruch

1482 Der schuldrechtliche Anspruch auf Begründung, Inhaltsänderung, Übertragung oder Aufhebung eines Rechts an einem Grundstück hat für die Vormerkung zentrale Bedeutung: einerseits gibt die eingetragene Vormerkung diesem Anspruch Schutz gegen Beeinträchtigungen, andererseits ist die Vormerkung selbst vom Bestand eines vormerkungsfähigen Anspruchs abhängig (Akzessorietät). Eine Vormerkung, der zweifelsfrei kein sicherbarer vormerkungsfähiger Anspruch zugrundeliegt, ist als inhaltlich unzulässig zu löschen[5] (s auch Rdn 1543); zu Prüfungsrecht und -pflicht des Grundbuchamts in diesem Punkt s Rdn 1514.

1483 aa) Nur **schuldrechtliche Ansprüche**[6] auf Bestellung, Änderung, Übertragung oder Aufhebung eines dinglichen Rechts an Grundstücken oder Grundstücksbelastungen können durch Vormerkung gesichert werden (§ 883 Abs 1 BGB). Rechtsgrundlage des Anspruchs können Vertrag, einseitiges Rechtsgeschäft oder Gesetz (zB §§ 648, 812 BGB) sein. Dingliche Ansprüche (zB § 894 BGB) sind nicht vormerkungsfähig. Eine Vormerkung kann nur bestellt werden für Ansprüche, die durch endgültige Eintragung der Rechtsänderung im Grundbuch am vormerkungsbelasteten Objekt erfüllt werden können: nicht vormerkungsfähig sind daher Miete oder Pacht, ebenso nicht rechtsgeschäftliche Veräußerungs- oder Belastungsverbote.[7] Daher kann auch an einem Miteigentumsanteil keine Vormerkung zur Sicherung des Anspruchs auf Einräumung einer Dienstbarkeit eingetragen werden, auch nicht für den Fall, daß der Miteigentümer Alleineigentümer wird,[8] auch nicht am ungeteilten Grundstück (oder Miteigentumsanteil) zur Sicherung eines Anspruchs auf ein Wohnungsrecht an einer noch zu bildenden Eigentumswohnung.[9] Ebenso kann für

---

[4] Heck, Sachenrecht, § 47 II 8; MünchKomm/Wacke Rdn 5 zu § 883.
[5] RG 48, 61; 55, 270; OLG Hamm DNotZ 1956, 151; BayObLG MittBayNot 1981, 72 = Rpfleger 1981, 190; BayObLG MittBayNot 1992, 395 = Rpfleger 1993, 58 (Unwirksamkeit des gesicherten Anspruchs wegen Verstoß gegen § 1149 BGB); BayObLG DNotZ 1997, 727 mit Anm Eickmann = NJW-RR 1997, 590 = Rpfleger 1997, 151.
[6] Auch unabtretbare (§ 399 BGB) Ansprüche sind vormerkungsfähig, LG Oldenburg Rpfleger 1995, 208. Der Abtretungsausschluß als solcher ist nicht eintragungsfähig, LG Berlin Rpfleger 2003, 291.
[7] BGH FamRZ 1967, 470; OLG Hamm DNotZ 1956, 151.
[8] BayObLG MittBayNot 1973, 23 = Rpfleger 1972, 442.
[9] AA – unrichtig – LG Lübeck Rpfleger 1995, 152.

B. Einzelfälle

den Anspruch auf Übereignung eines Grundstücks (oder einer Teilfläche) keine Vormerkung an einem Miteigentumsanteil eingetragen werden, sondern nur am ganzen Grundstück[10] (bei Wohnungseigentum also an allen Einheiten gleichzeitig; s Rdn 2949). Verpflichtet sich der Grundstückseigentümer, die ihm bei Nichtentstehung der Forderung endgültig verbleibende Eigentümergrundschuld an den Hypothekengläubiger abzutreten, so kann zu dessen Gunsten eine Abtretungsvormerkung erst eingetragen werden, wenn dem Grundbuchamt in der Form des § 29 GBO nachgewiesen ist, daß sich die mit der Eintragung der Hypothek entstandene vorläufige Eigentümergrundschuld in eine endgültige verwandelt hat.[11] Wegen der Vormerkung im Rahmen des Rückgewähranspruchs des Eigentümers aus einer Sicherungsgrundschuld s Rdn 2345. Der Anspruch des Übernehmers eines Grundstücks gegen den Veräußerer, mit einem eingetragenen Leibgeding hinter ein vom neuen Eigentümer für Dritte zu bestellendes Grundpfandrecht zurückzutreten, ist vormerkungsfähig; als Berechtigter wird hier – wie beim Vertrag zugunsten Dritter zulässig, vgl Rdn 1494 – der Versprechensempfänger, also der Eigentümer eingetragen.[12]

Nur Ansprüche des Privatrechts können durch Vormerkung gesichert werden; ein vollstreckbarer Titel gibt daher keinen Anspruch auf Eintragung einer Vormerkung für eine Zwangshypothek.[13] Zur Vormerkung bei Rückerstattung nach VermG s Rdn 4224 aE.

Erbrechtliche Ansprüche sind **vor dem Tod** des Erblassers **nicht** durch Vormerkung **sicherbar**. Dies gilt in gleicher Weise für den Anspruch des Erben wie des Vermächtnisnehmers, gleichgültig, ob die Verfügung von Todes wegen den Erblasser bindet (Erbvertrag, wechselbezügliche Verfügungen im gemeinschaftlichen Testament nach Tod eines Ehegatten) oder nicht. In allen Fällen besteht vor dem Tod des Erblassers noch kein vormerkungsfähiger Anspruch, auch nicht als künftiger Anspruch.[14] Verpflichtet sich im Rahmen eines Erbvertrages der Erblasser (Grundstückseigentümer) gegenüber dem Bedachten (durch Vereinbarung unter Lebenden) über den zugewendeten Gegenstand nicht zu verfügen, so ist diese Nichtverfügungsverpflichtung nicht auf eine dingliche Rechtsänderung gerichtet; eine Vormerkung ist auch in diesem Fall nicht möglich.[15] Wird die Nichtverfügungsverpflichtung (§ 137 BGB) dadurch „abgesichert", daß der Grundstückseigentümer sich – zwar in der Erbvertragsurkunde, aber durch Rechtsgeschäft unter Lebenden – gegen-

1484

---

[10] BayObLG 1986, 511 = DNotZ 1987, 367 = Rpfleger 1987, 154; BayObLG DNotZ 2002, 784; aA Hofmann MittBayNot 2002, 155.

[11] BayObLG 1969, 316 = DNotZ 1970, 155 = Rpfleger 1970, 24; dazu kritisch Rimmelspacher JuS 1971, 14.

[12] OLG Hamm DNotZ 1972, 493 = Rpfleger 1972, 169.

[13] BayObLG 1975, 39 = DNotZ 1976, 106.

[14] BGH 1, 34 und 12, 115 = DNotZ 1954, 264 mit Anm Hieber = JZ 1954, 436 mit Anm Coing = LM 2 zu § 883 mit Anm Pritsch = NJW 1954, 633; BGH FamRZ 1967, 470; OLG Düsseldorf RNotZ 2003, 192 = Rpfleger 2003, 290; BayObLG 1953, 226 = DNotZ 1953, 599; OLG Hamm DNotZ 1956, 151 und DNotZ 1966, 181 = Rpfleger 1966, 366; KGJ 48, 193; OLG Schleswig SchlHA 1959, 175; Hieber DNotZ 1952, 432 und 1953, 635; Schulte DNotZ 1953, 355; BGB-RGRK/Augustin Anm 2c; Soergel/Stürner Rdn 17, je zu § 883 BGB; Mattern BWNotZ 1962, 229; teilweise abweichend (jedoch unrichtig) nur OLG Celle DNotZ 1952, 236 = NJW 1953, 27.

[15] BGH FamRZ 1967, 470.

über dem Vertragspartner verpflichtet, bei Zuwiderhandlung das Grundstück sofort auf den durch Erbvertrag begünstigten Dritten zu übertragen, so kann zur Sicherung dieses bedingten Anspruchs eine Auflassungsvormerkung für den Vertragspartner (Verprechensempfänger, s dazu Rdn 1494) eingetragen werden.[16] Es handelt sich um die gleiche Rechtslage wie in den Fällen, in denen ein Grundstück an Kinder übertragen wird und diese sich verpflichten, das Objekt ohne Zustimmung der Übergeber nicht zu veräußern oder zu belasten sowie weiter, bei Zuwiderhandeln (und manchmal auch bei Vorversterben vor den Veräußerern) das Grundstück auf die Veräußerer oder Dritte zu übertragen. Die Zulässigkeit der Eintragung einer Auflassungsvormerkung in solchen Fällen ist inzwischen hM.[17] Ein gegen den Grundstückserwerber (E) begründeter bedingter Anspruch auf Rückübertragung ist auch dann durch Vormerkung sicherbar, wenn erst durch eine von seinen Erben bewirkte Veräußerung die Bedingung eintritt;[18] jedenfalls bei dieser Ausgestaltung liegt weder ein unzulässiger Vertrag zu Lasten Dritter (Verpflichtung des Erben) noch ein Auseinanderfallen von Schuldner und Eigentümer des belasteten Grundstücks vor (dazu Rdn 1493). Die Eintragung ist auch in dem Fall zulässig, in dem sich eine Frau verpflichtet, das ihr geschenkte Grundstück einen Monat vor ihrem Tod auf ihren Mann zurückzuübertragen.[19] In diesem Fall ist die Erfüllung der Rückgabepflicht wie im Fall der Vorversterbens-Klausel auch erst nach dem Tod des Verpflichteten möglich. Sicherbar durch Vormerkung ist schließlich als Anspruch aus einem Rechtsgeschäft unter Lebenden auf den Todesfall der Anspruch des Übergebers aus einem auf den Tod des Übernehmers befristeten Grundstücksübergabevertrag[20] („Rücküber-

---

[16] BGH 134, 182 = DNotZ 1997, 720 = NJW 1997, 861 = Rpfleger 1997, 208; BayObLG 1978, 287 = DNotZ 1979, 27 = Rpfleger 1978, 442; BayObLG DNotZ 1989, 370 = Rpfleger 1989, 190; BayObLG DNotZ 1996, 374 mit Anm Liedel; OLG Köln MittRhNotK 1995, 100; ebenso LG Bad Kreuznach DNotZ 1965, 301; Haegele Rpfleger 1966, 386 und 1969, 47 sowie 271; Kohler DNotZ 1989, 339; LG Köln MittRhNotK 1976, 19 und MittRhNotK 1988, 67; aA Riggers JurBüro 1970, 486; Timm JZ 1989, 13; Sandweg BWNotZ 1994, 5.

[17] BGH 134, 182 = aaO (Fußn 16); Vgl LG Aschaffenburg MittBayNot 1973, 370 = MittRhNotK 1974, 189 = Rpfleger 1973, 426; dazu Safferling Rpfleger 1973, 413; Angermaier MittBayNot 1973, 77; BayObLG 1977, 268 = DNotZ 1978, 159 = Rpfleger 1978, 135; BayObLG DNotZ 1996, 374; OLG Hamm DNotZ 1978, 356 = Rpfleger 1978, 137; OLG Köln Rpfleger 1975, 19 = MittRhNotK 1975, 255; OLG Köln MittRhNotK 1995, 100; LG Aachen MittRhNotK 1981, 197; LG Köln MittRhNotK 1981, 237; im Ergebnis auch OLG Zweibrücken MittRhNotK 1981, 107 = OLGZ 1981, 167 = Rpfleger 1981, 189; OLG Düsseldorf OLGZ 1984, 90; Staudinger/Gursky Rdn 23 zu § 883 BGB; Kohler DNotZ 1989, 339; Soergel/Stürner Rdn 6 zu § 883 BGB; Wacke JZ 2003, 179; aA Erman/Palm Rdn 9 zu § 137 BGB; Timm JZ 1989, 13 (21); Sandweg BWNotZ 1994, 5.

[18] BGH 134, 182 = aaO (Fußn 16) auf Vorlagebeschluß BayObLG DNotZ 1997, 155 = NJW-RR 1997, 208 = Rpfleger 1997, 59; ebenso OLG Düsseldorf MittRhNotK 1996, 231 = Rpfleger 1996, 444; Amann DNotZ 1995, 252; Preuß DNotZ 1998, 602. AA – überholt – LG Siegen Rpfleger 1995, 66 und OLG Hamm DNotZ 1995, 315 = Rpfleger 1995, 208 u 404 Leits mit iE zust Anm Sandweg.

[19] LG Hagen Rpfleger 1969, 47 mit Anm Haegele.

[20] BGH DNotZ 2002, 794 mit Anm Schmucker = NJW-RR 2002, 2874 = Rpfleger 2002, 561.

tragung für den Fall des Ablebens des Übernehmers"); dies gilt jedoch nicht, wenn der Anspruch unter der Bedingung steht, daß das Grundstück beim Tode des Übernehmers sich noch in dessen Vermögen befindet.[21]

Nach dem Tod des Erblassers sind dagegen entstandene erbrechtliche Ansprüche auf Bestellung, Änderung, Übertragung oder Aufhebung von Grundstücksrechten durch Vormerkung sicherbar,[22] auch wenn sie erst nach dem Tod des Erben fällig werden[23] und auch, wenn durch Vermächtnis ein Anspruch in der Weise begründet ist, daß der Bedachte die Leistung nur fordern kann, wenn er eine vom Erblasser vorgesehene Gegenleistung anbietet.[24] Auch der Anspruch auf ein Nachvermächtnis (§ 2191 BGB) ist durch Vormerkung sicherbar, wenn der Vermächtnisnehmer als Eigentümer eingetragen ist.[25] Zweifellos vormerkungsfähig ist der erst mit dem Tod fällige Auflassungsanspruch aus einem wirksamen Vertrag unter Lebenden,[26] zB aus einem vorbehaltlos abgeschlossenen Schenkungsvertrag, bei dem der Erfüllungsanspruch erst nach dem Tod des Schenkers fällig wird, oder aus einem (wirksamen) Angebot, das – ohne Überlebensbedingung auf Seiten des Angebotsempfängers – nach dem Tod des Anbietenden angenommen werden kann.[27] Anders ist das Schenkungsversprechen (Schenkungsvertrag) zu beurteilen, das unter der (aufschiebenden oder auflösenden) Bedingung des Überlebens des Beschenkten erteilt bzw abgeschlossen wird: Es ist nach § 2301 Abs 1 BGB als rein erbrechtlicher Anspruch (im Falle des Vertrages: Erbvertrag mit Vermächtnis) zu beurteilen, für den eine Vormerkung nicht eingetragen werden kann.[28] Nur durch „Leistung" des zugewendeten Gegenstands wird die Schenkung nach § 2301 Abs 2 BGB vollzogen. Eine solche Leistung stellt bei der Schenkung von Grundbesitz auf den Todesfall nur der Vollzug der Auflassung im Grundbuch dar, nicht die bloße (bindende, § 873 Abs 2, § 925 BGB) Erklärung der Auflassung (ohne Antrag auf Vollzug im Grundbuch durch den Erwerber), auch nicht in Verbindung mit Vorlageanweisungen an den Notar.[29] Daß

1485

---

[21] Würde keine weitergehende Bindung bewirken als ein (nicht vormerkbares) Vermächtnis, BGH aaO (Fußn 20).
[22] Auch zB ein befristetes Vermächtnis, vgl OLG Hamm MDR 1984, 402.
[23] AA für Vermächtnis, das erst vom Nacherben zu erfüllen war, SchlHOLG DNotZ 1993, 346 = NJW-RR 1993, 11.
[24] BGH DNotZ 2001, 805 = NJW 2001, 2883 (auch wenn ein solcher Anspruch von weiteren Voraussetzungen in der Person des Beschwerten und anderer Beteiligter abhängt).
[25] BayObLG MittBayNot 1981, 72 = Rpfleger 1981, 190; LG Stuttgart BWNotZ 1999, 22; zur Rechtsstellung des Vorvermächtnisnehmers, insbesondere seine Beleihungsschwierigkeiten infolge der Vormerkung für den Nachvermächtnisnehmer, s Maur NJW 1990, 1161.
[26] BGH NJW 1953, 182; Riggers JurBüro 1965, 451; Thieme JR 1950, 292.
[27] KG JFG 21, 32.
[28] BayObLG NotBZ 2002, 264 = Rpfleger 2002, 563 = ZNotP 2002, 439; Staudinger/Grusky Rdn 62 zu § 883 BGB; Staudinger/Kanzleiter Rdn 24; MünchKomm/Musielak Rdn 26; Soergel/Stürner Rdn 17, je zu § 2301 BGB; Liessen MittRhNotK 1988, 29 (31); Reimann in Dittmann/Reimann/Bengel, Testament und Erbvertrag, Rdn 9 zu § 2301 BGB.
[29] AA – für Zulässigkeit –: Nieder BWNotZ 1996, 129 (131) und ZNotP 1998, 143 (147) sowie DNotI-Report 1999, 99; Preuß DNotZ 1998, 602; Baumann MittRhNotK 1999, 299. Wie hier dagegen die in Fußn 28 Genannten.

nach § 2301 Abs 2 BGB auch durch Begründung eines Anwartschaftsrechtes die „Leistung" des Grundstücks erfolgt sei, ein Anwartschaftsrecht aber durch Auflassung und Eintragung einer Auflassungsvormerkung entstehe und deshalb eine Vormerkung zulässig sein müsse, halten wir eher für eine Behauptung als eine Begründung.[30] Vor einer solchen Vertragsgestaltung ist zu warnen, zumal die erklärte Auflassung durch den vorzeitigen Tod des Beschenkten vor dem Schenker gerade nicht unwirksam wird (wie dies zB bei einer bedingten Einigung nach § 929 BGB der Fall wäre). Es sollte daher – bei entsprechender Notwendigkeit – mit erbvertraglichen Vereinbarungen in Verbindung mit einer Nichtverfügungsverpflichtung und entsprechenden bedingten Übertragungsverpflichtungen, die durch Vormerkung sicherbar sind (s Rdn 1484), gearbeitet werden.

1486 bb) Der vormerkungsfähige **Anspruch muß wirksam bestehen** oder zumindest bedingter oder künftiger Anspruch im Sinne des § 883 Abs 1 S 2 BGB sein. Der Anspruch darf noch nicht vollständig erfüllt, die Rechtsänderung (-aufhebung) noch nicht vollständig bewirkt sein. Eine Vormerkung zur Sicherung des Anspruchs auf Eigentumsverschaffung kann daher auch noch nach Erklärung der Auflassung eingetragen werden, da der Anspruch auf Übertragung des Eigentums bis zur Eintragung der Eigentumsänderung im Grundbuch fortbesteht.[31] Bei einer Verpflichtung zur Erbteilsübertragung (§ 2033 BGB) kann daher keine Vormerkung eingetragen werden, da der spätere Rechtsübergang sofort mit Abtretung außerhalb des Grundbuchs sich vollzieht (s Rdn 955 ff).

1487 Ist der Anspruch zB wegen **Formunwirksamkeit** des Vertrages (§§ 125, 311 b Abs 1 BGB) unwirksam, so ist er nicht vormerkungsfähig; eine dennoch eingetragene Vormerkung (zum Prüfungsrecht des Grundbuchamtes s Rdn 1514) gibt keinen Schutz.[32] Ein wegen Formmangels unwirksamer Anspruch ist kein künftiger Anspruch im Sinne des § 883 Abs 1 S 2 BGB; durch die Eintragung einer Vormerkung im Grundbuch tritt auch keine Heilung des Formmangels nach § 311 b Abs 1 S 2 BGB ein, auch wenn die Auflassung bereits erklärt war.[33]

---

[30] Begegnet schon die These des BGH vom Anwartschaftsrecht durch Auflassung und Auflassungsvormerkung (entschieden für einen Fall des § 313 BGB aF) Bedenken (s Rdn 3318 mit Fußn 39), so setzt sie doch neben der Auflassung einen (wirksamen) schuldrechtlichen Anspruch und eine (wirksame) Auflassungsvormerkung voraus. Hier fehlt es bereits am wirksamen schuldrechtlichen Anspruch (§ 2301 Abs 1 BGB); dieser soll vielmehr erst wirksam werden (§ 2301 Abs 1 BGB) durch **vorherige** Eintragung einer Auflassungsvormerkung, für die bei Eintragung die notwendige Grundlage fehlt. Im Gegensatz zum Anwartschaftsrecht bei beweglichen Sachen oder Forderungen (aufschiebend bedingte dingliche Einigung) wird Konstruktion und Haltbarkeit des Anwartschaftsrechts aufgrund Auflassung und Auflassungsvormerkung nach der BGH-Rechtssprechung gleich stark von der dinglichen Einigung und dem schuldrechtlichen Anspruch geprägt; dies ist für eine „Vollziehung der Leistung" im Sinne des § 2301 Abs 2 BGB zu wenig. Wie hier auch Staudinger/Gursky Rdn 62 zu § 883 BGB.
[31] BGH DNotZ 1995, 47 (50) = NJW 1994, 2947 = Rpfleger 1995, 101; KG DNotZ 1971, 418.
[32] BGH DNotZ 2002, 635 = NJW 2002, 2313 = Rpfleger 2002, 427.
[33] RG DNotZ 1936, 731; BGH 54, 56 = DNotZ 1970, 596 = JZ 1970, 782 mit Anm Grunsky = NJW 1970, 1541; Schilling DNotZ 1958, 573; Seufert JR 1959, 169; Diehl

B. Einzelfälle

Auch jede andere Art von Unwirksamkeit des schuldrechtlichen Anspruchs macht eine Auflassungsvormerkung unwirksam, etwa ein Verstoß gegen die guten Sitten (§ 138 BGB), eine unzulässige Befriedigungsabrede mit dem Grundpfandgläubiger (Verstoß gegen § 1149 BGB)[34] oder auch die Aufhebung oder Novation des obligatorischen Vertrags[35] oder ein Zuwiderhandeln des auf der Veräußererseite handelnden Vertreters gegen das Selbstkontrahierungsverbot (§ 181 BGB; s Rdn 1492, 3556); ein Verstoß gegen § 181 BGB auf der Erwerberseite hindert dagegen eine Vormerkung nicht, da der Vertrag schwebend unwirksam ist und insoweit einen bedingten oder künftigen Anspruch sichert, jedenfalls bis zur Entscheidung über die nachträgliche Genehmigung (§ 177 BGB).
Sind Vertragsbestimmungen wegen Verstoß gegen AGB-Vorschriften unwirksam, beeinträchtigt dies die Wirksamkeit des Anspruchs wegen der Rechtsfolge des § 306 Abs 2 BGB nicht.

Wird das unwirksame Rechtsgeschäft formwirksam bestätigt (§ 141 BGB) oder gemäß § 311 b Abs 1 S 2 BGB durch Einigung und Eintragung geheilt, so wird die bereits eingetragene (bisher unwirksame) Vormerkung nunmehr ohne weitere Eintragung wirksam,[36] allerdings **nicht rückwirkend**: zwischenzeitlich eingetragene[37] Verfügungen des Eigentümers oder Verfügungen gegen ihn im Wege der Zwangsvollstreckung bleiben wirksam.[38] Die Heilung wirkt im Verhältnis zu Dritten nicht auf den Zeitpunkt des Vertragsabschlusses zurück;[39] vielmehr bestimmt sich der Rang nach dem Zeitpunkt der allerdings regelmäßig[40] in der formwirksamen Bestätigung konkludent enthaltenen neuen Bewilligung, die auch bei der Auflassungsvormerkung (wie auch sonst, § 879 Abs 2 BGB) der Eintragung nachfolgen kann.[41] Daher kann nach Auffassung des BGH[42] eine wegen anfänglicher oder nachträglicher Unwirksamkeit des zu sichernden Anspruchs unwirksame aber noch nicht gelöschte Auflassungsvormerkung ohne Grundbuchberichtigung und inhaltsgleiche Neueintragung durch erneute Bewilligung und Begründung eines neuen deckungsgleichen Anspruchs verwendet (wirksam) werden. Deckungsgleich ist

1488

NJW 1958, 1496; Staudinger/Gursky Rdn 44 ff, MünchKomm/Wacke Rdn 12 je zu § 883 BGB; aA OLG Celle DNotZ 1958, 418 = NJW 1958, 1095; Lüke JuS 1971, 341.
[34] Hierzu BayObLG DNotZ 1997, 727 mit Anm Eickmann = aaO (Fußn 5).
[35] BGH 143, 175 = DNotZ 2000, 639 mit zust Anm Wacke = MittBayNot 2000, 104 mit krit Anm Demharter = NJW 2000, 805 = Rpfleger 2000, 153 mit Anm Streuer; aA vor allem Staudinger/Gursky Rdn 46 ff, 333 zu § 883 BGB.
[36] Ertl Rpfleger 1979, 361, 363; Wacke DNotZ 1995, 507; OLG Frankfurt DNotZ 1995, 539; BGH 143, 175 = aaO (Fußn 35); LG Lübeck NJW-RR 1996, 914.
[37] Noch nicht eingetragene, schon beantragte Verfügungen werden dagegen von der außerhalb des Grundstücks „geheilten ‚Auflassungsvormerkung' überholt", Wacke DNotZ 1995, 507 (516).
[38] Vgl Fußn 33 sowie RG 134, 86; 151, 75; LG Lübeck aaO.
[39] BGH 54, 56 = aaO (Fußn 33).
[40] So richtig Amann MittBayNot 2000, 197.
[41] BGH 143, 175 = aaO (Fußn 35); vgl dazu Amann MittBayNot 2000, 197, der ebenso wie Streuer aaO darauf hinweist, daß es weniger um die Anwendung des § 879 Abs 2 BGB geht als um die Ersetzung des für die Vormerkung nötigen Anspruchs.
[42] BGH 143, 175 = aaO (Fußn 35): abl mit eingehender Begründung Staudinger/Gursky Rdn 333 zu § 883 BGB.

der Anspruch, wenn Schuldner, Gläubiger und Ziel des Anspruchs (zB lastenfreier Eigentumsübergang) identisch sind.[42] Daß der Rang dieser „wiederverwendeten" Vormerkung sich nicht nach deren Eintragungsdatum, sondern mit wirksamer Neubegründung des Anspruchs nach dem Tag der erneuten (formlosen, materiell-rechtlichen) Bewilligung richtet,[42] steht allerdings mit dem Zweck des Grundbuchs, sichere Rangerkenntnis und -aussage zu treffen, in Widerspruch.[43] In Analogie zu § 1180 Abs 1 S 2 BGB sollte mindestens die Ersetzung des Anspruchs bei der Vormerkung vermerkt werden.[44]

1489 cc) **Künftige und bedingte Ansprüche** sind aufgrund ausdrücklicher gesetzlicher Zulassung (§ 883 Abs 1 S 2 BGB) vormerkungsfähig. Schon früh[45] wurde § 883 Abs 1 S 2 BGB einschränkend ausgelegt: nicht jeder künftige Anspruch ist vormerkungsfähig, da dies zu einer faktischen Grundbuchsperre führt und die Beleihung und Zwangsversteigerung von Grundstücken erschwert. Zur Vormerkungsfähigkeit künftiger und bedingter Ansprüche gehöre deshalb, daß der Rechtsboden für die Entstehung der vorzumerkenden Ansprüche soweit vorbereitet sein müsse, daß die Entstehung des Anspruchs nur noch vom Willen des demnächst Berechtigten abhänge.[46] Diese Formel wurde weitgehend in gleicher Weise sowohl für künftige als auch für bedingte Ansprüche angewendet, was bei bedingten Ansprüchen die Folge hatte, daß Ansprüche, deren Entstehen von einem Verhalten des Verpflichteten oder jedenfalls nicht vom Berechtigten abhängig ist (also zB Wiederkaufsrecht für Gemeinde bei Nichterfüllung der Bauverpflichtung des Grundstückserwerbers, Rückübertragungsverpflichtung des beschenkten Ehegatten bei Scheidung der Ehe usw) nicht vormerkungsfähig wären.[47] Auf die Kritik an dieser Entscheidung[48] wurde für die Vormerkungsfähigkeit die Notwendigkeit einer scharfen **Unterscheidung** zwischen **bedingten** Ansprüchen einerseits und **künftigen Ansprüchen** andererseits herausgearbeitet.[49] Die Formel, daß das Entstehen des Anspruchs nur noch vom Willen des Berechtigten abhängig sein dürfe, gilt **nicht für bedingte Ansprüche**: sie sind vormerkungsfähig, auch wenn der Eintritt der Bedingung vom Verhalten des Verpflichteten (auch seines Ge-

---

[43] Insoweit zu Recht kritisch Streuer und Amann je aaO (Fußn 35 und 40); Zimmer NJW 2000, 2978.
[44] Staudinger/Gursky Rdn 333 zu § 883 BGB; Amann MittBayNot 2000, 197. Ähnlich auch Wacke DNotZ 2000, 646 für den Fall der nachträglichen Begründung eines wirksamen Anspruchs (im Gegensatz zur Änderung eines bisher schon wirksamen Anspruchs). BGH 143, 175 = aaO (Fußn 35) läßt Rangvermerk zu, ohne ihn zu fordern.
[45] RG 151, 75 (77).
[46] RG 151, 75 (77); BGH 12, 115 (118); BGH NJW 2002, 2461 (2463) = aaO (Fußn 61); BayObLG 1974, 118 = DNotZ 1975, 36 = Rpfleger 1974, 261; BayObLG 1976, 297 = DNotZ 1977, 611 = Rpfleger 1977, 60; BayObLG Rpfleger 1977, 360. Das KG DNotZ 1972, 173 = Rpfleger 1972, 94 vertritt dagegen die Ansicht, daß die Entstehung des Anspruchs nicht von dem reinen Willen des Verpflichteten abhängen dürfe.
[47] So zunächst BayObLG 1977, 103 = DNotZ 1977, 622 mit abl Anm Geimer = Rpfleger 1977, 251; abl auch Lichtenberger NJW 1977, 1781 und Ertl Rpfleger 1977, 345; vgl auch BayObLG 1974, 118 = DNotZ 1975, 36 = Rpfleger 1974, 261.
[48] Besonders Ertl und Lichtenberger je aaO (Fußn 47).
[49] BayObLG 1977, 247 = DNotZ 1978, 39 = Rpfleger 1978, 14 mit Anm Ertl; BayObLG 1977, 268 = DNotZ 1978, 159 = Rpfleger 1978, 135; erneut bestätigt durch BayObLG DNotZ 1996, 374.

samtrechtsnachfolgers⁵⁰) oder des Berechtigten abhängig ist (Potestativbedingungen).⁵¹ Voraussetzung ist nur, daß bereits eine Bindung für den Fall künftigen Verhaltens gewollt ist; daher scheiden reine „Wollensbedingungen", bei denen die Wirksamkeit des Rechtsgeschäfts als solchem von der Billigung des Verpflichteten abhängt, als Grundlage für vormerkbare Ansprüche mangels rechtsgeschäftlicher Bindung aus.⁵²

Künftige Ansprüche sind dagegen einer Sicherung durch Vormerkung nur zugänglich, wenn eine vom Verpflichteten einseitig nicht mehr zerstörbare Bindung an das Rechtsgeschäft besteht; daß die Entstehung nur noch vom Willen des Berechtigten abhängig sein darf, ist jedoch auch hier nicht nötig.⁵³

Vormerkungsfähig sind daher: der bedingte Anspruch des Begünstigten auf Grundstücksübertragung, wenn der Verpflichtete oder ein Dritter (Verpflichteter bleibt aber ursprünglicher Vertragsgegner) abredewidrig über das Grundstück verfügt (s dazu Rdn 1484 mit Fußn 16–18), der bedingte Anspruch des Schenkers auf Rückübertragung des Grundstücks, wenn der Beschenkte den Schenker nicht überlebt oder seine Ehe geschieden wird,⁵⁴ oder er bei Scheidung bezüglich des Grundstücks Zugewinnausgleichsansprüchen unterliegt,⁵⁵ der Rückübertragungsanspruch des Verkäufers, wenn der Käufer eine vertragliche Bauverpflichtung nicht termingemäß erfüllt,⁵⁶ der Anspruch aus einer Verpflichtung des Grundstückseigentümers dem Nießbraucher gegenüber, nach dessen Tod den Erben einen neuen Nießbrauch zu bestellen,⁵⁷ der Anspruch des Bewerbers gegen den Bauherrn gemäß § 54 Abs 2 S 4 II. WoBauG auf Übertragung eines Kaufeigenheimes, auch wenn der Veräußerungsvertrag noch nicht geschlossen ist, der Bauherr das Verlangen aber nicht nach § 56 Abs 1 II. WoBauG ablehnen kann.⁵⁸ Der Anspruch auf Rückübereignung aus einem vertraglich vereinbarten Rücktritts- oder eigenständigen Rückforderungsrecht ist durch Vormerkung sicherbar, gleichgültig, ob man den Anspruch als bedingt⁵⁹ oder künftig⁶⁰ ansieht. Vormerkungsfä-

---

⁵⁰ BGH NJW 2002, 2461 (2463) = aaO (Fußn 61).
⁵¹ BGH NJW 2002, 2461 (2462) = aaO (Fußn 61); OLG Hamm DNotZ 1978, 356 = Rpfleger 1978, 137; LG Köln MittRhNotK 1978, 172.
⁵² Palandt/Bassenge Rdn 18; MünchKomm/Wacke Rdn 22; Staudinger/Gursky Rdn 171, je zu § 883 BGB; Ertl Rpfleger 1977, 347 und Rpfleger 1978, 16.
⁵³ OLG Hamm DNotZ 1978, 356 = Rpfleger 1978, 137; BayObLG Rpfleger 1977, 360; Ertl, Lichtenberger, Geimer je aaO (Fußn 47); MünchKomm/Wacke Rdn 24; Palandt/Bassenge Rdn 15; Staudinger/Gursky Rdn 173, 176ff, je zu § 883 BGB. Vgl auch LG Münster Rpfleger 2002, 23, das bei einem Verkäuferangebot, das noch seinem freien Widerrufsrecht unterliegt, (zu Recht) keine Auflassungsvormerkung zuläßt.
⁵⁴ OLG Düsseldorf MittRhNotK 1963, 273; BayObLG 1977, 268 = DNotZ 1978, 159 = Rpfleger 1978, 135; OLG Hamm DNotZ 1978, 356 = Rpfleger 1978, 137; vgl auch Fußn 17 und 18. Grundlegende Vorbehalte gegen diesen Rückübertragungsgrund bei Wacke JZ 2003, 179 (183).
⁵⁵ BayObLG DNotZ 2002, 784.
⁵⁶ LG Nürnberg-Fürth DNotZ 1964, 490; kritisch zur Vereinbarung zugunsten eines privaten Verkäufers Wacke aaO (Fußn 54).
⁵⁷ LG Traunstein DNotZ 1963, 344 = NJW 1962, 2207; s dazu auch Rdn 1384.
⁵⁸ OLG Düsseldorf MittRhNotK 1980, 109.
⁵⁹ BGH 16, 153; Ertl MittBayNot 1977, 113; Lichtenberger NJW 1977, 1755.
⁶⁰ Palandt/Bassenge Rdn 16; Staudinger/Gursky Rdn 180, je zu § 883 BGB; OLG Celle MittRhNotK 1976, 15; LG Köln MittRhNotK 1990, 168 läßt Einordnung offen.

hig ist auch bei einem Schenkungsvertrag der (bedingte oder künftige, vgl Fußn 59, 60) Rückübertragungsanspruch des Schenkers aus § 528 oder § 530 BGB;[61] ob die Voraussetzungen für die Entstehung des Anspruchs leicht oder schwer feststellbar sind, ist hier wie auch bei sonstigen rechtsgeschäftlichen Ansprüchen kein Kriterium für die Zulässigkeit einer Vormerkung.[61] Vormerkungsfähig ist auch ein in einem Übergabevertrag begründeter Anspruch eines Dritten auf Eigentumsübertragung, auch wenn er dadurch bedingt ist, daß der Übergeber diesen Anspruch des Dritten nicht vorher beseitigt (widerrufen) hat.[62] Wurde nur Abänderbarkeit ohne Zustimmung des Begünstigten vereinbart, ist völlige Aufhebung des Übertragungsanspruchs ohne Zustimmung des Begünstigten ohnehin ausgeschlossen mit der Folge, daß eine Auflassungsvormerkung für ihn eintragbar (und ohne seine Bewilligung nicht löschbar) ist.[63] Für den künftigen Anspruch auf Erhöhung einer Rentenreallast ist, da die Reallast auch künftige Veränderungen deckt (s Rdn 1297), die Eintragung einer Vormerkung nicht nötig und nicht zulässig, wenn nicht der Anspruch auf Eintragung einer weiteren Reallast gesichert werden soll (s Rdn 1305); dieser Anspruch ist durch Vormerkung nur sicherbar, wenn er wenigstens bestimmbar ist[64] (s dazu auch Rdn 1833). Zur Anpassung der (früher) fest bestimmten Erbbauzinsreallast und zur jetzigen Rechtslage s Rdn 1811.

Zur Sicherung sämtlicher Ansprüche aus einem **Wahlschuldverhältnis**, dem eine einheitliche schuldrechtliche Vereinbarung zugrunde liegt, kann nur eine (nicht mehrere) Vormerkung eingetragen werden.[65] Zur Sicherung der Ansprüche aus einem bindenden **Vertragsangebot**[66] des Grundstücksveräußerers

---

[61] BGH DNotZ 2002, 775 mit Anm Schipper = NJW 2002, 2461 = Rpfleger 2002, 612; BayObLG DNotZ 2001, 803 = NJW-RR 2001, 1529 = Rpfleger 2001, 539 (Vorlagesbeschluß); OLG Düsseldorf Rpfleger 2002, 563; Wacke JZ 2003, 179; aA (überholt) OLG Hamm MittBayNot 2000, 429 = NJW-RR 2000, 1611 = Rpfleger 2000, 449.
[62] BayObLG DNotZ 1996, 374 mit Anm Liedel; Staudinger/Gursky Rdn 180 zu § 883 BGB mit dem Argument, daß der Verpflichtete jedenfalls nicht einseitig seine Verpflichtung beseitigen kann; im Ergebnis überholt damit BayObLG 1976, 297 = MittBayNot 1997, 14 = Rpfleger 1977, 60, der ohne Unterscheidung zwischen bedingtem und künftigem Anspruch die Vormerkungsfähigkeit verneinte, wenn die Vertragsschließenden das Recht hatten, den Anspruch des Begünstigten ohne dessen Zustimmung aufzuheben.
[63] BayObLG DNotZ 1989, 777.
[64] OLG Hamm Rpfleger 1988, 57; OLG Hamm DNotZ 1999, 823 = NJW-RR 1999, 1176 = Rpfleger 1999, 325; nach OLG Düsseldorf DNotZ 1989, 578 = Rpfleger 1989, 231 nur, wenn Höchstbetrag jeder einzelnen Rentenerhöhung als auch Gesamterhöhungssumme feststehen; ähnlich OLG Zweibrücken MittRhNotK 2000, 119 = FG-Prax 2000, 56.
[65] OLG Frankfurt MittBayNot 1983, 59. Vgl auch LG Düsseldorf NJW 1958, 673 mit Anm Dempewolf (Vormerkung für Ansprüche aus angefallenem Wahlvermächtnis). Vgl weiter BayObLG DNotZ 1999, 1011 = Rpfleger 1999, 529 (Ankaufsrecht mit mehreren auslösenden Bedingungen); s auch Rdn 1515 a.
[66] BGH DNotZ 2002, 275 mit Anm Preuß = NJW 2002, 213. Dabei spielt es keine Rolle, ob die Angebotsannahme von Bedingungen abhängt, die der Anbietende zwar beeinflussen kann, solange nur der Verpflichtete sich nicht mehr willkürlich lösen kann, zB wenn ein Angebot erst nach Zeitablauf eines Mietverhältnisses angenommen

kann ebenso eine Vormerkung eingetragen werden wie zur Sicherung der Ansprüche aus einem echten Vorvertrag (s Rdn 1453). Wiederkaufsrecht (Rdn 1603), Ankaufsrecht (Rdn 1453) und schuldrechtliches Vorkaufsrecht (Rdn 1441) können durch Vormerkung gesichert werden.

dd) Schwebend unwirksame Ansprüche. Ein schwebend unwirksamer Anspruch liegt vor, wenn nach Abschluß eines Rechtsgeschäfts noch ein Wirksamkeitserfordernis fehlt (Genehmigung eines Gerichts, einer Behörde, eines Dritten), das nachgeholt werden kann und mit dessen Eingang das Rechtsgeschäft rückwirkend voll wirksam wird. Solche schwebend unwirksamen Ansprüche werden hinsichtlich ihrer Vormerkungsfähigkeit wie künftige Ansprüche behandelt.[67] 1490

Besteht für den **Verpflichteten** bereits eine **rechtliche Bindung** mit Abschluß des Rechtsgeschäfts vor Erteilung der Genehmigung, so ist dieser Anspruch auch vor Erteilung der Genehmigung vormerkungsfähig. Eine solche Bindung besteht für den Veräußerer, wenn der **Erwerber** vollmachtlos vertreten war und die Genehmigung (§ 177 BGB) noch möglich ist,[68] zB vor Erteilung der nach § 1821 Abs 1 Nr 5 BGB für den entgeltlichen Grundstückserwerb erforderlichen familien- oder vormundschaftsgerichtlichen Genehmigung.[69] Diese Situation ist mit einem Angebot des Veräußerers vergleichbar. Nachweis der Genehmigung kann das Grundbuchamt daher nicht verlangen. Eine solche Bindung besteht auch bei öffentlich-rechtlichen Genehmigungserfordernissen, durch welche die Kontrolle und das Einbringen bestimmter öffentlicher Interessen auf ein privatrechtliches Rechtsgeschäft gesichert werden soll (zB GrdStVG, GVO, § 51 BauGB, § 2 Preisangaben- und Preisklauselgesetz). Es gilt in gleicher Weise für privatrechtliche Zustimmungen und Genehmigungen Dritter, die Veräußerungs- und Belastungsbeschränkungen des Verfügenden darstellen (zB § 5 ErbbauVO, § 12 WEG; zur Zustimmung nach § 1365 s Rdn 1509). 1491

In allen diesen Fällen ist der Verpflichtete auch insoweit gebunden, als er alles zu unterlassen hat, was die Genehmigung vereiteln oder gefährden könnte.[70]

Liegt dagegen eine solche **Bindung des Verpflichteten** noch nicht vor, soll vielmehr nach Sinn und Zweck des Genehmigungserfordernisses eine rechtliche Bindung des Verpflichteten erst mit Erteilung der Genehmigung eintreten, so besteht bis zur Erteilung der Genehmigung kein vormerkungsfähiger Anspruch. Dies trifft zu für alle Genehmigungen, durch die erst die wirksame Vertretungsmacht begründet wird: Genehmigung des vollmachtlos vertretenen Veräußerers (§ 177 BGB), des Gemeinderats[71] (wenn – wie in Bayern – 1492

---

werden kann und der Anbieter wegen Vertragsverletzungen des Mieters (= Angebotsempfängers) kündigen und damit auch das Angebot zu Fall bringen kann; unrichtig daher OLG Oldenburg DNotZ 1987, 369 = Rpfleger 1987, 294; richtig dagegen LG Münster Rpfleger 2002, 23; Kerbusch Rpfleger 1987, 449.
[67] Eingehend Ertl Rpfleger 1977, 349; RG 108, 91; BayObLG Rpfleger 1977, 361.
[68] BayObLG DNotZ 1990, 297 = (mitget) Rpfleger 1990, 197; KG DNotZ 1971, 418 = Rpfleger 1971, 312.
[69] BayObLG DNotZ 1994, 182.
[70] BGH DNotZ 1966, 739 (742).
[71] BayObLG Rpfleger 1977, 361.

sein Beschluß für die Rechtswirksamkeit des Rechtsgeschäfts im Außenverhältnis nötig ist, vgl Rdn 3660), des Familien- oder Vormundschaftsgerichts zur Verfügung über ein Grundstück oder ein Grundstücksrecht (§ 1821 Abs 1 Nr 1 BGB)[72] oder zur Eingehung einer Verpflichtung zu einer solchen Verfügung (§ 1821 Abs 1 Nr 4 BGB)[73], der Aufsichtsbehörden (s Rdn 4078a) für Gemeinden, Kirchen und Stiftungen.

d) Schuldner des Anspruchs (Identitätsgebot)

1493 Der Schuldner des gesicherten Anspruchs muß derjenige sein, dessen Eigentum oder Grundstücksrecht im Zeitpunkt der Eintragung der Vormerkung von der künftigen Rechtsänderung betroffen ist;[74] es genügt jedoch, wenn der gegen den Erblasser begründete Anspruch erst gegen den Erben des im Zeitpunkt der Eintragung betroffenen Rechtsinhabers (nicht jedoch gegen Sonderrechtsnachfolger) durchsetzbar ist.[75] Verkauft A an B und dieser vor Eigentumsumschreibung an C, bewirkt eine von A für C bewilligte Vormerkung keinen Schutz, da A nicht zur Übereignung verpflichtet ist[76] (s dazu auch Rdn 1517). Da die Rechtsordnung einen schuldrechtlichen Vertrag zu Lasten Dritter nicht zuläßt, ist eine Vormerkung zu Lasten des jeweiligen Rechtsinhabers nicht zulässig.[77] Zulässig ist die Vormerkung jedoch zur Sicherung einer Übereignungsverpflichtung des (bewilligenden) Eigentümers auch für den Fall, daß eine Veräußerung (Belastung oder sonstiges Ereignis) erst von einem Sonderrechtsnachfolger bewirkt wird; dieser wird damit nicht Schuldner des Anspruchs, sondern ist nur zustimmungspflichtig nach § 888 BGB.[78] In den Fällen der §§ 876, 880 Abs 3 BGB ist der Anspruch gegen den Dritten durch Vormerkung sicherbar.[79] Bei einem Schuldnerwechsel (befreiende Schuldübernahme) nach § 415 BGB (also unter Zustimmung des Vormerkungsberechtigten, zB Vertragsübernahme) erlischt die Vormerkung in entsprechender Anwendung des § 418 Abs 1 S 3 BGB[80] jedenfalls dann nicht, wenn der Übernehmer gleichzeitig das vormerkungsbelastete Grund-

---

[72] BayObLG DNotZ 1994, 182 (185); OLG Frankfurt Rpfleger 1997, 255.
[73] LG Lübeck Rpfleger 1991, 363.
[74] BGH 12, 115 (120); BGH 134, 182 (188) = aaO (Fußn 16); BayObLG Rpfleger 1972, 442; vgl dazu ausführlich Staudinger/Gursky Rdn 55 ff zu § 883 BGB; Amann DNotZ 1995, 252 und Fußn 18.
[75] BGH 134, 182 = aaO (Fußn 16); BGH DNotZ 2002, 794 mit Anm Schmucker = aaO (Fußn 20); KG JFG 21, 32; BayObLG 1955, 48; BayObLG 1977, 268 = DNotZ 1978, 159 = Rpfleger 1978, 135; aA – unrichtig – im Verhältnis Vorerbe/Nacherbe zu Vermächtnisnehmer SchlHOLG DNotZ 1993, 346.
[76] Vgl dazu eingehend Amann FS Schippel (1996) 83 ff und Staudinger/Gursky Rdn 55 zu § 883 BGB.
[77] RG 154, 355; BayObLG 1955, 48; BGH NJW 1966, 1656; BGH DNotZ 1993, 506 (509) = NJW 1993, 324 (keine Vormerkung für Ansprüche gegen den „jeweiligen Grundstückseigentümer").
[78] BGH, BayObLG, OLG Düsseldorf und Amann, je aaO (Fußn 18) gegen OLG Hamm DNotZ 1995, 315 = aaO (Fußn 18). Vgl dazu auch Rdn 1441 mit Fußn 137.
[79] Palandt/Bassenge Rdn 14; MünchKomm/Wacke Rdn 17, je zu § 883 BGB.
[80] Vgl hierzu eingehend Hoffmann MittBayNot 1997, 10; Schippers MittRhNotK 1998, 69; Staudinger/Kaduk Rdn 12 zu § 418; Staudinger/Gursky (12. Aufl) Rdn 54 zu § 883 BGB; aA – MünchKomm/Wacke Rdn 19 und Staudinger/Gursky (13. Aufl 2002) Rdn 67, je zu § 883 BGB.

stück erwirbt, die befreiende Schuldübernahme nicht vor Eigentumswechsel wirksam wird und sie auch nicht zu einer Inhaltsänderung des gesicherten Anspruchs führt.[81] Der Schuldnerwechsel ist nicht eintragungsfähig.[82]

e) Gläubiger (Berechtigter) der Vormerkung

Berechtigter aus der Vormerkung kann wegen der inneren Verbindung von gesichertem Anspruch und Vormerkung nur der Gläubiger des Anspruchs sein.

1494

Beim Vertrag zugunsten Dritter haben im Zweifel sowohl der Versprechensempfänger wie der Dritte ein Forderungsrecht (§ 335 BGB); eine Vormerkung kann daher sowohl für den Versprechensempfänger als auch für den Dritten eingetragen werden.[83] Bei einem Kaufvertrag oder einem Angebot auf Abschluß eines Kaufvertrages zugunsten eines vom Vertragspartner noch zu benennenden Dritten (s dazu Rdn 906) kann vor Benennung des Dritten und Zugang des Angebots an ihn für diesen eine Vormerkung nicht eingetragen werden.[84] Praktisch kann aber dadurch geholfen werden, daß die Vormerkung nicht für den noch unbekannten Dritten, sondern für den Vertragspartner bzw Angebotsempfänger eingetragen wird.[85] Dies ist aber nur möglich, wenn der Vertragspartner gegen den Verpflichteten einen Rechtsanspruch auf (künftige) Übertragung des Eigentums an den Dritten hat. Ein solcher Rechtsanspruch liegt zB vor, wenn dem Benennungsberechtigten das Recht eingeräumt ist, das Angebot selbst anzunehmen. Mit Abtretung der Rechte aus dem Angebot an den Dritten geht auch die Vormerkung auf diesen über (§ 401 BGB). Besteht kein Eintrittsrecht des Benennungsberechtigten, erwirbt er einen Rechtsanspruch auf Übertragung an den Dritten nur durch beurkundungsbedürftigen Vertrag mit dem Veräußerer (s Rdn 906). Vor Benennung des Dritten und Abschluß des Hauptvertrags zwischen diesem und dem Verkäufer ist der Anspruch des Versprechensempfängers (§ 335 BGB) als künftiger Anspruch vormerkungsfähig.[86] Steht dem Benennungsberechtigten kein Übereignungsanspruch zu (zB mangels formgerechten Vertrags), ist keine Vormerkung eintragbar,[87] auch nicht, wenn der als Empfänger in Betracht kommende Personenkreis auf die Familie des Benannten beschränkt ist.[88]

---

[81] Hoffmann aaO; Hoche NJW 1960, 464 gegen Granderath NJW 1960, 462.
[82] KG JR 1927, 1394.
[83] BGH 28, 104; OLG Hamm DNotZ 1972, 495 mit weit Nachw.
[84] BGH DNotZ 1983, 484 = NJW 1983, 1543 = Rpfleger 1983, 169; BayObLG DNotZ 1997, 153 = Rpfleger 1996, 502; LG Ravensburg Rpfleger 1989, 320 mit Anm Ludwig; Staudinger/Gursky Rdn 70 zu § 883 BGB; aA Ludwig NJW 1984, 2792 (2797) und Rpfleger 1986, 345 (348) sowie Preuß AcP 2001, 580 (615) und DNotZ 2002, 283 (288 ff).
[85] Hieber DNotZ 1957, 662 und DNotZ 1958, 632; BGH DNotZ 1983, 484 = aaO; BayObLG, LG Ravensburg je aaO (je Fußn 84); OLG Oldenburg NJW-RR 1990, 273 = Rpfleger 1990, 202; vgl auch Gutachten DNotI-Report 1996, 177.
[86] Ludwig NJW 1983, 2792 (2798) und Rpfleger 1986, 345; Denck NJW 1984, 1009; Bach MittRhNotK 1984, 161 (164); aA Hörer Rpfleger 1984, 346. Zur Frage der Insolvenzfestigkeit der Vormerkung für künftige Ansprüche s Rdn 1520.
[87] BayObLG DNotZ 1987, 101 = Rpfleger 1986, 294.
[88] OLG Hamm MDR 1953, 41; OLG Schleswig DNotZ 1957, 661 mit Anm Hieber; Holch BWNotZ 1956, 144 und JZ 1958, 726; kritisch hierzu Preuß aaO (Fußn 84).

1495 Von der Rechtsprechung des RG und KG (s Rdn 261 b) wurde die **Sukzessivberechtigung** bei Begründung einer Forderung und ihre Sicherung durch eine einzige Vormerkung für den gleichen Anspruch mehrerer aufeinander folgender Berechtigten anerkannt, auch wenn der Berechtigte nicht individuell bestimmt ist, dessen Person aber durch Zeitablauf oder durch sonstige sachliche Merkmale eindeutig bestimmbar ist;[89] zB eine Vormerkung zugunsten des jeweiligen Inhabers eines unter einer bestimmten Firma betriebenen Handelsgeschäfts;[90] eine Vormerkung zugunsten der noch nicht erzeugten Abkömmlinge einer Person[91] oder zugunsten des längstlebenden Ehegatten[92] oder eine Vormerkung zugunsten des jeweiligen Eigentümers eines anderen Grundstücks oder Wohnungseigentums[93] (subjektiv-dingliche Vormerkung). Ob dieser Rechtsprechung noch gefolgt werden kann, ist fraglich geworden;[94] s dazu eingehend Rdn 261 a–h mit weit Nachw. Eine an sicheren Weg gebundene Vertragsgestaltung sollte diese Konstruktion vermeiden und die Vormerkung nur für den an der Begründung des Anspruchs mitwirkenden Gläubiger bewilligen. Dieser kann (und muß) dann seine Ansprüche jeweils übertragen (oder vererben); dieser Rechtsübergang ist bei der Vormerkung berichtigend einzutragen.

Zur Frage der Zulässigkeit einer Vormerkung auf Einräumung eines subjektiv-dinglichen Rechts für den „jeweiligen Eigentümer des herrschenden Grundstücks" s Rdn 261 i. Für eine bestimmte natürliche oder juristische Person ist auch eine Vormerkung zur Sicherung des Anspruchs auf Einräumung einer Grunddienstbarkeit (sonst eines subjektiv-dinglichen Rechts) einzutragen, wenn diese (zB als Käufer des später berechtigten Grundstücks, auch bei Teilflächenkauf) Gläubiger des Anspruchs auf Eintragung der Dienstbarkeit (Bestellung des Rechts) ist.[95]

1496 Von der Frage, wer Gläubiger des Anspruchs ist, zu unterscheiden ist die Frage, wie dieser als Berechtigter der Vormerkung grundbuchmäßig zu bezeichnen ist. Nach dem grundbuchrechtlichen Bestimmtheitsgrundsatz kann eine Vormerkung nur für eine von vornherein bestimmte oder zum mindesten bestimmbare natürliche oder juristische Person (auch Handelsgesellschaft, Partnerschaft und EWIV) in das Grundbuch eingetragen werden. Nur im Hinblick auf die Bezeichnung des Anspruchsberechtigten hält das BayObLG[96] eine Vormerkung für „die Eigentümer einer Wohnanlage" für eintragungsfähig.

1497 Zur Eintragung einer Vormerkung für eine GmbH in Gründung s Rdn 990, zugunsten einer in Gründung befindlichen KG (OHG) s Rdn 981 e.

---

[89] KG JW 1932, 2445; Holch BWNotZ 1956, 144 und JZ 1958, 726; Röll MittBayNot 1963, 89; Tröster Rpfleger 1967, 313 (316); LG Köln MittRhNotK 1981, 237 = Rpfleger 1982, 17.
[90] KG DNotZ 1937, 330 (kritisch dazu Röll MittBayNot 1963, 89).
[91] RG 61, 355.
[92] LG Köln MittRhNotK 1981, 237 = Rpfleger 1982, 17.
[93] RG 128, 246; KG DNotV 1930, 299; LG München II MittBayNot 1972, 229.
[94] Für Anerkennung solcher Sukzessivberechtigungen ausführlich Staudinger/Gursky Rdn 73, 81–87 zu § 883 BGB.
[95] OLG Düsseldorf MittRhNotK 1988, 234; LG München II DNotZ 1973, 690 Leits = MittBayNot 1972, 229; LG Regensburg MittBayNot 1971, 18.
[96] BayObLG MittBayNot 1975, 93 = MittRhNotK 1975, 403 = Rpfleger 1975, 243.

B. Einzelfälle

Mehreren Berechtigten kann der durch Vormerkung zu sichernde Anspruch 1498 und damit die Vormerkung in Bruchteilsgemeinschaft (§ 741 BGB) oder zur gesamten Hand (als BGB-Gesellschafter, in Güter- oder Erbengemeinschaft usw) zustehen. Das Gemeinschaftsverhältnis, damit auch die Anteile der Berechtigten in Bruchteilen, müssen für Anspruch und Vormerkung gleich sein. Grundbucheintragung Rdn 1511. Mit dem späteren Inhaber des Rechts muß der vorgemerkte Gläubiger nicht unbedingt identisch sein. Für **Gesamtgläubiger** (Gesamtberechtigte nach § 428 BGB) kann daher eine Auflassungsvormerkung eingetragen werden, wenn der schuldrechtliche Anspruch auf Auflassung des Grundstücks den Berechtigten als Gesamtgläubigern zusteht; dies ist der Fall, wenn der Schuldner jederzeit mit befreiender Wirkung an den einen oder anderen Gläubiger (zB Rückauflassung an die schenkenden Eltern) leisten kann,[97] streitig jedoch, wenn der Anspruch den Berechtigten nur zeitlich nacheinander zustehen soll.[98] Auf das endgültig einzutragende Grundstückseigentum kann sich die Gesamtgläubigerschaft hingegen nicht beziehen. **Eintragungsvorschlag:**

> Vormerkung zur Sicherung der Ansprüche der Eheleute A. und B. M. als Gesamtberechtigte gem § 428 BGB auf Auflassung.

Auf einen für mehrere Berechtigte zu sichernden, auf die (Rück-)Übereignung 1498 a eines Grundstücks gerichteten Anspruch soll nach der Rechtsprechung auch die entsprechende Anwendung des § 461 (= § 502 aF) BGB oder des § 472 (= § 513 aF) BGB vereinbart werden können;[99] dies soll auch gelten wenn die Berechtigten in Gütergemeinschaft leben für eine Auflassungsvormerkung zur Sicherung eines Rückübereignungsanspruchs.[100] Dem können wir nicht folgen;[101] Einzelheiten s Rdn 1407a. Wenn der Anspruch zum Gesamtgut der Gütergemeinschaft gehört, ist Eintragung **einer** Vormerkung für die Ehegatten auch zulässig und wirksam für den Fall, daß der Anspruch dem Überlebenden allein zusteht.[102]

Soll Anspruch auf Grundstücksübereignung für Eheleute als Berechtigte nach 1499 Bruchteilen bestehen mit der Maßgabe, daß er beim Tod eines Ehegatten dem Überlebenden allein zustehen soll, so kann dies sicher nur wie folgt erreicht werden: entweder durch Vereinbarung einer Gesamtgläubigerschaft nach § 428 BGB oder durch Bewilligung und Eintragung von drei Vormerkungen[103] (für

---

[97] BayObLG 1963, 128 = DNotZ 1964, 343 = NJW 1963, 2276 Leits; OLG Köln MittRhNotK 1974, 244 = Rpfleger 1975, 19; OLG Zweibrücken MittRhNotK 1985, 122 = Rpfleger 1985, 284, das zu Recht in Fällen gemeinschaftlicher Berechtigung die Eintragung zweier Vormerkungen ablehnt.
[98] Ablehnend OLG Köln MittRhNotK 1984, 218; bejahend BayObLG DNotZ 1996, 366 mit Anm Liedel = Rpfleger 1995, 498.
[99] BayObLG 1993, 1 = MittBayNot 1993, 84 = MittRhNotK 1993, 71 = NJW-RR 1993, 472 = Rpfleger 1993, 328; LG Augsburg BWNotZ 1995, 61 = MittBayNot 1994, 336 = MittRhNotK 1994, 172 = Rpfleger 1994, 342.
[100] BayObLG aaO (Fußn 99).
[101] Abl auch Grziwotz MittBayNot 1993, 74.
[102] Einzelheiten s Rdn 261h.
[103] So richtig Amann MittBayNot 1990, 225 gegenüber BayObLG DNotZ 1991, 892, das zwei Vormerkungen für richtig erachtet; ähnlich schon BayObLG 1984, 252 = DNotZ 1985, 702 = Rpfleger 1985, 55 und MittBayNot 2002, 396.

Eheleute nach Bruchteilen, für M und für F je allein, bedingt) oder die Ehegatten treten bereits bei Begründung des Anspruchs diesen für den Fall ihres Vorversterbens an den jeweiligen anderen Ehegatten ab; dann geht mit dem Tod der Anspruch des Verstorbenen auf den Überlebenden über und mit ihm die Vormerkung (§ 401 BGB), was berichtigend im Grundbuch auf Antrag zu vermerken ist;[104] dazu eingehend Rdn 261 e.[105]

1500 Das Grundbuchamt kann, weil für die Vormerkung das formelle Konsensprinzip (§ 19 GBO) gilt, das in der Bewilligung angegebene Gemeinschaftsverhältnis nur im Rahmen seines allgemeinen Prüfungsrechts (s Rdn 206) prüfen und ggfs beanstanden. Nur wenn es sichere Kenntnis davon hat, daß das bewilligte Gemeinschaftsverhältnis unrichtig ist, kann es die beantragte Eintragung ablehnen; bloße Zweifel, ob der schuldrechtliche Anspruch im bewilligten Gemeinschaftsverhältnis besteht, genügen nicht zu Zwischenverfügung oder Zurückweisung[106] (s auch Rdn 1514). Daher ist das Grundbuchamt nicht gehindert, eine Auflassungsvormerkung auch bei Kenntnis der bestehenden Gütergemeinschaft zugunsten eines das Grundstück allein erwerbenden Eheteils einzutragen;[107] zum einen fehlt dem Grundbuchamt sichere Kenntnis darüber, daß zB hier kein Vorbehaltsgut erworben wird; zum anderen kann auch ein Ehegatte allein den Anspruch auf Eigentumsübertragung zum Gesamtgut geltend machen[108] (ähnlich wie § 335 BGB). Auch bei Alleinerwerb eines Grundstücks durch eine Person, die mit einem Ausländer verheiratet ist, kann das Grundbuchamt die Auflassungsvormerkung nicht mit der Begründung beanstanden, ein möglicherweise anwendbares ausländisches Güterrecht (s Rdn 3409) sehe möglicherweise ein Verbot des Alleinerwerbs vor;[109] mangels sicherer Kenntnis über die Unrichtigkeit des alleinigen Erwerbsverhältnisses ist hier vielmehr der Bewilligung zu entsprechen. Die von der Rechtsprechung entwickelten Grundsätze über Auslegung und Umdeutung der Angaben über Gemeinschaftsverhältnisse bei Ehegatten (s Rdn 761, 762)

---

[104] Amann aaO (Fußn 103); Liedel DNotZ 1991, 855.
[105] Dagegen kehrt BayObLG 1995, 149 = DNotZ 1996, 366 mit Anm Liedel = Rpfleger 1995, 498 wieder zur Sukzessivberechtigung für Berechtigte nach Bruchteilen und für den Überlebenden allein zurück.
[106] Diese grundbuchverfahrensrechtlichen Grundsätze übersieht Rauscher Rpfleger 1985, 52; wie hier BayObLG 1986, 81 = DNotZ 1986, 487 = Rpfleger 1986, 127 und Amann Rpfleger 1986, 117; BayObLG DNotZ 2001, 391 = Rpfleger 2001, 173; OLG Hamm MittBayNot 1996, 210 = MittRhNotK 1996, 364.
[107] BayObLG 1957, 184 = DNotZ 1957, 658 = Rpfleger 1957, 309.
[108] BGB-RGRK/Augustin Rdn 41 zu § 883.
[109] BayObLG 1986, 81 = aaO (Fußn 106); AG Schwabach Rpfleger 1983, 429 mit zust Anm Ertl = MittBayNot 1983, 220 = MittRhNotK 1984, 63. Die Kritik von Rauscher Rpfleger 1985, 52 übersieht, daß auch dann, wenn das fremde Ehegüterrecht ein Verbot des Alleinerwerbs aufstellte und der hierauf gerichtete Vertrag unwirksam wäre, solche von einem Ehegatten allein abgeschlossenen Verträge nur schwebend unwirksam sind und deshalb eine Vormerkung ohne weiteres (Sicherung eines künftigen Anspruchs, § 883 Abs 1 S 2 BGB, s Rdn 1489) eintragungsfähig ist. Wirksamkeit des Anspruchs kann durch Genehmigung des Ehegatten oder durch Ehevertrag nach Art 15 EGBGB (zB auch Wahl deutschen Güterrechts) eintreten, s BayObLG DNotZ 1982, 162 = Rpfleger 1982, 18. Eine Gefahr gutgläubigen Erwerbs vom Nichtberechtigten besteht entgegen Rauscher nicht, da ein guter Glaube beim Erwerb von Forderungen nicht geschützt wird.

B. Einzelfälle

gelten in gleicher Weise auch bei der Auflassungsvormerkung (argumentum de maiore ad minus).

Für noch **unbekannte Beteiligte** kann ein Verhältnis nach § 47 GBO nicht eingetragen werden.[110]

1501

f) Belastungsgegenstand

Die Vormerkung wird eingetragen am Grundstück oder an dem Grundstücksrecht, bezüglich dessen ein Anspruch auf dingliche Rechtsänderung begründet wird. Die Auflassungsvormerkung wird also bei dem den Gegenstand der Veräußerung bildenden Grundstück eingetragen.[111] Ein Miteigentumsanteil kann mit der Vormerkung belastet werden, wenn er in Bruchteilseigentum steht; belastet werden kann ebenso der an einem dienenden Grundstück mit Buchung nach § 3 Abs 6 GBO entstandene Miteigentumsanteil, auch wenn das dienende Grundstück noch im Alleineigentum einer Person steht. Als Belastung des Gesamtgrundstücks kann auch eine Auflassungsvormerkung eingetragen werden, die nur die Übertragung des Eigentums an einem ideellen (zB halben) Miteigentumsanteil, ggfs auch zusätzlich den Anspruch auf Aufhebungsausschluß und Benutzungsregelung nach § 1010 BGB, sichern soll; eine Auflassungsvormerkung für Übereignung eines nicht ziffernmäßig festgelegten, also erst noch zu bestimmenden Miteigentumsanteils ist zulässig, wenn dieser gemäß der Eintragungsgrundlage durch Bestimmung eines Dritten festgelegt wird.[112] Einen ideellen Bruchteil des Grundstücks (zB einen halben Anteil) kann der Alleineigentümer rechtsgeschäftlich nicht mit einer Auflassungsvormerkung belasten.[113] Die Eintragung am Gesamtgrundstück im Grundbuch kann in einem solchen Fall etwa lauten:

1502

> Vormerkung zur Sicherung des Anspruchs des ... auf Übertragung eines halben Miteigentumsanteils unter Bezugnahme auf die Bewilligung vom ... (Notar ... URNr ...) eingetragen am ...

Zur Vormerkung zur Sicherung des Anspruchs auf Bildung von **Wohnungseigentum** und Verschaffung einer Eigentumswohnung und zu ihrer Eintragung im Grundbuch für das noch ungeteilte Grundstück s Rdn 2941. Zur Vormerkung eines Grundpfandrechts Rdn 2263; zur „Freigabevormerkung" s Rdn 888. Zum Herrschervermerk bei Eintragung einer Auflassungsvormerkung, wenn der jeweilige Eigentümer des (veräußerten) Grundstücks Berechtigter einer Grunddienstbarkeit (sonst eines subjektivdinglichen Rechts) ist Rdn 1150.

Die Eintragung einer Auflassungsvormerkung am ganzen Grundstück zur Sicherung des Anspruchs auf Eigentumsverschaffung an einer noch **nicht vermessenen Teilfläche** ist möglich ohne vorherige Abschreibung nach § 7 GBO, da die Vormerkung keine endgültige Belastung im Sinne dieser Vorschrift ist.[114] An der noch unvermessenen Teilfläche kann die Vormerkung dagegen nicht

1503

---

[110] RG 61, 353; 65, 277; KGJ 25 A 151; 42 A 224.
[111] Daher entsteht eine Auflassungsvormerkung nicht auf einem versehentlich nicht angegebenen Grundstück, BGH MittBayNot 1998, 30 = NJW-RR 1998, 158 = Rpfleger 1998, 104.
[112] OLG Düsseldorf DNotZ 1997, 162 = Rpfleger 1996, 503.
[113] OLG Düsseldorf MittBayNot 1976, 137 = MittRhNotK 1975, 743.
[114] BGH DNotZ 1973, 96 = NJW 1972, 2270; BayObLG 1956, 408 = Rpfleger 1957, 48; KG DNotZ 1934, 864.

eingetragen werden.[115] Jedoch verlangt der das Grundbuchrecht beherrschende Grundsatz der Bestimmtheit, daß die betroffene Teilfläche nach Lage und Größe in einer dem Verkehrsbedürfnis entsprechenden zweifelsfreien Weise in der Eintragungsbewilligung (oder einstweiligen Verfügung[116]) bezeichnet ist. Auf jeden Fall muß die Teilfläche so beschrieben sein, wie dies für die Gültigkeit des schuldrechtlichen Vertrages erforderlich ist (ausreichende Beschreibung der Teilfläche in Worten und/oder Bezugnahme auf einem der Urkunde als Anlage beigefügten Lageplan [Planskizze] nach § 9 S 3 BeurkG; s hierzu ausführlich Rdn 863 ff); sind diese Regeln nicht eingehalten; liegt kein wirksamer und damit kein vormerkungsfähiger Anspruch vor. Über diese materiell-rechtlichen Anforderungen an die Bestimmtheit der Teilfläche hinaus stellt das BayObLG[117] für die Eintragung der Auflassungsvormerkung in solchen Fällen aus Grundbuchverfahrensrecht schärfere Anforderungen an Genauigkeit, Klarheit und Bestimmtheit der in Bezug genommenen Plandarstellungen; uns erscheint diese Argumentation unrichtig: ist die Teilfläche hinsichtlich Lage und Größe im Hinblick auf § 311b Abs 1 BGB ausreichend beschrieben (durch Worte oder durch Bezugnahme auf einen beigefügten Lageplan), so besteht ein wirksamer, inhaltlich bestimmter und damit vormerkungsfähiger Anspruch. An die Bestimmtheit der Vormerkung sind keine höheren Anforderungen zu stellen als an die Bestimmtheit des schuldrechtlichen Anspruches selbst.[118]

Der Eintrag im Grundbuch kann in einem solchen Fall etwa lauten:

> Vormerkung zur Sicherung des Anspruchs des ... auf Übertragung des Eigentums an einer Teilfläche von etwa ... ar ... m² unter Bezugnahme auf die Bewilligung vom ... (Notar ... URNr ...) eingetragen am ...

1504 Zur Eintragung einer Auflassungsvormerkung bedarf es keiner Zeichnung, wenn im schuldrechtlichen Vertrag (oder nach der als Eintragungsgrundlage in Bezug genommenen einstweiligen Verfügung[119]) das Geländebestimmungsrecht einem Vertragsteil übertragen ist;[120] auch wenn die Begrenzung der Teilfläche von der Entschließung einer Behörde abhängt (zB „entsprechend dem künftigen Baugebiet", „entsprechend dem in Aufstellung befindlichen Bebauungsplan") liegt ein bestimmbarer und vormerkungsfähiger Anspruch vor.[121] Die Eintragung könnte in einem solchen Fall lauten:

> Auflassungsvormerkung für eine noch zu bestimmende Teilfläche ...

---

[115] GBAmt Stuttgart BWNotZ 1987, 117.
[116] BayObLG MittBayNot 1998, 340 = NJW-RR 1998, 522 = Rpfleger 1998, 241 (nur Bezeichnung der Größe, nicht aber auch der Lage der Teilfläche genügt nicht).
[117] BayObLG DNotZ 1981, 560 = Rpfleger 1981, 232; BayObLG DNotZ 1983, 440 = Rpfleger 1982, 17; BayObLG JurBüro 1982, 247 = MittBayNot 1981, 245; BayObLG MittBayNot 1982, 132 = MittRhNotK 1982, 216 = Rpfleger 1982, 335; BayObLG DNotZ 1985, 44; zustimmend im Prinzip Wirner MittBayNot 1981, 221. AA LG Dresden MittBayNot 2002, 115.
[118] K/E/H/E Einl G 29; BayObLG 1956, 408 = Rpfleger 1957, 48; unrichtig OLG Hamm Rpfleger 2000, 449.
[119] BayObLG NJW-RR 1998, 522 = aaO.
[120] BayObLG 1973, 309 = DNotZ 1974, 174 = Rpfleger 1974, 65; Stumpp Rpfleger 1973, 389; BGH MittBayNot 1981, 233; BGH DNotZ 1973, 609; BGH BB 1967, 1394.
[121] BayObLG DNotZ 1985, 44.

B. Einzelfälle

Die Ergänzung der zur Sicherung des Erwerbs einer nicht vermessenen Teilfläche eingetragenen Auflassungsvormerkung nach Auflassung auf Grund vorliegenden Veränderungsnachweises ist nicht zulässig.[122] Entweder besteht Identität zwischen vorgemerkter und auf Grund Vermessung gebildeter Teilfläche[123] (dann sichert die Vormerkung[124]) oder es besteht diese Identität nicht, dann müßte insoweit eine neue Vormerkung bewilligt und eingetragen werden.[125] Der Anspruch auf Übertragung eines Miteigentumsanteils an einer nicht vermessenen Teilfläche kann durch Vormerkung am Miteigentumsanteil des Stammgrundstücks gesichert werden.[126] Dagegen kann für den Anspruch auf Erwerb einer Teilfläche keine Vormerkung an einem Miteigentumsanteil des Stammgrundstücks eingetragen werden.[127] Zur Eintragung einer Vormerkung bei Veräußerung von Teilflächen aus einer WEG-Gemeinschaft s Rdn 2949. Zulässig ist eine Vormerkung zur Sicherung eines Wohnrechts bestehend in der Benutzung eines vom Berechtigten zu bestimmenden Wohnraums.[128]

1505

Die Eintragung **ranggleicher** Auflassungsvormerkungen ist zulässig. Die dingliche Sicherung derartiger Vormerkungen erstreckt sich, falls keine besonderen Vereinbarungen getroffen sind, auf den Erwerb von Bruchteilseigentum am Grundstück;[129] nach aA[130] ist die erste Eigentumsübertragung an einen Vormerkungsberechtigten dem anderen gegenüber wirksam.

1506

g) Bewilligung

Zur Eintragung der Vormerkung ist materiellrechtlich die Bewilligung des Betroffenen erforderlich, § 885 BGB (zur Eintragung auf Grund einstweiliger Verfügung s Rdn 1548). Sie ist einseitige empfangsbedürftige Willenserklärung, für die eine Form nicht vorgeschrieben ist. Eine Einigung (§ 873 BGB) ist nicht erforderlich.[131] Die neben der sachenrechtlichen Bewilligung nach § 885 BGB erforderliche verfahrensrechtliche Eintragungsbewilligung nach § 19 GBO wird in der Praxis nicht gesondert erklärt, sondern ist in ihr enthalten bzw umgekehrt. Für die verfahrensrechtliche Eintragungsbewilligung gelten §§ 19, 29 GBO. Ohne Bewilligung des Betroffenen kann eine Vormerkung nicht eingetragen werden; dies gilt auch für die Auflassungsvormerkung;[132] in der erklärten Auflassung ist nicht die Bewilligung einer Auflas-

1507

---

[122] AA LG Kaiserslautern MittBayNot 1976, 177.
[123] Zu dieser Identität s BGH DNotZ 1971, 95 = WM 1971, 77; BGH MittBayNot 1995, 31 = MittRhNotK 1995, 23 = NJW 1995, 957 = Rpfleger 1995, 342; OLG Hamm DNotZ 1971, 48 = OLG 1970, 447; vgl hierzu auch Rdn 869.
[124] BayObLG NJW-RR 1990, 722.
[125] BayObLG (9. 11. 1989, 2 Z 124/89) mitget Rpfleger 1990, 54.
[126] LG Köln MittBayNot 1976, 216 = MittRhNotK 1976, 328.
[127] BayObLG 1986, 511 = DNotZ 1987, 367 = Rpfleger 1987, 154; BayObLG DNotZ 2002, 784.
[128] BayObLG MittBayNot 1986, 77 = Rpfleger 1986, 174.
[129] Lüdtke-Handjery Betrieb 1974, 517; Erman/Hagen/Lorenz Rdn 48 zu § 883 BGB.
[130] OLG Naumburg NJW-RR 2000, 1185; Holderbaum JZ 1965, 712; Palandt/Bassenge Rdn 29 zu § 883 BGB; vgl zum Problem weiter Promberger MittBayNot 1974, 145; LG Landshut MittBayNot 1979, 69 mit Anm Böck; kritisch Zimmermann Rpfleger 1980, 326. Vgl auch Rdn 1405.
[131] BGH 28, 182 (184) und NJW-RR 1989, 198 (199).
[132] AA Hieber DNotZ 1954, 67.

sungsvormerkung enthalten.¹³³ Im übrigen muß die Bewilligung ergeben, daß eine vorläufige Sicherung für einen vormerkungsfähigen Anspruch gewollt ist; die Verwendung des Begriffs „Vormerkung" ist nicht nötig, aber zweckmäßig. Weiter muß die Bewilligung mit der im Grundbuchverfahren erforderlichen Bestimmtheit enthalten, von wem, für wen, ggfs in welchem Anteils- oder Gemeinschaftsverhältnis (Rdn 1498), und an welchem Belastungsobjekt die Vormerkung eingetragen werden soll und welcher Art der vorzumerkende Anspruch ist.

1507a Rechtskräftige **Verurteilung** des Betroffenen zur Abgabe der Bewilligung für Eintragung der Vormerkung ersetzt diese (§ 894 Abs 1 ZPO). Nur vorläufig vollstreckbare Verurteilung genügt nicht; § 895 S 1 ZPO erfaßt diesen Fall nicht.¹³⁴ Mit vorläufig vollstreckbarer Verurteilung zur Abgabe einer für Grundbucheintragung erforderlichen Willenserklärung (Auflassungserklärung, Bewilligung eines Grundpfandrechts¹³⁵) gilt die Eintragung einer Vormerkung nach § 895 S 1 ZPO als bewilligt.

1508 Gerichtliche oder behördliche **Genehmigungen** sind für die Bewilligung der Vormerkung nicht erforderlich, **wenn** bereits ein **vormerkungsfähiger Anspruch vor** Erteilung der Genehmigung besteht (s dazu Rdn 1491). Besteht für die Beteiligten bereits eine rechtliche Bindung mit Abschluß des Rechtsgeschäfts vor Erteilung der Genehmigung, so kann die Vormerkung bewilligt und eingetragen werden, bevor die Genehmigung auch nur beantragt ist (s Rdn 1491, 1492). Besteht dagegen mangels Bindung des Verpflichteten (Betroffenen im grundbuchrechtlichen Sinn) noch kein vormerkungsfähiger Anspruch, ist aus diesem Grund die Eintragung der Vormerkung nicht statthaft (s Rdn 1492). Ist durch die Erteilung der Genehmigung der Anspruch wirksam und vormerkungsfähig geworden, bedarf die Bewilligung keiner weiteren Genehmigung, da die Vormerkung nur der schuldrechtlichen Bindung einen dinglichen Schutz gewährt, aber keine dingliche Verfügung ist. Nach diesen Regeln ist auch die Streitfrage¹³⁶ zu entscheiden, ob die Bewilligung einer Auflassungsvormerkung der familien- oder vormundschaftsgerichtlichen Genehmigung bedarf. Solange das schuldrechtliche Verpflichtungsgeschäft noch nicht genehmigt und die Genehmigung gemäß § 1829 BGB mitgeteilt ist, existiert noch kein vormerkungsfähiger Anspruch, da der Verpflichtete noch nicht gebunden ist (vgl Rdn 1492). Ist der schuldrechtliche Vertrag durch Genehmigung und Mitteilung nach § 1829 BGB wirksam, bedarf die Bewilligung der Vormerkung keiner weiteren Genehmigung. Wird dem Grundbuchamt die Bewilligung einer Vormerkung durch den gesetzlichen Vertreter eines Minderjährigen vorgelegt, besteht immer Anlaß zur Prü-

---

[133] BayObLG 1979, 12 = DNotZ 1979, 426 = Rpfleger 1979, 134; teilweise abweichend BayObLG MittBayNot 1980, 22 (24).
[134] BayObLG NJW-RR 1997, 1445 = Rpfleger 1997, 525.
[135] BayObLG NJW-RR 1997, 1445 = aaO.
[136] Vormundschaftsgerichtliche Genehmigung für Bewilligung bejaht: OLG Celle DNotZ 1980, 554 = Rpfleger 1980, 187; OLG Frankfurt MittRhNotK 1998, 15 = NJW-RR 1997, 719 = Rpfleger 1997, 255; OLG Oldenburg DNotZ 1971, 484; Mohr Rpfleger 1981, 175, der allerdings auch sehr stark auf die Vormerkungsfähigkeit des Anspruchs abstellt; aA LG Stade MDR 1975, 993; Plumbohm Rpfleger 1980, 343; MünchKomm/Wacke Rdn 23 zu § 885 BGB.

B. Einzelfälle

fung, ob ein vormerkungsfähiger Anspruch (durch entsprechenden Abschluß des Genehmigungsverfahrens) besteht.[137]

Die gleichen Grundsätze gelten für die **Zustimmung des Ehegatten** nach § 1365 BGB: Sie ist für die Bewilligung der Auflassungsvormerkung nicht nötig, auch wenn das veräußerte Grundstück den einzigen Vermögensgegenstand des Betroffenen darstellt;[138] durch die Vormerkung wird das Vermögen des Betroffenen nicht gemindert (s Rdn 3361). 1509

Neben der Bewilligung ist noch der **Antrag** nach § 13 Abs 1 GBO erforderlich, den der Betroffene oder der Berechtigte stellen können. Aus Sicherheitsgründen (§ 878 BGB, s dazu Rdn 113, 121; § 106 InsO) ist es zu empfehlen, daß der Berechtigte den Antrag ebenfalls stellt bzw der Notar durch Antragstellung über § 15 GBO dies bewirkt. 1510

h) Eintragung

Bei der Vormerkung nach § 883 BGB müssen der Berechtigte und der Leistungsgegenstand ins Grundbuch eingetragen werden. Der **Berechtigte** ist **mit Namen** oder **Firma** (entsprechend § 15 GBV) in das Grundbuch **einzutragen.** Eine Bezugnahme auf öffentliche Urkunden für die Bezeichnung des Berechtigten ist in der Eintragungsbewilligung, nicht aber in der Eintragung zulässig.[139] Zur näheren Bezeichnung des zu sichernden Anspruchs (nicht aber des belasteten Grundstücks[140] bei gemeinschaftlichem Grundbuchblatt nach § 4 GBO) kann auf die Eintragungsbewilligung (einstweilige Verfügung) Bezug genommen werden (Rdn 263). Zur Frage, ob die Vormerkung auch **subjektiv-dinglich** bestellt werden kann, s Rdn 1495 und 261i. 1511

Für **mehrere** Anspruchs- und damit Vormerkungs**berechtigte** sind die Anteile in Bruchteilen anzugeben oder das für die Gemeinschaft maßgebende Rechtsverhältnis (Rdn 1498) einzutragen (§ 47 GBO). Angenommen wird, daß dann, wenn entsprechende Anwendung des § 461 (= § 502 aF) BGB oder des § 472 (= § 513 aF) BGB vereinbart ist (Rdn 1498a), diese Vorschriften auch bereits das Gemeinschaftsverhältnis bestimmen. Im Grundbuch (damit auch in der Eintragungsbewilligung) soll daher als Gemeinschaftsverhältnis nach § 47 GBO zu verlautbaren sein, daß § 461 oder § 472 BGB auf Anspruch und Vormerkung Anwendung finden.[141] Dieser Ansicht können wir nicht folgen. §§ 461 und 472 BGB regeln kein Gemeinschaftsverhältnis der Berechtigten, sondern mit der Ausübung des gemeinschaftlichen Anspruchs dessen Unteilbarkeit bei Vorhandensein mehrerer Berechtigter (hierzu näher Rdn 1407a). Eintragung der Anteile der Berechtigten in Bruchteilen oder des

---

[137] Wie hier auch Klüsener Rpfleger 1981, 461 (468). Zur Erwerbsgenehmigung (§ 1821 Abs 1 Nr 5 BGB) s Rdn 1491.
[138] BayObLG 1976, 15 = DNotZ 1976, 421 = Rpfleger 1976, 129; s auch Rdn 3361.
[139] BayObLG DNotZ 1976, 603 Leits = MittBayNot 1975, 93 = Rpfleger 1975, 243 Leits.
[140] BGH MittBayNot 1998, 30 und 179 = NJW 1998, 158 = Rpfleger 1998, 104.
[141] BGH 136, 327 = DNotZ 1998, 292 = NJW 1997, 3235 = Rpfleger 1998, 17 und 154 mit krit Anm Streuer (für Vormerkung zur Sicherung des Anspruchs nach Ausübung eines schuldrechtlichen Vorkaufsrechts). Zu dieser Entscheidung Rdn 1407 und 1407a. Überholt ist damit jedenfalls die Ansicht, daß in diesem Fall die Bezeichnung des Anspruchs (durch Bezugnahme auf die Eintragungsbewilligung) und der mehreren Berechtigten ohne Angabe eines Anteils- oder Gemeinschaftsverhältnisses genügt; dazu 11. Aufl Rdn 1498a.

für die Gemeinschaft maßgebenden Rechtsverhältnisses ersetzt Hinweis auf § 461 oder § 472 BGB damit nicht.[142] Daß für den durch Vormerkung gesicherten (nach § 47 GBO eingetragenen) gemeinschaftlichen Anspruch Anwendung des § 461 BGB oder des § 472 BGB (es handelt sich um besondere Bestimmungen, die von den allgemeinen Regeln abweichen[143]) vereinbart ist, wird durch Bezugnahme auf die Eintragungsbewilligung eingetragen.

1512 Ist die Vormerkung **bedingt** oder **befristet,** so muß dies im Eintragungsvermerk selbst ausgedrückt werden; ist die Vormerkung unbedingt, der gesicherte Anspruch aber bedingt oder befristet, so genügt Bezugnahme auf die Bewilligung,[144] die auch sonst zulässig ist (s Rdn 263).

1513 Die Eintragung einer Auflassungsvormerkung ist der Eintragung der Übertragung des Rechts im Sinne des § 40 GBO gleichzuachten, so daß es, wenn Erben die Eintragung einer solchen Vormerkung beantragen, nicht zuvor der Umschreibung auf sie nach § 39 GBO bedarf[145] (s auch Rdn 142). Im übrigen ist **Voreintragung** des Betroffenen erforderlich, daher ist der Anspruch auf Abtretung der vorläufigen Eigentümergrundschuld ohne Zustimmung des eingetragenen Hypothekengläubigers nicht vormerkbar.[146]

1514 Der zu sichernde Anspruch selbst braucht dem Grundbuchamt nicht nachgewiesen zu werden.[147] Der schuldrechtliche Vertrag über den durch die Vormerkung zu sichernden Anspruch braucht dem Grundbuchamt somit nicht vorgelegt zu werden. Dies gilt nach hM auch für die Auflassungsvormerkung; der Veräußerungsvertrag muß nicht vorgelegt werden; es genügt Angabe in der Bewilligung über die maßgebliche Urkunde (Datum, Name und URNr des Urkundsnotars); die Urkunde selbst muß nicht zu den Grundakten eingereicht werden.[148] Zur Prüfung, ob der schuldrechtliche Anspruch wirksam besteht, ist das Grundbuchamt grundsätzlich nicht befugt,[149] da die Grundbucheintragung keine Vermutung oder Bedeutung für das Bestehen des Anspruchs hat. Nur wenn das Grundbuchamt positiv weiß, daß der Anspruch oder die Vormerkungsfähigkeit des zu sichernden Anspruchs nicht besteht und auch künftig nicht entstehen kann, das Grundbuch durch die Eintragung also unrichtig werden würde, hat es die Eintragung abzulehnen[150] bzw Zwischenverfügung bei behebbaren Hindernissen zu erlassen; bloße Zweifel genügen hierzu nicht.[151] Dies gilt umso mehr, als nach BGH einer eingetragenen

---

[142] Wie hier Brückner BWNotZ 1998, 170.
[143] BGH DNotZ 1971, 744 (746).
[144] Ertl Rpfleger 1977, 351.
[145] KG DNotZ 1930, 301.
[146] BayObLG 1969, 316.
[147] BayObLG DNotZ 1995, 63; KG Rpfleger 1989, 49; 1971, 312; 1972, 94; K/E/H/E Einl G 33; Ertl Rpfleger 1979, 362.
[148] KG DNotZ 1972, 173 = Rpfleger 1972, 94; KG NJW 1969, 138 = OLG 1969, 202 = Rpfleger 1969, 49 mit Anm Haegele; LG Verden MDR 1954, 294; Bauer/vOefele/Kohler AT A III Rdn 63 ff; Jansen DNotZ 1953, 585; Amann MittBayNot 2000, 197 (200); aA bezüglich Veräußerungsverträgen Ertl Rpfleger 1979, 361; K/E/H/E Einl G 34 ff; MünchKomm/Wacke Rdn 26 zu § 885 BGB.
[149] BayObLG DNotZ 1997, 727 (728) = aaO (Fußn 5).
[150] BayObLG DNotZ 1997, 727 (728) = aaO; LG Stuttgart BWNotZ 1997, 70.
[151] KG Rpfleger 1969, 49; 1971, 312; 1972, 94; BayObLG MittBayNot 1979, 108; BayObLG 1993, 1 (3) = MittBayNot 1993, 84 = MittRhNotK 1993, 71 = NJW-RR

B. Einzelfälle

Vormerkung nachträglich ein wirksamer Anspruch zugrunde gelegt werden kann (s Rdn 1488 mit Fußn 36 ff). Auch wenn die Vormerkung einen **künftigen Anspruch** sichern soll, braucht in der Eintragungsbewilligung der schuldrechtliche Anspruch weder nach seinem Typ noch durch Angabe der Entstehungsvoraussetzungen näher bezeichnet zu werden. Es genügt die Bezugnahme auf die Vertragsurkunde, aus der sich der Anspruch ergeben soll; die Vorlegung dieser Urkunde kann nicht verlangt werden.[152] Doch muß dem Grundbuchamt die Prüfung der Vormerkungsfähigkeit des Anspruchs möglich sein. Die Angabe des Schuldgrundes ist in der Eintragung im Regelfall nicht notwendig; bestehen allerdings begründete Zweifel, welcher von mehreren Ansprüchen gesichert werden soll, so muß der Schuldgrund in der Bewilligung und in der Eintragung angegeben werden;[153] bei der Eintragung genügt Bezugnahme auf die Bewilligung. Wird in einem Fall, in dem die Angabe des Schuldgrundes erforderlich ist, diese in der Bewilligung verweigert, muß die Eintragung der Vormerkung mangels genügender Bestimmtheit zurückgewiesen werden.

1515

Die Vormerkung wahrt das einzuräumende Recht am Grundstück. Daher gebietet

1515 a

– Sicherung **mehrerer verschiedener Ansprüche** Eintragung so vieler Vormerkungen, wie Ansprüche gegeben sind,[154]
– Sicherung **eines Anspruchs** auf Einräumung **mehrerer Rechte** Eintragung je einer Vormerkung für jedes der Rechte.

Eine einzige Vormerkung genügt daher nur dann, wenn es sich nur um einen Anspruch[155] auf Einräumung eines Rechts handelt. Nur ein einziger Anspruch liegt auch vor, wenn die Rechtseinräumungspflicht durch verschiedene Tatbestände ausgelöst wird,[156] aber Schuldner, Gläubiger und Ziel des Anspruchs, zB Verschaffung von Eigentum, identisch sind.[157] Zur Sicherung des Anspruchs auf Einräumung **mehrerer Rechte** sind mehrere Vormerkungen (je eine für jedes der Rechte) einzutragen, zB für Übertragung des Eigentums und Bestellung eines Grundpfandrechts, für Bestellung einer Grunddienstbarkeit und eines Wohnungsrechts,[158] für die Bestellung eines Erbbaurechts und einer Dienst-

---

1993, 472 = Rpfleger 1993, 328; BayObLG (24. 3. 1994) DNotZ 1995, 63; OLG Brandenburg Rpfleger 1995, 455 (zur Vormerkung bei formunwirksamem Kauf): OLG Köln MittRhNotK 1995, 100; LG Ravensburg BWNotZ 1980, 37; LG Köln MittRhNotK 1993, 227 (Behauptung des Bewilligenden, vom Vertrag zurückgetreten zu sein, ist unbeachtlich, wenn Bewilligung bindend geworden ist); aA Eickmann Rpfleger 1973, 347: Prüfung des Schuldgrundes, wenn vernünftige Zweifel an der Wirksamkeit des Vertrages bestehen oder die vertraglichen Grundlagen überhaupt nicht bekannt sind.
[152] KG DNotZ 1972, 173 = OLG 1972, 113 = Rpfleger 1972, 94.
[153] BGH NJW 1952, 62; KG JFG 9, 205; RG 133, 269.
[154] BayObLG DNotZ 1999, 1011 = Rpfleger 1999, 529 mit weit Nachw; BayObLG DNotZ 2002, 293 = Rpfleger 2002, 15 (dazu Giehl MittBayNot 2002, 158); ähnlich BayObLG MittBayNot 2002, 396 = NJW-RR 2002, 1594.
[155] BayObLG DNotZ 2002, 293 = aaO; BayObLG 2002, 350 = DNotZ 2003, 434 = NJW-RR 2003, 450 = Rpfleger 2003, 352; dazu auch Westermeier Rpfleger 2003, 347.
[156] BayObLG DNotZ 1999, 1011 = aaO (Fußn 154); BayObLG 2002, 350 = aaO (Fußn 155).
[157] BGH DNotZ 2000, 639 = aaO (Fußn 35).
[158] Leitungsrechte als Grunddienstbarkeit und beschränkte persönliche Dienstbarkeit sind verschiedene dingliche Rechte, daher nur durch mehrere Vormerkungen sicherbar; s Gutachten DNotI-Report 1998, 94.

barkeit.[159] Ebenso erfordert Sicherung des Anspruchs aus einem Vertrag auf Einräumung mehrerer Rechte (so von 35 Erbbaurechten oder 35 Dienstbarkeiten) Eintragung je einer Vormerkung für jedes der Rechte.[160] Zur Vormerkung für alternativ oder sukzessiv Berechtigte s Rdn 261 a–d und 1495.

i) Übertragung, Inhaltsänderung, Pfändung

1516 **Übertragung** und **Vererbung** einer Vormerkung richten sich stets nach dem durch sie gesicherten Anspruch, dh mit Abtretung oder Vererbung des Anspruchs geht auch die Vormerkung (außerhalb des Grundbuchs) über (§ 401 BGB). Ohne den gesicherten Anspruch[161] kann eine Vormerkung nicht übertragen werden. Der Ausschluß der Abtretbarkeit des Anspruchs (§ 399 BGB), auch in der minderen Form der Abtretungsbeschränkung (dazu Rdn 2379), kann bei der Vormerkung in das Grundbuch eingetragen werden.[162] Eintragung kann durch Bezugnahme auf die Eintragungsbewilligung erfolgen (§ 885 Abs 2 BGB), sollte aber (auch wenn der öffentliche Glaube des Grundbuchs sich nicht auf den Bestand des durch die Vormerkung gesicherten Anspruchs erstreckt, s Rdn 1534) in den Eintragungswortlaut ausdrücklich aufgenommen werden (wie Rdn 2379). Zur Übertragung genügt materiell die Einhaltung der für die Abtretung des gesicherten Anspruchs geltenden Form; grundbuchrechtlich ist für die berichtigende Umschreibung der Vormerkung[163] Bewilligungsberichtigung des Betroffenen (= eingetragenen Vormerkungsberechtigten[164]) oder Unrichtigkeitsnachweis in der Form des § 29 GBO erforderlich. Auch eine aufschiebend oder auflösend bedingte Abtretung des durch Vormerkung gesicherten Anspruchs kann berichtigend bei der Vormerkung eingetragen werden.[165] Wenn Übergang der Vormerkung (als sicherndes Nebenrecht) bei Abtretung des Anspruchs ausgeschlossen ist, erlischt sie bei Abtretung des Anspruchs.[166]

1517 **Verkauft** der Käufer eines Grundstückes dieses vor Eigentumsumschreibung an einen Dritten, so ist die Eintragung einer Auflassungsvormerkung für den Dritten auf Grund Bewilligung des weiterverkaufenden, nicht eingetragenen Käufers nicht möglich. Die vom Eigentümer erklärte Auflassung enthält zwar die Zustimmung zur Weiterveräußerung durch den Auflassungsempfänger, nicht aber die Ermächtigung des Käufers, unmittelbare

---

[159] BayObLG DNotZ 2002, 293 = aaO (Fußn 154).
[160] Anders BayObLG DNotZ 2002, 293 = aaO (Fußn 154), dem wir nicht folgen können. Formell bereitet die Eintragung nur einer Vormerkung für alle Rechte bei halbspaltiger Buchung überdies Erschwernis, wenn die endgültige Eintragung der Rechte in der rechten Hälfte der Spalte (§ 19 Abs 1 GBV) erfolgen soll.
[161] Erlischt mit Auflassung allein nicht (Rdn 1584), so daß der Eigentumsübertragungsanspruch mit der ihn sichernden Vormerkung auch noch abgetreten werden kann, wenn bereits die Auflassung erklärt ist (BGH DNotZ 1995, 47 = NJW 1994, 2947 = Rpfleger 1995, 101).
[162] BayObLG 1998, 206 = aaO (nachf Fußn 163); aA LG Berlin Rpfleger 2003, 291.
[163] BayObLG 1998, 206 = DNotZ 1999, 736 = NJW-RR 1999, 309 = Rpfleger 1999, 67.
[164] BayObLG 1998, 206 = aaO.
[165] BayObLG DNotZ 1986, 496 = Rpfleger 1986, 217.
[166] RG 142, 333; BayObLG 1971, 307 = DNotZ 1972, 233 = Rpfleger 1972, 16.

B. Einzelfälle

schuldrechtliche Beziehungen zwischen Eigentümer und Dritten zu begründen und hierfür eine Auflassungsvormerkung zu bewilligen.[167] Auch die Genehmigung des Eigentümers zu einer vom Käufer zugunsten des Drittkäufers bewilligten Vormerkung führt zu keiner Sicherung (Verstoß gegen Identitätsgebot, s Rdn 1493).

Zu den Gestaltungs- und Sicherungsproblemen bei Weiterverkauf vor Eigentumserwerb s Rdn 3147a. Zur Form bei Abtretung des Auflassungsanspruchs bzw des Anwartschaftsrechts aus erklärter Auflassung s Rdn 3106. 1518

Der **Pfändung** und **Verpfändung** unterliegt ebenfalls nur der Anspruch selbst; sie erfassen jedoch die Vormerkung als unselbständiges Nebenrecht. Pfändung und Verpfändung können bei der Vormerkung berichtigend eingetragen werden (s dazu im einzelnen Rdn 1555, 1595).

Wird nach Eintragung der Vormerkung der vorgemerkte **Anspruch** durch Vereinbarung der Beteiligten **geändert** oder **erweitert,** so ist entsprechende Eintragung bei der Vormerkung im Grundbuch erforderlich, um hinsichtlich des geänderten Anspruchs Vormerkungsschutz zu gewährleisten.[168] Nach OLG Köln[169] mußte auch die Verlängerung der Frist für die Annahme eines Kaufvertragsangebots bei der zur Sicherung eingetragenen Vormerkung eingetragen werden. Dieser Entscheidung dürfte im Hinblick auf die Rechtsprechung des BGH nicht mehr zu folgen sein,[170] doch ist das bei dieser Rechtsprechung bestehende Rangproblem zu beachten: der Schutz der (unverändert eingetragenen) Vormerkung für den geänderten (erweiterten) Anspruch gilt erst ab Bewilligung der Änderung nach § 885 BGB (s Rdn 1488). Einschränkungen des Anspruchs sind dagegen auch ohne Eintragung im Grundbuch wirksam, da die Vormerkung vom Anspruch abhängig ist.[171] Die Annahme eines Angebots macht den (bisher nur künftigen) Anspruch zwar wirksam, enthält aber keine Inhaltsänderung des Anspruchs und ist daher weder eintragungspflichtig noch eintragungsbedürftig.[172] 1519

---

[167] BayObLG 1972, 397 = DNotZ 1973, 298 = Rpfleger 1973, 97; hierzu eingehend Amann, FS Schippel (1996), 83 und DNotZ 1997, 113.

[168] BGH DNotZ 1959, 399 = MDR 1959, 650; LG Düsseldorf MittRhNotK 1983, 154 (Änderung der Voraussetzungen für Entstehen eines künftigen Anspruchs); ob dieser Entscheidung noch gefolgt werden kann, ist nach BGH 143, 175 = aaO (Fußn 35) zweifelhaft: danach sind für die Identität des Anspruchs nur Schuldner, Gläubiger und Anspruchsziel maßgebend, alle anderen Modalitäten des Schuldverhältnisses wie Gegenleistungen, Bindungsdauer, Entstehungsvoraussetzungen berühren die Identität des vormerkungsgesicherten Anspruchs nicht, vgl Amann MittBayNot 2000, 197; Wacke DNotZ 1995, 541. Ausführlich Staudinger/Gursky Rdn 328 ff zu § 883 BGB.

[169] OLG Köln DNotZ 1976, 375 = NJW 1976, 631 = Rpfleger 1977, 166; auch OLG Frankfurt DNotZ 1994, 247 mit Anm Promberger = NJW-RR 1993, 1489 = Rpfleger 1993, 329; OLG Karlsruhe DNotZ 1994, 252 = OLGZ 1994, 385 = Rpfleger 1994, 291 (auch zur Frage der Zustimmung nachrangig Berechtigter).

[170] BGH 143, 175 = aaO (Fußn 35); ebenso Amann MittBayNot 2000, 197; Zu Recht kritisch auch früher schon Promberger Rpfleger 1977, 157; MünchKomm/Wacke Rdn 2 zu § 883 BGB; vgl auch OLG Düsseldorf MittRhNotK 1986, 195, das die Notwendigkeit der Eintragung von Vertragsänderungen verneint, wenn lediglich einzelne die Eigentumsverschaffungspflicht nicht berührende Punkte modifiziert werden.

[171] Promberger Rpfleger 1977, 157.

[172] BayObLG DNotZ 1995, 311 = NJW-RR 1995, 398 = Rpfleger 1995, 247.

k) Wirkungen der Vormerkung

1520 Die eingetragene Vormerkung **sichert** die Verwirklichung des Anspruchs, für den sie bestellt ist, mit dem Rang des Zeitpunkts ihrer Eintragung; im Rahmen des § 878 BGB ist schon der Zeitpunkt der Antragstellung maßgebend (s Rdn 115, 117). Der Schutz der Vormerkung besteht auch, wenn sie zu Unrecht gelöscht ist; hier ist aber zwischenzeitlicher gutgläubiger Rechtserwerb eines Dritten möglich (§ 892 Abs 1 S 2 BGB).

Die Wirkungen der Vormerkungen bestehen ab deren Eintragung auch dann, wenn der gesicherte Anspruch zu diesem Zeitpunkt noch nicht wirksam entstanden ist, weil er bedingt, befristet oder gar ein künftiger Anspruch ist. Die Schutzwirkung der Vormerkung im Insolvenzverfahren des Verpflichteten gilt nach inzwischen deutlich überwiegender Meinung nicht nur für bedingte oder befristete, sondern auch für künftige Ansprüche[173] (also zB für die Vormerkung auf Grund Kaufvertragsangebot vor Annahme), jedoch nur dort, wo der Gläubiger einen (wenn auch nach Insolvenzeröffnung erst entstehenden) Anspruch auf dingliche Rechtsänderung hat; müßte nach Insolvenzeröffnung erst ein obligatorischer Vertrag geschlossen werden (zB Hauptvertrag nach Vorvertrag), so besteht hierauf kein Anspruch gegen den Insolvenzverwalter, der durch die Vormerkung gesichert wäre.[174]

1521 **aa) Schutz gegen beeinträchtigende Verfügungen (§ 883 Abs 2 S 1 BGB).** Eine Verfügung, die **nach** Eintragung der Vormerkung über das Grundstück oder das Recht getroffen wird, ist insoweit **unwirksam,** als sie den vorgemerkten Anspruch vereiteln oder beeinträchtigen würde (§ 883 Abs 2 S 1 BGB). Entscheidend ist der Zeitpunkt der Vollendung des Verfügungstatbestandes: liegt er nach Eintragung der Vormerkung, greift deren Schutz ein.[175] Auch für ein gleichzeitig (damit „gleichrangig") mit der Auflassungsvormerkung eingetragenes Grundpfandrecht (anderes Recht am Grundstück) bestimmt sich die Unwirksamkeit nach dem Zeitpunkt der Vollendung des Verfügungstatbestands (nicht damit nach dem Rang des Rechts und der Vormerkung). Liegt er nach dem Zeitpunkt der Eintragung der Vormerkung (wie bei Einigung oder Briefübergabe erst danach), ist die Verfügung dem Vorgemerkten gegenüber unwirksam. Ist die gleichzeitig erfolgte Eintragung der Grundstücksbelastung letzter Akt des Erwerbstatbestands, ist die Verfügung nicht nach Eintragung der Vormerkung erfolgt; sie bleibt demnach wirksam.[176] Dies gilt auch, wenn die Verfügung im Wege der Zwangsvollstreckung oder der Arrestvollziehung oder durch den Insolvenzverwalter erfolgt. Eine vom Grundbuchamt zunächst zurückgewiesene, dann aber im Beschwerdeverfahren ein-

---

[173] So nunmehr BGH 149, 1 = DNotZ 2002, 275 mit Anm Preuß = NJW 2002, 213; Kübler/Prütting/Tintelnot Rdn 15 ff; Smid Rdn 5; Nerlich/Römer Rdn 8; Frankfurter Kommentar InsO/Wegener Rdn 5, je zu § 106 InsO; Staudinger/Gursky Rdn 292 zu § 883 BGB; Planck (4. Aufl 1920) Anm 3 c zu § 883 BGB; Allerkamp MittRhNotK 1981, 55 (58).
[174] Preuß AcP 201 (2001) 580 (591 ff) und DNotZ 2002, 283 (286 ff); Staudinger/Gursky Rdn 292 zu § 883 BGB.
[175] RG 113, 403; Palandt/Bassenge Rdn 21 zu § 883; aA MünchKomm/Wacke Rdn 43 zu § 883 (Eintragungszeit, nicht die Einigung entscheidet über die Vormerkungswidrigkeit).
[176] Staudinger/Gursky Rdn 213 zu § 883; auch Wilhelm JZ 1990, 501 (508 Fußn 39), der aber auf den Gleichrang abstellt. S auch BGH NJW-RR 1990, 206.

B. Einzelfälle

getragene Auflassungsvormerkung erhält allerdings nur die dann nächstoffene Rangstelle, nicht Rang vor zwischenzeitlich erfolgten Eintragungen.

Der Vormerkungsschutz wird gewährt **gegen „Verfügungen"**, die anspruchswidrig sind. Verfügungen sind alle Übertragungen, Belastungen oder Inhaltsänderungen des Grundstücks oder Grundstücksrechts. Auch die nachträgliche Gebrauchsüberlassung durch Vermietung oder Verpachtung ist wie eine vormerkungswidrige Verfügung zu behandeln, die dem Vormerkungsberechtigten gegenüber unwirksam ist.[177] Anspruchswidrige Verfügung ist die nachfolgende Veräußerung des bereits verkauften Grundstücks an einen Dritten wie auch seine Belastung mit eintragungsfähigen Rechten, worunter auch eine nachrangige Vormerkung zu zählen ist.[178] Auch die Bestellung einer Baulast nach Eintragung einer Auflassungsvormerkung ist dem Vormerkungsberechtigten gegenüber unwirksam.[179] Die vom Verkäufer nach Eintragung einer Auflassungsvormerkung vorgenommene Abtretung einer **Eigentümergrundschuld** ist jedoch dem Vormerkungsberechtigten gegenüber auch dann wirksam, wenn der Verkäufer den lastenfreien Verkauf zugesichert hatte.[180] Dagegen ist Erstbelastung mit einer Eigentümergrundschuld nach Eintragung einer Vormerkung unwirksam, nicht aber die durch Befriedigung des Gläubigers eingetretene Umwandlung eines vorrangigen Grundpfandrechts in eine Eigentümergrundschuld und deren Pfändung.[181]

Die dem Grundstückskäufer eingeräumte Auflassungsvormerkung sichert den Anspruch auf Einräumung des Eigentums am Grundstück samt Zubehör und Erzeugnissen,[182] auch die Versicherungssumme,[183] Ansprüche auf Nutzungsersatz gegen den Eigentümer, dessen Erwerb ihm gegenüber unwirksam ist,[184] nicht aber Ansprüche des Käufers aus einer Rückabwicklung des Kaufvertrages.[185]

Ob die anderweitige Verfügung den geschützten Anspruch beeinträchtigt, richtet sich nach ihrem Inhalt; der Erwerb eines Miteigentumsanteils an einem Grundstück wird durch die Eintragung weiterer Vormerkungen für weitere Miteigentumsanteile nicht beeinträchtigt.[186]

1522

---

[177] Streitig; wie hier: Palandt/Bassenge Rdn 21; MünchKomm/Wacke Rdn 42; Staudinger/Gursky Rdn 196, Erman/Hagen/Lorenz Rdn 37, je zu § 883 BGB; Heck § 47 II 4; Wolff/Raiser § 48 III 1; Westermann § 84 IV 3; Reinicke NJW 1954, 1236; Weimar MDR 1966, 33; aA BGH 13, 1; BGH NJW 1989, 451; BGB-RGRK/Gelhaar Rdn 15 zu § 571; Soergel/Stürner Rdn 30 zu § 883 BGB: Baur/Stürner § 20 Rdn 20; Finger JR 1974, 8.
[178] Vgl Oexmann NJW 1977, 26; Effertz NJW 1977, 794.
[179] VGH Baden-Württemberg MittRhNotK 1992, 311 = NJW 1993, 678; SächsOVG DÖV 1995, 251; aA Berghäuser/Berg DÖV 2002, 512.
[180] BGH 64, 316 = DNotZ 1975, 617 = Rpfleger 1975, 294; OLG Schleswig NJW 1955, 306.
[181] OLG Düsseldorf MDR 1999, 1497.
[182] HM, Palandt/Bassenge Rdn 20; MünchKomm/Wacke Rdn 45; BGB-RGRK/Augustin Rdn 91, je zu § 883 BGB; aA Schmidt BWNotZ 1975, 104.
[183] BGH 99, 385 = DNotZ 1987, 749 = NJW 1987, 1631 = Rpfleger 1987, 236; vgl hierzu auch Mollenkopf, Faktische Einwirkungen auf vormerkungsbetroffene Grundstücke (1998).
[184] BGH NJW 2000, 2899 = NotBZ 2000, 261 = ZNotP 2000, 360.
[185] BGH BB 1966, 1366.
[186] BayObLG DNotZ 1976, 160.

1522a In entsprechender Anwendung des § 883 Abs 2 BGB schützt die Vormerkung auch die Durchsetzung des Anspruchs bei nachträglich eingetretenen Verfügungsbeschränkungen. Insbesondere gegenüber demjenigen, der **nach** Eintragung einer Auflassungsvormerkung ein **Veräußerungsverbot** gegen den Grundstücksverkäufer erwirkt, hat der durch die Vormerkung gesicherte Grundstückskäufer einen Anspruch auf Einschränkung dieses Verbotes, soweit dies zur Verwirklichung des durch die Vormerkung gesicherten Anspruchs erforderlich ist.[187] Schutz gegen nachträglich eintretende öffentlich-rechtliche Verfügungsbeschränkungen (zB §§ 51, 144 BauGB) durch die Vormerkung wäre zwar wünschenswert, wird aber bis jetzt noch nicht anerkannt.[188]

1523 Folge einer beeinträchtigenden Verfügung ist deren **relative Unwirksamkeit**: nur gegenüber dem durch die Vormerkung geschützten Gläubiger ist die Verfügung unwirksam. Es unterliegt allein der Entscheidung des Vormerkungsberechtigten, **ob er** seine **Rechte** – notfalls im Prozeßweg – **geltend machen will**[189] (Rechtsgrundlage: § 888, nicht § 894 BGB). Der Grundstückseigentümer und Dritte können sich auf die Unwirksamkeit nicht berufen.[190] Durch – auch formlos wirksame – **Zustimmung** des Vormerkungsberechtigten wird eine ihm gegenüber sonst **unwirksame Verfügung** – auch nachträgliche Belastung – **wirksam** (§§ 182, 185 BGB), ohne daß ein Rangrücktritt nach § 880 BGB (mit Grundbucheintragung) erfolgen muß.

1523a Die Wirksamkeit eines nachrangig eingetragenen Rechts gegenüber dem durch Vormerkung gesicherten Anspruch (Rdn 1523) kann durch Eintragung eines **Wirksamkeitsvermerks** grundbuchersichtlich dargestellt werden[191] (s bereits Rdn 296). Wenn der Verkäufer, dem dies im Kaufvertrag[192] gestattet ist, zu Lasten des Kaufgrundstücks ein Grundpfandrecht bestellt, ist somit die Eintragung eines Vermerks statthaft, aus dem sich ergibt, daß das Grundpfandrecht gegenüber der rangbesseren Auflassungsvormerkung des Käufers wirksam ist.[193] Die Eintragung ist Grundbuchberichtigung; Wirksamkeit bewirkt

---

[187] BGH DNotZ 1967, 33 = NJW 1966, 1509. Vgl dazu auch Rahn BWNotZ 1960, 1; Staudinger/Gursky Rdn 203 zu § 883 BGB.
[188] LG Frankenthal Rpfleger 2000, 63.
[189] KG Rpfleger 1965, 14.
[190] LG Nürnberg WM 1969, 1427.
[191] BGH 141, 169 = DNotZ 1999, 1000 = MDR 1999, 796 mit Anm Stickelbrock = MittRhNotK 1999, 279 mit Anm H Schmidt = NJW 1999, 2275 = Rpfleger 1999, 383; OLG Köln RNotZ 2001, 243; SaarlOLG BWNotZ 1995, 170 mit Anm Bühler = MittRhNotK 1995, 25 = Rpfleger 1995, 404; OLG München BWNotZ 2002, 12 mit Anm Lehmann; LG Amberg MittBayNot 1996, 41; Frank MittBayNot 1996, 271; Gursky DNotZ 1998, 273; Lehmann NJW 1993, 1558 und 1999, 3318; Schultz RNotZ 2001, 541; Stöber MittBayNot 1997, 143.
[192] Die Eintragung eines Wirksamkeitsvermerks ist jedoch nicht auf ein Finanzierungsgrundpfandrecht beschränkt, das in unmittelbarem Zusammenhang mit der für den Erwerber eingetragenen Auflassungsvormerkung steht. Es kann zB zustimmender Vormerkungsberechtigter (Rdn 1523) auch der Berechtigte einer Rückauflassungsvormerkung sein, bei späterer Bestellung eines Grundpfandrechts somit durch den Vermerk dessen Wirksamkeit gegenüber der Rückauflassungsvormerkung grundbuchersichtlich dargestellt werden, LG Krefeld NotBZ 2002, 39 = RNotZ 2002, 286 = Rpfleger 2002, 72; auch OLG München BWNotZ 2002, 12 mit Anm Lehmann.
[193] BGH 141, 169 = aaO.

bereits der Inhalt[194] des Kaufvertrags mit seiner Gestattung von der Vormerkung vorrangiger Belastung (nur so belastetes Eigentum wird geschuldet), auf jeden Fall aber die Zustimmung[195] des Vormerkungsberechtigten, s Rdn 1523); sie erfolgt daher auf Antrag (§ 13 Abs 1 GBO), wenn der Vormerkungsberechtigte sie bewilligt (§ 19 GBO; Form § 29 GBO; zum Inhalt Rdn 363 und 367) oder Unrichtigkeitsnachweis vorliegt (§ 22 GBO). **Beispiel für Fassung der notariellen Urkunde**[196]

> Der Berechtigte der Auflassungsvormerkung Abt II Nr ... zur Sicherung des Eigentumsübertragungsanspruchs aus dem Kaufvertrag vom ... (Notar ... URNr ...) stimmt der Belastung des Grundstücks mit der in dieser Urkunde der ... Bank AG bestellten Grundschuld zu ... € zu. Er bewilligt und beantragt, in das Grundbuch einzutragen, daß diese Grundschuld gegenüber dem vorgemerkten Eigentumsübertragungsanspruch wirksam ist.

Einzutragen ist der Wirksamkeitsvermerk sowohl bei der (Auflassungs-)Vormerkung als auch bei dem Recht, das dem vorgemerkten Anspruch gegenüber wirksam ist[197] (§ 18 GBV entspr Anwendung). Bei der Vormerkung erfolgt Eintragung (nachträglich) in der Veränderungsspalte 5 (mit lfd Nr in Spalte 4; § 10 Abs 1 b, Abs 5 und 7 GBV), bei dem ihr gegenüber wirksamen Recht zugleich bei Eintragung mit diesem in der Hauptspalte,[198] bei einem Grundpfandrecht somit in Spalte 4, nachträglich in der Veränderungsspalte 7 (mit 5 und 6; § 11 GBV).

Eintragungsbeispiel:

Bei der Vormerkung:

– Die Grundschuld Abt III Nr ... ist dem vorgemerkten Anspruch des ... gegenüber wirksam.

Bei der Grundschuld:

– Das Recht ist dem Abt II Nr ... vorgemerkten Anspruch des ... gegenüber wirksam.

Der Wirksamkeitsvermerk bewirkt, daß die Vormerkung (insbesondere auch eine Auflassungsvormerkung) bei Zwangsversteigerung auf Antrag des ihr gegenüber wirksamen Rechts nicht in das geringste Gebot aufgenommen wird,[199] somit bei Erteilung des Zuschlags erlischt (§ 52 Abs 1, § 91 Abs 1 ZVG). Eintragung eines Rechts im **Rang vor** der Vormerkung (zum Rang der Vormerkung Rdn 1531a) bringt bereits dessen Wirksamkeit gegenüber dem vorgemerkten Anspruch zum Ausdruck (§ 883 Abs 2 BGB); Eintragung auch noch eines Wirksamkeitsvermerks (nach Rangänderung) zur Klarstel-

---

[194] So die sog „Inhaltslösung": Stöber MittBayNot 1997, 143 (145); Schulz RNotZ 2001, 541 (550 ff); Staudinger/Gursky Rdn 235 zu § 883 BGB.
[195] So die sog „Zustimmungslösung": Lehmann NJW 1993, 1558; Frank MittBayNot 1996, 271.
[196] Fassungsvorschlag (ähnlich) auch BGH 141, 169 = aaO (Sachverhalt). Beispiele für Fassung der notariellen Urkunde außerdem bei Schubert DNotZ 1999, 967 (982).
[197] BGH 141, 169 (173) = aaO mit weit Nachw; BayObLG 1998, 49 (51); OLG Köln RNotZ 2001, 243.
[198] Abweichung von BGH 141, 169 (173) = aaO infolge Änderung der GBV.
[199] Stöber MittBayNot 1997, 143 (eingehend zu Wirksamkeitsvermerk und Zwangsversteigerung); Stöber Rdn 3.3 zu § 48 ZVG; Stöber, ZVG-Handbuch, Rdn 161a und 256.

lung²⁰⁰ (Rdn 296) kann daher nicht erfolgen.²⁰⁰ᵃ **Rangänderung** (Rdn 2561) der Vormerkung (als zurücktretendes Recht) mit einem nachträglich eingetragenen Grundpfandrecht (anderen Recht) als vortretendes Recht ist zulässig;²⁰¹ nicht möglich und nicht eintragbar sollte sie aber sein, wenn die Wirksamkeit des Rechts gegenüber der Vormerkung bereits durch Wirksamkeit grundbuchersichtlich dargestellt ist.

1524 Da nur relative Unwirksamkeit gegenüber dem Vormerkungsberechtigten eintritt, also **keine Sperre des Grundbuchs,** darf das Grundbuchamt später beantragte Eintragungen nicht mit der Begründung ablehnen, daß diese dem vorgemerkten Anspruch entgegenstehen.²⁰² Die Aufhebung (Löschung) des mit der Vormerkung belasteten Rechts kann aber nur mit Zustimmung des Vormerkungsberechtigten erfolgen.²⁰³ Im übrigen kann eine Grundbuchsperre nur durch einstweilige Verfügung (s Rdn 1642 ff) erwirkt werden (§§ 935, 938 ZPO).

1525 Der Anspruch aus einer Auflassungsvormerkung ist **erst voll erfüllt,** wenn nachträglich eingetragene (dem Geschützten gegenüber nicht wirksame) dingliche Rechte beseitigt sind.
Wird der Berechtigte aus einer Auflassungsvormerkung als Eigentümer eingetragen und die Vormerkung gleichzeitig oder später gelöscht, so wird ein in der Zeit zwischen Eintragung und Löschung der Vormerkung eingetragenes Zwischenrecht eines **Dritten** auch dem früher vormerkungsgeschützten Eigentümer gegenüber wirksam;²⁰⁴ wird die Vormerkung zu Unrecht (ohne Bewilligung, § 875 BGB) gelöscht, gilt für Zwischenrechte das gleiche, wenn der Dritte gutgläubig ist.²⁰⁴ Daher muß der Notar, der mit Eigentumsumschreibung Löschung der Auflassungsvormerkung beantragt, sicherstellen, daß Zwischenrechte weder eingetragen noch beantragt sind;²⁰⁵ am sichersten geschieht dies durch eine entsprechend eingeschränkte Löschungsbewilligung (s Rdn 1540).

1526 Für die **Durchsetzung** des vormerkungsgeschützten Anspruchs gegen eine zwischenzeitlich eingetragene Verfügung gilt § 888 BGB: Der Berechtigte kann und muß **vom Schuldner** die Abgabe der Erklärungen verlangen, die zur Herbeiführung der Rechtsänderung notwendig sind, wie wenn die Verfügung zugunsten des Dritten nicht stattgefunden hätte (zB Einigung, Bewilligung).

---

²⁰⁰ Hierzu auch BGH 141, 169 (172) = aaO: Der Wirksamkeitsvermerk ist ... ein einfaches Mittel, für jedermann Klarheit zu schaffen und damit die Publizitätswirkung des Grundbuchs zu fördern.
²⁰⁰ᵃ AA LG Darmstadt BWNotZ 2003, 94 = MittBayNot 2003, 225 = NJW-RR 2003, 233 = Rpfleger 2003, 123.
²⁰¹ Weiterhin allgemeine Ansicht; kritisch Keller BWNotZ 1998, 25 (29, 30: überflüssig); anders Schubert DNotZ 1999, 967; Lehmann NotBZ 2002, 205 (Auflassungsvormerkung hat [entgegen der Aussage des BGH] keinen Rang). Zur Frage, ob der Notar den Wirksamkeitsvermerk einsetzen oder weiterhin Rangrücktritt bzw Rangvorbehalt verwenden soll, s Schultz RNotZ 2002, 541 (569).
²⁰² OLG Hamm NJW-RR 1993, 529 = OLGZ 1993, 284 = Rpfleger 1993, 281 mit Anm Demharter Rpfleger 1993, 442 sowie LG Frankenthal Rpfleger 1984, 407: kein Berichtigungsanspruch des Vormerkungsberechtigten nach § 894 BGB oder § 22 GBO; FG Flensburg MittBayNot 1999, 382.
²⁰³ § 876 BGB analog, hM, KG JFG 9, 220.
²⁰⁴ BGH 60, 46 = DNotZ 1973, 367 = NJW 1973, 323; BGH DNotZ 1995, 47 = NJW 1994, 2947 = Rpfleger 1995, 101; BayObLG MittBayNot 2002, 113 = Rpfleger 2002, 260.
²⁰⁵ BGH DNotZ 1991, 757 = NJW 1991, 1113.

B. Einzelfälle

Vom **Inhaber eines Rechts**, das dem Vormerkungsberechtigten gegenüber unwirksam ist, kann dieser **Zustimmung** zur dinglichen Rechtsänderung verlangen oder Einwilligung zur Löschung entgegenstehender Rechte (Form: § 29 GBO). Die Kosten der Zustimmung trägt im Verhältnis zum Vormerkungsberechtigten der zur Zustimmung Verpflichtete; ein Zurückbehaltungsrecht steht ihm deswegen nicht zu.[206] Dieser verfahrensrechtliche Hilfsanspruch ist nur zusammen mit dem gesicherten Anspruch übertragbar;[207] die Grundsätze des § 242 BGB gelten für ihn.[208] Auf die Verpflichtung des vormerkungswidrig eingetragenen Eigentümers eines Grundstücks, der Eintragung des Vormerkungsberechtigten als Eigentümer zuzustimmen, sind die Verzugsvorschriften (§§ 284 ff BGB) nicht anwendbar.[209]

Der **Dritterwerber** kann allerdings alle Einwendungen gegen die Rechtswirksamkeit der Vormerkung selbst erheben. Er kann auch alle Einwendungen geltend machen, die dem Grundstückseigentümer gegen den persönlichen Anspruch des Vormerkungsberechtigten zustehen,[210] auch wenn der Schuldner nachträglich auf sie verzichtet hat.[211] Aufschiebende Einreden[212] (§§ 320, 273 BGB) aus dem Verhältnis Schuldner-Vormerkungsberechtigter kann der Dritberechtigte ebenso geltend machen wie ein Leistungsverweigerungsrecht analog § 770 BGB, wenn dem Schuldner gegenüber dem Vormerkungsberechtigten ein Anfechtungs- oder Rücktrittsrecht zusteht. 1527

Ist ein teilbares Recht vorgemerkt, so kann auch Zustimmung zur stufenweisen Einräumung des vorgemerkten Rechts verlangt werden.[213] 1528

Der aus der Vormerkung Berechtigte kann seinen Erfüllungsanspruch gegen den Schuldner und den Anspruch auf Zustimmung gegen den Drittberechtigten in beliebiger Reihenfolge geltend machen.[214] Statt der Zustimmung kann der Drittberechtigte auch den vorgemerkten Anspruch erfüllen (§ 267 Abs 1 BGB), dh selbst die materiellrechtlichen und grundbuchrechtlichen Erklärungen abgeben; verpflichtet ist er hierzu nicht, außer wenn eine entsprechende Rechtsbeziehung mit dem Vormerkungsberechtigten besteht.[215] Der Anspruch aus § 888 BGB auf Löschung eines nachrangigen Rechts kann vom Vormerkungsberechtigten erst geltend gemacht werden, wenn er selbst sein 1529

---

[206] Staudinger/Gursky Rdn 45 zu § 888 BGB sowie Gutachen DNotI-Report 2002, 163.
[207] RG JW 1927, 1413; vgl auch Gutachten DNotI-Report 2000, 141.
[208] BGH NJW 1981, 980 = Rpfleger 1981, 185.
[209] BGH 49, 263 = DNotZ 1968, 552 = NJW 1968, 788 mit krit Anm Reinicke; aA auch Palandt/Bassenge Rdn 4 zu § 888 BGB.
[210] BGH NJW 2000, 3496.
[211] OLG Celle NJW 1958, 385.
[212] HM, Palandt/Bassenge Rdn 6; MünchKomm/Wacke Rdn 4; Staudinger/Gursky Rdn 41, je zu § 888 BGB; Arndt DNotZ 1963, 597; Wörbelauer DNotZ 1963, 591; OLG Celle NJW 1958, 385; **aA** RG 144, 281.
[213] ZB Hypothek je nach Valutierung BayObLG 1962, 322 = DNotZ 1963, 681 = Rpfleger 1963, 383; BayObLG 1977, 93 = MittBayNot 1977, 116 = Rpfleger 1978, 55.
[214] BGH BB 1958, 1225; BGH DNotZ 1989, 357 = NJW-RR 1988, 1357 und NJW 2000, 3496; OLG Düsseldorf OLGZ 1977, 330; Palandt/Bassenge Rdn 4 zu § 888 BGB; aA Wörbelauer DNotZ 1963, 589; MünchKomm/Wacke Rdn 6 zu § 888 BGB, die die Geltendmachung des Anspruches nur gleichzeitig mit oder nach Geltendmachung des Erfüllungsanspruches zulassen wegen der Akzessorietät der Vormerkung.
[215] BGH BB 1958, 1225.

Recht erworben hat.²¹⁶ Zur Zustimmungspflicht des **nach** Eintragung der Vormerkung eingetragenen wirklichen Berechtigten bei gutgläubig erworbener Vormerkung s Rdn 1536.

1530 Gegen den Anspruch des Vormerkungsberechtigten auf Zustimmung (§ 888 BGB) kann der Drittberechtigte Ansprüche auf Verwendungsersatz entsprechend §§ 994ff BGB und ein entsprechendes Zurückbehaltungsrecht geltend machen, wenn die Verwendungen notwendig waren und dem Interesse oder wirklichen oder mutmaßlichen Willen des Vorgemerkten entsprechen. Durch die Eintragung der Vormerkung ist der Drittberechtigte bösgläubig im Sinne des § 990 BGB; dies gilt auch bei aufschiebend bedingten oder künftigen Ansprüchen.²¹⁷

1531 **bb) Rangwahrung durch Vormerkung (§ 883 Abs 3 BGB).** Der Rang des vorgemerkten Rechts bestimmt sich nach dem Rang der eingetragenen Vormerkung, dh es wird so behandelt als ob es im Zeitpunkt der Eintragung der Vormerkung bereits eingetragen worden wäre. Dies gilt aber wieder nur (als Folge der relativen Unwirksamkeit zwischenzeitlicher Verfügungen), wenn der Gläubiger den vorgemerkten Anspruch geltend macht. Grundbuchtechnisch erfolgt die „**Umschreibung**" der Vormerkung in das vorgemerkte Recht nach § 12 Abs 1b, c, § 19 GBV. Einer Zustimmung der nachrangigen Berechtigten in die „Umschreibung" der Vormerkung in das vorgemerkte Recht mit dem Rang der Vormerkung bedarf es nicht: das Recht steht räumlich vor den nachrangigen Belastungen, da es in die freie rechte Halbspalte eingetragen wird, in deren linken Halbspalte die Vormerkung steht. § 883 Abs 3 BGB gilt aber nur für rangfähige Rechte.²¹⁸ Das Eigentum ist nicht rangfähig; zwischen der Auflassungsvormerkung und dem gesicherten Recht (Eigentum) besteht kein Rangverhältnis; eine Umschreibung der Vormerkung in das Eigentum ist daher von der GBV nicht vorgesehen, aus materiell-rechtlichen Gründen (§ 879 BGB) nicht möglich, in seinen Folgen problematisch (Löschung der Vormerkung? Rötung ohne Löschung nach § 19 Abs 2 GBV, wodurch das Grundbuch auch nicht übersichtlicher wird) und daher abzulehnen.²¹⁹ Gegen beeinträchtigende Zwischenrechte kann der Auflassungsvormerkungsberechtigte nur nach § 888 BGB vorgehen.

1531a Die Vormerkung selbst hat **Rang** nach § 879 BGB²²⁰ (Rdn 308ff). Das setzt § 883 Abs 3 BGB voraus und ist selbstverständlich nach § 48 mit § 44 Abs 1

---

²¹⁶ OLG Dresden NJW-RR 1999, 1177.
²¹⁷ Streitig, wie hier Staudinger/Gursky Rdn 61ff; Palandt/Bassenge Rdn 8, je zu § 888 BGB; Kohler NJW 1984, 2849; aA BGH 75, 288 = NJW 1980, 834, wonach hier Bösgläubigkeit bei Kenntnis der späteren Entstehung oder des Bedingungseintritts vorliegt; vgl aber auch BGH NJW 1983, 2024; **aA** OLG Hamburg NJW 1961, 2350 (lehnt beides ab); OLG Hamburg NJW 1971, 1317 (gibt Bereicherungsansprüche nach §§ 812ff BGB).
²¹⁸ MünchKomm/Wacke Rdn 57 zu § 883 BGB; KG JFG 8, 318.
²¹⁹ LG Karlsruhe BWNotZ 1978, 167; LG Heidelberg BWNotZ 1985, 86; Ritzinger BWNotZ 1983, 25; Nieder NJW 1984, 329 (334); aA LG Heilbronn Rpfleger 1977, 99; LG Mannheim BWNotZ 1980, 38; Dieterle Rpfleger 1986, 208. Unentschieden BGH 60, 46 = DNotZ 1973, 367; vgl dazu auch Hieber DNotZ 1951, 500 und DNotZ 1952, 23; Hoche DNotZ 1952, 21; Ripfel Rpfleger 1962, 200.
²²⁰ Siehe bereits RG 124, 200 (202, 203); so auch MünchKomm/Wacke Rdn 59, Erman/Hagen/Lorenz Rdn 48, je zu § 883; Soergel/Stürner Rdn 1a zu § 879 und Rdn 38

B. Einzelfälle

ZVG (Feststellung vorgehender Rechte im geringsten Gebot für Wahrung bei Zwangsversteigerung mit Bestehenbleiben, § 52 ZVG). Einen nach dem Zeitpunkt ihrer Eintragung (oder nach abweichender Eintragung, § 879 Abs 3 BGB) bestimmten Rang hat auch die Auflassungsvormerkung.[221] Rangänderung (§ 880 BGB) mit einer Vormerkung (auch einer Auflassungsvormerkung[222]) als zurücktretendes oder vortretendes Recht ist daher möglich[223] (siehe Rdn 1523a [dort aber zum Wirksamkeitsvermerk] sowie Rdn 2579). Rangrücktritt der Auflassungsvormerkung zur Sicherung des Anspruchs mehrerer Berechtigter für Erwerb des Grundstücks als Bruchteilsmiteigentümer (§ 741 BGB) kann jedoch nur insgesamt (mit Bewilligung aller Berechtigten) erfolgen,[224] weil der gesicherte Anspruch auf die Auflassung als unteilbare Leistung nur mit einheitlichem Rang gesichert sein kann. Ebenso kann der Auflassungsvormerkung zur Sicherung des Anspruchs mehrerer Berechtigter für Grundstückserwerb als Bruchteilsmiteigentümer Vorrang nur einheitlich eingeräumt werden. Ein Rangvorbehalt (§ 881 BGB) kann auch zu Lasten einer Vormerkung (auch einer Auflassungsvormerkung) bestellt werden (Rdn 2132). Zu mehreren Auflassungsvormerkungen im Gleichrang s Rdn 1506.

cc) Schutz gegen Zwangsvollstreckungsmaßnahmen. Die eingetragene Vormerkung schützt das vorgemerkte Recht gegen Verfügungen im Wege der Zwangsvollstreckung, die insoweit wie rechtsgeschäftliche vormerkungswidrige Verfügungen behandelt werden (§ 883 Abs 2 S 2 BGB). In der Zwangsversteigerung[225] werden für Berücksichtigung im geringsten Gebot vorgemerkte Rechte wie endgültig eingetragene Rechte behandelt (§ 48 ZVG), wenn sie bei Eintragung eine neue selbständige Grundstücksbelastung ergäben, also zB Ansprüche auf Neubestellung eines Rechts oder eine Erweiterung einer bestehenden Belastung im Gegensatz zu Ansprüchen auf Aufhebung, Übertragung oder Rangänderung.[226] Die Vormerkung hat wie ein

1532

---

zu § 883; Staudinger/Gursky Rdn 260 zu § 883 BGB (nur für rangfähige Vormerkungen iS des § 883 Abs 3 BGB).
[221] BGH 46, 124 (127) = DNotZ 1967, 480 = NJW 1967, 566 = Rpfleger 1968, 9; auch BGH NJW 1996, 3147 (3149) = Rpfleger 1997, 76; BGH 141, 169 (172) = aaO (Fußn 191); OLG München BWNotZ 2002, 12 mit abl Anm Lehmann; MünchKomm/Wacke Rdn 59 zu § 883; Soergel/Stürner Rdn 1a zu § 879 und Rdn 38 zu § 883; nach wie vor herrschende Meinung; anders Lehmann NotBZ 2002, 205; Schneider DNotZ 1982, 523; Schubert DNotZ 1999, 967; Schultz RNotZ 2002, 541 (546); Staudinger/Gursky Rdn 261, 268 zu § 883 BGB. Zur Rangfähigkeit der Auflassungsvormerkung s auch Gutachten DNotI-Report 2000, 89.
[222] OLG Frankfurt Rpfleger 1980, 185 mit Nachw.
[223] BayObLG NJW-RR 1991, 567; MünchKomm/Wacke Rdn 4 zu § 880 und Rdn 60 zu § 883; Soergel/Stürner Rdn 1 zu § 880. Vgl dazu Bertolini MittBayNot 1987, 174 (mit praktischen Fällen) aA Lehmann, Schultz und Staudinger/Gursky je aaO (Fußn 221).
[224] BayObLG 1998, 187 = DNotZ 1999, 818 mit Anm Kutter = NJW-RR 1999, 310 = Rpfleger 1999, 21.
[225] Zur Auflassungsvormerkung in der Zwangsversteigerung im einzelnen Stöber Rdn 4.8 und 5.1 zu § 28 sowie Rdn 3 zu § 48 ZVG; Keuk NJW 1968, 476; Wörbelauer DNotZ 1963, 580, 652, 718 (sehr eingehend); Haegele BWNotZ 1971, 1; Blomeyer DNotZ 1979, 515.
[226] BGH 53, 47 = Rpfleger 1970, 60; kritisch Häsemeyer KTS 1971, 22.

dingliches Recht in der Zwangsversteigerung einen Rang nach § 10 Abs 1 Nr 4 ZVG. Ist die Vormerkung gegenüber dem Recht des die Zwangsversteigerung betreibenden Gläubigers vorrangig, so fällt sie in das geringste Gebot und bleibt bei Zuschlag bestehen (§ 52 ZVG). Das gilt auch für die vorrangige Auflassungsvormerkung,[227] sie hindert nicht die Zwangsversteigerung; wird der Vormerkungsberechtigte vor Zuschlag als Eigentümer eingetragen, ist das Verfahren aufzuheben (§ 28 Abs 1 ZVG). Der Vormerkungsberechtigte kann auch vom Ersteigerer Zustimmung zur Eintragung seines Rechts nach § 888 BGB verlangen. Ist die Vormerkung gegenüber dem Recht des die Zwangsversteigerung betreibenden Gläubigers nachrangig, so erlischt sie mit dem Zuschlag (§ 91 ZVG); an ihre Stelle tritt der Anspruch auf Wertersatz. Als aufschiebend bedingter Anspruch wird er bei Erlösverteilung nach §§ 119, 120 ZVG behandelt.

1533 **dd) Schutz der Vormerkung im Insolvenzverfahren des Verpflichteten.** Wird über das Vermögen des Verkäufers eines Grundstücks vor Eigentumsumschreibung auf den Käufer das **Insolvenzverfahren** eröffnet, so bewirkt die vor Eröffnung dieses Verfahrens eingetragene oder entsprechend § 878 BGB (dazu Rdn 117ff) beantragte **Auflassungs**vormerkung, daß der Insolvenzverwalter die Erfüllung des gesicherten Anspruchs auf dingliche Rechtsänderung (nicht etwa weitere schuldrechtliche Ansprüche) nicht verweigern kann, sondern zur Erfüllung verpflichtet bleibt (§ 106 InsO, früher § 24 KO im Verhältnis zu § 103 InsO).[228] Zur Schutzwirkung der Vormerkung bei künftigen Ansprüchen s Rdn 1520 mit Fußn 173. Beim Bauträger-Vertrag (Kauf eines vom Verkäufer erst herzustellenden und nach schlüsselfertiger Errichtung samt Grundstück bzw Grundstücksanteil an den Käufer zu übereignenden Hauses bzw Eigentumswohnung; vgl Rdn 3204ff) ist durch die Vormerkung die Pflicht zur Herstellung des Bauwerks nicht gesichert, sondern nur die Eigentumsverschaffungspflicht; ein Wahlrecht (Erfüllungsablehnung) des Insolvenzverwalters besteht nicht (§ 106 Abs 1 S 2 InsO).[229] Zur Insolvenz des Käufers, der seinen Eigentumsverschaffungsanspruch abgetreten hat, s Rdn 3147a. Eine Vormerkung, die nach § 106 InsO in der Insolvenz des Schuldner-Eigentümers wirkt, kann aber uU der Insolvenzanfechtung unterliegen.[230]

---

[227] Seit BGH 46, 124 = aaO (Fußn 221) allgemeine Ansicht und stete Praxis, s zB BGH NJW 1996, 3147 (3148); Stöber Rdn 3.2 zu § 48 ZVG. Anders nur noch Streuer Rpfleger 2000, 357 (361), der die Eigentumsübertragungsvormerkung wieder nach § 37 Nr 5 ZVG behandelt wissen will (nicht zutreffend; s nur § 883 Abs 2 S 2, § 888 BGB), aber schon die Fragen offen läßt, ob das auch gelten soll, wenn die Vormerkung nur den Anspruch auf Übereignung einer (noch nicht vermessenen) geringen (minimalen) Teilfläche sichert und wie ein gesicherter bedingter Anspruch klageweise geltend gemacht werden kann, wenn zB der Bedingungseintritt fernliegend (unwahrscheinlich) ist.
[228] Vgl dazu Haegele KTS 1968, 157; Keuk NJW 1968, 476; Knott MittRhNotK 1968, 58; Haegele BWNotZ 1971, 1; Müller Betrieb 1974, 1561 = MittBayNot 1974, 247.
[229] BGH DNotZ 1977, 234 = NJW 1977, 146 = Rpfleger 1977, 17 ist durch Art 6, Art 8 § 4 Abs 2 des Gesetzes vom 22. 6. 1977, BGBl I 998 überholt; zur damaligen Diskussion s 10. Aufl Rdn 1533 Fußn 153.
[230] Vgl dazu Uhlenbruck FS Rhein Notariat (1998) S 125 (142).

B. Einzelfälle

1) Gutgläubiger Erwerb der Vormerkung

Ein **gutgläubiger Erwerb** der bewilligten (nicht der erzwungenen,[231] somit auf Grund einstweiliger Verfügung oder nach § 895 ZPO eingetragenen) Vormerkung ist **möglich**; er wird mit § 892 BGB direkt oder mit § 893 BGB begründet.[232] Voraussetzung ist, daß gegen den Buchberechtigten ein vormerkungsfähiger Anspruch besteht.[233] Besteht kein vormerkungsfähiger Anspruch (s Rdn 1482) wird die Vormerkung auch nicht gutgläubig erworben; der gute Glaube an das Bestehen eines vormerkungsfähigen Anspruchs wird nicht geschützt.[234]   **1534**

Streitig ist, ob ein **abgeleiteter gutgläubiger Erwerb** einer Vormerkung (Auflassungsvormerkung) möglich ist.[235] Wird ein bestehender vormerkungsfähiger Anspruch, für den eine Vormerkung eingetragen, die aber wegen Bösgläubigkeit des Erwerbers nicht wirksam entstanden ist, vom Erwerber an einen gutgläubigen Dritten wirksam abgetreten, so wird ein gutgläubiger Erwerb der Vormerkung vom BGH[236] bejaht. Auch hier wird der gute Glaube an das Bestehen einer tatsächlich nicht bestehenden Forderung nicht geschützt, so daß die abgetretene Vormerkung nie die gleiche Sicherheit bieten kann wie die originäre.[237]   **1535**

Für den guten Glauben bei Erwerb einer Vormerkung ist entscheidend die Eintragung bzw in der Regel die Stellung des Eintragungsantrages (§ 892 Abs 2 BGB).[238] Auch bei Vormerkungen für bedingte oder künftige Ansprüche ist dieser Zeitpunkt maßgebend, nicht etwa der Zeitpunkt des Entstehens oder des Wirksamwerdens der Ansprüche.[239]

Die gutgläubig erworbene Vormerkung schützt gegen Verfügungen des Buchberechtigten in gleicher Weise wie gegen Verfügungen des wahren Berechtigten. Geschützt wird auch der gute Glaube an das Nichtbestehen nicht eingetragener Rechte und Verfügungsbeschränkungen. War der Grundstücks-   **1536**

---

[231] HM, Palandt/Bassenge Rdn 12 zu § 885 BGB; Staudinger/Gursky Rdn 316, 317 zu § 883 BGB; BayObLG MittBayNot 1987, 249 = Rpfleger 1987, 407; aA Reinicke NJW 1964, 2373 sowie MünchKomm/Wacke Rdn 68 zu § 883 BGB.

[232] RG 90, 395; 118, 230; 121, 44; BGH 25, 16 = NJW 1957, 1229; 28, 182 = NJW 1958, 2013; DNotZ 1981, 179 = Rpfleger 1981, 55; Kempf JuS 1961, 22; Wunner NJW 1969, 113; Canaris FS Flume I 381 ff.

[233] BayObLG 1999, 226 = MittBayNot 2000, 38 = NJW-RR 1999, 1689 = Rpfleger 2000, 9; OLG Düsseldorf DNotI-Report 2000, 113.

[234] RG 118, 230; 121, 44; BGH 25, 16.

[235] **Dafür:** MünchKomm/Wacke Rdn 66; BGB-RGRK/Augustin Rdn 19, je zu § 883 BGB; Wunner NJW 1969, 113; Kempf JuS 1961, 22; Furtner NJW 1963, 1484; Westermann/Eickmann, § 101 IV 4; Mülbert AcP 197, 335; LG Köln NJW-RR 2001, 306 (gutgläubiger abgeleiteter Erwerb der erzwungenen Vormerkung). **Dagegen:** Palandt/Bassenge Rdn 20 zu § 885; Staudinger/Gursky Rdn 57, 58 zu § 892 BGB; Medicus AcP 163, 1 (9); Reinicke NJW 1964, 2373; Rahn BWNotZ 1970, 25; Canaris FS Flume I 389; Kupisch JZ 1977, 486 (495).

[236] BGH 25, 16 = JZ 1957, 627 mit Anm Baur = NJW 1957, 1229.

[237] Dies verkennt zB MünchKomm/Wacke Rdn 66 zu § 883 BGB.

[238] BGH 28, 182 = NJW 1958, 2013; 57, 341 = NJW 1972, 434; DNotZ 1981, 179 = Rpfleger 1981, 55.

[239] BGH DNotZ 1981, 179 = JR 1982, 61 mit Anm Goetzke und Habermann = NJW 1981, 446 = Rpfleger 1981, 55; Linden MittBayNot 1981, 169 (173); aA Hepting NJW 1987, 865.

erwerber bei Eintragung der Auflassungsvormerkung gutgläubig, so kann die nachträgliche Eintragung einer vorher bereits bestehenden Verfügungsbeschränkung (zB Nacherbenvermerk) den „lastenfreien" Eigentumserwerb nicht mehr verhindern; der gute Glaube bei Eintragung der Vormerkung bleibt für den Eigentumserwerb maßgeblich.[240]

Die gutgläubig erworbene Vormerkung schützt den Berechtigten schließlich über den Wortlaut des § 883 Abs 2 BGB hinaus auch gegen den wirklichen Eigentümer: Auch wenn nach gutgläubigem Erwerb der Auflassungsvormerkung im Grundbuch ein Widerspruch (gegen das Eigentum des Buchberechtigten) eingetragen, der Vormerkungsberechtigte nunmehr bösgläubig wird oder der wahre Eigentümer zwischenzeitlich eingetragen wird, kann der Vormerkungsberechtigte seinen vorgemerkten Eigentumsverschaffungsanspruch auch gegen den wahren Eigentümer analog § 888 BGB durchsetzen.[241] Dies folgt aus dem Zweck der Vormerkung, den Berechtigten vor jeder Gefährdung der in Aussicht genommenen dinglichen Rechtsänderung zu schützen. Der Vormerkungsberechtigte kann sich darauf verlassen, daß der Buchstand im Zeitpunkt der Eintragung der Vormerkung (bzw der Antragstellung, § 892 Abs 2 BGB) zu seinen Lasten nicht mehr verändert werden kann.[242] Nur mit dieser Rechtsstellung des Vormerkungsberechtigten, bei der die Interessen des Verkehrsschutzes überwiegen, ist den Bedürfnissen der Praxis gedient, die ein zuverlässiges Sicherungsmittel für Ansprüche auf dingliche Rechtsänderung benötigt.[243] Zur Art der Durchsetzung s Rdn 352a.

m) Erlöschen und Löschung der Vormerkung

1537 Die Vormerkung erlischt durch **Aufhebungserklärung** des Vormerkungsberechtigten **und Löschung** im Grundbuch (§ 875 BGB direkt oder entsprechend). Weder durch Löschung allein (ohne Aufgabeerklärung)[244] noch durch Aufgabeerklärung allein[245] (ohne Löschung) erlischt die Vormerkung. Materiell-rechtliche Aufgabeerklärung nach § 875 BGB und verfahrensrechtliche Löschungsbewilligung nach § 19 GBO sind zu unterscheiden; in der formgerechten (§ 29 GBO) Löschungsbewilligung ist jedoch nach allgemeinen Auslegungsregeln regelmäßig auch die materiellrechtliche Aufhebungserklärung enthalten.[246]

---

[240] BGH DNotZ 1981, 179 = aaO (Fußn 239); BayObLG MittBayNot 1991, 78.
[241] RG 121, 44; BGH DNotZ 1981, 179 = aaO (Fußn 239); OLG Düsseldorf DNotZ 1971, 371; OLG Dresden NotBZ 1999, 261 mit Anm Scheel; OLG Karlsruhe NJW-RR 1998, 445 = Rpfleger 1998, 68; LG Erfurt NotBZ 2000, 387; BGB-RGRK/Augustin Rdn 18 zu § 883 BGB; Medicus AcP 163, 1; Reinicke NJW 1964, 2373; Canaris JuS 1969, 80 und FS Flume I 389 ff; Kupisch JZ 1977, 486; Baur § 20 VI 2 c; Dannecker MittBayNot 1979, 144; Linden MittBayNot 1981, 169 (172); Mülbert AcP 197, 335. AA Goetzke und Habermann JuS 1975, 82; Wiegand JuS 1975, 205. Die Art der Durchsetzung des Anspruches ist streitig; teils wird eine bloße Zustimmung des wirklichen Eigentümers zur Auflassung zwischen Buchberechtigten und Vormerkungsberechtigten verlangt (§ 888 BGB analog), teils wird Abgabe der materiellrechtlichen Erklärungen in diesem Fall durch den wahren Eigentümer verlangt.
[242] BGH DNotZ 1995, 47 (49) = NJW 1994, 2947 = Rpfleger 1995, 101; Linden MittBayNot 1981, 169 (172); BayObLG MittBayNot 1991, 78.
[243] So ausdrücklich BGH DNotZ 1981, 179 = aaO (Fußn 239).
[244] BGH 60, 46 = DNotZ 1973, 367 = NJW 1973, 323.
[245] HM, vgl MünchKomm/Wacke Rdn 5 zu § 886 BGB.
[246] OLG Hamm DNotZ 1977, 35; LG Kempten JZ 1991, 416 mit Anm Tiedtke.

B. Einzelfälle

Der Zustimmung des Grundstückseigentümers zur Löschung der Vormerkung bedarf es nicht, auch nicht bei Löschung einer Hypothekenvormerkung, da bei ihrem Erlöschen keine Eigentümergrundschuld entsteht.[247] Löschungsantrag (§ 13 Abs 1 GBO) können Berechtigter oder Eigentümer stellen. Bewilligt und beantragt ein Grundstückseigentümer ganz allgemein die Löschung „aller eingetragenen Grundstücksbelastungen", so bezieht sich diese Erklärung auf eine zu seinen Gunsten eingetragene Auflassungsvormerkung nur für den Fall, daß gleichzeitig auch etwaige Zwischenrechte gelöscht werden. Eine darin zugleich liegende materiell-rechtliche Aufhebungserklärung ist inhaltlich in gleicher Weise beschränkt.[248] Bezieht sich eine Auflassungsvormerkung nur auf eine Teilfläche des Grundstücks, so bedarf es für die lastenfreie Abschreibung anderer Teile des Grundstücks nur dann keiner Bewilligung des Berechtigten aus der Vormerkung, wenn sich aus den Eintragungsunterlagen (§ 29 GBO) ergibt, daß der abzuschreibende Teil weder ganz noch teilweise der Teil des Grundstücks ist, auf den sich der vorgemerkte Anspruch bezieht.[249]

1538

Die Vormerkung **erlischt** ohne Aufhebungserklärung und Eintragung, wenn der gesicherte Anspruch erlischt, zB infolge Anfechtung, Rücktritt oder Verlangen nach Schadensersatz statt Leistung[250] (§ 281 Abs 4 BGB), durch Aufhebung des obligatorischen Vertrags[251] (zur Form s Rdn 3118, dort auch zur Frage der Heilung einer formunwirksamen Aufhebung [wegen Bestehens eines Anwartschaftsrechts] durch Löschung der Vormerkung), durch Eintritt einer auflösenden Bedingung oder eines Endtermins[252], durch Ausfall einer aufschiebenden Bedingung (Verweigerung einer bedingten Zustimmung des Nacherben zu einem Rechtsgeschäft des Vorerben[253]) oder durch Konfusion (zB der Vormerkungsberechtigte beerbt den Verpflichteten).[254] Sie erlischt nicht mit Löschung der vormerkungsberechtigten GmbH

1539

---

[247] BayObLG Betrieb 1980, 212 = Rpfleger 1980, 294.
[248] BGH 60, 46 = aaO (Fußn 244).
[249] BayObLG 1973, 297 = DNotZ 1974, 173 = Rpfleger 1974, 14; BayObLG MittBayNot 1986, 253; BayObLG 1999, 174 = DNotZ 1999, 1009 = NJW-RR 1999, 1461 = Rpfleger 1999, 485 (amtliche Bescheinigung des Vermessungsamts ausreichend, aber Verpflichtung zur Gewährung von rechtlichem Gehör); LG Memmingen MittBayNot 1976, 140.
[250] Gegen den Löschungsanspruch (Grundbuchberichtigungsanspruch) steht dem Vormerkungsberechtigten ein Zurückbehaltungsrecht (§ 273 BGB) zu, zB Rückzahlung erhaltener Kaufpreisteile abzüglich bereits entstandener (nicht künftiger) Schadensersatzansprüche, BGH DNotZ 1989, 760 = NJW-RR 1989, 201, oder Schadensersatzansprüche wegen arglistiger Täuschung, BGH NJW-RR 1990, 847.
[251] Zur Löschung ist Bewilligung des Berechtigten nötig (LG Marburg Rpfleger 1986, 468) oder Unrichtigkeitsnachweis, § 22 GBO, dazu BayObLG DNotZ 1989, 363 = (mitget) Rpfleger 1988, 519. Wird Aufhebung oder Rücktritt des Käufers mit Zustimmung des Verkäufers beurkundet, ist Unrichtigkeitsnachweis (§ 22 GBO) erbracht, LG Köln MittRhNotK 1989, 267.
[252] OLG Düsseldorf Rpfleger 1986, 255 zum Erlöschen des Wiederkaufsrechts nach § 462 (= § 503 aF) BGB.
[253] BGH NJW 2000, 3496.
[254] BGH DNotZ 1981, 181 = NJW 1981, 447; so schon in seiner berechtigten Kritik an den Entscheidungen der Vorinstanzen Dannecker MittBayNot 1979, 144. Kritisch Wacke NJW 1981, 1577, der ein Erlöschen der Vormerkung infolge Konfusion dann

im Handelsregister[255] (Nachtragsliquidation ermöglicht Eintragung der Auflassung); sie erlischt auch nicht mit Löschung der zur Erfüllung des vorgemerkten Anspruchs verpflichteten GmbH[256] (der Anspruch läßt sich auch dann noch verwirklichen). Die Erfüllung des vorgemerkten Anspruchs führt nur dann zum Erlöschen der Vormerkung, wenn zwischenzeitlich eingetragene, dem Vormerkungsberechtigten gegenüber unwirksame (nicht sonach mit Zustimmung des Vormerkungsberechtigten eingetragene[257]) Zwischenrechte (Verfügungsbeschränkungen) nicht bestehen oder zuvor gelöscht sind; denn erst mit der vertragsmäßigen rangrichtigen Einräumung des vorgemerkten Rechts ist der Anspruch vollständig erfüllt.[258] Daher führt Vollzug der Auflassung von Eigentümer A auf den Erstkäufer B nicht zum Erlöschen derjenigen Auflassungsvormerkung, bei der die vorher erfolgte Abtretung der Eigentümerverschaffungsansprüche von B auf Zweitkäufer C im Grundbuch vermerkt war;[259] das gleiche gilt bei zwischenzeitlicher Pfändung (Verpfändung) der Ansprüche des B (s dazu Rdn 1574, 1584, 1587).

Auch dann, wenn keine anderen Eintragungsanträge nach Eintragung der Auflassungsvormerkung vollzogen worden sind oder noch unerledigt beim Grundbuchamt liegen, kann die Vormerkung für den Berechtigten nach erfolgter, den Vertragsbedingungen entsprechender Eigentumsumschreibung noch von Bedeutung bleiben, wenn ein späterer endgültiger Rechtserwerb nicht vorliegt, etwa wegen Geschäftsunfähigkeit eines Vertragsteils bei der später und getrennt vom Kaufvertrag erklärten Auflassung; doch sind solche entfernt liegende Möglichkeiten vom Grundbuchamt nicht zu beachten, wenn der Vormerkungsberechtigte nach seiner Eintragung als Eigentümer formlos (§ 13 Abs 1 GBO) den Löschungsantrag stellt.[260]

Für den Erwerb des **Miteigentums** an einem Grundstück ist sein vorgemerkter Rang nicht dadurch beeinträchtigt, daß Zwischeneintragungen von Auflassungsvormerkungen für die restlichen Miteigentumsanteile erfolgt sind.[261]

1540 Vielfach wird schon bei Bestellung einer Auflassungsvormerkung vom Erwerber als dem Berechtigten, folgendes festgelegt:[262]

> Bereits jetzt wird die Löschung der Vormerkung nach erfolgter Eigentumsumschreibung bewilligt und beantragt, unter der Voraussetzung, daß Zwischeneintragungen, denen der Käufer nicht zugestimmt hat, nicht erfolgt sind.

---

ablehnt, wenn der redliche Vormerkungsberechtigte den buchberechtigten Veräußerer beerbt; vgl auch Ebel NJW 1982, 724. S auch Rdn 1442.

[255] OLG Köln Rpfleger 1993, 349.
[256] BGH 105, 259 = DNotZ 1989, 387 = NJW 1989, 220 = Rpfleger 1989, 68.
[257] BayObLG MittBayNot 2002, 113 = NotBZ 2002, 223 = Rpfleger 2002, 260.
[258] BayObLG DNotZ 1976, 160 = Rpfleger 1975, 395; OLG Düsseldorf MittRhNotK 1989, 252; vgl auch Riedel Rpfleger 1968, 285.
[259] BGH ZNotP 2000, 317 (319); Amann DNotZ 1997, 113.
[260] KG DNotZ 1958, 255.
[261] BayObLG DNotZ 1976, 160 = Rpfleger 1975, 395.
[262] Zulässig, OLG Düsseldorf DNotZ 1965, 751 = MittRhNotK 1965, 16; BayObLG DNotZ 1976, 160 = Rpfleger 1975, 395; OLG Hamm MittRhNotK 1992, 149 = NJW-RR 1992, 1299 = OLGZ 1992, 398 = Rpfleger 1992, 474 („vertragsgerechte Eigentumsumschreibung ohne entgegenstehende Zwischenrechte"); offen gelassen von BayObLG MittBayNot 2002, 113 = aaO (Fußn 257).

B. Einzelfälle

Nicht zu empfehlen, weil in der Zulässigkeit bestritten,[263] ist dagegen der zusätzliche Vorbehalt:

> Die Löschung wird auch dann bereits beantragt, wenn eine in der Zwischenzeit tatsächlich erfolgte Eintragung für das durch die Vormerkung geschützte Recht keine Bedeutung hat.

Die Auflassungsvormerkung wird auch dann unwirksam, wenn die zur Wirksamkeit des Vertrages oder seiner Erfüllung notwendigen öffentlich-rechtlichen Genehmigungen bestandskräftig versagt sind.[264] Dies gilt nicht für eine Vormerkung aufgrund Kaufvertragsangebots, weil zu ihm die Genehmigung noch nicht erforderlich ist; wurde sie trotzdem beantragt und versagt (zB GrdstVG), so ist Löschung der Vormerkung nicht möglich.[265] Wenn von einem Grundstück aufgrund mehrerer Kaufverträge Teilflächen abgeschrieben werden sollen, ist die endgültige Versagung der Teilungsgenehmigung für einen der Verträge nicht geeignet, die Unmöglichkeit der Erfüllung des durch Auflassungsvormerkung gesicherten Eigentumsverschaffungsanspruchs hinsichtlich einer anderen Teilfläche aus einem anderen Kaufvertrag zu begründen.[266] 1541

Die Vormerkung ist unwirksam, wenn der gesicherte Anspruch nicht entstanden ist (zB formunwirksamer Vertrag, s Rdn 1487) oder kein vormerkungsfähiger Anspruch vorliegt (Rdn 1482 ff) oder endgültig feststeht, daß beim bedingten[267] oder künftigen Anspruch dieser nicht mehr voll wirksam werden kann. 1542

In allen Fällen, in denen die Vormerkung nicht besteht oder erlischt, weil der gesicherte Anspruch nicht besteht, nicht wirksam wird oder erloschen ist, ist das Grundbuch hinsichtlich der eingetragenen Vormerkung unrichtig. Für die **Löschung** ist neben dem Antrag (§ 13 Abs 1 GBO) Berichtigungsbewilligung[268] des (Buch-)Berechtigten[269] oder Unrichtigkeitsnachweis[270] in der 1543

---

[263] Unzulässig: OLG Düsseldorf aaO (Fußn 262); vgl auch LG Kiel SchlHA 1966, 160. Zulässig: BayObLG DNotZ 1976, 160 = Rpfleger 1975, 395, das eine Abhängigkeit der Löschungsbewilligung (Berichtigungsbewilligung) von „nicht vormerkungswidrigen" Zwischeneintragungen zuläßt.

[264] BayObLG 1959, 223 = DNotZ 1959, 543 = Rpfleger 1960, 161 und MittBayNot 1994, 222; BGH MittBayNot 1975, 21 = WM 1974, 663; OLG Zweibrücken DNotZ 1990, 300 = OLGZ 1990, 1 = Rpfleger 1989, 495.

[265] LG Stuttgart BWNotZ 1971, 26.

[266] BayObLG MittBayNot 1994, 222.

[267] Ausfall der (aufschiebenden) Bedingung, wenn der nicht befreite Vorerbe beim Verkauf eines Nachlaßgrundstücks die Fälligkeit der Kaufpreisforderung von der Zustimmung des Nacherben in öffentlich beglaubigter Form abhängig macht und dieser die Zustimmung (in der vereinbarten Form) endgültig verweigert, BGH Rpfleger 2001, 19.

[268] Zur Abgabe der Berichtigungsbewilligung ist der Vormerkungsberechtigte in solchen Fällen verpflichtet; befindet er sich damit in Verzug, kann er schadensersatzpflichtig sein, vgl BGH NJW 1980, 2187 = MDR 1980, 919 und BGH aaO (Fußn 250). In der Insolvenz des Verkäufers hat der Käufer wegen der vor Insolvenzeröffnung erbrachten Kaufpreiszahlungen kein Zurückbehaltungsrecht, BGH DNotZ 2002, 635 = aaO (Fußn 32).

[269] Wenn der Auflassungsanspruch gepfändet ist, ist auch Bewilligung des mit seinem Pfandrecht mitberechtigten Vollstreckungsgläubigers erforderlich.

[270] Zur Löschung einer Vormerkung auf Grund Unrichtigkeitsnachweises s BayObLG 1959, 226 und DNotZ 1989, 363 = aaO (Fußn 251); BayObLG DNotZ 1993, 386 = Rpfleger 1993, 58 (Vormerkung für ein nichtig eingeräumtes Ankaufsrecht); Bay-

2. Teil. IV. Zweite Abteilung des Grundbuchs

Form des § 29 Abs 1 GBO nötig.[271] An den Nachweis der Unrichtigkeit sind strenge Anforderungen zu stellen; der Antragsteller muß alle Möglichkeiten, bis auf ganz entfernt liegende, ausräumen, die der Richtigkeit der beantragten Löschung entgegenstehen könnten.[272] Nachdem eine wegen Fehlens oder Wegfall eines Anspruchs unwirksame Vormerkung durch Neubegründung eines deckungsgleichen Anspruchs und Bewilligung außerhalb des Grundbuchs wieder wirksam geworden sein kann (s Rdn 1488), dürfte Löschung auf Grund Unrichtigkeitsnachweis nahezu ausgeschlossen sein.[273] Eine Vormerkung zur Sicherung eines Übereignungsanspruchs für den Fall, daß der eingetragene Eigentümer kinderlos verstirbt, kann zu dessen Lebzeiten nicht mittels Unrichtigkeitsnachweis gelöscht werden, da die Kinderlosigkeit erst mit seinem Tod feststeht.[274] Die Versagung der Teilungsgenehmigung nach § 19 BauGB läßt den Eigentumsverschaffungsanspruch nicht wegen Unmöglichkeit entfallen, wenn die Teilung unter veränderten Umständen doch noch genehmigt werden könnte; eine Löschung wegen Unrichtigkeit kommt daher regelmäßig nicht in Betracht.[275] Ein Urteil, das die Klage eines Vertragsteils auf Feststellung der Rechtswirksamkeit eines Grundstückskaufvertrages als unbegründet abweist, bindet – als Unrichtigkeitsnachweis – auch das Grund-

---

ObLG DNotZ 1997, 727 mit Anm Eickmann = aaO (Fußn 5); (keine Unwirksamkeit eines Ankaufsrechts für einen grundpfandrechtlich nicht gesicherten Vormerkungsberechtigten); KG DNotZ 1958, 255 und MDR 1969, 141 = Rpfleger 1969, 49; Hieber DNotZ 1951, 500 und 1952, 23; Hoche DNotZ 1952, 21; Ripfel Rpfleger 1962, 200.

[271] Wegen Gegenstandslosigkeit (aus rechtlichen Gründen, Rdn 385) kann auch Amtslöschung nach § 84 GBO (Rdn 384 ff) in Betracht kommen, so wenn feststeht, daß eine aufschiebende Bedingung (bei der Rückauflassungsvormerkung zB die Nichterfüllung einer befristeten Bauverpflichtung oder die vorzeitige Veräußerung des Grundstücks, s Rdn 1605) nicht mehr eintreten kann, der gesicherte Anspruch daher nicht besteht und auch nicht mehr entstehen kann, BayObLG MittBayNot 1999, 287 (im entschiedenen Fall war jedoch Löschung wegen Grundbuchunrichtigkeit [§ 22 GBO] beantragt; weil sie als feststehend [allgemein bekannt] angenommen wurde, hätte sie erfolgen müssen [s Rdn 369 aE]; für das nachrangige Amtslöschungsverfahren nach § 84 GBO war daher kein Raum).

[272] BayObLG MittBayNot 1989, 312: keine Löschung einer auf Grund befristeten (und bedingten) Angebots bestellten Auflassungsvormerkung mittels Unrichtigkeitsnachweis, da Nichtannahme innerhalb der Frist nicht nach § 29 GBO nachweisbar ist; vgl hierzu auch Ertl MittBayNot 1989, 297; großzügiger AG München MittBayNot 1994, 442: Löschung einer Vormerkung für (bis 1936) zeitlich befristeten Anspruch zulässig (1994), wenn Ausübung völlig unwahrscheinlich ist; ähnlich auch LG Aachen RNotZ 2001, 343.

[273] Hierauf weist Streuer Rpfleger 2000, 155 zutreffend hin.

[274] BayObLG Rpfleger 1980, 278 = MittBayNot 1980, 111; vgl auch BayObLG DNotZ 1980, 100 = Rpfleger 1979, 424; großzügiger OLG Frankfurt MittRhNotK 1993, 288 = OLGZ 1994, 129 = Rpfleger 1994, 106: Löschung der zur Sicherung des Anspruchs aus einem Partnerschaftsvertrag eingetragenen Vormerkung nach Eheschließung des Berechtigten mit einem anderen Partner auf Grund Heiratsurkunde möglich, wenn Berechtigter zugibt (Form?), daß Anspruch nicht mehr entstehen kann.

[275] BayObLG 1987, 231 = DNotZ 1988, 157 = Rpfleger 1987, 450; anders für Versagung der für den obligatorischen Vertrag nötigen Sanierungsgenehmigung (§ 144 Abs 2 BauGB) OLG Zweibrücken aaO (Fußn 264).

B. Einzelfälle

buchamt, allerdings nicht, wenn die Klage nur als „derzeit unbegründet" abgewiesen wurde.[276]

Weist der Eigentümer durch öffentliche Urkunden das Nichtbestehen oder Nichtwirksamwerden des gesicherten Anspruchs nach, so hindern etwaige Zurückbehaltungsrechte des Buchberechtigten wegen Verwendungen (s Rdn 1530) die Löschung ohne seine Bewilligung nicht.[277]

Die Eintragung einer **Vorlöschungsklausel** (§ 23 Abs 2 mit § 24 GBO; dazu Rdn 376) ist bei einer Auflassungsvormerkung nach inzwischen gefestigter Rechtsprechung des BGH[278] nicht zulässig. **1544**

Wenn nur die sichernde **Vormerkung, nicht** jedoch **auch der Anspruch** auf Lebenszeit des Berechtigten beschränkt oder sonst zeitlich befristet oder bedingt ist, erlöschen mit Eintritt des Ereignisses die Vormerkung und damit zugleich die Vormerkungswirkungen aus § 883 Abs 1 und 2, §§ 884, 888 BGB. Eine vormerkungswidrig etwa schon vorgenommene und deshalb nach § 883 Abs 2 BGB relativ unwirksame Verfügung wird damit voll wirksam.[278] Dann ist ein etwa fortbestehender schuldrechtlicher Anspruch nicht mehr gesichert. Daher genügt zur Löschung der Vormerkung im Wege der Grundbuchberichtigung der Nachweis des Todes des Berechtigten oder des Eintritts des sonstigen Ereignisses (§ 22 Abs 1 GBO). Eine Vorlöschungsklausel ist daher nicht eintragbar.[279] **1544a**

Wenn nicht die Vormerkung, wohl aber der **Anspruch** auf Lebenszeit des Berechtigten beschränkt oder sonst zeitlich befristet oder bedingt ist, erlischt bei Eintritt des bedungenen Ereignisses mit dem Anspruch auch die ihn sichernde Vormerkung (s Rdn 1539). Auch hier sind „Rückstände" iS des § 23 Abs 2 GBO nicht denkbar, eine Löschungserleichterung somit nicht zulässig.[280] **1544b**

Sollen der Anspruch und die ihn sichernde Vormerkung (s Rdn 1543) weiterbestehen, soweit ein künftiger oder aufschiebend bedingter Anspruch bei Eintritt des bedungenen Ereignisses bereits entstanden, aber noch nicht erfüllt war, ist nach der inzwischen gefestigten Rechtsprechung des BGH[281] Eintragung einer Löschungserleichterung ebenfalls unzulässig, weil

---

[276] BayObLG DNotZ 1996, 30 = Rpfleger 1995, 406.

[277] BayObLG 1959, 223 = aaO (Fußn 264); KG NJW 1969, 138 = OLGZ 1969, 202 = Rpfleger 1969, 49 mit Anm Haegele.

[278] BGH 117, 390 = DNotZ 1992, 569 = NJW 1992, 1683 = Rpfleger 1992, 287; BGH 130, 385 = DNotZ 1996, 453 mit Anm Lülsdorf = NJW 1996, 59 = Rpfleger 1996, 100; dazu auch Wufka MittBayNot 1996, 156; Gutachten DNotI-Report 2000, 29.

[279] BGH 117, 390 = aaO; ebenso OLG Düsseldorf MittRhNotK 1975, 485; Streuer Rpfleger 1986, 245; anders BayObLG 1991, 288 (Vorlagebeschluß) = MittRhNotK 1991, 286 = NJW 1991, 2728 L; BayObLG DNotZ 1990, 307 = Rpfleger 1990, 504.

[280] BGH 117, 390 = aaO; BayObLG DNotZ 1990, 295 = MittBayNot 1990, 37 mit Anm Ertl = Rpfleger 1990, 61; OLG Köln MittRhNotK 1985, 196 = Rpfleger 1985, 290; LG München II MittBayNot 2002, 397.

[281] BGH 130, 385 = aaO; BayObLG DNotZ 1995, 309 (Vorlagebeschluß); BayObLG DNotZ 1996, 20 = Rpfleger 1995, 452; Tiedtke DNotZ 1992, 539; Streuer Rpfleger 1994, 346; überholt sind damit für die Praxis die gegenteiligen Auffassungen zB OLG Köln MittBayNot 1994, 331 = MittRhNotK 1994, 147 = NJW-RR 1994, 1489 = Rpfleger 1994, 345; AG München MittBayNot 1992, 279; Ertl MittBayNot 1992, 195.

- zum einen die Vormerkung (dh das „dingliche Recht" im Sinne des § 23 GBO) gerade nicht auf Lebenszeit bestellt wurde, sondern den fortbestehenden, auf den Erben übergegangenen Anspruch sichern soll, und
- zum andern der entstandene, aber noch nicht erfüllte und auf den Erben übergegangene Rückübertragungsanspruch kein „Rückstand" der Vormerkung (als des „dinglichen Rechts") ist; er ist der ursprünglich gesicherte Hauptanspruch selbst, bei dem auch eine analoge Anwendung des § 23 Abs 2 GBO ausgeschlossen, da nicht interessengerecht ist.

Die früher in der Praxis gängigen Unterscheidungen und Bewilligungen mit Vorlöschungsklausel (s 10. Aufl Rdn 1544 b) können nicht mehr verwendet werden. Die auf Grund früherer Rechtsauffassung und -praxis vom Berechtigten der Vormerkung bewilligten (s Rdn 1344 a) und eingetragenen Löschungserleichterungen sind vom Grundbuchamt in vom Berechtigten erteilte unwiderrufliche Vollmachten zur Löschung gegen Todesnachweis umzudeuten. Hat der Berechtigte der Vormerkung (auch ein durch die Vormerkung gesicherter Dritter) für Eintragung der (unzulässigen) Vorlöschungsklausel keine Bewilligung (als Verfahrenserklärung) abgegeben, durch Unterzeichnung der notariellen Urkunde, in der die Bestellung der im Todesfall löschbaren Vormerkung vereinbart ist, aber sein Einverständnis mit der vom Eigentümer dann bewilligten Löschungsklausel zum Ausdruck gebracht, ist auch der Umdeutung seiner Erklärung in eine Vollmacht über den Tod hinaus für Löschung der Weg nicht versperrt.[282] (Zum vergleichbaren Problem bei Löschung eines Leibgedings und zur abw Ansicht des BayObLG s Rdn 1344 a). Ausnahme: wenn der vorgemerkte Anspruch zwischenzeitlich an einen neuen Gläubiger abgetreten ist[283].)

Bei Auflassungsvormerkung zur Sicherung von „lebenslänglichen" Rückübertragungsansprüchen ist mit den Beteiligten deren Willen genau zu klären und entsprechend zu formulieren (§ 17 BeurkG):

1. Soll der zu Lebzeiten entstandene Anspruch stets bei Tod des Berechtigten erlöschen, gleichgültig, ob bereits geltend gemacht oder nicht: dann „normale" Vormerkung, deren Löschung mit Sterbeurkunde ohne weiteres möglich ist;
2. soll der zu Lebzeiten entstandene Anspruch zwar vererblich sein, der Vormerkungsschutz aber dennoch mit dem Tod des Berechtigten erlöschen: dann auf Lebenszeit des Berechtigten beschränkte Vormerkung bewilligen – Belehrung über das Erlöschen des Vormerkungsschutzes notwendig –;
3. soll der zu Lebzeiten entstandene Anspruch vererblich sein und der Vormerkungsschutz für den Erben weiterbestehen: dann unbeschränkte Vormerkung, deren Löschung nur mit Bewilligung der nach § 35 GBO legitimierten Erben möglich ist.[284] Soll in diesem Fall jedoch der Eigentümer berechtigt sein, die Vormerkung gegen Todesnachweis löschen zu lassen (nicht aber materiell-rechtlich [§ 875 BGB] aufzuheben), so kann dies nur

---

[282] Amann DNotZ 1998, 6 und Frank MittBayNot 1997, 217, je zutr gegen BayObLG 1997, 121 (124) = DNotZ 1998, 66 = NJW-RR 1997, 1237 = Rpfleger 1997, 373. Zutr vordem schon Wufka MittBayNot 1996, 156 (161).
[283] Amann DNotZ 1998, 6 (19); dann (regelmäßig) kein Nachweis in der Form des § 29 GBO.
[284] BayObLG DNotZ 1996, 20 = Rpfleger 1995, 452.

B. Einzelfälle

durch eine postmortale Löschungs-(nicht Aufhebungs-)Vollmacht[285] zugunsten des jeweiligen Eigentümers im Zeitpunkt des Todes des Vormerkungsberechtigten erreicht werden. In der Praxis besteht bei zwischenzeitlicher Verfügung des Eigentümers und formeller Löschung der Vormerkung gegen gutgläubigen Dritten kein Unterschied zu Fall 2. Die Möglichkeit, daß die materiell berechtigten Erben nach formaler Löschung der Vormerkung auf Grund Vollmacht (von der sie keine Kenntnis erlangen!) eine Wiedereintragung der materiell nicht erloschenen Vormerkung (über einstweilige Verfügung) bewirken, halten wir für lebensfremd; Variante 2 halten wir in der Mehrzahl der Fälle für das von den Beteiligten Gewollte.

In der Eintragungs**bewilligung** muß klargestellt sein[286] (vgl Rdn 104), ob Anspruch und/oder Vormerkung mit Eintritt des bedungenen Ereignisses vorbehaltlos erlöschen oder weiterbestehen sollen, soweit bei Eintritt dieses Ereignisses ein künftiger oder bedingter Anspruch (insbesondere ein Rückauflassungsanspruch) bereits entstanden und geltend gemacht, aber noch nicht erfüllt ist. Die erforderliche Klarheit kann nötigenfalls Auslegung der Bewilligung (Rdn 172) ergeben; ist das nicht möglich, kann Aufklärung mit Zwischenverfügung veranlaßt werden. **1544c**

Das Grundbuchamt kann von Amts wegen prüfen, ob nicht eine Auflassungsvormerkung nach Eintragung der Auflassung im einzelnen Fall infolge voller Erfüllung erloschen und daher von Amts wegen (§ 84 GBO) - kostenfrei – zu löschen ist.[287] **1545**

Zur **Rötung** der Vormerkung bei Umschreibung der Vormerkung in das vorgemerkte Recht s § 19 GBV und Rdn 1531. **1546**

Die **unrechtmäßige Löschung** einer Vormerkung beseitigt die Rechte des Berechtigten aus ihr nicht.[288] Es besteht hier ein Anspruch auf Grundbuchberichtigung (§ 894 BGB, § 22 GBO).[289] Allerdings ist gutgläubiger Erwerb durch einen Dritten nach § 892 BGB möglich, es sei denn, es ist im Grundbuch ein Widerspruch gegen die unrechtmäßige Löschung eingetragen[290] (§ 899 BGB, § 53 GBO; Rdn 351, 392). **1547**

n) Vormerkung aufgrund einstweiliger Verfügung

Eine (Auflassungs-)Vormerkung kann auch auf Grund einer **einstweiligen Verfügung** eingetragen werden (§ 885 Abs 1 S 1 BGB). Für deren Erlaß muß der Anspruch (§ 936 mit § 920 Abs 2 ZPO), nicht aber auch dessen Gefährdung (ein besonderes Sicherungsbedürfnis des Gläubigers)[291] glaubhaft gemacht werden (§ 885 Abs 1 S 2 BGB); sie ergibt sich aus den Folgen des Eintragungsgrundsatzes. Der Antrag auf Eintragung bedarf nicht der Form des § 29 GBO. Auch das Gericht, das die Verfügung erlassen hat, kann das Grund- **1548**

---

[285] Wufka MittBayNot 1996, 156.
[286] Siehe hierwegen auch BGH 117, 390 = aaO.
[287] LG Nürnberg-Fürth DNotZ 1956, 607. Empfehlenswert ist eine solche Amtslöschung aber keineswegs, so auch Ripfel Rpfleger 1962, 200.
[288] BGH BB 1964, 576; BayObLG DNotZ 1961, 68 und 587.
[289] LG Konstanz MittRhNotK 1984, 81 (Wiedereintragung der Vormerkung auf Grund Unrichtigkeitsnachweis).
[290] RG 129, 186; 132, 423.
[291] OLG Hamm MDR 1966, 236.

buchamt um die Eintragung der Vormerkung ersuchen[292] (§ 941 ZPO mit § 38 GBO). Die einstweilige Verfügung muß sich gegen den durch die Eintragung der Vormerkung Betroffenen richten;[293] sie muß als Eintragungsgrundlage den zu sichernden Anspruch mit seinem Berechtigten[294] (ausreichend) ausweisen und das Grundstück, bei dem die Vormerkung eingetragen werden soll, bestimmt (oder doch bestimmbar), somit (möglichst) nach der Ordnungsvorschrift des § 28 S 1 GBO bezeichnen.[295] Das gilt besonders, wenn an der angegebenen Grundbuchstelle mehrere Grundstücke (nicht nur Flurstücke) gebucht sind. Vollziehung ist vor Zustellung zulässig[296] (§ 936 mit § 929 Abs 3 S 1 ZPO). Zustellung muß dann jedoch in Wochenfrist nachfolgen[297], und zwar vor Ablauf der Vollziehungsfrist von einem Monat[298], die immer gewahrt sein muß (§ 936 mit § 929 Abs 2 und 3 ZPO). Für Wahrung der einmonatigen Vollziehungsfrist (§ 936 mit § 929 Abs 2 ZPO) ist Vollziehung schon der Antrag des Gläubigers (Eingang beim Grundbuchamt, auch Amtsgericht, zu dem das zuständige Grundbuchamt gehört) oder der Eingang des gerichtlichen Ersuchens um Eintragung (§ 941 ZPO); die Wochenfrist für Zustellung (§ 936 mit § 929 Abs 3 ZPO) wird nach nun verbreiteter (gegen früher andere) Meinung erst mit Eintragung der Vormerkung in Gang gesetzt (s zu diesen Fristen Rdn 2229). Wenn Eintragungsantrag (-ersuchen) erst nach Ablauf der Vollziehungsfrist gestellt wird (Vollziehung ist dann unstatthaft, § 936 mit § 929 Abs 2 ZPO) oder wenn sonst eine Voraussetzung der Vollziehung der einstweiligen Verfügung fehlt, ist die Eintragung der Vormerkung abzulehnen. Zwischenverfügung nach § 18 GBO ergeht dann nicht;[299] Gelegenheit zur Behebung eines (vollstreckungsrechtlichen) Mangels ist mit aufklärender Verfügung nach § 139 ZPO zu geben (s Rdn 443).

1549 Wenn Vollziehung vor Zustellung erfolgt ist, die Zustellung jedoch nicht innerhalb einer Woche und in der Vollziehungsfrist von einem Monat nachgeholt wird, ist die Eintragung der Vormerkung unwirksam (§ 936 mit § 929 Abs 3 S 2 ZPO).[300] Es ist dann aber Sache des Antragsgegners (Eigentümers), die Löschung der Vormerkung im Grundbuch zu veranlassen. Die Löschung wird vollzogen, wenn in der Form des § 29 Abs 1 GBO nachgewiesen ist, daß

---

[292] Zu diesem Ersuchen Demharter Rpfleger 1998, 133.
[293] Daher ist die gegen eine GmbH erwirkte einstweilige Verfügung kein ausreichender Titel für die Eintragung der Vormerkung auf einem Grundstück der GmbH & Co KG, BayObLG 1986, 163 = NJW 1986, 2578.
[294] Ergeht die einstw Verfügung zugunsten mehrerer Berechtigter ohne Angabe des Gemeinschaftsverhältnisses, so kann diese Angabe im Antrag nachgeholt werden, OLG Frankfurt MDR 1989, 356 = OLGZ 1989, 6.
[295] BayObLG JurBüro 1981, 427 = Rpfleger 1981, 190 mit Anm Meyer/Stolte; OLG Düsseldorf Rpfleger 1978, 216.
[296] Demharter Rpfleger 1998, 133 (137).
[297] Unwirksamkeit, wenn die Zustellungsfrist nach § 929 Abs 3 ZPO versäumt ist, BGH Rpfleger 1999, 485.
[298] Streitig ist, ob die Monats-Vollziehungsfrist des § 929 Abs 2 (mit § 936) ZPO auch durch rechtzeitige Parteizustellung an den Gegner (so LG Frankfurt Rpfleger 1993, 254) oder nur mit Antragseingang beim Grundbuchamt (§ 932 Abs 3 mit § 936 ZPO; so Hintzen Rpfleger 1993, 254) gewahrt ist.
[299] OLG Düsseldorf Rpfleger 1978, 216; auch BayObLG Rpfleger 1981, 190 = aaO.
[300] BGH NJW 1999, 3494 = Rpfleger 1999, 485.

B. Einzelfälle

die Zustellung verspätet erfolgt ist (§ 22 GBO).[301] Kann dieser Nachweis nicht geführt werden, so bedarf es zur Löschung der Zustimmung des Berechtigten (§ 19 GBO). Eine einstweilige Verfügung, die Verkäufer und Käufer gebietet, die erklärte Auflassung zurückzunehmen, hindert nicht die Eintragung einer Auflassungsvormerkung zugunsten des Käufers.[302]

Die aufgrund einer einstweiligen Verfügung eingetragene Vormerkung erlischt, wenn die Verfügung durch eine vollstreckbare Entscheidung aufgehoben wird. Ihre Löschung stellt deshalb lediglich eine Grundbuchberichtigung dar.[303] Löschung erfolgt auf Antrag (§ 13 Abs 1 GBO), wenn sie bewilligt (dazu Rdn 1537, 1543) oder Ausfertigung der aufhebenden Entscheidung (vollstreckbarer Vergleich genügt nicht[304]) vorgelegt wird (§ 25 GBO). Nachzuweisen (Form: § 29 GBO) ist die Rechtskraft der aufhebenden Entscheidung, wenn erst damit ihre Vollstreckbarkeit eintritt (Rechtskraftzeugnis, § 706 ZPO), die Zustellung (§ 329 Abs 3 ZPO) eines nicht verkündeten Beschlusses, ggfs auch eine Sicherheitsleistung.[305] Einer Vollstreckungsklausel (§ 724 ZPO) bedarf die aufhebende Entscheidung nur bei Rechtsnachfolge.[306] Löschung bei (nachgewiesener) Unrichtigkeit Rdn 1543. Wenn auf Berufung die aufgehobene einstweilige Verfügung wieder hergestellt wird und die Vormerkung noch nicht gelöscht worden ist, wird erneute Eintragung einer (weiteren) Vormerkung zur neuen Vollziehung der einstweiligen Verfügung nicht für erforderlich erachtet.[307]

1550

Gegen Eintragung einer Auflassungsvormerkung auf Grund einstweiliger Verfügung ist unbeschränkte Beschwerde zulässig.

o) Notar und Vormerkung

Bei Grundstücksveräußerungsverträgen ist die Auflassungsvormerkung eines der wichtigsten Mittel, den Rechtserwerb des Käufers bis zur endgültigen Eigentumsumschreibung, die oft lange Zeit dauert, abzusichern. Im Grundstückskaufvertrag sollte im Regelfall der Eigentümer eine Auflassungsvormerkung bewilligen, die vom Erwerber zur Eintragung beantragt wird. Der Notar hat dann unverzüglich eine die Vormerkung betreffende auszugsweise Ausfertigung oder beglaubigte Abschrift des Vertrags beim Grundbuchamt einzureichen. Bei dieser Behandlungsweise kann auch dem Grundbuchamt in der § 29 GBO entsprechenden Form am sichersten nachgewiesen werden, daß eine Bindung der Beteiligten nach § 873 Abs 2, § 878 BGB eingetreten

1551

---

[301] Freie Beweiswürdigung (Rdn 159) der nach § 29 GBO nicht nachweisbaren Tatsachen für Feststellung, daß die Vollziehungsfrist nicht gewahrt ist, ist zulässig. Daher kann die zur Wirksamkeit der Eintragung erforderliche Zustellung verneint werden, wenn (nach übereinstimmendem Vorbringen der Beteiligten und vorliegenden Urkunden) feststeht, daß nur eine Zustellung (verspätet oder unwirksam) erfolgt ist. Dazu OLG Köln OLGZ 1987, 405 = Rpfleger 1987, 301.
[302] LG München MittBayNot 1954, 320; s auch OLG Frankfurt NJW 1958, 1924.
[303] BGH JZ 1963, 710 mit zust Anm Rahn = NJW 1963, 813 = Rpfleger 1963, 190; LG Dortmund Rpfleger 1982, 276.
[304] OLG Frankfurt NJW-RR 1995, 1298 = Rpfleger 1996, 21.
[305] BayObLG Rpfleger 2001, 407.
[306] K/E/H/E Rdn 8; Demharter Rdn 10, je zu § 25.
[307] OLG Hamm Rpfleger 1983, 435; Zöller/Vollkommer Rdn 15 zu § 929 ZPO; anders LG Dortmund Rpfleger 1982, 276.

ist. Diese Frage kann insbesondere im Insolvenzverfahren des Veräußerers von Bedeutung sein (s Rdn 113, 121).
Ob die **Kosten** für die Eintragung einer Auflassungsvormerkung gesetzlich der Verkäufer oder aber der Käufer zu tragen hat, ist eine noch umstrittene Frage.[308] Es empfiehlt sich, diese Frage jeweils vertraglich zu regeln.

1552 Zu einer **Belehrung** über die Möglichkeit, den Rechtserwerb des Käufers durch Eintragung einer Auflassungsvormerkung zu sichern, ist der **Notar** verpflichtet, wenn es auf Grund besonderer Umstände naheliegt, daß für einen Beteiligten eine Schädigung eintreten und der Notar nicht mit Sicherheit annehmen kann, daß sich der Gefährdete dieser Lage bewußt ist oder daß er das Risiko auch bei einer Belehrung auf sich nehmen würde; **dies ist heute bei Kauf- oder Tauschverträgen zwischen einander Fremden die Regel**[309] und wird inzwischen auch für ungesicherte Vorleistungen zwischen nahen Angehörigen bejaht.[310] Die Belehrung ist in die Urkunde aufzunehmen (§ 17 BeurkG). Darauf, daß eine Auflassungsvormerkung dem Käufer den lastenfreien Erwerb des Kaufgrundstücks dann nicht sichert, wenn vorrangige Grundpfandrechte eingetragen sind oder beim Grundbuchamt bereits die Eintragung dinglicher Belastungen beantragt ist, muß der Notar den Käufer hinweisen.[311] Das gleiche gilt, soweit für die Rechtswirksamkeit des Vertrages öffentlich-rechtliche Genehmigungen erforderlich sind. Andererseits sollte aber auch nicht übersehen werden, daß die Eintragung der Auflassungsvormerkung eine Belastung des Grundstücks und damit eine „Vorleistung" des Verkäufers darstellt, nämlich dann, wenn der Käufer seinen Pflichten nicht nachkommt und der Verkäufer die Löschung der Vormerkung durchsetzen muß. Ohne konkrete Anhaltspunkte besteht jedoch keine Pflicht des Notars zu diesbezüglicher Belehrung oder vorsorglicher Vertragsgestaltung;[312] legen besondere Umstände jedoch das Scheitern des beurkundeten Kaufvertrages nahe, soll den Notar eine Hinweispflicht auf diese Gefährdung infolge seiner allgemeinen Betreuungspflicht treffen.[313] Die sofortige Aufnahme einer Lö-

---

[308] Die Ansicht, daß diese Kosten gesetzlich den Verkäufer belasten, vertreten ua OLG Braunschweig DNotZ 1955, 440; OLG Celle NJW 1963, 909 = Rpfleger 1963, 207 (mit abl Anm Rohs) und Rpfleger 1982, 465. Die Ansicht, daß diese Kosten gesetzlich der Käufer zu tragen hat, vertreten ua OLG Frankfurt Rpfleger 1964, 187 mit zust Anm Rohs; OLG Hamm NJW 1965, 303; KG DNotZ 1957, 18; OLG Neustadt NJW 1964, 2117; Palandt/Putzo Rdn 5 zu § 448 BGB; Staudinger/Köhler Rdn 9 zu § 449 BGB aF.

[309] So RG DNotZ 1940, 81; BGH DNotZ 1954, 319 mit teilw krit Anm Daimer; BGH NJW 1989, 102 = DNotZ 1989, 449; BGH DNotZ 1995, 407; OLG Schleswig NJW 1972, 2001 und DNotZ 1973, 438 mit Anm Haug = NJW 1973, 334; dazu teilweise kritisch Arndt NJW 1972, 1980 und Wenzel NJW 1973, 307; vgl Ganter NJW 1986, 1017.

[310] BGH DNotZ 1997, 64.

[311] BGH DNotZ 1969, 496 = JurBüro 1969, 622.

[312] LG Lüneburg DNotZ 1986, 24; LG Wuppertal MittRhNotK 1994, 354; Burkhard BWNotZ 1985, 156; Hagenbucher MittBayNot 2003, 249.

[313] So BGH DNotZ 1994, 485 = NJW 1993, 2744, der dies bei Beteiligung eines (jedes?) ausländischen Käufers annimmt. Im konkreten Fall scheiterte der Vertrag an dem mangelnden Vertretungsnachweis der ausländischen Gesellschaft; die vom BGH empfohlene „Patentlösung" einer vorweggenommenen Löschungsbewilligung (s Fußn 314) wäre beim Grundbuchamt allerdings auch – wiederum mangels Vertretungsnachweis – gescheitert.

B. Einzelfälle

schungsbewilligung für die Auflassungsvormerkung und Vollmacht an den Notar zu ihrer Verwendung kann nur ausnahmsweise und unter sehr sorgfältiger Beachtung der hier tangierten Interessen des Käufers als Sicherungsmittel für den Verkäufer empfohlen werden;[314] in diesem Fall ist die Abtretbarkeit des Übereignungsanspruchs im Kaufvertrag auszuschließen.

Häufig wird der Notar beauftragt, die Vertragsteile von der rangrichtigen Eintragung der Auflassungsvormerkung als Kaufpreisfälligkeitsvoraussetzung zu verständigen (s Muster Rdn 849 Abschn III.2). Hier muß der Notar nach Eintragung der Vormerkung deren Rang durch Grundbucheinsicht prüfen. 1553

Der Notar begeht eine Amtspflichtverletzung, wenn er die Einreichung der von ihm beurkundeten Bewilligung auf Eintragung einer Auflassungsvormerkung dem Hausmakler überläßt. Auf eine dahin gehende Verkehrssitte kann er sich nicht berufen.[315] Will der Käufer von der Eintragung einer Auflassungsvormerkung absehen, empfiehlt es sich, die Vormerkung durch den Verkäufer lediglich bewilligen zu lassen und die Antragstellung dem Käufer zu überlassen. Eine Erklärung, daß auf Eintragung einer Vormerkung verzichtet wird, könnte zu Streit führen, ob damit ein endgültiger Verzicht auf eine solche Eintragung erklärt ist. Das wird meist nicht gewollt sein. 1554

14. Verpfändung des Anspruchs auf Eigentumsverschaffung sowie des Anwartschaftsrechts des Auflassungsempfängers und Eintragung bei der Auflassungsvormerkung

BGB § 433 Abs 1, §§ 873, 883, 925, 1273 ff, 1280, 1287
GBO §§ 13, 19, 22 Abs 1, § 29
GBV §§ 10, 15

Urkunde[1] (Antragsformular) 1555
(Eingang wie üblich)

> A.... . Dieser Teil der Urkunde enthält die Grundschuldbestellung (wie Muster Rdn 2277, also mit Zwangsvollstreckungsunterwerfung). Das Belastungsobjekt der Grundschuld ist wie folgt beschrieben:
> Mit der Grundschuld belastet wird die Teilfläche von ca 680 m², wie sie die Beteiligten von Herrn Emil Huber durch Kaufvertrag vom 22. 2. 2002, diesamtliche URNr 321/02, gekauft haben. Der Grundbesitz ist derzeit noch vorgetragen im Grundbuch des Amtsgerichts A für B-Stadt (Band 23) Blatt 112.
> Vor Eintragung der Grundschuld sind Vermessung, Auflassung und Eigentumsumschreibung erforderlich.
> Der amtierende Notar wird beauftragt und bevollmächtigt, nach Vorliegen des Veränderungsnachweises des Vermessungsamts und nach Auflassung das mit der Grundschuld belastete Grundstück gemäß § 28 Satz 1 GBO zu bezeichnen und die Bewilligung insoweit zu ändern oder zu ergänzen.

---

[314] Vgl hierzu – mit Formulierungsvorschlag – Möller MittRhNotK 1990, 33 (36); kritisch, aber umfassend auch Hagenbucher MittBayNot 2003, 249; Amann in Beck'sches Notarhandbuch A I Rdn 173; Muster auch bei Brambring in Beck'sches Notarhandbuch A I Rdn 247; nach BGH NJW 1988, 1143 begeht der Notar eine Amtspflichtverletzung, wenn auf Grund seiner Vertragsgestaltung bei Rückabwicklung des Kaufvertrags Löschung der Vormerkung ohne gleichzeitige Rückzahlung des erbrachten Kaufpreises erfolgt.
[315] OLG Hamburg MDR 1969, 842; vgl auch Weimar MDR 1966, 33.
[1] Urkundsform nur wegen der Zwangsvollstreckungsunterwerfung in Teil A.

B. Verpfändung des Anspruchs auf Eigentumsverschaffung[2]

Mit Urkunde des amtierenden Notars vom 22. 2. 2002, URNr 321/02, haben die Eheleute
Manfred und Beate Baumann
– nachstehend „Käufer" genannt –,
das Pfandobjekt von Herrn Emil Huber
– nachstehend „Verkäufer" genannt – erworben.
Zur Sicherung des Anspruches auf Auflassung wird im Grundbuch eine Auflassungsvormerkung eingetragen.

Der Käufer verpfändet hiermit alle Rechte und Ansprüche, die ihm aus dem vorstehend bezeichneten Erwerbsvertrag zustehen, insbesondere den durch Vormerkung gesicherten Anspruch auf Eigentumsverschaffung, an den Gläubiger des vorstehenden Grundpfandrechtes zur Sicherung der Ansprüche aus dem abstrakten Schuldversprechen gemäß Abschnitt A III. dieser Urkunde in Haupt- und Nebensache.

Für den Fall der Aufhebung, des Rücktritts oder der Unwirksamkeit des vorstehend bezeichneten Erwerbsvertrages tritt der Käufer seine Ansprüche gegen den Verkäufer auf Rückgewähr aller erbrachten Gegenleistungen und eventuellen sonstigen Ansprüche an den Gläubiger ab.

Der Käufer bewilligt und beantragt
1. die Verpfändung bei der genannten Auflassungsvormerkung zu vermerken,
2. die Eintragung der kraft Gesetzes (§ 1287 BGB) mit Vollzug der Auflassung entstehenden Sicherungshypothek; deren Eintragung soll jedoch unterbleiben, wenn Zug um Zug mit Eintragung der Auflassung unter Löschung der vorstehenden Verpfändung die vorstehend bestellte Grundschuld an der bedungenen Rangstelle eingetragen wird.

Der Notar hat hingewiesen:
1. auf die Wirkung der Verpfändung des Auflassungsanspruches;
2. auf die Bestimmung des § 1280 BGB, nach der die Verpfändung nur wirksam ist, wenn der Gläubiger des Auflassungsanspruches sie dem Schuldner anzeigt. Der Käufer beauftragt und bevollmächtigt den amtierenden Notar, die erfolgte Verpfändung dem Veräußerer des Pfandobjekts mitzuteilen.

Vorgelesen vom Notar, von den Beteiligten genehmigt und unterschrieben.

Manfred Baumann   Beate Baumann   Fertig, Notar.

1556 Grundbucheintragung (nur Eintragungsvermerk)

Vorgemerkter Eigentumsverschaffungsanspruch verpfändet an ... (Gläubiger; Bezeichnung nach § 15 GBV) wegen einer Forderung von 50 000 EUR. Gemäß Bewilligung vom ... (Notar ... URNr ...) eingetragen am ...

Literatur: Bergermann, Die Abtretung und Verpfändung der Ansprüche auf Übereignung eines Grundstücks und der Rechte aus einer Auflassung, MittRhNotK 1969, 650; Blomeyer, Die Umformung des Eigentumsverschaffungsanspruchs durch Verpfändung, Rpfleger 1970, 228; Hieber, Die Verwirklichung des Pfandrechts an einem Auflassungsanspruch, DNotZ 1954, 171; Hieber, Das Pfandrecht am Anwartschaftsrecht des Grundstückserwerbers, DNotZ 1955, 186; Hieber, Die „dingliche Anwartschaft" bei der Grundstücksübereignung, DNotZ 1959, 350; Hoche, Verpfändung und Pfändung des Anspruchs des Grundstückskäufers, NJW 1955, 161; Hoche, Abtretung und Verpfändung des Anwartschaftsrechtes aus der Auflassung, NJW 1955, 652; Ludwig, Die Verpfändung des Auflassungsanspruchs DNotZ 1992, 339; Reithmann, Anspruchsverpfändung als Zwischensicherung bei der Kaufpreisfinanzierung, DNotZ 1983, 716 (auch DNotZ 1985, 605); Reuter, Zur Verpfändung von Auflassungsansprüchen, MittBayNot 1970, 130; Schöner, Auflösend bedingte Anspruchsverpfändung als Zwischensicherung zur Kaufpreisfinanzierung – ein riskanter Weg, DNotZ 1985, 598; Stöber, Verpfändung des Eigentumsübertragungsanspruchs und Grund-

---

[2] Zur auflösend bedingten Verpfändung s Rdn 1581 mit Muster.

bucheintragung, DNotZ 1985, 587; Träger, Verpfändung des Auflassungsanspruchs, DNotZ 1952, 160; Vollkommer, Die Rechtsstellung des vormerkungsgesicherten Parzellenerwerbers im „Zwischenstadium" als Kreditunterlage, Rpfleger 1969, 409; Wolfsteiner, Nochmals: Zur Abtretung und Verpfändung des sog Auflassungsanspruchs, Rpfleger 1976, 120.

a) Der Anspruch auf Eigentumsverschaffung als Gegenstand eines Pfandrechts

aa) Der **Käufer eines Grundstücks** will Sicherheit für Kredit (oder Forderungen aus anderem Schuldgrund) vielfach schon vor Eigentumserwerb mit Eintragung der Auflassung in das Grundbuch leisten. Oft benötigt er Fremdmittel für Kaufpreiszahlung oder für alsbaldigen Baubeginn. Durch Bestellung eines Grundpfandrechts am Kaufobjekt kann der Grundstückskäufer seinem Kreditgeber (Gläubiger) vor Eigentumsumschreibung Sicherheit jedoch nur leisten, wenn der Verkäufer zustimmt (mitwirkt; s Rdn 3158). Diese Zustimmung kann mitunter nicht erwirkt oder soll oft auch nicht erbeten werden. Beim Kauf eines noch nicht vermessenen Grundstücks kann die Erwerbsfläche mit einem Grundpfandrecht erst belastet werden, wenn die Grundstücksteilung im Grundbuch vollzogen ist (Rdn 1917). Sicherheit für Darlehen (andere Forderungen) kann der Käufer seinen Gläubigern vor Eigentumsübergang jedoch auch bereits mit **Verpfändung** seines

– (schuldrechtlichen) **Anspruchs auf Verschaffung des Eigentums** (§ 433 Abs 1 BGB) leisten (§§ 1273 ff BGB).

Mit Auflassung (§ 925 BGB) entsteht (unter weiteren Voraussetzungen) das
– **Anwartschaftsrecht** des Auflassungsempfängers

als gleichfalls verpfändbares Recht (dazu näher Rdn 1589).
Universalbanken und teilweise auch Bausparkassen akzeptieren meist solche Sicherheiten.

bb) Der **Anspruch** des Käufers eines Grundstücks (Grundstücksteils) gegen den Verkäufer auf **Verschaffung des Eigentums** (§ 433 Abs 1 BGB), ebenso jeder schuldrechtliche Eigentumsübertragungsanspruch aus anderem Rechtsgrund (zB Schenkung, Tausch) kann als übertragbares Vermögensrecht Gegenstand eines Pfandrechts sein (§ 1273 Abs 1 BGB). Ausgeschlossen ist die Verpfändung des Anspruchs jedoch, wenn er nicht übertragbar ist (§ 1274 Abs 2 BGB), insbesondere somit dann, wenn seine Abtretung durch Vereinbarung nach § 399 BGB ausgeschlossen ist. Der (schuldrechtliche) Anspruch auf Verschaffung des Eigentums bestimmt als Gegenstand des Pfandrechts dessen Wert und Sicherheit: Erwerb und Bestand des Pfandrechts sind von Bestand (auch Übertragbarkeit) und Durchsetzbarkeit des Eigentumsübertragungsanspruchs abhängig. Sicherheit bietet die Verpfändung des Eigentumsübertragungsanspruchs daher erst, wenn dieser Anspruch „rechtsbeständig" ist, somit insbesondere

– der Kaufpreis gezahlt (oder seine Erfüllung gewährleistet) ist,
– die (sichernde) Vormerkung rangrichtig eingetragen ist,
– die Nichtausübung gesetzlicher oder vertraglicher Vorkaufsrechte feststeht,
– sämtliche öffentlich-rechtliche Genehmigungen vorliegen und
– keine vertraglichen Rücktrittsrechte des Käufers vereinbart sind.

Ein guter Glaube an Bestand und Durchsetzbarkeit eines verpfändeten Eigentumsübertragungsanspruchs wird nicht geschützt. Bestehen und Erfüllbarkeit des Anspruchs werden für (gutgläubigen) Erwerb des Pfandrechts daran auch

1557

1558

dann nicht gewährleistet, wenn eine Auflassungsvormerkung im Grundbuch eingetragen ist.

b) Bestellung des Pfandrechts am Anspruch auf Eigentumsverschaffung

1559 Die Verpfändung des (schuldrechtlichen) Anspruchs auf Übereignung eines Grundstücks (Eigentumsverschaffung, auch Auflassungsanspruch) **erfolgt** nach „den für die Übertragung des Rechts geltenden Vorschriften" (§ 1274 Abs 1 BGB). Die Übertragung (Abtretung) eines Auflassungsanspruchs unterliegt keiner (besonderen) Form (Rdn 3106). Die Verpfändung des Anspruchs auf Eigentumsverschaffung vollzieht sich materiell-rechtlich somit gleichfalls außerhalb des Grundbuchs; sie erfordert[3]

- **Verpfändungsvertrag** (§ 1274 Abs 1 S 1 mit § 398 BGB), der formfrei geschlossen werden kann und Willensübereinstimmung des Verpfänders und des Gläubigers darüber zu enthalten hat, daß dem Gläubiger zur Sicherung seiner Forderung das Pfandrecht an dem Anspruch zustehen soll (§ 1205 BGB);
- **außerdem** nach § 1280 BGB, daß der **Gläubiger** des verpfändeten Anspruchs (somit der Käufer als Verpfänder) die **Verpfändung dem Schuldner** (der den verpfändeten Eigentumsverschaffungsanspruch schuldet, somit dem Veräußerer des Grundstücks) **anzeigt**.

Schriftform der Verpfändungserklärung empfiehlt sich zum Nachweis im Rechtsverkehr. Praktisch unumgänglich ist jedoch Verpfändungserklärung in öffentlich beglaubigter Form (§ 29 GBO), wenn sie als Grundlage für Grundbucheintragung dienen soll. Zu sichernde Forderung kann auch eine künftige oder eine bedingte Forderung sein (§ 1204 Abs 2 BGB). Üblich und empfehlenswert ist Sicherung der Forderung aus abstraktem Schuldanerkenntnis (§ 781 BGB; wenn vorhanden) oder „aller Ansprüche aus laufender und künftiger Kreditgewährung bis zum Höchstbetrag von ... €". Die nach § 1280 BGB erforderliche **Anzeige** der Verpfändung ist **Wirksamkeitserfordernis** (vergleichbar dem bei Verpfändung einer beweglichen Sache geltenden Erfordernis der Übergabe der Sache an den Pfandgläubiger). Erst mit der Anzeige des Gläubigers an den Schuldner, nicht schon mit Abschluß des Verpfändungsvertrags, äußert daher die Verpfändung Wirkungen. Vor dem Zeitpunkt der Anzeige ist das Pfandrecht nicht entstanden; wenn Anzeige nicht erfolgt, bleibt die Verpfändung unwirksam. Kenntnis von der Verpfändung ohne Anzeige äußert keine Wirkungen. **Nicht erforderlich** (zur Wirksamkeit der Verpfändung) ist Eintragung in das Grundbuch (zu ihrer Zulässigkeit Rdn 1571); gutgläubiger Erwerb eines Pfandrechts am Eigentumsverschaffungsanspruch ist daher auch nicht möglich.

c) Wirkung des Pfandrechts

1560 **aa) Gläubiger des Anspruchs** auf Übereignung des Grundstücks bleibt auch nach Verpfändung der Pfandschuldner – d.h. derjenige, dessen Anspruch mit dem Pfandrecht belastet ist –; die Verfügungsbefugnis dieses Pfandschuldners

---

[3] BayObLG 1967, 295 (297) = MittBayNot 1967, 275 = NJW 1968, 705 = Rpfleger 1968, 18; BayObLG 1976, 190 = DNotZ 1977, 107 = Rpfleger 1976, 359; BGB-RGRK/Augustin Rdn 80, MünchKomm/Kanzleiter Rdn 38, je zu § 925; MünchKomm/Damrau Rdn 29 zu § 1274; Staudinger/Wiegand Rdn 12 zu § 1287.

B. Einzelfälle

über den Anspruch ist dagegen beschränkt.[4] Die Verpfändung des Eigentumsverschaffungsanspruchs bewirkt demgemäß, daß **zur Erfüllung des Anspruchs**[5] die Auflassung des Grundstücks der Mitwirkung des Pfandgläubigers bedarf (Ausnahme nur, wenn die Anwendung der §§ 1281ff BGB abbedungen ist). Vor Pfandreife (Fälligkeit der gesicherten Forderung, s § 1228 Abs 2 BGB) kann der Schuldner des Eigentumsverschaffungsanspruchs (der Grundstücksverkäufer) mit Erfüllungswirkung nur noch an den Pfandgläubiger und den Pfandschuldner (Gläubiger des verpfändeten Anspruchs) gemeinschaftlich leisten (= an sie gemeinsam auflassen, § 1281 S 1 BGB). Jeder von beiden kann verlangen, daß an sie gemeinschaftlich geleistet wird (§ 1281 S 2 BGB). Ist die Pfandreife eingetreten, so ist der Pfandgläubiger zur Einziehung des verpfändeten Anspruchs (allein) berechtigt und kann der Schuldner nur (noch) an ihn leisten (§ 1282 Abs 1 S 1 BGB); dann kann der Pfandgläubiger sonach bei Auflassung allein handeln.

bb) Leistet hiernach der Schuldner (des verpfändeten Eigentumsverschaffungsanspruchs) gemäß § 1281 oder § 1282 BGB, so erwirbt der **Pfandschuldner** (als Gläubiger des Anspruchs) das **Eigentum** an dem Grundstück; im gleichen Zeitpunkt entsteht als Surrogat des bisherigen Pfandrechts am Recht (Anspruch)[6] für den **Pfandgläubiger** kraft Gesetzes (ohne Grundbucheintragung) eine **Sicherungshypothek** an dem übereigneten Grundstück (§ 1287 BGB). Deren Eintragung ist Grundbuchberichtigung. Sie erfolgt auf Antrag[7] (§ 13 Abs 1 GBO), wenn die Grundbuchunrichtigkeit (Entstehen der Sicherungshypothek) nachgewiesen wird (§ 22 GBO) oder auf Grund Berichtigungsbewilligung des Pfandschuldners (als Eigentümer, § 19 GBO).

1561

cc) Die Sicherungshypothek hat **Rang nach Rechten,** die vom **Erwerber** im Zusammenhang mit dem schuldrechtlichen Vertrag zugunsten des Veräußerers bestellt werden (und gemäß § 16 Abs 2 GBO gleichzeitig mit Eigentumsübergang zu vollziehen sind, zB Kaufpreisresthypothek, Dienstbarkeit für Restflächen des Veräußerers). Entsprechendes gilt für Rechte, die Dritten in Erfüllung einer Vertragspflicht aus dem Erwerbsvertrag zu bestellen sind. Die Sicherungshypothek erhält aber **Rang vor** allen anderen vom **Erwerber bewilligten Rechten** Dritter,[8] gleichgültig, ob sie vor oder nach Wirksamkeit der

1562

---

[4] Motive zum BGB, Band III, S 860.
[5] Dazu Stöber DNotZ 1985, 587 (589 ff).
[6] BayObLG 1967, 295 (300) = aaO (Fußn 3).
[7] Zur Besonderheit, daß Eintragung der Sicherungshypothek nicht gewollt ist und Antrag daher nicht gestellt wird siehe Ludwig DNotZ 1992, 339 (342) sowie Gutachten DNotI-Report 2002, 177.
[8] So ausführlich BGH 49, 197 = DNotZ 1968, 483 = Rpfleger 1968, 38; BayObLG 1972, 46 = DNotZ 1972, 536 = Rpfleger 1972, 182 (je für den Rang der Sicherungshypothek eines Pfändungsgläubigers); auch KG JFG 4, 339; OLG Jena DNotZ 1997, 113 = Rpfleger 1996, 101; LG Frankenthal BWNotZ 1985, 88 und 1986, 38 Leits mit Anm Lehmann = Rpfleger 1985, 231; LG Fulda Rpfleger 1988, 252 mit Anm Böttcher und 1988, 475 Leits mit Anm Kerbusch; Stöber, Forderungspfändung, Rdn 2059; außerdem (für Vertragspfandgläubiger) BGB-RGRK/Kregel Rdn 8 zu § 1287; Münch-Komm/Damrau Rdn 35f zu § 1274; Staudinger/Wiegand Rdn 15 zu § 1287. Tlw anders nur Böttcher Rpfleger 1988, 252 (263; Vorrang auch für Rechte Dritter zur Kaufpreisfinanzierung), nicht richtig; zutreffend dagegen Kerbusch Rpfleger 1988, 475. Zu diesem Problem auch Spieß MittRhNotK 1972, 370; außerdem Rdn 1597.

Verpfändung bewilligt wurden. Sind zB die Auflassung mit Antrag auf Eigentumsumschreibung und eine vom Erwerber bewilligte Grundschuld für eine Bank dem Grundbuchamt vorgelegt und wird jetzt erst das Anwartschaftsrecht vor Eigentumsumschreibung wirksam verpfändet, erhält die Sicherungshypothek demnach Rang vor der vom Erwerber bewilligten Grundschuld. Daraus folgt, daß sog Notarbestätigungen in solchen Fällen unvertretbar sind, da die Einreichung der vom Erwerber eines Grundstücks bewilligten Grundschuld vor seiner Eintragung als Eigentümer keinen Rang gegenüber einer Verpfändung (oder Pfändung) wahrt.

1563 dd) **Grundbuchberichtigung** mit (sofortiger und rangrichtiger) **Eintragung** der gesetzlich entstehenden **Sicherungshypothek** ist durch die Berechtigung des Pfandgläubigers gewährleistet (§§ 1281, 1282 BGB), den verpfändeten Anspruch mit- oder selbständig einzuziehen. Leistung (Auflassung) nur an den Pfandschuldner als Anspruchsgläubiger hätte keine Erfüllungswirkung.[9] Auflassung an Pfandgläubiger oder dessen Mitwirkung bei Auflassung (§ 1281 BGB) ermöglicht es ihm, zugleich Antrag auf Eintragung der Sicherungshypothek zu stellen und damit für deren (rangrichtige) Eintragung sogleich bei Vollzug der Auflassung Sorge zu tragen.

d) Verfügung über das Grundstück nach Verpfändung des schuldrechtlichen Anspruchs (Abstraktionsprinzip)

1564 aa) **Verpfändung** des (schuldrechtlichen) Anspruchs auf Eigentumsverschaffung **beschränkt** den Pfandschuldner (als Verpfänder) zugunsten des Pfandgläubigers in der diesen beeinträchtigenden **Verfügung über den Anspruch.** Erfüllung (Rdn 1560), Aufhebung und beeinträchtigende inhaltliche Änderung (§ 1276 BGB) des Anspruchs bedürfen der Mitwirkung des Pfandgläubigers. Nicht beeinträchtigt wird der Pfandgläubiger durch weitere (nochmalige) Verpfändung (hat Nachrang, s Rdn 1582) und Übertragung des verpfändeten Anspruchs (das Pfandrecht belastet auch nach Gläubigerwechsel den Anspruch unverändert). Die Befugnis des Veräußerers (Schuldners des verpfändeten Anspruchs) zur **Verfügung über** sein **Grundstück** (s § 137 S 1 BGB) schränkt die Verpfändung des (schuldrechtlichen) Eigentumsverschaffungsanspruchs dagegen **nicht ein.**[10] Obligatorische (schuldrechtliche) Beziehungen der Beteiligten zueinander erlangen für Übertragung des Eigentums nach dem das BGB beherrschenden **Abstraktionsprinzip** (Rdn 15) keinerlei Bedeutung. Das Grundgeschäft (Kausalgeschäft) ist kein Tatbestandsmerkmal der dinglichen Rechtsänderung (Rdn 15). Ebenso kommt dem Pfandrecht am schuldrechtlichen Anspruch keinerlei Bedeutung zu für Rechtswirksamkeit rechtsgeschäftlicher Eigentumsübertragung mit Auflassung und Grundbucheintragung.[11]

> **Beispiel:** Verkäufer V schuldet dem Erwerber E die Übereignung eines Grundstücks. Der Anspruch ist an Gläubiger G verpfändet. V läßt jedoch das Grundstück an den Dritten D auf, der auch als Eigentümer eingetragen wird. D ist Grundstückseigentümer; der verpfändete Auflassungsanspruch besteht jedoch weiter. Ist Erfüllung nicht mehr möglich

---

[9] So auch BayObLG 1967, 295 (301); dazu insbesondere Stöber DNotZ 1985, 587 (589 ff).
[10] Dazu eingehend Stöber DNotZ 1985, 587.
[11] Siehe Stöber DNotZ 1985, 587.

B. Einzelfälle

(Sicherung durch Vormerkung), dann gelten für das Schuldverhältnis die Regeln der Leistungsstörung.

bb) Gleiches gilt, wenn Grundbucheintragung nach Auflassung an den Gläubiger des verpfändeten Eigentumsverschaffungsanspruchs unter Ausschluß des Pfandgläubigers erfolgt. Auch dann tritt dingliche Rechtsänderung (Eigentumsübergang) ein mit Einigung und Eintragung (§§ 873, 925 BGB). Für deren Rechtswirksamkeit kommt dem Verpflichtungsgeschäft und damit auch der Verpfändung des schuldrechtlichen Eigentumsverschaffungsanspruchs überhaupt keine Bedeutung zu. Solche Eigentumsübertragung ist jedoch nicht „Leistung ... in Gemäßheit der §§ 1281, 1282 BGB"; sie hat nicht Erfüllungswirkung (§ 362 BGB). Der verpfändete Eigentumsverschaffungsanspruch als **geschuldete Leistung** und ebenso das Pfandrecht daran erlöschen damit nicht (§ 362 BGB); eine Sicherungshypothek nach § 1287 BGB gelangt nicht zur Entstehung.

1565

cc) Daher ist die weit verbreitete Ansicht **nicht richtig,**[12] Verpfändung des Auflassungs**anspruchs** bewirke, daß die für Eigentumsübertragung notwendige **Auflassung** nach materiellem Recht der **Mitwirkung** eines Dritten – **des Pfandgläubigers** – bedürfe, daß dies sachenrechtliches Wirksamkeitserfordernis der Auflassung (als dingliche Einigung über die Rechtsänderung) sei, als solche dem Grundbuchamt nachgewiesen und von diesem nach § 20 GBO geprüft werden müsse.[13] Verpfändung des Erwerbs**anspruchs** begründet für den Pfandgläubiger kein „Sachenrecht" (keine dingliche Berechtigung) an dem zu leistenden Gegenstand des Dritten und bewirkt für den Pfandschuldner kein (relatives) Erwerbsverbot. Sie hindert den Pfandschuldner daher auch nicht, das nach dem verpfändeten Leistungsanspruch geschuldete Grundstück aus anderem Rechtsgrund (oder rechtsgrundlos) zu erwerben.

1566

Beispiel: Verpfändet ist der Übertragungsanspruch aus Kaufvertrag, übereignet wird das danach zu leistende Grundstück an den Pfandschuldner, weil er darauf als Vermächtnisnehmer Anspruch hat (§ 2174 BGB), oder auch, weil es ihm der Eigentümer (unter Lebenden) unentgeltlich zuwendet (= schenkt).

Richtig ist lediglich, daß dann, wenn „die Erfüllung des verpfändeten Anspruchs in der Auflassung eines Grundstücks ... (besteht), folglich zu de-

---

[12] Hierzu ausführlich Stöber DNotZ 1985, 587.
[13] So BayObLG 1967, 295 (insbes 303) = MittBayNot 1967, 275 = NJW 1968, 705 = Rpfleger 1968, 18; BayObLG (erneut) DNotZ 1983, 758 = (nur mitgeteilt) Rpfleger 1983, 344; auch LG Augsburg Rpfleger 1984, 263. Die Literatur hat sich dieser Auffassung angeschlossen, zB Tröder DNotZ 1984, 350 (351); MünchKomm/Damrau Rdn 33 zu § 1274 („Zustimmung" des Pfandgläubigers zur Eintragung muß vorgelegt werden); Staudinger/Wiegand Rdn 13 zu § 1287; Ludwig Rpfleger 1987, 495 (Anmerkung); zutreffend wird sie in der Literatur aber auch abgelehnt, zB Weidmann NJW 1968, 1334 (Anmerkung), der bereits (kurz) darauf hinweist, daß die von §§ 1281, 1282 BGB geforderte Mitwirkung des Pfandgläubigers nicht Wirksamkeitserfordernis der Auflassung ist; Blomeyer Rpfleger 1968, 228; Weirich DNotZ 1987, 625 (Anmerkung) und jetzt auch K/E/H/E (Munzig) Rdn 140 zu § 20, aber auch Rdn 141 und 142 (Zustimmung des Pfandgläubigers als Kreditgeber „zweckmäßig"). Grundbuchverfahrensrechtliche Bewilligung (§ 19 GBO) halten Bauer/vOefele/Kössinger Rdn 243–247 zu § 20 (nicht zutreffend) für erforderlich.

ren Wirksamkeit[14] die Mitwirkung des Pfandgläubigers notwendig" ist.[15] Denn (nur) das regeln §§ 1281, 1282 BGB. Diese nach einhelliger Meinung des Schrifttums selbstverständliche Aussage wird aber grundlegend mißverstanden, wenn Mitwirkung des Pfandgläubigers nicht zur **Wirksamkeit der Erfüllung** des verpfändeten **Anspruchs** gefordert wird, sondern für Wirksamkeit der für Eigentumsübergang notwendigen Einigung (Auflassung). Trennung und rechtliche Selbständigkeit von Verpflichtungsgeschäft (es begründet den verpfändeten Anspruch) und Erfüllungsgeschäft kommen nicht deshalb in Wegfall, weil (verpfändender) Gläubiger und Schuldner des Anspruchs sowie Erwerber und Veräußerer personengleich sind. Einigung (in Auflassungsform) und Grundbucheintragung als (notwendige) Erfordernisse dinglicher Rechtsänderung bleiben daher auch dann unabhängig von schuldrechtlichen (obligatorischen) Beziehungen der Beteiligten zueinander, wenn die Verfügungsbefugnis eines am Schuldverhältnis Beteiligten über seinen durch dieses begründeten Anspruch mit Verpfändung beschränkt ist (Rdn 1560).

1567 dd) **§ 20 GBO** gebietet **Prüfung der Auflassung** durch das Grundbuchamt. Zu prüfen ist damit die für Eigentumsübertragung (abstrakt) notwendige dingliche Einigung (§§ 873, 925 BGB) als Verfügungsgeschäft. Mitwirkung des Anspruchspfandgläubigers bei Auflassung, sonach wirksame Erfüllung des verpfändeten Anspruchs auf Übereignung des Grundstücks, ist nicht Erwerbstatbestand. Daher ist bei Eintragung der Auflassung Mitwirkung des Anspruchspfandgläubigers durch das Grundbuchamt auch nicht zu prüfen. § 20 GBO würde für solche Prüfung keinerlei Grundlage bieten, auch nicht § 19 GBO, da der schuldrechtliche Anspruch und dessen Schicksal kein Betroffensein im Sinne des § 19 GBO begründet.[16]

1567a ee) Ein **Recht** am Grundstück, das vom **Veräußerer nach** Verpfändung des (schuldrechtlichen) Anspruchs auf Eigentumsverschaffung noch bestellt wurde, ist pfandrechtswidrig eingeräumt. Das gilt auch für ein Grundpfandrecht, das nach Verpfändung durch den Veräußerer, bevollmächtigt vertreten durch den (späteren) Erwerber oder durch diesen mit Zustimmung des Veräußerers (§ 185 BGB; Rdn 3158) bestellt worden ist. Auflassung nur an den Gläubiger des verpfändeten Eigentumsverschaffungsanspruchs unter Ausschluß des Pfandgläubigers ist dann nicht „Leistung ... in Gemäßheit der §§ 1281, 1282 BGB"; eine Sicherungshypothek gelangt damit nicht zur Entstehung (wie Rdn 1565). Erfolgt Leistung an beide gemeinschaftlich (§ 1281 BGB) oder an den einziehungsberechtigten Pfandgläubiger (§ 1282 Abs 1 BGB), dann hat das Recht Rang vor der Sicherungshypothek des Erwerbers, der das Grundstück nur mit diesem Recht belastet erwerben kann (Verpflichtungsgeschäft ist kein Tatbestandsmerkmal der Rechtsänderung; der schuldrechtliche Eigentumsverschaffungsanspruch und seine Verpfändung erlangen für die Wirksamkeit der Grundstücksbelastung daher keine Bedeutung; wie Rdn 1564). Sicherung des Pfandgläubigers gegen solche pfandrechtswidrige Verfügung gewährt jedoch die Auflassungsvormerkung (dazu Rdn 1570, 1570a).

---

[14] Das heißt: zur Auflassung für Erfüllung des Anspruchs mit Wirkung auch gegenüber dem Pfandgläubiger.
[15] BayObLG 1967, 295 (302 oben) = aaO (Fußn 13).
[16] Falsch daher BayObLG 1987, 59 = DNotZ 1987, 625 mit abl Anm Weirich = Rpfleger 1987, 299.

B. Einzelfälle

Rechte, die von dem **Veräußerer** bereits **vor** Verpfändung an dem Grundstück bestellt wurden, berührt diese nicht. Sie haben Rang vor der Sicherungshypothek des Erwerbers. Die Leistung besteht in der Übertragung des Eigentums an dem belasteten Grundstück, das nur mit den Rechten belastet erworben werden kann.

e) **Vormerkung als Schutzmittel**

aa) Zum **Schutz des schuldrechtlichen Anspruchs** auf Übertragung des Eigentums an einem Grundstück stellt das Sachenrecht die **Vormerkung** (§ 883 BGB) zur Verfügung (Rdn 1477 ff). Sie sichert die Verwirklichung des Anspruchs (Rdn 1520) gegen beeinträchtigende Verfügungen (§ 883 Abs 2 S 1 BGB), bewirkt aber keine Sperre des Grundbuchs (Rdn 1524). Später beantragte Eintragungen hat das Grundbuchamt daher zu vollziehen. Nur wenn vormerkungswidrige Eintragungen nicht erfolgt oder gelöscht sind,[17] hat aber Eintragung des Vormerkungsberechtigten als Eigentümer (nach Auflassung) als „Bewirken der geschuldeten Leistung" nach § 362 BGB Erlöschen des Eigentumsübertragungsanspruchs zur Folge. Erst dann erlischt mit Erfüllung des geschuldeten Anspruchs auch die Vormerkung (Rdn 1539).

bb) **Vormerkungsschutz** besteht für den gesicherten schuldrechtlichen **Anspruch.** Berechtigter aus der Vormerkung kann wegen ihrer Verbindung mit und Abhängigkeit von dem gesicherten Anspruch nur dessen **Berechtigter** sein (Rdn 1494). Änderung des Anspruchsberechtigten bewirkt folglich auch Änderung des aus der Vormerkung Berechtigten und damit des durch sie Geschützten. Übertragung und Vererbung der Vormerkung richten sich somit stets nach dem durch die Vormerkung gesicherten Anspruch (Rdn 1516). Eintragung des nach Übertragung oder Vererbung Berechtigten ist Grundbuchberichtigung (Rdn 1516). (Materielle) Schutzwirkung hat die Vormerkung für den nach Übertragung oder Vererbung neu Berechtigten daher auch, wenn berichtigende Umschreibung der Vormerkung auf ihn (noch) nicht erfolgt ist.

cc) Das ist nicht anders, wenn sich die **Anspruchsberechtigung** nur **teilweise ändert,** wenn somit nur ein Teilrecht des Gläubigers auf einen Dritten übergeht. Solche Anspruchs„spaltung" bewirkt **Verpfändung.** Der Pfandschuldner bleibt Gläubiger des Anspruchs, erleidet aber mit der dem Pfandgläubiger eingeräumten (ihm übertragenen) Verwertungsbefugnis eine Beschränkung in seiner Verfügungsbefugnis **über den Anspruch** (Inhalt der Beschränkung s Rdn 1560 und 1564). Verpfändung bewirkt somit (teilweise) Änderung der durch die Vormerkung geschützten Anspruchsberechtigung und des Anspruchsberechtigten. **Zu dem** Verpfänder als dem bisher allein **Berechtigten** des Anspruchs **tritt der Pfandgläubiger** mit seiner durch Verpfändung erlangten Berechtigung. Beide (Pfandschuldner und Pfandgläubiger) als zusammen nach Maßgabe der Bestimmungen über das Pfandrecht Berechtigte des Anspruchs sind somit **Berechtigte aus der Vormerkung.** Vormerkungsschutz besteht nach Verpfändung für den gesicherten schuldrechtlichen Anspruch somit auch für den Pfandgläubiger[18] hinsichtlich seiner Pfandberechtigung am

1567 b

1568

1569

1570

---
[17] RG 113, 403 (405); BGB-RGRK/Weber Rdn 13 zu § 362.
[18] So auch Vollkommer Rpfleger 1969, 409 (410) mit Nachw.

Anspruch.[19] Diese (materielle) Schutzwirkung hat die Vormerkung für den Berechtigten auch, wenn (berichtigende) Grundbucheintragung der Verpfändung des vorgemerkten Anspruchs nicht erfolgt ist.[20] Dem durch die Vormerkung mitgesicherten Pfandgläubiger gegenüber unwirksam (§ 883 Abs 2; s Rdn 1575 a) ist daher die (pfandrechtswidrige) Belastung des Grundstücks durch den Veräußerer (auch bevollmächtigt vertreten durch den Erwerber oder durch diesen mit Zustimmung des Veräußerers, § 185 BGB) mit einem Grundpfandrecht (anderen Recht) nach Verpfändung.

1570 a dd) Gesichert ist der Pfandgläubiger als Mitberechtigter aus der Vormerkung aber nur, **soweit** der **Vormerkungsschutz** reicht (§ 883 Abs 2, § 888 BGB). Keine Wirkung äußert die Vormerkung für ihn daher, wenn der vorgemerkte (verpfändete) Auflassungsanspruch nicht besteht (dazu Rdn 1482), somit auch, wenn er erloschen ist, oder der Vormerkungsberechtigte (vor Verpfändung oder Pfändung) oder (nach Verpfändung) der Pfandgläubiger die Belastung des Grundstücks mit einem gegenüber dem vorgemerkten Anspruch dann wirksamen Recht, insbesondere einem Finanzierungsgrundpfandrecht, ermöglicht hat (Zustimmung des Vormerkungsberechtigten[21] zu der ihm gegenüber sonst unwirksamen Verfügung, Rdn 1523; möglich auch durch Erklärung des Rangrücktritts der Auflassungsvormerkung hinter das neu bestellte Recht). Dann behält, wenn Leistung mit Übertragung des Eigentums erfolgt, ein am Grundstück vom Veräußerer (auch bevollmächtigt vertreten durch den Erwerber oder durch diesen mit Zustimmung des Veräußerers, § 185 BGB) nach Verpfändung des (schuldrechtlichen) Anspruchs auf Eigentumsverschaffung noch bestelltes Recht den Rang vor der Sicherungshypothek des Pfandgläubigers (Rdn 1567 a).

f) Grundbuchberichtigung mit Eintragung der Verpfändung bei der Auflassungsvormerkung

1571 aa) In das Grundbuch kann das **Pfandrecht** am Eigentumsverschaffungsanspruch **bei der** diesen sichernden (Auflassungs-)**Vormerkung**[22] eingetragen

---

[19] S KG JFG 8, 318 (320, 321): „Das Bestehen einer Vormerkungssicherung für den gepfändeten Anspruch kommt ... auch dem Pfändungsgläubiger zustatten." KG für den Fall der weiteren Belastung des Grundstücks durch den Veräußerer nach Eintragung der Vormerkung. Zu den Vormerkungswirkungen auch „zugunsten des Pfandgläubigers" außerdem BayObLG 1990, 318 (320, 321) = NJW-RR 1991, 567.
[20] KG JFG 8, 318. Dort S 323 zur **Gefährdung** des nicht eingetragenen Pfandgläubigers **infolge des öffentlichen Glaubens des Grundbuchs** (§ 892 BGB), wenn der Vormerkungsberechtigte (Pfandschuldner) der vormerkungswidrigen Verfügung zustimmt.
[21] „Zustimmungslösung", s Rdn 1523a; zum gleichen Ergebnis führt die sogen „Inhaltslösung", nach der die Wirksamkeit eines nachrangig eingetragenen Finanzierungsgrundpfandrechts gegenüber dem durch Vormerkung gesicherten Anspruch sich sogleich auf den Inhalt des Kaufvertrags mit seiner Gestattung der vorrangigen Belastung gründet (nur so belastetes Eigentum wird geschuldet; s Rdn 1523a).
[22] Eintragung eines Verpfändungsvermerks kann jedoch nicht isoliert erfolgen, wenn die Vormerkung selbst nicht eingetragen ist (so auch BayObLG DNotZ 1996, 554 (556). Die abweichende Ansicht von Ludwig DNotZ 1992, 339 (351; soweit ersichtlich sonst bislang nicht vertreten) verkennt völlig, daß das Pfandrecht am schuldrechtlichen Anspruch besteht (vgl bereits Rdn 1566 Fußn 14) und nicht an einem im Grundbuch gebuchten Recht. Fehl geht die von Ludwig behauptete Parallele zum gerichtlichen Verfügungsverbot (zu diesem Rdn 1644). Es beschränkt in der Verfügung

B. Einzelfälle

werden.²³ Diese Eintragung ist Grundbuchberichtigung. Sie stellt dar, daß Berechtigter des durch die Vormerkung gesicherten Anspruchs auch der Pfandgläubiger mit seiner durch die Verpfändung erlangten Rechtsstellung ist. Wenn eine Auflassungsvormerkung noch nicht eingetragen ist, kann deren Eintragung auch der Pfandgläubiger beantragen.²⁴

bb) Eintragung der (wirksamen) Verpfändung des Eigentumsverschaffungsanspruchs bei der Auflassungsvormerkung erfolgt als Grundbuchberichtigung auf **Antrag** (§ 13 Abs 1 GBO), wenn der als Vormerkungsberechtigter des Auflassungsanspruchs eingetragene Betroffene (§ 39 Abs 1 GBO), dh der Gläubiger des Anspruchs auf Grundstücksübereignung, dies **bewilligt** (§ 19 GBO; Form: § 29 GBO) oder die **Verpfändung** dem Grundbuchamt in der Form des § 29 GBO **nachgewiesen** ist (§ 22 Abs 1 GBO).²⁵ Zur Eintragung auf Bewilligung des Verpfänders braucht die zur Wirksamkeit der Verpfändung nach § 1280 BGB nötige Anzeige nicht nachgewiesen zu werden,²⁶ desgleichen nicht die Einigung zwischen dem Gläubiger des Auflassungsanspruchs und dem Pfandgläubiger.²⁷ Die Bewilligung des Verpfänders braucht daher auch keine Angabe über die Zeit der Verpfändung und damit keinen Hinweis darauf zu enthalten, daß die Verpfändung vor Eintragung wirksam geworden ist. Zur Eintragung auf Grund nachgewiesener Verpfändung (Unrichtigkeitsnachweis nach § 22 Abs 1 GBO) ist der Zugang dieser (formlosen) Anzeige des Gläubigers an den Eigentümer als Schuldner des Auflassungsanspruchs in der Form des § 29 GBO (durch Zustellungsurkunde) nachzuweisen. Der auf eine Berichtigungsbewilligung gestützte Antrag auf Eintragung der Verpfändung ist zurückzuweisen, wenn sich aus den vorgelegten Urkunden oder aus anderen dem Grundbuchamt bekannten Umständen zweifelsfrei ergibt, daß das Pfandrecht nicht entstanden (oder wieder erloschen) ist.²⁸

1572

cc) Die **Grundbucheintragung** erfolgt, wenn sie nachträglich vorgenommen wird, in Spalte 5 (mit laufender Nummer in Spalte 4) der Abteilung II (§ 10 Abs 5 GBV; s Rdn 1108). Wenn Eintragung der Auflassungsvormerkung (Rdn 1571 aE) und des Pfandrechts zugleich erfolgen, wird das Pfandrecht

1573

über das Eigentum als „ein im Grundbuch eingetragenes Recht"; die Grundbucheintragung gestattet daher § 892 Abs 1 S 2 BGB. Verpfändung des (schuldrechtlichen) Anspruchs auf Eigentumsübertragung verbietet pfandrechtswidrige „Verfügung" über diesen Anspruch. Ohne Eintragung der ihn sichernden Vormerkung (§ 883 BGB) ist daher jede Verlautbarung dieses Pfandrechts im Grundbuch ausgeschlossen.

²³ BayObLG 1967, 295 (297) = aaO (Fußn 13); BayObLG 1976, 190 (192) = aaO (Fußn 3); BayObLG DNotZ 1983, 758 = aaO (Fußn 13); BayObLG JurBüro 1985, 950 = MittRhNotK 1985, 42 = Rpfleger 1985, 58; BayObLG 1995, 171 (173) = DNotZ 1996, 554 (556) mit Anm Ludwig; KG JW 1937, 249; LG München I MittBayNot 1982, 126; auch BayObLG 1983, 301 (303) = DNotZ 1985, 630 = Rpfleger 1984, 144; K/E/H/E Rdn 139 zu § 20; Stöber DNotZ 1985, 587 (592); Vollkommer Rpfleger 1969, 409 (410).
²⁴ Vollkommer Rpfleger 1969, 409 (410); K/E/H/E Rdn 139 zu § 20.
²⁵ BayObLG 1967, 295 und 1976, 190 = je aaO (Fußn 3) mit Nachw; dazu auch Ertl DNotZ 1976, 90 K/E/H/E Rdn 139 zu § 20.
²⁶ BayObLG 1967, 295 und 1976, 190 = je aaO (Fußn 3) und LG Nürnberg-Fürth MittBayNot 1970, 161.
²⁷ BayObLG 1967, 295 und 1976, 190 = je aaO (Fußn 3).
²⁸ BayObLG 1976, 190 = aaO (Fußn 3).

am Eigentumsverschaffungsanspruch mit der Vormerkung in Spalte 3 (mit laufender Nummer in Spalte 1) der Abteilung II eingetragen (§ 10 Abs 4 GBV; s Rdn 1108). Der Eintragungsvermerk hat die mit Anspruchsverpfändung bewirkte Änderung der durch die Vormerkung geschützten Anspruchsberechtigung zu bezeichnen. Hierfür genügt neben der Bezeichnung des Berechtigten (des nach § 15 GBV einzutragenden Pfandgläubigers) die allgemeine Angabe der durch Verpfändung erlangten Mitberechtigung (genügend: „Verpfändet an ..."). Zur näheren Bezeichnung der Berechtigung kann auf die Eintragungsbewilligung Bezug genommen werden. Betragsmäßige Angabe auch der Forderung des Pfandgläubigers im Eintragungsvermerk ist nicht Eintragungserfordernis[29] (dazu schon grundsätzlich Rdn 2450). Berichtigend einzutragende materielle Rechtsänderung ist die mit Verpfändung eingetretene Änderung der Berechtigung aus der Vormerkung (Rdn 1570), nicht aber die Belastung des vorgemerkten Anspruchs mit einem (zu bezeichnenden) dinglichen Verwertungsrecht. Die mit Leistung entstehende Sicherungshypothek (§ 1287 BGB) bedingt Bezeichnung der Forderung des Pfandgläubigers nicht, weil für sie dem Pfandvermerk bei der Vormerkung keine Bedeutung zukommt (die Sicherungshypothek entsteht auch, wenn Auflassungsvormerkung und Verpfändung nicht im Grundbuch eingetragen sind). Angabe auch des (Hauptsache-)Betrags der Pfandforderung ist dennoch üblich; zur näheren Bezeichnung der Berechtigung des Pfandgläubigers ist sie für zulässig zu erachten. Hierfür würde aber auch Bezugnahme auf die Eintragungsbewilligung genügen.

1574 dd) Die Eintragung der Verpfändung des vorgemerkten Anspruchs erlangt vornehmlich für das Grundbuchverfahren **Bedeutung.** Sie schützt vor Rechtsverlust, der eintreten könnte, wenn der allein eingetragene Pfandschuldner einer vormerkungswidrigen Verfügung zustimmt.[30] **Löschung der Vormerkung** oder Eintragung einer sonst beeinträchtigenden Rechtsänderung (s Rdn 1564, nicht somit einer weiteren Verpfändung oder Übertragung des vorgemerkten Anspruchs) kann nicht mehr allein auf Grund Bewilligung des Pfandschuldners (Gläubiger des Eigentumsverschaffungsanspruchs) erfolgen, sondern nur, wenn auch entsprechende Bewilligung des Pfandgläubigers vorliegt (§ 19 GBO),[31] es sei denn, die Löschung der Vormerkung kann im Wege des Unrichtigkeitsnachweises wegen Erlöschen des Anspruchs erfolgen (§§ 22, 29 GBO). Das gilt auch, wenn die Anwendung der §§ 1281, 1282 BGB vereinbarungsgemäß ausgeschlossen ist (§ 1284 BGB). Auch dann entsteht eine Sicherungshypothek[32] (§ 1287 BGB). Ausschluß von §§ 1281, 1282 BGB ändert nur das Einziehungsrecht, nicht aber die Pfandrechtswirkung nach Einziehung. Auch mit Erfüllung nach abweichender Vereinbarung gem § 1284 BGB tritt daher kraft Gesetzes Surrogation ein. Es erlangt somit der Pfandschuldner als Gläubiger des verpfändeten Anspruchs Grundstückseigentum, der Pfandgläubiger die Sicherungshypothek daran.

---

[29] LG München I MittBayNot 1982, 126; diesem folgend MünchKomm/Damrau Rdn 30 zu § 1274 BGB.
[30] Siehe Rdn 1570 Fußn 20; auch BayObLG 1995, 171 (174) = DNotZ 1996, 554 (556).
[31] BayObLG 1983, 301 (303) = aaO (Fußn 23).
[32] AA LG Passau Rpfleger 1992, 426; K/E/H/E Einl Rdn M 38.

ee) **Löschung** des **Verpfändungsvermerks** erfolgt auf Antrag, wenn **1575**
- sie der Pfandgläubiger bewilligt[33] (Form: § 29 GBO);
- die Unrichtigkeit des Grundbuchs mit dem Erlöschen des Pfandrechts an dem Anspruch auf Übertragung des Eigentums nachgewiesen ist (§ 22 Abs 1 GBO). Da Rückstände von Leistungen bei einem im Grundbuch eingetragenen Pfandrecht nicht ausgeschlossen sind,[34] kann die Löschung jedoch nur unter den Voraussetzungen der §§ 23, 24 GBO erfolgen, soweit nicht eine Vorlöschungsklausel beim Verpfändungsvermerk eingetragen ist.[35]

ff) Vormerkungsschutz auch für den Pfandgläubiger bewirkt **keine Sperre des** **1575a** **Grundbuchs** (s Rdn 1568). Eine vom Eigentümer noch bewilligte Belastung des Grundstücks hat das Grundbuchamt daher einzutragen (Rdn 1568). Dem aus der Vormerkung mitberechtigten Pfandgläubiger (Rdn 1570) gegenüber ist diese Belastung jedoch unwirksam (§ 883 Abs 2 BGB). Beeinträchtigt iS des § 883 Abs 2 BGB ist durch Belastung des Grundstücks erst nach Eintragung der Auflassungsvormerkung sein Recht, mit Eigentumsübergang anstelle des Pfandrechts am Eigentumsverschaffungsanspruch eine Sicherungshypothek (Rdn 1561) ohne den Vorrang dieser Nachbelastung zu erlangen.[36] Die Sicherungshypothek erhält jedoch nicht bereits kraft Gesetzes ihren Vorrang;[37] der Pfandgläubiger muß ihr den Rang vor der vormerkungswidrigen Belastung nach § 888 Abs 1 BGB verschaffen[38] (s Rdn 1526). Eingetragen werden kann die Sicherungshypothek daher zunächst nur an nächstoffener Rangstelle.[38] Die Vormerkung kann in diesem Fall (ohne Bewilligung des Pfandgläubigers, § 19 GBO) jedoch nicht gelöscht werden; sie sichert den Pfandgläubiger weiterhin gegen die vormerkungswidrige Belastung. Von dem Berechtigten der vormerkungswidrigen Belastung kann der Pfandgläubiger die Zustimmung zum Rangrücktritt zugunsten seiner Sicherungshypothek verlangen.[39] Der Eigentümerzustimmung gem § 880 Abs 2 S 2 BGB bedarf es hierzu nicht; sie wird durch die Verpfändung des Eigentumsverschaffungsanspruchs (und ihre Eintragung im Grundbuch bei der Auflassungsvormerkung) ersetzt.[40] Gleiches gilt, wenn ein Gläubiger mit einem bereits eingetragenen Recht im Rang hinter die Auflassungsvormerkung zurückgetreten ist.[41] Mit Eintragung des Rangrücktritts ist das Recht so anzusehen, als wäre es im Verhältnis zur Auflassungsvormerkung mit dem sich aus dem Rangrücktritt ergebenden Rang, also nach der Auflassungsvormerkung, begründet worden. Der Pfandgläubiger kann daher verlangen, daß der Inhaber dieses Rechts auch dem Rücktritt seines Rechts im Rang hinter die mit Eintragung der Auflassung entstandene Sicherungshypothek des Pfandgläubigers

---

[33] BayObLG DNotZ 1983, 758 = aaO (Fußn 13).
[34] BayObLG 1995, 171 (173) = DNotZ 1996, 554 (556) mit Nachw.
[35] BayObLG 1983, 301 = aaO (Fußn 23); BayObLG 1995, 171 = aaO.
[36] BayObLG 1990, 318 (321) = NJW-RR 1991, 567 = (mitget) Rpfleger 1991, 194.
[37] BayObLG 1990, 318 (321).
[38] BayObLG 1990, 318 (320).
[39] BayObLG 1990, 318 (321).
[40] BayObLG 1990, 318 (321).
[41] BayObLG 1990, 318.

zustimmt.⁴² Zustimmung des Eigentümers ist auch hierzu nicht erforderlich.⁴³

1576 gg) Weil Vormerkungs**schutz** auch **für den Pfandgläubiger** keine Sperre des Grundbuchs bewirkt (s Rdn 1568), hat das Grundbuch als später beantragte Eintragung auch die **Auflassung** zu vollziehen, die nur vom Veräußerer und Erwerber (Pfandschuldner) erklärt worden, somit **ohne** Mitwirkung des **Pfandgläubigers** zustande gekommen ist.⁴⁴ Sie bewirkt Eigentumsübergang (§§ 873, 925 BGB), ist aber nicht Leistung des geschuldeten verpfändeten Anspruchs (§§ 1281, 1282 BGB). Diese Verfügung **beeinträchtigt** somit die Pfandberechtigung des Pfandgläubigers am gesicherten schuldrechtlichen Anspruch. Dem durch die Vormerkung gesicherten Pfandgläubiger gegenüber ist diese beeinträchtigende Verfügung daher unwirksam (§ 883 Abs 2 BGB). Löschung der ihn sichernden Vormerkung (ohne seine Bewilligung, § 19 GBO) verbietet sich daher, weil für die Pfandberechtigung der Eigentumsverschaffungsanspruch und die sichernde Auflassungsvormerkung fortbestehen.⁴⁵

1576a a) Das BayObLG⁴⁶ ist dem nicht gefolgt. Es vertritt die Meinung, wenn die Verpfändung des Eigentumsverschaffungsanspruchs bei der Auflassungsvormerkung vermerkt ist, erfordere die Eigentumsumschreibung die Bewilligung des Pfandgläubigers jedenfalls dann, wenn für ihn nicht gleichzeitig die Sicherungshypothek (§ 1287 S 2 BGB) eingetragen wird. Das soll für die Verpfändung vor und nach Auflassung gelten und auch dann, wenn das Mitwirkungsrecht des Pfandgläubigers gem § 1284 BGB abbedungen ist. Damit verkennt das BayObLG jedoch das Wesen des Pfandrechts am schuldrechtlichen Eigentumsübertragungsanspruchs und die Vormerkungswirkung. Es beruft sich zudem darauf, daß nach der Entscheidung des KG HRR 1931 Nr 1755 der Pfandgläubiger nicht durch die Vormerkung geschützt werde ohne zu erkennen, daß das KG die gegenteilige Aussage gibt. So ist die nicht überzeugende Entscheidung des BayObLG nicht geeignet, die ablehnende Ansicht zu stützen, zur Klärung der Rechtsfrage beizutragen und die Bedeutung einzunehmen, die ihr nach der Aussage des Entscheidungsleitsatzes beigemessen werden könnte.

b) Ob das BayObLG an seiner Ansicht noch festhält, kann nachhaltig bezweifelt werden. Denn es folgt für eine nach Eintragung der Auflassungsvormerkung begründete Belastung des Grundstücks nunmehr der (zutreffenden) Ansicht, daß die „Wirkungen, welche die Vormerkung zur Sicherung des verpfändeten Eigentumsverschaffungsanspruchs gem § 883 Abs 2 und 3 BGB sowie § 888 Abs 1 BGB äußert, ... auch zugun-

---

⁴² KG HRR 1942 Nr 539; BayObLG 1990, 318 (320).
⁴³ BayObLG 1990, 318.
⁴⁴ Anders BayObLG 1985, 332 = DNotZ 1986, 345 mit Anm Reithmann = Rpfleger 1986, 48: Bei Verpfändung des Eigentumsverschaffungsanspruchs nach Auflassung ist die Auflassung ohne Mitwirkung des Pfandgläubigers materiell-rechtlich (zwar) wirksam. Zur Eigentumsumschreibung ist jedoch die **Eintragungsbewilligung des Pfandgläubigers** erforderlich. Offengelassen wurde, ob diese Bewilligung entbehrlich ist, wenn für den Pfandgläubiger gleichzeitig die mit dem Eigentumswechsel entstehende Sicherungshypothek eingetragen wird.
⁴⁵ Dazu Stöber DNotZ 1985, 587 (592 ff); auch bereits BayObLG 1967, 295 (303) = aaO (Fußn 3).
⁴⁶ BayObLG 1987, 59 = DNotZ 1987, 625 mit abl Anm Weirich = Rpfleger 1987, 299 und 495 mit zust Anm Ludwig.

B. Einzelfälle

sten des Pfandgläubigers" eintreten[47] (vorst Rdn 1570). Zwar hat es auf die damit grundlegende Abweichung von der bisherigen Rechtsprechung nicht hingewiesen. Es hat (folgerichtig) jedoch festgestellt, daß die Auflassungsvormerkung (im entschiedenen Fall samt Verpfändungsvermerk) auch die sich für den Pfandgläubiger des Auflassungsanspruchs ergebenden Rechte aus der Vormerkung sichert. Damit hat das BayObLG sich nun auch zu der Meinung bekannt, daß Vormerkungsschutz auch für den Pfandgläubiger des Auflassungsanspruchs das Grundbuch nicht sperrt, eine (Nachbelastung als) vormerkungswidrige Verfügung daher einzutragen und nach § 883 Abs 2 BGB unwirksam ist und dies dem Erwerber gegenüber nach § 888 Abs 1 BGB geltend zu machen ist. Für die Erwägung, bei einer gegenüber dem Pfandgläubiger am (schuldrechtlichen) Auflassungsanspruch als Verfügung über das Grundstück gleichermaßen unwirksamen (aber einzutragenden) Auflassung müsse etwas anderes gelten, bleibt nach dieser nunmehrigen Rechtsansicht des BayObLG kein Raum mehr.

c) Bislang ging das BayObLG von der Erwägung aus, daß der Schuldner (des verpfändeten Anspruchs), der das Grundstück an den Gläubiger des Eigentumsverschaffungsanspruchs übereignet, nicht vormerkungswidrig, sondern pfandrechtswidrig handle.[48] Dem steht aber schon entgegen, daß Gegenstand des Pfandrechts der (schuldrechtliche) Eigentumsverschaffungs**anspruch** ist und mit diesem die Übereignung als Verfügungsgeschäft (§ 873 mit § 925 BGB) überhaupt nichts zu tun hat. Dem widerspricht zudem, daß jedenfalls bei Verpfändung (erst) nach Auflassung diese (als Erfüllungshandlung des „Schuldners" des Anspruchs) kein pfandrechtswidriger Verfügungstatbestand sein kann,[49] weil eine Pfandberechtigung noch gar nicht besteht.

d) Die Bewilligung des Pfandgläubigers für Eigentumsumschreibung auf den Gläubiger des (verpfändeten) Eigentumsverschaffungsanspruchs hat das BayObLG mit **Anwendung des § 19 GBO gerechtfertigt**.[50] Zum Inhalt der Vormerkung soll es zwar nicht gehören, den Pfandgläubiger davor zu schützen, daß der Schuldner (des durch die Vormerkung gesicherten Anspruchs) das Grundstück an den Gläubiger des Eigentumsverschaffungsanspruchs übereignet[51] (nur zum Schutz des Vormerkungsinhabers vor Verfügungen zugunsten eines Dritten soll er teilhaben). Die Eintragung des Verpfändungsvermerks bei der (solchermaßen eingeschränkten) Vormerkung soll seinen Sinn aber (ua) gerade darin haben, daß der Inhaber des Pfandrechts vor Beeinträchtigungen seines Rechts durch Verfügungen im Zusammenhang mit Grundbucheintragungen geschützt werde. Somit soll ein Schutz die Anwendung des § 19 GBO rechtfertigen, der gerade nicht zum Inhalt der Vormerkung gehört. Das ist aber nicht nur widersprüchlich, sondern auch schon deshalb verwunderlich, weil die Vormerkung der Sicherung eines (schuldrechtlichen) Anspruchs dient (§ 883 BGB) und Bezeichnung des Berechtigten (allein) für (wirksame) Eintragung der Vormerkung geboten ist (Rdn 1511). Auch Eintragung des Pfandrechts erfolgt (allein) zur Bezeichnung des Berechtigten: sie ist Grundbuchberichtigung zur Darstellung der Rechtsänderung, die Verpfändung mit der Mitberechtigung des Pfandgläubigers am gesicherten Anspruch bewirkt hat (Rdn 1571). Eine Sperre des Grundbuchs bewirkt die Vormerkung nicht (Rdn 1524), führt somit auch die (berichtigende) Eintragung nicht herbei, daß sich der Berechtigte des gesicherten Anspruchs geändert hat; Folge einer beeinträchtigenden Verfügung ist nur deren relative Unwirksamkeit gegenüber dem Geschützten (Rdn 1523). Damit aber bleiben die Erwägungen des BayObLG jede Aussage dafür schuldig, was es auch

---

[47] So wörtlich BayObLG 1990, 318 = aaO; auch BayObLG 1995, 171 (174) = aaO.
[48] BayObLG 1987, 59 (64) = aaO (Fußn 46).
[49] Vollzug der ohne Mitwirkung des Pfandgläubigers zustande gekommenen Auflassung (deren Grundbucheintragung) ist als beeinträchtigende Verfügung dem durch die Vormerkung gesicherten Pfandgläubiger gegenüber unwirksam (§ 883 Abs 2 BGB). Zum Problem Stöber DNotZ 1985, 587 (594–597).
[50] BayObLG 1987, 59 (63) = aaO (Fußn 46).
[51] BayObLG 1987, 59 (63f) = aaO (Fußn 46).

2. Teil. IV. Zweite Abteilung des Grundbuchs

nur annähernd rechtfertigen könnte, den Pfandgläubiger als Mitberechtigten des gesicherten Eigentumsverschaffungsanspruchs rechtlich als betroffen, somit nach § 19 GBO bewilligungsberechtigt (und bewilligungsverpflichtet) anzusehen.

e) Aber auch bei zwangsweiser Rechtsverwirklichung, nämlich bei Zwangsversteigerung des Grundstücks, hat sich anschaulich erwiesen, daß die Aussage nicht gerechtfertigt ist, zum Inhalt der Vormerkung gehöre Schutz des Pfandgläubigers vor Erwerb des Grundstücks durch den Gläubiger des Eigentumsverschaffungsanspruchs nicht. Das BayObLG umgeht die Prüfung dieser Frage mit der (überraschenden) Einschränkung, daß Eintragung des Verpfändungsvermerks bei der Vormerkung zulässig sei, um mit Anwendung des § 19 GBO den Pfandgläubiger vor Beeinträchtigung seines Rechts durch Verfügungen im Zusammenhang mit Grundbucheintragungen zu schützen.[52] Wer würde auch schon für Erteilung des Zuschlags an den Gläubiger des Eigentumsverschaffungsanspruchs als Meistbietenden (§ 81 Abs 1 ZVG) Einvernehmen (Zustimmung, Bewilligung) des (bei der Vormerkung mit eingetragenen) Pfandgläubigers erwägen? Die Vormerkung ist kein der Zwangsversteigerung entgegenstehendes Recht.[53] Die dem Anspruch des (vollstreckenden) Gläubigers im Rang vorgehende Auflassungsvormerkung wird bei Versteigerung vor Eigentumsübertragung vielmehr in das geringste Gebot aufgenommen (§ 44 ZVG). Bei Erteilung des Zuschlags an den Gläubiger des Eigentumsverschaffungsanspruchs als Meistbietenden (§ 81 Abs 1 ZVG) schützt daher den Pfandgläubiger des durch die Vormerkung gesicherten Anspruchs nur noch § 883 Abs 2 S 2 BGB: Die Erteilung des Zuschlags ist vormerkungswidrige Verfügung im Wege der Zwangsvollstreckung. Schutz des Pfandgläubigers vor (vormerkungswidrigem) Eigentumserwerb durch den Gläubiger des Eigentumsübertragungsanspruchs gehört damit eben doch zum Inhalt der Vormerkung. § 883 Abs 2 BGB (dort: „Dies gilt auch ...") läßt keine Zweifel, daß das gleichermaßen für die Verfügung im Wege der Zwangsvollstreckung wie für die rechtsgeschäftliche Verfügung gilt.

f) Es muß dem BayObLG schließlich entgegengehalten werden, daß es sich mit bedenklicher Selbstverständlichkeit (und wohl ungeprüft) auf KG HRR 1931 Nr 1755 beruft, dessen Entscheidungsgründe einen grundlegend anderen Sachverhalt erörtern, und gerade deshalb keine Folgerungen für die Ansicht und Erwägungen des BayObLG erlauben. Das BayObLG[54] führt aus:

„Folgerungen aus dem eben Gesagten zeigen sich auch, wenn der (bisherige) Inhaber des Eigentumsverschaffungsanspruchs ohne Mitwirkung des Pfandgläubigers als neuer Eigentümer im Grundbuch eingetragen wird und nun seinerseits über das Grundstück verfügt, bevor die dem (bisherigen) Pfandgläubiger zustehende Sicherungshypothek im Grundbuch eingetragen ist. Der Pfandgläubiger wird gegen eine solche Verfügung des nunmehrigen Eigentümers (bisherigen Anspruchsgläubigers) nicht durch die Vormerkung geschützt (vgl KG HRR 1931 Nr 1755; MünchKomm aaO). Der Dritte erwirbt das Grundstück frei von der Sicherungshypothek; das gilt sowohl dann, wenn die Sicherungshypothek mangels notwendiger Mitwirkung des Pfandgläubigers (§§ 1281 f BGB) nicht entstanden ist, als auch dann, wenn sie zwar entstanden, aber noch nicht im Grundbuch eingetragen ist (§ 892 BGB).... "

Der JFG 8, 318 mit Gründen (vollständig) abgedruckte Beschluß des KG[55] weist aber aus, daß die Eintragung der Pfändung in das Grundbuch (bei der dort eingetragenen Auflassungsvormerkung) **nicht** erfolgt war. Daß der Eigentumserwerb des Pfandschuldners nach Auflassung ohne Mitwirkung des Pfandgläubigers diesem gegenüber **unwirksam** war (§ 883 Abs 2 S 1 BGB), war somit in diesem Fall gerade **nicht grundbuchersichtlich**. Daß auf Grund des öffentlichen Glaubens des Grundbuchs (§ 892

---

[52] BayObLG 1987, 59 (63) = aaO (Fußn 46).
[53] BGH 46, 124 = DNotZ 1967, 490 = NJW 1967, 566 = Rpfleger 1967, 9; Stöber Rdn 4.2 zu § 28 ZVG.
[54] BayObLG 1987, 59 (64) = aaO (Fußn 46).
[55] KG Beschl v 16. 4. 1931, 1 X 202/31.

BGB) in einem solchen Fall durch Verfügung des (neu) im Grundbuch eingetragenen Eigentümers ein Erwerber sein Recht am Grundstück frei von der Berechtigung des Pfandgläubigers erlangt, ist eine Selbstverständlichkeit. Das KG hat deshalb folgerichtig dargestellt, daß die nicht im Grundbuch eingetragene (und dem Erwerber nicht bekannte) Sicherungshypothek des Pfandgläubigers ihren Rang gegenüber Hypotheken verliert, die der (vormalige) Vormerkungsberechtigte nach Vollzug der Auflassung als neuer Eigentümer bestellt. Die vom BayObLG widergegebene Aussage, daß der (**eingetragene**) Pfandgläubiger gegen eine Verfügung des nunmehrigen Eigentümers (bisherigen Anspruchsgläubigers) nicht durch die Vormerkung geschützt werde, findet sich in dem Beschluß des KG nirgends. Für eine solche Verallgemeinerung bieten dessen Entscheidungsgründe auch keinen Anhalt. Das KG weist zutreffend vielmehr (allgemein) darauf hin, daß[56] „das Bestehen einer Vormerkungssicherung für den gepfändeten Anspruch ... auch dem Pfandgläubiger zustatten" kommt, und[57] „daß Wirkungen, welche die Vormerkung zur Sicherung des gepfändeten Anspruchs nach § 883 Abs 2 und 3, § 888 BGB äußert, ... auch zugunsten des Pfandgläubigers eintreten."

g) Endgültige Kreditsicherung mit Grundpfandrecht

aa) **Verpfändung** des Anspruchs auf Übertragung des Eigentums ist Sicherungsmittel, das nicht langfristiger (endgültiger) Kreditsicherung dienen, sondern unter dem Zwang der Verhältnisse **vorläufige Sicherung** ermöglichen soll (Rdn 1557). Den Interessen und Vorstellungen der (aller) Beteiligten entspricht bei sachgerechter Abwicklung des Erwerbsvorgangs nicht der Übergang des Anspruchspfandrechts in eine Sicherungshypothek am übereigneten Grundstück (§ 1287 BGB), sondern **Ablösung** des vorläufigen Sicherungsmittels durch das erstrebte **Grundpfandrecht** (meist eine Grundschuld) nach Erwerb des Grundstücks durch den Kreditnehmer. 1577

bb) Im **Grundbuchverfahren** läßt sich die erstrebte endgültige Kreditsicherung mit dem erwünschten Grundpfandrecht ohne Gefährdung der Sicherungsinteressen des Kreditgebers, die mit Verpfändung des Erwerbsanspruchs, Sicherung durch Grundbucheintragung bei der Auflassungsvormerkung und Erwerb der Sicherungshypothek an dem übereigneten Grundstück mit Eigentumsübergang (§ 1287 BGB) gewährleistet sind, wie folgt herstellen: 1578
- **Eintragung der Grundschuld** (Hypothek) wird vom Kreditnehmer am noch zu erwerbenden Grundstück **bewilligt,** am besten zugleich mit Verpfändung des Auflassungsanspruchs (s Formular Rdn 1555); materiellrechtlich erforderliche Einigung (ggfs auch Briefaushändigungsabrede, §§ 873, 1117 Abs 2 BGB) kommt wie üblich zustande;
- **Antrag** auf Eintragung dieses Grundpfandrechts – an bestimmter Rangstelle – wird (auch) vom Kreditgeber (Gläubiger) nach dem oder (regelmäßig) im Hinblick auf den (nach Auflassung) eintretenden Eigentumsübergang gestellt;
- zugleich wird von dem Kreditgeber **Löschung** des für ihn bei der Auflassungsvormerkung eingetragenen **Verpfändungsvermerks** bewilligt und beantragt.

Der Antrag auf Eintragung des Grundpfandrechts und Löschung des Verpfändungsvermerks werden nach **§ 16 Abs 2 GBO** zu **gemeinsamem Vollzug** mit der Bestimmung verbunden, daß die eine Eintragung nicht ohne die andere erfolgen soll (dazu Rdn 92). Da der Pfandgläubiger (Kreditgeber) durch 1579

---

[56] KG JFG 8, 318 (320).
[57] KG JFG 8, 318 (321).

die Löschung des Verpfändungsvermerks den Schutz seines Pfandrechts im Grundbuchverfahren verliert, muß sichergestellt werden, daß der Verpfändungsvermerk nur gelöscht wird, wenn keine weiteren Verpfändungen oder Pfändungen vermerkt sind, d.h. die Vormerkung selbst gelöscht werden kann. **Beispiel** hierfür (als Grundbucherklärung nach § 29 GBO)

Löschungsbewilligung

> Der Unterzeichnete hat Kenntnis vom Inhalt der Auflassungsurkunde des Notars ... in ... vom ... URNr ... Er bewilligt die Löschung des für ihn im Grundbuch für ... (Band ...) Blatt ... eingetragenen Verpfändungsvermerks hinsichtlich der dort eingetragenen Auflassungsvormerkung Zug um Zug mit Eintragung der für ihn mit Urkunde des Notars ... in ... URNr ... bestellten Grundschuld (Hypothek) zu ... € an der in der Urkunde bezeichneten Rangstelle.

1580 cc) **Materiell** bewirken diese Anträge und ihr Grundbuchvollzug Erlöschen des Pfandrechts am Anspruch auf Eigentumsübertragung nicht. Das **Pfandrecht erlischt** jedoch mit rechtsgeschäftlicher **Aufhebung.** Hierfür genügt (formlose, auch stillschweigend mögliche) Aufgabeerklärung des Pfandgläubigers gegenüber dem Verpfänder (Kreditnehmer; § 1255 Abs 1 mit § 1273 Abs 2 BGB), die unter der Bedingung (§ 158 BGB) abgegeben werden kann, daß Kreditsicherung mit rangrichtiger Eintragung des Grundpfandrechts erfolgt ist. Mit Erlöschen des Pfandrechts bleibt Erwerb einer Sicherungshypothek durch den Pfandgläubiger (§ 1287 BGB) ausgeschlossen, wenn das Pfandrecht
– **vor** Eintragung der Auflassung erlischt, oder
– danach erlischt, **aber** mit Eintragung der Auflassung als vormerkungswidrige Verfügung (ohne Mitwirkung des Pfandgläubigers) eine Sicherungshypothek nicht entstanden ist.

Eine **Zustimmung** des Pfandgläubigers zur Auflassung an den Pfandschuldner ist bei dieser Auffassung **entbehrlich.** Würde der Pfandgläubiger die Leistung (Auflassung) an den infolge Verpfändung nicht allein anspruchsberechtigten Pfandschuldner genehmigen, dann würde damit diese Leistung Erfüllungswirkung erlangen (§ 362 Abs 2 mit § 185 Abs 2 BGB). Damit würde der geschuldete Eigentumsverschaffungsanspruch zwar erlöschen, zugleich als Surrogat des bisherigen Pfandrechts am Anspruch jedoch für den Pfandgläubiger kraft Gesetzes (ohne Grundbucheintragung) eine Sicherungshypothek an dem Grundstück entstehen (§ 1287 BGB). Deren Aufhebung (auch wenn sie in das Grundbuch zunächst nicht eingetragen wird) bedürfte dann der Aufgabeerklärung des Gläubigers, Zustimmung des Eigentümers und Löschung im Grundbuch (§§ 875, 1183 BGB). Solche Abwicklung der Pfandberechtigung entspricht im Normalfall den Interessen der Beteiligten nicht. Das mit dem Vollzug der Eintragungsanträge befaßte Grundbuchamt hat die Frage, wie sich die mit Anspruchsverpfändung begründeten Rechtsbeziehungen der Beteiligten lösen, jedoch nicht zu prüfen und nicht zu klären. Kann infolge **zwischenzeitlicher** Pfändungen (oder weiterer Verpfändungen) des Auflassungsanspruchs das Grundpfandrecht nicht die bedungene Rangstelle erhalten, weil die (vorrangige) Auflassungsvormerkung nicht gelöscht werden kann, so bleibt (in solchen Ausnahmefällen) nur der Weg über die Zustimmung nach §§ 1281, 1282 BGB und die Eintragung der Sicherungshypothek nach § 1287 BGB für den Kreditgeber als Sicherungsmittel.

Möglich ist auch die Eintragung der Sicherungshypothek und deren sofort daran anschließende Umwandlung in die (gewollte) Grundschuld[58] (s dazu Rdn 2554a). Dies stellt im Grunde den „sichersten Weg" dar, da damit die Gefahr eines zwischenzeitlichen Rechtsverlusts des Gläubigers ausgeschlossen ist.

h) Auflösend bedingte Verpfändung

Zur Ablösung der Verpfändung des Übereignungsanspruchs als vorläufiges Kreditsicherungsmittel durch das erstrebte Grundpfandrecht am Grundstück nach Eigentumsübergang auf den Kreditnehmer hat sich auch auflösend bedingte Verpfändung angeboten.[59] Bei ihr erlischt mit Eintritt des von vornherein vertraglich vereinbarten Ereignisses das Pfandrecht von selbst (§ 158 Abs 2 BGB).[60] Die Formulierung könnte – auf der Grundlage der hier vertretenen Auffassung zu Behandlung und Wirkung der Verpfändung – wie folgt lauten: **1581**

> Die Verpfändung ist **auflösend bedingt.** Wenn
> 1. die gemäß Abschnitt ... bestellte Grundschuld an dem belasteten Grundstück, wie es sich gemäß Identitätsfeststellung des Notars beschreibt, eingetragen ist, und
> 2. ihr lediglich die Vormerkung für den Erwerber im Rang vorgeht, und
> 3. sämtliche Voraussetzungen für die Löschung der Vormerkung dem Grundbuchamt vorliegen,
>
> so endet die vorstehende Verpfändung in dem Zeitpunkt, der dem Vollzug der Löschung der genannten Vormerkung mit Unterschrift (§ 44 Abs 1 S 2 Halbs 2 GBO) oder mit Aufnahme in den Datenspeicher (§ 129 Abs 1 S 1 GBO) unmittelbar vorhergeht.
> Weiter wird bewilligt und beantragt, beim Verpfändungsvermerk einzutragen, daß zur Löschung Nachweis des Eintritts der auflösenden Bedingung genügt.

Löschung der Auflassungsvormerkung mit Verpfändungsvermerk kann (auch) bei auflösend bedingter Verpfändung nur mit Bewilligung des Pfandgläubigers erfolgen[61] (Rdn 1575). Das gilt für Löschung nach Eintritt der auflösenden Bedingung (rangrichtige Eintragung der Grundschuld usw) bei Eigentumsumschreibung ebenso wie für Löschung mit Bedingungseintritt vor Eigentumsumschreibung. Nachweis der Grundbuchunrichtigkeit (§ 22 GBO)

---

[58] Dazu auch Ludwig DNotZ 1992, 339 (356).
[59] Reithmann DNotZ 1983, 716 und DNotZ 1985, 605; auch Ludwig DNotZ 1992, 339 (353) unter Hinweis auf deren Gefahren. Praktischer Fall: BayObLG DNotZ 1996, 554 mit Anm Ludwig = Rpfleger 1996, 25 Leits.
[60] Die vom BayObLG (BayObLGZ 1987, 59 = aaO Fußn 46) für erforderlich erachtete Bewilligung des Pfandgläubigers zur Eigentumsumschreibung soll auch nicht entfallen, wenn die Verpfändung an die auflösende Bedingung der Entstehung einer vertraglichen Grundschuld zugunsten des Pfandgläubigers geknüpft ist und Eigentumsübergang und Grundschuld „gleichzeitig" eingetragen werden. Zu dieser schon in ihrem Ansatz unrichtigen Ansicht siehe Rdn 1570a.
Hierzu nun auch AG München MittBayNot 1988, 238 wie folgt: „Ist die Verpfändung des Eigentumsverschaffungsanspruchs bei der Auflassungsvormerkung vermerkt, kann die Eigentumsumschreibung ohne Bewilligung des Pfandgläubigers erfolgen, wenn das Pfandrecht in der Weise bestellt ist, daß es unmittelbar vor Eigentumsumschreibung erlischt, wenn gleichzeitig mit der Eigentumsumschreibung ein bestimmtes Grundpfandrecht rangrichtig eingetragen werden kann."
[61] BayObLG 1995, 171 = DNotZ 1996, 554 mit Anm Ludwig = Rpfleger 1996, 25 Leits.

mit Eintritt der auflösenden Bedingung allein ermöglicht Löschung nicht (zeitliche Eingrenzung aber § 24 mit § 23 Abs 1 GBO; s Rdn 1575). Grund: Rückstände sind möglich[60] (§ 24 mit § 23 Abs 1 GBO). Dieser Zustimmung des Pfandgläubigers bedarf es nicht, wenn im Grundbuch die sogen Vorlöschungsklausel (letzter Absatz vorstehenden Musters) eingetragen ist (§ 24 mit § 23 Abs 2 GBO; hierzu Rdn 1575).
Auf der Grundlage der (bislang) vom BayObLG (Rdn 1576a) vertretenen Auffassung, die **Auflassung** könne nur mit Zustimmung des Pfandgläubigers vollzogen werden, müßte – um die Einholung dieser Zustimmung (und die damit verbundene Entstehung der Sicherungshypothek) zu vermeiden – das Pfandrecht vor Vollzug der Auflassung (und damit auch der Grundschuld) enden. Formulierung auf dieser Grundlage könnte lauten:

> Die vorstehende Verpfändung ist auflösend bedingt. Wenn
> 1. die Auflassung des Pfandobjektes dem Grundbuchamt vorliegt, und
> 2. die vorstehend bestellte Grundschuld am belasteten Grundstück, wie es sich gemäß Veränderungsnachweis und Identitätsfeststellung des Notars beschreibt, zur Eintragung beantragt ist, und
> 3. die Grundschuld an der bedungenen Rangstelle eingetragen werden könnte, Zug um Zug mit Vollzug der Auflassung (von der Verpfändung abgesehen),
>
> so endet die vorstehende Verpfändung in dem Zeitpunkt, der dem Vollzug der Auflassung durch deren Eintragung im Grundbuch mit Unterschrift (§ 44 Abs 1 S 2 Halbs 2 GBO) oder mit Aufnahme in den Datenspeicher (§ 129 Abs 1 S 1 GBO) unmittelbar vorhergeht.
> Es wird weiter bewilligt und beantragt, beim Verpfändungsvermerk einzutragen, daß zur Löschung der Nachweis des Eintritts der auflösenden Bedingung genügt.

Diese rechtlich mögliche Behandlung führt jedoch insbesondere bei Verpfändung des Anspruchs hinsichtlich nicht vermessener Teilflächen dazu, daß der Gläubiger weder Kenntnis noch Kontrolle von Größe und Zuschnitt der nach Vermessung gebildeten Fläche, also seines Pfandobjektes, erhält.[62]

i) Mehrmalige Verpfändung

1582 Zulässig ist auch mehrmalige Verpfändung des Eigentumsverschaffungsanspruchs. Auch neuerliche Verpfändung erfolgt in der Form der Erstverpfändung, somit durch Verpfändungsvertrag und Anzeige an den Schuldner (§ 1274 Abs 1 S 1 mit § 398, § 1280 BGB). Der **Rang** der Pfandrechte und der Sicherungshypotheken (§ 1287 BGB) richtet sich dann nach der Zeitfolge der Bestellung der Pfandrechte (§§ 1274, 1280, 1209 BGB). Die Reihenfolge der Eintragung der Pfandrechte bei der Auflassungsvormerkung ist für deren Rang bedeutungslos (kein gutgläubiger Erwerb). Der mit Wirksamwerden der Pfandrechte jeweils erlangte Rang ist bei Eintragung der Verpfändungen bei den Vormerkungen auf Bewilligung oder bei Nachweis zu vermerken.

k) Verpfändung nach (Teil)Abtretung

1583 Nach teilweiser Abtretung des Anspruchs auf Übertragung des Eigentums an einem Grundstück (wegen ihrer Zulässigkeit s Rdn 3147a) kann der Zweitkäufer den ihm abgetretenen Anspruch ohne Zustimmung des Erst- oder des Zweitverkäufers verpfänden.[63]

---

[62] Einzelheiten Schöner DNotZ 1985, 598.
[63] LG München II MittBayNot 1969, 179 = Rpfleger 1969, 425 mit im Ergebnis zust Anm Vollkommer.

B. Einzelfälle

l) Verpfändung des Anspruchs auf Eigentumsverschaffung auch nach Auflassung möglich

aa) Der schuldrechtliche **Anspruch** auf Eigentumsverschaffung (§ 433 Abs 1 BGB oder andere Anspruchsgrundlage) erlischt nicht bereits, wenn die Einigung des Veräußerers und Erwerbers (Auflassung) erklärt ist (§ 925 BGB). Der Anspruch **erlischt** erst, wenn die geschuldete Leistung an den Gläubiger bewirkt ist (§ 362 Abs 1 BGB). In dieser Weise erfüllt ist der Anspruch auf Eigentumsübertragung nicht schon mit Erklärung der dem Veräußerer als Erfüllungshandlung obliegenden Auflassung, sondern erst dann, wenn das Eigentum durch Eintragung in das Grundbuch auf den Gläubiger des Anspruchs übergegangen ist.[64]

1584

bb) Der auch **nach Auflassung noch fortbestehende** (schuldrechtliche) **Anspruch** auf Eigentumsverschaffung kann (als solcher) gleichfalls verpfändet werden.[65] Dem steht nicht entgegen, daß bereits ein (daneben) verpfändbares Anwartschaftsrecht besteht[66] (zu diesem Rdn 1589). Auch Verpfändung des Anspruchs nach Auflassung erfordert Verpfändungsvertrag und Anzeige durch den Gläubiger an den Schuldner (Rdn 1559). Diese Verpfändung bewirkt gleichfalls, daß Gläubiger des Anspruchs der Pfandschuldner bleibt, dessen Verfügungsbefugnis jedoch beschränkt ist (Rdn 1560). Auch der Pfandgläubiger hat daher noch bei der Einziehung nach Maßgabe von §§ 1281, 1282 BGB mitzuwirken.[67] Dem Pfandschuldner ist er dazu verpflichtet (§ 1285 BGB). Dazu ist er mit Genehmigung[68] der dem jetzt (allein)

1585

---

[64] BGB-RGRK/Weber Rdn 13 zu § 362 (dort auch zur Besonderheit, wenn nach Eintragung der Auflassungsvormerkung Rechte eingetragen worden sind); RG 85, 402 (404); RG 113, 403 (405); BGH 2, 369 (372); 14, 313 (316); s auch BGH NJW 1983, 1605 (1606); BGH DNotZ 1995, 47 (49) = NJW 1994, 2947 = Rpfleger 1995, 101; S weiter zB Vollkommer Rpfleger 1969, 409 (414), der zahlreiche weitere Nachweise gibt; auch KG DNotZ 1971, 418 (420) = OLGZ 1971, 457 = Rpfleger 1971, 312 mit Anm Haegele; OLG Jena DNotZ 1997, 158 = Rpfleger 1996, 101; MünchKomm/Kanzleiter Rdn 38 zu § 925 BGB; K/E/H/E Einl L 3; Medicus DNotZ 1990, 275 (284). Anders insbesondere Hoche NJW 1959, 931 (933 f; dort weitere Nachweise für diese Meinung). Danach soll nach Auflassung ein selbständig verpfändbarer Auflassungs- bzw Eigentumsübertragungsanspruch gegen den Veräußerer nicht mehr bestehen. Der schuldrechtliche Anspruch soll danach von der Anwartschaft verdrängt werden und damit seine rechtliche Selbständigkeit verlieren. Der BGH (49, 197 = aaO Fußn 8) hat „darüber, ob ein solcher Anspruch nach Auflassung noch besteht", auf Hoche (NJW 1955, 653) verwiesen, die Frage aber selbst nicht erörtert. Nach unserer Ansicht (s Rdn 1486) besteht der Anspruch auf Übertragung des Eigentums bis zur Eintragung der Eigentumsänderung fort (sonst könnte er nach Erklärung der Auflassung, sobald das Anwartschaftsrecht entstanden ist, nicht mehr durch Vormerkung gesichert werden); ebenso BayObLG (mitgeteilt) Rpfleger 1985, 486.
[65] BayObLG 1985, 332 (335) = DNotZ 1986, 345 mit Anm Reithmann = Rpfleger 1986, 48 mit weit Nachw.
[66] So auch MünchKomm/Kanzleiter Rdn 38 zu § 925 BGB und MünchKomm/Damrau Rdn 40 zu § 1274 BGB.
[67] Siehe zum folgenden insbesondere Stöber DNotZ 1985, 587 (Abschn VI).
[68] So auch zutreffend BayObLG 1967, 295 (303): „Ist die Auflassung zwischen Veräußerer und Erwerber bereits erklärt, besteht diese Mitwirkung des Pfandgläubigers in seiner Zustimmung (§ 185 BGB) zur Auflassung." Zum ähnlichen Fall, daß nach

nicht mehr (weiter) berechtigten Pfandschuldner bereits erklärten Auflassung auch in der Lage (§ 362 Abs 2 mit § 185 Abs 2 BGB). Neue Leistungshandlung des Anspruchsschuldners (nochmalige Auflassungserklärung des Veräußerers auch an Pfandgläubiger) wird daher nicht erforderlich. § 407 BGB bewirkt[69] keine (noch weitergehende) Einschränkung der Pfandrechtsbestimmungen. Diese Vorschrift findet als Bestimmung des Abtretungsrechts nur „auf das Rechtsverhältnis zwischen Pfandgläubiger und dem Verpflichteten" entsprechende Anwendung (§ 1275 BGB). Schutz auch des Pfandschuldners vor der Berechtigung seines Pfandgläubigers und damit vor Umwandlung des Pfandrechts am Anspruch in eine Sicherungshypothek am übereigneten Grundstück (§ 1287 BGB) ist damit nicht vorgesehen. Auch wenn Auflassung bei Verpfändung bereits erklärt ist, kann die nachfolgende Grundbucheintragung daher lastenfreien Eigentumserwerb (Ausschluß der Surrogationsfolge mit Erwerb der Sicherungshypothek am übereigneten Grundstück) nicht zur Folge haben. Wenn der Pfandgläubiger die bereits vor Verpfändung des (schuldrechtlichen) Anspruchs erklärte Auflassung genehmigt, hat der Eigentumsübergang auch ihm gegenüber Erfüllungswirkung (§ 362 BGB). Dann aber ist Leistung (Erfüllung des verpfändeten Anspruchs) „in Gemäßheit der §§ 1281, 1282" BGB erfolgt. Daher hat Eigentumsübergang mit Grundbucheintragung auch in diesem Fall Surrogationswirkung: an die Stelle des verpfändeten Anspruchs tritt die Sicherungshypothek am übereigneten Grundstück (§ 1287 BGB). Schutzwirkung einer Auflassungsvormerkung zugunsten des Pfandgläubigers (Rdn 1570) besteht aber bis zum Eintritt dieser Erfüllungswirkung fort. Weil die Vormerkung keine Grundbuchsperre bewirkt, ist die Auflassung zu vollziehen (Rdn 1576). Der fortbestehende Vormerkungsschutz gewährleistet dem Pfandgläubiger aber nach Vollzug der bereits erklärten Auflassung rangrichtige Eintragung seiner Sicherungshypothek (§§ 883, 888 BGB).

1586 cc) Das Pfandrecht am (fortbestehenden) Eigentumsverschaffungsanspruch kann bei der Auflassungsvormerkung (berichtigend) in das **Grundbuch** auch **eingetragen** werden, wenn Verpfändung erst nach Auflassung (und Entstehung des Anwartschaftsrechts des Auflassungsempfängers) erfolgt (Vertragsabschluß danach) oder (bei Vertragsabschluß vor diesem Zeitpunkt) mit Anzeige an den Schuldner des verpfändeten Anspruchs angezeigt worden ist.

1587 dd) Auch wenn der Eigentumsverschaffungsanspruch erst nach (erklärter) Auflassung verpfändet worden ist, gewährleisten dem Pfandgläubiger Auflassungs**vormerkung** und Verpfändungsvermerk **Schutz** gegen beeinträchtigende Verfügungen. Auch dann kann die Auflassungsvormerkung daher **nicht gelöscht** werden, wenn der Pfandgläubiger weder die Auflassung genehmigt (§ 185 Abs 2 BGB) noch die Löschung bewilligt (§ 19 GBO) hat. Mit Eintragung des Gläubigers des Erwerbsanspruchs als Eigentümer auf Grund Auflassung **vor** Verpfändung erlischt der Eigentumsübertragungsanspruch mit dem daran bestehenden Pfandrecht dann nicht infolge Erfüllung. Daher ist dann das Grundbuch auch nicht hinsichtlich des Verpfändungsvermerks unrichtig.[70]

Auflassung der Eigentumsverschaffungsanspruch gepfändet und daher Genehmigung (dort) des Sequesters zu erfolgen hat, s Rdn 1597.
[69] Entgegen BayObLG 1983, 301 (304).
[70] Dazu eingehend Stöber DNotZ 1985, 587 (594 ff) gegen BayObLG 1983, 301 (304) = aaO (Fußn 23) und LG Augsburg Rpfleger 1984, 263 (264), deren nicht zutreffende

B. Einzelfälle

ee) Auch bei Verpfändung nach Auflassung gilt im übrigen 1588
- Das **Grundbuchamt** hat für Eintragung der Auflassung Mitwirkung (Genehmigung) des Anspruchspfandgläubigers **nicht zu prüfen.** § 20 GBO bietet für eine solche Prüfung keine Grundlage. Das Pfandrecht besteht am Anspruch; für die Eigentumsübertragung als (abstraktes) Verfügungsgeschäft erlangen schuldrechtliche Beziehungen der Beteiligten jedoch keinerlei Bedeutung.
- Vollzug der ohne Mitwirkung des Pfandgläubigers zustande gekommenen Auflassung (keine Grundbuchsperre) ist als **beeinträchtigende Verfügung** dem durch die Vormerkung gesicherten Pfandgläubiger gegenüber unwirksam (§ 883 Abs 2 BGB).
- **Ablösung** der Anspruchsverpfändung als vorläufiges Sicherungsmittel **durch** das erstrebte **Grundpfandrecht** kann ohne Gefährdung der Sicherungsinteressen des Kreditgebers gleichermaßen in der Rdn 1577–1580 dargestellten Weise erfolgen.

m) Verpfändung des Anwartschaftsrechts aus Auflassung

aa) Ein **Anwartschaftsrecht** des Auflassungsempfängers entsteht, wenn die 1589 Auflassung erklärt ist (§ 925 BGB) und der Erwerber eine gesicherte Rechtsposition erlangt hat, die der Veräußerer nicht mehr einseitig zu zerstören vermag (dazu näher Rdn 3318). Das Anwartschaftsrecht ist übertragbares Vermögensrecht. Als solches kann es daher gleichfalls Gegenstand eines **Pfandrechts** sein.[71] Auch seine Verpfändung erfolgt „nach den für die Übertragung des Rechts geltenden Vorschriften" (§ 1274 Abs 1 BGB). Die Übertragung (Abtretung) des Anwartschaftsrechts ist nur in der Form des § 925 BGB möglich (Rdn 3106). Die Verpfändung des Anwartschaftsrechts erfordert daher Verpfändungsvertrag in Form der Auflassung,[72] somit Einigung der Vertragsteile in Auflassungsform (bei gleichzeitiger Anwesenheit vor dem Notar, §§ 873, 925 BGB), nicht jedoch Grundbucheintragung.[73] Anzeige an den Veräußerer in Anlehnung an § 1280 BGB wird nicht für erforderlich gehalten[74] (ist jedoch zu empfehlen).

bb) Das **Pfandrecht am Anwartschaftsrecht** aus Auflassung hat als Sicherungsmittel etwas anderen Wert als das am schuldrechtlichen Anspruch auf 1590 Übertragung des Eigentums. Es beschränkt zugunsten des Pfandgläubigers die Verfügungsbefugnis des Pfandschuldners am Anwartschaftsrecht. Dieser

---

Ansicht zur Folge hätte, daß Verpfändung des nach Auflassung noch fortbestehenden Übereignungsanspruchs als Vermögenswert des Erwerbers in der Zeit zwischen Auflassung und Grundbucheintragung als Sicherungsmittel völlig wertlos wäre.

[71] BGH 49, 197 = aaO (Fußn 8); BGH MittBayNot 1989, 87 = Rpfleger 1989, 192; BGH 128, 184 (188); OLG Köln Rpfleger 1975, 20.
[72] Kritisch dazu Köbl DNotZ 1983, 207 (214 f).
[73] BGH 49, 197 = aaO (Fußn 8); BayObLG 1971, 307 = DNotZ 1972, 233 = Rpfleger 1972, 16; Vollkommer Rpfleger 1969, 411; Reiß MittBayNot 1974, 95; vKoch MittBayNot 1976, 161; Ertl DNotZ 1976, 89 u 1977, 83; aA Hieber DNotZ 1954, 171, 1955, 186 u 1959, 350.
[74] Vollkommer Rpfleger 1969, 411; Hoche NJW 1955, 652 (654); Demharter Rdn 28 zu § 26; Palandt/Bassenge Rdn 5 zu § 1274 BGB; MünchKomm/Damrau Rdn 37 zu § 1274 BGB; BGB-RGRK/Augustin Rdn 86 zu § 925; offen gelassen von BGH 49, 197 = aaO (noch immer streitig).

kann über sein Anwartschaftsrecht nicht mehr allein (ohne Mitwirkung des Pfandgläubigers) verfügen; er kann es nicht mehr übertragen (Erwerber könnte nach Übertragung seine Grundbucheintragung beantragen; das Grundstückseigentum würde dann unmittelbar vom Veräußerer des Grundstücks auf den Erwerber des Anwartschaftsrechts übergehen[75]) und nicht mehr aufheben. Im Grundbuchverfahren kann sich der Pfandgläubiger dem Antrag des Erwerbers (Pfandschuldners) auf Eintragung anschließen, um zu vermeiden, daß dieser die Eintragung der Auflassung noch durch Rücknahme seines Eintragungsantrags verhindert. Anspruch auf Erwerb des Eigentums am Grundstück begründet das Pfandrecht am Anwartschaftsrecht nicht. Der Pfandgläubiger kann daher seine Eintragung als Eigentümer nicht betreiben; er wird mit Grundbucheintragung nicht Grundstückseigentümer. Auch zur Geltendmachung des schuldrechtlichen Anspruchs auf Übertragung des Eigentums (§ 433 Abs 1 BGB oder andere Anspruchsgrundlage) berechtigt das Pfandrecht am Anwartschaftsrecht nicht. Mitwirkung des Pfandgläubigers bei Leistung nach §§ 1281, 1282 BGB kann nicht erfolgen (weil Auflassung an den – auch weiterhin – nicht beschränkten Anspruchsgläubiger bereits erklärt ist). Mit Eigentumsübergang (Eintragung des Verpfänders als Eigentümer) entsteht nach ganz hM für den Pfandgläubiger am Anwartschaftsrecht kraft Gesetzes (ohne Grundbucheintragung) eine **Sicherungshypothek** an dem Grundstück (§ 1287 BGB in entsprechender Anwendung).[76] Sie hat gleichfalls (dazu Rdn 1562) Rang nach den in Erfüllung der Erwerbsverpflichtung einzutragenden Grundstücksbelastungen. Für Eintragung dieser Sicherungshypothek hat der Pfandgläubiger Sorge zu tragen. Ihre Grundbucheintragung ist Grundbuchberichtigung. Sie erfolgt daher auf Antrag (§ 13 Abs 1 GBO), wenn Berichtigungsbewilligung des betroffenen Eigentümers (Erwerbers, § 19 GBO) oder Unrichtigkeitsnachweis (notarielle Verpfändungserklärung, § 22 Abs 1 GBO) vorliegt. Weil die Auflassung wirksam bereits ohne Mitwirkung des Pfandgläubigers zustande gekommen ist, können bei deren Prüfung durch das Grundbuchamt (§ 20 GBO) Rechte des Pfandgläubigers keine Berücksichtigung finden. Die Auflassung wird eingetragen, auch wenn gleichzeitige Grundbucheintragung durch Miteintragung der Sicherungshypothek des Pfandgläubigers nicht beantragt ist und daher nicht vollzogen wird. Rangrichtige Eintragung der Sicherungshypothek ist somit nicht gewährleistet, weil der Pfandgläubiger bei Vollzug der Auflassung nicht mitzuwirken hat, am Eintragungsverfahren sonach nicht beteiligt ist.

1591 cc) Auch **mehrmalige Verpfändung** des Anwartschaftsrechts ist möglich. Der Rang der Pfandrechte und Sicherungshypotheken bestimmt sich nach der zeitlichen Reihenfolge der Bestellung der Pfandrechte (§§ 1274, 1209 BGB).

1592 dd) **Anwartschaftsrecht** und (fortbestehender) schuldrechtlicher **Eigentumsverschaffungsanspruch** sind selbständige Vermögensrechte. Anwartschaftsrecht und Eigentumsverschaffungsanspruch können daher auch selbständig und unabhängig voneinander (nebeneinander) verpfändet werden (Rdn 1585). Wegen des unterschiedlichen Werts der beiden Sicherungsmittel und der damit unterschiedlichen Berechtigung des Pfandgläubigers ist es ratsam, nicht nur das Anwartschaftsrecht, sondern selbständig auch noch den Eigentums-

---

[75] S BGH 49, 197 = aaO (Fußn 8).
[76] BGH 49, 197 = aaO (Fußn 8).

verschaffungsanspruch zu verpfänden. Treffen Verpfändung des Eigentumsübertragungsanspruchs und der Anwartschaft zusammen, so muß gleichfalls der Grundsatz der Priorität gelten. Ein Vorrang des Pfandgläubigers an der Anwartschaft besteht nicht.[77]

ee) Wenn nach dem Urkundenwortlaut nur die Auflassungsanwartschaft verpfändet ist, kann darin zugleich auch Verpfändung des Anspruchs auf Eigentumsübertragung zu sehen sein (Auslegung nach § 133 BGB). Wenn dem Wortlaut nach Verpfändung nur des Eigentumsübertragungsanspruchs vorgenommen wurde, stellt sich die Frage, ob damit auch die Auflassungsanwartschaft verpfändet ist (Auslegung nach § 133 BGB) nur bei Wahrung der Auflassungsform,[78] weil hierfür genügt, daß die Erklärungen beider Vertragsparteien die Einigung über die Verpfändung ausreichend ausweisen. 1593

ff) Fraglich ist, ob auch **Verpfändung (nur) des Anwartschaftsrechts** des Auflassungsempfängers (Rdn 1589) als Grundbuchberichtigung bei der Auflassungsvormerkung eingetragen werden kann. Dagegen würde sprechen, daß die Vormerkung den (schuldrechtlichen) Eigentumsübertragungsanspruch sichert;[79] das Anwartschaftsrecht des Auflassungsempfängers ist damit nicht eingetragen. Wenn jedoch mit Auflassung ein Anwartschaftsrecht des Auflassungsempfängers gerade auch deshalb entsteht, weil eine Auflassungsvormerkung für den Erwerber eingetragen ist (Rdn 3318 und Nachweise dort Fußn 39), müßte bei der die Rechtsstellung des Erwerbers sichernden Auflassungsvormerkung auch die Verpfändung des Anwartschaftsrechts eingetragen werden können (damit Löschung und Verlust des Anwartschaftsrechts ohne Zustimmung des Pfandgläubigers ausgeschlossen bleiben). Eintragbar ist bei Verpfändung nur des Anwartschaftsrechts aber jedenfalls die damit auch erfolgte (Auslegung) Verpfändung des fortbestehenden gesicherten Eigentumsübertragungsanspruchs (Rdn 1593; erfordert Anzeige nach § 1280 BGB; zum Nachweis im Grundbuchverfahren Rdn 1572). 1594

15. Pfändung des Anspruchs auf Eigentumsverschaffung sowie des Anwartschaftsrechts des Auflassungsempfängers und Eintragung bei der Auflassungsvormerkung
ZPO §§ 829, 846 ff, 857 Abs 2

Eintragungsantrag 1595

> Mein Schuldner Karl Kalb, Metzgermeister in Karlsfeld, hat von Hans Häusler, Hotelier in Hofheim, mit Urkunde des Notars Gottfried Genau in X-stadt vom ..., URNr ..., das im Grundbuch des Amtsgerichts ... für Gemarkung ... (Band ...) Blatt eingetragene Grundstück
> FlSt Nr. 987 der Gemarkung Karlsfeld,
> Wohnhaus Schillerstraße 20 mit Hofraum zu 600 m²
> gekauft.

---

[77] Siehe Stöber, Forderungspfändung, Rdn 2078 (dort für den Fall der Pfändung). Hierzu jetzt aber auch Amann DNotZ 1997, 113.
[78] Vgl (für einen Fall der Abtretung) BayObLG 1971, 307 (310 f).
[79] Für unzulässig halten Eintragung der Verpfändung des Anwartschaftsrechts K/E/H/E Rdn 145 zu § 20, weil sonst dem dinglichen Charakter des Anwartschaftsrechts und der Abhängigkeit der Vormerkung vom schuldrechtlichen Anspruch nicht Rechnung getragen wäre. Für Eintragung MünchKomm/Damrau Rdn 38 zu § 1274 BGB.

2. Teil. IV. Zweite Abteilung des Grundbuchs

> Zur Sicherung des Anspruchs auf Auflassung ist im Grundbuch an vorbezeichneter Grundbuchstelle in Abt II Nr 1 eine Auflassungsvormerkung eingetragen.
> Der Eigentumsverschaffungsanspruch meines Schuldners Karl Kalb ist zu meinen Gunsten mit Beschluß des Amtsgerichts X-stadt vom ..., Aktenz 2 M .../02, dem Verkäufer als Drittschuldner zugestellt am ..., wegen der in diesem Beschluß bezeichneten Vollstrekkungsforderung gepfändet.
> Pfändungsbeschluß mit Zustellungsnachweisen ist angefügt.
> Ich beantrage, diese Pfändung des vorgemerkten Eigentumsverschaffungsanspruchs meines Schuldners bei der bezeichneten Auflassungsvormerkung in das Grundbuch einzutragen.
>
> Michael Meister (keine Unterschriftsbeglaubigung)

1596 Eintragungsvermerk

> Vorgemerkter Eigentumsverschaffungsanspruch gepfändet für ... (Gläubiger; Bezeichnung nach § 15 GBV). Unter Bezugnahme auf den Pfändungsbeschluß des Amtsgerichts ... vom ..., Aktenz 2 M .../02, eingetragen am ...

Literatur: Amann, Schutz des Zweitkäufers vor Zwangsvollstreckungsmaßnahmen des Erstkäufers, DNotZ 1997, 113; Hintzen, Pfändung der Eigentumsverschaffungsanspruches und des Anwartschaftsrechtes aus der Auflassung, Rpfleger 1989, 439; Hoche, Die Pfändung des Anwartschaftsrechts aus der Auflassung, NJW 1955, 931; Münzberg, Abschied von der Pfändung der Auflassungsanwartschaft?, Festschrift für Schiedermair, 1976, Seite 439; Stöber, Forderungspfändung, 6. Kapitel (Rdn 2010 ff); außerdem die vor Rdn 1557 Genannten.

a) Pfändung des Eigentumsverschaffungsanspruchs

1597 **aa)** Der **Anspruch** des Käufers eines Grundstücks (Grundstücksteils) an den Verkäufer auf Verschaffung des Eigentums (§ 433 Abs 1 BGB), ebenso jeder schuldrechtliche Eigentumsübertragungsanspruch aus anderem Rechtsgrund (zB Vermächtnis), kann als Anspruch auf Leistung einer unbeweglichen Sache **gepfändet** werden (§§ 846 ff mit § 829 ZPO).[1] Pfändbar ist der Anspruch auch, wenn die Auflassung bereits erklärt, der Erwerber aber noch nicht als Eigentümer des Grundstücks im Grundbuch eingetragen ist (vgl Rdn 1584) oder die Übertragung des Anspruchs (und damit Verpfändung) rechtsgeschäftlich ausgeschlossen ist (§ 851 Abs 2 ZPO, § 399 BGB). Bewirkt (wirksam) wird die Pfändung mit der Zustellung des Beschlusses an den Drittschuldner (§§ 846, 829 Abs 3 ZPO), das ist der zur Eigentumsübertragung an den Schuldner Verpflichtete.[2] Nicht wesentlich für Wirksamkeit der Anspruchspfändung ist Anordnung der Herausgabe an einen Sequester (§ 847 Abs 1 ZPO).[3] Die Pfändung bewirkt Beschlagnahme (Verstrickung); sie begründet für den Gläubiger ein Pfändungspfandrecht an dem gepfändeten Anspruch (§ 804 Abs 1 ZPO). Umwandlung des Pfändungspfandrechts in eine Sicherungshypothek am Grundstück sichert Einschaltung eines **Sequesters**. Auflassung hat nach Pfändung an den Sequester als Vertreter des Schuldners[4] zu erfolgen (§ 848 Abs 2 S 1 ZPO). Wenn die Auflassung bei Pfändung bereits erklärt ist, hat der Sequester die Auflassungserklärung des jetzt (allein) nicht

---

[1] Zur Pfändung eingehend Stöber, Forderungspfändung, Rdn 2034 ff.
[2] Stöber, Forderungspfändung, Rdn 2016.
[3] Stöber, Forderungspfändung, Rdn 2018 und 2037.
[4] Die Einigung muß dahin gehen, daß der Schuldner Eigentümer werden soll, BayObLG (23. 2. 1989, mitget) Rpfleger 1989, 396.

B. Einzelfälle

mehr berechtigten Schuldners zu genehmigen.⁵ Mit dem Übergang des Eigentums auf den Schuldner erlangt der Gläubiger kraft Gesetzes (ohne Grundbucheintragung) für seine Forderung eine **Sicherungshypothek** an dem Grundstück (§ 848 Abs 2 S 2 ZPO). Deren Eintragung hat der Sequester zu bewilligen (§ 848 Abs 2 S 3 ZPO). Sie kann auch auf Antrag des Pfändungsgläubigers eingetragen werden, wenn Grundbuchunrichtigkeit (sämtliche Voraussetzungen für Entstehen der Sicherungshypothek) (urkundlich) nachgewiesen wird.⁶ Die Sicherungshypothek hat **Rang** nach den vom Erwerber dem Veräußerer oder Dritten nach dem schuldrechtlichen Vertrag zu bestellenden Rechten (Rdn 1562). Das Grundbuch ist daher unrichtig, wenn auf Antrag des Pfändungsgläubigers Eintragung des Eigentumswechsels und der Sicherungshypothek erfolgt und erst daraufhin die nach dem schuldrechtlichen Vertrag zu bestellenden Rechte mit Rang nach der Sicherungshypothek eingetragen werden.⁷ Vor Eintragung des Eigentumswechsels kann einem Antrag des Gläubigers auf Eintragung der Sicherungshypothek nicht entsprochen werden, weil weder Grundbuchunrichtigkeit besteht (§ 22 Abs 1 GBO; die Sicherungshypothek ist noch nicht entstanden) noch (formell) Voreintragung des Betroffenen (§ 39 GBO) gegeben ist.⁸ Die Pfändungswirkungen entsprechen im wesentlichen den Rdn 1560–1562 dargestellten Wirkungen der Verpfändung (siehe daher dort, auch zum Rang der Sicherungshypothek) mit der Besonderheit, daß der Anspruch nicht nach Maßgabe von §§ 1281, 1282 BGB, sondern durch Auflassung an den Sequester zu erfüllen ist.

Pfändung des Eigentumsübertragungsanspruchs nur eines von mehreren Berechtigten für Erwerb des Grundstücks als **Bruchteilsmiteigentümer** (§§ 741 ff BGB; Beispiel: Kauf durch Eheleute „je zur Hälfte", Vollstreckung nur gegen Ehemann) hat gleichfalls nach den für den Gesamtanspruch geltenden Vorschriften zu erfolgen;⁹ Pfändung und Pfändungswirkungen bestimmen sich somit auch in diesem Fall nach § 846 mit § 829 und § 848 ZPO; anzuordnen ist daher, daß das Grundstück an den für den Schuldner als Bruchteilsmitberechtigter zu bestellenden Sequester mit herauszugeben und an diesen als Vertreter des Schuldners mit aufzulassen ist. Auflassung hat somit an den Mitberechtigten, dessen Anspruch nicht gepfändet ist, und an den Sequester als Vertreter des Schuldners für Erwerb in Bruchteilen zu erfolgen. Eine Sicherungshypothek erlangt der Gläubiger für seine Forderung mit dem Übergang des Eigentums an dem Miteigentumsanteil des Schuldners (§ 848 Abs 2 S 2 ZPO). Die Eintragung der Sicherungshypothek nur an diesem Miteigentumsanteil hat der Sequester nach § 848 Abs 2 S 3 ZPO zu bewilligen. Das Bay-

1597a

---

⁵ OLG Jena DNotZ 1997, 158 = Rpfleger 1996, 101; Stöber DNotZ 1985, 587 (595) und Forderungspfändung Rdn 2045 a. Zur vergleichbaren Situation bei Verpfändung s Rdn 1585.
⁶ S dazu Hoche NJW 1955, 163; Münzberg Rpfleger 1985, 306 (307). Der Gläubiger kann auch Antrag auf Eintragung des Schuldners als Eigentümer stellen; s Münzberg Rpfleger 1985, 306 (308).
⁷ LG Frankenthal BWNotZ 1985, 88 und 1986, 38 Leits mit Anm Lehmann = Rpfleger 1985, 231.
⁸ Gläubigerantrag wird für zulässig erachtet; LG Düsseldorf Rpfleger 1985, 303 mit Anm Münzberg, dieser insbesondere auch zur Behandlung des (vorzeitigen) Antrags durch das Grundbuchamt.
⁹ Stöber, Forderungspfändung, Rdn 2053 a.

ObLG[10] meint hingegen, weil der Anspruch auf eine unteilbare Leistung gehe, sei der Pfändung der Anteil des Schuldners an der gemeinschaftlichen Forderung unterworfen, und zwar „gem § 857 ZPO als selbständiges, übertragbares Vermögensrecht (§ 747 S 1 BGB)". Diese Pfändung soll nach § 857 ZPO bewirkt werden, weshalb es nicht der Auflassung an einen Sequester bedürfe. Für den Pfändungsgläubiger soll mit Vollzug der Auflassung gleichwohl eine (dann im Wege der Berichtigung in das Grundbuch einzutragende) Sicherungshypothek an dem Miteigentumsanteil des Schuldners entstehen, und zwar in entspr Anwendung (§ 857 Abs 1 ZPO) von § 848 ZPO und damit des in § 848 Abs 2 S 2 ZPO (und in § 1287 S 2 BGB) zum Ausdruck kommenden allgemeinen Surrogationsprinzips. Der (pfändbare) Anspruch des mitberechtigten Schuldners geht jedoch auf Leistung eines Grundstücks-Miteigentumsbruchteils, der **als körperliche Sache** (§ 846 ZPO) Gegenstand der Immobilienvollstreckung ist (§ 864 Abs 2 ZPO). Die Pfändung des Anspruchs, welcher die Leistung einer körperlichen Sache zum Gegenstand hat, regelt jedoch § 846 mit § 829 und § 848 Abs 1 ZPO[11] eigenständig im Hinblick darauf, daß die Erfüllung keine Gläubigerbefriedigung bewirken kann, sondern zur weiteren Zwangsvollstreckung in die Sache führen muß.[12]

1598 bb) In das **Grundbuch** kann das durch Pfändung erlangte Pfandrecht am Eigentumsverschaffungsanspruch bei der diesen sichernden (Auflassungs-) Vormerkung **eingetragen** werden.[13] Diese Eintragung ist Grundbuchberichtigung. Sie entspricht der Rdn 1571–1576 besprochenen Grundbuchberichtigung mit Eintragung der Verpfändung bei der Auflassungsvormerkung. Wegen Einzelheiten s daher dort. Eintragung erfolgt, wenn die Pfändung und ihr Wirksamwerden[14] dem Grundbuchamt in der Form des § 29 GBO (durch öffentliche Urkunden[15]) nachgewiesen sind (§ 22 Abs 1 GBO). Löschung der Auflassungsvormerkung samt Pfändungsvermerk kann auf Antrag des Sequesters oder Schuldners im Wege der Grundbuchberichtigung erfolgen, wenn mit Eigentumsumschreibung die Sicherungshypothek für den Pfandgläubiger (rangrichtig) eingetragen ist.[16] Die Überweisung des gepfändeten Anspruchs (nur zur Einziehung, § 849 ZPO) ist nicht einzutragen.

1598a Ins Leere geht die Pfändung, wenn der Eigentumsverschaffungsanspruch (bereits) abgetreten ist, somit nicht mehr als Anspruch des Schuldners besteht, sondern dem Neugläubiger zusteht.[17] **Schutz eines Zweitkäufers** bei Weiterver-

---

[10] BayObLG 1992, 131 = MittBayNot 1992, 391 = NJW-RR 1992, 1368 = Rpfleger 1992, 422.
[11] Hierzu näher Stöber aaO.
[12] Zöller/Stöber Rdn 1 zu § 846 ZPO.
[13] Rdn 1571, auch BayObLG MittRhNotK 1985, 42 = JurBüro 1985, 950 = Rpfleger 1985, 58.
[14] BayObLG MittRhNotK 1985, 42; dies auch bei Arrestpfändung.
[15] BayObLG MittRhNotK 1985, 42 = aaO.
[16] Gutachten DNotI-Report 1995, 81.
[17] Dazu Stöber, Forderungspfändung, Rdn 486; Zöller/Stöber Rdn 4 und 22 zu § 829 ZPO. Daher keine Grundbucheintragung bei Pfändung des Anspruchs erst nach Abtretung (OLG Frankfurt DNotZ 1997, 731 = NJW-RR 1997, 1308 = Rpfleger 1997, 152) und Grundbuchunrichtigkeit, wenn diese Pfändung dennoch eingetragen wurde (BayObLG DNotZ 1997, 337 = NJW-RR 1997, 1173).

B. Einzelfälle

kauf vor Eigentumserwerb des Erstkäufers vor Zwangsvollstreckungsmaßnahmen gegen diesen bietet sich daher mit Abtretung des Eigentumsverschaffungsanspruchs (sicherungshalber) durch den Erstkäufer an den Zweitkäufer an.[18]

b) Pfändung des Anwartschaftsrechts aus Auflassung

aa) Das **Anwartschaftsrecht** des Auflassungsempfängers (Rdn 1589, 3318) kann als Vermögensrecht des Schuldners gleichfalls **gepfändet** werden. Dessen Pfändung wird mit der Zustellung des Pfändungsbeschlusses an den Grundstückserwerber wirksam (§ 857 ZPO); einer Zustellung des Beschlusses auch an den Veräußerer bedarf es nach herrschender Ansicht nicht.[19] Ein Sequester wirkt bei dieser Pfändung nicht mit. 1599

Mit dem Übergang des Grundstückseigentums auf den Erwerber entsteht für den Pfändungsgläubiger kraft Gesetzes (ohne Grundbucheintragung) eine Sicherungshypothek (§ 848 Abs 2 S 2 ZPO in entsprechender Anwendung).[20] Die Pfändungswirkungen entsprechen im wesentlichen den Rdn 1590 dargestellten Wirkungen der Verpfändung des Anwartschaftsrechts. Wegen Einzelheiten s dort. 1600

bb) Eintragung der Pfändung (nur) des Anwartschaftsrechts des Auflassungsempfängers als Grundbuchberichtigung bei der **Auflassungsvormerkung** halten wir für zulässig; s das Rdn 1594 Gesagte. Die Eintragung erfordert Nachweis der Auflassung[21] für Entstehen des Anwartschaftsrechts (Rdn 3318; Eintragung der Auflassungsvormerkung ergibt sich aus dem Grundbuch) und seiner wirksamen Pfändung je in der Form des § 29 GBO. 1601

cc) Anwartschaftsrecht des Auflassungsempfängers und (fortbestehender) schuldrechtlicher Eigentumsverschaffungsanspruch sind selbständige Vermögensrechte, können somit selbständig und unabhängig voneinander (nebeneinander) gepfändet werden[22] (Rdn 1592). 1602

---

[18] Zu dieser Sicherungsmöglichkeit eingehend Amann DNotZ 1997, 113, der (§ 121) auch die Frage erörtert, ob die Abwehr von Vollstreckungsmaßnahmen gegen den Erstkäufer zu den Amtspflichten des Notars gehört.
[19] BGH 49, 197 = DNotZ 1968, 483 = Rpfleger 1968, 38 (eingehend zu dieser Frage); LG Düsseldorf Rpfleger 1985, 305 (306) mit Anm Münzberg; auch Stöber, Forderungspfändung, Rdn 2056.
[20] BGH 49, 197 = aaO (Fußn 19); Stöber, Forderungspfändung, Rdn 2085, mit weit Nachw.
[21] LG Bonn Rpfleger 1989, 449; Hintzen Rpfleger 1989, 439 (441); Vorlage einer beglaubigten Abschrift der Urkunde ist (ebenso wie für Eintragung der Auflassung) ausreichend. Eintragung der Vormerkung ohne Nachweis der Auflassung genügt nicht; sie wird auf Bewilligung zur Sicherung des schuldrechtlichen Anspruchs eingetragen, weist Auflassung als Erfordernis der Anwartschaft somit nicht aus.
[22] S hierzu Münzberg in FS für Schiedermair, 1976, S 457. Die Pfändung der Anwartschaft wird mit Zustellung an den Schuldner wirksam, die Pfändung des Eigentumsverschaffungsanspruchs jedoch nur mit Zustellung an den Drittschuldner; dazu BGH 49, 197 = aaO (Fußn 19) und Stöber, Forderungspfändung, Rdn 2035 ff, 2056, 2070 und 2078. Zum Anwartschaftspfandrecht nach früher bereits erfolgter Abtretung, Pfändung oder Verpfändung des Eigentumsverschaffungsanspruchs Amann DNotZ 1997, 113.

2. Teil. IV. Zweite Abteilung des Grundbuchs

16. Sicherung eines Wiederkaufsrechts
BGB §§ 456–462, 883 ff

1603 Urkunde (als Auszug aus einem Bauplatzkaufvertrag)

Das Wohnungsunternehmen behält sich auf die Dauer von zehn Jahren das Recht zum Wiederkauf des Grundstücks vor. Es ist zur Ausübung des Wiederkaufs berechtigt,
  a) wenn über das Vermögen des Erwerbers das Insolvenzverfahren eröffnet oder wenn die Zwangsversteigerung oder -verwaltung des Grundstücks angeordnet ist, ferner, wenn der Erwerber
  b) ohne Zustimmung des Wohnungsunternehmens das Grundstück ganz oder teilweise veräußert, die Rechte aus diesem Vertrag abtritt oder einem Dritten eine Stellung einräumt, die es diesem ermöglicht, wie ein Eigentümer über das Grundstück zu verfügen,
  c) seinen Verpflichtungen aus den §§ 2 bis 4 dieses Vertrages nicht nachkommt,
  d) ungeachtet schriftlicher Abmahnung einen vertragswidrigen Gebrauch des Grundstücks fortsetzt.

Die Erklärung des Wiederkaufs bedarf der Schriftform. Sie kann im Falle des vertragswidrigen Gebrauchs des Erwerbers so lange abgegeben werden, als der Erwerber zur Zeit der Ausübung des Wiederkaufsrechts den vertragswidrigen Gebrauch noch fortsetzt. In den übrigen Fällen des vorstehenden Absatzes muß die Erklärung des Wiederkaufs innerhalb von drei Monaten abgegeben werden, nachdem das Ereignis, auf das sich das Wiederkaufsrecht gründet, dem Wohnungsunternehmen bekanntgeworden ist.

Beabsichtigt der Erwerber, das Grundstück zu verkaufen, so hat er dies dem Wohnungsunternehmen unverzüglich unter Angabe des Käufers, des Kaufpreises und der Zahlungsweise schriftlich gegen Empfangsbescheinigung mitzuteilen. Das Wohnungsunternehmen hat sich innerhalb von drei Monaten vom Tage des Eingangs der Mitteilung ab zu erklären, ob es von dem Wiederkaufsrecht Gebrauch machen will oder nicht. Lehnt es die Ausübung des Wiederkaufsrechts ab oder erklärt es sich innerhalb der Frist von drei Monaten nicht, so kann es das Wiederkaufsrecht nicht mehr ausüben, wenn der Kaufvertrag mit dem vorgesehenen Käufer und zu den mitgeteilten Bedingungen zustande kommt.

Der Wiederkaufspreis setzt sich zusammen aus dem in § 2 dieses Vertrages festgesetzten Kaufpreis und den vom Erwerber nach § 3 dieses Vertrages übernommenen Kosten. Hinzuzurechnen ist der noch vorhandene Wert der mit schriftlicher Zustimmung des Wohnungsunternehmens vom Erwerber geschaffenen baulichen Verbesserungen. Abzuziehen ist die eingetretene Wertminderung des Grundstücks und der Baulichkeiten, mindestens aber in Höhe von 1 v.H. jährlich des auf die Baulichkeit entfallenden Teils des Kaufpreises, soweit nicht für Anlagen eine höhere Abschreibung erforderlich oder üblich ist. In Abzug zu bringen sind außerdem außerordentliche Wertminderungen des Grundstücks und der Baulichkeiten, die auf Verschulden des Erwerbers beruhen. Bodenwertsteigerungen bleiben unberücksichtigt. Für Nutzanpflanzungen hat das Wohnungsunternehmen dem Erwerber den Betrag zu zahlen, der zu einer gleichartigen Neuanpflanzung erforderlich wäre. Auf den Wiederkaufspreis sind die auf dem Grundstück ruhenden Hypotheken (Grundschulden, Rentenschulden) in der noch bestehenden Höhe anzurechnen. Der Rest des Wiederkaufspreises ist spätestens innerhalb eines Jahres zu zahlen und vom Zeitpunkt der Ausübung des Wiederkaufsrecht ab mit …% jährlich zu verzinsen. Soweit die Hypotheken (Grundschulden, Rentenschulden) den Wiederkaufspreis übersteigen, kann das Wohnungsunternehmen ihre Löschung auf Kosten des Erwerbers verlangen.

Zur Sicherung des Anspruchs auf Eigentumsverschaffung aus dem befristeten Wiederkaufsrecht bewilligt der Erwerber gleichzeitig mit dem Eigentumsübergang eine Vormerkung gemäß § 883 BGB zugunsten des Wohnungsunternehmens in das Grundbuch einzutragen. Das Wohnungsunternehmen beantragt deren Eintragung in das Grundbuch.

Das Wohnungsunternehmen verpflichtet sich, mit dieser Vormerkung im Rang hinter Grundpfandrechte für beliebige Gläubiger bis zur Höhe von insgesamt … € samt Zinsen und Nebenleistungen bis zu …% zurückzutreten. Dies gilt jedoch nur für Grundpfand-

B. Einzelfälle

rechte, die der Finanzierung des Kaufpreises oder des zu erstellenden Wohnhauses einschließlich Erschließungs- und Anliegerbeiträge dienen, und wenn gleichzeitig
1. für das Wohnungsunternehmen eine Löschungsvormerkung am Grundpfandrecht (§ 1179 BGB) bestellt wird,
2. alle Rückgewähransprüche bezüglich solcher Grundschulden an das Wohnungsunternehmen abgetreten werden und der Grundschuldgläubiger der Abtretung zustimmt,
3. durch Vereinbarung zwischen Grundschuldgläubiger und Wohnungsunternehmen sichergestellt ist, daß die Grundschuld nur für die oben genannten Zwecke valutiert, eine Abtretung der Grundschuld ausgeschlossen und diese Bindung Rechtsnachfolgern auferlegt wird.

Alle mit dem Rangrücktritt verbundenen Kosten trägt der Erwerber.

Grundbucheintragung (nur materieller Teil) 1604

Vormerkung für das Wohnungsunternehmen ... GmbH in ... zur Sicherung des im Falle der Ausübung des diesem Berechtigten zustehenden befristeten Wiederkaufsrechts entstehenden Anspruchs auf Eigentumsübertragung. Unter Bezugnahme auf die Bewilligung vom ... (Notar ... URNr ...) eingetragen am ... ...

Literatur: Grziwotz, Zur Zulässigkeit und Absicherung vertraglicher Baugebote und Veräußerungsverbote, DVBl 1991, 1348; Grziwotz, Städtebauliche Verträge vor den Zivilgerichten, NJW 1997, 237; Grziwotz, Gestaltungsprobleme bei Bauplatzverkäufen durch Gemeinden, ZNotP 1998, 100 (mit Muster für Wiederkaufsrecht) und ZNotP 1998, 235; Mümmler, Betrachtungen zum Wiederkaufsrecht und zum Ankaufsrecht, JurBüro 1973, 1109; Mummenhoff, Das Wiederkaufsrecht bei Grundstücken, MittRhNotK 1967, 813; Rastätter, Probleme beim Grundstückskauf von Kommunen, DNotZ 2000, 17; Ripfel, Fragen zum Recht des Wiederkaufs, insbesondere bei Weiterveräußerung des Grundstücks, BWNotZ 1969, 26 (behandelt auch die Wirkungen der Auflassungsvormerkung eingehend); Wörbelauer, Das unter Eigentumsvormerkung stehende Grundstück – eine res extra commercium?, DNotZ 1963, 580, 652 und 718.

Ein Wiederkaufsrecht wird meist im **Rahmen eines Kauf-** oder ähnlichen **Vertrags** vereinbart. Es gibt dem Verkäufer den Anspruch, die Rückübereignung des Grundstücks zu verlangen, wenn der Käufer gewissen ihm nach dem Vertrag obliegenden Verpflichtungen nicht nachkommt. 1605

In der Praxis spielt heute das Wiederkaufsrecht vor allem bei Grundstücksveräußerungen durch die öffentliche Hand eine erhebliche Rolle. Bei Bauplatzveräußerungen durch Gemeinden zur Förderung des Wohnungsbaus (insbesondere zum verbilligten Preis im sogen **Einheimischen-Modell**[1] oder

---

[1] Als „Einheimischenmodell" oder „Sozialmodell" werden Vorgehensweisen der Gemeinden beschrieben, bei denen diese im Zuge der Aufstellung (Änderung) von Bebauungsplänen oder auch im Zuge der Erteilung von Baugenehmigungen, bei denen Befreiung von gewissen planungsrechtlichen Vorgaben nötig ist,
a) Verträge abschließt mit den von der Bauleitplanung betroffenen Grundstückseigentümern, von denen sie entweder zum günstigen Preis (vgl dazu auch Bleutge Mitt-BayNot 1996, 149; Busse BayVBl 2003, 129 (131); kritisch dazu Grziwotz NVwZ 1996, 637 und ZNotP 2002, 291 [292] mit Hinweis auf § 138 BGB) Flächen erwirbt und
b) sie an „Einheimische" oder „sozial Schwache", wie sie von der Gemeinde in abstrakt genereller Weise beschrieben sind (zu Kontrolle und Rechtsweg gegen solche Vergabeentscheidung vgl VG München MittBayNot 1996, 392) mit entsprechenden Bindungen (Bebauungspflicht, Nutzungsbeschränkung, Veräußerungsbeschränkung) weitergeben. Eine andere Möglichkeit besteht darin, daß die Gemeinde ohne Eigenerwerb die Grundstückseigentümer verpflichtet, einen Teil der Grundstücke nur an

Sozial-Modelle zur Förderung sozial schwacher Bevölkerungskreise) oder zur Förderung von Industrie- und Gewerbeansiedlungen,[2] Schaffung von Arbeitsplätzen wird meist (neben anderen Sicherungen wie Vertragsstrafe oder Abschöpfung des gewährten Preisvorteils bei vorzeitiger Veräußerung) ein Wiederkaufsrecht für die Gemeinde vereinbart, um damit die Erfüllung der von der Gemeinde mit der Grundstücksvergabe verfolgten öffentlichen Aufgaben durch den Erwerber sicherzustellen.[3] Es kann daher ausgeübt werden, wenn der Erwerber bestimmte für diese öffentliche Zweckerreichung erforderliche vertraglich vereinbarte Bindungen (Verpflichtungen) innerhalb bestimmter Fristen nicht einhält, zB

- die Bauverpflichtung nicht erfüllt,[4]
- das Grundstück nicht für den vereinbarten Zweck verwendet,
- nicht die versprochenen Arbeitsplätze schafft,
- das Grundstück nicht selbst oder durch nahe Angehörige bewohnt,
- das Grundstück vorzeitig veräußert.[5]

Obwohl die Gemeinden mit solchen Verträgen regelmäßig öffentliche Aufgaben erfüllen, werden sie überwiegend als zivilrechtliche, nicht als öffentlich-rechtliche Verträge qualifiziert.[6] Ob solche Vereinbarungen den AGB-Bestimmungen unterliegen, ist streitig, wird aber von der Rechtsprechung inzwischen fast durchwegs bejaht[7], jedenfalls seit Einfügung des Art 24a

---

die von der Gemeinde in obiger Weise ausgewählten und benannten Bewerber zum niedrigen Preis zu übereignen, wobei dann der Erwerber die obigen Bindungen im Sinne eines echten Vertrages zugunsten der Gemeinde eingeht.

Zu Zulässigkeit und Inhalt solcher „Modelle" vgl grundlegend BGH DNotZ 2003, 341 mit Anm Grziwotz = NJW 2003, 888 = ZfIR 2003, 205 mit Anm Krautzberger; BGH DNotZ 1999, 398 mit Anm Busse = NJW 1999, 208 (Zwischenerwerb); BVerwG DNotZ 1994, 673 mit Anm Grziwotz = NJW 1993, 2695; Grziwotz NJW 1993, 2665 und NJW 1997, 237; Grziwotz, Baulanderschließung, S 198 ff (mit Mustern); Jachmann MittBayNot 1994, 93; Jäde BayVBl 1995, 283; Roithmaier MittBayNot 1990, 295; Bleutge MittBayNot 1999, 453.

[2] Hier sind die Zulässigkeitsgrenzen des nationalen und EU-Subventionsrechts (Art 87 ff EG-Vertrag mit EG-VO Nr 994/98 [ABl Nr L 142/1] und Nr 659/99 [ABl Nr L 83/1]) zu beachten, vgl Bleutge MittBayNot 1999, 453; Stapper DB 1999, 2399.

[3] Grziwotz DVBl 1991, 1348 und NJW 1997, 237; Jäde BayVBl 1995, 283; Deutrich MittBayNot 1996, 201 (203); Busse BayVBl 2003, 129 (132).

[4] Besteht die Auflage in der Eröffnung eines Fabrikationsbetriebes, wird dies durch den bloßen ernstlichen Versuch der Fabrikation nicht erfüllt, OLG Köln MDR 1973, 581 = MittBayNot 1973, 149 = MittRhNotK 1973, 496. Ausübung des Wiederkaufsrechts acht Jahre nach Nichterfüllung der Bauverpflichtung ist möglich (keine Verwirkung), LG Deggendorf MittBayNot 1993, 360.

[5] Als Veräußerung gilt auch die Zwangsversteigerung, selbst wenn der Wiederkaufsberechtigte selbst ersteigert, BGH DNotZ 1995, 204 mit Anm Siegmann = Rpfleger 1995, 173.

[6] Kein Schluß von der Aufgabe auf die Mittel zu ihrer Erfüllung, vgl BVerwG DNotZ 1994, 673 = aaO (Fußn 1); VG München MittBayNot 1998, 123, sowie die Rechtsprechung in Fußn 7; Rastätter DNotZ 2000, 17. AA – für öffentlich-rechtlichen Charakter der Verträge – Grziwotz NJW 1997, 237; Jäde BayVBl 1995, 283; Busse DNotZ 1998, 487.

[7] **Für** Anwendbarkeit des AGBG: OLG Karlsruhe MittRhNotK 1992, 84 = NJW-RR 1992, 18; OLG Hamm DNotZ 1996, 541 mit abl Anm Albrecht = MittBayNot 1996, 199 mit abl Anm Deutrich = NJW 1996, 2104; OLG München DNotZ 1998, 810 = NJW 1998, 1962; OLG Koblenz DNotI-Report 1998, 25; OLG Celle DNotI-Report

B. Einzelfälle

AGBG (jetzt § 310 Abs 3 BGB), da Unternehmer auch die öffentliche Hand ist, wenn sie privatrechtliche Verträge abschließt.[7a] Allerdings sind bei der im Rahmen des § 307 BGB (vordem § 9 AGBG) gebotenen Angemessenheitsprüfung alle tatsächlichen und rechtlichen Umstände dieser Verträge zu berücksichtigen, vor allem die Umstände, die sich aus der mit diesen regelmäßig hinsichtlich des Kaufpreises subventionierten Verträgen verfolgten gemeindlichen Aufgabenerfüllung und deren effektiver Sicherung ergeben. Dies ist in einer Reihe der bisher veröffentlichten Entscheidungen zu diesem Komplex (vgl Fußn 7) nicht oder nur unzureichend geschehen.[8]
Die genannten Bauverpflichtungen können in solchen Kaufverträgen der Gemeinde vereinbart und an ihre Nichterfüllung innerhalb einer angemessenen Frist[9] kann die Ausübung eines vormerkungsgesicherten Wiederkaufsrechts geknüpft werden.
Als **Wiederkaufspreis** erstattet wird regelmäßig nur der ursprüngliche Kaufpreis (ohne Zinsen) sowie die nachweislich erbrachten Verwendungen des Erwerbers im Sinne des § 459 BGB für Bebauung und Erschließung, soweit sie eine objektive Werterhöhung im Zeitpunkt des Wiederkaufsfalles darstellen. Die Vereinbarung von Abschlägen auf den seinerzeit gezahlten Kaufpreis (§ 456 Abs 2 BGB) oder auf die im Zeitpunkt des Wiederkaufsfalles objektiv vorhandenen Baukosten und Verwendungen ist jedoch unwirksam (§ 307 BGB bzw § 11 Abs 2 BauGB), soweit sie jedenfalls einen bloßen pauschalierten Abschlag für zusätzliche Verwaltungskosten überschreiten.[10] Auf eine genaue Formulierung des bei Ausübung des Wiederkaufsrechts zu zahlenden Preises ist zu achten; Schiedsgutachterklauseln sind in der Regel nicht unangemessen.[11]

1999, 70; LG Ravensburg DNotI-Report 1997, 92; LG Karlsruhe DNotZ 1998, 483 mit abl Anm Busse; im Ergebnis auch LG Traunstein DNotI-Report 1998, 218 = NotBZ 1998, 198; LG Traunstein MittBayNot 1999, 314 = MittRhNotK 1998, 420; Rastätter DNotZ 2000, 17; Hofstetter BWNotZ 2000, 5; vgl auch die Übersicht bei Grziwotz NVwZ 2002, 391.
Gegen Anwendbarkeit des AGBG: Grziwotz NJW 1997, 237 und DNotZ 1999, 647; Jäde BayVBl 1995, 283; Deutrich MittBayNot 1996, 201; Busse DNotZ 1998, 487. BayVGH DNotZ 1999, 639 mit Anm Grziwotz lehnt zwar wegen der Rechtsgrundlage dieser Verträge in § 11 Abs 2 BauGB die Anwendbarkeit des AGBG ab, sieht aber die „Angemessenheit" in § 11 Abs 2 BauGB in gleicher Weise wie § 9 AGBG (jetzt § 307 BGB); ähnlich für vor dem 31. 12. 1994 abgeschlossene Verträge BGH DNotZ 2003, 341 = aaO (Fußn 1).
[7a] BGH DNotZ 2003, 341 mit Anm Grziwotz = aaO (Fußn 1); Ulmer/Brandner/Hensen Rdn 18 zu Art 24a AGBG.
[8] So richtig Rastätter DNotZ 2000, 17ff und Busse BayVBl 2003, 129 (132). Die von Hofstätter BWNotZ 2000, 5 vertretene Auffassung, dem AGBG könne durch Bestellung von Baulasten (in Baden-Württemberg) ausgewichen werden, geht allerdings völlig fehl, da für die Beurteilung nach AGBG der Inhalt der Verpflichtung, nicht die Art und Weise ihrer Durchführung maßgebend ist.
[9] Eine zweijährige Frist bis zur Bezugsfertigkeit ist regelmäßig nicht unangemessen, so richtig LG Karlsruhe DNotZ 1998, 483 und Rastätter DNotZ 2000, 17 (28) gegen LG Ravensburg DNotI-Report 1997, 92; vgl LG Traunstein MittBayNot 1999, 314 = MittRhNotK 98, 420 (3 Jahre bis zum Rohbau; OLG Zweibrücken ZfIR 2002, 988.
[10] OLG Koblenz DNotI-Report 1998, 25; LG Karlsruhe DNotZ 1998, 483; Rastätter DNotZ 2000, 17 (30 ff).
[11] Rastätter DNotZ 2000, 17 gegen LG Ravensburg DNotI-Report 1997, 92.

Auch **Nutzungsbeschränkungen,** Nutzungsgebote (zB Eigennutzung, bestimmte Art der Nutzung usw) und Weiterveräußerungsverbote, auch Belastungsbeschränkungen (s dazu auch Rdn 1610 a) sind wegen der von der Gemeinde verfolgten öffentlich-rechtlichen Zwecke (siedlungs-, sozial-, wirtschafts- und arbeitsmarktpolitische Ziele) zulässiger Inhalt solcher subventionierter Kaufverträge;[12] ihre Nichtbeachtung kann durch Vereinbarung eines Wiederkaufsrechtes sanktioniert werden. Doch verstößt eine Bindung über mehr als 20 Jahre gegen § 307 BGB oder das Übermaßverbot (§ 11 Abs 2 BauGB).[13] Für diese zeitlich befristeten Nutzungsbeschränkungen, Nutzungsgebote und Veräußerungsverbote sind im Einzelfall stets auch Billigkeitsgesichtspunkte (§ 242 BGB) heranzuziehen, auch wenn eine entsprechende Regelung im Vertragstext nicht ausdrücklich enthalten ist; dies führt dazu, daß das Wiederkaufsrecht nicht oder zeitweise nicht ausgeübt werden darf, wenn gegen diese Ge- oder Verbote zB wegen unverschuldeten Wegzugs infolge Verlust des Arbeitsplatzes, Scheidung oder ähnlichem, insbesondere gegen Ende der Bindungsfrist, verstoßen wird oder verstoßen werden muß.[14] Mehrerlösklauseln, die bei Verstoß gegen eine der vereinbarten Bindungen anstelle der Ausübung des Wiederkaufsrechts Zahlung eines zusätzlichen Kaufpreises vorsehen, sind zulässig, soweit sie bei subventioniertem Kaufpreis den Differenzbetrag zum seinerzeitigen Verkehrswert und die zwischenzeitlich eingetretene Bodenwertsteigerung abschöpfen.[15] Dagegen sind echte Vertragsstrafen oder Verfallklauseln, die wirtschaftlich über die Rückgängigmachung der Subvention hinausgehen, unwirksam.[16]
Das Grundbuchamt hat bei der Entscheidung über die Eintragung einer Auflassungsvormerkung zur Sicherung eines Wiederkaufsrechts die vorstehenden Fragen der Zulässigkeit nach § 307 BGB nicht zu prüfen (vgl Rdn 211 ff).

---

[12] BayVGH DNotZ 1999, 638; Rastätter DNotZ 2000, 17 (38 ff). Auch nach § 13 Abs 2 Nr 1 WoFG sind in der Förderungszusage die Rechtsfolgen eines Eigentumswechsels der geförderten Immobilien zu regeln.
[13] Wie hier Grziwotz, Bauleitplanung, S 214; Rastätter DNotZ 2000, 17; LG Traunstein, OLG München, je aaO = Fußn 7. Enger OLG Hamm DNotZ 1996, 541 = aaO (Fußn 7) das die 20 jährige Bindungsfrist als „weitaus zu lang" ansieht. Ein 10jähriges Wiederkaufsrecht enthält § 10 Abs 1 S 2 Verkehrsflächenbereinigungsgesetz (BGBl 2001 I 2716), seine Leitbildfunktion wird angesprochen von Stavorinus NotBZ 2001, 349, 374 und Grziwotz ZNotP 2002, 291 (294). Nach BGH WM 1984, 1252 soll auch ein unbefristetes Rücktrittsrecht für die verkaufende Gemeinde zur Sicherung der vereinbarten Zweckbindung nicht sittenwidrig sein. Ob dem heute noch zu folgen ist, dürfte eher zweifelhaft sein.
[14] Nicht jede derartige Entwicklung der Lebensumstände kann zum Entfallen der Bindungswirkung und Verbot der Ausübung des Wiederkaufsrechts führen, so zu Recht Jäde BayVBl 1995, 283; Grziwotz NJW 1997, 237; unrichtig OLG Hamm DNotZ 1996, 541 = aaO (Fußn 7) und OLG München BayVBl 1995, 282 = MittBayNot 1994, 464 mit krit Anm Grziwotz. Denn es ist stets zu bedenken, daß dem subventionierten Erwerber andernfalls stets der dann höhere Wert des Grundstücks endgültig verbleibt. Rechtspolitisch erscheint daher Grundstücksvergabe durch die Gemeinde lediglich im Wege des Erbbaurechts sinnvoller.
[15] BGH DNotZ 2003, 341 = aaO (Fußn 1); LG Traunstein aaO (Fußn 7); OLG Celle DNotI-Report 1999, 70; OLG München DNotI-Report 1999, 138.
[16] Streitig, wie hier Rastätter DNotZ 2000, 17; aA Freuen MittRhNotK 1996, 301; Jachmann MittBayNot 1994, 93.

B. Einzelfälle

1605a Wird ein Wiederkaufsrecht unabhängig von einem Kaufvertrag bestellt, ist notarielle Form (§ 311b BGB) erforderlich. Bei rechtlichem Zusammenhang mit einem Kaufvertrag ist getrennte Beurkundung nur zulässig, wenn dieser Zusammenhang mindestens in einer Urkunde zum Ausdruck kommt (s Rdn 3120). Eine Vereinbarung, durch welche die Partner eines Grundstückskaufvertrags die darin festgesetzte Frist für die Ausübung eines aufschiebend bedingten Wiederkaufsrechts nachträglich, dh nach Auflassung oder Eigentumsumschreibung verlängern, bedarf nicht der notariellen Beurkundung.[17]

1606 Das Wiederkaufsrecht ist im Schuldrecht geregelt (§§ 456 ff BGB). Das Wiederkaufsrecht als solches kann nicht im Grundbuch eingetragen werden. Wohl aber ist zu seiner Sicherung die Eintragung einer **Auflassungsvormerkung** zulässig.[18] Der durch die Vormerkung gesicherte Anspruch richtet sich nur gegen den Vertragsgegner und dessen Erben.[19] Der Dritterwerber wird durch die Vormerkung nur zur Zustimmung genötigt (vgl Rdn 1526). Eine Verpflichtung des jeweiligen Eigentümers ist nicht möglich (s Rdn 1493 mit Einzelheiten). Bei einer Weiterveräußerung des „wiederkaufsbelasteten" Grundstücks ist, um eine Entlassung des Verpflichteten aus seinen Pflichten und eine vollständige Übernahme seiner Rechte und Pflichten durch den Dritterwerber zu erreichen, eine Vertragsübernahme unter Mitwirkung des Wiederkaufsberechtigten erforderlich;[20] der Dritterwerber muß eine neue Auflassungsvormerkung zur Eintragung bewilligen, da infolge inhaltlicher Umgestaltung der Ansprüche (zB jetzt Eigennutzung des B, nicht des A usw) der ursprüngliche Anspruch und damit die alte Vormerkung erlischt[21] (s Rdn 1493 mit Fußn 80–82).

Das Wiederkaufsrecht wird durch einseitige empfangsbedürftige unwiderrufliche formlose[22] Erklärung gegenüber dem Verpflichteten ausgeübt.

1607 Steht das Wiederkaufsrecht mehreren Personen zu, so regelt § 461 BGB nur die Ausübung der Wiederkaufs-Berechtigung; für das in der Eintragungsbewilligung und im Grundbuch anzugebende Gemeinschaftsverhältnis gilt das gleiche wie beim Vorkaufsrecht (Rdn 1406–1407b) und bei der Vormerkung (Rdn 1511). Das Wiederkaufsrecht ist regelmäßig vererblich und übertragbar,[23] wenn nichts anderes vereinbart ist.

1608 Ist die Vereinbarung, durch die dem Verkäufer eines Grundstücks ein Wiederkaufsrecht eingeräumt wird, **mangels Genehmigung der Verwaltungsbehörde** schwebend unwirksam, so wird sie rückwirkend wirksam, wenn die Ausübung des Wiederkaufsrechts genehmigt wird. Der Eintritt diese Wirkung

---

[17] BGH DNotZ 1973, 473 = MDR 1973, 208 = NJW 1973, 37; anders bei Verlängerung **vor** Erklärung der Auflassung, BGH DNotI-Report 1996, 14 = ZIP 1996, 79.
[18] BayObLG 1961, 63 = DNotZ 1961, 587 = Rpfleger 1962, 406. Wegen der uU bestehenden Möglichkeit, ein im Grundbuch eingetragenes – unzulässiges – Wiederkaufsrecht in einen schuldrechtlichen Anspruch umzudeuten, s BGH BB 1965, 106.
[19] LG Nürnberg-Fürth BWNotZ 1987, 115 = MittBayNot 1987, 131 mit Anm Eckhardt.
[20] Ausführlich hierzu Gutachten DNotI-Report 1995, 173; vgl auch Wörbelauer DNotZ 1963, 583 (586); Hoffmann MittBayNot 1997, 10.
[21] Gutachten DNotI-Report 1995, 173.
[22] HM, vgl Rdn 1452 mit Fußn 17 (zum Ankaufsrecht); aA Wufka DNotZ 1990, 339; Eisele DNotZ 1996, 835.
[23] BGH MittBayNot 1991, 74 = NJW-RR 1991, 526 = Rpfleger 1991, 199.

wird nicht dadurch verzögert, daß ein Vertragsteil den Genehmigungsbescheid unzulässigerweise anficht.[24]

Wird das Wiederkaufrechtsverhältnis (zB durch Rücktritt wegen Zahlungsverzugs des Wiederkäufers) beendet, lebt der ursprüngliche Kaufvertrag wieder auf.[25]

1609 Nach § 462 BGB gilt für die Ausübung des Wiederkaufsrechts eine 30jährige Ausschlußfrist; sie kann aber vertraglich verkürzt oder verlängert werden[26] (§ 462 S 2 BGB). Ist ungewiß, ob ein bedungenes Ereignis (wie zB Nutzungsänderung) eintritt, dann muß zusätzlich ein fester Endtermin vereinbart werden.[27] Die Beteiligten können auch für den Beginn dieser Ausschlußfrist einen anderen Zeitpunkt als den der Vereinbarung des Wiederkaufsrechts festlegen.[28] Wenn Kaufvertragsparteien vereinbart haben, daß nach dem Tode des Längstlebenden der Käufer eines Grundstücks die Verkäufer ein Wiederkaufsrecht haben sollen und der Tod des Längstlebenden erst später als 30 Jahre nach dieser Vereinbarung eintritt, kann allein wegen des Ablaufs der 30 Jahre die zur Sicherung des Rückübereignungsanspruchs eingetragene Vormerkung nicht gemäß § 22 GBO gelöscht werden.[29] Im übrigen kann zur Berichtigung des Grundbuchs aufgrund Unrichtigkeitsnachweis statt der Widerlegung ganz entfernter Möglichkeiten von dem nach der allgemeinen Lebenserfahrung Regelmäßigen ausgegangen werden.[30]

Dagegen kann eine Vormerkung zur Sicherung des Anspruchs auf Übertragung des Eigentums an einem Grundstück auf Grund eines auflösend bedingt gewesenen Wiederkaufsrechts nicht mehr eingetragen werden, wenn das Wiederkaufsrecht mit Eintritt der Bedingung nicht mehr besteht.[31]

1610 Wegen eines gesetzlichen Wiederkaufsrechts nach **Siedlungsrecht** s Rdn 4177.

1610a Besondere Aufmerksamkeit ist dem Verhältnis der Auflassungsvormerkung des Wiederkaufberechtigten zu Grundpfandrechten zu widmen, die der Eigentümer zur Finanzierung des Kaufpreises und/oder der Bebauung des Grundstücks benötigt. Banken gewähren auf Grundpfandrechte, die im Nachrang nach der Vormerkung eingetragen sind, keinen Kredit. Daher sollte geregelt werden, ob, in welchem Umfang und unter welchen Voraussetzungen der Wiederverkaufsberechtigte mit seiner Vormerkung im Rang hinter Grundpfandrechte zurückzutreten hat. Die Löschungsvormerkung nach § 1179 BGB allein bietet dem Vormerkungsberechtigten bei Grundschulden nur wenig Schutz (s Rdn 2619); ein vor-

---

[24] BGH MDR 1951, 346 = NJW 1951, 517.
[25] BGH DNotZ 2000, 457.
[26] Bestand einer juristischen Person für Ausübung des Wiederkaufsrechts OLG Schleswig NJW-RR 1999, 283 = Rpfleger 1998, 195. Zur Verwirkung des Anspruchs aus Wiederkaufsrecht einer Gemeinde wegen Nichtbebauung s OLG Hamm ZfIR 2003, 219 Leits.
[27] Gutachten DNotI-Report, 2001, 61 (kein unbefristetes Wiederkaufsrecht); MünchKomm/Westermann Rdn 1, BGB-RGRK/Mezger Rdn 1, je zu § 503 BGB aF; auch BGH 47, 387 (389); OLG Düsseldorf Rpfleger 1986, 255.
[28] BayObLG 1969, 258 = DNotZ 1970, 150 = Rpfleger 1970, 22; MünchKomm/Westermann Rdn 2 zu § 503 BGB; abl hinsichtlich der Vereinbarung einer aufschiebenden Bedingung OLG Düsseldorf Rpfleger 1986, 255.
[29] BayObLG 1969, 258 = aaO.
[30] LG München I MittBayNot 1988, 43.
[31] OLG Stuttgart Rpfleger 1974, 66.

sichtiger Wiederkaufsberechtigter wird den Rücktritt daher nur gewähren, wenn einmalige und zweckbestimmte Kreditwährung durch schuldrechtliche Vereinbarungen zwischen ihm und dem Grundschuldgläubiger sichergestellt ist.[32]

17. Eintragung eines Widerspruchs
BGB §§ 894, 899
GBV § 12 Abs 2, § 19 Abs 3
ZPO §§ 935 ff, 895

Antragsformular 1611

Nach dem vorläufig vollstreckbaren Urteil des Landgerichts Oberhof vom ... von dem ich die mit Zustellungsnachweis vom ... versehene vollstreckbare Ausfertigung vorlege, ist der Maurermeister Johann Stein in Oberhof verurteilt worden, meine Wiedereintragung als Eigentümer des Grundstücks Oberhof (Band 1) Blatt 15 – Gebäude 33 Hauptstraße in Oberhof – zu bewilligen.
Ich beantrage daher zu meinen Gunsten die Eintragung eines Widerspruchs bei diesem Grundstück im Grundbuch. Die Urteilsausfertigung erbitte ich zurück.

Oberhof, den ... ...   Alfons Rettich   (ohne Unterschriftenbeglaubigung)

Grundbucheintragung 1612

1	2	3
2	3	Widerspruch gegen die Eintragung des Eigentums des Maurermeisters Johann Stein zugunsten des Alfons Rettich, geb am ..., unter Bezugnahme auf das vorläufig vollstreckbare Urteil des Landgerichts Oberhof vom ... ... (Az ...) eingetragen am ... ...

Beglaubigte Abschrift des Urteils und der Zustellungsurkunde ist zu den Grundakten zu fertigen; die vorgelegten Urkunden werden dem Antragsteller zurückgegeben.
Bekanntmachung erfolgt an den Antragsteller und an den Grundstückseigentümer.

a) Zweck, Voraussetzungen

aa) Der Widerspruch ist grundbuchrechtlicher **Schutzvermerk**. Er hat die 1613 Aufgabe, die mit dem öffentlichen Glauben des Grundbuchs (Rdn 343 ff) verknüpften Gefahren zu beseitigen. Durch die Eintragung des Widerspruchs soll ein Recht für den Fall, daß es außerhalb des Grundbuchs besteht (oder auch nur unrichtig eingetragen ist) gegen spätere rechtsgeschäftliche Verfügung gesichert werden (§ 892 Abs 1 BGB).[1] Bei Grundbuchunrichtigkeit (§ 894 BGB; Rdn 356) schließt der Widerspruch gutgläubigen Erwerb vom Nichtberechtigten (§ 892 BGB) und damit eine dem Berechtigten drohende Schädigung aus (Rdn 351, 393). Abgrenzung zur Vormerkung Rdn 1481.

bb) Schutz vor Rechtsverlust kann mit Widerspruch (nur) bei Grundbucheintragungen gewährt werden, die unter dem Schutz des öffentlichen Glaubens 1614 des Grundbuchs stehen (Rdn 404). Eintragung eines Widerspruchs kann daher nicht erfolgen, wenn sich an die (unrichtige) Eintragung kein gutgläubiger

---

[32] Vgl hierzu auch Grziwotz DVBl 1991, 1348, ZNotP 1998, 100 und 235 (je mit Vertragsmustern); OLG München MittBayNot 1994, 541 (zur Pflicht zum Rangrücktritt). Die damit verbundenen Erschwernisse bei der Wiederkaufsverpflichteten in der Beleihung sind nicht etwa unwirksam (so unrichtig OLG Hamm, aaO = Fußn 7), sondern für den Bestand des Wiederkaufsrechts unerläßlich, s Grziwotz, Deutrich, Albrecht, je aaO (Fußn 7).
[1] RG 117, 346 (352); 128, 52 (54 f).

Erwerb anschließen kann, bei einer Vormerkung somit nicht, wenn der vorgemerkte Anspruch nicht besteht[2] (Rdn 1534).

b) Entstehung

1615 **aa)** Eingetragen wird der Widerspruch auf (schriftlichen) **Antrag** (§ 13 Abs 1 GBO). Die Eintragung erfolgt regelmäßig auf Grund **einstweiliger Verfügung**, die sich gegen alle Betroffene richten muß; sie kann auch auf Grund Bewilligung (§ 19 GBO) desjenigen erfolgen, dessen Recht durch die Berichtigung des Grundbuchs betroffen wird (§ 899 Abs 2 S 1 BGB). Zur einstweiligen Verfügung s Rdn 1548 (dort auch zur Vollziehungsfrist). Durch ein vorläufig vollstreckbares Urteil gilt im Falle des § 895 ZPO die Eintragung eines Widerspruchs bewilligt. Briefvorlage: § 41 Abs 1, § 42 GBO (s Rdn 409). Erleichterter Widerspruch bei Darlehensbuchhypothek: § 1139 BGB (Rdn 2639).

1616 **bb) Von Amts wegen** wird ein Widerspruch eingetragen
- nach § 53 GBO, wenn das Grundbuchamt mit Vornahme der unrichtigen Eintragung gesetzliche Vorschriften verletzt hat (Rdn 393 ff),
- nach § 18 Abs 2 GBO zum vorläufigen Schutz des Antragstellers in einem Grundbuchverfahren für den öffentlich-rechtlichen Anspruch gegen das Grundbuchamt auf Erledigung eines beanstandeten Antrags auf Eintragung einer Grundbuchberichtigung (Rdn 457).

c) Eintragung

1617 Der Widerspruch hat den Berechtigten und den Berichtigungsanspruch nach seinem Inhalt anzugeben (Rdn 410). Eintragungsstelle im Grundbuch: Rdn 411. Bei bewilligtem Widerspruch (§ 899 Abs 2 BGB, § 29 GBO) ist einzutragen

> ... unter Bezugnahme auf die Eintragungsbewilligung vom ... (Notar ... URNr ...) eingetragen am ...

Bei einstweiliger Verfügung (§ 899 Abs 2 BGB, §§ 935 ff ZPO) ist einzutragen

> ... unter Bezugnahme auf die einstweilige Verfügung des Landgerichts ... vom ... (Az ...) eingetragen am ...

d) Wirkungen

1618 Die Wirkungen des Widerspruchs bestehen ab Eintragung. Der Widerspruch bewirkt keine Grundbuchsperre; später beantragte Eintragungen hat das Grundbuchamt daher zu vollziehen (s das Rdn 1524 Gesagte). Die Kosten der Löschung sind keine Zwangsvollstreckungskosten.[3]

---

[2] Keine einstweilige Verfügung auf Eintragung eines Widerspruchs bei einer Auflassungsvormerkung sonach, wenn allein fraglich ist, ob der gesicherte Auflassungsanspruch besteht (s Rdn 1534; OLG Düsseldorf NJW-RR 2000, 1686). Das Grundbuchamt hat aber nach Erlaß der einstw Verfügung den Verfügungsgrund nicht zu überprüfen.

[3] OLG Schleswig JurBüro 1988, 763.

B. Einzelfälle

18. Eintragung (Löschung) eines Zwangsversteigerungs- (Zwangsverwaltungs-) Vermerks

ZVG § 19 (§ 27 Abs 1 S 2), § 146 Abs 1
Löschung: ZVG §§ 34, 130 Abs 1, § 146 Abs 1, § 161 Abs 4
GBO § 12 c Abs 2 Nr 3, § 29 Abs 3, § 38
GBV § 10 Abs 1 b, 2–4

Vorgang: Das Amtsgericht (Rechtspfleger) hat als Vollstreckungsgericht um Eintragung des Zwangsversteigerungsvermerks (Zwangsverwaltungsvermerks) bei dem im Grundbuch von Oberhof (Band 1) Blatt 15 eingetragenen Grundstück ersucht. **1619**

Grundbucheintragung

1	2	3
5	1	Die Zwangsversteigerung (Zwangsverwaltung ist* angeordnet. Eingetragen am ...

Verfügung

1. **Bekanntmachung** an den Eigentümer.
2. Fertigung einer beglaubigten Abschrift des Grundbuchblattes.
3. Übersendung dieser Abschrift zu den Akten K ... ... [L ... ...] an das Amtsgericht Oberhof mit folgendem Vermerk: Das Ersuchen um Eintragung des Zwangsversteigerungsvermerks (-verwaltungsvermerks) ist am ... beim Grundbuchamt eingegangen. Ein Zustellungsbevollmächtigter ist beim Grundbuchamt nicht bestellt. Wohnort und Wohnung der eingetragenen Berechtigten sind aus dem Wohnungsblatt ersichtlich, von dem eine beglaubigte Abschrift angeschlossen ist.

Urkundsbeamter

Literatur: Böttcher, Beeinträchtigungen der Verfügungsbefugnis, Rpfleger 1983, 49; Hagemann, Die Aufgaben des Grundbuchamts nach Anordnung der Zwangsversteigerung, Rpfleger 1984, 397 mit nochmaliger Stellungnahme Rpfleger 1985, 341; Mohrbutter, Die Bedeutung des Versteigerungs- und Konkursvermerkes sowie des Veräußerungsverbotes des Vergleichsverfahrens im Grundbuch, JurBüro 1956, 153; Tröster, Die grundbuchliche Behandlung des Ersuchens nach § 19 ZVG bei Vorliegen unerledigter Eintragungsanträge, Rpfleger 1985, 337.

a) Zweck der Eintragung

Anordnung der Zwangsversteigerung oder Zwangsverwaltung, desgleichen Zulassung des Beitritts (§ 27 ZVG), bewirken zugunsten des vollstreckenden Gläubigers Beschlagnahme des Grundstücks (§ 20 Abs 1, § 146 Abs 1 ZVG). Diese Beschlagnahme hat die Wirkung eines Veräußerungsverbots (§ 23 Abs 1 ZVG). Eintragung der Anordnung der Zwangsversteigerung oder Zwangsverwaltung in das Grundbuch schließt gutgläubigen rechtsgeschäftlichen Erwerb Dritter (Rdn 343 ff) durch Verfügungen des Schuldners aus, die trotz der Beschlagnahme erfolgen (§§ 892, 893, 135 Abs 2, § 136 BGB). Die Beschlagnahmewirkungen sichert der Vollstreckungsvermerk auch für den Beitrittsgläubiger (§ 27 Abs 1 S 2 ZVG). **1620**

---

* Die Probeeintragung in Anlage 2a zur GBV Abt II Nr 6 gibt weiter an: „durch Beschluß des Amtsgerichts ... vom ... – K 187/92 –". Dazu Rdn 1622.

757

b) **Eintragung**

1621 aa) Die Eintragung erfolgt auf **Ersuchen des Vollstreckungsgerichts** (§ 19 Abs 1, § 146 Abs 1 ZVG). Inhalt und Form des Ersuchens: Rdn 201. Der Anordnungsbeschluß wird dem Grundbuchamt nicht zugeleitet. Prüfung des Grundbuchamts: Rdn 219. Voreintragung des Schuldners als Eigentümer (§ 39 GBO) ist nicht erforderlich und vom Grundbuchamt nicht zu prüfen. Es hat den Vollstreckungsvermerk auch einzutragen, wenn der Schuldner überhaupt nicht eingetragen war oder schon ein neuer Eigentümer eingetragen ist,[1] wenn ein Miteigentumsanteil nicht als Bruchteil[2] oder nicht mit der im Ersuchen bezeichneten Größe als Bruchteil besteht (§ 864 Abs 2 ZPO) und auch, wenn bereits ein Insolvenzvermerk eingetragen ist.[3] Die Prüfung des Schuldnereigentums als Voraussetzung der Verfahrensanordnung obliegt ausschließlich dem Vollstreckungsgericht (§§ 17, 28 ZVG).

1622 bb) Die Eintragung erfolgt in **Spalte Beschränkungen** (Spalte 3 mit Spalten 1 und 2) der Abteilung II (§ 10 Abs 1 Buchst b, Abs 2–4 GBV). Vollstreckungsgericht, Datum der Verfahrensanordnung und Aktenzeichen des Vollstreckungsverfahrens sind in dem Vermerk nicht zu bezeichnen. Die Probeeintragung in Anlage 2 a zur GBV (vgl Rdn 1619 Fußn *) bezeichnet diese Angaben gleichwohl. Das ist weder veranlaßt noch sachgerecht. § 19 Abs 1 ZVG gebietet und ermöglicht diese Eintragung nicht; § 44 Abs 2 GBO ist nicht einschlägig; folgerichtig sieht daher § 10 Abs 4 GBV nur die Eintragung der Verfügungsbeschränkung (§ 19 Abs 1 ZVG) vor. Die Probeeintragung (sie ist nicht Teil der GBV als Rechtsverordnung, § 22 GBV) zeigt daher in diesem Fall keine Formulierung, die als nachvollziehbar angesehen werden kann.

1623 cc) Ist über **nur eines von mehreren** auf einem Grundbuchblatt eingetragenen Grundstücken die Zwangsversteigerung (Zwangsverwaltung) angeordnet, so ist einzutragen:

> Die Zwangsversteigerung des unter Nr. 1 des Bestandsverzeichnisses eingetragenen Grundstücks (bzw. des dem ...... gehörenden ideellen Grundstücksteils) ist angeordnet.

Bezeichnung des Belastungsgegenstandes (Grundstück oder Grundstücksteil) nur in Spalte 2 (laufende Nummer im Bestandsverzeichnis) ist jedoch ausreichend.

1624 Wenn Zwangsversteigerung und -verwaltung nebeneinander angeordnet sind (§ 866 Abs 2 ZPO), sind (auf Ersuchen des Vollstreckungsgerichts) der Zwangsversteigerungs- und der Zwangsverwaltungsvermerk nebeneinander einzutragen; die Eintragung der beiden Vermerke kann in einem Vortrag zusammengefaßt werden (das ist jedoch nicht ratsam).

1625 dd) In der **Reihenfolge des Eingangs** (§ 17 GBO) haben die Eintragungen zu erfolgen, wenn das Eintragungsersuchen des Vollstreckungsgerichts mit einem Antrag zusammentrifft, die Veräußerung oder eine Belastung des Grundstücks einzutragen.[4] Die mehreren Eintragungen betreffen mit dem Ei-

---

[1] KG JFG 4, 301; LG Heidelberg BWNotZ 1974, 135; Stöber Rdn 3.2 zu § 19 ZVG.
[2] KGJ 34 A 257 = OLG 15, 30; Stöber aaO.
[3] Stöber aaO.
[4] RG HRR 1940 Nr 516. Dazu eingehend Stöber Rdn 4 zu § 19 ZVG mit weit Nachw, auch Böttcher Rpfleger 1983, 49 (55); Hagemann Rpfleger 1984, 397; Tröster Rpfleger 1985, 337.

B. Einzelfälle

gentum (Veräußerungsverbot gegen Eigentümer und Übertragung oder Belastung des Eigentums) dann dasselbe Recht, so daß nach Wortlaut und Zweck des § 17 GBO der Antragseingang die Reihenfolge der Eintragungen bestimmt. Materielle Auswirkungen dieser Eintragungen und ihre Bedeutung für die Rechtsstellung der Beteiligten im Vollstreckungsverfahren (Wirksamkeit gegenüber betreibendem Gläubiger; Berücksichtigung von Amts wegen oder Verpflichtung zur Anmeldung; Rechtswahrung nach § 28 Abs 1 ZVG oder Verweisung auf den Klageweg, s § 37 Nr 5 ZVG) können im Eintragungsverfahren des Grundbuchamts nicht geprüft und nicht geklärt werden. Im Grundbuchverfahren bestimmt sich die Vollzugsreihenfolge nur nach dem Zeitpunkt des Verfahrensbeginns mit Antragseingang (§ 17 GBO). Weil das bereits gilt, wenn die mehreren Eintragungen „dasselbe Recht" betreffen, kommt es nicht darauf an, daß für den Vollstreckungsvermerk kein Rangverhältnis zu anderen Eintragungen besteht. Das hat nur zur Folge, daß ein Rang grundbuchmäßig nicht nach § 45 GBO zum Ausdruck kommen muß. Erledigung (§ 18 Abs 2 GBO), wenn dem zuerst eingegangenen Eintragungsersuchen des Vollstreckungsgerichts oder einer (früher) beantragten anderen Eintragung ein Vollzugshindernis entgegensteht: Stöber Rdn 4.5 zu § 19 ZVG.

c) Mitteilungen

Eintragungsnachricht[5] erhalten das Vollstreckungsgericht (§ 19 Abs 2 ZVG) und der Eigentümer (§ 55 Abs 1 GBO), nicht aber eingetragene Berechtigte (sie werden vom Vollstreckungsgericht zum Verfahren zugezogen). Dem Vollstreckungsgericht sind beglaubigte Abschrift des Grundbuchblatts zu übersenden (§ 19 Abs 2 ZVG; Grundakten werden zweckmäßig und üblich erst auf Anforderungen zugeleitet, wenn sie für den Verfahrensfortgang benötigt werden), Zustellungsbevollmächtigte sowie Wohnort und Wohnung der Beteiligten (auch ihrer Vertreter) mitzuteilen und unaufgefordert auch der Eingangszeitpunkt bekanntzumachen (Beschlagnahmewirksamkeit, § 22 Abs 1 ZVG). Dem Vollstreckungsgericht sind auch alle weiteren Eintragungen mitzuteilen (§ 19 Abs 3 ZVG).

1626

d) Wirkung der Eintragung

Mit Beschlagnahme zugunsten des vollstreckenden Gläubigers bewirkt die Anordnung der Zwangsversteigerung oder Zwangsverwaltung ein relatives Veräußerungsverbot (§ 20 Abs 1, § 23 Abs 1 ZVG, §§ 135, 136 BGB). Die Eintragung des Vermerks bewirkt daher keine Sperre des Grundbuchs. Später eingehende Anträge sind deshalb zu vollziehen.

1627

e) Löschung

Die Löschung des Zwangsversteigerungs-(Zwangsverwaltungs-) Vermerks erfolgt ebenfalls auf Ersuchen des Vollstreckungsgerichts (§ 34 ZVG).[6] Der **Löschungsvermerk** in Abt II des Grundbuchs lautet in der Spalte Löschungen:

1628

    Nr.... . gelöscht am ... ...

---

[5] Amtspflichten des Grundbuchamts und des Vollstreckungsgerichts (Prüfung auf Richtigkeit) s RG 157, 89 = JW 1938, 1189.
[6] KG HRR 1930 Nr 1509.

1629 Wenn nach Aufhebung des Verfahrens um Löschung noch vor Eintragung des Vermerks ersucht wird, unterbleibt die Eintragung; es muß nicht etwa der Vermerk noch eingetragen und sofort wieder gelöscht werden.[7]

f) Zuständigkeit

1630 Die Verfügungen betr Eintragung und Löschung des Zwangsversteigerungs-(Zwangsverwaltungs-)Vermerks obliegen dem Urkundsbeamten der Geschäftsstelle (§ 12c Abs 2 Nr 3 GBO).

g) Rechtsbehelf

1631 Wenn das Grundbuchamt Eintragung des Vollstreckungsvermerks ablehnt, haben Vollstreckungsgericht und betreibender Gläubiger[8] die Grundbuchbeschwerde (§ 71 Abs 2 GBO); Rechtsbehelf gegen die Entscheidung des Urkundsbeamten des Grundbuchamts s Rdn 523. Bei Eintragung findet gegen die (ablehnende) Entscheidung des Grundbuchrichters oder bei Tätigkeit des Rechtspflegers (Rdn 523) Beschwerde (§ 71 Abs 1 GBO) mit dem Ziel der Löschung statt.[9] Auch im Beschwerdeverfahren kann jedoch nur die Ordnungsmäßigkeit, nicht aber auch die Rechtmäßigkeit des Ersuchens des Vollstreckungsgerichts geprüft werden (Rdn 219).

19. Eintragung eines Insolvenzvermerks

InsO § 32 ua
GBO §§ 38, 29 Abs 3
GBV § 10 Abs 1 b, 2–4, § 11 Abs 6

1632 **Vorgang:** Das Insolvenzgericht (Rechtspfleger) hat um Eintragung des Insolvenzvermerks bei dem im Grundbuch von Oberhof (Band 1) Blatt 15 gebuchten Grundstück ersucht.

Grundbucheintragung

1	2	3
3	3	Über das Vermögen des Eigentümers … ist das Insolvenzverfahren eröffnet. Eingetragen am … … oder: Insolvenzverfahren eröffnet über das Vermögen des/der … Eingetragen am …

Bekanntmachung erfolgt an den Eigentümer und an das Insolvenzgericht (zu Aktenz …)

a) Zweck der Eintragung

1633 Der Schuldner verliert mit Eröffnung des Insolvenzverfahrens die Befugnis, über sein zur Insolvenzmasse gehöriges Vermögen zu verfügen (§ 80 Abs 1 InsO); Ausnahme bei Eigenverwaltung (§ 270 Abs 1 InsO). Durch Eintragung der Eröffnung des Insolvenzverfahrens in das Grundbuch (§ 32 Abs 1 InsO) wird gutgläubiger rechtsgeschäftlicher Erwerb Dritter (Rdn 343 ff) ausgeschlossen (§§ 892, 893, 135 Abs 2, § 136 BGB, § 81 Abs 1 InsO).

---

[7] Stöber Rdn 3.6 zu § 19 ZVG.
[8] KG OLG 15, 30 (31) = aaO (Fußn 2); KG JFG 4, 301.

B. Einzelfälle

b) **Eintragung**

aa) Die Eintragung erfolgt auf **Ersuchen des Insolvenzgerichts** (§ 32 Abs 2 S 1 InsO, § 38 GBO) oder auf Antrag des Insolvenzverwalters[1] (§ 32 Abs 2 S 2 InsO). Inhalt und Form des Ersuchens: Rdn 201. Prüfung des Grundbuchamts: Rdn 219. Voreintragung des Schuldners als Eigentümer (Berechtigter, § 39 GBO) ist erforderlich; das Ersuchen ersetzt sie nicht[2] (s Wortlaut des § 32 Abs 1 InsO). Wenn das Insolvenzverfahren über das Vermögen einer BGB-Gesellschaft eröffnet (§ 11 Abs 2 Nr 1 InsO), nach Eintragung der Gesellschafter (Rdn 241, 241a) und vor Eröffnung des Insolvenzverfahrens ein im Grundbuch noch nicht (berichtigend) eingetragener Wechsel eines (mehrerer) Gesellschafter stattgefunden hat, könnte der Insolvenzvermerk demnach nicht eingetragen werden. Es wird dann aber – sofern Zweifel an der Identität der im Eröffnungsbeschluß bezeichneten mit der mit ihrem vormaligen Gesellschafterbestand eingetragenen Gesellschaft bürgerlichen Rechts nicht bestehen – die Gesellschaft als voreingetragen angesehen, der Insolvenzvermerk somit (jedenfalls auf Ersuchen des Insolvenzgerichts) eingetragen werden können.[3] Sonst muß vor Eintragung des Insolvenzvermerks Grundbuchberichtigung erfolgen; diese kann auch das Insolvenzgericht als ersuchende Behörde beantragen (§ 14 GBO). Für Eintragung des Insolvenzvermerks nach Eröffnung des Insolvenzverfahrens über einen Nachlaß (§§ 315 ff InsO) genügt Eintragung des Erblassers; Voreintragung des Erben kann nicht gefordert werden.[4] Der Eintragungsantrag des Insolvenzverwalters ist schriftlich zu stellen (§ 13 Abs 1 GBO); er hat das Grundstück, auf dessen Blatt der Vermerk eingetragen werden soll, nach § 28 S 1 GBO zu bezeichnen.[5] Die Eröffnung des Insolvenzverfahrens (und Bestellung des Antragstellers zum Insolvenzverwalter) ist durch Vorlage des Eröffnungsbeschlusses (Form: § 29 GBO) nachzuweisen; Offenkundigkeit wird durchweg gegeben sein. Zur Eintragung bei einem Briefrecht auf Ersuchen des Insolvenzgerichts ist Briefvorlage nicht erforderlich.[6]

bb) Die **Eintragung erfolgt**
– bei Grundstücken (usw) des Schuldners (§ 32 Abs 1 Nr 1 InsO) in Abteilung II Spalten 1–3 (§ 10 Abs 1 Buchst b, Abs 2–4 GBV),
– bei den für den Schuldner eingetragenen Rechten an Grundstücken (usw) (§ 32 Abs 1 Nr 2 InsO) in der Spalte „Veränderungen" der Abteilung II oder III (§ 10 Abs 5, § 11 Abs 6 GBV).
Insolvenzgericht, Aktenzeichen des Insolvenzverfahrens und Tag der Eröffnung des Verfahrens sind in dem Vermerk nicht zu bezeichnen (hierzu Rdn 1622).

1634

1635

---

[9] BayOBLG Rpfleger 1997, 101; KG HRR 1930 Nr 1509; Demharter Rdn 36 zu § 38 und Rdn 39 zu § 71; Stöber Rdn 6.2 zu § 19 ZVG mit Hinweis auf Gegenansicht im vollstreckungsrechtlichen Schrifttum.
[1] Zur (früheren) Eintragung auf Antrag des Konkursverwalters eines in Luxemburg ansässigen Gemeinschuldners s OLG Zweibrücken NJW 1990, 648. Jetzt Rdn 1641.
[2] So auch Meikel/Roth Rdn 45 zu § 38 GBO; anders Bauer Rdn 54 zu § 39.
[3] So (mit anderer Begründung) Wellkamp KTS 2000, 331 (337 f).
[4] OLG Düsseldorf MittRhNotK 1998, 254 = NJW-RR 1998, 1267 = Rpfleger 1998, 334 für Eintragung des Vermerks auf Ersuchen des (vormaligen) Konkursgerichts. Für Eintragung des Vermerks auf Antrag des Insolvenzverwalters muß das ebenso gelten.
[5] LG Zweibrücken NZI 2000, 327.
[6] OLG Hamburg OLG 3, 194; Demharter Rdn 17 zu § 41; Bauer Rdn 70 zu § 38.

1635a cc) Wenn das Insolvenzverfahren über das Vermögen eines als Gesellschafter einer **Gesellschaft bürgerlichen Rechts** eingetragenen Miteigentümers eröffnet ist, gehört sein Gesellschaftsanteil an der damit aufgelösten (§ 728 Abs 2 BGB) Gesellschaft als pfändbarer Vermögenswert (§ 859 Abs 1 S 1 ZPO) zur Insolvenzmasse (§ 35 InsO). Von dieser Auflösung an steht die Geschäftsführung (mangels abweichender vertraglicher Bestimmung) allen Gesellschaftern gemeinschaftlich zu (§ 730 Abs 2 S 2 BGB), erfolgt somit unter Mitwirkung des Insolvenzverwalters für den Gesellschafter, über dessen Vermögen das Insolvenzverfahren eröffnet ist. Daher ist (anders als bei Pfändung, die Ausübung der Rechte des Schuldner-Gesellschafters durch den Gläubiger nicht ermöglicht, s Rdn 1674) auch Eintragung des Insolvenzvermerks an dem gesellschaftsrechtlichen Miteigentumsanteil des Schuldners zulässig.[7] Wenn das Insolvenzverfahren über das Vermögen der BGB-Gesellschaft selbst eröffnet ist (§ 11 Abs 2 Nr 1 InsO) erfolgt Eintragung des Insolvenzvermerks bei Grundstücken und Rechten, die für die Gesellschafter mit ihrem Namen (§ 15 GBV) unter Angabe des Rechtsverhältnisses (§ 47 GBO) eingetragen sind.

1636 dd) **Rechtsbehelf:** Gegen das Ersuchen um Eintragung des Insolvenzvermerks steht einem Absonderungsberechtigten kein Beschwerderecht zu.[8] Rechtsbehelf gegen die Entscheidung des Urkundsbeamten des Grundbuchamts: Rdn 523.

c) Wirkung der Eintragung

1637 Die Eintragung der Eröffnung des Insolvenzverfahrens bewirkt eine Grundbuchsperre für Verfügungen des Schuldners.[9] Vollzug eines bei Eröffnung des Insolvenzverfahrens bzw Eingang des Eintragungsersuchens bereits gestellten Eintragungsantrags s Rdn 110ff (128) und 352. Vollzug einer Zwangsvollstreckungsmaßnahme zugunsten eines Insolvenzgläubigers schließt der Insolvenzvermerk aus (§ 89 Abs 1 InsO).

d) Löschung des Vermerks

1638 Die Löschung des Vermerks erfolgt
- wenn ein Grundstück oder Recht, bei dem die Eröffnung des Verfahrens eingetragen ist, vom Verwalter freigegeben oder veräußert wird, auf Ersuchen des Insolvenzgerichts oder (schriftlichen; kein Fall des § 30 GBO) Antrag des Verwalters (§ 32 Abs 3 InsO),
- wenn das Insolvenzgericht nach der Schlußverteilung das Insolvenzverfahren aufgehoben hat, auf Ersuchen des Insolvenzgerichts (§ 200 Abs 2 S 3 mit § 32 Abs 3 InsO),
- wenn das Insolvenzgericht nach Bestätigung des Insolvenzplans das Insolvenzverfahren aufgehoben hat, auf Ersuchen des Insolvenzgerichts (§ 258 Abs 3 S 3 mit § 200 Abs 2 S 3 und § 32 Abs 3 InsO),

---

[7] LG Hamburg ZIP 1986, 1590 (vormaliger Konkursvermerk); LG Neubrandenburg NZI 2001, 325; aA OLG Dresden NJW-RR 2003, 46 = NotBZ 2003, 159 = RNotZ 2003, 124 = RPfleger 2003, 96 = NZI 2002, 687; LG Frankenthal Rpfleger 2002, 72 (für Zustimmungsvorbehalt nach § 21 Abs 2 Nr 2 InsO); LG Leipzig Rpfleger 2000, 111; Keller Rpfleger 2000, 201 und NZI 2001, 397 (404); Bauer Rdn 70 zu § 38; Frege/Keller/Riedel, Insolvenzrecht, Rdn 797.
[8] OLG Hamm KTS 1970, 314 = OLGZ 1970, 487 = Rpfleger 1970, 210.
[9] RG 71, 38.

B. Einzelfälle

- wenn das Insolvenzgericht das Verfahren mangels Masse, infolge Wegfalls des Eröffnungsgrundes oder mit Zustimmung der Gläubiger eingestellt hat, auf Ersuchen des Insolvenzgerichts (§ 215 Abs 1 S 3 mit § 200 Abs 2 S 3 und § 32 Abs 3 InsO).

Mit Aufhebung oder Einstellung endet das Amt des Insolvenzverwalters; Antrag auf Löschung des Vermerks (§ 32 Abs 3 S 2 InsO) kann er daher nicht mehr stellen.

Geht, bevor auf eine Bewilligung des Insolvenzverwalters hin eine Eintragung vorgenommen wird, beim Grundbuchamt ein Ersuchen um Löschung des Insolvenzvermerks ein, so ist das Grundbuchamt gehalten, einen Nachweis der Fortdauer der Verfügungsbefugnis des Insolvenzverwalters zu verlangen.[10]

e) Eigenverwaltung

aa) Wenn Eigenverwaltung angeordnet ist, kann der Schuldner unter der Aufsicht eines Sachwalters über die Insolvenzmasse verfügen (§ 270 Abs 1 InsO). In das Grundbuch ist die Eröffnung des Insolvenzverfahrens daher nicht einzutragen (§ 32 InsO ist nach § 270 Abs 3 S 3 InsO nicht anzuwenden). Der Sachwalter hat nur die Aufsicht über die Verwaltungstätigkeit des Schuldners zu führen (§ 274 InsO), nicht aber Aufgaben eines Insolvenzverwalters wahrzunehmen. Eintragung eines Insolvenzvermerks kann er nach § 32 Abs 2 S 2 InsO daher nicht beantragen. Wird die Anordnung der Eigenverwaltung aufgehoben und ein Insolvenzverwalter bestellt (§ 272 InsO), dann hat das Insolvenzgericht das Grundbuchamt von Amts wegen um Eintragung des Insolvenzvermerks zu ersuchen oder der Insolvenzverwalter die Eintragung zu beantragen (§ 32 Abs 2 InsO, der nur für die Dauer der Eigenverwaltung nach § 270 Abs 3 InsO keine Anwendung findet). Wird die Eigenverwaltung nachträglich angeordnet (§ 271 S 1 InsO), dann ist der bereits eingetragene Insolvenzvermerk auf Ersuchen des Insolvenzgerichts zu löschen (folgt mit Anwendung des § 32 aus § 270 Abs 3 S 3 InsO).

1638 a

bb) Bei Eigenverwaltung kann das Insolvenzgericht anordnen, daß bestimmte Rechtsgeschäfte des Schuldners nur wirksam sind, wenn der Sachwalter ihnen zustimmt (§ 277 Abs 1 S 1 InsO). Wenn damit das Recht des Schuldners zur Verfügung über ein Grundstück, ein Recht an einem Grundstück oder ein Recht an einem Grundstücksrecht beschränkt wird, ist die Anordnung auf Ersuchen des Insolvenzgerichts oder Antrag des Sachwalters (ist Folge der entsprechenden Anwendung auch des § 32 Abs 2 S 2 InsO) in das Grundbuch einzutragen (§ 277 Abs 3 S 3 mit § 32 InsO). **Eintragungsbeispiel** (Spalte 3 der Abt II bzw Spalte Veränderungen der Abt II oder III (wie Rdn 1635):

1638 b

> Rechtsgeschäfte des Eigentümers über das Grundstück sind nur mit Zustimmung des in dem Verfahren ... (= Aktenz) bestellten Sachwalters wirksam. Eingetragen am ..."

Löschung erfolgt bei Freigabe oder Veräußerung auf Ersuchen des Insolvenzgerichts oder (schriftlichen) Antrag des Sachwalters (§ 277 Abs 3 S 3 mit § 32 Abs 3 InsO) oder nach Aufhebung oder Einstellung des Insolvenzverfahrens auf Ersuchen des Insolvenzgerichts (§ 200 Abs 2 S 3 [und die darauf Bezugnehmenden Bestimmungen] mit § 32 InsO]).

---

[10] LG Osnabrück KTS 1972, 202.

2. Teil. IV. Zweite Abteilung des Grundbuchs

f) Verfügungsverbot und -beschränkung im Eröffnungsverfahren

1638c Im Eröffnungsverfahren kann das Insolvenzgericht dem Schuldner ein allgemeines Verfügungsverbot auferlegen oder anordnen, daß Verfügungen des Schuldners nur mit Zustimmung des vorläufigen Insolvenzverwalters wirksam sind (§ 21 Abs 2 Nr 2 InsO). Das Verfügungsverbot und die Verfügungsbeschränkung sind auf Ersuchen des Insolvenzgerichts oder Antrag des vorläufigen Insolvenzverwalters (ist Folge der entsprechenden Anwendung auch des § 32 Abs 2 S 2 InsO) in das Grundbuch einzutragen (§ 23 Abs 3 mit § 32 InsO). **Eintragungsbeispiel** (Spalte 3 der Abt II bzw Spalte Veränderungen der Abt II oder III, wie Rdn 1635):
Für das Verfügungsverbot:

> Es ist ein allgemeines Verfügungsverbot[11] nach § 21 Abs 2 Nr 2 InsO angeordnet. Eingetragen am ...

Für den Verfügungsvorbehalt:

> Verfügungen des Eigentümers über das Grundstück sind nur mit Zustimmung des in dem Verfahren ... (= Aktenz) bestellten vorläufigen Insolvenzverwalters wirksam. Eingetragen am ...

Eintragung des Verfügungsverbots oder der Verfügungsbeschränkung im Eröffnungsverfahren über das Vermögen eines als Gesellschafter einer Gesellschaft bürgerlichen Rechts eingetragenen Miteigentümers wie Rdn 1635a (Nachweis dort Fußn 7).
Löschung erfolgt bei Freigabe oder Veräußerung auf Ersuchen des Insolvenzgerichts oder (schriftlichen) Antrag des (vorläufigen) Insolvenzverwalters (§ 23 Abs 3 mit § 32 Abs 3 InsO) oder (nach Eröffnung des Verfahrens) auf (schriftlichen) Antrag des Insolvenzverwalters, nach Aufhebung oder Einstellung des Insolvenzverfahrens auf Ersuchen des Insolvenzgerichts (§ 200 Abs 2 S 3 [und die darauf Bezug nehmenden Bestimmungen] mit § 32 InsO).

g) Zustimmungsbedürftige Geschäfte nach einem bestätigten Insolvenzplan

1638d Im gestaltenden Teil des Insolvenzplans kann vorgesehen sein, daß bestimmte Rechtsgeschäfte des Schuldners oder der Übernahmegesellschaft während der Zeit der Überwachung der Planausführung nur wirksam sind, wenn der Insolvenzverwalter ihnen zustimmt (§ 263 InsO). Für diese Überwachung besteht das Amt des Verwalters fort (§ 261 Abs 1 S 2 InsO). Bewirkt ein zustimmungspflichtiges Geschäft die Beschränkung des Schuldners oder der Übernahmegesellschaft in der Verfügung über ein Grundstück, ein Recht an einem Grundstück oder ein Recht an einem solchen Recht, dann ist die Beschränkung auf Ersuchen des Insolvenzgerichts oder (schriftlichen) Antrag des Insolvenzverwalters in das Grundbuch einzutragen (§ 267 Abs 3 S 2 mit § 32 Abs 2 InsO). **Eintragungsbeispiel** (Spalte 3 der Abt II bzw Spalte Veränderungen der Abt II oder III, wie Rdn 1635):

> Rechtsgeschäfte des Eigentümers über das Grundstück sind nach dem Insolvenzplan nur wirksam, wenn der Insolvenzverwalter zustimmt. Eingetragen am ...

---

[11] Zur Fassung auch Bachmann Rpfleger 2001, 105, der (unbegründet) Bedenken gegen die Verwendung des Wortes „Verfügungsverbot" vorbringt.

B. Einzelfälle

Löschung erfolgt bei Aufhebung der Überwachung auf Ersuchen des Insolvenzgerichts (§ 268 Abs 2 S 2 mit § 267 Abs 3 S 2 und § 32 Abs 2 InsO).

h) Zuständig für die Entscheidung über das Ersuchen des Insolvenzgerichts (nicht auch den Antrag des Insolvenzverwalters) um Eintragung oder Löschung des Insolvenzvermerks und einer Verfügungsbeschränkung nach der InsO ist der Urkundsbeamte der Geschäftsstelle (§ 12 c Abs 2 Nr 3 GBO). Bei Ablehnung kann das Insolvenzgericht Entscheidung des Grundbuchrichters verlangen (§ 12 c Abs 4 GBO) und gegen dessen Entscheidung Beschwerde einlegen.[12]

1639

i) Konkurs-, Vergleichs- und Gesamtvollstreckungsverfahren

Auf Konkurs-, Vergleichs- und Gesamtvollstreckungsverfahren, die vor dem 1. Januar 1999 (= Inkrafttreten der InsO) beantragt worden sind, und deren Wirkungen sind weiter die bisherigen gesetzlichen Vorschriften anzuwenden (Art 103 S 1 EGInsO). Gleiches gilt für Anschlußkonkursverfahren, bei denen der vorausgehende Vergleichsantrag vor dem 1. Januar 1999 gestellt worden ist (Art 103 S 2 EGInsO). Löschung der nach den bis 31. Dez 1998 geltenden gesetzlichen Vorschriften eingetragenen Vermerke (Konkursvermerk, Veräußerungs- und Verfügungsverbote, Gesamtvollstreckungsvermerk) erfolgt daher nach den Bestimmungen der (vormaligen) Konkurs-, Vergleichs- und Gesamtvollstreckungsordnung auf Ersuchen des Gerichts (in Einzelfällen auch auf Antrag des Konkursverwalters). Hierzu mit Einzelheiten 11. Aufl Rdn 1638–1640 b. Zuständigkeit des Urkundsbeamten: § 12 c Abs 2 Nr 3 GBO; sonst des Rechtspflegers.

1640

k) Ausländisches Insolvenzverfahren

Die Eröffnung eines ausländischen Insolvenzverfahrens, ebenso ausländische Sicherungsmaßnahmen im Stadium des Eröffnungsverfahrens, können im Inland Wirkungen entfalten (automatische Anerkennung, § 343 InsO). Die Auswirkungen des ausländischen Insolvenzverfahrens auf die Verfügungsbefugnis des Schuldners über ein inländisches Grundstück oder ein Recht an einem solchen Grundstück sollen jedoch nicht durch das Grundbuchamt festgestellt werden. In das **Grundbuch einzutragen** ist die Verfahrenseröffnung sowie die Einschränkung der Verfügungsbefugnis des Schuldners durch die Anordnung von Sicherungsmaßnahmen daher auf **Ersuchen** des (inländischen) **Insolvenzgerichts** (§ 346 Abs 1 InsO; örtliche Zuständigkeit § 348 InsO); auf dessen Ersuchen erfolgt auch die Eintragung der vom (inländischen) Insolvenzgericht angeordneten Sicherungsmaßnahmen (§§ 344, 346 InsO). Zuständigkeit des Richters: § 18 Abs 1 Nr 3 RPflG; Form des Ersuchens: § 29 Abs 3 GBO. Dem Ersuchen an das Grundbuchamt sind der Antrag des ausländischen Insolvenzverwalters an das Insolvenzgericht und der ausländische Eröffnungsbeschluß nicht beizufügen. Die Löschung de Eintragung erfolgt auf Ersuchen des Insolvenzgerichts, wenn das Grundstück oder Recht vom Verwalter freigegeben oder veräußert ist (§ 346 Abs 2 Satz 3 mit § 32 Abs 3 Satz 1 InsO).
Das gilt auch für **österreichische Insolvenzverfahren,** die nach dem 31. 5. 2002 eröffnet wurden. Der deutsch-österreichische Konkursvertrag ist durch die Verordnung (EG) Nr 1346/2000 vom 29. 5. 2000 (ABl EG Nr L 160 S 1) er-

1641

---

[12] LG Frankenthal Rpfleger 2002, 72.

setzt, deren Umsetzung auch § 346 InsO (eingefügt durch Art 2 des Gesetzes zur Neuregelung des Insolvenzrechts vom 14. 3. 2003, BGBl I 345) dient.

20. Eintragung eines gerichtlichen Verfügungsverbots
BGB §§ 135, 136, 892 Abs 1 S 2
ZPO § 938 Abs 2, § 941
GBV § 10 Abs 1 b, Abs 4 a, 5, § 11 Abs 6

1642 **Vorgang:** Eingegangen ist ein Ersuchen des Prozeßgerichts nach § 941 ZPO, nach dem auf Grund einer in Sachen Müller gegen Lehmann ergangenen einstweiligen Verfügung vom ... das Verbot erlassen worden ist, das Grundstück des Franz Lehmann, Oberhof (Band 2) Blatt 45 zum Nachteil des Otto Müller, Landwirts in Oberhof, zu veräußern oder zu belasten.

Grundbucheintragung

1	2	3
2	2	Dem Eigentümer Franz Lehmann ist durch einstweilige Verfügung des Landgerichts Oberhof vom ... ... (Az ...) verboten, das Grundstück zum Nachteil des Landwirts Otto Müller, geb am ..., zu veräußern oder zu belasten. Eingetragen am ... ...

Bekanntmachung erfolgt an Eigentümer, Otto Müller und Prozeßgericht zu Aktenz ...

a) Zulässigkeit und Zweck

1643 Eintragung eines **gerichtlichen Verfügungsverbots**[1] (§ 938 Abs 2 ZPO) bewirkt grundbuchrechtlichen **Schutzvermerk.** Er hat die Aufgabe, die mit dem öffentlichen Glauben des Grundbuchs (Rdn 343 ff) verknüpften Gefahren zu beseitigen. Die Eintragung schließt gutgläubigen Erwerb von dem vom Verbot Betroffenen und damit eine dem Geschützten drohende Schädigung aus (§§ 135, 136, 892 Abs 1 S 2 BGB; Rdn 351, 393).

b) Eintragung

1644 aa) Eingetragen wird das gerichtliche Verfügungsverbot auf Grund **einstweiliger Verfügung** (§§ 935, 938 ZPO)[2] und (schriftlichen) Antrag (§ 13 Abs 1 GBO) oder Ersuchen des Prozeßgerichts (§ 941 ZPO). Zur einstweiligen Verfügung s Rdn 1548 (dort auch zur Vollziehungsfrist). Die Eintragung ist Grundbuchberichtigung, weil die einstweilige Verfügung, die dem Betroffenen ein Verfügungsverbot auferlegt, mit Zustellung an ihn vollzogen und wirksam wird.[3] Wenn das Gericht um Eintragung ersucht (§ 941 ZPO), ist sie gleichwohl vor Zustellung der Verfügung an den Verbotsgegner zulässig.[4] Voreintragung des vom Verbot Betroffenen (§ 39 GBO) ist erforderlich,[5] desgleichen Vorlage eines Hypotheken- oder Grundschuldbriefes (§§ 41, 42 GBO).[6]

---

[1] Zur Notaramtspflicht vor und nach Eintragung des Verfügungsverbots s Volhard DNotZ 1987, 523 (534).
[2] Bewilligung (§ 19 GBO) scheidet wegen § 137 S 1 BGB als Eintragungsgrundlage aus.
[3] KG JFG 5, 298 (302) mit weit Nachw.
[4] KG JFG 5, 298; Zöller/Vollkommer Rdn 14 zu § 938 ZPO; aA Furtner MDR 1955, 136; Bedenken auch bei K/E/H/E Rdn 11 zu § 38.
[5] OLG Hamm JMBlNRW 1963, 181.
[6] KG JFG 5, 298 (300); LG Frankfurt Rpfleger 1983, 250 mit Anm Meyer-Stolte.

B. Einzelfälle

bb) Die Eintragung erfolgt 1645
- bei Beschränkung des Verfügungsrechts des Eigentümers in Abteilung II Spalten 1–3 (§ 10 Abs 1 Buchst b, Abs 2–4 GBV),
- bei Beschränkung des Berechtigten eines eingetragenen Rechts am Grundstück in der Spalte „Veränderungen" der Abteilung II oder III (§ 10 Abs 5, § 11 Abs 6 GBV).

Der durch das Verfügungsverbot Geschützte muß im Eintragungsvermerk bezeichnet werden. Gericht und Aktenzeichen des Verfügungsverfahrens werden im Vermerk bezeichnet.

c) Wirkung der Eintragung

Eintragung des (relativen) Verfügungsverbots bewirkt keine Sperre des Grundbuchs; es dient nur dem Schutz eines bestimmten Berechtigten (§§ 135, 136 BGB). Später eingehende Anträge sind daher zu vollziehen. Eine Ausnahme gilt für Löschungen, die, wenn sie von einem relativ Verfügungsbeschränkten bewilligt werden, abzulehnen sind, sofern nicht der Geschützte zustimmt. 1646

d) Löschung 1647

Die auf Grund einstweiliger Verfügung eingetragene Verfügungsbeschränkung entfällt, wenn die Verfügung durch eine vollstreckbare Entscheidung aufgehoben wird. Die Löschung erfolgt auf Antrag (§ 13 Abs 1 GBO; das Gericht der Verfügung ersucht nicht um Löschung; sie stellt dann eine Grundbuchberichtigung dar[7] (§ 22 Abs 1 S 2 GBO; Nachweis der aufhebenden vollstreckbaren Entscheidung ist ausreichende Löschungsunterlage, § 25 GBO entsprechend;[7] dazu Rdn 1550). Löschung infolge Nichtwahrung der Vollziehungsfrist s Rdn 1549. Sonst erfolgt Löschung auf Antrag und Bewilligung des Berechtigten oder eines die Bewilligung ersetzenden Urteils (§ 894 ZPO). Ein im Wege der einstweiligen Verfügung ergehendes Ersuchen des Prozeßgerichts an das Grundbuchamt, einem bereits gestellten Antrag auf Eintragung einer Grundschuld nicht zu entsprechen, ist unzulässig. Das Grundbuchamt hat aber in eigener Zuständigkeit zu prüfen, ob eine zu seiner Kenntnis gebrachte einstweilige Verfügung die beantragte Eintragung hindert.[8]

e) Rechtsbehelf

Gegen die Ablehnung einer Eintragung auf Grund einstweiliger Verfügung hat sowohl der Beteiligte selbst wie das ersuchende Gericht ein **Beschwerderecht**.[9] 1648

f) Erwerbsverbot

Ein durch einstweilige Verfügung ausgesprochenes Erwerbsverbot gegen einen im Grundbuch nicht eingetragenen Antragsgegner ist nicht eintragungsfähig.[10] Das Erwerbsverbot richtet sich gegen einen Betroffenen, dem kein Recht am Grundstück zusteht, und dessen Voreintragung nicht gegeben ist (§ 39 GBO). Wenn für den Antragsgegner des Erwerbsverbots eine Auf- 1649

---

[7] LG Frankfurt Rpfleger 1988, 407; Güthe/Triebel Rdn 40 zu § 22.
[8] LG Wuppertal DNotZ 1962, 192.
[9] KGJ 41 A 220.
[10] KG JFG 18, 192; KG DNotZ 1962, 400 (401) = Rpfleger 1962, 177; BayObLG 1997, 55 = NJW-RR 1997, 913 = Rpfleger 1997, 304; BGB-RGRK/Augustin Rdn 105 zu § 892; Volhard DNotZ 1987, 523 (533); Heydrich MDR 1997, 796.

lassungsvormerkung (§ 883 BGB) eingetragen ist, kann bei ihr auch das Erwerbsverbot eingetragen werden.[11] Auch das nicht eingetragene Erwerbsverbot begründet, wenn es dem Grundbuchamt bekannt wird, ein im Grundbuchverfahren zu beachtendes Eintragungshindernis.[12] Ein gegen den Grundstückskäufer im Wege der einstweiligen Verfügung erlassenes Erwerbsverbot hindert die Eigentumseintragung auch dann, wenn der Eintragungsantrag bereits gestellt ist;[13] § 878 BGB ist nicht anwendbar.[14]

21. Eintragung eines Rechtshängigkeitsvermerks
ZPO § 325 Abs 2
BGB §§ 892, 899
GBV §§ 10, 11

1650 **Vorgang:** Eingegangen ist ein Schriftsatz des Klägers ... der mit seinem Klageantrag vom eingetragenen Grundstückseigentümer Berichtigung des Grundbuchs durch Eintragung als Eigentümer verlangt, mit dem

> ... **Antrag**, in das Grundbuch von Oberhof (Band 10) Blatt 300 bei dem dort auf den Namen des ... eingetragenen Grundstück FlStNr ... auf Grund beigefügter einstweiliger Verfügung des Landgerichts ... vom ... den Rechtshängigkeitsvermerk einzutragen.

1651 **Grundbucheintragung**[1]

1	2	3
3	1	Wegen des eingetragenen Eigentums ist durch Klageerhebung des ... [Kläger; nach § 15 GBV zu bezeichnen] ein Rechtsstreit rechtshängig. Unter Bezugnahme auf die einstweilige Verfügung des Landgerichts ... vom ... (Az ...) eingetragen am ...

Bekanntmachung erfolgt an Antragsteller und Eigentümer

Literatur: Lickleder, Die Eintragung des Rechtshängigkeitsvermerks im Grundbuch, ZZP 114 (2001) 195; Löscher, Die Eintragung des Rechtshängigkeitsvermerkes in das Grundbuch, JurBüro 1966, 267.

1652 a) Rechtshängigkeit mit **Erhebung der Klage** (§ 261 Abs 1 ZPO; Klagezustellung nach § 253 Abs 1 ZPO) über ein Recht an einem Grundstück, insbesondere das Eigentum (wie bei Eigentümerklage auf Grundbuchberichtigung, § 894 BGB), schließt das Recht zur Veräußerung des Grundstücks als Streitsache nicht aus (§§ 265, 266 ZPO). Die Veräußerung hat auf den Fortgang des Rechtsstreits keinen Einfluß. Das Urteil wirkt auch gegen alle Personen,

---

[11] LG Tübingen BWNotZ 1984, 39.
[12] RG 117, 287 (292); BayObLG Rpfleger 1978, 306 und (9. 11. 1989, mitget) Rpfleger 1990, 54 sowie BayObLG 1997, 55 = aaO; KG JFG 18, 192; KG DNotZ 1962, 400 (401) = aaO; OLG Hamm DNotZ 1970, 662 = OLGZ 1970, 438; BGB-RGRK/Augustin Rdn 105 zu § 892; Volhard DNotZ 1987, 523 (532).
[13] KG DNotZ 1962, 400 = aaO; OLG Hamm DNotZ 1970, 662 = aaO; außerdem BayObLG BWNotZ 1982, 90; LG Stuttgart BWNotZ 1982, 90.
[14] RG 120, 118 (120); BayObLG 1997, 55 = aaO.
[1] Eintragungsvorschlag von Haegele Rpfleger 1966, 307: „Gegen das Eigentümerrecht am Grundstück Flurstück ... hat ... (Name des Klägers; § 15 GBV) Klage anhängig gemacht. Unter Bezugnahme auf die einstweilige Verfügung des Landgerichts ... vom ... eingetragen am ...".

B. Einzelfälle

die nach Eintritt der Rechtshängigkeit Rechtsnachfolger der Partei geworden sind (§ 325 Abs 1 ZPO). Ausgeschlossen ist diese Urteilswirkung jedoch gegen den Rechtsnachfolger bei gutgläubigem Rechtserwerb[2] (§ 325 Abs 2 ZPO). Daß Urteilswirkung nach § 325 Abs 1 ZPO auch gegen einen Rechtsnachfolger des Beklagten nicht mit dessen gutgläubigem Erwerb entfällt, kann mit **Eintragung eines Vermerks**[3] in das Grundbuch sichergestellt werden, daß wegen eines eingetragenen Rechts ein **Rechtsstreit rechtshängig** ist (Rechtshängigkeitsvermerk). Ausgeschlossen sind wegen § 325 Abs 3 S 1 ZPO Rechtsstreite, die Ansprüche **aus** einer eingetragenen Reallast, Hypothek, Grundschuld oder Rentenschuld betreffen. Einzutragen ist der Rechtshängigkeitsvermerk jedoch bei gerichtlicher Geltendmachung eines Anspruchs gegen den Gläubiger eines solchen Rechts (Beispiel: Anspruch des Eigentümers gegen den Gläubiger einer Grundschuld auf Berichtigung des Grundbuchs durch Eintragung des Rechts als Eigentümergrundschuld).

b) **Rechtsnachfolger** für Urteilswirkung nach § 325 Abs 1 ZPO kann nur der Erwerber der „in Streit befangenen Sache" sein, mithin insbesondere ein neuer Eigentümer (auch Gläubiger eines Rechts) nach dinglicher Klage (Klage auf Grundbuchberichtigung, § 894 BGB). Ein Rechtshängigkeitsvermerk kann daher nur eingetragen werden, wenn über das Bestehen oder Nichtbestehen eines dinglichen Rechts oder über den Umfang der Berechtigung am Grundstück ein Rechtsstreit anhängig ist. Eine Klage aus persönlicher Übereignungspflicht[4] (Auflassungsanspruch, Schadensersatzanspruch auf Rückübertragung des Eigentums, auch Rückgewähranspruch bei Grundschuld oder bei Anfechtungsklage nach AnfG) macht nicht streitbefangen, hat mithin Urteilswirkung nach § 325 Abs 1 ZPO nicht. Sicherung eines schuldrechtlichen Anspruchs auf Eigentumsübertragung oder Einräumung eines Rechts an einem Grundstück ist nur mit Vormerkung nach § 883 BGB, nach Urteilserlaß zur Abgabe einer Willenserklärung auch nach § 895 ZPO möglich, nicht aber mit einem Sicherungsmittel, das Rechtserwerb von einem Nichtberechtigten ausschließt. Ebenso wie ein schuldrechtlicher Anspruch auf Einräumung eines Grundstücksrechts nicht mit Widerspruch (§ 899 BGB) gesichert werden kann, ist daher bei Geltendmachung eines schuldrechtlichen Anspruchs mit Klage ein Rechtshängigkeitsvermerks (§ 325 Abs 2 ZPO) ausgeschlossen.[5]

1653

---

[2] Zur Frage, ob Kenntnis vom Rechtsmangel, der Eigentumserwerb vereitelt, genügt, RG 79, 165; OLG Stuttgart BWNotZ 1960, 97 = NJW 1960, 1109.
[3] BayObLG NJW-RR 2003, 234 = Rpfleger 2003, 122; OLG Stuttgart BWNotZ 1960, 97 = NJW 1960, 1109 und BWNotZ 1979, 146 = DNotZ 1980, 106 = OLGZ 1979, 300 mit Nachw; OLG München NJW 1966, 1030 und 1966, 1366 Leits mit Anm Wächter = Rpfleger 1966, 306 mit Anm Haegele sowie MittBayNot 2000, 40 = NJW-RR 2000, 384 = Rpfleger 2000, 106; OLG Schleswig DNotZ 1995, 83 = NJW-RR 1995, 1498 = Rpfleger 1994, 455; OLG Zweibrücken DNotZ 1989, 580 = NJW 1989, 1098 = OLGZ 1989, 260 = Rpfleger 1989, 276; LG Braunschweig NdsRpfl 1955, 174; MünchKomm/Wacke Rdn 32 zu § 899 BGB; Palandt/Bassenge Rdn 9 zu § 899 BGB; Löscher JurBüro 1966, 267; gegen Rechtshängigkeitsvermerk nur Lickleder ZZP 114 (2001) 195.
[4] OLG Braunschweig MDR 1992, 74; OLG Stuttgart BWNotZ 1997, 16 = Rpfleger 1997, 15.
[5] OLG Braunschweig und OLG Stuttgart je aaO. Anders OLG München NJW 1966, 1030 = aaO (Fußn 3), das auch Sicherung des Auflassungsanspruchs mit Rechtshängigkeitsvermerk zugelassen hat.

1654 c) Ob Eintragung des Rechtshängigkeitsvermerks **Bewilligung** des Betroffenen oder **einstweilige Verfügung** gegen ihn erfordert[6] (§ 899 Abs 2 BGB) oder ob Eintragung als Grundbuchberichtigung nach § 22 Abs 1 S 1 GBO erfolgen kann, ist streitig; Grundbuchunrichtigkeit soll hierfür mit Erhebung der Klage durch öffentliche Urkunde (§ 29 Abs 1 S 2 GBO; dort auch zur Offenkundigkeit) nachgewiesen sein, wenn der Klageantrag ein eingetragenes Recht und eine weitere rechtlich mögliche, im Prozeß durchsetzbare Grundbucheintragung betrifft.[7] Bewilligung des Betroffenen oder einstweilige Verfügung gegen ihn ist uE notwendig. Das ergibt sich aus § 325 Abs 2 ZPO mit § 899 Abs 2 BGB, die Grundlagen der Eintragung des Rechtshängigkeitsvermerks sind. Mit den Vorschriften des bürgerlichen Rechts zugunsten derjenigen, die ein Recht von einem Nichtberechtigten herleiten, gilt für die Rechtskraftwirkung § 892 Abs 1 BGB nach § 325 Abs 2 ZPO entsprechend. Demnach wirkt ein Urteil nach § 325 Abs 1 ZPO gegen einen Rechtsnachfolger, der nach Eintritt der Rechtshängigkeit erworben hat, wenn er die Rechtshängigkeit gekannt hat oder ein „Widerspruch", dh hier die Rechtshängigkeit, im Grundbuch eingetragen war. Damit gibt aber auch § 899 Abs 2 BGB alleinige Grundlage für die Eintragung des Rechtshängigkeitsvermerks. Ebenso wie ein Widerspruch nicht bereits auf Grund nachgewiesener Grundbuchunrichtigkeit (§ 22 GBO) eingetragen werden kann, ermöglicht Nachweis der Klageerhebung nicht die Eintragung des Rechtshängigkeitsvermerks. Allein mit Klageerhebung wäre zudem Grundbuchunrichtigkeit nicht nachgewiesen im Sinne von § 22 Abs 1 GBO. Erforderlich wäre vielmehr weiter Nachweis, daß die Klageerhebung Rechtshängigkeit eines auch gegen den Rechtsnachfolger wirkenden Anspruchs herbeigeführt hat, ein streitbefangener Anspruch mithin besteht (nachf Rdn 1656). Dies ist aber mit Klageerhebung nicht nachgewiesen. Für diese Meinung spricht auch die Interessenlage; denn der Rechtshängigkeitsvermerk wirkt praktisch wie eine Verfügungsbeschränkung: ein Erwerber, der das Prozeßrisiko übernimmt, wird sich kaum finden. Außerdem zeigt § 895 ZPO, daß eine (möglicherweise völlig unbegründete) Klageerhebung allein nicht Grundlage einer sichernden Grundbucheintragung sein kann.[8]

1655 d) **Betroffener,** der Eintragung des Rechtshängigkeitsvermerks bewilligen oder gegen den einstweilige Verfügung vorliegen muß, ist der eingetragene Rechtsinhaber, gegen den als Prozeßpartei des Rechtsstreits (nicht als Streitgenosse) der Anspruch auf ein Recht oder aus einem Recht in der Weise geltend gemacht ist, daß das Urteil nach § 325 Abs 1 ZPO gegen den Rechtsnachfolger wirken wird.

---

[6] So OLG München NJW 1966, 1030 = aaO (Fußn. 3); OLG Suttgart NJW 1960, 1109 = aaO (Fußn 3); Wächter NJW 1966, 1366; MünchKomm/Wacke Rdn 33 zu § 899 BGB; Haegele Rpfleger 1966, 307; Löscher JurBüro 1966, 267.
[7] So BayObLG NJW-RR 2003, 234 = aaO (Fußn 3; Bewilligung, einstw Verfügung oder Unrichtigkeitsnachweis); OLG Stuttgart DNotZ 1980, 106 = aaO (Fußn 3); OLG München NJW-RR 2000, 384 = aaO (Fußn 3); OLG Schleswig DNotZ 1995, 83 = aaO (Fußn 3); OLG Zweibrücken DNotZ 1989, 580 = aaO; LG Braunschweig NdsRpfl 1955, 174.
[8] So zutreffend MünchKomm/Wacke Rdn 33 zu § 899 BGB.

B. Einzelfälle

e) **Erlaß** der **einstweiligen Verfügung** erfordert, daß Rechtshängigkeit eines Anspruchs glaubhaft gemacht wird (§§ 936, 920 Abs 2 ZPO), dessen Zuerkennung Wirkung des rechtskräftigen Urteils gegen einen Rechtsnachfolger des Beklagten nach § 325 Abs 1 ZPO zur Folge haben kann.[9] Über die Rechtshängigkeit hinaus ist somit auch das Bestehen des Anspruchs glaubhaft zu machen; das schließt Eintragung des Rechtshängigkeitsvermerks bei Klageerhebung wegen eines Anspruchs aus, der nicht glaubhaft gemacht werden kann. Nicht glaubhaft gemacht zu werden braucht jedoch, daß eine Gefährdung des im Hauptsacheverfahren geltend gemachten Anspruchs vorliegt (§ 899 Abs 2 S 2 BGB). 1656

f) **Eintragung** des Rechtshängigkeitsvermerks erfolgt in der für Eintragung des Widerspruchs bestimmten Abteilung und Spalte, bei Eigentumsklage sonach in Abteilung II Spalten 1–3 (§ 10 Abs 1 Buchst b Abs 2–4 GBV), sonst in den für Veränderungen bestimmten Spalten der Abteilung II oder III (§ 11 GBV). Der Vermerk muß die Prozeßpartei, zu deren Gunsten er Urteilswirkung gegen Rechtsnachfolger sichern soll, ebenso das Recht, das mit der rechtshängigen Klage in Anspruch genommen ist, bezeichnen. Auf die für Vollziehung der einstweiligen Verfügung geltenden gesetzlichen Bestimmungen ist zu achten (§ 936 mit §§ 928, 929 ZPO). 1657

g) **Löschung** des Rechtshängigkeitsvermerks erfolgt auf Antrag (§ 13 Abs 1 GBO), wenn der Begünstigte (als Betroffener, § 19 GBO) sie bewilligt oder wenn die Grundbuchunrichtigkeit (§ 22 GBO) mit Klagerücknahme (§ 269 ZPO), Beendigung des Prozesses durch Rechtskraft des abweisenden Urteils, Prozeßvergleich usw (auch Ablauf der Vollziehungsfrist oder verspätete Zustellung, § 929 Abs 2, 3 ZPO) durch öffentliche Urkunde (§ 29 GBO) nachgewiesen oder offenkundig ist. 1658

22. Eintragung der Pfändung eines Miterbenanteils
ZPO §§ 829 ff, 859 Abs 2
BGB §§ 2032 ff
GBO § 22
GBV § 10 Abs 1 Buchst b, Abs 2–4, 5 Buchst a, § 11 Abs 6

Antragsformular 1659

Mein Schuldner Heinz Hobel, Schreiner in Oberhof, Hauptstraße 30, und seine Geschwister Hans Hobel, Drexler in Oberhof, Gartenstraße 10,
sowie Hilde Hobel, kaufm. Angestellte in Oberhof, Nebenstraße 5,
sind in Erbengemeinschaft eingetragene Eigentümer des im Grundbuch von Oberhof (Band 1) Blatt 20 gebuchten Grundstücks Hauptstraße 30 in Oberhof zu 8 a 30 m².
Der Miterbenanteil des Schuldners an dem Nachlaß seines am ... in verstorbenen Vaters ... zu dem das bezeichnete Grundstück gehört, wurde mit Pfändungsbeschluß des Amtsgerichts ... vom ... Aktenz ... zu meinen Gunsten wegen der in dem Beschluß bezeichneten Vollstreckungsforderung gepfändet.
Den Miterben Hans und Hilde Hobel wurde der Pfändungsbeschluß als Drittschuldner am ... bzw am ... zugestellt.

---

[9] Wächter NJW 1966, 1366; MünchKomm/Wacke Rdn 33 zu § 899; anders: nicht zu prüfen ist, ob der rechtshängige Anspruch begründet ist, OLG München NJW 1966, 1030 = aaO (Fußn 3) und OLG Stuttgart DNotZ 1980, 106 = aaO (Fußn 3).

Ich beantrage unter Vorlage des Pfändungsbeschlusses mit den Zustellungsnachweisen, diese Pfändung des Nachlaßanteils in das Grundbuch als Beschränkung der Erbengemeinschaft in der Verfügungsbefugnis über das zum ungeteilten Nachlaß gehörende bezeichnete Grundstück einzutragen.

Hauptstadt, den ...   Georg Gläubiger   (keine Unterschriftsbeglaubigung)

1660 Grundbucheintragung

1	2	3
1	1	Miterbenanteil des Heinz Hobel (Abt I Nr 2 a) am Nachlaß des Sägewerkbesitzers Horst Hobel, Oberhof, gepfändet für Georg Gläubiger, Kaufmann in Hauptstadt, gemäß Pfändungsbeschluß des Amtsgerichts Hauptstadt vom ... (Az ...) eingetragen am ...

Bekanntmachung erfolgt an Antragsteller (Gläubiger) und alle Grundstückseigentümer.

a) Pfändung eines Miterbenanteils; Zulässigkeit der Eintragung

1661 Der **Anteil eines Miterben** an dem Nachlaß ist der **Pfändung** unterworfen (§ 859 Abs 2 ZPO). Zu den Anforderungen an den Inhalt des Pfändungsbeschlusses s Stöber, Forderungspfändung, Rdn 1664 ff, insbes Rdn 1671. Wirksam wird die Pfändung mit Zustellung des Pfändungsbeschlusses an den (die, das sind alle) Drittschuldner (§§ 857, 829 Abs 3 ZPO). **Drittschuldner** sind die übrigen Miterben. Ist ein Testamentsvollstrecker bestellt, dem auch die Nachlaßteilung obliegt, so ist dieser Drittschuldner.[1] Gleichermaßen wird ein Nachlaßverwalter als Drittschuldner angesehen. Die Zustellung an die Miterben wäre in solchen Fällen rechtlich bedeutungslos.[2] Die Pfändung beschränkt den Schuldner-Miterben in seiner Mitberechtigung am Nachlaß und damit in der Ausübung seiner Miterbenrechte (einschließlich der Verfügungsbefugnis über einzelne Nachlaßgegenstände) zugunsten des Gläubigers.[3] Verboten sind dem Schuldner-Miterben alle dem Gläubiger nachteiligen Verfügungen. Ein zum Nachlaß gehörender einzelner Gegenstand kann damit ohne Zustimmung des Gläubigers durch den Schuldner in Gemeinschaft mit den anderen Miterben nicht mehr (zum Nachteil des pfändenden Gläubigers) belastet oder veräußert werden.[4] Ebenso kann das Miterbenrecht selbst durch Rechtsgeschäft nur noch mit Zustimmung des Pfandgläubigers aufgehoben oder in einer das Pfandrecht beeinträchtigenden Weise geändert (übertragen, veräußert oder belastet, s § 2033 BGB) werden.[5] Weil sonach die Pfändung eines Miterbenanteils eine Änderung der Verfügungsbefugnis zur Folge hat, **kann** sie **in das Grundbuch** eines zum Nachlaß gehörenden Grundstücks (grundstücksgleichen Rechts oder bei einem Recht an einem Grundstück) **eingetragen werden**; die Eintragung ist Grundbuchberichtigung.[6]

---

[1] RG 86, 294; KG OLG 23, 221. Der TV wird allerdings durch eine Erbteilspfändung in seinem Recht, über Nachlaßgegenstände ohne Zustimmung des Pfandgläubigers zu verfügen, nicht beschränkt, s Rdn 3424.
[2] KG OLG 23, 221; dazu auch Stöber, Forderungspfändung, Rdn 1670.
[3] S Stöber, Forderungspfändung, Rdn 1673.
[4] BayObLG 1959, 50 = NJW 1959, 1780 = Rpfleger 1960, 157; OLG Frankfurt HRR 1937 Nr 758 = JW 1937, 2129; auch BGH NJW 1968, 2059 = Rpfleger 1968, 318.
[5] BayObLG und OLG Frankfurt je aaO (Fußn 4).
[6] RG 90, 232; RG HRR 1934 Nr 1055; BayObLG aaO; KGJ 33 A 226 und JFG 17, 40 = DFG 1938, 19.

B. Einzelfälle

b) Antrag und Unrichtigkeitsnachweis

Die Eintragung erfolgt auf (schriftlichen) **Antrag des Gläubigers** (§ 13 Abs 1 GBO). Zustimmung des Schuldners und der übrigen Miterben ist nicht nötig.[7] Der für die Eintragung erforderliche Unrichtigkeitsnachweis (§ 22 Abs 1 GBO) wird durch den Nachweis erbracht, daß die Pfändung durch Beschluß erfolgt (§§ 829, 859 Abs 2 ZPO) und mit Zustellung an den oder die Drittschuldner wirksam geworden ist (Rdn 1661). Geführt wird der Nachweis durch Vorlage des Pfändungsbeschlusses und der Urkunden über seine Zustellung an die Miterben (den Testamentsvollstrecker oder Nachlaßverwalter) als Drittschuldner. Zustellung an den Schuldner (§ 829 Abs 2 ZPO) ist nicht Wirksamkeitserfordernis der Pfändung (s § 829 Abs 3 ZPO), mithin nicht nachzuweisen.

1662

c) Voreintragung

Voreintragung der Erben in Erbengemeinschaft als Grundstückseigentümer (§ 39 Abs 1 GBO) ist erforderlich. Ist noch der Erblasser eingetragen, so kann Grundbuchberichtigung durch Eintragung der Miterben in Erbengemeinschaft der Gläubiger als unmittelbar Berechtigter nach § 13 Abs 1 S 2 GBO beantragen.[8] Einer Zustimmung der Miterben bedarf es nicht. Den notwendigen Erbschein oder die Abschrift des Testaments mit Eröffnungsniederschrift kann der Gläubiger nach § 792 ZPO, § 85 FGG beantragen.

1663

d) Grundbucheintragung

Die Eintragung erfolgt
- wenn das **Grundstück** erbengemeinschaftlicher Nachlaßgegenstand ist, in **Abteilung II** Spalten 1–3 (§ 10 Abs 1 Buchst b, Abs 2–4 GBV),
- wenn eine Grundstücksbelastung, insbesondere eine Hypothek oder Grundschuld, erbengemeinschaftlicher Nachlaßgegenstand ist, bei Eintragung zugleich mit dem Recht in Spalte 3 bzw 4, bei nachträglicher Eintragung in der Spalte „Veränderungen" der Abteilung II oder III (§ 10 Abs 4, 5, § 11 Abs 5, 6 GBV).

1664

Im Eintragungs**vermerk** sind die mit Erbteilspfändung bewirkte Verfügungsbeschränkung und der Berechtigte zu bezeichnen. Die Eintragungsformel lautet dahin, daß

> ... der Miterbenanteil des Schuldners ... an dem ungeteilten Nachlaß des ... [Erblassers] gepfändet ist.[9]

Aufnahme des Grundes der Pfändung, somit Angabe auch der Forderung des Pfandgläubigers ist nicht erforderlich[10] (nach OLG Hamm[11] unzulässig). Eingetragen wird als Auswirkung des Pfandrechts die Verfügungsbeschränkung für sämtliche Miterben über den Nachlaßgegenstand (damit gutgläubiger Erwerb zum Nachteil des Pfandgläubigers ausgeschlossen bleibt, §§ 135, 892 Abs 1 S 2,

---

[7] RG 90, 237.
[8] Stöber Rpfleger 1976, 197 mit zahlr Nachw; ebenso Forderungspfändung Rdn 1685; Demharter Rdn 48 zu § 13; K/E/H/E Rdn 6; Meikel/Böttcher Rdn 9, je zu § 14; aA – unzutreffend – OLG Zweibrücken Rpfleger 1976, 214.
[9] RG 90, 237.
[10] RG 90, 232 (237); OLG Hamm JMBlNRW 1959, 110 (je für Verpfändung); Stöber, Forderungspfändung, Rdn 1683 (für Pfändung).
[11] OLG Hamm JMBlNRW 1959, 110.

§ 1276 BGB), nicht aber Erbteilspfändung als Belastung des Nachlaßgrundstücks (des Nachlaßgrundpfandrechts) oder des Anteils des Miterben daran und nicht das Pfandrecht am Gesamtnachlaß als Belastung des Erbteils. Weil daher nicht Eintragung des Rechts als Pfandrecht (Belastung des Nachlaßanteils) erfolgt, ist auch zur Bezeichnung der akzessorischen Natur des Pfandrechts Angabe der Forderung nicht erforderlich (Abweichung somit gegenüber Rdn 2456; dort ist das Pfandrecht als Belastung eines Rechts oder Anspruchs einzutragen). Eingetragen wird nur die Pfändung, nicht auch die Überweisung.[12]

e) **Wirkung der Eintragung**

1665 Die **Eintragung** der Erbteilspfändung **schützt den Gläubiger** gegen Verfügungen der Erben zu seinem Nachteil, bewirkt jedoch keine Grundbuchsperre. Verfügungen der Erben über das Nachlaßgrundstück (Veräußerung, Belastung) oder das zum Nachlaß gehörende Grundpfandrecht sind daher im Anschluß an den Pfandvermerk einzutragen. Hierfür ist Zustimmung des Pfandgläubigers nicht nachzuweisen. Die Verfügung ist ihm gegenüber dann unwirksam.[13] Die **Löschung** eines zum Nachlaß gehörenden Rechts (einer Hypothek, Grundschuld, auch Eigentümergrundschuld) ohne Gläubigerzustimmung verbietet sich jedoch, weil mit Löschung die Schutzwirkung des eingetragenen Pfandvermerks hinfällig würde.[14] Ist das Erbteilspfandrecht nicht eingetragen, dem Grundbuchamt jedoch bekannt (nachgewiesen), so begründet dies nach hA kein Recht, Eintragungsanträge zurückzuweisen und zu verlangen, daß vorher oder gleichzeitig die Eintragung auch des Erbteilspfandrechts erfolgt.[15] Verfügungen des Miterben (Schuldners) über den gepfändeten Erbanteil, zB im Wege der Erbteilsübertragung (Rdn 956), sind nach Eintragung des Pfandvermerks ohne Mitwirkung des Pfandgläubigers einzutragen. Aber auch bei einer gegen das Verfügungsgebot verstoßenden Übertragung (auch Verpfändung) des Nachlaßanteils durch den Schuldner oder bei Bestellung eines Nießbrauchs erwirbt ein gutgläubiger Dritter den Anteil oder das Recht belastet mit dem Erbteilspfandrecht, weil es keinen gutgläubigen Erwerb eines Rechts gibt.[16]

f) **Mehrfache Pfändung**

1666 Pfändung des Nachlaßanteils eines Miterben durch **mehrere Gläubiger** bewirkt Rang nach dem Zeitpunkt des Wirksamwerdens der einzelnen Pfändungsbeschlüsse durch Zustellung an alle Drittschuldner. Der Grundbucheintragung kommt keine Rangwirkung zu; das wirkliche Rangverhältnis ist vielmehr in das Grundbuch einzutragen, wenn es durch Vorlage der Pfändungsbeschlüsse mit den Zustellungsnachweisen in grundbuchmäßiger Form belegt ist.[17]

---

[12] Ripfel NJW 1958, 693; Stöber, Forderungspfändung, Rdn 1683.
[13] BayObLG 1959, 50 = aaO (Fußn 4); OLG Hamm Rpfleger 1961, 201; KGJ 25 A 120; KG HRR 1934 Nr 1095.
[14] BayObLG aaO; BayObLG 1954, 89; OLG Hamm Rpfleger 1961, 201 mit Anm Haegele; Stöber, Forderungspfändung, Rdn 1687.
[15] Ripfel NJW 1958, 694 mit Nachw und Darstellung der Gegenansicht.
[16] BayObLG 25, 477 und aaO; KG HRR 1934 Nr 265; OLG Köln MittBayNot 1997, 240 (Leits); Stöber, Forderungspfändung, Rdn 1680.
[17] Ripfel NJW 1963, 693; Stöber, Forderungspfändung, Rdn 1703.

B. Einzelfälle

g) Löschung

Gelöscht wird die Eintragung der Erbteilspfändung auf Bewilligung des Gläubigers (§ 19 GBO; Form § 29 GBO) oder bei Unrichtigkeitsnachweis (§ 22 Abs 1 GBO; Form § 29 GBO), dh Nachweis, daß der Pfändungsbeschluß aufgehoben ist. Gläubigerverzicht (§ 843 ZPO) ermöglicht Löschung, wenn er in öffentlicher Urkunde enthalten und Zustellung an den Schuldner in gleicher Weise nachgewiesen ist. Die Löschung erfolgt auf Antrag (§ 13 Abs 1 GBO). 1667

h) Sonstiges

Zur **Pfändung** eines **Vorerbenanteils** s Stöber, Forderungspfändung, Rdn 1705.
Zur Pfändung eines **Nacherbenrechts** s Stöber, Forderungspfändung, Rdn 1652.

23. Verpfändung und Pfändung eines BGB-Gesellschaftsanteils

BGB §§ 705 ff, 1273, 1274
ZPO §§ 829 ff, 859 Abs 1

Grundbucheintragung   1668

1	2	3
1	1	Gesellschaftsanteil des Miteigentümers ... (Abt I Nr 2 a) verpfändet an ... [Bezeichnung des Gläubigers nach § 15 GBV] zur Sicherung einer Forderung von 30 000 Euro; gemäß Bewilligung vom ... (Notar ... URNr ...) eingetragen am ...

Bekanntmachung erfolgt an Gläubiger als Antragsteller und alle Grundstückseigentümer.

Literatur: Rupp und Fleischmann, Probleme bei der Pfändung von Gesellschaftsanteilen, Rpfleger 1984, 223.

a) Verpfändung des Gesellschaftsanteils

Ansprüche des Gesellschafters einer BGB-Gesellschaft (§§ 705 ff BGB) aus dem Gesellschaftsverhältnis (seine Stellung als Gesellschafter; als Mitgliedschaftsrecht auch „Gesellschaftsanteil" genannt) sind gesetzlich nicht übertragbar (§ 717 BGB) und daher auch nicht verpfändbar (§ 1274 Abs 2 BGB). Zulässig ist Mitgliederwechsel durch Übertragung der Gesellschafterstellung (des „Gesellschaftsanteils") gleichwohl, wenn sie der Gesellschaftsvertrag erlaubt oder alle (übrigen) Gesellschafter zustimmen[1] (§ 717 BGB ist insoweit nachgiebiges Recht). Wenn Übertragung (Abtretung) des Gesellschaftsanteils eines BGB-Gesellschafters in dieser Weise gestattet ist, kann diese Mitgliedschaft auch verpfändet werden (§ 1274 Abs 2 BGB).[2] Die Verpfändung erfolgt nach den für die Übertragung geltenden Vorschriften, sonach durch Vertrag zwischen Verpfänder und Pfandgläubiger (§§ 398, 1274 Abs 1 BGB) mit Gestattung der Übertragung (allgemein oder konkret 1669

---

[1] Unter dieser Voraussetzung ist Anteilsabtretung als Verfügungsgeschäft über die Mitgliedschaft des Gesellschafters einer Personengesellschaft (den Gesellschaftsanteil) mit der Wirkung, daß der Erwerber ohne weiteres in die Rechtsstellung eintritt, die bisher der Veräußerer innehatte, nach jetzt allgemeiner Ansicht zulässig; vgl für Kommanditanteil (statt vieler) BGH 81, 82.
[2] So auch BGB-RGRK/vGamm Rdn 4 zu §719; MünchKomm/Ulmer Rdn 43 zu § 719 BGB; Erman/Westermann Rdn 10 zu § 717 BGB.

der Verpfändung) durch die übrigen Gesellschafter bereits im Gesellschaftsvertrag oder gesondert zu der einzelnen Anteilsverfügung. Die Verpfändung erfordert (Wirksamkeitsvoraussetzung, § 1280 BGB) Anzeige an die übrigen Gesellschafter,[3] soweit diese nicht unmittelbar bei der Verpfändung mitwirken. In dieser Weise verpfändbar ist der Gesellschaftsanteil eines BGB-Gesellschafters auch, wenn Grundstücke zum Gesellschaftsvermögen gehören.

b) Pfandwirkungen für Grundstücke

1670 Der BGB-Gesellschafter, der seinen Gesellschaftsanteil verpfändet hat, kann nicht mehr in Gemeinschaft mit den übrigen Gesellschaftern über Gesellschaftsgrundstücke (§ 718 BGB) verfügen.[4] Er bedarf dazu der Zustimmung des Pfandgläubigers, damit eine Verfügung diesem Gläubiger gegenüber wirksam wird. Denn als Anteilsverfügung bewirkt Verpfändung – anders als Pfändung (zu dieser Rdn 1674) – (durch den Gesellschaftsvertrag erlaubte oder mit Zustimmung aller Gesellschafter gestattete, Rdn 1669) Aufspaltung des Mitgliedschaftsrechts (der Gesellschafterstellung). Die verfügungsbeschränkende Wirkung hat das Pfandrecht am Anteil eines BGB-Gesellschafters ebenso wie ein Nießbrauch am Gesellschaftsanteil.[5]

c) Grundbucheintragung

1671 Die verfügungsbeschränkende Wirkung des Pfandrechts hat zur Folge, daß die Verpfändung des Gesellschaftsanteils im Grundbuch des Gesellschaftsgrundstücks (eines Grundstücksrechts der Gesellschafter) verlautbart werden kann.[6] Die Eintragung des Pfandrechts am Gesellschaftsanteil ist (wie die Eintragung der Erbteilspfändung, s Rdn 1661) Grundbuchberichtigung. Sie macht das eingetragene Gesamteigentum der Gesellschafter hinsichtlich des Anteils des verpfändenden Gesellschafters in seiner wirklichen Ausgestaltung (Zustimmungserfordernis des Pfandgläubigers zu Verfügungen) aus dem Grundbuch ersichtlich. Sie schließt Rechtsverlust des Pfandgläubigers mit gutgläubigem Erwerb eines Dritten durch Verfügungen des Gesellschafters oder auch nur des nach § 714 BGB vertretenden Gesellschafters aus. Wirkungen der Eintragung s Rdn 1665.

---

[3] Keine Anzeige an die Gesellschaft. § 1280 BGB ist überhaupt nicht anwendbar nach BGB-RGRK/vGamm Rdn 4; MünchKomm/Ulmer Rdn 43; Palandt/Sprau Rdn 8, je zu § 719 BGB.
[4] Sehr streitig; wie hier OLG Hamm DNotZ 1977, 376 = OLGZ 1977, 283 = Rpfleger 1977, 136. **Anders** BGB-RGRK/vGamm Rdn 4 zu § 719 und MünchKomm/Ulmer Rdn 46 zu § 719 BGB: Pfandrecht ergreift nicht etwa die einzelnen zum Gesellschaftsvermögen gehörenden Gegenstände, so daß die Gesellschaft durch die Verpfändung des Gesellschaftsanteils nicht gehindert ist, Verfügungen über das Gesellschaftsvermögen zu treffen.
[5] Dazu OLG Hamm DNotZ 1977, 376 = aaO (Fußn 4); auch hier streitig.
[6] OLG Hamm DNotZ 1977, 374 = aaO (Fußn 4); LG Hamburg Rpfleger 1982, 142; Schüller MittRhNotK 1980, 97 (107) = MittBayNot 1981, 101 (112); s auch Palandt/Bassenge Rdn 7 zu § 1274 BGB. Gleichermaßen ist die mit Nießbrauchsbestellung verbundene Verfügungsbeschränkung eintragbar; vgl Rdn 1367. Anders Rupp und Fleischmann Rpfleger 1984, 223: Verpfändung führt nicht zu einer Verfügungsbeschränkung und ist daher nicht eintragbar; anders auch Eickmann Rpfleger 1985, 85 (92) und Lindemeier DNotZ 1999, 876 (910).

B. Einzelfälle

d) Antrag und Unrichtigkeitsnachweis

Die **Eintragung** erfolgt auf (schriftlichen) Antrag des Pfandgläubigers (§ 13 Abs 1 GBO). Der für die Eintragung erforderliche Unrichtigkeitsnachweis (§ 22 Abs 1 GBO) ist durch den Nachweis zu erbringen, daß Verpfändung zulässig (Zustimmung aller übrigen Gesellschafter[7]) und durch Vertrag zwischen Verpfänder und Pfandgläubiger wirksam erfolgt sowie mit Anzeige an alle übrigen Gesellschafter wirksam geworden ist. Die Nachweise sind für Grundbucheintragung durch öffentliche Urkunde zu führen (§ 29 Abs 1 S 2 GBO). Eintragungsgrundlage kann ebenso Berichtigungsbewilligung aller Gesellschafter sein; sie ist erforderlich, wenn der Unrichtigkeitsnachweis nicht in der bezeichneten Form geführt werden kann. Voreintragung der BGB-Gesellschafter als Grundstückseigentümer (Rechtsinhaber) ist erforderlich (§ 39 Abs 1 GBO). Es gilt das Rdn 1663 Gesagte entsprechend.

1672

e) Eintragungsvermerk

Als Beschränkung der Verfügungsbefugnis der Eigentümer erfolgt die Eintragung in Abteilung II des Grundbuchs für das zum Gesellschaftsvermögen gehörende Grundstück (§ 10 Abs 1 Buchst b GBV). Wenn zum Gesellschaftsvermögen ein Grundpfandrecht gehört, wird die Verpfändung in Spalte 7 der Abteilung III (bei Eintragung zusammen mit dem Grundpfandrecht in Spalte 4) eingetragen (§ 11 Abs 6 GBV). Zur Löschung Rdn 1667.

1673

f) Pfändung

Die **Pfändung** eines Gesellschaftsanteils und ihre Pfandwirkungen sind anders geregelt. Pfändung des Anteils eines Gesellschafters an dem Gesellschaftsvermögen einer BGB-Gesellschaft ist Zwangsvollstreckungsmaßnahme (§ 859 Abs 1 S 1 ZPO); Zustimmung der übrigen Gesellschafter oder Gestattung im Gesellschaftsvertrag (vgl Rdn 1669) sind daher nicht nötig. Als Vollstreckungszugriff gibt die Pfändung dem Gläubiger jedoch weder Stellung noch Rechte eines Gesellschafters;[8] sie sichert ihm Befriedigung aus demjenigen, was dem Gesellschafter bei der Auseinandersetzung zukommt.[9] Die Gesellschafter sind daher durch das Verfügungsverbot im Pfändungsbeschluß nicht gehindert, über die zum Gesellschaftsvermögen gehörenden Gegenstände, mithin insbesondere auch über Gesellschaftsgrundstücke und Grundstücksrechte, zu verfügen (s insbesondere § 725 Abs 2 BGB). Das schließt Eintragung der Pfändung des Anteils eines BGB-Gesellschafters aus.[10]

1674

---

[7] Nachweis durch Gesellschaftsvertrag bei ganz entfernt liegender Möglichkeit der Abänderung s LG Tübingen BWNotZ 1986, 69.
[8] RG 60, 131.
[9] RG 95, 232.
[10] OLG Zweibrücken OLGZ 1982, 406 = Rpfleger 1982, 413; OLG Hamm DNotZ 1987, 357 = OLGZ 1987, 175 = Rpfleger 1987, 196; LG Hamburg Rpfleger 1982, 142 unter Hinweis auf gleiche Ansicht von OLG Hamburg, Beschl 11. 12. 1979, 2 W 57 u 61/79; OLG Dresden SeuffA 64 Nr 119; AG Ahrensburg JurBüro 1964, 844 = SchlHA 1964, 197; LG Stuttgart BWNotZ 1985, 162; Stöber, Forderungspfändung, Rdn 1558; Eickmann Rpfleger 1985, 85 (89); Jauernig/Stürner Rdn 9 zu § 728 BGB. **Gegenansicht:** OLG Hamm DNotZ 1977, 376 = aaO (Fußn 4; aufgegeben s vorstehend); KG DNotV 1928, 575 = HRR 1927 Nr 2181. Außerdem Rupp und Fleischmann Rpfleger 1984, 223: Etwas anderes gilt dann, wenn der Gesellschaftsvertrag die

24. Bestellung eines Erbbaurechts

Verordnung über das Erbbaurecht v 15. 1. 1919 (RGBl 72, 122 = BGBl III 403–6), zuletzt geändert durch Art 25 Abs 9 des OLGVertrÄndG v 23. 7. 2002 (BGBl I 2850 [2859]).
BGB §§ 311 b Abs 1, 873, 874
(wegen vor dem 22. 9. 1919 begründeter Erbbaurechte s die fr §§ 1012–1017 BGB, die weiter gelten einschl des fr § 7 GBO)
GBO §§ 6 a, 20, 22 Abs 2
GBV §§ 54–60 und Anlage 9

1675 Urkunde

(Eingang wie üblich)

I. Vorbemerkungen

§ 1. Grundbuchstand
Im Grundbuch von Oberhof (Band 2) Blatt 30 sind Karl und Julie Hagen, geb Hipp, als Miteigentümer zu gleichen Bruchteilen des Grundstücks der Gemarkung Oberhof
Flurstück 100 Bauplatz im
Forstgarten 10 a 10 m^2
eingetragen.
Das Grundstück ist in Abteilung II und III unbelastet.

II. Bestellung des Erbbaurechts

§ 2. Erbbaurecht
Karl und Julie Hagen (nachst jeweils „Eigentümer" genannt) bestellen hiermit Max Bauer, Kaufmann, geb am ..., wohnhaft in Oberhof (nachf „Berechtigter" genannt), an dem in § 1 näher bezeichneten Grundstück Flurstück 100 der Gemarkung Oberhof (nachf Grundstück genannt) ein Erbbaurecht nach den Bestimmungen dieses Vertrags, im übrigen auf der Grundlage der Erbbaurechtsverordnung vom 15. 1. 1919 in der derzeitigen Fassung.

§ 3. Dauer des Erbbaurechts
Das Erbbaurecht beginnt mit seiner Eintragung in das Grundbuch des mit ihm belasteten Grundstücks und endet am 31. 12. 2100.
Der Erbbauberechtigte erhält bei Erlöschen des Erbbaurechts infolge Zeitablauf eine Entschädigung in Höhe von zwei Dritteln des Verkehrswertes des Bauwerks samt Anlagen unter Berücksichtigung der vom Berechtigten bezahlten Erschließungskosten im Zeitpunkt des Erlöschens. Einigen sich Eigentümer und Berechtigter nicht über die Höhe des Verkehrswertes, so wird er durch den Gutachterausschuß der Stadt Oberhof (§§ 192 ff BauGB) oder dessen Funktionsnachfolger mit verbindlicher Wirkung bestimmt. Die Kosten der Wertermittlung sowie eine etwaige Grunderwerbsteuer bei Beendigung des Erbbaurechts trägt der Eigentümer.

§ 4. Bauwerk
Der Berechtigte ist befugt, auf und unter der Erdoberfläche des Grundstücks ein Sechsfamilienhaus samt Nebengebäuden und -anlagen, insbesondere Tiefgarage, Zuwegungen, Kinderspielplatz (nachfolgend Bauwerk genannt) beliebiger Höhe und Form, jedoch unter Beachtung aller öffentlich-rechtlichen Vorschriften, auf seine Kosten zu errichten und zu haben.
Das Erbbaurecht erstreckt sich auch auf den für das Bauwerk nicht erforderlichen Teil des Grundstücks.
Der Berechtigte hat das vorgenannte Bauwerk nach den anerkannten Regeln der Technik unter Verwendung guten dauerhaften Materials innerhalb von ... Jahren seit heute bezugsfertig herzustellen.

---

freie Übertragbarkeit des Anteils vorsieht; diese BGB-Gesellschaft ist in pfändungsrechtlicher Hinsicht einer Erbengemeinschaft gleichzustellen.

B. Einzelfälle

Vereinbarungen über Vermietung der einzelnen Wohnungen werden nicht getroffen. Eine Nutzung des Gebäudes ist außer für Wohnzwecke auch für nicht störende Gewerbebetriebe oder freiberufliche Tätigkeiten zulässig. Eine Änderung des vorstehend vereinbarten Verwendungszwecks bedarf der vorherigen schriftlichen Zustimmung des Eigentümers.

§ 5. Unterhaltung von Bauwerk und Anlagen
Der Berechtigte ist verpflichtet, das Bauwerk samt Zubehör stets in gutem seinen Zwecken entsprechenden baulichen Zustand zu erhalten und anfallende Reparaturen und Erneuerungen unverzüglich auf seine Kosten vorzunehmen.
Kommt der Berechtigte dieser Verpflichtung mit oder ohne eigenes Verschulden nicht oder nicht in ausreichendem Maße nach, obwohl ihm der Eigentümer dazu schriftlich eine Frist von zwei Monaten für den Einzelfall gesetzt hat, so kann der Eigentümer selbst die erforderlichen Arbeiten für Rechnung des Berechtigten jeweils durchführen lassen. Sein Anspruch auf Erfüllung gegen den Berechtigten wird dadurch nicht berührt.
Der Berechtigte hat auch die nicht überbauten Teile des Grundstücks (vgl § 4) sachgemäß und sorgfältig anzulegen und dauernd in gutem Zustand zu erhalten.

§ 6. Besichtigungsrecht des Eigentümers
Der Eigentümer ist befugt, einmal im Jahr nach entsprechender Absprache mit dem Berechtigten das Grundstück samt Bauwerk zu besichtigen oder durch Beauftragte besichtigen zu lassen. Dabei hat der Berechtigte auch eine im Auftrag des Eigentümers vorzunehmende Untersuchung des baulichen Zustands des Bauwerks zu dulden und ihre vertragsgemäße Verwendung prüfen zu lassen.

§ 7. Vornahme von Änderungen am Bauwerk
Der Berechtigte darf das Bauwerk nicht ohne schriftliche Einwilligung des Eigentümers ganz oder teilweise abbrechen oder wesentlich verändern. Zu Veränderungen, die aus technischen, städtebaulichen oder zwingenden wirtschaftlichen Gründen erforderlich sind und dem Zweck des Erbbaurechts dienen, kann der Eigentümer seine Einwilligung nicht versagen.

§ 8. Versicherungspflicht des Berechtigten
Der Berechtigte ist verpflichtet, das Bauwerk samt Zubehör und Nebenanlagen gegen Brandschaden in Form der Neuwertversicherung sofort mit Baubeginn auf seine Kosten zu versichern. Das gleiche gilt für eine Versicherung gegen Sturm-, Wasser-, Öl- und Elementarschäden jeder Art. Die Versicherungen sind über die gesamte Dauer des Erbbaurechts aufrechtzuerhalten. Nachweise hierüber sind dem Eigentümer auf Verlangen zu erbringen.
Der Berechtigte hat in den Versicherungsvertrag eine Bestimmung nach § 97 VVG aufnehmen zu lassen.
Kommt der Berechtigte trotz schriftlicher Mahnung diesen Pflichten innerhalb angemessener Frist nicht oder unzureichend nach, ist der Eigentümer berechtigt, diese Versicherungen selbst abzuschließen und Kostenersatz vom Berechtigten zu verlangen. Das Heimfallrecht bleibt unberührt.

§ 9. Wiederaufbauverpflichtung des Berechtigten
Sollte das Bauwerk durch Brand oder sonstige Einwirkungen jeglicher Art beschädigt oder ganz oder teilweise zerstört werden, so ist der Berechtigte verpflichtet, es binnen einer vom Eigentümer schriftlich zu setzenden, der Art der Beschädigung oder Zerstörung entsprechenden angemessenen Frist (s dazu auch § 12 Ziffer 2) in einer dem vorherigen Zustand gerecht werdenden Form wieder zu erstellen und die Versicherungen oder sonstige Entschädigungen in vollem Umfang zur Wiederherstellung zu verwenden. Für die Form des Wiederaufbaues sind in erster Linie die im Zeitpunkt seiner Vornahme bestehenden Verhältnisse und Bedürfnisse maßgebend.
Für die etwaige Ausführung der Arbeiten durch den Eigentümer selbst gilt das in § 5 Vereinbarte entsprechend, abgesehen von der dort festgelegten Zweimonatsfrist (vgl vorstehend Abs 1).
Die Pflicht zur Zahlung des Erbbauzinses (Abschnitt IV) wird durch eine Beschädigung oder Zerstörung des Bauwerks nicht berührt.

2. Teil. IV. Zweite Abteilung des Grundbuchs

§ 10. Pflicht zur Lastentragung durch Berechtigten
Der Berechtigte trägt alle öffentlichen Lasten, Abgaben und Beiträge des Grundstücks und des Erbbaurechts. Darunter fallen insbesondere Grund- und Gebäudesteuer (mit Ausnahme der das Grundstück betreffenden Grundsteuer), Kosten für Hausanschluß an die Versorgungsleitungen, Kanal, Straßenreinigungs- und Müllabfuhrkosten, Kaminreinigungskosten, Strom- und Gaskosten. Treten an die Stelle einzelner Lasten andere ähnlicher Art oder kommen neue hinzu, so hat auch sie der Erbbauberechtigte zu tragen.
Erschließungsbeiträge, Beiträge sowie Kostenerstattungsforderungen nach dem Kommunalabgabengesetz trägt der Eigentümer, soweit sie auf Anlagen entfallen, die bis zum heutigen Tage unter Berücksichtigung der entsprechenden gemeindlichen Satzungen und Bauprogramme – und unter Berücksichtigung der Grundsätze einer möglichen Kostenspaltung – im rein technischen Sinne endgültig hergestellt sind. Unerheblich ist stets, wann eine Kostenforderung oder Teilkostenforderung entsteht oder ein Heranziehungsbescheid zugeht.
Die übrigen Erschließungsbeiträge und Anliegerkosten trägt der Berechtigte.
Der Berechtigte trägt ferner alle privatrechtlichen Lasten des Grundstücks und des Erbbaurechts, insbesondere die aus § 8 ersichtlichen Versicherungsbeiträge. Ausgenommen sind alle auf dem Grundstück im Nachrang nach dem Erbbaurecht eingetragenen oder zur Eintragung gelangenden Belastungen.

§ 11. Verfügungsbeschränkungen
Der Berechtigte bedarf der schriftlichen Zustimmung des Eigentümers
a) zur Veräußerung des Erbbaurechts oder – soweit Teilung rechtlich und tatsächlich möglich ist – zur Veräußerung von Teilen von ihm. Dies gilt nicht für die Erteilung des Zuschlags in einer Zwangsversteigerung des Erbbaurechts (oder von Teilen davon), die aus einem Grundpfandrecht betrieben wird, das mit Zustimmung des Eigentümers (Buchst b) eingetragen worden ist, falls die Zuschlagserteilung an denjenigen erfolgt, der in diesem Zeitpunkt der Gläubiger des Grundpfandrechts ist;
b) zur Belastung des Erbbaurechts mit Hypotheken, Grund- und Rentenschulden sowie Reallasten und Dauerwohn- oder Dauernutzungsrechten, ferner zur Änderung des Inhalts derartiger Belastungen, wenn diese Änderung eine weitere Belastung des Erbbaurechts darstellt.
Die nach vorstehenden Vereinbarungen erforderliche Zustimmung zur Veräußerung darf der Grundstückseigentümer nur versagen, wenn dadurch seine wirtschaftlichen Interessen unmittelbar oder mittelbar geschädigt werden und wenn der Erwerber nicht in alle Verpflichtungen aus diesem Vertrag eintritt, insbesondere solche rein schuldrechtlicher Art. Der Grundstückseigentümer ist berechtigt, die Zustimmung von der vorherigen Zahlung der notariellen Beglaubigungsgebühr abhängig zu machen.

§ 12. Heimfallrecht
1. Der Berechtigte ist auf Verlangen des Eigentümers verpflichtet, das Erbbaurecht auf den jeweiligen Eigentümer oder auf einen oder mehrere von diesem zu benennende Dritte zu übertragen, wenn
    a) der Berechtigte mit der Zahlung des Erbbauzinses in Höhe zweier Jahresbeträge im Rückstand ist;
    b) über das Vermögen des Berechtigten das Insolvenzverfahren; eröffnet oder dessen Eröffnung mangels Masse abgelehnt wird;
    c) die Zwangsversteigerung oder die Zwangsverwaltung des Erbbaurechts angeordnet wird;
    d) der Berechtigte gegen seine in §§ 4–10, 21 festgelegten Verpflichtungen trotz schriftlicher Abmahnung verstößt.
2. Tritt für den Berechtigten die in § 9 festgelegte Wiederaufbauverpflichtung ein, so steht dem Eigentümer der Heimfallanspruch zu, wenn der Berechtigte mit dem Wiederaufbau nicht spätestens ein Jahr nach Wegfall der dem Wiederaufbau entgegenstehenden Hindernisse, um deren Beseitigung er sich unverzüglich und andauernd bemühen

B. Einzelfälle

muß, begonnen und den Wiederaufbau nicht innerhalb eines weiteren Jahres vollendet hat. In diesem Fall hat der Berechtigte seinen Anspruch an die Versicherung auf Auszahlung der Versicherungssumme und sonstige ähnliche Ansprüche unverzüglich entschädigungslos an den Eigentümer abzutreten. Er hat auch etwaige Aufräumungskosten zu tragen.

3. Tritt aus einem der vorgenannten Gründe der Heimfall ein, so kann der Berechtigte eine Entschädigung in Höhe von zwei Dritteln des Verkehrswerts des Erbbaurechts im Zeitpunkt des Eintritts des Heimfalls verlangen. Einigen sich die Beteiligten über den Verkehrswert nicht binnen drei Monaten, nachdem der Eigentümer seinen Heimfallanspruch gegenüber dem Berechtigten schriftlich geltend gemacht hat, so wird dieser Wert auf Antrag einer Partei durch einen vom Präsidenten der Industrie- und Handelskammer für ... zu bestimmenden vereidigten Sachverständigen mit für beide Parteien verbindlicher Wirkung als Schiedsgutachter festgestellt. Die dafür entstehenden Kosten tragen Eigentümer und Berechtigter zu gleichen Teilen.

Soweit das Erbbaurecht bei Ausübung des Heimfallrechts mit Grundpfandrechten belastet ist, vermindert sich die zu zahlende Heimfallentschädigung um die zu ihrer Ablösung nötigen Beträge sowie die Beurkundungs- und Grundbuchkosten und eine etwaige Grunderwerbsteuer. Der nach Abzug etwaiger rückständiger Erbbauzinsen oder anderer dem Eigentümer gegen den Berechtigten zustehenden Ansprüche noch verbleibende Restbetrag der Entschädigung ist an den Berechtigten Zug um Zug mit Erklärung der dinglichen Einigung zu zahlen.

Im voraus entrichtete Erbbauzinsen werden bei Geltendmachung des Heimfallanspruchs nicht erstattet.

4. Der Anspruch auf Vertragserfüllung wird durch den vorstehenden Heimfallanspruch nicht berührt.

Die Verjährung des Heimfallanspruchs tritt sechs Monate nach dem Zeitpunkt ein, in dem der Eigentümer von dem Vorhandensein einer Voraussetzung für seine Geltendmachung Kenntnis erlangt hat, spätestens aber mit Ablauf von zwei Jahren vom Eintritt einer Voraussetzung.

§ 13. Keine Einräumung eines Vorrechts

Ein Vorrecht für den Berechtigten auf Erneuerung des Erbbaurechts nach Ablauf der vereinbarten Zeit wird nicht vereinbart.

III. Erbbauzins

§ 14. Dinglicher Erbbauzins

1. Der dingliche Erbbauzins (Erbbauzinsreallast) beträgt vom Tag der Grundbucheintragung an jährlich 48 000 € – achtundvierzigtausend Euro –, fällig jeweils in monatlichen, bis zum 3. eines Monats im voraus zahlbaren Raten von 4000,– €.
2. Als Inhalt des dinglichen Erbbauzinses wird folgende Wertsicherung vereinbart:
Ändert sich der vom Statistischen Bundesamt festgestellte Verbraucherpreisindex für Deutschland (Jahr 2000 = 100 Punkte) jeweils um mehr als fünf Prozent (nicht Punkte) gegenüber dem Stand vom 1. Januar ... so erhöht oder vermindert sich im gleichen prozentualen Verhältnis die Höhe des zu zahlenden Erbbauzinses von dem auf die Änderung folgenden Monatsersten an. Bei jeder erneuten Änderung dieses Indexes um mehr als fünf Prozent gegenüber dem Stand der letzten Anpassung ändert sich der jeweils letzte Erbbauzins entsprechend.
Soweit das Bauwerk für Wohnzwecke benutzt wird, gilt § 9a ErbbauVO, dh die ermittelte Änderung wird der Höhe nach durch § 9a ErbbauVO begrenzt; ebenso gilt in diesem Fall für den Zeitpunkt einer Erhöhung die Frist des § 9a Abs 1 S 5 ErbbauVO.
3. Als Inhalt des dinglichen Erbbauzinses wird weiter vereinbart, daß
   a) die Reallast abweichend von § 52 Abs 1 ZVG mit ihrem Hauptanspruch bestehen bleibt, wenn der Grundstückseigentümer aus der Reallast oder der Inhaber eines im

2. Teil. IV. Zweite Abteilung des Grundbuchs

Range vorgehenden oder gleichstehenden dinglichen Rechts die Zwangsversteigerung betreibt, und

b) der jeweilige Erbbauberechtigte dem jeweiligen Inhaber der Reallast gegenüber berechtigt ist, das Erbbaurecht mit der Reallast im Rang vorgehenden Grundschulden oder Hypotheken für beliebige Gläubiger bis zur Höhe von 300 000 Euro nebst Zinsen bis 20 vH jährlich ab Eintragung des vorbehaltenen Rechts und einer einmaligen Nebenleistung bis zu 10% des Grundpfandrechtsbetrags im Erbbaugrundbuch zu belasten.

§ 15. Genehmigung
Eine Genehmigung des Bundesamtes für Wirtschaft in Eschborn ist nach § 1 Nr 4 PrKV nicht erforderlich, da die Erbbauzinsreallast für länger als 30 Jahre vereinbart ist.

§ 16. Zwischenzeitliche Entschädigung
Bis zur Eintragung des Erbbaurechts im Grundbuch hat der Berechtigte an den Eigentümer eine monatliche Entschädigung von 4000 € – viertausend Euro – zu zahlen, und zwar monatlich im voraus, beginnend mit dem auf den Vertragsabschluß folgenden Monatsersten.

§ 17. Zwangsvollstreckungsunterwerfung
In Ansehung der in § 14 vereinbarten Erbbauzinsreallast und der einzelnen Erbbauzinsraten von jährlich 48 000 Euro und der in § 16 festgelegten Entschädigung von monatlich 4000 Euro unterwirft sich der Berechtigte der sofortigen Zwangsvollstreckung. Der Eigentümer kann sich jederzeit ohne Nachweis der für Entstehung oder Fälligkeit maßgebenden Umstände vollstreckbare Ausfertigung erteilen lassen.
Im Falle einer Erhöhung des Erbbauzinses auf Grund der in § 14 vereinbarten Anpassungsklausel ist der Berechtigte verpflichtet, sich auf Verlangen des jeweiligen Grundstückseigentümers bezüglich des jeweiligen Erhöhungsbetrags in notarieller Urkunde der sofortigen Zwangsvollstreckung zu unterwerfen. Abs. 1 Satz 2 gilt auch in diesem Falle.

IV. Vorkaufsrecht

§ 18. Gegenseitige Vorkaufsrechte
Der Eigentümer räumt dem jeweiligen Berechtigten über die Dauer des Erbbaurechts das Vorkaufsrecht für alle Verkaufsfälle an dem mit dem Erbbaurecht belasteten Grundstück ein. Der Erbbauberechtigte räumt dem jeweiligen Eigentümer das Vorkaufsrecht für alle Verkaufsfälle am Erbbaurecht ein.

V. Zusätzliche schuldrechtliche Vereinbarungen

§ 19. Haftung für Rechts- und Sachmängel
Der Eigentümer schuldet ungehinderten Besitzübergang und Freiheit des Grundbesitzes von Rechten, die der Entstehung oder Ausübung des Erbbaurechts entgegenstehen. Im übrigen sind sämtliche Ansprüche und Rechte des Berechtigten wegen Rechts- oder Sachmängeln ausgeschlossen, insbesondere leistet der Eigentümer keine Gewähr für die Eignung des Grundstücks für die Zwecke des Erbbaurechts, insbesondere nicht für die Bebaubarkeit.
Der Eigentümer erklärt, daß ihm verborgene Mängel, die bei einer Besichtigung nicht erkannt werden können, insbesondere schädliche Bodenveränderungen aus der früheren Lagerung, Verfüllung oder Verarbeitung von gefährlichen Stoffen nicht bekannt sind.
Ab dem Zeitpunkt des Besitzüberganges hat der Berechtigte den Eigentümer auch von jeder Inanspruchnahme für etwaige schädliche Bodenveränderungen freizustellen, soweit nicht der Eigentümer diese verursacht hat. In letzterem Fall trifft den Eigentümer die entsprechende Freistellungspflicht gegenüber dem Berechtigten.
Umgekehrt hat der Erbbauberechtigte dafür einzustehen, daß der Vertragsgrundbesitz bei Beendigung des Erbbaurechts oder bei Heimfall frei von Bodenverunreinigungen oder Bodenbelastungen jeder Art ist; er ist verpflichtet, bei jeder Veräußerung des Erbbaurechts

B. Einzelfälle

dem Erwerber eine entsprechende Verpflichtung mit Weitergabeverpflichtung aufzuerlegen.

§ 20. Übergabe an Erbbauberechtigten
Das Grundstück wird dem Berechtigten heute zur Ausübung des Erbbaurechts übergeben. Die Verkehrssicherungspflicht hinsichtlich des Grundstücks obliegt ab heute dem Berechtigten. Von dem auf den Vertragsabschluß folgenden Monatsersten an trägt der Erbbauberechtigte alle in § 10 genannten öffentlichen Lasten und Abgaben aller Art des Grundstücks und des Erbbaurechts.

§ 21 Haftpflichtversicherung
Der Berechtigte ist verpflichtet, eine ausreichende Haftpflichtversicherung abzuschließen, die sich zugunsten des Grundstückseigentümers auf dessen allgemeine Haftpflicht mit dem Grundstück, insbesondere dessen Verkehrssicherheit, zu erstrecken hat. § 8 Abs 1 Sätze 2 und 3 und Abs 2 gelten entsprechend.

§ 22. Kostentragung
Die Kosten dieses Vertrags und seines Vollzugs hat der Berechtigte allein zu tragen, ebenso die Grunderwerbsteuer. Der Eigentümer wurde auf seine gesetzliche Mithaft hingewiesen. Die Kosten der Lastenfreistellung trägt der Veräußerer.

§ 23. Nachfolgerklausel
Soweit die Verpflichtungen aus diesem Vertrag nicht kraft Gesetzes auf den Rechtsnachfolger des Berechtigten oder des Eigentümers übergehen, verpflichten sich beide Vertragsteile, ihrem jeweiligen Sonderrechtsnachfolger alle Pflichten aus diesem Vertrag mit jeweiliger Weiterübertragungsverpflichtung aufzuerlegen.

§ 24. Gesamthaftung
Soweit auf einer Seite mehrere Personen stehen, haften sie für die von ihnen übernommenen Verpflichtungen als Gesamtschuldner. Tatsachen, die nur bezüglich eines der Gesamtschuldner vorliegen oder eintreten, wirken für und gegen jeden von ihnen.

VI. Dingliche Einigung und Grundbuchanträge

§ 25. Einigung
Die Beteiligten sind über die Entstehung des Erbbaurechts gemäß Abschnitt II mit dem dort vereinbarten dinglichen Inhalt an dem in § 1 genannten Grundstück einig.

§ 26. Bewilligung und Anträge
Die Beteiligten bewilligen und beantragen einzutragen:
1. in das Grundbuch des in § 1 genannten Grundstücks
   a) das Erbbaurecht (§ 25) an erster Rangstelle,
   b) das Vorkaufsrecht für den jeweiligen Berechtigten (§ 18) im Nachrang;
2. in das anzulegende Erbbaugrundbuch
   c) den Erbbauzins gemäß § 14 für den jeweiligen Eigentümer,
   d) das Vorkaufsrecht für den jeweiligen Grundstückseigentümer (§ 18), im Nachrang zum Erbbauzins gemäß c).

VII. Sonstiges

§ 27. Belehrungen
Die Beteiligten wurden vom Notar darauf hingewiesen, daß
a) das Erbbaurecht erst mit seiner Eintragung im Grundbuch – an erster Rangstelle – entsteht;
b) die Eintragung des Erbbaurechts erst erfolgen kann, wenn die grunderwerbsteuerliche Unbedenklichkeitsbescheinigung vorliegt.
c) im Falle des Heimfalls die am Erbbaurecht bestehenden Grundpfandrechte bestehen bleiben und der Grundstückseigentümer auch persönlich Schuldner der durch sie gesicherten Verbindlichkeiten wird.

2. Teil. IV. Zweite Abteilung des Grundbuchs

§ 28. Vollmacht
Der amtierende Notar wird beauftragt, die zu diesem Vertrag erforderlichen Genehmigungen einzuholen und für die Beteiligten entgegenzunehmen. Der amtierende Notar wird von den Parteien auch beauftragt und bevollmächtigt, Erklärungen zur Durchführung des Rechtsgeschäfts abzugeben und entgegenzunehmen sowie Anträge und Bewilligungen – auch geteilt oder beschränkt – zu stellen, zurückzunehmen, abzuändern und zu ergänzen.

§ 29. Abschriften
Von dieser Urkunde erhalten
a) jeder Beteiligte eine Ausfertigung,
b) das Finanzamt – Grunderwerbsteuerstelle – zwei Abschriften,
c) das Grundbuchamt eine Ausfertigung (und eine beglaubigte Abschrift).

§ 30. Wirksamkeitsklausel
Die etwaige Unwirksamkeit der einen oder anderen Vereinbarung hat auf die Wirksamkeit dieses Vertrags in seinen übrigen Teilen keinen Einfluß. Die Vertragsteile sind in diesem Fall verpflichtet, eine ergänzende Regelung zu vereinbaren, die dem wirtschaftlich Gewollten am nächsten kommt. Sollte eine Vereinbarung als dingliche nicht wirksam sein, so gilt sie als schuldrechtlich getroffen.

1676 Grundbucheintragung

I. Grundstücksgrundbuch Oberhof (Band 2) Blatt 30, Abteilung II

1	2	3
1	1	Erbbaurecht bis zum 31. Dezember 2100 für Bauer Max, geb am ..., wohnh in Oberhof, unter Bezugnahme auf Nr 1 des Bestandsverzeichnisses des Erbbaugrundbuchs Oberhof (Band ...) Blatt ... eingetragen am ...
2	1	Vorkaufsrecht für alle Verkaufsfälle während der Dauer Erbbaurechts für den jeweiligen Erbbauberechtigten von BV Nr 1 in (Band ...) Blatt ... Eingetragen unter Bezugnahme auf die Bewilligung vom ... (Notar ... URNr ...) am ...

II. Neu anzulegendes Erbbaugrundbuch von Oberhof (Band ...) Blatt ...

A. Aufschrift
Unter die Blattnummer ist in Klammern das Wort „Erbbaugrundbuch" zu setzen.

B. Bestandsverzeichnis

Lfd. Nr.	Bisherige lfd. Nr. der Grundstücke	Bezeichnung der Grundstücke und der mit dem Eigentum verbundenen Rechte		Größe		
		Gemarkung (nur bei Abweichung vom Grundbuchbezirk angeben) Flurstück	Wirtschaftsart und Lage	ha	a	m²
		a/b	c			
1	2	3		4		
1		Erbbaurecht an Grundstück Oberhof (Band 2) Blatt 30 BV Nr. 1				
		100	Bauplatz im Forstgarten	–	10	10
		eingetragen Abteilung II Nr. 1, bis zum 31. 12. 2100. Zustimmung des Grundstückseigentümers ist erforderlich zur: Veräußerung,				

B. Einzelfälle

Lfd. Nr.	Bisherige lfd. Nr. der Grundstücke	Bezeichnung der Grundstücke und der mit dem Eigentum verbundenen Rechte		Größe		
		Gemarkung (nur bei Abweichung vom Grundbuchbezirk angeben) Flurstück	Wirtschaftsart und Lage	ha	a	m²
		a/b	c			
1	2	3		4		
		Belastung mit Hypotheken, Grund- und Rentenschulden, Reallasten, Dauerwohn-/Dauernutzungsrechten; nebst deren Inhaltsänderung als weitere Belastung. Grundstückseigentümer: Hagen Karl, Malermeister in Oberhof, und seine Ehefrau Hagen Julie, geb Hipp dort, je zur Hälfte. Unter Bezugnahme auf die Eintragungsbewilligung vom … (Notar … URNr …) bei der Anlegung dieses Blattes hier vermerkt am …				

C. Abteilung I

1	2	3	4
1	Bauer Max geb am … wohnh in Oberhof	1	Bei Bestellung des Erbbaurechts auf (Band 2) Blatt 30 in Abt II Nr 1 eingetragen und hier vermerkt am …

D. Abteilung II

1	2	3
1	1	Erbbauzins von achtundvierzigtausend Euro jährlich mit Wertsicherungsklausel, laufend vom Tage der Eintragung an, für den jeweiligen Eigentümer des im Grundbuch von Oberhof (Band 2) Blatt 30 unter Nr. 1 des Bestandsverzeichnisses verzeichneten Grundstücks. Vereinbarter Inhalt ist das Bestehenbleiben mit dem Hauptanspruch bei Zwangsversteigerung sowie ein Rangvorbehalt für Grundschulden oder Hypotheken bis zur Höhe von 300 000 € mit Zinsen bis zu 20 vH jährlich und einer einmaligen Nebenleistung bis zu 10 vH. Unter Bezugnahme auf die Eintragungsbewilligung vom … (Notar … URNr …) eingetragen am …
2	1	Vorkaufsrecht für alle Verkaufsfälle für den jeweiligen Eigentümer von BV Nr 1 in (Band 2) Blatt 30. Unter Bezugnahme auf die Bewilligung vom … (Notar … URNr …) eingetragen am …

Bekanntmachung erfolgt an Grundstückseigentümer und Erbbauberechtigten sowie Notar; Nachricht wird zu den Grundakten des Erbbaugrundbuchs gegeben.

Literatur: Behmer, Der Rang des Heimfallanspruchs beim Erbbaurecht, Rpfleger 1983, 477; Busse, Folgen der Unwirksamkeit eines Erbbaurechts, Rpfleger 1957, 106; Demmer, Kaufzwangklauseln in Erbbaurechtsverträgen, NJW 1983, 1636; Götz, Die Beleihbarkeit von Erbbaurechten, DNotZ 1980, 3; Grauel, Teilung eines Erbbaurechts, ZNotP 1997, 21; Grauel, Einbeziehung eines selbständigen Grundstücks in ein bestehendes Erbbaurecht, ZNotP 1998, 71; Habel, Rechtliche und wirtschaftliche Fragen zum Untererbbaurecht, MittBayNot 1998, 315; Haegele, Folgen der Unwirksamkeit eines Erbbaurechts, Rpfleger 1957, 108; Haegele, Streitfragen und Probleme des Erbbaurechts, Rpfleger 1967, 279; Kehrer, Nachträgliche Veränderungen des mit dem Erbbaurecht belasteten Grundstücks und des Erbbaurechts, BWNotZ 1959, 87; König,

Verlängerungsmöglichkeiten beim Erbbaurecht – eine Übersicht, MittRhNotK 1989, 261; Kohler, Erbbaurecht und verwaltungsrechtliche Baubeschränkung, JR 1989, 317; Kollhosser, Kaufzwangklauseln in Erbbaurechtsverträgen, NJW 1974, 1302; Krämer, Grenzüberschreitende Bebauung benachbarter Grundstücke in Ausübung von Erbbaurechten, DNotZ 1974, 647; Lutter, Gesamterbbaurecht und Erbbaurechtsteilung, DNotZ 1960, 80; Macke, Die rechtliche Behandlung von Kaufzwangklauseln in Erbbaurechtsverträgen, NJW 1977, 2233; Mohrbutter Chr, Die Eigentümerrechte und der Inhalt des Erbbaurechts bei dessen Zwangsversteigerung, 1995; Mohrbutter J und Riedel, Zweifelsfragen zum Erbbaurecht, NJW 1957, 1500; Promberger, Vertragsklauseln über die Dauer des Erbbaurechts und ihre Auslegung, Rpfleger 1975, 233; Rahn, Die Dinglichkeit des Heimfallanspruches und der sonstigen zum Inhalt eines Erbbaurechts bestimmbaren Verpflichtungen des Erbbauberechtigten, BWNotZ 1961, 53; Richter, Die rechtliche Behandlung von Kaufzwangklauseln in Erbbaurechtsverträgen, BWNotZ 1978, 61; Riedel, Gesamterbbaurecht und Erbbaurechtsteilung, DNotZ 1960, 375; Rothoeft, Grenzüberschreitende Bebauung bei Erbbaurechten, NJW 1974, 665; Scharen, Der Heimfallanspruch in der Zwangsversteigerung des Erbbaurechts, Rpfleger 1983, 342; Schneider, Das Untererbbaurecht, DNotZ 1976, 411; Schraepler, Gemeinsames Bebauen benachbarter Grundstücke im Erbbaurecht, NJW 1972, 1981; Schraepler, Gebäudeschicksal nach Heimfall oder Erlöschen von Nachbarerbbaurechten, NJW 1973, 738; Schulte, Verbindungen von Erbbaurechten und Grundstücken gemäß § 890 BGB, BWNotZ 1960, 137; Stahl-Sura, Formen der Bestellung eines Erbbaurechts, DNotZ 1981, 604; Uibel, Kaufzwangklauseln in Erbbaurechtsverträgen, NJW 1979, 24; Weichhaus, Der Heimfallanspruch bei der Zwangsversteigerung des Erbbaurechts, Rpfleger 1979, 329; Weitnauer, Zum Erbbaurecht an vertikal abgeteilten Gebäudeteilen, DNotZ 1958, 413; Winkler, Erbbaurechtsbestellung durch den nichtbefreiten Vorerben ohne Zustimmung des Nacherben, DNotZ 1970, 651; Winkler, Das Erbbaurecht, NJW 1995, 2514; Wufka, Kausalgeschäft und Einigung bei Erbbaurechtsbestellungen, DNotZ 1985, 651.

a) Recht, Entstehung

1677 Ein Grundstück kann in der Weise belastet werden, daß demjenigen, zu dessen Gunsten die Belastung erfolgt, das **veräußerliche und vererbliche Recht** zusteht, **auf oder unter der Oberfläche des Grundstücks ein Bauwerk** (s darüber Rdn 1704) zu haben (§ 1 Abs 1 ErbbauVO). Mit anderen Worten ausgedrückt: Der Grundstückseigentümer gewährt beim Erbbaurecht einem Interessenten die Möglichkeit, ein in seinem Eigentum stehendes und bleibendes Grundstück in der Weise zu überbauen, daß der **Bauherr Eigentümer des Bauwerks** (§ 12 ErbbauVO) wird. Es wird dabei zwischen Grundstückseigentümer und Bauherrn nicht etwa Miteigentum geschaffen oder geteiltes Eigentum, vielmehr wird für den Bauherrn – Erbbauberechtigten – ein **dingliches Recht an einem fremden Grundstück** begründet; dieses Recht wird dem Grundsatze nach wie ein **Grundstück behandelt** (§ 11 Abs 1 ErbbauVO). Durch die Veräußerlichkeit und Vererblichkeit unterscheidet sich das Erbbaurecht vom Nießbrauch und von den Dienstbarkeiten, die außerdem sich auf verschiedene Nutzungen und Unterlassungen, nicht nur auf das Haben eines Bauwerks beziehen können.

1678 Das im Rahmen des Erbbaurechts erstellte oder bei Bestellung des Erbbaurechts bereits vorhandene **Bauwerk** ist **wesentlicher Bestandteil des Erbbaurechts** (§ 12 Abs 1 ErbbauVO), nicht also – wie sonst im Sachenrecht – wesentlicher Bestandteil des Grundstücks, auf dem es erstellt ist. Eigentum an Grund und Boden und Eigentum an dem darauf erstellten Gebäude sind **rechtlich** voneinander **getrennt**. Das Bauwerk bleibt daher auch von den auf

B. Einzelfälle

dem Grundstück selbst ruhenden Lasten frei. Umgekehrt ruhen Belastungen des Erbbaurechts gesetzlich nicht auf dem mit dem Erbbaurecht belasteten Grundstück.[1]

Das Erbbaurecht entsteht durch **Einigung** des Berechtigten mit dem Eigentümer des Grundstücks und **Eintragung** (§ 873 BGB) in Abteilung II des Grundbuchs des belasteten Grundstückes. Die Eintragung erfolgt aufgrund nachgewiesener (§ 20 GBO) Einigung zwischen Grundstückseigentümer und Erbbauberechtigtem (Einzelheiten Rdn 1715), Bewilligung und Antrag (§ 13 Abs 1 GBO). Rechtsgrund der Einigung ist der schuldrechtliche Verpflichtungsvertrag (s Rdn 1712 ff). Gleichzeitig mit der Eintragung im Grundstücksgrundbuch wird das Erbbaugrundbuch angelegt (§ 14 ErbbauVO); s auch Rdn 1726. 1679

b) Bedingungen, Zeitbestimmungen

Die Ausgabe eines Erbbaurechts erfolgt zumeist **auf bestimmte, und zwar längere Zeit,** die sich in der Regel nach der voraussichtlichen Lebensdauer des Gebäudes richten kann (nicht muß). Eine Höchst- oder Mindestdauer ist nicht vorgeschrieben; auch ein unbefristetes Erbbaurecht ist zulässig, wenn auch in der Praxis nahezu nicht vorkommend.[2] Die nach § 5 Abs 2 EGZGB-DDR umgewandelten unbefristeten („ewigen") Erbbaurechte in den neuen Bundesländern sind durch § 112 SachenRBerG wieder in befristete Erbbaurechte zurückumgewandelt. Zu beachten ist, daß die Beleihungsfähigkeit des Erbbaurechts umso geringer ist, je kürzer es noch besteht, da die Grundpfandrechte bei Beendigung des Erbbaurechts erlöschen. Das Erbbaurecht beginnt mit der Eintragung im Grundbuch; ein früherer Beginn (zB der Tag der Beurkundung) kann mit dinglicher Wirkung nicht vereinbart werden.[3] Der Endzeitpunkt, der in der Grundbucheintragung selbst enthalten sein muß – Bezugnahme ist unzulässig, § 56 Abs 2 GBV;[4] – kann beliebig festgelegt werden, also auch zB „auf die Dauer von 99 Jahren vom Tag der Beurkundung an" (oder von einem vor der Beurkundung liegenden Tag an), da es hier nicht um Beginn, sondern um das Ende des Erbbaurechts geht.[5] Die vereinbarte Frist muß aber in jedem Fall bestimmt im Sinne eines Endtermins sein. Ein Ereignis, bei dem unbestimmt ist, ob oder wann es eintritt, ist nicht zulässiger Endtermin, sondern unzulässige auflösende Bedingung (zB Erbbau- 1680

---

[1] OLG Hamm DNotZ, 1970, 36 = OLGZ 1970, 475 = NJW 1969, 2052.
[2] Staudinger/Rapp Rdn 30, MünchKomm/vOefele Rdn 70, je zu § 1 ErbbauVO (letzterer auch mit dem berechtigten Hinweis auf mögliche Sittenwidrigkeit eines „ewigen" Erbbaurechts); vOefele/Winkler Rdn 2.146 mit Beispielen für „ewige" Erbbaurechte. Vgl auch LG Deggendorf MittBayNot 1987, 254. Für soziale Wohnungsbauförderung werden Förderungsmittel einem Bauherrn (sonstigen Empfänger) gewährt, wenn an einem geeigneten Grundstück ein Erbbaurecht „von angemessener Dauer" bestellt ist (§ 11 Abs 3 Wohnraumförderungsgesetz vom 13. 9. 2001, BGBl I 2376). Im Anschluß an § 33 Abs 2 des (aufgehobenen) II. Wohnungsbaugesetzes vom 14. 8. 1990 (BGBl I 1730) wird das Bestellung des Erbbaurechts auf mindestens 75 Jahre bedingen.
[3] BGH 61, 209 = NJW 1973, 1838 = Rpfleger 1973, 355; OLG Zweibrücken NJW-RR 1994, 1294 = MittBayNot 1994, 542 = Rpfleger 1995, 155.
[4] OLG Frankfurt Rpfleger 1975, 59; LG Düsseldorf MittRhNotK 1978, 187.
[5] BayObLG 1991, 97 = MittBayNot 1992, 45 = NJW-RR 1991, 718 = Rpfleger 1991, 303; OLG Zweibrücken aaO (Fußn 3); LG Würzburg Rpfleger 1975, 249; Promberger Rpfleger 1975, 233; Riggers JurBüro 1975, 1429.

recht bis zur Zerstörung des Bauwerks).⁶ Vereinbart werden kann, daß sich ein Erbbaurecht automatisch um eine bestimmte Zahl von Jahren verlängert, falls nicht zB ein halbes Jahr vor seiner normalen Beendigung ein Teil gegenüber dem anderen der Verlängerung widerspricht.⁷ Zur Beendigung des Erbbaurechts durch Zeitablauf s Rdn 1872.

1681 Durch eine spätere **Verkürzung** des Erbbaurechts wird der Erbbauberechtigte betroffen. Zustimmung der dinglich Berechtigten am Erbbaurecht ist zur Verkürzung erforderlich (vgl Rdn 1858).

1682 Ein Erbbaurecht kann unter einer aufschiebenden Bedingung bestellt werden. Dagegen kann nach § 1 Abs 4 ErbbauVO das Erbbaurecht im Interesse seiner Beleihungsfähigkeit **nicht auflösend bedingt** vereinbart werden. Ein Verstoß macht die auflösende Bedingung und das ganze Erbbaurecht nach hM nichtig⁸ (Folge: Löschung als unzulässig nach § 53 Abs 1 S 2 GBO), während eine nach § 1 Abs 4 S 2 ErbbauVO unzulässige Löschungsverpflichtung des Erbbauberechtigten unwirksam ist, den Erbbaurechtsvertrag im übrigen aber wirksam bestehen bleiben läßt.⁹ Bezüglich ihres Zeitpunkts (also nicht ihres Eintritts) ungewisse **Endtermine**, wie etwa der Tod des Erbbauberechtigten, können ebenfalls nicht vereinbart werden.¹⁰ Zulässig ist es, für den Fall des Todes des Erbbauberechtigten einen Heimfallanspruch (Rdn 1754) für den Grundstückseigentümer festzulegen. **Befristung** eines Erbbaurechts bis zum Tode seines Bestellers (Grundstückseigentümers) ist ebenso wegen Verstoß gegen § 1 Abs 4 ErbbauVO unwirksam, da auch hier wie bei der auflösenden Bedingung die Beleihbarkeit und damit die Verkehrsfähigkeit des Erbbaurechts aufs äußerste gefährdet werden.¹¹

1683 Die Bestellung eines Erbbaurechts (= dinglicher Teil des Erbbaurechtsvertrags) durch einen **nicht befreiten Vorerben ohne Zustimmung des Nacherben ist unwirksam.**¹² Es entspräche – wenn Nacherbfall der Tod des Vorerben ist – einem auf Lebenszeit des Bestellers befristeten Erbbaurecht (s Rdn 1682); für solche Befristung mit ungewissem Endtermin gilt das Verbot des § 1 Abs 4 ErbbauVO entsprechend, da sie die gleichen Unsicherheiten für Verkehrsfähigkeit und Beleihbarkeit des Erbbaurechts verursachen würde wie eine auflösende Bedingung, die § 1 Abs 4 ErbbauVO ausschalten soll. Ist Nacherbfall ein künftiges ungewisses Ereignis (zB Geburt eines Kindes, Wiederverheiratung) verhindert § 1 Abs 4 die Erbbaurechtsbestellung durch den nicht befreiten Vorerben. Zur Zustimmungserklärung des Nacherben und damit verbun-

---

⁶ Staudinger/Rapp Rdn 31 zu § 1 ErbbauVO.
⁷ BGH DNotZ 1970, 32 (35) = NJW 1969, 2043 (2046), insoweit BGH 52, 269 nicht abgedruckt.
⁸ BGH 52, 269 = aaO (Fußn 7); Staudinger/Rapp Rdn 38 ff zu § 1 ErbbauVO. § 139 BGB ist nur anwendbar, wenn neben der unzulässigen Bedingung eine zulässige Mindestzeit vereinbart ist, vOefele/Winkler Rdn 2.154.
⁹ BGH MittRhNotK 1973, 23; Staudinger/Rapp Rdn 39 zu § 1 ErbbauVO.
¹⁰ BGH 52, 269 (271) = aaO (Fußn 7); OLG Celle MittBayNot 1964, 299 = Rpfleger 1964, 213 mit Anm Diester; OLG Hamm MDR 1965, 574; Klingenstein BWNotZ 1965, 222.
¹¹ So ausdrücklich BGH 52, 269 (271, 272) = aaO (Fußn 7); BGB-RGRK/Räfle Rdn 63 zu § 1 ErbbauVO.
¹² BGH 52, 269 = aaO (Fußn 7); OLG Hamm DNotZ 1966, 102 = NJW 1965, 1489 = Rpfleger 1966, 48; Ingenstau/Hustedt Rdn 110, MünchKomm/vOefele Rdn 80, je zu § 1 ErbbauVO; aA Winkler DNotZ 1970, 651; Haegele Rpfleger 1971, 126.

dener Probleme s Rdn 1737. Bestellung des Erbbaurechts durch den befreiten Vorerben erfordert Nachweis der Entgeltlichkeit (s dazu Rdn 3486).
Zum Rang des Nacherbfolgevermerks im Verhältnis zum Erbbaurecht s § 10 ErbbauVO; s auch Rdn 1737.

c) Berechtigter

Berechtigt aus einem Erbbaurecht kann nur eine bestimmte (natürliche oder juristische) Person sein (auch eine Personenhandelsgesellschaft, § 124 Abs 1 und § 161 Abs 2 HGB), Partnerschaft (§ 7 Abs 2 PartGG mit § 124 Abs 1 HGB) sowie EWIV. Bestellung eines Erbbaurechts als subjektiv dingliches Recht zugunsten des jeweiligen Eigentümers eines anderen Grundstücks ist nicht möglich. 1684

Für **mehrere Berechtigte** nach Bruchteilen oder zur gesamten Hand (Gütergemeinschaft, BGB-Gesellschaft, s dazu Rdn 241, 241a) kann das Erbbaurecht bestellt werden. Die Eintragung im Grundbuch muß nach § 47 GBO das Berechtigungsverhältnis angeben. Ob beim Erbbaurecht auch die Gesamtberechtigung nach § 428 BGB zulässig ist, ist zweifelhaft;[13] soweit das Erbbaurecht als Forderungsrecht gegen den Grundstückseigentümer betrachtet wird, macht eine Gesamtgläubigerschaft keine Schwierigkeit; ist das Bauwerk errichtet, ergeben sich aber angesichts der sachen- und eigentumsrechtlichen Struktur des Erbbaurechts erhebliche Probleme (wer ist zB nunmehr Eigentümer des errichteten Bauwerks?), die zumindest gegen die Praktikabilität eines Erbbaurechts für Gesamtgläubiger sprechen.[14] 1685

Der Grundstückseigentümer kann ein **Erbbaurecht am eigenen Grundstück** für sich selbst bestellen.[15] Die Zulässigkeit eines Eigentümer-Erbbaurechts ist auch daraus zu entnehmen, daß ein bestehendes Erbbaurecht beim Heimfall auf den Grundstückseigentümer übergeht (§ 2 Nr 4 ErbbauVO, § 889 BGB). Auch durch Ausübung eines dem Grundstückseigentümer am Erbbaurecht zustehenden vertraglichen Vorkaufsrechts kann ein Eigentümer-Erbbaurecht entstehen. 1686

Die Bestellung eines Eigentümer-Erbbaurechts erfolgt durch (einseitige) Erklärung des Eigentümers (gegenüber dem Grundbuchamt), daß das Recht für ihn eingetragen werden soll, und durch die Eintragung im Grundbuch. 1687

Der Eigentümer kann ein Eigentümer-Erbbaurecht bei dessen Begründung auch mit einem Erbbauzins und mit einem Vorkaufsrecht zugunsten des jeweiligen Grundstückseigentümers und das Grundstück mit einem Vorkaufsrecht zu- 1688

---

[13] Zulässig: LG Hagen DNotZ 1950, 381 = Rpfleger 1950, 181 mit abl Anm Bruhn; LG Bielefeld Rpfleger 1985, 248; Ingenstau/Hustedt Rdn 40; Staudinger/Rapp Rdn 4; BGB-RGRK/Räfle Rdn 34; Palandt/Bassenge Rdn 12, Erman/Hagen Rdn 16, je zu § 1 ErbbauVO; unzulässig: Kehrer BWNotZ 1957, 54; Woelki Rpfleger 1968, 208; Schiffhauer Rpfleger 1985, 248; MünchKomm/vOefele Rdn 64 zu § 1 ErbbauVO; vOefele/Winkler Rdn 2.126.
[14] MünchKomm/vOefele und vOefele/Winkler ja aaO (Fußn 13); zu den Auswirkungen der Gesamtgläubigerschaft bei Teilungsversteigerung s LG Bielefeld und Schiffhauer aaO (Fußn 13).
[15] BGH DNotZ 1982, 616 = NJW 1982, 2381 = Rpfleger 1982, 143; BayObLG 1996, 107 = DNotZ 1997, 142 = NJW-RR 1996, 975 = Rpfleger 1996, 447; OLG Düsseldorf DNotZ 1958, 423 = NJW 1957, 1194; OLG Hamm OLGZ 1985, 159 = Rpfleger 1985, 233; LG Bamberg DNotZ 1955, 324.

gunsten des jeweiligen Erbbau-Berechtigten belasten. Ein lediglich schuldrechtlicher Anspruch auf Erhöhung des Erbbauzinses (Wertsicherungsklausel) kann beim Eigentümer-Erbbaurecht nicht wirksam begründet werden, da für diesen Gläubiger und Schuldner personenverschieden sein müssen;[16] zu den Auswirkungen für die Vormerkung auf Erhöhung der Erbbauzinsreallast s Rdn 1829. Dagegen kann auch beim Eigentümer-Erbbaurecht die Erbbauzinsreallast (zunächst Eigentümerreallast) mit dem dinglichen Inhalt der Anpassung gemäß § 9 Abs 1 ErbbauVO, § 1105 Abs 1 S 2 BGB ausgestaltet werden.

1689 Der Grundstückseigentümer kann sein Eigentümer-Erbbaurecht auf einen Dritten übertragen. Hierfür gelten die allgemeinen Regeln, s Rdn 1860 ff. Wichtig ist jedoch, daß die nur schuldrechtlichen Vereinbarungen hier erstmals rechtswirksam begründet werden müssen. Auch durch Veräußerung des Erbbaugrundstücks entsteht ein „normales" Fremderbbaurecht.

1690 Der Grundstückseigentümer kann sein Eigentümer-Erbbaurecht durch **Aufgabeerklärung** gegenüber dem Grundbuchamt und durch Schließen des Erbbaugrundbuchs zum Erlöschen bringen (§ 875 BGB). Dazu ist die Zustimmung etwaiger Berechtigter in Abteilung II und III des Erbbaugrundbuchs erforderlich (s Rdn 1870).

1691 Eine **Erbengemeinschaft** kann einem Miterben an einem zum ungeteilten Nachlaß gehörenden Grundstück ein Erbbaurecht bestellen.[17]

d) Belastungsgegenstand

1692 aa) **Grundstück.** Ein Erbbaurecht kann nur an einem **Grundstück im ganzen** bestellt werden. Es kann nicht an dem ideellen Teil eines Grundstücks durch dessen Miteigentümer bestellt werden.[18] Auch an einem in Wohnungseigentum aufgeteilten Grundstück ist grundsätzlich die Bestellung eines Erbbaurechts möglich, sofern das gesamte Grundstück Belastungsgegenstand ist und nicht die einzelnen Wohnungseigentumsrechte.[19] Weitere Voraussetzung ist, daß das als Erbbaurecht errichtete Bauwerk und das in Wohnungseigentum aufgeteilte Bauwerk unterschiedliche Gebäude sind. Auch dürfen an der Fläche, auf die sich der Ausübungsbereich des Erbbaurechts erstreckt, weder ein Sondernutzungsrecht bestehen noch sonstige Regelungen der Gemeinschaftsordnung eingreifen. Unter diesen Voraussetzungen kann auch Wohnungseigentum an einem bereits mit einem Erbbaurecht belasteten Grundstück begründet werden.[19] Soll nur ein **realer Teil** des Grundstücks belastet werden, so ist dieser reale Teil vom Grundstück nach § 7 GBO abzuschreiben und als selbständiges Grundstück einzutragen. Soll ein Erbbaurecht an einer erst zu vermessenden Teilfläche bestellt werden, gelten die gleichen Grundsätze wie

---

[16] BGH DNotZ 1982, 616 = aaO (Fußn 15); dazu kritisch Kohler JZ 1983, 13. Die bei vOefele/Winkler Rdn 3.11 ff vorgeschlagene Konstruktion der Bestellung eines Eigentümererbbaurechts im eigenen Namen und vorbehaltlich Genehmigung (§§ 177, 184 BGB) der künftigen, noch nicht feststehenden Erbbaurechtserwerber schafft mangels jeglicher Bindung des Eigentümers (vgl die Rechtslage beim Angebot eines Kaufs an einen noch zu benennenden Dritten, Rdn 906) keine Grundlage für die Eintragung einer Vormerkung; ablehnend dazu auch Wufka MittBayNot 1989, 13.
[17] OLG Düsseldorf DNotZ 1955, 155.
[18] BayObLG OLG 20, 405; Staudinger/Rapp Rdn 15 zu § 1 ErbbauVO.
[19] OLG Hamm MittBayNot 1998, 347 = NJW-RR 1999, 234 = Rpfleger 1998, 335; Gutachten DNotI-Report 1998, 13.

B. Einzelfälle

für Kauf einer nicht vermessenen Teilfläche und Auflassung in einem solchen Fall; s Rdn 863 ff.

bb) Beschränkung der Ausübung. Die **tatsächliche Ausübung** eines am ganzen Grundstück bestellten Erbbaurechts kann jedoch auf einen **realen Grundstücksteil beschränkt** werden. Dabei muß das Bauwerk aber wirtschaftlich noch die Hauptsache bleiben.[20] Der Begriff „wirtschaftliche Hauptsache" ist großzügig auszulegen.[21] Bei einem Verstoß gegen § 1 Abs 2 ErbbauVO ist nur die Erstreckung unwirksam, nicht die gesamte Erbbaurechtsbestellung.[22] Die Vereinbarung wirkt dinglich für und gegen jeden Rechtsnachfolger.[23] Denn die materiellrechtliche Belastung des gesamten Grundstücks und die reale Ausübung des Erbbaurechts brauchen nicht identisch zu sein, dh das Bauwerk kann auch nur einen Teil des belasteten Grundstücks in Anspruch nehmen.[24] Einer Abschreibung nach § 7 GBO bedarf es hier nicht, da das Erbbaurecht das ganze Grundstück ergreift (was sich in der Zwangsversteigerung auswirkt und die Beleihungsgrenze, § 19 ErbbauVO, beeinflußt). Dies ergibt sich aus § 1 Abs 2 ErbbauVO, wonach das Erbbaurecht auf einen für das Bauwerk nicht erforderlichen Teil des Grundstücks erstreckt werden kann, sofern das Bauwerk wirtschaftlich die Hauptsache bleibt (zB Zugang, Hof, Garten, Lagerplatz, die für die Nutzung des Bauwerks zweckdienlich sind). Die Erstreckung muß hier zum Inhalt des Erbbaurechtsvertrags gemacht werden, die genaueren Einzelheiten der Erstreckung sind dabei anzugeben. Auch die dingliche Einigung der Vertragsschließenden über die Erbbaurechtsbestellung muß sich auf die Erstreckung beziehen. Steht das zu nutzende Bauwerk nur auf einem Teil des Grundstücks und bleibt der Grundstücksrest ungenutzt (erfolgt also auf ihn keine Erstreckung des Erbbaurechts nach dem vorgenannten § 1 Abs 2 ErbbauVO), so bedarf es keiner besonderen Vereinbarungen der Beteiligten. Da das Erbbaurecht nur das Recht ist, auf oder unter der Oberfläche des Grundstücks ein Bauwerk zu haben, ist für die Nutzungsbefugnis des Erbbauberechtigten der Umfang des Bauwerks entscheidend. Umfaßt dieses das gesamte Grundstück, bezieht sich die Nutzungsbefugnis hierauf. Ist das gesamte Erbbaugrundstück hingegen nicht für das Bauwerk erforderlich, steht die Nutzung des Grundstücks mangels Erstreckung des Erbbaurechts dem Grundstückseigentümer zu, der dann auch unmittelbarer Besitzer bleibt.[25] Eine Erstreckung kann allerdings auch stillschweigend vorgenommen worden sein, wenn sich dies durch Ausle-

1693

---

[20] BayObLG 1991, 97 = aaO (Fußn 5); LG Ingolstadt MittBayNot 1992, 56; vOefele MittBayNot 1992, 29; Staudinger/Rapp Rdn 18, Ingenstau/Hustedt Rdn 29, je zu § 1 ErbbauVO.

[21] Staudinger/Rapp, Ingenstau/Hustedt je aaO (Fußn 20); vOefele MittBayNot 1992, 29.

[22] Staudinger/Rapp Rdn 18; Palandt/Bassenge Rdn 3, je zu § ErbbauVO; vOefele/Winkler Rdn 2.71; aA offenbar BayObLG 1991, 97 = aaO (Fußn 5).

[23] OLG Hamm DNotZ 1972, 496 = aaO (Fußn 24); Staudinger/Rapp Rdn 16; Palandt/Bassenge Rdn 5, je zu § 1 ErbbauVO.

[24] BayObLG 1957, 217 = DNotZ 1958, 409 mit Anm Weitnauer = Rpfleger 1957, 383; OLG Hamm DNotZ 1972, 496 = OLGZ 1972, 189 = Rpfleger 1972, 171 und NJW-RR 1999, 234 = aaO (Fußn 19); OLG Zweibrücken MittBayNot 1996, 299.

[25] MünchKomm/vOefele Rdn 23; Staudinger/Rapp Rdn 16, Ingenstau/Hustedt Rdn 33, je zu § 1 ErbbauVO; vOefele/Winkler Rdn 2.74; die Frage wurde offengelassen von KG DNotZ 1992, 312 = NJW-RR 1992, 214 = Rpfleger 1991, 496; BayObLG 1984, 105 = DNotZ 1985, 375 = Rpfleger 1984, 313.

gung ergibt; dies ist insbesondere dann der Fall, wenn der erweiterte Nutzungszweck für das vertragsgemäße „Haben des Bauwerks" schlechthin unverzichtbar ist.[26] Der vom Erbbaurecht nicht betroffene Grundstücksteil kann ohne Zustimmung des Erbbauberechtigten und ohne Belastung mit dem Erbbaurecht abgeschrieben werden mit der Folge, daß das Erbbaurecht an dem abgeschriebenen Trennstück erlischt.[27]

1694 Die **Beschränkung** eines Erbbaurechts auf einen **Teil eines Gebäudes** ist nach § 1 Abs 3 ErbbauVO **unzulässig**. Dies gilt unbestritten für einen horizontal abgegrenzten Teil eines Gebäudes, zB ein Stockwerk, eine einzelne Wohnung, oder für einen Teil eines vollständig auf einem einzigen Grundstück im Rechtssinn errichteten Gebäudes. Eine hiergegen verstoßende Eintragung im Grundbuch wäre als inhaltlich unzulässig zu löschen. Streitig[28] ist dagegen, ob bei einheitlicher Errichtung eines Gebäudes auf Grundstücken verschiedener Eigentümer für die auf den verschiedenen Grundstücken stehenden Gebäudeteile selbständige Erbbaurechte bestellt werden können (**Nachbarerbbaurechte**).

Fälle:
1. A möchte auf dem ihm gehörenden Grundstück und dem angrenzenden Grundstück des B ein einheitliches Gebäude errichten; B ist zum Verkauf nicht bereit, wohl aber zur Bestellung eines Erbbaurechts.
2. eine Baulücke in einer Stadt soll einheitlich bebaut werden; sie setzt sich aus mehreren Grundstücken verschiedener Eigentümer zusammen, die untereinander nicht zu einem einheitlichen Vertrag zu bringen sind.

Mit § 1 Abs 3 ErbbauVO vereinbar ist in solchen Fällen ein Erbbaurecht für einen Gebäudeteil dann, wenn der abgetrennte Teil nach der der Verkehrsauffassung nicht widersprechenden Auffassung der Beteiligten als wirtschaftlich selbständige Baulichkeit anzusehen ist.[29] Für auch nach der Verkehrsanschauung unselbständige Gebäudeteile (vgl oben Fall 2) wird nach der vor allem früher vertretenen Auffassung die Bestellung eines Erbbaurechts wegen Verstoß gegen § 1 Abs 3 ErbbauVO für unzulässig erachtet.[30] Inzwischen wird aber überwiegend die Bestellung von **Einzelerbbaurechten** für **grenzüberschreitende Gebäudeteile** (Überbausituation) für **zulässig** und wirksam gehalten.[31] Der BGH[32] sah keinen Verstoß gegen § 1 Abs 3 ErbbauVO, wenn

---

[26] KG DNotZ 1992, 312 = aaO (Fußn 25); vOefele/Winkler Rdn 2.75.
[27] BayObLG 1957, 217 = aaO (Fußn 24); MünchKomm/vOefele Rdn 23 zu § 1 ErbbauVO; vOefele/Winkler Rdn 2.86.
[28] Für die Sachenrechtsbereinigung wurde das Nachbarerbbaurecht in § 39 Abs 3 SachenRBerG unter bestimmten Voraussetzungen zugelassen.
[29] BayObLG 1957, 217 = aaO (Fußn 24).
[30] KGJ 25 A 139; BayObLG 1957, 217 = aaO (Fußn 24); BGH DNotZ 1973, 609 = NJW 1973, 1656 = Rpfleger 1973, 356; Kehrer BWNotZ 1957, 53; heute vertreten von MünchKomm/vOefele Rdn 52, 54; BGB-RGRK/Räfle Rdn 52, Erman/Hagen Rdn 19, Palandt/Bassenge Rdn 11, je zu § 1 ErbbauVO; vOefele/Winkler Rdn 3.70ff.
[31] OLG Düsseldorf DNotZ 1974, 698; OLG Stuttgart DNotZ 1975, 491 = NJW 1975, 786 = Rpfleger 1975, 131; Ingenstau/Hustedt Rdn 79, Staudinger/Rapp Rdn 34, Soergel/Stürner Rdn 16, je zu § 1 ErbbauVO; Weitnauer DNotZ 1958, 411; Esser NJW 1974, 921; Krämer DNotZ 1974, 647; Rothoeft NJW 1974, 665; Schraepler NJW 1972, 1981 und NJW 1973, 738 sowie NJW 1974, 2076; Stahl/Sura DNotZ 1981, 604.
[32] BGH DNotZ 1973, 609 = aaO (Fußn 30).

das Gebäude teils auf fremden, teils auf eigenem Grundstück errichtet wurde, wenn dies nachträglich geschah; er bejahte die Unwirksamkeit, wenn diese Absicht bereits vor Vertragsabschluß bestand. Weshalb eine derartige Unterscheidung getroffen wird, bleibt dabei unklar. Daß ein Erbbaurecht für einen durch die Grundstücksgrenze vertikal abgeteilten Gebäudeabschnitt nicht gegen § 1 Abs 3 ErbbauVO verstößt, wurde ausführlich von Weitnauer[33] begründet: § 1 Abs 3 ErbbauVO soll vor allem eine horizontale Teilung des Gebäudes verhindern, die den Grundsätzen des § 94 BGB widerspricht und zu schlecht abgegrenzten und leicht zu Streitigkeiten führenden Rechtsverhältnissen führen würde. Dies ergibt sich auch aus dem Wortlaut des § 1 Abs 3 ErbbauVO (Teil eines „Gebäudes", nicht eines „Bauwerks") sowie aus seinem Sinn und Zweck, Sonderrechte an wesentlichen Bestandteilen des Erbbaurechts zu verhindern;[34] denn bei Nachbarerbbaurechten gehören jeweils sämtliche auf einem Grundstück errichteten Gebäudeteile dem Erbbauberechtigten. Auch die wirtschaftliche Notwendigkeit spricht für diese Auslegung (vgl den in Städten häufig vorkommenden Fall 2, oben). Die Verweisung auf das Gesamterbbaurecht[35] ist keine Lösung, wenn ein einheitlicher Erbbaurechtsvertrag mit den verschiedenen Grundstückseigentümern nicht zustande kommt, zumal auch die Zulässigkeit des Gesamterbbaurechts nicht ganz unbestritten ist (s Rdn 1695). Daß bei mehreren Einzel-Nachbarerbbaurechten das einheitliche Gebäude verschiedenen Erbbauberechtigten gehören kann (infolge Übertragungen), spricht nicht gegen deren Zulässigkeit;[36] Die Ausübung der Eigentümerbefugnisse ist hier über § 242 BGB (besser durch entsprechende Regelung im Erbbaurechtsvertrag) insoweit beschränkt, als sie die Eigentümerrechte der anderen Erbbauberechtigten beeinträchtigen würden. Die Konsequenzen, die sich aus dem Gebäudeteil auf fremden Grund bei Beendigung oder Heimfall des Erbbaurechts ergeben, sind hier die gleichen wie beim inzwischen auch vom BGH[37] zugelassenen Gesamterbbaurecht; im übrigen sind für das Eigentum am Gebäude die von der Rechtsprechung aufgestellten Regeln über den Eigengrenzüberbau anzuwenden.[38]

cc) **Gesamt-Erbbaurecht.** Ein **Gesamt-Erbbaurecht** kann entstehen entweder durch seine unmittelbare Bestellung an mindestens zwei Grundstücken von Anfang an, mögen sie auch im Eigentum verschiedener Personen stehen, oder durch Erstreckung eines bereits an einem Grundstück bestehenden Erbbaurechts auf mindestens ein weiteres Grundstück oder durch Bestellung eines Erbbaurechts an einem Grundstück und die spätere Teilung in mehrere Grundstücke oder durch Vereinigung mehrerer Erbbaurechte (§ 890 Abs 1

1695

---

[33] Weitnauer DNotZ 1958, 411, der nachweist, daß die Zulässigkeit eines Erbbaurechts für einen von der Grundstücksgrenze vertikal geteilten Gebäudeteil nach der früheren Meinung ebenfalls nicht als Verstoß gegen § 1 Abs 3 ErbbauVO angesehen wurde; vgl Staudinger, 7./8. Aufl 1912, Bem 2 zu § 1014 BGB; so auch Planck, 5. Aufl, Anm 2c zu § 1014 BGB; Güthe/Triebel, GBO, 6. Aufl, S 1810.
[34] BayObLG 1957, 217 = aaO (Fußn 24); Weitnauer DNotZ 1958, 411.
[35] So aber MünchKomm/vOefele Rdn 58 zu § 1 ErbbauVO.
[36] So MünchKomm/vOefele Rdn 56, 57 zu § 1 ErbbauVO.
[37] BGH 65, 345 = DNotZ 1976, 369 = NJW 1976, 519 = Rpfleger 1976, 126.
[38] Maaß NotBZ 2002, 389; BGH 64, 333 = DNotZ 1976, 224 = NJW 1975, 1553; BGH 110, 298 = DNotZ 1991, 595 = NJW 1990, 1791; BGH NJW 2002, 54.

BGB; s auch Rdn 1848). An mehreren selbständigen Grundstücken – auch verschiedener Grundstückseigentümer – kann nach hM auch **von vornherein** ein **Gesamt-Erbbaurecht** bestellt werden.[39] Einer vorhergehenden Vereinigung der mehreren Grundstücke bedarf es nicht.

Der Gesetzgeber hat mittlerweile in § 6a GBO[40] die Zulässigkeit des Gesamterbbaurechts anerkannt. Das Grundbuchamt soll es aber nur eintragen, wenn die betroffenen Grundstücke im selben Grundbuchamtsbezirk und im gleichen Katasterbezirk liegen und unmittelbar aneinandergrenzen. Abgewichen werden soll von diesen Erfordernissen nach § 6a Abs 1 S 2 GBO nur, wenn die Grundstücke nahe beieinander liegen und Gegenstand des Erbbaurechts ein einheitliches Bauwerk oder ein Bauwerk mit dazu gehörenden Nebenanlagen auf den zu belastenden Grundstücken ist oder das Erbbaurecht in Wohnungs- oder Teilerbbaurechte aufgeteilt werden soll (hierzu und zum Nachweis vgl Rdn 625a zur vergleichbaren Vorschrift des § 5 Abs 2 GBO).

Da das Gesamterbbaurecht ein einheitliches Recht ist, muß es hinsichtlich aller betroffenen Grundstücke einen einheitlichen Inhalt nach Gesetz (§ 1 ErbbauVO; insbesondere Laufzeit) und Vertrag (§§ 2ff ErbbauVO) haben.[41]

1696 Stehen, was die Regel sein wird, die mit dem Gesamt-Erbbaurecht zu belastenden Grundstücke im **Eigentum verschiedener Personen,** so kann für jeden jeweiligen Grundstückseigentümer (§ 9 Abs 2 S 2 ErbbauVO) ein besonderer Erbbauzins vereinbart werden, in der Regel wohl mit gleichem Rang, oder es können sich die mehreren (jeweiligen) Eigentümer zu Gesamtberechtigten nach § 428 oder § 432 BGB verbinden. Für das Heimfallrecht nach §§ 2, 32ff ErbbauVO (Rdn 1754) wird im Vertrag über die Bestellung eines Gesamt-Erbbaurechts zu vereinbaren sein, daß dieses Recht den Grundstückseigentümern in Bruchteilsgemeinschaft (§ 741 BGB) zustehen soll, bei Verzicht des einen Eigentümers den anderen Grundstückseigentümern; ohne vertragliche Regelung werden die Regeln des § 472 BGB analog anwendbar sein.[42] Für den Fall der Beendigung eines Gesamt-Erbbaurechts infolge Aufhebung oder

---

[39] BGH 65, 345 = aaO (Fußn 37); OLG Hamm DNotZ 1960, 107 = NJW 1959, 2169 = Rpfleger 1960, 403 mit zust Anm Haegele und NJW 1963, 1112; OLG Köln Rpfleger 1961, 18; OLG Neustadt DNotZ 1964, 344 = Rpfleger 1963, 241; LG Dortmund NJW 1960, 487 mit Anm Balser; LG Düsseldorf Rpfleger 1971, 356; LG Münster MDR 1956, 678; LG Siegen Rpfleger 1961, 402 mit zust Anm Tröster; BGB-RGRK/Räfle Rdn 13; MünchKomm/vOefele Rdn 36ff; Palandt/Bassenge Rdn 10; Staudinger/Rapp Rdn 22; Ingenstau/Hustedt Rdn 42, je zu § 1 ErbbauVO; Hampel Rpfleger 1962, 129; Huber NJW 1952, 687; Kehrer BWNotZ 1956, 33 und 1957, 52 (57); Lutter DNotZ 1960, 80; Muttray Rpfleger 1955, 216; Fritz Riedel DNotZ 1960, 375; Rohloff Rpfleger 1954, 83; Weber MittRhNotK 1965, 565; Stahl-Sura DNotZ 1981, 604. Gegen Zulässigkeit der unmittelbaren Begründung eines Gesamt-Erbbaurechts: Weitnauer DNotZ 1958, 413.

[40] Eingeführt durch das RegVBG vom 20. 12. 1993 (BGBl I 2181); vgl hierzu auch BayObLG 1995, 379 = MittBayNot 1996, 34.

[41] BayObLG 1995, 379 = aaO (Fußn 40), das nur im „wesentlichen" einheitlichen Inhalt verlangt; ebenso BGB-RGRK/Räfle Rdn 13 zu § 1 ErbbauVO; welche Abweichungen gestattet sein sollen und warum (einheitliches Recht) bleibt offen; vgl auch vOefele/Winkler Rdn 3.44; Staudinger/Rapp Rdn 23 zu § 1 ErbbauVO.

[42] vOefele/Winkler Rdn 3.50, 3.60; MünchKomm/vOefele Rdn 42 zu § 1 ErbbauVO.

B. Einzelfälle

Zeitablauf sind Vereinbarungen im Erbbaurechts-Vertrag empfehlenswert, in welchem Verhältnis das jetzt wesentlicher Bestandteil der Grundstücke werdende bisherige Erbbaurechts-Gebäude oder sonstige Bauwerk (s § 12 Abs 3 ErbbauVO) den einzelnen Grundstückseigentümern zustehen soll. Möglichkeiten hierfür sind: Vereinigung der mehreren Grundstücke in ideellem Bruchteilseigentum (durch entsprechende Tauschverpflichtung), Recht des einen Eigentümers, die anderen Grundstücke unter bereits im Erbbaurecht-Bestellungsvertrag zu vereinbarenden Bestimmungen zu übernehmen.[43] Diese Vereinbarungen sind nicht dinglicher Inhalt des Erbbaurechts, sondern wirken nur schuldrechtlich zwischen den Vertragsparteien.[44] Soweit vormerkungsfähige Ansprüche begründet werden, wie in den beiden genannten Beispielen, kann Absicherung durch Vormerkung erfolgen.

Die **Begründung** eines Gesamterbbaurechts durch Erstreckung eines Erbbaurechts auf ein anderes selbständiges Grundstück an 1. Rangstelle wird als Änderung des Inhalts des Erbbaurechts angesehen mit der Folge, daß dem Grundbuchamt die Einigung zwischen Grundstückseigentümer und Erbbauberechtigtem in der Form des § 29 GBO nachgewiesen werden muß. Daneben ist – dem Grundbuchamt nicht nachzuweisende – Erbbaurechts-Vertragsänderung (Neubestellung am hinzukommenden Grundstück, § 11 Abs 2 ErbbauVO) in der Form des § 313 b Abs 1 BGB erforderlich. Zustimmung von dinglich Berechtigten am Erbbaurecht ist nicht notwendig, da diese Berechtigten von der Erstreckung nicht betroffen werden.[45] Die Voraussetzungen des § 1 Abs 1 oder 2 ErbbauVO müssen aber auch bei der nachträglichen Erstreckung vorliegen, d. h. die neu hinzukommende Fläche muß für das Bauwerk oder als Nebenfläche (§ 1 Abs 2 ErbbauVO) benötigt werden.[46]

1697

Wird ein belastetes Erbbaurecht, das an einem einzelnen Grundstück begründet worden ist, später durch Einbeziehung eines weiteren Grundstücks zu einem Gesamterbbaurecht, dann erstrecken sich die Belastungen ohne weiteres auf das Erbbaurecht in seinem erweiterten Bestand mit allen zugrunde liegenden Grundstücken.[47] Wegen Einzelheiten s Rdn 1844.

1698

Für ein Gesamt-Erbbaurecht wird nur **ein Erbbau-Grundbuch** geführt. Zuständig dazu ist das Grundbuchamt, in dessen Bezirk die mit dem Erbbaurecht belasteten Grundstücke liegen. Befinden sich die Grundstücke in den Bezirken mehrerer Grundbuchämter, so greift § 1 Abs 2 GBO ein.[48] Die Neubestellung eines Gesamterbbaurechts ist inzwischen nur unter den Voraussetzungen des § 6a Abs 1 GBO zulässig an Grundstücken, die nicht unmittelbar aneinandergrenzen, soweit § 1 Abs 2 ErbbauVO erfüllt ist. Bestehende Gesamterbbaurechte, die § 6a Abs 1 GBO nicht genügen, werden nicht unzulässig. Wird **ein** Grundstück im Rechtssinn, das aus mehreren nicht

1699

---

[43] OLG Köln Rpfleger 1961, 18; Krämer DNotZ 1974, 647; Schraepler NJW 1973, 738; Rothoeft NJW 1974, 665.
[44] vOefele/Winkler Rdn 3.68 ff.
[45] BayObLG DNotZ 1960, 540; OLG Neustadt DNotZ 1960, 385; Weber MittRhNotK 1965, 370.
[46] BayObLG 1984, 105 = DNotZ 1985, 375 = Rpfleger 1984, 313.
[47] OLG Hamm NJW 1963, 1112; aA früher LG Dortmund NJW 1960, 487 mit Anm Balser.
[48] S auch Kehrer BWNotZ 1956, 33.

aneinandergrenzenden Flurstücken besteht, geteilt, entsteht ein Gesamterbbaurecht,[49] ohne daß dem § 6 a Abs 1 GBO entgegensteht.

1700 dd) **Mehrere Erbbaurechte.** Ein (einziges) **Grundstück** kann nach hM nicht mit mehreren Erbbaurechten belastet werden, auch nicht, wenn jedes Recht der Ausübung nach auf einen (anderen) Teil des Grundstücks beschränkt ist.[50] Denn jedes Erbbaurecht belastet das ganze Grundstück. Die Eintragung mehrerer solcher Erbbaurechte im Gleichrang oder Nachrang scheitert an § 10 Abs 1 Halbs 1 ErbbauVO, der Bestellung mehrerer gleichrangiger Erbbaurechte nicht gestattet. Durch Teilung des Erbbaurechts können gleichrangige Erbbaurechte auch nicht erzielt werden, da die Teilung des Erbbaurechts ohne Teilung des Grundstücks nicht möglich ist (s Rdn 1853). Mit der Frage gleichrangiger Erbbaurechte nicht zu verwechseln ist die (zulässige) Befugnis des Erbbauberechtigten, auf einem Grundstück mehrere Bauwerke zu haben. Für Sachenrechtsbereinigung wurde allerdings in § 39 Abs 1 SachenRBerG die Zulässigkeit der Belastung eines Grundstücks mit mehreren Erbbaurechten dann zugelassen, wenn jedes von ihnen nach seinem Inhalt nur an einer jeweils anderen Grundstücksteilfläche ausgeübt werden kann.

1701 ee) **Unter-Erbbaurecht.** Die Frage, ob an einem Erbbaurecht in Form eines **Unter-Erbbaurechts** ein – weiteres – Erbbaurecht bestellt werden kann, hat der BGH[51] bejaht. Die Streitfrage[52] ist für die Praxis jetzt ebenfalls durch § 6 a GBO gelöst. Dort geht der Gesetzgeber ohne weiteres davon aus, daß ein Untererbbaurecht zulässig ist. § 6 a Abs 2 GBO untersagt allerdings dem Grundbuchamt die Eintragung eines Erbbaurechts, das sowohl an einem Grundstück als auch an einem Erbbaurecht bestellt ist (Gesamtuntererbbaurecht). Die gegen die Zulässigkeit eines Unter-Erbbaurechts vorgebrachten Gründe sind zwar beachtlich, besonders im Hinblick auf die unsichere Beleihungsfähigkeit des Untererbbaurechts, das bei Heimfall des Obererbbaurechts erlischt (§ 33 ErbbauVO), sind aber doch nicht so zwingend, daß man die Möglichkeit seiner Begründung deswegen verneinen müßte.

1702 Begründung eines Unter-Erbbaurechts erfolgt durch Einigung zwischen Obererbbauberechtigtem und Untererbbauberechtigtem sowie Eintragung in das Grundbuch des Obererbbaurechts. Der Inhalt des Unter-Erbbaurechts muß sich

---

[49] So richtig Meyer-Stolte Rpfleger 1988, 355; Demharter DNotZ 1986, 457 (463 ff); aA OLG Köln Rpfleger 1988, 355.
[50] OLG Frankfurt DNotZ 1967, 688; Staudinger/Rapp Rdn 24, MünchKomm/vOefele Rdn 37, je zu § 1 ErbbauVO; Hieber NJW 1952, 690; aA LG Kassel Rpfleger 1955, 231; Weitnauer DNotZ 1953, 355 (366) und DNotZ 1958, 413.
[51] BGH 62, 179 = DNotZ 1974, 694 = NJW 1974, 1137 = Rpfleger 1974, 219.
[52] Für Zulässigkeit eines Unter-Erbbaurechts: OLG Celle DNotZ 1972, 538; LG Bamberg DNotZ 1955, 324; LG Lüneburg DNotZ 1962, 651; Erman AcP 126, 214; Henseler AcP 161, 46; Stahl-Sura DNotZ 1981, 604; Soergel/Stürner, Anm 4 zu § 1 ErbbauVO; Palandt/Bassenge Rdn 7; Staudinger/Rapp Rdn 11; Ingenstau/Hustedt, Rdn 14, je zu § 11 ErbbauVO; Erman/Hagen Rdn 22 vor § 1 ErbbauVO. Einschränkend MünchKomm/vOefele Rdn 31 ff; BGB-RGRK/Räfle Rdn 20 ff, je zu § 1 ErbbauVO; Habel MittBayNot 1998, 315 (316), die verlangen, daß sowohl zum Unter- als auch zum Obererbbaurecht das „Haben des Bauwerks" gehört, so daß jedes ein Bauwerk oder zeitlich nacheinander das gleiche Bauwerk betreffen muß. Gegen Zulässigkeit des Unter-Erbbaurechts Schneider DNotZ 1955, 70 und DNotZ 1976, 411; Weber MittRhNotK 1965, 564; Weitnauer DNotZ 1955, 336.

im Rahmen des Obererbbaurechts halten.⁵³ Wird das Untererbbaurecht nur an einem Teil des Obererbbaurechts bestellt, müssen das Obererbbaurecht und das mit ihm belastete Grundstück geteilt werden⁵⁴ (s Rdn 1853). Allerdings besteht auch beim Untererbbaurecht die Möglichkeit, daß das Untererbbaurecht zwar dinglich am gesamten Obererbbaurecht bestellt wird, daß aber die Ausübungsbefugnis des Erbbaurechts auf einen realen Teil der Gesamtfläche beschränkt wird (s Rdn 1693). Einer Zustimmung des Grundstückseigentümers bedarf es nur, wenn sie schuldrechtlich vereinbart war (nach § 5 ErbbauVO kann sie nicht als Inhalt des Obererbbaurechts vereinbart werden, da es weder um eine Veräußerung noch um eine der in § 5 Abs 2 ErbbauVO aufgezählten Belastungen geht⁵⁵). Allerdings ist die Mitwirkung des Grundstückseigentümers insofern nötig, als er wegen § 10 Abs 1 ErbbauVO seinen Rücktritt mit seiner Erbbauzinsreallast hinter das Unter-Erbbaurecht erklären muß.

1703 Das Unter-Erbbaurecht belastet nur das Ober-Erbbaurecht, in dessen Grundbuch es also in Abt II einzutragen ist (s Rdn 1702). Außerdem ist ein besonderes Unter-Erbbaurechtgrundbuch anzulegen. Zu beachten ist, daß im Falle eines Heimfalls des Obererbbaurechts das Untererbbaurecht (und die daran bestellten Rechte) gem § 33 Abs 1 ErbbauVO erlischt. Der Untererbbauberechtigte kann geschützt werden durch eine Vereinbarung mit dem Grundstückseigentümer auf direkte Bestellung des (bisherigen Unter-)Erbbaurechts am Grundstück nach dem Heimfall, gesichert durch eine Vormerkung, oder durch Einräumung der Möglichkeit der Zahlung des Erbbauzinses anstelle des Obererbbauberechtigten.⁵⁶ Da beim Erlöschen des Obererbbaurechts auch das Untererbbaurecht erlischt, erlöschen automatisch auch alle daran lastenden dinglichen Rechte, so daß der Schutz der Gläubiger des Untererbbaurechts und die Beleihbarkeit problematisch sind. Der Entschädigungsanspruch aus § 32 ErbbauVO besteht nicht beim Erlöschen des Obererbbaurechts.⁵⁷ Allerdings kann der Obererbbauberechtigte seinen Anspruch aus § 32 ErbbauVO an den Untererbbauberechtigten abtreten, der diesen dann weiter an den Grundpfandrechtsgläubiger abtritt.

e) Bauwerk

1704 Inhalt des Erbbaurechts ist das Haben eines Bauwerks auf oder unter der Erdoberfläche des belasteten Grundstücks. Bauwerk ist nicht nur ein Gebäude, sondern jede durch Verwendung von Arbeit und Material in fester Verbindung mit dem Erdboden hergestellte unbewegliche Sache.⁵⁸ Ein wesentlicher Bestandteil des Grundstücks muß das Bauwerk aber nicht sein. Beispiele

---

⁵³ BayObLG 1958, 105 = DNotZ 1958, 542 = Rpfleger 1959, 17, wonach eine Dienstbarkeit nur im Rahmen der eigenen Befugnisse des Erbbauberechtigten am Erbbaurecht bestellt werden kann, so daß ein Erbbaurecht, das lediglich zum Haben eines Wohnhauses auf dem Grundstück berechtigt, nicht mit einer Tankstellen-Dienstbarkeit belastet werden darf.
⁵⁴ LG Traunstein Rpfleger 1987, 242.
⁵⁵ Habel MittBayNot 1998, 315 (319).
⁵⁶ Vgl vOefele/Winkler Rdn 3.33; OLG Celle DNotZ 1972, 588; Staudinger/Rapp Rdn 12 zu § 11 ErbbauVO.
⁵⁷ Habel MittBayNot 1998, 315 (320).
⁵⁸ RG 56, 43; BGH 57, 60 (61) = NJW 1971, 2219; BGH DNotZ 1992, 566 = NJW 1992, 1681 = Rpfleger 1992, 286.

für Bauwerke:[59] Brücken, Leitungsmasten, Gleisanlage, Träger einer Drahtseilbahn, Denkmal, selbst Sportanlagen mit Tribünen,[60] nicht aber festgeschraubte Maschinen. Es kann sich aber zB auch nur um einen ausgemauerten Brunnen, einen größeren Gastank[61] oder einen Tennis- und Kinderspielplatz,[62] Golfanlage mit Clubhaus[63], selbständigen Keller,[64] Tiefgarage[65] handeln. Sogar das „Haben" eines landwirtschaftlichen Betriebes soll genügen, wenn im Vordergrund der Erbbaurechtsbestellung die vorhandenen Wohn- und Wirtschaftsgebäude stehen und die nicht bebauten Flächen als Nutzungsflächen im Sinne des § 1 Abs 2 ErbbauVO anzusehen sind.[66] Es ist nicht notwendig, daß das Bauwerk erst nach Begründung des Erbbaurechts errichtet wird, vielmehr kann ein Erbbaurecht auch für ein Bauwerk begründet werden, das bei Bestellung des Erbbaurechts bereits vorhanden ist. Es kann also zB ein Pachtverhältnis bezüglich eines vom Pächter erstellten Gebäudes in ein Erbbaurechtsverhältnis nachträglich umgewandelt werden. Nach § 12 Abs 1 S 2 ErbbauVO wird jedes auf dem Grundstück stehende Bauwerk wesentlicher Bestandteil des Erbbaurechts.[67]

1705 Aus dem Bestimmtheitsgrundsatz des Sachenrechts und dem Publizitätsprinzip des Grundbuchs leitet die hM, obwohl dies vom Gesetz nicht vorgesehen ist, den Bestimmtheitsgrundsatz hinsichtlich des Bauwerkes ab: im Bestellungsvertrag müssen Art und Umfang der zulässigen Bebauung näher bezeichnet werden. Nicht ausreichend ist es, im Erbbaurechts-Vertrag lediglich festzustellen, daß der Berechtigte auf dem Grundstück ein Bauwerk jeglicher Art haben darf. Die ältere Rechtsprechung[68] stellt an den Bestimmtheitsgrundsatz eher strengere Anforderungen. Für die rechtswirksame Entstehung des Erbbaurechts mußte die Einigung angeben, wie die zulässige Bebauung ungefähr beschaffen sein soll und ob es sich um ein oder mehrere Bauwerke handelt;[69] die Anzahl der Gebäude mußte im Rahmen des § 1 Abs 1 ErbbauVO nicht angegeben sein.[69] Dagegen war die Angabe der Zweckbestimmung nötig.[69] Hinsichtlich der Art der Bebauung ist die Rechtsprechung mittlerweile großzügiger geworden. Ausreichend ist als Inhalt des Erbbaurechts, Gebäude aller Art in Übereinstimmung mit dem bei Vertragsabschluß bestehenden oder dem erst noch zu erstellenden Bebauungsplan oder überhaupt die jeweils baurechtlich zulässige Art von Bauwerken errichten zu dür-

---

[59] S ausführlich Ingenstau/Hustedt Rdn 61 ff zu § 1 ErbbauVO.
[60] So LG Braunschweig MDR 1953, 480.
[61] LG Oldenburg Rpfleger 1983, 105.
[62] LG Itzehoe Rpfleger 1973, 304; s dazu Riggers JurBüro 1974, 557.
[63] BGH 117, 19 = DNotZ 1992, 566 = NJW 1992, 1681 = Rpfleger 1992, 286.
[64] Vgl RG JW 1933, 1935.
[65] Vgl LG Ulm BWNotZ 1971, 68; vOefele/Winkler Rdn 2.9.
[66] OLG Jena Rpfleger 1996, 242 (sicherlich ein Grenzfall).
[67] Vgl Ingenstau/Hustedt Rdn 12 zu § 12 ErbbauVO.
[68] Vgl OLG Frankfurt Rpfleger 1975, 305; OLG Hamm NJW 1966, 1416; OLG Stuttgart DNotZ 1975, 491 = aaO (Fußn 31); Ripfel NJW 1957, 1826.
[69] BGH 47, 190 = DNotZ 1967, 756 = NJW 1967, 1611; BGH DNotZ 1976, 16; BGH 101, 143 = DNotZ 1988, 161 = NJW 1987, 2674 = Rpfleger 1987, 361; KG OLGZ 1979, 139 = Rpfleger 1979, 208; OLG Hamm Rpfleger 1983, 349; Staudinger/Rapp Rdn 14 zu § 1 ErbbauVO; Lutter DNotZ 1960, 87; Riedel DNotZ 1960, 376; Weber MittRhNotK 1965, 566; Weitnauer DNotZ 1958, 413.

fen.⁷⁰ Für die Feststellung der Bestimmtheit sind nicht nur die Bestellungserklärung, sondern alle in der Erbbaurechtsurkunde enthaltenen Auslegungselemente heranzuziehen.⁷¹ Für die Sachenrechtsbereinigung wurde dies in § 41 SachenRBerG sogar gesetzlich geregelt. Von der für die Entstehung des Erbbaurechts unabdingbaren Inhaltsbestimmung nach § 1 Abs 1 ErbbauVO zu unterscheiden ist § 2 Nr 1 ErbbauVO, in dessen Rahmen das Bauwerk nach Art, Größe, Stockwerken, Zimmerzahl und dgl noch näher festgelegt werden kann. Wird im Erbbaurechtsvertrag allerdings das Gebäude konkret bezeichnet, so hat die Bestimmung des gesetzlichen Inhalts des Erbbaurechts (zu unterscheiden von der Art der Benutzung, die nach § 2 ErbbauVO festgelegt werden kann) erhebliche Bedeutung für die Befugnis des Erbbauberechtigten zur Gebäudeerrichtung.⁷² Ein „Parkhaus/Tankstelle" steht der zusätzlichen Errichtung einer Gaststätte nicht unbedingt entgegen;⁷³ ein Erbbaurecht, das zur Errichtung von Werkstatt-, Büro- und Lagergebäuden berechtigt, wie sie für Instandsetzungen in der Kfz-Branche üblich sind, berechtigt aber nicht zur Errichtung von Ausstellungsräumen mit Glaswänden.⁷⁴ Enthält der Erbbaurechtsvertrag keine weiteren Eingrenzungen, so spricht dies dafür, daß die Nutzungsbefugnis eher großzügig angesehen werden kann. Spricht der Erbbaurechtsvertrag etwa von der Berechtigung „eine Tennishalle" zu bauen, so sind auch Umkleide- und Aufenthaltsräume, Bewirtungs- und sonstige Fitneseinrichtungen und auch der Einbau von kleineren Appartements für Gäste und Spieler der Tennishalle erlaubt.⁷⁵

1706 Gegenstand eines Erbbaurechts können auch **mehrere Bauwerke auf einem Grundstück** sein.⁷⁶

1707 Das **Recht zum Haben** eines Bauwerks umfaßt dessen Errichtung, Besitzen, Benützung, Abbruch und Wiederherstellung.

1708 Eine im Erbbaurechtsvertrag enthaltene Vereinbarung, daß der Erbbauberechtigte auf dem belasteten Grundstück ein **Bauwerk nicht errichten** darf, widerspricht dem gesetzlichen Inhalt des Erbbaurechts und läßt ein Erbbaurecht nicht entstehen.⁷⁷ Wird vor Eintragung des Erbbaurechts die Bebauung des Erbbaugrundstücks planungsrechtlich unmöglich, erlischt auch die Erbbaurechtsbestellungs**verpflichtung**.⁷⁸ Dagegen kann die planungsrechtliche (oder sonstige) Unzulässigkeit des Bauvorhabens das eingetragene Erbbau-

---

⁷⁰ BGH 101, 143 = aaO (Fußn 69); BGH 126, 12 = DNotZ 1994, 886 = NJW 1994, 2024 = Rpfleger 1994, 46. Im Hinblick auf diese Rechtsprechung bedenklich, soweit – wieder – die Angabe der Zahl der Bauwerke gefordert wird, OLG Brandenburg OLG-Report 1999, 209. Kritisch zu der vom BGH zugelassenen „dynamischen" Verweisung im Hinblick auf den sachenrechtlichen Bestimmtheitsgrundsatz Staudinger/Rapp Rdn 14 zu § 1 ErbbauVO; Eichel in Beck'sches Notarhandbuch A IV Rdn 48.
⁷¹ OLG Jena Rpfleger 1996, 242.
⁷² Vgl auch BGH MittBayNot 1984, 252 = NJW 1985, 1464 = Rpfleger 1985, 60 (Bauwerk nach Maßgabe des zur Zeit der Bestellung gültigen Bebauungsplans).
⁷³ BGH Betrieb 1975, 833 = MDR 1975, 565.
⁷⁴ BGH DNotZ 1973, 20 = MDR 1972, 939.
⁷⁵ OLG Frankfurt OLG-Report 1998, 40.
⁷⁶ BayObLG 1957, 217 = aaO (Fußn 24); OLG Hamm JMBlNRW 1960, 270; KGJ 51 A 228; OLG Neustadt NJW 1960, 1157.
⁷⁷ LG Lübeck DNotZ 1959, 598 = SchlHA 1959, 151.
⁷⁸ BGH 96, 385 = DNotZ 1986, 286 = NJW 1986, 1605.

recht nicht unzulässig machen;⁷⁹ dies verstieße gegen elementare Grundsätze der Rechtssicherheit und Beleihbarkeit des Erbbaurechts. Die Zulässigkeit eines Bauvorhabens ist daher auch im Eintragungsverfahren nicht zu prüfen.

1709 Das Erbbaurecht berechtigt nur zum Haben eines Bauwerks. Eine ausdrückliche **Verpflichtung** zur Erstellung eines bestimmten Bauwerks kann aber im Rahmen des § 2 ErbbauVO vertraglich übernommen werden. Das gleiche gilt für die Pflicht zur Erhaltung des Bauwerks in ordnungsmäßigem Zustand.

1710 Vielfach wird vereinbart, daß auf dem Erbbaurecht ohne Einwilligung des Eigentümers keine gewerblichen Anlagen und keine lärmenden Geschäfte betrieben werden dürfen und daß der Eigentümer seine Einwilligung von einer angemessenen Erhöhung des Erbbauzinses abhängig machen kann.

1711 Diese Randnummer ist entfallen.

f) Verpflichtungsgeschäft, Einigung

1712 Grundlage für die Eintragung des Erbbaurechts ist die Einigung von Grundstückseigentümer und Erbbauberechtigten, die ihren Rechtsgrund in einem schuldrechtlichen Verpflichtungsgeschäft hat.

1713 **aa) Schuldrechtlicher Vertrag.** Der **schuldrechtliche Vertrag,** mit dem sich jemand verpflichtet, ein Erbbaurecht zu bestellen oder zu erwerben, bedarf (wie Grundstücksveräußerung und -erwerb) der **notariellen Beurkundung** (§ 11 Abs 2 ErbbauVO; § 311b Abs 1 BGB). Das gleiche gilt für die Verpflichtung zur Begründung oder zum Erwerb von Wohnungserbbaurechten oder zur Verpflichtung, ein Erbbaurecht an einem Grundstück in Wohnungserbbaurechte aufzuteilen (§ 11 Abs 2 ErbbauVO; § 30 Abs 3, § 4 Abs 3 WEG). Für den Umfang der Beurkundungspflicht gelten die gleichen Grundsätze wie bei der Grundstücksveräußerung (s Rdn 3100ff), ebenso hinsichtlich der Anforderung an die Bestimmtheit einer mit einem Erbbaurecht zu belastenden noch nicht vermessenen Teilfläche (s Rdn 863ff). Die Vertragsparteien können daher nicht willkürlich einzelne Vertragsbestimmungen, zB über die sofortige Ablösung des Erbbauzinses durch einen Kapitalbetrag, von der Beurkundung ausschließen.⁸⁰ Ein Erbbaurechtsbestellungsvertrag genügt aber dem Beurkundungs- und dem Bestimmtheitserfordernis auch dann, wenn er die nähere Bestimmung des zu belastenden Grundstücks (Rdn 1692ff) einem Vertragsgegner oder einem Dritten überläßt; die Ausübung des Bestimmungsrechts selbst bedarf nicht der Beurkundung.⁸¹ Der Erwerb eines Erbbaurechts kann (wie der Grundstückskauf, Rdn 3193) auch Vereinbarungen über die Sicherstellung eines Zugangs gebieten⁸² (s dazu Rdn 3193). Eine Verpflichtung zum Verzicht auf ein Erbbaurecht bedarf der Beurkundung, wenn gleichzeitig damit das in Ausübung des Erbbaurechts errichtete Bauwerk dem Grundstückseigentümer überlassen werden soll.⁸³

---

⁷⁹ So wohl aber BGH 96, 385 = aaO, allerdings in einem Fall, bei dem das Erbbaurecht noch nicht eingetragen war, ohne die Konsequenzen zu untersuchen. Diesen Mangel aufzeigend wie hier Kohler JR 1989, 317. Vgl auch OLG Düsseldorf DNotZ 2001, 705 = NJW-RR 2001, 1310.
⁸⁰ BGH BB 1967, 9 = Betrieb 1967, 36 = DNotZ 1967, 495.
⁸¹ BGH DNotZ 1973, 356 = MDR 1973, 1013 = NJW 1973, 1656.
⁸² Zur dinglichen Absicherung der Nutzung eines Zufahrtsweges durch Erbbaurecht s Gutachten DNotI-Report 2001, 185.
⁸³ OLG Frankfurt HRZ 1, 28.

Enthält der schuldrechtliche Vertrag noch nicht die dingliche Einigung, so muß er dennoch den Rechtsinhalt des Erbbaurechts, zu dessen Bestellung er verpflichtet, in allen Einzelheiten enthalten; dieser Inhalt ist als untrennbarer Teil des Verpflichtungsgeschäfts nach § 311b Abs 1 BGB beurkundungspflichtig.[84] 1713 a

Der Mangel der Form wird nach § 311b Abs 1 S 2 BGB geheilt (s Rdn 3128); an die Stelle der Auflassung tritt die Einigung nach § 873 BGB.[85] Verpflichtet sich ein Grundstückseigentümer in vertraglicher Abänderung eines Erbbaurechtsvertrags formlos, dem Erbbauberechtigten nach Beendigung des Erbbaurechts das Grundstück zu übertragen, so wird die auf § 311b Abs 1 BGB beruhende Formnichtigkeit dieser Vereinbarung nicht durch die Eintragung des Erbbaurechts im Grundbuch geheilt.[86] 1714

bb) Einigung. Die für die Entstehung des Erbbaurechts notwendige **Einigung** (§ 11 ErbbauVO iVm § 873 BGB) ist **materiellrechtlich formlos** wirksam. § 925 BGB gilt nicht; gleichzeitige Anwesenheit der Parteien ist nicht erforderlich. **Grundbuchrechtlich** bedarf die Einigung aber der **Form** des **§ 29 GBO** (öffentliche Urkunde oder öffentliche Beglaubigung, s Rdn 152 ff). Die Einigung ist dem Grundbuchamt nachzuweisen, die einseitige Bewilligung des Grundstückseigentümers genügt nicht (§ 20 GBO); die Bewilligung ist nach der hier vertretenen Auffassung neben der Einigung notwendig; sie ist – wie bei der Auflassung – im Regelfall in der Einigung enthalten (s Rdn 97). Der schuldrechtliche Vertrag muß dem Grundbuchamt nicht vorgelegt werden; § 925a BGB ist nicht anwendbar.[87] In der Praxis wird allerdings meist die dingliche Einigung zusammen mit dem schuldrechtlichen Verpflichtungsgeschäft in einer einzigen Urkunde enthalten sein (siehe Muster). In diesem Fall ist der Vertrag dem Grundbuchamt in Ausfertigung oder beglaubigter Abschrift insoweit vorzulegen, als er Angaben über den Inhalt des Erbbaurechts nach § 2 ErbbauVO und über die Einigung enthält.[88] 1715

Die Reichweite des Abstraktionsprinzips, dh die Unabhängigkeit der dinglichen Einigung von der formbedürftigen schuldrechtlichen Kausalabrede, ist beim Erbbaurecht umstritten. Problematisch ist die Frage, ob § 139 BGB eingreift, wenn, wie in der Praxis üblich, die dingliche Einigung zusammen mit dem schuldrechtlichen Grundgeschäft in einer Urkunde enthalten und das Grundgeschäft formunwirksam ist. Dies ist beim Erbbaurecht – anders als beim Grundstückskaufvertrag und der Auflassung – deshalb zu bejahen, weil die dingliche Einigung beim Erbbaurechtsvertrag nicht nur wie bei einem Grundstückskaufvertrag die reine Auflassung, sondern eine Vielzahl von das Erbbaurecht ausgestaltenden Elementen enthält, die gem § 2 ErbbauVO zum dinglichen Inhalt des Erbbaurechts werden. Beim Erbbaurecht besteht daher eine Geschäftseinheit im Sinne des § 139 BGB zwischen dinglicher Einigung und schuldrechtlichen Kausalgeschäft mit der Folge, daß die Formunwirksamkeit des schuldrechtlichen

---

[84] vOefele/Winkler Rdn 5.30; Wufka DNotZ 1985, 651 und MittBayNot 1989, 13; allgemein Lichtenberger DNotZ 1988, 531.
[85] BGH DNotZ 1960, 384 = NJW 1960, 525 = Rpfleger 1960, 286; Ripfel BWNotZ 1958, 198; vgl hierzu Wufka DNotZ 1985, 651.
[86] BGH 59, 269 = DNotZ 1973, 286 = NJW 1972, 2265 = Rpfleger 1973, 14.
[87] BGB-RGRK/Räfle Rdn 4; Ingenstau/Hustedt Rdn 41, je zu § 11 ErbbauVO.
[88] Haegele BWNotZ 1972, 21 (27); Wufka DNotZ 1985, 651.

Grundgeschäfts auch gem § 139 BGB die dingliche Einigung erfaßt und daher auch einer Eintragung im Grundbuch entgegenstehen kann.[89]

1716 Inhaltlich muß die Einigung **alle wesentlichen Einzelheiten** der Erbbaurechtsbestellung enthalten. Art, Inhalt und Umfang des dinglichen Rechts sind eindeutig und in einer dem grundbuchrechtlichen Bestimmtheitsgrundsatz (s Rdn 18) genügenden Weise festzulegen; sie müssen sich auch für dritte Personen, insbesondere die späteren Berechtigten und Verpflichteten, aus Wortlaut und Sinn der Einigung selbst zweifelsfrei ergeben; das gilt für die gesetzlichen Merkmale des Erbbaurechts, wie sie § 1 ErbbauVO aufzählt ebenso wie für sämtliche sonstige Abreden, welche die Beteiligten gemäß §§ 2 ff ErbbauVO (s hierzu Rdn 1745 ff) zum vertragsmäßigen, jedem Teilnehmer am Rechtsverkehr gegenüber verbindlichen Inhalt machen wollen.[90] Ein bestimmter Wortlaut („Einigung") ist jedoch nicht vorgeschrieben.[91] Auch die Erstreckung des Erbbaurechts auf die unbebauten Grundstücksteile muß in der Einigung genügend bestimmt enthalten sein. Nur wenn das Grundbuchamt konkrete Anhaltspunkte dafür hat, daß eine unbebaute Fläche nicht Nebenfläche (§ 1 Abs 2 ErbbauVO) ist, kann es die Eintragung des Erbbaurechts verweigern.[92] Die Bewilligung (und der Antrag), einen Erbbaurechtsvertrag in das Grundbuch einzutragen „soweit gesetzlich zulässig", genügt nicht dem Bestimmtheitsgrundsatz.[93] Sind in einem Erbbaurechtsvertrag die rein schuldrechtlichen Vereinbarungen von den dinglich wirksamen nicht getrennt, so ist es nicht Aufgabe des Grundbuchamtes diese Trennung vorzunehmen; vielmehr müssen Einigung, Eintragungsbewilligung und Antrag eindeutig sein.[94]

1717 Fehlt die Einigung oder weist sie einen grundlegenden Mangel auf, so kann dies möglicherweise zur Nichtigkeit des gesamten Erbbaurechtsvertrages führen,[95] insbesondere wenn die mit dem Erbbaurecht zu belastende noch nicht vermessene Grundstücksfläche nach Lage und Größe oder das zu errichtende Bauwerk nach Art und Umfang nicht hinreichend bestimmt bezeichnet sind (s hierzu ausführlich Rdn 1705).

1718 cc) **Zustimmungen, Genehmigungen.** Die Bestellung eines Erbbaurechts durch den gesetzlichen Vertreter eines **Minderjährigen** bedarf der Genehmigung des Familien- bzw Vormundschaftsgerichts (§§ 1643, 1821 Abs 1 Nr 1 BGB).

1719 Die Bestellung eines Erbbaurechts bedarf nach wohl überwiegender Meinung[96] der Zustimmung des anderen **Ehegatten** nach § 1365 BGB, wenn das

---

[89] So vOefele/Winkler Rdn 5.22; Wufka DNotZ 1985, 651; Staudinger/Rapp Rdn 22 zu § 11 ErbbauVO; LG Osnabrück DNotZ 1985, 710; aA OLG Oldenburg DNotZ 1985, 712.
[90] BGH DNotZ 1969, 487 = MDR 1969, 380; KG OLGZ 1979, 139 = Rpfleger 1979, 208.
[91] BayObLG Rpfleger 1984, 266.
[92] BayObLG 1984, 105 = DNotZ 1985, 375 = Rpfleger 1984, 313; BayObLG 1991, 97 = aaO (Fußn 5).
[93] BayObLG 1969, 127 = DNotZ 1969, 492 = Rpfleger 1969, 241.
[94] OLG Hamm DNotZ 1967, 635.
[95] BGH DNotZ 1969, 487 = aaO (Fußn 90); OLG Frankfurt Rpfleger 1975, 305; KG OLGZ 1979, 139 = aaO (Fußn 90).
[96] Dafür: Staudinger/Thiele Rdn 52, Soergel/Lange Rdn 38, je zu § 1365 BGB; OLG Hamm JMBlNRW 1961, 249; ähnlich auch BGH FamRZ 1966, 22; dagegen: Böttcher Rpfleger 1985, 1 (3).

B. Einzelfälle

Erbbaurecht auf lange Zeit bestellt ist und in seiner konkreten Ausgestaltung das Eigentumsrecht praktisch aushöhlt. Voraussetzung hierfür ist aber, daß das belastete Grundstück das (nahezu) gesamte Vermögen des Grundstückseigentümers darstellt und der Vertragsgegner positiv hiervon Kenntnis hat (s Rdn 3352).

Zur Bestellung eines Erbbaurechts an einem **land- oder forstwirtschaftlichen Grundstück** ist Genehmigung nach Landwirtschaftsrecht nicht erforderlich.[97] Die nach der GrdstVG genehmigungspflichtigen Rechtsvorgänge können nicht im Wege der Analogie erweitert werden. Die Bebauung eines Grundstücks durch dessen Eigentümer selbst wäre auch keiner Genehmigungspflicht nach dem GrdstVG unterworfen. 1720

Kommunalrechtliche Beschränkungen für die Veräußerung von Gemeindegrundstücken gelten nicht für die Bestellung eines Erbbaurechts an Gemeindegrundstücken;[98] auch für diese kann Genehmigung aber bedungen sein (so zB in Thüringen, s Rdn 4075).

Nach § 51 Abs 1, § 144 Abs 2 Nr 1, § 169 Abs 1 Nr 5 BauGB ist Genehmigung erforderlich innerhalb eines Umlegungsgebiets und in städtebaulichen Sanierungs- und Entwicklungsbereichen. 1721

Im Beitrittsgebiet (Rdn 54a) bedarf die Bestellung eines Erbbaurechts nach § 2 Abs 1 S 1 Nr 2 GVO der Genehmigung.

dd) Prüfungspflicht des Grundbuchamts. Das Grundbuchamt hat zu **prüfen** (§ 20 GBO), ob die **Einigung** über die Bestellung des Erbbaurechts mit dem gesetzlich vorgeschriebenen und zulässigen Inhalt eines Erbbaurechts in der erforderlichen **Form** sowie etwa nötige **Genehmigungen** vorliegen. 1722

Zur AGB-Kontrolle des Grundbuchamts s zunächst Rdn 211. Soweit nach den dort aufgeführten Grundsätzen eine AGB-Kontrolle durch das Grundbuchamt in Frage kommt, kann sie sich nur auf den dinglichen Inhalt des Erbbaurechts beziehen, nicht auf rein schuldrechtliche Vereinbarungen (zur Ankaufspflicht s Rdn 1773). Hier kommt aber die Besonderheit hinzu, daß es beim Erbbaurechtsvertrag keine gesetzlichen (dispositiven) Bestimmungen zwischen Grundstückseigentümer und Erbbauberechtigten gibt, von denen abgewichen und auf die nach § 306 Abs 2 BGB (= fr § 6 Abs 2 AGBG) zurückgegangen wird.[99] Die für eine Beanstandung wegen AGB-Verstoß notwendige sichere Kenntnis von der Unwirksamkeit einer Klausel wird das Grundbuchamt daher beim Erbbaurecht wohl nur ganz selten haben. 1723

g) Eintragung

aa) Allgemeines. Das Erbbaurecht wird in Abteilung II des Grundstücks-Grundbuches eingetragen (§ 10 GBV). Die Eintragung selbst muß enthalten 1724

---

[97] BGH 65, 345 = aaO (Fußn 37); OLG Hamm NJW 1966, 1416 = RdL 1966, 120; Pikalo/Bendel, GrdstVG, S 295, 351; Rötelmann DNotZ 1965, 399 und MDR 1965, 539; Steppuhn DNotZ 1965, 387; Uibel NJW 1965, 1183; Vorwerk/vSpreckelsen, GrdstVG, Rdn 107 und 108 zu § 2; aA LG Aurich DNotZ 1965, 416; Lange Anm 3g zu § 2 GrdstVG.
[98] So zu Art 75 (aF) BayGO BayObLG 1978, 20 = MittBayNot 1978, 32 = Rpfleger 1978, 141.
[99] AA wohl BGH 114, 338 = DNotZ 1992, 106, der aus dem Katalog der dinglichen Vereinbarungen nach § 2 ErbbauVO ein gesetzliches Leitbild entnehmen will; ähnlich auch Mayer-Maly NJW 1996, 2015.

die Bezeichnung „Erbbaurecht", den Erbbauberechtigten, bei mehreren das maßgebende Gemeinschaftsverhältnis, und die Dauer des Erbbaurechts (Endtermin), soweit vereinbart auch aufschiebende Bedingungen. Im übrigen gestattet die Ordnungsvorschrift des § 14 Abs 2 ErbbauVO, zur näheren Bezeichnung des Inhalts des Erbbaurechts auf das Erbbaugrundbuch Bezug zu nehmen; eine Bezugnahme auf die Eintragungsbewilligung ist im Grundstücksgrundbuch insoweit nicht zulässig.[100]

1725 Für die **Entstehung** des Erbbaurechts ist die **Eintragung** im Grundbuch des **belasteten Grundstücks** (nicht die im Erbbaugrundbuch) **konstitutiv**. Die Eintragung im Grundstücks-Grundbuch ist weiter maßgebend für Fortbestand, Rang, Dauer und Erlöschen des Erbbaurechts; Änderungen des Erbbaurechts in diesen Punkten werden daher erst mit Eintragung im Grundstücksgrundbuch wirksam. Für diese Rechtsverhältnisse ist die Eintragung im Grundstücksgrundbuch auch maßgebend für die Rechtsvermutung des § 891 BGB und den Schutz des öffentlichen Glaubens nach § 892 BGB.

1726 Mit Eintragung des Erbbaurechts im Grundbuch des belasteten Grundstücks ist von Amts wegen ein besonderes Blatt für das Erbbaurecht (Erbbaugrundbuch) anzulegen (§ 14 Abs 1 ErbbauVO) (Muster s Anlage 9 zur GBV); für die grundbuchmäßige Behandlung gelten die §§ 54–60 GBV. Das Erbbaugrundbuch ist für das Erbbaurecht das Grundbuch im Sinne des BGB (§ 14 Abs 3 ErbbauVO).

1727 In das **Erbbaugrundbuch** einzutragen sind (§ 56 GBV) im Bestandsverzeichnis das „Erbbaurecht" (dh diese Bezeichnung), das belastete Grundstück, die Dauer des Erbbaurechts, auch aufschiebende Bedingungen („bedingtes Erbbaurecht"), der Grundstückseigentümer, Veräußerungs- und Belastungsbeschränkung nach § 5 ErbbauVO (s Rdn 1781). Im übrigen ist zur näheren Bezeichnung des Inhalts des Erbbaurechts eine Bezugnahme auf die Eintragungsbewilligung möglich (§ 14 Abs 1 S 3 ErbbauVO). Soweit lediglich die Grundbuchverfügung (§ 56) ausdrückliche Eintragung vorschreibt, handelt es sich (nur) um eine Ordnungsvorschrift, deren Verletzung (durch Eintragung mittels Bezugnahme) nicht zur materiellrechtlichen Unwirksamkeit führt.[101] Es bewirkt, wenn der Inhalt des Erbbaurechts im Bestandsverzeichnis zum Teil ausdrücklich eingetragen, im übrigen aber hinsichtlich des Inhalts des Erbbaurechts auf die Eintragungsbewilligung Bezug genommen ist, die Mischform der Eintragung auch keine inhaltliche Unzulässigkeit.[102] Der Erbbauberechtigte, bei mehreren das Gemeinschaftsverhältnis, wird in Abt I des Erbbaugrundbuches eingetragen (§ 57 GBV).

1728 Das **Erbbaugrundbuch** ist **konstitutiv für** den **Inhalt des Erbbaurechts** einschließlich späterer Änderungen, für spätere Änderungen in der Person des Erbbauberechtigten (Übertragungen) sowie für **Belastungen** des Erbbaurechts. Der nach § 14 Abs 1 S 2 ErbbauVO in das Erbbaugrundbuch einzutragende Vermerk über einen späteren Eigentumswechsel am belasteten Grundbuch

---

[100] BGB-RGRK/Räfle Rdn 3; Ingenstau/Hustedt Rdn 3, je zu § 14 ErbbauVO.
[101] BayObLG 1979, 227 (230) = DNotZ 1980, 50 = Rpfleger 1979, 384; LG Itzehoe und OLG Schleswig Rpfleger 2000, 495 = NZM 2001, 256; LG Marburg Rpfleger 1968, 26 mit Anm Haegele.
[102] BayObLG 2001, 301 = DNotZ 2002, 294 = NJW-RR 2002, 885 = Rpfleger 2002, 140.

B. Einzelfälle

hat nur rechtsbekundende Bedeutung, ebenso wie der nach § 14 Abs 3 S 2 ErbbauVO in das Grundstücksgrundbuch in der Veränderungsspalte aufzunehmende Vermerk über den Wechsel des Erbbauberechtigten.

Für Vormerkungen, Verfügungsbeschränkungen und Widersprüche ist jeweils das Grundbuch maßgebend, in das die in Aussicht genommene Rechtsänderung, die zu verhindernde Verfügung oder die vorzunehmende Berichtigung mit konstitutiver Wirkung einzutragen wäre. 1729

Jede Eintragung im Erbbaugrundbuch soll auch dem Grundstückseigentümer, die Eintragung von Verfügungsbeschränkungen des Erbbauberechtigten den im Erbbaugrundbuch eingetragenen dinglichen Berechtigten **bekanntgemacht** werden (§ 17 Abs 1 ErbbauVO). Dem Erbbauberechtigten soll auf der anderen Seite die Eintragung eines Grundstückseigentümers, die Eintragung von Verfügungsbeschränkungen des Grundstückseigentümers sowie die Eintragung eines Widerspruchs gegen die Eintragung des Eigentümers des Grundstücks bekanntgemacht werden (§ 17 Abs 2 ErbbauVO). 1730

bb) Notwendigkeit der 1. Rangstelle. Das Erbbaurecht kann unabdingbar nur zur **ausschließlich ersten Rangstelle** im Grundbuch des belasteten Grundstücks eingetragen werden; dieser Rang kann auch nicht nachträglich geändert werden (§ 10 ErbbauVO). Hauptzweck der Forderung nach der ersten Rangstelle ist die Verhinderung des Ausfalls eines Erbbaurechts in der Zwangsversteigerung des belasteten Grundstücks auf Antrag eines vorgehenden Gläubigers (s dazu auch § 25 ErbbauVO). Die erste Rangstelle muß im Zeitpunkt der Eintragung des Erbbaurechts im Grundstücksgrundbuch vorliegen, nicht schon im Zeitpunkt der dinglichen Einigung.[103] 1731

Ausschließlich erste Rangstelle läßt Eintragung weder nach anderen Belastungen noch im Gleichrang mit anderen Belastungen zu; daher ist die Eintragung mehrerer Erbbaurechte im Gleichrang am gleichen Grundstück nicht zulässig (s Rdn 1700). Etwas anderes gilt aber im Rahmen der Sachenrechtsbereinigung (§ 39 Abs 1 SachenRBerG). Auch ein Rangvorbehalt nach § 881 BGB darf bei dem Erbbaurecht nicht eingetragen werden. Ob vorgehende Belastungen wertmindernd sind oder nur einen geringen Teil des Grundstücks betreffen, ist bedeutungslos; selbst wenn sie nach Vorbringen von Eigentümer und Erbbauberechtigten nicht mehr ausgeübt werden können, dürfen sie dem Erbbaurecht nicht vorgehen.[104] Die Eintragung eines Erbbaurechts ist demnach im Rang nach einer Grunddienstbarkeit auch dann unzulässig, wenn letztere nur einen relativ geringen Wert hat.[105] Auch ein materiell nicht (mehr) bestehendes Recht (Buchrecht) darf im Rang nicht vorgehen.[106] 1732

Auch eine Vormerkung zur Sicherung eines Rechts an einem Grundstück blockiert die für das Erbbaurecht notwendige erste Rangstelle; das gilt natürlich nicht für die Vormerkung zur Sicherung des Anspruchs auf Einräumung des Erbbaurechts selbst, da sie mit Eintragung des Erbbaurechts gelöscht wird. Für die Eintragung der Erbbaurechtsvormerkung gilt § 10 ErbbauVO nicht; sie kann daher an nächstoffener Rangstelle eingetragen werden.[107] 1733

---

[103] LG Aachen DNotZ 1969, 563; MünchKomm/vOefele Rdn 2 zu § 1 ErbbauVO.
[104] OLG Frankfurt Rpfleger 1973, 400.
[105] LG Stade NdsRpfl 1959, 181.
[106] Vgl hierzu Gutachten DNotI-Report 1999, 150 (teilweise anderer Ansicht).
[107] MünchKomm/vOefele Rdn 3 zu § 10 ErbbauVO.

1734 Eine Rangverschlechterung kraft Gesetzes wird durch § 10 ErbbauVO nicht verhindert; daher kann ein zu Unrecht gelöschtes Erbbaurecht nach gutgläubigem Zwischenerwerb von Grundpfandrechten Dritter auch an anderer als erster Rangstelle wieder ins Grundbuch eingetragen werden.[108]

Ausnahmen vom Erfordernis der ersten Rangstelle des Erbbaurechts gelten in folgenden Fällen:

1735 – Nach § 10 Abs 2 ErbbauVO, soweit die dort vorgesehenen landesrechtlichen Bestimmungen ergangen sind; dies ist geschehen in der PreußVO vom 30. 4. 1919 (GS 88; aufgehoben in Niedersachsen: VO v 26. 3. 1971, GVBl 135, Saarland: Art 2 Abs 16 Nr 22 des 5. RBerG, Abl 1997, 258 [276] und Schleswig-Holstein: Art 25 Abs 1 Nr 11 AGBGB), Bad-Wttbg VO über den Rang von Erbbaurechten vom 17. 1. 1994 (GBl 49),[109] in § 24 Brandenburgisches AGBGB, Art 42a des HamburgAGBGB und in § 41 JustAG Sachsen (GVBl 1997, 638 [644]). Die BayVO vom 7. 10. 1919 ist seit 1. 1. 1982 aufgehoben (VO vom 1. 12. 1981, GVBl 504). Nach den landesrechtlichen Bestimmungen bleiben insoweit für den ersten Rang außer Betracht Verfügungsbeschränkungen durch Testamentsvollstreckung und Nacherbfolge, falls der Nacherbe der Erbbaurechtsbestellung zugestimmt hat (s hierzu Rdn 1683).

1736 – Nach § 10 Abs 1 S 2 ErbbauVO hindern vorrangige Rechte, die zur Erhaltung der Wirksamkeit gegenüber dem öffentlichen Glauben des Grundbuchs der Eintragung nicht bedürfen, die Eintragung des Erbbaurechts nicht. Denn § 10 gilt nur gegenüber Rechten, die ein Rangverhältnis zueinander im Sinne des § 879 BGB haben. Solche „ranglosen" Rechte, die die Eintragung des Erbbaurechts nicht hindern sind: Notweg- und Überbaurenten, öffentlich-rechtliche Vorkaufsrechte (s Rdn 3810), öffentliche Lasten wie Erschließungsbeiträge nach BauGB oder Anliegerbeiträge, Abgeltungslasten, (vormalige) Hypothekengewinnabgabe,[110] sowie altrechtliche Grunddienstbarkeiten, die zu ihrer Entstehung nicht in ein öffentliches Buch – Servitutenbuch und dgl – einzutragen waren.[111]

1737 – Verfügungsbeschränkungen des Grundstückseigentümers, die in keinem Rangverhältnis zu den Grundstücksbelastungen stehen, hindern – da § 10 Abs 1 ErbbauVO für sie nicht gilt – die Eintragung des Erbbaurechts nicht; solche Verfügungsbeschränkungen sind der Umlegungsvermerk nach § 54 Abs 1 BauGB, die Sanierungs- und Entwicklungsbereichsvermerke nach §§ 143, 170 BauGB (auch nach dem alten StBauFG), der Vermerk nach dem Bodensonderungsgesetz in den neuen Bundesländern (§ 6 Abs 4 BoSoG iVm § 8 SonderungsplanVO) und der Zwangsversteigerungsvermerk nach § 19 ZVG; dennoch ist die Eintragung eines Erbbaurechts bei einem unter Zwangsversteigerung stehenden Grundstück nicht möglich: da mit dem

---

[108] BGH 51, 50 = DNotZ 1969, 289 = NJW 1969, 93 = Rpfleger 1969, 13.
[109] Baden-Württemberg, Brandenburg und Sachsen verlangen jeweils Unschädlichkeitszeugnis, vgl hierzu Panz BWNotZ 1998, 16 (17) und Wudy NotBZ 1998, 132 (135).
[110] S hierzu ausführlich Ingenstau/Hustedt Rdn 13–17 zu § 10 ErbbauVO; weiter Schäfer Justiz 1953, 88; Haegele Justiz 1956, 91; LG Lüneburg MDR 1954, 295.
[111] BayObLG 1982, 210 = MittBayNot 1982, 129 = MittRhNotK 1982, 215 = Rpfleger 1982, 339 (s dazu Art 187 Abs 1 EGBGB, aber auch dessen Abs 2). S darüber für die Verhältnisse im fr Land Württemberg Angstenberger und Kreher WürttNotV 1927, 72, sowie Geißler WürttNotV 1952, 12; Grund WürttNotV 1952, 44; Kehrer BWNotZ 1957, 55 und Panz BWNotZ 1991, 133.

B. Einzelfälle

Zuschlag in der Zwangsversteigerung dieses Erbbaurecht erlischt, wäre ein solches Erbbaurecht auflösend bedingt (durch den Zuschlag wegen § 23 ZVG; kein Fall des § 25 ErbbauVO) und verstößt somit gegen § 1 Abs 4 ErbbauVO. Zulässig wäre nur eine Eintragung des Erbbaurechts mit Zustimmung des (aller) die Zwangsversteigerung betreibenden Gläubigers. Der Nacherbenvermerk steht der ersten Rangstelle für das Erbbaurecht nicht entgegen.[112] Haben die Nacherben der Erbbaurechtsbestellung durch den Vorerben zugestimmt, ist das Erbbaurecht wirksam; andernfalls ist das Erbbaurecht nichtig wegen Verstoß gegen § 1 Abs 4 ErbbauVO (s Rdn 1683).

– Durch die Rechtsprechung wurden Ausnahmen vom Grundsatz der ersten Rangstelle des Erbbaurechts zugelassen beim subjektiv-dinglichen Vorkaufsrecht[113] zugunsten des jeweiligen Erbbauberechtigten für die Dauer des Erbbaurechts sowie bei einem subjektiv-persönlichen Vorkaufsrecht für den Erbbauberechtigten, wenn es nach seiner rechtlichen Ausgestaltung im konkreten Fall dem subjektivdinglichen Vorkaufsrecht in seiner Bedeutung für das Erbbaurecht gleichkommt.[114] Diese Rechte dürfen im Gleichrang mit dem Erbbaurecht eingetragen sein. Gleiches muß für andere subjektiv-dingliche Rechte zugunsten des jeweiligen Erbbauberechtigten gelten, die gemäß § 96 BGB Bestandteil des Erbbaurechts sind.[115] Vor- oder gleichrangige Vorkaufsrechte für andere Berechtigte (subjektiv-persönlich oder subjektiv-dinglich) verhindern die Eintragung des Erbbaurechts. 1738

– In den **neuen Bundesländern** sind Grundstücke in vielen Fällen belastet mit dinglichen Nutzungsrechten (Art 233 § 4 EGBGB) oder selbständigem Gebäudeeigentum. Ist ein solches Recht im Grundbuch des Grundstücks eingetragen, dann hindert es die Eintragung des Erbbaurechts, obwohl die Grundbucheintragung deklaratorischer Natur ist. Dasselbe muß auch bei nicht eingetragenem Gebäudeeigentum gelten. Eine Ausnahme hiervon besteht aber, wenn das Erbbaurecht zugunsten des Nutzungsberechtigten bzw Gebäudeeigentümers bestellt wird. Hier wird man auch außerhalb der Sachenrechtsbereinigung § 59 SachenRBerG entsprechend anwenden müssen, so daß das Gebäude Bestandteil des Erbbaurechts wird und Gebäudeeigentum oder Nutzungsrecht erlöschen. 1738a

Bestehen am Grundstück vorrangige Belastungen, die nicht Hypotheken-, Grund- und Rentenschulden oder Reallasten sind, so ist deren weitere Absicherung bei einem **Rangrücktritt** hinter das Erbbaurecht schwierig. Ring[116] 1739

---

[112] So OLG Hamburg DNotZ 1967, 373; OLG Hamm DNotZ 1990, 46 = NJW-RR 1989, 717 = OLGZ 1989, 156 = Rpfleger 1989, 232; Palandt/Bassenge Rdn 1; MünchKomm/vOefele Rdn 4, je zu § 10 ErbbauVO; Hönn NJW 1970, 183; Winkler DNotZ 1970, 651.
[113] BGH DNotZ 1954, 469 = NJW 1954, 1443 = Rpfleger 1954, 514 mit zust Anm Rohloff; BGH Rpfleger 1973, 355.
[114] OLG Düsseldorf NJW 1956, 875; BGB-RGRK/Räfle Rdn 2 zu § 10 ErbbauVO; kritisch dazu MünchKomm/vOefele Rdn 3 zu § 10 ErbbauVO; vOefele/Winkler Rdn 2.101.
[115] Rohloff Rpfleger 1954, 519; Ingenstau/Hustedt Rdn 21 zu § 10 ErbbauVO.
[116] Staudinger/Ring (13. Aufl) Rdn 15 zu § 10 ErbbauVO; BGH DNotZ 1974, 692 erwägt aus § 242 BGB einen Anspruch des Eigentümers gegen einen Wegeberechtigten auf Rangrücktritt des Wegerechts hinter das Erbbaurecht nur, wenn das Wegerecht

schlägt zusätzliche Eintragung des zurücktretenden Rechts auf dem Erbbaurecht vor verbunden mit einer Löschungsvormerkung zur Sicherung des Anspruchs des zurücktretenden Berechtigten auf Löschung des Erbbaurechts beim Heimfall; denn hier würde das am Erbbaurecht eingetragene Recht erlöschen; doch bestehen Zweifel, ob gegen diese Verpflichtung nicht § 1 Abs 4 S 2 ErbbauVO steht. Zweifel bestehen auch gegen den Vorschlag, einen Anspruch des Grundstückseigentümers bei Bestellung des Erbbaurechts gegen sich selbst für den Fall des Heimfalls zu begründen, gerichtet auf Neueintragung der gem § 33 ErbbauVO weggefallenen Belastung, und hierfür eine Vormerkung einzutragen;[117] auch sie fällt nach § 33 ErbbauVO weg; eine insoweit einschränkende Auslegung ist nicht möglich.[118]

Eine weitere Unsicherheit ergibt sich aus § 28 ErbbauVO: Wenn nach Zeitablauf des Erbbaurechts eine Entschädigung für das Bauwerk vereinbart ist (§ 27 ErbbauVO), so haftet diese Entschädigungsforderung mit der Rangstelle des untergegangenen Erbbaurechts als Sicherungshypothek auf dem Grundstück, also im Range wiederum vor der zurückgetretenen Dienstbarkeit. Denkbar ist es, daß bei Nichtzahlung der Entschädigung der seinerzeitige Erbbauberechtigte die Zwangsversteigerung des Grundstücks aus dieser vorrangigen dinglichen Sicherung nach § 28 ErbbauVO betreibt; in einer solchen Zwangsversteigerung fiele die Dienstbarkeit am Grundstück weg. Der Weg,[119] die Entschädigungsforderung in der Weise zu modifizieren, daß sie erst verlangt werden kann, wenn der Grundstückseigentümer der Grunddienstbarkeit den ursprünglichen Rang wieder verschafft hat, würde zwar diesen Einwand ausschließen. Allerdings könnte durch eine entsprechende Änderung des Erbbaurechtsvertrags zwischen jeweiligem Grundstückseigentümer und jeweiligem Erbbauberechtigten eine solche Vereinbarung auch wieder ohne Mitwirkung des Dienstbarkeitsberechtigten geändert werden. Ob eine Vereinbarung im Erbbaurechtsvertrag, daß eine solche Änderung ohne Mitwirkung des Dienstbarkeitsberechtigten nicht zulässig ist, mit dinglicher Wirkung für die jeweiligen Sonderrechtsnachfolger im Grundstückseigentum und im Erbbaurecht getroffen werden kann, halten wir für zweifelhaft, da Verfügungen über den Entschädigungsanspruch vor seiner Fälligkeit nicht möglich sind.

1740 Ist ein Erbbaurecht **nicht** an erster Rangstelle im Sinne des § 10 ErbbauVO eingetragen, so ist es inhaltlich unzulässig und von Amts wegen zu löschen (§ 53 Abs 1 S 2 GBO). Eine „Heilung" ist nur möglich durch Neueintragung nach Löschung auf Grund der fortbestehenden Eintragungsanträge, wenn zwischenzeitlich keine weiteren Eintragungen am Grundstück erfolgt sind, die dem Vollzug des Erbbaurechts entgegenstehen; dagegen ist eine Heilung durch Eintragung rangändernder Vermerke auf Grund von Rangrücktritten nicht möglich,[120] ebenso nicht durch nachträgliche Löschung des entgegenstehenden Rechts.[121]

---

auch am Erbbaurecht eingetragen und gleichzeitig eine Entschädigungsforderung des Erbbauberechtigten bei Beendigung nach § 27 ErbbauVO ausgeschlossen wird.
[117] Staudinger/Rapp (2002) Rdn 12 zu § 33 ErbbauVO.
[118] AA Staudinger/Rapp aaO.
[119] BGH DNotZ 1974, 692; vOefele/Winkler Rdn 2.100.
[120] OLG Hamm DNotZ 1977, 613 = Rpfleger 1976, 131; MünchKomm/vOefele Rdn 8; BGB-RGRK/Räfle Rdn 1, je zu § 10 ErbbauVO.
[121] Vgl hierzu Gutachten DNotI-Report 1999, 150.

B. Einzelfälle

h) Die Nichtigkeit des Erbbaurechts und seine Folgen

Bei der Nichtigkeit des Erbbaurechts sind zwei Fallgruppen zu unterscheiden: 1741
1. Fallgruppe: Die Unwirksamkeit des Erbbaurechts **ergibt sich aus dem Inhalt der Grundbucheintragung** selbst oder aus der in Bezug genommenen Eintragungsbewilligung, nicht erst aus weiteren Beweisen und Auskunftsmitteln: zB Eintragung eines Erbbaurechts an anderer als erster Rangstelle (Verletzung des § 10 ErbbauVO, s Rdn 1731 ff), Eintragung eines auflösend bedingten Erbbaurechts (s Rdn 1682), mangelnde Bezeichnung des zu errichtenden Bauwerks.[122]

2. Fallgruppe: Das Erbbaurecht ist **nicht wirksam entstanden,** weil die für seine Entstehung (materiellrechtlich) erforderliche Einigung nicht (wirksam) erfolgt ist; diese Unwirksamkeit weist der Inhalt der Grundbucheintragung selbst nicht aus. Beispiele: Es fehlt einem Beteiligten die Verfügungsbefugnis oder einem Vertreter die Vertretungsmacht, es fehlen gerichtliche oder behördliche Genehmigungen. Bei der zweiten Fallgruppe stimmen Grundbucheintragung und materielle Rechtslage nicht überein; das Grundbuch ist unrichtig und kann nach § 22 GBO iVm § 894 BGB berichtigt werden. Auf Antrag des Grundstückseigentümers kann gemäß § 899 BGB ein Widerspruch in das Grundstücks-Grundbuch eingetragen werden (nicht in das Erbbaurechtsgrundbuch, da es um den Bestand des Erbbaurechts geht, s Rdn 1725); Eintragung eines Amtswiderspruchs ist möglich, wenn die Voraussetzungen des § 53 Abs 1 S 1 GBO (insbesondere vom Grundbuchamt ausgehende Gesetzesverletzung – es gilt hier das materielle Konsensprinzip, § 20 GBO) vorliegen.

Bei dieser 2. Fallgruppe ist ein gutgläubiger Erwerb des Erbbaurechts selbst 1742 oder von Rechten am Erbbaurecht (zB Hypotheken, Grundschulden) nach den allgemeinen Regeln des § 892 BGB möglich. Ein Widerspruch gegen den Bestand des Erbbaurechts zerstört den guten Glauben nur, wenn er im Grundstücks-Grundbuch eingetragen ist. Gegenüber dem gutgläubigen Erwerber (des Erbbaurechts oder eines Rechts am Erbbaurecht) – aber auch nur ihm gegenüber – wird hier das Bestehen des Erbbaurechts fingiert (auch in der Zwangsversteigerung);[123] eine Löschung des Erbbaurechts im Wege der Grundbuchberichtigung ist, wenn gutgläubig erworbene Rechte am Erbbaurecht bestehen, nur möglich, wenn diese Rechte gleichzeitig gelöscht werden, dh Löschungsbewilligung der Gläubiger vorliegt (§ 876 BGB).

Bei der 1. Fallgruppe ist das **inhaltlich unzulässige** Erbbaurecht nach § 53 1743 Abs 1 S 2 GBO von Amts wegen im Grundbuch zu **löschen.** Ein gutgläubiger Erwerb des Erbbaurechts selbst oder von Rechten am Erbbaurecht ist in diesen Fällen nicht möglich, da an inhaltlich unzulässige Eintragungen ein gutgläubiger Erwerb nach §§ 892, 893 BGB nicht anschließen kann.[124] Etwa eingetragene Belastungen am Erbbaurecht hindern in diesem Fall seine Löschung und die Schließung des Erbbaugrundbuchs nicht.

---

[122] OLG Frankfurt Rpfleger 1975, 305; s Rdn 1705.
[123] BGH WM 1963, 533; BayObLG 1986, 294 = Rpfleger 1986, 471; Palandt/Bassenge Rdn 7; Staudinger/Rapp Rdn 21; MünchKomm/vOefele Rdn 15, je zu § 11 ErbbauVO; Haegele Rpfleger 1967, 279 (287); Busse Rpfleger 1957, 106; Mohrbutter und Riedel NJW 1957, 1500.
[124] Einhellige Meinung s OLG Frankfurt Rpfleger 1975, 305; Staudinger/Rapp Rdn 21 zu § 11 ErbbauVO; K/E/H/E Einl B 49 und F 41.

1744 Welche **Rechtsfolgen die Löschung** eines Erbbaurechts als inhaltlich unzulässig **für Belastungen** (besonders Grundpfandrechte) hat, die an diesem Erbbaurecht eingetragen wurden, ist streitig. Der Meinung, die Grundpfandrechte bestünden nunmehr am Grundstück selbst im Rang vor den übrigen Grundstücksbelastungen,[125] weil das Gebäude Bestandteil des Grundstücks werde, kann nicht gefolgt werden. Denn bei Vornahme der Belastung hat der Grundstückseigentümer keine rechtsgeschäftliche Erklärung abgegeben (von der hier nicht interessierenden etwaigen Zustimmungserklärung nach § 5 ErbbauVO abgesehen). Zwar wird infolge unheilbarer Nichtigkeit des Erbbaurechts das auf seiner Grundlage errichtete und später belastete Bauwerk wesentlicher Bestandteil des Grundstücks; sein Wert kommt also dem Grundstückseigentümer zugute. Würde man ihm zumuten, daß sein Grundstück – nicht aber auch er persönlich – für die auf dem nichtigen Erbbaurecht eingetragenen Belastungen haftet, so scheint das zunächst billig zu sein; doch wird damit sein Eigentum am Grundstück in die Verfügung von Grundpfandrechtsgläubigern des „Erbbauberechtigten" gestellt: sieht man in einem solchen Fall die Grundpfandrechte als am Grundstück lastend an, so verliert der Grundstückseigentümer bei einer aus ihnen betriebenen Zwangsversteigerung sein Eigentum am Grundstück, eine Rechtsfolge, die ihn bei Entstehen des Erbbaurechts nicht treffen kann. Ein Rechtsgrund dafür, daß sein Eigentum am Grundstück durch Grundpfandrechte des Erbbauberechtigten gefährdet wird, ist nicht ersichtlich.[126] Bei diesem Fall (Fallgruppe 1) haftet das Grundstück also auch nicht für die nichtigen Grundpfandrechte am nichtigen Erbbaurecht. Eine Lösung läßt sich nach unserer Ansicht nur über die Bereicherungs- oder Ersatzansprüche finden, die dem Erbbauberechtigten gegen den Grundstückseigentümer auf Grund der Errichtung des Bauwerks, das Eigentum des Grundstückseigentümers wird (§ 94 BGB), zustehen. In entsprechender Anwendung des Rechtsgedankens aus § 28 ErbbauVO dürfte den Grundpfandrechtsgläubigern ein Pfandrecht an dieser Forderung zustehen.[127]

i) **Vertraglicher Inhalt des Erbbaurechts** (§§ 2–8 ErbbauVO)

1745 aa) **Allgemeines.** Während § 1 ErbbauVO den zwingenden gesetzlichen Inhalt des Erbbaurechts festlegt, geben §§ 2–8 ErbbauVO den Beteiligten die Möglichkeit, weitere Rechte und Pflichten **vertraglich mit dinglicher Wirkung** als Inhalt des Erbbaurechts zu vereinbaren. Da ein Erbbaurecht in der Regel ein langdauerndes Rechtsverhältnis darstellt, das Gesetz über § 1 ErbbauVO hinaus aber keine weiteren gesetzlichen Inhaltsregelungen enthält, empfiehlt sich stets eine auf den Einzelfall abgestimmte Regelung. Derartige Vereinbarungen (Rechte und Pflichten) wirken, wenn Einigung und Eintragung vorliegen, über die gesamte Erbbaurechtsdauer **dinglich** für und gegen den jeweiligen Grundstückseigentümer und den jeweiligen Berechtigten (Sonderrechtsnachfolger) bezüglich der während des Bestehens seines Rechts fälligen Leistungen (für den Vorgänger braucht er also nicht aufzukommen). Die Beteiligten sind mithin an

---

[125] Haegele Rpfleger 1967, 279 (287); vgl hierzu auch Busse Rpfleger 1957, 106; Mohrbutter und Riedel NJW 1957, 1500.
[126] Wie hier auch BGB-RGRK/Räfle Rdn 14 zu § 11 ErbbauVO; vOefele/Winkler Rdn 5.77.
[127] Zustimmend vOefele/Winkler Rdn 5.77; ähnlich auch MünchKomm/vOefele Rdn 16; abl BGB-RGRK/Räfle Rdn 14, je zu § 11 ErbbauVO.

den Inhalt des Erbbaurechtsvertrags gebunden, ohne daß es einer vertraglichen Übernahme bedürfte. Darin erschöpft sich aber die dingliche Wirkung. Gegenüber Dritten besteht keine unmittelbare Rechtswirkung solcher Vereinbarungen. Die einzelnen (entstandenen) Ansprüche (zB auf Zahlung einer Vertragsstrafe) bleiben schuldrechtliche Ansprüche, wirken nur zwischen den Beteiligten zur Zeit der Entstehung des Anspruchs; das Erbbaurecht haftet für die Ansprüche nicht. Um Haftung des Erbbaurechts zu erreichen, müssen die entsprechenden Sicherheiten am Erbbaurecht besonders bestellt werden, zB eine Grundschuld wegen Vertragsstrafen. Andernfalls bestehen nur Schadensersatzansprüche.

1746 Ist eine solche vertragliche Vereinbarung unwirksam, so scheidet ein gutgläubiger Erwerb des Anspruchs durch Erwerb des Erbbaurechts oder des Grundstücks aus, da diese Ansprüche durch § 2 ErbbauVO keine dinglichen Rechte im Sinne des § 892 BGB werden, sondern schuldrechtliche Ansprüche bleiben, bei denen ein gutgläubiger Erwerb ausgeschlossen ist.[128] Da aus einer Grundbuchunrichtigkeit insoweit kein gutgläubiger Erwerb entstehen kann, besteht auch aus diesem Grund keine Notwendigkeit und keine Befugnis des Grundbuchamtes zur Prüfung von Erbbaurechtsverträgen nach den AGB-Vorschriften[129] (s hierzu Rdn 1723). Spätere Änderungen des vertraglichen Inhalts des Erbbaurechts zwischen Eigentümer und Erbbauberechtigten bedürfen der Zustimmung der Drittberechtigten (§§ 876, 877 BGB).

1747 Nach inzwischen überwiegender Ansicht[130] soll es zulässig sein, neben oder anstelle der dinglich wirkenden Inhaltsvereinbarungen nach § 2 ErbbauVO solche Ansprüche und Rechte durch Dienstbarkeiten oder Reallasten am Erbbaurecht abzusichern. Wir haben hiergegen nach wie vor unter dem Gesichtspunkt des fehlenden Rechtsschutzinteresses Bedenken, jedenfalls soweit die Belastung des Erbbaurechts dem Berechtigten nicht mehr Schutz gewährt als eine Vereinbarung nach § 2 ErbbauVO. Auch der Heimfallanspruch wird nicht gesondert im Grundbuch vorgemerkt; er besteht als „dinglicher Inhalt" des Erbbaurechts gegen den jeweiligen Erbbauberechtigten. Eine Vormerkung zugunsten des Grundstückseigentümers zur Sicherung des Heimfallanspruchs ist daher unzulässig.[131]

1748 Über die in den §§ 2–8, 27 Abs 1 S 2, § 32 Abs 1 S 2 ErbbauVO festgelegten Gegenstände hinaus können die Beteiligten noch andere rein schuldrechtliche Vereinbarungen treffen; sie können aber nicht dinglicher Inhalt des Erbbaurechts werden;[132] dem steht der Typenzwang des Sachenrechts entgegen. Sie können uU durch Vormerkung, Reallast, Dienstbarkeit oder Grundpfandrechte abgesichert werden, wenn die allgemeinen rechtlichen Voraussetzungen hierfür vorliegen.

---

[128] Staudinger/Ring (13. Aufl) Rdn 6 zu § 2 ErbbauVO; vOefele/Winkler Rdn 4.37; vgl auch grundlegend Canaris, Die Verdinglichung obligatorischer Rechte, in Festschrift Flume, 1978, S 371; aA Staudinger/Rapp (2002) Rdn 6 zu § 12 ErbbauVO.
[129] Ertl Rpfleger 1980, 1 (8).
[130] Palandt/Bassenge Rdn 1, Ingenstau/Hustedt Rdn 3, Staudinger/Rapp Rdn 5, je zu § 2 ErbbauVO; vOefele/Winkler Rdn 4.32; aA (wie hier) MünchKomm/vOefele Rdn 7 zu § 2, Rdn 25 zu § 11 ErbbauVO.
[131] Rahn BWNotZ 1961, 53; Ingenstau/Hustedt Rdn 53 zu § 2 ErbbauVO.
[132] AA – unrichtig – LG Düsseldorf NJW 1971, 436.

1749 bb) **Vereinbarungen über die Errichtung, die Instandhaltung und Verwendung des Bauwerks.** Sie können nach § 2 Nr 1 ErbbauVO zum dinglichen Erbbaurechtsinhalt gemacht werden. Hierunter fällt die Vereinbarung einer Pflicht zur Errichtung des Bauwerkes, ggfs in bestimmter Zeit (zur Festlegung des zu errichtenden Bauwerks s im übrigen Rdn 1705). Ist vereinbart, daß für Art und Umfang der Bebauung der im Zeitpunkt der Bestellung des Erbbaurechts gültige Bebauungsplan maßgebend ist, so ist bei dessen späterer Änderung der neue Bebauungsplan maßgebend, wenn er keine wesentlich andere Art der Bebauung vorschreibt.[133] Auch eine Verpflichtung zur Errichtung privater Erschließungsanlagen (private Zufahrt, Außenanlagen, Kläranlage) fällt unter § 2 Nr 1 ErbbauVO.[134] Soweit Instandhaltungspflichten des Erbbauberechtigten nicht vereinbart sind, ist dieser berechtigt – soweit öffentlich-rechtliche Vorschriften nicht entgegenstehen – das Bauwerk abzureißen, zu verändern oder zu vernachlässigen. Es liegt im Interesse des Grundstückseigentümers, eine Instandhaltungspflicht der Erbbauberechtigten zu vereinbaren.

Die Befugnis, das Erbbaugelände und die Baulichkeiten jederzeit durch Beauftragte des Grundstückseigentümers **besichtigen und untersuchen** zu lassen, betrifft die Instandhaltung des Bauwerks, und zwar auch insoweit, als sich die Abrede auf das Gelände außerhalb der Baulichkeiten bezieht. Diese Vereinbarung ist mithin eintragungsfähig.[135]

1750 Vereinbarungen über die Verwendung des Bauwerks, insbesondere die tatsächliche Nutzungsart,[136] sind zB Verwendung zu Wohn- oder Gewerbezwecken,[136] Mietpreisbestimmungen, Regelungen über den Personenkreis der Mietberechtigten (für sozial minderbemittelte Personen, kinderreiche Familien, Einheimische[136]) oder auch das Verbot bestimmter Geschäfte. Ein Zustimmungsrecht des Grundstückseigentümers zur Vermietung und Verpachtung (zu jedem einzelnen Mietvertrag) kann nur schuldrechtlich, nicht dinglich gemäß § 2 ErbbauVO vereinbart werden.[137] Verwendungsbeschränkungen[138] und Gebäudeerrichtungspflichten sind scharf zu unterscheiden.[139]

Auch bauliche Veränderungen am errichteten Bauwerk (damit auch der Abbruch von Gebäulichkeiten[140]) können nach § 2 Nr 1 ErbbauVO von einer Zustimmung des Eigentümers abhängig gemacht werden; diese kann uU auch

---

[133] BGH MittBayNot 1984, 252 = NJW 1985, 1464 = Rpfleger 1985, 60.
[134] Ingenstau/Hustedt Rdn 14 zu § 2 ErbbauVO; Schulte BWNotZ 1961, 321.
[135] LG Lüneburg MDR 1955, 36; LG Regensburg Rpfleger 1991, 363; vOefele/Winkler Rdn 4.52; Erman/Hagen Rdn 3, MünchKomm/vOefele Rdn 18, Palandt/Bassenge Rdn 3, je zu § 2 ErbbauVO; aA Ingenstau/Hustedt Rdn 17, BGB-RGRK/Räfle Rdn 11, je zu § 2 ErbbauVO.
[136] BayObLG 2001, 301 = aaO (Fußn 102).
[137] BayObLG 2001, 301 = aaO; Ingenstau/Hustedt Rdn 19; Staudinger/Rapp Rdn 14, je zu § 2 ErbbauVO. BGH BB 1967, 1103 = DNotZ 1968, 302 mit Anm Weitnauer läßt diese Frage ausdrücklich offen.
[138] OLG Frankfurt OLG-Report 1998, 353 zur Frage, wann das Verlangen nach Einhaltung der Verwendungsbindung rechtsmißbräuchlich ist.
[139] BGH MittBayNot 1984, 252 = aaO (Fußn 133).
[140] BayObLG 2001, 301 = aaO.

B. Einzelfälle

von der Abgabe von Gelände für den Wohnungsbau abhängig gemacht werden.[141]
Eine Verpflichtung des Erbbauberechtigten, das Bauwerk abzureißen, kann weder nach § 2 Abs 1 Nr 1 ErbbauVO noch nach § 27 ErbbauVO als dinglicher Inhalt vereinbart werden.[142]

cc) **Vereinbarungen über die Versicherung des Bauwerks**[143] **und seinen Wiederaufbau im Falle der Zerstörung.** Grundlage: § 2 Nr 2 ErbbauVO. Eine Wiederaufbauverpflichtung besteht nur, wenn sie vertraglich vereinbart wurde; andernfalls hat der Erbbauberechtigte zwar das Recht, nicht aber die Pflicht zum Wiederaufbau. Das Erbbaurecht erlischt durch die Zerstörung des Gebäudes nicht (§ 13 ErbbauVO). Eine Ermäßigung des Erbbauzinses (Rdn 1795 ff) bei Beschädigung oder Zerstörung des Bauwerks tritt grundsätzlich nicht ein.[144] Wiederaufbauverpflichtungen werden häufig auf den Fall beschränkt, daß Versicherungen Ersatz leisten oder der Erbbauberechtigte die Zerstörung zu vertreten hat. Ist eine uneingeschränkte Wiederaufbauverpflichtung festgelegt, so ist nicht entscheidend, ob den Erbbauberechtigten ein Verschulden trifft oder ob er die Mittel zum Wiederaufbau hat. Im Falle besonderer Härte kann ein Wiederaufbau unzumutbar sein, was allerdings nicht der Fall ist, wenn das Gebäude hätte versichert werden können.[145] 1751

dd) **Vereinbarungen über die Tragung der öffentlichen und privatrechtlichen Lasten und Abgaben.** Grundlage: § 2 Nr 3 ErbbauVO. Sie sind wirtschaftlich sehr wichtig. Öffentliche Lasten und Abgaben sind (vgl § 1047 BGB) alle auf öffentlichem Recht beruhenden Steuern und Abgaben, die als öffentliche Last auf dem Grundbesitz ruhen, insbesondere Grundsteuer, Erschließungskosten nach BauGB, Anliegerbeiträge nach Kommunalabgabenrecht, laufende öffentliche Abgaben wie Entwässerung, Müllabfuhr uä. Privatrechtliche Lasten sind Reallasten oder die Zinsen aus Grundpfandrechten, nicht jedoch deren Tilgung.[146] Die Übernahme einer dem Grundstückseigentümer obliegenden Verkehrssicherungspflicht fällt nicht unter § 2 Nr 3 ErbbauVO und kann daher nicht dinglicher Inhalt des Erbbaurechts sein;[147] das gleiche gilt für den umgekehrten Fall der Abwälzung der Verkehrssicherungspflicht des Erbbauberechtigten (§ 837 BGB) auf den Grundstückseigentümer. 1752

Auch wenn der Erbbauberechtigte nach § 2 Nr 3 ErbbauVO solche Lasten übernommen hat, können die Drittberechtigten (zB die Gemeinde) keine un- 1753

---

[141] BGH 48, 296 = MittRhNotK 1968, 181 = NJW 1967, 2351; BayObLG 1986, 501 = NJW-RR 1987, 459.
[142] Gutachten DNotI-Report 1993 H 6 S 2; LG Düsseldorf MittRhNotK 1987, 129.
[143] Also nicht die (empfehlenswerte und häufig geforderte) Haftpflichtversicherung zur Abdeckung der den Eigentümer gesetzlich treffenden Verkehrssicherungspflicht; sie kann nur schuldrechtlich vereinbart werden (Heimfallsanktion möglich), vgl BayObLG 1999, 252 = aaO (Fußn 147); vOefele/Winkler Rdn 4.67.
[144] BGH LM Nr D 1 zu § 157 BGB.
[145] Vgl vOefele/Winkler Rdn 4.70; Erman/Hagen Rdn 4, BGB-RGRK/Räfle Rdn 18, je zu § 2 ErbbauVO.
[146] MünchKomm/vOefele Rdn 23; Staudinger/Rapp Rdn 17, je zu § 2 ErbbauVO.
[147] BayObLG 1999, 252 = MittBayNot 1999, 563 = NJW-RR 2000, 162 = Rpfleger 2000, 61; LG Mannheim BWNotZ 1983, 146.

mittelbaren Ansprüche gegen den Erbbauberechtigten geltend machen;[148] soweit ihnen der Grundstückseigentümer haftet, können sie in einem solchen Fall nur dessen Ansprüche gegen den Erbbauberechtigten pfänden und sich zur Einziehung überweisen lassen (s hierzu Rdn 1745).

1754 ee) **Vereinbarungen über eine Verpflichtung des Erbbauberechtigten, das Erbbaurecht beim Eintreten bestimmter Voraussetzungen auf den Grundstückseigentümer zu übertragen (Heimfall).** Diese nach § 2 Nr 4 ErbbauVO möglichen Vereinbarungen sind in der Praxis in nahezu jedem Erbbaurechtsvertrag enthalten. Nachdem die ErbbauVO ein auflösend bedingtes Erbbaurecht ausgeschlossen hat (§ 1 Abs 4), gibt sie mit dem „**Heimfallrecht**" dem Grundstückseigentümer hierfür einen gewissen Ersatz; weiter dient das Heimfallrecht als Ersatz für den nach Entstehung des Erbbaurechts nicht mehr möglichen Rücktritt vom Erbbaurechtsvertrag (s Rdn 1867) und für die beim Erbbaurecht ebenfalls nicht mögliche Kündigung. Das Heimfallrecht begründet nur einen Anspruch[149] des Grundstückseigentümers gegen den Erbbauberechtigten, bei Eintritt bestimmter – vertraglich festgelegter – Voraussetzungen die Übertragung des Erbbaurechts auf sich oder einen von ihm benannten Dritten (§ 3 ErbbauVO) zu verlangen.

1755 Durch die Übertragung auf den Grundstückseigentümer nach Ausübung des Heimfallrechts erlischt das Erbbaurecht nicht; es bleibt vielmehr als Eigentümer-Erbbaurecht (§ 889 BGB) weiterhin mit den darauf ruhenden Grundpfandrechten und Reallasten bestehen (§ 33 ErbbauVO). Damit wird die Beleihungsfähigkeit des Erbbaurechts erst nachhaltig ermöglicht. Allerdings erlischt mit Entstehung des Eigentümer-Erbbaurechts nach Heimfall der etwa vereinbarte schuldrechtliche Anspruch auf Erhöhung des Erbbauzinses durch Konsolidation;[150] damit wird auch eine zur Sicherung des Anspruchs eingetragene Vormerkung unwirksam (s Rdn 1836); dagegen bleibt die mit Anpassungsklausel vereinbarte Erbbauzinsreallast (§ 9 Abs 2 S 2 ErbbauVO) auch als Eigentümerrecht bestehen (§ 889 BGB).

1756 Die **Ausübung** des Heimfallrechts durch einseitige formlose empfangsbedürftige Willenserklärung des Grundstückseigentümers gegenüber dem Erbbauberechtigten bewirkt als solche keine dingliche Rechtsänderung, sondern gibt dem Grundstückseigentümer nur einen Anspruch auf dinglichen Rechtserwerb. Eine Pflicht, das Erbbaurecht zu erwerben, wird durch das Heimfallverlangen für den Grundstückseigentümer nicht begründet; er kann also auch von der Weiterverfolgung des Verlangens absehen;[151] ein widersprüchliches, gegen Treu und Glauben verstoßendes Verhalten liegt hierin nicht. Erst durch Einigung und Eintragung (§ 873 BGB) wird das Erbbaurecht übertragen und erlischt der Anspruch auf den Erbbauzins.[152] Auf Abgabe der dinglichen Einigung ist der Erbbauberechtigte nach wirksamer Ausübung des Heimfallrechts notfalls zu verklagen (§ 894 ZPO); durch den Nachweis der Ausübung des Heimfallrechtes in Form des § 29 GBO kann eine Umschreibung des Erbbau-

---

[148] Ingenstau/Hustedt Rdn 31 zu § 2 ErbbauVO; vOefele/Winkler Rdn 4.76.
[149] BGH DNotZ 1991, 395 = NJW-RR 1990, 1095 = Rpfleger 1990, 412.
[150] BGH DNotZ 1982, 616 = aaO (Fußn 15).
[151] So BGH DNotZ 1991, 395 = aaO (Fußn 149).
[152] BGH DNotZ 1991, 395 = aaO (Fußn 149); BGH 111, 154 = DNotZ 1991, 393 = NJW 1990, 2067 = Rpfleger 1990, 350.

B. Einzelfälle

rechts auf den Grundstückseigentümer nicht erreicht werden, da durch die bloße Ausübungserklärung die dingliche Rechtslage noch nicht verändert worden ist.

Das Heimfallrecht als Inhalt des Erbbaurechts hat dingliche Wirkung (s Rdn 1745). Dies bedeutet hier, daß der Anspruch dem jeweiligen Grundstückseigentümer gegenüber dem jeweiligen Erbbauberechtigten zusteht. Das Heimfallrecht kann daher auch gegen einen Erbbauberechtigten geltend gemacht werden, wenn die das Heimfallrecht begründenden Tatbestände durch dessen Rechtsvorgänger gesetzt worden sind.[153] Tatsächliche Handlungen des Vorgängers lassen Ausübung des Heimfallanspruchs gegen den Rechtsnachfolger im Erbbaurecht nach § 242 BGB aber nur zu, wenn dieser den vertragwidrigen Zustand seinerseits aufrechterhält.[154] Bei Verletzung von Zahlungspflichten des Vorgängers kann der Heimfall daher gegenüber dem Nachfolger ausgeübt werden.[155] Als Rechtsnachfolger im Erbbaurecht ist auch ein Erwerber des Erbbaurechts in der Zwangsversteigerung anzusehen.[156] Ist im Zeitpunkt der Ausübung des Heimfallrechts die vertraglich vorausgesetzte Pflichtverletzung gegeben, verhindert deren Nachholung nicht die Durchsetzung des Heimfallanspruchs.[157] Die dingliche Wirkung des Heimfallrechts kann mit dem Schutz einer Vormerkung (§ 888 BGB) verglichen werden. Zur Unzulässigkeit einer Vormerkung zur Sicherung des Heimfallanspruchs s Rdn 1747. Das Heimfallrecht ist untrennbarer Bestandteil des Grundstückseigentums (§ 96 BGB, § 3 ErbbauVO); es kann daher nicht gesondert veräußert oder belastet werden.[158] 1757

Eine Pflicht des Grundstückseigentümers, bei Vorliegen bestimmter Voraussetzungen das Erbbaurecht zu erwerben oder den Heimfallanspruch auszuüben, kann nicht nach § 2 ErbbauVO zum (dinglichen) Inhalt des Erbbaurechts gemacht, sondern schuldrechtlich nur vereinbart werden.[159] 1758

Statt durch Übertragung des Erbbaurechts auf den Grundstückseigentümer kann der wirksam **ausgeübte Heimfallanspruch** auf Verlangen des Grundstückseigentümers auch durch Übertragung des Erbbaurechts **auf einen Dritten erfüllt** werden (§ 3 ErbbauVO). Der Grundstückseigentümer kann vom Erbbauberechtigten aber nur Abgabe der dinglichen Einigungserklärung gegenüber dem Dritten, nicht den Abschluß des kaufähnlichen schuldrechtlichen Geschäfts verlangen.[160] Mit Vollzug der Einigung im Grundbuch wird der Dritte 1759

---

[153] Rahn BWNotZ 1961, 53; Weichhaus Rpfleger 1979, 329; Behmer Rpfleger 1983, 477; Staudinger/Rapp Rdn 20 zu § 2 ErbbauVO; aA Scharen Rpfleger 1983, 342.
[154] Staudinger/Rapp Rdn 20 zu § 2 ErbbauVO.
[155] Rahn BWNotZ 1961, 53; Weichhaus Rpfleger 1979, 329; vOefele/Winkler Rdn 4.92; einschränkend Staudinger/Rapp Rdn 20 zu § 2 ErbbauVO, der den Heimfallanspruch in diesem Fall nur zuläßt bei Zahlungsrückständen, die durch die Erbbauzinsreallast oder im übrigen durch Grundpfandrechte oder Reallast gesichert sind. BGH WM 1980, 938 behandelt diese Frage nicht.
[156] OLG Oldenburg DNotZ 1988, 591; Weichhaus aaO (Fußn 155); vOefele/Winkler Rdn 4.93; aA Scharen aaO (Fußn 153).
[157] BGH MDR 1988, 661 = WM 1988, 786.
[158] BGH ZIP 1980, 652; OLG Düsseldorf DNotZ 1974, 177.
[159] BGH BB 1985, 228 (zur Auslegung einer die Rückerwerbspflicht ausschließenden Klausel).
[160] OLG Düsseldorf DNotZ 1974, 177; vOefele/Winkler Rdn 4.110.

Erbbauberechtigter, ohne daß ein Eigentümer-Erbbaurecht entstanden ist. Die auf dem Erbbaurecht ruhenden Belastungen, die nicht Grundpfandrechte, Reallasten (Erbbauzins) oder Vormerkungen eines gesetzlichen Anspruchs auf Eintragung einer Sicherungshypothek sind, erlöschen auch in diesem Fall der Durchführung des Heimfalls (§ 33 ErbbauVO). Die Vormerkung zur Sicherung des hier nicht durch Konsolidation erloschenen Anspruchs auf Änderung der Erbbauzinsreallast bleibt bestehen, da sie sich auf ein nach § 33 Abs 1 S 1 ErbbauVO bestehen bleibendes Recht bezieht, ebenso Vormerkungen zur Sicherung eines Anspruchs auf Eintragung eines der anderen in § 33 Abs 1 S 1 ErbbauVO genannten Rechte. Bei der Ausübung des Heimfalls zugunsten eines Dritten besteht zwischen Grundstückseigentümer und Dritten eine schuldrechtliche Abrede, die auf Verschaffung/Erwerb des Erbbaurechts gerichtet und nach § 11 Abs 2 ErbbauVO, § 311b Abs 1 BGB beurkundungspflichtig ist; in ihr muß dem Dritten der Anspruch auf Erhöhung des Erbbauzinses abgetreten werden, sofern er nach der alten Regelung des § 9 ErbbauVO nicht als dinglicher Inhalt der Erbbauzinsreallast vereinbart ist (s Rdn 1812ff).

1760 Der Heimfallanspruch kann nicht in der Weise als Inhalt des Erbbaurechts, also mit dinglicher Wirkung, vereinbart werden, daß der Eigentümer beim Heimfall das Erbbaurecht nur an eine einem Dritten (Hypothekengläubiger) genehme Person übertragen lassen darf. Eine entsprechende schuldrechtliche Vereinbarung ist möglich; sie kann aber nicht durch eine Vormerkung gesichert werden, eine solche würde beim Heimfall gemäß § 33 Abs 1 S 3 ErbbauVO erlöschen.[161]

1761 Die **Voraussetzungen für die Ausübung** des Heimfallanspruchs sind gesetzlich nicht geregelt. Sie können und müssen daher von den Beteiligten vertraglich vereinbart werden. In der Praxis wird bei Verletzungen der vertraglichen Verpflichtungen des Erbbauberechtigten, zB Nutzungs- oder Zweckänderungen[162] hinsichtlich des Bauwerks, dem Grundstückseigentümer ein Heimfallanspruch gewährt (vgl Muster § 11). Zulässig ist es, als Heimfallgrund allgemein jede Verletzung einer erbbauvertraglichen Verpflichtung vorzusehen.[163] Es besteht jedoch keine Beschränkung der Heimfallgründe auf schuldhaftes Verhalten des Erbbauberechtigten;[164] so kann zB auch bei Tod des Erbbauberechtigten[165] oder des Grundstückseigentümers oder bei Eintritt eines sonstigen Ereignisses[166] ein Heimfallanspruch vereinbart werden. Meist wird auch bei Vermögensverfall des Erbbauberechtigten, besonders Eröffnung des Insolvenzverfahrens, Zwangsversteigerung oder Zwangsverwaltung des Erbbaurechts, ein Heimfallrecht vereinbart. Auch bei Wegfall der durch

---

[161] LG Münster NJW 1954, 1246; Haegele BWNotZ 1972, 45 (47).
[162] BGH DNotZ 1985, 370 = NJW 1984, 2213 = Rpfleger 1984, 352; BGH NJW 1985, 1464 = aaO (Fußn 133), der jedoch zu Recht betont, daß Heimfallanspruch nicht bei Verletzung einer Nutzungspflicht eingreift.
[163] BGH NJW 1984, 2213 = Rpfleger 1984, 352; BGB-RGRK/Räfle Rdn 24 zu § 2 ErbbauVO.
[164] Ingenstau/Hustedt Rdn 50 zu § 2 ErbbauVO.
[165] OLG Hamm DNotZ 1966, 41 = NJW 1965, 1488 = Rpfleger 1966, 47; Staudinger/Rapp Rdn 21 zu § 2 ErbbauVO.
[166] Streitig ist, ob die Heimfallgründe in sachlichem Zusammenhang mit dem Erbbaurecht stehen müssen, so MünchKomm/vOefele Rdn 27; Ingenstau/Hustedt Rdn 46, je zu § 2 ErbbauVO; aA Staudinger/Rapp Rdn 21 zu § 2 ErbbauVO.

B. Einzelfälle

Rangrücktritt des Eigentümers gegenüber Grundpfandrechten am Erbbaurecht nachrangigen Erbbauzinsreallast in einer aus vorrangigen Rechten betriebenen Zwangsversteigerung des Erbbaurechts kann Heimfall vereinbart werden;[167] ebenso für den Fall, daß Erwerber auch in der Zwangsversteigerung nicht in schuldrechtliche Abreden eintritt.[168] Ein Verstoß gegen die (nur schuldrechtliche) Vereinbarung, das Erbbaurecht nicht mit anderen als den in § 5 ErbbauVO aufgezählten Rechten zu belasten, kann Heimfallgrund sein.[169] Grenzen der Vertragsfreiheit setzen § 6 Abs 2 ErbbauVO[170] (kein Heimfall bei Verstoß des Erbbauberechtigten gegen das Zustimmungserfordernis des § 5 ErbbauVO) und § 9 Abs 4 ErbbauVO (Heimfall bei Nichtzahlung des Erbbauzinses[171] nur bei Rückstand von mindestens 2 Jahren). Die allgemeinen Grenzen der Vertragsfreiheit (§§ 134, 138 BGB) gelten jedoch auch hier: die Begründung eines Heimfallanspruchs bei Religionswechsel des Erbbauberechtigten ist auch bei kirchlichem Grundstückseigentümer sittenwidrig und nichtig;[172] möglich ist dagegen ein Heimfallanspruch bei kirchenfeindlicher Betätigung, die jedoch noch nicht bei Glaubenswechsel, Kirchenaustritt oder kritischen Äußerungen gegenüber der Kirche vorliegt.[172] Schließlich gilt für die Ausübung des Heimfallrechts auch der Grundsatz von Treu und Glauben (§ 242 BGB).[173] Ein Heimfallanspruch für den Fall, daß die Fortsetzung des Erbbaurechtsverhältnisses aus einem in der Person der Erbbauberechtigten liegenden Grund eine unbillige Härte (für den Grundstückseigentümer) bilden würde, ist zulässig und bestimmt genug;[174] es gelten hier die für den Wegfall der Geschäftsgrundlage oder die Unzumutbarkeit als Kündigungsgrund bei Dauerschuldverhältnissen entwickelten Rechtsgrundsätze; einer weiteren (grundbuchrechtlichen) Bestimmtheit bedarf es nicht. Unzulässig ist der Heimfall auf jeweiliges Verlangen des Grundstückseigentümers.[175] Hat der Grundstückseigentümer die Zustimmung zu der für die Aufnahme eines Baukredits notwendigen Belastung des Erbbaurechts mit einem Grundpfandrecht grundlos verweigert, kann die Ausübung des Heimfallrechts wegen nicht fristgerechter Bebauung gegen § 242 BGB verstoßen, auch wenn keine Ersetzung nach § 7 Abs 3 ErbbauVO beantragt wurde.[176] Grenzen der Vertragsfreiheit können auch AGB-Bestimmungen enthalten; Prüfungspflicht und -recht des Grundbuchamtes bestehen jedoch nicht, s Rdn 1746, 211 ff.

---

[167] Vgl Kersten-Bühling/Wolfsteiner § 64 Rdn 41 M.
[168] OLG Oldenburg DNotZ 1988, 591.
[169] OLG Hamm MittRhNotK 1986, 21 = OLGZ 1986, 14 = Rpfleger 1986, 51; BayObLG MittBayNot 1992, 197 = (mitget) Rpfleger 1992, 189.
[170] BayObLG 1991, 97 = aaO (Fußn 5), auch zu der Frage, ob solche unzulässige Vereinbarungen inhaltlich unzulässig oder nur schuldrechtlich undurchsetzbar sind; ebenso BayObLG MittBayNot 1992, 197 = aaO.
[171] Ob § 9 Abs 4 ErbbauVO auch für einen nur schuldrechtlichen „Erbbauzins" gilt, ist zweifelhaft.
[172] OLG Braunschweig DNotZ 1976, 603 = Rpfleger 1975, 399; aA LG München II Rpfleger 1983, 268 mit zust Anm Sperling.
[173] BGH DNotZ 1985, 370 = NJW 1984, 2213 = Rpfleger 1984, 352.
[174] LG Oldenburg Rpfleger 1979, 383; LG Düsseldorf MittRhNotK 1989, 218.
[175] LG Oldenburg Rpfleger 1979, 383; Soergel/Stürner Rdn 6 zu § 2 ErbbauVO.
[176] BGH DNotZ 1993, 593 = NJW-RR 1993, 465.

1762 Macht der Grundstückseigentümer vom Heimfallrecht Gebrauch, hat er dem Erbberechtigten eine angemessene **Vergütung** für das Erbbaurecht[177] zu gewähren, soweit im Erbbaurechtsvertrag nichts anderes vereinbart ist. Es kann auch ein entschädigungsloser Heimfall oder nur anteilige Entschädigung vereinbart werden, außer bei Erbbaurechten zur Befriedigung des Wohnbedürfnisses minderbemittelter Personenkreise,[178] wo eine Entschädigungsvereinbarung unter zwei Drittel des Verkehrswertes des Erbbaurechts unwirksam ist (§ 32 Abs 2, Abs 1 S 2 ErbbauVO). Der Vergütungsanspruch entsteht nicht schon mit Geltendmachung des Heimfallanspruchs, sondern erst mit dessen Erfüllung durch Einigung und Eintragung.[179] Maßgebender Zeitpunkt für die Wertberechnung der geschuldeten Vergütung ist mangels vertraglicher Vereinbarung der Zeitpunkt der Erfüllung des Heimfallanspruchs.[180] Der Vergütungsanspruch bei Heimfall kann vor Entstehung und Fälligkeit als künftiger Anspruch abgetreten werden; § 27 Abs 4 ErbbauVO ist nicht anwendbar.[181] Zur Pfändung: Stöber, Forderungspfändung, Rdn 1534.

1763 Beim Heimfall des Erbbaurechts bleiben die Hypotheken, Grund- und Rentenschulden und Reallasten bestehen, soweit sie nicht dem Erbbauberechtigten selbst zustehen. Haftet bei einer Hypothek, die bestehenbleibt, der Erbbauberechtigte zugleich persönlich, so übernimmt der Grundstückseigentümer die Schuld in Höhe der Hypothek. Die Forderungen, die der Grundstückseigentümer auf diese Weise übernehmen muß, werden auf die von ihm an den Erbbauberechtigten zu leistenden Vergütung angerechnet (§ 33 Abs 3 ErbbauVO). Die gesetzlich angeordnete Schuldübernahme bei Heimfall greift auch ein, wenn eine Heimfallentschädigung überhaupt nicht oder eine geringere als die übernommene Schuld zu zahlen ist; es bestehen dann nur Bereicherungsansprüche des Grundstückseigentümers gegen den Erbbauberechtigten.[182] Die Höhe der Heimfallentschädigung steht daher in direktem Zusammenhang mit der Befugnis des Erbbauberechtigten zur Belastung des Erbbaurechts mit Grundpfandrechten: Sind diese höher als die Heimfallentschädigung, wird der Eigentümer seine Zustimmung (§ 5 ErbbauVO) verweigern, anderenfalls muß er sich des damit verbundenen Risikos bewußt sein.

1764 **ff) Vereinbarungen über eine Verpflichtung des Erbbauberechtigten zur Zahlung von Vertragsstrafen.** Grundlage: § 2 Nr 5 ErbbauVO. Sie dienen wie der Heimfall dazu, den Erbbauberechtigten zur Einhaltung der eingegangenen Verpflichtungen anzuhalten. Vereinbart werden sie meist als Sanktion auf geringfügigere Pflichtverletzungen. Sie können neben dem Heimfallrecht vereinbart werden; bei Nichterfüllung hat der Grundstückseigentümer dann ein

---

[177] Der Wert des Erbbaurechts ist aus dem Wert des Bauwerks, dem Ertragswert des ErbbauRechts und dem Wert für den Rückerhalt der Bodenbenutzung zu berechnen, BGH WM 1975, 256; vOefele/Winkler Rdn 4.115.
[178] KG OLGZ 1981, 265 = Rpfleger 1981, 108; Ingenstau/Hustedt Rdn 10 zu § 27 ErbbauVO.
[179] BGH 111, 154 = aaO (Fußn 152) unter Aufgabe von BGH DNotZ 1976, 537.
[180] BGH 116, 161 = DNotZ 1992, 361 = NJW 1992, 1454.
[181] BGH DNotZ 1976, 537 = NJW 1976, 895; ebenso nunmehr BGB-RGRK/Räfle Rdn 2, Palandt/Bassenge Rdn 2, Staudinger/Rapp Rdn 10, je zu § 32 ErbbauVO; aA vOefele/Winkler Rdn 4.113.
[182] vOefele/Winkler Rdn 4.122; Erman/Hagen Rdn 8 zu § 33 ErbbauVO.

B. Einzelfälle

Wahlrecht zwischen Heimfall und Vertragsstrafe; bei nicht gehöriger Erfüllung kann er beides nebeneinander fordern (§§ 340, 341 BGB).[183] Als Vertragsstrafe kann nur Geldzahlung vereinbart werden. Darüber, daß die Vereinbarung von **Verzugs- oder Strafzinsen** im Rahmen des dinglichen Erbbauzinses unzulässig ist, dürfte kein Streit mehr bestehen[184] (§§ 289, 1107 BGB). Nach OLG Stuttgart[185] wäre, da unsicher ist, ob und wann der Verzugsfall eintritt, der Erbbauzins „nach Zeit" unbestimmt. Wohl aber kann nach der genannten Entscheidung eine Vertragsstrafe für die Verzögerung in der Zahlung des Erbbauzinses rechtsgültig vereinbart werden. Durch Eintragung des Erbbaurechts im Grundbuch wird die Vertragsstrafen-Abrede zum Inhalt des Erbbaurechts im Sinne des § 2 Nr 5 ErbbauVO und wirkt dann über die Vertragsschließenden hinaus gegen spätere Erwerber und Ersteher des Erbbaurechts allerdings nur, wenn auch die strafbewehrte Hauptverpflichtung dem jeweiligen Erbbauberechtigten obliegt.[186] Dies ist der Fall, wenn die Hauptverpflichtung dinglicher Inhalt des Erbbaurechts ist (§ 2 ErbbauVO) oder schuldrechtlich vom Erbbauberechtigten übernommen wurde. Für die Zahlung der Vertragsstrafe haftet aber nicht das Erbbaurecht, sondern nur der Erbbauberechtigte persönlich, der selbst die Vertragsstrafe verwirkt hat.[187]

gg) Vereinbarungen über die Einräumung eines Vorrechts für den Erbbauberechtigten auf Erneuerung des Erbbaurechts nach dessen Ablauf. Diese Vereinbarungen nach § 2 Nr 6 iVm § 31 ErbbauVO spielen, da sie dem Erbbauberechtigten kein echtes Verlängerungsrecht gewähren, in der Praxis nur eine geringe Rolle (s Rdn 1884). 1765

hh) Vereinbarungen über eine Verpflichtung des Grundstückseigentümers, das Grundstück an den jeweiligen Erbbauberechtigten zu verkaufen. Sie geben als Inhalt des Erbbaurechts (**§ 2 Nr 7 ErbbauVO**) dem Erbbauberechtigten während der ganzen Dauer des Erbbaurechts ein **Ankaufsrecht** für das Grundstück. Wird dieses Ankaufsrecht durch einseitige empfangsbedürftige formlose Willenserklärung ausgeübt, so besteht ein Anspruch auf Übereignung des Grundstücks, der durch Auflassung (§ 925 BGB) und Eintragung zu erfüllen ist. 1766

Das Ankaufsrecht kann nach § 2 Nr 7 ErbbauVO nicht für eine Zeit nach Beendigung des Erbbaurechts vereinbart werden,[188] zB weil der Grundstückseigentümer die Entschädigung nach § 27 ErbbauVO nicht zahlen kann oder will; hier ist nur eine schuldrechtliche Vereinbarung möglich (Form: § 311b Abs 1 BGB); sie wirkt nur zwischen den Vertragsteilen, nicht gegenüber Rechtsnachfolgern; durch Eintragung einer Vormerkung kann einem solchen Ankaufsrecht jedoch ebenfalls nahezu dingliche Wirkung beigelegt werden. 1767

---

[183] Streitig, wie hier MünchKomm/vOefele Rdn 31 zu § 2 ErbbauVO; aA (nur Wahlrecht) BGB-RGRK/Räfle Rdn 39; Ingenstau/Hustedt Rdn 58, je zu § 2 ErbbauVO.
[184] BGH DNotZ 1970, 248 = NJW 1970, 243; früher schon LG Arnsberg NJW 1955, 425; gegenteiliger Ansicht damals Alberty NJW 1955, 425 und Merkel NJW 1955, 1140.
[185] OLG Stuttgart DNotZ 1959, 254 = NJW 1958, 2019 mit zust Anm Raiser; s auch Rahn BWNotZ 1958, 226 und 1961, 53.
[186] BGH 109, 230 = DNotZ 1991, 391 = NJW 1990, 832 = Rpfleger 1990, 110.
[187] HM, vgl BGH 109, 230 = aaO.
[188] OLG Hamm DNotZ 1974, 178 = NJW 1974, 863 = Rpfleger 1974, 68; BGH NJW 1972, 2265.

1768 Im Erbbaurechtsvertrag können für das Ankaufsrecht nach § 2 Nr 7 Erbbau-VO Einzelheiten festgelegt werden, insbesondere über die Bedingungen und Voraussetzungen seiner Ausübung sowie über den Ankaufspreis und seine Zahlungsmodalitäten. Ist ein Ankaufspreis nicht festgelegt, wird der angemessene Preis als vereinbart gelten müssen; §§ 315 ff BGB sind dann anwendbar.[189] Die beim Ankaufsrecht behandelten Kaufpreisbestimmungen (Rdn 1450) können auch hier vereinbart werden. Räumt eine Gemeinde oder sonstige Gebietskörperschaft als Grundstückseigentümer ein solches Ankaufsrecht ein, hat sie das Verbot eines Unterwertverkaufs (s Rdn 4077) sowie etwaige Genehmigungspflichten durch die Kommunalaufsicht zu beachten; ein fester Kaufpreis dürfte dabei nur ausnahmsweise zulässig sein.[190]

1769 Das Ankaufsrecht nach § 2 Nr 7 ErbbauVO hat dingliche Wirkung insofern, als es für und gegen den jeweiligen Grundstückseigentümer und Erbbauberechtigten gilt, somit auch im Insolvenzverfahren über das Vermögen des Eigentümers oder gegenüber einem Erwerber des Grundstücks in der Zwangsversteigerung.[191] Dennoch hat das Ankaufsrecht nicht die dingliche Wirkung einer Vormerkung; § 883 Abs 2, § 1098 Abs 2 BGB sind nicht anwendbar. Belastungen, die am Grundstück bis zum Vollzug der Auflassung eingetragen sind, bleiben dem Erbbauberechtigten gegenüber wirksam. Ab wann die Rechtsstellung des Erbbauberechtigten durch eine Vormerkung am Grundstück gesichert werden kann, ist streitig. Da es sich bei dem Auflassungsanspruch des Erbbauberechtigten um einen bedingten Anspruch handelt, den der Grundstückseigentümer nicht einseitig zerstören kann, ist die Eintragung einer Vormerkung jedenfalls von der Ausübung des Ankaufsrechts an zulässig,[192] richtigerweise bereits ab Eintragung des Erbbaurechts.[193]

1770 Nach Erwerb des Grundstücks durch den Erbbauberechtigten besteht ein Eigentümererbbaurecht (Rdn 1755).

1771 Ein **Vorkaufsrecht** für den Grundstückseigentümer am Erbbaurecht oder für den Erbbauberechtigten am Grundstück kann nur vertraglich nach den allgemeinen Vorschriften vereinbart werden; als Inhalt des Erbbaurechts nach § 2 ErbbauVO kann es nicht vereinbart werden.

1772 Eine **Verpflichtung** des Erbbauberechtigten, auf Verlangen des Grundstückseigentümers das Grundstück zu erwerben (**Kaufzwangsklausel**) kann nur **schuldrechtlich** (Form: § 311b Abs 1 BGB), nicht als Inhalt des Erbbaurechts, vereinbart werden. Solche Kaufzwangklauseln verstoßen weder gegen ein gesetzliches Verbot (§ 134 BGB) noch sind sie generell sittenwidrig und nichtig (§ 138 BGB).[194] Keine Bedenken bestehen, wenn das auf Grund des Erb-

---

[189] RG 57, 49; Ingenstau/Hustedt Rdn 68, MünchKomm/vOefele Rdn 38, je zu § 2 ErbbauVO.
[190] Vgl zB Bay Staatsministerium des Innern MittBayNot 1989, 285.
[191] BGH NJW 1954, 1444.
[192] MünchKomm/vOefele Rdn 39 zu § 2 ErbbauVO.
[193] Staudinger/Rapp Rdn 32 zu § 2 ErbbauVO; vOefele/Winkler Rdn 4.162.
[194] BGH 68, 1 = DNotZ 1977, 629 = NJW 1977, 761 = Rpfleger 1977, 163; BGH DNotZ 1981, 261 = Rpfleger 1980, 269; BGH BB 1989, 318; OLG Düsseldorf MittRhNotK 1997, 258 = NJW-RR 1997, 1174 (1175); OLG Hamm NJW 1977, 203; umfassend Gutachten DNotI-Report 1997, 121; Nordalm NJW 1974, 1936; Macke NJW 1977, 2233; Richter BWNotZ 1978, 61; Uible NJW 1979, 24; Hönn NJW 1977, 2073; Demmer NJW 1983, 1636; ablehnend: Kollhosser NJW 1974, 1302.

B. Einzelfälle

baurechts errichtete Bauwerk nicht Wohnzwecken dient (Fehlen des sozialen Schutzgedankens). Im Einzelfall ist die Vereinbarung der Kaufzwangklausel über die gesamte Laufzeit des Erbbaurechts oder auf eine überlange Zeit, die wie bei Bierlieferungsverträgen bei etwa 20 Jahren liegen dürfte,[195] sittenwidrig. Bei überlanger Laufzeit wird die Kaufzwangklausel bei Individualvereinbarungen entsprechend § 139 BGB auf eine noch zulässige kürzere Zeit reduziert.[195] Weiter muß dem Ankaufsverpflichteten eine angemessene Frist zur Aufbringung des Kaufpreises zugestanden werden, entweder durch entsprechende Fälligkeitsregelung oder rechtzeitige Ankündigung der Ausübung des Gestaltungsrechts durch den Grundstückseigentümer.[195] Sittenwidrig kann aber auch eine Kaufzwangklausel sein, wenn von ihr zur Unzeit Gebrauch gemacht wird; dies ist dann der Fall, wenn zB der Ankauf innerhalb der ersten zehn Jahre nach Errichtung des Erbbaurechts-Eigenheimes verlangt wird (übergroße Belastung des Erbbauberechtigten).[196] Dagegen ist die Vereinbarung, daß der Erbbauberechtigte den vollen Verkehrswert des Grundstücks im Zeitpunkt der Geltendmachung der Ankaufsverpflichtung bezahlen muß, nicht sittenwidrig.[197] Im Einzelfall kann aber eine Preisanpassung wegen Wegfalls der Geschäftsgrundlage (§ 313; früher über § 242 BGB) angebracht sein.[198]

In allgemeinen Geschäftsbedingungen oder Formularverträgen vereinbarte Kaufzwangklauseln unterliegen bei Erbbaurechten, die Wohnzwecken dienen oder Verbraucherverträge sind, der Inhaltskontrolle nach § 307 Abs 1 BGB (vordem § 9 AGBG bzw § 242 BGB für vor Inkrafttreten des AGBG vereinbarte Klauseln). Über die zur Vermeidung der Sittenwidrigkeit einer solchen Klausel nötigen Einschränkungen (s Rdn 1772) hinaus hält eine Kaufzwangklausel der Inhaltskontrolle nur stand, wenn sie so ausgestaltet ist, daß sie für einen in durchschnittlichen wirtschaftlichen Verhältnissen lebenden Erbbauberechtigten erträglich ist. Dies ist nur der Fall, wenn vereinbart ist:[199]

1773

– für das Ankaufsverlangen mindestens eine Ankündigungsfrist von 6 Monaten,
– für die Zahlung des Kaufpreises eine weitere angemessene Frist nach Feststellung des Kaufpreises,
– daß das Ankaufsverlangen nach Ablauf der zehnjährigen Schonfrist (s Rdn 1772 und Fußn 196) nur in einem überschaubaren Zeitraum, der

---

[195] BGH DNotZ 1981, 261 = Rpfleger 1980, 269; weitergehend OLG Düsseldorf NJW-RR 1997, 1174 = aaO: keine allgemein geltende höchstzulässige Dauer; bedeutsam sind die besonderen Umstände des Einzelfalls; die Ausschlußfrist des § 462 (= § 503 aF) BGB ist nicht anwendbar.
[196] BGH 68, 1 = aaO (Fußn 194).
[197] BGH 68, 1 = aaO (Fußn 194); BGH BB 1989, 318 = NJW 1989, 2129 sieht als Verkehrswert den Wert des Grundstücks ohne Berücksichtigung des Erbbaurechts vor, wenn nichts anderes vereinbart ist. Vgl weiter BGH DNotZ 1990, 93 = NJW-RR 1989, 1037.
[198] Demmer NJW 1983, 1636 (1639) gegen die von Macke NJW 1977, 2233 befürwortete Analogie zu § 9 a ErbbauVO.
[199] BGH 114, 338 = DNotZ 1992, 106 = NJW 1991, 2141. Dies kann auch bei Übernahme einer solchen Verpflichtung durch den Sonderrechtsnachfolger des ersten Erbbauberechtigten in Frage kommen, BGH 75, 15 = DNotZ 1978, 733 = NJW 1979, 2387 = Rpfleger 1979, 410; BGH BB 1989, 318: Ist eine Übernahme der Kaufzwangklausel durch den Käufer nichtig, bleibt der Erbbaurechtsverkäufer ankaufsverpflichtet.

nicht die volle Zeitdauer des Erbbaurechts erfassen darf, ausgeübt werden kann.
Eine diesen Grundsätzen widersprechende Formularklausel ist in vollem Umfang unwirksam; eine geltungserhaltende Reduktion ist ausgeschlossen.[200]

1774 **ii) Vereinbarungen über die Zustimmung des Grundstückseigentümers zur Veräußerung und Belastung des Erbbaurechts.** Sie sind als dinglicher Inhalt des Erbbaurechts nach §§ 5–8 ErbbauVO möglich. Zweck dieser Verfügungsbeschränkungen ist es, dem Grundstückseigentümer Einfluß auf die Wahl des Nachfolgers des Erbbauberechtigten zu geben, zB um Spekulationen des Erbbauberechtigten zu verhindern oder um sich gegen Gefährdung der Erfüllung der dem Erbbauberechtigten obliegenden Verpflichtungen durch einen persönlich oder wirtschaftlich unzuverlässigen Erwerber zu schützen; weiter soll die Verfügungsbeschränkung dem Grundstückseigentümer eine Kontrolle und uU Verhinderung solcher Belastungen des Erbbaurechts ermöglichen, die er bei einem Heimfall übernehmen müßte, weil sie bestehen blieben (§ 33 ErbbauVO).

1775 **Beschränkungen der Veräußerlichkeit** des Erbbaurechts nach § 5 Abs 1 ErbbauVO betreffen rechtsgeschäftliche Übertragungen des Erbbaurechts unter Lebenden. Darunter fallen auch Übertragungen im Wege der vorweggenommenen Erbfolge,[201] der Erbauseinandersetzung oder Vermächtniserfüllung[202] (nicht aber die Umwandlung des Gesamthandseigentums einer Erbengemeinschaft in Bruchteilseigentum aller bisherigen Erben).[203] Eine Erbteilsübertragung ist dagegen keine Veräußerung des Erbbaurechts iS des § 5 ErbbauVO, auch wenn das Erbbaurecht den einzigen Nachlaßgegenstand darstellt.[204] Auch der Wechsel im Gesellschafterbestand einer Gesellschaft, die Inhaber eines Erbbaurechts ist, fällt nicht unter § 5 Abs 1 ErbbauVO, da hier nicht das Erbbaurecht veräußert wird,[205] ebenso nicht die Umwandlung (Verschmelzung, Spaltung, Vermögensübertragung, Formwechsel) nach dem UmwG (dazu s Rdn 995–995g). Die Teilung eines Erbbaurechts in Wohnungserbbaurechte ist keine Veräußerung, weder bei Teilung nach § 30 Abs 2, § 8 WEG (Vorratsteilung)[206] noch bei nach § 30 Abs 1, § 3 WEG vereinbarter Aufteilung;[207] ein Zustimmungserfordernis des Grundstückseigentümers für diese Rechtsvorgänge kann daher nicht als dinglicher Inhalt des Erbbaurechts vereinbart werden (wohl aber schuldrechtlich). Bestellung eines Vorkaufsrechts am Erbbaurecht ist noch keine Veräußerung und bedarf auch bei Veräußerungsbeschränkung nicht der Zustimmung des Eigentümers.[208]

1776 Die Veräußerungsbeschränkungen können generell oder nur für bestimmte Fälle (zB nicht bei Veräußerung an bestimmte Personen oder bestimmten Per-

---

[200] So BGH 114, 338 = aaO (Fußn 199).
[201] LG Münster MDR 1968, 585 = MittBayNot 1968, 245 = MittRhNotK 1969, 19.
[202] BayObLG 1982, 46 = MittBayNot 1982, 71 = Rpfleger 1982, 177 (zu § 12 WEG).
[203] LG Lübeck Rpfleger 1991, 201 (s auch Rdn 2905).
[204] BayObLG 1967, 408 = MittBayNot 1968, 161 = Rpfleger 1968, 188.
[205] AA – unrichtig – OLG Köln MittRhNotK 1991, 114 mit abl Anm Tönnies.
[206] OLG Celle Rpfleger 1981, 22 = MittBayNot 1981, 131; BayObLG 1978, 157 = DNotZ 1978, 626 = Rpfleger 1978, 375; LG München I MittBayNot 1977, 68; MünchKomm/vOefele Rdn 6 zu § 5 ErbbauVO.
[207] LG Augsburg MittBayNot 1979, 68.
[208] OLG Braunschweig OLGZ 1992, 263 = Rpfleger 1992, 193.

B. Einzelfälle

sonenkreis) oder nur für Veräußerung innerhalb bestimmter Fristen vereinbart werden.[209] Die Veräußerlichkeit des Erbbaurechts darf aber auch durch solche Zustimmungserfordernisse nicht in der Substanz ausgehöhlt werden,[210] sondern muß als solche erhalten bleiben, da sie zum gesetzlichen Inhalt des Erbbaurechts gehört. Rein schuldrechtlich, nur zwischen den vertragsschließenden Beteiligten wirkend, kann auch ein weitergehendes Veräußerungsverbot vereinbart werden (§ 137 S 2 BGB); zur Absicherung durch eine bedingte Übertragungsverpflichtung und Vormerkung s Rdn 1489.

Nach § 5 Abs 2 ErbbauVO kann auch die **Belastung** des Erbbaurechts **mit Grundpfandrechten und Reallasten** (die bei Heimfall bestehen bleiben, § 33 ErbbauVO) von der Zustimmung des Grundstückseigentümers abhängig gemacht werden. Über den Wortlaut des § 5 ErbbauVO hinaus kann auch die Belastung des Erbbaurechts mit einem **Dauerwohnrecht** von der Zustimmung des Grundstückseigentümers abhängig gemacht werden, da gegenüber der Belastung des Erbbaurechts mit einem solchen bei Heimfall bestehenbleibenden Recht dem Eigentümer eine Kontrollbefugnis zustehen muß.[211] Für die Eintragung von Sicherungshypotheken gilt § 5 ErbbauVO ebenfalls: bei Eintragung im Wege der Zwangsvollstreckung gilt § 8 ErbbauVO; bei der Bauhandwerkersicherungshypothek nach § 648 BGB gilt § 5 ErbbauVO unmittelbar, da nur der Anspruch gesetzlich entsteht, ihre Eintragung aber nur auf Grund einer Bewilligung erfolgt.[212] Die Sicherungshypothek nach § 1287 S 2 BGB ist gesetzliche Folge einer rechtsgeschäftlichen Verpfändung des Anspruchs auf Bestellung des Erbbaurechts (Surrogat). Entsteht das Erbbaurecht nur mit der Belastungsbeschränkung, so kann durch die Verpfändung des insoweit inhaltlich beschränkten Anspruchs auf Erbbaurechtsbestellung ohne Eigentümerzustimmung keine Sicherungshypothek entstehen.[213]

1777

Zu beachten ist eine Belastungsbeschränkung auch beim **Eigentümer-Erbbaurecht**.[214] Nötig ist die Zustimmung des Grundstückseigentümers (oder deren Ersetzung durch das Amtsgericht nach § 7 Abs 3 ErbbauVO) daher auch bei Eintragung einer Zwangssicherungshypothek auf dem Eigentümer-Erbbaurecht,[215] sowie dann, wenn der Eigentümer als Erbbauberechtigter zur Abgabe der Eintragungsbewilligung verurteilt ist (§ 894 ZPO). Bewilligt der Eigentümer die Eintragung der Belastung auf seinem Erbbaurecht, dann bringt er damit zugleich auch seine nach § 5 Abs 2 ErbbauVO erforderliche Zustim-

1777a

---

[209] Lutter DNotZ 1960, 237; OLG Braunschweig MittBayNot 1972, 119.
[210] BayObLG 1972, 260 = DNotZ 1973, 237.
[211] OLG Stuttgart NJW 1952, 979; Staudinger/Rapp Rdn 4, MünchKomm/vOefele Rdn 11, je zu § 5 ErbbauVO; aA: Bärmann/Pick/Merle Rdn 10, Weitnauer/Hauger Rdn 4, je zu § 42 WEG.
[212] BayObLG 1996, 301 (304) = MittBayNot 1997, 172 = NJW-RR 1997, 591 = Rpfleger 1997, 256.
[213] Furtner NJW 1966, 187; Staudinger/Rapp Rdn 9, Ingenstau/Hustedt Rdn 20, je zu § 5 ErbbauVO.
[214] BayObLG 1996, 301 (305) = aaO.
[215] BayObLG 1996, 107 = aaO (Fußn 15); OLG Hamm OLGZ 1985, 159 = Rpfleger 1985, 233; LG Köln NJW-RR 2000, 682 = Rpfleger 2000, 11; bei Eintragung einer Arresthypothek soll Eigentümerzustimmung nach GBAmt Eppelheim BWNotZ 1988, 169 entbehrlich sein.

mung zum Ausdruck. Erforderlich ist (und nach § 7 Abs 3 ErbbauVO ersetzt werden kann) auch die Zustimmung zur Umschreibung einer (zustimmungsfrei eingetragenen, Rdn 1786) Vormerkung in die Bauhandwerkersicherungshypothek.[216]

1777b Bei Bestellung eines **Untererbbaurechts** kann nicht vereinbart werden, daß der Untererbbauberechtigte zur Veräußerung und Belastung des Untererbbaurechts der Zustimmung des Grundstückseigentümers bedarf. Dies gilt auch dann, wenn das Erbbaurecht nur mit Zustimmung des Grundstückseigentümers veräußert oder belastet werden kann.[217]

1778 Für andere Belastungen wie Nießbrauch, Dienstbarkeiten, Vormerkungen, gilt § 5 ErbbauVO nicht; eine Zustimmungspflicht kann als dinglicher Inhalt des Erbbaurechts für sie nicht vereinbart werden, wohl aber schuldrechtlich, ggfs auch mit Heimfallsanktion bewehrt.[218] Wenn Zustimmung für alle Arten der Belastung vereinbart wird, muß klargestellt werden, daß die Vereinbarung für Belastungen, die nicht unter § 5 Abs 2 ErbbauVO fallen, nur schuldrechtlich wirken soll.[219]

1779 § 5 ErbbauVO läßt eine Belastungsbeschränkung nur insoweit zu, als die Belastung überhaupt an die Zustimmung des Grundstückseigentümers gebunden sein soll. Vereinbarungen, die den Erbbauberechtigten lediglich hinsichtlich des näheren Inhalts der Belastungen beschränken, können nur mit schuldrechtlicher Wirkung getroffen werden.[220] Beispiele dafür: nur bis zu bestimmter Höhe des Grundpfandrechts oder nur zu bestimmtem Zweck oder für einen bestimmten Gläubiger oder nur unter gewissen Voraussetzungen. Auch eine Versagung der Zustimmung für bestimmte Fälle kann nicht als dinglicher Inhalt vereinbart werden.[221] Dagegen können **Ausnahmen** von der grundsätzlichen Zustimmungsbedürftigkeit für bestimmte Belastungen festgelegt werden (zB Grundpfandrechte zustimmungsbedürftig, ausgenommen Tilgungsbaudarlehen öffentlicher Körperschaften).[222] Der Grundstückseigentümer kann daher für bestimmte Fälle von Belastungen generell im voraus seine Zustimmung erteilen; daß er sich damit der Einflußnahme begibt, steht der Zulässigkeit nicht entgegen.[223]

1780 Ist für die Belastung des Erbbaurechts die Zustimmung des Grundstückseigentümers nötig, so sind auch **Inhaltsänderungen** solcher Belastungen zustimmungspflichtig, soweit sie eine weitere Belastung des Erbbaurechts enthalten (§ 5 Abs 2 S 2 ErbbauVO), also Zinserhöhungen (nicht dagegen für weitere Erbbauzinsreallast für erhöhten Erbbauzins[224]), Erschwerung der

---

[216] BayObLG 1996, 301 (305) = aaO (Fußn 212).
[217] LG Augsburg MittBayNot 1995, 211 Leits.
[218] OLG Hamm OLGZ 1986, 14 = aaO (Fußn 169); BayObLG MittBayNot 1992, 197.
[219] BayObLG MittBayNot 1992, 197 = (mitget) Rpfleger 1992, 189.
[220] KG DR 1939, 1393; BayObLG 1959, 319 = DNotZ 1960, 104 = Rpfleger 1960, 254.
[221] BayObLG 1999, 252 = aaO (Fußn 147).
[222] BayObLG 1979, 227 = DNotZ 1980, 50 = Rpfleger 1979, 384; OLG Celle Rpfleger 1985, 22: die generelle Zustimmung für Grundpfandrechte zugunsten bestimmter Gläubiger gilt auch für Zwangssicherungshypotheken für solche Gläubiger (der Leitsatz der Entscheidung ist im übrigen mißverständlich).
[223] LG Aurich NJW 1958, 794; LG Bochum Rpfleger 1990, 453; Lutter DNotZ 1960, 237; BayObLG 1979, 227 = aaO (Fußn 222).
[224] LG Bochum Rpfleger 1990, 453; LG Münster Rpfleger 1994, 203.

B. Einzelfälle

Kündigungsmöglichkeiten, Laufzeitverlängerung bei Reallasten. Keine weitere Belastung des Erbbaurechts ist die Umwandlung einer Hypothek in eine Grundschuld und umgekehrt.[225] Die nachträgliche Eintragung der Zwangsvollstreckungsunterwerfung nach § 800 ZPO bei einem Grundpfandrecht fällt, da die Unterwerfung keine Verfügung über das Erbbaurecht, sondern nur Prozeßerklärung ist,[226] nicht unter § 5 Abs 2 ErbbauVO.[227] Die Entlassung eines anderen Wohnungserbbaurechts aus der Mithaft für ein das gesamte Erbbaurecht belastendes Grundpfandrecht ist keine zustimmungsbedürftige Maßnahme iS des § 5 Abs 2 ErbbauVO, weil die Freigabe keine Verfügung des Erbbauberechtigten, sondern des Grundpfandgläubigers ist.[228]

Zur **wirksamen Entstehung** einer Verfügungsbeschränkung nach §§ 5ff ErbbauVO reicht materiell-rechtlich Bezugnahme auf die Eintragungsbewilligung (neben der Einigung der Parteien) aus. Aus formellen Gründen muß jedoch die Belastungsbeschränkung unmittelbar in das Grundbuch eingetragen werden (§ 56 Abs 2 GBV); siehe Rdn 1727 mit Fußn 101). Wegen des näheren Inhalts der Beschränkung und etwaiger Ausnahmen kann auf die Eintragungsbewilligung Bezug genommen werden.[229]

1781

Wird eine Verfügungsbeschränkung nach § 5 ErbbauVO erst **nach Eintragung** des Erbbaurechts im Grundbuch vereinbart oder eine gleichzeitig mit Bestellung des Erbbaurechts vereinbarte Verfügungsbeschränkung geändert (eingeschränkt oder erweitert), so bedarf es zu einer solchen als Änderung des Inhalts des Erbbaurechts anzusehenden und im Erbbau-Grundbuch einzutragenden Vereinbarung der Einigung zwischen Grundstückseigentümer und Erbbauberechtigten, die dem Grundbuchamt in Form des § 29 GBO nachzuweisen ist. Es bedarf ferner der Zustimmung derjenigen am Erbbaurecht dinglich Berechtigten (§§ 877, 876 BGB), deren Rechtsstellung nachteilig berührt sein kann (zB nachträgliche Einführung einer Veräußerungszustimmung; Aufhebung oder Einschränkung der Zustimmungserfordernisse berührt die Rechte der am Erbbaurecht dinglich Berechtigten nicht[230]); Zustimmung der am Grundstück dinglich Berechtigten ist nicht erforderlich.[223] Der Eintragungsantrag kann vom Grundstückseigentümer oder vom Erbbauberechtigten gestellt werden. Bedarf die Veräußerung eines Erbbaurechts der Zustimmung des Eigentümers und stimmt dieser der im Wege der Zwangsversteigerung erfolgenden Veräußerung an jeden Ersteher für den Fall zu, daß der jeweilige Gläubiger eines bestimmten Grundpfandrechts die Zwangsversteigerung be-

1782

---

[225] BGB-RGRK/Räfle Rdn 8 zu § 5 ErbbauVO; aA MünchKomm/vOefele Rdn 10 zu § 5 ErbbauVO.
[226] KG HRR 1931 Nr 1705; BayObLG 14, 499; Wolfsteiner, Die vollstreckbare Urkunde, Rdn 65.16; vgl auch OLG Düsseldorf Rpfleger 1988, 357 zum Wesen der Unterwerfung (hierzu auch Rdn 2037).
[227] Ingenstau/Hustedt Rdn 12; Staudinger/Rapp Rdn 6, je zu § 5 ErbbauVO; aA BGB-RGRK/Räfle Rdn 8; MünchKomm/vOefele Rdn 10, je zu § 5 ErbbauVO; vOefele/Winkler Rdn 4.230.
[228] Unrichtig OLG Düsseldorf MittRhNotK 1995, 62 mit Anm Rethmeier.
[229] Schmidt BWNotZ 1961, 299; BayObLG 1979, 227 = aaO (Fußn 222).
[230] BayObLG 1989, 354 = MittBayNot 1989, 315 = MittRhNotK 1989, 268 = Rpfleger 1989, 503 (auch zur zulässigen Aufhebung der Zustimmungserfordernisse für einzelne Wohnungserbbaurechte).

treibt, so ist die Zustimmung ausschließlich als Inhaltsänderung des Erbbaurechts eintragungsfähig.²³¹

1783 Die **Zustimmung** ist eine einseitige empfangsbedürftige, materiell-rechtlich formlose, dem Grundbuchamt jedoch in der Form des § 29 GBO nachzuweisende Willenserklärung des jeweiligen Grundstückseigentümers. Sie ist bis zur Vornahme der Eintragung der Rechtsänderung im Grundbuch grundsätzlich frei **widerruflich** (§ 183 BGB). Ist allerdings die Einigung des Erbbauberechtigten und des Hypothekengläubigers mit der Zustimmung des Grundstückseigentümers bindend geworden und der Eintragungsantrag beim Grundbuchamt eingegangen (§ 873 Abs 2 BGB), so bleibt bei Widerruf der Zustimmung durch den Grundstückseigentümer der (Wieder-)Eintritt der Verfügungsbeschränkung des Erbbauberechtigten auf die Einigung gemäß § 878 BGB ohne Einfluß²³² (s Rdn 114).

1784 Die Zustimmung zur Belastung des Erbbaurechts durch den Grundstückseigentümer ist keine Verfügung über ein Grundstück; der gesetzliche Vertreter eines minderjährigen Grundstückseigentümers bedarf daher keiner familien- oder vormundschaftsgerichtlichen Genehmigung.²³³ Ist eine Erbengemeinschaft Grundstückseigentümer, ist Zustimmung aller Mitglieder der Erbengemeinschaft nötig,²³⁴ Mehrheitsbeschluß ist nicht ausreichend; da die Zustimmung aber keine Verfügung über ein Grundstück ist, ist Nacherbenzustimmung nach § 2113 BGB nicht erforderlich.²³⁵ Ist eine öffentliche Körperschaft zustimmungsberechtigter Grundstückseigentümer, so ist nach den jeweiligen Organisationsvorschriften zu prüfen, welches Organ (zB Bürgermeister mit oder ohne Zustimmung des Gemeinderats, s dazu Rdn 3660) die Zustimmung zu erteilen hat und ob Genehmigungen (zB aufsichtsrechtlicher Art) erforderlich sind. Kirchenaufsichtliche Zustimmungserfordernisse sind zu beachten;²³⁶ fehlende kirchenaufsichtliche Genehmigung ist im Verfahren nach § 7 Abs 3 ErbbauVO ersetzbar (s Rdn 1787).

1784a Die Zustimmungsbefugnis steht dem jeweiligen Grundstückseigentümer zu; bei Wechsel des Grundstückseigentümers²³⁷ (auch -miteigentümers²³⁸) vor Eingang des Antrags auf Umschreibung des Erbbaurechts wird die vom Rechtsvorgänger erteilte Zustimmung wirkungslos.

1785 Eine Vereinbarung nach § 5 ErbbauVO wirkt dinglich, dh sie gilt für den jeweiligen Grundstückseigentümer und Erbbauberechtigten. Darüber hinaus hat

---

[231] OLG Braunschweig MDR 1972, 420 = MittBayNot 1972, 119 = MittRhNotK 1972, 405 = OLGZ 1972, 187; Kappelhoff Rpfleger 1985, 281; zu vorstehenden Fragen auch OLG München HRR 1937, 1658 und Lutter DNotZ 1960, 238.

[232] BGH DNotZ 1963, 433 = NJW 1963, 36 = Rpfleger 1963, 378 mit zust Anm Haegele; OLG Köln MittRhNotK 1996, 275 = Rpfleger 1996, 106.

[233] LG Frankfurt Rpfleger 1974, 109 = BWNotZ 1974, 18 = MittBayNot 1974, 80; ebenso Staudinger/Rapp Rdn 14; BGB-RGRK/Räfle Rdn 10, je zu § 5 ErbbauVO; aA MünchKomm/vOefele Rdn 4 zu § 5 ErbbauVO.

[234] Insoweit richtig OLG Hamm DNotZ 1967, 499 = OLGZ 1966, 574 = Rpfleger 1967, 415.

[235] Staudinger/Rapp Rdn 14 zu § 5 ErbbauVO.

[236] OLG Braunschweig NJW-RR 1992, 440 = Rpfleger 1991, 452; OLG Hamm MittRhNotK 1993, 192 = NJW-RR 1993, 1106 = Rpfleger 1994, 19.

[237] OLG Düsseldorf MittRhNotK 1996, 276 = Rpfleger 1996, 340.

[238] OLG Köln Rpfleger 1996, 106 = aaO (Fußn 232).

B. Einzelfälle

das Fehlen der Zustimmung des Grundstückseigentümers im Rahmen der hier behandelten §§ 5 ff ErbbauVO eine **absolute**, gegen jeden Dritten wirkende (schwebende) **Unwirksamkeit** der Verfügung des Erbbauberechtigten und der betr schuldrechtlichen Vereinbarungen zur Folge. Das Grundbuchamt darf Rechtsübergang oder Belastung erst im Grundbuch eintragen, wenn ihm die Zustimmung (nicht deren Zugang[239]) des Grundstückseigentümers in der Form des § 29 GBO (oder ihre Ersetzung durch eine rechtskräftige gerichtliche Entscheidung nach § 7 Abs 3 ErbbauVO) nachgewiesen wird (§ 15 ErbbauVO). Ein bestimmter Wortlaut ist nicht vorgeschrieben; so enthält der Rangrücktritt des Grundstückseigentümers mit dem Erbbauzins hinter das bestellte Grundpfandrecht auch die Eigentümerzustimmung nach § 5 ErbbauVO.[240] Wenn beim Erbbauzins ein Rangvorbehalt nach § 9 Abs 3 Nr 2 ErbbauVO vereinbart ist, so ist für eine diesem Rangvorbehalt entsprechende Grundpfandrechtsbestellung die sonst notwendige Belastungszustimmung entbehrlich, da im Einverständnis zur vorrangigen Belastung auch das Einverständnis zur Belastung als solcher liegt,[241] soweit nicht (was zulässig ist) ausdrücklich etwas anderes vereinbart ist. Ist die Eintragung ohne Zustimmung erfolgt, ist ein gutgläubiger Erwerb des Rechts ausgeschlossen, da die Beschränkung der Belastungsbefugnis im Grundbuch eingetragen war. Der Gläubiger erwirbt in einem solchen Fall das Recht nur, wenn der Eigentümer nachträglich (§ 184 BGB) zustimmt. Bei Eintragung trotz fehlender Zustimmung ist das Grundbuch unrichtig, ein Amtswiderspruch nach § 53 Abs 1 S 1 GBO ist einzutragen.

Die Eintragung einer **Vormerkung** (§ 883 BGB) – auf Grund Bewilligung oder einstweiliger Verfügung – ist beim Erbbaurecht ohne Zustimmung des Grundstückseigentümers zulässig, auch wenn die Verfügung selbst, deren Verwirklichung die Vormerkung sichert, nach § 5 ErbbauVO der Zustimmung bedarf.[242] Daß die Vormerkung auch ohne Zustimmung des Grundstückseigentümers eintragungsfähig sein muß, ergibt sich bereits aus § 883 Abs 1 S 2 BGB; schwebend unwirksame Ansprüche werden wie künftige Ansprüche behandelt, jedenfalls dort, wo bereits eine Bindung des Verpflichteten insoweit besteht, alles zu unterlassen, was die Erteilung der Genehmigung vereiteln oder erschweren könnte (s Rdn 1491). 1786

Unzulässig ist die Begründung eines Heimfallanspruchs bei Zuwiderhandlung des Erbbauberechtigten gegen eine der dinglichen (§ 5 ErbbauVO) Verfügungsbeschränkungen (§ 6 Abs 2 ErbbauVO, s Rdn 1761).

§ 7 ErbbauVO gibt dem Erbbauberechtigten beim Vorliegen der dort bestimmten Voraussetzungen einen **Anspruch** auf Zustimmung gegen den Grundstückseigentümer und das Recht, die Zustimmung **durch das Gericht ersetzen** zu lassen. Die Vorschrift ist zwingend; der Zustimmungsanspruch 1787

---

[239] LG München II MittBayNot 1984, 32.
[240] LG Osnabrück NdsRpfl 1983, 158.
[241] Weber Rpfleger 1998, 5; vOefele/Winkler Rdn 6.59; aA Eichel RNotZ 2001, 535 (537).
[242] Heute einhellige Meinung, vgl OLG Hamm MDR 1952, 756 = Rpfleger 1953, 520; OLG Köln NJW 1968, 505 = OLGZ 1967, 193; OLG Nürnberg DNotZ 1967, 684 = MDR 1967, 213. AA (überholt) noch OLG Karlsruhe DNotZ 1958, 595 = Rpfleger 1956, 221.

kann nicht eingeschränkt, wohl aber im Rahmen des § 7 Abs 1 S 2 ErbbauVO erweitert werden. Das FGG-Verfahren nach § 7 Abs 3 ErbbauVO zur Ersetzung der Zustimmung gilt nicht für nur schuldrechtlich, also nicht als Inhalt des Erbbaurechts, vereinbarte Verfügungsbeschränkungen; für sie ist das Prozeßgericht zuständig.[243] Wird eine kirchenaufsichtsrechtliche Genehmigung nicht erteilt, ist das Verfahren nach § 7 Abs 3 ErbbauVO zulässig; die gerichtliche Entscheidung ersetzt die Zustimmung der Kirchengemeinde abschließend.[244]

1788 Eine Beeinträchtigung oder Gefährdung des mit der Bestellung des Erbbaurechts verfolgten Zwecks ist zunächst nach objektiven Gesichtspunkten an den Bestimmungen des Erbbaurechtsvertrages über das Bauwerk (§ 1 Abs 1 ErbbauVO), dessen Nutzung und aus sonstigen Vereinbarungen gemäß § 2 Nr 4 und 5 ErbbauVO festzustellen. Es ist dabei aber auch das Verhalten des Grundstückseigentümers gegenüber früheren Zweckbeeinträchtigungen zu berücksichtigen.[245] Die Persönlichkeit des Erwerbers muß Gewähr bieten für eine ordnungsgemäße Erfüllung der Verpflichtungen aus dem Erbbaurechtsvertrag. Dies betrifft in erster Linie seine Fähigkeit zur Instandhaltung und vereinbarungsgemäßen Nutzung des Gebäudes und zur Zahlung des Erbbauzinses, da die Erzielung eines Erbbauzinses auch Zweck der Erbbaurechtsbestellung sein kann.[246] Die Vermögenslage des Erwerbers muß so gefestigt sein, daß er seinen Verpflichtungen nachkommen kann.[247] Sonstige Persönlichkeitsbereiche können nur mit Vorsicht herangezogen werden, wenn diese Eigenschaften nach dem Erbbaurechtsinhalt zulässigerweise (s Rdn 1761) von Bedeutung sind. Die Zustimmung kann nicht verlangt und ersetzt werden, solange der Erwerber des Rechts nicht alle schuldrechtlichen Verpflichtungen zwischen Grundstückseigentümer und Erbbauberechtigtem übernimmt, gleichgültig, ob der Erbbaurechtsvertrag eine solche Weitergabepflicht enthält oder nicht;[248] für den Fall der Zwangsversteigerung s jedoch Rdn 1793 mit Fußn 281. Dagegen kann die Zustimmung nicht davon abhängig gemacht werden, daß der Erwerber einem höheren Erbbauzins zustimmt oder anstelle eines Leistungsvorbehalts nunmehr in eine Gleitklausel einwilligt.[249] Die Zustimmung kann auch nicht deshalb verweigert werden, weil gegen den Veräußerer ein Heimfallanspruch entstanden ist.[250] Wird das Erbbaurecht veräußert und übernimmt der Käufer die Grundpfandrechte, zu deren Bestellung der Erbbauberechtigte seine Zustimmung erteilt hatte, so soll ein Anspruch auf Zustimmung zur Veräußerung nur bestehen, wenn der Käufer nach sei-

---

[243] BGH 98, 362 = NJW 1987, 442 = Rpfleger 1987, 61 = JR 1987, 192 mit abl Anm Rimmelspacher.
[244] OLG Hamm NJW-RR 1993, 1106 = aaO (Fußn 236).
[245] BayObLG 1972, 260 = DNotZ 1973, 237.
[246] BGH 100, 107 = MittBayNot 1987, 194 = NJW 1987, 1942 = Rpfleger 1987, 257; OLG Celle DNotZ 1984, 387 = Rpfleger 1983, 270; OLG Oldenburg Rpfleger 1985, 203.
[247] OLG Oldenburg NJW-RR 1991, 23.
[248] OLG Celle DNotZ 1984, 387 = Rpfleger 1983, 270; OLG Hamm DNotZ 1976, 534 = Rpfleger 1976, 131 Leits.
[249] BayObLG MittBayNot 1975, 23 = Rpfleger 1974, 357; OLG Hamm DNotZ 1976, 534 = aaO (Fußn 248); Koller BWNotZ 1966, 98.
[250] LG Lübeck Rpfleger 1994, 21.

B. Einzelfälle

nen persönlichen Einkommens- und sonstigen wirtschaftlichen Verhältnissen die zugrundeliegenden Darlehensbelastungen tragen kann. Der Grundstückseigentümer hat Anspruch auf Einsicht in den Darlehensvertrag und die Sicherungsabrede.[251]

Ist eine **Belastung** mit den Regeln einer ordnungsmäßigen Wirtschaft vereinbar, und wird der mit der Bestellung des Erbbaurechts verfolgte Zweck nicht wesentlich beeinträchtigt oder gefährdet, so kann der Erbbauberechtigte verlangen, daß der Grundstückseigentümer die Zustimmung zu der Belastung erteilt (§ 7 Abs 2 ErbbauVO). Ordnungsgemäßes Wirtschaften verlangt, daß dem Erbbauberechtigten ein wirtschaftlicher Gegenwert für die Belastung zufließt, der sich zu seinem Nutzen in Ansehung des Bauwerks oder seiner sonstigen wirtschaftlichen Lage auswirkt und daß keine Überbelastung vorgenommen wird[252] (vgl aber auch Rdn 1792). Die Belastung mit Grundpfandrechten in Höhe von nicht mehr als 70% des Verkehrswerts des Erbbaurechts (zur Zeit der gerichtlichen Entscheidung) ist im allgemeinen mit den Regeln einer ordnungsmäßigen Wirtschaft vereinbar.[253] Die Beleihungsgrenze der §§ 18, 19 ErbbauVO muß nicht eingehalten werden; werden die Grenzen für die Beleihung mit nachrangigen Grundpfandrechten eingehalten, entspricht dies einer ordnungsmäßen Wirtschaft,[254] in Einzelfällen soll dies sogar für Belastungen über diese Beleihungsgrenze hinaus gelten.[255]

1789

Wenn der Erbbaurechtsvertrag nichts anderes bestimmt, kann der Eigentümer seine Zustimmung nicht von der Übernahme der **Zustimmungskosten** durch den Erbbauberechtigten abhängig machen,[256] vertragliche Übernahmeverpflichtung ist zulässig und zweckmäßig.

Hat der Grundstückseigentümer einer Belastung zugestimmt, so liegt ein hinreichender Grund zur Verweigerung der Zustimmung zur Veräußerung des Erbbaurechts nicht darin, daß die Belastungen vom Erwerber übernommen werden.[257] Hat der Grundstückseigentümer früherer Belastung mit einer Grundschuld mit Vorrang vor der Erbbauzinsreallast zugestimmt, so kann die Zustimmung zu weiteren Grundschulden nicht davon abhängig gemacht werden, daß bei der eingetragenen Grundschuld die Erbbauzinsreallast Vorrang erhält.[258]

Der Anspruch auf Zustimmung zur Veräußerung eines Erbbaurechts kann auch von dem Gläubiger geltend gemacht werden, der die Zwangsversteige-

1790

---

[251] OLG Hamm MittBayNot 1996, 37 = MittRhNotK 1996, 272.
[252] BayObLG 1986, 501 (507); BayObLG DNotZ 1989, 368 = Rpfleger 1989, 97; OLG Hamm OLGZ 1985, 269 = Rpfleger 1985, 291; OLG Hamm NJW-RR 1991, 10 = OLGZ 1990, 385; OLG Hamm MittRhNotK 1995, 201 = NJW-RR 1995, 399; vOefele/Winkler Rdn 4.234.
[253] BayObLG (3 Z 32/78, mitgeteilt) Rpfleger 1978, 436; vgl auch LG München I DNotZ 1973, 554; LG Köln NJW-RR 2000, 682 = aaO (Fußn 215).
[254] OLG Frankfurt DNotZ 1978, 105 = Rpfleger 1977, 308; BayObLG DNotZ 1989, 368 = Rpfleger 1989, 97.
[255] BGB-RGRK/Räfle Rdn 10 zu § 7 ErbbauVO.
[256] BGH 125, 105 = DNotZ 1994, 883 = NJW 1994, 1159; OLG Hamm DNotZ 1992, 368 = Rpfleger 1992, 58; LG Münster Rpfleger 1991, 304.
[257] OLG Hamm MittBayNot 1996, 37 = MittRhNotK 1996, 272.
[258] OLG Hamm MittBayNot 1996, 380.

rung des Erbbaurechts betreibt²⁵⁹ (Pfändung und Überweisung zur Einziehung sind dafür nicht erforderlich²⁶⁰).

1791 Eine vom Grundstückseigentümer ohne ausreichenden Grund **verweigerte Zustimmung**²⁶¹ kann auf Antrag des Erbbauberechtigten²⁶² **durch das Amtsgericht**, in dessen Bezirk das Erbbaurecht liegt, nach näherer Maßgabe des § 7 Abs 3 ErbbauVO **ersetzt** werden.²⁶³ Die Ersetzung kann nur für ein hinreichend konkretisiertes Recht verlangt werden, das in allen seinen Auswirkungen überschaubar ist.²⁶⁴ Ersetzung ist auch dann noch möglich, wenn die Belastung ohne Zustimmung des Eigentümers schon im Grundbuch eingetragen ist. Sie kommt auch in Frage, wenn der Eigentümer zwar formlos zustimmt, sich aber weigert, dies in der Form des § 29 GBO zu tun.²⁶⁵ Ist eine Erbengemeinschaft Grundstückseigentümerin, so kann der Antrag nach § 7 Abs 3 ErbbauVO ausnahmsweise auch gegen einzelne Miterben gerichtet werden.²⁶⁶ Das schutzwürdige Interesse an der Ersetzung der Zustimmung entfällt nicht allein dadurch, daß der Erbbauberechtigte rechtskräftig verurteilt wurde, das Erbbaurecht an den vorkaufsberechtigten Grundstückseigentümer und einen Dritten zu übertragen.²⁶⁷ Das Ersetzungsverfahren ist ein selbständiges sog echtes Streitverfahren der freiwilligen Gerichtsbarkeit.²⁶⁸ Das Gericht kann aber in einem derartigen Verfahren nicht verfügen, daß die Belastung mit Vorrang vor dem Erbbauzins, wie dies von den Grundpfandrechtsgläubigern am Erbbaurecht vielfach verlangt wird, oder vor einer Vormerkung auf Erhöhung des Erbbauzinses eingetragen werden soll. Sollte der Grundstückseigentümer vertraglich verpflichtet sein, unter gewissen Voraussetzungen einer künftigen Belastung des Erbbaurechts den Vorrang vor den für ihn eingetragenen Belastungen einzuräumen, so müßte der Erbbauberechtigte im Weigerungsfall auf Erfüllung dieser Verpflichtung, also auf Einräumung des Vorrangs, gegen den Grundstückseigentümer Klage erheben.²⁶⁹

1792 Die Ersetzung der Zustimmung ist auch dann möglich, wenn der wirtschaftliche Nutzen der Belastung dem Erbbaurecht nicht unmittelbar zugutekommt.²⁷⁰ Nach OLG Hamm²⁷¹ muß aber die Belastung sich zum Nutzen

---

²⁵⁹ BGH 100, 107 = aaO (Fußn 246); BayObLG 1996, 301 = aaO (Fußn 212).
²⁶⁰ So aber früher zB BGH 33, 76 = DNotZ 1961, 32 = Rpfleger 1961, 193; OLG Hamm Rpfleger 1953, 520.
²⁶¹ Zu den Folgen pflichtwidriger Verweigerung der Zustimmung vgl OLG Frankfurt OLG-Report 1998, 205.
²⁶² Im Insolvenzverfahren über das Vermögen des Erbbauberechtigten auf Antrag des Insolvenzverwalters OLG Hamm DNotZ 1967, 499 = OLGZ 1966, 574 = Rpfleger 1967, 415.
²⁶³ ZB OLG Stuttgart NJW 1958, 1098: Ablehnung wegen Vorliegens spekulativer Gründe.
²⁶⁴ OLG Hamm MittRhNotK 1995, 201 = NJW-RR 1995, 399.
²⁶⁵ Ingenstau/Hustedt Rdn 5 zu § 7 ErbbauVO.
²⁶⁶ OLG Hamm DNotZ 1967, 499 = aaO (Fußn 234).
²⁶⁷ BayObLG Rpfleger 1999, 325.
²⁶⁸ BayObLG 1960, 467 = DNotZ 1961, 266.
²⁶⁹ OLG Stuttgart BWNotZ 1963, 303.
²⁷⁰ OLG Hamm DNotZ 1968, 426 = NJW 1968, 554. Es handelte sich um einen Fall, in dem der Erbbauberechtigte sein Erbbaurecht mit einem Grundpfandrecht bela-

B. Einzelfälle

des Erbbauberechtigten auswirken, ihm also ein wirtschaftlicher Gegenwert zufließen entweder in Bezug auf das Bauwerk oder hinsichtlich des Aufbaus, der Sicherung oder Erhaltung der wirtschaftlichen Existenz des Erbbauberechtigen. Dem kann nicht gefolgt werden: Der Zufluß eines wirtschaftlichen Gegenwerts **beim Erbbauberechtigten** kann kein geeignetes Beurteilungskriterium für die Pflicht zur Zustimmung des **Eigentümers** sein, da § 7 ErbbauVO die Interessen des Eigentümers wahren, nicht den Erbbauberechtigten vor seinen Gläubigern schützen soll. Warum einer (Zwangs-)Sicherungshypothek des Reisebüros für die Urlaubsreise vom Eigentümer zugestimmt werden muß (Gegenwert dem Erbbauberechtigten zugeflossen), der Hypothek für rückständigen Unterhalt aber nicht, bleibt unerfindlich. Bei der abstrakten Grundschuld versagt dieses Zweckmotiv ohnehin.[272] Für die Frage der Zustimmungspflicht zu Grundschulden kommt es daher nicht nur auf den bloßen Inhalt der Sicherungsabrede (Zweckbestimmungserklärung) an, sondern vor allem darauf, daß durch Einbindung des Grundstückseigentümers als Vertragspartei der Sicherungsabrede sichergestellt wird, daß diese Sicherungsabrede nicht ohne Zustimmung des Eigentümers geändert werden kann. Bei der gerichtlichen Ersetzung der Zustimmung zu einer Belastung darf nicht auf §§ 18ff ErbbauVO über Mündelsicherheit einer Hypothek an einem Erbbaurecht abgestellt werden.[273] Da die Grundpfandrechte beim Heimfall bestehen bleiben und der Eigentümer sogar durch gesetzliche Schuldübernahme (§ 33 Abs 2 ErbbauVO) persönlicher Schuldner der gesicherten Schulden wird, besteht ein Interesse des Eigentümers daran, daß die Belastung nur dann und nur so vorgenommen wird, daß angenommen werden kann, daß bei Heimfall die zu übernehmenden Schulden (§ 33 Abs 2 ErbbauVO) die Heimfallentschädigung nicht übersteigen. Ist dies zu erwarten, so liegt darin eine Gefährdung des mit dem Erbbaurecht verfolgten wirtschaftlichen Zwecks, die zur Verweigerung der Zustimmung berechtigt.[274] Zulässig ist auch ein Antrag auf Ersetzung der Zustimmung, hilfsweise auf Feststellung, daß eine Zustimmung nicht erforderlich ist (für den Fall, daß das angerufene Amtsgericht zum Ergebnis kommt, daß eine Ersetzung der Zustimmung mangels Zustimmungsbedürftigkeit im konkreten Fall nicht in Frage kommt).[275]

---

sten wollte, dessen Gegenwert einem ihm gehörenden Bauplatz zukommen sollte, um die Erstellung eines Gebäudes auf ihm zu ermöglichen; ebenso OLG Frankfurt DNotZ 1978, 105 = Rpfleger 1977, 307; BayObLG DNotZ 1989, 368 = Rpfleger 1989, 97.
[271] OLG Hamm OLGZ 1985, 269 = Rpfleger 1985, 291; OLG Hamm NJW-RR 1991, 20 = OLGZ 1990, 385; OLG Hamm MittRhNotK 1995, 201 = NJW-RR 1995, 399; vgl auch OLG Hamm MittBayNot 1996, 37 = MittRhNotK 1996, 272.
[272] Unrichtig daher auch OLG Hamm NJW-RR 1991, 20 = OLGZ 1990, 385, das eine Grundschuld für ein Darlehen, das bis zum Tod des Erbbauberechtigten tilgungsfrei ist, nicht mit den Regeln einer ordnungsgemäßen Wirtschaft für vereinbar hält. Das Gericht übersieht, daß die Grundschuld abstrakt und die Sicherungsabrede abänderbar ist.
[273] AG München DNotZ 1969, 166 mit Anm Wunderlich; OLG Frankfurt und BayObLG je aaO (Fußn 270).
[274] So auch LG Köln NJW-RR 2000, 682 = aaO (Fußn 215). Offen bleibt, wie dies mit der sonst für zulässig erachteten Belastungsgrenze von bis zu 70% des Erbbaurechtswerts zu vereinbaren ist, Rdn 1789.
[275] BayObLG 1979, 227 = aaO (Fußn 222).

1792a Zur Beibringung der Zustimmung des Grundstückseigentümers oder zur Einleitung des Ersetzungsverfahrens nach § 7 Abs 3 ErbbauVO kann der Käufer eines Erbbaurechts dem Verkäufer eine Frist setzen mit der Folge, daß der Veräußerungsvertrag nach fruchtlosem Fristablauf (endgültig) unwirksam wird.[276]

1793 Nach § 8 ErbbauVO gelten die Verfügungsbeschränkungen nach § 5 ErbbauVO auch für entsprechende Verfügungen im Wege der Zwangsvollstreckung. Die Anordnung der **Zwangsversteigerung** eines Erbbaurechts und die Fortführung des Verfahrens – damit auch der Beitritt weiterer Gläubiger zum Verfahren – setzt im Falle des Vorliegens einer Verfügungsbeschränkung nach §§ 5 ff ErbbauVO die Zustimmung des Eigentümers des Grundstücks noch nicht voraus; diese Zustimmung muß jedoch vor der Entscheidung über den Zuschlag erteilt (oder nach § 7 Abs 3 ErbbauVO durch das Gericht ersetzt) sein.[277] Die Ersetzung erfolgt auf Antrag des Erbbauberechtigten oder des die Zwangsversteigerung betreibenden Gläubigers[278] durch das Amtsgericht erst in der nach § 87 ZVG vom Versteigerungsgericht angesetzten Zuschlagsfrist, weil dem Grundstückseigentümer Gelegenheit gegeben werden muß, zur Person des Erstehers Stellung zu nehmen. Die nach § 87 Abs 2 ZVG bestehende einwöchige Frist ist vom Versteigerungsgericht auf Antrag angemessen zu verlängern, was zulässig ist.[279] Der Umstand, daß der Grundstückseigentümer selbst die Zwangsversteigerung des Erbbaurechts betreibt, schließt nicht aus, daß er seine Zustimmung zur Erteilung des Zuschlags an den Meistbietenden unter Berufung auf § 7 Abs 1 ErbbauVO verweigert.[280] Die Zustimmung zum Zuschlag kann aber nicht deshalb verweigert werden, weil durch Zuschlag – in dem von einem der Erbbauzinsreallast vorrangigen Recht betriebenen Verfahren – der Erbbauzins erlischt und der Erwerber sich weigert, eine entsprechende schuldrechtliche Verpflichtung zur Erbbauzinszahlung zu übernehmen.[281]
Die Anordnung einer **Erbbaurechtszwangsverwaltung** unterliegt nicht den §§ 5 ff ErbbauVO.

1794 Für Eintragung einer **Zwangshypothek** auf einem mit Verfügungsbeschränkungen nach § 5 ErbbauVO behafteten Erbbaurecht kann der Gläubiger den Anspruch aus § 7 Abs 1 ErbbauVO geltend machen und gerichtliche Ersetzung der verweigerten Zustimmung verlangen.[282] Pfändung und Überweisung des Zustimmungsanspruchs des Erbbauberechtigten ist dafür nicht erforder-

---

[276] BGH NJW 2000, 3645 Leits; OLG Hamm OLG-Report 2000, 355.
[277] BGH 33, 76 = aaO (Fußn 260); BayObLG 1960, 467 = DNotZ 1961, 266 mit zahlr Nachw; Stöber, Handbuch zum ZVG, Rdn 391.
[278] BGH 100, 107 = aaO (Fußn 246). Für alleiniges Antragsrecht des betreibenden Gläubigers (also nicht des Erbbauberechtigten oder des Meistbietenden) OLG Köln OLGZ 1969, 228 = Rpfleger 1969, 300; teilweise abweichend OLG Hamm Rpfleger 1953, 521.
[279] BGH 33, 76 = aaO (Fußn 260).
[280] BayObLG 1960, 467 = DNotZ 1961, 266.
[281] BGH 100, 107 = aaO (Fußn 246) (hierzu Drischler Rpfleger 1987, 231); KG DNotZ 1984, 384 = OLGZ 1984, 171 = Rpfleger 1984, 282; aA OLG Oldenburg Rpfleger 1985, 203 mit abl Anm Hagemann.
[282] Stöber, ZVG, Einl Rdn 64.5; Stöber, Forderungspfändung, Rdn 1535; Streuer Rpfleger 1994, 59; dem zuneigend (aber nicht entschieden) BayObLG 1996, 107 = aaO (Fußn 15).

B. Einzelfälle

lich.²⁸³ Ebenso ist der Bauunternehmer zur Durchsetzung seines (gesetzlichen) Anspruchs auf Eintragung einer Bauhandwerkersicherungshypothek antragsberechtigt.²⁸⁴ Das Ersetzungsverfahren auf seinen Antrag setzt nicht voraus, daß er den Anspruch auf Bestellung der Hypothek zuvor gerichtlich durchgesetzt hat.²⁸⁵

k) Erbbaurecht und Grunderwerbsteuer

Literatur: Erbbaurecht und Grunderwerbsteuer, Lohaus NotBZ 2001, 53.

Die **Bestellung** eines Erbbaurechts (nicht aber eines Eigentümer-Erbbaurechts²⁸⁶) unterliegt der **Grunderwerbsteuer** (§ 1 iVm § 2 Abs 2 Ziff 2 GrEStG). Das Grundbuchamt darf ein Erbbaurecht erst dann in das Grundbuch eintragen, wenn die **Unbedenklichkeitsbescheinigung** des Finanzamts vorliegt (Rdn 148). Die auf Grund des Heimfallrechts (Rdn 1754) erfolgte Übertragung des Erbbaurechts auf den Grundstückseigentümer unterliegt ebenfalls der GrESt,²⁸⁷ ebenso die rechtsgeschäftliche Aufhebung eines Erbbaurechts.²⁸⁸ Auch die Verlängerung der Laufzeit des Erbbaurechts unterliegt der GrESt,²⁸⁹ nicht hingegen das Erlöschen durch Zeitablauf.²⁹⁰ Zu problematischen Fällen der GrESt s Limmer Wprax 1995, 138; Lohaus NotBZ 2001, 53.
Die Erbbauzinsverpflichtung ist nunmehr (§ 9 Abs 2 Nr 2 GrEStG 1983) einheitlich als Teil der Gegenleistung zu behandeln. Die Verlängerung des Erbbaurechts wird grunderwerbsteuerlich als Erhöhung der ursprünglichen Gegenleistung (Erbbauzins) erfaßt.²⁹¹

1794a

25. Erbbauzins-Reallast

ErbbauVO §§ 9, 9a
BGB §§ 1105–1112

Antragsformular: Urkunde Rdn 1675.

Grundbucheintragung: Rdn 1676.

Literatur: Zum Erbbauzins, seiner Wertsicherung und zu § 9a ErbbauVO: Bilda, Zur Wirkung vertraglicher Anpassungsklauseln, MDR 1973, 537; Dürkes, Die Wertsicherung von Erbbauzinsen, BB 1980, 1609; Gerardy, Wertermittlungen im Zusammen-

---

²⁸³ Anders OLG Hamm MDR 1993, 686 = OLGZ 1994, 12 = Rpfleger 1993, 334 und 1994, 59 (Leits) mit abl Anm Streuer; OLG Hamm MDR 1952, 756 = Rpfleger 1953, 520; s auch Kehrer BWNotZ 1957, 59.
²⁸⁴ BayObLG 1996, 301 = aaO (Fußn 212).
²⁸⁵ BayObLG 1996, 301 = aaO (Fußn 212).
²⁸⁶ Lohaus NotBZ 2001, 53.
²⁸⁷ Einzelheiten s BFH BStBl 1970 II 130 = MittRhNotK 1970, 243; Lohaus NotBZ 2001, 53; einschränkend bei Heimfall wegen Nichterfüllung einer Hauptpflicht BFH BB 1983, 2167.
²⁸⁸ BFH BStBl 1976 II 470 = MittBayNot 1976, 150 = NJW 1976, 1424; BFH BStBl 1980 II 136 = Betrieb 1980, 381 = MittBayNot 1980, 90.
²⁸⁹ BFH 172, 122 = BStBl 1993 II 766 = MittBayNot 1994, 173 = NJW 1994, 544 Leits unter Aufgabe seiner alten Rechtsprechung BFH BStBl 1982 II 625 U 1982 II 630.
²⁹⁰ BFH/NV 1995, 728; BFH BStBl 1995 II 334 = BB 1995, 866 = Betrieb 1995, 1112 = MittRhNotK 1995, 215.
²⁹¹ BFH BB 1982, 1226; vgl aber auch BFH BB 1982, 1908.

hang mit Erbbaurechten, BlGBW 1974, 121; Groth, Erbbaurecht ohne Erbbauzins, DNotZ 1983, 652 und DNotZ 1984, 372; Haegele, Der Anspruch auf Neufestsetzung des Erbbauzinses und seine Sicherung, Rpfleger 1957, 6; Karow, Rangkonflikt Erbbauzinsreallast/Grundpfandrecht – Lösung durch Stillhalteerklärung? NJW 1984, 2669; Keller, Die Erhöhung des Erbbauzinses bei Veräußerung des Erbbaurechts, BWNotZ 1966, 98; Nordalm, Nochmals: Die Anpassung von Erbbauzinsen an die wirtschaftlichen Verhältnisse, NJW 1977, 1956; Richter, Der Erbbauzins im Erbbaurecht, BWNotZ 1978, 7 und 1979, 162; Ripfel, Vereinbarungen zur Werterhaltung des Erbbauzinses und ihre Sicherung, BWNotZ 1971, 55; Röll, Zur Sicherung des Anspruchs auf Neufestsetzung des Erbbauzinses durch Eintragung einer Vormerkung, DNotZ 1962, 243; Ruland, Wegfall des Erbbauzinses in der Zwangsversteigerung, NJW 1983, 96; Sperling, Maßstäbe für Erbbauzinserhöhungen, NJW 1979, 1433; Sperling, Die Stillhalteerklärung als Mittel zur Sicherung des Erbbauzinses im Falle der Zwangsversteigerung, NJW 1983, 2487; Tradt, Der Erbbauzins und die Zwangsversteigerung des Erbbaurechts, DNotZ 1984, 370; Winkler, Der Erbbauzins in der Zwangsversteigerung des Erbbaurechts, DNotZ 1970, 390 und NJW 1985, 940; Wufka, Erbbaurechtsveräußerung und Erbbauzinsen, DNotZ 1987, 362.

Zu den Neuregelungen durch das SachenRÄndG und das Euro-EG: Eichel, Neuregelung des Erbbauzinses nach dem SachenRÄndG, MittRhNotK 1995, 193; Klar, Die neue Erbbauzinsreallast, BWNotZ 1995, 142; Klawikowski, Neue Erbbauzinsreallast, Rpfleger 1995, 145; Kümpel, Zum Sicherungskonflikt zwischen Kreditgeber und Grundstückseigentümer bei der Beleihung von Erbbaurechten, WM 1998, 1057; Mohrbutter H und Chr, Die Neuregelung des Erbbauzinses, ZIP 1995, 806; von Oefele, Änderung der Erbbaurechtsverordnung durch das SachenRÄndG, DNotZ 1995, 643; Panz, Nochmals: Die Neuregelung des § 9 ErbbauVO, BWNotZ 1996, 5; Schmidt, Erbbaurechte nach dem SachenRÄndG und deren Beleihung, ZAP-Ost Fach 7 S 207; Stöber, Die nach Inhaltsvereinbarung bestehenbleibende Erbbauzinsreallast, Rpfleger 1996, 136; Weber, Rangvorbehalt bei der neuen Erbbauzinsreallast, Rpfleger 1998, 5.

a) Der Erbbauzins als Belastung des Erbbaurechts

1795 Ein Erbbaurecht kann entgeltlich oder unentgeltlich bestellt werden;[1] ein Entgelt kann als einmalige Leistung oder in Form wiederkehrender Geld- oder Sachleistungen vereinbart werden. Nur die **wiederkehrenden** (Geld- oder Sach-)**Leistungen** sind vom Gesetz als **Erbbauzins** bezeichnet und in der Weise geregelt, daß auf sie die Bestimmungen über die Reallasten Anwendung finden (§ 9 ErbbauVO), wobei landesrechtliche Beschränkungen für Reallasten nicht anwendbar sind (§ 9 Abs 1 S 2 ErbbauVO).

1796 Die Beteiligten können das Entgelt für die Bestellung des Erbbaurechts nach Art und Höhe frei bestimmen. Für den Grundstückseigentümer orientiert sich im Regelfall der Erbbauzins an der langfristig erzielbaren Verzinsung des zur Verfügung gestellten Grundstückswertes; etwas anderes gilt, wenn mit dem Erbbaurecht nicht-ökonomische Zwecke verfolgt werden (zB soziale oder gemeinnützige Zwecke wie Hingabe eines Sportgeländes durch die Gemeinde im Erbbaurecht uä); hier wird der Erbbauzins häufig nur symbolischen Charakter haben.

1797 Der dingliche **Erbbauzins** nach § 9 ErbbauVO ist **nicht Inhalt** des Erbbaurechts, **sondern eine dingliche reallastartige Belastung** des Erbbaurechts.[2] Die

---

[1] BGH DNotZ 1958, 314 = RdL 1958, 7, 9; BGH DNotZ 1970, 352 = NJW 1970, 944.
[2] BGH DNotZ 1986, 472 = NJW 1986, 932 = Rpfleger 1986, 92; BayObLG 1959, 525; BGH 81, 358 = NJW 1982, 234 = MittBayNot 1981, 242 = Rpfleger 1981, 478; LG Köln MittRhNotK 1980, 8.

B. Einzelfälle

Vorschriften der §§ 9, 9a ErbbauVO sind zwingend. Der Erbbauzins kann daher nicht in einer anderen Form, zB einer normalen Reallast, bestellt werden, um die Bestimmungen des § 9 zu umgehen. Wohl aber können die Beteiligten wiederkehrende Leistungen des Erbbauberechtigten neben oder anstelle des dinglichen Erbbauzinses nur schuldrechtlich[3] (und nur zwischen ihnen wirkend) vereinbaren, für die § 9 ErbbauVO nicht gilt; dies muß aber deutlich zum Ausdruck kommen; ist dies nicht der Fall, so ist ein dinglicher Erbbauzins (Erbbauzinsreallast[4]) nach § 9 ErbbauVO vereinbart.

Der Erbbauzins kann wegen § 9 Abs 2 ErbbauVO nur als **subjektiv-dingliches Recht** zugunsten des jeweiligen Grundstückseigentümers, nicht zugunsten des jeweiligen Eigentümers eines Miteigentumsanteils am Grundstück,[5] bestellt werden, bei Gesamterbbaurechten zugunsten der Grundstückseigentümer als Gesamtgläubiger[6] (§ 428 BGB).

Ein subjektiv-persönlicher Erbbauzins oder ein Erbbauzins für den jeweiligen Eigentümer eines anderen als des Erbbaugrundstücks ist unzulässig und nach § 53 Abs 1 S 2 GBO zu löschen, soweit keine Umdeutung möglich ist.[7] Noch nicht fällige Ansprüche auf einzelne Leistungen können wegen § 9 Abs 2 ErbbauVO weder übertragen noch verpfändet oder gepfändet werden;[8] fällige Erbbauzinsforderungen unterliegen dagegen keinen Beschränkungen.

Als **dingliche Belastung** des Erbbaurechts entsteht der dingliche **Erbbauzins** nach den allgemeinen Vorschriften (§ 873 BGB) durch Einigung der Beteiligten (Grundstückseigentümer als Berechtigter und Erbbauberechtigter) und Eintragung im Erbbaugrundbuch; die Eintragung erfolgt auf Antrag (§ 13 Abs 1 GBO), wenn der Erbbauberechtigte als Betroffener sie bewilligt[9] (§ 19 GBO). Form der Bewilligung: § 29 GBO. Zum Inhalt der Erbbauzinsreallast gehören auch deren Fälligkeitsbestimmungen, die durch Bezugnahme in das Grundbuch eingetragen werden.[10] Davon zu unterscheiden ist das schuldrechtliche Verpflichtungsgeschäft (gerichtet auf Bestellung des dinglichen Erbbauzinses), das in der Regel Teil des Erbbaurechtsbestellungsvertrages (Gegenleistung) und damit nach § 11 Abs 2 ErbbauVO, § 311b Abs 1 BGB beurkundungspflichtig ist.

Die Erbbauzinsreallast kann aufschiebend oder auflösend **bedingt** bestellt werden; § 1 Abs 4 ErbbauVO gilt nicht.[11] Der Erbbauzins wird in Abteilung II des Erbbaugrundbuches **eingetragen** (§ 14 Abs 3 S 1 ErbbauVO; § 57 Abs 2 GBV). Da der Erbbauzins (die Erbbauzinsreallast) erst mit Eintragung im

1798

1799

1800

1801

---

[3] BGH NJW-RR 1992, 591 (592).
[4] BGH DNotZ 1987, 360 = NJW-RR 1987, 74 spricht von Erbbauzinsreallast als der auf dem Erbbaurecht ruhenden dinglichen Belastung im Gegensatz zum (schuldrechtlichen) Erbbauzins; zum letzteren auch BGH DNotZ 1992, 364 = NJW-RR 1992, 591; er geht nicht gemäß § 566 (= § 571 aF) BGB auf den Grundstückserwerber über.
[5] BayObLG 1990, 212 = DNotZ 1991, 398 = Rpfleger 1990, 507.
[6] Haegele Rpfleger 1967, 280; Staudinger/Rapp Rdn 10 zu § 9 ErbbauVO.
[7] BayObLG 1961, 23 = NJW 1961, 1263; OLG Düsseldorf DNotZ 1977, 305.
[8] Palandt/Bassenge Rdn 6 zu § 9 ErbbauVO; Stöber Forderungspfändung Rdn 1530.
[9] LG Köln MittRhNotK 1980, 8.
[10] LG Düsseldorf MittRhNotK 1987, 129.
[11] Ingenstau/Hustedt Rdn 9 zu § 9 ErbbauVO; aA (unrichtig) LG Bochum NJW 1960, 153 mit Anm Wangemann.

Grundbuch entsteht, kann er nicht rückwirkend für die Zeit vor seiner Eintragung bestellt werden. Es kann jedoch das Nutzungsentgelt für einen Zeitraum vor Eintragung zu einer einzigen Leistung zusammengefaßt werden, die mit Eintragung entsteht und fällig wird. In diesem Sinn sind in der Regel Erklärungen auszulegen, die den Beginn des Erbbauzinses auf einen vor der Grundbucheintragung liegenden Zeitpunkt datieren.[12] Der Zeitpunkt des Beginns der Verpflichtung muß nicht unmittelbar ins Erbbaugrundbuch eingetragen werden,[13] trotzdem ist die Eintragung empfehlenswert; die Worte

> ... Euro Erbbauzins, beginnend am ...

belasten die Eintragung nicht.

b) Inhaltsänderung, Aufhebung

1802 Eine **Inhaltsänderung des Erbbauzinses** ist jederzeit zulässig; sie bedarf nach § 873 mit 877 BGB der Einigung und Eintragung im Erbbaugrundbuch; der Form des § 11 Abs 2 ErbbauVO, § 311b Abs 1 BGB bedarf es nicht.[14] Die Eintragung erfolgt auf Grund einseitiger Bewilligung des Betroffenen[15] (der Erbbauberechtigte bei Erweiterung, der Grundstückseigentümer bei Einschränkung der Verpflichtungen) und Grundbuchantrag (§ 13 Abs 1 GBO). Die Zustimmung der gleich- oder nachrangig dinglich Berechtigten am Erbbaurecht (bei Erweiterung der Verpflichtungen) oder am Grundstück (bei Einschränkung der Verpflichtungen) hierfür ist erforderlich (§§ 877, 876 BGB), jedoch nur derjenigen, deren Rechtsstellung hierdurch nachteilig berührt werden kann. Die nachträgliche Erhöhung des Erbbauzinses ist ihrem Wesen nach Bestellung einer neuen Erbbauzinsreallast für den Erhöhungsbetrag, keine Änderung des Inhalts der eingetragenen Erbbauzinsreallast.[16] Zur Sicherstellung des Differenzbetrages im gleichen Rang mit dem schon eingetragenen Erbbauzins ist die Mitwirkung der am Erbbaurecht gleich- oder nachrangig dinglichen Berechtigten nötig. Liegen diese Zustimmungen der Zwischen-Berechtigten vor, kann der Vollzug der Erhöhung im Grundbuch erfolgen durch Eintragung in der Veränderungsspalte unter der laufenden Nummer des erstrangigen Erbbauzinses (ohne weitere Rangvermerke) oder durch Eintragung einer neuen selbständigen (Zusatz-)Erbbauzinsreallast unter einer neuen laufenden Nummer, mit Rangvermerk.[17] Fehlen die Zustimmungen der im Rang nach dem Erbbauzins eingetragenen dinglich Berechtigten zur Erhöhung, so ist Eintragung der neuen (Zusatz-)Erbbauzinsreallast an nächstoffener Rangstelle unter neuer laufender Nummer immer möglich. Bei der wohl nicht besonders häufig vorkommenden Herabsetzung des dinglichen Erbbauzinses ist Zustimmung derjenigen am Grundstück dinglich Berechtig-

---

[12] BGH DNotZ 1975, 154 = Rpfleger 1975, 56 zutr im Gegensatz zu OLG Frankfurt MittRhNotK 1973, 445 = Rpfleger 1973, 166.
[13] Schalhorn JurBüro 1971, 120.
[14] BGH DNotZ 1986, 472 mit Anm Wufka = aaO (Fußn 2).
[15] LG Köln MittRhNotK 1980, 8.
[16] OLG Frankfurt Rpfleger 1978, 312; RG 72, 366; BGH DNotZ 1958, 314; LG Hamburg DNotZ 1961, 93 = Rpfleger 1960, 170 mit Anm Haegele; GBA Mannheim BWNotZ 1979, 124.
[17] OLG Frankfurt Rpfleger 1978, 312; GBA Mannheim BWNotZ 1979, 124; vgl zur Eintragung in der Veränderungsspalte und Rang s Rdn 2659.

B. Einzelfälle

ten nötig (§§ 876, 877 BGB, § 21 GBO), deren Rechtsstellung hierdurch nachteilig berührt sein kann. Zusammenfassung mehrerer Erbbauzinsreallasten desselben Berechtigten zu einer **einheitlichen Reallast** als Inhaltsänderung s Rdn 1305 a.

Zur **Aufhebung** des Erbbauzinses ist Bewilligung des Grundstückseigentümers, ggfs Zustimmung der genannten am Grundstück dinglich Berechtigten, und Löschung im Erbbaugrundbuch erforderlich. 1803

c) Rang, versteigerungsfester Erbbauzins

aa) Rang; Stillhalteerklärungen. Den **Rang** der Erbbauzinsreallast können die Beteiligten frei festlegen. Bis zum SachenRÄndG, durch den § 9 Abs 3 ErbbauVO grundlegend neu geregelt wurde, bestand ein dinglich nicht zu lösender Rangkonflikt zwischen Grundpfandrechtsgläubigern und Erbbauzinsreallast. Nach der damaligen Regelung bot der Erbbauzins dem Grundstückseigentümer nur dann Sicherheit, wenn ihm keine dinglichen Verwertungsrechte im Rang vorgingen (Grundpfandrechte, Reallasten). Wurde die Zwangsversteigerung aus einem dem Erbbauzins im Range vorgehenden Recht oder aus der Erbbauzinsreallast selbst betrieben, so fiel der Erbbauzins nicht in das geringste Gebot und erlosch mit dem Zuschlag.[18] Bis zum Ablauf des Erbbaurechts bestand es ohne Erbbauzins weiter. Bei alten Erbbaurechten, die noch nicht von der Möglichkeit des vollstreckungsfesten Erbbauzinses nach § 9 Abs 3 Nr 1 ErbbauVO Gebrauch gemacht haben, wurde und wird versucht, durch sog **Stillhalteerklärungen** dem Sicherungsbedürfnis des Grundstückseigentümers und dem der kreditgebenden Bank Rechnung zu tragen.[19] Derartige Stillhalteerklärungen waren in der Praxis sehr verbreitet und spielen bei den meisten alten Erbbaurechten auch heute noch eine Rolle, wenn nicht nachträglich durch Inhaltsänderung die vollstreckungsfeste Regelung nach § 9 Abs 3 Nr 1 ErbbauVO (nF) eingeführt wurde. Eine Stillhalteerklärung des Grundstückseigentümers, dessen Erbbauzins den Vorrang behalten sollte, lautete etwa wie folgt: 1804

> ... (Angaben über Erbbaugrundbuch und Belastungen des Erbbaurechts). Sollten bei einer Zwangsversteigerung des Erbbaurechts die Erbbauzinsreallast und die Vormerkung zur Sicherung des Anspruchs auf Erhöhung der Erbbauzinsreallast nicht in das geringste Gebot fallen, verpflichtet sich der Grundstückseigentümer gegenüber dem jeweiligen Gläubiger des eben erwähnten Grundpfandrechts, auf dessen Verlangen den Erbbauzins und die Vormerkung auf dessen Erhöhung hinsichtlich künftig fällig werdender Zahlungen stehen zu lassen.

---

[18] BGH 81, 358 = aaO (Fußn 2), der die hM gegen die abweichenden Auffassungen von Winkler DNotZ 1970, 390 und Staudinger/Ring (12. Aufl) Rdn 8 zu § 9 ErbbauVO erneut bestätigt hat. BGH 100, 107 = MittBayNot 1987, 194 = NJW 1987, 1942 = Rpfleger 1987, 257 hat dieses Ergebnis nochmals bestätigt und verstärkt, indem in solchen Fällen auch die Zustimmung zum Zuschlag an den Meistbietenden nicht verweigert werden darf, weil dieser sich weigert, die schuldrechtliche Verpflichtung zur Erbbauzinszahlung zu übernehmen. Wie BGH auch OLG Nürnberg MDR 1980, 401. Zum Erbbaurecht in der Zwangsversteigerung vgl auch Groth, Karow, Ruland, Sperling, Tradt und Winkler je aaO (Literaturübersicht „Erbbauzins").

[19] Vgl Götz DNotZ 1980, 3; Sperling NJW 1983, 2487; dagegen wiederum Karow NJW 1984, 2669; Groth DNotZ 1983, 652 und DNotZ 1984, 372; Tradt DNotZ 1984, 370; Stakemann NJW 1984, 962; vOefele/Winkler Rdn 6.257 ff.

Dies soll nach Wahl des Grundpfandrechtsgläubigers entweder nach § 59 Abs 1 ZVG – der Grundstückseigentümer verpflichtet sich, einem solchen Antrag des Gläubigers zuzustimmen – oder mit Einverständnis des Erstehers nach § 91 Abs 2 ZVG herbeigeführt werden; im letzteren Fall ist der Ersteher zu verpflichten, auch in die nur schuldrechtlich wirkenden Verpflichtungen des Erbbaurechtsvertrags einzutreten.

Die laufenden und die rückständigen Erbbauzinsraten werden nach den Bestimmungen des ZVG befriedigt.

Der Grundstückseigentümer verpflichtet sich, die vorstehende Verpflichtung seinen Sonderrechtsnachfolgern im Grundstückseigentum mit der Weiterübertragungspflicht aufzuerlegen.

1805 Bei einem Rangrücktritt des Grundstückseigentümers mit dem Erbbauzins und der Erbbauzinserhöhungsvormerkung hinter Grundpfandrechte am Erbbaurecht war die **Stillhalteerklärung des Gläubigers** wie folgt formuliert:[20]

... (Angaben über Erbbaugrundbuch, Erbbauzins). Das Erbbaurecht soll mit einem Grundpfandrecht in Höhe von ... DM für die ... Bank in ... belastet werden. Der Eigentümer wird mit seinen oben genannten Rechten im Rang hinter dieses Grundpfandrecht zurücktreten. Sollten bei einer Zwangsversteigerung des Erbbaurechts der Erbbauzins und die Vormerkung zur Sicherung des Anspruchs auf Erhöhung der Erbbauzinsreallast nicht in das geringste Gebot fallen, verpflichten wir uns als Gläubiger des vorgenannten Grundpfandrechts gegenüber dem jeweiligen Grundstückseigentümer, auf dessen Verlangen die Erbbauzinsreallast und die Vormerkung auf deren Erhöhung hinsichtlich der künftig fällig werdenden Zahlungen stehen zu lassen und zu diesem Zweck unverzüglich einen entsprechenden Antrag nach § 59 ZVG zu stellen bzw einem solchen Antrag des Grundstückseigentümers zuzustimmen, wenn unsere durch das Grundpfandrecht gesicherten Ansprüche auch nach diesen abweichenden Versteigerungsbedingungen befriedigt werden. Auch einer Vereinbarung nach § 91 Abs 2 ZVG werden wir in diesem Fall zustimmen.

Die ... Bank als Gläubigerin verpflichtet sich, im Falle der Abtretung ihres Grundpfandrechts die vorstehende Erklärung allen Sonderrechtsnachfolgern mit der Weiterübertragungspflicht aufzuerlegen.

1806 Tritt der Grundstückseigentümer mit dem Erbbauzins hinter Grundpfandrechte zurück, so ist Eintragung einer Löschungsvormerkung nach § 1179 BGB für den jeweiligen Grundstückseigentümer möglich.[21] Der Grundstückseigentümer kann sich auch vom Erbbauberechtigten den Anspruch auf Rückgewähr der Grundschuld bei Nichtvalutierung im voraus abtreten und durch eine vom Grundschuldgläubiger bewilligte und bei der Grundschuld eingetragene Vormerkung nach § 883 BGB sichern lassen.[22] Er kann auch bei Grundschulden eine Einmal-Valutierungserklärung verlangen. Schließlich kann an den Wegfall der Erbbauzinsreallast auch der Heimfall geknüpft werden, bei dem allerdings meist eine Entschädigung geleistet werden muß. Zuverlässige Sicherheit bieten aber im Hinblick auf die umfassenden Sicherungsvereinbarungen bei Grundschulden auch diese Hilfsmittel nicht.

Den Rangkonflikt zwischen Erbbauzins und (Finanzierungs-) Grundpfandrechten am Erbbaurecht hat der Gesetzgeber durch Änderung[23] des § 9 Abs 3, § 19 Abs 2 S 2 ErbbauVO und des § 52 Abs 2 ZVG entschärft.[24]

---

[20] Vgl auch die Formulierung bei OLG Hamm MittBayNot 1997, 253; der Beschluß betrifft die Geschäftswertberechnung einer Stillhalteerklärung.
[21] BayObLG 1980, 128 = DNotZ 1980, 483 = Rpfleger 1980, 341.
[22] BGH 81, 358 = aaO (Fußn 2).
[23] Art 2 § 2 SachenRÄndG, BGBl 1994 I 2457 (2489).

B. Einzelfälle

bb) **Versteigerungsfester Erbbauzins.** Nunmehr kann als **Inhalt des Erbbau-** 1806a
zinses vereinbart werden, daß die Erbbauzinsreallast abweichend von § 52
Abs 1 ZVG mit ihrem **Hauptanspruch bestehen bleibt**, wenn der Grundstückseigentümer aus der Reallast oder der Inhaber eines im Rang vorgehenden oder gleichstehenden dinglichen Rechts die Zwangsversteigerung des Erbbaurechts betreibt. Als dinglicher Inhalt des Erbbauzinses bedarf diese Vereinbarung der (formlosen) Einigung (§ 873 BGB) zwischen Grundstückseigentümer und Erbbauberechtigtem sowie der Grundbucheintragung (wie Rdn 1800). Eintragung durch Bezugnahme genügt;[25] direkte Eintragung ist empfehlenswert. Bei Neubestellungen des Erbbaurechts ist diese Vereinbarung Teil des beurkundungspflichtigen Bestellungsvertrages (§ 11 Abs 2 ErbbauVO). Wird eine Regelung nach § 9 Abs 3 Nr 1 ErbbauVO nachträglich (als Inhaltsänderung des Erbbaurechts) getroffen, ist zusätzlich die Zustimmung der Gläubiger der dem Erbbauzins vorgehenden oder gleichstehenden dinglichen Rechte erforderlich (§ 9 Abs 3 S 2 ErbbauVO).[26] In Ausnahmefällen kann sich aus § 242 BGB ein Anspruch des Grundstückseigentümers auf Zustimmung zur nachträglichen Vereinbarung eines versteigerungsfesten Erbbauzinses ergeben.[27] Wurde der Erbbauzins in dieser Weise ausgestaltet, so ist er insoweit „zwangsversteigerungsfest" als er mit seinem Hauptanspruch bestehen bleibt, auch wenn die Versteigerung aus einem vorrangigen (ausgenommen Rechte der Rangklassen des § 10 Abs 1 Nr 1–3 ZVG, zB öffentliche Lasten) oder gleichrangigen Recht oder vom Grundstückseigentümer selbst betrieben wird.[28] Ab Zuschlagerteilung hat dann der Ersteher den Erbbauzins zu zahlen (§ 56 S 2 ZVG). Es geht auf den Ersteher aber nur der Erbbauzins mit seinem dinglichen Inhalt über (auch mit einer als Inhalt der Erbbauzinsreallast [§ 9 Abs 1 ErbbauVO, § 1105 Abs 1 S 2 BGB] vereinbarten Wertsicherung, s dazu Rdn 1811), nicht dagegen mit rein schuldrechtlich getroffenen Vereinbarungen, zB einer schuldrechtlichen Wertsicherung;[29] diese müßte durch die ggfs eingetragene Erhöhungs-Vormerkung erzwungen werden (s dazu Rdn 1830), soweit diese Vormerkung nicht in der Zwangsversteigerung weggefallen ist. Auch die „Erhöhungsvormerkung" kann nach § 9 Abs 3 Nr 1 ErbbauVO zwangsversteigerungsfest vereinbart werden, da dasjenige, was eingetragen werden kann, auch vorgemerkt werden kann. Doch muß für den vorgemerkten Anspruch auf Erhöhung eine Vereinbarung nach § 9 Abs 3 Nr 1 ErbbauVO getroffen werden: die nur für den Erbbauzins getroffene Vereinbarung wirkt nicht zugleich für die Vormerkung.[30]

---

[24] Vgl zur Neuregelung vOefele/Winkler Rdn 6.53; Eichel MittRhNotK 1995, 193; Mohrbutter H und Chr ZIP 1995, 806; vOefele DNotZ 1995, 644; Stöber Rpfleger 1996, 136; Weber Rpfleger 1998, 5.
[25] AA – ohne Begründung – Vossius Rdn 31 zu § 52 SachenRBerG (hierfür keine Gesetzesgrundlage); wie hier vOefele DNotZ 1995, 643 (645).
[26] MünchKomm/vOefele Rdn 24 zu § 9 ErbbauVO. AA nur Eichel MittRhNotK 1995, 193 (199), der entgegen dem klaren Gesetzestext auch Zustimmung der dem Erbbauzins nachrangigen Berechtigten verlangt.
[27] Vgl Kümpel WM 1998, 1057 (1059).
[28] Zur Bezeichnung bei Feststellung des geringsten Gebots und der Versteigerungsbedingungen Stöber Rpfleger 1996, 136.
[29] Vgl vOefele/Winkler Rdn 6.272.
[30] Vgl Stöber Rdn 6.7 zu § 52 ZVG.

1806b cc) **Rangvorbehalt.** Für den **jeweiligen** Erbbauberechtigten kann nach § 9 Abs 3 Nr 2 ErbbauVO zudem ein **Rangvorbehalt** vor der Erbbauzinsreallast für die Belastung des Erbbaurechts mit Grundschulden, Hypotheken oder Rentenschulden vereinbart werden. Diese Vereinbarung ist – formal – Inhalt des Erbbauzinses, materiell aber Rangvorbehalt.[31] Der Umfang der vorbehaltenen Rechte ist genau zu bezeichnen (s dazu Rdn 2134). Eintragung durch Bezugnahme dürfte auch hier genügen;[32] doch ist direkte Eintragung im Grundbuch vorzuziehen. Für Entstehung dieser Vereinbarung gelten die gleichen Regeln wie für die Vereinbarung nach § 9 Abs 3 Nr 1 ErbbauVO. Hierdurch soll verhindert werden, daß dem Ersteher des Erbbaurechts der Raum für eine erstrangige Finanzierung verloren geht, da ohne einen solchen Rangvorbehalt das vorrangige Grundpfandrecht, aus dem die Zwangsversteigerung betrieben wird, mit dem Zuschlag erlöschen und die Reallast im Rang aufrücken würde. Der Grundstückseigentümer würde durch die Zwangsversteigerung eine bessere Rechtsposition erhalten, als er sie vor dem Versteigerungsverfahren hatte. Die in Rdn 1804, 1805 beschriebenen Rangrücktritte des Erbbauzinses hinter Grundpfandrechte und die Stillhalteerklärungen sind daher überflüssig, wenn der Erbbauzins inhaltlich nach § 9 Abs 3 ErbbauVO ausgestaltet ist. Ist dies nicht der Fall, bleibt es bei den dort beschriebenen Problemen und ihren Lösungsversuchen. Zur Entbehrlichkeit der Belastungszustimmung bei Ausübung des Rangvorbehalts s Rdn 1785.

d) Erbbauzins als reallastartiges Recht

1807 Für den dinglichen Erbbauzins gelten im übrigen die **Bestimmungen** über die **Reallasten entsprechend** (§ 9 Abs 1 S 1 ErbbauVO). Dies bedeutet: für die fälligen Einzelleistungen haftet das Erbbaurecht mit seinen Bestandteilen; der Grundstückseigentümer kann Befriedigung durch Zwangsvollstreckung in das Erbbaurecht erlangen (§ 9 Abs 1 ErbbauVO, §§ 1107, 1147 BGB); erforderlich ist hierzu ein dinglicher Titel gegen den Erbbauberechtigten. Der Erbbauberechtigte kann sich wegen des **dinglichen Anspruchs** auf Vollstreckung der Einzelleistungen in das Erbbaurecht zu dinglicher Befriedigung und wegen der während seiner Berechtigung fällig werdenden Einzelleistungen auch persönlich (Haftung nach § 1108 BGB) in notarieller Urkunde der sofortigen **Zwangsvollstreckung unterwerfen** (§ 794 Abs 1 Nr 5 ZPO). Unterwerfung unter die Zwangsvollstreckung mit Wirkung gegen den jeweiligen Eigentümer (§ 800 ZPO) ist (wie bei der normalen Reallast, Rdn 1304) nicht möglich; sie kann nicht in das Grundbuch eingetragen werden, auch nicht hinsichtlich der einzelnen Leistungen[33]. Gegen einen späteren Erbbauberechtigten kann die wegen des dinglichen Anspruchs vollstreckbare Urkunde (s auch § 325 ZPO) als Rechtsnachfolger nach §§ 727, 795 ZPO vollstreckbar ausgefertigt, aber nicht erleichtert nach § 800 Abs 2 ZPO vollstreckt werden.[34]

---

[31] Zu diesem Rangvorbehalt und seinen Risiken für den Grundstückseigentümer (der Vorbehalt besteht für die gesamte Laufzeit des Erbbaurechts) Weber Rpfleger 1998, 5.
[32] vOefele DNotZ 1995, 643 (648).
[33] MünchKomm/vOefele Rdn 16, Staudinger/Rapp Rdn 11, je zu § 9 ErbbauVO; Zöller/Stöber Rdn 17 zu § 800 ZPO; aA Münch/Komm/Joost Rdn 37 zu § 1105 BGB.
[34] BayObLG 1959, 83 = DNotZ 1959, 402 = NJW 1959, 1876 = Rpfleger 1960, 287 mit Anm Haegele; auch Hieber DNotZ 1959, 530.

B. Einzelfälle

Die wiederkehrenden Leistungen müssen nicht in Geld bestehen, sondern können **Leistungen jeder Art** sein, insbesondere Sachleistungen, zB die Leistung einer bestimmten Menge von Nutzholz oder Stahl,[35] die Lieferung von Roggen,[36] auch wenn der Roggen nicht auf dem Grundstück angebaut wird, Gebrauchsüberlassung einer Wohnung.[37] Aus dem Grundstück müssen die Leistungen wie bei der Reallast nicht erbracht werden. Auch ein Wahlschuldverhältnis oder eine Ersetzungsbefugnis zwischen Geld- und Sachleistung kann vereinbart werden, also zB Zahlung eines festbestimmten Geldbetrages oder Lieferung einer festbestimmten Menge Naturalien.[38] Eine Bestimmung, statt der bestimmten Sachmenge den Geldbetrag zu fordern, der dieser Sachmenge als Marktpreis bei Fälligkeit entspricht, ist nach § 9 Abs 1 ErbbauVO zulässig;[39] zur Genehmigungsbedürftigkeit nach § 2 PaPkG s Rdn 3256 ff, 3261. 1808

Nach der vor dem SachenRÄndG bis zum 30. 9. 1994 geltenden Regelung mußte der Erbbauzins nach Zeit und Höhe für die ganze Erbbauzeit im voraus bestimmt sein. Die einzelnen Leistungen mußten demnach in Zahlen oder mengenmäßig so genau bestimmt sein, daß ein nachrangiger Geldgeber die vorrangige Erbbauzinsreallast exakt berechnen konnte.[40] Durch die Neuregelung des SachenRÄndG und die zweite Änderung durch das EuroEG ist nach § 9 Abs 1 S 1 ErbbauVO die Erbbauzinsreallast der allgemeinen Reallast vollständig gleichgestellt, so daß Bestimmbarkeit genügt (s Rdn 1811 ff). 1809

e) Wertsicherungsvereinbarungen als Inhalt des Erbbauzinses

In der Rechtspraxis wurde das (vormalige) Bestimmtheitsgebot des Erbbauzinses durch die Vereinbarung schuldrechtlicher Anpassungsklauseln und deren „Verdinglichung" durch Vormerkung umgangen, um den Grundstückseigentümer vor dem stetigen Kaufkraftverlust des regelmäßig langfristig vereinbarten Erbbauzinses zu schützen. Mit dem SachenRÄndG wurde § 9 Abs 2 ErbbauVO erstmals neu gefaßt und die Vereinbarung eines nach Zeit und Wertmaßstab bestimmbaren (nicht bestimmten) Erbbauzinses zugelassen (§ 9 Abs 2 S 1–3 ErbbauVO idF des SachenRÄndG). Die Neufassung des § 9 Abs 2 S 1–3 ErbbauVO war jedoch mißglückt und hatte Auslegungsstreit hervorgerufen[41] (Einzelheiten s 11. Auflage). Wegen dieser Unsicherheiten in 1810

---

[35] LG München DNotZ 1952, 220 mit Anm Reinicke; kritisch hierzu Hoche NJW 1953, 1027 und Wangemann NJW 1957, 979.
[36] OLG Celle DNotZ 1955, 215; Kehrer BWNotZ 1955, 249.
[37] MünchKomm/vOefele Rdn 23 zu § 9 ErbbauVO; LG Mannheim BWNotZ 1983, 18.
[38] OLG Celle NJW 1955, 315; Huber NJW 1952, 687; Kehrer BWNotZ 1955, 249; Nonnenmühlen MittRhNotK 1958, 499.
[39] Unter Geltung des alten § 9 ErbbauVO noch unzulässig, vgl LG München DNotZ 1952, 220; OLG Celle DNotZ 1952, 126; aA OLG Köln NJW 1951, 363.
[40] BGH DNotZ 1975, 154 = Rpfleger 1975, 56.
[41] Vgl Eichel MittRhNotK 1995, 193; Mohrbutter H und Chr ZIP 1995, 806; Klawikowski Rpfleger 1995, 145; Wilke DNotZ 1995, 6454; vOefele DNotZ 1996, 643; Limmer in Czub/Schmidt/Räntsch/Frenz Rdn 11 zu § 45 SachenRBerG; Gutachten DNotI-Report 1995, 23. Klarheit für die Praxis jedoch schon durch BayObLG 1996, 159 = DNotZ 1997, 147 mit Anm vOefele = MittBayNot 1996, 372 mit Anm Ring = NJW 1997, 468 = Rpfleger 1996, 506 und 1997, 18 Leits mit Anm Streuer.

der Praxis wurde § 9 ErbbauVO mit Wirkung ab 16. 6. 1998 erneut geändert.[42] Nach § 9 Abs 1 ErbbauVO gelten nun die Vorschriften über die Reallast auch für den Inhalt der Erbbauzinsreallast uneingeschränkt. Zur weiteren Klarstellung wurde in § 1105 BGB eine ausdrückliche Regelung über die Zulässigkeit von Anpassungsklauseln bei Reallasten angefügt. Für die Erbbauzinsreallast gilt jetzt folgendes:

1811 aa) Für den Inhalt des (dinglichen) Erbbauzinses gelten die Regeln der Reallast (§ 1105 BGB), dh er muß – wie die Reallast – bestimmt (wie bisher) oder **bestimmbar** sein (§ 9 Abs 1 ErbbauVO iVm § 1105 Abs 1 S 2 BGB, s Rdn 1297 ff). Die einzelne Anpassung des Erbbauzinses in Anwendung des vereinbarten Maßstabes bedarf keiner weiteren „Erfüllung" durch Einigung zwischen Eigentümer und Erbbauberechtigten und Eintragung im Grundbuch.[43] Dies gilt für automatische Gleitklauseln ebenso wie für solche, bei denen die Anpassung erst auf Verlangen des Berechtigten eintritt oder von sonstigen Bedingungen abhängt. Haben die Beteiligten dagegen Anpassungsmaßstäbe vereinbart, die – wie regelmäßig Leistungsvorbehalte – Ermessensspielraum hinsichtlich der Festsetzung der Leistung gewähren, so können diese nur Inhalt des Erbbauzinses nach § 9 Abs 1 ErbbauVO sein, wenn jedenfalls die Obergrenze der Belastung zB durch Bezugnahme auf amtliche Indices erkennbar ist[44] (s Rdn 1297 d, e); andernfalls können sie nur – wie bisher – schuldrechtlich vereinbart und – soweit in diesem Rahmen noch genügend bestimmbar – durch Vormerkung gesichert werden.

1811a bb) Die dingliche Anpassungsvereinbarung oder ihre Änderung, zB Vereinbarung eines anderen Index, bedürfen – wenn **nachträglich** vereinbart – als Inhaltsänderung des Erbbauzinses (der formlosen) Einigung (§ 873 BGB) und Eintragung im Grundbuch; diese erfolgt auf Bewilligung (§ 19 GBO) des Erbbauberechtigten und Grundstückeigentümers (der wegen der Möglichkeit des Sinkens des Erbbauzinses betroffen ist) und Antrag. Die Zustimmung der hiervon nachteilig betroffenen Inhaber dinglicher Rechte am Erbbaurecht bzw Grundstück ist nötig (§§ 877, 876 BGB).

1811b cc) Die dingliche Anpassungsvereinbarung wirkt gegenüber dem jeweiligen Inhaber des Erbbaurechts. Eine Abtretung der Ansprüche auf Erbbauzinserhöhung oder eines Eintritts in diesbezügliche Verpflichtungen bei Veräußerung des Grundstücks bzw des Erbbaurechts bedarf es nicht. Auch bei Entstehung eines Eigentümererbbaurechts erlischt die dingliche Anpassungsvereinbarung nicht.

1811c dd) Für den Inhalt der dinglichen Anpassungsvereinbarung gelten grundsätzlich die gleichen Ausführungen wie bei einer schuldrechtlichen Anpassungsvereinbarung (vgl Rdn 1814 ff). Die Anpassungsvereinbarung muß also enthalten:
– die **Anpassungsvoraussetzungen,** dh die Voraussetzungen, die zur Anpassung führen;

---

[42] Art 11a EuroEG v 9. 6. 1998, BGBl I 1242.
[43] So schon vor Änderung des § 9 ErbbauVO durch das EuroEG BayObLG 1996, 159 = aaO; vOefele/Winkler Rdn 6.80; vOefele DNotZ 1995, 643 (650); Wilke DNotZ 1995, 654 (660); Eichel MittRhNotK 1995, 193.
[44] Noch enger Wilke DNotZ 1995, 654 (664 ff) und vOefele DNotZ 1997, 151 (152).

B. Einzelfälle

- einen **Bewertungsmaßstab,** dh den Maßstab, der für die Änderung maßgebend ist (zB Lebenshaltungskostenindex, Beamtengehalt etc) und
- den **Anpassungszeitpunkt,** dh den Zeitpunkt, zu dem die Erhöhung eintritt.

Bei der dinglichen Anpassungsklausel gilt auch § 9a ErbbauVO und die Genehmigungspflicht nach § 2 PaPkG. Nach § 1 Nr 4 PrKVO sind allerdings Klauseln in Erbbaurechtsbestellungsverträgen und Erbbauzinsreallasten mit einer Laufzeit von mindestens 30 Jahren genehmigungsfrei (s Rdn 3261). Im Unterschied zur schuldrechtlichen Anpassungsklausel gilt jedoch bei der dinglichen Anpassungsklausel, die zum Inhalt des Erbbauzinses gemacht werden soll, der strengere sachenrechtliche Grundsatz der Bestimmbarkeit. Wie bei einer Reallast nach § 1105 BGB müssen daher die Leistungen nach Umfang und Höhe aufgrund objektiver Umstände bestimmbar sein[44a] (vgl Rdn 1297ff).

f) Schuldrechtliche Vereinbarungen zur Anpassung des Erbbauzinses und Sicherung durch Vormerkung

aa) Schuldrechtliche Anpassungsvereinbarung. Vor der Neuregelung durch das SachenRÄndG und das EuroEG hat die Praxis durch die neben dem dinglichen Erbbauzins vereinbarte schuldrechtliche Verpflichtung zur **Anpassung des Erbbauzinses**[45] und ihre Sicherung durch **Vormerkung** (s Rdn 1830) die früher von § 9 Abs 2 S 1 (aF) ErbbauVO nicht zugelassene Wertsicherung des Erbbauzinses erreicht. Für diese und für Anpassungsmaßstäbe gelten weiterhin die folgenden Ausführungen. 1812

Aus der Erbbaurechtsbestellungsurkunde muß klar hervorgehen, ob eine dingliche oder schuldrechtliche Vereinbarung getroffen wurde. Muster einer **schuldrechtlichen Vereinbarung** s 11. Auflage Rdn 1812. Bedeutung haben schuldrechtliche Anpassungsvereinbarungen dann noch, wenn eine Anpassung gewünscht wird, die nicht den Grundsätzen der Bestimmtheit bzw Bestimmbarkeit nach § 1105 Abs 1 S 2 BGB genügt, wie etwa Leistungsvorbehaltsklauseln, die es dem Ermessen eines Beteiligten oder eines Dritten überlassen, in welcher Höhe die Anpassung erfolgen soll. Anpassungsmaßstäbe, die nicht hinreichend bestimmbar sind, können auch nach der Neuregelung des § 9 Abs 1 ErbbauVO iVm § 1105 Abs 1 S 2 BGB nicht Inhalt des dinglichen Erbbauzinses sein und können nur durch eine schuldrechtliche Anpassungsklausel iVm einer Anpassungsvormerkung – soweit zulässig (Rdn 1830) – dinglich gesichert werden.

Eine solche schuldrechtliche Anpassungsverpflichtung kann bereits bei Begründung des Erbbaurechts (Regelfall) oder erst später zwischen Grundstückseigentümer und Erbbauberechtigten getroffen werden. Die Beteiligten können (sollen) in der Vereinbarung Anpassungszeitpunkt und Bewertungsmaßstäbe für die Neufestsetzung des Erbbauzinses genau festlegen. Ände- 1813

[44a] LG Saarbrücken Rpfleger 2000, 109.
[45] Zulässig nach st Rspr, s BGH 22, 220 = DNotZ 1957, 300 (s auch Weitnauer DNotZ 1957, 295) = NJW 1957, 98 = Rpfleger 1957, 12 (s auch Haegele und Kehrer Rpfleger 1957, 6 und Alberty Rpfleger 1956, 330); BGH DNotZ 1958, 314; BGH DNotZ 1971, 42; BGH 61, 209 = DNotZ 1974, 90; s ferner BayObLG DNotZ 1955, 206; OLG Hamm DNotZ 1964, 346 = Rpfleger 1964, 34 mit Anm Haegele; OLG Karlsruhe DNotZ 1958, 595; OLG Oldenburg DNotZ 1957, 253 und DNotZ 1962, 250; KG OLGZ 1976, 276 = Rpfleger 1976, 244.

rungsvereinbarungen sind aber auch zulässig, wenn sie keinen konkreten Bewertungsmaßstab festlegen. So sind folgende Bestimmungen zulässig:

> Der Erbbauzins kann alle drei Jahre neu festgesetzt werden, wenn es die gesetzlichen Bestimmungen zulassen,[46]

ebenso die Klausel

> Grundlegende Veränderungen der Währungs- und Wirtschaftsverhältnisse berechtigen beide Vertragsteile, eine anderweitige Festsetzung des Erbbauzinses zu verlangen.[47]

1814 bb) **Änderung der wirtschaftlichen Verhältnisse.** Haben die Vertragschließenden keine Bestimmung getroffen, so gibt es keinen ein für allemal verbindlichen Bewertungsmaßstab für die Neufestsetzung des Erbbauzinses.[48] Wenn der Bestellungsvertrag eine Erbbauzins-Anpassungsklausel ohne Bewertungsmaßstab enthält und deshalb der Erbbauzinserhöhungsumfang nach billigem Ermessen zu bestimmen ist, so ist für den neu festzusetzenden Erbbauzins die Änderung der allgemeinen wirtschaftlichen Verhältnisse und nicht die Veränderung der Bodenpreise maßgebend.[49] Ist vereinbarte Voraussetzung für eine Anpassung eine „erhebliche" oder „wesentliche" Änderung der wirtschaftlichen Verhältnisse (der Lebenshaltungskosten und Einkommen), so genügt eine Änderung um mehr als 10%.[50] Ist Voraussetzung für die Anpassung der Änderung, daß Unzumutbarkeit vorliegt, so genügt eine Änderung um mehr als 20%.[51] Ist bei einem nicht Wohnzwecken dienenden Erbbaurecht eine Anpassung des Erbbauzinses für den Fall vereinbart, daß sich der Verkehrswert für Grundstücke in gleicher Lage und Bebaubarkeit gegenüber dem zuletzt für die Berechnung des Erbbauzinsesmaßgebenden Verkehrswert um mehr als 10 vH erhöht oder ermäßigt, so ist Ausgangswert nicht der wahre Verkehrswert im Anknüpfungszeitpunkt, sondern der zuletzt vereinbarte oder gerichtlich festgestellte Verkehrswert.[52]

1815 Eine „Änderung der allgemeinen wirtschaftlichen Verhältnisse" richtet sich nach dem Durchschnittswert, der aus der prozentualen Änderung der Lebenshaltungskosten (ausgedrückt durch den Verbraucherpreisindex für Deutschland, der an die Stelle des nicht mehr weiter geführten Index für einen Vier-Personen-Arbeitnehmerhaushalt mit mittlerem Einkommen getreten ist) und der Einkommensverhältnisse (anknüpfend an den Durchschnitt der Bruttoverdienste der männlichen und weiblichen Arbeiter und Angestellten in Industrie und Handel in der gesamten Bundesrepublik, nicht in bestimmten Regionen) gebildet wird;[53] diese zu § 9 a ErbbauVO entwickelte Auslegung des Begriffs

---

[46] BGH BB 1964, 620.
[47] BGH DNotZ 1968, 425; BGH MittBayNot 1992, 264 = NJW 1992, 264 = Rpfleger 1992, 476.
[48] BGH DNotZ 1973, 478 = WM 1973, 42.
[49] BGH DNotZ 1973, 478 = aaO (Fußn 48); BGH DNotZ 1973, 476 = NJW 1973, 142; BGH BB 1992, 1238; OLG Schleswig WM 1969, 1429.
[50] BGH DNotZ 1995, 665 = NJW 1995, 1360 = Rpfleger 1995, 403.
[51] BGH MittBayNot 1992, 264 = NJW 1992, 2088 = Rpfleger 1992, 476.
[52] BGH DNotZ 1999, 731 = Rpfleger 1999, 383.
[53] BGH 75, 279 = DNotZ 1980, 312 = NJW 1980, 181; BGH 77, 188 = DNotZ 1981, 258 = NJW 1980, 2243 = Rpfleger 1980, 378; BGH NJW 1980, 2519 = Rpfleger 1980, 379; BGH BB 1984, 302 = NJW 1983, 2252 = Rpfleger 1983, 394; vgl auch

B. Einzelfälle

„Änderung der allgemeinen wirtschaftlichen Verhältnisse" gilt auch bei Anpassungsvereinbarungen zum Erbbauzins, die dem § 9a ErbbauVO nicht unterliegen (zB gewerbliche Bauten), dann, wenn keine konkreten Bewertungsmaßstäbe vereinbart sind;[54] persönliche Verhältnisse des Erbbauberechtigten oder des Grundstückseigentümers bleiben demnach außer Betracht[55] ebenso wie zB Berücksichtigung der Entwicklung der Baukosten für Gebäude[56] uä. Vereinbarte Bewertungsmaßstäbe (zB „allgemeine wirtschaftliche Lage" neben anderen Kriterien) bei gewerblichen Erbbaurechten sind aber vorrangig und dann nicht im Sinne der „allgemeinen wirtschaftlichen Verhältnisse" des § 9a ErbbauVO auszulegen.[57]

Beim Fehlen bestimmter Bewertungsmaßstäbe bleibt die Festsetzung eines höheren Erbbauzinses in erster Linie einer gütlichen **Vereinbarung der Beteiligten** überlassen. Kommt eine solche Einigung nicht zustande, so hat gemäß § 316 BGB der Grundstückseigentümer als Gläubiger des Erbbauzinses die Erhöhung nach billigem Ermessen[58] zu bestimmen, soweit aus der Vereinbarung keine anderen Anhaltspunkte entnommen werden können.[59] Bereits eine stillschweigende Abrede über den Umfang der Erhöhung kann das billige Ermessen des Gläubigers einschränken. Die Beweislast dafür, daß weder eine ausdrückliche noch eine stillschweigende Abrede über die künftige Höhe des Erbbauzinses erfolgt ist, trifft den Gläubiger.[60] Notfalls ist Klage auf Feststellung der angemessenen Höhe des künftigen Erbbauzinses zu erheben. Das Gericht bestimmt dann nach § 315 Abs 3 BGB den angemessenen Erbbauzins.[61] In diesem Fall wird die Erhöhung erst im Zeitpunkt des Erlasses des Urteils wirksam.[62]

1816

cc) **Vereinbarung von Anpassungsmaßstäben.** Es ist jedoch ratsam, bei Vereinbarung schuldrechtlicher Anpassungsverpflichtungen den Anpassungszeitpunkt und vor allem die Bewertungsmaßstäbe vertraglich festzulegen. Die Beteiligten sind in der Wahl des Anpassungsmaßstabes grundsätzlich frei (zu den Grenzen s Rdn 1818, 1821); daher sind Klauseln, die auf die Entwicklung des Boden- und/oder Gebäudewertes abstellen ebenso zulässig wie Klauseln, die an die Entwicklung von Löhnen und Gehältern (Beamtengehälter) anknüpfen, und Klauseln, die die Anpassungsverpflichtung an einen der verschiedenen Preisindices binden. Statt eines solchen Wertmaßstabes kann auch vereinbart werden, daß der Grundstückseigentümer am Umsatz eines auf

1817

BGH NJW 1992, 2088 = aaO (Fußn 51) zur Einbeziehung des aktuellen Kalenderjahres.
[54] BGH DNotZ 1981, 253 = NJW 1980, 2241 = Rpfleger 1980, 379; vgl auch BGH MittBayNot 1981, 117 = NJW 1981, 1668 = Rpfleger 1981, 286.
[55] BGH 73, 225 = NJW 1979, 1546 mit Anm Hoyningen-Huene; BGH BB 1981, 1602.
[56] BGH 77, 188 = aaO (Fußn 53).
[57] BGH 146, 280 = MDR 2001, 625 = NJW 2001, 1928 = ZNotP 2001, 158.
[58] Im Rahmen der Billigkeit kann bei einem Erbbaurecht zur Errichtung von sozialem Wohnungsbau auch die Nichterzielbarkeit einer Kostenmiete am Markt zu berücksichtigen sein; BGH DNotZ 2001, 698 = NJW 2001, 1930.
[59] BGH WM 1964, 561 und DNotZ 1968, 425.
[60] BGH DNotZ 1973, 118.
[61] BGH 71, 276 (284) = DNotZ 1978, 616; BGH MittBayNot 1996, 99.
[62] BGH MDR 1979, 298 = Rpfleger 1979, 56 Leitsatz; BGH Betrieb 1996, 106.

dem Erbbaurecht betriebenen Gewerbes beteiligt ist.[63] Wird eine Bindung an den Grundstückswert gewählt, sollte zusätzlich festgelegt werden, daß der Verkehrswert bei Nichteinigung der Beteiligten durch einen Dritten nach billigem Ermessen nach § 317 BGB festgestellt werden soll;[64] als Dritter kann auch der Gutachterausschuß nach §§ 192 ff BauGB berufen werden.

1818 Grenzen für die rechtsgeschäftliche **Vereinbarung von Anpassungsmaßstäben** ergeben sich durch § 2 PaPkG und die PrKV (s Rdn 3254) für bestimmte („automatisch" wirkende) Anpassungsklauseln dinglicher (§ 9 Abs 1 ErbbauVO, § 1105 Abs 1 S 2 BGB) oder schuldrechtlicher Art. Bei schuldrechtlichen Anpassungsklauseln ändert sich bei Eintritt der vereinbarten Voraussetzungen der schuldrechtliche, nicht aber der dingliche Erbbauzins; es ist hier aber meist weiter vereinbart, daß die Vertragsteile verpflichtet sind, auch den dinglichen Erbbauzins, dh die Erbbauzinsreallast, bei Eintritt dieser Voraussetzungen entsprechend zu ändern.

1819 Erbbauzinsanpassungsklauseln aller Art sind nach PaPkG und PrKV zulässig, wenn die Laufzeit der Erbbauzinsreallast 30 Jahre überschreitet; bei kürzerer Laufzeit gelten für Genehmigungsbedürftigkeit und -fähigkeit die Bestimmungen von § 2 PaPkG und PrKV, soweit nicht § 46 SachenRBerG eingreift. Einzelheiten Rdn 3261.

1820 Eine Anpassung des Erbbauzinses kann auch im Wege ergänzender Vertragsauslegung verlangt werden, wenn sich herausstellt, daß die ursprünglich zur Wertänderung verwendete Bezugsgröße (Roggenklausel) hierzu ungeeignet ist.[65] Ist ein sog Leistungsvorbehalt (s dazu Rdn 3257) im Erbbaurechtsvertrag vereinbart, wonach der Erbbauzins sich nicht automatisch verändert, die Veränderung nur Voraussetzung für eine neue Festsetzung des Erbbauzinses ist, so ist eine solche Klausel in der Regel dahingehend auszulegen, daß der Erhöhungsbetrag von dem Zeitpunkt an gilt, in dem das Änderungsverlangen dem Gegner zugegangen ist; eine rückwirkende Neufestsetzung kann in der Regel nicht verlangt werden.[66]

1821 dd) **Beschränkung nach § 9a ErbbauVO.** § 9a ErbbauVO beschränkt nicht die inhaltliche Zulässigkeit von Anpassungsklauseln, sondern bildet eine gesetzlich zwingende **Grenze für den** einzelnen geltend gemachten **Erhöhungsanspruch.** Auch bei Wohngebäuden können daher alle Bewertungsmaßstäbe – soweit mit § 2 PaPKG und PrKV vereinbar – für die Anpassungsklausel gewählt werden, also zB auch eine Grundstückswertklausel in Form eines Leistungsvorbehalts.[67] Die Durchsetzung der auf der Grundlage solcher Anpassungsklauseln errechneten Erbbauzinserhöhungen wird dann im Einzelfall auf das Maß beschränkt, das der **Änderung der allgemeinen wirtschaftlichen Verhältnisse** entspricht (zu diesem Begriff s Rdn 1815). § 9a ErbbauVO setzt

---

[63] BGH DNotZ 1970, 352 = NJW 1970, 944 = Rpfleger 1970, 153.
[64] Zur Kontrolle der Festsetzung durch Schiedsgutachter vgl BGH NJW 1991, 2761; BGH Betrieb 1996, 106 = DNotZ 1996, 434; BGH DNotZ 2001, 698 = aaO.
[65] BGH BB 1984, 694.
[66] BGH NJW 1978, 154; BGH 81, 135 (146) = MDR 1981, 924; KG OLG-Report 1998, 329.
[67] OLG Bremen MittRhNotK 1980, 178; OLG Karlsruhe BB 1992, 735 = NJW-RR 1991, 787; MünchKomm/vOefele Rdn 4, 5, Palandt/Bassenge Rdn 4, je zu § 9a ErbbauVO; unrichtig Dürkes BB 1980, 1609 (1610).

B. Einzelfälle

eine wirksam vereinbarte Anpassungsverpflichtung voraus.[68] Die Vorschrift gilt für alle rechtswirksam vereinbarten Wertmaßstäbe, aber auch dann, wenn keine Wertmaßstäbe vereinbart sind[69] (s Rdn 1815). § 9 a ErbbauVO gilt für alle Arten von Anpassungsverpflichtungen, Gleitklauseln, Leistungsvorbehalte, Spannungsklauseln; ob die Norm auch für eine vereinbarte Wahlschuld oder eine Ersetzungsbefugnis des Schuldners gilt, ist streitig.[70] § 9 a ErbbauVO gilt aber nicht, wenn der Erbbauzins zunächst nur vorläufig vereinbart wurde, weil der für die erstmalige endgültige Festsetzung maßgebliche Grundstückswert bei Vertragsabschluß noch nicht feststellbar war.[70a]

§ 9 a ErbbauVO begrenzt bei **Wohngebäuden** zeitlich (3-Jahres-Abstand, § 9 a Abs 1 S 5 ErbbauVO) und der Höhe nach die einzelne Erbbaurechtserhöhung. Bei gewerblich genutzten Erbbaurechten gilt § 9 a ErbbauVO nicht. Bei gemischter Nutzung unterliegt nach § 9 a Abs 2 ErbbauVO nur der Teil des Erbbauzinses, der auf den Wohnteil entfällt, der Beschränkung nach § 9 a ErbbauVO; der gesamte Erbbauzins ist in solchen Fällen aufzuteilen nach dem Verhältnis der Mieteinnahmen oder nach dem Verhältnis der Bruttoertragswerte; eine Aufteilung nach Flächen wäre nicht angemessen.[71] Ist in einem gewerblichen Gebäude eine Hausmeisterwohnung vorhanden, so findet § 9 a ErbbauVO keine Anwendung.[72] Zu den Wohnzwecken dienenden Bauwerken gehören auch Nebenanlagen wie Garagen, Schwimmbäder uä; auch vermietete Wohnungen, gewerblich betriebene Wohnheime und Zweitwohnungen sind Wohnbauwerke iS des § 9 a Abs 1 ErbbauVO, nicht dagegen Hotels oder Pflegeheime.[73] Für die Beurteilung maßgebend ist der im Erbbaurechtsbestellungsvertrag vereinbarte Zweck; weicht die tatsächliche Nutzung des Bauwerks vom vereinbarten Zweck ab, entscheidet die Zweckbestimmung, der die betroffene Partei im für sie nachteiligen Fall zugestimmt hat: erfolgt gewerbliche Nutzung trotz vereinbarter Wohnungsnutzung mit Willen des Grundstückseigentümers, so ist § 9 a ErbbauVO nicht anwendbar; erfolgt Wohnungsnutzung mit Willen des Grundstückseigentümers, so ist § 9 a ErbbauVO anwendbar.[74] Entsprechendes gilt, wenn nach dem Erbbaurecht beide Nutzungsarten zulässig sind und zeitlich nacheinander (bei gleichzeitiger gemischter Nutzung gilt § 9 a Abs 2 ErbbauVO) stattfinden.

1822

§ 9 a ErbbauVO wirkt sich wie folgt aus: Zunächst wird die nach der Anpassungsvereinbarung zulässige Erhöhung festgestellt. Dann setzt die Prüfung dieser Erhöhung anhand des § 9 a Abs 1 S 2 und 3 ErbbauVO ein: Die Änderung der allgemeinen wirtschaftlichen Verhältnisse wird nach objektiven Maß-

1823

---

[68] BGH BB 1980, 340 = MDR 1980, 131 = NJW 1980, 183.
[69] BGH DNotZ 1977, 632; MünchKomm/vOefele Rdn 5, je zu § 9 a ErbbauVO; Hartmann Betrieb 1974 Beil 22 Rdn 24.
[70] Für Anwendung von § 9 a Palandt/Bassenge Rdn 2; MünchKomm/vOefele Rdn 5, je zu § 9 a ErbbauVO; dagegen: Staudinger/Rapp Rdn 2 zu § 9 a ErbbauVO.
[70a] BGH NJW 2003, 354 = Rpfleger 2003, 171.
[71] OLG Düsseldorf Betrieb 1978, 2166; Odenbreit NJW 1974, 2273; Palandt/Bassenge Rdn 10 zu § 9 a ErbbauVO.
[72] BGH DNotZ 1999, 731 = aaO (Fußn 52).
[73] MünchKomm/vOefele Rdn 6; Palandt/Bassenge Rdn 10, je zu § 9 a ErbbauVO; aA für gewerbsmäßig vermietete Ferienwohnungen Ingenstau/Hustedt Rdn 6 ff zu § 9 a ErbbauVO.
[74] Palandt/Bassenge Rdn 10; MünchKomm/vOefele Rdn 6, je zu § 9 a ErbbauVO.

stäben beurteilt; persönliche Verhältnisse des Erbbauberechtigten spielen bei der Auslegung dieses Begriffs keine Rolle, wohl aber dafür, ob im Einzelfall bis zu dieser vom Gesetz gezogenen Obergrenze gegangen oder sogar ausnahmsweise diese Grenze überschritten werden kann.[75] Die Entwicklung des Grundstückswerts (Erhöhung und Wertminderung[76]) ist in jedem Fall ohne Belang (§ 9 a Abs 1 S 3 ErbbauVO). Die „Änderung der allgemeinen wirtschaftlichen Verhältnisse" richtet sich nach der inzwischen gefestigten Rechtsprechung des BGH[77] nach dem Durchschnittswert, der aus der prozentualen Steigerung der Lebenshaltungskosten (ausgedrückt durch den Verbraucherpreisindex für Deutschland als Nachfolger des Index für einen Vier-Personen-Arbeitnehmerhaushalt mit mittlerem Einkommen) und der Einkommensverhältnisse (anknüpfend an den Durchschnitt der Bruttoverdienste der männlichen und weiblichen Arbeiter und Angestellten in Industrie und Handel im ganzen Bundesgebiet[78]) gebildet wird. Dieser ermittelte Wert bildet die Obergrenze der verlangten Erhöhung; bleibt der nach der Anpassungsvereinbarung festgestellte Erhöhungsbetrag unter diesem Wert, so bleibt es dabei; § 9a ErbbauVO gibt keinen selbständigen Erhöhungsanspruch. Maßgebender **Zeitpunkt**, von dem ab die Änderung der allgemeinen wirtschaftlichen Verhältnisse beurteilt wird, ist nach § 9 a Abs 1 S 2 ErbbauVO der **Vertragsschluß**,[79] dh der Zeitpunkt, an dem die Anpassungsvereinbarung, auf Grund der eine Erhöhung verlangt wird, abgeschlossen wurde; ist die Anpassungsvereinbarung im Erbbaurechtsvertrag von Anfang an enthalten, ist also maßgebender Zeitpunkt für die Änderung der allgemeinen wirtschaftlichen Verhältnisse der Abschluß des Erbbaurechtsvertrages, nicht der Zeitpunkt der letzten Erhöhung. Wurde die Anpassungsvereinbarung grundlegend geändert, so ist dieser Änderungszeitpunkt für die Beurteilung maßgebend; das gleiche gilt, wenn die Anpassungsklausel nur geringfügig oder gar nicht geändert, aber gleichzeitig der Erbbauzins auf eine neue Basis gestellt wird.[80] Von diesem Bezugspunkt des § 9 a Abs 1 S 2 ErbbauVO ist die Drei-Jahres-Frist des § 9 a Abs 1 S 5 ErbbauVO zu unterscheiden; infolge dieser Sperrfrist kann eine Erhöhung (zwar innerhalb der Sperrfrist, aber) nur für einen Zeitpunkt geltend gemacht werden, der drei Jahre nach Vertragsschluß oder letzter Erhöhung liegt;[81]

---

[75] BGH 73, 225 = aaO (Fußn 55); BGH 77, 188 (190) = aaO (Fußn 53); BGH BB 1981, 1602 = NJW 1981, 2567.
[76] BGH DNotZ 1983, 559 = NJW 1982, 2382; dagegen Uibel NJW 1983, 211; Palandt/Bassenge Rdn 5 zu § 9 a ErbbauVO.
[77] BGH 75, 279 und 77, 188 = je aaO (Fußn 53) sowie nochmals BGH BB 1981, 1602 = MDR 1982, 44; zu den übrigen hierzu vertretenen Ansichten s MünchKomm/vOefele Rdn 9 zu § 9 a ErbbauVO.
[78] BGH NJW 1983, 2252 = Rpfleger 1983, 394.
[79] BGH DNotZ 1977, 632 = NJW 1977, 433; BGH BB 1980, 123 = NJW 1980, 588; BGH MDR 1982, 44 = NJW 1981, 2567.
[80] BGH DNotZ 1977, 632 und NJW 1980, 588 = je aaO (Fußn 79); BGH BB 1984, 303; BGH DNotZ 1989, 353 = NJW-RR 1988, 775 = Rpfleger 1988, 356 (Vereinbarung eines neuen Erbbauzinses durch Einbeziehung eines weiteren Grundstücks unter das Erbbaurecht).
[81] BGH DNotZ 1983, 557 = NJW 1983, 986 = Rpfleger 1982, 417; BGH BB 1988, 2277 = NJW-RR 1989, 138 = Rpfleger 1989, 57; vgl auch OLG Karlsruhe BB 1992, 735 = NJW-RR 1991, 787.

B. Einzelfälle

diese Frist des § 9a Abs 1 S 5 ErbbauVO gilt auch für Anpassungsklauseln, die überhaupt keine Fristenregelung enthalten.[81] In der Anpassungsvereinbarung enthaltene kürzere Fristen sind insoweit unwirksam; an ihre Stelle tritt beim konkreten Erhöhungsverlangen die Frist des § 9a Abs 1 S 5 ErbbauVO.

§ 9a ErbbauVO gilt auch für Erbbaurechtsverträge, die vor Inkrafttreten des § 9a ErbbauVO geschlossen worden sind (Art 2 des ÄndG 1974, BGBl I 41). **1824**

§ 9a ErbbauVO gilt jedoch nicht für Erbbauzinserhöhungen, die ohne entsprechende vertragliche Anpassungsverpflichtung von den Beteiligten frei vereinbart worden sind.[82] Eine gegen § 9a ErbbauVO verstoßende Erbbauzinserhöhung ist unwirksam, es sei denn, der Erbbauberechtigte hat sich hierauf in voller Kenntnis des § 9a ErbbauVO eingelassen.[83] **1825**

Das Grundbuchamt hat Anpassungsklauseln nicht auf ihre Vereinbarkeit mit § 9a ErbbauVO zu prüfen, da diese Vorschrift, wie dargelegt, nicht die inhaltliche Zulässigkeit der schuldrechtlichen Vereinbarung betrifft, sondern die Geltendmachung des jeweiligen konkreten Erhöhungsverlangens.[84] **1826**

Aus dem gleichen Grund können im Erbbaurechtsvertrag schuldrechtliche Anpassungsvereinbarungen[85] unabhängig von § 9a ErbbauVO niedergelegt werden. Der Notar ist allerdings verpflichtet, die Beteiligten auf die Beschränkungen hinzuweisen, die § 9a ErbbauVO für die Ausübung der Rechte aus einer solchen Anpassungsvereinbarung im konkreten Fall enthält, wenn ihm bekannt ist, daß das auf Grund des Erbbaurechts errichtete Bauwerk Wohnzwecken dient. Möglich ist auch eine vertragliche Formulierung, daß die jeweils vereinbarte Änderung durch § 9a ErbbauVO zeitlich und der Höhe nach begrenzt wird. Die Anpassungsvereinbarung von vornherein entsprechend den Vorschriften des § 9a ErbbauVO festzulegen,[86] ist problematisch, wenn die Wohnnutzung nicht über die ganze Erbbaurechtszeit feststeht (wechselnde Nutzung). Darüber hinaus ist eine solche Klausel, die die Rechtsprechung des BGH zum Begriff der Änderung der allgemeinen wirtschaftlichen Verhältnisse (Mittelwertklausel) zum Inhalt einer Gleitklausel macht, nach § 3 Abs 2 PrKV nicht genehmigungsfähig,[87] soweit Genehmigungsbedürftigkeit überhaupt besteht (§ 1 Nr 4 PrKV). **1827**

ee) Wirkung der schuldrechtlichen Anpassungsverpflichtung. Die schuldrechtliche Anpassungsverpflichtung wirkt nur zwischen den sie vereinbarenden Vertragsteilen (zur dinglichen nach § 9 Abs 1 ErbbauVO iVm § 1105 Abs 1 S 2 BGB s Rdn 1811b). Bei Grundstücksveräußerung geht der Anspruch auf einen nur schuldrechtlich vereinbarten Erbbauzins (der also nicht durch Reallast gesichert ist) ebenso wie der Anspruch aus der Anpassungsverpflichtung nicht von selbst **1828**

---

[82] BGH BB 1980, 123 = NJW 1980, 588.
[83] BGH DNotZ 1983, 557 = aaO (Fußn 81).
[84] Vgl LG Flensburg Rpfleger 1975, 132.
[85] Zu schuldrechtlichen Anpassungsvereinbarungen einschließlich Rechtsnachfolgeklauseln und Mustern s Ripfel BWNotZ 1963, 134 und BWNotZ 1971, 55; Riedel JurBüro 1973, 1126; Dürkes BB 1980, 1609; zu § 9a ErbbauVO im übrigen die Literatur vor Rdn 1795.
[86] So Dürkes BB 1980, 1609 (1615).
[87] Vgl zum früheren § 3 WährG Mitteilung der Deutschen Bundesbank, veröffentlicht DNotZ 1982, 329; bestätigt DNotZ 1983, 202.

über, er muß vielmehr gesondert abgetreten werden.[88] Bei Veräußerung des Erbbaurechts wirkt die schuldrechtliche Anpassungsklausel gegen den Erwerber des Erbbaurechts nur, wenn er diese Verpflichtung übernommen hat;[89] andernfalls haftet er auf erhöhten Erbbauzins nur nach § 9 Abs 1 ErbbauVO, § 1108 BGB, wenn mit Hilfe der Vormerkung (Rdn 1830 ff) die Erbbauzinsreallast im Grundbuch geändert wurde;[90] die Haftung des ursprünglichen Erbbauberechtigten bleibt bestehen, wenn nicht der Erbbaurechtserwerber befreiend diese Schuld übernommen hat.[91] Es kann und sollte daher eine Vereinbarung getroffen werden, daß der Erbbauberechtigte verpflichtet ist, bei Veräußerung des Erbbaurechts diese Anpassungsverpflichtung einem Rechtsnachfolger aufzuerlegen mit Weitergabeverpflichtung; handelt er dann dieser Verpflichtung zuwider, kann der Grundstückseigentümer seine Zustimmung nach § 5 ErbbauVO – soweit eine solche vereinbart ist – verweigern, bis der Rechtsnachfolger die Verpflichtung seinerseits übernimmt.

1829 **ff) Keine Anpassungsverpflichtung bei Eigentümer-Erbbaurecht.** Bei Bestellung eines Eigentümer-Erbbaurechts kann eine Anpassungsverpflichtung nicht rechtswirksam vereinbart werden, da für die Entstehung eines schuldrechtlichen Anspruchs Gläubiger und Schuldner personenverschieden sein müssen.[92] Auch bei späterer Vereinigung von Erbbaurecht und Grundstückseigentum in einer Hand erlischt der schuldrechtliche Anpassungsanspruch durch Konsolidation.[93] Er muß bei Übertragung des Erbbaurechts (oder des Grundstücks) neu begründet werden. Ein für den jeweiligen Grundstückseigentümer bestehender Erhöhungsanspruch kann daher wohl nicht begründet werden (s dazu auch Rdn 261 i). Dies alles gilt nicht für die dingliche Anpassungsvereinbarung nach § 9 Abs 1 S 1 ErbbauVO, § 1105 Abs 1 S 2 BGB (s Rdn 1811 a, auch 1811 b).

1830 **gg) Sicherung der Anpassungsverpflichtung durch Vormerkung.** Der **schuldrechtlichen Anpassungsverpflichtung** kann eine nahezu **dingliche Wirkung** beigelegt werden **durch Eintragung einer Vormerkung** nach § 883 BGB. Die Zulässigkeit einer Vormerkung ist unstreitig, nachdem auch der Gesetzgeber in § 9a Abs 3 ErbbauVO von deren Zulässigkeit ausgeht.[94] Bei Neubestellung eines Erbbaurechts sollte vorrangig die dingliche Sicherung nach § 9 Abs 1 ErbbauVO erreicht werden (s Rdn 1811). Die nachfolgenden Ausführungen betreffen daher in erster Linie alte Erbbaurechtsverträge, bei denen noch Anpassungsvormerkungen eingetragen sind, oder Anpassungsvereinba-

---

[88] BGH DNotZ 1972, 171 = NJW 1972, 198 = Rpfleger 1972, 49 (Leits); BGH NJW-RR 1992, 591; OLG Hamm MittBayNot 1975, 24 = MDR 1974, 931; BGH 96, 371 = Rpfleger 1986, 130; BGH DNotZ 1992, 364 = NJW-RR 1992, 591.
[89] BGH 22, 220; BGH DNotZ 1986, 472; BGH DNotZ 1987, 360; BGH 111, 214 = DNotZ 1991, 381 = NJW 1990, 2620.
[90] BGH DNotZ 1987, 360 = WM 1986, 909; vgl auch BGH DNotZ 1992, 364 = aaO (Fußn 88).
[91] BGH 111, 214 = aaO (Fußn 89).
[92] BGH MittBayNot 1982, 127 = NJW 1982, 2381 = Rpfleger 1982, 143; abl, aber unserer Auffassung nach unzutreffend, Kohler JZ 1983, 13.
[93] Von BGH 111, 214 = aaO (Fußn 89) offen gelassen; wie hier vOefele/Winkler Rdn 6.91 (anders aber Rdn 3.13).
[94] BGH 22, 220 und BGH 61, 209 (je aaO = Fußn 45).

B. Einzelfälle

rungen, die wegen mangelnder Bestimmbarkeit nicht nach § 9 Abs 1 ErbbauVO iVm § 1105 Abs 1 S 2 BGB zum dinglichen Inhalt der Erbbauzinsreallast gemacht werden können.
Die Vormerkung kann nur zur Sicherung des Anspruchs auf **Eintragung einer Reallast** des Inhalts erfolgen, daß der Erbbauberechtigte von einem bestimmten Zeitpunkt an einen gemäß der getroffenen Vereinbarung **neu festgesetzten Erbbauzins** zu zahlen hat; auch ein Anspruch auf entsprechende Inhaltsänderung der Reallast ist vormerkungsfähig; der Anspruch auf Festsetzung des Erbbauzinses als solcher kann nicht durch Vormerkung gesichert werden, da er nicht Gegenstand eines – endgültig einzutragenden – dinglichen Rechts sein kann;[95] doch wird eine solche Formulierung als Anspruch auf entsprechende Inhaltsänderung auszulegen sein.[96] Die zur Sicherung des Anspruchs auf Erhöhung des Erbbauzinses eingetragene Vormerkung sichert **alle zukünftigen Anpassungen**; die Vormerkung wird jeweils teilweise umgeschrieben, und zwar mit dem Rang der Vormerkung (§ 883 Abs 3 BGB), ohne daß es eines Rangrücktritts nachrangiger Berechtigter bedarf.[97] Zum Prüfungsrecht des Grundbuchamts Rdn 1834. Einer erneuten Eintragung von Vormerkungen für neue Anpassungen bedarf es nicht.[98] Eine spätere Änderung des Erbbauzinses kann daher in der Weise im Grundbuch vollzogen werden, daß wie bei Ausnutzung eines Rangvorbehalts bei der Vormerkung vermerkt wird:

> Erbbauzins Nr 1 erhöht um ... € (= Differenzbetrag). Unter teilweiser Ausnutzung der Vormerkung im gleichen Rang mit Nr 1 eingetragen am ...

1831 Beim ursprünglichen Erbbauzins ist der Gleichrang des Erhöhungsbetrags zu vermerken. Bei weiteren Erhöhungen sind entsprechende Vermerke einzutragen.[99]

1832 Wenn durch schuldrechtliche Vereinbarung die Berechnungsgrundlage für die Änderung des Erbbauzinses abgeändert wird, ist ein entsprechender Änderungsvermerk bei der Vormerkung in das Grundbuch einzutragen.[100] Die Vormerkung ist vom Erbbauberechtigten zu bewilligen. Ob Eintragung für den jeweiligen Grundstückseigentümer noch zulässig ist, ist zweifelhaft (s Rdn 261a ff). Sicherer ist Eintragung für den das Erbbaurecht bestellenden Eigentümer und jeweils Gläubigerberichtigung nach der ohnehin notwendigen Abtretung des Erhöhungsanspruchs.

1833 Für die Zulässigkeit der **Vormerkung** gelten die Bestimmungen des § 883 BGB (s Rdn 1477 ff). Der zu sichernde Anspruch muß als künftiger Anspruch bestimmbar im Sinne des § 883 BGB sein; diese Bestimmbarkeit ist nicht mit dem allgemeinen Bestimmbarkeitserfordernis nach § 9 Abs 1 ErbbauVO

---

[95] BGH 22, 220 = aaO (Fußn 45); BGH DNotZ 1987, 360 mit Anm Wufka; OLG Hamm DNotZ 1964, 346 = NJW 1963, 1502 = Rpfleger 1964, 34; OLG Celle Rpfleger 1981, 398; Mohrbutter und Riedel NJW 1957, 1503; aA Alberty Rpfleger 1956, 334. Muster s Eintragungsverfügung in 10. Aufl 1993 Rdn 1676 und bei Wangemann DNotZ 1959, 182.
[96] OLG Celle Rpfleger 1984, 462.
[97] Unrichtig daher OLG Düsseldorf DNotZ 1976, 539 mit abl Anm Jerschke.
[98] BayObLG 1977, 93 = DNotZ 1978, 239 = Rpfleger 1978, 55.
[99] Wegen einer anderen Eintragungsart s Riggers JurBüro 1970, 734.
[100] LG Hof MittBayNot 1976, 68.

iVm § 1105 Abs 1 S 2 BGB identisch, (s dazu Rdn 1811). Diese Bestimmbarkeit der Vormerkung verlangt, daß die Höhe der Anpassung ebenso wie die Voraussetzungen einer Anpassung bestimmbar sind.[101] Fehlen Angaben über die Anpassungsvoraussetzungen (so daß jederzeit Anpassung verlangt werden könnte), so ist eine Vormerkung nicht eintragungsfähig, auch wenn der Erhöhungsmaßstab bestimmt ist.[102] Fehlt umgekehrt der Anpassungsmaßstab (s Rdn 1812, 1814) oder ist nur eine Höchstgrenze bestimmt oder wird ein nicht bestimmbarer Maßstab vereinbart (zB der Verkehrswert von Grundstücken in gleicher oder ähnlicher Lage), so ist der Anspruch ebenfalls nicht hinreichend bestimmbar und somit nicht vormerkungsfähig.[103] Sind dagegen sowohl die Voraussetzungen der Anpassung wie bestimmte Bezugsgrößen für das Ausmaß der Änderung (Wert des Erbbaugrundstückes, amtliche Preisindices, Beamtengehälter, bestimmte Lohngruppen, Änderung der wirtschaftlichen Verhältnisse im Sinne des § 9a ErbbauVO uä) vereinbart, so ist der Anspruch vormerkungsfähig.[104] Daß im Rahmen solcher bestimmter Bezugsgrößen noch ein Ermessensspielraum für Billigkeitserwägungen (zB bei Leistungsvorbehalt) besteht, steht der Zulässigkeit der Vormerkung nicht entgegen, wie auch § 9a Abs 3 ErbbauVO beweist:[105] denn § 9a ErbbauVO bringt für jeden Anspruch auf Erhöhung die Möglichkeit der Korrektur aus Billigkeitserwägungen (s Rdn 1821 ff).

1834 hh) Eintragung der Erhöhung; sonstiges. Das Grundbuchamt kann bei Eintragung der Erhöhung keine Nachweise zur Vereinbarkeit der Erhöhung mit § 9a ErbbauVO verlangen;[106] dies ergibt sich schon aus dem formellen Konsensprinzip: die Bewilligung des Betroffenen (Erbbauberechtigten) ist für das Grundbuchamt genügende Richtigkeitsgewähr, zumal dem Grundbuchamt die Prüfung von Billigkeitsgesichtspunkten ohnehin aufgrund seiner eingeschränkten Prüfungsmöglichkeiten im Regelfall versagt ist (s Rdn 210).

Das gleiche gilt auch bei der nicht unter § 9a ErbbauVO fallendens Eintragung der Erhöhung. Auch hier kann das Grundbuchamt im Regelfall keine weiteren Nachweise verlangen, mit denen die Richtigkeit der durchgeführten Erhöhung nachgewiesen wird.[107] Nur in Fällen, in denen dem Grundbuch gewichtige An-

---

[101] BGH 22, 220 und 61, 209 (je aaO = Fußn 45); KG MittBayNot 1976, 135 = MittRhNotK 1976, 161 = Rpfleger 1976, 244; OLG Hamm MittBayNot 1995, 464 = MittRhNotK 1995, 317 = NJW-RR 1996, 268 = Rpfleger 1995, 499; OLG Hamm DNotZ 1999, 823 = NJW-RR 1999, 1176 = Rpfleger 1999, 325; OLG Zweibrücken MittBayNot 2001, 77 mit Anm vOefele = MittRhNotK 2000, 119 = NJW-RR 2000, 1408; MünchKomm/vOefele Rdn 49 zu § 9 ErbbauVO mit weit Nachw.
[102] SchlHOLG SchlHA 1970, 60.
[103] OLG Hamm DNotZ 1968, 244 = NJW 1967, 2362; LG Bochum NJW 1960, 153; OLG Düsseldorf DNotZ 1969, 297; vgl auch die Übersicht bei Ingenstau/Hustedt Rdn 70ff zu § 9 ErbbauVO.
[104] OLG Hamm DNotZ 1999, 823 = aaO (Fußn 101).
[105] KG MittBayNot 1976, 135 = aaO (Fußn 101); OLG Celle NdsRpfl 1985, 70; Ingenstau/Hustedt Rdn 42ff zu § 9a ErbbauVO; aA MünchKomm/vOefele Rdn 49 zu § 9 ErbbauVO.
[106] OLG Bremen MittRhNotK 1980, 178; Staudinger/Rapp Rdn 11 zu § 9a ErbbauVO; aA MünchKomm/vOefele Rdn 14 zu § 9a ErbbauVO.
[107] AA OLG Düsseldorf DNotZ 1976, 539 mit abl Anm Jerschke; einschränkend auch OLG Zweibrücken NJW-RR 2001, 1408 = aaO (Fußn 101); Ingenstau/Hustedt Rdn 69,

haltspunkte dafür bekannt sind, daß die bewilligte Erhöhung nicht dem durch Vormerkung gesicherten Anspruch entspricht, kann es im Wege der Zwischenverfügung weitere Nachweise oder Rangrücktritt vorrangiger Berechtigter verlangen;[108] die Form des § 29 GBO muß für solche Nachweise nicht eingehalten werden, da es sich um sog „Nebenumstände" (s Rdn 159) handelt.

Eine Anpassungsklausel kann auch (in der Praxis selten) zu einer Herabsetzung des Erbbauzinses führen; soweit echte Gleitklauseln mit einer Laufzeit von weniger als 30 Jahren (§ 1 Nr 4 PrKV) vereinbart sind, dürfen wegen § 2 Abs 2 Nr 1 PrKV keine lediglich die Erhöhung erlaubenden Klauseln vereinbart werden. Auch der Anspruch auf Herabsetzung der Erbbauzinsreallast kann – wenn er bestimmbar im Sinne des § 883 BGB ist – durch Eintragung einer Vormerkung beim Erbbauzins (Veränderungsspalte, § 12 Abs 1c GBV) gesichert werden; die Bewilligung muß vom Grundstückseigentümer abgegeben werden. **1835**

Da beim Eigentümer-Erbbaurecht wegen Identität von Gläubiger und Schuldner kein wirksamer schuldrechtlicher Anspruch auf Erbbauzinsanpassung besteht (s Rdn 1829), kann auch eine Vormerkung nicht eingetragen werden;[109] das ist frühestens mit Begründung eines Fremd-Erbbaurechts im Rang nach dann etwa bereits am Erbbaurecht bestehenden Belastungen möglich.[110] Entsteht nachträglich ein Eigentümer-Erbbaurecht (auch durch Heimfall), so erlischt ebenfalls die Vormerkung – außerhalb des Grundbuchs –, da der gesicherte Anspruch durch Konfusion erloschen ist. Auf Grund der „alten" Vormerkung kann nach zwischenzeitlichem Eigentümer-Erbbaurecht keine Änderung des dinglichen Erbbauzinses im Vorrang vor Rechten erfolgen, die nach der Vormerkung stehen (vgl Rdn 1829). **1836**

Nachdem die Zulässigkeit der Sicherung des Anspruchs auf Eintragung einer erhöhten Erbbauzinsreallast durch eine Vormerkung vom Gesetzgeber selbst anerkannt ist, können wohl auch gegen Sicherung durch **Höchstbetragshypothek oder Grundschuld** keine ernsthaften Bedenken mehr erhoben werden.[111] **1837**

ii) **Erhöhung bei Wegfall der Geschäftsgrundlage.** Enthält ein Erbbaurechtsvertrag **keine schuldrechtliche Anpassungsklausel,** so ist eine **Veränderung (Erhöhung)** des Erbbauzinses **nur nach** den **Regeln** über den **Wegfall der Geschäftsgrundlage (§ 313 BGB,** früher aus § 242 BGB abgeleitet) **ausnahmsweise möglich.** Dies setzt aber voraus, daß die Verhältnisse sich derart einschneidend geändert haben, daß ein weiteres Festhalten am Vertrag der benachteiligten Partei billigerweise nicht zuzumuten wäre; es geht aber nicht **1838**

---

72 zu § 9 ErbbauVO; vOefele/Winkler Rdn 6.224; im Ergebnis wie hier Staudinger/Ring (13. Aufl) Rdn 21 zu § 9 ErbbauVO.
[108] OLG Celle Rpfleger 1984, 462: Die Erhöhung aufgrund amtlichen Preisindex ist für das Grundbuchamt offenkundig; ähnlich LG Marburg MittRhNotK 1991, 310 = Rpfleger 1991, 453.
[109] Selbst für einen „künftigen" Anspruch nach § 883 Abs 1 S 2 BGB fehlt hier jegliche Gebundenheit des „Verpflichteten", s Rdn 1489; dies verkennt Kohler JZ 1983, 13.
[110] Die Sicherung der Rangstelle durch Rangvorbehalt scheidet aus, da nach § 881 BGB der Umfang bestimmt, nicht nur bestimmbar sein muß.
[111] Für Unzulässigkeit der Sicherung durch Höchstbetragshypothek oder Grundschuld früher Haegele Rpfleger 1956, 132; Haegele und Kehrer Rpfleger 1957, 7; Kehrer BWNotZ 1955, 249 (256), wohl auch Wangemann NJW 1957, 978. Für Zulässigkeit früher OLG Dresden JFG 3, 326; Huber NJW 1952, 687; Ripfel DNotZ 1958, 465.

an, das normale Risiko bei Verträgen mit sehr langer Laufzeit unter Berufung auf § 313 BGB (bzw § 242) BGB abzuwälzen und eine stillschweigende Gleitklausel in den Vertrag hineinzuinterpretieren.[112]

1839 Beim Erbbaurecht, das üblicherweise über Jahrzehnte bestellt wird, ist zu berücksichtigen, daß die Vertragsteile nicht damit rechnen können und auch nicht damit rechnen, daß die Gleichwertigkeit von Leistung und Gegenleistung über die gesamte jahrzehntelange Vertragsdauer erhalten bleibt; Änderungen in diesem Verhältnis gehören zum normalen Risiko solcher Verträge. Erst wenn das ursprünglich zugrundegelegte Verhältnis von Leistung und Gegenleistung so stark gestört ist, daß die Grenze dieses normalen Risikos überschritten wird und die benachteiligte Partei in der getroffenen Vereinbarung ihr Interesse auch nicht mehr annähernd gewahrt sehen kann, ist eine Anpassung möglich. Maßstab dafür ist in erster Linie die Entwicklung der Lebenshaltungskosten, ausgedrückt durch die entsprechenden Preisindices; die Einkommensverhältnisse und die Entwicklung des Lebensstandards sind nicht maßgebend.[113] In der Praxis hat der BGH eine Anpassung des Erbbauzinses ohne Anpassungsklausel bei Erhöhungen der Lebenshaltungskosten um 133% abgelehnt,[114] sie aber bei einer Steigerung um 150% zugelassen.[115] Diese Grundsätze gelten auch bei Erbbaurechten zu gewerblichen Zwecken und auch nach Wechsel der Grundstückseigentümer und/oder Erbbauberechtigten, wenn ein Eintritt in die schuldrechtlichen Rechtsbeziehungen des Erbbaurechtsvertrages stattgefunden hat.[116] Für den Umfang der Anpassung sind dann wieder die „allgemeinen wirtschaftlichen Verhältnisse" (s Rdn 1815) der Maßstab.[117] Die gleichen Grundsätze für Begründetheit und Umfang eines Anpassungsverlangens gelten, wenn eine zur Wertsicherung ungeeignete Wahlschuld vereinbart wurde.[118]

26. Andere Belastungen und Änderungen
ErbbauVO § 11 Abs 1, § 14

a) Belastung des Erbbaurechts

1840 Das Erbbaurecht kann wie ein Grundstück durch Einigung und Eintragung (§ 11 ErbbauVO, § 873 BGB) mit jedem dinglichen Recht belastet werden,

---

[112] BGH LM Nr 1 zu § 157 BGB und RdL 1958, 7; BGH RdL 1969, 16; BGH DNotZ 1974, 697; BGH NJW 1976, 846 = MittBayNot 1976, 62; BGH DNotZ 1977, 613 = WM 1976, 1034; abweichend noch OLG Hamburg MDR 1973, 851 = MittBayNot 1973, 355; dazu Medicus WM 1973, 999). S zum Fragengebiet auch Richter BWNotZ 1979, 162; kritisch auch vBaudissin ZfIR 2000, 505.
[113] BGH 77, 194 = DNotZ 1981, 253 = Rpfleger 1980, 379; BGH DNotZ 1983, 170 = NJW 1981, 1668 = Rpfleger 1981, 286; BGH 86, 167 = DNotZ 1983, 562 = NJW 1983, 1309 = Rpfleger 1983, 146; BGH 90, 228 = DNotZ 1985, 368 = NJW 1984, 2212; BGH BB 1984, 1193.
[114] BGH 86, 167 = aaO; vgl auch BGH DNotZ 1983, 170 = aaO (je Fußn 113).
[115] BGH 90, 228 = aaO; BGH BB 1984, 1193; BGH BB 1985, 1694 = NJW 1985, 2524 = Rpfleger 1985, 359; BGH 96, 371 = Rpfleger 1986, 130.
[116] BGH 96, 371 = aaO; BGH 97, 171 = NJW 1986, 2698 = Rpfleger 1986, 256.
[117] BGH 77, 194 = aaO (Fußn 113); BGH 119, 220 = DNotZ 1993, 509 = NJW 1993, 52 = Rpfleger 1993, 108 (zum Verhältnis Bodenwert – allgemeine wirtschaftliche Verhältnisse).
[118] BGH 81, 135 = NJW 1981, 2241 = Rpfleger 1981, 391; BGH BB 1984, 694.

B. Einzelfälle

das auch an einem Grundstück bestellt werden kann. Zur Belastung eines Erbbaurechts mit einem Dauerwohnrecht s Rdn 3002ff. Einschränkungen bestehen für Nutzungsrechte. Eine Dienstbarkeit kann an einem Erbbaugrundstück nur im Rahmen der eigenen Befugnisse des Erbbauberechtigten bestellt werden. Daher kann ein Erbbaurecht, das lediglich zum Haben eines Wohngebäudes berechtigt, nicht mit einer Tankstellendienstbarkeit belastet werden,[1] wohl aber mit einer Dienstbarkeit zum Betrieb eine Netzstation außerhalb des Bauwerks.[2]

Wird das Erbbaurecht, was nach § 1 Abs 2 ErbbauVO zulässig ist, auf einen für das **Bauwerk nicht erforderlichen Teil** des Grundstücks erstreckt (s Rdn 1693), so kann ein **Geh- und Fahrrecht** als Grunddienstbarkeit sowohl im Grundbuch des Erbbaugrundstücks als auch im Erbbaugrundbuch eingetragen werden. Als Belastung des Erbbaugrundstücks kann das Recht aber erst nach Erlöschen des Erbbaurechts wirksam werden.[3] 1841

b) Ab- und Zuschreibungen, Vereinigungen

An einer vom Erbbau-Grundstück **abgehenden Fläche**, auf die sich das Erbbaurecht erstreckt (§ 1 Abs 2 ErbbauVO), ist (ähnlich wie bei der Teilung eines Erbbaurechts – s Rdn 1849 ff) das Erbbaurecht aufzuheben (§ 876 BGB). Zustimmung von Berechtigten in Abt II und III des Erbbau-Grundbuchs ist dazu erforderlich (§ 876 BGB), ferner diejenige des Grundstückseigentümers (§ 26 ErbbauVO). Die Löschung des Erbbaurechts im Grundstücks-Grundbuch wird vielfach im Wege der Nichtmitübertragung des Rechts nach § 46 Abs 2 GBO erfolgen können (s dazu Rdn 281). Für die Zustimmung von Grundpfandrechtsgläubigern am Erbbaurecht zur Freigabe gilt das Verfahren über das Unschädlichkeitszeugnis entsprechend[4] (s Rdn 739). 1842

Eine vom Erbbaurecht nicht erfaßte Teilfläche kann – wenn dies dem Grundbuchamt in der Form des § 29 Abs 1 S 2 GBO (Unrichtigkeitsnachweis) nachgewiesen ist – entsprechend § 1026 BGB ohne Zustimmung des Erbbauberechtigten frei vom Erbbaurecht abgeschrieben werden; s Rdn 1693 Fußn 27. 1843

Die **Zuschreibung** einer Fläche zu einem mit einem Erbbaurecht belasteten Grundstück setzt wegen Verwirrungsgefahr (§ 6 Abs 1 GBO) eine **Ausdehnung** dieses Rechts auf die zuzuschreibende Fläche voraus; dies geschieht durch Vereinbarung zwischen Grundstückseigentümer und Erbbauberechtigtem. Die Einigung des Grundstückseigentümers und des Erbbauberechtigten über die Erstreckung des Erbbaurechts auf das zuzuschreibende Grundstück ist in der Form der §§ 20, 29 GBO dem Grundbuchamt nachzuweisen.[5] Obwohl die Ausdehnung als Inhaltsänderung anzusehen sein dürfte, ist eine Mitwirkung der am Erbbaurecht dinglich Berechtigten, weil nur zu deren Gunsten 1844

---

[1] BayObLG 1958, 105 = DNotZ 1958, 542 = OLGZ 1992, 133 = Rpfleger 1959, 17.
[2] KG DNotZ 1992, 312 = NJW-RR 1992, 214 = OLGZ 1992, 133 = Rpfleger 1991, 496.
[3] BayObLG 1959, 365 = DNotZ 1960, 105. Über inhaltsgleiche Dienstbarkeiten auf Grundstück und Erbbaurecht (Versorgungsleitungen) s Rutenfranz DNotZ 1965, 464.
[4] BayObLG 1962, 396 = Rpfleger 1963, 87.
[5] Ein bestimmter Wortlaut ist nicht vorgeschrieben; Bewilligung und Antrag von Eigentümer und Erbbauberechtigtem genügen, BayObLG MittBayNot 1991, 172 = (mitget) Rpfleger 1991, 354.

wirkend, nicht erforderlich.⁶ Auf dem Erbbaurecht in seinem bisherigen Umfang ruhende Belastungen der Abt III erstrecken sich auf die mit dem Erbbaurecht nachträglich mitbelastete Teilfläche.⁷ Eine solche gesetzliche Erstreckung gilt auch für Belastungen in Abt II;⁸ denn der Belastungsgegenstand Erbbaurecht bleibt bei Belastungen in Abt II ebenfalls immer gleich.

1845 Die Zuschreibung des mit einem Erbbaurecht belasteten **Grundstücks zum Erbbaurecht** wird im Schrifttum für möglich erachtet;⁹ die vergleichbare Problematik der Zuschreibung eines Grundstücks zu einem selbständigen Gebäudeeigentum wird in der Literatur einhellig und mittlerweile auch von der Rechtsprechung bejaht.¹⁰ In Frage kommen kann eine solche Zuschreibung insbesondere dann, wenn der Erbbauberechtigte das mit dem Erbbaurecht belastete Grundstück erworben hat, das Erbbaurecht aufgehoben werden soll und dessen Belastungen in Abt III auf dem Grundstück eingetragen werden sollen.¹¹

1846 Dagegen ist die Zuschreibung eines **Erbbaurechts** zu dem mit ihm **belasteten Grundstück** nicht zulässig.¹²

1847 Zulässig ist ferner die Zuschreibung eines **Erbbaurechts** zu einem **anderen**, also nicht mit ihm belasteten **Grundstück**, das dem Erbbauberechtigten gehört.¹³ Diese Bindung kann aber durch den Erbbauberechtigten jederzeit einseitig wieder gelöst werden.

1848 Die Frage, ob ein **Grundstück mit einem Erbbaurecht vereinigt** werden kann, ist zu bejahen.¹⁴ Auch die Vereinigung mehrerer Erbbaurechte zu einem Gesamterbbaurecht ist zulässig;¹⁵ sie bedarf grundsätzlich nicht der Zustimmung des Grundstückseigentümers. Eine Vereinigung ist jedoch nur möglich, wenn die Rechte im wesentlichen den gleichen Inhalt und eine einheitliche Laufzeit haben.¹⁶

---

⁶ OLG Neustadt DNotZ 1964, 344 = Rpfleger 1963, 241 mit Anm Haegele.
⁷ OLG Hamm NJW 1963, 1112; OLG Neustadt DNotZ 1964, 344 = Rpfleger 1963, 241; aA LG Dortmund NJW 1960, 487 mit krit Anm Balser; Riedel DNotZ 1960, 376; Ripfel, Grundbuchrecht, S 207.
⁸ OLG Hamm DNotZ 1974, 94 = NJW 1974, 280 = Rpfleger 1973, 427; OLG Neustadt DNotZ 1964, 344 = aaO (Fußn 7); ebenso Staudinger/Rapp Rdn 14; MünchKomm/vOefele Rdn 32, je zu § 11 ErbbauVO; aA Kehrer BWNotZ 1959, 87.
⁹ Kehrer BWNotZ 1954, 86 mit interessantem Beispielsfall und BWNotZ 1957, 52 (61); Schulte BWNotZ 1960, 137 mit eingehender Begründung und grundbuchtechnischer Behandlung; BGB-RGRK/Räfle Rdn 21; Staudinger/Rapp Rdn 14, je zu § 11 ErbbauVO; K/E/H/E Rdn 8 zu § 6; aA MünchKomm/vOefele Rdn 33 zu § 11 ErbbauVO; vOefele/Winkler Rdn 5.179; Staudinger/Gursky Rdn 19 zu § 890 BGB; Meikel/Böttcher Rdn 8 zu § 6; das BayObLG hat BayObLG 1999, 63 = MittBayNot 1999, 375 mit Anm Rapp = MittRhNotK 1999, 327 = Rpfleger 1999, 327 die Frage offen gelassen.
¹⁰ LG Mühlhausen Rpfleger 1998, 196; Hügel MittBayNot 1993, 196 (197); Krauss NotBZ 1997, 60 (64).
¹¹ Kehrer BWNotZ 1957, 86.
¹² Demharter Rdn 6; K/E/H/E Rdn 8; Meikel/Böttcher Rdn 8, je zu § 6; Staudinger/Gursky Rdn 19 zu § 890 BGB.
¹³ Staudinger/Rapp Rdn 14; Ingenstau/Hustedt Rdn 27, je zu § 11 ErbbauVO, aA MünchKomm/vOefele Rdn 33 zu § 11 ErbbauVO; Meikel/Böttcher Rdn 8 zu § 6.
¹⁴ Bünger NJW 1965, 1095; Palandt/Bassenge Rdn 2 zu § 890; Schulte BWNotZ 1960, 137; aA Güthe/Triebel Anm 5 zu §§ 5, 6 GBO; Meikel/Böttcher Rdn 7 zu § 5.
¹⁵ Vgl dazu Demharter DNotZ 1986, 458; BGB-RGRK/Räfle Rdn 19 zu § 11 ErbbauVO.
¹⁶ BayObLG MittBayNot 1996, 34; vOefele/Winkler Rdn 5.181.

B. Einzelfälle

c) Teilung des Erbbaurechts und des Grundstücks

Die Möglichkeit zur **Teilung eines Erbbaurechts** besteht, wenn der Erbbauberechtigte **mehrere Bauwerke auf einem Grundstück** haben darf (s darüber Rdn 1704) und wenn mit dem Teil-Erbbaurecht je ein selbständiges Bauwerk verbunden ist.[17] Lassen sich die zu einem Erbbaurecht gehörenden Bauwerke nicht in einzelne selbständige Bauwerke aufteilen, so ist die Teilung möglich, wenn die Bestellung von Einzelerbbaurechten für Gebäudeteile auf benachbarten Grundstücken von Anfang an zulässig gewesen wäre (vgl dazu Rdn 1694). 1849

Soweit die Teilung eines Erbbaurechts zulässig ist, kann mit dinglicher Wirkung die **Teilung weder verboten noch** an die **Zustimmung des Grundstückseigentümers** nach § 5 ErbbauVO gebunden werden (daher auch keine Ersetzung der Zustimmung nach § 7 ErbbauVO möglich);[18] das gilt auch für die Aufteilung in Wohnungs- und Teilerbbaurecht (§ 30 WEG; s Rdn 1775). 1850

Die Teilung enthält eine **teilweise Aufhebung** des alten Erbbaurechts insoweit, als sich nach ihrem Vollzug die einzelnen Teilrechte nicht mehr auf die ursprüngliche Grundfläche beziehen, sondern sich jeweils auf eine Teilfläche hieraus beschränken, also am Rest nicht lasten. Die „Teilungserklärung" ist materiell nichts anderes als eine (wechselbezügliche) Aufhebungserklärung des Erbbauberechtigten nach § 875 BGB (Form: § 29 GBO). Sie bedarf der Zustimmung des Grundstückseigentümers (§ 26 ErbbauVO, § 29 GBO);[19] die Zustimmung der dinglich Berechtigten am Erbbaurecht (§ 876 BGB, §§ 19, 29 GBO) ist nicht erforderlich, soweit die Belastungen auf den neuen Erbbaurechten unverändert als Gesamtbelastungen bestehen bleiben[20] (s Rdn 1854), da in diesem Fall durch die Teilung die Rechtsposition der dinglich Berechtigten nicht nachteilig berührt werden kann (vgl den ähnlichen Fall der Begründung von Wohnungseigentum nach § 8 WEG, Rdn 2849). Nicht nötig ist die Zustimmung der am Grundstück eingetragenen dinglich Berechtigten.[21] 1851

Neben der dem Bestimmtheitsgrundsatz entsprechenden Teilungserklärung des Erbbauberechtigten kann nach inzwischen hM eine spezielle Enthaftungserklärung (Freigabe vom Erbbaurecht) nicht verlangt werden.[22] Wie dar- 1852

---

[17] Vgl Grauel ZNotP 1997, 21.
[18] LG Bochum NJW 1969, 1673; Hauschild Rpfleger 1954, 601; Kehrer BWNotZ 1955, 194.
[19] BGH DNotZ 1974, 441 = NJW 1974, 498 = Rpfleger 1974, 147; KG KGJ 51 A 228; OLG Neustadt DNotZ 1960, 385 = NJW 1960, 1157 = Rpfleger 1961, 152; LG Kassel Rpfleger 1955, 230; aA Huber NJW 1952, 687 und Lutter DNotZ 1960, 89, 94.
[20] Vgl BayObLG MittBayNot 1987, 88 = Rpfleger 1987, 156; aA vOefele/Winkler Rdn 5.171; Staudinger/Rapp Rdn 16 zu § 11 ErbbauVO; DNotI-Report 1995, 189 (190).
[21] So auch Lutter DNotZ 1960, 82 (85) und Muttray Rpfleger 1955, 217; Staudinger/Rapp Rdn 16 zu § 11 ErbbauVO.
[22] Wie hier OLG Neustadt DNotZ 1960, 385 = NJW 1960, 1157 = Rpfleger 1961, 152; K/E/H/E Rdn 23 zu § 7; Lutter DNotZ 1960, 91; Palandt/Bassenge Rdn 4 zu § 11 ErbbauVO; MünchKomm/vOefele Rdn 45 zu § 1 ErbbauVO; aA LG Kassel BB 1953, 158 = NJW 1953, 588; Staudinger/Rapp Rdn 16, je zu § 11 ErbbauVO; Muttray Rpfleger 1955, 217; Rohloff 1954, 83 (95). Diese Ansicht kann keineswegs als herr-

gelegt enthält die Teilungserklärung materiell (§ 875 BGB) und formell (§ 19 GBO) nichts anderes als die Verteilung und entsprechende Beschränkung des ursprünglichen Erbbaurechts; es bleibt unklar, welchen Sinn eine zusätzliche Aufhebungserklärung des Erbbauberechtigten neben seinem formgerecht zum Ausdruck gebrachten Willen zur Teilung noch haben soll; denn eine Teilung ohne eine solche Aufhebungserklärung wäre ein Widerspruch in sich.

1853 Die Teilung eines Erbbaurechts setzt die **Teilung** des mit ihm **belasteten Grundstücks** voraus.[23] Die Grundstücksteilung kann entweder im Wege der Vermessung und Abschreibung oder im Wege der Aufhebung einer Vereinigung im Sinne des § 890 BGB erfolgen. Eine Verpflichtung des Grundstückseigentümers, das Grundstück zu teilen, besteht, wenn nicht anderes vereinbart ist, nicht.[24]

1854 Nach Teilung eines Erbbaurechts in vorstehendem Sinne bestehen **mehrere selbständige Erbbaurechte**, für welche der Erbbaurechtsvertrag weitergilt.[25] Soweit nichts anderes vereinbart ist, bleiben die bisherigen Belastungen in Abt II und III des ursprünglichen Erbbaurechts auf den neuen Erbbaurechten als Gesamtbelastungen (soweit nicht nach der Art des Rechts ausgeschlossen) bestehen. Für jedes neu entstandene Erbbaurecht ist ein besonderes **Erbbau-Grundbuch** anzulegen.

Der Grundstückseigentümer kann das mit dem Erbbaurecht belastete Grundstück ohne Zustimmung des Erbbauberechtigten jederzeit teilen; es entsteht an den jetzt selbständigen Grundstücken ein Gesamterbbaurecht.[26]

27. Änderung des Inhalts (Dauer) eines Erbbaurechts
ErbbauVO § 1 Abs 4, §§ 2 ff, 11, 14
BGB §§ 873, 874, 876, 877
GBO §§ 13, 19, 20, 29
GBV §§ 10, 54 ff

1855 **Urkunde**
(Eingang wie üblich)

> Den zwischen uns am ... über die Bestellung eines Erbbaurechts geschlossenen Vertrag ändern wir dahin ab, daß die Erbbaurechtszeit nicht mehr 99 Jahre, sondern nur 60 Jahre, gerechnet vom Tage der ursprünglichen Eintragung im Grundbuch an, betragen soll.

---

schend bezeichnet werden. Der BGH hat zu diesem Problem bisher nicht entschieden: in NJW 1960, 1155 findet sich kein BGH-Urteil. Auch das KG (KGJ 51, 228) verlangt zwar zum Vollzug der Teilung eine Enthaftung, beschäftigt sich aber nicht mit der Frage, ob eine formgerechte (§ 29 GBO) Teilungserklärung diese Enthaftung bereits enthält.

[23] BayObLG NJW 1960, 1155; KG KGJ 51 A 228; OLG Kiel JW 1932, 1977; OLG Hamm Rpfleger 1955, 230 und JMBlNRW 1960, 270; OLG Neustadt DNotZ 1960, 385 = NJW 1960, 1157 = Rpfleger 1961, 152; LG Bochum NJW 1969, 1673; LG Kassel Rpfleger 1955, 230; Palandt/Bassenge Rdn 4, Staudinger/Rapp Rdn 16, je zu § 11 ErbbauVO; Rohloff Rpfleger 1954, 83; aA Hauschild Rpfleger 1954, 601; Kehrer BWNotZ 1955, 199 und Weitnauer DNotZ 1955, 335.

[24] OLG Hamm MDR 1984, 402; Staudinger/Rapp Rdn 16 zu § 11 ErbbauVO.

[25] BayObLG 1957, 217 = DNotZ 1958, 409 = Rpfleger 1957, 383; Fr Riedel DNotZ 1960, 376.

[26] OLG Hamm DNotZ 1960, 107 = NJW 1959, 2169; vOefele/Winkler Rdn 3.40 und 5.160; Gutachten DNotI-Report 1995, 189.

B. Einzelfälle

Wir bewilligen und beantragen die Eintragung dieser Änderung in das Grundbuch. Grundbuch des belasteten Grundstücks: (Band 2) Blatt 30, Erbbau-Grundbuch: (Band 5) Blatt 50. Den Wert geben wir auf 30 000 Euro an.
Vorgelesen, genehmigt und unterschrieben: ...

Grundbucheintragung: 1856

I. **Grundstücks-Grundbuch** Abteilung II

4	5
1	Die Dauer des Erbbaurechts ist auf 60 Jahre, seit dem Tag der ursprünglichen Eintragung, festgesetzt. Eingetragen am ...

Die bisherige Erbbaurechtszeit in Abt. II Sp. 3 ist (rot) zu unterstreichen

II. **Erbbau-Grundbuch** Bestandsverzeichnis

1	2–4
2	Die Dauer des Erbbaurechts ist auf 60 Jahre, seit dem Tag er ursprünglichen Eintragung, festgesetzt. Hier vermerkt am ...

Die bisherige Erbbaurechtszeit in Sp. 2–4 ist (rot) zu unterstreichen.
Bekanntmachung erfolgt an Notar ..., an Grundstückseigentümer und Erbbauberechtigten.

Inhaltsänderungen können jeden Bestandteil des gesetzlichen oder vertraglichen Inhalts des Erbbaurechts erfassen (Erbbauzeit, Gegenstand des Erbbaurechts, Inhalt, zB §§ 2 ff ErbbauVO). Die zur Inhaltsänderung erforderliche Einigung ist an keine Form gebunden, dem Grundbuchamt muß sie aber in der Form des § 29 GBO nachgewiesen werden (§ 20 GBO). Die Eintragung der Inhaltsänderung im Grundbuch ist zu ihrer Rechtswirksamkeit nötig (§ 11 ErbbauVO, §§ 877, 873 BGB). Die Form des § 311b Abs 1 BGB (§ 11 Abs 2 ErbbauVO) für den schuldrechtlichen Änderungsvertrag ist nur vor Eintragung des Erbbaurechts in das Grundbuch erforderlich, nach Eintragung nur, soweit die Änderung eine Teilaufhebung oder eine Teil-Neubestellung eines Erbbaurechts darstellt (zB nachträgliche Bildung eines Gesamterbbaurechts), zusätzliche Bebauung mit Gebäude ermöglicht oder Laufzeit verlängert (ist nicht mehr möglich nach Erlöschen des Erbbaurechts durch Zeitablauf; s Rdn 1872) oder verkürzt.[1] Bloße nachträgliche Inhaltsänderungen, zB im Bereich des § 2 ErbbauVO, sind nicht beurkundungspflichtig, doch empfiehlt sich aus Sicherheitsgründen die Einhaltung der Form des § 311b Abs 1 BGB. 1857

Für die Frage, welche dinglich Berechtigten der Änderung zustimmen müssen (§§ 876, 877 BGB) ist entscheidend, wessen Recht (Grundstück oder Erbbaurecht) durch die Änderung betroffen (iS von beeinträchtigt) ist. Durch die **Verkürzung der Erbbaurechtszeit** wird der Erbbauberechtigte betroffen (§ 19 GBO). Ist das Erbbaurecht mit Rechten Dritter belastet, so ist auch deren Zustimmung erforderlich. Beeinträchtigt eine Änderung den Grundstückseigentümer (zB Verlängerung des Erbbaurechts[2]) ist die Zustimmung der ding- 1858

---

[1] MünchKomm/vOefele Rdn 28, auch BGB-RGRK/Räfle Rdn 35, Palandt/Bassenge Rdn 11, Staudinger/Rapp Rdn 23, je zu § 11 ErbbauVO; vOefele/Winkler Rdn 5.153 ff; Wufka DNotZ 1986, 473.
[2] BayObLG 1960, 520 = DNotZ 1960, 540 mit zust Anm Weitnauer = NJW 1960, 1155.

lich Berechtigten am Grundstück nötig. Ist zweifelhaft, wem die Inhaltsänderung zum Nachteil gereicht, so ist die Bewilligung sämtlicher in Betracht kommender Beteiligten erforderlich.

1859 Die Dauer des Erbbaurechts betrifft den **Bestand des Rechts**, es kommt daher der Eintragung im Grundstücks-Grundbuch rechtsbegründende, derjenigen im Erbbau-Grundbuch nur rechtsbekundende Bedeutung zu (vgl Rdn 1728).

28. Eintragung eines neuen Erbbauberechtigten

ErbbauVO §§ 11, 14
BGB § 873
GBO §§ 13, 19, 20, 22 Abs 2, § 29
GBV §§ 9, 54 ff

1860 Urkunde
(Eingang wie üblich)
(... Bestimmungen des schuldrechtlichen Veräußerungsvertrages, zB Kauf, Tausch, Schenkung, Ausstattung usw). In jedem Fall sollte die folgende Bestimmung nicht fehlen:
Mit Wirkung ab Besitzübergang tritt der Erwerber in alle Rechte und Pflichten in schuldbefreiender Weise anstelle des Veräußerers ein, die sich aufgrund des Erbbaurechtsvertrages vom ... URNr ... des Notars ... in ... samt seinem dinglichen und schuldrechtlichen Inhalt, insbesondere hinsichtlich des Erbbauzinses in seiner jeweiligen Höhe ergeben. Der Erwerber verpflichtet sich, den Veräußerer insoweit von allen Ansprüchen mit Wirkung ab dem Tage des Besitzüberganges freizustellen.
Der Erwerber verpflichtet sich, alle Verpflichtungen und Bestimmungen, die nicht ohnehin kraft Gesetzes auf einen Rechtsnachfolger übergehen, seinen Rechtsnachfolgern mit Weiterübertragungsverpflichtung aufzuerlegen, so daß stets der jeweilige Erbbauberechtigte gebunden ist.
Die Vertragstelle verweisen hinsichtlich des Inhaltes des Erbbaurechts auf die vorgenannte Urkunde und verzichten auf ihre Verlesung und Beifügung zu dieser Urkunde. Die in Bezug genommene Urkunde lag während der heutigen Beurkundung in Ausfertigung vor. Ihr Inhalt ist den Beteiligten bekannt und wurde mit ihnen erörtert. Der Notar hat die Beteiligten darüber belehrt, daß durch diese Verweisung der Inhalt der in Bezug genommenen Urkunde auch Bestandteil dieses Vertrages wird.
Weiter wies der Notar darauf hin, daß der Veräußerer von seiner Haftung für die schuldrechtlichen Verpflichtungen aus dem Erbbaurechtsvertrag gegenüber dem Grundstückseigentümer erst frei wird, wenn dieser die Schuldübernahme genehmigt. Diese Genehmigung des Grundstückseigentümers werden die Vertragsteile selbst einholen.
In Ansehung des derzeitigen Erbbauzinses von € ... jährlich unterwirft sich der Erwerber – mehrere als Gesamtschuldner – der sofortigen Zwangsvollstreckung aus dieser Urkunde gegenüber dem Grundstückseigentümer in der Weise, daß die Erteilung einer vollstreckbaren Ausfertigung jederzeit ohne weitere Nachweise auf einseitigen Antrag des Gläubigers zulässig sein soll.
Wir sind darüber einig, daß das im Erbbaugrundbuch von Oberhof (Band 5) Blatt 50 für den Kaufmann Max Bauer in Oberhof eingetragene Erbbaurecht auf den Müller Josef Mehl, geb am ..., wohnh in Oberhof übergehen soll.
Ich, Max Bauer, bewillige und ich, der Erwerber des Erbbaurechts, beantrage die Eintragung der Änderung des Erbbauberechtigten im Grundbuch.
Die Übertragung bedarf der Zustimmungserklärung der Gemeinde Oberhof als Grundstückseigentümerin.
Vorgelesen, genehmigt und unterschrieben: ...

B. Einzelfälle

bung des Erbbaurechts, die Folge, was gegen § 1 Abs 4 S 2 ErbbauVO verstößt.[3]

Die für die **Kündigung** von Dauerschuldverhältnissen entwickelten Grundsätze sind auf einen Erbbaurechtsvertrag ebenfalls nicht anwendbar. Das Erbbaurecht erzeugt zwar vielfach auf lange Zeit zu erfüllende Pflichten, bleibt aber deswegen doch ein Sachenrecht.[4] Anstelle von Rücktritt bzw Kündigung tritt bei Pflichtverletzungen der Erbbauberechtigten der Heimfall (Rdn 1754), falls im Erbbaurechtsvertrag entsprechende Regeln vorgesehen sind. Aus dem gleichen Grund (Entstehung eines grundstücksgleichen Rechts durch Eintragung des Erbbaurechts, § 1 Abs 4 S 2 ErbbauVO) dürfte auch eine Kündigung des Erbbaurechts wegen Wegfalls der Geschäftsgrundlage (zB späterer Wegfall der Bebaubarkeit) unzulässig sein.[5] 1868

bb) Das Erbbaurecht erlischt **nicht** dadurch, daß der Erbbauberechtigte Eigentümer des belasteten Grundstücks wird (§ 889 BGB). 1869

cc) Aufhebung des Erbbaurechts kann nach § 875 BGB (mit § 11 Abs 1 ErbbauVO) erfolgen. Sie erfordert Aufgabeerklärung des Berechtigten und Grundbucheintragung;[6] erfolgen kann sie nur mit Zustimmung des Grundstückseigentümers (§ 26 ErbbauVO). Erforderlich ist nach § 876 BGB (mit § 11 Abs 1 ErbbauVO) außerdem die Zustimmung der am Erbbaurecht Berechtigten, für Löschung damit deren Bewilligung nach § 29 GBO, da die dinglichen Rechte am Erbbaurecht mit dieser Aufhebung erlöschen.[7] Die Zustimmung (Bewilligung) des Berechtigten, für den eine Vormerkung zur Sicherung des Anspruchs auf Übertragung des Erbbaurechts eingetragen ist, ist auch dann erforderlich, wenn für ihn am Grundstück eine Auflassungsvormerkung an gleicher Rangstelle eingetragen werden soll.[8] Dagegen soll die Bewilligung derjenigen Berechtigten nicht erforderlich sein, für die Nutzungsrechte (Dienstbarkeiten) oder Grundpfandrechte oder Reallasten am Erbbaurecht eingetragen sind, wenn die Rechte am Grundstück an gleicher Rangstelle eingetragen sind[9] oder werden sollen, indem etwa das Grundstück in der gleichen Urkunde den Grundschuldgläubigern nachverpfändet wird und der Eigentümer die Eintragung der Belastung bewil- 1870

---

[3] MünchKomm/vOefele Rdn 83 zu § 1 ErbbauVO; wohl auch BGH 101, 143 = DNotZ 1988, 161 = NJW 1987, 2674 = Rpfleger 1987, 361; aA OLG Düsseldorf NJW 1971, 436, das die Konsequenz des § 1 Abs 4 S 2 ErbbauVO aber nicht behandelt.
[4] BGH BB 1961, 1183; vOefele/Winkler Rdn 2.156; aA für Kündigungsrecht des Eigentümer aus wichtigem Grund OLG Hamburg MDR 1962, 132.
[5] BGH 101, 143 = aaO (Fußn 3).
[6] BayObLG MittBayNot 1987, 88 = Rpfleger 1987, 156.
[7] Eine „Übertragung" solcher Rechte auf das Grundstück ist nur in Form einer Neubestellung am Grundstück möglich; dabei ist in der Bewilligung Bezugnahme auf das Erbbaugrundbuchblatt zur Kennzeichnung des Inhalts solcher Belastungen möglich, BayObLG DNotZ 1985, 372 = Rpfleger 1984, 145. Der Erbbauberechtigte kann nicht zugleich als Vertreter des Inhabers eines Rechts am Erbbaurecht für diesen die Zustimmung zur Rechtsaufhebung erklären, § 181 BGB analog, BayObLG MittBayNot 1987, 88 = Rpfleger 1987, 156.
[8] BayObLG MittBayNot 1987, 88 = aaO; LG Krefeld MittRhNotK 1998, 326 = Rpfleger 1998, 284.
[9] LG Köln RNotZ 2001, 391 (Gesamtgrundpfandrecht mit gleichem Rang an Erbbaurecht und Grundstück).

ligt.[10] Die **Verpflichtung** zur Aufhebung des Erbbaurechts ist wegen der Normzweckverweisung in § 11 Abs 2 ErbbauVO beurkundungspflichtig (§ 311 b Abs 1 BGB);[11] Heilung durch Vollzug der Aufhebung ist möglich (§ 311 b Abs 1 S 2 BGB analog). Eine Aufhebung des Erbbaurechtsbestellungsvertrags vor Grundbuchvollzug ist durch formlosen Vertrag[12] möglich, jedenfalls so lange als noch kein Anwartschaftsrecht entstanden ist.[13]

1871 Eine Wegerechts-Dienstbarkeit, die zu Gunsten des jeweiligen Erbbauberechtigten eines Nachbargrundstücks bestellt ist, endet, wenn der Erbbauberechtigte Eigentümer dieses Grundstücks und das Erbbaurecht aufgehoben wird.[14]

1872 dd) **Beendigung durch Zeitablauf.** Den regelmäßigen Beendigungsgrund bildet der **Ablauf** der im Erbbaurechtsvertrag für das Erbbaurecht bestimmten **Zeit** (falls nicht eine Erneuerung vereinbart wird; vgl Rdn 1765). Eine Verlängerung des durch Zeitablauf erloschenen Erbbaurechts durch Inhaltsänderung ist nicht mehr möglich; ausgeschlossen ist damit auch Vollzug einer noch vor Zeitablauf beantragten Verlängerung nach Erlöschen des Erbbaurechts. Zu prüfen ist jedoch, ob in der Verlängerung im Wege der Umdeutung die Vereinbarung eines neu einzutragenden Erbbaurechts gesehen werden kann[15] (erfordert aber Neubestellung an erster Rangstelle, § 10 ErbbauVO). Erlischt das Erbbaurecht durch Zeitablauf, so wird das Grundbuch unrichtig. Der Grundstückseigentümer hat dem Erbbauberechtigten eine **Entschädigung für das Bauwerk** zu leisten (§ 27 ErbbauVO; Muster s BWNotZ 1972, 54). Über die Höhe dieser Entschädigung, für die nur dann, wenn das Erbbaurecht zur Befriedigung des Wohnbedürfnisses minderbemittelter Bevölkerungskreise bestellt ist, eine Begrenzung nach unten ($2/3$ des gemeinen Werts) gesetzlich vorgesehen ist (§ 27 Abs 2 ErbbauVO),[16] über die Art ihrer Zahlung oder über ihre Ausschließung werden in aller Regel im Erbbaurechtsvertrag nähere Bestimmungen mit dinglicher Wirkung (§ 2 ErbbauVO) getroffen. Ist für die Entschädigung der „gemeine Wert" maßgebend, so ist die Entschädigung für ein Einfamilienhaus nach dem Sachwertverfahren zu ermitteln.[17] Eine Verpflichtung zum Abriß des Gebäudes kann nicht dinglicher Inhalt des Erbbaurechts sein.[18]

1873 Der Grundstückseigentümer kann seine Verpflichtung zur Zahlung der Entschädigung dadurch abwenden, daß er dem Erbbauberechtigten das Erbbaurecht **vor** dessen Ablauf für die voraussichtliche Standdauer des Bauwerks

---

[10] LG Bayreuth MittBayNot 1997, 39; LG Krefeld MittRhNotK 1998, 326 = aaO.
[11] BGH DNotZ 2002, 373 (374) = NJW 2002, 429 (430); Staudinger/Rapp Rdn 23; MünchKomm/vOefele Rdn 35, je zu § 11 ErbbauVO; Wufka DNotZ 1986, 473.
[12] BGH DNotZ 1972, 759.
[13] BGH DNotZ 1982, 619 = Rpfleger 1982, 217; vgl auch Rdn 3118.
[14] LG Verden NdsRpfl 1964, 249; Gutachten DNotI-Report 2000, 157; aA vOefele/Winkler Rdn 5.256; MünchKomm/vOefele Rdn 10 zu § 12 ErbbauVO, Maaß NotBZ 2002, 389 (390 ff).
[15] OLG Celle OLG-Report 1997, 258.
[16] LG Frankfurt DNotZ 1969, 299; KG Rpfleger 1981, 108: die „minderbemittelten Bevölkerungskreise" sind nicht mit den Einkommensgrenzen des sozialen Wohnungsbaus zu bestimmen.
[17] BGH Betrieb 1975, 685 = WM 1975, 256.
[18] LG Düsseldorf MittRhNotK 1987, 129.

B. Einzelfälle

verlängert; lehnt der Erbbauberechtigte die Verlängerung ab, so erlischt der Anspruch auf Entschädigung (§ 27 Abs 3 ErbbauVO). Diese Vorschrift gibt dem Erbbauberechtigten keinen Anspruch auf Verlängerung, sondern begründet nur für den Grundstückseigentümer ein Recht. Das Angebot des Grundstückseigentümers muß dem Erbbauberechtigten so rechtzeitig vor Ablauf des Erbbaurechts zugegangen sein, daß die Annahme noch vor Ablauf des Erbbaurechts erfolgen kann;[19] mit Annahme liegt Inhaltsänderung des Erbbaurechts (Verlängerung) vor (s dazu Rdn 1855); nach Ablauf des Erbbaurechts ist nur Neubestellung möglich. Das (formlose) Angebot muß die Zeit der Verlängerung kalendermäßig bestimmt enthalten; die Zeit richtet sich nach der voraussichtlichen Standdauer des Gebäudes. Das Abwendungsrecht des Grundstückseigentümers kann vertraglich mit dinglicher Wirkung ausgeschlossen werden (§ 27 Abs 1 S 2 ErbbauVO).

Für die **Entschädigung** haftet sowohl der Grundstückseigentümer persönlich wie auch das mit dem Erbbaurecht belastete Grundstück (§ 28 ErbbauVO). Die Entschädigungsforderung lastet kraft Gesetzes als reallastähnliches dingliches Recht eigener Art[20] am Erbbaugrundstück an der Rangstelle, die das Erbbaurecht hatte; es wird auf Antrag des Erbbauberechtigten berichtigend in Abt II des Grundstücks-Grundbuchs eingetragen, wobei nach überwiegender Meinung die Entschädigungsforderung nur in bezifferter Höhe eintragungsfähig ist.[21] Ist das Erbbaurecht bei Ablauf der Zeit, für die es bestellt war, noch mit einer Hypothek, Grundschuld oder Reallast belastet, so hat deren Gläubiger an dem Entschädigungsanspruch dieselben Rechte, die ihm im Falle des Erlöschens seines Rechts durch die Zwangsversteigerung an dem Erlös zustehen (§ 29 ErbbauVO). Es handelt sich um eine Art Pfandrecht an der Entschädigungsforderung, da die Befriedigung nach den Pfandrechtsvorschriften erfolgt. Dieses Recht der Realgläubiger kann auf deren Antrag berichtigend eingetragen werden, wenn die Entschädigungsforderung eingetragen worden ist (s oben). Die Parteien eines Erbbaurechtsvertrags können nicht mit dinglicher Wirkung (iS des § 2 ErbbauVO) vereinbaren, daß der Grundstückseigentümer verpflichtet ist, das Grundstück an den Erbbauberechtigten zu verkaufen, falls er bei Ablauf des Erbbaurechts die ihm obliegende Entschädigung nicht zahlen kann.[22] Zur Verpflichtung des Erbbauberechtigten, das Grundstück auf Verlangen des Eigentümers zu erwerben, s Rdn 1772; zum Ankaufsrecht des Erbbauberechtigten vor und nach Ablauf des Erbbaurechts s Rdn 1766; zu Verlängerungsmöglichkeiten beim Erbbaurecht s König Mitt RhNotK 1989, 261.

1874

Der Erbbauberechtigte ist im Falle des Erlöschens seines Rechts **nicht** berechtigt, das **Bauwerk wegzunehmen** oder sich Bestandteile von ihm anzueignen

1875

---

[19] BGH MDR 1981, 216 = NJW 1981, 1045 (eine Frist von einer Woche ist sehr knapp; § 27 Abs 3 kann in Ausnahmefällen durch § 242 BGB begrenzt oder ausgeschlossen sein).
[20] Streitig; wie hier BGB-RGRK/Räfle Rdn 1; Erman/Hagen Rdn 1; MünchKomm/vOefele Rdn 1; Palandt/Bassenge Rdn 1, je zu § 28 ErbbauVO; aA – Eintragung als Sicherungshypotheken – Staudinger/Rapp Rdn 1; Soergel/Stürner Rdn 1, je zu § 28 ErbbauVO.
[21] BGB-RGRK/Räfle Rdn 1; Ingenstau/Hustedt Rdn 7, je zu § 28 ErbbauVO; vOefele/Winkler Rdn 5.240; aA – Eintragung ohne Bezifferung zulässig – Maaß NotBZ 2002, 389 (392 ff).
[22] OLG Hamm NJW 1974, 863 = OLGZ 1974, 116 = Rpfleger 1974, 68.

(§ 34 ErbbauVO). Diese Bestimmung kann aber vertraglich ausgeschlossen werden.[23]

1876–1878 Die Randnummern 1876–1878 sind entfallen.

b) Löschung eines Erbbaurechts

1879 **Vorgang:** Das Erbbaurecht ist durch Zeitablauf erloschen. Grundstückseigentümer und bisheriger Erbbauberechtigter haben die Löschung des Erbbaurechts beantragt. Ein Entschädigungsanspruch ist ausgeschlossen. Belastungen in Abt II und III sind beim Erbbaurecht nicht vorhanden.

Löschungsvermerk im Blatt des **Grundstücks-Grundbuchs**

Abt. II Spalten 6–7: Gelöscht am ...

1880 Erlischt das Erbbaurecht durch Zeitablauf (s dazu Rdn 1872), so wird damit das Grundbuch unrichtig. Für die Löschung des Erbbaurechts im Grundbuch (des Grundstücks) gelten die §§ 22, 24 GBO. Es sind folgende Fälle zu unterscheiden:

1881 aa) Nach dem dinglichen Inhalt des Erbbaurechtsvertrages sind Entschädigungsforderungen des Erbbauberechtigten (§ 27 ErbbauVO) in zulässiger Weise (s Rdn 1872) ausgeschlossen: da hier Rückstände iS des § 23 GBO nicht möglich sind, hat das Grundbuchamt das Erbbaurecht auf reinen Berichtigungsantrag (§ 13 Abs 1 GBO) des Grundstückseigentümers oder Erbbauberechtigten zu löschen, da die Unrichtigkeit infolge des Zeitablaufs feststeht (§ 22 GBO; der Endtermin ist im Grundbuch eingetragen, s Rdn 1724). Die Zustimmung von Gläubigern am Erbbaurecht eingetragener (und nunmehr erloschener) Belastungen bedarf es nicht, da diesen mangels Entschädigungsanspruch keine Rechte zustehen.

1882 bb) Nach dem dinglichen Inhalt des Erbbaurechtsvertrags sind Entschädigungsforderungen des Erbbauberechtigten nicht ausgeschlossen: die Entschädigungsansprüche sind als Rückstände iS des § 23 GBO aufzufassen, so daß zur Löschung die Bewilligung des Erbbauberechtigten in der Form des § 29 GBO nötig ist, wenn die Löschung innerhalb eines Jahres nach Beendigung des Erbbaurechts erfolgen soll[24] oder wenn der Erbbauberechtigte der Löschung durch Erklärung gegenüber dem Grundbuchamt (s Rdn 1352) widersprochen hat. Ohne Widerspruch des Erbbauberechtigten kann die Löschung auf Antrag des Grundstückseigentümers erfolgen, wenn das Sperrjahr abgelaufen oder eine Löschungserleichterung nach § 23 Abs 2 GBO beim Erbbaurecht eingetragen ist.

Sind am Erbbaurecht Grundpfandrechte oder Reallasten eingetragen, deren Gläubigern das „Pfandrecht" an der Entschädigungsforderung gemäß § 29 ErbbauVO zusteht, so ist zur Löschung des Erbbaurechts deren Zustimmung erforderlich;[25] dies ergibt sich nicht nur aus dem Rechtsgedanken des § 130

---

[23] BGH MittBayNot 1969, 253 = NJW 1969, 2043 = Rpfleger 1969, 346 mit Nachw.
[24] OLG Celle NJW-RR 1995, 1420.
[25] Streitig, wie hier K/E/H/E Rdn 17 zu § 24 GBO; Staudinger/Rapp Rdn 10; BGB-RGRK/Räfle Rdn 5, je zu § 29 ErbbauVO; aA (Zustimmung der Realgläubiger nicht erforderlich) Ingenstau/Hustedt Rdn 9 zu § 29 ErbbauVO; Maaß NotBZ 2002, 389 (395).

B. Einzelfälle

ZVG, sondern auch aus den für das Pfandrecht anwendbaren Vorschriften der § 1287 S 2 BGB, § 848 Abs 2 ZPO und der daraus folgenden „Betroffenheit" im Sinne des § 19 GBO. Nur wenn eine Löschungserleichterung beim Erbbaurecht eingetragen ist, bedarf es ihrer Zustimmung nicht, da sie dann von vornherein mit der sofortigen Löschung des Erbbaurechts nach Zeitablauf rechnen mußten.

Im Falle der Löschung des Erbbaurechts auf dem belasteten Grundstück ist das **Erbbau-Grundbuch** von Amts wegen zu schließen (§ 16 ErbbauVO, § 34–37 GBV). 1883

Ist dem Erbbauberechtigten ein **Vorrecht auf Erneuerung** des Erbbaurechts nach § 31 ErbbauVO eingeräumt, so ist nach § 31 Abs 3 ErbbauVO dann, wenn das Erbbaurecht vor Ablauf von drei Jahren – nach Ablauf dieser Frist erlischt das Vorrecht auf Erneuerung – im Grundbuch gelöscht wird, zur Erhaltung des Vorrechts eine Vormerkung mit dem seitherigen Rang des Erbbaurechts, daher gegebenenfalls mit entsprechenden Rangvermerken, von Amts wegen einzutragen, und zwar auf dem belasteten Grundstück in Abt II Spalten 1–3 halbspaltig (§ 12 Abs 1 b, § 19 Abs 1 GBV). Der **Löschungsvermerk** ist in diesem Falle wie folgt zu fassen (§ 17 Abs 2 Satz 3 GBV): 1884

> Gelöscht unter gleichzeitiger Eintragung der Vormerkung Nr ... am ...

Muster für die Vormerkung 1885

> Vormerkung zur Sicherung des Vorrechts des ... ... auf Erneuerung des Erbbaurechts Nr ... gemäß § 31 Erbbaurechtsverordnung. Unter Bezugnahme auf ... im Range vor der Eintragung Abt II Nr ... und der Post Abt. III Nr ... eingetragen am ...

In dem Vermerk über die Löschung des Erbbaurechts im Grundstücks-Grundbuch Abt II Sp 7 ist auf die Vormerkung hinzuweisen (§ 31 Abs 4 ErbbauVO).

Muster für einen solchen Hinweis: 1886

> Unter gleichzeitiger Eintragung der Vormerkung Abt. II Nr ... gelöscht am ...

Nach Ablauf der vorgenannten Dreijahresfrist kann die gegenstandslos gewordene Vormerkung gelöscht werden.

Das Grundbuchamt hat mithin bei jeder Löschung eines Erbbaurechts zu prüfen, ob ein Vorrecht auf Erneuerung einzutragen ist und ob die oben behandelte dreijährige Frist noch im Gange ist. Wird die erforderliche Vormerkung versehentlich nicht eingetragen, so verliert das Vorrecht bei gutgläubigem Erwerb nach § 892 BGB seine Wirkung. 1887

31. Grundstücksrechte im Beitrittsgebiet

Schrifttum: Maaß, Eintragung und Löschung von Dienstbarkeiten nach § 9 GBBerG, NotBZ 2001, 280.

a) Grundstücke im Beitrittsgebiet (Rdn 54 a) konnten nach dem Zivilgesetzbuch der DDR belastet sein[1] mit einem 1888

---

[1] Zu diesen Rechten siehe auch Böhringer Rpfleger 1991, 89 sowie BWNotZ 1992, 3 (insbes S 8–11); Keller/Padberg, Nutzungsrechte an Grundstücken in den neuen Ländern, 1996.

- **Nutzungsrecht** (§§ 287–290, §§ 291–294 ZGB; dazu Rdn 699a ff)
- **Vorkaufsrecht** (§§ 306–309 ZGB)
- **Mitbenutzungsrecht**[2] (§§ 321, 322 ZGB); es gilt als Recht an dem belasteten Grundstück, soweit dessen Begründung der Zustimmung des Eigentümers bedurfte (Art 233 § 5 Abs 1 EGBGB).

Zu Hypotheken Rdn 2767.

Diese Rechte sind mit ihrem bisherigen Inhalt und Rang **bestehen geblieben** (Art 233 § 3 Abs 1 EGBGB mit Einschränkung). Erloschen sein kann jedoch ein nicht im Grundbuch eingetragenes Mitbenutzungsrecht der in Art 233 § 5 Abs 1 EGBGB bezeichneten Art, und ein sonst nicht im Grundbuch eingetragenes beschränktes dingliches Recht (mit Ausnahmen) mit dem Ablauf des 31. Dez. 2000 (auch 1997) nach § 8 GBBerG mit (für Fristen) § 13 SachenRDV vom 20. 12. 1994 (BGBl I 3900).

1889 b) Auf das **Vorkaufsrecht** sind (ab 1. 10 1994) die Bestimmungen des BGB nach den §§ 1094–1104 anzuwenden (EGBGB Art 233 § 3 Abs 4).

1890 c) Die **Aufhebung** eines an einem Grundstück im Beitrittsgebiet fortbestehenden Rechts (zur Hypothek Rdn 2771) erfolgt nach § 875 BGB. Sie erfordert Aufgabeerklärung des Berechtigten und Grundbucheintragung. Ausnahme: Die Aufhebung richtet sich nach den bisherigen Vorschriften, wenn das Recht der Eintragung in das Grundbuch nicht bedurfte und nicht eingetragen ist (Art 233 § 3 Abs 2 EGBGB).

1891 d) Beschränkte persönliche Dienstbarkeiten auf Grundstücken im Beitrittsgebiet, die von einer Energieanlage, für öffentliche Wasserversorgung und Abwasserbeseitigung, Telekommunikationsanlagen usw in Anspruch genommen werden: § 9 GBBerG.

1892–1899 Diese Randnummern sind nicht belegt.

V. Dritte Abteilung des Grundbuchs

A. Allgemeine Erläuterungen

1. Die Eintragungen

1900 In die dritte Abteilung des Grundbuchblattes (§ 4 GBV) werden **Hypotheken, Grundschulden** und **Rentenschulden** einschließlich der sich auf diese Rechte beziehenden Vormerkungen und Widersprüche eingetragen (§ 11 Abs 1 GBV).

2. Die Einteilung der dritten Abteilung des Grundbuchblatts

1901 Die Einteilung der dritten Abteilung des Grundbuchblatts regelt § 11 Abs 2–8 GBV; sie ist in **10 Spalten** untergeteilt.

1902 a) In **Spalte 1** wird die laufende Nummer der in dieser Abteilung erfolgenden Eintragungen angegeben (§ 11 Abs 2 GBV).

---

[2] Zu dessen Eintragung Böhringer Rpfleger 1999, 244.

A. Allgemeine Erläuterungen

b) **Spalte 2** dient zur Angabe der laufenden Nummer, unter der das belastete Grundstück im Bestandsverzeichnis des Grundbuchblatts eingetragen ist (§ 11 Abs 3 GBV). 1903

c) **Spalte 3** dient zur Angabe des Betrags des Rechts, bei Rentenschulden der Ablösungssumme (§ 11 Abs 4 GBV). Abschreibung eines gelöschten Teilbetrags: § 17 Abs 5 GBV. 1904

d) In **Spalte 4** wird die Hypothek, Grundschuld oder Rentenschuld inhaltlich eingetragen; ebenso werden in diese Spalte Beschränkungen des Berechtigten in der Verfügung über ein solches Recht eingeschrieben, die sogleich mit dem Grundpfandrecht einzutragen sind (§ 11 Abs 5 GBV; Änderung seit 24. 2. 1999; Eintragung hatte vordem in Spalte 7 zu erfolgen). 1905

e) Die **Spalte 7** (mit Angabe der laufenden Nummer in **Spalte 5** und des von der Veränderung betroffenen Betrags des Rechts in **Spalte 6**) ist zur Eintragung von nachträglich zu buchenden Veränderungen der in den Spalten 1 bis 4 vermerkten Rechte (auch der Beschränkungen des Berechtigten in der Verfügung über ein Recht) bestimmt (§ 11 Abs 6, 8 GBV). Bei Teilabtretungen ist der in Spalte 5 einzutragenden Nummer ein Buchstabe hinzuzufügen (§ 17 Abs 4a GBV); wenn von einem solchen Teilbetrag weitere Teilbeträge abgetreten werden, ist diesem Buchstaben in Spalte 5 eine römische Zahl beizufügen (§ 17 Abs 4 b GBV). Abschreibung des von einem solchen Teilbetrag gelöschten Teils in Spalte 6: § 17 Abs 5 GBV. 1906

f) In der **Spalte 10** (mit Angabe der laufenden Nummer in **Spalte 8** und des von der Löschung betroffenen Betrags des Rechts in **Spalte 9**) werden die in den Spalten 3, 4 und 6, 7 eingetragenen Vermerke gelöscht (§ 11 Abs 7, 8 GBV). 1907

Die Angabe des Eintragungs**datums** und die **Unterzeichnung** der Eintragung durch den Grundbuchrechtspfleger und (soweit erforderlich) Urkundsbeamten erfolgen (je nach Maßgabe der Eintragung) in Spalten 4 (für die hier inhaltlich einzutragenden Rechte), 7 (für Veränderungen) oder 10 (für Löschungen); hierzu § 20 GBV. Wenn eine Eintragung ganz gelöscht wird, ist sie (rot) zu unterstreichen; dasselbe gilt für Vermerke, die ausschließlich die gelöschte Eintragung betreffen (§ 17 Abs 2 GBV); Unterstreichungen (Rötungen) im übrigen § 17 Abs 2, 3, § 19 Abs 2, 3 GBV. 1908

3. Mehrere Eintragungen in Abteilung III

Literatur: Jestaedt, Die zusammengefaßte Buchung mehrerer Grundpfandrechte, Rpfleger 1970, 380.

a) **Jedes Recht** (jede Hypothek, Grundschuld oder Rentenschuld) ist in Abteilung III unter einer **selbständigen Nummer** einzutragen. Sammelbuchung durch Zusammenfassung mehrerer Grundpfandrechte unter einer laufenden Nummer würde zwar die materielle Wirksamkeit der Eintragung nicht beeinträchtigen,[1] wäre aber ordnungswidrig und ist daher zu unterlassen (dazu 1909

---

[1] Nach LG Fulda Rpfleger 1970, 396 ordnungswidrig, aber formell und materiell wirksam.

2. Teil. V. Dritte Abteilung des Grundbuchs

Rdn 1112, für Zwangshypotheken auch Rdn 2193), jedenfalls ist sie als unzweckmäßig abzulehnen.[2]

1910 b) **Sammelbuchung** durch Zusammenfassung mehrerer Hypotheken oder Grundschulden (auch Rentenschulden) unter **fortlaufenden Nummern** zu **einer Eintragung mit gemeinsamen Vermerksteilen,** die nicht zum notwendigen Inhalt der einzutragenden Einzelrechte gehören, wie Mithaft-, Bewilligungs-, Eintragungs-, Rang- oder Umschreibungsvermerk,[3] wird für zulässig erachtet.[4] Der Eintragungstext muß aber zweifelsfrei ergeben, daß die gemeinsamen Vermerksteile sowie Eintragungstag und Unterschriften (§ 44 Abs 1 GBO; für maschinelle Grundbuchführung § 129 Abs 2 GBO) sich auf alle Rechte[5] erstrecken.[6] Einen Rationalisierungseffekt dürfte auch eine solche Sammelbuchung kaum bringen. Im Interesse der Klarheit und Übersichtlichkeit des Grundbuchs verdient Einzelbuchung mehrerer Grundpfandrechte immer den Vorzug.[7]

1910a Sammelbuchung unter einer laufenden Nummer würde Gleichrang bewirken; die Angabe eines Rangvermerks kommt nicht in Frage. Bei Sammelbuchung unter mehreren Nummern bestimmt sich der Rang der Grundpfandrechte nach der Reihenfolge der Eintragungen (§ 879 Abs 1 BGB);[8] ein anderes Rangverhältnis muß durch Rangvermerke eingetragen werden (§ 879 Abs 3 BGB).

B. Einzelfälle

1. Briefhypothek
BGB §§ 1113, 1115, 1116, 1117, 873
GBO §§ 13, 19, 28, 29, 56 ff.
GBV §§ 11, 17, 47 ff.

1911 **Antragsmuster**

Zur Sicherung eines dem Herrn Paul Kuch, geb am ..., wohnhaft in Boll, geschuldeten Darlehens über 50 000 € – fünfzigtausend Euro – bewillige und beantrage ich die Eintragung einer Briefhypothek in dieser Höhe auf meinem im Grundbuch von Boll (Band 1) Blatt 2 eingetragenen Grundstück Gemarkung Boll Flurstück 15. Das Darlehen ist vom ... an zu 8% jährlich verzinslich, die Zinsen zahlbar halbjährlich nachträglich am 2. Januar und 1. Juli, erstmals ... Die Hauptsumme ist gegen jedem Teile zustehende dreimonatige Kündigung rückzahlbar. Die Kündigung bedarf der Schriftform. Eine Schuldurkunde ist nicht ausgestellt.

---

[2] Jestaedt Rpfleger 1970, 380; K/E/H/E Rdn 13 zu § 44.
[3] Beispiele geben LG Fulda Rpfleger 1970, 396 und OLG Frankfurt Rpfleger 1970, 396 (letzteres für Umschreibung eines Grundbuchblattes); s hierzu auch OLG Frankfurt DNotZ 1970, 250 = Rpfleger 1970, 397.
[4] OLG Frankfurt Rpfleger 1970, 396 (aber ordnungswidrig); OLG Frankfurt DNotZ 1970, 250 = aaO; auch LG Fulda Rpfleger 1970, 396; außerdem Jestaedt Rpfleger 1970, 380; K/E/H/E Rdn 14 zu § 44 und (für Umschreibung des Grundbuchblatts) Rdn 5 zu § 30 GBV.
[5] Beispiel: Zu Nummern 2, 3 und 4: Eingetragen am ...
[6] OLG Frankfurt Rpfleger 1970, 396 und DNotZ 1970, 250 = aaO.
[7] Für Zurückhaltung bei Sammelbuchung von Neueintragungen in Abteilung III auch Meikel/Ebeling Rdn 51 zu § 44.
[8] Jestadt Rpfleger 1970, 380; K/E/H/E Rdn 11 zu § 45.

B. Einzelfälle

Der Hypothekenbrief ist gemäß Vereinbarung mit dem Gläubiger diesem vom Grundbuchamt unmittelbar auszuhändigen.
Auf Nachricht von der Eintragung verzichte ich.

Boll, den ......   Johann Not   (folgt Unterschriftsbeglaubigung)

Grundbucheintragung 1912

1	2	3	4
6	1	50 000 EUR	Hypothek zu fünfzigtausend Euro Darlehen für K u c h Paul. geb am ..., mit acht vom Hundert Zinsen jährlich. Gemäß Bewilligung vom ... (Notar ... URNr ...) eingetragen am ...
			Ein Hypothekenbrief ist zu erteilen und dem Gläubiger auszuhändigen, zugleich als Eintragungsnachricht.
			Eintragungs**mitteilung** an Notar ...

Literatur: Bleckert, Inwieweit ist bei Nebenleistungen einer Hypothek die Bezugnahme auf die Eintragungsbewilligung zulässig?, Rpfleger 1965, 330; Böttcher, Sonstige Nebenleistungen nach § 1115 BGB, Rpfleger 1980, 81; Canaris, Der Zinsbegriff und seine rechtliche Bedeutung, NJW 1978, 1891; Fuchs, Zur Vereinfachung der Grundkreditformulare, DNotZ 1969, 133; Haegele, Rechtsfragen aus dem Liegenschaftsrecht (Teil III: Belastung eines Grundstücksteils mit einem Grundpfandrecht) Rpfleger 1971, 283; Haegele, Zinsen und sonstige Nebenleistungen bei Grundpfandrechten, RpflJB 1974, 311; Kaps, Die Tilgungshypothek, DR 1941, 402; Klinkhammer, Hauptprobleme des Hypothekenrechts, JuS 1973, 666; Kollhosser, Grundbegriffe und Formularpraktiken im Grundpfandrecht, JA 1979, 61; Lange, Die Abgrenzung von dinglichen und schuldrechtlichen Vereinbarungen in notariellen Urkunden, MittRhNotK 1982, 241; Meyer-Stolte, Eintragung von Hypothekenzinsen, Rpfleger 1975, 210; Oesterreich, Der Zinssatz in § 1115 Abs 1 BGB, MDR 1979, 13; Reithmann, Grundpfandrechte heute – Rechtsentwicklung und Aufgaben des Notars, DNotZ 1982, 67; Riedel, Die Anwachsungs-Hypothek, JurBüro 1972, 469; Roemer, Ausgewählte Probleme aus dem Bereich der Grundpfandrechte, MittRhNotK 1991, 69 u 97; Schalhorn, Welchen Wortlaut muß eine Hypothek bei ihrer Eintragung in das Grundbuch erhalten?, JurBüro 1971, 233.

a) Recht, Entstehung

aa) Hypothek (§ 1113 Abs 1 BGB) ist die Belastung eines Grundstücks in der Weise, daß an den Gläubiger eine bestimmte Geldsumme zur Befriedigung wegen einer ihm zustehenden Forderung aus dem Grundstück zu zahlen ist. Die Hypothek ist dingliches Verwertungsrecht. Der Gläubiger kann verlangen, daß seine Forderung, sobald sie fällig ist, im Wege der Zwangsversteigerung oder Zwangsverwaltung des Grundstücks (und der mithaftenden Gegenstände, §§ 1120–1130 BGB; § 865 Abs 1 ZPO) für ihn beigetrieben werde.[1] Als Grundpfandrecht ist die Hypothek akzessorischer Natur. „Sie dient der **Sicherung einer Forderung** und kann folglich ohne eine solche nicht zur Entstehung gelangen. In ihrem Fortbestande hängt sie von der Forderung ab, zu deren Sicherheit sie bestellt ist."[2] Der Forderungsschuldner kann, sobald die Forderung fällig ist, den Gläubiger befriedigen (§§ 362 ff BGB); mit dem Erlöschen der Forderung erwirbt die Hypothek der Eigentümer (§ 1163 Abs 1 S 2 BGB, Eigentümergrundschuld, § 1177 BGB). Der Eigentümer, der

1913

---

[1] Motive zum BGB, Band III, S 603.
[2] Motive zum BGB, Band III, S 603.

nicht Forderungsschuldner ist, hat keine Verpflichtung zur Befriedigung des Gläubigers; er ist dazu jedoch berechtigt (§ 1142 BGB); Folge: Übergang der Forderung (§ 1143 BGB) samt der Hypothek (§§ 413, 401 BGB) als Eigentümerhypothek (§ 1177 Abs 2 BGB).

1914 bb) Als **Grundstücksrecht** (materiell) **entsteht** die Hypothek mit Einigung der Beteiligten und Eintragung in das Grundbuch (§ 873 BGB, Rdn 10). Die Einigung bedarf (materiell-rechtlich) keiner Form; sie kann der Eintragung auch nachfolgen.[3] Erforderlich ist (Akzessorität; Rdn 1913), daß die gesicherte Forderung besteht (§ 1113 BGB) und beim Briefrecht außerdem noch, daß der Hypothekenbrief vom Eigentümer dem Gläubiger übergeben ist (§ 1117 Abs 1 BGB; Übergabeersatz nach § 1117 Abs 2 BGB). Solange die Forderung nicht entstanden ist, steht die Hypothek dem Eigentümer (als Eigentümergrundschuld, § 1177 Abs 1 BGB) zu (§ 1163 Abs 1 S 1 BGB). Dem Eigentümer steht die Hypothek (als Eigentümergrundschuld) außerdem bis zur Übergabe des Hypothekenbriefs an den Gläubiger zu (§ 1163 Abs 2 BGB). Bindung an die Einigung nach § 873 Abs 2 BGB (4. Alternative): Rdn 109. Die ausdrückliche Erklärung, daß das Grundpfandrecht unwiderruflich bestellt oder auf Widerruf der Eintragungsbewilligung und des Eintragungsantrags verzichtet wird, hindert den Widerruf nicht.[4]

1915 cc) Die **Eintragung** erfolgt auf Antrag (§ 13 Abs 1 GBO), wenn der Grundstückseigentümer als Betroffener sie bewilligt (§ 19 GBO). Form der Bewilligung: § 29 GBO; für die Eintragung der Unterwerfung unter die sofortige Zwangsvollstreckung nach § 794 Abs 1 Nr 5, § 800 ZPO ist Aufnahme einer notariellen Urkunde erforderlich (Rdn 2037). Begründung und Fortbestand der Hypothek als Grundstücksbelastung sind unabhängig von schuldrechtlichen Beziehungen der Beteiligten (Rdn 15), sonach auch von einer Sicherungsabrede oder einem sonstigen obligatorischen Bestellungsvertrag.

1916 dd) Der **Rang** der Hypothek bestimmt sich im Verhältnis zu anderen Grundpfandrechten nach der Reihenfolge der Eintragungen in Abteilung III, im Verhältnis zu den in Abteilung II eingetragenen Grundstücksrechten nach den Eintragungstagen oder (in beiden Fällen) nach der eingetragenen abweichenden Rangbestimmung (BGB § 879). Bestellt werden kann eine Hypothek als Grundstücksbelastung nur mit einheitlichem Rang. Eintragung einer Hypothek mit unterschiedlichem Rang einzelner Forderungs-Teilbeträge ist unzulässig.[5]

b) Belastungsgegenstand

1917 Belastet werden kann mit einer Hypothek jedes Grundstück und Erbbaurecht (als grundstücksgleiches Recht). Zur Belastung eines Erbbaurechts mit einer Hypothek kann die Zustimmung des Grundstückseigentümers nach § 5 Abs 2 ErbbauVO erforderlich sein (Rdn 1777). Belastet werden kann mit einer Hypothek auch der Bruchteil eines Miteigentümers (§ 1114 BGB) und der

---

[3] RG 106, 136 (139); BGH 36, 84 (90) = DNotZ 1962, 396 (399) = NJW 1962, 295 (297).
[4] OLG München DNotZ 1966, 283 mit Anm Ertl.
[5] OLG Zweibrücken MittRhNotK 1985, 104 = Rpfleger 1985, 54; LG Frankenthal MittBayNot 1983, 122 = Rpfleger 1983, 142; s auch BayObLG Rpfleger 1985, 434.

B. Einzelfälle

nach § 3 Abs 6 GBO gebuchte Miteigentumsanteil an dem einem Hauptgrundstück dienenden Grundstück, auch wenn es noch im Alleineigentum eines Eigentümers steht (§ 1114 BGB),[6] und Wohnungseigentum, ==nicht aber ein Gesamthandsanteil (zB Miterbenanteil, § 2033 Abs 2 BGB; Gesellschaftsanteil, § 719 BGB)==. Ein realer Grundstücksanteil kann nur dann mit einer Hypothek belastet werden, wenn er nach § 7 Abs 1 GBO abgeschrieben und als selbständiges Grundstück gebucht ist.[7] An einem aus mehreren Flurstücken bestehenden Grundstück kann eine Hypothek auch nicht in der Weise bestellt werden, daß sie im Falle der Veräußerung einzelner Flurstücke an diesen erlischt.[8] Erwirbt der Eigentümer eines ideellen hälftigen Bruchteils eines Grundstücks die andere Hälfte als Vorerbe hinzu, so kann er trotz § 1114 BGB die ihm bereits vor dem Erbfall gehörende ideelle Grundstückshälfte gesondert mit einem Grundpfandrecht belasten.[9] Im übrigen können Miteigentumsbruchteile in der Hand eines Alleineigentümers nicht selbständig belastet werden. Ein beim Hauptgrundstück gebuchter Miteigentumsanteil des Alleineigentümers des dienenden Grundstücks (§ 3 Abs 6 GBO) kann ebenso auch einzeln lastenfrei gestellt werden.[10]

Die auf einem Miteigentumsanteil bestellte Hypothek bleibt auf ihm unverändert bestehen, auch wenn dieser später wegfällt; die Belastung des fiktiv fortbestehenden Anteils kann auf den anderen Anteil erstreckt werden.[11] Erwirbt ein Miteigentümer, auf dessen Bruchteil eine Hypothek lastet, das ganze Grundstück, so kann er die Hypothek mithin auf das ganze Grundstück erstrecken.[12] Hat ein fälschlicherweise als Miteigentümer Eingetragener den für ihn eingetragenen Bruchteil mit einer Hypothek belastet und wird später die Eigentumseintragung in Gesamthand berichtigt, so ist bezüglich der eingetragenen Briefhypothek weder Amtswiderspruch noch Amtslöschung zulässig, da die Hypothek gutgläubig erworben sein kann.[13]   **1918**

Zur Eintragung einer Hypothek an einem **land- oder forstwirtschaftlichen**   **1919**
Grundstück ist Genehmigung nach dem GrdstVG nicht erforderlich.

Diese Randnummer ist entfallen.   **1920**

c) Berechtigter

Eine Hypothek kann für eine natürliche oder juristische Person (auch Personenhandelsgesellschaft, § 124 Abs 1 und § 161 Abs 2 HGB), Partnerschaft (§ 7 Abs 2 PartGG mit § 124 Abs 1 HGB) sowie EWIV bestellt werden, nicht aber für den jeweiligen Eigentümer eines anderen Grundstücks.[14] Der   **1921**

---

[6] Die Rechtsprechung hat die Belastung des Anteils an einem dienenden Grundstück in der Hand des Alleineigentümers schon früher zugelassen; siehe BayObLG 1974, 466 = NJW 1975, 740 = Rpfleger 1975, 90; OLG Köln MittRhNotK 1981, 264 = Rpfleger 1981, 481; AG München MittBayNot 1972, 237.
[7] S auch Bruhn Rpfleger 1958, 293 und Stöber MittBayNot 2001, 281.
[8] BayObLG 1978, 223 = DNotZ 1979, 25 = Rpfleger 1978, 409.
[9] BayObLG 1968, 104 = DNotZ 1968, 626 = NJW 1968, 1431 = Rpfleger 1968, 221.
[10] LG Nürnberg-Fürth MittBayNot 1971, 87 = Rpfleger 1971, 223 mit Anm Meyer-Stolte.
[11] BayObLG DNotZ 1971, 659 = Rpfleger 1971, 316.
[12] RG 68, 79; KGJ 36, 237.
[13] OLG Hamm DNotZ 1954, 256 mit zust Anm Hoche.
[14] KG HRR 1931 Nr 1862.

Gläubiger der Hypothek muß dieselbe Person sein wie der Gläubiger der gesicherten Forderung.[15] Auf Grund eines sog echten Vertrags zugunsten eines Dritten kann eine Hypothek, wenn überhaupt, daher nur für den Dritten als Gläubiger (erfordert Einigung mit dem Dritten, dazu Rdn 9), nicht für den Versprechensempfänger bestellt werden.[16]

1922 Für **mehrere Gläubiger** kann eine Hypothek als Forderungsgläubiger in Bruchteilsgemeinschaft (§ 420 BGB; selten),[17] in Gesamthandsgemeinschaft (zur BGB-Gesellschaft s Rdn 241, 241 a) oder als Gesamtgläubiger (§ 428 BGB) bestellt werden. Auch für nur einen einzelnen Gesamtgläubiger der Forderung kann eine Hypothek eingetragen werden.[18] Die Gesamtgläubigerschaft braucht dabei nicht im Grundbuch vermerkt zu werden; sie betrifft nur die nähere Bezeichnung der Forderung, so daß insoweit auf die Eintragungsbewilligung Bezug genommen werden kann.[19] Die Frage, ob die Gesamtgläubigerschaft im Grundbuch selbst dann vermerkt werden muß, wenn für jeden Gläubiger eine besondere Hypothek oder für alle Gesamtgläubiger eine einheitliche Hypothek eingetragen werden soll (im letzteren Fall schon mit Rücksicht auf § 47 GBO), hat der BGH[20] offen gelassen. Zweifellos kann dann, wenn eine Forderung, die mehreren Gläubigern zugestanden hat, in Einzelforderungen aufgeteilt worden ist, für jeden Gläubiger eine besondere Hypothek – auch im gleichen Rang mit den übrigen – eingetragen werden. Auch in „Gesellschaftsgemeinschaft" wurde eine Hypothek bei Vorhandensein mehrerer Gläubiger zugelassen;[21] dem können wir nicht folgen, weil das Rechtsverhältnis der Gläubiger damit unklar bleibt.

1923 Die Hypothek kann **nicht alternativ** (wahlweise) für eine Person oder einen anderen Berechtigten bestellt werden, weil der Gläubiger feststehen muß. Auch Vereinbarung, daß eine Hypothek bis zum Tode einer bestimmten Person dieser, nachher einem anderen (Erbe) zustehen soll,[22] erscheint nicht zulässig (siehe Rdn 261 a ff). Gleiches gilt für Bestellung einer Hypothek für mehrere zeitlich aufeinanderfolgende Berechtigte in der Weise, daß sie dem einen Berechtigten auflösend bedingt durch ein bestimmtes Ereignis und dem nächsten aufschiebend bedingt durch dasselbe Ereignis zustehen soll.[23]

1924 Eine **Forderung des Eigentümers** kann durch Eintragung einer Hypothek auf seinem Grundstück nicht gesichert werden. Eine Hypothek für den Kaufpreisanspruch des Eigentümers kann daher vor Eigentumsumschreibung auf den Käufer nicht eingetragen werden.[24]

---

[15] BGH 29, 363 = DNotZ 1959, 310 = NJW 1959, 984 = Rpfleger 1959, 154 mit Anm Haegele; BayObLG 1958, 164 = DNotZ 1958, 639 = NJW 1958, 1917.
[16] BayObLG 1958, 164 = aaO (Fußn 15).
[17] Zur Bruchteilshypothek, namentlich zur Anteilsaufgabe bei ihr, s Staudenmaier BWNotZ 1965, 320; s außerdem Rdn 258.
[18] BGH 29, 363 = aaO (Fußn 15).
[19] BGH 29, 363 = aaO (Fußn 15).
[20] BGH 29, 363 = aaO (Fußn 15).
[21] LG Köln Rpfleger 1953, 583.
[22] So noch RG 76, 89 (insbes S 90 und 91); BGB-RGRK/Mattern Rdn 20 zu § 1115.
[23] Dafür noch LG Traunstein MittBayNot 1978, 61.
[24] KG JW 1936, 3131; OLG Zweibrücken NJW-RR 1990, 147 = OLGZ 1990, 8 = Rpfleger 1990, 15; BGB-RGRK/Mattern Rdn 12 zu § 1113.

B. Einzelfälle

d) Forderung

Die durch Hypothek zu sichernde Forderung muß eine **bestimmte Geldforderung** sein. Sie muß mithin auf Zahlung einer bestimmten Geldsumme (Hauptsumme; Kapital) in Euro oder nach § 28 S 2 GBO zugelassener anderer Währung (Rdn 135), nicht allein auf Zahlung wiederkehrender Leistungen, so einer Rente, gerichtet sein. Rückständige wiederkehrende Leistungen können zu einer Hauptforderung zusammengefaßt durch Hypothek gesichert werden, rückständige Zinsen mithin, wenn sie für einen bestimmten Zeitraum kapitalisiert sind.[25] Zur Sicherung anderer Ansprüche kann eine Hypothek nicht bestellt werden, selbst wenn diese in ihrem Endzweck der Sicherung der Forderung zu dienen bestimmt sind.[26]   1925

Sicherbar durch Hypothek ist eine Forderung aus jedem beliebigen **Schuldgrund**; der Schuldgrund muß aber bestimmt oder bestimmbar sein,[27] mithin feststehen. Schuldgrund kann auch ein selbständiges Schuldversprechen oder Schuldanerkenntnis sein (§§ 780, 781 BGB);[28] derartige Hypotheken sind bei Landeskreditanstalten üblich.   1926

Forderungs**schuldner** kann der Eigentümer des Grundstücks oder ein Dritter sein.   1927

Unzulässig ist, daß nach Eintragung der Hypothek für eine bestimmte Forderung später eingetragen wird, die Hypothek solle außerdem zur Sicherung einer anderen Forderung dienen.[29] Unzulässig ist ferner eine Hypothek, die wahlweise entweder die Forderung des einen oder des anderen Gläubigers sichern soll.[30] Wohl aber ist die Eintragung einer einzigen Hypothek für eine bedingte Forderung, die entweder dem einen oder dem anderen Gläubiger zustehen soll, zulässig; hier liegt vor Eintritt der Bedingung eine auflösend bedingte Eigentümergrundschuld vor.[31]   1928

Die Bestellung einer Hypothek für eine **aufschiebend** (§ 158 Abs 1 BGB) oder **auflösend** (§ 158 Abs 2 BGB) **bedingte** oder für eine **befristete** (§ 163 BGB) Forderung (§ 1113 Abs 2 BGB) ist ebenso zulässig wie die Bestellung der Hypothek für eine fällige oder eine betagte Forderung. Bei aufschiebender Bedingung der Forderung ist die Hypothek bis zur Entstehung (nicht auch Fälligkeit) der Forderung, bei auflösender Bedingung wird sie mit dem Erlöschen der Forderung Eigentümergrundschuld (§ 1163 Abs 1, § 1177 Abs 1 BGB).[32] Zu unterscheiden von der Hypothek für eine bedingte Forderung ist die bedingte oder befristete Hypothek (Rdn 2010).   1929

Auch eine **künftige Forderung** kann durch Hypothek gesichert werden (§ 1113 Abs 2 BGB). Die Begründung der Hypothek setzt damit kein Schuld-   1930

---

[25] LG Bonn Rpfleger 1982, 75; nicht richtig OLG Schleswig Rpfleger 1982, 301 mit Anm Hellmig.
[26] BayObLG 1967, 48 = DNotZ 1967, 759 = NJW 1967, 1373.
[27] BGH NJW 1994, 460 (461); BayObLG 1981, 110 = DNotZ 1981, 750 = FamRZ 1981, 560 (Beitragszahlung an Rentenversicherung nach Scheidung).
[28] KG DNotZ 1930, 486; OLG Düsseldorf MittRhNotK 1995, 322 = NJW-RR 1996, 111 = Rpfleger 1996, 61.
[29] LG Bremen MDR 1956, 609.
[30] KG OLG 45, 238.
[31] KG HRR 1930, 782.
[32] RG JW 1932, 1216.

verhältnis voraus, aus welchem eine Forderung bereits entstanden ist „oder doch wenigstens sich zu entwickeln" vermag.[33] Die Forderung muß auch nicht etwa eine einseitige Bindung des Eigentümers zur Grundlage haben[34] oder auf der Anwartschaft eines formgerechten Angebots beruhen;[35] erforderlich ist auch nicht eine Rechtslage, die „eine gewisse Gewähr dafür bietet, daß aus ihr in Zukunft eine Forderung entstehen wird"[36] und auch nicht, daß für das Entstehen der Forderung ein gewisses Maß an Sicherheit besteht.[37] Vielmehr werden gerade „Darlehenshypotheken erfahrungsgemäß in zahlreichen, vielleicht in den meisten Fällen vor der Hingabe des Geldes bestellt" und damit vor einer Bindung des Eigentümers oder vor einer „Anwartschaft" aus Angebot und auch vor einer Rechtslage, die für das Entstehen der Forderung Gewähr oder ein gewisses Maß an Sicherheit gibt, begründet. Dieser Übung will § 1113 Abs 2 BGB mit Rücksicht auf die Verkehrssitte Rechnung tragen.[38] „Die Rücksicht auf die Rechtssicherheit gestattet nicht, eine solche Hypothek, bevor dieselbe an einen mit der Sachlage unbekannten Dritten übertragen ist, als wirkungslos anzusehen, wenn der Schuldner das Darlehen erst nach der Eintragung erhalten hat".[39] Eine Rechtslage, die Sicherheit oder Gewähr (in welchem Ausmaß?) für das Entstehen der künftigen Forderung bieten könnte, braucht daher noch nicht bestehen. Erforderlich kann nur sein, daß bereits eine Rechtsgrundlage der Forderung bestimmbar ist und das Entstehen der Forderung auf dieser Rechtsgrundlage möglich ist. Das bedingt zugleich, daß die künftig entstehende Forderung bereits so bestimmt feststellbar ist und als Hypothekenforderung bezeichnet werden kann, daß ihre Identität zweifelsfrei ist. Sie muß daher für Bestellung der Hypothek bereits zu dieser Zeit als künftige Forderung betragsmäßig und nach Art (Schuldgrund) sowie Schuldner und mit ihrem nach § 1115 BGB einzutragenden Inhalt sowie mit allen von gesetzlichen Bestimmungen abweichenden Einzelregelungen (über Zahlungszeit, -ort usw) bestimmbar sein. Damit unterscheidet sich die durch Hypothek zu sichernde künftige Forderung auch von dem durch Vormerkung sicherbaren künftigen Anspruch (§ 883 Abs 1 S 2 BGB). Bei ihm werden Einschränkungen für Sicherung durch Vormerkung mit der Erwägung gerechtfertigt, daß Rechtsunsicherheit auf ungewisse Zeit und Rechtserschwernis im Grundbuchverkehr vermieden werden müßten (Rdn 1489). Die Hypothek für eine künftige Forderung belastet das Grundstück und beeinträchtigt damit den Rechtsverkehr aber nicht weiter wie die ursprüngliche Eigentümergrundschuld (§ 1196 Abs 1 BGB), die sich der Eigentümer jederzeit bestellen kann. Sie bringt daher weder eine der Vormerkung für einen künftigen Anspruch ähnliche „Sperre" des Grundbuchs auf ungewisse Zeit noch eine dieser ähnliche Erschwernis für Beleihung oder Zwangsversteigerung, die nicht hingenommen werden könnten. Denkbar wären allenfalls Erschwernisse bei Durchsetzung

---

[33] Motive zum BGB, Band III, S 638.
[34] So zu weitgehend MünchKomm/Eickmann Rdn 50 zu § 1113 BGB.
[35] So noch 6. Auflage dieses Handbuchs, Rdn 828.
[36] So aber KGJ 40 A 140 (145, 146); BGB-RGRK/Mattern Rdn 45 zu § 1113; Staudinger/Wolfsteiner Rdn 32 zu § 1113 BGB.
[37] So aber Jauernig Rdn 9 zu § 1113 BGB.
[38] Motive zum BGB, Band III S 638.
[39] Motive zum BGB, Band III S 638.

B. Einzelfälle

von Löschungsansprüchen nachrangig Berechtigter (§§ 1179, 1179a BGB) oder für die Feststellung der Berechtigung lediglich zwischen eingetragenem Gläubiger und Eigentümer. Mit dem Erfordernis, daß die künftige Forderung mit ihrer Rechtsgrundlage bereits bei Sicherung durch Hypothek möglich und bestimmt bezeichenbar sein muß, kann aber auch dies keine Bedeutung erlangen. Damit es ist aber ausgeschlossen, auf die für Sicherung künftiger Ansprüche durch Vormerkung von der Rechtsprechung entwickelten Grundsätze zurückzugreifen. Reine Hoffnungen und Erwartungen geben noch keine Rechtsgrundlage, die künftiges Entstehen der Forderung ermöglichen könnte. Auch aus verwandtschaftlichen Beziehungen oder Benennung in einem Testament oder Erbvertrag folgt lediglich eine tatsächliche Aussicht für das ungewisse Entstehen der Forderung. Vor Eintritt des Erbfalls fehlt einem erbrechtlichen Anspruch daher eine erkennbare Rechtsgrundlage; er besteht nicht als künftiger Anspruch. Sicherung durch Hypothek ist damit ausgeschlossen.

Zulässig ist auch die Bestellung der Hypothek für eine Geldforderung aus einem **Wahlschuldverhältnis,** auch wenn nur eine der Leistungen auf Geldzahlung geht[40] und unabhängig davon, ob der Gläubiger oder der Schuldner das Wahlrecht hat. Der Sicherung einer Geldforderung durch Hypothek steht auch nicht entgegen, daß der Schuldner befugt ist, die Forderung statt durch Geld durch Hingabe von Pfandbriefen zu tilgen,[41] ebenso nicht daß der Gläubiger statt Geldzahlung die Lieferung von Pfandbriefen verlangen kann. 1931

Eine Hypothek, die für Forderungen gegen mehrere nicht in Verpflichtungsgemeinschaft (zB Gesamtschuldnerschaft) stehende Schuldner eingetragen wird, ist wirksam.[42] 1932

Eine für eine **Scheinforderung** bestellte Hypothek entsteht als Eigentümergrundschuld, wenn die Bestellung ernstlich gewollt ist.[43] Zur Frage, ob eine Darlehenshypothek bei Sittenwidrigkeit des Darlehens den Bereicherungsanspruch auf Rückzahlung sichert, s OLG Hamburg.[44] 1933

Zur Sicherung der gleichen Forderung können **nicht mehrere** selbständige **Hypotheken** (wohl aber mehrere Grundschulden oder zusätzlich zu einer Hypothek noch eine Grundschuld) bestellt werden.[45] Für die Teilbeträge der gleichen Schuld können mehrere Einzelhypotheken auf verschiedenen Grundstücken eingetragen werden.[46] 1934

e) Eintragungsbewilligung

Die Eintragungsbewilligung muß das Recht als Hypothek mit der zu sichernden Forderung bezeichnen. Die Bezeichnung muß so bestimmt sein, daß die Forderung festgestellt (identifiziert) werden kann, weil nur eine bestimmte Forderung 1935

---

[40] BayObLG 2000, 60 = MittBayNot 2000, 320 = MittRhNotK 2000, 167 = Rpfleger 2000, 324
[41] RG 132, 13; BGH DNotZ 1964, 299 = MDR 1963, 487.
[42] BayObLG 1964, 32 = DNotZ 1965, 168.
[43] BGH 36, 84 = DNotZ 1962, 396 = JZ 1962, 313 mit krit Anm Westermann = NJW 1962, 295; s auch Westermann NJW 1970, 1026.
[44] OLG Hamburg MDR 1968, 756.
[45] RG 70, 245; 131, 16 (20); 132, 136 = DNotV 1931, 376; KGJ 35 A 310; KG DNotZ 1930, 363.
[46] RG 113, 223 (233). Kennzeichnung der einzelnen Teilforderungen erfolgt durch ziffernmäßige Angabe ihres Betrags, RG aaO.

durch Hypothek gesichert werden kann. Es wird daher Angabe des Schuldgrunds verlangt, sofern nicht (ausnahmsweise) die Forderung auch ohne diesen gekennzeichnet werden kann. Der Bezeichnung der Forderung dient außerdem die Angabe des Schuldners. Jedoch bedarf es seiner gesonderten Bezeichnung dann nicht, wenn dieser als Eigentümer zugleich Besteller der Hypothek ist.[47] Weiter muß die Eintragungsbewilligung die folgenden Mindestangaben enthalten (s § 1115 Abs 1 BGB): zu belastendes Grundstück (nach § 28 S 1 GBO zu bezeichnen; vgl Rdn 130), Gläubiger, Geldbetrag der Forderung in Euro oder sonst zugelassener Währung (§ 28 S 2 GBO; dazu Rdn 135), Zinssatz und Zinsbeginn, wenn die Forderung verzinslich ist (Rdn 1953), andere Nebenleistungen, wenn solche zu entrichten sind (Rdn 1966) und, wenn die Hypothek mehreren Gläubigern zustehen soll, die Anteile der Berechtigten in Bruchteilen oder das für die Gemeinschaft maßgebende Rechtsverhältnis (§ 47 GBO). Die Eintragungsbewilligung muß weiter die für die Forderung und/oder Hypothek von gesetzlichen Vorschriften abweichenden Vereinbarungen anführen. Soweit hierüber, insbesondere über Zinszahlungstermine, Fälligkeit des Kapitals und Kündigungsbedingungen, Zahlungsbestimmungen, Angaben nicht gemacht sind, bestimmt sich das Recht des Gläubigers aus der Hypothek nach gesetzlichen Vorschriften (vgl §§ 269, 270, 271, 488 Abs 2, 3, § 489 (= 608, 609, 609a aF) BGB. Vereinbarte (in der Eintragungsbewilligung zu bezeichnende) Zahlungsbestimmungen müssen nicht für alle Forderungsteile gleich sein; für Hauptsache und Zinsen sowie andere Nebenleistungen können auch unterschiedliche Bestimmungen festgelegt sein (zB Fälligkeit der Hauptsache nach dreimonatiger Kündigung, Fälligkeit der Zinsen jährlich nachträglich); von dieser Selbstverständlichkeit geht schon § 488 Abs 2 (= §§ 608, 609 aF) BGB aus. Zum Ausschluß der Brieferteilung (§ 1116 Abs 2 BGB) s Rdn 2092; zur Zwangsvollstreckungsunterwerfung vgl Rdn 2034 ff; wegen Vereinbarung der Briefübergabe und Bestimmung über Briefaushändigung durch das Grundbuchamt (§ 60 Abs 2 GBO) s Rdn 2023.

1936 Das Formular Rdn 1911 enthält nur die notwendigsten Angaben zur Bestellung einer Hypothek. Es stellt keine eigentliche Schuldurkunde dar. Gleichzeitige Errichtung einer solchen Urkunde ist nicht vorgeschrieben. Sie kann jedoch im Einzelfalle die Bezeichnung der Forderung in der Eintragungsbewilligung durch Bezugnahme auf die Schuldurkunde erleichtern. Dann bedarf die Schuldurkunde allerdings der Form des § 29 GBO. Verbindung der Schuldurkunde mit dem Hypothekenbrief s Rdn 2018.

1937 Die in § 58 Abs 3 GBO vorgesehene Erklärung des Eigentümers, daß eine **Schuldurkunde** nicht ausgestellt ist, bedarf keiner Form. Wird die Erklärung nicht beigebracht und auch eine Schuldurkunde nicht vorgelegt, so ist entsprechende Zwischenverfügung des Grundbuchamts vor Eintragung der Hypothek erforderlich und ggfs der Eintragungsantrag zurückzuweisen.[48]

1938 Die Eintragungsbewilligung muß den Inhalt der Hypothek **klar und bestimmt** darstellen, somit die eintragungsfähigen Bestimmungen klar zum Ausdruck bringen. Eine Hypothekenbestellungsurkunde kann daher nicht Eintragungs-

---

[47] RG 136, 80 (82); KGJ 47 A 196 = OLG 31, 355; Staudinger/Wolfsteiner Rdn 40 zu § 1115 BGB.
[48] Herrschende Ansicht; vgl Güthe/Triebel Rdn 13; Demharter Rdn 12; K/E/H/E Rdn 3, je zu § 58.

B. Einzelfälle

grundlage sein, wenn sie in wechselnder Folge ohne Einschränkung nebeneinander (in wahllosem Nebeneinander) Bestimmungen enthält, die teils Inhalt der Hypothek sein, teils nur mit schuldrechtlicher Wirkung vereinbart oder nur durch eine Dienstbarkeit (Betretungsrecht) gesichert werden können.[49] Bezugnahme auf eine solche Eintragungsbewilligung wäre geeignet, falsche Vorstellungen über den Inhalt und den Umfang des dinglichen Rechts und Meinungsverschiedenheiten über die Tragweite der Eintragung hervorzurufen.[50] Das Grundbuchamt muß entweder alle Zahlungsbedingungen, auf die in der Bewilligung einer Hypothek verwiesen ist, eintragen können (wobei Bezugnahme der Eintragung gleichsteht, s Rdn 267, 273) oder die Eintragung der Hypothek ablehnen.[51]

1939 Sind bei Bestellung einer Darlehenshypothek in der Eintragungsbewilligung (vollstreckbaren Urkunde) Verpflichtungen des Grundstückseigentümers enthalten, die an sich **persönlicher Natur** sind, deren Nichterfüllung dem Gläubiger aber das Recht zur Kündigung gibt, so dürfen diese Verpflichtungen bei Eintragung nicht unmittelbar und unbeschränkt in Bezug genommen werden, vielmehr ist nur die Bezugnahme auf den die Kündigungsbedingungen enthaltenden Teil der Eintragungsbewilligung zulässig.[52]

1940 Soweit in der Urkunde Anträge (zB auf Löschung vorrangiger Belastungen) enthalten sind, die nicht sofort vollzogen werden können, hat der Notar durch geeignete Antragstellung nach § 15 GBO für Teilvollzug zu sorgen.

1941 Randnummer 1941 ist entfallen

1942 Wird bei Bestellung einer Hypothek vereinbart, daß diese die erste **Rangstelle** haben soll (auch, daß andere Eintragungen nicht vorgehen dürfen), so handelt es sich regelmäßig nur um eine schuldrechtliche Bestimmung (Verpflichtung) des Eigentümers, die als solche keiner selbständigen Eintragung in das Grundbuch fähig ist.[53] Zur Rangbestimmung im übrigen Rdn 314–323.

f) Grundbucheintragung

1943 aa) Einzutragen in das Grundbuch ist die **Hypothek** durch Bezeichnung ihrer Rechtsnatur als Grundstücksbelastung mit Angabe des in § 1115 Abs 1 BGB erforderten Eintragungsinhalts. Bezeichnung der Grundstücksbelastung als Hypothek kann mit dem Wort „Hypothek" im Eintragungsvermerk und Bezugnahme auf die Eintragungsbewilligung (so Probeeintragung [vgl § 22

---

[49] BayObLG 1967, 48 (53f) = DNotZ 1967, 759 = NJW 1967, 1373; LG Kassel NJW 1953, 189 mit Anm Lindheimer = Rpfleger 1953, 583; LG Verden Rpfleger 1952, 617; auch Bruhn Rpfleger 1957, 101; Lange MittRhNotK 1982, 241; außerdem OLG Hamm JMBlNRW 1957, 92 wie folgt: Sind in einem Vertrage die nur schuldrechtlich wirksamen Vereinbarungen von den dinglichen nicht getrennt, so ist es nicht Aufgabe des Grundbuchamtes, die Trennung im Wege der Auslegung vorzunehmen. Vielmehr müssen die eingereichten Eintragungsanträge und -bewilligungen eindeutig zu sein.
[50] BayObLG 1967, 48 = aaO (Fußn 49); s auch Lange MittRhNotK 1982, 241.
[51] LG Köln NDotZ 1956, 601.
[52] BGH 21, 34 = DNotZ 1956, 544 = MDR 1956, 600 mit Anm Thieme = Rpfleger 1956, 231 mit Anm Bruhn; Lange MittRhNotK 1982, 241 (244).
[53] OLG Düsseldorf DNotZ 1950, 41; OLG Frankfurt DNotZ 1981, 580 = MittRhNotK 1981, 64 = Rpfleger 1980, 477. S aber auch Rdn 92 zur Bestimmung nach § 16 Abs 2 GBO bei Hypothekenbestellung in Verbindung mit Grundstücksveräußerung.

GBV] in Anlage 1 zur GBV), aus der sich die gesicherte Forderung ergibt, oder durch Angabe der zu sichernden Forderung (Darlehen, Kaufpreisforderung usw) erfolgen.[54] Bei Bezeichnung des Rechts als Hypothek ist auch die Eintragung des leicht anzugebenden Schuldgrundes zweckmäßig („Hypothek ... für ein Darlehen ..."). Die falsche Bezeichnung einer Hypothek als Grundschuld kann unschädlich sein; sie ist gleichwohl von Amts wegen zu berichtigen.[55]

1944 bb) Die Belastung nur des **Bruchteils**anteils eines Miteigentümers (§ 1114 BGB) kann eingetragen werden
– in Spalte 4 durch Kennzeichnung der Anteilsbelastung, etwa mit den Worten

> Auf dem Hälftebruchteil (oder dem ...-Miteigentumsanteil) des ...:
> Hypothek zu zehntausend Euro Darlehen für ...

Dann genügt in Spalte 2 Angabe nur der laufenden Nummer des Grundstücks im Bestandsverzeichnis;
– **oder** in Spalte 2 durch Bezeichnung des belasteten Miteigentumsanteils wie folgt

(BV Nr)...	oder	(BV Nr)...
Anteil Abt I Nr ...		nur am Hälfteanteil Max Müller

Nicht notwendig ist dann Aufnahme auch noch eines Hinweises in Spalte 4 darauf, welcher Bruchteil belastet ist.[56] Ebenso wie bei gemeinschaftlichem Grundbuchblatt (§ 4 GBO) das belastete Einzelgrundstück nur durch Angabe seiner laufenden Nummer im Bestandsverzeichnis in Spalte 2 einzutragen ist, kann ein Miteigentumsanteil als Belastungsgegenstand in dieser Spalte zuverlässig gekennzeichnet werden.

1945 cc) Bei Eintragung der Hypothek müssen **im Grundbuch selbst** sodann angegeben werden (§ 1115 Abs 1 BGB):
– Gläubiger (Rdn 1947),
– Geldbetrag der Forderung (Rdn 1951),
– Zinssatz (Rdn 1953),
– etwaige andere Nebenleistungen (Rdn 1966),
– etwaige Bedingung oder Befristung der Hypothek (nicht auch der persönlichen Forderung, vgl § 1113 Abs 2 BGB), der Zinsen oder von Nebenleistungen (Rdn 1960, 1970),
– etwaiger Ausschluß der Brieferteilung (§ 1116 Abs 2 BGB) (vgl Rdn 2092);
– etwaige Zwangsvollstreckungsunterwerfung (§ 800 Abs 1 ZPO) (vgl Rdn 2049).
Im übrigen kann bei Eintragung der Hypothek auf die Eintragungs**bewilligung Bezug genommen** werden (§§ 874, 1115 Abs 1 BGB).

---

[54] So auch Meikel/Ebeling Vorbem 134 zur GBV und Rdn 15 zu § 11 GBV; Bauer/vOefele/Mayer AT IV Rdn 56; anders MünchKomm/Eickmann Rdn 19 zu § 1115 BGB: Charakterisierung der Forderung (Kaufpreisforderung usw) ist einzutragen; genauere Bezeichnung kann durch Bezugnahme erfolgen).
[55] Horn NJW 1962, 726.
[56] Das empfehlen jedoch Güthe/Triebel, GBO, Rdn 1 zu § 11 GBVfg.

B. Einzelfälle

Zweck des in § 1115 Abs 1 BGB vorgeschriebenen Eintragungsinhalts ist es, Art und Umfang der Belastung aus dem Grundbuch selbst ersichtlich zu machen.[57] Fehlt eine zwingende Angabe im Grundbuch, so ist die Hypothek nicht entstanden (Eintragungserfordernis des § 873 mit § 1115 Abs 1 BGB fehlt), so, wenn der Gläubiger[58] oder der Geldbetrag der Forderung[59] nicht eingetragen ist. Hat die fehlende Angabe nur Unvollständigkeit der Grundbucheintragung zur Folge, so ist entweder das Recht nur in dem eingetragenen, nicht aber in erweitertem Umfang entstanden (zB bei Nichteintragung von Zinsen oder Nebenleistungen) oder die Wirkungen der (fehlenden) Eintragung bestehen sonst nicht (zB kein Briefausschluß nach § 1116 Abs 2 BGB; daher Briefrecht nach § 1116 Abs 1 BGB; keine Zwangsvollstreckung gegen jeweiligen Eigentümer nach § 800 Abs 1 ZPO, wenn Zwangsvollstreckungsunterwerfung nicht eingetragen).

1946

dd) Der **Gläubiger** muß bestimmt bezeichnet werden. Eintragung hat nach § 15 GBV (Sollvorschrift) zu erfolgen[60] (im einzelnen Rdn 229ff). Einzutragen ist der Inhaber des Rechts, nicht sein Vertreter (oder Bevollmächtigter) oder der an seiner Statt Handelnde, also der Erbe, nicht der Testamentsvollstrecker (mit einzutragen ist aber der TV-Vermerk), Nachlaßpfleger oder Nachlaßverwalter, der Schuldner des Insolvenzverfahrens (unter Miteintragung des Insolvenzvermerks), nicht sein Insolvenzverwalter, die Insolvenzmasse oder die Gesamtheit der Insolvenzgläubiger,[61] die juristische Person (GmbH, AG usw), nicht ihr Organ. Es darf kein Zweifel darüber bestehen, wem die Hypothek zusteht.[62] Die Firma einer Zweigniederlassung (s Rdn 243) oder der Name einer nichtrechtsfähigen Anstalt des Rechtsinhabers (Rdn 249) darf als Name des Berechtigten eingetragen werden. Eintragung für den Besitzer des Hypothekenbriefes ist nicht zulässig. Eintragung **mehrerer** Gläubiger hat unter Bezeichnung der Anteile der Berechtigten in Bruchteilen oder des für die Gemeinschaft maßgeblichen Verhältnisse zu erfolgen (§ 47 GBO).

1947

Einzutragen ist der Name des Berechtigten **gleichlautend mit** dem im **Erwerbstitel** genannten Namen. Zur Eintragung eines nicht beantragten Namens ist das Grundbuchamt nicht befugt. Bestehen gegen Eintragung des in der Eintragungsbewilligung genannten Namens Bedenken, dann ist der Antrag zu beanstanden.[63]

1948

Stirbt der Gläubiger, nachdem der Eintragungsantrag beim Grundbuchamt eingegangen ist, so erwerben seine Erben ohne weiteres das dingliche Recht mit der Eintragung des Verstorbenen, mit der in Wahrheit unter bloßer nicht mehr zutreffender, aber unschädlicher Bezeichnung der Erbe eingetragen wird.[64]

1949

---

[57] RG JW 1938, 50; BGH 47, 41 = DNotZ 1967, 753 = NJW 1967, 925 = Rpfleger 1967, 111 mit Anm Haegele.
[58] RG 127, 309 (311).
[59] Staudinger/Wolfsteiner Rdn 18 zu § 1115 BGB.
[60] Wegen Eintragung einer Hypothek für den Landkreis zur Sicherung von Ansprüchen aus Gewährung von Sozialhilfe s LG Hof Rpfleger 1965, 367 mit Anm Haegele; zur Gläubigerbezeichnung einer Sparkasse nach der Fusion mehrerer Sparkassen s BayObLG 1973, 213 = Rpfleger 1973, 361.
[61] BayObLG 1980, 255 = Rpfleger 1980, 429; LG Nürnberg-Fürth MittBayNot 1980, 71.
[62] BGH LM Nr 5 zu § 6 der 40. DVO/UmstG.
[63] BayObLG 1972, 373 = NJW 1973, 1048 = Rpfleger 1973, 56.
[64] RG JW 1926, 1955.

1950 Nach materiellem Recht (für den Rechtserwerb mit Einigung und Eintragung, § 873 Abs 1, § 1115 Abs 1 BGB) ist Angabe des Gläubiger**namens** nicht wesentliches Erfordernis, wenn die Identität des Eingetragenen sonst zweifelsfrei feststellbar ist.[65] Wenn Angabe des Gläubigernamens (noch) nicht möglich ist, kann dem Bestimmtheitserfordernis ausnahmsweise auch auf andere Weise Rechnung getragen werden.[66] Daher ist auch Bezeichnung der noch unbekannten Erben eines Verstorbenen zulässig. Möglich soll auch Eintragung der Hypothek für künftige Abkömmlinge einer dem Namen nach bezeichneten Person sein.[67] Ausnahmsweise kann nur für einen Erzeugten, aber noch nicht geborenen Gläubiger eine Hypothek dann eingetragen werden, wenn sie der Sicherung ihm gesetzlich bereits zustehender künftiger Rechte (zB eines Schadensersatzanspruchs nach § 844 BGB) dient. Der Erbe eines Lebenden oder der von ihm noch zu Benennende kann nicht als Gläubiger eingetragen werden.[68] Bestimmtheit des Gläubigers wird durch falsche Bezeichnung nicht berührt. Die Eintragung einer falschen Bezeichnung des Gläubigers steht der Wirksamkeit der Hypothek daher nicht entgegen, wenn über seine Identität keine Zweifel bestehen, wenn insbesondere eine Verwechslung nicht möglich ist.[69] Das gleiche gilt für eine bloß ungenaue Bezeichnung des Gläubigers.

1951 ee) Der **Geldbetrag** der Forderung ist mit Angabe einer bestimmten Summe in Euro oder einer sonst zugelassenen Währung einzutragen (§ 28 S 2 GBO; s Rdn 1935). In Spalte 4 ist der Geldbetrag in Buchstaben zu schreiben (§ 17 Abs 1 S 1 mit § 11 Abs 5 GBV).

1952 Eintragung auch der gesicherten **Forderung** selbst ist bei Eintragung des Rechts als Hypothek zusätzlich nicht erforderlich, sonach auch nicht von § 1115 Abs 1 BGB verlangt (s Rdn 1943). Zur Bezeichnung der Forderung kann daher bei Eintragung des Rechts als Hypothek auf die Eintragungsbewilligung Bezug genommen werden (§ 1115 Abs 1 BGB). Desgleichen verlangt § 1115 Abs 1 BGB Bezeichnung des Schuldners in der Eintragung selbst nicht. Hierwegen kann daher ebenfalls auf die Eintragungsbewilligung Bezug genommen werden.[70] Diese Bezeichnung wird allgemein für entbehrlich gehalten, wenn Eigentümer und Schuldner personengleich sind.[71] Eintragung auch des Schuldners im Grundbuch wird von MünchKomm/Eickmann[72] ge-

---

[65] RG 72, 38 (40); 127, 309.
[66] BayObLG 1958, 164 = DNotZ 1958, 639 = NJW 1958, 1919.
[67] Motive zum BGB, Band III, S 641; RG 61, 355 (356); 65, 277 (282); 72, 38 (40); BayObLG 1958, 164 = aaO (Fußn 66); Staudinger/Wolfsteiner Rdn 63 zu § 1113 BGB. Im – praktisch wohl nur ganz seltenen – Einzelfall müßte die Zulässigkeitsvoraussetzung an Hand der von Rechtsprechung und Schrifttum nur für Sonderfälle entwickelten Grundsätze zum „Rechtserwerb" durch einen noch nicht Erzeugten festgestellt werden. Allein darauf, daß der Berechtigte namentlich noch nicht bekannt und daher nicht bezeichnet werden kann, kann es nicht ankommen; das erlangt nur für eine rechtsfähige Person (§ 1 BGB) Bedeutung, wenn Angabe des Gläubigernamens noch nicht möglich ist (siehe im Text bei Fußn 66).
[68] BayObLG 1958, 164 = aaO (Fußn 66).
[69] OLG Bremen DNotZ 1965, 566; BGH LM Nr 5 zu § 6 der 40. DVO/UmstG; RG 127, 309 (312).
[70] BGB-RGRK/Mattern Rdn 29; Staudinger/Wolfsteiner Rdn 40, je zu § 1115 BGB.
[71] RG 136, 80 (82); Staudinger/Wolfsteiner Rdn 40 zu § 1115 BGB.
[72] MünchKomm/Eickmann Rdn 21 zu § 1115.

fordert, wenn nicht der Eigentümer, sondern ein Dritter persönlicher Schuldner ist. Dem ist nicht zu folgen.[73] Angabe des Forderungsschuldners dient der Bezeichnung der Forderung. Diese muß jedoch nur mit den in § 1115 BGB genannten Angaben in das Grundbuch selbst eingetragen werden; „im übrigen" und damit auch zur Bezeichnung der Forderung mit ihrem Schuldner kann auf die Eintragungsbewilligung Bezug genommen werden.

g) Zinsen

aa) Zinsen sind geldliche Vergütung für die Überlassung des Kapitals, die gewinn- und umsatzunabhängig verlangt, aber von der Laufzeit des Kapitalgebrauchs bestimmt wird.[74] Keine Zinsen sind daher zB Dividenden, Erbbauzinsen, Gewinnbeteiligung, Miete und Pacht, Tantiemen. Als Nebenleistungen sind Zinsen von der Hauptforderung abhängig; entsteht der Hauptanspruch nicht, besteht auch keine Zinsforderung; mit der Hauptforderung erlischt die Zinspflicht.[75] Damit besteht kein rechtlicher Unterschied zwischen Zinsen und anderen Nebenleistungen.[76] Zinsen sind lediglich Nebenleistungen besonderer Art, nämlich Gebrauchsvergütung für die Kapitalüberlassung.[77] Zinsen werden (müssen dies aber nicht) fortlaufend entrichtet und zumeist in einem bestimmten Hundertsatz (oder sonstigen Bruchteil) des Kapitals zum Ausdruck gebracht. Möglich ist auch Festlegung des Zinssatzes in einem für Zeitabschnitte jeweils festen Betrag, zB 1000 € jährlich,[78] oder ein von einem wechselnden Wertmesser (Basiszinssatz oder SRF-Satz [Spitzenrefinanzierungsfazilität]) abhängiger Zinssatz. Für verschiedene Teile einer Hypothek sind verschiedene Zinssätze (Bedingung und dgl) zulässig.[79] Ob dies bei einer Einheitshypothek anders ist, erscheint zweifelhaft.[80] Als Nebenleistungen können Zinsen nicht für sich allein (losgelöst von der zugehörigen Hauptsacheforderung) oder über das Kapital hinaus durch Hypothek gesichert werden. Kapitalisierte Zinsrückstände können jedoch Hauptforderung einer Hypothek sein (Rdn 1925). 1953

bb) **Einzutragen** in das Grundbuch ist die rechtsgeschäftlich bestimmte Verzinslichkeit der Forderung mit dem Zinssatz (der die Höhe der Zinsen bestimmt) (§ 1115 Abs 1 BGB). Wenn ein Zinssatz in der Eintragungsbewilligung nicht bezeichnet ist, ist die Forderung unverzinslich. Diese Tatsache wird nicht in das Grundbuch eingetragen. § 1115 Abs 1 BGB fordert Eintragung nur für verzinsliche Forderungen. Gesetzliche Zinsen, insbesondere Verzugszinsen nach § 288 BGB und Prozeßzinsen nach § 291 BGB, sind nicht eintragungsfähig (§ 1118 BGB). 1954

Die Eintragung eines bestimmten Zinssatzes **ohne Sondervereinbarungen** in das Grundbuch bereitet keine Schwierigkeiten. Der Zinssatz ist im Grund- 1955

---

[73] Wie hier auch Meikel/Morvilius Einl C 398; Erman/Wenzel Rdn 4 zu § 1115 BGB.
[74] BGH LM Nr 34 zu § 607 BGB = NJW 1979, 540; BGH LM Mr 18 B c zu § 138 BGB = NJW 1979, 805; Canaris NJW 1978, 1892.
[75] RG 86, 218 (219); auch RG 74, 78 (81).
[76] Henke JW 1938, 50.
[77] BGH 47, 41 = DNotZ 1967, 753 = NJW 1967, 925 = Rpfleger 1967, 111.
[78] KGJ 36 A 233; BGB-RGRK/Mattern Rdn 16 zu § 1115 BGB.
[79] OLG Celle MittRhNotK 1972, 205 = Rpfleger 1972, 97 mit zust Anm Hofmann.
[80] Unzulässig ist bei einer Einheitshypothek eine solche Regelung nach KG DR 1944, 574; zweifelnd OLG Celle Rpfleger 1972, 97 = aaO (Fußn 79).

buch selbst zu vermerken, im übrigen kann auf die Eintragungsbewilligung Bezug genommen werden. Statt „vom Hundert" genügt die Angabe „%", da dieses Zeichen im amtlichen Verkehr allgemein gebräuchlich und eindeutig ist. Gleiches gilt für die Abkürzung „vH". Der Zins braucht in Spalte 4 auch nicht in Worten angegeben zu werden; § 17 Abs 1 GBV bezieht sich nur auf Geldbeträge, die in Spalte 3 mit Zahlen eingetragen werden. Somit Muster für eine Zinseintragung ohne Sondervereinbarung

verzinslich zu 8%.

1956 Der Angabe beim Zins „jährlich" bedarf es nicht, da jährlicher Zinssatz die Regel ist, so daß nur eine Abweichung davon eingetragen werden müßte. Es genügt insbesondere Bezugnahme auf die Eintragungsbewilligung, in der Zinsen als Jahreszinsen vereinbart (festgelegt) sind.[81] Der eingetragene Zinsberechnungszeitraum (zB Jahreszinsen zu 12 vH) braucht nicht mit den für Zinszahlungstermine fälligen Einzelleistungen (Fälligkeiten zB monatlich nachträglich) übereinstimmen. Wegen der Zinsfälligkeiten (Zahlungstermine) kann auf die Eintragungsbewilligung Bezug genommen werden.

1957 Der **Anfangstag** der Verzinsung muß bestimmt sein (betragsmäßige Haftung des Grundstücks bestimmt sich danach); er muß sonach in der Eintragungsbewilligung bezeichnet sein.[82] Eintragung kann durch Bezugnahme auf die Eintragungsbewilligung erfolgen. Wenn in der Eintragungsbewilligung kein bestimmter Kalendertag als Anfangstag der Verzinsung angegeben ist, muß sich aus ihr der Zeitpunkt des Zinsbeginns in anderer Weise deutlich ergeben;[83] der Anfangstermin muß jedenfalls im Wege der Auslegung bestimmt (zweifelsfrei) ermittelt werden können. Nicht bestimmt ist Angabe,[84] daß Zinsen von dem (nicht bestimmten) „Tag der Auszahlung des Darlehens an" zu leisten sind,[85] weil damit für den (höchstmöglichen) Umfang der Grundstücksbelastung ein Auszahlungstag (vor oder nach Eintragung) aus der Eintragung (und der in Bezug genommenen Eintragungsbewilligung) nicht feststellbar ist.[86] Entsprechendes muß für den Beginn der Verzinsung ab Fälligkeit des Kaufpreisanspruchs

---

[81] OLG Frankfurt OLGZ 1980, 72 = Rpfleger 1980, 18; OLG Zweibrücken MittBayNot 1976, 139; OLG Saarbrücken OLGZ 1979, 306 = MittRhNotK 1980, 52 = Rpfleger 1979, 305; OLG Neustadt NJW 1961, 2260; LG Frankenthal/Pfalz MDR 1976, 222 = Rpfleger 1976, 246; LG Bielefeld Rpfleger 1981, 354; Meyer-Stolte Rpfleger 1975, 120. Anders – uE nicht überzeugend –: Der Zusatz „jährlich" ist in das Grundbuch einzutragen, wenn ein Beteiligter es verlangt, LG Bielefeld JurBüro 1975, 967 (das Gericht hat diese Ansicht aufgegeben; s vorstehend); LG Marburg MDR 1979; 846; anders auch Oesterreich MDR 1979, 13 und Riggers JurBüro 1975, 1034.
[82] LG Aachen MittRhNotK 1985, 38.
[83] KG HRR 1930, 1574 und DNotZ 1930, 488. S auch BGB-RGRK/Mattern Rdn 30 zu § 1115: Anfangszeitpunkt kann bezeichnet werden zB durch Hinweis auf eine bestimmte, in der Vergangenheit liegende Tatsache oder auf ein künftiges, wenn auch der Zeit nach ungewisses Ereignis, zB den Tod einer bestimmten Person, sofern daraus der Zinsbeginn zweifelsfrei feststellbar ist. Dann aber ist die Zinsforderung mit Zinsbeginn (frühestens ab Eintragung) bedingt.
[84] In der Eintragungsbewilligung, die den Inhalt des Rechts eindeutig und vollständig zu bezeichnen hat, Rdn 104.
[85] BayObLG 1995, 271 = DNotZ 1996, 96 = NJW-RR 1996, 38; OLG Stuttgart BWNotZ 1974, 38; aA LG Aachen MittRhNotK 1985, 38.
[86] BayObLG DNotZ 2000, 62 = NJW-RR 2000, 275 = Rpfleger 1999, 530.

B. Einzelfälle

(oder von dem der Fälligkeit des ersten Kaufpreisteilbetrags folgenden Monatsersten an) gelten, wenn diese Fälligkeit sich nicht aus der Eintragungsbewilligung ergibt, sondern von mehreren, teils kumulativen, teils alternativen Voraussetzungen abhängig ist.[87] Bestimmt bezeichnet ist der Verzugszinsbeginn hingegen „ab dem Tag der Auszahlung", wenn dieser Tag kalendermäßig festgelegt[88] ist, oder mit dem nach den Darlehensbedingungen frühest möglichen Zeitpunkt der Kündigung für eine vom Zugang der Kündigung an verzinsliche Hypothekenforderung.[89] Bestimmt ist damit der höchstmögliche Umfang der gesicherten Zinsforderung, deren vom Zeitpunkt einer etwaigen späteren Auszahlung oder Kündigung abhängiger tatsächlicher Umfang objektiv feststellbar ist. Auch bei der Hypothek für eine aufschiebend bedingte Forderung muß der höchstmögliche Umfang der Zinsbelastung (damit auch der frühestmögliche Zeitpunkt des Beginns der Verzinsung) ebenso bestimmt sein[90] wie der aufschiebend bedingte Zinsbeginn für eine unbedingte Forderung.[91] Der Zinsbeginn kann vor Eintragung der Hypothek im Grundbuch liegen.[92] Läßt die Eintragungsbewilligung die Auslegung zu, daß Zinsen erst vom Tage der Eintragung an gefordert, auf alle Fälle erst von da an hypothekarisch gesichert werden sollen, so mag eine besondere Angabe des Beginns der Verzinsung zwar vielleicht überflüssig sein.[93] Das Grundbuchamt sollte sich aber auf solche Auslegungsfragen nicht einlassen; es wird daher in der Regel einen Antrag, aus dem der Zinsbeginn nicht ersichtlich ist, durch Zwischenverfügung beanstanden.

1958 Der bloße Umstand, daß der Gläubiger im Falle des **Verzugs** des Schuldners mit einer Zahlung die **Wahl** hat, entweder den Darlehungszinssatz für die ganze Schuld zu erhöhen oder besondere Verzugszinsen für die Rückstände zu beanspruchen, steht der Eintragung nicht entgegen, wenn jeder der beiden Alternativen für sich klar und eindeutig ist.[94]

1959 Daß schuldrechtlich für die Forderung uU höhere Zinsen zu zahlen sind, hindert Eintragung der Hypothek für die Forderung mit dem in der Eintragungsbewilligung genannten geringeren Zinssatz nicht.[95]

1960 cc) Ist der Zinssatz eines Grundpfandrechts **gleitend**, so hat die Bedingung, bei deren Vorliegen der Zins variiert, sich aus dem Eintragungsvermerk oder aus der in Bezug genommenen Eintragungsbewilligung zu ergeben. Die Ein-

---

[87] Anders BayObLG DNotZ 2001, 702, das mangels abweichender Vereinbarung dann als frühestmöglichen Zeitpunkt der Verzinsung denjenigen des Entstehens des Kaufpreisanspruchs annimmt (der aber gerade nicht als Verzinsungsbeginn bestimmt ist).
[88] BayObLG DNotZ 2000, 62 = aaO.
[89] BayObLG DNotZ 2001, 701 = Rpfleger 2001, 172.
[90] BayObLG 2000, 60 = aaO (Fußn 40).
[91] Wenn feststeht, daß die aufschiebende Bedingung nicht mehr eintreten kann, erlischt die Hypothek für die Zinsen nach § 1178 BGB; BayObLG DNotZ 2001, 701 = aaO (Fußn 89).
[92] BGH 129, 1 (4) = DNotZ 1996, 84 = NJW 1995, 1081 = Rpfleger 1995, 343; BayObLG DNotZ 2001, 701 = aaO (Fußn 89); OLG Stuttgart NJW 1953, 464.
[93] In diesem Sinne OLG Köln NJW 1960, 1108; LG Aachen Rpfleger 1963, 116 mit Anm Haegele; auch LG Aachen MittRhNotK 1985, 58 und MittBayNot 1986, 132 = Rpfleger 1986, 89; Staudinger/Wolfsteiner Rdn 28 zu § 1115.
[94] OLG Frankfurt (ZS Kassel) Rpfleger 1951, 155 mit Anm Haegele.
[95] LG Köln MittRhNotK 1977, 124.

tragungsbewilligung hat eine Begrenzung des Zinssatzes nach oben zu enthalten. In das Grundbuch ist dieser Höchstzinssatz – „bis zu ...%" – selbst und unter Bezugnahme auf die Eintragungsbewilligung einzutragen. Wenn der gleitende Zins eine bestimmte Grenze nicht unterschreiten soll, ist in das Grundbuch auch der Mindestzinssatz aufzunehmen; hierfür genügt Bezugnahme auf die Eintragungsbewilligung. Aus der in der Grundbucheintragung in Bezug genommenen Bewilligung muß sich der regelmäßige Zinssatz (oder[96] der Mindestzinssatz) ergeben, sie muß auch die Voraussetzungen enthalten, unter denen ein Änderung des Zinssatzes im angegebenen Rahmen eintritt.[97] Die Eintragung nur des Höchstzinssatzes ohne Hinweise auf einen in der Eintragungsbewilligung enthaltenen Mindest- oder Normalzinssatz und ohne Bezugnahme auf die Umstände der Änderung des Zinssatzes ist unwirksam.[98]

1961 dd) Zulässig ist eine Vereinbarung und die Eintragung, daß der Gläubiger berechtigt ist, bei **künftig eintretenden Änderungen** der von den öffentlichen Sparkassen (aber auch von Genossenschaftsbanken oder von privaten Kreditinstituten)[99] für Hypothekendarlehen allgemein angesetzten Zinsen (oder der allgemein festgelegten Hypothekenzinsen seines Kreditinstituts[100]) auch die Hypothekenzinsen im einschlägigen Einzelfall im Rahmen des vereinbarten (und eingetragenen) Höchst-Mindestsatzes durch Erklärung gegenüber dem Schuldner zu ändern.[101] Die Frage, ob eine Vereinbarung, nach der eine Zinsänderung ausschließlich vom Willen des Gläubigers abhängig sein soll, zulässig ist, hat der BGH verneint.[102]

1962 ee) Ein Zins-Höchstbetrag muß sich auch dann aus der Eintragungsbewilligung und aus dem Grundbuch ergeben, wenn als Bezugsgröße für die Forderungszinsen der jeweils geltende Basiszinssatz (§ 247 BGB) vereinbart[103] („2% über dem jeweiligen Basiszinssatz") oder gesetzlich festgelegt ist[103] (zB § 104 Abs 1 S 2 ZPO; Art 45 Nr 2, 46 Nr 2 ScheckG; Art 48 Abs 1 Nr 2, Art 49 Nr 2 WechselG).

---

[96] Nicht „und", s LG Aachen MittRhNotK 1997, 143 (145).
[97] S in diesem Sinne insbesondere: BGH 35, 22 = DNotZ 1961, 404 = NJW 1961, 1257 = Rpfleger 1961, 231 mit zust Anm Haegele; BGH DNotZ 1963, 436; BayObLG 1975, 126 = DNotZ 1975, 682 = Rpfleger 1975, 221; OLG Frankfurt Rpfleger 1956, 194; KG Rpfleger 1971, 316; OLG Stuttgart DNotZ 1955, 80 = NJW 1954, 1646; LG Aachen MittRhNorK 1997, 143 (145); vgl auch Riedel DNotZ 1954, 562; Ripfel DNotZ 1955, 62.
[98] BGH DNotZ 1975, 680 = NJW 1975, 1314 = Rpfleger 1975, 296.
[99] Allgemeiner (auch bei allgemeiner Änderung des Zinssatzes am Kapitalmarkt) LG Aachen MittRhNotK 1997, 143 (145).
[100] BayObLG 1975, 126 = DNotZ 1975, 682 = Rpfleger 1972, 221.
[101] BGH 35, 22 = aaO (Fußn 97); OLG Frankfurt Rpfleger 1961, 155; LG Aachen MittRhNotK 1997, 143 (145); LG Bonn MittRhNotK 1955, 851; LG Köln MittRhNotK 1981, 199; Schäfer WürttNotV 1950, 25.
[102] BGH BB 1963, 68 = DNotZ 1963, 436 mit abl Anm Ripfel.
[103] KG DNotZ 1971, 415 = OLGZ 1971, 450 = Rpfleger 1971, 316 mit zust Anm Haegele; OLG Schleswig DNotZ 2003, 354 = MittBayNot 2003, 295 mit abl Anm Wolfsteiner; aA LG Konstanz BWNotZ 2002, 11, dem zu widersprechen ist. Der Bestimmtheitsgrundsatz gebietet Erkennbarkeit des Belastungsumfangs aus dem Grundbuch (s Rdn 1946); es hat somit auch der künftige Höchst-Umfang der Zinshaftung, mit dem nachfolgende Berechtigte zu rechnen haben, vorausschauend grundbuchersichtlich (bestimmt) zu sein.

B. Einzelfälle

ff) Vereinbarung eines **Zinszuschlags wegen Verzugs** des Schuldners (Eigentümers) ist zulässig und eintragbar.[104] Der festbestimmte Verzugszuschlag kann zu festen Zinsen oder zu einem gleitend vereinbarten Zins hinzutreten. Seine Eintragung unterliegt dem Bestimmtheitsgrundsatz. In das Grundbuch selbst einzutragen ist der bei Verzug als Zuschlag zu entrichtende weitere Zinssatz (§ 1115 Abs 1 BGB) sowie die Tatsache, daß dieser Mehrzins nur bei Verzug (Bedingungseintritt, § 158 Abs 1 BGB) zu zahlen ist. 1963

Beispiel: Bei Verzug 0,5 vH Zinserhöhung
oder uU ein weiteres Prozent Zinsen

Wegen der Voraussetzungen und des Zeitpunkts des Bedingungseintritts (Verzug oder Zeitpunkt, von dem ab der erhöhte Zins zu zahlen ist; Nichtzahlung fälliger wiederkehrender Leistungen, zwei Wochen nach Fälligkeit, usw) kann auf die Eintragungsbewilligung Bezug genommen werden. Diese muß aber den Bedingungseintritt und etwaige Berechnungsmerkmale klar und bestimmt bezeichnen, sonach insbesondere ergeben, ob die Verzugszinsen nur bei Kapitalzahlungsverzug oder auch bei Verzug mit Zinszahlungen zu leisten sind und ob sie nur für die Verzugszeit oder für eine ganze Zinszahlungsperiode (Kalenderhalbjahr Monat) zu erbringen sind, wenn Zinsrückstand nach Fälligkeit dieser Leistung eingetreten ist, außerdem, ob Verzugszinsen ab Zahlungsrückstand (zwei Wochen nach Fälligkeit) zu leisten sind oder ab Fälligkeit der wiederkehrenden Leistungen, deren Nichtzahlung zur Zinserhöhung führt. Wenn Verzugszinsen zu einem gleitenden Zins hinzutreten, muß sich die höchstmögliche Belastung nach dem Rdn 1960 Gesagten aus dem Grundbuch selbst ergeben,[105] sonach klargestellt sein, ob der einzutragenden Höchstzinssatz nur den gleitenden Normalzins begrenzt oder auch bereits den Verzugszins einschließt.

gg) Das LG Coburg[106] hielt folgenden Eintragungsantrag für vollzugsfähig: „Die Grundschuld ist vom Tag der Eintragung im Grundbuch an mit jährlich 3% über dem jeweiligen (damals) Lombardsatz der Deutschen Bundesbank, höchstens aber einschließlich etwaiger Verzugszinsen mit 12%, mindestens aber mit 7% jährlich zu verzinsen. Werden die Grundschuldzinsen nicht innerhalb von 10 Tagen nach Fälligkeit entrichtet, so erhöht sich der Zinssatz für die Dauer des Rückstandes um 1%." Das LG hielt diese Bestimmungen für eindeutig und zu keinen Zweifeln Anlaß gebend. 1964
Zur Wahrung des Bestimmtheitsgrundsatzes genügt es auf alle Fälle nicht, wenn es in der mit der Eintragungsbewilligung verbundenen Schuldurkunde heißt: „verzinslich mit mindestens 5,75% jährlich, uU im Höchstfall 9% jährlich ... Der Darlehensgeber ist berechtigt, an Stelle eines Zinssatzes von 5,75% bis zu 8,5% Zinsen zu verlangen", irgendwelche Umstände, bei deren Vorliegen dieser besondere Zinssatz gelten soll – vom Falle des Verzugs, der zu einer weiteren Erhöhung um 0,5% führen soll, abgesehen – aber nicht angegeben sind.[107]

---

[104] BGH 35, 22 = aaO (Fußn 97).
[105] BGH 35, 22 = aaO (Fußn 97).
[106] LG Coburg DNotZ 1970, 355.
[107] OLG Hamm DNotZ 1954, 604; s auch Bruhn Rpfleger 1957, 101 und LG Hamburg Rpfleger 1957, 114.

1965 **hh) Die Eintragungsfähigkeit rückwirkender Zinsen**[108] im Falle des Bedingtseins verneint Sigloch WürttNotV 1952, 161. Die Frage wird dagegen bejaht von OLG Stuttgart NJW 1953, 464 und Schäfer BWNotZ 1955, 237; s auch Leikam WürttNotV 1953, 4.

h) Nebenleistungen

1966 **aa) Andere Nebenleistungen** sind (wie Zinsen) außerhalb des Kapitals des Grundpfandrechts (jedoch abhängig von ihm) zu entrichtende Beträge. Den dinglichen Anspruch auf Zahlung aus dem Grundstück (§§ 1113, 1147 BGB) erweitern sie derart, daß zur Grundstücksbelastung mit der bestimmten Hauptforderung (und ihren Zinsen) die weitere Belastung des Grundstückes mit den Nebenleistungen hinzutritt. Infolge ihrer Abhängigkeit von dem Hauptanspruch teilen andere Nebenleistungen (wie Zinsen) das rechtliche Schicksal der Hauptforderung. Sie können in der Regel nur entstehen, wenn die Hauptforderung entstanden ist und können nicht mehr entstehen, wenn die Hauptforderung erloschen ist. Nebenleistungen kommen in recht verschiedener Art vor. Sie können **einmalig** in einem zahlenmäßig oder nach Berechnungsmerkmalen (zB 2 vH des Darlehens) bestimmten Betrag, **fortlaufend** für die ganze Dauer des Rechts (Verwaltungskosten), ab oder bis zu einem bestimmten Zeitpunkt (Anfangs/Endtermin, § 163 BGB) und aufschiebend oder auflösend **bedingt** (§ 158 BGB) vereinbart sein. Tilgungsbeträge sind jedoch Kapitalanteile, also keine Nebenleistungen.[109] **Beispiele** für Nebenleistungen:
- Entschädigung für höhere Auszahlung,[110]
- Bereitstellungsgebühr (auch Bereitstellungszinsen, -provision = Gegenleistung für die Verpflichtung, versprochene Darlehensmittel während der vereinbarten Zeit auf Abruf zur Verfügung zu stellen),
- Bürgschaftsgebühr,[111]
- Disagio, wenn es außerhalb des Kapitals geschuldet ist,
- Geldbeschaffungskosten,[112]
- andere als die in § 1118 BGB genannten Kosten,[113]
- Entschädigung für Rückzahlung vor Fälligkeit (sogen Vorfälligkeitsentschädigung),[114]
- Mahngebühren, Säumniszuschläge,
- Strafzinsen bei unpünktlicher Kapital- und (oder) Zinszahlung[115] wobei nach OLG München[116] die Zinserhöhung nur gelten soll, wenn der Eigentümer die Nichtzahlung zu vertreten hat,
- Anspruch auf Erstattung verauslagter Versicherungsprämien,[117]

---

[108] Über rückständige Hypothekenzinsen s auch Balser NJW 1958, 698.
[109] RG 104, 72; BGH 47, 41 = DNotZ 1967, 753 = NJW 1967, 923 = Rpfleger 1967, 111 mit zust Anm Haegele.
[110] OLG Karlsruhe Rpfleger 1968, 353.
[111] LG Bielefeld Rpfleger 1970, 335.
[112] LG Düsseldorf Rpfleger 1963, 50; AG Bonn DNotZ 1955, 400.
[113] KG JFG 1, 464.
[114] KG JFG 9, 270; OLG Karlsruhe Rpfleger 1968, 353.
[115] KGJ 49 A 211; OLG Hamm Rpfleger 1971, 252.
[116] OLG München WM 1966, 666 mit abl Anm Koch.
[117] KG JW 1937, 2973.

B. Einzelfälle

– Verwaltungskostenbeitrag,[118]
– Zinseszinsen (§ 248 Abs 2 S 2 BGB).[119]

bb) Disagio (oder Damnum) ist Abzug vom Nennbetrag des vertraglichen **1967** Darlehens; in Höhe des Disagios wird der Darlehensbetrag an den Darlehensnehmer nicht ausbezahlt, sondern vom Darlehensgeber einbehalten.[120] Der Darlehensnehmer hat (bei voller Laufzeit des Darlehens) jedoch den gesamten Nennbetrag zurückzuzahlen.[121] Disagio ist mithin Unterschiedsbetrag zwischen dem Nennbetrag (Rückzahlungsbetrag) und dem tatsächlich dem Darlehensnehmer zugeflossenen Verfügungsbetrag.[122] Der Abzugsbetrag ist (bei nicht subventioniertem Darlehen) in der Regel Vorauszahlung eines Teils der Zinsen,[123] somit laufzeitabhängiger Ausgleich für einen niedrigeren Normalzinssatz.[124] Daher hat Rückerstattung des unverbrauchten Disagios bei Kündigung durch den Kreditnehmer zu erfolgen, regelmäßig aber nicht bei fristloser Kündigung des Darlehensvertrags mit fester Laufzeit durch die Bank wegen schuldhafter Vertragsverletzung des Kreditnehmers oder vorzeitiger Beendigung des unkündbaren Vertrags auf Wunsch des Kreditnehmers.[125] Im Einzelfall (Ausnahme; ist Frage der Auslegung des Darlehensvertrages)[126] kann der Abzugsbetrag Kosten der Darlehensbeschaffung oder Bearbeitungskosten (ähnliche Darlehensnebenkosten wie Provision usw) abgelten (dann ist er auch bei vorzeitiger Rückzahlung des Darlehens in voller Höhe geschuldet). Als Abzugsbetrag einbehaltenes Disagio (Damnum) ist Darlehensschuld (§ 488 Abs 1 BGB), mithin Teil der durch Hypothek zu sichernden Geldsumme (Hauptsache; Rdn 1925), sonach nicht Nebenforderung. Die Verzinsung der gesamten Darlehenssumme (unter Einschluß des Disagios) verstößt daher nicht gegen das Zinseszinsverbot des § 248 BGB.[127] Behält der Darlehensgeber Disagio (Damnum) nicht bei Hingabe des Darlehens ein, sondern stundet er die Ersatzforderung mit der Vereinbarung, daß Tilgung der Darlehenssumme bis zur (ratenweisen) Begleichung des Disagios ausgesetzt bleibt, dann wird Disagio (Damnum) infolge dieser **Tilgungsstreckung** außerhalb des Kapitals als Nebenleistung geschuldet. Zins und Disagio (Damnum) sind dann zusammengenommen Vergütung für die Überlassung des Kapitals. Dann ist Disagio (Damnum) als neben der laufenden Verzinsung zu leistende zusätzliche Vergütung für die Gewährung der Kapitalnutzung Nebenleistung und als solche einzutragen.[128]

---

[118] OLG Neustadt DNotZ 1961, 666 mit Anm Ripfel = NJW 1961, 2260; OLG Frankfurt Rpfleger 1978, 409.
[119] KG JFG 1, 461 (464).
[120] BGH LM Nr 2 zu § 247 BGB = MDR 1963, 486 = WM 1963, 378.
[121] BGH 81, 124 = DNotZ 1983, 303 = NJW 1981, 2180; BayObLG 1968, 315 = DNotZ 1969, 682 = Rpfleger 1969, 26; RG Recht 1904 Nr 2709.
[122] BGH 81, 124 = aaO (Fußn 121).
[123] BGH 133, 355 = DNotZ 1997, 639 = NJW 1996, 3337 mit weit Nachw; BGH NJW 2000, 352.
[124] BGH NJW 1998, 1062 mit weit Nachw.
[125] Dazu näher BGH 133, 355 = aaO mit weit Nachw.
[126] BGH LM Nr 2 zu § 247 BGB = aaO (Fußn 120) und BGH 81, 124 = aaO (Fußn 121) sowie BGH NJW 1981, 2181; OLG Hamm NJW-RR 1990, 437.
[127] BGH NJW 2000, 352.
[128] BayObLG 1968, 315 = aaO (Fußn 121).

1968 cc) In der **Eintragungsbewilligung** müssen die Nebenleistungen nach ihrer Art (es gilt das für den Schuldgrund der Hypothek selbst Rdn 1935 Gesagte) und mit ihrem Betrag (Rdn 1935) bestimmt bezeichnet sein. Bei Eintragung in das Grundbuch können die Nebenleistungen allgemein als solche bezeichnet werden, wenn ihre Art (Schuldgrund) durch Bezugnahme auf die Eintragungsbewilligung dargestellt wird.[129]

1969 dd) Bei **Eintragung** ist der Geldbetrag einer Nebenleistung in das Grundbuch selbst einzutragen (§ 1115 Abs 1 BGB), und zwar mit einer bestimmten Summe in Euro oder sonst zugelassener Währung (§ 28 S 2 GBO; Rdn 1935) in Spalte 4 (§ 11 Abs 5 GBV) in Buchstaben (§ 17 Abs 1 GBV). Der Geldbetrag kann aber auch durch Angabe der Umstände eingetragen werden, aus denen er sich errechnen läßt.[130] Der Geldbetrag der Nebenleistungen kann damit auch durch einen Hundertsatz des Betrags der Hauptforderung und durch Angabe der Dauer der Leistungen, sofern sie abweichend von der Hauptforderung befristet sind, ausgedrückt werden.[131] Wenn die Höhe der Nebenleistung durch einen Hundertsatz des Betrags der Hauptforderung ausgedrückt wird, muß aus der Eintragung ersichtlich sein, ob die Nebenleistung jährlich oder monatlich (oder in anderen Zeitabschnitten) zu zahlen ist.[132]

Beispiele (bei Bezugnahme auf Eintragungsbewilligung):

    4 vH Nebenleistung einmalig
    0,5 vH fortlaufende Nebenleistung jährlich (oder monatlich)

Daß eine **Nebenleistung** nach dem eingetragenen Hundertsatz aus dem ursprünglichen Darlehensbetrag[133] oder nur aus der jeweiligen Kapitalschuld[134] zu berechnen ist, bedarf keiner Aufnahme in den Grundbuchvermerk selbst. Da im Grundbuch außer den Hundertsätzen für die Zinsen und den Nebenleistungen nur der Kapitalbetrag des Darlehens eingetragen ist und damit nur dieser als Bezugsgröße für die Hundertsätze der Zinsen und Nebenleistungen in Betracht kommt, sind sowohl die Zinsen als auch die Nebenleistungen bereits mit den angegebenen Hundertsätzen des ursprünglichen Darlehensbetrags gesichert.[135] Unabhängig davon kann eine ausdrückliche Aufnahme in den Grundbuchvermerk, daß die Nebenleistungen nach Hundertsätzen des ursprünglichen Darlehensbetrags zu berechnen sind, „zweckmäßig sein". Der BGH hat diese Frage dahingestellt gelassen, da er nur zu prüfen hatte, was in das Grundbuch selbst einzutragen ist. Der BGH hat auch die weitere Frage unentschieden gelassen, ob ein derartiger Klarstellungsvermerk etwa einzu-

---

[129] BGH 47, 41 = aaO (Fußn 77).
[130] BGH 47, 41 = aaO (Fußn 77); OLG Frankfurt Rpfleger 1978, 409; Böttcher Rpfleger 1980, 81 (82).
[131] BGH 47, 41 = aaO (Fußn 77).
[132] OLG Frankfurt Rpfleger 1978, 409; OLG Köln MittRhNotK 1979, 40; Böttcher Rpfleger 1980, 81 (83); anders: Bezugnahme auf Eintragungsbewilligung genügt, LG Köln MittRhNotK 1978, 152; nicht zu billigen.
[133] BGH 47, 41 = aaO (Fußn 77); gleicher Ansicht Bühler BWNotZ 1967, 41, 113; Hamelbeck DNotZ 1964, 500; Ripfel BB 1965, 523 und BWNotZ 1965, 313; Böttcher Rpfleger 1980, 81 mit weit Nachw.
[134] Böttcher Rpfleger 1980, 81; siehe auch OLG Düsseldorf Rpfleger 1985, 394.
[135] Darauf weist insbesondere hin BGH 47, 41 = aaO (Fußn 77).

tragen ist, wenn ein Teilbetrag der Hypothek gelöscht wird und deshalb der ursprüngliche Kapitalbetrag nicht mehr aus dem Grundbuch hervorgeht.[136]

ee) Bei **bedingten Nebenleistungen** muß die Tatsache, daß sie bedingt sind, in das Grundbuch eingetragen werden (Rdn 266). Wegen des näheren Inhalts der Bedingung kann auf die Eintragungsbewilligung Bezug genommen werden.[137] Auch zur Bezeichnung, ob es sich um eine aufschiebende oder auflösende Bedingung handelt, kann Bezugnahme auf die Eintragungsbewilligung erfolgen.[138]

1970

Beispiele (bei Bezugnahme auf Eintragungsbewilligung):

    4 vH bedingte Nebenleistung einmalig,
    2 vH bedingte Nebenleistung jährlich.

ff) Für die auf **bestimmte Zeit befristete** Nebenleistung (sie ist nicht über die gesamte Laufzeit des Grundpfandrechts zu erbringen) muß die Tatsache der Befristung in das Grundbuch eingetragen werden. Streitig ist, ob neben der Höhe der befristeten Nebenleistung auch der Befristungszeitraum in das Grundbuch selbst eingetragen werden muß. Das ist erforderlich.[139] Daß der Befristungszeitraum in das Grundbuch selbst eingetragen werden müsse, begründet das OLG Karlsruhe[140] ua damit, daß der Grundbuchvermerk selbst, also ohne Heranziehung der Eintragungsbewilligung, das größtmögliche Ausmaß (Höchstmaß) der Belastung wiederzugeben habe. Das sei nicht der Fall, wenn die Laufdauer einer die Höchstbelastung beeinflussenden befristeten Leistung weder direkt vermerkt, noch aus den im Grundbuchvermerk wiedergegebenen sonstigen Umständen zu entnehmen sei. Nach LG Düsseldorf[141] verlangt das Gesetz seinem Wortlaut nach bei der Eintragung von Nebenleistungen die Angabe des Geldbetrags. Während hinsichtlich des Geldbetrags der Forderung, für die die Hypothek haftet, verlangt werde, daß eine zahlenmäßig bestimmte Summe und nicht nur deren Berechnungsmerkmale eingetragen werden, habe die Rechtsprechung § 1115 BGB hinsichtlich der Nebenleistungen erweiternd dahin ausgelegt, daß der in das Grundbuch einzutragende Geldbetrag auch durch die Angabe von Berechnungsfaktoren umrissen werden könne. Dann müsse das konkrete Höchstmaß der Nebenleistung aber aus dem Grundbuch selbst ersichtlich sein. Eine erweiternde Auslegung des § 1115 Abs 1 BGB dahingehend, daß es für Eintragung der in

1971

---

[136] So KG HRR 1935 Nr 790 und Rpfleger 1966, 303; LG Dortmund DNotZ 1965, 751 = NJW 1965, 1233 = Rpfleger 1965, 175; s dazu Rdn 2765.
[137] Vgl Bühler BWNotZ 1967, 59, 113; Haegele Rpfleger 1964, 179 und 1971, 234; Schäfer BWNotZ 1955, 237; Böttcher Rpfleger 1980, 81 (83).
[138] Böttcher Rpfleger 1980, 81 (83).
[139] Die Frage bejaht BGH 47, 41 = aaO (Fußn 77); – allerdings nur beiläufig –; OLG Karlsruhe DNotZ 1969, 36 = Rpfleger 1968, 352; OLG Stuttgart OLGZ 1966, 105; OLG Zweibrücken DNotZ 1969, 363 = Rpfleger 1968, 396 mit abl Anm Haegele; ferner LG Bielefeld Rpfleger 1970, 335 (anders in der Fußn 145 behandelten Entscheidung); LG Düsseldorf MittBayNot 1973, 208 = Rpfleger 1973, 212; Staudinger/Wolfsteiner Rdn 32 zu § 1115 BGB; Böttcher Rpfleger 1980, 81 (83). Die Frage wird verneint von Bühler BWNotZ 1967, 41, 53; Schäfer BWNotZ 1955, 237 und Haegele Rpfleger 1964, 179; 1968, 364, 391; 1971, 237; 1973, 212; 1974, 190.
[140] OLG Karlsruhe DNotZ 1969, 36 = Rpfleger 1968, 352.
[141] LG Düsseldorf MittBayNot 1973, 208 = Rpfleger 1973, 212.

Prozenten ausgedrückten Nebenleistung ausreichend sei, wenn die Tatsache ihrer Befristung, nicht aber die Frist selbst eingetragen werde, entspreche weder dem Wortlaut des Gesetzes, der die Eintragung eines Geldbetrags verlange, noch dem Sinn der Bestimmung, den Umfang der Belastung des Grundstücks aus dem Grundbuch ersichtlich zu machen. Jeder Teilnehmer am Grundbuchverkehr solle in die Lage versetzt werden, aus dem Grundbuchvermerk selbst, also ohne Heranziehung der Eintragungsbewilligung, das größtmögliche Ausmaß der Belastung zu erkennen.

1972 gg) Nach LG München I[142] genügt es, bei festbegrenzter Laufdauer einer Nebenleistung entweder deren Höchstbetrag in (nun) Euro oder die erforderlichen Rechnungsfaktoren im Grundbuch einzutragen; denn wenn das Gesetz die Eintragung eines bestimmten Geldbetrags ohne Hinweis auf eine Befristung der Nebenleistung genügen lasse, sei nicht einzusehen, warum bei Angabe von eindeutigen Rechnungsfaktoren ein entsprechender Hinweis erforderlich sein sollte. Bei Eintragung des Höchstbetrags der Nebenleistung – sei es in einer Summe in Euro oder in Rechnungsfaktoren – wird daher eine zusätzliche Eintragung der Befristung und der Zahlungsbedingungen in das Grundbuch nicht erforderlich, vielmehr eine Bezugnahme auf die Eintragungsbewilligung für aureichend erachtet.
Nach BayObLG[143] liegt zwar, wenn bei der Eintragung einer Grundschuld die nach der Bewilligung geschuldete Nebenleistung von jährlich 2% für 5 Jahre im Grundbuch im unmittelbaren Anschluß an die Eintragung der Jahreszinsen für die Grundschuld mit „Nebenleistung 10%" angegeben wird, keine unzulässige Eintragung nach § 53 Abs 1 S 2 GBO vor,[144] der Eintragungsvermerk ist aber insoweit mehrdeutig und bedarf der Klarheit.[145] Das BayObLG schlägt vor, einzutragen

<small>Nebenleistung jährlich 2% auf 5 Jahre</small>

1973 hh) Das von Grundbuchämtern in Fällen der hier behandelten Art teilweise verwendete Wort „einmalige" Nebenleistung wird von der Rechtsprechung teilweise als mehrdeutig und daher als nicht ausreichend angesehen.[146] In diesem Zusammenhang sei im Hinblick auf den Hinweis des LG Bielefeld,[147] Haegele sehe das Wort „einmalig" als ausreichend an, auf dessen Ausführungen RpflJB 1974, 311 (328) hingewiesen, nach welchen Nebenleistungen, die nur einmal oder nur auf bestimmte Zeit zu erbringen sind, mit solchen, die jährlich fortlaufend zu entrichten sind, nicht zusammengerechnet werden dürfen, wohl aber bei gleichbleibender Dauer unter sich selbst.

1974 ii) In der hier behandelten Frage bedarf es nach vorstehend Ausgeführtem immer noch der obergerichtlichen Entscheidung, welcher der nachgenannten Eintragungsvermerke der richtige ist:

---

[142] LG München I DNotZ 1973, 617 = MittBayNot 1973, 152.
[143] BayObLG MittBayNot 1974, 13 = Rpfleger 1974, 189.
[144] So auch LG Bielefeld Rpfleger 1974, 396 mit Anm Haegele.
[145] Insoweit abweichend LG Bielfeld aaO (Fußn 144), das jetzt – im Gegensatz zu Rpfleger 1970, 335 – die Angabe der Befristung einer Nebenleistung im Grundbuch überhaupt nicht für erforderlich hält.
[146] Vgl BayObLG MittBayNot 1974, 13 = aaO (Fußn 143) und LG München I aaO (Fußn 138).
[147] LG Bielefeld Rpfleger 1974, 396.

B. Einzelfälle

a) Nebenleistung jährlich ... % **auf die Dauer** von ... Jahren;
b) befristete Nebenleistung von jährlich ...%;
c) Nebenleistung jährlich ...%;

kk) Eintragung von **Nebenleistungen verschiedener Art** kann in der Weise erfolgen, daß jede Nebenleistung für sich im Grundbuch selbst bezeichnet wird. Vielfach wird aber versucht, mehrere Nebenleistungen verschiedener Art oder Zinsen und andere Nebenleistungen zusammenzufassen und nur die Summe der sich so ergebenden Prozentsätze in das Grundbuch einzutragen. Für diese Frage läßt sich aus der mehrfach zitierten Entscheidung des BGH[148] nichts entnehmen, da hier die Nebenleistungen einzeln im Grundbuch eingetragen waren. Zusammenfassung von Nebenleistungen verschiedener Art oder von Zinsen und anderen Nebenleistungen[149] bei Eintragung in das Grundbuch ist grundsätzlich zulässig. Der Eintragungsvermerk muß auch dann jedoch den Anforderungen des § 1115 Abs 1 BGB und dem Bestimmtheitsgrundsatz genügen, den Umfang der Belastung des Grundstücks mit Nebenleistungen verschiedener Art oder mit Zinsen und anderen Nebenleistungen sonach mit den gesetzlichen Angaben und klar darstellen. Das ermöglicht Bezeichnung der Zinsen und sonstigen Nebenleistungen durch einen gemeinsamen Hundertsatz.[150] Abgrenzungsschwierigkeiten ergeben sich, weil Nebenleistungen verschiedener Art mit ihrem Geldbetrag bezeichnet oder durch Angabe von Berechnungsfaktoren unterschiedlichster Art bestimmt und im einzelnen unbedingt, bedingt oder befristet sein können und weil nach § 1115 Abs 1 BGB für Zinsen „der Zinssatz", für andere Nebenleistungen aber „ihr Geldbetrag" in das Grundbuch einzutragen ist. Wenn Zinsen und/oder Nebenleistungen nach verschiedenen Berechnungsfaktoren oder unter verschiedenen Voraussetzungen (Zeitraum, Befristung, Bedingung) zu erbringen sind, ist Einzeleintragung erforderlich.[151] Eine systematische Übersicht über mögliche Zusammenfassung von Nebenleistungen verschiedener Art oder von Nebenleistungen und Zinsen gibt Böttcher.[152]

1975

ll) **Fortzahlung** der hauptsacheabhängigen Zinsen (Rdn 1953) nach (vollständigem oder teilweisem) Erlöschen (insbesondere nach Tilgung) der Hauptforderung kann nicht ausbedungen und nicht eingetragen werden.[153] Die vereinbarte Fortzahlung von Zinsen auch für einen bereits gelöschten Teil der Hauptforderung („x% Zinsen vom Ursprungskapital, ... auch nach Teillöschung") hat das OLG Düsseldorf[154] (im Wege der Auslegung, § 133 BGB) als Umwandlung der vormaligen Zinsforderung in eine Rentenverpflichtung gewertet. Als (aufschiebend bedingte) Nebenleistung in Form einer Rentenverpflichtung hat es die Eintragung der Zinsen und dieser auf das Ursprungskapital bezogenen Nebenlei-

1975 a

---

[148] BGH 47, 41 = aaO (Fußn 77).
[149] Gegen Eintragung von Zinsen und anderen Nebenleistungen mit einem Gesamtbetrag Staudinger/Wolfsteiner Rdn 33 zu § 1115 BGB.
[150] So allgemein LG Itzehoe MittRhNotK 1979, 64.
[151] Staudinger/Wolfsteiner Rdn 33 zu § 1115 BGB (für Nebenleistungen verschiedener Art; zu Zinsen s Rdn 149).
[152] Böttcher Rpfleger 1980, 81 (85).
[153] Staudinger/Wolfsteiner Rdn 47 zu § 1113 BGB.
[154] OLG Düsseldorf MittRhNotK 1995, 322 = NJW-RR 1996, 1112 = Rpfleger 1996, 61.

stung zusammengefaßt mit dem Vermerk „Verzinsung von ...% jährlich vom Ursprungskapital, ... auch nach Teillöschung"[155] als möglich angesehen. Dem können wir nicht folgen. Die Grundbucheintragung ist klar und eindeutig zu fassen (grundbuchrechtlicher Bestimmtheitsgrundsatz, Rdn 172); ihr Inhalt ist nicht der (zulässigen, Rdn 293) Auslegung zu überlassen. Der Eintragungsvermerk hat daher Zinsen und andere Nebenleistungen mit den gesetzlichen Angaben klar darzustellen (Rdn 1975). Dann ist auch Bezeichnung des Umfangs der Belastung mit einem gemeinsamen Hundertsatz möglich. Wenn Nebenleistungen bedingt sind, muß jedoch auch diese Tatsache in das Grundbuch eingetragen werden (Rdn 1970); dann wird daher Einzeleintragung für erforderlich erachtet (Rdn 1975). Daher ist dann auch Zusammenfassung der Zinsen und der (bedingten) anderen Nebenleistungen zur Eintragung mit einem gemeinsamen Hundertsatz nicht als zulässig anzusehen (Rdn 1975).

1976 mm) In einem Beschluß des OLG Karlsruhe[156] ging es um ein Tilgungdarlehen mit 7% Zinsen, einer von einem bestimmten Zeitpunkt an bis zum Beginn der – kalendermäßig festgelegten – Kapitaltilgung zum Ausgleich für den bewilligten höheren Auszahlungssatz zu erbringenden Nebenleistung von jährlich 2% des ursprünglichen Darlehens, einen Säumniszuschlag von jährlich 1% bei nicht rechtzeitiger Zahlung der Zinsen, Nebenleistungen und gekündigter Kapitalbeträge und einer Entschädigung von jährlich $1/2$%, höchstens $2\frac{1}{2}$% bei Fälligwerden des Darlehens vor einem bestimmten Kalendertag für die dazwischenliegende Zeit, beides aus dem ursprünglichen Darlehensbetrag zu berechnen. Das Grundbuchamt hatte alle Nebenleistungen zu einem einzigen Prozentsatz im Grundbucheintrag zusammengefaßt. Daß das nicht möglich war, hat Haegele[157] in Übereinstimmung mit dem OLG Karlsruhe ausführlich dargelegt. Einmalige Nebenleistungen sind auf jeden Fall gesondert einzutragen, auch befristete Nebenleistungen sind von solchen zu unterscheiden, die während der ganzen Dauer der Belastung zu entrichten sind.

1977 nn) Über Eintragung eines ordentlichen Zinssatzes von $7\frac{1}{2}$%, eines Säumniszuschlags von 1% des ursprünglichen Darlehensbetrags bei Nichtzahlung geschuldeter Beträge am Fälligkeitstag und einer einmaligen Entschädigung von $2\frac{1}{2}$% des Restkapitals bei sofortiger Fälligkeit des Darlehens und im Falle der Zwangsvollstreckung in das belastete Grundstück hatte das OLG Hamm[158] zu entscheiden. Das Grundbuchamt hatte unter Bezugnahme auf die Eintragungsbewilligung den ordentlichen Zinssatz und den Säumniszuschlag im zusammengezogenen Betrag mit jährlich bis $8\frac{1}{2}$% verzinslich und zusätzlich die weitere Nebenleistung von $2\frac{1}{2}$% Entschädigung unmittelbar in das Grundbuch eingetragen. Der Gläubiger hatte diese Eintragung beanstandet und die getrennte Eintragung von Zinsen und Säumniszuschlag dahingehend beantragt: „nebst $7\frac{1}{2}$% Zinsen sowie uU 1% jährlichen Säumniszuschlag." LG und OLG billigten die durch das Grundbuch vorgenommene Eintragung. Das OLG Hamm hat insbesondere aus dem schon mehrfach zitierten Beschluß des BGH (47, 41) den Schluß gezogen, daß der BGH ganz allgemein die in

---

[155] Diese Fassung ist ungenau, weil Fortzahlung nach Erlöschen der Hauptforderung, nicht aber erst nach einer zeitlich davon abweichenden Teillöschung erfolgen sollte.
[156] OLG Karlsruhe DNotZ 1969, 38 = Rpfleger 1968, 353 mit Anm Haegele.
[157] Haegele Rpfleger 1968, 354 (Anmerkung).
[158] OLG Hamm DNotZ 1971, 421 = OLGZ 1971, 421 = Rpfleger 1971, 252.

einem einzigen Hundertsatz zusammengefaßte Angabe des größtmöglichen Ausmaßes der Belastung mit Zinsen und anderen Nebenleistungen im Grundbucheintrag selbst als ausreichend ansieht. Man darf aber aus dieser Entscheidung des BGH nicht den Schluß ziehen, daß dieses Gericht die Zusammenfassung von Nebenleistungen jeder Art zu einem Höchstprozentsatz billigt.

oo) 7½ % Zinsen, 1% Säumniszuschlag und von einem bestimmten Termin an für jedes angefangene Kalenderjahr eine jährliche Nebenleistung von 0,1% sowie bis 11½% einmalige Nebenleistungen waren in einem vom LG Bielefeld[159] entschiedenen Fall einzutragen. Im Grundbucheintrag waren der Säumniszuschlag von jährlich 1% und die weitere jährliche Nebenleistung von 0,1% unter Bezugnahme auf die Bewilligung zusammengefaßt mit bis 1,1% jährlichen Nebenleistungen. Der Gläubiger verlangte, den Säumniszuschlag und die sonstige jährliche Nebenleistung im Wege der Klarstellung getrennt einzutragen. Das LG Bielefeld hat aber den Grundbucheintrag als voll ausreichend betrachtet. 1978

pp) Mit folgendem Grundbucheintrag hatte sich das LG Duisburg[160] zu befassen: „26 000 DM Darlehenshypothek mit 7%, unter Umständen höchstens 10% Jahreszinsen, einer Verwaltungsgebühr von 0,1% des Ursprungskapitals, 520 DM Geldbeschaffungskosten und 2,5% Vorfälligkeitsentschädigung unter Bezugnahme auf die Bewilligung vom ..." Der Gläubiger hat ausgeführt, er sei berechtigt, den erhöhten Zinssatz nicht nur vom Kapital, sondern auch von rückständigen Zinsbeträgen und gegebenfalls von Nebenleistungen zu erheben. Das LG Duisburg stellte fest, daß das vom Grundbuchamt Eingetragene sich nicht mit dem deckt, was der Eigentümer bewilligt und beantragt hatte. Nach dem Darlehensvertrag waren nämlich, wenn Kapital, Zinsen oder sonstige Nebenleistungen am Fälligkeitstag nicht bezahlt sind, die jeweils rückständigen Leistungen vom Fälligkeitstag bis zum Tage der Zahlung mit 4½% jährlich über den (damaligen) Diskontsatz der Deutschen Bundesbank, mindestens zu 8%, höchstens zu 10% jährlich zu verzinsen. Nach der vom Grundbuchamt gewählten Fassung der Eintragung waren im Falle des Verzugs aber höchstens 10% Zinsen von dem Darlehenskapital zu zahlen, nicht dagegen von sonstigen rückständigen Nebenleistungen. Diese Nebenleistungen sind in der Eintragung erst aufgeführt, nachdem insoweit abschließend dargelegt worden ist, daß das Kapital mit 7%, uU höchstens 10% Jahreszinsen zu verzinsen ist. Sie werden daher von dieser Verzinsungspflicht nicht miterfaßt. Die bloße Bezugnahme auf die Eintragungsbewilligung kann eine Haftung des Grundstücks in Höhe von 10% Jahreszinsen für rückständige Nebenleistungen nicht begründen. 1979

i) Bezugnahme auf Eintragungsbewilligung

Zur Bezeichnung der Forderung kann **im übrigen** auf die Eintragungsbewilligung Bezug genommen werden (§ 1115 Abs 1 BGB). Bezugnahme kann insbesondere erfolgen zur Bezeichnung des Schuldgrundes der Forderung (Rdn 1935) und des Forderungsschuldners (Rdn 1952), zur Bezeichnung des Anfangsbeginns der Zinsen (Rdn 1957) und der Zinsfälligkeiten (Zinstermine) sowie zur Bezeichnung der Zahlungsbedingungen, also der Vereinba- 1980

---

[159] LG Bielefeld Rpfleger 1970, 335.
[160] LG Duisburg DNotZ 1969, 756.

rungen über Kündigung und Fälligkeit (samt Kündigungsfrist), Zeit, Ort und ggfs Art der Zahlung. Wegen Ausschluß der Abtretbarkeit Rdn 2379.

1981 Die Bezugnahme soll stets erfolgen (§ 44 Abs 2 GBO), nicht nur in den Fällen, in denen es sich um umfangreichere Bestimmungen über diese Punkte handelt. Das Grundbuch muß stets weitmöglichst entlastet werden. Einzelheiten s Rdn 262 ff.

k) Verzicht auf Legitimation des Brief-Gläubigers

1982 Der Eigentümer kann mit Wirksamkeit auch für seinen Rechtsnachfolger darauf verzichten, eine Kündigung oder Mahnung zurückzuweisen und der Geltendmachung der Hypothek zu widersprechen, wenn der Gläubiger nicht den Brief und ggfs auch die in § 1155 BGB bezeichneten Urkunden vorlegt (s § 1160 BGB).[161] Als Modifikation der (dinglichen) Zahlungsbedingungen kann dieser Verzicht auf Antrag (§ 13 Abs 1 GBO) mit Bewilligung des Eigentümers (§ 19 GBO) in das Grundbuch eingetragen werden.[162] Die Eintragung kann durch Bezugnahme auf die Eintragungsbewilligung (§ 1115 Abs 1 BGB) erfolgen.[163] Eintragungsfähig ist der Verzicht auch dann, wenn er von dem Besteller der Hypothek nicht ausdrücklich auch auf die Rechtsnachfolger im Eigentum erstreckt wird.[164]

l) Zu Einzelabreden

1983 **aa) Kündigungsbestimmungen** müssen, auch wenn es sich um formularmäßige Fassungen handelt, klar und eindeutig sein. Daran fehlt es, wenn unklar ist, ob und mit welchem Inhalt der Darlehensschuldner eine Lebensversicherung abzuschließen hat und sich aus entsprechenden Vertragsverletzungen ein Kündigungsrecht ergeben soll.[165] Nicht eintragbar (auch nicht durch Bezugnahme auf die Eintragungsbewilligung) ist daher eine Bestimmung, daß der Schuldner für einen etwa vereinbarten Lebensversicherungsschutz zu sorgen und diesen aufrechtzuerhalten hat.[166]

1984 Diese Randnummer ist entfallen.

1985 **bb)** Eine Vereinbarung, durch die sich der Eigentümer dem Gläubiger gegenüber verpflichtet, das **Grundstück nicht zu veräußern** und nicht weiter zu belasten, ist nichtig (§ 1136 BGB). Diese Bestimmung gilt jedoch nur für ein Verfügungsverbot des Grundstückseigentümers, das er mit Rücksicht auf die Stellung des Vertragsgegners als dinglicher Gläubiger, also zur Stärkung des dinglichen

---

[161] RG 57, 342.
[162] RG 57, 342 (349); OLG Frankfurt DNotZ 1977, 112; OLG Köln DNotZ 1956, 667 Leits = Rpfleger 1956, 340 mit zust Anm Bruhn.
[163] RG 57, 342 (350). Gesondert einzutragen ist der Verzicht, wenn er nicht in der in Bezug genommenen Eintragungsbewilligung für das Grundpfandrecht enthalten ist. Angenommen hat das OLG Frankfurt DNotZ 1977, 112 auch für den Fall, daß der Verzicht der urkundenmäßig abgeschlossenen Eintragungsbewilligung folgt und daher seine Eintragung gesondert bewilligt war.
[164] OLG Köln DNotZ 1956, 667 Leits = aaO (Fußn 162); Tröster Rpfleger 1967, 313 (315); s auch Lehnart Rpfleger 1958, 302.
[165] OLG Frankfurt MittBayNot 1973, 86 = MittRhNotK 1973, 259 = Rpfleger 1973, 23.
[166] OLG Hamm DNotZ 1973, 295 = OLGZ 1973, 141 = Rpfleger 1973, 55; ferner KG DNotV 1932, 772 = JW 1933, 1333; OLG München DNotZ 1941, 34 = DFG 1940, 157.

Rechts vereinbart.¹⁶⁷ Mit schuldrechtlicher Wirkung kann sich der Eigentümer Dritten gegenüber verpflichten, das Grundstück nicht zu veräußern und nicht zu belasten (§ 137 S 2 BGB). Diese Verpflichtung kann rechtswirksam auch dann eingegangen werden, wenn der Dritte, der aus bestehenden schuldrechtlichen Beziehungen ein Interesse an ihr hat, gleichzeitig dinglicher Gläubiger ist.¹⁶⁷ Wenn in demselben Vertrag, in dem das Verfügungsverbot vereinbart wird, auch das Grundpfandrecht bestellt wird, muß daher ein Verstoß gegen § 1136 BGB durch irgendeinen Umstand erkennbar sein, der die Beziehung der Abrede auf das Gläubigerrecht ersichtlich macht, dh zeigt, daß die Vereinbarung nicht getroffen sein würde, wenn nicht der andere Teil zugleich dinglicher Gläubiger des sich verpflichtenden Eigentümers werden sollte.¹⁶⁷ Eine Vereinbarung ist daher wirksam, wenn das Veräußerungs- und Belastungsverbot den Berechtigten nicht in seiner Eigenschaft als dinglicher Gläubiger, sondern nur in seiner Eigenschaft als Pächter und Ankaufsberechtigter sicherstellen soll.¹⁶⁸ Eine nur schuldrechtliche Verfügungsbeschränkung (§ 137 S 2 BGB) kann aber nicht mit Hypothekenbestimmungen eingetragen werden, muß sonach auch in der Bestellungsurkunde von den für das Grundpfandrecht geltenden Bestimmungen deutlich abgesetzt sein (Rdn 1938). Die Vereinbarung von Hypothekengläubiger und Grundstückseigentümer, nach der die **Hypothek** im Falle der ganzen oder teilweisen Veräußerung (oder der weiteren Belastung) des Grundstücks **fristlos gekündigt** werden kann, verstößt nicht gegen § 1136 BGB.¹⁶⁹

Diese Randnummer ist entfallen. **1986**

cc) Unzulässig (nicht eintragungsfähig) als Inhalt der Hypothek ist die Ermächtigung des Gläubigers im dinglichen Teil der Urkunde, die Briefhypothek(-grundschuld) in eine Buchhypothek(-grundschuld) (und umgekehrt) umzuwandeln.¹⁷⁰ Eine solche Abrede kann schuldrechtlich getroffen werden; dem Gläubiger kann hierzu auch Vollmacht erteilt werden. **1987**

dd) Zu **Allgemeinen Geschäftsbedingungen** des Darlehensgebers Rdn 2071 ff; zur Beurkundung (§ 14 BeurkG) bei Verweisung auf Bestimmungen in einem der Niederschrift beigefügten Schriftstück Rdn 2086 ff. **1988**

m) **Tilgungshypothek, Abzahlungshypothek**

Besondere Arten von Hypotheken sind Tilgungs- und Abzahlungshypothek. Sie kommen als Verkehrs- wie als Sicherungshypotheken vor. Bei der **Tilgungshypothek** sind gleichbleibende Jahresleistungen zu entrichten; durch die fortschreitenden Kapitalzahlungen werden Zinsen erspart, die der Tilgung zuwachsen. **1989**

Bei der **Abzahlungshypothek** werden regelmäßig gleich hohe Raten getilgt, daneben werden die entsprechend der Tilgung jeweils sinkenden Zinsen bezahlt. Die Jahresleistungen verringern sich also jeweils entsprechend. **1990**

---

¹⁶⁷ BGH DNotZ 1966, 739 = LM BGB § 1136 Nr 1 = MDR 1966, 756.
¹⁶⁸ BGH DNotZ 1966, 739 = aaO (Fußn 167).
¹⁶⁹ BGH 76, 371 = DNotZ 1980, 475 = MittBayNot 1980, 117 mit Anm Schmidt = NJW 1980, 1625 = Rpfleger 1980, 271 und 422 mit krit Anm Gasteyer; so auch OLG Hamm (Vorlagebeschluß) DNotZ 1979, 752 = OLGZ 1980, 87; BayObLG DNotZ 1981, 128; gegenteiliger Beschluß des OLG Celle DNotZ 1979, 622 mit abl Anm Schöner = Rpfleger 1979, 621 durch BGH-Entscheidung überholt.
¹⁷⁰ LG Wuppertal MittRhNotK 1982, 25.

1991 Daß Hypotheken vorstehender Art im Grundbuch als solche besonders kenntlich zu machen sind, ist nirgends vorgeschrieben.[171] Gleichwohl werden sie im Grundbuch aber in der Regel ausdrücklich als Tilgungs- oder Abzahlungshypotheken eingetragen oder es wird gesagt: „Hypothek für ein Tilgungsdarlehen" oder „zahlbar in Raten." Dies ist für die Abtretung von Teilen einer Hypothek oder für deren Löschung in Teilen uU von Bedeutung (vgl Rdn 2391, 2765).

1992 Die **Tilgungsbeträge** sind **keine Nebenleistungen** nach § 1115 Abs 1 BGB, sondern Kapitalanteile (s Rdn 1966). Sie werden also durch Bezugnahme auf die Eintragungsbewilligung gedeckt.[172] Die Ergänzung einer hinsichtlich der Tilgungsstreckung unvollständigen Eintragung kann im Wege der Beschwerde nach §§ 71 ff GBO nicht verlangt werden, wenn sie einen Punkt betrifft, auf den der öffentliche Glaube des Grundbuchs (Rdn 336 ff) Anwendung findet.[173] Bei einer Tilgungshypothek hängt es im Einzelfalle von dem Willen der Beteiligten ab, ob eine Tilgungsabrede eine Zeit für die Darlehensrückzahlung nach § 488 Abs 3 (= § 609 aF) BGB bestimmt und damit die Kündigung ausschließt, oder ob sie nur ein Mindestmaß der Tilgung festlegt.[174] Für die Kündigung der im Umfang der Tilgung entstandenen Eigentümergrundschuld sind (nach § 1177 Abs 1 S 2 BGB) die Vereinbarungen maßgebend, die für die Kündigung der der Tilgungshypothek zugrunde liegenden Darlehensforderung getroffen worden sind; § 1193 BGB ist daneben nicht anwendbar.[175]

1993 **Verzinslich** ist die aus einer Tilgungshypothek durch jeden Tilgungsbetrag im Rang nach der Resthypothek entstehende Teileigentümergrundschuld, soweit nicht § 1197 Abs 2 BGB entgegensteht; außer der Verzinsung und unverändert weiterlaufenden Tilgung des noch nicht getilgten Hypothekenteils besteht sonach (mit der Beschränkung des § 1197 Abs 2 BGB) eine Verzinsungspflicht bezüglich des Eigentümergrundschuld gewordenen Teils des Rechts.[176] Soll diese Verzinsung ausgeschlossen werden, so kann bei der Hypothekenbestellung (oder später) die Verzinsung unter die (einzutragende) auflösende Bedingung gestellt werden, daß sie mit Erlöschen des Fremdrechts endet.[177]

1994 Eine Vereinbarung des Inhalts, daß die in der Jahresleistung auf eine Tilgungshypothek enthaltenen Zinsen jeweils nach dem Stande des Kapitals am Schlusse des vergangenen Jahres berechnet werden, erlaubt § 20 Abs 2 des Hypothekenbankgesetzes.[178] Als AGB-Klausel (nach § 307 BGB [früher § 9

---

[171] So auch BGH 47, 41 = aaO (Fußn 77).
[172] RG 104, 72.
[173] LG Düsseldorf Rpfleger 1963, 50 mit Anm Haegele; zur Tilgungsstreckung als solchen s Bodenstaff BB 1967, 356 und Slania BB 1967, 740.
[174] BGH DNotZ 1970, 403 = LM BGB § 609 Nr 2 = NJW 1970, 603; BGB-RGRK/Ballhaus Rdn 3 zu § 609; s zur Kündbarkeit einer Tilgungshypothek ferner OLG Hamm MDR 1963, 844.
[175] BGH 71, 206 = DNotZ 1978, 549 = Rpfleger 1978, 301.
[176] BGH 67, 291 = DNotZ 1978, 255 = Rpfleger 1977, 17 mit zahlr Nachw; s auch Jochemczyk DNotZ 1966, 282. Zur Eigentümergrundschuld aus einer noch teilweise valutierten Tilgungshypothek s auch Lahnert BWNotZ 1964, 147.
[177] BGH 67, 291 = aaO (Fußn 176).
[178] Die Vereinbarung wurde daher früher als bedenkenfrei angesehen, siehe LG Verden Rpfleger 1964, 118 mit zust Anm Scholz; sie ist weiterhin zulässig, BGH NJW 1993, 3261. Zum Hypothekenbankgesetz s Rdn 2001.

AGBG]; dazu Rdn 2073) unwirksam ist die Hypothekenbestimmung jedoch bei Verstoß gegen das Transparenzgebot (es ist der effektive Jahreszins oder die Gesamtbelastung nicht angegeben und auch kein Tilgungsplan überreicht;[179] Prüfung durch das Grundbuchamt Rdn 2073 mit Rdn 207–218). Nicht eintragungsfähig ist eine Abrede, daß die planmäßigen Tilgungsraten einer Darlehenshypothek erst am Schluß des Kalenderjahres vom Kapital abgeschrieben werden, weil sie das Entstehen einer Eigentümergrundschuld verzögert,[180] sofern nicht die Eintragungsbewilligung deutlich ausweist, daß die Vereinbarung nur zur Klarstellung der (jetzt auch: als AGB-Klausel zulässigen) Zinsenberechnung erfolgt ist.[181]

Bei der **Anwachsungshypothek** (Gegenstück der Tilgungshypothek)[182] erfolgt keine Tilgung, es werden vielmehr anstelle von Tilgung die nicht bezahlten Zinsen zum Kapital geschlagen und es wird das erhöhte Kapital jeweils verzinst. 1995

n) Hypothek eines Treuhänders

Der Zusatz, daß der **Hypothekengläubiger Treuhänder eines Dritten** ist, kann in das Grundbuch nicht eingetragen werden.[183] Treuhänder und Treugeber können nicht nebeneinander in das Grundbuch eingetragen werden.[184] 1996

Bei Verkehrshypotheken (Brief- und Buchhypotheken) und bei gewöhnlichen Sicherungshypotheken müssen die Gläubiger einzeln bezeichnet werden, die ihre Forderungen an den Treuhänder abgetreten haben. Diese Notwendigkeit folgt aus § 1115 Abs 1, § 1184 BGB, in denen die bestimmte Bezeichnung der Forderung verlangt wird.[185] Dabei genügt allerdings eine Bezugnahme auf die Eintragungsbewilligung.[186] Ergibt sich also aus dieser, daß ein Treuhandverhältnis besteht, so sind die Treugeber dem Grundbuchamt namhaft zu machen.[187] Handelt es sich um eine Höchstbetragshypothek nach § 1190 BGB, so ist eine Angabe der Treugeber nicht notwendig, da bei dieser Hypothekenart 1997

---

[179] BGH 106, 42 = NJW 1989, 222; auch BGH 112, 115 = NJW 1990, 2083; großzügiger jetzt BGH NJW 1993, 3261 mit weit Nachw zu dieser Frage.
[180] LG Essen Rpfleger 1961, 296 mit zust Anm Haegele; LG Koblenz Rpfleger 1963, 198 mit Anm Haegele.
[181] OLG Hamm JMBlNRW 1962, 122. S zu diesen Fragen auch – kritisch – Eickmann Rpfleger 1973, 344.
[182] Zur Anwachsungshypothek Riedel JurBüro 1972, 469.
[183] KG DNotZ 1933, 814 = JW 1933, 2426; KG DNotZ 1937, 54 = JW 1937, 46; OLG Düsseldorf DNotZ 1955, 540. Kritisch zu dieser Rechtsprechung Fleischmann NJW 1955, 609, der insbesondere darauf hinweist, daß ein im Grundbuch eingetragener Treuhänderzusatz (nach § 15 Abs 2 GBV) der Aufklärung der am Rechtsverkehr Beteiligten insofern dienen würde, als er die dingliche Gebundenheit des eingetragenen Rechts zum Ausdruck bringen würde. S in diesem Sinne auch OLG Hamm JMBlNRW 1954, 152 = Rpfleger 1954, 464; aA ausführlich OLG Saarbrücken DNotZ 1968, 173 = OLGZ 1967, 112 = NJW 1967, 1378 mit zahlr Nachw wegen des Beisatzes „Bundestreuhandstelle für den Bergarbeiterwohnungsbau" bei einer Grundschuld für eine juristische Person des öffentlichen Rechts.
[184] OLG Hamm Rpfleger 1954, 464.
[185] KG JFG 7, 299; Ricks DNotZ 1928, 394.
[186] KG DNotV 1930, 178; OLG Karlsruhe JFG 8, 352; aA Ricks DNotZ 1928, 394.
[187] S allerdings auch Ricks DNotZ 1928, 394; er schlägt vor, den Treuhänder außerhalb des Grundbuchs zu wählen und nur ihn in der Eintragungsbewilligung ohne Zusatz zu nennen.

eine bestimmte Forderung nicht Voraussetzung für die Entstehung der Hypothek ist. Noch mehr gilt dies von einer Grundschuld, die von der persönlichen Forderung ganz losgelöst ist. Das soeben Ausgeführte – unmittelbare Eintragung auf den Treuhänder – gilt auch dann, wenn das dingliche Recht erst in der Person des als Treuhänder Eingetragenen begründet wird, Gegenstand der Abtretung durch den oder die Treugeber also nur eine persönliche Forderung ist.[188] Dies ist wohl der Regelfall, indem eine Gesamtheit zahlreicher Gläubiger (etwa bei einer Erbengemeinschaft oder bei einem nicht rechtsfähigen Verein) ihre Forderungen an einen von ihnen oder an einen Dritten in dessen Eigenschaft als Treuhänder abtritt und sodann für diesen als jetzigen Gläubiger der Forderung die Hypothek durch den Grundstückseigentümer bestellt wird.[189] Die abtretenden Gläubiger behalten im Innenverhältnis zum Treuhänder ihr Gläubigerrecht. Mit Wirkung für dieses Innenverhältnis können auch die Rechte und Pflichten des Treuhänders beliebig geregelt werden

1998 **Mehrere Treuhänder** sind Gesamthandsgläubiger, nicht Gesamtgläubiger nach § 428 BGB.[190]

1999 Wie beim Treuhänder-Eigentümer, so kann auch der **Treuhänder-Gläubiger allein** über das für ihn persönlich eingetragene Recht verfügen; nach seinem Tode steht das Verfügungsrecht nur seinem Erben zu.[191]

2000 Der Treuhänder ist nur bei treuhänderischer **Abtretung** berechtigt, Antrag auf Erteilung eines neuen Grundpfandrechtsbriefs nach § 67 GBO (Vorlage des alten Briefs oder des Ausschlußurteils) zu stellen.[192]

2001 Bei **Hypothekenbanken** ist ein **Treuhänder** zu bestellen, der gewisse Überwachungspflichten hat, vor allem daß die zur Deckung der Hypothekenpfandbriefe bestimmten Hypotheken (und Wertpapiere) in das Hypothekenregister eingetragen sind (§ 29 ff des HypothekenbankG vom 9. 9. 1998, BGBl I 2675). Diese Treuhänderschaft kann nicht in das Grundbuch eingetragen werden.

2002 Bei einer **Bau-Hypothek** aufgrund des Gesetzes über die Sicherung der Bauforderungen vom 1. 6. 1909 (RGBl 499, mit Änderungen) wird auf Antrag des Baugeldgebers ein **Treuhänder** bestellt, der die rechtliche Stellung eines Pflegers hat. Die Bestellung erfolgt durch das Amtsgericht, in dessen Bezirk die Baustelle gelegen ist (§ 35 Ges). Die durch die Vermittlung oder Anweisung des Treuhänders geleisteten Zahlungen begründen den Vorrang vor der Bauhypothek. Diesen Vorrang hat das Grundbuchamt in das Grundbuch einzutragen, soweit der Treuhänder in öffentlich beglaubigter Form bestätigt, daß Zahlungen durch seine Vermittlung oder auf seine Weisung geleistet wurden oder daß Hinterlegung nach § 34 Abs 3 des Gesetzes erfolgt ist. Über die Treuhänderschaft selbst erfolgt kein Eintrag.

2003 Wegen eines **Treuhänders bei deutschen Auslandsschulden** s § 75 Abs. 2 S 1 Gesetz über deutsche Auslandsschulden vom 24. 8. 1953 (BGBl I 1003), die Änderungsgesetze vom 9. 2. 1955 (BGBl I 57) und vom 5. 3. 1956 (BGBl I 99).[193]

---

[188] RG DNotV 1930, 178; KG JFG 7, 299; LG Berlin JW 1933, 542 mit Anm Arnheim.
[189] AA Ricks DNotV 1928, 394.
[190] KG DNotV 1933, 814 = JW 1933, 510.
[191] KG DNotZ 1932, 408.
[192] KG DNotZ 1943, 199.
[193] Dazu Haegele JurBüro 1969, 401.

B. Einzelfälle

o) Deckungsstock

aa) Für Hypotheken (auch Grundschulden), die dem **Deckungsstock** eines **Versicherungsunternehmens**[194] zugeführt sind, bestehen nach § 72 Versicherungsaufsichtsg idF vom 17. 12. 1992 (BGBl 1993 I 3; VAG) Verfügungsbeschränkungen. Über sie kann nur mit Zustimmung eines nach § 70 VAG zur Überwachung des Deckungsstockes bestellten **Treuhänders** oder seines Stellvertreters verfügt werden. Diese (relative) Verfügungsbeschränkung zugunsten des Treuhänders kann in das Grundbuch eingetragen werden[195] (§ 72 Abs 1 VAG).

bb) Der Grundstückseigentümer kann **Eintragung** der Verfügungsbeschränkung (sie wird als Sperrvermerk bezeichnet) sogleich **mit Bestellung der Hypothek** bewilligen und beantragen. Dann bedarf es einer Erklärung des Hypothekengläubigers oder der Aufsichtsbehörde über die (künftige) Zugehörigkeit des Rechts zum Deckungsstock nicht.[196] Wenn der Grundstückseigentümer Miteintragung des Sperrvermerks bewilligt hat (§ 19 GBO), ist für Eintragung zugleich mit der Hypothek auch der Gläubiger (das Versicherungsunternehmen) antragsberechtigt (§ 13 Abs 1 S 2 GBO).

cc) **Nachträgliche Eintragung** der Verfügungsbeschränkung ist Grundbuchberichtigung,[197] weil die Beschränkung mit Zuführung des Grundpfandrechts zum Deckungsstock kraft Gesetzes eintritt. Sie kann vom Grundstückseigentümer oder auch vom Versicherungsunternehmen (der Grundstückseigentümer braucht dann nicht mitzuwirken) schriftlich beantragt werden (§ 13 Abs 1 GBO; keine öffentlich beglaubigte Form[198]); der Aufsichtsbehörde und dem Treuhänder[199] steht kein Antragsrecht zu.[200] Nachzuweisen ist als Grundbuchunrichtigkeit in der Form des § 29 Abs 1 GBO (durch öffentliche Urkunde), daß das Grundpfandrecht zum Deckungsstock gehört.[201] Der Nachweis wird durch Bescheinigung der Aufsichtsbehörde (Form: § 29 GBO) erbracht. Auch Berichtigungsbewilligung (§ 19 GBO) des Gläubigers (Versicherungsunterneh-

---

[194] Zu den ausländischen Versicherungsunternehmen s Rdn 4065 Fußn 3.
[195] KG JFG 11, 321 = JW 1934, 1126. Eintragung des Sperrvermerks im Grundbuch erfolgt vorwiegend bei nicht urkundlich verbrieften Deckungswerten, also bei Eigentum, Buchhypotheken und Buchgrundschulden. Sicherstellung eines verbrieften Deckungsstockwerts erfolgt durch Sicherstellung des Hypotheken- oder Grundschuldbriefs. Auch dann kann aber Eintragung eines Sperrvermerks im Grundbuch erfolgen. Sicherstellung eines Deckungsstockwerts mit Eintragung eines Sperrvermerks erfolgt insbesondere, wenn das Versicherungsunternehmen die Urkunde nicht selbst aufbewahrt.
[196] BayObLG 1964, 394 = DNotZ 1965, 684 = NJW 1965, 538 (unter Aufhebung von LG München I Rpfleger 1964, 212 mit zust Anm Haegele); LG Koblenz DNotZ 1971, 97 = Rpfleger 1971, 22 mit zust Anm Haegele; LG Wiesbaden Rpfleger 1968, 393 mit zust Anm Haegele unter Aufgabe seines früher (Rpfleger 1963, 104) vertretenen gegenteiligen Standpunkts; Pöschl BWNotZ 1964, 301.
[197] OLG Frankfurt DNotZ 1972, 490 = Rpfleger 1972, 104 mit Anm Haegele; KG JW 1934, 1126 (1127); LG Bielefeld Rpfleger 1993, 333; anders noch LG Hamburg JW 1934, 3153.
[198] KG JFG 11, 321 (324) = aaO.
[199] Der Treuhänder ist nicht Vertreter des Versicherungsunternehmens und daher auch nicht zu verfahrensrechtlichen Handlungen für dieses befugt.
[200] KGJ 52 A 144.
[201] OLG Frankfurt DNotZ 1972, 490 = aaO; LG Bielefeld Rpfleger 1993, 333.

mens) kann Eintragungsgrundlage sein;[202] aus dieser Eintragungsbewilligung muß sich ergeben, daß eine Berichtigung erfolgen soll und inwiefern das Grundbuch unrichtig geworden ist.[203]

2007 **dd)** Der Sperrvermerk lautet dahin, daß ohne Zustimmung des jeweiligen Treuhänders über die Hypothek nicht verfügt werden kann. Der Sperrvermerk muß in das Grundbuch selbst eingetragen werden; Bezugnahme auf die Eintragungsbewilligung genügt nicht.[204] Eine namentliche Bezeichnung des Treuhänders und seines Stellvertreters erfolgt im Grundbuch nicht.

2008 **Eintragungsbeispiel:**

> Verfügung über die Hypothek erfordert vorherige schriftliche Zustimmung des nach § 70 VAG bestellten Treuhänders oder seines Stellvertreters.

2009 **ee)** Verfügungen insbesondere Löschung, über ein der Sperre unterliegendes Grundpfandrechte s Rdn 4065.

p) Bedingung, Befristung

2010 Die Hypothek kann als Grundstücksbelastung aufschiebend (§ 158 Abs 1 BGB) oder auflösend **bedingt** (§ 158 Abs 2 BGB) bestellt werden.[205] Eine befristete Hypothek (§ 163 BGB) wäre ebenso möglich, kommt praktisch aber nicht vor. Bedingung und Befristung müssen in das Grundbuch eingetragen werden (keine Bezugnahme). Bei aufschiebender Bedingung besteht die Hypothek bis zum Eintritt der Bedingung als Grundstücksbelastung nicht; bei auflösender Bedingung erlischt sie mit dem Eintritt des Ereignisses (je keine Eigentümergrundschuld). Zu unterscheiden von der auflösend oder aufschiebend bedingten Hypothek ist die als Grundstücksbelastung nicht bedingte Hypothek für eine bedingte Forderung (Rdn 1929). Bedingt oder befristet können auch Zinsen oder andere Nebenleistungen der Hypothek bestellt werden. Zu deren Eintragung Rdn 1960 ff.

q) Teilung, Vereinigung, Zuschreibung

2011 Wenn das belastete Grundstück geteilt wird, entsteht eine Gesamthypothek (§ 1132 Abs 1 BGB). Eine Hypothek wird auch dann Gesamtrecht, wenn an dem belasteten Grundstück Wohnungseigentumsrechte begründet werden (Rdn 2849). Lastenfreie Abschreibung eines Grundstücksteils erfordert Pfandfreigabe (Rdn 895, 2704) oder Unschädlichkeitszeugnis (Rdn 739). Vereinigung und Zuschreibung Rdn 624, 652.

r) Übertragung, Verpfändung, Pfändung

2012 Im einzelnen zur Übertragung Rdn 2375 ff, 2400 ff, 2407 ff und 2417 ff; zum Ausschluß der Abtretung durch Vereinbarung Rdn 2379. Zur Verpfändung Rdn 2429 ff und 2448 ff; zur Pfändung Rdn 2452 ff sowie 2473 ff.

---

[202] OLG Frankfurt DNotZ 1972, 490 = aaO; LG Bielefeld aaO.
[203] OLG Frankfurt DNotZ 1972, 490 = aaO. Bloße Erklärung, daß Eintragung des Treuhänder-Sperrvermerks bewilligt und beantragt wird, genügt sohin nicht (OLG Frankfurt aaO).
[204] LG Bonn DNotZ 1979, 309 = MittRhNotK 1978, 41.
[205] RG 122, 327.

B. Einzelfälle

s) Aufhebung, Erlöschen, Löschung

Rechtsgeschäftliche Aufhebung der Hypothek erfordert Aufgabeerklärung des Berechtigten (ggfs auch Zustimmung Dritter, § 876 BGB), Zustimmung des Eigentümers (§ 1183 BGB) und Löschung im Grundbuch (§ 875 BGB). Zur Löschung Rdn 2725 ff, 2747 ff; zum Verzicht nach § 1168 BGB Rdn 2704 ff. Erlöschen mit Befriedigung aus dem Grundstück § 1181 BGB. 2013

t) Zwangsversteigerung

Bei Zwangsversteigerung des belasteten Grundstücks wird die Hypothek als bestehenbleibendes Recht im geringsten Gebot berücksichtigt, wenn sie dem Anspruch des Gläubigers im Range vorgeht, der das Verfahren betreibt (§§ 44, 52 ZVG; Deckungsgrundsatz); ihre Zinsen, sonstigen wiederkehrenden Leistungen und anderen Nebenleistungen werden dann in das geringste Bargebot aufgenommen (§§ 44, 49 Abs 1 ZVG). Berücksichtigt wird das Recht von Amts wegen, wenn es als Grundstücksbelastung bei Eintragung des Versteigerungsvermerks aus dem Grundbuch ersichtlich war, sonst nur auf Anmeldung, die spätestens im Versteigerungstermin vor der Aufforderung zur Abgabe von Geboten erfolgt sein muß (§ 45 Abs 1, § 37 Nr 4 ZVG); rückständige wiederkehrende Leistungen (Abgrenzung § 13 ZVG) sind immer anzumelden (§ 45 Abs 2 ZVG). Die demnach nicht nach den Versteigerungsbedingungen bestehenbleibende Hypothek erlischt mit dem Zuschlag (§ 91 Abs 1 ZVG). Löschung erfolgt auf Ersuchen des Vollstreckungsgerichts (§ 130 ZVG). Die erloschene Hypothek, desgleichen Zinsen, sonstige wiederkehrende Leistungen und andere Nebenleistungen der bestehenbleibenden Hypothek, gewähren ein Recht auf Befriedigung aus dem Grundstückserlös in Rangklasse 4 des § 10 Abs 1 ZVG (uU auch Rangklasse 6) nach Maßgabe ihres Grundbuchrangs (§ 11 Abs 1 ZVG). Aufnahme in den Teilungsplan erfolgt von Amts wegen, wenn die Hypothek als Grundstücksbelastung bei Eintragung des Versteigerungsvermerks aus dem Grundbuch ersichtlich war (§ 114 Abs 1 ZVG), sonst nur auf Anmeldung (§ 114 Abs 1 ZVG), die für Wahrung des Rangs der Hypothek (nicht für nachrangige Aufnahme in den Teilungsplan; diese erfolgt auch bei späterer Anmeldung, § 114 Abs 1 ZVG) gleichfalls spätestens im Versteigerungstermin vor der Aufforderung zur Abgabe von Geboten erfolgen muß (§ 37 Nr 4, § 110 ZVG); rückständige wiederkehrende Leistungen (Abgrenzung § 13 ZVG) müssen zur Rangwahrung immer rechtzeitig angemeldet worden sein (§ 37 Nr 4, § 110 ZVG). Liegenbelassungsvereinbarung (§ 91 Abs 2 ZVG) bewirkt, daß eine an sich durch den Zuschlag erloschene Hypothek bestehen bleibt. 2014

Vollstreckungsbeschränkende Vereinbarungen können nicht als Inhalt der Hypothek vereinbart werden (Rdn 2315).

u) Hypothekenbrief

aa) Über die Hypothek wird vom Grundbuchamt (§ 56 S 1 GBO) ein Brief erteilt (§ 1116 Abs 1 BGB), sofern die Erteilung des Briefes nicht nach Maßgabe des § 1116 Abs 2 BGB (dazu Rdn 2092) ausgeschlossen ist. Gesetzlich ausgeschlossen ist die Brieferteilung bei der Sicherungshypothek (§ 1185 Abs 1 BGB) und bei den zwischen dem 1. 1. 1976 und dem 3. 10. 1990 im Beitrittsgebiet eingetragenen ZGB-Hypotheken (auch Aufbau-Hypotheken). Dem Brief kommt Bedeutung zu für den Erwerb (§ 1117 BGB), die Übertra- 2015

903

2. Teil. V. Dritte Abteilung des Grundbuchs

gung und Belastung (§§ 1154, 1274, 1069 BGB) und die Geltendmachung (§§ 1144, 1160 BGB; siehe auch § 126 ZVG) sowie für die Pfändung (§ 830 ZPO) der Hypothek. Der Brief kann den öffentlichen Glauben des Grundbuchs zerstören (§§ 1140, 1157 BGB). Für spätere Eintragungen bei der Hypothek ist der Brief dem Grundbuchamt nach Maßgabe des § 41 GBO vorzulegen. Briefeigentümer ist der Gläubiger der Hypothek (§ 952 Abs 2 BGB).

2016 **bb)** Erteilung des **Hypothekenbriefes** erfolgt nach Maßgabe von §§ 56–70 GBO, §§ 47–53 GBV. Die Herstellung von Grundpfandrechtsbriefen hat das Ges zur Änderung sachenrechtlicher, grundbuchrechtlicher und anderer Vorschriften v 22. 6. 1977 (BGBl I 998) mit Änderung des § 57 GBO (auch des § 56 S 2 GBO) (dazu VO zur Änderung der GBV usw v 1. 12. 1977, BGBl I 2113) vereinfacht. Der Umfang der in die Grundpfandrechtsbriefe aufzunehmenden Angaben wurde durch diese Änderungen entscheidend verringert. Mit dieser Vereinfachung sollten nach der Begründung des Regierungsentwurfs (BT-Drucks 8/89, S 16) die Interessen der beteiligten Wirtschaftkreise gewahrt, andererseits aber die Grundbuchämter entlastet werden.

2017 **cc)** Der Brief muß den wesentlichen Erfordernissen des § 56 Abs 1 S 2 GBO genügen; das Fehlen eines dieser Erfordernisse bewirkt Nichtigkeit. Sollvorschriften enthalten die §§ 57 und 58 GBO, ihr Fehlen berührt die Gültigkeit des Briefes nicht, kann aber den Grundbuchbeamten schadensersatzpflichtig machen.
Mußinhalt (§ 56 Abs 1 S 2 GBO): Bezeichnung als Hypothekenbrief, Angabe des Geldbetrages der Hypothek (in der eingetragenen Währung, § 28 S 2 GBO), Bezeichnung des belasteten Grundstücks (nach Maßgabe des § 57 GBO), Unterschrift (Zuständigkeit § 56 Abs 2 GBO) und (Präge)Siegel oder (Farbdruck) Stempel des Amtsgerichts des Grundbuchamts. Die Unterzeichnung (Ausnahme Rdn 2020a) muß eigenhändig erfolgen; mechanische Vervielfältigung der Unterschrift ist nicht zulässig. Auch das Fehlen nur einer Unterschrift (die nicht nachgeholt werden kann) macht den Brief ungültig.
Sollinhalt (§ 57 Abs 1 GBO): Nummer des Grundbuchblatts und Inhalt der die Hypothek betreffenden Eintragungen. Das belastete Grundstück braucht („soll") nur mit der laufenden Nummer bezeichnet werden, unter der es im Bestandsverzeichnis des Grundbuchs verzeichnet ist. Löschungsvormerkungen, die nach § 1179 BGB (nF) bei der Hypothek eingetragen sind, sollen in den Hypothekenbrief nicht aufgenommen werden. Entfallen sind damit die nach § 57 Abs 2 b–d GBO (aF) bis 31. 12. 1977 erforderlich gewesenen Bezeichnungen des belasteten Grundstücks nach dem Inhalt des Grundbuchs, des Eigentümers und der vorgehenden sowie gleichstehenden Eintragungen.
Auf die Wiedergabe von Mustern für Hypothekenbriefe kann infolge der amtlichen Muster (§ 52 Abs 1 GBV) hier verzichtet werden.

2018 **dd)** Die **Schuldurkunde** (s Rdn 1936) soll mit dem Hypothekenbrief verbunden werden, und zwar regelmäßig die Urschrift, uU ein beglaubigter Auszug (§ 58 GBO; anders beim maschinell geführten Grundbuch, Rdn 2020a). Die Verbindung hat durch Schnur und (Präge)Siegel[206] zu erfolgen (§ 50 GBV), nicht mit Farbdruck-Stempel.

---

[206] Begründung des Regierungsentwurfs des ÄndG, BT-Drucks 8/89, S 15.

B. Einzelfälle

Urkunden, die ohne Änderung des Schuldgrundes Abänderungen der Schuldurkunde enthalten (zB über Verzinsung, Fälligkeit, Kündigung), brauchen nicht mit dem Brief verbunden zu werden.[207] Die Verbindung der Abänderungsurkunde mit dem Brief ist weder vorgeschrieben noch sachlich geboten.

ee) Zu erteilen ist der Hypothekenbrief von Amts wegen. Es dürfen dazu nur die amtlich ausgegebenen, mit laufenden Nummern versehenen Vordrucke verwendet werden (§ 52 Abs 2 GBV).   2019

ff) Ein **Entwurf** (eine Abschrift) des Briefes wird zu den Grundakten gefertigt. Der Rechtspfleger hat außer diesem Entwurf auch die Ausfertigung des Briefes selbst zu prüfen.[208] Die Übertragung in die Ausfertigung darf erst erfolgen wenn der Rechtspfleger den Brief-Entwurf zum Zeichen der Billigung mit seinem Namenszeichen versehen hat. Neben der Unterschrift des Rechtspflegers hat der Brief die Unterschrift eines Urkundsbeamten der Geschäftsstelle zu enthalten. Die Unterschriften sind mit dem ausgeschriebenen Familiennamen zu leisten. Der Rechtspfleger hat seiner Unterschrift die Bezeichnung „Rechtspfleger" beizufügen (§ 12 RPflG). Den Unterschriften soll der Name in Maschinenschrift oder Blockschrift lesbar zugefügt werden. Wenn die Unterschriften auf dem Brief überhaupt fehlen, so ist der Brief ungültig.[209] Als Datum der Ausstellung des Briefes soll kein früheres als das der Grundbucheintragung, regelmäßig jedoch der Tag angegeben werden, an dem der bei den Akten verbleibende Briefentwurf vom Rechtspfleger genehmigt worden ist.[210]   2020

gg) Bei **maschinell geführtem Grundbuch** gelten für Erteilung des Hypothekenbriefs Besonderheiten nach §§ 87, 88 GBV (Ermächtigungsgrundlage § 134 Nr 1 GBO). Der Brief muß (abweichend von § 56 Abs 1 S 2 GBO) nicht unterschrieben werden, wenn er maschinell hergestellt wird (§ 87 S 1 GBV). Er trägt an Stelle der Unterschrift den Namen des Bediensteten, der die Herstellung des Briefes veranlaßt hat, und den Vermerk   2020a

> Maschinell hergestellt und ohne Unterschrift gültig

(§ 87 S 2 GBV). Versehen sein oder werden muß der Brief mit dem Aufdruck des Siegels oder Stempels des Grundbuchamts (§ 87 S 3 GBV abweichend von § 56 Abs 1 S 2 GBO). Mit einer für die Forderung ausgestellten Urkunde muß der maschinell hergestellte Brief abweichend von § 58 Abs 1 GBO nicht verbunden werden (§ 88 S 1 GBO). In diesem Fall muß er den Aufdruck enthalten (§ 88 S 2 GBV)

> Nicht ohne Vorlage der Urkunde für die Forderung gültig.

hh) Bei **Eintragung einer Hypothek für mehrere Gläubiger** in Bruchteilsgemeinschaft kann für jeden Gläubiger ein **besonderer Stammbrief** erteilt werden.[211]   2021

ii) Wird der **Hypothekenbrief** mangels anderweitiger Bestimmung des Grundstückseigentümers vom Grundbuchamt dem Eigentümer (sämtlichen Miteigentümern) ausgehändigt (§ 60 Abs 1 GBO) und haben die Beteiligten auch   2022

---

[207] Demharter Rdn 10 zu § 58.
[208] RG 77, 423.
[209] KGJ 46 A 198.
[210] KGJ 23 A 163.
[211] KG DNotZ 1940, 37.

eine Aushändigungsabrede nach § 1117 Abs 2 BGB nicht getroffen, so erwirbt der Gläubiger (auch wenn die gesicherte Forderung bereits besteht) die Hypothek erst, wenn ihm der Brief vom Grundstückseigentümer **übergeben** wird (§ 1117 Abs 1 BGB). Bis zur Übergabe steht die Hypothek dem Eigentümer als Eigentümergrundschuld zu (§ 1163 Abs 2 BGB). Ist der Grundstückseigentümer verheiratet, so kann der Brief auch an seinen mit ihm in häuslicher Gemeinschaft lebenden Ehegatten ausgehändigt werden.[212] Der bei Neueintragung einer Kaufpreishypothek zu bildende Hypothekenbrief ist mangels abweichender Bestimmungen der Beteiligten dem bisherigen Eigentümer als Hypothekengläubiger zu übergeben.[213] Briefaushändigung durch das Grundbuchamt gegen Empfangsnachweis s § 38 GBGeschO.

2023 jj) Der Grundstückseigentümer kann über die **Briefaushändigung** von vornherein eine **abweichende Bestimmung** treffen (§ 60 Abs 2 GBO); sie bedarf der Form des § 29 Abs 1 S 1 GBO. Dann händigt das Grundbuchamt den Brief an denjenigen aus, der in der Bestimmung genannt ist. Die Bestimmung ist nach Eingang beim Grundbuchamt unwiderruflich;[214] ihre Rücknahme ist für das Grundbuchamt unbeachtlich. Nach § 1117 Abs 2 BGB wird die Übergabe des Briefes durch den Grundstückseigentümer an den Hypothekengläubiger durch die Vereinbarung ersetzt, daß der Gläubiger berechtigt sein soll, sich den Brief vom Grundbuchamt aushändigen zu lassen. In diesem Falle erwirbt der Gläubiger die Hypothek sofort mit ihrer Eintragung im Grundbuch,[215] vorausgesetzt, daß die Einigung (§ 873 BGB) schon erfolgt und die zu sichernde Forderung bereits entstanden ist (zur Eintragung der Hypothek im Grundbuch selbst ist dagegen nicht erforderlich, daß die zu sichernde Forderung schon entstanden ist; vgl § 1113 Abs 2 BGB). Eine derartige Vereinbarung hat auch dann die vorersichtliche Wirkung, wenn das Grundbuchamt keine Kenntnis von ihr erhält. Sie bedarf keiner besonderen Form, kann also auch mündlich getroffen werden. Bedeutung der **Aushändigungsabrede** des § 1117 Abs 2 BGB bei Übertragung eines Briefrechts s Derleder.[216] Wegen der Behandlung des Briefs bei in der Zwischenzeit eröffnetem Insolvenzverfahren (vordem Konkurs) s Eickmann[217] und Rdn 121.

2024 kk) Der **Notar** hat die Beteiligten über die vorstehend behandelten Bestimmungen und Folgen der Aushändigung des Hypothekenbriefs zu belehren. Ist bei ihm nur der Grundstückseigentümer erschienen, so genügt es zur Erfüllung der Belehrungspflicht, wenn dieser sich bewußt gewesen ist, daß bei Übergabe des Hypothekenbriefs an den Gläubiger vor Auszahlung des Darlehens eine Gefahr drohen kann, etwa weil der Gläubiger die Hypothek sofort an einen gutgläubigen Dritten abtritt[218] (s auch Rdn 343ff, 2311).

2025 ll) Der **Notar**, der dem Grundbuchamt die für die Eintragung erforderlichen, auch die Anträge vollständig enthaltenden Urkunden lediglich überreicht, gilt nicht ohne weiteres als ermächtigt, den Hypothekenbrief an Stelle des Gläu-

---

[212] RG 135, 206 (208).
[213] AG Essen Rpfleger 1957, 23 mit Anm Bruhn.
[214] Vgl RG 89, 171.
[215] KG JFG 8, 226 (230); KGJ 38 A 283.
[216] Derleder DNotZ 1971, 272; dazu K/E/H/E Rdn 5 zu § 60.
[217] Eickmann Rpfleger 1972, 77 (80).
[218] RG JW 1915, 31 und JW 1932, 3767.

B. Einzelfälle

bigers in Empfang zu nehmen oder über die Aushändigung des Briefes etwas vom Gesetz Abweichendes zu bestimmen[219] (s auch Rdn 184).

mm) Rückgabe des einem nicht zum Empfang Berechtigten versehentlich ausgehändigten Hypothekenbriefs kann gegebenenfalls nach § 33 FGG erzwungen werden.[220] 2026

nn) Spätere Eintragungen, die bei der Hypothek erfolgen (die den Inhalt der Hypothek iS von § 57 Abs 1 GBO betreffenden Eintragungen) sind vom Grundbuchamt von Amts wegen **auf dem Hypothekenbrief** zu **vermerken.** Auch die lastenfreie Abschreibung einer Grundstücksteilfläche (Löschung nach § 46 Abs 2 GBO) ist Eintragung „bei der Hypothek" (Rdn 287); sie ist daher auch auf dem Brief „neuer Art" mit verkürztem Inhalt zu vermerken.[221] Vermerk einer Rangänderung auf dem Brief Rdn 2568. Nur eine nach § 1179 BGB nachträglich bei der Hypothek eingetragene Löschungsvormerkung wird auf dem Brief nicht vermerkt (§ 62 Abs 1 S 2 GBO); für die Eintragung der Löschungsvormerkung ist der Brief daher dem Grundbuchamt nicht vorzulegen (§ 41 Abs 1 S 3 GBO). Das gilt auch für die zugunsten eines nach- oder gleichrangigen Alt- oder Übergangsberechtigten oder für den Gläubiger des eingetragenen Rechts nach Art 8 § 1 Abs 3 ÄndG 1977 (BGBl I 998) noch zulässige Löschungsvormerkung. 2027

oo) Auf (formlosen) **Antrag** ist der **Hypothekenbrief zu ergänzen** (§ 57 Abs 2 GBO), wenn sich die in § 57 Abs 1 S 1 und 2 GBO bezeichneten Angaben ändern (und nicht von Amts wegen Briefvermerk nach § 62 GBO erfolgt), also die Nummer des Grundbuchblatts oder/und die laufende Nummer des belasteten Grundstücks. Antrag auf Briefergänzung kann jeder Briefbesitzer stellen; sein Gläubigerrecht muß er nicht nachweisen. Andere spätere Eintragungen, so Löschungsvormerkungen bei der Hypothek, können auch nicht auf Antrag auf dem Hypothekenbrief vermerkt werden. Eine Löschungsvormerkung ist auch auf einem vor dem 1. 1. 1978 ausgefertigten Hypothekenbrief nicht zu vermerken (Art 8 § 2 ÄndG 1977, BGBl I 998). Weil die Briefergänzung nur auf Antrag erfolgt, hat bei Umschreibung des Grundbuchblatts Aufforderung an den Gläubiger, den Brief zur Berichtigung einzureichen (§ 39 Abs 3 GBV) nicht zu erfolgen. 2028
Der **Vermerk** über eine spätere Eintragung (§ 62 Abs 1 GBO) sowie die Ergänzung des Briefes bei Änderung der in ihm enthaltenen Angaben (§ 57 Abs 2 GBO) wird auf den Brief im Anschluß an den letzten vorhandenen Vermerk oder, wenn hierfür kein Raum mehr vorhanden ist, auf einem mit dem Brief zu verbindenden besonderen Bogen gesetzt (§ 49 GBV). Der Vermerk ist (auch im Falle des § 57 Abs 2 GBO) mit Unterschriften (§ 56 Abs 2 GBO) und Siegel oder Stempel zu versehen (§ 62 Abs 1 GBO); er ist zu datieren. Besonderheiten für Ergänzung des Briefes bei maschineller Grundbuchführung: § 89 GBV.

---

[219] KGJ 23 A 163; K/E/H/E Rdn 2 zu § 60.
[220] OLG Frankfurt Rpfleger 1977, 169.
[221] So auch Böhringer (Vermerk nachträglicher Eintragungen auf „neuen" Grundpfandrechtsbriefen) Rpfleger 1987, 446; Burkhardt (Grundpfandrechtsbriefergänzung bei lastenfreier Abschreibung?), BWNotZ 1987, 111; Gaberdiel (Anmerkung) ZIP 1985, 1261, alle gegen OLG Celle Rpfleger 1985, 398.

2029 **pp) Die Ergänzung eines vor dem 1. 1. 1978** mit umfassenderem Inhalt erteilten **Hypothekenbriefes** bestimmt sich weiterhin nach § 57 GBO in der früheren Fassung. Jedoch soll eine nach diesem Zeitpunkt eingetragene Löschungsvormerkung auch auf Antrag auf dem Brief nicht vermerkt werden (Art 8 § 2 ÄndG 1977, BGBl I 998). § 57 GBO in seiner früheren Fassung lautete:

§ 57 GBO aF

(1) Der Hypothekenbrief soll die Nummer des Grundbuchblatts und einen Auszug aus dem Grundbuch enthalten.
(2) In den Auszug sollen, und zwar in nachstehender Reihenfolge, aufgenommen werden:
a) der Inhalt der die Hypothek betreffenden Eintragungen;
b) die Bezeichnung des belasteten Grundstücks nach dem Inhalt des Grundbuchs;
c) die Bezeichnung des Eigentümers;
d) die kurze Bezeichnung der Eintragungen, die der Hypothek im Range vorgehen oder gleichstehen, unter Angabe des Zinssatzes, wenn er fünf vom Hundert übersteigt.
(3) Der Auszug ist auf Antrag zu ergänzen, wenn sich der Inhalt des Grundbuchs ändert.

2030 **qq) Erteilung eines neuen Briefs** erfolgt nur auf Antrag (§ 67 GBO). Es muß dazu der alte Brief oder ein Ausschlußurteil über diesen vorgelegt werden (§ 67 GBO). Wenn Antrag von einem (nicht eingetragenen) Zessionar gestellt wird, muß nachgewiesen werden, daß er Gläubiger der Hypothek geworden ist; hierfür ist an den Besitz eines Ausschlußurteils nicht die Vermutung geknüpft, daß der Brief übergeben worden ist.[222] Der Nachweis des Gläubigerrechts ist in der Form des § 29 GBO (entspr Anwendung) zu führen.[223] Wegen kriegszerstörter Briefe und der im Zusammenhang mit besatzungsrechtlichen oder besatzungshoheitlichen Enteignungen im Beitrittsgebiet verloren gegangenen Briefe s § 26 GBMaßnG. Der neue Brief hat die Angabe zu enthalten, daß er an die Stelle des bisherigen Briefes tritt. Er wird, auch wenn er an die Stelle eines vor dem 1. 1. 1978 ausgestellten Briefes tritt, nur mit dem (verringerten) Inhalt des § 57 GBO nF ausgefertigt. Die Erteilung des neuen Briefes ist im Grundbuch von Amts wegen zu vermerken (§ 68 Abs 3 GBO). Die nach § 55 Abs 1 GBO dem Antragsteller und dem Eigentümer mitzuteilende Eintragung erfolgt in Spalten 5–7 der Abt III (§ 11 Abs 6 und 8 GBV); sie kann lauten:

Neuer Brief erteilt; eingetragen am ...

Kraftloserklärung von Hypothekenbriefen s Rdn 4321.

2031 **rr) Eintragungsbekanntmachungen** s Rdn 298. Bei einer Briefhypothek kann die Bekanntmachung an den Gläubiger durch Übersendung des über die Hypothek erteilten Briefes erfolgen.[224]

---

[222] Dazu mit Einzelheiten BayObLG 1987, 97 = DNotZ 1988, 111 = Rpfleger 1987, 363; BayObLG 1987, 345 = DNotZ 1988, 120 = Rpfleger 1987, 493.
[223] BayObLG MittRhNotK 1988, 477 = Rpfleger 1988, 477.
[224] KGJ 48, 239; aA Güthe/Triebel Anm 21 zu § 55.

B. Einzelfälle

v) **Vorzeitige Darlehensauszahlung**

Zur Frage, wie ein Geldgeber erreichen kann, daß zugesagte Darlehen oder Kredite, die durch Hypothek oder Grundschuld gesichert werden sollen, ohne vermeidbares juristisches Risiko zum **frühesten Zeitpunkt**, insbesondere vor der **Eintragung, ausgezahlt** werden können, s Wörbelauer DNotZ 1965, 518. Über Kreditsicherung durch Notarbestätigung s ausführlich und mit Mustern Ertl DNotZ 1969, 650 und MittBayNot 1971, 138 sowie MittBayNot 1975, 208 und Musterformulierung samt Erläuterung der Bundesnotarkammer DNotZ 1999, 369. Zur Rangbestätigung für Grundschuldbestellung nach Zuschlag in der Zwangsversteigerung s Sickinger MittRhNotK 1996, 241 und Stöber MittBayNot 2003, 131 (132). Zur Haftung aus Notarbestätigung s DNotZ 1975, 537. Zu beachten ist § 14 Abs 4 BNotO, der dem Notar die Übernahme von Gewährleistungen in diesem Zusammenhang untersagt. Zur Auszahlung an den unbefugten Hypothekenbrief-Überbringer s Neumann-Duesberg BB 1966, 308.

2032

w) **Eigentümergrundschuld**

Eigentümergrundschuld s Rdn 2420. Ist für einen Kreditgeber eine Hypothek eingetragen und ihm der Hypothekenbrief ausgehändigt worden, bevor der Kredit ausbezahlt wurde, so kann ein Zwischenkredit durch Abtretung der (vorläufigen) Eigentümergrundschuld und des Anspruchs auf Briefherausgabe dinglich gesichert werden. Diese Abtretung ist schon vor der Eintragung der Hypothek möglich[225]; s zum Fragenbereich kritisch Winkler NJW 1970, 414.

2033

2. Vollstreckbare Briefhypothek
Rechtsgrundlagen wie hiervor bei Rdn 1911
ferner ZPO § 794 Abs 1 Nr 5, § 800
BeurkG §§ 8 ff, 52

Urkunde:

2034

                              Eingegangen beim Grundbuchamt Boll am ...
Boll   Unterschrift

Verhandelt am ... – mit Worten ... –
Vor mir, dem Notar Arnold mit dem Amtssitz in Boll erscheint heute, persönlich bekannt Herr Adam Mehl, geb am ..., wohnhaft Bergstraße 2, Boll
Er erklärt:
Ich anerkenne, von dem Bäcker Hans Paul Kuch, geb am ..., wohnh in Boll als Darlehen den Betrag von 10 000 € – zehntausend Euro – erhalten zu haben. Das Darlehen ist vom ... an zu 8% jährlich zu verzinsen. Die Zinsen sind halbjährlich nachträglich am 2. Januar und 1. Juli zu entrichten, erstmals am ... Bleibe ich mit den Zinsen länger als vier Wochen in Verzug, so erhöht sich der Zinssatz für den Zeitraum, für den der Rückstand geschuldet wird, um 1% jährlich. Der Gläubiger und ich sind berechtigt, das Darlehen unter Einhaltung einer Frist von sechs Monaten entweder zum 2. Januar oder 1. Juli eines Jahres schriftlich zu kündigen. Der Gläubiger ist berechtigt, die sofortige Rückzahlung des Darlehens ohne Einhaltung einer Kündigungsfrist zu verlangen, wenn ich mit einer Zinszahlung länger als vier Wochen in Verzug gerate. Verzug tritt abweichend von § 286 Abs 3 BGB gemäß § 286 Abs 2 Nr 1 BGB bereits ein, wenn der Schuldner zu diesen kalendermäßig bestimmten Terminen nicht leistet.

---

[225] BGH 53, 60 = DNotZ 1970, 148 = Rpfleger 1970, 59.

2. Teil. V. Dritte Abteilung des Grundbuchs

Zur Sicherstellung der vorstehenden Darlehensforderung des Gläubigers bewillige und beantrage ich für diesen die Eintragung einer Hypothek mit Brief auf meinem im Grundbuch von Boll (Band 1) Blatt 2 gebuchten Grundstück Flurstück 1 Gemarkung Boll.
Zur Geltendmachung der Ansprüche aus der Hypothek bedarf es nicht der Vorlage des Hypothekenbriefs. Eine Kündigung oder Mahnung des Gläubigers darf nicht aus dem Grunde als unwirksam zurückgewiesen werden, weil der Brief nicht vorgelegt wurde. Dies gilt gegenüber dem jeweiligen Grundstückseigentümer und seinem jeweiligen Rechtsnachfolger. Ich bewillige und beantrage, auch dies in das Grundbuch einzutragen.
Ich unterwerfe mich wegen aller Ansprüche des Gläubigers aus dieser Hypothek der sofortigen Zwangsvollstreckung in mein gesamtes Vermögen und in Ansehung der Hypothek auch in der Weise, daß die Zwangsvollstreckung gegen den jeweiligen Grundstückseigentümer zulässig sein soll.
Ich beantrage die Eintragung der dinglichen Zwangsvollstreckungsunterwerfung in das Grundbuch.
Dem Gläubiger soll eine bezüglich der jeweils fälligen Zinsen vollstreckbare Ausfertigung dieser Urkunde sofort erteilt werden. Ich ermächtige ihn, sich jederzeit auch eine bezüglich der Hauptsumme vollstreckbare Ausfertigung dieser Urkunde erteilen zu lassen, ohne daß die Voraussetzungen für Entstehung oder Fälligkeit der Forderung nachgewiesen werden müssen.
Der Hypothekenbrief, verbunden mit einer einfachen Ausfertigung dieser Schuldurkunde, soll dem Gläubiger vom Grundbuchamt unmittelbar ausgehändigt werden.
Vom Notar vorgelesen, von Herrn Adam Mehl genehmigt und eigenhändig unterschrieben wie folgt:

Adam Mehl   Notar Arnold

2035 Grundbucheintragung:

Wortlaut wie bei Rdn 1912 (Betrag: 10 000 €; außerdem 1% Verzugszinsen), nur ist noch besonders im Grundbuch einzutragen:

Der jeweilige Eigentümer ist der sofortigen Zwangsvollstreckung unterworfen.

Literatur: Bühling, Die Ausdehnung der vollstreckbaren Urkunde, DNotZ 1953, 458 (mit 10 Mustern); Dieckmann, Eintragung der Unterwerfung des jeweiligen Grundstückeigentümers unter die Zwangsvollstreckung im Grundbuch, Rpfleger 1963, 267; Dux, Die unwiderrufliche Vollmacht zur Unterwerfung unter die sofortige Zwangsvollstreckung bei Grundschulden, WM 1994, 1145; Feucht, Zweifelsfragen zur vollstreckbaren Urkunde, BWNotZ 1975, 37; Haegele, Zur vollstreckbaren notariellen oder gerichtlichen Urkunde und ihrem Vollzug, Rpfleger 1961, 137 (284); Hill, Vollmacht zur Zwangsvollstreckungsunterwerfung, DNotZ 1960, 306; Knur, Die vollstreckbare notarielle Urkunde über künftige Hypothekenforderungen, MittRhNotK 1972, 449; Lent, Zur Vollstreckung aus notariellen Urkunden, DNotZ 1952, 411; Magis, Die vollstreckbare notarielle Urkunde, MittRhNotK 1979, 111; Münch, Titulierung durch Bezugnahme, DNotZ 1995, 749; Mümmler, Die vollstreckbare Ausfertigung von notariellen Urkunden, JurBüro 1987, 1285; Rendle und Schönsiegel, Hat die Zuschreibung erweiternde Auswirkung auf die dingliche Zwangsvollstreckungsunterwerfung und die dingliche Zwangsvollstreckungsunterwerfungsklausel?, BWNotZ 1973, 30; Schmucker, Zur Bestimmtheit des Zinsanspruchs in vollstreckbaren Urkunden, BWNotZ 1971, 160; Stöber, Vollstreckungsunterwerfung durch einen Bevollmächtigten, Rpfleger 1994, 393; Weber, Materiell- und beurkundungsrechtliche Probleme bei sukzessiver Beurkundung von Angebot und Annahme, MittRhNotK 1987, 37; Werner, Die Rechtsnatur der notariellen Unterwerfungsklausel, DNotZ 1969, 713; Will, Die Umschreibung von Vollstreckungsklauseln bei notariellen Urkunden, BWNotZ 1978, 156; Winkler, Zwangsvollstreckungsunterwerfung bei Vertragsangebot und -annahme, DNotZ 1971, 354; Wolfsteiner, Schuldübernahme und Unterwerfung, DNotZ 1968, 392; Wolfsteiner, Die vollstreckbare Urkunde, 1978; Wolfsteiner, Nochmals: Zur Erteilung vollstreckbarer Ausfertigungen getrennt beur-

B. Einzelfälle

kundeter Angebots- und Annahmeerklärungen, MittRhNotK 1985, 113; Wolfsteiner, Die Zwangsvollstreckung findet aus Urkunden statt, DNotZ 1990, 531; Zawar, Zur Unterwerfungsklausel in der vollstreckbaren Urkunde, FS Lüke (1997) S 993.

a) Der **Schuldner** kann sich wegen der durch die Hypothek gesicherten **Geldforderung** in notarieller Urkunde persönlich der sofortigen Zwangsvollstreckung unterwerfen (§ 794 Abs 1 Nr 5 ZPO). Ebenso kann sich der **Eigentümer** als Besteller der **Hypothek** wegen des dinglichen Anspruchs auf Zahlung aus dem Grundstück (Rdn 1913) in notarieller Urkunde der sofortigen Zwangsvollstreckung unterwerfen (§ 794 Abs 1 Nr 5 ZPO). Gegen ihn wirkt die Unterwerfung auch ohne Eintragung in das Grundbuch.[1] Der Eigentümer kann sich wegen des dinglichen Anspruchs des Hypothekengläubigers auf Zahlung aus dem Grundstück in notarieller Urkunde der sofortigen Zwangsvollstreckung aber auch in der Weise unterwerfen, daß die Zwangsvollstreckung aus der Urkunde **gegen den jeweiligen Eigentümer** des Grundstücks zulässig sein soll (§ 800 Abs 1 ZPO). Diese Unterwerfung bedarf zu ihrer weitergehenden dinglichen Wirkung gegen den jeweiligen Eigentümer der Eintragung in das Grundbuch (§ 800 Abs 1 S 2 ZPO). Dann ist zur Zwangsvollstreckung gegen einen späteren, im Grundbuch eingetragenen Eigentümer die sonst notwendige Zustellung (§ 750 Abs 2 ZPO) der den Erwerb des Eigentums nachweisenden öffentlichen oder öffentlich beglaubigten Urkunde nicht erforderlich (§ 800 Abs 2 ZPO).

2036

b) Die Unterwerfungserklärung ist prozessuale Willenserklärung, gerichtet auf das Zustandekommen eines Vollstreckungstitels, nicht aber Verfügung über das Grundstück;[2] sie untersteht lediglich prozessualen Grundsätzen.[3] Die Unterwerfung unter die sofortige Zwangsvollstreckung hat in der **Urkunde** eines deutschen Notars zu erfolgen.[4] Die Eintragung der Unterwerfungsklausel erfolgt in der Praxis zwar meist auf Grund einer zugleich in öffentlicher Urkunde bewilligten Bestellung der Hypothek (Grundschuld), auf deren Vollstreckbarkeit sich die Klausel bezieht; es genügt jedoch, wenn die Unterwerfungserklärung in einer in Bezug genommenen öffentlichen Urkunde enthalten, die Eintragungsbewilligung in öffentlich beglaubigter Form erklärt ist (Rdn 2049). Die **nachträgliche Eintragung der Unterwerfungsklausel** bei einem auf Grund öffentlich beglaubigter Eintragungsbewilligung bereits eingetragenen Grundpfandrecht setzt nicht voraus, daß auch noch die Bestellung des eingetragenen Grundpfandrechts nunmehr öffentlich beurkundet wird.[5] Einzuhalten sind aber die Bestimmtheitserfordernisse des § 794 Abs 1 Nr 5

2037

---

[1] BGH NJW 1981, 2756; OLG Saarbrücken NJW 1977, 120 Leits.
[2] BGH DNotZ 1985, 474; BayObLG 1970, 258 = DNotZ 1971, 48 = Rpfleger 1970, 443.
[3] BGH DNotZ 1981, 738 (739); BGH 108, 372 (375) = NJW 1990, 258 (259) mit weit Nachw.
[4] BayObLG 1973, 213 = DNotZ 1974, 50 = Rpfleger 1973, 361.
[5] BGH 73, 157 = DNotZ 1979, 342 = NJW 1979, 928 = Rpfleger 1979, 132; OLG Frankfurt (Vorlagebeschluß, mitget) Rpfleger 1978, 294; LG Stade Rpfleger 1977, 261 = MittRhNotK 1977, 215; LG Mannheim BWNotZ 1978, 15 = MittRhNotK 1977, 215; LG Düsseldorf MittRhNotK 1982, 24; **anders** früher: KG DNotZ 1932, 39; OLG München DNotZ 1941, 36 = HRR 1941 Nr 268 = JFG 22, 112; Deimann BWNotZ 1978, 10; noch weitergehend: Grundbuchamt hat formgerechte Unterwerfung überhaupt nicht zu prüfen, Wolfsteiner, Die vollstreckbare Urkunde, § 65.10.

ZPO: Der zu vollstreckende Zahlungsanspruch ist hinreichend bestimmt, wenn er betragsmäßig festgelegt ist oder sich aus der Urkunde ohne weiteres errechnen läßt, wobei es genügt, wenn die Berechnung mit Hilfe offenkundiger aus dem Bundesgesetzblatt oder dem Grundbuch ersichtlicher Umstände möglich ist;[6] im übrigen ist eine Bezugnahme hinsichtlich des Anspruchs, der Zinsen oder ihres Beginns nicht zulässig, soweit sie sich nicht im Rahmen des § 13a BeurkG hält (vgl dazu Rdn 849 Fußn 7).

2038 c) **Zwangsvollstreckungsunterwerfung bei Zustandekommen eines Vertrages** durch Angebot und Annahme s Rdn 902.

2039 d) Vollstreckungsunterwerfung kann für den Schuldner und für den jeweiligen Eigentümer auch durch einen gesetzlichen oder bevollmächtigten **Vertreter** erfolgen.[7] Der zur Vertretungsberechtigung vorgelegte Nachweis (Ausweis über die Berechtigung des gesetzlichen Vertreters oder Vollmacht) soll der Niederschrift in Urschrift oder beglaubigter Abschrift beigefügt werden (§ 12 S 1 BeurkG; dort S 2 zur Notarbestätigung über die in einem Register eingetragene Vertretungsberechtigung). Bei Unterwerfung durch einen (bevollmächtigten) **Vertreter** darf gegen den Vertretenen eine vollstreckbare Ausfertigung nur erteilt werden, wenn die Bevollmächtigung durch öffentliche oder öffentlich beglaubigte Urkunde nachgewiesen ist.[8] Die Abgabe der Unterwerfungserklärung durch einen **vollmachtlosen Vertreter** hat das RG zugelassen.[9] Der Vertretene muß dann in beglaubigter Form die Erklärung des Vertreters bestätigen.[10] Vorher darf der Notar eine vollstreckbare Ausfertigung nicht erteilen,[11] auch nicht (im Hinblick auf § 179 BGB) gegen den vollmachtlosen Vertreter.[12] Die Vertretungsmacht ist für Erteilung der Vollstreckungsklausel auch zu prüfen, wenn sich eine KG durch den Geschäftsführer der persönlich haftenden Gesellschafterin (GmbH) der sofortigen Zwangsvollstreckung unterworfen hat.[13]

---

[6] BGH DNotZ 2001, 696 Leits mit Anm Wolfsteiner; BGH DNotZ 1995, 770 = NJW 1995, 1162 = Rpfleger 1995, 366 mit Anm Münzberg; dazu kritisch Münch DNotZ 1995, 749.

[7] Dazu näher Stöber Rpfleger 1994, 393; zur Belastungsvollmacht Rdn 3555. Unwirksamkeit der ZwV-Unterwerfung bei Nichtigkeit der Vollmacht infolge Nichtigkeit des Treuhandvertrags wegen Verstoßes gegen Art 1 § 1 Abs 1 S 1 RBerG (§ 134 BGB) BGH (26. 3. 2003, IV ZR 222/02) BGH-Report 2003, 764 = ZfIR 2003, 478 sowie Rdn 3231 mit Fußn 143. Kritisch aber Paulus und Henkel NJW 2003, 1692.

[8] LG Bonn Rpfleger 1990, 374; LG Essen MittBayNot 1973, 353 = Rpfleger 1973, 324; Stöber Rpfleger 1994, 393; Zöller/Stöber Rdn 31a zu § 794 ZPO.

[9] RG 146, 308 = DNotZ 1935, 294. Ebenso OLG Celle OLG 20, 348; LG Berlin MittRhNotK 1973, 359; LG Bonn Rpfleger 1990, 374; LG Essen Rpfleger 1973, 324 = aaO; Haegele Rpfleger 1961, 137 (138); anders KG DNotZ 1935, 194.

[10] Stöber Rpfleger 1994, 393 (395); RG 146, 308 (313); LG Köln DNotZ 1935, 193.

[11] BayObLG 1964, 75 = DNotZ 1964, 573 = Rpfleger 1965, 17 und OLG Zweibrücken MittRhNotK 1970, 137, s auch Hill DNotZ 1960, 306 und Wolfsteiner MittRhNotK 1985, 113 (114).

[12] Gutachten DNotI-Report 1999, 127.

[13] Anders OLG Köln OLGZ 1969, 68, nicht richtig. Erteilung der Vollstreckungsklausel erfordert wirksamen Bestand des Vollstreckungstitels; das ist zu prüfen (Prüfung erfordert § 724 und § 797 Abs 2 ZPO). Wirksamkeit der Vollstreckungsunterwerfung der KG gebietet daher (Nachweis und) Prüfung der Vertretungsmacht des Geschäftsführers der Komplementär-GmbH.

B. Einzelfälle

e) Die Zwangsvollstreckungsunterwerfung eines **Nichtberechtigten** im eigenen 2040
Namen kann nach bisher hM durch Zustimmung des Berechtigten nach
§ 185 BGB nicht wirksam werden.[14] Wird ein Grundstück verkauft und
durch den Käufer zur Kaufpreisfinanzierung ein Grundpfandrecht mit dinglicher Unterwerfung bestellt, das noch **vor** Eigentumsübergang eingetragen
werden soll (zur Eintragung von da an Rdn 2049), so genügt bloße Zustimmung des Eigentümers zur Eintragung des Grundpfandrechts, nicht aber zur
Eintragung der Zwangsvollstreckungsunterwerfung; diese ist vom Eigentümer
zu wiederholen.[15]

f) Ebenso wie nur eine bestimmte Geldforderung durch Hypothek sicherbar 2041
ist (Rdn 1925; zu den Zinsen Rdn 1935 mit 1957) kann sich der Schuldner
der Zwangsvollstreckung nur wegen eines **bestimmten** Zahlungs- und/oder
dinglichen Anspruchs unterwerfen. Unter dieser Voraussetzung ist auch eine
künftige oder bedingte[16] Forderung unterwerfungsfähig,[17] damit (bei bestimmter Bezeichnung des Zeitpunkts des Bedingungseintritts, Rdn 1963)
auch der Anspruch auf weitergehende Zinsen, wenn sich der Normalzinssatz
einer Hypothekenforderung bei Eintritt gewisser Umstände erhöht. Das gilt
auch dann, wenn der Zinssatz für den Verzugsfall auf den Basiszinssatz ausgerichtet ist, der sich nicht selbst aus der Urkunde ergibt.[18]

Zulässig ist Zusammenfassung von Zinsen aus verschiedenartigem Rechts- 2042
grund und unbedingter mit bedingten Zinsen zu einem (bestimmten) Höchstzinssatz in der Unterwerfungserklärung.[19] Die Erklärung, daß sich der
Schuldner „bis zu" einem Höchstzinssatz der sofortigen Zwangsvollstreckung
unterwirft, ist daher wirksam und nach § 800 Abs 1 ZPO eintragungsfähig.[20]
Zwangsvollstreckungsunterwerfung in der Weise, daß die Verzinsung der
Hypothek mit der Eintragung im Grundbuch beginnen soll, ist als bestimmt

---

[14] KG DNotZ 1988, 238 = NJW-RR 1987, 1229.

[15] BayObLG 1970, 254 (258) = NJW 1971, 514; OLG Frankfurt Rpfleger 1972, 140 mit Anm Winkler; Werner DNotZ 1969, 713; aA Wolfsteiner NJW 1971, 1141; ders, Die vollstreckbare Urkunde, § 12.20; auch OLG Köln DNotZ 1980, 628 = MittRhNotK 1980, 163 = Rpfleger 1980, 222 sowie Rpfleger 1991, 13, das Einwilligung (185 Abs 1 BGB), nicht aber Genehmigung (§ 185 Abs 2 BGB) für Grundschuldbestellung und Unterwerfungserklärung für möglich erachtet. Erwerb des Grundstücks durch den Schuldner, der die ZwV-Unterwerfung vor Eigentumsübergang als Nichtberechtigter erklärt hat (§ 185 Abs 2 BGB), wird jedoch (zutreffend) allgemein als ausreichend erachtet, s zB BGH 108, 372 (376): Eintragung als Eigentümer bei Eintragung der Unterwerfungserklärung ist ausreichend (s auch Rdn 2049). Auch BayObLG MittBayNot 1992, 190 = MittRhNotK 1992, 86 = Rpfleger 1992, 99 neigt jetzt der Anwendbarkeit von § 185 BGB zu.

[16] Bestimmung der Anspruchshöhe im Klauselerteilungsverfahren (§ 726 ZPO), wenn sich die (endgültige) Höhe der in der Urkunde (betragsmäßig bestimmten) Geldsumme erst aus bestimmten zukünftigen Tatsachen ergibt, s KG DNotZ 1983, 681; auch LG Köln MittRhNotK 1985, 10.

[17] RG 132, 6; BGH 88, 62 = aaO (Fußn 19) mit Nachw; LG Köln MittRhNotK 1985, 10 (bedingte Zinsen).

[18] OLG Düsseldorf Rpfleger 1977, 67.

[19] BGH LM BGB § 607 Nr 38 = MDR 1979, 915 (916); BGH 88, 62 = DNotZ 1983, 679 = NJW 1983, 2262 = Rpfleger 1983, 408.

[20] BGH 88, 62 = aaO; anders Vorlagebeschluß des OLG Stuttgart DNotZ 1983, 52 = (mitget) Rpfleger 1983, 6.

zulässig.[21] Der Zinsbeginn muß sich aus der Urkunde selbst[22] mit genügender Bestimmtheit ergeben oder mit Hilfe offenkundiger,[23] insbesondere aus dem Grundbuch ersichtlicher Daten, feststellbar sein. Unterwerfung mit Verzinsungsbeginn „ab dem Tag der Auszahlung des Darlehens" ist nur dann bestimmt, wenn dieser Tag kalendermäßig festgelegt ist (Rdn 1957).

2043 Eintragung einer dinglichen Unterwerfungserklärung, die dem Bestimmtheitserfordernis widerspricht, wäre inhaltlich unzulässig (§ 53 Abs 1 GBO).[24]

2044 g) aa) Auch nur wegen eines **Teilbetrags** der Hypothekenforderung kann sich der Schuldner persönlich und der Eigentümer wegen des dinglichen Anspruchs der sofortigen Zwangsvollstreckung unterwerfen. Als prozessuale Willenserklärung erfordert Teilunterwerfung betragsmäßig bestimmte Bezeichnung des Teils des Zahlungs- und/oder Duldungsanspruchs (auch hinsichtlich Zinsen und Nebenleistungen), für den die Urkunde als Vollstreckungstitel erstellt wird (§ 794 Abs 1 Nr 5 ZPO). Teilung des Rechts kann für Eintragung der Unterwerfung unter die Zwangsvollstreckung mit Wirkung gegen den jeweiligen Grundstückseigentümer (§ 800 Abs 1 ZPO) nur wegen eines Teilbetrags der Hypothek nicht gefordert werden.[25] Zulässig ist auch Unterwerfung wegen eines „zuletzt zu zahlenden Teilbetrags" des Grundpfandrechts (und deren Eintragung; ist Verrechnungsabrede[26]). Mit Unterwerfungserklärung nur wegen eines Teilbetrags werden Zahlungsbedingungen[27] für einen Forderungs- und Hypothekenteil nicht abweichend vereinbart. Änderung des Inhalts eines Teils der Hypothek, die Teilung des Rechts zur Folge hätte, bewirkt die Unterwerfungserklärung daher nicht.[28] Als Vollstreckungstitel hat die Unterwerfungserklärung, ebenso wie ein Leistungs- oder Duldungsurteil nur über einen Teilbetrag der Forderung und/oder des dinglichen Anspruchs, nur erkennbar zu machen, welcher Teil des Gesamtanspruchs Vollstreckungsanspruch sein soll,[29] diesen somit (betragsmäßig) bestimmt zu bezeichnen. Mehr erfordert auch Eintragung der Unterwerfung in das Grundbuch (§ 800 Abs 1 S 2 ZPO) nicht; sie schafft dingliche Wirkung gegen den jeweiligen Eigentümer zur Erleichterung des Vollstreckungsbeginns bei Rechtsnachfolge (§ 800 Abs 2 ZPO), begründet aber keine weitergehenden Anforderungen an die Unterwerfungserklärung als (urkundliche) Grundlage der

---

[21] OLG Stuttgart DNotZ 1974, 358 = OLGZ 1973, 284 = Rpfleger 1973, 222. Zur Angabe des Zinsbeginns bei Unterwerfung s auch LG Stuttgart BWNotZ 1974, 134.
[22] BGH DNotZ 2000, 635 = NJW 2000, 951.
[23] BGH DNotZ 2001, 379 = NJW-RR 2000, 1358 = Rpfleger 2000, 399.
[24] BGH 88, 62 = aaO (Fußn 19).
[25] BGH 108, 372 = aaO (Fußn 26); BayObLG 1985, 141 = DNotZ 1985, 476 = Rpfleger 1985, 355; OLG Hamm DNotZ 1988, 233 mit Anm Wolfsteiner = NJW 1987, 1090 = Rpfleger 1987, 59 (unter Aufgabe von DNotZ 1984, 489 = Rpfleger 1984, 60); LG Lübeck MDR 1986, 1037.
[26] BGH 108, 372 = DNotZ 1990, 586 mit abl Anm Wolfsteiner = JR 1990, 366 mit Anm Probst = NJW 1990, 258 = Rpfleger 1990, 16; OLG Hamm DNotZ 1988, 233 mit (insoweit) ablehnender Anmerkung Wolfsteiner = NJW 1987, 1090 = Rpfleger 1987, 59; Zöller/Stöber Rdn 22 zu § 800 ZPO.
[27] Zur Änderung der Zahlungsbestimmungen Rdn 2508 ff.
[28] So nun auch OLG Hamm DNotZ 1988, 233 = aaO; anders noch OLG Hamm DNotZ 1984, 489 = aaO und OLG Köln aaO.
[29] Zur Abgrenzung bei Teilklage Zöller/Greger Rdn 15 zu § 253 ZPO.

B. Einzelfälle

Zwangsvollstreckung. Wenn die Zwangsversteigerung nur wegen eines (vollstreckbaren) Teils der Hypothek betrieben wird, wird auch der (weitergehende) nicht vollstreckbare Teil des Rechts nicht in das geringste Gebot aufgenommen.[30] Die Hypothek erlischt dann vielmehr insgesamt durch den Zuschlag (§ 91 Abs 1 ZVG). Zu unterscheiden von der Unterwerfung nur wegen eines Teilbetrags ist die auf einen „rangmäßig" abgespaltenen (zB letztrangigen) Teilbetrag beschränkte Unterwerfungserklärung (und deren Eintragung); sie kann ohne Teilung des Grundpfandrechts nicht erfolgen[31] (kein unterschiedlicher Rang für ein Grundpfandrecht, Rdn 1916).

bb) Wenn gewährleistet sein soll, daß bei Zwangsversteigerung nur wegen eines Teils des Grundpfandrechts der nicht vollstreckbare Teil in das geringste Gebot aufgenommen wird und bestehen bleibt (§ 44 Abs 1, § 91 Abs 1 ZVG), genügt es nicht, daß sich der Eigentümer nur wegen eines Teils des dinglichen Anspruchs der Zwangsvollstreckung unterwirft. Der (nicht vollstreckbare) Teil der Hypothek, der bestehen bleiben soll, muß dann vielmehr **mit Vorrang vor dem Rest** des Rechts verselbständigt werden. Er findet dann als dem Anspruch des Gläubigers „vorgehendes Recht" Aufnahme in das geringste Gebot (§ 44 Abs 1 ZVG). Das erfordert Aufspaltung der Hypothek in einen erstrangigen und einen letztrangigen Teilbetrag durch Teilung der Hypothek in zwei Hypotheken mit verschiedenem Rang und Zwangsvollstreckungsunterwerfung nur für den dann verselbständigten letztrangigen Teil. Zu dieser Teilung eines Grundpfandrechts mit Rangänderung s Rdn 2409 ff; sie ist in gleicher Weise auch ohne Gläubigerwechsel (Teilabtretung) möglich. 2045

h) Ein im gesetzlichen Güterstand der Zugewinngemeinschaft lebender Ehegatte bedarf zur Zwangsvollstreckungsunterwerfung nicht der Mitwirkung des anderen Ehegatten. Noch mehr gilt dies bei Gütertrennung.[32] Bei Gütergemeinschaft bedarf es dagegen (Einzel- und Besonderheiten s Rdn 2214) eines Vollstreckungstitels gegen beide Ehegatten, wenn beide Gesamtgutsverwalter sind oder der nicht verwaltende Ehegatte der Verwalterhandlung zustimmen hätte müssen.[33] 2046

Diese Randnummer ist entfallen. 2047

i) Von der dinglichen Unterwerfung (in Ansehung der Hypothek) und der Unterwerfungsklausel nach § 800 Abs 1 ZPO ist die häufig gleichzeitig erklärte (persönliche) Vollstreckungsunterwerfung in das gesamte Vermögen zu unterscheiden.[34] 2048

k) Die **Unterwerfung** unter die Zwangsvollstreckung mit Wirkung gegen den jeweiligen Grundstückseigentümer muß **in das Grundbuch selbst eingetragen** werden (§ 800 Abs 1 Satz 2 ZPO). Bezugnahme auf die Eintragungsbewilligung ist nicht ausreichend. Die Eintragung erfolgt auf Antrag des Eigentümers oder Gläubigers (§ 13 Abs 1 GBO) und Bewilligung des Eigentümers 2049

---

[30] Stöber Rdn 4.3 zu § 44 ZVG.
[31] So zutreffend daher im Ergebnis OLG Hamm DNotZ 1984, 489 = aaO und OLG Köln MittRhNotK 1985, 105; auch Wolfsteiner DNotZ 1988, 234 (235); anders Muth JurBüro 1984, 9 und 175.
[32] S auch BGH DNotZ 1953, 595 = NJW 1953, 1342.
[33] Vgl Bengel MittBayNot 1976, 210.
[34] OLG Düsseldorf Rpfleger 1977, 67; BGH ZfIR 2003, 153.

(§ 19 GBO), die nicht entbehrlich ist, aber auch gesondert in öffentlich beglaubigter Urkunde enthalten sein kann,[35] in Verbindung mit der vollstreckbaren Urkunde, die in der Eintragungsbewilligung in Bezug genommen und ihr hinzugefügt ist.[36] Der Grundpfandgläubiger braucht die Eintragung der Unterwerfung nicht zu bewilligen, auch nicht, wenn sie nachträglich und nur hinsichtlich eines Teilbetrags des Rechts (ohne Bestimmung über den Rang des Teilbetrags) erfolgt.[37] Der Eintragung steht nicht entgegen, daß der sich Unterwerfende im Zeitpunkt der Abgabe der Unterwerfungserklärung noch nicht Eigentümer des Grundstücks war, sondern dieses erst später zu Eigentum erworben hat,[38] vorausgesetzt natürlich, daß er im Zeitpunkt der Eintragung Grundstückseigentümer ist. Die Unterwerfungsklausel wird, wenn sie gleichzeitig mit der Hypothek eingetragen wird, in Spalte 4, sonst in Spalte 7 vermerkt. Die Eintragung ist bereits vor Auszahlung des Gegenwerts zulässig.[39]

2050 Der **Eintragungsvermerk** im Grundbuch lautet üblicherweise:

> Vollstreckbar nach § 800 ZPO

Diese (zulässige[40]) Fassung verwenden die Eintragungsmuster in der Anlage zur GBV. Zulässig wäre auch

> Sofort vollstreckbar gegen den jeweiligen Grundstückseigentümer

oder Der jeweilige Eigentümer ist der sofortigen Zwangsvollstreckung unterworfen.

Bei Unterwerfung wegen eines zuletzt zu zahlenden Teilbetrags kann der Eintragungsvermerk (nach BGH 108, 372, s Rdn 2044) lauten:

> Vollstreckbar nach § 800 ZPO wegen des zuletzt zu zahlenden Teilbetrags von ... € nebst Zinsen hieraus.

Als zulässig (und korrekt) anzusehen ist auch:

> Teilweise vollstreckbar nach § 800 ZPO.

Der Eintragung bedarf die Unterwerfung für erleichterte Durchsetzung des Rechts gegen den jeweiligen (jeden später im Grundbuch eingetragenen) Eigentümer nach Maßgabe von § 800 Abs 2 ZPO (zur Folge hat sie [ausschließliche, § 802 ZPO] Zuständigkeit für Klagen nach § 800 Abs 3 ZPO). Daß

---

[35] BayObLG 1974, 30 = DNotZ 1974, 376 = Rpfleger 1974, 159.
[36] BayObLG 1974, 30 = aaO (Fußn 35); BayObLG MittRhNotK 1985, 124; BayObLG 1973, 213 = aaO (Fußn 4); aA K/E/H/E Rdn 70 zu § 19; Wolfsteiner, Die vollstreckbare Urkunde, Rdn 65.10: Grundbuchamt hat formgerechte Unterwerfung nicht zu prüfen. Notwendig ist Bezugnahme auf die Urkunde und Vorlage daher nicht. Zur Auslegung der in einer notariellen Urkunde enthaltenen Eintragungsbewilligung für die Unterwerfungsklausel auch als vollstreckbare Unterwerfungserklärung s LG Düsseldorf MittRhNotK 1982, 24.
[37] BayObLG MittRhNotK 1985, 124.
[38] BGH 108, 372 (376) = aaO; BayObLG DNotZ 1987, 216 = (mitget) Rpfleger 1987, 152; KG DNotZ 1988, 238 = NJW-RR 1987, 1229; OLG Saarbrücken DNotZ 1977, 624 = NJW 1977, 1202 = Rpfleger 1977, 373.
[39] KG HRR 1928 Nr 2318.
[40] OLG Köln Rpfleger 1974, 150; LG Nürnberg-Fürth Rpfleger 1966, 338; Musielak/Lackmann Rdn 7; Schuschke/Walker Rdn 5; Zöller/Stöber Rdn 11, je zu § 800 ZPO; Bedenken bei Dieckmann Rpfleger 1963, 267; dagegen Thomas/Putzo Rdn 4 zu § 800 ZPO; Wolfsteiner, Die vollstreckbare Urkunde, § 65.15.

B. Einzelfälle

gegen jeden später eingetragenen Eigentümer die Zwangsvollstreckung aus der gegen ihn als Rechtsnachfolger (§ 727 ZPO) vollstreckbaren Urkunde erleichtert zulässig ist, stellt der Vermerk mit diesem Wortlaut dar; für Offenlegung, daß es der Zustellung der Erwerbsurkunde nicht bedarf (§ 800 Abs 2 ZPO), erfordert Eintragung darüber hinaus nicht auch noch Angabe des vollstreckbaren Teilbetrags, über den die Urkunde als (dinglicher) Vollstreckungstitel (§ 794 Abs 1 Nr 5 ZPO) errichtet ist, und der Verrechnungsbestimmung.

Unzulässig ist die Fassung: Die sofortige Zwangsvollstreckung ist zulässig.

Wird die tatsächlich erklärte und zur Eintragung beantragte Zwangsvollstreckungsunterwerfung **versehentlich nicht** in das Grundbuch **eingetragen**, so ist der gestellte Antrag unvollständig erledigt. Die Eintragung muß dann nachträglich noch vorgenommen werden; die Voraussetzungen für die Eintragung eines Amtswiderspruchs sind nicht gegeben. 2051

Wird die Zwangsvollstreckungsunterwerfung **erst später erklärt**, so kann sie ohne Zustimmung der gleich- und nachstehenden Berechtigten aus Abt II und III des Grundbuchs eingetragen werden, da die Klausel den Umfang der Belastung nicht ändert. 2052

Jede Erweiterung der Leistungspflicht des Grundstückseigentümers, also nicht etwa nur eine Erhöhung des Zinssatzes, durch eine vollstreckbare Urkunde erfordert in der Spalte Veränderungen erneute Eintragung der Unterwerfungsklausel.[41] Dieser Neueintragung bedarf es nur dann nicht, wenn durch eine nachträgliche Vereinbarung die Verpflichtung des Schuldners lediglich eingeschränkt werden soll.[42] 2053

l) Der **Inhalt der Vollstreckungsklausel** ist in §§ 725 ff ZPO festgelegt. Der **Gläubiger** muß in der Vollstreckungsklausel angegeben werden, Bezeichnung des Schuldners ist nur dann erforderlich, wenn er mit dem in der Urkunde bezeichneten Schuldner nicht übereinstimmt.[43] Siegelung der vollstreckbaren Ausfertigung ist erforderlich.[44] In § 52 BeurkG ist lediglich bestimmt, daß vollstreckbare Ausfertigungen nach den dafür bestehenden Vorschriften erteilt werden. 2054

Die Klauselerteilung kann mit der Begründung, das Rechtsgeschäft sei nichtig (Schwarzkaufpreis), nicht abgelehnt werden, da die prozessuale Unterwerfungserklärung unabhängig vom Bestand der sachlichrechtlichen Verpflichtung wirksam ist;[45] im Klauselerteilungsverfahren sind Einwendungen gegen den sachlichen Anspruch grundsätzlich nicht zu prüfen;[46] ist aber offenkun- 2055

---

[41] KGJ 52 A 190.
[42] KG Berlin DNotZ 1954, 199; BGH DNotZ 1965, 544.
[43] Zur namentlichen Bezeichnung des Schuldners und des Gläubigers im Vollstreckungstitel s LG Hamburg Rpfleger 1958, 276; LG Mannheim und LG Bielefeld Rpfleger 1958, 277; Bull Rpfleger 1958, 245.
[44] RG 46, 364; KGJ 43 A 23.
[45] BGH DNotZ 1985, 474 gegen OLG Düsseldorf DNotZ 1983, 686; LG Düsseldorf MittBayNot 1977, 252 = MittRhNotK 1977, 134.
[46] BGH aaO („Schwarzkaufpreis"); vgl auch LG Duisburg MittRhNotK 1984, 27; LG Aachen MittRhNotK 1985, 9; OLG Frankfurt DNotZ 1989, 105 = OLGZ 1989, 418 (ob der Anspruch noch besteht, ist nicht zu prüfen); OLG Oldenburg DNotZ 1995, 145 = OLGZ 1994, 499; auch Zöller/Stöber Rdn 5a zu § 797 ZPO.

dig, daß der Gläubiger befriedigt ist (zB weil der Notar an ihn aus hinterlegtem Betrag geleistet hat), darf Vollstreckungsklausel nicht erteilt werden.[47] Nach § 54 BeurkG ist gegen die Ablehnung der Erteilung der Vollstreckungsklausel die Beschwerde gegeben.[48]

2056 Bezeichnung des **Umfangs der Haftung** des Schuldners ist in der vollstreckbaren Ausfertigung regelmäßig nicht erforderlich, da die Verbindlichkeit sich aus der Urkunde selbst ergibt. Ob die dingliche Vollstreckungsklausel bereits **vor Eintragung** der Hypothek erteilt werden kann, ist streitig, wird aber mit der Rechtsprechung[49] und der Mehrheit der Literatur[50] zu bejahen sein. Ist eine Unterwerfung unter die sofortige Zwangsvollstreckung wegen eines künftigen Anspruchs möglich,[51] so muß das Vollstreckungsverfahren vom Schuldner auch so ausgestaltet werden können, daß die Entstehung des Anspruchs noch nicht im Klauselerteilungsverfahren (Nachweispflicht des Gläubigers), sondern erst im Vollstreckungsverfahren (durch das Vollstreckungsgericht) zu prüfen ist.[52] Erklärt der Schuldner also, daß die Vollstreckungsklausel sofort nach Beurkundung zu erteilen sei, so kann der Notar auch wegen der Hypothek die vollstreckbare Ausfertigung erteilen. Haben Grundstücksveräußerer und Grundstückserwerber in gemeinsamer notarieller Urkunde sich (dinglich) der Zwangsvollstreckung unterworfen, so kann demnach Vollstreckungsklausel gegen den Grundstücksveräußerer und zugleich gegen den Grundstückserwerber erteilt werden, sofern dieser Erteilung der vollstreckbaren Ausfertigung schon vor Eigentumsübergang erlaubt hat. Ist vollstreckbare Ausfertigung der Urkunde, in der sich Veräußerer und Erwerber (dinglich) der Zwangsvollstreckung unterworfen haben, ohne Einschränkung erteilt (ohne daß ein Schuldner bezeichnet wurde), so bedarf es nach Eigentumsübergang einer Klauselumschreibung auf den Erwerber nicht mehr.[53]

2057 Hat der Antragsteller nach § 51 BeurkG keinen Anspruch auf Erteilung einer einfachen Ausfertigung, so darf ihm der Notar eine vollstreckbare Ausfertigung nicht erteilen.[54] Der aus einer vollstreckbaren Urkunde berechtigte

---

[47] BayObLG DNotZ 2000, 368 = NJW-RR 2000, 1663 und DNotZ 1998, 194; Wolfsteiner DNotZ 1978, 681 gegen LG Kleve DNotZ 1978, 680; s auch LG Passau MittBayNot 1986, 99; zur Vollstreckungsklausel, wenn der Kaufpreis auf Notaranderkonto zu hinterlegen ist, OLG Düsseldorf DNotZ 1991, 536 mit Anm Wolfsteiner; dagegen OLG Frankfurt DNotZ 1990, 105 = OLGZ 1989, 418 und JurBüro 1997, 544 = MittRhNotK 1997, 269; Zöller/Stöber aaO.

[48] S auch Jansen DNotZ 1966, 267 und Schneider DNotZ 1966, 16. Zur Zulässigkeit der weiteren Beschwerde nach §§ 27 ff FGG gegen die Entscheidung des Landgerichts s BayObLG MittBayNot 1970, 100 und LG Zweibrücken DNotZ 1971, 765.

[49] KG DNotZ 1933, 569; KG DNotZ 1934, 422.

[50] Niederhoff JW 1933, 680; Wolfsteiner, Die vollstreckbare Urkunde, § 72.4; KG DNotZ 1988, 238; abl Wullner JW 1932, 3744; Lange JW 1934, 2164; Schöner MittBayNot 1975, 154 (diese Meinung ist nicht aufrechterhalten).

[51] Einhellige Meinung, so schon RG 132, 6.

[52] So KG DNotZ 1934, 422; ähnlich Wolfsteiner, Die vollstreckbare Urkunde, § 36.7.

[53] KG DNotZ 1988, 238 = NJW-RR 1987, 1229 = OLGZ 1987, 424; Zöller/Stöber Rdn 7 zu § 800 ZPO.

[54] OLG Celle DNotZ 1974, 484 = NdsRpfl 1974, 128; OLG Düsseldorf RNotZ 2001, 298 = ZNotP 2001, 245; OLG Hamburg DNotZ 1987, 356; OLG Hamm DNotZ 1988, 241 = NJW-RR 1987, 1404; OLG Schleswig MDR 1983, 761; LG Frankfurt DNotZ 1985, 479 mit Anm Wolfsteiner; so auch Wolfsteiner, Die vollstreckbare Ur-

B. Einzelfälle

Gläubiger verliert seinen Anspruch auf Erteilung einer vollstreckbaren Ausfertigung, wenn der sich der Zwangsvollstreckung unterwerfende Schuldner die an den Notar gerichtete Ermächtigung, dem Gläubiger eine (vollstreckbare) Ausfertigung zu erteilen, widerruft, bevor dem Gläubiger eine (einfache) Ausfertigung erteilt worden ist.[55]

Auch allein wegen der **Zinsen** kann nach Zahlung der Hauptschuld eine Vollstreckungsklausel erteilt werden, ohne daß der Gläubiger Grund und Höhe der Zinsforderung nach § 726 ZPO zu beweisen hätte.[56] Ist für die Erteilung der Vollstreckungsklausel auf den Nachweis der Voraussetzungen für Entstehen und Fälligkeit der Forderung verzichtet, kann auch für Verzugszinsen ohne weitere Nachweise die vollstreckbare Ausfertigung erteilt werden,[57] jedoch nur, wenn auch dieser Zinsbeginn sich aus der Urkunde selbst, zB durch Angabe eines (Mindest-)Datums, ergibt (s Rdn 2041, 2042). 2058

Fassung der Vollstreckungsklausel wegen des persönlichen Zinsanspruchs 2059

> Vorstehende mit der Urschrift übereinstimmende Ausfertigung wird dem Gläubiger X zum Zwecke der Zwangsvollstreckung (genügend auch: ‚zur Zwangsvollstreckung') hinsichtlich der jeweils fälligen Zinsen hiermit erteilt.
> Boll, den ...   Notar ...

Über eine **erst nach Kündigung fällig gewordene Kapitalsumme** (Beispiel: Darlehen für künftige Kaufpreisforderung mit Zinsen ab dem „Tag der Hingabe des Darlehens"[58]) kann die Vollstreckungsklausel nur erteilt werden, wenn der Gläubiger die eingetretene Fälligkeit des Kapitals durch öffentliche Urkunde nachgewiesen hat. Fassung der Vollstreckungsklausel in einem solchen Falle etwa: 2060

> Vorstehende Ausfertigung stimmt mit der Urschrift überein. Sie wird dem Gläubiger X jetzt auch zum Zwecke der Zwangsvollstreckung wegen des Kapitals von 1000 € erteilt. Die Kündigung dieses Kapitals ist nachgewiesen durch Brief des Gläubigers an den Schuldner vom ... nebst Postzustellungsurkunde des Gerichtsvollziehers G vom ...

Der Schuldner kann jedoch im **voraus** auf den **Nachweis** der Tatsache, daß die Forderung überhaupt entstanden oder fällig geworden ist, **verzichten** und den Gläubiger ermächtigen, sich eine bezüglich der Hauptsumme vollstreckbare Ausfertigung jederzeit ohne urkundlichen Nachweis der Tatsachen, auf Grund deren die Forderung entstanden oder fällig geworden ist, erteilen zu lassen.[59] Dieser Verzicht muß deutlich zum Ausdruck kommen. Formulierung

---

kunde, § 34; Ertl Rpfleger 1980, 41 (47); Zöller/Stöber Rdn 2 zu § 797 ZPO; streitig; aA Röll DNotZ 1970, 147; Winkler NJW 1971, 652; Winkler, Rdn 33 zu § 52 BeurkG; LG München II MittBayNot 1979, 192; LG Kempten MittBayNot 1986, 142.
[55] OLG Hamm DNotZ 1988, 241 = aaO; LG Lüneburg NJW 1974, 506.
[56] AA BayObLG DNotZ 1976, 366 (nicht zutreffend).
[57] OLG Düsseldorf DNotZ 1977, 413.
[58] BGH NJW 1981, 2756.
[59] BGH NJW 1981, 2756; KG DNotZ 1933, 571; OLG Celle DNotZ 1969, 104; OLG Düsseldorf DNotZ 1977, 413 = Rpfleger 1977, 67; s aber auch Wolpers DNotZ 1951, 278. Zur Beweislast bei Vollstreckungsgegenklage in diesem Fall s BGH aaO. Wolfsteiner in Kersten/Bühling § 21 Rdn 9 ff warnt zu Recht vor allzu schnellem Verzicht auf jeglichen Nachweis.

„Dem Gläubiger ist ohne den Nachweis der Fälligkeit jederzeit auf Antrag vollstreckbare Ausfertigung zu erteilen" genügt für sich allein nicht.[60] Dagegen bedeutet nach Ansicht des KG[60] der meist am Schluß der Verhandlung beurkundete Antrag des Schuldners, dem Gläubiger eine vollstreckbare Ausfertigung zu erteilen, daß dem Gläubiger schon vor der Entstehung des Anspruchs vollstreckbare Ausfertigung erteilt werden kann. Das OLG Düsseldorf[61] hat das Einvernehmen zur Erteilung der vollstreckbaren Ausfertigung „ohne besondere Nachweise" genügen lassen. Der Nachweisverzicht bewirkt keine Beweislastumkehr für Einwendungen gegen den vollstreckbaren Anspruch,[62] verstößt somit nicht gegen § 309 Nr 12 BGB (= früher § 11 Nr 15 AGBG)[63] (im Rahmen von Bauträgerverträgen jedoch Verstoß gegen MaBV und AGB-Recht (§ 307 Abs 2 BGB; s Rdn 3220).
Die Erteilung der Vollstreckungsklausel wegen Verfallsbeträgen im Rahmen einer Verfallklausel setzt einen Beweis nach § 726 Abs 1 ZPO durch den Gläubiger nicht voraus.[64]

2061 Eine **vollstreckbare Ausfertigung nur über den dinglichen Anspruch** ist etwa wie folgt zu fassen:

> Vorstehende Ausfertigung stimmt mit der Urschrift überein. Sie wird dem Gläubiger X zum Zwecke der Zwangsvollstreckung aus der Hypothek (Grundschuld) hiermit erteilt.

Nicht richtig wäre, die Vollstreckungsklausel auf das belastete Grundstück zu beschränken, da für die Hypothek kraft Gesetzes auch noch andere Vermögenswerte haften (vgl im einzelnen §§ 1120 ff BGB).

2062 Die **vollstreckbare Ausfertigung gegen einen Rechtsnachfolger**[65] **des Grundstückseigentümers** (§§ 727 ff ZPO) kann wie folgt gefaßt werden:

> Vorstehende Ausfertigung stimmt mit der Urschrift überein. Sie wird dem Gläubiger X gegen den Y (Name des neuen Grundstückseigentümers) zum Zwecke der Zwangsvollstreckung wegen des dinglichen Anspruchs hiermit erteilt. Die Rechtsnachfolge des Y ist nachgewiesen durch Vorlage einer am ... beglaubigten Abschrift des Grundbuchblattes über das belastete Grundstück.

Zu prüfen ist in einem solchen Falle lediglich die formelle Berechtigung des Antragstellers aus der Urkunde.[66] Der Nachweis der Rechtsnachfolge im Eigentum ist auch durch Grundbucheinsicht des Notars möglich. In diesem Fall kann die Klausel lauten:

> Auf Grund Einsicht in das Grundbuch für ... (Band ...) Blatt ... vom ... stelle ich fest, daß als Eigentümer nunmehr Y eingetragen ist. Vorstehende Ausfertigung ... (wie vorst bis ...) erteilt.

---

[60] KG DNotZ 1933, 571.
[61] OLG Düsseldorf DNotZ 1977, 413 = Rpfleger 1977, 67.
[62] BGH 147, 203 = DNotZ 2001, 793 = NJW 2001, 2096.
[63] Zöller/Stöber Rdn 31 zu § 794 ZPO; Münch NJW 1991, 795 (801); Rastätter NJW 1991, 392; Wolfsteiner DNotZ 1990, 531.
[64] BGH DNotZ 1965, 544.
[65] Zur Umschreibung von Vollstreckungsklauseln für und gegen Rechtsnachfolger eingehend Scheel NotBZ 2000, 45, 146 und 289 sowie 2001, 248 und 286.
[66] BayObLG MittBayNot 1965, 141.

B. Einzelfälle

Die **vollstreckbare Ausfertigung für einen Rechtsnachfolger** des Gläubigers kann wie folgt gefaßt werden: 2063

> Vorstehende Ausfertigung stimmt mit der Urschrift überein. Sie wird A als Rechtsnachfolger des seitherigen Gläubigers X zum Zwecke der Zwangsvollstreckung wegen der jeweils fälligen Zinsen erteilt. Die Rechtsnachfolge ist nachgewiesen durch öffentlich beglaubigte Abtretungsurkunde vom ...

Ob für die Klauselerteilung an einen Rechtsnachfolger des Gläubigers neben der Abtretungserklärung[67] auch der Brief vorzulegen ist, ist zweifelhaft.[68] Zwar kann sich der Gläubiger eines Briefrechts nur durch Grundbucheintragung bzw Abtretungserklärungen nach §§ 1154, 1155 BGB und zusätzlich den Besitz des Briefes legitimieren;[69] andererseits zeigt aber § 1160 BGB, daß der Brief nur auf Verlangen des Schuldners bei Geltendmachung der Hypothek vorzulegen ist (wenn hierauf nicht ohnehin verzichtet ist). Ist auf die Rechte aus § 1160 BGB verzichtet, kann auch für die Klauselumschreibung die Briefvorlage nicht verlangt werden.

Ein Gläubiger, der die durch Nichtvalutierung einer Hypothek bestehende **Eigentümergrundschuld** (§ 1163 Abs 1 S 1; gleiches gilt, wenn Briefübergabe nicht erfolgt ist, § 1163 Abs 2 BGB) gepfändet und zur Einziehung überwiesen erhalten hat, desgleichen ein Gläubiger, dem ein solches Eigentümerrecht abgetreten wurde, ist nicht Rechtsnachfolger des durch die Hypothek zu sichernden (persönlichen) Anspruchs und in Ansehung der Hypothek (des dinglichen Anspruchs) aus der Unterwerfungserklärung zugunsten des in der Schuldurkunde bezeichneten Forderungs- und Hypothekengläubigers (er ist Rechtsnachfolger des Eigentümers, für den die Grundschuld von vorneherein entstanden, nicht aber der vollstreckbare Anspruch begründet ist; für den in der Urkunde bezeichneten Gläubiger des vollstreckbaren Anspruchs ist kein Recht entstanden). Dem pfändenden Gläubiger (ebenso einem Zessionar) kann daher in einem solchen Fall eine vollstreckbare Urkundenausfertigung als Rechtsnachfolger nicht erteilt werden.[70] Entsprechendes gilt, wenn eine Grundschuld Eigentümergrundschuld geblieben ist (so nach § 1163 Abs 2 mit § 1192 Abs 1 BGB). Rechtsnachfolge in Ansehung des dinglichen Anspruchs eines Hypothekengläubigers liegt jedoch vor, wenn das Grundpfandrecht als Fremdrecht für den Gläubiger des vollstreckbaren Anspruchs entstanden und dann mit Erlöschen der Forderung Eigentümergrundschuld geworden ist (§ 1163 Abs 1 Satz 2 BGB; Rechtsnachfolgeklausel daher für Pfandgläubiger) 2063 a

---

[67] Eine für den Abtretungsvertrag (Rdn 2380) erforderliche Erklärung auch des neuen Gläubigers ist zur Abtretungserklärung des bisherigen Gläubigers nicht nachzuweisen (kein Nachweis infolge der durch den Antrag auf Erteilung der Nachfolgeklausel ausgewiesenen Offenkundigkeit, § 291 ZPO; siehe auch § 26 GBO). Das gilt für den Rechtsnachfolger des Gläubigers einer Hypothek auch dann, wenn ihm vollstreckbare Ausfertigung zugleich (oder nur) wegen der gesicherten Geldforderung (wegen des persönlichen Anspruchs, Rdn 2036) zu erteilen ist (siehe § 1153 BGB).
[68] Vgl hierzu Wolfsteiner, Die vollstreckbare Urkunde, § 72.14 mit weit Nachw. Briefvorlage oder Nachweis, daß Briefübergabe durch Abtretung des Herausgabeanspruchs oder Aushändigungsabrede ersetzt worden ist, verlangt OLG Düsseldorf RNotZ 2001, 406.
[69] BayObLG 1973, 246 = DNotZ 1974, 93 = Rpfleger 1973, 429.
[70] KG JW 1936, 2754 = JFG 13, 404; Stöber Rpfleger 1958, 339 (341).

2. Teil. V. Dritte Abteilung des Grundbuchs

und diese abgetreten wird (Rechtsnachfolgeklausel daher für den neuen Gläubiger der Grundschuld).[71] Entsprechendes gilt für den dinglichen Anspruch eines Grundschuldgläubigers, wenn eine (Fremd-)Grundschuld Eigentümergrundschuld geworden ist.

2064 Erteilung der Vollstreckungsklausel nach Eintritt der Gütergemeinschaft für und gegen Gesamtgutsverwalter s § 742 ZPO.

2065 Eine **weitere vollstreckbare Ausfertigung** kann derselben Partei durch den Notar[72] nur unter den besonderen Voraussetzungen der § 797 Abs 3, § 733 ZPO auf Anordnung des Amtsgerichts (Rechtspfleger; s § 20 Nr 13 RPflG) erteilt werden. Die Anordnung des Amtsgerichts ist vom Notar einzuholen.[73] Sie entfällt auch dann nicht, wenn die Urkunde über die Grundpfandrechtsbestellung die Erklärung enthält, daß der Gläubiger berechtigt sein soll, sich auf einseitigen Antrag ohne Nachweis eine weitere vollstreckbare Ausfertigung erteilen zu lassen.[74] Fassung einer solchen Klausel:[75]

> Vorstehende Ausfertigung stimmt mit der Urschrift überein. Sie wird dem Gläubiger X als weitere vollstreckbare Ausfertigung zum Zwecke der Zwangsvollstreckung wegen ... hiermit erteilt.

Die weitere Ausfertigung wird als solche ausdrücklich bezeichnet (§ 733 Abs 3 mit § 795 ZPO). Ein Hinweis auf die Entscheidung des Amtsgerichts über ihre Erteilung (§ 797 Abs 3 ZPO) gehört nicht zum Wortlaut der Vollstreckungsklausel; in ihr wird diese Entscheidung daher nicht bezeichnet (nicht erwähnt).

Wenn dem Notar die zuerst erteilte vollstreckbare Ausfertigung zurückgegeben wird, wird eine neue vollstreckbare Ausfertigung ohne Mitwirkung des Amtsgerichts nach § 797 Abs 3 ZPO erteilt. Das gilt auch, wenn über einen abgetretenen Teilbetrag eine besondere vollstreckbare Ausfertigung erteilt und auf der bisherigen Ausfertigung vermerkt wird, daß sie sich nicht mehr auf den abgetretenen Teil erstreckt.[76]

2066 Ist nur eine **Teilabtretung** erfolgt (s Rdn 2407) und soll über den abgetretenen Teil eine vollstreckbare Ausfertigung erteilt werden, nachdem dem bisherigen Gläubiger über den gesamten Anspruch eine vollstreckbare Ausfertigung erteilt war, so ist die Klausel wie folgt zu fassen:

> Auf Grund der mir vorliegenden öffentlich beglaubigten Abtretungserklärung vom ... stelle ich fest, daß von vorstehender Hypothek ein letztrangiger Teilbetrag von ... € samt Zinsen hieraus mit Wirkung ab ... an ... abgetreten ist.
> Vorstehende mit der Urschrift übereinstimmende Ausfertigung wird hiermit hinsichtlich des genannten letztrangigen Teilbetrags dem ... zum Zwecke der Zwangsvollstreckung erteilt.

---

[71] Anders OLG Hamm Rpfleger 1987, 297 mit Anm Knees; nicht richtig; es liegt Rechtsnachfolge vor, weil der Gläubiger den auf ihn übergegangenen (somit keinen anderen) dinglichen Anspruch (§ 1147 BGB), über den die vollstreckbare Urkunde erstellt ist, im eigenen Namen und eigenen Interesse geltend macht.
[72] OLG Düsseldorf DNotZ 1977, 571 mit Anm Brambring.
[73] BayObLG 1999, 343 = DNotZ 2000, 370 = Rpfleger 2000, 74 mit Anm Gruner; OLG Düsseldorf aaO (Fußn 72).
[74] Brambring DNotZ 1977, 572.
[75] S auch dazu Wolpers DNotZ 1951, 276.
[76] Brambring DNotZ 1977, 572.

B. Einzelfälle

Auf der dem alten Gläubiger erteilten, von ihm vorzulegenden Ausfertigung ist zu vermerken:

> Vorstehende Vollstreckungsklausel wird eingeschränkt. Sie gilt nicht mehr hinsichtlich eines abgetretenen letztrangigen Teilbetrages von ... € samt Zinsen hieraus ab ...

Die Erteilung der Vollstreckungsklausel ist nach Art und Umfang auf der Urschrift der vollstreckbaren Urkunden zu vermerken (§ 734 ZPO). 2067

Verbindung des Hypothekenbriefes mit einer **vollstreckbaren Ausfertigung** der Schuldurkunde ist zulässig, wenn der Gläubiger dies verlangt.[77] 2068

3. Schuldurkunde auf Hypothekenbestellung größeren Umfangs

Die Schuldurkunden mit Hypothekenbestellungen zahlreicher Gläubiger sind – leider – nicht so kurz wie die aus Rdn 1911 und 2034 ersichtlichen Urkunden. Die Kreditinstitute haben eigene Formulare mit weit umfangreicheren Bestimmungen. Änderungen an ihnen sollen nur mit Einwilligung des Gläubigers vorgenommen werden. 2069

Es wird dringend empfohlen, von der in § 14 BeurkG zugelassenen Möglichkeit Gebrauch zu machen und nur die hiernach vorlesungspflichtigen Teile in die „Kernurkunde" aufzunehmen (und zu verlesen). Die übrigen, nach § 14 BeurkG nicht vorlesungspflichtigen Teile sind in einem der Niederschrift beizufügenden Schriftstück (das deswegen aber öffentliche Urkunde bleibt) zusammenzufassen. Das folgende Formular beruht auf dieser von § 14 BeurkG zugelassenen Möglichkeit.

> **I. Schuldbekenntnis** 2070
>
> ... im folgenden als „Darlehensnehmer" bezeichnet, bekennt hiermit, der X-Bank in ... im folgenden als „Bank" bezeichnet
> ein Darlehen von € ...
> (in Worten: ... Euro)
> – als Gesamtschuldner – zu schulden.
>
> **II. Darlehensbedingungen**
>
> Für das Darlehen gelten die der Niederschrift als Anlage beigefügten „Darlehensbedingungen". Auf die Bestimmungen über Darlehensleistungen (VI), das Kündigungsrecht der Bank (VII) und die in Abschnitt X enthaltene Erklärung wird besonders hingewiesen. Die „Darlehensbedingungen" sind den Beteiligten zur Kenntnis vorgelegt und von ihnen unterschrieben worden; diese haben auf das Vorlesen verzichtet.
>
> **III. Hypothekbestellung**
>
> Zur Sicherung der übernommenen Verpflichtungen bestellt der Grundstückseigentümer der Bank an den nachbezeichneten Grundstücken ... gemäß den in Abschnitt I, VI, VII und VIII enthaltenen Bestimmungen eine Hypothek mit Brief für € ...
> (in Worten ... Euro)
> Darlehen der X-Bank in ...
> nebst ...% ab ..., gegebenenfalls ab ... ...% Zinsen jährlich und 2 % einmaliger Entschädigung.
> Belastet wird/werden Flurstück Nr ... – Gemarkung ..., eingetragen im Grundbuch des Amtsgerichts ... für ... (Band ...) Blatt ...

---

[77] Schmidt DNotZ 1957, 14; ferner (Verbindung ist zulässig, jedoch nicht zweckmäßig) Labbé DNotZ 1957, 647; Schlußwort von Schmidt DNotZ 1957, 647.

2. Teil. V. Dritte Abteilung des Grundbuchs

Rangbestimmung

Der bestellten Hypothek dürfen nur folgende Rechte im Rang vorgehen oder gleichstehen:
...

IV. Unterwerfung unter die Zwangsvollstreckung

Wegen aller in der Niederschrift und der Anlage übernommenen Zahlungsverpflichtungen unterwirft sich der Darlehensnehmer der sofortigen Zwangsvollstreckung aus dieser Urkunde in sein Gesamtvermögen, der Grundstückseigentümer in Ansehung der Hypothek der sofortigen Zwangsvollstreckung in der Weise, daß die Zwangsvollstreckung gegen den jeweiligen Eigentümer zulässig sein soll.

Vollstreckbare Ausfertigung soll der Bank ohne Behauptung und Nachweis des Entstehens und der Fälligkeit der Ansprüche erteilt werden.

V. Eintragungsbewilligung und -antrag

Der Eigentümer bewilligt und beantragt, die in Abschnitt III bestellte Hypothek mit der Unterwerfung unter die sofortige Zwangsvollstreckung in das Grundbuch der Pfandgrundstücke einzutragen.

Vorgelesen vom Notar, von den Beteiligten genehmigt und eigenhändig unterschrieben:

Darlehensbedingungen
(Beilage nach § 14 BeurkG)

VI. Darlehensleistungen, Kündigung

(Hier folgen die von den Darlehensgebern entwickelten einzelnen Darlehensbedingungen mit Regelung der Darlehensauszahlung, -verzinsung, Zinsanpassung, ordentlichen Kündigung usw, ggfs auch Widerrufsbelehrung; s hierzu auch § 492 Abs 1, 1 a, § 355 BGB).

VII. Außerordentliches Kündigungsrecht ...

VIII. Verzicht auf Briefvorlegung

Bei der Kündigung des Hypothekendarlehens oder bei einer sonstigen Geltendmachung von Gläubigerrechten wird auf die Vorlegung des Hypothekenbriefes und der in den §§ 1155 und 1160 BGB genannten Urkunden auch mit Wirkung gegen die Rechtsnachfolger verzichtet.

IX. Weitere schuldrechtliche Bestimmungen ...

X. Abtretung von Rückgewähransprüchen

Zur Ergänzung des gesetzlichen Löschungsanspruchs tritt der Eigentümer hiermit seine gegenwärtigen oder künftigen Ansprüche auf Rückgewähr (durch Rückübertragung, Aufhebung oder Verzicht) der Grundschulden, die gemäß der Darlehenszusage der vorbestellten Hypothek im Range vorgehen oder gleichstehen dürfen, an die Gläubigerin ab, ebenso seine Ansprüche auf Herausgabe des Erlöses, soweit dieser die schuldrechtlichen Forderungen der Grundschuldgläubiger im Zwangsversteigerungs- oder Zwangsverwaltungsverfahren oder bei freihändigem Verkauf des Grundstücks und im Fall der Verwertung der Grundschulden durch Verkauf oder Versteigerung übersteigt. Hat der Eigentümer diese Ansprüche bereits anderweitig abgetreten, tritt er hiermit seine Ansprüche auf Rückabtretung der Rückgewähransprüche ab. Soweit die anderweitigen Abtretungen auflösend bedingt sind, tritt er seine ihm künftig wieder zustehenden Rückgewähransprüche ab.

XI. Kosten ...

XII. Ausfertigungen und Abschriften, Eintragungsbestätigung ...

(Unterschriften der Darlehensnehmer)

B. Einzelfälle

Literatur: Stauf, Umfang und Grenzen der Verweisungsmöglichkeit nach § 13 a BeurkG und der eingeschränkten Vorlesungspflicht nach § 14 BeurkG, RNotZ 2001, 129.

a) Hypothekenurkunde und allgemeine Geschäftsbedingungen

Die von Kreditinstituten entworfenen Formulare mit ihren detaillierten Einzelregelungen unterliegen den Regelungen des Rechts der **Allgemeinen Geschäftsbedingungen** (§ 305 BGB, früher § 1 AGBG). Daß in der Regel nur die Erklärung des Schuldners beurkundet wird, ändert nichts daran, daß materiell-rechtlich Verträge über die Hypothekenbestellung (§§ 873, 780, 781, 488 BGB) vorliegen.[1] An die Kataloge von Leistungspflichten bzw Sanktionen bei Verletzung von solchen Pflichten sind daher die Maßstäbe der §§ 307–309 BGB anzulegen. AGB-Recht kann aber nur eingreifen, soweit vom Gesetz abweichende Regelungen getroffen werden (§ 307 Abs 3 BGB); es ist nicht anwendbar, wenn vom Gesetz vorgesehene Rechtsinstitute (zB abstraktes Schuldanerkenntnis und/oder Zwangsvollstreckungsunterwerfung) verwendet werden.[2]

2071

Verstößt eine Bestimmung des Hypothekenbestellungsvertrages gegen AGB-Vorschriften, so ist die betreffende Bestimmung nach hM im ganzen unwirksam (§ 306 BGB); eine geltungserhaltende Reduktion der Bestimmung auf das gerade noch zulässige Maß wird abgelehnt.[3]

2072

b) Gesetzesverstoß und AGB-Klauseln

aa) Hypothekenbestimmungen dürfen nicht gegen gesetzliche Verbote (§ 134 BGB) verstoßen, somit auch nicht als Bestimmungen in allgemeinen Geschäftsbedingungen des Verwenders wegen unangemessener Benachteiligung des Eigentümers nach § 307 BGB oder als Klauselverbote nach § 308 und § 309 BGB unwirksam sein. Prüfung der Eintragungsfähigkeit einer bewilligten Hypothekenbestimmung durch das Grundbuchamt bestimmt sich jedoch nach den Verfahrensgrundsätzen und Einzelbestimmungen des Grundbuchverfahrensrechts. Ein über die danach bestehende Prüfungspflicht hinausgehendes Prüfungsrecht des Grundbuchamts besteht nicht. Einzelheiten Rdn 207–218. Der Notar hat die Beurkundung unwirksamer Klauseln zu verweigern (§ 14 Abs 2 BNotO; § 4 BeurkG). Das gilt auch, soweit solche Klauseln in der nicht vorlesungspflichtigen Beilage nach § 14 BeurkG enthal-

2073

---

[1] Vgl Schippel und Brambring DNotZ 1977, 140.
[2] BGH DNotZ 1980, 307 (310), wo das abstrakte Schuldversprechen mit Unterwerfungserklärung als „zulässiges, übliches Sicherungsmittel" bezeichnet wird; ebenso BGH 99, 274 = DNotZ 1987, 488 = NJW 1987, 904; BGH ZfIR 2003, 98; BGH DNotZ 1990, 552 = NJW-RR 1990, 246; OLG Düsseldorf NJW-RR 1986, 1312; OLG Stuttgart DNotZ 1979, 21 = NJW 1979, 222 = Rpfleger 1979, 18; LG Stuttgart BWNotZ 1978, 13 = MittBayNot 1977, 236 = MittRhNotK 1978, 15; LG Tübingen BWNotZ 1979, 170; LG Flensburg Rpfleger 1980, 192 mit Anm Hellmig = SchlHA 1980, 158; Schippel und Brambring DNotZ 1977, 139; Heß BWNotZ 1978, 1; Hottenbacher BWNotZ 1979, 73; Dietlein JZ 1977, 637; aA Stürner JZ 1977, 431 und 639 sowie BWNotZ 1977, 106 und 1978, 2 und 1979, 76; LG Ellwangen BWNotZ 1978, 14; einschränkend auch OLG Saarbrücken ZfIR 2003, 153.
[3] BGH 84, 109; BGH BB 1983, 1873 und 2015; OLG Hamm BB 1982, 455; Ulmer NJW 1981, 2025.

ten sind, da die Belehrungspflicht nach § 17 BeurkG auch diesen Teil der öffentlichen Urkunde erfaßt.

2074 bb) **Aufrechnungsverbote** (für Aufrechnung mit unbestrittenen oder rechtskräftig festgestellten Forderungen) sind in AGB nach § 309 Nr 3 BGB unwirksam. Als Inhalt der Hypothek waren Bestimmungen über den Ausschluß jeglicher Aufrechnung schon vor Inkrafttreten des (vormaligen) AGBG unzulässig.[4] Die Klausel „Aufrechnung ist ausgeschlossen, soweit nicht zwingende Gesetzesvorschriften entgegenstehen" ist wegen Verstoß gegen das Transparenzgebot und Verstoß gegen das Verbot geltungserhaltender Reduktion (s Rdn 2072) unzulässig.[5]

2075 cc) Die Vereinbarung, der Darlehensgeber könne im Falle einer von ihm erklärten außerordentlichen Kündigung des Darlehensvertrages oder bei Nichtinanspruchnahme des Darlehens 2% des Darlehensrestkapitals als **Entschädigung** verlangen, stellt die Vereinbarung eines pauschalierten Schadensersatzanspruchs dar, die unter den Voraussetzungen des § 309 Nr 5 BGB zulässig ist;[6] es muß dabei nach § 309 Nr 5 BGB dem Darlehensnehmer der Gegenbeweis ausdrücklich, dh unzweideutig, vorbehalten sein.[7]

2076 dd) Die **Gerichtsstandklausel,** mit der für alle mit der Hypothekenurkunde zusammenhängenden Streitigkeiten der Sitz der Gläubigerin als Gerichtsstand bestimmt wird, ist unzulässig und nicht eintragungsfähig.[8] Sie ist prozessual nur noch in den Schranken des § 38 ZPO zulässig.

2077 ee) Die Vereinbarung, daß die Hypothek von ihrem Gläubiger **gekündigt** werden kann, wenn das Grundstück (ganz oder teilweise) veräußert oder weiter belastet wird, verstößt nicht gegen § 1136 BGB (s Rdn 1985). Wenn eine solche Kündigungsklausel formularmäßig vereinbart wird, steht ihrer Gültigkeit auch § 307 Abs 2 Nr 1 BGB nicht entgegen.[9]

2078 ff) Ein formularmäßiges **abstraktes Schuldversprechen** mit persönlicher Zwangsvollstreckungsunterwerfung und die Bestellung einer Hypothek zur Sicherung des Schuldversprechens verstoßen nicht gegen AGB-Recht;[10] anders, wenn die persönliche Zwangsvollstreckungsunterwerfung formular-

---

[4] OLG München JFG 13, 275; s auch 5. Auflage Rdn 877.
[5] LG Aachen MittRhNotK 1988, 101 = Rpfleger 1988, 99.
[6] BayObLG DNotZ 1983, 49 = Rpfleger 1981, 396; BGH DNotZ 1985, 637 mit Anm Zimmermann = NJW 1985, 1831 (3% Nichtabnahmeentschädigung zulässig); BGH DNotZ 1990, 552 = NJW 1990, 981; OLG Hamm ZIP 1985, 1385; OLG Köln NJW-RR 1986, 1434; ebenso für Bereitstellungszinsen BGH NJW 1986, 1807; dagegen deutlich strenger gegenüber pauschaliertem Schadensersatz BGH DNotI-Report 1996, 184 = MittRhNotK 1997, 21 = VIZ 1996, 527.
[7] Verschärfung gegenüber dem früheren § 11 Nr 5 b AGBG, vgl Palandt/Heinrichs Rdn 30 zu § 309 BGB.
[8] OLG Köln Rpfleger 1956, 340 mit Anm Bruhn.
[9] BGH 76, 371 = DNotZ 1980, 475 = NJW 1980, 1625 = Rpfleger 1980, 271 und 422 mit krit Anm Gasteyer; so auch OLG Hamm (Vorlagebeschluß) OLGZ 1980, 87 = DNotZ 1979, 752; BayObLG DNotZ 1981, 128; gegenteiliger Beschluß des OLG Celle (DNotZ 1979, 622 mit abl Anm Schöner = Rpfleger 1979, 621) durch BGH-Entscheidung überholt.
[10] BGH aaO (Fußn 2).

B. Einzelfälle

mäßig für eine fremde Schuld anläßlich einer Grundpfandrechtsbestellung erklärt wird.[11]

gg) Vereinbarung einer **Vertragsstrafe** (Erhöhung des Zinssatzes um 2 vH statt Kündigung) bei schuldhaft vertragswidrigem Verhalten für dessen Dauer sowie die Möglichkeit fristloser Kündigung mit dem Recht zur Forderung von Kündigungszinsen von 2 vH über dem jeweiligen Basiszinssatz (früher Bundesbankdiskontsatz) (mit Höchstzinssatzangabe, s Rdn 1960 ff) bei schwerwiegender schuldhafter Vertragsverletzung und (als zulässiges, übliches Sicherungsmittel) ein abstraktes Schuldversprechen mit Unterwerfungsklausel verstoßen bei Sicherung eines Wohnungsfürsorgedarlehens im Grundsatz nicht gegen die guten Sitten, sind sonach nicht nach § 138 BGB nichtig.[12] 2079

hh) Zulässig ist die Bestimmung „Die **Zahlung** des Kapitals und der Zinsen hat kostenfrei in barem Geld in deutscher Währung (heute: Euro) am Sitz der Gläubigerin zu erfolgen"; sie enthält **kein Aufrechnungs- und Hinterlegungsverbot,** sondern bedeutet nur, daß die Rückzahlung in Pfandbriefen ausgeschlossen sein soll;[13] sie ist daher eintragungsfähig.[14] 2080

ii) Werden bei einem Ratenkredit aus der Gesamtsumme von Kapital und Kosten (Zinsen, Gebühren, Spesen) gleiche Zahlungsraten gebildet, so werden mit jeder Einzelrate dem Verhältnis der Gesamtbeträge entsprechende Kapital- und Kostenanteile fällig. Vereinbarungsgemäß gezahlte Ratenbeträge werden diesen Anteilen entsprechend verrechnet. Eine AGB-Bestimmung, die statt dessen eine vorrangige Verrechnung auf Kosten (§ 367 BGB) vorsieht, die erst nach der Zahlung fällig werden, ist nach § 307 Abs 1 BGB unwirksam; § 307 Abs 3 BGB steht dem nicht entgegen.[15] 2081

kk) Eine **Zinserhöhungsklausel** auch für das noch nicht fällige Restkapital für den Fall des Verzugs bei der Entrichtung fälliger Leistungen aus einer Hypothek stellt eine pauschalierte (Verzugs-)Schadensersatzregelung, nicht aber die Vereinbarung einer Vertragsstrafe dar. Sie ist deshalb im Rahmen Allgemeiner Geschäftsbedingungen an § 309 Nr 5 BGB zu messen (nicht aber an §§ 307, 309 Nr 12).[16] 2082

ll) Unwirksam ist nach § 308 Nr 6 BGB eine Bestimmung in Allgemeinen Geschäftsbedingungen, die vorsieht, daß eine Erklärung des Verwenders (Gläu- 2083

---

[11] BGH DNotZ 1992, 91 mit Anm Stürner; ebenso in diesem Fall für das bloße abstrakte Schuldanerkenntnis Hahn ZIP 1996, 1233.
[12] BGH DNotZ 1980, 307 = MDR 1980, 915.
[13] LG Augsburg MittBayNot 1954, 215.
[14] OLG Düsseldorf NJW 1958, 1142. S ferner LG Hamburg Rpfleger 1959, 52 mit Anm Bruhn; OLG Hamburg MittBayNot 1960, 23 = Rpfleger 1959, 379.
[15] BGH MDR 1984, 738 = NJW 1984, 2161.
[16] BayObLG DNotZ 1983, 44 = Rpfleger 1981, 297; LG Aachen MittRhNotK 1997, 143. So auch LG Stuttgart BWNotZ 1978, 12 (auch für pauschalierte Vorfälligkeitsentschädigung, die als Verstoß nach § 309 Nr 5 b BGB gewertet wird, wenn Verwender der Allgemeinen Geschäftsbedingungen dem anderen Vertragsteil nicht ausdrücklich die Möglichkeit des Gegenbeweises nimmt). Außerdem BGH NJW 1983, 1542 (vor dem Inkrafttreten des AGBG vereinbarter Zinsaufschlag von 1% als Verzugsschadenpauschale wirksam). Unwirksam ist dagegen Verzinsung der nicht fälligen Restschuld mit 6% über (fr) Bundesbankdiskont, mindestens 9%, BGH BB 1984, 1829.

bigers) von besonderer Bedeutung (fristlose Kündigung des Darlehens oder der Hypothek) dem Schuldner (oder Grundstückseigentümer) auch dann als **zugegangen** gilt, wenn sie bei einer Änderung der Anschrift an die letzte dem Gläubiger bekannte Adresse versandt worden ist (Zugangsfiktion).[17]

2084 mm) Bei einem Tilgungsdarlehen, das zur Konditionsanpassung in bestimmten Zeitabschnitten fällig gestellt wird, ist eine AGB-Klausel, die den Darlehensgeber zu einem Verlängerungsangebot verpflichtet und das Schweigen des Darlehensnehmers als Annahme wertet, nicht unzulässig. Nach § 308 Nr 5 BGB muß dem Darlehensnehmer aber eine angemessene Frist zur Erklärung (zwei Wochen wohl zu knapp) eingeräumt sein; zusätzlich muß sich der Darlehensgeber bereits in seinen AGB verpflichten, den Darlehensnehmer bei Fristbeginn nochmals besonders auf die Bedeutung seines Schweigens hinzuweisen.[18] Es stellt einen Verstoß gegen § 307 BGB dar, wenn eine Hypothekenbank eine Klausel verwendet, die den Darlehensnehmer nach Ablauf der Zinsfestschreibung verpflichtet, binnen 2 Wochen mitzuteilen, ob der Vertrag widerrufen wird, und die Bank ansonsten den Vertrag mit ihren neuen Konditionen festsetzt.[19]

2085 nn) Eine **wechselseitige Vollmacht** der Hypothekenschuldner zum Empfang von Erklärungen und Zustellungen aller Art wird als Verstoß gegen § 307 Abs 2 Nr 1 BGB iVm § 425 BGB gewertet.[20] Auch eine formularmäßige gegenseitige Vollmacht zur weiteren Aufnahme von Darlehen verstößt gegen § 307 BGB.[21] Als wechselseitige Vollmacht ist diese Bestimmung nicht Inhalt der Hypothek; Prüfungspflicht und -recht des Grundbuchamts bestehen daher nicht.

2085a oo) Die AGB-Regelung für ein Hypothekendarlehen, nach der die in der gleichbleibenden Jahresleistung enthaltenen Zinsen jeweils nach dem Stand des Kapitals am Schluß des vergangenen Tilgungsjahres berechnet werden, kann wegen Verstoßes gegen das Transparenzgebot gemäß § 307 BGB unwirksam sein (siehe Rdn 1994). Ob Klauseln, nach denen Zinsen im voraus zu entrichten sind, nach AGB-Recht wirksam sind, ist zweifelhaft.[22]

pp) Die AGB-Klausel, daß für die Erteilung der Löschungsbewilligung ein Entgelt zu entrichten ist, benachteiligt den Kunden unangemessen und ist deshalb unwirksam.[23]

---

[17] BayObLG 1979, 434 = DNotZ 1980, 357 = NJW 1980, 2818 = Rpfleger 1980, 105.
[18] BGH NJW 1985, 617.
[19] OLG Hamm NJW-RR 1988, 431.
[20] BGH 108, 98 = DNotZ 1989, 621 = NJW 1989, 2383; LG Nürnberg BB 1987, 1559; OLG Nürnberg BB 1988, 1988 = NJW 1988, 1220; aA Schmidt DNotZ 1984, 334 (335, Buchbesprechung); ähnlich OLG Zweibrücken MDR 1983, 670; OLG Köln WM 1987, 1548 (1550); Eickmann Rpfleger 1973, 344.
[21] BGH DNotZ 1992, 84 mit Anm Schmitz-Valckenberg = NJW 1991, 923 mit Anm Grün.
[22] Vgl Bader BB 1986, 543; Löwe BB 1988, 1902; zu Tilgungs- und Zinsberechnungsklauseln vgl Wehrt BB 1991, 1645; OLG Düsseldorf BB 1993, 528.
[23] BGH 114, 330 = DNotZ 1992, 546 = NJW 1991, 1953; OLG Köln BB 2002, 2078.

B. Einzelfälle

c) Eingeschränkte Vorlesungspflicht

§ 14 BeurkG gibt dem Notar die Möglichkeit, gerade bei den immer länger werdenden Hypotheken- (und Grundschuld-)Formularen der Kreditwirtschaft, das **Vorlesen** auf die wesentlichen Punkte der Hypothekenbestellung, die im Grundbuch selbst einzutragen sind, und auf die Zwangsvollstreckungsunterwerfung (persönlich und dinglich) zu **beschränken**. Sie entbindet den Notar von der Aufgabe, seitenweise Bestimmungen vorzulesen, die den Beteiligten bekannt oder für den Einzelfall ohne wesentliche Bedeutung sind; die Vorschrift soll dem Notar Gelegenheit geben, seiner Belehrungspflicht vor allem hinsichtlich der wesentlichen Punkte bei der Grundpfandrechtsbestellung besser nachzukommen. Wird aber nach § 14 BeurkG verfahren, so erstreckt sich die Belehrungspflicht nach § 17 BeurkG auch auf die nicht verlesenen Teile der Niederschrift (§ 14 Abs 2 S 2 BeurkG). 2086

§ 14 BeurkG kann nur für **Nebenbestimmungen** angewendet werden, die einen unmittelbaren Bezug **zur Grundpfandrechtsbestellung** haben, also nicht, wenn im Kaufvertrag eine Restkaufgeldhypothek oder im Auseinandersetzungs- oder Überlassungsvertrag eine vereinbarte Forderung durch Grundpfandrecht gesichert werden soll.[24] Von der **Vorlesungspflicht ausgeschlossen** werden können demnach 2087
– rein schuldrechtliche Nebenbestimmungen der Hypothek,
– Erklärungen über Kosten, Ausfertigungen (auch vollstreckbare), Vollmacht für den Notar zur Abgabe oder Änderung von Bewilligungen,[25]
– Erklärungen, die nicht im Grundbuch selbst eingetragen werden müssen, dh, bei denen Bezugnahme auf die Eintragungsbewilligung möglich ist.[26]

In den zu **verlesenden Teil der Niederschrift** sind daher aufzunehmen
– die sachenrechtlichen Erklärungen, die den Inhalt des Grundpfandrechts selbst betreffen und in das Grundbuch selbst einzutragen sind (bei denen also Bezugnahme auf die Eintragungsbewilligung nicht möglich ist),
– die Bewilligung (§ 19 GBO) selbst, und zwar auch soweit sie sich auf Nebenerklärungen wie Eigentümerzustimmungen zu Löschungen oder Rangänderungen, Rangerklärungen, früher auch Bewilligung von Löschungsvormerkungen, bezieht,[27]
– die (dingliche und persönliche) Unterwerfungsklausel, § 14 Abs 1 letzter Satz BeurkG.

Ob ein **abstraktes Schuldanerkenntnis** in den nicht vorlesungspflichtigen Teil der Urkunde aufgenommen werden kann, ist streitig.[28] Für die Praxis ist die Streitfrage bedeutungslos, da mit dem abstrakten Schuldanerkenntnis regelmäßig die Zwangsvollstreckungsunterwerfung verbunden und deswegen Aufnahme in den vorlesungspflichtigen Teil der Urkunde nötig ist.

---

[24] BayObLG 1974, 30 = DNotZ 1974, 376 = Rpfleger 1974, 159; großzügiger Winkler Rdn 33 zu § 14 BeurkG.
[25] LG Kempten MittBayNot 1983, 112.
[26] OLG Celle DNotZ 1971, 601.
[27] Jansen Rdn 2 zu § 14 BeurkG; BayObLG, Beschl v 12. 11. 1973, 2 Z 56/73, mitgeteilt bei Schalkhaußer MittBayNot 1974, 127; BayObLG 1974, 30 = DNotZ 1974, 376 mit Anm Kanzleiter.
[28] Vgl hierzu Schalkhaußer MittBayNot 1973, 262 und Kanzleiter DNotZ 1974, 380.

2088 Das Beurkundungsverfahren nach § 14 BeurkG setzt voraus, daß eine klare räumliche Trennung zwischen dem verlesenen Teil der Niederschrift und dem angefügten Schriftstück stattfindet. Eine bunte Mischung von verlesenen und nicht verlesenen Teilen ist nicht zulässig und nimmt der Urkunde im ganzen den Charakter einer öffentlichen Urkunde.[29]

2089 Der **Verzicht** der Beteiligten **auf die Verlesung** muß in der Urkunde enthalten sein; wenn nicht, ist sie nicht öffentliche Urkunde. Die Nichtbeachtung der in § 14 Abs 2 BeurkG enthaltenen Bestimmungen führt nicht zur Unwirksamkeit der Urkunde. Eine nach § 14 BeurkG aufgenommene Urkunde ist in vollem Umfang öffentliche Urkunde nach § 415 ZPO.

4. Buchhypothek
Wie vor Rdn 1911, ferner BGB § 1116 Abs 2

2090 **Antragsformular**

Zur Sicherung eines mir von Paul Kuch, geb am ..., Bäcker in Boll, gewährten Darlehens von 10 000 € – zehntausend Euro – bewillige und beantrage ich die Eintragung einer Hypothek ohne Brief auf meinem im Grundbuch von Boll (Band 1) Blatt 2 verzeichneten Grundstück FlSt 100. Das Darlehen ist vom ... an zu 8% zu verzinsen und rückzahlbar am ... Die Zinsen sind vierteljährlich nachträglich zu entrichten.

Boll, den ...   Ernst Arm   (folgt Unterschriftsbeglaubigung)

2091 **Grundbucheintragung**

1	2	3	4
2	1	10 000 EUR	Hypothek ohne Brief zu zehntausend Euro Darlehen für K u c h Paul, geb am ..., mit acht vom Hundert Zinsen jährlich. Gemäß Bewilligung vom ... (Notar ... URNr ...) eingetragen am ...

Bekanntmachung erfolgt an Notar ..., Gläubiger und Grundstückseigentümer.

2092 Die Erteilung eines Hypothekenbriefs kann ausgeschlossen werden (§ 1116 Abs 2 S 1 BGB). Briefausschluß erfordert materiellrechtlich (formlos wirksame) Einigung des Gläubigers und des Eigentümers sowie die Eintragung in das Grundbuch (§ 1116 Abs 2 S 3 BGB). Die Eintragung erfolgt auf Antrag (§ 13 Abs 1 GBO), wenn der Betroffene (bei Hypothekenbestellung nur Grundstückseigentümer) sie bewilligt.

2093 Der Briefausschluß muß in das Grundbuch selbst eingetragen werden, Bezugnahme genügt nicht. Die Worte des Gesetzes (§ 1116 Abs 2 S 1 BGB) „Die Erteilung eines Hypothekenbriefs ist ausgeschlossen" brauchen nicht unbedingt verwendet zu werden. Es genügt auch, im Antrag und im Grundbuch zu sagen

Hypothek ohne Brief oder brieflose Hypothek.

Aufhebung des Ausschlusses der Erteilung eines Hypothekenbriefs s Rdn 2521.

---

[29] BayObLG 1973, 213 = DNotZ 1974, 49 = Rpfleger 1973, 361.

B. Einzelfälle

5. Sicherungshypothek
BGB §§ 1184, 1185, 1187, 1188, 1115
GBO §§ 13, 19, 28, 29
GBV §§ 11, 17

Literatur: Böhringer, Die Hypothek für Inhaberschuldverschreibungen, BWNotZ 1988, 25.

Antragsformular 2094

Ich anerkenne, Herrn Jacob Geldern, geb am ..., wohnh in Boll als Darlehen den Betrag von 10 000 € – zehntausend Euro – zu schulden. Dieses Darlehen ist vom ... an zu jährlich 10% zu verzinsen, die Zinsen zahlbar halbjährlich nachträglich am 2. Januar und 1. Juli, erstmals am ... Bleibe ich mit der Zinszahlung länger als vier Wochen in Verzug, so erhöht sich der Zinssatz für das Halbjahr, für das ein solcher Rückstand eingetreten ist, um 2 vH. Das Darlehen ist am ... ohne Kündigung zur Rückzahlung fällig. Der Gläubiger kann die sofortige Rückzahlung des Darlehens ohne Einhaltung einer Kündigungsfrist verlangen, wenn

a) der Schuldner oder Grundstückseigentümer die Zahlungen einstellt, das Insolvenzverfahren über sein Vermögen eröffnet oder die Zwangsversteigerung oder -verwaltung über das belastete Grundstück angeordnet ist,

b) der Schuldner mit einer Zinszahlung länger als acht Wochen im Rückstand ist.

Für die vorstehende Forderung des Gläubigers nebst Zinsen bewillige und beantrage ich die Eintragung einer Sicherungshypothek an meinen im Grundbuch von Boll (Band 1) Blatt 2 verzeichneten Grundstück Flurstück 1 Gemarkung Boll.

Boll, den ...   Felix Kaufmann   (folgt Unterschriftsbeglaubigung)

Grundbucheintragung 2095

1	2	3	4
2	3	10 000 EUR	Sicherungshypothek zu zehntausend Euro, Darlehen für G e l d e r n Jacob, geb am ..., mit zehn vom Hundert Zinsen jährlich und u. U. zwei vom Hundert Verzugszinsen jährlich. Gemäß Bewilligung vom ... (Notar ... URNr ...) eingetragen am ...

Bekanntmachung erfolgt an Notar ..., Eigentümer und Gläubiger.

a) Die Sicherungshypothek (§ 1184 BGB) ist dingliches Verwertungsrecht 2096 (Rdn 1913). Von der Verkehrshypothek (Buch- und Briefhypothek) unterscheidet sie sich durch ihre strenge Akzessorietät. Die eingetragene Forderung nimmt am öffentlichen Glauben des Grundbuchs (§§ 892, 893 BGB) nicht teil. Der Gläubiger muß Bestehen und Höhe seiner Forderung immer beweisen (§§ 1184 Abs 1, § 1185 Abs 2 BGB). Bei einer Verkehrshypothek (Brief- oder Buchhypothek) wird dagegen vermutet, daß dem Gläubiger die aus dem Grundbuch ersichtliche Forderung auch tatsächlich zusteht (§ 891 BGB). Will bei der Verkehrshypothek der Eigentümer gegen die Höhe der eingetragenen Forderung Einwendungen erheben, so muß er die Unrichtigkeit der Eintragung beweisen. In der Zwischenzeit kann aber ein anderer Gläubiger die Hypothek gutgläubig auch dann erworben haben, wenn die gesicherte Forderung tatsächlich nicht besteht (§ 1138 mit § 892 BGB). Eine Sicherungshypothek kann gutgläubig nur erworben werden, wenn die Forderung besteht (§ 1185 Abs 2 mit § 1138) und mit Abtretungsvertrag übertragen wird.

2097 b) Als Grundstücksrecht (materiell) **entsteht** die Sicherungshypothek mit Einigung der Beteiligten und Eintragung in das Grundbuch. Die Eintragung erfolgt auf Antrag (§ 13 Abs 1 GBO), wenn der Betroffene (Grundstückseigentümer) sie bewilligt (§ 19 GBO). Einzelheiten Rdn 1914, 1915. Die Sicherungshypothek kann außerdem entstehen kraft Gesetzes (ohne Grundbucheintragung; § 1287 BGB, § 848 Abs 2 S 2 ZPO), mit Eintragung im Wege der Zwangsvollstreckung (§ 867 Abs 1 ZPO) oder auf behördliches Ersuchen (§ 128 Abs 3 S 1 ZVG; § 54 Abs 1 S 3 FGG).

2098 c) Die Sicherungshypothek ist **immer Buchrecht** (§ 1185 Abs 1 BGB). Ausschluß der Erteilung des Briefes braucht daher nicht nach § 1116 Abs 2 BGB vereinbart zu werden. Eintragung des Briefausschlusses ist damit unzulässig. Soweit für die Sicherungshypothek nicht wegen ihrer (streng akzessorischen) Rechtsnatur Besonderheiten geregelt sind, gelten die Bestimmungen für die brieflose Verkehrshypothek; s daher Rdn 1913 und Rdn 2036 ff.

2099 d) Das Datum des **Zins**beginns ist in der Eintragungsbewilligung ebenso wie bei der Verkehrshypothek (Rdn 1957) bestimmt zu bezeichnen. Verzinsung ab dem „Tag der Auszahlung des Darlehens" ist auch für die Sicherungshypothek nicht hinreichend bestimmt,[1] wenn nicht der Tag der Auszahlung kalendermäßig festgelegt ist[2] (dazu Rdn 1957).

2100 Diese Randnummer ist entfallen.

2101 e) Im **Grundbucheintrag** ist die Hypothek ausdrücklich als Sicherungshypothek zu bezeichnen (§ 1184 Abs 2 BGB). Ausnahmen für Inhaber- und Orderhypotheken (§ 1187 S 2 BGB) und Höchstbetragshypotheken (§ 1190 Abs 3 BGB).

2102 f) Eine Sicherungshypothek wird vielfach für die Werklohnforderung (§ 648 BGB) des **Unternehmers eines Bauwerks** an dem Baugrundstück des Bestellers eingetragen. Für deren Grundbucheintragung gelten keine Besonderheiten. Begründung und Fortbestand der Hypothek als Grundstücksbelastung sind unabhängig von dem schuldrechtlichen Anspruch des § 648 BGB auf Sicherung der Forderung (s Rdn 1915). Ersetzung der Bewilligung durch rechtskräftiges Urteil: § 894 ZPO. Sicherung des Anspruchs durch Vormerkung: § 883 BGB; deren Eintragung erfolgt auf Grund einstweiliger Verfügung oder Bewilligung (§ 885 BGB) oder nach § 895 S 1 ZPO auf Grund eines vorläufig vollstreckbaren Urteils (s Rdn 1507a). Die Vormerkung kann auf mehreren Grundstücken eines Schuldners[3] (§ 867 Abs 2 ZPO findet keine Anwendung) oder von Gesamtschuldnern ohne Verteilung zur Gesamthaft eingetragen werden.[4] Der durch die Vormerkung erlangte Rang der Sicherungshypothek (§ 883 Abs 3 BGB) gilt nur für den der Vormerkung zugrunde liegenden gesicherten Anspruch; eine Vormerkung zur Sicherung des Anspruchs auf Einräumung einer Bauhandwerksicherungshypothek für erbrach-

---

[1] BayObLG 1995, 271 = DNotZ 1996, 96 = NJW-RR 1996, 38.
[2] BayObLG 1999, 198 DNotZ 2000, 62 = NJW-RR 2000, 275 = Rpfleger 1999, 530.
[3] BGH NJW 2000, 1861 = Rpfleger 2000, 382, auch zur Fortwirkung der Vormerkung zur Eintragung einer Gesamthypothek als Vormerkung für eine Einzelhypothek, wenn dem Berechtigten nur noch ein Anspruch auf eine Einzelhypothek zusteht.
[4] OLG Frankfurt NJW-RR 1995, 1359 = Rpfleger 1995, 500.

B. Einzelfälle

te Teilleistungen kann daher nicht für eine Hypothek zur Sicherung nachfolgender Leistungen genutzt werden.[5]

g) Auch für eine **bedingte Forderung** kann eine Sicherungshypothek bestellt werden. Für Pflichtteilsansprüche, deren **endgültige Höhe noch nicht feststeht,** kann eine Sicherungshypothek bestellt werden.[6]   2103

h) Für den Anspruch aus einem **Wechsel** kann nur eine Sicherungshypothek – also keine Brief- oder Buchhypothek – eingetragen werden (Rdn 2105), wohl aber eine Grundschuld. Zur Sicherung der einem Wechsel zugrunde liegenden Forderung ist dagegen jede Art von Hypothek zulässig.   2104

i) aa) Für die Forderung aus einer **Schuldverschreibung** auf den Inhaber sowie aus einem **Wechsel** oder aus einem anderen Papier, das durch Indossament übertragen werden kann (Orderpapier), kann nur eine Sicherungshypothek bestellt werden (§ 1187 BGB). Für die Bestellung der Hypothek für die Forderung aus einer Schuldverschreibung auf den Inhaber (nicht auch aus einem Orderpapier) gilt nach § 1188 BGB eine Ausnahme von § 873 BGB. Die Grundbucheintragung erfolgt stets auf Antrag (§ 13 Abs 1 GBO), wenn der Betroffene (Grundstückseigentümer) sie bewilligt (§ 19 GBO). Die Urkunde (Wertpapier) ist für Eintragung der Hypothek[7] (und für spätere Eintragungen bei ihr) vorzulegen (§ 43 GBO).   2105

bb) Als **Gläubiger** einzutragen (§ 1115 Abs 1 BGB) ist bei der Hypothek für eine Inhaberschuldverschreibung „der jeweilige Inhaber der (zu bezeichnenden) Schuldverschreibung", nicht eine bestimmte Person mit ihrem Namen.[8] Desgleichen ist bei der Hypothek für die Forderung aus einem Orderpapier als Gläubiger einzutragen „der erste Nehmer des Papiers oder der durch Indossament legitimierte Inhaber".[9] Die Person des jeweiligen Gläubigers ist hierdurch genügend bestimmt angegeben.[10] Gleichwohl wird im Schrifttum vielfach namentliche Bezeichnung des ersten Nehmers, damit Eintragung „des (nach § 15 GBV namentlich zu bezeichnenden) ersten Nehmers des Papiers oder des durch Indossament legitimierten Inhabers" verlangt.[11] Zusammengefaßte Eintragung einer Hypothek für Teilschuldverschreibungen auf den Inhaber: § 50 GBO.   2106

cc) Dem jeweiligen Gläubiger kann nach § 1189 BGB ein **Vertreter** mit der Befugnis bestellt werden, mit Wirkung für und gegen jeden späteren Gläubiger bestimmte Verfügungen über die Hypothek zu treffen und den Gläubiger   2107

---

[5] BGH 144, 138 = NJW 2001, 3701 = Rpfleger 2001, 586.
[6] LG Aachen Rpfleger 1963, 116 mit zust Anm Haegele.
[7] Güthe/Triebel Rdn 7, Bauer/vOefele/Weber Rdn 10, je zu § 43; Staudinger/Wolfsteiner Rdn 11 zu § 1187 BGB; aA OLG Colmar OLG 6, 105; K/E/H/E Rdn 5 zu § 43; Meikel/Bestelmeyer Rdn 7 zu § 43; Böhringer BWNotZ 1988, 25 (26).
[8] Bauer/vOefele/Weber Rdn 8 zu § 42; Güthe/Triebel Rdn 3, Meikel/Bestelmeyer Rdn 5, je zu § 43; BGB-RGRK/Thumm Rdn 4, MünchKomm/Eickmann Rdn 8, Staudinger/Wolfsteiner Rdn 12, je zu § 1187 BGB.
[9] OLG Dresden OLG 4, 191 (192); OLG Dresden JFG 3, 429 (433); Staudinger/Wolfsteiner Rdn 12 zu § 1187 BGB; K/E/H/E Rdn 3 zu § 43.
[10] OLG Dresden OLG 4, 191 (192).
[11] Bauer/vOefele/Weber Rdn 6; Güthe/Triebel Rdn 4; Meikel/Bestelmeyer Rdn 5, je zu § 43; BGB-RGRK/Thumm Rdn 4; MünchKomm/Eickmann Rdn 8, je zu § 1187 BGB.

bei der Geltendmachung der Hypothek zu vertreten. Zur Bestellung des Vertreters ist die Eintragung in das Grundbuch erforderlich (§ 1189 BGB; s auch §§ 42, 43 GBO wegen Brief- und sonstiger Urkunden-Vorlage). Der **Name des Vertreters** ist in das Grundbuch selbst einzutragen, Bezugnahme auf die Eintragungsbewilligung ist insoweit nicht zulässig; möglich ist sie nur wegen des Umfangs der Vertretungsmacht.[12] Dabei ist ein besonderer entsprechender Vermerk, wie etwa „Vertreter" einzutragen.[13] Die Ersteintragung erfolgt in Spalte 4, die spätere Eintragung in Spalte 7 der Abt III. Erst mit Eintragung beginnt die Vertretungsmacht. Für den eingetragenen Vertreter spricht die Vermutung des § 891 BGB.[14] Die Eintragung des Vertreters ist auf der Urkunde über die Inhaber- oder Orderforderung zu vermerken.[15]

2108 Bei dem nach § 1189 BGB bestellten Vertreter handelt es sich um **keine echte Treuhänderschaft**, sondern um einen Vertreter der Gläubiger, dessen Rechte und Pflichten gesetzlich umgrenzt sind und beschränkt werden können.[16] Als Vertreter kann jede natürliche oder juristische Person, auch eine OHG sowie KG, bestellt werden, nicht aber der Schuldner selbst.[17] Wird der Vertreter bereits bei Eintragung der Hypothek bestellt, so ist zu seiner Eintragung nur die Bewilligung des Eigentümers erforderlich (§ 19 GBO; § 1188 BGB; bei Orderpapieren ist aber auch, für das Grundbuch nicht nachweispflichtig, Einigung nach § 873 BGB notwendig). Bei einer nachträglichen Eintragung des Vertreters bedarf es der Zustimmung des Eigentümers und aller Gläubiger (§ 877 BGB).[18] Das gleiche gilt für eine spätere Abänderung der Befugnisse des Vertreters. Durch die Bestellung des Vertreters wird das Recht des Gläubigers zur Verfügung über die Hypothek und zu ihrer Geltendmachung nicht berührt.[19] Gehen die seitens des Vertreters und der Gläubiger vorliegenden Verfügungen auseinander, so muß das Grundbuchamt dem zuerst eingegangenen Antrag entsprechen. Sind die Anträge gleichzeitig gestellt, so muß das Grundbuchamt beide zurückweisen.

2109 Darüber, ob sich die Vertretungsbefugnis im Rahmen der Bestellung und der Eintragung nur auf das dingliche oder auch auf das persönliche Recht bezieht, gehen die Ansichten auseinander.[20] Dem Vertreter steht die Befugnis zur Benennung eines Nachfolgers nicht unmittelbar zu, es kann ihm aber dieses Recht ausdrücklich verliehen werden.[21] Die Vertreterstellung erlischt durch Abberufung, Kündigung, Tod oder Verlust der Geschäftsfähigkeit des Vertreters sowie durch Erlöschen des zugrundeliegenden Rechtsverhältnisses, nicht aber durch Eröffnung des Insolvenzverfahrens über das Vermögen des Vertreters.

---

[12] BayObLG 20, 349; KG RJA 15, 229; Böhringer BWNotZ 1988, 25 (27).
[13] RG 115, 231.
[14] KGJ 51 A 307.
[15] Nach der bei Fußn 7 bezeichneten abweichenden Ansicht nur, wenn es sich nicht um die erste Eintragung handelt.
[16] RG 117, 372; Staudinger/Wolfsteiner Rdn 1, 5 zu § 1189 BGB.
[17] KGJ 30 A 284; Staudinger/Wolfsteiner Rdn 8 zu § 1189 BGB.
[18] KGJ 30 A 284; 45 A 275; 51 A 304; Böhringer BWNotZ 1988, 25 (27).
[19] KGJ 45 A 243; Staudinger/Wolfsteiner Rdn 21 zu § 1189; Böhringer aaO.
[20] Im ersteren Sinn BGB-RGRK/Thumm Rdn 2 zu § 1189; Staudinger/Wolfsteiner Rdn 22 zu § 1189 BGB.
[21] KGJ 13 A 111; 16 A 304; 45 A 275; Böhringer aaO.

B. Einzelfälle

Die Eintragung des **Erlöschens der Rechte** des Vertreters in das Grundbuch ist keine wesentliche Voraussetzung für die Beendigung der Vertretung. Die Löschung des eingetragenen und die Eintragung des neuen Vertreters im Grundbuch darf erst vorgenommen werden, wenn die Abberufung diesen beiden gegenüber und die Bestellung des neuen Vertreters in der Form des § 29 GBO nachgewiesen ist. Der neue Vertreter kann nicht selbst seine Eintragung herbeiführen. 2110

Die Randnummern 2111–2116 sind entfallen. 2111–2116

6. Höchstbetragshypothek

Wie vor Rdn 2094, ferner BGB §§ 1190, 873

Antragsformular 2117

Ich stehe mit der Spar- und Darlehenskasse Boll e. G. in laufender Geschäftsverbindung. Wegen aller daraus für diese Gläubigerin bereits entstandenen oder in Zukunft entstehenden Ansprüche bewillige und beantrage ich für sie die Eintragung einer Sicherungshypothek bis zum Höchstbetrag von 50 000 € – fünfzigtausend Euro – an meinem im Grundbuch von Boll (Band 1) Blatt 2 eingetragenen Grundstück Flurstück 25.

Boll, den ...   Friedrich Zimmermann   (folgt Unterschriftsbeglaubigung)

Grundbucheintragung 2118

1	2	3	4
2	3	50 000 EUR	Sicherungshypothek bis zum Höchstbetrag von fünfzigtausend Euro für die Spar- und Darlehenskasse Boll e. G. in Boll. Unter Bezugnahme auf die Bewilligung vom ... (Notar ... URNr ...) eingetragen am ... [**oder:** Höchstbetrags-Sicherungshypothek zu fünfzigtausend Euro für die Spar- und Darlehenskasse Boll e. G. in Boll, gemäß Bewilligung vom ... (Notar ... URNr ...) eingetragen am ...]

Bekanntmachung erfolgt an Notar ..., Grundstückseigentümer und Gläubigerin.

Literatur: Hornung, Vollstreckungsunterwerfung und Höchstbetragshypothek, NJW 1991, 1649.

Eine Hypothek kann in der Weise bestellt werden, daß **nur der Höchstbetrag**, bis zu dem das Grundstück haften soll, bestimmt, im übrigen die Feststellung der Forderung vorbehalten wird (§ 1190 Abs 1 BGB). Die Hypothek ist Sicherungshypothek, auch wenn sie im Grundbuch nicht als solche bezeichnet ist (§ 1190 Abs 3 BGB). Ist die Forderung verzinslich, so werden die Zinsen in den Höchstbetrag eingerechnet (§ 1190 Abs 2 BGB). Besondere Zinsen sind daher nicht eintragungsfähig; gleichwohl eingetragene Zinsen berühren aber die Gültigkeit der Hypothek nicht.[1] Für eine **Forderung,** die – auch in bezug auf die Zinsen – der Höhe nach **von Anfang an bestimmt** ist, ist eine Höchstbetragshypothek unzulässig, auch wenn das Entstehen der Forderung ungewiß ist.[2] 2119

---

[1] KGJ 39 A 56.
[2] KG HRR 1929 Nr 1998; 1943 Nr 1106 = DNotZ 1943, 135.

2120 Der **Vorbehalt** des § 1190 BGB kann sich sowohl auf den Betrag der Forderung wie auch auf alle ihre Merkmale mit Ausnahme des Höchstbetrags und der Person des Gläubigers beziehen, also auch auf die Person des Schuldners, den Schuldgrund oder die Zinsen.[3] Eine Höchstbetragshypothek kann also auch dann eingetragen werden, wenn nur die Zinsenforderung unbestimmt ist.[4] Unschädlich ist, wenn zu dem Forderungskreis eine schon feststehende (bestimmte) Forderung gehört.[5]

2121 Die Höchstbetragshypothek kann für **alle Ansprüche** bestellt werden, die zu irgendeiner Zeit oder aus irgendeinem Grunde dem Gläubiger gegen den Schuldner erwachsen oder auch bereits erwachsen sind.[6] Genaue Angabe des zu sichernden Forderungskreises und des Schuldners in der Eintragungsbewilligung sind zwar erforderlich, die Eintragung ist aber inhaltlich nicht unzulässig, wenn sich Forderungskreis und Schuldner durch Auslegung ermitteln lassen.[7] Ist der Kreis der unter die Höchstbetragshypothek fallenden Forderungen dergestalt umgrenzt, daß die Hypothek nur zur Befriedigung der aus einem bestimmten Rechtsverhältnis sich ergebenden Forderungen dienen soll, so muß das die Grundlage bildende Rechtsverhältnis wenigstens in der Eintragungsbewilligung angegeben werden. Im Grundbuch anzugeben, für welche Forderungen die Höchstbetragshypothek bestellt ist, ist nicht notwendig; Bezugnahme auf die Eintragungsbewilligung genügt. Beschränkung des Forderungskreises ist nachträglich ohne Zustimmung des Eigentümers im Grundbuch eintragbar.[8]

2122 Die Bestellung **mehrerer Höchstbetragshypotheken für dieselbe Forderung** ist nur in der Weise zulässig, daß durch jede der später nachfolgenden Hypotheken nur der Forderungsteil gesichert wird, der den durch die vorgehende Hypothek gesicherten Teil übersteigt.[9] Eintragungsmuster für die Bestellung mehrerer Hypotheken über dieselbe Forderung bezüglich der zweiten Eintragung:

> Sicherungshypothek bis zum Höchstbetrag von dreitausend Euro für die Spar- und Darlehenskasse Boll e. G. in Boll, soweit die Forderungen den Betrag von fünfzigtausend Euro, für den die Hypothek Nr ... haftet, übersteigen.

2123 Zulässig ist die Eintragung **mehrerer selbständiger Höchstbetragshypotheken** zur Sicherung des gleichen Kreises von Forderungen dann, wenn der Forderungskreis später derart auf die Grundstücke verteilt werden soll, daß der Gläubiger bestimmen darf, für welche Forderung er das einzelne Grundstück in Anspruch nehmen will.[10]

2124 **Für mehrere Gläubiger** kann eine Höchstbetragshypothek derart bestellt werden, daß sie nur dann insoweit für die Forderungen des an zweite Stelle gesetzten Schuldverhältnisses in Frage kommen soll, als die endgültig festgestellten Forderungen des an erster Stelle stehenden Gläubigers hinter dem

---

[3] KGJ 35 A 255.
[4] KG HRR 1933 Nr 202.
[5] RG 126, 272 (276).
[6] KGJ 23 A 239.
[7] RG 136, 80.
[8] KG DNotZ 1929, 499.
[9] RG 134, 221; KGJ 53 A 213.
[10] RG 131, 16 (22); 134, 225; KG DNotZ 1942, 384.

B. Einzelfälle

Höchstbetrag zurückbleiben.[11] **Muster für** die Eintragung einer Höchstbetragshypothek für mehrere Gläubiger:

> Sicherungshypothek bis zum Höchstbetrag von ... Euro für alle Forderungen der Spar- und Darlehenskasse Boll e. G. in Boll sowie für alle Forderungen der Kreissparkasse Boll in Boll, wenn und soweit der Höchstbetrag die Forderung der Spar- und Darlehenskasse Boll e. G. übersteigt.

Die Bestellung einer Höchstbetragshypothek **für mehrere Forderungen gegen verschiedene Schuldner** ist ebenfalls zulässig, selbst wenn die Schuldner nicht in einer Verpflichtungsgemeinschaft stehen. **Muster für** die Eintragung einer Höchstbetragshypothek bei mehreren Schuldnern: 2125

> ... für alle Forderungen der Spar- und Darlehenskasse Boll e. G. in Boll gegen den Eigentümer Max Maier und für alle Forderungen der gleichen Gläubigerin aus beabsichtigter Warenlieferung an den Kaufmann Josef Möller in Boll.

Eine **Zwangsvollstreckungs-Unterwerfungsklausel** (§ 800 ZPO) kann bei einer Höchstbetragshypothek insgesamt nicht eingetragen werden, weil sie eine noch unbestimmte Forderung sichert.[12] Eingetragen werden kann jedoch auch bei der Höchstbetragshypothek die Unterwerfung des Eigentümers wegen eines bereits ziffernmäßig bestimmten Teils innerhalb des Höchstbetrags, für den eine gesicherte Forderung nach Betrag und Rechtsgrund schon (bestimmt und unwandelbar) feststeht (muß in der Unterwerfungserklärung individualisiert sein).[13] Eintragung einer Unterwerfungsklausel bei einer weiteren (neuen) Höchstbetragshypothek wegen eines Teilbetrags für einen Anspruch aus dem vorweg bereits gesicherten Forderungskreis ist nicht zulässig.[14] 2126

Die Höchstbetragshypothek ist in der Praxis nahezu ganz verschwunden; an ihrer Stelle wird die **Grundschuld** verwendet. Möglich ist auch Bestellung einer Verkehrshypothek (Brief- oder Buchhypothek) mit der Abrede, daß sie im Innenverhältnis die Aufgaben einer Höchstbetragshypothek haben soll.[15] Eine derartige Verkehrshypothek kann in vollstreckbarer Form bestellt werden. 2127

7. Rangvorbehalt bei Hypothekenbestellung

BGB §§ 881, 873, 1113 ff
GBO §§ 13, 19, 28, 29 (30), 55, 56 ff
GBV §§ 11, 17

Antragsformular 2128

> Ich bewillige und beantrage die Eintragung einer Briefhypothek über 10 000 € – zehntausend Euro – Darlehen zugunsten des Moritz Unruh, geb am ..., wohnhaft in Boll, auf meinem im Grundbuch von Boll (Band 1) Blatt 15 gebuchten Grundstück Flurstück 25. Das

---

[11] KGJ 22 A 160.
[12] RG 132, 6 (8); BGH 88, 62 (65) = DNotZ 1983, 679 = NJW 1983, 2262, BayObLG 1954, 196 = DNotZ 1955, 313 = NJW 1954, 1808 und DNotZ 1990, 594 mit Anm Münch = NJW-RR 1989, 1467 = Rpfleger 1989, 396; KG DNotZ 1926, 260; OLG Frankfurt Rpfleger 1977, 220; OLG Oldenburg DNotZ 1957, 669; Hornung NJW 1991, 1649 (eingehend zum Problem).
[13] Hornung NJW 1991, 1649; außerdem die Rdn 12 Genannten.
[14] Hornung NJW 1991, 1649 mit Einzelheiten; dazu bereits Rdn 2122.
[15] RG 152, 213 (219); BayObLG 1954, 196 (203) mit weit Nachw; LG Düsseldorf MittRhNotK 1976, 421 = MittBayNot 1977, 23.

2. Teil. V. Dritte Abteilung des Grundbuchs

Darlehen ist vom ... an zu jährlich 7% zu verzinsen, die Zinsen zahlbar halbjährlich nachträglich. Das Darlehen ist nach sechsmonatiger jedem Teil zustehender Kündigung rückzahlbar.
Der Hypothekenbrief soll dem Gläubiger unmittelbar ausgehändigt werden. Eine besondere Schulddurkunde ist nicht ausgestellt.
Ich behalte mir das Recht vor, im Range vor der vorbestellten Hypothek eine Hypothek oder Grundschuld über 40 000 € – vierzigtausend Euro – nebst Zinsen und sonstigen Nebenleistungen zusammen bis zu 16% jährlich ab Eintragung des vorbehaltenen Rechts auf dem belasteten Grundstück eintragen zu lassen. Der Rangvorbehalt kann mehrfach ausgenutzt werden.
Die Eintragung dieses Rangvorbehalts im Grundbuch bewillige und beantrage ich.

Boll, den ...   Ernst Salamander   (folgt Unterschriftsbeglaubigung)

2129 Grundbucheintragung

1	2	3	4
5	1	10 000 EUR	Hypothek zu zehntausend Euro Darlehen für U n r u h Moritz, geb am ..., Zins 7 vH jährlich. Vorbehalten ist der Vorrang für eine Hypothek oder Grundschuld von vierzigtausend Euro mit Zinsen und sonstigen Nebenleistungen bis zu 16% jährlich. Unter Bezugnahme auf die Eintragungsbewilligung vom ... (Notar ... URNr ...) eingetragen am ...

Es ist ein Hypothekenbrief ist zu bilden und dem Gläubiger auszuhändigen, zugleich als Eintragungsnachricht.
Bekanntmachung erfolgt an Notar ... und Grundstückseigentümer.

Literatur: Fabricius, Zur Löschung eines ausgeübten Rangvorbehalts, Rpfleger 1956, 155 und 301; Jansen, Rangvorbehalt und Zwangsvollstreckung, AcP 152, 508; Mümmler, Ausnutzung eines eingetragenen Vorrangvorbehalts für ein Recht mit gleichem Rang, JurBüro 1979, 1777; Quardt, Der Rangvorbehalt in der Zwangsvollstreckung, JurBüro 1959, 58; Rieve, Mehrfache Ausnutzung eines Rangvorbehalts, NJW 1954, 1434; Ripfel, Rangänderung zwischen einem Recht mit und einem solchen ohne Rangvorbehalt, BWNotZ 1962, 37; Schiffhauer, Die Wirkung des Rangvorbehalts in der Zwangsversteigerung, BlGBW 1962, 17; Sichtermann, Der Rangvorbehalt im Realkreditgeschäft, BlGBW 1969, 9; Staudenmaier, Löschung eines Rangvorbehalts, Rpfleger 1960, 81; Ulbrich, Rechtsprobleme des Rangrücktritts und des Rangvorbehalts in der notariellen Praxis, MittRhNotK 1995, 289 (299); Unterreitmayer, Die stufenweise Ausnützung des Rangvorbehalts, Rpfleger 1960, 282; Zeitler, Rangrücktritt hinter ein Recht mit Rangvorbehalt, Rpfleger 1974, 176.

a) Wesen des Vorbehalts, Entstehung

2130   Der Rangvorbehalt (§ 881 BGB) begründet eine Vergünstigung für den Eigentümer[1] zum Nachteil desjenigen, dessen Recht unter Rangvorbehalt eingetragen ist. Rangvorbehalt ist ein dem Grundstückseigentümer zustehender Teil seines Eigentumsrechts[2] (s § 903 BGB). Das Grundstück kann der Eigentümer später mit dem vorbehaltenen Recht mit der Folge belasten, daß das später bestellte Rechte Vorrang vor dem früher unter Rangvorbehalt eingetragenen Recht erhält. Soweit Rangvorbehalt besteht und wirkt, kann so-

---

[1] Motive zum BGB, Band III, S 234.
[2] BGH 12, 238 = DNotZ 1954, 378 = NJW 1954, 954 und 1291 mit Anm Jansen; anders Jansen AcP 152, 508: mit dem Eigentum verbundenes Gestaltungsrecht.

nach das unter Vorbehalt eingetragene Recht nicht die ihm nach seiner Eintragung zukommende Rangstelle (§ 879 BGB) erlangen.

Rangvorbehalt **erfordert** materiellrechtlich (Rdn 9) Einigung zwischen Grundstückseigentümer und Gläubiger des belasteten Rechts (einseitiger Vorbehalt des Eigentümers wäre unzureichend)[3] und Eintragung. Für den Rangvorbehalt bei einer Eigentümergrundschuld genügt einseitige Erklärung des Eigentümers.[4] Die **Eintragung** erfolgt auf Antrag (§ 13 Abs 1 GBO). Wenn der Rangvorbehalt gleichzeitig mit dem bei seiner Ausübung später zurücktretenden Recht eingetragen werden soll, bedarf es nur der **Bewilligung** des Grundstückseigentümers (§ 19 GBO). Soll Eintragung des Rangvorbehalts nachträglich erfolgen, dh nachdem das mit dem Vorbehalt zu belastende Recht bereits im Grundbuch eingetragen ist, so ist Bewilligung des Gläubigers dieses Rechts, bei dem der Vorbehalt eingetragen werden soll, erforderlich, daneben bei Grundpfandrechten auch Zustimmung des Eigentümers (vgl § 880 Abs 2 BGB).[5] Der Vorbehalt ist auch auf Eintragung eines Rechts mit gleichem Rang zulässig.[6] Es können auch mehrere Rangvorbehalte bei demselben Recht eingetragen werden. 2131

b) Gegenstand des Vorbehalts

Unter Rangvorbehalt eingetragen werden kann jedes Recht, mit dem ein Grundstück rechtsgeschäftlich belastet werden kann. Rangvorbehalt für ein später einzutragendes Recht kann mithin **bei** Hypothek, Grundschuld oder Rentenschuld, ebenso auch bei allen in Abt II des Grundbuchs einzutragenden Rechten (Dienstbarkeiten, Vorkaufsrecht, Reallast usw) eingetragen werden, nicht jedoch bei einem Erbbaurecht (es kann nur zur ausschließlich ersten Rangstelle bestellt werden, § 10 Abs 1 ErbbauVO). Auch bei einer Vormerkung für ein solches Recht oder bei einer Auflassungsvormerkung kann ein Rangvorbehalt eingetragen werden (s Rdn 1531a). Wegen des Vorbehalts bei Gesamtrechten s Weber[7] und LG Bochum.[8] Die Tatsache, daß sich der eine Gesamthypothek bestellende Eigentümer vorbehält, an den mehreren belasteten Grundstücken eine weitere Gesamthypothek (und nicht je eine Einzelhypothek) eintragen zu lassen, muß in der Vorbehaltseintragung zum Ausdruck kommen. 2132

Muster

> Der Eigentümer hat sich vorbehalten, im Rang vor der Hypothek eine Gesamthypothek von ... € nebst ...% Zinsen seit ... unter Mithaft des Grundstücks Nr ... des Bestandsverzeichnisses des Grundbuchs von ... Blatt ... eintragen zu lassen.

c) Berechtigter

Berechtigt zur Ausübung des Rangvorbehalts ist der Eigentümer des belasteten Grundstücks (§ 881 Abs 1 BGB). Nach Veräußerung des Grundstücks 2133

---

[3] BGB-RGRK/Augustin Rdn 4 zu § 881.
[4] Weitnauer DNotZ 1958, 356.
[5] Ebenso Bauer/vOefele/Mayer AT IV Rdn 77; Demharter Rdn 37; K/E/H/E Rdn 22, je zu § 45; aA: bei nachträglicher Eintragung keine Eigentümerzustimmung, KG JFG 12, 289.
[6] BayObLG 1956, 462.
[7] Weber DNotZ 1938, 289.
[8] LG Bochum DNotZ 1956, 604.

steht die vorbehaltene Befugnis dem Erwerber zu (§ 881 Abs 3 BGB). Ausübungsberechtigt ist der Insolvenzverwalter des Eigentümers, wenn das Grundstück zur Insolvenzmasse gehört.

d) Das vorbehaltene Recht

2134 Vorbehalten werden kann die vorrangige Eintragung jeden Rechts, mit dem ein Grundstück rechtsgeschäftlich belastet werden kann, sonach Eintragung einer Hypothek, Grundschuld oder Rentenschuld, aber auch eines in Abt II des Grundbuchs einzutragenden Rechts (Dienstbarkeit,[9] Vorkaufsrecht, Reallast usw, auch eines Erbbaurechts). Vorbehalten werden kann auch Eintragung einer Vormerkung für ein solches Recht. Das vorbehaltene Recht muß dem **Umfang** nach (Kapital, Zinsen und Nebenleistungen, zu diesen Rdn 2136; sonst Rechtsnatur und Inhalt des Rechts), nicht aber auch hinsichtlich des Berechtigten, bestimmt sein (§ 881 Abs 1 BGB). Daher braucht der Berechtigte des vorbehaltenen Rechts in Eintragungsbewilligung und bei Eintragung des Rangvorbehalts nicht angegeben zu werden. Beschränkung des Rangvorbehalts auf eine bestimmte Person (zB eine bestimmte Bank; auch nur „Sparkassenhypothek") ist aber zulässig und führt dazu, daß dann die Ausübung des Vorbehalts nur zugunsten dieser Person möglich ist.[10] Zulässig ist auch Beschränkung des Rangvorbehalts dahin, daß er nur durch Grundpfandrechte ausgenutzt werden darf, für die die Bestellungsurkunde (Eintragungsbewilligung) von einem bestimmten Notar beurkundet (oder beglaubigt) worden ist.[11] Möglich ist außerdem Beschränkung des Rangvorbehalts auf nur einmaligen Ausübung (oder mehrere Einzelfälle); eine solche Beschränkung wird durch Bezugnahme auf die Eintragungsbewilligung gedeckt.[12] Wiederholt kann der Rangvorbehalt ausgeübt werden, wenn eine solche Beschränkung nicht erfolgt ist (s Rdn 2156).

2135 Bei Belastung des Grundstücks mit einer Hypothek, Grundschuld oder Rentenschuld kann der Rangvorbehalt nicht mehr in der Weise bestellt werden, daß nur ein solches Grundpfandrecht mit dem Vorrang eingetragen werden darf, bei dem der Eigentümer gleichzeitig eine **Löschungsvormerkung** eintragen läßt.[13] Das folgt aus der Neuregelung des Rechts der Löschungsvormerkung (§§ 1179, 1179a BGB). Wenn das Grundstück mit einem Recht belastet wird, für dessen Berechtigten ein Löschungsanspruch auch weiterhin durch Löschungsvormerkung sicherbar ist (zB mit einem Wohnungsrecht, s § 1179 BGB), kann auch die Eintragung des vorbehaltenen Vorrang-Grundpfandrechts an die gleichzeitige Eintragung einer Löschungsvormerkung bedungen werden.

---

[9] Rangvorbehalt für ein Geh- und Fahrtrecht an einer erst zu vermessenden Teilfläche zugunsten des jeweiligen Eigentümers des Restgrundstücks (auch zur Bestimmtheit des vorbehaltenden Rechts) s Gutachten DNotI-Report 1997, 176.
[10] KG HRR 1931, 288; LG Düsseldorf MittRhNotK 1985, 15 = Rpfleger 1985, 100 (101).
[11] LG Düsseldorf MittRhNotK 1985, 15 = aaO.
[12] RG DNotZ 1932, 722; KG DNotZ 1931, 116 (117).
[13] S dazu früher Hummitzsch Rpfleger 1956, 272; Knieper MDR 1971, 11; KG DFG 1938, 182 = JW 1938, 2474.

B. Einzelfälle

e) Eintragungsbewilligung

Die Eintragungsbewilligung muß die Eigentümerbefugnis als Rangvorbehalt und das Recht, das mit dem Vorbehalt belastet werden soll, sowie Rechtsnatur und Umfang des vorbehaltenen Rechts bestimmt bezeichnen. Ein Berechtigter des vorbehaltenen Rechts, für eine vorbehaltene Hypothek damit auch die zu sichernde Forderung, brauchen nicht angegeben zu werden (Rdn 2134). Wenn ein Grundpfandrecht mit Zinsen und mit anderen Nebenleistungen vorbehalten werden soll, ist dies (zur Abwendung von Schwierigkeiten bei späterer Eintragung von Nebenleistungen; s Rdn 2152) in der Bewilligung zweifelsfrei darzustellen. Für Zinsen und fortlaufende andere Nebenleistungen ist der Anfangszeitpunkt in der Bewilligung anzugeben;[14] fehlt diese Angabe, so ist der Antrag mit Zwischenverfügung zu beanstanden[15] (vgl Rdn 1957). Der Eintragungsbewilligung, die keine Angabe zum Zeitpunkt des Zinsbeginns enthält, kann nicht durch Auslegung zweifelsfrei entnommen werden, daß der Anfangszeitpunkt für die Verzinsung der Tag sein soll, an dem das vorbehaltene Grundpfandrecht in das Grundbuch eingetragen wird.[16] Für Zinsen und wiederkehrende Nebenleistungen muß auch der Berechnungszeitraum (jährlich, monatlich) angegeben werden (vgl Rdn 1956 und 1969). Die Bewilligung eines Rangvorbehalts für „Grundpfandrechte bis zur Höhe von ... nebst bis zu 15% Jahreszinsen und 10% Nebenleistungen" läßt den Bezugszeitraum für die Nebenleistungen nicht hinreichend erkennen. Der Bezugszeitraum wäre, auch wenn er insoweit mit den Zinsen gleich ist, für die Nebenleistungen nochmals zu bezeichnen oder durch Klarstellung in der Formulierung auf Zinsen und Nebenleistungen zu beziehen (Beispiel: „... nebst bis zu 15 vH Zinsen und 10 vH Nebenleistungen (je) jährlich").[17] Zinsfälligkeiten (Zinstermine) und Zahlungsbedingungen (Rdn 1980) gehören nicht zum Umfang des Grundpfandrechts (vgl § 881 Abs 1 BGB), müssen sonach in der Bewilligung nicht dargestellt werden. Wenn der Rangvorbehalt auf eine bestimmte Person (Rdn 2134) oder auf einen bestimmten Inhalt des Grundpfandrechts (Rdn 2134) beschränkt werden soll, muß sich auch das aus der Eintragungsbewilligung ergeben. Sie sollte zur Abwendung von Zweifeln schließlich erkennbar machen, ob der Vorbehalt nur einmal oder mehrmals ausgenutzt werden kann (s Rdn 2156).

2136

f) Grundbucheintragung

Der Rangvorbehalt muß in das Grundbuch eingetragen werden (§ 881 Abs 2 BGB). Die Eintragung hat bei dem Recht zu erfolgen, das zurücktreten soll (§ 881 Abs 2 BGB), und zwar in Abt II und III in der Hauptspalte im Eintragungsvermerk für dieses Recht, bei nachträglicher Eintragung in der Ver-

2137

---

[14] BGH 129, 1 = DNotZ 1996, 84 mit Anm Kutter = MittBayNot 1995, 122 mit Anm Demharter = NJW 1995, 1081 = Rpfleger 1995, 343; BayObLG MittBayNot 1994, 439; aA OLG Frankfurt DNotZ 1990, 743 mit Anm Kutter = OLGZ 1989, 389 = Rpfleger 1989, 401 (überholt).
[15] BGH 129, 1 = aaO.
[16] BGH 129, 1 = aaO. Bei bereits eingetragenen Rangvorbehalten, die keine Angabe zum Zeitpunkt des Zinsbeginns enthalten, hat BGH 129, 1 = aaO hinsichtlich des Zinsbeginns den Zeitpunkt der Eintragung des Grundpfandrechts als Mindestinhalt der Erklärung angenommen; so auch OLG Frankfurt Rpfleger 1996, 340 Leits.
[17] LG Aachen MittRhNotK 1982, 25.

änderungsspalte. Die Eintragung an anderer Stelle des Grundbuchs wäre unwirksam. Sollen mehrere Rechte zurücktreten, so ist bei jedem von ihnen Eintragung des Vorbehalts erforderlich.[18] Ausdrücklich **eingetragen** werden müssen der Rangvorbehalt als solcher und Umfang des vorbehaltenen Grundpfandrechts (Angabe der Höchstbeträge genügt) mit Hauptsachebetrag, Zinsen und Geldbetrag der anderen Nebenleistungen (s § 1115 BGB) oder Art des sonst vorbehaltenen Rechts (mit seinem Wesenskern schlagwortartig). Bezugnahme ist insoweit nicht zulässig.[19] Eintragung als Rangvorbehalt bezeichnet bereits die Eigentümerbefugnis (Rdn 2130, 2133); der Eigentümer braucht als „Berechtigter" daher nicht gesondert angegeben zu werden. Desgleichen braucht der Gläubiger oder Berechtigte des später mit Rangvorbehalt einzutragenden Rechts nicht eingetragen zu werden (s Rdn 2134). Unwirksam ist der Rangvorbehalt, wenn darin der Geldbetrag des später einzutragenden Grundpfandrechts überhaupt nicht vermerkt ist.[20]

2138 Zur näheren Bezeichnung des Inhalts des Rechts, das mit Vorrang einzutragen ist, kann (ebenso wie bei Eintragung dieses Rechts selbst) auf die **Eintragungsbewilligung Bezug genommen** werden (§ 874 BGB; für Hypothek [siehe Rdn 1980], Grundschuld und Rentenschuld in den Grenzen des § 1115 BGB[21]). Auch die Beschränkung des Rangvorbehalts auf Rechte nur zugunsten einer bestimmten Person oder bestimmter Unternehmen (Bank, Sparkasse) kann durch Bezugnahme eingetragen werden. Die Berechtigung, den Rangvorbehalt mehrfach auszunutzen, gehört zu seinem Inhalt; sie kann daher durch Bezugnahme auf die Eintragungsbewilligung eingetragen werden.[22] Als Bestimmung des Inhalts des zurücktretenden Rechts wird der Rangvorbehalt in dessen Brief aufgenommen.[23]

g) Bedingung, Befristung

2139 Der Rangvorbehalt kann **bedingt** oder inhaltlich beschränkt sein,[24] zB auch derart, daß er nur für Grundpfandrechte gilt, die unter Mitwirkung des Käufers eines Grundstücks bestellt wurden.[25] **Mehrere Rangvorbehalte** können zB zu Lasten des gleichen Rechts derart vereinbart werden, daß jeder Rangvorbehalt durch die Ausübung des anderen auflösend bedingt ist.[26]

h) Zuschreibung

2140 Wird dem Grundstück, bei dem ein mit Rangvorbehalt belastetes Grundpfandrecht eingetragen ist, ein anderes Grundstück als **Bestandteil zugeschrieben** (§ 890 Abs 2 BGB), so erstrecken sich das am Stammgrundstück eingetragene Grundpfandrecht und der Rangvorbehalt kraft Gesetzes auf das

---

[18] KG JFG 8, 294.
[19] KG HRR 1931 Nr 1754.
[20] LG Itzehoe MDR 1968, 1010 = MittBayNot 1969, 27.
[21] BGB-RGRK/Augustin Rdn 26 zu § 881; MünchKomm/Wacke Rdn 9 zu § 881.
[22] LG Aachen Rpfleger 1977, 22.
[23] BayObLG MittBayNot 1979, 113 = MittRhNotK 1979, 193.
[24] RG JW 1933, 605; KG HRR 1931, 288; KG DNotZ 1932, 723 (726); KG DFG 1938, 182.
[25] LG Köln MittRhNotK 1996, 234; Ulbrich MittRhNotK 1995, 289.
[26] KG DNotZ 1932, 723.

zugeschriebene Grundstück (§ 1131 BGB; s hierzu näher Rdn 652 und dort Fußn 3).

i) Übertragung, Pfändung, Zwangsversteigerung

Die vorbehaltene Befugnis, ein anderes Recht mit Vorrang eintragen zu lassen, ist mit dem Eigentum verbunden. Der Rangvorbehalt kann daher nicht gesondert (allein) übertragen und nicht gepfändet werden.[27] Übergang auf Grundstückserwerber: § 881 Ab 3 BGB (vgl Rdn 2133). Bleibt in der Zwangsversteigerung das Recht, bei dem der Vorbehalt eingetragen ist, bestehen, dann bleibt mit ihm als Nebenrecht auch die Befugnis unberührt, das vorbehaltene Recht eintragen zu lassen. Die Ausübungsbefugnis steht dann dem Ersteher zu. Sonst erlischt der Vorbehalt mit dem Recht.[28] Besonderheiten sind bei Eintragung des Rangvorbehalts nach dem Zwangsversteigerungsvermerk zu einem davor eingetragenen Recht zu beachten. 2141

Der Gläubiger einer **Zwangshypothek** kann den für den Grundstückseigentümer eingetragenen Rangvorbehalt nicht ausnützen.[29] 2142

k) Erlöschen, Aufhebung

Der Vorbehalt ist vor seiner Ausübung von dem Bestand des mit ihm belasteten Rechts abhängig; er wird hinfällig, wenn dieses Recht nicht besteht oder vor der Ausübung aufgehoben wird. Der nicht ausgeübte Rangvorbehalt geht mit der Löschung des Rechts, bei dem er eingetragen ist, unter.[30] Nach Eintragung des vorbehaltenen Rangs gilt das gleiche wie bei einer Rangänderung (vgl Rdn 2558 ff). 2143

Aufhebung des Rangvorbehalts erfolgt materiellrechtlich durch Einigung zwischen dem Grundstückseigentümer und dem Inhaber des mit dem Vorbehalt belasteten Rechts und durch Eintragung des Erlöschens im Grundbuch[31] (§ 877 BGB). Formellrechtlich ist nur Bewilligung des Grundstückseigentümers erforderlich.[32] Löschung erfolgt in der Veränderungsspalte. **Fassung** 2144

> Der Rangvorbehalt ist erloschen.

Eine Eintragung in der Löschungsspalte erfolgt nur dann, wenn der Vorbehalt selbst in der Veränderungsspalte eingetragen ist. Die Löschung ist auf dem Brief des Rechts, bei dem der Vorbehalt eingetragen ist, zu vermerken; Vorlage dieses Briefes für die Löschung ist daher erforderlich.[33]

Ob vorstehende Ausführungen über Aufhebung des Rangvorbehalts uneingeschränkt auch nach dessen Ausübung gelten, ist umstritten. Fabricius[34] hält 2145

---

[27] BGH 12, 238 = aaO (Fußn 2); Stöber, Forderungspfändung, Rdn 1733.
[28] Stöber, ZVG-Handbuch, Rdn 266.
[29] Seit BGH 12, 238 = aaO (Fußn 2) einhellige Ansicht; zu früher anderen Meinungen s 8. Auflage Rdn 2142.
[30] RG JW 1907, 703.
[31] KG JFG 12, 293; Demharter Rdn 44 zu § 45; BGB-RGRK/Augustin Rdn 18; Palandt/Bassenge Rdn 13, je zu § 881; aA MünchKomm/Wacke Rdn 10 zu § 881 BGB, der § 875 BGB entsprechend anwendet.
[32] BayObLG MittBayNot 1979, 113 = MittRhNotK 1979, 193 = (mitgeteilt) Rpfleger 1979, 333; LG Hof MittBayNot 1974, 268.
[33] BayObLG MittBayNot 1979, 113 = aaO (Fußn 32).
[34] Fabricius Rpfleger 1956, 155, 301; dagegen aber Demharter Rdn 44 zu § 45.

für diesen Fall materiellrechtliche Zustimmung des Gläubigers des begünstigten Rechts mit der Folge, daß der vorbehaltene Rang ebenfalls aufgehoben wird, und daher auch dessen Löschungsbewilligung – neben derjenigen des Grundstückseigentümers – für erforderlich. Ob außerdem eine Zustimmung des Gläubigers des betroffenen Rechts notwendig ist, läßt Fabricius offen, zumal dieser Gläubiger durch die Aufhebung ausschließlich begünstigt würde und die Erlangung seiner Zustimmung praktisch nicht auf Schwierigkeiten stoßen dürfte. LG Kassel[35] und LG Hof[36] vertreten dagegen die Ansicht, daß nach ausgenütztem Rangvorbehalt der Löschungsantrag des Grundstückseigentümers jedenfalls dann genügt, wenn der Rangvorbehalt nicht ausdrücklich zugunsten eines bestimmten Dritten eingetragen ist. Staudenmaier[37] kommt zu dem Ergebnis, daß die Erfordernisse der Löschung eines Rangvorbehalts davon abhängig sind, in welcher Zustandsart er sich im Löschungszeitpunkt befindet. Die Löschung eines ausgenützten Rangvorbehalts läßt das gegenwärtig bestehende Rangverhältnis unberührt. Eine Zustimmung und Bewilligung des Gläubigers des Vorrangrechts ist nicht erforderlich. Soll mit der Löschung des ausgenutzten Rangvorbehalts zugleich der Vorrang aufgehoben werden, so ist daneben eine Rangänderung vorzunehmen. Eine Rötung des Ausübungsvermerks erfolgt nicht.[38]

l) Nachbelastung

2146 Der Eigentümer kann trotz des Rangvorbehalts andere Rechte eintragen lassen, ohne bei ihnen den vorbehaltenen Rang auszunützen (vgl § 881 Abs 4 BGB).

m) Ausnutzung des Rangvorbehalts

2147 Ausnutzung des Rangvorbehalts erfordert materiellrechtlich (formlose) Einigung des Eigentümers mit dem Gläubiger des in den vorbehaltenen Rang einrückenden Rechts. Der Gläubiger (Berechtigte) des belasteten (zurücktretenden) Rechts braucht nicht (mehr) zuzustimmen. Zustimmung Dritter ist nicht erforderlich.

2148 Zur **Eintragung** auf Antrag (§ 13 Abs 1 GBO) genügt Eintragungsbewilligung des Grundstückseigentümers[39] (§ 19 GBO). Erklärung des Grundstückseigentümers:

> Die in der heutigen Urkunde bestellte Hypothek weise ich in den bei der Hypothek Abt III Nr... vorbehaltenen Rang ein.

2149 Das Grundbuchamt hat zu **prüfen**, ob Art und Umfang des mit Vorrang einzutragenden Rechts mit dem Rangvorbehalt übereinstimmen (ob es sich im Rahmen des Vorbehalts hält; Einweisung eines Euro-Grundpfandrechts in einen DM-Rangvorbehalt s Rdn 4309), nicht dagegen, ob und wie weit durch

---

[35] LG Kassel NJW 1956, 424.
[36] LG Hof MittBayNot 1974, 268.
[37] Staudenmaier Rpfleger 1960, 81.
[38] Vgl Fabricius Rpfleger 1956, 302.
[39] Vollmacht, zur Finanzierung des Kaufpreises den Kaufgegenstand mit Grundpfandrechten zu belasten und „alle in diesem Zusammenhang erforderlichen Erklärungen ... abzugeben", kann auch Ausnutzung des Rangvorbehalts bei einer Auflassungsvormerkung einschließen, OLG Düsseldorf MittBayNot 2000, 115 = Rpfleger 2000, 156.

B. Einzelfälle

etwaige in der Zwischenzeit erfolgte Eintragungen ohne Vorbehaltsrechte (vgl Rdn 2146) der Vorbehalt gemäß § 881 Abs 4 BGB bereits ausgeschöpft ist. Der Einfluß solcher Zwischenrechte zeigt sich erst in der Zwangsversteigerung.[40]

Ausübung der vorbehaltenen Befugnis durch die Bewilligung der Eintragung eines bereits bei der Begründung des Vorbehalts eingetragenen Rechts in die vorbehaltene Rangstelle steht die Fassung des § 881 BGB nicht im Wege;[41] dies kommt allerdings nur bei nachträglicher Eintragung des Rangvorbehalts in Betracht.

Die frühere Bezeichnung eines vorbehaltenen Grundpfandrechts soll bei Ausnutzung des Vorbehalts **nicht ausschlaggebend** sein. Es soll zB statt der vorbehaltenen Hypothek eine Grundschuld eingetragen werden können oder umgekehrt, statt einer Verkehrshypothek eine Sicherungshypothek oder umgekehrt.[42] Zumindest Eintragung einer Grundschuld statt der vorbehaltenen Hypothek erscheint jedoch wegen der unterschiedlichen Auswirkungen für den gesetzlichen Löschungsanspruch des belasteten (zurücktretenden) Rechts (§ 1179 a BGB), aber auch schon mit Rücksicht auf die sonst mögliche inhaltliche Beschränkung des Rangvorbehalts (Rdn 2134) bedenklich. Sicherer wäre es jedenfalls, den Rangvorbehalt sogleich eintragen zu lassen für 2150

> „... eine Hypothek oder Grundschuld im Betrage von ... € nebst Zinsen ... und Nebenleistungen ...".

Eintragung des Rechts im vorbehaltenen Rang muß durch **Rangvermerk** (§ 879 Abs 3 BGB) mit ausdrücklichem Vermerk bei dem in den Rangvorbehalt einrückenden Recht erfolgen, daß mit ihm der Vorbehalt ausgeübt wird. **Fassung:** 2151

> Unter Ausnutzung des Vorbehalts mit dem Vorrang vor der Post Abt III Nr ... eingetragen ...

Auch der erforderliche (§ 18 GBV) Rangvermerk bei dem belasteten, zurücktretenden Recht (einzutragen in Spalte 7; dabei Spalten 5 und 6) muß erkennen lassen, daß der Vorrang des vorbehaltenen Rechts auf der Ausnutzung des Rangvorbehalts beruht. **Fassung:**

> Der vorbehaltene Vorrang vor diesem Recht ist der Post Abt III Nr ... eingeräumt. Eingetragen am ...

Sind keine **Zinsen** vorbehalten, so können bei Ausnützung des Vorbehalts auch keine Zinsen bis zu 5 vH gemäß § 1119 BGB eingetragen werden. Ist dagegen die Eintragung einer verzinslichen Hypothek ohne nähere Festlegung des Zinssatzes vorbehalten, so können bei Ausnützung des Rangvorbehalts Zinsen bis zu 5 vH eingetragen werden.[43] Geht der Vorbehalt auf Eintragung einer Höchstbetragshypothek, so kann sofort eine zu 5% verzinsliche Grundschuld in Höhe des vorbehaltenen Höchstbetrags eingetragen werden.[44] Wenn bis zu ... vH jährliche Zinsen und Nebenleistungen vorbehalten sind, 2152

---

[40] Beispiele bei Palandt/Bassenge Rdn 12 zu § 881 BGB.
[41] KG DNotZ 1930, 316.
[42] KG DNotZ 1928, 574 = JFG 5, 340 = HRR 1928, 1588.
[43] RG DNotZ 1932, 587; s auch Palandt/Bassenge Rdn 7 zu § 881 BGB.
[44] KG DNotZ 1935, 321.

gilt die gemeinsame Höchstgrenze für beide Arten von Nebenleistungen zusammen.[45] Es wird jedoch auch angenommen, bei solcher Fassung sei nicht eindeutig, ob sich der Rangvorbehalt auf Zinsen und Nebenleistungen von insgesamt 15 vH jährlich erstrecken soll oder ob sowohl Zinsen als auch Nebenleistungen mit je bis zu 15 vH jährlich vorbehalten sein sollen.[46] Solche Bedenken[47] sind ausgeräumt, wenn Zins und Nebenleistungen von zusammen (bis) zu 15 vH jährlich vorbehalten sind, oder Umfang des Rangvorbehalts für Zinsen und Nebenleistungen je gesondert (einzeln) betragsmäßig bezeichnet wird. In Fällen, in denen bei einem Rangvorbehalt nur Zinsen berücksichtigt sind, bei der Ausnützung des Vorbehalts aber sowohl Zinsen wie auch andere Nebenleistungen eingetragen werden sollen, wird die Frage, ob dies bezüglich der sonstigen Nebenleistungen ohne besondere Vorrangseinräumung möglich ist, teils verneint,[48] teils bejaht.[49] Der letzteren Ansicht ist zuzustimmen. Wenn auch im Hypothekenrecht im allgemeinen zwischen Zinsen und sonstigen Nebenleistungen unterschieden werden muß, geht im hier behandelten Fall der – zum mindesten durch Auslegung feststellbare – Wille der Beteiligten dahin, nur allgemein der Grenze nach oben festzulegen, ohne daß es ihnen darauf ankommt, ob der Rahmen mit Zinsen oder – und – mit anderen Nebenleistungen ausgefüllt wird.

2153 Die Ausnutzung des Rangvorbehalts durch den Eigentümer kann nicht von der Vorlage des Briefes über das belastete, im Rang zurücktretende Recht abhängig gemacht werden.[50] Briefergänzung erfolgt daher nicht.

2154 Der Rangvorbehalt kann auch nur **teilweise** oder **stufenweise**[51] oder zu einem niedrigeren als dem eingetragenen Zinssatz ausgenutzt werden. Bei einer stufenweisen Ausnutzung des Rangvorbehalts ist eine Rangregelung durch den Eigentümer zum mindesten zweckmäßig; mangels solcher dürften die mehreren auf Grund des Rangvorbehalts eingetragenen Rechte Rang in ihrer zeitlichen Reihenfolge haben (§ 879 Abs 1 BGB).[52]

2155 Die zweitstellige Einrückung eines Grundpfandrechts in einen Rangvorbehalt bei einem anderen Grundpfandrecht ist nicht möglich. Es kann vielmehr nur bei einem den vorbehaltenen Rang nicht voll ausnützenden Recht später wieder ein Rangvorbehalt des Inhalts eingetragen werden, daß eine später einzutragende Belastung im Rang vorgehen soll.[53]

2156 **Mehrmals** (nach Löschung des eingetragenen Vorrangrechts also wiederholt) kann der Rangvorbehalt nach herrschender Ansicht ausgeübt werden, wenn

---

[45] LG Itzehoe MittRhNotK 1979, 64.
[46] LG Essen Rpfleger 1982, 172.
[47] Wir empfehlen eine solche Fassung nicht, teilen aber auch nicht Bedenken dagegen, weil nach Verkehrsanschauung (15 vH jährlich fortlaufende Nebenleistungen neben gleich hohen Zinsen nicht bekannt) Zweifel am Umfang des Vorbehalts nicht aufkommen können.
[48] So OLG Frankfurt DNotZ 1965, 44 = NJW 1964, 669 = Rpfleger 1964, 376 mit krit Anm Haegele.
[49] Schmitz-Valckenberg NJW 1964, 1477; Letschert BlGBW 1953, 200.
[50] KGJ 36 A 225; BayObLG MittBayNot 1979, 113 = MittRhNotK 1979, 193.
[51] KGJ 40 A 236; BayObLG 1956, 462.
[52] Ebenso Palandt/Bassenge Rdn 8 zu § 881 BGB; s dazu insbesondere Unterreitmayer Rpfleger 1960, 82.
[53] OLG Düsseldorf MittRhNotK 1967, 781.

B. Einzelfälle

er nicht auf einmalige Ausübung beschränkt ist;[54] anders:[55] es ist Auslegungsfrage, ob ein Rangvorbehalt nur mit einmaliger oder mit mehrmaliger Ausnutzbarkeit gewollt war. Beschränkung auf nur einen Ausübungsfall ist anzunehmen, wenn der Rangvorbehalt zur Eintragung eines bestimmt bezeichneten Rechts für einen namentlich benannten Berechtigten festgelegt ist.[56] Folgt man der Ansicht, daß mehrmalige Ausübung des Rangvorbehalts möglich ist, so kann er anläßlich Ausnützung nur mit Bewilligung des Eigentümers gelöscht werden. 2157

8. Zwangshypothek
ZPO §§ 720a, 866–868
BGB §§ 1184, 1185, 879
GBO §§ 13, 14, 28, 45
GBV §§ 11, 17, 18
JBeitrO §§ 2, 6

Antragsformular 2158

Ich überreiche vollstreckbare Ausfertigung des Urteils des Amtsgerichts Boll vom ... Aktenz ... nebst Kostenfestsetzungsbeschluß vom ... und beantrage wegen meiner Forderung von 6000 € (Kaufpreis) nebst 8% Zinsen hieraus seit ... sowie 400 € festgesetzte Kosten nebst 4% Zinsen hieraus seit ... die Eintragung je einer Sicherungshypothek auf den Grundstücken meines Schuldners Grundbuch von Boll (Band 1) Blatt 2, Bestandsverzeichnis laufende Nr 1 und 2, Flurstück 100 und 200, in der Weise, daß auf dem Grundstück Nr 1 3500 € Teilforderung samt Zinsen hieraus und die 400 € Kosten samt 4% Zinsen hieraus und auf dem Grundstück Nr 2 die restliche Forderung von 2500 € samt Zinsen hieraus gesichert werden sollen.

Münchingen, den ...

Josef Wanderer
(keine Unterschriftsbeglaubigung erforderlich)

Grundbucheintragung 2159

1	2	3	4
2	1	3900 €	Zwangssicherungshypothek zu dreitausendneunhundert Euro für W a n d e r e r Josef, Händler in Boll, mit acht vom Hundert Zinsen aus 3500 € seit dem ... und mit vier vom Hundert Zinsen aus 400 € seit dem ... gemäß Urteil des Amtsgerichts Boll vom ...... (Az ...) und Kostenfestsetzungsbeschluß des Amtsgerichts Boll vom ...... (Az ...) eingetragen am ......
3	2	2500 €	Zwangssicherungshypothek zu zweitausendfünfhundert Euro für W a n d e r e r Josef, Händler in Boll mit acht vom Hundert Zinsen hieraus seit dem ...... gemäß Urteil des Amtsgerichts Boll vom ...... (Az ...) eingetragen am ......

– Beglaubigte Abschrift der Vollstreckungstitel nebst Vollstreckungsklausel (und Zustellungsurkunde) wird zu den Grundakten gefertigt.

---

[54] KGJ 40 A 239; KG JFG 5, 383, 6, 315 und 8, 298; BGB-RGRK/Augustin Rdn 15 zu § 881 (unter Aufgabe früher gegenteiliger Ansicht); Staudinger/Kutter Rdn 29 zu § 881 (unter Aufgabe früher gegenteiliger Ansicht); Rieve NJW 1954, 1434; Fabricius Rpfleger 1956, 155.
[55] LG Nürnberg-Fürth MittBayNot 1977, 64.
[56] ZB Rieve NJW 1954, 1434.

- Die Eintragung ist auf den Vollstreckungstiteln zu vermerken. Die Titel sind sodann mit weiteren Beilagen dem Gläubiger zurückzugeben.
- **Benachrichtigung** erfolgt an Eigentümer und Gläubiger.

Literatur: Deimann, Gesamtzwangssicherungshypothek und die „vergessene" Regelung des § 868 ZPO, Rpfleger 2000, 193; Eiselt, Zur Eintragungsfähigkeit der Kosten der Zwangsvollstreckung bei der Sicherungszwangshypothek, BWNotZ 1984, 68; Furtner, Rechtliche Bedeutung von Zwangseintragungen, die unter Verletzung vollstreckungsrechtlicher Vorschriften im Grundbuch vorgenommen wurden, DNotZ 1959, 305; Groß, Zwangshypothek als Gesamthypothek? BWNotZ 1984, 111; Haegele, Die Zwangs- und Arresthypothek, BWNotZ 1972, 107; Hagemann, Die Zwangssicherungshypothek im Zwangsversteigerungsverfahren, Rpfleger 1982, 165; Honisch, Probleme der Zwangshypothek, NJW 1958, 1526; Löscher, Berücksichtigung von Kosten bei Eintragung einer Zwangshypothek, Rpfleger 1960, 355; Löscher, Zwangshypothek bei gegen Sicherheitsleistung vorläufig vollstreckbarem Vollstreckungstitel, JurBüro 1962, 250; Löscher, Die Eintragung von Zwangshypotheken in das Grundbuch, JurBüro 1982, 1617 und 1791 sowie 1983, 41; Reuter, Das vergessene Problem der §§ 866 III, 867 II ZPO, Rpfleger 1986, 285; Schneider, Die Zwangsvollstreckung in ein Grundstück nach Erlangung einer Sicherungshypothek, JurBüro 1975, 1315; Schneider, Die Zwangshypothek für obsiegende Streitgenossen, MDR 1986, 817; Stöber, Erfordert die Zwangsversteigerung mit dem Rang einer Zwangssicherungshypothek einen dinglichen Vollstreckungstitel?, Rpfleger 1956, 326; Stöber, Dinglicher Vollstreckungstitel bei Zwangsversteigerung mit dem Rang einer Zwangssicherungshypothek, MDR 1961, 17; außerdem Stöber, ZVG-Handbuch, 5. Aufl, Rdn 14–40; Stöber, ZVG, 17. Aufl, Einl Rdn 62–75.

a) Recht, Entstehung

2160 Die Zwangshypothek ist als Sicherungshypothek (§ 866 Abs 1 ZPO) dingliches Verwertungsrecht (Rdn 1913). Sie entsteht mit Eintragung (§ 867 Abs 1 S 2 ZPO), die auf Antrag des Gläubigers (§ 867 Abs 1 S 1 ZPO) im Wege der Zwangsvollstreckung (§§ 704 ff ZPO) erfolgt. Der Gläubiger erlangt damit die Rechtsstellung des Gläubigers einer Sicherungshypothek nach bürgerlichem Recht (§§ 1184–1186 BGB); von ihr unterscheidet sich die Zwangshypothek nur durch ihren Entstehungstatbestand (§ 867 ZPO) und durch vereinzelte vollstreckungsrechtlich bedingte Besonderheiten (s insbesondere § 868 ZPO).

b) Belastungsgegenstand

2161 Belastet werden kann mit einer Zwangshypothek als Gegenstand der Immobiliarvollstreckung (§ 864 ZPO) jedes Grundstück und Erbbaurecht (als grundstücksgleiches Recht), ein ideeller Miteigentumsanteil (Bruchteil eines Miteigentümers, § 864 Abs 2 ZPO), Wohnungs- und Gebäudeeigentum. Einzelheiten Rdn 1917. Im Anteil eines Miteigentümers steht auch der an einem dienenden Grundstück nach § 3 Abs 6 GBO gebuchte Miteigentumsanteil in der Hand eines Alleineigentümers (vgl § 1114 BGB und Rdn 1917); auch dieser kann daher mit einer Zwangshypothek belastet werden (ist wegen der nach § 867 Abs 2 ZPO erforderlichen Verteilung der Forderung nur von geringer Bedeutung).

c) Berechtigter

2162 **Gläubiger** kann nur die in Vollstreckungstitel oder -klausel namentlich bezeichnete (§ 750 Abs 1 ZPO) natürliche oder juristische Person (auch Perso-

B. Einzelfälle

nenhandelsgesellschaft, § 124 HGB, Partnerschaft, § 7 Abs 2 PartGG mit § 124 Abs 1 HGB, und EWIV) werden, für die Zwangsvollstreckung erfolgen kann. Für mehrere Vollstreckungsgläubiger kann eine Zwangshypothek gemeinschaftlich (§ 47 GBO) eingetragen werden; Einzelheiten Rdn 1922, auch Rdn 2181.

Der **Einzelkaufmann**, der unter seiner Firma im Antrag und (oder) Vollstreckungstitel zulässig (§ 17 Abs 2 HGB) bezeichnet ist, ist als Gläubiger der Zwangssicherungshypothek mit seinem bürgerlichen Namen einzutragen[1] (§ 15 Abs 1 GBV; Rdn 231). Diese Bezeichnung des Berechtigten hat das Grundbuchamt bei Fassung (Verfügung) des Eintragungsvermerks zu bestimmen (Rdn 223); an seinen Fassungsvorschlag und damit den Antrag (§ 867 Abs 1 Satz 1 ZPO) des (auch im Vollstreckungsverfahren, somit bei Antragstellung, zulässig) mit seiner Firma genannten Gläubigers ist es nicht gebunden, ebenso nicht an den Wortlaut des Vollstreckungstitels; dieser ist urkundliche Grundlage der Zwangsvollstreckung (§§ 704, 794 ZPO), der den Gläubiger mit seiner Firma zutreffend bezeichnet, nicht aber „Erwerbstitel", der Bindung für Bezeichnung des Berechtigten bei Fassung der Eintragung nach dem Rdn 229 Gesagten schaffen würde[2] (anders BayObLG: Das Grundbuchamt hat den Berechtigten antragsgemäß gleichlautend mit dem im Vollstreckungstitel genannten Namen einzutragen oder den Antrag nach Erlaß einer Zwischenverfügung zurückzuweisen; nicht zutreffend). Prüfung (und ggfs auch Feststellung) des einzutragenden bürgerlichen Namens des im Vollstreckungstitel mit seiner Firma bezeichneten Gläubigers hat das Grundbuchamt in seiner Eigenschaft als Vollstreckungsorgan mit den ihm zur Verfügung stehenden Mitteln selbständig und eigenverantwortlich vorzunehmen. Nur wenn die Feststellungen Zweifel übrig lassen, wie insbesondere bei Wechsel des Firmeninhabers oder bei Erlöschen der Firma, kann dem Gläubiger aufgegeben werden, durch Zeugnis des Registergerichts (§ 9 HGB) nachzuweisen, wer bei Rechtshängigkeit Firmeninhaber war und damit Gläubiger ist. In solchen Fällen ist Gelegenheit zur Klärung der Identität des im Vollstreckungstitel mit seiner Firma bezeichneten Gläubigers mit Zwischenverfügung unter Fristsetzung zu geben.

2162a

Ein **Prozeßstandschafter**, zB ein Elternteil als Titelgläubiger (§ 750 Abs 1 ZPO), der im eigenen Namen Unterhaltsansprüche des Kindes geltend macht (§ 1629 Abs 3 BGB), ist als Gläubiger einzutragender Berechtigter.[3] Die **Erben** sind als Berechtigte einzutragen, wenn der Nachlaßverwalter eine zum Nachlaß gehörende Forderung vollstreckt.[4] Für die Forderung auf Zahlung an einen Dritten (ohne eigenes Forderungsrecht) ist der Gläubiger unter Bezeichnung des Dritten als Zahlungsempfänger einzutragen.[5] Für **Zwangsgeld** (ZPO § 888) ist als Gläubiger der Kläger zu bezeichnen und einzutragen; die Gerichtskasse ist bei Eintragung als Zahlungsempfänger anzugeben.[6]

2162b

---

[1] BayObLG NJW-RR 1988, 980 = Rpfleger 1988, 309.
[2] So auch Stöber, ZVG, Einl Rdn 67.2; Stöber, ZVG-Handbuch, Rdn 19.
[3] LG Konstanz NJW-RR 2002, 6 = Rpfleger 2001, 345.
[4] OLG Hamm MDR 1988, 865 = Rpfleger 1989, 17.
[5] OLG Karlsruhe Rpfleger 1998, 158.
[6] AG Hamburg Rpfleger 1982, 31; Stöber, ZVG, Einl Rdn 67.2.

d) Forderung

2163 Eintragung der Zwangshypothek ist Zwangsvollstreckung wegen einer Geldforderung (§§ 803 ff ZPO). Die zu vollstreckende Forderung muß mehr als 750 Euro[7] betragen (§ 866 Abs 3 ZPO), bestimmt (Rdn 1925) und fällig (§ 751 Abs 1 ZPO) sein; sie muß in Euro oder zugelassener anderer Währung (Rdn 135) lauten (§ 28 S 2 GBO). In sonstiger ausländischer Währung kann eine Zwangshypothek nicht eingetragen werden.[8] Bei Vollstreckung einer (sonstigen) Fremdwährungsschuld kann daher nur eine Höchstbetragssicherungshypothek in deutscher Währung eingetragen werden[9] (Ermittlung durch Umrechnung nach der Zeit des Eintragungsantrags, in dem die Kursberechnung erfolgt sein muß; Zinsen sind in den Höchstbetrag einzurechnen[10]). Forderungsschuldner kann nur der Grundstückseigentümer sein, gegen den vollstreckt wird (§ 750 ZPO).

e) Eintragungsantrag

2164 Antrag auf Eintragung der Zwangshypothek (§ 867 Abs 1 S 1 ZPO) ist beim Grundbuchamt schriftlich (keine Unterschriftsbeglaubigung) zu stellen (§ 13 Abs 1 GBO). Das Grundstück ist übereinstimmend mit dem Grundbuch oder durch Hinweis auf das Grundbuchblatt zu bezeichnen (§ 28 S 1 GBO). Als Vollstreckungsantrag muß der Eintragungsantrag außerdem Gläubiger und Schuldner, die Vollstreckungsforderung nach Hauptsache (dabei festgesetzte Kosten und bisherige Zwangsvollstreckungskosten) und Zinsen sowie etwaigen Nebenleistungen nennen. Rechtsanwalts- und Gerichtskosten der Eintragung selbst gehören nicht zur Vollstreckungsforderung (Rdn 2192), sind im Antrag sonach nicht anzuführen. Beantragt werden kann die Zwangshypothek auch nur für einen **Teil**- oder **Rest**betrag der durch den Vollstreckungstitel ausgewiesenen Gläubigerforderung (vorausgesetzt, daß die 750 €-Grenze überschritten ist). Der Antrag braucht dann keine Gesamtabrechnung der Gläubigerforderung einschließlich aller einmal entstandenen Nebenkosten und die Glaubhaftmachung der (nicht mehr in der Teil/Restforderung enthaltenen) Vollstreckungskosten und keine Darstellung aller Ratenzahlungen des Schuldners zu enthalten.[11] Für die Gesamtforderung aus mehreren demselben Gläubiger zustehenden Schuldtiteln kann eine einheitliche Zwangshypothek beantragt werden (§ 866 Abs 3 S 2 ZPO); ebenso können mehrere Zwangshypotheken für mehrere dem Gläubiger aus demselben Schuldtitel zustehende Forderungen beantragt werden.

2165 Vollstreckungstitel und die sonst für den Beginn der Zwangsvollstreckung erforderlichen Urkunden (Zustellungsnachweis, Nachweise zur Glaubhaftmachung von Vollstreckungskosten usw) sind dem Antrag **beizufügen.**

---

[7] Betragsgrenze für Eintragungen, die bis 31. 12. 1998 beantragt worden sind (Antragseingang beim Grundbuchamt) 500 DM (Art 3 Abs 7 der 2. ZwV-Novelle, BGBl 1998 I 3039 [3046]), dann bis 31. 12. 2001 1500 DM.

[8] LG Osnabrück Rpfleger 1968, 122.

[9] RG 106, 74; Stöber, ZVG, Einl Rdn 67.5; K. Schmidt ZZP 98 (1985) 32 (46); Stöber, ZVG-Handbuch, Rdn 18.

[10] RG 106, 74 (78 ff).

[11] Stöber, Forderungspfändung, Rdn 464, Zöller/Stöber Rdn 7 zu § 753 ZPO, je mit Nachw (streitig).

B. Einzelfälle

Eine **Bevollmächtigung** (§ 79 ZPO) ist nach Verfahrensgrundsätzen des Vollstreckungsrechts nachzuweisen. Die Vollmacht bedarf daher keiner Unterschriftsbeglaubigung; nachzuweisen ist die Bevollmächtigung durch schriftliche Vollmacht, die zu den Grundakten abzugeben ist (§ 80 Abs 1 ZPO). Nicht gesondert nachgewiesen zu werden braucht die Bevollmächtigung, wenn sie sich aus dem Vollstreckungstitel ergibt (§ 81 ZPO). Dies gilt auch dann, wenn das Urteil in einem Prozeß vor dem Landgericht ergangen ist.[12] Geprüft wird die Vollmacht nur dann von Amts wegen, wenn nicht als Bevollmächtigter ein Rechtsanwalt oder in die RA-Kammer aufgenommener Rechtsbeistand auftritt (§ 88 Abs 2 ZPO, § 25 EGZPO). Bezeichnung eines Nichtanwalts als Vertreter in einem Vollstreckungsbescheid genügt nicht als Vollmachtsnachweis, weil dieser Schuldtitel ohne Vollmachtsnachweis erwirkt sein kann (§ 703 ZPO).[13]

2166

Sollen mehrere Grundstücke belastet werden, so muß der Forderungsbetrag verteilt werden (§ 867 Abs 2 ZPO; Rdn 2194).

2167

f) Prüfung des Grundbuchamts

aa) Eintragung der Zwangshypothek ist **Zwangsvollstreckungsmaßregel** (§§ 866 ff ZPO) und gleichzeitig **Grundbuchgeschäft**.[14] Sie untersteht deshalb den Verfahrensvorschriften des Vollstreckungsrechts der ZPO, aber auch den Vorschriften der GBO über Eintragungsvoraussetzungen und Eintragungsverfahren. Das Grundbuchamt hat daher sowohl die Voraussetzungen der Zwangsvollstreckung als auch die Erfordernisse der Grundbucheintragung zu prüfen.[15]

2168

bb) Vollstreckungsrechtliche Voraussetzungen sind insbesondere **Vollstreckungsantrag** mit Bezeichnung von Gläubiger und Schuldner, der Vollstreckungsforderung, der verlangten Vollstreckungsmaßnahme und des Grundstücks als Gegenstand der Vollstreckung.

2169

Vollstreckungstitel (Endurteil, § 704 ZPO; sonstige Vollstreckungstitel, insbesondere § 794 ZPO). Der Rechtsgrund der Forderung braucht im Schuldtitel nicht angegeben zu sein; dieser weist die durch Zwangshypothek zu sichernde Forderung aus; Nachprüfung des Schuldtitels[16] (auch einer vollstreckbaren notariellen Urkunde[17]) durch das Grundbuchamt ist unzulässig.

2170

Vollstreckungsklausel (§ 724 Abs 1 ZPO); Ausnahme insbesondere für Vollstreckungsbescheide (§ 796 Abs 1 ZPO). Die formgerechte Erteilung (nicht aber Zulässigkeit der Erteilung) der Vollstreckungsklausel ist vom Grundbuchamt zu prüfen.

2171

---

[12] LG Hamburg AnwBl 1961, 23; Stöber, ZVG-Handbuch, Rdn 16.
[13] Bank JurBüro 1980, 1620; Stöber, Forderungspfändung, Rdn 470; Zöller/Stöber Rdn 2 zu § 867 ZPO; Stöber, ZVG-Handbuch, Rdn 16.
[14] BGH 27, 310 = DNotZ 1958, 480 = NJW 1958, 1090; auch BGH KTS 1976, 299 = NJW 1977, 48.
[15] BayObLG 1956, 218 = DNotZ 1956, 596 mit Anm Schweyer = NJW 1956, 1800 = Rpfleger 1957, 22; BayObLG Rpfleger 1982, 466; Zöller/Stöber Rdn 1 zu § 867 ZPO; Stöber, ZVG, Einl Rdn 64.1.
[16] Unbeachtlich sind daher auch materiell-rechtliche Einwendungen (zB Abtretung der Forderung), OLG Köln Rpfleger 1991, 149.
[17] LG Waldshut-Tiengen MittRhNotK 1987, 164.

2172 **Zustellungsnachweise** (§ 750 ZPO). Die Zustellung auch der Vollstreckungsklausel ist nur ausnahmsweise erforderlich (vgl 750 Abs 2 ZPO).

2173 Nachweise zur **Glaubhaftmachung** (§ 104 Abs 2 ZPO) der durch frühere Vollstreckungsmaßnahmen notwendig entstandenen **Kosten**, die dem Schuldner zur Last fallen und nach § 788 Abs 1 ZPO zugleich mit dem zur Zwangsvollstreckung stehenden Anspruch beigetrieben werden. Ob Vollstreckungskosten als solche, in der verlangten Höhe und notwendig entstanden sind, hat das Grundbuchamt zu prüfen. Glaubhaftmachung hat hierfür als Vollstreckungsvoraussetzung nach Vollstreckungsverfahrensrecht, somit nach § 294 ZPO zu erfolgen; Nachweise in der Form des § 29 GBO können daher nicht gefordert werden.[18] Glaubhaftmachung ist nicht erforderlich, wenn Vollstreckungskosten festgesetzt sind; Vollstreckungsgrundlage ist dann der Kostenfestsetzungsbeschluß (§ 794 Abs 1 Nr 2 ZPO).

2174 **Vollmachtsnachweis** (soweit erforderlich; Rdn 2166).

2175 **Fälligkeit** der Vollstreckungsforderung mit Ablauf des für Geltendmachung bestimmten Kalendertags (§ 751 Abs 1 ZPO). Für laufende Forderungen (Unterhalt, Mietzinsen usw) kann eine Zwangshypothek daher nur wegen der fälligen Ansprüche eingetragen werden, nicht auch wegen der künftig erst fällig werdenden Leistungen. Künftige (über den Eintragungstag hinaus fortlaufende) Zinsen können jedoch als Nebenforderung mit dem Hauptanspruch vollstreckt werden; § 751 Abs 1 ZPO steht der Eintragung der Zwangshypothek auch wegen solcher Zinsen nicht entgegen.[19]

2176 **Sicherheitsleistung** (§ 751 Abs 2 ZPO; jetzt nur noch ausnahmsweise), sofern nicht die Voraussetzungen der Sicherungsvollstreckung (§ 720a ZPO) gegeben sind. Für den Beginn der Vollstreckung vor Ablauf der Wartefrist des § 750 Abs 3 ZPO (oder nach Sicherheitsleistung durch den Schuldner, § 720a Abs 3 ZPO) genügt eine als Sicherheit zugelassene Bankbürgschaft in privatschriftlicher Form, wenn deren Übergabe an den Prozeßbevollmächtigten des Schuldners (oder an den nicht vertretenen Schuldner) durch öffentliche oder öffentlich beglaubigte Urkunden nachgewiesen ist; nicht erforderlich ist, daß dem Schuldner über die Zustellung der Bürgschaftserklärung hinaus auch noch eine Abschrift des Zustellungsnachweises zugestellt wird.[20] Für diesen Nachweis läßt das LG Karlsruhe[21] bei Zustellung von Anwalt zu Anwalt das schriftliche Empfangsbekenntnis des Anwalts des Schuldners nach (nun) § 196 ZPO genügen; dem kann wegen des Formerfordernisses (§ 29 GBO) nicht beigetreten werden. Zum Nachweis der Sicherheitsleistung (außerhalb der Sicherungsvollstreckung), wenn dem Eigentümer auf Betreiben des Gläubigers die Bankbürgschaftserklärung zugestellt wird, bevor dem Gläubiger Sicherheitsleistung durch Prozeßbürgschaft gestattet ist, s BayObLG.[22]

---

[18] Ebenso, zugleich zu den verschiedenen Meinungen, siehe LG Regensburg Rpfleger 1979, 147; außerdem Zöller/Stöber Rdn 2 zu § 867 ZPO; für Nachweis durch öffentliche Urkunden zB OLG Celle NJW 1972, 1902.
[19] Stöber, ZVG-Handbuch, Rdn 21; Stöber, Forderungspfändung, Rdn 495; Zöller/Stöber Rdn 2 zu 867 ZPO.
[20] OLG Hamm NJW 1975, 2025 Leits = OLGZ 1975, 305 = Rpfleger 1975, 261.
[21] LG Karlsruhe NJW 1967, 2412 Leits.
[22] BayObLG 1975, 398 = Rpfleger 1976, 66.

B. Einzelfälle

Ablauf der Wartefrist von zwei Wochen (§ 798 ZPO) bei Vollstreckung eines Kostenfestsetzungsbeschlusses, der nicht auf das Urteil gesetzt ist, eines Beschlusses in einem vereinfachten Verfahren über den Unterhalt Minderjähriger (§ 794 Abs 1 Nr 2a ZPO), eines Beschlusses, der einen von einem Rechtsanwalt abgeschlossenen Vergleich für vollstreckbar erklärt (§ 794 Abs 1 Nr 4b ZPO) oder einer nach § 794 Abs 1 Nr 5 ZPO aufgenommenen (vollstreckbaren notariellen) Urkunde. Für Sicherungsvollstreckung nach § 720a ZPO (Urteilsvollstreckung vor Sicherheitsleistung) müssen Urteil und Vollstreckungsklausel[23] mindestens zwei Wochen vorher zugestellt sein (§ 750 Abs 3 ZPO). 2177

Andere Vollstreckungs**nachweise** in Sonderfällen, so bei Leistungsverpflichtung Zug um Zug[24] Nachweis, daß der Schuldner befriedigt oder in Annahmeverzug ist (dazu sowie zu Form und Zustellung § 765 ZPO),[25] Vorlage des Wechsels zu einem Wechseltitel.[26] Das Rechtsschutzinteresse kann nicht verneint werden, weil an einem geringwertigen Grundstück bereits hohe Vorbelastungen bestehen.[27] 2178

Ein mit **Vollstreckungsmängeln** behafteter Antrag wahrt keinen Rang; insbesondere kommt ihm der Vollzugsrang des § 17 GBO nicht zu. Er ist zwar nicht, wie früher oft geltend gemacht wurde,[28] sofort zurückzuweisen, sondern mit nicht rangwahrender Verfügung nach den für das Vollstreckungsverfahren geltenden §§ 139, 278 Abs 3 ZPO zu beanstanden. Dazu insbesondere Rdn 2194. 2179

cc) **Grundbuchrechtliche Voraussetzungen** sind insbesondere 2180
– Bezeichnung des Grundstücks in der von § 28 GBO S 1 erforderten Weise,
– Angabe der zu vollstreckenden Geldbeträge in Euro oder sonst zugelassener Währung (§ 28 S 2 GBO).
– Grundlage in Titel oder Antrag für Eintragung von Art und Inhalt des Gemeinschaftsverhältnisses mehrerer Gläubiger (§ 47 GBO). 2181
Ihr Beteiligungsverhältnis im Sinne des § 47 GBO können mehrere Gläubiger im Eintragungsantrag in der Form des § 29 GBO bestimmen,[29] wenn es im

---

[23] Auch die einfache Klausel, jetzt allgemeine Ansicht, zB OLG Düsseldorf DGVZ 1997, 42 = MDR 1997, 392; OLG Hamm Rpfleger 1989, 378 und NJW-RR 1998, 87 (88); OLG Karlsruhe MDR 1991, 161 = Rpfleger 1991, 51; KG MDR 1988, 504 = Rpfleger 1988, 359; OLG Schleswig NJW-RR 1987, 700; OLG Stuttgart NJW-RR 1989, 1535; Zöller/Stöber Rdn 4 zu § 720a ZPO; Stöber, ZVG-Handbuch, Rdn 16a mit weit Nachw.
[24] Anders für Zwangsvergleich mit Verfallklausel; OLG Düsseldorf NJW 1958, 227 = Rpfleger 1958, 383.
[25] LG Wuppertal Rpfleger 1988, 153.
[26] OLG Frankfurt JurBüro 1981, 938 = Rpfleger 1981, 312. Annahmeverzug ist hingegen nach § 765 ZPO nachzuweisen, wenn auf Widerklage auch Verurteilung des Klägers erfolgt ist, Zug um Zug gegen Zahlung den Wechsel herauszugeben, OLG Frankfurt Rpfleger 1979, 144.
[27] LG Marburg Rpfleger 1984, 406.
[28] ZB OLG Stuttgart Justiz 1961, 332; demgegenüber für Hinweispflicht nun OLG Jena Rpfleger 2002, 355.
[29] Zöller/Stöber Rdn 3 zu § 867 ZPO; Stöber, ZVG, Einl Rdn 63.4; Stöber, ZVG-Handbuch, Rdn 20a; auch OLG Frankfurt OLGZ 1989, 6 (8); anders (Erklärung unterliegt nicht der Form des § 29 GBO) OLG Köln OLGZ 1986, 11 = Rpfleger 1986, 91; Schneider MDR 1986, 817; dieses Eintragungserfordernis ist aber durch Urteil nicht ersetzt.

Titel nicht angegeben ist. Vielfach wird Gesamtgläubigerschaft nach § 428 BGB in Frage kommen.[30] Der von einer Rechtsanwaltschaftsgemeinschaft erwirkte Kostenfestsetzungsbeschluß ist, wenn in ihm kein anderes Beteiligungsverhältnis bezeichnet ist, dahin auszulegen, daß die Honorarforderung den Sozietätsanwälten als Gesellschafter bürgerlichen Rechts zur gesamten Hand (nicht als Gesamtgläubiger gem § 428 BGB) zustehen soll;[31] der Angabe und des Nachweises des Gemeinschaftsverhältnisses bedarf es daher für die Eintragung einer Zwangssicherungshypothek nicht. Ein nach Erlaß eines solchen Festsetzungsbeschlusses in die Sozietät aufgenommener Rechtsanwalt kann sich an der Zwangsvollstreckung nur beteiligen, wenn er einen auf seinen Namen lautenden Vollstreckungstitel gegen den Schuldner hat.[32]

2182 **Wohnungseigentümer** sind als Gläubiger einzeln namentlich (§ 15 Abs 1 GBV) mit ihrem Gemeinschaftsverhältnis (§ 47 GBO) einzutragen.[33] Als Rechtsverhältnis ist die Wohnungseigentümergemeinschaft anzugeben;[33] nicht für ausreichend erachtet wird die Angabe „Gesamtberechtigte gemäß § 432 BGB".[33] Es kann nicht die Wohnungseigentümer-Gemeinschaft als solche eingetragen werden[34] (anders[35]), auch nicht als „Gemeinschaft der Wohnungseigentümer ..., bestehend aus den in der dem Vollstreckungstitel beigefügten Liste aufgeführten Personen als Berechtigte gemäß § 432 BGB".[36] Der **Verwalter**[37] ist einzutragen, wenn er in dem Vollstreckungstitel als Gläubiger ausgewiesen ist;[38] unerheblich ist hierbei, ob der Verwalter Forderungsinhaber ist oder

---

[30] So dann, wenn Streitgenossen, die in einem Rechtsstreit obsiegt und denselben Anwalt hatten, gemeinsam ohne Angabe eines Beteiligungsverhältnisses einen Kostenfestsetzungsbeschluß über einen einheitlichen Betrag erwirkt haben, BGH Rpfleger 1985, 321.
[31] BGH NJW 1996, 2859 (unter Aufgabe früher anderer Rechtsprechung). Unzureichend ist „Rechtsanwalt X. und Partner", LG Bonn Rpfleger 1984, 28.
[32] OLG Saarbrücken Rpfleger 1978, 227; LG Saarbrücken Jurbüro 1989, 711.
[33] KG OLGZ 1986, 47 = Rpfleger 1985, 435; OLG Köln OLGZ 1994, 521 = Rpfleger 1994, 496 mit Anm Sauren; LG Aachen Rpfleger 1994, 496 mit abl Anm Sauren. Angabe auch des Berufs und Wohnorts oder Geburtsdatums ist dafür nicht zwingend; zur weiteren Identifizierung genügt neben dem Namen auch Angabe der Grundbuchblätter der jeweiligen Wohnungseigentümer, OLG Köln aaO.
[34] LG Mannheim BWNotZ 1982, 19.
[35] Bärmann DNotZ 1985, 395; Böhringer BWNotZ 1988, 1.
[36] BayObLG 1984, 239 = DNotZ 1985, 424 = Rpfleger 1985, 102.
[37] Durch **löschungsfähige Quittung** des Verwalters der Gemeinschaft (Berechtigung nach § 27 Abs 2 Nr 2 WEG) wird, auch wenn die Zwangshypothek für mehrere Gläubiger „als Berechtigte in Wohnungseigentümergemeinschaft" eingetragen ist, der Nachweis erbracht, daß die Hypothek nicht mehr den eingetragenen Gläubigern zusteht, auch wenn die eingetragenen Gläubiger im Zeitpunkt der Erteilung der Quittung nicht mit den Wohnungseigentümern identisch sind; BayObLG 1995, 103 = DNotZ 1995, 627 = NJW-RR 1995, 852 = Rpfleger 1995, 410; BayObLG Rpfleger 2001, 296.
[38] BGH 148, 392 = BGH-Report 2001, 952 mit Anm Stöber = JZ 2002, 357 mit Anm Münzberg = NJW 2001, 3627 = Rpfleger 2002, 17 und 194 mit Anm Sauren; KG (Vorlagebeschluß) Rpfleger 2001, 340; LG Bochum Rpfleger 1985, 438; LG Darmstadt Rpfleger 1999, 125; LG Lübeck Rpfleger 1992, 343; Stöber, ZVG, Einl Rdn 67.2; Zöller/Stöber Rdn 8 zu § 867 ZPO; Stöber, ZVG-Handbuch, Rdn 19; ältere Gegenansicht, zB OLG Celle Rpfleger 1986, 484, ist überholt. Der Zusatz „inkassobefugter" (Verwalter) steht dem nicht entgegen (Auslegung weist Verwalter als Titelgläubiger aus; anders LG Frankfurt NJW-RR 1993, 589 = Rpfleger 1993, 238).

B. Einzelfälle

den Titel als (gewillkürter) Verfahrensstandschafter erstritten hat. Der Anspruch gegen einen Miteigentümer auf Lasten- und Kostenbeitrag (§ 16 Abs 2 WEG) steht Wohnungseigentümern gemeinschaftlich zu. Das für diese Gläubigergemeinschaft maßgebende Rechtsverhältnis ergibt sich aus dem Vollstreckungstitel über einen solchen Anspruch für die Eintragung hinreichend bestimmt[39] (noch für Mitgläubiger nach § 432 BGB).

Voreintragung des Schuldners als Betroffener (§ 39 GBO). Eine erforderliche Berichtigung des Grundbuchs kann der Gläubiger beantragen, wobei die Zustimmung des Eigentümers bei Nachweis der Unrichtigkeit des Grundbuchs nach § 22 Abs 2 GBO nicht erforderlich ist (§ 14 GBO). Wenn die Zwangsvollstreckung, die zur Zeit des Todes des Schuldners gegen ihn bereits begonnen hatte, in seinen Nachlaß fortgesetzt wird (§ 779 ZPO), kann die erforderliche Grundbucheintragung (ausnahmsweise) auch durch Eintragung des Verstorbenen erfolgen.[40] Wegen Beschaffung der erforderlichen Unterlagen durch den Gläubiger s § 792 ZPO. Der gegen einen Ersteher vor Vollzug des Ersuchens des Vollstreckungsgerichts (§ 130 ZVG) gerichtete Antrag ist zunächst zurückzustellen (s Rdn 1002). 2183

Nachweis der Erbfolge in der Form des § 35 GBO, wenn der Schuldner, gegen den der Vollstreckungstitel lautet oder die Vollstreckungsklausel erteilt ist, Erbe des eingetragenen Eigentümers ist. 2184

Der **Mangel** eines grundbuchrechtlichen Eintragungserfordernisses wird mit (rangwahrender) **Zwischenverfügung** nach § 18 GBO beanstandet. 2185

g) Eintragung

aa) Die Zwangshypothek muß im Grundbuch als Sicherungshypothek bezeichnet werden (§ 1184 Abs 2 BGB); daß Eintragung im Wege der Zwangsvollstreckung erfolgt, ist wegen der für diese Sicherungshypothek geltenden Besonderheiten (§ 868 ZPO) anzugeben (vgl Rdn 2159). Auch bei Sicherungsvollstreckung (§ 720a ZPO) ist die Zwangshypothek im Grundbuch nur als solche zu bezeichnen. Die „Sicherungsvollstreckung" muß nicht als Grund der Eintragung angegeben werden, weil Vollstreckungsvoraussetzungen im Grundbuch nicht erkennbar zu machen sind. Eingetragen wird die Zwangshypothek als Grundstücksbelastung mit dem nach § 1115 Abs 1 BGB notwendigen Eintragungsinhalt. Im übrigen kann auf den Vollstreckungstitel (der hierfür die Eintragungsbewilligung ersetzt) Bezug genommen werden. Ein Hypothekenbrief wird nicht erteilt (§ 1185 Abs 1 BGB). Einzelheiten Rdn 1943 ff. Ergänzend ist auszuführen: 2186

bb) Geldbetrag der Forderung (§ 1115 Abs 1 BGB), der in Spalte 3 als Betrag des Rechts (§ 11 Abs 4 GBV) und in Spalte 4 in Buchstaben zu schreiben ist (§ 17 Abs 1 S 1 mit § 11 Abs 5 GBV), ist die Vollstreckungsforderung, die mit Eintragung im Wege der Zwangsvollstreckung als „bestimmte Geldsumme" (§ 1113 Abs 1 BGB) Grundstücksbelastung wird. Dieser Betrag der Forderung wird durch den Vollstreckungsantrag des Gläubigers bestimmt; er kann auch Anspruch aus einem Bruttolohnurteil mit Zinsen aus dem Netto- 2187

---

[39] LG Bochum Rpfleger 1981, 148 mit zust Anm Meyer-Stolte; dagegen (für Zahlungsanspruch allgemein) KG aaO (Fußn 33); anders auch GBAmt Heidelberg BWNotZ 1984, 114.
[40] Hagena Rpfleger 1975, 390 zutreffend gegen KG Rpfleger 1975, 133.

betrag sein.⁴¹ Die Forderung muß mehr als 750 € betragen (§ 866 Abs 3 S 1 ZPO); sie kann sich aus mehreren Einzelansprüchen zusammensetzen, die dem Gläubiger nach seinem Vollstreckungstitel zustehen (Hauptsache, vorgerichtliche Kosten usw), aber auch aus Ansprüchen des Gläubigers, die durch mehrere Schuldtitel ausgewiesen sind (§ 866 Abs 3 S 2 ZPO). Als Nebenforderung bleiben Zinsen unberücksichtigt (§ 866 Abs 3 S 1 Halbs 2 ZPO), desgleichen sonstige Nebenleistungen, die als solche einzutragen sind (Rdn 2191). Kosten sind für die Zwangsvollstreckung nicht Nebenforderungen. Das ist einhellige Ansicht für vorgerichtliche Kosten (sie müssen durch den Vollstreckungstitel ausgewiesen sein) und für Prozeßkosten (bzw Kosten des Mahnverfahrens) (für sie muß als Vollstreckungsgrundlage ein Kostenfestsetzungsbeschluß vorliegen oder der Vollstreckungsbescheid die Beträge bezeichnen). Sie werden in der Zwangsvollstreckung immer als Vollstreckungsforderung (für festgesetzte Kosten s bereits § 866 Abs 3 S 2 ZPO), mithin nicht als deren Nebenforderung geltend gemacht.⁴² Gleiches gilt aber für Kosten früherer Zwangsvollstreckungen, für die der Hauptsachetitel nach § 788 ZPO Vollstreckungsgrundlage ist. Sie sind ebenfalls Vollstreckungsforderung, für die Zwangsvollstreckung in das Grundstück erfolgt. Dabei kann es für Eintragung der Sicherungshypothek (mithin ihres Hauptsachebetrags) für mehrere Vollstreckungsforderungen des Gläubigers (§ 866 Abs 3 S 2 ZPO) nicht darauf ankommen, ob auch die Vollstreckungskosten durch einen Festsetzungsbeschluß als Schuldtitel ausgewiesen sind oder nach § 788 ZPO mit vollstreckt werden.

2188 cc) **Zinsen** (§ 1115 Abs 1 BGB) werden mit dem Zinssatz eingetragen, wenn sie als Nebenleistungen geltend gemacht sind⁴³ (Rdn 1953). Das ist für fortlaufende Zinsen (zu ihnen auch bereits Rdn 2175) immer der Fall, für rückständige (bei Eintragung bereits entstandene, also berechenbare) Zinsen dann, wenn sie von einem Anfangszeitpunkt an hauptsacheabhängig vollstreckt werden, mithin als fortlaufende Gebrauchsvergütung für die Kapitalüberlassung hauptsachebezogen in einem Hundertsatz oder sonstigen Wertmesser (Rdn 1953). Der Anfangstag der Verzinsung (der vor der Eintragung liegen kann), kann durch Bezugnahme auf den Vollstreckungstitel (ersetzt hierfür als Eintragungsgrundlage die Bewilligung, § 874 BGB) eingetragen werden.

2189 **Zinsrückstände** können im Vollstreckungsverfahren auch betragsmäßig geltend gemacht werden (**Beispiel:** 2000 € bereits entstandene Zinsen zu 4% aus ... für die Zeit vom ... bis ...). Dann werden sie als Hauptforderung (im Sinne des § 1113 Abs 1, § 1115 Abs 1 BGB) vollstreckt. Der Betrag der kapitalisierten Zinsrückstände ist dann Geldbetrag der Forderung; als solcher ist

---

⁴¹ LG Bonn JurBüro 1995, 159 = MDR 1995, 747. Für Nettozinsen kann von Bestimmtheit ausgegangen werden, wenn Belastung mit Zinsen aus dem Bruttolohn, aber auflösend bedingt durch die Minderung um Abzugsbeträge angenommen wird. Zum Bruttolohnurteil BArbG BAG 15, 220 = NJW 1964, 1338; BGH BB 1966, 820 = Betrieb 1966, 1196; Zöller/Stöber, ZPO, Rdn 6 zu § 704.
⁴² So für festgesetzte Kosten auch Haegele BWNotZ 1972, 107 (108).
⁴³ Wegen eines Falles, in dem der Eintragungsantrag des Gläubigers versehentlich keine Angaben über zuerkannte Zinsen enthielt, s AG Pinneberg Rpfleger 1969, 171 mit Anm Haegele.

B. Einzelfälle

er als Hauptsachebetrag der Sicherungshypothek einzutragen. Dabei kommt es nicht darauf an, wie Zinsen im Rechtsstreit geltend gemacht waren und wie sie im Vollstreckungstitel zuerkannt sind. Denn der Vollstreckungsantrag des Gläubigers leitet ein neues, selbständiges Verfahren ein. Es kann daher nur bedeutsam sein, ob Zinsen durch den Vollstreckungsantrag des Gläubigers in der Zwangsvollstreckung als Vollstreckungsforderung selbständig (dh als fälliger Anspruch betragsmäßig berechnet) oder als hauptsachebezogene Nebenforderung geltend gemacht werden. Für die selbständige Zwangsvollstreckung müssen die im Rechtsstreit als Nebenforderung verlangten Zinsen (insbesondere weil sie bei Rechtshängigkeit oder bei Erlaß des Vollstreckungstitels noch nicht entstanden waren) nicht ihren Charakter als Nebenforderung behalten. Der Gläubiger kann rückständige Zinsen vielmehr betragsmäßig feststellen (sie kapitalisieren) und als Hauptforderung vollstrecken. Hierfür kommt es auch nicht darauf an, ob Zinsen zusammen mit der im Rechtsstreit als Hauptsache verlangten Forderung als weitere, mit dieser zusammenzurechnende Vollstreckungsforderung geltend gemacht werden oder allein, weil die ursprüngliche Hauptforderung nicht mehr besteht oder nicht mehr mit vollstreckt werden soll. Bei Vollstreckung nur der Zinsen, die für einen bestimmten Zeitraum betragsmäßig geltend gemacht werden, kann daher eine Zwangshypothek allein für die kapitalisierte Zinsforderung eingetragen werden,[44] auch wenn die Hauptsacheforderung noch besteht.[45]

Wenn der **Zinssatz** nach dem Vollstreckungstitel gleitend ist   2190

> Beispiel: x % Zinsen über dem jeweiligen Basiszinssatz

muß in das Grundbuch ein Höchstzinssatz eingetragen werden und aus der (in Bezug genommenen) Eintragungsgrundlage sich die Bedingung ergeben, bei deren Vorliegen der Zins variiert (Rdn 1960; dort auch zum Mindestzinssatz). Ergibt sich der Höchstzinssatz nicht aus dem Vollstreckungstitel, so läßt sich die Miteintragung der Zinsen dadurch ermöglichen, daß der Gläubiger selbst einen angemessenen Höchstzinssatz in seinem schriftlichen Antrag bezeichnet.

Nicht eintragungsfähig sind gesetzliche Zinsen (insbesondere Prozeßzinsen, § 291 BGB, und Verzugszinsen, § 288 BGB); für sie haftet das Grundstück kraft Gesetzes (§ 1118 BGB).

dd) Als andere Nebenleistungen (§ 1115 Abs 1 BGB; zu ihnen Rdn 1966)   2191
können einmalig oder fortlaufend Strafzinsen, Säumniszuschläge oder Zinseszinsen einzutragen sein.

ee) Für die **Eintragungskosten**, die als notwendige Vollstreckungskosten (§ 788   2192
ZPO) dem Schuldner zur Last fallen (§ 867 Abs 1 S 3 ZPO), haftet das Grundstück mit dem Rang der Zwangshypothek kraft Gesetzes. Zu ihnen gehören die Gerichtskosten und die Kosten, die durch Antragstellung entstehen, nicht aber die Kosten der Ausfertigung und Zustellung des Urteils. Eintragungskosten sind weder eintragungsfähig noch eintragungsbedürftig. Ihre Eintragung ist nicht inhaltlich unzulässig, wohl aber unnötig und darum

---

[44] LG Bonn Rpfleger 1982, 75; Böttcher Rpfleger 1984, 85 (87); Stöber, ZVG-Handbuch, Rdn 21.
[45] Nicht richtig OLG Schleswig JurBüro 1982, 913 = Rpfleger 1982, 301 und Hellmig in Anmerkung Rpfleger 1982, 301.

nicht vorzunehmen.⁴⁶ Die Zwangshypothek ist unter Weglassung der begehrten Eintragungskosten einzutragen; eine Teilzurückweisung erübrigt sich.⁴⁷

2193 **ff) Sammelbuchung** durch Zusammenfassung mehrerer Zwangshypotheken unter fortlaufenden Nummern zu einer Eintragung mit gemeinsamen Vermerksteilen wird für zulässig erachtet (Rdn 1910). Bedenken bestehen jedoch, weil nicht ein Grundstück mit mehreren Rechten, sondern mehrere Grundstücke (wenn sie auf einem gemeinschaftlichen Grundbuchblatt gebucht sind, § 4 GBO) mit selbständigen Einzel-Zwangshypotheken belastet werden. Es wird auch folgende zusammengefaßte Eintragung für zulässig gehalten:⁴⁸

Sp. 1–4: 6 1 3000 € Zu laufenden Nummern 6 und 7:
           7 2 5000 € Sicherungshypotheken von zusammen achttausend Euro für M a i e r Hans, Kaufmann in München. Im Wege der Zwangsvollstreckung gemäß ... eingetragen am ...

Dagegen haben wir Bedenken. Es ist fraglich, ob eine solche Eintragung den Anforderungen des § 1115 Abs 1 BGB entspricht; jedenfalls aber erscheint sie uns ordnungswidrig, weil die Rechte in den Vermerken über ihre Eintragung nicht, wie von § 11 Abs 5 mit § 17 Abs 1 GBV gefordert, mit ihren Geldbeträgen in Buchstaben ordnungsgemäß bezeichnet sind

h) Vollstreckung in mehrere Grundstücke

2194 Soll eine Zwangshypothek auf **mehreren Grundstücken** des (gleichen) Schuldners eingetragen werden, so muß der Gläubiger die Forderung auf die einzelnen Grundstücke **verteilen** (§ 867 Abs 2 ZPO). Diese Verteilung hat im Eintragungsantrag zu erfolgen, bedarf somit wie dieser nicht der Form des § 29 GBO. Jede Einzelhypothek muß auf mehr als 750 € lauten (§ 867 Abs 2 S 2 mit § 866 Abs 3 S 1 ZPO; anders bis 31. 12. 1998⁴⁹). Zinsen sind bei jeder Teilforderung einzutragen; eine besondere Hypothek für die Zinsen ist nicht möglich, soweit sie als Nebenforderungen geltend gemacht werden. Eine „Rang"folge der Teile ist (auch wenn gleich hohe Forderungsteile begründet werden) vom Gläubiger nicht zu bezeichnen; Teilleistungen des Schuldners werden (mangels anderer Bestimmung) nach § 366 BGB verrechnet.⁵⁰ Wenn mehrere Schuldtitel vollstreckt werden (Urteil und Kf-Beschluß; Vollstreckungsbescheid und Vergleich; 2 notarielle Urkunden) sind die auf den Einzelgrundstücken einzutragenden Forderungen (Forderungsteile) bestimmt, sonach auch mit dem jeweiligen Schuldtitel, zu bezeichnen.⁵¹ Bei Fehlen der

---

⁴⁶ Stöber, ZVG, Einl Rdn 70.2; Stöber, ZVG-Handbuch, Rdn 24; Zöller/Stöber Rdn 13 zu § 867 ZPO.
⁴⁷ Für Zurückweisung KG DNotZ 1934, 777 = JW 1934, 1506; Haegele BWNotZ 1972, 107; Honisch NJW 1958, 1526.
⁴⁸ K/E/H/E Rdn 30 zu § 11 GBV; Honisch NJW 1958, 1526 (1527).
⁴⁹ RG 84, 265 (276f); OLG Dresden OLG 3, 201; OLG Colmar OLG 5, 331; hier 11. Auflage; aA nur Reuter Rpfleger 1986, 285.
⁵⁰ BGH NJW 1991, 2022 = Rpfleger 1991, 303; Zöller/Stöber Rdn 15 zu § 867 ZPO.
⁵¹ Das schließt Zusammenfassung der Forderungen und sodann Verteilung nur noch des Gesamtbetrags ohne Kennzeichnung, welche Forderung aus welchem Vollstreckungstitel auf jedem Grundstück ganz oder mit einem Teilbetrag abgesichert werden soll, aus; OLG Zweibrücken MittBayNot 2002, 124 = Rpfleger 2001, 586.

B. Einzelfälle

Verteilung ist eine rangwahrende **Zwischenverfügung** nach § 18 GBO unzulässig.[52] Vor Zurückweisung des Antrags ist dem Gläubiger jedoch mit Verfügung nach § 139 ZPO Gelegenheit zur Behebung des Vollstreckungsmangels zu geben (s Rdn 2179). Der Rang des Antrags bestimmt sich bei Nachholung der Verteilung nach dem Zeitpunkt, in dem der die Verteilung enthaltende Antrag beim Grundbuchamt eingegangen ist. Hat also zuvor ein anderer Gläubiger einen nicht mit dem hier behandelten Mangel behafteten Antrag auf Eintragung einer Zwangshypothek eingereicht oder hat der Schuldner inzwischen rechtsgeschäftlich eine Hypothek bestellt, so erleidet derjenige Gläubiger, der seine durch Zwangshypothek zu sichernde Forderung nicht gleich auf die einzelnen Grundstücke verteilt hat, einen Rangnachteil, der vielleicht zum Verlust seiner Forderung in der nachfolgenden Zwangsversteigerung führen kann.

2195 Die nachträgliche Verteilung der Forderung wurde früher mitunter als teilweise Zurücknahme des zuerst gestellten Antrags angesehen; sie sollte daher der Form der öffentlich beglaubigten Urkunde bedürfen.[53] Richtig ist sie aber eine Ergänzung der Vollstreckungsvoraussetzungen und daher, wie schon die Verteilung im Antrag selbst, nicht formbedürftig.[54]

2196 Die Eintragung einer bedingten Zwangshypothek für den Fall, daß eine Zwangshypothek, die auf einem anderen Grundstück zufolge Verteilung der Forderung des Gläubigers eingetragen ist, in der Grundstückszwangsversteigerung ganz oder teilweise ausfällt, ist unzulässig.[55]

Das Verbot der Gesamthypothek (§ 867 Abs 2 ZPO) gilt auch dann, wenn mehrere Grundstücke des Schuldners nacheinander im Wege der Zwangsvollstreckung belastet werden sollen.[56] Es darf daher eine zweite Zwangshypothek an einem anderen Grundstück für dieselbe Forderung (oder auch nur wegen eines Teils dieser Forderung) nicht eingetragen werden. Nur wenn die erste Zwangshypothek gelöscht ist oder der Gläubiger wirksam auf sie verzichtet hat (§ 1168 BGB; ggfs hat Löschung des entsprechenden Teils oder Verzicht auf ihn zu erfolgen), kann erneut in ein Grundstück durch Eintragung einer Sicherungshypothek vollstreckt werden. Es genügt nicht schon, daß die Löschungsbewilligung oder Verzichtserklärung dem Schuldner ausgehändigt ist. Eine unter Verletzung von § 867 Abs 2 ZPO für die gleiche Forderung (oder auch nur für einen Teil dieser Forderung) auf einem anderen Grundstück des Schuldners eingetragene zweite Zwangshypothek ist nicht entstanden.[57] Die Wirksamkeit der zuerst (zulässig) eingetragenen Einzelzwangshypothek wird davon nicht berührt. Als inhaltlich unzulässig ist die zweite Zwangshypothek von Amts wegen zu löschen (§ 53 Abs 1 GBO), wenn sich die Unzulässigkeit aus dem Eintragungsvermerk (auch den dort zulässigerweise in Bezug genommenen Eintragungsunterlagen) selbst er-

---

[52] BGH 27, 310 = DNotZ 1958, 480 = NJW 1958, 1090 = Rpfleger 1958, 216.
[53] KG HRR 1934 Nr 1056; Haegele BWNotZ 1972, 108; Riggers JurBüro 1966, 917; Riggers Rpfleger 1958, 217.
[54] Stöber, ZVG-Handbuch, Rdn 27; Zöller/Stöber Rdn 15 zu § 867 ZPO.
[55] OLG Stuttgart NJW 1971, 398.
[56] OLG Düsseldorf OLGZ 1990, 16 = Rpfleger 1990, 60.
[57] BayObLG Rpfleger 1986, 372; LG Mannheim Rpfleger 1981, 406; LG München II Rpfleger 1989, 96.

gibt⁵⁸ (Mithaftvermerk gem § 48 GBO; Buchung der mehreren Grundstücke im Bestandsverzeichnis desselben Grundbuchblatts; s Rdn 2200), sonst ist Eintragung eines Amtswiderspruchs bei der nicht entstandenen zweiten Zwangshypothek geboten.⁵⁹

2196a Auf das **Gesamtgrundstück** soll die Sicherungshypothek nachträglich nicht **erstreckt** werden können, wenn nach Eintragung der Zwangshypothek auf einem Miteigentumsanteil sich alle Miteigentumsanteile (durch Erbfolge, rechtsgeschäftlichen Erwerb usw) in der Hand des Schuldners als Alleineigentümer vereinigt haben.⁶⁰ Dem können wir nicht zustimmen. Es besteht die Möglichkeit, daß ein Bruchteilseigentümer, der Alleineigentum erwirbt, die (fortbestehende) Grundpfandbelastung (§ 1114 BGB) des bisherigen Bruchteils (rechtsgeschäftlich) auf die übrigen Teile erstreckt (Rdn 1918 mit Nachw). Diese Pfandbelastung geschieht durch Einigung und Eintragung (§ 873 Abs 1 BGB); die Eintragung erfolgt auf Bewilligung des (nunmehrigen) Alleineigentümers (§ 19 GBO). § 1114 BGB steht dieser grundpfandrechtlichen Mitbelastung hinzuerworbener Anteile nicht entgegen. Das beruht auf der Erwägung, daß § 1114 BGB nach seinem gesetzgeberischen Grund Sonderbelastung eines Grundstücksbruchteils durch einen Alleineigentümer ausschließen soll, dieser Grund aber auf den Fall „durchaus" nicht zutrifft, daß der frühere Miteigentümer Alleineigentum erwirbt und nun die bisherige Bruchteilshypothek auf das ganze Grundstück erstrecken will.⁶¹ Eine derartige Neuordnung der Belastung wird im Gegenteil für die Grundbuchführung und die Zwangsversteigerung (im allgemeinen) als erwünscht angesehen, weil beide dadurch wesentlich vereinfacht werden.⁶¹ Aus gleichem Grund kann „Erstreckung der Sicherungshypothek" auf das Gesamtgrundstück im Wege der Zwangsvollstreckung mit Eintragung auch auf den vom Schuldner hinzuerworbenen Miteigentumsanteilen nicht dem Verbot vom § 864 Abs 2 mit § 867 Abs 2 ZPO unterliegen. Diese Pfandbelastung geschieht mit Eintragung im Wege der Zwangsvollstreckung (§ 867 Abs 2 S 2 ZPO; vgl auch § 873 Abs 1 BGB: „Belastung eines Grundstücks ... soweit nicht das Gesetz ein anderes vorschreibt"); gleiche Rangverhältnisse der Belastung der einzelnen Teile erfordert diese Eintragung nicht. Die Eintragung kann lauten (in Anlehnung an Rdn 2671):

> Die zweite Miteigentumshälfte haftet mit, so daß jetzt das ganze Grundstück belastet ist. Im Wege der Zwangsvollstreckung gemäß ... (Bezeichnung des Schuldtitels) eingetragen am ..

Entsprechendes gilt, wenn nach Eintragung der Zwangshypothek (zB Belastung eines ½-Miteigentumsanteils) der Schuldner einen weiteren Miteigentumsanteil (zB den ¼-Miteigentumsanteil eines seiner Söhne) hinzuerwirbt, damit jedoch nicht Alleineigentümer des Grundstücks wird, für die Eintragung der Zwangshypothek auch auf diesem Anteil. Eintragung einer Sicherungshypothek auf dem hinzuerworbenen Miteigentumsanteil für weitergehende Gläubigerforderungen, insbesondere für weitere (neue) Kosten der

---

⁵⁸ BayObLG aaO (= Fußn 57).
⁵⁹ BayObLG aaO (Fußn 57).
⁶⁰ OLG Oldenburg JurBüro 1996, 273 = Rpfleger 1996, 242 = ZIP 1996, 175.
⁶¹ RG 68, 79 (80, 81).

Zwangsvollstreckung, erlaubt diese Grundpfandbelastung des hinzuerworbenen Miteigentumsanteils jedoch nicht. Das wäre nicht (erlaubte) Neuordnung der Belastungsverhältnisse, sondern Sonderbelastung des Bruchteils wegen der weitergehenden Gläubigerforderung; diese schließt § 864 Abs 2 ZPO aus. Richtet sich die Vollstreckungsforderung (über 750 €) gegen **mehrere Gesamtschuldner,** so kann auf je einem Grundstück[62] jedes Schuldners eine Zwangshypothek wegen des ganzen Betrags eingetragen werden (das Recht ist Gesamthypothek). Auf mehrere Grundstücke des gleichen Gesamtschuldners ist die Forderung jedoch nach dem Rdn 2194 Gesagten zu verteilen. 2197

Gebäudeeigentum (Rdn 699 a) allein kann mit einer Zwangshypothek nicht belastet werden, wenn sich Grundstücks- und Gebäudeeigentum in einer Person vereinigt haben (§ 78 Abs 1 S 1 SachenRBerG). Auch Belastung allein des Grundstücks ist dann nicht mehr zulässig (SachenRBerG aaO). Folge ist, daß damit Belastung des Grundstücks nur zusammen mit dem Gebäudeeigentum erlaubt, Eintragung der Zwangshypothek für die unverteilte Forderung (keine Anwendung des § 867 Abs 2 ZPO) somit auf Grundstück und Gebäudeeigentum zusammen möglich ist. Einzelheiten und Anwendungsbereich s Rdn 4287. 2197 a

i) Eintragungsnachricht erhalten der Gläubiger und der Grundstückseigentümer. Auf dem vollstreckbaren Titel wird die Eintragung vermerkt (§ 867 Abs 1 S 1 Halbs 2 ZPO); er wird zurückgegeben. Beglaubigte Abschriften des Vollstreckungstitels (mit Zustellungsnachweis), der Belege über die Zwangsvollstreckungskosten und sonstiger Vollstreckungsunterlagen, die ebenfalls zurückgegeben werden, werden zu den Grundakten gefertigt (§ 10 Abs 1 S 2 GBO). 2198

j) Rechtsbehelf; Grundbuchunrichtigkeit

aa) Die Zurückweisung des Antrags ist mit **Beschwerde** anfechtbar (§ 71 Abs 1 GBO). Beschwerde nach § 71 GBO, nicht aber Erinnerung nach § 766 ZPO oder sofortige Beschwerde nach § 793 ZPO, findet auch bei Eintragung statt.[63] Es kann aber dann nur Eintragung eines Widerspruchs oder Löschung verlangt werden (§ 71 Abs 2 GBO).[63] Die Beschwerde gegen die Eintragung einer inhaltlich zulässigen Zwangshypothek mit dem Ziel ihrer Löschung ist dann zulässig, wenn nach dem konkreten Inhalt des Grundbuchs die Möglichkeit eines gutgläubigen Erwerbs sowohl für die Vergangenheit (keine entsprechende Eintragung) als auch für die Zukunft (infolge Eintragung eines Amtswiderspruchs) rechtlich ausgeschlossen ist.[64] 2199

bb) Eintragung einer Zwangshypothek unter dem Mindestbetrag von 750 € (§ 866 Abs 3 ZPO; bis 31. 12. 1998: 500 DM, dann bis 31. 12. 2001: 1500 DM)[65] oder auf mehreren Grundstücken als Gesamthypothek (entgegen 2200

---

[62] BGH DNotZ 1961, 407 = NJW 1961, 1352; Groß BWNotZ 1984, 111; KGJ 21 A 326; Stöber, ZVG-Handbuch, Rdn 28; das gilt auch für jeden Bruchteil, BGH aaO; LG Duisburg JurBüro 1981, 624.
[63] BayObLG 1975, 398; BayObLG Rpfleger 1982, 98 und BayObLG Rpfleger 1995, 107; OLG Frankfurt OLGZ 1981, 261 = Rpfleger 1982, 98; KG OLGZ 1987, 257 = aaO; OLG Köln Rpfleger 1996, 159.
[64] BGH 64, 194 = NJW 1975, 1282 = Rpfleger 1975, 246.
[65] RG 60, 279 (284); BayObLG 1975, 398 (403); OLG Frankfurt OLGZ 1981, 261 = aaO (Fußn 63).

§ 867 Abs 2 ZPO)⁶⁶ oder sonst mit einem gesetzlich nicht erlaubten Inhalt ist inhaltlich unzulässig und von Amts wegen zu löschen (§ 53 Abs 1 S 2 GBO). Daß die Eintragung inhaltlich unzulässig ist, muß sich aus dem Eintragungsvermerk selbst oder der zulässigerweise in Bezug genommenen Eintragungsunterlage ergeben;⁶⁷ andere Beweismittel dürfen nicht verwertet werden. Die (spätere) Eintragung einer zweiten Zwangshypothek unter Verletzung von § 867 Abs 2 ZPO ist daher nur dann inhaltlich unzulässig, wenn sich der Verstoß allein aus dem Grundbuchblatt des zweiten Grundstücks ergibt.⁶⁸ Verstöße gegen vollstreckungsrechtliche oder grundbuchrechtliche Vorschriften rechtfertigen daher die Amtslöschung nur, wenn dadurch die Zwangshypothek im Grundbuch als ein Recht mit einem gesetzlich nicht erlaubten Inhalt verlautbart wird, somit die Eintragung als eine erkennbar inhaltlich unzulässige im Grundbuch erscheint.⁶⁹

2201 cc) Bei Eintragung der (inhaltlich zulässigen) Zwangshypothek unter Verletzung gesetzlicher, insbesondere vollstreckungsrechtlicher Vorschriften ist ein Widerspruch einzutragen, wenn das Grundbuch unrichtig ist (§ 53 Abs 1 S 1 GBO). Es wird angenommen, daß ein Mangel einer (wesentlichen) vollstreckungsrechtlichen Voraussetzung zur Folge hat, daß die Zwangshypothek mit ihrer Eintragung nicht zur Entstehung gelangt, sonach das Grundbuch unrichtig ist.⁷⁰ Doch ist in Einzelfragen hierüber manches umstritten. Behebung eines Verfahrensmangels behebt die Fehlerhaftigkeit der ZwV, so daß ein Amtswiderspruch wegen Grundbuchunrichtigkeit nicht mehr eingetragen werden kann. Die Zwangshypothek ist daher als Grundstücksbelastung entstanden, wenn eine (notwendige) Sicherheit nachträglich geleistet wird,⁷¹ wenn die Zustellung des Vollstreckungstitels bewirkt wird oder eine Wartefrist abgelaufen ist,⁷² ebenso, wenn landesgesetzliche Besonderheiten bei Zwangsvollstreckung gegen eine Gemeinde (§ 15 Nr 3 EGZPO) nachträglich erfüllt werden.⁷³ Rückwirkende Heilung der gesetzwidrig eingetragenen Zwangshypothek vom Zeitpunkt ihrer Eintragung an durch nachträglichen Eintritt der fehlenden Vollstreckungsvoraussetzung nimmt das OLG Frankfurt⁷⁴ an. Eintragung der Zwangshypothek ist nach LG Saarbrücken⁷⁵ unter Verletzung gesetzlicher Vorschriften auch dann erfolgt, wenn das Grundbuchamt von einem Einstellungsbeschluß keine Kenntnis hatte und keine Anhaltspunkte für das Vorliegen eines solchen Beschlusses gegeben waren.

2202 dd) Einwendungen gegen Entstehung oder Höhe des Anspruchs, der vollstreckt worden ist, sind außerhalb des Vollstreckungsverfahrens mit den hier-

---

⁶⁶ RG 163, 121 (125); OLG Köln NJW 1961, 368; BayObLG 1975, 398 (403); OLG Frankfurt OLGZ 1981, 261 = aaO (Fußn 63).
⁶⁷ OLG Frankfurt OLGZ 1981, 261 = aaO (Fußn 63); BayObLG 1975, 398 (403) und Rpfleger 1982, 98; LG München II Rpfleger 1989, 96.
⁶⁸ BayObLG Rpfleger 1986, 372; LG München II Rpfleger 1989, 96.
⁶⁹ OLG Frankfurt OLGZ 1981, 261 = aaO (Fußn 63).
⁷⁰ BayObLG 1975, 398 (406).
⁷¹ BayObLG 1975, 398.
⁷² OLG Hamm NJW-RR 1998, 87 = Rpfleger 1997, 393.
⁷³ BayObLG Rpfleger 1995, 106.
⁷⁴ OLG Frankfurt MDR 1956, 111; so auch OLG Schleswig NJW-RR 1988, 700 für nachfolgende Zustellung der Vollstreckungsklausel.
⁷⁵ LG Saarbrücken Rpfleger 1975, 328.

B. Einzelfälle

für vorgesehenen Rechtsbehelfen zu verfolgen, insbesondere mit Vollstreckungsgegenklage nach § 767 ZPO.

k) Zurücknahme des Antrags

Zurückgenommen werden kann der Antrag auf Eintragung einer Zwangshypothek bis zum Vollzug der Eintragung mit Aufnahme in den Datenspeicher (§ 129 Abs 1 GBO) bzw Unterzeichnung (§ 44 Abs 1 GBO). Die Unterschrift des Gläubigers oder seines Vertreters bedarf der öffentlichen Beglaubigung[76] (§ 31 GBO). Die gleiche Form gilt für die Vollmacht hierzu. Die Vollmacht ist stets zu prüfen, auch wenn als Bevollmächtigter ein Rechtsanwalt auftritt (§ 88 Abs 2 ZPO findet hier keine Anwendung). 2203

l) Einzelfragen und Sonderfälle

aa) Das als Inhalt eines **Erbbaurechts** eingetragene Belastungsverbot (§ 5 Abs 2 ErbbauVO; dazu Rdn 1777) schließt nach § 8 ErbbauVO auch Verfügungen im Wege der Zwangsvollstreckung aus. Eine Zwangshypothek kann daher (auch bei Eintragung auf einem Eigentümererbbaurecht, Rdn 1777) nur mit Zustimmung des Grundstückseigentümers[77] oder dann eingetragen werden, wenn die fehlende Zustimmung rechtskräftig ersetzt ist.[78] Andernfalls ist die Zwangshypothek schwebend unwirksam (Widerspruch von Amts wegen nach § 53 Abs 1 GBO).[79] 2204

bb) Für Zwangsvollstreckung in eine (vormalige) **Reichsheimstätte** besteht nach Aufhebung des RHeimstG seit 1. 1. 1999 kein Schutz mehr. 2205

cc) In Umlegungsverfahren,[80] in Sanierungsgebieten[81] und Entwicklungsbereichen bedarf die Eintragung einer Zwangshypothek keiner Genehmigung nach §§ 51, 144, 169 BauGB. Eintragung einer Zwangshypothek kann jedoch nicht erfolgen, wenn zur Umgehung der für Eintragung einer Hypothek (Grundschuld) erforderlichen Genehmigung die Zwangsvollstreckung des in der Bestellungsurkunde enthaltenen abstrakten Schuldanerkenntnisses mit ZwV-Unterwerfung betrieben wird.[82] 2206

dd) Die Eintragung einer Zwangshypothek an einem land- oder forstwirtschaftlichen Grundstück bedarf derzeit keiner besonderen behördlichen Genehmigung (s § 37 GrdstVG). 2207

ee) Besteht für die Forderung, die durch Zwangshypothek gesichert werden soll, bereits eine rechtsgeschäftlich bestellte Verkehrshypothek, so hindert dies die Eintragung der Zwangshypothek als selbständige Einzelhypothek auf 2208

---

[76] OLG Düsseldorf Rpfleger 2000, 62; OLG Hamm MittRhNotK 1985, 77 = Rpfleger 1985, 231.
[77] Die auch für Eintragung einer Zwangshypothek auf einem Eigentümererbbaurecht (BayObLG 1996, 107 = DNotZ 1997, 142 = NJW-RR 1996, 975 = Rpfleger 1996, 447) und bei Vollstreckung rückständiger Leistungen einer Reallast erforderlich ist (OLG Hamm OLGZ 1985, 159 = Rpfleger 1982, 233).
[78] Für Ersetzung der Zustimmung ist angemessene Frist mit Zwischenverfügung zu gewähren, OLG Celle MDR 1985, 331.
[79] Dazu mit Nachweisen Stöber, ZVG-Handbuch, Rdn 32.
[80] AG Eschweiler Rpfleger 1978, 187.
[81] OLG Oldenburg NJW-RR 1998, 1239; LG Regensburg Rpfleger 1977, 224.
[82] OLG Oldenburg NJW-RR 1998, 1239.

einem anderen Grundstück nicht.[83] Sicherung der Gläubigerforderung durch Grundschuld (an dem gleichen oder an einem anderen Grundstück) steht der Eintragung einer Zwangshypothek erst recht nicht entgegen.[84] Wegen des Schuldversprechens (mit ZwV-Unterwerfung) bei Übernahme der persönlichen Haftung für die Zahlung der Grundschuldsumme (Rdn 2289) kann auf dem bereits mit der Grundschuld belasteten Grundstück nicht noch eine Zwangshypothek eingetragen werden[85] (es besteht schon kein Rechtsschutzinteresse an der nachrangigen nochmaligen Sicherung); eintragbar ist eine Zwangshypothek wegen dieses vollstreckbaren (abstrakten) persönlichen (somit weiteren) Anspruchs jedoch an einem anderen Grundstück des Schuldners.

2209 ff) Nach **Einstellung der Zwangsvollstreckung** aus dem Schuldtitel darf eine Zwangsvollstreckung nicht mehr beginnen,[86] eine Sicherungshypothek im Wege der Zwangsvollstreckung sonach nicht mehr eingetragen werden[87] (Beanstandung des Antrags mit Aufklärungsverfügung, § 139 ZPO, sodann Zurückweisung).

2210 gg) Der Gläubiger einer Zwangshypothek ist im Sinne des § 1150 BGB zur **Ablösung** berechtigt (auch wenn seine Ansprüche durch das Meistgebot gedeckt sind).[88]

2211 hh) Ist ein **Testamentsvollstrecker** vorhanden, so ist die Eintragung einer Zwangshypothek auf Grund eines gegen ihn selbst erwirkten Titels möglich (§ 748 Abs 1 ZPO). Voreintragung der Erben (§ 39 GBO) und der Ernennung des Testamentsvollstreckers (§ 52 GBO) ist nur dann erforderlich, wenn der Titel nicht nur gegen den Testamentsvollstrecker, sondern auch gegen die Erben lautet (dazu im einzelnen § 748 ZPO, § 40 Abs 2 GBO).

2212 ii) Gehört das Grundstück einem **Vorerben,** so ist die Eintragung einer Zwangshypothek dann, wenn der Vorerbe im Grundbuch eingetragen ist, ohne weiteres möglich, vorausgesetzt, daß der Nacherbschaftsvermerk nach § 51 GBO (s Rdn 3495) im Grundbuch eingetragen ist. Die Frage, ob die Verfügung dem Nacherben gegenüber wirksam ist (vgl § 2115 BGB, § 773 ZPO), braucht das Grundbuchamt nicht zu prüfen (s dazu auch Rdn 3489). Wegen der dem Nacherben gegenüber meist eintretenden Unwirksamkeit der Hypothek hilft diese dem Gläubiger vielfach nicht viel.

2213 kk) Im gesetzlichen **Güterstand der Zugewinngemeinschaft** bedarf es bei Vollstreckung in das Vermögen des einen Ehegatten nur eines Titels gegen diesen Ehegatten. Eines Duldungstitels gegen den anderen Ehegatten bedarf es nicht. Gleiches gilt bei **Gütertrennung** (vgl § 1414 BGB).

2214 ll) Leben Eheleute im Güterstand der **Gütergemeinschaft,** so kommt es darauf an, wem die Verwaltung des Gesamtguts zusteht (dazu Rdn 3375). Das

---

[83] RG 98, 106; 163, 121; BayObLG MittBayNot 1991, 26 = Rpfleger 1991, 53; KGJ 49, 232; LG Lübeck Rpfleger 1985, 287.
[84] BayObLG aaO (Fußn 57); LG Lübeck Rpfleger 1985, 287; s auch OLG Köln NJW-RR 1996, 1106 = Rpfleger 1996, 153.
[85] OLG Köln NJW-RR 1996, 1106 = Rpfleger 1996, 153.
[86] BGH 25, 60 = NJW 1957, 1480.
[87] OLG Frankfurt Rpfleger 1974, 443.
[88] LG Verden Rpfleger 1973, 296 mit Anm Schiffhauer.

B. Einzelfälle

Grundbuchamt hat grundsätzlich von der gemeinschaftlichen Verwaltung des Gesamtguts durch Mann und Frau auszugehen, falls ihm nicht durch Ehevertragsvorlage etwas anderes nachgewiesen wird[89] oder dies amtsbekannt ist. In diesem Falle bedarf es eines Vollstreckungstitels gegen Mann und Frau (§ 740 Abs 2 ZPO).

Verwaltet einer der Ehegatten das Gesamtgut allein, so ist zur Zwangsvollstreckung in die zum Gesamtgut gehörenden Vermögenswerte ein Urteil gegen diesen Ehegatten erforderlich, aber auch ausreichend (§ 740 Abs 1 ZPO). Betreibt ein Ehegatte, der in Gütergemeinschaft lebt und das Gesamtgut nicht oder nicht allein verwaltet, selbständig ein Erwerbsgeschäft, so ist zur Zwangsvollstreckung in das Gesamtgut ein gegen ihn ergangenes Urteil genügend, es sei denn, daß zur Zeit des Eintritts der Rechtshängigkeit der Einspruch des anderen Ehegatten gegen den Betrieb des Erwerbsgeschäfts oder der Widerruf seiner Einwilligung zu dem Betrieb im Güterrechtsregister eingetragen war (§ 741 ZPO). Ob aus einem Vollstreckungstitel gegen nur einen Ehegatten Zwangsvollstreckung in das Gesamtgut stattfinden kann (§ 704 ZPO), die Voraussetzungen des § 740 Abs 1 oder § 741 ZPO somit erfüllt sind, ist Erfordernis für Zulässigkeit der Zwangsvollstreckung, nicht aber Eintragungserfordernis im Grundbuchverfahren. Prüfung der Zulässigkeit der Zwangsvollstreckung durch das Grundbuchamt hat nach Vollstreckungsverfahrensrecht zu erfolgen (Rdn 2168); dieses kennt keine Formvorschrift für Nachweis und Prüfung der Voraussetzungen für Zwangsvollstreckung mit Titel nach § 740 Abs 1 oder § 741 ZPO. Nachweis ist daher nicht in der Form des § 29 GBO (ist Formvorschrift des Grundbucheintragungsverfahrens) zu erbringen.[90] Ist die Gütergemeinschaft **erst eingetreten,** nachdem ein von einem Ehegatten oder gegen einen Ehegatten geführter **Rechtsstreit rechtshängig** geworden ist, und verwaltet dieser Ehegatte das Gesamtgut nicht oder nicht allein, so gelten die Sondervorschriften des § 742 ZPO. **Nach Beendigung der Gütergemeinschaft** ist vor der Auseinandersetzung die Zwangsvollstreckung in das Gesamtgut nur zulässig, wenn beide Ehegatten zu der Leistung oder der eine Ehegatte zu der Leistung und der andere zur Duldung der Zwangsvollstreckung verurteilt sind (§ 743 ZPO).

Soweit bei Gütergemeinschaft **Vorbehalts- oder Sondergut** eines Ehegatten vorhanden ist (§§ 1417, 1418 BGB), ist zur Zwangsvollstreckung in diese Vermögenswerte nur ein Urteil gegen den Ehegatten erforderlich, dem die Werte gehören.

mm) Bei **fortgesetzter Gütergemeinschaft** (§§ 1483 ff BGB) ist zur Zwangsvollstreckung in das Gesamtgut ein gegen den überlebenden Ehegatten ergangenes Urteil erforderlich und genügend (§ 745 ZPO mit Sondervorschriften für den Fall der Beendigung der fortgesetzten Gütergemeinschaft). 2215

nn) Zur **Errungenschaftsgemeinschaft** (§§ 1519 ff BGB aF) s §§ 740, 739 ZPO aF. 2216

Besonderheiten für Zwangsvollstreckung gegen Ehegatten, die gem Art 234 § 4 Abs 2 EGBGB weiterhin im Güterstand der **Eigentums- und Vermögens-** 2216a

---
[89] BayObLG 1995, 249 (252) = aaO (nachf Fußn 90).
[90] Nicht richtig daher BayObLG 1995, 249 = FamRZ 1996, 113 = NJW-RR 1996, 80 = Rpfleger 1996, 63.

gemeinschaft des Familiengesetzbuches der (vormaligen) DDR leben, regelt § 744a ZPO. Ist keine Erklärung über die Beibehaltung dieses Güterstandes abgegeben und von den Ehegatten nichts anderes vereinbart, leben die Ehegatten im gesetzlichen Güterstand der Zugewinngemeinschaft (Art 234 § 4 Abs 1 EGBGB). Das gemeinschaftliche Eigentum (§ 13 Abs 1 FGB) wurde dann Eigentum der Ehegatten zu gleichen Bruchteilen (Art 234 § 4a Abs 1 EGBGB mit Wahlrecht der Ehegatten für andere Anteilsbestimmung). Daß gemeinschaftliches Eigentum von Ehegatten Bruchteilseigentum zu einhalb Anteilen ist, wird widerleglich vermutet (Art 234 § 4a Abs 3 EGBGB). Eintragung einer Zwangshypothek erfordert auch in einem solchen Fall Voreintragung des Schuldners (§ 39 Abs 1 GBO) mit seinem Anteil in Bruchteilen[91] (Rdn 137). Diese Eintragung durch Berichtigung des Grundbuchs kann vom Gläubiger beantragt werden (§ 14 GBO).[92] Berichtigungsnachweis ermöglicht Berufung auf die Vermutung nach Art 234 § 4a Abs 3 EGBGB (§ 14 S 2 Grundbuchbereinigungsgesetz idF vom 21. 9. 1994, BGBl I 2457 [2492]).

m) Verwaltungsvollstreckung

2217 Bei Eintragung einer Zwangshypothek wegen **Steuern** und sonstiger **öffentlicher Abgaben** tritt an Stelle des Eintragungsantrags des Gläubigers das entsprechende **Eintragungsersuchen** der zuständigen Vollstreckungsbehörden an das Grundbuchamt (§ 322 Abs 3 AO; § 5 Abs 1 VwVG-Bund sowie die VwVGe der Länder, § 7 JBeitrO). Ihr Antrag auf Eintragung der Zwangshypothek ist Ersuchen iS des § 38 GBO (§ 322 Abs 3 S 4 AO).[93] Es muß daher von dem zuständigen Beamten unterschrieben und mit Siegel oder Stempel versehen sein (§ 29 Abs 3 GBO); die Vertretungsbefugnis des Unterzeichners braucht das Grundbuchamt auch dann nicht zu prüfen, wenn „iA" unterzeichnet ist. In dem Eintragungsersuchen hat die Vollstreckungsbehörde zu bestätigen, daß die gesetzlichen Voraussetzungen für die Vollstreckung vorliegen (§ 322 Abs 3 S 2 AO). Diese Fragen unterliegen nicht der Beurteilung des Grundbuchamts[94] (§ 322 Abs 3 S 3 AO); der Vorlage eines vollstreckbaren Titels bedarf es daher nicht. Das Grundbuchamt hat aber zu prüfen, ob die Forderung ihrer Art nach einem Verwaltungszwangsverfahren (meist nach der AO) unterliegt.[95]

2218 Im Verwaltungsverfahren nach der AO (und den darauf verweisenden Gesetzen, zB § 5 Abs 1 VwVG-Bund) gilt die **Körperschaft als Gläubigerin** der zu vollstreckenden Ansprüche, der die Vollstreckungsbehörde (zu ihr § 249 AO) angehört (§ 252 AO). Das Land, dessen Finanzamt als Vollstreckungsbehörde auftritt (bei Vollstreckung durch ein Hauptzollamt der Bund) ist damit als Vollstreckungsgläubiger der Zwangshypothek einzutragen. Gleichgültig ist, ob das Finanzamt (das Hauptzollamt) Landes- oder Bundessteuern vollstreckt oder ob es als für die Vollstreckung des Anspruchs einer anderen Be-

---

[91] Im Ergebnis so auch LG Berlin Rpfleger 1994, 247.
[92] LG Neubrandenburg MDR 1995, 525 = Rpfleger 1995, 250.
[93] BayObLG JurBüro 1982, 1098 = Rpfleger 1982, 98.
[94] Auch die Bestätigung, der Schuldner betreibe selbständig ein Erwerbsgeschäft (§ 741 ZPO), unterliegt der Beurteilung des Grundbuchamts nicht, BayObLG Rpfleger 1984, 232, desgleichen nicht ein Duldungsbescheid, OLG Hamm Rpfleger 1983, 481; hierzu auch Rdn 219.
[95] BayObLG aaO (Fußn 94); LG Siegen DNotZ 1958, 467.

B. Einzelfälle

hörde bestimmte oder ersuchte Vollstreckungsbehörde tätig wird. Bis 31. 12. 1976 (Inkrafttreten der AO 1977 am 1. 1. 1977) war bei Vollstreckung durch das Finanzamt der Gläubiger nach dem mehrfach geänderten § 372 AbgO (aF) zu bezeichnen; hierzu siehe 5. Aufl Rdn 957.
Bei Eintragung einer Zwangshypothek für den Fiskus, eine Gemeinde oder eine sonstige juristische Person des öffentlichen Rechts kann auf Antrag des Berechtigten hinter dessen Namen der Teil des Vermögens, zu dem das Recht gehört, in Klammern bezeichnet werden (§ 15 Abs 2 GBV). Ebenso kann auf Antrag auch angegeben werden, durch welche Behörde der Fiskus vertreten wird (§ 15 Abs 2 S 2 GBV).

Die **Kosten für die Eintragung** einer Steuer- usw Zwangshypothek können unmittelbar vom Grundstückseigentümer angefordert werden (§ 3 Nr 4 KostO). Die Gebührenfreiheit des Fiskus befreit den Eigentümer nicht von der Kostenzahlung.[96]   2219

Entsprechendes gilt auch für Zwangshypotheken der **Gemeinden**,[97] **Kirchen und sonstigen öffentlich-rechtlichen Körperschaften** wegen ihrer Steuern und sonstigen öffentlich-rechtlichen Beiträge und Umlagen. Die Eintragung einer Zwangshypothek für eine allgemeine **Ortskrankenkasse** war nach OLG Hamm[98] zulässig, obwohl deren Behördeneigenschaft vom BGH[99] verneint worden ist. Nach LG Siegen[100] unterliegt eine Forderung, entstanden aus Krankenhauskosten, deren Tarif nicht in vollem Umfang aus einer Ortssatzung hervorgeht, nicht dem Verwaltungszwangsverfahren, so daß um Eintragung einer Zwangshypothek hierfür nicht ersucht werden kann.   2220

Im Verwaltungszwangsverfahren kann mit Beschwerde (§ 71 GBO) nur die Verletzung der vom Grundbuchamt zu prüfenden Eintragsvoraussetzungen (zB Form des Antrags, Zuständigkeit der ersuchenden Behörde, Voreintragung des Betroffenen, Notwendigkeit der Verteilung der Forderung auf mehrere Grundstücke) gerügt werden. Einwendungen gegen die von der Vollstreckungsbehörde zu bescheinigenden Voraussetzungen der Vollstreckung, die nicht der Beurteilung des Grundbuchamts unterliegen (s § 322 Abs 3 S 2 und 3 AO; dazu Rdn 2217), sonach insbesondere Einwendungen gegen den Anspruch, der vollstreckt wird, sind mit den Rechtsbehelfen des jeweiligen Verwaltungsverfahrens (s zB § 256 AO) geltend zu machen.[101]   2221

n) Zwangsversteigerung

Zur Anordnung der Zwangsversteigerung oder Zwangsverwaltung mit dem Rang der Zwangshypothek (§ 10 Abs 1 Nr 4 ZVG) benötigt der Gläubiger (seit 1. 1. 1999) keinen (gesonderten) dinglichen Vollstreckungstitel (sogen Duldungstitel); es genügt zur Befriedigung aus dem Grundstück (auch im Wege der Zwangsverwaltung[102]) der vollstreckbare Titel, auf dem die Eintra-   2222

---

[96] OLG Köln Rpfleger 1977, 459.
[97] Für Antrag einer Gemeinde bei Vollstreckung von Erschließungsbeiträgen s BayObLG aaO (Fußn 93).
[98] OLG Hamm 28. 7. 1958, 15 W 216/58.
[99] BGH NJW 1957, 1673. Behördeneigenschaft jetzt aber nach § 31 Abs 3 Sozialgesetzbuch IV; s Rdn 200 Fußn 5.
[100] LG Siegen DNotZ 1958, 647.
[101] BayObLG aaO (Fußn 93).
[102] Stöber ZVG Einl Rdn 69.1.

gung der Zwangshypothek nach § 867 Abs 1 S 1 ZPO vermerkt ist (§ 867 Abs 3 ZPO). Erforderlich ist ein dinglicher Vollstreckungstitel (Duldungstitel) jedoch zur Zwangsvollstreckung wegen des dinglichen Anspruchs nach (rechtsgeschäftlichem) Eigentumswechsel oder nach Grundbuchberichtigung, die nicht auf einer Gesamtrechtsnachfolge beruht;[103] Grund: Der Erwerber des Grundstücks und der berichtigend eingetragene Dritte sind als Eigentümer nicht Rechtsnachfolger des Schuldners, gegen den der Zahlungstitel erwirkt und (mit Eintragung der Zwangshypothek) vollstreckt ist, auf sie kann der Zahlungstitel daher nicht umgeschrieben werden. Im Verwaltungszwangsverfahren muß der den Vollstreckungstitel ersetzende Antrag ergeben, ob dinglich (oder nur persönlich) vollstreckt werden soll.

o) Eigentümergrundschuld, Löschung

2223   Die Zwangshypothek wird als Sicherungshypothek (Rdn 2160) Eigentümerrecht, wenn sie sich nach Eintragung mit dem Eigentum in einer Person vereinigt (§ 1177 BGB); sie verwandelt sich insbesondere in eine Eigentümergrundschuld, wenn der Schuldner den Gläubiger befriedigt oder wenn die Forderung sonst erlischt (§ 1163 Abs 1 S 2 BGB). Über das Eigentümerrecht kann der Eigentümer in beliebiger Weise, etwa durch Abtretung oder durch Löschung verfügen. Zum Nachweis des Übergangs der Zwangshypothek auf ihn wird der Schuldner, zugleich Grundstückseigentümer, vom Gläubiger die Ausstellung einer **beglaubigten Quittung,** auf der dessen Unterschrift notariell beglaubigt ist, verlangen.[104] Die Kosten der Quittung (auch einer Löschungsbewilligung und der Löschung im Grundbuch) fallen dem Eigentümer zur Last.[105] Sie gehören nicht zu den Kosten der Zwangsvollstreckung (§ 788 ZPO).[106] Bei Zwangshypotheken, die für eine stempelführende **Behörde** eingetragen sind, genügt für die beglaubigte Quittung Schriftform unter Beisetzung des Dienststempels. Ist das Finanzamt (nach AbgO aF) als Gläubiger eingetragen, so hat es die beglaubigte Quittung auszustellen, auch wenn mehrere Anspruchsberechtigte vorhanden sind. Erwerb der Zwangshypothek durch den Eigentümer nach Zwangsvollstreckungsrecht: § 868 ZPO.[107] Wenn nicht Grundbuchunrichtigkeit mit Entstehen eines Eigentümerrechts nachgewiesen ist (§ 22 Abs 1 S 1 GBO; Form: § 29 GBO), erfordert Löschung der Zwangshypothek Bewilligung des Gläubigers und Eigentümerzustimmung (§§ 19, 27 GBO) je in der Form des § 29 GBO. Nachweis der Unrichtigkeit des Grundbuchs durch Übergang der Zwangshypothek auf den Eigentümer nach § 868 ZPO ist nicht bereits geführt, wenn der Grundstückseigentümer den Vollstreckungstitel und ein Schreiben des Gläubigers (seines Vertreters) (ohne Unterschriftsbeglaubigung) vorlegt, mit dem ihm der Schuldtitel „nach Erledigung des titulierten Anspruchs" übersandt worden

---

[103] Stöber Einl Rdn 69.1; Zöller/Stöber Rdn 20 zu § 867 ZPO.
[104] Eingehend dazu Pfaff BWNotZ 1968, 182.
[105] OLG Stuttgart JurBüro 1981, 285 = Rpfleger 1981, 158; Staudinger/Wolfsteiner Rdn 11 zu § 1144 BGB.
[106] OLG Frankfurt JurBüro 1981, 786; OLG Stuttgart aaO; OLG München MDR 1989, 460 (für Löschung einer Arrestsicherungshypothek); LG Berlin JurBüro 1988, 1419 = Rpfleger 1988, 457.
[107] Zu den Besonderheiten für die (Gesamt-)Zwangshypothek auf Grundstücken mehrere Schuldner Deimann Rpfleger 2000, 193.

B. Einzelfälle

ist.[108] Im Verwaltungsvollstreckungsverfahren geht bei Stundung und Aussetzung der Vollziehung eine Zwangshypothek nur dann nach § 868 ZPO auf den Eigentümer über, wenn zugleich die Aufhebung der Vollstreckungsmaßnahmen angeordnet ist (§ 322 Abs 1 AO).

p) Insolvenzverfahren, Gesamtvollstreckung und Zwangshypothek

Im **Insolvenzverfahren** über das Vermögen des Grundstückseigentümers gewährt die Zwangshypothek Anspruch auf abgesonderte Befriedigung (§ 49 InsO). Die mit Eintragung (nicht Eingang des Eintragungsantrags[109]) im letzten Monat vor dem Antrag auf Eröffnung des Insolvenzverfahrens (3 Monate im vereinfachten Verfahren auf Schuldnerantrag, § 312 Abs 1 S 3 InsO; Fristberechnung: § 139 InsO) oder nach diesem Antrag erlangte Zwangshypothek wird mit Eröffnung des Insolvenzverfahrens jedoch unwirksam (§ 88 InsO), begründet Anspruch auf Zwangsvollstreckung zur abgesonderten Befriedigung somit nicht. Während der Dauer des Insolvenzverfahrens über das Vermögen des Grundstückseigentümers ist Eintragung einer Zwangshypothek für einen Insolvenzgläubiger nicht zulässig (Vollstreckungsverbot, § 88 Abs 1 InsO).

2223 a

Mit Eröffnung der **Gesamtvollstreckung** über das Vermögen des Schuldners wurde die Zwangshypothek den Gesamtvollstreckungsgläubigern gegenüber unwirksam.[110] Löschung kann nur verlangt werden, soweit dies zur Verwertung des Grundstücks im Rahmen der Gesamtvollstreckung notwendig ist.[111]

2223 b

9. Arresthypothek

Rechtsgrundlagen s vor Rdn 2158
außerdem: BGB § 1190
ZPO § 932

Antragsformular

2224

Ich überreiche namens des von mir vertretenen Franz Ofen, Bäcker in Boll, Ausfertigung des Arrestbefehls des Amtsgerichts Boll vom ... nebst Zustellungsurkunde und beantrage, für den Gläubiger wegen des in dem Arrestbefehl festgesetzten Geldbetrags die Eintragung einer Sicherungshypothek bis zum Höchstbetrag von 2000 € auf dem für den Schuldner im Grundbuch von Boll (Band 1) Blatt 2 eingetragenen Grundstück Flurstück 1.

Boll, den ......   Rechtsanwalt Maier   (ohne Unterschriftsbeglaubigung)

---

[108] BayObLG MittBayNot 1980, 116 = Rpfleger 1980, 347.
[109] LG Nürnberg-Fürth Rpfleger 2001, 410.
[110] BGH 130, 347 = NJW 1995, 2715 = Rpfleger 1995, 514.
[111] BGH aaO. Zu diesen Fragen auch BGH MDR 2000, 904 mit Anm Holzer = NotBZ 2000, 226 mit Anm Egerland = Rpfleger 2000, 384; KG ZIP 1996, 645; OLG Brandenburg DtZ 1997, 33; OLG Dresden Rpfleger 1999, 442; OLG Jena Rpfleger 1996, 363 = ZIP 1996, 467; Böhringer DtZ 1996, 258; Holzer ZIP 1996, 780; Keller Rpfleger 1997, 45; Mitlehner ZIP 1995, 1428. Zur Unwirksamkeit einer durch einstw Verfügung zwangsweise erlangten Vormerkung zur Sicherung des Anspruchs auf Eintragung einer Sicherungshypothek s BGH MDR 2000, 904 = aaO.

2. Teil. V. Dritte Abteilung des Grundbuchs

2225 Grundbucheintragung

1	2	3	4
2	3	2000 EUR	Höchstbetragssicherungshypothek zu zweitausend Euro für O f e n Franz, Bäcker in Boll, gemäß Arrestbefehl des Amtsgerichts Boll vom ... (Az ...) eingetragen am ...

Beglaubigte Abschrift des Arrestbefehls mit Zustellungsurkunde ist zu den Grundakten zu fertigen.
Die Eintragung ist auf dem Arrestbefehl zu vermerken und es ist dieser mit Zustellungsnachweis dem Gläubigervertreter zurückzugeben.
Bekanntmachung erfolgt an Eigentümer und Gläubigervertreter.

2226 Die **Voraussetzungen** für die Eintragung einer **Arresthypothek** (sie dient nur Sicherungszwecken, nicht der Befriedigung des Gläubigers) sind etwas andere als die für die Eintragung einer Zwangshypothek, und zwar im einzelnen:

2227 **Vorliegen eines Arrestbefehls** mit Angabe über die **Geldforderung** und die **Lösungssumme** nach § 923 ZPO, die den im Grundbuch bei der Arresthypothek einzutragenden Höchstbetrag darstellt. Fehlt die Angabe des Lösungsbetrags, so sind weder Gläubiger noch Grundbuchamt berechtigt, den Höchstbetrag festzustellen. Stellt das Gericht die Lösungssumme dann nachträglich fest, so richtet sich der Rang der einzutragenden Arresthypothek nach dem Zeitpunkt des Eingangs des Ergänzungsbeschlusses.[1]

2228 Die durch den Arrestbefehl zu sichernde **Forderung muß 750 €** übersteigen. Übersteigt die in dem Arrestbefehl festgesetzte Lösungssumme (in der Zinsen der Arrestforderung und Kosten des Arrestbefehls enthalten sind) diese 750 €, so kann eine Arresthypothek zum Höchstbetrag der Lösungssumme eingetragen werden, auch wenn der Arrestbefehl zur Sicherung mehrerer je unter 750 € zurückbleibender Forderung erlassen ist.[2] Dies gilt auch dann, wenn für einzelne der Arrestforderungen oder auch für alle in verschiedenen Verfahren vollstreckbare Urkunden erwirkt worden sind.[3]

2229 Eine **Vollstreckungsklausel** ist beim Arrestbefehl nur erforderlich, wenn die Vollziehung für oder gegen andere als die in dem Arrestbefehl bezeichneten Personen erfolgen soll (§ 929 Abs 1 ZPO). Die **Vollziehung** des Arrestes muß in einer **Frist von einem Monat** erfolgen (§ 929 Abs 2 ZPO); das Grundbuchamt hat die Wahrung dieser Vollzugsfrist zu prüfen. Die Vollziehungsfrist beginnt für den auf Grund mündlicher Verhandlung erlassenen Arrestbefehl mit seiner Verkündung (§ 310 ZPO), die aus dem Verkündungsvermerk des Urkundsbeamten zu ersehen ist (§ 315 Abs 3 ZPO). Wenn der Arrestbefehl ohne mündliche Verhandlung durch Anerkenntnis- oder Versäumnisurteil (§ 310 Abs 3 ZPO) oder durch Beschluß erlassen ist, beginnt die Vollziehungsfrist mit der Zustellung der Ausfertigung des Arrestbefehls an den Gläubiger (§ 929 Abs 2 ZPO), die von Amts wegen erfolgt, aber auch bereits mit formloser Aushändigung des Arrestbefehls an den Gläubiger.[4] Wenn bereits aus dem Datum des Beschlusses hervorgeht, daß die einmonatige Frist des § 929 Abs 2 (mit § 932 Abs 3 ZPO) noch nicht abgelaufen ist, hat das

---

[1] LG Düsseldorf NJW 1951, 81.
[2] KG DNotZ 1930, 248 = JFG 7, 401.
[3] KG DNotZ 1930, 248 = aaO.
[4] Zöller/Vollkommer Rdn 5 zu § 929 ZPO.

B. Einzelfälle

Grundbuchamt die Zustellung oder Aushändigung des Arrestbeschlusses an den Gläubiger nicht weiter zu prüfen. Gewahrt ist die Vollziehungsfrist des § 929 Abs 2 ZPO mit dem Eingang des Eintragungsantrags bei dem Amtsgericht, zu dem das für die Eintragung zuständige Grundbuchamt gehört,[5] vorausgesetzt, daß der Antrag zur Eintragung führt. Der Zeitpunkt des Antragseingangs beim Grundbuchamt (§ 13 GBO) bleibt jedoch für die Reihenfolge der Antragserledigung maßgeblich (§ 17 GBO), bestimmt sonach (mittelbar) den Rang der Sicherungshypothek.[6] Ein vollstreckungsrechtlicher Mangel (Rdn 2169 ff) muß innerhalb der Frist des § 929 Abs 2 ZPO beseitigt werden; sonst ist der Antrag zurückzuweisen.[7] Bei grundbuchrechtlichem Mangel (Rdn 2180) hat bereits der Antrag rangwahrende Wirkung; die Rechtzeitigkeit der Arrestvollziehung bestimmt sich daher nach dem Eingang des Eintragungsantrags; gleichgültig ist daher, wann der grundbuchrechtliche Mangel beseitigt wird.[8] Erfolgen kann die Eintragung der Sicherungshypothek bereits vor der **Zustellung** des Arrestbefehls an den Schuldner (§ 929 Abs 3 S 1 ZPO). Dann muß diese Zustellung aber innerhalb einer Woche nach der Vollziehung (und vor dem Ablauf der Monatsfrist des § 929 Abs 2 ZPO) erfolgen; die Arrestvollziehung ist sonst ohne Wirkung (§ 929 Abs 3 S 2 ZPO). Diese Wochenfrist wird nach nun verbreiteter (gegen vormals herrschende) Meinung[9] erst mit dem Zugriff auf das Schuldnervermögen in Gang gesetzt, sonach mit Eintragung der Arresthypothek, nicht schon mit dem Eingang des Eintragungsantrags beim Grundbuchamt (oder Amtsgericht). Bei Arrestvollziehung im Verwaltungszwangsverfahren nach der Abgabenordnung (und den darauf verweisenden Verwaltungsvollstreckungsgesetzen) bestimmt sich die Vollziehungsfrist nach § 324 Abs 3 AO (ein Monat ab Tag der Unterzeichnung der Anordnung mit Einzelregelung).

Antrag des Gläubigers. Für ihn gilt das Rdn 2164 Ausgeführte entsprechend. Sollen **mehrere Grundstücke** mit einer Arresthypothek belastet werden, so hat der Gläubiger die **Lösungssumme auf die einzelnen Grundstücke zu verteilen** (Teile je über 750 €, § 932 Abs 2, § 867 Abs 2 S 2, § 866 Abs 3 S 1 ZPO). Zurückweisung bei fehlender Verteilung kann mit der Begründung angefochten werden, es hätte Zwischenverfügung ergehen müssen.[10] Das Arrestgericht stellt kein Eintragungsersuchen. 2230

Eintragung des Schuldners als Grundstückseigentümer: § 39 Abs 1 GBO. 2231

Die eingetragene **Arresthypothek wird unwirksam**, wenn die Zustellung des Arrestbefehls an den Schuldner nicht innerhalb einer Woche nach Eingang des Eintragungsantrags beim Grundbuchamt und vor Ablauf der Monatsfrist des § 929 Abs 2 ZPO erfolgt.[11] Ein Verzicht auf Einhaltung dieser Fristen ist 2232

---

[5] BGH 146, 361 = NJW 2001, 1134 = NotBZ 2001, 144 = Rpfleger 2001, 294; überholt damit frühere Gegenansicht, zB OLG Düsseldorf NJW-RR 1994, 1024 = Rpfleger 1993, 488 und NJW-RR 1997, 781 = Rpfleger 1997, 259; LG Lübeck Rpfleger 1995, 66 und 294 Leits mit abl Anm Gleußner.
[6] BGH 146, 361 (364) = aaO.
[7] BGH 146, 361 (364) aaO; Zöller/Vollkommer Rdn 8 zu § 932 ZPO.
[8] Zöller/Vollkommer Rdn 8 zu § 932 ZPO; auch BGH 146, 361 (364).
[9] OLG Frankfurt NJW-RR 1999, 1446 = Rpfleger 1999, 84; Stöber ZVG Einl Rdn 74.2; Zöller/Vollkommer Rdn 24; Musielak/Huber Rdn 10, je zu § 929 ZPO.
[10] BayObLG 10. 11. 1982, mitgeteilt Rpfleger 1983, 12.
[11] BayObLG Rpfleger 1993, 397.

unzulässig (§ 929 Abs 3, § 932 Abs 3 ZPO).[12] Die Arresthypothek ist nach Vorlage des Zustellungsnachweises, aus dem sich die Nichteinhaltung einer dieser Fristen ergibt, auf bloßen Antrag des Schuldners – ohne Mitwirkung des Gläubigers – zu löschen.[13] Unrichtigkeitsnachweis kann auch durch Erklärung des Gläubigers (Form: § 29 GBO) geführt werden, daß er eine Zustellung des Arrestbefehl überhaupt nicht bewirkt hat (nicht jedoch durch eidesstattliche Versicherung des Schuldners).[14] Bewilligung des Gläubigers für Löschung (§ 29 GBO) erfordert Eigentümerzustimmung nach § 27 S 1 GBO (Form: § 29 GBO). Ist die Wochenfrist versäumt, so kann die Arresthypothek bei Wahrung der mehrerwähnten Monatsfrist und bei gleichzeitiger Löschung der ersten Arresthypothek erneut in das Grundbuch eingetragen werden.[15]

2233 **Fehlt eine vollstreckungsrechtliche Voraussetzung,** so ist eine trotzdem eingetragene Arresthypothek nichtig. Sind dagegen nur grundbuchrechtliche Voraussetzungen verletzt, so ist die Hypothek gültig. Ist der Höchstbetrag nicht eingetragen, so ist die Hypothek nichtig. Eintragung eines Widerspruchs oder Berichtigung auf Antrag hat zu erfolgen.

2234 Die **Umwandlung** der Arresthypothek in eine Zwangshypothek ist zulässig. Schriftlicher Antrag des Gläubigers auf Eintragung der Umwandlung ist dabei ausreichend (s Rdn 2526 ff). Die Eintragungsbewilligung ersetzt der die Eintragung einer Zwangshypothek ermöglichende Schuldtitel. Bei Eigentumswechsel ermöglicht Vollstreckungstitel gegen den Schuldner bei Eintragung der Arresthypothek die Umschreibung.[16] Bei Belastung mehrerer Grundstücke ist erneute formlose Verteilungserklärung erforderlich. Die Eröffnung des Insolvenzverfahrens steht der Umschreibung der Arresthypothek in eine Zwangshypothek auch dann entgegen, wenn der Gläubiger bereits vor Eröffnung dieses Verfahrens den Duldungstitel erlangt hat.[17]

2235 Bei **Aufhebung des Arrestbefehls** entsteht eine Eigentümergrundschuld, auch wenn der Arrestkläger zur Abwendung der Zwangsvollstreckung des Urteils die darin nachgelassene Sicherheit leistet.[18]

2236 **Löschung** der Arresthypothek erfordert nach Eigentumswechsel auch Bewilligung (§ 19 GBO) des früheren Grundstückseigentümers, wenn er in Höhe eines durch die (bereits) festgestellte Forderung nicht ausgefüllten Teils des Höchstbetrags eine Eigentümergrundschuld erlangt hat.[19]

---

[12] RG 151, 157; OLG Frankfurt OLG 1982, 103 = Rpfleger 1982, 32.
[13] BayObLG aaO (kein Amtswiderspruch und keine Amtslöschung).
[14] BayObLG aaO.
[15] Einzelheiten zu dieser Frage s KG OLG 44, 172.
[16] LG Zweibrücken NJW-RR 1995, 512 gegen früher andere allgemeine Ansicht.
[17] OLG Frankfurt Rpfleger 1975, 103.
[18] OLG Dresden JFG 5, 321.
[19] OLG Frankfurt MittBayNot 1984, 85.

B. Einzelfälle

10. Gesamthypothek auf Grundstücken des gleichen Amtsgerichtsbezirks
BGB §§ 1132, 1113, 1115, 1116 Abs 1, 1117, 873
GBO §§ 13, 19, 28, 48, 59, 60
GBV §§ 11, 17, 47 ff

Antragsformular 2237

Zur Sicherung einer dem Max Unruh, geb am ..., wohnhaft in Boll, gegen mich zustehenden Kaufpreisforderung über 20 000 € – zwanzigtausend Euro – bewillige und beantrage ich die Eintragung einer Gesamt-Briefhypothek an dem nachstehend aufgeführten Grundbesitz. Die Forderung ist vom ...... an zu jährlich 6% zu verzinsen und samt den Zinsen am ...... zahlungsfällig. Eine besondere Schuldurkunde ist nicht ausgestellt. Der Hypothekenbrief soll dem Gläubiger unmittelbar ausgehändigt werden.
Der zu belastende Grundbesitz beschreibt sich wie folgt:
   Grundbuch von Boll (Band 1) Blatt 2 und (Band 3) Blatt 4: Flurstücke 1 und 2.

Boll, den ......   Karl Schlecht   (folgt Unterschriftsbeglaubigung)

Grundbucheintragung (auf den Grundbuchblättern **jedes** zu belastenden 2238 Grundbesitzes)

1	2	3	4
10	1	20 000 EUR	Hypothek zu zwanzigtausend Euro Kaufpreisforderung für U n r u h Max, geb am ..., verzinslich mit sechs vom Hundert jährlich. Gemäß Bewilligung vom ... (Notar ... URNr ...) eingetragen am ... Mithaft: (Band ...) Blatt ...

Es ist ein Gesamthypothekenbrief ist zu bilden und dem Gläubiger auszuhändigen, zugleich als Eintragungsnachricht.
Bekanntmachung erfolgt an Notar ... und den Grundstückseigentümer.

Literatur: Böhringer, Zulässige Gesamtbelastungen im Liegenschaftsrecht, BWNotZ 1988, 97 (Abschn II 5); Böttcher, Zulässigkeit und Probleme von Gesamtrechten an Grundstücken, MittBayNot 1993, 129.

a) Recht

Die **Gesamthypothek** ist **eine** Hypothek für die Forderung an mehreren 2239 Grundstücken (§ 1132 Abs 1 BGB) desselben Eigentümers oder verschiedener Grundstückseigentümer. Bruchteile von Miteigentümern (auch der Bruchteil eines Alleineigentümers bei Buchung nach § 3 Abs 6 GBO) werden wie Grundstücke mit einer Hypothek belastet (§ 1114 BGB); daher entsteht eine Gesamthypothek auch durch Belastung mehrerer Bruchteilsanteile von Miteigentümern (§ 1114 BGB), wie insbesondere von Eheleuten, mit einer Hypothek für dieselbe Forderung.[1] Art des (einen) Rechts (Brief- oder Buchhypothek; Verkehrs- oder Sicherungshypothek usw)[2] und Inhalt des Rechts (gesicherte Forderung und deren Gläubiger), auch Kündigungs- und Zahlungsbestimmungen,[3] müssen an allen Grundstücken gleich sein. Durch Ge-

---

[1] RG 146, 363; BGH DNotZ 1961, 407 = NJW 1961, 1352 = Rpfleger 1961, 353; BGH 103, 72 (80) = NJW 1988, 1375 (1377); BGH 106, 19 (22) = NJW 1989, 831 (832); OLG Dresden JFG 11, 237; OLG Düsseldorf Rpfleger 1996, 299.
[2] RG 77, 175.
[3] HM; BGB-RGRK/Mattern Rdn 9 zu § 1132, dazu auch Rdn 2651; insoweit aA Staudinger/Wolfsteiner Rdn 36 zu § 1132.

samthypothek muß die Forderung aber nicht auf allen Grundstücken in gleicher Höhe gesichert sein. An den mehreren Grundstücken kann die Gesamthypothek auch nur wegen eines (gleichen) Teils der Forderung (Hauptsachebetrag) bestellt werden. Daher können auch die mehreren Grundstücke mit unterschiedlich hohen Zinsen der gleichen Forderung belastet werden;[4] ebenso können die sonstigen Nebenleistungen bei den einzelnen Grundstücken verschieden sein.[5] Dann besteht nur für den Forderungsteil (die übereinstimmenden Zinsen oder einheitlichen Nebenleistungen) an beiden (den mehreren) Grundstücken ein Gesamtrecht; wegen des nur an einem Grundstück weiter gesicherten Forderungsbetrags (der Mehrzinsen oder zusätzlichen Nebenleistungen) ist das Recht darüber hinaus an dem damit einzeln belasteten Grundstück Einzelhypothek.

2240 Dieses Erfordernis der **Gleichartigkeit** des Gesamtgrundpfandrechts verlangt keine lückenlose Entsprechung der auf den einzelnen Grundstücken ruhenden Belastungen; gewisse Abweichungen sind vielmehr zulässig.[6] Abweichungen sind möglich in der Weise, daß die Gesamthypothek an den einzelnen Grundstücken mit unterschiedlichem **Rang** bestehen kann[7] und daß **Unterwerfung unter die sofortige Zwangsvollstreckung** nach § 800 ZPO nicht hinsichtlich aller Grundstücke erfolgt.[8] Auch der **gesetzliche Löschungsanspruch** des § 1179a BGB kann nur auf eines der Grundstücke beschränkt, an den anderen Grundstücken damit ausgeschlossen sein.[9]

b) Entstehung

2241 Eintragung in das Grundbuch als materieller Entstehungstatbestand (§ 873 BGB; Rdn 10) der Gesamthypothek erfordert Eintragung auf **allen** zu belastenden Grundstücken. Wirksam entstanden ist die Gesamthypothek daher erst, wenn sie auf allen Grundstücke eingetragen ist, also mit der letzten Eintragung.[10] Einigung zunächst auf Entstehen als Einzelhypothek wird für zulässig gehalten.[11] Wenn Eintragung auf einzelnen Grundstücken nicht erfolgt ist (auch deshalb, weil sie wegen eines Veräußerungsverbots, wegen des Insolvenzverfahrens usw nicht mehr erfolgen kann), bestimmt sich das Entstehen der Belastung auf den anderen Grundstücken nach § 139 BGB. Für die Wirksamkeit der Belastung des anderen Grundstücks (der anderen Grund-

---

[4] BGB-RGRK/Mattern Rdn 8 zu § 1132.
[5] Staudinger/Wolfsteiner Rdn 35 zu § 1132.
[6] BGH 80, 119 (124) = DNotZ 1981, 385 = NJW 1981, 1503 = Rpfleger 1981, 228.
[7] RG 70, 245 (246); BGH 80, 119 = aaO.
[8] BGH 26, 344; BGH 80, 119 = aaO.
[9] BGH 80, 119 = aaO.
[10] OLG München DNotZ 1966, 371; OLG Düsseldorf DNotZ 1973, 613.
[11] Kann auch Auslegungsfrage sein; s Palandt/Bassenge Rdn 5 zu § 1132 BGB. Anhalt für Auslegung kann die Eintragungsbewilligung bieten, OLG Düsseldorf DNotZ 1973, 613. Die bloße Ermächtigung des Notars, Anträge einzeln (getrennt) zu stellen, kann andere Gründe haben als die Absicht, zunächst eine Einzelbelastung entstehen zu lassen, reicht somit nicht aus (OLG Düsseldorf aaO). Soll zunächst lediglich eine Einzelbelastung entstehen, so sollte die Eintragungsbewilligung das deutlich zum Ausdruck bringen (OLG Düsseldorf aaO). Es kann sich empfehlen, durch einen – hier zulässigen – Klarstellungsvermerk im Grundbuch (dazu Rdn 295) auf die geänderte Bewilligung Bezug zu nehmen (OLG Düsseldorf aaO).

stücke oder auch Miteigentumsanteile) spricht regelmäßig der dem Interesse der Beteiligten entsprechende Wille, dem Gläubiger mit Bewilligung der Gesamthypothek umfassende Sicherheit zu gewähren, so daß sich die Unwirksamkeit der Hypothekenbestellung auf einem Grundstück (an einem Miteigentumsanteil) nicht auf die Wirksamkeit der Bestellung im übrigen auswirken soll.[12]

c) Antrag

Weil sich Antrag und Bewilligung inhaltlich decken müssen (Rdn 89), kann Eintragung einer Gesamthypothek nur auf den (allen) in der Eintragungsbewilligung bezeichneten Grundstücken beantragt werden. Antragsbeschränkung hält das LG Köln[13] für zulässig, wenn sich aus den Erklärungen des Bewilligenden entnehmen läßt, daß der Betroffene mit Eintragung der Rechtsänderung lediglich in geringerem Umfang einverstanden ist. Jedoch erscheint dann klarstellende Änderung der Eintragungsbewilligung geboten.[14] 2242

Der Antrag auf Eintragung einer Gesamthypothek auf verschiedenen Grundbuchblättern desselben Grundbuchamts wird zu den Grundakten eines der beteiligten Blätter genommen (§ 24 Abs 2 GBV). Auf diese Grundakten ist in den Grundakten der anderen Blätter zu verweisen (§ 24 Abs 2 GBV); zum Merkblatt Rdn 59, 65. Zuständig für Erledigung des Antrags auf Eintragung einer Gesamthypothek auf Grundstücken, die in verschiedenen Grundbuchbezirken des gleichen Amtsgerichts liegen, ist, wenn die Geschäftsverteilung nichts anderes bestimmt, der Rechtspfleger, dem der Antrag zuerst vorgelegt wird. 2243

d) Grundbucheintragung

aa) Bei Eintragung einer Gesamthypothek als Belastung mehrerer Grundstücke, die **auf einem gemeinschaftlichen Grundbuchblatt** (§ 4 GBO) gebucht sind, wird nur ein Eintragungsvermerk für die als ein Recht einzutragende Hypothek in das Grundbuch eingeschrieben und nach § 129 GBO in den Datenspeicher aufgenommen oder nach § 44 Abs 1 GBO unterzeichnet. Die Gesamtbelastung der auf demselben Grundbuchblatt gebuchten mehreren Grundstücke desselben Eigentümers (auch der zusammen zu belastenden von mehreren auf demselben Blatt gebuchten Grundstücke) wird lediglich **in Spalte 2** der Abteilung III (§ 11 Abs 3 GBV) durch Angabe der laufenden Nummern dargestellt, unter denen die zu belastenden Grundstücke im Bestandsverzeichnis eingetragen sind. Es sind die Nummern der Grundstücke einzeln anzugeben (1, 2, 3, 4, 5; nicht 1–5), auch wenn es viele sind; andernfalls kann es bei Freigabe, Fortschreibung oder Zusammenlegung zu erheblichen Schwierigkeiten kommen. Eines besonderen Mithaftvermerks (der Bezeichnung des Rechts als Gesamtrecht) bedarf es nicht. Eintragung der Gesamthypothek als Belastung verschiedener Bruchteile (§ 1114 BGB) ein und desselben Grundstücks erfolgt durch Eintragung der Nummer in Spalte 2 der Abt III, unter der das Grundstück im Bestandsverzeichnis gebucht ist; weiter (andere) Bezeichnung der Gesamthaft erfolgt auch hier nicht. 2244

---

[12] BGH DNotZ 1975, 152.
[13] LG Köln DNotZ 1955, 398.
[14] OLG Düsseldorf DNotZ 1973, 613.

Grundbucheintragung

1	2	3	4
1	2, 3, 4	20 000 EUR	Hypothek zu zwanzigtausend Euro Kaufpreisforderung für U n r u h Max, geb am ..., verzinslich mit sechs vom Hundert jährlich. Gemäß Bewilligung vom ... (Notar ... URNr ...) eingetragen am ...

Es ist ein Gesamthypothekenbrief ist zu bilden und dem Gläubiger auszufolgen, zugleich als Eintragungsnachricht.
Bekanntmachung erfolgt an Notar ... und den Grundstückseigentümer.

2245 bb) Wenn die Grundstücke, die mit der Gesamthypothek zu belasten sind, bei demselben Grundbuchamt **auf einzelnen Grundbuchblättern** eingetragen sind (§ 3 Abs 1 S 2 GBO), ist die Gesamtbelastung von Amts wegen erkennbar zu machen (§ 48 Abs 1 S 1 GBO). Der Mithaftvermerk wird bei Eintragung des Rechts jeweils in Spalte 4 der Abt III mit eingetragen, ohne daß darauf abzustellen ist, wann die Mithaft materiell eintritt. Wortlaut s Rdn 2238. Dieser Mithaftvermerk hat nur deklaratorische Bedeutung. Auch wenn er fehlt, ist daher die Rechtsnatur der Belastung als Gesamtrecht nicht beeinträchtigt.[15] Weil das Grundbuch dann unvollständig, mithin unrichtig ist, ist der Vermerk von Amts wegen nachzuholen. Eintragung erfolgt dann in Spalte 7 (mit 5 und 6) der Abt III (§ 11 Abs 6 mit 8 GBV).

e) Grundstücksteilung; Abschreibung eines mithaftenden Grundstücks

2246 Nachträglich entsteht eine Gesamthypothek durch
– **Teilung** (Rdn 668) des mit einer Hypothek belasteten Grundstücks, wenn nicht der abzuschreibende Grundstücksteil oder das Restgrundstück aus der Mithaft entlassen wird (wenn keine Pfandfreistellung erfolgt);
– **Veräußerung eines Bruchteils** des mit einer Hypothek belasteten Grundstücks (§ 1114 BGB).
Veräußerung eines Grundstücksbruchteils wird lediglich durch Eintragung der Auflassung in Abt I des Grundbuchs vollzogen. Daß eine Gesamthypothek entsteht, erlangt (ebenso wie bei Gesamtbelastung eines im Miteigentum stehenden Grundstücks, Rdn 2239) für die Grundbuchführung keine Bedeutung; Eintragung der Bezeichnung der Gesamthypothek erfolgt in Abt III nicht.

2247 Wenn bei **Teilung** des belasteten Grundstücks alle Grundstücksteile als (nun) selbständige Grundstücke unter neuer Nummer auf **demselben Grundbuchblatt** gebucht werden, hat in Abt III Eintragung zur Bezeichnung der Gesamthypothek nicht zu erfolgen (kein Fall des § 48 GBO). Die Eintragung in Spalte 2 der Abt III (laufende Nummer des belasteten Grundstücks im Bestandsverzeichnis, § 11 Abs 3 GBV) wird nicht ergänzt.[16] Die Mithaft (Gesamtbelastung) ergibt sich aus dem Teilungsvermerk in Spalten 5 und 6 des Bestandsverzeichnisses. Gleichwohl wird in Spalte 2 der Abt III **berichtigende Eintragung** der neuen laufenden Nummern, unter denen die (gesamtbelasteten) selbständigen Grundstücke im Bestandsverzeichnis eingetragen sind, für zulässig erachtet und als zweckmäßig angesehen.[17]

---

[15] OLG Düsseldorf DNotZ 1973, 613; KG HRR 1934 Nr 278.
[16] Güthe/Triebel Rdn 19, Demharter Rdn 21, K/E/H/E Rdn 7 (zu c), je zu § 48.
[17] Güthe/Triebel Rdn 19 zu § 48 GBO unter Hinweis auf Predari Bem 7 zu § 49 GBO.

B. Einzelfälle

Durch **Eintragung eines Mithaftvermerks** in Abt III ist die Gesamtbelastung von Amts wegen **auf jedem Grundbuchblatt** erkennbar zu machen, wenn 2248
- bei Übertragung eines Grundstücksteils auf ein anderes Grundbuchblatt eine Hypothek mitübertragen wird (§ 48 Abs 1 S 2 GBO),
- eines der auf einem gemeinschaftlichen Grundbuchblatt (§ 4 GBO) gebuchten gesamtbelasteten Grundstücke auf ein anderes Grundbuchblatt übertragen wird (§ 48 Abs 1 S 2 GBO, entspr Anwendung).

Wird ein abzuschreibender **Grundstücksteil auf ein anderes Grundbuchblatt übertragen,** so ist auf dem bisherigen Blatt bei der Gesamthypothek in der Veränderungsspalte (Spalte 7 mit 5 und 6 der Abt III, § 11 Abs 6, 8 GBV) als Mitbelastungsvermerk einzutragen:

> Zur Mithaft übertragen nach (Band ...) Blatt ... am ......

Auf dem neuen Blatt ist das Recht in der Hauptspalte vollständig einzutragen mit dem in Spalte 4 einzutragenden Vermerk:

> Von (Band ...) Blatt ... zur Mithaft übertragen am ......

Entsprechend das gleiche gilt bei Übertragung eines **selbständigen Grundstücks** auf ein anderes Grundbuchblatt. Zusätzlich ist in diesem Falle in der Spalte 2 des alten Blattes die Nummer des abgeschriebenen Grundstücks zu röten (§ 17 Abs 3 GBV).

Wird ein Grundstück auf ein **Grundbuchblatt** übertragen, auf dem das **Gesamtrecht bereits eingetragen ist,** weil dort ein anderes mitbelastetes Grundstück schon gebucht ist, so ist das Recht nicht noch einmal einzutragen. Vielmehr ist nur in der Veränderungsspalte zu vermerken: 2249

> Das mithaftende Grundstück Nr ... des Bestandsverzeichnisses von (Band ...) Blatt ... ist jetzt hierher unter Nr ... des Bestandsverzeichnisses übertragen. Eingetragen am ......

f) Mögliche Einzelhypotheken

Die Eintragung **mehrerer selbständiger Einzelhypotheken für dieselbe Forderung** ist nicht möglich. Einzelheiten und einschlägige Fragen s Rdn 1934. Zur nachträglichen Mitbelastung eines anderen Grundstücks s Rdn 2646 ff. 2250

Zulässig ist die Bestellung einer besonderen Sicherungshypothek an einem anderen Grundstück für den **Ausfall bei einer Verkehrshypothek. Antragsformular** hierfür: 2251

> Der Erschienene erklärt
> Im Grundbuch von Boll (Band 1) Blatt 2 ist in Abt III auf dem Grundstück Flurstück 50 für Max Unruh, Reisenden in Boll, eine Verkehrshypothek über 20 000 € eingetragen. Die Forderung dient zur Sicherung eines Kaufpreises und ist samt 6% Zinsen vom ...... an am ...... zahlungsfällig. Für den Fall, daß der Gläubiger bei einer Zwangsversteigerung des belasteten Grundstücks einen Ausfall erleiden sollte, bestelle ich ihm eine bedingte Sicherungshypothek im Betrag von 5000 € an meinem im Grundbuch von Boll (Band 3) Blatt 4 gebuchten Grundstück Flurstück 10.

Im **Grundbuch** ist eine derartige Hypothek einzutragen als 2252

> Ausfallsicherungshypothek zugunsten des ...... für eine Teilkaufpreisforderung über 5000 €, verzinslich mit 6% jährlich. Gemäß Bewilligung ...

Die Ausfallhypothek kann auch in der Form einer Verkehrshypothek bestellt werden.

2. Teil. V. Dritte Abteilung des Grundbuchs

11. Gesamthypothek auf Grundstücken verschiedener Amtsgerichtsbezirke

Rechtsgrundlagen wie vor Rdn 2237
ferner GBO § 55a Abs 2

2253 Antragsformular

Wie Rdn 2237, jedoch beschreibt sich der zu belastende Grundbesitz wie folgt:
Grundbuch von Boll (Band 1) Blatt 2: FlNr 10 mit 0,0510 ha
Grundbuch von Hof (Band 2) Blatt 3: FlNr 50 mit 0,2040 ha.

Boll, den ......   Karl Schlecht   (folgt Unterschriftsbeglaubigung)

2254 Grundbucheintragung des Amtsgericht Boll

1	2	3	4
4	2	20 000 EUR	Hypothek zu zwanzigtausend Euro Kaufpreisforderung für U n r u h Max, geb am ..., verzinslich mit sechs vom Hundert jährlich. Gemäß Bewilligung vom ... (Notar ... URNr ...) eingetragen am ... Mithaft: Hof (Band 2) Blatt 3 BV Nr 5.

Es wird ein Hypothekenbrief gebildet und unter Anschluß einer beglaubigten Abschrift der Eintragungsbewilligung sowie der Eintragung zu Nr 1 an das Amtsgericht Hof mit dem Anheimgeben gesandt, dem Antrag bezüglich des Grundstücks Hof (Band 2) Blatt 3 stattzugeben.

2255 Grundbucheintragung des Amtsgerichts Hof

1	2	3	4
2	5	20 000 EUR	Hypothek zu zwanzigtausend Euro Kaufpreisforderung für U n r u h Max, geb am ..., verzinslich mit sechs vom Hundert jährlich. Gemäß Bewilligung vom ... (Notar ... URNr ...) eingetragen am ... Mithaft: Boll (Band 1) Blatt 2 BV Nr 2.

Die beglaubigten Abschriften der Eintragungsbewilligung vom ...... und der Eintragung des Amtsgerichts in Boll vom ...... sind zu den Grundakten zu nehmen.

Es ist ein Hypothekenbrief ist zu bilden, mit dem übersandten Hypothekenbrief zu verbinden, sowie nebst einer beglaubigten Abschrift der Eintragung an das Amtsgericht Boll zu senden mit der Bitte, die Beteiligten auch von der hiesigen Eintragung zu benachrichtigen.

2256 Schließlich Verfügung des Amtsgerichts Boll

Amtsgericht Boll   Den ...
1. Die Hypothekenbriefe sind dem Gläubiger auszuhändigen, zugleich als Eintragungsnachricht.
2. **Bekanntmachung** der Eintragungen – auch des Amtsgerichts Hof – an Notar ... und den Grundstückseigentümer.

2257 a) Für Belastung **mehrerer Grundstücke** in den Bezirken **verschiedener Grundbuchämter** mit einer Gesamthypothek erlangt noch Bedeutung, daß jedes Grundbuchamt nur die Grundbuchgeschäfte für die in seinem Bezirk liegenden Grundstücke erledigen kann (§ 1 GBO). Auch für diesen Fall bestimmt die GBO jedoch in § 48, daß die Mitbelastung auf dem Blatt eines jeden

B. Einzelfälle

Grundstücks von Amts wegen erkennbar zu machen ist. Zur Sicherstellung, daß diese Kennzeichnung der Mitbelastung erfolgt, bestimmt § 55a Abs 2 GBO die Benachrichtigung der beteiligten Grundbuchämter und § 30 GBGeschO (§ 34 GBGA) die verfahrensmäßige Behandlung näher.

b) Wenn Eintragungsanträge nicht bei allen Grundbuchämtern gestellt werden, **erledigt** erst das **zunächst angegangene Grundbuchamt** (Eingang nach Maßgabe von § 13 Abs 2 S 2 GBO) den in seine Zuständigkeit fallenden Antrag. Erst danach übersendet es den Eintragungsantrag (ggfs Ausfertigung oder beglaubigte Abschrift davon) mit der Eintragungsmitteilung dem anderen oder einem der anderen beteiligten Grundbuchämter. Der Antragsteller ist darauf hinzuweisen, daß das angegangene Grundbuchamt in dieser Weise verfahren wird. Einzelheiten: § 21 GBGeschO (§ 23 GBGA). Wenn das Grundbuchamt anders verfährt, hat es in geeigneter Weise zu überwachen, ob der Antrag auch bei den anderen beteiligten Grundbuchämtern gestellt wird; dazu näher § 30 Abs 2 Buchst d GBGeschO (§ 34 Abs 3 GBGA). Es könnte nach Vollzug des Antrags in seinem Bezirk auch die Unterlagen dem Antragsteller zur Besorgung des Weiteren beim anderen Grundbuchamt aushändigen. Doch ist diese Art der Erledigung selten. So wird auch nur zu verfahren sein, wenn der Antragsteller es ausdrücklich übernommen hat, Eintragungsantrag beim anderen Grundbuchamt selbst zu stellen und er ausdrücklich darauf hingewiesen ist, daß dort Vollzug nach dem Zeitpunkt des Eingangs des Antrags bei diesem (dem anderen) Grundbuchamt erfolgen wird (§§ 13, 17 GBO), die bereits erfolgte Eintragung somit keinen Vollzugsrang wahrt. Ist beim anderen Grundbuchamt für den Gläubiger (einen Beteiligten) Gefahr im Verzuge, kommt es also darauf an (insbesondere zur Wahrung des erstrebten Rangs), daß der Antrag bei beiden (allen) Grundbuchämtern sofort oder doch jedenfalls beim anderen Grundbuchamt frühzeitig eingeht, so muß der Antrag bei jedem der Grundbuchämter gesondert (also gleichzeitig) gestellt werden. In den einzelnen Anträgen ist darauf gegenseitig hinzuweisen. Über die geschäftliche Behandlung haben sich dann die Grundbuchämter zu verständigen.

2258

c) Vor Eintragung einer Gesamthypothek soll das Grundbuchamt tunlichst bei den anderen Grundbuchämtern **anfragen**, ob die beteiligten Grundstücke in den Eintragungsunterlagen grundbuchmäßig richtig bezeichnet sind (§ 30 Abs 2 Buchst b GBGeschO, § 34 Abs 1 GBGA). Zugleich mit Eintragung des Rechts soll die **Mithaft** der Grundstücke, deren Grundbuchblätter von einem anderen Grundbuchamt geführt werden, ohne Rücksicht darauf eingetragen werden, ob die Eintragung auf den anderen Blättern bereits erfolgt ist (§ 30 Abs 2 Buchst a GBGeschO; auch § 34 Abs 1 GBGA). Die mitbelasteten Grundstücke sollen tunlichst durch Hinweis auf das Grundbuchblatt und Angabe ihrer Nummer im Bestandsverzeichnis gekennzeichnet werden (§ 30 Abs 2 Buchst a GBGeschO). Teilt das andere Grundbuchamt später mit, daß es den Eintragungsantrag zurückgewiesen hat, so muß beim zuerst tätig gewordenen Grundbuchamt der Mithaftvermerk in der Veränderungsspalte von Amts wegen dahin berichtigt werden, daß die Mithaft nicht eingetragen ist. Der Mithaftvermerk ist in diesem Falle rot zu unterstreichen. Überprüfung des Mitbelastungsvermerks im übrigen: § 30 Abs 2 Buchst c GBGeschO.

2259

2260 d) Jedes Grundbuchamt soll für die Grundstücke, deren Grundbuchblätter es führt, einen besonderen **Brief** erteilen; die Briefe sind miteinander zu verbinden (§ 59 Abs 2 GBO). Verfahren in diesem Fall: § 37 Abs 2 GBGeschO (§ 54 GBGA). Der Mitbelastungsvermerk ist nicht nur im Grundbuch, sondern auch auf den beiden Hypothekenbriefen anzubringen. Der Mitbelastungsvermerk für Grundstücke fremder Grundbuchamtsbezirke wird nicht dadurch ersetzt, daß die beiden Briefe miteinander verbunden werden. In jedem der zu erteilenden Briefe sind alle mithaftenden Grundstücke so zu bezeichnen, wie sie im Mithaftungsvermerk im Grundbuch aufgeführt sind. Der zweite Hypothekenbrief wird zwischen den vom ersten Grundbuchamt gebildeten Brief und die damit etwa verbundene Schuldurkunde geheftet.

12. Vormerkung für eine Hypothek

BGB §§ 883, 885
ZPO §§ 935 ff, 929, 941, 942, 894, 895
GBO §§ 13, 18 Abs 2, §§ 19, 25, 29
GBV §§ 12, 19

2261 Antragsformular

Ich überreiche Ausfertigung des gegen Sicherheitsleitung von 6000 € für vorläufig vollstreckbar erklärten Urteils des Amtsgericht Boll vom ... Aktenz ... sowie die Bescheinigung über die Hinterlegung dieses Betrags bei der Gerichtskasse Boll. Nach diesem Urteil ist der Bäcker Johann Backhaus in Boll verurteilt worden, mir für eine ab ...... zu 5% jährlich verzinsliche Darlehensforderung von 6000 € an seinem im Grundbuch von Boll (Band 3) Blatt 30 gebuchten Grundstück eine Buchhypothek zu bestellen.
Ich beantrage die Eintragung einer Vormerkung in das genannte Grundbuch.

Boll, den ......   Hans Geld   (ohne Unterschriftsbeglaubigung)

2262 Grundbucheintragung

1	2	3	4
2	1	6000 EUR	Vormerkung gemäß § 883 BGB: Hypothek ohne Brief zu sechstausend Euro für G e l d Hans, Händler in Boll; 5 vH Zinsen. Gemäß vorläufig vollstreckbarem Urteil des Amtsgerichts Boll vom ...... (Az ...) eingetragen am ......

Beglaubigte Abschrift des Urteils und der Hinterlegungsbescheinigung ist zu den Grundakten zu fertigen. Die Urschriften sind dem Antragsteller zurückzugeben.
Bekanntmachung erfolgt an den Vormerkungsberechtigten und den Eigentümer.

2263 a) Die **Vormerkung** sichert den schuldrechtlichen (auch einen künftigen oder bedingten, § 883 Abs 1 S 2 BGB) Anspruch auf Bestellung der Hypothek (dazu Rn 1477 ff). Sie entsteht durch Eintragung in das Grundbuch, die auf Antrag (§ 13 Abs 1 GBO) und auf Grund Bewilligung des Betroffenen oder einstweiliger Verfügung (§ 885 BGB) erfolgt (Rdn 1480). Auf die Höhe der vorzumerkenden Forderung kommt es (anders als bei einer Zwangshypothek)

B. Einzelfälle

nicht an. Ein vormerkungsfähiger Anspruch besteht auch, wenn im Rahmen der festgelegten Höchstbelastung (vgl § 1115 BGB) die einzutragende Hypothek (Grundschuld) der Leistungsbestimmung durch einen Vertragsteil vorbehalten ist[1] (§ 315 Abs 1 BGB). Vorgemerkt werden kann auch der Anspruch auf Eintragung einer Gesamthypothek. Diese Vormerkung behält als Vormerkung für eine Einzelhypothek ihre Wirksamkeit, wenn dem Berechtigten nur noch ein Anspruch auf eine Einzelhypothek zusteht.[2] Zur Sicherung des Anspruchs auf Bestellung der Hypothek an einer noch nicht vermessenen Grundstücks-Teilfläche kann (ohne vorherige Abschreibung) eine Vormerkung am ganzen Grundstück nicht eingetragen werden.[3]

b) Als **bewilligt** gilt die Eintragung einer Vormerkung, wenn der Schuldner durch ein vorläufig vollstreckbares Urteil zur Abgabe der Eintragungsbewilligung (§ 19 GBO) für die Bestellung der Hypothek verurteilt ist (§ 895 ZPO). Mit dem Eintragungsantrag des Gläubigers (§ 13 Abs 1 GBO) ist dem Grundbuchamt eine Ausfertigung des vorläufig vollstreckbaren Urteils vorzulegen; vollstreckbare Ausfertigung ist nicht erforderlich.[4] Nachweis der Urteilszustellung braucht nicht erfolgen.[5] Leistung einer Sicherheit ist als Eintragungsvoraussetzung urkundlich nachzuweisen,[6] wenn die vorläufige Vollstreckbarkeit von einer Sicherheitsleistung abhängig ist. Andere Vollstreckungstitel als Urteile (Vergleiche, vollstreckbare Urkunde) ersetzen die Bewilligung für Eintragung einer Vormerkung nicht. 2264

c) Auf Grund **einstweiliger Verfügung** ist Eintragung nur zulässig, wenn sowohl die Eintragungsvoraussetzungen nach dem Grundbuchrecht als auch die Voraussetzungen für die Vollziehung der einstweiligen Verfügung nach der ZPO gegeben sind.[7] Eintragungsvoraussetzung ist auch, daß das betroffene Grundstück in der Verfügungsformel bestimmt oder bestimmbar bezeichnet ist (s § 28 S 1 GBO).[8] Vollstreckbare Ausfertigung der einstweiligen Verfügung und Nachweis der Zustellung sind regelmäßig nicht erforderlich (§ 929 Abs 1 und 3, § 936 ZPO), wohl aber bei einer über einen Monat alten Verfügung Vorlage des Zustellungsnachweises an den Gläubiger zum Nachweis der Vollziehungsfrist des § 929 Abs 2 ZPO. 2265

Fehlt eine (vollstreckungsrechtliche) Voraussetzung für die Vollziehung der einstweiligen Verfügung (ist zB die einstweilige Verfügung nicht vorgelegt 2266

---

[1] LG Augsburg MittBayNot 1997, 177.
[2] BGH 144, 138 = NJW 2001, 3701 = Rpfleger 2001, 586.
[3] Vormerkbar ist nur eine am Belastungsobjekt (ganzen Grundstück) zu begründende (Rdn 1502) und eintragbare Rechtsänderung (für die Auflassungsvormerkung: Teilung und Auflassung; sog Parzellierungsvermerk; Rdn 1503), nicht aber die an einem Flächenteil des Grundstücks nicht vollziehbare Belastung (s Rdn 1917). Anders (wohl) OLG Brandenburg Rpfleger 2002, 138 (139); auch Güthe/Triebe Rdn 12 zu § 7 GBO (die aber auf die gegenteilige [hier vertretene] Ansicht von Predari, GBO, 2. Aufl, § 6 Anm 8, hinweisen).
[4] BGH Rpfleger 1969, 425.
[5] Stein/Jonas/Münzberg Rdn 9 zu § 895 ZPO.
[6] Zustellung nach § 751 Abs 2 ZPO wird nicht für erforderlich erachtet von Stein/Jonas/Münzberg aaO.
[7] OLG Düsseldorf Rpfleger 1978, 216.
[8] OLG Düsseldorf aaO.

oder genügt sie den Voraussetzungen für den Beginn der Zwangsvollstreckung nicht), dann kann eine rangwahrende Zwischenverfügung nach § 18 GBO nicht ergehen; der Gläubiger hat keinen Anspruch darauf, daß sich der Rang der Eintragung nach dem Zeitpunkt richtet, zu dem die Voraussetzungen für die Vollziehbarkeit der einstweiligen Verfügung noch nicht gegeben sind.[9] Der Eintragungsantrag ist jedoch auch nicht sogleich zurückzuweisen.[10] Dem Gläubiger ist vielmehr mit Verfügung nach § 139 ZPO, die keinen Vollzugsrang wahrt, Gelegenheit zur Behebung des prozessualen Mangels zu geben (s auch Rdn 2179).

2267 d) Eingetragen wird die Vormerkung zur Sicherung des Anspruchs auf Bestellung einer Hypothek in Abt III Spalten 1–4 (§ 12 Abs 1 Buchst b GBV). Die rechte Hälfte der Spalte 4 wird für die spätere Eintragung der Hypothek freigelassen (§ 19 Abs 1 GBV).

2268 **Der zu sichernde Anspruch** muß nach seinem Betrag samt Zinsen und etwaigen sonstigen Nebenleistungen im Grundbuch genau angegeben werden. Der Schuldgrund muß sich aus der einstweiligen Verfügung, dem Urteil usw ergeben; zu seiner Bezeichnung ist auf diese Eintragungsgrundlage Bezug zu nehmen.[11] Das Fehlen der Angabe des Schuldgrundes macht aber die Vormerkung inhaltlich nicht unzulässig,[12] die Vormerkung ist vielmehr gültig, wenn der gesicherte Anspruch zweifelsfrei festgestellt werden kann. Fehlt in der Eintragungsgrundlage die Angabe des Beginns der Verzinsung der Hypothek, dann ist sie für Eintragung der Vormerkung – normalerweise – dahin auszulegen, daß die Verzinsung mit dem Tage der späteren Eintragung der Hypothek beginnen soll.[13]

2269 Die Eintragung der Vormerkung auf Grund einer einstweiligen Verfügung kann in ihrem sachlichen Teil lauten:

Linke Spaltenhälfte:

> Vorgemerkt gemäß § 883 BGB: Sicherungshypothek zu sechstausend Euro für G e l d Hans, Händler in Boll; 6 vH Zinsen. Gemäß einstweiliger Verfügung des Amtsgerichts Boll vom . . . . . . (Az . . .) eingetragen am . . .

2270 e) Die **Löschung einer Vormerkung** erfolgt auf Grund Bewilligung des Berechtigten in der Form des § 29 GBO. Zustimmung des Grundstückseigentümers ist dazu nicht erforderlich. Der Löschungsantrag kann schriftlich gestellt werden (keine Unterschriftsbeglaubigung). Die Löschungsbewilligung wird durch ein rechtskräftiges, den Berechtigten zur Löschung verpflichtendes Urteil ersetzt (§ 894 ZPO). Wird die einstweilige Verfügung, auf Grund derer die Vormerkung eingetragen worden ist, durch eine vollstreckbare Entscheidung aufgehoben, so bedarf es der Bewilligung des Berechtigten nicht, sondern nur eines schriftlichen Antrags des Eigentümers. Löschung wegen Grundbuchunrichtigkeit, wenn die Vollziehungsfrist nicht gewahrt ist, siehe Rdn 1549.

---

[9] OLG Düsseldorf aaO.
[10] So aber OLG Düsseldorf aaO.
[11] Vgl KG HRR 1929 Nr 101; JW 1935, 2155.
[12] RG 133, 267.
[13] LG Lübeck SchlHA 1957, 99.

B. Einzelfälle

Eine nach dem Eintritt des Erbfalls im Wege der einstweiligen Verfügung erlangte Vormerkung zur Sicherung des Anspruchs auf Eintragung einer Hypothek ist im **Nachlaßinsolvenzverfahren** nach § 321 InsO[14] unwirksam. Sie ist auf Antrag des Insolvenzverwalters zu löschen.[15]   2271

13. Hypothekeneintragung auf Grund einer Vormerkung

Grundlagen wie vor Rdn 2261
ferner GBO §§ 13, 29, 30
GBV § 19

Antragsformular   2272

Ich übergebe die mit Rechtskraftbescheinigung versehene Ausfertigung des Urteils des Amtsgerichts Boll vom ...... und beantrage die Umschreibung der für mich im Grundbuch von Boll (Band 3) Blatt 30 Abt III Nr 2 eingetragenen Vormerkung in eine Hypothek über 6000 €, bei der die Erteilung eines Hypothekenbriefs ausgeschlossen sein soll.

Boll, den ......   Hans Geld   (ohne Unterschriftsbeglaubigung)

Grundbucheintragung (Abt III Spalte 4 [rechte Hälfte der Spalte])   2273

Hypothek ohne Brief zu sechstausend Euro, Darlehen für G e l d Hans, Händler in Boll; Zinsen fünf vom Hundert jährlich. Umgeschrieben unter Bezugnahme auf das rechtskräftige Urteil des Amtsgerichts Boll vom ...... (Az ..) eingetragen am ......

Die Vormerkung ist (rot) zu unterstreichen.
Bekanntmachung erfolgt an Eigentümer und Gläubiger.

Die Vormerkung wahrt den Rang des vorgemerkten Rechts (Rdn 1531). Daher erfolgt grundbuchtechnisch „**Umschreibung**" der Vormerkung (Rdn 1531) durch Eintragung des vorgemerkten Rechts in Abt III in die freigelassene rechte Hälfte der Spalte 4 (§ 19 Abs 1 GBV). Für diese Umschreibung muß die Eintragungsbewilligung (oder das sie ersetzende rechtskräftige Urteile, § 894 BGB) ergeben, daß der vom Gläubiger geltend gemachte vorgemerkte Anspruch erfüllt wird (keine Umschreibung für eine andere [weitere] Forderung des Gläubigers, s Rdn 2274), Eintragung mithin im Rang der Vormerkung zu erfolgen hat. Das Urteil zur Abgabe der Eintragungsbewilligung muß daher (im Tenor) einen Hinweis auf die Vormerkung enthalten, deren Rang mit Eintragung der Hypothek ausgenützt werden soll.[1] Im Urteil nicht enthaltene Angaben über Anfangstag der Verzinsung, Zinstermine, Kündigungsusw Bestimmungen werden nicht ersetzt. Das gleiche gilt, wenn im Urteil keine Angabe darüber enthalten ist, daß ein Hypothekenbrief nicht erteilt werden soll. Enthält das Urteil nichts über derartige Fragen – auch nicht   2274

---

[14] Vordem § 221 Abs 2 KO; Zwangsvollstreckung im Sinne des § 321 InsO schließt auch den Vollzug einer einstw Verfügung ein; diese ist daher im Gesetzeswortlaut nicht mehr gesondert bezeichnet; s Beschlußempfehlung und Bericht des Rechtsausschusses, BT-Drucks 12/7302, S 156.
[15] OLG Hamm 11. 4. 1958, 15 W 58/58. Zur Löschung einer durch einstw Verfügung zwangsweise erlangten Vormerkung zur Sicherung des Anspruchs auf Eintragung einer Sicherungshypothek s Rdn 2223a Fußn 110.
[1] LG Frankfurt Rpfleger 1977, 301.

durch Heranziehung seiner Gründe –, so ersetzt es sie auch nicht in dem Sinne, daß der Kläger berechtigt sein soll, eine derartige Bestimmung zu treffen.²
Umschreibung einer DM-Vormerkung in ein Grundpfandrecht in der Währung Euro s Rdn 3409.

2275 **Vollstreckungsklausel** und **Zustellungsnachweis** beim Urteil sind nicht erforderlich. Für die **Bezugnahme** (§ 1115 Abs 1 BGB) tritt das Urteil an Stelle der Eintragungsbewilligung. Rötung der Vormerkung, wenn sie durch die endgültige Eintragung (volle Umschreibung) ihre Bedeutung verliert: § 19 Abs 2 GBV.

2276 Zur Umschreibung eines durch Vormerkung gesicherten Anspruchs auf Einräumung einer Sicherungshypothek s auch BayObLG 1962, 322 = DNotZ 1963, 681 = Rpfleger 1963, 383 mit Anm Haegele.

14. Briefgrundschuld in vollstreckbarer Form
mit Hinweisen auf Grundschuld-Kreditsicherungsvertrag
BGB §§ 1191, 1192, 1113 ff, 873
GBO §§ 13, 19, 28, 29, 56 ff
GBV §§ 11, 17, 47 ff
ZPO § 794 Abs 1 Nr 5, § 800

2277 **Urkunde**[*)]

(Urkundeneingang wie üblich) ...

Nach Unterrichtung über den Grundbuchinhalt beurkunde ich folgendes:

I. Grundschuldbestellung

Herr Max Moser und Frau Ingrid Moser, geb Wolf
– nachstehend als „der Eigentümer" bezeichnet –
bestellen hiermit für die Kreissparkasse Boll AdöR mit Sitz in Boll
– nachstehend als „Gläubigerin" bezeichnet –
an dem in Abschnitt VI. beschriebenen Grundbesitz
eine **Grundschuld** mit **Brief** von € 50 000,–
(in Worten: fünfzigtausend Euro).
Für die Grundschuld gelten folgende **Bedingungen:**
1. Die Grundschuld ist **fällig.**
Die Grundschuld ist von heute ab mit jährlich sechzehn vom Hundert – 16% – zu verzinsen.
Die Grundschuldzinsen sind am ersten Werktag eines jeden Kalenderjahres für das vergangene Kalenderjahr zu entrichten. Sie sind sofort fällig, wenn aus der Grundschuld Zahlung verlangt oder geleistet wird.
2. Die Grundschuld hat den in Ziffer VI. genannten Rang zu erhalten.
3. Der Grundschuldbrief soll gemäß einer mit der Gläubigerin getroffenen Abrede dieser vom Grundbuchamt direkt ausgehändigt werden.

II. Unterwerfung unter die Zwangsvollstreckung

Die Eigentümer unterwerfen sich wegen aller Ansprüche an Kapital, etwaiger Nebenleistungen und Zinsen in Ansehung dieser Grundschuld der sofortigen Zwangsvollstreckung

---

² KGJ 21 A 171.
*) Vgl hierzu auch den Vorschlag des Ausschusses für Schuld- und Liegenschaftsrecht der BNotK für ein Grundschuldformular DNotZ 2002, 84 (mit Erläuterungen).

aus dieser Urkunde in der Weise, daß die Zwangsvollstreckung gegen den jeweiligen Eigentümer des Grundbesitzes zulässig sein soll.

III. Anträge an das Grundbuchamt

Die Eigentümer bewilligen und beantragen in das Grundbuch einzutragen:
1. Grundschuld gemäß Ziffer I. dieser Urkunde.
2. Unterwerfung unter die sofortige Zwangsvollstreckung mit Wirkung gegen den jeweiligen Eigentümer gemäß Ziffer II. dieser Urkunde;
3. die zur Beschaffung des in Ziffer VI. dieser Urkunde bestimmten Ranges erforderlichen Erklärungen;
4. den Verzicht auf die Vorlage der in § 1160 BGB genannten Urkunden.

IV. Abstraktes Schuldversprechen mit Zwangsvollstreckungsunterwerfung

Herr Max Moser und Frau Ingrid Moser, geb Wolf
– nachstehend als „Schuldner" bezeichnet –
verpflichten sich – als Gesamtschuldner – zur Zahlung eines Betrages, dessen Höhe der Grundschuldsumme samt Zinsen und Nebenleistungen entspricht (§ 780 BGB) und unterwerfen sich gleichzeitig deswegen der sofortigen Zwangsvollstreckung aus dieser Urkunde in ihr gesamtes Vermögen; dies gilt auch schon vor der Eintragung der Grundschuld im Grundbuch und vor der Vollstreckung in den belasteten Grundbesitz sowie für den Fall des Erlöschens der Grundschuld im Zwangsversteigerungsverfahren hinsichtlich des Betrages (Kapital, Zinsen, Nebenleistungen, Kosten), mit dem die Gläubigerin dabei ausgefallen ist.

V. Allgemeine Bestimmungen

Im übrigen gelten die dieser Niederschrift als Anlage beigefügten „weiteren Bestimmungen". Sie sind den Beteiligten zur Kenntnisnahme vorgelegt, mit ihnen erörtert und von ihnen unterschrieben worden. Auf Verlesung wurde verzichtet.

VI. Beschreibung des Grundbesitzes und der Rangstelle

Der belastete Grundbesitz ist vorgetragen im Grundbuch des Amtsgerichts Boll für Boll (Band 3) Blatt 50 und beschreibt sich als
    FlstNr 1 Gartenland, Nebenstraße zu 0,3040 ha.
Die Grundschuld erhält Rang nach ...
Allen zur Rangbeschaffung erforderlichen Erklärungen, insbesondere Rangrücktritten und Löschungen, wird mit Vollzugsantrag zugestimmt. Eintragung an vorerst nächstoffener Rangstelle ist gestattet.
Die Verjährungsfrist für die Ansprüche auf Rückgewähr der Grundschuld wird auf 30 Jahre ab gesetzlichem Verjährungsbeginn verlängert.

VII. Belehrung

Der Notar hat auf folgendes hingewiesen:
1. Grundschuld und Schuldanerkenntnis sind unabhängig von einer Darlehensaufnahme und begründen jederzeit durchsetzbare Ansprüche der Gläubigerin, die durch eine Sicherungsvereinbarung (Zweckbestimmungserklärung) begrenzt werden müssen. Der Kreis der gesicherten Forderungen wird durch die Zweckbestimmungserklärung festgelegt.
2. Es ist mit besonderen Gefahren verbunden, wenn Grundschuld und Schuldanerkenntnis auch Forderungen der Gläubigerin gegen einzelne von mehreren beteiligten Personen oder gegen Dritte sichern sollen. Die formularmäßige Sicherung zukünftiger Verbindlichkeiten kann in diesen Fällen unwirksam sein.

Vorgelesen vom Notar, von den Beteiligten genehmigt und eigenhändig unterschrieben:

Max Moser   Ingrid Moser   Notar XY

2. Teil. V. Dritte Abteilung des Grundbuchs

Anlage (§ 14 BeurkG)   **Weitere Bestimmungen**

A. Allgemeine Verpflichtungen

1. Der Eigentümer ist verpflichtet, die Grundstücke in voller Höhe des Wertes der Gebäude, der Gegenstände, auf die sich die Grundschuld erstreckt und des Bewuchses gegen Brand-, Sturm- und Wasserschäden zu versichern und die Versicherungsprämien pünktlich zu entrichten. Der Gläubigerin ist dies auf Verlangen nachzuweisen. Schließt der Eigentümer keine oder keine ausreichende Versicherung ab, so ist die Gläubigerin berechtigt, diese auf seine Kosten abzuschließen und die Beträge vorzuschießen.
2. Die **Übergabe des Grundschuldbriefes** wird durch die Vereinbarung ersetzt, daß die Gläubigerin gemäß § 1117 Abs 2 BGB berechtigt ist, sich den Grundschuldbrief vom Grundbuchamt aushändigen zu lassen.
3. Der Eigentümer **verzichtet** für sich und seine Rechtsnachfolger im Falle der Mahnung, der Kündigung und der Geltendmachung der Grundschuld auf die Vorlage des Grundschuldbriefes und der sonstigen in § 1160 BGB genannten Urkunden.
4. Der Grundschuldbrief ist der Gläubigerin auszuhändigen (§ 60 Abs 2 GBO).
5. Von etwaigen Zwischenverfügungen ist der Gläubigerin eine Abschrift zu erteilen.
6. Die Gläubigerin ist jederzeit berechtigt, auf den ihren persönlichen Anspruch übersteigenden Teil der Grundschuld und der bei ihr eingetragenen Zinsen und Nebenleistungen zu verzichten sowie den Antrag auf Eintragung des Verzichts im Grundbuch zu stellen. In einem etwaigen Zwangsversteigerungs- oder Zwangsverwaltungsverfahren ist die Gläubigerin nicht verpflichtet, aus der Grundschuld Beträge geltend zu machen, die über den persönlichen Anspruch hinausgehen.
7. Die Gläubigerin ist berechtigt, sich aufgrund dieser Grundschuld aus dem Grundstück zu befriedigen oder die Grundschuld selbst freihändig zu verwerten; die Gläubigerin wird die Grundschuld freihändig mangels Zustimmung des Eigentümers nur zusammen mit den gesicherten Forderungen oder nur in einer im Verhältnis zu dieser angemessenen Höhe verkaufen. Zahlungen, die aus irgendeinem Grunde an die Gläubigerin geleistet werden, sind weder auf die Grundschuld noch auf deren Zinsen und Nebenleistung anzurechnen, sondern auf die persönlichen Forderungen. Ist der Eigentümer nicht zugleich Schuldner der persönlichen Forderungen der Gläubigerin, so gelten seine Zahlungen bis zur vollständigen Befriedigung der Gläubigerin als Sicherheitsleistung.
8. Die Gläubigerin ist berechtigt aber nicht verpflichtet, Teile des Grundeigentums sowie Grundstückszubehör aus der Haftung für die Grundschuld zu entlassen und Rangänderungen zu bewilligen. Dies soll auch dann gelten, wenn der Rückgewähranspruch an einen Dritten abgetreten ist oder abgetreten wird.
9. Nach einer endgültigen Auflösung der Geschäftsverbindung und nach Befriedigung sämtlicher Ansprüche, für die die Grundschuld als Sicherheit dient, hat der Eigentümer, sofern das Eigentum nicht durch Zuschlag in der Zwangsversteigerung gewechselt hat, nur einen Anspruch auf Löschung der Grundschuld. Die Abtretung dieses Anspruches ist ausgeschlossen.

B. Abtretung von Rückgewähransprüchen

Der Eigentümer tritt hiermit an die Gläubigerin die Ansprüche auf ganze oder teilweise Übertragung der gegenwärtigen und künftigen Grundschulden nebst allen Zinsen und Nebenrechten ab, die der vorstehend bestellten Grundschuld im Rang vorgehen oder gleichstehen, auch soweit diese Ansprüche bedingt sind oder erst künftig entstehen. Sollten Rückgewähransprüche an vor- oder gleichrangigen Grundschulden bereits anderweitig abgetreten sein, so tritt der Eigentümer hiermit seinen gegenwärtigen und künftigen Anspruch auf Rückübertragung dieser Ansprüche ab.

Abgetreten werden hiermit ferner – in bezug auf jede Grundschuld – die Ansprüche auf:
1. Herausgabe des Grundschuldbriefes und auf Vorlegen des Briefs zur Bildung eines Teilgrundschuldbriefs.
2. Rechnungslegung aus dem persönlichen Schuldverhältnis, zu dessen Sicherung die Grundschuld bestellt ist.

B. Einzelfälle

3. Herausgabe des Erlöses, soweit dieser die persönliche Forderung der Gläubigerin im Zwangsversteigerungs- oder Zwangsverwaltungsverfahren oder bei freihändigem Verkauf des Grundstücks und im Fall der Verwertung der Grundschuld durch Verkauf oder Versteigerung übersteigt.
4. Verzicht auf die Grundschuld sowie Aufhebung der Grundschuld und Erteilung einer Löschungsbewilligung in öffentlich beglaubigter Form.
5. Geltendmachung der ganzen Grundschuld nebst allen Zinsen und Nebenleistungen in einem etwa anhängigen oder anhängig werdenden Zwangsversteigerungs- oder Zwangsverwaltungsverfahren.

Soweit der vorstehend bestellten Grundschuld gegenwärtig und künftig andere Grundschulden vorgehen oder im Rang gleichstehen, die auf den Eigentümer übergehen, tritt er hiermit diese Eigentümergrundschulden an die Gläubigerin ab. Ferner tritt er die Ansprüche auf Herausgabe dieser Grundschuldbriefe und auf Einräumung des Mitbesitzes daran ab. Weiterhin tritt er die Ansprüche auf Abgabe von Erklärungen zur Umschreibung der Grundschulden auf den Eigentümer oder die Gläubigerin ab.

Die Erklärung bleibt wirksam, selbst wenn die Geschäftsverbindung zwischen der Gläubigerin und dem Schuldner vorübergehend aufgelöst wird oder für die Gläubigerin ein Anspruch nach ihrer Befriedigung später neuerdings oder wiederholt entstehen sollte.

Der Eigentümer bevollmächtigt die Gläubigerin, die Abtretung jederzeit den Grundschuldgläubigern anzuzeigen. Die Gläubigerin ist berechtigt, die Grundschuld(en) löschen zu lassen; der Eigentümer erteilt hierzu jetzt schon seine Zustimmung.

C. Zweckerklärung

Die Grundschuld und die unter Abschnitt IV und Abschnitt B genannten Rechte dienen – **auch wenn die Sicherheit anläßlich einer bestimmten Kreditgewährung bestellt wird** – zur Sicherung **aller bestehenden und künftigen** – auch bedingten oder befristeten – **Ansprüche aus der Geschäftsverbindung,** welche der Gläubigerin – einschließlich ihrer sämtlichen Niederlassungen – oder einem die Geschäftsverbindung fortsetzenden Rechtsnachfolger der Gläubigerin gegen die in Abschnitt IV bezeichneten Schuldner gemeinsam –

Max Moser und Ingrid Moser, geb Wolf   (Kreditnehmer, persönlicher Schuldner)

oder dessen/deren Gesamtrechtsnachfolger zustehen.

Insbesondere sind gesichert Ansprüche aus Krediten jedweder Art, aus Bereicherungsansprüchen im Falle der Nichtigkeit von Kreditverträgen, aus Bürgschaften, aus Gewährleistungsansprüchen, aus Wechseln, aus Schecks, aus Sicherungsverträgen, aus Lieferungen oder Leistungen sowie die Ansprüche aus von Dritten im Rahmen der banküblichen Geschäftsverbindung erworbenen Forderungen, Wechsel und Schecks.

Soweit der Sicherungsgeber Kreditnehmer/persönlicher Schuldner der Gläubigerin ist/wird, dienen die Grundschuld und die unter Abschnitt B genannten Rechte sowie das von ihm unter Abschnitt IV abgegebene abstrakte Schuldversprechen in dem in vorstehenden Absätzen bezeichneten Umfang zur Sicherung aller gegenwärtigen und künftigen Ansprüche der Gläubigerin gegen den Sicherungsgeber.

Soweit der Sicherungsgeber nicht Kreditnehmer/persönlicher Schuldner der Gläubigerin ist, dienen die Grundschuld und die unter Abschnitt B genannten Rechte sowie das von ihm unter Abschnitt IV abgegebene abstrakte Schuldversprechen nur dann zur Sicherung von Forderungen der Gläubigerin, wenn der Sicherungsgeber einer solchen Sicherung zustimmt.

Der Sicherung der Ansprüche der Gläubigerin aus der Kreditgewährung, die Anlaß dieser Grundschuldbestellung war, stimmt der Sicherungsgeber, auch wenn er nicht persönlicher Schuldner ist, bereits heute zu.

Die Grundschuld dient der Gläubigerin auch weiterhin in vollem Umfang als Sicherheit, wenn andere Sicherheiten jeder Art oder Vorzugsrechte für Forderungen der Gläubigerin aufgegeben werden, oder wenn sich die Gläubigerin mit dem Kreditnehmer vergleicht oder einem Vergleich zwischen den Kreditnehmern und seinen Gläubigern zustimmt.

D. Kosten, Ausfertigungen ...

Unterschriften der Beteiligten:

2278 Grundbucheintragung

1	2	3	4
5	2	50 000 EUR	Grundschuld zu fünfzigtausend Euro für die Kreissparkasse Boll, Anstalt des öffentlichen Rechts mit Sitz in Boll, mit sechzehn vom Hundert Zinsen jährlich. Vollstreckbar nach § 800 ZPO. Gemäß Bewilligung vom ...... (Notar ... URNr ...), eingetragen am ...

Ein Grundschuldbrief ist zu bilden und der Gläubigerin auszufolgen.

Eintragungs**mitteilung** erfolgt an Notar ..., Grundstückseigentümer Moser Max und Ingrid.

(Unbeglaubigte) Grundbuchblattabschrift an Gläubigerin.

Literatur: Buchholz, Sicherungsvertraglicher Rückgewähranspruch bei Grundschulden, ZIP 1987, 891; Clemente, Die Zweckerklärung der Sicherungsgrundschuld in der Bankpraxis – eine kritische Bestandsaufnahme, NJW 1983, 6; Clemente, Sicherungsabreden, ZIP 1985, 193 u 1990, 969; Clemente, Planmäßige Übersicherung durch Grundschuldzinsen, ZfIR 2002, 337; Dempewolf, Der Rückübertragungsanspruch bei Sicherungsgrundschulden als Kreditsicherungsmittel, NJW 1957, 1257; Dempewolf, Die Pfändung eines Anspruchs auf Rückgewähr einer Sicherungsgrundschuld, NJW 1959, 556; Dempewolf, Welchen Rang hat der nicht valutierte Teil einer Sicherungsgrundschuld?, NJW 1959, 2148; Eickmann, Die fiduziarisch gegebene isolierte Grundschuld als Rangsicherungsmittel, NJW 1981, 545; Friedrich, Die Eintragungsfähigkeit der bei Bestellung einer Grundschuld vereinbarten Sicherungsabrede, NJW 1968, 1655; Gerhardt, Die Wirkung der Anrechnungsvereinbarung bei Sicherungsgrundschulden im Konkurs, ZIP 1980, 165; Gnam, Der Rückgewähranspruch nach Abtretung einer nicht voll valutierten Sicherungsgrundschuld an Dritte, ZIP 1986, 822; Hahn, Grundschuld und abstraktes Schuldversprechen, ZIP 1996, 1233; Henseler, Abtretung vorrangiger Grundschulden, AcP 166, 409; Huber, Die Sicherungsgrundschuld, 1965; Kolbenschlag, Die sog Anrechnungsvereinbarung zur Sicherungsgrundschuld in der Zwangsvollstreckung, DNotZ 1965, 73; Kolbenschlag, Die sog „Nureinmal-Valutierungserklärung" zur Sicherungsgrundschuld, DNotZ 1966, 475; Lopau, Die Rechtsstellung des Schuldner bei der Kreditsicherung durch Grundschulden, NJW 1972, 2253; Pfeifer, Grundschulden aus der Sicht von Notar und Bank, MittRhNotK 1998, 333; Rastätter, Grenzen der banküblichen Sicherung durch Grundpfandrechte, DNotZ 1987, 459; Reinicke und Tiedtke, Die Sicherung einer Gesamtschuld durch eine Grundschuld auf dem Grundstück eines Dritten, NJW 1981, 2145; Reinicke und Tiedtke, Das Schicksal der persönlichen Forderung bei Ablösung der Grundschuld durch den Eigentümer des Grundstücks, WM 1987, 485; Reinicke und Tiedtke, Die Rechtsstellung des Kreditnehmers und des Eigentümers als Sicherungsgeber einer Grundschuld, WM 1991 Beil 5; Reithmann, Grundpfandrechte heute, Rechtsentwicklung und Aufgaben des Notars, DNotZ 1982, 67; Reithmann, Die Zweckerklärung bei der Grundschuld, WM 1985, 441; Reithmann, Der Rückübertragungsanspruch bei Grundschulden, DNotZ 1994, 168; Ripfel, Die Eigentümeransprüche gegen den Grundschuldgläubiger und ihre Sicherung, DNotZ 1957, 518; Ritzinger, Die Zweckerklärung bei Grundschulden, BWNotZ 1985, 1; Schiffer, Die formularmäßige erweiterte Zweckabrede bei Fremdkrediten, NJW 1988, 2779; Sostmann, Die Mitverpflichtung von Bürgen bei Grundschuldbestellungen, DNotZ 1995, 260; Stöber, Rückgewähr- (insbes Abtretungs-) und Löschungsvormerkung bei der Sicherungsgrundschuld, RpflJB 1960, 120; Stöber, Nebenleistungen einer Grundschuld, ZIP 1980, 613; Stöber, Zuteilung des Versteigerungserlöses an den Gläubiger einer Grundschuld, ZIP 1980, 833; Storz, Die nicht voll valutierte Sicherungsgrundschuld in der Zwangsversteigerung, ZIP 1980, 506; Tiedtke, Ausgleichsansprüche zwischen dem Eigentümer des mit

B. Einzelfälle

einer Grundschuld belasteten Grundstücks und dem Bürgen, BB 1984, 19; Tröder, Grundfragen der Finanzierungsvollmacht (Abschn 1: Der Sicherungsvertrag als Kausalgeschäft der Grundschuldbestellung), DNotZ 1984, 350; Volmer, Die Vereinbarkeit der „weiteren" Grundschuldzweckerklärung mit dem AGBG, WM 1998, 914; Weber, Der Rückübertragsanspruch bei der nichtvalutierten Sicherungsgrundschuld, AcP 169, 237; Wenzel, Der Anspruch auf Rückgewähr der Grundschuld, ZNotP 1998, 6; Graf von Westphalen, Grundschulddarlehen, Kontrollkriterien des AGB, ZIP 1984, 1; Wilhelm, Die maßgebliche Einrede bei der Anwendung des § 1157 BGB auf die Sicherungsgrundschuld, NJW 1983, 2917.

a) Recht, Entstehung

aa) Die Grundschuld (§ 1191 BGB) ist Belastung eines Grundstücks in der Weise, daß an den Gläubiger eine bestimmte Geldsumme aus dem Grundstück zu zahlen ist. Sie ist, wie die Hypothek (Rdn 1913), dingliches Verwertungsrecht. Als Grundpfandrecht ist die Grundschuld jedoch (anders als die Hypothek) **nicht akzessorischer Natur.** Sachenrechtlich besteht kein Zusammenhang zwischen Grundschuld und einer Forderung. Die Grundschuld **verpflichtet schlechthin** zur Zahlung einer bestimmten Geldsumme aus dem Grundstück; Entstehen und Bestand der Grundschuld sind von einer Forderung nicht abhängig (abstrakter Charakter der Grundschuld). Vorschriften des Hypothekenrechts, die eine Forderung voraussetzen, finden auf die Grundschuld daher keine Anwendung (§ 1192 Abs 1 BGB). Diese Unabhängigkeit der Grundschuld von einer Forderung macht sie im Wirtschaftsleben zu einem (vom Gläubigerinteresse her gesehen) flexiblen Instrument der Kreditsicherung; dem Schuldner bringt die abstrakte Rechtsnatur der Grundschuld jedoch mannigfache Risiken (vgl Rdn 2311 ff). In der Kreditpraxis hat die Grundschuld die Hypothek weitgehend verdrängt. 2279

bb) Als **Grundstücksrecht** (materiell) **entsteht** die Grundschuld mit Einigung der Beteiligten und Eintragung in das Grundbuch (§ 873 BGB; Rdn 10). Die Einigung bedarf materiellrechtlich keiner Form; sie kann der Eintragung auch nachfolgen (Rdn 1914). Die Briefgrundschuld erwirbt der Gläubiger erst, wenn der Grundschuldbrief übergeben ist (§§ 1117, 1192 Abs 1 BGB); bis zur Briefübergabe steht auch die Grundschuld dem Eigentümer (als Eigentümergrundschuld) zu (§ 1163 Abs 2, § 1192 Abs 1 BGB). Bindung an Einigung: wie bei Hypothek (Rdn 1914). 2280

Die **Eintragung** erfolgt auf Antrag (§ 13 Abs 1 GBO), wenn der Betroffene (Grundstückseigentümer) sie bewilligt (§ 19 GBO). Form der Bewilligung: § 29 GBO; wenn sich der Grundstückseigentümer der sofortigen Zwangsvollstreckung nach § 794 Abs 1 Nr 5, § 800 ZPO unterwirft, ist Aufnahme einer notariellen Urkunde erforderlich (Rdn 2037). Begründung und Fortbestand der Grundschuld als Grundstücksbelastung sind unabhängig von schuldrechtlichen Beziehungen[1] der Beteiligten (Rdn 15), sonach auch von einer Sicherungsabrede oder einem sonstigen obligatorischen Bestellungsvertrag.

cc) Die Grundschuld kann auch durch Belastung mehrerer Grundstücke als **Gesamtgrundschuld** bestellt werden (§ 1132 mit § 1191 und 1192 Abs 1 BGB). Zu diesem Recht und zu seiner Grundbucheintragung s Rdn 2237 ff. 2281

---

[1] Nichtig ist jedoch die Bestellung einer Grundschuld für ein wegen Wuchers nichtiges Darlehen; BGH DNotZ 1984, 172 = NJW 1982, 2767 mit Einzelheiten.

b) Belastungsgegenstand

2282 Grundstück und Erbbaurecht, auch Bruchteil eines Miteigentümers sowie Miteigentumsanteil eines Alleineigentümers bei Buchungen nach § 3 Abs 6 GBO, Wohnungseigentum und Gebäudeeigentum. Im einzelnen Rdn 1917.

c) Berechtigter

2283 Natürliche oder juristische Person (auch Personenhandelsgesellschaft), Partnerschaft sowie EWIV wie Rdn 1921. Bestellung einer Grundschuld für mehrere Gläubiger in Bruchteilsgemeinschaft (§ 420 BGB, unüblich), in Gesamthandsgemeinschaft oder als Gesamtgläubiger (§ 428 BGB) wie Rdn 1922. Auch **Miteigentümer** eines Grundstücks nach Bruchteilen können an ihren Anteilen eine Grundschuld für sich als Gesamtberechtigte nach § 428 BGB bestellen. Eine solche Grundschuld ist teilweise Eigentümergrundschuld, teilweise Fremdgrundschuld.[2] Zur Sicherung von **Steuerforderungen** ist die bewilligte Eintragung einer Grundschuld zugunsten des verwaltenden Finanzamts nicht mehr zulässig (anders nach AbgO aF; s 5. Aufl Rdn 1019). Bei Bestellung einer Grundschuld (auch Hypothek) zur Sicherheitsleistung (§ 241 Abs 1 Nr 5 AO) ist die Körperschaft (Bund, Land usw), der Sicherheit geleistet wird, bei Grundstücksbelastung, mit der einem Vollstreckungsverfahren begegnet wird, die Körperschaft, der die Vollstreckungsbehörde angehört (§ 252 AO), als Gläubigerin einzutragen. Hinweis auf den Teil des Vermögens, zu dem das Recht gehört, kann auf Antrag in einem dem Namen des Berechtigten in Klammern beizufügenden Zusatz erfolgen (§ 15 Abs 2 GBV), ebenso Angabe, durch welche Behörde der Fiskus vertreten wird.

d) Sicherungszweck

2284 Das Gläubigerrecht des Berechtigten der Grundschuld (die dingliche Rechtsmacht des Grundschuldgläubigers) kann durch Rechtsgeschäft (Sicherungsvertrag als schuldrechtliche Abrede über die auf den Sicherungszweck beschränkten Befugnisse des Gläubigers; zu ihm Rdn 2316 ff) nicht ausgeschlossen oder beschränkt werden (§ 137 S 1 BGB). Der Gläubiger kann sich dem Besteller der Grundschuld (als Sicherungsgeber) gegenüber jedoch **schuldrechtlich verpflichten,** über die Grundschuld nur nach Maßgabe seiner im Sicherungsvertrag vereinbarten und festgelegten Befugnisse zu verfügen (§ 137 S 2 BGB), somit die Grundschuld nur zu Sicherungszwecken geltend zu machen. Eine solche dem Grundstückseigentümer gegenüber eingegangene Verpflichtung gibt diesem bei abredewidriger Geltendmachung der Grundschuld eine Einrede gegen diese auf Grund des zwischen ihm und dem Grundschuldgläubiger bestehenden Rechtsverhältnisses (Rdn 2334, 2338). Diese Einrede kann auch dem Rechtsnachfolger des Gläubigers der Grundschuld entgegengesetzt werden (§ 1157 S 1 BGB). Sie ist jedoch bei gutgläubigem Erwerb des Rechtsnachfolgers in Bezug auf die Einrede ausgeschlossen (§ 1157 S 2, § 892 BGB).

e) Eintragungsbewilligung

2285 aa) Die Eintragungsbewilligung muß das Recht als Grundschuld mit der aus dem Grundstück zu zahlenden bestimmten Geldsumme in Euro oder zugelas-

---

[2] BGH DNotZ 1975, 487 = NJW 1975, 445 = Rpfleger 1975, 84.

B. Einzelfälle

sener anderer Währung (Rdn 135) (§ 28 S 2 GBO) bezeichnen und weiter die folgenden Mindestangaben enthalten (s § 1115 Abs 1, § 1192 Abs 1 BGB): zu belastendes Grundstück (nach § 28 S 1 GBO zu bezeichnen), Gläubiger (dazu Rdn 1947), Zinssatz und Zinsbeginn, wenn die Grundschuld verzinslich ist (Rdn 1953 ff), andere Nebenleistungen, wenn solche zu entrichten sind (Rdn 1966 ff; dazu Rdn 2295–2299). Die Eintragungsbewilligung muß weiter die für die Grundschuld von gesetzlichen Vorschriften (nachf) abweichenden Vereinbarungen anführen (Rdn 2286). Zwangsvollstreckungsunterwerfung: Rdn 2036 ff.

bb) Das **Kapital** der Grundschuld wird gesetzlich erst **nach** vorgängiger **Kündigung** fällig, die sowohl dem Eigentümer als auch dem Gläubiger zusteht (§ 1193 BGB). Die Kündigungsfrist beträgt 6 Monate. Abweichende Bestimmungen können getroffen werden. Sie sind in der Eintragungsbewilligung zu bezeichnen. Vereinbarte Zahlungsbestimmungen für Kapital der Grundschuld und Grundschuldzinsen sowie andere Nebenleistungen brauchen nicht gleich zu sein; es kann ohne weiteres zB auch bestimmt (in der Eintragungsbewilligung als Fälligkeitsbestimmung festgelegt) sein, daß das Kapital der Grundschuld fällig ist, die Zinsen jedoch jährlich (halbjährlich usw) nachträglich zu zahlen sind[3] (zu dieser Selbstverständlichkeit s bereits Rdn 1935). Die Vereinbarung von jährlich nachträglich fälligen Zinsen wird vielfach absichtlich getroffen, weil dann in der Zwangsversteigerung Zinsen von mindestens 3 Jahren in der Rangklasse 4 des § 10 Abs 1 Nr 4 ZVG geltend gemacht werden können[4] (vgl § 13 Abs 1 ZVG). Abwegig ist die Ansicht, bei (täglicher) Fälligkeit der Hauptsache könne keine andere Fälligkeit der Zinsen (sonstigen Nebenleistungen) vereinbart und in das Grundbuch eingetragen werden. Das soll „notwendige Auslegung" ergeben; dieser untauglichen Begründung ist entgegenzuhalten, daß für Auslegung völlig eindeutiger (zulässiger) Fälligkeitsbestimmung überhaupt kein Raum ist. Die Zulässigkeit einer Tilgungsgrundschuld[5] ergibt sich aus der Möglichkeit, abweichende Bestimmung der Fälligkeit des Grundschuldkapitals festzulegen (§ 1193 Abs 2 BGB). Zahlung des Kapitals sowie der Zinsen und anderen Nebenleistungen hat gesetzlich an dem Ort zu erfolgen, an dem das Grundbuchamt seinen Sitz hat (§ 1194 BGB). Abweichende Bestimmungen können getroffen werden. Sie sind in der Eintragungsbewilligung zu bezeichnen. Jedoch darf die Fälligkeit des Kapitals einer Grundschuld (oder die Verpflichtung zur Zahlung von Nebenleistungen – Strafzinsen –) nicht von Veränderungen der zu sichernden Forderung abhängig gemacht werden, also nicht in der Form in das Grundbuch eingetragen werden, daß diese sich nach der für die zugrundeliegende Forderung getroffenen Regelung bestimmen soll.[6] Als Inhalt einer Grundschuld kann auch nicht bestimmt und eingetragen werden, daß die sofortige Zahlung der Grundschuld verlangt werden kann, wenn die dingliche Sicherung des Darlehens aus 2286

---

[3] So zutreffend auch LG Augsburg Rpfleger 1986, 211 mit abl Anm Bauch.
[4] Zu Berechnung und Umfang der Zinsen, die in Rangklasse 4 des § 10 Abs 1 Nr 4 ZVG fallen können, Stöber MittBayNot 1999, 441 (443).
[5] Auch von LG Bochum DNotZ 1971, 624 = Rpfleger 1970, 335 mit Anm Haegele bejaht.
[6] OLG Celle DNotZ 1954, 473; aA Riedel DNotZ 1954, 454.

irgendeinem Grunde unwirksam ist.[7] Ausschluß der Zwangsvollstreckung (§ 1147 BGB) kann nicht vereinbart werden (s Rdn 2315).

2287 cc) Der **Sicherungszweck**, der nicht eingetragen werden darf (Rdn 2290), darf auch nicht in der Eintragungsbewilligung enthalten sein. Einen Zweck der Grundschuld und damit eine unzulässige Bezugnahme auf die zu sichernde Forderung enthält die Eintragungsbewilligung jedoch nicht, wenn der Sicherungszweck lediglich als Motiv des Antrags angegeben wird.[8] Nicht beanstandet werden kann daher der (gleichwohl nicht zu empfehlende) Urkundenwortlaut: „... zur Sicherung der Darlehensforderung einschließlich der Zinsen bewilligt und beantragt Darlehensnehmer die Eintragung einer Grundschuld zugunsten des Darlehensgebers in Höhe von ..." Eintragung des Sicherungszwecks wäre dagegen (unzulässig) beantragt, wenn er grammatikalisch mit dem Begriff „Grundschuld" verknüpft ist, wie (unzulässig) bei folgendem Wortlaut: „Der Darlehensnehmer bewilligt und beantragt Eintragung einer Grundschuld zur Sicherung der Darlehensforderung einschließlich der Zinsen ...".[9]

2288 dd) Den **Darlehens-** und/oder **Kreditvertrag** schließt der Gläubiger mit dem Grundstückseigentümer (als Schuldner) vielfach gesondert ab, so daß dem Grundbuchamt nur die Urkunde mit Antrag und Bewilligung auf Eintragung einer Grundschuld eingereicht wird. Schuldrechtlicher Vertrag und Grundschuldbestellung können aber auch in einer **einheitlichen Urkunde** enthalten sein. Dann ist auf eine strikte Trennung der beiden Rechtsgeschäfte zu achten. Es ist in einem solchen Falle nicht richtig, zunächst die Bestimmungen über die durch die Grundschuld zu sichernde Forderung festzulegen und dann zu formulieren, daß eine Grundschuld zu den Bedingungen der persönlichen Forderung bestellt wird. Richtig ist es vielmehr, zunächst die Grundschuld zu bestellen und dabei deren Verzinsung- und Fälligkeitsbestimmungen usw festzulegen und erst dann in einem besonderen Abschnitt zu sagen, daß die Grundschuld als Sicherheit für ein Darlehen zu den nun im einzelnen festgelegten Bestimmungen dient.[10] Dabei können derartige schuldrechtliche Vereinbarungen in einer nicht verlesungspflichtigen Anlage nach § 14 BeurkG zusammengefaßt werden (vgl Rdn 2277). Das Grundbuchamt hat immer jedoch nur die Voraussetzungen für die Eintragung der Grundschuld (insbesondere somit den Inhalt der Eintragungsbewilligung) zu prüfen, nicht aber auch die Gültigkeit des der Grundschuldbestellung zugrunde liegenden und miteingereichten (weil mit Grundbucherklärungen in einer Urkunde zusammengefaßten) Darlehensvertrages.[11] Daher kann das Grundbuchamt auch die mögliche Unwirksamkeit des Verbraucherdarlehensvertrages nach § 494 Abs 1 BGB nicht prüfen, dies auch wegen der Heilungsmöglichkeit nach § 494 Abs 2 BGB.

2289 ee) Vielfach übernimmt der Grundstückseigentümer „wegen der Ansprüche aus der Grundschuld" zusätzlich die **persönliche Haftung** mit seinem ganzen

---

[7] OLG Hamm DNotZ 1956, 43 mit Anm Riedel = Rpfleger 1956, 343.
[8] OLG Düsseldorf MittRhNotK 1977, 35.
[9] OLG Düsseldorf aaO (Fußn 8).
[10] Vgl Riggers JurBüro 1966, 641.
[11] LG Düsseldorf MittRhNotK 1982, 45.

B. Einzelfälle

übrigen Vermögen.[12] Richtig liegt darin ein **abstraktes Schuldversprechen** in Höhe des Nennbetrages der Grundschuld und sämtlicher Nebenleistungen nach § 780 BGB.[13] Das Schuldversprechen (mit Zwangsvollstreckungsunterwerfung) bewirkt zugunsten des Gläubigers eine Beweislastumkehr gegenüber der Darlehensforderung.[14] Dieses abstrakte Schuldversprechen ist auch nach Inkrafttreten des (früheren) AGB-Gesetzes zulässig[15] (s Rdn 2078). Das Schuldversprechen (mit Zwangsvollstreckungsunterwerfung) von Grundstücks-Miteigentümern (zB Ehegatten-Miteigentümern) verstößt jedenfalls dann nicht gegen § 307 BGB (= § 9 AGBG), wenn es der Sicherung gemeinschaftlicher Kreditverpflichtungen oder von Krediten dient, die für gemeinsame geschäftliche Zwecke aufgenommen wurden.[16] Auch wenn der Sicherungsgeber (Grundstückseigentümer) am Kreditverhältnis unbeteiligter Dritter ist, verstößt es im Regelfall nicht gegen § 307 BGB; die Rechtsprechung zum Sicherungszweck bei der Bürgschaft wird auf die von einem Nicht-Schuldner bewilligte Grundschuld und das abstrakte Schuldanerkenntnis nicht angewendet;[17] ebenso nicht die Rechtsprechung zur Sittenwidrigkeit einer Bürgschaft wegen finanzieller Überforderung oder Ausnutzung emotionaler Verbundenheit.[18] Eine Unwirksamkeit kann sich nach BGH nur als überraschende Klausel (§ 305 c Abs 1 BGB) ergeben.[19] Wenn die persönliche Haftung nur für die Zahlung (oder den Eingang) des **Grundschuldbetrags** selbst übernommen wird, kann der Gläubiger, soweit er Zahlung aus der Grundschuld erhalten hat, auch aus dem Schuldanerkenntnis nicht mehr gegen den Schuldner vorgehen.[20] Ob das auch gilt, wenn die Haftung für die Zahlung eines **Geldbetrags** in Höhe des Grundschuldbetrags oder in Höhe eines genau bezifferten Betrags in Höhe der Grundschuldsumme übernommen wird, war

---

[12] Kollisionsrechtliche Behandlung der Haftungs- und Unterwerfungserklärung s BGH DNotZ 1981, 738 = KTS 1981, 197.
[13] BGH DNotZ 1976, 364 = NJW 1976, 567 = Rpfleger 1976, 125; BGH 98, 256 (259) = DNotZ 1987, 210 = NJW 1987, 319; BGH NJW 1991, 286; BGH DNotZ 1992, 657 = NJW 1992, 971 = Rpfleger 1992, 193; OLG München MittBayNot 1982, 238.
[14] BGH DNotZ 1976, 364 = aaO (Fußn 13); BGH NJW-RR 1986, 1495 (1496).
[15] Regelmäßig kein Verstoß gegen die §§ 305 c, 307, 309 Nr 5 BGB (= früher §§ 3, 9 und § 11 Nr 5 AGBG), BGH 99, 274 = DNotZ 1987, 488 = NJW 1987, 904; BGH DNotZ 1990, 552 = NJW 1990, 981; BGH NJW 1991, 286; BGH 114, 9 (12) = DNotZ 1992, 91 = NJW 1991, 1677; BGH DNotZ 2003, 203 = NJW 2003, 885 (886).
[16] BGH 99, 274 (283, 284) = aaO (Fußn 15); nicht zu folgen ist daher OLG Oldenburg DNotZ 1985, 229 = NJW 1985, 152 sowie OLG Stuttgart DNotZ 1987, 498 = NJW 1987, 71 und LG Arnsberg MDR 1988, 495, die Verstoß gegen AGBG bejahen.
[17] So BGH DNotZ 1998, 575 = NJW 1997, 2320 und DNotZ 1998, 578 mit Anm Schmitz-Valckenberg = NJW 1997, 2677, womit er von seiner Rechtsprechung BGH 114, 9 = aaO (Fußn 15) abrückte; OLG Düsseldorf NJW-RR 1986, 1312. Vgl dazu auch Amann MittBayNot 1997, 341.
[18] BGH DNotZ 2002, 874 = NJW 2002, 2633.
[19] BGH DNotZ 1998, 575 = aaO; BGH DNotZ 2002, 853 = NJW 2002, 2710; in diesem Punkt strenger OLG Köln RNotZ 2003, 47; zur Belehrungspflicht des Notars vgl Amann MittBayNot 1997, 341.
[20] Dazu BGH DNotZ 1988, 487 mit abl Anm Schmitz-Valckenberg = NJW 1988, 707 = Rpfleger 1988, 138.

bestritten.[21] In der Regel ist jedoch auch die vollstreckbare Urkunde über die Bestellung einer Grundschuld, in der zugleich eine persönliche Schuld in Höhe des Geldbetrags der Grundschuld anerkannt und bestimmt wird, daß Grundschuld und Schuldanerkenntnis der Sicherung aller gegenwärtigen und zukünftigen Ansprüche aus der bankmäßigen Geschäftsverbindung dienen sollen, dahin auszulegen, daß der Gläubiger aus der Urkunde den angegebenen Betrag nur einmal verlangen und vollstrecken kann, auch wenn die gesicherte Forderung höher ist.[22] Wenn der Schuldner beide Sicherheiten (Grundschuld und Haftungsübernahme für Zahlung eines Geldbetrags je mit Zwangsvollstreckungsunterwerfung) in Höhe des Grundschuldbetrags kumulativ nebeneinander bestellen und sich in doppelter Höhe der Zwangsvollstreckung unterwerfen will, muß dies im Urkundentext (oder zumindest mündlich bei der Erörterung des Erklärungsinhalts) klar zum Ausdruck gebracht oder doch (so Fall BGH 99, 274, 280, 281) sich aus den besonderen Umständen des Einzelfalls ergeben.[23] Unzulässig wird die Zwangsvollstreckung aus der Haftungsübernahme nicht bereits dann, wenn die Grundschuld in der Zwangsversteigerung erloschen ist (§ 91 Abs 1 ZVG), der Gläubiger aber keine Befriedigung aus dem Erlös erlangt.[24] Sie wird auch dann nicht unzulässig, wenn endgültig feststeht, daß die Grundschuld nicht mehr eingetragen wird.[25] Über Inhalt und rechtliche Bedeutung des Schuldversprechens (mit Zwangsvollstreckungsunterwerfung) ist der Schuldner vom Urkundsnotar zu belehren.[26]

f) Grundbucheintragung

2290 aa) Einzutragen in das Grundbuch ist die Grundschuld durch die Bezeichnung dieser Rechtsnatur der Grundstücksbelastung mit Angabe des in § 1115 Abs 1 BGB geforderten Inhalts; ausgeschlossen bleibt jedoch die Bezeichnung einer Forderung (§ 1192 Abs 1 BGB); siehe Probeeintragung (vgl § 22 GBV) in Anlage 1 zur GBV. Der Sicherungszweck kann als Inhalt der Grundschuld nicht in das Grundbuch nicht **eingetragen werden,** auch nicht durch Bezugnahme auf den schuldrechtlichen Teil der Urkunde. Eintragung des Einredetatbestands mit Widerspruch zum Schutz gegen einredefreien gutgläubigen Erwerb (§ 1157 S 2 mit § 892 Abs 1, § 1192 Abs 1 BGB) s Rdn 2340 (auch 2339).

2291 bb) Angegeben werden müssen bei Eintragung der Grundschuld **im Grundbuch selbst** (§ 1115 Abs 1, § 1192 Abs 1 BGB):
– Gläubiger (Rdn 1947 ff),
– aus dem Grundstück zu zahlende bestimmte Geldsumme in Euro oder einer sonst zugelassenen Währung (§ 28 S 2 GBO; im übrigen Rdn 1951),
– Zinssatz Rdn 1953 ff),
– etwaige andere Nebenleistungen (Rdn 2295, 2298),
– etwaige Bedingung oder Befristung der Grundschuld, der Zinsen oder von Nebenleistungen,

---

[21] Nachweise bei BGH DNotZ 1988, 487 = aaO (Fußn 20).
[22] BGH DNotZ 1988, 487 = aaO (Fußn 20); OLG Düsseldorf DNotZ 1987, 96 = OLGZ 1987, 98; OLG Hamm NJW-RR 1991, 819.
[23] BGH DNotZ 1988, 487 = aaO (Fußn 20); OLG Hamm NJW-RR 1991, 819.
[24] BGH NJW 1991, 286.
[25] BGH DNotZ 1992, 657 = aaO (Fußn 13).
[26] BGH 99, 274 (282, 283) = aaO (Fußn 15); hierzu Rastätter BWNotZ 1990, 57.

- etwaiger Ausschluß der Brieferteilung (§ 1116 Abs 2 BGB) (vgl Rdn 2092)
- etwaige Zwangsvollstreckungsunterwerfung (§ 800 Abs 1 ZPO) (vgl Rdn 2049).

Im übrigen kann auch bei der Grundschuld auf die Eintragungsbewilligung Bezug genommen werden (§§ 874, 1115 Abs 1, § 1192 Abs 1 BGB).

cc) **Zinsen** von der Grundschuldsumme können rechtsgeschäftlich vereinbart[27] und durch Belastung des Grundstücks als Nebenleistungen eingetragen werden (§ 1191 Abs 2 GBO). Einzutragen in das Grundbuch ist die Verzinslichkeit der Grundschuld mit dem Zinssatz. Es gilt das für die Zinsen der Hypothek Rdn 1953ff Gesagte. Der Anfangszeitpunkt der Verzinsung kann schon vor Eintragung der Grundschuld liegen;[28] er kann auch auf einen nach der Eintragung liegenden Zeitpunkt hinausgerückt werden (die Grundschuld ist dann zunächst unverzinslich).[29] Der Anfangszeitpunkt der Verzinsung muß in der Bewilligung angegeben sein[30] (s auch Rdn 1957); er ist einzutragen (Bezugnahme auf die Eintragungsbewilligung genügt und soll nach § 44 Abs 2 GBO erfolgen). Ist ein Anfangszeitpunkt der Verzinsung in der Eintragung nicht angegeben (auch nicht durch Bezugnahme), so wird sie dahin verstanden (= Auslegung), daß die Zinsen vom Eintragungstag an laufen sollen.[31] Wegen des Beginns der Verzinsung bei einer vollstreckbaren Grundschuld s Rdn 2042. Wegen der Gefährdung nachrangiger Grundpfandrechte und damit der Beleihbarkeit des Grundstücks durch (hohe) Grundschuldzinsen s Rdn 2315.

2292

Die Eintragung eines **beweglichen Zinssatzes** für eine Grundschuld verstößt gegen den Bestimmtheitsgrundsatz und ist deshalb unwirksam, wenn lediglich ein Höchst- und ein Mindestzinssatz eingetragen ist und aus der in Bezug genommenen Bewilligung sich keine objektiven Anhaltspunkte für die jeweilige Höhe der Zinsen ergeben.[32] Die Eintragung nur des Höchstzinssatzes einer Grundschuld ohne jede weitere Verlautbarung über den Mindest- oder Normalzinssatz im Grundbucheintrag und ohne Bezugnahme auf die Umstände der Änderung des Zinssatzes genügt dem das Sachenrecht beherrschenden Bestimmtheitsgrundsatz nicht, ist mithin unwirksam.[33]

2293

---

[27] Zur schuldrechtlichen Abrede über Unverzinslichkeit der Grundschuld, insbesondere zur Frage der Erstreckung der Vereinbarung auf Rechtsnachfolger der Parteien, s BGH BB 1967, 937.
[28] RG 136, 232 (235); KG DNotZ 1933, 429.
[29] RG 136, 232 (235).
[30] LG Augsburg MittBayNot 1954, 113; gegenteiliger Ansicht OLG Köln NJW 1960, 1708.
[31] RG 136, 232 (235): „... von demselben Tag an ..., an welchem auch die Hauptschuld in Erscheinung tritt, also vom Tage der Eintragung in das Grundbuch an."
[32] BGH DNotZ 1963, 436 mit Anm Ripfel; BGH DNotZ 1975, 680 = NJW 1975, 1313 = Rpfleger 1975, 296; ähnlich LG Coburg DNotZ 1970, 355 = MittBayNot 1970, 52 für eine als zulässig anerkannte Klausel, 3% über dem jeweiligen (damaligen) Lombardsatz der Bundesbank, höchstens aber einschl etwaiger Verzugszinsen 12%, mindestens 7%; bei Verzug erhöht sich Zinssatz für die Dauer des Rückstandes um 1%.
[33] BGH DNotZ 1975, 680 = aaO (Fußn 32). In diesem Fall wurde die Grundschuld „... mit Jahreszinsen bis 11% als Eintragungstag" eingetragen, auf die Eintragungsbewilligung jedoch nicht Bezug genommen, die als Normalzins 10 vH und – bei näher umschriebenen Voraussetzungen – einen Zuschlag von 1 vH vorgesehen hatte. Diese

2294 Grundschuldzinsen (und anderen wiederkehrenden Nebenleistungen) unterliegen der **Verjährung** (§ 902 Abs 1 S 2 mit § 216 Abs 3 BGB). Die regelmäßige Verjährungsfrist beträge 3 Jahre (§ 195 mit § 197 Abs 2 BGB). Beginn: § 199 BGB (Abs 1 Nr 1: Jahresschluß nach Entstehen des Anspruchs = Fälligkeit). Neubeginn der Verjährung nach Anerkennung des Anspruchs oder einer Vollstreckungshandlung: § 212 BGB. Besonderheit für bereits fällige titulierte Zinsen oder wiederkehrende Nebenleistungen: § 197 Abs 1 Nr 3–5 BGB. Auch Zinsen (und Nebenleistungen) der Sicherungsgrundschuld verjähren in drei Jahren; diese Verjährung ist nicht bis zum Eintritt des Sicherungsfalls (nach § 202 Abs 1 BGB) gehemmt.[34] Überleitungsrecht zum (neuen) Verjährungsrecht ab 1. Jan 2002: Art 229 § 6 EGBGB.

2295 dd) Andere **Nebenleistungen** einer Grundschuld können als rechtsgeschäftlich vereinbarte Belastung des Grundstücks eingetragen werden (§ 1191 Abs 2 BGB). Nebenleistungen erweitern den Anspruch auf Zahlung aus dem Grundstück in der Weise, daß eine weitere Belastung des Grundstücks mit ihnen zu der Belastung mit der bestimmten Grundschuldhauptsumme hinzutritt.[35] Nebenleistungen sind von der Hauptsache abhängig (Rdn 1966); sie teilen das Schicksal der Hauptsache.

2296 Streitig ist, ob durch **Bezeichnung** der Nebenleistungen **ihrer Art nach** (in der Eintragungsbewilligung und bei Grundbucheintragung) die Hauptsacheabhängigkeit von Nebenleistungen erkennbar gemacht werden, mithin dargestellt sein muß, daß die Grundschuld auch für „andere" Nebenleistungen mit einem eintragungsfähigen Inhalt ausgestaltet ist. Das wird bejaht von Stöber.[36] Er stellt dar, daß Bezeichnung laufender Nebenleistungen als Strafzinsen (auch als Verwaltungskosten usw) oder einmaliger Nebenleistungen als Vorfälligkeitsentschädigung bei der Grundschuld zur Darstellung des dinglichen, aus dem Grundstück zu zahlenden Anspruchs auf die Nebenleistung nicht nur zulässig, sondern notwendig ist.[37] Demnach genügt die Be-

---

Eintragung nur des Höchstzinssatzes ohne Hinweis auf einen in der Eintragungsbewilligung enthaltenen Mindest- oder Normalzins und ohne Bezugnahme auf die Umstände der Änderung des Zinssatzes ist unwirksam.

[34] BGH 142, 332 = MittBayNot 1999, 558 = NJW 1999, 3705 und (XI. ZS) Anfragebeschluß MittBayNot 1999, 474 = ZIP 1999, 705 sowie (IX. ZS) Antwortbeschluß MittBayNot 1999, 477 = NJW 1999, 2590. Der IX. ZS hat damit an seiner vordem gegenteiligen Ansicht (ZIP 1993, 257 und NJW 1996, 253 [256]; so auch OLG Koblenz DNotI-Report 1995, 20 = WM 1993, 1033) nicht festgehalten. Zum neuen Recht MünchKomm/Grothe Rdn 10 zu § 205 BGB. Zu den verjährten Zinsen in der Zwangsversteigerung Stöber MittBayNot 1999, 441; auch Sostmann MittRhNotK 1999, 274.

[35] Stöber ZIP 1980, 613 (615 re Sp); auch bereits Rdn 1966; auch LG Berlin Rpfleger 1985, 56 = ZIP 1985, 97.

[36] Stöber ZIP 1980, 613.

[37] Zustimmend BGB-RGRK/Joswig Rdn 93; MünchKomm/Eickmann Rdn 5; Staudinger/Wolfsteiner Rdn 30, je zu § 1192 BGB; Schmidt DNotZ 1984, 334 (335; Besprechung der 7. Auflage dieses Handbuchs); K/E/H/E Einl S 6; dagegen LG Berlin Rpfleger 1985, 56 = ZIP 1985, 97 (Angabe eines Vomhundertsatzes des Kapitals kennzeichnet bereits Nebenleistungscharakter); LG Bielefeld Rpfleger 1999, 388 (Bezeichnung als Nebenleistung ergibt bereits die Abhängigkeit von der Grundschuldhauptsache); Palandt/Bassenge Rdn 21 zu § 1115 BGB.

stellung einer Grundschuld nur allgemein auch „für Nebenleistungen" den Anforderungen nicht; damit sind nach dem Gesetzeswortlaut „andere" Nebenleistungen nicht als solche bezeichnet; ihr für die Grundstücksbelastung erforderlicher Zusammenhang mit der Hauptsache folgt aus dieser Sammelbezeichnung nicht.[38] Dem folgen wir.[39] Ebenso wie bei der Grundschuld Nebenleistungen als geldliche Vergütung für Überlassung des Kapitals (Rdn 1953) ihrer Art nach als Zinsen bezeichnet werden (und zu kennzeichnen sind), sind die gesetzlich mit dem Sammelbegriff „andere Nebenleistungen" (§ 1191 Abs 2 BGB) zugelassenen sonstigen dinglichen Nebenansprüche auf Zahlung aus dem Grundstück im Einzelfall mit ihrer Hauptsacheabhängigkeit zu konkretisieren.

Diese Randnummern sind entfallen   2297, 2298

Im Einzelfall können als grundschuldabhängige **Nebenleistungen** bestimmt werden[40] zB Strafzinsen (bei unpünktlicher Zahlung des Grundschuldkapitals oder von Grundschuldzinsen), Verwaltungskostenbeitrag (für Grundschuldhauptsache-Verwaltung) und Anspruch auf Erstattung verauslagter Versicherungsprämien.[41] Forderungsabhängige Nebenleistungen, die nicht nach § 1191 Abs 2 BGB zu Nebenleistungen der Grundschuld bestimmt werden können,[42] sind jedoch Geldbeschaffungskosten, Tilgungsstreckung der Forderung, Entschädigung für höhere Auszahlung des Darlehens und Kredit-Bereitstellungsgebühr.   2299

g) Bedingung, Befristung

Bedingung oder Befristung der Grundschuld und ihrer Zinsen sowie der anderen Nebenleistungen ist wie bei der Hypothek möglich. S hierwegen Rdn 2010. Zulässig ist damit auch Belastung des Grundstücks mit einer durch das Bestehen einer Forderung (die dann bestimmt sein muß) auflösend oder aufschiebend bedingten (§ 158 BGB) Grundschuld.[43] Bedingung und Befristung müssen in das Grundbuch selbst eingetragen werden (keine Bezugnahme, Rdn 266).   2300

---

[38] Stöber ZIP 1980, 613 (615 f unter IV).
[39] **Ebenso** OLG Schleswig SchlHA 1968, 260, das eine Nebenleistung von jährlich 1 vH auf die Dauer von 10 Jahren „der Sache nach als verdeckte, selbständige Hauptleistung" ansieht. In einem solchen Fall ist auch wirklich nicht erkennbar, warum bei einer Grundschuld von (damals) 62 000 DM die Gesamtbelastung des Grundstücks nicht sogleich als solche mit 68 200 DM eingetreten werden sollte. **Anders** LG Osnabrück MittBayNot 1973, 207 = Rpfleger 1973, 247 mit zust Anm Haegele (für eine einmalige Nebenleistung von 10 vH) und OLG Stuttgart DNotZ 1987, 230 = NJW-RR 1986, 1397 = OLGZ 1986, 426 = Rpfleger 1986, 466 für eine einmalige Nebenleistung von (damals) 65 000 DM, das aber einschränkt: „... falls sich nicht aus dem übrigen Inhalt der Bewilligung ein Fehlen der Abhängigkeit von der Grundschuldhauptsumme ergibt." Anders auch LG Oldenburg NdsRpfl 1981, 19 = Rpfleger 1981, 60 (verlangt nähere Bezeichnung „in der Regel" nicht); s auch LG Oldenburg Rpfleger 1982, 19 = ZIP 1981, 1326.
[40] Stöber ZIP 1980, 613 (617) unter VII.
[41] Dazu näher KG JW 1937, 2973; auch LG Berlin Rpfleger 1985, 56 = ZIP 1985, 97.
[42] So auch LG Berlin aaO; K/E/H/E Einl S 6.
[43] AA Rheinstein JW 1932, 1759; Lindemann JW 1931, 1417; Jauernig Rdn 8 zu § 1191 BGB; Staudinger/Wolfsteiner Rdn 7 zu § 1191 BGB mit weit Nachw.

h) Grundschuldbrief

2301 Der Grundschuldbrief ist nicht mit der Urkunde über die Bestellung der Grundschuld zu verbinden. Soweit im Grundbuch auf die Eintragungsbewilligung Bezug genommen ist (Rdn 2291), braucht deren Inhalt nicht in den Grundschuldbrief aufgenommen zu werden (§ 57 GBO). Über die Aushändigung des Grundschuldbriefs gilt entsprechend das gleiche wie beim Hypothekenbrief (Rdn 2022, 2023). Im übrigen sei auf die Ausführungen zum Hypothekenbrief (Rdn 2015 ff) verwiesen.

i) Teilung, Vereinigung, Zuschreibung

2302 Es gilt das Rdn 2011 Gesagte.

k) Übertragung, Verpfändung, Pfändung

2303 Siehe die Verweisungen Rdn 2012. Pfändung des Rückgewähranspruchs: Stöber, Forderungspfändung, Rdn 1886 ff. Abtretung der Grundschuld bewirkt nicht auch den Übergang einer Forderung, deren Sicherung die Grundschuld nach schuldrechtlicher Abrede dient. Die Abtretung der Grundschuld enthält auch nicht gleichzeitig die Abtretung der Forderung aus dem abstrakten Schuldanerkenntnis. Die Vollstreckungsklausel für das Schuldanerkenntnis kann daher nur dann auf den neuen Gläubiger umgeschrieben werden, wenn (auch) diese Ansprüche (ausdrücklich) abgetreten sind.[44] Mit der abgetretenen Forderung, die nach Sicherungsabrede gesichert ist, geht die Grundschuld als abstraktes Sicherungsrecht nicht über (§ 401 BGB nicht anwendbar).

l) Rückgewähranspruch; Übergang auf den Grundstückseigentümer

2304 aa) Wenn die Grundschuld nach schuldrechtlicher Abrede (Rdn 2284) der Sicherung einer (oder mehrerer) Forderung(en) dient und die Forderung nicht zur Entstehung gelangt oder erloschen ist, ist keine Eigentümergrundschuld entstanden. Die von der Forderung dinglich unabhängige Grundschuld bleibt unverändert Recht ihres Gläubigers. § 1163 Abs 1 BGB findet keine (entsprechende) Anwendung (s § 1192 Abs 1 BGB).[45] Zahlungen des Grundstückseigentümers auf die durch eine Grundschuld gesicherte persönliche Forderung führen daher – anders als bei der Hypothek (s Rdn 2420) – nicht zur Entstehung einer Eigentümergrundschuld. Nichtentstehen oder Wegfall der gesicherten Forderung berechtigen den Grundstückseigentümer (oder sonstigen Sicherungsgeber oder dessen Rechtsnachfolger) jedoch zur Geltendmachung des mit Bestellung der Grundschuld als Sicherheit bereits entstandenen Rückgewähranspruchs (s Rdn 2335).

2305 bb) Der Eigentümer des Grundstücks (der bei der Grundschuld in dieser Rechtsstellung nicht persönlicher Schuldner ist, § 1192 Abs 1 BGB) ist stets berechtigt, den Gläubiger zu befriedigen (§ 1142 BGB). Folge: Die Grundschuld (als Grundstücksbelastung ohne Forderung) geht auf den befriedigenden Eigentümer über; sie wird Eigentümergrundschuld (§ 1177 BGB). Grundlage streitig, nach hM § 1143 BGB analog. Hierzu und wegen sonstiger Fälle der Entstehung einer Eigentümergrundschuld aus einer Grundschuld Rdn 2421. Schwierigkeiten kann im Einzelfall die Klärung der Frage bereiten,

---

[44] LG München II MittBayNot 1979, 126.
[45] BGH DNotZ 1957, 602 = LM Nr 2 zu § 1163 BGB = Rpfleger 1958, 51; RG 145, 157.

B. Einzelfälle

ob eine Zahlung des Grundstückseigentümers, der (wie im Regelfall) zugleich Forderungsschuldner ist, an den Gläubiger als Leistung auf die persönliche Forderung (Schuldtilgung durch Erfüllung; Folge: Forderung erlischt, § 362 BGB; Grundschuld bleibt unverändert ihrem Gläubiger) oder als Leistung auf die Grundschuld (Befriedigung des Grundschuldgläubigers nach § 1142 BGB) anzusehen ist. Dies bestimmt sich grundsätzlich nach dem erklärten Zahlungswillen des Eigentümers (und Schuldners),[46] und zwar auch dann, wenn die Grundschuld mehrere Forderungen (auch Forderungen gegen verschiedene Schuldner) sichert.[47] Wenn, wie üblich, bei Zahlung nichts weiter erklärt ist, kann der Wille des Zahlenden sich aus den Umständen des Einzelfalls, insbesondere der Interessenlage, ergeben.[48] Die bei Grundschuldbestellung getroffene Abrede kann für die vereinbarte Zahlung auf die Forderung sprechen. Der BGH[49] hat in einem Falle, in dem zwar vertraglich festgelegt war, daß Zahlungen auf die persönliche Forderung zu verrechnen seien, der Gläubiger aber selbst Zahlung zur Ablösung der Grundschuld und nichts anderes erwartet hatte, Zahlung auf die Grundschuld und nicht auf die persönliche Forderung angenommen. Eine solche Verrechnungsabrede beseitigt nicht die rechtliche Möglichkeit des Schuldners, davon abzuweichen[50] und als Eigentümer auf die Grundschuld zu zahlen, auch wenn er damit seine vertragliche Verpflichtung verletzt.[51] Vollstreckt der Gläubiger aus der Grundschuld, so ist der Eigentümer trotz einer entgegenstehenden Abrede im Sicherungsvertrag berechtigt, auf das dingliche Recht zu leisten; der Sicherungsnehmer darf sich dann auf diese Abrede nicht mehr berufen.[52] Das wird auch angenommen, wenn die Zwangsvollstreckung aus der Grundschuld angedroht ist.[53] Zahlungen werden nach Einleitung (oder Androhung) der Zwangsvollstreckung (wenn kein anderer Zahlungswille besteht) nur noch auf die Grund-

---

[46] BGH NJW 1976, 2340; BGH NJW 1987, 838 (839); BGH NJW-RR 1987, 1350 (1351); BGH NJW-RR 1989, 1036; BGH DNotZ 1997, 725 = NJW 1997, 2046 (Tilgungsbestimmung des Grundstückseigentümers bei Kaufpreiszahlung durch den Grundstückskäufer).
[47] BGH NJW-RR 1989, 1036, BGH DNotZ 1996, 1026 = NJW-RR 1995, 1257.
[48] BGH MDR 1970, 34 = NJW 1969, 2237 = Rpfleger 1969, 423; BGH MittBayNot 1984, 24 = NJW 1983, 2502; BGH NJW-RR 1987, 1350 (1351); BGH NJW-RR 1995, 1257 = aaO.
[49] BGH BWNotZ 1971, 22 = MDR 1971, 120 = MittBayNot 1971, 16 = MittRhNotK 1971, 402.
[50] S hierzu BGH NJW-RR 1995, 1257 = aaO (Fußn 47) der (unter Hinweis auf BGH NJW 1984, 2402) ausführt, daß eine Anrechnungsabrede das Bestimmungsrecht des Schuldners ausschließt. Das jedoch bezieht sich nur auf die Leistung des Forderungsschuldners, der dem Gläubiger aus mehreren Schuldverhältnissen (wie auch im vergleichbaren Fall zur Zahlung mehrerer Mietzinsraten, BGH NJW 1984, 2402) verpflichtet ist, gilt mithin für vorherige Vereinbarung der Parteien über Beseitigung des Bestimmungsrechts des Schuldners in § 366 BGB, nicht aber für die (davon zu unterscheidende) hier allein erhebliche Frage, ob der Leistende als Schuldner die Forderung tilgt oder als Eigentümer nach § 1142 mit § 1192 Abs 1 BGB den Gläubiger der Grundschuld befriedigt.
[51] BGH DNotZ 1977, 358.
[52] BGH NJW 1986, 2108 (2112).
[53] BGH NJW-RR 1987, 1350 (1351).

schuld erbracht.⁵⁴ Zahlungen des Insolvenzverwalters des Grundstückseigentümers werden grundsätzlich auf die Grundschuld und nicht auf die gesicherte Forderung geleistet.⁵⁵

2306 Ist eine Grundschuld zur Sicherung von Forderungen aus einer **Geschäftsverbindung** zwischen einer Bank und dem Grundstückseigentümer bestellt worden (was die Regel ist), so spricht die Lebenserfahrung gegen die Annahme, daß Zahlungen des Darlehensnehmers auf die Grundschuld angerechnet werden. Es ist vielmehr davon auszugehen, daß alle **Zahlungen** nur auf das gesicherte **Kreditverhältnis** geleistet werden und die Grundschuld in ihrem Bestand nicht berühren.⁵⁶ Das gleiche gilt bei Kontokorrentkredit.⁵⁷ Dagegen kann für **Leistungen auf die Grundschuld** die Tatsache sprechen, daß der zahlende Eigentümer nicht der persönliche Schuldner der durch die Grundschuld gesicherten Forderung ist.⁵⁸ Betreibt der Gläubiger die Zwangsvollstreckung aus dem dinglichen Recht und zahlt daraufhin der Schuldner, ist davon auszugehen, daß auf die Grundschuld gezahlt wird.⁵⁹

2307 War bei einer durch Grundschuld gesicherten Forderung zunächst auf die Forderung gezahlt, so kann **nachträglich vereinbart** werden, daß die Zahlung zugleich als auf die Grundschuld geleistet gelten soll; dadurch wird die Grundschuld zur Eigentümergrundschuld.⁶⁰ Dies gilt auch bei Zahlung durch einen Dritten jedenfalls dann, wenn alle Beteiligten – Eigentümer und Schuldner, Gläubiger, Dritter – über die Zweckänderung einig sind.⁶¹

2308 Der Eigentümer, der zur Sicherung einer **fremden Schuld** eine Grundschuld bestellt hat (vgl Rdn 2317), erwirbt durch die Ablösung der Grundschuld (Rdn 2305) nicht kraft Gesetzes die Forderung des Gläubigers gegen den persönlichen Schuldner.⁶²

2309 Leistet ein **Grundstückskäufer**, der vertraglich die Grundschuld eines Dritten übernommen hat, vor Erwerb des Eigentums Zahlungen an den Dritten, so kommt es für die Frage, ob auf die Grundschuld geleistet worden und infolgedessen die dingliche Belastung in Höhe der gezahlten Beträge als Eigentümergrundschuld auf den Verkäufer übergegangen ist, nicht darauf an, zu

---

⁵⁴ BGH NJW 1986, 2108 (2112); BGH 98, 256 (261) = DNotZ 1987, 210 = NJW 1987, 319; BGH NJW-RR 1987, 1350 (1351).
⁵⁵ BGH DNotZ 1995, 294 = NJW 1994, 2692 = Rpfleger 1995, 14.
⁵⁶ So BGH Betrieb 1960, 1125; s auch Klee NJW 1951, 579; Kolbenschlag MDR 1960, 102.
⁵⁷ BGH BB 1969, 698 = Betrieb 1969, 1143.
⁵⁸ BGH BB 1967, 1102 = DNotZ 1968, 306.
⁵⁹ Haegele Rpfleger 1963, 199 gegen OLG Bamberg Rpfleger 1963, 199. Nach LG Arnsberg ZIP 1980, 1085 kann eine Vereinbarung nicht zur Geltung kommen, wenn der Schuldner zur Abwendung der Vollstreckung Zahlung auf die Duldungsforderung leistet.
⁶⁰ BGH LM Nr 6 zu § 1192 BGB.
⁶¹ BGH DNotZ 1970, 106 = NJW 1969, 2237 = Rpfleger 1969, 423; zur Zahlung eines Dritten auf die Grundschuld auch BGH MittBayNot 1984, 24 (26) = aaO (Fußn 48); dazu auch Coester NJW 1984, 2548; zur Verrechnung von Zahlungen auf die Grundschuld oder die gesicherte Forderung auch ausführlich Kolbenschlag DNotZ 1965, 73, 205, ferner noch BGH NJW 1976, 2132.
⁶² BGH 105, 154 = DNotZ 1989, 358 = Rpfleger 1988, 524; herrschende Meinung; vgl KG NJW 1961, 414.

B. Einzelfälle

welchem Zweck der Käufer gezahlt hat. Maßgeblich ist vielmehr, ob der bisherige Eigentümer mit den Zahlungen des Käufers als eigene Leistung die Grundschuld als solche ablösen wollte.[63]

m) Vor- und Nachteile der Grundschuld
Die Grundschuld bietet insbesondere folgende **Vorteile**: 2310
aa) Bei ihrer Eintragung braucht auf die **Einzelheiten des Forderungsverhältnisses** nicht eingegangen zu werden, insbesondere bedarf es keiner Angabe des Schuldgrundes im Grundbuch. Dies ist vorteilhaft, wenn die Ansprüche des Gläubigers sich aus verschiedenen in Verzinsung und Fälligkeit ungleichen oder der Höhe nach wechselnden Einzelforderungen zusammensetzen, wie es zB bei der laufenden Geschäftsverbindung mit einem Kreditinstitut vielfach der Fall ist.
bb) Änderungen im Forderungsverhältnis brauchen zwischen Gläubiger und Grundstückseigentümer nur formlos vereinbart, aber nicht in das Grundbuch eingetragen werden. Insbesondere gilt dies für Änderungen im Rechtsgrund, Zinssatz oder Fälligkeitstermin der durch die Grundschuld gesicherten Forderungen.
cc) Die Grundschuld hat gegenüber der **Höchstbetragshypothek**, die das Gesetz an sich zur Sicherung laufender Kredite vorsieht (vgl Rdn 2117), den Vorteil, daß bei ihr der im Grundbuch eingetragene – verzinsliche – Betrag nicht zugleich die **Zinsen** der Forderung mit umfaßt und daß in der Grundstückszwangsverwaltung auf die Grundschuldzinsen Zahlungen erfolgen können, während der Gläubiger einer Höchstbetragshypothek, wenn er nicht etwa selbst die Zwangsverwaltung betreibt, aus den Zwangsverwaltungseinnahmen keine Zinszahlungen erhalten kann, da die Höchstbetragshypothek als solche unverzinslich ist.
dd) Die Grundschuld kann für den **Grundstückseigentümer selbst eingetragen** werden, eine Hypothek dagegen nicht (vgl Rdn 2350). Wird eine Eigentümergrundschuld als Briefgrundschuld eingetragen, dann kann sie der Eigentümer jederzeit durch einfache schriftliche Abtretung oder Verpfändung verwerten, ohne daß eine entsprechende Grundbucheintragung erfolgen müßte. Nach außen hin kann niemand erkennen, ob aus der Grundschuld, die im Grundbuch auf den Grundstückseigentümer selbst eingetragen bleibt, irgendwelche Beträge überhaupt geschuldet werden. Dann erhält allerdings auch nur der Grundstückseigentümer vom Grundbuchamt **Nachricht über** in seinem Grundbuch eingetragene Änderungen. Darin liegt für den tatsächlichen Grundschuldgläubiger eine gewisse Gefahr. Wegen der Möglichkeit einer vom Grundstückseigentümer für den wirklichen Gläubiger zu erteilenden **Benachrichtigungsvollmacht** s Rdn 2396.
Nachteile und Gefahren bringt die Grundschuld ihrem Gläubiger – von 2311 vorstehenden Ausnahmen abgesehen – mit zahlreichen Rechtsfragen, die bei Verwertung der Grundschuld zu lösen sind und dem Gläubiger einer nicht voll „valutierten" Grundschuld mit der Verantwortlichkeit für korrekte Wahrung der Interessen auch des Sicherungsgebers (Rdn 2322 ff) oft hohes

---

[63] BGH DNotZ 1968, 554 = MDR 1968, 396; BGH DNotZ 1997, 725 = aaO (Fußn 46).

Risiko bereiten.⁶⁴ Vom Standpunkt des Grundstückseigentümers aus gesehen sind die Nachteile und Gefahren der Grundschuld insbesondere folgende: Dient die Grundschuld zur **Sicherung einer persönlichen Forderung** des Grundschuldgläubigers – was die Regel bildet –, so steht ihm die Grundschuld zwar nicht zu beliebigen Zwecken, sondern nur zu treuen Händen zur Sicherung seiner Forderung zu, er kann sie als der dinglich voll berechtigte Gläubiger aber gleichwohl mißbräuchlich auch dann verwerten, wenn die durch die Grundschuld gesicherte Forderung nicht mehr oder wenigstens nicht mehr in voller Höhe besteht. Dem gutgläubigen Erwerber der Grundschuld gegenüber ist der Grundstückseigentümer alsdann verpflichtet, den vollen Grundschuldbetrag zu zahlen, wenn er die Zwangsversteigerung der belasteten Grundstücke vermeiden will. Die gleiche Gefahr besteht allerdings auch bei der Hypothek dann, wenn es sich um eine Verkehrs- (Brief- oder Buch-) Hypothek handelt. Ihren Grund hat diese Tatsache in dem dem neuen Gläubiger zugute kommenden öffentlichen Glauben des Grundbuchs (§ 892, 1157, 1138 BGB; s Rdn 343 ff). Nur dann, wenn zur Sicherung der Forderung des Gläubigers eine bloße Sicherungshypothek oder ihre Abart, die Höchstbetragshypothek, eingetragen ist, läuft der Grundstückseigentümer diese Gefahr nicht, denn bei dieser Hypothekenart kann der Erwerber der Hypothek nicht mit Erfolg geltend machen, er habe nicht gewußt, daß dem Erstgläubiger eine persönliche Forderung nicht oder nicht mehr in der im Grundbuch angegebenen Höhe zusteht (vgl Rdn 2096).

2312 Der Grundschuldgläubiger kann die durch Grundschuld gesicherte **Forderung** auch ohne die Grundschuld **abtreten,** was bei einer Hypothek nicht möglich ist. Dann besteht für den Grundstückseigentümer ebenfalls uU die Gefahr, doppelt bezahlen zu müssen.

Der Eigentümer kann **gegenüber** dem dinglichen Anspruch des **Erwerbers einer Grundschuld** (§ 1191 BGB) die Einrede, die Grundschuld habe nur Sicherungscharakter und die gesicherte Forderung bestehe nicht, nicht mehr oder nicht in voller Höhe, nicht geltend machen, selbst wenn der Gläubiger den Sicherungscharakter der Grundschuld kannte. Nur wenn der Erwerber der Grundschuld beim Erwerb auch positiv wußte, daß die Forderung nicht bestand, kann ihm diese Einrede entgegengehalten werden.⁶⁵ Diese Entscheidung für die Verkehrsfähigkeit und gegen den Schuldnerschutz⁶⁶ entspricht wohl dem gesetzlichen Leitbild. Würde man die Einrede schon bei bloßer Kenntnis des Sicherungscharakters der Grundschuld gewähren (was heute für die Praxis als allgemein bekannt unterstellt werden müßte), so wäre die vom Gesetz her abstrakte Grundschuld weniger verkehrsfähig als die normale Verkehrshypothek und im Gegensatz zu ihrer gesetzlichen Konzeption der Sicherungshypothek gleichgestellt.

2313 Der Grundstückseigentümer kann den vorstehend geschilderten **Gefahren** der Grundschuld vorbeugen wie folgt:

aa) Die Abtretung der Grundschuld an einen Dritten kann zwischen Gläubiger und Grundstückseigentümer **ausgeschlossen** werden, was im Grundbuch

---

⁶⁴ Stöber ZIP 1980, 833.
⁶⁵ BGH 59, 1 = DNotZ 1972, 612 = Rpfleger 1972, 396; vgl auch OLG Köln JurBüro 1969, 778.
⁶⁶ Reithmann NJW 1977, 661.

eingetragen werden muß. Dann kann der Grundschuldgläubiger die Grundschuld auch nicht verpfänden. Wohl aber kann sie gepfändet werden, doch ist dies für den Grundstückseigentümer deshalb nicht gefährlich, weil im Falle der Zwangsvollstreckung der oben erwähnte öffentliche Glaube des Grundbuchs nicht besteht (Rdn 349), s zur Vereinbarung der Nichtabtretbarkeit Rdn 2379.

bb) Der Schuldner schützt sich gegen Doppelzahlung dadurch, daß er die Erfüllung der persönlichen Forderung von der Aushändigung der **Löschungsunterlagen** abhängig macht (praktisch undurchführbar bei laufender Geschäftsverbindung, Kontokorrent, Tilgungsdarlehen).

cc) Der Grundstückseigentümer bestellt eine **Eigentümergrundschuld** (Rdn 2350) und **verpfändet** diese an den Geldgeber lediglich zur Sicherung der in der Verpfändungsurkunde nach ihrer Art, Verzinsung und Fälligkeit genau bezeichneten Forderung.

dd) Möglich wäre theoretisch auch, eine Grundschuld nur unter einer **bestimmten Bedingung** zu bestellen, zB daß die durch die Grundschuld zu sichernde Forderung entsteht. Praktisch wird von einer solchen Möglichkeit kaum Gebrauch gemacht. Für einen laufenden Kredit würde sich eine solche Grundschuld keineswegs eignen.

n) Aufhebung, Erlöschen, Löschung

S Rdn 2013. Auch Aufhebung der Grundschuld erfordert Zustimmung des Grundstückseigentümers (§ 1183 mit § 1192 Abs 1 BGB). Ein Urteil, durch welches die Klage des eingetragenen Grundschuldgläubigers gegen den Grundstückseigentümer auf Herausgabe des Grundschuldbriefes abgewiesen worden ist, weil eine Grundschuld nicht entstanden ist, genügt als Nachweis der Unrichtigkeit des Grundbuchs dem Grundbuchamt gegenüber.[67]

2314

o) Zwangsversteigerung: Rdn 2014.

2315

aa) Bei Zwangsversteigerung zeigt sich immer wieder, daß (hohe) **Grundschuldzinsen** (auch wiederkehrende andere Nebenleistungen) den an der Rangstelle des Rechts (§ 10 Abs 1 Nr 4, §§ 11, 12 ZVG) aus dem Versteigerungserlös zu deckenden Betrag oft ganz erheblich erhöhen; sie können daher die nachrangige Beleihung des Grundstücks grundlegend gefährden (praktisch auch ganz verhindern). Zu befriedigen sind aus dem Versteigerungserlös die von der letzten Fälligkeit vor der Beschlagnahme (Anordnung der Zwangsversteigerung, § 20 Abs 1 ZVG; Wirksamwerden § 22 ZVG) an laufenden (§ 13 ZVG) und die aus den letzten 2 Jahren davor rückständigen Beträge (§ 10 Abs 1 Nr 4 ZVG). Sind zB Zinsen (andere Nebenleistungen) jährlich nachträglich[68] zu zahlen und bei Erlösverteilung seit Beschlagnahme 2 Jahre vergangen, können an der Rangstelle des (erlöschenden) Rechts Grundschuldhauptsache und Zinsen für nahezu 5 Jahre, bei einem Zinssatz von 16 vH sonach nochmals rund 80 vH des Kapitals zu befriedigen sein.[69] Der

---

[67] LG Freiburg Justiz 1966, 308 Leits = MDR 1966, 339.
[68] Wird vielfach bestimmt, weil dann in der Zwangsversteigerung Zinsen für mindestens 3 Jahre vorrangig geltend gemacht werden können; s Rdn 2286.
[69] Zum Problem s Clemente ZfIR 2002, 337. Beispiele für Zurückberechnung gibt Stöber MittBayNot 1999, 441 (444).

2. Teil. V. Dritte Abteilung des Grundbuchs

Grundschuldgläubiger kann diese Zinsen (als abstrakten Anspruch) auch dann geltend machen und in Empfang nehmen, wenn er sie zur Abdeckung seiner nach der Sicherungsabrede gesicherten (persönlichen) Forderung nicht benötigt (s Rdn 2327). Die der Grundschuld nachgehenden Gläubiger haben aus eigenem Recht nicht Anspruch darauf, daß der Grundschuldgläubiger zu ihren Gunsten (damit sie nachrücken) die Geltendmachung der Grundschuldzinsen unterläßt (s Rdn 2327). Ein auf die Grundschuldzinsen zugeteilter Erlösbetrag, der zur Abdeckung der (gesicherten) Forderung nicht benötigt wird, gebührt nicht den Gläubigern nachrangiger Grundpfandrechte; ihn muß der Grundschuldgläubiger „seinem" Sicherungsgeber, das ist der Berechtigte des Rückgewähranspruchs, auf Grund der Sicherungsabrede (oder der gesetzlichen Schuldverpflichtung nach § 812 BGB) in Erfüllung des Rückgewähranspruchs auszahlen.[70]

2315a bb) **Nicht** zulässig ist als **Inhalt der Grundschuld** die Bestimmung, daß die **Zwangsvollstreckung ausgeschlossen** oder nur unter bestimmten Voraussetzungen[71] zulässig sein soll,[72] so zB, daß nur vollstreckt werden darf, wenn die Grundschuld den ersten Rang einnimmt, daß ihr Gläubiger nur dem Verfahren eines anderen beitreten darf (§ 27 ZVG), daß nur die Zwangsverwaltung, nicht aber die Zwangsversteigerung zulässig ist (oder umgekehrt), daß die Grundschuld nur geltend gemacht werden darf, wenn erfolglos die Verwertung anderer Sicherheiten versucht worden ist[73] oder wenn nach den Versteigerungsbedingungen eine Auflassungsvormerkung durch den Zuschlag nicht erlischt.[74] Die Grundschuld ist dingliches Verwertungsrecht (Rdn 2279). Die Gläubigerbefriedigung erfolgt im Wege der Zwangsvollstreckung (§ 1147 mit § 1192 Abs 1 BGB). Das ist zwingend; abweichende Inhaltsbestimmung ist sachenrechtlich nicht zugelassen, damit nicht eintragungsfähig (Rdn 22).
Zu unterscheiden von der als Inhalt der Grundschuld unzulässigen Ausschließung oder Beschränkung des (dinglichen) Verwertungsrechts ist die **vollstreckungsbeschränkende Vereinbarung** zwischen dem Eigentümer und dem Grundschuldgläubiger. Sie ist zulässig[75] und begründet eine Einrede[76] gegen die Grundschuld (§ 1157 mit § 1192 Abs 1 BGB). Der Eigentümer kann sie dem Gläubiger der Grundschuld und bei Gläubigerwechsel auch dem Zessio-

---

[70] Stöber Rdn 7.6 zu § 114 ZVG.
[71] Zu solchen Vereinbarungen Staudinger/Wolfsteiner Rdn 2 zu § 1113 BGB, der aber nicht ausführt, ob die Vereinbarung als Inhalt des Grundpfandrechts getroffen werden kann oder ob sie als Verpflichtung des Gläubigers gegenüber dem Eigentümer wegen des dinglichen Rechts (auf Grund des bestehenden Rechtsverhältnisses) zulässig ist.
[72] So zutreffend BGB-RGRK/Mattern Rdn 12 zu § 1147.
[73] Falsch ist der Hinweis des LG Saarbrücken (nachf Fußn 74) für Zulässigkeit dieser Inhaltsbestimmung auf BGH NJW 1986, 1487. Der BGH hat nicht über einen vollstreckungsbeschränkenden Inhalt der Grundschuld entschieden, sondern zur nachbezeichneten Einrede des Eigentümers auf Grund einer vollstreckungsbeschränkenden Vereinbarung Stellung genommen.
[74] Nicht zutreffend somit LG Saarbrücken BWNotZ 2000, 68 = MittBayNot 2000, 334 = MittRhNotK 2000, 294 = Rpfleger 2000, 213, das (widersprüchlich) überdies die Abrede zwar als vollstreckungsbeschränkende Vereinbarung ansieht und (mit Inhaltsänderung) doch als Grundpfandrechtsinhalt eintragen läßt.
[75] Zöller/Stöber Rdn 25 vor § 704 ZPO.
[76] BGH NJW 1986, 1487 (1488); Erman/Wenzel Rdn 1 zu § 1147 BGB.

nar entgegensetzen (§ 1157 S 1 mit § 1192 Abs 1 BGB). Einredefreier gutgläubiger Erwerb der Grundschuld kann durch Grundbucheintragung des Einredetatbestands mit Widerspruch (s Rdn 2340) ausgeschlossen werden (§ 1157 S 2 mit § 892 und § 1192 Abs 1 BGB).

Anhang: Grundschuld – Kreditsicherungsvertrag

a) Die Grundschuld erfreut sich in der Kreditpraxis großer Beliebtheit. Zwar sind Begründung und Fortbestand der Grundschuld als Grundstücksbelastung unabhängig vom Bestehen einer Forderung (Rdn 2279). Doch können durch **schuldrechtlichen Vertrag** Rechtsbeziehungen hergestellt werden, die Verwendung der Grundschuld als Sicherungsrecht für Forderungen ermöglichen. Durch Sicherungsvertrag wird mit nur schuldrechtlicher Wirkung die Berechtigung des Gläubigers der Grundschuld auf den Sicherungszweck beschränkt (vgl § 137 S 2 BGB). Die mit Sicherungsvertrag begründeten schuldrechtlichen Rechtsbeziehungen und ihre Auswirkungen auf die Berechtigung des Gläubigers der Grundschuld werfen vielfältige Fragen auf. Hier können nur wesentliche aufgezeigt werden. Eine umfassende Darstellung würde den Rahmen dieses Handbuchs sprengen.

2316

b) Gesetzesgrundlage für Begründung des mit Abschluß des **Sicherungsvertrags** (auch Sicherungsabrede, Zweckbestimmungs- oder Zweckerklärung genannt) entstehenden Schuldverhältnisses sind §§ 311 Abs 1, § 241 Abs 1 BGB. Abzuschließen ist der Sicherungsvertrag zwischen
– dem Gläubiger der Grundschuld als Sicherungs**nehmer;**
– dem Sicherungs**geber,** der die Grundschuld als Kreditsicherungsmittel zur Verfügung stellt.
Der Schuldner der zu sichernden Forderung muß in dieser Eigenschaft bei Abschluß des Sicherungsvertrags nicht mitwirken. In der Regel ist der Eigentümer des Grundstücks, an dem die Grundschuld bestellt wird oder bereits lastet, zugleich Forderungsschuldner. Einen eigenen Forderungsgläubiger sichert der Grundstückseigentümer oft auch durch Abtretung einer Eigentümergrundschuld. Es kommt aber auch vor, daß eine Grundschuld vom Eigentümer als Sicherheit für die Forderung des Gläubigers gegen einen Dritten (Verwandten, Geschäftsfreund) zur Verfügung gestellt wird. Sicherheit für eine selbst oder für die von einem Dritten geschuldete Forderung kann auch der Gläubiger einer Grundschuld[1] an einem fremden Grundstück mit dieser leisten. Hierfür muß der Grundschuldgläubiger in der Befugnis, sein Grundpfandrecht zu übertragen, rechtlich nicht behindert sein (insbesondere auch nicht durch schuldrechtliche Abrede oder durch Einrede gegen die Grundschuld). In besonderen Fällen werden mit schuldrechtlicher Sicherungsvereinbarung Vertragspflichten weiterer Personen begründet, so zwischen Grundschuldgläubiger und Grundstückserwerber (s bereits Rdn 849 Abschn III 1 und dort Fußn 8) oder zwischen Grundschuldgläubiger und dem Berechtigten des Rückgewähranspruchs (dazu Rdn 2322 f). Der Grundstückseigentümer, der bei Veräußerung des Grundstücks dem Kreditgeber des Er-

2317

---

[1] Grundstückseigentümer und Sicherungsgeber müssen nicht identisch sein (BGH NJW-RR 1996, 234). Zum Sicherungsgeber (und Gläubiger des Rückgewährungsanspruchs) bei Abtretung einer Grundschuld s BGH aaO.

werbers zur Sicherung der Kaufpreisfinanzierung eine Grundschuld bestellt, leistet für dessen Verbindlichkeit Sicherheit (dazu Rdn 3158). Die nachfolgende Darstellung geht von dem Grundfall aus, daß der Eigentümer des Grundstücks zugleich persönlicher Schuldner ist und seinem Gläubiger die Grundschuld sicherungshalber einräumt.

2318 c) Eine **Form** ist gesetzlich für den Abschluß des Sicherungsvertrags nicht vorgeschrieben.[2] Die schuldrechtliche Vereinbarung über die Sicherung einer Forderung durch Grundschuld könnte daher formlos (mündlich) getroffen werden.[3] Zur Beweissicherung ist Schriftform zweckmäßig und üblich. Vielfach wird nur die Vertragserklärung des Sicherungsgebers schriftlich niedergelegt (daher auch Bezeichnung als Zweckbestimmungserklärung), die Annahmeerklärung des Sicherungsnehmers jedoch mündlich oder auch nur stillschweigend abgegeben. Wenn der Sicherungsvertrag in die Urkunde über die Grundschuldbestellung mit aufgenommen wird, ist auf Trennung der beiden Rechtsgeschäfte zu achten (s Rdn 2287, 2288).

Der **Notar** hat bei Beurkundung des Sicherungsvertrags, der in die (vollstreckbare) Grundschuldurkunde aufgenommen ist, über dessen rechtliche Tragweite zu belehren (§ 17 BeurkG), gleichgültig, ob die schuldrechtliche Sicherungsabrede im vorlesungspflichtigen oder im vorlesungsfreien Teil der Urkunde steht[4] (s Rdn 2086).

2319 d) Der Sicherungsvertrag unterliegt dem Recht der **Allgemeinen Geschäftsbedingungen**[5] (§§ 305 ff BGB; vordem AGBGB), wenn auf ihn die Definition des § 305 Abs 1 BGB zutrifft[6] (das Rdn 2071 Gesagte gilt entsprechend). Allgemeine Geschäftsbedingungen (AGB), auf die Bezug genommen ist, werden Inhalt des Sicherungsvertrags, soweit die übrigen Voraussetzungen des § 305 Abs 2 BGB (Möglichkeit der Kenntnisnahme und Einverständnis des Sicherungsgebers) vorliegen. Von einer solchen Bezugnahme auf nicht verlesene AGB ist bei Beurkundung des Sicherungsvertrags dringend abzuraten, da der Notar im Hinblick auf solche AGB seine Belehrungspflicht nicht erfüllen kann. Auf keinen Fall werden solche AGB, auf die ohne Verlesung und Beifügung zur Urkunde (§ 9 BeurkG) verwiesen wird, Teil der öffentlichen Urkunde; sie nehmen daher in keiner Weise an der Beweiskraft der öffentlichen Urkunde teil.

---

[2] BGH 100, 82 (84) = DNotZ 1987, 493 = NJW 1987, 1885 = Rpfleger 1987, 298. Formvorschriften für besondere Fälle erlangen bei der Grundschuld keine (oder doch kaum einmal) Bedeutung. Beurkundungspflichtig ist zB nach § 313 b Abs 1 BGB eine Sicherungsabrede, die beurkundungsrechtlich eine Einheit mit dem Verkaufsangebot über ein Grundstück bildet; s hierwegen BGH DNotZ 1983, 231 = NJW 1983, 565.

[3] Huber, Sicherungsgrundschuld, § 9a, Seite 76, mit Hinweis auf BGH WM 1960, 355. Beispiel: BGH DNotZ 1992, 51 = NJW 1991, 305 = Rpfleger 1991, 105.

[4] Reithmann DNotZ 1982, 318; Rastätter BWNotZ 1990, 57.

[5] Bei Prüfung unter dem Gesichtspunkt des § 305 c BGB (vormals § 3 AGBG) ist auf die jüngste von mehreren zeitlich aufeinander folgenden formularmäßigen Sicherungserklärungen und auf den Anlaß für deren Abgabe abzustellen (BGH DNotZ 1995, 890 = NJW 1995, 1674; BGH DNotZ 201, 633 mit Anm Tiedtke = NJW 2001, 1417; auch BGH DNotZ 2001, 614 (sieben Jahre nach Gewährung des gesicherten Darlehens erneut vereinbarte formularmäßige weitere Sicherungsabrede).

[6] BGH 99, 203 (205) = DNotZ 1987, 487 = NJW 1987, 1636.

B. Einzelfälle

e) **Vertragsinhalt** ist im wesentlichen 2320
– die Verpflichtung des Sicherungsgebers zur Sicherung der Forderung durch Grundschuld;[7]
– die schuldrechtliche Beschränkung der Befugnisse des Sicherungsnehmers als Gläubiger der Grundschuld auf den Sicherungszweck;
– die Verpflichtung des Sicherungsnehmers zur Rückgabe (Rückgewähr) der Grundschuld nach Erledigung des Sicherungszwecks.

Bei Grundschulden, mit denen ein abstraktes Schuldversprechen in Höhe des Grundschuldbetrags samt Nebenleistungen verbunden ist (s Rdn 2289), werden die für die Grundschuld geltenden Verpflichtungen und Beschränkungen in gleicher Weise auch für das zu Sicherungszwecken gegebene abstrakte Schuldversprechen vereinbart.

f) Die **Verpflichtung** des Sicherungsgebers zur **Leistung der Sicherheit** wird 2321
als solche oft nicht ausdrücklich schriftlich niedergelegt. Auch wenn sie nur konkludent vereinbart ist, begründet aber der Sicherungsvertrag den Anspruch des Sicherungsnehmers auf Bestellung der Grundschuld mit den festgelegten Bedingungen, also ggfs mit dinglicher Unterwerfung unter die sofortige Zwangsvollstreckung. Darüber hinaus werden oft Verpflichtungen zur Leistung weiterer Sicherheiten vereinbart,[8] so ein abstraktes Schuldversprechen mit Verpflichtung zur persönlichen Unterwerfung unter die sofortige Zwangsvollstreckung, eine Bürgschaft usw.

g) **Schuldrechtliche Beschränkung** der Befugnisse des Gläubigers der Grund- 2322
schuld erlaubt § 137 S 2 BGB. Diese Beschränkung in der Geltendmachung seiner (davon nicht berührten; s Rdn 2279) dinglichen Rechtsstellung **verpflichtet** den Gläubiger,
– seine Grundschuld nur insoweit geltend zu machen, als dies zur Befriedigung der gesicherten Forderung nötig ist – als sie mithin durch die zu sichernde Forderung gedeckt (auch „valutiert") ist –;
– und damit zu warten, bis die gesicherte Forderung fällig ist.

Damit begründet der Sicherungsvertrag zwischen den Beteiligten ein auf dem Grundsatz von Treu und Glauben (§ 242 BGB) beruhendes fiduziarisches Rechtsverhältnis. Dieses wird vielfach auch nach Bestimmungen über den Auftrag (§§ 662 ff BGB) beurteilt. Die nur treuhänderische Rechtsstellung verpflichtet den Sicherungsnehmer auch, den Interessen des Sicherungsgebers möglichst Rechnung zu tragen (s nun § 241 Abs 2 BGB). Dessen Interessen hat der Sicherungsnehmer zu schonen und zu berücksichtigen.[9] Das erlangt vor allem bei Verwertung der Grundschuld praktische Bedeutung. Verletzung der Vertragspflichten des Sicherungsnehmers kann Schadensersatzansprüche begründen (§§ 280 ff BGB).[10]

---

[7] Die Sicherungsabrede für eine schon „bestellte", aber wegen unwirksamer Einigung (oder weil Eintragung nicht erfolgt ist) nicht entstandene Grundschuld verpflichtet den Sicherungsgeber, an der nachträglichen Bestellung einer eintragungsfähigen Grundschuld mitzuwirken, BGH NJW 1990, 392.
[8] Nach OLG Saarbrücken ZfIR 2003, 153 nötig für Wirksamkeit der (späteren) persönlichen Zwangsvollstreckungsunterwerfung; vgl dazu im einzelnen Rdn 2289.
[9] Dazu zB BGH BB 1967, 476 = Betrieb 1967, 723; Betrieb 1979, 2415 = NJW 1980, 226 = ZIP 1980, 40 mit Anm Kübler; Serick BB 1970, 541.
[10] BGH Betrieb 1982, 2077 = NJW 1982, 2768.

2323 h) Für **welche Forderung** der Sicherungsnehmer die Grundschuld in Anspruch nehmen (geltend machen) kann, bestimmt sich nach dem Sicherungsvertrag.[11] Die Grundschuld kann der Sicherung eigener Verbindlichkeiten des Grundstückseigentümers oder fremder Verbindlichkeiten, schon entstandener und künftig erst entstehender Forderungen dienen[12] (s auch Rdn 2325). Der Sicherungsvertrag kann Haftung der Grundschuld für die Forderung auch der Art oder der Höhe nach begrenzen[13] (üblich bei Kaufpreisfinanzierung vor Eigentumsübergang unter Mitwirkung des Veräußerers, Rdn 3158). Für eine Forderung, die danach nicht gesichert ist, darf der Gläubiger die Grundschuld nicht geltend machen. Er hat die Grundschuld als Sicherheit nach Erlöschen der Forderung freizugeben.

2324 Wenn Sicherung einer **bestimmten** (Einzel-)**Forderung** vereinbart und Abweichendes nicht festgelegt ist, gelten auch die Forderungszinsen als gesichert.[14] Für die vertraglichen und gesetzlichen Forderungs**zinsen** haften dann Grundschuldzinsen und Grundschuldhauptsache gleichermaßen. Grundschuldzinsen können, wenn darüber keine Abrede getroffen ist, nicht nur zur Deckung geringerer Forderungszinsen, sondern auch zur Befriedigung des Hauptanspruchs der gesicherten Forderung verlangt werden.[15] **Kosten**, die durch Geltendmachung der Forderung mit Rechtsverfolgung gegen den Forderungsschuldner erstattungsfähig entstehen, gelten (wenn keine ausdrückliche Abrede besteht) als durch die Grundschuld gesichert. Für die durch Rechtsverfolgung aus der Grundschuld mit Zwangsvollstreckung in das Grundstück notwendig entstehenden Kosten haftet das Grundstück dinglich (§ 1118 BGB, § 10 Abs 2 ZVG). Dazu dürften auch Kosten gehören, die dem Gläubiger mit erfolgreicher Abwehr einer Vollstreckungsgegenklage des Eigentümers erwachsen.[16] Dingliche Rechtsverfolgungskosten können über den Grundschuldanspruch (an Hauptsache und Zinsen) hinaus geltend gemacht werden, sind bei Zwangsversteigerung jedoch rechtzeitig anzumelden (§ 37 Nr 4 ZVG). Ob auch Schadensersatz-, Rücktritts- und Bereicherungsansprüche gesichert sind, ist zweifelhaft. Das dürfte bei Sicherung einer eigenen Verbindlichkeit der Fall sein, nicht jedoch, wenn der Sicherungsgeber nicht der persönliche Schuldner ist. Klarstellung mit ausdrücklicher Abrede im Sicherungsvertrag ist ratsam.

2325 i) Zulässig ist Sicherungsabrede, daß die Grundschuld nicht nur eine bestimmte einzelne Forderung, sondern **alle aus der Geschäftsbeziehung herrührenden** und auch **künftig** entstehende **Forderungen** des Verfügenden[17] sichern

---

[11] Bezeichnung des Forderungsschuldners gehört daher zur Kennzeichnung der gesicherten Forderung. Bei Eheleuten empfiehlt sich Klarstellung, ob gemeinsame Schulden oder die Verbindlichkeiten nur eines der Ehegatten gedeckt sein sollen. Bei Sicherung von Privatdarlehen durch den persönlich haftenden Gesellschafter einer Kommanditgesellschaft stellt Bezeichnung des Verwendungszwecks mit „für Hausbau" klar, daß die Grundschuld nicht für Geschäftsverbindlichkeiten haften soll, OLG Bamberg ZIP 1984, 1213.
[12] BGH 100, 82 (84) = aaO (Fußn 2).
[13] Reithmann DNotZ 1982, 319.
[14] Serick, Eigentumsvorbehalt und Sicherungsübertragung, Band II, § 18 I 4 (Seite 53).
[15] RG SeuffArch 87, 51 (53) BGH NJW 1982, 2768 = aaO (Fußn 10).
[16] OLG Köln ZIP 1980, 112.
[17] BGH DNotZ 1998, 575 = aaO (Fußn 25); BGH DNotZ 2001, 119 mit Anm Tiedtke = NJW 2000, 2675 = NotBZ 2000, 260.

B. Einzelfälle

soll.[18] Deliktische oder bereicherungsrechtliche Ansprüche, die nicht mit dem Kreditverhältnis in Zusammenhang stehen, sind dann aber nicht gesichert,[19] desgleichen bei Sicherung der Forderung aus der Geschäftsverbindung mit dem Sicherungsgeber auch bei Erstreckung der Abrede auf Forderungen aus „Sicherungsverträgen" nicht ein Anspruch gegen den Sicherungsgeber aus dessen persönlicher Haftungsübernahme (Rdn 2289) für die Zahlung des Betrags einer zur Sicherung fremder Verbindlichkeiten bestellten Grundschuld.[20] Bei limitiertem Kredit in laufender Rechnung kann der Sicherungsvertrag (wirksam) auch vorsehen, daß die Grundschuld als Sicherheit für alle zukünftigen Ansprüche gegen den mit dem Grundstückseigentümer nicht identischen Kreditschuldner dienen soll.[21] Der Ausdehnung des Sicherungszwecks in einer bei Sicherung einer konkreten Einzelforderung getroffenen Formularvereinbarung mit einem Grundstückseigentümer (Privatperson), der eine Grundschuld zur Sicherung eines fremden (und zudem zweckgebundenen, zinsverbilligten) Darlehens bestellt hatte, auf alle zukünftigen Forderungen aus laufender Geschäftsverbindung zwischen dem Darlehensgläubiger und -schuldner wird als grundsätzlich überraschend (§ 305 c BGB) jedoch die Anerkennung versagt;[22] das gleiche gilt in diesem Fall auch für bereits bestehende Verbindlichkeiten insoweit, als sie über den Anlaß des Sicherungsvertrags hinausgehen.[23] Auch die Wirksamkeit einer formularmäßigen Sicherungsvereinbarung, derzufolge die von einer BGB-Gesellschaft bestellte Grundschuld über den aus Anlaß ihrer Bestellung gewährten Kredit hinaus noch sonstige Darlehen an einzelne Gesellschafter (persönlich) sichern soll, wird wegen Verstoß gegen § 305 c Abs 1 BGB (= früher § 3 AGBG) verneint.[24] Einen Verstoß gegen § 307 Abs 1 BGB (= früher § 9 AGBG) sieht der

---

[18] Die Grundschuld sichert dann nach Übergang des Vermögens einer Sparkasse im Wege der Gesamtrechtsnachfolge auf eine andere Sparkasse auch Kredite, die von der die Geschäftsverbindung fortsetzenden Sparkasse gewährt werden; BGH ZIP 1981, 596 (so auch schon für Bürgschaft BGH ZIP 1980, 534).
[19] OLG Köln DNotZ 1984, 622 (Nr 6, Leits) = ZIP 1983, 926.
[20] BGH 98, 256 = DNotZ 1987, 210 = NJW 1987, 319.
[21] BGH DNotZ 1987, 485 = NJW 1987, 946. Zu Voraussetzungen und Wirkungen einer Kündigung einer solchen Sicherungsabrede s BGH DNotZ 2003, 116.
[22] BGH 83, 56 = DNotZ 1982, 314 mit Anm Reithmann = JR 1982, 451 mit Anm Rehbein = NJW 1982, 1035; BGH 99, 203 = DNotZ 1987, 487 = NJW 1987, 1636; BGH DNotZ 1992, 562 = NJW 1992, 1822 = Rpfleger 1992, 288; auch BGH DNotZ 1996, 1026 = NJW-RR 1995, 1257; BGH MDR 1996, 248 = MittBayNot 1996, 91; BGH DNotZ 2001, 614; BGH DNotZ 2001, 623 mit Anm Tiedtke = NJW 2001, 1417; BGH DNotZ 2002, 853 = NJW 2002, 2710; OLG Hamburg DNotZ 1984, 184; OLG Karlsruhe Justiz 1986, 215 = MittBayNot 1986, 130; LG München I ZIP 1985, 27; allgemeiner BGH DNotZ 1995, 890 = NJW 1995, 1674.
[23] BGH 109, 197 = DNotZ 1990, 554 = JR 1990, 241 mit Anm Eckert = NJW 1990, 576 (auch zur Beweislast).
[24] BGH 102, 152 = DNotZ 1988, 484 = NJW 1988, 558 = Rpfleger 1988, 100. S hingegen aber BGH NJW-RR 1996, 673 (keine überraschende Zweckerklärung bei Grundschuldbestellung 9–10 Monate nach Darlehensgewährung an die BGB-Gesellschaft. Zur weiten Sicherungsabrede bei Bestellung der Grundschuld durch eine Personengesellschaft oder den persönlich haftenden Gesellschafter auch Tiedtke NJW 1991, 3241.

BGH[25] in der Erweiterung der Sicherungsabrede auf fremde (künftige) Verbindlichkeiten – anders als bei der Bürgschaft – nicht. Unwirksamkeit erkennt der BGH in solchen Fällen nur aus dem Gesichtspunkt des § 305 c Abs 1 BGB (= früher § 3 AGBG; überraschende Klauseln) an; die überraschende Klausel entfällt, wenn eine entsprechende individuelle Belehrung stattgefunden hat.[26] Wenn Ehegatten am gemeinschaftlichen Grundstück aus Anlaß der Sicherung einer bestimmten gemeinsamen Verbindlichkeit eine Grundschuld bestellen, kann daher die formularmäßige Sicherungsabrede, daß die Grundschuld am eigenen Anteil auch alle künftigen Verbindlichkeiten des anderen Ehegatten sichert, dem Verbot überraschender Klauseln widersprechen;[27] die Unwirksamkeit einer solchen Klausel beschränkt sich dann auf die Einbeziehung künftiger Verbindlichkeiten des einen Ehegatten in den Sicherungszweck der den Miteigentumsanteil des anderen Ehegatten belastenden Grundschuld[27].

2325 a Vereinbart werden kann, daß der Sicherungsnehmer nicht nur wegen eigener Forderungen durch die Grundschuld gesichert sein soll, sondern auch wegen solcher Forderungen, die er sich von anderen Gläubigern abtreten läßt.[28] Eine formularmäßige Erstreckung von Sicherheiten auf künftig erst entstehende Forderungen, die im Rahmen einer bankmäßigen Geschäftsverbindung von der Bank gegen den Sicherungsgeber von einem Dritten erworben werden, hält auch der richterlichen Inhaltskontrolle Allgemeiner Geschäftsbedingungen stand.[29] Gesichert sind mit solcher Abrede jedoch nur Forderungen, die der Sicherungsnehmer von einem Dritten in banküblicher Weise erwirbt. Wenn eine Bank in Kenntnis der schlechten wirtschaftlichen Lage ihres Kunden eine Forderung gegen ihn von einem Dritten auf nicht bankübliche Weise erwirbt, um dem Dritten Deckung zu verschaffen, handelt sie rechtsmiß-

---

[25] BGH DNotZ 1998, 575 = NJW 1997, 2320 und DNotZ 1998, 578 mit Anm Schmitz-Valckenberg = NJW 1997, 2677; BGH DNotZ 2001, 623 = aaO (Fußn 22); aA Tiedtke Anm DNotZ 2001, 627; s auch BGH 100, 82 = aaO (Fußn 2); auch OLG Düsseldorf NJW-RR 1986, 1312 für die Sicherungsabrede der Ehefrau, die im Geschäft des Kreditnehmers (Ehemanns) in nicht untergeordneter Position tätig war, mit Einschränkung für Forderungen, mit deren Bestehen oder Entstehen bei Abgabe der Zweckerklärung redlicherweise nicht zu rechnen war. Siehe auch OLG Karlsruhe ZIP 1986, 299: Formularmäßige erweiternde Sicherungsabrede eines Nichtschuldners ist nicht stets rechtlich bedenklich. Wechselverbindlichkeiten liegen nicht außerhalb des mit Sicherung eines kaufmännischen Kontokorrentkredits bestimmten Rahmens. Als Gesellschafter und Ehegatte des Geschäftsführers und Gesellschafters der Schuldner-GmbH ist der Sicherungsgeber kein in besonderem Maße des Schutzes vor überraschenden Klauseln bedürftiger „zufälliger Dritter". Vgl auch Volmer WM 1998, 914 mit dem (richtigen) Hinweis auf eine vom Gesetz zugelassene vergleichbare Situation bei der Höchstbetragshypothek.

[26] Dazu und zur Frage, ob die gebotene Belehrung des Notars dem Grundschuldbesteller die Berufung auf die Unwirksamkeit nach § 305 c Abs 1 BGB (früher § 3 AGBG) nimmt vgl Amann MittBayNot 1997, 341; Volmer WM 1998, 914.

[27] BGH 106, 19 = DNotZ 1989, 609 mit Anm Schmitz-Valckenberg = MittBayNot 1989, 207 mit Anm Schelter = NJW 1989, 831 = Rpfleger 1989, 94 Leits; BGH DNotZ 2002, 853 = aaO (Fußn 22); BGH DNotZ 1992, 562 = aaO (Fußn 22); s hierzu auch Rdn 2078.

[28] BGH 59, 230 = NJW 1972, 2084.

[29] BGH JR 1981, 290 mit Anm Rehbein = NJW 1981, 756 = ZIP 1981, 147.

bräuchlich. Deckung auch dieser Forderung aus der Sicherungsgrundschuld kann dann nicht verlangt werden.[30] Fällt eine bis dahin ungesicherte Forderung, die sich eine Bank während der „kritischen Phase" von einem anderen (späteren) Insolvenzgläubiger gegen den Schuldner des Insolvenzverfahrens hat abtreten lassen, nach der zwischen der Bank und dem Schuldner des Insolvenzverfahrens bestehenden Sicherungsabrede in den Deckungsbereich der Grundschuld, dann ist solche Gewährung einer Sicherheit anfechtbar.[31]

k) Zur Sicherung **weiterer** (anderer) **Forderungen** kann die Grundschuld durch Vereinbarung zwischen ihrem Gläubiger (als Sicherungsnehmer) und dem Sicherungsgeber verwendet werden. Das erfordert (nicht formgebundene) Änderung des mit dem Sicherungsvertrag begründeten Schuldverhältnisses durch (weiteren) Vertrag zwischen den Beteiligten (§ 311 Abs 1 BGB). Der Darlehensschuldner, der nicht Sicherungsgeber ist, braucht auch an dieser Vereinbarung nicht mitzuwirken. Wenn jedoch der Rückgewähranspruch abgetreten ist (das ist vielfach der Fall), wird mit Erweiterung der Sicherungsabrede in die Rechte des Gläubigers des Rückgewähranspruchs eingegriffen. Er muß daher mitwirken (zustimmen).[32] Der Grundschuldgläubiger, der die Abtretung des Rückgewähranspruches nicht kennt, ist jedoch nach § 407 BGB geschützt. Ist der Rückgewähranspruch gepfändet oder verpfändet, beeinträchtigt die Erweiterung der Sicherungsabrede die Berechtigung des Pfandgläubigers. Daher muß auch er dem Änderungsvertrag zustimmen.

2326

l) Schuldrechtliche Beschränkungen des Sicherungsnehmers bestehen nach dem Sicherungsvertrag (wenn er nicht Abweichendes regelt) nicht mehr, wenn die gesicherte Forderung bei Fälligkeit nicht bezahlt wird. Der Gläubiger der Grundschuld ist dann berechtigt, die **Grundschuld** nach Maßgabe der im Sicherungsvertrag getroffenen Abreden **geltend zu machen;** das erlaubt auch Kündigung (soweit eine Kündigung überhaupt erforderlich ist; s § 1193 BGB). Verwertung der Grundschuld zur Befriedigung der gesicherten Forderung kann auch dann aber nur nach Maßgabe des Sicherungsvertrags erfolgen.[33] Nach diesem bestimmt sich auch die Art der Verwertung. Über sein Sicherungsinteresse hinaus kann der Gläubiger die Grundschuld nicht verwerten.[34]

2327

---

[30] BGH BB 1981, 1603 = MDR 1981, 742 = NJW 1981, 1600; auch BGH WM 1974, 1219, 1958, 722 und BGH NJW 1983, 1735.

[31] Für vormaligen § 30 Nr 2 KO: BGH 59, 230 = aaO (Fußn 28).

[32] Vgl hierzu für den vergleichbaren Fall der Sicherung weiterer Forderungen durch Vorbehaltskäufer nach Übertragung des Anwartschaftsrechts auf Erwerb des Volleigentums an einen Dritten/Zweiterwerber BGH 75, 221 = NJW 1980, 175 und 774 mit Anm Forkel. Unrichtig daher OLG München DNotZ 1999, 744 mit abl Anm Eickmann.

[33] RG 143, 113 (116). Der Sicherungsvertrag begründet ein Treuhandverhältnis, das den Sicherungsnehmer verpflichtet, bei der Verwertung die Interessen des Sicherungsgebers angemessen zu berücksichtigen, insbesondere eine möglichst günstige Verwertung der Sicherheit anzustreben. Hierzu (auch zu Sorgfaltspflichten) BGH NJW-RR 1987, 1291 = Rpfleger 1987, 427. Zur Verwertungsbefugnis der zur Absicherung mehrerer Darlehen unterschiedlicher Schuldner bestellten Grundschuld, wenn die Voraussetzungen der Verwertung nur bei dem einem der Schuldner gewährten Darlehen eingetreten sind, BGH NJW 1998, 601 = Rpfleger 1998, 105.

[34] OLG Köln ZIP 1980, 112 (113).

Ist nichts vereinbart, so kann sich der Gläubiger mit **Zwangsvollstreckung in das** haftende **Grundstück** und mithaftende Gegenstände (mit Zwangsversteigerung und Zwangsverwaltung) Befriedigung verschaffen. In der Zwangsversteigerung, auch wenn sie auf Antrag eines Dritten betrieben wird, ist der Gläubiger der Grundschuld infolge seiner forderungsunabhängigen dinglichen Rechtsstellung berechtigt, rückständige Grundschuldzinsen auch dann anzumelden, wenn er sie zur Abdeckung seiner persönlichen Forderung nicht benötigt.[35] Die der Grundschuld nachgehenden dinglichen Berechtigten haben aus eigenem Recht nicht Anspruch darauf, daß der Grundschuldgläubiger zu ihren Gunsten (damit sie nachrücken) die Geltendmachung der Grundschuldzinsen unterläßt.[36] Der Grundschuldgläubiger muß jedoch den auf nicht benötigte Zinsen zugeteilten Erlös dem Grundstückseigentümer (oder sonstigem Sicherungsgeber, nach Abtretung des Rückgewähranspruchs dem neuen Berechtigten) auszahlen.[37] Ob der Gläubiger der nicht voll valutierten Grundschuld dem Sicherungsgeber (sonstigen Berechtigten des Rückgewähranspruchs) verpflichtet ist, in der Zwangsversteigerung die zur Abdeckung seiner persönlichen Forderung nicht benötigten Grundschuldzinsen geltend zu machen und empfangenen Erlös herauszugeben, ist streitig.[37] Zur Behandlung des Erlösanspruchs, der dem Gläubiger einer mit Zuschlag erloschenen Grundschuld gebührt, im Zwangsversteigerungs-Erlösverteilungsverfahren im übrigen s Stöber.[38]

2328 Verwertung der Grundschuld durch deren **Veräußerung** gegen Zahlung ist zulässig, wenn der Sicherungsvertrag dies als Befugnis des Gläubigers vorsieht.[39] Zweifelhaft ist, ob der Gläubiger zum Grundschuldverkauf auch ohne ausdrückliche Abrede berechtigt ist; das ist nicht anzunehmen. Wenn der Gläubiger die Grundschuld zum Zwecke der Verwertung isoliert überträgt, erlischt die gesicherte Forderung in Höhe des erzielten Entgelts.[40] Mit vertragsgemäßer Verwertung der Grundschuld ist der Sicherungsvertrag abgewickelt und beendet.[41] Die fiduziarische Zweckbindung zwischen Grundschuld und gesicherter Forderung ist damit aufgehoben.[41] Damit ist auch der Rückgewähranspruch des Sicherungsgebers (Rdn 2335) erloschen.[41] Der Erwerber der Grundschuld hat diese frei von Rückgewähranspruch und Einreden aus dem Rechtsverhältnis zwischen Eigentümer und bisherigem Gläubiger erworben (sogen isolierte Grundschuld). Folge der ordnungsmäßigen Verwertung der Grundschuld ist somit, daß der Erwerber die Grundschuld – selbst bei Kenntnis des ursprünglichen Sicherungszwecks – in voller Höhe geltend machen kann.[42] Der Rückgewähranspruch lebt auch dann nicht wie-

---

[35] BGH NJW 1981, 1505 = Rpfleger 1981, 292 = ZIP 1981, 487, gegen OLG München ZIP 1980, 974 mit abl Anm Stöber; Räfle ZIP 1981, 821; Stöber Rdn 7.6 zu § 114 ZVG.
[36] BGH NJW 1981, 1505 = aaO (Fußn 35) und die in Fußn 35 Genannten.
[37] Näher dazu OLG München NJW 1980, 1051 (verneint) mit Anm Vollkommer = VersR 1980, 686; s aber auch Stöber Rdn 7 zu § 114 ZVG.
[38] Stöber ZIP 1980, 833; auch Stöber Rdn 7 zu § 114 ZVG.
[39] RG 143, 113 (116); BGH DNotZ 1979, 497 = NJW 1979, 717 = Rpfleger 1979, 128.
[40] BGH NJW 1982, 2768 = aaO (Fußn 10).
[41] BGH DNotZ 1979, 497 = aaO (Fußn 39).
[42] RG JW 1936, 2310 (2311); BGH DNotZ 1979, 497 = aaO (Fußn 39).

B. Einzelfälle

der auf, wenn der (frühere) Sicherungsnehmer die (ordnungsgemäß verwertete) Grundschuld zurück erwirbt.[43]

m) Der **Eigentümer** ist berechtigt, Verwertung der fälligen Grundschuld mit **Befriedigung ihres Gläubigers** abzuwenden (§ 1142 BGB). Damit kann er insbesondere die Zwangsversteigerung des haftenden Grundstücks auf Betreiben des Grundschuldgläubigers vermeiden. Dazu Rdn 2305.   2329

Ob dann Zahlung auf die Grundschuld zugleich auch das Erlöschen der gesicherten Forderung zur Folge hat, bestimmt sich nach der Sicherungsabrede. Wenn der Grundstückseigentümer auch Forderungsschuldner ist, wird nach dem Sinn und Zweck der Sicherungsabrede im Regelfall davon ausgegangen, daß dann, wenn der Schuldner im Zeitpunkt der Leistung auf die dingliche Schuld berechtigt ist, auch die persönliche Forderung zu befriedigen, mit der Leistung auf die dingliche Schuld im Umfang dieser Leistung auch die persönliche Schuld erlischt.[44] Wenn persönlicher und dinglicher Schuldner nicht identisch sind, berührt die Ablösung der Grundschuld durch den Grundstückseigentümer den Bestand der persönlichen Forderung jedoch nicht (sofern nichts Abweichendes vereinbart ist).[45]   2330

Leistet der **Eigentümer** zur **Tilgung der persönlichen Schuld** eines anderen, so geht die Forderung nicht kraft Gesetzes auf ihn über; sie erlischt durch Erfüllung.[46] Die Grundschuld bleibt Gläubigerrecht, über das in Erfüllung des Rückgewähranspruchs zu verfügen ist. Zahlung des Eigentümers auf die persönliche Schuld eines Dritten kann der Gläubiger jedoch ablehnen, wenn der Schuldner widerspricht (§ 267 Abs 2 BGB).   2331

Zahlt der Eigentümer einen gesicherten Kredit, der einem Dritten gewährt wurde, an den Gläubiger **gegen Abtretung der persönlichen Forderung**, so erwirbt er die Forderung kraft Abtretung, ohne daß sie erlischt.[47] Die Grundschuld als nicht akzessorische Sicherheit bleibt dann jedoch Gläubigerrecht; der Eigentümer erwirbt sie, wenn ihm nicht nur die Forderung, sondern auch die sichernde Grundschuld abgetreten wird. Nicht geklärt ist, ob dazu dann, wenn der Rückgewähranspruch abgetreten oder gepfändet ist, Zustimmung des Gläubigers dieses Anspruchs erforderlich ist. Diese Frage stellt sich auch bei Abtretung der Forderung mit Übertragung der Grundschuld an einen Dritten, wenn dieser die gesicherte Forderung für den Schuldner bezahlt hat. Für Wirksamkeit der Abtretung ist dann Zustimmung des Gläubigers des Rückgewähranspruchs nicht nötig, weil der Forderungs- und Grundschuldgläubiger als Berechtigter verfügt. Jedoch nötigt (wenn nicht die Voraussetzungen der Grundschuldverwertung mit Veräußerung vorliegen) die schuldrechtliche Verpflichtung des (bisherigen) Grundschuldgläubigers als Sicherungsnehmer, die Grundschuld bei Erlöschen der Forderungen in   2332

---

[43] BGH DNotZ 1979, 497 = aaO (Fußn 39).
[44] BGH DNotZ 1981, 389 = NJW 1980, 2198 = Rpfleger 1980, 337; BGH DNotZ 1987, 502 = NJW 1987, 838; anders BGH NJW 1996, 1207 (abl Tiedtke NJW 1997, 851).
[45] BGH 80, 228 = DNotZ 1981, 617 Leits = JR 1981, 420 mit Anm Berg = MDR 1981, 660 = NJW 1981, 1554 = Rpfleger 1981, 286 mit weit Nachw; BGH DNotZ 1987, 502 = aaO (Fußn 44); BGH BB 1988, 1777 = NJW 1988, 2730.
[46] BGH MittBayNot 1982, 246 = NJW 1982, 2308 = Rpfleger 1982, 412.
[47] BGH NJW 1982, 2308 = aaO (Fußn 46); BGH DNotZ 1987, 502 = aaO (Fußn 44).

Erfüllung des Rückgewähranspruchs herauszugeben, dazu, die Zustimmung des Gläubigers des Rückgewähranspruchs einzuholen.[48] Diese Zustimmung dürfte wiederum von der Übernahme der Rückgewährverpflichtung aus dem Sicherungsvertrag abhängig gemacht werden, mithin davon, daß der neue Grundschuldgläubiger die Verpflichtung übernimmt, die Grundschuld nach Erlöschen der (derzeit) gesicherten Forderung in Erfüllung des Rückgewähranspruchs herauszugeben und daher auch nicht weiter zu übertragen.

2332 a **Schuldübernahme** durch einen Dritten (§§ 414, 415 BGB) ohne Zustimmung des Eigentümers des mit der sichernden Grundschuld belasteten Grundstücks, führt zur Rückgewährreife[49] (Rdn 2335). Grund: Schutz des Eigentümers, der im Vertrauen auf die Zahlungsfähigkeit und -bereitschaft eines bestimmten Schuldners die Grundschuld sicherungshalber gewährt hat; er soll ohne seine Einwilligung nicht für einen anderen, möglicherweise unsichereren Schuldner mit seinem Grundstück haften müssen. Die Zustimmung (auch) des Zessionars, an den der Anspruch auf Rückgewähr der Grundschuld (sicherungshalber, aus anderem Rechtsgrund oder rechtsgrundlos) abgetreten ist (s Rdn 3242), bedarf die Übernahme der durch die Grundschuld gesicherten Schuld durch einen Dritten nicht[50] (hier auch keine entspr Anwendung des § 418 Abs 1 S 2 BGB). Schuldübernahme durch den Käufer des Grundstücks, der in Anrechnung auf den Kaufpreis mit der Grundschuld die gesicherte Forderung übernimmt, geschieht mit Einwilligung des Grundstückseigentümers; damit findet § 418 Abs 1 S 2 BGB (nach dessen Satz 3) keine Anwendung.

2333 Der **Käufer** eines Grundstücks, der in Anrechnung auf den Kaufpreis eine Grundschuld übernommen hat und vor Genehmigung der Schuldübernahme Grundschuldzinsen zahlt, kann diese vom Grundschuldgläubiger nach Rücktritt vom Kaufvertrag infolge Verweigerung der Zustimmung zur Schuldübernahme durch den Grundschuldgläubiger in der Regel nicht aus Bereicherung zurückverlangen.[51] Der Käufer eines Grundstücks, der ein durch Grundschuld gesichertes Darlehen in Anrechnung auf den Kaufpreis übernimmt, muß durch Abschluß eines neuen Sicherungsvertrages mit dem Gläubiger sicherstellen, daß die Grundschuld (und ein etwa zusätzlich von ihm abgegebenes abstraktes Schuldversprechen) nur das bestimmte Darlehen, nicht etwa andere Verbindlichkeiten des Verkäufers aus dessen unbeschränkter Sicherungsabrede absichert. Umgekehrt muß der Verkäufer darauf achten, daß eine unbeschränkte Sicherungsabrede (Grundschuld sichert alle, auch künftige Forderungen) zwischen Käufer und Grundschuldgläubiger erst nach Eigentumsübergang bzw vollständiger Kaufpreiszahlung wirksam wird.

2334 n) Der (schuldrechtliche) Sicherungsvertrag (§ 311 Abs 1, § 241 Abs 1 BGB) begründet ein **Rechtsverhältnis** zwischen dem Eigentümer des Grundstücks und dem Gläubiger der Grundschuld, das dem Eigentümer gegen den Grundschuldgläubiger eine **Einrede** gegen jede vertragswidrige Geltendmachung der Grundschuld gibt (vgl § 1157 S 1 BGB). Die durch den Sicherungsvertrag

---

[48] Einzelheiten sehr umstritten; s Huber, Sicherungsgrundschuld, § 16 a (S 156).
[49] BGH 115, 241 = DNotZ 1992, 542 = JZ 1992, 582 mit zust Anm Weber = NJW 1992, 110.
[50] BGH 115, 241 = aaO.
[51] BGH 72, 246 = DNotZ 1979, 414.

vereinbarte Beschränkung der dinglichen Rechtsmacht auf den Sicherungszweck kann damit der Grundstückseigentümer (als Sicherungsgeber) dem Gläubiger der Grundschuld (als Sicherungsnehmer) entgegenhalten, wenn dieser Rechte aus der Grundschuld nicht im Einklang mit dem Sicherungsvertrag in Anspruch nimmt. Einredefreier (gutgläubiger) Erwerb bei Abtretung der Grundschuld: § 1157 S 2, § 892 (mit § 1192 Abs 1) BGB. Gutgläubiger Erwerb der Grundschuld frei von Einreden, die der Eigentümer dem bisherigen Gläubiger entgegensetzen konnte, scheidet jedoch mit Übergang kraft Gesetzes aus, wenn ein nachrangiger Grundpfandgläubiger als Ablösungsberechtigter (§§ 1150, 268 BGB) den Grundschuldgläubiger befriedigt.[52]

o) Zur **Rückgabe** (Rückgewähr) der Grundschuld verpflichtet ist deren Gläubiger (Sicherungsnehmer), wenn mit Erlöschen der Forderung (auch wenn endgültig feststeht, daß eine Forderung überhaupt nicht entstehen wird[53]) der Sicherungszweck erledigt ist (s Rdn 2304). Berechtigter (Gläubiger) des Rückgewähranspruchs ist der Sicherungsgeber[54] (zur Abtretung Rdn 2342), nicht damit der Ersteher, wenn die Grundschuld bei Zwangsversteigerung bestehen geblieben ist.[54a] Mit Veräußerung des Grundstücks geht der Rückgewähranspruch als selbständiges Vermögensrecht (schuldrechtlicher Anspruch) des Sicherungsgebers nicht ohne weiteres auf einen Sonderrechtsnachfolger im Eigentum des Grundstücks über.[55] Als vertraglicher Anspruch (§ 311 Abs 1, 2335

---

[52] BGH DNotZ 1986, 342 = NJW 1986, 1487 mit abl Anm Canaris = Rpfleger 1986, 190 = WM 1986, 809 mit Anm Rimmelspacher und WM 1986, 813 mit Anm Reinicke/Tiedtke; BGH DNotZ 1997, 383 mit krit Anm Wolfsteiner = NJW 1997, 190 = Rpfleger 1997, 121.

[53] BGH 108, 237 (243) = DNotZ 1990, 581 = NJW 1989, 2536. Zur Darlegungs- und Beweislast im Streit darüber, ob die gesicherte Forderung besteht, s BGH MDR 1987, 124 = NJW-RR 1986, 1495 und BGH NJW 2000, 1108.

[54] BGH 108, 237 (243) = aaO. Der Rückgewähranspruch **mehrerer Personen** (Ehegatten), die auf ihrem Grundstück eine Grundschuld bestellt haben, ist unteilbar. Diesem Anspruch kann daher ein gegen nur einen Berechtigten (nur einen Ehegatten) allein bestehendes Zurückbehaltungsrecht (zB wegen Forderung aus unerlaubter Handlung) nicht entgegengesetzt werden (BGH DNotZ 1985, 551). Berechtigung mehrerer Personen (Miteigentümer des belasteten Grundstücks) als Gemeinschafter nach Bruchteilen s BGH NJW 1986, 2108 (2110 reSp) und OLG Hamm OLGZ 1990, 3 (8). Wegen Auseinandersetzung der zwischen Eheleuten bestehenden Forderungsgemeinschaft hinsichtlich des Anspruchs auf Rückgewähr einer Sicherungsgrundschuld, wenn Eheleute bei Grundschuldbestellung Miteigentümer waren, einer der Ehepartner aber den Hälfteanteil des anderen im Wege der Teilungsversteigerung erworben hat, s BGH DNotZ 1983, 42 = NJW 1982, 928 = Rpfleger 1982, 59.

[54a] BGH (21. 5. 2003, IV ZR 452/02) DNotI-Report 2003, 110 = NotBZ 2003, 260 mit Anm Krause.

[55] Der Erwerber des mit der Grundschuld belasteten Grundstücks wird nicht zum Sicherungsgeber (kein Eintritt des Grundstückserwerbers in das durch den Sicherungsvertrag begründete Schuldverhältnis); unerheblich bleibt dabei, daß ein gesicherter Kredit zu werterhöhenden Investitionen für das dem Erwerber nun gehörende Grundstück verwendet worden ist (BGH NJW 2002, 1491). Erforderlich ist daher Abtretung des Rückgewähranspruchs. Diese kann auch stillschweigend vorgenommen werden. S BGH LM Nr 1 zu § 1169 BGB = Rpfleger 1952, 487; BGH NJW 1986, 2108 (2110); Stöber Rpfleger 1959, 84 mit weit Nachw in Fußn 9. Stillschweigende Über-

§ 241 Abs 1 BGB) entsteht der Rückgewähranspruch des Sicherungsgebers bereits mit Abschluß des Sicherungsvertrags aufschiebend bedingt.[56] Fehlt eine vertragliche Anspruchsgrundlage (wenn zB der Sicherungsvertrag nichtig ist), kann Rückgabe der Grundschuld nach § 812 BGB (auch § 1169 BGB) geschuldet sein.[57]

2336 Verpflichtet zur Rückgabe der als Sicherheit bestellten Grundschuld ist deren Gläubiger in der Regel nur bei Erlöschen (Rückzahlung) der gesamten gesicherten Forderung.[58] Wenn die Grundschuld ein Kontokorrentverhältnis sichert, kann der Rückgewähranspruch frühestens mit Beendigung der Geschäftsverbindung (Kündigung, vertraglicher Ablauf oder Fristablauf) geltend gemacht werden.[59] Ob dann, wenn nach Beendigung der Geschäftsbeziehungen (Kündigung des Kreditverhältnisses) eine Forderung nur (oder nur noch) in Höhe eines Teilbetrags der Grundschuld besteht, der Sicherungsgeber **Rückgewähr** eines angemessenen (ranglezten) **Teils** der Grundschuld verlangen kann, war streitig, wird nun aber vom BGH[60] bejaht. Angenommen wird das, auch wenn die Grundschuld als Sicherheit für alle Forderungen „aus der Geschäftsverbindung" bestellt war, von OLG Köln.[61] Nach Treu und Glauben (§ 242 BGB) kann ein Anspruch auf Rückgewähr nur eines Grundschuldteils stets dann gegeben sein, wenn kein schutzwürdiges Gläubigerinteresse auf den für den Sicherungszweck nicht mehr benötigten Grundschuldbetrag besteht.[62] Anspruch auf Rückgewähr (Freigabe) nur eines Teils der Grundschuld kann sich auch aus Geschäftsbedingungen ergeben, die Bestandteil des

---

tragung wird angenommen, wenn der Grundstückserwerber die gesicherte persönliche Forderung in Anrechnung auf den Kaufpreis übernommen hat, BGH DNotZ 1992, 35 = NJW 1991, 1821. Auch Erwerb mit Übernahme des Vertrags (ohne Neuabschluß) ist möglich. Tritt anstelle des Darlehensschuldners und Bestellers der Sicherungsgrundschuld ein Dritter nach Erwerb des belasteten Grundstücks mit Zustimmung des Gläubigers in das Kreditverhältnis ein, so wird er damit nicht nur alleiniger persönlicher Schuldner, sondern erwirbt auch den durch Wegfall des Sicherungszwecks aufschiebend bedingten Anspruch auf Rückgewähr der Grundschuld, BGH NJW 1986, 2108 = Rpfleger 1986, 297 Leits.

[56] BGH DNotZ 1958, 383 = Rpfleger 1958, 53; BGH DNotZ 1977, 542 = NJW 1977, 247 = Rpfleger 1977, 56; BGH DNotZ 1983, 42 = aaO; BGH NJW 1982, 2768 = aaO (Fußn 10); BGH ZIP 1989, 157 (158); BGH NJW 1989, 1349.

[57] BGH Rpfleger 1985, 103.

[58] BGH NJW 1982, 2768 = aaO (Fußn 10). Kein Zurückbehaltungsrecht (§ 273 Abs 1 BGB) gegenüber diesem Rückgewähranspruch kann wegen einer nach der Sicherungsabrede durch die Grundschuld nicht gesicherten Forderung geltend gemacht werden, BGH DNotZ 2000, 700 = NJW 2000, 2499.

[59] Capeller MDR 1953, 153.

[60] BGH NJW 1986, 2108 (2110). Zum Anspruch auf Rückgewähr eines entsprechenden Teils der Sicherungsgrundschuld nach teilweiser Tilgung der gesicherten Forderung, wenn damit der Sicherungszweck endgültig entfallen ist, s BGH NJW 1984, 169 (171) und BGH DNotZ 1990, 592 = NJW-RR 1990, 455. Zum ermessensunabhängigen Freigabeanspruch bei Übersicherung grundsätzlich BGH (Gr ZS) 137, 212.

[61] OLG Köln ZIP 1980, 112.

[62] Siehe Serick, Eigentumsvorbehalt und Sicherungsübertragung, Band III, § 37 IV (S 440); Huber, Sicherungsgrundschuld, § 18 b (S 179 ff), alle mit weit Nachw (auch für ältere Gegenansicht).

B. Einzelfälle

Sicherungsvertrags sind.⁶³ Trifft dann der Gläubiger die ihm nach billigem Ermessen obliegende Bestimmung, in welchem Umfang Grundschuldteile als nicht mehr benötigte Sicherheit freizugeben sind, nicht oder entspricht eine Bestimmung des Gläubigers nicht der Billigkeit, dann wird durch Urteil bestimmt, welche Sicherheiten (mithin in welchem Umfang eine Grundschuld als Sicherheit) freizugeben sind.⁶⁴ Bei Übersicherung durch mehrere Grundschulden hat der Sicherungsnehmer das Wahlrecht (§ 262 BGB), welche der Sicherheiten er zurückgibt.⁶⁴ᵃ

Der Rückgewähranspruch **verjährt** nach § 196 BGB in 10 Jahren seit Entstehung (= Fälligkeit) des Anspruchs. Da dies zu knapp sein kann, ist vertragliche Verlängerung auf 30 Jahre empfehlenswert.⁶⁵   2336a

p) **Erfüllung des Rückgewähranspruchs** erfordert Änderung des Grundschuld-Gläubigerrechts mit rechtsgeschäftlicher Verfügung über die Grundschuld durch   2337
– Abtretung,
– Verzicht (§ 1168 und § 1192 BGB; s Rdn 2706 ff), oder
– Aufhebung („Löschung", § 875 mit § 1183 und § 1192 BGB).
Nach allgemeiner Ansicht sind die drei Leistungen wahlweise geschuldet (§ 262 BGB). Das Wahlrecht steht dem berechtigten Sicherungsgeber zu, nicht dem zur Leistung verpflichteten Grundschuldgläubiger.⁶⁶ Abweichende Vereinbarung (Wahlrecht des Grundschuldgläubigers) ist zulässig und üblich. Die Wahl hat durch Erklärung gegenüber dem anderen Teil zu erfolgen (§ 263 Abs 1 BGB) und bewirkt, daß die gewählte Leistung als die von Anfang an allein geschuldete gilt (§ 263 Abs 2 BGB). Konkretisierung des Anspruchs auf eine dann sogleich allein geschuldete Leistung kann demnach auch bereits vertraglich, somit durch Vereinbarung im Sicherungsvertrag erfolgen. Die nach vertraglicher Bestimmung oder Konkretisierung mit Wahl allein geschuldete Leistung hat jedoch nur für das Rückgewährschuldverhältnis Bedeutung, nicht aber darüber hinaus auch für die Folgen der im Einzelfall gewählten Erfüllung des Anspruchs. Ein nachrangiger Grundpfandgläubiger (dem der Rückgewähranspruch nicht wirksam abgetreten ist), kann daher nicht verlangen (und nicht erwarten), daß auf bestimmte Weise geleistet wird (zB durch Aufhebung oder Verzicht, damit er im Rang aufrückt oder seinen gesetzlichen Löschungsanspruch geltend machen kann, nicht mehr aber durch Abtretung der Grundschuld an den Berechtigten des Rückgewähranspruchs). Auch wenn der Gläubiger des Rückgewähranspruchs eine andere als die „geschuldete" Leistung an Erfüllungs Statt annimmt (Abtretung der Grundschuld statt vereinbarter Löschung), erlischt der geschuldete Rückgewähranspruch (§ 364 Abs 1 BGB). Der Rückgewähranspruch ist je-

---

⁶³ BGH DNotZ 1981, 378 = NJW 1981, 571 = ZIP 1980, 1076.
⁶⁴ BGH DNotZ 1981, 378 = aaO (Fußn 63).
⁶⁴ᵃ BGH DNotZ 2003, 429.
⁶⁵ Amann DNotZ 2002, 94 (122); Wolfsteiner DNotZ 2001, 902 und DNotZ 2003, 321; Amann/Brambring/Hertel, Vertragspraxis nach neuem Schuldrecht (2. Aufl 2003) D VII 2 (S 299); aA Schmidt BWNotZ 2002, 97.
⁶⁶ BGH 108, 237 (244) = aaO (Fußn 53); BGH NJW-RR 1994, 847; Serick, Eigentumsvorbehalt und Sicherungsübertragung, Band II, § 28 IV 1 (S 438); Dempewolf NJW 1959, 556; Stöber Rpfleger 1959, 84.

doch nicht schon durch Übersendung des Grundschuldbriefes an den Notar erfüllt, wenn die Beteiligten vereinbart haben, daß der Grundschuldgläubiger den Grundschuldbrief zu treuen Händen beim Notar „hinterlegt", der unter mehreren Prätendenten den Gläubiger des Rückgewähranspruchs ausfindig machen soll; erforderlich ist vielmehr außerdem eine Abtretungserklärung (§ 1192 Abs 1, § 1154 Abs 1 und 2 BGB) oder die Bewilligung der Löschung.[67]

2337a Das durch den Sicherungsvertrag begründete **Treuhandverhältnis** verpflichtet (wenn über die Art der Freigabe der Grundschuld nach Erledigung des Sicherungszwecks keine Vereinbarung getroffen ist) zur Erfüllung des Rückgewähranspruchs an den Sicherungsgeber durch Abtretung der Grundschuld, wenn Leistung durch Verzicht oder Erteilung der Löschungsbewilligung die Interessen des Sicherungsgebers (Anspruchsgläubigers) nicht wahrt, sondern dem (nicht anspruchsberechtigten) Grundstückseigentümer zugute kommt. Wenn der persönliche Schuldner (Forderungsschuldner) dem Gläubiger aufgrund der zwischen beiden getroffenen Sicherungsabrede die Grundschuld am Grundstück eines Dritten verschafft hat, verletzt deren Gläubiger daher seine Treuhänderpflichten gegenüber dem Schuldner als Sicherungsgeber (zum Schadensersatz verpflichtende Pflichtverletzung), wenn er ohne dessen Einwilligung auf die Grundschuld verzichtet (diese Art der Rückgewähr kommt dem Grundstückseigentümer zugute, § 1168 mit § 1192 Abs 1, auch § 1175 BGB) oder auch ihre Löschung bewilligt (Löschung würde das Grundstück entlasten).[68] Auch wenn der Eigentümer am belasteten Grundstück durch Zuschlag in der Zwangsversteigerung gewechselt hat (§ 90 Abs 1 ZVG), ist Erfüllung des dem bisherigen Eigentümer als Sicherungsgeber geschuldeten Rückgewähranspruchs durch Verzicht (würde dazu führen, daß der nicht anspruchsberechtigte Ersteher als neuer Grundstückseigentümer die bestehen gebliebene Grundschuld erwirbt, § 1168 mit § 1192 Abs 1, auch § 1175 BGB) oder Erteilung der Löschungsbewilligung (Löschung würde das Grundstück des Erstehers entlasten) nicht mehr möglich.[69] Der Rückgewähranspruch kann nur noch durch Abtretung der Grundschuld an den Sicherungsgeber (den sonst Berechtigten des Rückgewähranspruchs) erfüllt werden, es sei denn, daß für die Rückgewähr etwas anderes vereinbart ist.[70]

Der richterlichen Inhaltskontrolle hält die (von einem Kreditinstitut verwendete) Formularklausel, dem Grundschuldbesteller stehe, wenn die (persönliche) Forderung nicht zur Entstehung gelange oder erlösche, nur ein Anspruch auf Löschung oder Verzicht – kein Übertragungsanspruch – zu, jedenfalls dann

---

[67] BGH DNotZ 1987, 509 = NJW-RR 1987, 590.
[68] BGH DNotZ 1989, 616 = NJW 1989, 1732 (auch zu den Besonderheiten, wenn der Sicherungsvertrag nicht mit dem Schuldner, sondern mit dem Grundstückseigentümer geschlossen wurde).
[69] BGH 106, 375 = DNotZ 1989, 618 = NJW 1989, 1349 = Rpfleger 1989, 295; BGH NJW-RR 1988, 1146 (1148 reSp). S aber auch BGH NJW 1982, 928 = aaO (Fußn 54), der nach Eigentumswechsel in dem Wortlaut einer Formularklausel keine Festlegung (im Wahlrecht) zur Rückgewähr auf Löschung sieht. Gegen ganz hA Huber, Sicherungsgrundschuld, § 17b (S 172): Gläubiger des Rückgewähranspruchs hat Weisungsbefugnis, die der Grundschuldgläubiger im Rahmen von Treu und Glauben und der Verkehrssitte zu respektieren hat. Deshalb soll auch der Sicherungsgeber seine Aufforderung zu einer bestimmten Leistung jederzeit widerrufen können.
[70] BGH 106, 375 = aaO.

B. Einzelfälle

nicht stand, wenn die Geltung dieser Klausel nicht ausgeschlossen ist für den Fall, daß im Zeitpunkt der Rückgewähr das Eigentum an dem belasteten Grundstück durch Zuschlag in der Zwangsversteigerung gewechselt hat[71] (diese Art der Erfüllung würde sonst dem Sicherungsgeber als Rückgewährberechtigten nicht mehr zugute kommen).

q) Der Rückgewähranspruch kann als **Einrede** aus dem Rechtsverhältnis zwischen dem Eigentümer des Grundstücks und dem Gläubiger der Grundschuld jeder vertragswidrigen Geltendmachung der Grundschuld entgegengesetzt werden (s bereits Rdn 2334). 2338

r) Die **Einrede** aus dem mit dem Sicherungsvertrag begründeten Rechtsverhältnis zwischen dem Eigentümer des Grundstücks und dem Gläubiger der Grundschuld (Rdn 2334, 2338) kann auch **jedem Rechtsnachfolger des Gläubigers** der Grundschuld entgegengesetzt werden (§ 1157 S 1 BGB). Damit bleibt die Geltendmachung der Grundschuld praktisch auf die gesicherte Forderung beschränkt. Dennoch droht dem Grundstückseigentümer Gefahr mit gutgläubigem Erwerb Dritter. Wer die Grundschuld rechtsgeschäftlich (durch Abtretung) erwirbt, ist als neuer Gläubiger einer Einrede aus dem Sicherungsvertrag nur ausgesetzt, wenn die Einrede entweder im Grundbuch eingetragen oder aus dem Grundschuldbrief ersichtlich war (beides ist durchweg nicht der Fall) oder der Erwerber sie gekannt hat (§ 1157 S 2 mit §§ 892, 1140 BGB).[72] Ausschluß des guten Glauben des Erwerbers erfordert, daß er den Sicherungscharakter der Grundschuld **und** die Nichtvalutierung der Grundschuld kannte.[72] Jeder gutgläubige Erwerb stellt die Grundschuld einredefrei; der Zessionar ist damit Berechtigter. Von ihm erlangt nach (weiterer) Übertragung der Folgeerwerber die Grundschuld daher auch dann einredefrei, wenn er das frühere Bestehen der Einrede gekannt hat.[73] 2339

s) Vor Verlust der Einrede des § 1157 BGB mit gutgläubigem Erwerb der Grundschuld durch einen Dritten (Rdn 2339) schützt **Eintragung eines Widerspruchs** (§ 1157 S 2 mit § 899 BGB). Der unrichtige Grundbuchinhalt, der Eintragung des Widerspruchs ermöglicht (§ 899 Abs 1 BGB), besteht in der einredefrei eingetragenen Grundschuld, die so ihrem Gläubiger nach der materiellen Rechtslage nicht zusteht. Zur Eintragung eines Widerspruchs s Rdn 1611 ff. Zur Sicherheit des Eigentümers kann auch Abtretung der Grundschuld von vorneherein ausgeschlossen werden (erfordert Grundbucheintragung)[74] (s Rdn 2313). Dann allerdings kann der Gläubiger die Grundschuld auch nicht durch Veräußerung verwerten. 2340

t) Wenn die Grundschuld **mit Erteilung des Zuschlags** in der Zwangsversteigerung erlischt (§ 91 Abs 1 ZVG), besteht der Rückgewähranspruch kraft 2341

---

[71] BGH 106, 375 = aaO (Fußn 69). S auch Reithmann WM 1990, 1985 der darlegt, daß im übrigen ein Ausschluß des Rückübertragungsanspruchs nicht im Gegensatz zum Leitbild der Sicherungsgrundschuld steht und daher auch in Formularverträgen zulässig sein muß.
[72] BGH 59, 1 = DNotZ 1972, 612 = NJW 1972, 1463 = Rpfleger 1972, 396; BGH DNotZ 1976, 740 (für getilgte Forderung); BGH 85, 388 (390) = NJW 1983, 752; BGH NJW-RR 2001, 1097.
[73] BGH NJW-RR 2001, 1097 = ZNotP 2001, 157.
[74] OLG Köln DNotZ 1970, 419; OLG München JFG 16, 291 (295).

Surrogation als Anspruch auf einen entsprechenden Teil des Versteigerungserlöses fort.[75] Zur Behandlung und Erfüllung dieses Anspruchs bei Erlösverteilung s Stöber.[76] Auch der vom Gemeinschuldner vor Eröffnung des Insolvenzverfahrens an einen Dritten abgetretene Rückgewähranspruch erstreckt sich bei freihändiger Veräußerung des belasteten Grundstücks im Einvernehmen der Beteiligten auf einen entsprechenden Teil des Erlöses.[77]

2342 u) Der **Rückgewähranspruch** (Rdn 2335 ff) ist als selbständiges Vermögensrecht (schuldrechtlicher Anspruch) **übertragbar**,[78] und zwar als aufschiebend bedingter Anspruch bereits vor Erledigung des Sicherungszwecks (damit insbesondere vor Tilgung der durch die Grundschuld gesicherten Forderung[79]). Der Anspruch kann ebenso gepfändet[80] und verpfändet werden. Die Abtretung erfolgt nach § 398 BGB durch Vertrag zwischen dem Sicherungsgeber als Gläubiger des Anspruchs und dem Neugläubiger. Der Vertrag ist formlos wirksam; üblich ist zumindest schriftliche Erteilung der Abtretungserklärung. Mitwirkung des Gläubigers der Grundschuld und Übergabe des Grundschuldbriefs sind nicht erforderlich. Schutz des an den bisherigen Rückgewährberechtigten leistenden Grundschuldgläubigers, wenn ihm die Abtretung nicht angezeigt war: § 407 BGB.

2343 Abtretung des Rückgewähranspruchs erfolgt vielfach an einen nachrangigen Grundpfandgläubiger zur Verstärkung seines Grundstücksrechts,[81] mithin sicherungshalber. Dafür sind wiederum die Rechtsbeziehungen durch Abschluß eines schuldrechtlichen Vertrags über die Verwendung des Rückgewähranspruchs nur für den Sicherungszweck zu regeln.[81a] Vielfach wird die

---

[75] BGH DNotZ 1977, 542 = NJW 1977, 247 = Rpfleger 1977, 56, mit Hinweisen auf frühere Rechtsprechung; BGH 98, 256 (261) = DNotZ 1987, 210 = NJW 1987, 319; BGH NJW-RR 1991, 1197 = Rpfleger 1991, 381 mit weit Nachw; auch BGH DNotZ 1993, 112 = NJW 1992, 1620 (Herausgabe des Mehrerlöses).
[76] Stöber ZIP 1980, 833; auch Stöber Rdn 7 zu § 114 ZVG.
[77] BGH DNotZ 1977, 542 = aaO (Fußn 75).
[78] BGH DNotZ 1977, 542 = aaO (Fußn 75); BGH DNotZ 1958, 383 = aaO (Fußn 56); BGH Rpfleger 1985, 104.
[79] Abtretung der künftigen Forderung gegen den Grundschuldgläubiger auf Auszahlung des bei Verwertung erzielten Übererlöses begründet einen allgemeinen Auskunftsanspruch gegen den Grundschuldgläubiger über die von ihm beanspruchte Forderung jedenfalls dann nicht, wenn sich der Abtretungsempfänger durch die Auskunft erst die Kenntnis verschaffen will, ob sein Anspruch dem Grunde nach besteht, BGH DNotZ 1988, 155 = NJW-RR 1987, 1296.
[80] BGH 108, 237 (245) = aaO (Fußn 53). Zur Pfändung näher Stöber, Forderungspfändung, Rdn 1886 ff.
[81] Nach BGH DNotZ 1989, 45 = NJW-RR 1988, 972 braucht der Notar einen Beteiligten, dessen Ansprüche durch eine nachrangige Grundschuld gesichert werden sollen, in der Regel nicht darauf hinzuweisen, daß dem Grundstückseigentümer ein im voraus abtretbarer Anspruch auf Rückgewähr der vorrangigen Sicherungsgrundschuld zustehen kann, und zwar auch dann nicht, wenn die nachrangige Grundschuld den Restkaufpreisanspruch des Grundstücksverkäufers sichert, während die vorrangige Sicherungsgrundschuld vereinbarungsgemäß der Finanzierung der Kaufpreiszahlung dienen soll. Zur Übersicherung durch abgetretene Rückgewähransprüche s Gutachten DNotI-Report 2002, 35.
[81a] OLG Stuttgart DNotI-Report 2003, 118 = OLG-Report 2003, 296 mit (verallgemeinernd) nicht zutreffender (s Rdn 2327) Aussage, daß bei fehlender Regelung nur

B. Einzelfälle

schuldrechtliche Sicherungsvereinbarung jedoch mit dem Sicherungsvertrag über das nachrangige Grundpfandrecht (oder das gesicherte sonstige Grundstücksrecht) verbunden oder mit stillschweigendem Einvernehmen nur allgemein festgelegt. Nach der Sicherungsabrede bestimmt sich, ob die Abtretung des Rückübertragungsanspruchs an den Gläubiger der nachrangigen Grundschuld zur Verstärkung dieser Sicherheit oder zur Erhöhung des Sicherungsumfangs im Interesse der Ausweitung des Kreditrahmens erfolgt ist.[82] Die bei Bestellung einer Grundschuld und gleichzeitiger Abtretung des Anspruchs auf Rückgewähr einer vorrangigen Grundschuld vereinbarte formularmäßige Zweckerklärung, das vorrangige Recht solle als „weitere Sicherheit" dienen, wird dahin ausgelegt, daß der Gläubiger nur den Vorrang ausnutzen darf, nicht aber über die Höhe seiner nachrangigen Grundschuld hinaus Befriedigung verlangen kann.[83]

v) Für den Sicherungswert des abgetretenen Rückgewähranspruchs ist dem Zessionar als nachrangigem Grundpfandgläubiger durchweg daran gelegen, die Rechte des Gläubigers der Grundschuld auf Sicherung einer bestimmten, betragsmäßig feststehenden Forderung zu begrenzen. Das erweist sich insbesondere als erforderlich, wenn die Grundschuld nach der Sicherungsabrede der Sicherung aller aus Geschäftsbeziehungen herrührenden und auch künftig entstehender Forderungen dient (Rdn 2325). Dies geschieht mit sogen **Nur-einmal-Valutierungserklärung**[84] oder **Nichtmehr-Valutierungserklärung**. Sie ist schuldrechtlicher Vertrag zwischen dem Gläubiger der Grundschuld und dem Zessionar des Rückgewähranspruchs (Grundlage: §§ 241, 311 Abs 1 BGB), in dem diesem gegenüber der Gläubiger der Grundschuld sich verpflichtet, sein Gläubigerrecht nur für einen bestimmten Sicherungszweck und zugunsten einer betragsmäßig bezeichneten Forderung geltend zu machen (§ 137 S 2 BGB). Der (ursprüngliche) Sicherungsgeber als bisheriger Gläubiger des Rückgewähranspruchs braucht dieser Erklärung nicht zuzustimmen, wenn sie nicht auch zu seinen Gunsten wirken soll. In der Erklärung wird zumeist die Forderung betragsmäßig genau oder doch mit einem Höchstbetrag bezeichnet. 2344

Der Rückgewähranspruch und Rechte aus der Nichtmehr-Valutierungserklärung gehen als schuldrechtliche Ansprüche nicht ohne weiteres mit Abtretung des abgesicherten nachrangigen Grundpfandrechts auf dessen Neugläubiger über. Gesonderte Abtretung ist möglich; sie kann auch konkludent erfolgen.

w) Sicherung des Rückgewähranspruchs (Anspruch auf Abtretung, Verzicht oder Aufhebung[85] der Grundschuld) mit **Vormerkung** ermöglicht § 883 BGB 2345

Löschung oder Verzicht, nicht aber Ausnutzung des besseren Rangs der (abgetretenen vorrangigen) Grundschuld erlaubt sein soll.
[82] BGH 104, 26 (29); BGH 110, 108 (112) = DNotZ 1990, 559 = NJW 1990, 1177.
[83] BGH 110, 108 = aaO.
[84] Hierzu Kolbenschlag DNotZ 1966, 475.
[85] Durch Vormerkung kann der Rückgewähranspruch gesichert werden, auch wenn er nach Abrede der Beteiligten letztlich nur durch Löschung der Grundschuld realisiert werden soll und eine Löschungsvormerkung nach § 1179 BGB bereits eingetragen ist (oder auch ein gesetzlicher Löschungsanspruch nach § 1179a BGB besteht); der nach § 1179 BGB gesicherte und der nach § 883 BGB zu sichernde Anspruch sind verschieden; LG Köln MittRhNotK 1987, 106.

2. Teil. V. Dritte Abteilung des Grundbuchs

(zur Vormerkung Rdn 1475 ff). Die Eintragung der Vormerkung erfolgt auf Antrag (§ 13 Abs 1 GBO), wenn der Betroffene sie bewilligt (§ 19 GBO) oder einstw Verfügung gegen ihn vorliegt (§ 885 Abs 1 S 1 BGB). Betroffener ist der zur Erfüllung des Rückgewähranspruchs verpflichtete Gläubiger der (bereits eingetragenen) Grundschuld, bei der Eintragung der Vormerkung erfolgen soll.[86] Der Bewilligung des Grundstückseigentümers bedarf es daneben nicht.[87] Wenn Eintragung der Rückgewährvormerkung gleichzeitig mit der Eintragung der Grundschuld erfolgt (die Anträge werden dann vielfach nach § 16 Abs 2 GBO verbunden sein) genügt auch für Eintragung der Vormerkung Bewilligung des Grundstückseigentümers;[88] er kann als Grundschuldbesteller Bestimmung über die Beschränkung der zur Eintragung bewilligten Grundschuld durch gleichzeitige Miteintragung der Vormerkung treffen, ist somit Betroffener[89] nach § 19 GBO. Bei einer Eigentümergrundschuld ist Eintragung einer Rückgewährvormerkung zugunsten des Grundstückeigentümers nicht möglich[90] (kein sicherbarer Anspruch infolge Personengleichheit auf „Gläubiger- und Schuldnerseite"; für den [künftigen] Anspruch gegen den späteren Zessionar der Eigentümergrundschuld als Sicherungsnehmer hindert jedenfalls fehlende Voreintragung dieses Betroffenen als Grundschuldgläubiger [§ 39 GBO] Eintragung). Möglich sein muß aber bei einer brieflosen Eigentümergrundschuld Eintragung der Abtretung an einen Dritten unter gleichzeitiger Miteintragung der Vormerkung auf Bewilligung nur des Eigentümers (dem Fall der Eintragung der Grundschuld unter gleichzeitiger Miteintragung der Vormerkung vergleichbar.

2346 x) Abtretung des Rückgewähranspruchs kann durch Vereinbarung ausgeschlossen werden (§ 399 BGB). Auch Abtretungsverbot in Allgemeinen Ge-

---

[86] BayObLG MittBayNot 1983, 12 = Rpfleger 1983, 267; OLG Celle DNotZ 1957, 664 = NJW 1957, 1481; OLG Düsseldorf NJW 1957, 1282 = Rpfleger 1957, 377; OLG Frankfurt NJW 1957, 1283 = Rpfleger 1957, 378; OLG Hamm JMBlNW 1957, 184 = Rpfleger 1957, 379 und DNotZ 1990, 601 = NJW-RR 1990, 272 = Rpfleger 1990, 157; KG OLGZ 1976, 44 = Rpfleger 1976, 128; LG Braunschweig NJW 1957, 469; LG Düsseldorf NJW 1958, 673 mit Anm Dempewolf; LG Lübeck Rpfleger 1957, 377. AA (Bewilligung des Grundschuldgläubigers nicht notwendig) LG Darmstadt NJW 1957, 1283 = Rpfleger 1957, 382; LG Hagen NJW 1957, 1284 = Rpfleger 1957, 382; LG Wuppertal Rpfleger 1957, 382. S auch Dempewolf NJW 1957, 1257; Hieber DNotZ 1958, 378; Stöber RpflJahrbuch 1960, 120.
[87] BayObLG MittBayNot 1983, 12 = Rpfleger 1983, 267; OLG Hamm DNotZ 1990, 601 = aaO.
[88] BGH 66, 341 (347) = DNotZ 1976, 490 = Rpfleger 1976, 206 im Anschluß an KG JFG 11, 268 = JW 1934, 1367; Palandt/Bassenge Rdn 34 zu § 1191 BGB.
[89] Vergleichbare Fälle: Eintragung eines im Übergabevertrag vorbehaltenen Nießbrauchs an dem überlassenen Grundstück (Rdn 1380); Eintragung eines Nießbrauchs für einen Dritten zugleich mit der Hypothek (Rdn 2692); Eintragung der Verfügungsbeschränkung nach § 72 Abs 1 VAG zusammen mit der Hypothek (Rdn 2005) sowie Eintragung der Vorlöschungsklausel nach § 23 Abs 2 GBO gleichzeitig mit dem Recht (Rdn 376).
[90] LG Bochum MDR 1957, 611 = Rpfleger 1958, 55 mit abl Anm Bruhn. Anders (Eintragung der Vormerkung zulässig bereits vor Begebung des – ursprünglichen – Eigentümerrechts an einen Sicherungsnehmer): MünchKomm/Eickmann Rdn 93 zu § 1191 BGB; Staudinger/Wolfsteiner Rdn 186 Vorbem zu § 1191 BGB; Bruhn aaO; Dempewolf MDR 1957, 611.

schäftsbedingungen ist zulässig und wirksam. Dingliche Wirkung eines Abtretungsverbots wird jedoch nicht schon mit nur schuldrechtlicher Verpflichtung in Allgemeinen Geschäftsbedingungen begründet, die Grundschuld nur zusammen mit der gesicherten Forderung auf denselben Erwerber zu übertragen.[91] Ein formularmäßiger Zustimmungsvorbehalt einer Bank ist (als Allgemeine Geschäftsbedingung) jedenfalls dann wirksam, wenn die Grundschuldsicherheit nicht von dem Grundstückseigentümer gegeben wurde.[92]

y) **Mehrfache Abtretung des Rückgewähranspruchs** (insbesondere an mehrere nachrangige Grundpfandgläubiger) ist weithin üblich. Dann jedoch ist nur die erste Abtretung wirksam. Sie bewirkt bereits den Übergang der Gläubigerstellung (§ 398 BGB) und schließt damit weitere Abtretung an andere aus.[93] Gutgläubiger Erwerb des Rückgewähranspruchs als Forderungsrecht von einem nicht mehr zur Abtretung Berechtigten wird nicht geschützt. Den Grundschuldgläubiger, der an einen nachrangigen Zessionar leistet, weil ihm eine wirksame frühere Abtretung nicht angezeigt war, schützt § 408 BGB. Sicherung gegen die Gefahren unbekannter Mehrfachabtretung erstreben nachrangige Grundpfandgläubiger dadurch, daß sie sich für den Fall bereits erfolgter Abtretung des Rückgewähranspruchs zugleich den Anspruch des Grundschuldbestellers (Sicherungsgebers) an den dann derzeitigen Gläubiger des Rückgewähranspruchs auf **Rückabtretung dieses Rückgewähranspruchs** abtreten lassen.[94] Diese Abtretung ist zulässig; der Vertrag trägt insbesondere dem Bestimmtheitserfordernis Rechnung. 2347

Auf einen **ablösenden** nachrangigen Grundpfandgläubiger geht der Anspruch des Gläubigers des (nach §§ 268, 1150 BGB) abgelösten Grundpfandrechts auf Rückgewähr einer vorrangigen Grundschuld nicht kraft Gesetzes (nach § 401 Abs 1, § 412 BGB) über; der Anspruch auf Rückgewähr einer vorrangigen Grundschuld ist kein Nebenrecht des abgelösten Grundpfandrechts.[95] 2347a

z) In der Geltendmachung der **persönlichen Forderung** gegen ihren Schuldner wird der Gläubiger durch den Sicherungsvertrag zwar an sich nicht beschränkt; gleichwohl können ihm uU erhebliche Schwierigkeiten entstehen. Die Rechtsbeziehungen zwischen Forderungsgläubiger und Forderungsschuldner bestimmen sich nur nach ihrem Schuldverhältnis (Darlehensvertrag, §§ 488ff BGB, usw). Wenn mit Abschluß des Sicherungsvertrags zwischen Forderungsgläubiger und Grundstückseigentümer schuldrechtliche Rechtsbeziehungen entstanden sind (insbesondere wenn der Grundstückseigentümer als Sicherungsgeber zugleich Schuldner der Forderung ist), hat der Sicherungsgeber als Gläubiger des Rückgewähranspruchs bei Geltendmachung der (nach dem Sicherungsvertrag gesicherten[96]) Forderung jedoch ein **Zurückbehaltungsrecht** (§ 273 Abs 1 BGB). Wird diese Forderung geltend gemacht, hat 2348

---
[91] So BGH NJW 1982, 2768 = aaO (Fußn 10) für AGB-Banken.
[92] BGH 110, 241 = DNotZ 1990, 561 = NJW 1990, 1601.
[93] BGH Rpfleger 1985, 103 (104).
[94] Zur Bedeutung des Anspruchs auf Rückübertragung abgetretener Rückgewähransprüche s BGH 104, 26 = DNotZ 1988, 778 = NJW 1988, 1665 = Rpfleger 1988, 306.
[95] BGH 104, 26 = aaO.
[96] Kein Zurückbehaltungsrecht aber wegen einer anderen, nach dem Sicherungsvertrag durch die Grundschuld nicht gesicherten Forderung, Rdn 2336 Fußn 58.

der Schuldner das Recht, nur Zug um Zug gegen die Rückgewähr der sichernden Grundschuld leisten zu müssen.[97] Dieses Zurückbehaltungsrecht kann auch jedem Zessionar der Forderung entgegengehalten werden (§ 404 BGB).[98] Das kann dazu führen, daß sich die Realisierung der Forderung erheblich verzögert. Das gilt insbesondere, wenn der Gläubiger die Grundschuld abgetreten oder verpfändet hat oder wenn sie durch einen seiner eigenen Gläubiger gepfändet wurde; denn in all diesen Fällen ist der Gläubiger zu einer Rückgewähr der Grundschuld nicht ohne weiteres in der Lage. Das gilt ebenso, wenn die Forderung allein abgetreten wurde.[99] Mit der Abtretung der Forderung[100] ist die Grundschuld nicht auf den neuen Gläubiger übergegangen.[101] Doch kann eine Verpflichtung des Gläubigers, auch die Grundschuld abzutreten, aus den bei der Forderungsabtretung getroffenen Vereinbarungen zu entnehmen sein. Rechtliche Komplikationen, die sich bei Trennung der gesicherten Forderung von der sichernden Grundschuld ergeben, sind im Rahmen dieses Handbuchs nicht näher zu erörtern.

2349 Befriedigt ein Forderungs-**Gesamtschuldner** den Gläubiger und geht daher auf ihn die Forderung gegen einen anderen Gesamtschuldner über, von dem der Zahlende im Innenverhältnis Ausgleichung verlangen kann, so kann der leistende Schuldner vom Gläubiger Übertragung einer die Forderung gegen alle Gesamtschuldner sichernden Grundschuld, die von dem ausgleichspflichtigen Schuldner gestellt worden ist, verlangen (§ 401 BGB entsprechend).[102] Anspruch auf Abtretung der sichernden Grundschuld steht auch einem zur Hälfte ausgleichsberechtigten Gesamtschuldner, der die auf Miteigentumsanteilen lastende Grundschuld mitbestellt hat, (nach §§ 412, 401 mit § 426 Abs 2 S 1 BGB) nach Befriedigung des Gläubigers zu.[103] Abtretung der Grundschuld allein an einen von mehreren Gesamtschuldnern, der Forderungstilgung anbietet, darf der Grundschuldgläubiger (nach Befriedigung der Forderung) daher nicht ablehnen.[103] Der Bürge, der den Forderungsgläubiger befriedigt hat und auf den die Forderung damit übergegangen ist (§ 774 Abs 1 S 1 BGB) hat ebenso Anspruch gegen den Gläubiger auf Übertragung der für die Forderung haftenden Grundschuld (§§ 774, 412, 401 BGB entsprechend).[104] Erteilt der Gläubiger der Grundschuld dennoch dem Eigentümer des Grundstücks eine löschungsfähige Quittung, so stehen dem Bürgen (somit auch dem leistenden Forderungs-Gesamtschuldner) Schadensersatzansprüche zu.[105]

---

[97] BGH NJW 1982, 2768 = aaO (Fußn 10). Dort auch zu dem Fall, daß der Forderungsgläubiger nur einen Teilbetrag der Forderung geltend macht.
[98] BGH NJW 1982, 2768 = aaO (Fußn 10); RG Recht 1911 Nr 2176.
[99] Kein Abtretungsverbot bei nur schuldrechtlich wirkender Verpflichtung, die gesicherte Forderung nur zusammen mit der Grundschuld an denselben Erwerber zu übertragen (zB AGB-Banken); BGH NJW 1982, 2768 = aaO (Fußn 10).
[100] Zur Frage, ob der Sicherungszweck entfallen ist und deshalb der Sicherungsgeber den Anspruch auf Rückgewähr der Grundschuld geltend machen kann, wenn nur die Forderung, nicht aber die sichernde Grundschuld abgetreten wurde, s BGH DNotZ 1992, 51 = aaO (Fußn 3).
[101] Kein Fall des § 401 BGB; RG 135, 274; anders dagegen Friedrich NJW 1969, 485.
[102] BGH 80, 228 = aaO (Fußn 45).
[103] BGH MittBayNot 1995, 200 = NJW-RR 1995, 589.
[104] BGH 92, 374 (378); OLG Stuttgart Rpfleger 1990, 349.
[105] OLG Stuttgart Rpfleger 1990, 349.

B. Einzelfälle

15. Eigentümergrundschuld
BGB §§ 1191, 1192, 1196, 1113 ff, 1116, 873
GBO §§ 13, 19, 29, 30
GBV §§ 11, 17, 47 ff

Antragsformular   2350

Eingang der Urkunde wie Rdn 2277.

    Der Erschienene erklärt:
Ich bestelle zu Lasten meines im Grundbuch von Boll (Band 3) Blatt 60 gebuchten Grundstücks Flurstück 6 Hauptstraße, Wohnhaus 5a 30 m² für mich selbst eine Grundschuld über 20 000 €, zwanzigtausend Euro. Die Grundschuld ist vom ... an zu 15% jährlich zu verzinsen, die Zinsen zahlbar jährlich nachträglich, erstmals auf 31. Dezember ... Die Grundschuld ist fällig.
Wegen aller Ansprüche aus der Grundschuld unterwerfe ich mich der sofortigen Zwangsvollstreckung aus dieser Urkunde in der Weise, daß die Zwangsvollstreckung gegen den jeweiligen Eigentümer des belasteten Grundstücks zulässig ist.
Ich bewillige und beantrage die Eintragung der Grundschuld und der dinglichen Zwangsvollstreckungsunterwerfung in das Grundbuch.
Der Eigentümer beantragt
a) nach Eintragung der Grundschuld ihm selbst einen amtlichen Grundbuchausdruck (eine beglaubigte Grundbuchblattabschrift) auf seine Kosten zu übersenden,
b) ihm den Grundschuldbrief zu übersenden zu Händen des Notars.
Vollstreckbare Ausfertigung dieser Urkunde ist dem jeweiligen Fremdgläubiger der Grundschuld gegen Vorlage der notariell beglaubigten Abtretungserklärung oder Nachweis des Vollzugs der Abtretung im Grundbuch zu erteilen; weitere Nachweise der für Entstehung oder Fälligkeit maßgebenden Voraussetzungen sind nicht zu erbringen.
Es wird beantragt, dem Grundbuchamt und dem Eigentümer je beglaubigte Abschrift zu erteilen.
Sämtliche Kosten dieser Urkunde und ihres Vollzuges im Grundbuch trägt der Eigentümer.
Vom Notar vorgelesen, von Herrn Alt genehmigt und unterschrieben:
Max Alt   Notar H

Grundbucheintragung   2351

1	2	3	4
3	4	20 000 EUR	Grundschuld zu zwanzigtausend Euro für den Eigentümer Alt Max, geb am ..., mit fünfzehn vom Hundert Zinsen jährlich. Vollstreckbar nach § 800 ZPO. Gemäß Bewilligung vom ... (Notar ... URNr ...) eingetragen am ..."

Grundschuldbrief ist zu erteilen und dem Eigentümer zu übersenden, zugleich als Eintragungsnachricht.
Eintragungs**mitteilung** erfolgt an Notar ...

Literatur: Fischer, Die Eigentümergrundschuld im Zwangsversteigerungsverfahren, NJW 1955, 573; Hieber, Zur Bestellung der Eigentümergrundschuld, DNotZ 1958, 381; Lwowski, Verdeckte Nachverpfändung bei einer Eigentümerbriefgrundschuld, DNotZ 1979, 328; Stöber, Die Beschränkungen des § 1197 BGB bei Verpfändung und Pfändung einer Eigentümergrundschuld, Rpfleger 1958, 339; Willke, Abtretung von Zinsen einer Eigentümergrundschuld, WM 1980, 858.

a) Eine Grundschuld kann auch sogleich für den Eigentümer bestellt werden   2352
(§ 1196 Abs 1 BGB). Diese **Eigentümergrundschuld** ist beschränktes ding-

liches Recht am eigenen Grundstück. Es gibt dem Eigentümer selbst alle Rechte eines Grundschuldgläubigers. Solange der Eigentümer zugleich auch Gläubiger der Grundschuld ist, kann er jedoch nicht selbst die Zwangsvollstreckung zum Zwecke seiner Befriedigung betreiben (§ 1197 Abs 1 BGB) und Zinsen nur in der Zwangsverwaltung erhalten (§ 1197 Abs 2 BGB). Als beschränktes dingliches Recht verbleibt eine Eigentümergrundschuld auch dann dem (bisherigen) Eigentümer, wenn er das Grundstück veräußert;[1] sie wird mit Eigentumsübergang Fremdgrundschuld. Auch nach Eintragung einer Auflassungsvormerkung kann die Eigentümergrundschuld als selbständiges dingliches Recht wirksam abgetreten werden.[2] Durch Belastung mehrerer Grundstücke kann eine Eigentümergrundschuld auch als Gesamtgrundschuld bestellt werden (§ 1132 mit § 1192 Abs 1 BGB).

2353 **b)** Als Grundstücksrecht (materiell) entsteht die Eigentümergrundschuld mit einseitiger Erklärung des Eigentümers gegenüber dem Grundbuchamt, daß die Grundschuld für ihn in das Grundbuch eingetragen werden soll, und mit der Eintragung (§ 1196 Abs 2 BGB). Die Eintragung erfolgt auf Antrag (§ 13 Abs 1 GBO) und Bewilligung des betroffenen Eigentümers[3] (§ 19 GBO). Form der Bewilligung: § 29 GBO.

2354 **c)** Eine Eigentümergrundschuld wird vielfach dann bestellt, wenn der Grundstückseigentümer noch nicht weiß, **von welchem** Gläubiger er ein Darlehen oder dgl erhalten wird, aber für einen anderen Gläubiger sofort ein Grundpfandrecht an zweiter Rangstelle eintragen lassen will (zum Problem des gesetzlichen Löschungsanspruchs des zweitrangigen Rechts s Rdn 2364). Die Eigentümergrundschuld macht dann Eintragung eines entsprechenden Rangvorbehalts (vgl Rdn 2128 ff) überflüssig. Später kann der Grundstückseigentümer seine Grundschuld an den inzwischen bekannt gewordenen Kreditgeber zur Kreditsicherung abtreten. Bei sofortiger Abtretung der Eigentümergrundschuld an den Geldgeber kann sich eine Erklärung des Grundstückseigentümers empfehlen, daß er auch den Anspruch an das Grundbuchamt auf Aushändigung des Briefes (s Rdn 2022) an den Kreditgeber abtritt; s auch Rdn 2359. Sonst kann ein die Grundschuld und den Anspruch auf Aushändigung des Briefes pfändender Dritter dem Kreditgeber zuvorkommen.[4]

2355 **d)** Sind **Eheleute** je zur ungeteilten Hälfte **Miteigentümer** eines Grundstücks, so bestehen gegen ihren Antrag, sie als **Gesamtgläubiger** (Gesamtberechtigte nach § 428 BGB) einer „Eigentümer"grundschuld an diesem Grundstück einzutragen, keine Bedenken.[5] Eine solche Grundschuld ist teilweise Eigentümergrundschuld, teilweise Fremdgrundschuld.[6] Auch Eintragung einer Eigentümergrundschuld für die Eheleute **zu gleichen Teilen** ist hier mög-

---

[1] BGH WM 1962, 613.
[2] BGH 64, 316 = DNotZ 1975, 617 = Rpfleger 1975, 295.
[3] Ein Zessionar, dem der Grundstückseigentümer die bewilligte Eigentümergrundschuld schon vor Eintragung abgetreten hat, hat kein eigenes Antragsrecht auf Eintragung dieser Eigentümergrundschuld sowie auf Eintragung ihrer Abtretung (dies bis zur Eintragung der Grundschuld), OLG Celle Rpfleger 1989, 499.
[4] OLG Neustadt Rpfleger 1960, 155.
[5] OLG Frankfurt DNotZ 1961, 411 = Rpfleger 1961, 240; BayObLG DNotZ 1975, 487 = NJW 1975, 445 = Rpfleger 1975, 84.
[6] BayObLG DNotZ 1975, 487 = aaO (Fußn 5).

B. Einzelfälle

lich.[7] **Miteigentümer** eines Grundstücks zu hälftigen Anteilen, denen **außerdem** noch in ihrem **Alleineigentum** stehende Grundstücke gehören, können ihren ganzen Grundbesitz ebenfalls mit einer ihnen in Bruchteilsgemeinschaft zu **Hälfteanteilen** zustehenden Grundschuld belasten.[8]

Eheleute, die in **Gütergemeinschaft** leben, können dagegen auf ihrem Grundbesitz für den Regelfall nicht eine Eigentümergrundschuld für sich selbst als **Gesamtgläubiger** bestellen, jedenfalls dann nicht, wenn sie die Grundschuld nicht durch ehevertragliche Bestimmung zu Vorbehaltsgut erklären[9] (s dazu aber auch Rdn 257 a ff, 261 b ff). Bestellung einer Eigentümergrundschuld für die Eheleute zum Gesamtgut der Gütergemeinschaft ist natürlich möglich. 2356

Als Berechtigter einer Eigentümergrundschuld, die vom **Insolvenzverwalter** an einem zur Insolvenzmasse gehörenden Grundstück bestellt wird, ist der Schuldner des Insolvenzverfahrens (Grundstückseigentümer) einzutragen. Bei der Eigentümergrundschuld ist in diesem Fall der Insolvenzvermerk einzutragen, der auch in den Grundschuldbrief aufzunehmen ist.[10] 2357

e) **Verzinsungsbeginn** der Grundschuld schon vor Eintragung ist zulässig.[11] 2358

f) Den **Grundschuldbrief** darf das Grundbuchamt nach Eintragung einer Eigentümergrundschuld an einen anderen als den Grundstückseigentümer nur **herausgeben,** wenn der Herausgabeanspruch an diesen durch den Eigentümer rechtswirksam abgetreten worden ist (vgl dazu Rdn 2023, 2354). 2359

g) Die **Erteilung einer vollstreckbaren Ausfertigung** kommt, solange die Grundschuld dem Grundstückseigentümer selbst zusteht, praktisch nicht in Frage, da der Eigentümer damit nichts anfangen kann. Wird die Grundschuld später an einen Dritten **abgetreten,** so müßte eine für den Eigentümer erteilte vollstreckbare Ausfertigung auf den Dritten umgeschrieben werden. Bestimmt werden kann, daß vollstreckbare Ausfertigung dem jeweiligen Fremdgläubiger zu erteilen ist (Wortlaut: Antragsformular Rdn 2350; zum Nachweisverzicht Rdn 2060). 2360

h) Der Grundstückseigentümer, der sich eine Grundschuld bestellt, kann mit **Übernahme der persönlichen Haftung** für den Eingang des Grundschuldbetrags samt Grundschuldzinsen ein Angebot gegenüber dem Zessionar zum Abschluß eines Schuldversprechens nach § 780 BGB machen und sich bereits bei Bestellung der Eigentümergrundschuld deswegen **persönlich** der sofortigen Zwangsvollstreckung unterwerfen.[12] Die Annahme dieses Angebots 2361

---

[7] LG Nürnberg-Fürth Rpfleger 1960, 156.
[8] BayObLG 1962, 184 = DNotZ 1963, 186 = NJW 1962, 1725 = Rpfleger 1963, 410 mit Anm Haegele; dazu Westermann NJW 1970, 1023 Fußn 14.
[9] BayObLG 1962, 205 = DNotZ 1963, 49 = Rpfleger 1963, 412 mit Anm Haegele.
[10] BayObLG 1980, 255 = DNotZ 1981, 576 = Rpfleger 1980, 429.
[11] BayObLG 1978, 136 = DNotZ 1978, 550 = Rpfleger 1978, 309; s auch Rdn 2292.
[12] BGH DNotZ 1958, 579 und BGH DNotZ 1976, 364 = Rpfleger 1976, 125; BGH DNotZ 1991, 753 = NJW 1991, 228 = Rpfleger 1991, 14; OLG Frankfurt MittBayNot 1981, 121 = MittRhNotK 1981, 42 = Rpfleger 1981, 59; anders noch KG DNotZ 1975, 718 = Rpfleger 1975, 371. S auch Hieber DNotZ 1958, 381, 582; Wolfsteiner MittBayNot 1976, 35; Lichtenberger MittBayNot 1976, 109 (112); BGH DNotZ 1981, 742 (zur Rechtsnatur der „Übernahme der persönlichen Haftung für den Grundschuldbetrag mit Zinsen"). Zur Umschreibung der Vollstreckungsklausel s Gutachten DNotI-Report 2001, 37.

durch den Zessionar der Grundschuld ergibt sich regelmäßig schlüssig aus dessen Verhalten (§ 151 S 1 BGB).[13] Gerichtet ist dieses Schuldversprechen auf eine Verstärkung des Sicherungswertes (die volle Realisierung) der Grundschuld;[14] eine von der Inhaberschaft an der Grundschuld unabhängige Haftung (mit der Gefahr einer mehrfachen Inanspruchnahme) ist damit nicht gewollt.[15]

2362 i) **Abgetreten** werden kann die Eigentümergrundschuld (auch) **mit rückwirkendem Zinsbeginn**,[16] somit auch mit Zinsen seit dem Tag der Eintragung der Grundschuld; § 1179a Abs 2 BGB steht der Abtretung der Eigentümergrundschuld (auch) mit rückständigen Zinsen nicht entgegen. Zur Angabe des Zeitpunkts bei Abtretung rückständiger Zinsen s Rdn 2384. Wenn jedoch ein Fremdgrundpfandrecht (Hypothek oder Grundschuld) Eigentümergrundschuld geworden ist, ist damit das Recht als Grundstücksbelastung für Rückstände von Zinsen erloschen (§ 1178 Abs 1 S 1 BGB mit Einschränkung in Abs 1 S 2, § 1192 Abs 2 BGB). Zinsen dieser Eigentümergrundschuld können daher erst von dem auf den Zeitpunkt folgenden Tag an abgetreten werden, an dem sich das Recht mit dem Eigentum in einer Person vereinigt hat (nur insoweit gebühren Zinsen dem Eigentümer nach § 1197 Abs 2 BGB nicht; „ältere" Zinsen sind erloschen). Beantragt der Eigentümer für eine bisher unverzinsliche Eigentümergrundschuld die Eintragung von Zinsen mit rückwirkendem Beginn und gleichzeitig Eintragung der Abtretung des Grundpfandrechts mit diesen Zinsen, so ist eine solche rückwirkende Zinsabtretung eintragungsfähig (sie ist nicht durch § 1197 Abs 2 BGB ausgeschlossen).[17] Die Begründung von Zinsen (für eine bisher unverzinsliche Eigentümergrundschuld) ist jedoch Inhaltsänderung (dazu Rdn 2490 für Erhöhung des Zinssatzes). Sie erfordert materiell daher Einigung und Eintragung (§ 877 mit § 873 BGB). Zu dieser Eintragung Rdn 2490 ff. Die Verzinslichkeit der Eigentümergrundschuld über 5 vH hinaus (§ 1119 BGB) kann nur dann mit dem Rang der Eigentümergrundschuld eingetragen werden, wenn gleich- oder nachstehende Berechtigte zustimmen (Rdn 2494).

2363 k) **Kündigung und Verzinslichkeit** der aus einer Tilgungshypothek entstandenen Eigentümergrundschuld s Rdn 1993. **Pfanderstreckung** s Rdn 2649.

2364 l) Wenn die für den Eigentümer bestellte Grundschuld bereits einem anderen zugestanden hat (zur Eigentümergrundschuld, die noch nicht Fremdrecht war, s § 1196 Abs 3 BGB), kann sie wegen des gesetzlichen Löschungsan-

---

[13] BGH DNotZ 1991, 753 = aaO mit Einzelheiten.
[14] Zur Frage, ob (wie regelmäßig) nur Haftung für (einmalige) Zahlung des Grundschuldbetrags übernommen ist oder ob Grundschuld und Haftungsübernahme kumulativ nebeneinander bestehen können, s Rdn 2289.
[15] BGH MittRhNotK 1999, 383.
[16] BayObLG 1987, 241 = DNotZ 1988, 116 = Rpfleger 1987, 364 und 1988, 139 Leits mit abl Anm Bayer, unter Aufgabe von BayObLG 1976, 44 = DNotZ 1976, 494 = Rpfleger 1976, 181 und (bestätigt) BayObLG DNotZ 1979, 221 mit abl Anm Lichtenberger = Rpfleger 1979, 100; wie hier bereits Lichtenberger MittBayNot 1976, 109; OLG Köln (Vorlagebeschluß) JMBlNW 1985, 34 = (mitget) Rpfleger 1985, 9; OLG Celle NJW-RR 1989, 1244 = Rpfleger 1989, 323 und 363 Leits mit Anm Hennings; OLG Düsseldorf DNotZ 1990, 747 = NJW-RR 1990, 22 = Rpfleger 1989, 498.
[17] BGH DNotZ 1986, 227 = NJW 1986, 314 = Rpfleger 1986, 9.

B. Einzelfälle

spruchs[18] nachrangiger Grundpfandgläubiger (§ 1179a BGB; dazu Rdn 2595 ff) nur noch beschränkt zur weiteren Kreditsicherung verwendet werden. Der gesetzliche Löschungsanspruch eines gleich- oder nachrangigen Grundpfandrechtsgläubigers besteht auch gegenüber einem vor dem 1. Jan. 1978 (Inkrafttreten des § 1179a BGB) eingetragenen Grundpfandrecht.[19] Sichere und klare Verhältnisse lassen sich mit Ausschluß des gesetzlichen Löschungsanspruchs nachrangiger Grundpfandgläubiger schaffen (§ 1179a Abs 5 BGB; dazu Rdn 2626 ff).

16. Rentenschuld
BGB §§ 1199 ff, 1115, 873
GBO §§ 13, 19, 28 29, 56 ff
GBV §§ 11, 17, 47 ff

Antragsformular 2365

Ich bewillige und beantrage, für die Kreissparkasse Boll in Boll eine Rentenschuld von jährlich 1000 € – eintausend Euro – vom ... an in halbjährlichen Teilen auf 1. Januar und 1. Juli nachträglich fällig und mit 16 000 € ablösbar, auf meinem im Grundbuch von Boll (Band 1) Blatt 3 verzeichneten Grundstück einzutragen. Der Rentenschuldbrief soll der Kreissparkasse Boll unmittelbar ausgehändigt werden.

Boll, den ...   Hans Sultan   (folgt Unterschriftsbeglaubigung)

Grundbucheintragung 2366

1	2	3	4
3	5	16 000 EUR	Rentenschuld zu eintausend Euro jährlich für die Kreissparkasse Boll in Boll, vom ... an in halbjährlichen Teilen am 1. Januar und 1. Juli nachträglich fällig, ablösbar mit sechzehntausend Euro. Gemäß Bewilligung vom ... (Notar ... URNr ...) eingetragen am ...

Ein Rentenschuldbrief ist zu bilden und der Gläubigerin auszuhändigen, zugleich als Eintragungsnachricht.
Bekanntmachung erfolgt an Notar ... und Eigentümer.

a) Recht, Entstehung

Die Rentenschuld (§ 1199 BGB) ist Belastung des Grundstücks in der Weise, 2367 daß an den Gläubiger in regelmäßig wiederkehrenden Terminen eine bestimmte Geldsumme aus dem Grundstück zu zahlen ist. Die Rentenschuld ist Unterart der Grundschuld und wie diese (Rdn 2279) als übertragbares und vererbliches Grundpfandrecht nicht akzessorischer Natur. **Ausgeschlossen** ist bei der Rentenschuld aber nicht nur die persönliche Haftung des Eigentümers, sondern auch ein **Kündigungsrecht des Gläubigers**. Der Eigentümer kann das Recht durch Zahlung einer Ablösungssumme nach Kündigung (zu ihr § 1202 BGB) **ablösen** (§ 1199 Abs 2, § 1201 Abs 1 BGB).

Als Grundstücksrecht (materiell) **entsteht** die Rentenschuld mit Einigung der 2368 Beteiligten und Eintragung in das Grundbuch (§ 873 BGB; Rdn 10). Die Ein-

---

[18] Keine verfassungsrechtliche Bedenken gegen dessen Einführung, BGH 99, 363 = DNotZ 1987, 510 mit Anm Schelter = NJW 1987, 2078 = Rpfleger 1987, 238.
[19] Dazu und zur Wirkung im Hinblick auf § 1196 Abs 3 BGB näher BGH 99, 363 = aaO sowie (Vorinstanz) OLG Celle Rpfleger 1986, 398.

tragung erfolgt auf Antrag (§ 13 Abs 1 GBO), wenn der Betroffene (Grundstückseigentümer) sie bewilligt (§ 19 GBO). Form der Bewilligung: § 29 GBO. Wenn sich der Grundstückseigentümer der sofortigen Zwangsvollstreckung nach § 794 Abs 1 Nr 5, § 800 ZPO unterwirft, ist Aufnahme einer notariellen Urkunde erforderlich.

b) Belastungsgegenstand

2369 Wie Rdn 1917. Auch ein Miteigentumsanteil kann mit einer Rentenschuld belastet werden.

c) Eintragungsbewilligung

2370 Die Eintragungsbewilligung muß das Recht als Rentenschuld mit der aus dem Grundstück in regelmäßig wiederkehrenden Terminen jeweils zu zahlenden bestimmten Geldsumme in Euro oder nach § 28 S 2 GBO zugelassener anderer Währung (Rdn 135) bezeichnen und weiter die folgenden Mindestangaben enthalten (s § 1115 Abs 1, § 1192 Abs 1, § 1199 BGB): zu belastendes Grundstück, nach § 28 S 1 GBO zu bezeichnen; (vgl Rdn 130), Gläubiger (dazu Rdn 1921, 1922), wiederkehrende Zahlungstermine (mit Bezeichnung des Anfangstermins) sowie eine bestimmte Ablösungssumme in Euro oder sonst zugelassener Währung (§ 1199 Abs 2 BGB). Der Betrag der wiederkehrend zu zahlenden Geldsumme muß bestimmt, nicht aber für jeden Zahlungstermin gleich hoch sein. Möglich ist auch bedingte Erhöhung (so bei Zahlungsverzug). Ist über Zahlungszeit und Zahlungsort nichts besonderes bestimmt, so gelten hierüber die gesetzlichen Bestimmungen (§§ 1200, 1194 BGB). Das Kündigungsrecht des Eigentümers kann nur nach § 1202 BGB beschränkt, aber nicht ausgeschlossen werden. Ein Kündigungsrecht auch des Gläubigers kann nicht bestimmt werden; Unkündbarkeit durch den Gläubiger ist für die Rentenschuld wesensnotwendig.

d) Grundbucheintragung

2371 Einzutragen in das Grundbuch ist die Rentenschuld durch Bezeichnung dieser Rechtsnatur der Grundstücksbelastung; angegeben werden müssen (siehe § 1115 Abs 1 BGB) Gläubiger, Geldbetrag der bestimmten Geldsumme mit den wiederkehrenden Zahlungsterminen, Ablösungssumme (§ 1199 Abs 2 BGB; Bezugnahme auf Eintragungsbewilligung auch bei ihr ausgeschlossen), etwaige Bedingungen und Befristungen, etwaiger Ausschluß der Brieferteilung und etwaige Zwangsvollstreckungsunterwerfung. Einzelheiten Rdn 1945 ff. Im übrigen kann auf die Eintragungsbewilligung bezug genommen werden; Bezugnahme dürfte insbesondere wegen der Zahlungsbestimmungen zulässig sein. Eintragungsbeispiel Anlage 2a zur GBV Abt III Nr 5. Briefbildung: § 70 GBO.

2372 e) Die **nachträgliche Erhöhung** der Ablösungssumme einer Rentenschuld ist unzulässig, darf also nicht in das Grundbuch eingetragen werden,[1] auch wenn nachrangige Berechtigte nicht vorhanden sind.

2373 f) Durch Zahlung der Ablösungssumme erwirbt der Eigentümer die Rentenschuld als **Eigentümerrentenschuld** (§§ 1200, 1143 BGB).[2]

---

[1] KGJ 40 A 342.
[2] BGH DNotZ 1981, 389 = NJW 1980, 2198 = Rpfleger 1980, 337.

B. Einzelfälle

2374 g) Die Rentenschuld kann (wie die Grundschuld) nach nur schuldrechtlich wirkender Abrede (wegen Einzelheiten Rdn 2316 ff) zur **Sicherung einer Forderung** (zB einer Leibrente) bestimmt werden. Sicherung durch Rentenschuld wird im allgemeinen nur dann gewählt, wenn es um laufend wiederkehrende Zahlungen über einen längeren Zeitraum hin gerichtete schuldrechtliche Verpflichtungen geht (Sicherung einer Kaufpreisrente,[3] eines vertraglichen Ruhegeldes oä). Zur Frage, ob dann Ablösung der Rentenschuld durch Zahlung der Ablösungssumme zugleich Befriedigung der gesicherten Forderung zur Folge hat, s BGH.[4] Auch Sicherung einer in Raten **zahlbaren Grundstückskaufpreisforderung** durch Eintragung einer **befristeten** Rentenschuld ist zulässig, soweit nicht die einzelnen Raten auf die Ablösungssumme verrechnet werden.[5] Eine Rentenschuld unter Bezugnahme auf das **Gehalt eines Beamten** ist, da gegen den Grundsatz der Bestimmtheit des zu zahlenden Geldbetrags verstoßend, nicht eintragungsfähig.[6] Wegen der Möglichkeit der Sicherung eines solchen Anspruchs durch eine **Reallast** s Rdn 3244.

17. Abtretung einer Briefhypothek (Briefgrundschuld)

BGB §§ 398 ff, 1153 ff, 1192 Abs 1, § 1199 Abs 1, § 1200
GBO §§ 13, 19, 22, 26, 28, 39 bis 43, 55, 62
GBV §§ 11, 17, 49

Bewilligungsformular

2375

Im Grundbuch von Boll (Band 1) Blatt 2 ist an FlStNr 50 in Abt III Nr 5 für mich eine Briefhypothek für ein Darlehen über 10 000 € – zehntausend Euro –, verzinslich zu 8%, eingetragen.
Diese Hypothekenforderung trete ich mit den Zinsen seit ... an Herrn Anton Bach, geb am ..., Müller in Boll ab.
Ich bewillige die Eintragung dieser Abtretung in das Grundbuch unter Verzicht auf Vollzugsnachricht.

Boll, den ...   Josef Müller   (folgt Unterschriftsbeglaubigung)

Antrag:
Ich, Anton Bach, überreiche notariell beglaubigte Abtretung des Josef Müller und den Hypothekenbrief und beantrage die Eintragung der Abtretung in das Grundbuch.

Anton Bach (ohne Beglaubigung)

Grundbucheintragung

2376

5	6	7
5	10 000 €	Abgetreten mit den Zinsen seit dem ... an B a c h Anton, geb am ... Eingetragen am ...

Die Eintragung des bisherigen Gläubigers ist in Sp. 4 (rot) zu unterstreichen.
Die Abtretung ist auf dem Hypothekenbrief zu vermerken. Der Brief ist dem neuen Gläubiger, der ihn vorgelegt hat, auszuhändigen.
Eintragungs**mitteilung** erfolgt an Notar ... und Grundstückseigentümer.

---

[3] Fall BGH DNotZ 1981, 389 = aaO (Fußn 2).
[4] BGH DNotZ 1981, 389 = aaO (Fußn 2).
[5] OLG Bremen OLGZ 1965, 74; KG DNotZ 1958, 203.
[6] LG Braunschweig NJW 1954, 883.

2. Teil. V. Dritte Abteilung des Grundbuchs

Literatur: Balser, Rückständige Hypothekenzinsen, NJW 1958, 698; Böttcher, Abtretung von Nebenleistungen bei Grundpfandrechten, Rpfleger 1984, 85; Derleder, Zur Bedeutung der Aushändigungsabrede nach § 1117 Abs 2 BGB bei der Übertragung der Briefgrundpfandrechte, DNotZ 1971, 272; Häsemeyer, „Auslegung" einer Grundschuldabtretung „nach dem Zweck der Formvorschrift"?, MDR 1975, 531; Henseler, Abtretung vorrangiger Grundschulden, AcP 166, 409; Kohler, Bestimmtheitsgrundsatz bei außergrundbuchlicher Abtretung von Grundpfandrechten, WM 1975, 438; Neuschwander, Die Abtretungserklärung bei der Briefgrundschuld, BWNotZ 1975, 167; Reinicke und Tiedke, Geheißerwerb von Briefgrundschulden, NJW 1994, 345.

a) Abtretung

2377 Abtretung ist Übertragung der Forderung mit Hypothek auf einen neuen Gläubiger durch Rechtsgeschäft. Mit Wirksamwerden der Abtretung tritt der neue Gläubiger (Zessionar) an die Stelle des bisherigen Gläubigers der Hypothekenforderung (§§ 398, 1153 BGB).

b) Die abzutretende Hypothekenforderung

2378 **aa)** Mit der Übertragung der Forderung geht die Hypothek auf den neuen Gläubiger über (§ 1153 Abs 1 BGB). Die Forderung kann nicht ohne die Hypothek, die Hypothek kann nicht ohne die Forderung übertragen werden (§ 1153 Abs 2 BGB). Abs 1 des § 1153 BGB wiederholt damit die bereits in § 401 BGB getroffene Regelung, dessen Abs 2 verstärkt sie zur zwingenden Bestimmung. Es ist üblich, in der Abtretungserklärung zusammengefaßt von der „Hypothekenforderung" zu sprechen.

2379 **bb)** Abgetreten werden kann grundsätzlich jede Forderung zusammen mit der sie sichernden Hypothek. Ausgeschlossen ist die Übertragung einer nicht pfändbaren Hypothekenforderung (§ 400 BGB). Die Abtretung[1] kann aber auch **durch Vereinbarung** des Gläubigers mit dem Schuldner **ausgeschlossen** sein (§ 399 BGB). Vereinbarung der Nichtabtretbarkeit gestaltet die Forderung und damit die Hypothek (§ 1153 BGB) ihrem Inhalt nach als unveräußerlich.[2] Der Ausschluß der Abtretung kann als Inhalt der Hypothekenforderung nach § 399 BGB auch in der minderen Form der Abtretungsbeschränkung bestimmt werden, so in der Weise, daß die Abtretung nur an bestimmte Dritte (nur an Banken, Versicherungen, Bausparkassen usw) oder nur mit Zustimmung des Schuldners oder einer dritten Person zulässig sein soll.[3] Die Vereinbarung der Unübertragbarkeit kann bei Begründung der Forderung und somit auch bei Sicherung durch Hypothek, aber auch später getroffen werden. Ursprüngliche Inhaltsbestimmung erfordert Einigung und Eintragung (§§ 873, 1115 Abs 1 BGB). Die Einigung bedarf keiner Form; die Eintragung gebietet Darstellung in der Eintragungsbewilligung. **Eintragung** kann durch

---

[1] Auch die Abtretung einer Grundschuld kann ausgeschlossen sein (§ 412 mit § 399 BGB); s dazu die Fußn 2 genannten Oberlandesgerichte.
[2] Als Inhaltsbestimmung ist die Vereinbarung der Nichtübertragbarkeit zu unterscheiden von der Verpflichtung des Inhabers eines veräußerlichen Rechts, darüber nicht zu verfügen. § 137 S 1 BGB, der Ausschluß oder Beschränkung der Befugnis zur Verfügung über ein veräußerliches Recht verbietet, hindert die Inhaltsgestaltung der Hypothekenforderung als nach § 399 BGB unveräußerlich nicht. S dazu OLG Hamm DNotZ 1968, 631 (634) = NJW 1968, 1289 = Rpfleger 1968, 283; OLG Stuttgart OLGZ 1965, 96; OLG München JFG 16, 291.
[3] OLG München JFG 16, 291 (295).

B. Einzelfälle

Bezugnahme auf die Eintragungsbewilligung erfolgen[4] (§ 874 mit § 1115 Abs 1 BGB); die Unübertragbarkeit der Hypothekenforderung wird dann auch im Hypothekenbrief nicht wiedergegeben (§ 57 Abs 1 GBO). Weil die Inhaltsbestimmung gutgläubigen Erwerb ausschließt (§§ 892, 1157 BGB), somit für den Rechtsverkehr mit Dritten von grundlegender Bedeutung ist, sollte sie aber in den Eintragungswortlaut ausdrücklich aufgenommen werden. Das kann mit den Worten geschehen

> Die Abtretung der Hypothekenforderung ist ausgeschlossen

oder ... für eine Darlehensforderung, deren Abtretung ausgeschlossen ist, ...

cc) Nachträgliche Eintragung der Vereinbarung, daß die Abtretung der Hypothekenforderung ausgeschlossen ist, ist Inhaltsänderung. Diese erfordert (materiell) Einigung und Eintragung (§ 877 BGB). Die Eintragung erfolgt auf Antrag (§ 13 Abs 1 GBO), wenn der Betroffene (der Gläubiger der Hypothekenforderung, aber auch der Eigentümer, jedenfalls wegen der Fortwirkung des Abtretungsausschlusses nach Erwerb als Eigentümerrecht) sie bewilligt (§ 19 GBO). Die Eintragung in Spalte 7 (Veränderungen) der Abt III (§ 11 Abs 6 GBV) kann lauten

> Inhalt des Rechts dahin geändert, daß Abtretung der Hypothekenforderung ausgeschlossen ist. Eingetragen am ...

Vermerk dieser späteren Eintragung auf dem Hypothekenbrief: § 62 Abs 1 S 1 GBO; s Rdn 2027. Eintragung nur mit der Bezeichnung „Inhaltsänderung" („Inhalt des Rechts geändert ...") und Bezugnahme auf die Eintragungsbewilligung ohne Angabe der Art (des Gegenstands) der Inhaltsänderung erscheint nicht zulässig[5] (§ 874 mit § 877 BGB ermöglicht Bezugnahme nur zur näheren Bezeichnung des geänderten Rechtsinhalts). Bei solcher Eintragung würde auch der Briefvermerk (§ 62 Abs 1 S 1 GBO) die Art der Inhaltshänderung (die Unübertragbarkeit der Hypothekenforderung) nicht unmittelbar ausweisen.

c) Abtretungsvertrag und Briefübergabe

aa) Die Abtretung einer durch Briefhypothek gesicherten Forderung erfolgt durch **Abtretungsvertrag** des bisherigen und des neuen Gläubigers (§ 398 BGB) mit Ausstellung einer **schriftlichen** (§ 126 BGB) **Abtretungserklärung** und **Übergabe des Hypothekenbriefes**[6] an den neuen Gläubiger (§ 1154 BGB mit Einzelheiten). Der Grundstückseigentümer wirkt bei dieser Abtretung nicht mit. Grundbucheintragung erfordert sie nicht. Die Verfügungsbefugnis des Abtretenden muß im Zeitpunkt der Abgabe der Abtretungserklärung und noch bei späterer Briefübergabe bestehen;[7] auf den uU späteren Zeitpunkt der Beglaubigung der Unterschrift des Abtretenden kommt es nicht

2380

---

[4] OLG Hamm DNotZ 1968, 631 = aaO.
[5] So auch Meikel/Ebeling Vorbem zur GBV Rdn 170; s auch Güthe/Triebel Rdn 26 zu § 44 GBO.
[6] Erfordernisse bei Briefübergabe durch einen Vertreter (einen Dritten) s BGH DNotZ 1993, 590 = NJW-RR 1993, 369 = Rfleger 1993, 278, sowie (abweichend) Reinicke und Tiedtke NJW 1994, 345.
[7] OLG Frankfurt MittBayNot 1969, 31 = Rpfleger 1968, 355 mit zust Anm Haegele.

an.⁸ Die Einigungserklärung über die Abtretung eines Grundpfandrechts ist nur beschränkt auslegbar.⁹ Erteilung der Abtretungsurkunde setzt nicht unbedingt eine Aushändigung des die Erklärung enthaltenden Schriftstücks an den Erwerber der Hypothek voraus. Genügend, aber auch erforderlich, ist vielmehr, daß sich der Abtretende des Schriftstücks zugunsten des Erwerbers in einer Weise entäußert, die diesem eine Verfügung darüber ermöglicht.¹⁰ Die (formlose) Annahmeerklärung des neuen Gläubigers kann auch stillschweigend abgegeben sein; Annahme des mit der Abtretungserklärung übergebenen Briefes wird daher als ausreichend angesehen.¹¹

2381 bb) Die schriftliche **Abtretungserklärung** muß den bisherigen Gläubiger als Aussteller deutlich erkennen lassen, den Abtretungswillen zum Ausdruck bringen¹² und eine zweifelsfreie (bestimmte) Bezeichnung des neuen Gläubigers¹³ und des abzutretenden Rechts enthalten.¹⁴ Zur Feststellung seiner Identität muß das abzutretende Recht deutlich bezeichnet sein.¹⁵ Eine bestimmte Art der Bezeichnung ist jedoch nicht vorgeschrieben; es genügt jede zweifelsfreie Kennzeichnung des Grundpfandrechts, die dem Bestimmtheitsgrundsatz Rechnung trägt. Bloße Kennzeichnung des abzutretenden Rechts lediglich durch Angabe der Urkundenrolle-Nr des Notars über die Bestellungsurkunde läßt OLG Düsseldorf¹⁶ nicht genügen. Wenn Zweifel an der Identität des abgetretenen Rechts bestehen (auch infolge der Besonderheiten eines Einzelfalls, zB bei Verwechslungsmöglichkeit oder Widersprüchlichkeit mehrerer zur Kennzeichnung angegebener Kriterien oder wenn mehrere Rechte eingetragen sind, auf die die gewählte Bezeichnung zutreffen könnte), kann (= hat) das Grundbuchamt Beseitigung der Zweifel zu verlangen.¹⁷

2382 Der BGH¹⁸ hatte sich mit einer Abtretungserklärung über die Grundschuld – für die Hypothek kann aber nichts anderes gelten – folgenden Inhalts zu be-

---

⁸ Hierzu aber OLG Hamm MDR 1995, 637 = Rpfleger 1995, 292 zum Nachweis, daß Abtretung außerhalb des Grundbuchs vor (damaliger) Konkurseröffnung erfolgte, wenn Beglaubigung erst nach Konkurseröffnung stattgefunden hat.
⁹ BGH DNotZ 1969, 539 = MDR 1969, 564 = Rpfleger 1969, 202.
¹⁰ BGH FamRZ 1965, 490. Zur Briefübergabe s auch BGH Betrieb 1969, 1143 = WM 1969, 208. Zu einem Zurückbehaltungsrecht am Brief s OLG Hamburg MDR 1969, 139. Zur Bedeutung der Aushändigungsabrede nach § 1117 Abs 2 BGB bei Übertragung eines Grundpfandrechts s auch Derleder DNotZ 1971, 272.
¹¹ BGH 85, 388 (392) = NJW 1983, 752.
¹² BGH MittBayNot 1991, 254 = NJW-RR 1992, 178 = Rpfleger 1992, 99 (auch zur Auslegung der schriftlichen Erklärung).
¹³ BGH DNotZ 1990, 737 = NJW 1989, 3151 = Rpfleger 1989, 449 (pauschae Umschreibung „Bauherrengemeinschaft W.straße in K., vertreten durch die Firma ..." genügt nicht); BGH NJW-RR 1997, 910 = Rpfleger 1997, 255 (auch zur Behebung einer bloßen Ungenauigkeit).
¹⁴ S BGH NJW-RR 1992, 178 aaO; OLG Frankfurt Rpfleger 1976, 183; LG Heilbronn Rpfleger 1975, 395 mit Anm Haegele; LG Stuttgart DNotZ 1976, 551 = Rpfleger 1976, 246 mit Anm Haegele; OLG Düsseldorf DNotZ 1981, 642 (647).
¹⁵ OLG Frankfurt, OLG Düsseldorf, LG Heilbronn, LG Stuttgart, je aaO (Fußn 14).
¹⁶ OLG Düsseldorf DNotZ 1981, 642 (647).
¹⁷ LG Stuttgart DNotZ 1976, 551 = Rpfleger 1976, 246 mit Anm Haegele.
¹⁸ BGH DNotZ 1975, 551 = LM § 1115 BGB Nr 9 = Rpfleger 1974, 351 (in DNotZ 1990, 737 = aaO hat der BGH vermerkt, daß an dieser Entscheidung festgehalten werde).

fassen: „Ich, A M, trete hiermit den Deutschen Grundschuldbrief in Höhe von ... sowie alle Rechte daraus an die Gläubigerin Frau E M in ... ab. Diese soll berechtigt sein, alle Rechte aus diesem ihr abgetretenen Grundschuldbrief in eigenem Namen geltend zu machen." Der BGH stellte zu dieser Erklärung fest, daß sie über die Bezeichnung des belasteten Grundstücks und über den Rang des abgetretenen Pfandrechts überhaupt keine Angaben enthält. Diese Angaben hält der BGH aber für rechtserheblich. Er hat festgestellt, daß aus diesem Grunde die Abtretungserklärung der durch das Gesetz vorgeschriebenen Form ermangelt und nach § 125 BGB nichtig ist.

Darüber, daß im entschiedenen Fall keine wirksame Abtretungsurkunde vorlag, dürften kaum Zweifel bestehen. Das kann aber nicht dazu führen, daß Abtretungsurkunden über Grundpfandrechte nichtig sind, wenn sie das abgetretene Recht nach anderen grundbuchlichen Merkmalen (Betrag und Grundbuchstelle)[19] eindeutig bezeichnen, etwa als

„in Abt III des Grundbuchs von ... (Band ...) Blatt ... unter Nr ... eingetragene Grundschuld über ... €."

Üblicherweise wird meist noch der Eigentümer des belasteten Grundstücks angegeben. Durchaus unüblich war es aber bisher, das belastete Grundstück und den Rang des abgetretenen Rechts mitzuführen. Der allgemein gehaltenen Fassung der Entscheidung des BGH kann mithin keineswegs zugestimmt werden; sie wird auch durchweg abgelehnt.[20] Angabe der sich aus dem Grundbuch ergebenden Rangverhältnisse kann zur wirksamen Abtretung über die (sonst) genaue Bezeichnung des zu übertragenden Rechts hinaus in der Abtretungserklärung nicht verlangt werden.[21] Ob es der Angabe des belasteten Grundstücks in der Abtretungsurkunde bedarf, läßt das LG Heilbronn[22] offen (es scheint insoweit jedoch dem BGH zu folgen). Das LG Stuttgart[23] hebt uE zutreffend hervor, daß eine (sonst) dem Bestimmtheitsgrundsatz genügende Abtretungserklärung ausdrückliche Bezeichnung des belasteten Grundstücks nicht erforderlich macht. Angabe auch des belasteten Grundstücks (wenigstens durch Hinweis auf die Grundbuchstelle), zumindest bei öffentlicher Beglaubigung der Abtretungserklärung, fordert jedoch das OLG Düsseldorf.[24]

cc) In der Abtretung ist anzugeben, ob die **Zinsen** (zutreffendenfalls auch andere Nebenleistungen) auf den neuen Gläubiger **mit übergehen** sollen oder nicht. Der abtretende Gläubiger kann sich die Zinsen vorbehalten oder das Zinsrecht nach § 1154 BGB gesondert abtreten.[25] Wenn nur das Stammrecht als abgetreten bezeichnet ist, wird angenommen, daß nur die Hypotheken-

2383

---

[19] So LG Stuttgart DNotZ 1976, 551 = aaO (Fußn 14); LG Tübingen Rpfleger 1976, 246 mit Anm Haegele.
[20] So von Häsemeyer MDR 1975, 531; Neuschwander BWNotZ 1975, 167; kritisch dazu außerdem Kohler WM 1975, 438. S dagegen jedoch OLG Düsseldorf DNotZ 1981, 642 (647).
[21] S LG Heilbronn Rpfleger 1975, 395 mit zust Anm Haegele; LG Stuttgart DNotZ 1976, 551 = aaO (Fußn 14); LG Tübingen Rpfleger 1976, 246 mit zust Anm Haegele.
[22] LG Heilbronn Rpfleger 1975, 395 mit Anm Haegele.
[23] LG Stuttgart DNotZ 1976, 551 = aaO (Fußn 14).
[24] OLG Düsseldorf DNotZ 1981, 642 (647).
[25] RG 86, 218; BayObLG 1984, 122 = DNotZ 1984, 562 = Rpfleger 1984, 351.

forderung (Grundschuld) abgetreten werden sollte; Auslegung dieser eindeutigen Abtretungserklärung kann somit nicht erfolgen[26] (Abtretung auch der Zinsen erfordert ergänzende Abtretungserklärung).

2384 Die **Angabe des Zeitpunktes, von dem an die Zinsen abgetreten werden,** ist ebenfalls erforderlich.[27] Das KG[28] verlangt die Angabe des Zeitpunktes, von dem an die Zinsen mit abgetreten werden, allerdings nur bei Briefhypotheken, nicht auch bei Buchrechten, weil hier die Abtretung erst mit der Eintragung wirksam werde. Selbst bei Briefrechten wird Angabe des Abtretungszeitpunktes dann für überflüssig erachtet, wenn rückständige, laufende und künftige Zinsen abgetreten werden.[29] Die bloße Angabe „mit laufenden Zinsen" ist dagegen unzureichend;[30] als nicht bestimmt genug wurde auch Abtretung eines Briefrechts „nebst sämtlichen Zinsen"[31] oder „samt Zinsen"[32] angesehen. Bei Abtretung eines Buchrechts ist die Angabe „... mit den Zinsen vom Tag der Eintragung an" nicht klar, weil nicht feststeht, ob der Zeitpunkt der Eintragung des Rechts oder der Abtretung gemeint ist. Bei Abtretung eines Briefrechts ist Bezeichnung des Zeitpunkts, von dem an Zinsen mit abgetreten sind, in solcher Weise zwar nicht zweckmäßig, aber nicht zu beanstanden. Die Zinsabtretung bedarf hier zu ihrer Wirksamkeit keiner Grundbucheintragung (vgl § 1154 Abs 1 und, für Rückstände, § 1159 Abs 1 BGB). Da nicht gewollt sein kann, daß Zinsen, wenn berichtigende Grundbucheintragung unterbleibt, überhaupt nicht abgetreten sein sollen, kann die Abtretungserklärung in diesem Fall nur so verstanden werden, daß die Zinsen ab Eintragung des Grundpfandrechts im Grundbuch abgetreten sind.[33] Abtretung der Zinsen „von Anfang an" drückt Abtretung des Rechts mit allen Zinsen (ggfs auch Nebenleistungen) aus, ist mithin als ausreichend bestimmt anzusehen.[34] Gleiches gilt für Abtretung „mit den Zinsen seit dem Tage des Zinsbeginns", die bedeutet, daß die Zinsen vom Tage des im Grundbuch eingetragenen oder in der in Bezug genommenen Eintragungsbewilligung bestimmten Zinsbeginns an, nicht erst vom Tage der Abtretung, abgetreten sind.[35] Zweckmäßig ist es auf alle Fälle, bei jeder Hypothekenabtretung ausdrücklich zu sagen, von wann an die Zinsen abgetreten sind. Das ge-

---

[26] BayObLG MDR 1997, 450 = Rpfleger 1997, 258.
[27] BayObLG 1984, 122 = aaO; OLG Hamm JMBlNRW 1957, 185 für Brief- und Buchrechte; OLG Frankfurt JurBüro 1978, 421 = MDR 1978, 228 und DNotZ 1994, 186 = NJW-RR 1993, 1299 = OLGZ 1994, 132 = Rpfleger 1993, 486; LG Lübeck Rpfleger 1955, 159 für Sicherungsabtretung einer Buchhypothek; Böttcher Rpfleger 1984, 85 (88) mit weit Nachw.
[28] KG DNotZ 1934, 780.
[29] KGJ 46 A 240; 51 A 294.
[30] KG DNotZ 1941, 177 = HRR 1941 Nr 604.
[31] OLG Frankfurt JurBüro 1978, 421 = MDR 1978, 228.
[32] OLG Frankfurt DNotZ 1994, 186.
[33] LG Köln MittRhNotK 1978, 14; aA LG Bonn MittRhNotK 1977, 149; OLG Oldenburg Rpfleger 1976, 181; GBAmt Aalen/LG Ellwangen BWNotZ 1988, 150; Böttcher Rpfleger 1984, 85 (88).
[34] BayObLG 1984, 122 = aaO (Fußn 27); Böttcher Rpfleger 1984, 85 (88).
[35] OLG Düsseldorf Rpfleger 1986, 468 (für Eigentümergrundschuld). So auch AG Bonn MittRhNotK 1987, 49 für Abtretung der Eigentümergrundschuld nebst Zinsen „seit dem Tage ihrer Eintragung in das Grundbuch".

schieht am zuverlässigsten mit Angabe des Kalendertags, von dem an Zinsen mit übertragen werden („... mit den Zinsen ab 1. Januar 200.)."[36] Auf diese Klarstellung hat der Notar infolge seiner Prüfungs- und Belehrungspflicht hinzuwirken, wenn er die Abtretungserklärung entwirft (oder beurkundet).

dd) Blankoabtretung ist unzulässig, sie wird durch nachfolgende Ausfüllung der Urkunde nicht mit rückwirkender Kraft wirksam,[37] sondern erst dann, wenn der Empfänger sie im Rahmen der Ermächtigung ausfüllt.[38]

d) Grundbuchberichtigung (-eintragung)

aa) Grundbucheintragung ist zur Wirksamkeit der Abtretung einer durch **Brief**hypothek gesicherten Forderung nicht nötig. Wird die Abtretung jedoch in das Grundbuch eingetragen, ersetzt sie für das Verfügungsgeschäft die schriftliche Form der Abtretungserklärung (§ 1154 Abs 2 BGB; praktisch selten). Gläubigerwechsel mit Übergang der Hypothekenforderung auf den Zessionar durch wirksame Abtretung ohne Grundbucheintragung bewirkt **Grundbuchunrichtigkeit** (s § 894 BGB). Der Gläubigerwechsel mit wirksam erfolgter Abtretung der durch Briefhypothek gesicherten Forderung kann daher als Grundbuchberichtigung in das Grundbuch eingetragen werden. Die Eintragung erfolgt auf schriftlichen Antrag (§ 13 Abs 1 GBO; keine öffentliche Beglaubigung erforderlich), wenn nach § 26 GBO an Stelle der Eintragungsbewilligung (Berichtigungsbewilligung; somit Ausnahme von § 19 GBO) die Abtretungserklärung des bisherigen Gläubigers in öffentlich beglaubigter Form (§ 29 Abs 1 GBO) vorgelegt wird und außerdem der Hypothekenbrief eingereicht ist[39] (§ 41 Abs 1 GBO).

bb) Antragsberechtigt sind der neue Gläubiger sowie der bisherige Gläubiger, nicht aber der Grundstückseigentümer. Zumeist enthält die Abtretungsurkunde keinen Eintragungsantrag des Abtretenden (wegen Kostenhaftung gegenüber dem Grundbuchamt). Öffentliche Beglaubigung der **Abtretungserklärung** kann der neue Gläubiger vom bisherigen Gläubiger verlangen (§ 1154 Abs 1 S 2 BGB). Gegenüber diesem Verlangen kann nach der Natur des Anspruchs in der Regel ein Zurückbehaltungsrecht nicht geltend gemacht werden.[40] Rechtskräftige Verurteilung des bisherigen Gläubigers zur Abgabe der Abtretungserklärung[41] ersetzt diese als Eintragungsgrundlage (§ 894 ZPO). Der **Briefvorlage** steht es gleich, wenn auf Grund eines Ausschlußurteils (vgl §§ 1160, 1170, 1171 BGB) die Erteilung eines neuen Briefes beantragt wird (§ 41 Abs 1 GBO). Die Vorlage des Ausschlußurteils ersetzt jedoch nicht die öffentlich beglaubigte Abtretungsurkunde;[42] an die Vorlage des Urteils ist

---

[36] Formulierungen verschiedenster Art, die vorkommen, aber unzureichend sind, stellt Böttcher Rpfleger 1984, 85 (87) dar.
[37] RG 63, 234.
[38] RG JW 1930, 61; BGH DNotZ 1957, 649 = NJW 1957, 137.
[39] BayObLG 1987, 97 = DNotZ 1988, 111 = Rpfleger 1987, 363.
[40] BGH MDR 1972, 35 = NJW 1972, 44 = WM 1972, 618.
[41] Verurteilung, die Abtretungserklärung öffentlich beglaubigen zu lassen, ersetzt aber die öffentliche Beglaubigung nicht, BayObLG 1997, 88 = NJW-RR 1997, 1015 = Rpfleger 1997, 314; LG Ansbach MittBayNot 1996, 440.
[42] LG Mannheim BWNotZ 1978, 92.

auch nicht die Vermutung geknüpft, daß der Brief übergeben worden ist.[43] Eintragungsgrundlage könnte auch sein

– Bewilligung (§ 19 GBO) der Grundbuchberichtigung durch den betroffenen bisherigen Gläubiger (zur Berichtigungsbewilligung allgemein Rdn 361 ff; hier praktisch selten);[44]
– Nachweis der Grundbuchunrichtigkeit durch öffentliche (nicht öffentlich beglaubigte) Urkunden (§ 22 Abs 1 mit § 29 Abs 1 GBO; praktisch kaum denkbar).

Bei Abtretung einer Briefhypothek (-grundschuld) hat der Notar in der Niederschrift zu vermerken, ob der Brief vorgelegen hat (§ 21 BeurkG); dies gilt nur für beurkundete Abtretungserklärungen; wird die Erklärung nur beglaubigt, ist kein Vermerk nötig.[45]

2388 cc) Die **Eintragung** erfolgt in Spalte 7 mit Spalten 5 und 6 der Abt III. Die Bezeichnung des bisherigen Berechtigten in Spalte 4 wird als gegenstandslos (rot) unterstrichen (§ 17 Abs 3 GBV). Eintragungs**beispiel**: GBV Anlage 1 Abt III Nr 3 a (usw). Auf dem Hypothekenbrief ist die Eintragung der Abtretung zu vermerken (§ 62 Abs 1 GBO). Der Hypothekenbrief ist dem Antragsteller zurückzugeben, der ihn vorgelegt hat oder in dessen Namen er eingereicht worden ist. Dieser Empfangsberechtigte kann eine andere Bestimmung treffen, die nicht der Form des § 29 Abs 1 GBO bedarf (kein Fall des § 60 Abs 2 GBO). Für den Empfangsberechtigten kann die Bestimmung auch der Notar bei Antragstellung nach § 15 GBO formlos treffen wie insbesondere in der Weise, daß er Rückleitung des Briefes an sich erbittet.

2389 dd) Ist die **Hypothek mehrmals hintereinander abgetreten** worden, ohne daß Eintragung der verschiedenen Abtretungen in das Grundbuch erfolgt ist, so kann unmittelbar der **neueste Gläubiger** eingetragen werden, wenn er sein Gläubigerrecht durch eine zusammenhängende, auf den im Grundbuch eingetragenen Gläubiger[46] zurückführende Kette öffentlich beglaubigter Abtretungserklärung (gerichtlicher Überweisungen an Zahlungs Statt; Überweisung nur zur Einziehung ist nicht ausreichend) oder öffentlich beglaubigter Anerkenntnisse einer kraft Gesetzes erfolgten Übertragung der Forderung nachweist (§ 39 Abs 2 GBO). Die Unterbrechung der Kette durch Erbgang ist unschädlich, wenn die Erbfolge in grundbuchmäßiger Form nachgewiesen wird.[47]

---

[43] Dazu mit Einzelheiten BayObLG 1987, 97 = aaO (Fußn 39); auch BayObLG 1987, 345 = DNotZ 1988, 120 = Rpfleger 1987, 493.

[44] Vielfach ist es üblich, in der Abtretungsurkunde auch noch die Grundbucheintragung des neuen Gläubigers ausdrücklich zu bewilligen (so auch Muster Rdn 2375). Erforderlich wäre nach § 26 GBO diese zusätzliche Bewilligung nicht. Nur wenn keine Abtretungsurkunde vorliegt, könnte Eintragungsbewilligung (§ 19 GBO) allein Grundlage der Grundbucheintragung sein.

[45] Winkler Rdn 27, 28 zu § 21 BeurkG.

[46] Davon, daß der eingetragene Gläubiger Rechtsinhaber ist, hat das Grundbuchamt auszugehen (§ 891 Abs 1 BGB; Rdn 341 mit Einzelheiten). Die Abtretung durch ihn eröffnet daher eine Urkundenreihe mit Legitimationswirkung nach § 1155 BGB. Ermittlungen über die Rückabtretung nach früherer Abtretung an Dritte hat das Grundbuchamt daher nicht anzustellen, AG Pirmasens MittBayNot 1992, 337.

[47] RG 88, 349; KGJ 36 A 244.

B. Einzelfälle

e) **Abtretung** einer Hypothekenforderung an den Grundstückseigentümer selbst bewirkt, daß die Hypothek in den Fällen des § 1177 Abs 1 Satz 1 BGB zur Eigentümergrundschuld wird. Einzutragen ist in einem solchen Falle im Grundbuch lediglich die Abtretung der Hypothek an den Eigentümer ohne Prüfung der Frage, ob in diesem Falle eine Eigentümergrundschuld entstanden ist. 2390

Eine **Tilgungshypothek** (vgl Rdn 1989) kann nur mit Zustimmung des Eigentümers einschließlich der getilgten, zur Eigentümergrundschuld gewordenen Beträge[48] und nur in der Weise auf einen anderen Gläubiger überschrieben werden, daß im Grundbuch ersichtlich gemacht wird, welcher Teil Hypothek und welcher Teil Eigentümergrundschuld ist.[49] 2391

Soll eine einer **Erbengemeinschaft** zustehende Hypothek an einen der Miterben abgetreten werden, so ist nur die Abtretung der übrigen Miterben, nicht auch diejenige des Erwerbenden Miterben oder wenigstens dessen Zustimmung erforderlich.[50] 2392

f) Die **Abtretung von Zinsrückständen** erfolgt durch formlosen Vertrag (§ 1159 Abs 1, § 398 BGB). 2393

Formular für die Abtretung nur rückständiger Zinsen:

> Im Grundbuch von Boll (Band 1) Blatt 10 Abt III Nr 3 ist für mich eine Darlehens-Buchhypothek über 10000 € eingetragen. Die Forderung ist zu 6% jährlich zu verzinsen, die Zinsen zahlbar jährlich nachträglich auf 31. Dezember. Die am 31. Dezember letzten Jahres verfallenen, aber noch nicht bezahlten Zinsen trete ich samt ihrer dinglichen Sicherung ab an ...... mit der Bestimmung, daß diese Zinsen Rang haben nach den übrigen Zinsansprüchen und nach dem Kapital.

Eintragbar ist die Abtretung nur rückständiger Zinsbeträge **nicht**.[51] Das Grundbuch hat nur darüber Auskunft zu geben, ob die Hypothek verzinslich ist oder nicht, somit über das Zinsrecht im ganzen (§ 1115 Abs 1 BGB), nicht aber über das Bestehen (die rechtliche Existenz) der einzelnen Zinsbeträge von ihrer Fälligkeit an und damit auch nicht über die Rechtsverhältnisse an rückständigen Zinsbeträgen, mithin auch nicht über deren Berechtigten.[52] Über rückständige Zinsbeträge wird das Grundbuch nicht geführt. Das Nebenrecht auf einzelne rückständige Zinsraten kann selbständig nicht als Grundstücksbelastung eingetragen werden; folglich kann es auch nicht mit Abtretung für Grundbucheintragung verselbständigt werden. Die Abtretung

---

[48] LG Wuppertal MittRhNotK 1984, 167 (168).
[49] KG DNotZ 1941, 347 = DR 1940, 1575. S ferner Lahnert, Eigentümergrundschuld aus einer noch teilweise valutierten Tilgungshypothek, BWNotZ 1964, 147. Zur Abtretung vorrangiger Grundschulden s ferner Henseler AcP 166, 409.
[50] KGJ 61 A 281.
[51] KGJ 48 A 248; auch OLG Braunschweig OLG 15, 336 (338); außerdem BGB-RGRK/Mattern Rdn 3 zu § 1159; Staudinger/Wolfsteiner Rdn 13 zu § 1159 BGB; Güthe/Triebel Rdn 12 zu § 26 GBO; Demharter Rdn 20 zu § 26; K/E/H/E Rdn 38 zu § 26; Balser NJW 1985, 698 (699); **aA** Böttcher Rpfleger 1984, 85 (87); auch MünchKomm/Eickmann Rdn 10 zu § 1159 BGB; Bauer/vOefele/Kohler Rdn 51 zu § 26.
[52] RG 88, 160 (163); KG JFG 18, 35 (39) = JW 1939, 2406 (2407 liSp.); siehe auch RG 37, 308 (311).

rückständiger Zinsen erfolgt nach Forderungsrecht (§ 1159 Abs 1 BGB), untersteht somit nicht dem Eintragungsgrundsatz des Sachenrechts (Rdn 14). Daher kann mit Gläubigerwechsel nach Forderungsrecht allein durch Abtretung rückständiger Zinsen das Grundbuch auch nicht unrichtig werden. Eintragung der Abtretung allein rückständiger Zinsen im Wege der Grundbuchberichtigung (Rdn 356 ff) schließt das bei der Brief- und ebenso bei der Buchhypothek aus. Das entspricht dem Standpunkt des Gesetzgebers und folgt aus Bedeutungszusammenhang sowie Zweck der Vorschriften des Hypothekenrechts, die sich mit rückständigen Zinsen befassen.[53] Das Recht auf Verzinsung des Kapitals wird mit dem Zinssatz (§ 1115 Abs 1 BGB) als Nebenrecht der Hypothek in das Grundbuch eingetragen. Eintragungsfähig ist daher die Abtretung der Hypothekenforderung mit diesem Nebenrecht, sonach mit dem Zinsrecht im ganzen,[54] also mit den laufenden (= künftig fällig werdenden) samt den rückständigen Zinsen (zum Anfangszeitpunkt Rdn 2384). Auch bei gesonderter Abtretung des (gesamten) Zinsrechts (ohne Hauptforderung) wird Eintragung der Abtretung der rückständigen Zinsen zugleich mit der der laufenden (künftigen) Zinsen für zulässig erachtet.[55]

2394 Die **Abtretung noch nicht fälliger Zinsen** einer Hypothekenforderung ohne das Kapital ist ebenfalls möglich, **Formular:**

> Der erste Satz wie Rdn 2375. Dann weiter: „Ich trete die Zinsforderung für die Zeit vom 1. Januar bis 30. Juni ... ab an ...... und bewillige und beantrage die Eintragung der Abtretung im Grundbuch".

Handelt es sich um eine Briefhypothek, so kann entweder beantragt werden, über die abgetretene Zinsforderung einen Teilhypothekenbrief herzustellen, oder es kann der Hypothekenbrief dem neuen Gläubiger (der Zinsen) ausgehändigt werden.

2394 a Die Abtretung der Hypothekenforderung kann (wie die Bestellung der Hypothek, Rdn 2010) aufschiebend (§ 158 Abs 1 BGB) oder auflösend **bedingt** (§ 158 Abs 2 BGB) erfolgen. Die Bedingung muß in das Grundbuch eingetragen werden (keine Bezugnahme).

g) Abtretung einer Briefgrundschuld

2395 aa) Die Briefgrundschuld (auch eine Eigentümer-Briefgrundschuld) wird als Grundstücksrecht nach den für die Übertragung einer Hypothek geltenden Vorschriften übertragen (§ 413 mit § 398, §§ 1154, 1155 mit § 1192 Abs 1 BGB). Als abstraktes Grundpfandrecht (Rdn 2279) ist nur die Grundschuld als Sachenrecht (nicht auch eine Forderung, die sie nach dem Sicherungsvertrag sichert, Rdn 2323) Gegenstand der Abtretung (des dinglichen Verfügungsgeschäfts; s auch § 1192 Abs 1 BGB). Das hier zur Abtretung einer Briefhypothek Gesagte gilt daher sinngemäß auch für die **Abtretung einer**

---

[53] Dazu näher KGJ 48 A 248.
[54] So auch KG JFG 6, 323; kritisch dazu Staudinger/Wolfsteiner Rdn 13 zu § 1159 BGB.
[55] Güthe/Triebel Rdn 12 zu § 26 GBO. Grund: Das Grundbuch wird nicht mehr belastet, als wenn der Zeitpunkt angegeben wird, in dem die laufenden Zinsen beginnen. Das jedoch ist nicht überzeugend; die Zulässigkeit dieser Eintragung ist auch wohl nur mit gewohnheitsrechtlicher Grundbuchpraxis zu belegen.

B. Einzelfälle

Briefgrundschuld mit der Abweichung, daß hier nicht von einer Grundschuldforderung, sondern nur von der Grundschuld als solcher – ohne Rücksicht auf die durch sie (etwa) gesicherte Forderung – zu sprechen ist, also

> Ich trete ab die für mich eingetragene Grundschuld,

nicht aber Grundschuld nebst Forderung.

Der nicht erfüllte (schuldrechtliche) Rückgewähranspruch (Rdn 2304, 2335) berührt die dingliche Berechtigung des Gläubigers der Grundschuld (als Rechtsinhaber) nicht; Abtretung oder Pfändung dieses Anspruchs hindert daher weder die Abtretung der Grundschuld noch deren Eintragung in das Grundbuch.[56]

Sollen die Ansprüche aus einem abstrakten Schuldanerkenntnis, das zusammen mit der Grundschuldbestellung erklärt wurde (samt persönlicher Zwangsvollstreckungsunterwerfung; s Rdn 2361) abgetreten werden, sollte formuliert werden:

> Weiter werden mit Wirkung ab ... die Ansprüche und Rechte aus dem abstrakten Schuldanerkenntnis mit abgetreten.

Zum Verhältnis Grundschuld – persönliche Forderung bei Abtretung s Rdn 2348. Wegen der Abtretung von Zinsen einer Eigentümergrundschuld s Rdn 2362.

2395 a Die Abtretung der Grundschuld kann aufschiebend oder auflösend **bedingt** erfolgen[57] (wie Rdn 2394 a). Als auflösende Bedingung kann auch die Beendigung des Kreditverhältnisses zwischen Zessionar und Zedent und das Nichtbestehen von Ansprüchen des Zessionars gegen den Zedenten gesetzt werden.[57]

2396 **bb)** Dem Kreditgeber, dem eine Grundschuld abgetreten worden ist, ohne daß eine Eintragung im Grundbuch erfolgt ist, kann als Sicherung eine **Benachrichtigungsvollmacht**[58] durch den eingetragenen Gläubiger erteilt werden, die gewährleistet, daß ihm alle Nachrichten bekanntzugeben sind, die das Grundbuchamt sonst dem Vollmachtgeber erteilt hätte. Die Zulässigkeit einer solchen Vollmacht ergibt sich aus § 55 Abs 1 GBO und § 19 Abs 2 ZVG.[59]

2397 Mitunter begnügt sich ein Grundschuldgläubiger, der sein Recht außerhalb des Grundbuchs erworben hat, nicht mit einer solchen Benachrichtigungs-

---

[56] Stöber DNotZ 1999, 742 (Anmerkung); OLG Hamburg DNotZ 1999, 740.
[57] OLG Frankfurt DNotZ 1993, 610 = OLGZ 1993, 385 = Rpfleger 1993, 331 mit weit Nachw.
[58] Zu ihr Haegele BWNotZ 1977, 81.
[59] In diesem Sinne Dempewolf Betrieb 1956, 177 und MDR 1957, 458; BayObLG MittBayNot 1989, 209 (210) = NJW-RR 1989, 718; LG Ellwangen BWNotZ 1968, 124; AG Maulbronn BWNotZ 1968, 125 und AG Neuenbürg BWNotZ 1968, 125; OLG Stuttgart BWNotZ 1974, 17 = NJW 1974, 705 = Rpfleger 1974, 110 (s auch OLG Stuttgart OLGZ 1973, 422, wonach bei Ablehnung der Benachrichtigung des Bevollmächtigten auch diesem das Beschwerderecht zusteht); LG Frankenthal MittBayNot 1972, 69 = Rpfleger 1972, 26; LG Mannheim MDR 1972, 247 = MittBayNot 1972, 16; K/E/H/E Rdn 9 zu § 55. Abl nur AG Stuttgart-Bad Cannstatt Justiz 1968, 145.

vollmacht, sondern läßt zu seinen Gunsten eine **Grundschuld mit niedrigerem Kapital** – 50 oder 100 € – eintragen, um bestimmt eine Eintragungsnachricht zu bekommen. Dagegen kann rechtlich nichts eingewendet werden, auch wenn die Eintragung solcher Grundschulden, etwa zugunsten von Bausparkassen, zu einer erheblichen Mehrbelastung der Grundbuchämter führt.[60] Durch bloße Mitteilung der Beleihung an das Grundbuchamt können Hypothekenbanken und öffentliche Kreditinstitute den Anspruch auf Benachrichtigung nicht erwerben.

2398 cc) Werden Grundpfandrechte als Hypotheken nebst Forderungen abgetreten, obwohl sie durch Vereinigung von Gläubiger und Schuldner **Eigentümergrundschulden** geworden waren, so ist die Abtretung unwirksam, wenn nicht zuvor die Grundschulden in Hypotheken umgewandelt werden.[61]

2399 Lehnt es der Notar gegenüber demjenigen, der eine Grundschuld abtreten will, ab, bei Herstellung der Abtretungsurkunde mitzuwirken, so ist er in der Regel nicht gehalten, dem als Abtretungsempfänger Vorgesehenen, der mit ihm nicht in Verbindung getreten ist, hiervon Kenntnis zu geben.[62]

18. Abtretung einer Buchhypothek (Buchgrundschuld)

Rechtsgrundlagen wie vor Rdn 2375

2400 **Antragsformular**

> Im Grundbuch von Boll (Band 3) Blatt 50 ist in Abt III Nr 6 eine Buchhypothek für eine Darlehensforderung über 30 000 € – dreißigtausend Euro – verzinslich zu 8% jährlich, zu meinen Gunsten eingetragen. Belastetes Grundstück: ...
> Ich, Anton Lehmann, trete diese Hypothekenforderung mit den Zinsen vom ... an ab an den Schneidermeister Johann Elle, geb am ..., wohnh in Bonn,
> Ich bewillige die Eintragung dieser Abtretung im Grundbuch.
> Ich, Johann Elle, beantrage den Vollzug der Abtretung im Grundbuch.
> Boll, den ...   Anton Lehmann, Johann Elle
>   (folgt Unterschriftbeglaubigung Lehmann)

2401 **Grundbucheintragung**

5	6	7
6	30 000 €	Abgetreten mit den Zinsen seit dem ... an E l l e Johann, geb am ... Eingetragen am ...

Die Eintragung des bisherigen Gläubigers ist in Sp. 4 (rot) zu unterstreichen.
Bekanntmachung erfolgt an Notar ..., an den Eigentümer, den bisherigen und den neuen Gläubiger.

2402 a) Die Abtretung einer durch brieflose Hypothek gesicherten Forderung erfolgt durch **Abtretungsvertrag** des bisherigen und des neuen Gläubigers (§ 398 BGB) und **Grundbucheintragung** (§ 1154 Abs 3 mit § 873 BGB). Der Abtretungsvertrag bedarf nach materiellem Recht keiner Form, erfordert somit

---

[60] Das stellt Spinar MittBayNot 1970, 8 gegenüber einer gegenteiligen Entscheidung des Grundbuchamts München, die er anführt, überzeugend fest.
[61] LG Dortmund NJW 1961, 365.
[62] BGH DNotZ 1970, 44 = VersR 1970, 438.

B. Einzelfälle

auch Erteilung einer Abtretungserklärung in schriftlicher Form (Ausstellung einer Abtretungsurkunde) nicht. Diese ist als Eintragungsbewilligung in öffentlich beglaubigter Form (§§ 19, 29 GBO) für Grundbucheintragung aber praktisch unumgänglich.

b) Die **Grundbucheintragung** ist nach materiellem Recht Wirksamkeitserfordernis für den Gläubigerwechsel (§ 1154 Abs 3 mit § 873 BGB), hat somit hier konstitutive (rechtsändernde) Wirkung. Sie erfolgt auf **Antrag** (§ 13 Abs 1 GBO; Antragsberechtigte Rdn 2387) und **Bewilligung** (§ 19 GBO) des bisherigen Gläubigers, der Betroffener ist. Form der Bewilligung: § 29 Abs 1 GBO; in der beglaubigten Abtretungserklärung liegt regelmäßig auch die Bewilligung (s Rdn 97). Die Eintragungsbewilligung hat – wie beim Briefrecht die Abtretungserklärung – insbesondere auch eine zweifelsfreie Bezeichnung des neuen Gläubigers und des abzutretenden Rechts (Rdn 2381) und die Angabe zu enthalten, ob und von welchem Zeitpunkt an Zinsen auf den neuen Gläubiger mit übergehen sollen (Rdn 2384). Abtretung von Zinsrückständen und Eintragung ihrer Abtretung: Rdn 2393. 2403

c) Die **Grundbucheintragung** erfolgt (wie die berichtigende Eintragung nach Abtretung eines Briefrechts) in Spalte 7 mit Spalten 5 und 6 der Abt III unter Rötung des bisherigen Berechtigten in Spalte 4. Dazu Rdn 2388. Eintragungs**beispiel**: GBV Anlage 1 Abt III Nr 3 a. 2404

d) Im Abtretungsvertrag liegt (wie bei Auflassung, Rdn 3317) regelmäßig auch die **Ermächtigung** für den Erwerber, die Buchhypothek (auch -grundschuld) ohne seine Zwischeneintragung im eigenen Namen an einen Dritten **weiter zu übertragen**[1] (im einzelnen Rdn 3317; das dort Gesagte gilt entsprechend). Dann ist bei mehrfacher Abtretung auch eines Buchrechts die Eintragung der Zwischenabtretungen im Grundbuch nicht erforderlich. Für die Eintragung der letzten Abtretung durch den dazu ermächtigten Zwischenerwerber ist Nachweis seiner Berechtigung zur weiteren Übertragung in öffentlich beglaubigter Form, somit Vorlage der vorgehenden Abtretungserklärungen (Eintragungsbewilligungen) in dieser Form erforderlich. 2405

e) Abtretung einer **brieflosen Grundschuld** erfolgt nach den für die Übertragung der brieflosen Hypothek geltenden Vorschriften (§§ 413, 1192 Abs 1 BGB). Als abstraktes Grundpfandrecht[2] ist jedoch nur die Grundschuld Gegenstand der Abtretung. S daher auch das Rdn 2395 ff Gesagte. 2406

f) Bedingte Abtretung s Rdn 2394 a und 2395 a. 2406 a

---

[1] Dazu, daß Abtretungserklärung und Umschreibungsbewilligung „im allgemeinen" auch eine Einwilligung zu Verfügungen des Zessionars vor Umschreibung enthalten OLG Düsseldorf DNotZ 1996, 559 = Rpfleger 1996, 194; LG Detmold Rpfleger 2001, 299.
[2] Daher keine Behinderung durch Abtretung oder Pfändung des (schuldrechtlichen) Rückgewähranspruchs, s Rdn 2395.

19. Teilabtretung einer Briefhypothek (Briefgrundschuld)

BGB §§ 398 ff, 1151 ff, 1192 Abs 1, § 1199 Abs 1, § 880
GBO §§ 10, 13, 19, 22, 26, 28, 39 bis 43, 55, 61, 62
GBV §§ 11, 17, 24

2407 Antragsformular

Im Grundbuch von Boll (Band 1) Blatt 5 ist in Abt III Nr 3 zugunsten des Schneidermeisters Albert Bügel in Boll eine Briefhypothek für eine Kaufpreisforderung über 50 000 €, verzinslich zu 6%, eingetragen. Durch notariell beglaubigte Abtretungsurkunde vom ... ist diese Hypothekenforderung unter Übergabe des Briefs von Albert Bügel an mich, den Unterzeichneten, samt den Zinsen vom ... an abgetreten worden.

Ich trete von der Hypothekenforderung nunmehr den Teilbetrag von 20 000 € – zwanzigtausend Euro – mit Rang vor dem mir verbleibenden Restbetrag von 30 000 € und mit den Zinsen aus 20 000 € seit ... an den Rentner Paul Ruhig, geb am ..., wohnh in Boll ab.

Ich bewillige und beantrage, die Teilabtretung mit der Rangänderung in das Grundbuch einzutragen, den zu bildenden Teilhypothekenbrief an den neuen Gläubiger auszuhändigen und den Stammbrief sowie die angeschlossene Abtretungsurkunde an mich zurückzugeben.

Boll, den ...   Paul Schaffner   (folgt Unterschriftsbeglaubigung)

2408 Grundbucheintragung

5	6	7
3a	20 000 €	Zwanzigtausend Euro mit den Zinsen hieraus seit dem ... abgetreten mit dem Rang vor dem Rest an R u h i g Paul, geb am ... Eingetragen am ... **oder** Erstrangiger Teilbetrag von zweitausend Euro mit Zinsen seit ... abgetreten an R u h i g Paul, geb am .. Eingetragen am ...

Beglaubigte Abschrift der Abtretungsurkunde vom ... ist zu den Grundakten zu fertigen, Urschrift ist an vorlegenden Gläubiger zurückzugeben.

Über den Teilbetrag von 20 000 € ist ein Teilbrief herzustellen, mit einer beglaubigten Abschrift der Schuldurkunde zu verbinden und an den Gläubiger Ruhig auszufolgen, zugleich als Eintragungs**nachricht**.

Auf dem bisherigen Brief ist die Teilabtretung mit dem Rangverhältnis, die Höhe der Restforderung („noch gültig für ... €") und die Bildung des Teilbriefs zu vermerken. Der Brief ist alsdann dem vorlegenden Gläubiger zurückzugeben, zugleich als Eintragungs**nachricht**.

Bekanntmachung erfolgt noch an den Grundstückseigentümer und Notar ...

Literatur: Lauer, Teilabtretung von Briefgrundpfandrechten ohne Teilbriefbildung, MDR 1983, 635; Rutke, Praktische Handhabung der Teilabtretung von Briefgrundschulden ohne Teilbriefbildung, WM 1987, 93.

2409 **a) Teilabtretung** bewirkt mit Übergang des übertragenen Teils auf den neuen Gläubiger Spaltung (Teilung) der Hypothekenforderung (Grundschuld) in mehrere auf demselben Rechtsgrund beruhende Hypothekenforderungen (Grundschulden).[1] Teilabtretung einer Hypothekenforderung erfolgt durch darauf gerichteten Abtretungsvertrag mit schriftlicher Abtretungserklärung und Übergabe des Hypothekenbriefes (Rdn 2380). Die Übergabe wird mit

---

[1] RG 149, 96 (98). Es bedarf daher neben der Abtretungserklärung nicht auch noch einer ausdrücklichen (weiteren) Aufteilungserklärung, OLG Hamm Rpfleger 1992, 340 und 386 Leits mit Anm Meyer-Stolte (Abtretung eines mittelrangigen Teilbetrags).

Teilbriefbildung (§ 1152 BGB) erleichtert; ohne Teilbriefbildung muß der neue Gläubiger Allein- oder Mitbesitz am Stammbrief erlangen, der weiterhin alle Hypothekenteile verbrieft. Die Übergabe kann nicht dadurch ersetzt werden, daß der Abtretende den (ungeteilten) Brief zugleich als Eigenbesitzer für sich selbst und als Fremdbesitzer für den Abtretungsempfänger besitzt.[2] Teilabtretung ist auch die Abtretung der Kapitalforderung der Hypothek unter Vorbehalt des Zinsrechts oder die Abtretung nur der Zinsen unter Vorbehalt des Kapitals (dazu s Rdn 2393f). Nach wirksamer Teilabtretung der durch Briefhypothek gesicherten Forderung kann der Gläubigerwechsel als Grundbuchberichtigung in das Grundbuch eingetragen werden (Rdn 2386).

b) **Verfahrenserfordernis der Eintragung** (Antrag, § 13 Abs 1 GBO, Abtretungserklärung, § 26 GBO, Briefvorlage, § 41 GBO) s Rdn 2386. Die Abtretungserklärung hat den Teil des Rechts, der abgetreten ist, zweifelsfrei zu bezeichnen.[3] Voreintragung des bisherigen Gläubigers ist zur Eintragung der Teilabtretung eines Briefrechts nicht erforderlich, wenn der bisherige Gläubiger durch öffentlich beglaubigte Abtretungserklärungen ausgewiesen ist (§ 39 Abs 2; vgl Rdn 2389). Bei Abtretung einer Tilgungs- oder Abzahlungshypothek (s darüber Rdn 1989) ist anzugeben, welche planmäßigen Tilgungsbeträge der abgetretene Teilbetrag umfaßt (s Rdn 2391). Zeugnis des Nachlaßgerichts als Eintragungsgrundlage: §§ 36, 37 GBO. 2410

c) Auch **Eintragung** der Teilabtretung **erfolgt in Spalte 7** mit Spalten 5 und 6 der Abt III (dazu Rdn 2388). In Spalte 5 ist der einzutragenden Nummer ein Buchstabe (a, b, c usw) hinzuzufügen (§ 17 Abs 4 Buchst a GBV). In Spalte 3 ist nichts zu vermerken; Rötung des bisherigen Berechtigten in Spalte 4 erfolgt nicht, wenn er Gläubiger eines restigen Teilbetrags bleibt. **Eintragungsbeispiel:** GBV Anlage 1 Abt III Nr 3a sowie Anlage 2a Abt III Nr 1a. Werden von einem Teilbetrag weitere Teilbeträge abgetreten, so ist der in Spalte 5 einzutragenden Nummer außer dem hinzuzufügenden Buchstaben noch eine römische Zahl beizufügen (§ 17 Abs 4 Buchst b GBV). Würde also im Musterfall von dem Teilbetrag Sp 5: 3a mit 20 000 € ein Teilbetrag von 10 000 € abgetreten, so wäre in Sp 5 beizusetzen: „3a I", in Sp 6 wäre der Teilbetrag von 10 000 € einzusetzen. 2411

d) Die Forderungsteile haben, wenn nichts anderes vereinbart ist, **gleichen Rang**. Rangeintragung im Grundbuch ist dann nicht erforderlich. Gleichrang besteht auch bei mehrfacher Teilabtretung; dem zeitlich früher abgetretenen Forderungsteil gebührt kein Vorrang vor dem später abgetretenen.[4] **Rangänderung** der Teilhypotheken (auch der Teile einer Brief-Grundschuld) bei Abtretung erfordert materiell Einigung des Gläubigers des vortretenden und des zurücktretenden Teils des Rechts und Eintragung[5] (§ 880 Abs 2 S 1 BGB; dazu Rdn 2558 ff). Zustimmung des Eigentümers (§ 880 Abs 2 S 2 BGB) ist nicht erforderlich (§ 1151 mit § 1192 Abs 1 BGB), und zwar auch nicht, wenn das Rangverhältnis der Teilhypotheken nicht sogleich bei Teilung der 2412

---

[2] BGH 85, 263 = DNotZ 1983, 131 = NJW 1982, 568 = Rpfleger 1983, 60.
[3] OLG Frankfurt Rpfleger 1976, 183.
[4] RG 149, 96 (98).
[5] Schmid Rpfleger 1988, 136 (Anmerkung); Ulbrich MittRhNotK 1995, 289 (292); Palandt/Bassenge Rdn 3 zu § 1151.

Forderung, sondern erst nachträglich (später) geändert wird.[6] Ist eine Teilhypothek inzwischen (ganz oder teilweise) Eigentümergrundschuld geworden, so hat der Eigentümer als Rechtsinhaber jedoch bei Rangänderung mitzuwirken (§ 880 Abs 1 BGB). Grundbucheintragung: Rdn 2590, 2591. Die OLGe Hamm[7] und Düsseldorf[8] nehmen demgegenüber an,[9] daß der Rechtsübergang mit dem bestimmten Rangverhältnis außerhalb des Grundbuchs eintritt, wenn der Gläubiger einer Brief-Grundschuld (somit auch einer Brief-Hypothek) die Teilung des Rechts mit Rangbestimmung für die Teilgrundschulden untereinander erklärt und die ranglette Teilgrundschuld unter Übergabe des Stammbriefes in einer nach § 1154 Abs 1 S 1 (mit § 1192 Abs 1) BGB zulässigen Form abtritt. Es soll daher zur Rangänderung der Teilrechte untereinander einer konstitutiv wirkenden Eintragung (§ 880 Abs 2 S 1 BGB) nicht bedürfen; die außergrundbuchlich eingetretene Rangänderung wäre demnach nur im Wege der Grundbuchberichtigung einzutragen. Dem kann jedoch nicht gefolgt werden.[10] § 880 Abs 2 S 1 BGB, der (nach dem Eintragungsgrundsatz, Rdn 1, 14) zur Rangänderung Eintragung erfordert, ist für den Fall der Abtretung eines Teil-Grundpfandrechts nicht durch eine andere gesetzliche Vorschrift (§ 873 Abs 1 am Schluß BGB) durchbrochen. Nur die Teilabtretung bedarf keiner Eintragung (§ 1154 Abs 1 BGB, Rdn 2409); § 1151 BGB erfordert die für Rangänderung sonst nötige Eigentümerzustimmung zur Änderung des Rangverhältnisses von Teilhypotheken untereinander nicht, sieht eine Ausnahme somit nur von § 880 Abs 2 S 2 BGB vor.[11] Ohne Grundbucheintragung (§ 880 Abs 2 S 1 BGB) kann die Rangänderung daher nicht zustande kommen.

2412a e) Für einen **Zinsrückstand,** der allein abgetreten oder bei Abtretung der Kapitalforderung (der Grundschuldhauptsache) (auch mit laufenden Zinsen) vorbehalten wurde (Teilabtretung, Rdn 2409), ist ein Rangrücktritt oder Vorrang nicht eintragbar.[12] Weil das Grundbuch über rückständige Zinsbeträge nicht geführt wird (Rdn 2393), kann ihr Rang auch selbständig nicht eingetragen werden. Ausgeschlossen ist damit, auch wenn Gläubiger des Kapitals und Gläubiger eines Zinsrückstands verschiedene Personen sind, ebenso Eintragung der Rangänderung nur des Zinsrückstandes mit der Hypothek (Grundschuld) eines Dritten.[13]

2413 f) aa) Der bisherige **Hypothekenbrief** (Stammbrief) behält auch nach Teilabtretung weiterhin Geltung für das Gesamtrecht; er verkörpert somit alle Teile der Hypothek. Ein Teilbrief wird daher von Amts wegen nicht erteilt.

---

[6] OLG Dresden JFG 4, 427; BGB-RGRK/Mattern Rdn 4; Staudinger/Wolfsteiner Rdn 9, je zu § 1151 BGB.
[7] OLG Hamm DNotZ 1988, 249 = NJW 1988, 461 = Rpfleger 1988, 58 mit zust Anm Muth und Rpfleger 1988, 136 Leits mit abl Anm Schmid.
[8] OLG Düsseldorf DNotZ 1992, 310 = NJW-RR 1991, 685 = Rpfleger 1991, 240.
[9] So außerdem Demharter Rdn 47, K/E/H/E Rdn 28, je zu § 45 GBO.
[10] Ebenso Staudinger/Wolfsteiner Rdn 10 zu § 1151 BGB.
[11] Zutreffend Schmid Rpfleger 1988, 136.
[12] KGJ 42 A 248; auch RG 88, 160 (163).
[13] RG 88, 160, dieses auch zur Möglichkeit der Rangänderung nur mit rückständigen Zinsen einer Hypothek ohne Eintragung; so auch MünchKomm/Wacke Rdn 5 zu § 880 BGB.

bb) Herstellung eines **Hypothekenbriefs für jeden Teil** der Hypothekenforderung ermöglicht § 1152 BGB. Die Zustimmung des Eigentümers des Grundstücks ist dazu nicht erforderlich. Zuständig für Herstellung des Teilhypothekenbriefs ist das Grundbuchamt oder ein Notar (§ 61 Abs 1 GBO), nicht mehr aber ein Gericht. Erforderlich ist schriftlicher Antrag (keine Unterschriftsbeglaubigung). Antragsberechtigt sind der bisherige Gläubiger und, wenn wirksame Abtretung erfolgt (nachgewiesen) ist, der Neugläubiger des Teilrechts. Notwendig ist Vorlage des Stammbriefs,[14] nicht aber, daß die Teilabtretung in das Grundbuch eingetragen wird (zur Rangänderung s aber Rdn 2412). Inhalt des Teilbriefs: § 61 Abs 2 GBO. Auf dem bisherigen Brief soll die Herstellung des Teilbriefs vermerkt werden (§ 61 Abs 3 GBO). In das Grundbuch wird die Bildung eines Teilbriefs nicht eingetragen. Ausgehändigt werden der Stammbrief und der Teilbrief dem Antragsteller, der den Stammbrief eingereicht hat, oder nach seiner abweichenden Bestimmung (dazu Rdn 2388) einem von ihm bezeichneten Empfänger. Der Teilbrief tritt für den Teil, auf den er sich bezieht, an die Stelle des bisherigen Briefes (§ 1152 S 2 BGB). 2414

Über die Herstellung eines Teilhypothekenbriefs durch einen Notar ist in der AV des Bad-Württ JustMin über Ausfertigung der Hypotheken-, Grundschuld- und Rentenschuldbriefe vom 27. 7. 1970 (Justiz 1970, 278) folgendes bestimmt: „Notare, die einen Teilbrief hergestellt haben, sind verpflichtet, die Gruppe und die Nummer des Teilbriefs sowie den Betrag, auf den er sich bezieht, zu ihren Akten zu vermerken und dem Grundbuchamt, das den Stammbrief ausgestellt hat, mitzuteilen. Das Grundbuchamt hat diese Angaben auf dem Entwurf des Stammbriefs in den Grundakten zu vermerken." 2415

20. Teilabtretung einer Buchhypothek (Buchgrundschuld)

Hierüber gilt das Rdn 2409 Ausgeführte entsprechend mit der Maßgabe, daß die Teilabtretung eines Buchrechts in jedem Falle in das Grundbuch eingetragen werden muß, auch wenn der nicht abgetretene und der abgetretene Teil den Gleichrang haben sollen. Im übrigen s zur Abtretung eines Buchrechts die Ausführungen Rdn 2402 ff. 2416

20 a. Teilung einer Hypothek (Grundschuld) ohne Abtretung

Teilung einer Hypothek (durch Teilung ihrer Forderung) und einer Grundschuld ist zulässig, auch wenn mit ihr die Abtretung eines Teils, mehrerer oder aller Teile nicht verbunden ist.[1] Die Teilung erfordert Erklärung des Gläubigers und Eintragung in das Grundbuch.[2] Die Gläubigererklärung bedarf materiellrechtlich keiner Form. Die Zustimmung des Eigentümers ist nicht erforderlich, gleichgültig, ob die Teile als selbständige Grundpfandrechte gleichen Rang behalten oder zugleich die Änderung des Rangverhältnisses (dazu Rdn 2558) der Teilhypotheken (Teilgrundschulden) untereinander erfolgt (§ 1151 BGB). Die Eintragung erfolgt auf Antrag (§ 13 Abs 1 GBO), 2416a

---

[14] KG JFG 6, 386.
[1] OLG Hamm MittBayNot 1992, 54 = NJW-RR 1991, 1399 = Rpfleger 1992, 13 und 151 mit Anm Bestelmeyer.
[2] OLG Hamm aaO.

2. Teil. V. Dritte Abteilung des Grundbuchs

wenn der Gläubiger sie bewilligt (§ 19 GBO). Form der Bewilligung: § 29 GBO. Briefvorlage: § 41 GBO; Voreintragung § 39 GBO. Die Eintragung erfolgt in Spalte 7 mit Spalten 5 und 6 (§ 11 Abs 7 und 8 GBV). Eintragungsbeispiel: Anlage 1 zur GBV Abt 3 Nr 3–3 b.

21. Abtretung einer aus einer Hypothek entstandenen Eigentümergrundschuld unter Umwandlung in eine neue Hypothek

BGB §§ 1113, 1163, 1198
GBO §§ 13, 19, 22, 26, 28, 39 bis 42, 55, 65
GBV §§ 11, 17

2417 Antragsformular

Auf meinem im Grundbuch von Boll (Band 1) Blatt 14 im Bestandsverzeichnis unter Nr 4 verzeichneten Grundstück ist in Abt III Nr 10 eine Briefhypothek für eine Darlehensforderung des Justus Liebig, Apothekers in Boll, über 40 000 € – vierzigtausend Euro – mit einem Zinssatz von 6% eingetragen. Nach der von mir übergebenen beglaubigten Quittung des genannten Gläubigers ist diese Hypothekenforderung infolge seiner Befriedigung durch mich als Eigentümergrundschuld auf mich übergegangen.

Ich anerkenne, dem Kaufmann Hans Laden, geb am ..., wohnh in Boll aus Darlehen den Betrag von 40 000 € schuldig zu sein, der vom ...... an zu 8% jährlich zu verzinsen ist. Die Zinsen sind vierteljährlich nachträglich auf die Quartalsersten zu entrichten. Die Hauptsumme ist gegen jedem Teile zustehende sechsmonatige Kündigung rückzahlbar.

Ich trete die oben genannte nunmehrige Eigentümergrundschuld mit den Zinsen vom ...... an unter Erhöhung des Zinssatzes auf jährlich 8% an den neuen Gläubiger Hans Laden ab unter Umwandlung in eine Hypothek für seine obige Darlehensforderung.

Ich bewillige und beantrage die Eintragung der Abtretung, der Umwandlung und der Zinssatzerhöhung in das Grundbuch. Der Hypothekenbrief ist dem Gläubiger unmittelbar auszuhändigen.

Die bisher mit ihm verbundene Schuldurkunde wolle an mich zurückgegeben werden.

Boll, den ......　　　　　Otto Kaufmann　　(folgt Unterschriftsbeglaubigung)

2418 Grundbucheintragung

5	6	7
10	40 000 €	Vierzigtausend Euro abgetreten mit den Zinsen seit ...... unter deren Erhöhung auf acht vom Hundert jährlich an L a d e n Hans, geb am ..., und unter Rückumwandlung der zunächst als Grundschuld auf den Eigentümer übergegangenen Post in eine Hypothek für ein mit acht vom Hundert verzinsliches Darlehen. Unter Bezugnahme auf die Bewilligung vom ...... (Notar ... URNr ...) eingetragen am ......

Die Eintragung des bisherigen Gläubigers, des bisherigen Schuldgrunds und der bisherigen Zins- (und Zahlungs-)Bestimmungen ist (rot) zu unterstreichen.

Auf dem Hypothekenbrief sind die Abtretung und Umwandlung sowie die neuen Zinsen zu vermerken, die alte Schuldurkunde ist abzutrennen, eine zu fertigende Abschrift der neuen Schuldurkunde ist mit dem Hypothekenbrief zu verbinden und dieser sodann dem neuen Gläubiger auszuhändigen, zugleich als Eintragungs**nachricht**. Die alte Schuldurkunde ist dem Eigentümer auszufolgen.

Bekanntmachung erfolgt an Notar ..., an den Eigentümer und an den früheren Gläubiger.

2419 Ist die **Forderung** des im Grundbuch eingetragenen Gläubigers gar **nicht entstanden,** so muß der Grundstückseigentümer etwa erklären:

B. Einzelfälle

Da nach der vom Gläubiger ausgestellten beglaubigten Bescheinigung seine Forderung, für welche die Hypothek bestellt ist, gar nicht entstanden ist, steht mir die Hypothek als Grundschuld zu.

a) **Eigentümergrundschuld** ist eine im Grundbuch eingetragene Hypothek 2420 (forderungsentkleidete Hypothek nach § 1177 Abs 1 BGB; s über die Eigentümergrundschuld Rdn 2350 ff), wenn
– die auf einen Fremden eingetragene Hypothek für diesen **nicht entstanden** ist, zB weil die gesicherte Forderung infolge Nichtauszahlung des versprochenen Darlehens oder Nichtgewährung des in Aussicht gestellten Kredits nicht oder noch nicht existent geworden ist oder wenn der **Hypothekenbrief nicht** an den **Gläubiger ausgehändigt** und seine Übergabe auch nicht nach § 1117 Abs 2 BGB ersetzt ist (§ 1163 Abs 1 S 1 und Abs 2 BGB);
– die durch die Hypothek gesicherte und tatsächlich entstandene **Forderung** später weggefallen ist, insbesondere durch Erfüllung (§ 1163 Abs 1 S 2 BGB). Eine Besonderheit gilt, wenn der vom Eigentümer verschiedene persönliche Schuldner den Gläubiger befriedigt und vom Eigentümer Ersatz verlangen kann, dann geht die Hypothek auf den persönlichen Schuldner über (§ 1164 BGB).
– der Gläubiger **auf** seine **Hypothek verzichtet** (§ 1168 BGB);
– ein **Ausschlußurteil** gegen den **unbekannten Gläubiger** ergangen ist (§§ 1170, 1171 BGB);
– bei einer **Zwangs- oder Arresthypothek** die prozessuale Grundlage weggefallen ist (§§ 868, 932 ZPO).

Eine **Eigentümerhypothek** entsteht aus einer Fremdhypothek (forderungsbekleidete Hypothek nach § 1177 Abs 2 BGB)
– wenn der Grundstückseigentümer die bisherige Fremdhypothek mit der Forderung erwirbt. Dies ist der Fall bei Befriedigung des Gläubigers durch den **Eigentümer**, der **nicht** der **persönliche Schuldner** ist (§ 1143 BGB) und in einem solchen Fall bei **Vereinigung von Eigentum und Grundpfandrecht**, etwa infolge Abtretung oder Erbfall (§ 889 BGB). Die Eigentümerhypothek wird, solange Hypothek und Eigentum vereinigt sind, als Eigentümergrundschuld behandelt mit der Folge, daß für sie § 1197 BGB (Rdn 2362) ebenfalls gilt.

b) Aus einer **Fremdgrundschuld** entsteht eine **Eigentümergrundschuld** (s auch 2421 Rdn 2305):
mit Befriedigung des Gläubigers der Grundschuld durch den Grundstückseigentümer, wenn die Grundschuld nicht zur Sicherung einer Forderung dient (§§ 1143, 1192 Abs 1 BGB), sonst wenn der Grundstückseigentümer mit dem Willen zur „Ablösung" der Grundschuld zahlt (zur löschungsfähigen Quittung in diesem Fall Rdn 2730). Eine Vereinigung der Grundschuld mit dem Eigentum in einer Person tritt dagegen nicht dadurch ein, daß die Forderung, zu deren Sicherung die Grundschuld bestellt ist, nicht besteht. Dies gilt auch hinsichtlich des nach dem Zuschlag in der Zwangsversteigerung an die Stelle der Grundschuld tretenden Erlöses.

c) Aus einer auf einer (vormaligen) **Heimstätte** eingetragenen Hypothek oder 2422 Grundschuld ist mit dem Erlöschen der Forderung **keine Eigentümergrundschuld** entstanden (§ 17 Abs 2 S 2 HeimstG). Aus einer am 1. Okt 1993 (Zeitpunkt der Aufhebung des RHeimstG) eingetragenen Hypothek oder

Grundschuld entsteht auch weiterhin keine Eigentümergrundschuld (§ 17 Abs 2 S 2 HeimstG findet weiterhin Anwendung; Art 6 § 1 Abs 1 S 2 Ges v 17. 6. 1993, BGBl I 912).

2423 d) In bezug auf **Verzinsung, Zins- und Zahlungsbestimmungen** bleiben die alten Bestimmungen solange bestehen, als sie nicht geändert werden (§ 1177 Abs 1 BGB). Für Rückstände von Zinsen ist die Hypothek (Grundschuld) jedoch mit Vereinigung mit dem Eigentum in einer Person erloschen (§ 1178 Abs 1 S 1 BGB mit Einschränkung in Abs 1 S 2, § 1192 Abs 2 BGB). Das schließt deren Abtretung aus; erforderlich für rückwirkende Zinsabtretung wäre in einem solchen Fall Begründung des Zinsanspruchs mit rückwirkendem Beginn (Inhaltsänderung, dazu Rdn 2362).

2424 e) Für Antrags- und Bewilligungsberechtigung des Grundstückseigentümers zur Eintragung seiner Verfügung über die für einen Dritten eingetragene Hypothek (Grundschuld[1]) muß dem Grundbuchamt nachgewiesen sein, daß die Hypothek (Grundschuld) auf den Eigentümer übergegangen ist. Nachweis durch sog beglaubigte Quittung und Einzelheiten s Rdn 2728.

2425 f) Umwandlung einer Grundschuld in eine Hypothek erfordert keine Zustimmung der im Rang gleich- oder nachstehenden Berechtigten (§ 1198 BGB).

2426 g) Eintragung des Grundstückseigentümers als Berechtigter vor Eintragung der Umwandlung (§ 39 Abs 1 GBO) ist nicht erforderlich (Rdn 141).

2427 h) Die **Zinstermine und die Zahlungsbestimmungen** können unmittelbar in das Grundbuch eingetragen werden. Doch stellt die Bezugnahme meist die kürzere Fassung dar.

2428 i) Es kann auch die **Erteilung eines neuen Hypothekenbriefs** – unter Unbrauchbarmachung des bisherigen Briefes – beantragt werden (§§ 65, 68 GBO).

22. Verpfändung einer Briefhypothek (Briefgrundschuld)
BGB §§ 1273, 1274, 1153 ff, 1192 Abs 1, 1199, 1291, 1255
GBO §§ 13, 19, 22, 26 Abs 1 und 2, §§ 28, 29 bis 43, 62, 70
GBV §§ 11, 17, 49, 51

2429 Antragsformular

> Im Grundbuch von Boll (Band 1) Blatt 14 Abt III Nr 5 – Eigentümer Hans Kelle, Maurer in Boll – ist für mich eine Briefhypothek zur Sicherung einer Darlehensforderung über 20 000 €, Zinssatz 5%, eingetragen. Ich verpfände diese Forderung mit den Zinsen seit ...... dem Karl Pinsel, geb am ..., wohnhaft in Boll, für seine Darlehensforderung[*] an mich von 10 000 € nebst 6% Zinsen hieraus seit ...
> Ich bewillige und beantrage die Eintragung dieser Verpfändung in das Grundbuch und die Aushändigung des ergänzten Hypothekenbriefes an den Pfandgläubiger.
>
> Boll, den ...   Josef Möbel   (folgt Unterschriftsbeglaubigung)

---

[1] OLG Frankfurt NJW-RR 1997, 209 = Rpfleger 1997, 103.
[*] Andere Schuldgründe zB: Auseinandersetzungs-, Baugeld-, Kaufpreis-, Restkaufpreis-, Schuldanerkenntnis-, Schuldversprechens-, Vergleichs-, Wechselforderung.

B. Einzelfälle

Grundbucheintragung 2430

5	6	7
5	20 000 €	Verpfändet mit den Zinsen seit ... an P i n s e l Karl, geb am ..., für eine diesem gegen Josef Möbel, Schreiner in Boll, zustehende zu 6% seit ... verzinsliche Darlehensforderung* über zehntausend Euro. Gemäß Bewilligung vom ... (Notar ... URNr ...) eingetragen am ...

Die Verpfändung ist auf dem Brief zu vermerken, dieser ist sodann dem Pfandgläubiger auszuhändigen, zugleich als Eintragungs**nachricht**.
Bekanntmachung erfolgt an Notar ..., Grundstückseigentümer und Gläubiger Möbel.

a) Pfandrecht, Verpfändung

aa) Eine Hypothekenforderung (Forderung und Hypothek, § 1153 BGB) 2431 kann Gegenstand eines Pfandrechts sein (§ 1273 Abs 1 BGB), mithin zur Sicherung einer Forderung in der Weise belastet werden, daß der Pfandgläubiger berechtigt sein soll, Befriedigung aus dem verpfändeten Recht (der Hypothekenforderung) zu suchen (§ 1204 Abs 1 mit § 1273 BGB). Das Pfandrecht ist akzessorischer Natur; es dient der Forderung des Pfandgläubigers und kann folglich ohne eine solche nicht zur Entstehung gelangen und nicht fortbestehen (s auch § 1252 BGB). Ausgeschlossen ist die Verpfändung einer nicht übertragbaren Hypothekenforderung (§ 1274 Abs 2 BGB), mithin insbesondere auch einer Hypothekenforderung, deren Abtretung durch Vereinbarung mit dem Schuldner ausgeschlossen ist (§ 399 BGB; dazu Rdn 2379).

bb) Erworben wird das Pfandrecht mit **Bestellung** nach den für die Übertra- 2432 gung der Hypothekenforderung (Rdn 2380, 2402) geltenden Vorschriften (§ 1274 Abs 1 BGB). Demnach erfordert
– die Verpfändung einer **Brief**hypothek Einigung zwischen Gläubiger der Hypothekenforderung als Verpfänder und Pfandgläubiger darüber, daß diesem das Pfandrecht an der Hypothekenforderung zustehen soll, mit schriftlicher Verpfändungserklärung und Übergabe des Hypothekenbriefes (§ 1274 Abs 1 mit § 1154 Abs 1 BGB);
– die Verpfändung einer **Buch**hypothek (formlose) Einigung des Verpfänders und Pfandgläubigers und Eintragung in das Grundbuch (§ 1274 Abs 1 mit § 1154 Abs 3 und § 873 BGB).

Der Grundstückseigentümer wirkt bei der Verpfändung nicht mit. Anzeige 2433 durch den Pfandgläubiger nach § 1280 BGB braucht nicht erfolgen. Bestellt der Eigentümer bei Begründung einer Hypothek sofort ein Pfandrecht daran zugunsten eines Dritten, so genügt seine Bewilligung, wenn der Wille der Beteiligten darauf gerichtet ist, daß die Hypothek von Anfang an mit dem Pfandrecht des Dritten entstehen soll.[2]

b) Verpfändungserklärung

Notwendiges Erfordernis der (schriftlichen) Verpfändungserklärung sind Be- 2434 zeichnung der Hypothekenforderung als Pfandgegenstand (dazu Rdn 2381), Ausdruck des Verpfändungswillens mit Bezeichnung des Pfandgläubigers und

---

* Andere Schuldgründe zB: Auseinandersetzungs-, Baugeld-, Kaufpreis-, Restkaufpreis-, Schuldanerkenntnis-, Schuldversprechens-, Vergleichs-, Wechselforderung.
[2] KG DNotZ 1934, 611.

Bezeichnung der zu sichernden Forderung[3] (ggfs auch des Gemeinschaftsverhältnisses mehrerer Pfandgläubiger, § 47 GBO). Die gesicherte Forderung kann auch eine künftige[4] oder bedingte sein (§ 1204 Abs 2 mit § 1273 Abs 2 BGB). Sie muß bestimmbar sein; für ihre Bestimmung muß daher die Verpfändungserklärung den Entstehungsgrund ausweisen; ihre Höhe braucht nicht festzustehen (s auch § 1210 BGB). Verpfändung einer (größeren) Hypothekenforderung insgesamt für eine geringere Pfandforderung des Gläubigers ist zulässig. Verpfändet werden kann aber auch nur ein Teil der umfassenderen Hypothekenforderung, deren weiterer Teil dann nicht mit einem Pfandrecht belastet wird. Solche **Teilverpfändung** erfordert (wie Teilabtretung, Rdn 2409) „Spaltung" (Teilung) der Hypothekenforderung in zwei auf demselben Rechtsgrund beruhende Forderungsteile. Daher macht Teilverpfändung auch betragsmäßig bestimmte Bezeichnung (Feststellung) der Forderungsteile in der Verpfändungserklärung erforderlich. Das Pfandrecht erstreckt sich gesetzlich auch auf die Zinsen der Hypothekenforderung (§ 1289 BGB), wenn nicht die Verpfändungserklärung eine Angabe darüber enthält, von welchem Zeitpunkt an Zinsen mitverpfändet sind[5] (dazu Rdn 2384).

c) Briefübergabe

2435 Übergabe kann ersatzweise nach §§ 1205, 1206 BGB erfolgen (§ 1274 Abs 1 S 2 BGB). Durch Einräumung des Mitbesitzes am Brief kann die Übergabe zB in der Weise ersetzt werden, daß der Brief bei einem Notar „hinterlegt" und dieser angewiesen wird, ihn nur mit Zustimmung des Schuldners an den Pfandgläubiger herauszugeben. Je nach den Umständen des Einzelfalles kann die Erklärung des Schuldners, den Brief in dieser Weise zu „hinterlegen", als ausreichende Verpfändungserklärung angesehen werden.[6]

d) Grundbuchberichtigung (-eintragung)

2436 aa) Grundbucheintragung erfordert die Verpfändung einer durch Briefhypothek gesicherten Forderung zur Wirksamkeit des Pfanderwerbs nicht. Wird die Verpfändung jedoch in das Grundbuch eingetragen, ersetzt sie für das Verfügungsgeschäft die schriftliche Form der Verpfändungserklärung (§ 1154 Abs 2 mit § 1274 Abs 1 BGB; praktisch selten). Verpfändung der Brief-Hypothekenforderung bewirkt jedoch **Grundbuchunrichtigkeit** (das Grundbuch weist das Pfandrecht als Recht an einem Grundstücksrecht nicht aus, § 894 BGB). Das Pfandrecht kann daher als Grundbuchberichtigung in das Grundbuch eingetragen werden.

2437 bb) Die Eintragung erfolgt auf **Antrag** (§ 13 Abs 1 GBO; keine öffentliche Beglaubigung erforderlich), wenn nach § 26 Abs 2 BGB an Stelle der Eintragungsbewilligung (Berichtigungsbewilligung, somit Ausnahme von § 19 GBO)

---

[3] RG 136, 422 (424); RG 148, 349 (351).
[4] BGH 86, 340 (346) = MDR 1983, 484 = NJW 1983, 1123; zu ihrer Bezeichnung in der Verpfändungserklärung auch RG 136, 422 (424, 425).
[5] Diese Angabe empfiehlt sich auf jeden Fall, weil über die Notwendigkeit, ob und wie Zinsen für Grundbucheintragung in der Verpfändungserklärung bezeichnet sein müssen, unterschiedliche Ansichten vertreten werden, s zB MünchKomm/Damrau Rdn 21 zu § 1274; BGB-RGRK/Kregel Rdn 2 zu § 1289; Soergel/Augustin Rdn 6 zu § 1289 BGB (Angabe über Mitverpfändung der Zinsen stets erforderlich).
[6] OLG Nürnberg BayJMBl 1955, 156.

B. Einzelfälle

die **Verpfändungserklärung** des Hypothekengläubigers in öffentlich beglaubigter Form (§ 29 Abs 1 GBO) vorgelegt wird und außerdem der **Hypothekenbrief** eingereicht ist (§ 41 Abs 1 GBO). Antragsberechtigt sind der Pfandgläubiger und der Hypothekengläubiger, nicht aber der Grundstückseigentümer. Im übrigen s das Rdn 2449 Gesagte.

cc) Die **Eintragung** erfolgt in Spalte 7 mit Spalten 5 und 6 der Abt III. Die Eintragung erfordert Angabe des Pfandrechts (als Art der Belastung) und des Pfandgläubigers sowie der pfandgesicherten Forderung. Zur Frage, inwieweit Bezugnahme auf die Eintragungsbewilligung möglich ist, s Rdn 2450; das dort Gesagte gilt für die Eintragung zur Grundbuchberichtigung beim Briefrecht gleichermaßen. Auf dem Hypothekenbrief ist die Eintragung zu vermerken (§ 62 Abs 1 GBO). Der Vermerk braucht eine nähere Bezeichnung des Inhalts des Pfandrechts nicht zu enthalten.[7] Der Brief ist dem Antragsteller, der ihn vorgelegt hat, oder nach seiner Bestimmung einem Dritten zurückzugeben (Rdn 2388). 2438

e) **Rückständige Zinsen**

Rückständige (bei Verpfändung fällige) Zinsen, Rückstände von anderen Nebenleistungen und Rechtsverfolgungskosten (§ 1118 BGB) werden nach den für Verpfändung von Forderungen geltenden allgemeinen Vorschriften verpfändet (§ 1274 Abs 1 S 1 mit § 1159 BGB). Ihre Verpfändung erfordert sonach nur (formlosen, § 398 BGB) Verpfändungsvertrag, außerdem aber Anzeige nach § 1280 BGB. Eintragung allein dieser Verpfändung in das Grundbuch kann nicht erfolgen, wohl aber ist die Verpfändung rückständiger Zinsen zusammen mit den laufenden Zinsen eintragbar (s Rdn 2393). 2439

f) Für die Dauer des Bestehens des Pfandrechts an einem Grundpfandrecht ist **Zustimmung des Pfandgläubigers** erforderlich zu Verfügungen, die sein Recht beeinträchtigen, wie zB Inhalts- und Rangänderungen des verpfändeten Rechts (§§ 877, 880 Abs 3 BGB). Bei Löschung der verpfändeten Hypothek hat der Pfandgläubiger der Löschung des Grundpfandrechts zuzustimmen (§ 876 BGB). Vor Fälligkeit der pfandgesicherten Forderung darf Zahlung durch den Schuldner oder Grundstückseigentümer nur gemeinschaftlich an Pfandgläubiger und Gläubiger erfolgen (§ 1281 BGB). Beide müssen die erforderliche Zahlungsbestätigung ausstellen. 2440

g) Ist die **Forderung** des Pfandgläubigers **fällig geworden,** so kann der Schuldner der verpfändeten Hypothekenforderung oder nach § 1142 BGB der Grundstückseigentümer bis zur Höhe der Forderung des Pfandgläubigers nur an diesen leisten (§ 1282 BGB). Zahlungsbestätigung (-quittung) kann nur der Pfandgläubiger erteilen.[8] Zur Umschreibung des verpfändeten Rechts im Grundbuch auf den Eigentümer sind in grundbuchmäßiger Form (§ 29 GBO) aber dann noch die Höhe der pfandgesicherten Forderung, die Fälligkeit dieser Forderung und die Fälligkeit des verpfändeten Rechts nachzuweisen.[9] 2441

h) Im Einzelfalle kann es sich empfehlen, die **dem Pfandgläubiger nach Eintritt der Fälligkeit** seiner Forderung zustehenden Rechte vorweg näher zu formulieren. **Muster** dazu: 2442

---

[7] KGJ 33 A 262.
[8] KG OLG 46, 16.
[9] KG DNotZ 1935, 902.

> Mit – wenn auch nur teilweisem – Eintritt der Fälligkeit seiner Ansprüche ist der Pfandgläubiger berechtigt, zum Zwecke seiner Befriedigung entweder das verpfändete Grundpfandrecht ohne gerichtliches Verfahren durch einen zur Versteigerung berufenen Beamten öffentlich an einem beliebigen Ort zum Verkauf zu bringen oder selbst einzuziehen. Im Fall des Verkaufs verzichtet der Grundpfandrechtsgläubiger hiermit, soweit dies gesetzlich zulässig ist, auf Einhaltung aller in §§ 1234 bis 1240 BGB festgelegten Schutzvorschriften, so namentlich auf vorherige Androhung des Verkaufs und auf Einhaltung einer Verkaufsfrist. Auf Benachrichtigung von Zeit und Ort der Versteigerung wird jedoch nicht verzichtet.

2443 i) Das **Erlöschen eines Pfandrechts** tritt durch Aufgabeerklärung nach § 1255 Abs 1, § 1273 BGB, durch Erlöschen der pfandgesicherten Forderung nach §§ 1252, 1273 BGB oder bei Briefrechten durch bloße Rückgabe des Briefs an den Gläubiger nach § 1253 Abs 1, § 1278 BGB ein. Bei Nachweis der Unrichtigkeit ist die Zustimmung des Grundpfandrechtsgläubigers zur Löschung des Pfandrechts nicht erforderlich, wohl aber in sonstigen Fällen der Löschung des Pfandrechts. Die Löschung ist auf dem Hypothekenbrief zu vermerken.

k) Grundschuld

2444 Die **Brief**grundschuld (auch eine Eigentümer-Briefgrundschuld) wird als Grundstücksrecht nach den für die Verpfändung einer Hypothek geltenden Vorschriften verpfändet (§ 1274 Abs 1, § 1192 Abs 1 mit §§ 1154, 413, 398 BGB). Als abstraktes Grundpfandrecht (Rdn 2279) ist nur die Grundschuld als Sachenrecht (nicht auch eine Forderung, die sie nach dem Sicherungsvertrag sichert) Gegenstand der Rechtsverpfändung (des dinglichen Verfügungsgeschäfts über die Grundschuld; s auch § 1192 Abs 1 BGB).

2445 Die **Verpfändung einer Grundschuld** kann wie folgt formuliert werden:

> Die vorbezeichnete Grundschuld samt Zinsen vom 1. Januar ... an verpfände ich dem Karl Lehmann, geb am ..., Maler in Boll, zur Sicherung aller Ansprüche, welche dem Pfandgläubiger gegen mich bereits zustehen oder in Zukunft erwachsen, wobei es auf den Rechtsgrund der Forderungen nicht ankommt. Der Grundschuldbrief ist dem Pfandgläubiger übergeben worden. Ich bewillige die Eintragung der Verpfändung der Grundschuld in das Grundbuch.

2446 Bei Verpfändung einer Eigentümergrundschuld bedarf es keiner Angabe wegen Mitverpfändung der Zinsen. Im Falle der Zwangsverwaltung erstreckt sich das Pfandrecht ohne weiteres auch auf den Zinsanspruch. Vgl zu diesen Fragen auch Rdn 2362. Die Verpfändung **rückständiger Zinsen** allein ist formlos möglich. Sie kann in das Grundbuch nur eingetragen werden, wenn gleichzeitig die Verpfändung auch der laufenden Zinsen eingetragen wird (§ 1159, 1274, 1280 BGB).[10]

2447 Bei Eintragung der Verpfändung einer **Eigentümergrundschuld,** die im Grundbuch noch als Hypothek für einen Fremdgläubiger lautet, ist in der Form des § 29 GBO der Nachweis darüber erforderlich, daß eine Eigentümergrundschuld entstanden ist. Der vorherigen Umschreibung der Hypothek als Eigentümergrundschuld (§ 39 GBO) bedarf es aber nur, wenn der Verpfänder nicht als Grundstückseigentümer eingetragen ist (vgl Rdn 2535).

---

[10] KGJ 42 A 249.

B. Einzelfälle

23. Verpfändung einer Buchhypothek (Buchgrundschuld)

a) Die Verpfändung einer durch brieflose Hypothek gesicherten Forderung 2448
(auch einer Grundschuld ohne Brief) erfordert **Einigung** und **Eintragung** in
das Grundbuch (Rdn 2432). Verpfändungserklärung in schriftlicher Form ist
für Wirksamkeit der Einigung nach materiellem Recht nicht nötig.

b) Die **Grundbucheintragung** hat hier konstitutive (rechtsändernde) Wirkung. 2449
Sie erfolgt auf **Bewilligung** (§ 19 GBO) des Hypothekengläubigers, der Betroffener ist, und Antrag (§ 13 Abs 1 GBO); antragsberechtigt sind der Hypothekengläubiger und der Pfandgläubiger, nicht jedoch der Grundstückseigentümer. Form der Bewilligung: § 29 Abs 1 GBO. Notwendige Erfordernisse der Eintragungsbewilligung sind (gleich der Verpfändungserklärung, Rdn 2434) bestimmte Bezeichnung der Hypothekenforderung als Pfandgegenstand und Bezeichnung der zu sichernden Forderung (s nachf 2450), somit auch des Pfandgläubigers, sowie Angabe, daß Eintragung zur Begründung des Pfandrechts erfolgen soll. Zinsen ergreift die Verpfändung nach § 1289 BGB. Angabe in der Eintragungsbewilligung (und Eintragung), ob und von welchem Zeitpunkt an die Zinsen des Buchrechts mit verpfändet sind, ist daher nicht notwendig.[1] Abweichende Vereinbarung ist mit dinglicher Wirkung möglich; sie muß in der Eintragungsbewilligung zum Ausdruck kommen und eingetragen werden (Bezugnahme genügt).

c) Die **Grundbucheintragung** erfolgt (wie die berichtigende Eintragung nach 2450
Verpfändung eines Briefrechts) in Spalte 7 mit Spalten 5 und 6 der Abt III.
Sie erfordert im **Eintragungsvermerk** bestimmte Bezeichnung der materiellen Rechtsänderung mit ihrem gesetzlich gebotenen Inhalt, somit Bezeichnung des Rechts und des Berechtigten. Hierfür genügt neben der Bezeichnung des Berechtigten (des nach § 15 GBV zu bezeichnenden Pfandgläubigers) die allgemeine Bezeichnung des Rechts als Pfandrecht (genügend: „Verpfändet an …"). Zur näheren Bezeichnung kann auf die Eintragungsbewilligung Bezug genommen werden (§ 874 BGB).[2] Bezeichnung des Pfandrechts erfordert wegen seiner akzessorischen Natur auch Angabe der **gesicherten Forderung.** Das kann durch Bezugnahme auf die sie kennzeichnende Eintragungsbewilligung geschehen.[3] Angabe der Forderung im Eintragungsvermerk selbst ist daneben bei Eintragung des Pfandrechts ebenso wie bei Eintragung der Hypothek (Rdn 1980) nicht nötig. Nicht rechtswirksam ist die Eintragung der Verpfändung jedoch, wenn „in der Eintragung weder die pfandgesicherte Forderung angegeben noch auf die Eintragungsbewilligung Bezug genom-

---

[1] KGJ 53 A 186 = OLG 41, 178; KG JFG 11, 260; MünchKomm/Damrau Rdn 25 zu § 1274 BGB. Die Angabe empfiehlt sich zur Klarstellung gleichwohl.
[2] § 874 BGB gilt auch für Eintragung der Belastung eines Rechts; KGJ 33 A 262 (263) = OLG 14, 64.
[3] So auch Demharter Rdn 32 zu § 26. Insoweit aA KGJ 33 A 262, das Angabe auch der „durch das Pfandrecht zu sichernden Forderung im Eintragungsvermerk selbst" verlangt; ihm folgend Brand/Schnitzler, Grundbuchsachen (1957) § 102 (Seite 306). Zur Frage, ob auch Eintragung des Forderungsbetrags zu erfolgen hat, ist dort aber nicht Stellung genommen.

men" ist.⁴ Angabe auch des Geldbetrags der Forderung (zumindest des Hauptsachebetrags) im Eintragungsvermerk ist üblich und zulässig. Notwendig als Wirksamkeitserfordernis der Eintragung der Verpfändung ist Bezeichnung der Forderung auch mit einem Geldbetrag (mit zahlenmäßiger Angabe der dem Pfandrecht zugrunde liegenden Forderung) im Eintragungsvermerk selbst oder wenigstens in der in Bezug genommenen Eintragungsbewilligung jedoch nicht.⁵ Eintragung eines Geldbetrags ist nicht ausdrücklich vorgeschrieben. Er braucht nicht immer festzustehen; das Pfandrecht kann auch für eine der Höhe nach nicht bestimmte Forderung bestellt werden (zB Forderung aus laufender Geschäftsverbindung; „wegen aller gegenwärtigen und zukünftigen Forderungen"⁶); notwendig ist nur, daß bei Verpfändung die Forderung, nicht aber auch ihr Geldbetrag, bestimmt (bestimmbar) ist. Daß für eine betragsmäßig noch nicht feststehende Forderung ein Höchstbetrag der Haftung angegeben und eingetragen werden müsse, ist nicht bestimmt. § 1190 BGB, der das für Bestellung einer Hypothek verlangt, kann auf das Pfandrecht an einer Hypothek nicht übertragen werden.⁷ Für dieses gilt ebenso § 1115 BGB nicht. Die Bestimmung kann schon deshalb nicht zur Anwendung kommen, weil sich die Haftung des Pfands für die Forderung nach deren jeweiligen Bestand bestimmt (§ 1210 Abs 1 S 1 BGB). Es kann der für Grundpfandrechte geltende Grundsatz, daß Angabe und Eintragung eines ziffernmäßig bestimmten oder auf einen Höchstbetrag bezifferten Betrags notwendig ist, nicht auf das Pfandrecht an einer Hypothek übertragen werden.⁸ Ebenso wie ziffernmäßige Bezeichnung des Forderungsbetrags für wirksames Zustandekommen des Verpfändungsvertrags⁹ nicht nötig ist, kann auch Grundbucheintragung dessen Angabe nicht gebieten. Die gesicherte Forderung braucht somit weder mit einem bestimmten Geldbetrag noch mit einem Höchstbetrag angegeben und eingetragen zu werden.¹⁰ Dies gilt sowohl dann, wenn eine solche Angabe unmöglich, als auch dann, wenn sie möglich ist.¹¹ Notwendig (genügend Bezugnahme auf die Eintragungsbewilligung) ist sonach lediglich, daß die Forderung bestimmbar bezeichnet ist.¹²

2451 d) Rückständige Zinsen: s Rdn 2439.

---

⁴ RG 148, 349 (350). Mehr ist in dieser Entscheidung nicht gesagt, insbesondere nicht, daß der Forderungsgrund ausdrücklich einzutragen wäre; nicht zutreffend daher K/E/H/E Rdn 24 zu § 11 GBV.
⁵ KGJ 44 A 269.
⁶ RG 136, 422 (424); auch RG 78, 26.
⁷ KGJ 44 A 269 (272). Ein dem § 1190 BGB entsprechendes Höchstbetragspfandrecht gibt es nicht, KGJ 44 A 269, 274.
⁸ KGJ 44 A 269 (273).
⁹ Keine Angabe des Betrags der Forderung und deren Verzinslichkeit in der Verpfändungserklärung erforderlich; s nur MünchKomm/Damrau Rdn 3 zu § 1274 BGB mit Nachw.
¹⁰ KGJ 44 A 269; Güthe/Triebel Rdn 25 zu § 44 GBO; Soergel/Augustin Rdn 13 zu § 1274 BGB; aA K/E/H/E Rdn 24 zu § 11 GBVfg (je für Pfändung).
¹¹ KGJ 44 A 269.
¹² KGJ 44 A 269.

B. Einzelfälle

24. Eintragung der Pfändung einer (Buch-)Hypothek oder Grundschuld bei Überweisung zur Einziehung
ZPO §§ 828, 829, 830, 835, 857
GBO §§ 13, 39
GBV §§ 11, 17

Antragsformular 2452

Ich beantrage auf Grund des angeschlossenen Pfändungs- und Überweisungsbeschlusses des Amtsgerichts Boll vom ... die Eintragung der zu meinen Gunsten erfolgten Pfändung der im Grundbuch von Boll (Band 1) Blatt 2 Abt III Nr 8 eingetragenen Buchhypothek des Max Bier, Gastwirts in Boll, über 30 000 €.

Boll, den ...   Johann Holz   (ohne Unterschriftsbeglaubigung)

Grundbucheintragung 2453

5	6	7
8	30 000 €	Gepfändet mit den Zinsen seit ... für den Wagnermeister H o l z Johann in Boll wegen einer Forderung von 35 000 € nebst 5% Zinsen hieraus seit ... Gemäß Pfändungs- und Überweisungsbeschluß des Amtsgerichts Boll vom ... (Az ...) eingetragen am ...

Bekanntmachung erfolgt an Eigentümer, Hypothekengläubiger und Pfändungsgläubiger.

Literatur: Stöber, Forderungspfändung, 13. Aufl 2002, Rdn 1795 ff; Bohn, Die Pfändung von Hypotheken, Grundschulden, Eigentümerhypotheken und Eigentümergrundschulden, 6. Aufl; Mümmler, Die Zwangsvollstreckung in Eigentümergrundpfandrechte, JurBüro 1969, 789; Stöber, Pfändung hypothekarischer Rechte und Ansprüche, RpflJB 1962, 303; Stöber, Zweifelsfragen bei Pfändung von Eigentümergrundschulden und Eigentümerhypotheken, Rpfleger 1958, 251; Tempel, Zwangsvollstreckung in Grundpfandrechte, JuS 1967, 75, 117, 167, 215 und 268.

a) Pfändung der Buchhypothek

Pfändung der Forderung, für die eine Buchhypothek (auch als Sicherungshypothek, § 1184 BGB) besteht (der Forderung zusammen mit der Hypothek) erfolgt durch **Pfändungsbeschluß**[1] des Vollstreckungsgerichts (Pfändungsverfügung der Verwaltungsvollstreckungsbehörde, zB nach § 310 AO) **und Eintragung** der Pfändung in das Grundbuch (§ 830 Abs 1 ZPO). Die Eintragung erfolgt auf Grund des Pfändungsbeschlusses (§ 830 Abs 1 S 3 ZPO). An einer brieflosen Gesamthypothek entsteht das Pfandrecht erst mit der Eintragung bei allen belasteten Grundstücken;[2] die Pfändung einer Gesamthypothek nur hinsichtlich eines (einzelner) Grundstücks ist unzulässig.[3] Die Zinsen der Hypothekenforderung werden von der Pfändung erfaßt (§ 1289 S 1 BGB, entspr Anwendung), soweit sie vom Wirksamwerden der Pfändung an fällig werden;[4] Erstreckung der Pfändung auf diese Zinsen wird daher auch dann in das Grundbuch eingetragen, wenn im Pfändungsbeschluß ihre Mitpfändung nicht vermerkt ist. Mitpfändung auch der Zinsrückstände s Rdn 2464.

2454

---

[1] Dazu Stöber, Forderungspfändung, Rdn 1795 ff.
[2] RG 63, 74; KG DNotZ 1936, 575 = JW 1936, 887.
[3] KGJ 44 A 187.
[4] Stöber, Forderungspfändung, Rdn 1807.

b) Eintragungserfordernisse

2455 Die Eintragung der Pfändung erfolgt auf **Antrag** (§ 13 Abs 1 GBO) des Gläubigers. Das Vollstreckungsgericht kann um Eintragung nicht ersuchen; im Verwaltungszwangsverfahren ist der Gläubigerantrag daher nicht Behördenersuchen; er bedarf somit nicht der Form des § 29 Abs 3 (§ 38) GBO. Der **Pfändungsbeschluß** (die Pfändungsverfügung) muß in Ausfertigung vorliegen. Zustellung an den Drittschuldner oder Schuldner ist nicht erforderlich. Der Vollstreckungstitel muß dem Grundbuchamt nicht vorgelegt sein. Voreintragung des Betroffenen (§ 39 GBO) ist nötig; erforderliche Grundbuchberichtigung kann der Gläubiger nach § 14 GBO beantragen (s auch §§ 792, 896 ZPO). Pfändung, mithin auch deren Eintragung, ist auch zulässig, wenn die Übertragbarkeit der Hypothek nach § 399 BGB ausgeschlossen und dies im Grundbuch eingetragen ist (§ 851 Abs 2 ZPO). Unzulässig ist die Grundbucheintragung jedoch, wenn dem Grundbuchamt ein Beschluß über die Einstellung der Zwangsvollstreckung bekannt geworden ist (§ 775 ZPO).

c) Grundbucheintragung

2456 Die Grundbucheintragung erfolgt (wie bei Verpfändung, Rdn 2450) in Spalte 7 mit Spalten 5 und 6 der Abt III. Sie erfordert im **Eintragungsvermerk** bestimmte Bezeichnung der Rechtsänderung mit ihrem gesetzlich gebotenen Inhalt, somit Bezeichnung des Pfandrechts (genügend: „Gepfändet für …") mit Angabe des (nach § 15 GBV zu bezeichnenden) Berechtigten[5] und der gesicherten (Vollstreckungs)Forderung. Eintragungs**beispiel**: GBV Anlage 1 Abt III Nr 3 sowie Anlage 2a Abt III Nr 4 je Sp 5–7. Bezeichnung der Vollstreckungsforderung des Gläubigers und ihres Geldbetrags[6] kann auch durch Bezugnahme auf den Pfändungsbeschluß eingetragen werden (Rdn 2450); üblich ist die Grundbucheintragung nach den Eintragungsbeispielen der GBV, in denen aber dennoch auf die Eintragungsgrundlage verwiesen ist, wohl deshalb, weil die Forderung nur mit ihrem Geldbetrag, nicht aber als konkret bestimmte Vollstreckungsforderung aus einem bezeichneten Vollstreckungstitel, eingetragen und mitvollstreckte Kosten der Pfändung selbst, § 788 ZPO, überhaupt nicht angegeben sind.

2457 **Eintragungsnachricht** (§ 55 GBO) erhalten der Gläubiger als Antragsteller und der Hypothekengläubiger sowie der Grundstückseigentümer. Auf dem Pfändungsbeschluß wird die Eintragung nicht vermerkt.

d) Arrestpfändung

2458 Bei **Arrestpfändung** sind die Fristen des § 929 Abs 2, 3 ZPO zu beachten. Bei Buchrechten genügt entsprechend § 932 Abs 3 ZPO der Eingang des Eintragungsantrags beim Grundbuchamt (Amtsgericht, s Rdn 2229). Er muß aber

---

[5] Mit Gläubigerwechsel durch Abtretung der Vollstreckungsforderung des pfändenden Gläubigers oder (gesetzlichem) Übergang dieser Forderung auf einen Dritten (auch soweit Teilabtretung oder teilweiser Übergang kraft Gesetzes erfolgen) wird diese Eintragung des Pfändungsgläubigers unrichtig. Die Eintragung des neuen Gläubigers nach Abtretung oder Übergang kraft Gesetzes hat daher im Wege der Grundbuchberichtigung (dazu Rdn 356 ff) zu erfolgen; dazu OLG München NJW-RR 1988, 981 = Rpfleger 1989, 18.
[6] Angabe im Eintragungsvermerk ist üblich (dient wohl auch der Bezeichnung der Forderung) und zulässig, nicht aber Wirksamkeitserfordernis, s Rdn 2450.

mangelfrei sein oder es müssen etwaige Mängel innerhalb der Vollziehungsfrist behoben werden. Die Pfändung ist nach Vorlage der Zustellungsurkunde, aus der sich die Nichteinhaltung der vorstehenden Fristen ergibt, auf Antrag zu löschen. Ist die Wochenfrist versäumt, so kann die Pfändung bei Wahrung der Monatsfrist und bei gleichzeitiger Löschung des ersten Pfandrechts erneut eingetragen werden.[7]

e) Voll- und Teilpfändung

Ist die **Forderung**, wegen der gepfändet ist, **kleiner** als die gepfändete **Hypothek**, so kann – als sog **Vollpfändung** – die gesamte höhere Hypothek oder – als sog **Teilpfändung** – nur ein Teilbetrag der Hypothek gepfändet werden. Bei Vollpfändung erfolgt die Eintragung der Pfändung in gleicher Weise wie die Pfändung wegen einer die Hypothek übersteigenden Forderung. Bei Teilpfändung tritt dagegen eine Teilung der Hypothek in einen gepfändeten und einen pfandfreien Teil ein. Zur Eintragung in das Grundbuch muß der gepfändete Teil bestimmt bezeichnet sein. Die Teilpfändung ist in der Regel nur dann möglich, wenn entweder Pfändungs- und Hypothekenforderung unverzinslich sind oder wenn der Pfändungsbeschluß die Zinsen der Pfändungsforderung mit einem bestimmten Betrag oder doch derart angibt, daß der Betrag sich unzweideutig berechnen läßt (Beispiel: 6% Zinsen ab 1. 1. bis 30. 6. ...) und außerdem die etwa mitzupfändenden Zinsen aus der Hypothek genau bezeichnet sind (Beispiel: nebst 6% Zinsen ab 1. 1. ...).

2459

Hat der Gläubiger nur den **Teilbetrag** einer Hypothek gepfändet, so muß sich aus dem Pfändungsbeschluß der **Rang** des gepfändeten Teils ergeben, wenn die Teile nicht gleichrangig sein sollen. Der gepfändete Teil wird nach Antrag des Gläubigers in aller Regel Rang vor dem nicht gepfändeten Teil haben sollen. Der gepfändete Teilbetrag ist in Abt III Sp 6 und 7 einzutragen. Das Rangverhältnis ist in Sp 7 der Abt III mit einzutragen („Mit Rang vor dem Rest"). In Sp 5 der Abt III ist der Nummer des teilweise gepfändeten Grundpfandrechts der Buchstabe „a" beizufügen, zB 3a.

2460

f) Mehrfache Pfändung

Die Pfändung einer bereits gepfändeten Forderung samt Buchhypothek erfolgt in gleicher Weise wie deren Erstpfändung, somit durch Pfändungsbeschluß und Grundbucheintragung (§ 830 Abs 1 ZPO). Wenn bereits Überweisung an Zahlungs Statt wirksam geworden ist (bewirkt Gläubigerwechsel), kann eine weitere Pfändung jedoch keine Wirkung mehr erlangen, deren Eintragung in das Grundbuch daher nicht mehr erfolgen. Vollzug mehrerer Anträge auf Eintragung der Pfändung einer Buchhypothek erfolgt nach der Reihenfolge ihres Eingangs (§ 17 GBO). Nur wenn dem zweiten Antragsteller wegen einer nachgewiesenen wirksamen Vorpfändung (§ 845 ZPO) Vorrang gebührt, ist sein Pfandrecht mit Rang vor zwischenzeitlichen Pfändungen einzutragen.[8] Für Wahrung der Dreiwochenfrist des § 845 Abs 2 ZPO muß Eintragung der Pfändung in dieser Frist erfolgen; auf den Zeitpunkt des Eingangs des Eintragungsantrags kommt es hier nicht an.[9]

2461

---

[7] KG OLG 44, 172.
[8] Stöber, Forderungspfändung, Rdn 1863 und Rpfleger 1958, 259.
[9] KG JFG 3, 439 (442).

g) Überweisung

2462 Die **Überweisung zur Einziehung** (§ 837 Abs 1 ZPO) kann nicht in das Grundbuch eingetragen werden.[10] Das gilt auch, wenn die Überweisung durch späteren besonderen Beschluß erfolgt. Zur **Überweisung an Zahlungs Statt** einer durch Buchhypothek gesicherten Forderung ist Eintragung in das Grundbuch erforderlich (§ 837 Abs 1 S 2 ZPO). Diese erfolgt auf Antrag des Gläubigers (§ 13 Abs 1 GBO) und auf Grund des (in Ausfertigung vorzulegenden) Überweisungsbeschlusses (§ 837 Abs 1 S 2 ZPO), der nicht zugestellt sein muß. Vor Wirksamwerden der Pfändung mit Eintragung kann die Überweisung eines Buchrechts an Zahlungs Statt nicht eingetragen werden. Daß die Überweisung solange unwirksam ist, als die Pfändung nicht in das Grundbuch eingetragen ist,[11] erlangt daher keine Bedeutung. Für das Grundbuchverfahren unerheblich ist ebenso, daß nach – nicht zutreffender[12] – Ansicht des BGH[13] deshalb Pfändungs- und Überweisungsbeschluß nicht zusammen hätten erlassen werden dürfen (als hoheitlicher Vollstreckungsakt erlangt auch der zunächst wirkungslose Überweisungsbeschluß des Vollstreckungsgerichts Wirksamkeit mit Wirksamwerden der Pfändung).

h) Vorpfändung

2463 Die **Vorpfändung** (§ 845 ZPO) einer durch Buchhypothek gesicherten Forderung wird ohne Grundbucheintragung bewirkt; § 830 ZPO findet hier keine Anwendung. Eine wirksam gewordene (und noch wirksame) Vorpfändung kann aber im Wege der Grundbuchberichtigung eingetragen werden.[14]

i) Zinsrückstände, Nebenleistungen

2464 **Rückständige** Zinsen und Rückstände anderer Nebenleistungen sowie Kosten der Kündigung und dinglichen Rechtsverfolgung werden als gewöhnliche Geldforderungen nach § 829 ZPO gepfändet; wirksam wird ihre Pfändung mit Zustellung des Pfändungsbeschlusses an den Drittschuldner (§ 829 Abs 3 ZPO). Gepfändet sind rückständige Zinsen von dem im Pfändungsbeschluß angegebenen Anfangszeitpunkt an. Fehlt diese Angabe im Pfändungsbeschluß, dann erstreckt sich die Pfändung nur auf die laufenden Zinsen, deren Pfändung nach § 830 Abs 1 ZPO mit Grundbucheintragung wirksam wird. Pfändung nur rückständiger Zinsen kann nicht in das Grundbuch eingetragen werden. Eintragung der Pfändung rückständiger Zinsen zusammen mit der laufender Zinsen und/oder der Pfändung des Kapitals muß ebenso wie die Eintragung bei Abtretung (Rdn 2393) für zulässig erachtet werden.

k) Bestellung der Hypothek nach Forderungspfändung

2465 Die wirksame (§ 829 Abs 3 ZPO) Pfändung einer **Forderung**, für die eine **Hypothek noch nicht bestellt** ist, erfaßt mit Eintragung der Hypothek auch

---

[10] KGJ 33 A 276; Stöber, Forderungspfändung, Rdn 1837.
[11] BGH 127, 146 = DNotZ 1995, 139 = NJW 1994, 3225 = Rpfleger 1995, 119 mit Anm Riedel.
[12] Dazu näher Stöber NJW 1996, 1180; auch Zöller/Stöber Rdn 7 zu § 837 ZPO; Stöber, Forderungspfändung, Rdn 1837a.
[13] BGH 127, 146 = aaO.
[14] Einzelheiten zur Vorpfändung Stöber, Forderungspfändung, Rdn 1866–1869.

B. Einzelfälle

diese. Gleichzeitig mit der Hypothek ist daher auf Antrag das Pfandrecht einzutragen. Die Forderung ist nach § 829 ZPO (nicht als Hypothekenforderung nach § 830 ZPO) auch zu pfänden, solange eine Briefhypothek wegen noch ausstehender Briefübergabe nach § 1163 Abs 2 BGB dem Grundstückseigentümer (als vorläufige Eigentümergrundschuld nach § 1177 Abs 1 S 1 BGB) zusteht; die besonderen sachenrechtlichen Pfändungs- (und Übertragungs-) Vorschriften (§ 830 ZPO) sind bei einer Briefhypothek erst anwendbar, wenn das eingetragene Grundpfandrecht als Hypothek entstanden ist.[15] Wenn die Geldforderung wirksam nach § 829 ZPO gepfändet ist und der Eigentümer (als Drittschuldner) daraufhin den Hypothekenbrief freiwillig an den Pfändungsgläubiger herausgibt, gelangen in diesem Augenblick die Hypothek in der Person des eingetragenen Gläubigers und zugleich das Pfandrecht des Pfändungsgläubigers daran zur Entstehung.[16]

l) Pfändung der Grundschuld

Pfändung einer **Grundschuld ohne Brief** erfolgt in gleicher Weise (§ 857 Abs 6 mit § 830 Abs 1, 3 ZPO). Das Rdn 2454–2464 Gesagte gilt daher entsprechend auch für die Grundschuldpfändung. — 2466

m) Eigentümergrundschuld

aa) Die Eigentümergrundschuld[17] wird als Grundschuld gleichfalls wie eine Hypothekenforderung nach § 857 Abs 6 ZPO nach den Vorschriften des § 830 ZPO gepfändet.[18] — 2467

bb) Wenn das Eigentümergrundschuld gewordene Grundpfandrecht noch als Hypothek oder Grundschuld für einen Dritten im Grundbuch eingetragen ist (sogen verschleierte Eigentümergrundschuld), muß für die Eintragung ihrer Pfändung dem Grundbuchamt das **Entstehen** des Eigentümerrechts in der Form des § 29 GBO **nachgewiesen werden**.[19] Die Grundbucheintragung der Pfändung einer „angeblichen" Eigentümergrundschuld ist nicht statthaft.[20] Der Nachweis in grundbuchmäßiger Form, daß die Eigentümergrundschuld entstanden ist, bereitet vielfach Schwierigkeiten. Durch eine bloße Löschungsbewilligung des Gläubigers kann dieser Nachweis nicht erbracht werden. Zur beglaubigten Quittung Rdn 2728. Grundbuchberichtigung (§ 39 GBO), somit (Vor)Eintragung des Eigentümers als Gläubiger der noch für einen Dritten eingetragenen Hypothek oder Grundschuld ist für Eintragung der Pfändung der Eigentümergrundschuld nicht notwendig.[21] Es reicht aus, wenn der Schuldner als Grundstückseigentümer eingetragen ist; der eingetragene Eigentümer ist zugleich auch (eingetragener) Gläubiger im Sinne des § 39 GBO der Eigentümergrundschulden, die aus den auf seinem Grundstück lastenden Grundpfandrechten hervorgegangen sind. — 2468

---

[15] OLG Hamm DNotZ 1982, 257 = NJW 1981, 354 Leits = Rpfleger 1980, 483.
[16] OLG Hamm aaO.
[17] Zu ihrer Pfändung näher Stöber, Forderungspfändung, Rdn 1929 ff.
[18] § 857 Abs 2 ZPO findet auf Pfändung einer Eigentümergrundschuld keine Anwendung; s Stöber, Forderungspfändung, Rdn 1929, mit Nachw und Hinweis auf ältere (überholte) Gegenansicht.
[19] KGJ 22 A 137; 41 A 244; OLG Hamburg Rpfleger 1976, 371.
[20] OLG Hamburg Rpfleger 1976, 371.
[21] Stöber, Forderungspfändung, Rdn 1946.

2469   cc) Eine **künftige** Eigentümergrundschuld kann zwar durch Pfändungsbeschluß gepfändet werden; diese Pfändung kann aber nicht in das Grundbuch eingetragen werden.[22]

2470   **Fassung der Eintragung der Pfändung einer Eigentümergrundschuld in Abt III Sp 7**

> Die Post Nr 1 ist infolge Befriedigung durch den Eigentümer ... auf diesen als Grundschuld übergegangen. Diese Eigentümergrundschuld ist wegen einer Forderung in Höhe von 10 000 € mit 8% Zinsen seit ... und ... € Kosten für L a u t Franz, Musiker in Boll, gepfändet. Gemäß Pfändungs- und Überweisungsbeschluß des Amtsgerichts Boll vom ... (Az ...) eingetragen am ...

2471   **Fassung der Eintragung der Pfändung einer Teil-Eigentümergrundschuld in Abt III Sp 7**

> Durch Rückzahlung seitens des Grundstückseigentümers ... in Höhe von fünftausend Euro ist eine letztrangige Eigentümergrundschuld im Teilbetrag von fünftausend Euro Nr 1 a entstanden. Diese Eigentümergrundschuld ist in voller Höhe gepfändet ...... (wie hievor).

2472   n) Bei **Höchstbetragshypotheken** ist die Pfändung der vorläufigen Eigentümergrundschuld vor Feststellung der Forderung nicht möglich.[23] Die Entstehung der Eigentümergrundschuld kann durch einseitige Erklärung des eingetragenen Gläubigers nachgewiesen werden.[24] Pfändung der Forderung und Überweisung an Zahlungs Statt ohne die Hypothek ist zulässig (§ 837 Abs 3 ZPO). Die Hypothek wird dann in Höhe des gepfändeten Betrags Eigentümergrundschuld.

25. Eintragung der Pfändung einer Briefhypothek bei Überweisung an Zahlungs Statt

ZPO §§ 828, 829, 830, 835, 837
GBO §§ 13, 26 Abs 2, §§ 30, 39 Abs 2, § 56 ff GBO
GBV §§ 11, 17, 47 ff

2473   **Antragsformular**

> Ich beantrage die Eintragung der Pfändung und Überweisung an Zahlungs Statt zu meinen Gunsten bei der im Grundbuch von Boll (Band 1) Blatt 10 Abt III Nr 2 eingetragenen Briefhypothek des Max Saft, Küchenmeisters in Boll von 10 000 €. Auf den angeschlossenen Pfändungs- und Überweisungsbeschluß des Amtsgerichts Boll vom ..., Az ..., nehme ich Bezug. Der mir übergebene (mir vom Gerichtsvollzieher abgelieferte) Hypothekenbrief ist beigefügt.
>
> Boll, den ...   Bruno Kraut   (ohne Unterschriftsbeglaubigung)

2474   **Grundbucheintragung**

5	6	7
2	10 000 €	Zehntausend Euro mit Zinsen seit ... für K r a u t Bruno, geb am ... gepfändet wegen einer Forderung von ... und dem Pfandgläubiger an Zahlungs Statt überwiesen. Unter Bezugnahme auf den Pfändungs- und Überweisungsbeschluß des Amtsgerichts Boll vom ... (Az ...) eingetragen am ...

---

[22] RG 145, 351.
[23] RG JW 1935, 2554.
[24] KG HRR 1932 Nr 719.

B. Einzelfälle

Vermerk der Überweisung auf den Hypothekenbrief und Rückgabe dieses Briefes an den Pfändungsgläubiger, zugleich als Eintragungs**nachricht**.
Bekanntmachung erfolgt an Grundstückseigentümer und Hypothekengläubiger.

a) Pfändung der Briefhypothek

Pfändung der Forderung, für die eine Briefhypothek besteht (der Forderung zusammen mit dieser Hypothek) erfolgt durch **Pfändungsbeschluß**[1] des Vollstreckungsgerichts (Pfändungsverfügung der Verwaltungsvollstreckungsbehörde, zB nach § 310 AO) und **Übergabe des Hypothekenbriefs** an den Gläubiger (§ 830 Abs 1 S 1 ZPO); diese erfolgt vielfach im Wege der Zwangsvollstreckung (§ 830 Abs 1 S 2 ZPO). Briefübergabe (-wegnahme) ist Wirksamkeitserfordernis; sie wird durch Grundbucheintragung nicht ersetzt.[2] Für zulässig wird Ersetzung der Briefübergabe nach Maßgabe von § 1274 Abs 1 BGB gehalten.[3] Pfändung (und auch Überweisung) des Herausgabeanspruchs an einen Briefbesitzer bewirkt für sich allein noch keine Wirksamkeit der Pfändung des Briefrechts.[4] Wirksam ist die Pfändung erst mit der Herausgabe des Briefs durch seinen Besitzer an den vollstreckenden Gläubiger. Rückgabe des Hypothekenbrief bewirkt Erlöschen des Pfandrechts (§ 1278 BGB).

2475

b) Grundbuchberichtigung (-eintragung)

aa) Pfändung der Brief-Hypothekenforderung bewirkt Grundbuchunrichtigkeit (das Grundbuch weist das Pfandrecht als Recht an einem Grundstücksrecht nicht aus; s § 894 BGB). Das Pfandrecht kann daher als **Grundbuchberichtigung** in das Grundbuch eingetragen werden.

2476

bb) Die Eintragung erfolgt auf **Antrag** (§ 13 Abs 1 GBO) des Gläubigers, wenn die Grundbuchunrichtigkeit urkundlich nachgewiesen ist (§ 22 GBO; dazu Rdn 369). Eintragungsgrundlage könnte auch eine Berichtigungsbewilligung des Hypothekengläubigers nach § 19 GBO sein (hat keine praktische Bedeutung erlangt). Grundbuchunrichtigkeit wird durch Vorlage des Pfändungsbeschlusses (Ausfertigung) und des Hypothekenbriefs nachgewiesen. Der Pfändungsbeschluß (die Pfändungsverfügung) muß in Ausfertigung vorliegen; Zustellung an den Drittschuldner oder Schuldner ist nicht erforderlich. Der Vollstreckungstitel muß dem Grundbuchamt nicht vorgelegt sein. Vorlage des Hypothekenbriefes durch den Gläubiger (erforderlich auch nach § 41 Abs 1 GBO) erbringt den Nachweis, daß ihm der Brief übergeben, die Pfändung sonach wirksam geworden ist.[5] Wie der Gläubiger in den Besitz des Briefes gelangt ist, muß er daher nicht gesondert nachweisen. Nur wenn dem Grundbuchamt ein fehlerhafter Briefbesitz des Gläubigers bekannt ist, kann trotz Briefvorlage Nachweis verlangt werden, daß die Pfändung mit der (erforderlichen) Briefübergabe (-wegnahme) wirksam geworden ist. Wenn der Brief mit dem Eintragungsantrag nicht vorgelegt wird, verbietet sich Zwischenverfügung nach § 18 GBO. Der Antrag ist sogleich zurückzuweisen

2477

---

[1] Dazu Stöber, Forderungspfändung, Rdn 1795 ff.
[2] KGJ 33 A 299.
[3] Dazu Stöber, Forderungspfändung, Rdn 1812 mit 1817 ff.
[4] KG DNotZ 1930, 242.
[5] Stöber, Forderungspfändung, Rdn 1831 mit Nachw.

oder auf Wunsch des Gläubigers mit der Folge auszusetzen, daß er bei Behebung des Mangels mit Briefvorlage als neu und nunmehr ordnungsgemäß im Sinne der §§ 13, 17 GBO gestellt gilt.[6]

2478 cc) Der erforderlichen **Voreintragung** des Schuldners (§ 39 Abs 1 GBO) steht es gleich, wenn sein Gläubigerrecht durch öffentlich beglaubigte Abtretungserklärungen nachgewiesen ist (§ 39 Abs 2 GBO).

2479 dd) Die berichtigende **Eintragung** der Pfändung einer Briefhypothek erfolgt in Spalte 7 mit 5 und 6 in gleicher Weise wie die Eintragung der Pfändung einer Buchhypothek. Zum Eintragungsvermerk und zu Einzelheiten s daher Rdn 2456.

2480 ee) Auf dem **Hypothekenbrief** (nicht aber auch auf dem Pfändungsbeschluß) wird die Eintragung der Pfändung vermerkt (§ 62 Abs 1 GBO).

2481 c) Bei **Arrestpfändung** muß der Brief innerhalb der Monatsfrist des § 929 Abs 2 ZPO dem Pfändungsgläubiger übergeben sein.[7] Die Pfändung ist unwirksam, wenn die Zustellung des Arrestbefehls an den Schuldner nicht innerhalb einer Woche nach Übergabe des Briefes erfolgt ist (§ 929 Abs 3 ZPO).

2482 d) Auch **Teilpfändung** (dazu Rdn 2459) der Briefhypothek (erfordert Bestimmung des gepfändeten Teilbetrags im Pfändungsbeschluß) wird erst mit Briefübergabe[8] wirksam. Vorrang muß im Pfändungsbeschluß zuerkannt sein.

2483 e) Die Pfändung einer **bereits gepfändeten** Forderung samt Briefhypothek erfolgt in gleicher Weise wie deren Erstpfändung, somit durch Pfändungsbeschluß und Briefübergabe (-wegnahme) (§ 830 Abs 1 ZPO). Jedoch verbietet sich die Briefübergabe durch den erstpfändenden Gläubiger, weil sie sein Pfandrecht zum Erlöschen bringen würde (§ 1278 BGB). Ersetzung der Briefübergabe wird nach Maßgabe von § 1274 Abs 1 BGB für zulässig gehalten.[9]

f) **Überweisung**

2484 Die **Überweisung zur Einziehung** (§ 837 Abs 1 ZPO) kann auch bei einem Briefrecht nicht in das Grundbuch eingetragen werden (s bereits Rdn 2462). Die **Überweisung an Zahlungs Statt** wird (Wirksamkeit der Pfändung vorausgesetzt) bereits mit Aushändigung des Überweisungsbeschlusses (in Ausfertigung) an den Gläubiger wirksam (§ 837 Abs 1 S 1 ZPO); zum späteren Wirksamwerden der Pfändung, hier mit Briefübergabe, s das in Rdn 2462 Gesagte. Sie bewirkt Gläubigerwechsel (§ 835 Abs 1, 2 ZPO), kann sonach (nach ihrem Wirksamwerden) auf Antrag im Wege der Grundbuchberichtigung (§ 22 GBO) in das Grundbuch eingetragen werden. Erfolgen Pfändung und Überweisung an Zahlungs Statt durch besondere Beschlüsse, so kann zunächst die Pfändung eingetragen werden („gepfändet für ...") und erst später die Überweisung („Überwiesen dem ...") je unter Bezugnahme auf den Pfändungs- bzw Überweisungsbeschluß.

---

[6] Dazu Stöber, Forderungspfändung, Rdn 1831.
[7] KGJ 41 A 241.
[8] Zu ihr Stöber, Forderungspfändung, Rdn 1851.
[9] Stöber, Forderungspfändung, Rdn 1858 mit Rdn 1816–1820.

B. Einzelfälle

g) **Vorpfändung** (§ 845 ZPO) einer durch Briefhypothek gesicherten Forderung erfordert Briefwegnahme nicht.[10] Grundbucheintragung kann auch nach Vorpfändung eines Briefrechts erfolgen (s bereits Rdn 2463). 2485

h) **Rückständige** Zinsen usw: s Rdn 2464. Fehlt die Angabe im Pfändungsbeschluß, von welchem Zeitpunkt an Zinsen mitgepfändet sein sollen, dann erstreckt sich die Pfändung gesetzlich (§ 1289 S 1 BGB) nur auf die vom Wirksamwerden der Pfändung mit Briefübergabe laufenden Zinsen, somit auf die nach § 830 Abs 1 ZPO zu pfändenden Zinsen[11] (s auch Rdn 2464). Für die Eintragung der Pfändung im Wege der Grundbuchberichtigung muß daher dem Grundbuchamt der Zeitpunkt des Wirksamwerdens der Pfändung urkundlich (Form: § 29 Abs 1 GBO) nachgewiesen werden. Wegen der damit verbundenen Schwierigkeiten wird Angabe des Zeitpunkt, nach dem sich mitgepfändete Zinsen bestimmen, empfohlen. 2486

i) **Grundschuld** und **Eigentümergrundschuld**, über die ein Brief erteilt ist, werden in gleicher Weise gepfändet (§ 857 Abs 6 ZPO). Es gilt somit das Gesagte entsprechend (s auch Rdn 2466ff). 2487

26. Zinssatzerhöhung
BGB § 1119
GBO §§ 13, 19, 30
GBV §§ 11, 17, 49, 51

Antragsformular 2488

Im Grundbuch von Boll (Band 2) Blatt 15 ist auf meinem Grundstück FlstNr ... in Abt III Nr 5 eine Briefhypothek zugunsten des Max Bauer, Landwirt in Boll, über 10 000 €, verzinslich zu 4%, eingetragen. Auf Grund Vereinbarung mit dem Gläubiger wurde der Zinssatz dieser Hypothek ab ... auf 8% jährlich erhöht.
Ich bewillige und beantrage die Eintragung dieser Zinssatzerhöhung im Grundbuch.
Den Hypothekenbrief wird der Gläubiger zur Berichtigung vorlegen.

Boll, den ...   Max Friedrich   (folgt Unterschriftsbeglaubigung)

Grundbucheintragung 2489

5	6	7
5	10 000 €	Die Zinsen sind seit dem ... erhöht auf acht vom Hundert jährlich. Die über fünf vom Hundert hinausgehenden Zinsen gehen der in Abt III Nr 6 eingetragenen Post im Range nach. Eingetragen am ... **oder:** Zinssatz ab ... geändert in acht vom Hundert jährlich. Zinsen über fünf vom Hundert haben Rang nach Abt III Nr 6. Eingetragen am ...

Der Hypothekenbrief ist hinsichtlich des Zinssatzes zu berichtigen und dem Gläubiger zurückzugeben, zugleich als **Nachricht**.
Die bisherigen Zinsbestimmungen sind in Sp. 4 (rot) zu unterstreichen.
Bekanntmachung erfolgt an Notar ... und an Eigentümer.

---

[10] Stöber, Forderungspfändung, Rdn 1866.
[11] Stöber, Forderungspfändung, Rdn 1807; OLG Oldenburg NdsRpfl 1970, 114 = Rpfleger 1970, 100.

Literatur: Schmid, Die angebliche Rangeinheit von Haupt- und Veränderungsspalten in Abteilung II und III des Grundbuchs, Rpfleger 1982, 251; ders nochmals Rpfleger 1984, 130.

2490 a) **Erhöhung der Verzinslichkeit** (des Zinssatzes, Rdn 1953) und Erstreckung der Haftung des Grundstücks auf höhere oder andere Nebenleistungen (Rdn 1966) ist **Änderung des Inhalts** der Hypothek (§ 877 BGB).[1] Diese erfordert materiell Einigung des Gläubigers mit dem Eigentümer und Eintragung in das Grundbuch (§§ 877, 873 BGB; Rdn 10). Die Einigung bedarf (materiellrechtlich) keiner Form; sie kann der Eintragung auch nachfolgen. Die Eintragung erfolgt auf Antrag (§ 13 Abs 1 GBO), wenn der betroffene Grundstückseigentümer ist bewilligt (§ 19 GBO).[2] Form der Bewilligung: § 29 GBO. Wenn sich der Grundstückseigentümer wegen der aus dem Grundstück zu zahlenden weiteren Zinsen oder Nebenleistungen der sofortigen Zwangsvollstreckung nach § 794 Abs 1 Nr 5, § 800 ZPO unterwirft, ist Aufnahme einer notariellen Urkunde erforderlich.

2491 b) Die **Eintragungsbewilligung** muß den geänderten Zinssatz und Zinsbeginn oder die höheren anderen Nebenleistungen so bestimmt bezeichnen, wie das für Eintragung der Zinsen oder Nebenleistungen mit der Hypothek selbst gefordert wird (Rdn 1935).

2492 c) Die **Eintragung** der Zinserhöhung oder/und Erweiterung der Nebenleistungen bereitet keine Schwierigkeiten, wenn der Hypothek Rechte (in Abteilung II und III) im Rang nicht gleichstehen und nicht nachgehen. Als Inhaltsänderung sind die neuen Zinsen, ebenso die weiteren Nebenleistungen, in Spalte 7 (mit Spalten 5 und 6) einzutragen (§ 11 Abs 1, 6 und 8 GBV). Die Eintragung muß die erhöhten Zinsen bzw die höheren oder anderen Nebenleistungen im Grundbuch selbst nach Maßgabe des § 1115 BGB bezeichnen (Rdn 1945, 1953 ff); im übrigen ist Bezugnahme auf die Eintragungsbewilligung im gleichen Umfang zulässig wie bei Eintragung der Zinsen und Nebenleistungen zugleich mit der Hypothek (§§ 877, 874, 1115 BGB).

2493 d) Gleiches gilt, auch wenn der Hypothek Rechte (in Abteilung II und III) im Rang gleichstehen oder nachgehen, für Erweiterung einer unverzinslichen oder mit weniger als 5 vH verzinslichen Hypothekenforderung dahin, daß das Grundstück auch **für Zinsen bis zu 5 vH** (nicht aber für höhere sonstige oder weitere Nebenleistungen) haften soll. Zustimmung der im Rang gleich- oder nachstehenden Berechtigten ist hierfür nicht erforderlich (§ 1119 BGB). Die Eintragung erfolgt ohne Rangvermerk (s auch Rdn 2495). Andere Nebenleistungen als Zinsen können in keinem Fall ohne Zustimmung der gleich- oder nachstehenden Berechtigten im gleichen Rang mit der Hypothek erhöht werden.

2494 e) Die im **Rang gleich- oder nachstehenden Rechte** (in Abteilung II und III) haben den ihnen zukommenden Rang (§ 879 BGB) auch gegenüber jeder Erweiterung der ihnen gleichstehenden oder vorgehenden Hypothek. Durch eine nicht mehr nach § 1119 BGB gestattete Erhöhung der Zinsen über 5 vH

---

[1] Allgemeine Ansicht, insbesondere RG 132, 106 (110); auch KGJ 52, 192 (200); KG JFG 11, 234; BayObLG 1959, 520 = DNotZ 1960, 540 = NJW 1959, 1155.
[2] KGJ 29, 176.

hinaus oder durch Erweiterung anderer oder Einräumung neuer Nebenleistungen kann daher der Rang eines der zu ändernden Hypothek gleich- oder nachstehenden Rechts nicht verschlechtert werden. Die Erhöhung der Verzinslichkeit der Hypothekenforderung über 5 vH hinaus (§ 1119 BGB) sowie eine Erstreckung der Grundstückshaftung auf höhere oder andere Nebenleistungen kann daher
- nur dann mit dem Rang des Kapitals der Hypothek eingetragen werden, wenn die der Hypothek gleich- oder nachstehenden Berechtigten (auch Dritte mit einem Recht an einem solchen Recht nach Maßgabe von §§ 877, 876, auch § 880 Abs 3 BGB) zustimmen;
- sonst nachträglich nur an der letzten (nächstoffen) Rangstelle eingetragen werden.

f) Im **Rang der Hypothek** eingetragen wird eine **Zinserhöhung** bis zu Gesamtzinsen von 5 vH und mit Zustimmung der gleich- und nachstehenden Berechtigten (Form: § 29 GBO) die Zinserhöhung über 5 vH hinaus sowie die Erweiterung anderer oder Einräumung neuer Nebenleistungen in Spalte 7 (mit Spalten 5 und 6) (§ 11 Abs 1, 6 und 8 GBV) ohne Rangvermerk. Der in dieser Nebenspalte eingetragene Änderungsvermerk begründet für den geänderten (erweiterten) Inhalt des hypothekarischen Anspruchs nach seiner räumlichen Stellung im Grundbuch im Verhältnis zu anderen Rechten ohne weiteres den gleichen Rang wie das in der Hauptspalte eingetragene Recht, wenn nicht gem § 879 Abs 3 BGB ein abweichender Rang eingetragen wird.[3]

2495

Das wurde zwar angezweifelt.[4] Geltend gemacht wurde,[4] wenn eine Zinserhöhung Vorrang erhalten soll, müsse die entsprechende Rangänderung für jedes im Rang zurücktretende Recht ausdrücklich im Grundbuch eingetragen werden. Wenn im Hinblick auf die Zinserhöhung keine Rangänderung stattfinde, brauche deshalb ihr Nachrang im Grundbuch nicht vermerkt zu werden. Das erfordere insbesondere der Eintragungsgrundsatz, der für wirksame Rangänderung neben Einigung die Eintragung gebiete.

2496

Einwendungen gegen die seit RG (14. 3. 1931) RGZ 132, 106 allgemein vertretene Ansicht (Rdn 2495) erweisen sich jedoch als verfehlt. Eintragungen in der Veränderungsspalte, die nicht unter einer besonderen fortlaufenden Nummer, sondern unter Bezeichnung der laufenden Nummer des in der Hauptspalte eingetragenen Rechts erfolgen (§ 11 Abs 8 GBV), bilden mit der Eintragung in der Hauptspalte, auf die sie sich beziehen, für die Darstellung des Rangverhältnisses nach § 879 BGB eine einheitliche Eintragung, teilen sonach deren räumliche Stellung.[5] Daß die Rangänderung für Erweiterung der Nebenleistungen einzutragen ist (§ 880 Abs 2 BGB) ist selbstverständlich. Hier erheblich ist jedoch allein, wie sie zu vollziehen ist.[6] Daß Eintragung

2497

---

[3] RG 132, 106; BayObLG 1959, 520 = aaO (Fußn 1); Bauer/vOefele/Mayer AT IV Rdn 148.
[4] Schmid Rpfleger 1982, 251 sowie 1984, 130; Böttcher BWNotZ 1988, 73 (A 4); K/E/H/E Rdn 13; Meikel/Böttcher Rdn 44, je zu § 45.
[5] RG 132, 106 (110, 112); BayObLG 1959, 520 = aaO (Fußn 1); OLG Hamm MittRhNotK 1985, 44 = OLGZ 1985, 23 = Rpfleger 1985, 17.
[6] Dies erkennt und betont RG 132, 106. Nicht richtig ist daher, daß es irrig den Eintragungsgrundsatz verkannt habe, wie Schmid Rpfleger 1982, 251 annimmt.

einer Rangänderung nur erfolge, wenn sie durch Rangvermerk ausdrücklich[7] im Grundbuch verlautbart werde, ist nirgends vorgesehen; unzutreffend ist, daß das RG die Eintragung der Rangänderung für entbehrlich halte.[7] Es werden in der Veränderungsspalte erhöhte Zinsen und Nebenleistungen nachträglich an der Stelle des Hauptrechts eingetragen. Der in der Nebenspalte eingetragenen Vermerke über erweiterte Zinsen und andere Nebenleistungen teilt nach seiner räumlichen Stellung im Grundbuch im Verhältnis zu anderen Rechten denselben Rang wie das in der Hauptspalte eingetragene Recht (nachträgliche Eintragung an der gleichen Stelle); daher wird auch bereits mit Eintragung in der **Nebenspalte** der **Vorrang** nach § 880 BGB als solcher **eingetragen**. Die Eintragung der **Erweiterung** des Rechts in der Veränderungsspalte **ist** damit **zugleich Eintragung der Rangänderung** gegenüber den dem Hauptrecht nachstehenden Rechten.[8]

2498 g) Was für den einheitlichen Rang des in der Hauptspalte eingetragenen Rechts mit den in der Veränderungsspalte eingetragenen weiteren Zinsen und anderen Nebenleistungen im Verhältnis zu anderen Eintragungen in derselben Abteilung des Grundbuchs gilt, hat auch für das **Rangverhältnis** des in Abteilung III eingetragenen Rechts mit seinen in der Änderungsspalte nachträglich an gleicher Stelle eingetragenen Änderungen **zu Eintragungen in Abteilung II** zu gelten. Der Rang bestimmt sich damit einheitlich nach der zeitlichen Reihenfolge der in der Hauptspalte eingetragenen Rechte, somit auch für die in der Veränderungsspalte eingetragenen Erweiterungen des Rechts nach dem bei Eintragung des Rechts in der Hauptspalte eingetragenen Tag.

2499 h) Soll oder kann die **Zinserhöhung** oder Erweiterung oder Neubegründung von Nebenleistungen als das in der Veränderungsspalte eingetragene Nebenrecht nicht den Rang der in der Hauptspalte eingetragenen Grundstücksbelastung, sondern **Rang nach** einer zur Zeit der Erweiterung der Hypothek bereits eingetragenen anderen Grundstücksbelastung erhalten, so muß daher der **abweichende Rang** nach § 879 Abs 3 BGB in das Grundbuch **eingetragen** werden.[9] Das erfordert Rangvermerk; dieser ist in der Veränderungsspalte bei dem Vermerk über die Erhöhung der Zinsen oder Erweiterung der Nebenleistungen einzutragen, nicht auch bei den dem Hauptrecht gleich- oder nachstehenden Rechten; denn deren Rang wird nicht verändert. Das gilt auch für Erhöhung der Zinsen bis zu Gesamtzinsen von 5 vH, wenn dafür nicht der nach § 1119 BGB mögliche Rang des Hauptrechts in Anspruch genommen wird, sondern auch deren Rang sich nach der Zeit der Belastung des Grundstücks mit diesen Zinsen richten soll.

2500 i) Belastung des Grundstücks mit **Zinsen bis zu 5 vH** kann nach § 1119 BGB ohne Zustimmung der im Rang gleich- oder nachstehenden Berechtigten **rückwirkend** ab Eintragung der Hypothek oder rückwirkend auf einen eingetragenen früheren Zinsbeginn erfolgen. Den Interessen der gleich- oder nachrangigen Berechtigten an zeitlicher Begrenzung der damit möglichen Erweite-

---

[7] So aber Schmid Rpfleger 1982, 251.
[8] RG 132, 106 (112), dort noch „... gilt zugleich ... als Eintragung der Rangänderung"; BayObLG 1959, 520 = aaO (Fußn 1).
[9] RG 132, 106; BayObLG 1959, 520 = aaO (Fußn 1); Bauer/vOefele/Mayer AT IV Rdn 148; s auch Staudinger/Wolfsteiner Rdn 7 zu § 1119 BGB.

B. Einzelfälle

rung der Vorbelastung trägt § 10 Abs 1 Nr 4 ZVG mit der Bestimmung Rechnung, daß in dieser Rangklasse aus dem Grundstück nur laufende und die aus den letzten zwei Jahren rückständigen Belastungen Zahlung erlangen können.

k) Bei einer **Höchstbetragshypothek** können im Falle ihrer gleichzeitigen **Umwandlung** in eine gewöhnliche Hypothek Zinsen bis zu 5 vH vom Tag der Eintragung der Umwandlung in das Grundbuch an ohne Zustimmung der gleichstehenden und nachgehenden Berechtigten eingetragen werden.[10]   2501

l) Bei einer nachträglichen Zinssatzerhöhung bis zu 5 vH bedarf es nicht der Vorlage der Grundpfandrechts**briefe** über die gleichstehenden und nachgehenden Rechte. Das gleiche ist der Fall, wenn die Zinserhöhung über 5 vH hinaus Nachrang hat.   2502

m) Zinserhöhung, Erhöhung der Nebenleistungen oder Erstreckung der Grundstückshaftung neu auf andere Nebenleistungen erfordert neue **Zwangsvollstreckungsunterwerfung**, wenn die neuen dinglichen Nebenleistungen vollstreckbar sein sollen. Dingliche Wirkung dieser Unterwerfung gegen den jeweiligen Eigentümer bedarf der Eintragung in das Grundbuch (§ 800 Abs 1 S 2 ZPO),[11] die bei der Inhaltsänderung in der Veränderungsspalte erfolgt (Rdn 2053).   2503

27. Zinsherabsetzung
BGB §§ 873, 876, 877
GBO §§ 13, 19, 30
GBV §§ 11, 17, 49, 51

Antragsformular   2504

> Als Gläubiger der im Grundbuch von Boll (Band 2) Blatt 15 Abt III Nr 1 auf Grundbesitz des Max Grün, Maler in Boll, eingetragenen Buchhypothek von 30 000 € ermäßige ich den jetzt geltenden Zinssatz von 10% jährlich ab ... auf 6% jährlich.
> Ich bewillige und beantrage die Eintragung dieser Zinsermäßigung im Grundbuch, unter Verzicht auf Nachricht.
> Boll, den ...   Heinrich Geld   (ohne Unterschriftsbeglaubigung)

Grundbucheintragung   2505

5	6	7
1	30 000 €	Die Zinsen sind seit dem ... auf sechs vom Hundert ermäßigt. Eingetragen am ...

Die Eintragung des bisherigen Zinssatzes ist in Sp. 4 (rot) zu unterstreichen.
Bekanntmachung erfolgt nur an Grundstückseigentümer.

Zur Zinsermäßigung sind **materiellrechtlich** Aufgabeerklärung des Gläubigers, Zustimmungserklärung des Eigentümers und Löschung des bisherigen Zinsrechts im Grundbuch erforderlich (§ 875, 1183 BGB). Nach dem Gesetz v 11. 5. 1937 (RGBl I 579) bedarf im Falle einer Zinssenkung die vom Gläubiger einzureichende Eintragungs-(Löschungs-)bewilligung auch heute   2506

---

[10] RG 60, 244; KGJ 31 A 341.
[11] BGH 26, 344 = DNotZ 1958, 252 = NJW 1958, 630.

noch nicht der öffentlichen Beurkundung oder Beglaubigung, die Zustimmung des Grundstückseigentümers zur Eintragung der Zinssenkung ist ebenfalls nicht erforderlich.[1]

2507 Bei einem **Briefrecht** ist entsprechender Vermerk auf dem vom Gläubiger vorzulegenden Brief erforderlich.

28. Änderung der Zahlungsbestimmungen
BGB §§ 877, 873 1276
GBO §§ 13, 19, 28, 29, 65 ff

2508 **Antragsformular**

> Im Grundbuch von Boll (Band 1) Blatt 10 ist für Karl Durst, Gastwirt in Boll, auf Grundbesitz des Josef Holz, Schreiner in Boll, in Abt III Nr 5 eine Briefhypothek von 30 000 € Kaufpreis mit 5% Zinsen eingetragen. Die Hypothekenforderung ist gegen dreimonatige Kündigung zahlbar.
> Diese Zahlungsbestimmung wird dahin abgeändert, daß die Hypothekenforderung seitens des Gläubigers bis ... unkündbar und dann gegen sechsmonatige Kündigung zahlbar ist.
> Der Schuldner und Grundstückseigentümer kann die Hypothekenforderung jederzeit unter Einhaltung einer Frist von drei Monaten kündigen. Kommt er mit einer Zinszahlung länger als vier Wochen in Verzug, so hat der Gläubiger ein Kündigungsrecht unter Einhaltung einer vierwöchigen Frist.
> Die Unterzeichneten bewilligen und beantragen die Eintragung dieser Änderungen der Zahlungsbestimmungen im Grundbuch.
> Der Hypothekenbrief wird vom Gläubiger zur Berichtigung übergeben.
>
> Boll, den ... Karl Durst Josef Holz (folgt Unterschriftsbeglaubigung)

2509 **Grundbucheintragung**

5	6	7
5	30 000 €	Die Zahlungsbestimmungen sind geändert. Unter Bezugnahme auf die Eintragungsbewilligung vom ... (Notar ... URNr ...) eingetragen am ...

Die bisherigen Zahlungsbestimmungen sind in Sp. 4 (rot) zu unterstreichen.
Die Änderung der Zahlungsbestimmungen ist auf dem Brief zu vermerken. Dieser ist dem Gläubiger, der ihn vorgelegt hat, zurückzugeben, zugleich als **Nachricht.**
Bekanntmachung erfolgt an Notar ... und an den Eigentümer.

2510 Zur Inhaltsänderung ist **Mitwirkung** von **Gläubiger** und **Grundstückseigentümer** notwendig (§ 877 mit § 873 BGB), zur Grundbucheintragung somit deren Bewilligung (§ 19 GBO). Ist das Recht mit dem Recht eines Dritten belastet, so ist auch dessen Zustimmung erforderlich (§ 876 BGB). Zustimmung der gleichrangig und nachgehend Berechtigten ist dagegen nicht notwendig. Die **Eintragung** der Inhaltsänderung in Spalte 7 (Veränderungen) mit 5 und 6 der Abt III (§ 11 Abs 6 mit 8 GBV) hat die Art (den Gegenstand) der Inhaltsänderung (Änderung der Zahlungsbestimmungen) zu bezeichnen (vgl Rdn 2379). Zur näheren Bezeichnung des geänderten Rechtsinhalts kann auf die Eintragungsbewilligung Bezug genommen werden (§ 877 mit § 874 BGB).

---

[1] S auch die amtl Erläuterungen DJ 1937, 798, ferner AV v 27. 10. 1936, DJ 1646, über Änderung und Berichtigung des Zinssatzes von Hypotheken usw im Grundbuch sowie AV v 4. 3. 1938, DJ 369, über den Erlaß von Schreibgebühren in diesem Fall.

B. Einzelfälle

Unterwirft sich der Grundstückseigentümer wegen der geänderten Zahlungsbestimmungen der **sofortigen Zwangsvollstreckung**, so ist die Aufnahme einer öffentlichen Urkunde erforderlich. Die neue dingliche Zwangsvollstreckungsunterwerfung ist dann in das Grundbuch in der Veränderungsspalte mit einzutragen. Die Vollstreckungsunterwerfung hat in einem solchen Falle zu lauten: 2511

> Der Schuldner und Grundstückseigentümer unterwirft sich wegen der geänderten (Zins- und) Zahlungsbestimmungen der sofortigen Zwangsvollstreckung in sein gesamtes Vermögen, in Ansehung der Hypothek auch in der Weise, daß die Zwangsvollstreckung gegen den jeweiligen Grundstückseigentümer zulässig sein soll. Er beantragt die Eintragung der dinglichen Unterwerfung unter die Zwangsvollstreckung im Grundbuch. Der Gläubiger ist berechtigt, jederzeit die Erteilung einer bezüglich Hauptsumme (und Zinsen) vollstreckbaren Ausfertigung dieser Urkunde einseitig zu beantragen, wobei er vom urkundlichen Nachweis der eingetretenen Fälligkeit seiner Ansprüche befreit ist,

Nicht notwendig ist es, in die Urkunde, welche die neue Unterwerfung enthält, die alten bestehenbleibenden Bestimmungen mit aufzunehmen. Beide vollstreckbare Urkunden ergänzen sich, der Gläubiger kann nur aus ihnen beiden vollstrecken, sie bilden in ihrer Zusammenfassung die vollstreckbare Urkunde.[1] 2512

29. Forderungsauswechslung bei einer Verkehrshypothek
BGB § 1180

Antragsformular 2513

> Im Grundbuch von Boll (Band 1) Blatt 12 ist in Abt III Nr 1 für Max Brod, Bäcker in Boll, eine Briefhypothek für einen Kaufpreis von 20 000 €, Zinssatz 6%, eingetragen. An Stelle der Kaufpreisforderung soll die Hypothek von heute an für ein Darlehen des genannten Gläubigers gegen den Grundstückseigentümer in Höhe von ebenfalls 20 000 € haften. Dieses Darlehen ist vom ... an zu 6% zu verzinsen, die Zinsen zahlbar halbjährlich nachträglich am 2. Januar und 1. Juli. Die Hauptsumme ist gegen beiden Teilen zustehende dreimonatige Kündigung rückzahlbar. Gläubiger und Grundstückseigentümer bewilligen und beantragen die Eintragung dieser Forderungsauswechslung im Grundbuch. Der Gläubiger legt gleichzeitig den Hypothekenbrief vor. Eine Schuldurkunde ist nicht ausgestellt.
>
> Boll, den ...   Max Brod   Anton Häusler   (folgt Unterschriftsbeglaubigung)

Grundbucheintragung 2514

5	6	7
1	20 000 €	An Stelle der Kaufpreisforderung ist eine Darlehensforderung über zwanzigtausend Euro, Zinssatz 6%, getreten. Unter Bezugnahme auf die Eintragungsbewilligung vom ... (Notar ... URNr ...) eingetragen am ...
		[oder: Anstelle der bisherigen Forderung ist getreten: Darlehensforderung für zwanzigtausend Euro mit sechs vom Hundert Zinsen. Gemäß Bewilligung vom ... (Notar ... URNr ...) eingetragen am ...]

Ergänzung des Hypothekenbriefs, Abtrennung der bisherigen Schuldurkunde und Rückgabe des Briefs an den Gläubiger. Die bisherige Schuldurkunde ist dem Grundstückseigentümer auszuhändigen.

---

[1] KGJ 52 A 193; 42 A 263.

2. Teil. V. Dritte Abteilung des Grundbuchs

Nachricht erfolgt an Notar ..., an den Grundstückseigentümer. Gläubiger erhält Nachricht mit Hypothekenbrief.

2515 Bei Forderungsauswechslung (§ 1180 BGB) ist **Mitwirkung** des **bisherigen Gläubigers** und des **Grundstückseigentümers**, zur Grundbucheintragung somit deren Bewilligung (§ 19 GBO) erforderlich, dagegen nicht Mitwirkung eines etwaigen neuen Gläubigers (der auch bei direkter Hypothekenbestellung zu seinen Gunsten nicht mitwirken muß). Wenn die Forderung einer vom bisherigen Gläubiger durch Abtretung erworbenen Hypothek ausgewechselt werden soll, bedarf es (wie bei der Löschung, dazu Rdn 2744, 2751) im Hinblick auf rückständige (nicht mit abgetretene) Zinsen keiner Mitwirkung (Bewilligung) des früheren Gläubigers.[1] Ist das Grundpfandrecht mit dem Recht eines Dritten belastet, so muß dessen Zustimmung dem Grundbuchamt in der Form des § 29 GBO nachgewiesen werden (§ 1180 Abs 2 BGB, § 19 GBO).

2516 Möglich ist Forderungsauswechslung nur, solange und soweit die durch die Hypothek gesicherte Forderung noch besteht, nicht mehr sonach, wenn die Forderung erloschen ist (§§ 1177, 1163 BGB). Forderungsauswechslung ist insoweit **unstatthaft**, als der Betrag der **neuen Forderung** den der **alten** übersteigt.[2] In diesem Falle muß wegen des übersteigenden Teiles ein neues Grundpfandrecht bestellt werden.

2517 Eine **Fremdgrundschuld** kann durch Unterlegung einer Forderung in eine Hypothek umgewandelt werden (§ 1198 BGB).

30. Nachträgliche Ausschließung der Erteilung eines Briefs

BGB § 1116 Abs 2
GBO §§ 13, 19, 29, 41, 62, 69, 70
GBV §§ 11, 17, 49, 51, 53

2518 **Antragsformular**

> Im Grundbuch von Boll (Band 3) Blatt 40 ist für Max Feld, Landwirt in Boll, eine Briefhypothek über 10 000 € auf dem Grundbesitz des Moritz Ziegel, Maurers in Boll, in Abt III Nr 5 eingetragen. Gläubiger und Grundstückseigentümer schließen die Erteilung eines Hypothekenbriefs nachträglich aus. Sie bewilligen und beantragen, diese Ausschließung in das Grundbuch einzutragen. Der Hypothekenbrief wird vom Gläubiger hiermit übergeben.
>
> Boll, den ...   Max Feld   Moritz Ziegel   (folgt Unterschriftsbeglaubigung)

2519 **Grundbucheintragung**

5	6	7
5	10 000 €	Die Erteilung eines Briefes ist nachträglich ausgeschlossen. Eingetragen am ... [oder: Brieferteilung nun ausgeschlossen; eingetragen am ...]

Die Eintragung ist auf dem Brief zu vermerken, dieser ist unbrauchbar zu machen und zu den Sammelakten zu nehmen. Die abzutrennende Schuldurkunde ist dem Gläubiger auszuhändigen.

Bekanntmachung erfolgt an Notar ..., an Gläubiger und Eigentümer.

---

[1] KG KGJ 42 A 268.
[2] RG DNotZ 1934, 288.

B. Einzelfälle

2520 Für Grundbucheintragung des nachträglichen Briefausschlusses (§ 1116 Abs 2 BGB), die auf Antrag erfolgt (§ 13 Abs 1 GBO) ist **Bewilligung** des Gläubigers und des Eigentümers in grundbuchmäßiger Form erforderlich[1] (anders bei der unmittelbaren Eintragung einer Buchhypothek, bei der der Gläubiger nicht mitzuwirken braucht). Zustimmung der gleichstehenden und nachrangigen Berechtigten ist nicht notwendig. Der Hypothekenbrief muß vorliegen (§ 41 GBO), bei dessen Abhandenkommen Ausfertigung des Ausschlußurteils.
Nachweis des Gläubigerrechts eines (nicht eingetragenen) Zessionars: Rdn 2030.
Für eine **Grundschuld** gilt das gleiche, abgesehen von der hier fehlenden Schuldurkunde.
Eine Vollmacht in der Grundschuldbestellungsurkunde für den Gläubiger, nachträglich den Briefausschluß aufzuheben oder umgekehrt die Erteilung des Briefes auszuschließen, ist zulässig, gilt aber nur für den Vollmachtgeber, nicht für den Rechtsnachfolger des Eigentümers.

31. Aufhebung der Ausschließung einer Brieferteilung
BGB § 1116 Abs 3
GBO §§ 56, 57
GBV §§ 47, 51

Antragsformular 2521

Im Grundbuch von Boll (Band 1) Blatt 5 ist in Abt III Nr 4 für Hans Mahl, Müller in Boll, eine Hypothek ohne Brief über 10 000 € auf dem Grundbesitz des Otto Grund, Maurers in Boll, eingetragen. Die Ausschließung der Erteilung eines Hypothekenbriefs wird hiermit aufgehoben. Wir bewilligen und beantragen, dies im Grundbuch auf Kosten des Eigentümers einzutragen.

Boll, den ...   Hans Mahl   Otto Grund   (folgt Unterschriftsbeglaubigung)

Grundbucheintragung 2522

5	6	7
4	10 000 €	Ausschluß der Brieferteilung aufgehoben. Eingetragen am ... [oder: Briefausschluß aufgehoben; eingetragen am ...]

Der Vermerk über die Ausschließung eines Briefes ist (rot) zu unterstreichen.
Ein Hypothekenbrief ist zu erteilen, mit einer Ausfertigung der Schuldurkunde zu verbinden und dem Gläubiger zu behändigen, zugleich als Eintragungs**nachricht**.
Bekanntmachung erfolgt an Notar ... und Grundstückseigentümer.

2523 Eintragung ist Wirksamkeitserfordernis (§ 1116 Abs 3 BGB). Es handelt sich um den der Rdn 2518 entgegengesetzten Fall. S die dortigen Anmerkungen.
2524 Bei nachträglicher Brieferteilung ist der Brief stets ohne besondere Vereinbarung dem **Gläubiger auszuhändigen** (§ 60 Abs 1 GBO).
2525 Für eine **Grundschuld** gilt entsprechend das gleiche. Nur kommt hier Verbindung einer Ausfertigung der Schuldurkunde mit dem Grundschuldbrief nicht in Frage.

---

[1] KGJ 20 A 97; 21 A 117; BayObLG 1987, 97 = DNotZ 1988, 111 = Rpfleger 1987, 363.

2. Teil. V. Dritte Abteilung des Grundbuchs

32. Umwandlung einer Höchstbetragshypothek in eine Briefhypothek mit Forderungsauswechslung und Buchung einer Eigentümergrundschuld

BGB §§ 873, 874, 877, 1190, 1186, 1180, 1117 Abs 2, 1163, 1191, 1196
GBO §§ 13, 19, 28, 29, 56 ff
GBV §§ 11, 17, 18, 47 ff

2526 Antragsformular

Im Grundbuch von Boll (Band 2) Blatt 20 Abt III unter Nr 2 ist für alle Ansprüche der Spar- und Darlehenskasse Boll e.G. in Boll aus ihrer Geschäftsverbindung mit dem Grundstückseigentümer Paul Sauer, Weingärtner in Boll, eine Sicherungshypothek bis zum Höchstbetrag von 100 000 € eingetragen. Die Geschäftsverbindung ist beendigt; die endgültige Forderung der Gläubigerin beträgt 40 000 €.

Die Unterzeichneten – Gläubiger und Grundstückseigentümer – wandeln die der Gläubigerin zustehende Höchstbetragshypothek in eine Briefhypothek um und setzen an Stelle der auf 40 000 € festgestellten Forderung eine Darlehensforderung der bisherigen Gläubigerin in gleicher Höhe, verzinslich vom Tage der Eintragung dieser Änderung im Grundbuch an nachträglich zu 6% jährlich, die Hauptsumme sechs Monate nach beiden Teilen zustehender Kündigung rückzahlbar.

Die Unterzeichneten bewilligen und beantragen die Eintragung der Hypothekenumwandlung, der Forderungsauswechslung und der neuen Zins- und Zahlungsbestimmungen im Grundbuch. Beglaubigte Abschrift der Schuldurkunde von heute wird übergeben.

Der unterzeichnete Grundstückseigentümer stellt fest, daß der nicht valutierte Teil der Höchstbetragshypothek mit 60 000 € ihm als Buch-Eigentümergrundschuld zusteht. Diese ist vom Tage der Eintragung der Änderung im Grundbuch an zu 6% jährlich verzinslich und gegen sechsmonatige Kündigung zahlbar. Der Grundstückseigentümer tritt diese Grundschuld nebst Zinsen vom Tage der Eintragung der Abtretung an ab an Josef Grau, Maler in Boll, und beantragt die Eintragung der Umwandlung, des Zinssatzes und der Abtretung in das Grundbuch.

Boll, den...   Für die Spar- und Darlehenskasse Boll eG:
Jakob Müh   Franz Holz   Paul Sauer   (folgt Unterschriftsbeglaubigung)

2527 Grundbucheintragung

5	6	7
2a	40 000 €	Vierzigtausend Euro umgewandelt in eine Briefhypothek für ein mit sechs vom Hundert jährlich verzinsliches Darlehen. Unter Bezugnahme auf die Eintragungsbewilligung vom... (Notar ... URNr ...) mit Vorrang vor der Post Nr 2 b eingetragen am ...
2b	60 000 €	Sechzigtausend Euro mit Rang nach der Post Abt III Nr 2a umgeschrieben in eine mit sechs vom Hundert jährlich verzinsliche Eigentümer-Grundschuld ohne Brief und abgetreten samt Zinsen von heute ab an den Maler G r a u Josef in Boll. Eingetragen am ...

Über die Hypothek von 40 000 € ist ein Hypothekenbrief zu erteilen, mit der Abschrift der Schuldurkunde zu verbinden und der Gläubigerin auszuhändigen, zugleich als Eintragungs**nachricht**.

Bekanntmachung ergeht an den Eigentümer von allen Eintragungen, den Gläubiger Grau von der Eintragung oben Nr 2 b.

2528 Es handelt sich um einen Fall der Forderungsauswechslung **ohne Wechsel der Person des Gläubigers**. In bezug auf die Zinssatzänderung ist unterstellt, daß gleichstehende und nachgehende Berechtigte nicht vorhanden sind. Wegen der Frage der Zinssatzerhöhung im allgemein s Rdn 2488.

B. Einzelfälle

Eine **Forderungsfeststellung** kann auch bei fortbestehender Geschäftsverbindung in Frage kommen. Erst mit der – durch schuldrechtlichen Vertrag zwischen Gläubiger und Schuldner oder durch Urteil zustande kommenden – Feststellung der endgültigen Höhe der Gläubigerforderung hört das der Höchstbetragshypothek als vorläufigen auflösend bedingten Eigentümergrundschuld typische Schwanken zwischen Eigentümergrundschuld und Gläubigerhypothek insofern auf, als die Höchstbetragshypothek, soweit die festgestellte Forderung reicht, Gläubigerhypothek bleibt, während der darüber hinausgehende – nicht valutierte – Teil der Höchstbetragshypothek endgültig Eigentümergrundschuld wird.[1]   2529

Durch die Forderungsfeststellung allein wird die Höchstbetragshypothek nicht von selbst **gewöhnliche Sicherungshypothek**. Dazu ist besondere Umwandlung nach § 1198 BGB erforderlich. S hierzu Rdn 2550.   2530

Wird bei einer Sicherungshypothek nur die Umwandlung in eine Verkehrshypothek vorgenommen, so bleibt diese eine **Buchhypothek**, wenn nicht ausdrücklich eine Briefhypothek vereinbart wird.   2531

Die Umwandlung kann auch für eine andere als die festgestellte **Forderung** erfolgen.[2] Sie kann ferner mit einem **Gläubigerwechsel** verbunden werden, ohne daß darin eine Abtretung liegen würde.[3] Formellrechtlich ist dazu Bewilligung des Eigentümers und des bisherigen Gläubigers (nicht auch des neuen Gläubigers) erforderlich (§ 1180 BGB, §§ 19, 29 GBO). **Antragsformular** für einen derartigen Fall: 2532

> Im Grundbuch von Boll (Band 2) Blatt 20 ist in Abt III unter Nr 5 für alle Ansprüche der Spar- und Darlehenskasse Boll e.G. in Boll aus ihrer Geschäftsverbindung mit dem Grundstückseigentümer Paul Sauer, Weingärtner in Boll, eine Sicherungshypothek bis zum Höchstbetrag von 100 000 € eingetragen. Der Grundstückseigentümer hat jetzt einen Kredit in laufender Rechnung von der Spar- und Darlehenskasse Lehr e.G. in Lehr bis zum Betrage von 100 000 € eingeräumt erhalten.
> Bisheriger Gläubiger und Grundstückseigentümer sind darüber einig, daß die vorgenannte Höchstbetragshypothek künftig für alle Ansprüche haften soll, die der neuen Gläubigerin aus dem Kreditverhältnis mit dem Grundstückseigentümer bereits zustehen oder in Zukunft erwachsen werden.
> Sie bewilligen und beantragen die Eintragung dieser Forderungsauswechslung im Grundbuch.

Der **Grundbucheintrag** hat in diesem Falle zu lauten: 2533

> An Stelle der Forderung der Spar- und Darlehenskasse Boll e.G. in Boll sind die jeweils bestehenden Forderungen der Spar- und Darlehenskasse Lehr e.G. in Lehr aus einem dem Grundstückseigentümer Paul Sauer eingeräumten Kredit bis zur Höhe von 100 000 € getreten. Unter Bezugnahme auf die Eintragungsbewilligung vom ... (Notar ..., URNr ...) eingetragen am ...

Im **Falle eines Eigentumswechsels** zwischen der Bestellung der Hypothek und der Eintragung der Forderungsauswechslung ist die Zustimmung des Bestellers der Hypothek erforderlich, da dessen Recht betroffen wird.[4] Es ist dazu   2534

---

[1] RG 55, 222; 125, 133; KGJ 49 A 225.
[2] KGJ 31 A 337.
[3] KGJ 42 A 270.
[4] RG 125, 136.

noch folgendes zu bemerken: Derjenige Betrag der Höchstbetragshypothek, der niemals durch Forderungen ausgefüllt worden ist, wird von demjenigen erworben, der zur Zeit der Eintragung der Hypothek der Grundstückseigentümer war, während den nicht mehr valutierten Teil derjenige erhält, der zur Zeit der Zahlung der Eigentümer gewesen ist. S aber auch den Fall des § 1164 BGB.

2535 Die **Voreintragung des Grundstückseigentümers** als Gläubiger ist vor **Verfügungen** über eine ihm zugefallene **Eigentümergrundschuld** nicht erforderlich; der eingetragene Eigentümer gilt bereits als eventuell eingetragener Inhaber der ihm als Eigentümer zufallenden Rechte,[5] auch wenn das von ihm als Eigentümergrundschuld erworbene Recht als Grundschuld eingetragen ist.[6] Der Eigentümer braucht lediglich die Entstehung der Eigentümergrundschuld nachzuweisen.[7] Die in der Eigentumseintragung liegende Voreintragung legitimiert ihn zu Verfügungen jeder Art. Der Erbe des eingetragenen Eigentümers kann dagegen ohne Voreintragung nach § 40 GBO nur durch Abtretung oder Löschung verfügen; der Fall einer etwa gleichzeitig erfolgenden Umwandlung in eine Fremdhypothek ist jedoch entsprechend zu behandeln, da der Erbe auch in diesem Fall sogleich wieder aus dem Grundbuch ausscheidet.[8]

2536 Der Eigentümer kann auch **Löschung** der ihm endgültig zugefallenen Eigentümergrundschuld beantragen. Der gelöschte Teil ist hier in Abt III Spalte 3 abzuschreiben. In Abt III Spalte 5 erscheinen dann keine Unterbuchstaben a, b usw.

2537 Ist mit der **Umwandlung eine Forderungsauswechslung nicht verbunden,** so lautet der materielle Teil der Eintragung in Spalte 7 der Abt III bei entsprechendem Antrag:

> Einhunderttausend Euro umgewandelt in eine Briefhypothek für die durch Abrechnung festgestellte mit sechs vom Hundert verzinsliche Forderung. Unter Bezugnahme ...

2538 Die spätere Forderungsauswechslung ist dann wie folgt in das Grundbuch einzutragen:

> Sp. 7: An die Stelle der durch Abrechnung festgestellten Forderung ist eine mit sechs vom Hundert jährlich verzinsliche Darlehensforderung gesetzt. Unter Bezugnahme ...

Der Angabe des Gläubigers bedarf es in diesen Fällen nur, wenn die Hypothek jetzt einem anderen Gläubiger zusteht.

2539 Höchstbetragshypotheken können auch als **solche abgetreten** werden.
Formular hierfür:

Wenn die ganze bereits entstandene und gesicherte Forderung und die ganze Hypothek abgetreten wird:

> Im Grundbuch von Boll (Band 1) Blatt 10 Abt III Nr 5 ist für die Kreissparkasse Boll eine Sicherungshypothek bis zum Höchstbetrag von 100 000 € zur Sicherung aller Forderungen aus dem bestehenden Kreditverhältnis eingetragen. Weitere Kreditgewährung kommt nicht mehr in Betracht. Die Gläubigerin tritt ihre aus dem Kreditverhältnis bisher zustehen-

---

[5] KGJ 21 A 159; JFG 9, 286; KGJ 30 A 251; OLG Düsseldorf DNotZ 1996, 559 = Rpfleger 1996, 194.
[6] KG Rpfleger 1975, 136.
[7] KGJ 22 A 171..
[8] KGJ 36 A 240.

B. Einzelfälle

den Forderungen einschließlich aller jetzigen und künftigen Zins- und sonstigen Nebenansprüchen zusammen mit der genannten Sicherungshypothek an das Bankgeschäft Lehmann u. Co., offene Handelsgesellschaft in Boll, ab und bewilligt und beantragt die Eintragung dieser Abtretung im Grundbuch."

Wenn nur ein Teilbetrag der bereits entstandenen Forderung samt Höchstbetragshypothek abgetreten wird: 2540

... Einleitung wie hiervor. Von den bereits für die Kreissparkasse entstandenen Forderungen wird der Teilbetrag von 70 000 € nebst den Zinsen hieraus seit heute an das Bankgeschäft Lehmann, oHG in Boll, zusammen mit der Hypothek abgetreten. Bei der Hypothek erfolgt aber, um auch die Zinsen mitzusichern, Teilabtretung in Höhe von 80 000 €, und zwar mit Rang vor dem Rest von 20 000 €. Die Eintragung der Abtretung und des Rangverhältnisses im Grundbuch wird hiermit beantragt.

Wenn auch die für den bisherigen Gläubiger künftig entstehenden Forderungen zusammen mit der sie sichernden Höchstbetragshypothek abgetreten werden: 2541

Wir treten die gesamten, für uns aus dem vorstehenden Verhältnis bestehenden Ansprüche, und zwar sowohl die bereits entstandenen wie die erst künftig fällig werdenden, zusammen mit der Höchstbetragshypothek in deren vollen Höhe ab an das Bankgeschäft Lehmann, oHG in Boll, und beantragen die Eintragung dieser Abtretung im Grundbuch.

Die **Forderung** kann auch **allein** – also ohne die Höchstbetragshypothek – **abgetreten** werden (§ 1190 Abs 4 BGB). Werden alle gesicherten Forderungen abgetreten, so wird die Höchstbetragshypothek insoweit endgültig Eigentümergrundschuld. Andernfalls sichert sie die restlichen Ansprüche des bisherigen Gläubigers und seine etwa künftig entstehenden Ansprüche.[9] 2542

33. Umwandlung einer Brief-Hypothek in eine Grundschuld
BGB 873, 877, 1198
GBO §§ 65, 68, 69
GBV § 53

Antragsformular 2543

Im Grundbuch von Boll (Band 1) Blatt 15 ist in Abt III Nr 3 für Richard Faß, Küfer in Boll, eine Briefhypothek über 40 000 € Darlehen, Zinssatz 8%, eingetragen.
Die Unterzeichneten – Gläubiger und Grundstückseigentümer – sind darüber einig, daß diese Hypothek in eine Grundschuld über 40 000 €, Zinssatz ebenfalls 8%, umgewandelt wird, wobei das Grundschuldkapital fällig und die Zinsen jeweils am ersten Werktag eines Kalenderjahres für das vergangene Kalenderjahr zu zahlen sind.
Sie bewilligen und beantragen die Eintragung dieser Umwandlung im Grundbuch. Der vom Gläubiger überreichte Hypothekenbrief soll nach Umwandlung in einen Grundschuldbrief ihm wieder ausgehändigt werden.
Boll, den ...   Richard Faß   Moritz Müller   (folgt Unterschriftsbeglaubigung)

Grundbucheintragung 2544

5	6	7
3	40 000 €	Umgewandelt in eine Grundschuld. Die Zahlungsbestimmungen sind geändert. Gemäß Bewilligung vom ... (Notar ... URNr ...) eingetragen am ...

---

[9] KGJ 32 A 270.

2. Teil. V. Dritte Abteilung des Grundbuchs

> Der Hypothekenbrief ist in einen Grundschuldbrief umzuwandeln, die Umwandlung ist auf ihm zu vermerken, er ist samt der Schuldurkunde, die von ihm abzutrennen ist, dem Gläubiger auszufolgen, zugleich als Eintragungs**nachricht**.
> **Bekanntmachung** erfolgt an den Grundstückseigentümer und an Notar . . .

2545 a) Umwandlung einer Hypothek in eine Grundschuld ist Inhaltsänderung (§§ 1198, 877 BGB), erfordert materiellrechtlich somit (formlose) Einigung und Eintragung in das Grundbuch. Die **Eintragung** erfolgt auf Antrag (§ 13 Abs 1 GBO) des Gläubigers oder Grundstückseigentümers, wenn sie vom Gläubiger **und** Eigentümer bewilligt ist (§ 19 GBO). Form der Bewilligung: § 29 Abs 1 S 1 GBO. Vorlegung des Briefes ist nach § 41 GBO erforderlich. Wenn die Hypothek mit dem Recht eines Dritten belastet ist, ist auch dessen Zustimmung (§§ 877, 876 BGB) in der Form des § 29 Abs 1 GBO erforderlich. Gleich- und nachstehende Berechtigte sowie der (vom Eigentümer verschiedene) Forderungsschuldner brauchen nicht zuzustimmen (§ 1198 S 2 BGB). Die Zins- und Zahlungsbestimmungen bleiben wie bisher bestehen.

2546 b) Der **Hypothekenbrief** kann als Grundschuldbrief weiter verwendet werden. Der Gläubiger kann aber auch die Erteilung eines neuen Grundschuldbriefs beantragen (§§ 65, 68, 69 GBO; § 53 GBV). Die Erteilung eines neuen Briefs ist sodann in Spalte 7 der Abt III mit den Worten zu vermerken:

> Es ist ein neuer Grundschuldbrief erteilt.

In diesem Falle ist zu verfügen:

> Auf dem vorgelegten Hypothekenbrief ist die Umwandlung zu vermerken, der Brief ist sodann unbrauchbar zu machen und zu den Sammelakten zu nehmen. Ein neuer Grundschuldbrief ist zu bilden, der samt der Schuldurkunde, die vom Hypothekenbrief abzutrennen ist, dem Gläubiger auszuhändigen ist, zugleich als Eintragungsnachricht.

2547 c) Die Umwandlung einer **Grundschuld** in eine **Hypothek** vollzieht sich in entsprechender Weise; nur ist hier durch das dingliche Recht eine Forderung zu sichern (§ 1113 BGB). Diese ist daher in Eintragungsbewilligung und Grundbucheintragung (wie bei Ersteintragung einer Hypothek, dazu Rdn 1943) zu bezeichnen.

2548 d) Durch die Umwandlung einer **Rentenschuld** in eine Grundschuld oder eine Hypothek wird die Ablösungssumme zum Kapital, die Rentenleistungen werden Zinsen.

2549 e) Die Umwandlung einer **Eigentümergrundschuld in** eine **Fremdhypothek** bedarf der Einigung und Eintragung sowie der Abtretung des Grundpfandrechts an den neuen Gläubiger; die vorherige Eintragung des Eigentümers als Grundschuldgläubiger ist nicht erforderlich.[1]

2550 f) Bei Umwandlung einer **Höchstbetragshypothek** in eine gewöhnliche Sicherungshypothek oder eine Verkehrshypothek muß die Höchstbetragsforderung durch eine bestimmte Forderung ausgewechselt oder festgestellt werden. Zinsen können mit dem Rang des Rechts (§ 1119 BGB) zusätzlich zum bisherigen Höchstbetrag bis zu 5% ohne, darüber hinaus nur mit Zustimmung nachgehender oder gleichstehender Gläubiger vom Tage der Eintragung der

---

[1] BGH DNotZ 1969, 34 = NJW 1968, 1674 = Rpfleger 1968, 277; auch zur Frage der Nichtigkeit der Umwandlung mangels Bestimmtheit der Hypothekenforderung.

B. Einzelfälle

Umwandlung im Grundbuch an – nicht für einen früheren Zeitpunkt – eingetragen werden.[2]

g) Wenn bei Umwandlung einer Grundschuld in eine Hypothek (oder umgekehrt) die bei der Grundschuld eingetragene **Unterwerfung unter die** sofortige **Zwangsvollstreckung** wegfallen soll, so bedarf es hierzu der Bewilligung des Gläubigers in der Form des § 19 GBO[3] und der Löschung im Grundbuch. Andernfalls gilt die dingliche Klausel weiter.[4] 2551

34. Sonstige Formulare für Umwandlung
(ohne besondere Eintragungsverfügung)

Umwandlung einer Briefhypothek in eine Sicherungshypothek 2552

Gläubiger und Grundstückseigentümer wandeln die vorstehende Briefhypothek in eine Sicherungshypothek um und bewilligen und beantragen die Eintragung dieser Umwandlung im Grundbuch.

Umwandlung einer Buchhypothek in eine Sicherungshypothek 2553

Die vorbezeichnete Buchhypothek wandeln Gläubiger und Grundstückseigentümer in eine Sicherungshypothek um und bewilligen und beantragen, dies in das Grundbuch einzutragen.

Umwandlung einer Sicherungshypothek in eine Briefhypothek 2554

Die vorbezeichnete Sicherungshypothek wandeln wir – Gläubiger und Grundstückseigentümer – in eine Briefhypothek um, beantragen, dies in das Grundbuch einzutragen und den Brief dem Gläubiger auszufolgen. Eine besondere Schuldurkunde ist nicht ausgestellt.

Umwandlung einer Sicherungshypothek in eine Briefgrundschuld 2554a

I. Umwandlung des Grundpfandrechts

Die vorbezeichnete Sicherungshypothek wandeln wir – Gläubiger und Grundstückseigentümer – um in eine
   Grundschuld mit Brief zu 50 000 €
   (in Worten: fünfzigtausend Euro).
Für die Grundschuld gelten folgende Bedingungen:
1. **Die** Grundschuld ist **fällig**.
2. Die Grundschuld ist von heute ab mit jährlich sechzehn vom Hundert – 16% – zu verzinsen.[1]
   Die **Grundschuldzinsen** sind am ersten Werktag eines jeden Kalenderjahres für das vergangene Kalenderjahr zu entrichten. Sie sind sofort fällig, wenn aus der Grundschuld Zahlung verlangt oder geleistet wird.

---

[2] Palandt/Bassenge Rdn 19 zu § 1190 BGB.
[3] LG Bielefeld Rpfleger 1957, 83.
[4] LG Düsseldorf DNotZ 1962, 97; aA Wolfsteiner, Die vollstreckbare Urkunde, Rdn 66.11: bei Umwandlung Hypothek in Grundschuld neue Unterwerfung, aber keine neue Eintragung nötig.
[1] Für Zinserhöhung über 5 vH hinaus (§ 1119 BGB) ist angenommen, daß betroffene gleich- oder nachstehende Rechte nicht vorhanden sind; sonst (auch bei Erstreckung der Grundschuld auf andere Nebenleistungen) sind die Ausführungen Rdn 2490 ff zu beachten.

II. Unterwerfung unter die Zwangsvollstreckung
... (wie Muster Rdn 2277 Abschn II) ...

III. Anträge an das Grundbuchamt
Gläubiger und Grundstückseigentümer bewilligen, Eigentümer beantragt in das Grundbuch einzutragen:
1. die Umwandlung der Sicherungshypothek in eine Briefgrundschuld,
2. **Zinserhöhung** und Änderung der Zahlungsbestimmungen gemäß Ziffer I. dieser Urkunde
3. **Unterwerfung** unter die sofortige Zwangsvollstreckung mit Wirkung gegen den jeweiligen Eigentümer gemäß Ziffer II. dieser Urkunde.

IV. Allgemeine Bestimmungen wie Muster Rdn 2277 Abschn V mit Teilen A–D der Anlage; dazu dann Eintragungsantrag für Verzicht auf die Vorlage der in § 1160 BGB genannten Urkunden

Grundbucheintragung

5	6	7
...	50 000 €	Umgewandelt in eine Grundschuld. Zinssatz ab ... geändert in ... v. H. jährlich. Der gesetzliche Briefausschluß ist aufgehoben. Die Zahlungsbestimmungen sind geändert. Vollstreckbar nach § 800 ZPO.[2] Unter Bezugnahme auf die Eintragungsbewilligung vom ... (Notar ... URNr ...) eingetragen am ...

(Rot) zu unterstreichen sind lfd Nr ... Sp. 4 das Wort „Sicherungshypothek" (den bisherigen Zinssatz) sowie die bisherigen Zahlungsbestimmungen.
Ein Grundschuldbrief ist zu erteilen und dem Gläubiger auszuhändigen
Bekanntmachung erfolgt an Notar ..., an Gläubiger und Eigentümer.

Die Umwandlung ist **Inhaltsänderung**[3] (§ 1198 BGB). Erläuterungen dazu Rdn 2545–2551. In gleicher Weise wie die rechtsgeschäftlich bestellte Sicherungshypothek kann die kraft Gesetzes für den Pfandgläubiger (§ 1287 S 2 BGB; Rdn 1561) und die für den Pfändungspfandgläubiger (§ 848 Abs 2 S 2 ZPO; Rdn 1597) entstandene Sicherungshypothek nach § 1198 BGB in eine Grundschuld umgewandelt werden. Die Zustimmung der im Rang gleich- oder nachstehenden Berechtigten ist nicht erforderlich (§ 1198 S 2 BGB; für gleichzeitige Änderung [Erhöhung] der Zinsen oder von Nebenleistungen ist wegen des Rangs jedoch das Rdn 2490 ff Gesagte zu beachten). Die **Forderung** erlischt durch die Umwandlung einer Hypothek (auch Sicherungshypothek) in eine Grundschuld nicht; ihr Erlöschen wird nur angenommen, wenn die Grundschuld an Erfüllungs Statt gegeben wird.[4] Weil die Grundschuld als Grundpfandrecht nicht akzessorischer Natur ist (Rdn 2279), ist ihre Verwendung als Sicherungsrecht für die (fortbestehende) Forderung und ggfs andere

---

[2] Der Verfügung liegt der Fall zugrunde, daß die Sicherungshypothek ohne Unterwerfungsklausel eingetragen ist. Ob andernfalls eine Eintragung nötig wäre, ist streitig (Rdn 2551 Fußn 4), uE jedoch zu bejahen.
[3] OLG Hamm MittBayNot 1992, 54 = NJW-RR 1991, 1399 = Rpfleger 1992, 13 und 152 Leits mit Anm Bestelmeyer.
[4] MünchKomm/Eickmann Rdn 8; Palandt/Bassenge Rdn 2; Staudinger/Wolfsteiner Rdn 10, je zu § 1198 BGB.

B. Einzelfälle

Forderungen durch schuldrechtlichen Vertrag zu regeln (Rdn 2316 ff). Zins- und Zahlungsbestimmungen bleiben unverändert gültig; zu ihrer Änderung Rdn 2488 ff und Rdn 2508 ff.
Bei Umwandlung einer Sicherungshypothek in eine Verkehrshypothek wird angenommen, daß sie ihren Charakter als Buchrecht behält.[5] Entsprechendes gilt für Umwandlung einer Sicherungshypothek in eine Grundschuld. Klarstellung in der Eintragungsbewilligung und Eintragung ist für zulässig zu erachten und geboten, zB[6]

> Umgewandelt in eine Hypothek ohne Brief

Folglich muß bei Umwandlung in eine Briefgrundschuld der bisherige (gesetzliche, § 1185 Abs 1 BGB) Briefausschluß nach § 1116 Abs 3 BGB aufgehoben werden (s Bewilligung und Eintragungsverfügung; zur Aufhebung der Ausschließung einer Brieferteilung Rdn 2521–2525). Briefaushändigung an Gläubiger: § 60 Abs 1 Halbs 2 GBO (sonst abweichende Bestimmung nach § 60 Abs 2 GBO erforderlich).

Umwandlung einer Arresthypothek in eine Zwangshypothek 2555

> Im Grundbuch von Boll (Band 1) Blatt 20 ist für mich auf Grundbesitz des Franz Arm, Rentners in Boll, eine Arresthypothek bis zum Höchstbetrag von 10 000 € eingetragen. Nach der anliegenden vollstreckbaren Ausfertigung des Urteils des Amtsgericht Boll vom ... ist der Grundstückseigentümer verurteilt worden, an mich den Betrag von 7000 € nebst 6% Zinsen hieraus vom ... bis heute mit 740 €, weitere 6% Zinsen von heute an und 500 € Kosten des Rechtsstreits (vgl den auf das Urteil gesetzten Kostenfestsetzungsbeschluß) zu zahlen. Ich beantrage daher, die hiermit erklärte Umwandlung der eingangs aufgeführten Arresthypothek in eine Zwangshypothek über vorersichtliche Beträge in das Grundbuch einzutragen.

Umwandlung einer Briefgrundschuld in eine Hypothek ohne Brief 2556

> Gläubiger und Grundstückseigentümer wandeln die vorbezeichnete Briefgrundschuld über 10 000 € um in eine Hypothek ohne Brief zur Sicherung einer dem Gläubiger gegen den Grundstückseigentümer zustehenden Darlehensforderung über 10 000 €, verzinslich von heute an zu 8% und zur Rückzahlung am ... fällig. Die Eintragung dieser Umwandlung im Grundbuch wird bewilligt und beantragt. Der Gläubiger schließt den Grundschuldbrief an.

Umwandlung einer Buchgrundschuld in eine Höchstbetragssicherungshypothek 2557

> Wir, Gläubiger und Grundstückseigentümer, wandeln die vorbezeichnete Grundschuld in eine Sicherungshypothek bis zum Höchstbetrag von 10 000 € um, die zur Sicherung aller Ansprüche dienen soll, die dem Gläubiger aus der laufenden Geschäftsverbindung mit dem Grundstückseigentümer aus beliebigem Rechtsgrund bereits zustehen oder in Zukunft erwachsen werden. Wir bewilligen und beantragen die Eintragung dieser Umwandlung in das Grundbuch.

---

[5] BGB-RGRK/Schuster Rdn 7; MünchKomm/Eickmann Rdn 10; Staudinger/Wolfsteiner Rdn 6, je zu § 1186 BGB; anders zB Planck/Strecker (4. Aufl 1920) Anm 3 zu § 1186 BGB (wird kraft Gesetzes zum Briefrecht).
[6] Beispiel MünchKomm/Eickmann Rdn 10 zu § 1186.

2. Teil. V. Dritte Abteilung des Grundbuchs

35. Einräumung von Vorrang
BGB §§ 880, 883, 888
GBO §§ 13, 19, 28, 29, 41 bis 43, 62
GBV §§ 11, 18

2558 Antragsformular

Rangrücktritt

Der unterzeichnete Berechtigte tritt mit seinem nachgenannten Recht im Range zurück hinter Hypothek ohne Brief zu 40 000 € für Franz Haller, Kaufmann in Bernloch (Abt III Nr 5) – samt Zinsen und Nebenleistungen –
und bewilligt die Eintragung dieses Rangrücktrittes im Grundbuch.

Auf Vollzugsmitteilung wird verzichtet. Kosten werden nicht übernommen.

Grundbuchstelle: Grundbuch für Boll (Band 10) Blatt 312

Berechtiger: Müller Josef, Landwirt in Boll

Zurücktretendes Recht: 20 000 € Hypothek (Abt III Nr 4)

Eigentümer: Max Adam, Bäcker in Boll.

Der Eigentümer stimmt diesem Rangrücktritt mit Vollzugsantrag zu.

Boll, den ...   Josef Müller   Max Adam   (folgt Unterschriftsbeglaubigung)

2559 Grundbucheintragung

5	6	7
4, 5	20 000 € 40 000 €	Der Post Abt III Nr 5 steht der Vorrang vor der Post Abt III Nr 4 zu. Eingetragen am ...

Die Eintragung ist auf dem Hypothekenbrief zu vermerken, dieser ist dem Gläubiger zurückzugeben, zugleich als Eintragungs**nachricht**.

Bekanntmachung erfolgt an Grundstückseigentümer und Hypothekengläubiger Abt. III Nr. 5 sowie Notar ...

Literatur: Brych und Meinhard, Der gesetzliche Löschungsanspruch bei Rangrücktritt von Altrechten, MittBayNot 1978, 138; Fratzky, Materiell-rechtliche Folgen eines Verstoßes gegen § 18 GBV bei nachträglicher Rangänderung, BWNotZ 1979, 27; Schmidt, Rangrücktritt des von einer Löschungsvormerkung betroffenen Rechts hinter das Zwischenrecht des Vormerkungsberechtigten, BWNotZ 1968, 277; Stöber, Neuer Löschungsanspruch oder alte Löschungsvormerkung? Rpfleger 1978, 165; Ulbrich, Rechtsprobleme des Rangrücktritts und des Rangvorbehalts in der notariellen Praxis, MittRhNotK 1995, 289; Zagst, Löschungsvormerkung und Rangänderung von Grundpfandrechten, BWNotZ 1979, 1; Zeitler, Rangrücktritt hinter ein Recht mit Rangvorbehalt, Rpfleger 1974, 176.

a) Wesen, Voraussetzungen

2560 Das **Rangverhältnis** unter mehreren Rechten, mit denen ein Grundstück belastet ist (§ 879 BGB), kann **nachträglich geändert** werden (§ 880 Abs 1 BGB). Ausgeschlossen ist der Rangrücktritt eines Erbbaurechts (§ 10 Abs 1 S 1 ErbbauVO). Zulässig ist Rangänderung auch zwischen einer Auflassungsvormerkung und einem Grundpfandrecht (Rdn 1531 a). Rangänderung erfordert (materiell) Einigung des zurücktretenden und des vortretenden Berechtigten und Eintragung der Änderung in das Grundbuch (§ 880 Abs 2 S 1 BGB). Außerdem ist die Zustimmung des Eigentümers erforderlich, wenn eine Hypothek, eine Grundschuld oder eine Rentenschuld zurücktreten soll (§ 880 Abs 2 S 2 BGB). Wenn das zurücktretende Recht mit dem Recht eines Dritten

B. Einzelfälle

belastet ist (Pfandrecht, Nießbrauch), ist auch dessen Zustimmung (§ 880 Abs 3 mit § 876 BGB)[1] nötig. Zustimmung des Berechtigten eines **Zwischenrechts** ist **nicht** erforderlich, und zwar auch nicht, wenn er Gläubiger eines Rechts ist, zu dessen Gunsten ein durch Löschungsvormerkung gesicherter (§ 1179 BGB) oder ein vormerkungsgeschützter gesetzlicher Löschungsanspruch (§ 1179a BGB) besteht.[2] Die Löschungsvormerkung und ebenso die Vormerkungswirkungen des § 1179a BGB bewirken keine Sperre des Grundbuchs[3] (Rdn 1524), die Eintragung der Rangänderung hindern könnte;[4] daher sind sie auch nicht Recht eines Dritten iS von § 880 Abs 3 BGB. Einigung und Zustimmung bedürfen materiell-rechtlich keiner Form. Die Wirksamkeit der Einigung über die Rangänderung ist unabhängig von schuldrechtlichen Beziehungen der Beteiligten (Rdn 15), sonach auch von der schuldrechtlichen Verpflichtung zur Rangänderung. Der Zustimmung des persönlichen Schuldners zum Rangrücktritt bedarf es nicht (s aber auch § 1165 BGB

2561

---

[1] KGJ 37 A 217.
[2] So auch Schmidt BWNotZ 1969, 277 (279, 280); Staudinger/Wolfsteiner Rdn 48 zu § 1179 und Rdn 33 zu § 1179a BGB; aA BGB-RGRK/Thumm Rdn 15 zu § 1179 und insbes Rdn 11 zu § 1179a; MünchKomm/Eickmann Rdn 33 zu § 1179 BGB (abweichend jedoch für den Fall des § 1179a BGB dort Rdn 26); Palandt/Bassenge Rdn 16 zu § 1179 BGB.
[3] So auch zB BGB-RGRK/Thumm Rdn 14 zu § 1179 BGB.
[4] Eine den Löschungsanspruch beeinträchtigende Rangänderung wäre dem durch Vormerkung oder nach § 1179a BGB geschützten Zwischenberechtigten gegenüber (relativ) unwirksam (§ 883 Abs 2 S 1 BGB; daher keine Löschung oder Rötung einer den Anspruch sichernden Vormerkung). Damit übereinstimmend würde § 880 Abs 5 BGB Schutz des Zwischenberechtigten auch vor Nachteilen durch Rangänderung bewirken. Auswirkungen lassen sich (wie bei relativem Rangverhältnis) jedoch erst bei Erlösverteilung in der Zwangsversteigerung (oder Zwangsverwaltung) beurteilen (Lösungshinweise führt Rambold Rpfleger 1995, 284 an). Vorher läßt sich Beeinträchtigung nicht feststellen, weil nicht abzusehen ist, ob eine zu löschende Eigentümergrundschuld bestehen wird (bei Grundschuld ohnedies selten) und ob (sowie in welchem Ausmaß) der Zwischenberechtigte (wenn sein Recht bei Erlösverteilung überhaupt noch am Grundstück lastet) an der vorgemerkten Löschung zur Wahrung seiner Befriedigungschance ein rechtliches Interesse hat oder nicht ohnedies schon an seiner Rangstelle voll (oder doch wenigstens teilweise) zum Zuge kommt (Fallgestaltungen s Stöber Rpfleger 1957, 205 [208]). Daher kann eine Rangänderung auch nicht durch fehlende Zustimmung eines Zwischenberechtigten behindert werden (als Vormerkungsberechtigter kann er keinesfalls durch Verweigerung seiner Zustimmung die Rangänderung [als „nur" möglicherweise vormerkungswidrige Verfügung] verhindern, wie zB von BGB-RGRK/Thumm Rdn 11 zu § 1179a; ähnlich MünchKomm/Eickmann Rdn 33 zu § 1179 mit Rdn 26 zu § 1179a BGB, geltend gemacht wird). Sicherung der erst für den Fall der Zwangsversteigerung (Zwangsverwaltung) erheblichen Vormerkungswirkungen (insbes bei Löschung des betroffenen zurückgetretenen Rechts, § 880 Abs 4 BGB, der nur den Rang des vorgetretenen Rechts wahrt, nicht aber Mitwirkung bei Erfüllung des Löschungsanspruchs [§ 888 BGB] zur Beseitigung der Wirkungen der vormerkungswidrigen Verfügung ausschließt) hat erforderlichenfalls durch Grundbuchvermerk zu erfolgen. Wer als Gläubiger des im Rang vortretenden Rechts ganz sichergehen will, mag zur Rangänderung die Zustimmung des Gläubigers des Zwischenrechts einholen (dann keine vormerkungswidrige Verfügung; dazu Rdn 1523). Sie ist formlos wirksam; Beschaffung in (später) nachweisbarer Form ist aber angezeigt.

wegen der Wirkungen der Rangänderung für ihn). Den Berechtigten eines Nießbrauchs (einer Auflassungsvormerkung usw) kann sein Betreuer, der Grundstückseigentümer ist (dessen Zustimmung ist nicht erforderlich, § 880 Abs 2 BGB), bei der Rangänderung ohne Verstoß gegen § 181 BGB vertreten, wenn das Recht hinter eine (neu einzutragende) Grundschuld (ein sonstiges Recht) im Rang zurücktreten soll.[5] Vormund, Pfleger und Betreuer bedürfen zu einem Rangrücktritt der Genehmigung des Vormundschaftsgerichts (§ 1822 Nr 13 BGB). Die Eltern bedürfen dieser Genehmigung nicht (s § 1643 Abs 1 BGB). Einen schenkungsweisen Rücktritt – Minderung der für die Forderung bestehenden Sicherheit für sein Kind – darf der Sorgeberechtigte aber nicht erklären. Der Nachweis daß eine Schenkung nicht vorliegt, bedarf nicht der Form des § 29 GBO.[6]

b) Antrag, Bewilligung

2562 aa) Die Eintragung erfolgt auf **Antrag** (§ 13 Abs 1 GBO), wenn der zurücktretende Berechtigte[7] sie bewilligt (§ 19 GBO). Auch die Bewilligung des Eigentümers (nicht der Nachweis der nach § 880 Abs 2 S 2 BGB erforderlichen materiellrechtlichen Erklärung)[8] ist erforderlich, wenn eine Hypothek, Grundschuld oder Rentenschuld im Rang zurücktreten soll; erforderlich ist weiter die Bewilligung des (nach §§ 876, 877 BGB zustimmungspflichtigen) Dritten, mit dessen Recht das zurücktretende Recht belastet ist. Rücktritt eines Rechts hinter einen Teil eines Grundpfandrechts erfordert (wegen der Aufspaltung des Grundpfandrechts in zwei Teile; dazu Rdn 2581a) auch Bewilligung des Gläubigers des Grundpfandrechts.[9] Form der Bewilligungen: § 29 Abs 1 GBO. Die **Eigentümerbewilligung** unterliegt dem Bestimmtheitsgrundsatz,[10] der auch gewahrt ist, wenn sich als Inhalt der Erklärung die Rechte und die Rangveränderungen im Wege der Auslegung ermitteln lassen. Daher kann diese Bewilligung im Wege der Auslegung in der Übernahme der schuldrechtlichen Verpflichtung gesehen werden, einem einzutragenden Grundpfandrecht eine bestimmte Rangstelle zu verschaffen.[11] Die Bewilligung kann ebenso auch in der Weise erklärt sein, daß bei Bestellung eines neuen Rechts alle für den bedungenen Rang erforderlichen Veränderungen gebilligt werden (Rdn 2757), hier stehen Rechte und Rang und damit die Rangänderungen, denen zugestimmt wird, sicher fest. Wenn aber ohne Zusammenhang mit einer bestimmten Rangänderung (dem Rang eines bestimmten Rechts), die bereits in der Erklärung konkret bezeichnet ist, im voraus

---

[5] LG Mönchengladbach MittRhNotK 1986, 265.
[6] KG DFG 1937, 192.
[7] Ist ein Wohnungsrecht nach § 1093 BGB für mehrere Personen als Gesamtberechtigte eingetragen (Rdn 1245), so können sie nur gemeinschaftlich hinter ein anderes Recht zurücktreten. Es reicht nicht aus, daß ein Gesamtberechtigter allein den Rangrücktritt erklärt (LG Braunschweig Rpfleger 1972, 365 mit zust Anm Haegele).
[8] BayObLG DNotZ 1988, 585 = NJW-RR 1988, 460; BayObLG MittBayNot 1989, 310 = NJW-RR 1989, 911.
[9] BayObLG MittBayNot 1985, 200 = MittRhNotK 1986, 19 = Rpfleger 1985, 434; Ulbrich MittRhNotK 1995, 289 (297); aA LG Augsburg Rpfleger 1984, 348 mit abl Anm Bauch.
[10] BayObLG NJW-RR 1988, 460 (insoweit DNotZ 1988, 585 nicht abgedruckt).
[11] LG Köln DNotZ 1977, 610 Leitsatz.

nur noch allgemein „allen etwaigen Rangänderungen vorgehender Belastungen nach Maßgabe der noch abzugebenden Bewilligung der Beteiligten" zugestimmt wird, ist dem Bestimmtheitserfordernis nicht mehr genügt. Anders als bei so allgemein gehaltener Zustimmung zur Löschung (Rdn 2757) fehlt es hier an der eindeutigen (oder durch Auslegung bestimmbaren) Äußerung, welche Rangänderung vorgehender Rechte bewilligt wird.[12] Desgleichen kann in der Verpflichtung des Veräußerers zur Freistellung einer Teilfläche von einem Grundpfandrecht[13] sowie in der Zustimmung des Eigentümers zur Aufhebung eines Grundpfandrechts an einer veräußerten Teilfläche (wäre für Pfandfreigabe nicht erforderlich, Rdn 2718) nicht als Minus ohne weiteres auch eine Bewilligung zu einem Rangrücktritt gesehen werden,[14] weil auch hier Äußerung fehlt, welcher Rangänderung zugestimmt wird und zudem bei Vorhandensein von Zwischenrechten die entstehenden Rangverhältnisse nicht ohne weiteres den Eigentümerinteressen Rechnung tragen werden.

bb) Antragsberechtigt (§ 13 Abs 1 S 2 GBO) sind der Gläubiger (Berechtigte) des vorrückenden und des zurücktretenden Rechts. Bei Rangrücktritt mit dem Grundpfandrecht ist auch der Grundstückseigentümer antragsberechtigt.[15] Ob der Eigentümer auch bei Rücktritt eines in Abt II des Grundbuchs eingetragenen Rechts hinter ein Grundpfandrecht antragsberechtigt ist, ist streitig.[16] Offen ist die Frage, ob der Grundstückseigentümer auch ein Antragsrecht hat, wenn Rangrücktritt eines Grundpfandrechts hinter eine Auflassungsvormerkung erfolgen soll.[17] Der überwiegend vertretenen Auffassung vom Antragsrecht des Eigentümers auch in solchen Fällen schließen wir uns an, weil sich mit dem Rang des Grundpfandrechts auch der der künftigen Eigentümergrundschuld ändert. Nicht antragsberechtigt ist der Grundstückseigentümer, wenn Rangänderung nur zwischen zwei in Abt II des Grundbuchs eingetragenen Rechten erfolgen soll.

2563

cc) Angabe des Kapitalbetrags des vortretenden Rechts in der **Eintragungsbewilligung** ist ausreichend; Mitangabe der Höhe der Nebenleistungen – wie im Formular Rdn 2558 vorsorglich vorgesehen – ist also nicht unbedingt erforderlich. Einräumung des Vorrangs für eine Grundschuld samt allen dazu-

2564

---

[12] Insoweit unklar OLG Köln Rpfleger 1981, 354.
[13] BayObLG Rpfleger 1985, 288.
[14] BayObLG MittBayNot 1989, 310 = aaO (kein Rangrücktritt hinter Auflassungsvormerkung des Käufers); anders aber LG Augsburg MittBayNot 1983, 62.
[15] OLG München DFG 1937, 151 = DNotZ 1938, 122 = JFG 15, 362; OLG Schleswig SchlHA 1963, 147 mit abl Anm Scheyhing; KG DNotZ 1965, 293 = NJW 1964, 1479 = Rpfleger 1965, 14 mit insoweit zust Anm Haegele; Demharter Rdn 46 zu § 13; BGB-RGRK/Augustin Rdn 24 zu § 880 BGB; gegenteiliger Ansicht Güthe/Triebel Anm 40, 49; Meikel/Böttcher Rdn 47, je § 13 GBO; Böttcher Rpfleger 1982, 52.
[16] Für Antragsrecht des Eigentümers auch in diesem Fall: KG DNotZ 1965, 293 = NJW 1964, 1479 = Rpfleger 1965, 14 mit insoweit abl Anm Haegele; OLG Oldenburg DNotZ 1966, 42 = NJW 1965, 1768 = Rpfleger 1966, 266 mit krit Anm Haegele; OLG Oldenburg MDR 1997, 1114; LG Hannover Rpfleger 1977, 310 mit krit Anm Haegele; Demharter Rdn 47 zu § 13; BGB-RGRK/Augustin aaO (Fußn 15); Münch-Komm/Wacke Rdn 9 zu § 880 BGB; Ulbrich MittRhNotK 1995, 289 (296); Gegenansicht: LG Dortmund NJW 1960, 678; Meikel/Böttcher Rdn 47 zu § 13.
[17] Bejaht von KG DNotZ 1965, 293 = aaO (Fußn 15); verneint von Haegele Rpfleger 1965, 13; Riedel DNotZ 1953, 316.

gehörigen Nebenleistungen schließt daher den Vorrang für die Zinsen[18] und sämtliche Nebenleistungen[19] mit ein. Soll nur der Hauptsache, nicht auch den Nebenleistungen (Zinsen) der Vorrang eingeräumt werden, so ist dies in der Bewilligung und Grundbucheintragung besonders zum Ausdruck zu bringen. Rangänderung allein für einen Zinsrückstand siehe Rdn 2412a.

2565 Bewilligt der Berechtigte einer **Auflassungsvormerkung** den Rangrücktritt der Vormerkung hinter ein Grundpfandrecht und ist dem Grundbuchamt bekannt, daß der durch die Vormerkung gesicherte Anspruch wirksam gepfändet ist, so darf es nach noch hM die Rangänderung ohne Zustimmung des Pfandgläubigers auch dann nicht eintragen, wenn glaubhaft gemacht ist, daß der Berechtigte des vortretenden Rechts im Zeitpunkt des Eingangs des Eintragungsantrags beim Grundbuchamt keine Kenntnis von der Pfändung hatte. Nach zum § 892 BGB vertretener anderer Meinung (s Rdn 352) hat das Grundbuchamt den Rangrücktritt zu vollziehen, wenn es feststellt, daß zum gutgläubigen Erwerb nur noch die Grundbucheintragung fehlt. Die Rangänderung ist jedoch in jedem Fall ohne Zustimmung des Pfandgläubigers einzutragen, sobald der Pfändungsvermerk im Grundbuch eingetragen ist.[20]

c) Grundbucheintragung

2566 Einzutragen ist die Rangänderung bei dem **zurücktretenden** und dem **vortretenden** Recht (§ 18 GBV).[21] Die Eintragung erfolgt in der **Veränderungsspalte** in Abt II (Spalte 5) und in Abt III (Spalte 7). In Spalte 4 der Abt II und in Spalten 5 und 6 der Abt III sind laufende Nummer und Betrag des zurücktretenden und vortretenden Rechts einzutragen. Nicht geklärt ist, ob materielle Wirksamkeit der Rangänderung auch eintritt, wenn Eintragung nur bei dem zurücktretenden Recht erfolgt; das wird überwiegend und uE zutreffend bejaht.[22] Fratzky[23] hält auch Eintragung des Vermerks nur bei dem vortretenden Recht bereits als ausreichend. Eintragung bei allen Rechten und nur Bezeichnung des vortretenden Rechts in Spalte 5 und 6 der dritten Abteilung müßte materielle Wirksamkeit der Rangänderung zur Folge haben.[24] Zur Eintragung bei Zinserhöhung Rdn 2495–2498.

2567 Die **Briefe** über die beiden Rechte müssen vorgelegt werden (§ 41 Abs 1 S 1, § 42 GBO). Das Grundbuchamt hat die Eintragung der Rangänderung von der Briefvorlage abhängig zu machen; ein Mittel, die Briefvorlage zu erzwingen, hat es nicht. Eintragung ohne Briefvorlage bewirkt als Verstoß gegen die GBO-Sollvorschrift nicht Unwirksamkeit (Rdn 53); wenn jedoch der eingetragene Berechtigte des zurücktretenden Rechts bewilligt hat und das Grundpfandrecht bereits zuvor abgetreten war, wird das Grundbuch mit Eintra-

---

[18] LG Mönchengladbach MittRhNotK 1977, 131.
[19] OLG Frankfurt Rpfleger 1980, 185.
[20] BayObLG Rpfleger 1975, 47 Leitsatz.
[21] Zur Eintragung dieser Rangänderung in Form eines Mitbelastungsvermerks s Rdn 2662.
[22] RG HRR 1931 Nr 1912; Jauernig Rdn 8 zu §§ 879–882 BGB; MünchKomm/Wacke Rdn 9; Palandt/Bassenge Rdn 3; Soergel/Baur Rdn 5, je zu § 880 BGB; Fratzky BWNotZ 1979, 27; aA KGJ 44, 256; 45, 293; BGB-RGRK/Augustin Rdn 30 zu § 880.
[23] Fratzky BWNotZ 1979, 27.
[24] Bejaht von Fratzky BWNotZ 1979, 27.

B. Einzelfälle

gung der Rangänderung unrichtig,[25] es sei denn, die formlos mögliche Einigung ist mit dem infolge Zession Berechtigten erfolgt[26] (Rdn 2561).

Die Eintragung der Rangänderung ist für jedes einzelne Grundpfandrecht auf seinem **Brief zu vermerken** (§ 62 Abs 1 GBO). Auch auf einem Grundpfandrechtsbrief „neuer Art" (auf einem nach Neufassung des § 57 GBO seit 1. 1. 1978 mit verkürztem Inhalt erteilten Brief) ist die Eintragung der Rangänderung zu vermerken.[27] Das folgt aus dem Wortlaut des § 62 Abs 1 GBO und ist infolge der Bedeutung des Briefs für den Rechtsverkehr durch das Interesse des Gläubigers begründet, daß Veränderungen der Rechtslage nach Eintragung des Grundpfandrechts aus dem Brief hervorgehen. Mit dem verkürzten Inhalt des § 57 GBO weist der Brief nur das ursprüngliche Rangverhältnis nicht (mehr) aus; daß er auch nachträgliche Änderungen nicht mehr erkennbar zu machen habe, ist, wie § 62 Abs 1 GBO zeigt, nicht vorgesehen. Die Wirksamkeit der im Grundbuch eingetragenen Rangänderung wird durch einen fehlenden Briefvermerk nicht berührt.[28]

2568

Handelt es sich um ein Buchrecht, so hat **Eintragungsnachricht** auch an den Gläubiger des vorrückenden Rechts zu ergehen (§ 55 Abs 1 GBO), der im Grundbuchverfahren im allgemeinen nicht mitwirkt.

2569

Der vorgelegte Grundpfandrechtsbrief ist dem, der ihn im eigenen Namen überreicht hat, und, falls dies im fremden Namen geschehen ist, dem zurückzugeben, in dessen Namen er überreicht worden ist. Dem Verlangen des danach Empfangsberechtigten, den Brief einem anderen auszufolgen, ist stattzugeben, sofern nicht besondere Gründe entgegenstehen; die öffentliche Beglaubigung eines solchen Verlangens kann nicht gefordert werden.[29] Hat der Notar den Brief erkennbar im Namen des Grundpfandrechtsgläubigers vorgelegt, so ist er diesem und nicht dem Notar zurückzugeben, wenn der Notar nicht besondere Empfangsvollmacht hat.[30] Hat dagegen der Notar auf Grund des § 15 GBO den Eintragungsantrag gestellt, so ist der Brief an ihn zurückzugeben, wenn der Vertretene nicht Rückgabe an sich selbst verlangt.[31]

2570

d) Wirkung der Rangänderung

Ein Rangrücktritt unter **zwei unmittelbar aufeinanderfolgenden Grundpfandrechten** wirkt derart, daß das neue Rangverhältnis als von vornherein begründet gewesen anzusehen ist. Sind **Zwischenrechte** vorhanden, dann geht

2571

---

[25] OL Hamm Rpfleger 2002, 565 (auch zur Eintragung eines Widerspruchs).
[26] Kein gutgläubiger Erwerb bei Einigung mit dem eingetragenen Berechtigten mangels Briefbesitz (OLG Hamm aaO); s Rdn 342 a.
[27] OLG Zweibrücken MittRhNotK 1980, 77 Leits = Rpfleger 1980, 109; OLG Oldenburg NdsRpfl 1980, 264; LG Bielefeld JurBüro 1980, 757 mit Anm Muth = MittRhNotK 1980, 111 Leits mit Anm Schriftleitung; LG Köln MittRhNotK 1979, 194 mit zust Anm Grundmann; Gaberdiel Rpfleger 1980, 89; Böhringer Rpfleger 1987, 446; Ulbrich MittRhNotK 1995, 289 (291); Meikel/Bestelmeyer Rdn 28 zu § 41 und Rdn 4 zu § 62; aA LG Krefeld MittRhNotK 1979, 193 = NJW 1979, 1309 Leits = Rpfleger 1979, 139; Mißling Rpfleger 1980, 332; K/E/H/E Rdn 2 zu § 62.
[28] OLG Hamm Rpfleger 1985, 17 (20, 21).
[29] Vgl KGJ 31 A 342 und 25 A 322.
[30] KGJ 31 A 343.
[31] KG HRR 1937 Nr 111 = JW 1937, 114.

der dem vortretenden Recht eingeräumte Rang nicht dadurch verloren, daß das zurücktretende Recht durch Rechtsgeschäft (s dazu §§ 875, 1175, 1183 BGB) später aufgehoben wird[32] (§ 880 Abs 4 BGB). Wenn das zurückgetretene Recht dagegen auf andere Weise (kraft Gesetzes) erlischt, etwa durch Eintritt einer auflösenden Bedingung oder gutgläubigen Erwerb (§ 892 BGB), Tod des Nießbrauchers, ein Gesamtrecht mit Befriedigung nach § 1173 Abs 1 oder § 1181 Abs 2 BGB, so wird auch die Rangänderung hinfällig und das vorgetretene Recht tritt wieder in seine frühere Rangstelle zurück, während die Zwischenrechte vorrücken (s aber auch §§ 17, 24 Abs 5 GBMaßnG). Wirkungen der Rangänderung treten außerdem nicht ein, wenn das vortretende Recht als Grundstücksbelastung nicht besteht (zB weil es unrichtig eingetragen oder gesetzlich erloschen ist); gutgläubiger Erwerb nach § 892 BGB ist aber möglich. Die Wirkungen der Rangänderung entfallen, wenn das vorgetretene Recht erlischt oder gelöscht wird.

2572 **Ist das vortretende Recht höher als das zurücktretende,** so steht ihm nur in Höhe des zurücktretenden Rechts das Vorrecht vor etwaigen – durch die Rangänderung unberührt bleibenden – **Zwischenrechten,** dagegen in voller Höhe vor dem zurücktretenden Recht zu. Ist das zurücktretende Recht größer als das vorgetretene, so behält es in Höhe seines Mehrbetrags seine alte Rangstellung. Im Grundbuch kommt diese besondere Wirkung der Rangänderung durch ausdrückliche Eintragung dieses Rangverhältnisses nicht zum Ausdruck.

2573 Wird ein **Rangrücktritt zugunsten mehrerer Grundpfandrechte** erklärt, so behalten, wenn nichts anderes vereinbart wird, diese vorrückenden Rechte unter sich selbst den bisherigen Rang auch insoweit bei, als ihnen der Vorrang eingeräumt ist.[33]

2574 Ein Rangrücktritt hat **vollkommenen Austausch des Ranges** zwischen dem vortretenden und dem zurücktretenden Recht zum Inhalt. Das ist bei Vorhandensein von **Zwischenrechten** von wesentlicher Bedeutung. Diese Zwischenrechte haben, da ihr Rang unberührt bleibt (§ 880 Abs 5 BGB), Rang vor der zurücktretenden Hypothek, ohne daß ein besonderer Rangrücktritt des zurücktretenden Gläubigers auch hinter diese Zwischenrechte erforderlich ist.

Beispiel:

1. Stelle 2000 € für A,
2. Stelle 1000 € für B,
3. Stelle 3000 € für C.

Wenn nun die Hypothek von 2000 € hinter die Hypothek von 3000 € im Range zurücktritt, so ist das Rangverhältnis folgendes:
2000 € für C Teilbetrag,
1000 € für Zwischenrecht B,
1000 € für C Restbetrag,
2000 € für A.

Betragsmäßig kann das Rangverhältnis erst bei Zwangsversteigerung festgestellt werden, weil Zinsen den Rang der Hauptsache teilen (vgl § 10 Abs 1

---

[32] S wegen der Wirkung der Aufhebung eines Rechts nach mehrfacher Rangänderung KG DNotZ 1940, 794 und 1942, 236 (entgegen Kreher WürttZ 1941, 201).
[33] KGJ 47 A 189; s dazu auch MittRhNotK 1963, 351.

B. Einzelfälle

Nr 4, § 12 ZVG), für den Rang zwischen zurücktretendem und vortretendem Recht bei Vorhandensein eines Zwischenrechts daher auch die Zinsansprüche der am Rangtausch beteiligten Rechte zu berücksichtigen sind. Für Kosten der dinglichen Rechtsverfolgung gilt das nicht; sie werden (ohne Rücksicht auf ein Zwischenrecht) immer an der Rangstelle des Rechts selbst befriedigt (§ 10 Abs 2 ZVG).

Räumen auch die **Gläubiger** dieser Zwischenrechte dem nachrangig eingetragenen Grundpfandrecht den Vorrang ein, so hat dies jedenfalls nicht zur Folge, daß das zurückgetretene Grundpfandrecht des an erster Stelle eingetragenen Grundpfandgläubigers vor den Zwischenrechten zu befriedigen ist. Um dies zu erreichen, müssen vielmehr die Gläubiger der Zwischenrechte dem an erster Stelle eingetragenen Grundpfandrecht den Vorrang einräumen (§ 880 BGB).[34] Die Folge, daß ein Recht, das einem um zwei Rangstellen nachstehenden Recht den Vorrang einräumt, seinerseits ganz oder teilweise hinter das Zwischenrecht zurücktreten muß, entfällt kraft Gesetzes, wenn der Inhaber des Zwischenrechtes dem ursprünglich nachstehenden Recht ebenfalls den Vorrang gewährt.[35]

Räumt ein Grundpfandrechtsgläubiger einer zu Baukreditzwecken zu bestellenden Hypothek ohne ausdrückliche Einschränkung den Vorrang ein, so erstreckt sich dieser mangels klarer gegenteiliger Verlautbarung auch auf die Eigentümergrundschuld, die bis zur Valutierung durch den Hypothekengläubiger besteht und vom Eigentümer an einen Zwischenfinanzierer abgetreten wird. Eine Löschungsvormerkung nach § 1179 BGB aF zugunsten des zurücktretenden bei dem vortretenden Recht, wenn und soweit es auf den Eigentümer übergeht (§§ 1179, 1163 BGB) erstreckt sich jedoch auf jene Eigentümergrundschuld in der Regel nicht.[36]

e) Bedingung, Befristung

Änderung des Rangverhältnisses kann auch unter einer Bedingung (§ 158 BGB) oder unter Zeitbestimmung (§ 163 BGB) vereinbart werden. Möglich ist daher ein Rangrücktritt unter der Bedingung, daß ein an zu bezeichnender Stelle im Grundbuch einzutragendes Grundpfandrecht gleichzeitig gelöscht wird,[37] oder im Rang ebenfalls zurücktritt. Bedingungen und Befristung (Zeitbestimmung) der Rangänderung müssen in das Grundbuch selbst eingetragen werden (keine Bezugnahme). 2575

f) Einzelfragen und Besonderheiten

aa) Einräumung des **gleichen Rangs** ist Rangänderung nach § 880 BGB; die Rechte treten teilweise zurück bzw vor[38] (s Rdn 2586). 2576

bb) Eine Rangänderung ist auch möglich, wenn **beide Rechte dem gleichen Gläubiger zustehen;** einseitige Erklärung des Berechtigten gegenüber dem 2577

---

[34] LG Siegen DNotZ 1964, 615.
[35] OLG Düsseldorf JMBlNRW 1966, 224 = OLGZ 1966, 489. Zur Wirkung eines Rangrücktritts bei Bestehen von Zwischenrechten s auch LG Stuttgart BWNotZ 1974, 86.
[36] BGH 60, 226 = DNotZ 1973, 410 = NJW 1973, 846 mit Anm Mittenzwei NJW 1973, 1195 = Rpfleger 1973, 208.
[37] RG HRR 1934 Nr 390 = JW 1934, 282.
[38] KGJ 40 A 243.

Eigentümer oder dem Grundbuchamt genügt in diesem Falle.[39] Zustimmung des Grundstückseigentümers (s Rdn 2561) ist bei Grundpfandrechten auch hier erforderlich.

2578 cc) Die Vorschriften über die Rangänderung sind auch anzuwenden, wenn ein **neu einzutragendes Recht** einem bereits eingetragenen Recht im Rang vorgehen (gleichstehen) soll.[40] Bei dem neu einzutragenden vortretenden Recht hat die Eintragung des Vorrangs in der Hauptspalte, nicht in der Veränderungsspalte zu erfolgen (s Muster Anlage 1 zur GBV Abt III Spalte 4 zu lfd Nr 3 und Spalte 7 zu lfd Nr 2).

2579 dd) Rangänderungen sind auch bei **Vormerkungen** (Rdn 1523 und 1531a; Ausnahme Löschungsvormerkungen)[41] sowie bei **Vorkaufsrechten** möglich.[42] Zum Rangrücktritt einer Hypothekenvormerkung ist die Zustimmung des Eigentümers nicht erforderlich.[43]

2580 ee) Bei Einräumung des Vorrangs für eine **Zwangshypothek** ersetzt der Titel auch die Zustimmung des Eigentümers.[44]

2581 ff) Der **Rangrücktritt** des Grundstückseigentümers **mit einer künftigen Eigentümerhypothek oder -grundschuld** ist unzulässig, das gleiche gilt für Eintragung einer entsprechenden Vormerkung.

gg) Zum Rangrücktritt hinter ein Recht mit Rangvorbehalt s Zeitler Rpfleger 1974, 176.

g) Rangänderung nur hinsichtlich eines Teils einer Hypothek oder Grundschuld

2581a Bestellt werden kann eine Hypothek oder Grundschuld nur mit **einheitlichem Rang**; Grundstücksbelastung mit einem Grundpfandrecht mit unterschiedlichem Rang einzelner Teile (Beträge) des Rechts ist nicht zulässig (Rdn 1916). Ebenso erfordert (bewirkt) daher Einräumung des Vorrangs (oder Gleichrangs) nur zugunsten des Teils einer Hypothek (Grundschuld) Aufspaltung dieses Grundpfandrechts in zwei Teile, somit **Teilung**[45] (§ 1151 BGB; Rdn 2416a). Grundbucheintragung erfordert daher Antrag (§ 13 Abs 1 GBO; ggfs auch Briefvorlage) und
– für **Rangänderung**: Bewilligung des zurücktretenden Berechtigten sowie des Eigentümers, wenn ein Grundpfandrecht zurücktreten soll, außerdem der nach §§ 876, 877 BGB zustimmungspflichtigen Dritten (Rdn 2562), und
– für **Teilung**: Bewilligung des Gläubigers des aufzuspaltenden Grundpfandrechts und etwa zustimmungspflichtiger Dritter (Rdn 2416a).

---

[39] RG 142, 237 = DNotZ 1934, 287; KGJ 40, 243.
[40] RG 157, 24; OLG Frankfurt Rpfleger 1980, 185; LG Mönchengladbach MittRhNotK 1986, 265.
[41] KG DR 1944, 189.
[42] KG JFG 1, 422; DNotZ 1937, 726.
[43] RG DJ 1936, 1342; KG DNotZ 1936, 734 = JW 1936, 2746.
[44] BGH NJW 1953, 899; 1954, 954; KG DNotZ 1934, 864 = JW 1934, 2996; OLG Saarbrücken OLG-Report 1998, 74; Ulbrich MittRhNotK 1995, 289 (293).
[45] OLG Zweibrücken MittRhNotK 1985, 104 = Rpfleger 1985, 54; LG Frankenthal MittBayNot 1983, 122 = Rpfleger 1983, 142; K/E/H/E Rdn 28 zu § 45; Ulbrich MittRhNotK 1995, 289 (297); nicht eindeutig BayObLG MittBayNot 1985, 200 = aaO (Fußn 9); aA LG Augsburg Rpfleger 1984, 348 mit abl Anm Bauch.

B. Einzelfälle

Ein Rangrücktritt kann hier wie folgt gefaßt werden:

> Der Gläubiger räumt hiermit einem Teilbetrag von 20 000 € der im Grundbuch von Boll (Band 3) Blatt 115 Abt III Nr 12 eingetragenen Grundschuld der Kreissparkasse Boll über 40 000 € den Rang vor seiner im gleichen Grundbuch Abt III Nr 10 gebuchten Briefhypothek über 50 000 € ein.
>
> Der Gläubiger und der Eigentümer bewilligen die Eintragung der Rangänderung, die Kreissparkasse als Gläubigerin der zu teilenden Brief-Grundschuld bewilligt die Teilung ihres Rechts.

Grundbucheintragung

5	6	7
10	50 000 €	Die Post Abt III Nr 12 ist geteilt in
12	40 000 €	§ 12 a zu zwanzigtausend Euro; diesem Teil
12 a	20 000 €	steht der Vorrang vor der Post Abt III
12 b	20 000 €	Nr 10 zu, und
		12 b zu zwanzigtausend Euro im bisherigen Rang;
		eingetragen am ...

h) Gesetzlicher Löschungsanspruch, Löschungsvormerkung

Wenn eine Hypothek, Grundschuld oder Rentenschuld im Rang zurücktritt, erlangt ihr Gläubiger nach Maßgabe des § 1179a Abs 4 BGB gegenüber den infolge der Rangänderung vorgehenden oder gleichstehenden Grundpfandrechten den gesetzlichen, vormerkungsgesicherten Löschungsanspruch (Ausnahme für sogen Altrechte nachf). Ein solcher Gläubiger kann den Rangrücktritt nicht davon abhängig machen, daß zu seinen Gunsten eine Löschungsvormerkung nach § 1179 BGB in das Grundbuch eingetragen wird (s Rdn 2612). 2582

Für Berechtigte, deren Löschungsanspruch nach § 1179 BGB durch Vormerkung sicherbar ist (s Rdn 2597), kann bei Rangrücktritt die Eintragung einer Löschungsvermerkung ausbedungen werden (s Rdn 2612). Es kann dazu bestimmt werden: 2583

> Von dieser Rangrücktrittserklärung darf nur Gebrauch gemacht werden, wenn gleichzeitig mit Eintragung der Rangänderung bei der Hypothek, der der Vorrang eingeräumt ist, eine Löschungsvormerkung nach § 1179 BGB einschließlich des Falles des § 1163 Abs. 1 S 1 BGB zugunsten des zurückgetretenen Berechtigten eingetragen wird.

Der Gläubiger eines Grundpfandrechts, das am 1. 1. 1978 bereits im Grundbuch eingetragen war (sogen Altrecht; ebenso der Gläubiger eines sogen Übergangsrechts; dazu Rdn 2635) erlangt mit Rangrücktritt nach diesem Zeitpunkt keinen gesetzlichen Löschungsanspruch nach § 1179a Abs 4 BGB (Rdn 2637). Er kann daher den Rangrücktritt gleichfalls von der Eintragung einer Löschungsvormerkung abhängig machen. 2584

i) Die **Aufhebung einer Rangänderung** ist neue Rangänderung; einseitig kann der durch die frühere Rangänderung erlangte Vorrang nicht aufgegeben werden. Eintragung dieser neuen Rangänderung hat in der Spalte Veränderungen zu erfolgen, nicht etwa in der Form der Löschung der früher eingetragenen Rangänderung.[46] 2585

---

[46] KG JFG 22, 293.

2. Teil. V. Dritte Abteilung des Grundbuchs

36. Einräumung von Gleichrang
Rechtsgrundlagen wie vor Rdn 2558

2586 Antragsformular

Im Grundbuch von Boll (Band 5) Blatt 115 ist in Abt III Nr 1 zugunsten des Max Huber, Möbelhändler in Boll, eine Briefhypothek über 30 000 € eingetragen. Der Gläubiger räumt hiermit der im gleichen Grundbuch Abt. III Nr. 3 für Albert Maurer, Gipser in Boll, eingetragenen Grundschuld über 10 000 € den Gleichrang mit seiner Hypothek ein und bewilligt und beantragt die Eintragung dieses Gleichrangs im Grundbuch. Hypothekenbrief und Grundschuldbrief sind angeschlossen. Beide Briefe sind an ihre Gläubiger zurückzugeben. Der Grundstückseigentümer Josef Schmatz, Koch in Boll, stimmt der Rangänderung zu.

Boll, den ...   Max Huber   Josef Schmatz   (folgt Unterschriftsbeglaubigung)

2587 Grundbucheintragung

Fassung wie bei Randnote 2559, nur daß zu sagen ist:
Der Post Abt. III Nr. 3 steht der Gleichrang mit der Post Abt. III Nr. 1 zu.

2588 Gleichrang kann nachträglich durch **Rangänderung** hergestellt werden (Rdn 2576). Gleichrang kann auch zwischen Grundpfandrechten vereinbart werden, die **im Range nicht unmittelbar** aufeinander **folgen**.

2589 Zustimmung des **Grundeigentümers** ist in beglaubigter Form erforderlich (vgl Rdn 2561). Im übrigen vgl die Anmerkungen Rdn 2561 ff.

37. Rangänderung zwischen mehreren Teilhypotheken
Rechtsgrundlagen vor bei Rdn 2558

2590 Antragsformular

Im Grundbuch von Boll (Band 3) Blatt 37 ist auf Grundbesitz des Moritz Vogel, Sänger in Boll, in Abt. III Nr. 5 für den Klavierfabrikanten Gottlieb Klang in Boll eine Buchhypothek über 40 000 € eingetragen. Der Gläubiger tritt von dieser Hypothek den Teilbetrag von 10 000 € – zehntausend Euro – an den Schauspieler Franz Baß in Boll und den Teilbetrag von 5000 € – fünftausend Euro – an den Intendanten Fritz Regsam in Boll je mit den Zinsen vom ... an ab. Der Teilhypothek über 10 000 € wird der Vorrang vor der Teilhypothek über 5000 € und der Resthypothek vom 25 000 € eingeräumt. Die Eintragung der Abtretungen und der Rangänderung im Grundbuch wird bewilligt und beantragt.

Boll, den ...   Gottlieb Klang   (folgt Unterschriftsbeglaubigung)

2591 Eintragungsverfügung:

Fassung nach Eintragung der Abtretung gemäß Rdn 2560, nur ist zu sagen:

Der Teilhypothek über 10 000 € ist Vorrang vor der Teilhypothek über 5000 € und der Resthypothek von 25 000 € eingeräumt.

2592 Bei Rangänderungen unter mehreren Teilhypotheken ist die **Zustimmung** des **Grundstückseigentümers nicht** erforderlich (§ 1151 BGB). Unerheblich für die Anwendung des § 1151 BGB ist, ob die Rangänderung anläßlich einer Teilabtretung oder ohne solche erfolgen soll, ob es sich um die bei Entstehung des Teiles erfolgende oder um eine spätere Rangänderung handelt.[1] Für spätere Rangänderung ist die Zustimmung des Grundstückseigentümers auch

---
[1] KG DNotZ 1930, 489.

nicht erforderlich, wenn das Rangverhältnis der Teilhypotheken untereinander wieder geändert wird (im Beispielsfall die Teilhypothek von 5000 € somit nun Vorrang vor der Teilhypothek zu 10 000 € erhalten soll). Wenn ein Teilbetrag mit „bestimmtem Rang" abgetreten und die Eintragung der Abtretung bewilligt wird, entspricht es der nächstliegenden Bedeutung der Erklärung, daß auch die Eintragung der Rangbestimmung bewilligt sein soll.[2]
Die Teilhypothek über 5000 € hat im Antragsformular mit der Resthypothek von 25 000 € den gleichen Rang. Dies braucht im Grundbuch nicht besonders vermerkt zu werden. 2593

Diese Randnummer ist entfallen. 2594

38. Löschungsvormerkung, gesetzlicher Löschungsanspruch
BGB §§ 1179, 1179a, b, 1163, 1192, 883, 888
GBO §§ 13, 19, 28, 29, 41–43, 63
GBV §§ 11, 12 Abs 1 c

Antragsformular 2595

> Ich verpflichte mich dem Altsitzer Anton Amann geb am …, wohnh in Aufhausen gegenüber zur Sicherung seines hiermit bestellten Wohnungsrechts, die diesem vorgehende Hypothek Abt. III Nr. 1 zu 10 000 € löschen zu lassen, wenn und soweit sie sich mit dem Eigentum in einer Person vereinigt oder bereits vereinigt hat. Die Löschungsverpflichtung umfaßt damit auch den Fall des § 1163 Abs. 1 Satz 1 BGB.
> Ich bewillige und beantrage zur Sicherung dieses Löschungsanspruchs die Eintragung einer Löschungsvormerkung nach § 1179 BGB im Grundbuch von Aufhausen (Band 1) Blatt 20, bei der bezeichneten Hypothek.
>
> Max Grund   (folgt Unterschriftsbeglaubigung)

Grundbucheintragung 2596

5	6	7
1	10 000 €	Vormerkung zur Sicherung des Anspruchs des A m a n n Anton, geb am … auf Löschung der Hypothek für den Fall, daß sie sich mit dem Eigentum in einer Person vereinigt oder vereinigt hat – den Fall des § 1163 Abs. 1 Satz 1 BGB eingeschlossen –; eingetragen am … [oder: Löschungsvormerkung für A m a n n Anton, geb am … gemäß Bewilligung vom … (Notar … URNr …) eingetragen am …]

Literatur: Zur Löschungsvormerkung vor Neuregelung: 5. Aufl Rdn 1230.
Zum **neuen Recht** (ÄndG 1977): Brych und Meinhard, Zweifelsfragen zum gesetzlichen Löschungsanspruch, WM 1978, 342; Brych und Meinhard, Der gesetzliche Löschungsanspruch bei Rangrücktritt von Altrechten, MittBayNot 1978, 138; Hadding und Welter, Zum Anspruch auf „Löschung" gemäß § 1179a BGB, JR 1980, 89; Jerschke, Löschungsansprüche gegenüber Grundpfandrechten mit neuem Recht, DNotZ 1977, 708 (Nachtrag, DNotZ 1978, 65); Mohrbutter, Löschungsvormerkung in der Zwangsversteigerung nach neuerem Recht, KTS 1978, 17; Rambold, Ausgewählte Probleme des gesetzlichen Löschungsanspruchs, Rpfleger 1995, 284; Riggers, Zweifelsfragen zum Übergangsrecht von der Löschungsvormerkung alter Art zum Löschungsanspruch nach neuem Recht, JurBüro 1978, 813; Stöber, Löschungsvormerkung und gesetzlich vorgemerkter Löschungsanspruch, Rpfleger 1977, 399 und

---

[2] BayObLG (24. 7. 1986, 2 Z 64/86, mitget) Rpfleger 1987, 152; OLG Hamm Rpfleger 1992, 340 und 386 Leits mit Anm Meyer-Stolte (Abtretung eines mittelrangigen Teilbetrags).

425; Stöber, Neuer Löschungsanspruch oder alte Löschungvormerkung? Rpfleger 1978, 165; Westermann, Der Anspruch auf Löschung eines Grundpfandrechts nach § 1179a BGB als dinglicher Anspruch, Festschrift Hauß, 1978, S 395; Willke, Zweifelsfragen zum gesetzlichen Löschungsanspruch, WM 1978, 2; Zagst, Löschungsvormerkung und Rangänderung von Grundpfandrechten, BWNotZ 1979, 1.

a) Zulässigkeit und Erwerb der Löschungsvormerkung

2597 Durch Eintragung einer **Vormerkung gesichert** werden kann die **schuldrechtliche Verpflichtung** des Grundstückseigentümers, eine Hypothek, Grund- oder Rentenschuld löschen (= nach §§ 875, 1183 BGB aufheben) zu lassen, wenn sie sich mit dem Eigentum in einer Person vereinigt (wegen der wichtigsten Fälle der Entstehung einer Eigentümergrundschuld und Eigentümerhypothek s Rdn 2420), seit 1. Jan 1978 nur noch
– nach Maßgabe des § 1179 BGB idF des Ges zur Änderung sachenrechtlicher, grundbuchrechtlicher und anderer Vorschriften v 22. 6. 1977 (BGBl I 998) [= ÄndG][1]
– nach Art 8 § 1 Abs 3 ÄndG für den Gläubiger eines gleich- oder nachstehenden Alt- oder Übergangsrechts (Rdn 2636).

Diese Löschungsvormerkung trägt dem Einzelinteresse der am Grundstück im Rang **nach** oder **gleichrangig** mit einer Eigentümergrundschuld (-hypothek) **Berechtigten** auf Rangverbesserung Rechnung; sie schützt den Berechtigten eines Anspruchs auf Übertragung des Grundstückseigentums oder Einräumung eines Grundstücksrechts, ausgenommen Grundpfandrechte, vor Rechtsbeeinträchtigung durch Eigentümerrechte. Der zur Wahrung solcher Belange begründeten **schuldrechtlichen Löschungsverpflichtung** (Rdn 2605) des Eigentümers verschafft die **Löschungsvormerkung dingliche Wirkung** (§§ 883, 888 BGB; s zur Vormerkung bereits Rdn 1478). Sicherung durch Löschungsvormerkung ermöglicht § 1179 BGB (auch in bisheriger Fassung nach Art 8 § 1 Abs 3 ÄndG) materiell in Erweiterung des § 883 BGB (das betroffene Eigentümerrecht braucht bei Bestellung der Vormerkung dem Eigentümer als Schuldner des Löschungsanspruchs noch nicht zuzustehen; es kann noch Fremdrecht sein) und formell in Abweichung von § 39 GBO (der betroffene Eigentümer als Löschungsverpflichteter braucht nicht „voreingetragen" zu sein). Durch Vormerkung gesichert werden kann ein schuldrechtlicher Anspruch auf Aufhebung eines Eigentümergrundpfandrechts zwar auch nach Maßgabe des § 883 BGB. Das erfordert jedoch, daß der Anspruch die Aufhebung eines dem Eigentümer (bereits oder noch) zustehenden Grundpfandrechts zum Gegenstand hat und der löschungsverpflichtete Grundstückseigentümer als Betroffener nach Maßgabe des § 39 GBO grundbuchersichtlich (voreingetragen) ist.

2598 Für Gläubiger nach- oder gleichrangiger **Grundpfandrechte** (§ 1179a BGB) und hinsichtlich des eigenen Grundpfandrechts (§ 1179b BGB) besteht ein **gesetzlicher Löschungsanspruch**[2] mit **Vormerkungswirkungen,** und zwar auch

---

[1] Gesetzesmaterialien: Entwurf eines Ges zur Änderung sachen- und grundbuchrechtlicher Vorschriften sowie von Vorschriften der ZPO, des ZVG und der KostO, BT-Drucks 8/89 (vom 4. 2. 1977); Beschlußempfehlung und Bericht des Rechtsausschusses (6. Ausschuß), BT-Drucks 8/359 (vom 6. 5. 1977).
[2] Keine verfassungsrechtliche Bedenken gegen dessen Einführung; BGH 99, 363 = DNotZ 1987, 510 mit Anm Schelter = NJW 1987, 2078 = Rpfleger 1987, 238.

gegenüber einem vor dem 1. Jan. 1978 (Inkrafttreten des § 1179a BGB) eingetragenen Grundpfandrecht.³ Eintragung einer Löschungsvormerkung nach § 1179 BGB kommt für Grundpfandrechtsgläubiger (von den Alt- und Übergangsrechten abgesehen, Art 8 § 1 Abs 3 ÄndG) daher nicht mehr in Betracht. Gegenüber Dritten, die am Grundstück überhaupt nicht dinglich berechtigt sind, kann der Eigentümer zwar schuldrechtlich zur Löschung eines Eigentümergrundpfandrechts verpflichtet sein. Durch Vormerkung nach § 1179 BGB kann ein Löschungsanspruch jedoch nicht für jemand eingetragen werden, der keinerlei Recht am Grundstück hat und auch nicht die Einräumung eines solchen Rechts oder die Übertragung des Eigentums verlangen kann.⁴

Die Eintragung einer **Löschungsvormerkung ist** nach § 1179 BGB **zulässig**, wenn der Gläubiger des zu sichernden schuldrechtlichen Löschungsanspruchs⁵ 2599

— Berechtiger eines anderen **gleich- oder nachrangigen Rechts** am Grundstück als einer Hypothek, Grund- oder Rentenschuld ist, mithin zB einer Dienstbarkeit, auch eines Nießbrauchs, eines dinglichen Vorkaufsrechts, einer Reallast, eines Dauerwohnrechts, auch wenn ein solches Recht versehentlich gelöscht, materiell sonach nicht erloschen ist,⁶ oder

— einen **Anspruch** (der selbst durch Vormerkung nicht gesichert zu sein braucht⁷) **auf Einräumung** eines solchen **anderen Rechts** oder auf **Übertragung des Eigentums** am Grundstück hat (gleiches gilt für den Grundbuchberichtigungsanspruch des nicht eingetragenen Eigentümers).⁸ Dieser Anspruch kann auch ein künftiger oder bedingter sein. Dazu gehört daher auch der Anspruch des Grundstückseigentümers auf Übertragung des Erbbaurechts (Heimfallanspruch, § 2 Nr 4 ErbbauVO).⁹

Die Berechtigung oder der Anspruch als Voraussetzung für Sicherung des Löschungsanspruchs muß bei Eintragung der Löschungsvormerkung bestehen.¹⁰

Wenn ein **Grundstücksteil** mit einem Grundpfandrecht belastet ist (§ 1114 BGB), ermöglicht nur der Anspruch auf Übertragung des Eigentums an diesem (belasteten) Grundstücksmiteigentum Eintragung einer Löschungsvormerkung.¹¹ Der Anspruch auf Verschaffung einer **Eigentumswohnung** geht auf Übertragung des Eigentums; Sicherung des Löschungsanspruchs durch Eintragung der Vormerkung ist auch an dem noch ungeteilten Grundstück zulässig.¹² Nur bei gleich- oder vorrangigen, nicht aber bei nachrangigen Grundpfandrechten kann eine Löschungsvormerkung eingetragen werden, 2600

---

³ BGH 99, 363 = aaO.
⁴ BT-Drucks 8/89, S 10; Stöber Rpfleger 1977, 401.
⁵ Nicht zulässig ist eine Löschungsvormerkung für den Eigentümer des Grundstücks zur Sicherung eines Anspruchs auf Löschung von Grundpfandrechten, die an einem Untererbbaurecht lasten; LG Kleve MittRhNotK 1979, 74. S aber auch bei Fußn 9.
⁶ Dazu Stöber Rpfleger 1977, 401.
⁷ Stöber Rpfleger 1977, 399 (401).
⁸ Stöber Rpfleger 1977, 399 (402).
⁹ OLG Hamm JurBüro 1981, 94 = Rpfleger 1981, 35; OLG Hamm NJW-RR 2002, 739.
¹⁰ Anders LG Wuppertal MittRhNotK 1986, 198 („bei Bestellung").
¹¹ Stöber Rpfleger 1977, 399 (401 Fußn 47).
¹² Stöber aaO (Fußn 11).

wenn der Anspruch auf Übertragung des Grundstückseigentums oder Einräumung eines Grundstücksrechts selbst durch Vormerkung gesichert ist.[13] Besitz oder Miteigentum (§ 1008 BGB) sowie eine öffentliche Grundstückslast (§ 10 Abs 1 Nr 3 ZVG) ermöglichen Bestellung einer Löschungsvormerkung nicht. Der Grundpfandgläubiger mit gesetzlichem Löschungsanspruch (§ 1179a BGB) kann sich nicht daneben „noch eine Vormerkung für einen vertraglich vereinbarten Löschungsanspruch eintragen lassen".[14] Jedoch kann, wenn der Gläubiger eines gleich- oder nachrangigen Grundpfandrechts außerdem noch ein anderes Recht an dem Grundstück (oder einen Anspruch auf Einräumung eines solchen Rechts oder auf Übertragung des Eigentums) hat, zB ein Wohnungsrecht, ein Wohnungsbesetzungsrecht, zu dessen Verstärkung nach § 1179 BGB eine Löschungsvormerkung bestellt werden.[15] Für einen gleich- oder nachrangigen Grundpfandgläubiger ist Eintragung einer Löschungsvormerkung auch an (= bei) einer Hypothek nach §§ 1187–1189 BGB und ebenso an einer Inhabergrundschuld nach § 1195 BGB (insoweit besteht kein gesetzlicher Löschungsanspruch nach § 1179a BGB; s § 1187 S 4 BGB) ausgeschlossen.[16] Auch bei solchen Rechten kann eine Löschungsvormerkung aber für einen nach § 1179 BGB sicherbaren Berechtigten eingetragen werden.[17] Der Anspruch auf Einräumung einer Hypothek (Grund- oder Rentenschuld), auch wenn er auf gesetzlicher Grundlage beruht (§ 648 BGB) oder durch Vormerkung (§ 883 BGB) gesichert ist, ermöglicht Bestellung einer Löschungsvormerkung nach § 1179 BGB nicht.[18] Bei Eigentümergrundschulden,[19] soweit ihnen gegenüber ein gesetzlicher Löschungsanspruch nach § 1179a BGB nicht besteht (Fälle der § 1179a Abs 2 S 2 BGB: Briefrecht vor Briefübergabe; § 1196 Abs 3 BGB; ursprüngliche offene Eigentümergrundschuld, die noch nicht einem anderen zugestanden hat), kann für gleich- oder nachrangige Grundpfandgläubiger nach § 1179 BGB keine Löschungsvormerkung eingetragen werden.[20] Sicherung eines schuldrechtlichen Aufhebungsanspruchs nach § 883 BGB (erfordert Voreintragung nach § 39 GBO und Briefvorlage nach § 41 GBO) ist damit jedoch nicht ausgeschlossen[21] (s auch Rdn 1483). Für den Gläubiger einer Arresthypothek dürfte infolge Ausschluß des gesetzlichen Löschungsanspruchs (§ 932 Abs 1 S 2 ZPO) eine Löschungsvormerkung bestellt werden können.[22]

2601 Bezüglich eines **Teilbetrags** einer künftigen Eigentümergrundschuld oder -hypothek kann eine Löschungsvormerkung ebenfalls eingetragen werden.[23]

---

[13] Stöber Rpfleger 1977, 399 (401); streitig, aA Schön BWNotZ 1978, 52.
[14] BT-Drucks 8/89, S 9; Stöber Rpfleger 1977, 399 (400).
[15] Stöber Rpfleger 1977, 399 (401), BT-Drucks 8/89, S 10.
[16] BT-Drucks 8/89, S 10; Stöber Rpfleger 1977, 399 (401).
[17] Stöber Rpfleger 1977, 399 (403).
[18] Stöber Rpfleger 1977, 399 (402).
[19] Das Entstehen eines Löschungsanspruchs gegenüber einer vor/gleichrangigen (Fremd-)Grundschuld hängt nicht davon ab, ob die nach der Sicherungsabrede gesicherte Forderung entstanden, die Grundschuld somit „valutiert" war oder nicht, BGH 108, 237 (240) = aaO (Fußn 81).
[20] Stöber Rpfleger 1977, 399 (402).
[21] Stöber Rpfleger 1977, 399 (402).
[22] Stöber Rpfleger 1977, 399 (402).
[23] KGJ 49, 221; Recke DJ 1935, 1728.

B. Einzelfälle

Es können auch **einzelne Fälle** der Vereinigung von Grundpfandrecht und Grundstückseigentum von der Vormerkung **ausgenommen** werden.[24]

Eingetragen werden kann die Löschungsvormerkung **frühestens zugleich mit der Hypothek** (Grundschuld), die als Eigentümergrundschuld dem Löschungsanspruch unterliegt. Wenn diese Hypothek (Grundschuld) im Grundbuch noch nicht eingetragen ist, ist die Eintragung einer Löschungsvormerkung nicht zulässig. Das gilt auch dann, wenn zur Sicherung des Anspruchs auf Einräumung der Hypothek bereits eine Vormerkung im Grundbuch eingetragen ist.[25]

2602

Die Löschungsvormerkung wird bei Bestehen des zu sichernden Anspruchs **materiell mit Grundbucheintragung** auf Grund Bewilligung des Grundstückseigentümers oder auf Grund einer gegen ihn erwirkten einstweiligen Verfügung **erworben** (§ 885 BGB); **formell erfolgt** die **Eintragung** auf Antrag (§ 13 Abs 1 GBO) und der bezeichneten Bewilligung oder einstweiligen Verfügung. Wenn die Löschungsvormerkung für den Berechtigten eines Anspruchs auf Übertragung des Eigentums am Grundstück oder auf Einräumung eines Rechts an ihm (nicht jedoch eines Grundpfandrechts) eingetragen werden soll (§ 1179 Nr 2 BGB), sind die **Voraussetzungen** des § 1179 Nr 2 BGB **glaubhaft zu machen** (§ 29a GBO); Nachweis in grundbuchmäßiger Form (§ 29 GBO) ist nicht erforderlich. Zugelassen sind alle Glaubhaftmachungsmittel der freiw Gerichtsbarkeit (Urkunden, Zeugenaussage, schriftliche Bestätigung, Versicherung an Eides Statt); die Beschränkung des § 294 Abs 2 ZPO gilt nicht.[26] Darüber, ob Glaubhaftmachung erfolgt ist, entscheidet die freie Überzeugung des Grundbuchrechtspflegers (bzw des Beschwerdegerichts). Gleichzeitige Eintragung der Löschungsvormerkung mit dem „begünstigten" Recht am Grundstück (§ 1179 Nr 1 BGB) ist zulässig; daß für das dingliche Recht des Vormerkungsberechtigten die Einigung (§ 873 Abs 1 BGB) bereits vorausgegangen ist, kann nicht gefordert werden.[27] Für die gleichzeitige Eintragung von dinglichem Recht und Löschungsvormerkung ist (wegen § 891 BGB) dem Grundbuchamt jedenfalls das Vorliegen der dinglichen Einigung nicht nachzuweisen (daher auch keine Glaubhaftmachung nach § 29a GBO). **Die Zustimmung des Gläubigers** des Grundpfandrechts, das gelöscht werden soll, ist zur Eintragung der Vormerkung nicht erforderlich.[28] Der **Vorlegung des Briefes** für das Recht, bei dem die Löschungsvormerkung eingetragen werden soll, bedarf es **nicht** (§ 41 Abs 1 S 3 GBO).

2603

b) Eintragungsbewilligung

Die **Eintragungsbewilligung**[29] (gleiches gilt für die einstweilige Verfügung) hat als Eintragungsgrundlage Eintragung einer Löschungsvormerkung nach

2604

---

[24] S darüber insbesondere Knöchlein BlGBW 1958, 194 mit Mustern.
[25] BayObLG 1974, 434 = DNotZ 1975, 159 = Rpfleger 1975, 60 mit Nachw; aA nur Knieper MDR 1971, 11.
[26] Keidel/Kuntze/Winkler Rdn 70 zu § 15 FGG.
[27] Anders Schön BWNotZ 1978, 51, der jedoch über den Anspruch auf Einräumung des Rechts zu dem Ergebnis kommt, daß die Eintragung der Löschungsvormerkung trotzdem zulässig und wirksam ist.
[28] KGJ 50, 200.
[29] Zu ihr Stöber Rpfleger 1977, 404.

§ 1179 BGB zu gestatten und (übereinstimmend mit den notwendigen Eintragungsinhalt) zu bezeichnen
- den **Gläubiger** des zu sichernden Löschungsanspruchs als Vormerkungsberechtigten (Rdn 2599) nach Maßgabe des § 15 GBV (dazu Rdn 2608). Dafür genügt es, daß sich der Berechtigte aus dem Zusammenhang des Bewilligungswortlauts mit dem übrigen Urkundeninhalt und dem Grundbuchinhalt ergibt, wie bei Bewilligung von Löschungsvormerkungen „für die Berechtigten aller im Range zurücktretenden Rechte";[30]
- den zu sichernden **Löschungsanspruch** mit dem Schuldgrund; die Angabe des Schuldgrundes wird zumeist zwar nicht für notwendig, sondern nur für zweckmäßig erachtet,[31] sofern er schon zweifelsfrei – ohne Verwechslungsgefahr – aus Urkunden entnommen werden kann, die nicht Bestandteil der Grundbucheintragung sind;
- den Leistungsgegenstand, dh das bei Vereinigung mit dem Eigentum in einer Person **zu löschende Grundpfandrecht**.

2605 Der **schuldrechtliche Löschungsanspruch** kann rechtsgeschäftlich begründet sein (insbes §§ 305, 242, auch § 779 BGB) oder (selten) gesetzlich bestehen (zB § 41 Abs 2 WEG). Als schuldrechtliche Verpflichtung kann der Eigentümer den Anspruch sogleich mit der durch § 1179 BGB bedingten Einschränkung[32] begründen, daß er nur der Sicherung des am Grundstück bestehenden Rechts oder des Anspruchs nach Nr 2 des § 1179 BGB dienen soll; die schuldrechtliche Löschungsverpflichtung kann der Eigentümer aber auch ohne diese Beschränkung, mithin umfassend begründen.[33] Auch bei umfassend begründeter schuldrechtlicher Löschungsverpflichtung kann eine Löschungsvormerkung nach § 1179 BGB jedoch nur noch zur Verstärkung des am Grundstück bestehenden Rechts oder des in Nr 2 des § 1179 BGB bezeichneten Anspruchs eingetragen werden. Eine nicht eingeschränkte schuldrechtliche Löschungsverpflichtung kann der Eigentümer zB dem Gläubiger eines gleich- oder nachrangigen Grundpfandrechts gegenüber begründen, der noch ein anderes Recht am Grundstück (zB ein Wohnungsrecht, ein Wohnungsbesetzungsrecht) oder auch einen Anspruch auf Einräumung eines solchen Rechts oder auf Übertragung des Eigentums hat (s Rdn 2600). Dann verbietet sich Sicherung durch Vormerkung des dem Berechtigten als Gläubiger des Grundpfandrechts (mit gesetzlichem Löschungsanspruch) begründeten vertraglichen Löschungsanspruchs (s Rdn 2598). Die Eintragungsbewilligung muß daher in diesem Fall erkennbar machen, daß die Vormerkung nur zur Sicherung des vormerkungsfähigen Teilanspruchs zur Eintragung gelangen soll, der der Verstärkung des am Grundstück bestehenden „anderen" Rechts oder des Anspruchs auf Einräumung eines solchen Rechts oder auf Übertragung des Eigentums dient. Das erfordert Trennung der in der einheitlichen Urkunde enthaltenen schuldrechtlichen Löschungsverpflichtung und der Eintragungsbewilligung.[34] Wenn die Löschungsvormerkung sogleich bei Bestel-

---

[30] OLG Köln MittRhNotK 1984, 192.
[31] S RG 133, 267 (269); auch BGH LM Nr 1 zu § 883 BGB; KG Rpfleger 1969, 50 und 1972, 94.
[32] Dazu Stöber Rpfleger 1977, 399 (402 f).
[33] Zu deren Bedeutung s Stöber Rpfleger 1977, 399 (402).
[34] Dazu Stöber Rpfleger 1977, 399 (405).

B. Einzelfälle

lung des zu sichernden Rechts (§ 1179 Nr 1 BGB) bewilligt wird und die Urkunde nichts anderes ergibt, kann davon ausgegangen werden, daß der zu sichernde Anspruch seinen Rechtsgrund in dem zu sichernden Rechtsverhältnis hat und sich in der nach § 1179 BGB sicherbaren Löschungsverpflichtung erschöpft. Der Grund des zu sichernden Anspruchs muß dann nicht besonders und nicht näher bezeichnet werden. Wenn bestimmte Anhaltspunkte begründete Zweifel am Vorliegen der Eintragungsvoraussetzungen des § 1179 BGB ergeben, ist das Grundbuchamt zur Beanstandung berechtigt und verpflichtet.

c) Grundbucheintragung

Die Löschungsvormerkung wird in die Spalte „Veränderungen" der Abt III (Spalte 7 mit 5 und 6) eingetragen (§ 12 Abs 1 Buchst c GBV; somit kein Fall von § 11 Abs 5 und 6 GBV), selbst wenn sie gleichzeitig mit dem betroffenen Recht im Grundbuch vermerkt wird. Die rechte Spaltenhälfte wird bei Löschungsvormerkungen nicht freigelassen, da die endgültige Eintragung nicht in derselben Spalte, sondern in Spalte „Löschungen" erfolgt (§ 19 Abs 1 S 2 GBV). 2606

Eintragung der Löschungsvormerkung erfordert[35] 2607
– Bezeichnung als (**Löschungs-**)**Vormerkung**,[36]
– Bezeichnung des zu **sichernden Anspruchs**[37] als Löschungs- (auch Aufhebungs-)Anspruch; zur Bezeichnung des näheren Inhalts des vorgemerkten Anspruchs kann auf die Eintragungsbewilligung (oder die einstweilige Verfügung) Bezug genommen werden (§ 885 Abs 2 BGB); dies gilt auch für die Angabe des Schuldgrunds, die indes[38] durchweg nicht grundsätzlich für erforderlich erachtet wird, sofern er schon zweifelsfrei aus anderen Urkunden entnommen werden kann (s bereits Rdn 2604),[39]
– Bezeichnung des **Gläubigers** des gesicherten Anspruchs als **Vormerkungsberechtigten**,[40]
– Bezeichnung des **Leistungsgegenstandes**, dh das zu löschende Grundpfandrecht. Seine Bezeichnung schließt die erforderliche Schuldnerbezeichnung ein, weil als solcher nur der Grundstückseigentümer in Betracht kommt.[41]

Der **Vormerkungsberechtigte** (Gläubiger des Anspruchs) muß in das Grundbuch nach Maßgabe des § 15 GBV mit **Namen** oder Firma usw eingetragen (und in der Eintragungsbewilligung so bezeichnet) werden.[42] Namentliche Eintragung mit dem Zusatz „... als Berechtigter der Post Abt II Nr ..." oder „... als Gläubiger eines Eigentumsübertragungsanspruchs ..." ist nicht zulässig,[43] je- 2608

---

[35] Zur Vormerkungseintragung allgemein auch Ertl Rpfleger 1977, 345 (351).
[36] KGJ 41 A 321 (237); auch Ertl aaO (Fußn 35).
[37] BayObLG 1956, 196 = DNotZ 1956, 547 = Rpfleger 1956, 313.
[38] Bedenklich; s Eickmann Rpfleger 1973, 347.
[39] S auch Stöber Rpfleger 1977, 399 (403).
[40] KGJ 46 A 200 (202).
[41] Stöber Rpfleger 1977, 399 (403 Fußn 72).
[42] Eingehend dazu Stöber Rpfleger 1977, 399 (403 f); BayObLG 1980, 128 (131) = DNotZ 1980, 483 = NJW 1981, 2582 = Rpfleger 1980, 341.
[43] Stöber Rpfleger 1977, 399 (404).

denfalls aber nicht notwendig.[44] Eintragung der Löschungsvormerkung nur für „den jeweiligen Berechtigten der Post Abt II Nr ..." (ohne namentliche Bezeichnung des Berechtigten) ist unzulässig.[45] Den vielfältigen Formulierungsmöglichkeiten bei Eintragung von Löschungsvormerkungen nach § 1179 BGB idF bis 31. 12.1977 (dazu 5. Aufl, Rdn 1232, 1232a) hat das ÄndG ein Ende gesetzt. Nach LG Bonn[46] kann der Berechtigte namentlich mit dem Zusatz „als Inhaber des Rechts ..." bezeichnet werden (dort: „als Berechtigter der Auflassungsvormerkung"). Dieser Zusatz soll erkennbar machen, daß die Löschungsvormerkung unter der auflösenden Bedingung des Wegfalls des eingetragenen Rechts (der Auflassungsvormerkung) steht. Der Zusatz soll sonach nicht der Bezeichnung des Berechtigten, sondern des Anspruchs dienen. Zur näheren Bezeichnung des Anspruchs kann jedoch nach § 885 Abs 2 BGB auf die Eintragungsbewilligung Bezug genommen werden. Das gilt auch für die Bedingung, von der ein Anspruch abhängt,[47] die im übrigen bei durchaus zulässiger Eintragung in das Grundbuch klarer formuliert werden müßte. „Der jeweilige Inhaber" kann als Berechtiger auch bei übertragbaren Rechten nicht eingetragen werden. Der nach § 328 BGB berechtigte Dritte kann zwar bei Rechtserwerb einen Löschungsanspruch haben, gehört dann aber gegenwärtig nicht zu den nach § 1179 Nr 1 BGB durch Löschungsvormerkung sicherbaren Berechtigten. Seine gegenwärtige Sicherung brauchte das Gesetz auch nicht zu ermöglichen, weil Übertragung des Rechts mit Löschungsanspruch Übergang der Löschungsvormerkung als Sicherungsrecht bewirkt (Rdn 2623). Wenn Vormerkungsberechtigter der Berechtigte eines subjektiv-dinglichen Rechts (Grunddienstbarkeit, § 1018 BGB; Vorkaufsrecht nach § 1094 Abs 2 BGB, Reallast nach § 1105 Abs 2 BGB, auch Erbbauzins) ist, erfolgt die namentliche Bezeichnung nicht durch Angabe des gegenwärtigen Rechtsinhabers, sondern in der Weise, daß als Berechtigter angeführt wird der „jeweilige Eigentümer des (zu bezeichnenden) herrschenden Grundstücks".[48] Mit dem begünstigten gleich- oder nachrangigen Recht („... jeweiliger Berechtigter der Post Abt II Nr ...") kann auch er nicht bezeichnet werden.[49]

Unrichtige Bezeichnung des Berechtigten ist Verletzung formellen Rechts (§ 15 GBV). Die Eintragung ist gleichwohl materiellrechtlich wirksam, wenn

---

[44] LG Bonn MittRhNotK 1978, 140. Insoweit anders OLG Hamm JurBüro 1981, 94 = Rpfleger 1981, 35, das einen Zusatz jedenfalls dann für zulässig hält, wenn die beiden möglichen Inhalte einer Löschungsvormerkung konkurrieren, der Löschungsanspruch mithin für den Berechtigten sowohl als Gläubiger eines anderen nachrangigen Rechts (§ 1179 Nr 1 BGB) wie auch für ihn als Gläubiger eines Anspruchs auf Einräumung eines Rechts gesichert werden soll. Weder eine Anspruchsbegründung noch die Gebührenvergünstigung des § 23 Abs 3 KostO können jedoch eine über § 15 GBV hinausgehende Bezeichnung des Berechtigten rechtfertigen. Richtigerweise beziehen sich die Gründe des OLG Hamm auch auf die Bezeichnung des zu sichernden Anspruchs.
[45] BayObLG 1980, 128 = aaO (Fußn 42); Stöber Rpfleger 1977, 399 (404).
[46] LG Bonn MittRhNotK 1978, 50.
[47] Ertl Rpfleger 1977, 345 (351).
[48] Stöber Rpfleger 1977, 399 (404); BayObLG 1980, 128 = aaO (Fußn 42); LG Wuppertal Rpfleger 1979, 421 mit zust Anm Grauel.
[49] Stöber BayObLG und LG Wuppertal je aaO (= Fußn 48).

B. Einzelfälle

sich aus den eingetragenen Angaben die Person des Berechtigten zweifelsfrei entnehmen läßt.[50]

Die vorzumerkende Löschungsverpflichtung kann **alle Fälle** der Vereinigung von Hypotheken (abgesehen vom Fall des § 1163 Abs 1 BGB auch der Vereinigung von Grundschuld) und Eigentums in einer Person **umfassen** oder nur **auf einen** oder **einzelne dieser Fälle beschränkt** sein. Inwieweit das eine oder andere zutrifft, ist der Löschungsverpflichtung uU im Wege der Auslegung unter Berücksichtigung des engen Zusammenhanges zwischen Löschungsvormerkung und zu löschendem Grundpfandrecht[51] zu entnehmen. Der Umfang muß zur Wirksamkeit gegenüber Dritten aus der einzutragenden Löschungsvormerkung hervorgehen.[52] Es ist nicht erforderlich, alle im Einzelfalle in Frage kommenden Arten von Löschungsverpflichtungen im Grundbuch selbst zum Ausdruck zu bringen. Es genügt vielmehr, hierwegen auf die Eintragungsbewilligung Bezug zu nehmen.[53] Es reicht mithin aus, in derartigen erweiterten Fällen bei dem betroffenen Grundpfandrecht im Grundbuch nur einzutragen: 2609

> Löschungsvormerkung für ... gemäß Eintragungsbewilligung vom ...

Umfaßt die Löschungsvormerkung dagegen nur den Fall des § 1179 BGB, so ist es zweckmäßiger, ohne Bezugnahme unmittelbar in das Grundbuch einzutragen:

> Löschungsvormerkung nach § 1179 BGB für ...[54]

Umfaßt die Löschungsverpflichtung sowohl den Fall des § 1179 wie den des § 1163 Abs 1 S 1 BGB, so kann die Eintragung im Grundbuch lauten:

> Löschungsvormerkung nach § 1179 einschließlich des Falles des § 1163 Abs 1 Satz 1 BGB für ...

oder noch kürzer:

> Vormerkung nach §§ 1179, 1163 Abs. 1 S 1 BGB für ...

Es kann aber (s oben) die Eintragung auch dahin gefaßt werden:

> Löschungsvormerkung für ... gemäß Eintragungsbewilligung vom ... (Notar ... URNr ...)

Nicht ausreichend dürfte hier sein, ohne Bezugnahme im Grundbuch lediglich den Fall des § 1179 BGB zu erwähnen.[55] Umfaßt die Löschungsverpflich-

---

[50] K/E/H/E Rdn 2 zu § 15 GBV mit Nachw.
[51] RG JW 1908, 275; 1911, 587.
[52] RG 93, 117.
[53] So besonders ausführlich BayObLG 1956, 196 = DNotZ 1956, 447 = Rpfleger 1956, 311, das auch ausführt: „Eine Bezugnahme auf die Eintragungsbewilligung kann zur Entlastung des Grundbuchs zweckmäßig erscheinen, aber auch unterbleiben, weil die dann notwendige Fassung der Löschungsvormerkung zwar selbst angeben muß, ob diese nur den Fall der künftigen oder auch den Fall der bereits erfolgten Vereinigung von Grundpfandrecht und Eigentum erfassen soll, aber trotzdem nicht übermäßig mehr Raum einnimmt und auch nicht erheblich mehr Schreibarbeit verursacht". S zur Frage der Bezugnahmemöglichkeit auch (kritisch) Schmauhs DNotZ 1956, 132; Ripfel BWNotZ 1957, 85.
[54] S auch Honisch Rpfleger 1956, 305, der bereits – mit Recht – das Wort „Vormerkung" statt „Löschungsvormerkung" als ausreichend ansieht.
[55] S insbesondere OLG Braunschweig NdsRpfl 1963, 281 = Rpfleger 1964, 119.

tung des Grundstückseigentümers alle möglichen Fälle, so kann der Eintrag auch lauten:

> Löschungsvormerkung für ... wenn das Recht sich mit dem Eigentum in einer Person vereinigt oder bereits vereinigt hat.

Eine andere Fassungsmöglichkeit:

> Vormerkung für ... nach § 1179 BGB, auch für alle Fälle der bereits erfolgten Vereinigung.[56]

2610 **Eintragungsnachricht** (§ 55 Abs 1 GBO) von der Eintragung einer Löschungsvormerkung erhalten der Vormerkungsberechtigte und der Eigentümer (ggf auch ein anderer Antragsteller), nicht aber der Gläubiger des Grundpfandrechts, bei dem die Löschungsvormerkung eingetragen ist; Eintragungsnachricht enthält weiter der den Antrag einreichende Notar. In den Brief über das Grundpfandrecht, bei dem die Löschungsvormerkung eingetragen ist, wird die Vormerkung nicht aufgenommen (§ 57 GBO; daher auch keine Briefvorlage; Rdn 2603). Auch auf Antrag kann die Löschungsvormerkung nicht nachträglich ergänzend auf dem Grundpfandrechtsbrief vermerkt werden (§ 57 Abs 2 GBO).

2611 Die Eintragung einer Löschungsvormerkung ist so lange zulässig, als das damit belastete Grundpfandrecht noch nicht auf den Grundstückseigentümer umgeschrieben ist.[57] Eine Löschungsvormerkung kann aber auch eingetragen werden, wenn das zu löschende Grundpfandrecht **eingetragene Eigentümergrundschuld** ist. Grundlage für die Sicherung des schuldrechtlichen Löschungsanspruchs ist dann unmittelbar § 883 BGB; den Einschränkungen des § 1179 BGB unterliegt die Sicherung eines Löschungsanspruchs in diesem Fall nicht. Es kann nicht gesagt werden, daß etwa die Löschungsvormerkung nur den Fall im Auge habe, daß sich die Eigentümergrundschuld nach Abtretung erneut mit dem Eigentum verbindet. Der Löschungsanspruch kann ebenso für den Fall gewollt und festgelegt sein, daß die Eigentümergrundschuld nicht mehr abgetreten wird. Die Sicherung des für diesen Fall vorgesehenen Löschungsanspruchs wird nicht dadurch beeinträchtigt, daß der durch Vormerkung zu sichernde Anspruchsberechtigte für den Fall einer bestimmten Abtretung (zB zur Absicherung eines Zwischenkredits[58]) auf Durchsetzung des Löschungsanspruchs verzichtet. Auch wenn der Löschungsanspruch ausdrücklich mit der Maßgabe vereinbart ist, daß er nur bei Wiedervereinigung der Eigentümergrundschuld nach vorausgegangener Abtretung bestehen soll, betrifft dieser sicherbare künftige (oder bedingte) Löschungsanspruch das gegenwärtige (Erfordernis des § 883 BGB) und eingetragene (Erfordernis des § 39 GBO) Grundpfandrecht des Eigentümers. Das ermöglicht Eintragung der Löschungsvormerkung (richtig: **Aufhebungsvormerkung**) nach § 883 BGB. Damit ist ein Fall des § 1179 BGB aber nicht gegeben. Daher ist zwar im Ergebnis, nicht aber in der Begründung der herrschenden Ansicht zuzustimmen, daß die Eintragung einer Löschungsvormerkung (ohne die ein-

---

[56] Vgl Honisch aaO.
[57] KG DNotZ 1934, 782 = JW 1934, 1860; OLG München DR 1941, 2338; BayObLG 1956, 196 = DNotZ 1956, 547 = Rpfleger 1956, 311.
[58] S Stöber Rpfleger 1977, 430.

schränkende Bedingung der Wiedervereinigung mit dem Eigentum nach vorausgegangener Abtretung) zulässig ist.[59] Für die Eintragung der Löschungsvormerkung nach § 883 BGB bei einer eingetragenen Eigentümergrundschuld bedarf es jedoch der Vorlage des Grundpfandrechtsbriefes (§ 41 Abs 1 S 3 GBO).[60] Diese Vormerkung wird auf dem Brief über das mit ihr belastete Grundpfandrecht vermerkt (§§ 57, 62 GBO).

Rangvorbehalt (§ 881 BGB; Rdn 2128 ff) und **Rangänderung** (§ 880 BGB; Rdn 2558 ff) können zugunsten eines nach § 1179 BGB sicherbaren Berechtigten (Rdn 2599) oder des Gläubigers eines Alt- oder Übergangsrechts (Rdn 2635) davon **abhängig gemacht** werden, daß nur eine solche Hypothek, Grund- oder Rentenschuld mit dem Vorrang eingetragen werden darf, bei der der Eigentümer **gleichzeitig eine Löschungsvormerkung** nach § 1179 BGB eintragen läßt (s Rdn 2135 und 2583). Für den Gläubiger einer vom Rangvorbehalt betroffenen oder mit Rangänderung zurücktretenden Hypothek, Grund- oder Rentenschuld mit gesetzlichem Löschungsanspruch (§ 1179 a BGB; Rdn 2598) kann der Rangvorbehalt oder die Rangänderung nicht – wie früher – von der gleichzeitigen Eintragung einer Löschungsvormerkung abhängig gemacht werden. Soll der Löschungsanspruch des § 1179 a BGB gegenüber dem vorbehaltenen Recht ausgeschlossen sein (§ 1179 a Abs 5 BGB), so kann dies bereits bei der Bestellung des Rangvorbehalts vereinbart und eingetragen werden.[61]

2612

d) Vormerkungswirkungen, Einzelfragen

Die Löschungsvormerkung erfaßt nur Eigentümergrundschulden, die dem Grundstückseigentümer **endgültig verbleiben,** nicht also vorläufige Eigentümergrundschulden nach § 1163 Abs 1 S 1, Abs 2 BGB.[62] In die Löschungsvormerkung kann bei einer Hypothek auch der **Fall des § 1163 Abs 1 S 1 BGB** (Forderung nicht entstanden, weil endgültig nicht valutiert) einbezogen werden,[63] ferner der Fall, daß die Hypothek bereits ganz oder teilweise auf den Eigentümer übergegangen ist.[64] Die Frage, ob dies für einen Dritten erkennbar eingetragen werden muß, hat RG[65] bejaht. Da es sich um die nähere Bezeichnung des zu sichernden Anspruchs handelt, ist jedoch Bezugnahme auf die Eintragungsbewilligung zulässig (§ 885 Abs 2 BGB)[66] (s Rdn 2609). Nach OLG Bremen[67] umfaßt im Zweifel eine mit dem Wortlaut des Gesetzes eingetragene Löschungsvormerkung auch die bereits entstandenen Eigentümergrundpfandrechte. Nach OLG Braunschweig[68] dagegen genügt das Grundbuchamt mit der bloßen Eintragung einer Vormerkung nach § 1179

2613

---

[59] So LG Augsburg NJW 1962, 592; LG Hagen MDR 1965, 571; Wörbelauer NJW 1958, 1513.
[60] S auch Stöber Rpfleger 1977, 399 (402 Fußn 53).
[61] S Jerschke DNotZ 1977, 727.
[62] BGH DNotZ 1973, 414 = NJW 1973, 895 = Rpfleger 1973, 209; Willke WM 1973, 718.
[63] RG 125, 136.
[64] KG DNotZ 1934, 782; OLG München DNotZ 1941, 512.
[65] RG 93, 117.
[66] BayObLG 1956, 196 = DNotZ 1956, 547 = Rpfleger 1956, 311.
[67] OLG Bremen NJW 1957, 1284.
[68] OLG Braunschweig MittBayNot 1964, 36 = Rpfleger 1964, 119.

BGB nicht einem Antrag des Grundstückseigentümers, der sowohl den Fall des § 1179 BGB als auch den des § 1163 Abs 1 S 1 ausdrücklich erfaßt. Eine Löschungsvormerkung „wenn und soweit die Post auf den Eigentümer übergeht (§§ 1179, 1163 BGB)" erstreckt sich regelmäßig nicht auf die dadurch entstandene Eigentümergrundschuld, daß die Post endgültig unvalutiert bleibt und deshalb niemals Fremdrecht war (Fall des § 1163 Abs 1 S 1 BGB).[69] Eine Löschungsvormerkung (damals zugunsten eines rangschlechteren Grundpfandrechts) bei einer Hypothek, „wenn und soweit sie sich mit dem Eigentum in einer Person vereinigt hat oder vereinigen wird, oder soweit eine Forderung nicht zur Entstehung gelangt", erstreckt sich hingegen in der Regel auch auf die Eigentümergrundschuld, die bis zur Valutierung durch den Hypothekengläubiger besteht und vom Eigentümer an einen Zwischenfinanzierer abgetreten wird.[70]

2614 Die Verpflichtung, ein Grundpfandrecht in einem anderen Falle als dem der Entstehung einer Eigentümergrundschuld löschen zu lassen, kann nicht zum Inhalt einer Löschungsvormerkung nach § 1179 BGB gemacht werden.[71] Dies gilt insbesondere für den Fall des Übergangs eines Rechts auf den Schuldner, der nicht Grundstückseigentümer ist (§ 1164 BGB).

Nach herrschender Ansicht ist der Anspruch auf Rangrücktritt, wenn keine Zwischenrechte eingetragen sind, nicht durch Vormerkung nach § 1179 BGB (jedoch nach § 883 BGB) sicherungsfähig.[72]

2615 Mehrere bei derselben Hypothek oder Grundschuld gebuchte **Löschungsvormerkungen** stehen in keinem Rangverhältnis zueinander.[73] Das LG Lübeck[74] hält die Eintragung einer Löschungsvormerkung zugunsten mehrerer Berechtigter in einem Vermerk nicht für ordnungswidrig, wenn die Selbständigkeit der Berechtigungen erkennbar bleibt. Es hält jedoch die Eintragung zusammengefaßter Löschungsvormerkungen dann für ordnungswidrig, wenn durch die Eintragung Zweifel über die wahren Berechtigten oder sonstige Verwirrung zu befürchten sind.

2616 Ist eine **Gesamthypothek** an Grundstücken **verschiedener Eigentümer** eingetragen und geht nur einer von diesen eine Löschungsverpflichtung nach § 1179 BGB ein, so kann die Löschungsvormerkung zur Sicherung des Anspruchs des Berechtigten auf Löschung nur lauten:

... soweit sich das Grundpfandrecht mit dem Eigentum des X in einer Person vereinigt.

2617 Die Löschungsvormerkung verhindert das Entstehen einer **Eigentümergrundschuld** nicht.[75] Das Grundbuchamt kann die beantragte Eintragung der Abtretung der entstandenen Eigentümergrundschuld nicht von der Zustimmung des Berechtigten aus der Löschungsvormerkung abhängig ma-

---

[69] BGH 60, 226 = DNotZ 1973, 410 = Rpfleger 1973, 208.
[70] BGH DNotZ 1973, 414 = NJW 1973, 895 und 1195 mit Anm Mittenzwei = Rpfleger 1973, 209. S zu derartigen Fällen auch OLG Celle DNotZ 1958, 544; Grund WürttNotV 1953, 222 und Isenmann WürttNotV 1952, 297.
[71] KG OLG 10, 425.
[72] Anders Zagst, Das Recht der Löschungsvormerkung und seine Reform, 1973, S 37.
[73] KG DNotZ 1944, 54.
[74] LG Lübeck SchlHA 1970, 230; ebenso LG Itzehoe, 4 T 34/70; gegenteiliger Ansicht LG Kiel 3 T 173/69.
[75] OLG München JFG 14, 319 (323).

B. Einzelfälle

chen. Der Berechtigte kann aber von dem Besteller der Vormerkung die Löschung des betr Grundpfandrechts, von einem neuen Eigentümer, dem eingetragenen Gläubiger und anderen Berechtigten die Zustimmung dazu verlangen.[76] Die Löschung des Grundpfandrechts, die auf Grund des auf eine Vormerkung gestützten Verlangens des Vormerkungsberechtigten erfolgt, kommt naturgemäß allen dem gelöschten Recht gleich- oder nachstehenden Beteiligten zugute. Zur Auslegung einer Vereinbarung, die einer Löschungsvormerkung (nach § 1179 BGB aF) am eigenen Recht zugrunde liegt, s BGH.[77]

Der **Vormerkungsberechtigte** braucht auch solche Verfügungen des Grundstückseigentümers gegen sich nicht gelten lassen, durch die sein Löschungsanspruch **vereitelt oder beeinträchtigt** werden könnte. **Beispiele:** Forderungsauswechslung,[78] Zustimmung zum Rangrücktritt der löschungspflichtigen Hypothek[79] (s Rdn 2561), Verlängerung des Fälligkeitszeitpunkts eines Grundpfandrechts, Umwandlung einer Hypothek in eine Grundschuld. Praktisch macht der Vormerkungsberechtigte in solchen Fällen von seinem Recht kaum einmal Gebrauch. Will er schon bei Bestellung seines Rechts von vornherein eine noch bessere Rechtsstellung erlangen, so kann er sich vom Grundstückseigentümer sofort eine unwiderrufliche Vollmacht des Inhalts erteilen lassen, daß er zur Stellung des Antrags auf Löschung von künftig entstehenden Eigentümergrundpfandrechten berechtigt ist.

2618

Bei einer **Fremdgrundschuld** (Rdn 2277 ff) hat die Löschungsvormerkung oft wenig Bedeutung,[80] da eine Nichtvalutierung (§ 1163 Abs 1 S 1 BGB) infolge der Unabhängigkeit der Grundschuld von einer Forderung nicht in Frage kommt und in der Regel Zahlungen nicht auf die Grundschuld, sondern auf die persönliche Forderung geleistet werden und die Grundschuld bei Erlöschen der durch sie gesicherten Forderung nicht auf den Eigentümer übergeht (Rdn 2304, 2305). Wenn mit Verzicht des Gläubigers auf die Grundschuld eine Eigentümergrundschuld entsteht (§ 1168 mit § 1192 Abs 1 BGB) ist sie dem gesicherten Löschungsanspruch ausgesetzt.[81]
Ein Berechtigter schützt sich bei Vorrang einer Grundschuld besser dadurch, daß – zusätzlich zur Bewilligung einer Löschungsvormerkung – ihm der Grundstückseigentümer seine gegen den Grundschuldgläubiger zustehenden Ansprüche auf Rückgewähr der Grundschuld im Falle der Befriedigung der gesicherten Forderung und auf volle Anmeldung der Grundschuld in einem etwaigen Zwangsversteigerungs- oder Zwangsverwaltungsverfahren sowie die Ansprüche auf Herausgabe des bei einer etwaigen Zwangsvollstreckung erzielten Überschusses abtritt oder verpfändet. Wegen Übertragung und ihrer Sicherung durch eine Vormerkung s Rdn 2342 ff.

2619

---

[76] KGJ 44 A 310; RG 93, 117.
[77] BGH BWNotZ 1981, 45 = MittBayNot 1980, 21 = MittRhNotK 1980, 51 = NJW 1980, 228 = Rpfleger 1980, 56.
[78] RG 125, 172; Lahnert BWNotZ 1966, 234; Leikam BWNotZ 1965, 14.
[79] Schmidt BWNotZ 1968, 277.
[80] Zum Umfang der Belehrungs- und Betreuungspflichten des Notars in diesem Zusammenhang s OLG Saarbrücken DNotZ 1980, 504.
[81] BGH 108, 237 (240) = DNotZ 1990, 581 = NJW 1989, 2536 = Rpfleger 1990, 32 (für § 1179a BGB).

Der Berechtigte kann sich bei einer Grundschuld auch dadurch besonders sichern, daß sich der vorgehende Grundschuldgläubiger selbst verpflichtet, die Grundschuld im Falle ihrer Ablösung löschen zu lassen und er die Eintragung einer Vormerkung auf dem Wege des § 883 BGB bewilligt (s dazu Rdn 2345).

2620 Immerhin kann auch aus einer Grundschuld uU eine Eigentümergrundschuld entstehen und eine Löschungsvormerkung insoweit von Bedeutung sein. S über diese Fälle Rdn 2305.

2621 Bei auf einer (vormaligen) **Heimstätte** lastenden Hypotheken ist die Eintragung von Löschungsvormerkungen zulässig.[82] Bei einer **Reallast** kann eine Löschungsvormerkung nicht eingetragen werden.[83]

e) Löschung und Übertragung der Löschungsvormerkung

2622 Die Löschungsvormerkung kann auf Antrag ihres Berechtigten jederzeit im Grundbuch **gelöscht** werden. Zur Löschung ist Bewilligung (§ 19 GBO) des Vormerkungsberechtigten, nicht jedoch Zustimmung des Grundstückseigentümers erforderlich, wohl aber Antrag nach § 13 Abs 1 GBO. Der Antrag auf Löschung des begünstigten Grundstücksrechts (§ 1179 Nr 1 BGB), nicht jedoch der Antrag auf Löschung einer für den begünstigten Anspruch eingetragenen Vormerkung, erstreckt sich auch auf die bei diesem eingetragenen Löschungsvormerkung. Die zur Sicherung eines Eigentumsverschaffungsanspruchs (§ 1179 Nr 2 BGB) eingetragene Löschungsvormerkung wird bei vormerkungswidriger Verfügung über das betroffene Grundpfandrecht nicht gegenstandslos;[84] sie kann, sofern eine vormerkungswidrige Verfügung nicht nachweisbar ausgeschlossen ist, daher auch mit Eintragung der Auflassung nicht gelöscht werden, wenn die betroffene Post Briefrecht ist. Wenn mit Rangänderung das durch den vorgemerkten Löschungsanspruch gesicherte Grundstücksrecht Rang vor der Hypothek (Grund- oder Rentenschuld), an der die Löschungsvormerkung eingetragen ist, erlangt (nicht aber, wenn Zwischenrechte vorhanden sind oder wenn die Löschungsvormerkung auch noch zur Sicherung eines Anspruchs nach § 1179 Nr 2 BGB dient), ist die Löschungsvormerkung gegenstandslos (§ 84 Abs 2 a GBO), nicht aber inhaltlich unzulässig nach § 53 GBO geworden. Sie ist daher nach § 17 Abs 3 GBV zu unterstreichen (röten). Es empfiehlt sich jedoch, bei Rangänderung zugleich Löschung der Vormerkung zu bewilligen und zu beantragen.

2623 Als Gläubigerrecht ist der Löschungsanspruch **übertragbar**. Die Übertragung bewirkt Übergang der Löschungsvormerkung als Sicherungsrecht (§ 401 BGB). Jedoch darf die Übertragung des Anspruchs nicht zur Sicherung eines nicht vormerkungsfähigen Berechtigten führen. Als Grundbuchberichtigung kann die Anspruchsübertragung daher nur dann bei der Vormerkung eingetragen werden, wenn der Anspruch auch für den neuen Gläubiger nach § 1179 BGB durch Vormerkung gesichert werden kann, so wenn der neue Berechtigte zugleich das „gesicherte" gleich- oder nachrangige Grundstücksrecht oder den Anspruch, der die Eintragung der Löschungsvormerkung ermöglicht, erworben hat.[85] Andernfalls wird die Vormerkung mit Übertragung

---

[82] LG Bielefeld Rpfleger 1957, 82 mit Anm Bruhn.
[83] LG Flensburg SchlHA 1963, 142.
[84] Dies zutr Schön BWNotZ 1978, 51.
[85] Stöber Rpfleger 1977, 399 (405).

gegenstandslos im Sinne von § 84 Abs 2a GBO (Rötung nach § 17 Abs 3 GBV; siehe Rdn 2622).

Eine besondere Rechtslage kann sich für die Löschungsvormerkung in der Grundstückszwangsversteigerung ergeben.[86] Zur Löschungsvormerkung im Insolvenzverfahren (damals Konkurs) s Weimar KTS 1955, 170. **2624**

f) Ausschluß des Löschungsanspruchs

Der **gesetzliche Löschungsanspruch mit Vormerkungswirkungen** des Gläubigers eines nach- oder gleichrangigen Grundpfandrechts (§ 1179a BGB; s bereits Rdn 2598; für das eigene Recht § 1179b BGB) gehört zum **Inhalt des** damit ausgestatteten **Rechts**.[87] Eine Löschungsvormerkung kann zu seiner Sicherung nicht in das Grundbuch eingetragen werden (Rdn 2598).[88] Das Entstehen einer Eigentümergrundschuld (-hypothek) verhindert dieser Anspruch nicht. Verfügungen über das Eigentümerrecht hat das Grundbuchamt daher zu vollziehen (s auch Rdn 2617). Der Grundbuchvollzug ist nicht von der Zustimmung des gesetzlichen Löschungsberechtigten abhängig. Ihm gegenüber sind Verfügungen über das Eigentümerrecht nach § 883 Abs 2 BGB unwirksam. Er kann die Unwirksamkeit verbotswidriger Verfügungen mit dem Löschungsanspruch gegen den Schuldner-Eigentümer und nach § 888 gegen den vormerkungswidrigen Dritterwerber geltend machen. Die Wirksamkeit einer vor Entstehen des vormerkungsgeschützten Löschungsanspruchs (§ 1179a Abs 3 BGB) über das Eigentümerrecht getroffenen Verfügung kann dieser nicht mehr beeinträchtigen.[89] **2625**

Der **gesetzliche Löschungsanspruch,** auch der einer Zwangshypothek, kann rechtsgeschäftlich **ausgeschlossen** werden (§ 1179a Abs 5 BGB). Eine Hypothek (Grund- oder Rentenschuld) kann daher **von vornherein** sogleich **ohne gesetzlichen Löschungsanspruch** gegenüber vorrangigen oder gleichrangigen Grundpfandrechten (auch soweit diese Eigentümergrundschuld oder Eigentümerhypothek sind;[90] der Anspruch besteht sonst für Vereinigungen, die nach Umwandlung der Grundschuld in ein Fremdrecht wieder eintreten, § 1196 Abs 3 BGB) **begründet** werden. Dies erfordert materiell Einigung zwischen Gläubiger und Eigentümer und Eintragung; formell (zur Grundbucheintragung) genügt Eintragungsbewilligung des Grundstückseigentümers[91] (vergleichbar damit der Rdn 376 dargestellte Fall, daß bei Bestellung eines Rechts sogleich Inhaltsbeschränkung durch eine Vorlöschklausel erfolgt). Der gesetzliche Löschungsanspruch mit Vormerkungswirkungen ist Inhalt des (gleich- oder nachrangigen) Grundpfandrechts auch, wenn es als Grundschuld für den Eigentümer bestellt wird[92] (§ 1196 Abs 1 BGB). Der Aus- **2626**

---

[86] Vgl RG 127, 282; BGH MDR 1957, 24 = Rpfleger 1957, 51; BGH NJW 1963, 1497 = Rpfleger 1963, 234 mit krit Anm Stöber; OLG Hamm Rpfleger 1959, 130 mit Anm Stöber; s auch Stöber Rpfleger 1957, 211; zusammenfassende Darstellung insbesondere in Stöber, ZVG-Handbuch, Rdn 520–532 und Stöber Rdn 9 zu § 114 ZVG.
[87] BT-Drucks 8/89, S 10.
[88] S auch Stöber Rpfleger 1977, 425.
[89] S Stöber Rpfleger 1977, 425 (426).
[90] Schelter DNotZ 1987, 517 (518).
[91] So auch Jerschke DNotZ 1977, 725; Schön BWNotZ 1978, 55; OLG Köln MittRhNotK 1979, 39.
[92] OLG Braunschweig DNotZ 1987, 515 mit Anm Schelter.

schluß dieses Anspruchs kann als Inhalt des Rechts daher auch bestimmt werden, wenn eine Eigentümergrundschuld bestellt wird,[93] desgleichen somit, wenn ein Fremdrecht durch Vereinigung mit dem Eigentum in einer Person (bereits) Eigentümergrundschuld geworden ist.[94] Ausgeschlossen werden kann bei Bestellung einer Eigentümergrundschuld ebenso auch der Anspruch[95] auf Löschung der Grundschuld selbst nach § 1179b BGB.[96] Das erfordert materiell (wie die Bestellung der Eigentümergrundschuld, § 1196 Abs 2 BGB) Erklärung des Eigentümers und Eintragung. Die Eintragungsbewilligung muß erkennen lassen, welche vor- und gleichrangigen Grundpfandrechte vom Ausschluß des Löschungsanspruchs betroffen sein sollen.[97] Wenn Ausschluß auch des Löschungsanspruchs beim eigenen Recht erfolgen soll (Rdn 2631), muß die Eintragungsbewilligung das zum Ausdruck bringen. Kann der Bewilligung mit der erforderlichen Bestimmtheit entnommen werden, daß **alle** vor- und gleichrangigen Rechte dem Löschungsanspruch nicht unterliegen sollen, brauchen diese nicht noch gesondert einzeln genannt werden. Genau zu bezeichnen sind die betroffenen Rechte jedoch, wenn der Löschungsanspruch nur hinsichtlich einzelner vor- oder gleichrangiger Rechte ausgeschlossen sein soll.[98] Zustimmung des Gläubigers der einzutragenden Hypothek (Grund- oder Rentenschuld) ist dem Grundbuchamt nicht nachzuweisen. Der Ausschluß ist unter Bezeichnung der vor- sowie gleichrangigen Grundpfandrechte, die dem Löschungsanspruch nicht unterliegen, in das Grundbuch selbst einzutragen (§ 1179a Abs 5 S 2 BGB); Bezugnahme auf die Eintragungsbewilligung ist insoweit nicht zulässig.[99] Die **Eintragung** sogleich bei Begründung der Hypothek, Grund- oder Rentenschuld erfolgt in Hauptspalte 4.

---

[93] OLG Braunschweig aaO; OLG Düsseldorf NJW 1988, 1798 = Rpfleger 1988, 308; BayObLG DNotZ 1992, 306 = aaO. Ausschluß des gesetzlichen Löschungsanspruchs eines „zukünftigen Fremdgläubigers" ist dahin auszulegen, daß alle Gläubiger des Grundpfandrechts vom Ausschluß betroffen sind (gleichgültig, ob die Identität des Grundpfandgläubigers und Eigentümers durch die Abtretung der begünstigten Eigentümergrundschuld oder durch die Veräußerung des Grundstücks verloren geht), BayObLG DNotZ 1992, 306 = aaO.

[94] Das Recht mit dem gesetzlichen Löschungsanspruch ist nicht erloschen (§ 889 BGB), somit der Löschungsanspruch als Inhalt des Rechts auch nicht dadurch, daß er für den Eigentümer als Gläubiger nicht gegen sich selbst bestehen kann. Als Inhalt des Rechts hat der Löschungsanspruch weiterhin Bedeutung für den Fall, daß Gläubiger des Grundpfandrechts wieder ein Dritter wird oder der Eigentümer das Grundstück veräußert, jedoch Gläubiger des Grundpfandrechts bleibt (rangsichernde Funktion der Aufrechterhaltung des Rechts mit seinem gesetzlichen Inhalt); dazu OLG Braunschweig aaO.

[95] Des zukünftigen Fremdgläubigers oder des gegenwärtigen Eigentümers nach Veräußerung des Grundstücks oder sonstigem Eigentumswechsel als Gläubiger des Rechts.

[96] OLG Düsseldorf NJW 1988, 1798 = aaO (Fußn 93); LG Wuppertal MittRhNotK 1988, 19.

[97] Wenn gleichzeitig beantragt ist, zwei **Eigentümergrundschulden** im Verhältnis von Vor- und Nachrang einzutragen, erstreckt sich der Ausschluß des Rechts, die Löschung aller vor- und gleichrangigen Grundpfandrechte zu verlangen, bei der nachrangigen auch auf die gleichzeitig beantragte, mit Vorrang einzutragende Eigentümergrundschuld, BayObLG DNotZ 1992, 306 = NJW-RR 1992, 306.

[98] LG Nürnberg-Fürth MittBayNot 1980, 71 = Rpfleger 1980, 386.

[99] LG Nürnberg-Fürth aaO (Fußn 98).

B. Einzelfälle

Eintragungsbeispiel

... ohne gesetzlichen Löschungsanspruch gegenüber der Hypothek Nr 1 zu 10 000 €.

In den Hypothekenbrief wird diese den Inhalt der Hypothek betreffende Eintragung aufgenommen (§ 57 Abs 1 GBO).

Rangrücktritt begründet für das zurücktretende Recht mit Eintragung der Rangänderung (§ 880 BGB) den gesetzlichen Löschungsanspruch mit Vormerkungswirkungen (§ 1179a Abs 4 BGB; Besonderheit für Alt- und Übergangsrecht Rdn 2637); dieser kann bei oder nach Rangänderung nach § 1179a Abs 5 BGB ausgeschlossen werden. Vor Rangänderung kann Ausschluß des (späteren) Anspruchs auf Löschung nicht bereits so eingetragen werden, daß er bei erst künftig vorrangigen Grundpfandrechten, somit dann nicht bestehen soll, wenn das (dann „begünstigte") Grundpfandrecht im Rang zurücktritt.[100]

2626a

Nachträglicher Ausschluß des gesetzlichen Löschungsanspruchs ist Inhaltsänderung der eingetragenen Hypothek, Grund- oder Rentenschuld.[101] Diese erfordert materiell gem § 877 iVm § 873 BGB Einigung zwischen Gläubiger und Eigentümer (für Eigentümergrundschuld Rdn 2626), außerdem nach § 876 BGB Zustimmung Dritter, wenn die Hypothek, deren Löschungsanspruch ausgeschlossen werden soll, mit einem Recht belastet ist (Pfandrecht, Nießbrauch). Formell ist in grundbuchmäßiger Form (§ 29 GBO) Bewilligung des Gläubigers und Zustimmung Drittberechtigter (§§ 877, 876 BGB), sowie Antrag nach § 13 Abs 1 GBO, nicht jedoch Eigentümerzustimmung erforderlich. Gläubiger vor-, gleich- oder nachrangiger Rechte müssen nicht zustimmen.[102] Vorlage des über das Grundpfandrecht ausgestellten Briefes, dessen Löschungsanspruch ausgeschlossen werden soll, ist nach § 41 Abs 1 GBO erforderlich; die Briefe der begünstigten Grundpfandrechte (denen gegenüber der gesetzliche Löschungsanspruch entfällt), sind nicht einzureichen. Der Ausschluß muß als Inhaltsänderung des Grundpfandrechts, dessen Löschungsanspruch aufgehoben wird, bei diesem[103] unter Bezeichnung der Hypothek, Grund- oder Rentenschuld, die dem Löschungsanspruch ganz oder teilweise nicht unterliegen soll, eingetragen werden (§ 1179a Abs 5 S 2 BGB). Die Eintragung erfolgt in Sp 5–7 der Abt III; Bezugnahme (§ 874 BGB) ist nicht zulässig.[104]

2627

Eintragungsbeispiel

Der gesetzliche Löschungsanspruch gegenüber der Hypothek Nr 1 zu 10 000 € ist ausgeschlossen.

Auf dem vorliegenden **Brief** des Rechts, dessen Anspruch ausgeschlossen ist, ist die Eintragung zu vermerken (§ 62 Abs 1 GBO). **Eintragungsnachricht** (§ 55 Abs 1 GBO) erhalten der Gläubiger des mit Eintragung des Ausschlusses inhaltsgeänderten Grundpfandrechts und daran berechtigte zustimmungspflichtige Dritte sowie der Eigentümer, nicht aber der Gläubiger des begünstigten vor- oder gleichstehenden Grundpfandrechts.

---

[100] Stöber Rpfleger 1977, 425 (430)
[101] BT-Drucks 8/89, S 13; Stöber Rpfleger 1977, 425 (429).
[102] Jerschke DNotZ 1977, 725.
[103] Stöber Rpfleger 1977, 425 (430); Jerschke DNotZ 1977, 725.
[104] BT-Drucks 8/89, S 13; Stöber Rpfleger 1977, 425 (430).

2628 Der **Ausschluß** kann auf einen **bestimmten Fall der Vereinigung beschränkt** werden (§ 1179a Abs 5 S 1 Halbs 2 BGB). Bereits eingetragene Vereinigungen können daher dem Löschungsanspruch unterstellt bleiben, künftige von ihm freigestellt werden. Es kann ebenso der Fall, daß die Forderung nicht zur Entstehung gelangt (§ 1163 Abs 1 S 1 BGB), vom Löschungsanspruch freigestellt (Bedeutung für Zwischenfinanzierung), dieser jedoch für andere Vereinigungsfälle aufrechterhalten werden. Wenn der Ausschluß nicht für alle Fälle der Vereinigung vereinbart ist, kann **zur näheren Bezeichnung** der erfaßten Fälle **auf die Eintragungsbewilligung Bezug genommen** werden (§ 1179a Abs 5 S 2 Halbs 2 BGB).

Eintragungsbeispiel

> Der gesetzliche Löschungsanspruch gegenüber der Hypothek Nr 1 zu 10 000 € ist teilweise ausgeschlossen; gemäß Bewilligung vom ... (Notar ... URNr ...) eingetragen am ...

2629 Der Löschungsanspruch kann **gegenüber einzelnen** vor- oder gleichrangigen **Rechten ausgeschlossen,** gegenüber anderen aufrechterhalten werden. Dies ist unter Bezeichnung der Grundpfandrechte, die dem Löschungsanspruch nicht unterliegen, im Grundbuch einzutragen (§ 1179a Abs 5 S 2 BGB; anders:[105] zur Bezeichnung des Grundpfandrechts kann auf die Bewilligung Bezug genommen werden; dies halten wir nach dem Gesetzeswortlaut nicht für richtig, vor weiterer Klärung jedoch keinesfalls für ratsam). Ebenso kann der Löschungsanspruch für einen (dann rangmäßig zu bezeichnenden,[106] **Teilbetrag** einer vor- oder gleichstehenden Hypothek (Grund- oder Rentenschuld) ausgeschlossen werden (hinsichtlich des erstrangigen Teils von 50 000 € der Hypothek Abt III Nr 1 zu 100 000 €). Dies ist unter Bezeichnung der Hypothek und des Teilbetrags im Grundbuch anzugeben; Bezugnahme ist insoweit nicht zulässig. Nur gegenüber einzelnen Dritten (zB gegenüber einer bestimmten Bank als Erwerberin der Grundschuld) kann der Ausschluß des Löschungsanspruchs als Inhaltsänderung des begünstigten Rechts nicht vereinbart werden;[107] jedoch kann in einem solchen Fall wegen der Verzichtseinrede ein Widerspruch eingetragen werden (s Rdn 2633). Der mit Rangänderung für das zurücktretende Grundpfandrecht entstehende Löschungsanspruch (§ 1179a Abs 4 BGB) kann bei oder nach Rangänderung ausgeschlossen werden. Gegenüber Rechten, die erst später begründet werden und Vorrang erhalten sollen, und gegenüber schon eingetragenen (oder vorgemerkten) nachrangigen Rechten in Erwartung einer künftigen Rangänderung kann ein Ausschluß nicht vorweg vereinbart und nicht eingetragen werden[108] (zur Bedingung bei Rangvorbehalt und Rangänderung s jedoch Rdn 2612).

2630 Bei Eintragung einer Hypothek (Grundschuld oder Rentenschuld) kann vom Eigentümer nicht einseitig bestimmt werden, daß **ihr gegenüber** gesetzliche Löschungsansprüche später nachrangig an dem Grundstück entstehender Grundpfandrechte ausgeschlossen sein sollen. Der Ausschluß des gesetzlichen

---

[105] Jerschke DNotZ 1977, 725.
[106] S Jerschke DNotZ 1977, 724.
[107] Stöber Rpfleger 1977, 425 (430).
[108] Gaberdiel Sparkasse 1977, 282; Schön BWNotZ 1978, 55, dieser für Vereinbarung teilweise anders.

B. Einzelfälle

Löschungsanspruchs kann nur durch rechtsgeschäftliche Vereinbarung zwischen Eigentümer und Gläubiger des nachrangigen Grundpfandrechts herbeigeführt werden (Rdn 2626). Der Eigentümer kann daher nicht Eintragung einer Hypothek mit der Bestimmung bewilligen, daß dem zu bestellenden Grundpfandrecht gegenüber alle gesetzlichen Löschungsansprüche der Grundpfandrechte ausgeschlossen sein sollen, die später an dem Grundstück bestellt werden.[109]

Der gesetzliche Löschungsanspruch hinsichtlich des **eigenen Rechts** kann gleichfalls nach Maßgabe des § 1179a Abs 5 BGB ausgeschlossen werden (§ 1179b Abs 2 mit § 1179a Abs 5 BGB; s bereits Rdn 2626). Eintragungsbewilligung (Rdn 2626) und Eintragung müssen auch den Ausschluß beim eigenen Recht bezeichnen (§ 1179a Abs 5 S 2 mit § 1179b Abs 2 BGB). 2631

Eintragungsbeispiel

> ... ohne gesetzlichen Löschungsanspruch gegenüber dieser Hypothek selbst (§ 1179b Abs 2 BGB) und gegenüber der Hypothek Nr 1 zu 10000 €.

Der **Ausschluß** des gesetzlichen Löschungsanspruchs kann **wieder aufgehoben** werden (§ 1179a Abs 5 S 3 BGB). Aufhebung des Ausschlusses des Löschungsanspruchs ist Inhaltsänderung des damit wieder auszustattenden gleich- oder nachrangigen Grundpfandrechts. Notwendig ist daher materiell (s § 877 BGB) Einigung und Eintragung, formell in der Form des § 29 GBO Bewilligung des eingetragenen (§ 891 BGB) Eigentümers[110] und Antrag nach § 13 Abs 1 GBO. Der Gläubiger des von dem Löschungsanspruch wieder betroffenen Rechts[111] und gleich- oder nachrangige Gläubiger müssen nicht zustimmen.[112] Zustimmung Dritter nach § 876 BGB ist nicht erforderlich, weil die Wiedereinräumung des Löschungsanspruchs Rechtsbeeinträchtigung nicht bewirken kann.[113] Der Brief des Rechts, dessen Löschungsanspruch mit Aufhebung des Ausschlusses wieder hergestellt wird, muß nach § 41 Abs 1 GBO vorgelegt werden; Briefe der vom Löschungsanspruch betroffenen vor- oder gleichstehenden Rechte sind nicht einzureichen. 2632

Einzutragen ist die Wiedereinräumung des Löschungsanspruchs als Inhaltsänderung (Sp 5–7) bei dem Grundpfandrecht, das mit dem Löschungsanspruch wieder ausgestattet wird (nicht bei den nun löschungsverpflichteten vor- oder gleichstehenden Grundpfandrechten).

Eintragungsbeispiel

> Der Ausschluß des Löschungsanspruchs ist aufgehoben.

Bezeichnung der Hypotheken, die dem Löschungsanspruch wieder unterliegen, ist nicht erforderlich.[114] Auf dem Brief des mit Aufhebung des Löschungsanspruchs inhaltlich veränderten Rechts ist die Eintragung zu ver-

---

[109] OLG Köln MittRhNotK 1979, 39; BayObLG DNotZ 1992, 306 = NJW-RR 1992, 306.
[110] Jerschke DNotZ 1977, 726.
[111] Schön BWNotZ 1978, 55.
[112] Jerschke DNotZ 1977, 726.
[113] Stöber Rpfleger 1977, 425 (430).
[114] Stöber Rpfleger 1977, 425 (430).

merken (§ 62 Abs 1 GBO). Eintragungsmitteilung (§ 55 Abs 1 GBO) erhalten der Gläubiger dieses Rechts und der Eigentümer, nicht jedoch die Gläubiger der dem Löschungsanspruch wieder unterworfenen Grundpfandrechte. Der umfassend ausgeschlossene gesetzliche Löschungsanspruch kann auch nur für bestimmte Fälle der Vereinigung wieder hergestellt oder nur für ein bestimmtes (dann zu bezeichnendes) vorgehendes Recht wieder hergestellt werden, für andere jedoch ausgeschlossen bleiben.[115]

2633 Infolge einer **Einrede** des zur Löschung verpflichteten Eigentümers (oder des zustimmungspflichtigen Dritten) kann die Geltendmachung des inhaltlich nicht ausgeschlossenen schuldrechtlichen gesetzlichen Löschungsanspruchs eines gleich- oder nachrangigen Grundpfandgläubigers (§ 1179a BGB) im Einzelfall verwehrt sein. Das ist insbesondere der Fall, wenn der Anspruchsberechtigte gegenüber dem Eigentümer oder einem Erwerber des Eigentümerrechts darauf ganz oder teilweise verzichtet hat. Auf Geltendmachung des Löschungsanspruchs wird vornehmlich verzichtet, wenn das betroffene Grundpfandrecht zur Absicherung eines Zwischenkredits verwendet werden soll. Die mit Verzicht auf die Geltendmachung des Löschungsanspruchs begründete Einrede kann einem Erwerber des inhaltlich mit dem Löschungsanspruch ausgestatteten Grundpfandrechts nur entgegengehalten werden, wenn er nicht gutgläubig (einredefrei) erworben hat (§ 892 BGB). Zum Ausschluß eines einredefreien Erwerbs kann der Verzicht mit **Widerspruch** in das Grundbuch eingetragen werden.[116]

Eintragungsbeispiel

> Widerspruch nach § 899 BGB für ... wegen Nichteintragung des Verzichts auf die Geltendmachung des gesetzlichen Löschungsanspruchs, gemäß Bewilligung vom ... (Notar ... URNr ...) eingetragen am ...

2634 Mit Eintragung eines Grundpfandrechts auf einem **pfandunterstellten** Grundstück gelangt der gesetzliche Löschungsanspruch (§§ 1179a, b BGB) gleichfalls zur Entstehung. Ausschluß gegenüber den Grundpfandrechten auf dem nunmehr mithaftenden Grundstück ist (nach § 1179a Abs 5 BGB) möglich.[117] Zur Wirkung des Löschungsanspruchs bei Forderungsauswechslung und Umwandlung s Jerschke DNotZ 1977, 729.

2634a Gutgläubiger Erwerb eines gleich- oder nachrangigen Grundpfandrechts kann einredefreien (Rdn 2633) Löschungsanspruch oder -vormerkung als Inhalt des Rechts einschließen.[118]

g) Alt- und Übergangsrechte

2635 **Kein gesetzlicher Löschungsanspruch** nach §§ 1179a, b BGB besteht für Gläubiger der Grundpfandrechte, die bis 31. 12. 1977 in das Grundbuch eingetragen worden sind (sogen **Altrechte**; Art 8 § 1 Abs 1 ÄndG). Deren Rechtsverhältnisse bestimmen sich nach früherem Recht; eingetragene Löschungsvormerkungen sind erhalten geblieben (Art 8 § 1 Abs 3 ÄndG). Ein

---

[115] Stöber Rpfleger 1977, 425 (430).
[116] Dazu Stöber Rpfleger 1977, 425 (439); Jerschke DNotZ 1977, 719.
[117] Jerschke DNotZ 1977, 728.
[118] Rambold Rpfleger 1995, 284 mit Einzelheiten.

B. Einzelfälle

gesetzlicher Löschungsanspruch besteht außerdem nicht für sogen **Übergangsrechte** (Art 8 § 1 Abs 2 ÄndG), d s die nach dem 1. 1. 1978 auf Grund eines vor diesem Zeitpunkt gestellten Antrags oder Ersuchens (Eingang beim Grundbuchamt) eingetragenen Hypotheken, Grund- und Rentenschulden. Bei ihnen war das Fehlen des gesetzlichen Löschungsanspruchs von Amts wegen einzutragen (Art 8 § 1 Abs 2 S 2 ÄndG); ein versehentlich nicht eingetragener Vermerk ist nachzuholen; den gesetzlichen Löschungsanspruch begründet die unterbliebene Eintragung nicht.

Für den Berechtigten eines **gleich- oder nachrangigen Alt- oder Übergangsrechts** ohne gesetzlichen Löschungsanspruch kann weiterhin eine Löschungsvormerkung nach § 1179 BGB in der bis 31. 12. 1977 geltenden Fassung eingetragen werden (Art 8 § 1 Abs 3 S 2 ÄndG). Diese Löschungsvormerkung kann jedoch nur noch zur Verstärkung des begünstigten Alt- oder Übergangsrechts bestellt werden.[119] Sie kann sonach eingetragen werden für den gegenwärtigen Berechtigten des Alt- oder Übergangsrechts in seiner Eigenschaft als Gläubiger des gleich- oder nachrangigen Grundpfandrechts,[120] nicht mehr aber zugunsten des jeweiligen Gläubigers dieses Rechts.[121] In anderen (insbesondere weitergehenden) Fällen über die nach § 1179 BGB nF gegebenen Möglichkeiten hinaus kann eine Löschungsvormerkung nicht mehr bestellt werden, sonach auch nicht für den gegenwärtigen Gläubiger eines gleich- oder nachrangigen Grundpfandrechts unabhängig von seiner Inhaberschaft an dem dinglichen Recht.[122] Zugunsten des Gläubigers eines rangbesseren Alt- oder Übergangsrechts oder zugunsten eines am Grundstück nicht berechtigten Dritten ist Eintragung einer Löschungsvormerkung sonach nicht zulässig. 2636

Mit Eintragung des **Rangrücktritts** eines vor dem 1. 1. 1978 eingetragenen Grundpfandrechts (oder eines Übergangsrechts, s Rdn 2635) entsteht nach diesem Zeitpunkt kein gesetzlicher Löschungsanspruch nach § 1179a Abs 4 (und 1) BGB. Daher kann in solchen Fällen nach Art 8 § 1 Abs 3 S 2 ÄndG eine Löschungsvormerkung nach § 1179 BGB in der bisherigen Fassung eingetragen werden (jetzt allgemeine Ansicht).[123] 2637

---

[119] Begründung BT-Drucks 8/89, S 20.
[120] Insoweit nicht klar KG DNotZ 1980, 487 = Rpfleger 1980, 342.
[121] Anders KG DNotZ 1980, 487 = aaO (Fußn 120); LG Duisburg JurBüro 1986, 751 mit zust Anm Muth; LG Köln MittRhNotK 1988, 18. Es gilt auch hier aber das Rdn 2608 Gesagte, und zur Übertragung des Löschungsanspruchs, die Übergang der Vormerkung als Sicherungsrecht bewirkt, das Rdn 2622 Gesagte.
[122] KG DNotZ 1980, 487 = aaO (Fußn 120).
[123] BayObLG 1979, 126 = DNotZ 1979, 505 = Rpfleger 1979, 261; OLG Celle DNotZ 1978, 628 = Rpfleger 1978, 308; OLG Düsseldorf MittRhNotK 1979, 17 Leits mit Anmerkung Schriftl; OLG Frankfurt MittRhNotK 1978, 186 = Rpfleger 1979, 19; OLG Köln MittRhNotK 1979, 38; OLG Oldenburg JurBüro 1978, 1333 = DNotZ 1979, 35 = Rpfleger 1978, 307; LG Aachen MittRhNotK 1978, 51; LG Berlin MittRhNotK 1978, 97; LG Bielefeld JurBüro 1978, 1332; LG Detmold DNotZ 1978, 359 = MittRhNotK 1978, 50 = Rpfleger 1978, 177; LG Düsseldorf MittRhNotK 1978, 112; LG Köln MittRhNotK 1978, 137 und 1988, 18; LG Tübingen MittRhNotK 1978, 136 = Rpfleger 1978, 250; Stöber Rpfleger 1978, 165 und bereits Rpfleger 1977, 432; aA Brych und Meinhard MittBayNot 1978, 138 und Zagst BWNotZ 1979, 1.

2. Teil. V. Dritte Abteilung des Grundbuchs

2638 Wenn nach dem 1. 1. 1978 (Inkrafttreten des § 1179a BGB) ein Grundstück einer schon vor diesem Zeitpunkt auf einem anderen Grundstück ruhenden **Hypothek** oder Grundschuld (auch Rentenschuld oder auch einem Übergangsrecht) **unterstellt** wird, gilt für die Gesamthypothek hinsichtlich des Löschungsanspruchs unterschiedliches Recht. Kein gesetzlicher Löschungsanspruch gegenüber vor- und gleichrangigen Grundpfandrechten steht dem Gläubiger des Gesamtrechts wie bisher für das Grundpfandrecht an dem schon vor dem 1. 1. 1978 belasteten Grundstück zu (Art 8 § 1 Abs 1 ÄndG). Auf dem nachträglich mitbelasteten Grundstück hat der Gläubiger des Gesamtrechts für das mit Pfandunterstellung nach dem 1. 1. 1978 eingetragene Recht den gesetzlichen Löschungsanspruch. Für die Vormerkung eines inhaltlich gleichen (durch Rechtsgeschäft begründeten) Löschungsanspruchs ist insoweit kein Raum mehr.[124] Auch die an dem zunächst belasteten Einzelgrundstück für den Gläubiger bereits eingetragene Löschungsvormerkung kann bei dem nachverpfändeten Grundbesitz nicht eingetragen werden.[125]

Zu den Besonderheiten bei **Vereinigung** und **Bestandteilszuschreibung** s Stöber Rpfleger 1978, 168, auch BGH 80, 119 (123f) = aaO (Fußn 124).

39. Widerspruch gegen eine Darlehens-Buchhypothek wegen unterbliebener Darlehenshingabe
BGB §§ 1139, 899
GBO § 13
GBV §§ 12, 19

2639 Antragsformular

> Im Grundbuch von Boll (Band 1) Blatt 2 ist in Abt III Nr 6 für den Händler Max Fuß in Boll am ... eine brieflose Darlehenshypothek über 40 000 € eingetragen worden.
> Ich beantrage, bei dieser Hypothek einen Widerspruch nach § 1139 BGB einzutragen, weil die Hingabe des Darlehens unterblieben ist.
>
> Boll, den ...   Otto Arm   (ohne Unterschriftsbeglaubigung)

2640 Grundbucheintragung

5	6	7
6	40 000 €	Widerspruch gegen die Entstehung der Hypothek gemäß § 1139 BGB für den Grundstückseigentümer A r m Otto, geb am ..., eingetragen am ...

Bekanntmachung erfolgt an Eigentümer und Gläubiger.

---

[124] BGH 80, 119 = DNotZ 1981, 385 = NJW 1981, 1503 = Rpfleger 1981, 228; BayObLG DNotZ 1980, 316 = MittBayNot 1980, 72; LG Wuppertal Rpfleger 1979, 200 mit Anm Grauel; Stöber Rpfleger 1978, 167. Anders (oder unentschieden) OLG Düsseldorf MittRhNotK 1979, 157 und (22. 6. 1979) MittRhNotK 1979, 157 mit abl Anm Grauel; OLG Köln MittBayNot 1979, 182 = MittRhNotK 1980, 7.
[125] LG Wuppertal Rpfleger 1979, 200 mit Anm Grauel.

B. Einzelfälle

(Formloser) **Antrag** (§ 13 Abs 1 GBO) genügt; Unterschriftsbeglaubigung ist nicht erforderlich.[1] § 1139 BGB erleichtert als Sonderregelung die Eintragung des Widerspruchs; einstweilige Verfügung oder Bewilligung (§ 899 Abs 2 BGB) entfallen als Eintragungsgrundlage. Daß die Hingabe des Darlehens unterblieben ist, ist vom Eigentümer weder nachzuweisen noch glaubhaft zu machen.[2] Unterbliebene Darlehenshingabe ist nicht Tatsachenerklärung als Erfordernis der Eintragung des Widerspruchs, sondern „Inhalt des Widerspruchseintrags."[3] Damit wird der Schutzbereich des Widerspruchs und seine Rückwirkung (als Ausnahme von § 892 BGB) dargestellt. Eine zur Eintragung erforderliche Erklärung ersetzt der Antrag somit nicht (§ 30 GBO). Lediglich als Verfahrenserfordernis für die Tätigkeit des Grundbuchamts unterliegt der Antrag somit auch im Fall des § 1139 BGB nicht der Form des § 29 (§ 30) GBO. 2641

Nur bei **Darlehens-Buchhypotheken** ist ein derartiger Widerspruch innerhalb der Monatsfrist des § 1139 BGB möglich. Bei einem Briefrecht ist die Eintragung eines Widerspruchs, falls er vom Gläubiger nicht selbst bewilligt wird (§§ 19, 29 GBO), nur auf Grund einer gerichtlichen einstweiligen Verfügung möglich (§§ 935 ff ZPO). Der Widerspruch schließt den öffentlichen Glauben des Grundbuchs nach § 892 BGB aus. Bei einer **Sicherungshypothek** ist ein derartiger Widerspruch schon deshalb nicht erforderlich, weil hier jedem Gläubiger die Nichtvalutierung der gesicherten Forderung durch den Schuldner entgegengehalten werden kann (s Rdn 2096). 2642

Der Widerspruch kann auch eingetragen werden, wenn nicht nur die **Hingabe des Darlehens unterblieben**, sondern die **Hypothek überhaupt nicht entstanden** ist und ebenso, wenn sie bereits abgetreten ist (dann keine Voreintragung erforderlich; Rdn 141).

Die **rechte Spalte** des Grundbuchs bleibt bei Eintragung des Widerspruchs nicht frei, da der Widerspruch auf Aufhebung eines Rechts geht und die endgültige Eintragung demzufolge in der Löschungsspalte erfolgt (§ 19 Abs 1 S 2, Abs 3 GBV). 2643

Bei eingetragenem Widerspruch ist die Zustimmung des Widerspruchsberechtigten (früheren Eigentümers) zur **Aufhebung der Hypothek** auch bei inzwischen erfolgtem Eigentümerwechsel erforderlich.[4] 2644

Ist die eingetragene **Hypothek vom Gläubiger nicht valutiert worden**, so kann er folgende **Erklärung** in beglaubigter Form abgeben: 2645

> Im Grundbuch in Boll (Band 1) Blatt 2 Abt III Nr 6 ist zu meinen Gunsten eine (Brief-) Hypothek über 40 000 € Darlehen an den Schuldner und Grundstückseigentümer Otto Arm, Landwirt in Boll, eingetragen. Die Darlehnsgewährung durch mich konnte wider Erwarten nicht erfolgen und geschieht auch in Zukunft nicht. Ich bestätige daher, daß die gesamte Hypothek dem Schuldner und Grundstückseigentümer Otto Arm zusteht (an den ich den Brief bereits ausgefolgt habe). Ich bewillige die Berichtigung des Grundbuchs unter Verzicht auf Nachricht.

---

[1] So auch BGB-RGRK/Mattern Rdn 3 zu § 1139; Palandt/Bassenge Rdn 1 zu § 1139; aA Demharter Rdn 4 zu § 30; Staudinger/Wolfsteiner Rdn 3 zu § 1139 BGB; Bauer/vOefele/Schaub Rdn 19 zu § 30; K/E/H/E Einl Rdn H 18.
[2] Staudinger/Wolfsteiner Rdn 3 zu § 1139 BGB.
[3] BGB-RGRK/Mattern Rdn 3 zu § 1139.
[4] KG DNotZ 1928, 577.

40. Nachträgliche Mitbelastung eines Grundstücks
Rechtsgrundlagen wie bei Gesamthypothek; s vor Rdn 2237

2646 **Antragsformular**

Urkundenform (üblicher Urkundeneingang)

Im Grundbuch von Boll (Band 1) Blatt 12 ist in Abt III Nr 1 eine Briefhypothek zu 10 000 € Darlehensforderung des Max Brod, Bäckermeister in Boll, vollstreckbar gegen den jeweiligen Eigentümer, eingetragen. Die Hypothek wurde mit Urkunde des Notars G ... in B ..., URNr 217/98, bestellt.
Ich bewillige und beantrage, die vorgenannte Hypothek nunmehr auch an meinem im Grundbuch für Boll (Band 2) Blatt 30 eingetragenen Grundstück Flurstück 50 Gemarkung Boll unter Bezugnahme auf die in der genannten Bestellungsurkunde URNr 217/98 genannten Zins- und Zahlungsbestimmungen mitbelastungsweise einzutragen.
In Ansehung der vorgenannten Hypothek unterwerfe ich – wiederum unter Verweisung auf die genannte Urkunde URNr 217/98 – mich der sofortigen Zwangsvollstreckung aus dieser Urkunde mit der Maßgabe, daß die Zwangsvollstreckung gegen den jeweiligen Eigentümer der FlNr 50 Gemarkung Boll zulässig sein soll.
Ich bewillige und beantrage die Eintragung der Zwangsvollstreckungsunterwerfung in das Grundbuch.
Auf die Verlesung der Vorurkunde URNr 217/98 verzichte ich; sie ist jedoch dieser Urkunde in beglaubigter Abschrift beizufügen. Ihr Inhalt ist mir als dem damaligen Urkundsbeteiligten bekannt. Beglaubigte Abschrift hiervon hat vorgelegen. Hypothekenbrief wird vorgelegt mit dem Antrag, ihn nach Ergänzung unmittelbar an den Gläubiger zurückzugeben.

(üblicher Urkundenabschluß)

2647 **Grundbucheintragung**

I. Grundbuch von Boll (Band 1) Blatt 12 Abt III

5	6	7
1	10 000 €	Das Grundstück (Band 2) Blatt 30 haftet mit. Eingetragen am ...

II. Grundbuch von Boll (Band 2) Blatt 30 Abt III

1	2	3	4
1	1	10 000 EUR	Hypothek zu zehntausend Euro Darlehen für B r o d Max, geb am ...; 5 vH Zinsen jährlich. Vollstreckbar nach § 800 ZPO. Gemäß Bewilligung vom ... (Notar ... URNr ...) eingetragen am ... Mithaft: Boll (Band 1) Blatt 12.

Ergänzung des bereits erteilten Hypothekenbriefs und Rückgabe dieses Briefes an den Gläubiger, zugleich als Eintragungs**nachricht**.
Bekanntmachung erfolgt an Notar ... und an Grundstückseigentümer.

Literatur: Beck, Zur „verdeckten Nachverpfändung" von Grundstücken, NJW 1970, 1781; Böttcher, Das Rangverhältnis im Grundbuchverfahren, BWNotZ 1988, 73; Feuerpeil, Die Rangeinheit von Haupt- und Veränderungsspalten in Abteilung II und III des Grundbuchs, Rpfleger 1983, 298; Ertl, Verdeckte Nachverpfändung und Pfandfreigabe von Grundstücken, DNotZ 1990, 684; Kaempfe, Pfanderstreckung bei Eigentümergrundschulden, MittBayNot 1971, 347; Lwowski, Verdeckte Nachverpfändung bei einer Eigentümerbriefgrundschuld, DNotZ 1979, 328; Meyer-Stolte, Rangverhältnis mehrerer Nachverpfändungen, Rpfleger 1971, 201; Schmid, Die angebliche Rangeinheit von Haupt- und Veränderungsspalten in Abteilung II und III des Grundbuchs, Rpfleger 1982, 251 und nochmals Rpfleger 1984, 130; Westermann, Verdeckte Nachverpfändung von Grundstücken, NJW 1970, 1023.

a) **Nachträglich** kann eine schon auf einem Grundstück lastende Hypothek (gleiches gilt für Grundschuld und Rentenschuld) auf ein weiteres Grundstück (auch auf mehrere neue Grundstücke) erstreckt werden (Pfandunterstellung, Mitbelastung, Nachverpfändung, Nachbelastung oder Hafterstreckung). Das mitzubelastende Grundstück kann demselben oder einem anderen Eigentümer gehören wie das schon belastete Grundstück; es kann im Bezirk des gleichen Grundbuchamts oder im Grundbuchbezirk eines anderen Grundbuchamts liegen. Durch nachträgliche Mitbelastung entsteht eine Gesamthypothek[1] (Gesamtgrundschuld, Gesamtrentenschuld). Ebenso kann eine bereits an mehreren Grundstücken lastende Gesamthypothek nachträglich dahin erweitert werden, daß sie auf ein weiteres Grundstück (auch mehrere Grundstücke) erstreckt wird. Für das (jedes) durch Mitbelastung neu hinzukommende Grundstück ist das **Neubestellung** einer Hypothek (Grundschuld, Rentenschuld).[2] Nachträgliche Mitbelastung erfordert daher, daß die Hypothek an dem Grundstück, das nachbelastet wird, als Grundstücksbelastung zur Entstehung gelangt.[3] Es hat daher (materiell) Neubestellung der Hypothek an dem in die Mithaft eintretenden Grundstück zu erfolgen durch Einigung zwischen dem Gläubiger und dem Eigentümer des neu zu belastenden Grundstücks sowie Eintragung in das Grundbuch (§ 873 BGB)[4] (notwendig beim Briefrecht zudem Briefübergabe, die in Form jedenfalls stillschweigend vereinbarter Aushändigungsabrede gesehen werden kann, § 1117 BGB). Die **Eintragung** erfolgt auf Antrag (§ 13 Abs 1 GBO), wenn der Betroffene, dh der Eigentümer des mitzubelastenden Grundstücks, sie bewilligt (§ 19 GBO). Form der Bewilligung: § 29 GBO. Der Gläubiger braucht, ebenso wie bei der Belastung des ersten Grundstücks, der Eintragung im Grundbuchverfahren nicht zuzustimmen. Wenn mit einer Hypothek nachträglich ein Grundstück mitbelastet wird, das einem anderen Eigentümer gehört, so ist die Mitwirkung des Eigentümers des (oder der) bereits belasteten Grundstücks (Grundstücke) nicht erforderlich.[5]

2648

b) Wenn Gläubiger eines **Brief**grundpfandrechts (insbes einer Grundschuld oder Eigentümergrundschuld) nach Abtretung nicht der im Grundbuch Eingetragene ist und weiterhin unbekannt bleiben will, die Abtretung somit nicht offengelegt werden soll, bereitet die nachträgliche Mitbelastung eines Grundstücks Erschwernisse. Die Einheitlichkeit des Rechts gebietet gleichen Gläubiger an allen Grundstücken (dazu Rdn 2239), die mit Eintragung des Buchberechtigten statt des wirklichen Gläubigers, der nach wie vor unbekannt bleiben soll, grundbuchmäßig nicht herbeigeführt werden kann. Die mög-

2649

---

[1] RG 146, 363 (365); BGH 80, 119 (123) = DNotZ 1981, 385 = NJW 1981, 1503 = Rpfleger 1981, 228.
[2] BGH 80, 119 (123) = aaO; BayObLG DNotZ 1980, 316.
[3] BGH 80, 119 (123) = aaO.
[4] BayObLG DNotZ 1980, 316.
[5] Rahn BWNotZ 1960, 33 gegen Kling BWNotZ 1959, 323.

lichen Lösungen sind mit Vor- und Nachteilen verbunden,[6] die im Einzelfall bedacht werden müssen.

- Mit **Zuschreibung** des neu zu belastenden Grundstücks zum Stammgrundstück nach § 890 Abs 2 BGB[7] (dazu Rdn 650 ff) bietet sich ein rechtlich sicherer Weg (s § 1131 S 1 BGB). Er kann jedoch unerwünscht sein, weil eine spätere Abschreibung der zugeschriebenen Fläche möglicherweise der Genehmigung nach dem BauGB bedarf (Rdn 649, 665) und auch deshalb, weil Wirkung der Zuschreibung (§ 1131 BGB) alle Grundpfandrechte erfaßt und dem Gläubiger immer nur ein Grundstück haftet, er somit nicht wählen kann, in welches Grundstück er vollstrecken möchte (§ 1132 BGB).

- **Treuhänderische Rückabtretung** des Grundpfandrechts an den eingetragenen Berechtigten (Erfordernis: Abtretungsvertrag mit schriftlicher Abtretungserklärung und Briefübergabe, Rdn 2380), Nachverpfändung des mitzubelastenden Grundstücks zu seinen Gunsten (Rdn 2648) und anschließend neuerliche Abtretung des Gesamt-Grundpfandrechts an den Gläubiger, dessen Berechtigung nicht offengelegt werden soll, bietet eine rechtlich einwandfreie Durchführung der Nachverpfändung. Mit ihr verbinden sich jedoch wegen der möglichen treuwidrigen Verfügung des „eingetragenen" Berechtigten Gefahren.[8] Diese könnten mit Abtretung des Grundpfandrechts an einen Dritten als Treuhänder und Nachverpfändung zu seinen Gunsten entschärft (nicht jedoch ausgeschlossen) werden. Auch eine auf Bewilligung des Buchberechtigten bereits eingetragene treuhänderische Nachverpfändung wurde jedenfalls dann als wirksam angesehen, wenn der Grundstückseigentümer (als Berechtigter einer Eigentümergrundschuld) nach treuhänderischer Rückabtretung die Bewilligung der Nachverpfändung wiederholt hat.[9]

- Nachverpfändung **in mehreren Schritten**, die Ertl[10] entwickelt hat, erfordert: Grundbucheintragung des Buchberechtigten (nach Briefvorlage durch diesen oder den damit treuhänderisch beauftragten Notar; hierzu Rdn 342a), Einigung des Buchberechtigten mit dem Eigentümer (bei Eigentümergrundschuld einseitige Erklärung des Eigentümers, § 1196 BGB), Einwilligung des Eigentümers (§ 185 Abs 1 BGB; entfällt bei Eigentümergrundschuld), daß der Buchberechtigte das Grundpfandrecht zur Herstellung der Gläubigeridentität an den (wahren) Gläubiger („den es angeht") abtreten darf, sowie Abtretung des Grundpfandrechts an diesen Berechtigten mit Übergabe des Grundpfandrechtsbriefs (oder Ersetzung der Briefübergabe nach § 117 Abs 2 BGB). Ob dieser Lösungsweg, zu dem Recht-

---

[6] Dazu näher insbes Ertl DNotZ 1990, 684; auch Bauer/vOefele/Mayer AT IV Rdn 30, 31.

[7] Dazu Beck NJW 1970, 1781; Lwowski DNotZ 1979, 328 (332); Ertl DNotZ 1990, 684 (689).

[8] Hierzu Ertl DNotZ 1990, 684 (690). Rückabtretung einer Grundschuld an den Eigentümer ermöglicht auch Geltendmachung des gesetzlichen (§ 1179a BGB) oder vorgemerkten (§ 1179 BGB) Löschungsanspruchs, der ausgeschlossen werden müßte. Ertl S 691 auch zu der für die Praxis ungeeigneten bedingten treuhänderischen Rückabtretung.

[9] OLG Frankfurt DNotZ 1990, 741 = OLGZ 1989, 3 = Rpfleger 1989, 191.

[10] Ertl DNotZ 1990, 684.

sprechung noch nicht vorliegt, von der Praxis angenommen werden kann und wird, ist noch nicht absehbar.
– Ob mit „**Umdeutung**" der Einigung und Eintragung zugunsten des wahren Gläubigers, „den es angeht",[11] Nachverpfändung erreicht werden kann, ist bestritten und jedenfalls zweifelhaft; einen praktisch sicheren Lösungsweg bietet sie nicht.[12] Verpfändung mit dinglichem „**Vertrag zugunsten eines Dritten**" wird durchweg für unzulässig erachtet und würde zudem Grundbucheintragung des Dritten erfordern[13] (vgl Rdn 1921).

c) Durch nachträgliche Mitbelastung kann das neue (weitere) Grundstück nur in **derselben Art** und mit **gleichem Inhalt** belastet werden. Die Belastung mehrerer Grundstücke mit einer durch Pfandunterstellung gebildeten Gesamthypothek derart, daß die Hypothek an dem einen Grundstück als Briefrecht, am anderen als Buchrecht oder einesteils als Verkehrshypothek, anderenteils als Sicherungshypothek eingetragen werden soll, ist nicht zulässig.[14]   2650

d) Wenn eine Buchhypothek auf ein weiteres Grundstück erstreckt werden soll, braucht der **Briefausschluß** (weil als selbstverständlich gewollt) in der Eintragungsbewilligung nicht ausdrücklich wiederholt zu sein.[14] **Zahlungs- und Kündigungsbedingungen** können für das neu zu belastende Grundstück allein nicht abweichend festgelegt werden.[15] Wegen des Inhalts der Hypothek, insbesondere wegen der Zins- und Zahlungsbestimmungen, kann daher in der Eintragungsbewilligung (Nachbelastungsurkunde) auf die alte, den Erfordernissen des § 29 GBO entsprechende Eintragungsbewilligung, die sich bereits bei den Grundakten befindet, Bezug genommen werden.[16] Es ist also insbesondere nicht erforderlich, Abschrift der in einer öffentlichen Urkunde enthaltenen alten Bewilligung als Anlage zur Mitbelastungserklärung zu nehmen. Dies ist auch dann nicht nötig, wenn in der früheren Urkunde Erklärungen Dritter mit beurkundet sind[17] oder wenn das in der früheren Urkunde enthaltene Rechtsgeschäft nichtig ist, wenn nur die Urkunde selbst an keinem Formmangel leidet.[18] Handelt es sich **um nur kurze und einfache Schuldbestimmungen,** so kann es einfacher sein, sie in die Mitbelastungsurkunde selbst aufzunehmen.   2651

e) Ist die Hypothek bisher vollstreckbar und soll die Vollstreckbarkeit auch in Ansehung des weiteren Grundstücks bestehen, so muß sich der Grundstückseigentümer wegen des nachträglich mitbelasteten Grundstücks in öffentlicher Urkunde besonders der dinglichen Zwangsvollstreckung unterwer-   2652

---

[11] Zu diesem Lösungsversuch Westermann NJW 1970, 1023.
[12] Dazu näher Ertl DNotZ 1990, 684 (691) mit Nachw; Lwowski DNotZ 1979, 328.
[13] Hierzu auch Ertl DNotZ 1990, 684 (692).
[14] RG 77, 175.
[15] Anderer Ansicht für Gesamthypothek Staudinger/Wolfsteiner Rdn 36 zu § 1132 BGB.
[16] RG HRR 1933 Nr 1643.
[17] OLG Frankfurt DNotZ 1971, 666 = Rpfleger 1971, 65 mit zust Anm Haegele; OLG Hamm DNotZ 1932, 714.
[18] LG Mainz DNotZ 1943, 59.

fen.[19] Ob eine Bezugnahme auf die Grundbucheintragung zulässig ist, ist zweifelhaft; [20] sicher ist in jedem Fall bei der nachträglichen weiteren dinglichen Vollstreckungsunterwerfung die Verweisung auf die ursprüngliche Bestellungsurkunde nach § 13 a BeurkG,[21] die jedoch – um dem Bestimmtheitsgebot des § 794 Abs 1 Nr 5 ZPO zu genügen – in beglaubigter Abschrift (Ausfertigung) beigefügt sein muß. Wegen der Grundbucheintragung s Rdn 2656.

2653 f) Aus der Zusammenfassung **mehrerer** Nachbelastungserklärungen in einer Urkunde unter Bezugnahme auf die bisherigen Rechte läßt sich im Wege der Auslegung die **Rang**bestimmung entnehmen, daß die Rechte an dem nachträglich belasteten Grundstück die gleiche Rangfolge haben sollen wie an dem zuerst belasteten Grundstück.[22] Durch ausdrückliche Rangbestimmung kann bei Zusammenfassung der Nachverpfändungen in einer Urkunde Klarstellung erfolgen, zB wie folgt[23]

> ... im bisherigen Rangverhältnis nachverpfändet

oder auch

> ... nachverpfändet in der Rangfolge, die den Eintragungen auf Grundstück Nr 1 entspricht.

Wenn die Rechte auf dem nachbelasteten Grundstück nicht dieselbe Rangfolge erhalten sollen wie auf dem bisher belasteten Grundstück, müßte das als nicht verkehrsüblich zur Abwendung der vorbezeichneten Auslegung des Urkundeninhalts durch Rangbestimmung in der Eintragungsbewilligung ausdrücklich herausgestellt werden.[24]

2654 g) Mitbelastung des neu zu belastenden Grundstücks braucht nicht in voller Höhe der Hypothek zu erfolgen. Hafterstreckung ist auch nur wegen eines **Teilbetrags** der Hypothek möglich. In Höhe des an beiden Grundstücken lastenden Gesamtbetrags der Hypothek besteht dann eine Gesamthypothek; in Höhe der Mehrbelastung bleibt die Hypothek an dem bisher einzeln belasteten Grundstück darüber hinaus weiter Einzelhypothek.

2655 h) **Eingetragen** wird die Neubelastung, wenn das nachträglich mitbelastete **Grundstück auf demselben Grundbuchblatt eingetragen** ist wie das von Anfang an belastete Grundstück – gemeinschaftliches Blatt – in die **Veränderungsspalte** (Spalte 7 mit Spalten 5 und 6; § 11 Abs 6 und 8 GBV). Muster für die Grundbucheintragung:

---

[19] Die prozessuale Erklärung der Vollstreckungsunterwerfung für ein hinzuerworbenes Grundstück liegt auch darin, daß der Eigentümer „die Grundschuld samt Unterwerfungsklausel" auf den erworbenen Grundbesitz als weiteres Pfand erstreckt, BayObLG DNotZ 1992, 309 = Rpfleger 1992, 196.
[20] Für zulässige Bezugnahme auf den Grundbuchinhalt im Rahmen des § 794 Abs 1 Nr 5 ZPO nunmehr BGH DNotZ 1995, 770 = NJW 1995, 1162 = Rpfleger 1995, 366 mit Anm Münzberg; abl hierzu Münch DNotZ 1995, 749; Wolfsteiner, Die vollstreckbare Urkunde, § 16.11 und 16.12; s auch Stein/Jonas/Münzberg Rdn 124 zu § 794 ZPO.
[21] Vgl auch AG und LG Aachen Rpfleger 1991, 15.
[22] LG Köln MittRhNotK 1973, 438; LG Bonn Rpfleger 1982, 138; Meyer-Stolte Rpfleger 1971, 201.
[23] S Meyer-Stolte Rpfleger 1971, 201.
[24] Meyer-Stolte Rpfleger 1971, 201.

B. Einzelfälle

5	6	7
1	10 000 €	Mithaft: Bestandsverzeichnis Nr 3; eingetragen am ...

In Spalte 2 der Abt III ist das neu belastete Grundstück nachzutragen.[25]

i) Weil die in der Veränderungsspalte eingetragenen Vermerke mit der Eintragung in der Hauptspalte, auf die sie sich beziehen, als eine **einheitliche Eintragung** anzusehen sind,[26] ist es nicht erforderlich, in der Veränderungsspalte den gesamten ursprünglichen Hypothekeneintrag zu wiederholen. Der Mitbelastungsvermerk kann nur im Zusammenhang mit der Haupteintragung, als deren wesentlicher Bestandteil er sich darstellt, gelesen werden.[27] Durch den Mitbelastungsvermerk wird die Hypothek daher auf dem neu zu belastenden Grundstück mit ihrem im Haupteintrag dargestellten Inhalt eingetragen. Der Mithaftvermerk bezieht sich daher auch auf die in der Haupteintragung der Belastung enthaltene **Zwangsvollstreckungsunterwerfung**.[28] Soll das nachträglich mitbelastete Grundstück nicht der bei der Haupteintragung eingetragenen Unterwerfungsklausel unterliegen, so muß das im Mithaftvermerk dagegen zum Ausdruck gebracht werden.[29] 2656

k) Ein **Rangvermerk** wird bei Eintragung der nachträglichen Mitbelastung in die Veränderungsspalte nicht mit eingetragen,[30] **wenn das neu zu belastende Grundstück** (in Abteilung II und III) überhaupt **unbelastet** ist oder wenn auf dem Grundbuchblatt (gemeinschaftliches Blatt) keine Rechte als Belastungen (auch Mitbelastungen) des durch Pfandunterstellung in die Mithaft eintretenden Grundstücks in Abteilung III (Hauptspalte) in der Reihenfolge nach der Hypothek, die Gesamtrecht wird, und keine solchen Rechte in Abteilung II (Hauptspalte) unter Angabe des gleichen oder eines späteren Tages wie des Eintragungstags dieser Hypothek eingetragen sind. Zu dem Fall, daß solche Rechte eingetragen sind, deren Rang vor der Hypothek, die Gesamtrecht wird, aber durch Rangvermerk dargestellt ist, s Rdn 2663. 2657

l) Rechte, die (in Abteilung II und III) bereits **an dem Grundstück lasten,** auf das die Hypothek durch Mitbelastung neu erstreckt wird, **haben den ihnen zukommenden Rang** (§ 879 BGB) auch gegenüber der durch nachträgliche Mitbelastung an diesem Grundstück neu bestellten Hypothek. An dem mitzubelastenden Grundstück kann die Hypothek als Belastung daher eingetragen werden 2658
– nur an der **letzten** (nächstoffenen) **Rangstelle,** oder
– nur bei gleichzeitiger **Rangänderung** (Rdn 2561 ff) mit **Rang vor** oder im gleichen Rang mit den Rechten, die an dem durch Nachbelastung in die

---

[25] So auch Demharter Rdn 19 zu § 48; K/E/H/E Rdn 7 zu § 48.
[26] RG 132, 106 (111, 112); OLG Köln MittRhNotK 1982, 177; OLG Hamm MittRhNotK 1985, 44 = OLGZ 1985, 23 = Rpfleger 1985, 17 (mit weit Nachw) und 144 Leits und Anm Streuer.
[27] BGH 26, 344 = DNotZ 1958, 252 = NJW 1958, 630; BayObLG DNotZ 1992, 309 = aaO (Fußn 19); OLG Köln MittRhNotK 1982, 177.
[28] BGH 26, 344 = aaO (Fußn 27); OLG Köln MittRhNotK 1982, 177; LG Essen DNotZ 1957, 670 mit im Ergebnis zust Anm Saage; KG JFG 17, 346.
[29] BGH 26, 344 = aaO (Fußn 27); OLG Köln MittRhNotK 1982, 177; LG Essen DNotZ 1957, 670.
[30] So auch Bauer/vOefele/Knothe Rdn 31 zu § 45.

Mithaft eintretenden Grundstück bereits bestehen.[31] Die Bestimmungen über Rangänderung sind auch hier anzuwenden, wenn das durch nachträgliche Mitbelastung neu einzutragende Recht im Rang vorgehen (gleichstehen) soll (s Rdn 2578).

2659 m) Im **Grundbuch** wird das Rangverhältnis unter mehreren **in derselben Abteilung** (hier: Abteilung III) eingetragenen Rechten durch die **Reihenfolge** der Eintragungen (§ 879 Abs 1 BGB) dargestellt. Diese Reihenfolge bestimmt sich nach den Eintragungen in der Hauptspalte (Spalte 4 mit Spalten 1–3), weil der in der Veränderungsspalte (Spalte 7 mit Spalten 5 und 6) eingetragene (Mithaft)Vermerk mit der Eintragung in der Hauptspalte, auf die er sich bezieht, als eine einheitliche Eintragung anzusehen ist[32] (siehe bereits Rdn 2656 und die dort angegebenen Nachweise). Daher begründet der in der Veränderungsspalte einzutragende Mithaftvermerk nach seiner räumlichen Stellung im Grundbuch im Verhältnis zu anderen Rechten der gleichen Abteilung ohne weiteres den gleichen Rang, wie er sich aus der Reihenfolge der Eintragungen der Rechte in der Hauptspalte ergibt. Ein abweichender Rang ist nach § 879 Abs 3 BGB einzutragen.[33] Für die Darstellung des Rangverhältnisses im Grundbuch an dem nachbelasteten Grundstück folgt daraus:

2660 aa) Kann durch Mitbelastung an dem in die Mithaft eintretenden Grundstück dort Neubestellung der Hypothek nur an **letzter Rangstelle** erfolgen und stehen die anderen Rechte, mit denen das nachzubelastende Grundstück bereits belastet ist, räumlich vor der Hypothek, die Gesamtrecht wird, dann bedarf es eines besonderen Rangvermerks nicht (s bereits Rdn 2657; zur Ausnahme s Rdn 2663).

2661 bb) Ist das nachträglich mitbelastete (das in die Mithaft eintretende) Grundstück **bereits** mit anderen Grundpfandrechten **belastet,** die in der Hauptspalte räumlich **hinter** der Hypothek stehen, die Gesamtrecht wird, so muß der Rang der Gesamthypothek auf dem nachträglich mitbelasteten Grundstück nach diesen Rechten durch einen **besonderen Rangvermerk** klargestellt werden.[34] Andernfalls würde sich aus der Reihenfolge der Eintragungen ein Vorrang des Gesamtrechts an dem nachträglich mitbelasteten Grundstück gegenüber den zeitlich schon früher eingetragenen Rechten ergeben.[35] Der Vermerk über den abweichenden Rang ist in die Veränderungsspalte bei dem Mithaftvermerk einzutragen, nicht auch bei den dem nachträglich mitbelasteten Grundstück im Rang vorgehenden, in der Hauptspalte jedoch räumlich hin-

---

[31] Dazu auch OLG Hamm OLGZ 1985, 23 (28) = aaO (Fußn 26).
[32] Vgl auch KG JFG 22, 284 = DNotZ 1941, 349 = DR 1941, 1557 wie folgt: „... Eintragungen in der Haupt- und in der Veränderungsspalte dürfen für die Feststellung der Rangfolge nicht getrennt, sondern müssen zusammen gelesen werden; der Mithaftvermerk ist eine lediglich den Gegenstand der Belastung betr Zusatzeintragung zu der den Inhalt der Belastung verlautbarenden Haupteintragung in der Spalte 4". Ebenso Bauer/vOefele/Knothe Rdn 20 und 31 zu § 45.
[33] KG JFG 22, 284 (287) = aaO (Fußn 32).
[34] RG 132, 106 (111); Bauer/vOefele/Knothe Rdn 31 zu § 45; K/E/H/E Rdn 13 zu § 45.
[35] So zutreffend Streuer Rpfleger 1985, 144 (145) gegen OLG Hamm Rpfleger 1985, 17 = aaO (Fußn 26).

B. Einzelfälle

ter der Gesamthypothek stehenden Rechten, weil deren Rang nicht verändert wird (vgl das Rdn 2499 Gesagte).

cc) Ist das nachträglich mitbelastete (das in die Mithaft eintretende) Grundstück **bereits** mit anderen Grundpfandrechten belastet, die in der Hauptspalte räumlich **hinter** der Hypothek stehen, die Gesamtrecht wird, dann wird die Mithaft **ohne** eigenen **Rangvermerk** eingetragen, wenn damit **zugleich die Rangänderung** (s Rdn 2658) der Rechte, die an dem in die Mithaft eintretenden Grundstück schon bestehen, einzutragen ist (Voraussetzungen der Rangänderung Rdn 2561 ff). Die zur Rangänderung erforderliche Eintragung (§ 880 Abs 2 BGB) erfolgt in diesem Fall nicht durch gesonderten Vermerk, sondern durch Eintragung des Mitbelastungsvermerks.[36] Dieser Änderungsvermerk kann nur im Zusammenhang mit der Haupteintragung gelesen werden (Rdn 2656, 2659). Durch den Mitbelastungsvermerk wird die Hypothek daher auf dem nachträglich mitbelasteten Grundstück mit ihrem durch die Reihenfolge der Eintragungen der Rechte in der Hauptspalte dargestellten Rang **eingetragen** im Sinne des § 880 Abs 2 BGB als Erfordernis der Rangänderung und nach § 879 BGB zur Darstellung des Rangverhältnisses.[37]

2662

dd) Wenn das nachträglich mitbelastete (das in die Mithaft eintretende) Grundstück mit einem Gesamt-Grundpfandrecht belastet ist, das außerdem an dem Grundstück lastet, an dem die Hypothek zunächst nur als Einzelrecht besteht, dann kann das Rangverhältnis an dem schon bisher mit beiden Rechten belasteten Grundstück **abweichend** vereinbart und durch **Rangvermerk eingetragen** sein (§ 879 Abs 3 BGB). **Beispiel:**

2663

	a	Grundstücke	b
III 1	Gesamtrecht	10 000	Gesamtrecht
III 2	20 000 DM		—
III 3	Gesamtrecht	30 000	Gesamtrecht

Eingetragen ist (§ 879 Abs 3 BGB), daß an Grundstück a Recht Nr 1 Rang nach der Hypothek Nr 2 und/oder Recht Nr 3 Rang vor der Hypothek Nr 2 hat. Nun wird auch Grundstück b mit der Hypothek Abt III Nr 2 belastet, diese nachträglich mithin auch hier Gesamtrecht.

Dann ist gleichfalls davon auszugehen, daß der Mitbelastungsvermerk in der Veränderungsspalte nur im Zusammenhang mit der Haupteintragung als deren wesentlicher Bestandteil gelesen werden kann. Eintragung der nachträglichen Mitbelastung in die Veränderungsspalte ohne Rangvermerk bewirkt dann, daß auch die damit entstandene Gesamthypothek (im Beispiel Abt III Nr 2) auf dem mit ihr neu belasteten Grundstück gegenüber den anderen Rechten ihren durch den Rangvermerk dargestellten Rang hat.

---

[36] OLG Hamm OLGZ 1985, 23 (32 f) = aaO (Fußn 26).
[37] OLG Hamm OLGZ 1985, 23 (32 f) und Rpfleger 1985, 144 Leits mit Anm Streuer (= aaO, Fußn 26), das es im Interesse größtmöglicher Klarheit des Grundbuchs noch für angebracht erachtet, einen Vermerk über den Rangrücktritt „bei" dem jeweils zurücktretenden Recht anzubringen. Geschehen kann dies entweder dadurch, daß der Mithaftvermerk in den Spalten 5 und 6 die im Rang zurücktretenden Rechte derselben Abteilung mit anführt, oder durch Eintragung je eines gesonderten, nur das zurücktretende Recht bezeichnenden Vermerks über den Rangrücktritt.

2. Teil. V. Dritte Abteilung des Grundbuchs

Beispiel: Auf Grundstück b hat die Gesamthypothek Abt III Nr 2 Rang vor Abt III Nr 1 und/oder Rang nach Abt III Nr 3.

Das muß nach dem Gesagten auch gelten, wenn der Rang nicht bei Eintragung der Rechte in die Hauptspalte, sondern nachträglich in die Veränderungsspalte (nach § 879 Abs 3 BGB) abweichend eingetragen worden ist. Auch in diesen Fällen ist bei Nachbelastung ein abweichender Rang nach § 879 Abs 3 BGB einzutragen.

2664 ee) Das Rangverhältnis der Hypothek zu **Rechten, die in Abteilung II** des Grundbuchs eingetragen sind, bestimmt sich nach den Eintragungstagen; das unter Angabe des früheren Tages eingetragene Recht hat Vorrang; Gleichrang besteht bei Eintragung am gleichen Tag (§ 879 Abs 1 S 2 BGB). Auch diese Rangfolge nach den Eintragungstagen kann sich nur nach der Angabe der Tage bei Eintragung der Rechte in den Hauptspalten der Abteilung III und II richten.[38] Der (Mithaft)Vermerk in der Veränderungsspalte der Abteilung III begründet als eine einheitliche Eintragung mit der Eintragung in der Hauptspalte, auf die er sich bezieht, sonach im Verhältnis zu anderen Rechten der Abteilung II den gleichen Rang, wie er sich aus der Zeitfolge der Eintragungen der Rechte in der Hauptspalte ergibt.[39] Für die Darstellung der Rangverhältnisse im Grundbuch an dem nachbelasteten Grundstück gilt daher mit der Maßgabe, daß auf die Eintragungstage abzustellen ist, das Rdn 2660–2663 Gesagte entsprechend.

2665 ff) Wenn nachträglich **gleichzeitig mehrere** schon auf einem Grundstück lastende Hypotheken (Grundschulden oder Rentenschulden) auf ein weiteres Grundstück erstreckt werden sollen (zur Zusammenfassung der Nachbelastungserklärungen Rdn 2653) und Grundbucheintragung **auf demselben Grundbuchblatt** erfolgt, ist ein besonderer Vermerk über den Rang dieser Gesamtrechte nur bei abweichender Rangbestimmung (Rdn 2653) einzutragen. Wenn auch für den Rang der mehreren Gesamtrechte zueinander das auf dem bereits mit ihnen einzeln belasteten Grundstück bestehende Rangverhältnis gelten soll, wird ein besonderer Vermerk über den Rang der mehreren Gesamtrechte untereinander auf dem nachträglich mitbelasteten Grundstück nicht eingetragen.[40] Für das Rangverhältnis der durch Mit-

---

[38] Vgl OLG Hamm OLGZ 1985, 23 (27, 29 f) = aaO (Fußn 26); LG Würzburg Rpfleger 1958, 152.

[39] Anders LG Bonn Rpfleger 1982, 138 mit abl Anm Streuer wie folgt: „Der Mithaftvermerk in der Veränderungsspalte bildet nicht wie ein Nebenrecht der in der Hauptspalte eingetragenen Grundpfandrechte mit diesen eine einheitliche Eintragung. Dieser enthält keine Eintragung eines Nebenrechts. Die Grundpfandrechte ... [entstehen] vielmehr erst im Zeitpunkt der Eintragung des Mithaftvermerks." Wenn ein Recht (eine Auflassungsvormerkung) in Abteilung II zeitlich früher eingetragen worden ist, soll daher der Mithaftvermerk nicht genügen, um einen Vorrang der Gesamthypothek vor dem Recht der Abt II erkennbar zu machen; es soll ein Rangvermerk erforderlich sein. In diesem Sinn auch Bruhn Rpfelger 1958, 153 sowie OLG Hamm OLGZ 1985, 23 (35) = aaO (Fußn 26); dagegen aber Streuer Rpfleger 1985, 144.

[40] KG JFG 22, 284 = aaO (Fußn 31); OLG Hamm OLGZ 1985, 23 = aaO (Fußn 26); LG Köln MittRhNotK 1973, 438; Bruhn Rpfleger 1958, 153 (Anmerkung); Meyer-Stolte Rpfleger 1971, 201 (202); Bauer/vOefele/Knothe Rdn 31 zu § 45; aA K/E/H/E Rdn 13 zu § 45; Güthe/Triebel Anm 14 zu § 48 GBO; Böttcher BWNotZ 1988, 73 (A 4 c und B 2 c).

belastung nachträglich entstehenden mehreren Gesamthypotheken zu anderen auf dem neu mitbelasteten Grundstück bestehenden Rechten gilt das Rdn 2657 ff Gesagte.

gg) Bei Eintragung der Mitbelastung in die Veränderungsspalte der Abteilung III und **gleichzeitiger Neubelastung** des nachverpfändeten Grundstücks mit einem in Abteilung II einzutragenden Recht hat die ohne Rangvermerk zur Mithaft eingetragene Hypothek auf dem mithaftenden Grundstück Vorrang vor dem in Abteilung II am gleichen Tag eingetragenen Recht.[41] Der Mithaftvermerk ist auch hier mit der Eintragung in der Hauptspalte als eine einheitliche Eintragung anzusehen; er begründet sonach zu dem am gleichen Tag in Abteilung II eingetragenen Recht Rang nach der Angabe des früheren Eintragungstags der Hypothek in der Hauptspalte.[42] Das gilt nach der Reihenfolge der Eintragungen ebenso gegenüber den am gleichen Tag in Abteilung III eingetragenen weiteren (neuen) Grundpfandrechten. Ein abweichender Rang ist nach § 879 Abs 3 BGB einzutragen; das gilt auch, wenn gleichzeitiger Eingang der Nachverpfändung und der Neubelastung gleichrangige Eintragung gebieten sollte (§ 45 GBO); wegen der Frage, ob in diesem Fall aber nicht im Wege der Auslegung eine Rangbestimmung anzunehmen ist, s das Rdn 2653 Gesagte.

2666

hh) Daß sich der **Rang** bei Nachverpfändung mit Eintragung auf demselben Grundbuchblatt in der Veränderungsspalte nach den Rdn 2659, 2666 behandelten Grundsätzen bestimmt, bestreitet Schmid.[43] Seine Einwendungen gegen die ganze herrschende Meinung insbesondere zur Darstellung des Rangverhältnisses der Gesamthypothek zu den in Abteilung III eingetragenen Rechten nach der Reihenfolge der Eintragungen in der Hauptspalte sind jedoch nicht stichhaltig. Sie verkennen, daß der Mitbelastungsvermerk nur im Zusammenhang mit der Haupteintragung, als deren wesentlicher Bestandteil er sich darstellt und deren Eintragungsinhalt er daher nicht zu wiederholen hat, gelesen werden kann (Rdn 2656). Sie gehen auch von der unrichtigen Annahme aus, weitere Zinsen würden als Nebenleistungen in der Veränderungsspalte nachträglich nicht an der gleichen Stelle und damit nicht im Rang des Hauptrechts eingetragen (dazu Rdn 2496). Übersehen ist zudem, daß auch (erforderliche) Eintragung der Unterwerfung in das Grundbuch nach § 800 Abs 1 ZPO allein durch den Mithaftvermerk ohne Wiederholung des Wortlauts aus der Hauptspalte erfolgt (Rdn 2656), weil Eintragungsinhalt des Mithaftvermerks auch die Eintragung in der Hauptspalte ist, auf die er sich bezieht. Ebenso wird allein durch den Mithaftvermerk aber auch ein Rangverhältnis nach Maßgabe des § 879 BGB nach dem Inhalt der Hauptspalte dargestellt, mithin auch eine Rangänderung nach § 880 Abs 2 BGB eingetragen. Nirgends ist bestimmt, daß erforderliche Eintragung der Zwangs-

2667

---

[41] LG Würzburg Rpfleger 1958, 152 mit abl Anm Bruhn; aA OLG Hamm OLGZ 1985, 23 (35) = aaO (Fußn 26); zu diesem jedoch Streuer Rpfleger 1985, 144 (145); aA auch Böttcher BWNotZ 1988, 73 (A 4c).
[42] Anders Bruhn Rpfleger 1958, 153: Der Rang, den die Hypothek auf dem nachbelasteten Grundstück einnimmt, soll sich nach dem Tag der durch den Mithaftvermerk erfolgten Eintragung auf diesem Grundstück bestimmen.
[43] Schmid Rpfleger 1982, 251 sowie Rpfleger 1984, 130; ihm folgend Meikel/Böttcher Rdn 67 zu § 45.

vollstreckungsunterwerfung und ebenso eine Rangeintragung (damit auch ein Rangvermerk) grundbuchtechnisch nicht so dargestellt werden könnten, sondern nochmals wörtlich wiedergegeben werden müßten[44] (vgl bereits Rdn 2497). Letzteres aber wird ohne Begründung[45] für das Rangverhältnis behauptet mit der Aussage, gleichzeitige Eintragung der Pfandunterstellung ohne solchen ausdrücklichen Rangvermerk müsse nach § 879 Abs 1 S 2 BGB Gleichrang bewirken.

2668 ii) Wer sichergehen will, kann in unklaren oder schwierigen Abgrenzungsfällen (zB für das Rangverhältnis an dem nachverpfändeten Grundstück gegenüber in Abteilung II oder bereits mit Rangvermerk eingetragenen Belastungen) den durch Nachverpfändung entstehenden Rang klarstellend eingetragen. Das wird für zulässig (und auch nachträglich als Klarstellungsvermerk für geboten[46]) erachtet, wenn der an sich nicht nötige Vermerk geeignet ist, Zweifel zu verhüten.[47]

2669 n) Ist das nachträglich mitbelastete Grundstück auf einem **anderen Grundbuchblatt des gleichen Grundbuchamts** eingetragen, so ist auf dem Blatt des bisher belasteten Grundstücks in der Veränderungsspalte einzutragen:

> Das Grundstück ... haftet mit.

Auf dem Blatt des nachträglich belasteten Grundstücks ist das Recht neu einzutragen mit Mithaftvermerk bezüglich des anderen Grundstücks.

2670 o) Handelt es sich um die nachträgliche Belastung eines Grundstücks, dessen Grundbuch **von einem anderen Grundbuchamt geführt wird,** so trägt dieses Grundbuchamt auf Antrag des Grundstückseigentümers, dem der bisherige Brief oder eine beglaubigte Abschrift der ersten Eintragung des Rechts beizufügen ist, die Hypothek samt Mithaftvermerk in der Hauptspalte ein, bildet zutreffendenfalls den Brief, verbindet ihn mit dem alten Brief und sendet ihn (zutreffendenfalls beglaubigte Abschrift der Eintragung der Mitbelastung) an das erste Grundbuchamt, das die Mithaft in der Veränderungsspalte vermerkt und den ersten Brief berichtigt.

2671 p) Um eine nachträgliche Mitbelastung handelt es sich auch dann, wenn ein Grundpfandrecht bisher nur auf einem – etwa hälftigen – **Miteigentumsanteil eingetragen** ist, dessen Eigentümer dann den anderen – etwa weiteren hälftigen – Miteigentumsanteil erwirbt und das Grundpfandrecht auf diesen weiteren Miteigentumsanteil ausdehnt (vgl auch Rdn 1917). Es genügt in diesem Falle die Eintragung im Grundbuch:

> Die zweite Miteigentumshälfte haftet mit, so daß jetzt das ganze Grundstück belastet ist.

2672 q) **Brief bei Nachverpfändung:** aa) Für eine Briefhypothek, die nachträglich durch Mitbelastung auf ein anderes Grundstück erstreckt wird, das bei demselben Grundbuchamt gebucht ist, wird auf Antrag ein neuer Brief erteilt (§ 63 GBO). Der Antrag bedarf keiner Form. Erforderlich ist, daß der bishe-

---

[44] Dem zustimmend OLG Hamm OLGZ 1985, 23 (30) = aaO (Fußn 26).
[45] Und ungeachtet unbestrittener Ansicht zur Eintragung der Zwangsvollstreckungsunterwerfung; s Rdn 2656.
[46] OLG Hamm OLGZ 1985, 23 (31, 34) = aaO (Fußn 26).
[47] Vgl RG 132, 106 (112, 113).

B. Einzelfälle

rige Brief vorgelegt wird. Zustimmung des Grundstückseigentümers ist nicht erforderlich. Der neue Brief wird als Hypothekenbrief für die Gesamthypothek erteilt (§ 59 Abs 1 GBO). Er tritt an die Stelle des bisherigen Briefes; das ist in ihm anzugeben (§ 68 Abs 1 GBO); im übrigen § 68 Abs 2 und 3 GBO. Der bisherige Hypothekenbrief ist unbrauchbar zu machen (§ 69 S 1 GBO). Eine mit dem bisherigen Hypothekenbrief verbundene Schuldurkunde ist abzutrennen und mit dem neuen Brief zu verbinden oder zurückzugeben (§ 69 S 2 GBO).

bb) Wird Antrag auf Erteilung eines neuen Hypothekenbriefs nicht gestellt, so ist die Mitbelastung von Amts wegen auf dem bisherigen Brief zu vermerken und dieser Hypothekenbrief zugleich nach § 63 GBO zu ergänzen. Der Hypothekenbrief ist sodann dem Gläubiger zurückzugeben. 2673

cc) Wenn der Mitbelastungsvermerk Eintragung einer Rangänderung einschließt (§ 880 Abs 2 BGB, Rdn 2662) ist die Eintragung auch auf dem (vorzulegenden, §§ 41, 42 GBO) Brief des damit zurücktretenden Rechts zu vermerken (§§ 62, 70 GBO).[48] 2674

dd) Wird das Grundbuch über das nachträglich mitbelastete Grundstück von einem anderen Grundbuchamt geführt, dann ist nach § 59 Abs 2 GBO zu verfahren. Dazu auch Rdn 2670. 2675

r) Wird von einem der beteiligten Grundbuchämter der Eintragungsantrag zurückgewiesen, so sind hierüber alle anderen beteiligten Grundbuchämter durch Übersendung einer beglaubigten Abschrift der Zurückweisungsverfügung zu benachrichtigen. Das gleiche gilt bei Zurücknahme eines Eintragungsantrags gegenüber einem der beteiligten Grundbuchämter. 2676

s) Löschungsvormerkung und **gesetzlicher Löschungsanspruch,** wenn nach dem 1. 1. 1978 ein Grundstück mit einem vor diesem Zeitpunkt eingetragenen Grundpfandrecht (oder mit einem Übergangsrecht, s Rdn 2635) mitbelastet wird, s Rdn 2638. 2677

t) Wird **ein Teil** eines belasteten Grundstücks auf dem gleichen Grundbuchblatt unter neuer Nr als selbständiges Grundstück gebucht, so ist kein Mithaftvermerk erforderlich. Abs 1 Satz 2 des § 48 GBO spricht nur von der Übertragung auf ein anderes Grundbuchblatt. In solchen Fällen ist die Mithaft erkenntlich aus dem Vermerk in Spalte 5 und 6 des Bestandsverzeichnisses. Dagegen braucht Spalte 2 in der III. (oder II.) Abteilung nicht ergänzt zu werden. Wird das Teilgrundstück dagegen in ein anderes Grundbuchblatt unter Mitübertragung des Rechts übertragen, so ist an der alten Grundbuchstelle in der Veränderungsspalte einzutragen: 2678

> Zur Mithaft übertragen nach (Bd ...) Blatt ... am ...

und auf dem neuen Blatt zusätzlich:

> Von (Bd ...) Bl ... zur Mithaft hierher übertragen.

---

[48] OLG Hamm OLGZ 1985, 23 (34, 35) = aaO (Fußn 26).

41. Verteilung einer Gesamthypothek

BGB § 1132 Abs 2, § 1172 Abs 2 § 1175 Abs 1
GBO §§ 64, 48 Abs 2, § 56 Satz 1
GBV §§ 11, 17, 49, 53

2679 Antragsformular

Für mich, Max Bär, Forstmeister in Boll, ist im Grundbuch von Boll (Band 1) Blatt 2 und (Band 3) Blatt 40 je in Abt III Nr 4 eine Gesamthypothek über 40 000 € eingetragen. Den Betrag der Forderung dieser Gesamthypothek verteile ich auf die beiden mit ihr belasteten Grundstücke in der Weise, daß das Grundstück (Band 1) Blatt 2 für den Betrag von 20 000 € und das Grundstück (Band 3) Blatt 40 für den Betrag von ebenfalls 20 000 € je nebst Zinsen hieraus haftet.

Ich bewillige und beantrage unter Übergabe des Gesamthypothekenbriefes die Eintragung dieser Verteilung in das Grundbuch.

Boll, den ...   Max Bär   (folgt Unterschriftsbeglaubigung)

2680 Grundbucheintragung

I. Grundbuch von Boll (Band 1) Blatt 2

5	6	7
4	20 000 €	Die Hypothek ist gemäß § 1132 Abs 2 BGB derart verteilt, daß das hier eingetragene Grundstück nur noch für zwanzigtausend Euro und Zinsen hieraus haftet. Die Mithaft in (Band 3) Blatt 40 ist erloschen. Für diese 20 000 € ist dem Gläubiger ein neuer Brief erteilt. Eingetragen am ...

II. Grundbuch von Boll (Band 3) Blatt 40

5	6	7
4	20 000 €	Die Hypothek ist gemäß § 1132 Abs 2 BGB derart verteilt, daß das hier eingetragene Grundstück nur noch für zwanzigtausend Euro und Zinsen hieraus haftet. Die Mithaft in (Band 1) Blatt 2 ist erloschen. Für diese 20 000 € ist dem Gläubiger ein neuer Brief erteilt. Eingetragen am ...

Die erloschenen Teilbeträge sind in Sp. 3 abzuschreiben, die bisher mithaftenden Grundstücke in Sp. 4 (rot) zu unterstreichen.

Über die Teile von je 20 000 € sind zwei neue Hypothekenbriefe zu erteilen, mit der Schulddurkunde, die vom Gesamthypothekenbrief abzutrennen ist, bzw. mit einer beglaubigten Abschrift hiervon zu verbinden und dem Gläubiger auszuhändigen, zugleich als Eintragungs**nachricht**.

Auf dem bisherigen Gesamthypothekenbrief sind die Eintragungen zu vermerken, der Brief ist alsdann unbrauchbar zu machen und zu den Sammelakten zu nehmen.

Bekanntmachung erfolgt an Grundstückseigentümer und Notar ...

2681 Die **Verteilung** der Forderung, für die eine Hypothek an mehreren Grundstücken besteht (Gesamthypothek), ermöglicht dem Gläubiger § 1132 Abs 2 BGB. Sie erfordert (materiell) Verteilungserklärung des Berechtigten und Eintragung in das Grundbuch (§ 1132 Abs 2 mit § 875 Abs 1 BGB), außerdem bei Belastung mit dem Recht eines Dritten dessen Zustimmung (§ 1132 Abs 2 S 2 mit § 876 BGB), nicht aber Zustimmung des Eigentümers[1] (kein Fall von

---
[1] OLG Düsseldorf MittRhNotK 1995, 315.

B. Einzelfälle

§ 1183 BGB). Möglich ist Verteilung der Gesamthypothek nur in der Weise, daß die Summe der Einzelhypotheken den Betrag der verteilten (ursprünglichen) Gesamthypothek ergibt.² Daher darf die Summe der Teilbeträge der Einzelhypotheken den Betrag der Gesamthypothekenforderung nicht übersteigen; sie darf aber auch nicht hinter ihm zurückbleiben. Mit der Forderung sind auch deren Zinsen und sonstigen Nebenleistungen aufzuteilen. Bruchteile eines Grundstücks, die mit einer Hypothek belastet werden können (§ 1114 BGB), stehen Grundstücken gleich; verteilt werden kann daher auch die Hypothekenforderung, die mehrere Grundstücksbruchteile oder auch ein Grundstück und den Bruchteil eines anderen Grundstücks belastet. Eine Gesamtgrundschuld (Kapital, Zinsen und Nebenleistungen) kann gleichermaßen nach § 1132 Abs 2 (mit § 1192 BGB) verteilt werden.

Die **Grundbucheintragung** erfolgt auf Antrag (§ 13 Abs 1 GBO) und Bewilligung (§ 19, Form § 29 GBO) des Gläubigers der Gesamthypothek (Gesamtgrundschuld) und – soweit erforderlich – mit Zustimmung des berechtigten Dritten. Die Zustimmung des Grundstückseigentümers ist nicht erforderlich (kein Fall von § 27 GBO), obwohl Grundstücke aus der Mithaft anteilig freigegeben werden.³ Die Eintragung der Verteilung ist Veränderung (nicht Löschung).³ Sie erfolgt daher in Spalte 7 der Abt III (mit Spalten 5 und 6) (§ 11 Abs 6 mit 8 GBV). Das Erlöschen der Mitbelastung ist (von Amts wegen) zu vermerken (§ 48 Abs 2 GBO). Löschungsvermerk in Spalte 10 (§ 11 Abs 7 GBV) ist nicht erforderlich; dennoch wird Löschung des wegverteilten Betrags in Spalte 10 zusätzlich für zulässig gehalten.⁴ In Spalte 3 ist der mit Verteilung erlöschende Teil von dem Betrag abzuschreiben (§ 17 Abs 5 GBV). Eintragungsbeispiel (mit Rötungen) Anlage 1 zur GBV Abt III Spalten 5–7 Nr 1. 2682

Neue Brieferteilung für jede Einzelhypothek hat nach § 64 GBO mit entsprechendem Vermerk im Grundbuch (§ 68 GBO) von Amts wegen zu erfolgen. Der bisherige Brief darf nicht mehr verwendet werden. Jeder neue Brief hat die Angabe zu enthalten, daß er für den Teilbetrag, über den er lautet, an Stelle des bisherigen Briefes tritt (§ 68 GBO). 2683

Eine **vollstreckbare Ausfertigung** über die bisherige Gesamthypothek kann über die einzelnen Teilbeträge nur umgeschrieben werden, wenn die ursprüngliche vollstreckbare Ausfertigung zurückgegeben wird (näher § 733 ZPO). Die neuen vollstreckbaren Ausfertigungen können dann folgende Fassung erhalten:

I. (Enthält Bericht über die erfolgte Verteilung der Gesamthypothek)
II. Vorstehende Ausfertigung wird dem Gläubiger X zum Zwecke der Zwangsvollstreckung hinsichtlich des Teilbetrags von 20 000 € bezüglich Hauptsumme, Zinsen und sonstigen Nebenleistungen hiermit erteilt.

Durch die Verteilung entstehen selbständige **Einzelhypotheken**.⁵ Damit erlischt zugleich die Hypothek auf den einzelnen Grundstücken in Höhe der 2684

---

² OLG Düsseldorf MittRhNotK 1995, 315 mit insoweit abl (aber nicht zutr) Anm Wochner.
³ RG 70, 91 (93).
⁴ BayObLG 1981, 95 (101) unter Bezugnahme auf die hier bis zur 10. Auflage dargestellte Behandlung.
⁵ RG 113, 223 (233); BGH Betrieb 1976, 866 = WM 1976, 585.

darauf nicht zugeteilten Beträge ohne weiteres[6] (kein Eigentümerrecht). Teilweise Aufhebung (§§ 875, 1183 BGB) mit Löschung eines Teilbetrags der Gesamthypothek auf **allen** damit belasteten Grundstücken ist kein Fall der Verteilung; sie erfordert als Löschung Eigentümerzustimmung (§ 27 GBO).[7] Ebenso erfordert Abspaltung eines **Teil**betrags der Gesamthypothekenforderung (Beispiel: von 40 000 € ein Betrag von 10 000 €) zur Verteilung für Weiterhaftung jedes Grundstücks nur für den verbleibenden Betrag (Beispiel: Einzelrecht von 15 000 € auf Grundstück 1 und Einzelrecht von 15 000 € auf Grundstück 2) als Aufhebung (Löschung) des abzuspaltenden Teilbetrags der Hypothek (§ 875 Abs 1 BGB) materiell (§ 1183 BGB) und für Löschung im Grundbuch (§ 27 GBO) Zustimmung des Eigentümers.

2685 Wenn **3 und mehr Grundstücke** mit der Gesamthypothek belastet sind, kann der Betrag der Forderung auch in der Weise verteilt werden, daß für einen bestimmten Teilbetrag nur ein Grundstück mit einer Einzelhypothek (auch einzelne Grundstücke je mit Einzelhypotheken) haftet, für den weiteren Teilbetrag (Restbetrag) aber wiederum die (mehreren) anderen Grundstücke zusammen verhaftet bleiben („herabgesetzte" Gesamthypothek für den diesen Grundstücken zugeteilten Betrag).[8] Sind 4 oder mehr Grundstücke mit der Gesamthypothek belastet, dann kann Verteilung schließlich auch so erfolgen, daß jeweils wieder mehrere Grundstücke zusammen für einen zugeteilten Betrag verhaftet bleiben. Beispiel: Verteilung der Gesamthypothek auf 4 Grundstücken zu 40 000 € in der Weise, daß Grundstücke 1 und 2 zusammen für einen zugeteilten Betrag von 20 000 € und Grundstücke 3 und 4 zusammen für den zugeteilten (weiteren) Betrag von ebenfalls 20 000 € haften („herabgesetzte" Gesamthypothek von jeweils 20 000 € an Grundstücken 1 und 2 sowie 3 und 4 je unter Erlöschen der Hypothek auf den beiden Grundstücken in Höhe der darauf nicht zugeteilten Beträge).

2686 Nicht möglich jedoch ist „Verteilung" der gesamten Forderung auf nur eines der Grundstücke.[9] Das ergibt sich aus der Gläubigerberechtigung zum Verzicht auf die Gesamthypothek an nur einem belasteten Grundstück (§ 1175 Abs 1 S 2 BGB). Dieser entspricht der Gläubigerberechtigung zur Verteilung nach § 1132 Abs 2 BGB. Beide Fälle erfordern Erklärung des Gläubigers (ggfs auch Zustimmung eines Dritten) und Eintragung in das Grundbuch (zum Verzicht § 1168 Abs 2 BGB) und erübrigen Zustimmung des Grundstückseigentümers. Mit Wirksamwerden der Verteilung und gleichermaßen mit Wirksamwerden des Verzichts erlischt die Hypothek auf einzelnen haftenden Gegenständen; in beiden Fällen entsteht kein Eigentümerrecht. Unterschiedliche Rechtsfolgen bestehen nur darin, daß
– mit Verteilung selbständige Einzelhypotheken an den (allen) haftenden Grundstücken entstehen und auf jedem einzelnen Grundstück die Hypothek in Höhe des nicht zugeteilten Betrags erlischt,

---

[6] RG 70, 91 (93, 94).
[7] OLG Düsseldorf aaO.
[8] BayObLG 1981, 95 (99); Palandt/Bassenge Rdn 11 zu § 1132 BGB; Güthe/Triebel Rdn 3, Meikel/Bestelmeyer Rdn 4, je zu § 64 GBO.
[9] Güthe/Triebel aaO.

B. Einzelfälle

– mit Verzicht die Hypothek am dem freigegebenen Grundstück ganz erlischt, an dem oder den (mithaftenden) weiteren Grundstücken aber nicht berührt wird; dort besteht sie voll weiter.

Daraus ergibt sich, daß (volle) Entlassung eines der haftenden Grundstücke aus der Haftung als Gläubiger**verzicht** nach § 1175 Abs 1 S 2 BGB zu erklären und im Grundbuch zu vollziehen ist. Das schließt „Verteilung" der Forderung in der Weise aus, daß ein Grundstück für den zugeteilten vollen Betrag allein weiterhaften und dem anderen Grundstück (den anderen Grundstücken) kein Forderungsbetrag zugeteilt wird, die Hypothek somit auf diesem Grundstück nach § 1132 BGB erlöschen soll. Solche Erklärung entspricht der Gläubigerbefugnis zum Verzicht auf die Hypothek an einem der Grundstücke („Entlassung aus der Mithaft"). Auslegung ermöglicht und erfordert daher Grundbucheintragung nach § 1175 Abs 1 S 2 GBO (dazu Rdn 2706 ff).

Verteilung einer Hypothek kommt auch dann vor, wenn von einem mit einer Hypothek belasteten Grundstück ein **Trennstück veräußert** wird. Dann kann der Gläubiger bestimmen, daß das Stammgrundstück künftig nur noch für einen Teilbetrag seiner Hypothek haftet, während das veräußerte selbständig gewordene Trennstück für den Restbetrag haftet. In einem solchen Falle ist die Eintragung im Grundbuch wie folgt zu fassen: 2687

a) Beim Stammgrundstück:
Diese Hypothek ist gemäß § 1132 Abs 2 BGB derart verteilt, daß das hier eingetragene Restgrundstück nur noch für ... € und Zinsen hieraus haftet. Die Mithaft des nach (Band ...) Blatt ... übertragenen Trennstücks Fl.St ... ist erloschen.

b) beim veräußerten Trennstück:
Hypothek zu ... Euro Darlehen für ... mit ... vom Hundert Zinsen jährlich. Gemäß Bewilligung vom ... (Notar ... URNr ...) eingetragen und (infolge Verteilung) zur Alleinhaft hierher übertragen am ...

42. Nießbrauch an einer Hypothek
BGB §§ 1068 ff

Antragsformular 2688

Im Grundbuch von Boll (Band 1) Blatt 2 ist in Abt III Nr 4 für meinen Vater Johann Hof, Bauer in Boll, eine Briefhypothek über 50 000 €, Zinssatz 8%, eingetragen. Mein Vater ist am ... gestorben. Ich bin sein Alleinerbe, Ausfertigung des Erbscheins des Nachlaßgerichts Boll vom ... (Az ...) übergebe ich.
Ich beantrage meine Eintragung als neuer Gläubiger der Hypothek.
Gemäß testamentarischer Anordnung meines Vaters habe ich an der vorgenannten Hypothek meiner Mutter Josefa Hof, geb. Schweizer, geb am ..., wohnh in Boll, den Nießbrauch auf Lebenszeit einzuräumen. In Erfüllung dieser Verpflichtung bewillige und beantrage ich hiermit die Eintragung dieses Nießbrauchs im Grundbuch.
Den Hypothekenbrief lege ich zur Ergänzung vor.

Boll, den ...　　　　Gustav Hof　　　　(folgt Unterschriftsbeglaubigung)

Grundbucheintragung 2689

5	6	7
4	50 000 €	Durch Erbfolge vom ... übergegangen auf Hof Gustav, geb am ... Nießbrauch für Josefa Hof, geb am ..., eingetragen am ...

Die Eintragung des bisherigen Gläubigers in Sp. 4 ist (rot) zu unterstreichen.

2. Teil. V. Dritte Abteilung des Grundbuchs

Die Eintragungen sind auf dem Hypothekenbrief zu vermerken, dieser ist sodann dem Gläubiger zurückzugeben, zugleich als **Nachricht**.
Nachricht erfolgt an Notar... und die Nießbraucherin.

2690 Wegen des **Nachweises der Erbfolge** s Rdn 781 ff. Wegen der **Nießbraucheintragung** muß das Gläubigerrecht zunächst auf den Alleinerben umgeschrieben werden (§ 39 GBO). Zur Eintragung des Nießbrauchs bedarf es der Vorlage der betr Verfügung von Todes wegen nicht. Eintragungsbewilligung des betroffenen Hypothekengläubigers ist in jedem Falle erforderlich.

2691 Der Nießbrauch **entsteht** erst mit seiner Eintragung im Grundbuch. Die Eintragung erfolgt auf Antrag (§ 13 Abs 1 GBO), wenn der Gläubiger der Hypothek als Betroffener sie bewilligt (§ 19 GBO). Keiner (gesonderten) Eintragungsbewilligung des (erst einzutragenden) Hypothekengläubigers bedarf es jedoch, wenn bei der Eintragung der Hypothek zugleich für einen Dritten ein Nießbrauch in dieser Hypothek bestellt wird.[1]

2692 Angabe, daß der Nießbrauch **lebenslänglich** ist, erfolgt im Grundbuch nicht (vgl Rdn 1381). Nur wenn der Nießbrauch auf **bestimmte Zeit** beschränkt wäre, müßte dies eingetragen werden.

43. Einheitshypothek
BGB §§ 1113, 1115, 1116, 1117, 873
GBO §§ 13, 19, 28, 29, 56 ff, 67
GBV §§ 11, 17, 27 Abs 2, 53

2693 Antragsformular

Im Grundbuch von Boll (Band 1) Blatt 2 sind zu Lasten meines dort gebuchten Grundstücks für die Kreissparkasse Boll in Boll in Abt III folgende Darlehens-Briefhypotheken eingetragen:
a) Nr 1: 5000 €, Zinssatz 6 bis 6½ Verwaltungskostenbeitrag 1%;
b) Nr 2: 3000 €, Zinssatz 6%, Verzugszinsen 2%.
Gemäß Vereinbarung mit der Gläubigerin werden die diesen beiden Hypotheken zugrunde liegenden Darlehensforderungen zu einer einheitlichen Darlehensforderung von 8000 € und die beiden Hypotheken zu einer einheitlichen Hypothek von 8000 € zusammengefaßt. Zu diesem Zwecke werden die Zins- und Zahlungsbestimmungen der Hypothek von 5000 € so geändert, daß sie genau die gleichen sind, wie die der Hypothek von 3000 €. Es ist also das Gesamtdarlehen von 8000 € vom... an mit jährlich 6% zu verzinsen, die Verzugszinsen betragen 2% jährlich. Sie sind geschuldet, wenn Zinsen 2 Wochen nach Fälligkeit nicht bezahlt sind. Das Gesamtdarlehen ist gegen jedem Teil zustehende sechsmonatige Kündigung rückzahlbar. Zinszahlung vierteljährlich nachträglich.
Ich bewillige und beantrage in das Grundbuch die Änderung der Schuldbestimmungen bei der Hypothek Abt III Nr 1 und die Zusammenfassung der Hypotheken Abt III Nr 1 und 2 zu einer Einheitshypothek von 8000 € einzutragen.
Den zu erteilenden Hypothekenbrief bitte ich der Gläubigerin auszuhändigen, verbunden mit einer Abschrift dieser Urkunde. Die Gläubigerin wird ihre beiden Hypothekenbriefe unverzüglich dem Grundbuchamt vorlegen.

Boll, den...   Albert Maier   (folgt Unterschriftsbeglaubigung)

---

[1] RG Recht 1912 Nr 1007; BGH 66, 341 (347) = DNotZ 1976, 490 = Rpfleger 1976, 206.

B. Einzelfälle

Die Kreissparkasse Boll in Boll bewilligt die Eintragung der Änderung der Zins- und Schuldbestimmungen bei der Hypothek Abt III Nr 1 und die Zusammenfassung der Hypotheken Nr 1 und 2 zu einer Einheitshypothek.

Boll, den ...   Kreissparkasse Boll
                     Ober   Unter   (mit Siegel, ohne Unterschriftsbeglaubigung)

Grundbucheintragung 2694

5	6	7
1, 2 jetzt 1	5000 €, 3000 € (jetzt 8000 €)	Die Hypotheken Nr. 1 und 2 sind zusammengefaßt in eine einheitliche Darlehenshypothek von achttausend Euro und mit sechs vom Hundert jährlich zu verzinsen. Verzugszinsen zwei vom Hundert jährlich. Die Zahlungsbestimmungen sind geändert. Die bisherigen Hypothekenbriefe sind zu einem einheitlichen Hypothekenbrief zusammengefaßt worden. Unter Bezugnahme auf die Bewilligung vom ... (Notar ... URNr ...) eingetragen am ...

Die bisherigen Briefe über die jetzt zusammengefaßten Einzelrechte sind gegen einen neuen Brief über die Einheitshypothek auszutauschen, die Einzelbriefe sind nach Beisetzung eines entsprechenden Vermerks unbrauchbar zu machen und zu den Sammelakten zu nehmen.

Die abzutrennenden Schuldurkunden und beglaubigte Abschrift der neuen Schuldurkunde sind mit dem neuen Brief zu verbinden, welcher der Gläubigerin auszufolgen ist, zugleich als **Nachricht**.

Bekanntmachung erfolgt an Notar ... und an den Eigentümer.

Literatur: Bruhn, Die Berechtigung der Einheitshypothek, DJ 1941, 675; Dentzien, Die Eintragung der Einheitshypothek, JW 1936, 1099; Kayser, Die Berechtigung der Einheitshypothek, DJ 1941, 39; Kutzner, Die Einheitshypothek in der Grundbuchpraxis, DNotZ 1938, 369; Recke, Die Einheitshypothek, DJ 1935, 1725; Recke, Die Eintragung der Einheitshypothek, JW 1936, 1100; Röhrig und Laves, Die Berechtigung der Einheitshypothek, DJ 1941, 271 und 272; Saage, Die Eintragung von Einheitshypotheken im Grundbuch, DFG 1937, 115; Siegelmann, Zweck, Bedeutung und Bildung einer Einheitshypothek, Grundeigentum 1969, 12; Siegelmann, Die Einheitshypothek, BlGWB 1969, 90; Weber, Die Berechtigung der Einheitshypothek, DJ 1941, 39.

Zusammenfassung mehrere im Range **gleichstehender oder unmittelbar auf-** 2695
einander folgender Grundpfandrechte (Hypotheken; ebenso Grundschulden) des gleichen Gläubigers zu einem einheitlichen Grundpfandrecht ist zulässig.[1] Das gleiche ist für Teile solcher Rechte möglich.

Die Zusammenfassung mehrerer Grundpfandrechte zu einer Einheitshypo- 2696
thek stellt eine **Inhaltsänderung** dar.[2] Formellrechtlich ist daher Bewilligung des Gläubigers und des Grundstückseigentümers und Grundbucheintrag erforderlich, materiellrechtlich außerdem Einigung dieser Personen (§ 877 BGB).

Die zusammenzufassenden **Rechte müssen** in bezug auf **die Art der Forde-** 2697
rung, die Zinssatz- und Zahlungsbestimmungen, die Vollstreckungsklausel[3]

---

[1] RG 145, 47 = DNotZ 1934, 609; KG JW 1934, 2932; DFG 1989, 226 (auch wegen des Rangs von Zinsen); OLG Hamm MittBayNot 1992, 54 = NJW-RR 1991, 1399 = OLGZ 1992, 11 = Rpfleger 1992, 13 und 151 Leits mit Anm Bestelmeyer.
[2] RG 145, 47 = DNotZ 1934, 609; OLG Hamm aaO.
[3] Insoweit anders Bauer/vOefele/Mayer AT IV Rdn 150.

2. Teil. V. Dritte Abteilung des Grundbuchs

und die Form des Grundpfandrechts den gleichen Inhalt haben. Dieser gleiche Inhalt kann noch bei Vereinbarung der Einheitshypothek geschaffen werden. Die Bildung einer Einheitshypothek ist jedoch auch dann möglich, wenn eine Hypothek Gesamthypothek ist oder wenn bei einzelnen Hypotheken Löschungsvormerkungen eingetragen sind[4] oder wenn für nachrangige Grundpfandrechte ein gesetzlicher Löschungsanspruch besteht,[5] oder wenn die Zinsen teilweise den Rang hinter anderen Rechten haben (§ 1119 BGB).[6] Die Möglichkeit der Bildung einer Einheitshypothek besteht ferner dann, wenn für einen Gläubiger eine neue Hypothek bestellt und gleichzeitig die Bildung einer Einheitshypothek mit einer für ihn bereits eingetragenen Hypothek vereinbart wird. Ein Nießbrauch hindert die Bildung eines Einheitsrechts bei Zustimmung des Nießbrauchers nicht. Der Umstand, daß bei den zusammenzufassenden Grundpfandrechten der Zeitpunkt des Beginns der Verzinsung ein verschiedener ist, steht der Zusammenfassung nicht entgegen.[7]

2698 Die **Zustimmung gleich- und nachstehend Berechtigter** (sowie Löschungsvormerkungsberechtigter) ist zur Bildung einer Einheitshypothek nicht erforderlich, es sei denn, anläßlich der Bildung einer Einheitshypothek würden an einem der verschiedenen Grundpfandrechte Änderungen vorgenommen, die zur Rangwahrung der Zustimmung der gleich- und nachstehend Berechtigten nach allgemeiner Vorschriften bedürfen (Beispiel: Zinssatzerhöhung über 5% hinaus im Rang des Hauptrechts; vgl Rdn 2494).

2699 Bei **Eintragung der Einheitshypothek** in das Grundbuch wird nach der AV des RJM v 5. 3. 1937 (DJ 1937, 446 = BayBSVJu III 96) verfahren.[8] In Abt III Spalte 5 werden die bisherigen Nummern wiederholt, als neue Nummer erhält die Einheitshypothek die Zahl der niedrigsten Nummer in Klammern beigesetzt (vgl Rdn 2694) „1, 2 (jetzt 1)".[9]

2700 Über die Einheitshypothek muß – unter Unbrauchbarmachung der alten Briefe nach Beisetzung eines entsprechenden Vermerks – von Amts wegen **ein neuer Brief erteilt** werden, in dem anzugeben ist, daß er an die Stelle des alten Briefes tritt. Fassung des hauptsächlichen Inhalts eines solchen Briefes:

Deutscher Hypothekenbrief über 8000 € Einheitshypothek,
eingetragen im Grundbuch von Boll (Band 1) Blatt 2 Abt III Nr 1

Inhalt der Eintragung:

Einheitshypothek für ein Darlehen der Kreissparkasse Boll in Boll über achttausend Euro. Die Einheitshypothek ist gebildet durch die am ... eingetragene Zusammenfassung der bisher in (Band 1) Blatt 2 eingetragenen Hypotheken Abt III Nr 1 über 5000 €, eingetragen am ... unter Bezugnahme auf die Bewilligung vom ... (Notar ... URNr ...), und Nr 2 über

---

[4] KG DNotZ 1940, 38; OLG Hamm aaO.
[5] OLG Hamm aaO.
[6] KG DNotZ 1939, 728.
[7] LG Hof MittBayNot 1965, 15 = Rpfleger 1964, 375 mit zust Anm Haegele.
[8] S auch KG DFG 1943 144 mit Ausführungen zur Übersichtlichkeit des Grundbuchs bei Einheitshypotheken.
[9] So wenigstens Saage DFG 1936, 116; anders Recke JW 1936, 3271 und LG Hamburg DFG 1938, 101. In Spalte 6 wie in der obigen Verfügung Saage DFG 1937, 117. Nach Recke DJ 1936, 1729 ist in Spalte 6 nur der Gesamtbetrag der Einheitshypothek einzutragen.

B. Einzelfälle

3000 €, eingetragen am ... unter Bezugnahme auf die Bewilligung vom ... (Notar ... URNr ...) zu einer einheitlichen Hypothek unter Nr 1.

Die Erteilung des neuen Briefes ist im Grundbuch zu vermerken.
Streit besteht über die **Kenntlichmachung der Einheitshypothek** in der Hauptspalte. Saage[10] will in der Hauptspalte keine Änderung, auch keine Rötung. Nach Kutzner,[11] Dentzien,[12] Fraß[13] und Pyrkosch[14] sind die Einzelhypotheken zu löschen und ist die Einheitshypothek unter einer laufenden Nr in den Spalten 1–4 einzutragen. Gleicher Ansicht LG Altona[15] für den Fall, daß hinter den Einzelhypotheken keine nachstehenden Rechte eingetragen sind. Sind solche Rechte eingetragen, ist nach LG Altona[15] die Zusammenfassung zu einer Einheitshypothek als Veränderung nur einer der zusammengefaßten Rechte unter der alten Nr dieser einen Hypothek einzutragen, die übrigen Hypotheken sind zu löschen. Eine Entscheidung des LG Hamburg[16] geht dahin: Rötung der Angaben unter der lfd Nr 2–3 in den Spalten 1–2, Rötung der Einzelbeträge in Spalte 3 und Eintragung des Gesamtbetrags unter den Betrag der ersten Einzelhypothek. Bei diesem Verfahren wird aber das Grundbuch unübersichtlich, sobald spätere Teillöschungen hinzutreten.[17]   2701

Die **Zusammenfassung** mehrerer Grundpfandrechte zu einem Einheitsrecht ist **nicht möglich**, wenn bei einem Recht Veräußerungsverbote, Vormerkungen zur Sicherung auf Übertragung des Rechts, Widersprüche oder Pfandrechte eingetragen sind.   2702

Bei **Löschung** einer Einheitshypothek werden in Spalte 8 die früheren Nummern (oben 1, 2) wiederholt, um die Verbindung mit der Rötung in der Hauptspalte herbeizuführen.   2703

Betragsmäßige Änderung einer Hypothek oder Grundschuld (Erweiterung oder Ermäßigung des Kapitalbetrags) kann nicht im Wege der Inhaltsänderung (§ 877 BGB) vorgenommen werden.[18] Erhöhung des Kapitalbetrags erfordert Teilneubestellung (mit Rang nach zwischenzeitlich nachrangig eingetragenen Rechten oder Rangänderung); zur Ermäßigung des Kapitalbetrags ist Teilaufhebung erforderlich. Jedoch können mehrere im Rang unmittelbar aufeinanderfolgende Hypotheken (oder Grundschulden) desselben Gläubigers – ohne Eintragung einer Einheitshypothek als Zwischenstadium – in betragsmäßig geänderte neue Einzelhypotheken mit gleichem Gesamtbetrag wie vorher geändert werden.[19]   2703a

---

[10] Saage DFG 1937, 115; 1938, 101.
[11] Kutzner JW 1935, 2543.
[12] Dentzien JW 1936, 1099.
[13] Fraß DNotZ 1937, 61.
[14] Pyrkosch Rpfleger 1937, 116.
[15] LG Altona JW 1936, 3269.
[16] LG Hamburg DFG 1938, 101.
[17] Vgl Demharter Rdn 62 Anhang zu § 44.
[18] OLG Hamm MittBayNot 1992, 54 = aaO (Fußn 1).
[19] OLG Hamm aaO mit Einzelheiten.

44. Verzicht auf eine Hypothek und Löschung
BGB § 1168

2704 Antragsformular

Im Grundbuch von Boll (Band 1) Blatt 20 ist zugunsten des Jakob Leder, Sattlermeister in Boll, auf Grundbesitz des Otto Feder, Schreibgehilfe in Boll, in Abt III Nr 2 eine Briefhypothek über 20 000 € eingetragen.
Der Gläubiger verzichtet auf die gesamte Hypothek und bewilligt die Eintragung dieses Verzichts im Grundbuch.
Der Grundstückseigentümer beantragt die Eintragung des Verzichts; er bewilligt und beantragt die Löschung der Hypothek im Grundbuch.

Boll, den ...   Jakob Leder   Otto Feder   (folgt Unterschriftsbeglaubigung)

2705 Grundbucheintragung

5	6	7	8	9	10
2	20 000 €	Der Gläubiger hat auf die Hypothek verzichtet. Eingetragen am ...	2	20 000 €	Gelöscht am ...

Die Eintragung zu Nr 2 sind in den Spalten 1–7 (rot) zu unterstreichen.
Der Hypothekenbrief ist nach Vermerkbeisetzung unbrauchbar zu machen und zu den Sammelakten zu nehmen.
Die abzutrennende Schuldurkunde ist an den Eigentümer auszuhändigen.
Bekanntmachung erfolgt an Notar ..., an Eigentümer und bisherigen Gläubiger.

Literatur: Löscher, Löschung vor Verzichtseintragung, JurBüro 1965, 849; Wendt und Pommerening, Kann die grundbuchliche Eintragung des Verzichts gemäß § 1168 Abs 2 BGB unterbleiben, wenn gleichzeitig die Löschung des Grundpfandrechts beantragt wird?, Rpfleger 1963, 272.

a) Verzicht, Wirkung

2706 Der Gläubiger kann eine Hypothek (auch Grundschuld oder Rentenschuld, § 1192 Abs 1, § 1200 BGB) als sein Recht willentlich mit der Folge einseitig aufgeben, daß das Recht nicht erlischt, sondern für den Eigentümer fortbesteht (§ 1168 BGB). Die Aufgabe erfordert (materiell) **Verzichtserklärung** des Gläubigers (sie bedarf keiner Form) gegenüber dem Grundbuchamt oder dem Eigentümer des Grundstücks und Eintragung in das Grundbuch (§ 1168 Abs 2 S 1 BGB), außerdem bei Belastung mit dem Recht eines Dritten (Pfandrecht, Nießbrauch) dessen Zustimmung (§ 1168 Abs 2 S 2 mit § 876 BGB). Das Grundbuchamt wird nicht als Vertreter des Grundstückseigentümers tätig; es nimmt die Verzichtserklärung vielmehr kraft eigener Befugnis entgegen. Gleichwohl unterliegt der Grundstückseigentümer, wenn er als Vertreter des Hypothekengläubigers die Erklärung dem Grundbuchamt gegenüber abgibt, den Beschränkungen des § 181 BGB.[1]

2707 Verzichtsfolge: Die Hypothek (Grundschuld, Rentenschuld) erwirbt der (wahre) Grundstückseigentümer zur Zeit des Wirksamwerdens des Verzichts

---
[1] So für Löschung der Hypothek BGH 77, 7 = DNotZ 1981, 22 = JR 1980, 412 mit Anm Kuntze = NJW 1980, 1577 = Rpfleger 1980, 336 gegen RG 157, 24; anders LG Ansbach MittBayNot 1968, 379.

B. Einzelfälle

(dh mit Vorliegen aller Voraussetzungen des § 1168 BGB) als Grundschuld. Die nicht erlassene (§ 397 BGB) Forderung besteht ungesichert fort. Möglich ist auch Verzicht auf eine Eigentümerhypothek (bewirkt Umwandlung des Rechts in Eigentümergrundschuld), nicht aber auf eine Grundschuld des Eigentümers. Bei Schuldübernahme ohne Einwilligung des Eigentümers treten die Verzichtsfolgen gesetzlich ein (§ 418 Abs 1 BGB).

b) Eintragung

Die Grundbucheintragung des Verzichts erfolgt auf Antrag (§ 13 Abs 1 GBO) 2708 des Gläubigers oder des Eigentümers, wenn der betroffene Grundpfandgläubiger sie bewilligt (§ 19, Form § 29 GBO) und – soweit erforderlich – die Zustimmung eines berechtigten Dritten erklärt ist (Form § 29 GBO). Die Verzichtserklärung selbst braucht nicht nachgewiesen zu werden;[2] sie wird durchweg aber mit eingereicht. Die Zustimmung des Grundstückseigentümers ist nicht erforderlich (kein Fall von § 27 GBO). Die Verzichtserklärung (ebenso die Eintragungsbewilligung) kann auch in der Bewilligung des Gläubigers liegen, die Hypothek (Grundschuld) als Grundschuld auf den Eigentümer umzuschreiben.[3] Jedoch schließen Löschungsbewilligung oder löschungsfähige Quittung Bewilligung der Eintragung eines Verzichts nicht ein.[4] **Voreintragung** des Verzichtenden (§ 39 GBO; bei Briefhypothek § 39 Abs 2 GBO) ist erforderlich. Verzicht auf eine nicht eingetragene (zu Unrecht gelöschte) Hypothek erfordert daher Wiedereintragung des Grundpfandrechts.[5] Briefvorlage und Briefvermerk: §§ 41, 42 und 62 Abs 1 GBO.

Eingetragen wird der Verzicht in die Veränderungsspalte der Abt III (mit 2709 Spalten 5 und 6) (§ 11 Abs 6 mit 8 GBV). Nicht abschließend geklärt ist, ob einzutragen ist nur der Verzicht als solcher[6] oder der Verzicht mit der Rechtsfolge, daß der Eigentümer das Grundpfandrecht erworben hat.[7] Eintragung nur des Verzichts muß genügen; nur seine Eintragung fordert § 1168 Abs 2 S 1 BGB, so daß Umschreibung auf den Eigentümer Berichtigung ist; sie wird daher nur eingetragen, wenn (auch) dies beantragt ist. Eintragung mithin wie Rdn 2705 oder auch

> Berechtigte(r) hat auf Recht verzichtet. Eingetragen am ...

Dem Probeeintrag (vgl § 22 GBV) in Anlage 2a zur GBV läßt sich für die Frage nichts entnehmen, weil er keinen Hinweis darauf gibt, ob nicht auch Eintragung der Grundbuchberichtigung beantragt war. Ist das der Fall, dann kann eingetragen werden (so diese Probeeintragung)

---

[2] Wendt und Pommerening Rpfleger 1963, 272 (273 reSp); Staudinger/Wolfsteiner Rdn 13 zu § 1168 BGB.
[3] OLG Dresden JFG 5, 366 (369).
[4] OLG Dresden aaO (für Verurteilung zur Abgabe der Löschungsbewilligung); OLG München JFG 18, 201 (203).
[5] RG 120, 230 (234, 235); BGB-RGRK/Thumm Rdn 4 zu § 1168.
[6] So BGB-RGRK/Thumm Rdn 4; Palandt/Bassenge Rdn 3; MünchKomm/Eickmann Rdn 17, je zu § 1168 BGB; Meikel/Böttcher Rdn 13 zu § 27.
[7] So Güthe/Triebel Rdn 3 (unter f) zu § 11 GBV; Staudinger/Wolfsteiner Rdn 14 zu § 1168 BGB.

Der Gläubiger hat auf das Recht verzichtet. Als Grundschuld umgeschrieben auf ..., eingetragen am ...

2710 Eintragung des **Verzichts** hat **auch** zu erfolgen, wenn der Eigentümer über das Grundpfandrecht **sogleich weiter verfügt**, insbesondere die Löschung des Eigentümerrechts beantragt.[8] Der Übergang des Rechts auf den Eigentümer vollzieht sich gesetzlich erst mit der Eintragung des Verzichts, so daß er erst von diesem Zeitpunkt an zur weiteren Verfügung berechtigt ist. Will der Eigentümer die ihm zugefallene Grundschuld unter gleichzeitiger **Abtretung** in die Hypothek eines Dritten umwandeln, so ist wohl der Verzicht des Gläubigers auf die Hypothek, nicht aber auch der Übergang der Grundschuld auf den Eigentümer im Grundbuch einzutragen.

c) Verzicht auf eine Gesamthypothek, Teilverzicht

2711 Verzicht auf eine Gesamthypothek (-grundschuld oder -rentenschuld) an allen belasteten Grundstücken erfordert (materiell) Verzichtserklärung (wie Rdn 2706) und Eintragung in das Grundbuch aller belasteten Grundstücke[9] (§ 1168 Abs 2 S 1 BGB). Verzichtsfolge: Die Hypothek (Grundschuld) wird Gesamt-Grundschuld des oder der Eigentümer aller belasteten Grundstücke (§ 1175 Abs 1 S 1 BGB), die Berechtigte in Bruchteilsgemeinschaft (§ 741 BGB) sind; ihre Anteile bestimmen sich nach § 1172 Abs 2 BGB.[10]

Der Verzicht kann sich auch auf den **Teil eines Grundpfandrechts** (auch eines Gesamtgrundpfandrechts) beschränken. Über den dann zur Eigentümergrundschuld gewordenen nachrangigen (§ 1176 BGB) Teilbetrag kann die Erteilung eines Teilbriefs beantragt werden.

d) Vormund, Insolvenzverfahren

2712 Der **Vormund** und der Pfleger (nicht aber Eltern [§ 1643 Abs 1 BGB]) bedarf zu einem Verzicht der Genehmigung des Vormundschaftsgerichts (§ 1822 Nr 13 BGB), ebenso der Betreuer (§ 1908i Abs 1 BGB).

2713 Wenn über das Vermögen des Grundstückseigentümers das Insolvenzverfahren eröffnet ist, führt Verzicht des Gläubigers eines Grundpfandrechts zur Massezugehörigkeit der Eigentümergrundschuld.[11] Weil auch Schuldnervermögen, das während des Verfahrens erlangt ist, Insolvenzmasse ist (§ 35 InsO), kann diese Insolvenzbeschlagnahme mit Erklärung des Verzichts zugunsten des „insolvenzfreien Vermögens" nicht umgangen werden.[12]

---

[8] Wendt und Pommerening Rpfleger 1963, 272; Palandt/Bassenge Rdn 3 zu § 1168 BGB; aA für den Fall, daß das Recht sofort gelöscht werden soll, OLG Schleswig BB 1964, 1103 mit Anm Rölike = NJW 1964, 2022 = Rpfleger 1965, 177 mit abl Anm Wendt und Pommerening; Löscher JurBüro 1965, 849; Staudenmaier BWNotZ 1964, 152.

[9] Nicht aber Eigentümerzustimmung, Wochner MittRhNotK 1995, 316 (Anmerkung); Staudinger/Wolfsteiner Rdn 2 und 7 zu § 1175; anders OLG Düsseldorf MittRhNotK 1995, 315 (nicht richtig; Zustimmung des Eigentümers erfordert Aufhebung [§ 1183 BGB], damit Löschung [§ 27 GBO] der Gesamthypothek.

[10] BGB-RGRK/Thumm Rdn 3 zu § 1175; Palandt/Bassenge Rdn 2, zu § 1175 mit Rdn 3 zu § 1172.

[11] OLG Dresden JFG 5, 366 (369); Lorenz KTS 1962, 287.

[12] Anders im früheren Konkursverfahren, weil die KO Neuerwerb nach Konkurseröffnung zum konkursfreien Vermögen ermöglicht hat; dazu hier 11. Auflage.

B. Einzelfälle

e) Zinsen, Nebenleistungen, Kosten, Zwangsversteigerung

Zum Verzicht auf **Rückstände** von Zinsen und anderen Nebenleistungen sowie Kosten (§ 1118 BGB) genügt die Erklärung des Gläubigers gegenüber dem Eigentümer; wenn einem Dritten ein Recht an dem Anspruch auf eine solche Leistung zusteht, ist seine Zustimmung erforderlich (§ 1178 Abs 2 BGB). Folge: Die Hypothek für diese Nebenleistung erlischt (§ 1178 BGB). Grundbucheintragung ist hier weder erforderlich noch zulässig. Bei Verzicht auf die Hypothek (Grundschuld) braucht daher auch nicht angegeben zu werden, von welchem Zeitpunkt an sich die Verzichtswirkung auf Zinsen und Nebenleistungen erstrecken soll. 2714

Wenn die Hypothek (Grundschuld oder Rentenschuld) mit dem Zuschlag in der **Zwangsversteigerung** erloschen ist (§ 91 Abs 1 ZVG), können Rechtsfolgen nicht mehr mit Grundbucheintragung eintreten. Eintragung eines Verzichts nach Zuschlag ist für ein erloschenes Grundpfandrecht daher nicht mehr möglich.[13] 2715

45. Entlassung eines einzelnen Grundstücks aus der Mithaft
(Verzicht auf die Gesamthypothek an nur einem Grundstück)
BGB §§ 875, 1175, 1183, 1192
GBO §§ 13, 19, 27, 29, 39–42, 46, 48, 69, 70

Antragsformular 2716

> Für mich ist auf den Grundbuchblättern der Grundstücke von Boll (Band 1) Blatt 5 Abt III Nr 2, (Band 2) Blatt 30 Abt III Nr 3 sowie (Band 3) Blatt 70 Abt III Nr 4 eine Brief-Gesamthypothek über 20 000 € eingetragen.
> Ich entlasse das Grundstück Boll (Band 3) Blatt 70 Flurstück 100 aus der Mithaft und bewillige und beantrage die Löschung der Hypothek an diesem Grundstück.
>
> Boll, den ...   Otto Lebherz   (folgt Unterschriftsbeglaubigung)
>
> **Alternative**
>
> **Pfandfreigabe**
>
> Otto Lebherz gibt hiermit den nachstehenden Grundbesitz von den für ihn eingetragenen Rechten frei und bewilligt und beantragt die Eintragung dieser Pfandentlassung im Grundbuch auf Kosten des Grundstückseigentümers.
> **Grundbuchstelle:**
> Amtsgericht ... Grundbuch für Boll (Band 3) Blatt 70
> **Bezeichnung des betroffenen Rechts:**
> Hypothek zu 20 000 € (Abt III Nr 4)
> **Bezeichnung der freizugebenden Grundbesitzes:**
> FlstNr 100 Gemarkung Boll
>
> Boll, den ...   Otto Lebherz   (folgt Unterschriftsbeglaubigung)

Grundbucheintragung 2717

I. Grundbuch von Boll (Band 1) Blatt 5 und (Band 2) Blatt 30 Abt III

5	6	7
2 bzw 3	20 000 €	Die Mithaft des Grundstücks Boll (Band 3) Blatt 70 ist erloschen. Eingetragen am ...

---

[13] Zum Verzicht auf eine Grundschuld im Erlös-Verteilungsverfahren nach Zuschlag s Stöber ZIP 1980, 833.

II. Grundbuch von Boll (Band 3) Blatt 70 Abt III

...	8	9	10
...	4	20 000 €	Hier gelöscht am ...

Bei Boll (Band 1) Blatt 5 und (Band 2) Blatt 30 ist der Mithaftvermerk von (Band 3) Blatt 70 in Spalte 4, bei Boll (Band 3) Blatt 70 ist die Eintragung Abt III Nr 4 in den Spalten 1 bis 7 (rot) zu unterstreichen.

Die Eintragungen sind auf dem Hypothekenbrief zu vermerken, dieser ist sodann dem Gläubiger zurückzugeben, zugleich als **Nachricht**

Bekanntmachung erfolgt an Notar ... und an Eigentümer

Nachricht zu den Grundakten Boll (Band 1) Blatt 5, (Band 2) Blatt 30 und (Band 3) Blatt 70.

a) Verzicht, Wirkung

2718 Die Entlassung eines Grundstücks (auch nur eines Bruchteils, § 1114 BGB) aus der Mithaft, insbesondere eine ausdrücklich als Pfandfreigabe (auch Pfandentlassung) bezeichnete Erklärung ist **Verzichtserklärung** nach § 1168 (Rdn 2706) mit § 1175 Abs 1 S 2 BGB, nicht Aufhebung nach § 1183 BGB,[1] (zur Abgrenzung zur Verteilung nach § 1132 Abs 2 BGB s Rdn 2686). Auch der Verzicht des Gläubigers auf die (Gesamt-)Hypothek (§ 1132 Abs 1 BGB, ebenso auf eine Gesamtgrundschuld) an nur einem der Grundstücke (auch an einzelnen von mehreren) erfordert (s bereits Rdn 2706) (materiell) Erklärung des Gläubigers („Freigabeerklärung"[2]) und Eintragung in das Grundbuch (§ 1168 Abs 1 mit § 1175 Abs 1 S 2 BGB), außerdem bei Belastung mit dem Recht eines Dritten (Pfandrecht, Nießbrauch) dessen Zustimmung (§ 1168 Abs 2 S 2 mit § 876 BGB), nicht aber Zustimmung des Eigentümers[3] (kein Fall von § 1183 BGB). **Folge** dieses Verzichts: Die Hypothek (Grundschuld, auch wenn sie nach schuldrechtlicher Abrede eine Forderung sichert) erlischt an dem freigegebenen Grundstück (§ 1175 Abs 1 S 2 BGB; kein Eigentümerrecht). Es kommt nicht darauf an, ob der Gläubiger weiß oder will, daß ein Grundpfandrecht an dem freigegebenen Grundstück (Miteigentumsanteil) erlischt. Ebenso ist unerheblich, ob der Eigentümer des belasteten Grundstücks (Miteigentumsanteils) weiß oder will, daß die Mithaftung an dem anderen Grundstück erlischt.[4]

b) Eintragung

2719 Die Grundbucheintragung erfolgt auf Antrag (§ 13 Abs 1 GBO) des Gläubigers oder des Eigentümers, Bewilligung (§ 19 GBO, enthalten in der Verzichtserklärung) und – soweit erforderlich – Zustimmung des berechtigten

---

[1] KG JFG 11, 243; KG DNotZ 1934, 951; LG Augsburg MittBayNot 1979, 20. Eine dem Eigentümer vom Gläubiger bereits früher erteilte, aber noch nicht vollzogene Löschungsbewilligung ersetzt die Pfandfreigabeerklärung des Gläubigers nicht (s Rdn 2724 a).

[2] Berechtigt zur Pfandfreigabe ist der ursprüngliche Gläubiger auch dann, wenn er (im Anschluß hieran) in derselben Urkunde das Grundpfandrecht an dem restigen Grundbesitz (unter Übergabe des Briefes) abgetreten hat; LG Aachen MittRhNotK 1987, 163.

[3] BGH 52, 93 (96) = NJW 1969, 1426 = Rpfleger 1969, 290; weder der Eigentümer des freizustellenden noch des belasteten Grundstücks hat zuzustimmen.

[4] BGH WM 1996, 577.

B. Einzelfälle

Dritten (wie Rdn 2706). Die Zustimmung des Grundstückseigentümers ist nicht erforderlich[5] (kein Fall von § 27 GBO). Voreintragung: wie Rdn 2708; Briefvorlage: Rdn 146. Die Eintragung des Verzichts kann hier durch einen Löschungsvermerk zum Ausdruck gebracht werden; eine vorherige Eintragung des Verzichts ist nicht erforderlich.[6] Das Erlöschen der Mitbelastung ist (von Amts wegen) zu vermerken (§ 48 Abs 2 GBO).

Sind die sämtlichen Grundstücke auf dem **gleichen Grundbuchblatt** eingetragen, so ist die Löschung des Rechts an einem der belasteten Grundstücke in der Veränderungsspalte einzutragen. **Fassung:** 2720

> An Grundstück BVNr ... gelöscht am ...

In Spalte 2 ist die Nummer des betr Grundstücks zu röten.

Sind die mitbelasteten Grundstücke auf **verschiedenen Blättern des gleichen Grundbuchamtsbezirks** eingetragen, so hat der Vermerk in der Veränderungsspalte zu lauten:

> Die Mithaft des Grundstücks Nr ... des Bestandsverzeichnisses (Band ...) Blatt ... ist erloschen. Eingetragen am ...

Sind für die mitbelasteten Grundstücke **verschiedene Grundbuchämter zuständig**, so hat das Grundbuchamt, das die Löschung eingetragen hat, dies allen anderen Grundbuchämtern mitzuteilen (§ 55a Abs 1 GBO). Auf Grund dieser Mitteilung vermerken die anderen Grundbuchämter auf den von ihnen geführten Blättern das Erlöschen der Mitbelastung von Amts wegen, also ohne besonderes Ersuchen des löschenden Grundbuchamts. 2721

Die Löschung der Gesamthypothek an einem von mehreren Grundstücken ist auf dem betr **Brief**[7] zu vermerken; auf den etwaigen anderen Briefen ist das Erlöschen der Mithaft zu vermerken. Notfalls ist der über das gelöschte Recht allein bestehende Brief abzutrennen und nach Beisetzung eines Löschungsvermerks unbrauchbar zu machen. 2722

Zur Briefvorlage für Entlassung aus der Mithaft bei verdeckt abgetretenem Brief-Grundpfandrecht s Rdn 342a. 2723

c) Pfandfreigabe eines Grundstücksteils

Entsprechend ist vorzugehen, wenn ein **Grundstücksteil** aus einer Hypothek freigegeben werden soll. Antragsformular 2724

> Im Grundbuch von Boll (Band 1) Blatt 20 ist in Abt III Nr 3 für den Unterzeichneten eine Hypothek über 5000 € brieflos eingetragen. Der Gläubiger verzichtet hiermit auf diese Hypothek an der Teilfläche von 5a 10m², die auf Grund des Veränderungsnachweises des Vermessungsamts Boll vom ... von dem belasteten Grundstück Flurstück 10 weggemessen worden ist und die neue Bezeichnung Flurstück Nr 10/2 führt. Er bewilligt die Löschung der Hypothek an dieser Teilfläche.

---

[5] KG HRR 1932 Nr 513; DFG 1942, 101; OLG München JFG 23, 322; LG Augsburg MittBayNot 1979, 20.
[6] KG HRR 1931 Nr 740; LG Augsburg aaO. S zur Pfandentlassung auch Boehm DNotZ 1928, 22 und Mausfeld Rpfleger 1957, 240.
[7] Anders (für lastenfreie Abschreibung einer Teilfläche) OLG Celle Rpfleger 1985, 398 = ZIP 1985, 1261 mit abl Anm Gaberdiel; dem folgen wir mit Gaberdiel nicht; gegen OLG Celle auch Burkhardt BWNotZ 1987, 111.

Die Löschung kann hier im Grundbuch nur gleichzeitig mit der Abschreibung der 510 m^2 erfolgen. Sie erfolgt auf Antrag des Gläubigers oder des Eigentümers, wenn der betroffene Grundpfandgläubiger sie bewilligt und – soweit erforderlich – die Zustimmung eines berechtigten Dritten erklärt ist (wie Rdn 2708). Zustimmung des Eigentümers zur Löschung ist auch in diesem Falle nicht erforderlich[8] (kein Fall von § 27 GBO). Vereinfachte Form der Löschung durch Nichtübertragung nach § 46 Abs 2 GBO s Rdn 281. Bezeichnung der freizustellenden Teilfläche, wenn der Veränderungsnachweis noch nicht erstellt ist, s Rdn 895.

d) Kein Teilvollzug einer Löschungsbewilligung

2724 a   Teilvollzug einer (sogen isolierten) Löschungsbewilligung (Rdn 2749) des Gläubigers eines Gesamtgrundpfandrechts mit **Löschung nur an einem** belasteten **Grundstück** (auch an mehreren, aber nicht allen) wird zwar für zulässig erachtet.[9] Dem können wir jedoch nicht folgen. Die Löschungsbewilligung ist Grundbuchverfahrenserklärung (Rdn 95, 98). Materiell-rechtliche Bedeutung hat sie nicht (Rdn 96). Es kann daher nicht erheblich sein, daß Teilvollzug (sofern ihm eine entsprechende Aufhebungserklärung [§ 875 BGB] zugrunde liegt) gleichermaßen wie Verzicht auf die Gesamthypothek an nur einem Grundstück (§ 1175 Abs 1 S 2 BGB) zum Erlöschen des Rechts an diesem Grundstück führt.[10] Vollziehbar ist ein Antrag nur, wenn eine ihn deckende Eintragungsbewilligung vorliegt; der Antrag darf hinter der Bewilligung nicht zurückbleiben (Rdn 89). Die Eintragungsbewilligung für Löschung des Grundpfandrechts erlaubt Löschung dieses einzigen (einheitlichen) Rechts, damit Löschung auf allen Grundstücken. Löschung an nur einem Grundstück für Entlassung aus der Mithaft (Rdn 2718) will der Gläubiger damit gerade nicht. Gleichgültig ist, ob die bewilligte Gesamtlöschung der Rechtsänderung (Aufhebung des Rechts, § 875 BGB) oder Grundbuchberichtigung (§ 894 BGB) dient. In beiden Fällen erfordert sie Zustimmung der Eigentümer sämtlicher belasteter Grundstücke (§ 27 GBO). Stimmt der Eigentümer eines der belasteten Grundstücke (oder auch eines Miteigentumsanteils) oder auch der Eigentümer aller Grundstücke für Löschung auf einem seiner Grundstücke nicht zu, ermöglicht die (abstrakte) Löschungsbewilligung weder die erstrebte und bewilligte Löschung des Gesamtgrundpfandrechts noch eine andere Eintragung, also auch nicht Eintragung der Löschung für Entlassung aus der Mithaft[11] (Rdn 2719) auf dem Grundbuchblatt des Grundstücks nur eines zustimmenden Eigentümers. Der nicht zustimmende Eigentümer des weiter belasteten Grundstücks kann den Gläubiger befriedigt

---

[8] KG DNotZ 1934, 951.
[9] OLG Hamm MittBayNot 1998, 446 = NJW-RR 1999, 741 = Rpfleger 1998, 511; LG Chemnitz MittRhNotK 2000, 433; LG Gera BWNotZ 2002, 90 = MittBayNot 2002, 190 mit Anm Munzig; LG München I MittBayNot 2001, 484 = NotBZ 2001, 308; Lotter MittBayNot 1985, 8.
[10] Darauf, daß in diesem Fall der Rechtserfolg des Verzichts mit demjenigen der Aufhebung identisch ist, stellt vornehmlich das OLG Hamm ab.
[11] Die Löschungsbewilligung als Grundbuchverfahrenserklärung schließt die Bewilligung der Eintragung eines Verzichts nicht ein (Rdn 2708), beinhaltet damit auch nicht die Erlaubnis, einen Teilverzicht (in Form der Teillöschung) einzutragen; aA LG München I aaO (Fußn 9).

B. Einzelfälle

haben und der bewilligten Gesamtlöschung nicht zustimmen, weil ihm das Grundpfandrecht an dem mit Teillöschung freigestellten Grundstück zur Sicherung seines Ersatzanspruchs gebührt (§ 1173 Abs 2 BGB).[12] Löschung nur an einem Grundstück statt sofortiger Löschung des Gesamtrechts kann überdies die Interessen des Bewilligenden grundlegend berühren.[13] Dem trägt (nicht bewilligte) Teillöschung nicht Rechnung. Daher ist die Eintragungsbewilligung zur Löschung des gesamten Grundpfandrechts als eindeutige Verfahrenserklärung zur Vereinfachung der Buchführung auch nicht je nach den Besonderheiten des Einzelfalls auslegungsfähig. Teilvollzug nur hinsichtlich eines betragsmäßigen Anteils (10 000 € des Gesamtgrundpfandrechts von 30 000 €) erlaubt eine Löschungsbewilligung für das Gesamtgrundpfandrecht insgesamt nicht. Ebenso kann die bewilligte Löschung eines Gesamtgrundpfandrechts Teillöschung mit Grundbucheintragung nur an einem belasteten Grundstück nicht ermöglichen. Eine andere Frage ist, ob die (dann ausdrücklich) bewilligte Löschung eines Grundpfandrechts an nur einem der belasteten Grundstücke vollzogen werden kann, oder ob nicht für Pfandfreigabe eines Grundstücks Eintragung des Gläubigerverzichts nach § 1175 Abs 1 S 2 BGB bewilligt werden muß.[14] Für das Grundbuchverfahren stellt sich diese Unterscheidung jedoch nicht, weil die Grundbucheintragung für Verzicht an einem Grundstück (§ 1168 Abs 2 S 1 mit § 1175 Abs 1 S 2 BGB) auf Bewilligung des Gläubigers (§ 19; vgl Rdn 2708) durch Löschungsvermerk zum Ausdruck gebracht wird (Rdn 2719). Mit Löschungsbewilligung für Pfandfreigabe eines Grundstücks ist damit stets Eintragung dieses Löschungsvermerks erlaubt, der die Verzichtswirkung des § 1175 Abs 1 S 2 BGB ausdrückt und daher Grundbucheintragung nach § 1168 Abs 1 S 2 BGB ist.

Nicht zulässig ist Teilvollzug einer Löschungsbewilligung auch, wenn bei **Trennstücksveräußerung** (Rdn 862 ff) oder sonst bei Teilung eines Grundstücks (Rdn 666 ff) ein Teil des belasteten Grundstücks lastenfrei abgeschrieben werden, das Grundpfandrecht demnach am Restgrundstück eingetragen bleiben soll. Die Pfandfreigabe ersetzt auch eine dem Eigentümer vom Gläubiger bereits früher erteilte, noch nicht vollzogene Löschungsbewilligung nicht (s Rdn 2724 a). 2724 b

e) Vollzug einer Pfandfreigabe als Löschung (beim letzten Objekt)

Pfandfreigabeerklärung des Gläubigers für alle haftende Grundstücke (insbesondere WE-Einheiten) ermöglicht Gesamtaufhebung des Rechts, schließt somit Löschungsbewilligung als Grundbuchverfahrenserklärung ein, wenn für 2724 c

---

[12] Das hat – entgegen OLG Hamm – nichts mit der Bewilligungsbefugnis des eingetragenen Gläubigers und der Vermutung des § 891 BGB zu tun, weil zur Wahrung der nicht erkennbaren und nicht offengelegten Eigentümerinteressen zur Vereinfachung der Grundbuchführung § 27 GBO für Löschung stets Eigentümerzustimmung verlangt. Ebenso kann daher dem Grundbuchamt nicht (wie das OLG Hamm annimmt) angelegen sein, ob irgendwie angenommen oder „keinesfalls ohne weiteres (davon) ausgegangen werden" kann, daß keiner der Eigentümer den Gläubiger befriedigt hat, der Ersatzanspruch des § 1173 Abs 2 BGB somit entstanden sein kann.
[13] Nicht überzeugend die gegenteilige Aussage von OLG Hamm aaO und Lotter MittBayNot 1985, 8.
[14] Vgl etwa BGB-RGRK/Thumm Rdn 7; Staudinger/Wolfsteiner Rdn 18, je zu § 1183 BGB.

das letzte Grundstück (die letzte WE-Einheit) von ihr Gebrauch gemacht wird. Diese Löschung am letzten Objekt erfordert Eigentümerzustimmung[15] (§ 27 GBO).

46. Beglaubigte Quittung und Löschung einer Brief- oder Buchhypothek
BGB §§ 1132, 1144, 1183, 1163, 1175, 1192, 1199, 1200, 368 ff
GBO §§ 13, 19, 27, 29, 39–42, 46, 53, 60, 69, 70
GBV §§ 11, 17, 49, 53

2725 Antragsformular

> Im Grundbuch von Boll (Band 1) Blatt 12 Abt III Nr 3 ist für mich, Josef Mattes, eine Briefhypothek über 20 000 € Darlehen eingetragen. Der Grundstückseigentümer Max Satt, Gastwirt in Boll, hat diese 20 000 € an Haupt- und Nebensumme heute an mich bezahlt. Ich bewillige daher in Ansehung der Hypothek die Berichtigung des Grundbuchs, unter Verzicht auf Nachricht. Den Hypothekenbrief übergebe ich gleichzeitig dem Grundstückseigentümer. Ihm wolle die Schuldurkunde ausgefolgt werden, wenn er den Brief vorlegt.
>
> Boll, den ...   Josef Mattes   (folgt Unterschriftsbeglaubigung)
>
> Als Grundstückseigentümer bewillige und beantrage ich auf Grund der vorstehenden beglaubigten Quittung die Löschung der vorgenannten Hypothek im Grundbuch. Den Hypothekenbrief übergebe ich.
>
> Boll, den ...   Max Satt   (folgt Unterschriftsbeglaubigung)

2726 Grundbucheintragung

...	8	9	10
...	3	20 000 €	Gelöscht am ...

Die Eintragungen zu Nr 3 sind in den Spalten 1 bis 7 (rot) zu unterstreichen.
Der Hypothekenbrief ist mit Löschungsvermerk zu versehen, unbrauchbar zu machen und zu den Sammelakten zu nehmen.
Die abzutrennende Schuldurkunde ist dem Grundstückseigentümer auszufolgen.
Bekanntmachung erfolgt an Grundstückseigentümer und Notar ... Gläubiger hat auf Nachricht verzichtet.

2727 a) **Aufhebung** eines Grundpfandrechts (Hypothek, Grundschuld, Rentenschuld) erfordert materiell (Rdn 11) Erklärung des Berechtigten, daß er das Recht aufgebe (§ 875 BGB), Zustimmung des Grundstückseigentümers (§ 1183 mit § 1192 Abs 1 und § 1200 BGB) und, wenn das Grundpfandrecht mit dem Recht eines Dritten belastet ist (Pfandrecht, Nießbrauch) auch dessen Zustimmung (§ 876 BGB) sowie Eintragung in das Grundbuch (§ 875 BGB). Die Erklärungen bedürfen materiell keiner Form.

2728 b) Die **Eintragung** (Löschung, § 46 GBO) erfolgt auf Antrag des Gläubigers oder des Eigentümers (§ 13 Abs 1 GBO), wenn als Betroffener der eingetragene (beim Briefrecht außerdem durch Briefbesitz ausgewiesene, Rdn 342 a) Grundpfandgläubiger (Rdn 100) oder der durch öffentlich beglaubigte Abtretungserklärung legitimierte Briefbesitzer (Rdn 342 a) als Gläubiger des Grundpfandrechts sie bewilligt (§ 19 GBO) und die Zustimmung des Eigentümers (§ 27 GBO) sowie erforderliche Zustimmungen Dritter vorliegen

---

[15] LG Dresden NotBZ 2000, 273 mit Anm Endorf; LG Leipzig NotBZ 2001, 71 mit Anm; LG Wuppertal DNotI-Report 2000, 34; Gutachten DNotI-Report 1999, 53.

B. Einzelfälle

(Vorlage des Briefes Rdn 146). Form der Bewilligung und Zustimmung: § 29 Abs 1 S 1 GBO. Zustimmung des Eigentümers ist für eine Löschung zur Berichtigung des Grundbuchs nicht erforderlich, wenn die Unrichtigkeit nachgewiesen wird (§ 27 S 2 GBO). Als **Betroffener** hat nicht der eingetragene oder der durch Abtretungserklärung(en) und Briefbesitz ausgewiesene (bisherige) Gläubiger des Grundpfandrechts die Löschung zu bewilligen, sondern der **wahre Berechtigte**, wenn die Vermutung des § 891 BGB (mit § 1155 BGB) für das Grundbuchamt widerlegt ist (Rdn 342). Die Unrichtigkeit kennt das Grundbuchamt, wenn sich diese aus urkundlichen Erklärungen der Beteiligten oder aus anderen öffentlichen Urkunden ergibt (Rdn 342; siehe auch § 22 GBO). Das ist der Fall, wenn sich der Übergang der Forderung (und mit ihr der Hypothek, § 401 BGB) oder der Übergang des Grundpfandrechts auf einen Dritten oder den Eigentümer (dieser muß dann Löschung des übergegangenen Grundpfandrechts bewilligen) mit Sicherheit aus einer urkundlichen Erklärung (zur Form Rdn 2729) des Grundpfandgläubigers ergibt, wie insbesondere dann, wenn der Hypothekengläubiger mit **Quittung** bestätigt, daß die Forderung erloschen ist (s Rdn 342).[1] Im Fall des LG Hof[1] war zwar der „Ausgleich" der Forderung bestätigt, nicht aber angegeben, wer den Gläubiger befriedigt hatte. Demnach wäre Wegfall des Gläubigerrechts des Eingetragenen bekannt gewesen. Die Urkunde wäre mit Auslegung nach ihrem Wortlaut und Erklärungsinhalt aber durchaus als Löschungsbewilligung zu verstehen gewesen (Rdn 2732). Grundbuchunrichtigkeit durch Übergang des Grundpfandrechts auf den Eigentümer mit Erlöschen der Hypothekenforderung (§ 1163 Abs 1 S 2 BGB) ist nicht schon durch Vorlage eines Hinterlegungsscheins geführt, der ausweist, daß der Grundstückseigentümer den Betrag der Hypothekenforderung hinterlegt und zugleich auf das Recht der Rücknahme verzichtet hat. Dafür, daß die der Hypothek zugrundeliegende Forderung mit Hinterlegung erloschen ist (§ 378 BGB), muß vielmehr weiter noch nachgewiesen sein, daß im Zeitpunkt der Hinterlegung die Forderung noch bestanden hat und ein Hinterlegungsgrund gegeben war. Durch den Hinterlegungsschein wird dieser Nachweis nicht geführt.[2] Ebenso muß bei Hinterlegung zur Grundschuldablösung (§ 1142 BGB) nachgewiesen sein, daß ein Hinterlegungsgrund (§ 372 BGB) gegeben war, mithin Grundbuchunrichtigkeit mit schuldbefreiender Hinterlegung eingetreten ist.[3] Zur Zwangshypothek s Rdn 2223.

c) Die **Quittung** ist zur Eintragung erforderliche Erklärung, die im Grundbuchverfahren durch öffentliche oder **öffentlich beglaubigte**[4] **Urkunde** nachzuweisen ist (§ 29 Abs 1 S 1 GBO).

2729

---

[1] BayObLG 1995, 103 = DNotZ 1995, 627 = MittBayNot 1995, 283 mit Anm Röll = NJW-RR 1995, 852 = Rpfleger 1995, 410; auch LG Hof Rpfleger 1982, 174 mit Anm Böttcher; LG Aachen Rpfleger 1985, 489. Der durch eine löschungsfähige Quittung erbrachte Beweis der Befriedigung kann durch einen Gegenbeweis entkräftet sein; BayObLG Rpfleger 2001, 296.
[2] BayObLG MittBayNot 1980, 74 = Rpfleger 1980, 186.
[3] BayObLG Rpfleger 1980, 186 = aaO.
[4] Öffentliche (notarielle) Form (Beglaubigung) reicht aus, Beurkundung ist nicht erforderlich, BayObLG 1995, 103 (104) = aaO; Demharter Rdn 10 zu § 29; K/E/H/E Rdn 20 zu § 29; MünchKomm/Heinrichs Rdn 4 zu § 368; aA (Nachweis nur mit öf-

2730 d) Das Antragsformular Rdn 2725 stellt eine sog beglaubigte Quittung[5] des Gläubigers dar, auf Grund deren der Grundstückseigentümer die Hypothek **löschen** lassen, **aber auch sonst darüber verfügen kann.** Der Fall der reinen Löschungsbewilligung des Gläubigers ist in Rdn 2747ff behandelt. Die Angabe desjenigen, der den Gläubiger befriedigt hat, ist im Hinblick auf die materiellrechtliche Wirkung der Befriedigung des Gläubigers – Übergang der Hypothek – vgl §§ 268, 426 Abs 2, 774, 1143, 1150, 1153, 1164, 1173, 1174, 1177 BGB – unbedingt notwendig.[6] Desgleichen ist bei Zahlung durch den Eigentümer und bei einem Eigentumswechsel seit Eintragung des Grundpfandrechts die Angabe der Zeit der Befriedigung des Gläubigers erforderlich.[7] Andernfalls ist nicht dargetan, auf wen die Hypothek infolge der Gläubigerbefriedigung übergegangen und wer daher darüber verfügungsberechtigt ist. Bei der **Grundschuld** muß für Verfügung durch den Grundstückseigentümer und Löschung auf seinen Antrag die löschungsfähige Quittung (klar) zum Ausdruck bringen, daß der Grundstückseigentümer den Grundschuldgläubiger (dinglich) befriedigt hat (§ 1142 mit § 1192 Abs 1 BGB);[8] andernfalls ist nicht dargetan, daß die Grundschuld Eigentümergrundschuld geworden ist (Rdn 2305, 2421).

2731 e) **Weiß der Gläubiger nicht,** in welcher Weise der Grundstückseigentümer über die zufolge seiner Befriedigung Eigentümergrundschuld gewordene Hypothek verfügen will, so stellt er am besten die hier behandelte beglaubigte Quittung aus und übergibt diese – mit dem Hypothekenbrief – dem Grundstückseigentümer. Dieser kann dann die entstandene Eigentümergrundschuld auf sich umschreiben lassen, er kann sie auch ohne seine Zwischeneintragung abtreten oder verpfänden, sofern es sich um ein Briefrecht handelt, oder er kann sie löschen lassen.

2732 f) Stellt der Gläubiger eine beglaubigte Quittung des vorersichtlichen Inhalts aus, so ist er nicht mehr berechtigt, **zusätzlich** die **Löschung** der Hypothek **zu bewilligen,** da er kein Verfügungsrecht mehr darüber hat. Die in der Praxis oft übliche Verbindung der beglaubigten Quittung mit einer Löschungsbewilligung des Gläubigers ist falsch. Oft soll eine solche Erklärung aber nur Löschungsbewilligung sein und die „Quittung" lediglich der rechtlich unerheblichen Erläuterung dienen (so uE im Fall des LG Hof;[9] hier war der Zahlende nicht angegeben, sonach gerade keine löschungsfähige Quittung erteilt

---

fentlicher Urkunde) MünchKomm/Eickmann Rdn 22 zu § 1144; Meikel/Böttcher Rdn 61 zu § 27. Zu dieser nicht richtigen, lebensfremden Gegenansicht hier 10. Auflage.

[5] Zur beglaubigten Quittung s insbesondere Hoffmann MittRhNotK 1971, 605.

[6] SchlHOLG MDR 1949, 682 mit zust Anm Wäntig; OLG Celle DNotZ 1955, 317; OLG Köln Rpfleger 1964, 149.

[7] OLG Frankfurt NJW-RR 1997, 209 (211) = Rpfleger 1997, 103 (104).

[8] OLG Frankfurt NJW-RR 1997, 209 = aaO. Daß der zahlende Eigentümer mit dem persönlichen Schuldner nicht identisch ist und nur auf die Grundschuld geleistet hat, muß darüber hinaus nicht dargetan werden, weil der zahlende Eigentümer des Grundstücks bei der Grundschuld in dieser Rechtsstellung nicht persönlicher Schuldner ist (Rdn 2305) und Zahlung sowohl auf die Grundschuld (Folge: § 1142 mit § 1192 Abs 1 BGB) als auch auf die nach der Sicherungsabrede gesicherte Forderung erfolgt sein kann (s Rdn 2307, 2330).

[9] LG Hof Rpfleger 1982, 174.

und die Erklärung als reine Löschungsbewilligung zweifellos gewollt[10]). Hat der Hypothekengläubiger eine löschungsfähige Quittung erteilt, so kann das Grundbuchamt regelmäßig davon ausgehen, daß er später nicht mehr durch Abtretung über das Recht zu verfügen vermag.[11]

2733 g) Gehört die – getilgte – Hypothek zu einer **Vorerbschaft,** so reicht in der Regel beglaubigte Quittung des Vorerben nicht aus[12] (vgl Rdn 3493). Zur Löschung, wenn das mit einer Hypothek belastete Grundstück unter Nacherbschaft steht, s Rdn 3494.
Wegen der **Genehmigung** des **Familien-** oder **Vormundschaftsgerichts,** wenn ein elterlicher Gewalthaber, Vormund, Pfleger oder Beistand tätig wird, s Rdn 3680 ff.

2734 h) Nach KG[13] genügt zur Löschung eines auf **Gesamtgläubiger** eingetragenen Grundpfandrechts die löschungsfähige Quittung eines der Gesamtgläubiger. Die vom KG offengelassene Frage, ob dies auch für eine reine Löschungsbewilligung (Rdn 2747) gilt, ist zu verneinen.[14] Auch Löschung nur der Berechtigung des anderen Gesamtgläubigers kann einer der Gesamtgläubiger, der sein eigenes Recht erhalten will, nicht bewilligen.[15]

2735 i) **Formular bei Befriedigung um eine Höchstbetragshypothek:**

> Im Grundbuch von Boll (Band 2) Blatt 30 ist für mich, den unterzeichneten Gläubiger, zur Sicherung eines von mir dem Anton Elle, Kaufmann in Boll, eingeräumten Warenkredits auf dessen Grundbesitz eine Höchstbetragshypothek über 20 000 € eingetragen. Das Geschäftsverhältnis ist beendigt, meine Gesamtforderung ist dabei auf 19 000 € festgestellt worden. Diesen Betrag habe ich vom Schuldner und Grundstückseigentümer Anton Elle heute erhalten. Die Hypothek ist mithin in voller Höhe Eigentümergrundschuld für Anton Elle geworden. Grundbuchberichtigung wird bewilligt.

2736 k) Hat nach der beglaubigten Quittung nicht der Grundstückseigentümer, sondern **ein Dritter den Gläubiger befriedigt,** so ist dessen Mitwirkung bei Verfügung über die Hypothek stets erforderlich.

2737 l) Der **Antrag des Grundstückseigentümers** enthält die eigentliche Löschungsbewilligung, da der Eigentümer durch die beglaubigte Quittung als der allein Berechtigte ausgewiesen ist. Der Antrag muß daher zum mindesten in beglaubigter Form gestellt werden (§§ 19, 29 GBO; s auch Rdn 155). Mitzuwirken hat der wahre Eigentümer; § 891 BGB findet aber Anwendung (s Rdn 341). Eine Erklärung des Eigentümers (insbesondere in einem Veräußerungsvertrag mit Verpflichtung zur Lastenfreistellung), daß er die Löschung aller auf seinem Grundbesitz eingetragenen Belastungen nach Maßgabe der Gläubigererklärungen bewilligt und beantragt, kann auch dahin ausgelegt

---

[10] Anders LG Aachen Rpfleger 1985, 489, das bereits dann, wenn die Löschungsbewilligung des Hypothekengläubigers einen Hinweis auf die Rückzahlung der Forderung enthält, Ergänzung der Erklärung dahin fordert, wer die Forderung gezahlt hat.
[11] KG DNotZ 1973, 301 = NJW 1973, 56 = Rpfleger 1973, 21.
[12] LG Köln JMBlNW 1951, 160.
[13] KG OLGZ 1965, 92 = Rpfleger 1965, 366; s auch OLG Bremen OLGZ 1987, 29 (30).
[14] Ebenso K/E/H/E Rdn 27 zu § 27.
[15] OLG Bremen OLGZ 1987, 29.

werden, daß er damit auch die Löschung für den Fall bewilligt und beantragt, daß ein Grundpfandrecht kraft Gesetzes auf ihn als Eigentümergrundschuld übergegangen ist, der Gläubiger somit eine löschungsfähige Quittung erteilt.[16]

2738 m) Die **Schuldurkunde** ist demjenigen zurückzugeben, der den Brief eingereicht hat, oder der von diesem formlos bestimmten Person. Es kann sich also empfehlen, in der Quittung zu sagen, daß die Schuldurkunde dem Grundstückseigentümer auszufolgen ist.

2739 n) Ist der **Gläubiger gestorben**, so bedarf es bei der Löschung nicht der Voreintragung seiner Erben, da die Aufhebung des Rechts in Frage steht (§§ 39, 40 GBO). Zu den Kosten für die Erblegitimation s Rdn 2755.

2740 o) Wird ein **Veräußerungsvertrag** geschlossen, so ist es stets zweckmäßig, daß in diesem der Verkäufer ihm etwa zustehende, aus dem Grundbuch nicht ersichtliche **Eigentümergrundschulden** an den Käufer abtritt und die Eintragung dieser Abtretung im Grundbuch bewilligt. Dies deshalb, weil ein Grundpfandrecht als Eigentümergrundschuld von demjenigen Eigentümer erworben wird, zu dessen Eigentumszeit die Zahlung erfolgt ist.[17] Bei Befriedigung des Hypothekengläubigers durch den Grundstückskäufer in der Zeit zwischen Auflassung und Eigentumsumschreibung erwirbt grundsätzlich der Verkäufer die entstehende Eigentümergrundschuld (§§ 1163, 1177 BGB). Wird gleichzeitig die Umschreibung des Eigentums und die Löschung einer Hypothek beantragt, so ist die Zustimmung des Grundstückserwerbers zur Hypothekenlöschung nicht erforderlich.[18] Am sichersten ist es aber, die Löschung von Verkäufer und Käufer bewilligen zu lassen. Bei **Buchrechten** gilt entsprechend das gleiche.

2741 p) In den Fällen, in denen aus Fremdgrundschulden keine Eigentümergrundschulden, sondern nur **Rückgewähransprüche** des Grundstückseigentümers der Rdn 2304 behandelten Art entstehen können, ist es sehr zweckmäßig, daß der Verkäufer diese Ansprüche an den Käufer überträgt. Am sichersten werden sowohl die Ansprüche auf Eigentümergrundschulden (Rdn 2740) wie auch die Rückgewähransprüche sämtlich an den Käufer abgetreten, jeweils aufschiebend bedingt für den Fall des Eigentümerübergangs.

2742 q) Zur Löschung einer Hypothek für eine gepfändete und zur **Einziehung überwiesene** Forderung ist die löschungsfähige Quittung des Pfandgläubigers erforderlich;[19] eine abstrakte Löschungsbewilligung reicht nicht aus.[20] Gleiches gilt für den (nach Fälligkeit seiner Forderung, sogen Pfandreife) zur Einziehung berechtigten Vertragspfandgläubiger.

2743 r) **Ausdrücklicher Löschungsvermerk ist erforderlich** (§ 46 Abs 1 GBO), bloßes Unterstreichen (Röten) des Eintrags (§ 17 Abs 2 GBV) genügt nicht.

2744 s) Wenn Gläubiger des Kapitals und der Zinsen verschiedene Personen sind, genügt für Löschung der Hypothek auf Antrag des Eigentümers gleichwohl

---

[16] OLG Düsseldorf MittRhNotK 1988, 175.
[17] KGJ 26 A 149; 40 A 294.
[18] KG DFG 1939, 133.
[19] Pfändung und Überweisung zur Einziehung des – angeblichen – Anspruchs „auf Übertragung" des Grundpfandrechts ermöglichen Löschung auf Antrag (Bewilligung) des pfändenden Gläubigers nicht, OLG Braunschweig OLG-Report 2002, 9.
[20] OLG Schleswig SchlHA 1958, 49; LG Düsseldorf MittRhNotK 1982, 23.

B. Einzelfälle

(beglaubigte) Quittung des Kapitalgläubigers[21] (hierzu im übrigen Rdn 2751). Somit rechtfertigt auch die Vorlage einer beglaubigten Quittung nur über die Rückzahlung des (verzinslichen) Hypothekenkapitals den Löschungsantrag des Grundstückseigentümers.[22]

t) Zur völligen Löschung eines **auf RM lautenden** Grundpfandrechts bedarf es nicht der vorherigen Eintragung der Umstellung auf DM bzw Euro. Wegen Löschung solcher alter Grundpfandrechte s auch Rdn 4316. 2745

u) Die **Kosten** der löschungsfähigen Quittung hat gesetzlich der Schuldner (Grundstückseigentümer) zu tragen (§ 369 BGB mit Einzelheiten), Kosten einer Berichtigung des Grundbuchs und der dazu erforderlichen Erklärungen (somit auch einer beglaubigten Quittung des Gläubigers) treffen den, der die Grundbuchberichtigung begehrt (§ 897 BGB mit Einzelheiten). Gegenüber dem Anspruch des Eigentümers auf Aushändigung der Grundbuchberichtigungsunterlagen hat der Gläubiger das Zurückbehaltungsrecht wegen der ihm dadurch entstehenden Kosten.[23] Ein Entgelt für Erteilung der Löschungsbewilligung kann durch AGB nicht vereinbart werden (s Rdn 2085a). 2746

47. Löschungsbewilligung und Voll-Löschung eines Grundpfandrechts
Rechtsgrundlagen s bei Rdn 2725

Antragsformular 2747

> Im Grundbuch von Boll (Band 1) Blatt 15 Abt III Nr 1 ist für den Händler Max Lebhaft in Boll eine Briefhypothek über 1000 € eingetragen. Der Gläubiger bewilligt und der Grundstückseigentümer beantragt die Löschung dieser Hypothek im Grundbuch.
>
> Boll, den ...   Max Lebhaft   Otto Sanft   (folgt Unterschriftsbeglaubigung)

Eintragungsverfügung: Wie bei Rdn 2726. 2748

Literatur: Amann, Die zukunftsoffene Löschungszustimmung des Eigentümers, MittBayNot 2000, 80; Wenckstern, Die Löschung von Grundpfandrechten bei nicht erreichbarem Berechtigten, DNotZ 1993, 547.

a) **Löschung** (§ 46 GBO) eines Grundpfandrechts (Hypothek, Grundschuld oder Rentenschuld) erfolgt auf Antrag (§ 13 Abs 1 GBO) des Gläubigers oder des Eigentümers, wenn sie dessen Gläubiger[1] bewilligt (§ 19 GBO) und die Zustimmung des Eigentümers (§ 27 GBO) sowie erforderliche Zustimmungen Dritter vorliegen (Rdn 2728; Vorlegung des Briefes Rdn 146). Als Grundbuchverfahrenserklärung (Rdn 98) braucht die Löschungsbewilligung keine Angabe darüber zu enthalten, ob sie der Rechtsänderung mit Aufhe- 2749

---

[21] RG 37, 308 (311).
[22] Anders Ottow JR 1956, 412, der empfiehlt, in einem solchen Fall einzutragen: „Gelöscht mit Ausnahme der zugehörigen Zinsen". Über rückständige Zinsen wird das Grundbuch aber nicht geführt (s Rdn 2393). Zutreffend gegen Ottow daher Balser NJW 1958, 698 (699).
[23] OLG Köln MDR 1983, 668 = Rpfleger 1983, 307.
[1] Durch die Einigung über die Abtretung einer durch Buch- (auch Zwangs-)Hypothek gesicherten Forderung wird der Zessionar noch nicht zum Betroffenen. Seine Löschungsbewilligung ist daher weder erforderlich noch ausreichend, BayObLG MittBayNot 1998, 225 = NJW-RR 1998, 951 = Rpfleger 1998, 283.

bung des Grundpfandrechts (§ 875 BGB) oder der Grundbuchberichtigung (§ 894 BGB, seltene Ausnahme) dienen soll (Rdn 368). Als Betroffener bewilligungsberechtigt ist der eingetragene (beim Briefrecht außerdem durch Briefbesitz ausgewiesene) Grundpfandgläubiger oder der durch öffentlich beglaubigte Abtretungserklärung legitimierte Briefbesitzer als Gläubiger des Grundpfandrechts. Dessen (sogen isolierte) **Löschungsbewilligung** reicht daher aus, wenn der Grundstückseigentümer die Hypothek **tatsächlich gelöscht** haben will. Will er in anderer Weise verfügen, so ist beglaubigte Quittung des Gläubigers nach Rdn 2725 erforderlich.

Erteilung einer Löschungsbewilligung bei **Gesamtgläubigerschaft** nach § 428 BGB s Rdn 2734. Wegen der Rechtslage bei **Vor- und Nacherbschaft** s Rdn 3493. Wegen der Rechtslage bei **elterlicher Gewalt, Vormundschaft, Pflegschaft oder Beistandschaft** s Rdn 3680 ff.

2750 b) Bei einer für mehrere Gläubiger in **Bruchteilsgemeinschaft** eingetragenen Hypothek kann jeder Gläubiger über seinen Gemeinschaftsanteil frei verfügen (§§ 747, 413, 398, 1154 BGB). Ob jeder Teilgläubiger auch ohne Mitwirkung der anderen Teilhaber seinen Anteil mit der Folge des Untergangs aufgeben kann, ist umstritten. Das KG[2] bejaht die Frage, Güthe/Triebel[3] verneinen sie. Staudenmaier[4] kommt zu folgendem Ergebnis: Die einseitige Anteilsaufgabe mit der Folge des Anteilsuntergangs ist unwirksam. Möglich ist jedoch Aufgabe des Anteils durch Vertrag mit Übertragung auf die anderen Teilhaber oder einen Dritten. Falls kein solcher Vertrag zustande kommt, kann der Teilhaber nur die Aufhebung der Gemeinschaft verlangen (§ 749 BGB). Zur Teilung ist die Mitwirkung sämtlicher Teilhaber erforderlich (§ 747 Satz 2 BGB). Die Teilung erfolgt in Natur durch den Bruchteilen entsprechende Teilung und Übertragung der Forderung, wodurch Teilhypotheken entstehen. Jeder der früheren Teilhaber wird dadurch selbständiger Hypothekar und kann nach sachenrechtlichen Grundsätzen sein Recht aufgeben.

2751 c) Steht bei einer Hypothek der Anspruch auf das Kapital und derjenige auf Zinsen **verschiedenen Personen** zu, so kann die Hypothek einschließlich der Zinsen gleichwohl auf Bewilligung des Kapitalgläubigers gelöscht werden. Einer Löschungsbewilligung des Zinsgläubigers bedarf es nicht.[5] Wenn eine abgetretene Hypothek (Grundschuld) gelöscht werden soll, bedarf es daher im Hinblick auf die rückständigen (nicht mit abgetretenen) Zinsen keiner Bewilligung des früheren Gläubigers.[6] Mit der Hypothek für die Kapitalforderung (bei Aufgabe neben Löschung, § 875 BGB) erlischt auch die Hypothek für künftige und für rückständige Zinsen.[7]

2752 d) Bei einem **Gesamtrecht** verlangt die Rechtsprechung, daß in der Löschungsbewilligung alle Grundbuchstellen genannt werden. Die Allgemeinfassung

---

[2] KG DNotZ 1928, 248.
[3] Güthe/Triebel, GBO, Band 2 S 1841.
[4] Staudenmaier BWNotZ 1965, 320.
[5] KG JFG 18, 35 = JW 1938, 2407; KGJ 42 A 268 (269); OLG Braunschweig OLG 15, 336 (338); LG Regensburg MittBayNot 1987, 102; anders MünchKomm/Eickmann Rdn 11 zu § 1159 BGB; Böttcher Rpfleger 1984, 85 (87); siehe hierwegen auch RG 86, 218 (220) sowie Rdn 2744.
[6] LG Regensburg aaO.
[7] KGJ 42 A 268 (269); KGJ 18, 35 (37) = aaO; LG Regensburg aaO.

B. Einzelfälle

„und allerorts" oder dgl soll demnach nicht ausreichen. Da § 28 S 1 GBO jedoch nicht förmelnd angewendet werden kann, vermögen wir dem nicht zu folgen (s hierzu Rdn 133).

e) Mehrere Grundstückseigentümer müssen sämtlich den Löschungsantrag stellen oder dem Antrag eines Miteigentümers zustimmen[8] (s Rdn 2724a). 2753

f) Bei Höchstbetragshypotheken, die von einem früheren Grundstückseigentümer bestellt worden sind, darf die Löschung nur mit Zustimmung dieses früheren Eigentümers vorgenommen werden, falls nicht in beglaubigter Form nachgewiesen wird, daß diesem eine (Eigentümer-)Grundschuld nicht zusteht. S auch Rdn 2735. 2754

g) Der Grundstückseigentümer, der eine Hypothek löschen lassen will, hat die Kosten des Erbscheins zur Legitimation des Gläubigers zu tragen.[9] 2755

h) Wenn der Gläubiger zur Abgabe einer Löschungsbewilligung verurteilt ist, gilt sie mit **Rechtskraft des Urteils** als abgegeben (§ 894 Abs 1 S 1 ZPO). Verurteilung zur Abgabe der Löschungsbewilligung **Zug um Zug** gegen Erbringung einer Gegenleistung (zB Zahlung von ... €) erfordert Vorlage einer vollstreckbaren Ausfertigung des rechtskräftigen Urteils (§ 894 Abs 1 S 2 ZPO). Prüfung der Gegenleistung hat im Klauselverfahren zu erfolgen; das Grundbuchamt hat das Vorliegen der Voraussetzungen der Klauselerteilung nicht zu prüfen.[10] 2756

Zuzustimmen hat nach § 27 GBO der Grundstücks**eigentümer** im **Zeitpunkt der Löschung**.[11] Das ist, weil die Vermutung des § 891 BGB auch für das Grundbuchamt gilt (Rdn 341), der eingetragene Eigentümer.[11] Der Eigentümer zur Zeit der Löschung, nicht ein früherer Eigentümer, muß auch zustimmen, wenn nach Eigentumswechsel das von einem früheren Eigentümer bestellte Grundpfandrecht gelöscht werden soll. Wenn für das Grundbuchamt die Vermutung des § 891 BGB widerlegt ist, weil ihm bekannt ist,[12] daß das Grundpfandrecht Eigentümergrundschuld des früheren Grundstückseigentümers geworden (und damit seit Veräußerung des Grundstücks wieder Fremdrecht) ist, genügt für Löschung Bewilligung des eingetragenen Gläubigers nicht. Dann muß der frühere Eigentümer als Berechtigter (oder dessen Rechtsnachfolger) die Löschung bewilligen und der Eigentümer bei Löschung zustimmen (§ 27 GBO). Die Eigentümerzustimmung (§ 27 GBO) muß eindeutig und zweifelsfrei[13] (hinreichend bestimmt) zum Ausdruck bringen, daß der Eigentümer mit der Löschung des Grundpfandrechts einverstanden ist. Sie kann bereits vor Abgabe der Löschungsbewilligung des Gläubigers erklärt werden.[14] 2757

---

[8] RG DR 1939, 479.
[9] LG Berlin MDR 1959, 392; gegenteiliger Ansicht Gregor NJW 1960, 1286.
[10] BayObLG Rpfleger 1983, 480.
[11] LG Düsseldorf MittRhNotK 1984, 124.
[12] (Vorsorgliche) Abtretung etwaiger Eigentümergrundschulden im Kaufvertrag oder Zustimmung zur Löschung durch Veräußerer begründet solche Kenntnis nicht, weil damit ein Entstehungstatbestand dafür, daß ein Grundpfandrecht Eigentümergrundschuld des Veräußerers geworden ist, nicht urkundlich dargestellt ist.
[13] BayObLG MittBayNot 1999, 287.
[14] BayObLG MittBayNot 1999, 287; OLG Köln DNotZ 1982, 260 = Rpfleger 1981, 354; anders noch OLG Köln MittBayNot 1970, 156 = MittRhNotK 1969, 789 = Rpfleger 1970, 286 mit Anm Haegele.

2758 Die Zustimmung kann auch **allgemein** erklärt werden, zB als Zustimmung zur Löschung aller auf dem Grundstück eingetragenen Belastungen oder aller Belastungen nach Maßgabe der Bewilligung der Berechtigten[15] (s aber zur Rangänderung nachf), oder in der Form, daß bei Bestellung eines neuen Rechts allen Erklärungen zugestimmt wird, die erforderlich sind, um diesem den bedungenen Rang zu verschaffen.[16] In der formularmäßigen Äußerung des Eigentümers, er „bewilligt die zur Beschaffung des in Abschn ... der Urkunde bestimmten Ranges erforderlichen Erklärungen", braucht nicht notwendig nur ein Einverständnis zu einem Rangrücktritt gesehen zu werden. Die Erklärung kann auch als Zustimmung zur Löschung des Grundpfandrechts zu werten sein wie dann, wenn die in Aussicht genommene Rangstelle des neuen Grundpfandrechts nur mit Löschungszustimmung erreicht werden kann.[17] Die Zustimmung des Grundstückseigentümers in die Löschung der Hypothek kann schlüssig im Löschungsantrag und auch in einer Freistellungsverpflichtung in der Auflassungsurkunde enthalten sein;[18] das gilt im Hinblick auf das mögliche Entstehen eines Eigentümergrundpfandrechts im Falle der Auflassung nur eines Teils des Grundstücks jedoch nicht ohne weiteres für das Grundpfandrecht am Restbesitz. Umgekehrt kann in der Löschungszustimmung des Eigentümers auch dessen Löschungsantrag (ebenso eine Löschungsbewilligung) enthalten sein.[19]

2759 Wenn sich der Eigentümer bei Veräußerung eines von mehreren Grundstücken, auf denen eine **Gesamthypothek** lastet, dem Erwerber gegenüber zur Lastenfreistellung hinsichtlich der Vertragsfläche verpflichtet, so liegt darin (mangels weiterer Anhaltspunkte) nicht auch die Zustimmung zur Löschung der Gesamthypothek auf allen (anderen) Grundstücken.[20] Der Eigentümer, der bei Veräußerung nur eines mit der Gesamthypothek belasteten Grundstücks nicht nur der „Löschung" (richtig: Verzicht, § 1175 Abs 1 S 2 BGB) auf dem veräußerten Grundbesitz, sondern der Gesamtlöschung zustimmen will, muß diese Zustimmung hinreichend deutlich zum Ausdruck bringen;[21] hierfür genügt jedoch die Formulierung, daß „der Löschung der (im einzelnen genannten) Grundpfandrechte, die vom Käufer nicht übernommen werden, mit Vollzugsantrag zugestimmt" wird; der Verwendung eines nicht der Gesetzessprache entsprechenden Begriffs wie „Gesamtlöschung" oder „Vollöschung" bedarf es nicht.

2760 Zustimmung des Eigentümers „zu allen zur Lastenfreistellung erforderlichen Erklärungen" in einem Kaufvertrag, in dem der Verkäufer sich zur Lastenfreistellung verpflichtet, bezieht sich nach richtiger Auslegung regelmäßig

---

[15] So jetzt auch OLG Köln DNotZ 1982, 260 = aaO.
[16] Dann hat die Rangbestimmung aber eindeutig und zweifelsfrei zu sein; BayObLG MittBayNot 1999, 287.
[17] BayObLG DNotZ 1980, 230 = MittBayNot 1979, 111.
[18] BayObLG 1973, 220 = DNotZ 1974, 92 = Rpfleger 1973, 404; so auch LG Nürnberg-Fürth MittBayNot 1978, 220; OLG Frankfurt Rpfleger 1996, 104; Amann MittBayNot 2000, 80. Ist die Löschungszustimmung in der Freistellungsverpflichtung enthalten, so ist sie nur vom Verkäufer abgegeben BayObLG DNotZ 1997, 324 = Rpfleger 1997, 154; OLG Zweibrücken NJW-RR 1998, 1631 = Rpfleger 1998, 422.
[19] Anders OLG Saarbrücken MittRhNotK 1996, 57 (verfehlt).
[20] BayObLG DNotZ 1980, 481 = MittBayNot 1979, 236 = Rpfleger 1980, 19.
[21] BayObLG aaO.

B. Einzelfälle

nicht nur auf solche Belastungen, die bei Beurkundung im Grundbuch eingetragen und den Beteiligten bekannt (in der notariellen Urkunde aufgeführt) sind, sondern auch auf solche Grundpfandrechte (Zwangshypothek), die nach Beurkundung in das Grundbuch eingetragen worden sind.[22] Empfehlenswert ist eine abstrakte Formulierung wie

> die Vertragsteile (also Verkäufer und Käufer) stimmen der Löschung aller nicht übernommenen Belastungen mit Antrag auf Vollzug zu.

Ein Grundstückseigentümer unterliegt den **Beschränkungen des § 181 BGB** auch dann, wenn er dem Grundbuchamt gegenüber für sich und zugleich als Vertreter des Hypothekengläubigers die Löschung der Hypothek beantragt und bewilligt.[23]   2761

48. Teilquittung und Teillöschung eines Grundpfandrechts
Rechtsgrundlagen wie vor Rdn 2725

Antragsformular   2762

> Im Grundbuch von Boll (Band 1) Blatt 12 ist in Abt III Nr 5 für den Unterzeichneten eine Buchhypothek über 30 000 € eingetragen. Der Grundstückseigentümer Max Kunst, Opernsänger in Boll, hat davon den Teilbetrag von 10 000 € – zehntausend Euro – nebst den Zinsen hieraus am ... bezahlt.
> Der Gläubiger bewilligt daher die Berichtigung des Grundbuchs bezüglich dieses – nachrangigen – Teilbetrags. Der Grundstückseigentümer bewilligt und beantragt die Löschung des genannten Teilbetrags auf seine Kosten.
>
> Boll, den ...   Max Kunst   Otto Sanft   (folgt Unterschriftsbeglaubigung)

Grundbucheintragung   2763

	8	9	10
...			
...	5	10 000 €	Zehntausend Euro gelöscht am ...

> Der gelöschte Teil ist in Sp 3 abzuschreiben.
> **Bekanntmachung** erfolgt an Gläubiger und Eigentümer.

S die Anmerkungen Rdn 2727 ff. Handelt es sich um eine **Briefhypothek**, so ist der Brief entsprechend zu berichtigen („noch gültig für ... €"; s Anl 3 zur GBV) und dem Gläubiger zurückzugeben.   2764

Bei der **teilweisen Löschung einer Tilgungs- oder Abzahlungshypothek** (s Rdn 1989, 1990) ist anzugeben, welche planmäßigen Tilgungsbeträge und außerordentlichen Rückzahlungen der zu löschende Teilbetrag umfaßt. Die Angaben sind notwendig, weil sich nach ihnen die Höhe der neben dem restlichen Kapital noch zu zahlenden Zinsen (und etwaiger sonstiger Nebenleistungen) richtet und weil der nachst behandelte Klarstellungsvermerk bei Fehlen solcher Angaben nicht in das Grundbuch eingetragen werden könnte.   2765

---

[22] OLG Zweibrücken MittBayNot 1999, 564 = Rpfleger 1999, 533 = ZNotP 1999, 362; LG Köln MittRhNotK 1999, 245; zu eng BayObLG MittBayNot 1980, 208 = Rpfleger 1981, 23.
[23] BGH 77, 7 = DNotZ 1981, 22 = JR 1980, 412 mit Anm Kuntze = NJW 1980, 1577 = Rpfleger 1980, 336.

Anders verhält es sich im Falle der Angabe, daß es sich um rangletzten ziffernmäßigen Teilbetrag handelt.

Bei Löschung eines Teilbetrags einer Tilgungshypothek ist auf Antrag ein **Klarstellungsvermerk** in der Veränderungsspalte darüber einzutragen, ob Tilgungsraten oder sonstige prozentual bestimmte Nebenleistungen nach wie vor vom ursprünglichen Kapitalbetrag oder nur noch vom Restbetrag zu berechnen sind.[1] Klarstellend kann jedoch nicht eingetragen werden, daß Zinsen aus dem Ursprungskapital weiter zu zahlen sind.[2] Damit würde keine Klarstellung, sondern eine Neubelastung erfolgen, weil (hauptsacheabhängige) Zinsen nach teilweisem Erlöschen der Hauptforderung nicht geschuldet sein können und die Umwandlung der vormaligen Zinsforderung in eine Rentenverpflichtung als (aufschiebend bedingte) Nebenleistung (dazu Rdn 1975 a) als Belastung des Grundstücks mit dem Grundpfandrecht einzutragen gewesen wäre (§ 1115 BGB).

2766 Bei **Teillöschung eines Teilbetrags** ist in gleicher Weise zu verfahren, nur ist hier außer der Abschreibung des gelöschten Teilbetrags in Spalte 6 dieser gelöschte Teilbetrag auch nochmals in Spalte 3 abzuschreiben.

49. Grundpfandrechte im Beitrittsgebiet

Literatur: Beckers, Die grundpfandrechtliche Kreditsicherung in den neuen Bundesländern nach dem 2. Vermögensrechtsänderungsgesetz, DNotZ 1993, 364; Böhringer, Grundbuchrechtliche Besonderheiten im ostdeutschen Hypothekenrecht, BWNotZ 1993, 117; Böhringer, Löschung von Grundpfandrechten in den neuen Ländern, Rpfleger 1995, 139; Bundesfinanzministerium, Löschung von Grundpfandrechten (zur Sicherung von Steueransprüchen) im ehemaligen Volkseigentum der DDR, DtZ 1997, 85; Horn, Grundpfandkredite im neuen Bundesgebiet, ZIP 1993, 659.

2767 a) Grundstücke sowie Gebäudeeigentum im Beitrittsgebiet (Rdn 54 a) konnten **seit dem 1. Jan 1976** nach dem Zivilgesetzbuch der „DDR" belastet werden mit einer
– **Hypothek** (§§ 452–455 ZGB „DDR"), auch als Höchstbetragshypothek (§ 454 a ZGB) und als Aufbauhypothek (§§ 456, 457 ZGB mit Besonderheiten); ein Hypothekenbrief wurde nicht erteilt;
– **Zwangshypothek** (§§ 4, 5 GrundstücksvollstreckungsO „DDR").
Diese Hypotheken sind mit ihrem **bisherigen Inhalt und Rang** (§ 453 Abs 2, § 456 Abs 3 ZGB) bestehen geblieben (Art 233 § 3 Abs 1 EGBGB mit Einschränkung). Umwandlung in ein Grundpfandrecht nach dem BGB ist damit ausgeschlossen.

2768 b) Die nach dem ZGB „DDR" begründete Hypothek (auch die Aufbauhypothek,[1*] § 456 Abs 2 ZGB „DDR") ist mit der gesicherten Forderung un-

---

[1] KG HRR 1935 Nr 790; LG Lübeck SchlHA 1957, 186; Recke DR 1939, 1429; außerdem (auch bei Teillöschung anderer Hypotheken) OLG Hamm MittBayNot 1985, 202 = MittRhNotK 1985, 121 = OLGZ 1985, 273 = Rpfleger 1985, 286 mit Anm Meyer-Stolte sowie OLG Düsseldorf Rpfleger 1985, 394 und LG Aachen Rpfleger 1986, 211 (kein Klarstellungsvermerk, wenn sich dingliche Zinsenhaftung auf das jeweils im Grundbuch vermerkte Hypothekenkapital bezieht). Hierzu s auch Rdn 1969.
[2] Nicht richtig daher OLG Düsseldorf MittRhNotK 1995, 322 = NJW-RR 1996, 111 (112 reSp) = Rpfleger 1996, 61.
[1*] BGH DtZ 1995, 101 = MittBayNot 1995, 36 = Rpfleger 1995, 291.

trennbar verbunden (§ 454 Abs 1 S 1 ZGB). Sie besteht nur in der jeweiligen Höhe der Forderung einschl Zinsen und Nebenleistungen (§ 454 Abs 1 S 2 ZGB, jedoch Besonderheit bei der Höchstbetragshypothek, § 454a ZGB). Eine Eigentümergrundschuld entsteht damit nicht. Die Grundbucheintragung begründet nicht die Vermutung, daß für die Hypothek die Forderung besteht (keine Richtigkeitsvermutung nach § 1138 BGB).[1*] Mit Forderungsübertragung geht auch die Hypothek auf den neuen Gläubiger über (§ 454 Abs 3 ZGB).

c) Für die **Übertragung** der Hypothekenforderung nach dem ZGB gelten die Vorschriften des BGB, welche bei der Übertragung von Sicherungshypotheken anzuwenden sind, entsprechend (Art 233 § 6 Abs 1 S 1 EGBGB). Das gleiche gilt für die **Aufhebung** einer solchen Hypothek; nicht anzuwenden sind jedoch § 1183 BGB und § 27 GBO (Art 233 § 6 Abs 1 S 2 EGBGB). Nicht anzuwenden sind außerdem die Bestimmungen des BGB über den Verzicht auf eine Hypothek (Art 233 § 6 Abs 1 S 3 EGBGB).   2769

d) Eine **Aufbauhypothek** hatte Vorrang vor anderen Hypotheken; mehrere Aufbauhypotheken hatten gleichen Rang (§ 456 Abs 3 ZGB). Diese Rangvorschrift wurde durch Gesetz vom 28. 6. 1990 (GBl S 524) aufgehoben. Sie ist jedoch für Aufbauhypotheken, die vor dem Inkrafttreten dieses Gesetzes begründet wurden, weiterhin anzuwenden (§ 3 Ges v 28. 6. 1990; Art 233 § 9 Abs 3 EGBGB). Entsprechendes gilt für eine Aufbaugrundschuld.   2770

e) Auf eine Hypothek, Grundschuld und Rentenschuld, die **vor dem 1. Jan 1976** (Inkrafttreten des ZGB) nach den Vorschriften des BGB begründet wurde, ist das vor diesem Zeitpunkt geltende Recht, somit das Recht des BGB, weiterhin anzuwenden (§ 1 mit § 6 Abs 2 EG ZGB „DDR"). Diese Rechte sind gleichfalls bestehen geblieben (Art 233 § 3 Abs 1 EGBGB). Die Übertragung dieser Grundpfandrechte und die sonstigen Verfügungen über solche Rechte, somit auch ihre Aufhebung, richten sich nach den entsprechenden Vorschriften des BGB (Art 233 § 6 Abs 2 EGBGB). Es ist somit bei Löschung auch § 27 GBO (materiell § 1183 BGB) anzuwenden.   2771

f) Auf Deutsche Mark **umgestellt** wurden die auf Mark der ehem DDR lautenden Rechte sowie Reichsmark- und Goldmarkhypotheken (sie wurden nicht abgewertet) im **Verhältnis 2:1** (Art 7 § 1 Abs 1 der Anlage I zum Staatsvertrag). Geldbetrag der vor dem 1. Jan 1976 bestellten wertbeständigen Rechte s §§ 1–3 GBBerG.   2772

g) Zur erleichterten Löschung kleinerer Grundpfandrechte s Rdn 4328–4329. Erlöschen einer vor dem 1. Juli 1990 an einem Grundstück im Beitrittsgebiet bestellten Hypothek oder Grundschuld mit einem umgerechneten **Nennbetrag von nicht mehr als 6000 Euro** mit Ablösung:[2] § 10 GBBerG. Hinterlegung zur Ablösung setzt nicht voraus, daß der Gläubiger im Rechtssinn als unbekannt anzusehen ist.[3] Die Löschung ist Grundbuchberichtigung.   2773

h) Für den **Nachweis** der Befugnis gegenüber dem Grundbuchamt, über Grundpfandrechte zu verfügen, deren Eintragung vor dem 1. Juli 1990 beantragt worden ist, trifft § 105 Abs 1 Nr 6 GBV (erleichternde) Bestimmung für   2774

---

[2] Zu dieser Ablösung Böhringer Rpfleger 1995, 139 (140).
[3] KG DNotZ 1996, 561 = Rpfleger 1996, 283; Böhringer Rpfleger 1995, 139 (140).

den Fall, daß (eingetragener) Gläubiger eine Sparkasse oder ein anderes Kreditinstitut oder Volkseigentum in Rechtsträgerschaft einer Sparkasse oder eines Kreditinstituts usw ist.[4] Diese Nachweiserleichterung gilt somit insbesondere nicht, wenn Gläubiger eine natürliche Person ist. Nachweis der Rechtsnachfolge einer Genossenschaft: § 12 GBBerG.

2775 i) Ein nach dem Gesetz vom 17. Febr 1954 über die Entschuldung der Klein- und Mittelbauern beim Eintritt in die landw Produktionsgenossenschaft (GBl S 224) gelöschtes **Grundpfandrecht** kann wieder aufgelebt sein und damit fortbestehen.

Eine (Hauszinssteuer-)**Abgeltungshypothek** kann seit dem Ende des Jahres 1995 nicht mehr in das Grundbuch eingetragen werden (§ 22 mit § 36a GBMaßnG). Abgeltungslast sind mit dem Ende des Jahres 1995 erloschen (§ 23 mit § 36a GBMaßnG). Jedoch ist die Forderung aus dem Abgeltungsdarlehen nicht dadurch berührt, daß die Abgeltungslast (oder Abgeltungshypothek) erloschen ist (§ 25 mit § 36a GBMaßnG).

2776–2799 Diese Randnummern sind **nicht** belegt.

---

[4] Einzelheiten hierzu Böhringer Rpfleger 1995, 139.

Dritter Teil

Wohnungseigentum und Dauerwohnrecht

I. Besonderheiten gegenüber dem allgemeinen Recht

1. Wohnungseigentum[1]

Literatur:[2] *a) WE-Gemeinschaft:* Bärmann, Zur Grundbuchfähigkeit der Wohnungseigentümer-Gemeinschaft, DNotZ 1985, 395; Bärmann, Zur Theorie des Wohnungseigentumsrechts, NJW 1989, 1057; Coester, Die „werdende Eigentümergemeinschaft" im Wohnungseigentumsgesetz, NJW 1990, 3184; Häublein, Gestaltungsprobleme im Zusammenhang mit der abschnittsweisen Errichtung von Wohnungseigentumsanlagen, DNotZ 2000, 442; Nieder, Die Änderung des Wohnungseigentums und seiner Elemente, BWNotZ 1984, 49; Panz, Ausgewählte Fragen zum WEG, BWNotZ 1986, 142; Röll, Die Bemessung der Miteigentumsanteile beim Wohnungseigentum, Mitt BayNot 1979, 4; Röll, Das Wohnungseigentum an Zweifamilienhäusern, Doppelhäusern und Reihenhäusern, MittBayNot 1979, 51; Röll, Die faktische Gemeinschaft im Wohnungseigentum, DNotZ 1993, 315; Sauren, Der „werdende" Wohnungseigentümer, Rpfleger 1985, 261; Schmidt S, Wohnungseigentum bei Mehrhausanlagen; BWNotZ 1989, 49; Weimar, Garagenbesitzer als Teileigentümer (§ 1 Abs 6 WEG), JR 1979, 178; Weimar, Die Entziehung des Wohnungseigentums bei Überbelastung, JurBüro 1981, 661;

b) Dienstbarkeiten: Zimmermann (Franz), Belastung von Wohnungseigentum mit Dienstbarkeiten, Rpfleger 1981, 33; s auch unter g;

c) Garagenstellplätze, Doppelstockgarage: Frank, Zur grundbuchmäßigen Behandlung von Doppelstockgaragen, MittBayNot 1994, 512; Gleichmann, Sondereigentumsfähigkeit von Doppelstockgaragen, Rpfleger 1988, 10; Sauren, Begründung von Sondereigentum an Einstellplätzen in Doppelstockgaragen, MittRhNotK 1982, 213; Sauren, Die Sondereigentumsfähigkeit nicht überdachter Garagenstellplätze eines Gebäudes, Rpfleger 1999, 14;

d) Gebrauchsregelungen: Ertl, AGB-Kontrolle von Gemeinschaftsordnungen der Wohnungseigentümer durch das Grundbuchamt? DNotZ 1981, 149; Ertl, Dingliche und verdinglichte Vereinbarungen über den Gebrauch des Wohnungseigentums, DNotZ 1988, 4; Krücker-Ingenhag, Die Gebrauchsregelung nach § 15 WEG, MittRhNotK 1986, 85; Schöner, Das Sondernutzungsrecht an Sondereigentum, Rpfleger 1997, 416; Zimmermann (Herbert), Der Gebrauch des gemeinschaftlichen Eigentums nach dem WEG, Rpfleger 1982, 401;

e) Gemeinschafts- und Sondereigentum: Gerauer, Die Nutzung von Sondereigentum, Rpfleger 1980, 330 und nochmals Rpfleger 1981, 51; Hurst, Das Eigentum an der

---

[1] **Kommentare zum WEG:** Bärmann/Pick/Merle, Wohnungseigentumsgesetz, 8. Aufl 2000 (9. Aufl 2003); Bärmann/Seuss, Praxis des WE mit Formularen und Mustern, 4. Aufl 1999; Bärmann/Pick, Wohnungseigentumsgesetz, 15. Aufl 2001; Diester, Wohnungseigentumsgesetz, 1952; Niedenführ/Schulze, WEG, 6. Aufl 2002; Sauren, Wohnungseigentumsgesetz, 3. Aufl 1999; Weitnauer, Wohnungseigentumsgesetz, 8. Aufl 1995 (9. Aufl 2003 in Vorbereitung); außerdem Erläuterung des WEG in den BGB-Kommentaren.
[2] Nur aus den letzten Jahren.

3. Teil. Wohnungseigentum und Dauerwohnrecht

Heizungsanlage, DNotZ 1984, 66 und 140; Merle, Aufteilungsplan und abweichende Bauausführung, WE 1989, 116; Ritzinger, Rechts-Probleme beim sogen „verunglückten" Wohnungseigentum, BWNotZ 1988, 5; Röll: Nochmals: Die Nutzung von Sondereigentum, Rpfleger 1981, 50; Röll, Sondereigentum an Heizungsräumen und deren Zugangsflächen, DNotZ 1986, 706; Röll, Mauer- und Deckendurchbrüche sowie das Verlegen von Trennwänden in Eigentumswohnanlagen und die Prüfungspflicht des Grundbuchamts, MittBayNot 1996, 275; Sandweg, Bauliche Veränderungen am Gemeinschaftseigentum und deren Kostenfolgen, DNotZ 1993, 707; Sauren, Mitsondereigentum – eine Bilanz, DNotZ 1988, 667; Schmidt Fr, Gegenstand und Inhalt des Sondereigentums, MittBayNot 1985, 237; Schmidt Fr, Balkone als Sondereigentum, MittBayNot 2001, 442; Weitnauer, Begründung von Wohnungseigentum und isolierter Miteigentumsanteil, MittBayNot 1991, 143;

f) Teilungserklärungen, Gemeinschaftsregelungen: Brych, Nochmals: Ermächtigung des Verkäufers zur einseitigen Ausgestaltung der Teilungserklärung, NJW 1986, 1478; Demharter, Guter Glaube an Gemeinschaftsregelungen, DNotZ 1991, 28; Ertl, Alte und neue Probleme der Gemeinschaftsregelungen des WEG, DNotZ 1979, 267; Götte, Die Teilungserklärung in der Praxis, BWNotZ 1982, 49; Grebe, Wege zur Abänderung der Gemeinschaftsordnung im Wohnungseigentumsrecht, DNotZ 1988, 275; Krause, Die Änderung von Teilungserklärungen aufgrund von Vollmachten oder Änderungsvorbehalten, NotBZ 2001, 433 und 2002, 11 (Stellungnahme dazu Weigl NotBZ 2002, 325); Rapp, Unterteilungen und Neuaufteilungen von Wohnungseigentum, MittBayNot 1996, 344; Rastätter, Aktuelle Probleme bei der Beurkundung von Teilungserklärungen, BWNotZ 1988, 143; Röll, Die Eintragung von Änderungen der Teilungserklärung in die Wohnungsgrundbücher, MittBayNot 1979, 218; Röll, Die Gemeinschaftsordnung als Bestandteil des Wohnungseigentums, Rpfleger 1980, 90; Röll, Das Erfordernis der Abgeschlossenheit nach dem Wohnungseigentumsgesetz, Rpfleger 1983, 380; Röll, Die Unterteilung von Eigentumswohnungen, DNotZ 1993, 158; Röll, Abgeschlossenheit durch nicht versperrbare Tür? MittBayNot 1985, 63; Schmidt Fr, Teilungserklärung als AGB? MittBayNot 1979, 139; Schmidt H, Zweckbestimmung durch die Teilungserklärung, MittBayNot 1981, 12; Streblow, Änderung von Teilungserklärungen nach Eintragung der Aufteilung in das Grundbuch, MittRhNotK 1987, 141; Ulmer, AGB-Gesetz und einseitig gesetzte Gemeinschaftsordnungen von Wohnungseigentümern, FS Weitnauer (1980) S 205;

g) Überbau: Brünger, Eigentumswohnungen auf teilweise fremdem Grundstück, MittRhNotK 1987, 269; Demharter, Wohnungseigentum und Überbau, Rpfleger 1983, 33; Ludwig, Grenzüberbau bei Wohnungs- und Teileigentum, DNotZ 1983, 41; Rastätter, Raumeigentum und Grenzüberbau BWNotZ 1986, 79; Röll, Wohnungseigentum und Grenzüberbau, MittBayNot 1982, 172; Röll, Grenzüberbau, Grunddienstbarkeiten und Wohnungseigentum, MittBayNot 1983, 5;

h) Veräußerung: Röll, Die Aufteilung von Kosten und Lasten des gemeinschaftlichen Eigentums bei Veräußerung von Wohnungseigentum, DNotZ 1986, 130; Röll, Gutgläubiger Erwerb im Wohnungseigentum, FS Seuss (1987) S 233; Schmidt Fr, Die Bedeutung des Besitzübergangs bei Veräußerung von Wohnungseigentum, FS Seuss (1987) S 241; Weimar, Instandhaltungsrückstellungen bei Weiterveräußerung und Mehrhauswohnanlage, JR 1980 94.

2800 Grundstück und Gebäude mit den zu seiner Herstellung eingefügten Sachen bilden nach dem BGB eine Einheit; sie können nicht Gegenstand besonderer Rechte sein (§§ 93, 94 BGB). Das Eigentum am Grundstück erstreckt sich daher auch auf das Gebäude (§ 946 BGB). Es gibt kein Eigentum an realen Gebäudeteilen, sondern nur Miteigentum am – bebauten oder unbebauten – Grundstück nach ideellen Bruchteilen (§ 1008 BGB). Ausnahmen vom Grundsatz der Sonderrechtsunfähigkeit des Gebäudes und seiner Teile finden sich

I. Besonderheiten gegenüber dem allgemeinen Recht

für Scheinbestandteile in § 95 BGB, für den Überbau in § 912 BGB und für das auf Grund eines Erbbaurechts errichtete Gebäude in §§ 1, 12 ErbbauVO. Das WEG regelt eine weitere Abweichung von dem bezeichneten Grundsatz (s dessen § 1); es ermöglicht die Gestaltung der Eigentumsverhältnisse an Grundstück und Gebäude dergestalt, daß
- in Verbindung mit **Miteigentum (§ 1008 BGB) an einem Grundstück**
- ein Bereich **ausschließlichen Eigentums an bestimmten Räumen** des Gebäudes

geschaffen wird. Ein so begründetes Wohnungs- oder Teileigentum ist **echtes Eigentum** iS des Eigentumsbegriffs des bürgerlichen Rechts, und zwar eine Mischung von Alleineigentum (§§ 903 ff BGB) und Bruchteilmiteigentum (§§ 1008 ff BGB): es verbindet das Alleineigentum an einer Wohnung oder einer sonstigen Raumeinheit (**Sondereigentum** [= SE]) mit dem Bruchteilseigentum (**Miteigentum** [= MitE]) am Grundstück und den übrigen Teilen, Anlagen und Einrichtungen des Gebäudes (gemeinschaftliches Eigentum, § 1 Abs 5 WEG).[3] Das Raumeigentum wird also gekennzeichnet durch
- das Sondereigentum als ausschließliches Eigentum an Räumen;
- die sachenrechtliche Miteigentümerstellung;
- das schuldrechtliche Rechtsverhältnis zwischen den Miteigentümern (§ 10 WEG, §§ 741 ff BGB);

es ist eine besondere ausgestaltete Bruchteilsgemeinschaft;[4] die hierüber hinausgehenden Theorien über das Wohnungseigentum als personenbezogener Verband oder gesellschaftsähnliches Gebilde[5] haben sich nicht durchgesetzt.

Begründet werden kann 2801
- **Wohnungs**eigentum [= WE] durch Verbindung des Miteigentumsanteils am gemeinschaftlichen Grundstück mit Sondereigentum an einer Wohnung (§ 1 Abs 2 WEG);
- **Teil**eigentum [= TE] durch Verbindung des Miteigentumsanteils am gemeinschaftlichen Grundstück mit Sondereigentum an nicht zu Wohnzwecken dienenden Räumen eines Gebäudes (§ 1 Abs 3 WEG); in Betracht kommen Gewerbe-, Geschäfts- oder Praxisräume, Garagen, Läden, Werkstätten usw.

Zur Frage, ob WE oder TE rechtsbegründend festgelegt werden muß, s Rdn 2872a.

In **Mischform** kann WE und TE durch Verbindung des Miteigentumsanteils am gemeinschaftlichen Grundstück zugleich mit Sondereigentum an einer Wohnung und an nicht zu Wohnzwecken dienenden Räumen gebildet werden.[6] Es kann auch am gleichen Grundstück und Gebäude teilweise WE und für andere Einheiten TE begründet werden. **Wohnungserbbaurecht** oder Teilerbbaurecht: Rdn 2998.

Das WEG kennt keinen einheitlichen **Oberbegriff**; vielfach wird jedoch die 2802 Bezeichnung „Raumeigentum" verwendet. Als echtes Eigentum des bürger-

---

[3] BGH 49, 250 = DNotZ 1968, 417 = Rpfleger 1968, 499; OLG Köln OLGZ 1984, 294 (295) = MittRhNotK 1984, 120 = Rpfleger 1984, 268.
[4] Vgl Weitnauer Rdn 17, 24ff vor § 1 WEG mit weit Nachw; Staudinger/Rapp, WEG, Einl Rdn 23ff.
[5] Pick in Bärmann/Pick/Merle, WEG, Einl Rdn 22ff; Junker, Die Gesellschaft nach dem WEG, 1993.
[6] BayObLG 1960, 231 = DNotZ 1960, 596 = Rpfleger 1961, 400.

lichen Rechts ist WE und TE veräußerlich, vererblich und belastbar. Das **Gemeinschaftsverhältnis** der **Wohnungseigentümer** [= WEigter] oder **Teileigentümer** [= TEigter] regelt das WEG in §§ 10 ff teilweise abweichend von den Vorschriften des BGB über die Gemeinschaft (§§ 741 ff BGB) eigenständig (dazu Rdn 2883 ff).

2. Dauerwohnrecht

2803   Das **Dauerwohnrecht** ist Belastung eines Grundstücks (§§ 873 ff BGB) dergestalt, daß der Berechtigte befugt ist, eine bestimmte Wohnung in einem Gebäude auf dem Grundstück unter Ausschluß des Eigentümers zu bewohnen (§ 31 WEG). Es ist ein nießbrauchsähnliches, **veräußerliches und vererbliches Recht** an der Wohnung. Das **Dauernutzungsrecht** berechtigt in gleicher Weise zur ausschließlichen anderweitigen Nutzung von Räumen. Dauerwohnrecht und Dauernutzungsrecht können auch als Einheit[6] und an einem Erbbaurecht (§ 42 WEG) bestellt werden, kommen jedoch neben dem WE praktisch nicht besonders häufig vor. Näher dazu Rdn 3000 ff.

3. Rechtsgrundlagen

2804   **Gesetz über das Wohnungseigentum und das Dauerwohnrecht** vom 15. 3. 1951 (BGBl I 175, Berichtigung von § 1 Abs 3 BGBl 1951 I 209 = BGBl III 403-1) mit Änderungen (= Schönfelder Nr 37).
Im **Saarland** galt zunächst das Gesetz vom 13. 6. 1952 (ABl 1952, 686). Für neue Rechte gilt aber das WEG vom 15. 3. 1951 (s Gesetz vom 30. 6. 1959, BGBl I 313).

2805   **Allgemeine Verwaltungsvorschrift für die Ausstellung von Bescheinigungen** gemäß § 7 Abs 4 Nr 2 und § 32 Abs 2 Nr 2 WEG vom 19. 3. 1974 (BAnz Nr 58 v 23. 3. 1974).

2806   **Verordnung über die Anlegung und Führung der Wohnungs- und Teileigentumsgrundbücher** (Wohnungsgrundbuchverfügung – WGV) idF vom 24. 1. 1995 (BGBl I 135).

2807   Zur Anpassung an **landesrechtliche Besonderheiten**[7] können durch Landesbehörden ergänzende Vorschriften über die grundbuchmäßige Behandlung der Wohnungseigentumssachen erlassen sein (§ 10 Abs 1 WGV). Hinweise auf Fundstellen geben Bärmann/Pick/Merle, Anh II 3 und Weitnauer Anh III 4.

II. Begründung von WE (TE)

1. Wesen des Wohnungs/Teileigentums

2808   WE (TE) ist ein besonders ausgestaltetes **MitE nach Bruchteilen**, bei dem **mit jedem MitEAnteil das SE an einer Raumeinheit verbunden** ist (s Rdn 2800). Im Gegensatz zum normalen Bruchteilseigentum, bei dem alle Miteigentümer auch Eigentümer aller Gebäudeteile sind (§§ 93, 94 BGB), bewirkt das SE, daß der Miteigentümer, mit dessen MitE es verbunden ist, diese Raumeinheit

---

[7] Zur Überleitung von Stockwerkseigentum in WE nach §§ 37 ff BaWüAGBGB s Zipperer BWNotZ 1985, 49.

II. Begründung von WE (TE)

allein unter Ausschluß der übrigen Miteigentümer nutzen kann (§ 13 WEG). Wirtschaftlich steht beim WE das Alleinherrschaftsrecht über den Raum, also das SE im Vordergrund, wenn auch aus dogmatischen Gründen der MitEAnteil als rechtliche „Hauptsache" und das SE als „Anhängsel" bezeichnet werden.

Das WE ist echtes **Alleineigentum** an einem Grundstück iS des BGB; es ist MitE, das gegenüber normalem MitE durch die anderen SE-Rechte beschränkt und gleichzeitig durch das eigene SE verstärkt ist. Gegenüber dem bloßen Miteigentum am Grundstück ist die Verbindung von Miteigentumsanteil und Raumeigentum ein „aliud".[1] Die Verbindung von MitEAnteil mit SE ist für das WE charakteristisch.[2] Sie ist untrennbar (§ 6 WEG). Zur Möglichkeit, daß kraft Gesetzes „isolierte" Miteigentumsanteile entstehen, s Rdn 2830, 2873 ff. 2809

2. Ein Grundstück (§ 1 Abs 4 WEG)

WE (TE) kann nur an einem Grundstück im Rechtssinn (Rdn 561) gebildet werden (§ 1 Abs 4 WEG), nicht an WE (als Unterwohnungseigentum)[3] und nicht an Gebäudeeigentum[4] (s auch Rdn 4279). Mehrere Grundstücke müssen vor Bildung von WE (TE) daher gem § 890 Abs 1 BGB, § 5 GBO **zu einem Grundstück vereinigt** werden. Bei dieser Vereinigung können die einzelnen Katasterparzellen als nur vermessungstechnische Teile des einen Grundstücks im Rechtssinn beibehalten werden (s § 3 Abs 1 Buchst b WGV). Die Bestandteilszuschreibung (§ 890 Abs 2 BGB, § 6 GBO) schafft ein Grundstück, trägt mithin dem Erfordernis des § 1 Abs 4 WEG Rechnung.[5] Eine unterschiedliche Belastung der vereinigten oder zugeschriebenen Parzellen stellt nach Vollzug der Vereinigung oder Bestandteilszuschreibung (zur Verwirrung hierbei aber Rdn 635) kein Hindernis für die Aufteilung nach WEG dar (keine Rechtsgrundlage).[6] Nicht genügend ist die bloße Buchung der Grundstücke auf einem gemeinschaftlichen Grundbuchblatt (§ 4 Abs 1 GBO),[7] weil sie nur grundbuchtechnische Maßnahme ist, jedoch an der rechtlichen Selbständigkeit der Grundstücke nichts ändert. Auch an einem Grundstück, an dem ein Erbbaurecht besteht, kann WE begründet werden, wenn jeweils verschiedene Flächen betroffen sind.[8] Zur Bildung von WE bei Grenzüberbau s Rdn 2817. 2810

Vor Einfügung des Abs 4 in § 1 WEG mit Wirkung ab 1. 10. 1973 durch das ÄndG v 30. 7. 1973 (BGBl I 910) war streitig, ob WE (TE) auch durch Ver- 2811

---

[1] OLG Hamm DNotZ 1984, 108 (109) = Rpfleger 1983, 395.
[2] Weitnauer Rdn 24 vor § 1 WEG; Paulick AcP 152, 240.
[3] OLG Köln OLGZ 1984, 294 = MittRhNotK 1984, 120 = Rpfleger 1984, 268.
[4] OLG Jena DtZ 1996, 88 = Rpfleger 1996, 194; Flik DtZ 1996, 162 (167); Hügel DtZ 1996, 66; Palandt/Bassenge Rdn 3, Staudinger/Rauscher Rdn 14, je zu Art 233 § 4 EGBGB; aA Heinze DtZ 1995, 195.
[5] OLG Hamm OLGZ 1984, 54 (58) = MittRhNotK 1984, 14 = Rpfleger 1984, 98.
[6] Unrichtig daher OLG Hamm Rpfleger 1998, 154; vgl hierzu auch Rdn 639.
[7] BayObLG 1970, 163 = DNotZ 1970, 602 = Rpfleger 1970, 346; OLG Saarbrücken NJW 1972, 691.
[8] OLG Hamm MittBayNot 1998, 347 = MittRhNotK 1998, 324 = Rpfleger 1998, 335; Staudinger/Rapp Rdn 36 zu § 1 WEG; vgl auch Rdn 1692.

bindung von Sondereigentum mit Miteigentum an mehreren Grundstücken gebildet werden konnte.[9] In das Grundbuch wurde zu dieser Zeit WE (TE) auch an Gebäuden, die auf mehreren Grundstücken standen, eingetragen. Die Rechtswirksamkeit dieses in der Vergangheit begründeten WE (TE) hat Art 3 § 1 ÄndG 1973 mit der gesetzlichen Fiktion, daß die Grundstücke als vereinigt gelten, gesichert.

3. Miteigentum

2812 WE (TE) setzt sich als echtes Eigentum aus dem **Sondereigentum** an einer Raumeinheit **in Verbindung mit** dem in einem bestimmten Bruchteil ausgedrückten **Miteigentum an dem gesamten Gebäudegrundstück** zusammen.[10] Ein bestimmtes Verhältnis zwischen SE (ggfs samt Sondernutzungsfläche) und dem damit verbundenen MitEAnteil schreibt das WEG nicht vor; es verlangt insbesondere nicht, daß die Werte oder Nutzflächen der einzelnen Wohnungen den Anteilen am gemeinschaftlichen Eigentum entsprechen.[11] Eine weitgehende Übereinstimmung zwischen MitEAnteil und Wohnungswert oder Wohn/Nutzfläche ist zwar wünschenswert, wenn sich die Lastentragung nach den MitEAnteilen richtet (§ 16 Abs 2 WEG), s Rdn 2918. Diese Übereinstimmung herbeizuführen hat das Gesetz jedoch der freien Bestimmung der Miteigentümer (des teilenden Eigentümers) überlassen.[12]

2813 Bei **vertraglicher Einräumung** von SE (§ 3 WEG) muß an dem Grundstück MitE nach Bruchteilen (§ 1008 BGB) bereits bestehen oder gleichzeitig geschaffen werden und **jedem Miteigentümer SE** eingeräumt werden. Erwerb des MitE (zB Auseinandersetzung einer Erbengemeinschaft) und Einräumung des SE kann gleichzeitig eingetragen werden, weil das MitE nicht schon im Zeitpunkt der Einigung über die Einräumung von SE (§ 4 WEG), sondern erst in dem Zeitpunkt, in dem die Schaffung des SE durch Grundbucheintragung vollendet wird (§§ 4, 7 WEG), bestehen muß.

2814 Bei der **Teilung nach § 3 WEG** kann SE an einer Wohnung (anderen Räumen) jeweils nur mit **einem MitEAnteil** verbunden werden. Miteigentümer eines Grundstücks müssen daher zur vertraglichen Bildung von WE (SE, § 3 WEG) die Zahl der MitEAnteile verändern (zusammenlegen), wenn sie zur Zuordnung jeweils von SE an einer Wohnung (TE an anderen Räumen) rechtstechnisch weniger MitEAnteile benötigen.[13] Sind zB zwei Ehepaare zu

---

[9] Siehe zB BayObLG 1970, 163 = DNotZ 1970, 602 = Rpfleger 1970, 346.
[10] BayObLG 1970, 163 = aaO (Fußn 9).
[11] BGH DNotZ 1976, 741 = NJW 1976, 1976 = Rpfleger 1976, 352; BGH DNotZ 1987, 208 = NJW 1986, 2759 = Rpfleger 1986, 430; BayObLG Rpfleger 1982, 418; BayObLG 1985, 47 (50); OLG Frankfurt Rpfleger 1978, 380; Röll MittBayNot 1979, 4.
[12] BGH DNotZ 1976, 741 = aaO; BayObLG 1958, 263 = DNotZ 1959, 40 = Rpfleger 1959, 277; BayObLG Rpfleger 1982, 418; BayObLG 1985, 47 (50); BayObLG DNotZ 2000, 208. Anspruch auf Änderung der Miteigentumsquoten kann (ausnahmsweise) bei grob unbilliger Quotenverteilung bestehen (Verstoß gegen Treu und Glauben), s BayObLG 1985, 47 und DNotZ 2000, 208; s auch BayObLG MittBayNot 1995, 45 = NJW-RR 1995, 529 (kein Anspruch bei nachträglicher Änderung der Wohnungsgröße); restriktiv auch OLG Düsseldorf FGPrax 2001, 101 = MittBayNot 2001, 396 (Leits); OLG Hamm MittBayNot 2003, 296; OLG Köln NJW-RR 1995, 973 und ZfIR 2002, 58.
[13] BGH 86, 393 = DNotZ 1983, 487 = NJW 1983, 1762 = Rpfleger 1983, 270.

II. Begründung von WE (TE)

je ¼ Miteigentümer eines Grundstücks (Zweifamilienhauses) und wollen sie nach § 3 WEG jedem Ehepaar eine Eigentumswohnung schaffen, so müssen sie jeweils zwei ¼-MitEAnteile der beteiligten Ehepartner auf einen einheitlichen MitEAnteil von ½ zurückführen. Diese Zusammenlegung der Anteile soll nur die Entstehung des WE (TE) ermöglichen und vorbereiten. Daher haben die beteiligten Miteigentümer in einem auf die Begründung von WE (TE) gerichteten dinglichen Vertrag sowohl die Zahl der MitEAnteile zu verändern (zusammenzulegen) als auch diesen (neuen) Anteilen jeweils das SE (TE) an einer Wohnung (an Räumen) zuzuordnen.[13] Grundbuchvollzug dieser nur „rechtstechnischen" Zusammenlegung des Bruchteilseigentums zu jeweils einem MitEAnteil erfolgt lediglich im Bestandsverzeichnis der neu zu bildenden Wohnungsgrundbücher.[14] Vor dieser Eintragung in den Wohnungsgrundbüchern gibt es keine Miteigentümer „verbunden in WE". Vor Begründung gemeinsamen WE (TE) können die Bruchteilseigentümer daher in das Grundbuch nicht als „Eigentümer nach Bruchteilen verbunden in WE" eingetragen werden.[15] Mit Eintragung in den Wohnungsgrundbüchern ist der einheitliche, auf Bildung von WE (TE) unter Zusammenlegung der MitEAnteile gerichtete Vertrag vollzogen. Auf dem Grundbuchblatt des Grundstücks erfolgt weitere Eintragung nicht; es wird von Amts wegen geschlossen[16] (§ 7 Abs 1 WEG mit Besonderheit nach § 7 Abs 2 WEG). Entsprechendes gilt für Abspaltung einzelner MitEAnteile zur (selbständigen) Verbindung mit SE/TE an Wohnungen (Räumen), wenn zur Zuordnung jeweils von SE oder TE rechtstechnisch mehr MitEAnteile benötigt werden. Benötigen zB Grundstückseigentümer MitEAnteile nicht nur zur Zuordnung von SE je an einer Wohnung, sondern rechtstechnisch auch für Begründung (selbständigen) TE an anderen Räumen (zB an einer Garage, auch einer Doppelstockgarage), so müssen sie die erforderlichen MitEAnteile abspalten, auf einen einheitlichen MitEAnteil für Bruchteilsberechtigte (im Verhältnis der abgespaltenen Anteile)[17] zurückführen (Zusammenlegung) und diesem (neuen) MitEAnteil TE an dem Raum zuordnen.[18]

Alleineigentum kann zur Bildung von WE (TE) nach **§ 8 WEG** in MitEAnteile, verbunden mit SE, aufgeteilt werden[19] (sogen Vorratsteilung). Die Teilung nach § 8 WEG wird von Bauträgern gewählt, die bereits im Planungsstadium aufteilen und die zu errichtenden Wohnungen veräußern. Mit der Teilung nach § 8 WEG werden durch den teilenden Alleineigentümer meist auch alle Bestimmungen der Gemeinschaftsordnung mit bindender Wirkung für alle Rechtsnachfolger festgelegt. Die Frage, ob die Teilungserklärung nach § 8 WEG, insbesondere die durch sie getroffenen Vereinbarungen der Wohnungseigentümer (§ 10 Abs 2 WEG; meist „Gemeinschaftsordnung" genannt)

2815

---

[14] BGH 86, 393 = aaO; LG München I Rpfleger 1969, 431 mit Anm Diester; auch Weitnauer DNotZ 1960, 115, 118; aA OLG Köln (Vorlagebeschluß) DNotZ 1982, 106 mit Anm Röll (durch BGH aaO überholt).
[15] BGH 86, 393 = aaO; anders noch OLG Neustadt DNotZ 1960, 152 = NJW 1960, 1067.
[16] BGH 86, 393 = aaO.
[17] Keine Änderung der (abgespaltenen) MitEAnteile; diese würde Auflassung erfordern.
[18] LG Düsseldorf MittRhNotK 1987, 163; LG Bochum Rpfleger 1999, 24.
[19] Das Grundstück im rechtlichen Sinn muß bei Grundbucheintragung, nicht aber auch bereits bei Abgabe der Teilungserklärung gebildet sein, OLG Saarbrücken NJW 1972, 691 Leits.

unter das **AGB-Recht** (§§ 305 ff BGB) fallen kann, wird von der überwiegenden AGB-Literatur zu Unrecht bejaht.[20] Es fehlt nämlich an der von § 305 BGB vorausgesetzten Konfliktsituation zwischen Verwender und Benachteiligtem (der Bauträger will rasch wieder aus der WEG-Gemeinschaft ausscheiden), Begünstigung und Benachteiligung wirken sich nicht einseitig aus, sondern wechselseitig, Abschluß- und Inhaltskontrolle nach AGB sind angesichts des dinglichen, für alle verbindlichen Charakters der Gemeinschaftsordnung abzulehnen.[21] Verneint man die Anwendung des AGB-Rechts, so unterliegt die Teilungserklärung der Kontrolle nach §§ 134, 138, 242, 315 BGB, insbesondere auf ausreichende inhaltliche Bestimmtheit und sittenwidrige Knebelung.[22] WE (TE) nach § 8 WEG kann nicht nur ein Alleineigentümer (natürliche oder juristische Person, auch Personenhandelsgesellschaft) bilden, sondern auch eine Gesamthandsgemeinschaft (Erbengemeinschaft, Eheleute in Gütergemeinschaft, auch Angehörige in fortgesetzer Gütergemeinschaft, BGB-Gesellschaft, Partnerschaft und EWIV) und ebenso Miteigentümer in Bruchteilsgemeinschaft.[23] Das bisherige Grundstückseigentum, mithin auch die Gesamthandsgemeinschaft oder Bruchteilsgemeinschaft, setzt sich an den mit Eintragung der Teilung entstehenden (§ 8 Abs 2 S 2 WEG) WE-(TE-)Rechten fort.

2816 An WE kann jedes gesetzlich zulässige **Anteilsverhältnis** begründet werden, im Gegensatz zum „normalen" MitE kann WE daher auch mehreren Berechtigten zu Bruchteilen zustehen.[24]

---

[20] Erman/Hefermehl/Werner Rdn 363 zu § 9 AGBG (anders für Vereinbarung der WEigter); MünchKomm/Basedow, Rdn 10; Soergel/Stein Rdn 8, je zu § 1 AGBG; Eickmann Rpfleger 1978, 1.

[21] Bärmann/Pick/Merle Rdn 16 zu § 8 WEG; Weitnauer Rdn 25 ff; Staudinger/Rapp Rdn 35, je zu § 7 WEG; Palandt/Bassenge Rdn 1 zu § 8 WEG; Röll DNotZ 1978, 720; Schippel und Brambring DNotZ 1977, 152; Dietlein JZ 1977, 637; Ertl DNotZ 1981, 149; Schmidt MittBayNot 1979, 139; Ulmer in Festgabe für Weitnauer, 1980, 205 ff (aber für analoge Anwendung). BGH NJW 1987, 650 = Rpfleger 1987, 106 läßt die Frage offen, meldet aber deutliche Bedenken gegen AGB-Anwendbarkeit an; ebenso BGH DNotZ 2002, 945 mit Anm Häublein = NJW 2002, 3240; BayObLG NJW-RR 1992, 83 und NJW-RR 1996, 1037 mit weit Nachw lehnt in ständiger Rechtsprechung AGB-Kontrolle ebenso wie OLG Frankfurt MittBayNot 1998, 345 und 443 = Rpfleger 1998, 336 ab.

[22] BGH DNotZ 2002, 945 = aaO; BGH MittBayNot 1994, 219 (220) = NJW 1994, 2950 (2952); BayObLG DNotZ 1989, 428 mit Anm Weitnauer; BayObLG DNotZ 1996, 37; OLG Frankfurt MittBayNot 1998, 345 = aaO; OLG Köln Rpfleger 1989, 405; OLG Karlsruhe NJW-RR 1987, 651 = Rpfleger 1987, 412 (im Eintragungsverfahren im Regelfall nicht zu prüfen; s Rdn 210).

[23] BayObLG 1969, 82 = DNotZ 1969, 292 = Rpfleger 1969, 165.

[24] BGH 86, 393 = aaO (Fußn 13); OLG Neustadt NJW 1960, 295 mit zust Anm Bärmann = DNotZ 1960, 149 und NJW 1960, 1067 = DNotZ 1960, 152; BayObLG 1969, 82 = DNotZ 1969, 292 = Rpfleger 1969, 165. Zu unterscheiden ist dann zwischen der Miteigentümergemeinschaft an dem WE und der WEigter-Gemeinschaft. Nur gemeinschaftlich können von den Miteigentümern eines WE-Rechts Verfügungen über Gebrauchsrechte am gemeinschaftlichen Eigentum der Wohnanlage und über Abwehransprüche getroffen werden. Dazu sowie zur Abgrenzung von Gebrauchsregelungen durch Vereinbarung aller WEigter und individuellen Absprachen zwischen einzelnen WEigtern BayObLG NJW-RR 1988, 271. S auch BGH NJW-RR 2001, 6 =

II. Begründung von WE (TE)

Mit einem MitEAnteil kann auch das SE an mehreren Wohnungen verbunden werden;[25] zum Erfordernis der Abgeschlossenheit in diesem Fall s Rdn 2821.

2816a

4. Gebäude

WE (TE) kann bei vertraglicher Einräumung (§ 3 WEG) und bei Teilung (§ 8 WEG) durch Verbindung des MitE an dem gemeinschaftlichen Eigentum mit SE an Räumen in einem auf dem Grundstück bereits errichteten (Altbau) oder **erst zu errichtenden** (Neubau) Gebäude gebildet werden. **Gebäude** ist nicht jedes Bauwerk, aber jede Baulichkeit, die einer Nutzung zugängliche Räume enthält,[26] insbesondere ein Wohn- oder Geschäftshaus, eine Garagenanlage (zu ihr Rdn 2835), auch Fabrikhallen uä. WE (TE) kann auch vereinbart werden, wenn sich Wohnungen (Räume) in verschiedenen Gebäuden auf demselben Grundstück befinden (sogen Mehrhaus-Wohnanlage),[27] ebenso durch Einräumung von SE jeweils an sämtlichen Räumen eines von mehreren auf demselben Grundstück befindlichen Gebäudes,[28] zB Doppelwohnhaus, Reihenhaus.[29] Das Gebäude muß wesentlicher Bestandteil des Grundstücks sein, das in MitEAnteile, verbunden mit SE (TE) aufgeteilt wird; Gebäude, die auf anderen Grundstücken als dem aufgeteilten stehen, können nicht nach WEG aufgeteilt werden. **Grenzüberbau,** den der Nachbar nach § 912 BGB zu dulden hat, hindert jedoch die Entstehung von WE nicht, weil das die Grundstücksgrenze überschreitende Bauwerk einheitlich wesentlicher Bestandteil des Grundstücks ist, das aufgeteilt wird.[30] Gleiches gilt, wenn der Überbau in Ausübung einer Grunddienstbarkeit (erst[31]) errichtet wurde (§ 95 Abs 1 S 2

2817

RNotZ 2001, 161 (Verfügungsbefugnis nach § 747 S 1 BGB; Herausgabe eines Bruchteils an WE nach Schenkungswiderruf).
[25] BayObLG 1971, 102 = DNotZ 1971, 473; LG Aachen MittRhNotK 1983, 156.
[26] LG Münster DNotZ 1953, 148 mit Anm Hoche (zur Tankstelle) und LG Frankfurt NJW 1971, 759 (U-Bahnhof als Gebäude).
[27] BayObLG 1961, 422 = NJW 1962, 492 = Rpfleger 1962, 61; Röll DNotZ 1977, 69.
[28] BGH 50, 56 = DNotZ 1968, 420 = Rpfleger 1968, 181; OLG Köln DNotZ 1962, 210 = NJW 1962, 56 = Rpfleger 1962, 132; OLG Köln MittRhNotK 1978, 153.
[29] BayObLG 1966, 20 = DNotZ 1966, 488 = Rpfleger 1966, 149.
[30] OLG Hamm OLGZ 1984, 54 = MittRhNotK 1984, 14 = Rpfleger 1984, 98 und 266 Leits mit Anm Ludwig (auch mit Abgrenzung und Einschränkung zu OLG Hamm DNotZ 1977, 308 = OLGZ 1977, 265 = Rpfleger 1976, 317); OLG Karlsruhe DNotZ 1986, 753 mit Anm Ludwig; ausführlich Staudinger/Rapp Rdn 30ff zu § 1 WEG; Bärmann/Pick/Merle, WEG, Rdn 22 zu § 1; Weitnauer Rdn 17 vor § 1 und Rdn 10 zu § 3 WEG; aA MünchKomm/Säcker Rdn 36 ff zu § 912 BGB; anders auch OLG Stuttgart DNotZ 1983, 444 = Rpfleger 1982, 375 (dieses hält damit auch Eigengrenzüberbau für unzulässig). S auch BGH NJW 1983, 2022 (2024): WEigter sind nach den Bruchteilen ihrer MitEAnteile auch Miteigentümer des auf dem fremden Grundstück stehenden Gebäudes. Zum Grenzüberbau bei WE und TE im einzelnen s Demharter Rpfleger 1983, 33; Ludwig DNotZ 1983, 411 und BWNotZ 1984, 133 sowie (Anmerkung) DNotZ 1986, 755; Rastätter BWNotZ 1986, 79; Brünger MittRhNotK 1987, 269; Röll MittBayNot 1982, 172, 1983, 5 und BWNotZ 1984, 133.
[31] Zu rechtlichen Schwierigkeiten, wenn ein bereits bestehendes Gebäude samt Überbau in Raumeigentum aufgeteilt werden soll, siehe Brünger MittRhNotK 1987, 269; Ludwig DNotZ 1986, 755 und Rastätter BWNotZ 1986, 79 (80).

BGB).³² Wenn der Überbau dem Grundbuchamt bei Anlegung der WE-Grundbücher bekannt ist und eine Absicherung durch Grunddienstbarkeit³³ vorliegt, kann sonach WE eingetragen werden. Gleiches gilt im Falle des § 912 BGB, wenn die Voraussetzungen dem Grundbuchamt nachgewiesen sind, zB durch Erklärung (Form: § 29 GBO) des Nachbarn (im Zeitpunkt der Bauerrichtung³⁴), daß er nicht widersprochen hat. Daß den Wohnungseigentümern Vorsatz oder grobe Fahrlässigkeit nicht zur Last fällt, kann bei geringem Überbau auf Grund der Lebenserfahrung angenommen werden.³⁵ Liegt weder ein Fall des § 912 BGB noch eine Absicherung durch Grunddienstbarkeit vor, so muß das Grundbuchamt die Anlegung der Wohnungsgrundbücher ablehnen (Verstoß gegen § 1 Abs 4 WEG). Beim „überhängenden Überbau" (Erker, Balkon) ist die Begründung von SE möglich (aber nicht ratsam, wenn er nach § 912 BGB nicht zu dulden ist), weil er wesentlicher Bestandteil des Grundstücks ist, von dem der Überbau ausgeht, da er nur mit dessen Grund und Boden fest verbunden ist³⁶ (§ 94 Abs 1 BGB).

5. Räume, Abgeschlossenheit

2818 Durch Begründung von WE (TE) kann **SE nur an** einer **Wohnung** oder an anderen **Räumen** geschaffen werden, nicht auch an sonstigen Grundstücksflächen (Gärten, Höfen,³⁷ Zufahrten, Kfz-Stellplätzen im Freien, s hierwegen Rdn 2835, offenen ebenerdigen Terrassenflächen³⁸ usw). Der Begriff der Wohnung ist im WEG nicht definiert. Lediglich nach der (verwaltungsinternen) allgemeinen Verwaltungsvorschrift für die Ausstellung von Bescheinigungen gem § 7 Abs 4 Nr 2 und § 32 Abs 2 Nr 2 WEG (Rdn 2805), die jedoch keine Rechtssatzqualität hat, sondern sich ihrerseits am Begriff der Abgeschlossenheit messen und auslegen lassen muß,³⁹ wird Wohnung definiert als „die Summe der Räume, welche die Führung eines Haushaltes ermöglichen; dazu gehören stets eine Küche oder ein Raum mit Kochgelegenheit so-

---

³² OLG Stuttgart DNotZ 1983, 444 = aaO; OLG Hamm OLGZ 1984, 54 = aaO; LG Stade Rpfleger 1987, 63 und 411 Leits mit Anm W Schmidt; aus dem Schrifttum s die Fußn 30 Genannten; aA MünchKomm/Säcker Rdn 36 ff zu § 912 BGB.

³³ Zum Schutz vor Erlöschen in einer Zwangsversteigerung sollte die Grunddienstbarkeit an 1. Rangstelle bestellt werden.

³⁴ Lebt dieser nicht mehr, kann der seinerzeitige Nicht-Widerspruch nicht in der Form des § 29 GBO nachgewiesen werden. Das Grundbuchamt kann aber von einem solchen Erfahrungssatz (Rdn 159) bei Aufteilung eines bereits länger errichteten Gebäudes jedenfalls dann ausgehen, wenn vom jetzigen Nachbarn eine Duldungsdienstbarkeit bezüglich des Überbaus bestellt wird, da dann jedenfalls Nutzung des WE und Nichtabriß durch den Nachbarn sichergestellt sind.

³⁵ Röll MittBayNot 1982, 172. Enger OLG Hamm OLGZ 1984, 54 = aaO (Fußn 30), das (bei einem alten Gebäude) auch diesen Nachweis für nötig erachtet, den Beteiligten (mit Zwischenverfügung) aber nicht aufgeben möchte.

³⁶ LG Bautzen NJW-RR 2001, 591 = NotBZ 2000, 310; Ludwig DNotZ 1983, 411 (412); Gutachten DNotI-Report 2002, 9; aA LG Leipzig NotBZ 1999, 91 = Rpfleger 1999, 272 mit Anm Wudy.

³⁷ Zum Innenhof Gutachten DNotI-Report 1998, 1.

³⁸ OLG Köln MDR 1982, 757 = Rpfleger 1982, 278; AG Königstein MDR 1979, 231.

³⁹ § 59 WEG, Art 84 Abs 2 GG; GmS-OGB BGH 119, 42 = aaO (nachf Fußn 66); ebenso schon F Schmidt DNotZ 1990, 251; Eckhardt Rpfleger 1992, 156; Bub FS für Bärmann und Weitnauer, S 69 ff.

II. Begründung von WE (TE)

wie Wasserversorgung, Ausguß und WC.[40] Die Eigenschaft als Wohnung geht nicht dadurch verloren, daß einzelne Räume vorübergehend oder dauernd zu beruflichen oder gewerblichen Zwecken benutzt werden." Nicht zu Wohnzwecken dienende Räume unterscheiden sich von Wohnungen lediglich durch ihre negativ umschriebene Zweckbestimmung. Auch sie sind Räume eines Gebäudes (s § 1 Abs 3 WEG), mithin nur bei allseitigem Abschluß durch das Gebäude nach außen sondereigentumsfähig. Eine in sich abgeschlossene Funktion wie bei der Wohnung wird nicht verlangt. Daher können Hotelappartements selbständige Einheiten sein, für die eine Abgeschlossenheitsbescheinigung erteilt werden muß.[41] Auch einzelne Hotelzimmer und das Restaurant innerhalb eines Hotelkomplexes können selbständige Einheiten sein, an denen SE (TE) gebildet werden kann.[42]

Nur wenn die **Wohnungen** oder sonstigen **Räume in sich abgeschlossen** sind, ist Einräumung von SE möglich (§ 3 Abs 2 S 1 WEG). Bei Verstoß gegen diese Sollvorschrift ist das eingetragene WE (TE) jedoch weder nichtig noch anfechtbar.[43] Abgeschlossenheit gegenüber dem Nachbargrundstück ist jedoch nicht erforderlich (zB gemeinsamer Laden, Tiefgarage).[44] Abgeschlossene **Wohnungen** sind[45] „solche Wohnungen, die baulich vollkommen von fremden Wohnungen und Räumen abgeschlossen sind, zB durch Wände und Decken, die den Anforderungen der Bauaufsichtsbehörden (Baupolizei) an Wohnungstrennwände und Wohnungstrenndecken entsprechen (vgl dazu Rdn 2822), und einen eigenen abschließbaren Zugang unmittelbar vom Freien, von einem Treppenhaus oder einem Vorraum haben. Zu abgeschlossenen Wohnungen können zusätzliche Räume außerhalb des Wohnungsabschlusses gehören." Daß sich zwischen Wohnungen eine jederzeit zu öffnende Verbindungstür befindet, die nach der baulichen Gestaltung des Gebäudes von der Bauaufsichtsbehörde als zweiter Rettungsweg vorgeschrieben worden ist, steht der Abgeschlossenheit nicht entgegen.[46] Daher kann eine Tiefgarage im ganzen SE sein, auch wenn die Verkehrs-

2819

---

[40] Eine Toilette in einer Wohnanlage kann daher nicht für sich Gegenstand eines WE oder TE sein; OLG Düsseldorf OLGZ 1976, 257 = DNotZ 1976, 531 = Rpfleger 1976, 215.
[41] OVG Lüneburg MDR 1984, 343 = NdsRpfl 1983, 282 = SchlHA 1985, 14 = BauR 1984, 278.
[42] Zutreffend Röll DNotZ 1984, 392 gegen OVG Lüneburg DNotZ 1984, 390 = NdsRpfl 1983, 281 = SchlHA 1985, 30; wie OVG Lüneburg Trendel BauR 1984, 215; Breuer NVwZ 1985, 635.
[43] BayObLG Rpfleger 1980, 295; Weitnauer Rdn 64 zu § 3 WEG.
[44] BayObLG 1990, 279 = DNotZ 1991, 480 = NJW-RR 1991, 593 = (mitget) Rpfleger 1991, 4; LG Düsseldorf MittRhNotK 1985, 126; LG München I DNotZ 1973, 417 = Rpfleger 1973, 141 und MittBayNot 1988, 237; VG Aachen MittRhNotK 1992, 217; aA – unrichtig – LG Nürnberg-Fürth DNotZ 1988, 321. An einem Tiefgaragenstellplatz kann SE daher auch begründet werden, wenn sich die Tiefgarage unter das Nachbargrundstück erstreckt und nur über die dort gelegene Einfahrt erreicht werden kann, jedenfalls dann, wenn sich der Stellplatz unter genauer Einhaltung der Grundstücksgrenze auf dem aufgeteilten Grundstück befindet (andernfalls Grenzüberbau, s Rdn 2817); das Gemeinschaftseigentum muß nicht abgeschlossen sein; LG München I MittBayNot 1988, 237; aA unrichtig LG Nürnberg-Fürth aaO.
[45] Nach Nr 5 a der Verwaltungsvorschrift. Zur Abgeschlossenheit Röll Rpfleger 1983, 380, auch MittBayNot 1985, 63.
[46] KG DNotZ 1985, 437 = OLGZ 1985, 129 = Rpfleger 1985, 107; ähnlich LG Landau Rpfleger 1985, 437 (je Zugang zu einem gemeinsamen Heizraum und Vor-

fläche der Garage (nur) im Gefahrfall als 2. Rettungsweg benutzt werden darf.[47] Auch Trennung durch eine variable Trennwand (Schiebetüre) genügt für Abgeschlossenheit, wenn keine Unklarheit besteht, wo der jeweilige Bereich in tatsächlicher und rechtlicher Hinsicht endet. Abgeschlossenheit (und damit Sondereigentumsfähigkeit) fehlt dagegen für einen Raum, der den einzigen Zugang zu Räumen des Gemeinschaftseigentums bildet[48] (anders nur, wenn die nur über SE zugänglichen Gemeinschaftsräume nicht dem ständigen Gebrauch der WEigter dienen[49]); umgekehrt wird die (technisch vorhandene) Abgeschlossenheit eines Raumes nicht dadurch aufgehoben, daß den übrigen WEigtern durch Gebrauchsregelung ein Betretungsrecht eingeräumt wird.[50] Daß der für Abgeschlossenheit erforderliche eigene (abschließbare) Zugang vom gemeinschaftlichen Eigentum aus besteht, ist nicht (unbedingt) erforderlich; er kann auch in der Weise geschaffen werden, daß die Benutzung des im Nachbargebäude befindlichen und im Eigentum eines Dritten stehende Treppenhauses durch eine Grunddienstbarkeit[51] zugunsten aller jeweiligen WEigter sichergestellt wird.[52] Eine Wohnung ist auch abgeschlossen, wenn deren Räume in mehreren Etagen liegen, die nur über ein gemeinsames Treppenhaus zugänglich sind.[53] Wasserversorgung, Ausguß und WC[54] müssen nun innerhalb der Wohnung liegen; früher konnten sie auch außerhalb der Wohnung liegen. „Zusätzliche Räume, die außerhalb des Wohnungsabschlusses liegen, müssen verschließbar sein."

Bei nicht zu Wohnzwecken dienenden **Räumen** gelten diese Erfordernisse sinngemäß, dh auch sie müssen abgeschlossen im Sinne des WEG sein (nicht unbedingt im Sinne der hierzu erlassenen, aber keine Rechtssatzqualität genießenden Allgemeinen Verwaltungsvorschrift; s Rdn 2818 mit Fußn 39); es genügt, wenn die nicht zu Wohnzwecken dienenden Räume gegenüber anderem Sonder- oder Gemeinschaftseigentum räumlich eindeutig abgegrenzt sind, so daß Abgrenzungsstreitigkeiten nicht entstehen. Anders als beim Begriff der Wohnung ist daher für die Abgeschlossenheit von Teileigentum

---

raum); ähnlich auch LG Köln MittRhNotK 1993, 224; dagegen Röll MittBayNot 1985, 63.

[47] OLG Frankfurt DNotI-Report 1995, 53.
[48] BGH DNotZ 1992, 224 = NJW 1991, 2909 = Rpfleger 1991, 454; BayObLG 1986, 26 = DNotZ 1986, 494 = Rpfleger 1986, 220; BayObLG DNotZ 1992, 490; BayObLG DNotZ 1995, 631 = NJW-RR 1996, 12 = Rpfleger 1995, 409; OLG Düsseldorf Rpfleger 1999, 387; vgl dazu auch Gutachten DNotI-Report 1997, 17.
[49] BayObLG DNotZ 1996, 27 = NJW-RR 1995, 908 = Rpfleger 1996, 25 Leits (gemeinschaftlicher Spitzboden nur über Wohnung erreichbar); BayObLG 1991, 165 = MittBayNot 1992, 131 = NJW-RR 1992, 81; BayObLG MittBayNot 2001, 480 = NJW-RR 2001, 801; OLG Hamm Rpfleger 2001, 126 und RNotZ 2001, 281 = Rpfleger 2001, 344; dazu auch Röll Rpfleger 1992, 94 mit weit Nachw; OLG Saarbrücken MittRhNotK 1998, 361 (Gas- und Wasserzähler in SE-Räumen).
[50] BayObLG DNotZ 1989, 433 = NJW-RR 1989, 142 = Rpfleger 1989, 99.
[51] Zum Schutz vor Erlöschen in einer Zwangsversteigerung sollte die Grunddienstbarkeit an 1. Rangstelle bestellt werden.
[52] OLG Düsseldorf DNotZ 1987, 235 = Rpfleger 1987, 15.
[53] LG Bielefeld Rpfleger 2000, 387.
[54] Wenn ein WC mit Vorraum von dem jeweiligen Eigentümer eines benachbarten Teileigentums (von dem ebenfalls ein Zugang besteht) mitbenutzt werden soll, fehlt es an der Abgeschlossenheit, BayObLG 1984, 136 = MittBayNot 1984, 184 = Rpfleger 1984, 407.

II. Begründung von WE (TE)

außer der räumlichen Abgrenzung keine weitere funktionelle Ausgestaltung (zB Wasserversorgung, Ausguß, WC,[55] oder funktionale Einheit von Räumen) nötig.[56] Daher sind auch Kellerräume oder Garagen als solche teileigentumsfähig;[57] auf die mit ihrer Bildung verfolgten weiteren Zwecke kommt es ebenso wenig an wie auf die etwa mit ihnen verbundenen Gebrauchsrechte (zB Sondernutzungsrecht an Wohnungen; s Rdn 2910).

Ist WE/TE entstanden, wird es durch spätere bauliche Änderungen, die die Abgeschlossenheit aufheben, nicht berührt.[58]

Balkone,[59] **Loggien, Keller** und **Dachterrassen**,[60] die bestimmten Wohnungen zugeteilt sind, sind sondereigentumsfähig.[61] Als jeweils einer bestimmten Wohnung zugeordnete Außeneinheit erstrecken sich auf sie auch Raumeigenschaft und Abgeschlossenheit der im jeweiligen SE stehenden Wohnung. 2820

Wenn **SE an mehreren Wohnungen mit einem MitEAnteil** verbunden wird, müssen diese jeweils in sich abgeschlossen, vom gemeinschaftlichen Eigentum und vom SE der anderen WEigter abgetrennt sowie vom gemeinschaftlichen Eigentum aus (Treppenhaus, Treppe, Flur) frei zugänglich sein.[62] Daß die mehreren Wohnungen auch insgesamt in sich abgeschlossen sein und gegenüber dem gemeinschaftlichen Eigentum sowie dem SE der anderen Miteigentümer eine in sich abgeschlossene Einheit bilden müßten, kann nicht verlangt werden.[63] 2821

Vorschriften des Bauplanungs-[64] oder des – landesrechtlich unterschiedlichen[65] – Bauordnungsrechts spielen für die Frage, ob WE/TE abgeschlossen 2822

---

[55] Für ein Ladenlokal keine innerhalb der Einheit gelegene Toilette, OLG Düsseldorf MittRhNotK 1997, 399.
[56] BayVGH DNotZ 1991, 481 = NJW-RR 1991, 595; BayObLG 1991, 375 = DNotZ 1992, 718 = NJW 1992, 700 = Rpfleger 1992, 154 mit Anm Eckhardt.
[57] So richtig BayObLG 1991, 375 = aaO gegen LG Braunschweig Rpfleger 1991, 201; Schäfer Rpfleger 1991, 307; Blum MittRhNotK 1992, 109.
[58] OLG Köln DNotZ 1995, 79 = NJW-RR 1994, 717 = Rpfleger 1994, 348.
[59] BayObLG 1974, 269 = Rpfleger 1974, 316; BayObLG MittBayNot 1999, 288; OLG Frankfurt DNotI-Report 1997, 138 = Rpfleger 1997, 374; eingehend zu Balkonen als SE Fr Schmidt MittBayNot 2001, 442; zum „überhängenden" Balkon Rdn 2817 aE.
[60] LG München I Rpfleger 1969, 245 mit zust Anm Diester. Auch wenn sie (abgeschlossen) über den Wohnungen liegen und vom Hausflur aus betreten werden können; OLG Frankfurt MittBayNot 1975, 225 = Rpfleger 1975, 178; OLG Köln Rpfleger 1976, 185.
[61] Im einzelnen streitig; **für** Sondereigentumsfähigkeit MünchKomm/Röll Rdn 3; BGB-RGRK/Augustin Rdn 26, je zu § 5 WEG; Rastätter BWNotZ 1988, 137; Merle Rpfleger 1977, 198; **gegen** Sondereigentumsfähigkeit Weitnauer Rdn 10; Staudinger/Rapp Rdn 7 ff, je zu § 5 WEG.
[62] BayObLG 1971, 102 = DNotZ 1971, 473; LG Aachen MittRhNotK 1983, 156.
[63] BayObLG und LG Aachen je aaO (Fußn 62); anders noch OLG Hamburg DNotZ 1966, 176 = NJW 1965, 1765 = Rpfleger 1966, 92 mit Anm Riedel.
[64] BVerwG DNotZ 1988, 702 = Rpfleger 1988, 256; OVG Lüneburg BauR 1984, 278 = SchlHA 1985, 14; vgl dazu auch Gutachten DNotI-Report 1996, 12. Ein Bebauungsplan kann die Bildung von WE nicht ausschließen (BayVGH BayVBl 1984, 693), wohl aber festlegen, daß in Sondergebieten (Kurgebiet) Küchen und Kochstellen zu einzelnen Zimmern nicht gebaut werden können (BVerwG DÖV 1985, 239 = NVwZ 1985, 338). Nach § 22 BauGB kann ein Genehmigungsvorbehalt für Begründung von WE durch die Gemeinde erlassen werden (vgl Rdn 2847 und 3846 ff).
[65] Auf diesen verfassungsrechtlichen Gesichtspunkt, daß die Abgeschlossenheit nach bundesrechtlichem WEG nicht auf Grund unterschiedlichen Landesrechts verschiedenen Inhalt haben kann, weist zu Rechts bereits Eckhardt Rpfleger 1992, 156 hin.

im Sinne des § 3 Abs 2 WEG ist, keine Rolle. Dies gilt uneingeschränkt für bereits errichtete Gebäude und folgt aus historischer und systematisch-teleologischer Auslegung des WEG.[66] Daher kann die Abgeschlossenheitsbescheinigung für die Aufteilung bestehender Gebäude nicht verweigert werden, weil die Räume nicht den jetzt (oder früher) geltenden bauplanungsrechtlichen oder bauordnungsrechtlichen Vorschriften entsprechen.[66] Bei neu zu errichtenden Gebäuden wird nach Ziffer 8 der Allgemeinen Verwaltungsvorschrift vom 19. 3. 1974 (Rdn 2805) die Abgeschlossenheitsbescheinigung nur erteilt, wenn auch die Baugenehmigung erteilt ist oder werden kann. Ob diese Rechtsauffassung der Verwaltung (keine Rechtssatzqualität der Allgem Verwaltungsvorschrift, s Rdn 2818 mit Fußn 39) im Hinblick auf die zivilrechtliche Eigenständigkeit des Abgeschlossenheitsbegriffs noch haltbar ist, muß bezweifelt werden. Wo eine Baugenehmigung nicht (mehr) erforderlich ist (zB Wohngebäude nach Art 64 BayBO idF v 4. 8. 1997, BayGVBl 433) wird die Abgeschlossenheitsbescheinigung ohne Rücksicht auf die baurechtliche Zulässigkeit erteilt. Ist die Abgeschlossenheitsbescheinigung ohne Baugenehmigung erteilt und die Aufteilung im Grundbuch vollzogen, ist WE (TE) entstanden.[67]

6. Sondereigentum

2823 **Gegenstand des SE** (§ 1 Abs 2, 3; s Rdn 2800) können sein (siehe § 5 WEG)
– die gem § 3 Abs 1 oder nach § 8 WEG **zu Sondereigentum bestimmten Räume** der Wohnung oder nicht zu Wohnzwecken dienenden Räume,
– **Gebäudebestandteile, die zu diesen Räumen** gehören und die verändert, beseitigt oder eingefügt werden können, ohne daß dadurch das gemeinschaftliche Eigentum oder anderes SE in unzulässiger Weise beeinträchtigt oder die äußere Gestaltung des Gebäudes verändert wird (§ 5 Abs 1 WEG). Dazu gehören nichttragende Zwischenwände, Wand- und Deckenputz,[68] Innentüren, Tapeten oder Innenanstrich, Holzverkleidungen an Innenwänden, Bodenbelag[69] (Linoleum ebenso wie Parkett), Deckenverkleidung, eingebaute Wandschränke, Bade- und Wascheinrichtungen, Etagenheizung und Heizkörper, Gas-, Wasser- und Strominstallation[70] in

---

[66] Nunmehr entschieden durch Gemeinsamen Senat der obersten Gerichtshöfe des Bundes (GmS-OGB 1/91) BGH 119, 42 = DNotZ 1993, 48 = NJW 1992, 3290 = Rpfleger 1993, 238; auch BGH NJW 1993, 592; damit sind die abweichenden Ansichten gegenstandslos, zB BVerwG DNotZ 1988, 702 = Rpfleger 1988, 256; OVG Lüneburg DNotZ 1984, 390 = aaO (Fußn 42); vor allem BayVGH DNotZ 1990, 247 mit abl Anm F Schmidt und ihn bestätigend BVerwG NJW 1990, 848; OLG Stuttgart BWNotZ 1990, 164.
[67] BGH DNotZ 1990, 259; BayObLG MittBayNot 1990, 305.
[68] Nicht aber die Isolierungsschicht an gemeinschaftlichen Wänden oder Balkonen; sie steht zwingend im Gemeinschaftseigentum, BayObLG 1982, 203 = Rpfleger 1982, 278; BGH NJW 1985, 1551 und MittBayNot 2001, 479.
[69] BayObLG WE 1980, 60 (61) und NJW-RR 1994, 598. Für den schalldämmenden Estrich muß Sondereigentumsfähigkeit verneint werden, BayObLG NJW-RR 1994, 598; OLG Düsseldorf WE 1979, 128 (130); OLG München Rpfleger 1985, 437 mit krit Anm Sauren; aA OLG Köln OLGZ 1976, 142 (144).
[70] Auch die in jeder SE-Einheit gelegene Sprechstelle einer (gemeinschaftlichen) Sprechanlage des Hauses, OLG Köln OLG-Report 2002, 457.

II. Begründung von WE (TE)

den SE-Räumen (nicht aber durchlaufende Gemeinschaftsleitungen), Rollläden.[71]
Nicht Gegenstand des SE, selbst wenn sie sich im Bereich der in SE stehenden Räume befinden, sind Teile des Gebäudes, die für dessen Bestand oder Sicherheit erforderlich sind, sowie Anlagen und Einrichtungen, die dem gemeinschaftlichen Gebrauch dienen (§ 5 Abs 2 WEG); dazu Rdn 2825.
Auch Gebäudebestandteile, die Gegenstand des SE sein könnten, können durch **Vereinbarung der WEigter** (§ 3 WEG; Form: § 4 WEG) oder Bestimmung des teilenden Alleineigentümers (§ 8 WEG) **zu gemeinschaftlichem Eigentum** erklärt werden (§ 5 Abs 3 WEG).

Als **Mitsondereigentum** wird Bruchteilseigentum der Eigentümer von zwei oder mehr (nicht jedoch allen) Raumeinheiten an einem sondereigentumsfähigen Gebäudeteil (Rdn 2823) bezeichnet. Es wird als „Nachbareigentum" an trennenden Gebäudeteilen und gemeinsamen Versorgungsanlagen, die nicht zum gemeinschaftlichen Eigentum (Rdn 2825) gehören, für zulässig erachtet[72] (Beispiele: nichttragende Wand zwischen zwei Wohnungen; Heizungs- und andere Versorgungsleitungen, die für einzelne Nachbarwohnungen gemeinsam bestehen). An einem Raum (Beispiele: an einem Keller oder Dachboden für 2 Wohnungen, an einem Fahrstuhl, Lastenaufzug, an einer Heizungsanlage, an einem Vorraum, der nur zwei Wohnungen dient, an einem Treppenhaus, das nur einzelnen SE dient), kann MitSE vertraglich oder durch Bestimmung des teilenden MitEigter (Rdn 2976a) nicht begründet werden.[73] Eine nicht anfechtbare Lösung ist stets durch Einräumung von Sondernutzungsrechten und Regelung der Lastentragung möglich.[74]

2824

7. Gemeinschaftliches Eigentum

Gemeinschaftliches Eigentum (§ 1 Abs 2, 3, § 5 Abs 1–3 WEG), für das die gesetzliche widerlegbare Vermutung spricht,[75] sind
– das **Grundstück** als solches (Grundstücksflächen außerhalb des Gebäudes),
– **Teile des Gebäudes**
  – die zwar sondereigentumsfähig wären (Rdn 2823), an denen SE aber nicht eingeräumt oder nicht rechtswirksam entstanden ist, oder die kraft

2825

---

[71] LG Memmingen Rpfleger 1978, 101; Bärmann/Pick/Merle Rdn 36 zu § 5 WEG; aA Weitnauer Rdn 18 zu § 5 WEG.
[72] OLG Zweibrücken DNotZ 1988, 705 = Rpfleger 1987, 106; Weitnauer Rdn 36; Bärmann/Pick/Merle Rdn 7 und 66, je zu § 5 WEG; Diester NJW 1965, 793; abl Karstädt BlGBW 1962, 137 und 1966, 51.
[73] Jetzt einhellige Meinung, BayObLG 1981, 407 = DNotZ 1982, 246; BayObLG 1986, 26 = DNotZ 1986, 494 = Rpfleger 1986, 220 (dazu Röll DNotZ 1986, 706); BayObLG 1987, 390 (396) = DNotZ 1988, 316 = Rpfleger 1988, 102; BayObLG MittBayNot 2000, 230; BayObLG Rpfleger 2000, 326 (327); OLG Düsseldorf Rpfleger 1975, 308; OLG Hamm DNotZ 1987, 225 mit Anm Röll = OLGZ 1986, 415 = Rpfleger 1986, 374; LG Düsseldorf MittRhNotK 1974, 477; MünchKomm/Röll Rdn 10 zu § 5 WEG; Weitnauer Rdn 32 zu § 3 WEG; Röll MittBayNot 1988, 22; Sauren DNotZ 1988, 667; Rastätter BWNotZ 1988, 134; anders zB LG Kempten DNotZ 1976, 600 Leits = MittBayNot 1975, 166; Bärmann/Pick/Merle Rdn 66 zu § 5 WEG; Hurst DNotZ 1968, 131; s auch Röll Rpfleger 1976, 285.
[74] Siehe Röll Rpfleger 1976, 285; auch BayObLG 1981, 407 = aaO (Fußn 73).
[75] Bärmann/Pick/Merle Rdn 37 zu § 1 und Rdn 1a zu § 5 WEG.

ausdrücklicher Vereinbarung in der Teilungserklärung zu gemeinschaftlichem Eigentum erklärt sind (zB Keller, Garagen, Boden- und Speicherräume). Auch abgeschlossene Wohnungen und andere sonderrechtsfähige Gebäudeteile (gewerbliche Räume) können gemeinschaftliches Eigentum sein,[76] weil vollständige Aufteilung dergestalt, daß für jede abgeschlossene Wohnung (jeden Raum) SE geschaffen werden müßte, nicht erforderlich ist[77] (Beispiele: Hausmeisterwohnung, Wirtschaftsräume, Ladengeschäft, das gemeinschaftlich vermietet werden soll),

– die nicht sondereigentumsfähig sind, weil sie für den Bestand oder die Sicherheit des Gebäudes erforderlich sind (tragende Mauern, Stützmauern, Dach,[78] Schornsteine) und Gebäudeteile, die nicht verändert, beseitigt oder eingefügt werden können, ohne daß die äußere Gestaltung des Gebäudes verändert wird (s § 5 Abs 1 WEG), wie Außenwände,[79] Außenputz, Fenster[80] (Außen- und Innenseite samt Rahmen)[81] und Wohnungseingangstüren[82] von außen, Rolladenkästen außen,[83] Außenjalousien,[84] Balkonbrüstungen,[85] Isolierungsschichten an gemeinsamen Wänden[86], Schichten zur Feuchtigkeitsisolierung und Wärmedämmung unter einer Dachterrasse[87] oder einem Balkon.[88]

– **Anlagen und Einrichtungen** (auch zugehörige Räume[89]), die dem **gemeinschaftlichen Gebrauch der WEigter dienen.**

2826 Ob die Anlage oder Einrichtung dem **gemeinschaftlichen Gebrauch** der WEigter dient, bestimmt sich nach ihrer Art, Funktion und Bedeutung für die Gemeinschaft der WEigter. Die Anlage oder Einrichtung muß nach ihrer

---

[76] S BGH 109, 179 (184) = DNotZ 1990, 377 und 1991, 153 Leits mit Anm Zimmermann = NJW 1990, 447 = Rpfleger 1990, 62; BayObLG 1973, 267 = Rpfleger 1974, 111.
[77] BGH 109, 179 (184) = aaO.
[78] BGH NJW-RR 2001, 800 (Dach eines Doppelhauses).
[79] Damit auch die konstruktiven Teile an freistehenden Garagen, OLG Karlsruhe OLGZ 1978, 175 = MittRhNotK 1978, 153.
[80] Die Bestimmung einer Teilungserklärung, daß Außenfenster dem SE zugeordnet werden, ist unwirksam, kann aber dahin umzudeuten sein, daß den jeweiligen WEigter die Instandhaltungspflicht obliegt, OLG Düsseldorf NJW-RR 1998, 515; OLG Hamm MittBayNot 1991, 260 = NJW-RR 1992, 148 = OLGZ 1992, 174. Vgl dazu auch Abramenko Rpfleger 1998, 313.
[81] OLG Hamm aaO (Fußn 80); LG Lübeck NJW 1986, 2514 = Rpfleger 1985, 490; Weitnauer Rdn 18 zu § 5 WEG; auch (gesamte) Verglasung bei doppelverglasten Fenstern mit einfachem Rahmen, BayObLG NJW-RR 1996, 40.
[82] LG Stuttgart Rpfleger 1973, 401 mit zust Anm Diester.
[83] LG Memmingen Rpfleger 1978, 101.
[84] BayObLG WE 1992, 232.
[85] BayObLG NJW-RR 1990, 784. Aufzählung des Balkons als SE in der Teilungserklärung schließt Balkonbrüstungen oder Balkongeländer als gemeinschaftliches Eigentum nicht ein (verstößt damit nicht gegen unabdingbares Recht), BayObLG MittBayNot 1999, 288.
[86] BayObLG 1982, 203 = Rpfleger 1982, 278; OLG Frankfurt OLGZ 1984, 148; hinsichtlich Estrich vgl Fußn 68.
[87] BayObLG NJW-RR 1989, 1293.
[88] BGH MittBayNot 2001, 479.
[89] BGH 73, 302 = NJW 1979, 2391 = Rpfleger 1979, 255; BGH DNotZ 1992, 224 = aaO (Fußn 48).

II. Begründung von WE (TE)

Zweckbestimmung so auf die gemeinsamen Bedürfnisse der WEigter zugeschnitten sein, daß eine Vorenthaltung der gemeinschaftlichen Verfügungsbefugnis durch Bildung von Sondereigentum ihren schutzwürdigen Belangen zuwiderlaufen würde. Dafür genügt nicht schon, daß sich eine Anlage zur gemeinsamen Nutzung eignet und anbietet; ihr Zweck muß vielmehr darauf gerichtet sein, der Gesamtheit der WEigter einen ungestörten Gebrauch ihrer Wohnungen und der Gemeinschaftsräume[90] zu ermöglichen und zu erhalten. Das trifft vornehmlich auf Anlagen und Einrichtungen zu, die als Zugang zu den Wohnungen und Gemeinschaftsräumen bestimmt sind (zB Fahrstühle, Treppenaufgang und dergl[91]) oder die zur Bewirtschaftung und Versorgung der Wohnungen und des Gemeinschaftseigentums dienen (zB Wasserleitungen, Gas- und Heizungsanlagen).[92] Dazu gehören mithin insbesondere auch Treppenhaus, Flur (auch Vorflur vor zwei Eigentumswohnungen[93]), Diele und andere Räumlichkeiten, die den einzigen Zugang zu einem Raum im Gemeinschaftseigentum (zB Stellplatz und Verbindungsflur als einziger Zugang zum Heizungsraum[94] oder zu Zentraleinrichtungen der Hausversorgung[95]) bilden,[96] Kellerraum, der als Zugang zum Kellerausgang dient,[97] Gemeinschaftswaschküche, Antennenanlage, gemeinschaftlicher Trockenboden, Fahrradabstellraum, Versorgungsanlagen für Strom (nicht aber Kellerraum, in dem sich [nur] Wasser- und Gaszähler befinden[98]), gemeinschaftliche Mülltonnenanlage, aber auch Erträge aus Vermietung einer im gemeinschaftlichen Eigentum stehenden Garage oder Gebäudefläche.

Einer **Schwimmhalle** kommt ein derartiger Nutzungszweck nicht zu. Ein Schwimmbad (mit Sauna) kann daher zum Gegenstand des Sondereigentums auch dann gemacht werden, wenn die Anlage nach ihrem Fassungsvermögen nur auf die Zahl derjenigen WEigter zugeschnitten ist, in deren gemeinschaftlichem Eigentum das die Anlage enthaltende Gebäude steht.[99]

2827

---

[90] Nicht aber die Nutzung einer unbebauten Grundstücksfläche. § 5 Abs 2 WEG gebietet daher nicht zwingend, daß bei einer vollständigen Überbauung des Grundstücks an seiner der Straße zugewandten Seite ein Raum notwendig Gemeinschaftseigentum bleiben muß, der den Zugang zu der hinter dem Gebäude liegenden unbebauten Grundstücksfläche sichert, OLG Hamm Rpfleger 2001, 344 = aaO (Fußn 49).
[91] Zur Eingangshalle (Empfangshalle) BayObLG (1. 10. 1980) MDR 1981, 145.
[92] Dies alles nach BGH 78, 225 = DNotZ 1981, 565 = NJW 1981, 455 = Rpfleger 1981, 96.
[93] OLG Hamm DNotZ 1987, 225 mit Anm Röll = OLGZ 1986, 415 = Rpfleger 1986, 374; OLG Oldenburg DNotZ 1990, 48 = Rpfleger 1989, 365.
[94] BGH DNotZ 1992, 224 = aaO (Fußn 48); BayObLG DNotZ 1992, 490; OLG Düsseldorf Rpfleger 1999, 387.
[95] OLG Düsseldorf Rpfleger 1999, 387.
[96] Hierzu und zur Besonderheit für Räumlichkeiten, die den einzigen Zugang zu einem im Gemeinschaftseigentum stehenden Raum bilden, der (wie ein nicht ausgebauter Dachspeicher) seiner Beschaffenheit nach nicht dem ständigen Mitgebrauch aller WEigter dient, s bereits Rdn 2819 bei Fußn 48, 49.
[97] BayObLG DNotZ 1981, 123 = Rpfleger 1980, 477; ein zusätzlicher Treppenabgang zum gemeinschaftlichen Keller kann dagegen sondereigentumsfähig sein, OLG Hamm NJW-RR 1992, 1296 = OLGZ 1993, 43.
[98] OLG Saarbrücken MittRhNotK 1998, 361.
[99] BGH 78, 225 = aaO (Fußn 92).

2828 Eine **Heizungsanlage**[100] (ebenso eine Antennenanlage) dient in der Regel dem gemeinschaftlichen Gebrauch der WEigter (§ 5 Abs 2 WEG) und ist daher (ebenso wie Heizungs- und Thermostatventile an Heizkörpern[101]) nicht sonderrechtsfähig.[102] Die Heizungsanlage, die sich in vollem Umfang in einer Teileigentumsanlage befindet und ausschließlich zu deren Versorgung bestimmt ist, ist auch dann nicht sondereigentumsfähig, wenn sie bestimmungsgemäß nur von einem der Teileigentümer betrieben wird und die Räume des einen Teileigentums nur mit Wärme, nicht jedoch mit Warmwasser versorgt.[103] Eine Heizungsanlage, die in einem von mehreren zu einer WEigter-Gemeinschaft gehörenden Gebäude untergebracht und wesentlicher Bestandteil dieses Gebäudes ist, dient iS des § 5 Abs 2 WEG dem gemeinschaftlichen Gebrauch der WEigter jedenfalls dann, wenn sie nur die zu der Gemeinschaft gehörenden Wohnungen und sonstigen Räume mit Wärme versorgt; dann kann sie nicht in Sondereigentum stehen. Auf die Größe der Wohnanlage sowie darauf, von wem die Heizungsanlage bestimmungsgemäß betrieben werden soll oder von wem sie betrieben wird, kommt es dabei nicht an.[104] Soll aber die Heizungsanlage nicht durch die Gesamtheit der WEigter, sondern durch einen Miteigentümer (zB den Miteigentümer, der die Anlage errichtet hat) betrieben werden und ist sie überdies dafür bestimmt und ausgelegt, neben der Eigentumswohnanlage selbst weitere Gebäude zu versorgen, so ist sie in Wirklichkeit eine gewerbliche Anlage und sondereigentumsfähig.[105] Heizgeräte in einem gemeinschaftlichen Raum, die voneinander getrennt und unabhängig jeweils nur eine einzelne Wohnung mit Wärmeenergie versorgen, und die zugehörigen Rohrleitungen (auch Meßeinrichtungen[106]) für die jeweilige Wohnung, dienen nicht gemeinschaftlichem Gebrauch; daher kann an ihnen SE begründet werden.[107]

2829 Ob das **Verwaltungsvermögen** (gemeinschaftliche Gelder) der WEigter-Gemeinschaft, insbesondere auch Instandhaltungsrücklagen, nach dem Gesetz zum Gemeinschaftseigentum zählt (und damit Auszahlung bei Veräußerung

---

[100] Zum Eigentum an der Heizungsanlage (eingehend) Hurst DNotZ 1984, 66 und 140; Andrae BWNotZ 1984, 31.
[101] OLG Hamm NJW-RR 2002, 156.
[102] BGH DNotZ 1975, 553 = NJW 1975, 688 = Rpfleger 1975, 124; BGH 73, 302 = aaO (Fußn 88); BGH 78, 225 = aaO (Fußn 92); BayObLG MittBayNot 1980, 76 = MittRhNotK 1980, 204 = Rpfleger 1980, 230; BayObLG DNotZ 1992, 490 (Heizungsraum mit einzigem Zugang bei WE mit 2 Einheiten); LG Bonn Rpfleger 1984, 14; LG Köln MittRhNotK 1980, 209. **Anders** für eine Heizungsanlage in einem im SE stehenden Raum eines WEigters, von der die Räume noch eines anderen, nicht aber aller weiteren WEigter versorgt werden, BayObLG MittBayNot 2000, 558 = NJW-RR 2000, 1032 = Rpfleger 2000, 326. Zu Heizungsanlage und Tankraum s auch noch LG Bayreuth Rpfleger 1974, 401; LG Wuppertal MittRhNotK 1972, 400; Conitz Rpfleger 1973, 390; Schopp Rpfleger 1974, 91; Diester, Rechtsfragen, Rdn 128 ff; LG Landau Rpfleger 1985, 360 (Heizung in Sondereigentumsräumen).
[103] BayObLG MittBayNot 1980, 76 = aaO (Fußn 102).
[104] BGH 73, 302 = aaO (Fußn 89).
[105] BGH DNotZ 1975, 553 = aaO (Fußn 102).
[106] Auch in Räumen eines anderen SE, wenn mit dinglicher Wirkung die Gebrauchs- und Zugangsrechte geregelt sind, LG Mönchengladbach Rpfleger 2002, 201.
[107] LG Frankfurt NJW-RR 1989, 1166.

II. Begründung von WE (TE)

nicht verlangt werden kann), ist streitig.[108] Um Zweifel zu vermeiden, sollte dieses Verwaltungsvermögen in der Vereinbarung (§ 3 WEG) oder Teilungserklärung (§ 8 WEG) zum Gemeinschaftseigentum erklärt und vorsichtshalber im Kaufvertrag ausdrücklich abgetreten werden.

Eine Vereinbarung (Bestimmung in der Teilungserklärung), daß notwendiges gemeinschaftliches Eigentum SE sein soll, ist unwirksam. Die Bestimmungen in § 5 Abs 1, 2 WEG über das notwendige gemeinschaftliche Eigentum sind **zwingend**. 2830

Die unwirksame Begründung von SE an einem Gebäudeteil (zB an einem Heizkraftwerk, das nicht sonderrechtsfähig ist, Rdn 2828, oder bei Nichtübereinstimmung zwischen wörtlicher Beschreibung der SE-Einheit und dem Aufteilungsplan[109]) berührt jedoch die Wirksamkeit der WEG-Aufteilung im übrigen nicht.[110] Die MitEAnteile der WEigter (TEigter) verbunden mit SE entstehen selbst dann, wenn das mit einem anderen Anteil zu verbindende SE nicht entstehen kann,[111] sondern insoweit entgegen der Teileigentumsvereinbarung (Teilungserklärung) gemeinschaftliches Eigentum bleibt. Kraft Gesetzes entsteht und besteht dann der MitEAnteil, mit dem das nicht entstandene SE verbunden sein sollte, als **isolierter MitEAnteil**.[111] Er wächst den anderen Miteigentümern nicht (entsprechend § 738 Abs 1 BGB) zu.[111] Der BGH[111] nimmt daher auch in einem solchen Fall zu Recht kein automatisches Verschwinden des isolierten MitEAnteils und keine Umwandlung in ein Miteigentum nach § 741 BGB an, sondern lediglich eine Pflicht aller Miteigentümer, die Aufteilungsvereinbarung (§ 3 oder § 8 WEG) so zu ändern, daß der gesetzeswidrige isolierte Miteigentumsanteil wegfällt (im Zweifel durch anteilige Übertragung auf die übrigen Anteile).[111]

Hierzu ist nach Auffassung des BGH[112] eine rechtsgeschäftliche Vereinbarung und Eintragung im Grundbuch erforderlich. Das soll durch Vereinigung oder Zuschreibung (§ 890 BGB) zu erfolgen haben, erfordert uE aber Vergrößerung der MitEAnteile der anderen WEigter (TEigter; Einzelheiten Rdn 2971). Ein Wertausgleich ist zu leisten (wichtig für am MitEAnteil eingetragene

---

[108] Dafür Bärmann/Pick/Merle Rdn 39 zu § 1 WEG; Diester Rdn 28 zu § 3 WEG; Röll NJW 1976, 137 und NJW 1987, 1049; OLG Düsseldorf NJW-RR 1994, 1038; auch KG NJW-RR 1988, 844 = OLGZ 1988, 302; aA (einfaches Bruchteilsvermögen nach §§ 741 ff BGB): BayObLG 1984, 198 (206) = DNotZ 1985, 416 (422); Staudinger/Rapp Rdn 54; Weitnauer Rdn 19 ff, je zu § 1 WEG; Weitnauer DNotZ 1977 (Sonderheft) 38*; Demharter Rpfleger 1977, 46.
[109] BGH 130, 159 = DNotZ 1996, 289 mit Anm Röll = NJW 1995, 2851 = Rpfleger 1996, 19; BayObLG DNotZ 2000, 205; OLG Düsseldorf MittRhNotK 1998, 132.
[110] BGH 109, 179 (184) = DNotZ 1990, 377 und 1991, 153 Leits mit Anm Zimmermann = NJW 1990, 447 = Rpfleger 1990, 62 (mit Besprechung Röll MittBayNot 1990, 30); OLG Frankfurt OLGZ 1978, 290 (291); ablehnend zum isolierten Miteigentumsanteil Weitnauer WE 1991, 120 = MittBayNot 1991, 143 der (WEG Rdn 22 ff zu § 3) in solchen Fällen komplette Unwirksamkeit der gesamten Aufteilung annimmt.
[111] BGH 109, 179 (184) = aaO; BGH 130, 159 = aaO (Fußn 109); zum Anspruch in diesem Fall BayObLG 2000, 243.
[112] BGH 109, 179 = aaO; ähnlich auch BGH 110, 36 = DNotZ 1990, 259 = NJW 1990, 111 = Rpfleger 1990, 159.

dinglich Berechtigte, deren Rechte sich auf diese Weise am Surrogat entsprechend fortsetzen können).

Auch der isolierte MitEAnteil ist somit verkehrsfähig, dh übertragbar und belastbar;[113] SE vermag er allerdings nicht zu gewähren; für einen gutgläubigen Erwerb von Sondereigentum fehlt jede rechtliche und tatsächliche Grundlage. Die Verpflichtung, an der Beseitigung des isolierten MitEAnteils mitzuwirken, trifft den jeweiligen Eigentümer des MitEAnteils ebenso wie die hieran dinglich Berechtigten, die durch die Änderung der Teilungserklärung in ihren Rechten betroffen sein können und deren Zustimmung hierzu erforderlich ist (siehe Rdn 2971).

2831 Bei einem **Balkon**, einer **Loggia** oder **Dachterrasse** (Rdn 2820) können dem SE nur Bauteile zugewiesen werden, die ausschließlich oder in einem ganz überwiegenden Maß erforderlich sind oder dazu dienen, die Nutzung der Fläche, insbesondere ihre Begehung, zu ermöglichen (Beispiele: Fußbodenbelag, auch Estrich, nach innen gewandte Umfassungsmauern, Gitter usw). Tragende Bauteile, zB Mauerwerk, Feuchtigkeitsisolierungsschichten,[114] Bodenplatte (mit darauf angebrachter Isolierung[115]) und Abschlußgitter,[116] sind zwingend gemeinschaftliches Eigentum.[117] Dagegen ist eine ebenerdige Terrassenfläche ohne vertikale Abgrenzung nicht sondereigentumsfähig[118] (möglich ist nur Begründung eines Sondernutzungsrechts nach § 15 WEG).

2832 SE, das an **sämtlichen Räumen eines** von mehreren auf demselben Grundstück befindlichen **Gebäuden** bestellt wird (Rdn 2817), kann nicht auf die konstruktiven Teile des Gebäudes erstreckt werden. Ebenso kann das an der **Hälfte eines Doppelwohnhauses** begründete SE (dazu Rdn 2817) nicht auf die Gebäudeteile erstreckt werden, die für Bestand oder Sicherheit des Gebäudes erforderlich sind, und nicht Anlagen sowie Einrichtungen erfassen, die dem gemeinschaftlichen Gebrauch dienen.[119] Zur Möglichkeit, hier Sondernutzungsrechte zu begründen, s Rdn 2911.

2833 Nach Eintragung der Aufteilung im Grundbuch bedarf die Umwandlung gemeinschaftlichen Eigentums in SE und umgekehrt der **Einigung** (§ 4 WEG) aller WEigter; die Nachreichung eines berichtigten Aufteilungsplans genügt

---

[113] Aus der Zusammenschau von BGH 109, 179 und BGH 110, 36 (= je aaO) ohne weiteres ableitbar; unrichtig und in seinen Konsequenzen mit dem Immobiliarsachenrecht nicht vereinbar OLG Hamm DNotZ 1992, 492 mit abl Anm Hauger = NJW-RR 1991, 35 = Rpfleger 1990, 509; abl auch Weitnauer MittBayNot 1991, 143.

[114] OLG Köln Rpfleger 1976, 185; OLG Frankfurt OLGZ 1984, 148; OLG Frankfurt OLGZ 1987, 23; BayObLG MDR 1987, 409 = NJW-RR 1987, 331 (Bodenisolierung einer Loggia gegen Feuchtigkeit); OLG Düsseldorf NJW-RR 1998, 515.

[115] BGH MittBayNot 2001, 479.

[116] BayObLG 1974, 269 = aaO (Fußn 59); BayObLG MittBayNot 1999, 288.

[117] So auch LG München I Rpfleger 1969, 247 mit zust Anm Diester; OLG Frankfurt Rpfleger 1975, 178 = MittBayNot 1975, 228.

[118] OLG Köln Rpfleger 1982, 278.

[119] Herrschende Meinung, wie hier BGH 50, 56 = DNotZ 1969, 420 = Rpfleger 1968, 181; BayObLG 1966, 20 = DNotZ 1966, 488 = Rpfleger 1966, 149; OLG Frankfurt Rpfleger 1975, 179; OLG Köln MittRhNotK 1978, 153; auch Bärmann/Pick/Merle Rdn 22, 23 zu § 3 WEG (diese für Einzelgebäude anders); aA OLG Köln NJW 1962, 156.

II. Begründung von WE (TE)

hierfür nicht,[120] ebenso nicht ein Eigentümerbeschluß[121] oder eine Änderung der Teilungserklärung mit Zustimmung der WEigter.[122]
Für nicht wesentliche Bestandteile eines Gebäudes oder Grundstücks trifft das WEG keine Sonderregelung;[123] für sie gelten ausschließlich die allgemeinen sachenrechtlichen Vorschriften. Sie stehen weder in SE noch im gemeinschaftlichen Eigentum der WEigter, sondern unabhängig vom Wohnungseigentum im (Einzel- oder Mit-) Eigentum von WEigtern oder von Dritten.[124]

2834

8. Garagenstellplätze

An **Garagenstellplätzen in Gebäuden** (Parkhaus, Tiefgarage, Sammelgarage) kann SE (TE) begründet werden. § 3 Abs 2 S 2 WEG fingiert für Garagenstellplätze in Räumen bei dauerhafter Markierung der Fläche die Abgeschlossenheit,[125] nicht aber für markierte Abstellplätze auf unbebauten Grundstücksflächen die Raumeigenschaft. Diese bleibt nach § 1 Abs 2 u 3 WEG Voraussetzung für die Bildung des SE auch an einem Garagenstellplatz. Mit dem Begriff „Garagenstellplatz" in § 3 Abs 2 S 2 WEG sind daher im Unterschied von Kfz-Stellplätzen im Freien, die nicht Gegenstand des SE sein können,[126] Stellplätze in geschlossenen Garagen[127] gemeint. Als abgeschlossene Räume gelten dauerhaft markierte Pkw-Stellplätze in **Gebäuden** nach § 3 Abs 2 S 2 WEG aber auch dann, wenn sie nicht überdacht sind; Pkw-Stellplätze auf dem nicht überdachten Oberdeck eines Gebäudes sind daher

2835

---

[120] BayObLG 1973, 267 = DNotZ 1973, 611 = Rpfleger 1974, 111; BayObLG DNotZ 1982, 244 = Rpfleger 1982, 21; BayObLG DNotZ 1990, 37 mit Anm Ertl; OLG Karlsruhe Justiz 1983, 307.
[121] Nach OLG Düsseldorf MittRhNotK 1996, 261 = NJW-RR 1996, 210 ist ein solcher Beschluß nichtig (nicht nur anfechtbar); ebenso OLG Köln NJW-RR 1997, 1442; BayObLG DNotZ 1999, 212.
[122] BayObLG 1986, 444 = Rpfleger 1987, 64; BayObLG MittBayNot 1988, 236 = MittRhNotK 1988, 254 = (mitget) Rpfleger 1988, 519; BayObLG DNotZ 1993, 741 = Rpfleger 1993, 448; dazu auch Röll MittBayNot 1993, 265; BayObLG MittBayNot 1994, 41.
[123] BayObLG 1969, 29 = MittBayNot 1969, 121 = Rpfleger 1969, 206; auch BGH DNotZ 1975, 553 = NJW 1975, 688 = Rpfleger 1975, 124.
[124] BayObLG und BGH je aaO (Fußn 123).
[125] Merle Rpfleger 1977, 196.
[126] Hierzu OLG Hamm DNotZ 1975, 108 = NJW 1975, 60 = Rpfleger 1975, 27; Merle aaO; OLG Karlsruhe Justiz 1972, 317 (Leits) = MDR 1972, 516; OLG Frankfurt Rpfleger 1978, 380. Die Bezeichnung „Sondereigentum" für oberirdischen Stellplatz im Aufteilungsplan ist unschädlich, wenn in der Gemeinschaftsordnung von Sondernutzungsrecht die Rede ist, BayObLG MittBayNot 1987, 197.
[127] Auch in einer abgeschlossenen Tiefgarage unter mehreren Grundstücken, so daß Sondereigentum an den markierten Stellplätzen in einer solchen Tiefgarage gebildet werden kann, die auf dem Grundstück (unter Einhaltung der Grundstücksgrenzen) liegen, auf welches sich die Teilungserklärung bezieht; LG Bonn MittBayNot 1983, 14 = MittRhNotK 1982, 248; LG Düsseldorf MittRhNotK 1985, 126; LG München I MittBayNot 1988, 237; vgl auch BayObLG DNotZ 1991, 480; Bärmann/Pick/Merle Rdn 24 zu § 3 WEG; anders – unrichtig – LG Nürnberg-Fürth DNotZ 1988, 321 mit abl Anm Röll; s Rdn 2819 Fußn 44.

sonderrechtsfähig.[128] Ob dies auch für Pkw-Abstellplätze auf einem ebenerdig gelegenen und von der Umgebung nicht abgegrenzten Dach einer Tiefgarage gilt, ist noch streitig.[129] Kfz-Stellplätze im Freien können auch dann nicht Gegenstand eines SE sein, wenn sie mit vier Eckpfosten und einer Überdachung (Car-Port) versehen sind.[130] Auch wenn ein Stellplatz sich in einem ebenerdigen, von drei Seiten ummauerten Raum befindet, der auf der vierten Seite keine Zugangssperre aufweist, wird SE-Fähigkeit verneint.[131] Ein unzulässiges TE an oberirdischen Stellplätzen kann uU in Sondernutzungsrechte umgedeutet werden.[132]

2836 Eine **Doppelstockgarage** (Duplexgarage, Doppelparker) hat nur einen lichten Raum; der einzelne Stellplatz auf der mechanischen Hebebühne einer Doppelstockgarage ist daher nach der Rechtsprechung kein sonderrechtsfähiger Raum iS des § 3 Abs 2 S 2 WEG.[133] Diese Rechtsprechung wird zu Recht in Frage gestellt,[134] da räumliche Umgrenztheit bei der Doppelstockgarage vorliegt und die alternative Nutzung des Luftraums über der Hebebühne der Sondereigentumsfähigkeit nicht entgegensteht. Nach der Rechtsprechung ist SE nur hinsichtlich der ganzen Doppelstockgarage möglich;[135] die beiden Stellplätze können in Form von Bruchteilseigentum (am TE) mit Benutzungsregelung nach § 1010 BGB verselbständigt werden. Eine Benutzungsregelung für die beiden Stellplätze soll auch im Wege der Gebrauchsregelung nach § 15 WEG getroffen werden können[136]. An dieser (auch hier bis zur 10. Aufl

---

[128] OLG Frankfurt DNotZ 1977, 635 = Rpfleger 1977, 312 und OLGZ 1984, 32 (33); OLG Hamm DNotZ 1999, 216 = NJW-RR 1998, 516 = Rpfleger 1998, 241; OLG Köln DNotZ 1984, 700 mit zust Anm F Schmidt = Rpfleger 1984, 464 mit Anm Sauren; LG Braunschweig Rpfleger 1981, 298; Merle Rpfleger 1977, 196; Sauren Rpfleger 1999, 14; MünchKomm/Röll Rdn 33 zu § 3 WEG; aA LG Aachen MittRhNotK 1984, 103 = Rpfleger 1984, 184 mit abl Anm Sauren (aufgehoben durch OLG Köln aaO); LG Lübeck Rpfleger 1976, 252; Weitnauer Rdn 10 zu § 5 WEG.
[129] Ablehnend OLG Frankfurt OLGZ 1984, 32 = Rpfleger 1983, 482; bejahend OLG Köln DNotZ 1984, 700 mit zust Anm F Schmidt = Rpfleger 1984, 464 mit Anm Sauren.
[130] BayObLG 1986, 29 = BWNotZ 1986, 87 = MittBayNot 1986, 79 = Rpfleger 1986, 217.
[131] OLG Celle DNotZ 1992, 231 = NJW-RR 1991, 1489 = Rpfleger 1991, 364; aA Röll DNotZ 1992, 221 (223).
[132] LG Regensburg MittBayNot 1990, 43; OLG Köln MittRhNotK 1996, 61; Abramenko Rpfleger 1998, 313.
[133] BayObLG 1974, 466 = DNotZ 1976, 28 = NJW 1975, 740 Leits = Rpfleger 1975, 90; BayObLG 1995, 53 = DNotZ 1995, 622 = NJW-RR 1995, 783 = Rpfleger 1995, 346; OLG Düsseldorf MittRhNotK 1978, 85 (dieses OLG auch MittBayNot 2000, 110, dessen Folgerung, die Hebevorrichtung sei Gemeinschaftseigentum aller WEigter, ist allerdings falsch); Noack Rpfleger 1976, 5.
[134] Linderhaus MittRhNotK 1978, 86 (Anmerkung); Sauren MittRhNotK 1982, 213; Gleichmann Rpfleger 1988, 10; Häublein MittBayNot 2000, 112; Hügel NotBZ 2000, 349; Bärmann/Pick/Merle Rdn 25 zu § 3 und Rdn 19 zu § 5 WEG; kritisch auch OLG Hamm OLGZ 1983, 1 = MittRhNotK 1982, 218 = Rpfleger 1983, 19.
[135] Dann ist die Hebevorrichtung auch Sondereigentum, unrichtig daher OLG Düsseldorf MittBayNot 2000, 110 mit abl Anm Häublein.
[136] So jetzt BayObLG 1994, 195 = DNotZ 1995, 70 = NJW-RR 1994, 1427 = Rpfleger 1995, 67; OLG Frankfurt MittBayNot 2000, 440 mit Anm v Oefele = Rpfleger 2000, 212; OLG Jena MittBayNot 2000, 443 = MittRhNotK 2000, 71 (Sammelverschiebeparkanlage); Frank MittBayNot 1994, 512; F Schmidt MittBayNot 1995, 115;

II. Begründung von WE (TE)

vertretenen) Auffassung wird nicht festgehalten. Eine solche „Gebrauchsregelung" regelt nicht das Verhältnis der Eigentümer verschiedener SE-Einheiten untereinander oder zur Gesamtheit aller anderen, wie dies allein Gegenstand der Regelung nach §§ 10 ff WEG sein kann, sondern ausschließlich das Verhältnis von Bruchteilseigentümern **einer** SE-Einheit, auf die § 15 WEG gar nicht anwendbar ist.[137] Eine solche Regelung schließt die Gefahr einer Teilungsversteigerung des ganzen Duplexparkers nicht aus (§ 11 WEG trifft ersichtlich nicht zu), sie kann auch nicht früher eingetragen werden als die Regelung nach § 1010 BGB (da sie Bildung der Bruchteile am Teileigentum zumindest nach § 3 Abs 6 GBO voraussetzt)[138] und führt letztlich zu unlösbaren materiellen und formellen Schwierigkeiten[139]; sie ist daher abzulehnen. Möglich ist es selbstverständlich, die Duplex-Stellplätze im Gemeinschaftseigentum zu belassen und die einzelnen Stellplätze als Sondernutzungsrecht mit einer Wohnung zu verbinden. Als solches Gebrauchsrecht (Sondernutzungsrecht) ausgestaltbar ist auch ein Stellplatzrecht in automatischen Garagensystemen, bei denen das Auto auf einen jeweils freien Stellplatz plaziert wird.[140]

An einem sondereigentumsfähigen Kfz-Stellplatz (in einem umschlossenen Raum mit dauerhafter Markierung) oder an einer Einzelgarage kann **selbständiges TE** gebildet werden (es kann selbständig und unabhängig von der „Wohnung" veräußert werden). Entgegenstehende Auflagen in der Baugenehmigung oder Baulasten (s Rdn 3197) mit entsprechendem (Verfügungs-) Verbotsinhalt hindern zivilrechtlich Begründung und Entstehung selbständigen Stellplatz-TE nicht, können aber eine baurechtliche Zweckentfremdung sein und zu einer baurechtlichen Nutzungsuntersagung für einen nicht zur Wohnanlage gehörenden Erwerber führen.[141] Zulässig ist aber auch die Verbindung eines solchen Stellplatzes (des TE an dieser Garage) mit dem SE an der Wohnung (dann ist selbständige Verfügung nur möglich nach Untertei-

2837

LG München I Rpfleger 1971, 71 = MittBayNot 1971, 83; LG München I MittBayNot 1971, 242; v Heynitz DNotZ 1971, 645; Staudenmaier BWNotZ 1975, 170 (172); Ertl Rpfleger 1979, 81; aA Schöner Rpfleger 1997, 416; Stumpp MittBayNot 1971, 10; LG Düsseldorf MittRhNotK 1987, 163; Weitnauer Rdn 121 zu § 3, Rdn 29 zu § 5 und Rdn 39 zu § 15 WEG; Huff WE 1996, 134; Basty Rpfleger 2001, 169; Hügel NotBZ 2000, 349.

[137] So richtig Weitnauer und Stumpp je aaO (Fußn 136). So kommt auch niemand auf die Idee, je ein Zimmer einer Eigentumswohnung je einem Bruchteilseigentümer über eine Gebrauchsregelung nach § 15 WEG zuzuweisen (gegen Sondernutzungsrecht innerhalb der Bruchteilsgemeinschaft Basty Rpfleger 2001, 169 und Hügel NotBZ 2000, 349). Die Nutzung einer Einheit durch mehrere Berechtigte wird über das WEG schlicht nicht geregelt; vgl näher Schöner Rpfleger 1997, 416.

[138] AA Frank und F. Schmidt je aaO (Fußn 136), die allerdings offen lassen, zu wessen Gunsten dann die sofortige Eintragung nach Abschluß des Kaufvertrags erfolgen soll; für den Käufer eines Anteils ist Eintragung des Sondernutzungsrechts nicht möglich, und als Miteigentümer existiert er in diesem Zeitpunkt noch nicht!

[139] ZB wenn der berechtigte Miteigentumsbruchteil nicht mehr existiert, wenn das TE in die Hand eines einzigen Eigentümers gelangt. Muß dann eine neue Regelung getroffen werden und von wem?; zu den prozessualen Schwierigkeiten vgl Huff WE 1996, 134.

[140] Vgl dazu Röll Rpfleger 1996, 322; Gutachten DNotI-Report 1996, 91.

[141] Ausführlich hierzu Grziwotz MittBayNot 1996, 84.

lung oder bei Veräußerung an einen anderen WEigter). Schließlich kann für eine Tiefgarage mit einer Mehrzahl von Stellplätzen auch ein MitEAnteil verbunden mit dem SE an den gesamten Stellplatz „räumen" in der Tiefgarage gebildet werden. Die einzelnen **Stellplätze,** die hier unter sich nicht dauerhaft markiert sein müssen, können durch Bildung von **Bruchteilseigentum** verbunden **mit Benutzungsregelung** wirtschaftlich selbständig gemacht werden.[142]

2838 Soweit Kfz-Stellplätze Gemeinschaftseigentum sind (zwingend, wie bei Stellplätzen im Freien, oder auch kraft Vereinbarung) können zugunsten von WEigtern **Sondernutzungsrechte** nach § 15 WEG begründet werden; die im Sondernutzungsrecht (s dazu Rdn 2913) enthaltene positive Befugnis zum Gebrauch des Stellplatzes muß immer mit einem WE oder TE verbunden sein.[143] Der im Sondernutzungsrecht enthaltene (negative) Ausschluß anderer (nicht aller) Miteigentümer von der Nutzung des Stellplatzes ist dagegen auch ohne Verbindung mit einem bestimmten WE oder TE wirksam.[144] Zum Vorbehalt eines Zuweisungsrechts für Sondernutzungsrechte und seine Ausübung s Rdn 2913–2913b und Muster Rdn 2839 Abschn IV § 2 Ziff 1.

III. Form der Begründung von WE (TE)

2839　　　　　　　**Teilungserklärung nach § 8 WEG**

Am ... erschien vor mir, Hans Genau
Notar mit dem Amtssitz in B, an der Geschäftsstelle ...

Herr Max Meier, Bauingenieur in A.stadt, mir, Notar, persönlich bekannt, hier handelnd nicht für sich selbst, sondern als Geschäftsführer für die Firma ABC-Wohnbau GmbH mit Sitz in A.stadt.
Hierzu bescheinige ich, Notar, auf Grund Einsicht in das Handelsregister beim Amtsgericht B-stadt vom heutigen Tag, daß dort in HRB Nr 3512 die genannte Firma und Herr Max Meier als deren alleinvertretungsberechtigter Geschäftsführer eingetragen sind.
Die Frage des Notars nach einer Vorbefassung des Notars im Sinne von § 3 Abs 1 Nr 7 BeurkG wurde von dem Beteiligten verneint.
Auf sein Ansuchen beurkunde ich nach Grundbucheinsicht was folgt:

I. Sachverhalt

Mit diesamtlicher Urkunde vom ... URNr ... hat die Firma ABC-Wohnbau GmbH mit Sitz in A.stadt das derzeit noch im Grundbuch des Amtsgerichts A-stadt für A.stadt Band 14 Blatt 432 vorgetragene Grundstück der Gemarkung A.stadt
Fl.Nr. 832/1 Bergstraße, Bauplatz zu 0,2734 ha gekauft.
Die Auflassung ist erklärt, ihr Vollzug beim Grundbuchamt beantragt, jedoch noch nicht erfolgt.
Die Firma ABC-Wohnbau GmbH beabsichtigt, auf dem genannten Grundstück eine Eigentumswohnanlage, bestehend aus zwei Wohnhäusern samt Tiefgarage und oberirdischen Abstellplätzen, zu errichten.

---

[142] Zur Möglichkeit der selbständigen Buchung und Belastung solchen Miteigentumsanteile in der Hand des Alleineigentümers s Rdn 587, 590.
[143] Vgl BayObLG 1985, 124 = MittBayNot 1985, 74 mit Anm F Schmidt = Rpfleger 1985, 124.
[144] BayObLG 1985, 124 = aaO (Fußn 143).

III. Form der Begründung von WE (TE)

II. Aufteilung

Die Firma ABC-Wohnbau GmbH
teilt hiermit das Eigentum an dem vorbezeichneten Grundsitz der Gemarkung A.stadt Fl Nr 832/1 nach den Bestimmungen des WEG in der Weise auf, daß mit jedem Miteigentumsanteil das Sondereigentum an einer Wohnung samt den im Aufteilungsplan mit der gleichen Nummer bezeichneten Nebenräumen bzw an nicht zu Wohnzwecken dienenden Räumen entsprechend dem mit Unterschrift und Siegel des Landratsamts ... vom ... Aktenz ... versehenen Aufteilungsplan verbunden wird. Auf den Aufteilungsplan wird hiermit verwiesen; er lag während der Beurkundung zur Durchsicht vor. Er ist dieser Urkunde beizufügen, jedoch – ausgenommen für das Grundbuchamt – nicht mit auszufertigen.
Die Wohnungen und die nicht Wohnzwecken dienenden Räume sind im Sinne des § 3 Abs 2 WEG abgeschlossen. Die Abgeschlossenheitsbescheinigung nach § 7 Abs 4 WEG liegt vor. Sie ist dem Aufteilungsplan beigefügt.
Es werden gebildet:

Nr lt Aufteilungsplan	Miteigentumsanteil in 1/1000	Art und Lage
Nr 1	27,4	Haus I Erdgeschoßwohnung samt Keller
Nr 2	37,6	Haus I, Erdgeschoßwohnung samt Keller
......		
Nr 14	32,4	Haus II, Erdgeschoß, Gewerberaum samt Keller
......		
Nr 25	2	Tiefgarageneinzelstellplatz
......		
Nr 31	4	Doppelparker-Stellplatz.

III. Umfang des Sondereigentums

Für Lage und Ausmaß des Sondereigentums ist im Zweifel der in Abschnitt II erwähnte Aufteilungsplan maßgebend.
Gemeinschaftliches Eigentum sind auch die Instandhaltungsrücklage sowie das gesamte Verwaltungsvermögen.

IV. Vereinbarungen nach § 10 Abs 2 WEG (Gemeinschaftsordnung)

Für das Gemeinschaftsverhältnis der Wohnungseigentümer untereinander gelten die gesetzlichen Vorschriften, soweit nachfolgend nichts anderes bestimmt ist.

§ 1 Zweckbestimmung

Die Nutzung der Wohnungen ist nur für Wohnzwecke gestattet. Eine berufliche oder gewerbliche Nutzung der Wohnungen ist – vorbehaltlich öffentlich-rechtlicher Genehmigungen – nur gestattet, soweit diese Nutzung gegenüber einer Wohnnutzung keine größeren Beeinträchtigungen der übrigen Wohnungseigentümer und/oder des Gemeinschaftseigentums mit sich bringt. Eine berufliche oder gewerbliche Nutzung der Wohnung bedarf in jedem Fall der Zustimmung des Verwalters, die nur aus wichtigem Grund versagt werden kann. Die Zustimmung ist widerruflich und kann auch unter Bedingungen erteilt werden.
In den nicht zu Wohnzwecken dienenden Räumen (Teileigentum) ist – vorbehaltlich öffentlich-rechtlicher Genehmigungen – jede berufliche und gewerbliche Tätigkeit gestattet, die nicht durch die Art ihres Betriebes die übrigen Mitbewohner der Anlage gefährdet oder belästigt, sei es durch übermäßige Geräusch- oder Geruchimissionen oder durch Aufbewahrung und Handel mit gefährlichen Gegenständen oder durch Erschwerung des Zugangs zu den Wohnungen.
Die Umwandlung des im Aufteilungsplan als gewerbliche Räume bezeichneten Teileigentums in Wohnungseigentum ist ohne Zustimmung der übrigen Sondereigentümer gestattet, soweit baurechtlich zulässig, ebenso umgekehrt die Umwandlung von Wohnungs- in Teileigentum. Insoweit ist mit der Bezeichnung als Wohnungs- bzw Teileigentum keine Zweckbestimmung vereinbart.

3. Teil. Wohnungseigentum und Dauerwohnrecht

§ 2 Sondernutzungsrechte

1. Auf dem Grundstück befinden sich Pkw-Abstellplätze, die in dem dieser Urkunde als Anlage beigefügten Sondernutzungsflächenplan mit Nrn 1–15 gekennzeichnet sind. Auf die Anlage wird verwiesen. Sie lag während der Beurkundung zur Durchsicht vor.
Der aufteilende Eigentümer ist berechtigt, durch notariell beurkundete oder beglaubigte Erklärung solche Kfz-Stellplätze jeweils Wohnungs-/Teileigentumseinheiten zur alleinigen, unentgeltlichen und ausschließlichen Nutzung zuzuordnen und die Eintragung der Zuordnung im Grundbuch zu bewirken.
Der aufteilende Eigentümer kann die vorstehende Zuweisungsbefugnis ganz oder teilweise in notariell beurkundeter Erklärung übertragen.
Unter der aufschiebenden Bedingung, daß der zu jeweiligen Sondernutzung eines Stellplatzes allein berechtigte Sondereigentümer in vorstehender Form bestimmt wird, sind die jeweils anderen Sondereigentümer von der Nutzung der Stellplätze ausgeschlossen und haben die unentgeltliche Sondernutzung zu dulden.
2. Den jeweiligen Eigentümern der Sondereigentumseinheiten Nrn 1, 2, 13 steht jeweils das alleinige und ausschließliche Sondernutzungsrecht an den vor ihrer Sondereigentumseinheit liegenden Garten- und Terrassenflächen zu, die in dem dieser Urkunde als Anlage beigefügten Sondernutzungsflächenplan jeweils farblich gekennzeichnet und mit der der Sondereigentumseinheit entsprechenden Nummer versehen sind.
3. Für gemeinschaftliches Eigentum, das einem Sondernutzungsrecht eines Wohnungseigentümers unterliegt, steht diesem auch das alleinige und ausschließliche Verwaltungsrecht zu.
4. Der gemeinschaftlichen Versorgung der Wohnanlage dienende Anlagen und Einrichtungen (zB Leitungen, Abwasserkanal samt Revisionsschächten und ähnliches) dürfen auch durch Sondernutzungsbereiche verlaufen. Diesbezügliche Wartungs-, Reparatur- und Erneuerungsarbeiten sind vom Sondernutzungsberechtigten auch in seinem Sondernutzungsbereich zu dulden.
5. Jeder Wohnungseigentümer ist berechtigt, soweit nicht baurechtliche Vorschriften entgegenstehen, den Bereich des seinem Sondernutzungsrecht unterliegenden unbebauten Grundstückes auf eigene Kosten durch einen Zaun aus ... und nicht höher als ... auf der Grenze zum Sondernutzungsrecht des benachbarten Wohnungseigentümers abzugrenzen. Soweit ein Sondernutzungsberechtigter entlang der Grenze seines Sondernutzungsrechtes auf dem unbebauten Grundstück Anpflanzungen vornimmt, gelten im Verhältnis zum benachbarten Sondernutzungsberechtigten die Grenzabstände des AGBGB.
6. Die Erfüllung der im etwaigen Grünordnungsplan gemachten Auflagen hinsichtlich der Bepflanzung von Sondernutzungsflächen obliegen jeweils dem Sondernutzungsberechtigten allein.

§ 3 Nutzungsbeschränkungen

1. Das Anbringen von Markisen, Sonnenblenden usw auf Balkonen und Terrassen bedarf der Zustimmung der Eigentümerversammlung.
2. Die Anbringung privater Antennenanlagen am Gemeinschaftseigentum für Fernsehen, Amateurfunk und Rundfunk ist nicht zulässig.
3. Durch Kellerräume und Tiefgaragenstellplätze, auch soweit sie sich im Sondereigentum oder Sondernutzungsrecht eines Sondereigentümers befinden, dürfen Ver- und Entsorgungsleitungen einschließlich Revisionseinrichtungen verlaufen. Die jeweiligen Sondereigentümer bzw Sondernutzungsberechtigten haben die jeweilige Kontrolle, Instandhaltung und Instandsetzung zu gestatten.

§ 4 Bauliche Veränderungen

Eigentümer neben oder übereinander liegender Sondereigentumseinheiten sind berechtigt, in Abweichung von § 22 WEG ohne Zustimmung der übrigen Sondereigentümer, jedoch nach schriftlicher Zustimmung des Verwalters, durch entsprechende bauliche Maßnahmen (Durchbrüche) diese Sondereigentumseinheiten miteinander zu verbinden. Die

III. Form der Begründung von WE (TE)

Zustimmung ist zu erteilen, wenn durch die entsprechenden baulichen Maßnahmen die Standsicherheit und Belange des Schall- und Wärmeschutzes hinsichtlich des übrigen Sonder- und Gemeinschaftseigentums nicht beeinträchtigt werden. Dies ist dem Verwalter durch Fachgutachten nachzuweisen. Die erforderlichen baulichen Maßnahmen dürfen nur durch Fachbetriebe nach den Regeln der Baukunst vorgenommen werden; auch dies ist dem Verwalter nachzuweisen.

Mit diesen baulichen Maßnahmen verbundene Kosten sowie alle durch diese Eingriffe am Gemeinschaftseigentum der Wohnungseigentümergemeinschaft evtl später entstehenden Folgekosten trägt der jeweilige Eigentümer der betroffenen Sondereigentumseinheiten allein.

Darüber hinaus ist der jeweilige Eigentümer solcher baulich verbundener Sondereigentumseinheiten berechtigt, ohne Zustimmung der übrigen Sondereigentümer diese Wohnungen zu einer Sondereigentumseinheit im Rechtssinne zusammenzulegen.

§ 5 Versicherungen

Für das Sonder- und Gemeinschaftseigentum sind folgende Versicherungen abzuschließen:
a) Brandversicherung, Sturmschadenversicherung,
b) Versicherung gegen Wasserleitungsschäden, sowie Gewässerschadenhaftpflichtversicherung aus den Risiken des Öltanks und der Tiefgarage.
c) Haftpflichtversicherung gegen Inanspruchnahme aus der gesetzlichen Haftpflicht der Gemeinschaft der Wohnungseigentümer aus dem gemeinschaftlichen Eigentum

Die Versicherungen zu a) und b) sind zum gleitenden Neuwert, die Versicherung zu c) in angemessener Höhe abzuschließen.

§ 6 Instandhaltung und Instandsetzung

1. Jeder Wohnungseigentümer ist verpflichtet, sein Sondereigentum sowie die in § 7 Ziffer 1 genannten Gebäudeteile und die seinem Sondernutzungsrecht unterliegenden Teile des Gemeinschaftseigentums ordnungsgemäß instandzuhalten und instandzusetzen.
2. Die Sondereigentümer sind nicht berechtigt, Fenster, Fensterrahmen, Rolläden und Wohnungseingangstüren eigenmächtig zu verändern, auch soweit sie sich in ihrem Sondereigentum befinden.
3. Die Instandhaltung und Instandsetzung des gemeinschaftlichen Eigentums obliegt den Wohnungseigentümern gemeinschaftlich. Die erforderlichen Maßnahmen sind vom Verwalter zu veranlassen. Schäden am gemeinschaftlichen Eigentum hat jeder Wohnungseigentümer unverzüglich dem Verwalter anzuzeigen. Jeder Wohnungseigentümer hat, soweit es ihm möglich und zumutbar ist, bis zur Abhilfe durch den Verwalter, durch vorläufige Maßnahmen für die Abwendung unmittelbarer Gefahren zu sorgen.

§ 7 Lastentragung

1. Jeder Wohnungseigentümer trägt die Kosten für die Instandhaltung und Instandsetzung seines Sondereigentums und der seinem Sondernutzungsrecht unterliegenden Teile des Gemeinschaftseigentums sowie folgender Gebäudeteile, gleichgültig, ob es sich dabei um Sonder- oder Gemeinschaftseigentum handelt:
Nichttragende Innenwände, Bodenbeläge, Fensterrahmen und -stöcke, Fensterscheiben, Wand- und Deckenverputz innerhalb des Sondereigentums, Wohnungseingangstür, Rolläden, Rollädenkästen, Estriche und Innenseiten der Balkone, Sanitär- und Heizungseinrichtungen samt Thermostatventilen, Heiz- und Warmwassermeßgeräte innerhalb des Sondereigentums.
2. Die Lasten des gemeinschaftlichen Eigentums, sowie die Kosten der Instandhaltung, Instandsetzung und eines gemeinschaftlichen Gebrauchs des gemeinschaftlichen Eigentums tragen die Wohnungs-/Teileigentümer im Verhältnis ihrer Miteigentumsanteile, soweit nicht nachfolgend etwas anderes bestimmt ist. Eine angemessene Instandhaltungsrückstellung ist zu bilden, die nach dem Verhältnis der Miteigentumsanteile erhoben wird.

3. Teil. Wohnungseigentum und Dauerwohnrecht

Dabei sind jedoch die genannten Lasten und Kosten jeweils getrennt für die Häuser I und II zu ermitteln und jeweils getrennt auf die Eigentümer dieser Wohnanlagen entsprechend ihren Miteigentumsanteilen aufzuteilen. Lediglich Lasten und Kosten des gemeinschaftlichen Eigentums, die nicht eindeutig für eines der beiden Häuser anfallen, sind von sämtlichen Wohnungs- u Teileigentümern der Wohnanlage entsprechend ihren Miteigentumsanteilen zu tragen.

Die Lasten und Kosten des Gemeinschaftseigentums im Bereich der Tiefgarage samt Zu- und Abfahrt tragen die Teileigentümer der Tiefgarage entsprechend ihren Miteigentumsanteilen; für die Tiefgarage ist eine gesonderte Instandhaltungsrücklage zu bilden.

Die Kosten der Unterhaltung, Instandhaltung und Instandsetzung der Doppelstockgaragen tragen die Eigentümer des jeweiligen Teileigentums „Doppelstockgarage" allein.

3. Die Verteilung der Kosten für die Versorgung mit Wärme und Warmwasser richtet sich nach der Heizkostenverordnung. Die Kosten des Betriebs der zentralen Heizungsanlage werden dabei zu 30% nach der Fläche der beheizten Räume und zu 70% nach dem erfaßten Wärmeverbrauch verteilt. Die Kosten des Betriebs der zentralen Warmwasserversorgungsanlage werden zu 30% nach der Fläche der Wohnungen bzw Gewerberäume (ohne Kellerräume, Balkone, Kfz-Stellplätze) und zu 70% nach dem erfaßten Warmwasserverbrauch verteilt. Der Verwalter hat dafür zu sorgen, daß Wärme- und Warmwassermesser, die der Heizkostenverordnung entsprechen, angebracht, eingestellt und abgelesen werden. Den Beauftragten dieser Firma ist freier Zugang zu allen Wärme- und Warmwassermessern zu gestatten.

Die Wohnungseigentümerversammlung kann durch Beschluß, der einer Mehrheit von 75% aller vorhandenen Stimmen bedarf, einen anderen Verteilungsmaßstab für Heiz- und Warmwasserkosten beschließen, der jedoch sich im Rahmen der Heizkostenverordnung halten muß.

§ 8 Verwaltung

Zum ersten Verwalter wird auf die Dauer bis ... bestellt:

Walter Meier, Hausverwaltungen GmbH mit Sitz in X.-stadt.

Diese Verwalterbestimmung erfolgt jedoch nicht im Wege der Vereinbarung gemäß § 10 Abs. 1 Satz 2, § 10 Abs. 2 WEG.

§ 9 Verwalter

1. In Erweiterung der gesetzlichen Bestimmungen hat der Verwalter folgende Befugnisse:
   a) Die Wohnungseigentümer gerichtlich und außergerichtlich in Angelegenheiten der laufenden Verwaltung des gemeinschaftlichen Eigentums zu vertreten,
   b) die von den Wohnungseigentümern zu zahlenden, im Wirtschaftsplan oder sonstigen Beschlüssen der Wohnungseigentümergemeinschaft festgesetzen Lasten und Kostenbeiträge einzuziehen und diese bei Nichtzahlung gerichtlich und außergerichtlich geltend zu machen

   Auf Verlangen hat jeder Wohnungseigentümer dem Verwalter eine Vollmacht zu erteilen, die die Befugnisse des Verwalters entsprechend der Gemeinschaftsordnung und dem Gesetz ausweist.

2. Der Verwalter hat jeweils für ein Kalenderjahr einen Wirtschaftsplan aufzustellen, der von den Wohnungseigentümern zu beschließen ist. Die Wohnungseigentümer sind verpflichtet, dem beschlossenen Wirtschaftsplan entsprechende monatliche Vorschüsse (Wohngeld) zu leisten.

§ 10 Wohnungseigentümerversammlung und Stimmrecht

Das Stimmrecht der Wohnungseigentümer richtet sich nach ihren Miteigentumsanteilen. Über Angelegenheiten, die ausschließlich das Haus I oder das Haus II oder die Tiefgaragenanlage betreffen, sind jeweils nur die jeweiligen Wohnungs- bzw Teileigentümer entsprechend ihren Miteigentumsanteilen stimmberechtigt.

III. Form der Begründung von WE (TE)

Jeder Wohnungseigentümer kann sich in der Wohnungseigentümerversammlung durch einen mit schriftlicher Vollmacht versehenen Bevollmächtigten vertreten lassen.
Beschlüsse in Wohnungseigentümerversammlungen sind schriftlich niederzulegen.
Für die Ordnungsgemäßheit der Einberufung genügt die Absendung an die Anschrift, die dem Verwalter vom Sondereigentümer zuletzt mitgeteilt worden ist.
Die ordnungsgemäß geladene Eigentümerversammlung ist ohne Rücksicht auf die Zahl der anwesenden oder vertretenen Eigentümer stets beschlußfähig; hierauf ist in der Ladung hinzuweisen.

§ 11 Verwaltungsbeirat
Ein Verwaltungsbeirat ist nach den Bestimmungen des § 29 WEG zu bilden.

§ 12 Teileigentum
Soweit vorstehend von Wohnungseigentümer und Wohnungseigentum die Rede ist, gelten die Bestimmungen für Teileigentum und Teileigentümer entsprechend, soweit nicht ausdrücklich etwas anderes bestimmt ist.

V. Eintragungsbewilligung
Die Firma ABC-Wohnbau GmbH
bewilligt und **beantragt** in das Grundbuch einzutragen:
1. Die Teilung des in Abschnitt I. aufgeführten Grundbesitzes nach Maßgabe der Ziffer II;
2. die Bestimmungen nach Abschnitt III. und IV. dieser Urkunde als Inhalt des Sondereigentums.

VI. Kosten, Abschriften ...
Vorgelesen vom Notar, von dem Beteiligten genehmigt und eigenhändig unterschrieben:
Max Meier   Genau, Notar

1. Vertragliche Einräumung von SE

Bei der **vertraglichen Einräumung** von SE (WE oder TE) durch die Miteigentümer (§§ 2, 3 WEG) gelten die für die Eigentumsübertragung maßgeblichen Vorschriften. Materiell erforderlich ist die Einigung aller Bruchteilseigentümer über den Eintritt der Rechtsänderung und die Eintragung in das Grundbuch (§ 4 Abs 1 WEG). Die **Einigung** bedarf der für die **Auflassung vorgeschriebenen Form** (§ 4 Abs 2 S 1 WEG), muß mithin nach § 925 BGB bei gleichzeitiger Anwesenheit[1] aller Teile vor einer zuständigen Stelle (Notar) erklärt werden.[2]   2840

Unter einer Bedingung oder Zeitbestimmung kann WE (TE) nicht eingeräumt werden (§ 4 Abs 2 S 2 WEG).   2841

Für den Grundbuchvollzug soll § 20 GBO (materielles Konsensprinzip; Eintragung soll nur erfolgen, wenn die Einigung nachgewiesen ist) nicht gel-   2842

---

[1] Bei Verstoß wird der Mangel geheilt, wenn ein Dritter gutgläubig eine der vom Gründungsakt erfaßten Eigentumswohnungen erwirbt, BGH 109, 179 = aaO (Rdn 2825 Fußn 76); BayObLG MittBayNot 1998, 254 = NJW-RR 1998, 946; s auch Röll, Isolierter MitEAnteil und gutgläubiger Erwerb von WE, MittBayNot 1990, 85.
[2] Ob auch § 925 a BGB anzuwenden ist, der bestimmt, daß der Notar die Auflassungserklärung nur entgegennehmen soll, wenn der notariell beurkundete Vertrag vorgelegt oder gleichzeitig errichtet wird, ist nicht abschließend geklärt. Dies wird überwiegend verneint, so Demharter Anh 3 Rdn 16 zu § 3; Weitnauer Rdn 7; aA nur Bärmann/Pick/Merle Rdn 43, je zu § 4 WEG. Das nachfolgend zu § 20 GBO Gesagte gilt entsprechend.

ten,³ sonach Eintragungsbewilligungen (§ 19 GBO) sämtlicher Miteigentümer genügen. Richtiger erscheint es, über § 4 Abs 2 S 1 WEG auch die für die Auflassung einschlägigen Vorschriften der GBO anzuwenden.⁴ Die Frage hat indes keine große praktische Bedeutung, weil die Form der Auflassung (§ 925 BGB) ohnedies gewahrt und daher stets auch nach Maßgabe des § 20 GBO nachgewiesen werden dürfte. Sollten im Einzelfall nicht die Urkunde über die Auflassung, sondern gesonderte Eintragungsbewilligungen vorgelegt werden und die Unterschriften an verschiedenen Tagen beglaubigt sein, so könnte das schon so berechtigte Zweifel begründen, daß Nachweis der Auflassungsform mit Zwischenverfügung zu fordern wäre.

2843 Nach Einigung **entsteht das WE** (TE) mit Eintragung sämtlicher WE-(TE-)Rechte. Wirksam ist die Eintragung jedoch auch, wenn die Einigung nachfolgt. Wenn SE entstanden ist, kann die Art der tatsächlichen Benutzung (als gemeinschaftlicher Abstellraum) hieran nichts mehr ändern. Zur Frage, wie sich die Fertigstellung des Gebäudes auf die Entstehung von WE auswirkt, s Rdn 2873.

2844 Miteigentümer müssen die Vertragschließenden (§ 3 WEG) in dem **Zeitpunkt** sein, in dem die Einräumung des SE mit Eintragung in das Grundbuch vollendet wird (nicht bereits im Zeitpunkt der Einigung; s Rdn 2813). Wenn der Grundstückseigentümer lediglich Miteigentumsanteile aufgelassen und sich mit den Auflassungsempfängern über die Einräumung von WE geeinigt hat und dann die Eintragung des WE beantragt wird, bedarf es sonach keiner gesonderten Auflassung hinsichtlich des WE; es reicht aus, wenn die Auflassung hinsichtlich der Miteigentumsanteile und die Einigung über die Einräumung von SE vorgelegt werden und die Eintragung der Rechtsänderungen gleichzeitig erfolgt.⁵ Eine besondere Auflassung des WE ist auch entbehrlich, wenn der Veräußerer dem Erwerber einen Miteigentumsanteil am Grundstück aufgelassen und sich sodann mit diesem über die Einräumung von WE geeinigt hat, zunächst aber nur die Bildung des WE und erst später der Eigentumswechsel eingetragen wird.⁶

2845 Die **Verpflichtung zur Einräumung von SE**⁷ (wie auch zu seiner Aufhebung), zur Veräußerung und zum Erwerb bedarf der notariellen Beurkundung (§ 311b Abs 1 BGB, § 4 Abs 3 WEG). Vorverträge bedürfen (seit Inkrafttreten des Ges v 30. 5. 1973) gleichermaßen der Beurkundung.⁸ Auch Inhalts-

---

³ Weitnauer Rdn 5 zu § 4 WEG; Diester Anm 10 zu § 7 WEG; OLG Zweibrücken OLGZ 1982, 263 (265).
⁴ Bärmann/Pick/Merle Rdn 6 zu § 4 WEG; MünchKomm/Röll Rdn 4 zu § 7 WEG; K/E/H/E Rdn 15; Meikel/Lichtenberger Rdn 25 ff; Bauer/vOefele/Kössinger Rdn 66, je zu § 20.
⁵ LG Bielefeld Rpfleger 1985, 189; Weitnauer Rdn 14 zu § 3 WEG.
⁶ LG Bielefeld Rpfleger 1985, 189.
⁷ Zur Bestimmtheit/Bestimmbarkeit einer solchen Verpflichtung s KG DNotZ 1987, 103; OLG Düsseldorf DNotZ 1996, 39. Davon, ob zum Zeitpunkt der Abgabe der Willenserklärung die Voraussetzungen der Abgeschlossenheit (§ 3 Abs 2 WEG) gegeben sind, hängt die vertragliche Verpflichtung, die für Einräumung von SE erforderlichen Willenserklärungen abzugeben, nicht ab, BayObLG 1991, 78 = DNotZ 1991, 895 = NJW-RR 1991, 721 (auch zur Anpassung einer vertraglichen Verpflichtung, WE zu begründen).
⁸ Wegen Einzelheiten s Diester, Rechtsfragen, Rdn 46, 64 ff.

III. Form der Begründung von WE (TE)

änderungen der Verpflichtung zur Einräumung von SE (zB Änderung der Gestaltung des SE,[9] Änderung der Lastenverteilung) sind vor Vollzug der Begründung von SE beurkundungspflichtig.[10]

2. Teilungserklärung

Die **Teilungserklärung** nach § 8 WEG (Rdn 2815) richtet sich an das Grundbuchamt, ist mithin grundbuchrechtlicher Natur[11] und damit zugleich Eintragungsbewilligung (§ 19 GBO).[12] Sie muß von demjenigen abgegeben werden, der im Zeitpunkt der Anlegung des WE/TE-Grundbuchs (als Zeitpunkt des Wirksamwerdens der Teilung) Grundstückseigentümer ist.[13] Das Grundstück ist in der Teilungserklärung nach § 28 S 1 GBO zu bezeichnen. Ist das deshalb nicht möglich, weil das Gebäude auf einer noch nicht vermessenen Teilfläche errichtet werden soll oder mit einem Grundstück noch eine erst zu vermessende Teilfläche verbunden werden soll (Rdn 2810), dann ist (wie bei Trennstückveräußerung, Rdn 863 ff) das Grundstück mit seinen Grenzen genau zu beschreiben; durch Identitätserklärung des teilenden Eigentümers (zu dieser Rdn 888) kann nach Vermessung das betroffene Grundstück sodann für das Grundbuchverfahren in Ergänzung der Bewilligung nach § 28 S 1 GBO gekennzeichnet werden. Aus der Teilungserklärung muß hervorgehen, daß das Alleineigentum in bestimmte (§ 47 GBO) MitEAnteile aufgeteilt wird und daß mit jedem MitEAnteil SE an einer zu bezeichnenden Wohnung oder einem sonstigen Raum verbunden wird. (Zum Verwendungszweck der Räume Rdn 2890). Die Erklärung muß dem Grundbuchamt in der Form des § 29 GBO vorgelegt werden. Beurkundung ist vor allem dann zu empfehlen, wenn vor Vollzug der Teilungserklärung bereits WE (TE) verkauft werden soll, da dann auf eine beurkundete, nicht aber auf eine nur beglaubigte Teilungserklärung gemäß § 13 a BeurkG Bezug genommen werden kann. Bindung iS des § 873 Abs 2 BGB besteht nicht[14] (zu § 878 BGB Rdn 113). 2846

3. Eintragungsunterlagen

Dem Grundbuchamt ist mit dem Eintragungsantrag ein Aufteilungsplan und die Abgeschlossenheitsbescheinigung einzureichen (§ 7 Abs 4 WEG; näher dazu Rdn 2852). Voreintragung (§ 39 GBO) ist notwendig. 2847

Einer Genehmigung nach BauGB bedarf die Bildung von WE/TE (§§ 3, 8 WEG) nicht, ausgenommen in Fremdenverkehrs- oder Erhaltungssatzungsgebieten, Einzelheiten s Rdn 3846 ff und Rdn 3851 ff. Auch an Grundstücken im Sinne der HöfeO ist die Bildung von SE nach §§ 3, 8 WEG zulässig; die HöfeO enthält keine Verfügungsbeschränkung. Ein Hofvermerk ist bei Bil- 2848

---

[9] BGH DNotZ 1987, 208 = NJW 1986, 2759.
[10] BGH DNotZ 1984, 238.
[11] Bärmann/Pick/Merle Rdn 25 zu § 8 WEG. Daher unterliegt sie auch den Auslegungsgrundsätzen für Grundbuchinhalt, BGH 113, 374 = DNotZ 1991, 888 = NJW 1991, 1613 = Rpfleger 1991, 246; KG OLGZ 1982, 131 = MDR 1982, 149.
[12] OLG Hamm OLGZ 1985, 19 = MittRhNotK 1984, 241 = Rpfleger 1985, 109.
[13] OLG Düsseldorf DNotZ 1976, 168.
[14] Bärmann/Pick/Merle Rdn 25 und 35 zu § 8 WEG; vgl auch BayObLG 1974, 275 = DNotZ 1975, 97 = Rpfleger 1975, 360; LG Köln MittRhNotK 1984, 16.

dung der WE/TE-Blätter nicht einzutragen.[15] Landesrechtlich kann die Genehmigung der Baubehörde erforderlich sein.

2849 Zustimmung Dritter: Da die Einräumung von SE (§ 4 WEG) eine Inhaltsänderung des Grundstückseigentums ist, gelten neben den besonderen Bestimmungen des WEG auch §§ 873 ff BGB (zumindest entsprechend), mithin auch §§ 877, 876 BGB. Zur Begründung von SE bei bereits bestehendem MitE (§ 3 WEG) ist daher die **Zustimmung dinglicher Berechtigter** erforderlich, wenn ein **Anteil selbständig** (einzeln) **belastet** ist, weil dadurch der Gegenstand des belasteten MitEAnteils und damit der Inhalt des Rechts verändert wird.[16] Ist die Belastung dagegen am ganzen Grundstück eingetragen, setzt sie sich an allen WE-Einheiten fort. Ein Grundpfandrecht wird Gesamtrecht (§ 1132 BGB). Die Einführung einer Veräußerungsbeschränkung nach § 12 WEG berührt die Rechtsposition des Gläubigers eines am ganzen Grundstück eingetragenen Grundpfandrechts nicht nachteilig, da er stets nach wie vor das ganze Grundstück versteigern lassen kann (§ 63 ZVG), so daß dessen Zustimmung zur Aufteilung nicht nötig ist.[17] Eine Grunddienstbarkeit wird mit der Aufteilung des herrschenden Grundstücks in WE gemeinschaftliche Berechtigung der Inhaber der MitEAnteile.[18] Wird das mit einer Dienstbarkeit belastete Grundstück aufgeteilt, so wird der Berechtigte durch die Aufteilung nicht betroffen; sein Anspruch auf Nutzung oder Unterlassung oder Rechtsausschluß (§ 1018 BGB) richtet sich unverändert gegen den (alle) Eigentümer des belasteten Grundstücks; seine Zustimmung ist daher nicht erforderlich,[19] gleichgültig, ob eine Nutzung in der Gemeinschaftsordnung dieser Dienstbarkeit widerspricht oder nicht.[20] Auch der Berechtigte eines dinglichen Wohnungsrechtes oder Dauerwohn- oder Dauernutzungsrechts braucht nicht zuzustimmen; ein solches Recht besteht (vgl § 1026 BGB) jedoch nur an dem WE/TE-Recht fort, auf dessen Raumeinheiten es sich er-

---

[15] OLG Hamm DNotZ 1989, 448 = NJW-RR 1989, 141 = OLGZ 1988, 404 = Rpfleger 1989, 18, das vom Grundbuchamt verlangt, das Landwirtschaftsgericht von Amts wegen zu verständigen (vgl dazu auch Bendel und Rinck AgrarR 1987, 264); offen gelassen von OLG Oldenburg Rpfleger 1993, 149 mit Anm Hornung, das Fortfall der Hofeigenschaft von WE jedenfalls mit Bildung von WE jedenfalls mit Veräußerung der WE-Einheit annimmt. Auf Ersuchen des Landwirtschaftsgerichts ist jedoch der Hofvermerk einzutragen (OLG Hamm AgrarR 1993, 130) und zu löschen (OLG Oldenburg und Hornung je aaO).
[16] Begründung des RegEntw zu § 4; BayObLG 1957, 115 = NJW 1957, 1940; BayObLG Rpfleger 1986, 177; OLG Frankfurt MittBayNot 1986, 23 = OLGZ 1987, 266; K/E/H/E Einl E 45; Weitnauer Rdn 75, 79 zu § 3 WEG; kritisch dazu nur Bärmann/Pick/Merle Rdn 83, 84 zu § 1 WEG.
[17] OLG Frankfurt NJW-RR 1996, 918 = Rpfleger 1996, 340, das LG Wiesbaden Rpfleger 1996, 195 aufgehoben hat; wie hier auch LG Marburg Rpfleger 1996, 341.
[18] BayObLG MittBayNot 1983, 168 = Rpfleger 1983, 434. Löschung bedarf der Bewilligung sämtlicher MitEigter. Bewilligung nur eines (einzelnen) WEigters ermöglicht (teilweise) Löschung hinsichtlich des ihm zustehenden WEigt-Rechts nicht, BayObLG aaO.
[19] BayObLG 1958, 273 = DNotZ 1959, 91 = NJW 1958, 2016; OLG Stuttgart DNotZ 1954, 252 = NJW 1954, 682 = Rpfleger 1954, 267 mit zust Anm Diester; K/E/H/E Einl E 45; BayObLG Rpfleger 1978, 375 (S 376 aE, für Erbbauzinsreallast); Demharter Rdn 17 Anh zu § 3 GBO.
[20] AA – abwegig – BayObLG 2002, 107 = MittBayNot 2002, 397 mit abl Anm Röll = NJW-RR 2002, 1526 = NotBZ 2003, 46 = RNotZ 2003, 46 = Rpfleger 2002, 432.

streckt.²¹ Geht allerdings der Ausübungsbereich des Wohnungsrechts über den SE/Sondernutzungsbereich eines WE hinaus, muß das ganze Grundstück belastet bleiben.²² Bei der Aufteilung nach § 8 WEG ist eine Zustimmung dinglich Berechtigter nicht erforderlich, weil ihre Rechte an allen durch Aufteilung gebildeten Einheiten als Gesamtrechte lasten.

Ob eine **familien-** bzw **vormundschaftsgerichtliche Genehmigung** notwendig ist, ist nicht ganz geklärt. Nach dem Sinn der §§ 1821 ff, 1643 BGB muß sie jedoch gefordert werden²³ (auch für Eltern).

2850

IV. Prüfungspflicht des Grundbuchamts

1. Eintragungsvoraussetzungen

Neben den bei jeder Grundbucheintragung zu prüfenden Voraussetzungen (Rdn 206) hat das Grundbuchamt bei der Anlegung der WE-Grundbücher insbesondere zu prüfen
- die vertragliche Einräumung des SE (§§ 3, 4 WEG; wegen der Nachweise s Rdn 2842) oder die Teilungserklärung (Eintragungsbewilligung) des Eigentümers nach § 8 WEG. Die Größe der MitEAnteile bestimmen die Beteiligten (Rdn 2812). Das Grundbuchamt hat daher nur nachzuprüfen, ob die einzelnen MitEBruchteile insgesamt ein Ganzes ergeben;¹
- die notwendigen weiteren Urkunden, das sind
  - eine als **Aufteilungsplan**² einzureichende, von der Baubehörde mit Unterschrift und Siegel (oder Stempel) versehene Bauzeichnung (§ 7 Abs 4 Nr 1 WEG),
  - eine **Abgeschlossenheitsbescheinigung**³ der Baubehörde⁴ (§ 7 Abs 4 Nr 2 WEG).

2851

---

²¹ BayObLG 1957, 102 = NJW 1957, 1840; OLG Frankfurt DNotZ 1960, 153 = NJW 1959, 1977; OLG Oldenburg NJW-RR 1989, 273.
²² OLG Hamm DNotZ 2001, 216 mit Anm vOefele = NJW-RR 2000, 1403 (ausschließliche Nutzung auch der Terrasse, an der dem WEigter ein Sondernutzungsrecht nicht eingeräumt ist).
²³ Bärmann/Pick/Merle Rdn 29 u 30 zu § 4 WEG.
¹ Zu den Folgen von Rechenfehlern bei Aufteilung von Wohnungseigentum s Röll MittBayNot 1996, 175.
² Zu dessen Prüfung BayObLG 1980, 226 (231) = DNotZ 1980, 747 = Rpfleger 1980, 435.
³ Zur Kennzeichnung des aufzuteilenden Grundstücks in der Bescheinigung siehe BGH NJW 1994, 650. Für WE, zu dem auch eine Garage gehört, sind bei einheitlicher Bezifferung in die Bescheinigung sämtliche zu demselben WE gehörenden Einzelräume (auch soweit es sich um Räume außerhalb des Wohnungsabschlusses handelt) einbezogen. Die Abgeschlossenheitsbescheinigung bezieht sich somit entsprechend der Teilungserklärung auf das jeweilige WE- bzw Teileigentumsrecht. Über die einheitliche Bezifferung hinaus braucht die Abgeschlossenheit der Garage neben der Abgeschlossenheit des WE nicht gesondert (wörtlich ausdrücklich) bescheinigt zu sein, LG Wuppertal MittRhNotK 1988, 123. Änderung der Zuordnung eines (abgeschlossenen Keller-)Raums nach Ausstellung der Bescheinigung erfordert keine neue (die nachträglich veränderte Zuordnung berücksichtigende) Abgeschlossenheitsbescheinigung, LG Chemnitz MittBayNot 1997, 294.
⁴ Kenntlichmachung der Zusammengehörigkeit von Abgeschlossenheitsbescheinigung und Bauplan (Aufteilungsplan) s Peter BWNotZ 1991, 87; BGH NJW 1994, 650; LG Köln MittRhNotK 1984, 16; LG Kiel JurBüro 1987, 1539.

3. Teil. Wohnungseigentum und Dauerwohnrecht

§ 29 GBO gilt auch für diese Urkunden; beglaubigte Abschriften genügen.[5] Das Grundbuchamt hat auch zu prüfen, ob die Vereinbarungen der Miteigentümer bzw die Bestimmungen des teilenden Eigentümers über das Verhältnis der WEigter untereinander (§ 5 Abs 4, §§ 8, 10 ff WEG) mit dem Gesetz vereinbar sind (s Rdn 2857). Lediglich schuldrechtliche Absprachen der WEigter untereinander, die nicht als Inhalt des SE einzutragen sind (§ 10 Abs 2 WEG), sind vom Grundbuchamt nicht zu überprüfen.[6]

2. Aufteilungsplan

2852 Der **Aufteilungsplan** (Bauzeichnung, § 7 Abs 4 Nr 1 WEG) soll sicherstellen, daß die **Grenzen** des SE und des gemeinschaftlichen Eigentums **klar abgesteckt** werden.[7] Die Aufteilung des Gebäudes sowie die Lage und Abgrenzug der im SE und der im gemeinschaftlichen Eigentum stehenden Gebäudeteile muß er einwandfrei und klar ausweisen[8] (Bestimmtheitsgrundsatz). Er hat Lage und Umfang des SE und des gemeinschaftlichen Eigentums[9] am Gebäude darzustellen[10] und muß alle Gebäudeteile (sämtliche Stockwerke) erfassen,[11] damit auch Keller und Dachgeschoß.[12] Eine Angabe von Wohnungs/Nutzflächengröße ist nicht erforderlich; diesbezügliche Angaben werden nicht Inhalt der Eintragung und nehmen am öffentlichen Glauben des Grundbuchs nicht teil.[13] Zur zweifelsfreien Zuordnung sind alle zu demsel-

---

[5] LG Kiel JurBüro 1987, 1539.
[6] OLG Köln DNotZ 1982, 756 = OLGZ 1982, 268 = Rpfleger 1982, 61 mit Anm Meyer-Stolte.
[7] BGH 130, 159 = DNotZ 1996, 289 mit Anm Röll = NJW 1995, 2851 = Rpfleger 1996, 19; BayObLG 1973, 267 = NJW 1974, 152 = Rpfleger 1974, 111; BayObLG 1967, 25 = MDR 1967, 494 = NJW 1967, 986; BayObLG 1980, 226 (229) = DNotZ 1980, 747 = Rpfleger 1980, 435; BayObLG 1981, 332 = DNotZ 1982, 242 = Rpfleger 1982, 21; auch BayObLG Rpfleger 1980, 295 und DNotZ 2000, 205; OLG Düsseldorf MittRhNotK 1998, 132; OLG Frankfurt OLGZ 1978, 290 = Rpfleger 1978, 380, das auch hervorhebt, daß Unklarheiten im Aufteilungsplan nicht SE, sondern gemeinschaftliches Eigentum entstehen lassen können; ebenso OLG Frankfurt Rpfleger 1980, 391 und DNotZ 1998, 387 = NJW-RR 1997, 1305 (1306) = Rpfleger 1997, 430; OLG Stuttgart Rpfleger 1981, 109 = MittBayNot 1981, 132.
[8] BayObLG 1981, 332 = aaO (Fußn 7); OLG Hamm DNotZ 1977, 308 = OLGZ 1977, 265 = Rpfleger 1976, 317; OLGe Frankfurt und Stuttgart je aaO (Fußn 7).
[9] BayObLG 1980, 226 = aaO (Fußn 7).
[10] BayObLG 1980, 226 (229) = aaO (Fußn 7); Bärmann/Pick/Merle Rdn 70, 72 zu § 7 WEG. Zeichnerische Darstellung nur eines Teils des Gebäudes (insbesondere nur der im SE stehenden Teile) genügt daher nicht; LG Lüneburg Rpfleger 1979, 314; aA Lotter MittBayNot 1993, 144. BayObLG MittBayNot 1993, 215 = NJW-RR 1993, 1040 = Rpfleger 1993, 398 verzichtet bei einem Gebäude, in dem sich kein SE befindet, auf Ansichten und Schnitte.
[11] BayObLG 1980, 226 = aaO (Fußn 7); BayObLG DNotZ 1998, 377; OLG Köln NJW-RR 1993, 204.
[12] BayObLG 1980, 226 = aaO (Fußn 7) und DNotZ 1998, 377; LG Köln MittRhNotK 1984, 16. Für erforderlich wird auch ein Grundrißplan eines **unbeschränkt nutzbaren** Spitzbodens erachtet, BayObLG DNotZ 1998, 377 = MittBayNot 1997, 291. Dazu kritisch und zu Einzelheiten F Schmidt MittBayNot 1997, 276.
[13] Sie können daher auch nicht berichtigt werden; Röll Rpfleger 1994, 501 zu Recht gegen LG Passau Rpfleger 1994, 500.

IV. Prüfungspflicht des Grundbuchamts

ben WE (TE) gehörenden Einzelräume, wenn sie außerhalb der eigentlichen Wohnung (Raumeinheit) liegen[14] (also auch Keller, Speicher, Garagenplatz) mit der jeweils gleichen Nummer[15] zu kennzeichnen (§ 7 Abs 4 Nr 1 WEG; Nr 3 der Allgem Verwaltungsvorschrift).[16] Das gilt auch, wenn die Teilungserklärung vor Grundbuchvollzug geändert wird.[17] Innerhalb einer Wohnung braucht nicht jeder Raum mit einer Nummer gekennzeichnet werden; farbige Umrandung der Wohnung genügt.[18] Farbumrandungen bezeichnen jeweils lediglich die Räume, die WEigtern zu SE zugeteilt sind; Aussage darüber, daß auch Außenwände und tragende Wände SE sein sollen, enthalten sie nicht.[19] Neben den Grundrissen der Wohnung muß der Aufteilungsplan auch Schnitte und Ansichten des Gebäudes enthalten; auf diese müssen sich Unterschrift und Siegel (Stempel) der Baubehörde erstrecken.[20] Der Standort des Baukörpers innerhalb des Grundstückskomplexes muß im Aufteilungsplan dargestellt sein;[21] nicht notwendig Bestandteil ist ein Lageplan (Plan des Gesamtgrundstücks mit Darstellung der nicht bebauten Teile).[22] Anforderungen, die an die Bauzeichnung (den Aufteilungsplan) zu stellen sind,[23] ergeben sich aus § 7 Abs 4 Nr 2 WEG und dem in dieser Vorschrift zum Ausdruck kommenden Zweck, klare Abgrenzungen zu schaffen. Die Allgem Verwaltungsvorschrift für die Ausstellung von Bescheinigungen gem § 7 Abs 4 Nr 2 und § 32 Abs 2 Nr 2 des WEG (Rdn 2805) hat nur verwaltungsinterne Bedeutung

---

[14] LG Heilbronn BWNotZ 1976, 125.

[15] Kennzeichnung auch eines Balkons als SE mit der gleichen Nummer OLG Frankfurt Rpfleger 1997, 374 (im Einzelfall wurde, soweit nach dem veröffentlichten Sachverhalt erkennbar, uE nicht zutreffend angenommen, daß gemeinschaftliches Eigentum entstanden sei).

[16] Daß zur Kennzeichnung von WE-Einheiten und weiteren TE-Einheiten die gleichen Nummern (WE 1, 2, 3 usw; TE 1, 2, 3 usw) verwendet werden, ist nicht schädlich, wenn die Teilungserklärung den Inhalt des jeweiligen Sondereigentums eindeutig ergibt; OLG Zweibrücken OLGZ 1982, 263; zu empfehlen ist Doppelnummerierung jedoch nicht.

[17] BayObLG MitBayNot 1992, 134 Leits = Rpfleger 1991, 414.

[18] LG Bayreuth MittBayNot 1975, 102; Weitnauer Rdn 13; MünchKomm/Röll Rdn 8, je zu § 7 WEG.

[19] LG Frankenthal/Pfalz MittBayNot 1978, 58 = MittRhNotK 1978, 135.

[20] LG Stuttgart BWNotZ 1973, 91 = DNotZ 1973, 692 (Leits); BayObLG 1980, 226 (229) = aaO (Fußn 7); BayObLG MittBayNot 1984, 130 = Rpfleger 1984, 314; LG Lüneburg Rpfleger 1979, 314; LG Köln MittRhNotK 1984, 16.

[21] Vorlage eines **amtlichen** Lageplans, der neben Größe der einzelnen Bauwerke auch den Standort der Baukörper innerhalb des Grundstückskomplexes festlegt, fordert OLG Bremen DNotZ 1980, 489 = Rpfleger 1980, 68. Das entspricht nicht den Anforderungen, die § 7 Abs 4 WEG aufstellt und läßt sich mit der Bedeutung der Bauzeichnung für sichere Abgrenzung des SE und des gemeinschaftlichen Eigentums nicht begründen. BayObLG 1989, 470 (472) = DNotZ 1990, 263 = NJW-RR 1990, 332 = Rpfleger 1990, 204 hat dahingestellt sein lassen, ob der Aufteilungsplan immer auch die Lage des Gebäudes auf dem Grundstück aufzeigen muß.

[22] Bärmann/Pick/Merle Rdn 71 zu § 7 WEG (Einreichung eines Lageplans ist aber empfehlenswert). S auch Röll DNotZ 1977, 643: Angabe über den Standort des Gebäudes ist ratsam, kann aber nicht gefordert werden. Dieser auch zur Besonderheit beim schuldrechtlichen Vertrag. Zum Gebäude als Grundstücksbestandteil und zu Einwendungen gegen OLG Hamm DNotZ 1977, 308 = aaO (Fußn 8) siehe bereits Rdn 2817.

[23] Dazu auch BayObLG MittBayNot 1984, 131 = Rpfleger 1984, 314.

(Auslegungshilfe) und kann eigene, durch § 7 Abs 4 Nr 2 WEG selbst nicht gedeckte Anforderungen nicht stellen.[24]

2853 Zur Bildung von **SE an Garagen** muß jede Garage nach ihrer Ausgestaltung und nach ihrer Lage individuell im Aufteilungsplan bezeichnet werden.[25] Im Falle des § 3 Abs 2 S 2 WEG (Rdn 2835) muß sich aus der Bauzeichnung, ggfs durch zusätzliche Beschriftung ergänzt, ergeben, wie die Flächen der Garagenplätze durch dauerhafte Markierungen ersichtlich sind (Nr 6 der Allgem Verwaltungsvorschrift; dort auch zu den in Betracht kommenden dauerhaften Markierungen).[26] Soll auf dem Grundstück außer dem Wohngebäude ein selbständiges Bauwerk mit Garagen (zB Tiefgaragenblock) errichtet und Teileigentum an den Garagen begründet werden, so bedarf es der Vorlage eines Aufteilungsplans auch über das Garagengebäude; dieser muß auch den genauen Standort dieses Bauwerks auf dem gemeinschaftlichen Grundstück darstellen; zumindest muß dieser aus der Teilungserklärung hervorgehen. Fehlt es daran, so entsteht kein SE an den Garagen.[27]

2854 Die Bauzeichnung (der Aufteilungsplan) nach § 7 Abs 4 Nr 1 WEG ist dann kein Bestandteil der Eintragungsbewilligung, wenn diese aus sich heraus mit der im Grundbuchverfahren ausreichenden sachenrechtlichen Bestimmtheit die jeweiligen Sondereigentumsräume in Worten beschreibt; der Aufteilungsplan ist in einem solchen (in der Praxis kaum vorkommenden) Fall aber dennoch notwendige weitere Eintragungsunterlage; stimmen die wörtliche Beschreibung und der einzureichende Aufteilungsplan hinsichtlich eines SE nicht überein, so besteht kein Vorrang für die Bewilligung oder den Plan; es ist vielmehr kein SE entstanden.[28] Dies gilt allerdings nur bei „verstecktem" Widerspruch: Wird in der Bewilligung zB ein im Aufteilungsplan mit einer Nummer versehener Keller ausdrücklich zum Gemeinschaftseigentum erklärt, so ist dies wirksam (und zulässig).[29] Wird dagegen – wie in der Praxis allgemein üblich und bei größeren Anlagen überhaupt nicht anders durchführbar – hinsichtlich Lage und Umfang der Sondereigentumsräume in der materiellrechtlichen Erklärung (Teilung; vertragliche Einräumung von SE) lediglich auf den Aufteilungsplan verwiesen, so ist eine weitere Beschreibung in Worten nicht nötig[30] und der Aufteilungsplan gleichzeitig auch **Bestandteil** der Teilungserklärung. Die Begründung von SE ist dann nur formgerecht (§ 4 Abs 2 WEG bzw § 8 WEG iVm § 29 GBO), wenn für diesen nicht aus Worten bestehenden Teil der **rechtsgeschäftlichen Erklärung** die Vorschriften des BeurkG eingehalten sind (§ 9 Abs 1 S 2, 3, § 13 Abs 1, 2. Halbsatz, § 13a Abs 1 und 4).[31] Liegt bei Beurkundung (oder Beglaubigung, § 8 WEG), die

---

[24] So richtig GmS-OGB BGHZ 119, 42 = DNotZ 1993, 48 = NJW 1992, 3290 = Rpfleger 1993, 238; F Schmidt, Eckhardt und Bub je wie Rdn 2818 Fußn 39.
[25] BayObLG 1973, 267 = MittBayNot 1974, 15 = NJW 1974, 152 = Rpfleger 1974, 111; OLG Düsseldorf DNotI-Report 2000, 94 = ZNotP 2000, 237.
[26] LG Nürnberg-Fürth DNotZ 1988, 321 (323); aA Röll DNotZ 1988, 323 (325).
[27] OLG Hamm DNotZ 1977, 308 = aaO (Fußn 8); OLG Düsseldorf aaO (Fußn 25).
[28] BGH 130, 159 = aaO (Fußn 7); BayObLG DNotZ 2000, 205; OLG Düsseldorf MittRhNotK 1998, 132; zur Pflicht, den „isolierten" MitEAnteil zu beseitigen s Rdn 2830.
[29] Vgl auch Gutachten DNotI-Report 2002, 68.
[30] OLG Frankfurt DNotZ 1998, 387 = aaO (Fußn 7); OLG Köln MittRhNotK 1992, 219.
[31] OLG Zweibrücken MittBayNot 1983, 242; auch Peter BWNotZ 1991, 87.

IV. Prüfungspflicht des Grundbuchamts

Abgeschlossenheitsbescheinigung der Baubehörde samt der von ihr mit Unterschrift und Siegel versehenen Bauzeichnung bereits vor, so genügt es, in der Teilungserklärung auf diesen Aufteilungsplan zu verweisen; Vorlage zur Durchsicht und Beifügung des Plans zur Teilungserklärung (§ 44 BeurkG) sind entbehrlich, wenn die Beteiligten hierauf verzichten (§ 13a Abs 4 BeurkG);[32] der Verzicht ist Wirksamkeitserfordernis. Zu empfehlen ist er aber nicht. Dieses Verfahren nach § 13a Abs 4 BeurkG ist auch möglich, wenn in der Teilungserklärung Sondernutzungsrechte an bestimmten Flächen (Kfz-Stellplätze, Vorgärten) begründet und hinsichtlich ihrer Lage auf den (amtlichen) Aufteilungsplan verwiesen wird, wenn diese Sondernutzungsbereiche in ihm enthalten sind; dies ist zB auch der Fall, wenn der Aufteilungsplan und die Abgeschlossenheitsbescheinigung (fehlerhaft) oberirdische Kfz-Abstellplätze als abgeschlossen ausweisen.

In den Fällen, in denen im Zeitpunkt der Beurkundung eine mit Unterschrift und Siegel der Baubehörde versehene Bauzeichnung **noch nicht vorliegt**, muß in der Urkunde auf den während der Beurkundung den Beteiligten zur Durchsicht vorliegenden Aufteilungsplan Bezug genommen werden; er ist der Urkunde als Anlage beizufügen (§ 9 Abs 1 S 2, 3; 13 Abs 1, 2. Halbsatz BeurkG). Werden nach Beurkundung einer solchen „vorläufigen" Aufteilung später die Abgeschlossenheitsbescheinigung und die amtlichen Aufteilungspläne erteilt, ist die Teilungserklärung nur vollziehbar, wenn die (beurkundeten) vorläufigen Pläne mit den amtlich bescheinigten identisch sind; diese Übereinstimmung hat das Grundbuchamt selbst zu prüfen.[33] Eine dies bestätigende Identitätserklärung des Notars auf Grund Vollmacht der Beteiligten kann eine tatsächlich nicht bestehende Identität nicht ersetzen oder „heilen".[33] Der Notar sollte solche Identitätserklärungen nicht abgeben, da er dies meist nicht ausreichend prüfen kann.[33] Bei Nichtübereinstimmung von vorläufigem und amtlichem Aufteilungsplan ist ein Nachtrag zur Teilungserklärung notwendig, in dem unter Verweisung auf die bescheinigten Pläne nunmehr die Teilung vereinbart (bewilligt) wird.[34] Bei entsprechend erteilter Vollmacht kann im Falle des § 8 WEG diese Änderung der Bewilligung auch durch notarielle Eigenurkunde erfolgen,[35] im Falle des § 3 WEG nur durch entsprechend bevollmächtigte Angestellte des Notars; zu empfehlen sind beide Verfahrensweisen im Hinblick auf § 17 Abs 2a BeurkG nicht. Wird bei einer Teilungserklärung nach § 8 WEG lediglich die Unterschrift des Eigentümers beglaubigt, so genügt in den genannten Fällen die bloße (spätere) Beifügung des amtlichen Aufteilungsplans zur Eintragungsbewilligung ebenfalls nicht: da auch hier eine **Erklärung** unter Verwendung von Zeichnungen und Abbildungen (§ 9 Abs 1 S 3 BeurkG) abgegeben wird, muß

2855

---

[32] S hierzu ausführlich Rdn 866. Wie hier auch Weitnauer Rdn 12 zu § 7 WEG; aA F Schmidt DNotZ 1984, 335.
[33] BayObLG 2002, 397 = DNotZ 2003, 275 mit Anm Fr Schmidt = MittBayNot 2003, 127 mit Anm Morhard = NJW-RR 2003, 446 = Rpfleger 2003, 289; dazu (mit Muster) Hügel NotBZ 2003, 147.
[34] BayObLG 2002, 397 = aaO; Staudinger/Rapp Rdn 15 zu § 7 WEG; Hügel NotBZ 2003, 147; vgl dazu auch Gutachten DNotI-Report 1999, 17.
[35] Für eine solche Ermächtigung des Notars Wolfsteiner in Kersten/Bühling Rdn 41 M zu § 65.

in entsprechender Anwendung des § 9 Abs 1 S 3 BeurkG im Text der Erklärung auf den Plan ausdrücklich Bezug genommen werden, dieser bei der Beglaubigung vorliegen und mit der Eintragungsbewilligung durch Schnur und Siegel verbunden werden (§ 44 BeurkG).[36] Für Identitätsprüfung und ggfs Nachtrag gelten die obigen Grundsätze in gleicher Weise. Liegt der Plan bei Beglaubigung der Unterschrift nicht vor, dürfte dies wie eine Blankobeglaubigung (§ 40 Abs 5 BeurkG) zu behandeln sein.

3. Fehlerhafter Plan oder Bescheinigung

2856 Das Grundbuchamt hat die Übereinstimmung des Aufteilungsplans und der Eintragungsbewilligung (Rdn 2852, 2853) sowie die formellen Voraussetzungen des Aufteilungsplans und der Abgeschlossenheitsbescheinigung zu prüfen. Die beantragte Eintragung ist zu vollziehen, wenn Aufteilungsplan und Abgeschlossenheitsbescheinigung keine offensichtliche Unrichtigkeit oder Widersprüchlichkeit[37] enthalten. Ermittlungen darüber, ob Plan und Bescheinigung mit der Bauausführung übereinstimmen, hat das Grundbuchamt nicht anzustellen. Es hat somit die technischen Voraussetzungen der Richtigkeit nicht nachzuprüfen, offenbare Irrtümer, erkennbare Abweichungen oder bekannte Unrichtigkeiten aber zu beanstanden.[38] Nur insoweit sind Aufteilungsplan und Abgeschlossenheitsbescheinigung der Baubehörde für das Grundbuchamt nicht bindend.[39] Da die Abgeschlossenheitsbescheinigung kein Verwaltungsakt[40] ist, dessen Rücknahme oder Widerruf vom Grundbuchamt ohne nähere Prüfung hinzunehmen wäre, sondern eine behördliche Wissenserklärung,[41] kann sie mit Wirkung für das Grundbuchverfahren nicht ohne weiteres beseitigt werden, sondern nur, wenn sie inhaltlich falsch ist; die hierzu erforderlichen Angaben der Baubehörde hat das Grundbuchamt unter Beachtung des Vertrauensschutzes zu prüfen.[41] Auch bei Verstoß gegen die Sollvorschrift des § 3 Abs 2 WEG über die Abgeschlossenheit der Wohnungen (Räume) ist der Eintragungsantrag zu beanstanden und die Eintragung ggfs abzulehnen. Zur Bezugnahme auf einen unrichtigen Plan s Rdn 2872.

---

[36] BGH DNotZ 1982, 228 = NJW 1981, 1781 = Rpfleger 1981, 286.

[37] BayObLG Rpfleger 1993, 335: ein in sich widersprüchlicher Aufteilungsplan (Widerspruch zwischen Grundrissen und Schnitten) kann nicht Grundlage einer Eintragung sein.

[38] Diester Rpfleger 1965, 196.

[39] Jetzt – zutr – allgemeine Meinung; so OLG Neustadt Rpfleger 1963, 85 mit zust Anm Diester; BayObLG 1971, 102 = DNotZ 1971, 473; BayObLG 1980, 226 = aaO (Fußn 7); BayObLG 1984, 136 (138) = MittBayNot 1984, 184 = Rpfleger 1984, 407; BayObLG 1989, 247 = DNotZ 1990, 260 = NJW-RR 1990, 212 = Rpfleger 1990, 114; BayObLG 1990, 168 = DNotZ 1991, 477 = NJW-RR 1990, 1356 = Rpfleger 1990, 457; KG DNotZ 1985, 437 = OLGZ 1985, 129 = Rpfleger 1985, 107; OLG Düsseldorf, MittRhNotK 1978, 85 und MittRhNotK 1997, 399; LG München I Rpfleger 1973, 141 = MittBayNot 1973, 192; Bärmann/Pick/Merle Rdn 75 zu § 7 WEG.

[40] BVerwG DNotZ 1988, 702 = NJW-RR 1988, 649 = Rpfleger 1988, 256; BVerwG MittBayNot 1997, 119 = NJW 1997, 71; aA Becker NJW 1991, 2742.

[41] BayObLG 1990, 168 = aaO; BVerwG NJW 1997, 71 = aaO: wenn durch nachträgliche Umbauten die Planaussagen zu Sonder- und Gemeinschaftseigentum unrichtig sind.

IV. Prüfungspflicht des Grundbuchamts

Der Notar ist (wenn nicht besondere Umstände Aufklärung gebieten) nicht verpflichtet, eine den formellen Anforderungen entsprechende Abgeschlossenheitsbescheinigung auf ihre inhaltliche Richtigkeit zu überprüfen.[42]

4. Gesetzesmäßigkeit der Vereinbarungen (Bestimmungen) über das Verhältnis der WEigter untereinander

Die mit der Eintragung begehrte Rechtsänderung muß zulässig sein. Daraus folgt die Pflicht des Grundbuchamts, die als Inhalt des SE getroffenen Vereinbarungen der MitE (Bestimmungen des teilenden Eigentümers) über das Verhältnis der WEigter (TEigter) untereinander (§ 5 Abs 4 WEG) auf ihre Zulässigkeit zu prüfen.[43] **Nicht** einzutragen sind 2857

– Vereinbarungen (Bestimmungen), die nach § 134 BGB wegen Verstoßes gegen ein gesetzliches Verbot absolut nichtig sind. Das gilt für alle Vereinbarungen (Bestimmungen), die nach ausdrücklicher Regelung des WEG unzulässig sind (Einzeldarstellung Rdn 2823, 2884 ff)
– Vereinbarungen (Bestimmungen), die nach § 138 BGB nichtig sind, weil sie gegen die guten Sitten verstoßen, soweit dies vom Grundbuchamt aus den vorgelegten Eintragungsunterlagen erkennbar ist (s Rdn 210)
– Vereinbarungen, die der Inhaltskontrolle nach §§ 242, 315 BGB nicht standhalten; hier dürfte allerdings nur in Ausnahmefällen ein Prüfungs- und Ablehnungsrecht das Grundbuchamts bestehen;[44] dazu und zur Frage der Anwendbarkeit des AGB-Rechts s Rdn 2815.

Unzweckmäßige oder auch für einen einzelnen WEigter unbillige Vereinbarungen (Bestimmungen) sind nicht ohne weiteres auch nichtig.[45] Auch lediglich widersprüchliche Vereinbarungen (§ 10 Abs 2 WEG) sind vom Grundbuchamt nicht zu beanstanden.[46]

5. Grunderwerbsteuer

Die Bildung von WE (TE) durch **Teilung** (§ 8 WEG) ist kein grunderwerbsteuerbarer Vorgang. Eine steuerliche Unbedenklichkeitsbescheinigung muß dem Grundbuchamt daher nicht eingereicht werden. 2858

Bei **vertraglicher Einräumung** von SE nach § 3 WEG liegt ein grunderwerbsteuerbarer Vorgang vor, auf den aber die Befreiungsvorschrift des § 7 Abs 1 GrEStG entsprechend anwendbar ist, wenn die wertmäßige Beteiligung der MitE auch nach Begründung des SE gleich bleibt. Ändert sich die wertmäßige Beteiligung, so fällt für den Mehrerwerb Grunderwerbsteuer an, soweit nicht 2859

---

[42] OLG Koblenz RNotZ 2002, 116; LG Mainz MittRhNotK 2000, 394.
[43] Näher dazu und Einzelheiten: Bärmann/Pick/Merle Rdn 75 ff zu § 7 und Rdn 52 zu § 10 WEG; Weitnauer Rdn 23 ff zu § 7 WEG; Diester Rpfleger 1965, 193; Eickmann Rpfleger 1973, 341 (hier S 348).
[44] OLG Köln NJW-RR 1989, 780 = Rpfleger 1989, 405 mit Anm Böttcher: Nur eng umgrenzte Prüfungspflicht des Grundbuchamts, ob Bestimmungen der Teilungserklärung gegen §§ 134, 138 BGB, §§ 9–11 AGBG verstoßen.
[45] OLG Düsseldorf DNotZ 1973, 552; LG Traunstein MittBayNot 1978, 217. Vgl auch OLG Köln OLGZ 1982, 268 = aaO (Fußn 6); LG München II MittBayNot 1978, 59; BayObLG DNotZ 1989, 428 mit Anm Weitnauer; LG Frankenthal MittBayNot 1991, 121 sowie LG Regensburg NJW-RR 1991, 1169 = Rpfleger 1991, 245.
[46] LG Mainz MittRhNotK 2000, 168.

andere Befreiungsvorschriften⁴⁷ eingreifen. Für den Grundbuchvollzug muß bei vertraglicher Einräumung von SE (§ 3 WEG) daher eine steuerliche Unbedenklichkeitsbescheinigung vorliegen.⁴⁸

V. Grundbuchmäßige Behandlung

1. Anlegung eines besonderen Grundbuchblattes

2860 Es wird für jeden Miteigentumsanteil von Amts wegen ein besonderes Grundbuchblatt angelegt (§ 7 Abs 1 S 1 WEG). Dieses wird geführt (und in der Aufschrift bezeichnet, § 2 WGV) als

> Wohnungsgrundbuch oder Teileigentumsgrundbuch

beim Erbbaurecht (§ 30 Abs 1 WEG, § 8 WGV) als

> Wohnungserbbaugrundbuch oder Teilerbbaugrundbuch.

2861 Bei Begründung von WE (TE) durch vertragliche Einräumung (§ 3 WEG), nicht auch bei Teilung durch den Eigentümer (s § 8 Abs 2 WEG), kann von der Anlegung besonderer Grundbuchblätter abgesehen werden, wenn von der Führung eines gemeinschaftlichen Grundbuchblatts Verwirrung nicht zu besorgen ist (§ 7 Abs 2 WEG). Das gemeinschaftliche Grundbuchblatt wird geführt und bezeichnet (§ 7 WGV) als

> Gemeinschaftliches Wohnungsgrundbuch oder
> Gemeinschaftliches Teileigentumsgrundbuch sowie
> Gemeinschaftliches Wohnungserbbaugrundbuch oder
> Gemeinschaftliches Teilerbbaugrundbuch.

2862 Stehen Wohnungs- und Teileigentum gleichwertig nebeneinander, überwiegt also offensichtlich keiner dieser Verwendungszwecke,¹ so spricht man vom (s dazu §§ 2, 8 WGV)

> Wohnungs- und Teileigentumsgrundbuch bzw vom
> Wohnungs- und Teilerbbaugrundbuch.

2863 Bestimmungen über die Einrichtung und die Führung des Grundbuchs in WE-Sachen trifft in Ergänzung der GBV (s § 1 WGV) die **Verfügung über die grundbuchmäßige Behandlung der Wohnungseigentumssachen** (WGV; zu dieser Rdn 2806).

2. Grundbuchblatt des Grundstücks

2864 Das Grundbuchblatt des Grundstücks wird **von Amts wegen geschlossen** (§ 7 Abs 1 S 3 WEG), wenn die Miteigentumsanteile in den Spalten 7 und 8 des Bestandsverzeichnisses abgeschrieben sind (§ 6 WGV). Sind die künftigen WEigter noch nicht Miteigentümer des Grundstücks, ist ihnen dieses viel-

---

⁴⁷ BFH DNotZ 1981, 426 = BStBl 1980 II 667.
⁴⁸ Einschränkend LG Marburg DNotI-Report 1996, 207.
¹ Das Grundbuchamt kann sich in dieser Richtung auf die Angaben der Parteien verlassen (Diester Bem B I 1 Anh zu § 7 WEG).

V. Grundbuchmäßige Behandlung

mehr erst zu Miteigentum aufgelassen, so setzt die Abschreibung des Miteigentumsanteils nicht voraus, daß die Auflassung auf dem Blatt des Grundstücks, oder wenn dieses ein gemeinschaftliches ist, auf einem neu anzulegenden und sofort wieder zu schließenden Blatt eingetragen wird. Die Auflassung der MitEAnteile kann vielmehr in Abt I der für diese anzulegenden Blätter vermerkt werden. **Fassung** etwa

a) Abschreibungsvermerk

> Wegen Bildung von Wohnungseigentum (Teileigentum) übertragen nach (Band ...) Blätter ... am ...

b) Schließungsvermerk

> Wegen Anlegung von Wohnungsgrundbüchern (Grundbuch von ... [Band ...] Blatt ...) geschlossen am ...

Die Schließung des Grundbuchblatts des Grundstücks unterbleibt, wenn auf diesem Grundbuchblatt von der Abschreibung nicht betroffene weitere Grundstücke eingetragen sind (§ 6 S 2 WGV).

3. Grundbuchblatt für den WE/TE-Anteil

In das für jeden MitEAnteil anzulegende besondere Grundbuchblatt[2] wird der **MitEAnteil mit dem zu ihm gehörenden SE und als Beschränkung des Miteigentums** die Einräumung der zu den anderen MitEAnteilen gehörenden SE-Rechte eingetragen (§ 7 Abs 1 S 1 WEG), und zwar nach § 3 WGV im Bestandsverzeichnis in dem durch die **Spalte 3** gebildeten Raum wie folgt: 2865
- der in einem zahlenmäßigen Bruchteil ausgedrückte MitEAnteil an dem Grundstück (Rdn 2812)
- die Bezeichnung des Grundstücks nach den allgemeinen Vorschriften; wenn das Grundstück aus mehreren Flurstücksnummern besteht (Rdn 2810), ist zum Ausdruck zu bringen, daß die Teile ein Grundstück bilden. **Fassung** etwa:

> ... Miteigentumsanteil an dem vereinigten Grundstück, bestehend aus den Flurstücken

- das mit dem MitEAnteil verbundene SE an bestimmten Räumen und die Beschränkung des MitE durch die Einräumung der zu den anderen MitE-Anteilen gehörenden SE-Rechte unter Bezeichnung der Grundbuchblätter der übrigen MitEAnteile.

Eintragung in **Spalte 1** (laufende Nummer), **Spalte 2** (etwaige bisherige laufende Nummer) und **Spalte 4** (Größe des im MitE stehenden Grundstücks) s § 3 Abs 3 und 4 WGV. Zuschreibungsvermerk in **Spalte 6**: § 3 Abs 5 WGV[3] 2866

---

[2] Miteigentumsanteile an einem auf besonderem Blatt gebuchten Wegegrundstück, die gemeinsam mit einem WE veräußert werden sollen oder worden sind, sind mit diesem im Wohnungsgrundbuch zu buchen, es sei denn, daß diese gemeinschaftliche Buchung dem Ermessen des Grundbuchamtes widerspricht (vgl § 3 Abs 4–6 GBO – Rdn 587 –; OLG Düsseldorf MittRhNotK 1970, 295 = Rpfleger 1970, 394).
[3] Nach OLG Celle DNotZ 1971, 305 = Rpfleger 1971, 184 decken die im Bestandsverzeichnis unter dem Eintragungsvermerk in Sp 6 stehenden Unterschriften auch den das SE betreffenden Eintragungsvermerk in Sp 3 des Bestandsverzeichnisses.

(für Spalte 5 dann § 6 Abs 8 GBV iVm § 1 WGV). **Beispiel** (s auch Probeeintragung Anlage 1 WGV Nr 1 Sp 5 und 6):

> Der Miteigentumsanteil ist bei Anlegung dieses Blattes von (Band ...) Blatt ... hierher übertragen am ...

Der Vermerk über die Eintragung des MitEAnteils auf das Blatt kann jedoch statt in Spalte 6 sogleich auch in die Eintragung in Spalte 3 aufgenommen werden (§ 3 Abs 5 S 2 WGV).

Zur näheren Bezeichnung des **Gegenstands** (Rdn 2823) und des **Inhalts** (§ 5 Abs 4 WEG; s Rdn 2823, 2884) des SE (TE) kann auf die **Eintragungsbewilligung** (und damit auch auf den Aufteilungsplan; s Rdn 2854) Bezug genommen werden (§ 7 Abs 3 WEG; auch § 3 Abs 2 WGV). **Veräußerungsbeschränkungen** (§ 12 WEG; Rdn 2902) sind jedoch ausdrücklich einzutragen (§ 3 Abs 2 Halbs 2 WGV).

2867 **Eintragungsmuster** nach Anlage 1 zur WGV

Lfd. Nr.	Bisherige lfd. Nr. der Grundstücke	Bezeichnung der Grundstücke und der mit dem Eigentum verbundenen Rechte		Größe		
		Gemarkung Flur Flurstück	Wirtschaftsart und Lage	ha	a	m²
		a/b/c	d			
1	2	3		4		
1	–	42/100 (zweiundvierzig Hundertstel) Miteigentumsanteil an dem Grundstück		–	4	68
		Waslingen 112	Gebäude- und Freifläche, Mühlenstr. 10			
		verbunden mit dem Sondereigentum an dem Ladenlokal im Erdgeschoß und an der Wohnung im ersten Stockwerk links, im Aufteilungsplan bezeichnet mit Nr. 1. Das Miteigentum ist durch die Einräumung der zu den anderen Miteigentumsanteilen gehörenden Sondereigentumsrechte (eingetragen in den Blättern 171 bis 176, ausgenommen dieses Blatt) beschränkt. Veräußerungsbeschränkung: Zustimmung durch die Mehrheit der übrigen Wohnungs- und Teileigentümer. Im übrigen wird wegen des Gegenstands und des Inhalts des Sondereigentums auf die Bewilligung vom ... (Notar ... URNr ...) Bezug genommen. Eingetragen am ...				

2868 **Weitere Eintragungsbeispiele**

> ... verbunden mit dem Sondereigentum an
> – der Wohnung im ersten Stockwerk links, im Aufteilungsplan bezeichnet mit Nr....
> – den Räumen ..., im Aufteilungsplan bezeichnet mit Nr....
> – der Garage ..., im Aufteilungsplan bezeichnet mit Nr....
> – dem Ladenlokal im Erdgeschoß, im Aufteilungsplan bezeichnet mit Nr....
> – der Wohnung ... und an den Räumen ..., im Aufteilungsplan bezeichnet mit Nr....
> – der Wohnung ... und der Garage ..., im Aufteilungsplan bezeichnet mit Nr....

2869 **Hypotheken,** Grund- und Rentenschulden, die das **ganze Grundstück** belasten, werden als Gesamtbelastungen auf alle Wohnungsgrundbuchblätter

V. Grundbuchmäßige Behandlung

übertragen[4] (§ 48 GBO; vgl Rdn 2849). Eintragungen auf dem Brief: § 9 S 2 WGV und Muster Anlage 4. **Einzelbelastungen** (wegen Gläubigerzustimmung Rdn 2849) werden nur auf das für den jeweils belasteten MitEAnteil anzulegende Grundbuchblatt übernommen. **Belastungen** des gesamten Grundstücks (insbesondere Dienstbarkeiten), die ihrer Natur nach nicht an dem WE/TE als solchem bestehen, sondern **nur auf dem Grundstück insgesamt ausgeübt** werden können (Rdn 2948), ebenso Verfügungsbeschränkungen, die sich auf das Grundstück als Ganzes beziehen, sind in sämtliche für MitEAnteile an dem belasteten Grundstück anzulegende WE- und TE-Grundbücher zu übernehmen,[4] wobei jeweils auf die übrigen Eintragungen zu verweisen ist (§ 4 Abs 1 S 2 WGV; sogen **„Gesamtvermerk"**[5]). Sie sind in Spalte 3 der zweiten Abteilung in der Weise einzutragen, daß die Belastung des ganzen Grundstücks erkennbar ist (§ 4 Abs 1 S 1 WGV).

Eintragungsbeispiel (s Anl 1 zur WGV, Abt II Nr 1)

> Geh- und Fahrtrecht an dem Grundstück ... für den jeweiligen Eigentümer des Grundstücks (Band ...) Blatt ... Nr. ... des Bestandsverzeichnisses (Flurstück ...); eingetragen unter Bezugnahme auf die Bewilligung vom ... (Notar ... URNr ...) in (Band ...) Blatt ... am ... und hierher sowie auf die für die anderen Miteigentumsanteile angelegten Grundbuchblätter ([Band ...] Blätter ... bis ...) übertragen am ...

Eintragung (Übertragung) eines solchen Rechts **in sämtliche** für die (alle) MitEAnteile an dem Grundstück angelegten WE/TE-Grundbücher ohne „Gesamtvermerk" verstößt gegen die Verfahrensvorschrift (Ordnungsvorschrift) in § 4 WGV (s auch § 3 Abs 9 GBO); sie ist daher nicht allein deshalb unwirksam (Rdn 31); insbesondere ist mit dieser Eintragung keine Löschung der Belastung des Grundstücks erfolgt (Unterlassung des „Gesamtvermerks" ist keine Form der Löschung nach § 46 GBO). Eintragung des Gesamtvermerks kann daher auch gesondert erfolgen, somit nachgetragen werden.[6] Fehlender Gesamtvermerk allein kann daher auch nicht gutgläubigen Erwerb (§ 892 BGB) des WE/TE frei von der Grundstücksbelastung ermöglichen (das Grundbuch aller WE/TE-Einheiten weist die Grundstücksbelastung aus). Zum Verstoß gegen § 4 WGV bei Belastung des WE/TE erst nach Anlegung der WE/TE-Grundbücher s Rdn 2949.

2870

Wenn bei Anlegung der WE/TE-Grundbuchblätter ein das (gesamte) Grundstück belastendes Recht, vornehmlich eine Dienstbarkeit, die nur auf dem Grundstück insgesamt ausgeübt werden kann wie ein Geh- und Fahrtrecht, Leitungsrecht usw, in ein WE/TE-Grundbuchblatt versehentlich **nicht eingetragen** wird, ist damit Löschung nach § 46 Abs 2 GBO (Rdn 281, 286–288) an dem in diesem Grundbuchblatt eingetragenen MitE-Anteil erfolgt. Weil es dann an einer (wirksamen) Aufhebung fehlt, ist das Grundbuch unrichtig (Rdn 288). Auf Antrag (§ 13 GBO) kann daher im Wege der Grundbuchbe-

---

[4] Auswirkung der Bildung von WE/TE auf den bei einem solchen Recht eingetragenen Rangvorbehalt s OLG Schleswig MittBayNot 2000, 232 = Rpfleger 2000, 11; LG Köln Rpfleger 1987, 368. Zum Vorkaufsrecht Gutachten DNotI-Report 2002, 59; zum Wohnungsrecht s Rdn 2849 aE.
[5] Diese Bezeichnung prägt Amann MittBayNot 1995, 267 anschaulich.
[6] AA möglicherweise auch für diesen Fall BayObLG MittBayNot 1995, 288 = Rpfleger 1995, 455; dazu aber Amann MittBayNot 1995, 267.

richtigung (§ 22 GBO; vor gutgläubigem Erwerb eines Dritten) Übertragung des Rechts auf das fehlerhaft angelegte WE/TE-Grundbuchblatt (mit Gesamtvermerk) nachgeholt werden (zum Amtswiderspruch, wenn Berichtigung nicht beantragt ist, Rdn 288). Ein Erwerber des WE/TE kann dieses bei fehlender Eintragung des Rechts auf seinem Grundbuchblatt allerdings gutgläubig frei von dieser Belastung erwerben. Dann verbietet sich auch nachträgliche Übertragung des Rechts. Können mit dem Recht Grundstücksbruchteile allein nicht belastet werden (wie mit einer Grunddienstbarkeit oder beschränkten persönlichen Dienstbarkeit), dann bewirkt Erlöschen auf der WE/TE-Einheit, für die das fehlerhafte Grundbuchblatt bestanden hat, mit gutgläubigem Erwerb durch einen Dritten zugleich auch das Erlöschen des Rechts an den übrigen MitEAnteilen. Hat ein Dritter vor Eintragung des Rechts auf dem fehlerhaft angelegten WE/TE-Grundbuchblatt mit einem (beschränkten) dinglichen Recht (Grundschuld, Wohnungsrecht usw) gutgläubig Vorrang erworben, ist Eintragung berichtigend nur im Rang nach diesem zwischenzeitlich vorrangig erlangten Recht möglich.

2871 Rechte (insbes Dienstbarkeiten), die ihrer Natur nach nur auf dem Grundstück insgesamt ausgeübt werden können, können bei Bildung von WE nicht auf einem MitEAnteil (WE bzw TE) bestehen bleiben und gleichzeitig in allen übrigen WE (TE-) Grundbuchblättern gelöscht werden, weil damit Grundstücksbelastungen mit unzulässigem Inhalt geschaffen würden. Entsprechendes gilt für Rechte (zB eine Tankstellendienstbarkeit), deren Ausübungsbefugnis räumlich über ein SE auf Gemeinschaftsflächen hinausgreift, auch wenn für den TEigter ein Sondernutzungsrecht an der Gemeinschaftsfläche besteht.[7]

4. Grundbuchinhalt bei Bezugnahme auf Aufteilungsplan

2872 Gegenstand und Inhalt des SE ergeben sich aus der Eintragung im Grundbuch. In dieser ist zur **näheren Bezeichnung** des Gegenstands und Inhalts des SE auf die Eintragungsbewilligung der Miteigentümer (bei vertraglicher Einräumung, § 3 WEG) bzw die Teilungserklärung des Eigentümers (§ 8 WEG) **Bezug genommen** (§ 7 Abs 3 WEG). Anlage dieser in Bezug genommenen Eintragungsbewilligung (Teilungserklärung) ist regelmäßig der Aufteilungsplan (Bauzeichnung, s § 7 Abs 4 WEG; Rdn 2854). Auf ihn verweist die Eintragungsbewilligung (Teilungserklärung) durchweg hinsichtlich der Aufteilung des Gebäudes sowie der Lage und der Größe der in SE und der in gemeinschaftlichem Eigentum stehenden Gebäudeteile. Durch Bezugnahme nach § 7 Abs 3 WEG wird damit nicht nur die Eintragungsbewilligung (Teilungserklärung), sondern **auch der Aufteilungsplan** Inhalt des (Wohnungs-)Grundbuchs (**doppelte Bezugnahme**).[8] Auch der Aufteilungsplan nimmt deshalb als Inhalt des Grundbuchs an dessen öffentlichem Glauben teil (Rdn 345). Aus ihm ergibt

---

[7] OLG Karlsruhe Rpfleger 1975, 356 mit Anm Noack.
[8] BayObLG 1980, 226 = DNotZ 1980, 747 = Rpfleger 1980, 435; BayObLG DNotZ 1980, 745 = Rpfleger 1980, 294; BayObLG Rpfleger 1991, 414; OLG Frankfurt OLGZ 1978, 290 = Rpfleger 1978, 380; OLG Köln NJW-RR 1993, 204; OLG Stuttgart OLGZ 1981, 160 = MittBayNot 1981, 132 = Rpfleger 1981, 109; OLG Hamm OLGZ 1977, 264 (271) = DNotZ 1977, 308 = NJW 1976, 1752 = Rpfleger 1976, 317.

V. Grundbuchmäßige Behandlung

sich die genaue Abgrenzung zwischen Sonder- und Gemeinschaftseigentum.[9] Für Auslegung eines nicht eindeutigen Grundbucheintrags (Rdn 293) sind daher sowohl die in Bezug genommene Eintragungsbewilligung (Teilungserklärung) als auch der in Bezug genommene Aufteilungsplan heranzuziehen. Stimmen Bewilligung (Teilungserklärung) und Aufteilungsplan nicht überein und läßt sich der Widerspruch nicht ausräumen, dann ist weder Eintragungsbewilligung noch Aufteilungsplan für die Auslegung der Grundbucheintragung vorrangig; SE ist nicht entstanden (Rdn 2854).[10] Von der Entstehung gemeinschaftlichen Eigentums ist trotz anderslautender Teilungserklärung auszugehen, wenn der Aufteilungsplan einen SE-Raum nicht erkennen läßt.[11] Wenn in der Teilungserklärung als Gegenstand des SE „ein ebenfalls dazugehöriger Hobbyraum im Keller" angegeben, dieser Raum jedoch im Aufteilungsplan nicht (mit Nummer und/oder Farbe) gekennzeichnet ist, ergibt sich daher aus der Grundbucheintragung ein solcher Raum nicht; SE an einem solchen Raum im Keller ist daher nicht entstanden,[12] sondern gemeinschaftliches Eigentum aller WEigter.[13] Die Wirksamkeit des im übrigen begründeten SE wird dadurch nicht in Frage gestellt.[14] Desgleichen kann SE nicht an Räumen entstehen, die in der zeichnerischen Darstellung im Aufteilungsplan einer EW zugewiesen (mit der gleichen Nummer wie die EW ausgewiesen), jedoch nicht in der Beschreibung der Wohnung in der Teilungserklärung – durch Worte oder Bezugnahme (§ 13a Abs 4 oder § 9 BeurkG) – erfaßt sind. Auch solche Räume bleiben gemeinschaftliches Eigentum.[15]

5. Bezeichnung der Art des SE

a) Ob die in SE stehenden Räume **WE** (§ 1 Abs 2 WEG) oder **TE** (§ 1 Abs 3 WEG) darstellen, bestimmt sich allein nach ihrer baulichen Ausgestaltung als Wohnung oder nicht zu Wohnzwecken dienende Räume, somit nach ihrer Zweckbestimmung, nicht nach der oft wechselnden) Nutzungsart.[16] Angabe

2872a

---

[9] BayObLG DNotZ 1982, 244 = Rpfleger 1982, 21; BayObLG 1973, 267 = Rpfleger 1974, 111 = NJW 1974, 152; BayObLG 1980, 226 = aaO (Fußn 8); BayObLG Rpfleger 1991, 414.
[10] BGH 130, 159 = DNotZ 1996, 289 mit Anm Röll = NJW 1995, 2851 = Rpfleger 1996, 19; BayObLG 2000, 243 = MittBayNot 2000, 555 = NJW-RR 2001, 373 = ZNotP 2001, 67 Leits; OLG Stuttgart OLGZ 1981, 160 = aaO (Fußn 8). Für Vorrang der Teilungserklärung zur Feststellung von Sondernutzungsrechten am gemeinschaftlichen Eigentum (Kfz-Stellplätze) OLG Hamburg OLGZ 1990, 308; vgl auch Gutachten DNotI-Report 2002, 68.
[11] OLG Frankfurt OLGZ 1989, 50.
[12] BayObLG DNotZ 1982, 244 = aaO (Fußn 9).
[13] In BayObLG DNotZ 1982, 244 ist offen gelassen, ob dies anders ist, wenn der entsprechende Raum – ohne besondere Kennzeichnung im Aufteilungsplan – in der Teilungserklärung so eindeutig beschrieben ist, daß jeder Zweifel an seiner Identität ausgeschlossen ist. Das ist uE zu bejahen.
[14] BayObLG DNotZ 1982, 244 = aaO (Fußn 9); BayObLG 1973, 267 (268) = aaO (Fußn 9); OLG Stuttgart OLGZ 1979, 21 (23) und OLGZ 1981, 160 (163); OLG Frankfurt OLGZ 1978, 290.
[15] OLG Stuttgart OLGZ 1981, 160 = aaO (Fußn 8).
[16] BayObLG 1973, 1 (8) = Rpfleger 1973, 139 (140); auch Nr 4 der Allgem Verwaltungsvorschrift für die Ausstellung von Bescheinigungen gem § 7 Abs 4 Nr 2 und § 32 Abs 2 Nr 2 des WEG.

auch der Nutzungsart bei vertraglicher Einräumung oder in der Teilungserklärung ist üblich; dazu verpflichtet sind die MitEigter oder der teilende Alleineigentümer jedoch nicht.[17] Ob ein WE- oder TE-Grundbuch (§ 7 Abs 1 WEG) oder ein WE- und TE-Grundbuch (Rdn 2862) anzulegen ist, hat das Grundbuchamt nach der Zweckbestimmung zu beurteilen, die sich mit der baulichen Eignung der Räume ergibt, die die Eintragungsunterlagen (Vertrag oder Eintragungsbewilligung, Aufteilungsplan und Abgeschlossenheitsbescheinigung) ausweisen.[18]

2872b b) SE entsteht mit Einigung (§§ 3, 4 WEG) oder Teilung (§ 8 WEG) auch, wenn nach der Zweckbestimmung der Räume die Art des SE in Spalte 3 des Bestandsverzeichnisses (rechtlich) nicht zutreffend bezeichnet ist, wenn somit die nicht zu Wohnzwecken dienenden Räume als WE-Räume oder (umgekehrt) die zu Wohnzwecken dienenden Räume als TE-Räume genannt sind. Rechtsänderung nach § 3 oder § 8 WEG erfordert Eintragung, daß mit jedem MitEAnteil SE verbunden ist. § 7 Abs 1 WEG verlangt daher Eintragung des zu dem MitEAnteil gehörenden SE, nicht aber rechtlich richtige Bezeichnung der Räume als Wohnung (= WE) oder „sonstige Räume" (= TE), § 3 Abs 1 Buchst c WGV demzufolge Eintragung des mit dem MitEAnteil verbundenen SE an bestimmten Räumen. Die Eintragung im Bestandsverzeichnis dient der Bezeichnung (Benennung) des mit SE verbundenen MitEAnteils zur Buchung der Rechtsverhältnisse an ihm. Rechtlich nicht genaue (unrichtige) Bezeichnung des mit dem MitEAnteil verbundenen SE begründet daher für Buchung der Rechtsverhältnisse in Abt I–III des Grundbuchs keine unrichtige Darstellung der Rechtsverhältnisse, sondern (ebenso wie unrichtige Angabe der Art der Nutzung eines Grundstücks in Spalte 3 des Bestandsverzeichnisses des Grundstücks-Grundbuchblatts) eine Unrichtigkeit tatsächlicher Art. Deren Richtigstellung kann daher von Amts wegen erfolgen (Rdn 290 und 359). Das BayObLG[19] nimmt indes an, daß die Eintragung als inhaltlich unzulässig zu löschen sei (§ 53 Abs 1 S 2 GBO), wenn SE im Bestandsverzeichnis des Grundbuchs als „Wohnung" bezeichnet ist, sich aber aus der in Bezug genommenen Eintragungsbewilligung ergibt, daß es sich bei dem SE um einen Hobbyraum handelt und somit TE vorliegt. Für diese (unverständliche) Ansicht bietet das Gesetz keinerlei Anhalt.

2872c c) Die MitEigter können **Vereinbarungen** über die Nutzung und damit die **Zweckbestimmung der Räume** treffen (§ 10 Abs 1 S 2 WEG). Jedoch kann allein die Bezeichnung der Nutzungsart als WE oder TE in der Einigung oder **Teilungserklärung** nach unserem Dafürhalten nicht den Charakter einer für die MitEigter verbindlichen Vereinbarung über den Gebrauch des SE haben (anders das BayObLG, dazu Rdn 2872e). Daher bringt auch Bezeichnung der Räume als WE oder TE in Spalte 3 des Bestandsverzeichnisses **Eintragung** einer Vereinbarung der MitEigter über die **Nutzungsart** als verbindliche Gebrauchsregelung (§ 10 Abs 1 WEG) **nicht zum Ausdruck**. Spalte 3 des Bestandsverzeichnisses dient der Bezeichnung der MitEAnteile mit den zu ihnen gehörenden SE-Einheiten (§ 7 Abs 1 WEG). Diese Angabe rein tatsächlicher

---
[17] LG Koblenz MittBayNot 1998, 348 = MittRhNotK 1998, 134.
[18] LG Koblenz aaO.
[19] BayObLG 1998, 39 = NJW-RR 1998, 735 = Rpfleger 1998, 242.

V. Grundbuchmäßige Behandlung

Art kennzeichnet nur das SE, das mit dem MitEAnteil verbunden ist und stellt Rechtsverhältnisse der MitEigter nicht dar. Daher nimmt auch die Eintragung als WE oder TE am öffentlichen Glauben des Grundbuchs nicht teil (Rdn 345). Grundlage für gutgläubigen Erwerb gibt die Eintragung daher nicht.[20] Als Inhalt des SE (§ 10 Abs 2 WEG) ist eine Vereinbarung der MitEigter über eine verbindliche Gebrauchsregelung mit Festlegung der Nutzungsart (§ 10 Abs 1 WEG) durch Bezugnahme auf die Eintragungsbewilligung einzutragen (§ 3 Abs 2 WGV).

d) Umwandlung eines als TE ausgestalteten Raums (Laden, Büro, Speicher, Hobbyraum) in WE und ebenso von Räumen, die als WE ausgestaltet sind, in TE, ist, wenn die Zweckbestimmung auch auf einer (eingetragenen) verbindlichen Gebrauchsregelung über die Nutzungsart (§ 10 Abs 1 WEG) beruht (Rdn 2872c aE), Änderung der Vereinbarung der MitEigter über ihr Verhältnis zueinander (§ 10 Abs 2 WEG). Die Grundbucheintragung erfordert dann Bewilligung aller SEigter[21] (§ 19 GBO) und Zustimmung betroffener dinglicher Berechtigter (Rdn 2958; dort auch zur Eintragung). Berichtigung der Bezeichnung der Räume in Spalte 3 des Bestandsverzeichnisses als „Wohnung" oder „sonstiger Raum" erfolgt dann als Richtigstellung tatsächlicher Art von Amts wegen (Rdn 2872b); die Bezeichnung als WE- oder TE-Grundbuch in der Aufschrift ist als Kennzeichnung des Blattes von Amts wegen richtigzustellen. Vorweggenommene Zustimmung oder Ermächtigung für die Umwandlung durch Vereinbarung der MitEigter (oder vereinbarungsersetzende Regelung), die alle späteren Sondernachfolger bindet, ist möglich.[22] Damit können auch dinglich Berechtigte von der Mitwirkung bei der Umwandlung ausgeschlossen werden.[23] Zur Wirkung gegen Sondernachfolger der MitEigter, damit auch gegen (spätere) dingliche Berechtigte, ist erforderlich, daß diese Bestimmung als Inhalt des SE in das Grundbuch eingetragen ist (§ 10 Abs 2 WEG).[24]

2872 d

e) Nur mit Zustimmung aller SEigter, nicht aber durch Mehrheitsbeschluß, kann Änderung daher auch erfolgen, wenn man bereits in der Bezeichnung (und Eintragung) als „Teileigentum" regelmäßig (wie das BayObLG[25]) eine Zweckbestimmung mit Vereinbarungscharakter sieht (das halten wir nicht für zutreffend, s Rdn 2872c). Die Umwandlung eines TE „Speicher" in eine Wohnung (= WE) oder die Umwandlung eines Hobbyraums (= TE) in WE

2872 e

---

[20] Anders BayObLG MittBayNot 1998, 254 = NJW-RR 1998, 946.
[21] BayObLG MittBayNot 2001, 205 = NJW-RR 2001, 1163 = RNotZ 2001, 118 mit weit Nachw = ZNotP 2001, 198; OLG Bremen DNotI-Report 2002, 70 (auch dazu, daß ein neuer Aufteilungsplan nicht erforderlich ist). Mehrheitsbeschluß genügt nicht; OLG Köln NJW-RR 1997, 1442.
[22] BayObLG 1997, 233 = DNotZ 1997, 379 = Rpfleger 1998, 19; BayObLG MittBayNot 2001, 205 = aaO.
[23] BayObLG MittBayNot 1998, 101.
[24] BayObLG MittBayNot 1998, 101 und MittBayNot 2001, 205 = aaO.
[25] BayObLG 1983, 79 = DNotZ 1984, 104 = MDR 1983, 671; BayObLG DNotZ 1984, 101 = Rpfleger 1983, 348; BayObLG Rpfleger 1984, 409; BayObLG MittBayNot 1986, 23 = Rpfleger 1986, 177; BayObLG DNotZ 1992, 714 mit krit Anm Herrmann = Rpfleger 1991, 500; auch BayObLG NJW-RR 1991, 139 und 148; BayObLG 1997, 233 = DNotZ 1998, 379 = Rpfleger 1998, 19; zustimmend Rapp MittBayNot 1998, 101; BayObLG MittBayNot 1998, 254 = NJW-RR 1998, 946.

bedarf nach dieser Auffassung der Zustimmung aller übrigen SEigter,[26] als Inhaltsänderung auch die der Grundpfandrechtsgläubiger.[27] Die Auffassung,[28] es gebe eine Zweckbestimmung im engeren Sinn, nämlich Wohnungseigentum (Wohnnutzung) und Teileigentum (Nicht-Wohnnutzung) und eine Zweckbestimmung im weiteren Sinn (einzelne Nutzung innerhalb der einen oder anderen Kategorie) und nur die Zweckbestimmung im weiteren Sinn sei der Vereinbarung (§ 10 Abs 2 WEG) zugänglich, während der Wechsel von WE zu TE (und umgekehrt) eine Änderung der WEG-Begründung (also wohl Einigung § 4 WEG) und Eintragung erfordere, findet im WEG keinerlei Grundlage und ist abzulehnen. Auch hier kann jedoch durch Vereinbarung von vornherein festgelegt werden, daß das „Teileigentum" keinen Vereinbarungscharakter hat (s zB Muster Rdn 2839 Abschn IV § 1 letzter Satz). Es kann aber auch (insbesondere durch Teilungserklärung) als Inhalt des SE bestimmt werden, daß Mitwirkung der übrigen WE/TEigter (damit auch ihrer Grundpfandrechtsgläubiger, soweit die Rechte nach Eintragung dieser Bestimmung begründet worden sind) zur Umwandlung ausgeschlossen ist.[29]

VI. Entstehung des Sondereigentums bei noch zu errichtenden Gebäuden

Literatur: Häublein, Gestaltungsprobleme im Zusammenhang mit der abschnittsweisen Errichtung von Wohnungseigentumsanlagen, DNotZ 2000, 442; Hügel, Sicherheit durch § 12 WEG bei der abschnittsweisen Errichtung von Mehrhausanlagen, DNotZ 2003, 517; Röll, Teilungsplanwidriger Bau von Eigentumswohnanlagen, MittBayNot 1991, 240; Röll, Die Errichtung einer Wohnanlage in mehreren Bauabschnitten, MittBayNot 1993, 5 und WE 1993, 16; Staudinger/Rapp Rdn 33 ff zu § 3 und Rdn 46 ff zu § 5 WEG.

1. Bedeutung der Gebäudeerrichtung

2873 WE (TE) entsteht mit Einigung (§§ 3, 4 WEG) oder Teilung (§ 8 WEG) und Eintragung im Grundbuch. Dies gilt nicht nur bei Aufteilung bestehender Gebäude, sondern auch vor Errichtung des Gebäudes und damit der Räume, an denen SE begründet wird, wie § 3 Abs 1 aE WEG zeigt.[1] Für das Rechts-

---

[26] BayObLG 1989, 28 = DNotZ 1990, 42 = NJW-RR 1989, 652 = Rpfleger 1989, 325 für Umwandlung von Büroräumen in Wohnraum; BayObLG DNotZ 1992, 714 mit krit Anm Herrmann = aaO (Fußn 25) für Umwandlung eines als Hobbyraum bezeichneten TE in WE; BayObLG DNotZ 1996, 666 für Umwandlung eines als Lager bezeichneten Raums in WE (auch zur Verpflichtung der WEigter zur Umwandlung, wenn Einvernehmen mit dem Ausbau des Raums erklärt war); LG Aachen MittRhNotK 1988, 255. Zur langjährigen Duldung (Verwirkung) OLG Köln NJW-RR 1998, 1625. Zum Anspruch auf Zustimmung zur Nutzungsänderung BayObLG MittBayNot 1998, 254 = NJW-RR 1998, 946.
[27] BayObLG 1989, 28 = aaO (Fußn 26); BayObLG DNotZ 1992, 714 mit krit Anm Herrmann = aaO (Fußn 25); LG Frankenthal MittBayNot 1991, 129.
[28] Bisher nur BayObLG WE 1995, 157 mit abl Anm Weitnauer; abl auch F Schmidt WE 1996, 212.
[29] BayObLG MittBayNot 1998, 101 und MittBayNot 2001, 205 = aaO (Fußn 21).
[1] BGH 110, 36 = DNotZ 1990, 259 = NJW 1990, 111 = Rpfleger 1990, 159; BayObLG MittBayNot 1991, 167; Weitnauer Rdn 67; Bärmann/Pick/Merle Rdn 26, je zu § 3 WEG.

VI. Entstehung des Sondereigentums bei noch zu errichtenden Gebäuden

verhältnis der WEigter gelten daher nach Anlegung der Wohnungsgrundbücher auch vor Gebäudeerrichtung die Bestimmungen des WEG, nicht §§ 741 ff BGB.[2]
Das vor Gebäudeerrichtung wirksam begründete WE (TE) bleibt wirksames WE (TE) und wird nicht etwa inhaltlich unzulässig, auch wenn das Gebäude endgültig nicht errichtet wird, zB weil bei Grundbucheintragung ein Bauverbot bestand oder das Gebäude aus sonstigen Gründen (endgültig) nicht erstellt wird oder werden kann.[3] WE (TE) bleibt dann auf Dauer in dem Zustand wirksam, in dem es sich bei Grundbucheintragung befand, also der Substanz nach nur in dem eines MitEAnteils am Grundstück. Schließung der WE- (TE-)Grundbücher erfolgt dann nach § 9 WEG (dazu Rdn 2996). Wenn ein öffentlich-rechtliches Bauverbot Entstehung des gesamten WE (TE) als Vollrecht dauernd ausschließt, dürfte auch § 9 Abs 1 Nr 2 WEG (Schließung auf Antrag sämtlicher MitEigter) entsprechend anwendbar sein und uU Anspruch auf Aufhebung der Gemeinschaft wegen Wegfalls der Geschäftsgrundlage geben.
Solange das Gebäude nicht vorhanden ist, kann aber SE, das einen umschlossenen Raum voraussetzt, nicht bestehen. Nach allgemeiner Meinung besteht aber in solchen Fällen bereits eine Art **Anwartschaftsrecht** auf SE, das mit Errichtung des Gebäudes zum Vollrecht erstarkt.[4] Das **SE entsteht als Vollrecht** in Fällen, in denen das Gebäude erst errichtet wird, nach hM[5] mit der teilungsplanmäßigen **Fertigstellung jeder einzelnen Wohnung,** dh schrittweise. Wird also nur ein Teil der in der Teilungserklärung (§ 8 WEG) vorgesehenen Wohnungen gebaut, ein Teil nicht, so ist hinsichtlich der tatsächlich gebauten Wohnungen das Anwartschaftsrecht zum Vollrecht geworden, mithin volles SE entstanden. Würde man auf die Fertigstellung des gesamten Gebäudes abstellen,[6] trüge jeder Erwerber einer Eigentumswohnung die Gefahr, daß das Gesamtobjekt nicht fertiggestellt wird, da er erst dann volles SE erwerben könnte.[7]

Ist WE (TE) mit Anlegung des Grundbuches wirksam entstanden, so ist mit ihm das **Recht** jedes SEigters zur Herstellung des in der Teilungserklärung vorgesehenen Raumes (Gebäudes) unabdingbar verbunden. Einen Erwerber von WE (TE) hindert daher Gemeinschaftseigentum an noch unbebauten Grundstücks-

2873a

---

[2] BGH 110, 36 = aaO; Weitnauer MittBayNot 1991, 143 (145) mit weit Nachw; Röll, Teilungserklärung, S 44; OLG Hamm MittBayNot 1978, 7 = Rpfleger 1978, 182. Jedoch keine „faktische" Eigentümergemeinschaft vor Anlegung der Wohnungsgrundbücher, KG MDR 1986, 761 = NJW-RR 1986, 1274.
[3] BGH 110, 36 = aaO; für den Fall völlig fehlender Gebäudeerrichtung ebenso OLG Hamm DNotZ 1992, 492 = NJW-RR 1991, 35 = Rpfleger 1990, 509.
[4] BGH 110, 36 (38) = aaO; Bärmann/Pick/Merle Rdn 26 zu § 3 WEG mit weit Nachw; Weitnauer Rdn 67 zu § 3 WEG; Röll, Teilungserklärung, S 44 ff; BayObLG 1973, 78 (82) = DNotZ 1973, 611 (613); OLG Frankfurt Rpfleger 1978, 380 u 381 = OLGZ 1978, 295; OLG Hamm DNotZ 1992, 492 = aaO (Fußn 3); LG Aachen MittRhNotK 1983, 162.
[5] Weitnauer Rdn 67 zu § 3 WEG; Schmidt BWNotZ 1975, 12; BGH MittBayNot 1986, 251 (252 aE); OLG Karlsruhe DNotZ 1973, 235; OLG Stuttgart DNotZ 1979, 608; Röll DNotZ 1977, 69; ders, Teilungserklärung, S 47 ff.
[6] So nur Diester Rdn 14 a, b zu § 3 WEG.
[7] Eingehend zu allen Konsequenzen der Ansicht Diesters Röll, Teilungserklärung, S 45 ff.

flächen nicht, durch Errichtung des Raumes (zB von Garagen) sein in der Teilungserklärung vorgesehenes Sondereigentum zur Entstehung zu bringen.[8] Die bloße Absicht der derzeitigen WEigter (TEigter), einzelne SE-Einheiten nicht mehr zu errichten, führt keinesfalls zum Erlöschen des bereits entstandenen Anwartschaftsrechts auf SE; dies gilt jedenfalls so lange, als nicht auszuschließen ist, daß das laut Aufteilungsplan vorgesehene SE eventuell nach Änderung der derzeitigen Verhältnisse – sachlich oder personell – noch gebaut wird.[9] Hierfür spricht auch die Vermutung des § 891 BGB.
Steht dagegen – ausnahmsweise – fest, daß einzelne (aber nicht alle, dazu Rdn 2873) SE-Einheiten überhaupt nicht mehr gebaut werden können – diese Feststellung ist sehr schwer zu treffen, da auch eine erfolgte vom Plan abweichende Bebauung wieder beseitigt werden könnte oder eine nachträgliche Bauuntersagung für einzelne Einheiten wieder rückgängig gemacht werden könnte[10] –, so entfällt zwar das Anwartschaftsrecht auf SE, das sachen- und grundbuchrechtlich existent gewordene WE (TE) hört mit einem solchen schwer feststellbaren, dem Grundbuchamt nicht nachweisbaren und nicht erkennbaren, zwischen den Beteiligten häufig streitigen tatsächlichen Ereignis nicht zu bestehen auf. Die gegenteilige Ansicht des OLG Hamm,[11] das in einem solchen Fall einen sogenannten „isolierten Miteigentumsanteil" bestehen läßt und weiter annimmt, dieser sei nicht verkehrsfähig, dh nicht übertragbar und nicht belastbar, ist mit den elementaren Grundprinzipien des Grundstücks- und Grundbuchrechtes nicht vereinbar. Der Miteigentumsanteil ist durch Aufteilung und Eintragung im Grundbuch rechtswirksam entstanden und wird nach den Bestimmungen des WEG behandelt.[12] Eine Änderung dieses sachenrechtlichen Zustandes kann wiederum nur nach den Grundsätzen des Sachenrechts, also durch Einigung und Eintragung im Grundbuch, stattfinden, nicht durch rein tatsächliche, äußerst schwierig feststellbare Ereignisse.[13] Nur diese Auffassung entspricht der durch die BGH-Rechtsprechung für solche Fälle vorgezeichneten Linie (s dazu Rdn 2830).

2873b Eine **Pflicht** der WEigter zur Fertigstellung wird nach überwiegender Meinung in analoger Anwendung des § 22 Abs 2 WEG jedenfalls dann bejaht, wenn das Gebäude wenigstens zur Hälfte fertiggestellt ist.[14] Die Kosten hier-

---

[8] OLG Hamm DNotZ 1988, 32 = Rpfleger 1987, 304.
[9] BayObLG JR 1987, 378 = MittBayNot 1991, 167; OLG Hamm DNotZ 1988, 32 = aaO; Weitnauer MittBayNot 1991, 143.
[10] So richtig Weitnauer MittBayNot 1991, 143; angedeutet auch bei BayObLG aaO (Fußn 9).
[11] OLG Hamm DNotZ 1992, 492 mit Anm Hauger = NJW-RR 1991, 35 = OLGZ 1991, 27 = Rpfleger 1990, 509; abl auch Weitnauer MittBayNot 1991, 143, Röll, MittBayNot 1991, 240.
[12] BGH 110, 36 = aaO (Fußn 1); BayObLG DNotZ 2002, 154 = NJW-RR 2002, 224 = Rpfleger 2002, 199 (nach 30 Jahren noch nicht errichtete Tiefgarage; auch zum Anspruch der MitEigter auf Übernahme der MitE-Anteile und Aufhebung des SE für die nicht mehr zu bauenden Einheiten).
[13] BayObLG aaO (Fußn 9).
[14] Staudinger/Bub Rdn 288; Weitnauer/Lüke Rdn 29, je zu § 22 WEG; MünchKomm/Röll Rdn 27 vor § 1 WEG; generell Bärmann/Pick/Merle Rdn 26 zu § 3 WEG. AA – keine Fertigstellungspflicht ohne besondere schuldrechtliche Abrede – Staudinger/Rapp Rdn 38 zu § 3 WEG.

VI. Entstehung des Sondereigentums bei noch zu errichtenden Gebäuden

für tragen bezüglich des Gemeinschaftseigentums (nicht des SE) die WEigter entsprechend der ausdrücklichen Regelung in der Gemeinschaftsordnung, hilfsweise nach § 16 Abs 2 WEG.[15]

Auf der Grundlage der Lehre von der schrittweisen Entstehung des SE ist es möglich, SE-Anlagen in mehreren Bauabschnitten zu errichten.[16] SE entsteht jeweils entsprechend dem Baufortschritt. Nach Röll[17] empfiehlt es sich, eine „große Aufteilung" zu wählen, die bereits alle Bauabschnitte, die je gebaut werden sollen, erfaßt. Dagegen müssen bei der „kleinen Aufteilung" (nur für den 1. Bauabschnitt) alle Eigentümer (und Käufer) des 1. Bauabschnittes unter Zustimmung der hieran dinglich Berechtigten Miteigentumsanteile abgeben, mit denen neues Sondereigentum verbunden wird, wenn der 2. Bauabschnitt errichtet wird. Aus den gleichen Gründen ist auch die Bildung eines übergroßen MitEAnteils im Rahmen des 1. Bauabschnittes, aus dem der Bauträger dann durch Aufteilung die MitEAnteile für den 2. Bauabschnitt bildet, nicht besonders praktikabel, da für die damit verbundene Bildung neuen Sonder- und Gemeinschaftseigentums dieselben Zustimmungen nötig sind. Diese Zustimmungen sind aber auch bei der „großen" Aufteilung nötig, wenn zB der 2. Bauabschnitt anders gebaut wird als ursprünglich geplant und dabei bisheriges SE in Gemeinschaftseigentum und umgekehrt überführt wird[17a] (vgl Rdn 2967c).

2874

Zur Vollmacht zur Begründung weiteren SE insbesondere Rdn 2967a. Werden auf einem Grundstück mehrere Gebäude in mehreren Bauabschnitten errichtet, ist es besonders wichtig, Vereinbarungen (§ 10 WEG) über die Lastentragung und Verwaltung einschließlich Stimmrecht hinsichtlich der einzelnen selbständigen Bauabschnitte zu treffen.[18] Bei Mehrhausanlagen können jeweils nur deren Eigentümer zur Herstellung verpflichtet werden.[19] Zum Schicksal von SE-Einheiten, für die Gebäude nicht mehr gebaut werden, s Rdn 2873a.

2. Abweichungen zwischen Teilungsplan und Gebäudeerrichtung

Probleme entstehen, wenn die Bauausführung nicht der Teilungserklärung samt Aufteilungsplan entspricht. Dann hindert die abweichende Bauausführung die Entstehung des SE nicht, wenn gleichwohl auf Grund des Aufteilungsplans die Identifizierung des Gemeinschaftseigentums und des Sondereigentums

2875

---

[15] Wie hier Staudinger/Bub Rdn 297 zu § 22 WEG; anders wohl BayObLG ZfIR 2003, 246 mit krit Anm Häublein, das eine gemeinsame Kostentragungspflicht ohne Rücksicht auf die Kostenregelung der Gemeinschaftsordnung annimmt.
[16] Vgl zu diesen Fragen eingehend Röll DNotZ 1977, 69 ff und MittBayNot 1993, 5; Rapp in Beck'sches Notarhandbuch A III Rdn 35; F Schmidt in Bärmann/Seuss A Rdn 260 und in Münchner Vertragshandbuch (5. Aufl 2003) Bd 6 VIII Nr 24.
[17] Vgl Röll DNotZ 1977 69 (74 ff).
[17a] Vgl zu Sicherungsmöglichkeiten durch entsprechende Verpflichtungserklärungen und Vormerkungen (mit Rangvorbehalt bei Finanzierungsgrundpfandrechten) Häublein DNotZ 2000, 442; Röll ZWE 2000, 446; F Schmidt in Münchner Vertragshandbuch aaO (Fußn 16); für Sicherung über § 12 WEG Hügel DNotZ 2003, 517.
[18] Röll DNotZ 1977, 69 (73); OLG Hamm MittBayNot 1978, 7; vgl auch BGH Rpfleger 1984, 465.
[19] So zu Recht Häublein ZfIR 2003, 250.

3. Teil. Wohnungseigentum und Dauerwohnrecht

möglich ist.[20] Dabei kommt es nicht darauf an, daß jedem Raum im Aufteilungsplan ein Raum im Gebäude entspricht. Vielmehr genügt es, daß die Abgrenzung der dem Gemeinschaftseigentum und den einzelnen SE-Rechten zugeordneten Gebäudeteile, wie sie im Aufteilungsplan getroffen wurde, mit der Bauausführung übereinstimmt.[21] Es sind folgende Fälle zu unterscheiden:

2876 a) Liegt eine nur unwesentliche, **geringfügige Abweichung** der Bauausführung vom Aufteilungsplan vor, ist SE entstanden; es genügt eine Planberichtigung.[22] Die Grundbucheintragung der Änderung des in Bezug genommenen Aufteilungsplans (Rdn 2872) erfolgt als Grundbuchberichtigung (§ 22 GBO).[23]

2877 b) Sind innerhalb einer Wohnung die **Räume anders aufgeteilt** als vorgesehen, ohne daß die Abgrenzung der Wohnung nach außen geändert ist, ist die Aufteilung voll wirksam. Eine Änderung der Teilungserklärung ist nicht nötig.[24]

2878 c) **Weicht** die **Bauausführung** vom Aufteilungsplan in so **wesentlichen Punkten ab**, daß nicht bestimmbar ist, welches Raumeigentum in der Natur dem im Aufteilungsplan entspricht, so ist kein SE entstanden;[25] dennoch unterliegt die Eigentümergemeinschaft dem WEG.[26] Abhilfe ist nur über eine Änderung der Teilungserklärung möglich. Ist zwar die **Zahl** der Wohnungen **gleich** geblieben, hat sich aber deren **Grundriß geändert** (Vergrößerung oder Verkleinerung gegenüber Plan), so ist SE entstanden, solange der Bestimmtheitsgrundsatz gewahrt ist. Streitig ist, ob für den Umfang des SE dabei die Wirklichkeit maßgebend ist[27] (ggfs analoge Anwendung der Vorschriften über den Überbau[28]) oder der Aufteilungsplan.[29] Veränderung des Zuschnitts der SE-Räume nach der Errichtung ändert die bereits entstandenen WE-Einheiten nicht.[30]

2879 d) Werden **mehr SE-Einheiten gebaut** als im Teilungsplan vorgesehen und zwar dort, wo nach Teilungsplan gemeinschaftliches Eigentum vorgesehen ist (zB Ga-

---

[20] BayObLG 1981, 332 = DNotZ 1982, 242 = Rpfleger 1982, 21; OLG Köln MittRhNotK 1982, 221 = Rpfleger 1982, 374.
[21] BayObLG 1981, 332 = aaO (Fußn 20); OLG Köln, Rpfleger 1982, 374 = aaO (Fußn 20).
[22] Bärmann/Pick/Merle Rdn 77 zu § 7 WEG; Diester NJW 1971, 1157. Zu Überbaurente oder Abkauf bei ungerechtfertigter Einbeziehung von Gemeinschaftseigentum in SE: OLG Celle OLGZ 1981, 106.
[23] Zur Bestimmtheit einer Vollmacht in einem Kaufvertrag, durch die der Veräußerer ermächtigt ist, die Teilungserklärung zu ändern, s Rdn 3555 (mit Fußn 2).
[24] BayObLG 1967, 25; BayObLG 1981, 332 = aaO (Fußn 20); OLG Hamm DNotZ 1987, 225 mit Anm Röll = NJW-RR 1986 1275 = Rpfleger 1986, 374.
[25] OLG Hamm aaO (Fußn 24); Röll, Teilungserklärung, S 53; Diester NJW 1971, 1157; Weitnauer Rdn 43 zu § 3 WEG; Bärmann/Pick/Merle Rdn 77 zu § 7 WEG; Streblow MittRhNotK 1987, 141 (144).
[26] Es kann nichts anderes gelten wie bei angelegten WEG-Grundbüchern, wenn überhaupt kein Gebäude errichtet werden kann (Bauverbot), s Rdn 2873.
[27] Röll, Teilungserklärung, S 53 und MittBayNot 1991, 240; OLG Karlsruhe DNotZ 1973, 235; OLG Düsseldorf MittRhNotK 1989, 56 = NJW-RR 1988, 590 = OLGZ 1988, 239.
[28] So Röll MittBayNot 1993, 265.
[29] BayObLG DNotZ 1993, 741 = Rpfleger 1993, 488 unter anschaulicher Ablehnung der Anwendung von Überbauregeln; BayObLG DNotZ 1999, 212; OLG Celle OLGZ 1981, 106; Streblow MittRhNotK 1987, 141 (144) mit weit Nachw; Weitnauer Rdn 44; Staudinger/Rapp Rdn 78, je zu § 3 WEG.
[30] OLG Düsseldorf aaO (Fußn 27).

VI. Entstehung des Sondereigentums bei noch zu errichtenden Gebäuden

ragen auf Hoffläche; ein weiteres Stockwerk mit Wohnungen statt Dach), oder auf einer für die Bebauung nicht vorgesehenen, somit zum gemeinschaftlichen Eigentum gehörenden Fläche (zB zusätzlicher Kellerraum, weitere Garagen), so entsteht lediglich an den teilungsplanwidrig errichteten Einheiten kein SE; diese bleiben vielmehr im Gemeinschaftseigentum.[31] SE kann hier nur durch Änderung der Teilungserklärung im Fall des § 8 WEG, sonst durch Einigung und Eintragung (§ 4 Abs 1, 2 WEG, §§ 873, 925 BGB, vgl auch Rdn 2967) begründet werden. Hinsichtlich der übrigen Wohnungen ist volles SE entstanden.

e) Werden mehr SE-Einheiten als im Teilungsplan vorgesehen dadurch geschaffen, daß bei gleichem Grundriß statt einer größeren Wohnung **mehrere kleinere Wohnungen** gebaut werden, so ist ein MitEAnteil verbunden mit dem SE an beiden Wohnungen entstanden; durch Unterteilung (vgl Rdn 2975) können die Eigentumswohnungen auch rechtlich verselbständigt werden.[32] 2880

f) Wird – umgekehrt zu Buchstabe e) – statt mehrerer Wohnungen auf gleichem Grundriß durch Zusammenlegung **nur eine Wohnung** errichtet, bestehen aber zwei MitEAnteile, so ist SE an den im Aufteilungsplan jeweils aufgeführten Räumen entstanden.[33] Daß sie nicht abgeschlossen sind, ist unschädlich, da die Abgeschlossenheit nur Sollvorschrift ist und die Aufteilung nicht unwirksam macht. Mit Röll[34] wird man aber eine Verpflichtung des Eigentümers annehmen können, die Grundbuchberichtigung durch Vereinigung der MitEAnteile durchzuführen. 2881

g) Werden **weniger Wohnungen unter Abänderung** der vorgesehenen Grundrisse gebaut, also zB nur ein Gebäude statt der vorgesehenen zwei Gebäude, entsteht für die Wohnungen im ersten Gebäude volles SE (vgl Rdn 2873). Steht fest, daß die restlichen Wohnungen nicht mehr gebaut werden, geht die Anwartschaft auf SE insoweit unter. Die Vermutung (§ 891 BGB) für das Fortbestehen von WE/TE (Anwartschaftsrecht) besteht jedenfalls so lange, als nicht ausgeschlossen werden kann, daß die SE-Räume noch gebaut werden.[35] Es bestehen MitEAnteile ohne SE. Da dies nach § 6 WEG nicht zulässig ist, dürfte eine Verpflichtung der übrigen WEigter bestehen, bei einer Änderung der Teilungserklärung mitzuwirken, die die Teilungserklärung mit den wirklichen Verhältnissen dadurch in Einklang bringt, daß die „leeren" MitEAnteile den MitEAnteilen der übrigen WEigter zugeschlagen werden (s dazu Rdn 2830 und 2873a). 2882

---

[31] BayObLG 1973, 78 = DNotZ 1973, 611; BayObLG Rpfleger 1974, 111 = NJW 1974, 152 = MittBayNot 1974, 15; OLG Stuttgart OLGZ 1979, 21 = BWNotZ 1979, 17 und Justiz 1983, 308; Röll, Teilungserklärung, S 50.
[32] Vgl hierzu OLG Düsseldorf DNotZ 1970, 42 = Rpfleger 1970, 26; Röll, Teilungserklärung, S 49; kritisch Bärmann/Pick/Merle Rdn 67 zu § 7 WEG.
[33] S auch BayObLG 1981, 332 = aaO (Fußn 20) wie folgt: Die Entstehung von SE wird nicht dadurch gehindert, daß entgegen dem Aufteilungsplan zwei Wohnungen zu einer zusammengefaßt werden, wenn dadurch die Abgrenzung des jeweiligen Sondereigentums von anderem SE sowie vom Gemeinschaftseigentum nicht betroffen wird.
[34] Röll, Teilungserklärung, S 51.
[35] BayObLG 2001, 328 = DNotZ 2002, 154 = NJW-RR 2002, 224 = Rpfleger 2002, 199; BayObLG MittBayNot 1991, 167 = aaO (Fußn 9); vgl auch OLG Hamm DNotZ 1988, 32 = Rpfleger 1987, 304.

2882a h) Sind jedoch in der Teilungserklärung (Gemeinschaftsordnung) die weigtrechtlichen Vorschriften über bauliche Veränderungen wirksam abbedungen (zB bei Doppelhäusern, Reihenhäusern, s Rdn 2911), entfallen jedenfalls der Anspruch auf teilungsplanmäßige Herstellung und damit auch etwaige Beseitigungsansprüche.[36]

2882b i) Wird auf einer im Aufteilungsplan als TE ausgewiesenen Fläche eine Anlage errichtet, die kraft Gesetzes nicht im SE stehen kann (Raum mit Heizungsanlage), so entsteht hieran gemeinschaftliches Eigentum; auch hier entsteht uU ein sog isolierter Miteigentumsanteil (s dazu Rdn 2830 und 2873a).
Wenn der Aufteilungsplan auch den Standort des Gebäudes festlegt (zur Frage, ob das erforderlich ist, siehe Rdn 2854), das Gebäude jedoch abweichend an anderer Stelle auf dem Grundstück errichtet wurde, ist WE mit SE in diesem Gebäude dann entstanden, wenn Gemeinschaftseigentum und SE zweifelsfrei abgrenzbar sind.[37]

VII. Gemeinschaft der Wohnungseigentümer

1. Übersicht

2883 Mit der Gemeinschaft der WEigter (TEigter) befaßt sich das WEG naturgemäß besonders eingehend. Es stellt zunächst **allgemeine Grundsätze** auf (§ 10) und regelt sodann die besonderen **Rechte** und **Pflichten** der Miteigentümer (§§ 13, 14). Die **Gebrauchsregelung** für SE und gemeinschaftliches Eigentum ist in § 15, die Regelung über **Nutzen und Lasten** sowie **Kosten** bezüglich des gemeinschaftlichen Eigentums ist in § 16 WEG enthalten.
Die **Verwaltung** des **gemeinschaftlichen Eigentums** obliegt teilweise den WEigtern, teilweise einem zu bestellenden Verwalter, uU einem Verwaltungsbeirat. Bestimmte Entscheidungen sind durch das **Gericht** in einem Verfahren der freiwilligen Gerichtsbarkeit zu treffen.

2. Allgemeine Grundsätze

2884 Das Verhältnis der WEigter (auch für TEigter) untereinander **bestimmt sich nach** den Vorschriften des WEG und, soweit dieses Gesetz keine besonderen Bestimmungen enthält, nach den Vorschriften des BGB (§§ 741 ff) über die Gemeinschaft (§ 10 Abs 1 S 1 WEG). Die WEigter können von den Vorschriften des **WEG abweichende Vereinbarungen** treffen, soweit nicht etwas anderes ausdrücklich bestimmt ist (§ 10 Abs 1 S 2 WEG; **Gestaltungsfreiheit** der MitE). Gleichermaßen kann der teilende Eigentümer in seiner Teilungserklärung Bestimmungen über das Verhältnis der WEigter (TEigter) untereinander treffen (entspr Anwendung des § 5; siehe § 8 Abs 2 WEG). Abänderbare Bestimmungen über das Verhältnis der WEigter untereinander regeln (mit Ausnahmen, s

---

[36] BayObLG ZfIR 2002, 466.
[37] BayObLG 1989, 470 = DNotZ 1990, 263 = NJW-RR 1990, 332 = Rpfleger 1990, 204; in diesem Fall waren 2 Fertiggaragen einen Meter zu weit in Richtung Grundstückszufahrt errichtet.

VII. Gemeinschaft der Wohnungseigentümer

Rdn 2895) §§ 10–19 WEG über die Gemeinschaft der WEigter und §§ 20–29 WEG über die Verwaltung. Demgegenüber erfordern **Verfügungen** eines WEigters über sein WE (TE) oder aller WEigter über eine Grundstücksfläche als dingliche Rechtsänderung Einigung (Auflassung) und Grundbucheintragung, so zB die Veräußerung von WE (Rdn 2938), die Umwandlung von SE in Gemeinschaftseigentum und umgekehrt (Rdn 2967), der Erwerb oder die Veräußerung von Grundstücks-Teilflächen (Rdn 2981, 2982). Bestimmung für solche Rechtsgeschäfte kann durch abändernde Vereinbarung (§ 10 WEG) daher nicht getroffen, damit ebenso in der Teilungserklärung (§ 8 WEG) nicht vorgesehen werden (s dazu auch Rdn 2967, 2967 a).

3. Vereinbarungen und Mehrheitsbeschlüsse der WEigter

Literatur: Becker, Beschlußkompetenz kraft Vereinbarung – sog Öffnungsklausel, ZWE 2002, 341; Hügel, Die Mehrheitsvereinbarung im Wohnungseigentumsrecht, DNotZ 2001, 176; Hügel, Vereinbarungen aufgrund so genannter Öffnungsklausel, ZWE 2002, 503; Röll, Vereinbarungen über Änderungen der Gemeinschaftsordnung durch Mehrheitsbeschluß, DNotZ 1982, 731; Schneider, Zur Grundbucheintragung von Regelungen der Wohnungseigentümer, ZfIR 2002, 108; Schneider, Auswirkungen der „Jahrhundertentscheidung" im Wohnungseigentumsrecht auf das Grundbuchverfahren, Rpfleger 2002, 503; Wenzel, Beschluß oder Vereinbarung, FS Deckert (2003) 517.

a) Gesetzliche Aufgabenverteilung; Öffnungsklausel

aa) Das WEG unterscheidet[1] (s § 23 Abs 1 WEG) zwischen Angelegenheiten der WEigter, 2885
– die sie durch **Vereinbarung** regeln können und zu regeln haben (§ 10 Abs 1 S 2 WEG),
– über die nach dem WEG durch (Mehrheits-)**Beschluß** zu entscheiden ist (zur Eigentümerversammlung Rdn 2924 ff). Dazu gehören insbesondere die Regelung des ordnungsgemäßen Gebrauchs (§ 15 Abs 2 WEG), der ordnungsgemäßen Verwaltung (§ 21 Abs 3 WEG), auch der Instandhaltung und Instandsetzung des gemeinschaftlichen Eigentums (s § 22 WEG), und die Ermächtigung des Verwalters zur Geltendmachung von Ansprüchen (§ 27 Abs 2 Nr 5 WEG).
Auch diese **Aufgabenverteilung** können die WEigter – damit ebenso der Grundstückseigentümer bei Teilung nach § 8 WEG – durch abweichende Vereinbarung (Bestimmung) **anderweit regeln** (§ 10 Abs 1 S 2 WEG); abweichend können sie damit vorsehen, daß über die gesetzlich durch Vereinbarung zu regelnden Angelegenheiten durch (Mehrheits-)Beschluß entschieden werden kann (s § 23 Abs 1 WEG; sogen **Öffnungsklausel**). Dinglich Berechtigte von SE-Einheiten müssen (bei nachträglicher Vereinbarung der Öffnungsklausel) nicht zustimmen;[2] Legitimation der Mehrheitsherrschaft durch Kompetenzzuweisung bewirkt nur, daß Inhaltsvereinbarungen beschlossen werden können; davon wird die Rechtsstellung dinglich Berechtigter (noch) nicht berührt; sie sind daher nicht (möglicherweise) betroffen (Rdn 100 a, b).

---
[1] Hierzu BGH 145, 158 (160) = DNotZ 2000, 854 (858) mit Anm Rapp = NJW 2000, 3500 = Rpfleger 2001, 19.
[2] Hügel ZWE 2002, 503 (504); Schneider Rpfleger 2002, 503 (504); Wenzel FS Deckert (2002) S 517 (528).

Zur Wirksamkeit gegen Sondernachfolger bedarf diese Vereinbarung der Grundbucheintragung[3] (§ 16 Abs 2 WEG; s Rdn 2886).

Ausgeschlossen ist Regelung einer Angelegenheit durch (Mehrheit-)Beschluß stets, wenn sie weder durch das WEG noch durch Vereinbarung der WEigter (Teilungserklärung) dem Mehrheitsprinzip unterworfen ist. Die WEigter-Versammlung ist dann für die Beschlußfassung absolut unzuständig; ein trotz absoluter Beschlußunzuständigkeit gefaßter Beschluß ist (ex tunc) nichtig.[4] In Bestandskraft können nach § 23 Abs 2 WEG nur Beschlüsse in Angelegenheiten erwachsen, über die nach dem WEG überhaupt durch Beschluß entschieden werden durfte, nicht aber solche, deren Gegenstand bei richtiger Anwendung der die Beschlußkompetenz regelnden Gesetzesbestimmung oder Teilungserklärung (Vereinbarung) nur durch Vereinbarung der WEigter zu regeln gewesen wäre.[5] Bestandskräftig werden kann ein Beschluß daher zB dann, wenn eine beschlossene Gebrauchsregelung oder Verwaltungsmaßnahme sich nicht mehr im Rahmen der Ordnungsmäßigkeit hält (§ 15 Abs 2, § 21 Abs 3 WEG) oder einem WEigter Kosten unter fehlerhafter Anwendung der Teilungserklärung auferlegt werden (§ 28 Abs 5 WEG).

2885a bb) Die Gemeinschaft der WEigter ist eine besonders ausgestaltete Gemeinschaft nach Bruchteilen (Rdn 2808). Die durch Gesetz (§§ 10 ff WEG, §§ 74 ff BGB) oder Vereinbarung (Teilungserklärung) geregelten Beziehungen der Miteigentümer begründen daher **schuldrechtliche Verpflichtungen.** Vereinbarungen haben, ebenso wie die Bestimmung des teilenden Eigentümers (§ 8 Abs 4 mit § 5 WEG) somit vertraglichen Charakter; sie können als **Inhalt des SE** verdinglicht (§ 5 Abs 4 WEG), durch Grundbucheintragung sonach mit Wirkung gegen einen Sondernachfolger ausgestattet werden (§ 10 Abs 2 WEG); sie werden aber kein dingliches Recht mit absoluter Wirkung gegenüber Dritten.[6] Für die Vertragschließenden[7] sind sie (auch ohne Grundbucheintragung) bindend; sie werden mit Eintritt eines nicht (nach § 10 Abs 2 WEG) gebundenen Sondernachfolgers in die WEigter-Gemeinschaft (der nicht auch [mit Zustimmung der übrigen WEigter] in die Veränderungsvereinbarung eintritt) hinfällig.[8] Zugunsten eines Sondernachfolgers sind sie auch ohne Eintragung wirksam[9] (§ 746 BGB). Zum gutgläubigen Erwerb Rdn 2915a.

2885b cc) **Abgeändert** werden können **Vereinbarungen** der WEigter über ihr (schuldrechtliches) Verhältnis untereinander ebenso wie Bestimmungen der

---

[3] Wenzel FS Deckert S 517 (527, 528).
[4] BGH 145, 158 = aaO, der damit der Wirksamkeit von **Pseudovereinbarungen** durch (rechtswidrigen) nicht angefochtenen (§ 23 Abs 4 WEG) Mehrheitsbeschluß („Zitterbeschluß") eine klare Absage erteilt hat. Zu diesen Beschlüssen und (überholter) früherer Rechtsprechung siehe 12. Aufl Rdn 2887a.
[5] BGH 145, 158 (162, 163) = aaO.
[6] Röll Rpfleger 1980, 90.
[7] Anspruch eines Dritten begründen sie nicht, so keinen Anspruch des Betreibers eines Heizwerks auf Abschluß eines Wärmelieferungsvertrags; OLG Frankfurt MDR 1983, 580.
[8] BGH DNotZ 2002, 866 (867) = NJW 2002, 2863 (2864); OLG Hamm MittBayNot 1997, 193 = MittRhNotK 1997, 137; OLG Köln MittRhNotK 1997, 132 und DNotZ 2002, 223 (224, 227) mit krit Anm Häublein; dazu Kreuzer MittBayNot 1997, 136; Wenzel FS Deckert S 517 (528).
[9] BayObLG MittBayNot 1992, 266; aA Wenzel FS Deckert S 517 (528).

VII. Gemeinschaft der Wohnungseigentümer

Teilungserklärung (§ 8 WEG) über die durch Vereinbarung zu regelnden Angelegenheiten (§ 10 Abs 1 WEG) nur mit Zustimmung aller WEigter. Durch (abändernden) Mehrheitsbeschluß ist Änderung möglich, wenn durch Vereinbarung der WEigter (die Teilungserklärung) diese Möglichkeit ausdrücklich vorgesehen ist (Rdn 2885). Eine Vereinbarung des Inhalts, es können künftig keine Änderungen durch Vereinbarung aller WEigter getroffen werden, ist unwirksam.[10] Ob eine Öffnungsklausel (Rdn 2885) allgemein für alle Angelegenheiten der WEigter vorgesehen werden kann oder ob sie die weiteren Angelegenheiten[11] als Beschlußgegenstände konkret anzugeben hat, ist umstritten.[12] Aussagekräftige (bestimmbare) Darstellung der Angelegenheiten, über die Entscheidung durch Beschluß ermöglicht wird, gebietet der sachenrechtliche Bestimmtheitsgrundsatz[13] für Regelung nur einzelner Beschlußgegenstände. Abweichende Vereinbarung (§ 10 Abs 1 S 2 WEG) macht aber Einzelregelung (enumerative Aufzählung) der Beschlußgegenstände nicht erforderlich; möglich ist daher auch eine Öffnungsklausel, die alle Vereinbarungen durch Mehrheitsbeschluß abänderbar macht; sie ist allerdings keineswegs zu empfehlen. Eine verantwortungsvolle Vertragsgestaltung wird der Mehrheitsherrschaft Grenzen setzen, insbesondere eingeräumte Sondernutzungsrechte abänderungsfest gestalten müssen; andernfalls droht eine Aushöhlung des Eigentums.[14]

dd) Auch wenn die WEigter nach einer (abändernden) Vereinbarung (Bestimmung der Teilungserklärung) durch Beschluß entscheiden können, darf die Abänderungsklausel im konkreten Fall **nicht** dazu führen, daß die einmal getroffenen Vereinbarungen (die Bestimmungen der Teilungserklärung) **nach Belieben** der jeweiligen Mehrheit **abgeändert werden** können. Der einzelne WEigter muß vielmehr darauf vertrauen können, daß Änderungen nicht ohne weiteres möglich sind. Daher wird eine (vorgesehene) Änderung durch Mehrheitsbeschluß nur zugelassen, wenn sachliche Gründe vorliegen und einzelne WEigter auf Grund der Neuregelung gegenüber dem bisherigen Rechtszustand nicht unbillig benachteiligt werden.[15] Bei einem Lasten- und Kostenverteilungsschlüssel ist dies insbesondere dann der Fall, wenn sich die Verhältnisse gegenüber früher in wesentlichen Punkten geändert haben oder die ursprünglich vorgesehene Verteilung sich nicht be-

2885 c

---

[10] BayObLG MittBayNot 1992, 266.
[11] Dazu kann Begründung (und Aufhebung; s aber Rdn 2885c) eines Sondernutzungsrechts (Rdn 2910) gehören, die als Gebrauchsregelung (gesetzlich) durch Vereinbarung zu erfolgen hat.
[12] **Für** zulässig halten eine einfache (sachlich unbegrenzte) Öffnungsklausel Becker ZWE 2002, 341 (342); Röll DNotZ 2000, 898 (902); Schneider Rpfleger 2003, 503 (504), der Fußn 19 weitere Nachweise gibt.
Gegen eine umfassende Öffnungsklausel sind Rapp DNotZ 2000, 864 (868) und Wudy MittRhNotK 2000, 383 (389).
[13] Wenzel FS Deckert S 517 (527).
[14] Ob bei Verkauf einer Eigentumswohnung dem beurkundenden Notar eine Belehrungspflicht über solche Öffnungsklauseln und ihre Folgen obliegt, ist derzeit noch nicht geklärt.
[15] Dazu mit Einzelheiten BGH 95, 137 = DNotZ 1986, 83 = NJW 1985, 2832 (dazu Sauren NJW 1986, 2034); BayObLG NJW-RR 1987, 203; zu Änderungsvorbehalten in Gemeinschaftsordnungen s Grebe DNotZ 1987, 5.

währt hat.[16] Grenzen setzen weiter die zwingenden WEG-Vorschriften (s Rdn 2895), die allgemeinen gesetzlichen Schranken der §§ 134, 138, 242 BGB und möglicherweise auch ein Mehrheitsbeschlüssen nicht zugänglicher Kernbereich des WE.[17] Ob trotz entsprechender Kompetenzzuweisung ein vereinbarungsändernder Mehrheitsbeschluß rechtmäßig ist, hängt daher von den Besonderheiten des Einzelfalls ab.

b) Wirkung abweichender Regelungen gegen einen Sonderrechtsnachfolger

2886 aa) **Gegen den Sondernachfolger** eines WEigters wirken **Vereinbarungen** der Eigentümer über ihr Verhältnis untereinander ebenso wie entsprechende Bestimmungen der Teilungserklärung (§ 8 WEG) sowie die Abänderung oder Aufhebung solcher Vereinbarungen nur, wenn sie als **Inhalt des SE** (§ 5 Abs 4 WEG) im Grundbuch eingetragen sind (§ 10 Abs 2 WEG). Die Eintragung erfolgt auf Antrag (§ 13 GBO) eines (mehrerer oder aller) WEigter (der Verwalter ist nicht antragsberechtigt); sie erfordert Bewilligung (§ 19 GBO) aller WEigter; ein Mehrheitsbeschluß genügt nicht.[18] Dinglich Berechtigte von SE-Einheiten müssen zustimmen, wenn ihre Rechtsstellung von der Abänderung betroffen wird (Rdn 100a, b und 2887c). Eintragung durch Bezugnahme auf die Eintragungsbewilligung reicht aus (Rdn 2866). Eintragungsfähig sind auch inhaltlich mit dem WEG übereinstimmende Regelungen.[19] Werden Vereinbarungen nach § 10 Abs 2 WEG zur Eintragung beantragt, können sie nur einheitlich eingetragen werden, also nicht, wenn eine von mehreren Bestimmungen unwirksam ist.[20] Zur Änderung und Aufhebung s Rdn 2958; zur Übertragung von Rechten s Rdn 2963.

2886a bb) **Beschlüsse** der WEigter (§ 23 WEG) in Angelegenheiten, über die nach dem WEG durch Mehrheitsbeschluß zu entscheiden ist (Rdn 2885) und **Entscheidungen des Richters** nach § 43 WEG wirken gegen den Sondernachfolger eines WEigters dagegen ohne Eintragung im Grundbuch (§ 10 Abs 3 WEG). Sie wirken auch für und gegen die WEigter und deren Rechtsnachfolger, die gegen den Beschluß gestimmt oder an der Versammlung nicht teilgenommen haben (§ 10 Abs 4 WEG). Solche Beschlüsse und Entscheidungen sind daher weder eintragungsbedürftig noch eintragungsfähig.[21]

c) Wirkung und Eintragung bei Beschlußkompetenz auf Grund Öffnungsklausel

2887 aa) Ob gegen den Sonderrechtsnachfolger eines WEigters nach § 10 Abs 3 WEG ohne Eintragung im Grundbuch auch auf Grund Öffnungsklausel (s Rdn 2885b) gefaßte vereinbarungs- oder gesetzesändernde Beschlüsse wir-

---

[16] OLG Köln ZfIR 2002, 58.
[17] So Wenzel FS Deckert S 518 (528).
[18] KG MDR 1987, 500 = Rpfleger 1987, 305; OLG Stuttgart BWNotZ 1987, 90.
[19] OLG Hamm DNotZ 1997, 172 = NJW-RR 1997, 522 = Rpfleger 1997, 305; LG Bielefeld Rpfleger 1985, 472.
[20] BayObLG DNotZ 1986, 491 = Rpfleger 1986, 220.
[21] OLG Frankfurt MittRhNotK 1980, 208 = Rpfleger 1980, 231; BayObLG DNotZ 1984, 101 = Rpfleger 1983, 348; Demharter DNotZ 1991, 28; dazu neigt auch BayObLG Rpfleger 1979, 315 (mit zahlr Nachw.).

VII. Gemeinschaft der Wohnungseigentümer

ken,[22] somit Beschlüsse zur Regelung von Angelegenheiten, die ohne ermächtigende Beschlußkompetenz (Öffnungsklausel) nach § 10 Abs 1 WEG durch Vereinbarung zu ordnen wären (Rdn 2885), ist noch heftig umstritten. Der BGH[23] geht von solcher Wirksamkeit (in einer allgemein gehaltenen Aussage) aus. Das wird auch mit der Erwägung angenommen, Sondernachfolgern zeige bereits die eingetragene (vereinbarte) Öffnungsklausel über die Beschlußkompetenz der WEigter, daß sie Bestimmung über ihr Verhältnis untereinander durch Mehrheitsbeschluß treffen können, somit nicht darauf vertraut werden kann, daß das WE mehrheitsfest ist. Vertrauensschutz soll daher nicht auch noch (gegen den Wortlaut von § 10 Abs 3 WEG) Eintragung der einzelnen abändernden (Mehrheits-)Beschlüsse gebieten,[24] die für den Rechtsverkehr durch die Versammlungsniederschrift (§ 24 Abs 6 WEG) ausgewiesen sind. Demgegenüber wird der durch die Öffnungsklausel legitimierte Beschluß mit Vereinbarungsinhalt nur formal als Beschluß angesehen, für Eintragung[25] aber geltend gemacht, daß er die Wirkung einer Vereinbarung habe („materielle Auffassung"). Es soll sich folglich die Bestimmung des § 10 Abs 3 WEG über die Wirksamkeit eines Beschlusses gegen den Sondernachfolger ohne Eintragung wegen der unterschiedlichen Wirkung von Beschlüssen und Vereinbarungen **nicht** auch auf Beschlüsse mit einem Vereinbarungsinhalt nach § 10 Abs 2 WEG beziehen. Dafür sollen Gesetzeszweck und Erwerberschutz sprechen, dem allein durch Eintragung der Öffnungsklausel nicht Genüge getan ist.

bb) Wenn man (mit dem BGH) der Ansicht folgt, daß auch vereinbarungs- oder gesetzesändernde Beschlüsse zu ihrer Wirksamkeit gegen den Sondernachfolger eines WEigter nach § 10 Abs 3 WEG keiner Eintragung in das Grundbuch bedürfen, stellt sich die Frage, ob ein solcher (Mehrheits-)Beschluß nicht gleichwohl **eintragbar** ist. Dagegen spricht, daß dann ein schutzwürdiges Interesse an der Eintragung nicht bestehen könnte, der Beschluß durch die Eintragung nicht an Wirkung gewinnen und auch die fehlende Eintragungsbedürftigkeit die Eintragung ausschließen würde.[26] Zu erwägen ist aber auch, daß (jedenfalls durch Bezugnahme auf die Eintragungsbewilligung) der Inhalt des SE (§ 5 Abs 4, § 10 Abs 1 S 2 WEG) im WE/TE-Grundbuch eingetragen ist (§ 7 Abs 1, 3 WEG). Weil ein vereinbarungs- oder gesetzesändernder (Mehrheits-)Beschluß Inhaltsänderung des SE bewirkt, wird damit das Grundbuch unrichtig.[27] Das WE besteht nicht

2887 a

---

[22] Entfällt die Wirksamkeit der (im Grundbuch nicht eingetragenen) Öffnungsklausel mit Eintritt eines Sondernachfolgers in die WEigter-Gemeinschaft (Rdn 2885), dann werden mit dem Wegfall der Legitimationsgrundlage auch Beschlüsse unwirksam, Wenzel FS Deckert S 517 (529).
[23] BGH 145, 158 (164) = aaO; so auch zB Palandt/Bassenge Rdn 18 zu § 10 WEG.
[24] So zB Becker ZWE 2002, 341; auch Demharter Rdn 18 Anh zu § 13 (die Eintragung vereinbarungsändernder Beschlüsse ist ausgeschlossen).
[25] Für Eintragung zB Hügel DNotZ 2001, 176 (191) und ZWE 2002, 503 (507); Schneider Rpfleger 2002, 503 (505) und ZfIR 2002, 108 (112–114); Wenzel FS Deckert S 517 (529).
[26] S zB BayObLG DNotZ 1984, 101 = Rpfleger 1983, 348; OLG Frankfurt MittRhNotK 1980, 208 = Rpfleger 1980, 231.
[27] Wenzel FS Deckert S 517 (530), der annimmt, daß der Beschluß nicht nur eintragungsfähig, sondern auch eintragungsbedürftig ist; Schneider ZfIR 2002, 108 (116).

mehr mit dem eingetragenen Inhalt fort, sondern mit dem durch den (Mehrheits-)Beschluß geänderten Inhalt. Das sollte Eintragung des Beschlusses als Grundbuchberichtigung (§ 894 BGB) ermöglichen und gebieten, zumal auch § 3 Abs 5 WGV die Eintragung von Inhaltsänderungen (ausnahmslos) regelt.

2887 b cc) Die Grundbucheintragung – gleich, ob man sie nach dem Rdn 2887 Gesagten für geboten oder nach dem Rdn 2887 a Ausgeführten jedenfalls für zulässig hält – erfolgt auf Antrag (wie Rdn 2886). Sie erfordert
- Berichtigungsbewilligung aller[28] WEigter (§ 19 GBO; praktisch nicht von Bedeutung), oder
- Unrichtigkeitsnachweis (§ 22 Abs 1 S 1 GBO) durch Nachweis des (zulässigen und) wirksamen abändernden Beschlusses der WEigter. Nachweis des Beschlusses in der (erforderlichen, § 29 Abs 1 GBO) öffentlich beglaubigten Form: wie Rdn 2904. Gesonderter Wirksamkeitsnachweis (ordnungsgemäße Einberufung usw, § 23 Abs 2 WEG) erübrigt sich, wenn (zB durch Bestätigung des nach § 43 Abs 1 WEG zuständigen Gerichts) nachgewiesen ist, daß binnen der Monatsfrist Antrag, den Beschluß für ungültig zu erklären, nicht gestellt oder der Antrag (rechtskräftig) abgelehnt ist.

2887 c dd) **Dinglich Berechtigte** müssen auch der Grundbucheintragung einer beschlossenen Inhaltsänderung **zustimmen**[29] (§§ 877, 876 BGB), wenn sie durch die Rechtsänderung beeinträchtigt werden (Rdn 2886, auch 2958). Die Öffnungsklausel (die Rechte Dritter nicht berührt, Rdn 2885) begründet nur Beschlußkompetenz der WEigter (Mehrheitsherrschaft durch Kompetenzzuweisung); sie schränkt Wirksamkeitserfordernisse für das Zustandekommen der Inhaltsänderung nicht ein, bewirkt somit nicht, daß (erforderliche) Zustimmung Dritter entfallen.

2887 d ee) Bis zur (abschließenden) Klärung, ob ein vereinbarungs- oder gesetzesändernder Beschluß nach § 10 Abs 3 WEG ohne Grundbucheintragung gegen den Sondernachfolger wirkt, sollte Eintragung zur sicheren Gestaltung der Rechtsverhältnisse der WEigter derzeit geboten sein.

d) „Schriftlicher" Beschluß und Vereinbarung durch „allstimmigen" Beschluß

2887 e Ist nach (vereinbarter) Aufgabenverteilung (Rdn 2885) über eine Inhaltsänderung durch (Mehrheits-)**Beschluß** zu entscheiden, dann kann Beschluß auch ohne Versammlung in der Weise gefaßt werden, daß **alle WEigter** ihre **Zustimmung schriftlich** erklären (§ 23 Abs 3 WEG), auch wenn das Einvernehmen als „Vereinbarung" gekennzeichnet ist. Nachweis in öffentlich beglaubigter Form erfordert Unterzeichnung des Beschlusses durch alle WEigter und

---

Zum Berichtigungsanspruch nach § 894 BGB, wenn Eintragung und Inhaltsvereinbarung nicht übereinstimmen, Bärmann/Pick/Merle Rdn 45 zu § 7 WEG.

[28] Hügel DNotZ 2001, 176 (191) hält Bewilligung einer qualifizierten Mehrheit der WEigter für ausreichend, weil das Verfahrensrecht nicht mehr erfordern könne als für die materiellrechtliche Regelung (den Änderungsbeschluß) notwendig ist. Das ist durch § 19 GBO nicht gedeckt. Zutr abl daher auch Schneider ZfIR 2002, 108 (116).

[29] Hügel DNotZ 2001, 176 (192); Schneider ZfIR 2002, 108 (120); aA Becker ZWE 2002, 341.

VII. Gemeinschaft der Wohnungseigentümer

notarielle Beglaubigung aller Unterschriften. Ein schriftlicher Beschluß kann deshalb auch in der Eintragungsbewilligung aller WEigter gesehen werden. Ein **einstimmig** („allstimmig") gefaßter Versammlungsbeschluß aller WEigter (nicht bloß sämtlicher Anwesenden) ist Vereinbarung nach § 10 Abs 2 WEG, wenn er nach dem Willen der WEigter rechtsgestaltend für die Zukunft eine nur der Vereinbarung zugängliche Regelung treffen soll;[30] er ist Beschluß iS des § 10 Abs 3 WEG, wenn er einen Gegenstand der Beschlußfassung betrifft. Für Grundbucheintragung der als Vereinbarung allstimmig beschlossenen Inhaltsänderung ist aber Vorlage der Niederschrift (§ 24 Abs 6 WEG) über den Versammlungsbeschluß nicht ausreichend. Eintragung auf Grund ändernder Vereinbarung erfordert Eintragungsbewilligung aller WEigter (Rdn 2886) auch dann, wenn das Einvernehmen äußerlich in Beschlußform gekleidet ist.

4. Allgemeine gesetzliche Rechte und Pflichten

Die WE-(TE-)Gemeinschaft ist **unauflöslich**; kein WEigter (TEigter) kann die Aufhebung der Gemeinschaft verlangen, und zwar auch nicht aus wichtigem Grund (§ 11 Abs 1 WEG). Abweichungen sind möglich, wenn das Gebäude ganz oder teilweise zerstört wird (§ 11 Abs 1 S 3 WEG). Eine schuldrechtliche Verpflichtung zur Realteilung des Grundstücks (Form: § 311b Abs 1 BGB) unter Aufhebung der WEigter-Gemeinschaft kann von Anfang an begründet werden ohne Verstoß gegen § 11 WEG;[31] ein solcher Anspruch ist durch Vormerkung sicherbar. 2888

Das WE (TE) ist **veräußerlich** (§ 12 Abs 1 WEG). Die Veräußerung kann jedoch von einer **Zustimmung** abhängig gemacht werden (§ 12 Abs 1 WEG; Einzelheiten Rdn 2896). 2889

Möglichkeiten der **Nutzung** des SE (insbes Eigennutzung, Vermietung,[32] Verpachtung) und das Recht zum **Mitgebrauch des gemeinschaftlichen Eigentums**[33] sowie deren Schranken und damit verbundene Pflichten (Instandhaltung des SE, Pflicht zu schonendem Gebrauch, Duldungspflichten usw) regeln §§ 13, 14 WEG. In der Teilungserklärung braucht ein Verwendungszweck des TE nicht angegeben zu sein.[34] Wenn keine Vereinbarung besteht, ist jeder WEigter (TEigter) verpflichtet, von seinem SE nur in solcher Weise Gebrauch zu machen, daß dadurch keinem der anderen WEigter (TEigter) 2890

---

[30] BayObLG 2001, 73 = DNotZ 2002, 142 = Rpfleger 2001, 404; BayObLG NJW-RR 2003, 9 (10); OLG Düsseldorf ZWE 2001, 503; Palandt/Bassenge Rdn 7 zu § 10 WEG; allein auf den Willen der WEigter abstellend Wenzel FS Deckert S 517 (524); MünchKomm/Röll Rdn 7 zu § 10 WEG.
[31] BayObLG 1979, 414 = MittBayNot 1980, 20 = Rpfleger 1980, 110.
[32] Vermietungsbeschränkungen s OLG Karlsruhe Rpfleger 1987, 412; BayObLG 1987, 291; BayObLG DNotZ 1996, 37 (Pflicht, bei Vermietung die Verwaltung des SE dem Verwalter zu übertragen).
[33] Recht zur Werbung an der Außenfront des Hauses durch den TEigter, der in der Wohnanlage ein Geschäft betreibt, s OLG Frankfurt Rpfleger 1982, 64. Zur Nutzung eines Speichers in einem Haus einer Mehrhausanlage s OLG Hamm DNotZ 1985, 442 mit Anm Röll = OLGZ 1985, 12.
[34] LG Wuppertal MittRhNotK 1981, 261; Röll Rpfleger 1981, 50 (zu 2); Gerauer Rpfleger 1981, 50.

über das bei einem geordneten Zusammenleben unvermeidliche Maß[35] hinaus ein Nachteil erwächst (§ 14 Nr 1 WEG).[36] Der Bezeichnung der Nutzungsart[37] in der Teilungserklärung (Beschränkung des TE in der als Inhalt des SE in das Grundbuch einzutragenden Teilungserklärung) kann aber auch der Charakter einer für die WEigter (TEigter) verbindlichen Vereinbarung über den Gebrauch des SE zukommen[38] (§ 15 Abs 1, § 5 Abs 4, § 8 Abs 2 WEG), insbesondere wenn die Gemeinschaftsordnung (§ 10 Abs 2 WEG) keine Gebrauchsregelungen enthält. Jeder WEigter (TEigter) kann dann den vereinbarungsgemäßen Gebrauch des SE verlangen (§ 15 Abs 3 WEG). Es sind dann zwar nicht alle anderen Nutzungen ausgeschlossen, sondern nur solche, die mehr als die nach der Zweckbestimmung vorgesehene Nutzung stören.[39] Dazu, welche Nutzungsart im Einzelfall zulässig oder ausgeschlossen ist (insbesondere bei möglicher gewerblicher Nutzung, zB als Verkaufsraum oder Laden, Büro, Geschäftsraum oder für freiberufliche Zwecke, dann auch als Hobbyraum) hat die Rechtsprechung vielfach und differenziert Stellung genommen.[40]

Auslegungsschwierigkeiten und Streitigkeiten zwischen den WEigtern (TEigtern) lassen sich vermeiden, wenn bei Abfassung der Teilungserklärung mit

---

[35] Keine Nutzung von Teileigentumsräumen für Bordellbetrieb, BayObLG (21. 11. 1980) Rpfleger 1981, 13; KG NJW-RR 1986, 1072 = OLGZ 1986, 422 und MDR 1987, 937 = NJW-RR 1987, 1160; Sex-Shop bzw -Kino, BayObLG 1994, 237 = DNotZ 1995, 76 = NJW-RR 1995, 467; LG Passau MDR 1983, 758 = NJW 1983, 1683 = Rpfleger 1983, 146; zur Nutzung als Ballettstudio BayObLG MDR 1985, 839; zur Nutzung als Polizeiwachstation zum Objektschutz BayObLG NJW-RR 1996, 1358.

[36] Zulässig ist wechselnde kurzfristige Vermietung einer Eigentumswohnung in einem Fremdenverkehrsort an Feriengäste. Das ist auch keine gewerbliche Nutzung im Sinne der Teilungserklärung (BayObLG 1978, 305 = MittBayNot 1978, 210 = Rpfleger 1978, 444) und keine (von der Teilungserklärung untersagte) Berufsausübung (OLG Frankfurt Rpfleger 1983, 105). Zur Vermietung an Feriengäste, wenn eine nur aus wichtigem Grund zu verweigernde Verwalterzustimmung für Nutzungsüberlassung vorgesehen ist, BayObLG 1982, 9 = MDR 1982, 497. Zur Vermietung an Asylbewerber oder Aussiedler OLG Hamm DNotZ 1992, 316 = Rpfleger 1992, 102; BayObLG Rpfleger 1992, 104 Leits; KG NJW 1992, 3045; OLG Stuttgart NJW 1992, 3046. Die Nutzung einer innerstädtischen großen Wohnung als Architekturbüro oder Steuerberaterpraxis ist nach KG NJW-RR 1995, 333 zulässig.

[37] Zur Nutzungsänderung (Umwandlung einer Garage in eine Diele, Ausbau eines gemeinschaftlichen Kellers) s BayObLG Rpfleger 1984, 409 mit Anm Sauren und MittBayNot 1998, 183 Leits; OLG Düsseldorf NJW-RR 1997, 907 und 1306.

[38] BayObLG MittBayNot 1981, 29 = MittRhNotK 1981, 205 = Rpfleger 1980, 349; BayObLG NJW-RR 1991, 139, 140 und 849; OLG Hamm Rpfleger 1978, 60; OLG Stuttgart BWNotZ 1987, 92; BayObLG 1978, 214 = MittBayNot 1978, 212 und 1979, 169 Leits mit abl Anm Meier-Kraut = Rpfleger 1978, 414; BayObLG 1982, 1 = MDR 1982, 496 = MittBayNot 1982, 72; dazu (kritisch) Röll Rpfleger 1981, 50 und (abl) Schmidt MittBayNot 1981, 12; außerdem Gerauer Rpfleger 1980, 330 und 1981, 51, sowie Meier-Kraut MittBayNot 1979, 169.

[39] BayObLG 1983, 73 (79); BayObLG 1987, 78 (85); BayObLG NJW-RR 2000, 1465; OLG Düsseldorf MittRhNotK 1996, 262 = FGPrax 1996, 16 (keine Kinderarztpraxis in „Büroräumen"); OLG Düsseldorf NJW-RR 2002, 518 (städt Methadonabgabestelle statt beliebigem Gewerbe oder Beruf); aA OLG Stuttgart BWNotZ 1987, 82 = Justiz 1987, 104.

[40] Wegen Einzelheiten siehe die Kommentare zum WEG.

VII. Gemeinschaft der Wohnungseigentümer

Gemeinschaftsordnung klargestellt wird, ob nur eine allgemeine Bezeichnung des Verwendungszwecks als Raum (zB Laden)[41] oder eine bindende Gebrauchsregelung gewollt ist. Enthält die Gemeinschaftsordnung (§ 10 Abs 2 WEG) Gebrauchsregelungen, so besteht eine Vermutung, daß nur sie und nicht die in der Aufteilung (im engeren Sinn) getroffenen Objektbeschreibungen die Nutzung regeln.[42]

Allein die Bezeichnung der Räume als WE oder TE bringt eine Vereinbarung über die Nutzungsart als Gebrauchsregelung nicht zum Ausdruck; hierzu Rdn 2872c.   2891

Zum Mitgebrauch des gemeinschaftlichen Eigentums ist jeder MitEigter – unabhängig von der Größe seines MitEAnteils und seiner Wohnung – in gleichem Umfang berechtigt.[43]   2892

An den **Nutzungen** des gemeinschaftlichen Eigentums (zB Gartenerträge, Mieteinnahmen) ist jeder WEigter (TEigter) entsprechend seinem MitEAnteil beteiligt (§ 13 Abs 2 S 2, § 16 WEG). Jeder WEigter ist den anderen WEigtern gegenüber verpflichtet, die **Lasten** des gemeinschaftlichen Eigentums sowie die Kosten der Instandhaltung, Instandsetzung,[44] sonstigen Verwaltung und eines gemeinschaftlichen Gebrauchs des gemeinschaftlichen Eigentums nach dem Verhältnis seines Anteils zu tragen (§ 16 WEG mit Einzelheiten).   2893

Mitberechtigung bei Aufhebung der Gemeinschaft und Entziehung des WE (TE): §§ 17–19 WEG.   2894

5. Grenzen der Gestaltungsfreiheit

Das WEG hat den WEigtern weite Freiheit zur Gestaltung der Vereinbarungen über ihr Verhältnis untereinander gelassen. Die **Vertragsfreiheit** ist nur in wenigen Fällen **ausgeschlossen,** nämlich in   2895

– **§ 5 Abs 2 WEG:** Teile des Gebäudes, die für dessen Bestand oder Sicherheit erforderlich sind, sowie die dem gemeinschaftlichen Gebrauch dienenden Anlagen und Einrichtungen, können nicht SE sein.
– **§ 6 WEG** mit der Unselbständigkeit des SE.
– **§ 11 WEG** mit der Unauflöslichkeit der Gemeinschaft.
– **§ 12 Abs 2 S 1 WEG:** die Zustimmung zur Veräußerung kann danach nur aus wichtigem Grund versagt werden.[45]

---

[41] Oder überhaupt nur „... Verbindung mit dem Sondereigentum an den im Aufteilungsplan mit Nr ... bezeichneten, nicht zu Wohnzwecken dienenden Räumen", wobei auch im Aufteilungsplan alle auf eine bestimmte Nutzungsart hinweisende Beschriftung weggelassen wird; so Schmidt MittBayNot 1981, 12 (16); Rastätter BWNotZ 1988, 140.
[42] BayObLG DNotZ 1989, 426; OLG Hamm MittRhNotK 1989, 270 = Rpfleger 1990, 17; OLG Hamm DNotZ 1990, 511; OLG Frankfurt OLGZ 1993, 299.
[43] BayObLG 1972, 109 = DNotZ 1972, 613 = Rpfleger 1972, 260. Ein vollständiger Gebrauchsentzug (Stillegung eines Müllschluckers) ist nur durch Vereinbarung, nicht durch Mehrheitsbeschluß möglich, BayObLG DNotZ 2002, 888.
[44] Zur Verteilung von Fertigstellungskosten s BayObLG MittBayNot 1983, 68 und ZfIR 2003, 246.
[45] Unwirksam (wegen Verstoßes gegen § 12 Abs 2 S 1 WEG) ist daher eine Bestimmung der Teilungserklärung, wonach die Zustimmung zur Veräußerung bei bestehenden Wohngeldrückständen verweigert werden kann; LG Frankfurt NJW-RR 1988, 598.

- **§ 18 Abs 4 WEG**, der Einschränkung oder Ausschluß des Anspruchs auf Entziehung des WE (TE) verbietet.
- **§ 20 Abs 2 WEG:** die Verwalterbestellung kann danach nicht ausgeschlossen werden.[46] Zulässig ist jedoch Regelung in der Teilungserklärung, daß ein Verwalter vorerst nicht bestellt werden soll.[47]
- **§ 23 Abs 3 WEG:** schriftliche Abstimmung kann nur einstimmig erfolgen.[48]
- **§ 26 Abs 1 WEG:** für den Zeitraum der Verwalterbestellung und der Beschränkung der Bestellung[49] oder Abberufung des Verwalters.
- **§ 27 Abs 3 WEG:** gewisse Verwalteraufgaben können danach nicht eingeschränkt werden.
- **§ 27 Abs 4 S 1 WEG**, der die Trennung der Gelder der WE (TE) gewährleistet.
- **§§ 43 ff WEG:** über das Verfahren der freiw Gerichtsbarkeit

6. Veräußerungsbeschränkungen

Literatur: Böttcher, Verfügungsbeschränkungen, Rpfleger 1985, 1 (S 5: WE); Hallmann, Probleme der Veräußerungsbeschränkung nach § 12 WEG, MittRhNotK 1985, 1; Liessem, Zur Verwalterzustimmung bei Veräußerung von Wohnungseigentum, NJW 1988, 1306; Sohn, Befreiung des Verwalters vom Verbot des Selbstkontrahierens?, NJW 1985, 3060.

2896 Das Recht jedes WEigters (TEigters) zur Veräußerung seines WE (TE) kann durch Vereinbarung nach § 10 Abs 2 WEG in der Weise beschränkt werden, daß die **Zustimmung anderer WEigter (TEigter)**[50] **oder eines Dritten** (insbes des Verwalters)[51] erforderlich ist (§ 12 Abs 1 WEG in Abweichung von § 137

---

[46] Ausgeschlossen ist damit auch unabänderliche Festlegung der Höhe des Verwalterhonorars, KG NJW-RR 1994, 402.
[47] LG Köln MittRhNotK 1981, 200.
[48] BayObLG 1980, 331 = MittBayNot 1981, 27; OLG Hamm OLGZ 1978, 272 = MittBayNot 1978, 58 = Rpfleger 1978, 319 mit weit Nachw.
[49] Personelle Beschränkung der Verwalterbestellung verstößt gegen das Verbot des § 26 Abs 1 S 4 WEG: OLG Bremen DNotZ 1980, 489. Als Beschränkung der Verwalterbestellung ist auch die Bestimmung unzulässig, daß zum Verwalter nur einer der WEigter, ein Wohnungsunternehmen oder der Haus- und Grundbesitzerverein e. V. gewählt werden kann; OLG Bremen DNotZ 1980, 489 = Rpfleger 1980, 68; BayObLG NJW-RR 1995, 271 = Rpfleger 1995, 155.
[50] Auslegung der Regelung, daß „Zustimmung der Mehrheit der Hausgemeinschaft" erforderlich ist, s BayObLG MittBayNot 1987, 96 mit Anm Röll.
[51] Zur Frage, ob der gerichtlich bestellte Verwalter befugt ist, die zur Veräußerung eines Wohnungseigentums erforderliche Zustimmung zu erteilen, s OLG Hamm DNotZ 1967, 686 = OLG 1967, 109. Zustimmung durch einen Bevollmächtigten des Verwalters s Rdn 2934a. Die an sich erforderliche Zustimmung des Verwalters wird immer durch die Zustimmung sämtlicher WEigter ersetzt, also auch dann, wenn ein Verwalter (noch) nicht bestellt ist, OLG Saarbrücken DNotZ 1989, 439; OLG Zweibrücken MDR 1987, 326 = Rpfleger 1987, 157; LG Frankfurt NJW-RR 1996, 1080; vgl weiter LG Traunstein MittBayNot 1981, 134; Angermeier MittBayNot 1981, 250 sowie BayObLG 1990, 24 (26) (Entscheidungsbefugnis der WEigter, die eine den Verwalter bindende Entscheidung über die Veräußerung treffen können, wenn ein Verwalter überhaupt nicht bestellt ist).

VII. Gemeinschaft der Wohnungseigentümer

BGB und in Anlehnung an §§ 5ff ErbbauVO). Die WEigter (TEigter) können sich damit – allerdings nur in sehr beschränktem Umfang – gegen das Eindringen unerwünschter Dritter in die Gemeinschaft schützen. Ob alle oder nur einzelne WEigter (TEigter) zustimmen müssen oder ob ein zustimmender Mehrheitsbeschluß genügen soll, muß sich aus der Vereinbarung mit der für den Grundbuchverkehr erforderlichen Klarheit ergeben. Die Veräußerungsbeschränkung kann auf bestimmte Fälle begrenzt[52] oder für bestimmte Verfügungen (Veräußerung durch den Insolvenzverwalter, im Wege der Zwangsversteigerung, an den Ehegatten,[53] Lebenspartner oder einen Abkömmling) ausgeschlossen werden. Auch die Unterteilung eines WE (TE) (Aufteilung der Raumeinheit in mehrere in sich wiederum abgeschlossene Raumeinheiten) kann von der Zustimmung anderer WEigter (TEigter) oder eines Dritten abhängig gemacht werden.[54] Erforderlich ist eine (vorgesehene) Zustimmung auch zur Veräußerung aus der Hand des teilenden Eigentümers nach Entstehung der WEigter-Gemeinschaft[55] (Erstveräußerung; ausdrückliche Beschränkung der Zustimmung auf spätere Veräußerungsfälle in der Teilungserklärung ist aber zulässig[56]). Vor der Entscheidung des BGH[57] hielt die hM[58] die Erstveräußerung durch den teilenden Eigentümer nicht für zustimmungspflichtig. Auf Grund der BGH-Entscheidung waren viele Eigentumsumschreibungen (und die schuldrechtlichen Veräußerungsverträge) – schwebend – unwirksam. Durch § 61 WEG[59] sind solche Vorgänge geheilt, wenn

---

[52] Unzulässig wegen Verstoß gegen § 138 BGB ist Zustimmungserfordernis für Veräußerung an bestimmte Personengruppen wie Kinderreiche, Ausländer, OLG Zweibrükken MittBayNot 1994, 44. Unzulässig ist auch Vereinbarung des Gebots, das WE (TE) nur an bestimmte Personen zu veräußern, BayObLG MittBayNot 1984, 88 = (mitget) Rpfleger 1984, 404.
[53] Wird vor Ehescheidung eine Veräußerung zwischen Ehegatten bindend vereinbart (Auflassung), so ist Verwalterzustimmung nicht erforderlich, wenn Eigentumsumschreibung nach Rechtskraft des Scheidungsurteils vollzogen wird, OLG Schleswig Rpfleger 1994, 19, desgleichen nicht, wenn Auflassung nach Rechtskraft der Scheidung in Erfüllung einer davor getroffenen Scheidungsvereinbarung erfolgt, KG NJW-RR 1997, 78 = Rpfleger 1996, 448. Nach (rechtskräftiger) Ehescheidung besteht Zustimmungsfreiheit jedoch nicht mehr für Veräußerung an den früheren Ehegatten, die nicht im Zusammenhang mit solcher Regelung der Scheidungsfolgen erfolgt.
[54] BGH 49, 250 = DNotZ 1968, 417 = NJW 1968, 499 = Rpfleger 1968, 114; BayObLG 1977, 1 = DNotZ 1977, 546 = Rpfleger 1977, 140. Zu der den Verwalter bindenden Entscheidung der Eigentümerversammlung über Zustimmung oder Versagung s BayObLG 1980, 29 = DNotZ 1980, 751 = Rpfleger 1980, 142; vgl auch LG Traunstein MittBayNot 1981, 134.
[55] BGH 113, 374 = DNotZ 1991, 888 = NJW 1991, 1613 = Rpfleger 1991, 246; OLG Köln NJW-RR 1992, 1430 = Rpfleger 1992, 293. Wechselseitige Übertragung von Hälfteanteilen auf Miteigentümer, die WE gebildet haben, kann aber als zustimmungsfreie Erstveräußerung angesehen werden s OLG Frankfurt OLGZ 1990, 149 = Rpfleger 1990, 254.
[56] Ist die Erstveräußerung durch den teilenden Eigentümer von der Zustimmung ausgenommen, gilt das auch für die Veräußerung durch dessen Erben, LG Aachen MittRhNotK 1993, 32.
[57] BGH 113, 374 = aaO (Fußn 55).
[58] S dazu 9. Aufl Rdn 2905.
[59] Gesetz vom 3. 1. 1994 (BGBl I 66); dazu Pause NJW 1994, 501.

Auflassung oder Auflassungsvormerkung vor dem 15. Jan 1994 eingetragen wurden und es sich um die erstmalige Veräußerung des WE nach seiner Begründung gem § 8 (nicht gem § 3[60]) WEG handelt. Zustimmung ist weiter erforderlich zur Übertragung eines WE von der Erbengemeinschaft auf einen Miterben, auch wenn sie in Erfüllung eines Vermächtnisses oder einer Teilungsanordnung erfolgt,[61] desgleichen zur Veräußerung an einen Gläubiger, der das WE (TE) „zur Rettung seines Grundpfandrechts" erwirbt, selbst wenn die Veräußerung des WE (TE) im Wege der Zwangsvollstreckung keiner Zustimmung bedürfte.[62] Bei Rückabwicklung eines Kaufvertrages bedürfen der Kaufvertrag und die Rückauflassung der (vereinbarten) Zustimmung;[63] ebenso die Veräußerung an einen bereits zur Gemeinschaft gehörenden Eigentümer.[64]

2897 Gesamtrechtsnachfolgefälle (Erbfolge, Vereinbarung von Gütergemeinschaft, Anwachsung bei Gesamthandsgemeinschaften, Verschmelzung) werden von einer Veräußerungsbeschränkung nicht betroffen, ebenso nicht die Verfügung eines Miterben über seinen Nachlaßanteil (Erbanteil), selbst wenn der Nachlaß nur aus dem WE (TE) bestehen sollte.[65]

2898 Von der Zustimmung eines Hypothekengläubigers kann die Veräußerung nicht abhängig gemacht werden (s § 1136 BGB).[66]

2899 Ein gesetzliches Vorkaufsrecht der WEigtergemeinschaft besteht nicht;[67] auch als Inhalt des WE (TE) kann ein Vorkaufsrecht der anderen WEigter (TEigter) nicht vereinbart werden.[68]

2900 Eine Zustimmung darf nur aus wichtigem Grund versagt werden (§ 12 Abs 2 S 1 WEG);[69] ein solcher liegt nur vor, wenn die Übertragung des WE gemeinschaftswidrige Gefahren für die übrigen WEigter bedeutet, die in der Person des Erwerbers begründet sind.[70] Ein entgegenstehender Beschluß der WEigter

---

[60] KG MittBayNot 1994, 543 = NJW 1995, 62 = Rpfleger 1995, 17.
[61] BayObLG 1982, 46 = Rpfleger 1982, 177; damit überholt LG Nürnberg-Fürth DNotZ 1976, 602 Leits = MittBayNot 1976, 27.
[62] LG Düsseldorf Rpfleger 1981, 193.
[63] BayObLG 1976, 328 = DNotZ 1977, 612 = Rpfleger 1977, 104.
[64] BayObLG 1977, 40 = MittBayNot 1977, 122 = Rpfleger 1977, 173; OLG Celle Rpfleger 1974, 438; KG Rpfleger 1978, 382 = DNotZ 1979, 31; LG Nürnberg-Fürth MittBayNot 1980, 75; dagegen (uE nicht zutr) Schmedes Rpfleger 1974, 421.
[65] OLG Hamm DNotZ 1980, 53 = NJW 1980, 1317 Leits = Rpfleger 1979, 461; LG München I MittBayNot 1979, 117.
[66] Weitnauer/Lüke Rdn 14 zu § 12 WEG; aA Bärmann/Pick/Merle Rdn 23 zu § 12 WEG; offen BayObLG MittBayNot 1987, 96.
[67] BayObLG 1972, 348 = DNotZ 1973, 99 = Rpfleger 1973, 60 Leits.
[68] OLG Celle NJW 1955, 953 = DNotZ 1955, 320; OLG Bremen JurBüro 1977, 1468 = Rpfleger 1977, 313; zur Belastung mit einem Vorkaufsrecht siehe jedoch Rdn 2954.
[69] Verstoß kann Schadenshaftung der Eigentümergemeinschaft und des Verwalters begründen, s OLG Karlsruhe OLGZ 1985, 133 und 140 sowie BayObLG NJW-RR 1993, 280 (Haftung des Verwalters bei Verzug) und OLG Köln NJW-RR 1996, 1296 (zum Schadensersatz des Veräußerers wegen Nichterfüllung).
[70] OLG Hamm DNotZ 1993, 796 = NJW-RR 1993, 279 = OLGZ 1993, 295 (297) mit weit Nachw; OLG Zweibrücken Rpfleger 1994, 459; BayObLG NJW-RR 1993, 280; OLG Düsseldorf NJW-RR 1997, 268 (erkennbare Absicht des Erwerbers, Raum entgegen Teilungserklärung zu nutzen); OLG Köln NJW-RR 1997, 336 (Käufersolvenz zweifelhaft wegen früherer Mietrückstände); BayObLG NJW-RR 1999, 452

VII. Gemeinschaft der Wohnungseigentümer

ist grundsätzlich nichtig.[71] Die Zustimmung darf nicht von der Übernahme der Kosten durch Veräußerer oder Erwerber abhängig gemacht werden.[72] Ein Zurückbehaltungsrecht des Verwalters wegen rückständiger oder streitiger Wohngeldforderungen besteht nicht.[73] Die Zustimmung kann nicht verweigert werden, weil (angeblich) Teile des Gemeinschaftseigentums mit verkauft seien.[74] Dem WEigter (TEigter) kann darüber hinaus durch Vereinbarung für bestimmte Fälle ein Anspruch auf Erteilung der Zustimmung eingeräumt werden (§ 12 Abs 2 S 2 WEG). Liegt kein Versagungsgrund vor, hat der (veräußernde) WEigter Anspruch auf Erteilung einer Zustimmungserklärung, die sowohl ihrer Form (§ 29 GBO; dazu Rdn 2904) als auch ihrem Inhalt nach den Vollzug der Eigenumschreibung im Grundbuch (zweifelsfrei) ermöglicht.[75]

Die als Inhalt des SE vereinbarte Veräußerungsbeschränkung wirkt nach Eintragung in das Grundbuch gegen den Sonderrechtsnachfolger des WEigters (TEigters) (s § 5 Abs 4, § 10 Abs 2, § 12 WEG). Dies gilt bei Aufteilung nach § 8 WEG daher sofort mit Anlegung der Grundbücher, nicht erst mit faktischem Beginn der (werdenden) WEigter-Gemeinschaft.[76]   2901

In das **Grundbuch** ist die **Veräußerungsbeschränkung ausdrücklich einzutragen** (§ 3 Abs 2 WGV). Bezugnahme auf die Eintragungsbewilligung genügt – formellrechtlich – nicht.[77] Wird ausdrückliche Eintragung – fehlerhaft – unterlassen oder sogar unrichtig (zB hinsichtlich der Ausnahmen) vorgenommen, ist bei Bezugnahme auf die Eintragungsbewilligung die Veräußerungsbeschränkung dennoch materiellrechtlich wirksam geworden[78] (§ 874 BGB). Der Eintragungsvermerk muß die allgemeine rechtliche Natur, den wesentlichen Inhalt und die besondere Art der Beschränkung kennzeich-   2902

(Erwerber überläßt Wohnung zur Nutzung an den wegen nachhaltiger Störung der WEigter-Gemeinschaft zur Veräußerung verurteilten Voreigentümer). Ob die Nichterteilung einer Vollmacht an den aufteilenden Bauträger zur Änderung der Teilungserklärung für später zu errichtende Bauabschnitte gemeinschaftswidriges Verhalten eines Zweitkäufers ist, das zur Verweigerung der Zustimmung nach § 12 WEG führt, wie dies Hügel DNotZ 2003, 517 annimmt, halten wir für sehr zweifelhaft; s dazu Rdn 2874.

[71] BayObLG 1980, 29 = DNotZ 1980, 751 = Rpfleger 1980, 142; OLG Hamm NJW-RR 1993, 279 = aaO.
[72] OLG Hamm MittRhNotK 1989, 193 = NJW-RR 1989, 974 = OLGZ 1989, 302 = Rpfleger 1989, 451.
[73] BayObLG MittBayNot 1981, 190.
[74] Keine Wirkung des Kaufvertrags auf dingliche Rechtslage des Gemeinschaftseigentums, KG ZflR 2002, 494.
[75] OLG Hamm DNotZ 1992, 429 = NJW-RR 1992, 785 = OLGZ 1992, 295 = Rpfleger 1992, 294.
[76] AA – insoweit unrichtig – OLG Hamm MittRhNotK 1995, 148 = NJW-RR 1994, 975 = OLGZ 1994, 515 = Rpfleger 1994, 460 = WE 1994, 239 mit abl Anm F Schmidt.
[77] OLG Saarbrücken Rpfleger 1968, 57; LG Marburg Rpfleger 1960, 336; LG Mannheim Rpfleger 1963, 301 = Justiz 1964, 203 Leits; LG Kempten Rpfleger 1968, 58; AG Göppingen Rpfleger 1966, 14 mit zust Anm Haegele; Diester Rpfleger 1968, 41 und 207; Weitnauer Rpfleger 1968, 205.
[78] LG München I MittBayNot 1993, 137; hierzu (und zur Frage gutgläubigen Erwerbs bei fehlerhaftem Eintragungsvermerk) Reuter MittBayNot 1994, 115.

nen;[79] wegen der Einzelheiten, etwa wegen der Form der Zustimmung, ist eine ergänzende Bezugnahme auf die Eintragungsbewilligung zulässig.[80] **Eintragungsbeispiel**
(s auch Muster in Anl 1 zur WGV)

> Der WEigter (TEigter) bedarf zur Veräußerung des WE (TE) der Zustimmung der Mehrheit der übrigen WEigter (TEigter)

2903 Sind vielfache (umfangreiche, weitgehende und in ihrer rechtlichen Wirkungsweise bunt gemischte) Ausnahmen vereinbart,[81] so sind jedenfalls die wichtigen (wesentlichen) einzutragen, die für den Wert des WE (TE) nicht bedeutsamen (etwa Veräußerung an Familienangehörige) können durch Bezugnahme eingetragen werden.[82] **Eintragungsbeispiel**[83]

> Zur Veräußerung des WE mit Ausnahme bestimmter Fälle, insbesondere im Wege der Zwangsversteigerung, durch den Insolvenzverwalter oder den Ersteher, ist eine Zustimmung nach näherer Maßgabe des § 10 der Gemeinschaftsordnung erforderlich.

Weitere Eintragungsbeispiele:

> Veräußerungsbeschränkung: Zustimmung durch Verwalter
> Veräußerungsbeschränkung: Mehrheitszustimmung der WEigter/TEigter
> Veräußerungsbeschränkung; Zustimmung durch alle WEigter; Ausnahme: Veräußerung an Ehegatten, durch Insolvenzverwalter und durch Zwangsvollstreckung.

2904 Eine Veräußerung des WE (TE) und der schuldrechtliche Vertrag, durch den sich der WEigter (TEigter) zu einer Veräußerung verpflichtet, sind schwebend unwirksam,[84] solange[85] die nach § 12 WEG erforderliche Zustimmung nicht erteilt ist (§ 12 Abs 3 S 1 WEG). Eine Kaufpreisfälligkeit kann vor Erteilung der Zustimmung nicht wirksam vereinbart werden;[86] etwas anderes gilt für Hinterlegung auf Anderkonto oder Verzinsungspflicht. Die Veräußerung wird mit Zugang der Zustimmung beim Veräußerer oder Erwerber rückwirkend[87] wirksam (§§ 182–184 BGB). Ein Widerruf der Zustimmung führt mindestens zur Anwendung von § 878 BGB (s Rdn 114), wenn dessen Voraussetzungen vorliegen. Da der Widerruf den wirksam gewordenen schuldrechtlichen Vertrag nicht mehr unwirksam machen kann (§ 184 BGB), dürfte er auch bezüglich der Auflassung unwirksam sein.[88] Die Verwaltereigenschaft muß nur bei Abgabe der Zustimmung vorliegen,[89] nicht bei Eigentumsum-

---

[79] LG Kempten Rpfleger 1968, 58.
[80] LG Kempten aaO; auch Bärmann/Pick/Merle Rdn 16 zu § 12 WEG.
[81] S das Beispiel bei Weitnauer Rpfleger 1968, 205; dazu auch Diester Rpfleger 1968, 207.
[82] Weitnauer Rpfleger 1968, 205; Diester Rpfleger 1968, 207.
[83] Nach Weitnauer aaO (Fußn 82).
[84] BGH 33, 76 = NJW 1960, 2093; OLG Köln NJW-RR 1996, 1296.
[85] Auch bei verweigerter Zustimmung bis zur rechtskräftigen Entscheidung (§ 43 WEG); OLG Hamm DNotZ 1992, 232 (auch zur Hinweispflicht des Veräußerers auf zu erwartende Schwierigkeiten); LG Köln MittRhNotK 1983, 221.
[86] Vgl BGH DNotZ 1979, 306; BGH NJW 1976, 104; RG 98, 244.
[87] HM, Bärmann/Pick/Merle Rdn 41 zu § 12 WEG; aA Weitnauer/Lüke Rdn 13 zu § 12 WEG.
[88] Bauer/v Oefele/Kössinger Rdn 199, 203 ff zu § 19.
[89] LG Mannheim BWNotZ 1979, 125; LG Wuppertal MittRhNotK 1982, 207.

VII. Gemeinschaft der Wohnungseigentümer

schreibung. Das gilt auch bei Veräußerung im Wege der Zwangsvollstreckung (auch bei Zwangsversteigerung nach § 19 WEG) oder durch den Insolvenzverwalter (§ 12 Abs 3 S 2 WEG). Wenn der Verwalter zuzustimmen hat und er zugleich veräußernder WEigter ist, kann er ohne Verstoß gegen § 181 BGB durch Erklärung gegenüber dem Erwerber zustimmen.[90] Vom **Grundbuchamt ist die Veräußerungsbeschränkung von Amts wegen zu beachten.**[91] Die Zustimmung muß dem Grundbuchamt in der Form des § 29 GBO nachgewiesen werden. Eine Zustimmung der Eigentümerversammlung (Mehrheitsbeschluß) wird dem Grundbuchamt in der Form des § 29 GBO dadurch nachgewiesen, daß ihm eine Niederschrift über die Beschlußfassung vorgelegt wird, bei der die Unterschriften der in § 24 Abs 6 WEG bezeichneten Personen öffentlich beglaubigt sind.[92] Bei Verwalterzustimmung[93] erfolgt Nachweis der Verwaltereigenschaft durch Vorlage einer Niederschrift über den Bestellungsbeschluß[94] (auch bei 1-Mann-Versammlung[95]), bei der die Unterschriften[96] der in § 24 Abs 6 WEG bezeichneten Personen[97] öffentlich beglaubigt sein müssen (§ 26 Abs 4 WEG). Wenn der Verwalter durch Teilungserklärung bestellt worden ist, ist (für die Zeit der Bestellung; höchstens von 5 Jahren, § 26 Abs 1 WEG) ohne weiteren Nachweis vom Fortbestand der Bestellung auszugehen und von weiteren Nachweisen abzusehen.[98] Grundbucheintragung des Eigentumswechsels ohne eine nach § 12 Abs 1

---

[90] OLG Düsseldorf DNotZ 1985, 441 = NJW 1985, 390 = Rpfleger 1985, 61; BayObLG MittBayNot 1986, 180 = NJW-RR 1986, 1077; LG München I MittBayNot 1984, 258; LG Traunstein MittBayNot 1980, 164; offen gelassen von BayObLG DNotZ 1985, 449 = Rpfleger 1983, 350; anders Sohn NJW 1985, 3060.

[91] BayObLG 1961, 392 = DNotZ 1962, 312 = Rpfleger 1962, 107; BayObLG DNotZ 1984, 559 = Rpfleger 1983, 350 mit weit Nachw.

[92] BayObLG 1961, 392 = aaO.

[93] Berechtigung der WEigter, den Verwalter anzuweisen, eine Zustimmung zu verweigern: OLG Köln OLGZ 1984, 162 = JMBlNW 1984, 162.

[94] Nicht durch Vorlage des Verwaltervertrags, LG Köln MittRhNotK 1984, 121. Wenn der Beschluß in der Anfechtungsfrist des § 23 Abs 4 WEG nicht angefochten worden ist, hat das Grundbuchamt von seiner Wirksamkeit auszugehen; LG Bonn MittRhNotK 1982, 114 = Rpfleger 1982, 100. Nachweis bei schriftlichem Bestellungsbeschluß (§ 23 Abs 3 WEG) s Rdn 2934. Zur Pflicht des Verwalters, seine Bestellung nachzuweisen, s Gutachten DNotI-Report 1997, 57.

[95] Zum Nachweis in diesen Fällen (zB ein einziger ist von allen WEigtern bevollmächtigt) BayObLG 1995, 407 = NJW-RR 1996, 524; Gutachten DNotI-Report 1996, 201.

[96] Die Unterschrift des Beiratsvorsitzenden ist nicht schon zu verlangen, wenn die Teilungserklärung die Einrichtung eines Beirats vorsieht, sondern erst dann, wenn Anhalt für die Annahme besteht, daß die WEigter den Verwaltungsbeirat auch tatsächlich gebildet haben, LG Oldenburg Rpfleger 1983, 436.

[97] Weiterer Nachweis, daß die Unterzeichner der Niederschrift (insbesondere der Vorsitzende des Verwaltungsbeirats oder sein Vertreter) die in § 24 Abs 6 S 2 WEG bezeichnete Stellung haben, ist nicht zu erbringen; LG Aachen MittRhNotK 1985, 13; LG Köln MittRhNotK 1984, 121; LG Wuppertal MittRhNotK 1985, 11; LG Lübeck Rpfleger 1991, 309.

[98] BayObLG MittBayNot 1991, 170 = NJW-RR 1991, 978; OLG Oldenburg DNotZ 1979, 33 = Rpfleger 1979, 266. Das gilt nicht, wenn konkrete Tatsachen gegen den Fortbestand der Bestellung sprechen, BayObLG aaO; LG Wuppertal MittRhNotK 1982, 207 (208).

3. Teil. Wohnungseigentum und Dauerwohnrecht

WEG erforderliche Zustimmung begründet Grundbuchunrichtigkeit[99] (§ 894 BGB) zu Lasten des Veräußerers[100] (sein fortbestehendes Eigentum ist im Grundbuch nicht verlautbart). Den übrigen WEigtern (TEigtern) und dem Verwalter steht ein Grundbuchberichtigungsanspruch nicht zu;[101] daher ist auch eine Beschwerde des Verwalters mit dem Ziel der Eintragung eines Amtswiderspruchs unzulässig.[102]

2905 **Keiner Zustimmung** nach § 12 WEG bedarf
- die Eintragung einer **Auflassungsvormerkung**,[103]
- die **Unterteilung** eines WE (TE) (Aufteilung der Raumeinheit in mehrere in sich wiederum abgeschlossene Raumeinheiten), sofern nicht auch diese Unterteilung ohne Veräußerung für zustimmungspflichtig erklärt ist,[104]
- die Veräußerung einzelner **Teile des SE** (zB einer Garage) **an einen Miteigentümer** der WEigtergemeinschaft ohne gleichzeitige Übertragung eines Miteigentumsanteils,[105]
- die Umwandlung des Gesamthandseigentums einer Erbengemeinschaft in Bruchteilseigentum aller (bisherigen) Erben,[106]
- die **Veräußerung des Grundstücks im ganzen** oder eines Grundstücksteils durch die (= alle) WEigter (TEigter); auch eine Zustimmung Dritter, wie des Verwalters, ist hierzu nicht erforderlich.[107]

2906 Eintragung der Aufhebung einer Veräußerungsbeschränkung nach § 12 WEG bedarf nicht der Bewilligung der Gläubiger von Grundpfandrechten, mit denen das WE (TE) belastet ist.[108]

2907 Die Vereinbarung einer **Belastungsbeschränkung** ermöglicht § 12 WEG nicht; jedoch kann die Bestellung eines Dauerwohnrechts (§ 31 WEG) oder eines Wohnrechts nach § 1093 BGB nach Maßgabe des § 12 WEG eingeschränkt werden,[109] desgleichen (wegen § 1036 Abs 1 BGB) die Bestellung eines Nießbrauchs.[110] Zur Vermietungsbeschränkung Rdn 2909.

---

[99] Eintragung eines Amtswiderspruchs kann § 53 Abs 1 GBO gebieten.
[100] OLG Hamm NJW-RR 2001, 1525 = Rpfleger 2001, 405.
[101] OLG Hamm NJW-RR 2001, 1525 = aaO. Davon zu unterscheiden ist der schuldrechtliche Anspruch der übrigen WEigter darauf, daß eine der materiellen Rechtslage entsprechende Eigentümereintragung wieder hergestellt wird. Ermächtigung des Verwalters, den veräußernden WEigter zur gerichtlichen Geltendmachung seines Grundbuchberichtigungsanspruchs anzuhalten, entspricht ordnungsgemäßer Verwaltung, OLG Hamm NJW-RR 2001, 1527 = Rpfleger 2002, 20.
[102] OLG Hamm NJW-RR 2001, 1525 = aaO.
[103] BayObLG 1964, 237 = DNotZ 1964, 722 mit Anm Diester = Rpfleger 1964, 373.
[104] BGH 49, 250 = aaO (Fußn 54); BayObLG DNotZ 1992, 305 = Rpfleger 1991, 455.
[105] OLG Celle DNotZ 1975, 42 = Rpfleger 1974, 267; Tasche DNotZ 1972, 717; für die Übertragung eines ideellen MitEAnteils von einem WEigter auf einen anderen Miteigentümer soll Zustimmung erforderlich sein, so OLG Celle Rpfleger 1974, 438; teilweise aA auch Hallmann MittRhNotK 1985, 1.
[106] LG Lübeck Rpfleger 1991, 201.
[107] Bärmann/Pick/Merle Rdn 26; Weitnauer/Lüke Rdn 16, je zu § 12 WEG.
[108] LG Bielefeld Rpfleger 1985, 232; LG Düsseldorf MittRhNotK 1983, 221.
[109] BGH 37, 203 = DNotZ 1963, 180 = NJW 1962, 1613 = Rpfleger 1962, 373; BGH 49, 250 = aaO (Fußn 54); OLG Stuttgart Justiz 1969, 253; dagegen Weitnauer/Lüke Rdn 3 zu § 12 WEG.
[110] LG Augsburg MittBayNot 1999, 381 = Rpfleger 1999, 125.

VII. Gemeinschaft der Wohnungseigentümer

7. Gebrauchsregelung

Literatur: vor Rdn 2800.

Den **Gebrauch des SE** und des **gemeinschaftlichen Eigentums**[111] (Rdn 2890) 2908 oder auch nur den Gebrauch des gemeinschaftlichen Eigentums können die WEigter (TEigter) durch Vereinbarung, im Falle des § 8 WEG der teilende Eigentümer durch Bestimmung in der Teilungserklärung (§§ 8, 5 WEG) regeln[112] (§ 15 Abs 1 WEG). Die durch **Grundbucheintragung** Inhalt des Sondereigentums gewordene Gebrauchsregelung (§ 5 Abs 4, § 10 Abs 2 WEG) wirkt gegen den Sonderrechtsnachfolger eines WEigters (vgl Rdn 2885).

Zulässig und üblich sind als **Gebrauchsregelungen**:

a) Regelungen zur **Einschränkung** des Rechts zur unbeschränkten Nutzung 2909 des SE (§ 13 Abs 1 WEG). Bestimmt werden kann zB, daß bestimmte Nutzungen ausgeschlossen sind[113] (so das Verbot der gewerblichen Nutzung), daß das Musizieren zu bestimmten Zeiten nicht erlaubt ist oder daß die Haustierhaltung nicht oder nicht uneingeschränkt zulässig ist.[114] Es kann auch vereinbart werden, daß zur Überlassung der Wohnung (Räume) an einen Dritten zur Benutzung (zur **Vermietung** und **Verpachtung** ebenso wie zu sonstiger Benutzung[115]) die Zustimmung des Verwalters oder der WEigter-Gemeinschaft erforderlich ist,[116] oder auch, daß eine Wohnung nur mit Zustimmung eines anderen WEigters (der sie aber nur aus wichtigem Grund versagen darf) einem Dritten zum Gebrauch überlassen werden darf.[117] Es

---

[111] BayObLG 1974, 217 = DNotZ 1975, 31 = Rpfleger 1974, 314.
[112] Zulässigkeit der Bestimmung, daß das Gebäude durch Verpachtung an eine Hotelgesellschaft oder sonstige geeignete Personen gewerblich genutzt wird (auch BayObLG 1980, 331 = MittBayNot 1981, 27) und daß die Einzelheiten der Beschlußfassung durch die Teileigentümer unterliegen: BayObLG MittBayNot 1982, 29 = Rpfleger 1982, 63.
[113] Die Verpflichtung der WEigter einer Ferienpark-Anlage, ihre Wohnungen für eine längere, aber begrenzte Zeitspanne an eine Betriebsgesellschaft zu verpachten, ist nicht grundsätzlich unwirksam, BayObLG NJW-RR 1988, 1166. Zum Betrieb eines mit einer ET-Wohnanlage verbundenen Hotels bei Vermietungsmonopol des zentralen Vermieters s OLG Karlsruhe NJW-RR 1987, 651 = Rpfleger 1987, 412. Auch die Verpflichtung zu hotelmäßiger Nutzung ist zulässige Gebrauchsregelung, BayObLG (mitget) Rpfleger 1991, 193.
[114] BayObLG MittBayNot 1995, 279 = MittRhNotK 1995, 313 (Verbot der Hundehaltung); KG NJW 1956, 1680; BayObLG 1972, 90 = NJW 1972, 880 Leits = Rpfleger 1972, 175 Leits; OLG Frankfurt Rpfleger 1978, 414; OLG Stuttgart Rpfleger 1982, 220. Nutzungsbeschränkungen, die Gegenstand von Entscheidungen oder Erörterungen waren, führt Zimmermann Rpfleger 1978, 121 auf.
[115] Die Ausübung eines Gewerbes oder Berufs in der Wohnung kann von der Einwilligung des Verwalters abhängig gemacht werden, BayObLG (30. 10. 1984) MDR 1985, 325.
[116] BGH 37, 203 = DNotZ 1963, 180 mit Anm Weitnauer = NJW 1962, 1613 = Rpfleger 1962, 373 mit Anm Diester; BayObLG 1962, 16 = DNotZ 1962, 314 = Rpfleger 1962, 137; anders vordem OLG Frankfurt DNotZ 1959, 476 = Rpfleger 1959, 279. Zu Vermietungsbeschränkung und Vertragsstrafenregelung bei Zuwiderhandlung s OLG Frankfurt Rpfleger 1979, 109. Vgl zur Vermietung auch BayObLG 1982, 9.
[117] BayObLG 1987, 291 = NJW-RR 1988, 17; BayObLG WE 1993, 140 (Versagung der Genehmigung der Vermietung von TG-Kfz-Stellplätzen an benachbartes Hotel).

3. Teil. Wohnungseigentum und Dauerwohnrecht

kann auch den anderen WEigtern ein (Mit-)Benutzungsrecht eingeräumt werden.[118] Zu weiteren Nutzungsbeschränkungen s Rdn 2890.

2909 a b) Regelungen über den **Gebrauch des gemeinschaftlichen Eigentums** (§ 13 Abs 2 WEG), zB über die Benutzung der Waschküche, des Trockenbodens, der Kellerräume,[119] der Teppichklopfanlage, des Fahrradabstellraums, der Fahrstühle, des Gartens, der Pkw-Abstellplätze im Freien oder über Erlaubnis/Verbot des Anbringens von Parabolantennen.[120] Die **Hausordnung** durch Vereinbarung nach § 10 Abs 2, § 13 Abs 2, § 15 WEG festzulegen ist zwar möglich, aber auf keinen Fall zu empfehlen, da sie dann praktisch nicht mehr geändert werden kann, weil hierfür Zustimmung aller WEigter nötig wäre. Die Aufstellung der Hausordnung sollte der **Beschlußfassung** der WEigter überlassen werden (§ 21 Abs 5 Nr 1, § 23 WEG). Auch wenn eine Hausordnung formell Bestandteil der Teilungserklärung ist, wird sie in der Regel keinen Vereinbarungscharakter iS des § 10 Abs 2 WEG haben und daher der Änderung durch Beschluß der WEigter zugänglich sein.[121] Die Hausordnung kann nicht beliebig Eingriffe regeln, sondern muß sich in den Grenzen halten, die Gesetz und Vereinbarungen (§ 10 Abs 2 WEG) getroffen haben.[122]

Durch **Vereinbarung** kann auch die Nutzung des gemeinschaftlichen[123] Eigentums zeitlich abgegrenzt (turnusmäßige Belegung der Waschküche) werden.

2909 b Eine **Grunddienstbarkeit** für die jeweiligen Eigentümer eines in WE (TE) aufgeteilten Grundstücks (Rechts zur Benutzung von Garagen) an einem anderen Grundstück ist (wesentlicher) Bestandteil des herrschenden Grundstücks der WEigter (TEigter, § 96 BGB). Das Verhältnis der WEigter (TEigter) untereinander schließt daher ihr Verhältnis als gemeinschaftliche Berechtigte der Grunddienstbarkeit ein. Eine Vereinbarung (Regelung in der Teilungserklärung) über das Verhältnis der WEigter (TEigter) untereinander kann daher auch die Ausübung der Grunddienstbarkeit zum Gegenstand haben, somit zB die Garagenbenutzung (Sondernutzungsrechte = Kfz-Stellplätze) durch die

---

[118] OLG Zweibrücken OLGZ 1990, 51 = Rpfleger 1990, 19: Durchgangsrecht der MitEigter durch den Hausflur im Erdgeschoß des in SE stehenden Vorderhauses zu den SE-Wohnungen im Hinterhaus.
[119] Zuteilung durch Mehrheitsbeschluß und Anspruch hinzukommender neuer WEigter auf Zuteilung von Kellerraum s KG NJW-RR 1990, 155 = OLGZ 1990, 54; Kellerneuverteilung s KG NJW-RR 1991, 1117.
[120] Vgl dazu BayObLG 1994, 326 = NJW 1995, 337; Weitnauer/Lüke Rdn 11 zu § 22 WEG mit weit Nachw; Röll WE 1993, 325. Zum Recht eines selbstnutzenden ausländischen WEigters sowie eines WEigters mit ausländischem Mieter, eine Parabolantenne zu installieren, wenn nur so der Empfang des Heimatprogramms zu ermöglichen ist, s BVerfG NJW 1995, 1665 und 1996, 2858.
[121] BayObLG 1975, 201 = DNotZ 1976, 601 Leits = Rpfleger 1975, 367.
[122] Daher Beschluß, gewerblichen Einheiten zugeordnete Parkflächen ganztägig verschlossen zu halten, rechtswidrig, KG NJW-RR 1996, 587; abzulehnen KG NJW-RR 1996, 586 = WE 1996, 233 mit abl Anm Seuss, das eine Hausordnung billigt, mit der Kfz-Plätze (ohne entsprechende Beschränkung in der Gemeinschaftsordnung) nur durch Eigentümer und nahe Angehörige genutzt werden dürfen.
[123] Zur Frage, ob Gebrauchsregelungen, auch Sondernutzungsrechte, auch für das Sondereigentum zulässig sind, zB bei Doppelstockgaragen, vgl Rdn 2836.

VII. Gemeinschaft der Wohnungseigentümer

dienstbarkeitsberechtigten WEigter (TEigter). Auch diese Regelung kann als Inhalt des SE in die Wohnungs/Teileigentumsgrundbücher eingetragen werden.[124] Ist dagegen die Grunddienstbarkeit (Kfz-Stellplätze) am Nachbargrundstück nur für einzelne WE-Einheiten bestellt, kann deren Nutzung nicht als Sondernutzungsrecht (§ 15 WEG) geregelt werden, da das Recht den Dienstbarkeitsberechtigten in ihrem bei Bestellung der Dienstbarkeit vereinbarten Gemeinschaftsverhältnis zusteht und nicht das Verhältnis zu den übrigen WEigtern betrifft.[124a]

Durch **Mehrheitsbeschluß** können die WEigter (TEigter) Gebrauchsregelungen treffen,[125] soweit nicht eine Vereinbarung (Regelung nach § 8 WEG) entgegensteht (§ 15 Abs 2 WEG). Durch den Richter kann auf Antrag eines WEigters (im Verfahren nach §§ 43 ff WEG) eine Gebrauchsregelung nach Maßgabe des § 15 Abs 3 WEG festgelegt werden. Grundbucheintragung ist in beiden Fällen nicht zulässig und zur Wirksamkeit gegen einen Sonderrechtsnachfolger auch nicht erforderlich (§ 10 Abs 3 WEG; Rdn 2886a). Diese Beschlüsse können auch wieder ohne Zustimmung des Begünstigten geändert oder aufgehoben werden, wenn hierfür sachliche Gründe vorliegen.[126] Zu vereinbarungsändernden Beschlüssen vgl Rdn 2885b.   2909 c

Besteht an Gemeinschaftsflächen kein Gemeinschaftseigentum der WEigter (§ 1 Abs 5 WEG), sondern Miteigentum nach §§ 1008 ff, §§ 741 ff BGB (auch wenn die Grundstücke im WE-Grundbuch mitgebucht sind), so kann Regelung der Verwaltung und Benutzung nach § 746 BGB erfolgen. Wirkung gegenüber einem Sondernachfolger besteht dann nur bei Eintragung nach § 1010 BGB[127] (Rdn 1459).   2909 d

8. Sondernutzungsrechte

Literatur: Ertl, Eintragung von Sondernutzungsrechten im Sinne des § 15 WEG, Rpfleger 1979, 81; Ertl, Gutgläubiger Erwerb von Sondernutzungsrechten, FS Seuss (1987) S 151; Häublein, Sondernutzungsrechte und ihre Begründung im WE-Recht (2003); Merle, Zur Übertragung sog Sondernutzungsrechte, Rpfleger 1978, 86; Ott, Das Sondernutzungsrecht im Wohnungseigentum (2000); Röll, Dienstbarkeiten und Sondernutzungsrechte nach § 15 Abs 1 WEG, Rpfleger 1978, 352; Schnauder, Die Relativität der Sondernutzungsrechte, FS Bärmann und Weitnauer (1990) S 567.

---

[124] BayObLG 1990, 124 = DNotZ 1991, 600 = NJW-RR 1990, 1043 = Rpfleger 1990, 354; OLG Stuttgart BWNotZ 1990, 115 = Rpfleger 1990, 254; OLG Köln MittRhNotK 1993, 91 = NJW-RR 1993, 982 = OLGZ 1994, 6 = Rpfleger 1993, 335.
[124a] AA – unrichtig – LG Kassel MittBayNot 2003, 222 mit zust Anm Röll = RNotZ 2003, 253 = Rpfleger 2003, 123.
[125] Entscheidung über Vermietbarkeit im gemeinschaftlichen Eigentum stehender Räume durch Mehrheitsbeschluß s BGH NJW 2000, 3211 mit weit Nachw. Wird durch Beschluß der Verwalter zur Vergabe von Kellerabteilen ermächtigt, so kann er seine Zuteilungsentscheidung auch wieder ändern, jeweils überprüfbar durch die Eigentümerversammlung oder das Gericht. Unwiderrufliche Zuweisung widerspricht einem ordnungsgemäßen Gebrauch, BayObLG WE 1993, 279.
[126] BGH 113, 197 = NJW 1991, 979 = Rpfleger 1991, 151; BayObLG 1994, 339 = MittBayNot 1995, 19.
[127] Hierzu BayObLG DNotZ 1982, 250 = Rpfleger 1980, 478; Ertl Rpfleger 1979, 81; auch LG Stuttgart BWNotZ 1979, 91.

3. Teil. Wohnungseigentum und Dauerwohnrecht

2910 a) Als **Sondernutzungsrecht**[128] bezeichnet wird eine **Regelung des Gebrauchs des gemeinschaftlichen Eigentums** (§ 15 Abs 1 WEG; Rdn 2908) in der Weise, daß einem (oder mehreren) MitEigter[129] ein bestimmter Bereich[130] des gemeinschaftlichen[131] Eigentums[132] **zur ausschließlichen Benutzung** (kann die Befugnis zu baulichen Veränderungen iS des § 22 Abs 1 WEG einschließen[133]) zugewiesen wird.[134] Ausgeschlossen wird damit das Recht der (übrigen) MitEigter zum Mitgebrauch des gemeinschaftlichen Eigentums (§ 13 Abs 2 S 1 WEG). Dem Berechtigten kann das Sondernutzungsrecht als Benutzungsrecht auch nur in eingeschränktem Umfang eingeräumt werden wie zB in der Weise, daß für die übrigen MitEigter Betretungsrechte in bestimmten Fällen vorbehalten bleiben.[135] Durch Grundbucheintragung der Gebrauchsregelung wird das Sondernutzungsrecht dinglich wirkender Inhalt[136]

---

[128] Zum Begriff BGH 73, 145 (147) = DNotZ 1979, 168 mit Anm Ertl = NJW 1979, 548 = Rpfleger 1979, 57.
[129] Auch wenn durch (spätere) bauliche Veränderung die Abgeschlossenheit seiner (fortbestehenden, Rdn 2819 aE) SE-Einheit aufgehoben ist, OLG Köln DNotZ 1995, 79 = NJW-RR 1994, 717 = Rpfleger 1994, 348. Einem **Außenstehenden** kann ein Sondernutzungsrecht nicht eingeräumt werden (OLG Zweibrücken NJW-RR 1986, 1338). Die Nutzung oder der Gebrauch des gemeinschaftlichen Eigentums kann zugunsten eines Außenstehenden dinglich nur durch Bestellung einer Dienstbarkeit (§§ 1018, 1090 BGB) ermöglicht werden (BayObLG MittBayNot 2002, 223 = Rpfleger 2002, 260).
[130] Nicht aber alle Teile des Hauses, die in Gemeinschaftseigentum stehen, LG Berlin MDR 1982, 149; anders bei Doppelhaushälften, Reihenhäusern und selbständigen Häusern auf einem WE-Grundstück, s unten bei Fußn 142.
[131] Kein Sondernutzungsrecht zur Benutzung eines Nachbargrundstücks (OLG Hamm MittRhNotK 1997, 141 = NJW-RR 1997, 522 = Rpfleger 1997, 305; anders jedoch, wenn Benutzung des Nachbargrundstücks dem Grundstück der WEigter als Grunddienstbarkeit zusteht, s Rdn 2909 b.
[132] Kein Sondernutzungsrecht für Ausübungsbefugnis aus der im Baulastenverzeichnis zu Lasten eines Nachbargrundstücks eingetragenen Verpflichtung, in der Tiefgarage für die „Bewohner" des Gebäudes der WEigter einen Kfz-Abstellplatz zur Verfügung zu stellen, OLG Hamburg Rpfleger 1980, 112; anders dagegen für Ausübungsbefugnis aus einer entsprechenden Grunddienstbarkeit, s Rdn 2909 b.
[133] BayObLG DNotZ 1990, 382 mit Anm Weitnauer = MittRhNotK 1989, 215 = Rpfleger 1989, 503 (Leits).
[134] Kein Sondernutzungsrecht durch öffentlich-rechtliche Erlaubnis (Gaststättenkonzession) oder schuldrechtliche Verpflichtung (Kaufvertrag), OLG Frankfurt Rpfleger 1980, 391.
[135] LG Wuppertal MittRhNotK 1998, 327 mit Anm Geißel; unrichtig OLG Jena Rpfleger 1999, 70. Das Recht der übrigen WEigter auf ungehinderten Zugang zu einem Kellereingang kann die ausschließliche Sondernutzung einer davor liegenden Gartenfläche nicht behindern (Wegeberechtigung der übrigen WEigter als Einschränkung des Bereichs des Sondernutzungsrechts durch deren Recht zum Mitgebrauch des gemeinschaftlichen Kellers, § 13 Abs 2 WEG), KG NJW-RR 1990, 333.
[136] Wirkung des nicht verdinglichten Sondernutzungsrechts für oder gegen Sondernachfolger der WEigter nur durch Abtretung bzw Schuldübernahme; es wird hinfällig, wenn ein Sondernachfolger nicht gebunden ist; OLG Köln DNotZ 2002, 223 mit Anm Häublein; s auch Rdn 2885 a. An seiner früheren Ansicht, daß die stillschweigende Hinnahme des alleinigen Gebrauchs von Teilen des gemeinschaftlichen Eigentums durch einen WEigter einen Vertrauenstatbestand auch gegenüber Sondernachfolgern

VII. Gemeinschaft der Wohnungseigentümer

des SE (§ 15 Abs 1, § 5 Abs 4, § 10 Abs 2 WEG). Begründet werden Sondernutzungsrechte vielfach an Kfz-Abstellplätzen im Freien,[137] an Kellerräumen,[138] an Vor- oder Hausgärten sowie an anderen Räumen, die nach § 5 Abs 2 WEG oder nach Vereinbarung der WEigter Gemeinschaftseigentum sind[139] (Abstellräume im Dachgeschoß).

b) An Teilen des gemeinschaftlichen Eigentums kann ein Sondernutzungsrecht als umfassendes und ausschließliches Nutzungsrecht begründet werden.[140] Zulässig ist daher auch die Begründung von Teileigentum an Kellern, Garagen oder sonstigen Nebenräumen und deren Verbindung mit je einem Sondernutzungsrecht an einer Wohnung („Keller- bzw Garagenmodell")[141] (s hierzu auch Rdn 2819 aE). Zulässig ist auch die Regelung, daß jeder WEigter bei einer **Doppelhaushälfte** die überbaute und die diese Doppelhaushälfte umgebende Grundstücksfläche und die tragenden Bauteile seiner Haushälfte (Außenmauern, Dach) insgesamt und ausschließlich nutzen darf,[142] auch zu baulichen Änderungen befugt ist.[143] Mit solchen Sondernutzungsregelungen können Doppelhaushälften und **Reihenhäuser**, die mangels Teilungsgenehmigung (§ 19 BauGB) nicht real geteilt werden und deshalb nur in der Rechtsform des Wohnungseigentums begründet werden können, in einer Weise verselbständigt werden, die einer Realteilung nahezu gleich kommt. Bei der Begründung von Wohnungseigentum nach § 3 oder § 8 WEG müßte in der Gemeinschaftsordnung (§ 10 Abs 2 WEG) dafür zB folgendes bestimmt werden:

2910 a

§ 1 – Sondernutzungsrecht

1. Jedem Wohnungseigentümer steht das alleinige und ausschließliche Recht auf Nutzung der in seinem (Reihen)Haus befindlichen, zum gemeinschaftlichen Eigentum gehörenden Gebäudeteile zu, insbesondere aller Gebäudeteile, die sein Raumeigentum umgrenzen. Soweit Häuser oder Garagen unmittelbar aneinander gebaut sind, unterliegt dem gleichen Sondernutzungsrecht eines jeden Sondereigentümers die jeweils getrennt erstellte Trennwand; soweit nur eine einzige Trennwand zwischen solchen Bauwerken besteht, steht das Sondernutzungsrecht den jeweils an diese Trennwand angrenzenden Wohnungseigentü-

2911

---

entfalte (OLG Köln MittRhNotK 1997, 132), hat das OLG Köln DNotZ 2002, 223 (226) nicht festgehalten.
[137] BayObLG 1974, 217 = DNotZ 1975, 31 = Rpfleger 1974, 314.
[138] Sondernutzungsrecht entsteht auch an einem abweichend vom Aufteilungsplan abgegrenzten Kellerraum, wenn Identifizierung der Grundstücksfläche möglich bleibt, BayObLG 1981, 332 = DNotZ 1982, 242.
[139] OLG Frankfurt NJW-RR 1987, 1163.
[140] LG Wuppertal MittRhNotK 1989, 17.
[141] BayObLG 1991, 375 = DNotZ 1992, 154 = NJW 1992, 700 = Rpfleger 1992, 154 mit Anm Eckhardt; OLG Düsseldorf DNotZ 2002, 157 = NJW-RR 2001, 1379 (1380) = Rpfleger 2001, 534 (535) mit Anm Schneider; OLG Hamm MittRhNotK 1993, 191 = NJW-RR 1993, 1233 = Rpfleger 1993, 445; Blum MittRhNotK 1992, 109; Pause NJW 1990, 3178; aA – unrichtig – LG Braunschweig Rpfleger 1991, 201; LG Hagen NJW-RR 1993, 402; Schäfer Rpfleger 1991, 307.
[142] BayObLG 1981, 56 = BWNotZ 1981, 88 = MittRhNotK 1981, 135 = Rpfleger 1981, 299; LG Traunstein MittBayNot 1978, 218. Vgl auch Rastätter BWNotZ 1988, 136.
[143] BayObLG DNotZ 1990, 382 = aaO (Fußn 133); BayObLG ZfIR 2002, 466; OLG Düsseldorf MittRhNotK 1986, 169 mit Anm Kröncke; LG Oldenburg Rpfleger 1989, 59; OLG Hamm MittBayNot 2000, 231 (Leits); aA – unrichtig – KG OLGZ 1982, 436 = Rpfleger 1983, 20.

mern gemeinschaftlich zu. Weiter steht jedem Wohnungseigentümer das alleinige und ausschließliche Recht (Sondernutzungsrecht) auf Nutzung der mit seinem Sondereigentum überbauten und der sonstigen nicht überbauten Teile des Grundstücks zu, die im beigefügten Aufteilungsplan jeweils mit Farbe und Nummer schraffiert dargestellt sind, die der Farbe und der Nummern für die Wohnungseigentumseinheiten entsprechen. Auf den Plan wird verwiesen. Er lag während der Beurkundung zur Durchsicht vor.

2. Für gemeinschaftliches Eigentum, das einem Sondernutzungsrecht eines Wohnungseigentümers unterliegt, steht diesem auch das alleinige und ausschließliche Verwaltungsrecht zu.[144]

3. Der gemeinschaftlichen Versorgung der Wohnanlage dienende Anlagen und Einrichtungen (zB Leitungen, Abwasserkanal samt Revisionsschächten und ähnliches) dürfen auch durch Sondernutzungsbereiche verlaufen. Diesbezügliche Wartungs-, Reparatur- und Erneuerungsarbeiten sind vom Sondernutzungsberechtigten auch in seinem Sondernutzungsbereich zu dulden, wobei der vorherige Zustand auf Kosten derjenigen Sondereigentümer wieder herzustellen ist, die durch die entsprechende Anlage versorgt werden.

4. Die Erfüllung der im etwaigen Grünordnungsplan gemachten Auflagen hinsichtlich der Bepflanzung von Sondernutzungsflächen obliegen jeweils dem Sondernutzungsberechtigten allein.

§ 2 – Instandhaltung und Instandsetzung

Jeder Wohnungseigentümer ist verpflichtet, sein Sondereigentum sowie das Gemeinschaftseigentum, soweit es seinem Sondernutzungsrecht unterliegt, ordnungsgemäß instand zu halten und instand zu setzen. Er hat alle hierdurch entstehenden Kosten und sonstigen auf sein Haus/Garage entfallenden laufenden Lasten und Kosten alleine zu tragen. Soweit ein Sondernutzungsrecht zwei Wohnungseigentümern gemeinsam zusteht, haben diese untereinander zu gleichen Teilen für die Instandhaltung und Instandsetzung dieses gemeinschaftlichen Eigentums zu sorgen.

Die Verkehrssicherungspflicht, insbesondere die Räum- und Streupflicht, obliegt jedem Wohnungseigentümer für den seinem Sondernutzungsrecht unterliegenden Teil des Grundstückes sowie für den vor seinem Sondernutzungsrecht liegenden Teil des Gehsteiges oder der Gehbahn.

§ 3 – Eigentümerversammlung und Verwaltung

Ein Verwalter wird nicht bestellt. Den Beteiligten ist bekannt, daß die Bestellung eines Verwalters nicht auf Dauer ausgeschlossen werden kann.

Eigentümerversammlungen finden nur bei Bedarf statt. Jeder Wohnungseigentümer kann die Einberufung einer Eigentümerversammlung verlangen, wenn er hierzu einen triftigen Grund angibt.

Eine Vertretung in der Eigentümerversammlung ist nur durch Ehegatten, Abkömmlinge oder andere Wohnungseigentümer zulässig.

§ 4 – Veränderungen an Gemeinschaftseigentum

Soweit einem Wohnungseigentümer gemäß § 1 ein Sondernutzungsrecht an Gebäudeteilen zusteht, die zum Gemeinschaftseigentum gehören, ist er berechtigt, solches seinem Sondernutzungsrecht unterliegendes Gemeinschaftseigentum ohne Zustimmung der übrigen Wohnungseigentümer auf eigene Kosten umzubauen und/oder zu verändern, soweit dadurch der Bereich des Sondereigentums oder der Sondernutzungsrechte der anderen Wohnungs-/Teileigentümer oder der Bereich des keinem Sondernutzungsrecht unterliegenden Gemeinschaftseigentums nicht beeinträchtigt wird. Unter den gleichen Voraussetzungen ist der jeweilige Wohnungseigentümer auch zum Abriß und Wiederaufbau bzw Neubau seines Hauses allein berechtigt; in diesem Fall ist dem jeweiligen Wohnungseigentümer wiederum das Sondernutzungsrecht gemäß § 2 am Gebäude des „Neubaues" eingeräumt. Eine Wiederaufbauverpflichtung besteht jedoch nicht.

---

[144] Hier können auch Einschränkungen (zB Höhe von Bäumen) vereinbart werden, vgl OLG Köln NJW-RR 1997, 14.

VII. Gemeinschaft der Wohnungseigentümer

Der Wohnungseigentümer ist weiter berechtigt, auf dem seinem Sondernutzungsrecht unterliegenden unbebauten Teil des Grundstückes Anlagen und Bauwerke zu errichten, soweit dies nach den jeweiligen baurechtlichen Vorschriften zulässig ist und die insoweit analog anzuwendenden bauordnungsrechtlichen Vorschriften über Abstandflächen eingehalten werden; an solchen von einem einzelnen Wohnungseigentümer in zulässiger Weise errichteten Bauwerken und Anlagen entsteht mit Errichtung wiederum ein alleiniges und ausschließliches Sondernutzungsrecht des jeweiligen Wohnungseigentümers.
Soweit infolge von Veränderungen im Bereich des gemeinschaftlichen Eigentums gemäß vorstehendem Absatz 1 eine Änderung der Teilungserklärung notwendig ist, sind die jeweiligen Wohnungs- und Teileigentümer verpflichtet, bei solchen Änderungen mitzuwirken. Die Kosten hierfür trägt der jeweilige Veranlasser.

§ 5 – Allgemeines
Im übrigen sind die Gemeinschaftsordnung und das Gesetz stets so auszulegen, als ob die Sondereigentümer jeweils Alleineigentümer der den Sondernutzungsrechten unterliegenden Flächen wären, wie wenn sie real vermessene selbständige Grundstücke wären.

c) Die Teile des Gemeinschaftseigentums, an denen Sondernutzungsrechte 2912 begründet werden sollen, müssen in der Bewilligung in einer dem Bestimmtheitsgrundsatz[145] genügenden Weise genau bezeichnet werden;[146] andernfalls entsteht kein Sondernutzungsrecht.[147] Zur Eintragung der Gebrauchsrechte (Sondernutzungsrechte) als SE-Inhalt können Kfz-Abstellplätze auf dem gemeinschaftlichen Eigentum in dem der Eintragungsbewilligung beigefügten Lageplan übereinstimmend mit den Nummern gekennzeichnet werden, mit denen im Aufteilungsplan die Räume des SE bezeichnet sind.[148] Bezugnahme auf den Aufteilungsplan ist auch möglich, wenn Räume (zB im Kellergeschoß) als Teile des SE aufgeführt sind, diese aber im Gemeinschaftseigentum belassen und daran Sondernutzungsrechte begründet werden (kein Widerspruch zwischen Aufteilungsplan und Teilungserklärung bei entsprechend eingeschränkter Bezugnahme).[149] Nicht ausreichend bestimmt ist die Erklä-

---

[145] Dieser sachenrechtliche Bestimmtheitsgrundsatz stellt höhere Anforderungen als der für die Wirksamkeit des schuldrechtlichen Verpflichtungsgeschäfts maßgebende Bestimmtheitsgrundsatz (zu diesem BGH 145, 334 = DNotZ 2002, 937 = MittBayNot 2002, 390 mit Anm Kanzleiter = NJW 2002, 2247 = Rpfleger 2002, 513 und Rdn 864 ff), zumindest insoweit, als jedenfalls für seine positive Komponente ein bloßes Bestimmungsrecht nicht ausreichend sein dürfte.
[146] BayObLG 1985, 204 = DNotZ 1986, 154 (Verweisung auf vorhandene Lattenverschläge zur Beschreibung eines Kellerraums und Bezeichnung „Freiraum unter der Treppe im Bereich des Erdgeschosses"); BayObLG Rpfleger 1989, 194 und MittBayNot 1992, 266 (zur Festlegung einer Sondernutzungsfläche; Bestimmbarkeit durch Skizze genügt); BayObLG DNotZ 1998, 386 = Rpfleger 1998, 107 (Bezugnahme auf einen Plan, jedoch unter Ausschluß eines „bereits angelegten befestigten Zugangs zum Haus"); BayObLG DNotZ 2000, 469 = NJW-RR 2000, 966 zur Abweichung zwischen zeichnerischer Darstellung und Größenangabe; OLG Hamm MittRhNotK 1998, 318; LG Bielefeld Rpfleger 1993, 241. Kein Plan ist erforderlich, wenn alle vorhandenen Kfz-Stellplätze einem WEigter zugeordnet werden, KG NJW-RR 1997, 205.
[147] BayObLG DNotZ 1994, 244 = Rpfleger 1994, 294; OLG Hamm NJW-RR 2001, 84 = Rpfleger 2000, 385 (ggfs dann – auf Grund Auslegung – Anspruch auf Einräumung des Sondernutzungsrechts); ähnlich BayObLG 2000, 243 = NJW-RR 2001, 373.
[148] LG Düsseldorf Rpfleger 1977, 30.
[149] Gutachten DNotI-Report 2002, 68.

rung, „daß den jeweiligen Eigentümern einzelner Eigentumswohnungen jeweils das Recht auf ausschließliche Benützung eines (nicht näher bezeichneten) Kfz-Abstellplatzes zusteht".[150]

2913 d) Das Sondernutzungsrecht enthält eine **negative** und eine **positive Komponente:** Negativ enthält es den Ausschluß aller Miteigentümer – mit Ausnahme des (oder der) begünstigten WEigter (TEigter) – von der Nutzung bestimmter Teile des Gemeinschaftseigentums; daneben wird – positiv – einem (auch mehreren gemeinsam) bestimmten WEigter (TEigter) die ausschließliche Befugnis zum Gebrauch des bestimmten Teils des Gemeinschaftseigentums zugewiesen.[151] Aus dieser Analyse des „Sondernutzungsrechts" beantwortet sich auch die Frage, wessen **Bewilligung** zur Begründung und Änderung von Sondernutzungsrechten nötig sind: Werden Sondernutzungsrechte von Anfang an **in der Aufteilung** (nach § 3 oder § 8 WEG) begründet, gelten für die Frage, ob die Zustimmung dinglicher Berechtigter nötig ist, die in Rdn 2849 niedergelegten Grundsätze.[152] Die **nachträgliche** Begründung und Änderung[153] von Sondernutzungsrechten an Gemeinschaftseigentum bedarf materiell-rechtlich der Vereinbarung (§ 10 Abs 2 WEG) aller WEigter (TEigter) und der Zustimmung der dinglich Berechtigten (auch des Berechtigten einer Auflassungsvormerkung[154]) solcher WEigter (TEigter), deren bisher bestehendes Mitgebrauchsrecht aufgehoben wird[155] (negative Komponente, §§ 877, 876 BGB direkt oder analog). Grundbuchrechtlich ist Bewilligung (§ 19 GBO) aller derjenigen WEigter (TEigter) nötig, die rechtlich betroffen sind,

---

[150] BayObLG MDR 1981, 56 = MittBayNot 1980, 210.
[151] BGH 91, 343 = DNotZ 1984, 695 mit Anm F Schmidt = NJW 1984, 2409 = Rpfleger 1984, 408 und 1985, 108 Leits mit Anm Hörer.
[152] OLG Frankfurt MittRhNotK 1996, 269 (keine Zustimmung der Gesamtgrundpfandrechtsgläubiger). Ebenso ist Zustimmung eines am Gesamtgrundstück Dienstbarkeitsberechtigten weder für anfängliche noch nachträgliche Begründung von Sondernutzungsrechten erforderlich, s Rdn 2849 mit Fußn 20.
[153] BayObLG DNotZ 2002, 142 = NJW-RR 2001, 1164 = Rpfleger 2001, 404 (auch zur schuldrechtlichen Vereinbarung durch einstimmigen „Beschluß" aller WEigter). Zum Mehrheitsbeschluß Rdn 2885 b.
[154] OLG Celle OLG-Report 1999, 133; OLG Köln Rpfleger 2001, 535.
[155] BGH 91, 343 = aaO (Fußn 151); BayObLG 1978, 377 = MittRhNotK 1979, 77 = Rpfleger 1979, 108; BayObLG Rpfleger 1980, 111 = MittBayNot 1980, 18; BayObLG MDR 1981, 56 = MittBayNot 1980, 210; BayObLG DNotZ 1990, 382 mit Anm Weitnauer = MittRhNotK 1989, 215 = Rpfleger 1989, 503 Leits; OLG Düsseldorf MittRhNotK 1980, 208; OLG Frankfurt MittBayNot 1998, 345 und 443 = Rpfleger 1998, 336; OLG Hamm MittBayNot 1997, 229 = MittRhNotK 1997, 354 = Rpfleger 1997, 376; OLG Stuttgart (Vorlagebeschluß) BWNotZ 1983, 19 = Justiz 1983, 49 = (mitget) Rpfleger 1983, 7; enger noch OLG Frankfurt Rpfleger 1975, 309. In (entsprechender) Anwendung des Unschädlichkeitszeugnis-Gesetzes kann festgestellt werden, daß es für dinglich Berechtigte an den WE/TE-Rechten unschädlich ist, wenn an einem Teil der im gemeinschaftlichen Eigentum stehenden Fläche ein Sondernutzungsrecht eingetragen werden soll, BayObLG 1988, 1 = MittBayNot 1988, 75 = MittRhNotK 1988, 99 = Rpfleger 1988, 140; HansOLG DNotI-Report 2002, 93 = MittBayNot 2002, 399. Nicht erforderlich ist die Zustimmung des Grunddienstbarkeitsberechtigten aus einem Bergschädenminderungsverzicht (Duldung schadensersatzfreien Bergbaus); seine Rechtsstellung wird nicht nachteilig berührt, OLG Hamm MittRhNotK 1989, 116 = OLGZ 1989, 160 = Rpfleger 1989, 280.

VII. Gemeinschaft der Wohnungseigentümer

weil ihre bestehenden Mitgebrauchsrechte aufgehoben werden, sowie Bewilligung deren dinglich Berechtigter. Durch die positive Zuweisung des Gebrauchsrechts an einen WEigter (TEigter) sind die übrigen WEigter (TEigter) nicht rechtlich betroffen (§ 19 GBO).[156] WEigter, die durch ein (eingetragenes) Sondernutzungsrecht bereits vom Mitgebrauch (zB einer Gartenfläche) ausgeschlossen sind (und Gläubiger der an ihren MitEAnteilen eingetragenen Rechte) brauchen daher nicht mitzuwirken, wenn an der gleichen Fläche des Gemeinschaftseigentums weitere Sondernutzungsrechte geschaffen[157] oder innerhalb der Grundstücksflächen der Sondernutzungsrechte die Grenzen zwischen den einzelnen Sondernutzungsbereichen verschoben[158] werden, da hiervon (positive Komponente) ihre Rechtsposition nicht mehr berührt wird.

e) Eine Gebrauchsregelung nach § 15 WEG kann auch nur vorsehen, daß bestimmte WEigter **vom Mitgebrauch** gemeinschaftlichen Eigentums **ausgeschlossen** sind, ohne daß zugleich positiv für eine bestimmte WE-Einheit ein Sondernutzungsrecht vereinbart wird; dies ist jedenfalls dann zulässig, wenn das Mitgebrauchsrecht nicht für alle WEigter ausgeschlossen ist.[159] So kann die Teilungserklärung zB an oberirdischen Kfz-Abstellplätzen das Gebrauchsrecht aller WEigter mit Ausnahme des teilenden Bauträgers, solange dieser Mitglied der WE-Gemeinschaft ist, ausschließen; die Ausübung der dem Bauträger weiter vorbehaltenen Befugnis, an den Stellplätzen positive Nutzungsrechte auf von ihm bestimmte WEigter zu übertragen und insoweit durch Vereinbarung ein Sondernutzungsrecht mit einer bestimmten WE-(TE-)Einheit zu verbinden, bedarf dann der Zustimmung (Bewilligung) der dinglich Berechtigten an der dem teilenden Eigentümer noch gehörenden Wohnung(en),[160] nicht aber der Zustimmung der übrigen WEigter und deren dinglich Berechtigter, da sie von dieser Zuweisung infolge ihres von Anfang an bestehenden Ausschlusses vom Mitgebrauch nicht betroffen sind, und auch nicht der Zustimmung der dinglich Berechtigten an der begünstigten Wohnung.[160] Eine erst durch die positive Zuweisung von Sondernutzungsrechten an bestimmte WE-Einheiten bedingte Einräumung von Sondernutzungsrechten ist nicht möglich, da die positive Zuweisung insoweit nicht Bedingung, sondern notwendige Inhaltsbestimmung des Sondernutzungsrechts ist.[161] Im übrigen

2913 a

---

[156] BGH, F Schmidt, Hörer, je aaO (Fußn 151); BayObLG 1985, 124 = DNotZ 1986, 87 mit Anm Herrmann = MittBayNot 1985, 74 mit Anm F Schmidt = Rpfleger 1985, 292; BayObLG Rpfleger 1990, 63; BayObLG NotBZ 2002, 224 = RNotZ 2001, 521 = Rpfleger 2001, 587.
[157] BayObLG DNotZ 1988, 30 = Rpfleger 1986, 257; BayObLG MittBayNot 1991, 168 = Rpfleger 1991, 308.
[158] BayObLG DNotZ 1999, 672.
[159] BayObLG 1985, 124 = aaO (Fußn 156); vgl auch BayObLG 1985, 378 = DNotZ 1986, 479 mit Anm Ertl = NJW-RR 1986, 93 = Rpfleger 1986, 132.
[160] BayObLG MittBayNot 1990, 108 Leits = Rpfleger 1990, 63; OLG Köln Rpfleger 2001, 535 mit Anm Schneider. Im Bauträgerbereich ist zu beachten, daß damit streng genommen die Zustimmung der Finanzierungsgläubiger der verkauften, aber noch nicht auf die Käufer umgeschriebenen Wohnungen zur positiven Zuweisung nötig wäre, abl hierzu Blüggel Rpfleger 1996, 339. Besser sollte daher von der Regelung nach Rdn 2839 Abschn IV § 2 Ziff 1 Gebrauch gemacht werden.
[161] BayObLG 1985, 378 = aaO (Fußn 159) in Ablehnung der Gegenansicht von F Schmidt DNotZ 1984, 698; OLG Celle OLG-Report 1999, 133.

1235

sind bedingte Sondernutzungsrechte zulässig, zumindest dann, wenn die vereinbarte Bedingung dem grundbuchrechtlichen Bestimmtheitsgrundsatz genügt.[161a]

2913b f) Daneben ist nach der Rechtsprechung des BayObLG[162] unter der **aufschiebenden Bedingung** der Zuweisung eines Sondernutzungsrechts an einen bestimmten WEigter der Ausschluß aller anderen WEigter vom Mitgebrauch gemeinschaftlichen Eigentums (zB Kfz-Stellplatz) zulässig. Danach haben bis zu dieser positiven Zuweisung des Gebrauchsrechts an einen bestimmten WEigter alle WEigter ein Mitgebrauchsrecht, das aber mit der Zuweisung endet.[163] Auch wenn diese positive Zuweisung des Gebrauchs erst nach Eintragung der Gemeinschaftsordnung (§ 8 WEG) erfolgt, ist für die positive Einräumung des Sondernutzungsrechts an einen bestimmten WEigter die Bewilligung der übrigen WEigter und deren dinglich Berechtigter (§ 19 GBO wegen § 877 BGB) nicht nötig, da der Ausschluß des Mitgebrauchs (negatives Element) bereits von Anfang an – wenn auch aufschiebend bedingt (vgl § 161 BGB) – Inhalt der übrigen Sondereigentumseinheiten war und damit zeitlich auch vor deren Belastung mit dinglichen Rechten liegt.[164] Der Ausübungsbereich des Sondernutzungsrechts braucht für Grundbucheintragung der Befugnis zur Zuweisung als Inhalt des SE des berechtigten WEigters (meist des Bauträgers als teilender Eigentümer) und des bedingten Ausschlusses der anderen WEigter nicht näher beschrieben zu sein.[165] Dagegen enthält die Regelung, bezüglich der Stellplätze werde noch eine Sondernutzungsregelung getroffen, keinen (bedingten) Ausschluß vom Mitgebrauch und keine Ermächtigung des aufteilenden Eigentümers zur späteren positiven Zuweisung.[166]
Damit hat die Rechtsprechung einen praktischen Weg gefunden, nachträglich Sondernutzungsrechte bestimmten WE-Einheiten zuzuweisen, ohne daß die Zustimmung der übrigen WEigter und deren dinglich Berechtigter nötig ist. Muster hierfür Rdn 2839 Abschn IV § 2 Ziff 1.
Für den Grundbuchvollzug muß sichergestellt sein, daß der Eintritt der aufschiebenden Bedingung dem Grundbuchamt in der Form des § 29 GBO nachgewiesen werden kann. Am besten geschieht dies dadurch, daß die die Bedingung auslösende Zuweisung durch die hierzu berechtigte Person in no-

---

[161a] LG Koblenz Rpfleger 2003, 416.
[162] BayObLG 1985, 378 = aaO (Fußn 159); BayObLG DNotZ 1988, 30 = aaO (Fußn 157); OLG Hamm MittRhNotK 1998, 318; OLG Frankfurt DNotZ 1998, 392 = MittBayNot 1998, 183 mit Anm Fr Schmidt = Rpfleger 1998, 20; ähnlich auch OLG Düsseldorf DNotZ 1988, 35 = NJW-RR 1987, 1491 = Rpfleger 1988, 63, das einen Vorbehalt für den teilenden Eigentümer, Sondernutzungsrechte an Stellplätzen zuzuweisen, als hierdurch bedingten Ausschluß des Mitgebrauchs der anderen WEigter auslegt, und OLG Düsseldorf DNotZ 2002, 157 = aaO (Fußn 141) (Begründung des Sondernutzungsrechts durch den teilenden Alleineigentümer an einer auf gemeinschaftlichem Eigentum erst künftig zu errichtenden Penthousewohnung). Vgl auch Ertl DNotZ 1988, 4. Kritisch zu BayObLG Ludwig BWNotZ 1987, 164; ebenso OLG Düsseldorf MittRhNotK 1993, 30 = Rpfleger 1993, 193.
[163] OLG Hamm DNotZ 2000, 210.
[164] BayObLG MittBayNot 1992, 266.
[165] OLG Frankfurt MittBayNot 1998, 345 und 443 = aaO (Fußn 155).
[166] BayObLG MittBayNot 1997, 36 = Rpfleger 1997, 63.

VII. Gemeinschaft der Wohnungseigentümer

tariell beglaubigter Form abzugeben ist.[167] Noch nicht geklärt ist, ob diese dem aufteilenden Eigentümer vorbehaltene Zuweisungsbefugnis nur solange besteht, wie er Eigentümer einer SE-Einheit ist oder ob sie von der Eigentümerstellung unabhängig ist und damit auch vererblich und übertragbar gestellt werden kann.[168]

g) Das **Sondernutzungsrecht** gibt zwar das Recht zum ausschließlichen Gebrauch, nicht aber die umfassende Herrschaftsmacht eines Eigentümers;[169] es schließt auch nicht das Recht der WE-Gemeinschaft aus, Verwaltungsmaßnahmen[170] zu beschließen, soweit nicht in der Sondernutzungsvereinbarung etwas anderes bestimmt ist. Das Sondernutzungsrecht kann ohne Beschränkung auf eine bestimmte Nutzungsart bestellt werden.[171] Die Errichtung von Gebäuden (zB Gartenhaus) oder bauliche Veränderungen nach § 22 WEG sind ohne besondere Vereinbarung nicht Inhalt eines Sondernutzungsrechts,[172] können aber ebenso vereinbart werden wie die Befugnis zu baulichen Änderungen[173] (vgl Formular Rdn 2911). 2914

h) Eine **Vollmacht** zugunsten eines Dritten zur Errichtung von Garagen auf Gemeinschaftseigentum und Begründung von Sondernutzungsrechten in der Teilungserklärung ist zulässig, wenn der Bestimmtheitsgrundsatz gewahrt ist (Anzahl und Standort müssen erkennbar sein).[174] Macht er jedoch von der Vollmacht nunmehr durch Begründung von Sondernutzungsrechten Gebrauch, ist hierfür die Zustimmung dinglich Berechtigter erforderlich, es sei denn es würden bereits die Rdn 2913a gezeigten Wege beschritten[175] (s auch Rdn 2967a). 2914a

---

[167] Ertl DNotZ 1986, 485.
[168] Für unabhängige Zuweisungsbefugnis LG Köln RNotZ 2001, 393; Gutachten DNotI-Report 1996, 37; anders Rapp in Beck'sches Notarhandbuch A III Rdn 60, allerdings ohne Behandlung des Problems.
[169] Zum Unterschied zwischen Sondereigentum und Sondernutzungsecht grundlegend BayObLG 1991, 375 = aaO (Fußn 141) und Blum MittRhNotK 1992, 109; BayObLG MittBayNot 1985, 205 und NJW-RR 1992, 975 (keine Befugnis zur Errichtung eines den optischen Gesamteindruck störenden Gerätehauses); auch KG NJW-RR 1987, 1360 = OLGZ 1987, 410 (keine Befugnis, stark wachsende Bäume zu pflanzen); zur Bepflanzung und zum Baumabstand auch BayObLG NJW-RR 1987, 846. Auch beim Anspruch auf erstmalige teilungsplangemäße Herstellung bestehen Unterschiede zwischen SE und Sondernutzungsrecht, s Rdn 2873b.
[170] BayObLG 1985, 164 (Beschneidung von Hecken auf Sondernutzungsfläche durch Eigentümerbeschluß); ebenso BayObLG WE 1993, 115; KG NJW-RR 1996, 586 = WE 1996, 233 mit abl Anm Seuss; KG NJW-RR 1996, 587.
[171] BayObLG DNotZ 1999, 672 (674).
[172] BayObLG DNotZ 1988, 683 Leits; BayObLG WE 1993, 255; OLG Köln WE 1996, 77.
[173] OLG Düsseldorf MittRhNotK 1986, 169 mit Anm Kröncke; OLG Hamm MittBayNot 2000, 231 Leits; s auch Rdn 2910a.
[174] BayObLG 1974, 294 = DNotZ 1975, 308 = Rpfleger 1974, 400; BayObLG 1974, 217 = aaO (Fußn 128); großzügiger hinsichtlich Bestimmtheit BayObLG DNotZ 1992, 426 = Rpfleger 1992, 292.
[175] OLG Frankfurt DNotZ 1998, 392 = Rpfleger 1998, 20 für Bevollmächtigung des Verwalters zur Zuweisung der Sondernutzungsrechte an (bereits) errichteten Kfz-Abstellplätzen.

3. Teil. Wohnungseigentum und Dauerwohnrecht

2915 **i) Eingetragen** wird ein Sondernutzungsrecht als abweichende Vereinbarung (Bestimmung der Teilungserklärung) über das Verhältnis der WEigter (TEigter) untereinander mit dem Gegenstand und Inhalt des SE im Bestandsverzeichnis aller für die WE-Gemeinschaft angelegten Grundbuchblätter (§ 7 Abs 1 WEG). Genügen würde Bezugnahme auf die Eintragungsbewilligung (Teilungserklärung)[176] (§ 7 Abs 3 WEG, § 3 Abs 2 WGV; zur Eintragung des Tausches Rdn 2965). Wesentliche Sondernutzungsrechte sollten jedoch zur Sicherheit des Rechtsverkehrs[177] im Eintragungsvermerk selbst erkennbar gemacht werden[178] (s Rdn 2961). Ertl[179] gibt folgende **Eintragungsbeispiele:**

– Einzutragen am **begünstigten** WE:

... Miteigentumsanteil am Grundstück FlstNr ... verbunden mit dem Sondereigentum an der Wohnung Aufteilungsplan Nr 1 mit Sondernutzungsrecht am Kfz-Stellplatz Nr 1 gemäß Bewilligung vom ...

– Einzutragen an dem von der Benutzung **ausgeschlossenen** WE:

... Miteigentumsanteil ... [wie a] ohne Sondernutzungsrecht an Kfz-Stellplätzen Nrn ...

Erfolgt zunächst nur Ausschluß bestimmter WEigter vom Mitgebrauch und später erst (zB im Kaufvertrag) positive Zuweisung von Sondernutzungsrechten an einzelne WEigter – s dazu Rdn 2913a mit Beispielen – so ist die positive Zuweisung des Sondernutzungsrechts ebenfalls in das Grundbuch des begünstigten WE (nicht bei den von der Benutzung ausgeschlossenen Einheiten[180]) einzutragen.[181]

2915a **k)** Ob beim Erwerb eines WE (TE) ein nicht oder nicht im angegebenen Umfang bestehendes Sondernutzungsrecht **gutgläubig erworben** werden kann ist streitig,[182] aus Gründen des Verkehrsschutzes ist dies zu bejahen. Ist ein Son-

---

[176] OLG Hamm DNotZ 1985, 552 = OLGZ 1985, 19 = Rpfleger 1985, 109; KG NJW-RR 1997, 205; OLG Köln Rpfleger 1985, 110; LG Köln Rpfleger 1990, 205 und 1992, 479; Ertl Rpfleger 1979, 81 (82 f).
[177] Vgl den anschaulichen Fall, den Ertl Rpfleger 1979, 81 (83) berichtet, daß bei Versteigerung einer Hausmeisterwohnung Sondernutzungsrechte an Kfz-Stellplätzen übersehen wurden.
[178] Ertl Rpfleger 1979, 81 (83); Weitnauer/Lüke Rdn 33 zu § 15 WEG; s auch OLG Hamm DNotZ 1985, 552 = aaO (Fußn 176); OLG Frankfurt NJW-RR 1986, 1168 (1169) und LG Köln Rpfleger 1992, 479 (Antrag der Beteiligten auf Eintragung). Nachträgliche Eintragung eines Vermerks über die schlagwortartige Bezeichnung des Sondernutzungsrechts s OLG Frankfurt NJW-RR 1986, 1168.
[179] Ertl Rpfleger 1979, 81 (84).
[180] BayObLG MittBayNot 1990, 108 Leits = Rpfleger 1990, 63.
[181] BayObLG 1985, 378 = aaO (Fußn 159); LG Köln Rpfleger 1990, 205; aA (Eintragung der positiven Zuweisung im Grundbuch nicht erforderlich) LG Stuttgart BWNotZ 1990, 43 mit abl Anm Seidl, ebenso Schnauder aaO (Fußn 182), der generell nur die negative Seite (Nutzungsausschluß) für eintragungsfähig hält, da die positive Seite gem § 746 BGB ohnehin für Rechtsnachfolger gilt; in letzterem Sinn (zu § 746 BGB) auch BayObLG MittBayNot 1992, 266.
[182] Für diesen Schutz BayObLG 1990, 382 = Rpfleger 1989, 503 Leits; BayObLG MittBayNot 1991, 168 = Rpfleger 1991, 308; OLG Stuttgart BWNotZ 1986, 39 mit

VII. Gemeinschaft der Wohnungseigentümer

dernutzungsrecht unrichtigerweise im Grundbuch nicht eingetragen (oder versehentlich gelöscht), so kann gutgläubiger Erwerb eines WEigters stattfinden, dem gegenüber das Sondernutzungsrecht nicht gilt.[183]

l) Durch (rechtswidrigen, aber nicht angefochtenen) **Mehrheitsbeschluß** (Pseudovereinbarung) können Sondernutzungsrechte nicht begründet werden; solche Beschlüsse sind nichtig.[184] 2916

m) In die Bestellung eines Sondernutzungsrechts **umgedeutet** werden (§ 140 BGB) kann nach verbreiteter Meinung[185] die unwirksame Begründung von SE an einer Grundstücksfläche außerhalb eines Gebäudes (fehlende Raumeigenschaft, Rdn 2818), so an einem Garten oder Hofraum, an einer Zufahrt, an Kfz-Stellplätzen. Es ist jedoch zu unterscheiden: Im **Eintragungsverfahren** ist eine Umdeutung nicht hinnehmbar, um dem Eintragungsantrag zum Erfolg zu verhelfen (s Rdn 173). Eintragungsantrag und Eintragungsbewilligung haben klar und bestimmt zu sein (Rdn 103); sie dürfen keine Zweifel darüber aufkommen lassen, ob ein Bereich als SE mit einem Miteigentumsanteil verbunden werden (§ 1 Abs 2, § 3 WEG) oder Grundbucheintragung für Regelung des Gebrauchs des gemeinschaftlichen Eigentums (§ 10 Abs 2, § 15 Abs 1 WEG) erfolgen soll. Eine widersprüchliche Grundbucherklärung kann abschließende Würdigung nicht ermöglichen, damit auch Grundlage für Umdeutung im Eintragungsverfahren nicht geben. Sie bedarf der Klarstellung, die mit Zwischenverfügung zu veranlassen ist (Rdn 444). Wenn jedoch Begründung von SE (unzulässig) **eingetragen** ist, ist die Grundbucheintragung der Umdeutung fähig. Eintragung von SE soll bewirken, daß der MitEigter den ihm zugewiesenen Bereich allein unter Ausschluß der übrigen MitEigter nutzen kann (§ 13 Abs 1 WEG, Rdn 2808). Diese ausschließliche Benutzung durch den begünstigten MitEigter gewährleistet ein Sondernutzungsrecht, wenn die Bildung von SE an der Raumeigenschaft scheitert. Nutzung von SE und Nutzung gemeinschaftlichen Eigentums auf Grund einer Gebrauchsregelung sind einander wirtschaftlich im wesentlichen gleichartig. Daher ist die nichtige Bildung von SE als Sondernutzungsrecht nach § 140 BGB aufrecht zu erhalten. Grundbuchberichtigung ermöglicht § 22 GBO. Tatbestandsmerkmale des Ersatzgeschäfts dürfen mit Umdeutung jedoch nicht fingiert werden.[186] Daher kann ein nichtiger Beschluß über eine Umwandlung von Gemeinschaftseigentum in SE nicht in die (nachträgliche) Begründung 2917

Anm Fröschlin = OLGZ 1986, 35; LG Stuttgart WE 1994, 119; BGB-RGRK/Augustin Rdn 38 zu § 10 WEG; Ertl in FS Seuss (1987) S 151; Ertl DNotZ 1988, 4 (20); ablehnend Weitnauer DNotZ 1990, 385 und WE 1994, 60; Weitnauer/Lüke Rdn 35 zu § 15 WEG; Demharter DNotZ 1991, 28; Schnauder, Die Relativität der Sondernutzungsrechte, FS Bärmann und Weitnauer S 567.
[183] OLG Hamm MittBayNot 1994, 130 = MittRhNotK 1993, 159 = NJW-RR 1993, 1295 = OLGZ 1994, 1 = Rpfleger 1994, 60.
[184] BGH 145, 158 = aaO (Fußn 1). Damit ist für die Praxis diese früher heftig umstrittene Frage (s Rdn 2885 mit Fußn 4) entschieden.
[185] OLG Hamm OLGZ 1983, 1 (5) = MittRhNotK 1982, 218 = Rpfleger 1983, 19; OLG Köln MittRhNotK 1996, 61; Weitnauer Rdn 10 zu § 5 und Rdn 26 zu § 15 WEG; Bärmann/Pick/Merle Rdn 15 zu § 15 WEG; anders Abramenko Rpfleger 1998, 313 (löst lediglich schuldrechtliche Ansprüche aus).
[186] MünchKomm/Mayer-Maly/Busche Rdn 14 zu § 140 BGB.

eines Sondernutzungsrechts umgedeutet werden[187] (die nach § 10 Abs 1 S 2 WEG erforderliche Vereinbarung aller WEigter kann nicht mehrheitlich beschlossen werden).

2917a Verzicht auf Sondernutzungsrecht s Rdn 2982b.

9. Lastentragung

2918 Die Lasten des gemeinschaftlichen Eigentums[188] und der Verwaltung haben die WEigter (TEigter) nach dem Verhältnis der Miteigentumsbruchteile zu tragen (§ 16 Abs 2 WEG; s Rdn 2893). Abweichungen durch Vereinbarung (§ 10 Abs 2 WEG) sind zulässig.[189] Beispiele: Berechnung nach der Wohn- bzw Nutzfläche[190], Umlegung von Heizkosten nach Verbrauch und beheizter Fläche.[191] Ohne Rücksicht auf die Eigenschaft als Gemeinschafts- oder Sondereigentum kann in der Teilungserklärung geregelt werden, daß bestimmte Instandhaltungs-, Instandsetzungs- und Erneuerungskosten dem jeweiligen SEigter obliegen.[192] Werden Teile des Gemeinschaftseigentums nur von einem Teil der Eigentümer genutzt (zB Zufahrtsrampen, Beleuchtung, Belüftung von Tiefgaragen) oder gliedert sich eine Wohnanlage in verschiedene selbständige Bauobjekte, empfiehlt es sich, die Lasten dieser Teile des gemeinschaftlichen Eigentums im Wege der Vereinbarung auf die engere Gemeinschaft der tatsächlich Nutzenden zu verteilen. Die abweichende Vereinbarung wird durch Grundbucheintragung Inhalt des SE. Eintragung kann durch Bezugnahme auf die Eintragungsbewilligung erfolgen (Rdn 2866).

2919 Der in der Vereinbarung der WEigter (Teilungserklärung) festgelegte Schlüssel für die Verteilung der Lasten kann nur durch **Vereinbarung aller WEigter**[193]

---

[187] OLG Düsseldorf MittRhNotK 1996, 261 = NJW-RR 1996, 210. Ein durch Beschluß begründetes Sondernutzungsrecht wäre überdies nicht eintragungsfähig, Rdn 2916.

[188] Verbrauchs- und Benützungsentgelte als Lasten des gemeinschaftlichen Eigentums s BayObLG 1972, 150 = NJW 1972, 1376 Leits = Rpfleger 1972, 260 Leits. Grundsteuern sind keine gemeinschaftlichen Lasten. Zum Wohngeldanspruch (Wohngeldausfall) bei Insolvenzverfahren (früher Konkurs) eines WEigters s BGH 108, 44 = DNotZ 1990, 373 = NJW 1989, 3018 = Rpfleger 1989, 472; OLG Düsseldorf KTS 1970, 310 = NJW 1970, 1137; OLG Stuttgart Rpfleger 1978, 383.

[189] Wenn nach der Teilungserklärung jeder WEigter (TEigter) verpflichtet ist, nach beispielhafter Anführung einzelner Betriebskosten „sonstige" mit der Bewirtschaftung des Grundstücks unmittelbar zusammenhängende und notwendige Betriebskosten bzw Kosten für die Instandhaltung anteilig zu tragen, so fallen die Kosten für einen **Aufzug** auch dann darunter, wenn nur ein Gebäude der aus mehreren Gebäuden bestehenden WE-Anlage mit einem Aufzug ausgestattet ist, BGH 92, 18 = NJW 1984, 2576 = Rpfleger 1984, 465; aA – allerdings bei teilweise anderem Sachverhalt – BayObLG Rpfleger 1979, 427; hierzu auch OLG Hamm (Vorlagebeschluß, mitget) Rpfleger 1984, 179. Für Beteiligung an den Betriebskosten einer Aufzugsanlage der Raumeigentümer, die den Aufzug nicht benötigen, auch OLG Düsseldorf NJW-RR 1986, 95.

[190] Zum Ansatz der Flächen von Balkonen, Loggien und Dachterrassen in diesem Fall BayObLG 1996, 58 = MittBayNot 1996, 298 = MittRhNotK 1996, 268.

[191] Zur Verteilung der Kosten für Heizung und Warmwasser s jetzt die HeizkostenVO v 20. 1. 1989 (BGBl I 120).

[192] BayObLG WE 1994, 184; vgl auch Formular Rdn 2839 Abschn IV § 6 Ziff 1.

[193] Zustimmung zur Änderung kann nach Treu und Glauben nur bei grob unbilliger Regelung verlangt werden, BayObLG 1984, 50; OLG Düsseldorf NJW 1985, 2837 =

VII. Gemeinschaft der Wohnungseigentümer

(TEigter),[194] nicht aber durch Mehrheitsbeschluß geändert werden. Änderung durch Mehrheitsbeschluß ist nur zulässig, wenn die Vereinbarung der WEigter (die Teilungserklärung) eine solche Möglichkeit ausdrücklich vorsieht[195] (s Rdn 2885). Eine vorgesehene Änderung durch Mehrheitsbeschluß ist jedoch nur zulässig, wenn sachliche Gründe vorliegen und einzelne WEigter auf Grund der Neuregelung gegenüber dem bisherigen Rechtszustand nicht unbillig benachteiligt werden (dazu Rdn 2885c). Auch §§ 7, 8 HeizkostenVO geben keine Befugnis, durch Mehrheitsbeschluß den Verteilungsschlüssel innerhalb der Grenzen der VO zu ändern.[196] Kostenverteilungsschlüssel können nicht durch rechtswidrige, aber nicht angefochtene Mehrheitsbeschlüsse[197] (Pseudovereinbarungen) geändert werden, s dazu Rdn 2885.

Der **Erwerber** eines WE oder TE wird **Dritten** (Außenverhältnis) für die vom Verwalter im eigenen Namen oder für die bereits im Namen der WEigter (TEigter) begründeten Verbindlichkeiten (Verwaltungsschulden) gesetzlich nicht haftbar.[198] Für die **Beitragspflicht der WEigter** (TEigter) untereinander (§ 16 Abs 2 WEG; Innenverhältnis) wird auf den Beschluß der WEigter (TEigter) abgestellt;[199] weil erst durch ihn die Beitragspflicht als Verbindlichkeit der WEigter (TEigter) begründet wird, verpflichtet er die WEigter (Teig-

2920

OLGZ 1985, 405 (Verteilungsschlüssel für Wasserverbrauch und Kosten der Abwasserbeseitigung); LG Wuppertal NJW-RR 1986, 1074; ebenso für Anspruch auf Miteigentumsquotenberichtigung BayObLG 1985, 47 (50) und MittBayNot 1995, 45; auch BayObLG MittBayNot 2000, 39 (kein Abänderungsanspruch bei etwa 12% stärkerer Kostenbelastung infolge nicht sachgerechter Festlegung der MitE-Anteile); ähnlich OLG Düsseldorf MittBayNot 2001, 396 Leits; OLG Hamm MittBayNot 2003, 296 (kein Anspruch auf Kostentrennung zwischen Alt- und Neubau). Anpassung durch gerichtliche Entscheidung, wenn außergewöhnliche Umstände ein Festhalten an einer Vereinbarung als grob unbillig und damit als gegen Treu und Glauben verstoßend erscheinen lassen (ohne Zustimmung der Grundpfandgläubiger) s BayObLG 1987, 66 = NJW-RR 1987, 714; KG NJW-RR 1991, 1169; OLG Köln NJW-RR 1995, 973.
[194] BGH 130, 304 = NJW 1995, 2791; BayObLG 1984, 50 (52); BayObLG NJW-RR 1990, 1102 und 1493; OLG Frankfurt OLGZ 1987, 26; Tasche DNotZ 1973, 453.
[195] BGH 95, 137 = DNotZ 1986, 83 = NJW 1985, 2832; BayObLG 1984, 257 (Vorlagebeschluß); BayObLG NJW-RR 1987, 203 und 1990, 1493.
[196] BayObLG 2 Z 64/82, mitget Rpfleger 1983, 15; dazu Walberer NJW 1984, 109.
[197] BGH 145, 158 = aaO (Fußn 1).
[198] BGH 104, 197 = DNotZ 1989, 148 mit Anm Weitnauer = NJW 1988, 1910 = Rpfleger 1988, 357. Dritten bleibt der Veräußerer für die während seiner Zugehörigkeit zur Gemeinschaft der WEigter begründeten Verwaltungsschulden (weiterhin) Gesamtschuldner, BGH 78, 166 (175) = NJW 1981, 282 (284).
[199] BGH 104, 197 = aaO in Abweichung von BGH 95, 118 = NJW 1985, 2717 = Rpfleger 1984, 509 (verpflichtet werden die WEigter, die im Zeitpunkt der Entstehung der Lasten und Kosten Mitglied der WEigtergemeinschaft gewesen sind); BGH 142, 290 (295) = DNotZ 2000, 198 (200) = NJW 1999, 3713 = Rpfleger 2000, 78. Wie BGH auch OLG Karlsruhe NJW-RR 1987, 1354 (Vorlagebeschluß); KG (Vorlagebeschluß, mitget) Rpfleger 1985, 11; OLG Köln MDR 1989, 359; OLG Stuttgart BWNotZ 1980, 163 = Justiz 1980, 414; LG Frankfurt NJW-RR 1987, 596; zur Erwerberhaftung auch Röll NJW 1983, 153 und DNotZ 1986, 130; Weitnauer JZ 1986, 193; Buß WE 1998, 176; aA für Konkurs-, jetzt Insolvenzfall KG DNotZ 1989, 152 (Vorlagebeschluß) mit Anm Weitnauer. Für die Verpflichtung zur Zahlung einer Sonderumlage (zB für Dachsanierung) stellt OLG Hamm MittRhNotK 1996, 266 = NJW-RR 1996, 911 auf die Fälligkeit vor oder nach dem Eigentumswechsel (Zuschlag) ab.

ter) bei Beschlußfassung, nicht aber frühere WEigter (TEigter) als Rechtsvorgänger.[200] Das gilt für Verbrauchskosten ebenso wie für Kosten von Reparaturen und Instandhaltungsmaßnahmen.[201] Der Erwerber[202] haftet somit für Verbindlichkeiten der WEigter (TEigter) untereinander, die in der anteilmäßigen Verpflichtung zum Tragen der Lasten und Kosten wurzeln (§ 16 Abs 2 WEG), auch dann, wenn es sich um **Nachforderungen** aus Abrechnungen für frühere Jahre handelt (Abrechnungsspitze im Gegensatz zu den Rdn 2921 behandelten rückständigen Beitragsvorschüssen [sogen Abrechnungsrückstand]), wenn der Beschluß der WEigter/TEigter-Gemeinschaft, durch den die Nachforderungen begründet werden (§ 28 Abs 5 WEG), erst nach dem Eigentumserwerb gefaßt worden ist.[203] WEigter (TEigter) und somit verpflichtet zur Lasten- und Kostentragung wird der Erwerber mit Eigentumsübergang durch Eintragung in das Grundbuch nach Auflassung. Die bis Eigentumsübergang mit Umschreibung des WE (TE) auf den Erwerber durch Beschluß der WEigter (TEigter) begründeten Zahlungspflichten treffen den im Grundbuch eingetragene WEigter (TEigter), und zwar auch dann, wenn er nach Veräußerung das WE (TE) nicht mehr nutzt und für den Erwerber eine Auflassungsvormerkung eingetragen ist.[204] Weil die Haftung des WEigters (TEigters) nach § 16 Abs 2 WEG (fort)besteht, solange er rechtlich der WEigter-Gemeinschaft angehört, kann auch der im Grundbuch noch nicht eingetragene Erwerber des WE (TE) der Eigentümergemeinschaft nicht bereits deshalb haften, weil er sich schon faktisch in die WE-Gemeinschaft eingegliedert hat.[205] Im Veräußerungsvertrag kann jedoch mit schuldrechtlicher Wirkung vereinbart werden, daß (und von welchem Zeitpunkt an) der Erwerber des WE (TE) den Veräußerer von der Haftung für die ihn bis zur Eigentumsumschreibung noch treffenden Lasten und Kosten freizustellen hat. Seinen Freistellungsanspruch kann der Veräußerer an die übrigen WEigter abtreten, so daß diese den Erwerber unmittelbar in Anspruch nehmen können.[206] Die Mithaft des Erwerbers können Veräußerer

---

[200] BGH 104, 197 = aaO; OLG Köln MDR 1989, 359; OLG Stuttgart MDR 1989, 359 = NJW-RR 1989, 654 (Haftung des Erwerbers auch insoweit, als der Veräußerer seiner vor Eigentumsübertragung beschlossenen (fortbestehenden) Verpflichtung zur Leistung einer vorschußweisen Sonderumlage nicht nachgekommen ist); aA hierzu (keine Erwerberhaftung) KG DNotZ 1994, 756 Leits = NJW-RR 1994, 83 = OLGZ 1994, 141.
[201] BGH 104, 197 = aaO.
[202] Es haftet immer der wirkliche Eigentümer (Erwerber), nicht ein Buchberechtigter, BGH DNotZ 1995, 602 = NJW 1994, 3352 = Rpfleger 1995, 150; OLG Schleswig DNotZ 1994, 255.
[203] BGH 104, 197 = aaO; OLG Karlsruhe (Vorlagebeschluß) NJW-RR 1987, 1354.
[204] BGH 87, 138 = DNotZ 1984, 32 = JZ 1983, 618 mit Anm Stürner und Weber = MDR 1983, 747 und 1016 Leits mit Anm Wellkamp = NJW 1983, 1615 = Rpfleger 1983, 310; OLG Düsseldorf (Vorlagebeschlüsse, mitget) Rpfleger 1983, 8. Zur BGH-Entscheidung auch Moritz JZ 1985, 216.
[205] BGH 107, 285 = DNotZ 1990, 371 = NJW 1989, 2697 = Rpfleger 1989, 366; BayObLG 1989, 351 = NJW-RR 1990, 81 (unter Aufgabe früherer Rechtsprechung); offen gelassen noch von BGH 87, 138 = aaO. Die frühere Rechtsprechung zur Haftung des „werdenden" oder „faktischen" oder „wirtschaftlichen" WEigters, der das SE bereits nutzt, im Grundbuch aber noch nicht als WEigter eingetragen ist (entsprechende Anwendung des § 16 Abs 2 WEG) ist seit BGH 106, 113 und 107, 285 überholt. Nachweise s 9. Auflage.
[206] BGH 107, 285 (288) = aaO.

VII. Gemeinschaft der Wohnungseigentümer

und Erwerber auch durch einen Schuldbeitritt im Wege eines echten Vertrags zugunsten eines Dritten begründen.[207]

Für **rückständige Wohngelder** (Hausgelder, Beitragsvorschüsse), ds fällige Zahlungen als Vorschuß zu Lasten und Kosten und als Beitragsleistung zu Instandhaltungsrückstellung nach Maßgabe des vor Eigentumsübergang beschlossenen Wirtschaftsplans (§ 28 WEG; in der Jahresabrechnung als „Abrechnungsrückstand" ausgewiesen), haftet der ausgeschiedene WEigter weiter,[208] und zwar auch dann, wenn Beschluß über die Jahresabrechnung erst nach seinem Ausscheiden gefaßt worden[209] und dieser Beschluß über die die Beitragsrückstände einbeziehende Jahresabrechnung bestandskräftig geworden ist.[210] Rückständig ist Hausgeld, das während des Zeitraums, als der Veräußerer WEigter war, fällig geworden ist.[211] Der Erwerber haftet bei Erwerb der Eigentumswohnung (des TE) im Laufe eines Wirtschaftsjahres für Wohngeldrückstände gesetzlich nicht,[212] und zwar auch dann nicht, wenn es in der nach Eigentumsübergang genehmigten Jahresabrechnung als „Abrechnungsrückstand" ausgewiesen ist.[213] Den Erwerber trifft damit keine Zahlungspflicht, wenn für rückständige Verwaltungsschulden (Lasten und Kosten, § 16 Abs 2 WEG) nach Erwerb der Eigentumswohnung (des TE) durch Beschluß der Gemeinschaft eine Nachforderung (Rdn 2920) nicht begründet wird (so bei Deckung aus Rücklage). Haftung für Nachforderungen (Abrechnungsspitze) s Rdn 2920. Als Inhalt des SE (§ 5 Abs 4 WEG, auch durch den teilenden Eigentümer, § 8 Abs 2 WEG) kann (für das Verhältnis der WEigter untereinander) auch mit Wirkung gegen den Sondernachfolger (Grundbucheintragung erforderlich, § 10 Abs 2 WEG) bestimmt werden, daß der Erwerber als Rechtsnachfolger für die Wohngeldrückstände (und sonstigen Zahlungsverpflichtungen, § 16 Abs 2 WEG) seines Vorgängers im Eigentum haftet,[214] auch wenn der Vorgänger der teilende Eigentümer (Bauträger) ist.[215]

2921

---

[207] BGH 107, 285 (288) = aaO.
[208] BGH 131, 228 = DNotZ 1996, 658 = NJW 1996, 725 (Vorlageentscheidung) gegen OLG Köln FGPrax 1995, 1949 (Vorlagebeschluß); BGH 142, 290 = aaO (Fußn 199).
[209] BGH 142, 290 = aaO (Fußn 199).
[210] BGH 142, 290 = aaO (Fußn 199); KG NJW-RR 1999, 665; OLG Zweibrücken ZMR 1996, 340; anders vordem OLG Düsseldorf NJW-RR 1997, 714; OLG Köln NJW-RR 1997, 1102; OLG Stuttgart WE 1988, 383; BayObLG DNotZ 2000, 203; auch Rapp DNotZ 2000, 185.
[211] BGH 131, 228 = aaO (Fußn 208).
[212] Einhellige Meinung; OLG Braunschweig DNotZ 1977, 612 Leits = MDR 1977, 230; OLG Köln MittBayNot 1979, 19 = MittRhNotK 1978, 154 = OLGZ 1978, 151; OLG Karlsruhe MDR 1979, 58 = MittRhNotK 1980, 111; BayObLG DNotZ 1980, 48 = Rpfleger 1979, 352; KG OLGZ 1991, 190; aA (haften solidarisch mit Veräußerer) Bärmann/Pick/Merle Rdn 104 zu § 16 WEG; Pick JR 1972, 99 (103); auch Kirchner MittBayNot 1973, 264.
[213] BGH 142, 290 = aaO (Fußn 199).
[214] BGH DNotZ 1995, 42 = NJW 1994, 2950 = Rpfleger 1994, 498; BayObLG Rpfleger 1997, 17 (gilt dann auch für Sonderumlage) und ZfIR 2002, 389; OLG Braunschweig und OLG Köln je aaO (Fußn 212); OLG Düsseldorf DNotZ 1973, 552; OLG Frankfurt Rpfleger 1980, 349; KG OLGZ 1977, 166; kritisch F Schmidt WE 1995, 70.
[215] OLG Düsseldorf MittRhNotK 1997, 356 = NJW-RR 1997, 906; OLG Frankfurt Rpfleger 1980, 349.

2921a Der **Ersteher** als Erwerber in der Zwangsversteigerung haftet für Lasten und Kosten ab Zuschlag (§ 56 S 2 ZVG); er wird mit Zuschlag WEigter (TEigter) (§ 90 Abs 1 ZVG) und somit zur Lasten- und Kostentragung verpflichtet. Auch für den Ersteher wird die Beitragspflicht (§ 16 Abs 2 WEG) durch Beschluß der WEigter (TEigter) begründet;[216] er haftet als Erwerber somit für Verbindlichkeiten auch dann, wenn es sich um Nachforderungen aus Abrechnungen für frühere Jahre (wie Rdn 2920) handelt, sofern nur der Beschluß der WEigter/TEigter-Gemeinschaft, durch den die Nachforderung begründet wird (§ 28 Abs 5 WEG), erst nach Erteilung (Wirksamwerden) des Zuschlags gefaßt worden ist.[217] Für die Beitragsrückstände (rückständiges Wohngeld) seines Vorgängers (des Schuldners) haftet der Ersteher nicht[218] (wie Rdn 2921). Er kann auch nicht durch Teilungserklärung für rückständige Beitragsschulden (Lasten und Kosten) des WEigters (TEigters) bis Zuschlag haftbar gemacht werden.[219] Wenn in der Teilungserklärung für den Fall der Veräußerung nur eine Haftung des Erwerbers für Rückstände vorgesehen ist, ist damit nur der rechtsgeschäftliche Erwerber gemeint, nicht auch der Ersteher in der Zwangsversteigerung.[220] Eine durch Teilungserklärung getroffene Bestimmung, wonach auch der Erwerber einer Eigentumswohnung oder eines TE im Wege der Zwangsversteigerung für Hausgeldrückstände (somit Beitragspflichten) des Voreigentümers haftet, verstößt gegen § 56 S 2 ZVG und ist gem § 134 BGB nichtig.[221] Wenn über das Vermögen eines WEigters das **Insolvenz**verfahren eröffnet ist, ist auch er in die Erhebung einer Sonderumlage zur Deckung eines Wohngeldausfalles anteilig einzubeziehen, und zwar auch dann, wenn er selbst den Ausfall verursacht hat.[222] Die anteilige Verpflichtung zur Zahlung einer nach Eröffnung des Insolvenzverfahrens beschlossenen Sonderumlage ist Masseverbindlichkeit iS des § 55 Abs 1 Nr 1 InsO.

2921b Zur Auszahlung des Anteils des Veräußerers an der Instandhaltungsrücklage vgl Rdn 2829.

2921c Erhebung eines pauschalierten vom Gesetz abweichenden Verzugsschadens auf rückständige Beiträge zu den Lasten und Kosten des gemeinschaftlichen Eigentums durch Mehrheitsbeschluß der WEigter erfordert Ermächtigung durch Teilungserklärung (Vereinbarung).[223]

---

[216] BGH 142, 290 = aaO (Fußn 199); LG Berlin Rpfleger 1993, 415.

[217] Folgt aus BGH 104, 197 = aaO (Fußn 200) in Abweichung von BGH 95, 118 = aaO (Fußn 199) und KG (Vorlagebeschluß, mitget) Rpfleger 1985, 111.

[218] BGH 142, 290 = aaO (Fußn 199).

[219] Nichtigkeit eines Eigentümerbeschlusses, der die Haftung des Erstehers für Wohngeldrückstände vorsieht, BayObLG 1984, 198 = DNotZ 1985, 416 = MDR 1984, 1028 = Rpfleger 1984, 428.

[220] BGH 88, 302 = DNotZ 1984, 556 = NJW 1984, 308 = Rpfleger 1984, 70 mit Anm Schiffhauer; anders OLG Düsseldorf (Vorlagebeschluß, mitget) Rpfleger 1983, 387.

[221] BGH 99, 358 = DNotZ 1988, 27 = JR 1988, 203 mit krit Anm Pick = NJW 1987, 1638 = Rpfleger 1987, 208; OLG Hamm MittRhNotK 1996, 266 = NJW-RR 1996, 911; LG Berlin Rpfleger 1993, 415; anders OLG Köln MittRhNotK 1979, 212 sowie DNotZ 1981, 584; offenbar auch OLG Braunschweig DNotZ 1977, 612 Leits = MDR 1977, 230.

[222] BGH 108, 44 = DNotZ 1990, 373 = NJW 1989, 3018 = Rpfleger 1989, 472 (damit gegenstandslos OLG Stuttgart OLGZ 1980, 70 = KTS 1980, 161 = Justiz 1979, 404).

[223] BGH 115, 151 = DNotZ 1992, 226 = NJW 1991, 2637 = Rpfleger 1991, 413 mit weit Nachw; KG (Vorlagebeschluß) Rpfleger 1991, 37; zum Mehrheitsbeschluß auch

VIII. Verwaltung

1. Allgemein

Die Verwaltung des gemeinschaftlichen Eigentums (also nicht auch des SE) obliegt (s § 20 WEG) 2922
- den **WEigtern** (TEigtern) gemeinschaftlich nach Maßgabe der §§ 21–25 WEG,
- dem Verwalter nach Maßgabe der §§ 26–28 WEG,
- einem zur Unterstützung des Verwalters bestellten **Verwaltungsbeirat**, der jedoch nicht obligatorisch ist, nach Maßgabe des § 29 WEG.

2. Verwaltung durch die WEigter (TEigter)

Gemeinschaftlich steht den WEigtern (TEigtern) die Verwaltung zu, soweit nicht im WEG oder durch Vereinbarung der WEigter (TEigter) etwas anderes bestimmt ist (§ 21 Abs 1 WEG). Was zu einer **ordnungsmäßigen**, dem Interesse der Gesamtheit der WEigter entsprechenden **Verwaltung** gehört, ist beispielhaft in § 21 Abs 5 WEG aufgezählt. Wegen sonstiger Einzelheiten s § 21 Abs 2, 3, auch 6 WEG. 2923

Durch **Vereinbarung der WEigter** (TEigter; Bestimmung des nach § 8 WEG teilenden Eigentümers) können andere Einzelregelungen für die Verwaltung durch die WEigter festgelegt werden (§ 21 Abs 1 WEG), zB Vereinbarung einer getrennten Verwaltung von abgegrenzten Teilen einer Wohnanlage durch Gruppen von Eigentümern.[1] Durch Vereinbarung können WEigter zur tätigen Mithilfe (Instandsetzung, Reinigung, Räum- und Streupflicht) heran gezogen werden;[2] ob dies auch durch bloßen Mehrheitsbeschluß zulässig ist, ist streitig.[3] Abweichende Bestimmungen, die durch Grundbucheintragung zum Inhalt des SE gemacht sind (§ 5 Abs 4 WEG), wirken gegen jeden Sonderrechtsnachfolger. Eintragung kann durch Bezugnahme auf die Eintragungsbewilligung erfolgen (§ 7 Abs 3 WEG, § 3 Abs 2 WGV). Abänderbar ist auch die Regelung des § 22 Abs 1 S 1 WEG über bauliche Veränderung und Sonderaufwendungen.[4] Daher kann auch eine Vereinbarung, daß bestimmte bauliche Veränderungen am gemeinschaftlichen Eigentum (Mauer- und Deckendurchbrüche) ohne Zustimmung aller WEigter vorgenommen werden dürfen, zum

---

BayObLG ZfIR 2003, 64; OLG Düsseldorf NJW-RR 2000, 88 und OLG Köln NJW-RR 2001, 87.

[1] BayObLG DNotZ 1985, 414.
[2] BayObLG 1991, 421 = NJW-RR 1992, 343; OLG Stuttgart NJW-RR 1987, 976; vgl weiter OLG Hamm NJW 1982, 150 = NJW 1982, 1108 = Rpfleger 1981, 482 Leits; auch OLG Hamm OLGZ 1980, 261; KG MittRhNotK 1978, 109 = OLGZ 1978, 146 = Rpfleger 1978, 146 und ZfIR 2002, 559 unter Hinweis auf die Möglichkeit, solche Verpflichtungen im Sachenrecht (auch) über eine Reallast zu begründen.
[3] Zulässig nach BayObLG WE 1994, 316 = WM 1994, 403; Weitnauer/Hauger Rdn 18 zu § 16 WEG; unzulässig nach KG WE 1994, 213; AG München WE 1993, 198; Bader WE 1994, 288.
[4] BayObLG 1986, 29 = BWNotZ 1986, 87 = MittBayNot 1986, 79 = Rpfleger 1986, 217; auch BayObLG NJW-RR 1987, 1357; OLG Frankfurt OLGZ 1981, 313 und 1984, 60.

Inhalt des SE gemacht und als solche in das Grundbuch eingetragen werden.[5]

3. Wohnungseigentümerversammlung

Literatur: Bassenge, Probleme des Stimmrechts bei Mitberechtigung an Wohnungseigentum, FS Seuss (1987) S 33; Deckert, Die Eventualeinberufung einer Wohnungseigentümerversammlung, NJW 1979, 2291; Rapp, Unzulässige Beschlüsse der Wohnungseigentümer und sachenrechtliches Publizitätsprinzip, DNotZ 2000, 185; Schöne, Das Stimmrecht des mehrfachen Wohnungseigentümers, NJW 1981, 435; Stöber, Berufung einer zweiten, erleichtert beschlußfähigen Versammlung, Rpfleger 1978, 10; Weber, Das Stimmrecht des mehrfachen Wohnungseigentümers – ein Mehrheitsschutzproblem? NJW 1981, 2676.

2924 Angelegenheiten, über die die WEigter (TEigter) durch Beschluß entscheiden können, werden durch **Beschlußfassung** in einer vom Verwalter[6] (§ 24 WEG mit Einzelheiten) einzuberufenden[7] **Versammlung**[8] geordnet (§ 23 Abs 1 WEG). Zur Gültigkeit eines Beschlusses ist erforderlich, daß der Gegenstand bei der Einberufung bezeichnet ist[9] (§ 23 Abs 2 WEG).[10] Mehrheitsverhältnisse: § 25 WEG. Mehrheitsbeschluß erfordert entweder Feststellung der Anzahl der Ja-Stimmen oder auch deren Feststellung im Wege der Substraktion (nach Zählung der Nein-Stimmen und Enthaltungen), wenn im Zeitpunkt der

---

[5] BayObLG 1986, 29 = aaO und DNotZ 1991, 156; BayObLG ZfIR 2000, 207; auch OLG Düsseldorf MittRhNotK 1986, 169; Kolb MittRhNotK 1996, 254.

[6] Einberufung durch Nicht-(mehr)Verwalter macht die gefaßten Beschlüsse nicht nichtig, sondern nur anfechtbar, BayObLG NJW-RR 1992, 910; OLG Hamm OLGZ 1992, 399; OLG Köln WE 1996, 312.

[7] Zur Zulässigkeit einer Vereinbarung, nach der Einladung an die zuletzt der Verwaltung genannten Adresse genügt, s Basty MittBayNot 1996, 421; LG Magdeburg Rpfleger 1997, 306; Röll Rpfleger 1997, 108 (Anmerkung) zutr gegen LG Magdeburg; NJW-RR 1997, 969 = Rpfleger 1997, 108 (aufgegeben Rpfleger 1997, 306).

[8] Zur Verlegung der Versammlung auf einen anderen Zeitpunkt s OLG Hamm OLGZ 1981, 24; Vollmacht des Verwalters zur Vertretung nicht anwesender oder vertretener WEigter OLG Frankfurt OLGZ 1986, 45. Zur Auslegung der Regelung, daß „Vertretung durch schriftliche Bevollmächtigte zulässig ist" BayObLG 1984, 15. Zu mündlichen Ausführungen und beratender Tätigkeit anderer Personen in einem solchen Fall BayObLG 1981, 161 = MittRhNotK 1981, 185; zur Vertretung durch einen Rechtsanwalt LG Hamburg Rpfleger 1979, 65. Zur Vertretung einer Aktiengesellschaft durch einen Handlungsbevollmächtigten BayObLG 1981, 220 = MDR 1982, 58.

[9] § 23 Abs 2 WEG ist durch Teilungserklärung abdingbar, OLG Hamm Rpfleger 1979, 342.

[10] Die Tagesordnung der Versammlung der WEigter muß grundsätzlich nur den Gegenstand, nicht auch die möglichen Einzelheiten der beabsichtigten Beschlußfassung erkennen lassen (BayObLG 1973, 68 = NJW 1973, 1068 = Rpfleger 1973, 253; ähnlich OLG Stuttgart DNotZ 1975, 311 = OLGZ 1974, 404 = Rpfleger 1974, 361). Maßgebend ist dafür, daß der einzelne WEigter vor Überraschungen geschützt ist und die Möglichkeit zur Vorbereitung hat, BayObLG Rpfleger 1978, 445. Unterlassung der Bezeichnung des Beschlußgegenstandes bewirkt lediglich Anfechtbarkeit – nicht Nichtigkeit – des Eigentümerbeschlusses, BayObLG Rpfleger 1982, 100. Dies gilt auch für andere Einberufungsmängel, BGH DNotZ 2000, 198 = NJW 1999, 3713 = Rpfleger 2000, 78; BayObLG Rpfleger 1979, 446 sowie MDR 1982, 323 und BayObLG 1985, 436 = NJW-RR 1986, 813 (Nichtladung eines WEigters).

VIII. Verwaltung

Abstimmung die Anzahl der anwesenden und vertretenen WEigter und bei Abweichung vom Kopfprinzip deren Stimmkraft feststeht.[11] Stimmenthaltungen werden bei der Berechnung der Mehrheit nicht mitgezählt.[12] Durch Vereinbarung, nicht durch Mehrheitsbeschluß,[13] kann bestimmt werden, daß WEigter sich in der Eigentümerversammlung nur durch Ehegatten, Lebenspartner, Verwandte in gerader Linie, einen (anderen) WEigter oder TEigter und den Verwalter der Wohnanlage vertreten lassen können;[14] Ausnahmen (auch Vertretung durch den Partner einer nichtehelichen Lebensgemeinschaft[15]) können wegen Unzumutbarkeit nach Treu und Glauben im Einzelfall geboten sein.[16] Bestimmen kann die Teilungserklärung auch, daß „Besucher keinen Zutritt" haben.[17] Umstritten ist, ob die Anordnung von „verdrängenden" Vollmachten (zB Pflicht für bestimmte Gruppen, Stimmrecht nur durch Bevollmächtigte auszuüben) zulässig ist.[18] Auch ohne Versammlung ist ein Beschluß gültig, wenn **alle WEigter** ihre **Zustimmung** schriftlich erklären (§ 23 Abs 3 WEG; Erfordernis der Einstimmigkeit im schriftlichen Beschlußverfahren ist als zwingendes Recht nicht abdingbar).[19] Das setzt Bekanntgabe der Zustimmungserklärungen an den Verwalter voraus.[20] Von der schriftlichen Beschlußfassung ist der Beschluß auf einer Versammlung zu unterscheiden, bei der nur eine Person anwesend ist (1-Mann-Versammlung).[21]

---

[11] BGH Rpfleger 2003, 21 = ZfIR 2002, 914.
[12] BGH 106, 179 = DNotZ 1990, 31 = JR 1989, 325 mit zust Anm Merle = NJW 1988, 1090 = Rpfleger 1989, 233; auch – zum Vereinsrecht – BGH 83, 35 = DNotZ 1982, 631 = NJW 1982, 1585 gegen die bis dahin herrschende andere Auffassung (zB BayObLG Rpfleger 1979, 66; KG NJW 1978, 1439); wie hier OLG Celle Rpfleger 1983, 271; KG Rpfleger 1985, 10 (Vorlagebeschluß); AG Nürnberg NJW-RR 1986, 242; Stubbe NJW 1985, 2812; MünchKomm/Röll Rdn 7 zu § 25 WEG; Merle NJW 1978, 1440; anders (als NEIN-Stimmen zu werten) OLG Köln NJW-RR 1986, 698; zu grundelegenden Bedenken gegen die Ansicht des BGH s Stöber Vereinsrecht Rdn 527. Daß Stimmenthaltungen als Gegenstimmen gelten, kann durch Vereinbarung der WEigter (§ 10 Abs 1 S 2 WEG) bestimmt werden (BayObLG NJW-RR 1992, 83). Für eine nach Vereinbarung erforderliche qualifizierte Mehrheit wird eine entsprechende Anzahl von Ja-Stimmen verlangt (OLG Celle NJW-RR 1992, 86).
[13] BayObLG DNotZ 1989, 428; LG Hamburg Rpfleger 1979, 65.
[14] BGH 121, 236 = DNotZ 1993, 797 = NJW 1993, 1329; BGH 99, 90 = DNotZ 1988, 24 = NJW 1987, 750 = Rpfleger 1987, 106; abl Weitnauer JZ 1987, 465; BayObLG 1996, 297 = DNotZ 1997, 967 = NJW-RR 1997, 463; anders KG (Vorlagebeschluß) MDR 1986, 320 = OLGZ 1986, 56; OLG Frankfurt Rpfleger 1979, 218; LG Nürnberg-Fürth MittBayNot 1981, 78.
[15] BayObLG 1996, 297 = aaO.
[16] Offen gelassen von BGH 99, 90 = aaO.
[17] BGH 121, 236 = aaO (Fußn 14); KG MDR 1986, 320 = OLGZ 1986, 51.
[18] Ablehnend: J Schmid DNotZ 1975, 138; Weitnauer/Lüke Rdn 7 zu § 23 WEG; Soergel/Stürner Rdn 4, Palandt/Bassenge Rdn 3, MünchKomm/Röll Rdn 20, je zu § 25 WEG; aA – solche Vollmachten zulassend – Tasche DNotZ 1974, 581; Hurst AcP 1981, 169 (179); Gernhuber JZ 1995, 381 (389).
[19] OLG Hamm MittBayNot 1978, 58 = Rpfleger 1978, 319 mit weit Nachw. Unwirksam ist eine Bestimmung, daß bei schriftlicher Abstimmung Schweigen als Zustimmung gilt, AG Königstein/Taunus MDR 1979, 760.
[20] OLG Hamburg MDR 1971, 1012; BayObLG 1971, 313 = MDR 1972, 145.
[21] Vgl hierzu BayObLG NJW-RR 1996, 524; Röll MittBayNot 1996, 358; Gutachten DNotI-Report 1996, 201.

Solange jedoch eine WE-Gemeinschaft noch nicht entstanden ist, weil sich alle Einheiten noch im Eigentum des aufteilenden Eigentümers (§ 8 WEG) befinden (s dazu Rdn 2927 mit Fußn 47), können keine wirksamen Beschlüsse gefaßt werden.[21a]

2925 Voraussetzung für die Gültigkeit eines Beschlusses ist weiter, daß die WEigterversammlung **beschlußfähig** ist (§ 25 Abs 3, 4 WEG). Für die Beschlußfähigkeit nach § 25 Abs 3 WEG sind nach dessen eindeutigem Wortlaut Miteigentumsanteile von Eigentümern nicht mitzuzählen, die nach § 25 Abs 5 WEG von der Stimmrechtsausübung ausgeschlossen sind;[22] nur wenn mehr als die Hälfte aller vorhandenen WEigter vom Stimmrecht ausgeschlossen sind, besteht abweichend von § 25 Abs 3 WEG Beschlußfähigkeit.[23] Ist die Versammlung nicht beschlußfähig, ist vom Verwalter eine neue Versammlung mit gleichem Gegenstand einzuberufen, die stets beschlußfähig ist[24] (§ 25 Abs 4 WEG). Einberufung einer solchen zweiten Versammlung für den Fall der Beschlußunfähigkeit der ersten Versammlung zugleich mit der Ladung für diese und zeitlich nur kurze Zeit später ist mit Sinn und Zweck des § 25 Abs 4 WEG nicht vereinbar und unzulässig.[25] Zulassung der Eventualeinberufung der Wiederholungsversammlung mit geringeren Anforderungen an ihre Beschlußfähigkeit im Anschluß an eine beschlußunfähige Eigentümerversammlung durch abweichende Vereinbarung[26] der WEigter (§ 10 Abs 2 S 1 WEG; Teilungserklärung oder Gemeinschaftsordnung) ist jedoch möglich,[27] ebenso völlige Abdingung des § 25 Abs. 3 WEG.[28] Voraussetzung für das rechtswirksame Zustandekommen eines Beschlusses ist die Feststellung des Beschlußergebnisses und seine Bekanntmachung durch den Versammlungsleiter (gilt auch für ablehnenden Beschluß).[29]

2926 § 25 Abs 2 WEG, der jedem WEigter[30] (TEigter) ein gleiches Stimmrecht gibt, kann **durch Vereinbarung abbedungen** werden.[31] Abweichend von § 25

[21a] BayObLG NJW-RR 2003, 874.
[22] BayObLG NJW-RR 1987, 595; BayObLG 1992, 288 = NJW-RR 1993, 206; OLG Düsseldorf MDR 1992, 374; Staudinger/Bub Rdn 247 zu § 25 WEG; aA KG OLGZ 1974, 419 = Rpfleger 1974, 438 und NJW-RR 1989, 17 = OLGZ 1989, 38; Soergel/Stürner Rdn 8 zu § 25 WEG.
[23] BayObLG ZfIR 2002, 209; KG NJW-RR 1994, 659.
[24] Abdingbarkeit der Hinweispflicht des § 25 Abs 4 S 2 WEG: OLG Frankfurt Rpfleger 1983, 22.
[25] Bärmann/Pick/Merle Rdn 87 zu § 25; Stöber Rpfleger 1978, 10 mit weit Nachw gegen LG Wuppertal BB 1979, 347 mit zust Anm Brych = Rpfleger 1978, 23; für die Eventualeinberufung MünchKomm/Röll Rdn 28 zu § 25; Deckert NJW 1979, 2291; s auch Tasche DNotZ 1974, 581. Gegen Eventualeinberufung weiter: OLG Celle NdsRpfl 1978, 149; OLG Bremen Rpfleger 1980, 295 mit Anm Schriftl; OLG Köln NJW-RR 1990, 26 = Rpfleger 1990, 414; LG Berlin NJW-RR 1986, 97; AG Bergheim MDR 1982, 497.
[26] Nicht aber durch Mehrheitsbeschluß, OLG Köln NJW-RR 1990, 26 = aaO.
[27] BGH NJW-RR 1989, 376 = Rpfleger 1989, 111 (für gleichliegende Frage im Vereinsrecht) mit weit Nachw; auch § 25 Abs 4 WEG ist abänderbar (allgemeine Ansicht).
[28] OLG Hamburg OLGZ 1989, 318 mit weit Nachw; KG NJW-RR 1994, 659.
[29] BGH DNotZ 2002, 131; Hügel NotBZ 2001, 409.
[30] Zum Stimmrecht des mehrfachen WEigters s Schoene NJW 1981, 435 und Weber NJW 1981, 2676, je mit weit Nachw.
[31] BayObLG 1997, 139 (140) = DNotZ 1997, 970 = NJW-RR 1997, 1305 = Rpfleger 1997, 375; OLG Hamm DNotZ 1976, 165; OLG Hamm MittBayNot 1978, 7 =

VIII. Verwaltung

Abs 2 S 1 WEG kann auch in einer Gemeinschaft, die nur aus zwei WEigtern besteht, das Stimmrecht nach der Größe der Anteile (somit unterschiedlich) bestimmt[32] und auch bei gleich großen Anteilen einem MitEigter eine stärkere Rechtsstellung eingeräumt werden;[33] ebenso kann in einer nur aus drei WEigtern bestehenden Gemeinschaft dem teilenden (Allein-)Eigentümer ein Vetorecht vorbehalten werden.[34] Grundbucheintragung kann durch Bezugnahme auf die Eintragungsbewilligung erfolgen (§ 5 Abs 4, § 10 Abs 2 WEG). Häufig wird ein Stimmrecht nach MitEAnteilen[35] vereinbart oder jedem WEigter (TEigter) eine Stimme gegeben;[36] letzteres hat gegenüber § 25 Abs 2 WEG zur Folge, daß einem Eigentümer mehrerer Wohnungen oder Raumeinheiten so viele Stimmen zustehen, wie ihm Wohnungen bzw Raumeinheiten gehören[37]. Doch bestehen bei Stimmrecht nach MitEBruchteilen Stimmrechtsbeschränkungen (insbesondere für den nach § 8 WEG teilenden Eigentümer); das Stimmrechtsübergewicht darf nicht rechtsmißbräuchlich eingesetzt werden; die Ausübung des Stimmenübergewichts allein ist nicht rechtsmißbräuchlich.[38] Ohne besondere Regelung gilt die Vereinbarung des Stimmrechts nach MitEAnteilen nicht für den Beschluß über die Entziehung des WE.[39]

Rpfleger 1978, 182; KG Rpfleger 1978, 24 mit zust Anm Merle; OLG Frankfurt Rpfleger 1978, 415; BayObLG Rpfleger 1982, 143. Ein mit Beitragszahlungen rückständiger WEigter kann von der Teilnahme an der Versammlung und Abstimmung ausgeschlossen werden, s BayObLG 1965, 34 = NJW 1965, 821; LG München I DNotZ 1978, 630 = Rpfleger 1978, 381; aA LG Regensburg NJW-RR 1991, 1169 = Rpfleger 1991, 244. Es kann aber nicht bestimmt werden, daß das Stimmrecht bei denjenigen WEigtern ruht, gegen die ein Beschluß nach § 18 Abs 3 WEG (über Entziehung des WE) gefaßt worden ist, KG MDR 1986, 320 = OLGZ 1986, 179.
[32] BayObLG 1986, 10 = DNotZ 1986, 491 = Rpfleger 1986, 220; OLG Oldenburg Rpfleger 1997, 158.
[33] OLG Oldenburg NJW-RR 1997, 775 = Rpfleger 1997, 158 (nicht unbedenklich).
[34] BayObLG 1997, 139 = aaO (Fußn 31).
[35] Sogen „Wertprinzip", zulässig und eintragbar; BayObLG Rpfleger 1982, 143.
[36] Sogen „Objektprinzip"; nach Unterteilung in zwei Eigentumseinheiten (Rdn 2975) haben dann deren Erwerber je eine halbe Stimme, die sie jeweils selbständig abgeben können, OLG Düsseldorf MittRhNotK 1990, 81 = NJW-RR 1990, 521 = OLGZ 1990, 152; OLG Hamm RNotZ 2002, 575. Es kann als Inhalt des SE aber auch bestimmt sein, daß sich die Anzahl der Stimmen entsprechend der Anzahl der vermehrten MitEAnteile vergrößert, BayObLG NJW-RR 1991, 910.
[37] Das BayObLG DNotZ 1999, 215 sieht in der Bestimmung, daß „jeder Eigentümer einer Sondereigentumseinheit in der Eigentümerversammlung eine Stimme hat", ungeachtet der Zahl der SE-Rechte des WEigters Vereinbarung des gesetzlichen Kopfstimmrechts (§ 25 Abs 2 WEG).
[38] BGH DNotZ 2003, 43 = Rpfleger 2003, 74. Rechtsmißbräuchlich kann zB der Gebrauch der Stimmenmehrheit des Bauträgers bei der Bestellung des Verwalters sein, der bei der Durchsetzung von Gewährleistungsansprüchen am Gemeinschaftseigentum gegen den Bauträger Aufgaben wahrzunehmen hat, BayObLG ZfIR 2002, 296. Vgl weiter OLG Hamm MittBayNot 1978, 7 = Rpfleger 1978, 182; OLG Frankfurt 1978, 415; OLG Karlsruhe OLGZ 1976, 145 und Justiz 1983, 412; OLG Zweibrücken OLGZ 1990, 186 = Rpfleger 1989, 453.
[39] BayObLG 1999, 177 = NJW-RR 2000, 17, das offen läßt, ob § 18 Abs 3 WEG überhaupt abdingbar ist.

3. Teil. Wohnungseigentum und Dauerwohnrecht

2927 Die mit Grundbucheintragung Inhalt des SE gewordene Regelung der Teilungserklärung, daß sich das Stimmrecht nach MitEAnteilen richtet, ist bindend. Eine solche Stimmrechtsregelung verstößt nicht gegen §§ 134, 138, 242 BGB; sie kann nicht durch Richterspruch in eine solche nach Kopfteilen abgeändert werden.[40] Eine alternative Stimmrechtsbestimmung nach Abstimmung auf Antrag von WEigtern ist unzulässig und kann auch nicht wirksam vereinbart werden.[41]

Die Belastung des WE (TE) mit einem **Nießbrauch** läßt das Stimmrecht des WEigters (TEigters) unberührt.[42] Das Stimmrecht geht auch nicht hinsichtlich einzelner Beschlußgegenstände auf den Nießbraucher[43] über.[44] Der WEigter (TEigter) muß sein Stimmrecht auch weder allgemein noch in einzelnen Angelegenheiten gemeinsam mit dem Nießbraucher ausüben.[44] Der WEigter (TEigter) kann dem Nießbraucher im Einzelfall jedoch verpflichtet sein, bei der Stimmabgabe dessen Interessen zu berücksichtigen, nach dessen Weisung zu handeln oder ihm eine Stimmrechtsvollmacht zu erteilen; die Gültigkeit der Beschlußfassung wird durch eine solche Verpflichtung aber nicht berührt. Entsprechendes muß gelten, wenn das WE mit einem Wohnungsrecht (an sämtlichen Räumen) belastet ist.[45]

2927a Ein **Käufer** eines WE (TE) ist vor Eigentumsumschreibung nach Auffassung des BGH[46] nicht stimmberechtigt. Dagegen besteht das **Stimmrecht** des Käufers (**werdenden WEigters**) beim Ersterwerb vom teilenden Bauträger, wenn die Auflassung des ersten WE (TE) vollzogen ist, für den (anderen) Käufer eine Auflassungsvormerkung eingetragen und der Besitz auf ihn übergegangen ist.[47]

2928 **Nichtig** ist ein Eigentümerbeschluß, wenn sein Inhalt gegen ein zwingendes gesetzliches Verbot (oder gegen die guten Sitten) verstößt.[48] Diese Nichtigkeit ist in einem gerichtlichen Verfahren (damit auch vom Grundbuchamt) von Amts wegen zu berücksichtigen, auch wenn sie nicht auf Antrag nach § 43

---

[40] OLG Hamm DNotZ 1976, 165 = OLGZ 1975, 428 = Rpfleger 1975, 401.
[41] LG Regensburg aaO (Fußn 31).
[42] Durch BGH 150, 109 = DNotZ 2002, 881 = MittBayNot 2002, 184 mit zust Anm Fr Schmidt = NJW 2002, 1647 = Rpfleger 2002, 424 für die Praxis geklärt; BayObLG 1998, 145 = DNotZ 1999, 585 = NJW-RR 1999, 1535 mit weit Nachw; OLG Hamm (Vorlagebeschluß) RNotZ 2001, 450 = OLG-Report 2001, 375; überholt KG MDR 1987, 674 = MittRhNotK 1987, 257 = OLGZ 1987, 417 und OLG Hamburg MDR 1988, 55 = NJW-RR 1988, 267.
[43] Auch durch Vereinbarung (Gemeinschaftsordnung) kann das Stimmrecht des WEigters (TEigters) nicht zugunsten des Nießbrauchers ganz oder teilweise (Stimmrechtsteilung) ausgeschlossen werden, Fr Schmidt MittBayNot 2002, 188 (189).
[44] BGH 150, 109 = aaO.
[45] BGH DNotZ 1978, 157.
[46] BGH Rpfleger 1988, 18 mit Anm Sauren; BGH 106, 113 = DNotZ 1989, 422 = NJW 1989, 1087 = Rpfleger 1989, 150; vgl dazu Röll NJW 1989, 1070 und MittBayNot 1989, 70; aA KG Rpfleger 1979, 316; BayObLG 1981, 50 = MDR 1981, 675.
[47] OLG Hamm DNotZ 2000, 215; BayObLG 1990, 101 = NJW 1990, 3216; BayObLG NJW-RR 1997, 1443; BayObLG DNotZ 2002, 144 mit Anm Fr Schmidt; OLG Düsseldorf NJW-RR 1999, 163; Bärmann/Pick/Merle Rdn 9a zu § 25 WEG; aA OLG Saarbrücken DNotZ 1999, 217 mit abl Anm Blank.
[48] BGH 107, 268 = DNotZ 1990, 34 = NJW 1989, 2059 = Rpfleger 1989, 325.

VIII. Verwaltung

Abs 1 Nr 4 WEG gerichtlich festgestellt worden ist.[49] Sonst ist ein **Beschluß** nur **ungültig**, wenn er auf Antrag eines WEigters oder des Verwalters durch das Gericht für ungültig erklärt wird. Der Antrag auf eine solche Entscheidung kann nur binnen eines Monats seit der Beschlußfassung gestellt werden[50] (§ 23 Abs 4 WEG).

Über Versammlungs**vorsitz** und **-niederschriften** bestehen besondere Vorschriften (§ 24 Abs 5 u 6 WEG).[51] Durch eine Niederschrift der WEigter in der in § 26 Abs 4 WEG bestimmten Form (mit Unterschriftsbeglaubigung) kann der Nachweis einer Einwilligung der (= aller) WEigter oder der Bevollmächtigung des Verwalters durch alle WEigter jedoch nicht geführt werden.[52] Das **Minderheitenrecht** für die Einberufung einer außerordentlichen WEigterversammlung (§ 24 Abs 2 WEG) ist als solches unabdingbar.[53]

2929

4. Verwaltung des gemeinschaftlichen Eigentums durch den Verwalter

Die **Bestellung des Verwalters** kann **nicht ausgeschlossen** werden (§ 20 Abs 2 WEG). Der Verwalter ist notwendiges Organ jeder Gemeinschaft von WEigtern ohne Rücksicht auf ihre Größe. Verwalter kann ein WEigter oder ein Dritter,[54] eine natürliche oder juristische Person, auch eine Personenhandelsgesellschaft[55] (da sie zwar nicht rechtsfähig, aber als solche handlungsfähig

2930

---

[49] BGH aaO (auf Vorlagebeschluß des BayObLG 1989, 4 = NJW-RR 1989, 526 = Rpfleger 1989, 235); überholt damit die Gegenansicht des OLG Frankfurt DNotZ 1988, 707 mit abl Anm Bassenge = NJW-RR 1988, 139 = Rpfleger 1988, 184 mit Anm Demharter.

[50] Ob ein von allen WEigtern einstimmig gefaßter Beschluß eine nur einstimmig abänderbare Vereinbarung darstellt oder mit Stimmenmehrheit abgeändert werden kann, ist nach Zweck und Inhalt der Beschlußfassung zu beurteilen, BayObLG 1973, 83 = MDR 1973, 673 und Rdn 2887e mit Fußn 30. Im Verfahren auf Ungültigkeitserklärung (§ 43 WEG) werden nicht nur Anfechtungs-, sondern auch Nichtigkeitsgründe geprüft. Ein die Ungültigkeit verneinender Beschluß erwächst somit in Rechtskraft auch bezüglich der Verstöße gegen absolute Nichtigkeitsgründe, BayObLG 1980, 29 = DNotZ 1980, 751.

[51] Unterzeichnung der Niederschrift, wenn der Beiratsvorsitzende zugleich Versammlungsvorsitzender ist, s LG Lübeck Rpfleger 1991, 309. Wirksam ist eine in der Teilungserklärung enthaltene Bestimmung, daß zur Gültigkeit eines Beschlusses die Protokollierung erforderlich und das Protokoll von zwei von der Eigentümerversammlung bestimmten WEigtern zu unterzeichnen ist; ein Verstoß hiergegen macht den Beschluß anfechtbar; BGH DNotZ 1997, 954.

[52] BayObLG 1978, 377 = MittRhNotK 1979, 77 = Rpfleger 1979, 108.

[53] BayObLG 1972, 314 = NJW 1973, 151 = Rpfleger 1972, 453; AG München Rpfleger 1975, 254.

[54] Veräußert ein zum Verwalter einer Wohnanlage bestellter Kaufmann sein Einzelhandelsgeschäft mit der Firma, so wird der Erwerber nicht schon dadurch zum Verwalter, BayObLG 1990, 28, auch nicht durch „Umwandlung" in eine neu gegründete GmbH nach §§ 152, 158 UmwG, BayObLG Rpfleger 2002, 305 = ZfIR 2002, 390; Lüke ZfIR 2002, 469; anders kann dies bei Verschmelzung einer (Verwalter-)GmbH (juristische Person) auf eine andere juristische Person sein, da hier das personale Vertrauensverhältnis keine Rolle spielt.

[55] BayObLG 1987, 54 = Rpfleger 1987, 306; OLG Düsseldorf MittRhNotK 1990, 223 = NJW-RR 1990, 1299 = OLGZ 1990, 428 = Rpfleger 1990, 356; OLG Hamburg

ist, §§ 124, 161 Abs 2 HGB), Partnerschaft oder EWIV sein, nicht jedoch mehrere Personen gemeinsam, auch keine BGB-Gesellschaft.[56]

2931 Über die Bestellung des Verwalters beschließen die **Wohnungseigentümer**[57] mit **Stimmenmehrheit**[58] (s auch Rdn 2924 ff). Die Bestellung darf auf **höchstens 5 Jahre** vorgenommen werden (§ 26 Abs 1 S 2 WEG); eine längere Frist macht die Verwalterbestellung aber nicht im gesamten unwirksam; die Verwalterstellung endet vielmehr kraft Gesetzes nach 5 Jahren.[59] Die Frist beginnt frühestens mit Anlegung der Wohnungsgrundbücher.[60] Die Abberufung (s Rdn 2935) kann auf das Vorliegen eines wichtigen Grundes beschränkt werden. Andere Beschränkungen der Bestellung des Verwalters (zB die Zustimmung eines Gläubigers) sind nicht zulässig. Die wiederholte Bestellung des gleichen Verwalters ist zulässig; sie bedarf eines erneuten Beschlusses der WEigter, der frühestens ein Jahr vor Ablauf der Bestellungszeit[61] gefaßt werden kann (§ 26 Abs 1 u 2 WEG). Zulässig ist turnusmäßige Verwalterbestellung, solange damit keine Wiederbestellung gegeben ist. Insbesondere bei kleineren Gemeinschaften kann von vornherein ein turnusmäßiger Wechsel des Verwalters unter den einzelnen WEigtern festgelegt werden (Beispiel: Verwalter soll jeder von 3 WEigtern 3 Jahre lang in bestimmter Reihenfolge sein). Mit turnusmäßigem Wechsel kann jedoch eine wiederholte Verwalterbestellung nicht von vornherein festgelegt werden; diese bedarf eines erneuten Beschlusses nach Maßgabe des § 26 Abs 2 WEG.[62] Dagegen ist eine Ver-

---

OLGZ 1988, 299; KG MittBayNot 1994, 542 = NJW 1995, 62 = Rpfleger 1995, 17; jedoch geht das Verwalteramt nicht auf einen Gesamtrechtsnachfolger über (Beendigung einer KG durch Übertragung des Gesellschaftsanteils der einzigen Kommanditistin auf den Komplementär, BayObLG und OLG Düsseldorf je aaO (dieses für GmbH, der das Vermögen der KG angewachsen ist, wenn eine natürliche Person Komplementär der bisherigen Verwalter-KG war).

[56] BGH 107, 268 = DNotZ 1990, 34 = NJW 1989, 2059 = Rpfleger 1989, 325 (auf Vorlagebeschluß des BayObLG NJW-RR 1989, 526 = aaO); KG NJW 1995, 62 = aaO (Fußn 55); LG Darmstadt Rpfleger 2003, 178; LG Freiburg DNotZ 1985, 452; MünchKomm/Röll Rdn 2 zu § 26 WEG.

[57] Auswahl und Bestellung des Verwalters können nicht einem Dritten, auch nicht dem Verwaltungsbeirat, übertragen werden (§ 26 Abs 1 S 4 WEG), LG Lübeck Rpfleger 1985, 232. Der Mehrheitseigentümer kann sich selbst oder einen von ihm vorgeschlagenen Verwalter bestellen, KG MDR 1987, 236. Der teilende Alleineigentümer ist nach Entstehen der faktischen (werdenden) WE-Gemeinschaft nicht mehr befugt, den Verwalter zu bestellen, BayObLG MittBayNot 1994, 429.

[58] Der erste Verwalter kann in der Teilungserklärung bestellt werden, BayObLG 1958, 234 (237) = NJW 1958, 1824; BayObLG MittBayNot 1994, 429. Dies kann auch durch den aufteilenden Bauträger ohne Vestoß gegen AGB-Recht geschehen (BGH DNotZ 2002, 945 mit Anm Häublein = NJW 2002, 3240. Diese Bestellung hat regelmäßig keinen Vereinbarungscharakter (§ 10 Abs 2 WEG). Unterliegt demnach die Bestellung des Verwalters nicht der Bindungswirkung einer Vereinbarung, so ist seine Abberufung mit Stimmenmehrheit auch vor Ablauf der im Dienstvertrag vorgesehenen Amtszeit möglich, BayObLG 1974, 275 = DNotZ 1975, 97 = Rpfleger 1974, 360.

[59] LG Köln MittRhNotK 1984, 121 (123).

[60] LG Bremen Rpfleger 1987, 199. Zur Frage des Beginns der Verwalterbestellung auch Weitnauer/Hauger Rdn 15 zu § 26 WEG.

[61] Auch früher als vor Anfang dieses Jahres, wenn die weitere Amtszeit sogleich mit der Neubestellung beginnt, OLG Hamm OLGZ 1990, 191.

[62] LG München II MittBayNot 1978, 59.

VIII. Verwaltung

walterbestellung auf unbestimmte Zeit mit stillschweigender Verlängerungsautomatik bis zur 5-Jahresgrenze wirksam.[63]

Fehlt ein **Verwalter,** so ist ein solcher in dringenden Fällen bis zur Behebung des Mangels auf Antrag eines WEigters oder eines Dritten, der ein berechtigtes Interesse an der Bestellung eines Verwalters hat, durch das Gericht (§ 43 Abs 1 Nr 3 WEG) zu bestellen. 2932

Der Verwalter darf die Ausführung seiner Aufgaben einem Dritten in eigener Verantwortung nicht übertragen[64] (keine Substitution, § 664 BGB). Die in einer Gemeinschaftsordnung enthaltene Ermächtigung des Verwalters, die Verwaltung ohne Mitspracherecht der WEigter auf einen Dritten zu übertragen, ist nichtig.[65] Der Verwalter kann aber einem Dritten zur Stellvertretung (auch zur Abgabe der Zustimmung zur Veräußerung von WE, § 12 WEG) Vollmacht erteilen.[66] 2933

Aufgaben und Befugnisse[67] des Verwalters[68] sind in §§ 27, 28 WEG[69] geregelt. Der Verwalter kann von den WEigtern die Ausstellung einer **Vollmachtsurkunde** verlangen, aus der der Umfang seiner Vertretungsmacht ersichtlich ist (§ 27 Abs 5 WEG).[70] Nachweis der **Verwaltereigenschaft** durch eine **öffentlich-beglaubigte Urkunde** (vgl § 29 GBO), s § 26 Abs 4 WEG.[71] Nachweis bei Bestellung des Verwalters durch schriftlichen Beschluß (§ 23 2934

---

[63] LG Frankfurt Rpfleger 1984, 14.
[64] OLG Köln MittRhNotK 2000, 393. Besonderheit nach OLG Frankfurt bei Ermächtigung in der Teilungserklärung, wenn vor Aufnahme der Verwaltungsaufgaben von der Ermächtigung Gebrauch gemacht wird und kein WEigter widerspricht; streitig, dazu Bärmann/Pick/Merle Rdn 73; Weitnauer/Hauger Rdn 25, je zu § 26 WEG.
[65] BayObLG 1975, 327 = Rpfleger 1975, 426 Leits; nichtig ist auch eine Regelung, nach der der erste Verwalter berechtigt sein soll, die Verwaltung insgesamt auf ein anderes Unternehmen zu übertragen, OLG Schleswig MDR 1997, 821.
[66] OLG Köln aaO (Fußn 64).
[67] Die Bedienung der auf den jeweiligen WE-Einheiten lastenden Einzelhypotheken gehört nicht zu den dem Verwalter gesetzlich übertragenen Gemeinschaftsaufgaben, KG DNotZ 1975, 102 = NJW 1975, 318 = Rpfleger 1975, 28. Durch Vereinbarung (Teilungserklärung) kann dem Verwalter die Anforderung der Zins- und Tilgungsbeiträge auf Kaufpreiseinzelhypotheken zwar übertragen werden. Die Vereinbarung (Bestimmung) kann aber nicht durch Grundbucheintragung (§ 5 Abs 4, § 10 Abs 2 WEG) verdinglicht werden; KG aaO; aA OLG Schleswig NJW 1961, 1870; offen gelassen BayObLG Rpfleger 1978, 256.
[68] Er hat auch dann kein (eigenes) Antragsrecht (§ 13 Abs 1 GBO), wenn seine Zustimmung (§ 12 Abs 1 WEG) zur Rechtsänderung erforderlich ist, OLG Frankfurt DNotZ 1988, 707 mit Anm Bassenge = NJW-RR 1988, 139 = Rpfleger 1988, 184 mit Anm Demharter. Ihm steht auch kein eigenes Beschwerderecht gegen Entscheidungen des Grundbuchamts zu, LG Freiburg BWNotZ 1977, 46.
[69] § 28 Abs 5 WEG ist abdingbar, s BayObLG BB 1979, 857 und Rpfleger 1981, 13; OLG Hamm OLGZ 1982, 20.
[70] Den Nachweis, daß an einer auf vorstehende Weise bezeugten Verwalterbestellung eine Änderung nicht eingetreten ist, kann das Grundbuchamt nur verlangen, wenn konkrete Bedenken gegen das Fortbestehen der Verwaltertätigkeit bei ihm vorliegen. Im allgemeinen kann sich das Grundbuchamt darauf verlassen, daß innerhalb der weiter oben behandelten Fünfjahresfrist der Verwalter nicht gewechselt hat, BayObLG MittBayNot 1991, 170 = (mitget) Rpfleger 1991, 354.
[71] Dazu Röll Rpfleger 1986, 4.

Abs 3 WEG) erfordert Vorlage der Zustimmungserklärung sämtlicher WEigter (in der Form des § 29 GBO).[72]

2935 Die **Abberufung**[73] des **Verwalters** beschließen die WEigter mit Stimmenmehrheit (§ 26 Abs 1 WEG). Zwar darf die Bestellung des Verwalters auf höchstens fünf Jahre vorgenommen werden (Rdn 2931), doch kann die Abberufung auf das Vorliegen eines wichtigen Grundes beschränkt werden. Andere Beschränkungen der Abberufung des Verwalters sind nicht zulässig (§ 26 Abs 1 S 4 WEG). Für den grundbuchmäßigen Nachweis der Abberufung des Verwalters gilt das gleiche wie für den Nachweis seiner Berufung. Die Abberufung des Verwalters wird mit der Beschlußfassung der WEigter wirksam. Unwirksam als unzulässige Einschränkung des Eigentümerrechts auf Abberufung aus wichtigem Grund ist eine Bestimmung in der Teilungserklärung, daß die Abberufung aus wichtigem Grund erst wirksam sei, wenn der Eigentümerbeschluß nicht innerhalb der Monatsfrist des § 23 Abs 4 S 1 WEG angefochten oder im Falle der Anfechtung rechtskräftig darüber entschieden ist.[74]

2935 a Einen **Nachweis** über den **Wechsel** in der Person des **Verwalters** braucht das Grundbuchamt außerhalb eines Eintragungsverfahrens nicht vorsorglich bereits zu den Grundakten zu nehmen.[75]

5. Aufgaben des Verwaltungsbeirats

2936 Die WEigter können – bei größeren WEigterGemeinschaften – durch Stimmenmehrheit die Bestellung eines Verwaltungsbeirats beschließen. Dieser besteht aus einem WEigter als Vorsitzenden und zwei weiteren WEigtern als Beisitzern. Durch Vereinbarung der WEigter (§ 10 Abs 1 S 2 WEG; Regelung in der Teilungserklärung) kann eine abweichende Zusammensetzung des Verwaltungsbeirats bestimmt werden.[76] Sonst kann der Verwaltungsbeirat nicht durch Mehrheitsbeschluß abweichend von § 29 Abs 1 S 2 WEG zusammengesetzt werden.[77] Der Verwaltungsbeirat unterstützt den Verwalter bei der Durchführung seiner Aufgaben (§ 29 WEG mit weiteren Einzelheiten).

---

[72] BayObLG DNotZ 1986, 490 = Rpfleger 1986, 299; Röll Rpfleger 1986, 4.
[73] Zur Unterscheidung zwischen Abberufung (betrifft die Organstellung) und Kündigung (betrifft den Dienstvertrag) BGH NJW 2002, 3240 = aaO (Fußn 58).
[74] KG (3. 2. 1978, 1 W 2548–2550/77, und 3. 2. 1978, 1 W 2570/77) je Rpfleger 1978, 257.
[75] BayObLG 1975, 264 = DNotZ 1976, 162 = Rpfleger 1975, 360.
[76] BayObLG DNotZ 1992, 489 = NJW-RR 1992, 210; OLG Düsseldorf MittRhNotK 1991, 216 = NJW-RR 1991, 594 = OLGZ 1991, 37; KG NJW-RR 1989, 460.
[77] OLG Düsseldorf aaO (nur eine Person kann nicht als Verwaltungsbeirat bestellt werden); KG NJW-RR 1989, 460 und BayObLG aaO (unter Aufgabe von BayObLG 1972, 161 = NJW 1972, 1377 = Rpfleger 1972, 262): ein außenstehender Dritte, kann nicht zum Verwaltungsbeirat gewählt werden); ein hiergegen verstoßender Beschluß ist nur anfechtbar, nicht nichtig.

IX. Verfügung über das WE (TE)

1. Allgemeines

WE (TE) ist Eigentum (Rdn 2800); der WEigter (TEigter) kann daher darüber verfügen (§ 903 BGB), sein WE (TE) – den MitEAnteil zusammen mit dem SE, § 6 Abs 1 WEG – also **veräußern** und **belasten**. Auf einen Gesamtrechtsnachfolger, insbesondere Erben (§ 1922 BGB), geht WE (TE) wie jeder sonstige Vermögensgegenstand des WEigters (TEigters) über. Die Veräußerlichkeit kann nicht durch Vereinbarung der WEigter (TEigter) ausgeschlossen, jedoch nach **§ 12 WEG** von einer Zustimmung abhängig gemacht werden. Eine allgemeine Belastungsbeschränkung kann nach § 12 WEG nicht begründet werden (Rdn 2907).

2937

2. Veräußerung

Für Erwerb und Veräußerung von WE (TE) gelten die Vorschriften für Erwerb und Veräußerung von Grundstücken entsprechend (§§ 311b Abs 1, 925 BGB, § 20 GBO).[1] Ein Vorkaufsrecht nach BauGB besteht nicht (§ 24 Abs 2 BauGB). Zum Vorkaufsrecht des Mieters bei Verkauf einer „umgewandelten" Eigentumswohnung (§ 577 BGB) s Rdn 4181. Vereinigen sich alle WE-(TE-)Anteile in einer Hand, geht das WE (TE) dadurch nicht unter; die jeweils mit SE verbundenen MitEAnteile bleiben in der Hand des einen WEigters ebenso bestehen, wie sie bei Teilung nach § 8 WEG für einen Grundstückseigentümer geschaffen werden können. Wird WE (TE) auf mehrere Personen zu Bruchteilseigentum übertragen, so entsteht zwischen den Erwerbern eine besondere Gemeinschaft nach §§ 741 ff BGB (s Rdn 2816). WE (TE) eines Alleineigentümers kann auch ideell geteilt werden; es ist daher auch Teilveräußerung durch Veräußerung einer Miteigentumsquote (zB eines Bruchteils zur Hälfte) möglich.[2]

2938

Gegenstand der Auflassung ist der Miteigentumsanteil, verbunden mit Sondereigentum (§ 6 WEG);[3] die durch Vereinbarung (§ 10 Abs 2 WEG) getroffenen Regelungen des Verhältnisses der WEigter sind zwar Inhalt des SE,[4] berühren seine Identität aber nicht. Die Auflassung eines WE bleibt daher wirksam und vollziehbar, auch wenn zwischenzeitlich die Teilungserklärung durch Gebrauchsregelungsänderungen am Gemeinschaftseigentum oder anderen SE-Einheiten geändert wurde.[5]

2939

---

[1] Kaufvertrag über eine Eigentumswohnung Rdn 855–858. Zum Erwerb von WE vom Bauträger s Rdn 3204ff, im Bauherrnmodell s Rdn 3230, zum Umfang der Beurkundungspflicht, wenn das Gebäude noch nicht fertiggestellt oder die Teilungserklärung noch nicht im Grundbuch vollzogen ist s Rdn 3122.
[2] BGH 49, 250 = DNotZ 1968, 417 = Rpfleger 1968, 114.
[3] Unwirksam ist die Auflassung eines Teileigentums, die einen Teil des SE von der Übertragung ausschließt, desgleichen die Auflassung eines SE ohne den mit diesem verbundenen MitEAnteil, BayObLG DNotZ 1986, 86.
[4] Zum schuldrechtlichen Sondernutzungsrecht als Gegenstand des Kaufvertrags OLG Zweibrücken MittRhNotK 1996, 59. Übertragung eines durch Ansammeln von Punkten verbrieften Anwartschaftsrechts eines WEigers auf Zuteilung eines Stellplatzes auf den Erwerber KG NJW-RR 1996, 779.
[5] BayObLG MittBayNot 1984, 183 = Rpfleger 1984, 408.

2939a Bei Beurkundung des **Kaufvertrags** über erst noch zu begründendes WE (TE) kann dem Verkäufer vertraglich das Recht (§ 315 BGB) vorbehalten werden, in der Teilungserklärung Bestimmungen zur Regelung des Gemeinschaftsverhältnisses zu treffen[6] (vgl hierzu auch Rdn 868 entspr).

3. Vormerkung auf WE (TE)

2940 Die Verpflichtung eines Miteigentümers zur Bildung von WE (TE) durch **vertragliche Einräumung von SE** (§§ 3, 4 Abs 3 WEG) begründet einen Anspruch auf Änderung des Inhalts des schon bestehenden Miteigentums. Dieser Anspruch auf vertragliche Einräumung von SE kann durch Vormerkung nach § 883 BGB gesichert werden.[7]

2941 Ebenso kann der schuldrechtliche Anspruch gegen den Eigentümer eines Grundstücks (Rdn 2815) auf **Bildung von WE durch Teilung (§ 8 WEG) und Verschaffung einer Eigentumswohnung** bereits vor der Begründung von WE (TE) und Anlegung der Wohnungsgrundbücher durch Eintragung einer Vormerkung (§ 883 BGB) im Grundbuch für das noch ungeteilte Grundstück gesichert werden.[8]

2942 Der Anspruch gegen einen Miteigentümer (§ 1008 BGB) auf **Übereignung** eines (durch vertragliche Einräumung von SE, § 3 WEG) **erst zu bildenden WE (TE)**, mithin des MitEAnteils oder eines Bruchteils davon nach Verbindung mit SE, kann durch Eintragung einer Auflassungsvormerkung im Grundbuch des Grundstücks gesichert werden.[9] Die Eintragung erfolgt auf Bewilligung des betroffenen Miteigentümers; sie hat den zu übereignenden Miteigentumsanteil (Bruchteil) und den Bereich des (künftigen) SE nach Größe und Lage bestimmt oder bestimmbar zu bezeichnen (nachf Rdn 2943).[9] Eintragung einer Vormerkung (auf Einräumung von WE) auch an einem MitE-Anteil ohne Bewilligung der übrigen Miteigentümer wird teilweise zugelassen, obwohl die Verpflichtung zur Bildung von WE nur unter deren Mitwirkung erfüllt werden kann (streitig).[10] Durch eine solche Vormerkung wird dem Käufer aber gegen die **übrigen** Miteigentümer kein Anspruch auf Bildung von WE gewährt oder mit Vormerkungswirkung gesichert.

---

[6] BGH DNotZ 1986, 273 = NJW 1986, 845 = Rpfleger 1986, 92 und 218 Leits mit zust Anm Ludwig; zustimmend auch Reinelt NJW 1986, 826; kritisch Löwe BB 1986, 151.
[7] Bärmann/Pick/Merle Rdn 47 zu § 4 WEG; F Schmidt, Vormerkungen im Wohnungseigentum, FS Bärmann und Weitnauer, S 545.
[8] OLG Frankfurt DNotZ 1972, 180; BayObLG 1977, 155 = DNotZ 1977, 544 = Rpfleger 1977, 300; OLG Düsseldorf DNotZ 1981, 743; Weitnauer Rdn 22 Anh zu § 8 WEG; dazu auch F Schmidt aaO (Fußn 7); Glage NJW 1967, 813; Barby NJW 1974, 8. Zur Vormerkungswirkung, wenn der Verkäufer von WE vor Anlegung der Wohnungsgrundbücher eine Grundstücksteilfläche (vormerkungswidrig) veräußert s BayObLG DNotZ 1976, 371 = Rpfleger 1976, 31.
[9] BayObLG 1977, 155 = aaO (Fußn 8); OLG Köln DNotZ 1985, 450.
[10] So OLG Köln mit der Begründung, daß die Frage, ob der einzelne MitEigter die Verpflichtung erfüllen kann (Zustimmung der übrigen) nicht vom Grundbuchamt zu prüfen ist (§ 19 GBO); aA – Bewilligung der MitEigter nötig, weil der gesicherte Anspruch am Belastungsobjekt nicht verwirklicht werden kann – BayObLG 1974, 118 = DNotZ 1975, 36 = Rpfleger 1974, 261 und BayObLG 1992, 40 = DNotZ 1992, 426 = NJW-RR 1992, 663 = Rpfleger 1992, 292; vergleichbare Situation auch bei BayObLG DNotZ 2002, 784; eingehend auch F Schmidt aaO (Fußn 7) S 552.

IX. Verfügung über das WE (TE)

Wenn das Gebäude, in dem sich die Eigentumswohnung befinden soll, **noch nicht errichtet** ist, muß zur Eintragung der Vormerkung auf Einräumung von SE und Übertragung des WE (TE) ein Aufteilungsplan vorgelegt werden (§ 7 Abs 4 Nr 1 WEG); dieser muß Lage und Aufteilung des Gebäudes sowie Lage und Größe der im SE und der im gemeinschaftlichen Eigentum stehenden Gebäudeteile so hinreichend beschreiben, daß auch die Beschränkung des Miteigentums allgemein erkennbar ist. Nicht erforderlich ist, daß der Aufteilungsplan bereits bauaufsichtlich genehmigt ist[11] und daß die Abgeschlossenheitsbescheinigung vorliegt.[12] Statt dessen genügt auch Einräumung des Bestimmungsrechts an den Vertragspartner (§ 315 BGB) oder einen Dritten (§ 317 BGB).[13] Ist das **Gebäude**, das in WE (TE) übergeführt werden soll, **bereits errichtet**, so bedarf es zur Eintragung einer solchen Vormerkung nicht zwingend der Vorlage eines Aufteilungs- oder Bauplans für das Gebäude. Es genügt, wenn die Wohnung in der Eintragungsbewilligung so beschrieben ist, daß sie in der Örtlichkeit zweifelsfrei festgestellt werden kann.[14] Da der zu sichernde schuldrechtliche Anspruch inhaltlich bestimmt zu sein hat, muß die Eintragungsbewilligung sowohl den Anspruch auf **Bildung des SE**[15] als auch den Anspruch auf **Übertragung** des zu bildenden WE (TE) bezeichnen. Der zu bildende MitEAnteil muß der Größe nach beziffert oder sonst hinreichend bestimmt sein[16] (zB Festlegung nach dem Verhältnis der Wohn- und Nutzfläche zueinander). Auch die Vereinbarung eines Bestimmungsrechts hinsichtlich des MitEAnteils für einen Vertragsteil nach § 315 BGB ist zulässig und ausreichend.[16] Ist der MitEAnteil zwar nicht beziffert, aber in der angegebenen Weise hinreichend bestimmt, kann zur Sicherung des wirksam begründeten schuldrechtlichen Anspruchs auf dingliche Rechtsänderung für den Käufer von WE (TE) mit einem noch unbezifferten MitEAnteil eine Vormerkung am ungeteilten Grundstück eingetragen werden.[17]

Fassungsvorschlag für die Vormerkung:

2943

2944

Vormerkung zur Sicherung des Anspruchs des ... auf Übertragung eines ... Miteigentumsanteils und auf Bildung eines damit zu verbindenden Sondereigentums an der Woh-

---

[11] BayObLG 1974, 118 = aaO (Fußn 10). Zu den Anforderungen an die Bezeichnung des Anspruchs bei der Eintragung einer Vormerkung zur Sicherung eines Anspruchs auf Übertragung eines noch zu schaffenden WE-Rechts s auch LG Dresden MittBayNot 2002, 115; LG Stuttgart BWNotZ 1971, 25 = MittBayNot 1971, 245 = MittRhNotK 1971, 478. Zur Beurkundung mit vorläufigem Aufteilungsplan vgl Rdn 2855.
[12] LG Köln MittRhNotK 1990, 252.
[13] BayObLG 1992, 40 = aaO (Fußn 10).
[14] BayObLG 1977, 155 = aaO (Fußn 8) und OLG Düsseldorf DNotZ 1981, 743; LG Dresden MittBayNot 2002, 115.
[15] Unzureichend ist die Angabe, daß sich „Gegenstand und Umfang des SE und des Gemeinschaftseigentums und das Rechtsverhältnis der Eigentümer untereinander aus der noch zu erstellenden Teilungserklärung ergeben", OLG Düsseldorf DNotZ 1981, 743. Zur hinreichenden Bestimmbarkeit auch KG DNotZ 1987, 103.
[16] BGH DNotZ 1986, 273 = aaO (Fußn 6); KG DNotZ 1985, 305; LG Dresden aaO.
[17] Dies ist die Konsequenz aus BGH DNotZ 1986, 273 = aaO und KG DNotZ 1985, 305; ebenso OLG Düsseldorf MittRhNotK 1996, 325 = Rpfleger 1996, 503; LG Ravensburg BWNotZ 1988, 38 und Schmedes Rpfleger 1975, 284; aA Meyer-Stolte Rpfleger 1977, 121; LG Hannover, mitgeteilt Rpfleger 1975, 284; LG Hamburg Rpfleger 1982, 272; Weitnauer Rdn 22 Anh zu § 8 WEG.

nung, im Aufteilungsplan bezeichnet mit Nr.... gemäß Bewilligung vom... (Notar... URNr ...)

2945 Empfehlenswert ist es, in einen solchen Kauf auch Bestimmungen darüber aufzunehmen, welche (grundlegenden) Vereinbarungen (§ 10 Abs 2 WEG; sog Gemeinschaftsordnung) in der späteren Aufteilung getroffen werden sollen; möglich ist es auch, dem Verkäufer hierüber ein Bestimmungsrecht einzuräumen. Ohne solche Regelung wäre es zweifelhaft, ob in die spätere Teilungserklärung vom Gesetz abweichende Bestimmungen aufgenommen werden dürfen.

2946 Für einen Käufer, der WE (TE) und zusätzlich noch einen Raum erwerben will, der zu einer anderen WE-(TE-)Einheit gehört (= Raumeigentum 2), ist der Anspruch auf Abtrennung des Raums aus dem bisherigen Raumeigentum, Verbindung mit dem veräußerten anderen Raumeigentum und Übereignung vormerkbar.[18] Die Sicherung des Erwerbsanspruchs erfordert neben der Auflassungsvormerkung auf dem veräußerten (anderen) Raumeigentum (Rdn 2951) Eintragung einer Vormerkung auch an dem Raumeigentum 2 (von dem der Raum abgespalten werden soll). Hierfür gibt Kirchner[19] folgenden **Fassungsvorschlag:**

> Vormerkung zur Sicherung des Anspruchs des... auf Verbindung des Sondereigentums an einem Raum und einer Garage mit dem Raumeigentum... in Blatt... und Übereignung des Sondereigentums an diesen Räumen gemeinsam mit dem Raumeigentum... gemäß Bewilligung vom... (Notar... URNr...)

2947 Durch Vormerkung sicherbar ist auch der einem schuldrechtlichen Vorkaufsrecht entspringende (bedingte) Übertragungsanspruch eines WEigters an einem Raum als Teil eines WE.[20]

4. Belastung des Grundstücks

2948 Auch nach Aufteilung in WE (TE) kann das **Grundstück als Ganzes** belastet werden. Belastung des ganzen Grundstücks ist nötig, wenn das Recht seiner Natur nach nur auf dem Grundstück insgesamt ausgeübt werden kann (wie zB ein Wegerecht, ein Bebauungsverbot, ein Zaunrecht uä),[21] oder wenn es im Einzelfall als Belastung des Gesamtgrundstücks entstehen soll. Das ganze Grundstück muß belastet werden für die Bestellung einer beschränkten persönlichen Dienstbarkeit, die lediglich zur Nutzung von Gemeinschaftseigentum (Garagen) berechtigen soll.[22] Berechtigter einer Belastung des Gesamtgrundstücks kann ein Dritter, aber auch ein einzelner WEigter (TEigter) sein (§ 1009 Abs 1 BGB). Eine Grunddienstbarkeit kann als Belastung des Gesamtgrundstücks daher auch zugunsten des jeweiligen Eigentümers einer SE-Einheit an diesem Grundstück bestellt werden[23] (die mögliche Regelung durch Sondernutzungsrecht [Rdn 2910] zu treffen, steht nicht entgegen). Die

---

[18] AG Würzburg MittBayNot 1976, 173 mit Anm Kirchner.
[19] Kirchner MittBayNot 1976, 174.
[20] LG Kempten MittBayNot 1977, 63.
[21] S hierzu Röll Rpfleger 1978, 352; weiteres Beispiel s Rdn 2870.
[22] KG OLGZ 1976, 257 = MDR 1977, 405 = Rpfleger 1976, 180; OLG Karlsruhe Rpfleger 1975, 356.
[23] Bärmann/Pick/Merle Rdn 100 zu § 1 WEG.

IX. Verfügung über das WE (TE)

Grundstücksbelastung ist Verfügung über den gemeinschaftlichen Gegenstand iS des § 747 S 2 BGB. Sie erfordert daher materiell Einigung und Eintragung und formell **Eintragungsbewilligung** (§ 19 GBO) **aller WEigter** (TEigter); Mehrheitsbeschluß ist nicht ausreichend, auch nicht auf Grund entsprechender Ermächtigung in der Teilungserklärung (s Rdn 2885 ff), da hier die sachenrechtlichen Grundlagen des Eigentums und nicht das Verhältnis der WEigter zueinander betroffen sind (s dazu Rdn 2967 c). Die gleichen Grundsätze gelten für die Bestellung einer (Fremd-)Baulast.[23a]

Für das Grundstück als Ganzes besteht nach Bildung von WE (TE) zwar kein **Grundbuchblatt** mehr (§ 7 Abs 1 S 3 WEG). Das als solches belastbare Gesamtgrundstück ist damit aber nicht untergegangen.[24] Für das Gesamtgrundstück werden die für jeden MitEAnteil angelegten Grundbuchblätter (§ 7 Abs 1 WEG) fortgeführt (hierzu § 3 Abs 9 GBO). Die Belastung des Grundstücks im ganzen mit einem in Abt II einzutragenden Recht hat daher in der Form zu erfolgen, daß das Recht in jedes WE/TE-Grundbuch eingetragen und in allen beteiligten Grundbuchblättern kenntlich gemacht wird, daß das dienende Grundstück als Ganzes belastet ist (s § 3 Abs 9 GBO, Gesamtvermerk), somit das Recht nicht allein an dem einzelnen MitEAnteil mitsamt dem mit ihm verbundenen SE lastet. Zur Grundbucheintragung in diesem Fall s auch § 4 Abs 1 WGV und das Eintragungsbeispiel in Anlage 1 (Abt II Nr 1) zur WGV.

Das Recht ist als Belastung des Grundstücks nicht entstanden, wenn Eintragung in einem WE/TE-Grundbuch unterblieben ist (Eintragung „in das Grundbuch", somit auf allen Grundbuchblättern als Belastung des „ganzen" Grundstücks, § 873 Abs 1 BGB, ist dann nicht erfolgt). Eintragung in allen beteiligten Grundbuchblättern als Belastung des „ganzen" Grundstücks ohne Gesamtvermerk (Verweisung) auf die übrigen (Begriff Rdn 2869) oder mit Gesamtvermerk nur in einem Teil, nicht aber auf allen Grundbuchblättern, schmälert die Wirksamkeit der Eintragung (§ 873 BGB) nicht.[25] Diese Eintragung verstößt gegen die Verfahrensvorschrift (Ordnungsvorschrift) in § 4 WGV (s auch § 3 Abs 9 GBO), berührt die Wirksamkeit somit nicht (Rdn 31). Eintragung des Gesamtvermerks kann daher auch gesondert erfolgen, somit nachgeholt werden.[26] Fehlender Gesamtvermerk allein kann auch nicht gutgläubigen Erwerb (§ 892 BGB) des WE/TE frei von der Grundstücksbelastung ermöglichen (das Grundbuch aller WE/TE-Einheiten weist die Grundstücksbelastung aus). Zur gleichen Frage bei unvollständiger Eintragung eines das ganze Grundstück (bereits) belastenden Rechts in das anzulegende WE/TE-Grundbuch s Rdn 2869.

Bei Belastung des Gesamtgrundstücks mit einer **Hypothek, Grundschuld** oder **Rentenschuld** entsteht ein Gesamtrecht (§ 1132 BGB) an den WE/TE-Rechten. Die Mitbelastung ist auf jedem WE/TE-Grundbuchblatt von Amts wegen nach § 48 GBO erkennbar zu machen (s Rdn 2239 ff). Entsprechendes gilt nach Eintragung eines Grundpfandrechts als Belastung nur eines WE (TE) bei

2949

2950

[23a] So im Ergebnis OLG Hamm MittRhNotK 1991, 11.
[24] KG OLGZ 1976, 257 = aaO (Fußn 22).
[25] So zutreffend Amann MittBayNot 1995, 267 gegen BayObLG MittBayNot 1995, 288 = Rpfleger 1995, 455.
[26] Anders BayObLG Rpfleger 1995, 455 = aaO.

nachträglicher Mitbelastung der übrigen WE-(TE-)Einheiten des Grundstücks (§ 48 Abs 1 S 2 GBO). Briefbildung: § 9 WGV und zugehörige Anlage 4.

5. Belastung des einzelnen WE (TE)

2951 Der MitEAnteil eines WEigters (TEigters) und das mit ihm verbundene SE (§ 6 WEG), mithin **das einzelne WE (TE)**, kann als echtes Eigentum mit **Hypotheken**,[27] **Grund-** und **Rentenschulden**, aber auch mit einem **Nießbrauch**[28] (§ 1066 BGB) und einer Reallast (auch mit einer subjektiv-dinglichen Reallast[29]) (§ 1106 BGB) belastet werden. Ebenso kann zur Sicherung des Anspruchs auf Einräumung eines solchen Rechts eine **Vormerkung** (§ 883 BGB) bestellt werden (nicht aber am Grundstück für den Anspruch auf Belastung des erst noch einzutragenden WE [TE], vgl Rdn 1483). Zur Sicherung des Anspruchs auf Übertragung des WE (TE) kann bei jedem MitEAnteil samt dem zugehörigen SE, also bei jedem WE oder TE, auch eine **Auflassungsvormerkung** (§ 883 BGB) eingetragen werden.[30] Bei der Bildung des **Hypotheken-**, Grund- oder Rentenschuld**briefes** ist kenntlich zu machen, daß der belastete Gegenstand ein WE (TE) ist (§ 5 WGV). **Beispiel:**

> Belasteter Gegenstand: Das im Bestandsverzeichnis des Wohnungsgrundbuchs (Teileigentumsgrundbuchs) unter Nr. 1 verzeichnete Wohnungseigentum (Teileigentum).

2952 Mit einer **Dienstbarkeit** kann WE (TE) einzeln[31] nur insoweit belastet werden, als sie die aus dem SE fließenden Rechte des WEigters (TEigters) einschränkt[32] (vgl Rdn 1115). Das ist der Fall, wenn sich die Ausübung der Dienstbarkeitsberechtigung auf den Gebrauch (die Nutzung) des SE beschränkt.[33] Davon kann auch gemeinschaftliches Eigentum berührt werden,

---

[27] Wenn beantragt ist, WE mit einem Grundpfandrecht zu belasten, WE aber noch nicht gebildet ist, kann der Antrag nicht dahin ausgelegt werden, daß Belastung des (eingetragenen) Grundstücks-Miteigentumsanteils erfolgen soll, OLG Hamm DNotZ 1984, 108 = OLGZ 1983, 386 = Rpfleger 1983, 395.
[28] Kein Nießbrauch an der Teilfläche des mit SE verbundenen MitEAnteils, LG Nürnberg-Fürth Rpfleger 1991, 148.
[29] OLG Düsseldorf DNotZ 1977, 305.
[30] Aber keine Auflassungsvormerkung bei einem (einzelnen) WE (TE) auf Übertragung des Eigentums am Gesamtgrundstück, BayObLG DNotZ 2002, 784; s Rdn 1483.
[31] Bei Bewilligung einer Dienstbarkeit, mit der auch das Grundstück als Ganzes belastet werden kann (Verbot, Anlagen zu errichten oder zu betreiben), muß sich ergeben, daß Belastung nur des SE (WE oder TE) erfolgen soll. Solche Beschränkung der Ausübung der Dienstbarkeit auf das SE kann bei Bewilligung der Eintragung „bei diesem Grundbesitz" eines WEigters nicht hinreichend deutlich zum Ausdruck kommen, BayObLG MittBayNot 1979, 227 = Rpfleger 1979, 425; s auch BayObLG Rpfleger 1980, 150.
[32] BGH 107, 289 = DNotZ 1990, 493 mit Anm Amann = NJW 1989, 2391 = Rpfleger 1989, 452.
[33] BayObLG 1974, 396 = NJW 1975, 59 = Rpfleger 1975, 22; BayObLG 1976, 218 (222); BayObLG 1979, 444 (446); BayObLG MittBayNot 1981, 189 = MittRhNotK 1981, 189; auch KG DNotZ 1968, 750 und KG OLGZ 1976, 257 = MDR 1977, 405 = Rpfleger 1976, 180; außerdem OLG Karlsruhe Rpfleger 1975, 356. S auch Ripfel BWNotZ 1968, 229. Bei Belastung einer WE-Einheit mit einer Grunddienstbarkeit

IX. Verfügung über das WE (TE)

wie zB bei einem Wohnungsrecht;[34] es dürfen jedoch Rechte der anderen MitEigter nicht betroffen werden (Verfügung über gemeinschaftliches Eigentum muß ausgeschlossen sein; mit Belastung des WE/TE verfügt der MitEigter allein über die ihm zustehenden Rechte).[35] Ein WE (TE) kann daher belastet werden mit einem Wohnungsrecht (§ 1093 BGB)[36] oder einem Wohnungsbesetzungsrecht, aber auch mit einem Dauerwohn- oder Dauernutzungsrecht (§ 31 WEG),[37] ein Kfz-Stellplatz als (selbständiges) TE mit einem Benutzungsrecht (Rdn 1130 Fußn 50), dieser nicht aber mit einem Wohnungsrecht.[38] Mit dieser Einschränkung kann ein einzelnes WE (TE) auch mit einer **Grunddienstbarkeit** (auch zugunsten eines anderen WE/TE[39]) belastet werden (auch mit einem Terrassenalleinnutzungsrecht[40] oder mit dem Recht zur Mitbenutzung eines in SE stehenden Speicherraums[41] für ein anderes WE/TE) und mit dem Verbot, Ladenräume zu einem Nachbargrundstück (nicht aber zu einer anderen SE-Einheit) durch Mauern oder auf andere Weise abzugrenzen.[42] Das Sondernutzungsrecht eines WEigters am gemeinschaftlichen Eigentum (Rdn 2910) kann nach herrschender Rechtsprechung jedoch nicht Gegenstand einer an seinem WE einzutragenden Dienstbarkeit sein (zB auf alleinige Ausübung des Sondernutzungsrechts für einen Teil des Nutzungsbereichs; würde keine Beschränkung der Ausübung des Gebrauchs auf SE darstellen, sondern mit dem Sondernutzungsrecht Bereiche des gemeinschaftlichen Eigentums erfassen).[43] Die Bestellung eines Wohnungsrechts (§ 1093 BGB) am WE schließt aber (vorbehaltlich anderer Vereinbarung) die Ausübung aller aus dem SE fließenden Befugnisse des WEigters und damit auch an dem seiner Sondernutzung unterliegenden Teil des gemeinschaftli-

---

ist das Grundbuchamt nicht berechtigt, die Eintragung wegen Verstoßes gegen Bestimmungen der Bayer Bauordnung abzulehnen, LG München II MittBayNot 1980, 17.

[34] BGH 107, 289 (295) = aaO; OLG Hamm DNotZ 2001, 216 mit Anm vOefele = NJW-RR 2000, 1403: Erstreckung des Wohnungsrechts auf eine Terrasse. Im Rahmen des dem WEigter zustehenden Mitgebrauchs steht dieser dem Wohnungsberechtigten kraft Gesetzes (§ 1093 Abs 3 BGB) oder kraft Vereinbarung (§§ 1093, 873 BGB) zur Mitbenutzung zu, vgl Ertl, Ausübungsbereiche des Wohnungsrechts am Wohnungseigentum, FS Bärmann und Weitnauer, S 251.

[35] BGH 107, 289 (295) = aaO.

[36] Zur (abgelehnten) Dienstbarkeit für Benutzung als Hausmeisterwohnung s BayObLG 1979, 444 = DNotZ 1980, 540 = Rpfleger 1980, 150; aA – unrichtig = KG FG Prax 1995, 226 mit abl Anm Demharter.

[37] BayObLG 1957, 102 = MittBayNot 1958, 21 = NJW 1957, 1840.

[38] BayObLG DNotZ 1987, 223 = Rpfleger 1987, 62.

[39] OLG Zweibrücken MittBayNot 1993, 86 mit Anm Röll.

[40] BayObLG MittBayNot 1985, 127 = (mitget) Rpfleger 1985, 486.

[41] OLG Zweibrücken aaO.

[42] BayObLG 1990, 279 = DNotZ 1991, 480 = NJW-RR 1991, 593 = (mitget) Rpfleger 1991, 4 (§ 3 Abs 2 WEG steht nicht entgegen, s Rdn 2819).

[43] OLG Düsseldorf DNotZ 1988, 31 = OLGZ 1986, 413 = Rpfleger 1986, 376; BayObLG DNotZ 1990, 496 mit Anm Amann = (mitget) Rpfleger 1990, 197 (Kraftfahrzeugabstellplatz); BayObLG DNotZ 1998, 125 mit Anm Ott = NJW-RR 1997, 1236 = Rpfleger 1997, 431 (Garagenfläche); s auch BayObLG 1997, 282 = aaO (Fußn 44); OLG Zweibrücken MittBayNot 1999, 378 = MittRhNotK 1999, 240 = NJW-RR 1999, 1389; vgl auch Gutachten DNotI-Report 1999, 165. AA vOefele DNotZ 2001, 219 (222).

chen Eigentums ein (vergleichbar § 1093 Abs 3 BGB); Verlautbarung im Grundbuch ist dafür nicht erforderlich, Grundbucheintragung dieser (gesetzlichen) Rechtsfolge daher nicht zulässig.[44] Herrschendes Grundstück iS des § 1018 BGB kann ein WE (TE) sein.[45] Ein WE (TE) kann daher, soweit sich darauf die Ausübung beschränkt, auch mit einer Grunddienstbarkeit zugunsten eines anderen WEigters (TEigters) des gleichen Grundstücks belastet werden (Beispiel: Verpflichtung, ein Fenster ständig geschlossen zu halten).[46] Wie zugunsten der Eigentümer mehrerer Grundstücke eine einheitliche Grunddienstbarkeit in Gesamtberechtigung eingetragen werden kann (Rdn 1124), kann auch zugunsten der jeweiligen Eigentümer mehrerer WE-(TE-)Rechte in Gesamtberechtigung eine Grunddienstbarkeit bestellt werden.[47]

2953 Darüber hinaus ist Belastung eines WE (TE) mit einer Dienstbarkeit des Inhalts zugelassen worden, daß die Ausübung eines Rechts ausgeschlossen ist, das sich aus dem belasteten WE (TE) ergibt (3. Alternative des § 1018 BGB, Rdn 1115, 1135), soweit die ausgeschlossene Rechtsausübung kein tatsächliches Verhalten, sondern die Geltendmachung einer teilbaren Geldforderung zum Inhalt hat (so für Bergschädenminderwertverzicht)[48] oder sich die ausgeschlossene Rechtsausübung auf das Recht zu Mitgebrauch einer abgrenzbaren Grundstücksfläche (Garten) bezieht.[49] Teilung des mit einer Dienstbarkeit für Verzicht auf Geltendmachung einer teilbaren Geldforderung belasteten Grundstücks zur Bildung von WE (TE) bewirkt nach dieser Ansicht Aufspaltung der Dienstbarkeit in selbständige Einzelrechte, die jedes WE (TE) für sich belasten mit der Folge, daß auch jede dieser Einzeldienstbarkeiten in ihrem Wohnungsgrundbuch einzeln gelöscht werden kann.[50]

2954 Ein **Vorkaufsrecht** kann – auch wenn andere WEigter (TEigter) Berechtigte sind –, als Belastung des einzelnen WE (TE) bestellt (§ 1095 BGB),[51] nicht aber als Inhalt des WE (TE) (§ 5 Abs 4 WEG, Rdn 2899) vereinbart werden.[52]

2955 Als echtes Eigentum nimmt WE (TE), das Berechtigten zu Bruchteilen zusteht (Rdn 2816, auch 2938), am Rechtsverkehr wie Miteigentum an einer Sache teil. Der Anteil eines Miteigentümers nach **Bruchteilen an einem WE** (TE) kann daher wie der Bruchteil des Miteigentümers eines Grundstücks belastet werden, so mit einer Hypothek (Grundschuld oder Rentenschuld) (§§ 1114, 1192, 1200 BGB), mit einer Reallast (§ 1106 BGB) oder einem Vorkaufsrecht (§ 1095 BGB).

---

[44] BayObLG 1997, 282 = DNotZ 1998, 282 = Rpfleger 1997, 210; OLG Hamm DNotZ 2001, 216 = NJW-RR 2000, 1403; Ertl aaO (Fußn 34).
[45] BGH 107, 289 = aaO; BayObLG 1979, 444 (446) = DNotZ 1980, 540 = Rpfleger 1980, 150; BayObLG (12. 10. 1983, mitget) Rpfleger 1984, 142; OLG Hamm MDR 1981, 142 = MittRhNotK 1981, 194 = Rpfleger 1980, 469; OLG Zweibrücken aaO (Fußn 39).
[46] BGH 107, 289 = aaO.
[47] LG Essen Rpfleger 1972, 367; auch BayObLG 1979, 444 = aaO (Fußn 45).
[48] OLG Hamm MittRhNotK 1981, 191 = OLGZ 1981, 53 = Rpfleger 1980, 468; aA Zimmermann Rpfleger 1981, 333.
[49] OLG Hamm MDR 1981, 142 = MittRhNotK 1981, 194 = Rpfleger 1980, 449; aA Zimmermann Rpfleger 1981, 333.
[50] OLG Hamm OLGZ 1981, 53 = aaO (Fußn 48).
[51] OLG Celle DNotZ 1955, 320 = NJW 1955, 953.
[52] OLG Celle aaO; Diester Rpfleger 1965, 203.

Ist das zu belastende WE (TE) nach Einigung (§§ 3, 4 WEG) oder Teilung (§ 8 WEG) zur Eintragung im Grundbuch beantragt, so darf ein später eingegangener Antrag auf Eintragung einer Belastung einer zu bildenden WE/TE-Einheit solange nicht zurückgewiesen werden, bis der vorangegangene Antrag auf Bildung des WE (TE) erledigt ist.[53] Auch eine Zwischenverfügung mit der Auflage, die Eintragung des WE (TE) in bestimmter Frist herbeizuführen, ist nicht zulässig.[53] Der Antrag muß zurückgestellt werden, bis der vorrangige Antrag auf Eintragung des WE (TE) erledigt ist; Verständigung des Antragstellers ist geboten.[53]

2956

X. Inhaltsänderung, Unterteilung, andere Verfügungen

1. Überblick

Vereinbarungen (§ 10 Abs 2 WEG) können durch Mehrheitsbeschluß der WEigter (TEigter) nicht nachträglich begründet, geändert oder aufgehoben werden (dazu näher Rdn 2885 ff). Zu unterscheiden sind:

2957

— Vereinbarungen, die die für das **Verhältnis der WEigter** (TEigter) untereinander geltenden Bestimmungen, dh frühere Vereinbarungen der WEigter (Bestimmungen des nach § 8 WEG teilenden Eigentümers) oder die bislang maßgeblichen gesetzlichen Bestimmungen bei gleichbleibendem MitE und unverändertem SE mit dinglicher Wirkung (als Inhalt des SE) abändern oder ergänzen. Die Vereinbarungen sind nur wirksam bei Zustimmung aller WEigter (TEigter)[1] (§ 5 Abs 4 WEG), für die Auflassungsform nicht vorgeschrieben ist. Grundbucheintragung erfolgt auf Grund Eintragungsbewilligung (§ 19 GBO) der WEigter (TEigter); mit Grundbucheintragung werden solche Inhaltsänderungen Inhalt des SE (§ 5 Abs 4, § 10 Abs 2 WEG).

— die nachträgliche Änderung des **Gegenstands eines SE** (Rdn 2823) oder **gemeinschaftlichen Eigentums** (Rdn 2825) oder der **Anteile der Miteigentümer** (§ 1008 BGB, § 1 Abs 2 u 3 WEG).[2] Diese Änderungen führen zur (weiteren) Einräumung oder (teilweisen) Aufhebung des SE oder sind Anteilsveräußerung. Erforderlich sind daher Einigung der Beteiligten in Form der Auflassung und Grundbucheintragung (§ 4 Abs 1 und 2 WEG, §§ 873, 925 BGB). Für einen Verpflichtungsvertrag gilt § 311 b Abs 1 BGB (§ 4 Abs 3 WEG).

— die **Veräußerung** und sonstige Verfügungen über WE (TE) oder über **gemeinschaftliches Eigentum**.

2. Nachträgliche Vereinbarungen über das Verhältnis der WEigter (TEigter)

Vereinbarungen über das Verhältnis der WEigter untereinander (§ 5 Abs 4, § 10 Abs 2 WEG; Rdn 2883, 2895 ff) können die WEigter (TEigter) nicht nur

2958

---

[53] OLG Düsseldorf MittBayNot 1985, 199 = MittRhNotK 1985, 239.
[1] Zur Abänderung auf Grund vorbehaltenem Mehrheitsbeschluß s Rdn 2884–2885 c.
[2] S hierzu Nieder BWNotZ 1984, 49; Streblow MittRhNotK 1987, 141 (146 ff); Grebe DNotZ 1988, 275. Zur Technik des Vollzugs solcher meist umfangreicher Vorgänge Keim MittBayNot 1984, 61.

sogleich bei vertraglicher Einräumung des SE (§ 3 WEG), sondern (ebenso nach Vorratsteilung, § 8 WEG) **auch erst nach Entstehen der WE-(TE-)Gemeinschaft** treffen; mit Eintragung im Grundbuch wirken sie auch gegen Rechtsnachfolger (zur Frage, ob eine durch zugelassenen Mehrheitsbeschluß beschlossene Vereinbarung eintragungspflichtig ist, s Rdn 2887, 2887a). Sie können ebenso anfängliche oder später getroffene Vereinbarungen ändern oder aufheben. Auf solche Weise kann nachträglich auch ein **Sondernutzungsrecht** (Rdn 2910) begründet werden.[3] Die zur Wirksamkeit gegen den Rechtsnachfolger erforderliche Eintragung auf den WE-(TE-)Grundbuchblättern erfordert Bewilligung aller betroffenen (§ 19 GBO) WEigter (TEigter). **Dingliche Berechtigte** von SE-Einheiten müssen der Inhaltsänderung **zustimmen** (§§ 877, 876 BGB, § 19 GBO), wenn sie durch die Rechtsänderung beeinträchtigt werden[4] (s Rdn 2849). Die von einem dinglichen Berechtigten erteilte Zustimmung wirkt auch gegen seinen Sondernachfolger.[5] Die **Eintragung** (zur Bewilligung nach § 19 GBO Rdn 2957) erfolgt in Spalte 5 und 6 des Bestandsverzeichnisses (siehe § 3 Abs 5 WGV; wegen der Eintragung in der ersten Abteilung eines gemeinschaftlichen Wohnungsgrundbuchs s § 7 WGV). Einzutragen ist die durch die Vereinbarung getroffene Änderung des Inhalts des SE; zur näheren Bezeichnung kann nach § 7 Abs 3 WEG (§ 3 Abs 2 WGV) auf die Eintragungsbewilligung Bezug genommen werden (s aber Rdn 2915). Veräußerungsbeschränkungen sind jedoch ausdrücklich einzutragen (§ 3 Abs 2 WGV), ebenso ihre Abänderung und Aufhebung.

2959 **Eintragungsbeispiel** (siehe Anl 1 zu WGV)

> Der Inhalt des Sondereigentums ist dahin geändert, daß
> a) die Zustimmung zur Veräußerung nicht erforderlich ist im Falle der Versteigerung nach § 19 WEG sowie bei Veräußerung im Wege der Zwangsvollstreckung oder durch den Insolvenzverwalter;
> b) über den Gebrauch des Hofraums eine Vereinbarung getroffen ist.
> Eingetragen unter Bezugnahme auf die Eintragungsbewilligung vom ... (Notar ... URNr ...) am ...

2960 Weitere **Eintragungsbeispiele**

> a) Der Inhalt des Sondereigentums ist dahin geändert, daß ... [Beschreibung der Änderung]; gemäß Bewilligung vom ... (Notar ... URNr ...) eingetragen am ...
> b) Die Veräußerungsbeschränkung ist geändert; es ist Mehrheitszustimmung der WEigter [Zustimmung durch den Verwalter] erforderlich. Gemäß Bewilligung vom ... (Notar ... URNr ...) eingetragen am ...
> c) Die Veräußerungsbeschränkung ist geändert; es ist keine Zustimmung erforderlich bei Veräußerung an den Ehegatten, Lebenspartner und Verwandte in gerader Linie sowie bei

---

[3] BayObLG 1974, 217 = DNotZ 1975, 31 = Rpfleger 1974, 314. S bereits Rdn 2913.
[4] Die Zustimmung der dinglich Berechtigten (zur Änderung der Gemeinschaftsordnung) ist nicht bereits entbehrlich, wenn eine Beeinträchtigung nicht ersichtlich oder unwahrscheinlich ist; vielmehr muß der Nachweis erbracht sein, daß eine Benachteiligung jedweder Form mit Sicherheit ausgeschlossen werden kann, LG Aachen MittRhNotK 1986, 100 = Rpfleger 1986, 258; auch Bärmann/Pick/Merle Rdn 55 zu § 10 WEG. Zu ihrer Ersetzung durch Unschädlichkeitszeugnis s Rdn 741.
[5] OLG Hamm DNotZ 1995, 632 = Rpfleger 1995, 246, auch zum Schutz des guten Glaubens des Zessionars an ein inhaltlich unverändertes Grundpfandrecht (§ 892 BGB).

X. Inhaltsänderung, Unterteilung, andere Verfügungen

> Veräußerung durch den Insolvenzverwalter oder im Wege der Zwangsvollstreckung und nach § 19 WEG. Gemäß Bewilligung vom ... (Notar ... URNr ...) eingetragen am ...
> d) Die Veräußerungsbeschränkung ist geändert; es ist Zustimmung auch erforderlich bei Veräußerung an den Ehegatten, Lebenspartner und Verwandte. Gemäß Bewilligung vom ... (Notar ... URNr ...) eingetragen am ...
> e) Die Vereinbarung über den Gebrauch des Hofraums ist aufgehoben.

Die WGV (Anl 3) stellt folgendes Eintragungsbeispiel dar   2961

> Der Inhalt des Sondereigentums ist hinsichtlich der Gebrauchsregelung geändert. Unter Bezugnahme auf die Eintragungsbewilligung vom ... (Notar ... URNr ...) eingetragen am ...

Jedoch sollte, wenn durch Gebrauchsregelung **Sondernutzungsrechte** (zum Begriff Rdn 2910 und 2963) geschaffen sind, ein aussagekräftiger Eintragungsvermerk gewählt werden.[6] In ihn sollte auch die Art des Nutzungsrechts, die sich aus der Eintragungsbewilligung zu ergeben hat, aufgenommen werden. **Beispiele:**[7] „Garagenplatz" (für Stellplatz in Garage); „Kfz-Stellplatz" (für Stellplatz im Freien); „Lagerplatz", „Terrasse" oder „Dachterrasse"; „Garten"; „Hof"; „Speicher"; „Keller". Da zwischen dem positiven Inhalt der Benutzungsregelung für den Sondernutzungsberechtigten und ihrem negativen Inhalt gegenüber den übrigen WEigtern unterschieden wird (Rdn 2913) ist zu folgern, daß die Änderung und Aufhebung eines Sondernutzungsrechts nur im Grundbuchblatt des davon begünstigten und betroffenen WE einzutragen sind.

Ertl[8] gibt folgende Eintragungsbeispiele:

– Einzutragen am **begünstigten** WE

> Die Benutzung der Kfz-Stellplätze ist geregelt; der Platz Nr 1 ist zugeordnet. Gemäß Bewilligung vom ... (Notar ... URNr ...) eingetragen am ...

– Einzutragen am **ausgeschlossenen** WE

> Die Benutzung der Kfz-Stellplätze ist geregelt; kein Stellplatz ist zugeordnet. Gemäß Bewilligung vom ... (Notar ... URNr ...) eingetragen am ...

Der in der Einräumung eines Sondernutzungsrechts liegende Ausschluß der anderen Wohnungseigentümer von der Mitbenutzung verlangt Eintragung (des Ausschlusses der Mitbenutzung) auf deren Grundbuchblättern (s dazu Rdn 2838, 2913).

Der schuldrechtliche Anspruch auf Änderung einer Vereinbarung der WEigter (TEigter), auch auf erstmalige Einräumung eines Sondernutzungsrechts, kann durch **Vormerkung** gesichert werden. Möglich ist dabei auch (zB sukzessive) Eintragung an einzelnen WE/TE-Einheiten (s Rdn 2942), auch wenn dadurch die für die Vereinbarung notwendige Mitwirkung der anderen Einheiten nicht gesichert ist; dieses Verfahren muß schon deswegen möglich sein, weil sonst der Anspruch **eines** WEigter (TEigters) gegen die anderen WEigter   2961a

---

[6] Wegen Einzelheiten und eines praktischen Beispiels siehe Ertl Rpfleger 1979, 81 (Abschn III 3).
[7] Hierzu Ertl Rpfleger 1979, 81 (Abschn III 6 c).
[8] Ertl Rpfleger 1979, 81. Siehe auch bereits Ertl DNotZ 1977, 671.

(TEigter) nicht durch Vormerkung gesichert werden könnte, da eine Vormerkung an der eigenen Einheit nie eingetragen werden kann.

3. Einseitige Änderung der Teilungserklärung durch den Eigentümer

2962 Der teilende Eigentümer (§ 8 WEG) kann seine Teilungserklärung bis zur Anlegung der Wohnungsgrundbücher und Eintragung einer Auflassungsvormerkung auf Grund Abveräußerung der ersten Wohnung **einseitig ändern;**[9] bis dahin besteht keine Eigentümergemeinschaft.[10] Eintragungsgrundlage: Eintragungsbewilligung des Eigentümers (§ 19 GBO) in der Form des § 29 GBO. Grundbucheintragung: wie bei Änderung durch WEigter; s daher Rdn 2958. Nach Abveräußerung der ersten Eigentumswohnung bedarf der Eigentümer des Grundstücks zur Abänderung einer in der Teilungserklärung enthaltenen Bestimmung über das Verhältnis der WEigter untereinander der Zustimmung des im Wohnungsgrundbuch vorgemerkten Auflassungsempfängers[11] und der betroffenen (§ 19 GBO) dinglich Berechtigten.[12] Nicht erforderlich zur Eintragung vom Gesetz abweichender Bestimmungen über das Gemeinschaftsverhältnis ist die Zustimmung des Auflassungsempfängers, dessen Auflassungsvormerkung am selben Tag, an dem die Wohnungsgrundbücher angelegt werden, eingetragen wird (die Vormerkung kann erst gebucht werden, wenn das Wohnungsgrundbuch angelegt ist; sie kann daher nicht eine Verpflichtung sichern, die der teilende Eigentümer bezüglich des Inhalts der Gemeinschaftsordnung im Kaufvertrag eingegangen ist).[13] Zur Ermächtigung und Vollmacht für den aufteilenden Eigentümer zur Änderung der Teilungserklärung und der Bestandteile des WE s Rdn 2967c.

4. Veräußerung von Sondernutzungsrechten

2963 Ein mit **Gebrauchsregelung** geschaffenes Sondernutzungsrecht (dh ein durch Vereinbarung der WEigter oder Bestimmung des teilenden Eigentümers als Inhalt des SE geschaffenes ausschließliches Recht zur Nutzung eines bestimmten Teils des gemeinschaftlichen Eigentums, § 5 Abs 4, § 10 Abs 2 WEG; hierzu Rdn 2910) kann auf ein anderes **Mitglied der WEigtergemeinschaft,**[14] nicht jedoch an einen (außenstehenden) Dritten (s Rdn 2910 Fußn 129) ganz oder teilweise **übertragen** werden.[15] Die Übertragung erfolgt

---

[9] BayObLG Rpfleger 1997, 63. Der Zwangsverwalter kann Eintragung einer geänderten Teilungserklärung weder beantragen noch bewilligen, LG Bonn Rpfleger 1983, 324.
[10] BayObLG 1974, 217 = DNotZ 1975, 31 = Rpfleger 1974, 314; BayObLG 1974, 275 = DNotZ 1975, 97 = Rpfleger 1974, 360.
[11] BayObLG 1974, 217 = aaO (Fußn 10); BayObLG 1993, 259 = DNotZ 1994, 233 mit Anm Röll = NJW-RR 1993, 1362 = Rpfleger 1994, 17; BayObLG 1998, 255 = DNotZ 1999, 667 = Rpfleger 1999, 178 und BayObLG 1998, 275 (277) = DNotZ 1999, 671 = Rpfleger 1999, 123.
[12] BayObLG MittBayNot 1996, 27 mit Anm F Schmidt.
[13] BayObLG 1998, 275 = aaO (Fußn 11).
[14] Übertragung des durch Ansammeln von Punkten verbrieften Anwartschaftsrechts eines WEigters auf Zuteilung eines Stellplatzes auf einen anderen WEigter KG NJW-RR 1996, 779.
[15] BGH 73, 145 = DNotZ 1979, 168 mit Anm Ertl = NJW 1979, 548 = Rpfleger 1979, 57; Merle Rpfleger 1978, 86. Enger noch Noack Rpfleger 1976, 193.

X. Inhaltsänderung, Unterteilung, andere Verfügungen

vielfach im Kauf-[16] oder Tauschweg (Kellertausch, Austausch von Kfz-Abstellplätzen) oder bei Verbindung des dem Bauträger als WEigter vorbehaltenen positiven Nutzungsrechts mit der WE-(TE-)Einheit eines Erwerbers (Rdn 2913 a). Die Übertragung des als Inhalt des SE im Grundbuch eingetragenen Sondernutzungsrechts wird als Inhaltsänderung des WE (§§ 873, 877 BGB) behandelt. Erforderlich ist sonach Einigung der beteiligten WEigter (des bisherigen Berechtigten und des „Erwerbers" des Sondernutzungsrechts) (oder einseitige Erklärung des WEigters, dem zugleich das bisher und das neu begünstigte WE gehören[17]), Zustimmung der beeinträchtigten dinglich Berechtigten (§§ 876, 877 BGB; der Inhaber der Rechte an jedem ein Sondernutzungsrecht übertragenden WE/TE) und Eintragung im Grundbuch (s auch Rdn 2913 a). Zustimmung der übrigen WEigter (TEigter) ist nicht erforderlich, da durch die Übertragung eines Sondernutzungsrechts durch einen begünstigten WEigter auf einen anderen WEigter die Rechte der übrigen WEigter nicht berührt werden.[18] Etwas anderes gilt, wenn in entsprechender Anwendung des § 12 WEG die Übertragung eines Sondernutzungsrechts von der Zustimmung der übrigen WEigter oder eines Dritten (des Verwalters) abhängig ist.

Für die Einigung ist Auflassungsform nicht vorgeschrieben; Grundbucheintragung erfolgt daher auf Grund Eintragungsbewilligung des Betroffenen (§ 19 GBO). Unbedenklichkeitsbescheinigung des Finanzamts ist erforderlich, da der Erwerb des Sondernutzungsrechts grunderwerbsteuerbar ist (§ 2 Abs 2 Nr 3 GrEStG). Der schuldrechtliche Vertrag bedarf nicht der Form des § 311 b Abs 1 BGB. 2964

Die Übertragung eines Sondernutzungsrechts ist nur im Grundbuch des davon betroffenen und des begünstigten WE einzutragen.[19] In den Wohnungsgrundbüchern der vom Mitgebrauch bereits ausgeschlossenen WEigter ist auch die nachträgliche Zuordnung eines Sondernutzungsrechts (Rdn 2913) nicht eintragungsfähig.[20] Ertl[21] gibt folgende Eintragungsbeispiele: 2965

– Einzutragen am **bisher begünstigten WE**

> Es ist kein Stellplatz mehr zugeordnet. Gemäß Bewilligung vom ... (Notar ... URNr ...) eingetragen am ...

---

[16] Muster eines Kaufvertrages bei Hügel ZNotP 2002, 61; die von ihm verlangte Angabe eines Gemeinschaftsverhältnisses ist bei Erwerb eines Sondernutzungsrechts durch mehrere nicht nötig: es wird in diesem Fall zugunsten mehrerer WEigter (TEigter) gemeinsam eingeräumt; ein Fall des § 47 GBO ist dies mangels Vorliegen eines dinglichen Rechts nicht.
[17] OLG Düsseldorf MittRhNotK 1981, 196.
[18] BGH 73, 145 = aaO (Fußn 15); im Anschluß an BGH auch BayObLG DNotZ 1979, 307 = Rpfleger 1979, 217 (vgl auch BayObLG MittBayNot 1985, 74) und DNotZ 1999, 672; vorher schon so OLG Hamburg NJW 1976, 1457 = Rpfleger 1976, 215; Merle Rpfleger 1978, 86; Weitnauer Rpfleger 1976, 341; Röll MittBayNot 1977, 224; auch LG Mannheim Rpfleger 1976, 317; anders früher BayObLG DNotZ 1977, 667 mit krit Anm Ertl (Beschluß auch mitgeteilt Rpfleger 1977, 398); LG Hamburg Rpfleger 1975, 366; Staudenmaier BWNotZ 1975, 170.
[19] Hierzu näher Ertl Rpfleger 1979, 81; so auch BayObLG DNotZ 1979, 307 = aaO (Fußn 18); BayObLG Rpfleger 1990, 63; LG Köln Rpfleger 1990, 205.
[20] BayObLG Rpfleger 1990, 63.
[21] Ertl Rpfleger 1979, 81.

Der die Zuordnung betreffende Teil der Eintragung ist (rot) zu unterstreichen.

– Einzutragen am **neu begünstigten WE**

> Der Kfz-Stellplatz Nr 1 ist zugeordnet. Gemäß Bewilligung vom ... (Notar ... URNr ...) eingetragen am ...

Der die fehlende Zuordnung enthaltende Teil der Eintragung ist (rot) zu unterstreichen.
Eintragung bei Tausch (Auswechslung) der Stellplätze sonach[22]

> Es ist nun Kfz-Stellplatz Nr.... zugeordnet, nicht mehr Stellplatz Nr...., der zu Wohnungseigentum Blatt ... übertragen[23] ist. Gemäß Bewilligung vom ... (Notar ... URNr ...) eingetragen am ...

2966 Der Anspruch eines WEigters auf Übertragung eines Sondernutzungsrechts kann durch **Vormerkung** gesichert werden. Eintragung der Vormerkung erfolgt am WE (TE) des (bisher) nutzungsberechtigten WEigters (TEigters). Der Mitwirkung der übrigen WEigter bedarf es hierfür nicht.[24] Umgekehrt kann auch der Anspruch auf Übertragung des WE ohne Sondernutzungsrecht durch Vormerkung gesichert werden. Vollzug der Auflassung ohne Sondernutzungsrecht ist dann aber nur möglich, wenn es vorher oder gleichzeitig auf ein anderes WE (TE) übertragen oder gelöscht wird.

5. Erweiterung oder Einschränkung des SE

a) Umwandlung von SE in Gemeinschaftseigentum und umgekehrt

2967 **Überführung** weiterer Teile des **gemeinschaftlichen Eigentums** (zB eines noch im gemeinschaftlichen Eigentum stehenden Raums, auch einer Garage, die ein WEigter vereinbarungsgemäß auf dem gemeinschaftlichen Grundstück errichtet hat) **in SE** (ohne Änderung der MitEAnteile;[25] sonst Rdn 2967a, b) oder (bei unveränderten MitEAnteilen) die **Zurückführung von SE in gemeinschaftliches Eigentum** (zB durch Aufgabe eines Raums, aber auch durch Vereinbarung, daß Gebäudebestandteile in SE künftig zum gemeinschaftlichen Eigentum gehören, § 5 Abs 3 WEG; Rdn 2823, 2825) erfordert – wie die Einräumung von SE, § 4 WEG – Einigung der WEigter (TEigter)[26] über die Rechtsände-

---

[22] Eintragungsvorschlag hierfür auch bei Weitnauer/Lüke Rdn 36 zu § 15 WEG.
[23] „Übertragungs"vermerk ist nicht notwendig, dürfte zur besseren Übersicht, vor allem bei größeren WE-Einheiten mit mehrfachen Veränderungen jedoch empfehlenswert sein.
[24] BayObLG DNotZ 1979, 307 = aaO (Fußn 18); Weitnauer/Lüke Rdn 36 zu § 15 WEG.
[25] BGH DNotZ 1987, 208 = NJW 1986, 2759 = Rpfleger 1986, 430.
[26] BGH 139, 352 = DNotZ 1999, 661 = Rpfleger 1999, 66; BayObLG 1991, 313 = MittBayNot 1992, 50 = MittRhNotK 1991, 288 = NJW-RR 1992, 208 = Rpfleger 1992, 20; BayObLG MittBayNot 1994, 41; BayObLG DNotZ 1999, 665; auch BayObLG 1995, 399 (402) = aaO (nachf Fußn 71); OLG Frankfurt Rpfleger 1997, 374 (375). Die Eigentümerversammlung kann Beschluß darüber nicht fassen (Nichtigkeit), BayObLG MittBayNot 1998, 440; OLG Düsseldorf MittRhNotK 1996, 261 = NJW-RR 1996, 210; OLG Köln NJW-RR 1997, 1442. Daher ist auch ein Eigentümerbe-

X. Inhaltsänderung, Unterteilung, andere Verfügungen

rung in Auflassungsform und Eintragung in das Grundbuch (§ 4 Abs 1, 2 WEG, §§ 873, 925 BGB). Nachreichung eines berichtigten Aufteilungsplans an das Grundbuchamt[27] oder Änderung der Teilungserklärung mit nachfolgender Zustimmung des WEigter[28] genügen hierfür nicht. Als Eintragungsgrundlage sind Aufteilungsplan[29] und Abgeschlossenheitsbescheinigung erforderlich (§ 7 Abs 4 WEG); gesonderte Vorlage erübrigt sich jedoch, wenn Raumaufteilung und Abgeschlossenheit bereits eindeutig belegt sind, wie dann, wenn ein von der Änderung betroffener Raum (zB eine Garage, ein Kellerraum) in dem vorliegenden (bei Begründung des SE eingereichten) Plan bereits gesondert als „abgeschlossener" Raum ausgewiesen ist.;[30] dies ist nicht der Fall, Abgeschlossenheitsbescheinigung und Plan sind also erforderlich, wenn das WE durch Vereinigung von zwei selbständigen Einheiten entstanden war und jetzt der frühere Zustand wieder hergestellt wird.[31] Dinglich Berechtigte müssen zustimmen, wenn sie von der Rechtsänderung betroffen werden (s Rdn 2958 mit 2849; Ersetzung durch Unschädlichkeitszeugnis s Rdn 741). Bei Überführung von Gemeinschaftseigentum in SE ist Zustimmung der dinglich Berechtigten an den (= allen) einzelnen Einheiten mit Ausnahme der „gewinnenden" Einheit nötig, nicht der Berechtigten am (gesamten) Grundstück oder eines Gesamtgrundpfandrechts an allen WE-Einheiten;[32] bei Überführung von SE in Gemeinschaftseigentum ist nur Zustimmung der dinglich Berechtigten der „verlierenden" SEigter nötig, nicht dagegen diejenigen der anderen Einheiten.[33] Zustimmung der übrigen WEigter und der an einzelnen WE-Rechten dinglich Berechtigten (nicht aber der Berechtigten eines Gesamtrechts am ganzen Grundstück) ist auch dann erforderlich, wenn bei Umwandlung von Gemeinschaftseigentum in SE an dem betroffenen gemeinschaftlichen Eigentum dem künftigen WEigter bereits ein Sondernutzungsrecht eingeräumt war.[34] Nachverpfändung eines neu hinzuerworbenen SE (zB eines Garagenplatzes) ist nicht erforderlich, wenn der mit einem Grundpfandrecht bereits belastete MitEAnteil bei Erweiterung des SE unverändert bleibt[35] (s Rdn 2968); entsprechendes gilt bei Zurückführung in (belastetes) gemeinschaftliches Eigentum. Die Eintragung erfolgt in allen Wohnungsgrundbüchern[36] in Spalten (5 und) 6

---

schluß, durch den (etwa dem Verwalter) eine Ermächtigung oder Vollmacht zur Umwandlung von Gemeinschaftseigentum in Sondereigentum oder umgekehrt erteilt wird, nichtig, BayObLG 1986, 444 = Rpfleger 1987, 64.
[27] BayObLG 1973, 267 = MittBayNot 1974, 15 = Rpfleger 1974, 11.
[28] BayObLG DNotZ 1990, 37 mit zust Anm Ertl = (mitget) Rpfleger 1988, 519.
[29] Abweichung von dem ursprünglichen Aufteilungsplan schadet nicht, wenn sie nur andere (von der Umwandlung nicht betroffene) Räume oder Gebäudeteile betrifft; LG Traunstein MittBayNot 1995, 297.
[30] BayObLG 1997, 347 = DNotZ 1999, 208 = Rpfleger 1998, 194; OLG Celle OLGZ 1974, 351 = DNotZ 1975, 42 = Rpfleger 1974, 267; OLG Zweibrücken MittBayNot 2001, 148; LG Landau/Pfalz MittBayNot 1982, 134.
[31] BayObLG DNotZ 1995, 59 = NJW-RR 1994, 716 = Rpfleger 1994, 498.
[32] OLG Frankfurt Rpfleger 1997, 374 (375).
[33] BayObLG DNotZ 1999, 665; Demharter Rdn 93 Anh zu § 3 GBO.
[34] BayObLG 1991, 313 = aaO (Fußn 26); BayObLG DNotZ 1993, 741 = Rpfleger 1993, 488.
[35] LG Düsseldorf MittRhNotK 1986, 78; Streuer Rpfleger 1992, 181.
[36] BayObLG 1997, 347 (350) = aaO.

3. Teil. Wohnungseigentum und Dauerwohnrecht

des Bestandsverzeichnisses (§ 3 Abs 5 WGV; wegen der Eintragung in der ersten Abteilung eines gemeinschaftlichen Wohnungsgrundbuchs s § 7 WGV).

Eintragungsbeispiel[37] (siehe Anl 1 zu WGV)

> Der Gegenstand des Sondereigentums ist bezüglich eines Raumes geändert. Unter Bezugnahme auf die Eintragungsbewilligung vom ... (Notar ... URNr ...) eingetragen am ...

Die Bezeichnung des mit dem MitEAnteil verbundenen SE in Spalte 3 des Bestandsverzeichnisses (§ 3 Abs 1 c GBV) ist zu berichtigen (Bezeichnung des in SE überführten Raums oder Rötung [§ 3 Abs 6 WGV] des in Gemeinschaftseigentum zurückgeführten Raums.[38]

b) Abspaltung eines MitEAnteils mit Begründung neuen SE

2967a Überführung weiterer Teile des gemeinschaftlichen Eigentums in SE (Rdn 2967) kann auch durch Bildung eines weiteren MitEAnteils (auch mehrerer) aus **einem** bisherigen MitEAnteil (mit dem das bisherige SE verbunden bleibt) und Verbindung mit (aus gemeinschaftlichem Eigentum) erst zu begründenden SE erfolgen.[39] Es **entsteht** so ein **neues WE-(TE-)Recht**. Die damit notwendige nachträgliche Einräumung von SE (§ 3 WEG) erfordert Einigung aller WEigter (TEigter) in Auflassungsform und Eintragung in das Grundbuch[40] (§ 4 Abs 1 und 2 WEG). Das gilt auch, wenn die Räume in gemeinschaftlichem Eigentum, die SE werden sollen, auf Grund des Sondernutzungsrechts des WEigters errichtet wurden (s Rdn 2910), dessen MitEAnteil aufgeteilt wird.[41] Als Eintragungsgrundlage sind Aufteilungsplan und Abgeschlossenheitsbescheinigung erforderlich (§ 7 Abs 4 WEG; wie Rdn 2967). Von der Rechtsänderung betroffene dinglich Berechtigte müssen zustimmen (wie Rdn 2967). Grundbuch**eintragung** erfolgt
- durch **Anlegung eines besonderen** (neuen) **Grundbuchblatts** für den neu gebildeten (weiteren) MitEAnteil, auf dem das dazu gehörende SE und die Beschränkung des MitE einzutragen sind (§ 7 Abs 1 WEG; Rdn 2865),
- im **Bestandsverzeichnis** des zu **verkleinernden** WE (TE), für das das bisherige Wohnungsgrundbuch fortgeführt wird, die Übertragung des abgespaltenen MitE-Anteils auf das neue Blatt wie Rdn 2972;
- in Spalte (5 und) 6 des Bestandsverzeichnisses der **übrigen WE-Grundbuchblätter** nach § 3 Abs 5 WGV die Beschränkung der MitE-Anteile nun auch durch die Eintragung des neuen MitE-Anteils mit SE (wie Rdn 2976).

---

[37] Eintragungsbeispiel auch BayObLG 1997, 347 (350) = aaO.
[38] BayObLG 1997, 347 (350) = aaO.
[39] BayObLG MittBayNot 2000, 551 mit Anm Roellenbleg; BayObLG Rpfleger 2000, 544.
[40] BayObLG aaO (Fußn 39; beide Entscheidungen).
[41] BayObLG aaO (Fußn 39; beide Entscheidungen); ablehnend Roellenbleg in Anm MittBayNot 2000, 551. Aber es wird über gemeinschaftliches Eigentum verfügt und entsteht aus diesem (anders als beim Sondernutzungsrecht, s Rdn 2963) veräußerliches und belastbares WE (TE), so daß nicht nur von Bedeutung ist, daß nicht sondernutzungsberechtigte WEigter von jeglicher Nutzung in dem Sondernutzungsbereich ausgeschlossen sind, gleichviel, ob dieser zu einem Sondernutzungsrecht oder zu Sondereigentum gehört.

X. Inhaltsänderung, Unterteilung, andere Verfügungen

c) Abtrennung von Teilen mehrerer MitEAnteile zur Begründung neuen SE

Ein neues WE-(TE-)Recht kann auch dadurch gebildet werden, daß der (die) Eigentümer mehrerer WE-Rechte **Teile** seiner (ihrer) MitEAnteile abtrennt, diese zu einem neuen MitEAnteil vereinigt und mit ihm gleichzeitig neues SE verbindet.[42] Ein Bauträger, der noch selbst mehrere WE-Rechte besitzt, kann auf diese Weise zB (weiteres) SE an Garagen bilden, die auf dem gemeinschaftlichen Grundstück errichtet sind. Einigung der WEigter und Grundbucheintragung: wie Rdn 2967a. Auch hierzu bedarf es der Zustimmung der Gläubiger, die von der Umwandlung nachteilig betroffen sind, damit auch der Gläubiger der Einzelrechte der übrigen WEigter (TEigter) (Garagen auf dem [gemeinschaftlichen] Grundstück werden in SE überführt).

2967b

d) Ermächtigung (Vollmacht) zu einseitigen Änderungen bezüglich SE

Häufig besteht ein Bedürfnis, **einem WEigter** (zB dem aufteilenden Eigentümer) die Befugnis einzuräumen, unter bestimmten Voraussetzungen später Gemeinschaftseigentum in SE (oder umgekehrt, zB bei Unterteilung den jetzt gemeinsamen Vorplatz in Gemeinschaftseigentum) umzuwandeln, so vor allem, wenn später weitere Gebäude auf dem Grundstück errichtet und deren Räume SE werden sollen.[43] Ob in der Teilungserklärung nach § 10 Abs 2 WEG – allerdings unter Wahrung des grundbuchlichen Bestimmtheitsgrundsatzes – dem jeweiligen Eigentümer eines SE oder einer bestimmten Person, solange sie Eigentümer eines SE ist, nicht nur eine entsprechende **Ermächtigung** zur Bauerrichtung, sondern auch zur weiteren Begründung von SE oder zur Umwandlung von SE in Gemeinschaftseigentum im Rahmen einer Unterteilung gegeben werden kann mit der Folge, daß es der Zustimmung der übrigen WEigter dann hierzu nicht mehr bedarf, war umstritten. Die nunmehr einhellige Rechtsprechung[44] läßt als (dinglichen, dh für Sonderrechtsnachfolger verbindlichen) Inhalt des SE nur Regelungen zu, die das Verhältnis der WEigter untereinander iS des § 5 Abs 4, § 10 Abs 1 und 2 WEG regeln; die Ermächtigung zu einer Einigung nach § 4 Abs 1 WEG (oder Auflassung nach § 925 BGB) zählt hierzu nicht und kann nach dieser Auffassung nicht Inhalt der dinglich wirkenden Gemeinschaftsordnung (§ 10 Abs 2 WEG) sein. Damit sind die abweichenden Stimmen in der Literatur für die Praxis überholt.[45] Nur im schuldrechtlichen Erwerbsvertrag kann eine wirksame diesbezügliche Verpflichtung begründet und **Vollmacht** (Ermächtigung) erteilt werden, die aber bei jeder Weiterveräußerung wiederum entsprechend

2967c

---

[42] BayObLG 1976, 227 = DNotZ 1976, 743 = Rpfleger 1976, 403; BayObLG 1994, 233 = DNotZ 1995, 607 = (mitget) Rpfleger 1995, 333; BayObLG DNotZ 1996, 297 = MittBayNot 1996, 27 mit krit Anm F Schmidt; LG Bremen Rpfleger 1985, 106 mit Anm Meyer-Stolte; vgl auch Streblow MittRhNotK 1987, 141 (154).
[43] Vgl dazu Röll WE 1993, 16; Rapp in Beck'sches Notarhandbuch A III Rdn 39; Häublein DNotZ 2000, 442.
[44] BGH DNotZ 2003, 536 = NJW 2003, 2165 = NotBZ 2003, 268 mit Anm Fr Schmidt; BayObLG 1997, 233 = DNotZ 1998, 379 = Rpfleger 1998, 19; BayObLG 2000, 1 = DNotZ 2000, 466; KG FGPrax 1998, 94 = DNotI-Report 1998, 162; Demharter Rdn 91 Anhang zu § 3. Rapp MitBayNot 1998, 77 schließt sich für die Umwandlung von SE in Gemeinschaftseigentum dem BayObLG an, nicht aber für den umgekehrten Fall.
[45] Vorauflage Rdn 2967c; Rapp MittBayNot 1998, 77; Röll DNotZ 1998, 345; ähnlich Weitnauer/Lüke Rdn 41 zu § 10 WEG.

neu erteilt werden muß.⁴⁶ Trotz dieser Vollmacht im Erwerbsvertrag ist aber die Zustimmung der dinglich Berechtigten an den Einheiten nötig, deren Eigentümer die Vollmacht bzw Ermächtigung erteilt haben. Unter Umständen kann sie durch Unschädlichkeitszeugnis ersetzt werden.⁴⁷ Wenn in der Teilungserklärung bereits von Anfang an diejenige Teile des Gemeinschaftseigentums, die später bebaut werden sollen, dem zum Bau berechtigten Eigentümer insoweit als Sondernutzungsrecht zugewiesen worden sind, sollte auch die Gläubigerzustimmung bei späterer Begründung von SE entbehrlich sein;⁴⁸ die Rechtsprechung folgt dieser – praxisgerechten – Auffassung von F Schmidt allerdings bisher nicht.⁴⁹

6. Veräußerung von SE an einen anderen Gemeinschafter

2968 An einen **anderen WEigter** (innerhalb der WE-Gemeinschaft) können **Räume** und Gegenstände, die zum SE eines WEigters gehören (so die zur Wohnung gehörende Garage; Tausch von Kellern, die jeweils SE sind; zum Tausch von Sondernutzungsrechten s Rdn 2963) ohne gleichzeitige Übertragung eines MitEAnteils am gemeinschaftlichen Eigentum veräußert werden.⁵⁰ Auch ein vollständiger Austausch von Räumen (SE) zwischen WEigtern (TEigtern) bei gleichbleibenden Miteigentumsanteilen ist zulässig.⁵¹ Ein Verstoß gegen § 6 WEG liegt hierin nicht, da eine Trennung von SE und MitEAnteil (im Ergebnis) nicht stattfindet, sondern lediglich der räumliche Bereich des zu einem MitEAnteil gehörenden SE geändert wird. Der schuldrechtliche Veräußerungsvertrag bedarf der Form des § 311b Abs 1 BGB (§ 4 Abs 3 WEG), die dingliche Einigung der beteiligten WEigter der Form des § 925 BGB (§ 4 Abs 2 WEG analog). Die Zustimmung der dinglichen Berechtigten des „veräußernden" WEigters ist erforderlich; sie sollte erkennen lassen, daß der „lastenfreien" Übertragung des veräußerten Raumes zugestimmt wird (s Rdn 2971 zur Frage, ob eine „Pfandfreigabe" neben der Zustimmung erforderlich ist). Nicht notwendig sind Mitwirkung (Zustimmung) der übrigen WEigter und ihrer dinglichen Berechtigten sowie des Verwalters.⁵² Aufteilungsplan und Abgeschlossenheitsbescheinigung sind erforderlich, soweit die Abgeschlossenheit sich nicht aus dem bisherigen Plan und der zugehörigen Bescheinigung ergibt.⁵³

---

⁴⁶ Zu Sicherungsmaßnahmen (Vormerkung auf Änderung mit Bestimmungsrecht und Rangvorbehalt bei Finanzierungsgrundpfandrechten) vgl Rdn 2874 mit Fußn 17a.
⁴⁷ BayObLG MittBayNot 1988, 75.
⁴⁸ F Schmidt in Münchner Vertragshandbuch, Band 6 VIII 3 Ziff 5 sowie MittBayNot 1996, 30; ähnlich auch Rapp in Beck'sches Notarhandbuch A III Rdn 39a und MittBayNot 1998, 77.
⁴⁹ BayObLG 1991, 13 = MittBayNot 1992, 50 = MittRhNotK 1991, 288 = NJW-RR 1992, 208 = Rpfleger 1992, 20; BayObLG DNotZ 1996, 297; BayObLG Rpfleger 2000, 544; BayObLG DNotZ 2002, 149 = NJW-RR 2002, 443 = Rpfleger 2002, 140.
⁵⁰ OLG Zweibrücken MittBayNot 2001, 318.
⁵¹ BayObLG 1984, 10 = DNotZ 1984, 381 = Rpfleger 1984, 268.
⁵² BayObLG 1984, 10 (13) = aaO. Vgl Röll, Teilungserklärung, S 37ff; Röll Rpfleger 1976, 283 (285); LG Stuttgart BWNotZ 1974, 18.
⁵³ OLG Zweibrücken MittBayNot 2001, 318, auch dazu, daß eine frühere Abgeschlossenheitsbescheinigung für eine verkleinerte Wohnung dann nicht ausreicht, wenn nach

X. Inhaltsänderung, Unterteilung, andere Verfügungen

Im **Grundbuch** ist die Veräußerung von SE an Gemeinschafter untereinander 2969 nach überwiegender (uE auch zutreffender) Auffassung[54] als Inhaltsänderung zu vollziehen (s Rdn 2958). Eintragung hat jedoch nur auf den Grundbuchblättern für die MitEAnteile der beteiligten WEigter (TEigter) (§ 7 Abs 1 WEG) zu erfolgen, nicht auch auf den Grundbuchblättern der übrigen WEigter, deren SE von der Änderung nicht betroffen ist. Einzutragen ist die Veränderung des mit den (beteiligten) MitEAnteilen verbundenen SE in Spalte 6 (mit laufender Nummer in Spalte 5) der Bestandsverzeichnisse (§ 3 Abs 5 WGV). Zur näheren Bezeichnung kann auf die Eintragungsbewilligung Bezug genommen werden (§ 7 Abs 3 WEG). Eintragungs**beispiel** (nach Anlage 1 zur WGV, Bestandsverzeichnis Spalte 6 Nr 2; für Eintragung auf jedem beteiligten Grundbuchblatt):

> Der Gegenstand des Sondereigentums ist bezüglich eines Raumes geändert. Unter Bezugnahme auf die Eintragungsbewilligung vom ... (Notar ... URNr ...) eingetragen am ...

Wenn Gegenstand der Veräußerung in Spalte 3 des Bestandsverzeichnisses 2970 eingetragene Räume des SE sind, sind auch der Bestandsvortrag in Spalte 3 (§ 3 Abs 1 Buchst c WGV) zu berichtigen und in Spalte 3 die bisher bezeichneten Räume des SE zu unterstreichen (röten, § 3 Abs 6 WGV). Eintragung des MitEAnteils als Bestand unter einer neuen laufenden Nummer (nach Maßgabe von § 3 Abs 1 WGV) erfordert diese Änderung nicht. Eingetragen werden kann die Änderung wie folgt:

> Spalte 1: $\frac{2}{zu\ 1}$
> Spalte 3: Verbunden ist mit dem .../1000 MitEAnteil an dem Grundstück nun das SE an der Wohnung im ersten Stock rechts
> Spalte 5: $\frac{2}{zu\ 1}$
> Spalte 6: Der Gegenstand des SE ist geändert. Verbunden ist mit dem .../1000 MitE-Anteil an dem Grundstück nun das SE an der Wohnung im ersten Stock rechts. Unter Bezugnahme auf die Eintragungsbewilligung vom ... (Notar ... URNr ...) eingetragen am ...

Entsprechende Eintragung erfolgt auch auf dem Blatt des anderen WEigters. Eintragung in Abteilung I (Spalten 3 und 4) erfolgt nicht (Vollzug der Inhaltsänderung im Bestandsverzeichnis nach § 3 Abs 5 WGV); auch in Abteilung II und III erfolgen keine Eintragungen; Rechte dieser Abteilungen erfassen das mit dem Eintragungsvermerk im Bestandsverzeichnis geänderte WE (bei unverändertem MitEAnteil)[55] ohne weiteres.

Grundbuchmäßige Behandlung mit Bestandteilszuschreibung des SE zum Miteigentumsanteil verlangt F Schmidt,[56] ohne jedoch für Rechte in Abt II eine Pfandunterstellung für erforderlich zu halten. Verbindung von SE mit dem MitEAnteil an dem gemeinschaftlichen Eigentum zu WE (TE, § 1 Abs 2

---

dem Aufteilungsplan Änderungen eingetreten sind, die gegen die Abgeschlossenheit sprechen (Bad ohne WC).
[54] OLG Celle DNotZ 1975, 42 = OLGZ 1974, 351 = Rpfleger 1974, 267; Bärmann/Pick/Merle Rdn 4 zu § 6 WEG; s auch Tasche DNotZ 1972, 710.
[55] LG Düsseldorf MittRhNotK 1986, 78; Streuer Rpfleger 1992, 181 (zu I 3).
[56] F Schmidt, Münchner Vertragshandbuch, Band 6 Form VIII. 6.

WEG) als rechtliche Einheit (§ 6 WEG), damit auch Änderung dieser Verbindung, kann jedoch nicht in Anlehnung an die Zusammenfassung bisher selbständiger Grundstücke mit Bestandteilszuschreibung vollzogen werden (sonst müßte auch Vereinigung und gegen § 6 Abs 1 WEG selbständige Buchung der Bestandteile möglich sein).

7. Änderung der MitEAnteile unter WEigtern (TEigtern)

2971 WE (TE) kann in der Weise geändert werden, daß die MitEAnteile unter den WEigtern (TEigtern) geändert werden, ohne daß auch das mit den Anteilen verbundene SE eine Änderung erfährt[57] (**Quotenänderung** ohne Änderung des SE). Diese Bestandsänderung des WE kann zwischen den unmittelbar beteiligten WEigtern (TEigtern) herbeigeführt werden. Sie erfordert als Verpflichtungsgeschäft beurkundeten schuldrechtlichen Vertrag (§ 311b Abs 1 BGB) und als Verfügung Änderungsvereinbarung dieser Beteiligten (§ 4 Abs 2 WEG), Teilauflassung sowie Eintragung in den einzelnen WE-(TE-)Grundbüchern.[58] Die Vergrößerung des MitEAnteils des WEigters (TEigters) vollzieht sich mit Erwerb des dazukommenden MitEAnteils und gleichzeitiger Verbindung mit dem bestehenden SE (TE; am Grundstück bestehenden Bruchteilseigentum), das schließt eine Untergemeinschaft in Bruchteilen an dem ideellen Anteil eines Miteigentümers und damit auch Vereinigung oder Zuschreibung (§ 890 Abs 1 und 2 BGB) der dazu kommenden Anteilsberechtigung aus. Die Verkleinerung eines MitEAnteils bedarf der Zustimmung der Inhaber dinglicher Rechte, mit denen dieser selbständig belastet ist.[59] Regelmäßig wird in der Zustimmung auch die Bewilligung der Pfandentlassung des abzuschreibenden MitEAnteils liegen[59] (deutliche Formulierung ist jedoch empfehlenswert); der veräußerte Teil-Miteigentumsanteil wird sodann „lastenfrei abgeschrieben." Die Vergrößerung eines MitEAnteils bedarf der Erstreckung der auf ihm lastenden Grundpfandrechte sowie Reallasten in ihrem bisherigen Rang auf den dazukommenden MitEAnteil.[60] Grund: § 4

---

[57] BGH DNotZ 1976, 741 = NJW 1976, 1976 = Rpfleger 1976, 352; BayObLG 1958, 263 = DNotZ 1959, 40 = NJW 1958, 2116 = Rpfleger 1959, 277; s auch BayObLG 1976, 227 = DNotZ 1976, 743 = Rpfleger 1976, 403; BayObLG DNotZ 1983, 752; BayObLG 1984, 10 (12) = aaO; BayObLG 1993, 166 = MittBayNot 1993, 214 = MittRhNotK 1993, 189 = NJW-RR 1993, 1043 = Rpfleger 1993, 444; OLG Hamm MittBayNot 1999, 291 = Rpfleger 1998, 514; Friedrich NJW 1956, 1545; Diester Rpfleger 1965, 209.

[58] BayObLG 1958, 263 = aaO (Fußn 58); auch BayObLG 1984, 10 (12) = aaO (Fußn 52) und BayObLG 1993, 166 = aaO (Fußn 58); OLG Hamm MittBayNot 1999, 291 = aaO.

[59] OLG Hamm MittBayNot 1999, 291 = aaO. AA Meyer-Stolte in Anm zu LG Bremen Rpfleger 1985, 106, das – zu Recht – in einer „Pfandfreigabe" eines dinglichen Berechtigten dessen Zustimmung sieht.

[60] BayObLG 1993, 166 = aaO (Fußn 58); OLG Hamm MittBayNot 1999, 291 = aaO (Erklärung der Pfandunterstellung bringt die Mitwirkung des WEigters zur Vergrößerung seines Anteils zum Ausdruck); so auch LG Köln RNotZ 2000, 336 = Rpfleger 2002, 566 (Pfandunterstellung schließt auch ZwV-Unterwerfung ein); Mottau Rpfleger 1990, 455; s außerdem BayObLG 1958, 263 (271) = aaO; einschränkend LG Bochum Rpfleger 1990, 291 (entspr Anwendung des § 1131 BGB) mit krit Anm Meyer-Stolte und Rpfleger 1990, 455 Leits mit abl Anm Mottau; Palandt/Bassenge Rdn 2 zu § 6 WEG; aA Streuer Rpfleger 1992, 181 (Abschn II 3).

X. Inhaltsänderung, Unterteilung, andere Verfügungen

Abs 2 WEG mit § 925 Abs 2 BGB (jedenfalls in entspr Anwendung). Bleiben die Einzelbelastungen bestehen, würde für eine Zwangsvollstreckung wegen des dinglichen Anspruchs das Weiterbestehen des belasteten ideellen (vormaligen) Bruchteils fingiert (§ 864 Abs 2 ZPO) und mit Zuschlag nur der versteigerte (vormalige) Grundstücks mit EAnteil, nicht aber der mit dem SE (TE) verbundene gesamte MitEAnteil an dem gemeinschaftlichen Eigentum auf den Ersteher übergehen (§ 91 Abs 1 ZVG). Zustimmung des Gläubigers eines am ganzen Grundstück eingetragenen Grundpfandrechts (einer Reallast) ist nicht erforderlich; er ist von der Anteilsveränderung nicht betroffen (s Rdn 2849). An der Änderung der MitEAnteile nur unter einzelnen WEigtern (TEigtern) sind die übrigen WEigter (TEigter), deren MitEAnteile nicht geändert werden, nicht beteiligt.[61] Zustimmung der anderen WEigter oder des Verwalters kann jedoch nach § 12 WEG notwendig sein. Befinden sich die Eigentumswohnungen (Raumeinheiten), deren MitEAnteile geändert werden sollen, in der Hand einer Person (zB noch des nach § 8 WEG teilenden Grundstückseigentümers), so kann dieser WEigter (TEigter) allein in Anlehnung an § 8 WEG durch einseitige Erklärung gegenüber dem Grundbuchamt ändern. Die Grundbucheintragung wird wie folgt vollzogen (s § 3 Abs 3 u 5 WGV; auch §§ 6 u 9 GBV): **2972**

– **Bestandsverzeichnis des zu verkleinernden WE (TE).** Sp 1–4: Neueintragung des WE (TE) unter neuer laufender Nummer (und Bezeichnung der bisherigen laufenden Nummer in Sp 2) mit dem neu in einem zahlenmäßigen Bruchteil ausgedrückten (verkleinerten) Miteigentumsanteil an dem Grundstück;

    Sp. 7–8: Miteigentumsanteil von ... übertragen nach Blatt ... am ...; Rest Nr ...

– **Bestandsverzeichnis des zu vergrößernden WE (TE).** Sp 1–4: Neueintragung des WE (TE) unter neuer laufender Nummer (und Bezeichnung der bisherigen laufenden Nummer in Sp 2) mit dem neu in einem zahlenmäßigen Bruchteil ausgedrückten (vergrößerten) Miteigentumsanteil an dem Grundstück;

    Sp. 5–6: Miteigentumsanteil von ... von Blatt ... hierher übertragen und zusammen mit Nr ... unter Nr ... eingetragen.

Dazu Bezeichnung der Eintragungsgrundlage in Abteilung I Spalte 4.
Es wird auch wie folgt verfahren **2973**

– **Bestandsverzeichnis des zu verkleinernden WE (TE)**

    Sp. (5 und) 6: .../... Miteigentumsanteil übertragen nach Band ... Blatt ...; der Anteil beträgt nunmehr .../...; eingetragen am ...

– **Bestandsverzeichnis des zu vergrößernden WE (TE)**

    Sp. (5 und) 6: .../... Miteigentumsanteil von Band ... Blatt ... hierher übertragen; der Anteil beträgt nunmehr .../...; eingetragen am ...

Hier weiter in Abt I Spalte 4 die Eintragungsgrundlage.
Wegen der Eintragung in der ersten Abteilung eines gemeinschaftlichen Wohnungsgrundbuchs s § 7 WGV.

---

[61] BGH DNotZ 1976, 741 = aaO (Fußn 58).

8. Erweiterung oder Einschränkung des SE bei gleichzeitiger Änderung der MitEAnteile

2974 Die WEigter (TEigter) können, wenn sie Übereinstimmung zwischen der Größe der MitEAnteile und dem Wert der dazugehörigen Raumeinheiten wünschen, bei Überführung gemeinschaftlichen Eigentums in SE und ebenso bei Zurückführung von SE in gemeinschaftliches Eigentum auch eine entsprechende Änderung der MitEAnteile vereinbaren.[62] Die Rechtsänderung vollzieht sich durch Zusammenfassung der Rdn 2967 und Rdn 2971 dargestellten Änderungen. Werden auf diese Weise alle MitEAnteile sämtlicher Einheiten geändert, so ist es nicht erforderlich anzugeben, welche Verschiebungen zwischen den Anteilen stattgefunden haben; ausreichend ist die Wiedergabe des bisherigen und des neuen MitEAnteils und das Vorliegen der hierauf gerichteten materiellen und formell-rechtlichen Erklärungen.[63]

9. Unterteilung ohne Veräußerung

2975 Ein WEigter (TEigter) kann sein WE (TE) unter Aufteilung der bisherigen[64] Raumeinheit in mehrere in sich wiederum abgeschlossene Raumeinheiten in eine der Zahl dieser Raumeinheiten entsprechenden Zahl von selbständigen WE-(TE-)Rechten unterteilen.[65] Teilung ohne Veräußerung erfolgt durch einseitige Erklärung des teilenden WEigters (TEigters) (§ 8 WEG).[66] Die Zustimmung der übrigen WEigter, ihrer dinglichen Berechtigten und des Verwalters ist hierzu nicht erforderlich.[67] Aufteilungsplan (es kann eines der neuen WE-Rechte mit der „bisherigen" Nummer versehen werden[68]) und Abgeschlossenheitsbescheinigung (§ 7 Abs 4 WEG) müssen vorgelegt werden, soweit die Abge-

---

[62] Dazu Diester Rpfleger 1965, 209.
[63] BayObLG 1993, 166 = aaO (Fußn 58).
[64] Die Unterteilung kann somit nur Räume erfassen, die (bereits) zum SE des unterteilenden WEigters gehören. Einbeziehung auch eines Raums im gemeinschaftlichen Eigentum (zB eines Abstell- oder Hobbyraums) erfordert Überführung des gemeinschaftlichen Raums in SE (Rdn 2967). Inhaltlich unzulässig ist die Grundbucheintragung, soweit das Grundbuch (durch Bezugnahme auf den Unterteilungsplan) ausweist, daß ein Raum im gemeinschaftlichen Eigentum in die Unterteilung einbezogen und durch sie SE geworden sei, BayObLG 1998, 70 = MittBayNot 1998, 341 = NJW-RR 1999, 8, auch zur Wirksamkeit der Unterteilung, § 139 BGB, und damit Grundbucheintragung hinsichtlich der (übrigen) Räume, die dem unterteilenden WEigter gehören; ebenso BayObLG DNotZ 2000, 205.
[65] BGH 49, 250 = DNotZ 1968, 417 = Rpfleger 1968, 114; auch BGH 73, 150 = DNotZ 1979, 493 = NJW 1979, 870 = Rpfleger 1979, 96; OLG Braunschweig MDR 1977, 1023; OLG Schleswig MDR 1965, 46; Röll Rpfleger 1976, 284; Rapp MittBayNot 1996, 344.
[66] BGH 49, 250 = aaO (Fußn 66); LG Frankfurt Rpfleger 1989, 281.
[67] BGH 49, 250 = aaO (Fußn 66); BayObLG DNotZ 1977, 1 = DNotZ 1977, 546 = Rpfleger 1977, 140; BayObLG 1983, 79 = DNotZ 1984, 104; BayObLG DNotZ 1992, 305 = Rpfleger 1991, 455; OLG Saarbrücken Rpfleger 1978, 165; Meier-Kraut MittBayNot 1974, 16; Röll, Teilungserklärung, S 39; OLG Stuttgart DNotZ 1973, 692. Auch Änderung nur des Beschriebs des SE bei Unterteilung erfordert Zustimmung nicht, wohl aber Änderung der Zweckbestimmung mit Vereinbarungscharakter (Rdn 2890); s BayObLG Rpfleger 1991, 455.
[68] LG Lübeck Rpfleger 1988, 102.

X. Inhaltsänderung, Unterteilung, andere Verfügungen

schlossenheit der untergeteilten Räume sich nicht aus bisherigem Plan und Abgeschlossenheitsbescheinigung ergibt (kommt nur vor bei Unterteilung ohne bauliche Veränderung, zB Verselbständigung eines Kellers). Das Grundbuchamt hat (insbesondere) auch zu prüfen, ob alle im SE des teilenden WEigters (TEigters) stehenden Räume mit einem MitEAnteil verbunden bleiben (auf „vergessene" Räume achten). Für eines der neu gebildeten WE-(TE-)Rechte ist ein besonderes Grundbuchblatt anzulegen (§ 7 Abs 2 WEG).[69] Für den verbleibenden MitEAnteil wird das bisherige Wohnungsgrundbuch fortgeführt.[69]

Beispiel für Eintragung der Veränderung in Spalte 6 des bisherigen Grundbuchblatts: 2976

> .../... Miteigentumsanteil verbunden mit dem Sondereigentum an ... (im Aufteilungsplan bezeichnet mit Nr ...) übertragen nach Blatt ...; der Anteil beträgt nunmehr .../... und ist verbunden mit dem Sondereigentum an ... (im Aufteilungsplan bezeichnet mit Nr ...); dieser hier eingetragene Miteigentumsanteil ist jetzt auch beschränkt durch die Eintragung eines Miteigentumsanteils verbunden mit dem Sondereigentum in Blatt ... Wegen des Gegenstands und des Inhalts des Sondereigentums wird auch auf die Eintragungsbewilligung vom ... (Notar ... URNr ...) Bezug genommen. Eingetragen am ...

In den **übrigen Blättern der WE-Gemeinschaft** ist einzutragen:

> Der hier eingetragene Miteigentumsanteil ist auch beschränkt durch die Eintragung eines Miteigentumsanteils verbunden mit Sondereigentum in Blatt ...; eingetragen am ...

Wegen der Eintragung in der ersten Abteilung eines gemeinschaftlichen Wohnungsgrundbuchs s § 7 WGV. Wegen anderer Buchungsmöglichkeit siehe Bestandsverzeichnis der Anlage 1 zur WGV.

Eine Unterteilung, bei der ein Raum, der bisher zum SE des teilenden WEigters/TEigters gehörte, nicht (wieder) als SE mit einem MitE verbunden wird, ist nicht eintragbar.[70] Ein Bereich des SE ohne Verbindung mit einem MitEAnteil („isoliertes" SE) kann nicht gebildet werden;[71] Bildung von MitSE der Inhaber der durch Unterteilung neu zu schaffenden WE/TE-Einheiten an einem Raum wird nicht für zulässig angesehen (Rdn 2824). Unterteilung, bei der ein Teil der (bisher) sondereigentumsfähigen Räume und Gebäudeteile in gemeinschaftliches Eigentum überführt werden muß (Umwandlung von SE in gemeinschaftliches Eigentum aller WEigter/TEigter, Rdn 2967), kann der Aufteilende allein nicht vornehmen. Es müssen hierbei die übrigen MitEigter nach § 4 WEG mitwirken; erforderlich ist Einigung aller MitEigter in der Form der Auflassung und Grundbucheintragung.[71] Auch durch Grundbuchvollzug wird eine Unterteilung, bei der nicht alle im SE stehenden Räume wieder mit einem MitEAnteil verbunden wurden, nicht wirksam.[72] Das Grundbuch wird durch Eintragung einer solchen Unterteilung (bei der 2976a

---

[69] BayObLG 1987, 390 = DNotZ 1988, 316 = Rpfleger 1988, 102; BayObLG MittBayNot 1988, 126 = Rpfleger 1988, 256; Röll MittBayNot 1988, 22.
[70] BayObLG 1987, 390 (395f) = aaO mit Nachw; BayObLG 1995, 399 = DNotZ 1996, 660 = NJW-RR 1996, 721 = Rpfleger 1996, 240; BayObLG Rpfleger 2000, 544; vgl hierzu Rapp MittBayNot 1996, 344.
[71] BGH 139, 352 = DNotZ 1999, 661 = NJW 1998, 3711 = Rpfleger 1999, 66; BayObLG Rpfleger 2000, 544; Röll MittBayNot 1988, 22.
[72] Hierzu mit interessanten Lösungsvorschlägen Röll DNotZ 1993, 158.

3. Teil. Wohnungseigentum und Dauerwohnrecht

innerhalb der Grenzen des untergeteilten ursprünglichen SE gemeinschaftliches Eigentum ausgewiesen ist) unrichtig und inhaltlich unzulässig; es bleibt die ursprüngliche Aufteilung bestehen.[73] Ein gutgläubiger Erwerb kann nicht stattfinden.[74] Eine Ermächtigung (Vollmacht) für den unterteilenden SEigter, in diesem Fall den entsprechenden Zugangsraum in Gemeinschaftseigentum ohne weitere Zustimmung der übrigen WEigter zu überführen, kann nicht Inhalt der Teilungserklärung sein, s Rdn 2967 c.

10. Unterteilung mit Veräußerung

2977 Unterteilung (Rdn 2975) und Teilveräußerung erfordert neben der Teilungserklärung Vertrag (schuldrechtlichen Vertrag mit Auflassung) zwischen Veräußerer und Erwerber sowie Grundbucheintragung. Alle Teile können auch gleichzeitig an andere WEigter (TEigter) veräußert werden; der teilende WEigter (TEigter) scheidet damit als Veräußerer aus der Eigentümergemeinschaft aus, ohne daß ein neuer WEigter (TEigter) in die Gemeinschaft eintreten würde.[75] Auch für die der Unterteilung folgende Teilveräußerung ist gesetzlich eine besondere Zustimmung der übrigen WEigter nicht nötig[76] (anders bei Regelung nach § 12 WEG).

11. Änderungen des Sondereigentums mit baulichen Veränderungen

2977a Die **nachträgliche Veränderung** der mit einem MitE-Anteil verbundenen **Sondereigentumsräume** (zB Hinzuerwerb eines Raumes durch Verschieben der Trennwand, Zusammenlegen von neben- oder übereinander liegenden Wohnungen mittels Wand- oder Deckendurchbruch oder auch die Unterteilung von Wohnungen [s dazu Rdn 2975] in zwei oder mehr Einheiten unter Schaffung eigener Zugänge) ist materiellrechtlich eine Inhaltsänderung (§ 877 BGB) des WE, da das Grundbuch die Zuordnung von Räumen des SE zu einem Miteigentumsanteil verlautbart (§ 3 WEG). Zur Eintragung dieser Veränderung der Sondereigentumsräume (Rechtsänderung) im Grundbuch erforderlich ist die Einigung der beteiligten SEigter bzw, wenn nur ein einziger SEigter betroffen ist wie bei der Unterteilung, nur dessen einseitige Erklärung (§§ 877, 873, 875 BGB, § 4 WEG), die Zustimmung der dinglich Berechtigten an den betroffenen Einheiten, die Bewilligung (§ 19 GBO) der Betroffenen (in der materiell-rechtlichen Erklärung regelmäßig enthalten) und der Antrag (§ 13 Abs 1 GBO). Daneben ist eine Abgeschlossenheitsbescheinigung samt Aufteilungsplan für die entsprechenden Veränderungen vorzulegen. Sie ist entweder Baubestandszeichnung, gibt also den bereits geänderten Baube-

---

[73] BayObLG 1987, 390 = aaO (Fußn 71); aA Röll MittBayNot 1988, 22, der nur Unrichtigkeit annimmt, die Grundlage für Erwerb kraft öffentlichen Glaubens des Grundbuchs sein kann; hierzu auch Bestelmeyer Rpfleger 1997, 7.
[74] BayObLG 1995, 399 = aaO (Fußn 71); im Ergebnis ähnlich auch Rapp MittBayNot 1996, 344; aA Röll aaO = Fußn 73.
[75] BayObLG 1977, 1 = DNotZ 1977, 546 = Rpfleger 1977, 140.
[76] BGH 73, 150 = DNotZ 1979, 493 = NJW 1979, 870 = Rpfleger 1979, 96; BayObLG 1977, 1 = DNotZ 1977, 546 = Rpfleger 1977, 140; BayObLG 1983, 79 (82) = DNotZ 1984, 104; OLG Saarbrücken Rpfleger 1978, 165 (Vorlagebeschluß), beide gegen OLG Stuttgart BWNotZ 1979, 12 = DNotZ 1973, 692 Leits = OLGZ 1973, 179; LG Augsburg Rpfleger 1999, 72.

X. Inhaltsänderung, Unterteilung, andere Verfügungen

stand wieder;[77] sie kann aber auch erst für die noch durchzuführende Änderung erteilt werden (wie beim zu errichtenden Gebäude). Die Änderung der Raumzuordnung beim SE kann im Grundbuch stets ohne Rücksicht auf die tatsächliche Bauausführung vollzogen werden: ist sie noch nicht erfolgt, ist die Rechtslage die gleiche wie bei Aufteilung eines noch nicht errichteten Gebäudes (s dazu Rdn 2873 ff); ist die bauliche Maßnahme schon durchgeführt, ist das Grundbuchamt für nachträgliche Prüfung ihrer Zulässigkeit als Verwaltungsmaßnahme (§ 745 BGB, § 22 WEG) innerhalb der Gemeinschaft funktionell nicht zuständig. Das Grundbuchamt hat weder das Vorliegen einer etwa erforderlichen Baugenehmigung noch die erfolgte Herstellung der notwendigen Baumaßnahmen zu prüfen. Aus diesem Grund hat das Grundbuchamt auch nicht zu prüfen, ob für die bauliche Herstellung der veränderten Zuordnung der Sondereigentumsräume etwa Zustimmungen der (aller) anderen WEigter nach § 22 WEG nötig sind und vorliegen,[78] da es auf die bauliche Herstellung bei der Grundbucheintragung gar nicht ankommt (sie kann auch aus anderen Gründen nachträglich scheitern) und tatsächliche Maßnahmen keine Rechtsänderungen sind oder bewirken.

Auch aus dem Legalitätsprinzip (s dazu Rdn 20, 206 ff) ergibt sich kein Prüfungsrecht des Grundbuchamtes hinsichtlich § 22 WEG.[79] Es erlaubt nur dort die Ablehnung eines im übrigen ordnungsmäßigen Antrags, wenn das Grundbuchamt aufgrund feststehender Tatsachen zur sicheren Erkenntnis kommt, daß durch die Eintragung das Grundbuch **dauernd** unrichtig würde.[80] Meist besteht bereits keine Sicherheit, daß überhaupt in Gemeinschaftseigentum eingegriffen wurde bzw wird; noch weniger wird dem Grundbuchamt das Vorliegen oder Nicht-Vorliegen der Tatbestandsmerkmale § 22 Abs 1 S 2 WEG bekannt sein;[81] schließlich könnte auch ein zustimmender nicht angefochtener Mehrheitsbeschluß vorliegen. Die Frage, ob die Bauausführung zulässig ist, muß daher dem WEG-Verfahren überlassen bleiben. Zu Recht wurde daher bei der Unterteilung, die wegen der Notwendigkeit, einen eigenen Zugang vom Gemeinschaftseigentum zur einzelnen Einheit zu schaffen, häufig bei der baulichen Herstellung mit einem Eingriff in Gemeinschaftseigentum verbunden ist, die Zustimmung der übrigen WEigter nicht verlangt;[82]

---

[77] Vgl Ziff 2 der Allgemeinen Verwaltungsvorschrift für die Ausstellung von Bescheinigungen gem § 7 Abs 4 Nr 2 WEG vom 19. 3. 1974 (BAnz 58/74).
[78] BayObLG 1998, 2 = DNotZ 1999, 210. Im Ergebnis ebenso LG Würzburg MittBayNot 1996, 302; LG Augsburg Rpfleger 1999, 72; Röll MittBayNot 1996, 275 und 1998, 81; Rapp in Beck'sches Notarhandbuch A III Rdn 102.
[79] BayObLG 1998, 2 = aaO.
[80] S hierzu Rdn 209a am Ende.
[81] Ein Mauerdurchbruch zwischen zwei Wohnungen ist nicht allein wegen Verlust der Abgeschlossenheit ein nicht hinzunehmender Nachteil iS des § 22 WEG, BGH DNotZ 2002, 127 = MittBayNot 2002, 39 mit Anm Albrecht = NotBZ 2001, 105 mit Anm Hügel.
[82] BGH 49, 250 = aaO (Fußn 66) BayObLG 1977, 1 = aaO (Fußn 77); BayObLG Rpfleger 1991, 455: die dort zugelassene Unterteilung eines Lagerraumes in 10 selbständige Kellerabteile geht nur durch Bildung eines Vorflurs (Überführung in Gemeinschaftseigentum, s Rdn 2976a) oder durch Schaffung selbständiger neuer Zugänge zum Hausflur, also mittels Durchbruch durch Gemeinschaftseigentum (Wand; BayObLG 1998, 2 = aaO (Fußn 79); LG Augsburg Rpfleger 1999, 72); auch in der Kom-

denn eine Überführung eines gemeinschaftlichen **Raumes** in Sondereigentum findet gerade nicht statt.[83] Der Eingriff (die Veränderung) von gemeinschaftlichen **Gegenständen** (Verlegen einer Steigleitung oder Durchbruch einer Tür) ist nicht Gegenstand der Grundbucheintragung. Allerdings sollte im Hinblick auf die (im WEG-Verfahren zu prüfende) Allstimmigkeitsregel des § 22 WEG[84] bei der Erstellung von Gemeinschaftsordnungen daran gedacht werden, Ermächtigungen oder Mehrheitsbeschlüsse für bestimmte Vorgänge (Bestimmtheitsgrundsatz beachten) vorzusehen;[85] s auch Rdn 2839 Muster § 4.

2978 Diese Randnummer ist nicht belegt.

12. Vereinigung, Bestandteilszuschreibung

2979 Die **Vereinigung** (§ 890 Abs 1 BGB, § 5 GBO) von zwei oder mehr **WE- oder TE-Rechten des gleichen Berechtigten an demselben Grundstück** ist zulässig.[86] Der Zustimmung der übrigen WEigter (TEigter) bedarf es nicht.[87] Ob nur jeweils das einzelne SE oder ob das zu vereinigende SE insgesamt in sich abgeschlossen sein muß, ist streitig;[88] Vereinigung mehrerer WE-(TE-)Rechte an verschiedenen Grundstücken des gleichen Berechtigten ist nicht möglich.[89] Dagegen ist Vereinigung eines WE-(TE-)Rechts mit einem Grundstück zulässig[90] (nicht aber mit dem Bruchteil eines Miteigentümers an einem Grundstück, Rdn 626).

---

mentierung zur Unterteilung nicht problematisiert, vgl Weitnauer Rdn 99, 104 zu § 3 WEG.
[83] Röll MittBayNot 1996, 275.
[84] Die Regelung, daß bauliche Veränderungen der Zustimmung des Verwalters bedürfen, bedeutet zB keine Abweichung von der Allstimmigkeitsregel, BayObLG MittBayNot 1997, 367; OLG Düsseldorf NJW-RR 1997, 1103.
[85] Zulässig, vgl BayObLG ZfIR 2000, 207 und ZfIR 2002, 556.
[86] BayObLG DNotZ 1999, 674; BayObLG MittBayNot 2000, 319 = MittRhNotK 2000, 210; OLG Hamburg DNotZ 1966, 176 = NJW 1965, 1765 = Rpfleger 1966, 79 mit Anm Riedel; OLG Hamm MittRhNotK 1999, 344; KG NJW-RR 1989, 1360 = OLGZ 1989, 385 = Rpfleger 1989, 500; AG Lampertheim BWNotZ 1976, 71; LG Ravensburg Rpfleger 1976, 303 = BWNotZ 1976, 126; zur Vereinigung benachbarter Eigentumswohnungen s auch Diester, Rechtsfragen, Rdn 191, und Röll Rpfleger 1976, 284.
[87] BayObLG DNotZ 1999, 674; OLG Hamm MittRhNotK 1999, 344 (345).
[88] Letzteres wird gefordert von OLG Hamburg und AG Lampertheim je aaO; OLG Stuttgart OLGZ 1977, 431 (432); Abgeschlossenheit der Gesamtheit wird dagegen nicht verlangt von BayObLG DNotZ 1999, 674; BayObLG MittBayNot 2000, 319 = aaO (Fußn 81); KG NJW-RR 1989, 1360 = aaO; LG Ravensburg Rpfleger 1976, 303 = BWNotZ 1976, 126 = MittBayNot 1976, 173; LG Wiesbaden Rpfleger 1989, 194; Bärmann/Pick/Merle Rdn 48 zu § 3 WEG. Den Letztgenannten ist im Hinblick darauf zu folgen, daß die Bildung von SE an mehreren Wohnungen mit einem MitEAnteil nur abgeschlossene Einzelwohnungen, aber keine abgeschlossene Einheit erfordert; siehe Rdn 2821.
[89] Weitnauer Rdn 91 zu § 3 WEG; Demharter Rdn 5 zu § 5; zu landesrechtlichen Besonderheiten s aber Rdn 625.
[90] BayObLG 1993, 297 = DNotZ 1995, 51 = NJW-RR 1994, 403 = Rpfleger 1994, 108; Demharter Rdn 5, K/E/H/E Rdn 9 je zu § 5; Weitnauer Rdn 92 zu § 3 WEG; MünchKomm/Wacke Rdn 12 zu § 890; aA OLG Düsseldorf MittBayNot 1963, 327 =

X. Inhaltsänderung, Unterteilung, andere Verfügungen

Ein WE-(TE-)Recht kann ebenso auch einem anderen WE-(TE-)Recht des 2980 gleichen Berechtigten als **Bestandteil zugeschrieben** werden[91] (§ 890 Abs 2 BGB; § 6 GBO), desgleichen einem Grundstück[92] (wie Rdn 2979), nicht aber einem Miteigentumsanteil an einem Grundstück.

13. Zuerwerb einer Grundstücksfläche

Eine weitere Grundstücksfläche, die **von den WEigtern (TEigtern) gemein-** 2981 **schaftlich erworben** werden soll, kann wegen § 1 Abs 4 WEG (dazu Rdn 2810) nur durch Vereinigung (§ 890 Abs 1 BGB, § 5 GBO) oder Zuschreibung (§ 890 Abs 2 BGB, § 6 GBO) in das gemeinschaftliche Miteigentum der WEigtergemeinschaft überführt werden.[93] Vereinigung oder Zuschreibung[94] sind zulässig, erfordern jedoch Auflassung der Erwerbsfläche an alle WEigter (TEigter) zu den gleichen MitEAnteilen, wie sie an dem für die Bildung des WE (TE) herangezogenen Grundstücks bereits bestehen, und Umwandlung der gewöhnlichen MitEAnteile an der Erwerbsfläche in WE-(TE-)Anteile durch entsprechende Willenserklärung der Erwerber.[95] Unter den gleichen Voraussetzungen kann ein den WEigtern (TEigtern) als Miteigentümer zu Bruchteilen (§ 1008 BGB; gleiche MitEAnteile wie am WE-Grundstück) bereits gehörendes weiteres Grundstück mit dem WE-(TE-) Grundstück vereinigt oder ihm als Bestandteil zugeschrieben werden. Die Vereinigung oder Bestandteilszuschreibung erfolgt in den Bestandsverzeichnissen der (= aller) Wohnungsgrundbuchblätter; ein Grundbuchblatt für das gesamte Grundstück kann, weil § 7 Abs 1 S 3 WEG keine Ausnahme von der Schließung des Grundstücksgrundbuchs kennt, nicht angelegt werden. Eine Rechtspflicht einzelner WEigter (TEigter), an dem von der Mehrheit aus Zweckmäßigkeitsgründen beschlossenen Hinzuerwerb eines – selbst unentgeltlich angebotenen – Grundstücks mitzuwirken, besteht nicht.[96]

14. Veräußerung einer Grundstücksfläche

Verfügung über eine (abzumessende) Grundstücksfläche des WE-(TE-)Grund- 2982 stücks ist Verfügung über den gemeinschaftlichen Gegenstand, kann sonach nur durch die **WEigter gemeinschaftlich** erfolgen[97] (§ 747 S 2 BGB). Der gemeinschaftlichen Verfügung aller WEigter über das gemeinschaftliche Eigen-

---

MittRhNotK 1963, 595 = JMBlNRW 1963, 189; OLG Zweibrücken DNotZ 1991, 605 mit Anm Herrmann = NJW-RR 1990, 782; Riedel Rpfleger 1966, 81; Kehrer BWNotZ 1960, 188.
[91] LG Ravensburg aaO (Fußn 87); Bärmann/Pick/Merle Rdn 49 zu § 3 WEG; Meikel/ Böttcher Rdn 13 zu § 6; Streuer Rpfleger 1992, 181 (zu III 3).
[92] OLG Hamm NJW-RR 1996, 1100 (Zuschreibung eines Grundstücks zu WE). Siehe hierzu weiter Fußn 91.
[93] Siehe auch OLG Saarbrücken Rpfleger 1988, 479 (Aufhebung des WE und Neubegründung, wie im Leitsatz gefordert, ist jedoch nicht erforderlich); so auch LG Ravensburg Rpfleger 1990, 291; Röll Rpfleger 1990, 277.
[94] OLG Frankfurt DNotZ 1993, 612 = OLGZ 1993, 419 = Rpfleger 1993, 396.
[95] OLG Oldenburg Rpfleger 1977, 23; außerdem OLG Frankfurt DNotZ 1974, 94 = Rpfleger 1973, 394 und DNotZ 1993, 612 = aaO (Fußn 95); LG Düsseldorf MittRhNotK 1970, 190.
[96] BayObLG 1973, 30 = NJW 1973, 1378 = Rpfleger 1973, 140.
[97] LG Düsseldorf MittRhNotK 1980, 77.

tum steht die Summe von Einzelverfügungen über den jeweiligen MitEAnteil des einzelnen nicht gleich.[98] Zustimmung der dinglich Berechtigten, deren Recht nicht am ganzen Grundstück oder nicht (als Gesamtrecht) an allen WE-/TE-Rechten lastet, ist zur Aufhebung des SE bei Veräußerung einer Teilfläche des gemeinschaftlichen Eigentums erforderlich.[99] Grundbuchvollzug erfolgt durch Bestandteilsabschreibung in den (= allen) Wohnungsgrundbuchblättern.[100] Ein Grundbuchblatt für das gesamte Grundstück kann für den Vollzug der Abschreibung nicht angelegt werden, weil § 7 Abs 1 S 3 WEG keine Ausnahme von der Schließung des Grundstücksgrundbuchs kennt.

Eintragungsbeispiel

In allen WE-(TE-)Grundbuchblättern (Bestandsverzeichnisse)
Sp 1–4: Neueintragung der WE-(TE-)Rechte mit den quotenmäßig unveränderten MitEAnteilen an dem Restgrundstück (Sp 2: Rest von ...) nach § 7 Abs 1–3 WEG, § 3 Abs 1–4 WGV.
Zu unterstreichen (röten) ist der bisherige Bestand.
Sp (7 und) 8: Von Grundstück .../...m² gemäß VN ... übertragen nach (Band ...) Blatt ... am ...; Rest Nr ...
Im neuen Bestand: Zugang des Grundstücks wie üblich.

15. Teilung des WE-Grundstücks

2982a Teilung des WE-Grundstücks **ohne Veräußerung** („im eigenen Besitz", Rdn 668) unter Umwandlung des WEigt in Bruchteilsmiteigentum an der abgetrennten Grundstücksfläche ist zulässig, sofern das abzuteilende Grundstück unbebaut ist, das Gebäude (Rdn 2817) sonach wesentlicher Bestandteil des (restigen) WE-Grundstücks bleibt (erfordert § 1 Abs 4 WEG). Diese Teilung des WE-Grundstücks ist Grundstücksteilung (Erfordernisse: Rdn 668–674) in Verbindung mit teilweiser Aufhebung des WE (Rdn 2995).
Erforderlich sind daher Teilungserklärung der (= aller) MitE (Rdn 669) und Einigung der WEigter (TEigter) in Auflassungsform (§ 9 Abs 1 Nr 1 mit § 4 WEG), Zustimmung der dinglich Berechtigten, deren Recht nicht am ganzen Grundstück oder auf allen WE-Rechten lastet[101] sowie Grundbucheintragung (Rdn 2995).

16. Verzicht des WEigters (TEigters)

2982b Durch Verzicht (§ 928 BGB) kann ein WE (TE) nicht aufgegeben werden.[102] Auch ein Sondernutzungsrecht als schuldrechtliches Gebrauchsrecht (Rdn 2910) kann – materiell – nicht durch einseitigen Verzicht, sondern nur durch Vereinbarung mit den anderen WEigtern nach § 10 Abs 1 WEG aufge-

---

[98] SchlHOLG SchlHA 1974, 85.
[99] OLG Zweibrücken Rpfleger 1986, 93.
[100] Hierzu auch Demharter Rdn 98 Anh zu § 3; der vorherigen Aufhebung des WE bedarf es nicht, so auch Weitnauer WE 1993, 43.
[101] OLG Frankfurt DNotZ 1991, 604 mit Anm Herrmann = OLGZ 1990, 253 = NJW-RR 1990, 1042 = Rpfleger 1990, 292.
[102] BayObLG 1991, 90 = BWNotZ 1991, 92 = MittBayNot 1991, 117 = NJW 1991, 1962 = Rpfleger 1991, 247; OLG Düsseldorf MittBayNot 2001, 207 = NJW-RR 2001, 233; aA Bärmann/Pick/Merle Rdn 79, 80 zu § 3 WEG; s auch Rdn 1031.

geben werden.[104] Durch Vereinbarung nach § 10 Abs 2, § 15 Abs 1 WEG und Eintragung im Grundbuch wird nach Auffassung des BGH[105] dieses schuldrechtliche Sondernutzungsrecht lediglich verdinglicht. Seine Löschung im Grundbuch beseitigt somit nur die dingliche Wirkung des Sondernutzungsrechts (Wirkung gegen Sonderrechtsnachfolger), läßt aber die schuldrechtliche Befugnis im Verhältnis zu den anderen Miteigentümern unberührt.[105] Daher ist zur Löschung des Sondernutzungsrechtes im Grundbuch sachenrechtlich und grundbuchrechtlich (§ 19 GBO) nur Bewilligung des Sondernutzungsberechtigten, nicht die der anderen Wohnungseigentümer erforderlich.[106]

XI. Entscheidung durch das Gericht, Entziehung des Wohnungseigentums

A. Entscheidung im FGG-Verfahren

Fast alle Streitigkeiten der WEigter (TEigter) aus ihrem Gemeinschaftsverhältnis werden im gerichtlichen Verfahren der freiwilligen Gerichtsbarkeit entschieden (§§ 43–50 WEG). Das Verfahren ist unzulässig, wenn ein Rechtsschutzbedürfnis hierfür fehlt.[1] 2983

Der Richter soll mit den Beteiligten mündlich verhandeln und hierbei darauf hinwirken, daß sie sich gütlich einigen (§ 44 WEG). Von der mündlichen Verhandlung kann nicht schon abgesehen werden, weil außergerichtliche Vergleichsverhandlungen erfolglos geblieben sind.[2] Die Verpflichtung zur mündlichen Verhandlung besteht auch für das Beschwerdegericht;[3] vor dem Rechtsbeschwerdegericht findet idR keine mündliche Verhandlung statt.[4] 2984

Der Richter kann auf Antrag in **Mehrheitsbeschlüsse** der WEigter-Gemeinschaft abändernd **eingreifen**[5] oder bisherige Vereinbarungen (Gemeinschaftsordnung) unter bestimmten Voraussetzungen mit unmittelbarer Wirkung ändern.[6] 2985

---

[104] BGH 145, 133 = DNotZ 2001, 381 = NJW 2000, 3643 = Rpfleger 2001, 69; OLG Düsseldorf DNotZ 1996, 674 mit Anm Lüke und Becker = NJW-RR 1996, 1418 = Rpfleger 1996, 65; OLG Hamm MittRhNotK 1997, 135.
[105] BGH aaO = Fußn 104.
[106] BGH aaO = Fußn 104 auf Vorlagebeschluß BayObLG MittBayNot 2000, 318 = MittRhNotK 2000, 211 = Rpfleger 2000, 381; aA früher OLG Hamm MittRhNotK 1997, 135.
[1] BayObLG 1972, 150 = NJW 1972, 1376 Leits = Rpfleger 1972, 260 Leits; zur Verfahrenszuständigkeit in WE-Sachen s auch BGH NJW 1972, 1318 = WM 1972, 827 und Merle und Trautmann NJW 1973, 118.
[2] KG MDR 1972, 239 = NJW 1972, 691 = Rpfleger 1972, 62; s zum Sühnegespräch auch BayObLG 1972, 248 = NJW 1973, 152 = Rpfleger 1973, 60 Leits; auch OLG Hamm Rpfleger 1978, 60.
[3] OLG Zweibrücken Rpfleger 1977, 141; OLG Stuttgart NJW 1974, 2137 = Rpfleger 1974, 361.
[4] BayObLG 1977, 44 = Rpfleger 1977, 174.
[5] OLG Hamm Rpfleger 1970, 400 und Rpfleger 1971, 220.
[6] BayObLG 1987, 66.

3. Teil. Wohnungseigentum und Dauerwohnrecht

2986 Gegen die richterliche Entscheidung ist die **sofortige Beschwerde** – Beschwerdefrist zwei Wochen – zulässig, gegen die Entscheidung des Beschwerdegerichts die sofortige weitere Beschwerde, je wenn der Wert des Beschwerdegegenstandes 750 Euro übersteigt (§ 45 WEG). Über die Beschwerde entscheidet das Landgericht, über die sofortige weitere Beschwerde das OLG (BayObLG). Im Zwangsvollstreckungsverfahren (§ 45 Abs 3 WEG) sind die Rechtsbehelfe der ZPO gegeben.[7]

Vereinbarung eines Schiedsgerichts anstelle des gerichtlichen Verfahrens, zB des „Deutschen Ständigen Schiedsgerichts für Wohnungseigentum", Berlin,[8] ist möglich.

B. Entziehung des Wohnungseigentums

1. Voraussetzungen der Entziehung des WE

2987 Zum Ausgleich dafür, daß die Gemeinschaft der Wohnungseigentümer einseitig grundsätzlich unauflöslich ist (Rdn 2888), gewährt das WEG das – weder einschränkbare[9] noch ausschließbare (§ 18 Abs 4 WEG; dazu Rdn 2895) – Recht, die **Veräußerung des WE**[10] von demjenigen zu verlangen, der sich einer so **schweren Verletzung seiner Verpflichtung** schuldig gemacht hat, daß den anderen die Fortsetzung der Gemeinschaft mit ihm nicht mehr zugemutet werden kann (Einzelheiten §§ 18, 19 WEG).[11] Regelungen zur Entziehung des WE in der Teilungserklärung sind zulässig; sie müssen bestimmt sein.[12]

2. Wirkung des Urteils

2988 Das Urteil,[13] durch das ein Wohnungseigentümer zur Veräußerung des WE verurteilt wird, ersetzt die für die freiwillige Versteigerung des WE und für

---

[7] BayObLG Rpfleger 1979, 67, OLG Frankfurt OLGZ 1980, 163; OLG Köln NJW 1976, 1322.
[8] Vgl dazu näheres DNotI-Report 2001, 27.
[9] Daher auch keine Erschwerung der gesetzlichen Voraussetzungen der Entziehung des WE, LG Bonn MittRhNotK 1996, 271 unter Hinweis auf die Gegenansichten des Schrifttums.
[10] Die Verpflichtung des § 18 Abs 1 WEG zur Veräußerung des WE verstößt nicht gegen Art 14 Abs 1 GG, BVerfG (Kammerbeschluß) NJW 1994, 241, auch zu den Anforderungen bei nicht schuldhafter Pflichtverletzung.
[11] Zu Voraussetzungen der Entziehung wegen schwerer Verfehlung s LG Passau Rpfleger 1984, 412 mit Anm Gerauer; zur Entziehung bei Nichterfüllung der Pflicht zur Lasten- und Kostentragung AG Mülheim/Ruhr Rpfleger 1986, 430. Zum Stimmrecht Rdn 2926 Fußn 39.
[12] OLG Düsseldorf MittBayNot 2000, 322 = MittRhNotK 2000, 342 = NJW-RR 2001, 231 (nachbarrechtliche Störungen und „schwere persönliche Mißhelligkeiten" als Entziehungsgrund wegen mangelnder Bestimmtheit nicht eintragbar).
[13] Bei vorläufig vollstreckbarer Verurteilung zur Veräußerung gilt gem § 895 ZPO die Eintragung einer Vormerkung in das Wohnungsgrundbuch zur Sicherung des Anspruchs des Titelgläubigers auf Rechtsübergang an den künftigen Erwerber als bewilligt, KG MDR 1979, 674 = OLGZ 1979, 146 = Rpfleger 1979, 198.

die Übertragung des WE auf den Ersteher erforderlichen Erklärungen. Aus dem Urteil findet zugunsten des Erstehers die Zwangsvollstreckung auf Räumung und Herausgabe statt. Der WEigter kann bei Zahlungsverzug die Wirkung des Urteils bis zur Erteilung des Zuschlags dadurch abwenden, daß er die Verpflichtungen, wegen deren Nichterfüllung er verurteilt ist, einschließlich der Verpflichtung zum Ersatz der durch den Rechtsstreit und das Versteigerungsverfahren entstandenen Kosten sowie die fälligen weiteren Verpflichtungen zur Lasten- und Kostentragung erfüllt.

3. Versteigerung des WE[14]

Das gegen einen WEigter ergangene rechtskräftige Urteil nach Rdn 2988 wird, wenn er dem Urteil nicht freiwillig Folge leistet, durch zwangsweise Veräußerung des WE im Wege der sog **freiwilligen Versteigerung** vollstreckt. 2989

Für die freiwillige Versteigerung des WE ist jeder **Notar zuständig,** in dessen Amtsbezirk das Grundstück liegt. Die Versteigerung erfolgt auf Antrag eines jeden der WEigter, die das Urteil erwirkt haben. In dem Antrag sollen das Grundstück, das zu versteigernde WE und das Urteil, auf Grund dessen die Versteigerung erfolgt, bezeichnet sein. Dem Antrag soll eine beglaubigte Abschrift des Wohnungsgrundbuchs und ein Auszug aus dem amtlichen Verzeichnis des Grundstücks beigefügt werden. 2990

Die **Versteigerungsbedingungen** stellt der Notar nach **billigem Ermessen** fest. Die Antragsteller und der verurteilte WEigter sind vor der Feststellung zu hören. Der Inhalt der Versteigerungsbedingungen wird dem eines angemessenen Kaufvertrags entsprechen müssen. Der Zuschlag bringt nicht die das WE belastenden dinglichen Rechte zum Erlöschen, auch nicht einen Eigentumsübergang, sondern nur einen Kaufvertrag zustande. Für die Terminbestimmung sind besondere Vorschriften gegeben. Das gleiche gilt für den **Zuschlag.** Auflassung und Eintragung des Erstehers im Grundbuch sind erforderlich. 2991

Gegen eine Verfügung des Notars, durch die die Versteigerungsbedingungen festgesetzt werden, sowie gegen die Entscheidung des Notars über den Zuschlag findet sofortige Beschwerde statt, die aufschiebende Wirkung hat. Über die Beschwerde entscheidet das Landgericht. Eine weitere Beschwerde ist nicht zulässig. 2992

Weitere Einzelheiten über die freiwillige Versteigerung ergeben sich aus §§ 53 bis 58 WEG. 2993

XII. Aufhebung des Sondereigentums

1. Keine einseitige Aufhebungsmöglichkeit

Einseitig ist (abweichend von der Regelung des § 749 BGB) die Gemeinschaft der WEigter grundsätzlich **unauflöslich** (§ 11 Abs 1 S 1 WEG). Auch bei Vorliegen eines wichtigen Grundes kann weder ein WEigter noch ein Pfändungsgläubiger oder ein Insolvenzverwalter die Aufhebung der Gemeinschaft verlangen.[1] 2994

---

[14] Götte BWNotZ 1992, 105; Heil MittRhNotK 1999, 73.
[1] S dazu Diester Rpfleger 1965, 212.

Ausnahmsweise dürfen die WEigter die Aufhebung der Gemeinschaft für den Fall vereinbaren, daß das **Gebäude** ganz oder teilweise **zerstört** wird und eine Verpflichtung zum Wiederaufbau nicht besteht (§ 11 Abs 1 S 3 WEG). Sofern das Gebäude zu mehr als der Hälfte seines Wertes zerstört und der Schaden nicht durch eine Versicherung gedeckt ist, kann der Wiederaufbau weder von einem WEigter begehrt noch von der Mehrheit der Gemeinschafter allein beschlossen werden. Wird die völlige Zerstörung des Hauses dem Grundbuchamt durch Bescheinigung der Baubehörde nachgewiesen, so werden die Wohnungsgrundbücher auf gemeinsamen Antrag aller WEigter in der Form des § 29 GBO geschlossen (§ 9 WEG). Gleichzeitig wird ein Grundbuchblatt für das Grundstück angelegt. Zustimmung Dritter ist wie in Rdn 2849 ausgeführt erforderlich.

2. Vertragliche Aufhebung

2995 Durch Vertrag können die WEigter die Gemeinschaft aufheben, und zwar in gleicher Form, wie sie begründet worden ist (§ 4 WEG). Es bedarf also der dem Grundbuchamt nachzuweisenden (s Rdn 2842) Auflassung und Eintragung im Grundbuch des Grundstücks. Damit fällt das SE weg (Sondernutzungsrechte enden); am Grundstck besteht die Bruchteilsgemeinschaft (§§ 741 ff, 1008 ff BGB) fort.

2996 Der Aufhebung müssen Dritte, die Rechte an Miteigentumsanteilen (einzeln) haben, zustimmen (§§ 876, 877 BGB; § 9 Abs 2 WEG; vgl dazu Rdn 2849). Das Grundbuchamt schließt von Amts wegen die Wohnungsgrundbücher und legt ein Grundbuch für das Grundstück an (§ 9 Abs 1, 3 WEG). Belastungen des WE sind als Belastungen des entsprechenden Miteigentumsanteils in Abt II oder III des allgemeinen Grundbuchs zu übertragen.[2] Soweit solche Belastungen ihrer Art nach an einem gewöhnlichen Miteigentumsanteil nicht bestehen können (Dienstbarkeiten), gehen sie mit Aufhebung des Sondereigentums unter. Sie können nach Maßgabe der §§ 84 ff, 46 Abs 2 GBO durch Nichtmitübertragung von Amts wegen gelöscht werden.[3] Wenn solche Rechte nicht untergehen sollen, müssen sie auf das ganze Grundstück ausgedehnt werden.[4]

2997 Wenn mit der Aufhebung der WE-Gemeinschaft eine **Realteilung** verbunden werden, bei Aufteilung von WE an einem Doppelhaus zB jeder bisherige WEigter seine Doppelhaushälfte mit Umgriff erhalten soll, muß das Grund-

---

[2] So auch OLG Schleswig NJW-RR 1991, 848 = Rpfleger 1991, 150 mit Anm Meyer-Stolte, dieser zutreffend gegen die weitergehende Ansicht des OLG Schleswig, das „Vereinigung" der „gleichrangig einzutragenden, auf verschiedenen Bruchteilen lasten den Grundschulden zu einer Einheitsgrundschuld" für möglich erachtet hat; Einzelbelastungen der Miteigentumsbruchteile sind weder gleichrangig noch erstrecken sie sich infolge Gesamthaft auf den jeweils anderen Miteigentumsbruchteil. Erforderlich wäre Nachverpfändung des jeweils anderen Miteigentumsbruchteils gewesen.

[3] Demharter Rdn 102 Anh zu § 3; Riedel MDR 1952, 405. Die Schließung der Wohnungsgrundbücher entsprechend dem oben behandelten § 9 WEG ist nicht gerechtfertigt, wenn anstelle der ursprünglich geplanten größeren Eigentumswohnung in deren Grundrissen jeweils mehrere kleinere Wohnungen errichtet worden sind (OLG Düsseldorf DNotZ 1970, 42 = Rpfleger 1970, 26 = WE 1970, 32 mit zust Anm Diester).

[4] Siehe Röll DNotZ 2000, 749 (751); aA Weitnauer Rdn 6 zu § 9 WEG.

stück geteilt werden (erfordert Vermessung, Rdn 673 und 598 ff, ggfs Teilungsgenehmigung, Rdn 3814 ff) und jeder Miteigentümer seinen Hälfteanteil an dem Grundstück dem anderenMiteigentümer übertragen, auf dem dessen Doppelhaushälfte steht (erfordert Auflassung und Grundbucheintragung). Damit zu verbinden ist Lastenfreistellung des jeweils überlassenen MitEAnteils von Belastungen des Veräußerers und Erstreckung der Belastungen des jeweiligen Erwerbers (Pfandunterstellung) auf seinen neuen MitEAnteil.[5]

XIII. Wohnungserbbaurecht (Teilerbbaurecht)

1. Begründung eines Wohnungserbbaurechts

Literatur: Demharter, Zur Begründung von Wohnungserbbaurechten an einem Gesamterbbaurecht, DNotZ 1986, 457; Rehtmeier, Rechtsfragen des Wohnungserbbaurechts, MittRhNotK 1993, 145; s außerdem Diester Rpfleger 1965, 193 (213).

Besteht ein Erbbaurecht, so treten an Stelle des Miteigentums am Grundstück die Mitberechtigten nach Bruchteilen an dem Erbbaurecht (§ 30 WEG). Ihre Anteile können in der Weise beschränkt werden, daß in einem auf Grund des Erbbaurechts zu errichtenden Gebäude Sondereigentum an einer bestimmten Wohnung (Wohnungserbbaurecht) oder an nicht zu Wohnzwecken bestimmten Räumen (Teilerbbaurecht) durch Vereinbarung oder Teilungserklärung geschaffen wird. Die Zustimmung des Grundstückseigentümers[1] oder des Erbbauzinsberechtigten (Reallastgläubigers)[2] ist dazu nicht erforderlich. Die Vorschriften über das WE und TE gelten entsprechend (§ 30 Abs 3 S 2 WEG). Ausgeschlossen ist Bildung eines Wohnungserbbaurechts an mehreren (selbständigen) Erbbaurechten (§ 1 Abs 4 WEG), begründet werden kann es an einem Gesamterbbaurecht.[3] Vertragliche Einräumung von SE an Räumen in dem auf Grund des Erbbaurechts errichteten oder zu errichtenden Gebäude erfordert Einigung in Auflassungsform (§ 4 Abs 1, 2 WEG), die nicht durch § 11 ErbbauVO ausgeschlossen ist.[4] Die Anteile werden von Amts wegen in Wohnungs- bzw Teilerbbaugrundbüchern eingetragen (§ 8 WGV). Eintragungsbeispiel: Anlage 3 zur WGV. Das Erbbaugrundbuch (§ 14 ErbbauVO) wird geschlossen (§ 30 Abs 3 S 2 iVm § 7 Abs 1 S 3 WEG). Nach § 7 Abs 2 (§ 30 Abs 3 S 2) WEG kann auch das Erbbaugrundbuch als ge-

2998

---

[5] Röll DNotZ 2000, 749; anders OLG Frankfurt DNotZ 2000, 778, das (nicht zutreffend) nach Realteilung die jeweiligen Belastungen an den neu entstandenen Grundstücken zunächst jeweils auf das gesamt Grundstück erstreckt haben will.
[1] So für die Vorratsteilung nach § 8 WEG: BayObLG 1978, 157 = DNotZ 1978, 626 = Rpfleger 1978, 375; LG Nürnberg-Fürth MittBayNot 1977, 68; LG Augsburg MittBayNot 1979, 68 (für eine Teilung nach § 3 WEG); auch Rethmeier MittRhNotK 1993, 145 (149).
[2] BayObLG 1978, 157 = aaO (Fußn 1); LG Augsburg MittBayNot 1979, 68.
[3] BayObLG 1989, 354 = MittBayNot 1989, 315 = MittRhNotK 1989, 268 = Rpfleger 1989, 503; LG Wiesbaden MittBayNot 1986, 28 = MittRhNotK 1986, 24; Demharter DNotZ 1986, 457; Rethmeier MittRhNotK 1993, 145 (147); ablehnend Weitnauer, WEG, Rdn 21 zu § 30.
[4] So uE zutr Bärmann/Pick/Merle Rdn 34 zu § 30 WEG; Palandt/Bassenge Rdn 1 zu § 30 WEG; aA Rethmeier MittRhNotK 1993, 145 (158 f).

meinschaftliches Wohnungs- bzw Teilerbbaugrundbuch geführt werden. Eine als Inhalt des Erbbaurechts eingetragene Verfügungsbeschränkung wird mit Begründung von Wohnungserbbaurechten Inhalt eines jeden dieser Rechte.[5] Veräußerungsbeschränkungen nach § 12 WEG und Verfügungsbeschränkungen nach §§ 5–8 ErbbauVO können somit nebeneinander bestehen.[6] Aufgehoben werden kann die Verfügungsbeschränkung nach §§ 5–8 ErbbauVO für ein einzelnes Wohnungserbbaurecht durch Einigung zwischen dessen Inhaber und dem Grundstückseigentümer sowie Eintragung in das Grundbuch; die Mitwirkung (Zustimmung) der übrigen Wohnungserbbauberechtigten und der an den Wohnungserbbaurechten oder am Grundstück dinglich Berechtigten ist dazu nicht erforderlich.[7] Der nicht aufgeteilte Erbbauzins wird als Gesamtbelastung der Wohnungs- oder Teilerbbaurechte auf die neuen Blätter übertragen. Bekanntmachung der Eintragungen in den Wohnungs- bzw Teilerbbaugrundbüchern auch an den Grundstückseigentümer erfolgt nach § 17 ErbbauVO. Der Inhaber eines nach § 8 (§ 30) WEG in Teil- bzw Wohnungserbbaurechte aufgeteilten Erbbaurechts kann bei Veräußerung der Teil- bzw Wohnungserbbaurechte nicht einen dinglichen Erbbauzins (§ 9 ErbbauVO) zu Lasten der veräußerten Anteile und zugunsten des jeweiligen Inhabers des in der Hand des Veräußerers verbleibenden Anteils bestellen, um seine Erbbauzinsverpflichtung gegenüber dem Grundstückseigentümer auf die Erwerber der Teil- bzw Wohnungserbbaurechte abzuwälzen.[8]

2. Erlöschen eines Wohnungserbbaurechts

2999 Bei Erlöschen des Erbbaurechts durch Zeitablauf geht das ganze Gebäude in das Eigentum des Grundstückseigentümers über und Wohnungs/Teilerbbaurechte erlöschen (s Rdn 1872 ff).

XIV. Dauerwohnrecht – Dauernutzungsrecht

3000 **Antrag auf Eintragung eines Dauerwohnrechts**[1]

> I. Ich, Max Hauser – nachstehend Eigentümer genannt – bestelle hiermit dem Hans Adam, geb am . . ., wohnh in Astadt – nachstehend „der Berechtigte" genannt – an meinem im Grundbuch von Astadt (Band 1) Blatt 2 Bestandsverzeichnis 3 eingetragenen Grundstück FlNr 17/4, Wohnhaus Hauptstraße 4 in Astadt, vom Tage der Grundbucheintragung an ein Dauerwohnrecht nach WEG.
>
> 1. Das Dauerwohnrecht erfaßt alle Räume im ersten Stock des genannten Gebäudes, bestehend aus 3 Zimmern, 1 Küche, 1 Bad, 1 WC sowie 1 Kellerraum im Untergeschoß, alle in dem Aufteilungsplan vom . . . . . ., der mit einer Bescheinigung der Baubehörde über Abgeschlossenheit der Wohnung versehen ist, rot umrandet und mit Nr. 1 be-

---

[5] BayObLG 1989, 354 = aaO; LG Itzehoe/SchlHolstOLG Rpfleger 2000, 495.
[6] Entlassung eines einzelnen Wohnungserbbaurechts aus der Mithaft für ein das gesamte Erbbaurecht belastendes Grundpfandrecht ist keine zustimmungsbedürftige Maßnahme, s Rdn 1780.
[7] BayObLG aaO.
[8] OLG Düsseldorf DNotZ 1977, 305.
[1] Mustervertrag über die Bestellung eines eigentumsähnlich ausgestalteten Dauerwohnrechts (BBauBl 1956, 615) siehe Lotter MittBayNot 1999, 354 (358).

XIV. Dauerwohnrecht – Dauernutzungsrecht

zeichnet. Der Plan ist dieser Vereinbarung als Anlage beigefügt; auf ihn wird Bezug genommen.

Der Berechtigte ist zur Mitbenützung der gemeinschaftlichen Einrichtungen und Anlagen, insbesondere der Zugänge zur Wohnung, des Treppenhauses, der Waschküche und des Trockenbodens sowie der gemeinschaftlichen Grundstücksflächen befugt.

2. Das Dauerwohnrecht wird auf unbestimmte Zeit vereinbart.
3. Die Ausübung eines Gewerbes oder sonstiger Geschäfte in der Wohnung ist ausgeschlossen.
4. Der Berechtigte bedarf zur Vermietung der Wohnung im ganzen oder in Teilen der vorherigen schriftlichen Zustimmung des Grundstückseigentümers. Das gleiche gilt für die Veräußerung des Rechts.
5. Die öffentlichen Lasten des Grundstücks tragen Grundstückseigentümer und Berechtigter zu gleichen Teilen.

   Etwaige privatrechtliche Lasten hat der Grundstückseigentümer allein zu tragen.
6. Unterhaltungs- und Instandsetzungsmaßnahmen innerhalb der Wohnung hat der Berechtigte auf eigene Kosten zu tragen. Instandhaltung und Instandsetzung des Gebäudes und des Grundstücks obliegt dem Grundstückseigentümer.
7. Der Eigentümer ist verpflichtet, folgende Versicherungen abzuschließen und aufrechtzuerhalten:
   – eine Gebäudefeuerversicherung,
   – eine Leitungswasserschadenversicherung.

   Die Versicherungen sind zum gleitenden Neuwert und durch Zusatzversicherung bis zur Höhe des Wiederherstellungsaufwandes abzuschließen.

   Der Eigentümer ist auch verpflichtet, eine Versicherung gegen eine Inanspruchnahme aus der gesetzlichen Haftpflicht des Grundstückseigentümers in angemessener Höhe abzuschließen.

   Der Abschluß der Versicherung ist dem Dauerwohnberechtigten auf Verlangen nachzuweisen.
8. Wird das Gebäude ganz oder teilweise zerstört, so ist, soweit das Dauerwohnrecht davon betroffen ist, der Eigentümer verpflichtet, den vor Eintritt des Schadens bestehende Zustand wiederherzustellen, wenn die Kosten der Wiederherstellung durch Versicherung (Ziff 7) oder durch sonstige Ansprüche voll gedeckt sind. Soweit die Kosten der Wiederherstellung deswegen durch Versicherungen nicht gedeckt sind, weil der Eigentümer gegen seine Pflichten aus Ziffer 7 des Vertrages verstoßen hat, ist der Eigentümer ohne Rücksicht auf die Kostendeckung zur Wiederherstellung verpflichtet; das gleiche gilt für den Fall, daß der Eigentümer den Schaden schuldhaft verursacht hat.

   Sind die Kosten der Wiederherstellung nicht gemäß Absatz 1 gedeckt, so kann die Wiederherstellung des früheren Zustandes nur verlangt werden, wenn die zur Wiederherstellung erforderlichen Mittel innerhalb angemessener Frist zu zumutbaren Bedingungen aufgebracht werden können.
9. Der Eigentümer kann die Übertragung des Dauerwohnrechts auf sich oder auf einen von ihm bezeichneten Dritten verlangen, wenn
   – der Berechtigte die Wohnung trotz Abmahnung zu anderen als zu Wohnzwecken benutzt,
   – der Berechtigte die Wohnung und die gemeinsam genutzten Gebäude- und Grundstücksteile trotz Abmahnung nicht pfleglich behandelt,
   – die Zwangsversteigerung des Dauerwohnrechts angeordnet wird, oder
   – über das Vermögen des Berechtigten das Insolvenzverfahren eingeleitet wird.

Macht der Eigentümer den Übertragungsanspruch geltend, so hat er dem Dauerwohnberechtigten eine angemessene Entschädigung zu zahlen, die sich nach dem Verkehrswert des Dauerwohnrechts zum Zeitpunkt der Übertragung auf den Eigentümer bemißt. Sofern sich die Beteiligten nicht innerhalb eines Monats ab Geltendmachung des Übertragungsanspruchs durch den Eigentümer über den Wert des Dauerwohnrechts einigen, entscheidet hierüber ein öffentlich bestellter und gerichtlich vereidigter Sachverständiger für das Grundstückswesen, den auf Antrag eines Beteiligten die Industrie- und Handelskammer

X-Stadt bestellt, als Schiedsgutachter gem. § 317 BGB. Die von diesem festgesetzte Entschädigung ist innerhalb eines Monats nach Erstellung des Schätzgutachtens Zug um Zug gegen Übertragung des Dauerwohnrechts zur Zahlung fällig. Die Kosten des Gutachters tragen beide Vertragsteile je zur Hälfte.

II. Der Berechtigte ist verpflichtet, an den Grundstückseigentümer ab ...... einen monatlich wiederkehrenden Betrag von 500 € während des Bestehens des Dauerwohnrechts zu zahlen, fällig jeweils monatlich im voraus.[2]

III. Wir beide bewilligen und beantragen die Eintragung des aus Abschn. I ersichtlichen Dauerwohnrechts im Grundbuch.

Adorf, den ...   Max Hauser   Hans Adam
(folgt Unterschriftsbeglaubigung)

Fassung der Eintragung eines Dauerwohnrechts im Grundbuch

3001 Abt II

Dauerwohnrecht für Hans Adam, geb am ..., wohn in Astadt, an der Wohnung im ersten Stock (Nr 1 des Aufteilungsplans). Der Berechtigte bedarf zur Veräußerung des Dauerwohnrechts und zu seiner Vermietung im ganzen oder in Teilen der Zustimmung des Grundstückseigentümers.[3] Im übrigen unter Bezugnahme auf die Bewilligung vom ... (Notar ... URNr ...) eingetragen am ...

1. Inhalt des Dauerwohnrechts

Literatur: Lotter, Aktuelle Fragen des Dauerwohnrechts, MittBayNot 1999, 354.

3002 Das Dauerwohnrecht[4] bzw Dauernutzungsrecht (§§ 31–42 WEG; hier nur allgemein als Dauerwohnrecht bezeichnet) **ist als Nutzungsrecht Grundstücksbelastung.** Vom Wohnungseigentum bzw Teileigentum unterscheidet es sich dadurch, daß der **Berechtigte**[5] **nicht Eigentümer** der Wohnung ist. Er ist unter Ausschluß des Eigentümers berechtigt, in einem auf dem Grundstück – Erbbaurecht einschl Wohnungserbbaurecht – schon vorhandenen oder erst noch zu errichtenden Gebäude (s Rdn 2817) eine bestimmte in sich abgeschlossene Wohnung zu bewohnen oder in anderer Weise zu nutzen (Dauerwohnrecht). Das Recht ist **vererblich** und **veräußerlich** (§ 33 Abs 1 S 1 WEG),[6] kann aber **nicht** mit dinglichen Rechten **belastet** werden.

---

[2] Eine Wertsicherungsklausel kann vereinbart werden. S darüber Rdn 3254 ff. Häufig wird als Gegenleistung auch die Tragung der Baukosten für die Wohnung vereinbart.

[3] Die Eintragung der Verfügungsbeschränkungen und ihres näheren Inhalts sollte stets im Grundbuch selbst erfolgen, also nicht bloß durch Bezugnahme auf die Eintragungsbewilligung, s Rdn 2866.

[4] S allgemein zum Dauerwohnrecht Dammertz MittRhNotK 1970, 69 (108); Zöll BlGBW 1967, 129. Zum Dauerwohnrecht für Rechtsnachfolger s Tröster Rpfleger 1967, 316. Zum Dauerwohnrecht beim sog time-sharing (Immobilieneigentum auf Zeit) Gralka NJW 1987, 1997 mit weit Nachw; Hoffmann MittBayNot 1987, 177; Schmidt WEZ 1987, 119; s auch Rdn 3010.

[5] Anders als beim Wohnungsrecht nach § 1093 BGB (s Rdn 1244–1246) kann ein Dauerwohnrecht für mehrere Beteiligte auch nach Bruchteilen bestellt werden (BGH 130, 150 = DNotZ 1996, 88 = NJW 1995, 2637: 52 Bruchteile, mit denen über § 746 BGB je eine Woche Nutzungsbefugnis verbunden ist; auch BGH NJW-RR 1996, 1034; Weitnauer/Hauger Rdn 7, Bärmann/Pick/Merle Rdn 50, je zu § 31 WEG.

[6] Zur Eintragung einer Veräußerungsbeschränkung nach BVG auf Ersuchen des Versorgungsamts s BayObLG 1956, 278.

XIV. Dauerwohnrecht – Dauernutzungsrecht

Soweit nicht etwas anderes – mit dinglicher Wirkung (§ 35 WEG) – vereinbart ist, braucht die Zustimmung des Eigentümers oder eines Dritten zur Veräußerung, Vermietung oder Verpachtung nicht eingeholt zu werden.[7] Das Dauerwohnrecht kann nach überwiegender Ansicht auf die Lebenszeit des Berechtigten beschränkt werden.[8] Das Recht kann nicht unter einer Bedingung bestellt (§ 33 Abs 1 S 2 WEG), wohl aber befristet (§ 41 WEG) werden; daher ist Vereinbarung eines sicher eintretenden, aber im Zeitpunkt ungewissen Endtermins zulässig, nicht aber Anknüpfung für die Dauer eines Mietvertrages.[9] Belastung eines Hotelappartements mit 52 in ihrer Ausübung auf je eine Woche beschränkten Dauernutzungsrechten hält OLG Stuttgart[10] nicht für zulässig; der Entscheidung ist nicht zu folgen. Das Wort „Dauer" bedeutet nämlich nicht ununterbrochen, sondern kennzeichnet den sicheren Bestand des Rechts trotz Veräußerung oder Tod des Berechtigten.[11]
Steuerrechtlich ist das eigentumsähnliche Dauerwohnrecht interessant, das den Berechtigten zum wirtschaftlichen Eigentümer im Sinne des Steuerrechts macht und ihm Abschreibungsbefugnis oder Förderung nach Eigenheimzulagengengesetz ermöglicht.
Möglich ist die Bestellung von **Dauerwohnrecht und Dauernutzungsrecht als Einheit**.[12] Eintragung hat dann unter Bezeichnung beider Arten des Rechts im Eintragungsvermerk selbst zu erfolgen; Zusammenfassung als „Dauerwohnrecht nach §§ 31 ff WEG" ist nicht zulässig.[13] Ferner ist es zulässig, mehrere Grundstücke oder mehrere Erbbaurechte mit einem Dauerwohn- oder Dauernutzungsrecht zu belasten;[14] dann müssen allerdings die auf mehreren Grundstücken befindlichen Räume eine Einheit bilden. Belastung eines ideellen Grundstücksteils mit einem Dauerwohnrecht ist unzulässig. Bestellung eines Dauerwohnrechts zugunsten des Grundstückseigentümers selbst ist zulässig.[15] Auch kann ein Dauerwohnrecht am gesamten Gebäude oder nur an

3003

---

[7] Vereinbarungen darüber, daß die Vermietung oder die Nutzungsänderung von Räumen des Dauerwohnrechts eine Zustimmung des Grundstückseigentümers erfordert, sowie darüber, daß der Berechtigte mit Rücksicht auf das Heimfallrecht und die Heimfallentschädigung (s Rdn 3008) einen Aufwand für eine bauliche Änderung der Räume genau zu ermitteln und dem Grundstückseigentümer nach dem Umbau offenzulegen hat, können mit dinglicher Wirkung getroffen werden (BayObLG 1960, 231 = DNotZ 1960, 596 = Rpfleger 1961, 400 mit Anm Haegele). S zur Beschränkung der Vermietung auch Constantin NJW 1969, 1417.
[8] Diester NJW 1963, 183 und Rpfleger 1965, 216; Klingenstein BWNotZ 1965, 228; Marshall DNotZ 1962, 381; aA OLG Neustadt DNotZ 1962, 221 = NJW 1961, 1974 = Rpfleger 1962, 22.
[9] Hoche DNotZ 1953, 154.
[10] OLG Stuttgart DNotZ 1987, 631 = NJW 1987, 2032 = Rpfleger 1987, 102.
[11] So BGH 130, 150 = aaO (Fußn 5); Hoffmann, Probleme des Timesharing, MittBayNot 1987, 177; Gralka NJW 1987, 1997; F Schmidt WE 1987, 119.
[12] BayObLG 1960, 231 = DNotZ 1960, 596 = Rpfleger 1961, 400.
[13] BayObLG 1960, 231 = aaO (Fußn 12).
[14] LG Hildesheim DNotZ 1960, 421 Leits = NJW 1960, 49; Hampel Rpfleger 1962, 126; näher dazu Weitnauer/Hauger Rdn 6 zu § 31; s auch LG München I DNotZ 1973, 417 mit Anm Walberer MittBayNot 1973, 97 = Rpfleger 1973, 141.
[15] So BayObLG 1997, 163 (164) = DNotZ 1997, 374; OLG Düsseldorf DNotZ 1958, 423 = NJW 1957, 1194; Diester Rpfleger 1965, 217; Palandt/Bassenge Rdn 5 zu § 31

einem einzelnen Raum statt an mehreren Räumen bestellt werden,[16] dagegen nicht an Gebäuden, die nicht wesentlicher Bestandteil des Grundstücks sind.

3004 Als **Inhalt** des Dauerwohnrechts können Vereinbarungen getroffen werden über Art und Umfang der Nutzungen, Instandhaltung und Instandsetzung der Gebäudeteile,[17] Tragung von Grundstückslasten (Grundsteuern, Hypothekenzinsen; Regelung stets zweckmäßig), Versicherung des Gebäudes und seinen Wiederaufbau im Falle der Zerstörung sowie über das Recht des Eigentümers, unter bestimmten Voraussetzungen Sicherheitsleistung zu verlangen. Soweit nichts anderes vereinbart ist, darf der Berechtigte die zum gemeinschaftlichen Gebrauch bestimmten Teile, Anlagen und Einrichtungen des Gebäudes und Grundstücks mitbenutzen. Die **Leistung** eines **Entgelts** durch den Berechtigten kann nur schuldrechtlich vereinbart werden (vgl die Rechtslage beim Wohnungsrecht nach § 1093 BGB; Rdn 1279 ff). Die sozialen Schutzvorschriften des Mietrechts gelten nicht für das Dauerwohnrecht.[18]

2. Bestellung eines Dauerwohnrechts

3005 Zur Bestellung des Dauerwohnrechts (Dauernutzungsrechts; §§ 31 ff WEG)[19] bedarf es der Einigung zwischen Grundstückseigentümer und Berechtigtem sowie der Eintragung des Rechts als Belastung eines Grundstücks oder Erbbaurechts im Grundbuch (§ 873 BGB). Die Einigung ist formfrei, ebenso die Verpflichtung zur Einräumung eines Dauerwohnrechts. Für das Grundbuchamt genügt die öffentliche Beglaubigung der Unterschriften.[20] Ihm sind eine Bauzeichnung[21] und eine Bescheinigung über die Abgeschlossenheit[22] der Wohnung vorzulegen[23] (§ 32 Abs 2 WEG; s Rdn 2852). Daß zum Inhalt des Dauerwohnrechts (§ 33 Abs 4 Nr 1–4 WEG) sowie über Voraussetzungen des Heimfalls (§ 36 Abs 1 WEG) und über die Entschädigung beim Heimfall (§ 36 Abs 4 WEG) Vereinbarungen getroffen sind, hat das Grundbuchamt zu prüfen (§ 32 Abs 3 WEG). Diese Prüfung erstreckt sich auch darauf, ob das rechtsgültige Zustandekommen solcher Vereinbarungen in der Form des § 29 GBO nachgewie-

---

WEG; Bärmann/Pick/Merle Rdn 49 zu § 31 WEG; Weitnauer DNotZ 1958, 352; aA AG Düsseldorf DNotZ 1958, 426.

[16] LG Münster DNotZ 1953, 148 mit zust Anm Hoche = MDR 1953, 175. Ein dingliches Vorkaufsrecht kann an einem Dauerwohnrecht nicht bestellt werden. Dessen Umdeutung in ein persönliches Vorkaufsrecht ist möglich (BGH BWNotZ 1963, 217).

[17] BayObLG DNotZ 1960, 541 mit zust Anm Weitnauer.

[18] BGH 52, 243; OLG Hamburg ZMR 1983, 60 (zum Wohnungsrecht).

[19] Die rechtliche Behandlung der nur im Nutzungszweck verschiedenen beiden Arten ist dieselbe, BayObLG 1960, 231 = DNotZ 1960, 596 = Rpfleger 1961, 400.

[20] Eine wegen Formmangels nichtige Zusage eines Wohnungseigentums kann im Wege der Umdeutung nach § 140 BGB als formlos gültige Einräumung eines Dauerwohnrechts aufrecht erhalten werden (BGH MDR 1963, 292 = NJW 1963, 339).

[21] Zu den Anforderungen an den Aufteilungsplan bei Bestellung eines zur Mitbenutzung gemeinschaftlicher Einrichtungen und Anlagen berechtigenden Dauerwohnrechts an einer Wohnung in einem von mehreren auf dem belasteten Grundstück befindlichen mehrstöckigen Gebäude s BayObLG 1997, 163 = DNotZ 1997, 374.

[22] Zu dieser Lotter MitBayNot 1999, 354.

[23] Zu einer Nachprüfung der für die Bestellung des Dauerwohnrechts erforderlichen Abgeschlossenheit der Räume nach § 33 Abs 1 WEG ist das Grundbuchamt berechtigt; s Rdn 2856; anders noch LG Frankfurt NJW 1971, 759.

XIV. Dauerwohnrecht – Dauernutzungsrecht

sen ist.²⁴ Genehmigung nach § 22 BauGB in Gebieten mit Fremdenverkehrsfunktion Rdn 3852a ff. Die Eintragung erfolgt in Abt II des Grundbuchs. Auf die Eintragungsbewilligung kann zur näheren Bezeichnung des Gegenstandes und des Inhalts des Dauerwohnrechts Bezug genommen werden.

3. Langfristiges Dauerwohnrecht, Bestand in der Zwangsversteigerung

Bei einem langfristigen Dauerwohnrecht (ohne zeitliche Begrenzung oder mit mehr als 10 Jahren Dauer) hat der Berechtigte gegen den Eigentümer einen – abdingbaren – schuldrechtlichen Anspruch auf Löschung vorgehender und gleichstehender Hypotheken und Grundschulden (§ 41 Abs 2 WEG); zur Wirksamkeit gegen Dritte bedarf es der Eintragung einer Löschungsvormerkung im Grundbuch (§ 1179 BGB). Die in § 41 Abs 3 WEG dem Berechtigten eingeräumte Entschädigungspflicht bei Heimfall ist nicht abdingbar. Als Inhalt eines Dauerwohnrechts kann auch im Grundbuch eingetragen werden, daß das Recht im Falle der Zwangsversteigerung des Grundstücks abweichend von § 44 ZVG auch dann bestehen bleiben soll, wenn der Gläubiger einer dem Dauerwohnrecht im Range vorgehenden oder gleichstehenden Hypothek, Grundschuld, Rentenschuld oder Reallast die Zwangsversteigerung in das Grundstück betreibt (§ 39 WEG). Diese Eintragung hat auch beim betroffenen Grundstück zu erfolgen.²⁵ Sie bedarf der Zustimmung der genannten vorrangig Berechtigten (§ 39 Abs 2 WEG).

3006

4. Veräußerung von Dauerwohnrecht oder Grundstück

Bei Veräußerung des **Dauerwohnrechts** tritt der Erwerber an Stelle des bisherigen Berechtigten in die bestehenden – wenn auch nur schuldrechtlichen – Verpflichtungen ein (§ 38 Abs 1 WEG).
Bei Veräußerung des **Grundstücks** tritt der Erwerber in die sich während der Dauer seines Eigentums aus dem Rechtsverhältnis zu den Berechtigten ergebenden Rechte ein (§ 38 Abs 2 WEG). Dies gilt insbesondere für schuldrechtliche Vereinbarungen über ein vom Berechtigten zu leistendes Entgelt.

3007

5. Heimfall beim Dauerwohnrecht

Heimfall (§§ 36, 37 WEG) ist die vereinbarte **Übertragung** des Dauerwohnrechts (Dauernutzungsrechts) **auf den jeweiligen Grundstückseigentümer** oder einen von ihm zu bezeichnenden Dritten bei **Eintritt bestimmter Voraussetzungen**. Das Grundbuchamt darf die Eintragung eines Dauerwohnrechts nicht ablehnen, wenn über den Heimfallanspruch in der Eintragungsbewilligung nichts gesagt ist. Nur wenn darin ein Heimfallanspruch begründet ist, muß das Grundbuchamt auf Einhaltung der Bestimmungen des § 32 Abs 3 WEG bestehen.²⁶

3008

---

²⁴ OLG Düsseldorf DNotZ 1978, 354 = Rpfleger 1977, 446 mit Nachw.
²⁵ LG Hildesheim Rpfleger 1966, 116 mit zust Anm Diester. Zur Bedeutung und Wirkung einer Vereinbarung nach § 39 WEG für den Fall der Grundstückszwangsversteigerung und zu ihrer Eintragung im Grundbuch s auch OLG Schleswig SchlHA 1962, 146.
²⁶ BayObLG 1953, 67 = DNotZ 1954, 391 = NJW 1954, 959 mit abl Anm Hoche = Rpfleger 1954, 307 mit abl Anm Diester. Eingehend dazu Riedel Rpfleger 1966, 226. S auch Diester Rpfleger 1965, 216 und 1967, 277.

Als **Heimfallgründe** können zB Verzug des Berechtigten mit Zahlungspflichten oder Pflichtverletzungen (Instandsetzung, Verstöße gegen die Hausordnung oder Aufgabe des Dauerwohnrechts) vereinbart werden. Vereinbarung eines Heimfallanspruchs für jeden Fall der Veräußerung des Dauerwohnrechts wird nicht für zulässig angesehen;[27] als zulässig zu erachten ist ein Heimfallanspruch bei Versterben des Dauerwohnberechtigten.[28] Bei Eintritt der Voraussetzung tritt kein automatischer Heimfall ein, vielmehr bedarf es der Einigung und Übertragung.

Der Heimfallanspruch **verjährt** binnen sechs Monaten nach Kenntnis des Eintritts, auch ohne solche Kenntnis spätestens zwei Jahre nach Eintritt. Soweit nichts anderes vereinbart ist, muß der Eigentümer den Berechtigten bei Ausübung des Heimfallanspruchs angemessen **entschädigen**. Beim langfristigen Dauerwohnrecht (Rdn 3006) ist dieser Anspruch nicht abdingbar (§ 41 Abs 3 WEG).[29]

Sind bei Ausübung des Heimfallanspruchs die Räume, auf die sich das Dauerwohnrecht bezieht, **vermietet oder verpachtet**, so tritt an Stelle des Dauerwohnberechtigten der Eigentümer als Vermieter bzw Verpächter in das Rechtsverhältnis ein. Bleibt im Falle der **Zwangsversteigerung** des Grundstücks das Dauerwohnrecht bestehen (Rdn 3006), so steht der Heimfallanspruch dem Ersteher des Grundstücks zu.

6. Beendigung eines Dauerwohnrechts

3009 Beendigt wird das Dauerwohnrecht durch Aufgabeerklärung des Berechtigten und deren Eintragung (in der Form der Löschung) im Grundbuch, beim befristeten Recht durch Fristablauf. Auch durch Teilung des belasteten Grundstücks und Wegmessung der nicht betroffenen Teilfläche erlischt entsprechend § 1026 BGB hieran das Dauerwohnrecht, dies allerdings nur, wenn die weggemessene unbebaute Fläche nicht der Mitbenutzung des Berechtigten unterliegt.[30]

Keine Erlöschungsgründe sind Heimfall, bei dem das Recht auf den Eigentümer übergeht (s Rdn 3008), und Vereinigung von Dauerwohnrecht und Eigentum in einer Person (§ 889 BGB).

7. Teilzeitnutzungsrecht

3010 **Teilzeit-Wohnrechtsverträge** regeln §§ 481 ff BGB (vormals Teilzeit-Wohnrechtegesetz v 20. 12. 1996, BGBl I 2154, mit dem eine entsprechende EG-Richtlinie (94/47) in deutsches Recht umgesetzt wurde). Sie gelten für alle Verträge über Teilzeitnutzung von Wohngebäuden, durch die dem Erwerber das Recht verschafft wird, für die Dauer von mindestens 3 Jahren ein Wohngebäude jeweils für einen bestimmten Zeitraum des Jahres zu Erholungs-

---

[27] Weitnauer/Hauger Rdn 8; Staudinger/Spiegelberger Rdn 7; Palandt/Bassenge Rdn 2, je zu § 36 WEG; aA BGB-RGRK/Augustin Rdn 8 zu § 36 WEG.
[28] Palandt/Bassenge Rdn 2; Staudinger/Spiegelberger Rdn 6, je zu § 36 WEG; enger Bärmann/Pick/Merle Rdn 67 zu § 36 WEG.
[29] Dammertz MittRhNotK 1970, 69 (124); Diester Rpfleger 1967, 278; gegenteiliger Ansicht anscheinend nur OLG Celle NJW 1960, 2293.
[30] BayObLG MittBayNot 1995, 458 = MittRhNotK 1995, 309 = NJW-RR 1996, 397.

oder Wohnzwecken zu nutzen. Das Recht kann ein dingliches Recht oder ein anderes Recht, auch Mitgliedschaft im Verein oder Anteil an einer Gesellschaft, sein. Die Bestimmungen enthalten Vorschriften über Form und Inhalt des schuldrechtlichen Vertrags sowie Widerrufsrechte. Bestimmung über dingliche Rechte treffen §§ 481 ff BGB nicht.

Diese Randnummern sind **nicht** belegt. 3011–3099

Vierter Teil
Für Notar und Grundbuchamt wichtige einzelne Rechtsfragen

I. Grundstückskauf

A. Form des Kaufvertrags

Literatur: Bergermann, Auswirkungen unbewußter Falschbezeichnungen auf Grundstücksverträge und deren Vollzug – falsa demonstratio non nocet?, RNotZ 2002, 557; Einsele, Formerfordernisse bei mehraktigen Rechtsgeschäften, DNotZ 1996, 835; Frank, Die Beurkundung des zusammengesetzten Grundstücksgeschäfts, NotBZ 2003, 211; Grunewald, Das Beurkundungserfordernis nach § 313 BGB bei Gründung und Beitritt zu einer Personengesellschaft, FS Hagen (1999) S 277; Hagen, Entwicklungstendenzen zur Beurkundungspflicht bei Grundstückskaufverträgen, DNotZ 1984, 267; Hagen, Formzwang, Formzweck, Formmangel und Rechtssicherheit, FS Schippel, S 173; Kanzleiter, Zur Beurkundungsbedürftigkeit von Rechtsgeschäften, die mit einem Grundstücksgeschäft in Zusammenhang stehen, DNotZ 1984, 421; Kanzleiter, Bedarf die Verpflichtung zur Genehmigung eines beurkundungsbedürftigen Rechtsgeschäfts der Beurkundung?, FS Hagen (1999) S 309; Keim, § 313 BGB und die Beurkundung zusammengesetzter Verträge, DNotZ 2001, 827; Köbl, falsa demonstratio non nocet? – Verstoß gegen den Formzwang? DNotZ 1983, 598; Korte, Handbuch der Beurkundung von Grundstücksgeschäften, 1990; Korte, Zum Beurkundungsumfang des Grundstücksvertrages und damit im Zusammenhang stehender Rechtsgeschäfte, DNotZ 1984, 3 und 82; Lichtenberger, Zum Umfang des Formzwangs und zur Belehrungspflicht, DNotZ 1988, 531; Pohlmann, Formbedürftigkeit und Heilung der Aufhebung eines Grundstückskaufvertrages, DNotZ 1993, 355; Schwanecke, Formzwang des § 313 S 1 BGB bei Durchgangserwerb von Grundeigentum, NJW 1984, 1585; Seeger, Die „einseitige Abhängigkeit" – zum Umfang der Beurkundungsbedürftigkeit zusammengesetzter Grundstücksgeschäfte, MittBayNot 2003, 11; Specks, Heilung von Formmängeln gemäß § 311b Abs 1 Satz 2 BGB, RNotZ 2002, 193; Tiedtke, Die Form des Verlängerungsvertrages, DNotZ 1991, 348; Ulmer und Löbbe, Zur Anwendbarkeit des § 313 BGB im Personengesellschaftsrecht, DNotZ 1998, 711; Wiesner, Beurkundungspflicht und Heilungswirkung bei Gründung von Personengesellschaften und Unternehmensveräußerungen, NJW 1984, 95; Wolf, Rechtsgeschäfte im Vorfeld von Grundstücksübertragungen und ihre eingeschränkte Beurkundungsbedürftigkeit, DNotZ 1995, 179; Wufka, Formfreiheit oder Formbedürftigkeit der Genehmigung von Grundstücksverträgen, der Ausübung von Wiederkaufs-, Vorkaufs- und Optionsrechten sowie der Anfechtung, des Rücktritts und der Wandlung, DNotZ 1990, 339.

1. Notarielle Beurkundung erforderlich

Jeder Vertrag,[1] durch den sich jemand verpflichtet, das Eigentum an einem Grundstück auf eine andere – natürliche oder juristische – Person zu übertra- 3100

---

[1] Auch der im Wege der Versteigerung (§ 156 BGB) zustande gekommene Grundstückskaufvertrag, s dazu Rdn 3125.

gen, bedarf der notariellen Beurkundung.² Das gleiche gilt für einen Vertrag, durch den sich jemand zum Erwerb eines Grundstücks verpflichtet (§ 311 b Abs 1 BGB; vordem § 313 BGB idF des Gesetzes vom 30. 5. 1973, BGBl I 501).³ Weiter sind – infolge Verweisung auf § 311 b Abs 1 BGB – beurkundungspflichtig die Verpflichtungen zu Bestellung oder Aufhebung, zu Veräußerung oder Erwerb eines Erbbaurechts (§ 11 ErbbauVO) und die Verpflichtung zur Einräumung oder Aufhebung von Sondereigentum (§ 4 Abs 3 WEG). Diese Vorschrift soll die Beteiligten vor unüberlegten, übereilten Grundstücksgeschäften schützen und ihnen reifliche Überlegungsfreiheit sowie sachkundige und unparteiische Beratung durch den Notar gewähren (Warn- und Schutzfunktion); weiter soll der Beweis für die getroffenen Vereinbarungen gesichert (Beweisfunktion) und eine Gewähr dafür geboten werden, daß der Wille der Beteiligten vollständig, richtig und rechtswirksam zum Ausdruck kommt (Richtigkeitsgewähr).

3101 Die Form für Erwerbs- und Veräußerungsverträge über **im Ausland gelegenen Grundbesitz** richtet sich in erster Linie nach dem ausdrücklichen Parteiwillen⁴ (Rechtswahl, Art 27 EGBGB), wenn ein ausdrücklicher oder konkludenter Parteiwille für die Anwendung einer bestimmten Rechtsordnung nicht feststellbar ist, ist für die Form auf Grund der Vermutung in Art 28 Abs 1, 3 EGBGB das Recht der belegenen Sache maßgebend.⁵ In Fällen, in denen zwischen deutschen Vertragsteilen in Deutschland Verträge über ausländischen Grundbesitz geschlossen werden, nimmt aber die Rechtsprechung häufig an, daß durch stillschweigende Parteivereinbarung (also nunmehr Art 27 EGBGB) deutsches (Schuld-)Recht und damit auch die Form des § 311 b Abs 1 BGB vereinbart sei.⁶ Diese Rechtsprechung läßt eine Heilung nach § 311 b Abs 1 S 2 BGB dann zu, wenn der (formnichtige) Kaufvertrag zum Eigentumsübergang nach der ausländischen Rechtsordnung geführt hat.⁷ Mit der Beurkundung von Kaufverträgen über im Ausland belegene Grundstücke

---

² Beurkundung durch das Gericht der freiwilligen Gerichtsbarkeit ist nicht mehr möglich (§ 1 BeurkG). Vertragsbeurkundung in einem gerichtlichen Vergleich innerhalb eines Streitverfahrens s § 127a BGB (dazu Rdn 3338). Wegen der Form der notariellen Beurkundung im einzelnen s § 128 BGB und §§ 8 ff BeurkG. Muster vgl Rdn 849 ff.
³ S zu diesem Gesetz Kanzleiter DNotZ 1973, 519.
⁴ BGH BB 1981, 80; nunmehr Art 27 EGBGB; vgl dazu auch Gutachten DNotI-Report 1995, 33; eine Vereinbarung, daß hinsichtlich der Form ausländisches Belegenheitsrecht, sonst aber deutsches Kaufrecht gilt, ist zulässig, OLG Hamm DNotI-Report 1996, 55 = NJW-RR 1996, 1145; streitig, vgl Reithmann/Martiny/Limmer, Internationales Vertragsrecht, 5. Aufl (1996), Rdn 451.
⁵ Vgl Palandt/Heldrich Rdn 5 zu Art 28 EGBGB; für diese Anknüpfung (bereits vor Inkrafttreten des IPR-Gesetzes) auch Frank BWNotZ 1978, 95.
⁶ BGH 52, 239 = DNotZ 1970, 21 = NJW 1969, 1760 (mit abl Anm Wengler NJW 1969, 2237; zust Samtleben NJW 1970, 378) = Rpfleger 1969, 345; BGH 53, 189 = NJW 1970, 999; BGH 73, 391 = DNotZ 1979, 539 = NJW 1979, 1773; dazu kritisch Löber NJW 1980, 496; kritisch zur BGH-Rspr auch Frank BWNotZ 1978, 95. Noch weitergehend OLG Hamm DNotI-Report 1996, 55 = NJW-RR 1996, 1144, das über Art 28 Abs 2 EGBGB zur Anwendung deutschen Rechts kommt, wenn deutsche Vertragsparteien im Ausland einen Vertrag über dort belegenen Grundbesitz schließen, eine Rechtswahl aber nicht oder nicht wirksam getroffen haben.
⁷ BGH 73, 391 = DNotZ 1979, 539 = NJW 1979, 1773; Palandt/Heldrich Rdn 6 zu Art 11 EGBGB.

A. Form des Kaufvertrags

sollte nur derjenige Notar sich befassen, der über das entsprechende ausländische Recht umfassende Kenntnisse hat, um den Rechtserwerb samt allen formalen Eintragungsakten, behördlichen Genehmigungen, Steuern und Gebührentatbeständen im betreffenden Staat zur Durchsetzung zu bringen.[8]

Schuldrechtliche **Verträge** über den Erwerb oder die Veräußerung **in Deutschland belegener Grundstücke**, die im **Ausland**[9] unter Beachtung der jeweiligen Ortsform abgeschlossen werden, sind wirksam. Art 11 Abs 5 EGBGB schließt lediglich für die Auflassung die ausländische Ortsform aus, gilt aber nicht für den obligatorischen Vertrag. Art 11 Abs 4 EGBGB unterwirft Grundstücksveräußerungsverträge nur dann ausschließlich der Belegenheitsform, wenn das Recht des Belegenheitsstaates diese Form zwingend und ohne Berücksichtigung von Ortsform oder Geschäftsstatut verlangt. Das deutsche Recht verlangt dies für schuldrechtliche Verträge über Grundstücke nicht[10] (vgl Art 27, 28, Art 11 Abs 1 EGBGB). Daher können im Ausland Beurkundungen über den Kauf deutscher Grundstücke durch ausländische Notare vorgenommen oder, wenn das Recht des Abschlußortes es zuläßt, auch formlose Kaufverträge über in Deutschland gelegene Grundstücke abgeschlossen werden,[11] ohne daß es grundsätzlich auf die Motive ankommt, die zum Abschluß des Kaufvertrags im Ausland geführt haben.[12] Zur Zuständigkeit des deutschen Notars für die Beurkundung der Auflassung[13] s Rdn 3337. 3102

---

[8] Zur internationalen Zuständigkeit des deutschen Notars in solchen Fällen Eder BWNotZ 1982, 74 (77). Zum **Grundstückerwerb im Ausland** (Einführung, Länderberichte, Rechtsvergleich und international-privatrechtliche Fragen) s Küppers DNotZ 1973, 645; auch Dieck MittRhNotK 1968, 242, 257 u 262; Frank BWNotZ 1978, 95; Hegmanns MittRhNotK 1987, 1 (mit Literaturübersichten für einzelne Länder); Böhringer BWNotZ 1987, 25 sowie grundsätzlich Lichtenberger, Grundbesitz und ausländisches Recht, FS Hagen (1999) S 145. Wegen eines Grundstücks in **Argentinien**: Heinemann MittBayNot 2001, 553; **England**: Kopp MittBayNot 2001, 553; **Frankreich**: Wehrens u Gresser in FS Schippel, (1996) 961 = BWNotZ 1997, 129; Frank MittBayNot 2001, 39 und ZfIR 2002, 250; **Griechenland**: Papacharalambous u Lintz MittBayNot 1986, 151; **Italien** s Kindler MittBayNot 2000, 265; **Kanada** (Provinz Quebec) DNotZ 1983, 713; **Österreich**: Grötsch MittBayNot 2001, 175; Trautner RNotZ 2001, 328; Gutachten DNotI-Report 2001, 3; **Polen**: Lakomy NotBZ 2000, 402 und 2001, 330; **Schweden**: Schaeferdiek MittBayNot 2003, 366; **Schweiz**: Dubler IPrax 1985, 355; **Spanien**: Meyer ZfIR 2002, 255; Selbherr MittBayNot 2002, 165; Eberl MittBayNot 2000, 515; Löber DNotZ 1993, 789; Gantzer MittBayNot 1984, 15 und MittBayNot 1987, 126; von Sachsen Gessaphe RIW 1991, 299; Löber DNotI-Report 1996, 35; Wachter RNotZ 2001, 65; s auch Krapp NJW 1985, 2869; **Tschechien**: Rombach MittBayNot 2000, 400.

[9] Zur Möglichkeit der Wahl eines ausländischen Schuldrechtstatuts oder auch nur eines ausländischen Formstatuts im Inland für deutsche Grundstücke nach Art 27 Abs 1 S 1–3 EGBGB vgl Eule ZNotP 2002, 172 (177); Heinz ZNotP 2002, 258 (260); kritisch Döbereiner ZNotP 2001, 465.

[10] Vgl Palandt/Heldrich Rdn 12, 20 zu Art 11 EGBGB.

[11] RG 62, 381; 121, 156; KG OLG 44, 152; OLG Frankfurt OLGZ 1967, 377; Palandt/Heldrich Rdn 16, 20 zu Art 11 EGBGB.

[12] Winkler NJW 1974, 1033 und NJW 1972, 984; so auch Reithmann DNotZ 1956, 476; Staudinger/Wufka Rdn 33 zu § 313 BGB.

[13] Die Beurkundung der Auflassung zu einem im Ausland abgeschlossenen Kaufvertrag ist nicht mit der $5/_{10}$-Gebühr des § 38 KostO, sondern mit der $20/_{10}$-Gebühr des § 36 KostO zu bewerten; so richtig BayObLG 1977, 211 = DNotZ 1978, 58 = Rpfleger

4. Teil. I. Grundstückskauf

3102a Grundstücksveräußerungsverträge, die in der Zeit nach der „Wende" (November 1989) bis zum Inkrafttreten des Einigungsvertrages (3. 10. 1990) von Notaren in den alten Bundesländern über Grundstücke in der ehem „DDR" beurkundet wurden, sind formwirksam; die insoweit entstandenen Zweifel[14] sind durch Art 231 § 7 Abs 1 EGBGB (eingefügt durch Art 8 Nr 1 des 2. VermRÄndG, BGBl 1992 I 1257 [1275]) rückwirkend beseitigt.

3103 Beurkundungspflichtig sind Vereinbarungen, die – bedingt oder unbedingt – zur Veräußerung oder zum Erwerb eines konkreten oder konkretisierbaren Grundstückes verpflichten. Ziel des schuldrechtlichen Vertrages muß die Änderung der Eigentumszuordnung sein. Daher sind beurkundungspflichtig Verträge über die Einbringung von Grundstücken in Personengesellschaften[15] (s Rdn 980 ff) (nicht dagegen bei bloßer Einbringung „zur Nutzung"[16]), die Übertragung von Grundstücken von einer Personengesellschaft auf eine (auch personengleiche) andere,[17] die Umwandlung von Bruchteilseigentum in Gesamthandseigentum und umgekehrt.[18] Beurkundungspflichtig kann ein Vertrag über die Gründung einer Personengesellschaft oder der Beitritt zu ihr aber auch sein, weil in ihm eine Grunderwerbs- oder Veräußerungspflicht der Gesellschaft oder der Gesellschafter enthalten ist (zB Pflicht der Gesellschaft, ein bestimmtes Grundstück zu erwerben/veräußern; Pflicht der Gesellschafter, später bestimmten Grundbesitz aus dem Gesellschaftsvermögen zu erwerben)[19] oder wenn für den Fall der Auflösung der Gesellschaft vereinbart ist, ein Grundstück zu veräußern.[20] Zur Form bei Ausscheiden, Eintritt und Übertragung von Personengesellschaftsbeteiligungen s Rdn 3108. Im Bereich der Kapitalgesellschaften ist der Zeichnungsvertrag eines GmbH-Gesellschafters oder Aktionärs, mit dem dieser eine in einer Grundstückseinbrin-

---

1977, 421; OLG Hamm MittRhNotK 1998, 140 = NJW-RR 1999, 77; aA – unrichtig – OLG Stuttgart DNotZ 1991, 411 = Rpfleger 1990, 481; OLG Düsseldorf DNotZ 1991, 410 mit jeweils zu Recht abl Anm Lappe (S 413); OLG Köln RNotZ 2002, 239 mit abl Anm Knoche.

[14] Ausführlich Schotten DNotZ 1991, 771; zur materiellen Wirksamkeit solcher Verträge Schotten u Schmellenkamp DNotZ 1992, 203.

[15] BGH BB 1955, 203; vgl auch BayObLG BB 1987, 711; OLG Koblenz NJW-RR 1992, 614; OLG Köln MittRhNot 2000, 439; MünchKomm/Ulmer Rdn 26 zu § 705 BGB. Zur Beurkundungspflicht bei Beteiligung von Personengesellschaften am Grundstücksverkehr s Korte Handbuch S 179 ff; Petzold BB 1975, 905; Schmeinck MittRhNotK 1982, 97; K Schmidt AcP 182 (1982), 510, NJW 1996, 3325 und ZIP 1998, 2; Ulmer u Löbbe DNotZ 1998, 711; Schwanecke NJW 1984, 1585 (1588). Verpflichtung zum Erwerb eines Grundstücks, um es einer BGB-Gesellschaft zur Nutzung und Verwertung zu überlassen, ist beurkundungspflichtig, OLG Hamm MDR 1984, 843.

[16] RG 109, 383.

[17] RG 136, 405.

[18] RG 56, 96; 65, 227.

[19] So BGH DNotZ 1978, 422 = NJW 1978, 2505; OLG Köln MittRhNotK 1996, 187. Kein Formzwang bei nur allgemeinem Gesellschaftszweck „Verwaltung und Verwertung" einer Grundstücksgesellschaft ohne bindende Festlegung des Verkaufs der Gesellschaftsgrundstücke, BGH DNotZ 1997, 40 = NJW 1996, 1279; vgl auch OLG München NJW-RR 1994, 37: Beitritt zu Immobilienfonds formfrei, wenn die Abfindung mit einer Eigentumswohnung bei Auflösung oder Austritt nur fakultativ ist.

[20] BGH BB 1984, 18.

gung bestehende Sachkapitalerhöhung übernimmt, nach § 311b Abs 1 BGB beurkundungspflichtig.²¹

Beurkundungspflicht besteht, gleichgültig, ob die Verpflichtung ein eigenes oder fremdes Grundstück betrifft.²² Beurkundungspflichtig ist auch die Vereinbarung, einen Grundstücksveräußerungsvertrag mit einem Dritten zu schließen.²³ 3104

Ein Vertrag, durch den sich ein Grundstückseigentümer gegenüber einem anderen (vielfach einem späteren Vermächtnisnehmer oder dem Gegner aus einem Erbvertrag) verpflichtet, ein **Grundstück nicht zu veräußern**, bedarf weder der Form des § 311b Abs 1 BGB noch der Erbvertragsform des § 2276 BGB.²⁴ S dazu auch Rdn 1484. 3105

Die **Abtretung** und **Verpfändung** des **Anspruchs auf Auflassung** bedarf nicht der Form des § 311 b Abs 1 BGB.²⁵ Verkauft jemand ein **Grundstück**, dessen Eigentümer er noch nicht ist, auf dessen Erwerb er jedoch einen Anspruch gegen den Eigentümer hat, so ist der ganze Vertrag **als Grundstückskaufvertrag** einschließlich der zur Sicherung des Käufers erfolgten Abtretung der Auflassungsansprüche beurkundungspflichtig (§ 311b Abs 1 BGB). Wird lediglich der Eigentumsverschaffungsanspruch veräußert, hat der Verkäufer also mit Abtretung der Ansprüche seine Verpflichtungen erfüllt und ist er somit nicht zur Eigentumsübertragung verpflichtet, so wird für diesen Rechtskauf die Anwendbarkeit des § 311 b Abs 1 BGB überwiegend abgelehnt.²⁶ In der Praxis wird jedoch in solchen Fällen meist eine Eigentumsverschaffungspflicht bezüglich des Grundstücks vereinbart sein, in deren Rahmen die Auflassungsansprüche nur sicherungshalber abgetreten werden; hier besteht Beurkundungspflicht nach § 311b Abs 1 BGB.²⁷ Da aber regelmäßig auch die Verpflichtung zur Entgegennahme der Auflassung ausdrücklich oder stillschweigend enthalten ist, besteht auch infolge der Übernahme der Erwerbsverpflichtung Beurkundungspflicht.²⁸ 3106

Der Vertrag, mit dem eine Verpflichtung zur Veräußerung oder zum Erwerb eines **Anwartschaftsrechts** des Auflassungsempfängers begründet wird, ist je-

---

[21] Kley RNotZ 2003, 17; Gutachten DNotI-Report 2002, 90.
[22] RG 77, 131. Unrichtig daher OLG Nürnberg DNotZ 1966, 402 = OLGZ 1966, 278, das Auslosung eines fremden Grundstücks nicht als beurkundungspflichtig ansah. Wie hier Palandt/Heinrichs Rdn 4, MünchKomm/Kanzleiter Rdn 13, je zu § 311b Abs 1 BGB.
[23] BGH DNotZ 1982, 433 mit Anm Wolfsteiner = Rpfleger 1982, 138; BGH DNotZ 1983, 484 = NJW 1983, 1543 = Rpfleger 1983, 169; MünchKomm/Kanzleiter Rdn 32 zu § 311b BGB.
[24] BGH DNotZ 1964, 232 = NJW 1963, 1603.
[25] BGH 89, 41 (46) = DNotZ 1984, 319 (321) = NJW 1984, 973 = Rpfleger 1984, 143 (144); BayObLG 1976, 190 = DNotZ 1977, 107 = Rpfleger 1976, 359 sowie Reiß MittBayNot 1974, 75; Wolfsteiner Rpfleger 1976, 120; Palandt/Heinrichs Rdn 6 zu § 311b BGB.
[26] BGH 89, 45 = aaO; Palandt/Heinrichs Rdn 6 zu § 311b BGB. AA Staudinger/Wufka Rdn 26, zu § 313 BGB; Wolfsteiner Rpfleger 1976, 120; Ertl DNotZ 1977, 81 (84); Huhn Rpfleger 1974, 2.
[27] So richtig Köbl DNotZ 1983, 207 (214).
[28] Vgl auch BGH DNotZ 1997, 307, wonach die vertragliche Übernahme von Veräußerungs- (oder Erwerbs-)Verpflichtungen beurkundungsbedürftig ist. Ebenso MünchKomm/Kanzleiter Rdn 16 zu § 311b BGB.

doch in entsprechender Anwendung des § 311 b Abs 1 BGB beurkundungspflichtig;[29] da nach der Rechtsprechung des BGH[29] ein solches Anwartschaftsrecht bereits besteht, wenn die Auflassung erklärt und für den Erwerber eine Vormerkung eingetragen ist, wird in den meisten Fällen der Praxis die Verpflichtung zu Erwerb oder Veräußerung der Rechte aus einem Grundstückskaufvertrag beurkundungspflichtig sein; zumindest ist den Beteiligten Beurkundung dringend anzuraten.

3107 Randnummer 3107 ist entfallen.

3108 § 311 b Abs 1 BGB gilt nur für die **rechtsgeschäftliche** Begründung der Verpflichtung zu Veräußerung oder Erwerb von Grundstücken. Erfolgt der Übergang des Eigentums kraft Gesetzes wie zB bei der Anwachsung bei Ausscheiden eines Gesellschafters aus einer Personengesellschaft, so gilt für die Ausscheidungsvereinbarung § 311 b Abs 1 BGB nicht (vgl Rdn 982 h). Aus der Tatsache allein, daß das Vermögen einer Personengesellschaft im wesentlichen aus Grundbesitz besteht, folgt im Normalfall noch keine Beurkundungspflicht für Ein- und Austrittsvereinbarungen von Gesellschaftern[30] oder die Übertragung von Personengesellschaftsbeteiligungen.[31] Hat die Personengesellschaft in dem Zeitpunkt, in dem ihr ein neuer Gesellschafter beitritt, bereits Grundbesitz gekauft, ist die Eigentumsumschreibung aber auf sie noch nicht vollzogen, so führt dies – jedenfalls de lege lata[32] – nicht zur Beurkundungspflicht des Beitritts (oder der Beteiligungsübertragung).[33] Der Eintritt in die fortbestehende, noch nicht erfüllte Erwerbsverpflichtung (das gleiche gilt

---

[29] BGH 83, 695 = DNotZ 1982, 619 = Rpfleger 1982, 271; MünchKomm/Kanzleiter Rdn 16, Palandt/Heinrichs Rdn 6, je zu § 311 b BGB; Hagen DNotZ 1984, 267 (270). Abl zu BGH: Reinicke u Tiedtke NJW 1982, 2281.

[30] RG 65, 240; 136, 99; BGH 32, 314 und NJW 1966, 827; BGH DNotZ 1984, 169 = NJW 1983, 1110; BGH NJW 1990, 1171 = Rpfleger 1990, 158 (für BGB-Gesellschaft); OLG Celle NdsRpfl 1985, 70; OLG Hamm OLGZ 1986, 316 = Rpfleger 1986, 429; OLG Frankfurt NJW-RR 1996, 1123 = Rpfleger 1996, 403; Palandt/Heinrichs Rdn 9, MünchKomm/Kanzleiter Rdn 23, je zu § 311 b BGB; für Anwendung des § 313 BGB bei bewußter Umgehung der Formvorschrift, s K Schmidt AcP 182, 510 und NJW 1996, 3325 (de lege ferenda). Ulmer u Löbbe DNotZ 1998, 711 wenden in Ungleichungsfällen § 313 BGB an, wenn die Personengesellschaft einen „rein grundstücksspezifischen Zweck hat, in der wirtschaftlich gesehen, das Grundstück weder nur einen Teil des Gesellschaftsvermögens bildet noch als Grundlage für ein von der Gesellschaft betriebenes Unternehmen dient" (S 732); dem zustimmend Staudinger/Wufka (2001) Rdn 124 zu § 313.

[31] BGH DNotZ 1984, 169 = aaO; OLG Hamm OLGZ 1986, 316 = Rpfleger 1986, 429; Korte Handbuch S 197 ff; Reinelt NJW 1992, 2052; Grunewald FS Hagen (1999) S 277; Binz/Mayer NW 2002, 3054.

[32] Zur rechtspolitisch wünschenswerten Beurkundungspflicht des Beitritts zu geschlossenen Immobilienfonds aus Gründen des „Verbraucherschutzes" Wolfsteiner 24. Dt Notartag DNotZ 1993, 27; K Schmidt aaO (Fußn 15); Limmer FS Hagen (1999) S 322 (334); Mock FS Bezzenberger (2000) 529.

[33] Wie hier BGH DNotZ 1997, 41 = NJW 1996, 1279 und BGH DNotI-Report 1997, 249 = NJW 1998, 376; Reinelt NJW 1992, 2052; aA Rheinische Notarkammer Rundschreiben vom 10. 3. 1994 und Landesnotarkammer Bayern Rundschreiben vom 11. 3. 1992, die bereits de lege lata Beurkundungsbedürfigkeit bejahen; ebenso Heckschen in Beck'sches Notarhandbuch A X Rdn 39 ff; differenzierend Staudinger/Wufka (2001) Rdn 121 zu § 313 BGB.

A. Form des Kaufvertrags

für den umgekehrten Fall einer im Zeitpunkt des Beitritts „hängenden" Grundstücksveräußerung durch die Gesellschaft) ist nur die gesetzliche Folge (Anwachsung, §§ 736, 738 BGB) des auf die Beteiligung an einer Gesamthand gerichteten Rechtsgeschäfts. Diese Grundsätze gelten auch dann, wenn aus einer zweigliedrigen Personengesellschaft ein Gesellschafter ausscheidet, der verbleibende das Unternehmen unter Ausschluß der Liquidation nunmehr als Alleineigentümer fortführt oder jemand alle Anteile aller Gesellschafter der Personengesellschaft erwirbt; auch Auflassung ist in diesem Fall nicht erforderlich (s Rdn 3293).

§ 311b Abs 1 BGB gilt auch nicht für Rechtsgeschäfte, aus denen sich kraft Gesetzes die Verpflichtung zur Weiterübertragung eines von einem Dritten erlangten Grundstückes ergibt; daher ist nach bisher überwiegender Auffassung ein auf Beschaffung eines Grundstückes gerichteter Auftrag im Hinblick auf die **Veräußerungspflicht** des Beauftragten nicht beurkundungspflichtig, da sie nicht Inhalt, sondern Folge (§ 667 BGB) des Rechtsgeschäfts ist.[34] Eine Beurkundungspflicht wird aber, da der Formzwang des § 311b Abs 1 BGB (seit 1973) auch für Erwerbsverpflichtungen gilt, bei einem Grundstücksbeschaffungsauftrag dann bestehen, wenn durch den Auftrag eine Erwerbspflicht für den Beauftragten und/oder den Auftraggeber begründet wird.[35] Dies ist beim Beauftragten immer dann der Fall, wenn seine Verpflichtung zum Grundstückserwerb nur noch dadurch bedingt ist, daß es ihm gelingt, unter Beachtung der ihm obliegenden Sorgfaltspflicht den Erwerbsvertrag zu schließen,[36] darüber hinaus generell immer dort, wo eine Verpflichtung zum Erwerb konkreter Grundstücke begründet wird.[37] Beim Auftraggeber führt der Auftrag als solcher generell zur Erwerbspflicht, da er dem Beauftragten die gesamten Aufwendungen aus dem Grundstückserwerb erstatten muß (§ 670 BGB), damit das wirtschaftliche Risiko trägt und daher faktisch zum Grundstückserwerb gezwungen wird.[38] Daher sind Aufträge, gerichtet auf Erwerb eines Grundstücks im eigenen Namen, aber für Rechnung des Auftraggebers, wegen der stets enthaltenen (keine „ewige" Treuhand[39]) Erwerbsverpflichtung des Auftraggebers regelmäßig beurkundungspflichtig. Auch ein Auftrag, für den Auftraggeber in offener Stellvertretung Grundstücke zu erwerben, ist beurkundungspflichtig, wenn damit der Auftrag-

3109

---

[34] BGH DNotZ 1969, 744; DNotZ 1970, 289; DNotZ 1971, 542; DNotZ 1987, 751 = NJW 1987, 2071; BGH 127, 168 = DNotZ 1995, 529 = NJW 1994, 3346; aA Schwanecke NJW 1984, 1585; kritisch zu diesem Argument auch Hagen DNotZ 1984, 267 (276).
[35] BGH DNotZ 1981, 372 = NJW 1981, 1267; BGH 85, 245 = DNotZ 1984, 241 = NJW 1983, 566 = Rpfleger 1983, 81; dies wird in BGH 127, 168 = aaO ausdrücklich angesprochen und vom BGH DNotZ 1998, 941 = NJW 1996, 1960 = Rpfleger 1996, 471 jetzt ausdrücklich betont.
[36] BGH DNotZ 1981, 372 = aaO (Fußn 35).
[37] BGH 85, 245 = aaO (Fußn 35). Eine Erwerbspflicht des Beauftragten nehmen generell an MünchKomm/Kanzleiter Rdn 22 zu § 311b BGB; BGB-RGRK/Ballhaus Rdn 30 zu § 313 BGB; Schwanecke NJW 1984, 1585; dagegen BGB-RGRK/Steffen Rdn 30 vor § 662 BGB.
[38] Einschränkend noch BGH DNotZ 1981, 372 = aaO (Fußn 35); umfassend BGH 85, 245 = aaO (Fußn 35); BGH DNotZ 1990, 656 und DNotZ 1998, 941 = aaO; Hagen DNotZ 1984, 267 (276); Schwanecke NJW 1984, 1585.
[39] So richtig Korte Handbuch S 229.

(und Vollmacht)geber bereits eine bindende Entscheidung für den Erwerb treffen wollte oder getroffen hat[40] (zB wirtschaftliche Nachteile für den Fall der Nichtdurchführung des Auftrages oder seiner Kündigung vor Erwerb) oder wenn die Vollmacht auch im Interesse des Bevollmächtigten erteilt wird[41]).

3110 Beurkundungspflichtig sind auch alle Vereinbarungen, die einen **mittelbaren Zwang zur Veräußerung** oder **zum Erwerb** eines Grundstücks begründen,[42] zB Versprechen einer Vertragsstrafe für den Fall der Nichtveräußerung oder des Nichterwerbs eines Grundstücks,[43] die auf Abgabe eines Mindestgebots gerichtete Ausbietungsgarantie im Falle der Zwangsversteigerung,[44] die Verpflichtung eines Miteigentümers gegenüber einem Dritten, die Teilungsversteigerung zu beantragen und nicht mitzubieten, um dem Dritten Eigentum zu verschaffen,[45] die Vereinbarung, daß eine Anzahlung auf den Kaufpreis als Schadensersatz verfällt, wenn der Kaufvertrag nicht zustandekommt,[46] die Vereinbarung einer Maklerprovision auch für den Fall, daß der Kaufvertrag nicht zustandekommt, wenn dieses Entgelt mehr als 10–15% der eigentlichen Maklerprovision ausmacht,[47] überhaupt alle für den Fall des Nichtabschlusses vereinbarten Zahlungsverpflichtungen, wenn sie ein bestimmtes Maß (zB die vorgenannte zulässige erfolgsunabhängige Maklerprovision) überschreiten.[48] In allen Fällen ist stets der gesamte Vertrag, nicht nur die Verpflichtung zu Veräußerung und/oder Erwerb beurkundungspflichtig.[49] Dagegen enthält eine Regelung, daß zur Beschaffung der Mittel für die Tilgung einer Kaufpreis- oder Werklohnforderung vom Schuldner ein Grundstück veräußert werden soll, keine, auch nicht mittelbare, Pflicht zur Veräußerung, sondern lediglich eine beabsichtigte Finanzierungsform, an die regelmäßig keine Bindung besteht.[50] Wegen der unmittelbaren Verpflichtung zum Grundstückserwerb und zur Begründung von Sondereigentum (§ 4 Abs 3 WEG) und ihrer

---

[40] BGH DNotZ 1985, 294 = NJW 1985, 730 (für Treuhandauftrag im Bauherren-Modell).
[41] Vgl Korte Handbuch S 146 ff.
[42] OLG Karlsruhe Justiz 1976, 390 = MittBayNot 1976, 213.
[43] BGH DNotZ 1971, 39 = NJW 1970, 1915; BGH DNotZ 1971, 92 = NJW 1971, 93; BGH DNotZ 1971, 295 = NJW 1971, 557; BGH DNotZ 1987, 747 = NJW 1987, 1628; OLG Celle DNotZ 1974, 167; OLG München DNotZ 1984, 245 = NJW 1984, 243; OLG Nürnberg DNotZ 1969, 100.
[44] OLG Celle DNotZ 1977, 605 = NJW 1977, 52 und DNotZ 1992, 302 = NJW-RR 1991, 866; BGH 110, 319 (321) = DNotZ 1991, 531 mit Anm Münch; BGH NJW-RR 1993, 14; Droste MittRhNotK 1995, 37; Horn WM 1975, 1038; Zimmer NotBZ 2002, 55.
[45] BGH 85, 245 = aaO (Fußn 35); OLG Hamm DNotZ 1974, 507.
[46] BGH DNotZ 1979, 304 = NJW 1979, 307 = Rpfleger 1979, 53.
[47] BGH DNotZ 1981, 23 = MDR 1980, 563; BGH DNotZ 1987, 745; BGH DNotZ 1989, 225 = NJW 1988, 1716; OLG Hamburg NJW 1983, 1502. Enthält der Maklervertrag jedoch eine ausdrückliche Kaufverpflichtung, ist er stets nichtig, ohne Rücksicht auf die Höhe der Entschädigung, BGH DNotZ 1990, 656.
[48] BGH DNotZ 1990, 651 mit Anm Heckschen; OLG Hamburg NJW-RR 1992, 20; OLG Hamm DNotZ 1992, 423 = NJW-RR 1992, 1100.
[49] OLG Celle DNotZ 1992, 302 = NJW-RR 1991, 866; OLG Hamburg MittBayNot 2003, 293 (auch Annahme der Ausbietungsgarantie beurkundungspflichtig).
[50] BGH DNotZ 2002, 935 = NJW 2002, 1792.

A. Form des Kaufvertrags

rechtlichen Verknüpfung mit dem Treuhandauftrag sind beim sog Bauherren-Modell sämtliche Vereinbarungen beurkundungspflichtig[51] (Treuhandvertrag, Gesellschaftsvertrag, Baubetreuung, Vollmacht).

§ 311 b Abs 1 BGB gilt auch für öffentlich-rechtliche Verträge, soweit nicht öffentlich-rechtliche Normen etwas anderes vorsehen.[52] Daher sind insbesondere Erschließungsverträge (§ 124 Abs 4 BauGB) und städtebauliche Verträge (§ 11 BauGB) in ihrem gesamten Inhalt beurkundungspflichtig,[53] wenn in ihnen die Verpflichtung zu Veräußerung oder Erwerb von Grundbesitz enthalten ist und diese Verpflichtung mit den anderen Pflichten eine rechtliche Einheit (s dazu Rdn 3119 ff) bildet; eine Aufspaltung wird daher regelmäßig nicht möglich sein.[54] 3111

Die Formvorschrift des § 311 b Abs 1 BGB besteht außer bei Grundstückskauf- und sonstigen Grundstücksveräußerungs- und -erwerbsverträgen insbesondere auch für 3112

a) **Vorverträge,** die eine Verpflichtung zum Abschluß von Veräußerungs- bzw Erwerbsverträgen, ggfs auch mit Dritten, enthalten,[55] nicht dagegen Rechtsgeschäfte im Vorfeld von Grundstücksübertragungen, die noch keine unmittelbare oder mittelbare (durch Vereinbarung von hohen Aufwendungsersatz- oder Schadensersatzansprüchen) Verpflichtung zu Grundstückserwerb oder -veräußerung enthalten, zB letter of intent; instruction to proceed ua.[56]

b) **Optionsverträge,** die den Veräußerer einseitig verpflichten, einen Veräußerungsantrag zu machen oder einen Kaufantrag des Erwerbers anzunehmen,[57] aber auch eine Erwerbsverpflichtung, ebenso die Begründung eines Ankaufs- 3113

---

[51] BGH DNotZ 1985, 294 = NJW 1985, 730 (Treuhandvertrag); BGH 101, 393 = DNotZ 1988, 547 = NJW 1988, 132; BGH DNotZ 1990, 648; BGH NJW 1992, 3237; BGH MittBayNot 1994, 371 = MittRhNotK 1994, 322 = NJW 1994, 2095; OLG Stuttgart BWNotZ 1979, 9 mit Anm Epple = MittBayNot 1979, 63 = MittRhNotK 1979, 14; LG Aachen MittBayNot 1981, 260 = MittRhNotK 1981, 242; LG Frankenthal MittBayNot 1978, 179; LG Nürnberg-Fürth MittBayNot 1977, 143; LG Traunstein MittBayNot 1978, 52; Wolfsteiner DNotZ 1979, 579 und DNotZ 1980, 352; Staudinger/Wufka Rdn 188 ff zu § 313 BGB; Maser NJW 1980, 961 (963); Brych Betrieb 1979, 1589; Kanzleiter DNotZ 1984, 421; einschränkend Korte DNotZ 1984, 3 und 82.
[52] So gilt § 311 b Abs 1 BGB nicht für die gütliche Einigung innerhalb des förmlichen Enteignungsverfahrens, OLG Schleswig DNotZ 1981, 562 = Rpfleger 1981, 351; s hierzu Breuer Rpfleger 1981, 337. Dagegen gilt § 311 b Abs 1 BGB für die Grundabtretung außerhalb des förmlichen Enteignungsverfahrens, BGH DNotZ 1984, 166 = Rpfleger 1983, 433.
[53] BGH DNotZ 1972, 756; BVerwG DVBl 1985, 297 = MittBayNot 1985, 144; VGH Mannheim NJW-RR 1995, 721; aber einschränkend OVG Koblenz MittRhNotK 1978, 131.
[54] BVerwG MittBayNot 1996, 387 mit Anm Grziwotz; Grziwotz, Gutachten DNotI-Report 1994 Heft 19 S 1; Grziwotz MittBayNot 1999, 44; teilweise aA Manstein MittRhNotK 1995, 1 (4). BVerwG MittBayNot 2001, 584 mit Anm Grziwotz läßt im konkreten Fall Aufspaltung zu, da es rechtliche Einheit verneint.
[55] Über den Vorvertrag s RG 169, 189; BGH BB 1967, 1394 = MittBayNot 1968, 31; BGH DNotZ 1982, 433 mit Anm Wolfsteiner = Rpfleger 1982, 138.
[56] Wolf DNotZ 1995, 179; MünchKomm/Kanzleiter Rdn 31 zu § 311 b BGB.
[57] RG 81, 134; 95, 7; 169, 65; 170, 72; OLG Hamburg NJW-RR 1992, 20.

rechts (s hierzu Rdn 1451); nicht beurkundungspflichtig ist die Abrede, jemand ein Angebot zum Kauf machen zu lassen (sog Verhandlungsvorhand);[58]

3114 c) **Vergleiche**, die Grundstücksveräußerung oder -erwerb zum Inhalt haben; ein gerichtlicher Vergleich[59] nach § 127a BGB, der in einer Verhandlung geschlossen und protokolliert wurde (§ 160 ZPO), nicht der durch Schriftsatz der Parteien angenommene, schriftlich unterbreitete Vergleichsvorschlag nach § 278a Abs 6 ZPO (vgl auch Rdn 3338), genügt aber der Form des § 311b Abs 1 BGB, ebenso ein Vergleich in einem Schiedsspruch mit vereinbartem Wortlaut nach § 1053 ZPO.

3115 d) **Änderungen eines Kaufvertrags**, wenn sie **vor** der **Auflassung** erfolgen und einen Bestandteil des ursprünglichen Vertrags betreffen.[60] Formbedürftig im einzelnen sind ua: Erlaß, Herabsetzung oder Erhöhung des Kaufpreises, Vereinbarungen über Anrechnung oder Aufrechnung von Leistungen, Ersetzung der Barzahlung durch Ablösung von Verbindlichkeiten oder durch sonstige Leistungen an Erfüllungs statt, Umwandlung einer Gesamtschuld in eine Teilschuld, Verlängerung der Frist zur Erklärung der Auflassung oder zur Ausübung eines Wiederkaufrechts. Der Formzwang entfällt nicht dadurch, daß eine Änderung im Wege des Vergleichs erfolgt.[61] Formfrei sollen nur Vereinbarungen sein, die lediglich der Beseitigung einer bei Abwicklung des Geschäfts aufgetretenen unvorhergesehenen Schwierigkeit dienen und den Inhalt der gegenseitigen Leistungspflichten unberührt lassen, ebenso Änderungen, die weder die Übereignungs- noch die Abnahmepflicht erweitern.[62] Gegen diese Auffassung macht ein Teil des neueren Schrifttums[63] zu Recht erhebliche Bedenken geltend, da alle diese Abgrenzungen nicht praktikabel sind, zu erheblicher Rechtsunsicherheit über die Formgültigkeit führen und die Formfreiheit mit der Schutz- und Warnfunktion der Beurkundung in Widerspruch steht: die Beseitigung von Abwicklungsschwierigkeiten kann zu erheblichen Eingriffen in das Vertragsverhältnis führen. Daher ist auch in der Rechtsprechung keine klare Linie zu erkennen: So hat der BGH[64], die Schutz- und Warnfunktion der Beurkundung betonend, als formbedürftige Vertragsänderung beurteilt:
– die längere Stundung des Kaufpreises[65]

---

[58] Vgl Gutachten DNotI-Report 1999, 25.
[59] Auch im landwirtschaftlichen Verfahren nach GrdstVG wirksam, auch wenn im Protokoll Vermerk über Verlesung und Genehmigung fehlt, BGH DNotZ 1999, 985 = Rpfleger 1999, 483.
[60] BGH DNotZ 1974, 359 und 1980, 222; BGH DNotZ 1984, 238 = NJW 1984, 612; BGH DNotZ 1988, 548 = NJW-RR 1988, 185; BGH MittBayNot 1996, 26 = NJW 1996, 452.
[61] RG 109, 22 (26).
[62] BGH 66, 270 = DNotZ 1976, 682 = NJW 1976, 1842; das soll allerdings nicht gelten, wenn die Änderung in einem notariellen Vertragsangebot durch beiderseitige Vereinbarung für den Fall der Angebotsannahme erfolgt, BGH BB 1966, 207 = Betrieb 1966, 461 = BWNotZ 1966, 196 = MDR 1966, 488; s auch BayObLG MittBayNot 1970, 150; Hagen DNotZ 1984, 267 (277).
[63] MünchKomm/Kanzleiter Rdn 57ff zu § 311b BGB; ähnlich auch Staudinger/Wufka Rdn 201 zu § 313 BGB; Müller MittRhNotK 1988, 243 (245).
[64] BGH DNotZ 1979, 406; DNotZ 1979, 476; DNotZ 1979, 479.
[65] BGH DNotZ 1982, 310 = NJW 1982, 393.

A. Form des Kaufvertrags

- die Verschärfung der Rücktrittsbedingungen[66]
- die nachträgliche Verlängerung der Frist für die Ausübung eines Wiederkaufsrechts.[67]

Andererseits hat der BGH[68] die erstmalige nachträgliche Vereinbarung eines Rücktrittsrechts als bloße nicht beurkundungspflichtige Beseitigung von Abwicklungsschwierigkeiten beurteilt.

Angesichts der Schwankungen in der Rechtsprechung[69] sollten daher alle Änderungen des Veräußerungsvertrags beurkundet werden; formlose Abreden können – soweit sie die Abwicklung des Vertrags betreffen – als Auslegungshilfen im Rahmen des § 157 BGB Bedeutung haben.[70]

Änderungen eines Grundstücksvertrags, die von den Beteiligten erst **nach** der **Auflassung** vereinbart werden, bedürfen keiner Beurkundung, auch wenn die Eigentumsumschreibung noch nicht erfolgt ist;[71] dies gilt auch, wenn die Auflassung erklärt, der Notar aber angewiesen ist, ihren Vollzug erst nach Nachweis der Kaufpreiszahlung zu betreiben;[72] dagegen soll die nachträgliche Änderung der Vollzugsabrede selbst (wann die erklärte Auflassung vollzogen werden soll) der Form des § 311 b Abs 1 BGB bedürfen.[73] Die Vereinbarung einer Rückkaufverpflichtung des Verkäufers nach Auflassung bedarf der Form des § 311 b Abs 1 BGB;[74]

Auch die nachträgliche Vereinbarung von Sonderwünschen im Bauträgervertrag bedarf der Beurkundung, wenn nicht die Auflassung schon erklärt war oder es lediglich um die Ausübung von dem Käufer vorbehaltenen Wahlrechten oder gestatteten Eigenleistungen geht.[75]

---

[66] BGH DNotZ 1989, 228 = NJW 1988, 3263.
[67] BGH MittBayNot 1996, 26 = NJW 1996, 452 in deutlicher Einschränkung von BGH DNotZ 1973, 473 = NJW 1973, 37, der insoweit noch auf (formfreie) Abwicklungsvereinbarung erkannte.
[68] BGH DNotZ 2001, 798 mit krit Anm Kanzleiter = NJW 2001, 1932 = NotBZ 2001, 220 mit abl Anm Supplet; abl auch Grziwotz EWiR 2001, 569; wie BGH auch OLG München NotBZ 2001, 307.
[69] BGH DNotZ 1982, 310 = aaO (Fußn 65); BGH DNotZ 1980, 222, der eine Vereinbarung über eine Herabsetzung des Gesamtkaufpreises bei Aufhebung einer Übereignungspflicht nicht als Teilaufhebung, sondern als formbedürftige Vertragsänderung ansieht; vgl auch BGH DNotZ 1988, 548 = NJW-RR 1988, 185 einerseits, BGH DNotZ 1997, 798 andererseits.
[70] MünchKomm/Kanzleiter Rdn 58 zu § 311 b BGB.
[71] RG HRR 1933, 1410; BGH DNotZ 1971, 541 = NJW 1971, 1450 = Rpfleger 1971, 303 und – nochmals die bisherige Auffassung bestätigend – BGH DNotZ 1985, 284 mit Anm Kanzleiter = NJW 1985, 266 = Rpfleger 1985, 56; aA Dieckmann MittRhNotK 1968, 242 (252); Staudinger/Wufka Rdn 157; Soergel/Wolf Rdn 85, 107, je zu § 313 BGB; MünchKomm/Kanzleiter Rdn 59 zu § 311 b BGB.
[72] BGH DNotZ 1985, 284 = aaO (Fußn 71) mit abl Anm Kanzleiter; aA LG Limburg MittBayNot 1986, 123.
[73] OLG Düsseldorf DNotZ 1998, 949 mit krit Anm Kanzleiter = MittBayNot 1999, 53 mit Anm Schwarz = NJW 1998, 2225. Kritisch auch Brambring FS Hagen (1999) S 251 (275), der zu Recht feststellt, daß kein Grund besteht, nachträgliche Änderungen von der Formbedürftigkeit anders zu behandeln, je nachdem ob die Auflassung ausgesetzt oder zwar beurkundet, aber mit Vollzugssperre versehen ist.
[74] BGH DNotZ 1989, 233 = NJW 1988, 2237.
[75] Vgl Basty, Bauträgervertrag (4. Aufl) Rdn 625 ff; Weigl MittBayNot 1996, 10 (12).

3116 e) zur Grundstücksveräußerung berechtigende **unwiderrufliche Vollmachten** und Vollmachten, die lediglich das äußere Gewand für das verdeckte Grundstücksgeschäft darstellen und bereits eine tatsächliche oder rechtliche Bindung enthalten; hier muß zusammen mit der Vollmacht das zugrundeliegende Kausalverhältnis (Auftrag, Geschäftsbesorgung) beurkundet werden (s Rdn 3537 ff);

3117 f) Bestellung eines dinglichen oder persönlichen **Vorkaufsrechts**; wegen Einzelheiten s Rdn 1398,

3118 g) die **Aufhebung** eines Kaufvertrags, wenn der Käufer bereits als neuer Grundstückseigentümer eingetragen ist[76] oder der Erwerber bereits ein Anwartschaftsrecht erlangt hat[77] (setzt Auflassung und Antragstellung auf Eigentumsumschreibung durch den Erwerber oder Auflassung und Eintragung einer Auflassungsvormerkung voraus); denn auf Verträge zur Veräußerung oder zum Erwerb von Grundstücksanwartschaftsrechten ist § 311 b Abs 1 BGB entsprechend anwendbar. Ein trotz bestehenden Anwartschaftsrechts nicht in der Form des § 311 b Abs 1 BGB geschlossener formnichtiger Aufhebungsvertrag wird mit Löschung der Auflassungsvormerkung in analoger Anwendung des § 311 b Abs 1 S 2 BGB geheilt.[78] Die Aufhebung eines Grundstücksveräußerungsvertrags ist formlos möglich, wenn die Auflassung noch nicht erklärt ist oder wenn sie zwar erklärt ist, ein Anwartschaftsrecht für den Erwerber aber noch nicht besteht.[79] Wird zunächst die Auflassung – formlos – aufgehoben, erlischt das Anwartschaftsrecht; nachfolgend kann der Kaufvertrag – formlos – aufgehoben werden.[80] Wird die Übereignungspflicht hinsichtlich eines Teils des Vertragsobjekts unter Herabsetzung des Gesamtkaufpreises „aufgehoben", so ist dies eine beurkundungspflichtige Änderung, keine formlos mögliche Teilaufhebung.[81] Die Löschung der Auflassungsvormerkung bedarf auch in den Fällen, in denen ein Anwartschaftsrecht besteht, der verfahrensrechtlichen (§§ 19, 29 GBO) und materiell-rechtlichen (§ 875 BGB) Bewilligung; letztere bedarf als sachenrechtliche Verfügung auch in diesem Fall keiner besonderen Form (§ 873 BGB).[82] Keine Löschungsbewilligung ist erforderlich bei Beurkundung des Aufhebungsvertrages, da hierin der

---

[76] BGH 127, 168 (173) = aaO (Fußn 34) mit weit Nachw; BayObLG 1976, 328 = MittBayNot 1977, 16 = Rpfleger 1977, 104.
[77] BGH 83, 395 = DNotZ 1982, 619 mit Anm Ludwig = NJW 1982, 1639 = Rpfleger 1982, 271; BGH NJW-RR 1988, 265; OLG Saarbrücken NJW-RR 1995, 1105 mit weit Nachw. Abl zu BGH Reinicke u Tiedtke NJW 1982, 2281; allgemein Blum MittRhNotK 1987, 209 (217 ff).
[78] OLG Düsseldorf DNotZ 1990, 370; OLG Hamm DNotZ 1991, 149 mit abl Anm Brambring = OLGZ 1991, 122; dazu auch Tiedtke Betrieb 1991, 2273; aber keine Heilung mit Löschung der Vormerkung infolge Zwangsversteigerung, OLG Saarbrücken aaO.
[79] BGH MittBayNot 2000, 245 (246) = NJW 2000, 1268 (1269); RG 65, 392; OLG Köln NJW-RR 1995, 1107; mangels Anwartschaftsrecht ist die Verpflichtung zur Löschung eines Wiederkaufsrechts nicht beurkundungspflichtig, BGH DNotZ 1988, 560 = NJW 1988, 1386.
[80] BGH NJW 1993, 3323; zustimmend Müller-Michaels NJW 1994, 2742; wie hier auch MünchKomm/Kanzleiter Rdn 60 zu § 311 b BGB.
[81] BGH DNotZ 1980, 222; BGH DNotZ 1982, 310.
[82] LG Marburg Rpfleger 1986, 468.

A. Form des Kaufvertrags

Wegfall des Eigentumsverschaffungsanspruchs und damit die Unrichtigkeit des Grundbuchs hinsichtlich der Vormerkung in der Form des § 29 GBO nachgewiesen ist.[83] Ob dies noch zutrifft, nachdem diese – unwirksam gewordene – Vormerkung durch Vereinbarung eines identischen Anspruchs und Bewilligung wieder entstehen kann, ist zweifelhaft (s Rdn 1488, 1542); sicherer ist es, eine Löschungsbewilligung in den beurkundeten Aufhebungsvertrag aufzunehmen.

Der Form des § 311b Abs 1 BGB bedarf der **gesamte Vertragsinhalt;** die Beteiligten können also nicht willkürlich bestimmte Vereinbarungen von der Beurkundung ausschließen, denn der Umfang des Formerfordernisses unterliegt nicht der Parteidisposition.[84] § 311b Abs 1 BGB erstreckt sich auf **alle Vereinbarungen,** die nach dem Willen der Vertragsteile einen Bestandteil des auf die Veräußerung bzw den Erwerb gerichteten Vertrags bilden.[85] Es unterliegen dieser Vorschrift also nicht nur die Erklärung des Verkäufers, durch die er sich zur Grundstücksübertragung verpflichtet, sondern auch alle anderen Vereinbarungen (auch Bedingungen[86]), aus denen sich nach dem Willen der Vertragspartner das schuldrechtliche Veräußerungs- bzw Erwerbsgeschäft zusammensetzt.[87] Beurkundungspflichtig sind demnach **alle Abreden,** auch Nebenvereinbarungen, die mit dem Grundstücksveräußerungs- oder -erwerbsvertrag in einem solchen Zusammenhang stehen, daß weder Grundstücksgeschäft noch Nebenabrede allein gelten sollen (§ 139 BGB); darauf, ob sie wichtig oder unwichtig sind, kommt es nicht an.

3119

Auch für sog **zusammengesetzte Verträge,** dh Verträge, bei denen Grundstücksveräußerung bzw -erwerb in Verbindung mit einem anderen als solchen nicht beurkungsbedürftigen Rechtsgeschäft stehen, gilt der vorgenannte Grundsatz: sie sind im Ganzen beurkundungspflichtig, wenn sie nach dem (Verknüpfungs-) Willen der Parteien eine rechtliche, nicht nur tatsächliche oder wirtschaftliche Einheit bilden. Dies gilt – ohne Rücksicht auf die zeitliche Reihenfolge[88] ihres Abschlusses – auch dann, wenn äußerlich voneinander getrennte Verträge geschlossen werden.[89] Doch spricht hier zunächst eine tatsächliche Vermutung

3120

---

[83] BayObLG DNotZ 1989, 363.
[84] RG 61, 267; 97, 221; BGH DNotZ 1979, 476 und DNotZ 1980, 344.
[85] BGH DNotZ 1965, 552 (Vereinbarung der Ablösung eines Mietervorkaufsrechts); BGH DNotZ 1954, 188; BGH DNotZ 1966, 736; BGH DNotZ 1983, 231 = NJW 1983, 565; LG München I MittRhNotK 1978, 149 (Renovierungsverpflichtung des Verkäufers).
[86] BGH DNotZ 1998, 944 = NJW 1996, 2792; BGH DNotZ 1999, 354 = NJW 1999, 351.
[87] BGH DNotZ 1966, 737; BGH 63, 359 (361) = DNotZ 1975, 358; BGH 85, 315 (318) = DNotZ 1983, 232; BGH DNotZ 1984, 236 = NJW 1984, 794; BGH DNotZ 1985, 279; BGH DNotZ 1989, 501 = NJW-RR 1989, 189; BGH MittBayNot 1989, 76 = NJW 1989, 898; s auch OLG Stuttgart DNotZ 1970, 403 = NJW 1970, 566; vgl Lichtenberger DNotZ 1988, 531, der instruktiv zwischen einheitlichem Rechtsgeschäft (gehört objektiv zusammen) und zusammengesetztem Rechtsgeschäft (wird durch Parteiwillen verknüpft) unterscheidet; eingehend auch Keim DNotZ 2001, 827 und Korte Handbuch S 71 ff.
[88] So ausdrücklich BGH DNotZ 2002, 944 = NJW 2002, 2559 = NotBZ 2003, 44 Leits mit Anm Keim; Pohlmann EWiR 2000, 323.
[89] BGH DNotZ 1975, 87; BGH MittBayNot 1976, 213 = WM 1976, 1111 (Nichtbeurkundung einer Abrede über die Bebaubarkeit macht Vertrag nichtig).

dafür, daß sie von den Parteien nicht als einheitlicher Vertrag gewollt sind (fehlender Verknüpfungswille). Ein bloßer wirtschaftlicher Zusammenhang oder gleichzeitiger Abschluß beider Verträge genügt zwar allein nicht zur Widerlegung der Vermutung,[90] doch bilden sie gewichtige Anhaltspunkte für einen gewollten rechtlichen Zusammenhang und haben jedenfalls mehr Gewicht als die „beliebig manipulierbare Niederlegung der Erklärungen in einer einzigen oder in verschiedenen Urkunden".[91] Ein solcher rechtlicher Zusammenhang liegt stets bei **gegenseitiger Abhängigkeit** vor, dh wenn die verschiedenen Vereinbarungen nach dem Willen der Beteiligten derart voneinander abhängen, daß sie miteinander stehen oder fallen.[92] Liegt keine gegenseitige, sondern nur eine einseitige Abhängigkeit der verschiedenen Rechtsgeschäfte vor, ist nach inzwischen gefestigter Rechtsprechung des BGH[93] zu differenzieren:
– ein als solches nicht beurkundungspflichtiges Rechtsgeschäft ist nur dann beurkundungsbedürftig, wenn das Grundstücksveräußerungs- bzw Erwerbsgeschäft von diesem anderen Rechtsgeschäft abhängt; Nicht-Beurkundung des anderen Rechtsgeschäftes führt dann regelmäßig zur Nichtigkeit beider Rechtsgeschäfte;
– ist umgekehrt nur das an sich nicht beurkundungspflichtige Rechtsgeschäft vom Grundstücksgeschäft abhängig (nicht aber umgekehrt), so gilt das Formgebot des § 311 b Abs 1 BGB nicht für dieses andere Geschäft. Soweit allerdings das nicht formgebundene Rechtsgeschäft selbst eine mittelbare Verpflichtung zum Grunderwerb enthält, zB durch Vereinbarung entsprechender Sanktionen bei Nichterwerb des Grundstückes, besteht schon deswegen Beurkundungspflicht.[94]

Entscheidend für die Abhängigkeit ist der Verknüpfungswille der Beteiligten. Er muß bei mindestens einem der Beteiligten vorhanden, dem anderen Beteiligten erkennbar sein und von ihm gebilligt, oder mindestens hingenommen

---

[90] RG 103, 295; BGH DNotZ 1954, 188 und WM 1967, 1131; vgl auch OLG Hamburg DNotZ 1963, 34.
[91] Hagen DNotZ 1984, 267 (273); teilweise aA Korte DNotZ 1984, 1 und 91; die objektive Seite stark betonend auch Lichtenberger DNotZ 1988, 531 (539) und Wufka MittBayNot 2003, 48 (50); Seeger MittBayNot 2003, 11. Die Rechtsprechung (BGH MittBayNot 1987, 21 = MittRhNotK 1987, 46 = NJW 1987, 1069; BGH DNotZ 1988, 547 = NJW 1988, 132; BGH NJW 1992, 3237; OLG München DNotZ 1988, 563) betont bei der tatrichterlichen Würdigung des Willens der Beteiligten zu Recht in erheblichem Umfang objektive Momente.
[92] BGH DNotZ 1971, 410; BGH DNotZ 1980, 409; BGH DNotZ 1981, 115; BGH NJW 1994, 721; Palandt/Heinrichs Rdn 32; MünchKomm/Kanzleiter Rdn 53, je zu § 311 b BGB und Kanzleiter DNotZ 1984, 421. Abweichend Korte DNotZ 1984, 1 und 82, der Geschäftseinheit nur bei synallagmatischem Zusammenhang der Vereinbarung hinsichtlich Abschluß, Durchführung und Abwicklung von Leistungsstörungen annimmt.
[93] BGH DNotZ 2000, 635 = NJW 2000, 951; BGH MittBayNot 2001, 69 = NJW 2001, 266 = ZNotP 2001, 73; BGH DNotZ 2002, 944 = MittBayNot 2003, 46 mit Anm Wufka und Anm Keim RNotZ 2003, 44; vgl weiter Keim DNotZ 2001, 827; Seeger MittBayNot 2003, 11; Hartmann MittRhNotK 2000, 11.
[94] Vom BGH bisher nicht entschieden, worauf Wufka MittBayNot 2003, 48 (50) hinweist; ebenso Keim DNotZ 2001, 827 (833); vgl weiter Rdn 3110.

A. Form des Kaufvertrags

werden.⁹⁵ Das Vorliegen dieses Verknüpfungswillens ist auch in den Fällen einseitiger Abhängigkeit nach dem tatsächlich vorhandenen Willen zu beurteilen, wofür objektive wirtschaftliche Gegebenheiten eine maßgebendere Rolle spielen als bloße Äußerungen der Beteiligten in der Urkunde (s oben mit Fußn 91). Nach diesen Grundsätzen ist die Beurkundungspflicht von Verträgen zu beurteilen, die aus Grundstücksveräußerungs- und Erwerbsgeschäft einerseits und sonstigen Vereinbarungen bestehen (zB Kaufverträge über bewegliche Gegenstände, wie Inventar,⁹⁶ Kaufverträge über Unternehmen als „asset deal",⁹⁷ Bauwerkverträge einschließlich Fertighausverträgen⁹⁸ [s dazu aber auch Rdn 3120a], Miet/Pachtverträge,⁹⁹ Sicherungsvereinbarungen im Zusammenhang mit Grundstücksveräußerungen¹⁰⁰ oder auch die Vereinbarung eines Schiedsvertrages im Zusammenhang mit einem Grundstücksveräußerungsvertrag, da die Form des Schiedsvertrages die weitergehende Form des § 311b Abs 1 BGB nicht ersetzen kann).¹⁰¹

Für die Anwendung der vorgenannten Grundsätze kommt es nicht darauf an, ob an allen Rechtsgeschäften dieselben Parteien beteiligt sind.¹⁰² Bei solchen **Drittbeteiligungsverhältnissen** muß der vorhandene Verknüpfungswille wenigstens einer Partei (entweder im Sinne einer gegenseitigen Abhängigkeit oder einer einseitigen Abhängigkeit des Grundstücksgeschäftes vom anderen Rechtsgeschäft beiden anderen Beteiligten erkennbar sein und von beiden an-

3120a

---

⁹⁵ BGH DNotZ 1979, 332; BGH DNotZ 1981, 115 = Rpfleger 1981, 95; BGH NJW 1988, 132 und NJW 1987, 1069 = aaO (Fußn 91); BGH NJW 1997, 312; MünchKomm/Kanzleiter Rdn 54 zu § 311b BGB; Keim DNotZ 2001, 827.

⁹⁶ BGH DNotZ 1975, 87; OLG Düsseldorf DNotI-Report 1994 Heft 22 S 7; OLG Düsseldorf MittRhNotK 2000, 339; RG 97, 219; 103, 295; aA – unrichtig, da Inventar mit Zubehör verwechselnd – OLG Celle NJW-RR 1998, 1169; Binder MittRhNotK 1984, 205 (209).

⁹⁷ BGH DNotZ 1979, 332. Übernimmt daher zB ein größeres Stromversorgungsunternehmen ein kleineres, so ist der gesamte Unternehmenskaufvertrag beurkundungspflichtig, nicht nur der Vertrag über die Grundstücke mit den Umspannstationen und sonstigen technischen Einrichtungen für die Stromversorgung.

⁹⁸ S hierzu BGH DNotZ 2002, 944 = aaO (Fußn 93) und früher – teilweise überholt – BGH DNotZ 1980, 409 einerseits und BGH DNotZ 1981, 115 = Rpfleger 1981, 95 andererseits sowie BGH NJW 1994, 721 (Bauvertrag über konkretes Grundstück, das Interessent noch erwerben will, spricht für Einheitswillen); OLG Hamm DNotZ 1982, 367 = MDR 1981, 931; OLG Hamm BB 1995, 1210 = MittBayNot 1995, 447; OLG Hamm DNotZ 1996, 1048 mit Anm Reithmann; OLG Koblenz DNotZ 1994, 771 mit Anm Wolf; OLG Köln DNotI-Report 1997, 38 = MittRhNotK 1997, 25; OLG Schleswig NJW-RR 1991, 1175; OLG Thüringen DNotI-Report 1996, 6 (alle zu Fertighausverträgen); LG Hamburg DNotZ 1983, 625; dazu auch Reinelt BB 1981, 706; Schmidt ZfBR 1980, 170; Hagen DNotZ 1984, 267 (273); Zeiß BWNotZ 1984, 129; Lichtenberger DNotZ 1988, 531 (540); vgl weiter Fußn 104.

⁹⁹ BGH NJW 1987, 1069; BGH NJW 1988, 2880; OLG Koblenz NotBZ 2002, 187 = ZfIR 2003, 285.

¹⁰⁰ BGH DNotZ 1995, 295.

¹⁰¹ AA BGH DNotZ 1978, 151; wie hier MünchKomm/Kanzleiter Rdn 55 zu § 311b BGB.

¹⁰² BGH DNotZ 1985, 279; BGH DNotZ 2002, 944 = aaO (Fußn 88); BGH DNotZ 2003, 632 = NotBZ 2003, 232; OLG Hamm DNotZ 1982, 367 = aaO (Fußn 98) und DNotZ 1996, 1048 mit Anm Reithmann; OLG Düsseldorf MittRhNotK 2000, 339.

deren Beteiligten gebilligt oder hingenommen sein.[103] Dies ist in der Regel dann der Fall, wenn ein Beteiligter des Grundstücksvertrages und der Dritte rechtlich oder wirtschaftlich verbunden sind, zB Grundstückseigentümer und Bauträger (Fertighaushersteller) sind rechtlich, personell oder wirtschaftlich verbundene Unternehmen[104] oder der Grundstückseigentümer hat dem Bauträger ein Verkaufsangebot mit Benennungsrecht (s Rdn 906) gemacht oder Haus und Grundstück werden „im Paket" angeboten[105] (s auch Rdn 3235 ff „Generalübernehmermodell"). Konnte dagegen ein Beteiligter den Verknüpfungswillen seines Vertragspartners mit dem Drittgeschäft nicht erkennen, oder hat er eine Verknüpfung im Vertrag erkennbar nicht akzeptiert, so ist das Nicht-Grundstücksgeschäft nicht beurkundungsbedürftig.[106] Hiervon ist regelmäßig auszugehen, wenn zwischen den Beteiligten der beiden Rechtsgeschäfte keine persönliche, wirtschaftliche oder rechtliche Verbindung besteht.[107] Lehnt der Grundstücksverkäufer gegenüber dem seinen Einheitswillen mit einem Bauvertrag zunächst erkennbar machenden Käufer eine Abhängigkeit der Grundstücksveräußerung vom Bauvertrag ab und schließt jeden Einfluß der beabsichtigten Verwendung des Grundstückes durch den Käufer auf den Abschluß und Bestand des Kaufvertrages aus, so besteht – wenn der Käufer dies akzeptiert (andernfalls fehlende Einigung) – zwischen diesen beiden Parteien kein zum Vertragsinhalt gewordener Verknüpfungswille; eine Mitbeurkundungspflicht des Bauvertrages zusammen mit dem Grundstückskaufvertrag besteht nicht. Davon unabhängig kann jedoch eine Beurkundungspflicht des Bauvertrages (Fertighausvertrages) deswegen bestehen, weil entweder in ihm der Bauträger die Grundstücksbeschaffungspflicht als eigene Pflicht vereinbart hat, oder weil in ihm einen mittelbare Erwerbsverpflichtung durch Vereinbarung entsprechender Sanktionen (zB Vertragsstrafen bei Nichterwerb des Grundstückes) vereinbart sind (s Rdn 3110 mit Fußn 43). Ist der Vertrag aus einem solchen Grund formunwirksam, wird er durch den nachfolgenden formgerechten Abschluß des Grundstückserwerbsvertrages nicht geheilt.[108]

In Anwendung vorstehender Grundsätze besteht selbst bei Vorliegen eines verbundenen Geschäftes zwischen Kreditvertrag und Grundstückskaufvertrag iS des § 358 Abs 3 S 3 BGB regelmäßig keine Pflicht zur Beurkundung des Kreditvertrages zusammen mit dem Grundstückskaufvertrag, da lediglich eine Abhängigkeit des Kreditvertrages vom Grundstücksvertrag

---

[103] Auf diese Billigung durch alle Beteiligten stellen ab: Hartmann und Keim je aaO (Fußn 93); Keim RNotZ 2003, 44; Wochner in Immobilienrecht 2000, Tagungsband zum RWS-Forum am 16./17. 11. 2000 in Köln, S 57ff.

[104] BGH DNotZ 1966, 736; BGH DNotZ 1974, 361 = NJW 1974, 136; BGH NJW 1987, 1069; BGH DNotZ 1988, 547; BGH DNotZ 1989, 501 = NJW-RR 1989, 198; BGH NJW-RR 1998, 950; vgl weiter BGH und OLG Hamm je aaO (Fußn 98) sowie BGH v 29. 2. 1980, V ZR 178/77 mitgeteilt bei Linden MittBayNot 1980, 170.

[105] BGH NJW 1994, 721; davon abweichend aber BGH DNotZ 2002, 944 = aaO (Fußn 93).

[106] So im Ergebnis Seeger, Keim und Hartmann je aaO (Fußn 93). Undeutlich insoweit BGH DNotZ 2003, 632.

[107] BGH NJW-RR 1991, 1031; Seeger MittBayNot 2003, 11; Keim DNotZ 2001, 827.

[108] BGH DNotZ 2002, 944 = aaO (Fußn 93); BGH DNotZ 2003, 632.

besteht und im übrigen nur eine wirtschaftliche Einheit vorliegt, die zur Beurkundungsbedürftigkeit nach § 311b Abs 1 BGB alleine nicht ausreichen.[109]

Soll mit einem beurkundungspflichtigen Vertrag ein an sich formloser Vertrag durch Bedingung, Rücktrittsrecht oder durch Abschlußverpflichtung verknüpft werden, so genügt es, Bedingung oder Rücktrittsvorbehalt zu beurkunden, soweit hierdurch nicht die wirklich gewollte positive Einbeziehung der anderen Bestimmungen verdeckt werden soll (§ 117 BGB).[110] Der auf diese Weise verknüpfte andere Vertrag ist als solcher nicht beurkundungsbedürftig; allerdings muß sein Inhalt in der Bedingung oder im Rücktrittstatbestand so bestimmt beschrieben sein, als wäre der Vertrag selbst beurkundet;[111] genügend wäre auch die Beurkundung eines insoweit vereinbarten Bestimmungsrechts (§§ 315 ff BGB). 3120b

Liegt ein solcher rechtlicher Zusammenhang vor, genügt die Beurkundung in äußerlich getrennten Urkunden (Sukzessivbeurkundung) nicht, wenn sich nicht das rechtliche Abhängigkeitsverhältnis beider Verträge (die sog Verknüpfungsabrede) aus dem Inhalt der Verträge ergibt,[112] wobei das Abhängigkeitsverhältnis, wenn es von Anfang an bestand, in beiden Urkunden niedergelegt sein muß.[113]

Der Inhalt der **vertraglichen Verpflichtungen** der Parteien muß sich **aus der notariellen Urkunde** (oder dem gerichtlichen Vergleich, § 127a BGB) selbst mit hinreichender **Deutlichkeit** ergeben. Die früher recht großzügig vertretene Auffassung,[114] es genüge, wenn der Wille der Parteien in der Urkunde nur andeutungsweise seinen Niederschlag gefunden habe, alles weitere könne dann durch Auslegung unter Bezugnahme auf außerhalb der Urkunde liegende Umstände ermittelt werden, ist vom BGH[115] nunmehr wesentlich eingeschränkt 3121

---

[109] Schmucker DNotZ 2002, 900; Seeger MittBayNot 2003, 11 (19); Volmer MittBayNot 2002, 336 (341); aA Grziwotz NotBZ 2002, 359 (364); Litzenberger RNotZ 2002, 444.
[110] Hierauf weist Wufka MittBayNot 2003, 48 (50) hin.
[111] Korte Handbuch S 89 ff; Kanzleiter DNotZ 1984, 421; Lichtenberger DNotZ 1988, 531 (540); LG Ellwangen BWNotZ 1986, 148.
[112] BGH DNotZ 2003, 632; dazu Frank NotBZ 2003, 211; RG JW 1925, 2602 mit Anm Endemann; vgl auch RG WarnR 1922 Nr 123; WarnR 1912 Nr 247; WarnR 1933 Nr 36; KG NJW 1991, 1959.
[113] So OLG Hamm DNotI-Report 1996, 164. Großzügiger BGH DNotZ 1988, 562 = NJW 1988, 1781; KG NJW 1991, 1959, die Niederlegung der Abhängigkeit in einer (dh der zweiten) Urkunde genügen lassen; kritisch auch Lichtenberger DNotZ 1988, 531 (542), der Verlautbarung in beiden Urkunden fordert, da sonst in der ersten – unvollständigen – Urkunde zu Unrecht der Schein der Vollständigkeit erbracht wird. Der Notar wird auch zu fragen haben, ob er hier mit solchem Verfahren nicht unredlichen Zwecken Vorschub leistet (§ 4 BeurkG). Strenger die Notwendigkeit der Beurkundung der Verknüpfungsabrede fordernd BGH DNotI-Report 2000, 105 = NotBZ 2000, 188 = ZNotP 2000, 276 und BGH DNotZ 2003, 632; Frank NotBZ 2003, 211.
[114] BGH NJW 1969, 132; BGH 63, 359 = DNotZ 1975, 358 = Rpfleger 1975, 125; heute noch MünchKomm/Kanzleiter Rdn 64 zu § 311b BGB.
[115] BGH 69, 266 = aaO (Fußn 124); BGH DNotZ 1979, 406 mit Anm Winkler = BWNotZ 1979, 145 mit Anm Nieder = Rpfleger 1979, 192; BGH DNotZ 1979, 476 = Rpfleger 1979, 253; BGH DNotZ 1979, 479 mit Anm Brambring; BGH DNotZ 1979, 682 = Rpfleger 1979, 374; BGH DNotZ 1981, 735.

worden: der Inhalt der Vereinbarungen muß im wesentlichen aus der Urkunde selbst oder ihren formgerecht in Bezug genommenen Anlagen (s dazu unten Rdn 3122) hervorgehen; erst dann kann und muß ggfs eine Auslegung ansetzen.[116] Daher muß das betroffene Grundstück bestimmt bezeichnet sein; grundbuchmäßige Bezeichnung ist stets ausreichend,[117] jedoch nicht unbedingt erforderlich, wenn Kennzeichnung auf andere bestimmte Weise erfolgt.[118] Zur Bezeichnung einer noch nicht vermessenen Teilfläche s Rdn 863 ff. Wurde das Grundstück in beiderseitigem Irrtum falsch bezeichnet (zB Parzellenverwechslung), so liegt nach der Regel „falsa demonstratio non nocet" eine wirksame Beurkundung vor. Die Weitergeltung dieser von der Rechtsprechung des RG entwickelten Regel hat der BGH[119] unter Berufung auf die Rechtswerte der Rechtssicherheit und des Vertrauensschutzes eindeutig bestätigt. Auch die Vereinbarungen über die Gegenleistungen des Käufers müssen in der Niederschrift enthalten sein, insbesondere über Höhe des Kaufpreises, etwaige gesonderte Ausweisung von Umsatzsteuer (s Rdn 3150), Art und Weise seiner Tilgung, zB Verrechnung mit bestimmten Gegenforderungen des Käufers,[120] auch über die Anrechnung von vor Beurkundung bereits erfolgten Vorauszahlungen auf den Kaufpreis,[121] die Übernahme der Grunderwerbsteuer durch eine Vertragspartei[121a] oder über sonstige vom Käufer auch gegenüber Dritten zu erbringende Gegenleistungen.[122]

3122 Soweit neben der Grundstücksveräußerung **weitere Leistungen**, insbesondere **Bauleistungen** zu erbringen sind, müssen auch diese in der Urkunde oder deren Anlagen[123] (§ 9 BeurkG) genügend deutlich enthalten sein; soweit der Inhalt der Verpflichtungen nur mit Hilfe von Baubeschreibungen und/oder Bauplänen konkretisiert werden kann, müssen auch diese nach den Bestim-

---

[116] ZB wenn im Kaufvertrag ein „Wohnrecht gegen Miete" ohne Festlegung der Miethöhe vereinbart ist, erfolgt ergänzende Auslegung, BGH DNotZ 1998, 946 = NJW 1997, 2671.

[117] BGH 125, 235 = DNotZ 1994, 476 = NJW 1994, 1347 (Angabe des Wohnungsgrundbuchs ausreichend).

[118] BGH NJW 1969, 132.

[119] BGH 87, 150 = DNotZ 1983, 618 = Rpfleger 1983, 306, wodurch die zwischenzeitlichen Zweifel in BGH 74, 116 = DNotZ 1979, 403 = NJW 1979, 1350 = Rpfleger 1979, 252 beseitigt werden. Erneut bestätigt durch BGH DNotZ 2001, 846; BGH NotBZ 2002, 97 = NJW 2002, 1038 = Rpfleger 2002, 255 = ZNotP 2002, 149. Zustimmend Ludwig JZ 1983, 762; Köbl DNotZ 1983, 598; Bergermann RNotZ 2002, 557; abl Wieling JZ 1983, 760.

[120] BGH DNotI-Report 1999, 69 = NJW-RR 1999, 927.

[121] BGH 85, 315 = DNotZ 1983, 232; BGH DNotZ 1984, 236 = NJW 1984, 974 (auch zur Frage des § 139 BGB); BGH DNotZ 1986, 265 mit Anm Kanzleiter = NJW 1986, 248; einschränkend BGH DNotZ 1994, 303 (304; keine Gesamtnichtigkeit des Kaufvertrags, wenn der Käufer die – nichtbeurkundete – Vorauszahlung ohne weiteres belegen kann); ebenso BGH DNotZ 2000, 931 mit Anm Kanzleiter = NJW 2000, 2100, = NotBZ 2000, 230 mit Anm Wagner = ZNotP 2000, 278; BGH DNotZ 2002, 275 (281) = NJW 2002, 213 (216).

[121a] KG NJW-RR 2003, 589.

[122] RG 103, 297; BGH 11, 101; BGH v. 29. 2. 1980 = aaO (Fußn 104); BGH DNotZ 1968, 481; BGH NJW 1969, 1629; OLG Düsseldorf DNotZ 1973, 602.

[123] Zur Kennzeichnung solcher Anlagen durch den Notar vgl BGH MittRhNotK 1991, 261.

A. Form des Kaufvertrags

mungen des BeurkG beurkundet sein.[124] § 9 Abs 1 S 3 BeurkG verlangt bei Verweisung auf bildliche Darstellung Vorlage zur Durchsicht und Beifügung zur Niederschrift;[125] Einzelheiten s Rdn 871 ff. § 13a BeurkG läßt eine Verweisung auf andere **notarielle** Niederschriften einschließlich ihrer Anlagen (zB Pläne) ohne Verlesung und/oder Beifügung zur Urkunde zu, wenn die Beteiligten erklären, daß ihnen der Inhalt der anderen Niederschrift bekannt ist und sie auf das Vorlesen (Vorlage zur Durchsicht) und/oder Beifügen zur Urkunde verzichten.[126] Im übrigen ist eine Verweisung ohne Vorlage zur Durchsicht und Beifügung zur Urkunde nur noch bei Karten und Zeichnungen von öffentlichen Behörden oder mit öffentlichem Glauben versehener Personen innerhalb der Amtsbefugnisse möglich (§ 13a Abs 4 BeurkG).[127] Eine **Verweisung**[128] **im Sinne des § 13a BeurkG** liegt jedoch nur vor, wenn beurkundungsbedürftige Erklärungen der Beteiligten, dh der Rechtswirkungen erzeugende Teil der Erklärungen, nicht in die Niederschrift aufgenommen werden. Davon zu unterscheiden sind sog unechte Verweisungen (Bezugnahmen), besser: Verweisungen im Tatbestand,[129] dh Hinweise auf bestehende tatsächliche oder rechtliche Zustände; § 9 Abs 1 S 3, § 13a BeurkG gelten für diese Hinweise nicht; es sind dies zB:

– der **Inhalt** eines **bestehenden Rechtsverhältnisses** bei Forderungsabtretung oder Schuldübernahme; beurkundungspflichtig sind nur die Abtretungs- und die Schuldübernahmeerklärungen[130] (nicht der Inhalt der übernommenen Darlehensschuld, zur Frage der Anwendbarkeit der Verbraucherdarlehensvorschriften [§§ 491, 499 BGB], früher des VerbrKrG s Rdn 3153a); wird dagegen eine (Bau-)Leistungspflicht durch Verweisung auf ein Gut-

---

[124] BGH DNotZ 1978, 37; BGH 69, 266 = DNotZ 1978, 148 mit Anm Brambring = NJW 1978, 102; BGH NJW-RR 2001, 953; BGH DNotZ 2002, 635 = NJW 2002, 2313 = Rpfleger 2002, 427 (für erst noch zu errichtende Eigentumswohnung); ebenso OLG Frankfurt DNotZ 1978, 90; großzügig (kann für die Beurkundungspraxis nicht als Vorbild dienen) BGH DNotZ 1998, 944 = MittBayNot 1996, 429 mit Anm Gschoßmann = NJW 1996, 2792; damit sind überholt: BGH 63, 359 = DNotZ 1975, 358 = Rpfleger 1975, 125.
[125] Dieses Beurkundungsänderungsgesetz (BGBl 1980 I 157) wurde ausgelöst durch BGH DNotZ 1979, 406; DNotZ 1979, 476; DNotZ 1979, 479; BGH DNotZ 1979, 682 = je aaO (Fußn 115), wodurch die frühere Rechtspraxis (vgl 10. Aufl Rdn 3122, insbesondere Fußn 95, 96) einer Verweisung auf nicht beigefügte Pläne oder auf andere öffentliche Urkunden verworfen wurde.
[126] § 13 BeurkG verlangt aber ausreichende Individualisierung der Bezugsurkunden durch Angabe von Datum, Urkundennummer und richtige schlagwortartige Angabe ihres Inhalts; vgl OLG Hamm MittBayNot 2000, 59. Vgl im übrigen Stauf RNotZ 2001, 129.
[127] Auch der noch nicht rechtskräftige, aber bereits öffentlich ausgelegte Flächennutzungsplan erfüllt die Kriterien des § 13a BeurkG; aA – unrichtig – OLG Karlsruhe DNotZ 1990, 422.
[128] Brambring DNotZ 1980, 281; Lichtenberger NJW 1980, 864; Winkler Rpfleger 1980, 169; Ritzinger BWNotZ 1980, 73; Schippel DNotZ 1979, 736; Hagen DNotZ 1984, 267 (283); Stauf RNotZ 2001, 129.
[129] So grundlegend Schippel DNotZ 1979, 736.
[130] BGH DNotZ 1979, 733 mit Anm Schippel (736) = Rpfleger 1979, 410 = BWNotZ 1980, 21 mit Anm Gräßlin; BGH 125, 235 = aaO (Fußn 117); BGH DNotZ 1999, 50 = NJW 1998, 3197; Hagen DNotZ 1984, 267 (268).

achten vereinbart, ist auch das Gutachten insoweit beurkundungspflichtig.[130a]
- eine Aufteilung (§ 3 oder § 8 WEG) mit Gemeinschaftsordnung (§ 10 Abs 2 WEG), wenn sie bereits im Grundbuch eingetragen ist; dagegen ist die Aufteilung und Gemeinschaftsordnung vor Grundbuchvollzug für den an ihrer Vereinbarung nicht Beteiligten noch nicht rechtlich existent; die Übernahme der in ihr enthaltenen Verpflichtungen muß beurkundet werden, ggfs in der Form des § 13a BeurkG;[131]
- gesetzliche Bestimmungen, zB § 566 (= § 571 aF BGB: die weitergeltenden Mietverträge sind nicht beurkundungspflichtig;[132]
- das Angebot bei Beurkundung der Annahme;[133] zur ev Notwendigkeit einer förmlichen Verweisung wegen einseitiger Erklärungen s Rdn 903;
- Erklärungen derselben Beteiligten, die bereits beurkundet sind; zB der ursprüngliche Vertrag bei dessen späterer Änderung oder Ergänzung (zB Auflassung),[134] auch Neubeurkundung mit gleichem Inhalt[135] oder Bestätigung eines unwirksamen (aber formgerecht beurkundeten) Rechtsgeschäfts.[136]

Ob bei Vereinbarung der Verdingungsordnung für Bauleistungen (VOB, Teil B und C) bloße Verweisung (Veröffentlichung im Bundesanzeiger) genügt, ist streitig, wird aber von der weit überwiegenden Meinung bejaht.[137] Da der BGH[138] die VOB wie andere allgemeine Geschäftsbedingungen behandelt und ihre Einbeziehung durch bloßen Hinweis (gegenüber nicht im Baugewerbe Tätigen) nicht genügen läßt, wird jedoch dringend zur Beurkundung im Sinne der §§ 9, 13a BeurkG geraten, soweit die Einbeziehung materiellrechtlich überhaupt zulässig ist (s dazu Rdn 3227).

3123 § 13a BeurkG setzt dem Umfang des Verweisens keine Grenze; aus standesrechtlichen und haftungsrechtlichen Gründen (Gefahr der Verletzung der Belehrungspflicht, jetzt § 17 Abs 2a BeurkG) darf der Notar von der Möglichkeit der Verweisung nach § 13a BeurkG nur vorsichtigen und zurückhaltenden Gebrauch machen; die Zusammenfassung der wiederkehrenden allgemeinen Bedingungen eines Kaufvertrages in einer „Mutterurkunde" und bloße Verweisung hierauf in den einzelnen Verträgen ist standesrechtlich unzulässig.[139]

[130a] BGH DNotZ 2003, 698 fordert keine Beurkundung des Gutachtens, wenn es zwar zu beachten ist, aber nicht die Beschaffenheit des geschuldeten Gebäudes bestimmt; die Praxis sollte dieser Entscheidung nicht folgen.
[131] BGH DNotZ 1979, 479.
[132] Brambring DNotZ 1980, 281 (288).
[133] OLG Düsseldorf MittRhNotK 1980, 133; LG Ravensburg BWNotZ 1980, 20 = MittRhNotK 1980, 133.
[134] Unrichtig daher LG Stuttgart BWNotZ 1981, 91.
[135] Tiedtke DNotZ 1991, 348 (teleologische Reduktion).
[136] BGH DNotZ 2000, 288.
[137] Für Verweisung OLG Düsseldorf DNotZ 1985, 626 mit Anm Reithmann; ebenso Lichtenberger NJW 1984, 159; ähnlich Schmidt BB 1983, 1308; MünchKomm/Kanzleiter Rdn 62 zu § 311b BGB; Winkler Rdn 82, Huhn/v Schuckmann Rdn 29, je zu § 9 BeurkG; Stauf RNotZ 2001, 129 (138); aA – Beurkundung nötig – Bartsch BB 1982, 1699.
[138] BGH NJW 1990, 715; BGH 86, 135 = NJW 1983, 816.
[139] Mitteilung der Bundesnotarkammer DNotZ 1981, 2; kritisch auch Ludwig AcP 180, 373. In der Praxis wird sich vor allem eine Verweisung auf Baubeschreibungen empfehlen, s dazu auch Fischer DNotZ 1982, 153.

A. Form des Kaufvertrags

Kein Verstoß gegen § 311b Abs 1 BGB liegt jedoch vor, wenn zwar einzelne 3124
Leistungen in der Urkunde nicht deutlich bestimmt sind, das Recht zu deren
Bestimmung aber einem Vertragsteil oder einem Dritten ausdrücklich überlassen ist (zB Festlegung der genauen Grundstücksfläche, s Rdn 874; Bestimmung des Entgelts[140] nach §§ 315–317 BGB). Ein solches Bestimmungsrecht
kann einem Vertragsteil auch für die Erstellung der Gemeinschaftsordnung
(§ 10 Abs 2 WEG) beim Kauf einer noch zu errichtenden Eigentumswohnung
eingeräumt werden.[141]

Auch bei freiwilliger Versteigerung (§ 156 BGB) kommt ein Grundstücks- 3125
kaufvertrag zustande; die entsprechenden Willenserklärungen sind nach
Maßgabe des BeurkG zu beurkunden.[142]

2. Folgen der Nichtbeurkundung

Ein **ohne Einhaltung der Beurkundungsform** geschlossener, auf Grundstücks- 3126
veräußerung und/oder -erwerb gerichteter Vertrag ist **nichtig**. Auf diese Nichtigkeit kann sich jeder Beteiligte berufen, ohne daß ihm grundsätzlich der
Einwand der Arglist entgegengehalten werden könnte.[143] Nur in ganz besonders gelagerten Fällen ist bei Berufung eines Beteiligten auf den Formmangel
des Vertrags der Einwand des Verstoßes gegen Treu und Glauben zulässig,[144]
aber nur dann, wenn die Nichtanerkennung des Vertrags zu einem für den
Käufer untragbaren, nicht etwa nur zu einem harten Ergebnis führen würde.
Der Einwand der Arglist ist jedoch begründet, wenn derjenige, der sich der
Geltendmachung der Formnichtigkeit widersetzt, sich in Irrtum über die
Formbedürftigkeit befand und dieser Irrtum vom Geschäftsgegner schuldhaft,
zumindest fahrlässig, verursacht wurde oder der Geschäftsgegner in sonstiger
Weise den anderen gerade vom Absehen von der erforderliche Form veran-
laßt und in ihm einen entsprechenden Irrtum begründet hat.[145]

---

[140] BGH BB 1968, 355 = DNotZ 1968, 645.
[141] BGH DNotZ 1986, 273 = Rpfleger 1986, 218; zustimmend Ludwig Rpfleger 1986, 92; Reinelt NJW 1986, 826; abl Löwe BB 1986, 151. Unrichtig OLG Düsseldorf DNotZ 1981, 743; abl auch Ludwig DNotZ 1982, 356.
[142] Vgl dazu BGH 138, 339 = DNotZ 1999, 342 = JR 2000, 17 mit Anm Schwarz = NJW 1998, 2350; KG Rpfleger 2002, 356 = ZNotP 2002, 187. Vgl dazu Limmer, Die freiw Grundstücksversteigerung durch den Notar, FS Betzenberger (2000) S 509; Dietsch NotBZ 2000, 322.
[143] BGH DNotZ 1999, 917. Das Gericht hat die Verletzung der Form des § 311b Abs 1 BGB von sich aus zu beachten und von Amts wegen und ohne Rücksicht auf den Parteivortrag, auch entgegen übereinstimmendem Parteivortrag, die in § 125 BGB vorgesehene Nichtigkeit des Vertrags wegen Formmangels zu beachten, BGH BB 1965, 474; BGH DNotZ 1969, 670; BGH DNotZ 1989, 506 = NJW 1989, 166.
[144] BGH DNotZ 1958, 21 = JZ 1958, 112 mit Anm Blomeyer; BGH DNotZ 1971, 88; BGH DNotZ 1979, 332; BGH DNotZ 1988, 545 = NJW 1988, 130. Nach BGH MittBayNot 1966, 5 = MDR 1965, 562 rechtfertigt die Tatsache, daß der gesetzgeberische Zweck des § 311b Abs 1 (früher § 313 BGB) im Einzelfall auch ohne Einhaltung der vorgeschriebenen Form gewährleistet erscheint, noch nicht die Anwendung der Arglisteinrede.
[145] BGH 48, 396 = DNotZ 1968, 344; ebenso BGH DNotZ 1981, 735 (737); ähnlich BGH DNotZ 1984, 241 = NJW 1983, 566 = Rpfleger 1983, 81; ferner BGH DNotZ 1972, 527 = NJW 1972, 1189 = Rpfleger 1972, 299 und JR 1972, 119 mit Anm Bähr

3127 Sind **einzelne** beurkundungsbedürftige **Vereinbarungen** eines Grundstücksveräußerungs(erwerbs)vertrags nicht oder nicht richtig (Schwarzkauf) beurkundet, so ist diese Vereinbarung nichtig (§ 125 BGB); ob damit das ganze Rechtsgeschäft nichtig ist, richtet sich nach dem Einheitlichkeitswillen der Beteiligten, für den eine salvatorische Klausel (§ 139 BGB) die Darlegungs- und Beweislast regelt.[146] Nach BGH[147] ist bei Vereinbarung eines unrichtigen (niedereren) Kaufpreises in der früheren DDR wegen der dort seinerzeit geltenden Preiskontrolle die Berufung auf die Formnichtigkeit treuwidrig, wenn der Kauf faktisch lange Zeit vollzogen war. Infolge des Abstraktionsgrundsatzes ergreift die Nichtigkeit des obligatorischen Geschäfts nicht das dingliche Erfüllungsgeschäft: die in einem formunwirksamen Kaufvertrag enthaltene Auflassung ist grundsätzlich wirksam;[148] sie kann gemäß §§ 812 ff BGB Gegenstand eines Bereicherungsanspruchs sein, doch kann uU § 815 BGB seiner Geltendmachung entgegenstehen.[149] Ob in einem formumwirksamen Kaufvertrag enthaltene Auflassungsvollmachten – mit Rücksicht auf die Heilungsmöglichkeiten (§ 311 b Abs 1 S 2 BGB) – wirksam sind, ist streitig (s dazu Rdn 3305, 3567). Zu Prüfungspflicht und -recht des Grundbuchamts s Rdn 209.

3. Heilung des Formmangels

3128 Ein ohne Einhaltung der Beurkundungsform geschlossener Vertrag wird allerdings seinem ganzen Inhalte nach gültig – geheilt –, wenn Auflassung und Eintragung in das Grundbuch erfolgen, sofern Willensübereinstimmung der Beteiligten über den Eigentumsübergang **bis zur Auflassung**[150] (nicht aber bis zur Eigentumsumschreibung) besteht (§ 311 b Abs 1 S 2 BGB). Die Heilung

---

= MittBayNot 1973, 269 = NJW 1973, 1455; BGH NJW 1975, 43; BGH DNotZ 1976, 94. Eine Berufung auf § 242 BGB ist ausgeschlossen, wenn eine Vertragspartei Formnichtigkeit in Unkenntnis der Rechtsfolgen verursacht hat, BGH NJW 1977, 2072. Zur Frage des **Einwandes** der **unzulässigen Rechtsausübung** gegenüber der Berufung auf die Formbedürftigkeit eines Verpflichtungsvertrags über ein Grundstück, wenn der erste Vertragspartner längere Zeit hingenommen hat, daß der andere in Erwartung der Durchführung des Vertrags erhebliche Aufwendungen an persönlicher Arbeit, Zeit und Geld auf sich genommen hat, s BGH DNotZ 1971, 90 = NJW 1970, 2210 = Rpfleger 1970, 425.

[146] BGH 85, 315 = DNotZ 1983, 232; BGH DNotZ 1984, 236 = NJW 1984, 974; BGH DNotZ 1995, 295 = NJW 1994, 2885; BGH NotBZ 2003, 65; BGH NJW 2000, 2017 bezieht dabei eine salvatorische Klausel gerade nicht auf die nicht beurkundeten Abreden; vgl zum Problem Keim DNotZ 2001, 827 (837 ff) und ZfIR 2003, 661.

[147] BGH DNotZ 2001, 846.

[148] BGH DNotZ 1979, 406; BayObLG Rpfleger 1969, 48 mit Anm Haegele; OLG Frankfurt DNotZ 1981, 40 = Rpfleger 1980, 292; LG Lübeck NJW-RR 1995, 1420. Zur möglichen Geschäftseinheit zwischen Kausalgeschäft und Einigung bei Erbbaurechtsbestellung s Wufka DNotZ 1985, 651.

[149] Vgl BGH DNotZ 1980, 227; OLG München DNotZ 1986, 293; dazu Kanzleiter DNotZ 1986, 258. § 814 BGB hindert bei bewußtem Formverstoß den Rückforderungsanspruch nicht, da er für eine Leistung in Erwartung der Heilung der Formnichtigkeit nicht anwendbar ist; Palandt/Sprau Rdn 6 zu § 814 BGB; aA OLG Köln NotBZ 2001, 270.

[150] BGH DNotZ 1980, 222; BGH WM 1973, 612.

A. Form des Kaufvertrags

des Formmangels wirkt jedoch **nicht** auf den Zeitpunkt des Vertragsabschlusses **zurück**, eine vorher eingetragene Vormerkung gewährt keinen Schutz und wird nicht rückwirkend wirksam (s dazu ausführlich Rdn 1487). Vielmehr wird der schuldrechtliche Vertrag erst mit Auflassung und Eintragung im Grundbuch, dh mit dem Zeitpunkt, in dem beide Voraussetzungen erfüllt sind, wirksam. Allerdings spricht in der Regel eine tatsächliche Vermutung dafür, daß die Vertragspartner, indem sie sich durch die Auflassung zum Inhalt eines von ihnen abgeschlossenen Kaufvertrags bekennen, einander das gewähren wollen, was sie bei Vertragsabschluß einander zu gewähren beabsichtigen.[151]

Wird ein formnichtiger Kauf- oder ähnlicher Vertrag durch Auflassung und Eigentumsumschreibung geheilt, so erstreckt sich die Heilung auf die Gesamtheit der vertraglichen Vereinbarungen.[151a] Gültig wird dann (als Erwerbsbeschränkung) auch eine von dem Erwerber im Vertrag übernommene Verpflichtung, das Grundstück unter bestimmten Voraussetzungen wieder an den Verkäufer zurückzuübertragen.[152] Eine Heilung durch Vollzug **einer** Eigentumsübertragung tritt jedoch nicht ein für in diesem Vertrag begründete weitere, über den sachenrechtlichen Vollzug hinausgehende Pflichten, die einem selbständigen Formzwang nach § 311b Abs 1 BGB unterliegen; so erfolgt keine Heilung der Verpflichtung des Grundstückseigentümers zur Übertragung des Grundstücks an Erbbauberechtigten durch Eintragung des Erbbaurechts.[153] Auch eine formunwirksame Vereinbarung von Käufern eines Gesamtgrundstücks über dessen spätere Realteilung wird durch Vollzug der Auflassung zum Kaufvertrag nicht geheilt.[154] Verstöße gegen geringere Form (§ 761 BGB) werden geheilt, wenn die Formvorschrift den gleichen Schutzzweck verfolgt.[155] Eine formunwirksame Verpflichtung, einen Grundstücksveräußerungs(erwerbs)vertrag mit einem Dritten zu schließen, wird in analoger Anwendung von § 311b Abs 1 S 2 BGB bereits durch den formge-

3129

---

[151] Vgl aber auch BGH DNotZ 1979, 413. Die Auflassung hat nur dann heilende Wirkung, wenn sie der formlosen Veräußerung nachfolgt und diese erfüllen soll. Deckt die Auflassung das formungültige Geschäft nicht, so kommt ihr auch keine heilende Wirkung zu (OGH NJW 1949, 182). Zur Heilung ist nicht erforderlich, daß die Vertragsparteien sich einer Heilbedürftigkeit (Mangelhaftigkeit) des Kaufvertrags bewußt waren, daß sie also heilen wollten (BGH DNotZ 1969, 350; OGH MDR 1949, 68); auch wenn die Vertragspartner bereits bei Vertragsschluß die Formbedürftigkeit kannten, kann Heilung nach § 311b Abs 1 S 2 BGB eintreten (BGH DNotZ 1975, 355 = NJW 1975, 205). Ist die Vereinbarung zwischen dem einen Vertragsteil eines Grundstückskaufvertrags und einem Dritten (ausnahmsweise) Bestandteil des Kaufvertrags und deshalb beurkundungsbedürftig (s Rdn 3120a), so wird auch ihr Formmangel durch die Auflassung und die Eintragung in das Grundbuch geheilt (BGH DNotZ 1974, 361 = NJW 1974, 136). Vgl auch Ilges, MittRhNotK 1961, 94; Specks RNotZ 2002, 123.

[151a] Geheilt wird auch der formnichtige Gesellschaftsvertrag (s Rdn 3103), BGH 22, 312 = NJW 1957, 459; Staudinger/Wufka Rdn 321 zu § 313; kritisch Wolfsteiner DNotZ 2003, 626.

[152] BGH Betrieb 1958, 250 = MDR 1958, 320; BGH 59, 269 = DNotZ 1973, 286 = NJW 1972, 2265.

[153] BGH 59, 269 = aaO.

[154] BGH DNotZ 2002, 941 = NJW 2002, 2560.

[155] BGH DNotZ 1978, 539.

rechten Abschluß eines Vertrages mit dem Dritten geheilt, nicht erst durch Auflassung und Eigentumsumschreibung.[156]

3130 **Heilung** in vorstehendem Sinne **tritt nicht ein**, wenn andere Vertragsmängel bestehen, etwa Geschäftsunfähigkeit eines Beteiligten oder Fehlen einer öffentlich-rechtlichen oder privatrechtlichen Genehmigung zu den nur mündlich getroffenen und der Genehmigungsbehörde nicht bekanntgewordenen und daher von ihrer Genehmigung auch nicht gedeckten Nebenabreden.[157]
Wegen Vertragsheilung und Auflassungsvormerkung s Rdn 1487.
Heilung tritt nicht ein mangels einer dem § 311b Abs 1 Satz 2 BGB entsprechenden Vorschrift, wenn Grundstücksveräußerungsverträge, für die die Vorschriften des ZGB der „DDR" anwendbar waren, nicht formgerecht beurkundet wurden (zB nicht vollständig, nicht richtig oder wegen Beteiligung des Urkundsnotars).[158]

B. Beteiligte beim Grundstückskauf

1. Allgemeine Fragen

3131 Beteiligte beim Grundstückskauf sind **Verkäufer** und **Käufer**. Auf beiden Seiten können mehrere Personen stehen. Mitunter wirken beim Grundstückskauf auch noch andere Personen mit, zB ein Bürge für die Zahlung des Kaufpreises. Verkaufen mehrere (Bruchteils-)Eigentümer ein Grundstück, sollte ihre Empfangs- und Einziehungsbefugnis bezüglich der Kaufpreisforderung im Kaufvertrag geregelt werden,[1] im Regelfall als Berechtigung gemäß § 432 BGB, ggfs auch als Teilgläubigerschaft nach § 420 BGB.
Verkäufer ist im Regelfall der im Grundbuch eingetragene Grundstückseigentümer. Immer ist dies aber nicht der Fall, denn das Grundbuch stimmt mit der wirklichen Rechtslage vielfach nicht überein (s Rdn 356). So können im Grundbuch als Eigentümer Personen eingetragen sein, die bereits verstorben sind, oder es können sich durch Abschluß eines Ehevertrags die Eigentumsverhältnisse geändert haben. Verkäufer kann aber auch ein Nicht-Eigentümer sein, da der obligatorische Vertrag auch dann wirksam ist. Dies kommt insbesondere dann vor, wenn jemand Grundbesitz „erworben" hat und diesen ganz oder teilweise vor Eigentumsumschreibung weiterveräußert (s dazu auch Rdn 3147).

2. Güterrechtliche Fragen

3132 Besondere Aufmerksamkeit ist dem zwischen verkaufenden oder erwerbenden Ehegatten (Lebenspartnern) bestehenden Güterrecht zu widmen. Nach

---

[156] BGH DNotZ 1982, 433 mit Anm Wolfsteiner = Rpfleger 1982, 138; BGH DNotZ 1984, 241 = NJW 1983, 566; vgl auch BGH DNotZ 1987, 747 und DNotZ 1994, 303 (304) = NJW 1994, 720.
[157] Im GrdstVG gilt jedoch die Fiktionswirkung des § 7 Abs 3 GrdstVG auch für die nicht genehmigte Auflassung; BGH DNotZ 1981, 770 = Rpfleger 1981, 229.
[158] BezG Dresden VIZ 1992, 243; BezG Cottbus DtZ 1992, 249; KG DtZ 1992, 298; BGH DNotZ 1994, 294 = DtZ 1993, 952; BGH DNotZ 1994, 297; BGH DNotZ 1994, 300. Einschränkend bei Schwarzkaufpreis aber BGH DNotZ 2001, 846 (s Rdn 3127).
[1] Vgl hierzu ausführlich Litzenburger NotBZ 2003, 296.

ihm richtet es sich auf Seite des Verkäufers, ob beide **Ehegatten** (Lebenspartner) **mitwirken** müssen, auf Seite des Käufers, ob ein Ehegatte allein **erwirbt** oder ob beide Eheleute gemeinsam (bei Gütergemeinschaft bereits kraft Gesetzes) erwerben. S zu diesen Güterrechtsfragen Rdn 3351 ff.

3. Erbrechtliche Fragen

a) Hinweise

S wegen des **Nachweises des Erbrechts** Rdn 781 ff; zum Vermächtnis Rdn 837 ff. Wegen Bestehen einer **Testamentsvollstreckung** Rdn 3424 ff und wegen Bestehen von **Vor- und Nacherbschaft** Rdn 3476 ff. Zur Voreintragung s Rdn 142. 3133

b) Nachlaßpflegschaft

Besteht Nachlaßpflegschaft (§§ 1960–1962 BGB), ist der Nachlaßpfleger der gesetzliche Vertreter der Erben. Er kann in gleicher Weise wie ein Vormund (s Rdn 3617) über den Nachlaß verfügen. In den Fällen, in denen ein Vormund der Genehmigung bedarf, bedarf er der Genehmigung des Nachlaßgerichts (vgl Rdn 3710 ff). Der Nachlaßpfleger weist sich durch Bestallungsurkunde aus. Eines Erbnachweises bedarf er dagegen nicht; er vertritt diejenigen, die Erben werden.[1a] Auch eine Teilnachlaßpflegschaft ist möglich, wenn nur ein Teil der Erben unbekannt ist oder ihre Erbquote nicht feststeht. Vom Nachlaßpfleger zu bewilligende Eintragungen im Grundbuch sind vollziehbar, ohne daß es zuvor der Umschreibung des Grundstücks auf die Erben im Grundbuch bedarf (§ 40 Abs 1 GBO). 3134

c) Nachlaßverwaltung

Im Falle der – zur Befriedigung der Nachlaßgläubiger angeordneten – Nachlaßverwaltung (§§ 1975–1992 BGB) steht das Verfügungsrecht über den Nachlaß ausschließlich dem Nachlaßverwalter – also nicht den Erben – zu. Dieser Verwalter weist sich durch Bestallungsurkunde aus. Er hat die gleiche Stellung wie ein Vormund, zu seinen Handlungen erforderliche Genehmigungen sind aber durch das Nachlaßgericht zu erteilen (vgl Rdn 3710 ff). Die Nachlaßverwaltung wird – als Verfügungsbeschränkung – auf Antrag des Nachlaßverwalters in das Grundbuch eingetragen; ob das Nachlaßgericht den Antrag stellen kann, ist streitig.[2] 3135

d) Nachlaßinsolvenzverfahren

Im Falle eines Nachlaßinsolvenzverfahrens (§§ 315 ff InsO) hat der Insolvenzverwalter das alleinige Verfügungsrecht über den Nachlaß (s auch Rdn 3138). 3136

[1a] Nachlaßpflegschaft kann auch zur Beurkundung einer Straßenabtretung angeordnet werden, wenn die Erben schwierig zu ermitteln sind, BayObLG MittBayNot 1984, 91 mit Anm Promberger.
[2] Dafür Staudinger/Marotzke Rdn 13 zu § 1984 BGB mit weit Nachw; K/E/H/E Rdn 18 zu § 38; dagegen: Palandt/Edenhofer Rdn 2, MünchKomm/Siegmann Rdn 2, je zu § 1983 BGB.

e) Erwerb durch Erbengemeinschaft

3137 Grundstückserwerb durch die Erbengemeinschaft zur Vermehrung des Nachlasses ist nur im Rahmen des § 2041 BGB möglich. Danach gehört ua zum Nachlaß, was durch ein Rechtsgeschäft erworben wird, das sich auf den Nachlaß bezieht, das also bei wirtschaftlicher Betrachtungsweise mit dem Nachlaß in innerem Zusammenhang steht.[3] Das ist insbesondere bei Erwerb mit Mitteln der Erbschaft der Fall. Der Streitfrage, ob bei dieser Beziehungssurrogation der objektive Zusammenhang zwischen Erbschaft und Rechtsgeschäft genügt[4] oder ob zusätzlich ein entsprechender Wille des Handelnden[5] vorliegen muß, kann auch bei einem Grundstückserwerb für den Nachlaß Bedeutung zukommen, da sich nach Auffassung des BGH[6] der Surrogationserwerb des § 2041 BGB auch gegenüber einer abweichend hiervon erklärten und im Grundbuch eingetragenen Auflassung durchsetzt mit der Folge, daß das Grundbuch unrichtig ist und ein Berichtigungsanspruch besteht. Regelmäßig müssen bei einem solchen Erwerb jedoch alle Erben mitwirken. Durch dieses gemeinschaftliche Zusammenwirken bringen die Erben bereits zum Ausdruck, daß sie sich über einen Erwerb für den Nachlaß einig sind. Die Tatsache, daß der Erwerb aus Mitteln des Nachlasses bestritten wird, brauchen sie nicht besonders nachzuweisen. Im allgemeinen braucht vom Notar und dem Grundbuchamt nur geprüft zu werden, ob zwischen dem Erwerb und dem Nachlaß ein innerer Zusammenhang besteht. Dieser ist in der Regel auch dann gegeben, wenn die Erbengemeinschaft ein Grundstück veräußert und dafür mit dem Erlös ein anderes Grundstück erwirbt, mag dies auch nicht auf dem Wege eines unmittelbaren Tausches[7] und gleichzeitig erfolgen, auch wenn aus dem Nachlaß noch ein Aufgeld bezahlt werden muß. Nur dann, wenn die Erben ohne jeden objektiven Zusammenhang mit dem Nachlaß ein anderes Grundstück erwerben wollen, ist § 2041 BGB nicht anwendbar.[8] Ein solcher Zusammenhang fehlt, wenn der Erlös aus dem Verkauf eines erbengemeinschaftlichen Grundstücks unter den Miterben verteilt wurde und jetzt die (einzelnen) Erben ein anderes Grundstück erwerben.[9] In erster Linie hat der beurkundende Notar die Rechtslage zu prüfen. Das Grundbuchamt braucht in einem solchen Falle dagegen nur zu prüfen, ob die Auflassung ordnungsmäßig ist. Im übrigen obliegt ihm im Rahmen des

---

[3] Vgl KG DNotZ 1937, 641 = JW 1937, 2199 (Erwerb eines weiteren Miteigentumsanteils durch die Erbengemeinschaft); KG DR 1944, 190 (Erwerb eines Grundstücks zur Vergrößerung eines bereits der Erbengemeinschaft gehörenden Grundstücks); RG 117, 163 (Ersteigerung eines Grundstücks für die Erbengemeinschaft zur Rettung einer zum Nachlaß gehörenden Hypothek).

[4] BGH NJW 1968, 1824; OLG München NJW 1956, 1880; LG Koblenz DNotZ 1950, 65; Palandt/Edenhofer Rdn 2, Staudinger/Werner Rdn 6, MünchKomm/Dütz Rdn 13 ff mit eingehendem Nachweis des Streitstandes, je zu § 2041 BGB.

[5] RG 92, 139 (141 ff); OGH NJW 1949, 784 mit Anm Abraham 944; offen gelassen von BGH NJW 1987, 434; BGH MittBayNot 2000, 325 mit krit Anm J Mayer.

[6] BGH MittBayNot 2000, 325 mit insoweit abl Anm J Mayer.

[7] Zum Tausch OLG Köln Rpfleger 1987, 409.

[8] Palandt/Edenhofer Rdn 2 zu § 2041; KG und RG aaO (Fußn 3); kritisch hierzu MünchKomm/Dütz Rdn 25 zu § 2041 BGB.

[9] BayObLG 1991, 390 = MittBayNot 1992, 148 = NJW-RR 1992, 328 = Rpfleger 1992, 62.

§ 2041 BGB keine besondere Prüfungspflicht.[10] Das Erbrecht der Erben muß in diesen Fällen nachgewiesen werden.

4. Sonstige allgemeine Verfügungsbeschränkungen

a) Insolvenzverfahren

Mit der Eröffnung des Insolvenzverfahrens verliert der Schuldner die Befugnis, sein zur Insolvenzmasse gehörendes Vermögen (Definition: § 35 InsO) zu verwalten und darüber zu verfügen. Diese Rechte werden fortan durch den Insolvenzverwalter ausgeübt, der nach außen hin voll verfügungsberechtigt ist.[11] Er weist sich über sein Amt durch Vorlage einer gerichtlichen Bestätigung aus (§ 80 Abs 1, § 56 Abs 2 InsO). Ihre Vorlage in öffentlich-beglaubigter Abschrift genügt; einen Schutz des guten Glaubens vermittelt die Bestellungsurkunde nicht.[11a] Die Geschäftsfähigkeit des Gemeinschuldners wird durch die Eröffnung des Insolvenzverfahrens nicht berührt. Er kann nach wie vor Grundstücke und Grundstücksrechte für sich erwerben. Grundstücke und Rechte, die der Schuldner während des Verfahrens erlangt, gehören jedoch zur Insolvenzmasse (§ 35 InsO); über sie kann der Schuldner daher nicht verfügen (§ 80 Abs. 1 InsO). Wenn **Eigenverwaltung** angeordnet ist, ist der Schuldner berechtigt, unter Aufsicht eines Sachwalters die Insolvenzmasse zu verwalten und über sie zu verfügen (§ 270 InsO). Dann kann das Insolvenzgericht jedoch anordnen, daß bestimmte Rechtsgeschäfte des Schuldners nur wirksam sind, wenn der Sachwalter ihnen zustimmt (§ 277 Abs 1 S 1 InsO). Vgl im übrigen Rdn 1633 ff, 1640 (Insolvenzvermerk), Rdn 1533 (Auflassungsvormerkung), Rdn 120, 121, 128 (zu § 878 BGB), Rdn 352 (zu § 892 BGB).

3138

Bei Eröffnung des Insolvenzverfahrens über das Vermögen eines **Gesellschafters einer BGB-Gesellschaft** gehört sein Gesellschaftsanteil an der damit aufgelösten (§ 728 Abs 2 BGB) Gesellschaft zur Insolvenzmasse (§ 35 InsO). Die Geschäftsführung (damit Vertretung, Rdn 3635) steht dann (mangels abweichender vertraglicher Bestimmung) allen Gesellschaftern gemeinschaftlich zu (§ 730 Abs 2 S 2 BGB), erfolgt somit unter Mitwirkung des Verwalters des insolventen Gesellschafters (§ 80 Abs 1 InsO; Rdn 635 a). Vom Grundbuchamt ist auch diese Entziehung der rechtlichen Verfügungsbefugnis (s Rdn 101, 110) ungeachtet der Eintragung eines Insolvenzvermerks zu beachten.[12] Zum Schutz nach § 878 BGB Rdn 110 ff.

3138a

b) Sicherungsmaßnahmen im Eröffnungsverfahren

Wenn Antrag auf Eröffnung des Insolvenzverfahrens gestellt ist, kann das Gericht einen **vorläufigen Insolvenzverwalter** bestellen (§ 21 Abs 2 Nr 1

3139

---

[10] Haegele Rpfleger 1963, 396; vgl OLG Köln Rpfleger 1987, 409, das bei Tausch die Eintragung der Mitglieder der Erbengemeinschaft ohne Teilerbauseinandersetzung nicht als Erwerber zu Bruchteilen zuläßt, entsprechenden Antrag aber zur Korrektur für ausreichend hält.
[11] Zur Grundstücksverwertung im Insolvenzverfahren vgl Keller ZfIR 2002, 861. Zu Rechtsgeschäften mit dem Insolvenzverwalter vgl Suppliet NotBZ 2003, 303.
[11a] Uhlenbruck Rdn 85 zu § 56 InsO; Suppliet NotBZ 2003, 303 (305).
[12] OLG Zweibrücken NotBZ 2001, 427 = NZI 2001, 431 = RNotZ 2001, 249 = Rpfleger 2001, 406; Keller NotBZ 2001, 397 (dieser aber kritisch zur Begründung).

InsO) und dem Schuldner ein allgemeines Verfügungsverbot auferlegen oder anordnen, daß Verfügungen des Schuldners nur mit Zustimmung des vorläufigen Insolvenzverwalters wirksam sind (§ 21 Abs 2 Nr 2 InsO). Wenn dem Schuldner ein allgemeines Verfügungsverbot auferlegt wird, geht die Verwaltungs- und Verfügungsbefugnis über das Schuldnervermögen auf den vorläufigen Insolvenzverwalter über (§ 22 Abs 1 InsO).

c) Zwangsversteigerung und Zwangsverwaltung

3140 Durch die Anordnung einer Zwangsversteigerung oder Zwangsverwaltung in Grundbesitz verliert dessen Eigentümer an sich nicht das Verfügungsrecht über diesen Grundbesitz, er kann ihn nach wie vor veräußern oder belasten. Die Rechte des die Zwangsversteigerung oder Zwangsverwaltung betreibenden Gläubigers werden aber durch solche Verfügungen des Eigentümers nicht berührt. Bei Beurkundungen über unter Zwangsversteigerung oder Zwangsverwaltung stehenden Grundbesitz hat der Notar die Beteiligten auf das – aus dem Grundbuch ersichtliche – Bestehen des Zwangsversteigerungs- oder Zwangsverwaltungsverfahrens aufmerksam zu machen und darauf hinzuweisen, daß dieses Verfahren ohne Rücksicht auf die getroffene Verfügung weiter geht, da die Verfügung dem betreibenden Gläubiger gegenüber unwirksam ist. Er hat daher besondere Sicherungen für die Abwicklung vorzuschlagen (s dazu Rdn 3152 mit Fußn 11).

d) Sonstige Verfügungsbeschränkungen

3141 Zu öffentlich-rechtlichen Verfügungsbeschränkungen (Erfordernis einer behördlichen Genehmigung) vgl Rdn 3800 ff.

5. Mehrere Personen (Gesellschaften) als Käufer

3142 **Ehegatten** als Erwerber s Rdn 3132; **Erbengemeinschaft** als Erwerberin s Rdn 3137. Handelt es sich im übrigen um mehrere Personen als Käufer, so ist im Vertrag das Verhältnis anzugeben, in dem sie zueinander stehen. Es kann sich dabei um Erwerb zu Miteigentum nach Bruchteilen (§§ 741 ff BGB) oder um Erwerb zur gesamten Hand – etwa durch A, B und C in Gesellschaft nach bürgerlichem Recht (§§ 705 ff BGB) – handeln (s dazu insbesondere Rdn 240 ff, 253 ff).

Bei **Begründung von Miteigentum** zwischen mehreren Erwerbern ist ferner zu beachten, daß grundsätzlich jeder Miteigentümer jederzeit die Zwangsversteigerung des Grundstücks zwecks Aufhebung des Miteigentums herbeiführen kann (§ 749 BGB, § 180 ZVG), falls dieses Recht nicht durch entsprechende im Grundbuch eintragungsfähige Vereinbarungen auf Dauer oder auf Zeit ausgeschlossen wird (§ 749 Abs 2, 3, § 1010 BGB). Auch kann sich bei Bestehen von Miteigentum eine Benützungsregelung und die Einräumung gegenseitiger Vorkaufsrechte empfehlen. Wegen Einzelheiten über solche Vereinbarungen s Rdn 1459 ff.

Wachsende Bedeutung gewinnen der Erwerb und die Veräußerung von Grundbesitz durch ausländische Gesellschaften; vgl dazu Rdn 3636 a, b.

B. Beteiligte beim Grundstückskauf

6. Erwerb durch einen noch zu benennenden Dritten

Zulässig ist der Verkauf an einen erst noch zu benennenden Dritten. Dies **3143** kann in der Weise geschehen, daß der Grundstückseigentümer sich gegenüber seinem Vertragspartner verpflichtet (Vorvertrag), mit Dritten, die vom Vertragspartner benannt werden, einen Grundstückskaufvertrag abzuschließen. Wegen Einzelheiten der rechtlichen Konstruktion, Form und Ausübung der Benennung s Rdn 905; zur Zulässigkeit der Vormerkung Rdn 1494 In all diesen Fällen des „Angebots an einen noch zu benennenden Dritten" ist jedoch die grunderwerbsteuerliche Problematik zu beachten. Die Einräumung des Benennungsrechts kann ein grunderwerbsteuerpflichtiger Vorgang sein.[13]

7. Vertretung der Beteiligten

Die Beteiligten (Verkäufer und Käufer) brauchen beim Grundstückskauf **3144** nicht persönlich mitzuwirken, sie können sich auch durch dritte Personen kraft Vollmacht vertreten lassen (§§ 164ff BGB). Wegen Einzelheiten s Rdn 3532 ff. Zur gesetzlichen Vertretung s Rdn 3597 ff.

8. Identitätsfeststellung

Gemäß § 10 BeurkG, § 26 DONot hat der Notar die beteiligten Parteien **3144a** zweifelsfrei zu **bezeichnen** und ihre Identität festzustellen. Im Bereich von Grundstückskaufverträgen hat das Geldwäschegesetz (GwG, BGBl 2002 I 3105) in § 3 Abs 1 Nr 1, Abs 5 eine erhebliche Verschärfung der Identitizierungspflicht gebracht: Die Identifizierung ist in diesem Bereich nur durch gültigen Personalausweis oder Reisepass möglich, soweit ein Beteiligter dem Notar nicht persönlich bekannt ist. Das Ausweispapier ist zu kopieren[14] oder die von § 1 Abs 5 GwG geforderten Angaben (Geburtsdatum und -ort, Staatsangehörigkeit, Anschrift – soweit im Ausweis enthalten –, Art und Nummer des Ausweises und die ihn ausstellende Behörde) sind vom Notar aufzuzeichnen und sechs Jahre aufzubewahren; Beifügung der Ausweiskopie zur Urkunde oder Aufnahme der Daten in die Urkunde ist der getrennten Behandlung vorzuziehen. Außerdem muß der Notar erfragen, ob ein Beteiligter für eigene Rechnung handelt und ggfs den wirtschaftlich Berechtigten identifizieren (§ 8 Abs 1 GwG).

9. Verbrauchervertrag

Materiellrechtliche Schranken der Vertragsgestaltung (§ 310 Abs 3, §§ 305ff **3144b** BGB) und besondere Regeln des Beurkundungsverfahrens sind zu beachten, wenn ein Verbraucher(Kauf)vertrag vorliegt. Dies ist der Fall, wenn **eine Vertragspartei Verbraucher** (§ 13 BGB) und eine Partei **Unternehmer** (§ 14 BGB) ist, gleichgültig, auf welcher Seite der Verbraucher steht. Unternehmer im

---

[13] Vgl Holland ZNotP 1999, 90; Gutachten DNotI-Report 1997, 165; BFH MittRhNotK 2000, 362; BFH ZNotP 2003, 197; BFH BB 1997, 1244 = MittBayNot 1997, 317; BFH 1993, 1349.
[14] Das nach § 26 DONot ansonsten hierzu nötige Einverständnis des Beteiligten ist im Bereich des GwG nicht erforderlich, vgl hierzu auch DNotI-Report 2002, 135 und Rundschreiben BNotK Nr 23/2002.

Sinne des § 14 BGB sind auch Angehörige freier Berufe und Landwirte, soweit sie in Ausübung ihrer beruflichen Tätigkeit kaufen/verkaufen,[15] ebenso Insolvenz-, Zwangs-, Nachlaßverwalter und Testamentsvollstrecker, die ein Unternehmen verwalten,[16] Kaufleute und wohl auch juristische Personen des öffentlichen Rechts, wenn sie gewerblich handeln, also zB Bauland kaufen/verkaufen.[17] Eine Gesellschaft bürgerlichen Rechts oder eine Privatperson, die eine Immobilie zur bloßen Vermögensverwaltung erwirbt, ist Verbraucher;[18] gleiches muß auch für die Wiederveräußerung der vermieteten Immobilie gelten, soweit die Verwaltung keinen planmäßigen Geschäftsbetrieb erfordert.[19] Maßgeblich ist stets die objektive Zweckbestimmung, nicht der innere Wille, bei gemischter Nutzung die überwiegende Zuordnung.[20] Im Hinblick auf die verfahrensrechtlichen und materiellrechtlichen Folgen eines Verbrauchervertrags gegenüber einem diesen Sondervorschriften nicht unterliegenden Vertrag sollte der Notar besondere Vorsicht üben.[21]

Liegt ein Verbrauchervertrag vor, ist **verfahrensrechtlich** § 17 Abs 2a BeurkG zu beachten.[22] Dies bedeutet, daß

– die Erklärungen des Verbrauchers von ihm persönlich oder durch eine Person seines Vertrauens, also nicht durch den anderen Vertragsteil (Unternehmer), Makler, Notarangestellten abgegeben werden müssen,[23] soweit es nicht um reine Erfüllungsgeschäfte geht;[24]

– dem Verbraucher (Käufer oder Verkäufer) der beabsichtigte Text des Vertrages, dh Entwurf oder Vertragsmuster[25] samt darin verwiesenen Anlagen zur Verfügung zu stellen ist (nicht unbedingt durch den Notar, aber Über-

---

[15] Amann/Brambring/Hertel, Vertragspraxis, S 441.
[16] Palandt/Heinrichs Rdn 2 zu § 14 BGB.
[17] Amann/Brambring/Hertel, Vertragspraxis, S 441; Grziwotz ZfIR 2002, 667 und NVwZ 2002, 391, 394; Rieger MittBayNot 2002, 325 (327); Böhr RNotZ 2003, 277 (285).
[18] BGH NJW 2002, 368.
[19] Streitig, wie hier Amann/Brambring/Hertel, Vertragspraxis, S 441; Krauß, Grundstückskaufverträge Rdn 94; Staudinger/Schlosser Rdn 29 zu § 24a AGBG; aA Palandt/Heinrichs Rdn 2 zu § 14 BGB.
[20] Krauß, Grundstückskaufverträge, Rdn 94.
[21] Eine Check-Liste für die Kriterien eines Verbrauchervertrags gibt Grziwotz ZfIR 2002, 667; vgl auch Pützhoven NotBZ 2002, 273.
[22] Vgl hierzu die Anwendungsempfehlungen der BNotK ZNotP 2003, 257.
[23] Amann/Brambring/Hertel, Vertragspraxis, S 444 (auch zum Problem der vollmachtlosen Vertretung vorbehaltlich Genehmigung); Hertel ZNotP 2002, 286; Sorge DNotZ 2002, 593; Schmucker DNotZ 2002, 510; Brambring ZfIR 2002, 597; Rieger MittBayNot 2002, 325; Litzenburger NotBZ 2002, 280; Solveen RNotZ 2002, 318; Maaß ZNotP 2002, 455.
[24] ZB Messungsanerkennung/Auflassung beim Teilflächenkauf, Änderung der Teilungserklärung beim Bauträgerkauf, jeweils soweit im Rahmen der im Hauptvertrag beurkundeten Vollmacht bleibend, so Rieger, Sorge, Hertel, je aaO; enger Litzenburger, Solveen, je aaO.
[25] Ob ein Leerformular, zB beim Bauträgervertrag genügt (so Brambring, Hertel je aaO, Fußn 22, auch Brambring ZNotP 2003, 42, 44) oder ob es sich um den im wesentlichen kompletten Entwurf mit allen Daten (Wohnungs-Nr., Kaufpreis, Personalien) handeln muß (so im Ergebnis Sorge, Litzenburger, Solveen, je aaO = Fußn 23) ist streitig.

prüfungspflicht!) und die Beurkundung regelmäßig[26] nicht vor Ablauf von zwei Wochen nach Zugang des Vertragstextes stattfinden darf, um ihm ausreichend Gelegenheit zu geben,[27] den Entwurf zu prüfen, insbesondere technische und wirtschaftliche, auch steuerliche Fragen, die nicht in den Belehrungsbereich des Notars fallen. Ergeben sich während der Beurkundung Änderungen, die vom Verbraucher vorgeschlagen werden, besteht sicher keine erneute Wartefrist; ob dies auch gilt, wenn vom Unternehmer substantielle Änderungen eingebracht werden, ist streitig.[28]
Die **materiellrechtlichen** Einschränkungen der Vertragsfreiheit beim Verbrauchervertrag enthält § 310 Abs 3 BGB, soweit die Bestimmung nicht vom Verbraucher eingeführt wurde oder soweit der Verbraucher keinen Einfluß auf ihren Inhalt nehmen konnte. Damit gelten Inhaltskontrolle und Transparenzgebot des § 307 BGB und die Klauselverbote der §§ 308, 309 BGB sowie Spezialvorschriften, zB zum Verbrauchsgüterkauf (dazu Rdn 3148) oder zum Verbraucherdarlehensvertrag; auf sie wird im jeweiligen Zusammenhang gesondert hingewiesen.

C. Kaufgegenstand

1. Bezeichnung des Kaufgrundstücks

Der verkaufte Grundbesitz (WE, Erbbaurecht) soll möglichst genau nach dem Beschrieb im Grundbuch unter Angabe der Grundbuchstelle in den Kaufvertrag aufgenommen werden[1] (vgl § 28 S 1 GBO; s darüber im einzelnen Rdn 130). Allerdings ist ein Kaufvertrag samt Auflassung auch dann wirksam, wenn die Grundstücksbezeichnung nicht § 28 S 1 GBO entspricht (s Rdn 3121); die Bezeichnung nach § 28 S 1 GBO kann uU sogar durch eine Vertragspartei in der Form des § 29 GBO nachgeholt werden, wenn in der Urkunde ausreichende Anhaltspunkte vorliegen[2] (s dazu Rdn 131). 3145

Vor der Beurkundung eines Grundstückskaufvertrags soll sich der **Notar** über den **Grundbuchinhalt unterrichten.** Wegen Einzelheiten s Rdn 534. Solange ihm über nicht vollzogene Änderungen des Grundbuchinhalts nichts bekannt 3146

---

[26] Unter welchen Voraussetzungen diese Frist im Einzelfall unterschritten werden darf, ist streitig; für eine sehr enge Auslegung Sorge, Rieger, je aaO (Fußn 23), für eine Auslegung, die dem konreten Schutzbedürfnis des jeweils betroffenen Verbrauchers mehr Rechnung trägt Brambring, Hertel, Litzenburger, Solveen, je aaO (Fußn 23).
[27] Empfohlen wird ein entsprechendes Anschreiben durch den Notar, vgl Grziwotz ZfIR 2002, 667; Amann/Brambring/Hertel, Vertragspraxis, S 445.
[28] Für diese Unterscheidung Schmucker, Sorge, Solveen, je aaO (Fußn 23); keine erneute Frist: Hertel ZNotP 2002, 286.
[1] Zur unrichtigen Flächenmaßangabe im Kaufvertrag und zur Abgrenzung von verstecktem Einigungsmangel und Erklärungsirrtum s BGH DNotZ 1968, 22 = MDR 1967, 477; durch unrichtige Flächenangabe allein wird das Grundstück, das im übrigen nach § 28 S 1 GBO ausreichend gekennzeichnet ist, nicht unklar bezeichnet, OLG Zweibrücken DNotZ 1988, 590 = Rpfleger 1988, 183.
[2] BayObLG 1974, 112 = DNotZ 1974, 441 = Rpfleger 1974, 222; vgl auch BayObLG Rpfleger 1967, 177 mit Anm Haegele; BayObLG MittBayNot 1981, 247 = Rpfleger 1982, 62; BayObLG MittBayNot 1982, 181 = BWNotZ 1982, 141 = MittRhNotK 1982, 204 = Rpfleger 1982, 416.

ist (zB künftige Änderung einer Teilungserklärung nach WEG) hat der Notar vom Grundbuchstand auszugehen.[3] Wegen Einsicht in das Baulastenverzeichnig s Rdn 3196. Vielfach empfiehlt es sich daneben noch, die Flurkarte[4] und dgl einzusehen, damit Verwechslungen in der Grundstücksbezeichnung (Rdn 3149) vermieden werden.

3146a Zur notwendigen Bezeichnung bei Verkauf einer nicht vermessenen **Teilfläche** eines Grundstücks s Rdn 859 ff, 863 ff.

2. Weiterverkauf vor Eigentumserwerb

3147 Soll Grundbesitz, den der Verkäufer erworben hat, als dessen Eigentümer er aber im Grundbuch (noch) nicht eingetragen ist, vor Eigentumsumschreibung weiterveräußert werden, ist auf eine Reihe von **Besonderheiten** zu achten:[5]
Zunächst ist zu klären, was **Gegenstand** des Kaufvertrages sein soll: das Grundstück oder der Anspruch des Verkäufers gegen den (noch) eingetragenen Eigentümer auf Eigentumsverschaffung und/oder ein etwa bereits bestehendes Anwartschaftsrecht des Verkäufers. Zu den unterschiedlichen Formerfordernissen je nach Kaufgegenstand s Rdn 3106.
In der Praxis ist auch in solchen Fällen meist der **Verkauf des Grundstücks** selbst gewollt; dann sind die Veräußerungs- und Erwerbsverpflichtungen zu beurkunden. Der Verkäufer hat damit auch für seinen eigenen Eigentumserwerb ohne Rücksicht auf Verschulden einzustehen (Garantiehaftung wegen Übernahme des Beschaffungsrisikos,[6] § 276 Abs 1 BGB); vorsichtigerweise sollte er sich ein – uU befristetes – Rücktrittsrecht vorbehalten und Schadensersatzansprüche abbedingen oder beschränken, zB nur auf Aufwendungsersatz.
Zu einer teilweisen Weiterveräußerung durch Abtretung des **Eigentumsverschaffungsanspruchs** hinsichtlich **realer Grundstücksteilflächen** ist ausdrückliche Zustimmung des Erstverkäufers nur dann erforderlich, wenn der Teilabtretung schutzwürdige Interessen des Erstverkäufers entgegenstehen, insbesondere wenn die Teilabtretung für ihn eine über die geschuldete Leistung hinausgehende, nicht ohne weiteres mehr zumutbare Mehrarbeit oder sonstige Nachteile mit sich bringt.[7] Nach Vollkommer[8] dagegen ist der Anspruch nur mit Zustimmung des Erstverkäufers teilweise abtretbar, wobei sich auch die Zustimmung des Erstverkäufers aus den Umständen entnehmen läßt.[9]

---

[3] OLG Koblenz RNotZ 2002, 116.
[4] Vgl hierzu OLG Frankfurt NJW-RR 1991, 154.
[5] Vgl hierzu Röll MittBayNot 1974, 251; Ertl DNotZ 1977, 81; Zeiß BWNotZ 1980, 15; Amann FS Schippel S 83 und DNotZ 1997, 113; Gutachten DNotI-Report 1998, 213 und 1999, 65 (Insolvenz des Weiterverkäufers).
[6] Vor der Schuldrechtsreform schon RG 69, 355; BGH 8, 222; zuletzt BGH NJW 2000, 2101 = NotBZ 2000, 263 = ZNotP 2000, 277; vgl statt vieler MünchKomm/Westermann Rdn 7 ff zu § 440 BGB.
[7] BayObLG 1971, 307 = DNotZ 1972, 233 = Rpfleger 1972, 16 mit Anm Vollkommer. Zu dieser Frage ausführlich Amann aaO.
[8] Vollkommer Rpfleger 1972, 17 (Anmerkung) sowie Rpfleger 1967, 401; Rpfleger 1968, 337 (341) und 1969, 426 (Anmerkung).
[9] Vgl zur Frage auch LG München I DNotZ 1967, 511 = Rpfleger 1967, 408; LG Nürnberg-Fürth MittBayNot 1970, 57; Hoche NJW 1955, 161 und 652; Schippel MittBayNot 1966, 191.

C. Kaufgegenstand

Soweit dem Ersterwerber bereits das dingliche Anwartschaftsrecht zusteht, bedarf es zur Übertragung einer realen Teilfläche der besonderen Zustimmung des Erstverkäufers überhaupt nicht.[10]

Sollen vor den üblichen Sicherungen des Käufers, insbesondere vor Eintragung der originären Vormerkung (setzt vorherige Eigentumsumschreibung auf den Verkäufer voraus, § 39 GBO), Zahlungen geleistet werden, treten erhebliche, letztlich nicht lösbare **Sicherungsprobleme** auf:

Die „Umschreibung" der für den Verkäufer eingetragenen Vormerkung verlangt, daß die durch sie gesicherten Eigentumsverschaffungsansprüche – zur Sicherung[11] des Eigentumserwerbs des Drittkäufers – an den (Dritt-)Käufer abgetreten werden (s Rdn 1517). Diese Abtretung wird jedoch möglicherweise unwirksam, wenn das Insolvenzverfahren über das Vermögen des (Weiter-)Verkäufers eröffnet wird[12] (§§ 91, 103 InsO). Lehnt der Insolvenzverwalter die Erfüllung ab (§ 103 InsO), besteht kein (abgetretener) Eigentumsverschaffungsanspruch mehr; § 106 InsO ist bei der abgetretenen Vormerkung nicht anwendbar.[13] Selbst wenn der Insolvenzverwalter Erfüllung wählt (§ 103 InsO), ist nach der Rechtsprechung des BGH[14] zweifelhaft, ob nicht der ursprüngliche (abgetretene) Anspruch erst durch Ausübung des Wahlrechts neu als originäre Masseforderung entsteht und die vorherige Sicherungszession daher ins Leere geht, zumindest soweit Leistungen erst nach der Wahl erbracht werden.

Eine unbedingte Abtretung – ohne Rücksicht auf die Kaufpreiszahlung – ist dem Verkäufer nicht zumutbar; richtig ist eine durch Ausübung des Rücktritts und/oder Geltendmachung des Schadensersatzes statt der Leistung infolge Zahlungsverzug des Drittkäufers auflösend[15] bedingte Abtretung dieser Ansprüche. Sinnvoll ist auch, die Abtretung unwirksam werden zu lassen, wenn der Verkäufer als Eigentümer und die (originäre) Vormerkung rangrichtig für den Käufer im Grundbuch eingetragen sind.[16] Zu betonen ist jedoch nochmals, daß es gegen die Insolvenz des Weiterverkäufers keine Sicherungsmöglichkeit gibt.[17]

Da es keinen gutgläubigen Erwerb einer Forderung gibt, gibt die Abtretung des Eigentumsverschaffungsanspruchs an den Käufer diesem noch keine aus-

---

[10] BayObLG 1971, 307 = aaO (Fußn 7).
[11] Den Sicherungscharakter der Abtretung betont zu Recht Amann aaO (Fußn 5) S 83 ff, 106 ff.
[12] Vgl Gutachten DNotI-Report 1999, 65; Amann FS Schippel S 83 (106 ff); Röll MittBayNot 1974, 251.
[13] S dazu Gutachten DNotI-Report 1999, 65.
[14] BGH DNotZ 2002, 648 = NJW 2002, 2783; BGH NJW 2003, 2744 erkennt die Wirksamkeit einer vor Insolvenzeröffnung erfolgten Abtretung wieder an; anders noch BGH 106, 236 = NJW 1989, 1282; BGH 116, 156 = NJW 1992, 507; Gutachten DNotI-Report 1999, 65; Huber MittBayNot 1999, 113 (116).
[15] Nicht aufschiebend bedingt; dann könnte vor Bedingungseintritt die Vormerkung nicht berichtigt werden, so richtig Röll MittBayNot 1974, 251; unrichtig Zeiß BWNotZ 1980, 15.
[16] Vgl dazu auch BGH DNotZ 1995, 47 = NJW 1994, 2947 = Rpfleger 1995, 101; Amann aaO (Fußn 5) S 99.
[17] Zu Recht sieht daher OLG Schleswig NotBZ 2002, 459 das Abstellen auf die originäre Vormerkung als den sichersten Weg an.

reichende Sicherheit auf vertragsgemäßen Eigentumserwerb. Die Umschreibung der Vormerkung auf ihn ist regelmäßig für die Begründung von Zahlungspflichten nicht ausreichend: Es muß weiter sichergestellt[18] sein, daß der abgetretene Anspruch (vom Insolvenzfall abgesehen) rechtsbeständig ist, alle zu seiner Wirksamkeit nötigen Genehmigungen erteilt sind, keine vertraglichen oder gesetzlichen Rücktrittsrechte bestehen, insbesondere der Verkäufer seinerseits seinen Kaufpreis bezahlt hat oder diese Zahlung im Weiterverkauf „sichergestellt" (ohne Risiko ebenfalls nicht vollständig lösbar[19]) ist. Weiter sollte vom Eigentümer eine Erklärung vorliegen, wonach ihm von Abtretungen, Pfändungen oder Verpfändungen des Eigentumsverschaffungsanspruchs des (Weiter-)Verkäufers nichts bekannt ist; dies verbessert wenigstens faktisch die Situation des Drittkäufers.[20] Die bedingte Abtretung der Eigentumsverschaffungsansprüche bringt schließlich für den eingetragenen Eigentümer Probleme, da er nicht abschätzen kann, an wen er befreiend auflassen kann.[21] Dem sollte durch eine Ermächtigung des A begegnet werden, an B aufzulassen, mit Erfüllungswirkung (Untergang des Anspruchs und der Vormerkung) gegenüber C jedoch nur, wenn die von B bewilligte originäre Vormerkung für C rangrichtig eingetragen ist.[21] Auch die Finanzierung des vom Drittkäufer aufzubringenden Kaufpreises ist schwierig. Die dem Erstkäufer erteilte Finanzierungsvollmacht (s Rdn 3158ff) kann von diesem nicht an den Drittkäufer „weitergegeben" werden.[22] Schließlich ist zu beachten, daß Belastungen, die der Verkäufer (B) in seinem Vertrag mit dem Eigentümer (A) für diesen oder für Dritte bewilligt hat, regelmäßig (§ 16 Abs 2 GBO; s Rdn 92, 317, 3318) vor oder gleichzeitig mit der Eintragung des (Dritt-)Käufers (C) zur Eintragung kommen; ggfs ist auch hier für entsprechende Freistellung zu sorgen. Zur Auflassung ohne Zwischeneintragung auch im Hinblick auf vom Erstkäufer bewilligte Belastungen s Rdn 3317, 3318. Schon aus dem letztgenannten Grund hat der den Weiterverkauf beurkundende Notar beglaubigte Abschrift der ursprünglichen Erwerbsurkunde sich vorlegen zu lassen. Im Hinblick auf die dargestellten Risiken hat der Notar bei solcher Vertragsgestaltung über die unübersehbaren Gefahren konkret zu belehren.

3. Mitverkaufte Gegenstände

3148 Die Einzelaufführung der mitverkauften gesetzlichen **Bestandteile** (§§ 93ff BGB) ist nicht notwendig, da ihre Mitveräußerung selbstverständlich ist. Wohl aber ist es zweckmäßig, das mitverkaufte **Zubehör** (§§ 311c, 97ff, 926 BGB) im einzelnen anzuführen, insbesondere, wenn es sich um größere und wertvollere Sachen handelt,[23] zB Antennen, Einbauküchen,[24] Markisen,

---

[18] Röll MittBayNot 1974, 251.
[19] S dazu Gutachten DNotI-Report 1998, 213.
[20] Röll MittBayNot 1974, 251.
[21] Hierzu eingehend Amann FS Schippel (1996), S 83 (93ff).
[22] OLG Düsseldorf MittBayNot 1999, 379 = MittRhNotK 1999, 244 = NJW-RR 1999, 1178; Gutachten DNotI-Report 1998, 213 (217).
[23] Vgl dazu Binger, Regelungen über Scheinbestandteile, Zubehör und andere auf dem Grundstück befindliche Gegenstände in Grundstücks-Kauf- und Übertragungsverträgen, MittRhNotK 1984, 205; Göhler BWNotZ 1998, 142; LG Stuttgart BWNotZ

C. Kaufgegenstand

Heizöl. Zur Behandlung der Instandhaltungsrücklage bei Verkauf von Wohnungseigentum s Rdn 2829. In manchen Fällen wird ein besonderes Inventarverzeichnis aufgenommen und dem Kaufvertrag als Anlage (§ 9 Abs 1 S 2 BeurkG) beigefügt (die mitvorgelesen werden muß). Auch sonstige mitverkaufte Gegenstände sind im Vertrag einzeln aufzuführen. Es genügt zB nicht, zu sagen, es werde das gesamte Inventar verkauft, soweit es sich der Verkäufer nicht vorbehält. In diesem Falle müssen zum mindesten die dem Verkäufer verbleibenden Sachen einzeln als nicht mitverkauft angeführt werden. Zur Frage, wann wegen § 311b Abs 1 BGB der Verkauf von Inventar und Zubehör beurkundungspflichtig ist, vgl Rdn 3120. Der Eigentumsübergang bestimmt sich bei mitverkauften beweglichen Gegenständen nach §§ 929ff BGB; er sollte aufschiebend bedingt durch die Gesamtkaufpreiszahlung gestaltet werden.

Obligatorische Berechtigungen, die grundstücksbezogen sind und dem Verkäufer zustehen, gehen nicht gemäß § 311c BGB (analog) auf den Käufer über, sondern nur, wenn sie im Kaufvetrag abgetreten werden.[25]

Die Auslegungsregel des § 926 Abs 1 S 2 BGB gilt nur für die Veräußerung von Zubehör, das dem Veräußerer gehört, nicht aber für fremdes Zubehör.[26] Zur gesonderten Kaufpreisausweisung s Rdn 3151.

Ein vollständiger Ausschluß von Rechts-und Sachmängeln bezüglich mitverkaufter beweglicher Gegenstände und Zubehör (Beispiele s Rdn 3148) ist (seit 1. 1. 2002) nur noch möglich bei Verkauf von Verbraucher an Verbraucher oder von Unternehmer an Unternehmer oder von Verbraucher an Unternehmer.[27] Bei Verkauf von Unternehmer an Verbraucher können Ansprüche und Rechte des Käufers wegen Rechts- und Sachmängeln mitverkaufter beweglicher Gegenstände nicht eingeschränkt (ausgenommen Schadenersatzansprüche) und die Verjährung solcher Ansprüche bei neuen Sachen nicht auf unter zwei Jahre und bei gebrauchten Sachen nicht auf unter ein Jahr verkürzt werden (§§ 474, 475 Abs 1–3 BGB); die Beweislastumkehr des § 476 BGB ist ebenfalls zwingend (§ 475 Abs 1 S 1 BGB). Der Beschaffenheitsvereinbarung insbesondere gebrauchter mitverkaufter Sachen kommt daher besondere Bedeutung zu.[28] Ist ein solcher Verbrauchervertrag zugleich allge-

3148a

1985, 47 (Einbauküchen); OLG Düsseldorf MittRhNotK 1986, 167 (zur Einordnung einer Schranktrennwand); BGH MDR 1990, 523 (Wärmepumpe).
[24] Nach OLG Karlsruhe NJW-RR 1988, 459 = Rpfleger 1988, 542, LG Köln WM 1988, 425, OLG Hamm MittRhNotK 1989, 114 = NJW-RR 1989, 33 und OLG Düsseldorf MittRhNotK 1994, 145 = NJW-RR 1994, 1039 sind Einbauküchen weder wesentliche Bestandteile noch Zubehör; aA (wesentlicher Bestandteil oder Zubehör) BGH BB 1990, 1094 = Rpfleger 1990, 218; OLG Celle NJW-RR 1989, 913; OLG Zweibrücken NJW-RR 1989, 84.
[25] Kohler DNotZ 1991, 362; BGH 111, 110 = DNotZ 1991, 667 mit Anm Uhlig = NJW 1990, 1723 (Zuckerrübenlieferungsrechte); BGH MittBayNot 1993, 557 (Anspruch des Verkäufers gegen Voreigentümer auf Freistellung von Erschließungskosten).
[26] OLG Düsseldorf DNotZ 1993, 342 = OLGZ 1993, 73; LG Saarbrücken NJW-RR 1987, 11; Göhler BWNotZ 1998, 142.
[27] AA Feller MittBayNot 2003, 81 (84).
[28] Amann/Brambring/Hertel, Vertragspraxis, S 202. Zur Frage, ob eine abstrakte Beschaffenheitsvereinbarung (gekauft wie besichtigt) ausreichend und wirksam ist, s Rdn 3168 mit Fußn 12).

1331

meine Geschäftsbedingung (§ 305 Abs 1 BGB), sind §§ 307–309 BGB zu beachten, insbesondere § 309 Nr 7 BGB, der einen Haftungsausschluß oder -begrenzung wegen Verletzung des Lebens, Körpers und Gesundheit oder generell bei grob fahrlässiger Pflichtverletzung für unwirksam erklärt. Ein entsprechender ausdrücklicher Vorbehalt solcher Ansprüche ist vertraglich zu vereinbaren, da sonst die Gefahr besteht, daß die gesamte vertragliche Rechts- und Sachmängelregelung unwirksam ist (§ 306 BGB). Eine Regelung, daß Vertragsstörungen wegen des Kaufs beweglicher Sachen den Grundstückskauf unberührt lassen, ist als Vereinbarung zu § 139 BGB zulässig.[29]

3148b Bei der Veräußerung landwirtschaftlicher Flächen eines milcherzeugenden Betriebes können **Milchreferenzmengen** seit 1. 4. 2000 nicht mehr übertragen werden; § 7 Abs 1 Zusatzabgabenverordnung (ZAVO) hat die bisherige Flächenbindung der Milchreferenzmengen aufgehoben.[30] Neben der flächenlosen Übertragung über Verkaufsstellen (§§ 8 ff ZAVO) ist eine Veräußerung von Milchreferenzmengen außerhalb dieser Verkaufsstellen nur möglich, wenn ein gesamter Betrieb, der als selbständige Produktionseinheit weiterhin für die Milcherzeugung bewirtschaftet wird, vollständig veräußert (oder verpachtet) wird. Daher sind in einen Kaufvertrag über einen gesamten landwirtschaftlichen milcherzeugenden Betrieb oder einen entsprechenden Übergabevertrag weiterhin Regelungen über die Übertragung der Milchreferenzmengen aufzunehmen (§ 7 Abs 2 S 1, 5 ZAVO); daneben sind flächenungebundene Übertragung von Milchquoten ohne Einschaltung der Verkaufsstellen nur noch möglich bei Übertragung gesamter Betriebe oder Betriebsteile zwischen Verwandten in gerader Linie oder Ehegatten sowie im Wege der Erbfolge (zB bei Testamenten und Erbverträgen) und der vorweggenommenen Erbfolge. Ein gesonderter Kaufpreis für die Milchreferenzmenge sollte in der Urkunde ausgeworfen sein, da er nicht der Grunderwerbsteuer unterworfen ist.[31]

4. Grundstücksverwechslung[32]

3149 Mitunter kommen sog Grundstücksverwechslungen vor, dh im Kaufvertrag wird ein falsches Grundstück angeführt, auf den Käufer aufgelassen und auf ihn eingetragen. Eine derartige Verwechslung stellt sich oft erst nach Jahren heraus. Ebenso liegt ein Fall der falsa demonstratio (s dazu Rdn 3121 mit Fußn 119) vor, wenn die Parteien bei Verkauf einer Eigentumswohnung irr-

---

[29] Wälzholz und Bülow MittBayNot 2001, 509 (518); Amann/Brambring/Hertel, Vertragspraxis, S 257; aA Litzenburger RNotZ 2002, 23 (25).
[30] Einzelheiten vgl Zusatzabgabenverordnung vom 12. 1. 2000 (BGBl I 27) in Verbindung mit der VO Nr 1256/1999 des Rates der Europ Union vom 17. 5. 1999 (Amtsbl der Europ Gemeinschaft L 160/73), mit der die bis 31. 3. 2000 geltende Milchgarantiemengenverordnung (BGBl 1994 I 586, geändert BGBl 1996 I 535) aufgehoben wurde. Vgl hierzu Hertel DNotz 2000, 325 und Gutachten DNotI-Report 2000, 158.
[31] Vgl Gem Erl der Länder-Finanzbehörden MittRhNotK 1986, 206 = MittBayNot 1986, 149.
[32] Vgl hierzu die Übersicht bei Bergermann RNotZ 2002, 557; Strober MittBayNot 1973, 3; Haegele BlGBW 1957, 133.

tümlich einen falschen Keller als dazugehörig betrachten[33] oder wenn sie vor Beurkundung das Grundstück besichtigt haben, dann in der Urkunde aber nicht von den kleineren Grenzen in der Natur, sondern von den (größeren) Katastergrenzen ausgegangen sind.[34] Korrektur erfolgt im Wege der Grundbuchberichtigung; es besteht ein Anspruch auf eine die (übereinstimmende seinerzeitige) Falschbezeichnung richtigstellende Erklärung in der Form des § 29 GBO (Identitätserklärung),[35] die gleichzeitig Berichtigungsbewilligung im Sinne des § 19 GBO ist.

Die Berichtigung ist aber nur möglich, wenn der zur Berichtigung oder Erfüllung Verpflichtete noch verfügungsbefugt ist. Nach der – allerdings teilweise angefochtenen – Rechtsprechung des RG[36] muß aber, wenn bei Auflassung mehrerer Grundstücke an verschiedene Erwerber die Flurstücksnummern verwechselt worden sind, zunächst die berichtigende Wiedereintragung der Grundstücke auf den Verkäufer erfolgen, was auch von § 39 GBO verlangt wird;[37] erst dann kann die bisher nicht richtig vollzogene Auflassung eingetragen werden. Ohne Berichtigungsbewilligung und Antrag der Beteiligten ist die Rückgängigmachung einer Grundstücksverwechslung nicht möglich, sondern nur die Eintragung eines Amtswiderspruchs im Grundbuch zulässig (§ 53 GBO). Eine nur einseitige Grundstücksverwechslung kann nur durch Anfechtung des Kaufvertrags wegen Irrtums beseitigt werden (§ 119 BGB). Zur Formwirksamkeit (§ 311b Abs 1 S 1 BGB) eines Vertrages mit in beiderseitigem Irrtum falsch bezeichnetem Grundstück s Rdn 3121.

D. Kaufpreishöhe und -tilgung

1. Höhe des Kaufpreises

Der Kaufpreis ist in der Regel in **Euro** festzulegen. Zur Empfangs- und Einziehungsberechtigung bezüglich des Kaufpreises bei mehreren Verkäufern s Rdn 3131 mit Fußn 1, 2. Zur Fremdwährungsschuld s Rdn 3255. Wegen der Grundstücksveräußerung gegen eine – lebenslängliche – Rente für den Verkäufer s Rdn 3236 ff, wegen **Wertsicherungsklauseln** s Rdn 3254 ff. 3150

---

[33] BayObLG 1996, 149 = MittBayNot 1996, 374; BayObLG NotBZ 2002, 64 = Rpfleger 2002, 19; Becker ZWE 2002, 71; ähnlich auch OLG Hamm NJW-RR 1993, 785 (Speicherraum gehört entgegen der Annahme der Vertragsteile nicht zum verkauften Sondereigentum – Rechtsmängelhaftung).

[34] BGH NotBZ 2002, 97 = NJW 2002, 1038 = Rpfleger 2002, 255 = ZNotP 2002, 149 mit abl Anm Waldner NotBZ 2002, 174; RG 60, 338 [340]; RG 77, 33; LG Frankenthal NJW 1956, 873; OLG Hamm MDR 1991, 759 = NJW-RR 1992, 152; vgl dazu auch Lutter AcP 164, 122 (140). Der umgekehrte Fall (das in der Urkunde bezeichnete Katastergrundstück ist kleiner als Parteien nach Besichtigung angenommen haben) wurde über §§ 459 ff (aF) BGB oder culpa in contrahendo behandelt, vgl OLG Hamm DNotZ 1992, 419 mit krit Anm Kanzleiter.

[35] BGH DNotZ 2001, 846; vgl dazu Joswig ZfIR 2002, 101; Bergermann RNotZ 2002, 557 (566 ff).

[36] RG 133, 279.

[37] Zur Geltung des § 39 GBO bei vorgängig nötiger Grundbuchberichtigung vgl BayObLG NotBZ 2002, 420 = RNotZ 2002, 512 = Rpfleger 2003, 25.

Ist bei einem auf entgeltlichen Erwerb eines Grundstücks gerichteten Rechtsgeschäft das Mißverhältnis zwischen Leistung und Gegenleistung besonders grob (ist zB der Wert des verkauften Grundstücks knapp doppelt so hoch wie der Kaufpreis/Gegenleistung), begründet dies eine (widerlegbare) Vermutung einer verwerflichen Gesinnung mit der Folge, daß der Vertrag sittenwidrig und nichtig ist[1]; dabei sind die Gesamtumstände zu berücksichtigen.

Ein notariell beurkundeter Grundstückskaufvertrag, der **unrichtige Angaben** über die Art und Weise der Kaufpreiszahlung enthält, ist in vollem Umfang nichtig.[2] Hat der Käufer vor Beurkundung eine Vorauszahlung auf den Kaufpreis geleistet, so ist die Abrede, diese Zahlung auf den Kaufpreis anzurechnen, ebenso beurkundungsbedürftig wie die Verrechnung mit einer Gegenforderung, § 3131 Abs 1 BGB (Rdn 3121).

Lassen die Parteien eines Grundstückskaufvertrags nur einen Teil des Kaufpreises notariell beurkunden und vereinbaren sie nur insoweit die Sicherung durch eine Hypothek, so findet auf eine nicht den ganzen Kaufpreis deckende Zahlung des Käufers § 366 BGB über Anrechnung der Leistung bei Forderungsmehrheit entsprechende Anwendung,[3] wenn der nichtige Vertrag gemäß § 311b Abs 1 S 2 BGB geheilt ist. Wird vom Verkäufer für die Umsatzsteuer optiert (§ 9 UStG) so ist auch die geschuldete Umsatzsteuer auszuweisen und zu beurkunden.[4] Dabei wird häufig die Abtretung der Vorsteuererstattungsansprüche des Käufers an den Verkäufer zur Erfüllung von dessen Umsatzsteuerschuld gewünscht; die dabei bestehenden Risiken sind zu erörtern.[5] Risiken bestehen bei Umsatzsteueroption durch den Verkäufer für den Käufer auch dann, wenn bei ihm der Vorsteuerabzug nicht zugelassen oder widerrufen wird, weil die Option beim Verkäufer nicht anerkannt oder später widerrufen wird.[6]

---

[1] BGH DNotZ 1993, 164 = NJW 1992, 899; BGH DNotZ 1993, 504 = NJW-RR 1993, 198; BGH DNotZ 1996, 983; BGH 146, 198 = RNotZ 2001, 276; BGH ZNotP 2002, 394; BGH ZfIR 2003, 151.

[2] OLG Düsseldorf DNotZ 1973, 601. Zu den Folgen eines wegen Versehens einer Partei zu niedrig beurkundeten Kaufpreises OLG Düsseldorf MittBayNot 2001, 321.

[3] BGH DNotZ 1974, 164 = NJW 1973, 1689. Zur Haftung des Notars, wenn er bei einer Grundstücksveräußerung nur einen Teil der Gegenleistungen, die nach dem erklärten Willen der Vertragsparteien durch die Veräußerung abgegolten werden sollen, beurkundet, BGH WM 1968, 1372; vgl aber auch BGH DNotZ 1982, 498 mit zu Recht abl Anm Hanau.

[4] OLG Stuttgart DNotZ 1994, 309; Gutachten DNotI-Report 1995, 1.

[5] Vgl dazu – je mit Formulierungsvorschlägen – Holland ZNotP 1998, 20; Schuck MittBayNot 1998, 412; Schubert MittBayNot 1999, 107; Basty in Kersten/Bühling § 36 Rdn 42 ff; früher schon Meyding MittBayNot 1995, 85; Grziwotz DStR 1994, 1448; Gutachten DNotI-Report 1994 Heft 16 S 3, DNotI-Report 1995, 47, DNotI-Report 1996, 7, DNotI-Report 1996, 198 und DNotI-Report 1999, 7. Vgl weiter BGH ZNotP 2002, 436.

[6] BFH BStBl 1998 II 695. Vgl zB die Umsatzsteuerfreiheit für den Verkauf von Unternehmen oder Teilbetrieben (§ 1 Abs 1a UStG; kann auch bei Verkauf einer einzigen vermieteten Einheit vorliegen, für die zur Umsatzsteuer optiert war); hierzu eingehend Gutachten DNotI-Report 1999, 7; OFD-Erlaß BB 2000, 1231 = MittBayNot 2000, 344.

D. Kaufpreishöhe und -tilgung

2. Kaufpreiszerlegung

Soweit der Kaufpreis zugleich den Gegenwert für mitverkaufte bewegliche Sachen (Zubehör usw) umfaßt, ist es im Hinblick auf die Kosten der Eigentumsumschreibung und die Grunderwerbsteuer zweckmäßig, zu bestimmen: „Von dem Gesamtkaufpreis mit ... € entfällt der Teilbetrag von ... € auf die mitverkauften beweglichen Gegenstände." Ist der Gesamtkaufpreis richtig beurkundet, führt eine falsche Aufteilungsabrede (Steuerhinterziehung) nicht zur Nichtigkeit des Vertrages.[7] 3151

3. Kaufpreisfälligkeit, Sicherung von Leistung und Gegenleistung

Die Kaufpreisfälligkeit bildet einen Schwerpunkt jedes Grundstückskaufvertrages. Der Notar hat hier erhebliche Belehrungs- und ggfs Formulierungspflichten,[8] damit den Sicherungsbedürfnissen beider Vertragsteile ausreichend Rechnung getragen wird (s auch Rdn 851, 852). 3152

Wird **Direktzahlung** vereinbart, ist es zur Sicherung der **Interessen des Käufers** nötig, den Kaufpreis **erst fällig** zu stellen, wenn 3152a
– die Auflassungsvormerkung rangrichtig im Grundbuch eingetragen ist,
– die zur Wirksamkeit des Vertrages nötigen Genehmigungen von Beteiligten, Dritten (zB § 12 WEG, § 5 ErbbauVO), Gerichten oder Behörden auflagefrei vorliegen,
– die Vorkaufsrechtsbescheinigung der Gemeinde nach § 28 Abs 1 BauGB, ggfs Nichtausübungserklärungen hinsichtlich weiterer öffentlich-rechtlicher dinglicher Vorkaufsrechte, vorliegen,
– die nicht übernommenen Belastungen im Grundbuch gelöscht sind oder mindestens die zur Löschung nötigen Unterlagen dem Notar vorliegen und ihre Verwendung nur von Zahlungen abhängt, die mit dem Kaufpreis geleistet werden können. Holt der Notar die Löschungsunterlagen der wegzufertigenden Gläubiger treuhänderisch ein, so können diese das mit der Annahme der Unterlagen durch den Notar wirksam gewordene öffentlich-rechtliche Verwahrungsverhältnis jedenfalls dann nicht mehr widerrufen, nachdem der Kaufpreis durch entsprechende Weitergabe der Auflagen fällig gestellt (oder bei Abwicklung über Notaranderkonto entsprechend überwiesen) wurde[9] (vgl auch § 54c Abs 1 BeurkG als allgemeiner Grundsatz). Auf die etwaige Befristung solcher Treuhandaufträge ist im Rahmen der Fälligkeitsmitteilung besonders zu achten.[10] Soweit nicht auf Anderkonto hinterlegt wird, ist die Ablösung solcher Rechte Dritter am Grundstück durch Vereinbarung einer treuhänderischen Zweckbin-

---

[7] BGH DNotZ 2003, 123 = NJW-RR 2002, 1527.
[8] Vgl hierzu eingehend Reithmann/Albrecht, Handbuch, Rdn 458 ff; Ritzinger BWNotZ 1986, 163; Möller MittRhNotK 1990, 33.
[9] Zur Bindung einer Bank an ihre eigene Freistellungsverpflichtung s BGH DNotZ 1992, 560 = NJW 1992, 1390; OLG Düsseldorf WM 1995, 877 (bei falscher Auskunft über Höhe der Valutierung). Zum einseitigen Widerruf bzw zur Bindung von erteilten Treuhandaufträgen vgl LG Dresden NotBZ 1998, 36; 36; LG Köln DNotI-Report 1998, 97; Gutachten DNotI-Report 1997, 1; Brunner MittBayNot 1997, 197.
[10] Reithmann/Albrecht, Handbuch, Rdn 545; OLG Düsseldorf MittBayNot 2001, 199.

dung des Kaufpreises gegen Pfändung des Kaufpreisanspruches durch Gläubiger des Verkäufers zu sichern, s Formular Rdn 849 III 3 e sowie Rdn 3157.
Bei Eigentümergrundschulden stellt jedoch nur die vorherige Löschung den sicheren Weg dar.
Bei Verkauf von in der Zwangsversteigerung befindlichem Grundbesitz ist Antragsrücknahme auch durch alle betreibenden Gläubiger, die vor Eintragung der Auflassungsvormerkung dem Verfahren beigetreten sind, sicherzustellen,[11]
– der Verkäufer seinen etwa weiter übernommenen Verpflichtungen (zB Räumung, Renovierung, Nachweis bestimmten Baurechts[12]) nachgekommen ist; nach Änderung des § 794 Abs 1 Nr 5 ZPO ist wegen solcher Verkäuferpflichten auch eine Zwangsvollstreckungsunterwerfung möglich.[13]

3152b Kaufpreisabwicklung durch Hinterlegung auf **Notaranderkonto** war und ist vor allem in Norddeutschland weitgehend üblich, erfordert aber nunmehr ein „berechtigtes Interesse"[14] (§ 54a BeurkG). Objektiv liegt ein solches Interesse für Abwicklung über Notaranderkonto vor, wenn damit vorrangige Grundpfandrechte oder sonstige Belastungen abgelöst werden sollen, auch wenn zusätzlich der Käufer den Kaufpreis durch Eintragung von Grundpfandrechten auf dem Kaufobjekt finanzieren und das Grundpfandrecht vor Eigentumsübergang eingetragen werden muß (s dazu Rdn 3158), wenn der Verkauf eines bereits in der Zwangsversteigerung befindlichen Grundstücks abgewickelt werden soll oder wenn der Verkäufer die Vormerkung für den Käufer erst nach ganzer oder teilweiser Sicherstellung des Kaufpreises eintragen lassen will (vgl Muster Rdn 849). Die für das Verwahrungsverhältnis zum Notar erforderliche Hinterlegungsanweisung nach § 54a Abs 2 Nr 2 BeurkG ist als Bestandteil des Kaufvertrages aufzunehmen und regelt damit auch die vertragliche Rechtsbeziehung zwischen Käufer und Verkäufer; insbesondere Empfangsberechtigung, zeitliche und sachliche Bedingungen der Verwahrung und die Auszahlungsvoraussetzungen sind genau zu regeln. Jede Auszahlung an abzulösende Gläubiger oder den Verkäufer sollte dabei an die Erfüllung der Rdn 3152a genannten Voraussetzungen geknüpft werden. Überweisen Finanzierungsgläubiger des Käufers die Darlehensvaluta auf Notaranderkonto und erteilen sie vor oder spätestens bei Überweisung[15] für die Verwendung dieser Mittel dem Notar Weisungen, besteht hierdurch regelmäßig ein geson-

---

[11] OLG Hamm DNotZ 1992, 392; vgl dazu auch Weirich DNotZ 1989, 143; Hansmeyer MittRhNotK 1989, 149; Schmidt BWNotZ 1992, 35; Jursnik MittBayNot 1999, 125 und 433. Zum Weiterverkauf nach Zuschlag in der Zwangsversteigerung s Deichsel NotBZ 1999, 246.
[12] Vgl dazu Fischer ZfIR 2001, 104.
[13] Vgl dazu Wolfsteiner DNotZ 1999, 306 (318 ff).
[14] Zur Frage, wann dieses berechtigte Interesse besteht vgl Brambring DNotZ 1999, 381; Weingärtner DNotZ 1999, 393; Tönnies ZNotP 1999, 419; Tröder ZNotP 1999, 462; Zimmermann DNotZ 2000, 164; Hertel in Eylmann/Vaasen Rdn 71 ff zu § 54a BeurkG; Kawohl, Das Notaranderkonto (1995); Bräu, Die Verwahrungstätigkeit des Notars (1992).
[15] Eine später erfolgende Anweisung ist grundsätzlich nicht mehr möglich, BGH DNotZ 2002, 269.

D. Kaufpreishöhe und -tilgung

dertes weiteres Verwahrungsverhältnis.[16] Der Notar hat darauf zu achten, dass diese Treuhandauflagen der Finanzierungsgläubiger nicht mit den im Kaufvertrag vereinbarten Auszahlungsanweisungen in Widerspruch stehen,[17] andernfalls hat er die Kaufvertragsparteien zu informieren.[18] Die Treuhandauflagen der Finanzierungsbank des Käufers sind grundsätzlich widerruflich,[19] wenn nicht ausdrücklich ein Beitritt der Finanzierungsbank zur kaufvertraglichen Verwahrungsanweisung stattfindet. Ausgeschlossen ist ein solcher Widerruf während der Laufzeit einer vereinbarten Bindungsfrist und dann, wenn der Notar bereits über die hinterlegte Darlehensvaluta zulässig verfügt hat (§ 54c Beurk). Ein Muster für Hinterlegungsanweisungen[20] der finanzierenden Bank hat die Bundesnotarkammer in Abstimmung mit der Kreditwirtschaft erarbeitet.

Zur Sicherung der **Interessen des Verkäufers** kann es geboten sein 3152c
- den Eintritt des Verzugs gemäß § 286 Abs 2 Nr 2 BGB durch die konstitutive oder deklaratorische Fälligkeitsmitteilung des Notars eintreten zu lassen; dies setzt Zugang der Fälligkeitsmitteilung und eine angemessene Frist voraus,[21]
- bereits ab Fälligkeit[22] einen Strafzins zu vereinbaren, wenn zB nicht auf den Zugang der Fälligkeitsmitteilung, sondern auf deren Absendung abgestellt wurde,
- den Käufer eine Zwangsvollstreckungsunterwerfung wegen des Kaufpreises[23] erklären zu lassen.[24] Die für die Erteilung der vollstreckbaren Ausfertigung zu erbringenden Nachweise sind sorgfältig zu formulieren,
- sicherzustellen, daß keine Eigentumsumschreibung erfolgt, bis der Kaufpreis vollständig gezahlt ist, zB durch Aussetzen der Auflassung oder der

---

[16] BGH DNotZ 1987, 560 = NJW 1987, 3201; BGH NJW 1997, 2104; BGH DNotZ 2002, 269; Hertel MittBayNot 2002, 181; teilweise abweichend Reithmann DNotZ 2002, 247.
[17] Andernfalls stellt eine solche Zahlung auf Anderkonto keine rechtzeitige Zahlung dar, BGH DNotZ 2002, 213.
[18] BGH DNotZ 2002, 269.
[19] So die Rechtsprechung des BGH aaO (Fußn 16); Hertel aaO (Fußn 14 und 16); Brambring DNotZ 1990, 615, 643. AA – Einbindung der finanzierenden Bank in das Verwahrungsverhältnis von Käufer und Verkäufer (= mehrseitiges Verwahrungsverhältnis) KG MittRhNotK 1998, 98; KG DNotZ 2001, 865 mit Anm Wegerhoff = NotBZ 2001, 425 mit Anm Hertel; LG Schwerin NotBZ 2001, 231, dazu Campe NotBZ 2001, 208; Reithmann/Albrecht, Handbuch, Rdn 294 ff.
[20] DNotZ 1999, 369 (370).
[21] Amann/Brambring/Hertel, Vertragspraxis, S 447, 470 ff.
[22] In Individualverträgen zulässig, BGH DNotZ 1991, 680; zur Abgrenzung von Fälligkeits-, Verzugszinsen, Vertragsstrafe BGH DNotZ 1992, 659 = NJW 1992, 2625; Amann/Brambring/Hertel, Vertragspraxis, S 448.
[23] Auch Kaufpreiszahlung an den Notar zur Hinterlegung ist unterwerfungsfähig, KG NJW-RR 2000, 1409.
[24] Zur Zulässigkeit in AGB s Rdn 3220. Hat der Verkäufer im Kaufvertrag den Kaufpreisanspruch abgetreten, geht die Vollstreckungsunterwerfung gegenüber dem Verkäufer ins Leere; Prozeßstandschaft wird nicht zugelassen. Möglich ist es, für den Verkäufer einen eigenen unterwerfungsfähigen Anspruch, gerichtet auf Zahlung an den Abtretungsempfänger, zu begründen.

Bewilligung oder Vollzugsanweisung (s Muster Rdn 849 Abschn VIII. 4. und Rdn 3203),
- Besitz und Nutzungen erst nach Sicherstellung vollständiger Zahlung auf den Käufer übergehen zu lassen,
- die gesetzlich gebotene Fristsetzung (§§ 281, 323 BGB) für den Rücktritt oder/und das Verlangen von Schadensersatz statt der Leistung bei Nichtzahlung des Kaufpreises zeitlich zu definieren oder – wohl selten – entfallen zu lassen[25] und/oder ggfs auch pauschalierten Schadenersatz[26] (Verfall von erbrachten Anzahlungen[27]) für den Fall der Nichtzahlung zu vereinbaren,
- Nachweise über die Sicherstellung des Kaufpreises vor Beurkundung oder vor Eintragung einer Auflassungsvormerkung zu regeln (zB Bankbürgschaft über Kaufpreis) oder Hinterlegung des Kaufpreises auf Notaranderkonto zu vereinbaren. Zur Belehrungspflicht des Notars über die Vormerkung als „Vorleistung" des Verkäufers und die sofortige – treuhänderisch erteilte – Löschungsbewilligung s Rdn 1552.

Der Notar ist in diesem Bereich sicher nicht wirtschaftlicher Vormund der Vertragsteile, die – soweit nicht allgemeine Geschäftsbedingungen oder Verbraucherverträge vorliegen oder die Makler- und Bauträgerverordnung zu § 34c GewO eingreift – auch auf diesem Gebiet frei in ihren Vereinbarungen sind. Es gehört aber zur Pflicht des Notars nach § 17 BeurkG, gerade bei wirtschaftlich unerfahrenen Beteiligten sehr genau zu klären, ob die Vertragsteile tatsächlich auf die möglichen rechtlichen Sicherungen in der Verknüpfung von Leistung (Grundstück) und Gegenleistung (Geld) verzichten wollen. In Bereichen, in denen sich die Beteiligten nicht mehr persönlich kennen, wird meist nach entsprechender gebotener Belehrung auf die Sicherungen nicht mehr verzichtet. Wie die Sicherungen erfolgen, hängt vom Einzelfall ab. Häufig ist die treuhänderische Einschaltung des Notars für die Abwicklung nötig (vgl Rdn 852).

4. Kaufpreistilgung

a) Schuldübernahme

3153 Die Schuldübernahme (§§ 414, 415 BGB), bei der ein Teil des Kaufpreises durch **Übernahme von Hypotheken** oder Grundschulden[28] samt zugrunde liegendem Darlehen getilgt wird (anders Grundschuldübernahme, Rdn 3155), ist selten, da für den Käufer nur interessant, wenn die Zinsen bei Abschluß

---

[25] In AGB (Verbrauchervertrag) unzulässig, § 309 Nr 4 BGB.
[26] In allgemeinen Geschäftsbedingungen (Verbrauchervertrag) nach § 309 Nr 5, 6 BGB unwirksam, vgl BGH DNotZ 1985, 298 = NJW 1985, 632. Zu Rücktrittsklauseln vgl auch OLG München MittBayNot 1998, 273.
[27] Verfallklausel in Individualverträgen zulässig, BGH MittRhNotK 1993, 90 = NJW 1993, 464.
[28] Nach OLG Braunschweig MDR 1962, 736 und Palandt/Heinrichs Rdn 3 zu § 416 BGB, findet § 416 BGB auch auf eine Schuld entsprechende Anwendung, die durch eine Grund- oder Rentenschuld gesichert ist. Die Frage ist aber streitig; vgl Siegelmann Betrieb 1969, 1325. Die Frage, ob einem Grundstückskäufer die auf eine übernommene Hypothek zusätzlich zum Nennbetrag des Darlehenskapitals zu zahlenden Darlehensbeschaffungskosten (Disagio) über den Nennbetrag hinaus auf den Kaufpreis anzurechnen sind, bejaht der BGH DNotZ 1970, 247. Zur Schuldübernahme vgl Amann MittBayNot 2002, 245; auch Ogilvie MittRhNotK 1990, 145.

D. Kaufpreishöhe und -tilgung

des Kaufvertrages höher sind als bei Abschluß des ursprünglichen Kreditvertrags.²⁹ Der genaue Schuldstand zum Übernahmestichtag sollte ermittelt und in der Urkunde angeführt werden. Die einzelnen Grundpfandrechte mit Schuldstand sind anzugeben. Empfehlenswert ist eine Ausgleichungsbestimmung für den Fall, daß der angegebene Schuldsaldo nicht exakt stimmt. Die Wirksamkeit der Schuldübernahme sollte wie jede Form der Kaufpreiszahlung von den entsprechenden Sicherungen des lastenfreien Erwerbs für den Käufer abhängig gemacht und bei (vorzeitigen) Zahlungen des Käufers an die Gläubiger sichergestellt werden, daß er von ihnen seine Zins- und Tilgungsraten bei Nichtdurchführbarkeit des Kaufvertrags zurückerhält.³⁰

Zweifelhaft ist, ob auf die Schuldübernahme gemäß § 415 BGB die Regeln des Verbraucherdarlehensvertrags (§§ 491 ff BGB, früher VerbrKrG) anwendbar sind. Die Rechtsprechung wendet auf den Schuldbeitritt zum Kreditvertrag diese Vorschriften an³¹ und hat dies auch auf die im Wege der Schuldübernahme nach § 415 BGB vereinbarte Übernahme eines Bierlieferungsvertrages schon getan, s Rdn 3175c, ebenso auf eine dreiseitige Vertragsübernahme.³² Geht man – vorsorglich³³ – von der Anwendbarkeit dieser Vorschriften auf die befreiende Schuldübernahme aus, genügt es nicht, nur die Übernahmeerklärungen zu beurkunden (s Rdn 3122), es müssen dann zusätzlich beurkundet werden³⁴ (vgl § 491 Abs 3 Nr 1 BGB) 3153a
- der Nettokreditbetrag, dh der jetzt übernommene Schuldsaldo,
- der Jahreszins,
- die bei Abschluß des Vertrages in Rechnung gestellten Kosten des Darlehens, dh insbesondere Übernahmekosten, Restschuldversicherung,
- die Voraussetzungen, unter denen der Jahreszins oder die Kosten geändert werden können.

Die hierfür nötigen Angaben kann zuverlässig nur die Bank machen; sie müssen dem Erwerber regelmäßig zwei Wochen vor Beurkundung im Entwurf (§ 17 Abs 2a BeurkG) vorliegen. Fehlen diese Angaben, wäre die Schuldübernahme unwirksam (§ 494 Abs 1 BGB) bzw bei Inanspruchnahme nach Maßgabe von § 494 Abs 2 BGB gültig; auch das Widerrufsrecht nach § 495 BGB bestünde. Mit der überwiegenden Literatur³⁵ halten wir jedoch eine analoge Anwendung der Regeln des Verbraucherdarlehensvertrags auf die Schuldübernahme nach § 415 BGB für nicht gerechtfertigt, da die Initiative

---

²⁹ Instruktiv hierzu Amann MittBayNot 2002, 245 (247).
³⁰ Vgl hierzu BGH 72, 246 = DNotZ 1979, 414 = NJW 1979, 157.
³¹ BGH BB 1996, 1522 = WM 1996, 1258; BGH BB 1996, 2006 = WM 1996, 1781; BGH DNotZ 1998, 29 mit Anm v Westphalen; BGH DNotZ 1997, 568 BGH NJW 1999, 2664.
³² BGH 142, 23 = NJW 1999, 2664.
³³ OLG Düsseldorf MittBayNot 2001, 313 mit Anm Volmer lehnt auf die von Alt- und Neuschuldner vereinbarte, mit Zustimmung des Gläubigers erfolgte Schuldübernahme die Anwendung der Verbraucherdarlehensvorschriften ab; aA Staudinger/Kessal/Wolf (13. Bearb) Rdn 22 zu § 1 VerbrKrG.
³⁴ Zu den Formulierungsempfehlungen und Belehrungspflichten des Notars vgl Volmer WM 1999, 209 = NotBZ 1999, 225.
³⁵ MünchKomm/Ulmer Rdn 36 zu § 1 VerbrKrG; ebenso Kurz DNotZ 1997, 552; Grziwotz MDR 1997, 432; Brambring in Beck'sches Notarhandbuch A I Rdn 340; kritisch auch Volmer aaO (Fußn 33 und 34).

zur Kreditverpflichtung des Käufers nicht vom Kreditgeber, sondern vom bisherigen Kreditnehmer (Verkäufer) ausgeht.

3154 In der Regel wird im Kaufvertrag die Genehmigung der Grundpfandrechtsgläubiger zur Schuldübernahme beantragt und der Notar beauftragt, zu diesem Zweck den Gläubigern Vertragsabschriften zu übermitteln. Die Parteien sind dabei auch über die Vorschrift des § 416 BGB, der einen besonderen Weg für die Übernahme von Hypothekenschulden aufweist, zu belehren. Auch die Rechtsfolgen, die bei Verweigerung der Genehmigung zur Schuldübernahme gelten sollen (Erfüllungsübernahme oder Ablösung) sollten ermittelt und geregelt werden[36] (s Formular Rdn 849, III 2 Alternative 1 oder 2).

b) Verwendung vorhandener Grundschulden für Darlehen des Käufers

3155 Von der Schuldübernahme zu unterscheiden ist die Vereinbarung, daß lediglich Grundschulden des Verkäufers am Kaufobjekt bestehen bleiben und vom Käufer zur Sicherung eigener Darlehen verwendet werden sollen. Hier müssen vertraglich die Nicht- bzw Nichtmehrvalutierung durch den Verkäufer, die Ablösung der bisher gesicherten Schulden des Verkäufers und bis zur vollständigen Kaufpreiszahlung eine eingeschränkte Sicherungsvereinbarung nur für Käuferschulden (s Rdn 3159) mit dem Gläubiger vereinbart werden.[37]

c) Abtretung von Eigentümerrechten; treuhänderische Zweckbindung

3156 Es ist dringend zu empfehlen, daß der **Verkäufer** seine **Ansprüche aus** entstandenen und bis zur Eigentumsumschreibung noch entstehenden **Eigentümergrundschulden** sowie seine Ansprüche auf Rückübertragung oder Verzicht auf Grundpfandrechte samt den Ansprüchen auf Herausgabe der Grundpfandrechtsbriefe an den Käufer abtritt[38] und die Eintragung dieser Abtretung im Grundbuch, aber auch bereits die spätere Löschung der übernommenen Grundpfandrechte bewilligt. Dann erübrigt sich seine sonst uU erforderliche spätere Zuziehung bei der Löschung (s auch Rdn 2740, 2741). Die Abtretung dieser „Eigentümerrechte" und -ansprüche sollte jedoch aufschiebend bedingt durch die Eigentumsumschreibung vereinbart werden.

3157 Werden Grundpfandrechte nicht übernommen, ist ihre Ablösung – notfalls direkt durch den Käufer an die Gläubiger – Zug um Zug gegen Aushändigung der Löschungsunterlagen durch Vereinbarung einer treuhänderischen Zweckbindung zu sichern.[39]

---

[36] BGH DNotZ 1992, 27.
[37] S hierzu ausführlich Ogilvie MittRhNotK 1990, 145; Pfeiffer ZNotP 1999, 117.
[38] Bei Übernahme von Grundschuld und Darlehen ist von einer stillschweigenden Abtretung auszugehen, BGH DNotZ 1992, 35; s dazu Reithmann DNotZ 1994, 168.
[39] Zum Verhältnis der Lastenfreistellung zur Pfändung des Kaufpreises durch Gläubiger des Verkäufers BGH DNotZ 2000, 752 = NJW 2000, 1270 = Rpfleger 2000, 222; BGH MittBayNot 1981, 120; BGH NJW 1985, 1155 (1157); eingehend Hoffmann NJW 1987, 3153. Hierzu Gutachten DNotI-Report 1994 Heft 6 S 1; BGH DNotZ 1998, 626 mit Anm Albrecht = NJW 1998, 746 = Rpfleger 1998, 117 = ZNotP 1998, 75 mit Anm Amann (S 130); Röll MittBayNot 1964, 365.
Zum Zeitpunkt, wann der Notar eine ihm unter Treuhandauflage überlassene Löschungsbewilligung zum Vollzug einzureichen hat, s LG München I MittBayNot 1980, 82.

D. Kaufpreishöhe und -tilgung

d) Mitwirkung des Verkäufers bei der Bestellung von Finanzierungsgrundschulden des Käufers

Sehr häufig wird das Problem auftauchen, daß der Käufer das gekaufte Objekt bereits vor Eigentumsübergang **zur Kaufpreisfinanzierung beleihen** muß, da die kreditgebende Bank die Eintragung eines Grundpfandrechtes als Voraussetzung für die Auszahlung des Kredits verlangt. Anderseits ist im Kaufvertrag sichergestellt, daß das Eigentum erst auf den Käufer nach Kaufpreiszahlung umgeschrieben wird. Das Problem kann dadurch gelöst werden,[40] daß das Grundpfandrecht noch unter Mitwirkung des Verkäufers in das Grundbuch eingetragen wird. Dies kann dadurch geschehen, daß der Käufer die Eintragungsbewilligungen, die persönlichen Schulderklärungen samt persönlicher Zwangsvollstreckungsunterwerfung und eine dingliche Vollstreckungsunterwerfung erklärt, während der Verkäufer den Eintragungsbewilligungen zustimmt (§ 185 BGB) und die dingliche Zwangsvollstreckungsunterwerfung selbst erklärt (da hierfür eine Zustimmung nach § 185 BGB nicht zulässig ist; s Rdn 2040). Nach Eigentumswechsel ist hier keine Umschreibung der Vollstreckungsklausel nötig.[41] Problematisch bei diesem Verfahren ist die Absicherung[42] des Verkäufers. Die weitgehend übliche Abtretung der Ansprüche auf Auszahlung der Darlehensvaluta wirkt überhaupt nur, wenn das schriftliche Einverständnis des Kreditgebers zu der Abtretung eingeholt wird, da in den meisten Allgemeinen Geschäftsbedingungen der Banken und Bausparkassen Abtretungsbeschränkungen nach § 399 BGB enthalten sind. Auch eine Auszahlungsanweisung[43] wirkt nur, wenn sie angenommen wurde. Weder mit der Abtretung noch mit der Anweisung ist der Verkäufer dagegen geschützt, daß die Bank das Grundpfandrecht nicht zur Kaufpreisfinanzierung, sondern zur Absicherung von Forderungen verwendet, die sie gegen den Käufer hat. Dies hätte bei Scheitern eines Kaufvertrags zur Folge, daß die Bank die Löschung der Grundschuld (auch der Hypothek, da sie heute häufig zur Absicherung eines abstrakten Schuldversprechens verwendet wird) verweigern kann, obwohl sie keine Zahlung geleistet hat. Ähnliche Probleme tauchen beim Scheitern eines solchen Kaufvertrags auf hinsichtlich des Disagios und der zwischenzeitlich angefallenen Zinsen. Die entscheidende Siche-

3158

---

[40] Zu den Möglichkeiten s Ertl MittBayNot 1989, 53. Der Weg, daß der Kreditgeber auf Notaranderkonto mit Treuhandauftrag (Auszahlung, wenn richtige Rangstelle sicher ist) zahlt, der Notar Auflassung und die nur vom Käufer bestellte Grundschuld – nach Einsicht des Grundbuchs – vorlegt und an den Verkäufer auszahlt, ist gefährlich, da auch **nach** Einreichung der Grundschuld **vor** Vollzug der Auflassung der fortbestehende Eigentumsbeschaffungsanspruch bzw das Anwartschaftsrecht von Gläubigern des Käufers gepfändet werden kann und die Sicherungshypothek Rang vor der Grundschuld des Käufers erhält (BGH 49, 197 = DNotZ 1968, 483, 488 = Rpfleger 1968, 83; BayObLG 1972, 46 = DNotZ 1972, 536 = Rpfleger 1972, 182). Sicher wäre nur der Weg der Verbindung von Auflassung und Grundpfandrecht (Antrag auf 1. Rangstelle) nach § 16 Abs 2 GBO und Auszahlung **nach** Vollzug. Vgl dazu auch Rundschreiben BNotK ZNotP 2000, 488.
[41] KG DNotZ 1988, 238 = Rpfleger 1988, 30; OLG Naumburg NotBZ 2001, 114.
[42] Vgl zur diesbezüglichen Belehrungspflicht des Notars BGH DNotZ 1990, 58; BGH DNotZ 1998, 621; BGH ZNotP 1999, 330 (die hier vom BGH empfohlene „Absicherung" ist allerdings keine empfehlenswerte Sicherung!).
[43] LG Stuttgart BWNotZ 1980, 68.

rung des Verkäufers kann daher weder durch Abtretung noch Anweisung, sondern in erster Linie durch den **Sicherungsvertrag** (Zweckbestimmungserklärung) zwischen Grundstückseigentümer (Verkäufer) und Grundpfandgläubiger erreicht werden, der so gefaßt werden muß, daß der Gläubiger bis zur Eigentumsumschreibung (mindestens bis zur vollständigen Kaufpreiszahlung) das Grundpfandrecht nur insoweit verwerten und/oder behalten darf, als er tatsächlich Zahlungen auf die Kaufpreisschuld des Käufers geleistet hat.[44] Diese eingeschränkte Zweckerklärung bereits nach Kaufpreiszahlung enden zu lassen, wird nicht (mehr) empfohlen, da dann Risiken für den Verkäufer bestehen können,[45] zB wenn der Käufer zwar den Kaufpreis, nicht aber die Grunderwerbsteuer bezahlt hat, der vom Finanzamt in Anspruch genommene Verkäufer sich vom Vertrag löst (§ 281, § 323 BGB) und seinem Verlangen nach Löschung der Grundschuld von dessen Gläubiger alle Einwendungen aus ihrer möglicherweise weiten Zweckerklärung mit dem Käufer entgegengehalten werden können. Dieser Sicherungsvertrag kommt durch Angebot, nämlich Übersendung der insoweit ergänzten Grundpfandrechtsbestellungsurkunde, und Annahme (stillschweigend) zustande. Die Bank kann nicht die in der Urkunde enthaltene dingliche Einigung annehmen, ohne das ebenfalls enthaltene Angebot auf Abschluß des Sicherungsvertrags anzunehmen.

3159 Daher ist dringend anzuraten, die **Sicherungsabrede** zwischen Verkäufer und Gläubiger in die Grundschuldbestellungsurkunde aufzunehmen, zB wie folgt:

> Für das vorstehende Grundpfandrecht gilt zwischen Verkäufer und Gläubiger ausschließlich die nachfolgende Sicherungsvereinbarung:
> Der Gläubiger darf das Grundpfandrecht nur insoweit als Sicherheit verwerten und/oder behalten, als er tatsächlich Zahlungen mit Tilgungswirkung für die Kaufpreisschuld des Käufers geleistet hat. Ist die Grundschuld zurückzugewähren, so kann nur Löschung verlangt werden, nicht Abtretung oder Verzicht.[46] Alle weiteren innerhalb oder außerhalb dieser Urkunde getroffenen Zweckbestimmungserklärungen, Sicherungs- und Verwertungsvereinbarungen gelten daher erst nach Übergang des Eigentums am Pfandobjekt auf den Käufer.

Vorsicht ist auch geboten, wenn im Kaufvertrag der Verkäufer den **Käufer zur Belastung** des Kaufobjekts mit Grundpfandrechten **ermächtigt** (§ 185 Abs 1 BGB) oder bevollmächtigt (§ 167 BGB). Die Befugnis des Käufers soll-

---

[44] Wolfsteiner MittBayNot 1981, 1 (11); Reithmann/Albrecht, Handbuch, Rdn 580, 584; Basty in Kersten/Bühling § 36 Rdn 206 ff, 209 M; Germer BWNotZ 1991, 166; Schramm ZNotP 1998, 363; sehr instruktiv LG Karlsruhe DNotZ 1995, 892 mit Anm Reithmann; LG Mainz MittRhNotK 1988, 20; LG Stuttgart BWNotZ 1980, 68; zu den Risiken für den Verkäufer auch LG Hanau MittBayNot 1981, 150; Ritzinger BWNotZ 1985, 1 (4 ff). Vgl hierzu auch Tröder DNotZ 1984, 350; Baumann DNotZ 1985, 110 (114), die zusätzlich neben der speziellen Sicherungsabrede eine Abtretung befürworten; diese erscheint jedoch entbehrlich: gegen zweckwidrige Verwendung der Valuta durch den Käufer schützt die Sicherungsabrede; eine Pfändung des Darlehensauszahlungsanspruchs des Käufers durch eigene Gläubiger kann keinen Erfolg haben, da der Auszahlungsanspruch gegen die Bank nur bei Gewährung der dinglichen Sicherheit besteht, diese aber gerade hier der Bank infolge der Sicherungsabrede bei Auszahlung an den Gläubiger nicht zustünde.
[45] Vgl auch BGH DNotZ 2002, 639 mit Anm Reithmann.
[46] Vgl dazu Reithmann WM 1990, 1985 und DNotZ 1994, 168.

D. Kaufpreishöhe und -tilgung

te zur Sicherung des Verkäufers eingeschränkt werden, am besten dadurch, daß die Vollmacht nur zur Erklärung der dinglichen Einigung berechtigt, wenn gleichzeitig die obige Sicherungsvereinbarung zwischen Eigentümer und Gläubiger zustandekommt.[47]

Da die Sicherung des Verkäufers ausschließlich von der schuldrechtlichen Sicherungsabrede abhängt, kommt es entscheidend auf die Bonität des Grundpfandrechtsgläubigers an. Vorsicht ist insbesondere bei einem nicht der deutschen Finanzdienstleistungsaufsicht unterliegenden Kreditinstitut geboten; ebenso verbietet sich Bestellung einer Grundschuld für den Käufer, die dieser dann erst abtritt.

Für den Verkäufer bleibt dennoch das Risiko der Kosten bei Notar (Schutz durch Vorschuß) und Grundbuchamt (Schutz durch Antragstellung namens des Gläubigers), das Risiko der Rufschädigung (wenn die Zwangsversteigerung aus der Grundschuld in einem Zeitpunkt betrieben wird, in dem der Veräußerer noch als Eigentümer eingetragen ist[48]) und das Risiko, daß er beim Ausbleiben des Eigenkapitals des Käufers zur Freistellung des Objekts den erhaltenen Teilbetrag an den Grundschuldgläubiger zurückgeben muß und nicht mit Schadensersatzansprüchen verrechnen kann.

Auch hier sollten die Risiken, die sich aus Eigentümerrechten hinsichtlich solcher Grundschulden für den Käufer ergeben können (sie blieben bei Eigentumsumschreibung beim Verkäufer) ausgeschaltet werden, am besten dadurch, daß für den Fall der Nichtvalutierung der Grundschulden nur der Löschungsanspruch vereinbart wird. Wird dem Verkäufer oder dem Käufer Vollmacht erteilt (zu beachten ist bei Verbraucherverträgen § 17 Abs 2a S 2 Nr 1 BeurkG), jeweils für den anderen solche Grundpfandrechte zu bestellen, kann die Vollmacht so beschränkt werden, daß von ihr nur vor dem Urkundsnotar des Kaufvertrages Gebrauch gemacht werden kann, der damit die Sicherstellung der Zahlungsmodalitäten überwachen kann.[49]

Eine solche im Kaufvertrag enthaltene Belastungsvollmacht ist in ihrer Wirksamkeit nicht von etwaigen öffentlich-rechtlichen Genehmigungen zum Kaufvertrag abhängig.

Zum bloßen Wirksamkeitsvermerk gegenüber der Vormerkung des Käufers (statt Rangrücktritt) und zum Rangvorbehalt s Rdn 1523.

3160

---

[47] Ähnlich auch BGH 106, 1 = DNotZ 1989, 757 = NJW 1989, 521 = Rpfleger 1989, 146; der BGH nimmt allerdings eine inhaltlich beschränkte Ermächtigung (Vollmacht) des Käufers auch zur Abgabe der grundbuchlichen Erklärungen an (wäre vom Grundbuchamt zu prüfen); ist die Vollmacht für die Bewilligung unbeschränkt, besteht keine Nachweispflicht gegenüber dem Grundbuchamt (und kein Prüfungsrecht); zur Belehrungspflicht des Notars bei solchen Vollmachten BGH DNotZ 1990, 59. Schramm ZNotP 1998, 363 empfiehlt, die Vollmacht zur Finanzierung (im Außenverhältnis) nur bestehen zu lassen, wenn die Grundschulddurkunde die eingeschränkte Zweckbestimmung enthält.
[48] OLG Hamm MittBayNot 1999, 309 = Rpfleger 1999, 231 = ZNotP 1999, 168: die spezielle – schuldrechtliche – Zweckbestimmungserklärung enthält keine Vollstreckungsvereinbarung.
[49] Vgl LG Düsseldorf Rpfleger 1985, 100; Ehmann BWNotZ 1989, 141; Wilke MittBayNot 1996, 260; Amann MittBayNot 1996, 420; aA Wolfsteiner MittBayNot 1996, 357.

e) Grundstückskauf und Verbraucherdarlehensvertrag

3160a Durch die Neuregelung des Verbraucherdarlehensvertrages durch das OLG-VertrÄndG[50] besteht nunmehr auch für Immobiliendarlehen (§ 492 Abs 1a S 2 BGB) als Verbraucherdarlehensverträgen ein 14tägiges (bei ordnungsgemäßer Belehrung) **Widerrufsrecht** (§§ 495, 355 ff BGB); es gilt
- bei Haustürgeschäften ab 1. 8. 2002,
- bei Verbraucherdarlehensverträgen jedenfalls ab 1. 7. 2005 (§ 506 Abs 3 BGB iVm Art 34 OLGVertrÄndG), im übrigen ab 1. 1. 2002, wenn dieses Widerrufsrecht nicht nach Maßgabe des § 506 BGB ausgeschlossen wird.

Das Widerrufsrecht besteht nicht bei notariell beurkundeten Darlehensverträgen unter den in § 491 Abs 3 Nr 1 BGB genannten Voraussetzungen und nach § 312 Abs 3 Nr 3 BGB bei notariell beurkundeten Willenserklärungen nach Haustürsituation.[51]

Folge des 14tägigen Widerrufsrechtes bei Verbraucherdarlehensverträgen wird sein, daß die finanzierende Bank die Darlehen trotz etwaiger vorheriger Grundbucheintragung erst nach Ablauf der Widerrufsfrist auszahlen wird. Bei Fälligkeitsregelungen sollte hierauf geachtet werden.[52]

Verbraucherdarlehensvertrag und Kaufvertrag können auch ein verbundenes Geschäft iS des § 358 BGB sein; dies ist nach § 358 Abs 3 S 3 BGB aber nur der Fall, wenn
- der Darlehensgeber selbst das Grundstück verschafft, zB aus dem Bestand nach Einsteigerung verkauft (unmittelbares Eigengeschäft), oder
- der Darlehensgeber seine Kreditgeberrolle verläßt bzw überschreitet, indem er den Erwerb des Grundstückes durch Zusammenwirken mit dem Unternehmer fördert, indem er sich dessen Veräußerungsinteresse ganz oder teilweise zu eigen macht, bei der Planung, Werbung oder Durchführung des Projektes Funktionen des Veräußerers übernimmt oder den Veräußerer einseitig begünstigt (mittelbares Eigengeschäft).

Wann diese Voraussetzungen vorliegen, ist noch weitgehend ungeklärt. Die Rechtsprechung vor der gesetzlichen Neuregelung hat bei finanziertem Grundstückskauf nur in Ausnahmefällen ein verbundenes Geschäft angenommen.[53] Dies ist sicher immer dann der Fall, wenn dem Käufer/Verbraucher das Finanzierungsinstitut gleichsam in einer Doppelrolle als Kreditgeber und Teil des Unternehmers entgegentritt.[54] Da § 358 Abs 3 S 3 BGB vom Zusammenwirken mit einem Unternehmer spricht, dürfte bei Grundstücksverkauf durch einen Verbraucher ein verbundenes Geschäft wohl nie vorliegen,

---

[50] BGBl 2002 I 2850. Vgl dazu Dörrie ZflR 2002, 685; Grziwotz NotBZ 2002, 359; Litzenburger RNotZ 2002, 444; Oppermann ZNotP 2002, 386; Volmer MittBayNot 2002, 336.

[51] Kritisch Grziwotz NotBZ 2002, 359, 362, der den Wegfall des Widerrufsrechtes nur bei einer Beurkundung unter Einhaltung auch des § 17 Abs 2a BeurkG (vorsichtig) befürwortet; vgl auch Palandt/Heinrichs Rdn 28 zu § 312 mit weit Nachw.

[52] Volmer MittBayNot 2002, 254 und 336.

[53] Den Ausnahmecharakter eines verbundenen Geschäftes bei Darlehensvertrag und Grundstückskaufvertrag betont BGH NJW 2002, 1881; BGH ZflR 2003, 98 (100); Schmucker DNotZ 2002, 900; Volmer MittBayNot 2002, 336.

[54] Schmucker DNotZ 2002, 900; Volmer MittBayNot 2002, 336; BGH DNotZ 1980, 344 mit Anm Wolfsteiner.

auch wenn es durch die Maklertätigkeit der Immobilienabteilung der Bank, die den Käufer dann finanziert, zustandegekommen ist.[55] Zweifelhaft ist aber, ob die Vermarktung eines Bauträgerobjektes durch die Immobilienabteilung der Bank und die Finanzierung des Käufers durch die gleiche Bank nicht bereits ein verbundenes Geschäft darstellen;[56] die gleiche Frage stellt sich, wenn die das Bauträgervorhaben finanzierende Bank (Globalgläubiger) auch den Käufer finanziert und dem dies vermittelnden Verkäufer hierfür letztlich geldwerte Vorteile einräumt. Auch die Vereinbarung eines Käuferkontos im Bauträgervertrag, von dem auf Grund Einzugsermächtigung bei Fälligkeit Kaufpreisraten abgebucht werden, notfalls unter Gewährung von Kredit an den Käufer, dürfte ein verbundenes Geschäft sein.[57] Liegt ein verbundenes Geschäft vor (zur Frage der Beurkundungspflicht s Rdn 3120), so führt der Widerruf des Darlehensvertrages dazu, daß der Käufer (Darlehensnehmer) auch an den Kaufvertrag nicht mehr gebunden ist, dh der schuldrechtliche Erwerbsvertrag ist unwirksam;[58] eine abweichende Regelung, die dem Käufer die Möglichkeit gibt, im Falle des Widerrufs des Darlehensvertrages den Kaufvertrag weiterhin wirksam zu lassen, dürfte zulässig sein.[59] Ist der Kaufvertrag als verbundenes Geschäft unwirksam, ist die etwa schon eingetragene Vormerkung zu löschen.[60] Zu den weiteren gravierenden Folgen eines verbundenen Geschäftes für den Darlehensgeber, vgl § 358 Abs 4 S 2, 3, § 359 BGB.

Über das Vorliegen und die Folgen eines verbundenen Geschäftes wird der Notar die Beteiligten belehren, wenn ihm dies klar erkennbar ist; eine Belehrung auf Verdacht ist nicht geboten.[61] Die Belehrung richtet sich in erster Linie an den Verkäufer, der sich bei Vorliegen eines verbundenen Geschäftes des Bestandes des Kaufvertrages nicht sicher sein kann.

E. Rechts- und Sachmängel

1. Neuregelung durch Schuldrechtsmodernisierungsgesetz

Das Schuldrechtsmodernisierungsgesetz vom 26. 11. 2001 (BGBl I 3138), in Kraft seit 1. 1. 2002, hat für das Kaufrecht und dabei insbesondere für Ansprüche wegen Rechts- und Sachmängeln einschneidende Änderungen gebracht: nach § 433 Abs 1 S 2 BGB hat der Verkäufer dem Käufer die Sache

3161

---

[55] Volmer und Oppermann je aaO (Fußn 50); zweifelnd Grziwotz aaO (Fußn 50).
[56] Für die Annahme eines verbundenen Geschäftes in diesem Fall: Palandt/Heinrichs Rdn 18 zu § 358 BGB; Bülow Rdn 41 zu § 9 VerbrKrG; Litzenburger RNotZ 2002, 446; abl Volmer MittBayNot 2002, 336, 338.
[57] Grziwotz NotBZ 2002, 359 (363).
[58] Ein Wahlrecht des Käufers am Grundstückskaufvertrag festzuhalten oder nicht, besteht kraft Gesetzes nicht, so Volmer, Grziwotz, Litzenburger je aaO (Fußn 50); aA Oppermann ZNotP 2002, 386; Schmucker DNotZ 2002, 900 (906).
[59] So Grziwotz NotBZ 2002, 359 (364).
[60] Volmer MittBayNot 2002, 336 empfiehlt die Aufnahme einer Vollmacht zur Löschung der Vormerkung in diesem Fall (Schubladenlöschung).
[61] Litzenburger und Grziwotz je aaO (Fußn 50); zweifelnd zur Belehrungsbedürftigkeit Volmer MittBayNot 2002, 336, da der betroffene Unternehmer (Verkäufer) in der Regel nicht belehrungsbedürftig sein wird.

4. Teil. I. Grundstückskauf

frei von Rechts- und Sachmängeln zu verschaffen; die bisherige Sonderregelung bei Sachmängeln gegenüber dem allgemeinen Leistungsstörungsrecht (§§ 459 ff aF BGB) ist damit entfallen; die Rechtsfolgen für Rechts- und Sachmängel sind gleich (§ 437 BGB), so daß die frühere Unterscheidung zwischen Rechts- und Sachmängeln ihre Bedeutung weitgehend verloren hat.[1]

3162 Nach § 437 BGB[2] kann der Käufer bei Rechts- oder Sachmängeln beim Grundstückskauf ohne Rücksicht auf Verschulden des Verkäufers
– Nacherfüllung durch Beseitigung des Mangels verlangen (§ 437 Nr 1, § 439 BGB); das Wahlrecht liegt beim Käufer, abänderbar, außer bei Verbrauchsgüterkauf (s Rdn 3148),
– nach erfolgloser Fristsetzung zur Nacherfüllung den Kaufpreis mindern (§ 437 Nr 2, § 441 BGB),
– nach erfolgloser Fristsetzung zur Nacherfüllung (§ 323 Abs 1 BGB[3]) vom Kaufvertrag zurücktreten, es sei denn die Pflichtverletzung (Mangel) ist unerheblich (§ 437 Nr 2, § 323 Abs 5 S 2 BGB).

Soweit der Verkäufer den Mangel zu vertreten hat, kann der Käufer auch
– Schadensersatz oder Ersatz vergeblicher Aufwendungen verlangen (§ 437 Nr 3 BGB), und zwar neben und zusätzlich zur Minderung oder zum Rücktritt (§ 325 BGB), Schadensersatz statt der ganzen Leistung, also wegen Nichterfüllung, nach § 281 Abs 1 S 3 BGB jedoch nur, wenn die Pflichtverletzung nicht unerheblich ist.

Einen Mangel zu vertreten hat der Verkäufer nur, wenn ihm zumindest fahrlässiges Verhalten vorgeworfen werden kann, das in der pflichtwidrigen Nichtbehebung des Mangels bzw das in seiner Kenntnis oder fahrlässigen Unkenntnis der Unbehebbarkeit des Mangels (Rechtsgedanke des § 311a Abs 2 BGB) liegen kann.[4]

3163 Maßgebender Zeitpunkt für die in § 437 BGB bestimmten Ansprüche und Rechte des Käufers bei Rechts- und Sachmängeln und ihre Verjährung (§ 438 BGB, s Rdn 3163b) ist der Zeitpunkt der Übergabe (Gefahrübergang; § 446 BGB). Treten vor diesem Zeitpunkt Mängel auf, bestehen für den Käufer die allgemeinen Rechte bei Leistungsstörungen, nämlich Zahlung und Abnahme zu verweigern (§ 320 BGB), sowie Rücktritt und/oder Schadensersatz (§§ 323, 280, 281 BGB, hier auch bei unerheblichen Mängeln zulässig). Zum Verhältnis dieser Rechte vor Übergabe gegenüber einem vereinbarten Ausschluß von Ansprüchen wegen Mängeln nach Übergabe s Rdn 3172.

3163a Gesetzlich **ausgeschlossen** sind Rechte des Käufers wegen eines (Sach- oder Rechts)Mangels, wenn der Käufer bei Vertragschluß den Mangel positiv kennt. Auch grob fahrlässige Unkenntnis bei Vertragschluß schließt Ansprüche aus, außer bei arglistigem Verschweigen oder Garantieübernahme (§ 442 BGB). Bei sämtlichen im Grundbuch eingetragenen Rechten gilt abweichend

---

[1] Palandt/Putzo Rdn 1 zu § 437 BGB; Amann/Brambring/Hertel, Vertragspraxis, S 125 ff; Krauß, Grundstückskaufverträge, Rdn 34 ff, 521 ff; Wälzholz und Bülow MittBayNot 2001, 509; Tietge und Wälzholz NotBZ 2001 Beil S 13 ff.
[2] Prüfungsschemata für die einzelnen Rechtsfolgemöglichkeiten des § 437 BGB bei Amann/Brambring/Hertel, Vertragspraxis, S 148 bis 153, 159, 163.
[3] Amann/Brambring/Hertel, Vertragspraxis, S 161; Palandt/Putzo Rdn 24 zu § 437 BGB.
[4] Amann/Brambring/Hertel, Vertragspraxis, S 168; eingehend Lorenz NJW 2002, 2497 (2501); Deutsch AcP 2002, 889.

E. Rechts- und Sachmängel

hiervon die gesetzliche Beseitigungspflicht des Verkäufers auch bei Kenntnis des Käufers (§ 442 Abs 2 BGB).

Die ebenfalls neu geregelte **Verjährungsfrist** beträgt 30 Jahre für Mängel, die aus einem im Grundbuch eingetragenen Recht (zB Hypothek) eines Dritten bestehen, 5 Jahre bei Verkauf von Grundstücken mit Baubestand, gleichgültig ob Altbau oder neu hergestellt (zur Anwendung von Werkvertragsrecht beim Bauträger s Rdn 3204) und bei allen übrigen Mängeln 2 Jahre, gerechnet ab Übergabe; diese Verjährungsfrist gilt über § 218 BGB auch für die Gestaltungsrechte Minderung und Rücktritt. Bei arglistigem Verschweigen tritt an die Stelle der 2-Jahresfrist die regelmäßige 3-Jahresfrist des § 195 BGB, daneben § 199 Abs 3 Nr 1, Abs 5 BGB.[5] Verjährungsändernde Vereinbarungen sind zulässig (§ 202 BGB); zum Verbot der Verkürzung von Verjährungsfristen im Bauträgervertrag s Rdn 3227 und bei Verbrauchsgüterkauf s Rdn 3148. 3163b

2. Rechtsmängel

Der Verkäufer hat dem Käufer **Besitz** und **Eigentum** hinsichtlich des verkauften Vertragsgegenstandes zu verschaffen. Das Kaufgrundstück muß frei sein von solchen **Rechten**[6] **dritter Personen,** die gegen den Käufer geltend gemacht werden können, von ihm aber vertragsmäßig nicht übernommen werden (§ 435 BGB). Beispiele für solche Rechte: Hypotheken, Reallasten, Dienstbarkeiten,[7] Wohnungsrechte usw, auch obligatorische Rechte Dritter, wenn sie dem Dritten ein Recht zum Besitz geben, zB Miete,[8] Pacht. Der Verkäufer hat auch nicht mehr bestehende, im Grundbuch aber noch eingetragene Rechte Dritter zu löschen, wenn sie im Falle ihres Bestehens das Recht des Käufers beeinträchtigen würden (§ 435 S 2 BGB). Auch vormerkungswidrige Belastungen hat der Verkäufer auf seine Kosten zu beseitigen; er kann den Käufer nicht auf § 888 BGB verweisen.[9] Rechtsmängel können sich nicht nur aus privaten Rechten Dritter, sondern auch aus der Bindung des Kaufobjektes kraft öffentlichen Rechts ergeben (zB Mietpreisbindung nach WohnungsbindungsG;[10] Verpflichtung zur Veräußerung von Straßenbauland).[11] 3164

---

[5] Palandt/Putzo Rdn 12 zu § 438 BGB.
[6] Vgl BGH DNotZ 1998, 51 = NW 1997, 1788: Gehört nach dem Kaufvertrag zur Wohnung ein Hobbyraum, liegt Rechtsmangel vor, wenn Verkäufer hieran weder Sondereigentum noch Sondernutzungsrecht hat; ähnlich OLG Koblenz MittBayNot 1998, 257 (Nichterfüllung der Pflicht zur Übertragung von Sondernutzungsrecht = Rechtsmangel); OLG Düsseldorf RNotZ 2001, 280; OLG Düsseldorf DNotZ 1998, 369 = NJW-RR 1998, 733 (Rechtsmangel, wenn Teileigentum als Wohnungseigentum verkauft wird); ebenso OLG Ham ZfIR 1999, 830.
[7] BGH MittBayNot 2000, 102 = NJW 2000, 803: Leitungsrechtsdienstbarkeit.
[8] Der Notar ist nicht verpflichtet bei Verkauf von vermietetem Wohnraum den Käufer von sich aus über Kündigungsabsichten oder die Sperrfrist nach § 573 Abs 2 (früher § 564b Abs 2 S 2 BGB) zu belehren, OLG Düsseldorf DNotZ 1995, 414.
[9] BGH DNotZ 1986, 275 = NJW-RR 1986, 310.
[10] BGH 67, 134 = DNotZ 1977, 104 = NJW 1976, 1888; s dazu auch Becker MittRhNotK 1980, 213 (226); BGH DNotZ 1984, 689; Derleder JZ 1984, 447. Eine Belehrungspflicht des Notars über das mögliche Bestehen einer Wohnungsbindung besteht ohne besonderen Anlaß nicht, OLG Düsseldorf DNotZ 1985, 185; OLG Köln DNotZ 1987, 695; OLG Düsseldorf MittRhNotK 2000, 207; s auch Rdn 857.
[11] BGH DNotZ 1983, 36 = NJW 1983, 275; vgl aber auch OLG Köln MittRhNotK 1982, 36 (Lage eines Grundstücks im Flurbereinigungsgebiet kein Rechtsmangel).

3165 Die einzelnen vom Verkäufer zu beseitigenden bzw die vom Käufer zu übernehmenden Rechte sind im Kaufvertrag genau anzugeben, damit Klarheit über die geschuldeten Belastungsverhältnisse besteht.[12] Soweit der Käufer bestehende Belastungen in Abt II und III nicht übernimmt (zur Schuldübernahme s Rdn 3153), ist im Kaufvertrag die Bestimmung aufzunehmen, daß der Verkäufer diese Rechte bis zu einem bestimmten Zeitpunkt auf seine Kosten löschen muß.[13] Ein Antragsverbund (§ 16 Abs 2 GBO) mit der Auflassung wird dadurch nicht hergestellt (s Rdn 92). Zur Abtretung von Rückgewähransprüchen und Eigentümerrechten für Grundschulden Rdn 3156. Zu **Miet- und Pachtverhältnissen** s Rdn 3175 a.

3166 Behauptet der Käufer das Bestehen eines Rechtsmangels (und verweigert Zahlung des Kaufpreises) ist der Verkäufer beweispflichtig, daß er seine Pflicht zur Lieferung einer rechtsmängelfreien Sache erfüllt hat.[14]

3. Öffentliche Lasten

3167 Für die Verteilung der **Erschließungs- und Anlieger**beiträge zwischen Verkäufer und Käufer (Innenverhältnis) enthält § 436 Abs 1 BGB eine neue Regelung; vgl im einzelnen Rdn 3180 ff. Für die Freiheit des Grundstücks von **anderen öffentlichen Abgaben** und öffentlichen Lasten, die nicht im Grundbuch eintragungsfähig sind (zB Grundsteuer, Beträge nach § 10 Abs 1 Nr 3, 7 ZVG), haftet der Verkäufer nicht (§ 436 Abs 2 BGB). Eine **Baulast** oder sonstige Bau- oder Nutzungsbeschränkungen des öffentlichen Rechts fallen nach überwiegender Rechtsprechung nicht unter § 436 Abs 2 BGB, können aber uU Sachmangel sein.[15]

4. Sachmängel

3168 Der Verkäufer ist beim Grundstückskauf verpflichtet, das Grundstück bei Übergabe (Gefahrübergang, § 446 BGB) **frei von Sachmängeln** zu verschaffen, ausgenommen bei Kenntnis oder grob fahrlässiger Unkenntnis des Käufers vom Mangel bei Vertragsschluß (s Rdn 3163 a) oder bei vertraglichem Ausschluß oder Beschränkung von Mängelansprüchen (dazu Rdn 3170). Für die Freiheit von Sachmängeln maßgeblich ist in erster Linie die im Kaufvertrag vereinbarte Beschaffenheit des Grundstückes (§ 434 Abs 1 S 1 BGB), danach die nach dem Vertrag vorausgesetzte bzw vereinbarte Verwendung (§ 434 Abs 1 S 2 Nr 1 BGB) und zuletzt die gewöhnliche Beschaffenheit oder Verwendung (§ 434 Abs 1 S 2 Nr 2 BGB). Diese Kriterien können nicht nur alternativ, sondern auch kumulativ vereinbart werden (also zB eine Beschaf-

---

[12] Der Notar darf hier keine Rücksichten nehmen und hat erhebliche Belehrungspflichten, zB auch gegenüber Verkäufern, wenn nur der Anteil eines von ihnen belastet ist; BGH NJW-RR 1992, 393; s auch BGH DNotZ 1984, 636 (638).
[13] OLG Köln MDR 1957, 35; OLG Düsseldorf MittRhNotK 1980, 6. Zur Ablösung durch den Käufer s Rdn 3157.
[14] § 442 aF BGB ist weggefallen; vgl hierzu Palandt/Putzo Rdn 19 zu § 435 BGB.
[15] BGH DNotZ 1978, 621 = NJW 1978, 1429; BGH NotBZ 2000, 27 = ZNotP 2001, 61 (öffentlich-rechtliche Nutzungsbeschränkung einer Eigentumswohnung); OLG Karlsruhe NJW-RR 1992, 1104; OLG Düsseldorf DNotZ 1993, 697; aA OLG Hamm DNotZ 1988, 700, das eine Baulast, bereits errichtete Garagen nicht selbst nutzen zu dürfen, als Rechtsmangel bewertet.

E. Rechts- und Sachmängel

fenheitsvereinbarung kombiniert im übrigen mit gewöhnlicher Verwendbarkeit iS einer Funktionsfähigkeit des gekauften Hausgrundstücks.[16] Da § 434 Abs 1 S 2 Nr 1 BGB weitgehend dem § 459 Abs 1 aF BGB entspricht, dürfte die hierzu ergangene Rechtsprechung weiterhin Bedeutung haben.[17] Bisher führte die bloße Aufnahme eines Zwecks (ohne Rechtsfolgen) in den Kaufvertrag nicht zu einer Sachmängelhaftung des Verkäufers;[18] ob dem nunmehr im Hinblick auf § 434 Abs 1 S 1 bzw S 2 Nr 1 noch zu folgen ist, ist zweifelhaft. Auch die Lieferung einer anderen Sache oder einer zu geringen Menge ist Sachmangel (§ 434 Abs 3 BGB); zum Verhältnis der Grundstücksgröße zur Sachmängelhaftung beim Kauf nicht vermessener Teilflächen s Rdn 869 ff.
Schließlich begründet § 434 Abs 1 S 3 BGB eine Haftung des Verkäufers für öffentliche Äußerungen, insbesondere Werbeaussagen, zB im Zeitungsinserat („Bauplatz 400 qm, voll erschlossen").[19]
Eine im Vertrag vereinbarte Beschaffenheit muß konkrete Angaben enthalten; eine Beschaffenheitsvereinbarung dahingehend, daß der besichtigte Zustand schlechthin (allein) auch vertraglich geschuldete (Soll-)Beschaffenheit ist, reicht nicht aus; sie ist in Wirklichkeit Haftungsausschluß, betrifft also nicht die Tatbestands-, sondern die Rechtsfolgeseite[20] und ist insbesondere dort nicht möglich, wo Anspruchsbeschränkungen unzulässig sind, zB beim Verbrauchsgüterkauf oder im Bauträgerbereich.

Weggefallen ist der Begriff „zugesicherten Eigenschaft" und der daran geknüpften Rechtsfolgen (§ 459 Abs 2, §§ 463, 468 aF BGB). An ihre Stelle ist die **Beschaffenheitsgarantie** nach § 443 BGB getreten. Sie bewirkt, daß 3169
- der Verkäufer auf Schadensersatz verschuldensunabhängig haftet,
- ein diesbezüglicher Ausschluß oder Beschränkung (zB einzelner Mängelfolgeansprüche oder eine Verkürzung der Verjährung) der Rechte des Käufers wegen Sachmängeln unwirksam sind (§ 444 BGB, gilt auch im Individualvertrag);
- Mängelrechte des Käufers auch bestehen, wenn sie ihm grob fahrlässig unbekannt geblieben sind.

Im Hinblick auf diese Folgen ist es ratsam, im Kaufvertrag dann, wenn lediglich Beschaffenheitsangaben gemacht werden sollen (zB über Mietverhältnisse und/oder Mieterträge,[21] Umsätze, Wohnflächen[22]), dies auch eindeutig klar-

---

[16] Eingehend hierzu Feller MittBayNot 2003, 81.
[17] Keine Fehler sind zB die Fertigbauweise eines verkauften Hauses (OLG Düsseldorf NJW 1989, 2001 = OLGZ 1989, 437) oder die Tatsache, daß ein Haus, in dem sich die verkaufte Wohnung befindet, überwiegend gewerblich genutzt wird (OLG Hamburg MDR 1990, 153).
[18] BGH DNotZ 1992, 300 = NJW-RR 1992, 182.
[19] Litzenburger RNotZ 2002, 193 (194).
[20] Amann/Brambring/Hertel, Vertragspraxis, S 134; Hertel ZNotP 2002, 126; Krauß, Grundstückskaufverträge, Rdn 539; aA Kornexl ZNotP 2002, 86; Heinze und Salzig NotBZ 2002, 1; Feller MittBayNot 2003, 81, der jedoch diese abstrakte Beschaffenheitsvereinbarung mit einer ausdrücklichen oder konkludent vereinbarten Regelung nach § 434 Abs 1 S 2 Nr 1 oder Nr 2 BGB kombiniert.
[21] Schon die Erwähnung der Mieterträge enthält regelmäßig eine Zusicherung (Beschaffenheitsgarantie), BGH DNotZ 1990, 421 = NJW 1990, 902; BGH DNotZ 1993, 692 = NJW 1993, 1385; BGH MittBayNot 1995, 197; darüber hinaus auch die Zusicherung (Beschaffenheitsgarantie), daß sie aus zulässiger Vermietung herrühren, BGH

zustellen. Die Versicherung des Verkäufers, ihm sei über einen bestimmten Mangel nichts bekannt, enthält keine Garantie, daß der Mangel nicht vorhanden ist,[23] sondern nur eine Nichtwissen-Garantie.
Auch bei einer freiwilligen Versteigerung können Beschaffenheitsgarantien vereinbart sein.[24] Wird in Kaufverträgen (ab 1. 1. 2002) der Begriff der Zusicherung verwendet, dürfte dies wohl als eine Garantie iS des § 443 BGB ausgelegt werden.[25]

5. Vertragliche Regelung der Sachmängelrechte; Grenzen für den Ausschluß von Sachmängelrechten

3170 Ansprüche und Rechte des Käufers wegen Sachmängeln **bestehen,** abgesehen von den Fällen des § 442 BGB, dann **nicht,** wenn sie die Vertragsparteien im Kaufvertrag **ausgeschlossen oder beschränkt** haben. So hat sich beim individualvertraglichen Verkauf gebrauchter Häuser und Eigentumswohnungen in der Praxis der nach wie vor zulässige vertragliche Ausschluß jeglicher Sachmängelansprüche herausgebildet,[25a] der wegen der 5jährigen Verjährungsfrist für Mängel auch bei verkauften Altbauobjekten eine erhebliche Bedeutung hat. Der Käufer muß sich dann durch eine Besichtigung oder Erkundung über Beschaffenheit und Verwendbarkeit des Kaufobjektes informieren. Vor einem undifferenzierten generellen Ausschluß von Sachmängelansprüchen bei Grundstückskaufverträgen muß jedoch gewarnt werden: der Notar hat im Rahmen der ihm nach § 17 BeurkG obliegenden Pflicht, den Willen der Beteiligten zu erforschen und den Sachverhalt zu klären, in jedem Einzelfall zu prüfen, ob ein formularmäßiger Haftungsausschluß tatsächlich dem übereinstimmenden Willen der Beteiligten entspricht. Häufig werden im Rahmen von differenzierten vertraglichen Gestaltungen bestimmte Beschaffenheitsvereinbarungen getroffen und/oder bestimmte Rechtsfolgen bei Sachmängeln vereinbart bzw ausgeschlossen, während für alle weiteren Sachmängel Ansprüche und Rechte gänzlich ausgeschlossen werden. Wo ein Ausschluß von Sachmängelrechten zulässig ist, ist eine Beschaffenheitsvereinbarung regelmäßig im Vertrag nicht nötig.[26] Anders kann dies vor allem beim Verkauf

---

MittBayNot 1990, 350 = NJW-RR 1990, 1161, oder daß sie die zulässige Kostenmiete sind, BGH NJW 1989, 1795. Auch die Dauer eines Mietverhältnisses zusammen mit Mietertrag kann Zusicherung (Beschaffenheitsgarantie) oder Beschaffenheitsvereinbarung sein, BGH DNotZ 1991, 135 mit Anm Lindheimer. Der vereinbarte Eintritt in das Mietverhältnis reicht für die Zusicherung (Garantie) eines bestimmten Mietertrages nicht aus, BGH MittBayNot 2001, 471 = ZNotP 2001, 322.
[22] BGH DNotZ 1991, 673 mit Anm Tiedtke; OLG Hamm BB 1995, 1210; einschränkend noch LG München II MittBayNot 1983, 59; BGH DNotZ 1986, 78 mit Anm Reithmann; vgl auch Käser und Beck BWNotZ 2001, 143.
[23] BGH Betrieb 1969, 172; BGH NJW 1991, 1181 (1182) und MittRhNotK 1992, 111 = NJW-RR 1992, 333; OLG Hamm DNotZ 1986, 745 mit Anm Kanzleiter. Eine Beweislastumkehr zu Lasten des Verkäufers ist mit dieser Erklärung nicht verbunden, BGH DNotZ 2003, 696.
[24] BGH DNotI-Report 2001, 197.
[25] Amann/Brambring/Hertel, Vertragspraxis, S 464.
[25a] Zum Ausschluß von Sachmängelrechten beim Kauf privater Gebrauchtimmobilien eingehend Amann DNotZ 2003, 643.
[26] Feller, Kornexl, Heinze/Sabzig, je aaO (Fußn 20) befürworten dagegen die abstrakte Beschaffenheitsvereinbarung als Instrument des Sachmängelrechteausschlusses bzw

E. Rechts- und Sachmängel

eines unbebauten Grundstückes sein. Wer das Risiko der Bebaubarkeit trägt, sollte im Kaufvertrag klar geregelt sein.[27] Es kann entweder diesbezüglich jegliche Haftung des Verkäufers für die Verwendbarkeit des Grundstückes ausgeschlossen sein, oder Beschaffenheitsvereinbarungen mit gesetzlichen oder gegenüber dem Gesetz eingeschränkten Rechtsfolgen getroffen werden.[28] Je nach dem, ob es sich um eine bestehende Bebaubarkeit (Bauland), oder eine nur künftige mögliche Bebaubarkeit (Bauerwartungsland) handelt, können als Vereinbarungen getroffen werden
- eine Beschaffenheitsgarantie nach § 443 BGB (eher selten);[29]
- eine Beschaffenheitsvereinbarung, die eine Bebaubarkeit mit Art und/oder Maß der baulichen Nutzung beschreibt. Regelmäßig werden dabei die gesetzlichen Ansprüche des Käufers modifiziert, zB auf Rücktritt oder Minderung und/oder Kostenerstattung beschränkt, dh Schadensersatzansprüche statt der Leistung ausgeschlossen;
- ein vertragliches Rücktrittsrecht und/oder Kostenerstattungsansprüche unter Ausschluß gesetzlicher Ansprüche vereinbart;[30]
- stattdessen ein aufschiebend bedingter Kaufvertrag abgeschlossen, bei dem die Bedingung mit Eintritt der Bebaubarkeit, nachgewiesen durch Bebauungsplan oder Vorbescheid, vereinbart ist.[31]

Die Regelung der Haftung für sogenannte **Altlasten** (Schadstoffe im oder auf dem Boden, die zur Grundwassergefährdung oder zu gesundheitsschädlichen Immissionen führen und deren Beseitigung hohen finanziellen Aufwand erfordert) spielt eine wachsende Rolle und sollte bei der Vertragsgestaltung bedacht werden.[32] Mit dem Gesetz zum Schutz des Bodens vom 13. 3. 1998 (BGBl I 502, BBodSchG)[33] wurde dieser Bereich öffentlich-rechtlich geregelt.

3171

---

seiner Begrenzung. Solange hierzu Rechtsprechung fehlt, dürfte dies ohne zusätzlichen Haftungsausschluß nicht der „sicherste Weg" sein; vgl auch Rdn 3168 mit Fußn 20.

[27] Nach der bisherigen Rechtsprechung wird dies bei Bauerwartungsland in der Regel der Käufer sein, bei Bauland (Preis) der Verkäufer; s dazu BGH 74, 370 = DNotZ 1980, 34 = NJW 1979, 1818; BGH DNotZ 1980, 620; BGH MittBayNot 1979, 224; OLG Rostock NJW-RR 1995, 1104; Grziwotz ZNotP 2000, 271; Johlen NJW 1979, 1531; Linden MittBayNot 1981, 169 (175). Auch wenn der Verkäufer für die Bebaubarkeit haftet, bedeutet dies nicht eine Haftung dafür, daß die Behörde trotz objektiv vorliegender Bebaubarkeit die Baugenehmigung rechtswidrig verweigert, BGH DNotZ 1985, 625 und DNotZ 1988, 291.

[28] Vgl hierzu Grziwotz ZfIR 2002, 246; Litzenburger NotBZ 2002, 193.

[29] Grziwotz ZfIR 2002, 246: wohl nur bei Verkäufen durch Gemeinden, wenn überhaupt.

[30] Grziwotz ZfIR 2002, 246; Wälzholz und Bülow MittBayNot 2001, 509 (512).

[31] Grziwotz ZfIR 2002, 246 (249).

[32] Umfassend Schürmann MittRhNotK 1994, 1; Baumann u Schürmann DNotZ 1994, 502 (522); Krauß, Grundstückskaufverträge, Rdn 553 ff (mit Mustern); Grziwotz, Baulanderschließung, S 247 ff; Grziwotz MittBayNot 1990, 282; Reuter BB 1988, 497; Böhringer BWNotZ 1989, 73; Schlemminger BB 1991, 1433; Knopp, Altlastenrecht in der Praxis, 1992; Knopp NJW 1992, 2657; LG Bochum BB 1989, 651 mit Anm Reuter; Knoche NJW 1995, 1985 (zum arglistigen Verschweigen); auch die Fußn 33 Genannten.

[33] Zu diesem Gesetz Kobes NVwZ 1998, 786; Vierhaus NJW 1968, 1266; Knopp u Albrecht BB 1998, 1857; Pützenbacher NJW 1999, 1141; Wächter NJW 1997, 2073; Sorge MittBayNot 1999, 232; Steffen u Popp ZNotP 1999, 303; Körner DNotZ 2000, 344 und ZfIR 2001, 889; Gutachten DNotI-Report 1999, 85.

Nach BBodschG sind für die Beseitigung von schädlichen Bodenveränderungen gleichmäßig verantwortlich (§ 4 Abs 2, 3, 6)
– der jeweilige Grundstückseigentümer,[34]
– der Inhaber der tatsächlichen Sachherrschaft (zB Mieter; Käufer, auf den Besitz, Nutzen und Lasten bereits übergegangen sind; Erbbauberechtigter),
– der Verursacher der Verunreinigung)
– jeder frühere Eigentümer eines Grundstückes, wenn er das Grundstück nach dem 1. 3. 1999 übertragen hat und die schädliche Bodenveränderung oder Altlasten kannte, oder kennen mußte (Fahrlässigkeit).

Die Vorgenannten haften nebeneinander; eine bestimmte Reihenfolge der behördlichen Inanspruchnahme besteht nicht. Einen Gesamtschuldnerausgleich bringt § 24 Abs 2 BBodschG. Die Haftung des früheren Eigentümers (Verkäufers) nach § 4 Abs 6 ist zeitlich nicht befristet;[35] entsprechende Freistellungsvereinbarungen im Kaufvertrag (dürfte im vollständigen Ausschluß von Mängelansprüchen wegen Altlasten gegen den Verkäufer regelmäßig enthalten sein) wirkt nur im Innenverhältnis, nicht gegenüber einer Sanierungsverfügung der Behörde. Eine entsprechende Belehrung des Notars ist dringend zu empfehlen.[36] Soll umgekehrt der Verkäufer für die Beseitigung von allen etwaigen Altlasten haften, führt dies, wenn das Eigentum auf den Käufer umgeschrieben wurde, ebenfalls nur zu einem schuldrechtlichen Freistellungsanspruch und befreit den Käufer nicht von seiner öffentlich rechtlichen Haftung.

Bei der Vertragsgestaltung sollte bereits der Begriff „Altlasten" vertraglich näher definiert werden[37] (vgl § 2 Abs 5 BBodschG sowie § 2 Abs 3 BBodschG), der umfassender von „schädlichen Bodenveränderungen" spricht. Im übrigen ist der individuellen Sachverhaltsgestaltung (Altlasten bekannt oder nicht bekannt, Verdachtsflächen oder nicht, Schadstoffbelastung zwar bekannt, deren Ausmaß aber nicht) und der unterschiedlichen Interessenlage der Beteiligten (Ausschluß oder Beschränkung von Sachmängelrechten,[38] volle Übernahme des Altlastenrisikos durch den Verkäufer und entsprechende Freistellung von den Ausgleichspflichten nach § 24 Abs 2 BBodschG oder der Verantwortlichkeit nach § 4 Abs 6 BBodschG) Rechnung zu tragen.[39] Wenn die gesetzliche Verjährungsfrist für diese Mängel zu kurz

---

[34] Begrenzung der Haftung des (nur) zustandsverantwortlichen Eigentümers durch BVerfG BB 2000, 1369 mit Anm Knopp = NJW 2000, 2573; Schlemminger und Friedrich NJW 2002, 2133.

[35] Vgl dazu Sorge MittBayNot 1999, 232.

[36] Sorge MittBayNot 1999, 232; Reithmann NotBZ 1998, 41; Steffen u Popp ZNotP 1999, 303.

[37] Baumann u Schürmann DNotZ 1994, 502 (508); Schürmann MittRhNotK 1994, 1; Grziwotz MittBayNot 1990, 282.

[38] ZB Beseitigungspflicht von Altlasten nach Maßgabe eines vorliegenden Gutachtens, LG Köln MittRhNotK 1994, 40: Käufer trägt hier das Risiko, daß die Kontamination und die Beseitigungskosten höher sind; ähnlich auch OLG Dresden MittRhNotK 1994, 37.

[39] Check-Listen und Vertragsklauseln für die unterschiedlichen Falltypen bei Krauß, Grundstückskaufverträge, Rdn 554 (nach dem Schuldrechtsmodernisierungsgesetz); Schürmann MittRhNotK 1994, 1 (18 ff); Baumann u Schürmann DNotZ 1994, 502 (522); Grziwotz aaO. Eine Belehrungspflicht des Notars, den Verkäufer auf das wirt-

E. Rechts- und Sachmängel

sein sollte (§ 438 Abs 1 Nr 3 BGB [2 Jahre]), ist an deren vertragliche Verlängerung zu denken.[40]

Treten **zwischen Vertragsabschluß und Übergabe** (Gefahrübergang) Mängel auf, so muß trotz vereinbartem vollständigen Ausschluß von Sachmängelrechten und -ansprüchen der Käufer das Grundstück nicht abnehmen und bezahlen und kann sich vom Vertrag lösen ohne Rücksicht darauf, ob der Mangel erheblich ist oder nicht (§ 281 Abs 1 S 3 BGB gilt nicht).[41] Hat der Käufer die Kaufsache bereits abgenommen, erfaßt der vereinbarte Ausschluß von Sachmängelrechten diese nach Vertragsschluß eingetretenen Mängel grundsätzlich nicht; eine abweichende Regelung muß ausreichend deutlich gemacht werden.[42] Es ist daher ratsam, vertraglich möglichst genau festzulegen, ob sämtliche Rechte des Käufers, auch Rechte vor Übergabe, wegen Sachmängeln ausgeschlossen sind (oder eine konkrete Beschaffenheitsvereinbarung zB „Kauf zum Abbruch" zu treffen) oder ob Rechte und Ansprüche nur bezüglich solcher Sachmängel bestehen, die nach Vertragsschluß bis zur Übergabe entstanden sind und über die normale Abnutzung hinausgehen; in diesem Fall sollte die Verjährung für solche Ansprüche, die 5 Jahre (§ 438 Abs 1 Nr 2 BGB) oder 2 Jahre (§ 438 Abs 1 Nr 3 BGB) beträgt, deutlich verkürzt werden, zB auf 3 bis 6 Monate.[43]

3172

Eine Grenze für einen Ausschluß von Ansprüchen wegen Sachmängeln bildet § 444 BGB: Eine solche Vereinbarung ist nichtig, wenn der Verkäufer eine Beschaffenheitsgarantie abgegeben (s dazu Rdn 3169) oder den Mangel **arglistig verschwiegen** hat. Der Verkäufer handelt bereits arglistig, wenn er einen beim Verkauf eines Hauses gehegten Schwammverdacht[43a] dem Käufer nicht mitteilt. Eine Aufklärungspflicht kann sich auch aus den Vertragsverhandlungen ergeben, wenn der Käufer nach der Verkehrsauffassung eine Mitteilung erwarten konnte, der Verkäufer dies wußte[44] und es um Umstände geht, die den Vertragszweck des anderen vereiteln können und daher für seinen

3173

---

schaftliche Risiko einer Altlastengarantieerklärung hinzuweisen, besteht nicht, LG Mönchengladbach MittRhNotK 1994, 42.

[40] Die mit Übergabe beginnende Verjährungsfrist setzt die Übertragung des unmittelbaren Besitzes voraus, BGH DNotZ 1996, 980; zu vertraglichen Verlängerungsmöglichkeiten s Schürmann MittRhNotK 1994, 1 (21).

[41] BGH 10, 242; BGH 60, 319 = NJW 1973, 1234; BGH 113, 232 = DNotZ 1992, 30 = NJW 1991, 1048; BGH 114, 34 = DNotZ 1992, 41 = NJW 1991, 1675; BGH 129, 103 = DNotZ 1995, 883 = NJW 1995, 1737; ebenso BGB-RGRK/Mezger Rdn 29 zu § 459; Amann/Brambring/Hertel, Vertragspraxis, S 494 ff; Weigl MittBayNot 1996, 349 und 2001, 33.

[42] So nunmehr BGH DNotZ 2003, 687 = NJW 2003, 1316, in Abkehr seiner früheren Rechtsprechung BGH 114, 34 = aaO; anders auch noch OLG Hamm DNotZ 1999, 723.

[43] Krauß, Grundstückskaufverträge Rdn 548 ff; Amann/Brambring/Hertel, Vertragspraxis, S 495.

[43a] Zum Unterschied zwischen Hausschwammverdacht und der bloßen Gefahr, daß erst künftig Hausschwamm entsteht, BGH DNotZ 2003, 689 = ZNotP 2003, 185.

[44] Keine Arglist, wenn Verkäufer bei Vertragsschluß keine Erinnerung an offenbarungspflichtigen Mangel hatte, BGH MittBayNot 2001, 476 = NJW 2001, 2326 = NotBZ 2001, 300 = ZNotP 2001, 317.

Entschluß von wesentlicher Bedeutung sind,[45] zB wenn das verkaufte Grundstück früher als Werksdeponie diente.[46] Eine Verpflichtung des Verkäufers, auf Mängel des Hauses ungefragt hinzuweisen, besteht nicht für ohne weiteres erkennbare Mängel,[47] sondern nur insoweit, als es sich um Mängel handelt, die nicht erkennbar sind,[48] oder wenn der Käufer den Verkäufer um eine Aufklärung bittet. Besonderheiten gelten bei arglistigem Verschweigen für die Wissenszuordnung des vertretungsberechtigten Organträgers zu Lasten der juristischen Person.[49]

3174 Bei Verkauf eines **Altbaus** (ohne Renovierungs- oder Sanierungspflichten), der Formular- oder Verbrauchervertrag (s Rdn 3144 b) ist, dh von einem Unternehmer (§ 14 BGB) mit einem Verbraucher geschlossen wird, ist der auch im Individualvertrag übliche Ausschluß von Sachmängelansprüchen ebenfalls zulässig,[50] jedoch mit der aus § 310 Abs 3, § 309 Nr 7 BGB enthaltenen Beschränkung; diese Einschränkung des Gewährleistungsausschlusses bei Verletzung von Leben, Körper, Gesundheit und bei grob fahrlässigen oder vorsätzlichen Pflichtverletzungen sollte zur Vermeidung der Unwirksamkeit des gesamten Sachmängelausschlusses unbedingt ausdrücklich im Vertrag enthalten sein. Aus § 307 BGB folgt in diesen Fällen keine Unzulässigkeit eines Ausschlusses von Sachmängeln; etwas anderes gilt, wenn Mängel arglistig verschwiegen werden (Verletzung der Offenbarungspflicht). Zur Sachmängelregelung bei Neubauten, die Formularverträge oder Verbraucherverträge sind, s Rdn 3222.

---

[45] BGH NJW 1979, 2243; BGH BB 1988, 1695 = DNotZ 1989, 306; BGH ZNotP 2001, 318 (Aufklärungspflichten bei Verkauf von Eigentumswohnungen an Kapitalanleger); OLG Düsseldorf DNotZ 1998, 64 = NJW 1997, 1079 (Verschweigen der Zerstrittenheit einer WEigter-Gemeinschaft); OLG Köln BWNotZ 2000, 122 = DNotI-Report 2000, 161 (Tatsache, daß zur Bebauung Baulast erforderlich ist, die jedoch vom Nachbarn verweigert wird).

[46] BGH DNotZ 1996, 159 mit Anm Schürmann = NJW 1995, 1549; OLG Düsseldorf MittRhNotK 1997, 26; vgl auch BGH DNotZ 1994, 452 = NJW 1994, 253; kein arglistiges Verschweigen, wenn Käufer bestimmtes Risiko kennt, BGH MittRhNotK 1994, 34 = NJW 1993, 1643, wohl aber wenn dem Verkäufer Altlasten bekannt sind, er aber bloßen Verdacht mitteilt, BGH MittBayNot 2001, 67 = NJW 2001, 64.

[47] BGH NJW-RR 1994, 907.

[48] ZB über genehmigungspflichtige Bauwerke, die ohne Genehmigung errichtet (BGH DNotZ 1980, 38) oder genutzt werden (OLG Köln ZNotP 2000, 75); eine Nutzungsuntersagung, BGH BB 1988, 1695 = DNotZ 1989, 306; über die Denkmaleigenschaft des Hauses, OLG Celle DNotZ 1988, 702; enger jedoch OLG Saarbrücken NJW-RR 1996, 692; über Anbaurechte, BGH NJW-RR 1988, 394; über Geruchsbelästigungen, BGH NJW-RR 1988, 10; keine Hinweispflicht über geplante Bebauung des Nachbargrundstücks, OLG Karlsruhe BB 1991, 1079, wohl aber Haftung für wahrheitswidriges Verneinen von Umbauplänen des Nachbarn, BGH MittBayNot 1993, 353; Aufklärungspflicht über schikanöses Nachbarverhalten BGH MittBayNot 1991, 156 = NJW 1991, 1673; keine Hinweispflicht des Verkäufers einer Eigentumswohnung über gestellten Insolvenzantrag aufzuklären, OLG Köln ZfIR 2002, 984.

[49] Vgl BGH DNotZ 1991, 122 mit Anm Bohrer = NJW 1990, 975; einschränkend BGH DNotZ 1993, 166 = NJW 1992, 1099; BGH DNotZ 1996, 986 und DNotZ 2000, 46; zur Zurechnung des arglistigen Verschweigens eines Verhandlungsbevollmächtigten OLG Köln DNotZ 1994, 481.

[50] Amann/Brambring/Hertel, Vertragspraxis, S 507 mit weit Nachw.

E. Rechts- und Sachmängel

Auch beim Verkauf oder Weiterverkauf **neu errichteter Gebäude**[51] (s hierzu Rdn 3224 mit Fußn 117) in Individualverträgen zwischen Privatpersonen, die nicht den AGB-Vorschriften unterliegen, hält der 7. Senat des BGH[52] unabhängig von den allgemeinen Vorschriften der §§ 138, 134 BGB jeden Ausschluß von Sachmängelansprüchen für unwirksam, wenn er „formelhaft und ohne eingehende Erörterung der einschneidenden Rechtsfolgen benutzt worden ist". Diese Auffassung ist mit den AGB-Vorschriften (§ 305 Abs 1 BGB) überhaupt nicht mehr vereinbar:[53] es kommt nicht darauf an, ob die Klausel für eine Vielzahl von Verträgen vorformuliert ist und selbst das Kriterium, daß sich derjenige, dem die Freizeichnung zugute kommt, diese Klausel zunutze macht und damit „stellt" (§ 305 Abs 1 S 1 BGB), spielt für den BGH keine Rolle mehr. Die Rechtsprechung des BGH übt offene Billigkeitskontrolle jedes Individualvertrages aus, ohne für einen derartigen Eingriff in die Vertragsfreiheit eine gesetzliche Grundlage zu besitzen.[54] Mit dieser Rechtsprechung könnte jeder notarielle Vertrag inhaltlich durch Richterspruch zugunsten der einen und zu Lasten der anderen Partei geändert werden, denn „beim Verkauf massentypischer Produkte gibt es keine Klauseln, die nicht ebenfalls massentypisch und damit ‚formelhaft' wären".[55] Schließlich ist bemerkenswert, daß der BGH an die Stelle des „Aushandelns" (§ 305 Abs 1 S 3 BGB) die „ausführliche Erörterung" bzw „Aufklärung" setzt und damit – im Gegensatz zu § 17 BeurkG, dessen Verletzung nicht zur Unwirksamkeit der Beurkundung, sondern nur zu Amtshaftungsansprüchen führt – die Wirksamkeit einer Klausel von der Intensität der Belehrung abhängig machen will. Hier wird die Grenze der richterlichen Rechtsfortbildung überschritten.[56]

---

[51] Nach OLG Köln BWNotZ 2000, 69 = MittRhNotK 2000, 69 gilt diese Rechtsprechung auch bei individuellen Werkverträgen über umfangreiche Altbaurenovierung.

[52] BGH DNotZ 1984, 760 mit abl Anm Stürner; BGH DNotZ 1986, 610 mit abl Anm Brambring; BGH DNotZ 1987, 686; BGH 101, 350 = DNotZ 1988, 292 mit Anm Brambring = NJW 1988, 135; BGH DNotZ 1989, 299 mit Anm Kanzleiter = NJW 1988, 1972; BGH DNotZ 1990, 96 mit Anm Brambring = NJW 1989, 2748; ablehnend Roth BB 1987, 977; Lieb DNotZ 1989, 274; Coester-Waltjen AcP 1990, 1; Habersack AcP 1989, 403; Medicus, Zur gerichtlichen Inhaltskontrolle notarieller Verträge (1989).

[53] Der VII. Senat des BGH versuchte zunächst, diese Rechtsprechung auf das (frühere) AGBG zu stützen, vgl BGH 74, 204 (209) = DNotZ 1979, 741 mit abl Anm Thomas = MittRhNotK 1979, 151 mit abl Anm Göbel = NJW 1979, 1406; bestätigt durch BGH DNotZ 1982, 626 = NJW 1982, 2243; wie BGH auch OLG München NJW 1981, 2472 sowie Garrn NJW 1980, 2781; Staudinger/Schlosser Rdn 27 zu § 1 AGBG. Gegen BGH Brambring und Schippel NJW 1979, 1802; Peters NJW 1979, 1820; Stürner JZ 1979, 758; Ulmer DNotZ 1981, 84; KG MittBayNot 1982, 20; Rieder DNotZ 1984, 226.

[54] So Roth BB 1987, 977, der zu Recht für einen solchen Eingriff nur den Gesetzgeber als legitimiert ansieht; ebenso Medicus, Habersack, Coester-Waltjen, je aaO (Fußn 52); Brambring DNotZ 1988, 296; Wolfsteiner DNotZ 1987, 691. Auch Lieb, der vom 7. Senat des BGH stets als Befürworter einer solchen Inhaltskontrolle zitiert wurde, hat sich entschieden gegen diese Rechtsprechung gewandt, DNotZ 1989, 274.

[55] Stürner DNotZ 1984, 763 (764); Roth BB 1987, 977; Wolfsteiner DNotZ 1987, 691.

[56] Stürner DNotZ 1984, 763 (767); Lieb, Roth, Brambring, Wolfsteiner je aaO (Fußn 54).

F. Übergabe, Gefahrtragung, Übergang von Nutzen und Lasten

1. Notwendigkeit der vertraglichen Regelung

3175 Im Kaufvertrag bedarf es einer Bestimmung auch darüber, wann die Übergabe des Grundstücks an den Käufer erfolgt und von wann an die Gefahr des zufälligen Untergangs oder der zufälligen Verschlechterung, die Nutzungen und Lasten sowie die Verkehrssicherungspflicht[1] auf ihn übergehen.
Wird das Vertragsobjekt vom Verkäufer selbst bewohnt, wird die **Pflicht zur Räumung** bis zu einem bestimmten Termin meist als (nicht vom Notar zu überwachende) Voraussetzung für die Fälligkeit des Kaufpreises vereinbart, während die Übergabe regelmäßig erst nach Kaufpreiszahlung vorgesehen wird (Sicherung der beiderseitigen Leistungspflichten). Auch eine Vertragsstrafe bei nicht rechtzeitiger Räumung kann (außer bei AGB- oder Verbrauchervertrag) vereinbart werden. Schließlich ist bezüglich der Räumungspflicht des Verkäufers auch die Aufnahme einer Zwangsvollstreckungsunterwerfung nach § 794 Abs 1 Nr 5 ZPO möglich.[2] Dabei ist zu beachten, daß die Zwangsvollstreckung zur Räumung nach § 885 Abs 1 ZPO nicht nur die Räumung, sondern auch die Besitzeinweisung des Käufers zur Folge hat, die materiellrechtlich erst nach oder Zug um Zug mit Kaufpreiszahlung stattfinden soll.[3] Daher sollte die Räumungsvollstreckungsunterwerfung entweder Zug um Zug gegen Kaufpreiszahlung abgegeben werden (Kontrolle der Zahlung durch Vollstreckungsorgan, § 756 ZPO) oder der Verkäufer unterwirft sich unbedingt der Räumung, jedoch mit der Maßgabe, daß vollstreckbare Ausfertigung durch den Notar nur nach privatschriftlichem Nachweis[4] der Kaufpreiszahlung durch Bestätigung der Bank des Käufers zu erteilen ist. Wird das verkaufte Objekt nicht nur vom Verkäufer, sondern auch von dessen Ehegatten/Lebenspartner mitbewohnt, so kann die Räumungsvollstreckung nur erfolgen, wenn auch dieser eine diesbezügliche Vollstreckungsunterwerfung erklärt hat.[5]

3175 a Ist das Kaufgrundstück **vermietet** oder verpachtet, ist besondere Sorgfalt für die Vertragsgestaltung geboten:[6] Will der Käufer das Objekt mietfrei und ge-

---

[1] Ohne vertragliche Regelung geht die Verkehrssicherungspflicht erst ab Eigentumsumschreibung auf den Erwerber über, BGH DNotZ 1991, 590 mit Anm Jerschke = NJW 1990, 111.
[2] Zur Frage, ob im Hinblick auf die – übliche – Zwangsvollstreckungsunterwerfung des Käufers wegen des Kaufpreises eine entsprechende Belehrung des Notars im Sinne einer „Waffengleichheit" geboten ist, vgl Wolfsteiner DNotZ 1999, 306; v Rintelen RNotZ 2001, 1, 36; Schmitz RNotZ 2001, 365 (370). Unterwerfung des Veräußerers wegen Räumung ist auch möglich, wenn sie erst nach Eigentumsübergang stattfinden soll (kein Mietverhältnis, vgl Zöller/Stöber Rdn 26 zu § 794 ZPO).
[3] Ausführlich hierzu Schmitz RNotZ 2001, 365 (370).
[4] Gegenüber § 726 ZPO erleichterte Beweisführung, vgl Zöller/Stöber Rdn 16 zu § 726 ZPO.
[5] Zöller/Stöber Rdn 5, 6 und 10 zu § 885 ZPO; zweifelnd Schmitz RNotZ 2001, 365 (370).
[6] Eingehend, auch mit Formulierungsvorschlägen hierzu Frenz MittRhNotK 1991, 165; Schmitz RNotZ 2001, 365.

F. Übergabe, Gefahrtragung, Übergang von Nutzen und Lasten

räumt übernehmen, muß eine entsprechende Verpflichtung des Verkäufers bis zum vereinbarten Tag der Übergabe begründet werden. Für den Fall der Nichterfüllung solcher Verpflichtung wird der Verkäufer häufig nicht auf Schadensersatz statt der Leistung (§ 281 BGB)[7] haften wollen; entsprechende Einschränkungen sind dann nötig. Soll der Erwerber die Mietverhältnisse übernehmen, so wird sich in der Regel eine Bestimmung darüber empfehlen, daß der Käufer in das ihm bekannte (wenn zutreffend) Miet- oder Pachtverhältnis eintritt. Vielfach ist es dabei ratsam, diese mietvertraglichen Vereinbarungen genau zu beschreiben, sie ggfs nachrichtlich (eine Behandlung nach § 9 Abs 1 S 2 BeurkG ist nicht erforderlich, s Rdn 3122) der Urkunde beizufügen, den Verkäufer die Vollständigkeit und Richtigkeit dieser mietvertraglichen Vereinbarungen garantieren zu lassen, und ihn zu verpflichten, ab Beurkundung keine Veränderungen der Mietverträge mehr ohne Zustimmung des Erwerbers vorzunehmen. Da § 566 BGB erst ab Eigentumsumschreibung wirkt, sollte der Verkäufer dem Käufer mit Wirkung ab Besitzübergang alle Rechte und Ansprüche aus den Mietverhältnissen abtreten[8] und ihn zur Anzeige an die Mieter ermächtigen; umgekehrt sollte der Käufer zum gleichen Zeitpunkt alle Verpflichtungen aus dem Mietvertrag übernehmen. Auch das Schicksal der vom Mieter geleisteten **Kaution** ist zu regeln, vor allem, wenn diese als Barkaution gestellt wurde (§ 551 BGB). § 566a S 1 BGB bewirkt einen gesetzlichen Eintritt des Käufers in Kautionsrechte,[9] bewirkt aber keine Befreiung des Verkäufers von seiner Haftung für die Kautionsrückzahlung gegenüber dem Mieter (§ 566a S 2 BGB). Der Käufer haftet als Erwerber für die Mietersicherheit auch, wenn er diese nicht erhalten hat. § 566a BGB[10] ist auch auf Alt-Verträge (vor dem 1. 9. 2001 abgeschlossene) anwendbar (keine Übergangsregelung als Ausnahme). Eine entsprechende Belehrung ist dringend zu empfehlen.

Formulierungsbeispiel:

> Der verkaufte Vertragsgegenstand ist nach Angabe des Veräußerers vermietet. Der Erwerber tritt an Stelle des Veräußerers in das ihm bekannte[11] Mietverhältnis ein; auf § 566 BGB hat der Notar hingewiesen.
> Der Veräußerer tritt mit Wirkung ab Besitzübergang alle Rechte und Ansprüche, die ihm aus dem Mietverhältnis zustehen, an den Erwerber ab und verpflichtet sich, dem Mieter rechtzeitig die Abtretung anzuzeigen. Umgekehrt übernimmt der Erwerber mit Wirkung ab dem Tage des Besitzüberganges alle Verbindlichkeiten des Veräußerers aus dem Mietverhältnis, soweit sie nach dem in diesen Vertrag vereinbarten Lastenübergang ihn treffen. Der Veräußerer verpflichtet sich, keinerlei Änderungen des Mietverhältnisses ab heute ohne Zustimmung des Erwerbers vorzunehmen.

---

[7] BGH MittBayNot 1991, 212 = NJW 1991, 2700; vgl auch BGH DNotZ 1992, 655 = NJW-RR 1992, 201; BGH DNotZ 1998, 364 = NJW 1998, 534.

[8] Durch die bloße Bestimmung über Besitz- und Nutzungsübergang gehen Mietzinsforderungen noch nicht über, OLG Düsseldorf DNotZ 1994, 105.

[9] OLG Düsseldorf DNotZ 1983, 611 = MDR 1983, 405. Hinsichtlich der vom Vermieter auf Sonderkonto angelegten Mietkaution vollzieht sich mit Erwerb des vermieteten Grundstücks ein gesetzlicher Kontoinhaberwechsel, OLG Düsseldorf MittBayNot 1997, 287 = MittRhNotK 1997, 261 = NJW-RR 1997, 1170.

[10] Vgl hierzu Wachter MittBayNot 2001, 544; Vielitz RNotZ 2001, 574.

[11] Diese Formulierung kann zur Beweislastumkehr zu Lasten des Käufers führen, BGH DNotZ 1988, 308, und ist daher nur bei tatsächlicher Kenntnis anwendbar.

Der Veräußerer ist verpflichtet, vom Mieter geleistete Kautionen samt Zinsen Zug um Zug mit vollständiger Kaufpreiszahlung dem Erwerber auszuhändigen. Der Erwerber ist sodann bei Beendigung des Mietverhältnisses verpflichtet, die Kaution samt Zinsen nach den Bestimmungen des Mietvertrages mit dem Mieter abzurechnen. Auf § 566a BGB wurde hingewiesen.

Der Käufer kann das Mietverhältnis erst kündigen, wenn er Eigentümer ist. Vor Eigentumsumschreibung kann er nur mit Ermächtigung/Vollmacht des Verkäufers das Mietverhältnis kündigen.[12] Stets ist aber für die Kündigungsgründe auf die Person des Vermieters (Eigentümers) im Zeitpunkt des Zugangs der Kündigung abzustellen.[13]

3175 b Der Eintritt in bestehende **Versicherungsverhältnisse** (Sach- und Haftpflichtversicherung) ist ebenfalls zu regeln.[14]

3175 c Bei Beurkundung des Vertrags über Verkauf einer **Gaststätte** ist es in jedem Falle zweckmäßig, nach etwa bestehenden **Bierlieferungsverträgen** zu fragen und die entsprechenden Erklärungen der Beteiligten in den Vertrag aufzunehmen.[15] Da der Bierlieferungsvertrag Ratenlieferungsvertrag nach § 505 Abs 1 S 1 Nr 3 BGB ist (früher war Abzahlungsgesetz, dann Verbraucherkreditgesetz maßgebend), ist, wenn er Teil eines Grundstücksveräußerungsgeschäfts ist, zB in der Form des Eintritts in den bestehenden Bierlieferungsvertrag des Veräußerers, auch die korrekte Belehrung über das Widerrufsrecht nach § 505 Abs 1 S 1 Nr 3, § 355 BGB, am besten als gesondert von den Beteiligten unterschriebene Anlage mit zu beurkunden.

Bierlieferungsverträge[16] unterstehen § 505 Abs 1 S 1 Nr 3 BGB jedoch nur, wenn sie vom Gastwirt (Erwerber) vor erstmaliger Betriebseröffnung abgeschlossen (übernommen) wurden und der Teilzahlungsgesamtbetrag nach § 505 Abs 1 S 3 BGB 50 000 EURO nicht übersteigt (§ 507 BGB). Da die Anwendbarkeit der Verbraucherdarlehensvorschriften bei der zwischen Altschuldner und Neuschuldner vereinbarten Schuldübernahme nicht auszuschließen ist (s Rdn 3153a), empfiehlt es sich, auch den Inhalt des übernommenen Bierlieferungsvertrags als Anlage mit zu beurkunden oder zumindest nachzufragen, ob dem Erwerber der Bierlieferungsvertrag mindestens in Textform vorliegt (§ 505 Abs 2 BGB). Ist der Bierlieferungsvertrag mit einem Verbraucherdarlehensver-

---

[12] BGH DNotZ 1998, 807 = NJW 1998, 896; dazu Wirth MittBayNot 1998, 230.
[13] Vgl Gutachten DNotI-Report 1998, 93.
[14] S dazu ausführlich Schaller MittRhNotK 1990, 1. Zur Vertragsübernahme in Kaufverträgen Bertolini MittBayNot 1985, 4; vgl auch Römer ZNotP 1998, 213.
[15] S Krebs MittBayNot 1983, 210 (mit Formulierungsvorschlag); Langenfeld, Münchner Vertragshandbuch Bd IV/1 Halbband I.4 (Vertragsmuster); Grziwotz MittBayNot 1993, 263; MittBayNot 1998, 232 und MDR 1997, 432 mit Unterscheidung verschiedener Fallgestaltungen nach früherem VerbrKrG; Maier BWNotZ 1987, 49; vgl auch BGH BB 1988, 1281. Die Übernahme eines Bierlieferungsvertrags durch den Käufer verstößt nicht gegen § 15 GWB, BGH BB 1982, 894; zur Bierbezugsverpflichtung s OLG Celle DNotZ 1965, 571; zur Weitergabeverpflichtung s OLG Frankfurt BB 1985, 1820. Zum Einfluß des EG-Kartellrechts (Art 81 EG-Vertrag idF des Vertrags von Amsterdam, früher Art 85 Abs 2 EG-Vertrag) vgl EuGH DNotZ 1991, 662 mit Anm Raum; OLG Hamm NJW 1988, 1473; Wahl NJW 1985, 534 und NJW 1988, 1431.
[16] Laufzeit von bis zu 10 Jahren ist als allgemeine Geschäftsbedingung unbedenklich, BGH 147, 279 = NJW 2001, 2331.

F. Übergabe, Gefahrtragung, Übergang von Nutzen und Lasten

trag verbunden, gelten die jeweiligen Widerrufsrechte nebeneinander.[17] Wird der Bierlieferungsvertrag wirksam widerrufen, so bleibt der Grunderwerbsvertrag wirksam, wenn § 492 Abs 3 Nr 1 BGB, bezogen auf den Bierlieferungsvertrag, eingehalten ist (§ 505 Abs 1 S 2 BGB), andernfalls gilt § 358 Abs 2, 3 BGB; ob damit auch § 358 Abs 3 S 3 BGB[18] gilt, ist zweifelhaft, da diese Vorschrift nur für grundpfandrechtlich gesicherte Immobilienkredite gilt.[19]
Die gleichen Grundsätze gelten bei Verkauf von Grundstücken mit anderen Bezugsverpflichtungen (zB Tankstelle).

2. Übergabe im einzelnen

Die **Übergabe** bedeutet die Verschaffung der tatsächlichen Gewalt über das Grundstück für den Käufer. Die Nutzungen an Leistung (Grundstück) und Gegenleistung (Kaufpreis) sollten im Regelfall zur annähernd gleichen Zeit übergehen. Sollen die Nutzungen am Hausgrundstück vor Kaufpreiszahlung übergehen, ist der Notar zu entsprechender Belehrung über dieses Vorleistunsrisiko verpflichtet.[20] 3176

Die **Gefahr** des zufälligen Untergangs oder einer zufälligen Verschlechterung des Kaufgrundstücks geht in der Regel mit der Übergabe auf den Käufer über (§§ 446, 434 BGB). Ausnahmsweise geht die Gefahr schon vor der Übergabe des Grundstücks auf den Käufer über, nämlich dann, wenn dieser in Annahmeverzug ist, mit dem Beginn dieses Verzugs. Verschlechtert sich mithin der Zustand des Kaufgrundstücks nach diesem Zeitpunkt (etwa durch Brand, durch Hochwasser usw),[21] so behält der Verkäufer gleichwohl seinen vollen Anspruch auf den Kaufpreis. Zum Problem, daß die Verschlechterung zwischen Kaufvertragsabschluß und später vereinbartem Gefahrenübergang (zB Kaufpreiszahlung) entsteht, vgl Rdn 3172. 3177

3. Nutzungen und Lasten des Kaufgrundstücks

Die Nutzungen des Grundstücks gebühren dem Käufer grundsätzlich vom Zeitpunkt des Gefahrübergangs an. Vom gleichen Zeitpunkt hat er auch die Lasten des Grundstücks zu tragen. Wegen der Verteilung von Nutzungen und Lasten im Innenverhältnis s §§ 101, 103 BGB. Die Beteiligten können sich natürlich wegen des Übergangs von Nutzungen und Lasten auf einen anderen Zeitpunkt einigen. 3178

Auf **rückständige Stromrechnungen** und dgl ist zu achten. Versorgungsbetriebe lehnen vielfach Weiterlieferung von Strom, Gas oder Wasser ab, bis Rückstände (vom Käufer) bezahlt sind.[22] 3179

---

[17] Palandt/Putzo Rdn 16 zu § 505 BGB.
[18] Vgl zur Rechtslage vor dem Schuldrechtsmodernisierungsgesetz BGH NJW 1993, 1912; NJW 1993, 1013; BGH 129, 371 = NJW 1995, 2290; Grziwotz MittBayNot 1993, 263 und MittBayNot 1998, 232.
[19] MünchKomm/Habersack Rdn 51 zu § 358 BGB.
[20] OLG Düsseldorf DNotZ 1983, 55.
[21] Zum Eintritt eines versicherten Schadens vor oder während der Veräußerung vgl Römer ZNotP 1998, 213.
[22] Diesen Versuchen beggnet BGH 100, 299 = NJW 1987, 2094 = Rpfleger 1988, 274 mit Anm Hagemann sowie BGH DNotZ 1991, 593.

4. Erschließungsbeitrag im besonderen

3180 Erschließungsbeiträge[22a] können von der Gemeinde für die in § 127 Abs 2 BauGB aufgeführten Anlagen (zum Anbau bestimmte Straßen, Wege und Plätze, öffentliche Fuß- und Wohnwege, Sammelstraßen, Parkflächen, Grünanlagen und Anlagen zum Schutz von Baugebieten vor schädlichen Immissionen) erhoben werden. Zu den Erschließungskosten im weiteren Sinn gehören auch die nicht vom BauGB, sondern von den jeweiligen (landesrechtlichen) Kommunalabgabegesetzen und darauf beruhenden gemeindlichen Satzungen geregelten Kosten für Ver- und Entsorgung der Grundstücke mit Wasser und Abwasser. Hiervon sind die Hausanschlußkosten (Kosten für Abzweigung von Hauptleitung zum Grundstück) zu unterscheiden, die auf Grund mancher Kommunalabgabengesetze (zB Art 9 BayKAG) häufig ebenfalls öffentlich-rechtlich abgerechnet werden (Kostenerstattungsanspruch). Auch die Kosten für Verbesserung, Erweiterung, ggfs Erneuerung von Ortsstraßen sind oft nach KAG umlagefähig (zB Art 5 Abs 1 Sätze 1 und 3 BayKAG idF vom 4. 4. 1993, BayGVBl 264). Nach §§ 135a ff BauGB können auch die der Gemeinde entstandenen Kosten für naturschutzrechtliche Ausgleichsmaßnahmen auf die Grundstückseigentümer umgelegt werden.[23] In der notariellen Urkunde sollte präzis definiert werden, welche Beiträge und Kosten geregelt sein sollen.[24]

3181 Erschließungsbeiträge nach dem BauGB ruhen ab dem Zeitpunkt ihrer Entstehung als **öffentliche Last** auf dem Grundstück (§ 134 Abs 2, § 135a Abs 3 S 4 BauGB). Das gleiche gilt für Beiträge, die auf Grund Kommunalabgabengesetz und gemeindlicher Satzung erhoben werden, wenn sie im Landesgesetz als öffentliche Last, dh als auf dem Grundstück lastend, bezeichnet[25] sind (zB Art 5 Abs 7 BayKAG). Die Beitragspflicht und damit die öffentliche Last entsteht mit der endgültigen Herstellung der Erschließungsanlage (§ 133 Abs 2 BauGB).[26] Die endgültige Herstellung setzt voraus a) die vollständige bauliche Fertigstellung b) Grunderwerb c) gültiger Bebauungsplan d) Erschließungssatzung[27] und e) das Vorliegen aller Rechnungen,[28] so daß nunmehr Bescheide erteilt werden könnten. Beitragsschuldner ist, wer im Zeitpunkt der Zustellung des Beitragsbescheids Eigentümer des Grundstücks ist (§ 134 Abs 1 BauGB). Dies gilt auch, wenn das Grundstück vor Zustellung des Beitragsbescheids veräußert und aufgelassen, das Eigentum aber noch nicht umgeschrieben ist, ebenso, wenn sich die Eigentumsverhältnisse nach der Zu-

---

[22a] Das Erschließungsbeitragsrecht (§§ 127 ff BauGB) ist zwar nach Art 125a GG (noch) Bundesrecht, solange der nunmehr hierfür allein zuständige Landesgesetzgeber von seiner Gesetzgebungskompetenz keinen Gebrauch gemacht hat (vgl Art 74 Abs 1 Nr 18 GG). In Bayern wurde durch Art 5a BayKAG das Erschließungsbeitragsrecht Landesrecht, vgl BVerwG MittBayNot 2003, 241; BayVGH MittBayNot 2003, 240: zu den Konsequenzen vgl Grziwotz MittBayNot 2003, 200.
[23] Vgl dazu Grziwotz DNotZ 1997, 916 (932 ff).
[24] Zur Auslegung des Begriffs „Erschließungskosten" in Formularvertrag s BGH MittBayNot 1983, 9.
[25] BGH NJW 1981, 2127 = Rpfleger 1981, 349.
[26] BGH DNotZ 1976, 360 = NJW 1976, 1314; BGH DNotZ 1995, 403 = NJW 1994, 2283.
[27] BVerwG NJW 1975, 1426.
[28] BVerwG 49, 131.

F. Übergabe, Gefahrtragung, Übergang von Nutzen und Lasten

stellung ändern.[29] Werden Vorausleistungen auf den Erschließungsbeitrag erhoben und wechselt vor Zustellung des endgültigen Beitragsbescheides das Eigentum, so ist die Vorausleistung mit der endgültigen Beitragsschuld zu verrechnen, also vom neuen Eigentümer nur noch die Differenz zu erheben (§ 133 Abs 3 S 2 BauGB);[30] dagegen bleiben die Erstattungsansprüche beim ursprünglichen Eigentümer, wenn es um die Rückzahlung zuviel gezahlter Vorausleistungen[31] oder sonstige Rückzahlungsfälle handelt; da beim Kaufvertrag der Käufer regelmäßig wirtschaftlich dem Verkäufer die von diesem erbrachten Vorausleistungen bezahlt, ist im Kaufvertrag für solche Fälle Abtretung etwaiger Erstattungsansprüche an den Käufer gerechtfertigt.[32]

Enthält der Kaufvertrag für die Erschließungs- und Anliegerbeiträge keine besondere Regelung, hat der Käufer nach § 436 Abs 1 BGB die Beiträge für solche Maßnahmen zu tragen, die bis zum Tag des Vertragsschlusses (ohne Rücksicht auf seine Wirksamkeit)[33] bautechnisch begonnen worden sind. Wann dies der Fall ist läßt sich im Gegensatz zur Vorstellung des Gesetzgebers häufig nur schwer ermitteln[34] und führt zu zufälligen, wenig kalkulierbaren und von den Beteiligten nicht bedachten Ergebnissen. Diese gesetzliche Regelung ist daher ebenso unbrauchbar wie der frühere § 436 BGB aF und verlangt regelmäßig eine den Gesetzgeber korrigierende[35] Regelung im Notarvertrag.[36] 3182

Am einfachsten wird die Regelung, wenn sämtliche Erschließungskosten eine Vertragspartei übernimmt (**Gesamtlösung**): beim Kauf unbebauter Grundstücke ist dies häufig der Käufer; beim Bauträger-Vertrag ist es meist der Verkäufer, wobei in diesem Fall aber auf einen bestimmten Planungsstand 3183

---

[29] Vgl hierzu ausführlich Hürholz MittBayNot 1975, 1. Ist an den Eigentümer der Bescheid zugestellt und wechselt dann das Eigentum, kann die Gemeinde den neuen Eigentümer nicht als persönlichen Beitragsschuldner in Anspruch nehmen, sondern sich nur aus dem Grundstück (mittels Duldungs- bzw Haftungsbescheid) befriedigen, BVerwG DNotZ 1976, 157 = NJW 1975, 403; vgl auch Grziwotz MittBayNot 1989, 9.

[30] Damit ist die früher auf Grund BVerwG DNotZ 1983, 299 bestehende Rechtslage geändert; vgl Dietrich DNotZ 1983, 297; Grziwotz MittBayNot 1989, 9. Vgl weiter dazu BGH MittBayNot 1988, 121 = NJW 1988, 2099.

[31] OVG Rheinland-Pfalz MittBayNot 1994, 462 mit Anm Grziwotz.

[32] Grziwotz aaO; Grziwotz, Baulanderschließung, S 368, 370; Grziwotz MittBayNot 1993, 137 (141).

[33] Grziwotz ZfIR 2002, 583; kritisch zur gesetzlichen Regelung auch Wilhelm NJW 2003, 1420.

[34] ZB wenn Vermessungsarbeiten durchgeführt, Grenzsteine gesetzt und wieder zugedeckt sind; die Arbeiten müssen auch nicht am oder in unmittelbarer Nähe des betroffenen Grundstücks erfolgt sein, da größere Erschließungseinheiten vorliegen können, vgl die Beispiele bei Grziwotz ZfIR 2002, 583.

[35] Von BGH DNotZ 1995, 403 = NJW 1994, 2283 verlangt; hierzu mit Recht kritisch Grziwotz NJW 1995, 641. Kritisch zur Neuregelung auch Amann/Brambring/Hertel, Vertragspraxis, S 140.

[36] Zum Erschließungsbeitrag unter besonderer Berücksichtigung der notariellen Praxis s Grziwotz, Baulanderschließung, S 354 ff; Grziwotz in Reithmann, Kauf von Bauträger, 7. Aufl, H Rdn 30 ff; Grziwotz MDR 1996, 978; Trotha MittRhNotK 1973, 21; Matloch MittBayNot 1979, 104; Becker BWNotZ 1979, 61; Dohnke MittRhNotK 1982, 33; Nieder NJW 1984, 2262; vDickhuth-Harrach MittRhNotK 1986, 241; Schmidt BWNotZ 1988, 28.

vertraglich abgestellt werden muß.[37] Die Klausel, im Kaufpreis seien Erschließungskosten enthalten und bereits bezahlt, bedeutet, daß dennoch anfallende Erschließungskosten vom Verkäufer zu tragen sind.[38] Wird nach Zeitabschnitten aufgeteilt, führt das Abstellen auf die **Zustellung des Bescheides** (Bescheidlösung) zu einer klaren Regelung, jedoch auch zu uU für den Käufer überraschenden Nachforderungen; davor kann er sich nur durch vorherige – allerdings unverbindliche – Information bei der Gemeinde (Anliegerbescheinigung) schützen.[39] Ein Abstellen auf die Entstehung der Beitragspflicht, dh die endgültige Herstellung[40] der Anlage, ist häufig schwierig festzustellen und führt angesichts der hierfür notwendigen Kriterien (s oben) manchmal auch zu überraschenden oder zufälligen Nachforderungen. Die für die zivilrechtliche Vertragsgestaltung beste, weil gerechteste Lösung, auf den sichtbaren konkreten **Ausbauzustand** als Abgrenzung abzustellen,[41] kann wegen ihres Widerspruchs zum öffentlichen Recht zu Streit der Parteien führen: die Gemeinde rechnet nämlich nach den endgültig hergestellten Anlagen ab, nicht nach Zeitabschnitten und nicht nach einzelnen technischen Anlagen. Wie ein solcher Beitragsbescheid dann zwischen Verkäufer und Käufer aufzuteilen wäre, bleibt offen.[42] Immer muß auf den Einzelfall und die Interessenlage der Parteien abgestellt werden.

3183a Bei Verträgen mit **Gemeinden** ist zu beachten, daß Vereinbarungen über die (ganze oder teilweise) Befreiung von Erschließungskosten im Sinne des BauGB grundsätzlich nichtig sind, wenn nicht eine Ablösungsvereinbarung gem § 133 Abs 3 S 5 BauGB unter den dortigen Tatbestandsvoraussetzungen getroffen wird.[43] Da gemeindeeigene Grundstücke nicht beitragspflichtig

---

[37] Grziwotz in Reithmann, aaO Rdn 37 sowie NotBZ 1999, 16 (mit Muster).
[38] BGH DNotZ 1994, 52 = NJW 1993, 2796; vgl zu ähnlichen Formulierungen auch BGH MittBayNot 1993, 357; BGH MittBayNot 1994, 121 = MittRhNotK 1995, 59 = NJW-RR 1994, 76; OLG Düsseldorf RNotZ 2002, 230; OLG Hamm DNotZ 1989, 313 = NJW-RR 1989, 335; OLG Köln MittBayNot 1998, 205 = MittRhNotK 1998, 91 = NJW-RR 1998, 1167.
[39] Vgl hierzu Grziwotz ZfIR 2002, 583; Wilhelm NJW 2003, 1420. Nach BGH DNotZ 1995, 403 = NJW 1994, 2283 muß der Notar bei dieser Regelung mit den Beteiligten die Problematik noch nicht abgerechneter Erschließungsbeiträge erörtern und ihnen ggfs die nachfolgende Ausbauzustandslösung vorschlagen; gegen diese dem Notar zugemutete Pflicht, den Gesetzgeber (§ 436 aF BGB, § 134 BauGB) zu korrigieren, zu Recht Grziwotz NJW 1995, 641.
[40] LG Hamburg MDR 1987, 140 = NJW-RR 1987, 459 sieht die Formulierung „Entstehung" im Vertrag als Entstehung im Sinne des § 133 Abs 2 BauGB an; aA OLG Düsseldorf RNotZ 2002, 230, das Entstehung als „tatsächlich hergestellt" auslegt.
[41] Eine solche Vertragsgestaltung lag auch BGH MittRhNotK 1992, 214 = NJW 1992, 2817 zugrunde; kritisch Grziwotz, Baulanderschließung S 367 und NJW 1995, 641; Reithmann/Albrecht, Handbuch, Rdn 519; Wilhelm NJW 2003, 1420.
[42] Vgl aber auch BGH MittRhNotK 1992, 214 = aaO; Nieder NJW 1984, 2262 (2265) regt daher zu Recht bei solchen Klauseln an, den konkreten Ausbauzustand im Vertrag festzuhalten und einen Schiedsgutachter für die Aufteilung zu bestellen. Vgl auch die Musterformulierungen bei Krauß, Grundstückskaufverträge, Rdn 516–519.
[43] BVerwG MittBayNot 1989, 171; BVerwG DNotZ 1991, 309 = NJW 1990, 1679; BayVGH NJW 1992, 2652; vgl dazu ausführlich Grziwotz ZNotP 1998, 235 (237); Eue DNotI-Report 1998, 83; Thalheimer BWNotZ 1997, 79 und 1999, 8; Rastätter DNotZ 2000, 17; Guggenberger MittBayNot 1990, 73; Schmittat DNotZ 1991, 288;

sind, entsteht die Beitragspflicht erst bei ihrer erstmaligen Veräußerung oder Bestellung eines Erbbaurechts;[44] eine in einem solchen Vertrag enthaltene Regelung, daß den Käufer keine Beitragspflicht trifft, ist daher nichtig, wenn § 133 Abs 5 S 3 BauGB nicht eingreift. Die Ablösung muß gesondert ausgewiesen und mit beurkundet werden.[44a]

Hinsichtlich der Anliegerbeiträge nach KAG sind Verzichtsvereinbarungen zulässig, wenn dem Abgabeberechtigten (Gemeinde) aus dem Verhältnis von Leistung und Gegenleistung kein unvertretbarer Nachteil entsteht.[45] Vgl zB entsprechende Regelung in Art 5 Abs 9 BayKAG.

In Neubaugebieten bestehen häufig sog **Nachfolgelasten:** Durch städtebaulichen (öffentlich-rechtlichen) Vertrag (§ 11 BauGB) mit der Gemeinde, die als „Gegenleistung" Baugebiet ausweist, verpflichten sich Bauträger (oder die einzelnen Bauwerber) zur Zahlung bestimmter Geldbeträge (die nach dem Maße der baulichen Nutzung berechnet werden) an die Gemeinde, die hiermit Infrastrukturmaßnahmen (Schulen, Kindergarten usw) finanziert.[46] Diese Nachfolgelasten gehen nur dann auf den Käufer eines solchen Grundstücks über, wenn er sie im Vertrag übernommen hat.

3184

Über solche Nachfolgelasten hinaus gehen Verträge mit der Gemeinde, mit der diese ohne konkreten Ausgleich von Folgekosten **Planungsgewinne** für die Baulandausweisung oder Bebauungsplanänderung abschöpft; ihre Zulässigkeit ist sehr zweifelhaft.[47]

Zum Erschließungsvertrag, mit dem sich ein Dritter[48] (zB Bauträger) verpflichten kann, beitragsfähige und nicht beitragsfähige Erschließungsanlagen

---

Gutachten DNotI-Report 1994 Heft 16 S 1, DNotI-Report 1995, 93 und DNotI-Report 2001, 53.

[44] BVerwG DVBl 1984, 188 = MittBayNot 1985, 268; anders für Bayern, wo Erschließungsbeitragsrecht Landesrecht nach BayKAG ist (s Fußn 22a): vgl Art 5 BayKAG und Grziwotz MittBayNot 2003, 200 (203). VGH München MittBayNot 1986, 101 und für Anliegerbeiträge in Rheinland-Pfalz (§ 26 Abs 1 KAG) und Niedersachsen: OVG Lüneburg NVwZ-RR 1991, 42.

[44a] Dies sollte auch in Bayern trotz Art 5a Abs 2 BayKAG als sicherster Weg beibehalten werden, da für vertragliche Regelungen (§ 124 BauGB) die Landesgesetzgebungskompetenz nicht unstreitig ist, vgl Grziwotz MittBayNot 2003, 200 ff.

[45] BayVGH BayVBl 2003, 178; Guggenberger MittBayNot 1990, 73.

[46] § 11 Abs 1, 2 BauGB, § 56 Abs 1 S 2, § 59 VwVfG (des Bundes und der Länder), früher schon BVerwG BB 1974, 1042, wonach solche öffentlich-rechtlichen Verträge grundsätzlich zulässig sind, wenn kein Machtmißbrauch vorliegt, die Zahlungspflicht sich nach den tatsächlich verursachten Mehrkosten für die Gemeinde richtet und das Übermaßverbot beachtet wird. Vgl dazu eingehend Grziwotz in Reithmann/Meichssner/v Heymann, Kauf vom Bauträger, H Rdn 46 ff sowie Grziwotz NotBZ 1999, 148.

[47] BVerwG DNotZ 2000, 760 (Einbeziehung eines Außenbereichsgrundstücks in Bebauungsplan gegen Spende für gemeinnützigen Zweck ist Verstoß gegen Koppelungsverbot); anders BVerwG MittBayNot 2001, 584 mit Anm Grziwotz (Vorteilsausgleich für Schaffung von Bauland zulässig); vgl auch OLG München MittBayNot 1999, 586 = NotBZ 1999, 177 = ZfIR 2000, 389 mit Anm Grziwotz; zur Abgrenzung eingehend Grziwotz NotBZ 1999, 148 (153) und ZNotP 2002, 291; Huber DÖV 1999, 173; Erbguth u Witte DVBl 1999, 435; Dehmen u Busch BauR 1999, 1402; Gaßner BayVBl 1998, 577, 618.

[48] Zum Erschließungsvertrag mit direkter oder indirekter Tochtergesellschaft der gemeinde s Gutachten DNotI-Report 2000, 133.

mit oder ohne Abrechnung mit der Gemeinde zu errichten und/oder die Kosten hierfür zu übernehmen, siehe nun § 124 BauGB, zum Vorhaben- und Erschließungsplan siehe nun § 12 BauGB.[49] Zur Baulandbeschaffung und -veräußerung im Rahmen von Einheimischenmodellen s Rdn 1605.

G. Kosten und Steuern

1. Vertragliche Regelung zweckmäßig[1]

3185 Welche Vertragspartei die mit einem Grundstückskauf zusammenhängenden Kosten zu tragen hat, wird in der Regel vertraglich geregelt. Manchmal wird auch die Aufnahme einer Vereinbarung über die Maklerkosten notwendig (§ 311b Abs 1 BGB) sein, wenn der Käufer sich verpflichtet, die vom Verkäufer geschuldete Maklerprovision ganz oder teilweise zu leisten (Erfüllungsübernahme).[2]

2. Gesetzliche Kostentragung

3186 Der Käufer eines Grundstücks hat die Kosten der Beurkundung des Kaufvertrags, der Auflassung und der Eintragung mit Einschluß der Kosten der zu der Eintragung erforderlichen Erklärungen gesetzlich zu tragen (§ 448 Abs 2 BGB).[3] Unter diese Kosten fallen auch diejenigen, die dafür entstehen, daß noch andere im Vertrag bestellten Rechte in das Grundbuch einzutragen sind, insbesondere eine Hypothek für den Kaufpreis, ein Nießbrauch, eine Reallast oder eine andere Belastung in Abt II des Grundbuchs.
Wegen der Kosten einer Auflassungsvormerkung s Rdn 1551.

---

[49] Zu Zulässigkeitsvoraussetzungen, Inhalt und Vertragsgestaltung vgl Grziwotz Mitt-BayNot 1996, 142 und MittBayNot 1999, 44 sowie Grziwotz in Beck'sches Notar-Handbuch A XI. Vgl in Bayern auch Art 5a Abs 2 KAG; hierzu Grziwotz MittBayNot 2003, 200.

[1] Die Klausel eines Grundstückskaufvertrags, wonach der Käufer ua „alle durch die Beurkundung des Vertrags und seiner Durchführung entstehenden Steuern" tragen soll, kann nach Auffassung des BGH DNotZ 1970, 538 = WM 1970, 822 dahin ausgelegt werden, daß hierunter auch die auf einen Veräußerungsgewinn zu entrichtenden Mehrbeträge an Ertragsteuern fallen. Im allgemeinen dürfte aber eine solche weitgehende Auslegung nicht in Frage kommen. Durch eine Steuerübernahmeerklärung des Käufers übernimmt dieser nicht auch die etwaige Umsatzsteuer auf den Kaufpreis (OLG Hamm Betrieb 1973, 125 = MittBayNot 1973, 16). Zum beiderseitigen Irrtum über Umsatzsteuerfreiheit als Fehlen der Geschäftsgrundlage KG BB 1982, 944; BGH MittBayNot 2000, 226 = ZNotP 2000, 236.

[2] OLG Schleswig DNotZ 1982, 365; vgl hierzu Piehler DNotZ 1983, 22 und 229; Hitzelberger NJW 1982, 2854 und NJW 1983, 860, beide zutreffend gegen vGerkan NJW 1982, 1742 und NJW 1983, 859. Vgl auch BGH DNotZ 1992, 411 und NJW 1996, 654 = BB 1996, 395 sowie BGH 138, 170 zur Konstruktion als Vertrag zugunsten Dritter; OLG Düsseldorf MittRhNotK 1999, 106. Zu Maklerklauseln eingehend Wälzholz MittBayNot 2000, 357. Zum Wegfall des Maklerlohnanspruchs bei Scheitern des Hauptvertrags OLG Schleswig RNotZ 2002, 188; Büchner ZfIR 2002, 188.

[3] Dies gilt auch dann, wenn der Kaufvertrag nachträglich aufgehoben wird, OLG Karlsruhe DNotZ 1963, 242.

G. Kosten und Steuern

Da die Kosten der Übergabe des verkauften Grundstücks nach § 448 Abs 1 BGB vom **Verkäufer** zu tragen sind, fallen diesem gesetzlich insbesondere etwaige **Vermessungskosten** zur Last.[4] Das gleiche gilt auch für Kosten der Beschaffung von anderem Katastermaterial, für etwaige Grundstücksschätzungskosten und für Auktionskosten bei freiwilligen Versteigerungen. Die Kosten der Löschung solcher dinglicher Belastungen, zu deren Beseitigung sich der Verkäufer vertraglich verpflichtet hat, fallen dem Verkäufer ebenfalls gesetzlich zu Last. Ist der im Grundbuch eingetragene Verkäufer verstorben, so gehen die Kosten der **Beschaffung von Erblegitimationen**[5] zweifellos auf Rechnung seiner jetzt als Verkäufer auftretenden Erben. In diesem und auch in anderen Fällen von gemeinschaftlichem Eigentum kommt es häufig vor, daß bei Vertragsbeurkundung nur ein Beteiligter auf Seite der Verkäufer mitwirkt, während die anderen durch Bevollmächtigte vertreten werden oder dem Verkauf später in notariell beurkundeten oder beglaubigten Erklärungen zustimmen. Die dadurch entstehenden, bei einer Mehrzahl von Beteiligten nicht unerheblichen Mehrkosten dürften gesetzlich nicht nach § 448 BGB den Käufer treffen. Es handelt sich hier um Sonderkosten, die lediglich durch die bei den Verkäufern bestehenden besonderen Verhältnisse ausgelöst werden, auch keine eigentlichen Erfüllungshandlungen sind, und daher den Verkäufer treffen. Die Streitfrage sollte am besten durch eine vertragliche Vereinbarung vermieden werden. 3187

Genehmigungsgebühren öffentlich-rechtlicher Art dürften gesetzlich den Käufer belasten. Bedarf der Verkäufer oder einer von mehreren Verkäufern der Genehmigung des Vormundschaftsgerichts, so belasten ihn die dafür entstehenden Kosten. 3188

Befindet sich das Kaufgrundstück in einem **Flurbereinigungs- oder Umlegungsverfahren,** so ist es notwendig, eine Regelung im Vertrag darüber zu treffen, ob bei bereits durch den Verkäufer erfolgten Zahlungen eine Ersatzpflicht durch den Käufer besteht und wer die künftig entstehenden Kosten des Verfahrens zu tragen hat (vgl auch Rdn 4039).

3. Grunderwerbsteuer

Für die Grunderwerbsteuer haften die Vertragsparteien als Gesamtschuldner. Nach § 426 Abs 1 S 1 BGB hätten daher Käufer und Verkäufer die Steuer je zur Hälfte zu tragen. Nach OLG Bremen[6] gehört jedoch die Grunderwerbsteuer, soweit vertraglich nichts vereinbart ist, zu den unmittelbaren Kosten der Beurkundung und ist damit nach § 448 Abs 2 BGB vom Käufer zu tragen. In der Regel wird die Grunderwerbsteuer vertraglich (zur Beurkundungsbedürftigkeit dieser Abrede s Rdn 3121 mit Fußn 121a) vom Käufer allein zur Zahlung übernommen. Um das in diesem Fall gesetzlich (§ 281 Abs 1 S 3, § 323 Abs 5 S 2 BGB) bestehende Lösungsrecht[7] des Verkäufers 3189

---

[4] Ebenso LG Kassel MDR 1957, 228. Die Frage wird am besten im Vertrag geregelt. Zu den Kosten der Gebäudeeinmessung im Bauträgervertrag s Grziwotz MittBayNot 1988, 115; Gutachten DNotI-Report 1996, 57.
[5] Wegen der Tragung der Erbscheinskosten bei Hypothekenlöschung s Rdn 2755.
[6] OLG Bremen DNotZ 1975, 95; zust Palandt/Putzo Rdn 7 zu § 448 BGB und nunmehr auch Staudinger/Köhler Rdn 11 zu § 449 BGB aF.
[7] Grziwotz NJW 2000, 2646.

vom Kaufvertrag bei Nicht-Zahlung der Grunderwerbsteuer durch den Käufer (und Inanspruchnahme des Verkäufers als weiterer Steuerschuldner) zu sichern, sollte Erklärung der Auflassung oder Erteilung von Ausfertigungen und beglaubigter Abschriften mit Auflassung von der Erteilung der Unbedenklichkeitsbescheinigung abhängig gemacht werden, s Rdn 148 mit Fußn 4.

3190 Nach § 18 GrEStG ist der Notar zur **Anzeige** von Kaufverträgen an das **Finanzamt** verpflichtet. Anzeigepflichtig sind auch Vor- und Optionsverträge sowie Kauf- und Verkaufsangebote, Grundbuchberichtigungsanträge, nicht dagegen die Einräumung eines Vorkaufsrechts.[8] Die Anzeigepflicht gilt weiter für nachträgliche Änderungen oder Berichtigungen anzeigepflichtiger Vorgänge (§ 18 Abs 1 Nr 4 GrEStG). Verfahren: §§ 18, 21 GrEStG.

Der Notar hat grundsätzlich (von Fällen der Gefahr abgesehen) mit der Vorlage der Auflassung an das Grundbuchamt zu warten, bis die Unbedenklichkeitsbescheinigung des Finanzamts vorliegt (s Rdn 148 ff).

H. Öffentlich-rechtliche Genehmigungserfordernisse

3191 Die Wirksamkeit der Veräußerung eines Grundstücks ist teilweise von öffentlich-rechtlichen Genehmigungen der verschiedensten Art abhängig. Der schuldrechtliche Vertrag kann zwar vor Erteilung dieser Genehmigungen abgeschlossen werden; es kann auch die Auflassung vorher erklärt und (meist) eine Auflassungsvormerkung eingetragen werden. Die Eigentumsumschreibung im Grundbuch darf aber erst erfolgen, wenn dem Grundbuchamt die erteilten Genehmigungen in öffentlicher Urkunde nachgewiesen werden. Wegen aller Einzelheiten über die öffentlich-rechtlichen Verfügungsbeschränkungen s Rdn 3800 ff.

3192 Rdn 3192 ist nicht belegt

I. Sonstige Vereinbarungen und Fragen

1. Sicherstellung eines Zugangs

3193 Der Käufer muß darauf achten, daß das Kauf-Grundstück, der Verkäufer, daß sein Rest-Grundbesitz von einem öffentlichen Weg aus in der erforderlichen Weise zugänglich ist. Zuweilen ist es notwendig, Vereinbarungen über **Begründung von Zufahrt**[1] oder Zugang zu dem Kaufgrundstück oder zu dem Restgrundstück des Verkäufers durch Grunddienstbarkeit oder beschränkte persönliche Dienstbarkeit zu treffen. Dann ist auch zu berücksichtigen, daß eine nur nachrangig bestellte Dienstbarkeit durch den Zuschlag in einem Zwangsversteigerungsverfahren erlöschen kann (§ 91 Abs 1 ZVG). Auf ihm

---

[8] Einführungserlaß zum GrEStG 1983 Ziff 10.1.
[1] Zum Weg- und Notwegrecht für ein nicht an der Straße gelegenes Reihenhaus s LG Hannover MDR 1969, 221 = NJW 1969, 190; Säcker und Pasch NJW 1981, 1009; BGH DNotZ 1981, 622.

I. Sonstige Vereinbarungen und Fragen

bekannte, im Grundbuch eingetragene (Vor-)Belastungen des zu belastenden Grundstücks und deren Bedeutung hat der Notar die Beteiligten daher hinzuweisen.[2] Nach den Bauordnungen der Länder ist die öffentlich-rechtliche Sicherung der Zugänglichkeit eines Grundstücks Voraussetzung seiner Bebaubarkeit. Wege dazu: Eintragung einer Grunddienstbarkeit für das herrschende Grundstück und zugleich einer beschränkten persönlichen Dienstbarkeit für das Land, vertreten durch die Bauaufsichtsbehörde oder für die Gemeinde (zB Art 4 Abs 2 Nr 2 BayBO [BayRS 2132-1] = beschränkt öffentliche Wohnwege[3]); dergleichen gilt für die Erschließung mit Wasser, Abwasser und Strom sowie andere bauordnungsrechtliche Anforderungen (Praxis in Brandenburg[4]). In Bayern genügt inzwischen Einfachsicherung, dh Eintragung einer beschränkten persönlichen Dienstbarkeit für den Rechtsträger der Baubehörde oder Grunddienstbarkeit mit schuldrechtlicher Abrede, daß diese ohne Zustimmung der Baubehörde nicht aufgegeben oder geändert werden kann.[5] In den anderen Ländern wird Übernahme einer Baulast (Rdn 3196 ff) verlangt; zur Notwendigkeit, daneben eine Dienstbarkeit zu bestellen, s Rdn 3199. Einsichtnahme in das **Baulastenverzeichnis** ist für den Käufer zu empfehlen, soweit ein solches existiert.

2. Bebauung

Verkauft eine öffentlich-rechtliche Körperschaft einen Bauplatz, verlangt sie vielfach die Aufnahme einer Bauverpflichtung in den Kaufvertrag und deren Absicherung durch ein Rückkaufsrecht oder ein Wiederkaufsrecht (s dazu Rdn 1605 ff). Will der Käufer bereits vor seiner Eintragung als Grundstückserwerber im Grundbuch das Baugenehmigungsverfahren betreiben oder mit Bauarbeiten beginnen, so kann es sich empfehlen, daß ihm der Verkäufer hierzu eine entsprechende **Vollmacht** erteilt. Zur Sicherung des Verkäufers wird in eine solche Vollmacht aufzunehmen sein, daß dieser jegliche Kostentragung oder sonstige Haftung ablehnt. 3194

3. Beachtung von aus dem Grundbuch nicht ersichtlichen Lasten

Bei Kaufabschluß ist zu beachten, daß aus dem Grundbuch folgende Lasten **nicht** zu ersehen sind: 3195
- Rechte, die nicht eintragungsfähig sind, wie zB Miete oder Pacht oder schuldrechtliche Vorkaufsrechte (§ 577 BGB)
- altrechtliche Dienstbarkeiten (Art 187 EGBGB, s Rdn 1171 ff)
- dingliche Nutzungsrechte, Gebäudeeigentum und Mitbenutzungsrechte im Beitrittsgebiet nach Art 233 § 4 und § 5 EGBGB, wenn der Eintragungsantrag für solche Rechte vor dem 1. 1. 2001 gestellt ist[6]
- öffentliche Lasten (Erschließungskosten, s Rdn 3180, Grundsteuer uä)

---

[2] BGH DNotZ 1993, 752 = NJW 1993, 2741
[3] BayObLG 1982, 246 = MittBayNot 1982, 175 = Rpfleger 1982, 372.
[4] Gröger, Brandenburgische BauO, 1998, Anm zu § 7.
[5] Jäde/Weiss, BayBauO (1998), Anm B bb zu Art 4.
[6] Frist verlängert durch 2. Eigentumsfristengesetz (BGBl 1999 I 2493); vgl auch Schmidt-Räntsch VIZ 1997, 2.

– öffentlich-rechtliche **Beschränkungen** (zB bauplanungsrechtliche Bebauungs- oder Nutzungsbeschränkungen, in der Baugenehmigung enthaltene, daher gegen den jeweiligen Eigentümer wirkende Auflagen, sowie **etwaige Baulasten.**

3196 Soweit **Baulasten** existieren,[7] ist es für den Käufer ratsam, Einsicht in diese teils von den Bauaufsichtsbehörden, teils von den Gemeinden geführten **Baulastenverzeichnisse** zu nehmen. In Bayern gibt es zwar kein Baulastenverzeichnis, wohl aber eine Baulast ohne Baulastenverzeichnis, nämlich die Übernahme von Abstandsflächen (s dazu Rdn 3201a).

Der Notar ist nicht verpflichtet, das Baulastenverzeichnis einzusehen (§ 21 BeurkG ist nicht anwendbar); er soll jedoch auf die Möglichkeit des Bestehens von Baulasten, ihre Bedeutung und die Möglichkeit der Einsichtnahme in das Baulastenverzeichnis hinweisen;[8] darüber hinausgehende Belehrungspflichten bestehen – außer in Fällen besonderer Betreuungspflichten – nicht,[9] da die Bebaubarkeit des Grundstücks nicht zur rechtlichen Tragweite des Kaufvertrages gehört. Das Bestehen einer Baulast fällt nach der Rechtsprechung nicht unter § 436 Abs 2 BGB, kann aber ein Sachmangel (§ 434 BGB) sein (s Rdn 3167), für den häufig Ansprüche ausgeschlossen sind.

3197 Rechtspolitisch ist die Einführung der Baulast und des Baulastenverzeichnisses als „Nebengrundbuch"[10] ein völliger Mißgriff. Die Baulast schafft mehr neue Probleme als sie im Baugenehmigungsverfahren löst: Nach der gesetzlichen Definition ist Baulast die Verpflichtung eines Grundstückseigentümers zu einem sein Grundstück betreffenden Tun, Dulden oder Unterlassen zur

---

[7] Baulastenverzeichnisse bestehen in allen Bundesländern mit Ausnahme von Bayern und Brandenburg. Hier erfolgt Sicherung durch Dienstbarkeiten (Grunddienstbarkeit für begünstigtes Nachbargrundstück, beschränkte persönliche Dienstbarkeit für baugenehmigende Körperschaft, s Rdn 853, 1210 ff).
Literatur zur Baulast: Harst, Probleme der Baulast in der notariellen Praxis, MittRhNotK 1984, 229; Masloh, Zivilrechtliche Aspekte der öffentlich-rechtlichen Baulasten, NJW 1995, 1993; Schwarz, Baulasten im öffentlichen Recht und im Privatrecht, 1995; Lorenz, Zu den privatrechtlichen Folgen der nachbarrelevanten Baulast, NJW 1996, 2612; Schürmann, Die Baulast im Grundstücksverkehr, FS Rhein Notariat, S 81; Steinkamp, Das Verhältnis von Baulast und Dienstbarkeit, MittRhNotK 1998, 117.
[8] OLG Schleswig DNotZ 1991, 339 = NJW-RR 1991, 96; Keidel/Kuntze/Winkler Rdn 13 zu § 21 BeurkG; Harst MittRhNotK 1984, 229 (236); aA Sachse NJW 1978, 195, der aber die Belehrungspflicht nach § 17 BeurkG mit der auf Grund besonderen Auftrags übernommenen Betreuungspflicht nach § 24 BNotO verwechselt.
[9] Weder aus BGH DNotZ 1995, 403 = NJW 1994, 2283 und BGH DNotZ 1996, 118, noch aus BGH NJW-RR 1994, 1021 läßt sich eine Pflicht des Notars zur Einsicht in das Baulastenverzeichnis ableiten, sondern höchstens die hier vertretene Hinweispflicht; wie hier auch Brambring in Beck'sches Notarhandbuch A I Rdn 22; Schürmann aaO (Fußn 2) S 98 gegen Huhn/vSchuckmann Rdn 36 zu § 21 BeurkG; Masloh NJW 1995, 1993 (1995).
[10] Das in Bremen geltende Gesetz betr die öffentlichen Grundstückslasten v 23. 6. 1907 (GBl 122) sieht zwar die Eintragung von Eigentumsbeschränkungen oder sonstigen Belastungen im Grundbuch vor, die im öffentlichen Interesse durch baugesetzliche Vorschriften auferlegt werden; es gilt aber gerade nicht für Baulasten, für die § 85 bremBO das Baulastenverzeichnis vorsieht. Das übersieht Sachse NJW 1978, 195.

I. Sonstige Vereinbarungen und Fragen

Sicherung baurechtlicher Verpflichtungen,[11] die sich nicht schon aus öffentlich-rechtlichen Vorschriften ergeben.[12] Selbst wenn auch bauplanungsrechtliche Bindungen durch Baulast abgesichert werden können,[13] sind jedenfalls Verfügungsbeschränkungen, insbesondere Veräußerungsverbote (zB ein Grundstück darf nicht ohne ein anderes veräußert werden) nicht zulässiger Inhalt einer Baulast. Da die Baulast durch eine freiwillige rechtsgeschäftliche Erklärung[14] des Eigentümers entsteht, handelt es sich um ein rechtsgeschäftliches Veräußerungsverbot, das nach § 137 BGB gegenüber Dritten unwirksam ist,[15] zumindest aber – wenn man es (unrichtig) als behördliches Veräußerungsverbot einstufen würde – einem Dritten gegenüber mangels Eintragung im Grundbuch unwirksam ist (§§ 136, 135 Abs 2, § 892 BGB).

Weitere Unsicherheiten und Schwierigkeiten existieren bei der Entstehung der Baulast: nach den meisten Ländergesetzen entsteht sie nunmehr durch konstitutive Eintragung in das Baulastenverzeichnis. Nur in Baden-Württemberg entsteht sie durch Erklärung des Grundstückseigentümers gegenüber der Bauaufsichtsbehörde.[16] Aus der Eintragung einer Baulast kann noch nicht auf deren Bestehen geschlossen werden: die Baulast ist unwirksam,[17] wenn der Besteller nicht der alleinige Eigentümer oder in der Verfügung beschränkt war,[18] zB Eröffnung des Insolvenzverfahrens, Anordnung der Zwangsverstei-

3198

---

[11] David, Die Baulast als bauaufsichtliches Instrument, S 72 ff; Harst MittRhNotK 1984, 229 mit weit Nachw.

[12] Lediglich in Hamburg ist diese Einschränkung nicht gegeben. Besteht aber eine Verpflichtung bereits durch Rechtssatz, so kann sie nicht durch Baulast nochmals (?) entstehen oder durch Aufgabe der Baulast erlöschen. Vgl auch Hilgers NJW 1988, 1366.

[13] Abl Krawitz DVBl 1973, 605 (617); jeweils zur Vereinigungsbaulast (mehrere selbständige Grundstücke sollen baurechtlich als ein Grundstück gelten) dafür: OVG Lüneburg NJW 1985, 1796; OVG Hamburg NJW 1987, 915; nur in Einzelfällen zulässig BVerwG NJW 1991, 2783; dazu Meendermann und Lassek NJW 1993, 424 (427 ff). Vgl aber zB § 4 Abs 2 BO NRW.

[14] Die Erklärung muß schriftlich vor der Bauaufsichtsbehörde oder in notariell beglaubigter Form abgegeben werden; lediglich Niedersachsen verlangt notarielle Beurkundung, um die erforderliche Belehrung sicherzustellen. Das AG Köln NJW-RR 1993, 471 verlangt auch für die **Verpflichtung** zur Baulastbestellung die Einhaltung dieser Form (§ 125 BGB).

[15] David BauR 1972, 85; Harst MittRhNotK 1984, 229 (230). Auch der Gesetzgeber hatte offensichtlich dieses Problem erkannt und im früheren § 35 Abs 6 BBauG ein gesetzliches, eintragungspflichtiges Veräußerungsverbot geschaffen.

[16] Die Eintragung ist hier nicht konstitutiv; aus dem Schweigen des Baulastenverzeichnisses kann dann nicht auf das Nichtbestehen einer Baulast geschlossen werden.

[17] So die hM, vgl Fußn 18; aA – Eintragung ist Verwaltungsakt, der auch bei Rechtswidrigkeit bestandskräftig werden kann – Lässig JuS 1990, 459; di Fabio BauR 1990, 25.

[18] ZB wenn Zustimmung des Nacherben (§ 2113 BGB) fehlt, VG Schleswig DNotZ 1986, 95; VGH Mannheim NJW 1990, 268; unwirksame Bestellung durch einen von mehreren Miteigentümern, VGH Mannheim NJW 1991, 2786; zum Anspruch gegen einen Miteigentümer auf Baulastbestellung s BGH WM 1991, 821; Unwirksamkeit gegenüber Vormerkungsberechtigten, VGH Mannheim MittRhNotK 1992, 311 = NJW 1993, 678; OVG Bautzen DöV 1995, 251; auch durch Mehrheitsbeschluß einer WE-Gemeinschaft kann eine Baulast nicht bestellt werden, OLG Hamm NJW-RR 1991, 338; bei erbbaurechtsbelastetem Grundstück ist Zustimmung des Erbbauberechtigten

gerung[19] (vor Baulastbestellung), Testamentsvollstreckung, Nachlaßverwaltung, Bestehen einer Betreuung mit Einwilligungsvorbehalt[20] oder die familien- bzw vormundschaftsgerichtliche Genehmigung für Eltern oder Vormund fehlt (§ 1821 Abs 1 Nr 1 BGB);[21] auch die Vorlage eines einige Wochen alten Grundbuchauszuges nutzt wenig; letztlich kann nur das Grundbuchamt prüfen, ob der Besteller der Baulast auch wirksam verfügen konnte.

3199 Die entscheidenden Einwände gegen das Institut der Baulast müssen gegen die sog **Fremdbaulasten** erhoben werden, also Baulasten, die jemand auf seinem Grundstück bestellt, um einem Dritten auf dessen Grundstück ein Bauvorhaben zu ermöglichen (zB Zufahrt, Versorgungsleitungen, Grenzabstandsübernahme, Übernahme von Stellplätzen, Einschränkungen in der baulichen Nutzung usw). Die Baulast begründet nämlich für den Besteller nur eine öffentlich-rechtliche Verpflichtung gegenüber der Baubehörde, die von dieser durch unselbständige Ordnungsverfügung nach pflichtgemäßem Ermessen[22] durchgesetzt werden kann; sie gibt aber dem Begünstigten (Bauherrn) – entgegen seinen Erwartungen – keinen Anspruch gegen den Baulastbesteller auf Nutzung oder Duldung, nicht einmal über § 242 BGB;[23] dem baulastgebundenen Eigentümer stehen gegen den Begünstigten, der das Grundstück baulastgemäß nutzt, Bereicherungsansprüche wegen unbefugter Inanspruchnahme seines Eigentums zu.[24] Einen Anspruch, zB tatsächlich seine Autos auf dem Nachbargrundstück abstellen zu dürfen oder über das Nachbargrundstück zu fahren, gibt nur eine privatrechtliche Vereinbarung mit dem Nachbarn. Da die Baulast unabhängig davon entsteht und fortbesteht, ob eine privatrechtliche Vereinbarung zwischen den Nachbarn besteht oder nicht, bleiben dort, wo solche Situationen nur durch Baulast geregelt werden, Schwierigkeiten und Enttäuschungen nicht aus. Neben der Baulast muß daher eine privatrechtliche Vereinbarung getroffen werden, am besten eine Grunddienstbarkeit, da sie auch den jeweiligen Rechtsnachfolger bindet. Fehlt eine solche zivilrechtliche Nutzungsvereinbarung, muß dies sogar die Baubehörde in ihrer Ermessensausübung berücksichtigen; sie darf nicht durch Ordnungsverfügung faktisch in den privatrechtlichen Streit der Beteiligten eingreifen;[25] dies entwertet die Baulast auch im öffentlich-rechtlichen Bereich.

---

und des Grundstückseigentümers nötig, OVG Lüneburg NJW 1990, 1499; zur Anfechtung nach § 123 BGB vgl OVG Münster NJW 1988, 1043. AA – abwegig – Berghäuser und Berg DÖV 2002, 512, die daraus, daß auch dem Nichteigentümer eine Baugenehmigung erteilt werden kann und daß der BGH eine Baulast als Sachmangel eingeordnet hat, den Schluß ziehen (!), daß es bei Bestellung der Baulast auf die Verfügungsbefugnis des Erklärenden nicht ankomme.

[19] OVG Münster NJW 1996, 1362.
[20] Alff Rpfleger 1993, 361; Masloh NJW 1995, 1993.
[21] OVG Münster NJW 1996, 275.
[22] Vgl hierzu OVG Lüneburg NJW 1996, 1363; Lorenz NJW 1996, 2612.
[23] BGH DNotZ 1978, 621 = NJW 1978, 1429; BGH 79, 201 = NJW 1981, 980; BGH 88, 97 = DNotZ 1984, 176 = NJW 1984, 124; dazu eingehend Grziwotz BauR 1990, 20; Steinkamp MittRhNotK 1998, 117; Gutachten DNotI-Report 1998, 145.
[24] BGH DNotZ 1986, 140 = NJW 1985, 1952; BGH NJW 1995, 53.
[25] OVG Lüneburg NJW 1984, 380; Harst MittRhNotK 1984, 229 (232).

I. Sonstige Vereinbarungen und Fragen

Ungeklärt ist schließlich das **Verhältnis** der Baulast, insbesondere der Fremd- **3200** baulast, **zu den dinglich Berechtigten** des Grundstücks: nach den Ländergesetzen wirkt die Baulast gegen den jeweiligen Eigentümer des Grundstücks, ohne daß für das Entstehen der Baulast die Zustimmung der dinglich Berechtigten nötig wäre.[26] Aus verfassungsrechtlichen Gründen (Art 14 GG) kann dies nicht richtig sein; für die Entstehung der Baulast ist die Zustimmung dinglich Berechtigter zwingend erforderlich.[27] Hierzu Beispiele: Bestellt der Eigentümer an seinem Bau-Grundstück eine Baulast für 30 Stellplätze, so kann diese rechtsgeschäftlich begründete Belastung gegenüber dem Erbbauberechtigten oder einem Nießbraucher ohne deren Zustimmung keine Wirkung haben. Das gleiche gilt gegenüber Grundpfandrechtsgläubigern: wäre im Beispielsfall das Grundstück mit 200 000 € Grundschuld belastet, da es infolge seiner Bebaubarkeit 300 000 € wert ist, so kann eine Stellplatzbaulast, die den Wert auf 100 000 € verringert, gegen den Grundschuldgläubiger und/oder gegen den Erwerber in der vom Grundschuldgläubiger betriebenen Zwangsversteigerung nicht wirksam sein.[28] Auch gegenüber einem durch Vormerkung geschützten Berechtigten kann die nachträglich bestellte Baulast nur mit dessen Zustimmung wirksam sein (s Rdn 3198 mit Fußn 18).

Abschließend ist festzuhalten: Auch dort, wo es Baulasten gibt, sollte drin- **3201** gend neben der Fremdbaulast stets eine entsprechende Grunddienstbarkeit vereinbart werden, die das Nutzungsrecht des Begünstigten absichert.[29] Rechtspolitisch sollte die Baulast in der jetzigen Form aufgegeben[30] werden: Fremdbaulasten können in den meisten Fällen durch Dienstbarkeiten (Grunddienstbarkeit für den Begünstigten, beschränkte persönliche Dienstbarkeit für die in der Bauaufsichtsbehörde repräsentierte Gebietskörperschaft) dem

---

[26] Die Baulast entsteht nach dem Wortlaut der Bauordnungen „unbeschadet der Rechte Dritter".
[27] Stöber Rdn 6.5 zu § 66 ZVG mwN; Schwarz, Baulasten im öffentlichen Recht und im Privatrecht, 1995, Rdn 266 ff; Schürmann aaO (Fußn 7) S 95 ff; VGH Mannheim MittRhNotK 1992, 311 = NJW 1993, 678; Harst MittRhNotK 1984, 229 (234); auch Drischler NVwZ 1985, 726 und Rpfleger 1986, 289 sowie Alff Rpfleger 1993, 362 verneinen zu Recht das Bestehenbleiben einer „nachrangigen" Baulast in der Zwangsversteigerung; gegen eine Zustimmungspflicht dinglich Berechtigter OVG Lüneburg und OVG Münster (je unveröffentlicht), zitiert bei Masloh NJW 1995, 1993 (1994 Fußn 30); OVG Hamburg Rpfleger 1993, 209; Krawitz DVBl 1973, 615, Latsch BlGBW 1979, 23: das Argument, die Baulast sei wie eine sonstige öffentliche Last zu behandeln, geht fehl, da öffentliche Lasten durch Gesetz oder Verwaltungsakt hoheitlich zwangsweise entstehen, die Baulast aber durch freiwilliges Rechtsgeschäft des Eigentümers; daher kann sie auch nicht mit der tatsächlichen Verschlechterung des Grundstücks, zB Zerstörung von Gebäuden, verglichen werden.
[28] BVerwG NJW 1993, 480 = Rpfleger 1993, 208 hält die Baulast für zwangsversteigerungsfest und nimmt zur Frage der Zustimmung dinglicher Berechtigter nicht Stellung; ebenso OVG Hamburg NJW 1993, 1877 = Rpfleger 1993, 209; aA Stöber Rdn 6.5 zu § 66 ZVG; vgl dazu Alff Rpfleger 1993, 361. Zu Auswirkungen von Baulasten auf die Kreditsicherung s Lauer MDR 1988, 915.
[29] Zum Anspruch auf Bestellung einer Baulast als Nebenpflicht der Dienstbarkeitsbestellung BGH 106, 348 = NJW 1989, 1607; BGH NJW 1992, 2885; LG Bochum RNotZ 2002, 405; Palandt/Bassenge Rdn 1 zu § 1018.
[30] Für eine gesetzliche Neuregelung und Eintragungsbedürftigkeit im Grundbuch Schürmann aaO (Fußn 7) S 103.

System des Zivilrechts entsprechend abgesichert werden, so daß nur noch für die wenigen verbleibenden zulässigen Eigenbaulasten ggfs Verzeichnisse von Bau- bzw Nutzungsbeschränkungen geführt werden.[31]

3201a In **Bayern** ist (seit 1. 6. 1994) die Übernahme von Grenzabstandsflächen für ein Bauvorhaben auf dem Nachbargrundstück durch bloße schriftliche Erklärung des verfügungsberechtigten Eigentümers (wie bei der Baulast, s Rdn 3198) gegenüber der Bauaufsichtsbehörde möglich, die – ohne Eintragung im Grundbuch und ohne Eintragung in ein Baulastenverzeichnis – auch den Rechtsnachfolger bindet (Art 7 Abs 5 BayBO idF vom 4. 8. 1997, GVBl 434). Hier gewährt nur Einsicht in die Bauakten Sicherheit.[32] Es empfiehlt sich, den Verkäufer eine entsprechende Zusicherung abgeben zu lassen, zB

> Der Veräußerer sichert zu, daß auf dem Vertragsgrundstück keine Abstandsflächen für Nachbargrundstücke übernommen worden sind. Der Notar wies darauf hin, daß solche Abstandsflächenübernahmen seit 1. 6. 1994 gemäß Bayerischer Bauordnung auch ohne Eintragung im Grundbuch bestehen können, die den jeweiligen Eigentümer des Grundstücks binden.

Allerdings bestehen für die Wirksamkeit der Übernahmeerklärung die gleichen Probleme wie bei der Baulast (insbesondere Eigentum und Verfügungsbefugnis des Erklärenden [Rdn 2198], Zustimmung dinglich berechtigter[32a] [Rdn 3200]) sogar in verstärktem Umfang, da ein konstitutiver Verwaltungsakt (Begründung der Baulast durch Eintragung) gerade nicht stattfindet.

4. Architekten-Bindungsklausel

3202 Unwirksam ist eine Vereinbarung, durch die der Erwerber eines Grundstücks sich im Zusammenhang mit dem Erwerb verpflichtet, bei der Planung oder Ausführung eines Bauwerks auf dem Grundstück die Leistung eines bestimmten Architekten oder Ingenieurs in Anspruch zu nehmen (Art 10 § 3 des Gesetzes zur Verbesserung des Mietrechts und zur Begrenzung des Mietanstiegs sowie zur Regelung von Ingenieur- und Architektenleistungen vom 4. 11. 1971; BGBl I 1745).[33] Das Kopplungsverbot gilt auch dann, wenn das

---

[31] Registrierungsfunktion für Auflagen, Bedingungen, Befristungen, Widerrufsvorbehalte der Baugenehmigung sieht das Baulastverzeichnis zB im Saarland vor (ähnlich in Hamburg).

[32] Kritisch zu dieser Neuregelung Grziwotz MittBayNot 1994, 185 (192) und 1997, 325 (327). Auch eine rechtswidrige, weil zu Unrecht eine Abstandsflächenübernahme annehmende bestandskräftige Baugenehmigung verlagert die Abstandsfläche auf das Nachbargrundstück, BayVGH BayVBl 2002, 499. Zur Verlagerung des Abstandsflächenrechts vom öffentlichen Recht ins Privatrecht vgl Krafka MittBayNot 2001, 257.

[32a] Nach Jäde unter Hinweis auf BayVGH nicht erforderlich, wenn damit „nur geringfügige Wertminderung verbunden ist", BayVBl 2002, 33 (36).

[33] S zu solchen „Architektenbindungsklauseln" BGH 60, 28 = DNotZ 1973, 538 = NJW 1973, 315; BGH MittBayNot 1977, 113; OLG Frankfurt MittBayNot 1972, 61 = MittRhNotK 1972, 333; Gutachten DNotI-Report 1994 Heft 7 S 1; Custodis DNotZ 1973, 526 u MittRhNotK 1977, 173; Zeiß BWNotZ 1984, 129; Hesse, Verbot der Architektenbindung – Fehlschlag und Abhilfe, BauR 1985, 30; Doerry, Das

I. Sonstige Vereinbarungen und Fragen

Grundstück dem Ingenieur oder Architekten selbst gehört, wenn zur Architektenleistung weitere Leistungen wie Baubetreuung, Generalunternehmerschaft versprochen werden,[34] oder der Architekt auf eigene Rechnung sowie eigenes Risiko auf einem vorweg dem Erwerber übertragenen Grundstück baut. Als berufsstandsbezogenes Verbot berufsfremder Tätigkeit eines Ingenieurs oder Architekten gilt das Koppelungsverbot aber nicht für Wohnungsbau- und Betreuungsunternehmen, die sich gewerbsmäßig mit der Beschaffung und Erschließung von Bauland befassen, ebenso nicht für Bauträger, Generalunternehmer mit Planungsverpflichtung oder Generalübernehmer, die schlüsselfertige Bauten auf einem dem Erwerber vorweg übertragenen Grundstück errichten;[35] es gilt auch nicht, wenn der Architekt nicht als freiberuflicher Architekt, sondern gewerblich als Unternehmer tätig wird[36] (vgl auch § 34c GewO und MaBV). Das Koppelungsverbot gilt auch für Verpflichtungen des Käufers, ein Gebäude mit einem bestimmten Architekten nach dessen Plänen, die der Verkäufer vor dem Verkauf eingeholt hat, zu errichten,[37] auch wenn Verkäufer eine Gebietsköperschaft ist, die damit das Ergebnis eines Architektenwettbewerbs verwirklichen will;[38] es gilt auch für Auflagen, die einen faktischen Zwang zur Architektenbindung enthalten[39] (zB knappe Frist zur Bebauung, die im konkreten Fall nur durch Inanspruchnahme der Planung eines bestimmten Architekten eingehalten werden kann), für die Verpflichtung des Käufers, den zwischen Verkäufer und Architekt ab-

---

Verbot der Architektenbindung in der Rechtsprechung des BGH, FS für Baumgärtel (1990) S 41 und ZfBR 1991, 48; Volmer, Koppelungsverbot und Grundstücksveräußerung mit Bauleitplanung, ZfIR 1999, 249. Nach OLG Hamm MDR 1974, 228 = MittRhNotK 1974, 8 steht der Unwirksamkeit einer Architektenklausel nicht entgegen, daß die Initiative zur Grundstücksvermittlung vom Grundstückserwerber ausgegangen ist.

[34] BGH 70, 55 = DNotZ 1978, 349 = MittBayNot 1978, 53 mit abl Anm Wolfsteiner = NJW 1978, 639; BGH MittBayNot 1989, 79 mit Anm Lichtenberger = DNotZ 1989, 749 mit Anm F Schmidt = NJW-RR 1989, 147; BGH DNotZ 1991, 750; OLG Koblenz NotBZ 2001, 190 mit Anm Roßner.

[35] BGH 63, 302 = DNotZ 1975, 361 = NJW 1975, 259; BGH DNotZ 1984, 690.

[36] BGH 70, 55 u BGH DNotZ 1989, 749 = je aaO (Fußn 29); BGH DNotZ 1991, 750; BayObLG DNotI-Report 1998, 193 = ZNotP 1998, 386, das die diesbezügliche Gewerbeanmeldung für die zusätzliche Tätigkeit des Architekten zum Unterscheidungskriterium macht.

[37] BGH 71, 34 = DNotZ 1978, 602 Leits = NJW 1978, 1434. Das Verbot gilt jedoch nicht beim Erwerb einer vom Käufer (als Bauherr) zu errichtenden Eigentumswohnung für die Verpflichtung, die der Aufteilung (§§ 8, 7 Abs 4 WEG) zugrunde liegende Planung zu verwenden, BGH DNotZ 1987, 26.

[38] KG MittRhNotK 1992, 147; kein Verstoß daher, wenn der Käufer zwar verpflichtet ist, eine bestimmte Entwurfsplanung zu übernehmen, nicht aber einen bestimmten Architekten zu beauftragen, OLG Köln NJW-RR 1990, 1110 = BauR 1991, 642.

[39] BGH DNotZ 1982, 559; BGH BB 1981, 1974; BGH BB 1982, 1693 (Verweisung an Preisträger eines Architektenwettbewerbs); vgl auch Volmer ZfIR 1999, 249 (Koppelungsverbot, wenn Bindung für die Zukunft gewollt ist); für einschränkende Auslegung im Fall der Bindung an Architektenwettbewerb Lass DNotZ 1996, 742; zB wenn Erwerb nur über Makler möglich ist, der den Kaufvertragsabschluß von Auftragserteilung an Architekten abhängig macht, BGH BB 1998, 1283 = MittBayNot 1998, 338 = NJW-RR 1998, 952.

geschlossenen Vertrag zu übernehmen[40] oder für die Verpflichtung des Käufers, an den Architekten eine Abstandszahlung dafür zu entrichten, daß dieser keine Leistung erbringt.[41] Zwar bleibt nach S 2 des Art 10 § 3 des genannten Gesetzes (v 4. 11. 1971) die Wirksamkeit des Erwerbsvertrages bestehen, wenn eine unzulässige Architektenbindungsklausel vereinbart wurde. Wurde diese aber nur mündlich oder schriftlich vereinbart, scheitert mangels Beurkundung aller Abreden auch der Erwerbsvertrag im ganzen an § 311b Abs 1 BGB.

5. Verjährung

3202a Die Ansprüche auf Eigentumsverschaffung sowie der Anspruch auf die Gegenleistung, insbesondere den Kaufpreis, verjähren nach § 196 BGB in zehn Jahren ab Entstehung des Anspruchs (§ 200 BGB). Im Regelfall genügt dies. An eine vertragliche Verlängerung der Verjährung auf 30 Jahre ist zu denken, wenn es geht um
– den Verkauf nicht vermessener Teilflächen,
– den Verkauf einer großen Anzahl einzelner Grundstücke, da hier die Gefahr des Vergessens/der Verwechslung einzelner Grundstücke und damit auch die Gefahr der Verjährung des insoweit fortbestehenden Anspruchs (s Rdn 3149) droht.[42]

K. Auflassung und Eigentumseintragung

3203 Durch die Beurkundung des schuldrechtlichen Veräußerungsvertrags erlangt der Erwerber **noch nicht** das **Eigentum** am Grundstück. Dazu sind vielmehr noch erforderlich die
– **Einigung** der Beteiligten über den Eigentumsübergang – im Bereich der Grundstücksveräußerung Auflassung genannt – und die
– **Eintragung** der Eigentumsänderung in das Grundbuch, die auf Bewilligung (idR in der Auflassung enthalten, s Rdn 97) und Antrag erfolgt.
Der Notar muß den Verkäufer vor den Gefahren der Auflassung und Eigentumsumschreibung vor vollständiger Kaufpreiszahlung warnen und Wege zur Verhinderung solcher Risiken aufzeigen (zur Zulässigkeit und Gestaltung im Bauträgervertrag s Rdn 3220b). Möglich (und ein absolut sicherer

---

[40] BGH NJW 1983, 227; BGH MittBayNot 1993, 202 = NJW-RR 1992, 1372 = WM 1992, 1914; BGH DNotZ 2000, 848 = NJW 2000, 2354.
[41] OLG Köln BauR 1994, 413; vgl aber auch BGH DNotZ 2002, 848 = aaO und OLG Frankfurt NJW-RR 1995, 1484: kein Verstoß, wenn Käufer die vom Verkäufer aufgewendeten Architektenkosten zahlen muß, wenn er Architektenleistungen nicht in Anspruch nehmen muß; dies gilt aber nur, wenn der Verkäufer schon vor dem Verkauf den Architekten beauftragt hat und ihm – ohne Rücksicht auf den Verkauf – für dessen Honorar haftet (Honorar ist bloßer Kalkulationsposten des Kaufpreises).
[42] Vgl hierzu Amann/Brambring/Hertel, Vertragspraxis, S 295 ff, 480; Amann DNotZ 2002, 94; Krauß, Grundstückskaufverträge, Rdn 581.

Weg¹) ist die Aussetzung der Auflassung bis zur vollständigen Kaufpreiszahlung (**materiell-rechtliche Sicherung**). Häufig wird die Auflassung sofort erklärt und der Notar unwiderruflich angewiesen, Antrag auf Vollzug der Eigentumsumschreibung erst zu stellen, wenn ihm die Zahlung des Kaufpreises vom Verkäufer schriftlich bestätigt oder in sonstiger Weise (zB schriftliche Bestätigung der Bank des Käufers über die durchgeführte Überweisung, § 676 a BGB) nachgewiesen wurde;² weiter müssen die Beteiligten auf ihr Recht vollständige Ausfertigungen oder begl Abschriften der Urkunde zu erhalten, verzichten (§ 51 Abs 2 BeurkG), damit nicht ein Beteiligter selbst diesen Antrag stellen kann (**beurkundungsrechtliche Lösung**).³ Entsteht zwischen den Beteiligten Streit, ob eine vom Käufer ggfs geltend gemachte Minderung des Kaufpreises gerechtfertigt ist oder nicht, ist der Streitwert einer Klage auf Freigabe des Vollzugs der Auflassung nur aus dem streitigen Betrag, nicht aus dem Gesamtkaufpreis, zu bemessen.⁴ Nicht möglich ist der Verzicht auf ein eigenes Antragsrecht (**schuldrechtliche Lösung**).⁵ Verlangt man neben der Auflassung noch eine Bewilligung, läßt sich das Problem verfahrensrechtlich lösen: die Auflassung wird sofort erklärt, die Bewilligung aufgeschoben (**verfahrensrechtliche Lösung**).⁶
Einzelheiten zur Auflassung Rdn 3287 ff.

L. Besonderheiten beim Kauf vom Bauträger

1. Rechtsnatur des Bauträgervertrages

Neben den in den Mustern (vgl Rdn 849, 859) behandelten Kaufverträgen über bebaute und unbebaute Grundstücke und Wohnungseigentum spielen in der notariellen Praxis die sog „Bauträgerverträge" eine große Rolle. Unter

3204

---

¹ Und keineswegs eine unrichtige Sachbehandlung (§ 16 KostO), so richtig BayObLG 2000, 260 = MittBayNot 2000, 575 mit Anm Tiedtke = NotBZ 2000, 381; OLG Hamm MittBayNot 1998, 275; LG München I MittBayNot 1993, 393; Amann MittBayNot 2001, 150; Kanzleiter DNotZ 1996, 242 und DNotZ 1998, 956; unzutreffend OLG Düsseldorf DNotZ 1990, 674 mit abl Anm Schmitz-Valckenberg = Rpfleger 1990, 392 mit abl Anm Wolfsteiner S 505 sowie OLG Düsseldorf DNotZ 1996, 324; OLG Frankfurt DNotZ 1990, 672; OLG Köln MittRhNotK 1997, 325 und 328 mit abl Anm Recken S 505 = NJW-RR 1997, 1222.
² Zur Frage, wie dieser Nachweis zu erbringen ist, vgl Eckhardt DNotZ 1983, 96 (nur Verkäuferbestätigung; zu deren Prüfung s Renner NotBZ 1999, 205); Brambring Beck'sches Notarhandbuch A I Rdn 181; Wolfsteiner DNotI-Report 1997, 112 (andere Nachweise zulässig). Zur Frage, ob wegen Verzugszinsen Vollzug zu verweigern ist, vgl OLG Hamm DNotI-Report 2003, 126 und Gutachten DNotI-Report 1997, 109.
³ Für diese Lösung Brambring FS Hagen (1999) S 251.
⁴ BGH NotZ 2002, 216.
⁵ AA OLG Hamm DNotZ 1975, 686; abl hierzu Ertl DNotZ 1975, 644; Herrmann MittBayNot 1975, 173; LG Frankfurt MittRhNotK 1992, 116 = Rpfleger 1992, 58; LG Magdeburg Rpfleger 1996, 244; OLG Karlsruhe BWNotZ 1994, 69.
⁶ Vgl Ertl DNotZ 1975, 644 mit weit Nachw; Behmer Rpfleger 1984, 306; Weser MittBayNot 1993, 253; kritisch Brambring FS Hagen S 251 (270), da bisher noch keine Rechtsprechung vorhanden; OLG Frankfurt MittBayNot 2001, 225 befaßt sich nur mit der Zulässigkeit der notariellen Eigenurkunde.

4. Teil. I. Grundstückskauf

Bauträgerverträgen[1] werden hier alle Verträge verstanden, bei denen ein Unternehmen ein Eigenheim oder eine Eigentumswohnung im eigenen Namen und für eigene Rechnung erbaut (gleichgültig, ob es die bautechnischen Leistungen selbst erbringt oder Dritte mit der Herstellung beauftragt) und das fertige oder erst herzustellende Objekt samt Grundstück(-anteil) an einen Dritten (Käufer) gegen Zahlung von Geld[2] veräußert.

Der Bauträger-Vertrag ist ein einheitlicher zusammengesetzter Vertrag (Typenkombinationsvertrag), der enthält
- **werkvertragliche** Elemente (Bauerrichtung samt dazugehöriger Planung und Bauaufsicht),
- **kaufrechtliche** Elemente (Pflicht zur Übereignung des Grundstücks),
- ggfs auch Elemente eines **Geschäftsbesorgungsvertrages** (Beratung, Betreuung), und
- wirtschaftlich betrachtet **Kreditelemente**[3] (der Bauträger kann durch die Abschlagszahlungen des Käufers billiger bauen und spart Zinsen).

Die Einordnung als Werkvertrag ist dabei für den Bauträgervertrag im Hinblick auf die Bauverpflichtung prägend. Dies bedeutet, daß Werkvertragsrecht maßgebend ist[4]
- für die Vereinbarung von Abschlags- oder Vorauszahlungen (s dazu Rdn 3209, 3210),
- für die Pflicht zur Herstellung, für Mitwirkungs- und Kooperationspflichten des Bestellers (Käufers) nach § 642 BGB, zB beim Aussuchen von Ausstattungsgegenständen, für die Notwendigkeit der Abnahme nach § 640 BGB und für die Haftung für Mängel des Bauwerks.

Diese werkvertragliche Einordnung[5] gilt für Sachmängelansprüche auch nach dem Schuldrechtsmodernisierungsgesetz, da zwar die Gewährleistungsfristen für das Bauwerk nunmehr gleich sind (§ 438 Abs 1 Nr 2, § 634a Abs 1 Nr 2

---

[1] Zum Bauträgervertrag (Definition, Abgrenzung, Vertragsgestaltung, rechtspolitische Probleme): Reithmann/Meichssner/v Heymann, Kauf vom Bauträger, 7. Aufl 1995; Basty, Der Bauträgervertrag, 4. Aufl 2000 mit Ergänzungsband 2002; Blank, Bauträgervertrag, 2. Aufl 2002; Brych/Pause, Bauträgerkauf und Baumodelle, 3. Aufl 1999; Kutter in Beck'sches Notarhandbuch A II; vHeymann/Wagner/Rösler, MaBV für Notare und Kreditinstitute, 2000; Muster mit Erläuterungen: Wolfsteiner in Kersten/Bühling § 37; F Schmidt, Münchner Vertragshandbuch Bd 4/1. Hlbd, I 30, 31 sowie Basty, Reithmann und Blank je aaO.
[2] Zum Tausch mit dem Bauträger (Grundstück gegen Gebäude/Wohnung) s Albrecht DNotZ 1997, 269 und MittBayNot 1998, 418; Basty Rdn 78 ff.
[3] Vgl hierzu Grziwotz NotBZ 2001, 1; Ullmann NJW 2002, 1073.
[4] So die ständige Rechtsprechung, vgl BGH 60, 362 = DNotZ 1973, 599 = JZ 1973, 735 mit Anm Weitnauer = NJW 1973, 1235; BGH 63, 96 = NJW 1975, 47; BGH 65, 359 = DNotZ 1976, 414 mit Anm Hoffmann = NJW 1976, 515; Schmidt MittBayNot 1977, 97; BGH 72, 229 = NJW 1979, 156; BGH DNotZ 1980, 33 = NJW 1979, 2193; DNotZ 1981, 375 = NJW 1981, 273 (Verjährungsfrist für „Kaufpreis" nach § 196 Abs 1 Nr 1 BGB) und DNotZ 1982, 626 (Musterhaus); BGH 96, 275 = DNotZ 1986, 280 (Kündigungsrecht nach § 649 BGB ausgeschlossen); aA – Kaufvertrag – noch Brych NJW 1974, 1973; ders MittBayNot 1977, 170; Wolfsteiner, 20. Dt Notartag 1977, S 89; Köhler NJW 1984, 1321.
[5] BGH 68, 372 = DNotZ 1977, 618 = NJW 1977, 1336; BGH 74, 204 = DNotZ 1979, 741 = NJW 1979, 1406; BGH 74, 258 = NJW 1979, 2207; BGH DNotZ 1982, 125; BGH DNotZ 1982; 626.

L. Besonderheiten beim Kauf vom Bauträger

BGB), dennoch die werkvertraglichen Normen insbesondere das Selbstvornahmerecht des § 637 BGB und die förmliche Abnahme mit ihren Folgen besser passen[6] als Kaufrecht (dessen § 440 S 2 BGB zu starr sein dürfte).
Ob dann, wenn das neu errichtete Objekt bei Vertragsschluß schon völlig fertiggestellt ist, ja selbst wenn es schon einige Zeit vom Veräußerer oder in sonstiger Weise benutzt worden ist, auch nach Inkrafttreten des Schuldrechtsmodernisierungsgesetzes, dh bei Verträgen nach dem 1. 1. 2002, Werkvertragsrecht oder Kaufvertragsrecht anwendbar ist, ist streitig.[7]
Die Rechtsnatur des Bauträgervertrages kann nicht vertraglich geregelt werden, da die rechtliche Qualifikation sich nach dem tatsächlichen Sachverhalt richtet und nicht der Parteidisposition unterliegt.[8]

2. Gesetzliche Grundlagen des Bauträgervertrages

a) AGB-Recht, Verbrauchervertragsrecht

Bauträgerverträge sind in der Regel **Formularverträge** (§ 305 Abs 1 BGB); jedenfalls sind sie **Verbraucherverträge**, wenn sie zwischen gewerblich handelnden Bauträgern und einer natürlichen Person geschlossen werden (§§ 13, 14 BGB, s auch Rdn 3144b) und unterliegen damit über § 310 Abs 3 BGB den Vorschriften der §§ 305–309 BGB (früher AGBG, auch § 24a AGBG). Demgemäß unterliegen der Inhaltskontrolle nach §§ 307–309 BGB in Verträgen mit gewerblichen Bauträgern alle vorformulierten, dh nicht im einzelnen ausgehandelten Vertragsbestimmungen, es sei denn, daß sie vom Käufer in den Vertrag eingeführt oder im einzelnen ausgehandelt wurden.[9] Aus § 307 Abs 3 BGB ergibt sich die Einschränkung, daß der AGB-Kontrolle nur solche Vertragsbedingungen unterliegen, durch die von Rechtsvorschriften abgewichen oder diese ergänzt werden.[10] Damit unterliegen der AGB-Kon-

3205

---

[6] Basty Ergänzung Rdn 14 ff; Thode NZBau 2002, 297; Dören ZfIR 2003, 497; aA Litzenburger RNotZ 2002, 23; Hildebrandt ZfIR 2003, 489.
[7] Der Unterschied besteht vor allem im Selbstvornahmerecht des § 637 BGB und der Frage seiner Abdingbarkeit; für Anwendung von Kaufrecht in diesen Fällen: Palandt/Sprau Rdn 3 vor § 633 BGB; Basty Ergänzung Rdn 16; Teichmann ZfBR 2002, 11 (19); Heinemann ZfIR 2002, 167; für Werkvertragsrecht und Unabdingbarkeit: Thode NZBau 2002, 267 (269) und die Rechtsprechung vor dem Schuldrechtsmodernisierungsgesetz: BGH DNotZ 1982, 626 (6 Monate altes Musterhaus); BGH DNotZ 1985, 622 = NJW 1995 1551 (2½ Jahre fertige Wohnung).
[8] BGH MittBayNot 1979, 153 (156) für Formularvertrag; BGH 74, 204 = aaO (Fußn 5) spricht eindeutig davon, daß das anzuwendende Recht sich nicht aus der Bezeichnung der Parteien herleitet, sondern aus 1. Sinn und Zweck des Veräußerungsvertrags; 2. seiner wirtschaftlichen Bedeutung; 3. der Interessenlage der Parteien. Ebenso BGH aaO (Fußn 5). Ebenso früher schon LG München, mitgeteilt MittBayNot 1976, 418. AA OLG München 12 U 2385/74, mitgeteilt in MittBayNot 1976, 23; LG München II MittBayNot 1979, 64 mit Anm Reithmann; Brych MittBayNot 1977, 172; Hoffmann DNotZ 1976, 418.
[9] Basty Rdn 12 ff; Reithmann/Meichsner/vHeymann G Rdn 77 ff.
[10] Zur Frage, ob es zulässig ist, dem Vertragspartner eine Tarifwahl zu geben („harte" Bedingungen mit niedrigem Preis oder dem AGB-Recht entsprechende Bedingungen zu hohem Preis) s Palandt/Heinrichs Rdn 14 zu § 307 BGB; Staudinger/Coester Rdn 97 zu § 9 AGBG sowie BGH DNotZ 2003, 349. Im Bereich der Klauselverbote der §§ 308, 309 BGB dürften im Bereich der Verbraucherverträge solche Alternativen keine Abweichungen erlauben.

trolle nicht die den Leistungsinhalt oder das zu zahlende Entgelt regelnden Bestimmungen, es sei denn, daß sie gegen das Transparenzgebot verstoßen (§ 307 Abs 3 S 2 BGB).

Eine Individualabrede (§ 305 Abs 1 S 3 BGB) ist bei vorformulierten Texten nur dann anzunehmen, wenn beide Vertragsteile verhandlungsbereit waren und über die einzelnen Bedingungen verhandelt haben, was sich am ehesten in der Abänderung einzelner Bestimmungen des vorformulierten Textes dokumentiert.[11]

Der Notar hat die Beurkundung unwirksamer Klauseln in AGB oder Verbraucherverträgen abzulehnen (§ 14 Abs 2 BNotO, § 4 BeurkG), wenn der Verstoß gegen diese zwingenden Bestimmungen feststeht; bei bloßen Zweifeln hat er zu belehren und die Belehrung in der Urkunde zu vermerken.

b) Makler- und Bauträgerverordnung

3206   Die auf Grund der Ermächtigung in § 34c GewO ergangene Verordnung über die **Pflichten der Makler,** Darlehens- und Anlagenvermittler, Bauträger und Baubetreuer (Makler- und Bauträgerverordnung – MaBV) idF der Bekanntmachung vom 7. 11. 1990 (BGBl I 2479), der Änderung vom 6. 9. 1995 (BGBl I 1134) und vom 14. 2. 1997[12] (BGBl I 272) enthält **für Bauträgerverträge zwingendes Recht;** zu Lasten des Erwerbers abweichende Vereinbarungen sind gewerberechtlich unzulässig und unwirksam (§ 12 MaBV); über § 134 BGB ist auch die zivilrechtliche Unwirksamkeit herzuleiten.[13] Der Notar hat über die Auswirkungen der MaBV zu belehren und ggfs seine Mitwirkung zu versagen (§§ 12, 18 MaBV iVm § 4 BeurkG).

3207   Wer der Erlaubnis nach § 34c GewO bedarf, unterliegt der MaBV (§ 1). Derjenige, der als Bauherr **im eigenen Namen** für eigene oder fremde Rechnung ein Bauvorhaben vorbereitet oder durchführt **und dazu** Vermögenswerte des Erwerbers oder sonstigen Nutzungsberechtigten entgegennimmt und dies gewerbsmäßig[14] betreibt, ohne Rücksicht darauf, ob er die Genehmigung nach § 34c GewO besitzt,[15] unterliegt der MaBV. Ist das Kaufobjekt im Zeitpunkt des Vertragsschlusses bereits fertiggestellt, greift die MaBV nicht

---

[11] BGH DNotZ 1977, 346 = NJW 1977, 624; es muß jedoch gerade über AGB-Klauseln verhandelt werden, nicht über Punkte, die nicht Gegenstand des AGB sind, BGH BB 1985, 148 = MittBayNot 1985, 10. Dagegen wird eine formularmäßige Klausel, die Regelung sei besprochen und ausdrücklich anerkannt, dadurch nicht zur Individualabrede, BGH DNotZ 1977, 59 = DNotZ 1977, 176; BGH BB 1987, 78; s dazu ausführlich Palandt/Heinrichs Rdn 18–23 zu § 305 BGB.

[12] In Kraft ab 1. 6. 1997 nach Art 3 der ÄndVO; dazu Basty DNotI-Report 1997, 70 und 150 sowie DNotZ 1997, 284; Uerlings DNotI-Report 1997, 148; Kersten BWNotZ 1997, 83.

[13] BGH DNotZ 1995, 301 = NJW 1985, 438; BGH 139, 387 = DNotZ 1999, 53 mit Anm Wolfsteiner (DNotZ 1999, 99) = NJW 1999, 51; BGH 146, 250 = DNotZ 2001, 201 mit Anm Fr Schmidt = NJW 2001, 818; Basty Rdn 51; Marcks DNotZ 1974, 542; Kanzleiter DNotZ 1974, 557; OLG Bremen NJW 1977, 638; Halbe NJW 1977, 1437; aA Hepp NJW 1977, 617.

[14] Zur Gewerbsmäßigkeit vgl MünchKomm/Micklitz Rdn 12 ff zu § 14 BGB; Baumbach/Hopt Rdn 11 ff zu § 1 HGB. Fertigstellung und Verkauf durch den Insolvenzverwalter unterliegt der MaBV (und ist Verbrauchervertrag), vgl Basty ZNotP 2001, 333; Wudy MittBayNot 2000, 489 und ZNotP 2001, 142.

[15] S auch Basty Rdn 9, 13 ff.

ein, da der Verkäufer Vermögenswerte des Käufers nicht mehr „zur Durchführung" des Bauvorhabens erhält; das gleiche gilt, wenn die Zahlungen des Käufers erst nach Fertigstellung in die Verfügungsgewalt des Verkäufers gelangen. Die MaBV greift dagegen ein, wenn Zahlungen statt an den Verkäufer direkt an Handwerker oder Gläubiger des Verkäufers geleistet werden.[16] Die MaBV greift auch ein, wenn das zu erstellende Bauvorhaben die vom Bauträger auf Grund eines Erschließungsvertrages mit der Gemeinde (s Rdn 3184) geschuldeten Erschließungsanlagen sind.[17] Die MaBV greift nicht ein, wenn der „Bauträger" das Bauwerk auf dem Grundstück seines Auftraggebers im eigenen Namen und für eigene Rechnung (zB als Generalunternehmer) errichtet, da er dann nicht „Bauherr" ist.[18] Die Anwendbarkeit der MaBV entfällt nachträglich, wenn der Erwerber das Grundstück (vor Fertigstellung) übereignet erhält.[19] Denn in diesem Fall gehen alle erbrachten Bauleistungen sofort in das Eigentum des Auftraggebers (Grundstückseigentümers) über, so daß die von der MaBV vorausgesetzte Gefährdung des Vermögens des Auftraggebers nicht besteht.[20] Das gleiche gilt, dh die MaBV ist nicht anwendbar, wenn der Auftraggeber an den „Bauträger" (Generalunternehmer) erst Zahlungen zu leisten hat, wenn er Grundstückseigentümer geworden ist[21] oder einen vom Verkäufer und vom Bauträger nicht mehr zu beeinträchtigenden durch Vormerkung und Lastenfreistellung gesicherten Eigentumsverschaffungsanspruch hat, zB beim sog Generalübernehmermodell[22] (s Rdn 3235). Der Bauträger ist jedoch Bauherr, wenn er verpflichtet ist, seinen Auftraggebern das Eigentum an dem zu bebauenden Grundstück zu übertragen[23] oder wenn ihm vertraglich (zB Auflassungsvollmacht) die Befugnis eingeräumt ist, über den Zeitpunkt des Eigentumserwerbs des Käufers zu entscheiden.[24]

c) Verordnung über Abschlagszahlungen bei Bauträgerveträgen

Nach Auffassung des BGH[25] sind § 34c GewO und die MaBV eine nur den Bauträger als Normaladressat treffende gewerberechtliche Regelung, die ihm verbietet, Zahlungen anders als dort geregelt in Empfang zu nehmen; sie enthält nach Meinung des BGH aber weder eine zivilrechtliche Regelung (der Fälligkeit) iS des § 306 Abs 2 BGB, noch einen Kontrollmaßstab iS des § 307 Abs 2 Nr 1 BGB. Damit hat der BGH das bisher umstrittene[26] Verhältnis

---

[16] Vgl Kanzleiter DNotZ 1974, 542.
[17] Vgl dazu Basty Rdn 61; Grziwotz MittBayNot 1999, 44; vgl auch NotBZ 1997, 105.
[18] BGH DNotZ 1978, 344 = NJW 1978, 1054.
[19] Basty Rdn 66; Wagner ZNotP 2000, 461 und ZNotP 2002 Beilage 1.
[20] BVerwG MittRhNotK 1987, 112 = NJW 1987, 511.
[21] Warda MittBayNot 1988, 1 = MittRhNotK 1987, 173.
[22] Marcks Rdn 5 zu § 3 MaBV und Rdn 46 ff zu § 34c GewO; Koeble NJW 1992, 1142; Reithmann/Meichsner/vHeymann D 45 ff. Kritisch Hartmann MittRhNotK 2000, 11.
[23] BGH DNotZ 1981, 377.
[24] Basty Rdn 67; Reithmann DNotZ 2000, 130; aA Wagner WM 2001, 718.
[25] BGH 146, 250 = aaO (Fußn 13).
[26] Für einen Vorrang der MaBV vor AGB-Vorschriften bisher: Schippel/Brambring DNotZ 1977, 197 (201); Speck MittRhNotK 1995, 117; Blank DNotZ 1996, 501; Reithmann NJW 1997, 1816; Kessel, Zivilrechtliche Folgen von Verstößen gegen die §§ 2–8 MABV (1989), Rdn 123 ff. Für eine Prüfung der MaBV am Maßstab der AGB-

zwischen MaBV und AGB-Vorschriften zugunsten des Vorrangs der AGB-Vorschriften entschieden. Aufgrund dieser Rechtsprechung wurde nach Inkrafttreten des § 632a BGB am 1. 5. 2000[27] die Wirksamkeit der bisher praktizierten MaBV-konformen Ratenzahlungen in Bauträgerverträgen unter Berufung auf das nunmehrige in § 632a S 3 BGB enthaltene neue gesetzliche Leitbild iS des § 307 Abs 2 Nr 1 BGB und der Richtlinie 93/13/EWG des Rates vom 5. 4. 1993 über mißbräuchliche Klauseln in Verbraucherverträgen[28] in Verbindung mit dem seinerzeitigen § 24a AGBG (jetzt § 310 Abs 3 BGB) in Frage gestellt.[29] Die durch diese Rechtsprechung hervorgerufene Unsicherheit wurde durch die auf § 27a AGBG (jetzt Art 244 EGBGB) gestützte Verordnung über Abschlagszahlungen bei Bauträgerverträgen vom 23. 5. 2001 (BGBl I 981), in Kraft seit 29. 5. 2001, mit Rückwirkung zum 1. 5. 2000 (§ 2 der VO) für die Praxis beseitigt, auch wenn die Rechtswirksamkeit dieser Verordnung aus verfassungsrechtlichen[30] und europarechtlichen[31] Gesichtspunkten teilweise bestritten wird.

3209 Die Verordnung läßt in Bauträgerverträgen (s Rdn 3204) für **Abschlagszahlungen** abweichend von § 632a S 3 BGB, also ohne dessen Sicherungen, die Vereinbarung von Ratenzahlungen nach § 3 Abs 1 und 2 MaBV oder nach § 7 MaBV zu, und hat damit für Abschlagszahlungen diese Regelungen der MaBV zu zivilrechtlichen Rechtsnormen auch iS eines Leitbildes[32] nach § 307 Abs 2 Nr 1 BGB gemacht. Dies gilt jedoch nur für Abschlagszahlungen, dh Anzahlungen auf die Gesamtvergütung, die dem Verhältnis zwischen Gesamtpreis und erbrachter Teilleistung (Baufortschritt) entsprechen.[33] Soweit in Bauträgerverträgen somit Abschlagszahlungen gemäß § 3 Abs 2 MaBV mit den Sicherungen gemäß § 3 Abs 1 oder § 7 MaBV vereinbart sind, können seit Inkrafttreten der genannten Verordnung keine Bedenken mehr wegen etwaiger Verstöße der MaBV-Regelungen selbst gegen AGB-rechtliche Bestimmungen erhoben werden, zB gegenüber der anteiligen Mehrwertklausel, die dem Käufer die Möglichkeit abschneidet, gegen diesen Mehrwert mit seinem Schadensersatzanspruch (= Mehraufwendungen zur Fertigstellung) auf-

---

Vorschriften schon bisher: Brych/Pause, Bauträgerkauf und Baumodelle, Rdn 159; Kutter in Beck'sches Notarhandbuch A II Rdn 81; F Schmidt MittBayNot 1992, 114 (116); Schmenger BWNotZ 1998, 79; Volmer ZfIR 1999, 493 (500ff); Wolf/Horn/Lindacher Rdn 296 zu § 23 AGBG.

[27] Gesetz v 30. 3. 2000 BGBl I 330.
[28] Abgedruckt Palandt/Heinrichs Rdn 27 zu § 310 BGB.
[29] Insbesondere von Thode ZfIR 2001, 345 und ZNotP 2001, 151; Wagner ZfIR 2001, 422 und ZNotP 2002 Beil. 1. Dagegen Schmidt-Räntsch NZBau 2001, 356; Ullmann ZfIR 2001, 523; Basty MittBayNot 2001, 64; Hertel ZNotP 2001, 5; Kanzleiter DNotZ 2001, 165; Rapp MittBayNot 2001, 145.
[30] So Thode ZfIR 2001, 345; Wagner ZfIR 2001, 422; dagegen jedoch Schmidt-Räntsch NZBau 2001, 356ff; Ullmann ZfIR 2001, 523; Basty Rdn 20 und DNotZ 2001, 421.
[31] So Thode und Wagner je aaO; Wagner ZNotP 2002, Beil 1; Karczewski/Vogel BauR 2001, 859. Dagegen Staudinger DNotZ 2002, 166; Ullmann NJW 2002, 1073; Schmidt-Räntsch NZBau 2001, 356; Basty Rdn 22.
[32] Palandt/Sprau Rdn 3 zu § 632a BGB.
[33] Palandt/Sprau Rdn 4 zu § 632a BGB; Thode ZfBR 1999, 116; Wagner WM 2001, 718ff; Basty Rdn 26ff.

L. Besonderheiten beim Kauf vom Bauträger

zurechnen, oder gegenüber dem Wahlrecht des Globalgläubigers[34] beim steckengebliebenen Bau statt Freigabe von der Globalgrundschuld den Kaufpreis zurückzuzahlen.[35]

Für **Vorauszahlungen,** bei denen im Zeitpunkt der vereinbarten Zahlung entsprechende Leistungen des Bauträgers noch nicht vorliegen, gilt die genannte Verordnung und damit die Transformation der MaBV in eine zivilrechtliche Norm nicht; Vorauszahlungen sind nach § 307 Abs 2 Nr 1, § 309 Nr 2a BGB (Verbot von Vorleistungen) im Bauträgervertrag als Formular- oder Verbrauchervertrag[36] grundsätzlich unwirksam, weil damit das Leistungsverweigerungsrecht des Erwerbers bei Nicht- oder Schlechterfüllung ausgehöhlt wird.[37] Durch Stellung einer umfassenden Bürgschaft, die auch Rückzahlungsansprüche wegen Rücktritt, Schadensersatz statt der Leistung oder statt der ganzen Leistung, Mängelbeseitigungskosten einschließlich Vorschüssen und Minderungsansprüche sichert, kann nach Auffassung des BGH dieses Verbot der Vorleistung kompensiert werden; ob dies mit Art 3 Nr 1 der europäischen Verbraucherrichtlinie (s Rdn 3208 mit Fußn 28) vereinbar ist, wird der EuGH auf Vorlage des BGH entscheiden.[38] In der Praxis ist von der Vereinbarung von Vorauszahlungen auch bei Stellung einer Bürgschaft in Verbraucherverträgen daher abzuraten[39], wenn nicht eine echte Vertragserfüllungs- und Gewährleistungsbürgschaft gestellt wird.[40]

3210

3. Kaufpreisfälligkeit und Kaufpreiszahlung beim Bauträgervertrag

Für den Bauträgervertrag als Formular- oder Verbrauchervertrag können Regelungen für die Kaufpreisfälligkeit infolge der zwingenden AGB-Vorschriften gemäß der Verordnung über Abschlagszahlungen beim Bauträgervertrag (s Rdn 3208) nur in Übereinstimmung mit den Bestimmungen der MaBV (§ 3 Abs 1 und 2 oder § 7 MaBV) wirksam vereinbart werden.

3211

a) Fälligkeit nach § 3 MaBV

Wird nicht Sicherung nach § 7 MaBV gewählt (s Rdn 3218), dürfen Gelder des Käufers erst in die Verfügungsgewalt des Verkäufers gelangen, wenn die Voraussetzungen des § 3 Abs 1 (Rdn 3212–3215) und des Abs 2 (s Rdn 3216) vorliegen.

---

[34] Vgl hierzu auch Grziwotz ZIP 2002, 825; Weis und Rösler ZIP 2002, 1520; Basty MittBayNot 1995, 367 und Bauträgervertrag Rdn 309, 311, sowie Vorauflage Rdn 3210.

[35] Bleibt der Bau kurz vor Fertigstellung stecken, dürfte Wahlrecht zur Rückzahlung für Globalgläubiger nicht (mehr) bestehen: Es besteht keinesfalls, wenn Kaufpreis trotz unvollständigem Bau vollständig bezahlt ist, OLG Hamburg DNotZ 1999, 406.

[36] In einer Individualvereinbarung oder auf ausschließlichen Wunsch des Käufers können dagegen Vorauszahlungen vereinbart werden, vgl Grziwotz NJW 1994, 2745.

[37] BGH DNotZ 2002, 652 in Abw von OLG Karlsruhe MittBayNot 2001, 478; Basty DNotZ 2002, 567 und Ergänzungen Rdn 114 ff.

[38] BGH DNotZ 2002, 652; BGH DNotZ 2002, 871; BGH ZfIR 2003, 58; Fischer WM 2003, 1.

[39] Basty, Ergänzungen, Rdn 118 ff.

[40] So der Vorschlag von Basty, Rdn 25 ff, 46; ähnlich auch Kanzleiter DNotZ 2002, 819 (830).

3212 aa) Der **Kaufvertrag** muß rechtswirksam sein,[41] auch die für den **Vollzug** erforderlichen öffentlich-rechtlichen Genehmigungen (zB § 19 BauGB) müssen vorliegen. Nach § 3 Abs 1 Nr 1 MaBV hat der (Kaufvertrags-) Notar die Rechtswirksamkeit und das Vorliegen der Genehmigungen schriftlich zu bestätigen (Zugang beim Käufer [§ 130 BGB] erforderlich). Diese Feststellung des Notars ist eine gutachterliche Äußerung,[42] die auf sorgfältigen Ermittlungen beruhen muß. Sind dem Notar Tatsachen bekannt geworden, die Zweifel an der Rechtswirksamkeit erwecken (zB die Behauptung einer Partei, der Vertrag sei angefochten, §§ 119, 123 BGB, oder formunwirksam wegen unrichtiger Preisangabe oder eine Genehmigung widerrufen), so darf der Notar den Streit über die Rechtswirksamkeit nicht entscheiden, sondern hat entsprechende Tatsachenmitteilung zu machen.[43] Ob bei dieser Mitteilung der Notar auch eine mögliche sich ergebende Unwirksamkeit nach § 358 Abs 3 BGB (mit dem Bauträgervertrag verbundener Verbraucherdarlehensvertrag, s dazu Rdn 3160a) zu beachten hat, ist streitig.[44] Im Hinblick darauf, daß bei verbundenem Verbraucherdarlehensvertrag der Bauträgervertrag solange wirksam ist, wie der Käufer nicht von seinem Darlehenswiderrufsrecht Gebrauch macht, dies also einem Rücktrittsrecht des Käufers ähnelt, halten wir mit Volmer[45] eine diesbezügliche Mitteilungspflicht des Notars nach § 3 Abs 1 Nr 1 MaBV für nicht gegeben, zumal für eine Rückzahlung des Kaufpreises ggf das Kreditinstitut gemäß § 358 Abs 4 S 3 BGB haftet. Folgt man dieser Auffassung nicht, kann die Notarmitteilung nach § 3 Abs 1 Nr 1 MaBV nur erfolgen, wenn der Verbraucherdarlehensvertrag gemäß § 491 Abs 3 Nr 1 BGB notariell beurkundet ist oder eine Bestätigung der Finanzierungsbank des Käufers über die ordnungsgemäße Belehrung und Erlöschen des Widerrufsrechtes oder eine Erklärung des Käufers über das Erlöschen des Widerrufsrechtes dem Notar vorliegen.[46]

Die Vereinbarung eines vertraglichen Rücktrittsrechts zugunsten des Verkäufers ist im Rahmen der MaBV nicht unwirksam, führt aber dazu, daß der Verkäufer ohne Sicherheitsleistung keine Zahlungen des Käufers annehmen darf und dieser insoweit ein Leistungsverweigerungsrecht hat.[47] Der Notar hat daher die Vereinbarung der Kaufpreisfälligkeit trotz Bestehens vertraglicher Rücktrittsrechte ohne Sicherheitsleistung abzulehnen.[48]

---

[41] Hierzu zählen alle für die Wirksamkeit des schuldrechtlichen Vertrags notwendigen privatrechtlichen oder öffentlich-rechtlichen Genehmigungen (zB Vormundschaftsgericht, § 2 GrdstVG, § 51 BauGB); auch die Genehmigung nach § 1 GVO idF vom 20. 12. 1993 (BGBl I 2182, 2221) zählt hierzu. Bedingungen müssen eingetreten sein, Auflagen nicht. Die Unanfechtbarkeit oder die Unwiderruflichkeit von Genehmigungen muß nicht eingetreten sein, so richtig Dietrich MittBayNot 1992, 178; Basty Rdn 219.

[42] Basty DNotZ 1991, 18; F Schmidt MittBayNot 1992, 114; Marcks Rdn 8 zu § 3 MaBV.

[43] Basty DNotZ 1991, 18; Reithmann/Meichsner/vHeymann B Rdn 126.

[44] Dafür Basty Rdn 214; dagegen vHeymann/Wagner/Rösler, MaBV für Notare und Kreditinstitute, Rdn 58.

[45] Volmer MittBayNot 2002, 336 (341).

[46] Basty Rdn 214.

[47] BGH DNotZ 1985, 301 = aaO (Fußn 13).

[48] Schelter MittBayNot 1985, 12 (13).

L. Besonderheiten beim Kauf vom Bauträger

bb) Der **Eigentumsverschaffungsanspruch** des Käufers muß durch rangrichtige Eintragung einer Auflassungsvormerkung **abgesichert** sein. Die abgeleitete Vormerkung (infolge Abtretung des Eigentumsverschaffungsanspruchs) bietet dem Käufer nicht den gleichen Schutz wie die originäre (s Rdn 1535 und 3147a) und ist daher im Rahmen des § 3 Abs 1 Nr 2 MaBV nicht ausreichend.[49] Wird WE/TE verkauft, muß die Vormerkung nach § 3 Abs 1 Nr 2 MaBV am Kaufobjekt nach Vollzug der Aufteilung im Grundbuch eingetragen sein. Ist das Kaufobjekt durch Änderung des Teilungserklärung zu bilden (zB Veränderung der räumlichen Abgrenzung, „Umwandlung" von Wohnungs- in Teileigentum oder umgekehrt, so muß die Vormerkung an diesen Rechtszustand anknüpfen. Notarbestätigung – über die Eintragung der Vormerkung reicht in allen Fällen nach MaBV nicht mehr aus.

3213

cc) Da beim Bauträgervertrag der verkaufte Grundbesitz in der Regel mit einem **Globalgrundpfandrecht**[50] zugunsten der den Bau finanzierenden Bank des Bauträgers belastet ist, sichert die im Nachrang zum Globalgrundpfandrecht eingetragene Vormerkung **allein** den lastenfreien Eigentumserwerb nicht. Die Freigabe des Kaufobjekts von der Globalbelastung muß ebenfalls sichergestellt werden (der obligatorische Anspruch nach § 435 BGB gegen den Verkäufer ist keine Sicherstellung). Dies geschieht durch Rangrücktritt der Globalgrundschuld hinter die Auflassungsvormerkung[51] oder eine sog Freistellungsverpflichtung der Bank; ihren Mindestinhalt regelt § 3 Abs 1 Satz 1 Ziff 3 und § 3 Abs 1 Satz 2 MaBV.[52] Mit ihr verpflichtet sich die Bank gegenüber dem Käufer, das Kaufobjekt freizugeben (§ 1175 S 2 BGB), wenn
– bei Vollendung des Bauvorhabens die geschuldete[53] Vertragssumme, und
– bei Nichtfertigstellung der dem erreichten Bautenstand entsprechende Teil der geschuldeten Vertragssumme
bezahlt ist. Dies erfaßt auch den sogenannten Mehrwert,[54] den das Vertragsobjekt im Zeitpunkt des Steckenbleibens des Baus gegenüber der geschuldeten Vertragssumme, also ohne Rücksicht auf den Ratenplan des § 3 Abs 2 MaBV, hat.[55] Im Falle des Steckenbleibens des Baus ist geschuldeter Betrag nur derjenige Betrag, der sich ergibt, wenn von der ursprünglich geschulde-

3214

---

[49] Streitig, wie hier Marcks Rdn 10 zu § 3 MaBV; Brych/Pause, Bauträgerkauf und Baumodelle, Rdn 116 zu § 3 MaBV; Basty Rdn 266, 267 unter Aufgabe seiner früheren abw Ansicht DNotZ 1991, 18 [21]; F Schmidt und Eue in Münchner Vertragshandbuch Bd 5/I Form 30 Anm 13 (8) 1; aA Reithmann, Kauf vom Bauträger, Teil B, Rdn 98.
[50] Vgl hierzu Schöner DNotZ 1974, 327.
[51] Diesen Vorschlag macht Wolfsteiner, 20. Dt Notartag 1977, S 93.
[52] Vgl hierzu im einzelnen Muster eines Freigabeversprechens der BNotK mit Erläuterungen DNotZ 2002, 402; Schöner DNotZ 1974, 327; BGH DNotZ 1977, 356 mit Anm Schöner = NJW 1976, 2340; Zeiß BWNotZ 1976, 16; Vogel BauR 1999, 992. Zur Wirksamkeit der Freistellungsverpflichtung im Konkurs (jetzt Insolvenzverfahren) der Gläubigerbank s Behmer DNotZ 1985, 195.
[53] Die Freigabeverpflichtung gilt daher auch, wenn der Käufer wegen nicht beseitigter Mängel zurückhält, aufrechnet oder mindert, BGH DNotZ 1984, 322 = NJW 1984, 169; Marcks Rdn 14 zu § 3 MaBV; Basty DNotZ 1991, 18.
[54] Vgl dazu OLG Nürnberg DNotZ 1984, 327 mit Anm Schelter; Schöner DNotZ 1974, 327, 346, 356; LG Berlin NotBZ 1998, 195 mit Anm Dickersbusch; Basty Rdn 295 ff; Warda MittRhNotK 1987, 173 (191 ff); Marcks Rdn 14b zu § 3 MaBV.
[55] Formel bei Basty Rdn 296.

ten, dem jetzigen Bautenstand entsprechenden Vertragssumme alle Gegenforderungen des Erwerbers aus der Nicht- bzw. Schlechterfüllung des Vertrages (Minderung, Schadensersatz wegen Nichterfüllung) abgezogen sind. Andere Berechnungsmethoden des Mehrwertes[56] führen letztlich dazu, daß der Käufer bei steckengebliebenem Bau nur zur Erreichung der Lastenfreistellung noch Aufwendungen machen müßte, obwohl er zur Restfertigstellung regelmäßig noch höhere Aufwendungen erbringen muß, als es dem ausstehenden Differenzbetrag des Kaufpreises entspricht. Wäre das Kaufobjekt unbelastet (zB bei Rangrücktritt der Globalgrundschuld hinter die Vormerkung) stünde der Saldierung der Ansprüche des Käufers im Falle der teilweisen Nichterfüllung nichts entgegen.[57]
Es sollte dringend darauf geachtet werden, daß die von der MaBV verwendeten Formulierungen in den Verpflichtungserklärungen enthalten sind;[58] andernfalls besteht die Gefahr, daß unzulässige Mehrwertklauseln oder ein unzulässiger Ausschluß von Zurückbehaltungsrechten in den Erklärungen enthalten sind.[59] Bei Nichtfertigstellung des Bauvorhabens kann sich der Globalgläubiger auch das Recht vorbehalten, statt freizustellen alle geleisteten Zahlungen bis zum anteiligen (objektiven Verkehrs-) Wert des Vertragsobjekts zurückzuzahlen (§ 3 Abs 1 Satz 3 MaBV). Damit wird nicht die Freistellung des Vertragsobjekts gesichert, sondern nur Rückzahlung erbrachter Kaufpreisraten (ohne Zinsen und ohne sonstigen Schadensersatz). Wird im Kaufvertrag nur eine Freistellungsverpflichtung als Fälligkeitsvoraussetzung verlangt (ohne Bezugnahme auf § 3 Abs 1 S 3 MaBV), so genügt hierfür eine Freistellungsverpflichtung mit Option der Bank zur Rückzahlung nicht.[60] Durch die Verordnung über Abschlagszahlungen im Bauträgervertrag ist dieses Wahlrecht der Bank nunmehr zwar einer AGB-Kontrolle entzogen (Rdn 3209); die Kontrolle der Ausübung dieses Wahlrechts der Bank im Einzelfall über § 242 BGB besteht dagegen auch hier.[61]

---

[56] Ebenso Basty Rdn 297, 298. Zu den verschiedenen Möglichkeiten, den „Mehrwert" zu berechnen vgl umfassend Kutter in Beck'sches Notarhandbuch, A II Rdn 65 ff.
[57] Damit werden ihm lediglich wegen der Globalgrundschuld des Bauträgers Aufrechnungs- bzw Zurückbehaltungsrechte abgeschnitten; dies erscheint auch mit der Rechtsprechung BGH DNotZ 1984, 322 zur Geltendmachung von Minderungsansprüchen bei fertiggestelltem Bau unvereinbar; ähnlich Kutter in Beck'sches Notarhandbuch A II Rdn 66.
[58] Ebenso F Schmidt MittBayNot 1992, 114.
[59] So hat OLG Dresden DNotZ 1998, 372 = NJW-RR 1997, 1506 eine Klausel, daß die Löschungsverpflichtung besteht, wenn der Käufer „den vollen im Kaufvertrag festgelegten Kaufpreis bezahlt hat", so ausgelegt, daß Minderungsansprüche nicht entgegengehalten werden könnten. Die Freigabeverpflichtung war daher nicht MaBV-konform. Kritisch zu OLG Dresden Habscheid DNotZ 1998, 325; Vogel BauR 1999, 992.
[60] OLG Düsseldorf DNotZ 1992, 153; Basty Rdn 391, 392; ablehnend Knoche MittRhNotK 1991, 112; F Schmidt MittBayNot 1992, 114.
[61] Basty Rdn 309 ff und MittBayNot 1995, 367 schränkt den Rückzahlungsvorbehalt durch Auslegung und über § 242 BGB ganz gravierend ein: so soll über §§ 346 ff BGB die Bank einerseits zur Rückzahlung samt Zinsen an den Käufer verpflichtet sein, andererseits soll kein Wahlrecht zur Rückzahlung bestehen bei a) selbständigen Häusern, b) nach Bezugsfertigkeit, c) zur Mitnahme von Wertsteigerungen, d) bei Einzelfertigstellung im Rahmen von Mehrhausanlagen; weiter darf nach Basty die Rückzahlung auch nicht von der Löschung der Vormerkung des Käufers abhängig sein. Vgl auch

L. Besonderheiten beim Kauf vom Bauträger

Schiedsgutachterklauseln zur Feststellung des Bautenstandes oder des Verkehrswerts (Mehrwerts) sind unwirksam, wenn diese den Rechtsweg ausschließen.[62] Die Aufrechnung mit Forderungen des Käufers aus anderen Rechtsverhältnissen als dem Bauträgervertrag kann ausgeschlossen sein.[63]

§ 3 Abs 1 S 4 und 5 MaBV verlangen Aushändigung der Freistellungsverpflichtungserklärung an den Käufer bzw Bezugnahme auf sie im Kaufvertrag. Der Notar hat ihren Inhalt auf die Vereinbarkeit mit der MaBV zu prüfen und erforderlichenfalls die Fälligkeitsbestätigung zu verweigern.

Schließlich muß auch die **Baugenehmigung**, auch zur vertraglich vereinbarten Nutzung, vorliegen. Unanfechtbar muß sie nicht sein;[64] ist sie jedoch bereits angefochten, darf der Kaufpreis nicht fällig werden.[65] Das Vorliegen der Baugenehmigung bestätigt der Bauträger[66] im Vertrag oder später. Ist nach (Landes)bauordnung eine Baugenehmigung nicht erforderlich, muß eine Negativbescheinigung der Baubehörde vorliegen (§ 3 Abs 1 S 1 Nr 4a MaBV) oder eine entsprechende Bestätigung des Bauträgers, wobei aber in diesem Fall mindestens 1 Monat bis zur ersten Zahlung des Käufers verstrichen sein muß (§ 3 Abs 1 S 1 Nr 4b MaBV).[67]

3215

dd) Liegen die vorstehend behandelten Voraussetzungen des § 3 Abs 1 MaBV vor, dürfen zur Verringerung des Fertigstellungsrisikos des Käufers nur Abschlagszahlungen nach Baufortschritt fällig gestellt werden (s Rdn 3209). § 1 der VO über Abschlagszahlungen beim Bauträgervertrag verweist auf den Ratenplan des § 3 Abs 2 MaBV und begründet damit eine Vermutung[68], daß diese Ratenzahlung Abschlagszahlungen iS der Verordnung sind. Werden jedoch bei einem Bauvorhaben die Prozentsätze des § 3 Abs 2 MaBV (deutlich) unterschritten, am ehesten noch, wenn der Grundstücksanteil den MaBV-Satz von 30% unterschreitet, führt dies zur Unwirksamkeit[69] einer gemäß § 1 der Verordnung, § 3 Abs 1 und 2 MaBV vereinbarten Fälligkeitsregelung, da insoweit keine Abschlags-, sondern eine unzulässige Vorauszahlung vereinbart ist (s auch Rdn 3210). Eine diesbezügliche Belehrungspflicht des Notars besteht jedoch regelmäßig nicht; kennt er aber die Unterschreitung der Prozentsätze des § 3 Abs 2 MaBV im Einzelfall, hat er die Beurkundung abzulehnen; hat er lediglich Zweifel, ob die Sätze unterschritten werden, hat er zu belehren[70]. Liegt der umgekehrte Fall vor (zB Grundstücksanteil beträgt 50%

3216

OLG Hamburg DNotZ 1999, 406; Grziwotz ZIP 2002, 825; Weis und Rösler ZIP 2002, 1520.
[62] BGH 115, 329; BNotK DNotZ 2002, 402 (409); Reithmann/Meichsner/vHeymann B Rdn 181; Basty Rdn 327; DNotI-Report 1996, 9; Blank ZNotP 1998, 311.
[63] Vgl BNotK DNotZ 2002, 402 (407).
[64] Marcks Rdn 22 zu § 3 MaBV.
[65] Reithmann/Meichsner/vHeymann, Kauf vom Bauträger, Teil B, Rdn 103.
[66] Der Notar sollte keine Mitteilungspflichten übernehmen, da er sonst die Übereinstimmung der Baugenehmigung mit dem geschuldeten Vertragsobjekt zu prüfen und dafür einzustehen hätte, BGH DNotZ 2002, 716 mit Anm Basty.
[67] Vgl dazu ausführlich Basty Rdn 281 ff.
[68] Basty Rdn 36.
[69] Basty Rdn 32 ff, 36 ff; Grziwotz NotBZ 2001, 1 ff. Zu Unrecht vereinnahmte Zahlungen sind zurückzuzahlen einschließlich Zinsersparnisse, OLG München MittBayNot 2000, 542 = NJW-RR 2001, 13.
[70] Basty Rdn 37.

der Gesamtkosten) dürfen dagegen die Sätze des § 3 Abs 2 MaBV nicht überschritten werden. Eine weitere Aufspaltung der Raten ist nach § 3 Abs 2 MaBV[71] nicht zulässig. Problematisch ist häufig die Abgrenzung zwischen Fertigstellung und Mangelhaftigkeit eines jeweils vereinbarten Bauabschnitts; ist ein Bauabschnitt fertiggestellt und liegen lediglich Mängel vor, tritt Fälligkeit der Rate ein und es besteht lediglich ein Zurückbehaltungsrecht des Käufers nach § 320 BGB mindestens in Höhe der dreifachen (vgl auch § 641 Abs 3 BGB) Mängelbeseitigungskosten, bei fehlender Fertigstellung wird die Rate überhaupt nicht fällig[72]. Besonders bei der letzten Rate („vollständige Fertigstellung"), ist umstritten, ob vollständige Fertigstellung vorliegt, wenn alle wesentlichen im Abnahmeprotokoll gerügten Mängel behoben sind[73], oder erst nach Beseitigung *aller* Protokollmängel.[74]

Ob die Festlegung auf 7 Raten im Bauträgervertrag selbst[75] erfolgen muß oder erst später durch den Bauträger im einzelnen,[76] ist streitig. Ob eine **Einzugsermächtigung** für den Verkäufer, die fälligen Kaufpreisraten über das Bankkonto des Käufers abbuchen zu lassen, noch zulässig ist, wenn dem Käufer das Recht eingeräumt ist, vom Kreditinstitut innerhalb bestimmter Frist (6 Wochen) bedingungslos die Rückgängigmachung der Lastschrift zu verlangen, ist zweifelhaft,[77] da zunächst der Bauträger Zugriff auf Vermögenswerte des Käufers hat. Die Regelung, der Käufer müsse bei der Bank des Bauträgers ein Baukonto eröffnen und erteile der Bank unwiderruflichen Auftrag, die Raten auf Fälligkeitsmitteilung des Verkäufers oder des bauleitenden Architekten (ggfs unter Gewährung eines Zwischenfinanzierungskredits) auszuzahlen, räumt – abgesehen davon, daß damit ein verbundenes Verbraucherdarlehen iS des § 358 Abs 3 BGB begründet wird – dem Verkäufer bereits das Verfügungsrecht ein und ist im Rahmen des § 3 MaBV unzulässig;[77] sie beschränkt weiter die Leistungsverweigerungsrechte des Käufers (§ 320 BGB) und verstößt

---

[71] Bei Altbausanierung setzt Fälligkeit der ersten Rate keinen Beginn der Modernisierungsarbeiten voraus, OLG Hamm MittBayNot 2003, 53; vgl weiter DNotI-Report 1994 Heft 2 S 1 (Beginn der Erdarbeiten); DNotI-Report 1994, Heft 10 S 1 (Ratenplan bei Mehrhausanlagen, dazu auch Basty Rdn 411), DNotI-Report 1998, 225 mit Formel für die Berechnung der Raten bei Wegfall einzelner Gewerke.

[72] Vgl hierzu OLG Hamm MittRhNotK 1995, 142 (Bezugsfertigkeit bei Fehlen von Fertiggaragen und Außenanlagen); Thode ZfBR 1999, 116, 124; Basty Rdn 439.

[73] BGH ZNotP 1998, 494 = BauR 1998, 783; Basty Rdn 436; Pause BauR 1999, 1270.

[74] OLG Hamm DNotZ 1994, 870 mit abl Anm Basty; Reithmann NotBZ 1999, 170; Riemenschneider ZfIR 2002, 949 (957). Thode in Thode/Uechtritz/Wochner, Immobilienrecht (2000), S 187 und Wagner WM 2001, 718 (722), sehen vollständige Fertigstellung sogar erst nach Ablauf der Gewährleistungsfrist und Beseitigung der innerhalb dieser Frist aufgetauchten Mängel als gegeben an; hiergegen zu Recht Basty Rdn 436.

[75] Marcks Rdn 23a zu § 3 MaBV; Uerlings DNotI-Report 1997, 148; Grziwotz NotBZ 2001, 1.

[76] Basty DNotI-Report 1997, 150 und Basty Rdn 400ff; Brych/Pause Rdn 141b; Blank DNotZ 1999, 447; Reithmann NotBZ 1997, 196.

[77] Die Bedenken ergeben sich aus den Gründen von BGH 139, 387 = aaO (Fußn 13), so richtig Basty Rdn 533ff. Für Zulässigkeit noch Wolfsteiner MittBayNot 1981, 1 (10); Schelter MittBayNot 1985, 15; zum Widerspruch des Bankkunden gegen die vorgenommene Belastung BGH BB 1985, 1489 und BB 2000, 1753 (keine Frist für Widerruf, wenn nicht – durch AGB – ausgeschlossen).

L. Besonderheiten beim Kauf vom Bauträger

gegen § 309 Nr 2, 3, § 307 Abs 2 Nr 2 BGB.[78] Daher ist auch die Verpflichtung zur Beibringung einer abstrakten Bankgarantie oder einer Bürgschaft auf erstes Anfordern für den Kaufpreis, bei der ohne Rücksicht auf Einwendungen des Käufers gezahlt werden muß, unzulässig und unwirksam.[79]

Hinterlegung des Kaufpreises auf Notaranderkonto, bei dem der Notar an die Weisung des Verkäufers bzw des bauleitenden Architekten (Erfüllungsgehilfe des Verkäufers) gebunden ist, verstößt gegen § 3 MaBV (und gegen § 54a Abs 2 BeurkG).[80]   3217

b) Fälligkeit nach § 7 MaBV

Statt der Sicherungen nach § 3 Abs 1 und 2 MaBV kann auch Sicherung der Ansprüche des Käufers auf Rückgewähr seiner Zahlungen – in der Regel durch Bankbürgschaft (§ 7 Abs 1 S 2, § 2 Abs 2 MaBV)[81] – gewährt werden (§ 7 MaBV). Die vorstehend Rdn 3212–3215 erwähnten Kaufpreisfälligkeitsvoraussetzungen müssen dann nicht vorliegen.   3218

Obwohl nach dem Wortlaut der MaBV auch dessen § 3 Abs 2 im Falle des § 7 nicht anwendbar ist, kann trotz Bürgschaft Zahlung nur nach Baufortschritt vereinbart werden, weil § 1 der VO über Abschlagszahlungen im Bauträgervertrag nur Abschlagszahlungen, nicht Vorauszahlungen erfaßt (s Rdn 3209ff). Die starren Raten des § 3 Abs 2 MaBV müssen dafür zwar nicht eingehalten werden, auch die Beschränkung auf insgesamt 7 Raten gilt hier nicht. Doch müssen die Raten jeweils der erbrachten Bauleistung entsprechen (s Rdn 3209).[82] Zur Unzulässigkeit der Vereinbarung von Vorauszahlungen und ihrer möglichen Zulässigkeit über die Stellung einer weitergehenden Bürgschaft s Rdn 3210.

Zur Frage, welche Ansprüche durch eine Bürgschaft nach § 7 MaBV gesichert sein müssen, hat die Rechtsprechung des BGH[83] Leitlinien aufgestellt, auch wenn damit noch nicht sämtliche Probleme geklärt sind. Alle Entschei-

---

[78] BGH DNotZ 1985, 280 = NJW 1984, 2816. Diese Vereinbarung kann weiter zum Einwendungsdurchgriff des Käufers gegen die Bank und zu deren Schadensersatzpflicht führen, BGH aaO, jetzt § 359 BGB.
[79] BGH DNotZ 1987, 87; BGH BB 1994, 463 = MittBayNot 1994, 26.
[80] Zimmermann DNotZ 1982, 90 (107, 110).
[81] Zu Inhalt und Sicherungsumfang der Bürgschaft vgl BGH DNotZ 1999, 482 mit Anm Basty = MittBayNot 1999, 279 mit Anm Eue = ZNotP 1999, 238, wonach die Bürgschaft dann, wenn vorausgezahlt wurde (also nicht gemäß Baufortschritt), auch Gewährleistungsansprüche des Käufers auf Aufwendungsersatz sichert. Vgl dazu Gutachten DNotI-Report 2000, 13. Eine befristete Bürgschaft ist nicht ausreichend, LG Berlin ZNotP 1999, 371.
[82] Das Risiko der Unwirksamkeit der gesamten Fälligkeitsregelung trägt hierbei der Bauträger. Bei Abweichung vom Ratenplan des § 3 Abs 2 MaBV empfiehlt sich die Aufnahme eines entsprechenden Belehrungsvermerks, da der Notar von sich aus selten beurteilen kann, ob die vereinbarten Raten den erbrachten Bauleistungen in etwa entsprechen oder Vorleistungscharakter haben.
[83] BGH DNotZ 2002, 209; BGH DNotZ 2002, 652; BGH 151, 147 = DNotZ 2002, 871; BGH DNotZ 2003, 117 = ZfIR 2003, 58 mit Anm Vogel; BGH MittBayNot 2003, 216 = NJW-RR 2003, 592 = ZNotP 2003, 183; dazu Kunze ZfIR 2003, 540. Vgl hierzu weiter Reiß MittBayNot 2002, 9; Basty DNotZ 2002, 567; Vollrath MittBayNot 2002, 254; Hertel NotBZ 2002, 255; Kanzleiter DNotZ 2002, 819; Riemenschneider ZfIR 2002, 949; Fischer WM 2003, 1 ff.

dungen ergingen zu sog Vorauszahlungsfällen, in denen die Kaufpreiszahlungen vor Erbringung der entsprechenden Bauleistungen fälliggestellt wurden (s Rdn 3210). Ob die vom BGH zum Bürgschaftumfang aufgestellten Grundsätze auch dort gelten, wo die Bürgschaft bei Einhaltung der Raten nach § 3 Abs 2 MaBV (lediglich) die Einhaltung der in § 3 Abs 1 MaBV bestimmten Fälligkeitsvoraussetzungen ersetzen soll, ist noch nicht eindeutig geklärt.[84] Jedenfalls dort, wo die Ratenzahlungen von § 3 Abs 2 MaBV abweichen, muß die Bürgschaft den vom BGH geforderten Umfang haben (zB wenn bei der ersten Rate auf den Beginn der Erdarbeiten verzichtet wird, oder wenn die Raten des § 3 Abs 2 MaBV weiter aufgesplittet werden). Gesichert sein müssen alle Rückzahlungsansprüche des Käufers wegen Rücktritt, Schadensersatz statt der Leistung oder statt der ganzen Leistung (nach altem Recht wegen Nichterfüllung oder Schlechterfüllung), Mängelbeseitigungskosten einschließlich Vorschüssen und Minderungsansprüchen, dagegen nicht Ansprüche auf Verzugsschaden wegen Bauzeitüberschreitung,[85] Ersatz von erwarteten Steuervorteilen oder eines Mietausfallschadens und vom Eigentümer zu erbringender öffentlicher Sanierungsabgaben.[86] Gesichert sein müssen Kosten für die Beseitigung von Mängeln, die bis zur Abnahme entstanden und gerügt sind, nicht jedoch für Mängel, die erst nach der Abnahme entstanden sind.[87] Die Bürgschaft muß in Höhe aller fälligen Zahlungen gestellt und bis zum Vorliegen der in § 3 Abs 1 MaBV genannten Voraussetzungen und bis zur vollständigen Fertigstellung aufrecht erhalten werden, soweit nicht Austausch der Sicherung nach § 7 Abs 1 S 4 MaBV erfolgt. Vollständige Fertigstellung in diesem Sinne des § 7 MaBV verlangt die Abnahme des vollständig hergestellten Werkes und die Beseitigung der im Abnahmeprotokoll verzeichneten Mängel und fehlenden Leistungen[88], nicht jedoch den Ablauf der Gewährleistungsfrist und Umschreibung des Eigentums[89]. Eine Regelung, daß die Bürgschaft ohne weiteres mit der Fertigstellung und Abnahme erlischt, ist mit dem dargestellten notwendigen Sicherungsumfang der Bürgschaft nicht vereinbar, da sie dem Käufer die Möglichkeit nimmt, die Mängelbeseitigung der im Abnahmeprotokoll festgehaltenen Mängel und ausstehenden Leistungen durch Verweigerung der Rückgabe der Bürgschaft zu erzwingen.[90] Im Bauträgervertrag darf der Umfang der gesicherten Ansprüche gegenüber den vorstehenden vom BGH aufgestellten Kriterien nicht eingeschränkt sein; andernfalls ist die gesamte Fälligkeitsregelung unwirksam. Enthält die Bürgschaft selbst Einschränkungen, erfüllt sie nicht die nach § 7 Abs 1 MaBV geforderten Voraussetzungen und führt nicht zur Fälligkeit der Raten. Der Notar darf dann die Fälligkeit nicht bestätigen, wenn er die Bürgschaft zu überprüfen hat.

---

[84] Für eine diesbezügliche Unterscheidung Basty DNotZ 2002, 567; vorsichtig in diese Richtung argumentierend auch Hertel/Kanzleiter je aaO. Für eine strikte Gleichbehandlung des Bürgschaftsumfanges Riemenschneider aaO (Fußn 83).
[85] BGH MittBayNot 2003, 216 = aaO (Fußn 83).
[86] BGH DNotZ 2003, 117.
[87] BGH DNotZ 2003, 117; Fischer WM 2003, 1 ff.
[88] So richtig Fischer WM 2003, 1 (3 ff); ebenso Riemenschneider aaO; vgl. im übrigen Rdn 3216.
[89] So aber Thode in Thode/Uechtritz/Wochner, ImmobilienR (2000), 187; Wagner WM 2001, 718 (722); Kaufmann BauR 2002, 997 (1004).
[90] Fischer WM 2003, 1 ff.

L. Besonderheiten beim Kauf vom Bauträger

Die Bürgschaftsurkunde ist dem Käufer auszuhändigen oder ausschließlich nach seiner Weisung vom Notar zu verwahren.[91] Die Klausel, der Bürge könne sich von seiner Leistungspflicht durch Hinterlegung befreien, enthält eine wesentliche Einschränkung der Bürgschaft und entspricht nicht den Anforderungen des § 7, § 2 Abs 2 MaBV.[92] Die Kosten der Bürgschaft können nicht auf den Käufer abgewälzt werden.[93]

Der Übergang von der Sicherung nach § 7 MaBV auf die nach § 3 MaBV ist zulässig (§ 7 Abs 1 Satz 4 MaBV), zB wenn erst später Aufteilung nach WEG im Grundbuch vollzogen wird. Eine Vermischung beider Sicherungen (zB von § 3 Abs 2 MaBV abweichende Raten, die durch Bürgschaft gesichert werden) ist nicht zulässig.[94] Daher ist auch eine Reduzierung der Bürgschaft nach Baufortschritt nicht zulässig, auch wenn die Voraussetzungen des § 3 Abs 1 MaBV erfüllt sind.[94] Verpflichtung zur Rückgabe der Bürgschaft kann daher nur vereinbart werden für den Fall, daß § 3 Abs 1 MaBV vorliegt **und** wenn nicht andere Zahlungen geleistet sind als § 3 Abs 2 MaBV vorsieht.[94] Ein automatisches Erlöschen der Bürgschaft kann auch hier nicht vereinbart werden, da dies dem Käufer Zurückbehaltungsrechte beschneidet (s Fußn 90). Auch und gerade die letzte Rate des § 3 Abs 2 MaBV kann nicht durch eine Bürgschaft in dieser Höhe, sondern höchstens durch eine Bürgschaft in Höhe des vollen Kaufpreises gesichert werden.[95]

Im Formular- bzw Verbrauchervertrag ist eine Vereinbarung, daß der Käufer ohne Rücksicht auf Mängel vor (oder bei) Übergabe des Objekts den noch nicht fälligen Teil des Kaufpreises hinterlegt, unwirksam (Verstoß gegen § 307 Abs 2 Nr 1 BGB;[96] unzulässige Vermischung von Sicherungen nach § 3 und § 7 MaBV). Dagegen kann vereinbart werden, daß der Käufer bei Übergabe für die letzte (Fertigstellungs-)Rate eine Bankbürgschaft, bei der § 768 BGB nicht ausgeschlossen ist, zu stellen hat.[97]

3219

c) Zwangsvollstreckungsunterwerfung des Käufers, Verjährung, Bauabzugssteuer

Eine Zwangsvollstreckungsunterwerfung des Käufers wegen seiner Kaufpreiszahlungspflicht (die nach § 197 Abs 1 Nr 4 BGB die Verjährung für den

3220

---

[91] So richtig Dietrich MittBayNot 1992, 178; Basty Rdn 496 (auch zur Globalbürgschaft, Rdn 498 ff); Gutachten DNotI-Report 1996, 25; unklar Reithmann/Meichsner/vHeymann, Kauf vom Bauträger, Teil B, Rdn 138 ff, der von zweiseitigen Treuhandaufträgen spricht.
[92] So auch Speck MittRhNotK 1995, 117 (127).
[93] LG Bremen NJW-RR 1994, 476; aA Speck MittRhNotK 1995, 117 (127).
[94] BGH ZfIR 2003, 590 mit Anm Grziwotz = MDR 2003, 1064; Reithmann aaO Rdn 131 ff; Basty DNotZ 1991, 18 und Bauträgervertrag Rdn 488; Gutachten DNotI-Report 1995, 41 und DNotI-Report 1996, 25; kritisch zur hM Dietrich MittBayNot 1992, 178; Speck MittRhNotK 1995, 117 (136); Volmer ZfIR 1999, 493.
[95] BGH aaO (Fußn 94). Basty DNotZ 1991, 18; Brych/Pause Rdn 166; Gutachten DNotI-Report 1995, 41 und 1996, 25; im Ergebnis auch Volmer ZfIR 1999, 493 wegen der Verkürzung der Erwerberrechte bei Sachmängeln; kritisch Dietrich MittBayNot 1992, 178; Reithmann aaO Rdn 134 ff; abl Speck MittRhNotK 1995, 117 (134); F Schmidt BauR 1997, 216.
[96] BGH DNotZ 1985, 287 mit Anm Reinartz = NJW 1985, 852; abl Usinger NJW 1987, 934; vgl auch Warda MittRhNotK 1987, 185; Blank DNotZ 1997, 298.
[97] Warda MittRhNotK 1987, 185 (190).

Kaufpreisanspruch des Verkäufers auf 30 Jahre verlängern würde)[98], ist – jedenfalls bei Verzicht auf Nachweis der Fälligkeitsvoraussetzungen (Baufortschritt) – wegen Verstoß gegen § 307 Abs 2 BGB[99] und gegen die MaBV[100] unwirksam. Eine Zwangsvollstreckungsunterwerfung ohne Nachweisverzicht nötigt bei Fälligkeit nach Baufortschritt zur Klauselklage (§ 731 ZPO)[101].
Der Zahlungsanspruch des Bauträgers verjährt nach § 196 BGB in 10 Jahren[102]. Da dies jedoch nicht unbestritten ist,[103] sollte, was zulässig ist, vertraglich die Verjährungsfrist des § 196 BGB für den Zahlungsanspruch auf 10 Jahre festgelegt werden.
Eine Mahnung als Voraussetzung für den Verzug ist aufgrund § 286 Abs 2 Nr 2 BGB nicht mehr nötig, wenn für die Zahlung der einzelnen Raten eine angemessene Zeit (ca 14 Tage) vereinbart ist.

3220a Der Kauf vom Bauträger (Rdn 3204) unterliegt nach Auffassung der Finanzverwaltung nicht dem **Steuerabzug** bei Bauleistungen (BGBl 2001 I 2267)[104]. Die seit Inkrafttreten der §§ 48 ff EStG geführte Diskussion um die Berücksichtigung der Bauabzugssteuer bzw die Notwendigkeit einer Freistellungsbescheinigung im Hinblick auf die Anforderungen des MaBV[105] sind somit für den Bauträgervertrag obsolet.

4. Vorbehalt der Eigentumsumschreibung

3220b Die Sicherung des Bauträgers besteht vor allem in dem Vorbehalt der Auflassung bzw Eigentumsumschreibung (vgl hierzu Rdn 3203). Die Vertragsgestaltung darf hierbei etwaige Leistungsverweigerungsrechte des Käufers nicht beeinträchtigen;[106] zulässig sind somit alle Klauseln, die Erklärung der Auflassung oder Freigabe des Vollzugs der Eigentumsumschreibung Zug um Zug gegen Zahlung des **geschuldeten** Kaufpreises vorsehen. Ähnlich wie bei der Freigabeverpflichtung bei steckengebliebenem Bau kann und sollte weiter vereinbart werden, daß die Auflassung zu erklären bzw Vollzug

---

[98] BGH DNotZ 1980, 33 = NJW 1979, 2193 und DNotZ 1981, 375 = NJW 1981, 273.
[99] BGH DNotZ 2002, 878.
[100] BGH 139, 387 = aaO (Fußn 13); damit ist diese frühere Streitfrage (dazu 11. Aufl) entschieden; LG Essen NJW-RR 2002, 1077.
[101] Die von Hertel ZNotP 1999, 34 und ZNotP 2000, 130, 146 vorgeschlagene Vereinbarung bestimmter Baufortschrittsnachweise (Fertigstellungsbescheinigung) durch vom Notar zu beauftragende Sachverständige dürfte von der Rechtsprechung nicht anerkannt werden; vgl. Basty Ergänzungen Rdn 139.
[102] Aman DNotZ 2002, 94 (114); Brambring DNotZ 2001, 904 ff.
[103] Für 3jährige Verjährung nach §§ 195, 199 BGB Wagner ZfIR 2002, 257, 260; Mansell/Budzikiewicz. Das neue Verjährungsrecht 2002, Rdn 32 ff; in diese Richtung auch Thode in Intensivkurs Bauträgervertrag Fachinstitut für Notare vom 10.–12. 10. 2002, S 12.
[104] BFM Schreiben vom 27. 12. 2002 – IV A 5 – S 2272 – 1/02 – Ziff 18 = BStBl 2003 I 366 = RNotZ 2003, 72 = ZfIR 2003, 125.
[105] ZB Reich und Böhme DNotZ 2001, 924; Basty MittBayNot 2001, 535; Litzenburger NotBZ 2002, 15; Blank NotBZ 2002, 20; für weitgehende Unanwendbarkeit bereits früher Wagner ZNotP 2001, 456 und ZNotP 2002, 101.
[106] BGH 148, 85 = DNotZ 2002, 41 mit Anm Basty = NotBZ 2001, 462 mit Anm Hertel = RNotZ 2002, 50 mit Anm Litzenburger.

L. Besonderheiten beim Kauf vom Bauträger

der Eigentumsumschreibung freizugeben ist vor vollständiger Fertigstellung, wenn das Unvermögen des Verkäufers zur Fertigstellung der Baumaßnahme feststeht, Zug um Zug gegen Zahlung des dem erreichten Bautenstand entsprechenden Kaufpreisteiles.[107] Auch soweit Vollzugsanweisungen materiellrechtlich (unwirksame) AGB iS der vorgenannten Rechtsprechung des BGH sind, kann der Notar sich einseitig über diese Weisungen nicht hinwegsetzen.[108]

5. Rechts- und Sachmängelhaftung beim Bauträger-Vertrag

a) Rechtsmängel

Beim Bauträger-Vertrag macht die **Regelung der öffentlichen Lasten** (Erschließungskosten, Versorgungsanlagen) Schwierigkeiten. Regelmäßig sind die Kosten für diese Ersterschließung (auch diese Abgrenzung ist schwierig) im Kaufpreis enthalten. Der Verkäufer verspricht, daß diese Kosten von ihm bezahlt sind oder werden (unabhängig von den Zufälligkeiten des § 436 Abs 1 BGB, s dazu Rdn 3180). Hat der Verkäufer sie nicht oder nicht vollständig bezahlt und gerät er dann in Vermögensverfall, so haftet der Käufer mit dem gekauften Objekt für diese Kosten, da sie als öffentliche Last auf dem Grundbesitz ruhen. Der Käufer läuft also Gefahr, in einem solchen Fall die Erschließungskosten zweimal zu zahlen, als Teil des Kaufpreises an den Verkäufer, als tatsächlichen Beitrag an die Gemeinde zur Abwendung der Zwangsvollstreckung. 3221

Sicherungsmaßnahmen sind hier schwierig; die Gemeinden sind zwar verpflichtet, verbindliche Auskünfte über bereits bezahlte Erschließungskosten, nicht jedoch über etwa noch künftig anfallende Beträge zu geben.[109] Mit einem Rückbehalt von Kaufpreisteilen ist der Verkäufer in der Regel nicht einverstanden.[110] Dennoch sollte die Fälligkeit zumindest der letzten Kaufpreisrate vom Nachweis der Zahlung oder Sicherstellung der vom Verkäufer aufzubringenden Erschließungs- und Anliegerkosten abhängig gemacht werden. In manchen Fällen wird mit einer Bankbürgschaft für die (geschätzten) Erschließungskosten gearbeitet, die der Gemeinde vom Bauträger ausgehändigt wird.[111]

b) Sachmängel

Eine zentrale Bedeutung haben beim Bauträgervertrag die Regelungen zur Herstellung des Bauwerks und für Sachmängel[112]. 3222

---

[107] Basty DNotZ 2002, 44 und Ergänzungen Rdn 131.
[108] BayObLG NotBZ 2002, 418 = ZNotP 2002, 485; OLG Köln RNotZ 2002, 238; LG Neubrandenburg NotBZ 2002, 424; Fabis ZfIR 2002, 177.
[109] Zur Anliegerbescheinigung vgl Grziwotz ZfIR 2002, 583.
[110] Ob dem Käufer ein Zurückbehaltungsrecht nach § 320 BGB wegen noch nicht abgerechneter Erschließungskosten zusteht, ist streitig; ablehnend Basty Rdn 577; dafür Grziwotz NotBZ 1999, 16; Brych/Pause Rdn 317.
[111] Vgl Brych DNotZ 1974, 418.
[112] Vgl hierzu allgemein Basty Rdn 678 und Ergänzungen Rdn 30 f; Reithmann/Meichsner/v Heymann, Kauf vom Bauträger, Teil B, Rdn 39 ff; F Schmidt und Eue Münchner Vertragshandbuch Bd 5/I Form 30 Anm 50; Pause NZBau 2003, 648 (654); Doerry ZfBR 1982, 189; Kanzleiter DNotZ 1987, 651; Grziwotz, NJW 1989, 193.

Das Schuldrechtsmodernisierungsgesetz hat wie beim Kaufvertrag auch beim Werkvertrag eine Pflicht des Bauträgers begründet, dem Besteller (Käufer) das Werk frei von Sach- und Rechtsmängeln zu verschaffen (§ 633 Abs 1 BGB).

3223 **aa) Maßstabe für das Vorliegen von Sachmängeln.** Ähnlich wie beim Kaufvertrag ist für die Frage, ob ein Sachmangel vorliegt oder nicht, in erster Linie die im Vertrag vereinbarte Beschaffenheit entscheidend. Diese ist beim Bauträgervertrag vor allem durch die Baubeschreibung und die Baupläne bestimmt. Sie sollen die Pflicht des Bauträgers möglichst genau festlegen; dies ist vor allem im Hinblick auf das neu eingeführte Transparenzgebot (§ 307 Abs 1 S 2 iVm Abs 3 S 2 BGB) bedeutsam. Auch wenn der Bauträgervertrag weitgehend Werkvertragsrecht unterliegt (s Rdn 3204), sollte klargestellt werden, daß durch die Verweisung auf die Baubeschreibung und die Baupläne etwaige Prospektangaben berichtigt werden (s § 434 Abs 1 S 3 BGB).[113] Zur Beurkundungspflicht von Baubeschreibung und Bauplänen s Rdn 3122. Auch die Einhaltung der allgemeinen Regeln der Technik und der Baukunst, ggf die Einhaltung der DIN-Vorschriften, sollte vertraglich vereinbart werden. Nach § 633 Abs 2 S 1 BGB führt jede Abweichung von der vereinbarten Beschaffenheit zu einem Sachmangel, auch wenn sie Wert und Tauglichkeit des Werkes nicht beeinträchtigt. Eine solche enge Beschaffenheitsvereinbarung soll der Baubeschreibung jedoch nach dem Willen der Beteiligten regelmäßig nicht zukommen, vielmehr ein Sachmangel nur vorliegen, wenn durch die Abweichung von der vereinbarten Beschaffenheit auch der Wert, die Funktionsfähigkeit und die vorausgesetzte oder gewöhnliche Eignung zur Verwendung beeinträchtigt sind; dies sollte auch in der Formulierung zum Ausdruck kommen.[114] Die Wohn- bzw Nutzfläche ist im Vertrag ggf über Verweisung auf die maßstäblichen Pläne[115] und unter Angabe der Berechnungsgrundlage (zB §§ 42–44 2. BerechnungsVO oder DIN 277) anzugeben; dabei kann auch im Formularvertrag die Hinnahme geringfügiger Abweichungen (bis zu 3%) wirksam vereinbart werden.[116]

3224 **bb) Art der Gewährleistung.** Für die Haftung für Sachmängel gilt beim Bauträgervertrag Werkvertragsrecht (s Rdn 3204). Nach § 634 BGB stehen dem „Käufer" zu
- der Anspruch auf Nacherfüllung,
- das Recht auf Selbstvornahme und auf Ersatz der erforderlichen Aufwendungen (Vorschuß),
- das Recht zurückzutreten oder die Vergütung zu mindern,
- das Recht, Schadensersatz, auch statt der Leistung oder statt der ganzen Leistung und Ersatz vergeblicher Aufwendungen zu verlangen.

---

[113] Zur Prospekthaftung bei Bauträger- und Bauherrenmodellen BGH DNotZ 2001, 360; vgl weiter Litzenburger RNotZ 2002, 23.
[114] S hierzu Basty Ergänzungen Rdn 48 (mit Muster); Litzenburger RNotZ 2002, 23.
[115] Zur Größenvereinbarung durch Verweisung auf den Aufteilungsplan s OLG Hamm NJW-RR 2002, 145.
[116] Basty Ergänzungen Rdn 63 empfiehlt als Beschaffenheitsvereinbarung die Mindestgröße zu vereinbaren, um nicht den Vorwurf einer unzulässigen Haftungsbeschränkung hervorzurufen; vgl weiter zu Wohn- und Nutzflächenangaben Blank ZfIR 2001, 781; Basty Rdn 700 ff; LG Dresden BauR 2000, 1886; LG Augsburg MittBayNot 1997, 167 (Toleranz nur 1%).

L. Besonderheiten beim Kauf vom Bauträger

Im Formularvertrag/Verbrauchervertrag über neu zu errichtende Objekte[117] sind Einschränkungen dieser gesetzlichen Rechte und Ansprüche nur in sehr eingeschränktem Umfang zulässig. Unzulässig ist nach § 309 Nr 7 BGB ein Haftungsausschluß bei Verletzung von Leben, Körper, Gesundheit und bei Vorsatz oder grober Fahrlässigkeit.[118] Eine Beschränkung auf Nacherfüllungsansprüche ist unzulässig und unwirksam, sofern dem Erwerber nicht ausdrücklich das Recht vorbehalten wird, bei Fehlschlagen der Nacherfüllung zu mindern oder vom Vertrag zurückzutreten (§ 309 Nr 8 b, bb BGB). Ob das Recht auf Selbstvornahme (§ 634 Nr 2, § 637 BGB)[119] ausgeschlossen werden kann oder ob ein Ausschluß wesentlichen Grundlagen der werkvertraglichen Haftung (im Gegensatz zur kaufvertraglichen) widerspricht (§ 307 Abs 2 Nr 2 BGB) ist offen.[120] Aus dem Vertragscharakter des Bauträgervertrages dürfte auch zu schließen sein, daß ein vollständiger Ausschluß von Sachmängelansprüchen bzgl des Grund und Bodens (insoweit gilt Kaufrecht) unwirksam sein dürfte; zumindest Ansprüche wegen Mängeln, die sich auf die Bebaubarkeit und Nutzbarkeit des bebauten Grundstückes beziehen, können nicht wirksam ausgeschlossen werden.[121] Wenn der Bauträger auch bewegliche Gegenstände verkauft (zB Kücheneinrichtung), sind die Schranken des Verbrauchsgüterkaufs (§§ 474 ff BGB, s dazu Rdn 3148) zu beachten.

Bei einem Verkauf eines von Grund auf zu **sanierenden Altbaus** gelten bzgl der Sachmängelansprüche die gleichen Regeln wie beim Neubau.[121a] Lassen sich dagegen die zu erbringenden Renovierungsarbeiten von der Altbausubstanz trennen, in die nicht eingegriffen wird, so ist bzgl der Altbausubstanz eine Haftungsbeschränkung bzgl Sachmängeln entsprechend dem Verkauf gebrauchter Immobilien, vorbehaltlich § 309 Nr 7 BGB, zulässig[122]. 3225

Unzulässig und unwirksam ist schließlich nach § 309 Nr 8 b, aa BGB der Ausschluß der eigenen Haftung des Bauträgers für Sachmängel und Abtretung der Ansprüche gegen die am Bau Beteiligten, auch eine Abtretung mit subsidiärer Haftung des Bauträgers, ohne Rücksicht darauf, ob die Haftung 3226

---

[117] Nach BGH DNotZ 1982, 125 und 626; BGH DNotZ 1985, 622 = NJW 1985, 1551 ist ein Objekt sogar zwei Jahre nach Fertigstellung noch neu. Zur speziellen Problematik von sog Nachzüglerfällen, dh Bauträgerverträgen über Wohnungen, die erst ein oder zwei Jahre nach Fertigstellung und Abnahme des Gemeinschaftseigentums verkauft worden sind, s Basty Rdn 714 ff und Ergänzungen Rdn 75; Kanzleiter DNotZ 1987, 651 (655); Klump NJW 1993, 372; Gutachten DNotI-Report 1995, 205.

[118] Eine Begrenzung von Schadensersatzansprüchen wegen Mangelfolgeschäden auf Vorsatz und grobe Fahrlässigkeit dürfte – außer für § 309 Nr 7 BGB – zulässig sein, Aman/Brambring/Hertel S 252; zweifelnd vWestphalen NJW 2002, 12 (23).

[119] Der Ausschluß des Rücktrittsrechtes ist in Bauträger-AGB unwirksam nach BGH DNotZ 2002, 215, da der Bauträgervertrag nicht (lediglich) eine Bauleistung zum Gegenstand hat. Damit ist die frühere Streitfrage über die Zulässigkeit eines solchen Ausschlusses (früher: Wandlung) für die Praxis entschieden.

[120] Für Abdingbarkeit Litzenburger RNotZ 2002, 23.

[121] Vgl Basty Rdn 694; Brych/Pause Rdn 511.

[121a] OLG Hamm NJW-RR 2002, 415.

[122] Gutachten DNotI-Report 2001, 77; Amann/Brambring/Hertel, Vertragspraxis S 253 f; zum Problem der Gewährleistung beim Verkauf von renovierten Altbauten Gebhardt MittBayNot 1977, 102; Brambring NJW 1987, 103; Kanzleiter DNotZ 1987, 651 (668); BGH 100, 391 = DNotZ 1987, 681 = NJW-RR 1987, 1046; OLG Frankfurt MittBayNot 1984, 248 = NJW 1984, 2586.

des Bauträgers die vorherige gerichtliche Inanspruchnahme Dritter voraussetzt oder nicht[123]. Vom AGB-Recht her unbedenklich ist dagegen die zusätzliche „Sicherungsabtretung" der dem Bauträger gegen Dritte zustehenden Ansprüche an den Käufer, bei der der Bauträger zunächst weiterhin zur Durchsetzung dieser Ansprüche ermächtigt bleibt und die Abtretung der Ansprüche erst wirksam wird, wenn der Bauträger mit seinen entsprechenden Verpflichtungen in Verzug ist und ihnen trotz schriftlicher Aufforderung mit angemessener Frist nicht nachkommt[124]. Ob dies in der Praxis bei finanziellem Zusammenbruch des Bauträgers dem Käufer durch direkte Ansprüche gegen die am Bau Beteiligten etwas bringt, ist allerdings zweifelhaft, da die Baubeteiligten in der Krise meist noch offene Forderungen gegen den Verkäufer erworben haben und deswegen nach § 404 BGB Leistungsverweigerungsrechte gegen die Sachmängelansprüche erheben werden[125].

3227 § 309 Nr 8 b ff BGB enthält schließlich das Verbot, die gesetzliche 5-jährige Frist für die Verjährung der Mängelansprüche nach § 634 a Nr 2 BGB zu verkürzen. Diese gesetzliche Verjährungsfrist kann im Bauträgervertrag auch nicht durch die der VOB ersetzt werden[126]. Auch eine Verkürzung der Verjährung der Mängelansprüche bezogen auf die einzelnen Teile des Bauwerkes, zB Bodenbeläge, „Verschleißteile", Schalter, Dichtungen, Brennerteile, Düsen usw, ist unwirksam[127].

Die vorstehenden Beschränkungen der vertraglichen Regelungen gelten auch für den Verkauf im Falle der Insolvenz des Bauträgers durch dessen Insolvenzverwalter[128].

6. Weitere Fragen beim Bauträgervertrag

3228 Die §§ 307–309 BGB haben auch für weitere Probleme des Bauträgervertrages Bedeutung:
– § 308 Nr 3: keine willkürlichen Rücktrittsrechte (zB daß eine bestimmte Zahl von Wohnungen bis zu einem bestimmten Termin verkauft ist[129]),

---

[123] So nunmehr BGH DNotZ 2002, 857 = NJW 2002, 2470 = ZfIR 2002, 631 mit Anm Blank; in ähnlicher Richtung gehen bereits BGH MittBayNot 1995, 376 = WM 1995, 988; BGH MittBayNot 1998, 246 = MittRhNotK 1998, 89. Zur Verlängerung der Verjährungsfrist für Sachmängel zulasten des Bauträgers durch eine solche Abtretung BGH DNotZ 1982, 210 und 122.
[124] So der Vorschlag von Basty Rdn 693; Kutter Beck'sches Notarhandbuch A II Rdn 107.
[125] Feuerborn ZIP 1994, 14 weist zu Recht darauf hin, daß in der Bauträgerinsolvenz der Insolvenzverwalter Gewährleistungsansprüche des Bauträgers gegen die Handwerker nicht an den Käufer abtreten muß und auch nicht darf; er kann vielmehr die weitere Erfüllung der Verträge mit den Handwerkern ablehnen (§ 102 InsO). Bei Insolvenz des Bauträgers geht die Abtretung seiner Ansprüche gegen Bauhandwerker ins Leere, da diese mit Insolvenzeröffnung erlöschen, wenn noch keine Seite vollständig erfüllt hat, vgl BGH 106, 236 = NJW 1979, 1282; BGH 116, 156 = NJW 1992, 507; von BGH DNotZ 2002, 648 nur in der Begründung, nicht im Ergebnis korrigiert.
[126] BGH 96, 129 = DNotZ 1986, 17; BGH DNotZ 1987, 684; Reithmann/Meichssner/vHeymann B Rdn 45 und O Rdn 5; Basty Rdn 731 ff.
[127] Pauker MittBayNot 1987, 121 (123); Basty Rdn 722 f; Gutachten DNotI-Report 1996, 129; aA – unrichtig –, Grziwotz NJW 1989, 193; Brych ZfBR 1989, 237.
[128] Vgl Basty Rdn 739 f; Ulmer/Brandtner/Hensen Rdn 8 zu § 11 Nr 10 AGBG; aA Kanzleiter DNotZ 1987, 651.
[129] Basty Rdn 230.

L. Besonderheiten beim Kauf vom Bauträger

- § 308 Nr 4: Verbot von Änderungen der versprochenen Leistungen – wichtig für Bauausführung –; neben der Zumutbarkeit des § 308 Nr 4 BGB sollte im Hinblick auf die EG-Richtlinie 93/13 vom 5. 4. 1993 Buchstabe k des Anhangs zu Artikel 3 Abs 3 vereinbart werden, daß zusätzlich für die Änderung ein triftiger Grund vorliegen muß[130],
- § 308 Nr 5: Verbot, die Nichtteilnahme des Käufers beim Abnahmetermin als mangelfreie Abnahme des Bauwerkes (§ 640 BGB) zu bewerten, wenn nicht die in § 308 Nr 5 genannten Bedingungen eingehalten wurden.
- § 308 Nr 7: Verbot unangemessen hoher Nutzungsentschädigung bzw Aufwendungsersatz),[131]
- § 309 Nr 1: Verbot von Preisanpassungsklauseln, insbesondere in der Form, daß sich nach Baubeginn ab einem bestimmten Termin der Preis um einen Prozentsatz gemäß der dann geltenden Preisliste des Unternehmers ändert,[132]
- § 309 Nr 4: Verbot vom Erfordernis der Mahnung oder Nachfristsetzung abzusehen.

Im Bereich des § 307 Abs 2 BGB sind zu erwähnen **3229**
- Verbot von Vorleistungen (s Rdn 3209),[133]
- Verbot einer obligatorischen Schiedsgutachterklausel ohne ausdrücklichen Rechtswegvorbehalt für Sachmängel,[134]
- das Verbot, unter Nichtkaufleuten mündlichen Erklärungen die Wirksamkeit zu versagen,[135]
- auch Vereinbarungen, daß die Abnahme des Gemeinschaftseigentums durch vom Verkäufer bestimmte Personen (von Verkäufer berufener WEG-Verwalter oder vom Verkäufer bestimmter Sachverständiger) mit Wirkung für den Käufer erfolgt oder entsprechende unwiderrufliche (oder verdrängende) Vollmachten begegnen erheblichen Bedenken[136] (keine Bedenken bei neutralen Personen, zB von der IHK bestimmte Sachverständige, Verwaltungsbeirat).[137]
- Gegen Vollmachten des Käufers für den Bauträger, die Teilungserklärung unbeschränkt zu ändern, dürften nach § 308 Nr 4 BGB Bedenken bestehen.[138] Das Grundbuchamt ist bei solchen Vollmachten auf die Prüfung offensichtlicher Unwirksamkeitsgründe beschränkt; solche liegen nicht vor, wenn für

---

[130] Basty DNotZ 2002, 567 ff.
[131] Pauschalierter Schadensersatz und Vertragsstrafe auch nach § 309 Nr 5 und 6 (früher § 11 Nr 5 und 6 AGBG) unwirksam, vgl BGH DNotZ 1985, 298 und DNotI-Report 1996, 184; OLG Hamm BB 1986, 1464.
[132] BGH NJW 1985, 2270.
[133] OLG Köln NJW 1991, 301.
[134] BGH BB 1992, 90 = MittBayNot 1992, 188; Blank ZNotP 1998, 311.
[135] BGH BB 1986, 1047.
[136] Wie hier F Schmidt und Eue, Münchner Vertragshandbuch, Bd 5/1 Form 31 Anm 32 (6); Brych/Pause Rdn 437.
[137] Bedenken wegen Verstoß gegen Art 1 Abs 1 S 1 RBerG äußert Basty in Krüger/Brambring, Immobilienrecht (2002); Basty und Vogel ZfIR 2002, 171 (175) unter Hinweis auf BGH 145, 265 = DNotZ 2001, 49 = NJW 2001, 70; BGH DNotZ 2003, 40. Vgl. auch DNotZ 2002, 51; Häublein DNotZ 2002, 608; aA Blank, Bauträgervertrag, Rdn 314.
[138] LG Düsseldorf Rpfleger 1999, 217. Vgl dazu auch Basty NotBZ 1999, 233.

die (im Außenverhältnis unbeschränkte) Vollmacht zur Änderung der Teilungserklärung im Innenverhältnis Bindungen vereinbart sind.[138a]

7. Das Bauherren-Modell

3230 Beim Bauherren-Modell werden die Verträge so gestaltet, daß der „Käufer" nur das Grundstück bzw einen Miteigentumsanteil (bei Eigentumswohnungen) kauft und dann selbst als „Bauherr" das Haus oder im Zusammenwirken mit den übrigen Miteigentümern die Eigentumswohnungen errichtet. Dies wiederum geschieht nicht durch die „Käufer" persönlich, sondern namens des „Bauherrn" durch Dritte (Treuhänder), die mit der Durchführung beauftragt werden. Das sog Bauherren-Modell (früher auch „Kölner Modell") hat inzwischen seine (vermeintlichen) Steuervorteile[139] verloren. Es wird heute meist verwendet, um Käuferschutzbestimmungen (§ 632a BGB; Raten nach MaBV) zu umgehen.

3231 Je nach konkreter Ausgestaltung des Bauvorhabens werden eine Reihe von Verträgen[140] mit zT unterschiedlichen Vertragsparteien geschlossen: der **Kaufvertrag** über das **Grundstück** (Grundstücksanteil bei Eigentumswohnungen), bei Eigentumswohnanlagen ein Vertrag über die **Gründung** einer **BGB-Innengesellschaft**,[141] in der sich die Bauherren verpflichten, durch gemeinschaftliches Zusammenwirken das Gebäude herzustellen, in Wohnungseigentum aufzuteilen, die einzelnen Wohnungseinheiten auf die Bauherren zu verteilen; weiter enthält der Gesellschaftsvertrag Regelungen über die Verteilung der Baukosten, die Art und Weise der Baudurchführung und ihrer Finanzierung sowie Sanktionen gegen Gesellschafter, die ihren Verpflichtungen nicht nachkommen; weiter werden abgeschlossen **Verträge über technische** und **wirtschaftliche Baubetreuung,** Verträge über die **Vermittlung** der **Finanzierung,** der späteren **Vermietung;** oft auch Verträge, mit denen **garantiert** wird
- die Schließung der Bauherrengemeinschaft zu einem bestimmten Zeitpunkt (Plazierungsgarantie), dh der Garant verspricht, notfalls selbst als Bauherr an der Erstellung mitzuwirken oder Schadensersatz zu leisten,
- die Fertigstellung des gesamten Bauvorhabens, dh daß auch alle anderen Bauherren bis zur Fertigstellung ihre Pflichten erfüllen,
- daß bestimmte Höchstpreise für das Gesamtobjekt oder für einzelne Kostenfaktoren (zB Zwischenfinanzierung) nicht überschritten werden,
- daß das Objekt nach Fertigstellung für eine bestimmte Miete vermietet wird.

Hinzu kommt – da der Bauherr alle diese Verträge nicht persönlich abschließt – ein Treuhandvertrag, mit dem er einen Treuhänder mit dem Ab-

---

[138a] BayObLG 2002, 296 = DNotZ 2003, 51 = NJW-RR 2002, 1669 = Rpfleger 2003, 121; BayObLG RNotZ 2003, 183 = ZfIR 2003, 513; BayObLG ZfIR 2003, 517. Vgl hierzu weiter Basty DNotZ 2002, 567; Krause NotBZ 2001, 433 und 2002, 11.

[139] FinVerwErl BB 1986, 1282 (USt); FinVerwErl BB 1984, 324; BFH BB 1986, 774 (je zur GrESt); „Bauherren-Erlaß" des BMF v 31. 8. 1990 (BStBl I 366, ESt), je mit weit Nachw versagen dem Bauherren-Modell die steuerlichen Vorteile im Bereich GrESt und ESt.

[140] Zu den verschiedenen Arten von Bauherren-Modellen s Reithmann/Meichsner/vHeymann Teil D 58 ff; Wolfsteiner DNotZ 1979, 579; Lauer WM 1980, 786; vHeymann BB 1980 Beilage 12.

[141] Zum Inhalt dieses Gesellschaftsvertrages Wolfsteiner DNotZ 1979, 579; Maser NJW 1980, 961 (962).

L. Besonderheiten beim Kauf vom Bauträger

schluß dieser Verträge, uU auch mit der Abwicklung des Zahlungsverkehrs, beauftragt und bevollmächtigt.[142] Der Treuhandvertrag und die darin erteilte Vollmacht sind nichtig, wenn der Treuhänder nicht die Erlaubnis nach Art 1 § 1 Abs 1 RBerG besitzt.[143] Damit sind auch alle vom (unwirksam) Bevollmächtigten abgeschlossenen Rechtsgeschäfte nichtig, soweit nicht §§ 171, 172 BGB oder die Grundsätze der Anscheins- oder Duldungsvollmacht eingreifen.[143a] Da alle diese Vereinbarungen mit dem Grundstückserwerb in einem untrennbaren Zusammenhang stehen, diese Vereinbarungen ohne den Grundstückskauf und dieser nicht ohne diese Vereinbarungen abgeschlossen würde, sind sämtliche Vereinbarungen formbedürftig (Rdn 3110). Stets ist der Treuhandvertrag (Angebot und Annahme) mit seinem ganzen Inhalt, einschließlich Vollmacht,[144] beurkundungspflichtig, die Beurkundung (oder Beglaubigung) einer isolierten Vollmacht reicht nicht aus.[145] Ob und wie formnichtige Bauherren-Vollmachten „geheilt" werden können, ist streitig.[146]

---

[142] Bei getrennter Beurkundung des Treuhandvertrages ist es nach Auffassung der Landesnotarkammer Bayern in Übereinstimmung mit dem Bayerischen Justizministerium standeswidrig, wenn das Angebot des Treuhänders einheitlich vom „Zentralnotar" beurkundet wird, während die Bauherren das Angebot unter Vollmachterteilung bei ihrem (Orts-)Notar annehmen; bei diesem Verfahren sei die für den Bauherrn notwendige ausreichende Belehrung nicht gesichert; zustimmend BayObLG 1982, 292 = DNotZ 1984, 250; auch BayObLG DNotZ 1984, 515. Vgl jetzt dazu § 17 Abs 2a BeurkG.
Ein Angebot auf Abschluß eines Treuhandvertrages an alle (unbestimmten) Interessenten eines Bauherren-Objektes ist nicht möglich und daher unwirksam, Ludwig DNotZ 1982, 724; OLG Karlsruhe DNotZ 1988, 694 mit Anm Ludwig.
[143] BGH 145, 265 = aaO (Fußn 137); BGH DNotZ 2002, 51; BGH NJW 2003, 1252 = NotBZ 2003, 59; BGH NJW 2003, 2088 = ZNotP 2003, 265. Zum Vertrauensschutz für solche Vollmachten vgl BGH DNotZ 2002, 48 und DNotZ 2003, 40.
[143a] Vgl dazu BGH NJW 2003, 2091 = ZNotP 2003, 263; BGH DNotZ 2003, 40 = NJW 2003, 2325.
[144] Die im Treuhandvertrag enthaltene Finanzierungsvollmacht muß nach § 492 Abs 4 S 2 BGB nicht die in § 492 Abs 1, 2 BGB verlangten Angaben (früher § 4 Abs 1 S 4 Nr 1 **VerbrKrG**) enthalten, wenn sie notariell beurkundet ist (vgl hierzu Rdn 3535). Zur früheren Rechtslage s auch OLG Köln DNotZ 2000, 195 = MittRhNotK 1999, 379 mit Anm Rombach; OLG Stuttgart MittRhNotK 2000, 162; Volmer MittBayNot 1999, 346; Sauer BB 2000, 1793; aA LG Mannheim BB 1999, 2049 mit Anm Eckelmann; LG München WM 1999, 321; OLG München DNotZ 1999, 801 mit Anm Buchner. Das Widerrufsrecht bei Haustürgeschäften ist auf Rechtsgeschäfte, die mittels notariell beurkundeter Vollmacht (Haustürsituation bei Erteilung der Vollmacht, nicht aber bei Abschluß des Rechtsgeschäfts durch den Vertreter) nicht anwendbar, § 312 Abs 3 Nr 3 BGB, früher schon BGH MittRhNotK 2000, 287 = NJW 2000, 2268; nach Palandt/Heinrichs Rdn 28 zu § 312 BGB soll dies aber nicht bei Bauherrn- und Erwerbsmodellen gelten.
[145] BGH 101, 393 = DNotZ 1988, 547 = NJW 1988, 132; BGH NJW 1992, 3237; BGH NJW 1997, 312 (auch zur Frage, ob dann Grundsätze der Duldungsvollmacht eingreifen); BGH DNotZ 1985, 294 (auch zur Wirksamkeit einer formnichtigen isolierten Vollmacht auf Grund Rechtsschein, §§ 171–173 BGB, jedenfalls im Jahr 1979); BGH DNotZ 1980, 344 mit Anm Wolfsteiner; BGH DNotZ 1981, 115 = Rpfleger 1981, 95; Wolfsteiner DNotZ 1979, 579; Maser NJW 1980, 961 (963); Brych Betrieb 1979, 1589; vgl weiter Rdn 3110 Fußn 51; teilweise aA Greuner u Wagner NJW 1983, 193; Korte DNotZ 1984, 3, 82.
[146] Reithmann MittBayNot 1986, 229 plädiert für Heilung durch grundbuchamtlichen Vollzug der mit Hilfe der (formnichtigen) Vollmacht abgeschlossenen Geschäfte. Rich-

3232 Die dem Treuhänder oder Baubetreuer erteilten Vollmachten müssen zwangsläufig weitreichend sein; entsprechend groß ist die Gefahr des Vollmachtmißbrauchs. Der Bauherr sollte sich davon überzeugen, ob der Beauftragte entsprechende Haftpflichtversicherungen in ausreichender Höhe abgeschlossen hat. Darüber hinaus bestehen beim Bauherren-Modell für den „Erwerber" weitere, nicht unbeträchtliche **Risiken:**[147]

- Das **Baukosten**risiko, nämlich das Risiko, daß der Wohnraum nicht zum geplanten Preis hergestellt werden kann. Als unmittelbarer Vertragspartner der Bauhandwerker haftet er diesen direkt.[148] Eine gesamtschuldnerische Haftung des Bauherrn sollte stets ausgeschlossen sein,[149]
- das **Finanzierungs**risiko, dh daß die notwendigen Finanzierungsmittel nicht oder nicht zu den geplanten Konditionen erlangt werden können,
- das **Fertigstellungs**risiko, dh daß das Bauobjekt nicht in der versprochenen Form und Zeit hergestellt werden kann, sei es mangels Bauherren, mangelnder Leistungen der anderen Bauherren oder infolge behördlicher Auflagen,
- das **Sachmängel**risiko insoweit, als weder Treuhänder noch Baubetreuer hierfür haften, sondern der Bauherr sich direkt mit den am Bau Beteiligten auseinandersetzen muß, ggfs mit dem Generalunternehmer.

Entsprechende Garantien hängen in ihrem Wert nur von der Bonität des Garanten ab.

3233 Schließlich wird versucht, beim Bauherren-Modell den Vorschriften der MaBV zu entgehen, indem ein Treuhänder bestellt wird, der als Steuerberater, Rechtsanwalt, Wirtschaftsprüfer diesen Vorschriften nicht unterliegt, andererseits ein Baubetreuer vorhanden ist, für den, da er nicht über fremde Vermögenswerte verfügt, § 34c GewO ebenfalls nicht anwendbar ist.[150]

3233a Schließlich ist darauf zu achten, daß Zahlungen an Unternehmer, die Bauleistungen erbringen, nur fällig gestellt werden, wenn diese eine objektbezogene oder persönliche, nicht widerrufene Freistellungsbescheinigung nach § 48b Abs 1 EStG vorgelegt haben. Dies ist nötig, um das Risiko des Bauherrn, der mehr als 2 Wohnungen vermietet (§ 48 Abs 1 S 2 EStG), für nicht abgeführte Umsatzsteuer zu haften, zu vermeiden[151] (§ 48a Abs 3 S 1 EStG).

---

tiger dürfte es sein, auf Rechtsscheinregeln zurückzugreifen, vgl BGH DNotZ 1985, 294; BGH DNotZ 1988, 551 = NJW 1988, 697; BGH NJW 1997, 312; jetzt auch BGH DNotZ 2002, 48 und DNotZ 2003, 40 sowie NJW 2003, 2091 = aaO; ähnlich auch Doerry WM 1991 Beil 8, S 9.

[147] Eine gute Zusammenstellung bringt das bei der Landesnotarkammer Bayern, Ottostr. 10, 80333 München erhältliche Merkblatt für die Gestaltung von Verträgen beim Bauherrenmodell (Stand 1. 8. 1982).

[148] BGH MittBayNot 1977, 12 = WM 1977, 57; BGH DNotZ 1981, 26 = NJW 1980, 992.

[149] BGH MDR 1979, 1014 = NJW 1979, 2101; BGH DNotZ 1981, 26 = aaO; BGH DNotZ 2002, 805 (dieser Ausschluß gesamtschuldnerischer Haftung ist bei Bauherrengemeinschaften nach BGH 142, 315 und BGH 146, 341 weiter zulässig).

[150] Maser NJW 1980, 961 (964); nach Reithmann BB 1984, 681 (683) unterliegt der Basistreuhänder der MaBV. Zur Frage, ob der Bauherr, vertreten durch den Treuhänder, „Verwender" von AGB ist, s Brych BB 1985, 158 und BGH MittBayNot 1985, 185 = NJW 1985, 2477.

[151] S hierzu Rdn 3220a mit Fußn 105. Zur Frage, ob die Nicht-Anfrage über Internet beim Bundesamt für Finanzen oder schriftlich beim Finanzamt, das die Bescheinigung ausgestellt hat, über einen evtl Widerruf der Bescheinigung bereits grobe Fahrlässigkeit

L. Besonderheiten beim Kauf vom Bauträger

Der **Notar,** der solche Verträge im Rahmen eines Bauherrenmodells beurkundet, muß über diese Risiken deutlich **belehren.** 3234

8. Das Generalübernehmer-Modell

Eine weitere Vertrags-Variante bildet das sog Generalübernehmermodell.[152] 3235
Der Bauträger erwirbt nicht mehr ein Grundstück, um es zu bebauen und zu veräußern. Er läßt sich das Grundstück nur an die Hand geben, meist in Form eines befristeten Angebots des Grundstückseigentümers an den Bauträger und/oder an von diesem benannte Dritte (vgl Rdn 905 ff). Hat der Bauträger Interessenten gefunden, benennt er sie als Angebotsempfänger und diese nehmen das Angebot ganz, in Miteigentumsbruchteilen oder hinsichtlich Teilflächen an. Daneben schließen Bauträger und Interessent einen Generalübernehmervertrag, in dem die schlüsselfertige Erstellung des Objekts versprochen wird. Häufig gibt der Interessent auch nur ein Angebot auf Abschluß des Generalübernehmervertrags ab und bevollmächtigt den Bauträger, mit Annahme des Werklieferungsvertrags auch den Grundstückskaufvertrag anzunehmen.

Dieses Modell bringt zwar dem Bauträger den Vorteil, daß er das Risiko des Grunderwerbs vermeidet und erst baut, wenn vertraglich gebundene Interessenten vorhanden sind. Für den Grundstückseigentümer, den „Bauherrn" und für die Vertragsgestaltung sind jedoch erhebliche Risiken und Probleme mit diesem Modell verbunden.

Der Grundstücksverkäufer wird regelmäßig darauf Wert legen, daß bei einem Verkauf des Grundstücks in mehreren Parzellen oder Miteigentumsanteilen der gesamte Kaufpreis sichergestellt sein muß, damit er nicht auf einem Bruchteil seines Grundstücks sitzen bleibt. Dies wird am besten dadurch erreicht, daß die Annahme nur mit gleichzeitiger vollständiger Hinterlegung des Kaufpreises erfolgen kann (notfalls Eintrittspflicht des Bauträgers).

Beurkundungsrechtlich stellt sich die Frage, ob Grundstückskaufvertrag und 3235 a
Generalübernehmervertrag nach § 311 b Abs 1 BGB beurkundet werden müssen (s dazu Rdn 3120 a). Ob für diese Modelle die MaBV gilt, richtet sich nach den Umständen des Einzelfalles:[153] In den in Rdn 3235 genannten Angebotsfällen ist die MaBV jedenfalls dann nicht anwendbar, wenn das Eigentum am Grundstück lediglich nach Zahlung des Grundstückskaufpreises übergeht (also nicht von der Zahlung des Werklohns abhängt) und der Werkvertrag erst wirksam wird (Bedingung), wenn der lastenfreie Grunderwerb gesichert ist;[154] denn dieser Fall ist genauso zu beurteilen, wie wenn ein Eigentümer einen Generalunternehmer auf seinem Grundstück bauen läßt, wofür die MaBV nicht gilt. Sind dagegen beide Verträge in der Weise unter-

---

iS des § 48 a Abs 3 S 3 EStG bedeutet, s BMF-Schreiben vom 27. 12. 2002, IV A 5 –
S 2272 – 1/02, BStBl I 366 = RNotZ 2003, 72 = ZfIR 2003, 125, Rdn 74.
[152] So die treffende Terminologie Reithmanns WM 1987, 61; dazu weiter Koeble NJW
1992, 1142; Reithmann NJW 1992, 649.
[153] Vgl dazu Gutachten DNotI-Report 1995, 133.
[154] OLG München MittBayNot 1998, 434 mit Anm Basty (S 419); Marcks Rdn 5 zu
§ 3 MaBV; Rdn 46 ff zu § 34 c GewO; Reithmann/Meichssner/vHeymann D 45 ff;
Koeble NJW 1992, 1142; aA Warda MittBayNot 1988, 1 = MittRhNotK 1987, 173;
Schulze und Hagen BauR 1992, 320.

einander verknüpft, daß die Eigentumsumschreibung auf den Käufer auch von der weitgehenden Zahlung des Werklohnes abhängt oder daß Grundstücksverkäufer und Generalunternehmer (Generalübernehmer) personell verflochten sind (nahestehende Personen, „Tochter"- oder „Schwester"-Unternehmen, verbundene Unternehmen), so stellt sich die Aufspaltung als „verdecktes Bauherrenmodell" dar; die MaBV ist in diesen Fällen anwendbar.[155] Eine Aufspaltung ohne Beachtung der MaBV ist als Umgehungsgeschäft nichtig[156] (§ 134 BGB). Aber auch dort, wo die MaBV nicht anwendbar ist, liegt die entsprechende Anwendung der MaBV lediglich auf den Werkvertrag nahe: Keine Fälligkeit des Kaufpreises vor Rechtswirksamkeit des Kaufvertrages, Bildung der Wohnungsgrundbücher, rangrichtiger Eintragung der Auflassungsvormerkung, Sicherung der Lastenfreistellung und Vorliegen der Baugenehmigung, dazu Ratenzahlung entsprechend Baufortschritt[157] (§ 632a S 1, § 307 Abs 2 BGB mit § 3 Abs 2 MaBV als Orientierungshilfe).

AGB-Vorschriften (§§ 307 ff BGB) sind dagegen auf den Generalübernehmervertrag regelmäßig anwendbar, auch das daraus von der Rechtsprechung entwickelte Verbot der Gewährleistung für Baumängel nach VOB (Rdn 3227). Wird in der Form von Angeboten gearbeitet, ist eindringlich auf die jeweils nur einseitig bestehende Bindung des Anbietenden hinzuweisen.

Da der „Erwerber" beim Generalübernehmermodell möglicherweise „Bauherr" ist, muß, soweit nicht Eigennutzung erfolgt oder weniger als 3 Objekte vermietet werden, auf die Bauabzugsteuer und die Vorlage von Freistellungsbescheinigungen (§§ 48 ff EStG) als Fälligkeitsvoraussetzung geachtet werden (s Rdn 3223a).

9. Geschlossene Immobilien-Fonds

3235b Erhebliche Bedeutung hat – meist aus steuerlichen Gründen – der Immobilienerwerb in der Rechtsform der Beteiligung an sog geschlossenen Immobilienfonds,[158] dh an Personengesellschaften (BGB-Gesellschaft, KG), die ihrerseits die Immobilie (meist Gewerbeobjekte wie Hotels, Einkaufszentren, Büro- und Verwaltungsgebäude, Sanatorien, Altersheime) erwirbt, bebaut, vermietet und verwaltet. Der Anleger ist hier nur gesamthänderischer (Mit-)Eigentümer der Immobilien, oft sogar nur als Treugeber über einen Treuhänder, der im Außenverhältnis im Grundbuch als (Mit-)Eigentümer eingetragen ist.

Der Gestaltung des Gesellschaftsvertrages, der in ihm enthaltenen Befugnisse der Geschäftsführung und dem Treuhandvertrag kommen bei diesen Gestaltungsformen zentrale Bedeutung zu.[159] Mit der Beteiligung an einer solchen

---

[155] Basty Rdn 67; Reithmann/Meichssner/vHeymann, D 49 ff; Warda, Schulze/Hagen, Gutachten DNotI-Report, je aaO; Bauträger-Merkblatt der Landesnotarkammer Bayern vom 1. 8. 1997, Teil B, abgedruckt Basty, S 449 und Reithmann/Meichssner/vHeymann, S 654.
[156] Bauträger-Merkblatt Landesnotarkammer Bayern aaO.
[157] Reithmann/Meichssner/vHeymann D 47.
[158] Den Gegensatz bildet die Beteiligung an offenen Immobilien-Fonds, die als Kapitalgesellschaften den strengen Regeln des Gesetzes über Kapitalanlagegesellschaften (KAGG) in der Neufassung vom 9. 9. 1998 (BGBl I 2726) unterliegen.
[159] Vgl hierzu die im Rundschreiben der Rheinischen Notarkammer vom 10. 3. 1994 (abgedruckt bei Reithmann/Meichssner/vHeymann, Seite 676) detailliert aufgeführten Mindestanforderungen.

Personengesellschaft sind für den Anleger erhebliche Risiken verbunden. Bei Beteiligung an einer KG sollte wegen § 176 Abs 1 und 2 HGB unbedingt darauf geachtet werden, daß im Außenverhältnis der Beitritt des Anlegers erst wirksam wird mit Eintragung der Gesellschaft und des Anlegers als Kommanditist im Handelsregister. Bei Beteiligung an einer BGB-Gesellschaft wirkt eine im Gesellschaftsvertrag vereinbarte Beschränkung der Haftung des Anlegers lediglich auf das Gesellschaftsvermögen nur, wenn sie in jedem Einzelvertrag mit Dritten entsprechend vereinbart ist;[160] sie wirkt nicht gegenüber gesetzlichen Ansprüchen gegen die Gesellschaft (zB Steueransprüche oder öffentlich-rechtliche Ansprüche, wie Beseitigungspflichten wegen Altlasten oder deliktische Ansprüche[161]). Ist im BGB-Gesellschaftsvertrag lediglich eine anteilige (quotale) Haftung des Anlegers vereinbart, besteht für ihn jederzeit das Risiko erheblicher Nachzahlungen, wenn das vorgesehene Kapital der Gesellschaft nicht voll-ständig gezeichnet wird, oder sonstige nicht vorhergesehene Kostenüberschreitungen eintreten.[162]

Zur Frage, ob die Gründung einer solchen Personengesellschaft, der Beitritt des Anlegers oder die Vollmacht an den Treuhänder, den Beitritt zu erklären, und der Wechsel von Gesellschaftern (Beteiligungsübertragung) beurkundungspflichtig sind, s Rdn 3103. Zur Unwirksamkeit einer Vollmacht zum Beitritt wegen Verstoß gegen das RBerG s Rdn 3231 mit Fußn 143, 143a.

M. Sonderfall des Grundstückskaufs gegen eine Rente

Literatur: Bomsdorf, Lebenserwartung und Kapitalwert einer lebenslänglichen Nutzung oder Leistung, BB 2002, 2582; Deissler, Kaufpreis auf Rentenbasis, BWNotZ 1976, 129; Hase, Risikobegrenzung bei der Kaufpreisverrentung, DNotZ 1961, 387; von Hertzberg, Sicherung von Geldleistungen bei Rentenkaufverträgen und Übertragungsverträgen über Grundstücke, MittRhNotK 1988, 55; Heubeck/Heubeck, Verrentung von Kaufpreisen – Kapitalisierung von Renten, DNotZ 1978, 643; Heubeck/Heubeck, Neue Rechnungsgrundlage bei Verrentung und Kapitalisierung, DNotZ 1985, 469, 606; Laux, Welche Vor- und Nachteile hat die Rückdeckung der Verpflichtung aus einem Kaufvertrag auf Rentenbasis? Betrieb 1961, 1593; Petzoldt, Geschäfts- und Grundstücksveräußerung auf Rentenbasis, 7. Aufl 1994; Ripfel, Zur Eintreibbarkeit der Rente bei Verkauf auf Rentenbasis, DNotZ 1969, 84; Röll, Grundstücksverkauf gegen lebenslängliche Rente, DNotZ 1961, 391; Schneider/Schlund/Haas, Kapitalisierungs- und Verrentungstabellen, 2. Aufl 1992; Schmitz-Valckenberg, Sicherungsmöglichkeiten bei Rentenkaufverträgen über Grundstücke, MittRhNotK 1963, 466.

1. Allgemeine Fragen

Von der Möglichkeit, ein Grundstück gegen Einräumung einer Rente durch den Käufer zu verkaufen, wird Gebrauch gemacht, weil der Verkäufer zur

3236

---

[160] Dies kann trotz BGH 142, 315 = DNotZ 2000, 135 = MittRhNotK 1999, 353 mit Anm Heil (S 337) = NJW 1999, 3483 auch im Wege allgemeiner Geschäftsbedingungen geschehen, BGH DNotZ 2002, 805. Vgl dazu Wälzholz MittBayNot 2003, 35.
[161] BGH NJW 2003, 1445.
[162] Eine Übersicht über diese und weitere Risiken der Beteiligung in dieser Rechtsform im Rundschreiben der Rheinischen Notarkammer vom 1. 4. 1994 (aaO) sowie Reithmann/Meichssner/vHeymann, F Rdn 12, 14, 17, 43 ff.

Abgabe des Grundstücks oft nur bereit ist, wenn er auf diese Weise eine (wenigstens teilweise) **Sicherung seiner künftigen Versorgung** erreichen kann. Oft spielt zusätzlich die Erfahrung herein, daß Rentenverpflichtungen bei der Währungsreform 1948 in voller Höhe auf DM umgestellt worden sind (§ 18 Abs 1 UmStG). Die Vereinbarung einer Rente kann aber ihren Grund auch in den **wirtschaftlichen Verhältnissen** des Käufers haben. Dieser ist im Einzelfalle nicht in der Lage, den Grundstückskaufpreis sofort voll aufzubringen, er will ihn vielmehr „ratenweise" abtragen. Zu unterscheiden ist, wenn der Kaufpreis in längerfristigen Teilen bezahlt werden soll, zwischen
- einer bloßen **Ratenzahlung** mit oder ohne Zinsen.[1] Steuerrechtlich sind bei längerfristig gestundeten Kaufpreisteilen (fiktive) Zinsanteile zu versteuern, auch wenn eine Verzinsung ausgeschlossen ist,[2]
- einer **Rentenzahlung**, die meist auf Lebenszeit eines oder mehrerer Berechtigter (zB Ehegatten[3]), aber auch als bloße Zeitrente oder lebenslängliche Rente mit Mindestlaufzeit vereinbart werden kann,
- einer **dauernden Last** (§ 10 Abs 1 Nr 1a EStG), bei der jeder Vertragsteil Anspruch auf Änderung der Höhe der Leistung im Rahmen der (analogen) Anwendung des § 323 ZPO hat.[4] Infolge dieser Schwankungsmöglichkeit wird sie regelmäßig bei Vereinbarungen zwischen einander Fremden nicht infrage kommen.

Der Notar hat auf die zivilrechtlichen Unterschiede deutlich hinzuweisen; zur steuerlichen Belehrung ist er nicht verpflichtet; übernimmt er sie aber, muß sie richtig sein.

2. Risiko des Verkaufs auf Rentenbasis und seine Begrenzung

3237 Der Grundstücksverkauf gegen eine lebenslängliche Rente kann für Verkäufer und Käufer ein Risikogeschäft sein. Stirbt der Verkäufer bald nach Vertragsabschluß, hat der Käufer den Gewinn. Wird der Verkäufer dagegen sehr alt, muß der Käufer meist erheblich mehr zahlen als das Grundstück wert ist.

---

[1] Zur Abgrenzung zwischen Zinsen und verrentetem Kaufpreis s BGH DNotZ 1971, 186 = MDR 1971, 203.
[2] BFH BB 1975, 310; BFH BB 1975, 356; vgl dazu auch (kritisch) Kalmes BB 1991, 1609.
[3] In diesem Fall liegt eine Zuwendung (uU unentgeltlich, ErbStG) zwischen den Ehegatten vor.
[4] Die dauernde Last wird bei unentgeltlichen Vermögensübertragungen gegen Versorgungsleistungen im Wege der vorweggenommenen Erbfolge oder auf Grund von Verfügungen von Todes wegen als voll abzugsfähige Sonderausgaben beim Verpflichteten anerkannt, wenn bei Übergabe einer existenzsichernden und ausreichend ertragbringenden Wirtschaftseinheit (Typ I) die Abänderbarkeit der Leistung nicht ausgeschlossen ist; bei Übergabe einer existenzsichernden Wirtschaftseinheit ohne ausreichende Erträge (Typ II) sind die Renten nur dauernde Last, wenn sich die Abänderbarkeit durch ausdrückliche Bezugnahme auf § 323 ZPO oder auf andere Weise aus dem Vertrag ergibt; vgl dazu BMF-Schreiben vom 26. 8. 2002 zur einkommensteuerlichen Behandlung von wiederkehrenden Leistungen bei der Übertragung von Privat- oder Betriebsvermögen, BStBl 2002 I 893 = ZEV 2002, 450 mit weiteren Einzelheiten; die Anerkennung einer dauernden Last bei Typ II wird verneint im Vorlagebeschluß des X. Senats des BFH BB 2000, 338 = MittBayNot 2000, 253 = MittRhNotK 2000, 127; dazu Reich DNotI-Report 2000, 42; Weimer MittRhNotK 2000, 114. Vgl weiter umfassend Fischer, Wiederkehrende Bezüge und Leistungen, 1994.

M. Sonderfall des Grundstückskaufs gegen eine Rente

Um ein derartiges Risiko zu **mindern**, gibt es vielfältige Möglichkeiten, zB daß nur ein Teil des Kaufpreises als Rente zu leisten ist, der andere Teil sofort. Es kann auch vereinbart werden, daß sich die Rente ermäßigt, wenn der Verkäufer ein bestimmtes Lebensalter erreicht hat oder wenn einer der verkaufenden Eheleute stirbt. Andererseits besteht die Möglichkeit festzulegen, daß beim Tode des Verkäufers innerhalb einer bestimmten Zahl von Jahren nach Kaufabschluß der Käufer noch eine bestimmte Ausgleichszahlung an die Erben des Verkäufers zu leisten hat.

Ganz läßt sich das Risiko beim Grundstücksverkauf gegen Rente kaum ausschließen. Es kann allerdings durch Ausnützung der **Versicherungsform** der lebenslänglichen Leibrente mit Prämienrückgewähr im Todesfall für den Käufer noch weiter gemindert werden. Hier wird im Rahmen des Rückdeckungsvertrages parallel zur Rentenzahlung aus dem Kaufvertrag ein Kapital angespart, das nach Ablauf der Beitragszeit die Rentenzahlung übernimmt. In diesem Zeitpunkt kann der Käufer seine Rentenzahlung einstellen. An seine Stelle tritt die Versicherungsgesellschaft.[5] Da der Rentenverpflichtete das Risiko eines sehr hohen Alters des Berechtigten nicht wie eine Lebensversicherung nach dem Gesetz der großen Zahl verteilen kann, ist an diese Absicherung stets zu denken.

3238

3. Rentenhöhe

Auch dann, wenn ein Grundstück gegen eine Rente verkauft wird, müssen sich Verkäufer und Käufer erst darüber einigen, **welchen Gegenwartswert** – heutigen Verkehrswert – sie für das Grundstück festlegen wollen. Erst dann können sie feststellen, welcher Jahresbetrag für die Rente in Frage kommen kann.

3239

4. Einfluß des Lebensalters des Verkäufers

Das Lebensalter des Verkäufers hat für die Bemessung der Rente wesentliche Bedeutung. Es muß eine Überlebens- bzw Sterbewahrscheinlichkeit für den Rentenberechtigten für die Zukunft angenommen werden. Dies geschieht durch Rückgriff auf statistische Erhebungen für die Gesamtbevölkerung oder einzelne Personengruppen. Es liegen vor die **allgemeinen Sterbetafeln** des Statistischen Bundesamts für die Bundesrepublik Deutschland, zuletzt aufgestellt für 1986/1988,[6] und die abgekürzte Sterbetafel 1997/99.[7] Schließlich werden auch für die steuerliche Bewertung von Pensionsverpflichtungen die Richttafeln von Dr. Klaus Heubeck[8] verwendet.

3240

---

[5] Wegen Einzelheiten mit Berechnungsbeispielen über diese Versicherungsart s Hase DNotZ 1961, 387, Betrieb 1961, 1413 und Betrieb 1961 Nr 49 Beil 18/61, ferner Laux Betrieb 1961, 1593.
[6] Die neue „Allgemeine Sterbetafel" wurde nach Vorliegen der Ergebnisse der Volkszählung 1986–1988 aufgestellt.
[7] Statistisches Bundesamt (2001): Sterbetafel 1997/99 (Mitteilung; diese auch abgedr in Stöber ZVG [17. Aufl] S 1592); vgl dazu Bomsdorf BB 2002, 2582.
[8] Heubeck/Heubeck DNotZ 1985, 469 und 606 sowie DNotZ 1996, 761. Vgl auch Heubeck/Heubeck DNotZ 1978, 643, die die durchschnittliche Lebenserwartung nach den verschiedenen Tabellen instruktiv gegenüberstellen (646).

4. Teil. I. Grundstückskauf

5. Verrentungstabellen

3241 Die Verrentung eines bestimmten Kaufpreises erfolgt nach mathematischen Grundsätzen in der Weise, daß der Kapitalbetrag des Kaufpreises auf die während der erwarteten Lebensdauer des Berechtigten (entsprechend der gewählten Sterbetafeln, s Rdn 3240) anfallenden Raten unter Berücksichtigung der darin liegenden Stundung und einer angemessenen Verzinsung (vielfach 5 oder 5$^{1}/_{2}$%) verteilt wird. Durch den Zinszuwachs wird der Gesamtbetrag der Renten höher als das Kapital. Maßgebend für die Verrentung ist auch die Zahlungsweise der Rente, ob jährlich, halbjährlich, vierteljährlich oder monatlich, ob im Voraus oder ob nachträglich. Wertsicherungsvereinbarungen müssen bei der Errechnung der Rente ebenfalls berücksichtigt werden; dies geschieht, da Abzinsung und Dynamik gegenläufig wirken, durch deren Berücksichtigung im Rechnungszins.[9] Dabei ist zu berücksichtigen, daß der **Kapitalmarktzins** bereits eine Wertsicherung enthält, da er die (erwartete oder tatsächliche) Inflationsrate enthält. Der **Realzins** ergibt sich dagegen aus dem Kapitalmarktzins abzüglich der Inflationsrate. Wird der Verrentung ein hoher, dem Kapitalmarktzins nahe kommender Rechnungszins zugrunde gelegt und diese Rente noch wertgesichert, liegt wirtschaftlich eine doppelte Wertsicherung vor. Mit den nachfolgenden Tabellen kann sowohl der Kapitalwert (Barwert) einer Rente als auch der Jahresrentenbetrag eines zu verrentenden Kaufpreises ermittelt werden. Die Formel lautet für die Ermittlung des Kapitalwerts (Barwertes) einer Rente:

Barwert = Jahresrente × Abfindungsfaktor.

Für die Verrentung von Kapitalbeträgen wird die Formel umgestellt:

Jahresrente = Barwert (Kapital) : Abfindungsfaktor.

Die folgende Tabelle[10] zeigt – beispielhaft – den Abfindungsfaktor, ausgehend von der Allgemeinen Deutschen **Sterbetafel 1997/99**[11], getrennt nach Männern und Frauen, unter Berücksichtigung eines Rechnungszinses von 4%, 5%, 5,5% und 6%, für eine **lebenslängliche monatliche vorschüssig** zu zahlende Rente.[12] Stets ist zunächst das versicherungsmathematische Alter[13] festzustellen.

---

[9] Heubeck/Heubeck DNotZ 1978, 643 (651) und DNotZ 1985, 606.
[10] Arnau/Janssen/Pahlkötter VersR 2001, 953; weitere Tabellen bei Schneider/Schlund/Haas, Kapitalisierungs- und Verrentungstabellen, Nr 1, 21, 301, 321, 601, 621. Weitere Tabellen mit Rechnungszinssätzen von –1% bis 8% sind veröffentlicht bei Heubeck-Heubeck DNotZ 1985, 606; sie gehen von den Richttafeln Dr. Klaus Heubeck aus.
[11] Die Verwendung neuerer Sterbetafeln hat allerdings deutlichen Einfluß auf die Verrentung wegen der gestiegenen Lebenserwartung, vgl Bomsdorf BB 2001, 2582.
[12] Umfassendste Tabellen mit Berechnungsbeispielen und Erläuterungen der versicherungsmathematischen Grundlagen auf dem Stand der Sterbetafel 1986/88 bieten Schneider-Schlund-Haas, Kapitalisierungs- und Verrentungstabellen, 2. Aufl 1992.
[13] Abrundung, wenn x Jahre und weniger als 6 Monate; Aufrundung, wenn x Jahre und 6 oder mehr Monate, so Schneider/Schlund/Haas, aaO, Abschnitt I Rdn 37ff.

M. Sonderfall des Grundstückskaufs gegen eine Rente

Alter	4%		5%		5,5%		6%	
	M	F	M	F	M	F	M	F
30	20,630	21,665	17,761	18,472	16,576	17,170	15,525	16,024
31	20,453	21,519	17,639	18,377	16,474	17,092	15,439	15,959
32	20,269	21,367	17,512	18,276	16,367	17,010	15,349	15,892
33	20,080	21,210	17,379	18,172	16,255	16,924	15,254	15,821
34	19,883	21,048	17,240	18,063	16,138	16,834	15,154	15,746
35	19,681	20,880	17,096	17,950	16,015	16,741	15,049	15,668
36	19,471	20,708	16,946	17,832	15,887	16,643	14,940	15,586
37	19,258	20,529	16,792	17,710	15,755	16,541	14,827	15,501
38	19,037	20,345	16,632	17,583	15,618	16,435	14,708	15,412
39	18,809	20,156	16,465	17,451	15,474	16,324	14,584	15,318
40	18,577	19,960	16,293	17,314	15,326	16,208	14,455	15,220
41	18,338	19,759	16,116	17,172	15,173	16,088	14,322	15,118
42	18,093	19,552	15,933	17,025	15,014	15,963	14,183	15,012
43	17,843	19,338	15,746	16,872	14,850	15,833	14,040	14,901
44	17,588	19,121	15,553	16,716	14,682	15,700	13,893	14,787
45	17,325	18,895	15,353	16,552	14,506	15,560	13,738	14,666
46	17,058	18,664	15,148	16,383	14,326	15,414	13,579	14,541
47	16,783	18,425	14,936	16,208	14,139	15,263	13,414	14,410
48	16,500	18,180	14,717	16,026	13,945	15,106	13,241	14,274
49	16,211	17,928	14,491	15,839	13,744	14,944	13,063	14,132
50	15,915	17,669	14,257	15,644	13,536	14,774	12,877	13,984
51	15,614	17,403	14,020	15,443	13,324	14,598	12,686	13,830
52	15,306	17,129	13,773	15,234	13,103	14,415	12,488	13,670
53	14,993	16,848	13,523	15,018	12,878	14,225	12,285	13,502
54	14,673	16,559	13,265	14,795	12,645	14,029	12,075	13,328
55	14,349	16,261	13,002	14,563	12,408	13,823	11,859	13,145
56	14,020	15,956	12,733	14,323	12,163	13,610	11,637	12,956
57	13,681	15,640	12,454	14,074	11,910	13,387	11,406	12,756
58	13,340	15,316	12,172	13,816	11,652	13,157	11,171	12,549
59	12,991	14,982	11,881	13,548	11,387	12,915	10,927	12,332
60	12,641	14,640	11,588	13,271	11,117	12,666	10,679	12,107
61	12,286	14,292	11,289	12,988	10,842	12,410	10,426	11,874
62	11,930	13,933	10,988	12,694	10,564	12,143	10,168	11,632
63	11,576	13,569	10,686	12,394	10,285	11,869	9,910	11,382
64	11,219	13,199	10,381	12,086	10,003	11,588	9,648	11,125
65	10,862	12,822	10,074	11,771	9,717	11,300	9,382	10,860
66	10,505	12,438	9,765	11,449	9,429	11,003	9,114	10,587
67	10,147	12,049	9,454	11,119	9,139	10,699	8,842	10,306
68	9,796	11,654	9,148	10,782	8,852	10,387	8,574	10,017
69	9,449	11,256	8,845	10,441	8,568	10,071	8,306	9,723
70	9,101	10,852	8,539	10,092	8,280	9,746	8,036	9,420
71	8,749	10,444	8,227	9,738	7,987	9,416	7,759	9,111
72	8,397	10,034	7,914	9,380	7,690	9,080	7,479	8,797
73	8,045	9,625	7,598	9,020	7,392	8,743	7,195	8,480
74	7,693	9,210	7,282	8,653	7,091	8,397	6,910	8,154
75	7,348	8,796	6,970	8,286	6,794	8,050	6,627	7,826
76	7,012	8,386	6,665	7,919	6,504	7,703	6,350	7,497
77	6,677	7,980	6,361	7,555	6,213	7,357	6,071	7,168
78	6,369	7,588	6,079	7,200	5,943	7,020	5,813	6,847
79	6,055	7,196	5,790	6,845	5,666	6,681	5,548	6,524

4. Teil. I. Grundstückskauf

Alter	4%		5%		5,5%		6%	
	M	F	M	F	M	F	M	F
80	5,752	6,807	5,512	6,490	5,399	6,342	5,290	6,200
81	5,436	6,411	5,219	6,127	5,116	5,993	5,018	5,856
82	5,144	6,038	4,947	5,782	4,854	5,662	4,764	5,547
83	4,874	5,687	4,695	5,459	4,611	5,351	4,529	5,247
84	4,621	5,347	4,459	5,143	4,382	5,047	4,307	4,954
85	4,387	5,023	4,239	4,841	4,168	4,755	4,100	4,671
86	4,166	4,709	4,031	4,547	3,967	4,470	3,905	4,395
87	3,962	4,407	3,839	4,263	3,780	4,194	3,723	4,128
88	3,779	4,128	3,666	4,001	3,612	3,940	3,560	3,881
89	3,618	3,872	3,515	3,758	3,465	3,704	3,417	3,652
90	3,502	3,637	3,405	3,536	3,359	3,488	3,315	3,441

Berechnungs**beispiel**: Ist der männliche Verkäufer 60 Jahre alt und ist ein heutiger Grundstückswert von 200 000 € festgelegt worden, so ist nach vorstehender Tabelle bei einem Rechnungszins von 5,5% eine jährliche Rente 200 000 : 11,117 = 17 990 € (monatlich 1499) € zu entrichten.
Ist Verkäufer eine Frau, so beträgt die Jahresrente im gleichen Fall 200 000 : 12,666 = 15 790 € (monatlich rund 1315 €).

3242 Handelt es sich bei den Rentenberechtigten (Verkäufern) um Eheleute, so sind bei einer bis zum Tode des **zuerst** versterbenden Ehegatten (also nicht etwa darüber hinaus) voll zu zahlenden regelmäßig wiederkehrenden Geldrente spezielle **Verrentungstabelle für verbundene Leben**[14] zu verwenden.
Der Notar sollte zurückhaltend mit eigenen Verrentungsvorschlägen sein und die Beteiligten auf die Einschaltung unabhängiger Versicherungsmathematiker verweisen.

6. Wertsicherungsklauseln für Grundstücks-Renten

3243 Bei langfristig vereinbarten Rentenzahlungen besteht meist ein Interesse an der Sicherung der Kaufkraft der Rente. Der Notar sollte im Rahmen der ihm obliegenden (§ 17 BeurkG) Pflicht, den Willen der Beteiligten zu erforschen und den Sachverhalt zu klären, stets ermitteln, ob eine Form der Wertsicherung gewünscht wird,[15] dabei aber auch den Verpflichteten auf die Beziehung von Rechnungszins und Wertsicherung hinweisen (s Rdn 3241).

7. Sicherstellung einer Kaufvertrags-Rente

3244 Für die Sicherstellung einer in einem Kaufvertrag zugunsten des Verkäufers vereinbarten lebenslänglichen Rente kommt in erster Linie die **Reallast** (§§ 1105 ff BGB; Rdn 1285 ff) in Betracht. Die Formulierung „Zur Sicherung der vorstehend begründeten Rentenzahlungsverpflichtung bewilligt der Käufer und beantragt der Verkäufer die Eintragung einer Reallast" bedeutet, daß das dingliche Recht **neben** der schuldrechtlichen (§ 759 BGB) Verpflichtung begründet wird; veräußert der Käufer das belastete Grundstück weiter, haftet

---
[14] Schneider/Schlund/Haas, aaO, Tabellen 366, 372, 376 (auf der Grundlage der Sterbetafel 1986/88).
[15] BGH BB 1959, 1079 und 1964, 1322; Reithmann DNotZ 1960, 172, 193.

M. Sonderfall des Grundstückskaufs gegen eine Rente

in diesem Fall der neue Eigentümer auf Grund der Reallast (§ 1108 BGB), der seinerzeitige Käufer aber weiter aus seiner schuldrechtlichen Verpflichtung, soweit er vom Berechtigten hieraus nicht entlassen wurde.

Die Reallast sichert bei einer Rente mit Wertsicherung deren jeweilige Höhe, da die Geldleistung nur bestimmbar sein muß. Eine solche Bestimmbarkeit fehlt aber bei einem Leistungsvorbehalt, bei dem die Obergrenze der Belastung nicht bestimmbar ist (Rdn 1297e), oder bei Vereinbarung einer dauernden Last. S zur Bestimmbarkeit der Reallast im einzelnen Rdn 1297 ff sowie Rdn 1305. 3245

Diese Randnummer ist entfallen. 3246

Eine vom Käufer nach dem Tode des Verkäufers etwa an dessen Erben zu erbringende **einmalige Ausgleichsleistung** kann nicht durch Reallast gesichert werden, da sie eine Kapitalzahlung darstellt.[16] Hier kommt zunächst Eintragung einer **Grundschuld** (§ 1191 BGB) oder einer **Höchstbetragshypothek** (§ 1190 BGB) in Frage. Da im Grundbuch aber der Gläubiger des Rechts anzugeben ist (§ 1115 BGB), hat dies allerdings zur Voraussetzung, daß die Erben bei Eintragung des Grundpfandrechts bereits namentlich bezeichnet werden können. Ist die Rente nach dem Tode des zunächst Berechtigten noch für eine bestimmte Zeit an seine Abkömmlinge **weiterzuzahlen**, so kann eine für den Verkäufer durch seinen Tod auflösende bedingte und für die Abkömmlinge[17] aufschiebend bedingte und befristete Reallast vereinbart werden. Zumindest kann sich der Käufer bereits im Kaufvertrag verpflichten, für die Erben des Verkäufers nach dessen Tod unverzüglich eine Reallast zu bestellen, der dann allerdings die inzwischen eingetragenen Belastungen im Range vorgehen. 3247

Wegen sonstiger Sicherungsmöglichkeiten s Rdn 3282. 3248

Dem Käufer erschwert natürlich die Eintragung einer Reallast oder eines Grundpfandrechtes zur Sicherung der dem Verkäufer (bzw auch noch seinen Rechtsnachfolgern) zustehenden Rente die Möglichkeit, das gekaufte Grundstück zur Sicherung eigener Kreditbedürfnisse zu verwenden. Auf die Einräumung eines Rangvorbehalts für weitere Grundpfandrechte des Käufers bei Bestellung der Reallast oder eines nachträglichen Rangrücktritt der Reallast hinter solche Grundpfandrechte wird sich aber der Verkäufer meist nicht einlassen. Der Notar hat über die Rechtsfolgen solcher Vorrangeinräumungen deutlich zu belehren. 3249

8. Rechtslage bei Nichtzahlung der Rente

Hat sich der Käufer im notariellen Kaufvertrag wegen seiner Verpflichtung zur Rentenzahlung der **sofortigen Zwangsvollstreckung** unterworfen (§ 794 Abs 1 Nr 5 ZPO), so kann der Verkäufer gegen ihn bei Nichtzahlung der Rente die Zwangsvollstreckung einleiten, ohne vorher Klage erheben zu müssen. Die Unterwerfung ist auch wegen der Ansprüche aus der Reallast zulässig, allerdings nicht mit dinglicher Wirkung gegen den jeweiligen Grundstückseigentümer (§ 800 ZPO; Rdn 1304). Hat sich aber der Käufer 3250

---

[16] OLG Köln DNotZ 1991, 807 = Rpfleger 1991, 200; anders demgegenüber jedoch AG Schwandorf Rpfleger 1991, 149 (für einmalige Kapitalzahlung bei Verzug); s bereits Rdn 1316 Fußn 94.
[17] Zu deren Bezeichnung s OLG Oldenburg DNotZ 1968, 308.

hinsichtlich der Reallast der sofortigen Zwangsvollstreckung unterworfen, so kann die Umschreibung des Vollstreckungstitels auf den Rechtsnachfolger erfolgen (§§ 727, 325 ZPO). Ob für Erhöhungen der Rente auf Grund Wertsicherungsklausel eine Zwangsvollstreckungsunterwerfung **zulässig** ist, ist streitig. Für Geldforderungen, die nach einem Kostenindex des Statistischen Bundesamts wertgesichert sind, soll eine Zwangsvollstreckungsunterwerfung ausreichend bestimmt und damit zulässig nach § 794 Abs 1 Nr 5 ZPO sein.[18]

3251 Nach früher hM in der Rechtsprechung[19] steht dem Verkäufer bei Nichtzahlung der einzelnen Rentenbeträge kein gesetzliches Rücktrittsrecht (§ 323; früher § 326 BGB) zu, da das Leibrentenversprechen bereits durch die Einräumung des Rentenstammrechts erfüllt sei; als Ausweg werden uU Bereicherungsansprüche wegen Nichteintritt des mit der Leistung (Veräußerung) bezweckten Erfolgs oder Anfechtung wegen Irrtums über die Zahlungsunfähigkeit oder -unwilligkeit des Schuldners gesucht.[20] Nunmehr wird, wenn nach dem Vertragsinhalt nicht das Leibrentenversprechen als solches, sondern vor allem die Verpflichtung zur Zahlung der einzelnen Raten als Gegenleistung gewollt ist (wann sollte das nicht der Fall sein?), bei Nichtzahlung der einzelnen Raten das gesetzliche Rücktrittsrecht nach § 323 (früher § 326) BGB gewährt.[21] Zur Vermeidung aller Schwierigkeiten sollte der Notar bei Vertragsformulierung klären, ob ein Rücktrittsrecht bei Verzug mit Rentenleistungen vertraglich vereinbart, in den Rechtsfolgen ausgestaltet (siehe jetzt § 346 BGB nF) und ggfs durch Vormerkung gesichert werden soll.[22]

3252 Nicht rechtzeitig gezahlte Rentenbeträge sind vom Fälligkeitszeitpunkt an für das Jahr mit fünf Prozentpunkten über dem Basiszinssatz zu **verzinsen** (§ 288 BGB).

3253 Die Ansprüche auf rückständige Rentenbeträge **verjähren** regelmäßig in 3 Jahren gemäß §§ 199, 197 Abs 2 BGB, längstens in 10 Jahren (§ 199 Abs 3 S 1 Nr 1 BGB).

---

[18] BGH DNotZ 1995, 770 (in einem obiter dictum); LG Göttingen NdsRpfl 1971, 208; OLG Düsseldorf NJW 1971, 437; Wolfsteiner, Die vollstreckbare Urkunde, Rdn 26.1 ff, 27.2 ff; Zöller/Stöber Rdn 26 zu § 794 ZPO; Geitner u Pulte Rpfleger 1980, 93; vHertzberg MittRhNotK 1988, 55 (61); Müller-Frank MittRhNotK 1975, 355; Gutachten DNotI-Report 1996, 1; aA BGH 22, 54 = DNotZ 1957, 200; OLG Nürnberg DNotZ 1957, 665 mit krit Anm Hieber; Mes NJW 1973, 875 mit Nachw und Röll DNotZ 1960, 196. Vgl auch LG Essen MittBayNot 1972, 226; Magis MittRhNotK 1979, 111 (122); Mümmler Rpfleger 1971, 124.

[19] RG 106, 93; OLG Hamburg MDR 1964, 414; Palandt/Sprau Rdn 4, Soergel/Mormann Vorbem 4, je zu § 759 BGB; aA Staudinger/Amann Rdn 26 Vorbem vor § 759; MünchKomm/Pecher Rdn 24 zu § 759 BGB mit weit Nachw.

[20] RG 106, 93 (96 ff); BGH BWNotZ 1961, 220; weitere Nachweise bei MünchKomm/Pecher Rdn 24 zu § 759 BGB.

[21] BGH NJW-RR 1991, 1035; BGH DNotZ 1992, 297; OLG Celle NJW-RR 1990, 1490.

[22] Vgl dazu Langenfeld BWNotZ 1976, 12; vHertzberg MittRhNotK 1988, 55 (66).

N. Wertsicherungsklauseln

Literatur: v Heynitz, Zur Euroeinführung – Ein neues deutsches Sonderrecht für Wertsicherungsvereinbarungen, MittBayNot 1998, 398; Kluge, Wertsicherungsklauseln in der notariellen Praxis, MittRhNotK 2000, 409; Limmer, Wertsicherungsklauseln und die Neuregelung durch das Euro-Einführungsgesetz, ZNotP 1999, 148; Reul, Die Umstellung von Wertsicherungsklauseln auf den Verbraucherpreisindex für Deutschland auf der Basis 2000 = 100, DNotZ 2003, 92; Schmidt-Räntsch, Wertsicherungsklauseln nach dem Euro-Einführungsgesetz, NJW 1998, 3166; Vogler Indexierungsverbot nach § 2 Preisangaben- und Preisklauselgesetz, NJW 1999, 1236.
Zum alten Recht (§ 3 WährG): Dürkes/Feller, Wertsicherungsklauseln, 10. Aufl 1992; K. Schmidt in Staudinger (1997), Vorbem zu § 244 BGB.

1. Vom Währungsgesetz zum Preisklauselgesetz

Wird bei Grundstücksveräußerungsverträgen vom Erwerber die Zahlung von Geld versprochen, so stellt sich bei längerfristig vereinbarten Zahlungen das Problem, wie die Kaufkraft der versprochenen Geldleistung über die Zeit gesichert werden kann. Dies geschieht durch Preisanpassungsklauseln verschiedenster Art. 3254

Bis zum 31. 12. 1998 setzte § 3 S 2 WährG solchen Preisanpassungsklauseln im Interesse der Geldwertstabilität Grenzen; Einzelheiten 11. Auflage Rdn 3254 ff. Im Zuge des Inkrafttretens der Europäischen Währungsunion durch Einführung des Euro (siehe dazu Rdn 4300 ff) ist die Kompetenz zum Schutz der Geldwertstabilität auf die Europäische Zentralbank und damit auf die europäische Gesetzgebung verlagert worden.

Durch Art 9 des Gesetzes zur Einführung des Euro (EuroEG) vom 9. 6. 1998 (BGBl I 1242) wurde daher der dem Schutz der Währung dienende § 3 WährG sowohl in seinem Satz 1 (Verbot des Eingehens von Fremdwährungsschulden) wie auch in seinem Satz 2 (Genehmigungsvorbehalt für Preisgleitklauseln) aufgehoben.

Im Gesetzgebungsverfahren zur Einführung des Euro wurde durch Schaffung des § 2 Preisangaben- und Preisklauselgesetz (PaPkG), eingeführt durch Art 9 § 4 EuroEG, vor allem aus psychologischen Gründen an dem in Deutschland bekannten Verbot mit Erlaubnisvorbehalt für Indexierungsklauseln festgehalten, um Ängsten in der Bevölkerung vor einer verminderten Geldwertstabilität zu begegnen.[1] Zweck des § 2 PaPkG und der auf ihm basierenden Preisklauselverordnung vom 23. 9. 1998 (BGBl I 3043; PrKV) ist nicht mehr die Erhaltung der Währungsstabilität, sondern der Schutz der Preisstabilität. Auch eine Verbraucherschutzfunktion wird diesen Rechtsvorschriften zugesprochen.[2]

Wie § 3 S 2 WährG sind § 2 PaPkG und PrKV als Ausnahmevorschriften zur Vertragsfreiheit eng auszulegen, wobei auf die Rechtsprechung zur Auslegung des § 3 S 2 WährG zurückgegriffen werden kann, soweit sich nicht aus PaPkG und PrKV selbst Abweichendes ergibt.

§ 2 PaPkG enthält keine Übergangsvorschriften; nach § 8 PrKV, der mangels entsprechender Ermächtigungsgrundlage im Gesetz nur deklaratorischen 3255

---

[1] Schmidt-Räntsch NJW 1998, 3166.
[2] BT-Drucks 13/10334 Seite 40 ff; Schmidt-Räntsch NJW 1998, 3166; Vogler NJW 1999, 1236.

Charakter hat, jedoch allgemeines **Übergangsrecht** ausdrückt, gilt für den Übergang vom Währungsgesetz zum § 2 PaPkG folgendes:
- Alle bis zum 31. 12. 1998 nach § 3 S 2 WährG genehmigten Wertsicherungsklauseln bleiben wirksam.
- Alle bis zum 31. 12. 1998 bestandkräftig von der Bundesbank abgelehnten Wertsicherungsklauseln bleiben unwirksam.
- Alle am 31. 12. 1998 noch nicht bestandkräftig beschiedenen Wertsicherungsklauseln, die ab 1. 1. 1999 noch gelten sollen, aber nach § 2 PaPkG nicht genehmigungsbedürftig sind (zB Bereichsausnahmen § 2 Abs 1 S 3 und 4 PaPkG oder § 4 PrKV entsprechende Wertsicherungsklauseln in gewerblichen Mietverträgen), werden mit Wegfall des WährG wirksam.
- Wertsicherungsklauseln, die am 31. 12. 1998 noch nicht bestandkräftig verbeschieden wurden und nach § 2 PaPkG und PrKV genehmigungspflichtig sind, waren von der nach WährG zuständigen Bundesbank (Landeszentralbank) an das nunmehr zuständige Bundesamt für Wirtschaft und Ausfuhrkontrolle (BAFA) abzugeben bzw. die Genehmigungsanträge dort zu stellen.[3]

2. Geltungsbereich des Indexierungsverbots mit Erlaubnisvorbehalt
(§ 2 PaPkG, Preisklauselverordnung)

3256 § 2 PaPkG enthält (wie bisher § 3 S 2 WährG) kein umfassendes Verbot von Preisanpassungsklauseln. Verboten sind nur Vereinbarungen, durch die Geldschulden
- **unmittelbar und selbständig** durch den Preis oder Wert von anderen Gütern und Leistungen bestimmt werden und
- die mit den vereinbarten Gütern oder Leistungen **nicht vergleichbar** sind (§ 2 Abs 1 S 1 PaPkG).

Gleitklauseln, bei denen die Höhe der geschuldeten Geldleistung unmittelbar und selbsttätig von einer Änderung der vorgesehenen Bezugsgröße abhängt, liegen vor, wenn Änderungen der Bezugsgröße zugleich zu einer entsprechenden Änderung der Geldleistung führen, ohne daß es für die Anpassung der Leistung einer zusätzlichen Tätigkeit der Vertragsteile bedarf. Ist ein solches Tätigwerden noch nötig, (zB schriftliche Geltendmachung der Veränderung) so ist streitig, ob eine solche Klausel vom Verbot des § 2 PaPkG erfaßt wird: Nach dem Wortlaut des Gesetzes („unmittelbar und selbsttätig") trifft dies nicht zu, dh die Klausel wäre – anders als noch § 3 S 2 WährG – ohne Genehmigung wirksam. Nach § 1 PrKV ist die Klausel ohne Genehmigung unwirksam, da bei Tätigwerden ohne Verhandlungs- und Ermessensspielraum kein Leistungsvorbehalt (siehe unten) vorliegt. Die Abgrenzung zwischen dem PaPkG unterliegenden verbotenen bzw genehmigungsbedürftigen und ohne Genehmigung wirksamen Preisanpassungsklauseln ist ausschließlich im Gesetz selbst festgelegt. Die vom Gesetz abweichende Definition der Genehmigungsfreiheit ist durch die Verordnungsermächtigung in § 2 Abs 2 PaPkG nicht gedeckt und kann daher nicht zu einer über das Gesetz hinausgehenden

---

[3] Schmidt-Räntsch NJW 1998, 3166; Vogler NJW 1999, 1236; Schultz NZM 1998, 905; vHeynitz MittBayNot 1998, 398; OLG Hamm OLG-Report 2000, 1 f; aA Bomhardt ZfIR 1998, 516 (519).

Unwirksamkeit führen.[4] Solange jedoch keine Rechtsprechung vorliegt, ist der Vertragspraxis zur Einholung einer Genehmigung bzw eines Negativattestes bei solchen Klauseln zu raten.

Für Preisanpassungsklauseln in Form eines **Leistungsvorbehalts** gilt § 2 PaPkG nicht; sie sind ohne Genehmigung wirksam. Ein Leistungsvorbehalt liegt vor, wenn eine Änderung der Bezugsgröße sich nur mittelbar auf die Geldschuld auswirkt, indem sie nur den Anlaß oder die Voraussetzung für die Änderung der Leistung bildet, deren Höhe alsdann auf Grund von Vereinbarungen der Entwicklung der Bezugsgröße angepaßt werden muß.[5] Dabei muß für die Neufestsetzung der Leistung der Höhe nach noch ein – wenn auch eingeschränkter – Verhandlungs(Ermessens)spielraum bestehen. Daß der Gläubiger des Anspruchs berechtigt ist, bei Änderung der Bezugsgröße die Höhe der Geldschuld neu festzulegen, ändert am Vorliegen eines (genehmigungsfreien) Leistungsvorbehalts dann nichts, wenn das Bestimmungsrecht des Gläubigers nach § 316 BGB durch das Erfordernis der Billigkeit begrenzt ist.[6] Eine Vereinbarung, daß die Rente „den im Zeitpunkt der Erfüllung herrschenden wirtschaftlichen Verhältnissen angepaßt werden soll" enthält keine genehmigungsbedürftige (automatische) Gleitklausel, sondern einen genehmigungsfreien Leistungsvorbehalt.[7]

3257

Nach Auffassung der früher zuständigen Deutschen Bundesbank (in einem Schreiben der LZB Bayern gegenüber der Landesnotarkammer Bayern vom 11. 4. 1995) führt die Kombination einer zulässigen Gleitklausel (Lebenshaltungskostenindex) mit einem (an sich nicht genehmigungsbedürftigem) Leistungsvorbehalt (dauernde Last) der Art, daß nur der Gläubiger letzteren in Anspruch nehmen kann oder der indexierte Betrag die Untergrenze der geschuldeten Leistung bildet, zu einer insgesamt nicht genehmigungsfähigen Wertsicherungsklausel (jetzt § 2 Abs 2 Nr 1 PrKV).[8] Dies ist abzulehnen: Was nicht genehmigungsbedürftig ist, kann keinen Einfluß auf die als solche genehmigungsfähige Klausel haben.

---

[4] Für Nichtanwendbarkeit des PaPkG: Schmidt-Räntsch NJW 1998, 3166; vHeynitz MittBayNot 1998, 398; Limmer ZNotP 1998, 148 (150); aA unter Berufung darauf, daß die Rechtsprechung des BGH zum Währungsgesetz festgeschrieben werden sollte: Vogler NJW 1999, 1236; Rademacher ZMR 1999, 218.
[5] BGH DNotZ 1968, 408, DNotZ 1969, 96, NJW 1969, 91 und WM 1968, 470 je mit zahlr Nachw; BGH DNotZ 1970, 744 = NJW 1970, 2103; OLG Hamm NJW-RR 1996, 268; Fögen BB 1967, 738 und Willms BB 1970, 197. Eine Vereinbarung, daß zu bestimmten Zeitpunkten der Erbbauzins neu festgesetzt werden darf, wenn der Grundstückseigentümer bei der vereinbarten Stelle darum nachsucht, enthält keinen Verstoß gegen § 3 WährG, BGH BB 1969, 977. Zur Rechtslage bei Vereinbarung mehrerer Vergleichsgrößen s OLG Hamburg BB 1967, 735 = MittBayNot 1967, 205. Vgl auch OLG Frankfurt OLGZ 1981, 96 dahin, daß die Veränderung der Bezugsgröße in eine Richtung nur bei ausdrücklicher Vereinbarung zu einer Abänderung der Leistung in entgegengesetzter Richtung führen kann.
[6] BGH BB 1964, 620; BGH DNotZ 1970, 744 = NJW 1970, 2103; OLG München BB 1982, 583.
[7] BGH DNotZ 1979, 19.
[8] Vgl dazu auch Schiller MittBayNot 1995, 340. Allerdings wird in Übergabeverträgen die Vereinbarung einer Rente, die sich nur an den Unterhaltsbedürfnissen des Veräußerers orientiert, nicht mehr als unangemessene Benachteiligung angesehen; Schreiben des BAFA an Landesnotarkammer Bayern v 22. 2. 1999 – III 6 – 3030.01.

3258 § 2 PaPkG gilt schließlich auch nicht für sog **Spannungsklauseln,** dh Vereinbarungen, durch die eine geschuldete Geldleistung in eine Abhängigkeit von Preis oder Wert von Gütern gesetzt wird, die mit der Gegenleistung, für die die Geldschuld zu entrichten ist, im wesentlichen gleichartig oder zumindest vergleichbar sind, § 1 Nr 2 PrKV.[9] Solche Spannungsklauseln werden vielfach bei Löhnen, Gehältern und Ruhegehältern in der Form verwendet, daß diese Leistungen ständig in einem bestimmten Verhältnis zu den Bezügen eines anderen Lohn-, Gehalts- oder Ruhegehaltsempfängers stehen sollen (gleicher Betrag, Vielfaches oder Bruchteil). Spannungsklauseln sind aber auch auf anderen Rechtsgebieten (Miet- und Pachtrecht, Grundstückskaufverträge, Erbbaurechtsverträge) möglich, vorausgesetzt, daß die Bezugsgröße mit der Gegenleistung gleichwertig oder vergleichbar, also nicht sach- oder artfremd ist. Beispiele für zulässige (nur bei gewerblichen Mietverhältnissen, s Rdn 3269) Spannungsklauseln: Mietzins soll sich der vergleichbaren Miete für Räume gleicher Art und Lage anpassen;[10] Kaufpreisrente ist an Ertragswert des Grundstücks ausgerichtet und soll ihm angepaßt werden.[11] Keine Spannungsklausel ist die Anpassung des Erbbauzinses an den Grundstücksverkehrswert.[12]

3259 Durch § 1 Nr 3 der PrKV ausdrücklich aus dem Anwendungsbereich des PaPkG herausgenommen sind auch **Kostenelementklauseln,** dh Klauseln, nach denen der geschuldete Betrag insoweit (also nur anteilig, wie dies dem Anteil des Kostenelements am Gesamtpreis entspricht)[13] von der Entwicklung der Preise oder Werte für Güter oder Leistungen abhängig gemacht wird, als diese die Selbstkosten des Gläubigers bei der Erbringung der Gegenleistung unmittelbar beeinflussen.

3260 Daneben sind **Indexierungsklauseln** generell in bestimmten Bereichen zulässig und wirksam, stehen also nicht unter Genehmigungsvorbehalt. Es sind dies
– **Vereinbarungen im Bereich des Geld- und Kapitalverkehrs** (§ 2 Abs 1 S 3 PaPkG), das sind Vorgänge des Rechtsverkehrs, bei denen Geld- und Kapitalwerte vergeben oder übertragen werden[14] Befreit sind daher Preisklauseln zB in Darlehensverträgen, soweit es sich nicht um Kreditverträge mit Verbrauchern im Sinne der §§ 491 ff BGB handelt (§ 6 PrKV); solche Klauseln (mit Verbrauchern, § 491 BGB) sind genehmigungspflichtig und genehmigungsfähig, wenn die Voraussetzung des § 2 PrKV erfüllt sind.[15]

---

[9] BGH 14, 306 = DNotZ 1954, 661 = NJW 1954, 1684; BGH BB 196 , 247; BGH NJW 1974, 273; BGH NJW 1976, 422; BGH DNotZ 1980, 85 NJW 1979, 1888; BGH BB 1983, 601 = DNotZ 1984, 174; BGH NJW-RR 1986, 877 = WM 1986, 912. Vgl auch Dürkes, Wertsicherungsklauseln (10. Aufl), D 5 ff.
[10] BGH BB 1960, 344; dagegen keine zulässige Spannungsklausel bei Bezugnahme auf andere Miete, die ihrerseits wertgesichert ist, BGH BB 1983, 601 = DNotZ 1984, 174.
[11] BGH DNotZ 1980, 85 = aaO (Fußn 9).
[12] BGH MittRhNotK 1979, 170 = NJW 1979, 1545.
[13] Limmer ZNotP 1998, 148 (150).
[14] vHeynitz, MittBayNot 1998, 398 (402).
[15] Solche Wertsicherungsvereinbarungen in Darlehensverträgen können auch im Rahmen der Bestellung von Grundpfandrechten Bedeutung gewinnen. Als Sicherung für solche sich ändernden Beträge steht jedoch nur die Höchstbetragshypothek oder die „Sicherungs"-Grundschuld zur Verfügung, die mit einem entsprechend hohen Betrag

N. Wertsicherungsklauseln

Auch Preisanpassungsklauseln in Verträgen über Veräußerung und Übertragung von Beteiligungen an Unternehmen, Kapitalgesellschaften, Personengesellschaften sind nicht der Genehmigungspflicht nach PaPkG unterworfen.[16]
- Alle Verträge von in Deutschland ansässigen Kaufleuten (auch sonstige Unternehmen wie Freiberufler und ähnliche) mit nicht in Deutschland ansässigen Vertragsparteien (§ 2 Abs 1 S 4 PaPkG) (**Bereich der Außenwirtschaft**)[17]
- Alle **Mietverträge über Wohnraum**, für die § 557b BGB eine abschließende Sonderregelung enthält; daher sind in Mietverträgen über Wohnraum auch Leistungsvorbehalte oder Spannungsklauseln unzulässig und unwirksam.[18]

Eine **teilweise Bereichsausnahme** gilt für **Erbbaurechtsverträge**: Zunächst sind § 46 SachenRBerG und § 4 Erholungsnutzungsrechtegesetz gegenüber § 2 PaPkG vorrangig, das PaPkG somit auf diese Vereinbarungen nicht anwendbar.[19]

Darüberhinaus unterliegen auch unmittelbar und selbsttätig wirkende Erbbauzinsanpassungsklauseln nicht dem PaPkG, wenn die Erbbauzinsreallast eine Laufzeit von mindestens 30 Jahren hat, § 1 Nr 4 PrKV. Dies gilt auch für die Änderung bereits bestehender Erbbauzinsreallasten, wenn diese Frist von der Restlaufzeit noch erreicht wird. Bei Neubestellung von Erbbaurechten gilt nicht nur die Genehmigungsfreiheit für Preisanpassungsklauseln des Erbbauzinses, sondern darüber hinaus auch eine Genehmigungsfreiheit für andere Preisanpassungsklauseln, die in Erbbaurechts**bestellungs**verträgen enthalten sind, zB wertgesicherte Entschädigungszahlungen für ein bereits bestehendes Bauwerk, das aufgrund des Erbbaurechts ins Eigentum des Erbbauberechtigten übergeht.[20] § 9a ErbbauVO ist allerdings trotz Genehmigungsfreiheit zu beachten.

Wird die Laufzeit von 30 Jahren bei Neubestellung oder bei Vereinbarung einer Änderung des Erbbauzinses nicht erreicht, gilt das Genehmigungserfordernis nach § 2 PaPkG und §§ 2 ff PrKV für solche Klauseln (Automatik-Klauseln) in vollem Umfang.

3. Die Genehmigungsgrundsätze nach Preisklauselverordnung

Die Grundsätze für die Genehmigungsfähigkeit von Indexklauseln sind in Anlehnung an die früheren Grundsätze der Deutschen Bundesbank in § 2 ff PrKV niedergelegt. Wie bisher sind Indexklauseln nicht genehmigungsfähig, wenn
- die Preisklausel nicht hinreichend bestimmt ist, also nicht von einem bestimmten Index, sondern nur allgemein von der künftigen Preisentwicklung

3261

3262

---

zur Absicherung des insoweit schwankenden Darlehensbetrages bestellt werden kann, vgl hierzu vHeynitz MittBayNot 1998, 398 (402).
[16] Vgl hierzu v Heynitz MittBayNot 1998, 398 (402).
[17] vHeynitz MittBayNot 1998, 398, 403.
[18] Schmidt-Räntsch NJW 1998, 3169; Limmer ZNotP 1999, 148 (153); Palandt/Weidenkaff Rdn 4 zu § 557b BGB.
[19] Schmidt-Räntsch NJW 1998, 3169; zweifelnd vHeynitz MittBayNot 1998, 398, 404: Genehmigung bzw Negativattest nach PaPkG einholen.
[20] vHeynitz MittBayNot 1998, 398, 403.

oder einem ähnlichen unbestimmten Maßstab abhängen sollen (§ 2 Abs 1 PrKV);
– wenn die Klausel eine unangemessene Benachteiligung einer Vertragspartei enthält, insbesondere eine Indexänderung nur zu einer Erhöhung der Geldleistungspflicht führt (Einseitigkeitsklausel) oder
– der geschuldete Betrag sich gegenüber der Entwicklung der Bezugsgröße überproportional ändern kann (zB eine Punktänderung des Indexes zu einer gleichlautenden Prozentänderung führt; Beispiel: Veränderung des Indexes von 120 Punkten auf 132 Punkte = Änderung um 10%, nicht um 12%).[21]

3263 § 3 PrKV stellt – wiederum in Anlehnung an die seinerzeitigen Grundsätze der Deutschen Bundesbank für die Genehmigung von Wertsicherungsklauseln (siehe 11. Auflage Rdn 3256) – für bestimmte Arten von Zahlungsvereinbarungen die Voraussetzungen für eine Genehmigungsfähigkeit im einzelnen dar. Es handelt sich um folgende Gruppen von Zahlungsverpflichtungen:

a) **Indexklauseln,** die an einen **Preisindex** anknüpfen (§ 3 Abs 1 PrKV). Sie müssen langfristig zu erbringen sein, dh bei wiederkehrenden Zahlungen auf Lebenszeit, bis zum Erreichen einer Erwerbsfähigkeit oder eines Ausbildungszieles oder zum Beginn der Altersversorgung oder für einen Zeitraum von mindestens 10 Jahren (§ 3 Abs 1 Nr 1 PrKV mit Einzelheiten) oder bei einmaligen Zahlungen, wenn sie aus Auseinandersetzungen oder Übernahmen im Sinne des § 3 Abs 1 Nr 2 PrKV herrühren und zwischen Begründung der Zahlungspflicht und der Endfälligkeit ein Zeitraum von mindestens 10 Jahren liegt oder die Zahlungen nach dem Tod eines Beteiligten zu erbringen sind.

3264 b) **Indexklauseln,** die von der **Entwicklung von Löhnen,** Gehältern, Ruhegehältern und Renten abhängig sind, wenn sie für die Lebenszeit, bis zum Erreichen der Erwerbsunfähigkeit oder eines bestimmten Ausbildungszieles oder bis zum Beginn der Altersversorgung des Empfängers zu erbringen sind (§ 3 Abs 2 PrKV).

3265 c) **Indexklauseln,** die abstellen auf die **Entwicklung der Preise** oder Werte für Güter oder Leistungen, die der Schuldner in seinem Betrieb erzeugt, veräußert oder erbringt, wenn es sich um wiederkehrende Zahlungen handelt, die für die Dauer von mindestens 10 Jahren, gerechnet vom Vertragsabschluß bis zur Fälligkeit der letzten Zahlung, oder aufgrund von Verträgen zu erbringen sind, bei denen der Gläubiger für die Dauer von mindestens 10 Jahren auf das Recht zur ordentlichen Kündigung verzichtet oder der Schuldner das Recht hat, die Vertragsdauer auf mindestens 10 Jahre zu verlängern (§ 3 Abs 3 PrKV) (betriebsbezogener Index).

3266 d) **Preisklauseln,** die auf die künftige Entwicklung des Preises oder Wertes von Grundstücken abstellen, wenn sich das Schuldverhältnis auf die land- oder forstwirtschaftliche Nutzung beschränkt und es sich um wiederkehrende Zahlungen handelt wie in vorst Buchst c dargestellt (§ 3 Abs 4 PrKV).

3267 e) § 3 Abs 5 PrKV läßt im Einzelfall eine Genehmigung auch zu, wenn **schutzwürdige Interessen** eines Beteiligten dies erfordern; aus Rechtsprechung und Literatur sind hierzu bis jetzt noch keine Beispiele bekannt.

---

[21] Limmer ZNotP 1999, 148, 150.

f) Schließlich können nach § 5 PrKV auch Preisklauseln genehmigt werden, wenn **besondere Gründe** des nationalen oder internationalen Wettbewerbs sie rechtfertigen. Diese Klausel ist zu sehen vor dem Hintergrund, daß andere Rechtsordnungen, in denen die deutsche Wirtschaft sich bewegen muß, solche Preisanpassungsklauseln nicht kennen. Mit dieser Norm sollen – im Einzelfall – Wettbewerbsnachteile vermieden werden. 3268

g) Für Preisklauseln in **Miet- und Pachtverträgen**, die nicht Wohnraum betreffen, enthält § 4 PrKV eine Genehmigungsfiktion, wenn die Mietzinsentwicklung vom einem der in § 4 Abs 1 Nr 1a bis c genannten Maßstäbe abhängt und das ordentliche Kündigungsrecht des Vermieters auf die Dauer von 10 Jahren nicht besteht oder der Mieter das Recht hat, die Vertragsdauer auf mindestens 10 Jahre zu verlängern. Entspricht die Indexklausel diesen Bedingungen, ist eine Einzelgenehmigung nicht erforderlich. In Zweifelsfällen allerdings sollte Genehmigung bzw Negativattest eingeholt werden. 3269

4. Genehmigungsverfahren

Nach § 2 Abs 2 Nr 3 PaPkG, § 7 PrKV ist zur Genehmigung von Wertsicherungsklauseln allein das **Bundesamt für Wirtschaft und Ausfuhrkontrolle** (BAFA), Postfach 5171, 67756 Eschborn/Taunus zuständige Genehmigungsbehörde. 3270

Jede Vertragspartei kann den Genehmigungs**antrag** stellen. Auf den einseitig gestellten Antrag einer Vertragspartei, die Genehmigung zu versagen, wird eine Sachentscheidung über den Antrag – mangels positivem Antrag – abgelehnt.[22]

Gegen den eine Genehmigung ablehnenden Bescheid kann Klage gegen die Bundesrepublik Deutschland, vertreten durch das Bundesministerium für Wirtschaft, dieses vertreten durch das Bundesamt für Wirtschaft und Ausfuhrkontrolle, beim Verwaltungsgericht Berlin nach den Vorschriften der VwGO erhoben werden. Rechtsmittelbelehrung erfolgt bei Zustellung des ablehnenden Bescheids. Eine Klage auf Rücknahme der Genehmigung einer Wertsicherungsklausel ist unzulässig.[23]

5. Vorgehen in Zweifelsfällen

In zweifelhaften Fällen sollte beim BAFA stets Antrag auf Erteilung der Genehmigung bzw. eines Negativattestes gestellt werden. Ob solche Negativatteste allerdings für die einen Rechtsstreit der Vertragsparteien entscheidende, Zivilgerichte bindend sind, ist streitig. Für § 3 S 2 WährG hat die Rechtsprechung jedenfalls im Ergebnis einer solchen Äußerung der zur Sicherung der Währung bestimmten Stelle (Deutsche Bundesbank) auch für den Zivilrechtsstreit der Parteien letztlich bindende Wirkung zugemessen.[24] Ob dies gegenüber § 2 PaPkG und PrKV noch zutrifft, ist bisher nicht geklärt; da die jetzige Norm neben stabilitätspolitischen auch Verbraucherinteressen schützen soll 3271

---

[22] Fögen BB 1964, 1015.
[23] OVG Münster DNotZ 1965, 472.
[24] In diesem Sinne s BGH NJW 1951, 645 und BB 1951, 376; Fögen BB 1964, 1016; Szagunn BB 1955, 969; aA LG Duisburg MDR 1961, 324; LG Hamburg BB 1964, 944. S zur Frage auch Dürkes MDR 1961, 283.

(§ 2 Abs 1 PrKV), könnte dies zweifelhaft sein.[25] Wenn in echten Zweifelsfällen anstelle eines Negativattestes eine (vorsorgliche) Genehmigung des BAW beantragt und erteilt wird, erwächst der Genehmigungsbescheid in Rechtskraft und entfaltet Bindungswirkung, auch wenn (möglicherweise) eine Genehmigung nicht erforderlich gewesen wäre.

6. Rechtswirkung der Genehmigung und deren Versagung

3272 Genehmigungsbedürftige Preisanpassungsklauseln sind, solange sie nicht genehmigt sind, schwebend unwirksam. Mit Erteilung der Genehmigung, die auch nachträglich erfolgen kann, wird die Preisanpassungsklausel ex tunc wirksam. Ist die Genehmigung einer genehmigungsbedürftigen Wertsicherungsklausel bestandskräftig abgelehnt, so ist die Klausel nichtig. In diesem Fall sind die Vertragsparteien nach § 242 BGB auch ohne ausdrückliche vertragliche Klausel verpflichtet, die unwirksame Klausel durch eine genehmigungsfähige oder auch eine genehmigungsfreie Preisanpassungsklausel zu ersetzen;[26] dies geschieht in erster Linie im Wege der ergänzenden Vertragsauslegung und, wo dies nicht denkbar erscheint, durch entsprechende Verpflichtung zur Änderung.[27] Erst wenn beide Möglichkeiten nicht zu Zuge kommen, beurteilt sich das Schicksal des restlichen Vertrages nach § 139 BGB. Für die Praxis empfiehlt es sich, in Zweifelsfällen eine entsprechende salvatorische Klausel zu vereinbaren.

7. Preisanpassungsklauseln bei Notar und Grundbuchamt

3273 Aus den vorgenannten Gründen – grundsätzlich keine Unwirksamkeit der übrigen Vertragsbestimmungen – hat das Grundbuchamt regelmäßig das Vorliegen einer Genehmigung bzw Negativattestes durch das BAW bei Preisanpassungsklauseln nicht zu prüfen. Eine Ausnahme hiervon gilt für die Eintragung von Reallasten, auch Erbbauzinsreallasten, wenn diese (dinglichen) Zahlungsverpflichtungen eine genehmigungsbedürftige Preisanpassungsklausel enthalten; in diesem Fall ist das beantragte dingliche Recht nur wirksam, wenn die entsprechende Genehmigung vorliegt oder mit der im Grundbuchverkehr erforderlichen Klarheit eine genehmigungsfreie Preisanpassungsklausel vereinbart ist, soweit eine solche überhaupt zum Inhalt des dinglichen Rechtes gemacht werden kann, vgl. dazu Rdn 1298 ff.
Der Notar hat auf das Genehmigungserfordernis nach § 2 PaPKG hinzuweisen, auch wenn Zweifel hieran bestehen (§ 18 BeurkG).

8. Wertsicherungsklauseln der Vertragspraxis

a) Allgemeine Anforderungen

3274 Bei der Verwendung von Preisanpassungsklausel hat die Vertragsgestaltung zunächst auf größtmögliche **Klarheit** zu achten bei der Formulierung[28]

---

[25] Vgl hierzu Rademacher ZMR 1999, 218, 220.
[26] BGH NJW 1973, 149; OLG Hamm ZfIR 1999, 903; Palandt/Heinrichs Rdn 27 zu § 245 BGB; vHeynitz MittBayNot 1998, 398, 406.
[27] BGH NJW 1960, 523; BGH NJW 1967, 830; BGH NJW 1974, 1909; BGH NJW 1979, 1545 und 2250; BGH NJW 1986, 932.
[28] Vgl hierzu eingehend Limmer ZNotP 1999, 148, 154; Kluge MittRhNotK 2000, 409.

N. Wertsicherungsklauseln

- des **Bewertungsmaßstabes**, der für die Änderung maßgebend ist (zB bestimmter Preisindex oder bestimmte Lohn- oder Gehaltsgruppe), und
- der **Anpassungsvoraussetzungen**, die zur Anpassung führen (zB Änderung des Indexes um x-Prozent),
- des **Anpassungszeitpunktes**, dh des Zeitpunktes zu dem die Änderung eintritt (zB automatisch mit Ablauf des Monats, in dem die entsprechende Indexänderung erfolgt ist oder aufgrund eines schriftlich geäußerten Verlangens).

Weiter sollte die Preisanpassungsklausel eindeutig als genehmigungsbedürftig oder als genehmigungsfreier Leistungsvorbehalt, Spannungs-, Kostenelementsklausel gestaltet werden.

b) Sicherstellung der Ansprüche aus Wertsicherungsklauseln

Die dingliche Sicherstellung ist bei Vereinbarung von Wertsicherungsklauseln auf verschiedene Art möglich. Sie richtet sich nach dem Inhalt der im einzelnen Falle vereinbarten Klausel. Vielfach werden die Formen der Höchstbetragshypothek,[29] der Grundschuld oder der Reallast in Frage kommen. In anderen Fällen wieder sind Rücktrittsrechte, Wiedererwerbsrechte, Auflassungsvormerkungen möglich. Besonders oft wird für die dingliche Sicherung die Reallast in Betracht kommen, nicht dagegen die Rentenschuld, weil es bei einer Reallast genügt, wenn die Leistungen wenigstens bestimmbar sind, während für die Rentenschuld der Bestimmtheitsgrundsatz besteht (s Rdn 1297 und zur Vollstreckungsunterwerfung bei Wertsicherungsklauseln s Rdn 3250). 3275

c) Einzelne Preisanpassungsklauseln[30]

aa) Bezugnahme auf Preisindex

Fallbeispiel eines verrenteten Kaufpreises: 3276

> Ändert sich der vom Statistische Bundesamt festgestellte Verbraucherpreisindex für Deutschland (Basis 2000[31] = 100) gegenüber dem Index für den Monat der Beurkundung dieses Vertrages um 5% oder mehr, so ändert sich die zu zahlenden Rente von dem auf die Änderung des Index folgenden Monatsersten[32] an prozentual im gleichen Verhältnis. Ändert sich der Index erneut um mehr als 5% gegenüber dem Stand der jeweils letzten Anpassung, so ändert sich die zu zahlende Rente jeweils prozentual im gleichen Verhältnis mit Wirkung von dem auf die Indexänderung folgenden Monatsersten an.
> Zu dieser Wertsicherungsklausel ist die Genehmigung des Bundesamts für Wirtschaft und Ausfuhrkontrolle (BAFA) erforderlich, die hiermit beantragt wird

Ab Januar 2003 sind die bisherigen gebiets- und haushaltstypenbezogenen Teilindizes für das frühere Bundesgebiet, für die neuen Länder, für 4-Per-

---

[29] Möglich ist auch Sicherung durch Verkehrshypothek in Form der verdeckten Höchstbetragshypothek, LG Düsseldorf MittBayNot 1977, 23 = MittRhNotK 1976, 421.
[30] Vgl hierzu Muster bei Limmer ZNotP 1999, 148 (158).
[31] Zur Umstellung auf den Verbraucherpreisindex für Deutschland (VPI) vgl das interaktive Rechenprogramm des Statistischen Bundesamts im Internet (www.destatis.de/wsk), sowie DNotI-Report 2003, 9 und 42 und FamRZ 2003, 506; Reul DNotZ 2003, 92. Zur Umstellung auf das Basisjahr 1995 vgl NJW 1999 Beilage zu Heft 48; Rasch DNotZ 1999, 467.
[32] BGH BB 1984, 303; OLG Celle DNotZ 1969, 419 = NJW 1969, 1438; OLD Saarbrücken WM 1968, 558.

sonen-Haushalte mit höherem bzw mittlerem Einkommen, für Zwei-Personen-Rentner-Haushalte wegfallen;[33] sie können nicht mehr neu vereinbart werden. Sind solche nicht mehr geführten Teilindices in früheren Verträgen vereinbart, werden sie entweder automatisch durch den neuen Index ersetzt oder es besteht ein schuldrechtlicher Anspruch auf Vertragsanpassung.[34] Daher sollte ab sofort als Preisindex nur der hier genannte „Verbraucherpreisindex für Deutschland" verwendet werden. Möglich ist auch die Vereinbarung anderer Indizes, zB des Europäischen Harmonisierten Verbraucherpreisindexes (HVPI), der allerdings wegen derzeit noch häufiger und kurzfristiger methodischer Änderungen noch nicht als geeigneter Maßstab empfohlen werden kann.[35] Vom Statistischen Bundesamt veröffentlicht werden schließlich weitere Indizes, zB
– land- und forstwirtschaftliche Preisindizes,
– Indizes der Erzeugerpreise gewerblicher Produkte
– Preisindex für den Wareneingang des Produzierenden Gewerbes,
– Preisindex der Ein- und Ausfuhrpreise, der Baupreise sowie der Großhandelsverkaufspreise.

bb) Preisanpassungsklausel entsprechend der Entwicklung von Löhnen und Gehältern

3277   Sollte sich nach dem ... das Bruttogehalt (einschl Ortszuschlag in Klasse ...) eines verheirateten Regierungsrats in der Endstufe der Besoldungsgruppe XIII für Baden-Württemberg um mehr als 5% ändern, so erhöht oder ermäßigt sich auch die Rente jeweils vom gleichen Zeitpunkt an in demselben Verhältnis.

An Stelle eines Beamtengehalts kann auch ein tarifliches Gehalt (Lohn, Renten, auch Durchschnittsentgelte oder Durchschnittsrenten) zur Wertsicherung vereinbart werden. Solche Wertsicherungsklauseln werden aber nur in den Grenzen des § 3 Abs 3 PrKV (Rdn 3265) genehmigt. Genehmigungsfähig sind vor allem regelmäßig wiederkehrende Leistungen, die für die Lebensdauer des Empfängers vereinbart werden. Eine Wertsicherungsklausel beim Erbbauzins (Rdn 1812 ff) kann, wenn die Laufzeit des Erbbaurechts weniger als 30 Jahre beträgt (§ 1 Nr 4 PrKV), daher als Gleitklausel nicht an Löhne oder Gehälter geknüpft werden. Auch die vom BGH (s Rdn 1815 Fußn 53) zu § 9a ErbbauVO entwickelte Auslegung des Begriffs „Änderung der allgemeinen wirtschaftlichen Verhältnisse", die aus dem Durchschnittswert der Änderung der Lebenshaltungskosten und der Einkommensverhältnisse (Durchschnitt der Bruttoverdienste der Angestellten und Arbeiter in Industrie und Handel) gebildet wird, verstößt gegen § 2 Abs 1 PaPkG, § 3 Abs 3 PrKV und kann daher nicht als vertragliche Anpassungsklausel genehmigt werden.[36] Wird dagegen vereinbart, daß die mit einer solchen Wertsicherung verbundene Rente zwar bis zum Tode des Verkäufers, mindestens aber auf ... Jahre ab Verkauf, also uU an die Erben des Verkäufers zu entrichten ist (s Rdn 3247),

---

[33] Vgl DNotI-Report 1998, 211; NJW 1999 Beilage zu Heft 48 Seite 1.
[34] Vgl hierzu Reul DNotZ 2003, 92; Gutachten DNotI-Report 2003, 9 mit weit Nachw, auch zur Frage, ob bei der wertgesicherten Erbbauzins-Reallast die Zustimmung nachrangiger Berechtigter (§§ 876, 877 BGB) erforderlich ist.
[35] DNotI-Report 1998, 211.
[36] Vgl DNotZ 1982, 329; aA Dürkes BB 1980, 1609 (1615).

N. Wertsicherungsklauseln

so wird die erforderliche Genehmigung nur mit folgenden Einschränkungen erteilt die zweckmäßigerweise bereits in die im Vertrag festzulegende Wertsicherungsklausel auf Gehaltsebene aufgenommen werden:

a) Die Gültigkeit der Gehalts-Wertsicherungsklausel erstreckt sich nur auf die bis zum Tode des Erstempfängers (Verkäufers) zu zahlende Rente.

b) Die nach dem Tode des Erstempfängers bis zum Ablauf der Mindestlaufzeit noch zu entrichtenden Kaufpreisrenten zugunsten der Erben werden in der zuletzt an den Erstberechtigten gezahlten Höhe als Festbetrag, also künftig gleichbleibend und unveränderlich, weiterbezahlt. Die Wirkung der Gehaltsklausel endet also mit dem Tode des Erstberechtigten. Oder:

c) Die für die restliche Laufzeit an die Rechtsnachfolger des Erstberechtigten zu zahlenden Kaufpreisrenten werden mit dem Verbraucherpreis-Index als Wertsicherungsklausel dergestalt verbunden, daß die restlichen Renten in Höhe des Betrages zu erbringen sind, der sich ergibt, wenn die Höhe des jeweils geschuldeten Betrags von Anfang an von der Entwicklung der Verbraucherpreise (Lebenshaltungskosten) und nicht von einer bestimmten Gehaltsentwicklung abhängig gewesen wäre, und zwar auch dann, wenn der Verbraucherpreis-Index auch weiterhin bis zum Ende der vereinbarten Rentenmindestlaufzeit Gültigkeit behalten soll. Auf die tatsächliche restliche Dauer der Zahlungsverpflichtung kommt es dabei nicht an. Unerheblich ist auch, ob die Klausel vereinbarungsgemäß nur dann gelten soll, wenn die Restdauer der Rentenzahlungen nach dem Tode des Erstempfängers sich noch auf mindestens 10 Jahre erstreckt.[37]

Ausnahmsweise kann die Genehmigung auch für eine Vereinbarung erteilt werden, nach der für die Lebenszeit des Erstberechtigten wiederkehrende Zahlungen gehaltsabhängig und die Renten nach dem Ableben des Erstberechtigten, ausgehend von der zuletzt an diesen gezahlten Höhe, für die Restlaufzeit von der Entwicklung der Lebenshaltungskosten abhängig sein sollen. Es kommt hier auf die Lage des Einzelfalles an.[38]

Klauseln, die die Rente an die Entwicklung von Löhnen oder Gehältern knüpfen, führen auch zur Erhöhung von Renten, soweit die Lohnerhöhungen über den bloßen Inflationsausgleich hinausgehen.[39]

Ist eine Kaufpreisrente durch eine genehmigte Klausel derartig an Beamtenbezüge gebunden, daß die Rente in Höhe des jeweiligen Grundgehalts eines Beamten in einer bestimmten Besoldungsgruppe zu zahlen ist, so ist der Schuldner nicht verpflichtet, dem Gläubiger neben der monatlichen Rente in Höhe des Grundgehalts zusätzlich noch die jährliche Sonderzuwendung zu zahlen, die nach dem Gesetz über die jährliche Sonderzuwendung an Beamte,

---

[37] Vgl Dürkes, Wertsicherungsklauseln, C 197 ff. Der vereinbarte Mindestzeitraum für Zahlungen an den Verkäufer und seine Rechtsnachfolger darf insgesamt nicht kürzer als 10 Jahre sein.

[38] Vgl auch Dürkes BWNotZ 1967, 1 mit Beispielen.

[39] BGH BB 1967, 735 = MittBayNot 1967, 157. Zur Rechtslage in einem Falle, daß nach der ausdrücklichen Parteivereinbarung solche Gehaltserhöhungen, die nicht wegen Sinkens der Kaufkraft (Geldentwertung) vorgenommen werden, im Rahmen der Wertsicherung außer Betracht zu bleiben haben, s BGH MDR 1965, 282 = NJW 1965, 191.

4. Teil. I. Grundstückskauf

Richter und Versorgungsberechtigte gewährt wird und an die Stelle der früheren Weihnachtszuwendung getreten ist.[40] Weitere Einzelheiten:[41]
Anders ist die folgende Vereinbarung zu bewerten:

> Die Rente ist mit monatlich 2000,- € jeweils zum voraus am Monatsersten zu entrichten. Der Gläubiger kann an Stelle der Rente von 2000,- € monatlich das Bruttogehalt eines Beamten verlangen, dessen Gehalt derzeit 2000,- € monatlich brutto beträgt. Das Verlangen muß durch Einwurf-Einschreiben gestellt werden und wirkt von dem der Aufgabe dieses Briefes bei der Post folgenden Monatsersten an bis zum durch den Gläubiger jederzeit möglichen Widerruf mittels Einwurf/Einschreibebriefs.

Da in einer solchen einseitigen Wahlmöglichkeit eine Mindestklausel liegt (§ 2 Abs 2 Nr 1a PrKV) ist sie nicht genehmigungsfähig.[42]

3278 **cc) Preisanpassung durch Beteiligung an Erträgen oder Umsätzen**

> A verkauft an B ein Mietwohnhaus gegen die Verpflichtung des B, die gesamten Rohmieten aus diesem Haus auf die Dauer von fünfzehn Jahren, gerechnet vom Vertragsabschluß ab, an den Verkäufer jeweils bei ihrer Fälligkeit in barem Geld zinslos abzuführen. Die Mieten werden in diesem Umfang sofort an den Verkäufer abgetreten. Dabei handelt es sich derzeit um folgende Mieten und Mieter ...... Der Erwerber haftet dem Verkäufer für die Einbringlichkeit der Mieten, für Mietausfälle im Falle des Leerstehens von Wohnungen oder infolge von Aufrechnung durch die Mieter und dafür, daß dritte Personen keine Ansprüche auf Mieten geltend machen. Der Verkäufer behält sich ein Rücktrittsrecht vom Kaufvertrag für den Fall vor, daß von den vorerwähnten Mieten bei zwei unmittelbar aufeinanderfolgenden Fälligkeitsterminen weniger als 80% der Normal-Mieten an ihn abgeführt werden sollten. Das Rücktrittsrecht muß binnen sechs Wochen nach Eintritt des zweiten Fälligkeitstermins dem Käufer gegenüber mittels Einwurf-Einschreiben ausgeübt werden. Zur Sicherung dieses Rücktrittsrechts und des entsprechenden Auflassungsanspruchs des Verkäufers wird für diesen die Eintragung einer Vormerkung nach § 883 BGB auf dem Kaufgrundstück bewilligt und beantragt.

Eine solche Vereinbarung ist genehmigungsfrei. Nach BGH[43] sind Klauseln bei Miet-, Pacht- und Erbbaurechtsverträgen, in denen als Wertmaßstab für den Zins die Höhe des vom Erbbauberechtigten (Mieter, Pächter) seinerseits erzielten Zinses vereinbart wird, nicht genehmigungspflichtig; es handelt sich um Spannungs- oder Kostenelementklauseln (s § 1 Nr 2, 3 PrKV, Rdn 3258). Bei Geschäftsveräußerungen ist die Vereinbarung einer Umsatzbeteiligung einer Gewinnbeteiligung vorzuziehen, da über die Ermittlung des Gewinns leicht Streit entstehen kann. Bei Hofübergabeverträgen kann die Abfindung der weichenden Erben mit einem bestimmten Hundertsatz des Gutswerts im Zeitpunkt der Abfindung festgelegt werden.[44]

---

[40] OLG Bremen MittBayNot 1973, 11 = MittRhNotK 1973, 191.
[41] Zur Frage, ob Weihnachtszuwendungen, für alle Besoldungsgruppen gleiche feste Beträge („Sockelbeträge") mitzuberücksichtigen sind, vgl BGH DNotZ 1977, 411; BGH BB 1976, 1483 = Betrieb 1976, 1574 = MDR 1976, 926; BGH MittBayNot 1975, 77 = NJW 1975, 105; BGH BB 1979, 1631 = Betrieb 1979, 933. Zur Auslegung einer Beamtengehaltsklausel bei Anhebung der ganzen in Bezug genommenen Besoldungsgruppe s BGH BB 1971, 147. Zur Frage der Berücksichtigung von Kinderzuschlägen s BGH BB 1983, 215.
[42] Dürkes, Wertsicherungsklauseln, D 290 ff.
[43] BGH NJW 1976, 422 = Rpfleger 1976, 54.
[44] Wegen Wertsicherungsklauseln bei Hofübergaben s Hoffmann RdL 1966, 309; Lange NJW 1957, 250; Vogt BWNotZ 1952, 92.

N. Wertsicherungsklauseln

dd) Anpassung durch Vereinbarung von Sachschulden mit Umwandlungs- oder Wahlmöglichkeiten. Die Vereinbarung einer reinen Sachschuld ist ein Tauschvertrag: A verkauft an B ein Grundstück. Die Gegenleistung besteht zB in der Lieferung bestimmter Waren oder/und Erbringung bestimmter Dienstleistungen. Solche Vereinbarungen sind nicht genehmigungsbedürftig. Wird eine Sachleistung vereinbart, bei der der Gläubiger statt der Sachleistung den jeweiligen Geldwert dieser Sachleistung zum Fälligkeitstermin[45] wählen kann, so handelt es sich um eine genehmigungsbedürftige Klausel im Sinne des § 2 PaPkG, soweit man der einschränkenden Auslegung durch § 1 Nr 1 PrKV folgt, s Rdn 3256. Dies gilt jedoch nicht für reine Unterhaltsverpflichtungen, bei der der Gläubiger berechtigt ist, anstelle des von ihm geschuldeten Unterhalts in Naturalien Geldzahlungen in Höhe der Erzeugerpreise der Naturalien zu verlangen, da eine solche Unterhaltsvereinbarung von Natur aus entweder eine Spannungsklausel oder eine Kostenelementklausel nach § 1 Nr 2 oder 3 PrKV darstellt, jedenfalls nicht genehmigungspflichtig ist.[46]

Nicht genehmigungsbedürftig ist auch die Vereinbarung einer Wahlschuld, bei der der Gläubiger die Wahl hat, Sachleistung oder Zahlung des vornherein vereinbarten festbestimmten Kaufpreis zu verlangen.[47]

3279

ee) Unterhaltsvereinbarungen sind bei Bezugnahme auf Löhne und Gehälter oder den Lebenshaltungskostenindex als Spannungsklauseln grundsätzlich nicht genehmigungsbedürftig,[48] Von den reinen Unterhaltsverpflichtungen zB in Eheverträgen, Scheidungs- und Trennungsvereinbarungen zu unterscheiden sind Vereinbarungen über die Verrentung von Kaufpreisen, die bei entsprechender Wertsicherungsvereinbarung genehmigungsbedürftig sind.[49] Wird im Rahmen einer Scheidungsvereinbarung zB hälftiger Grundbesitz übertragen und die Gegenleistung hierfür im Rahmen des Zugewinnausgleichs und der Unterhaltsregelung in einer einheitlichen Rente zusammengefaßt, empfiehlt es sich, hierfür die Genehmigung des BAFA vorsorglich einzuholen. Auch in Übergabeverträgen vereinbarte wertgesicherte Geldzahlungen werden überwiegend wegen der Sachwertabhängigkeit und des Versorgungscharakters als nicht genehmigungsbedürftig angesehen,[50] § 1 Nr 2 und 3 PrKV.

3280

ff) Wertsicherung für erst künftig entstehende Schulden. Vereinbarungen über die Höhe einer künftig erst entstehenden Geldschuld, zB nach Annahme eines längerfristigen Angebotes oder bei Ausübung eines Ankaufsrechtes oder die Vereinbarung des Kaufpreises bei Verkauf des Erbbaugrundstücks gemäß § 2 Nr 7 ErbbauVO oder bei einem vermächtnisweise zugewendeten einmaligen oder fortlaufenden Zahlungsanspruch für die Zeit zwischen Testamentserrichtung und Erbfall, sind auch unter Geltung von § 2 PaPKG nicht genehmi-

3281

---

[45] OLG Schleswig DNotZ 1951, 416 und SchlHA 1957, 182; Lange NJW 1957, 249; vgl auch Dumoulin MittRhNotK 1962, 743, 753.
[46] So schon OLG Frankfurt DNotZ 1969, 98 = Rpfleger 1968, 358 mit zust Anm Haegele.
[47] BGH BB 1962, 815; BGH BB 1981, 1599.
[48] Limmer ZNotP 1999, 148, 156; Staudinger/K Schmidt Rdn D 268 vor § 244 BGB, Dürkes, Wertsicherungsklausel D 45 ff. Da dies aber nicht völlig unstreitig ist, wird Einholung einer Genehmigung empfohlen.
[49] Dürkes, Wertsicherungsklauseln, D 44 ff, D 53 ff, D 273.
[50] Limmer ZNotP 1999, 148, 156.

gungspflichtig, da nicht eine jetzt begründete, sondern erst eine in Zukunft entstehende Geldschuld erstmals festgelegt wird.[51]

3282 **gg) Festlegung durch Schiedsgutachten.** Preisanpassungsklauseln, bei denen der Preis selbst oder die Änderung der Geldschuld durch Schiedsgutachter festgelegt wird, die mit oder ohne bestimmte Vergleichsmaßstäbe eine Festsetzung nach §§ 315 ff BGB vornehmen, ist stets Leistungsvorbehalt (§ 1 Nr 1 PrKV) und daher nicht genehmigungspflichtig.[52]

3283–3286 Die Randnummern 3283–3286 sind nicht belegt.

II. Grundstücksauflassung und Eigentumseintragung

A. Rechtsgrundlagen

3287 Zur **rechtsgeschäftlichen** Übertragung des Eigentums an einem Grundstück verbunden mit einem **Wechsel des Rechtsträgers** (im Gegensatz zum Übergang des Eigentums kraft Gesetzes oder durch Hoheitsakt sowie der Buchersitzung nach § 900 BGB) bedarf es der **Einigung** des Veräußerers und des Erwerbers über den Eintritt der Rechtsänderung – Auflassung – und der **Eintragung der Eigentumsänderung** in das Grundbuch (§§ 873, 925 BGB); Übergangsregelungen im Beitrittsgebiet Art 233 § 7 EGBGB. Wegen des Übergangs des Grundstückszubehörs s § 926 BGB. Diese Vorschriften gelten nicht nur für die Übertragung von Grundstücken im ganzen oder in Teilflächen, sondern auch für die Übertragung von Miteigentumsanteilen (§ 1008 BGB).

3288 In das Grundbuch darf die Eigentumsänderung nur eingetragen werden, wenn die erforderliche **Einigung** des Berechtigten und des anderen Teils dem Grundbuchamt nachgewiesen ist (§ 20 GBO). Darin liegt eine Abweichung von dem im Grundbuchrecht sonst bestehenden formellen Konsensprinzip (§ 19 GBO; s dazu Rdn 108). Zur Frage, ob daneben noch eine Bewilligung (§ 19 GBO) nötig ist, vgl Rdn 97.

B. Hauptsächliche Fälle von Grundstückserwerb

1. Auflassung erforderlich

3289 Eine Auflassung ist erforderlich, wenn als **Veräußerer und Erwerber nicht die gleichen Personen** auftreten oder wenn es sich zwar auf beiden Seiten um dieselben Personen handelt, aber jeweils in **Zugehörigkeit zu einer selbständigen Gemeinschaftsform.** Die wichtigsten Fälle, in denen eine Auflassung erforderlich ist, sind Kauf, Auseinandersetzungsvertrag, Ausstattungsvertrag, Einbringung in eine Gesellschaft, Schenkung, Tausch und Übergabe.

3290 Auflassung ist aber insbesondere auch in folgenden Fällen erforderlich:

a) bei Erwerb eines **Vermächtnisnehmers** oder eines Miterben als Vorausvermächtnisnehmers (§§ 2150, 2174 BGB; s Rdn 837 ff),

---

[51] Limmer ZNotP 1999, 148, 156; Staudinger/K Schmidt Rdn D 268 vor § 244 BGB. Dürkes Wertsicherungsklausel D 45 f; Schreiben des BAW an Landesnotarkammer Bayern v 22. 2. 1999 Az: III 6 – 3030.01; Gutachten DNotI-Report 2002, 4 und 2003, 105.

[52] OLG Bamberg NJW 1957, 268; BGH DNotZ 1968, 408.

B. Hauptsächliche Fälle von Grundstückserwerb

b) bei Erwerb des Käufers einer Erbschaft eines Alleinerben (§ 2374 BGB); anders bei der Erbteilsübertragung nach §§ 2033 ff BGB (Rdn 962),

c) bei Erwerb eines Miterben in Ausführung einer **Teilungsanordnung** (§§ 2048, 2049 BGB),[1]

d) bei **Umwandlung** einer Erbengemeinschaft oder sonstigen Gesamthandsgemeinschaft in Bruchteilseigentum (s Rdn 945 ff),

e) bei Übertragung eines zum Gesamtgut einer Gütergemeinschaft oder Errungenschaftsgemeinschaft gehörenden Grundstücks auf einen der Eheleute durch **Auseinandersetzung** des Gesamtguts,[2] und zwar selbst dann, wenn der Ehegatte ein gesetzliches Recht auf Übertragung des Grundstücks hat (zB nach § 1502 BGB),

f) bei Überführung eines zum Gesamtgut einer Gütergemeinschaft usw (s hiervor Buchst e) gehörenden Grundstücks auf einen der Ehegatten durch Ehevertrag in sein **Vorbehaltsgut** oder umgekehrt (s Rdn 764 mit Fußn 10, 11),

g) bei Übergang eines Grundstücks, das zu dem einer **Stiftung** durch Stiftungsgeschäft unter Lebenden oder in letztwilliger Verfügung des Stifters zugesicherten Vermögen gehört, nach staatlicher Genehmigung der Stiftung auf diese (§ 82 BGB),[3]

h) bei Übergang eines einem aufgelösten rechtsfähigen **Verein** gehörenden Grundstücks an ein Mitglied (also nicht an den Fiskus); § 45 BGB,[4]

i) bei Übertragung des Grundstücks eines **Kommunalverbands** auf einen anderen Kommunalverband, falls nicht die Übertragung durch ein auf Grund des Art 126 EGBGB erlassenes Landesgesetz angeordnet ist,[5]

k) bei **Einbringung** eines Grundstücks von einer oder mehreren Personen in eine BGB-, Personen- oder Kapitalgesellschaft (AG, GmbH, Genossenschaft oder Gewerkschaft) bei deren Gründung (s dazu Rdn 981 a, d, 987) oder später, auch wenn die Gesellschaft ausschließlich aus den bisherigen (Mit-) Eigentümern besteht,[6] auch Einbringung eines Grundstücks in die Ein-Mann-GmbH erfordert Auflassung;

l) bei **Einbringung** eines zum Gesamtgut einer **fortgesetzten Gütergemeinschaft** oder den Erben in **Erbengemeinschaft** gehörenden Grundstücks in das Vermögen einer von den Teilnehmern der fortgesetzten Gütergemeinschaft oder von den Erben auch ohne Zuziehung anderer Personen gegründeten **oHG oder KG**,[7]

---

[1] RG 52, 174; 141, 284; KGJ 22 A 203; 28 A 196.
[2] RG 20, 259; KGJ 36 A 201.
[3] KGJ 35 A 222; BayObLG (mitget) Rpfleger 1988, 95; OLG Schleswig-Holstein DNotZ 1996, 770 mit Anm Wochner.
[4] KGJ 25 A 132.
[5] KGJ 30 B 40.
[6] RG 56, 96 (99); 57, 433; 64, 191; 68, 417; 74, 9; 84, 112; KGJ 30 A 180 und 51 A 187. Hierher gehört auch der Fall des Eintritts eines neuen Geschäftspartners in das Geschäft eines Einzelkaufmanns unter Umwandlung der Einzelfirma in eine Personengesellschaft, LG Dortmund MittRhNotK 1969, 433 = NJW 1969, 137.
[7] KGJ 45, 230; 51, 180; KG JFG 21, 168; OLG München JFG 18, 120; OLG Hamm DNotZ 1958, 416; OLG Stuttgart BWNotZ 1953, 77; s aber kritisch Fischer DNotZ 1955, 182; Gansmüller DNotZ 1955, 172.

m) bei **Übertragung** des einer **Personen- oder Kapitalgesellschaft** gehörenden **Grundstücks auf** einen oder mehrere **Gesellschafter** (nach Bruchteilen oder in anderer Personengesellschaft, s Rdn 3291) oder bei Zuweisung eines einer solchen Gesellschaft gehörenden Grundstücks an einen ausscheidenden Gesellschafter, gleichgültig, ob die Gesellschaft im übrigen fortbesteht oder gleichzeitig aufgelöst wird.[8]

n) bei **Änderung der Bruchteilsanteile von Miteigentümern** unter ihnen selbst,[9]

o) nach Zuweisung eines Grundstücks nach § 1383 BGB;[10] nach rechtskräftiger Verurteilung zur Auflassung ist noch die Entgegennahme der Auflassung erforderlich (Rdn 747 ff).

3291 Bei „Überführung" eines Grundstücks aus dem Vermögen einer **Personengesellschaft** in das Vermögen einer anderen aus denselben Personen bestehenden Personengesellschaft ist zu unterscheiden: Wird lediglich die Gesellschaft umgewandelt (Wechsel der Rechtsform), zB oHG oder KG in BGB-Gesellschaft wegen Zurückgehens des Handelsgeschäfts auf den Umfang eines Kleingewerbes und deswegen erfolgter Löschung im Handelsregister, bleibt die Identität des Sondervermögens erhalten: eine Auflassung ist nicht nötig, das unrichtige Grundbuch ist zu berichtigen (Rdn 984a). Wird dagegen ein Grundstück aus einer Personengesellschaft in das Vermögen einer anderen aus den gleichen Personen bestehenden Personengesellschaft übertragen (zB Betriebsaufspaltung, Aufteilung nach § 8 WEG und Zuweisung je einer Eigentumswohnung an je eine selbständige BGB-Gesellschaft), so existieren zwei „Sondervermögen"; der Wechsel von einem zum anderen bedarf der Auflassung.[11]

2. Auflassung nicht erforderlich

3292 Als **Grundsatz** gilt, daß Auflassung nicht erforderlich ist, wenn der **Rechtsübergang außerhalb des Grundbuchs** eingetreten ist oder überhaupt **kein Rechtsübergang** stattgefunden hat.

3293 Die wichtigsten dieser Fälle sind:

a) Ehevertragliche Vereinbarung von **Gütergemeinschaft** (§ 1416 Abs 2 BGB; s Rdn 758 ff),

b) **Erbteilsübertragung** (§ 2033 BGB), auch Übertragung aller Erbteile auf einen Miterben als Form der Erbauseinandersetzung (s Rdn 955 ff, 962),

---

[8] RG 25, 252; 30, 150; 65, 233; KGJ 24 A 110; 28 A 252; KGJ 52, 140; KG DR 1944, 292.
[9] RG 56, 101; 57, 432.
[10] Meyer-Stolte Rpfleger 1976, 7.
[11] RG 136, 402; RG 155, 86; KG JFG 12, 279 (280); BayObLG 1950/51, 430 = NJW 1952, 28; BayObLG 1980, 299 = DNotZ 1981, 573 = NJW 1982, 109 = Rpfleger 1981, 58; OLG Hamm DNotZ 1983, 750 = Rpfleger 1983, 432; KG OLGZ 1987, 276 = Rpfleger 1987, 237; Gutachten DNotI-Report 2000, 151; die Frage, ob neben der Auflassung auch weitere Eintragung erforderlich ist, wird von Streuer Rpfleger 1988, 513 (515) zu Recht bejaht; vgl auch Schwanecke BWNotZ 1982, 97. Unrichtig Hofmann NJW 1974, 448.

c) **Eintritt eines neuen Gesellschafters** in eine BGB-, Personen- oder Kapitalgesellschaft, wenn die Gesellschaft als solche fortbesteht, oder **Austritt** aus einer solchen (Rdn 982 a ff),

d) Gesellschafterwechsel bei BGB-Gesellschaft zwischen Auflassung eines Grundstücks an die BGB-Gesellschaft und Eintragung (s Rdn 981 a),

e) formwechselnde **Umwandlung** einer Personengesellschaft in eine andere (OHG in KG oder BGB-Gesellschaft und umgekehrt)[12] (s Rdn 984 a),

f) alle Umwandlungen nach dem Umwandlungsgesetz, also Verschmelzungen, Spaltungen, Vermögensübertragungen und formwechselnde Umwandlung in ihren jeweiligen gesetzlich zugelassenen Variationen. In allen Fällen des UmwG findet eine vollständige oder partielle Gesamtrechtsnachfolge außerhalb des Grundbuchs statt bzw wird bei Formwechsel von Identität der Gesellschaft ausgegangen, die Einzelübertragungsakte und damit die Auflassung entbehrlich macht (s dazu Rdn 995 ff),

g) Änderung von Firma und Sitz einer Personenhandels- oder Kapitalgesellschaft (s Rdn 290),

h) **Ausscheiden** eines Gesellschafters aus einer BGB- oder Personenhandelsgesellschaft (§ 738 BGB, §§ 105, 161 HGB) (s Rdn 982 a–e) und Ausscheiden eines Gesellschafters aus einer zweigliedrigen Personengesellschaft unter gleichzeitigem Eintritt eines neuen Gesellschafters, wenn dies im Wege der Anteilsübertragung zwischen Alt- und Neugesellschafter geschieht (s Rdn 982 d). Bei der Grundbesitz haltenden Kapitalgesellschaft ist eine Auflassung nicht nötig, wenn Gesellschafter wechseln, auch nicht, wenn die Gesellschaft zur Einmann-Gesellschaft wird, da Eigentümer die selbständige juristische Person ist,

i) **Übernahme des gesamten Gesellschaftsvermögens** ohne Liquidation mit Aktiven und Passiven durch einen der nur aus zwei Gesellschaftern bestehenden oHG oder KG bei Gesellschaftsauflösung[13] sowie Ausscheiden eines Gesellschafters aus einer zweigliedrigen Personengesellschaft durch Tod und Übernahme des Geschäfts mit Aktiven und Passiven durch den anderen Gesellschafter auf Grund Vereinbarung mit den Erben des Ausgeschiedenen; hier tritt Rechtsübergang kraft Anwachsung ein.[14] Das gleiche gilt für das Ausscheiden eines Gesellschafters aus der zweigliedrigen BGB-Gesellschaft, wenn eine Übernahme- oder Fortsetzungsklausel vertraglich vereinbart ist oder wird (s Rdn 982 b),

k) **Übertragung aller Gesellschaftsanteile** einer BGB- oder Personenhandelsgesellschaft **auf mehrere Erwerber** (möglicherweise wiederum in BGB-Gesellschaft) oder auch **auf einen einzigen Erwerber** (dies kann auch eine Kapitalgesellschaft sein); der einzige Erwerber wird ohne Liquidation im Wege der

---

[12] RG 155, 75; KGJ 26 A 218; 51 A 181; KG DR 1939, 1820 und 1940, 1806; OLG Hamm DNotZ 1984, 770 = Rpfleger 1984, 95; KG OLGZ 1987, 276 = Rpfleger 1987, 237 (238); LG Mannheim BWNotZ 1986, 131; LG München Rpfleger 2001, 489.
[13] RG 60, 156; 65, 234; 68, 410; 87, 409; 92, 165; BGH 32, 307 = NJW 1960, 1664; BGH DNotZ 1966, 618.
[14] LG Köln MittRhNotK 1977, 125.

l) Umwandlung einer aufgelösten, aber nicht auseinandergesetzten Gesellschaft (Liquidationsgesellschaft) in eine werbende Gesellschaft durch Fortsetzungsbeschluß (s Rdn 986).

3294 Keine Auflassung ist nötig bei Fällen des **originären Eigentumserwerbs** (zB §§ 900, 927, 928 BGB) sowie bei Eigentumserwerb kraft **staatlichen Hoheitsakts**, zB Zuschlag in der Zwangsversteigerung (§ 90 ZVG), Enteignungsbeschluß nach den verschiedenen Enteignungstatbeständen in Bundes- und Landesgesetzen, Flurbereinigungsplan (§§ 58, 61, 79 FlurberG), Umlegungsplan nach §§ 74 ff BauGB, Grenzregelungsbeschluß nach § 82 BauGB. Zur Grenzfestsetzung nach § 920 BGB vgl K/E/H/E Rdn 42 zu § 20 GBO.

3295 Bei **Änderung** der Grenzen von **Gebietskörperschaften** bzw der Änderung von Gebietskörperschaften selbst (Gebietsreform) ist eine Auflassung nicht nötig. Alle diese Vorgänge werden durch Hoheitsakt außerhalb des Grundbuchs bewirkt. Das Vermögen untergegangener Gebietskörperschaften geht im Wege der Gesamtrechtsnachfolge auf die aufnehmende Gebietskörperschaft über. Bei Vollzug von Urkunden, die noch von oder zugunsten der untergegangenen Gebietskörperschaft errichtet wurden, muß aber der Antrag auf den jetzigen Rechtsträger umgestellt werden. Bei Vermögensumschichtungen von einem öffentlichen Sondervermögen in ein anderes ist eine Auflassung nicht erforderlich.[16]

3295a Auch Übertragung von Grundstücken bei Veränderungen im Bestand **kirchlicher Körperschaften** des öffentlichen Rechts (Errichtung, Aufhebung, Zusammenlegung oder Neubegrenzung) mit dinglicher Wirkung durch Kirchengesetz[17] oder (bei kirchengesetzlicher Ermächtigungsgrundlage) Verwaltungsakt[18] erfordert keine Auflassung. In anderen Fällen ist Auflassung erforderlich (keine Vermögensauseinandersetzung durch kirchenhoheitliche Gemeindeteilung,[19] damit auch für Eigentumsübertragung zwischen kirchlichen Körperschaften, die nicht im Zusammenhang mit einer organisatorischen Veränderung steht.[20] Auflösung einer Kirchengemeinde unter Bildung neuer Einzelgemeinden bewirkt Übergang des Vermögens der geteilten Gemeinde im Wege der Gesamtrechtsnachfolge auf die Einzelgemeinden.[21]

---

[15] BGH 71, 296 = DNotZ 1978, 556 = NJW 1978, 1525; BGH BWNotZ 1979, 149; OLG Hamm OLGZ 1986, 316 = Rpfleger 1986, 429.
[16] LG Freiburg BWNotZ 1982, 66.
[17] OLG Hamburg NJW 1983, 2572 = Rpfleger 1982, 373; Mainusch NJW 1999, 2148.
[18] Mainusch NJW 1999, 2148.
[19] OLG Hamm OLGZ 1980, 171 = Rpfleger 1980, 148; bestätigt durch Nichtannahme der Verfassungsbeschwerde BVerfG NJW 1983, 2571.
[20] Mainusch NJW 1999, 2148.
[21] OLG Hamm aaO (Fußn 19).

C. Inhalt und Wirkungen der Auflassung

1. Beziehungen zwischen Auflassung und schuldrechtlichem Vertrag

Die Auflassung ist ein auf Übertragung des Eigentums gerichteter neben dem schuldrechtlichen Verpflichtungsgeschäft gesondert bestehender **dinglicher Vertrag**.[1] **Die Nichtigkeit** des **Verpflichtungsgeschäfts** – Kausalverhältnis – hat nach dem das BGB beherrschenden Abstraktionsprinzip (Trennung und rechtliche Selbständigkeit von Verpflichtungs- und Erfüllungsgeschäft) **nicht ohne weiteres** die **Nichtigkeit** der **Auflassung** zur Folge. Die Auflassung ist vielmehr grundsätzlich trotz der Nichtigkeit des Kausalgeschäfts wirksam, bewirkt also mit grundbuchlichem Vollzug die Eigentumsübertragung.[2] Auch eine unbedingte Auflassung trotz aufschiebend oder auflösend bedingtem Kausalgeschäft ist daher wirksam.[3] 3296

Dies gilt in der Regel selbst dann, wenn das Verpflichtungsgeschäft wegen eines Verstoßes gegen die guten Sitten nach § 138 BGB nichtig ist.[4] Ist das Verpflichtungsgeschäft für sich allein nichtig, so kann die auf Grund der rechtswirksamen Auflassung bewirkte Eigentumsübertragung nur durch Geltendmachung eines Bereicherungsanspruchs (§§ 812 ff, s aber auch §§ 814, 817 S 2 BGB) rückgängig gemacht werden.[5] Das Vorstehende gilt auch dann, wenn das Verpflichtungsgeschäft und die Auflassung in derselben Urkunde enthalten sind. § 139 BGB über Teilnichtigkeit ist in einem solchen Falle unanwendbar.[6] 3297

Der Tatbestand, aus dem sich die Nichtigkeit des Verpflichtungsgeschäfts ergibt, kann allerdings im Einzelfalle auch in gleicher Weise bei der Auflassung gegeben sein; dann ist diese ebenfalls nichtig. 3298

Das **Grundbuchamt** ist in aller Regel **nicht** berechtigt und nicht **verpflichtet**, die **Gültigkeit des Verpflichtungsgeschäfts** zu prüfen Es darf daher die Eintragung des Eigentumswechsels in der Regel selbst dann nicht ablehnen, wenn es das Verpflichtungsgeschäft für ungültig ansieht (s Rdn 208, besonders Fußn 3 und 4). 3299

Durch **Tod** oder **Eintritt der Geschäftsunfähigkeit** eines Beteiligten wird die Rechtswirksamkeit der Auflassung nicht berührt (§ 130 BGB; s auch Rdn 3345 ff). Da die Auflassung als dinglicher Vertrag eine Verfügung über das Eigentum enthält, muß die **Verfügungsbefugnis** des Veräußerers bis zum Zeitpunkt der Eigentumsumschreibung vorliegen. Wird der Veräußerer vorher in der Verfügungsbefugnis beschränkt oder verliert er sie ganz, kann das Eigen- 3300

---

[1] RG 99, 68; 104, 103; KGJ 51, 176.
[2] RG 57, 96; 72, 63; 104, 103; 129, 287; BGH DNotZ 1979, 406; BayObLG Rpfleger 1969, 48 mit Anm Haegele; OLG Frankfurt DNotZ 1981, 40 = NJW 1981, 876 = Rpfleger 1980, 292; s auch Schwartz MittRhNotK 1965, 387; Winkler DNotZ 1974, 742; aA (unrichtig) Eickmann Rpfleger 1973, 347; zurückhaltender und der hM entsprechend Eickmann Rpfleger 1978, 4 (zur Auflassung).
[3] LG Stuttgart BWNotZ 1984, 19; BayObLG (mitget) Rpfleger 1987, 152.
[4] RG 63, 185; 78, 285.
[5] RG 63, 185; 104, 103.
[6] OLG Celle DNotZ 1974, 731 mit Anm Winkler; BGH DNotZ 1979, 406 (410); BayObLG Rpfleger 1969, 48 mit Anm Haegele.

tum nicht mehr umgeschrieben werden, es sei denn, daß ein Fall des § 878 BGB vorliegt (vgl hierzu im einzelnen Rdn 110 ff). Verliert der Veräußerer nach Auflassung, aber vor deren Vollzug im Grundbuch ganz oder teilweise das Eigentum, ist § 878 BGB nicht anwendbar; es entsteht das Problem, ob ein gutgläubiger Erwerb nach § 892 BGB möglich ist (vgl hierzu Rdn 352). Unschädlich ist der Wegfall der Eigentumsberechtigung nach Erklärung, aber vor Vollzug der Auflassung im Grundbuch, wenn es sich um einen Fall der Gesamtrechtsnachfolge handelt, zB Tod des Veräußerers (dazu Rdn 3345), Vereinbarung von Gütergemeinschaft durch Veräußerer nach Auflassung, aber vor Eigentumsumschreibung (s Rdn 768), Auflassung von Nachlaßgrundstücken durch Miterben und anschließender Erbteilsabtretung;[7] in allen diesen Fällen der Gesamtrechtsnachfolge ist keine erneute Auflassung nötig.

2. Einzelfragen beim Veräußerer

3301 Für die Wirksamkeit der Auflassung ist es nicht erforderlich, daß der Veräußerer bereits im Zeitpunkt der Erklärung der Auflassung im Grundbuch als Eigentümer eingetragen ist. Für den Vollzug der Eigentumsumschreibung gilt aber der Voreintragungsgrundsatz des § 39 GBO mit den Ausnahmen nach § 40 GBO, insbesondere für Erben des im Grundbuch eingetragenen Grundstückseigentümers (s dazu Rdn 136 ff).

3302 Eine Auflassung, die ein **Vertreter ohne Vertretungsmacht** im Namen des Eigentümers erklärt hat, wird durch nachträgliche Genehmigung des Eigentümers wirksam (§ 177 BGB),[8] nicht jedoch dadurch, daß der Vertreter Eigentümer wird.[9] Die von einem Nichtberechtigten im eigenen Namen erklärte Auflassung wird wirksam unter den Voraussetzungen des § 185 BGB[10], also § 185 Abs 1 (vorherige Zustimmung = Einwilligung) oder § 185 Abs 2 BGB (nachträgliche Genehmigung, Erwerb des Gegenstandes durch den Verfügenden oder wenn der Nichtberechtigte durch den Berechtigten beerbt wird und dieser seine Haftung für Nachlaßverbindlichkeiten nicht mehr beschränken kann[11]).

3303 Lassen nur einige von **mehreren Erben** an den Erwerber auf, so bedarf die Genehmigung seitens der anderen Erben auch dann nicht der Form der Auflassung, wenn die auflassenden Erben ihre Erklärungen nur im eigenen Namen abgegeben haben (§§ 185, 184, 182 Abs 2 BGB)[12], zB weil sie über ein Nachlaßgrundstück in Unkenntnis des Umstandes verfügt haben, daß zur Erbengemeinschaft weitere Erben gehören. Läßt ein Gesamthänder im eigenen

---

[7] BayObLG 1986, 493 = DNotZ 1987, 365 = Rpfleger 1987, 110.
[8] RG 104, 259; KGJ 22 A 146; 36 A 195. Wechselt die Person des Verfügungsberechtigten zwischen Auflassung und Eintragung, so kann der neue Verfügungsberechtigte die Auflassung genehmigen und dadurch den nachträglich eingetretenen Mangel der Verfügungsberechtigung heilen, BayObLG MittBayNot 1967, 7. Ist der vollmachtlos Vertretene verstorben, können seine Erben nach § 177 BGB genehmigen, OLG Hamm MittBayNot 1979, 75 = Rpfleger 1979, 17.
[9] OLG Frankfurt Rpfleger 1997, 60.
[10] LG Aurich MDR 1987, 585 = NJW-RR 1987, 850 = Rpfleger 1987, 194.
[11] OLG Stuttgart DNotZ 1995, 147 = OLGZ 1994, 513 = Rpfleger 1995, 12; MünchKomm/Schramm Rdn 64 zu § 185 BGB.
[12] RG 152, 380; KG JW 1937, 3220.

C. Inhalt und Wirkungen der Auflassung

Namen ein gemeinschaftliches Grundstück an den anderen Gesamthänder auf, so stimmt letzterer als Erwerber der Auflassungserklärung des ersteren auch insoweit zu, als er selbst Teilhaber der Gemeinschaft und deshalb Mitveräußerer ist.[13] Auch die von einem Erben ohne Heranziehung des vorhandenen **Testamentsvollstreckers** erklärte Auflassung wird nachträglich durch die Genehmigung des Testamentsvollstreckers voll wirksam. Die Genehmigung in den vorstehenden Fällen muß gegenüber dem einen oder anderen bei der Auflassung mitwirkenden Vertragsteil erklärt und dem Grundbuchamt in der Form des § 29 GBO nachgewiesen werden. Eine nur dem Grundbuchamt gegenüber erklärte Genehmigung der Auflassung genügt nicht.[14] S dazu auch Rdn 3551 ff.

Besitzt der **Bevollmächtigte** bei der Auflassung bereits Vollmacht des Grundstückseigentümers, kann er sie dabei nur nicht in der Form des § 29 GBO nachweisen, so kann er vom Vollmachtgeber eine **Vollmachtsbestätigung** in dieser Form nachbringen (Rdn 3541, 3536). 3304

Die **Nichtigkeit** des **Verpflichtungsvertrags** hat die Nichtigkeit der darin enthaltenen **Auflassungsvollmacht** nicht zur Folge, wenn sie – wie meist – zur Sicherung des Vertragsvollzugs erteilt ist (s Rdn 3567). Zu weiteren Fällen der Auflassung durch Bevollmächtigte s Rdn 730. Zur Auflassungsvollmacht bei Tod von Vollmachtgeber und/oder Bevollmächtigtem s Rdn 3568 ff. 3305

Eine **Bedingung**, welche in einer Auflassungsvollmacht enthalten ist, steht der Beurkundung der Auflassung und der Eintragung der Eigentumsänderung nicht entgegen, wenn dem Grundbuchamt der Eintritt der Bedingung in der Form des § 29 GBO nachgewiesen ist.[15] Soll daher die Vollmacht von gewissen Bindungen oder Bedingungen abhängig gemacht werden, so ist genau zu prüfen, ob deren Eintritt in dieser Form überhaupt nachweisbar ist; wenn nicht, sollte klargestellt werden, daß sie nicht die Vollmacht, sondern nur den zugrunde liegenden Auftrag betreffen.[16] Eine Auflassungsvollmacht (für eine Teilfläche oder ein zu begründendes Wohnungseigentum) kann durch Verweisung auf einen beigefügten Lageplan in ihrem Umfang beschränkt sein.[17] Zur Auflassungsvollmacht für nicht vermessene Teilfläche, wenn endgültige Fläche abweicht s Rdn 870 mit Fußn 22. 3306

Prokura und Handlungsvollmacht ermächtigen regelmäßig nicht zur Auflassung (§§ 49, 54 HGB; s Rdn 3592 ff), wohl aber zu deren Entgegennahme (auf der Erwerberseite). 3307

Zum Verfahren, wenn zur Auflassung die **Genehmigung des Familien- oder Vormundschaftsgerichts** nötig ist, s Rdn 3737, 3747 ff. 3308

An die formgerecht erklärte Auflassung sind die Beteiligten gebunden (§ 873 Abs 2 BGB). Der Veräußerer kann sie nicht widerrufen. Will er nach erklär- 3309

---

[13] So wenigstens BayObLG mit krit Anm Bruhn Rpfleger 1956, 345.
[14] S dazu BGH 29, 370 = DNotZ 1959, 312 = Rpfleger 1959, 219 mit Anm Haegele. Der Notar, der eine Auflassung beurkundet hat, ist in der Regel auch ermächtigt, eine etwa erforderliche Genehmigungserklärung eines Vertragsteils entgegenzunehmen.
[15] KGJ 53 A 143.
[16] Zur diesbezüglichen Auslegung vgl BayObLG MittRhNotK 1988, 96 = Rpfleger 1988, 95.
[17] BayObLG MittBayNot 1985, 20 = Rpfleger 1985, 105; BayObLG (mitget) Rpfleger 1991, 193; OLG Hamm MittBayNot 1985, 197 = Rpfleger 1985, 288.

ter Auflassung den Eigentumswechsel verhindern, muß er eine einstweilige Verfügung nach § 938 ZPO erwirken, durch die dem Erwerber verboten wird, sich auf Grund der Auflassung das Eigentum zu verschaffen.[18]

3310 **Im Verhältnis zu Dritten** ist der Veräußerer nach erfolgter, aber noch nicht im Grundbuch eingetragener Auflassung noch zur Verfügung über das von der Auflassung betroffene Grundstück berechtigt. Ist die Auflassungsurkunde noch nicht beim Grundbuchamt eingegangen, so ist dieses, wenn es die Auflassung kennt, nicht befugt, einen Antrag des noch im Grundbuch eingetragenen Eigentümers auf Vollzug einer eingereichten weiteren Auflassung an einen Dritten zurückzuweisen, wenn er vollzugsreif ist.[19] Auch Eintragungen im Wege der Zwangsvollstreckung können zu diesem Zeitpunkt noch wirksam vorgenommen werden.

3. Einzelfragen beim Erwerber

3311 Wird ein Grundstück an mehrere Erwerber aufgelassen, ist nach einhelliger Meinung die Angabe des zwischen den Erwerbern bestehenden **Gemeinschaftsverhältnisses** notwendiger Inhalt der Auflassung. Im Hinblick auf die Angabe des Gemeinschaftsverhältnisses ist die Auflassung aber der Auslegung[20] und sogar der Umdeutung[21] (§ 140 BGB) zugänglich. Eine nochmalige Anführung des Verhältnisses, in welchem mehrere Personen ein Grundstück erwerben, in der Auflassung ist dann nicht erforderlich, wenn in dem mit der Auflassung verbundenen schuldrechtlichen Vertrag das Verhältnis genügend gekennzeichnet ist.[22]

3312 Ist die Angabe des Gemeinschaftsverhältnisses in der Auflassung fehlerhaft (Angabe eines Gesamthandsverhältnisses, zB eines Gesamthand-Güterstandes, wo ein solcher nach der einschlägigen Rechtsordnung nicht besteht, s dazu Rdn 762), so soll die Auflassung unwirksam sein (sofern auch eine

---

[18] RG 117, 290; 120, 118; BayObLG Rpfleger 1978, 306. Nach BayObLG 1972, 397 = DNotZ 1973, 298 steht die Verbindlichkeit einer Auflassung nach § 873 Abs 2 BGB weder der Zurücknahme des Eintragungsantrags entgegen noch begründet sie eine Bindungswirkung zugunsten Dritter aus eigenem Recht. Zum Erwerbsverbot Rdn 1649.
[19] BayObLG DNotZ 1984, 379 = Rpfleger 1983, 249.
[20] S auch OLG Hamm JMBlNRW 1964, 208. Lautet die Eintragungsbewilligung für die Auflassung auf die „Mitglieder der (betreffenden) Waldkorporation", so ist dies eine hinreichende Bezeichnung des für das Gemeinschaftsverhältnis maßgebenden Rechtsverhältnisses. Ist das Gemeinschaftsverhältnis nach § 47 GBO bereits im Grundbuch eingetragen und werden demselben Rechtsverhältnis neu zu buchende Grundstücke unterstellt, so genügt eine Eintragungsbewilligung, die erkennen läßt, daß sich das bereits eingetragene Rechtsverhältnis auch auf die neu hinzugekommenen Grundstücke erstrecken soll (BayObLG 1971, 125 = DNotZ 1971, 662); vgl auch LG Würzburg MittBayNot 1995, 467 (Grundbuchfähigkeit einer forstwirtschaftlichen Körperschaft nach Art 164 AGBGB).
[21] BayObLG 1983, 118 = DNotZ 1983, 754 = Rpfleger 1983, 346.
[22] HM, s OLG Düsseldorf DNotZ 1977, 611 Leits = MittBayNot 1977, 66 = MittRhNotK 1976, 594; Palandt/Bassenge Rdn 16; MünchKomm/Kanzleiter Rdn 21, je zu § 925 BGB; Böhringer BWNotZ 1985, 102 (104); ebenso LG Limburg JurBüro 1969, 92 mit zust Anm Haegele; LG Saarbrücken Rpfleger 1971, 358 mit zust Anm Lechner; aA OLG Frankfurt DNotZ 1971, 666 = Rpfleger 1971, 65 mit krit Anm Haegele.

C. Inhalt und Wirkungen der Auflassung

Auslegung oder Umdeutung ausscheidet) und die fehlerhafte Angabe des Gemeinschaftsverhältnisses nur durch Veräußerer und Erwerber gemeinsam in einer neuen Auflassung berichtigt werden können.[23] Es bestehen jedoch erhebliche Zweifel[24] an der Richtigkeit dieser Meinung über die Notwendigkeit der richtigen Angabe des Gemeinschaftsverhältnisses für die Wirksamkeit der Auflassung (und ihre Folge, Änderungen könnten nur durch Veräußerer und Erwerber gemeinsam, nicht durch die Erwerber allein vorgenommen werden). Der Wille des Veräußerers ist im Zweifel nur auf die Übertragung des Eigentums auf die Erwerber schlechthin gerichtet; in welchem Rechtsverhältnis die Erwerber untereinander stehen, ist dem Veräußerer gleichgültig. Ebenso wie nachträgliche Änderungen des Gemeinschaftsverhältnisses (nach Auflassung, aber vor Vollzug) die Wirksamkeit der Auflassung bestehen lassen,[25] muß dies für die Korrektur eines nicht zulässigen Gemeinschaftsverhältnisses durch ein dem gewollten Ergebnis wirtschaftlich entsprechendes Gemeinschaftsverhältnis durch die Erwerber gelten, so daß die Wirksamkeit der Auflassung von der Unrichtigkeit des Gemeinschaftsverhältnisses nicht berührt ist.[26] Auf jeden Fall aber liegt in der Auflassung an mehrere Erwerber in einem bestimmten Gemeinschaftsverhältnis die Einwilligung (§ 185 Abs 1 BGB) des Veräußerers, die Auflassung in diesem Punkt zu verändern, so daß die Erwerber ohne Mitwirkung des Veräußerers die Auflassung hinsichtlich des Gemeinschaftsverhältnisses ergänzen können (§ 925 BGB, § 29 GBO).[27]

Eine Auflassung an mehrere Erwerber als „Gesamtberechtigte nach § 428 BGB"[28] oder als sukzessiv Berechtigte (§ 925 Abs 2 BGB) ist unwirksam. Zur Auflassung an eine Erbengemeinschaft s Rdn 3137.

3313

---

[23] BayObLG 1958, 353 = DNotZ 1959, 200 = Rpfleger 1959, 128; OLG Hamm DNotZ 1965, 468; OLG Neustadt DNotZ 1965, 613.
[24] Hierauf weist Rehle DNotZ 1979, 196 zutreffend hin. Auch BGH 82, 346 = DNotZ 1982, 692 = NJW 1982, 1097 = Rpfleger 1982, 135 erkennt diese Gefährdungen des Erwerbers als nicht tragbar; ähnlich Meikel/Lichtenberger Rdn 226 ff zu § 20 GBO; auch Reithmann DNotZ 1985, 540 (546). Staudinger/Pfeifer Rdn 54 ff zu § 925 BGB „entschärft" diese Lehre dadurch, daß er dort, wo falsche Gemeinschaftsverhältnisse angegeben wurden (meist im Ehegüterrecht wurzelnd), „fast immer" durch Auslegung und/oder Umdeutung die Auflassung wirksam bleiben läßt.
[25] ZB Vereinbarung der Gütergemeinschaft (BayObLG 1975, 209 = DNotZ 1976, 174 = Rpfleger 1975, 302); Aufhebung der bei Auflassung bestehenden Gütergemeinschaft und Vereinbarung des gesetzlichen Güterstandes (OLG Köln MittRhNotK 1979, 192 = Rpfleger 1980, 16).
[26] Rehle DNotZ 1979, 196; Meikel/Lichtenberger Rdn 226 ff zu § 20; vgl auch BayObLG DNotZ 1982, 162 = Rpfleger 1982, 18: „... die Auflassung ist jedenfalls nicht deswegen materiell-rechtlich unwirksam, weil in ihr hinsichtlich des Eigentums ein unzutreffendes Gemeinschaftsverhältnis angegeben worden ist." Das mangelnde Interesse des Veräußerers am Gemeinschaftsverhältnis der Erwerber betont auch BGH 82, 346 = aaO (Fußn 24).
[27] OLG Köln MittRhNotK 1979, 192 = Rpfleger 1980, 16; LG Lüneburg Rpfleger 1994, 206 (auch wenn Erwerbsverhältnis fehlt); wie hier Palandt/Bassenge Rdn 16 zu § 925 BGB; Leikamm BWNotZ 1979, 164 (167). K/E/H/E Rdn 97 zu § 20 lösen diese Fälle mit Hilfe einer sehr weiten Auslegung und Umdeutung der materiell-rechtlichen Auflassungserklärung, für deren Grundbuchvollzug dann einseitige Bewilligung des Erwerbers in der Form des § 29 GBO genügt.
[28] BayObLG 1963, 128 = DNotZ 1964, 343.

3314 Auf der Erwerberseite kann jede rechtsfähige natürliche oder juristische Person auftreten; zum nicht rechtsfähigen Verein als Erwerber s Rdn 246; zur Auflassung an eine gegründete, aber noch nicht im Handelsregister eingetragene Personenhandelsgesellschaft oder Kapitalgesellschaft s Rdn 981 d und 987. Wirken bei Auflassung eines Grundstücks an eine **Gesellschaft nach BGB** (§§ 705 ff) alle Gesellschafter mit, so bedarf es weder der Vorlage des Gesellschaftsvertrags noch eines Nachweises über die Existenz der Gesellschaft überhaupt, da dies alles sich zumindest konkludent aus dem Zusammenwirken der Gesellschafter ergibt.[29] Handelt dagegen nur einer von mehreren Gesellschaftern, so muß er die Gründung (Nachweis des Bestehens ist mangels Registereintragung nicht möglich) der Gesellschaft und seine Vertretungsmacht in der Form des § 29 GBO (also durch notariell beurkundeten oder beglaubigten Gesellschaftsvertrag) nachweisen oder rechtsgeschäftliche Vollmachten der übrigen Gesellschafter vorlegen (wiederum in der Form des § 29 GBO). Sind an der erwerbenden BGB-Gesellschaft Minderjährige beteiligt, muß der Gesellschaftsvertrag wirksam zustande gekommen sein;[30] dies kann vom Grundbuchamt geprüft werden.

3315 Eine Auflassung an eine im Zeitpunkt der Auflassung noch nicht bestimmte und nicht bestimmbare Person ist unwirksam;[31] auch ein vollmachtloser Vertreter kann nicht vorbehaltlich Genehmigung für eine solche noch nicht bestimmte Person handeln.

3316 Hat der Erwerber dem Veräußerer oder einem Dritten Vollmacht zur Entgegennahme der Auflassung erteilt, so ist die zwischen Veräußerer und Bevollmächtigten erklärte Auflassung zugunsten des Erwerbers auch dann wirksam, wenn im Zeitpunkt der Erklärung der Erwerber bereits verstorben war; sie ist insoweit als Auflassung an die Erben des Verstorbenen auszulegen und umzudeuten;[32] zum Grundbuchvollzug ist Erbnachweis und entsprechender Antrag nötig; bei mehreren Erben sind diese wegen § 2041 BGB „in Erbengemeinschaft" einzutragen. Zum Tod des Erwerbers nach Auflassung s Rdn 3347.

3317 In der Auflassung liegt die **Ermächtigung** (§ 185 Abs 1 BGB) für den Erwerber, das Grundstück ohne seine Zwischeneintragung im eigenen Namen **an einen Dritten aufzulassen**, vorausgesetzt, daß die Auflassung rechtswirksam ist, insbesondere alle dazu erforderlichen Genehmigungen erteilt[33] sind. Das gilt (ausnahmsweise) nicht, wenn es dem Willen des Auflassenden widerspricht, daß für den Fall der Weiterveräußerung der Umweg der Zwischeneintragung des Auflassungsempfängers vermieden wird. Angenommen wurde das für den Fall,[34] daß der Erwerb des Dritten einer vertraglichen Zweck-

---

[29] LG Aachen MittRhNotK 1985, 215.
[30] OLG Zweibrücken DNotZ 1981, 42, besonders im Hinblick auf Vertretungsbeschränkungen bei der Gründung (§ 1795 Abs 1 Nr 1, § 181 BGB) und eine erforderliche familien- oder vormundschaftsgerichtliche Genehmigung (§ 1821 Abs 1 Nr 1, § 1822 Nr 3 BGB).
[31] BayObLG 1983, 275 = DNotZ 1984, 181 = Rpfleger 1984, 11.
[32] AA Groß BWNotZ 1984, 164.
[33] RG 129, 150 (153); 135, 378; BGH 106, 108 (112) = DNotZ 1990, 289 = NJW 1989, 1093 = Rpfleger 1989, 192; BayObLG 1970, 254 = DNotZ 1971, 45 = NJW 1971, 514; BayObLG NJW-RR 1991, 465. Einschränkend aber BGH NJW 1997, 936.
[34] BGH DNotZ 1998, 281 = NJW 1997, 936 = Rpfleger 1997, 207; so auch bereits BGH DNotZ 1998, 741 = NJW 1997, 860. Kritisch Streuer Rpfleger 1998, 314:

bestimmung zuwiderläuft (Bebauungspflicht; Rückauflassungsanspruch bei unberechtigter Weiterveräußerung). Unbedenklichkeitsbescheinigung für Eintragung sogleich des Dritten s Rdn 148. Die Ermächtigung ist durch – formlos zulässige – Aufhebung der ersten Auflassung zum Nachteil des Letzterwerbers bis zu dessen Eintragung im Grundbuch frei widerruflich[35] (§ 183 BGB). Die Ermächtigung zur Belastung des aufgelassenen Grundstücks durch den Erwerber zugunsten eines Dritten ist in der erklärten Auflassung regelmäßig nicht enthalten; dies gilt auch für die Bewilligung einer Auflassungsvormerkung für den Dritterwerber;[36] auch eine mit Zustimmung des Erstveräußerers eingetragene Auflassungsvormerkung sichert nichts, da der Eingetragene nicht Schuldner des Anspruchs ist (s Rdn 1493).

Wenn der Dritterwerber unmittelbar in das Grundbuch eingetragen werden soll, muß der Zwischenerwerber den etwa gestellten Antrag, ihn in das Grundbuch als Eigentümer einzutragen, ausdrücklich zurücknehmen. Wird ein Grundstück mehrfach hintereinander aufgelassen, kann also der letzte Erwerber seine unmittelbare Eintragung nur beantragen, wenn die Zwischenerwerber nicht ihrerseits ihre Eintragung beantragt oder wenn sie diesen Antrag zurückgenommen haben; sonst sind diese Anträge zu erledigen. Hat der Auflassungsempfänger zu Gunsten des Veräußerers (oder auf dessen Veranlassung zu Gunsten anderer Personen) Rechte an dem Grundstück bestellt und Antrag auf ihre Eintragung gestellt, so kann die in der Auflassung liegende Einwilligung in weitere Verfügungen über das Grundstück nur mit der Maßgabe als erteilt gelten, daß die bewilligten Rechte auch bei der unmittelbaren Eintragung eines späteren Erwerbers zur Eintragung kommen, und zwar im Rang vor nachher bewilligten Rechten. 3318

Ein pfändbares (Rdn 1599) und übertragbares **Anwartschaftsrecht** des Auflassungsempfängers[37] besteht nach der erneut bestätigten Rechtsprechung des BGH nur, wenn die Auflassung erklärt **und** der Umschreibungsantrag vom Erwerber gestellt[38] oder statt dessen eine Auflassungsvormerkung (§ 883 BGB) für den Erwerber eingetragen ist,[39] da in beiden Fällen eine einseitige Zerstörung der Rechtsposition des Erwerbers durch den Veräußerer nicht mehr möglich ist. Kein Anwartschaftsrecht besteht demnach, wenn zwar eine

---

Schutz des Veräußerers durch Vorbehalt in der Bewilligung, daß gleichzeitig die Rückauflassungsvormerkung eingetragen wird, der (regelmäßig) Zwischeneintragung des Ersterwerbers erfordert.

[35] BayObLG 1972, 397 = DNotZ 1973, 298 = MDR 1973, 407.
[36] BayObLG 1970, 254 = DNotZ 1971, 45 = Rpfleger 1970, 431; BayObLG 1979, 12 = DNotZ 1979, 426 = Rpfleger 1979, 134; MünchKomm/Kanzleiter Rdn 41 zu § 925 BGB.
[37] Vgl hierzu die vorzügliche Übersicht bei K/E/H/E Einl L 6 ff und Staudinger/Pfeifer Rdn 120 ff zu § 925 BGB; im übrigen Rdn 1589.
[38] BGH 106, 108 = aaO (Fußn 33); BGH 49, 197 = DNotZ 1968, 483 = Rpfleger 1968, 83; BGH DNotZ 1976, 96 = Rpfleger 1975, 432; außerdem BGH 45, 186 = DNotZ 1966, 673; OLG Jena DNotZ 1997, 158 = Rpfleger 1998, 101.
[39] BGH DNotZ 1982, 619 mit Anm Ludwig = NJW 1982, 1639 = Rpfleger 1982, 271; OLG Hamm DNotZ 1975, 488 = NJW 1975, 897 = Rpfleger 1975, 128; OLG Jena aaO; noch weitergehend (Antrag auf Vormerkung reicht unter Voraussetzungen des § 878 BGB) OLG Düsseldorf DNotZ 1981, 130 = Rpfleger 1981, 199 mit krit Anm Eickmann. Abl zu BGH aaO Reinicke u Tiedtke NJW 1982, 2281.

Auflassungsvormerkung eingetragen, die Auflassung aber noch nicht erklärt ist.[40]

3319 Zur **Abtretung** des rechtswirksamen und in der Form des § 311 b Abs 1 BGB begründeten Anspruchs auf Übertragung des Eigentums gegen den Veräußerer s Rdn 1516, 3106, 3147a, zur Verpfändung und Pfändung s Rdn 1555, 1595.

4. Voraussetzungen und Form der Auflassung

3320 Die Auflassung muß bei **gleichzeitiger Anwesenheit** von Veräußerer und Erwerber vor einem Notar oder einer sonst zuständigen Stelle erklärt werden (§ 925 BGB; Rdn 3337). Diese Erklärung soll nur entgegengenommen werden, wenn der notariell beurkundete Verpflichtungsvertrag (§ 311 b Abs 1 BGB) entweder vorgelegt oder gleichzeitig errichtet wird (§ 925a BGB). Bei Nichtvorlage oder nicht gleichzeitiger Errichtung des Verpflichtungsvertrags ist die Beurkundung der Auflassung abzulehnen. Ein Verstoß gegen § 925a BGB macht die Auflassung aber nicht nichtig.

3321 Die erforderliche **gleichzeitige Anwesenheit** beider Vertragsteile bedeutet nicht, daß sie persönlich anwesend sein müssen. Sie können sich auch durch Bevollmächtigte vertreten lassen. Vollmachtlos vertretene Beteiligte können der Auflassung noch nachträglich zustimmen (§ 177 BGB bei Vertretung, § 185 BGB bei Handeln im eigenen Namen), wobei die Form der – bereits vorgenommenen – Auflassung nicht eingehalten zu werden braucht. Eine in einem Vertragsangebot vom Grundstückseigentümer einseitig erklärte Auflassung ist trotz Annahme des Angebots durch den Erwerber unwirksam, da es hier am Erfordernis der gleichzeitigen Anwesenheit mangelt; zur Abhilfe durch Vollmacht s Rdn 901.

3322 Handelt bei der Auflassung ein **Bevollmächtigter,** so genügt es, daß er im Zeitpunkt der Auflassung Vollmacht hatte. Diese kann auch durch eine nachträgliche Vollmachtsbestätigung nachgewiesen werden (Rdn 3536). Zur Zeit des Eingangs der Auflassung beim Grundbuchamt braucht die Vollmacht nicht mehr zu bestehen, sie kann also inzwischen widerrufen werden, ohne daß dies die erklärte Auflassung unwirksam macht.[41] Verfahrensrechtlich muß allerdings der Bevollmächtigte, wenn er den Antrag auf Eigentumsumschreibung stellt, nachweisen, daß seine Vollmacht noch im Zeitpunkt des Eingangs des Eintragungsantrags beim Grundbuchamt bestanden hat (wegen § 13 GBO). Zum Prüfungsrecht des Grundbuchamts in diesem Fall s Rdn 3579, 3581.

Eine Auflassungsvollmacht (s zu ihr auch Rdn 3305ff) ermächtigt nicht auch zur Auflassung an denjenigen, an den der Erwerber seinen Auflassungsanspruch abgetreten hat,[42] wohl aber an den Universalrechtsnachfolger (Erben).

3323 Einem **Notar,** der das Verpflichtungsgeschäft beurkundet hat, kann **nicht** in der gleichen Urkunde eine **Auflassungsvollmacht** erteilt werden (§ 3 Abs 1

---

[40] BGH MittBayNot 2000, 245 (246) = NJW 2000, 1268 (1269).
[41] BayObLG DNotZ 1983, 752.
[42] KGJ 52 A 202; KG OLG 40, 274; OLG Hamm MittBayNot 2001, 394 = NJW-RR 2001, 376.

C. Inhalt und Wirkungen der Auflassung

Nr 5 BeurkG).[43] Auf einen seiner Angestellten kann der Notar eine solche Vollmacht beurkunden. Die systematische, insbesondere formularmäßig Bevollmächtigung von Notarangestellten zur Erklärung der Auflassung ist jedoch standeswidrig.[44]

Materiell-rechtlich bedarf die Auflassung zu ihrer Wirksamkeit **keiner Beurkundung**.[45] Ist daher die Auflassung vor einem deutschen Notar erklärt, liegt aber keine wirksame Urkunde wegen Verstoßes gegen zwingende Vorschriften des Beurkundungsrechts (zB fehlende Unterschrift eines Beteiligten) vor, so geht bei Eintragung ins Grundbuch das Eigentum über.[46] Der Notar hat die Auflassung nach den Vorschriften über die Beurkundung von Willenserklärungen (§§ 8 ff BeurkG) zu beurkunden. Bloße Unterschriftsbeglaubigung genügt nicht[47] (§ 29 GBO), ebenso nicht eine Urkunde in Form einer bloßen Niederschrift nach §§ 36, 37 BeurkG[48], auch nicht in Form einer sog Eigenurkunde[49] oder eines Berichtigungsvermerks nach § 44 a BeurkG (zur Ersetzung einer fehlerhaft unterbliebenen Unterschrift eines Beteiligten).[50] Dem Grundbuchamt ist die Erklärung der Auflassung in der Form des § 29 GBO nachzuweisen; hierzu ist ordnungsgemäße Beurkundung notwendig.[51]

3324

Die Auflassung kann in einer **Anlage** zur notariellen Niederschrift erklärt werden (§ 9 Abs 1 S 2 BeurkG).[52] Es genügt, nur diese Anlage in beglaubigter Abschrift zum Vollzug der Auflassung vorzulegen, wenn dem Grundbuchamt der Vertrag bereits vorliegt (s Rdn 854). Die Feststellung, daß die Beteiligten

3325

---

[43] KGJ 24 A 6; LG Oldenburg Rpfleger 1980, 224.
[44] So Schreiben der Landesnotarkammer Bayern vom 3. 10. 1978, das auch auf die von Angestellten übernommenen Risiken hinweist. Diese Haftung des Notarangestellten (neben der des Notars) betont BGH MittBayNot 2003, 154 = NotBZ 2003, 111 mit Anm Schlee. Vgl auch Brambring DNotI-Report 1998, 184; zu undifferenziert vCampe DNotZ 2000, 109 (119). Wegen der Vergütung des Angestellten, soweit eine solche überhaupt zulässig ist, s Bink JurBüro 1959, 261; 1960, 159 und 1968, 943. Nach BSG MDR 1969, 340 ist die etwaige Vergütung beitragspflichtiges Entgelt. Die Verfügung unterliegt auch der Lohnsteuer (so BSG aaO). Die Vergütung kann nicht in der Kostenrechnung nach § 154 KostO erhoben werden.
[45] RG 99, 65; 132, 408; BGH 22, 312 = NJW 1957, 459; BGH DNotZ 1993, 55 = NJW 1992, 1101 (1102); BayObLG MittBayNot 1994, 39 und MittBayNot 1998, 339 = DNotI-Report 1998, 129; OLG Celle MDR 1948, 258; kritisch zur Gültigkeit dieses Satzes mit eingehender Untersuchung des historischen Hintergrundes der Rechtsprechung Huhn Rpfleger 1977, 199 und Pajunk, Die Beurkundung als materielles Formerfordernis der Auflassung (2002).
[46] BGH 22, 312 und NJW 1992, 1101 = je aaO; BayObLG aaO (je Fußn 45).
[47] BayObLG DNotZ 2001, 560 mit Anm Reithmann = NJW-RR 2001, 734 = Rpfleger 2001, 228.
[48] So aber Fuchs-Wissemann Rpfleger 1977, 9 und neuerlich 1978, 431; ebenso LG Oldenburg Rpfleger 1980, 224; dagegen Huhn Rpfleger 1977, 199; Staudinger/Pfeifer Rdn 76 zu § 925 BGB mit weit Nachw; Ertl MittBayNot 1992, 102.
[49] BayObLG DNotZ 2001, 560 = aaO. Für die (bei Auflassung) ausgesetzte Bewilligung (Rdn 3203) reicht dagegen notarielle Eigenurkunde aus, OLG Frankfurt MittBayNot 2001, 225.
[50] BayObLG DNotZ 2001, 557 (558) mit Anm Reithmann S 563 = MittBayNot 2001, 202 mit abl Anm Kanzleiter.
[51] BayObLG aaO (Fußn 47, 50). Vgl Demharter Rdn 27 zu § 20 sowie Rdn 44.
[52] OLG München DFG 1940, 17 = DNotZ 1940, 289.

bei der Erklärung der Auflassung gleichzeitig anwesend waren, ist nicht erforderlich,[53] wird aber vielfach getroffen.

3326 Die Auflassung ist **mündlich** zu erklären. Ein bestimmter Inhalt für sie ist zwar gesetzlich nicht vorgeschrieben. Bloßes Stillschweigen des Erwerbers zur Erklärung des Veräußerers genügt jedoch nicht. Erforderlich ist vielmehr eine ausdrückliche und deutliche Willenskundgebung. Ausreichend ist allerdings, wenn sich aus den Erklärungen beider Vertragsparteien die Einigung über den Eigentumsübergang ergibt.[54] Es reicht zB aus, wenn der Veräußerer erklärt, daß er das Eigentum am Grundstück auf den Erwerber überträgt und wenn der Erwerber diese Erklärung annimmt[55] Ebenso reicht es aus, wenn der Veräußerer erklärt, daß er die Eintragung des Erwerbers im Grundbuch bewilligt und wenn der Erwerber den Eintragungsantrag stellt.[56]

3327 Formellrechtlich bedarf es eines – schriftlichen – **Eintragungsantrags** (§ 13 Abs 1 GBO), der in aller Regel in die Auflassungsurkunde mitaufgenommen wird. Im allgemeinen genügt es, nur den Erwerber den Eintragungsantrag stellen zu lassen. Wird das Verpflichtungsgeschäft zugleich mit der Auflassung beurkundet, so ist eine **räumliche Trennung** der beiden Geschäfte nicht erforderlich.

3328 Die **Bezeichnung des Grundstücks** hat bei der Auflassung formell-rechtlich nach § 28 S 1 GBO zu erfolgen, es ist also das Grundstück übereinstimmend mit dem Grundbuch oder durch Hinweis auf das Grundbuchblatt zu bezeichnen. Ein Verstoß gegen diese Vorschrift ist aber sachenrechtlich unschädlich, wenn das Grundstück zweifelsfrei bezeichnet ist.[57] Unterbliebene Bezeichnung des Grundstücks nach § 28 S 1 GBO ist in der Form des § 29 GBO nachzuholen, wobei die Erklärung eines der Beteiligten genügt,[58] wenn die materiell-rechtliche Auflassung wirksam, dh bestimmt genug ist. Ist der Notar zur Nachholung der Bezeichnung in seiner notariellen Urkunde bevollmächtigt, kann er diese Bezeichnung in sog notarieller Eigenurkunde (Unterschrift und Siegel) wirksam treffen (s Rdn 164). Zur Parzellenverwechslung s Rdn 3149.

---

[53] Staudinger/Pfeifer Rdn 83 zu § 925 BGB; LG München I MittBayNot 1989, 31.
[54] RG 54, 381; OLG München JFG 4, 326.
[55] BayObLG BWNotZ 1994, 20 und DNotZ 2001, 557 (558) = aaO (Fußn 50).
[56] RG 54, 382; KG JW 1928, 125; KG HRR 1936, 137. Eine feststellende Formulierung, der vorhandene Grundbesitz gehöre nunmehr den Eheleuten zu hälftigem Miteigentum, enthält keine Auflassung, OLG Frankfurt Rpfleger 1973, 394. Im Rechtsmittelverzicht allein liegt keine Bestätigung oder Wiederholung einer unwirksamen Auflassungserklärung, BayObLG FamRZ 1972, 569 = MittBayNot 1972, 257 = Rpfleger 1972, 400.
[57] RG 78, 376; OLG Hamm DNotZ 1958, 644 mit Anm Hieber.
[58] KG HRR 1930, 1507; ferner BayObLG NJW 1966, 600 mit abl Anm Schmaltz (abl auch K/E/H/E Rdn 107 zu § 20) = Rpfleger 1967, 177 mit zust Anm Haegele; ähnlich OLG Celle RdL 1961, 180; LG Ulm BWNotZ 1970, 91; Demharter Rdn 32 zu § 20; Weber MittBayNot 1965, 59; ebenso BayObLG 1974, 112 (115) = DNotZ 1974, 441 = Rpfleger 1974, 222; BGH DNotZ 1966, 172: Haben die Beteiligten die Auflassung eines Grundstücks erklärt, den Eigentumsübergang eines Teiles des Grundstücks aber übereinstimmend nicht gewollt, so ist die Auflassung jedenfalls insoweit nicht wirksam, als sie auch bezüglich jenes Teils erklärt wurde. Insoweit ist für einen gutgläubigen Erwerb nach § 892 BGB kein Raum.

C. Inhalt und Wirkungen der Auflassung

Zur Auflassung eines noch nicht vermessenen **Trennstücks** s Rdn 884 ff. Ist ein ganzes Grundstück aufgelassen, so kann nach Wegmessung einer Teilfläche nicht die Umschreibung der Restfläche auf Grund der „alten" Auflassung erfolgen.[59] Die Auflassung eines Wohnungseigentums ist wirksam und vollziehbar, auch wenn zwischenzeitlich die Teilungserklärung und Gemeinschaftsordnung durch Änderungen am Gemeinschaftseigentum oder anderen Sondereigentumseinheiten oder durch Gebrauchsregelungen geändert wurde.[60] Wegen der Grundstücksbezeichnung im Zuge einer Baulandumlegung oder Flurbereinigung s Rdn 3872, 4033.

3329

5. Bedingungen und Befristungen bei der Auflassung

Eine Auflassung, die unter einer **rechtsgeschäftlichen Bedingung** oder einer **Zeitbestimmung** erfolgt, ist unheilbar nichtig (§ 925 Abs 2 BGB). Eine in dem schuldrechtlichen Vertrag enthaltene Bedingung kann aber nicht ohne weiteres auf die in der gleichen Urkunde erklärte Auflassung bezogen werden,[61] doch ist urkundliche Klarstellung in diesem Sinne zweckmäßig. Unwirksam ist die Auflassung unter der Bedingung, daß das schuldrechtliche Geschäft wirksam ist.[62]

3330

Ein Rücktrittsvorbehalt in einem notariellen Kaufvertrag, in dem zugleich die Auflassung erklärt ist, ist im Zweifel dahin auszulegen, daß er sich nur auf den schuldrechtlichen Vertrag, dagegen nicht auf die Auflassung beziehen soll.[63]

3331

Eine Auflassung, bei der nur der grundbuchliche Vollzug, nicht aber die Einigung über den Eigentumsübergang von einer Bedingung oder Zeitbestimmung abhängig gemacht ist, ist bedingungslos und damit wirksam erklärt.[64] Weisen die Beteiligten also anläßlich der Beurkundung der Auflassung den Notar an, den Antrag auf Eintragung der Eigentumsänderung nicht vor einem bestimmten Zeitpunkt zu stellen, so liegt darin keine Befristung der Auflassung.[65] Ebenso sind verschiedene in einer Urkunde unbedingt erklärte Auflassungen wirksam, wenn damit zB der Vollzug der Eigentumsumschreibung vor oder nach Änderung der Teilungserklärung nach WEG sichergestellt werden soll.[66]

3332

Wird in einem **Prozeßvergleich** auch die Auflassung eines Grundstücks erklärt, behält sich jedoch jede Partei den Widerruf des Vergleichs binnen bestimmter

3333

---

[59] BayObLG MittBayNot 1978, 155 = Rpfleger 1978, 447; vgl andererseits LG Köln MittRhNotK 1979, 75.
[60] BayObLG MittBayNot 1984, 183 = Rpfleger 1984, 408.
[61] OLG München DFG 1943, 147; LG Stuttgart BWNotZ 1984, 19; BayObLG (mitget) Rpfleger 1987, 152.
[62] HM, vgl KG JFG 14, 221; OLG Celle DNotZ 1974, 735; OLG Düsseldorf JMBl 1957, 160; MünchKomm/Kanzleiter Rdn 25 zu § 925 BGB; aA Eickmann Rpfleger 1973, 345.
[63] KG DNotZ 1926, 51; OLG Düsseldorf JMBlNRW 1957, 160 = MDR 1957, 479; OLG Oldenburg Rpfleger 1993, 330.
[64] LG München DNotZ 1950, 33; Brambring FS Hagen S 253 ff.
[65] BGH NJW 1953, 1301; OLG Düsseldorf NJW 1954, 1041; vgl hierzu auch OLG Hamm DNotZ 1975, 686 mit abl Anm Ertl DNotZ 1975, 644; Haegele BWNotZ 1975, 101; Herrmann MittBayNot 1975, 172; Riggers JurBüro 1975, 1430; zum Verfahren der Vollzugsanweisung auch Rdn 3203.
[66] AG München MittBayNot 1989, 93.

4. Teil. II. Grundstücksauflassung und Eigentumseintragung

Frist vor, so ist die Wirksamkeit (aufschiebend oder auflösend) bedingt und die Auflassung daher unwirksam.[67] Das gleiche gilt für die Auflassung eines Grundstücks im Ehescheidungsprozeß für den Fall der Scheidung der Ehe.[68]

3334 Zulässig sind dagegen bei der Auflassung die sog **Rechtsbedingungen.** Um solche handelt es sich zB, wenn ein Veräußerungsvertrag zu seiner Wirksamkeit kraft Gesetzes der Genehmigung einer Behörde (Landwirtschaftsbehörde, Familien- oder Vormundschaftsgericht, Aufsichtsbehörde usw) oder der Zustimmung des Berechtigten (Auflassung durch einen vollmachtlosen Vertreter) bedarf. Das Vorliegen einer solchen Rechtsbedingung berührt die Wirksamkeit einer Auflassung nicht.[69] Dies gilt auch dann, wenn die außerhalb der Willensbildung der Beteiligten liegende Rechtsbedingung im Kaufvertrag samt Auflassung ausdrücklich als noch fehlend erwähnt wird, es sei denn, sie ist zur – bei der Auflassung unzulässigen – rechtsgeschäftlichen Bedingung gemacht worden.[70] Ist aber eine Auflassungsvollmacht oder eine familien- oder vormundschaftsgerichtliche Genehmigung selbst nur bedingt erteilt worden, so muß diese – rechtsgeschäftliche – Bedingung bei der Auflassung erfüllt sein (s Rdn 3306, 3733).

3335 Wird die Eigentumsumschreibung auf Grund einer bedingten oder befristeten Auflassung irrtümlich vollzogen, so überträgt sie gleichwohl das Eigentum nicht; das Grundbuch wird unrichtig.

3336 Zulässig ist eine Bestimmung anläßlich der Auflassung, daß die Eigentumseintragung im Grundbuch **nicht ohne gleichzeitige Eintragung** der im Verpflichtungsvertrag bestellten dinglichen Rechte erfolgen darf (§ 16 Abs 2 GBO).

6. Zuständigkeit zur Beurkundung einer Auflassung

3337 Zuständig zur Beurkundung einer Auflassung ist **jeder deutsche**[71] Notar (vgl Art 11 Abs 5 EGBGB, § 925 BGB). Dabei kommt es nicht darauf an, ob das den Gegenstand der Veräußerung bildende Grundstück in seinem Amtsbezirk

---

[67] BGH NJW 1988, 415; OLG Celle DNotZ 1957, 660; OLG Stuttgart Justiz 1967, 218. Dies gilt nach BayObLG 1972, 257 = FamRZ 1972, 569 = Rpfleger 1972, 400 auch dann, wenn das Urteil im gleichen Termin noch verkündet und wegen beiderseitigen Rechtsmittelverzichts rechtskräftig wurde. S auch LG Aachen Rpfleger 1979, 61; vgl weiter Meyer-Stolte Rpfleger 1981, 472; Schmidt SchlHAnz 1980, 81; Wichers SchlHAnz 1980, 124; aA nur – unter bemerkenswerter Mißachtung des klaren Gesetzes und der restlichen Rechtsprechung einschließlich des BGH – BVerwG NJW 1995, 2179 = Rpfleger 1995, 497.

[68] OLG Celle, OLG Stuttgart, BayObLG, je aaO (Fußn 67).

[69] OLG Celle DNotZ 1957, 660. Auch die Auflassung eines erst künftig entstehenden Miteigentumsanteils, verbunden mit künftig entstehendem Teileigentum, ist daher wirksam, BayObLG (mitget) Rpfleger 1985, 486.

[70] RG 96, 193; KGJ 36 A 198.

[71] Vor einem **ausländischen** Notar kann die Auflassung über ein in Deutschland belegenes Grundstück **nicht** wirksam erklärt werden, OLG Köln DNotZ 1972, 489 = OLGZ 1972, 321 = Rpfleger 1972, 134; KG DNotZ 1987, 44 = OLGZ 1986, 319 = Rpfleger 1986, 428; LG Ellwangen MittRhNotK 2000, 252; Palandt/Heldrich Rdn 9 zu Art 11 EGBGB; Kropholler ZHR 1976, 410; Blumenwitz DNotZ 1968, 712; Döbereiner ZNotP 2001, 465; aA Heinz ZNotP 2001, 460. Zur Unwirksamkeit von in Österreich errichteten Notariatsurkunden (Auflassungen) in Deutschland s Landesnotarkammer Bayern MittBayNot 1964, 172 = DNotZ 1964, 451.

C. Inhalt und Wirkungen der Auflassung

oder in dem Lande, in dem er zum Notar bestellt ist, gelegen ist oder nicht (§ 20 Abs 2 BNotO; § 1, § 64 BeurkG). Dagegen reicht für die Auflassungsvollmacht die Einhaltung der Ortsform.[72] Der Notar muß zur Entgegennahme der Auflassung bereit sein.

Zuständig ist ferner **jedes Gericht** im Rahmen eines protokollierten[73] **gerichtlichen Vergleichs** (§ 127a BGB).[74] Ob sich das Verfahren nach Zivilprozeß oder nach dem Recht der freiwilligen Gerichtsbarkeit abwickelt, ist unerheblich. Zuständig ist jede Instanz, vor der der Vergleich geschlossen wird. Ausreichend ist eine das gerichtliche Verfahren ganz oder teilweise abschließende Vereinbarung,[75] es muß also nicht ein Vergleich im strengen Sinne des § 779 BGB gegeben sein. Erforderlich ist nur, daß die Auflassung mit einer der vorgenannten Vereinbarungen sachlich zusammenhängt. Erforderlich, aber auch ausreichend ist die Wahrung der **prozeßrechtlichen Form**[76] (§ 127a BGB).[77] Wegen – nicht ausreichender – bedingter Vergleiche s Rdn 3333. Zuständig zur Beurkundung einer Auflassung sind ferner die ermächtigten Berufs- und Honorarkonsularbeamten nach Maßgabe der §§ 10, 12, 19, 24 Konsulargesetz v 11. 9. 1974, BGBl I 2317. 3338

Im bad und im württ Rechtsgebiet ist die Befugnis der **Ratschreiber** zur Beurkundung der Auflassung und zur Beurkundung entsprechender schuldrechtlicher Verträge aufrechterhalten geblieben (s § 60 Nr 68, § 61 Abs 4 BeurkG); deren Zuständigkeit bestimmt sich jetzt nach § 32 Abs 3 LFGG (s Rdn 43). 3339

Andere Personen und Stellen als die vorgenannten sind (mit der aus Rdn 3341 erwähnten Ausnahme)[78] zur Beurkundung einer Auflassung nicht mehr zuständig; insbesondere nicht mehr Amtsgericht und Grundbuchamt (§ 57 Abs 3 Nr 3 BeurkG, § 29 GBO idF des § 57 Abs 6, 7 BeurkG; vgl Rdn 42); vgl dazu § 55 Nr 6, 9, 10 BeurkG. 3340

---

[72] Einhellige Meinung, OLG Stuttgart DNotZ 1981, 746 = Rpfleger 1982, 137; Palandt/Heldrich Rdn 21 zu Art 11 EGBGB; aA nur Ludwig NJW 1983, 495 (unrichtig, da der Formzweck des § 925 BGB bei einer Vollmacht als Vorwegnahme des Hauptgeschäfts [s Rdn 3537, 3541] nicht zutrifft).
[73] Daher keine Auflassung in einem schriftlichen Vergleich nach § 278 Abs 6 ZPO (hier nicht Anwesenheit beider Teile; Zöller/Stöber Rdn 12 zu § 794 ZPO).
[74] Auch Vergleiche im verwaltungsgerichtlichen Verfahren (BVerwG NJW 1995, 2179 = Rpfleger 1995, 497; Walchshöfer NJW 1973, 1103; aA noch BayVGH BayVBl 1972, 664), Vergleiche vor dem Strafgericht (OLG Stuttgart NJW 1964, 110), in Landwirtschaftssachen (BGH 14, 381; aA Keidel DNotZ 1952, 104); vgl dazu Palandt/Bassenge Rdn 8 zu § 925 BGB.
[75] So auch Hesse aaO; aA Keidel DNotZ 1952, 104.
[76] Ebenso BGH 14, 390.
[77] Nach OLG Saarbrücken OLGZ 1969, 210 mit Nachw (ebenso Walchshöfer NJW 1973, 1103; Meikel/Brambring Rdn 132 zu § 29) genügt die Anführung des **Prozeßbevollmächtigten** im Vergleichsprotokoll zum Nachweis seiner (keiner Unterschriftsbeglaubigung bedürfenden) Vollmacht. Im Hinblick auf § 29 GBO, § 88 Abs 2 ZPO ist dies sehr bedenklich; Staudinger/Pfeiffer Rdn 82; Palandt/Bassenge Rdn 30, je zu § 925 BGB.
[78] Bestehen geblieben sind allerdings auch noch die Vorschriften über die Beurkundung im Rückerstattungsverfahren (§ 5 Abs 3 BayVO vom 15. 4. 1948 – BayRS 250-1-F und § 2 HessVO vom 28. 4. 1950 – GVBl 1950, 65). Diese Vorschriften hatten nur noch vorübergehende Bedeutung (vgl § 61 Abs 1 Nr 10 BeurkG).

3341 Durch das BeurkG nicht berührt worden ist die Zuständigkeit der Amtsgerichte (als Nachlaßgerichte) zur **amtlichen Vermittlung von Nachlaß- und Gesamtgutsauseinandersetzungen** gem § 86 ff FGG. Da bei Vorhandensein von Grundbesitz in solchen Fällen dessen Auflassung erforderlich ist, besteht insoweit noch eine Zuständigkeit der Nachlaßgerichte zur Beurkundung. Zuständig ist für das gesamte Verfahren der Rechtspfleger (§ 3 Nr 2 c RPflG).[79]

D. Verfahren vor dem Grundbuchamt

1. Vorlage und Prüfung der Auflassung

3342 Dem Grundbuchamt ist die vor einem Notar (oder einer sonst zuständigen Stelle) über die Auflassung errichtete Urkunde in Ausfertigung oder beglaubigter Abschrift[1] vorzulegen (§ 20 GBO; dazu Rdn 108). Das Grundbuchamt hat nur zu **prüfen**, ob die **Auflassung ordnungsmäßig beurkundet** ist (s Rdn 3324). Die Voraussetzung, daß dem Notar bei Beurkundung der Auflassung der schuldrechtliche Veräußerungsvertrag in beurkundeter Form vorgelegen hat (§ 925 a BGB), ist vom Grundbuchamt nicht zu prüfen.[2] Für den Vollzug der Eigentumsumschreibung reicht daher die Vorlage eines formgerechten Auszugs aus einer notariellen Urkunde (auch einer Anlage, s Rdn 3325), in der die Auflassungserklärung beurkundet und der Vertragsgegenstand genau beschrieben ist, aus.[3]

3343 § 20 GBO ist Ordnungsvorschrift und vom Grundbuchamt zu beachten. Wird dennoch die Auflassung erst nach der Eigentumsumschreibung erklärt, so geht das Eigentum mit der nachträglich beurkundeten Auflassung auf den Erwerber über.[4] Zu der Eintragung des Erwerbers im Grundbuch ist dann zu vermerken, daß und wann die wirksame Auflassung nachgeholt worden ist.

2. Vorliegen der erforderlichen Genehmigungen

3344 Die Eigentumsumschreibung setzt neben einer ordnungsmäßigen Auflassung den Nachweis der öffentlichrechtlichen **Genehmigungen** voraus, die nach den verschiedensten Rechtsgrundlagen im Grundstücksverkehr erforderlich sind (s Rdn 147). Einzelheiten s Rdn 3800 ff.

---

[79] In Bayern sollen die Nachlaßgerichte nach Art 38 Abs 3 AGGVG v 23. 6. 1981 (BayRS 300-1-1) die Auseinandersetzung einem Notar überweisen, sofern nicht der Notar kraft Auftrags eines Beteiligten nach § 38 Abs 2 AGGVG für die Vermittlung der Auseinandersetzung zuständig ist .
[1] Vorlage einer beglaubigten Abschrift der Auflassungsurkunde an das Grundbuchamt ist ausreichend. S insbesondere LG Hanau MittBayNot 1966, 7 = MittRhNotK 1965, 483; auch LG Flensburg SchlHA 1969, 201.
[2] LG Darmstadt DNotZ 1941, 433; OLG Schleswig SchlHA 1960, 314.
[3] BayObLG DNotZ 1981, 570 = Rpfleger 1981, 233. Zur Überprüfung, ob die Auflassung einer behördlichen Genehmigung bedarf oder ein gemeindliches Vorkaufsrecht besteht, kann gelegentlich die Vorlage der Urkunde in vollem Wortlaut verlangt werden; BayObLG DNotZ 1981, 570 = aaO (Fußn 3).
[4] BGH NJW 1952, 622; BayObLG MittBayNot 2002, 114 = Rpfleger 2002, 303.

3. Einfluß des Todes einer Vertragspartei

Auf die Wirksamkeit der Auflassung (§ 925 BGB) ist es ohne Einfluß, wenn 3345
der Veräußerer oder der Erwerber danach, aber vor Eigentumsumschreibung
stirbt (§ 130 Abs 2 BGB). Der Tod des Grundstücks**veräußerers** ist nicht dem
Verlust der Verfügungsbefugnis gleichzustellen (s § 878 BGB). Entscheidend
kommt es lediglich auf den Zeitpunkt der Abgabe der Auflassungserklärung
an. Der Gesamtrechtsnachfolger dessen, der die Erklärung abgegeben hat, ist
an die Auflassung gebunden.[5] Ob diese Erklärung dem Grundbuchamt bereits vor dem Tode des Veräußerers eingereicht worden ist oder nicht, ist
ohne Bedeutung. Der Umstand, daß die Auflassungserklärung beim Grundbuchamt erst eingeht, wenn Grundbuchberichtigung durch Eintragung der
Erben bereits erfolgt ist, berührt die Wirksamkeit der noch vom Veräußerer
selbst abgegebenen Auflassungserklärung nicht.[6] Die Auflassung ist bindend
(dazu Rdn 109) und damit auch durch die Erben nicht widerruflich (§ 873
Abs 2 BGB). Bindend ist ebenso die Eintragungsbewilligung als Eintragungsgrundlage (Rdn 107b). Nicht Gesamtrechtsnachfolger ist jedoch der rechtsgeschäftliche Erwerber des Eigentums, so ein Miterbe nach Auflassung bei
Erbauseinandersetzung und Eintragung als Alleineigentümer, ein Dritter, der
das Grundstück inzwischen erworben hat; die Auflassungserklärung des Erblassers ermöglicht in einem solchen Fall (ebenso wie dessen Eintragungsbewilligung; dazu Rdn 107b), Grundbucheintragung daher nicht.[7]

Um die vom Erblasser abgegebene Auflassungserklärung durch Eigentums- 3346
umschreibung auf den Erwerber (Käufer) in das Grundbuch vollziehen zu
können, bedarf es weder der vorherigen Eintragung der Erben des Veräußerers
noch deren Eintragungsbewilligung oder Zustimmung (§ 40 Abs 1 GBO).[8]
Den erforderlichen Eintragungsantrag (§ 13 Abs 1 GBO) kann der Käufer,
falls er dies noch nicht getan hat, selbst schriftlich stellen und unter Vorlage
einer Ausfertigung oder beglaubigten Abschrift dadurch die Eigentumsumschreibung herbeiführen.[9] Auch der beurkundende Notar kann den Antrag
stellen (§ 15 GBO; § 53 BeurkG).

Stirbt der **Erwerber (Käufer) nach** Entgegennahme der **Auflassung** und wird 3347
dies dem Grundbuchamt (das hierwegen aber keine Erhebungen anzustellen
braucht) bekannt, so darf er nicht mehr als Eigentümer in das Grundbuch
eingetragen werden, da nur lebende (rechtsfähige) Personen im Grundbuch

---

[5] BGH 48, 351 (356) = DNotZ 1968, 414 = Rpfleger 1968, 49; BayObLG 1973, 139 (141) = DNotZ 1973, 609 = Rpfleger 1973, 296; BayObLG 1990, 306 (312) = MittRhNotK 1991, 22 (23) = NJW-RR 1991, 361 (362). Zum grundbuchlichen Vollzug eines Grundstückskaufvertrags nach dem Tode eines Vertragsbeteiligten s auch Kofler MittRhNotK 1971, 671.
[6] BGH 48, 351 (356) = aaO; BayObLG 1990, 306 (312) = aaO.
[7] BayObLG 1999, 104 = NJW-RR 1999, 1393.
[8] BayObLG 27, 298; 34, 68. Zur Eintragung der Eigentumsänderung auf Grund einer vom Erblasser erklärten Auflassung bedarf es der Zustimmung des als Eigentümer eingetragenen Erbeserben auch dann nicht, wenn dieser das Grundstück nach dessen Veräußerung an einen Dritten von diesem zurückerworben hat (BayObLG 1973, 139 = aaO [Fußn 5]).
[9] BayObLG 23, 169.

zu buchen sind.¹⁰ An Stelle des Käufers treten seine Erben. Sie sind, da die Auflassung für den Käufer bindend geworden ist, bei Nachweis ihres Erbrechts in der Form des § 35 GBO in das Grundbuch in Erbengemeinschaft einzutragen. Einer besonderen Auflassung zugunsten der Erben des Käufers bedarf es nicht mehr.¹¹ Wird das Erbrecht der Erben des Käufers nachgewiesen, so kann jeder von ihnen schriftlich den Eintragsantrag stellen; der Zustimmung der anderen Erben bedarf er nicht.¹²

Wird der verstorbene Käufer vom Grundbuchamt in Unkenntnis seines Todes in das Grundbuch eingetragen, so ist diese Eintragung zwar ordnungswidrig, aber keineswegs materiell unwirksam oder inhaltlich unzulässig. Es liegt in einem solchen Falle nur eine unzutreffende Bezeichnung des Berechtigten vor.¹³

4. Sonstige Fragen zur Auflassung

3348 Das Grundbuchamt darf die Eigentumsumschreibung auf Grund einer zusammen mit dem Kaufvertrags vorgelegten Auflassung nicht aus dem Grunde ablehnen, weil auf dem veräußerten Grundstück **Grundpfandrechte** eingetragen sind, die in dem Vertrag **keine besondere Regelung** gefunden haben; denn ein Prüfungsrecht bezüglich des schuldrechtlichen Vertrags hat das Grundbuchamt grundsätzlich nicht (s Rdn 3299, 208); zum Vollzug der Auflassung, obwohl Löschungsbewilligung für noch obligatorischen Vertrag zu löschende Rechte nicht vorliegen s Rdn 92 mit Fußn 30.

3349 Eine Auflassung, die **noch nicht** durch Eintragung der Eigentumsänderung auf den Erwerber **vollzogen** ist, kann **aufgehoben** werden. Materiell-rechtlich ist dafür keine Form vorgeschrieben.¹⁴ Nach Verpfändung (§ 1276 S 1 BGB) oder nach Pfändung des Auflassungsanspruchs oder der Anwartschaft aus Auflassung muß jedoch der Pfandgläubiger zustimmen. Verfahrensrechtlich hat das Grundbuchamt eine ihm bekanntgewordene Aufhebung der Auflassung als eintragungshindernde Tatsache nach den Grundsätzen zu berücksichtigen, die für Verwendung und Würdigung von Erfahrungssätzen gelten (s Rdn 160).

3350 Das Grundbuchamt kann – anders als das Prozeßgericht – eine Auflassung nicht entgegen dem Wortlaut der beurkundeten Eintragungsunterlagen auslegen, solange der Wortlaut nicht offensichtlich und zwingend unrichtig oder unvollkommen ist.¹⁵

---

¹⁰ KGJ 36 A 277; LG Darmstadt JFG 10, 212; KG Rpfleger 1975, 133; kritisch hierzu Hagena Rpfleger 1975, 389.
¹¹ RG JW 1926, 1955; KG JFG 7, 325; BayObLG 33, 299; aA LG Darmstadt JFG 10, 212.
¹² BayObLG 33, 299.
¹³ RG JW 1926, 1955.
¹⁴ BayObLG 1954, 141 (147); Staudinger/Pfeifer Rdn 89; MünchKomm/Kanzleiter Rdn 30, je zu § 925 BGB.
¹⁵ BayObLG 1974, 112 = DNotZ 1974, 441 = Rpfleger 1974, 222; BayObLG DNotZ 1995, 56 = Rpfleger 1994, 344; s aber auch Rdn 172 ff.

III. Güterrechtliche Fragen

A. Gesetzlicher Güterstand der Zugewinngemeinschaft

Literatur (Hinweise insbesondere zu dem im Rahmen des Grundbuchrechts interessierenden § 1365 BGB): Böhringer, Der Zeitpunkt der Kenntnis bei Grundstücks-Rechtsgeschäften nach § 1365 BGB, BWNotZ 1987, 56; Braga, „Die subjektive Theorie" oder was sonst? FamRZ 1967, 652; Haegele, Die Verpflichtungs- und Verfügungsbeschränkungen bei Zugewinngemeinschaft im Grundstücksverkehr, Rpfleger 1959, 4 und 242; Haegele, Neues um § 1365 BGB im Bereich des Grundstücksrechts, Rpfleger 1960, 271; Krauter und Panz, Die Bedeutung des § 1365 BGB für die Praxis des Notars, Vormundschaftsgerichts und Grundbuchamts, BWNotZ 1978, 75; Künzl, Heilung schwebend unwirksamer Gesamtvermögensgeschäfte eines Ehegatten? FamRZ 1988, 452; Mülke, Zur Verwaltungsbeschränkung des § 1365 Abs 1 BGB; AcP 161, 129; Reithmann, Schutz des Rechtsverkehrs bei Geschäften mit verheirateten Personen, DNotZ 1961, 3; Riedel, Zur Problematik des § 1365 BGB, MDR 1962, 4; Staudenmaier und Haegele, Testamentsvollstreckung und § 1365 BGB, Rpfleger 1960, 385; Tiedtke, Der Zeitpunkt, zu dem die subjektiven Voraussetzungen des § 1365 BGB vorliegen müssen, FamRZ 1975, 65; Tiedtke, Die Zustimmungsbedürftigkeit der Auflassungsvormerkung im Güterstand der Zugewinngemeinschaft, FamRZ 1976, 320; Wörbelauer, Zum Begriff der Verfügung über das Vermögen im Ganzen (§ 1365 BGB), NJW 1960, 793.

1. Bestehen der Zugewinngemeinschaft

Zugewinngemeinschaft (§§ 1363–1390 BGB) ist (seit 1. 7. 1958) der **gesetzliche Güterstand** für deutsche Staatsangehörige. Zum Güterstand deutscher Staatsangehöriger, die Vertriebene, Aussiedler oder Flüchtlinge sind, s Rdn 3403 ff, zum Güterstand der Eigentums- und Vermögensgemeinschaft nach dem Familiengesetzbuch der vormaligen DDR s Rdn 3400. Zum Güterrecht ausländischer Staatsangehöriger und zum deutschen internationalen Privatrecht s Rdn 3409 ff. Zugewinngemeinschaft besteht dann, wenn die Eheleute nicht durch notariellen Ehevertrag (bzw die nachstehend behandelte einseitige Gütertrennungserklärung, oder bis 2. 10. 1992 durch Erklärung nach Art 234 § 4 Abs 2 EGBGB) Abweichendes bestimmt haben. Der Güterstand gilt unter dieser Voraussetzung mithin

3351

a) in allen Ehen, die seit 1. 7. 1958 geschlossen wurden (Art 8 II Nr 4 GlBerG),

b) in den vor dem 1. 4. 1953 geschlossenen Ehen, in denen bis dahin der gesetzliche Güterstand der Nutzverwaltung des Mannes bestanden hat und bis 1. 7. 1958 auf Grund des GlBerG Gütertrennung galt, wenn nicht einer der Ehegatten bis spätestens 30. 6. 1958 einseitig dem Amtsgericht gegenüber in notarieller oder gerichtlicher Urkunde erklärt hat, daß für die Ehe auch über den 30. 6. 1958 hinaus Gütertrennung gilt (Art 8 I Nr 3 GlBerG),

c) in den zwischen dem 1. 4. 1953 und dem 21. 6. 1957 geschlossenen Ehen – in denen bis 1. 7. 1958 kraft des Gleichberechtigungsgrundsatzes ebenfalls Gütertrennung galt – unter den gleichen Voraussetzungen des Nichtausschlusses ihres Eintritts durch einseitige Erklärung gegenüber dem Amtsgericht (Art 8 I Nr 4 GlBerG),

d) in den ab 21. 6. 1957 bis zum 30. 6. 1958 geschlossenen Ehen, in denen bis dahin ebenfalls Gütertrennung bestand, ohne die aus Buchst b und c ersichtliche Ausschlußmöglichkeit (Art 8 I Nr 4 zweiter Halbsatz GlBerG),

e) in den vor dem 1. 4. 1953 geschlossenen Ehen, in denen bis 30. 6. 1958 kraft Gesetzes die Gütertrennung des BGB bisheriger Fassung (vgl §§ 1364, 1436, 1426, 1418, 1420) bestand, dann, wenn die Gütertrennung eingetreten war, weil

aa) eine in der Geschäftsfähigkeit beschränkte Frau die Ehe ohne Einwilligung ihres gesetzlichen Vertreters geschlossen hat, oder

bb) die Verwaltung und Nutznießung des Mannes geendet hat, nachdem über sein Vermögen der Konkurs eröffnet worden ist, oder

cc) die Verwaltung und Nutznießung des Mannes geendet hat, weil der Mann für tot erklärt oder der Zeitpunkt seines Todes nach den Vorschriften des Verschollenheitsgesetzes festgestellt worden ist, er aber am 1. 7. 1958 noch gelebt hat,

in allen Fällen unter e) vorausgesetzt, daß nicht ein Ehegatte einseitig die aus Buchstb b und c ersichtliche Erklärung gegenüber dem Amtsgericht abgegeben hat, welche die Gütertrennung weiterbestehen läßt (Art 8 I Nr 5 GlBerG),

f) für alle Eheleute, die am 3. Okt. 1990 (Beitritt) im gesetzlichen Güterstand der Eigentums- und Vermögensgemeinschaft des Familiengesetzbuchs der ehem DDR gelebt haben, wenn nicht vorher ein Ehevertrag geschlossen und bis 2. Okt. 1992 keine Erklärung über die Fortgeltung des Güterstands der Eigentums- und Vermögensgemeinschaft abgegeben wurde (Art 234 § 4 EGBGB; dazu Rdn 3400).

2. Verfügungsrechte und Verfügungsbeschränkungen bei Zugewinngemeinschaft

a) Grundsätze

3352 Bei der Zugewinngemeinschaft bleiben die **Vermögen** von Mann und Frau ohne jede Ausnahme **getrennt** (§ 1363 Abs 2 BGB). Jeder Ehegatte ist über sein Vermögen **allein verfügungsberechtigt** und bedarf zu Verpflichtungs- und Verfügungsgeschäften (auch über seinen Grundbesitz) grundsätzlich nicht der Mitwirkung des anderen Ehegatten. Neben der hier nicht weiter interessierenden Verfügungsbeschränkung bei Gegenständen des ehelichen Haushalts (§ 1369 BGB) enthält jedoch **§ 1365 BGB** eine wichtige **Einschränkung** dieses Grundsatzes:

Jeder Ehegatte kann sich **nur mit Einwilligung des anderen Ehegatten** verpflichten, über **sein Vermögen im ganzen** zu verfügen, also insbesondere insoweit Veräußerungs- oder Belastungsgeschäfte vorzunehmen. Hat er sich ohne Zustimmung des anderen Ehegatten zu einer solchen Verfügung verpflichtet, so kann er die Verpflichtung nur erfüllen, wenn der andere Ehegatte einwilligt (§ 1365 Abs 1 BGB). Zweck dieser Vorschrift ist zu verhindern, daß das gesamte Vermögen eines Ehegatten, das die wirtschaftliche Grundlage der ehelichen Gemeinschaft bildet und damit auch dem anderen Ehegatten dient, ohne dessen Zustimmung der ehelichen Gemeinschaft entzogen wird und daß die möglichen Zugewinnausgleichsansprüche durch solche Verfügungen gefährdet werden.¹ § 1365 BGB enthält eine **absolute Verfügungsbeschränkung**.² Hat der Ehegatte dem Verpflichtungsgeschäft zugestimmt, ist eine Zustimmung zur entsprechenden Verfügung (Erfüllungsgeschäft) nicht mehr nötig; § 1365 Abs 1 S 2 BGB bindet nur solche Verfügungen an die Zustimmung des anderen Ehegatten, die zur Erfüllung einer nach Satz 1 genehmigungspflichtigen, aber nicht genehmigten Verpflichtung vorgenommen werden.³ Das Schwergewicht liegt bei § 1365 BGB auf den Verpflichtungsgeschäften. Wer sich wirksam zu einer Verfügung über sein Vermögen im gesamten oder nahezu im ganzen verpflichtet hat, kann diese Verpflichtung auch dann ohne Zustimmung des anderen Ehegatten erfüllen, wenn er zwischen Verpflichtung und Erfüllung geheiratet hat oder nach Abschluß des Verpflichtungsgeschäfts, aber vor Erfüllung sein weiteres Vermögen verloren hat, so daß nunmehr Gesamtvermögensverfügung vorliegt.⁴ Daher bedarf auch ein Verfügungsgeschäft keiner Ehegattenzustimmung (§ 1365 BGB), wenn es der Erfüllung einer vertraglichen (oder gesetzlichen) Rückübertragungsverpflichtung dient,⁵ anders bei freiwilliger Rückgängigmachung eines Veräußerungsvertrags mit Rückübereignung.⁶

b) Beschränkungen im einzelnen

Zustimmungsbedürftig sind die – relativ seltenen – Verfügungen über das Vermögen im ganzen im Sinne des § 311 b Abs 3 BGB (durch entsprechende Einzelübertragungsakte) und die Verpflichtung hierzu. § 1365 BGB ist damit auf Verfügungen über einen Vermögensbruchteil nicht anwendbar, soweit dieser nicht im Sinne der Einzeltheorie (s Rdn 3354) nahezu das gesamte Vermögen darstellt.⁷ Als Vermögen gilt immer das Aktivvermögen, nicht das Nettovermögen (also der Überschuß des Aktiv- über das Passivvermögen). 3353

Erhebliche Bedeutung für Verfügungen über Grundstücke hat § 1365 BGB dadurch, daß als Verfügung über das Vermögen im ganzen auch die Verfügung eines Ehegatten über einzelne oder mehrere Gegenstände seines Vermögens gilt, wenn 3354

– dieser Gegenstand oder die Mehrheit der Gegenstände **objektiv** sein ganzes oder nahezu sein **ganzes Vermögen** darstellt⁸ (siehe Rn 3355) **und**

---

¹ BGH DNotZ 1978, 428 (430) = NJW 1978, 1380 (1381) = Rpfleger 1978, 207 (208); BayObLG 1975, 12 = NJW 1975, 833 = Rpfleger 1975, 129.
² BGH 40, 218 = MDR 1964, 132 = NJW 1964, 347 mit zahlr Nachw; Reithmann DNotZ 1961, 7.
³ MünchKomm/Koch Rdn 37; Staudinger/Thiele Rdn 7 a, je zu § 1365 BGB.
⁴ LG Duisburg DNotZ 1969, 424; MünchKomm/Koch Rdn 37 zu § 1365 BGB.
⁵ LG Köln MittRhNotK 1983, 10.
⁶ OLG Oldenburg FamRZ 1965, 272 = Rpfleger 1965, 519 mit Anm Haegele.
⁷ BGB-RGRK/Finke Rn 2 zu § 1365; MünchKomm/Gernhuber (3. Aufl) Rdn 7 zu § 1365 BGB; Riedel DRiZ 1963, 186; Tiedau MDR 1958, 377; Koeniger DRiZ 1959, 372. Damit ist allerdings auch die Ansicht unrichtig, daß die Übertragung nur eines Bruchteils des Vermögens nie von § 1365 BGB erfaßt werden kann (so Mülke AcP 161, 144).
⁸ Hinsichtlich Einzelgegenständen heute hM: BGH 35, 135 = BB 1961, 654 mit Anm Tiefenbacher = FamRZ 1961, 302 (mit Anm Meyer-Stolte FamRZ 1961, 363) = MDR 1961, 673 (dazu Tiedau MDR 1961, 721) = NJW 1961, 1301 = Rpfleger 1961, 233 mit Anm Haegele. Nach dieser Entscheidung findet § 1365 BGB auch auf einen Erb-

– **subjektiv** der Dritte positiv weiß oder zumindest die Verhältnisse kennt, daß durch das Rechtsgeschäft über einen Gegenstand im wesentlichen das ganze Vermögen erfaßt wird (hierzu Rn 3363).

3355 Die Entscheidung der Frage, wann eine Verfügung über einen **einzelnen** Gegenstand eine Gesamtvermögensverfügung darstellt, setzt einen Vergleich des verbleibenden Vermögens mit dem Wert des durch die Verfügung (oder Verpflichtung) betroffenen Vermögens voraus; dabei sind jeweils die **objektiven** Werte maßgebend. Für den Vermögensvergleich ist auch unpfändbares Vermögen heranzuziehen,[9] da die Möglichkeit des Zwangszugriffs für § 1365 BGB keine Rolle spielt. Ein Wohnrecht hat mangels Übertragbarkeit keinen Veräußerungswert und zählt nicht zum sonstigen Aktivvermögen.[10] Laufende und zukünftige Einkünfte (Lohn- und Gehalts-, Renten- und Versorgungsansprüche) zählen beim Wertvergleich nicht mit,[11] anders jedoch künftige Ansprüche, die auf Antrag des Berechtigten durch Kapitalisierung abgegolten werden können (zB private Lebensversicherung).[12] Es kann auch vorsichtig die Abgrenzung zwischen dem Zugewinnausgleich (für den Wertvergleich einbeziehen) und dem Versorgungsausgleich (für Wertvergleich nicht einbeziehen) unterliegenden Anwartschaften herangezogen werden. Die Gegenleistungen, die für die Verfügung erbracht werden (Kaufpreis), werden beim Vermögensvergleich nicht berücksichtigt, so daß es für § 1365 BGB keine Rolle spielt, ob die Verfügung entgeltlich oder unentgeltlich erfolgt.[13]

3356 Da Vermögen im Sinne des § 1365 BGB das Aktivvermögen ist, bleiben persönliche Verbindlichkeiten sowohl hinsichtlich des Verfügungsgegenstandes wie hinsichtlich des Restvermögens außer Betracht. Dagegen sind dingliche **Belastungen** (Grundpfandrechte, Reallasten usw) sowohl bei der Wertberech-

---

teilungsvertrag Anwendung, durch den der einzige Nachlaßgegenstand auf einen von 2 Erben (Geschwistern) gegen Geldabfindung des anderen Erben übertragen worden ist. Hiergegen Haegele Rpfleger 1961, 237; kritisch auch Reinicke Betrieb 1965, 1351; Riedel Rpfleger 1961, 233 und MDR 1962, 7.
Wenn a) die Miterben sich nach der Maßgabe der gesetzlichen Bestimmungen auseinandersetzen, also die teilbaren Nachlaßgegenstände teilen, die unteilbaren versteigern und den Erlös teilen (§ 2042 BGB); b) die Miterben sich durch Vertrag in der Weise auseinandersetzen, daß jeder Miterbe einen Teil der Nachlaßgegenstände erhält, dürfte § 1365 BGB nicht vorliegen, Reinicke aaO; OLG München FamRZ 1971, 93 = MittBayNot 1970, 165. Den unter b) genannten Fall kann man wohl als Normalfall einer Erbteilung bezeichnen. Mit ihm hat sich der BGH noch nicht auseinandergesetzt.
[9] Streitig; wie hier MünchKomm/Koch Rdn 20; Staudinger/Thiele Rdn 29; Soergel/Lange Rdn 18, je zu § 1365 BGB; KG NJW 1976, 717; aA OLG Frankfurt NJW 1960, 2190; Riedel Rpfleger 1961, 261; Riedel MDR 1962, 4 (7) und DRiZ 1963, 182; Palandt/Brudermüller Rdn 5 zu § 1365 BGB.
[10] OLG Celle FamRZ 1987, 942.
[11] HM, BGH Betrieb 1975, 1744 = WM 1975, 865; BGH 101, 225 = DNotZ 1988, 174 = NJW 1987, 2673; BGH DNotZ 1990, 307 = NJW 1990, 112 = Rpfleger 1989, 404; OLG Karlsruhe FamRZ 1974, 306; aA OLG Frankfurt FamRZ 1984, 698; Finger JZ 1975, 461.
[12] Staudinger/Thiele Rdn 31 zu § 1365 BGB.
[13] Allgemeine Meinung; BGH 35, 145 = NJW 1961, 1304; BayObLG 1959, 442 = DNotZ 1960, 310 = NJW 1980, 821; OLG Hamm NJW 1960, 1466; Beitzke JR 1961, 342; Mülke AcP 161, 146. Gegenteiliger Ansicht Meyer-Stolte FamRZ 1961, 363; Rittner FamRZ 1961, 1; Schulz-Kersting JR 1959, 137.

A. Gesetzlicher Güterstand der Zugewinngemeinschaft

nung des verbleibenden Vermögens wie bei der Wertberechnung des veräußerten Gegenstands vom Aktivwert **abzuziehen**.[14] Der Wert eines erst bei der Veräußerung vorbehaltenen Nießbrauchs bleibt jedoch unberücksichtigt.[15]

Das Bedürfnis nach Rechtssicherheit verlangt eine klare und voraussehbare Abgrenzung nach Prozentsätzen, wann eine Verfügung über einen Gegenstand das gesamte Vermögen erfaßt und damit zur Anwendung des § 1365 BGB führt.[16] Durch den BGH[17] sind jetzt solche Grenzen gezogen; verbleibt nach der Einzelverfügung noch ein Vermögen von 30% oder mehr, so ist § 1365 BGB in keinem Fall mehr erfüllt; verbleiben noch höchstens 10%, so genügt dies nur bei mittlerem oder größerem[18] Vermögen; bei kleinerem Vermögen (bis ca. 100 000 DM) liegt die Grenze, bei der § 1365 BGB nicht mehr vorliegt, bei 15% Restvermögen. Im Gegensatz zur Gläubigerschutzvorschrift des (aufgehobenen) § 419 BGB[19] kommt es bei § 1365 BGB beim Vermögensvergleich nicht auf die Art und Zusammensetzung des verbleibenden Vermögens an. 3357

Bei Grundstücksveräußerungen ist die Prüfung der Zustimmungsbedürftigkeit nach den vorgenannten Kriterien vorzunehmen. Ist auf den Ehegatten größerer Grundbesitz eingetragen, von dem nur ein Teil veräußert oder belastet werden soll, so wird eine solche Verfügung meist nicht vorliegen. Will ein Ehegatte dagegen über den **gesamten** auf ihn im Grundbuch eingetragenen **Grundbesitz** auf einmal verfügen (Betriebs-, Anwesens- oder Hofübergabe), so wird der hier behandelte Tatbestand in aller Regel gegeben sein.[20] 3358

Das **Eingehen einer Geldschuld** (Kaufpreisschuld, Darlehen, Bürgschaft) ist weder eine Verfügung noch eine Verpflichtung, über bestimmte das Vermögen verkörpernde Gegenstände zu verfügen;[21] § 1365 BGB ist in solchen Fällen auch nicht anwendbar, wenn zur Erfüllung einer solchen Geldschuld das ganze Vermögen des Ehegatten herangezogen werden müßte;[22] ausgenommen sind jedoch bewußte Umgehungsgeschäfte. 3359

---

[14] BGH 77, 293 = DNotZ 1981, 43 = NJW 1980, 2350 = Rpfleger 1980, 423; BayObLG MittBayNot 1981, 31 = Rpfleger 1981, 62; MünchKomm/Koch Rdn 17 ff; Staudinger/Thiele Rdn 28; BGB-RGRK/Finke Rdn 4, je zu § 1365 BGB.
[15] OLG Hamm FamRZ 1997, 675 = MittBayNot 1997, 107.
[16] Dieses Bedürfnis der Praxis betont zu Recht BGH 77, 293 = aaO (Fußn 14) gegenüber allen Versuchen, immer nur den konkreten Einzelfall ohne feste Wertgrenze – nachträglich (!) – zu beurteilen; wie hier MünchKomm/Koch Rdn 23 ff, und Soergel/Lange Rdn 16, je zu § 1365 BGB.
[17] BGH 77, 293 = aaO (Fußn 14). Die früheren Entscheidungen anderer Gerichte zur Mindesthöhe des verbleibenden Vermögens sind damit überholt.
[18] BGH DNotZ 1992, 239 = NJW 1991, 1739 = Rpfleger 1991, 309 und 457 mit Anm Gerken; LG Frankfurt Rpfleger 1992, 433.
[19] BGH DNotZ 1983, 761 (762).
[20] Zur Frage, ob § 1365 BGB auch bei Verfügungen eines **Vorerben**, etwa zugunsten des Nacherben, in Frage kommen kann, – verneinend - Eble Rpfleger 1970, 419 und – bejahend – Haegele Rpfleger 1970, 422.
Auf den **Testamentsvollstrecker** findet § 1365 BGB keine Anwendung, s Rdn 3434.
[21] MünchKomm/Koch Rdn 45 zu § 1365 BGB; BGH FamRZ 1983, 455; aA Mülke AcP 161, 129; kritisch auch Bosch FamRZ 1983, 456; einschränkend Staudinger/Thiele Rdn 6 zu § 1365 BGB.
[22] BGH FamRZ 1983, 455; OLG Rostock NJW 1995, 3127.

3360 Bei **Belastung** eines Grundstücks mit einem Grundpfandrecht kommt – wenigstens nach überwiegender Ansicht[23] – § 1365 BGB nur zur Anwendung, wenn das Grundstück das wesentliche Vermögen des Ehegatten darstellt und das Grundpfandrecht den Verkehrswert nahezu erschöpft. Feste Wertgrenzen werden nicht gebildet; die Grenze von $7/10$ des Verkehrswerts (vgl § 30a Abs 3, § 74a, § 114a ZVG) hat sich nicht durchsetzen können.[24] Folgt man dieser herrschenden Ansicht, so muß man zu dem Ergebnis kommen, daß die hypothekarische Belastung eines Grundstücks dann nicht der Mitwirkung des anderen Ehegatten bedarf, wenn mit ihr der Verkehrswert des Grundstücks bei Zusammenrechnung aller Belastungen überschritten wird.[25] Eine Restkaufgeldhypothek fällt als Erwerbsmodalität ebenso wenig unter § 1365 BGB wie die Bestellung von Grundpfandrechten zur Sicherung eines zum Grunderwerb aufgenommenen Kredits.[26] Bei der Eigentümergrundschuld ist die Abtretung, nicht die Bestellung, Verfügung im Sinne § 1365 BGB.[27]

3361 Für Reallasten (die nicht Gegenleistung für die Grundstücksüberlassung sind) gelten die gleichen Grundsätze wie für Grundpfandrechte.[28] Die Bestellung eines Vorkaufsrechts fällt nie unter § 1365 BGB;[29] bei Dienstbarkeiten wird selten der Wert des Grundstücks ausgeschöpft, so daß § 1365 BGB ausscheidet.[30] Zum Nießbrauch s Rdn 1380; zum Wohnungsrecht s Rdn 1259; zum

---

[23] OLG Hamm NJW 1959, 104; OLG Düsseldorf DNotZ 1959, 259; BayObLG FamRZ 1960, 31; 1967, 337; MünchKomm/Koch Rdn 63 ff; Staudinger/Thiele Rdn 48; Soergel/Lange Rdn 33, je zu § 1365 BGB; Reithmann DNotZ 1961, 3; Riedel MDR 1961, 4 und DRiZ 1963, 180; Haegele Rpfleger 1959, 6 und 245; Hoche NJW 1958, 2069; Bosch FamRZ 1958, 294, 377, 469, 470 und 1959, 119, 168, 240. Gegen jede Anwendung des § 1365 BGB bei Bestellung von Grundpfandrechten MünchKomm/Gernhuber (3. Aufl) Rdn 61 zu § 1365 BGB; ebenso schon Wörbelauer NJW 1960, 793; Rittner FamRZ 1961, 1. Die Meinung (Böttcher Rpfleger 1985, 1 (2) mit weit Nachw in Fußn 20), ohne Rücksicht auf die Höhe des Grundpfandrechts sei ein Fall des § 1365 BGB anzunehmen, wenn nur das belastete Grundstück das gesamte Vermögen darstellt, ist abzulehnen; sie kann aus der bloßen Möglichkeit der späteren Verwertung des Grundstücks nicht hergeleitet werden.

[24] Vgl etwa Dunker MDR 1963, 978 und Riedel Rpfleger 1961, 266 mit zahlr Nachw; gegen diese Grenze (für Einzelfallbeurteilung) BGB-RGRK/Finke Rdn 17; Staudinger/Thiele Rdn 48, je zu § 1365 BGB.

[25] Sog Schornsteinhypothek. Vgl in diesem Sinne LG Stade Rpfleger 1963, 51 mit Anm Haegele; Riedel DRiZ 1963, 182, 184 und Rpfleger 1961, 266.

[26] OLG Hamm FamRZ 1959, 166; BayObLG FamRZ 1960, 31; LG Wuppertal MittBayNot 1960, 88 = MittRhNotK 1960, 2; Ripfel Justiz 1966, 49 (50); Weimar MDR 1961, 909; Riedel Rpfleger 1961, 261 (268); MünchKomm/Koch Rdn 62 zu § 1365 BGB; aA Schulz-Kersting JR 1959, 137 und FamRZ 1959, 68.

[27] OLG Frankfurt FamRZ 1960, 500 = Rpfleger 1960, 289; OLG Hamm DNotZ 1960, 320 = Rpfleger 1960, 224; LG Landshut MittBayNot 1987, 259; Haegele Rpfleger 1960, 273 (291); Staudinger/Thiele Rdn 49 zu § 1365 BGB.

[28] AA Böttcher Rpfleger 1985, 1 (3); sein Hinweis auf die Verwertung der Reallast durch Zwangsversteigerung ist nicht durchschlagend, sonst müßte auch die Begründung einer bloß schuldrechtlichen – geringen – Leibrente oder sonstigen Geldschuld zustimmungspflichtig sein.

[29] Schippel DNotZ 1961, 24 (28); Riedel DRiZ 1963, 182 (186); Staudinger/Thiele Rdn 50; Soergel/Lange Rdn 37; MünchKomm/Koch Rdn 56, je zu § 1365 BGB; aA AG Bremen Rpfleger 1960, 370 mit krit Anm Haegele.

[30] BGH DNotZ 1990, 307 = aaO (Fußn 11).

A. Gesetzlicher Güterstand der Zugewinngemeinschaft

Erbbaurecht Rdn 1719. Die Löschung eines Grundpfandrechts (§ 875 BGB) kann unter § 1365 BGB fallen, wenn die weiter bestehende Forderung infolge Wegfalls der dinglichen Sicherung praktisch entwertet ist.[31] Für die Bewilligung einer Vormerkung gilt § 1365 BGB nicht, da sie keine dingliche Belastung im eigentlichen Sinn ist; vor allem hängt sie in ihrer Wirksamkeit vom Bestehen eines wirksamen schuldrechtlichen Anspruchs ab; ist dieser (zB Anspruch auf Grundstücksübereignung) wirksam begründet (weil er vor Eheschließung begründet wurde oder weil der Ehegatte zugestimmt hat) ist die Vormerkung nur eine Verstärkung; fehlt ein wirksamer Anspruch (zB mangels Ehegattenzustimmung) sichert die Vormerkung nichts.[32]

Maßgebender **Zeitpunkt** für die Zustimmungsbedürftigkeit ist der Abschluß 3362 des Verpflichtungsgeschäfts. Wird nach Abschluß eines zustimmungsbedürftigen Rechtsgeschäfts die Ehe rechtskräftig geschieden, so bleibt das Rechtsgeschäft zustimmungsbedürftig; die schwebende Unwirksamkeit des Rechtsgeschäfts wird nicht beendet;[33] auch nach Scheidung kann der andere Ehegatte die Rechte aus § 1368 BGB geltend machen.[34] Allerdings ist nach rechtskräftiger Scheidung erneuter Abschluß des gleichen Rechtsgeschäfts durch den geschiedenen Ehegatten ohne Zustimmung möglich;[35] dies gilt auch, wenn nur der Scheidungsausspruch rechtskräftig, die Entscheidung über den Zugewinnausgleich aber infolge Abtrennung aus dem Scheidungsverbund noch anhängig ist.[36] Dagegen wird das ohne Zustimmung abgeschlossene Rechtsgeschäft wirksam, wenn der andere Ehegatte verstirbt, gleichgültig, ob der Zugewinnausgleich erbrechtlich (§ 1371 Abs 1 BGB) oder güterrechtlich (§ 1371 Abs 2 BGB) durchgeführt wird.[37] Hat der andere Ehegatte die Zustimmung vor seinem Tod verweigert, wird das Rechtsgeschäft nur wirksam, wenn die Vertragsparteien vor dem Tod die schwe-

---

[31] Staudinger/Thiele Rdn 54 zu § 1365 BGB; LG Bremen FamRZ 1959, 244.
[32] BayObLG 1976, 15 = DNotZ 1976, 421 = Rpfleger 1976, 129; Tiedtke FamRZ 1976, 320; Staudinger/Thiele Rdn 53; Soergel/Lange Rdn 38, je zu § 1365 BGB; Böttcher Rpfleger 1985, 1 (3); aA Palandt/Brudermüller Rdn 6 zu § 1365 BGB.
[33] So BGH DNotZ 1978, 428 = Rpfleger 1978, 207 unter audrücklicher Ablehnung der gegenteiligen Ansicht von BayObLG 1972, 144 = DNotZ 1973, 358 = Rpfleger 1972, 255.
[34] BGH FamRZ 1983, 1101 = NJW 1984, 609; aA OLG Celle NJW-RR 2001, 866, das eine „Heilung" (?) des schwebend unwirksamen Geschäfts vorsieht, wenn Zugewinnausgleichsansprüche wegen Verjährung nicht mehr geltend gemacht werden können.
[35] LG Konstanz BWNotZ 1983, 169 mit Anm Ludwig.
[36] AA – unrichtig – OLG Hamm DNotZ 1984, 491 = OLGZ 1984, 23 = Rpfleger 1984, 15, das vollständig übersieht, daß bis zur Einführung des Scheidungsverbunds durch das 1. Eherechtsreformgesetz Rechtskraft der Scheidung und Entscheidung über Zugewinn regelmäßig auseinanderfielen und die Einführung des Scheidungsverbundes am Anwendungsbereich des § 1365 BGB nichts geändert hat; OLG Saarbrücken FamRZ 1987, 1248 enthält zwar den gleichen Leitsatz wie OLG Hamm, behandelt aber einen Fall, in dem das Rechtsgeschäft vor Scheidung abgeschlossen wurde; ähnlich auch Künzl FamRZ 1988, 452. Ist kein Zugewinnausgleichsverfahren anhängig, hält OLG Hamm FamRZ 1987, 591, BGB § 1365 auf nach der Scheidung abgeschlossene Rechtsgeschäfte nicht mehr für anwendbar.
[37] BGH FamRZ 1982, 249 = NJW 1982, 1099 = Rpfleger 1982, 144.

bende Unwirksamkeit des Vertrages durch Anrufung des Vormundschaftsgerichts (§ 1365 Abs 2 BGB) oder durch Aufforderung nach § 1366 Abs 3 S 1 BGB wiederhergestellt haben.[38] Durch den Tod des vertragschließenden Ehegatten entfällt die Zustimmungsbedürftigkeit nicht.[39]

3363 Eine Verfügung über einen Einzelgegenstand ist nach der nunmehr absolut herrschenden **subjektiven Theorie**[40] nur dann einer Verfügung über das Vermögen im ganzen nach § 1365 BGB gleichzusetzen, wenn der Vertragsgegner weiß, es handle sich nahezu um das ganze Vermögen des Ehegatten oder mindestens die Verhältnisse kennt, aus denen sich dies ergibt. Die Kenntnis hat dabei derjenige zu beweisen, der sich auf die Zustimmungsbedürftigkeit nach § 1365 BGB beruft, also in der Regel der andere Ehegatte. Der BGH hat sich, wie er selbst betont, für die subjektive Theorie **in ihrer strengsten Fassung** entschieden.

3364 Die früher streitige Frage, **wann die Kenntnis** des Vertragspartners des Ehegatten **vorliegen muß** (also zB des Grundstückskäufers), damit § 1365 BGB anwendbar ist, wurde durch den BGH[41] für die Praxis entschieden: für die **Kenntnis des Vertragspartners** ist der **Abschluß des Verpflichtungsgeschäfts** maßgebend;[42] fehlt sie in diesem Zeitpunkt, so ist die Erfüllung des Rechtsgeschäfts ohne Zustimmung des Ehegatten auch möglich, wenn der Vertragspartner noch vor dinglicher Erfüllung die Kenntnis erlangt. Diese Auffassung entspricht der Konstruktion des § 1365 BGB, der darauf abstellt, daß ein Verpflichtungsgeschäft, das zustimmungsfrei war oder ist, ohne Zustimmung auch erfüllt werden kann. Damit spielen in der Grundbuchpraxis die bisherigen anderen Auffassungen, zB Abstellen für die Kenntnis auf die Vollendung des Rechtserwerbs[43] (bei Grundstücksveräußerung also Einigung und Eintragung) oder auf den Zeitpunkt der Einreichung des Antrags auf Auflas-

---

[38] BGH 125, 355 = DNotZ 1995, 148 = NJW 1994, 1785.
[39] BayObLG DNotZ 1963, 732; OLG Celle NJW-RR 1994, 646 (Verfügung wird wirksam, wenn der zustimmungsberechtigte Ehegatte Alleinerbe des Verfügenden wird); LG Mannheim DNotZ 1969, 372; Dittmann DNotZ 1963, 707; Künzl FamRZ 1988, 452.
[40] BGH 43, 174 = DNotZ 1966, 44 = NJW 1965, 909 = Rpfleger 1965, 107 mit Anm Haegele; BGH DNotZ 1969, 422 = FamRZ 1969, 322; BayObLG FamRZ 1958, 315 und 1967, 337 sowie MittBayNot 1978, 11 = MittRhNotK 1978, 100. Weitere Nachweise bei MünchKomm/Koch Rdn 27 ff und Staudinger/Thiele Rdn 20 ff, je zu § 1365 BGB; Scheld Rpfleger 1973, 280. Die objektive Theorie wurde vertreten von Bosch FamRZ 1959, 240; Lorenz JZ 1959, 106 ua; sie wird heute wieder vertreten von Erman/Heckelmann Rdn 10 zu § 1365 BGB und in modifizierter Form je nach Gegenstand der Verfügung von Wolf JZ 1997, 1087.
[41] BGH 106, 253 = NJW 1989, 1609 = MittBayNot 1989, 155 = Rpfleger 1989, 189 auf Vorlagebeschluß des BayObLG 1987, 431 = Rpfleger 1988, 84 sowie BGH FamRZ 1990, 970 = MittRhNot 1990, 282 = NJW-RR 1990, 1154.
[42] So Tiedtke FamRZ 1975, 65 sowie FamRZ 1976, 320 und JZ 1984, 1018 (1019); BayObLG MittBayNot 1978, 11 = MittRhNotK 1978, 100 und Vorlagebeschluß BayObLG 1987, 431 = Rpfleger 1988, 84; s auch MünchKomm/Koch Rdn 33; Staudinger/Thiele Rdn 24, je zu § 1365; Böhringer BWNotZ 1987, 56.
[43] OLG Saarbrücken FamRZ 1984, 587 = Rpfleger 1984, 265, das MünchKomm/Gernhuber allerdings falsch zitiert und das wegen Abweichung von BayObLG 1976, 15 = aaO (Fußn 32) gem § 79 Abs 2 GBO an den BGH hätte vorlegen müssen; LG Osnabrück FamRZ 1973, 652; zust Lange JuS 1974, 766.

A. Gesetzlicher Güterstand der Zugewinngemeinschaft

sungsvormerkung oder Eigentumsumschreibung[44] keine Rolle mehr. Zur Belehrungspflicht des Notars in diesem Zusammenhang Rdn 3395.

Darüber, daß dem **öffentlichen Glauben des Grundbuchs** (§ 892 BGB; Rdn 336) im Rahmen des § 1365 BGB keine Bedeutung zukommt, weil diese Vorschrift eine absolute Verfügungsbeschränkung darstellt (vgl Rdn 3352) besteht, von wenigen Ausnahmen abgesehen,[45] Einigkeit. Der gute Glaube des Dritten wird nicht geschützt. Insbesondere kommt es nicht darauf an, ob der Dritte geglaubt hat, sein Vertragsgegner sei unverheiratet oder lebe in Gütertrennung. **3365**

Ein späterer Rechtsnachfolger des Erwerbers eines Grundstücks oder eines Rechts an einem Grundstück kann sich aber im Rahmen des § 892 BGB auf den öffentlichen Glauben des Grundbuchs berufen.[46]

Der Ehegatte, dessen **Zustimmung** es auf Grund des § 1365 BGB bedarf, kann seine Einwilligung – ausdrücklich oder stillschweigend – entweder seinem Ehegatten oder dem Dritten gegenüber erklären, mit dem dieser das Rechtsgeschäft abgeschlossen hat (wegen Formfragen s Rdn 3393). Handelt es sich um einen Vertrag, so kann die Genehmigung noch nachträglich erfolgen. Bis zur Genehmigung hat hier der Dritte das Recht zum Widerruf nach Maßgabe des § 1366 Abs 2 BGB. Wird die Genehmigung verweigert, so ist der Vertrag unwirksam (§ 1366 BGB mit weiteren Einzelheiten); er wird durch späteren Widerruf der Verweigerung nicht wieder wirksam.[47] Ein **einseitiges Rechtsgeschäft**, das ohne erforderliche Einwilligung des anderen Ehegatten vorgenommen wird, ist unwirksam (§ 1367 BGB). **3366**

Verfügt ein Ehegatte **ohne die erforderliche Zustimmung** des anderen Ehegatten, also **ohne Rechtswirkung** über sein Vermögen und kommt dem Vertragsgegner die subjektive Theorie (Rdn 3363) nicht zugute, so ist auch der andere Ehegatte berechtigt, die sich aus der Unwirksamkeit der Verfügung ergebenden Rechte gegen den Dritten geltend zu machen, namentlich die veräußerte Sache von ihm herauszuverlangen (§ 1368 BGB) oder die Berichtigung des Grundbuches (einschließlich der Eintragung eines Widerspruchs zugunsten beider Ehegatten als Berechtigten[48]) zu betreiben.[49] Der Dritte hat kein Zurückhaltungsrecht wegen des von ihm bezahlten Kaufpreises. **3367**

Entspricht das von einem Ehegatten beabsichtigte Rechtsgeschäft den Grundsätzen einer ordnungsmäßigen Verwaltung, so kann das **Vormundschaftsgericht** auf Antrag des Ehegatten (nicht des Dritten) die **fehlende Zustimmung** des anderen Ehegatten unter den Voraussetzungen des § 1365 Abs 2 BGB ersetzen.[50] **3368**

---

[44] Futter NJW 1976, 551; LG Köln MittRhNotK 1978, 116 (für Grundschuldbestellung); LG Oldenburg FamRZ 1979, 430 = NJW 1980, 790; OLG Frankfurt DNotZ 1986, 506.
[45] So Frank NJW 1959, 135; Ripfel BWNotZ 1959, 48, 56 und Justiz 1966, 49, 52.
[46] OLG Köln OLGZ 1969, 171; OLG Zweibrücken Rpfleger 1986, 473.
[47] BGH 125, 355 = aaO (Fußn 38).
[48] BayObLG 1987, 431 = Rpfleger 1988, 84.
[49] Hierzu eingehend Eickmann Rpfleger 1981, 213; BGH FamRZ 1983, 1101 = NJW 1984, 609.
[50] Durch den Tod des Antragstellers wird das Verfahren auf Ersetzung der Zustimmung nicht unterbrochen (BayObLG DNotZ 1963, 732 und LG Mannheim DNotZ

3369 Zur Verweigerung der Zustimmung ist der Ehegatte berechtigt, wenn durch die Genehmigung seine Anwartschaft auf Zugewinnausgleich oder – nach Scheidung – der Ausgleichsanspruch selbst konkret gefährdet würde.[51]

3370 Jeder Ehegatte kann bei Zugewinngemeinschaft **Vermögen** auf seinen Namen ohne Mitwirkung des anderen Ehegatten **erwerben**. Der Grundstückserwerb als solcher fällt nicht unter § 1365 BGB, auch nicht, wenn der Käufer für den Verkäufer eine Kaufpreishypothek oder sonstige Rechte bestellt oder Finanzierungsgrundpfandrechte eintragen läßt.

3. Möglichkeiten zum Ausschluß der Verfügungsbeschränkungen

3371 Um die sich aus § 1365 BGB ergebenden Verfügungsbeschränkungen zu beseitigen oder einzuschränken, kann an folgende Möglichkeiten gedacht werden:
- Die Eheleute **schließen** einen notariellen Ehevertrag (§ 1410 BGB), in dem sie
  - Gütertrennung vereinbaren oder
  - unter Modifizierung des gesetzlichen Güterstandes die **Verfügungsbeschränkungen** des § 1365 wechselseitig[52] oder nur zugunsten eines Ehegatten[53] ausschließen.
- Die Eheleute erteilen einseitig oder gegenseitig dem anderen **Vollmacht** die Zustimmung nach § 1365 BGB zu erteilen. Eine derartige Vollmacht kann privatschriftlich erteilt werden, bedarf aber für den Grundbuchverkehr, der Unterschriftsbeglaubigung (§ 29 GBO). Noch besser ist in manchen Fällen die notarielle Beurkundung einer solchen Vollmacht. Sie beruht nicht auf dem Güterrecht als solchem.[54]
Eine derartige Vollmacht kann mit dem Ehevertrag verbunden werden, falls die Eheleute die Zugewinngemeinschaft etwa in anderen Punkten abändern wollen. In diesem Falle ist aber notwendig, den stets widerruflichen Charakter der Vollmacht besonders hervorzuheben, damit nicht auf eine ehevertragliche und daher einseitig nicht widerrufliche Ermächtigung geschlossen werden kann.[55]

1969, 372), dagegen entfällt mit dem Tod des anderen Ehegatten das Zustimmungserfordernis, Rdn 3362 und Fußn 37.
Ein sog **Negativattest** enthält weder eine positive noch eine negative Sachentscheidung über den Antrag. Der Ehegatte, dessen Mitwirkung ersetzt werden soll, ist befugt, gegen ein Negativattest Beschwerde mit dem Ziel der Zurückweisung des beim Grundbuchamt gestellten Antrags zu erheben, LG Berlin FamRZ 1973, 146.
[51] BGH DNotZ 1978, 428 (431) = Rpfleger 1978, 207; BayObLG 1975, 12 = NJW 1975, 833 = Rpfleger 1975, 129.
[52] S in diesem Sinne: BGH 41, 370 = NJW 1964, 1795 und BGH NJW 1976, 1258. S dazu auch Lange FamRZ 1964, 546; OLG Hamburg DNotZ 1964, 229 = NJW 1964, 1076; Palandt/Brudermüller Rdn 1; BGB-RGRK/Finke Rdn 54, je zu § 1365 BGB; Knur DNotZ 1957, 459, 463, 468, 476 und MittRhNotK 1958, 469 (mit Muster); Riedel DRiZ 1963, 182 (185). Wegen der – zu verneinenden – Möglichkeit des Ausschlusses des § 1365 BGB durch den Erblasser oder Schenker s Ripfel BWNotZ 1960, 68.
[53] So auch Knur DNotZ 1957, 470 und Tiedau DNotartag 1961, 128.
[54] S zur Generalvollmacht bei Zugewinngemeinschaft auch Beck MittBayNot 1964, 181.
[55] S zu diesen Fragen OLG Saarbrücken NJW 1947/48, 598; LG Göttingen FamRZ 1956, 228; LG Siegen NJW 1956, 671; Haegele FamRZ 1957, 233; Zöllner FamRZ 1965, 113, 116, insbesondere Fußn 38, 39 und 56.

– Auch eine vorweg erteilte Zustimmung zur Veräußerung (§ 183 BGB) ist möglich.[56]

B. Gütertrennung

1. Bestehen von Gütertrennung

Dieser Güterstand besteht:
– wenn er von den Eheleuten in notariellem Ehevertrag vereinbart wurde, 3372
– wenn die Ehegatten am 1. 4. 1953 im damaligen Bundesgebiet im Güterstand der Nutzverwaltung des Mannes gelebt haben, ein Ehegatte aber vor dem 1. 7. 1958 gegenüber dem Amtsgericht erklärt hat, daß für die Ehe Gütertrennung gelten soll (vgl Rdn 3351),
– wenn die Ehegatten zwischen dem 1. 4. 1953 und dem 21. 6. 1957 im damaligen Bundesgebiet ohne Ehevertrag geheiratet haben und ein Ehegatte bis spätestens 1. 7. 1958 gegenüber dem Amtsgericht erklärt hatte, daß für die Ehe Gütertrennung gelten soll (vgl Rdn 3351),
– wenn die Eheleute vor dem 1. 4. 1953 im damaligen Bundesgebiet kraft Gesetzes in Gütertrennung lebten und keiner der Rdn 3351 Buchst e behandelten Sonderfälle vorlag, dh wenn die Gütergemeinschaft oder die Errungenschaftsgemeinschaft auf Klage durch gerichtliches Urteil aufgehoben worden ist (vgl §§ 1418, 1470, 1545 BGB alter Fassung).
– Gütertrennung tritt während der Ehe kraft Gesetzes ein, wenn die Ehegatten, ohne eine andere Bestimmung zu treffen, den gesetzlichen Güterstand der Zugewinngemeinschaft oder auch nur den Ausgleich des Zugewinns oder den Versorgungsausgleich ausschließen oder wenn sie eine bisher bestehende Gütergemeinschaft aufheben, ferner wenn durch gerichtliches Urteil ein vorzeitiger Anspruch auf Ausgleich des Zugewinns zuerkannt oder die Gütergemeinschaft aufgehoben wird (§§ 1388, 1414, 1449, 1470 BGB). Gütertrennung als solche kann nicht im Grundbuch eingetragen werden. Wegen des Nachweises ihres Bestehens s Rdn 3387.

2. Verfügungsrecht bei Gütertrennung

Bei Gütertrennung kann jeder Ehegatte über sein Vermögen frei so verfügen, 3373
wie wenn er nicht verheiratet wäre. Auch Vermögen erwerben kann er auf seinen Namen unbeschränkt.

C. Eheliche Gütergemeinschaft

Literatur: Bengel, Die Bedeutung des Gesamtgutsverwaltungsrechts bei Erwerbsverträgen in der notariellen Praxis, MittBayNot 1975, 209; Hofmann, Zum Erwerb einzelner Gegenstände durch einen Ehegatten für das Gesamtgut der Gütergemeinschaft, FamRZ 1972, 117; Rehle, Grundstückserwerb durch Ehegatten, DNotZ 1979, 196; Ripfel, die Bedeutung der Güterstände im Beurkundungs- und Grundbuchwesen, Justiz 1966, 49; Staudenmaier, Gütergemeinschaftliche Beteiligungen und Rechtsverkehr,

---

[56] LG Frankenthal Rpfleger 1981, 483.

BWNotZ 1964, 230; Tiedtke, Universalsukzession und Gütergemeinschaft, FamRZ 1976, 510; Tiedtke, Grundstückserwerb von Ehegatten in Gütergemeinschaft, FamRZ 1979, 370

1. Bestehen von Gütergemeinschaft

3374 Dieser Güterstand (bis 1. 7. 1958 allgemeine Gütergemeinschaft benannt) besteht:
- wenn er seit 1. 7. 1958 durch Ehevertrag ausdrücklich vereinbart wird,
- wenn die Eheleute schon vor dem 1. 7. 1958 in allgemeiner Gütergemeinschaft[1] lebten. Diese Gütergemeinschaft ist – von gewissen Abweichungen beim Verwaltungsrecht am Gesamtgut abgesehen – in die Gütergemeinschaft des GlBerG überführt worden.

Wegen Eintragung der Gütergemeinschaft im Grundbuch s Rdn 758 ff.

2. Verfügungsrechte bei Gütergemeinschaft

3375 Wird Gütergemeinschaft durch Ehevertrag neu vereinbart, so müssen die Ehegatten im Ehevertrag selbst bestimmen, **wer das Gesamtgut verwaltet:** Mann oder Frau oder beide gemeinsam;[2] enthält der Ehevertrag keine Bestimmung darüber, so verwalten die Eheleute das Gesamtgut gemeinschaftlich (§ 1421 BGB). Wurde allgemeine Gütergemeinschaft vor dem 1. 4. 1953 vereinbart, so wird das Gesamtgut weiterhin vom Manne verwaltet. Haben die Ehegatten die Gütergemeinschaft danach bis zum 1. 7. 1958 vereinbart, so ist eine ehevertragliche Vereinbarung der Eheleute über die Verwaltung des Gesamtguts maßgebend (Art 8 I Nr 6 GlBerG), hilfsweise ist durch Auslegung zu ermitteln, ob eine gemeinschaftliche Verwaltung gewollt war; dabei ist die bisherige Übung der Ehegatten von Bedeutung.[3]

3376 Bei der Verfügung über das **Gesamtgut im ganzen** und über zum Gesamtgut gehörenden **Grundbesitz** (Erbbaurecht, Wohnungseigentum; nicht aber über Rechte an Grundstücken) kommt es nicht ausschlaggebend darauf an, welcher Ehegatte das Gesamtgut im einzelnen Fall verwaltet, denn der **Ehegatte, der das Gesamtgut verwaltet,** kann sich **nur mit Einwilligung des anderen Ehegatten verpflichten,** über das **Gesamtgut im ganzen** zu verfügen (wegen einer ähnlichen Regelung bei der Zugewinngemeinschaft s Rdn 3352). Auch kann der Ehegatte, der das Gesamtgut verwaltet, nur mit Einwilligung des anderen Ehegatten über ein **zum Gesamtgut gehörendes Grundstück** verfügen oder sich zu einer solchen Verfügung vepflichten (§§ 1423, 1424 BGB; für **Grundstücksschenkungen** s in ähnlicher Weise § 1425 BGB). Bei derartigen Rechtsgeschäften müssen also stets **beide Ehegatten mitwirken,** auch wenn im übrigen nur ein Ehegatte das Gesamtgut verwaltet.[4] Ehevertraglich kann § 1424 BGB,

---

[1] Wegen Bedeutung eines Ehevertrags, der in der Übergangszeit (1. 4. 1953 – 30. 6. 1958) geschlossen ist, s BayObLG 1958, 76 = FamRZ 1958, 219 mit Anm Meyer = Rpfleger 1958, 218 mit krit Anm Haegele.
[2] Nicht zulässig ist eine Vereinbarung, nach der beide Eheleute miteinander konkurrierende selbständige Verwaltungsrechte haben, BayObLG 1968, 15 = DNotZ 1968, 557 = Rpfleger 1968, 117.
[3] BayObLG FamRZ 1990, 411.
[4] Dabei handelt es sich um ein relatives Verfügungsverbot (anders ist die Rechtslage bei Zugewinngemeinschaft; vgl Rdn 3352, 3365). Gutgläubiger Erwerb auf Grund des § 892 BGB ist mithin möglich (s zu dieser Frage auch Rdn 343 ff, 3396).

C. Eheliche Gütergemeinschaft

nicht aber § 1425 BGB abbedungen werden.[5] Auch (widerrufliche) Vollmachten sind zulässig.[6] Die Zustimmung nach §§ 1423–1425 BGB kann vor oder nach Abschluß des Rechtsgeschäfts erteilt werden.[7] Wegen Ersetzung der Zustimmung des anderen Ehegatten durch das **Vormundschaftsgericht bei Alleinverwaltung** eines Ehegatten s §§ 1426, 1452 BGB.

Unter die vorgenannten Rechtsgeschäfte fallen insbesondere Auflassung und Belastung eines Gesamtgutsgrundstücks (auch Eigentümergrundschuld), Bewilligung der Eintragung einer Vormerkung, da hier eine Bindung des Gesamtguts auch im Sinne eines künftigen Anspruchs noch nicht besteht (s Rdn 1492). Keiner Zustimmung bedarf der verwaltungsberechtigte Ehegatte für den Weiterverkauf eines für das Gesamtgut erworbenen Grundstücks, wenn es vorher nicht zur Auflassung und Eigentumsumschreibung gekommen ist.[8] Gehört zum Gesamtgut der Gütergemeinschaft ein schuldrechtlicher Anspruch auf Übertragung des Eigentums an einem Grundstück, so bedürfen Verfügungen des das Gesamtgut verwaltenden Ehegatten über einen solchen Anspruch nicht der Mitwirkung des anderen Ehegatten. Die Sicherung eines solchen Anspruchs durch eine Vormerkung ändert daran nichts.[9] Ist allerdings bereits ein Anwartschaftsrecht durch Auflassung und Eintragung einer Auflassungsvormerkung entstanden (s Rdn 3318), so ist zur Verfügung über das Anwartschaftsrecht Zustimmung auch des nicht verwaltenden Ehegatten nötig. Vereinbart ein Ehegatte nach der Auflassung eines Grundstücks an einen Dritten, aber vor Eintragung Gütergemeinschaft, so ist nach wohl hM eine neue Auflassung (bzw Genehmigung des anderen Ehegatten) nötig, da die Verfügungsbefugnis im Zeitpunkt der Vollendung des Rechtserwerbs fehlt, soweit nicht § 878 BGB bereits zugunsten des Erwerbers eingreift (s dazu Rdn 127 und 768). Ohne Zustimmung des anderen Ehegatten kann jedoch der das Gesamtgut verwaltende Ehegatte bei **Erwerb eines Grundstücks** mit Wirkung für das Gesamtgut (§ 1422 BGB) eine bestehende Hypothek in Anrechnung auf den Kaufpreis übernehmen[10] oder das Grundstück mit einer Kaufpreishypothek belasten[11] oder für den Veräußerer einen Nießbrauch[12] oder ein Wohnungsrecht bestellen, die Verpflichtung zur Kaufpreiszahlung eingehen und das Gesamtgut der sofortigen Zwangsvollstreckung unterwerfen.[13] Darüber hinaus soll generell für jede Grundstücksbelastung, die im Zusammenhang mit dessen Erwerb steht, keine Zustimmung des anderen Ehegatten nötig sein, zB für eine Hypothek zugunsten eines Dritten in Zusammenhang mit einem Grundstückserwerb (auch nachträglich), wenn sie

3377

---

[5] Palandt/Brudermüller Rdn 1 je zu § 1424 und § 1425 BGB; KGJ 52, 109; zum Zustimmungserfordernis bei unentgeltlicher Verfügung BGH NJW-RR 1989, 1225.
[6] Zöllner FamRZ 1965, 113, 118 hält nur eine widerrufliche Dispenserteilung durch Vollmacht für zulässig, hier allerdings für entgeltliche wie für unentgeltliche Verfügungen über das Gesamtgut.
[7] BayObLG MittBayNot 1980, 22: Die Zustimmung zum „Verkauf des Anwesens" im Prozeßvergleich ist als Einwilligung zum Abschluß des Kaufvertrags zu sehen.
[8] RG 111, 187; BayObLG 1954, 142 = FamRZ 1954, 257.
[9] BGH DNotZ 1971, 725 = FamRZ 1971, 520 = Rpfleger 1971, 349.
[10] KG OLG 6, 283.
[11] RG 69, 177.
[12] OLG Saarbrücken FamRZ 1955, 138.
[13] Bengel MittBayNot 1975, 209.

zur Sicherung eines zur Tilgung des Kaufpreises aufgenommenen Darlehens dient.[14] Der in solchen Fällen die Alleinverfügungsbefugnis des verwaltenden Ehegatten begründende Zusammenhang zwischen Grunderwerb und Belastung wird aber bei Belastung mit Rechten zugunsten Dritter (zB Bank) in der Form des § 29 GBO dem Grundbuchamt kaum nachweisbar sein. Zustimmungsbedürftig ist ferner die Erhöhung des Zinsfußes einer Hypothek, nicht aber die Vereinbarung oder Erhöhung von Tilgungsbeträgen.[15] Weiter ist zustimmungsbedürftig die Verfügung über einen zum Gesamtgut gehörigen Erbteil, wenn ein Grundstück zum Nachlaß gehört.[16] Vereinigung von Grundstücken Rdn 631, Bestandsteilszuschreibung Rdn 656, Teilung Rdn 670.

3378 **Erwerbsverträge über Grundstücke** kann auch der nicht (allein) verwaltende Ehegatte abschließen. Verpflichtet wird hieraus aber nicht das Gesamtgut, sondern nur Vorbehalts- und Sondergut des handelnden Ehegatten.[17] Er kann ein erworbenes Grundstück ohne Zustimmung des anderen Ehegatten sofort auf den Namen beider Eheleute im Grundbuch als Gesamtgut eintragen lassen. Das Grundbuchamt darf einen ohne Mitwirkung des anderen Ehegatten gestellten Antrag, ein erworbenes Grundstück als Gesamtgut einzutragen, nicht ablehnen.[18] Im Gegenteil, es muß den auf nur einen Ehegatten lautenden Eintragungsantrag zurückweisen, wenn ihm positiv bekannt ist, daß das Grundbuch dadurch unrichtig werden würde, weil die Eheleute in Gütergemeinschaft leben.[19] Zur Eintragung und Auflassung bei Gütergemeinschaft vgl im übrigen Rdn 760–762.

3379 Über Grundstücke, die zum **Vorbehaltsgut** eines Ehegatten gehören kann dieser Ehegatte allein verfügen. Vorbehaltsgut liegt nur vor, wenn einer der in § 1418 Abs 2 Ziff 1–3 BGB beschriebenen Tatbestände zutrifft (s auch Rdn 3388).

---

[14] Staudinger/Thiele/Thiele Rdn 12; MünchKomm/Kanzleiter Rdn 6; BGB-RGRK/Finke Rdn 9, je zu § 1424 BGB; Böttcher Rpfleger 1985, 1 (4); die in diesen Kommentierungen herangezogene Rechtsprechung (zB RG 69, 177) behandelt nur die Kaufpreisresthypothek und weist auf die Unterschiede bei einem Recht für einen Dritten hin (RG aaO, 183).
[15] BayObLG 14, 449.
[16] KG JW 1938, 3115; Staudinger/Thiele/Thiele Rdn 8; Palandt/Brudermüller Rdn 2; MünchKomm/Kanzleiter Rdn 4, je zu § 1424 BGB; aA Soergel/Gaul Rdn 6 zu § 1424 BGB; Böttcher Rpfleger 1985, 1 (4).
[17] Bengel MittBayNot 1975, 209.
[18] BayObLG 1954, 12 = DNotZ 1954, 201 = Rpfleger 1955, 16; BayObLG 1975, 209 = DNotZ 1976, 174 = Rpfleger 1975, 302. Zum Erwerb für das Gesamtgut s auch Bengel MittBayNot 1975, 209; Hausmann BWNotZ 1955, 259; Hieber DNotZ 1959, 463; Leikam BWNotZ 1955, 180; Ripfel Justiz 1966, 49, 53.
Beantragt ein Dritter die Eintragung eines Rechts, etwa eines Grundpfandrechts, für Eheleute in Gütergemeinschaft, so ist ein Nachweis über ihr Bestehen nicht erforderlich. Anders ist die Rechtslage nur, wenn das Grundbuchamt positiv weiß, daß die Eheleute nicht in Gütergemeinschaft leben.
[19] RG 155, 344.

D. Fortgesetzte Gütergemeinschaft

1. Bestehen von fortgesetzter Gütergemeinschaft

In Todesfällen seit 1. 7. 1958 wird die Gütergemeinschaft zwischen dem überlebenden Ehegatten und den gemeinschaftlichen Abkömmlingen[1] dann, wenn die Gütergemeinschaft nach dem 1. 7. 1958 vereinbart wurde, **nur fortgesetzt, wenn die Ehegatten dies im Ehevertrag besonders vereinbart** haben (§ 1483 BGB). Ist der Ehevertrag vorher geschlossen worden, so tritt fortgesetzte Gütergemeinschaft (§§ 1483 ff BGB) **nach bestandener Gütergemeinschaft bei Vorhandensein gemeinschaftlicher Abkömmlinge kraft Gesetzes** ein; durch Ehevertrag oder letztwillige Verfügung kann ihr Eintritt allerdings ausgeschlossen werden, auch kann der überlebende Ehegatte die Fortsetzung noch innerhalb einer bestimmten Frist nach dem Tode des Erstverstorbenen ablehnen (§ 1484 BGB).

3380

2. Verfügungsrechte bei fortgesetzter Gütergemeinschaft

Der überlebende Ehegatte hat bei fortgesetzter Gütergemeinschaft **dieselben Verfügungsrechte**, wie sie der verwaltende Ehegatte bei ehelicher Gütergemeinschaft hat, die Abkömmlinge nehmen die im letzteren Falle dem nicht verwaltenden Ehegatten zustehende Rechtsstellung ein. Zu allen wichtigeren **Verfügungen** über das Gesamtgut, insbesondere zu Verfügungen über den **Grundbesitz**, ist mithin ein **Zusammenwirken** von überlebendem Ehegatten und allen anteilsberechtigten Abkömmlingen erforderlich. Die Zustimmungserklärung der anteilsberechtigten Abkömmlinge zu Grundstücksverfügungen des überlebenden Ehegatten bedarf im Grundbuchverfahren der Form des § 29 GBO. Die Zustimmung kann nach § 182 BGB sowohl gegenüber dem verfügenden Ehegatten wie gegenüber dem Dritten erteilt werden. Für minderjährige anteilsberechtigte Abkömmlinge soll der überlebende Ehegatte in seiner Eigenschaft als gesetzlicher Vertreter mit Genehmigung des Familienschaftsgerichts trotz § 181 BGB zustimmen können, wenn die Zustimmung gegenüber dem Dritten abgegeben wird.[2] Wir halten hier wegen des offensichtlichen Interessenkonflikts § 181 BGB für anwendbar, da es nicht darauf ankommen kann, wem – formal – gegenüber die Erklärung abgegeben wird.[3] Die Zustimmung zu einer Grundstücksverfügung gehört zu den Rechten der anteilsberechtigten Abkömmlinge. Verfügt der überlegende Ehegatte ohne diese Zustimmung oder umgeht er sie, so mißbraucht er sein Verwaltungsrecht. Dies kann etwa der Fall sein, wenn sich der überlebende Ehegatte wegen einer Schuld freiwillig der sofortigen Zwangsvollstreckung nach § 794 Abs 1 Nr 5, § 800 ZPO unterwirft, damit der Gläubiger eine Zwangshypo-

3381

---

[1] Zur Rechtsstellung eines nichtehelichen Kindes eines Mannes in der fortgesetzten Gütergemeinschaft s Funk BWNotZ 1971, 13.
[2] So auch BayObLG 1952, 456 = DNotZ 1952, 163 mit allerdings teilweise ablehnenden Anm Lehmann und Weber; wie BayObLG Palandt/Brudermüller Rdn 4 zu § 1487 BGB; Erman/Heckelmann Rdn 3, BGB-RGRK/Finke Rdn 19, je zu § 1487 BGB.
[3] Staudinger/Thiele/Thiele Rdn 14, MünchKomm/Kanzleiter Rdn 7, je zu § 1487 BGB; vgl auch die insoweit grundsätzlichen Ausführungen zu § 181 BGB in BGH 77, 7 = DNotZ 1981, 22 = NJW 1980, 1577 = Rpfleger 1980, 336.

thek auf einem zum Gesamtgut der fortgesetzten Gütergemeinschaft gehörenden Grundstück eintragen lassen kann.[4] Die Zustimmung des Ehegatten eines verheirateten Abkömmlings ist nur im Fall des § 1365 BGB erforderlich; lebt der Abkömmling in Gütergemeinschaft, gehört seine Beteiligung an der fortgesetzten Gütergemeinschaft zum Sondergut (§ 1417 BGB). Die Ersetzung der fehlenden Zustimmung durch das Vormundschaftsgericht ist unzulässig, wenn die Gegenleistung nicht wieder in das Gesamtgut fließt, es sich vielmehr insoweit um eine Auseinandersetzung handelt.[5] Sind neben gemeinschaftlichen Abkömmlingen auch **nicht gemeinschaftliche Abkömmlinge** vorhanden, so müssen diese bei einer Grundstücksverfügung ebenfalls mitwirken.

3382 Jeder Erwerb des überlebenden Ehegatten – nicht auch derjenige der Abkömmlinge – während ihres Bestehens fällt in das Gesamtgut der fortgesetzten Gütergemeinschaft. Will der überlebende Ehegatte ein Grundstück für sich allein erwerben, so muß er die fortgesetzte Gütergemeinschaft zuvor nach § 1492 BGB aufheben.

E. Errungenschaftsgemeinschaft

3383 Errungenschaftsgemeinschaft (§§ 1519 ff BGB aF) und Fahrnisgemeinschaft (§§ 1549 ff BGB aF) sind seit 1. 7. 1958 nicht mehr gesetzlich normierte Wahlgüterstände. Errungenschaftsgemeinschaft kann ab 1. 7. 1958 auch nicht dadurch neu vereinbart werden, daß die konkreten Einzelregelungen in den Ehevertrag aufgenommen werden.[1] S zur Errungenschaftsgemeinschaft auch Rdn 773 ff.

3384 Die Verfügungsrechte der Eheleute über das **Gesamtgut** sind bei Errungenschaftsgemeinschaft dieselben wie bei Gütergemeinschaft. Das gleiche gilt für **Erwerbsgeschäfte** der Eheleute zum Gesamtgut. Erwerb zum eingebrachten Gut eines Ehegatten kommt nur in Frage, wenn es sich um unentgeltlichen Erwerb oder um bestimmte Zuwendungen von den Eltern des betr Ehegatten handelt.

3385 Über Grundstücke, die zum **eingebrachten Gut** des Ehemannes gehören, kann dieser allein verfügen. Die Ehefrau kann dagegen über zu ihrem eingebrachten Gut gehörende Grundstücke dann, wenn der Ehevertrag vor dem 1. 4. 1953 geschlossen worden ist, auch jetzt noch nur mit Zustimmung ihres Ehemannes verfügen (§§ 1525, 1395 BGB alter Fassung, an der das GlBerG für solche Fälle nichts geändert hat).[2]

---

[4] BGH 68, 369 = DNotZ 1968, 491 = NJW 1968, 496. S auch Staudenmaier, Beteiligung an fortgesetzter Gütergemeinschaft und Rechtsverkehr BWNotZ 1964, 230; 1963, 17.
[5] OLG München JFG 23, 52.
[1] Clamer NJW 1960, 563; Haegele FamRZ 1959, 315; Ripfel Justiz 1966, 49.
[2] Bei nach dem 31. 3. 1953 vereinbarter Errungenschaftsgemeinschaft war bezüglich des eingebrachten Guts im Ehevertrag festzulegen, ob die Verwaltung und Nutznießung darüber sich nach den Regeln des fr Güterstandes der Nutzverwaltung des BGB (Verwaltung durch den Mann) oder der Gütertrennung (Verwaltung durch die Frau) richten soll (vgl Bosch Rpfleger 1953, 283; Ischinger WürttNotV 1953, 105; Maßfeller Betrieb 1953, 268, 298).

F. Nachweis des einzelnen Güterstandes

1. Zugewinngemeinschaft

Für den Güterstand der Zugewinngemeinschaft gibt es keinen besonderen Nachweis. Das Bestehen dieses Güterstandes ist zu vermuten, wenn von den Beteiligten nichts Abweichendes vorgetragen wird und auch keine gegenteiligen Anhaltspunkte bekannt sind.[1] Wird die Zugewinngemeinschaft ehevertraglich vereinbart, weil wegen Art 15 EGBGB Zweifel an dem die Ehe beherrschenden Güterrecht bestehen, so ist auch Eintragung der Zugewinngemeinschaft im Güterrechtsregister möglich.[2]

3386

2. Gütertrennung

Gütertrennung wird in aller Regel durch eine Ausfertigung oder Abschrift des Ehevertrags nachgewiesen. Es kann auch ein Zeugnis aus dem Güterrechtsregister vorgelegt werden, wenn sie dort eingetragen ist (§ 33 GBO). Auf Grund der in Art 8 I Nr 3, 4, 5 GlBerG geregelten Erklärung eines Ehegatten gegenüber dem Amtsgericht, daß für die Ehe Gütertrennung gelten soll (s Rdn 3351), wurde auf Ersuchen des Amtsgerichts, wenn einer der Ehegatten dies beantragt hatte, in das Güterrechtsregister eingetragen, daß die Ehegatten in Gütertrennung leben.[3]

3387

3. Güter-, Errungenschafts- und Vermögensgemeinschaft

Grundstücke, die zum Gesamtgut einer **ehelichen Gütergemeinschaft** gehören, sind mit diesem Gemeinschaftsverhältnis (§ 47 GBO) in das Grundbuch einzutragen (s Rdn 758 ff). Für Gesamtgutseigenschaft besteht eine Vermutung. Allerdings sind Gesamtgutsgrundstücke nicht selten unrichtigerweise auf nur einen Ehegatten eingetragen (s Rdn 3396). Gütergemeinschaft wird in der Regel durch Vorlage einer Ausfertigung oder beglaubigten Abschrift des Ehevertrags nachgewiesen. Im Güterrechtsregister ist sie nur selten vermerkt.

3388

Die **Vorbehaltsgutseigenschaft** kann bei Gütergemeinschaft in das Güterrechtsregister eingetragen werden, doch geschieht dies selten. Sie ist daher meistens durch Vorlage der ehevertraglichen Vereinbarung oder der in öffentlicher Form errichteten Schenkungsurkunde oder letztwilligen Verfügung eines Dritten nachzuweisen (§ 1418 Abs 2 Nr 1, 2 BGB).[4] In das Grundbuch wird

---

[1] Empfehlenswert, wenn auch nicht gesetzlich vorgeschrieben ist es, in die Niederschrift über eine Beurkundung die Angaben der Beteiligten, daß zwischen ihnen Zugewinngemeinschaft besteht, aufzunehmen (vgl Ripfel Justiz 1966, 50).
[2] BayObLG 1979, 60 = DNotZ 1980, 109 = Rpfleger 1979, 201.
[3] Zur Eintragungsfähigkeit der Gütertrennung im Güterrechtsregister s BGH 66, 203 = DNotZ 1976, 611 = Rpfleger 1976, 241; außerdem Gottschalg DNotZ 1969, 339 und Hoffmann MittRhNotK 1970, 40; ferner Ripfel JurBüro 1970, 273. Zur Bedeutung des § 1412 Abs 2 BGB – Aufhebung oder Änderung eines eingetragenen Güterrechts – s Gottschalg DNotZ 1970, 274.
[4] Ist Vorbehaltsgut seitens eines Dritten durch eigenhändiges Testament geschaffen worden, so ist eine öffentliche Urkunde nach § 29 GBO nicht gegeben. Die Ehegatten gehen hier am besten so vor, wie dies Ripfel Justiz 1966, 49, 54 darstellt (Errichtung einer öffentlichen Urkunde oder einer Privaturkunde mit Unterschriftsbeglaubigung durch die Eheleute).

4. Teil. III. Güterrechtliche Fragen

der Ehegatte dann als Alleinberechtigter eingetragen. Ein Vermerk über die Vorbehaltsguteigenschaft kann im Grundbuch nicht eingetragen werden.[5]

3389 **Fortgesetzte Gütergemeinschaft**, die als solche im Grundbuch eingetragen werden kann (s Rdn 821), wird durch ein Zeugnis des Nachlaßgerichts nachgewiesen (§ 1507 BGB, § 35 Abs 2 GBO).

3390 Für **Errungenschaftsgemeinschaft** gilt das gleiche wie für eheliche Gütergemeinschaft. Die **Eigentums- und Vermögensgemeinschaft** nach FGB „DDR" wird entweder durch Ausfertigung oder beglaubigte Abschrift der notariell beurkundeten Erklärung des oder der Ehegatten sowie Nachweis des Zugangs an das zuständige Gericht (Rdn 3401) oder durch Eintragung im Güterrechtsregister nachgewiesen (Art 234 § 4 Abs 3 EGBGB).

4. Nachweis über Fortbestehen eines Güterstandes

3391 Einen Nachweis darüber, daß das im Grundbuch eingetragene oder das nach Rdn 3387 ff nachgewiesene Güterrecht noch besteht, kann das Grundbuchamt nur verlangen, wenn es weiß oder bestimmte Anhaltspunkte dafür hat, daß im Güterrecht eine Änderung eingetreten ist.

G. Abschließende Betrachtung der güterrechtlichen Verfügungsbeschränkungen

1. Materielle und formelle Rechtslage

3392 Kann nicht dargelegt werden, daß zwischen den beteiligten Eheleuten **Gütertrennung** besteht, so wird der Vertragsgegner vielfach zu seiner eigenen Sicherheit darauf bestehen, daß **beide Ehegatten** bei der Grundstücksverfügung mitwirken, denn

a) bei **Zugewinngemeinschaft** kann ein Ehegatte nicht ohne Mitwirkung des anderen Ehegatten über sein Vermögen im ganzen verfügen (s Rdn 3352 ff); für den Vertragsgegner spricht allerdings die **subjektive Theorie** nach Rdn 3363;

b) bei **Gütergemeinschaft**, bei **Errungenschaftsgemeinschaft** und bei **Eigentums- und Vermögensgemeinschaft** sind nur beide Ehegatten gemeinsam zu Verfügungen über das Gesamtgut im ganzen oder zu Grundstücksverfügungen oder zu Schenkungen aus dem Gesamtgut berechtigt (s Rdn 3376, 3384, 3402 a);

c) Bei **Errungenschaftsgemeinschaft** ist zur Verfügung der Ehefrau über zu ihrem eingebrachten Gut gehörenden Grundbesitz die Zustimmung des Mannes erforderlich (s Rdn 3385).

3393 Vom **materiellen Recht** aus gesehen bedarf die Einwilligung oder Genehmigung zur Vermögensverfügung durch einen Ehegatten seitens des anderen Ehegatten **keiner besonderen Form**, auch wenn das in Frage stehende Rechtsgeschäft als solches formbedürftig ist (zB nach § 311 b Abs 1 BGB; s § 182 Abs 2 BGB). Für das **formelle Grundbuchrecht** muß die Einwilligung oder Zustimmung des anderen Ehegatten durch **öffentliche oder öffentlich beglaubigte Urkunde** nachgewiesen werden (§ 29 GBO). Hat der andere Ehegatte münd-

---

[5] KGJ 38 A 211.

G. Abschließende Betrachtung der güterrechtlichen Verfügungsbeschränkungen

lich oder nur privatschriftlich zugestimmt (vgl Rdn 3366) und lehnt er es ab, seine Erklärung in der vorgenannten besonderen Form zu bestätigen, so kann das Vormundschaftsgericht die nicht in der formell-rechtlich vorgeschriebenen Form abgegebene Zustimmung ersetzen, wenn die in § 1365 Abs 2, bzw § 1426 bzw 1452 BGB genannten Voraussetzungen dafür gegeben sind (s dazu auch Rdn 3368, 3376). Auch durch ein Feststellungsurteil, daß der andere Ehegatte wirksam zugestimmt hat, wird die erforderliche Form gewahrt.

2. Verfahren vor dem Grundbuchamt

Verfügt nur ein Ehegatte über Grundbesitz, so hat das Grundbuchamt Prüfungspflicht und Prüfungsbefugnis im Hinblick auf güterrechtliche Verfügungsbeschränkungen nicht immer, sondern nur dann auszuüben, wenn es **Kenntnis** oder nach Lage des Falles **begründeten Anlaß** zu der auf konkrete Tatsachen gestützten Vermutung hat, daß güterrechtliche Beschränkungen eingreifen, zB daß ein Fall des § 1365 BGB gegeben ist. Dabei hat das Grundbuchamt allerdings auch Umstände zu berücksichtigen, die ihm anderweitig bekannt geworden sind oder sich aus der allgemeinen Lebenserfahrung ergeben.[1] Eine Beanstandung durch Zwischenverfügung im Hinblick auf § 1365 BGB setzt dabei voraus, daß konkrete Anhaltspunkte für **beide** Tatbestandsmerkmale der Verfügungsbeschränkung nach § 1365 BGB vorliegen: objektiv, daß der Gegenstand des Geschäfts tatsächlich das ganze Vermögen des verfügenden Ehegatten ausmacht, subjektiv, daß dessen Vertragspartner dies bei Abschluß des Verpflichtungsvertrags wußte[2] (s zu diesen Tatbestandsmerkmalen Rdn 3354 ff). Es wird jetzt zweifellos weit mehr auf Antrag nur eines Ehegatten eingetragen als dies früher der Fall gewesen ist, wo Beanstandung durch Zwischenverfügung bei Rechtsgeschäften nur eines Ehegatten fast die Regel gebildet hatte.[3] Immerhin wird es auch heute noch Fälle geben, in denen trotz der vorbehandelten Rechtsprechung gewisse Vorsicht beim Grundbuchamt am Platze sein wird. Dies trifft zB auf den Fall zu, daß ein Ehegatte das einzige ihm gehörende Grundstück oder seinen gesamten Grundbesitz an nahe Familienangehörige veräußert. Doch hat das Grundbuchamt insbesondere im Hinblick auf das subjektive Tatbestandsmerkmal (Kenntnis

3394

---

[1] BGH 35, 135 = FamRZ 1961, 202 (mit Anm Meyer-Stolte FamRZ 1961, 363) = NJW 1961, 1301 = Rpfleger 1961, 233 mit Anm Haegele.
[2] BayObLG MittBayNot 2000, 439 = MittRhNotK 2000, 71 = NotBZ 2000, 127 = Rpfleger 2000, 265; BayObLG 1967, 87 = DNotZ 1968, 38 = Rpfleger 1967, 213; BayObLG MittBayNot 1978, 11 = MittRhNotK 1978, 100. Ähnlich OLG Frankfurt FamRZ 1998, 31 (32); OLG Hamburg FamRZ 1969, 420 = MDR 1968, 497 = MittRhNotK 1968, 774; OLG Jena Rpfleger 2001, 298; OLG Stuttgart Justiz 1968, 232; OLG Zweibrücken DNotZ 1989, 577 = Rpfleger 1989, 95; LG Bochum FamRZ 1991, 942; LG Verden NdsRpfl 1969, 110 = MittRhNotK 1969, 7; LG Koblenz MittRhNotK 1988, 68; LG Landshut MittBayNot 1988, 184; LG Wuppertal Rpfleger 1996, 405 unrichtig (da nur auf den objektiven Tatbestand abstellend) OLG Celle NJW-RR 2000, 384.
[3] Durch eine im grundbuchlichen Verfahren ergangene letztinstanzliche Entscheidung dahin, der Mann bedürfe zur Veräußerung eines ihm gehörenden Grundstücks nicht der Mitwirkung der Ehefrau, wird letztere nicht gehindert, im Prozeßwege gegen den Erwerber nach § 1368 BGB vorzugehen (BVerfG FamRZ 1963, 553) und Eintragung eines Widerspruchs nach §§ 894, 899 BGB durch einstweilige Verfügung zu erlangen.

des Vertragspartners von der Gesamtvermögensverfügung) die Regeln der Beweislast bei nicht weiter aufklärbaren Zweifeln zu beachten (vgl Rdn 209a): da die Beweislast auch für das Vorliegen dieser subjektiven Tatbestandsvoraussetzungen des § 1365 BGB beim anderen Ehegatten liegt,[4] hat das Grundbuchamt bei einem non liquet einzutragen.

3. Verfahren vor dem Notar

3395 Es fragt sich, ob die aus Rdn 3394 ersichtlichen **Grundsätze** auch **für den Notar gelten,** wenn er ein Rechtsgeschäft eines Ehegatten beurkundet, das seiner Art nach unter § 1365 BGB fallen könnte. Der BGH[5] hat dies verneint, weil sich die Pflichtenstellung des Notars bei der Beurkundung solcher Grundstücksgeschäfte nicht mit der des Grundbuchamts deckt. Dem Notar obliegen besondere Belehrungs- und Betreuungspflichten zum Schutz der Beteiligten. Diese Funktion der notariellen Beurkundung erschöpft sich nicht in der Sorge um eine rechtswirksame Beurkundung, sondern dient auch dazu, die Beteiligten innerhalb der durch die Amtsstellung des Notars und die Zumutbarkeit gezogenen Grenzen nach Möglichkeit vor Nachteilen zu schützen.[6] Bei Beurkundung eines Rechtsgeschäfts bedeutet diese aus § 17 BeurkG[7] abzuleitende Belehrungspflicht des Notars, daß er über Bestehen und Rechtswirkungen (schwebende Unwirksamkeit) der Vorschrift des § 1365 BGB aufklären muß, soweit dies nicht wegen der ihm bekannten Familien-, Güterrechts- oder Vermögensverhältnisse von vornherein ausscheidet. Dabei hat der Notar von der Rechtsprechung zu § 1365 BGB (Einzeltheorie und subjektive Theorie) auszugehen. Im Anschluß an diese Belehrung hat der Notar die weitere Sachverhaltsklärung zunächst den Beteiligten selbst zu überlassen.[8] Der Notar muß und darf Nachforschungen über das Vermögen des Verfügenden nur anstellen, wenn ein **konkreter** Anhalt gegeben ist, daß Gegenstand des Urkundsgeschäfts nahezu das gesamte Vermögen des Verfügenden ist. Er muß dabei von den gesetzgeberischen Wertungen zu § 1365 BGB ausgehen, wonach Verfügungen eines Ehegatten nur ausnahmsweise der Zustimmung des anderen Ehegatten bedürfen, wobei es nicht genügt, daß der Gegenstand, über den verfügt wird, das gesamte Vermögen darstellt, sondern dazu kommen muß, daß der Vertragspartner dies weiß. Der Notar hat zu beachten, daß er durch Offenlegung der Vermögensverhältnisse in vielen Fällen überhaupt erst die Voraussetzung für die Anwendung von § 1365 BGB schaffen würde, wenn er den Erwerber „bösgläubig" macht. Dem Erwerber ist vom Gesetzgeber keine Ermittlungspflicht auferlegt; eine solche Pflicht dem Notar aufzuerlegen, führte auf einem Umweg doch zur Ermittlungspflicht des Erwerbers. Deswegen besteht bei Vorliegen der oben genannten konkreten Anhaltspunkte für

---

[4] BGH 43, 174 = DNotZ 1966, 44 = NJW 1965, 909 = Rpfleger 1965, 107 mit Anm Haegele; MünchKomm/Koch Rdn 34 zu § 1365 BGB.
[5] BGH 64, 246 = DNotZ 1975, 628 mit Anm Reithmann = Rpfleger 1975, 297.
[6] Reithmann aaO S 635.
[7] In der Begründung zu § 17 BeurkG ist ausdrücklich festgestellt, daß diese Grundvorschrift auch die Prüfung der Vertretungsmacht und Verfügungsbefugnis der Beteiligten enthält und § 29 Abs 2 BNotO deshalb entbehrlich wurde.
[8] BGH 64, 246 = aaO (Fußn 5).

G. Abschließende Betrachtung der güterrechtlichen Verfügungsbeschränkungen

eine Verfügung über das gesamte Vermögen eine Aufklärungspflicht des Notars nicht im Sinne einer Amtsermittlungspflicht, sondern höchstens eine Pflicht zu Stellung von Fragen an die Beteiligten.[9] Ist der Notar der Überzeugung, § 1365 BGB liege vor (nach objektiven **und** subjektiven Merkmalen), so hat er gemäß § 17 Abs 2 S 2 BeurkG seinen Belehrungsvermerk in die Urkunde aufzunehmen oder die Beurkundung abzulehnen.[10]

4. Sonderfragen bei ehelicher Gütergemeinschaft

Ist als Eigentümer eines Grundstücks **nur der Mann** oder **nur die Frau** eingetragen, weiß aber der Notar, der eine Grundstücksveräußerung beurkunden soll, positiv (bloße Vermutungen in dieser Richtung reichen nicht aus), daß in der Ehe tatsächlich **Gütergemeinschaft** besteht, so hat er – trotz der Vermutung des § 891 BGB (Rdn 337) – davon auszugehen, daß das Grundstück zum Gesamtgut der ehelichen Gütergemeinschaft gehört, der im Grundbuch eingetragene Alleineigentümer über das Grundstück daher nur unter Mitwirkung seines Ehegatten materiell-rechtlich verfügen kann. Anders liegt der Fall, wenn nachgewiesen wird, daß das Grundstück tatsächlich nur dem eingetragenen Eigentümer gehört, weil es zu dessen Vorbehaltsgut erklärt ist (vgl Rdn 3379).

3396

Falls allerdings der Grundstückserwerber von der tatsächlichen Gesamtguteigenschaft des Grundstücks nichts weiß, kann er sich bei dessen Veräußerung durch den eingetragenen Ehegatten – gleichgültig, ob dieser Verwalter oder Nichtverwalter ist – auf den **öffentlichen Glauben des Grundbuchs** (§ 892 BGB) berufen, so daß ihm gegenüber die Veräußerung wirksam ist.[11] Verfügt dagegen der in Gütergemeinschaft lebende, im Erbschein als Alleinerbe ausgewiesene (keine Angabe der Gütergemeinschaft) Erbe des verstorbenen Eigentümers, schützt den gutgläubigen Erwerber weder § 892 BGB noch § 2365 BGH, sondern höchstens § 1412 BGB, wenn die Gütergemeinschaft nicht im Güterrechtsregister eingetragen ist. Der gute Glaube an die alleinige Verfügungsbefugnis wird dagegen nicht geschützt.[12]

3397

Der **Notar** kann aber dem Ehegatten des im Grundbuch eingetragenen Eheteils gegenüber **schadensersatzpflichtig** werden, wenn er bei Prüfung der Verfügungsmacht des eingetragenen Eigentümers die im Verkehr erforderliche Sorgfalt außer acht gelassen hatte (Verletzung der Pflicht zur Belehrung über rechtliche Tragweite des Geschäfts). Kennt er die Unrichtigkeit des Grundbuchs positiv, so darf er sich trotz § 891 BGB nicht auf seinen Inhalt verlassen.[13] Der unberechtigt allein verfügende (Buch-)Eigentümer hat keinen Anspruch darauf, daß der Notar in einem solchen (Ausnahme-)Fall durch

3398

---

[9] Reithmann aaO S 638.
[10] OLG Frankfurt NJW 1985, 1229.
[11] Der öffentliche Glaube des Grundbuchs geht einem etwaigen Eintrag über das Verwaltungsrecht im Güterrechtsregister (§ 1412 BGB) vor, hM, MünchKomm/Kanzleiter Rdn 10; BGB-RGRK/Finke Rdn 24, je zu § 1412 BGB; aA Staudinger/Thiele Rdn 48 zu § 1412 BGB.
[12] Insoweit richtig Böttcher Rpfleger 1984, 377 (380).
[13] Bereits das RG DR 1943, 247 hat festgestellt, daß es Amtspflicht des Notars ist, sich um das Güterrecht insoweit zu kümmern als davon die Verfügungsberechtigung eines Beteiligten abhängt. Jetzt gilt § 17 BeurkG; zu dieser Vorschrift s Rdn 3395.

unterlassene Belehrung dem Erwerber zu gutgläubigem Erwerb verhilft. Ein Vergleich mit § 1365 BGB kann hier nicht gezogen werden: bei dieser Bestimmung ist Tatbestandsvoraussetzung die Kenntnis des Erwerbers von der Gesamtvermögensverfügung, erst mit dieser Kenntnis tritt die Verfügungsbeschränkung ein; im hier beleuchteten Fall fehlt dem Veräußerer dagegen von vornherein die Verfügungsbefugnis.

3399 Hat das **Grundbuchamt** positive Kenntnis davon, daß der nur auf einen Ehegatten lautende Grundbucheintrag unrichtig ist, weil das Grundstück zum Gesamtgut der zwischen den Eheleuten bestehenden Gütergemeinschaft gehört, so darf es nach noch hM die nur vom eingetragenen Ehegatten erklärte Auflassung im Grundbuch nicht vollziehen, und zwar auch dann nicht, wenn der Erwerber im Zeitpunkt des § 892 Abs 2 BGB gutgläubig ist[14] (s zu dieser Streitfrage Rdn 352).

H. Güterrechtliche Fragen im Beitrittsgebiet

Literatur: Böhringer, Grundbuchberichtigung bei übergeleitetem „ehelichen Vermögen", Rpfleger 1994, 282; Böhringer, Grundbuchberichtigung bei nicht eingetragenem „ehelichem Vermögen", NotBZ 1998, 227; Brudermüller und Wagenitz, Das Ehe- und Ehegüterrecht in den neuen Bundesländern, FamRZ 1990, 1294; Faßbender, Beurkundungen bei Beteiligung von Bürgern der ehemaligen DDR, MittRhNotK 1990, 109; Lipp, Zur Überleitung der ehelichen Eigentums- und Vermögensgemeinschaft in das Recht der Zugewinngemeinschaft, FamRZ 1995, 65; Peters, Grundbuchberichtigung bei Eintragung ehemaliger DDR-Eheleute in ehelicher Vermögensgemeinschaft, DtZ 1994, 399; Wassermann, Die güterrechtliche Auseinandersetzung nach der Überleitung – zur Interpretation des Art 234 § 4 Abs 4 EGBGB, IPrax 1992, 237.

1. Überleitung, Option zum FGB-Güterstand

3400 Für Ehegatten, für die nach innerdeutschem Kollisionsrecht[1] bis zum 2. 10. 1990 der gesetzliche[2] Güterstand der Eigentums- und Vermögensgemeinschaft des FGB der DDR anwendbar war, gilt ab 3. 10. 1990[3] (Tag des Beitritts) der gesetzliche Güterstand der Zugewinngemeinschaft des BGB (Art 234 § 4 Abs 1 EGBGB).

3401 Jeder Ehegatte, dessen gesetzlicher FGB-Güterstand in den gesetzlichen Güterstand des BGB überführt wurde, und der nicht inzwischen einen Ehevertrag geschlossen hat oder geschieden wurde, konnte durch notariell beurkun-

---

[14] Ebenso Meikel/Böttcher Rdn 74 ff Anh zu § 18 GBO; Ripfel Justiz 1966, 49 (52) unter Berufung auf LG Wuppertal NJW 1960, 1914; Ripfel JurBüro 1970, 276; dagegen Rahn Justiz 1966, 258.
[1] Rauscher DNotZ 1991, 209 (212); für Übersiedler zwischen dem Fall der Mauer und dem 3. 10. 1990 siehe Rdn 3406.
[2] Abweichungen vom gesetzlichen FGB-Güterstand waren nach § 14 FGB möglich (aber selten), über Vermögen, das der gemeinschaftlichen Lebensführung diente, jedoch nur am 1. und 2. 10. 1990 aufgrund des 1. Familienrechtsänderungsgesetzes; solche vertraglichen Vereinbarungen werden nicht übergeleitet.
[3] Das heißt ohne Rückwirkung, vgl Palandt/Brudermüller Rdn 11; MünchKomm/Gernhuber Rdn 453, je zur Art 234 § 4 EGBGB.

dete einseitige Erklärung gegenüber jedem Kreisgericht der ehemaligen DDR[4] bis zum Ablauf des 2. 10. 1992 (Eingang beim Gericht) für die Weitergeltung des bisherigen FGB-Güterstandes der Eigentums- und Vermögensgemeinschaft optieren (Art 234 § 4 Abs 2 EGBGB). Mit dieser Erklärung gilt rückwirkend zum 3. 10. 1990 die Überleitung in die Zugewinngemeinschaft des BGB als nicht erfolgt. Es gelten dann die §§ 13 ff FGB der DDR in der Fassung des 1. Familienrechtsänderungsgesetzes. Einschränkungen der Rückwirkung enthält Art 234 § 4 Abs 2 S 4 EGBGB: Hat ein Ehegatte zwischen 3. 10. 1990 und der Option zum FGB-Güterstand zB ein Hausgrundstück allein aus Arbeitseinkünften erworben und wieder verkauft, obwohl ein Fall des § 1365 BGB vorlag, so ist dieser Verkauf nun wirksam. Die Verfügungsbeschränkung des § 1365 BGB ist rückwirkend entfallen; die Verfügungsbeschränkung des § 15 Abs 2 FGB kann dem Dritten nach Art 234 § 4 Abs 2 S 4 EGBGB nicht entgegengehalten werden; entscheidender Zeitpunkt ist nach dem Sinn dieser Vorschrift der Abschluß des Verpflichtungsgeschäftes.

2. Gesetzliche Umwandlung des gemeinschaftlichen Vermögens in Bruchteilseigentum

Art 234 § 4a Abs 1 EGBGB[5] regelt, daß für Ehegatten, die keine Optionserklärung zum FGB-Güterstand abgegeben haben und daher im Güterstand der Zugewinngemeinschaft leben, gemeinschaftliches Eigentum zu Bruchteilseigentum wurde. Grundbuchtechnisch wird die Vorschrift ergänzt durch § 14 GBBerG, der für Grundbuchberichtigung Nachweis, Zwang (§§ 82, 82a S 1 GBO) und Gebührenfreiheit regelt. Damit ist klargestellt, daß eine gesetzliche Umwandlung des gemeinschaftlichen Eigentums in Bruchteilseigentum stattfand. Streitig ist, ob die Neuregelung zu Bruchteilseigentum ex tunc, also auf den 3. 10. 1990 zurückwirkt, so daß bereits mit diesem Tag gemeinschaftliches Vermögen ohne weiteres Miteigentum zur Hälfte wurde,[6] oder ob das gemeinschaftliche Vermögen bis zum 25. 12. 1993 gesamthänderisches Vermögen (beendete, nicht auseinandergesetzte Eigentums- und Vermögensgemeinschaft) bis zur Auseinandersetzung durch die Ehegatten oder durch das Gericht geblieben war.[7] Die Frage spielt eine Rolle, wenn der Güterstand durch Versterben eines Ehepartners vor dem 25. 12. 1993 (s Fußn 5) aufgelöst wurde und daher fraglich ist, ob sich im Nachlaß ein hälftiger Bruchteilsanteil oder der hälftige Anteil an der nicht auseinandergesetzten Vermö-

3402

---

[4] Und AG Berlins, Palandt/Diederichsen (53. Aufl) Rdn 31 zu Art 234 § 4 EGBGB; aA – jedes AG und KreisG in Deutschland – Rauscher DNotZ 1991, 208 (219); Staudinger/Rauscher Rdn 64 zu Art 234 § 4 EGBGB; Böhringer DNotZ 1991, 223 (227); Brudermüller und Wagenitz FamRZ 1990, 1294 (1299).
[5] Eingefügt durch das RegVBG vom 20. 12. 1993 (BGBl I 2215) in Kraft getreten am 25. 12. 1993.
[6] So BezG Frankfurt/O FamRZ 1993, 1205; LG Chemnitz DtZ 1994, 288; Bosch FamRZ 1991, 1001 (1005), Henrich IPrax 1991, 16; Rauscher DNotZ 1991, 209 (216); Staudinger/Rauscher Rdn 45 zu Art 234 § 4 EGBGB; Brudermüller und Wagenitz FamRZ 1990, 1294 (1298); Böhringer DtZ 1993, 336 (337).
[7] So BezG Meiningen NJ 1993, 373; LG Stendal NJ 1994, 322 = ZIP 1994, 993; Albrecht MittBayNot 1990, 344; MünchKomm/Gernhuber Rdn 453, 454 zu Art 234 § 4 EGBGB; Palandt/Brudermüller Rdn 1 zu Art 234 § 4a EGBGB; Lipp FamRZ 1995, 65 (66); Peters FamRZ 1994, 673.

gensgemeinschaft befindet, so daß im letzteren Falle wohl unter Anwendung des § 39 FGB zunächst die Erben die Vermögensgemeinschaft auseinandersetzen müßten. Man wird Art 234 § 4a EGBGB klarstellende Funktion und daher auch Rückwirkung zubilligen müssen, da der Gesetzgeber ab dem 3. 10. 1990 Klarheit für die Vermögensgegenstände schaffen wollte, die vorher erworben wurden und daher im gemeinschaftlichen Eigentum standen.[8]

3402a Für **bewegliche Sachen** gilt nach Art 234 § 4a Abs 1 EGBGB das Gleichanteilsprinzip. Bei **unbeweglichen Sachen** bestand nach Abs 1 S 2 aaO die Möglichkeit, die pauschale Überleitung des ehelichen Vermögens in Bruchteile zu $1/2$ zu verändern und bis zum Ablauf des 24. 6. 1994 durch formlosen Antrag auf Grundbuchberichtigung andere Anteile zu bestimmen. Die Vorschrift ließ jede Verteilung zu, so daß auch eine Verteilung als zulässig angesehen werden muß, die einem Ehegatten das Alleineigentum zuteilte. Bei mehreren Grundstücken konnten unterschiedliche Anteilsverhältnisse bestimmt werden.[9] Bei unverschuldeter Fristversäumnis war eine Wiedereinsetzung in den vorigen Stand durch das Grundbuchamt möglich.

3402b Von der Überleitungsbestimmung des Art 234 § 4a EGBGB, also der gesetzlichen Umwandlung in Bruchteilseigentum, sind die Ehegatten ausgenommen, die bereits am 3. 10. 1990 rechtskräftig geschieden waren oder bei denen der eine Ehegatte vor diesem Zeitpunkt verstorben war, und Ehegatten, die die Option nach Art 234 § 4 EGBGB zur Fortgeltung des FGB-Güterstandes ausgeübt haben.[10] Das Wahlrecht nach Art 234 § 4a Abs 1 S 2 EGBGB erlosch nach Satz 5 spätestens dann, wenn die Zwangsversteigerung oder Zwangsverwaltung des Grundstücks angeordnet wurde. Gleichgestellt war der Fall einer sonstigen Vollstreckungsmaßnahme, etwa die Eintragung einer Zwangshypothek am Anteil eines Ehegatten. Art 234 § 4a Abs 3 EGBGB enthält eine widerlegliche gesetzliche Vermutung, mit der erreicht werden soll, daß Dritte stets davon ausgehen können, daß gemeinschaftliches Eigentum entsprechend dem Regelfall Bruchteilseigentum zu $1/2$ Anteilen geworden ist. Die Vermutung gilt auch im Grundbuchverfahren und geht § 891 BGB vor.[11] Sie setzt allerdings voraus, daß die Ehegatten in „ehelichem Vermögen" im Grundbuch eingetragen sind.[12] Die Vermutung gilt also nicht, wenn nur ein Ehegatte oder beide mit anderen Bruchteilen eingetragen sind; in solchen Fällen erfolgt Grundbuchberichtigung nach allgemeinen Regeln[13] (Bewilligung [§§ 19, 29 GBO] oder Unrichtigkeitsnachweis [§§ 22, 29 GBO]). Durch § 14 S 2 GBBerG ist gesetzlich klargestellt, daß der für die Grundbuchberichtigung erforderliche Nachweis, daß keine Option nach Art 234 § 4 Abs 2 und 3 EGBGB zum DDR-Güterstand abgegeben wurde, entweder durch Berufung auf die Vermutung nach Art 234 § 4a Abs 3 EGBGB oder durch übereinstimmende Erklärung beider Ehegatten, bei dem Ableben eines von ihnen

---

[8] Vgl Begründung zum Regierungsentwurf, BT-Drucks 12/553 S 135.
[9] So Böhringer DtZ 1994, 130 (131); Grübel in Kimme, Offene Vermögensfragen, Rdn 11 zu § 14 GBBerG.
[10] Vgl Peters FamRZ 1994, 673.
[11] Palandt/Brudermüller Rdn 6 zu Art 234 § 4a EGBGB; Böhringer Rpfleger 1994, 282 (283); Böhringer DtZ 1994, 130 (131).
[12] LG Dresden Rpfleger 1996, 405; Böhringer NotBZ 1998, 227.
[13] Vgl dazu LG Potsdam NotBZ 1998, 193; Böhringer NotBZ 1998, 227.

durch Versicherung des Überlebenden und bei dem Ableben beider durch Versicherung der Erben erbracht werden kann. Das Grundbuchamt kann deshalb zur Eintragung der Bruchteilsgemeinschaft nicht den Nachweis verlangen, es wäre keine Option ausgeübt.[14] Die Erklärung oder Versicherung bedürfen nicht der Form des § 29 GBO; Schriftform reicht aus. Die Vermutung des Art 234 § 4a Abs 3 EGBGB kann durch das Güterrechtsregister oder durch die Eintragung anderer Bruchteile im Grundbuch widerlegt werden. Das Grundbuchamt ist an die Vermutung solange gebunden, wie es nicht sichere Kenntnis von der Unrichtigkeit der Vermutung hat. Bloße Zweifel berechtigen nicht zu einer Zwischenverfügung.[15] Ab 25. 6. 1994 (Ablauf der Frist des Art 234 § 4a Abs 1 EGBGB), kann jeder Ehegatte allein den Berichtigungsantrag stellen. Will ein Gläubiger die Eintragung einer Zwangshypothek am Miteigentumsanteil eines Ehegatten erwirken, bringt zunächst dieser Antrag das Wahlrecht der Ehegatten nach Art 234 § 4a Abs 1 S 5 EGBGB zum Erlöschen. Die Vermutung des Art 234 § 4a Abs 3 EGBGB gilt auch für den Gläubiger, der daher gem § 14 GBBerG zur Erfüllung der Voreintragungspflicht (§ 39 GBO) die Eintragung als Bruchteilseigentümer ohne Zustimmung der Ehegatten beantragen und dann in die Miteigentumshälfte des schuldenden Ehegatten vollstrecken kann (hierzu Rdn 2216a). Sind beide Ehegatten noch in ehelicher Vermögensgemeinschaft im Grundbuch eingetragen und verfügen über ihr Grundstück gemeinsam, so muß ihr kraft Gesetz entstandenes Bruchteilseigentum in entsprechender Anwendung des § 40 GBO und § 11 Abs 2 GBBerG nicht voreingetragen werden;[16] bei der Verfügung eines Ehegatten über seinen Miteigentumsanteil ist vorher Grundbuchberichtigung erforderlich. § 14 S 1 GBBerG ordnet die Geltung der §§ 82, 82a S 1 GBO für das Amtsverfahren zur Berichtigung an.[17]

3. Überleitung des optierten FGB-Güterstandes

Für Ehegatten, die eine Optionserklärung nach Art 234 § 4 Abs 2 S 1 EGBGB abgegeben haben, bestimmt Art 234 § 4a Abs 2 EGBGB, daß die Vorschriften (§§ 1450–1470 BGB) über das durch beide Ehegatten verwaltete Gesamtgut einer Gütergemeinschaft bei fortbestehendem gemeinschaftlichen Eigentum entsprechende Anwendung finden. Für die Auflösung dieser Gemeinschaft im Falle der Scheidung sind jedoch die Vorschriften des FGB weiterhin anzuwenden. Durch diese Vorschrift sind wesentliche Normen des FGB durch das BGB ersetzt worden. Es stellt sich allerdings im Einzelfall die Frage, welche konkreten Normen des BGB und/oder des FGB für diese Eheleute gültig sind.[18] § 13 Abs 1 FGB normierte Umfang und Entstehung des Gesamtguts. Die von einem Ehegatten während der Ehe durch Arbeit oder aus Arbeitseinkünften erworbenen Sachen- und Vermögensrechte fallen nach § 13 Abs 1 FGB in das Gesamtgut. Nach § 299 ZGB fiel ein von einem Verheirateten erworbenes Grundstück stets in das gemeinschaftliche Vermögen

3402c

---

[14] LG Dresden Rpfleger 1996, 405; Peters DtZ 1994, 399; anders noch LG Chemnitz DtZ 1994, 288.
[15] Böhringer Rpfleger 1994, 282 (283); Peters DtZ 1994, 399.
[16] Meikel/Böhringer Rdn B 85 zu § 33.
[17] Vgl Böhringer OV-Spezial 1994 Nr 35.
[18] Vgl Peters FamRZ 1994, 673 (674).

unabhängig davon, ob der Erwerb mit Gesamtgutmitteln oder aus eigenem Vermögen erfolgte.[19] Sondergut des erwerbenden Ehegatten bestand nach § 299 Abs 2 ZGB nur dann, wenn der andere Ehegatte durch notariell beglaubigte Erklärung bestätigte, daß die familienrechtlichen Voraussetzungen für die Entstehung des Sonderguts gegeben waren. Das Gesamtgut entstand bei Vorliegen der Voraussetzung des § 13 Abs 1 FGB bzw § 299 ZGB unabhängig vom rechtsgeschäftlichen Willen des Veräußerers und des Erwerbenden beim Rechtsübergang kraft Gesetzes.[20] Es besteht Streit, ob zukünftig sich die Entstehung und der Umfang des gemeinschaftlichen Eigentums weiterhin nach den §§ 13, 14 FGB richten.[21] Hierbei ist weiter umstritten, ob § 299 ZGB noch gilt[22] oder ob sich auch der Erwerb aufgrund der Neuregelung des Art 234 § 4a Abs 2 EGBGB nach den Vorschriften der Gütergemeinschaft, also entsprechend § 1416 Abs 2 BGB vollzieht.[23] Letztere Auffassung ist aufgrund der umfänglichen Verweisung in Art 234 § 4a EGBGB vorzugswürdig. Für die Auseinandersetzung des gemeinschaftlichen Eigentums sind mit Ausnahme bei Scheidung die §§ 1471 ff BGB anzuwenden, bei Beendigung des Güterstandes entsteht also eine Liquidationsgemeinschaft. Der Anteil an der nicht auseinandergesetzten Vermögensgemeinschaft ist nicht übertragbar, wohl aber der Anspruch auf das künftige Auseinandersetzungsguthaben.[24]

I. Gesetzlicher Güterstand der Vertriebenen und Flüchtlinge

Literatur: Bürgel, Die Neuregelung des ehelichen Güterstandes von Vertriebenen und Flüchtlingen, NJW 1969, 1838; Firsching, Zum Güterstandsgesetz vom 4. 8. 1969, FamRZ 1970, 452; Haegele, Gesetz über den ehelichen Güterstand von Vertriebenen und Flüchtlingen, Rpfleger 1969, 325; Herz, Das Gesetz über den ehelichen Güterstand von Vertriebenen und Flüchtlingen, DNotZ 1970, 134; Scheugenpflug, Güterrechtliche und erbrechtliche Fragen bei Vertriebenen und Spätaussiedlern, MittRhNotK 1999, 372; Wandel, Kuckuckseier nicht nur zur Osterzeit (Zum Güterrecht der Spätaussiedler), BWNotZ 1994, 85; Wassermann, Die güterrechtlichen Beziehungen von Übersiedlern aus der DDR, FamRZ 1990, 333.

1. Rechtsgrundlagen

3403 Die Regelung des gesetzlichen Güterstandes für alle Vertriebenen (auch Aussiedler aus den ost- und südosteuropäischen Staaten), anerkannte Sowjetzonenflüchtlinge (Flüchlingsausweis C) und andere Zuwanderer aus der seinerzeitigen DDR und aus Ost-Berlin ist seit 1. 10. 1969 in dem Gesetz über den ehelichen Güterstand von Vertriebenen und Flüchtlingen vom 4. 8. 1969 (BGBl 1969 I 1067 – hier abgekürzt mit G) enthalten.

---

[19] Vgl Rühl NJ 1985, 247; Otto, Das Ehegüterrecht nach dem Einigungsvertrag, 1994, S 43.
[20] Vgl Eberhard in Schwab, Familienrecht und Deutsche Einigung, 1991, 155.
[21] So Peters FamRZ 1994, 673 (674).
[22] So Otto, Das Ehegüterrecht nach dem Einigungsvertrag, 1994, S 43; Eberhard in Schwab aaO S 135; aA Pawlowski und Lipp FamRZ 1992, 377 (381).
[23] So Münch, Die Eigentums- und Vermögensgemeinschaft, 1993, S 133.
[24] BGH DNotZ 2003, 135.

I. Gesetzlicher Güterstand der Vertriebenen und Flüchtlinge

2. Übersicht

Die gesetzliche Regelung leitet für den in § 1 des Gesetzes genannten Personenkreis deren vormaligen gesetzlichen (ausländischen) Güterstand in den Güterstand der Zugewinngemeinschaft nach §§ 1353 ff BGB über. 3404

Vorstehende **Regelung gilt nicht**, wenn Eheleute **auf Grund Ehevertrags** im Güterstand eines fremden Rechts leben. Sie gilt ferner nicht, wenn am 1. 10. 1969 – bzw am maßgeblichen späteren Stichtag; s Rdn 3407 – der vorherige Güterstand im Güterrechtsregister eines Amtsgerichts der Bundesrepublik eingetragen worden war oder ist (§ 1 Abs 2 G). 3405

3. Gesetzlicher Eintritt der Zugewinngemeinschaft im einzelnen

Für Ehegatten, die Vertriebene oder Sowjetzonenflüchtlinge sind (§§ 1, 3 und 4 BVFG idF v 23. 10. 1961 – BGBl I 1882 (neu gefaßt durch Gesetz vom 2. 6. 1993, BGBl I 830), beide ihren gewöhnlichen Aufenthalt im Geltungsbereich dieses Gesetzes haben und im gesetzlichen Güterstand eines außerhalb des Geltungsbereichs dieses Gesetzes maßgebenden Rechts leben,[1] gilt seit 1. 10. 1969 das eheliche Güterrecht des BGB. Das gleiche gilt für Ehegatten, die aus der DDR oder Ost-Berlin bis 2. 10. 1990[2] zugezogen sind, sofern sie im Zeitpunkt ihres Zuzugs deutsche Staatsangehörige waren oder, ohne die deutsche Staatsangehörigkeit zu besitzen, als Deutsche iSd Art 116 Abs 1 GG Aufnahme gefunden haben (§ 1 Abs 1 G). 3406

Bei Ehegatten, bei denen von den Rdn 3403, 3405 behandelten Voraussetzungen für eine Überleitung ihres Güterstandes in die Zugewinngemeinschaft die Voraussetzung, daß **beide Ehegatten** ihren gewöhnlichen Aufenthalt in der Bundesrepublik haben, erst nach dem 30. 9. 1969 eintritt, gilt Zugewinngemeinschaft vom Zeitpunkt des nach Eintritt dieser Voraussetzung folgenden vierten Monats an (§ 3 G). 3407

Bei der Neufassung des BVFG durch Art 21 des Kriegsfolgenbereinigungsgesetzes vom 21. 12. 1992 (BGBl I 1094) wurde die Verweisung in § 1 Abs 1 G übersehen. Eine Einbeziehung der durch § 4 BVFG (idF vom 2. 6. 1993) legaldefinierten Spätaussiedler in § 3 G erscheint im Wege des Analogieschlusses gerechtfertigt,[3] eine Rechtswahl nach Art 15 Abs 2 EGBGB beseitigt sicher etwaige Zweifel.[4]

4. Ausschluß der Überleitung im einzelnen

Jeder Ehegatte konnte unabhängig vom anderen Ehegatten, sofern nicht vorher ein Ehevertrag geschlossen oder die Ehe (gleich aus welchem Grund) aufgelöst worden ist, in Fällen, in denen die Überleitung mit dem 1. 10. 1969 er- 3408

---

[1] Der Bericht des Rechtsausschusses spricht dabei vom „mitgebrachten" Güterstand.
[2] Palandt/Heldrich Rdn 2 Anh zu Art 15 EGBGB. Ab 3. 10. 1990 gilt Art 234 § 4 EGBGB, s Rdn 3400.
[3] Vgl Wandel BWNotZ 1994, 85; Scheugenpflug MittRhNotK 1999, 372; aA Palandt/Heldrich Rdn 2 Anh zu Art 15 EGBGB.
[4] Vgl hierzu eingehend mit Prüfungsschema Scheugenpflug MittRhNotK 1999, 372.

folgt ist, jedem beliebigen Amtsgericht gegenüber erklären, daß in der Ehe der **bisherige gesetzliche Güterstand** (der zufolge der Unwandelbarkeit[5] – Art 15 Abs 2 EGBGB – bis zum 1. 10. 1969 bestand) **fortgelten** solle (§ 2 Abs 1 G). Diese Erklärungsfrist ist mit dem 31. 12. 1970 abgelaufen. Haben Ehegatten als Vertriebene oder Flüchtlinge ihren gewöhnlichen Aufenthalt in der Bundesrepublik erst nach dem 30. 9. 1969 begründet, kann jeder Ehegatte diese Ausschließungserklärung binnen Jahresfrist nach dem Zeitpunkt des Eintritts der Überleitung (Anfang des nach Eintritt der Voraussetzung folgenden vierten Monats) abgeben (§ 3 G). Die Ausschließungserklärung muß notariell beurkundet sein (§ 4 Abs 1 G). Mit der Ausschließungserklärung konnte bzw kann ein Antrag auf Eintragung des damit aufrechterhaltenen bisherigen Güterstandes in das Güterrechtsregister gestellt werden.

K. Ausländisches Güterrecht

Literatur: Amann, Eigentumserwerb unabhängig vom ausländischen Güterrecht?, MittBayNot 1986, 22; Beitzke, Bruchteilserwerb mit Auslandsberührung aus der Sicht des Notars und Grundbuchamts, BWNotZ 1988, 49; Böhringer, Die Rechtswahl nach Art 220 III 1 Nr 2 und Art 15 II Nr 3 EGBGB und die Auswirkungen auf den Grundstückserwerb, BWNotZ 1987, 104; Böhringer, Grundstückserwerb mit Auslandsberührung aus der Sicht des Notars und Grundbuchamts, BWNotZ 1988, 49; Deimann, Die Bedeutung eines ausländischen Güterstandes im Grundbuchverfahren, BWNotZ 1979, 3; Frank, Probleme des internationalen Grundstücksrechts, BWNotZ 1978, 95; Lichtenberger, Einige Bemerkungen zur praktischen Behandlung des Grundstückserwerbs bei Auslandsberührung, MittBayNot 1986, 111; Lichtenberger und Gebhardt, Hinweise zum Ehegüterrecht in Fällen mit Auslandsberührung, MittBayNot 1978, 186 = MittRhNotK 1979, 58 = BWNotZ 1980, 1; Nachtrag MittBayNot 1979, 58 = MittRhNotK 1980, 177 = BWNotZ 1980, 79; Mankowski, Ehegüterrechtliche Regelung ausländischer Ehegatten über ein einzelnes Grundstück, FamRZ 1994, 1457; Panz, Gütergemeinschaft und Auflassung, BWNotZ 1979, 88; Roth, Grundbuchverfahren und ausländisches Güterrecht, IPrax 1991, 320; Schotten, Gestattet Art 15 Abs 2 Nr 3 EGBGB ein auf einen Gegenstand des unbeweglichen Vermögens beschränkte objektbezogene Rechtswahl?, DNotZ 1994, 556; Schotten, Die Konstituierung des neuen sowie die Beendigung und Abwicklung des alten Güterstandes nach einer Rechtswahl, DNotZ 1999, 326; Süß, Die Wahl deutschen Güterrechts für inländische Grundstücke, ZNotP 1999, 385; Süß, Ausländer im Grundbuch und im Registerverfahren, Rpfleger 2003, 53; Wegmann, Rechtswahlmöglichkeiten im internationalen Familienrecht, NJW 1987, 179.

3409 Mit der Anwendung ausländischen Güterrechts und der davor liegenden Prüfung der ehegüterrechtlichen Kollisionsvorschriften werden Notar und Grundbuchamt mehr und mehr konfrontiert, seitdem die Beteiligung ausländischer Staatsbürger am Grundstücksverkehr zunimmt (s auch Rdn 772). Eigentumsverhältnisse, besonders das Gemeinschaftsverhältnis zwischen Ehegatten (§ 47 GBO), Verfügungsbefugnis, Erwerbsbeschränkungen sind dabei für die Praxis von Notar und Grundbuchamt die wichtigsten Stichworte.

---

[5] Die Unwandelbarkeit erstreckt sich nach OLG Hamm DNotZ 1978, 243 auch auf die Kollisionsnorm des ausländischen Rechts.

K. Ausländisches Güterrecht

1. Deutsches Kollisionsrecht
a) Entwicklung zum IPR-Gesetz 1986

Nach Art 15 EGBGB aF richtete sich der Güterstand nach der Staatsangehörigkeit des Ehemannes bei Eheschließung. Das BVerfG hat Art 15 Abs 1 und 2 erster Halbsatz (aF) wegen Verstoß gegen Art 3 Abs 2 GG für verfassungswidrig und nichtig erklärt.[1] Auch das Haager Ehewirkungsabkommen ist mit Wirkung ab 23. 8. 1987 gekündigt.[2] Das Gesetz zur Neuregelung des Internationalen Privatrechts,[3] das ab 1. 9. 1986 in Kraft getreten ist, enthält nunmehr die gesetzliche Grundlage für das deutsche Kollisionsrecht, die auch die noch lange Zeit wichtigen Übergangsvorschriften enthält.

3410

b) Grundsätze des Art 15 EGBGB
Wie früher gilt:
- Es wird an die **Verhältnisse zur Zeit der Eheschließung** angeknüpft; späterer Wechsel der Staatsangehörigkeit oder des Aufenthalts ändert nach deutschem Kollisionsrecht die güterrechtlichen Verhältnisse nicht (Grundsatz der Unwandelbarkeit).[4]
- Das Güterrechtsstatut gilt einheitlich für alle zum Vermögen gehörenden Gegenstände, gleichgültig, wo sie sich befinden[5] (Ausnahmen: Art 3 Abs 3 EGBGB, s Rdn 3419 und Rechtswahl nach Art 15 Abs 2 Nr 3 EGBGB, s Rdn 3413).

3411

c) Die einzelnen Anknüpfungstatbestände

Anzuknüpfen ist nach der Grundnorm des Art 15 Abs 1 EGBGB an das für die allgemeinen Ehewirkungen (Art 14 EGBGB) maßgebende Recht, wobei es jedoch nur auf die Verhältnisse bei Eheschließung ankommt. Damit scheiden die Tatbestände „letztes gemeinsames Heimatrecht" und „letzter gemeinsamer gewöhnlicher Aufenthalt" in Art 14 Abs 1 Nrn 1 und 2 EGBGB aus.[6] Für die Anknüpfung sind somit maßgebend in folgender Reihenfolge:
1. das Recht des Staates, dem beide Ehegatten zur Zeit der Eheschließung angehören. Bei Mehrstaatern entscheidet die effektive, jedoch mit Vorrang einer deutschen Staatsangehörigkeit, Art 5 Abs 1 EGBGB (für Staatenlose und Flüchtlinge vgl Art 5 Abs 2 EGBGB). Erwirbt ein Ehegatte erst durch die Heirat die Staatsangehörigkeit des anderen Ehegatten, so liegt „bei Eheschließung" keine gemeinsame Staatsangehörigkeit vor.[7]
2. Bei Fehlen eines gemeinsamen Heimatrechts (meist identisch mit Staatsangehörigkeit, anders in sog Mehrrechtsstaaten) zur Zeit der Eheschließung ist in zweiter Linie das Recht des Staates maßgebend, in dem beide Ehegatten zur Zeit der Eheschließung ihren gemeinschaftlichen gewöhnlichen Aufent-

3412

---

[1] BVerfG BGBl 1983 I 525 = DNotZ 1983, 356 = NJW 1983, 1968 = Rpfleger 1983, 250; vgl dazu Lichtenberger DNotZ 1983, 394; vBar NJW 1983, 1929; Krzywon BWNotZ 1983, 97; Reinhart BWNotZ 1985, 97.
[2] BGBl 1987 II 505.
[3] BGBl 1986 I 1142.
[4] OLG Hamm DNotZ 1978, 243; Palandt/Heldrich Rdn 3 zu Art 15 EGBGB.
[5] BGH NJW 1969, 369 = Rpfleger 1969, 15.
[6] Lichtenberger DNotZ 1986, 655.
[7] Palandt/Heldrich Rdn 17 zu Art 15 EGBGB; BayObLG DNotZ 1986, 501; aA MünchKomm/Siehr Rdn 11 zu Art 15 EGBGB; Jayme IPrax 1987, 95.

halt haben. Die Staatsangehörigkeit des Aufenthaltslandes muß kein Ehegatte haben. Für den Begriff des „gewöhnlichen Aufenthalts" sind objektive nach außen sichtbar gewordene Merkmale einer gewissen Dauer und Beständigkeit des Aufenthalts sowie andere Umstände persönlicher oder beruflicher Art maßgebend, die den Schluß auf dauerhafte Beziehungen zwischen Person und ihrem Aufenthalt anzeigen.[8] Auch hier reicht ein erst nach Eheschließung begründeter gemeinsamer Aufenthalt im gleichen Rechtsgebiet zur Anknüpfung nicht aus.

3. Fehlt auch ein gemeinsamer gewöhnlicher Aufenthalt bei Eheschließung, so ist maßgebend das Recht des Staates, mit dem die Ehegatten auf andere Weise am engsten verbunden sind (Art 15, Art 14 Abs 1 Nr 3 EGBGB). Diese Anknüpfung erfolgt nur, wenn die beiden vorrangigen Anknüpfungen versagen. Es kann in der Anknüpfung nicht hierher ausgewichen werden, wenn zB ein gemeinsamer gewöhnlicher Aufenthalt bei Eheschließung besteht, die Ehegatten aber einem anderen Rechtsgebiet enger verbunden sind.[9] Für die enge Verbundenheit können herangezogen werden die Bindungen an einen Staat durch Sprache, Kultur, Beruf, schlichten Aufenthalt usw; auch Zukunftspläne der Ehegatten nach ihrer Heirat, zB der beabsichtigte erste gemeinsame Aufenthalt, können hier herangezogen werden.

4. Haben die Verlobten (also vor Eheschließung) eine zulässige Rechtswahl nach Art 14 Abs 2, 3 EGBGB getroffen, so ist diese Rechtswahl auch für die Anknüpfung nach Art 15 Abs 1 EGBGB maßgebend. Eine nach Eheschließung vereinbarte Rechtswahl der allgemeinen Ehewirkungen ändert dagegen das bereits vorhandene Güterrechtsstatut nicht,[10] wohl aber eine güterrechtsbezogene Rechtswahl nach Art 15 Abs 2 EGBGB.

Der einmal durch Anknüpfung gefundene Güterstand ist – mit Ausnahme der Rechtswahl – unwandelbar.

d) Güterrechtsstatut durch Rechtswahl (Art 15 Abs 2 EGBGB)

3413 Art 15 Abs 2 EGBGB läßt nunmehr eine beschränkte Rechtswahl des Güterrechtsstatuts zu. Die Rechtswahl bedarf im Inland der notariellen Beurkundung, sonst der Ehevertragsform des gewählten Rechts oder am Ort der Rechtswahl (Art 15 Abs 3, Art 14 Abs 4 EGBGB). Die gleichen Formvorschriften gelten für die – zulässige – Aufhebung oder Änderung der Rechtswahl. Die Rechtswahl ist an keine Voraussetzungen, zB unterschiedliche Staatsangehörigkeit geknüpft und kann vor und während der Ehe vorgenommen werden. Nur inhaltlich ist die Rechtswahl durch Art 15 Abs 2 Nrn 1–3 EGBGB beschränkt. Durch die Rechtswahl gilt das jeweilige gesetzliche Güterrecht der gewählten Rechtsordnung, das jedoch in der Form und mit dem Inhalt geändert werden kann, wie die gewählte Rechtsordnung dies zuläßt (zB Rechtswahl deutschen Güterrechts und Vereinbarung der Gütertrennung). Wird durch die Rechtswahl die Anknüpfung geändert, so entscheidet das neue gewählte Recht über die Überleitung (streitig).[11]

---

[8] Begründung zum IPR-Gesetz, BT-Drucks 10/504, S 41 ff; Palandt/Heldrich Rdn 10 zu Art 5 EGBGB; Henrich FamRZ 1986, 846.
[9] Beispiel bei Lichtenberger DNotZ 1986, 656.
[10] Wegmann NJW 1987, 1740.
[11] Wie hier Begründung zum IPR-Gesetz, BT-Drucks 10/5632, S 42; Palandt/Heldrich Rdn 21; Staudinger/vBar/Mankowski Rdn 120 ff, je zu Art 15 EGBGB; aA Schotten

K. Ausländisches Güterrecht

Neben der zulässigen Vereinbarung des Heimatrechts[12] eines Ehegatten oder des Rechts des gewöhnlichen Aufenthalts eines Ehegatten spielt für die Praxis von Notar und Grundbuchamt die Möglichkeit, für unbewegliches Vermögen das Recht des Lageorts zu wählen, eine erhebliche Rolle. Damit soll besonders beim Erwerb deutscher Grundstücke durch Ausländer, deren Güterrecht nicht oder nur schwer ermittelt werden kann, diesen die Wahl deutschen Güterrechts ermöglicht und damit die Grundbucheintragung (§ 47 GBO) erleichtert werden.[13] Auch diese Rechtswahl des Lageorts ist an keine persönlichen Voraussetzungen gebunden, insbesondere nicht daran, daß etwa nur Ausländer mit sicherem ausländischen Güterstand eine solche Rechtswahl treffen können;[14] die Norm will in Fällen, in denen eine Auslandsberührung (Art 3 Abs 1 EGBGB) vorliegt, aber gerade nicht sicher ist, welches Güterrechtsstatut gilt, für unbewegliche Sachen eine sichere Anknüpfung ermöglichen.[15] Es können daher auch deutsche Ehegatten bei ihrer im Ausland belegenen Immobilie das ausländische Belegenheitsrecht wählen.[16]

Der Begriff des unbeweglichen Vermögens ist nach deutschem Recht zu beurteilen.[17] Neben dem Eigentum an Grundstücken, Wohnungseigentum und grundstücksgleichen Rechten (Erbbaurecht) gehören hierzu auch alle Rechte an Grundstücken, die im Grundbuch eintragungsfähig sind, sowie die durch Vormerkung sicherbaren Forderungen auf Begründung, Änderung, Übertragung oder Aufhebung solcher Rechte,[18] auch Gebäudeeigentum in den neuen Bundesländern (Art 233 § 4 Abs 1 EGBGB).

Die Rechtswahl des Lageorts kann zu einer Aufspaltung des Güterrechts führen. Erwerben ausländische Ehegatten gemeinschaftlich Grundbesitz in Deutschland und wählen sie deutsches Recht, so vermeidet die gleichzeitige Vereinbarung der Gütertrennung für diesen Grundbesitz Abwicklungsschwierigkeiten bei einer späteren Scheidung infolge eines gespaltenen Güterrechts.[19] Ob die Rechtswahl auch nur auf einzelne unbewegliche Vermögensgegenstände des Lageorts beschränkt werden kann, so daß für anderes unbewegliches Vermögen im gleichen Rechtsgebiet unterschiedliches Güterrecht gilt,

---

DNotZ 1999, 326 (332); MünchKomm/Siehr Rdn 54 zu Art 15 EGBGB; Wegmann NJW 1987, 1741 (1743); Böhringer BWNotZ 1987, 104 (110).

[12] Streitig, wie bei Doppelstaatsangehörigkeit eines Ehegatten zu verfahren ist, vgl Palandt/Heldrich Rdn 22 zu Art 15 EGBGB einerseits, Lichtenberger DNotZ 1986, 659 andererseits; vgl auch Kühne IPrax 1987, 71; Wegmann NJW 1987, 1741.

[13] Begründung zum IPR-Gesetz, BT-Drucks 10/5632, S 42.

[14] Palandt/Heldrich Rdn 21 zu Art 15 EGBGB; Lichtenberger DNotZ 1986, 659; aA – unrichtig – Langenfeld BWNotZ 1986, 153.

[15] Vgl Süß ZNotP 1999, 385.

[16] Palandt/Heldrich Rdn 22; Erman/Hohloch Rdn 28, je zu Art 15 EGBGB.

[17] Palandt/Heldrich Rdn 22; MünchKomm/Siehr Rdn 31 f, Erman/Hohloch Rdn 28, je zu Art 15 EGBGB; Lichtenberger DNotZ 1986, 659; Wegmann NJW 1987, 1741; ausführlich mit Nachw Krzywon BWNotZ 1986, 154 (159); aA Kühne IPrax 1987, 69 (73).

[18] Ob schuldrechtliche Ansprüche auf die dingliche Rechtsänderung hierzu zählen, ist streitig, vgl Jayme IPrax 1986, 270; Lichtenberger DNotZ 1980, 644 (659); Wegmann NJW 1987, 1743; Böhringer BWNotZ 1987, 109.

[19] Insoweit richtig Langenfeld BWNotZ 1986, 153; Böhringer BWNotZ 1987, 104 (111). Vgl aber zu Problemen einer kollisionsrechtlichen Vermögensspaltung Süß ZNotP 1999, 385.

ist streitig.[20] Diese Auslegung erscheint zwar nach dem Gesetzeswortlaut nicht ausgeschlossen, jedoch auch nicht zwingend geboten. Der im deutschen Kollisionsrecht geltende Grundsatz möglichst einheitlicher Anknüpfung spricht mehr dafür, daß nur insgesamt für sämtliches unbewegliches Vermögen in einem Rechtsgebiet die Rechtswahl getroffen werden kann.

e) Übergangsregelung (Art 220 Abs 3 EGBGB)

3414 Art 220 Abs 3 EGBGB enthält eine – nicht besonders klare – gesetzliche Übergangsregelung, die durch die Rechtsprechung[21] genauere Konturen gewonnen hat. Für die Praxis ist folgendes festzuhalten:
– für Ehen, die vor dem 1. 4. 1953 geschlossen wurden, gilt das alte Kollisionsrecht der Anknüpfung an die Staatsangehörigkeit des Mannes fort (Art 220 Abs 3 S 6 EGBGB),
– für Ehen, die nach dem 8. 4. 1983 geschlossen wurden, gilt – rückwirkend – das neue IPR. Eine Rechtswahl in der Form des Art 15 Abs 2, 3 EGBGB ist möglich, auch schon vor dem 1. 9. 1986,[22]
– für Ehen, die nach dem 31. 3. 1953 und vor dem 9. 4. 1983 geschlossen wurden, gilt bis zum 8. 4. 1983 ein gemeinsames Heimatrecht bei Eheschließung (Art 220 Abs 3 S 1 Nr 1 EGBGB) oder hilfsweise das Recht, dem sich die Ehegatten unterstellt haben oder von dessen Anwendung sie ausgegangen sind (Art 220 Abs 3 S 1 Nr 2 EGBGB) oder wiederum hilfsweise das Recht des Staates des Ehemannes bei Eheschließung (Art 220 Abs 3 S 1 Nr 3 EGBGB).

Während „Unterstellen" eine wenigstens konkludente Rechtswahl und einen feststellbaren Willen zur Anwendung einer bestimmten Rechtsordnung verlangt,[23] fehlt ein solcher Wille beim „Ausgehen"; hier wird eine schlüssige Rechtswahl gleichsam fingiert;[24] es enthält ein Hinnehmen, Inkaufnehmen einer bestimmten Rechtsordnung gleichsam selbstverständlich, was sich naturgemäß weitgehend im Innenbereich der betroffenen Ehegatten abspielt; doch können die äußeren Umstände des gemeinschaftlichen Lebens Anhaltspunkte sein.[25]

---

[20] Für eine eigene Rechtswahl für jedes unbewegliche Vermögensstück: LG Mainz DNotZ 1994, 564 mit Anm Schotten = NJW-RR 1994, 73 = Rpfleger 1993, 280; Lichtenberger DNotZ 1986, 659; Böhringer BWNotZ 1987, 104 (109); Palandt/Heldrich Rdn 22; MünchKomm/Siehr Rdn 49; Erman/Hohloch Rdn 29, je zu Art 15 EGBGB; mit Zweifeln auch Henrich FamRZ 1986, 841 (847); nur für Rechtswahl jeweils für ein Rechtsgebiet: Kühne IPrax 1987, 69 (73); Wegmann NJW 1987, 1740; Langenfeld BWNotZ 1986, 153; Schotten, DNotZ 1994, 566; Schneider MittRhNotK 1989, 42.
[21] BGH DNotZ 1987, 292 mit Anm Lichtenberger = NJW 1987, 583 = Rpfleger 1987, 16; BGH MittBayNot 1987, 254 mit Anm Lichtenberger = IPrax 1988, 100; BGH IPrax 1988, 103 = MittRhNotK 1988, 45. Das BVerfG (NJW 1989, 1081) hält Art 220 Abs 3 EGBGB für verfassungsgemäß, dessen Abs 3 S 1 Nr 2 jedoch nur mit Einschränkungen (BVerfG MittBayNot 2003, 403 = FamRZ 2003, 361 = NJW 2003, 1656).
[22] Lichtenberger DNotZ 1986, 671.
[23] Lichtenberger DNotZ 1987, 298 und MittBayNot 1987, 257; Böhringer BWNotZ 1987, 104 ff.
[24] BGH IPrax 1988, 103 = MittRhNotK 1988, 45.
[25] Vgl OLG Frankfurt IPrax 1988, 105.

K. Ausländisches Güterrecht

Eine Neuanknüpfung ab 9. 4. 1983 tritt auf jeden Fall ein für die Fälle des Art 220 Abs 3 S 1 Nr 3 EGBGB gemäß dessen S 2 und 3. Obwohl Art 220 Abs 3 S 2 EGBGB ab dem 9. 4. 1983 in allen Fällen des Art 220 Abs 3 S 1 EGBGB eine Neuanknüpfung anordnet, hat die Rechtsprechung und überwiegende Literatur in den Fällen des Art 220 Abs 3 S 1 Nr 1 und 2 EGBGB eine Fortdauer des sich auf Grund dieser Vorschriften ergebenden Güterstandes über den 8. 4. 1983 hinaus angenommen, insbesondere auch für die Fälle des S 1 Nr 2 („Ausgehen" von und „unterstellen" unter eine Rechtsordnung). Für die Fälle des „Ausgehens" von der Anwendung eines Rechts im Sinne des Art 220 Abs 3 S 1 Nr 2 EGBGB ist nach der Entscheidung des BVerfG[26] ab 9. 4. 1983 die Neuanknüpfung nach Art 220 Abs 3 S 2 EGBGB getreten. Das gleiche, dh Neuanknüpfung nach Art 220 Abs 3 S 2 EGBGB ab 9. 4. 1983, muß auch für den zweiten Fall des Art 220 Abs 3 S 1 Nr 2 („unterstellen" unter eine Rechtsordnung) gelten, zumal die Abgrenzung zwischen „Unterstellen" und „Ausgehen" fließend ist.[26a] Man wird eine Fortwirkung nur annehmen können, wenn die Ehegatten eine solche bisherige formlose „Rechtswahl" in der Form des „unterstellens" nachträglich formgerecht (Art 14 Abs 4 EGBGB) bestätigen, zB

> „Wir bestätigen hiermit, daß wir ab Beginn unserer Ehe deren güterrechtliche Wirkungen dem Recht des Staates ... unterstellt haben bzw von seiner Anwendung ausgegangen sind".[27]

Diese Erklärung wirkt über Art 220 Abs 3 S 1 Nr 2 EGBGB auch in die Zukunft und ist vom Grundbuchamt zu beachten.
Soweit ab 9. 4. 1983 ein Statutenwechsel gemäß Art 220 Abs 3 S 2, 3 EGBGB eintritt, gilt das neue Statut nun einheitlich für das gesamte zu diesem Zeitpunkt vorhandene Vermögen.[28] Bestand zB vorher Gütergemeinschaft nach einem ausländischen Recht und nach dem 8. 4. 1983 Zugewinngemeinschaft nach deutschem Recht, so wandelt sich die bisherige Gesamthandsgemeinschaft kraft Gesetzes in eine Bruchteilsgemeinschaft zu gleichen Bruchteilen um. Im Grundbuchverkehr ist Berichtigungsbewilligung erforderlich, da Unrichtigkeitsnachweis durch öffentliche Urkunden regelmäßig nicht zu führen ist. Das gleiche gilt im umgekehrten Fall.

3415 Durch die bisherige großzügige Anwendung des Art 220 Abs 3 S 1 Nr 2 EGBGB ergab sich für einen Großteil der vor dem 9. 4. 1983 geschlossenen Ehen keine Güterrechtsstatutsänderung. Auf Grund der Entscheidung des BVerfG[29] zu Art 220 Abs 3 S 1 Nr 2 EGBGB können neben den (bisher seltenen) Fällen des Art 220 Abs 3 S 1 Nr 3 EGBGB nunmehr häufig auf Grund Güterrechtsstatusänderungen[29a] auch Grundbuchberichtigungen notwendig werden. Es ist daher zu empfehlen, bei nationalitätenverschiedenen Ehegatten

---

[26] BVerfG aaO (Fußn 21) unter Abkehr von BGH aaO (Fußn 21); wie BVerfG bereits Schurig IPrax 1988, 88; MünchKomm/Siehr Rdn 176 ff, 183 ff zu Art 15 EGBGB.
[26a] Ebenso Eule MittBayNot 2003, 335.
[27] Böhringer BWNotZ 1987, 104 (108); Lichtenberger DNotZ 1986, 679. Die Rechtswahl wirkt als solche nur ex nunc (Schotten DNotZ 1999, 326 mit weit Nachw; teilweise abweichend Mankowski und Osthaus DNotZ 1997, 10 (21), kann jedenfalls aber schuldrechtlich zurückbezogen werden).
[28] BGH aaO (Fußn 21).
[29] BVerfG aaO (Fußn 21).
[29a] Zur Frage, wie ab 9. 4. 1983 anzuknüpfen ist, vgl Eule MittBayNot 2003, 335 (338).

im Rahmen der Beurkundung von Rechtsgeschäften mit ihnen eine entsprechende formgerechte (Art 15, 14 Abs 4 EGBGB) Rechtswahl anzusprechen. Grundbuchberichtigungen können weiter dann nötig werden, wenn bei Eheschließung nach dem 8. 4. 1983 von einem falschen Güterrechtsstatut ausgegangen wurde und dies im Grundbuch seinen Niederschlag fand. Im übrigen gilt für die Behandlung solcher Fälle im Grundbuch allgemeines Grundbuchrecht, nämlich:

3416 Veräußerungen und Belastungen durch den eingetragenen Alleinberechtigten, der infolge anderer Anknüpfung nicht Alleinberechtigter oder in der Verfügung beschränkt war, und die im Grundbuch vollzogen sind, bleiben im Rahmen der §§ 892, 893 BGB wirksam. In anderen Fällen ist die Verfügung unwirksam. Haben Ehegatten als Miteigentümer nach Bruchteilen erworben, obwohl sie in einem Gesamthandsgüterstand leben, ist die Einigung wirksam; die Unrichtigkeit kann auf Antrag der Ehegatten berichtigt werden (s Rdn 761). Haben sie umgekehrt in einem Gesamthandsgüterstand erworben, obwohl für sie ein solches Güterrecht nicht besteht, so ist die Auflassung an die Ehegatten als Berechtigte zu gleichen Bruchteilen auszulegen oder umzudeuten, so daß sie wirksam bleibt, soweit man nicht ohnehin die Angabe des richtigen Gemeinschaftsverhältnisses bei der Auflassung für entbehrlich hält (s Rdn 3312).

3417 Hat nur ein Ehegatte erworben, obwohl nach dem einschlägigen Güterrecht der andere Ehegatte mitberechtigt wird (sei es kraft Gesetzes, vgl zB § 1416 BGB,[30] sei es kraft – uU auch konkludent erteilter – Zustimmung des anderen Ehegatten), so ist nach den dargelegten Grundsätzen die Einigung dennoch wirksam und das Grundbuch auf Grund Antrags der Eheleute zu berichtigen.

3418 Der Berichtigungsantrag bedarf der Form des § 29 GBO, da ein Unrichtigkeitsnachweis durch öffentliche Urkunden meist nicht in Frage kommt.[31]
Von sich aus hat das Grundbuchamt keine Überprüfung bereits vorgenommener Eintragungen vorzunehmen. Die Eintragung eines Widerspruchs (§ 53 Abs 1 GBO) setzt voraus, daß das Grundbuchamt die feste Überzeugung[32] hat, daß
– tatsächlich ein anderes Güterrecht zur Zeit der Eintragung gegolten hat als seinerzeit angenommen (setzt Kenntnis über die Anknüpfungstatsachen voraus) und
– daß nach diesem Güterrecht die Eintragung gesetzwidrig war.[33]
Ohne ganz konkrete Anhaltspunkte und Nachweise wird das Grundbuchamt diese für die Eintragung eines Amtswiderspruchs notwendige Überzeugung nicht gewinnen können.[34] Dies gilt auch bei Anregung eines Beteiligten.

---

[30] Vgl zB LG Kempten MittBayNot 1982, 250 (Erwerb zur „Errungenschaftsgemeinschaft" ital Rechts).
[31] Vgl OLG Oldenburg Rpfleger 1985, 188.
[32] Vgl hierzu OLG Frankfurt MittBayNot 1994, 278 = MittRhNotK 1995, 110 = NJW-RR 1994, 73 = Rpfleger 1994, 17.
[33] Wegen der Rückwirkung der Nichtigkeit auf den 9. 4. 1983 wäre eine zwischenzeitlich erfolgte Eintragung im Grundbuch auf Grund „falschen" Güterrechts eine Gesetzesverletzung iSd § 53 GBO, K/E/H/E Rdn 7 zu § 53; anders BayObLG 24, 62; Demharter Rdn 22 zu § 53.
[34] vBar NJW 1983, 1929 (1936) und vBar und Ipsen NJW 1985, 2855 warnen zu Recht vor der Eintragung von Amtswidersprüchen; vgl auch OLG Oldenburg Rpfleger 1985, 188.

K. Ausländisches Güterrecht

f) Rück- und Weiterverweisung

Auch bei der nunmehr geltenden ehegüterrechtlichen Anknüpfung (s Rdn 3412) bleibt es bei einer Gesamtverweisung, dh es wird auch auf die kollisionsrechtlichen Vorschriften dieses Heimatrechts verwiesen. Eine Rückverweisung auf deutsches Recht wird angenommen, eine Weiterverweisung wird beachtet (Art 4 Abs 1 EGBGB). Bei der Rechtswahl wird dagegen nur auf die Sachvorschriften verwiesen (Art 4 Abs 2 EGBGB). Ergibt sich die Rück- oder Weiterverweisung deswegen, weil das Kollisionsrecht, auf das deutsches Recht verweist, seinerseits an die Staatsangehörigkeit des Ehemannes anknüpft, so wird diese Rück- oder Weiterverweisung beachtet, da ein Verstoß gegen Art 6 EGBGB in diesem Fall ausgeschlossen ist.[35] Eine Rückverweisung kann sich insbesondere daraus ergeben, daß bereits das in Art 14 Abs 1 EGBGB für maßgeblich erklärte Statut der allgemeinen Ehewirkungen auf deutsches Recht zurückverweist. Eine besondere Rolle beim Grundstücksverkehr spielen die Rück- und Weiterverweisungen auf das Recht des Lageortes. Eine solche partielle Rückverweisung tritt dann ein, wenn das ausländische Kollisionsrecht die güterrechtliche Behandlung von Grundstücken dem Recht des Lageortes unterstellt. Eine solche Rück- oder Weiterverweisung wird anerkannt mit der Folge, daß für Grundstücke, auch hinsichtlich des Ehegüterrechts das Recht des Lageortes anwendbar ist. Die gleichen Grundsätze gelten bei der Weiterverweisung, wenn etwa das Grundstück in einem dritten Staat liegt.[36]

3419

Infolge Rück- oder Weiterverweisung kann es auch zu einem gespaltenen Güterrecht kommen, wenn die Kollisionsnormen des Fremdrechts, auf das verwiesen wird, diesem Grundsatz (und nicht der Einheitlichkeit des Güterrechts) folgen.[37]

2. Notar und ausländisches Güterrecht

Der Notar hat bei der Beteiligung von ausländischen Staatsangehörigen von seiner Belehrungspflicht (§ 17 BeurkG) her in güterrechtlicher Hinsicht zunächst die deutschen Kollisionsregeln zu prüfen und über sie zu belehren. Der Haftungsausschluß des § 17 Abs 3 BeurkG gilt nicht für die deutschen Kollisionsregeln; er gilt auch nicht, soweit das nach deutschem Kollisionsrecht einschlägige ausländische Kollisionsrecht auf deutsches Recht zurückverweist.[38] Über seine reine Amtspflicht und deren Begrenzung durch § 17 Abs 3 BeurkG hinaus wird der Notar aber bemüht sein, auch bei Beteiligung ausländischer Ehegatten im Grundstücksverkehr dafür zu sorgen, daß die Rechtsgeschäfte auch von der auslandsrechtlichen güterrechtlichen Seite her

3420

---

[35] Vgl Palandt/Heldrich Rdn 9 zu Art 6 EGBGB mit weit Nachw; vgl auch Schotten MittRhNotK 1984, 37 (39); aA Geimer 22. Dt Notartag DNotZ 1985, 108.
[36] Vgl BGH FamRZ 1982, 358; BayObLG 1953, 102; BayObLG 1971, 34 = DNotZ 1972, 34 = NJW 1971, 991; OLG Hamm IPRspr 1974, 62; OLG Karlsruhe NJW 1990, 1420 = IPrax 1990, 407; LG Wiesbaden FamRZ 1973, 657; AG Wolfratshausen IPrax 1982, 23; MünchKomm/Siehr Rdn 123 ff, 127 zu Art 15 EGBGB.
[37] Vgl hierzu Niewöhner MittRhNotK 1981, 219.
[38] Vgl hierzu Ferid MittBayNot 1974, 191.

wirksam sind.³⁹ Im Zweifel wird es sich empfehlen, jeweils beide Ehegatten mitwirken zu lassen oder bei Erwerb von Grundstücken und Grundstücksrechten eine förmliche Rechtswahl⁴⁰ (Rdn 3413) oder Rechtwahlbestätigungen (Art 220 Abs 3 S 1 Nr 2 EGBGB; s Rdn 3414) zu treffen.

3. Grundbuchamt und ausländisches Güterrecht

3421 Das eheliche Güterrecht spielt für das Grundbuchamt eine Rolle bei Prüfung
– der Verfügungsbefugnis bei Veräußerung und Belastung von Grundstücken und Grundstücksrechten,
– des Erwerbsverhältnisses und der Erwerbsberechtigung (§ 47 GBO) bei deren Erwerb.

Prüfungsrecht und Prüfungspflicht entstehen hier nur nach allgemeinen Grundsätzen (s Rdn 209 ff); eine besondere Verpflichtung des Grundbuchamts zur Nachforschung hinsichtlich möglicher Auslandsberührung im Bereich des Ehegüterrechts besteht nicht. Das Grundbuchamt darf ohne besondere konkrete Anhaltspunkte die beantragte Eintragung eines Erwerbers oder erwerbender Ehegatten nicht ablehnen, nur weil möglicherweise die beantragte Berechtigung wegen des Ehegüterrechts falsch ist.⁴¹ Nach den allgemein zur Prüfungspflicht des Grundbuchamts entwickelten Grundsätzen hat der Antragsteller zwar alle Eintragungsvoraussetzungen beizubringen (vgl aber zur Feststellungslast Rdn 209 a); durch konkrete Tatsachen begründeten Zweifeln hieran hat das Grundbuchamt durch Zwischenverfügung nachzugehen. Anhaltspunkte für eine kollisionsrechtliche Prüfung des Ehegüterrechts sind zB die Namen der Beteiligten, aber nur in Verbindung mit weiteren Hinweisen in Bewilligung und Antrag, die auf die Beteiligung ausländischer Ehegatten hindeuten.⁴²

3421a Besteht Auslandsberührung **beim Verfügenden**, so kann das Grundbuchamt einen Antrag nur zurückweisen, wenn die für den Verfügenden streitende Vermutung des § 891 BGB sicher widerlegt ist.⁴³ Das Fehlen der Rechts-,

---

³⁹ Vgl dazu Süß Rpfleger 2003, 53; Lichtenberger MittBayNot 1986, 111; Wolfsteiner DNotZ 1987, 83; Böhringer BWNotZ 1988, 49. Wertvolle Übersichten geben hierzu die Sammlung von Bergmann-Ferid, Internationales Ehe- und Kindschaftsrecht (Loseblattsammlung).

⁴⁰ Die bloße Unterstellung des schuldrechtlichen (Kauf-)Vertrags unter deutsches Recht enthält keine Rechtswahl hinsichtlich des Güterrechts der Erwerber, LG Augsburg MittBayNot 1995, 233 mit Anm Geimer.

⁴¹ BayObLG 1986, 81 = DNotZ 1987, 98 = Rpfleger 1986, 369; BayObLG 1992, 85 = DNotZ 1992, 575 = Rpfleger 1992, 341; BayObLG DNotZ 2001, 391 = MittBayNot 2001, 221 mit Anm Riering = NJW-RR 2001, 879 = Rpfleger 2001, 173; OLG Düsseldorf MittBayNot 2000, 125 = MittRhNotK 1999, 384 = NJW-RR 2000, 542 = Rpfleger 2000, 107 = ZNotP 2000, 111; OLG Hamm MittBayNot 1996, 210 = MittRhNotK 1996, 364 = NJW-RR 1996, 350; OLG Karlsruhe Rpfleger 1994, 248.

⁴² Eickmann Rpfleger 1983, 465 (466); vgl auch OLG Hamm DNotZ 1966, 236; Deimann BWNotZ 1979, 3; Böhringer BWNotZ 1988, 49.

⁴³ BayObLG 1986, 81 = aaO (Fußn 41); BayObLG 1992, 85 = aaO (Fußn 41); OLG Karlsruhe Rpfleger 1994, 248; KG NJW 1973, 428 = DNotZ 1973, 620; LG Aurich MittRhNotK 1990, 220 = NJW 1991, 642; Staudinger/vBar Rdn 72 zu Art 15 EGBGB; Wolfsteiner DNotZ 1987, 67 (82).

K. Ausländisches Güterrecht

Geschäfts- und Handlungsfähigkeit (darunter fallen auch ehebedingte Verfügungsbeschränkungen[44]) infolge eines ausländischen Güterrechts kann nur Bedeutung erlangen, wenn der andere Vertragsteil bei Vertragsschluß dieses Fehlen kannte oder kennen mußte (Art 12 EGBGB), wobei die bloße Kenntnis einer ausländischen Staatsangehörigkeit keinen Vorwurf fahrlässiger Unkenntnis begründen kann.[45] Art 12 EGBGB ist auch vom Grundbuchamt zu berücksichtigen. Daraus folgt: nur wenn dem Grundbuchamt konkrete Tatsachen vorliegen, aus denen sich ergibt, daß
- für den Verfügenden ausländisches Güterrecht gilt (setzt Kenntnis aller für die Anknüpfung maßgeblichen Tatsachen voraus) und
- dieses Güterrecht für den konkreten Fall zutreffende Beschränkungen enthält und
- diese Beschränkungen nicht gegen Art 6 EGBGB (ordre public) verstoßen und
- dem Geschäftsgegner diese Beschränkungen bekannt oder fahrlässig nicht bekannt waren,

kann das Grundbuchamt die Eintragung ablehnen und nur bei konkreten Zweifeln hierüber Zwischenverfügung erlassen.[46] Praktisch wird dies nur sehr selten der Fall sein.

Besteht Auslandsberührung **beim erwerbenden Teil**, so gelten im Hinblick auf die Rechts-, Erwerbs-, Geschäfts- und Handlungsfähigkeit des Erwerbers die gleichen Grundsätze. Geht es dagegen nur darum, ob der Erwerber das Recht im beantragten Erwerbsverhältnis erwerben kann, so geht es nicht um eine Frage der nachzuweisenden Eintragungsvoraussetzungen, sondern darum, ob trotz deren Vorliegens durch Eintragung des beantragten Erwerbsverhältnisses das Grundbuch unrichtig würde (Legalitätsprinzip). Hier kann das Grundbuchamt aber nur Zwischenverfügung erlassen, wenn es auf Grund nachgewiesener Tatsachen zu der sicheren Überzeugung gekommen ist, daß durch die beantragte Eintragung eine Grundbuchunrichtigkeit eintreten würde.[47] Bloße Zweifel erlauben keine Zwischenverfügung, insbesondere nicht zu dem Zweck, erstmals IPR-Aufklärung zu betreiben. Dies gilt erst recht bei der Eintragung einer Auflassungsvormerkung.[48]

3421b

Im Regelfall wird das ehegüterrechtliche Kollisionsrecht oder ausländisches Güterrecht das Grundbuchamt in der Praxis zu keinen besonderen Prüfungen veranlassen. Besteht jedoch ausnahmsweise Anlaß, hat das Grundbuchamt

3422

---

[44] Palandt/Heldrich Rdn 5 zu Art 12 EGBGB; vgl auch die Übersicht über Volljährigkeitsalter und Güterstände bei Süß Rpfleger 2003, 53.
[45] Palandt/Heldrich Rdn 2 zu Art 12 EGBGB; zum Gutglaubensschutz bei ausländischem Güterrecht (Art 16, Art 12 EGBGB) vgl Liessen NJW 1989, 497; Schotten DNotZ 1994, 670; Bader MittRhNotK 1994, 161 (165).
[46] BayObLG 1986, 81 und DNotZ 2001, 391 = je aaO (Fußn 41); LG Aurich MittRhNotK 1990, 220 = NJW 1991, 642 = Rpfleger 1990, 289; Wolfsteiner DNotZ 1987, 67.
[47] BayObLG 1986, 81 = aaO (Fußn 41); BayObLG DNotZ 1992, 575 = NJW-RR 1992, 1235 = Rpfleger 1992, 341; OLG Düsseldorf MittRhNotK 1999, 384 = aaO (Fußn 40); OLG Karlsruhe Rpfleger 1994, 248; Böhringer BWNotZ 1988, 49 und Rpfleger 1990, 337 (342); Wolfsteiner DNotZ 1987, 67.
[48] Vgl BayObLG MittBayNot 1986, 74 = Rpfleger 1986, 127; Amann Rpfleger 1986, 117.

die deutschen Kollisionsregeln zu beachten. Ist nach diesen Grundsätzen ausländisches Recht anwendbar (liegt also auch keine Rückverweisung oder Rechtswahl, Art 15 Abs 2 EGBGB, vor), so hat das Grundbuchamt, soweit ihm nichts anderes bekannt ist, davon auszugehen, daß der jeweilige gesetzliche (vertragslose) Güterstand des ausländischen Rechts maßgebend ist und die nach diesem Güterstand als Regel bestehende Verfügungsbefugnis vorliegt, diese also nicht durch besondere güterrechtliche Vereinbarungen eingeschränkt ist.[49] Ist ausländisches Güterrecht **bei Erwerb von Grundstücken** und Grundstücksrechten maßgebend, ist von Notar und Grundbuchamt zu beachten, ob nach dem ausländischen Güterrecht eine Gesamthandsgemeinschaft vorliegt (zB Errungenschaftsgemeinschaft in osteuropäischen Ländern oder in Italien ab 20. 9. 1975); ist dies der Fall, muß nach hM die Bewilligung oder Auflassung das Berechtigungsverhältnis (§ 47 GBO) und damit dieses Gesamthandsverhältnis richtig enthalten. Zu beachten ist allerdings, daß mit der Bezeichnung „Errungenschaftsgemeinschaft" oder „Gütergemeinschaft" in ausländischen Rechtsordnungen nicht stets eine Gesamthandsgemeinschaft verbunden ist.[50] Ist das Gemeinschaftsverhältnis unrichtig wiedergegeben, hat eine Auslegung oder Umdeutung zu erfolgen, soweit man die Angabe des richtigen Gemeinschaftsverhältnisses überhaupt für erforderlich hält (s dazu eingehend Rdn 762, 772). Solche Gesamthandsverhältnisse nach ausländischem Güterrecht können und müssen in das Grundbuch eingetragen werden.[51] Die Formulierung kann auf terminologische Eindeutschung verzichten und statt dessen seine Natur genau beschreiben (was aber auch wiederum nur mit deutschen Rechtsbegriffen möglich ist) oder aus dem deutschen Rechts- und Sprachgebrauch bekannte Begriffe zur schlagwortartigen Kennzeichnung unter Hinweis auf das jeweilige ausländische Recht verwenden (zB Errungenschaftsgemeinschaft gemäß dem ... Recht).[52] Ergibt die Bewilligungs- bzw Auflassungserklärung, daß ein Erwerb im gesetzlichen Güterstand des maßgebenden ausländischen Rechts gewollt ist, so genügt dies als Angabe des Gemeinschaftsverhältnisses, auch wenn gesetzlicher Güterstand eine Art Gütergemeinschaft ist.[53]

---

[49] KG DNotZ 1973, 620 = Rpfleger 1973, 97 (nur Leits) = NJW 1973, 428; K/E/H/E Rdn 154 zu § 19; OLG Karlsruhe Rpfleger 1994, 248; vgl aber auch (teilweise abweichend) OLG Köln DNotZ 1972, 182.
[50] ZB die österreichische „Gütergemeinschaft", s Fußn 54, oder die Errungenschaftsbeteiligung nach Art 196 ff des Schweizer ZGB. Auch die niederländische Gütergemeinschaft führt nicht zu einer Bruchteils- oder Gesamthandsgemeinschaft, vielmehr verfügt und verwaltet jeder Ehegatte sein eingebrachtes Gut allein, vgl Süß Rpfleger 2003, 53 (60); Schotten IPR S 345; die Rechtsprechung befürwortet eine Gesamthandsberechtigungseintragung, vgl OLG Oldenburg Rpfleger 1991, 412; OLG Düsseldorf MittBayNot 2000, 125.
[51] OLG Oldenburg Rpfleger 1991, 412; LG Bamberg MittBayNot 1975, 261; LG Heilbronn BWNotZ 1981, 140 mit abl Anm Seibold (138); LG Augsburg MittBayNot 1995, 233; vgl auch Reithmann DNotZ 1985, 540 (546); Böhringer BWNotZ 1985, 73 (75, besonders Fußn 38).
[52] So richtig Sonnenberger MittBayNot 1984, 256 in Anm zu LG Kempten MittBayNot 1984, 254.
[53] OLG Düsseldorf MittRhNotK 1976, 594 = MittBayNot 1977, 66; LG Köln MittRhNotK 1978, 113 und MittRhNotK 1996, 372.

4. Ausländische güterrechtliche Vorschriften im einzelnen

Für die ausländischen güterrechtlichen Vorschriften im einzelnen muß auf die Sammlung von Bergmann-Ferid, Internationales Ehe- und Kindschaftsrecht (Loseblattsammlung) verwiesen werden.[54]

3423

---

[54] Übersichten bringen auch das von der Internationalen Union des Lateinischen Notariats herausgegebene 2bändige Werk „Regimes matrimoniaux, successions et liberalités", Neuchatel 1979, sowie das vom Deutschen Notarinstitut herausgegebene Werk „Notarielle Fragen des internationalen Rechtsverkehrs" (1995), Schotten, Das Internationale Privatrecht in der notariellen Praxis (1995) sowie Süß Rpfleger 2003, 53. Gutachterlisten für Sachverständige sind veröffentlicht in DNotZ 2003, 310. Vgl im übrigen
Belgien: Ferid MittBayNot 1977, 221 = MittRhNotK 1977, 189 (wesentliche Umgestaltung des belg Ehegüterrechts durch Gesetz v 14. 7. 1976);
Frankreich: Grams DNotZ 1966, 201; Boschan StAZ 1967, 29 ff; zu Änderungen des Ehegüterrechts zwischen Deutschland und Frankreich durch den Beitritt Frankreichs zum Haager Übereinkommen s Hoffmann DNotI-Report 1995, 3 und DNotI-Report 1997, 35;
Griechenland: Vlassopoulou IPrax 1988, 189;
Israel: Scheftelowitz DNotZ 1974, 663;
Italien: Hier ist durch Gesetz ab 20. 9. 1975 gesetzlicher Güterstand eine Errungenschaftsgemeinschaft, bei der jeder Ehegatte Gesamtgutsverwaltungsbefugnis hat; bei Rechtsgeschäften, die über die gewöhnliche Verwaltung hinausgehen, ist aber Gesamtgutsverwaltung durch beide Ehegatten vorgeschrieben. Durch einseitige Erklärung konnte für eine Übergangsfrist (auf Grund Verlängerung bis 15. 1. 1978) der frühere gesetzliche Güterstand der Gütertrennung beibehalten werden; vgl hierzu Ferid FamRZ 1975, 465 ff; ders MittBayNot 1976, 15; Jayme StAZ 1975, 193; MittNot 1977, 261; MittBayNot 1978, 82; zur Möglichkeit von Eheverträgen nach Eheschließung s Ferid MittBayNot 1982, 16; allgemein Gutachten DNotI-Report 1995, 73. Zur nunmehr zulässigen Rechtswahl s Priemer MittRhNotK 2000, 45.
Japan: Nenninger MittRhNotK 1995, 81;
Jugoslawien: LG Stuttgart BWNotZ 1981, 136; Firsching IPrax 1983, 1; vgl auch LG Kempten MittBayNot 1984, 254 mit Anm Sonnenberger; BayObLG DNotZ 2001, 391 = MittBayNot 2001, 221 mit Anm Rierig = NJW-RR 2001, 879 = Rpfleger 2001, 173.
Kanada: Fleischhauer MittRhNotK 2000, 225.
Kroatien: DNotI-Report 1998, 159;
Niederlande: DNotZ 1975, 440; auch LG Köln MittRhNotK 1978, 113, OLG Köln MittRhNotK 1978, 150; zum IPR s Klinke DNotZ 1981, 351 und MittRhNotK 1984, 45 und Boele-Woelki DNotZ 1981, 666; Brondics/Mark DNotZ 1985, 131;
Österreich: Durch Gesetz v 15. 6. 1978 wurde das österreichische Güterrecht geändert, wobei aber der gesetzliche Güterstand die Gütertrennung geblieben ist; die Vorschrift über die „Aufteilung des ehelichen Gesamthandsvermögens" (worunter zB auch die eheliche Wohnung fällt) führt nicht zu einem gemeinschaftlichen Eigentum (Gesamthand) während der Ehe. Wichtig ist weiter das am 1. 1. 1979 in Kraft getretene österreichische IPR-Recht: ein gespaltenes Ehegüterrecht, wie dies noch BayObLG 1975, 153 = DNotZ 1976, 32 = Rpfleger 1975, 204 annimmt, besteht nicht; vgl dazu ausführlich Wirner MittBayNot 1979, 1; Honsell FamRZ 1980, 93; Schwind FamRZ 1979, 649. Zur österreichischen Gütergemeinschaft s LG Köln MittRhNotK 1981, 67; Eder BWNotZ 1983, 111; Gutachten DNotI-Report 1997, 134;
Polen: Grabla ZNotP 1998, 136;

4. Teil. III. Güterrechtliche Fragen

L. Vermögensstand von Lebenspartnern

Literatur: Müller, Partnerschaftsverträge nach dem Lebenspartnerschaftsgesetz (LPartG), DNotZ 2001, 581; Rieger, Das Vermögensrecht der eingetragenen Lebenspartnerschaft, FamRZ 2001, 1497; Welling, Ausgewählte Fragen des Vermögens- und Erbrechts bei eingetragenen Lebenspartnerschaften, RNotZ 2002, 249.

3423a Lebenspartner (§ 1 LPartG) können
– den Vermögensstand der **Ausgleichsgemeinschaft** vereinbart haben (§ 6 Abs 1 LPartG),
– durch **Lebenspartnerschaftsvertrag** (bei gleichzeitiger Anwesenheit zu Niederschrift eines Notars) ihre vermögensrechtlichen Verhältnisse geregelt haben (§ 7 Abs 1 LPartG),
– in **Vermögenstrennung** leben; das ist der Fall, wenn die Vereinbarung der Ausgleichsgemeinschaft oder der Lebenspartnerschaftsvertrag unwirksam ist (§ 6 Abs 3 LPartG). Vermögenstrennung kann auch durch Lebenspartnerschaftsvertrag geregelt sein.
Auch **Vermögensgemeinschaft** kann durch Lebenspartnerschaftsvertrag vereinbart sein.[1] Wie bei ehelicher Gütergemeinschaft (§§ 1415 ff BGB) kann Vermögen der Lebenspartner daher Gesamtgut mit gemeinschaftlicher Verwaltung oder Verwaltung durch nur einen der Lebenspartner, Sonder- oder Vorbehaltsgut sein. Regelung der vermögensrechtlichen Verhältnisse durch Verweisung auf ein nicht mehr geltendes oder ausländisches Recht schließt § 7 Abs 1 S 3 LPartG mit § 1409 BGB aus; Regelung der Vermögensgemeinschaft durch Verweisung auf Vorschriften des BGB über Gesamtgut ist damit nicht verwehrt.
Eine Eintragung des Vermögensstandes in das Güterrechtsregister[2] oder ein „Vermögens"register ist nicht vorgesehen.

3423b Beim Vermögensstand der **Ausgleichsgemeinschaft** wird Vermögen, das die Lebenspartner zu Beginn der Lebenspartnerschaft haben oder während dieser erwerben, **nicht** gemeinschaftliches Vermögen (§ 6 Abs 2 S 1 LPartG). Jeder Lebenspartner verwaltet sein Vermögen selbst (§ 6 Abs 2 S 2 LPartG), ist somit über sein Vermögen allein verfügungsbefugt. Bei Vermögenstrennung

---

Schweden: Bogdan IPrax 1991, 70 (zum neuen IPR);
Schweiz: Köhler BWNotZ 1975, 57; Bünten MittRhNotK 1984, 1 und MittRhNotK 1985, 29 (zur Reform des Eherechts); zum neuen ab 1. 1. 1988 geltenden Schweizer Eherecht und IPR vgl Schwenzer DNotZ 1991, 419 und Sturm FamRZ 1993, 755;
Spanien: Jayme FamRZ 1976, 185; Rudolph MittRhNotK 1990, 93;
Südafrika: IPrax 1986, 54;
Türkei: Neues Güterrecht ab 1. 1. 2002 (Errungenschaftsbeteiligung, die zu keinem Gesamthandsvermögen führt) vgl DNotI-Report 2002, 47; Naumann RNotZ 2003, 343; Odendahl FamRZ 2003, 648; LG Duisburg RNotZ 2003, 396;
USA: OLG Stuttgart IPrax 1985, 107; Wochner, IPrax 1985, 90.

[1] Begründung BT-Drucks 14/3751 S 38; Dorsel RNotZ 2001, 151 (152); Krause NotBZ 2001, 241 (243); Rieger FamRZ 2001, 1497 (1505); Schwab FamRZ 2001, 385 (388); aA nur Grziwotz DNotZ 2001, 280 (287).
[2] KG DNotZ 2003, 292 = Rpfleger 2003, 244 = NJW 2003, 1610.

L. Vermögensstand von Lebenspartnern

kann (wie bei Gütertrennung; Rdn 3373) jeder Lebenspartner über sein Vermögen selbst verfügen.

Die Verfügungsbefugnis eines Lebenspartners über sein **Vermögen im ganzen** 3423c
ist bei allen Vermögensständen[3] (damit auch bei Vermögenstrennung) nach
§ 8 Abs 2 LPartG, **§ 1365 BGB beschränkt.** Ebenso gelten § 1366 BGB über
die Genehmigung von Verträgen und § 1367 BGB über die Unwirksamkeit
eines ohne Einwilligung vorgenommenen einseitigen Rechtsgeschäfts sowie
§ 1368 BGB über die Geltendmachung der Unwirksamkeit einer Verfügung
entsprechend (§ 8 Abs 2 LPartG). In einem (beurkundeten) Lebenspartnerschaftsvertrag kann die Geltung der §§ 1365–1370 BGB abbedungen sein.[4]
Zu dieser Verfügungsbeschränkung nach § 1365 BGB (§ 8 Abs 2 LPartG)
siehe Rdn 3352. Zuständigkeit des Vormundschaftsgerichts für die Ersetzung
der grundlos verweigerten Zustimmung eines Lebenspartners (§ 1365 Abs 2
BGB): § 45 Abs 6 FGG.

Für Bezeichnung in Kaufvertrag,[5] Auflassung und Bewilligung (dazu 3423d
Rdn 2541, für Auflassung auch Rdn 3311) und (soweit erforderlich) für den
Nachweis des Vermögensstandes gelten die allgemeinen Grundsätze. Berücksichtigung des Vermögensstandes durch den Notar bei Grundstückskauf: wie
Rdn 3132.

In das **Grundbuch** sind Lebenspartner mit ihrem Namen, Geburtsdatum 3423e
(oder Beruf) und Wohnort (§ 15 Abs 1 Buchst a GVB; dazu Rdn 229 ff) einzutragen; bei Eintragung eines Grundstücksrechts sind ihre Anteile in Bruchteilen anzugeben oder es ist das für die Gemeinschaft maßgebliche Rechtsverhältnis zu bezeichnen (§ 47 GBO; Rdn 253 ff). Angabe der Anteile in
Bruchteilen erfolgt bei Ausgleichsgemeinschaft (wie bei Zugewinngemeinschaft) und bei Vermögenstrennung (ist wie Gütertrennung als Güterstand
nicht eintragbar, Rdn 3372). Gesamtgut (gemeinschaftliches Vermögen) bei
Vermögensgemeinschaft ist mit diesem Rechtsverhältnis einzutragen. Eintragungsbeispiel:

> „... in Vermögensgemeinschaft nach dem Lebenspartnerschaftsvertrag vom ... (Notar ... URNr ...)

Angabe auch des Lebenspartnerschaftsvertrags[6] halten wir für geboten, weil
dieser Vermögensstand gesetzlich nicht geregelt ist, sich somit nach dem
Lebenspartnerschaftsvertrag bestimmt.

Vermögensrechtliche Wirkungen einer Lebenspartnerschaft **ausländischer** 3423f
Staatsangehöriger und einer im Ausland eingetragenen Lebenspartnerschaft:
§ 17 EGBGB.[7]

---

[3] Rieger FamRZ 2001, 1497 (1507).
[4] Grziwotz DNotZ 2001, 281 (287); Rieger FamRZ 2001, 1497 (1508).
[5] Zu Erwerb und Veräußerung von Grundbesitz durch (eingetragene) Lebenspartner Böhringer Rpfleger 2002, 299.
[6] So auch Demharter nach dem Eintragungsmuster Rdn 23 zu § 47.
[7] Dazu Süß DNotZ 2001, 168.

IV. Testamentsvollstreckung im Grundstücksrecht

Literatur: Bengel/Reimann, Handbuch der Testamentsvollstreckung, 3. Aufl (2001); Haegele/Winkler, Der Testamentsvollstrecker nach bürgerlichem, Handels- und Steuerrecht, 16. Aufl 2001; Haegele, Auseinandersetzungen durch den Testamentsvollstrecker, Justiz 1955, 216; Haegele, Einzel- und Zweifelsfragen um den Testamentsvollstrecker, Rpfleger 1957, 147; Haegele, Der Testamentsvollstrecker und das Selbstkontrahierungsverbot des § 181 BGB, Rpfleger 1958, 370; Haegele, Recht des Testamentsvollstreckers zu unentgeltlichen Verfügungen und zur Erbteilung bei Dauervollstreckung, BWNotZ 1962, 260; Haegele, Familienrechtliche Fragen um den Testamentsvollstrecker, Rpfleger 1963, 330; Haegele, Der Testamentsvollstrecker bei Konkurs, Vergleich und Anfechtung außerhalb Konkurses, KTS 1969, 158; Haegele, Zu den Verfügungsrechten eines Testamentsvollstreckers, Rpfleger 1972, 43; Haegele, Nacherben- und Testamentsvollstrecker-Vermerk bei Mitglied an einer BGB-Gesellschaft? Rpfleger 1977, 50; Heil, Erwerberschutz bei Grundstücksveräußerung durch Testamentsvollstrecker, RNotZ 2001, 269; Jung, Unentgeltliche Verfügungen des Testamentsvollstreckers und des befreiten Vorerben, Rpfleger 1999, 204; Kapp, Die rechtliche Stellung des Testamentsvollstreckers zum Erben, BB 1981, 113; Lübtow, Insichgeschäfte des Testamentsvollstreckers, JZ 1960, 151; Mattern, Insichgeschäfte des Testamentsvollstreckers, BWNotZ 1961, 149; Müller, Zur Heilung der fehlenden Verpflichtungsbefugnis eines Testamentsvollstreckers, JZ 1981, 370; Müller, Zur Unentgeltlichkeit der Verfügung als Schranke der Verfügungsmacht des Testamentsvollstreckers, WM 1982, 466; Neuschwander, Testamentsvollstrecker und unentgeltliche Verfügung, BWNotZ 1978, 73; Reithmann, Testamentsvollstreckung und postmortale Vollmacht als Instrument der Kautelarjurisprudenz, BB 1984, 1394; Rohlff, Nießbraucher und Vorerbe als Testamentsvollstrecker, DNotZ 1971, 518; Zahn, Testamentsvollstreckung im Grundbuchverkehr, MittRhNotK 2000, 89.

A. Inhalt einer Testamentsvollstreckung

1. Amt, Verwaltungs- und Verfügungsbefugnis des Testamentsvollstreckers

3424 a) Durch Ernennung eines Testamentsvollstreckers (TV) kann der Erblasser seinen letzten Willen zur Ausführung bringen lassen. Der TV ist Inhaber eines **Amtes**, das auf der Erblasser-Verfügung von Todes wegen beruht; er übt seine Befugnisse kraft eigenen Rechts in Wahrung fremder Interessen, somit unabhängig vom Willen des Erben aus.[1] Der TV hat die letztwilligen Verfügungen des Erblassers zur Ausführung zu bringen (§ 2203 BGB), die Auseinandersetzung unter mehreren Erben zu bewirken (§ 2204 Abs 1 BGB) und den Nachlaß zu verwalten (§ 2205 S 1 BGB); er hat den Nachlaß in Besitz zu nehmen und das Recht, über **Nachlaßgegenstände zu verfügen**[2] (§ 2205 S 2 BGB), unentgeltlich jedoch nur ausnahmsweise (§ 2205 S 3 BGB). Rechte und Pflichten aus Verfügungen des TV werden unmittelbar für und gegen den oder die Erben begründet.[3]

---

[1] RG 132, 138; BGH 13, 203 = DNotZ 1954, 399 = NJW 1954, 1036; BayObLG DNotZ 1996, 20 = Rpfleger 1995, 452; OLG Hamburg DNotZ 1983, 381 (382).
[2] Die Pfändung eines Miterbenanteils (§ 859 Abs 2 ZPO) ändert an der Verwaltungs- und Verfügungsbefugnis des TV über die einzelnen Nachlaßgegenstände nichts, BayObLG 1982, 459 (462) = Rpfleger 1983, 112; auch Ensthaler Rpfleger 1988, 94.
[3] RG 144, 399 (401).

b) Der **Erbe kann** über Nachlaßgegenstände, die der Verwaltung des TV unterliegen, **nicht verfügen** (§ 2211 Abs 1 BGB). Diese Verfügungsbeschränkung des Erben besteht bereits vom Erbfall an, nicht erst ab Annahme des Amtes durch den TV.[4] In dem Recht, über seinen Erbteil zu verfügen (§ 2033 Abs 1 BGB), ist der Miterbe durch Testamentsvollstreckung (TVg) nicht beschränkt.[5]

3425

c) Als **Nachlaßgegenstand** unterliegt der Verwaltung und Verfügung des TV auch der Erbteil an einem anderen Nachlaß, der bereits dem Erblasser zugestanden hat.[6] Jedoch kann der TV nicht über Miterben-Anteile an dem Nachlaß verfügen, der seiner Verwaltung unterliegt.[6] Mitgliedsrechte an einer (weiterbestehenden[7]) BGB-Gesellschaft, OHG oder KG kann der TV nur in beschränktem Umfang ausüben.[8] Gehört zum Nachlaß eines Ehegatten dessen Anteil am Gesamtgut der durch seinen Tod beendeten, aber noch nicht auseinandergesetzten Gütergemeinschaft, so kann der TV zusammen mit dem überlebenden Ehegatten – ohne Beteiligung der Erben – auch über einzelne Gegenstände des Gesamtguts in Liquidation verfügen.[9] Was der TV zum Nachlaß erwirbt, unterliegt als Nachlaßgegenstand seiner Verwaltung und Verfügung. Erwerb auf Grund eines zum Nachlaß gehörenden Rechts oder für Zerstörung usw eines Nachlaßgegenstandes gehört zu dem der TVg unterliegenden Nachlaß (Surrogation; § 2041 BGB entsprechend).

3426

Anordnung der TVg nur für den **Erbteil eines Miterben** berechtigt und verpflichtet den TV zur Ausübung der Miterbenrechte innerhalb der Erbengemeinschaft (§§ 2033ff BGB).[10] Bei Verfügungen über Nachlaßgegenstände sind die vollstreckungsfreien Miterben daher auf die Mitwirkung des Erbteilstestamentsvollstreckers angewiesen (§ 2040 Abs 1 BGB).[10] Zu unentgeltlicher Verfügung ist auch der Miterbenvollstrecker nicht befugt (§ 2205 S 3 BGB).

3426a

---

[4] BGH 25, 275 (282); BayObLG 1982, 59 (68) = Rpfleger 1982, 226 (227).
[5] LG Essen Rpfleger 1960, 57 mit Anm Haegele; s auch bei Fußn 6.
[6] BGH MittBayNot 1984, 196 = NJW 1984, 2462 = Rpfleger 1984, 357.
[7] Bei einer durch Tod aufgelösten Personengesellschaft kann der TV die Verwaltungsrechte ohne Einschränkung ausüben, BGH 98, 48 = DNotZ 1987, 116 = NJW 1986, 2431 = Rpfleger 1986, 384.
[8] BGH MittBayNot 1985, 134 mit Anm Reimann = Rpfleger 1985, 240; BGH 98, 48 = aaO (Fußn 7); hierzu Reimann MittBayNot 1986, 232; BGH 108, 187 = DNotZ 1990, 183 mit Anm Reimann = NJW 1989, 3152 = Rpfleger 1989, 462; BGH MittBayNot 1996, 118 mit Anm Weidlich = NJW 1996, 1284 = Rpfleger 1996, 289 (auch zum Fall, daß die Erben des Gesellschaftsanteils vor dem Erbfall bereits an der Gesellschaft beteiligt waren); vgl auch Schmitz ZGR 1988, 140; Ulmer NJW 1990, 73. Durch diese Rechtsprechung ist die frühere des BGH in BGH 68, 225 (239) = DNotZ 1977, 550 = NJW 1977, 1339 mit weit Nachw; BGH NJW 1981, 749 = Rpfleger 1981, 100 überholt.
[9] OLG Stuttgart DNotZ 1968, 50; BGB-RGRK/Kregel Rdn 19 zu § 2205; s zu dieser Frage auch Staudenmaier BWNotZ 1967, 136. Vielfach wird der überlebende Ehegatte zum TV ernannt sein. Zur Wirkung einer Dauer-TV bei nicht fortgesetzter ehelicher Gütergemeinschaft auch BGH MDR 1983, 661 = NJW 1983, 2247 = Rpfleger 1983, 154.
[10] BGH FamRZ 1997, 493 = NJW 1997, 1362 = Rpfleger 1997, 261. Kosten dieser TVg sind von allen Miterben zu tragen, BGH aaO.

3427 d) Aufgaben und damit Befugnisse des TV sind gesetzlich für die **Abwicklungsvollstreckung** als Regelfall der TVg zur Ausführung letztwilliger Anordnungen und Auseinandersetzung unter den Miterben (näher) geregelt. TVg kann aber auch als **Verwaltungsvollstreckung** angeordnet sein (§ 2209 BGB). Diese kann sein
– reine Verwaltungsvollstreckung, bei der dem TV nur die Verwaltung des Nachlasses, sonst aber keine andere Aufgabe übertragen ist (§ 2209 S 1 Halbs 1 BGB),
– Dauervollstreckung, bei der die Verwaltung des Nachlasses durch den TV auch nach Erledigung der ihm sonst zugewiesenen Aufgaben fortzuführen ist (§ 2209 S 1 Halbs 2 BGB). Sie kann auch zur Verwaltung des Vermächtnisgegenstands nach Erfüllung eines Vermächtnisses angeordnet sein.

Der mit Verwaltungsvollstreckung verfolgte besondere Zweck schmälert den Umfang der Verfügungsbefugnis des TV regelmäßig nicht; diese bestimmt sich auch bei Verwaltungsvollstreckung (in der Regel) nach § 2205 BGB,[11] so daß der TV (im Zweifel) auch befugt ist, über Nachlaßgegenstände zu verfügen[12] und der Erbe von der Verfügung über Nachlaßgegenstände ausgeschlossen ist (§ 2211 Abs 1 BGB).

3428 e) aa) Eine **inhaltliche Beschränkung** der TV-Befugnisse kann durch letztwillige Verfügung des Erblassers bestimmt sein (§ 2208 Abs 1 S 1 BGB; Angabe im TV-Zeugnis Rdn 3464). Insbesondere kann dem TV durch letztwillige Verfügung des Erblassers die Berechtigung zur Verfügung über Nachlaßgegenstände (§ 2205 S 2 BGB) **ganz oder teilweise** (zB nur die Verfügung über Grundstücke) **entzogen** sein (§ 2208 Abs 1 S 1 BGB). Eine Erblasseranordnung, daß über Nachlaßgegenstände in bestimmter Weise zu verfügen ist, oder eine Anordnung, wie der TV bei der Auseinandersetzung vorzugehen hat, sollen dinglich wirken und nach § 2208 Abs 1 S 1 BGB die Befugnis des TV ausschließen, über Nachlaßgegenstände in einer Weise zu verfügen (§ 2205 S 2 BGB), die zu den Anordnungen des Erblassers in Widerspruch steht.[13] Diese Auffassung ist abzulehnen, da sie den Interessen des Verkehrsschutzes zuwiderläuft (als Verwaltungsanordnungen[14] werden solche Bestimmungen des Erblassers im TV-Zeugnis nicht erwähnt), und übersieht, daß solche Erblasseranordnungen nur schuldrechtlich wirken.[15] Verwaltungsanordnungen des Erblassers (nicht Verfügungsbeschränkungen oder Teilungsanordnungen) können nur vom Nachlaßgericht außer Kraft gesetzt werden.[16]

---

[11] KG DNotZ 1944, 9.
[12] KG aaO; OLG Düsseldorf NJW 1952, 1259.
[13] BGH NJW 1984, 2462 = aaO (Fußn 6); OLG Zweibrücken DNotZ 2001, 399 mit abl Anm Winkler = RNotZ 2001, 589 mit Anm Lettmann = Rpfleger 2001, 173; auch LG Köln MittRhNotK 1981, 140 (Auseinandersetzungs**verbot** als Beschränkung des TV).
[14] Siehe BayObLG FamRZ 1999, 474 = MittBayNot 1999, 82 = Rpfleger 1999, 25 = ZNotP 1998, 501.
[15] Wie hier MünchKomm/Brandner Rdn 7; Palandt/Edenhofer Rdn 3, je zu § 2208 BGB; Johannsen WM 1970, 744; Damrau JR 1984, 106.
[16] OLG Zweibrücken Rpfleger 1989, 370; vgl auch LG Bonn RNotZ 2002, 234.

A. Inhalt einer Testamentsvollstreckung

bb) Den Umfang der TVg kann der Erblasser jedoch nicht so gestalten, daß Verfügungsmöglichkeiten über einen einzelnen Nachlaßgegenstand überhaupt ausgeschlossen sind. **TV und Erbe(n) gemeinsam** können über einen Nachlaßgegenstand **stets verfügen**[17] (folgt aus § 137 S 1 BGB), somit auch dann, wenn der Erblasser durch Anordnung von Todes wegen eine Verfügung verboten hat.[18] Wenn der TV auf Grund einer vom Erblasser angeordneten Verfügungsbeschränkung allein nicht verfügen kann, sondern der Mitwirkung des Erben bedarf, ist für die Verfügung bei Grundstücken familien- bzw vormundschaftsgerichtliche Genehmigung erforderlich, soweit Eltern für ein als Erbe beteiligtes Kind nur mit Genehmigung handeln können oder wenn unter Vormundschaft (Pflegschaft) stehende Erben beteiligt sind.[19]

3429

f) Gegenständlich beschränkt sind die Befugnisse des TV, wenn seiner Verwaltung nur einzelne Nachlaßgegenstände unterliegen. Der TV kann dann nur über diese seiner Verwaltung unterliegenden Gegenstände verfügen (§ 2208 S 2 mit § 2205 S 2 BGB). Für den weiteren Nachlaß ist die Verfügungsmacht des Erben daher nicht nach § 2211 BGB beschränkt. Wenn zum Nachlaß als einzelner Nachlaßgegenstand ein Miterbenanteil an einem anderen Nachlaß gehört (Rdn 3426), kann auch nur dieser Anteil (als Nachlaßgegenstand) einem TV mit dem begrenzten Aufgabenkreis unterstellt sein, lediglich den ideellen Anteil an einem Grundstück als einzelnen Gegenstand dieses Nachlasses (an dem der Miterbenanteil besteht) zu verwalten.[20]

3430

g) Insichgeschäfte über einen Nachlaßgegenstand sind dem TV nach § 181 BGB (entsprechende Anwendung) ebenso untersagt wie die Vertretung eines Dritten bei Verfügung über einen Nachlaßgegenstand. **Gestattet** sein kann dem TV Selbstkontrahieren (in den Grenzen ordnungsmäßiger Verwaltung des Nachlasses, § 2216 BGB) durch den Erblasser, von dessen Willen er sein Amt ableitet[21] (aber keine Gestattung durch den Erblasser für Vater, Mutter, Vormund usw, denen nach § 1629 Abs 2, § 1795 mit § 181 BGB Selbstkontrahieren nicht möglich ist[22]). Die – auch stillschweigend mögliche – Gestattung des Erblassers kann Frage der Auslegung der Verfügung von Todes wegen im Einzelfall sein.[23] Wenn der TV zugleich Miterbe ist, werden ihm regelmäßig auch In-sich-Geschäfte gestattet sein, die im Rahmen ordnungsmäßiger Verwaltung des Nachlasses liegen;[24] dafür sind an die Ordnungs-

3431

---

[17] BGH 40, 115 (118) = DNotZ 1964, 623 (625) = NJW 1963, 2320. Die Erklärung des TV, daß die Löschung des TV-Vermerks bewilligt werde, kann aber nicht als Zustimmung des TV zu einer Verfügung der Erbengemeinschaft ausgelegt werden, BayObLG 1990, 51 (55) = MittBayNot 1990, 249 = MittRhNotK 1990, 134 = NJW-RR 1990, 906 = Rpfleger 1990, 363.
[18] BGH 56, 275 = DNotZ 1972, 86 = NJW 1971, 1805 = Rpfleger 1971, 349.
[19] BGH 56, 275 = aaO.
[20] BayObLG 1982, 59 = Rpfleger 1982, 226.
[21] BGH 30, 67 = DNotZ 1959, 480 = NJW 1959, 1429.
[22] OLG Hamm MittBayNot 1994, 53 mit krit Anm Reimann = MittRhNotK 1993, 119 = OLGZ 1993, 392 = Rpfleger 1993, 340; dieses auch zur Ergänzungspflegschaft zur Wahrnehmung der Rechte minderj Kinder als Erben gegenüber dem zum TV bestellten Vater.
[23] BGH 30, 67 (69) = aaO.
[24] BGH 30, 67 (70) = aaO.

mäßigkeit jedoch strenge Anforderungen zu stellen.²⁵ Liegt keine ordnungsmäßige Verwaltung vor, steht im Fall des § 181 BGB das Verfügungsrecht über den Nachlaß einem etwa vorhandenen Mit-TV, sonst den Erben zu.

3432 h) Die Amtsführung des TV unterliegt **keiner** allgemeinen **Beaufsichtigung** durch das Nachlaßgericht.²⁶ Daß zu Verfügungen des TV die Genehmigung des Nachlaßgerichts erforderlich sein soll, kann vom Erblasser daher nicht wirksam angeordnet sein. Zustimmung des gesetzlichen Vertreters eines **minderjährigen Erben** (oder Miterben) ist zu einer Verfügung des kraft eigenen Rechts (unabhängig vom Willen des Erben) handelnden TV nicht erforderlich. Desgleichen bedarf der TV zu Rechtsgeschäften auch keiner Genehmigung des Familien- oder Vormundschaftsgerichts, wenn sie zur Verfügung des gesetzlichen Vertreters erforderlich wäre²⁷ (s aber Rdn 3429 für Verfügung des TV zusammen mit dem Erben).

3433 i) Eine mit **Vorerbschaft** angeordnete TVg schließt Verfügungen des Vorerben (auch des befreiten)²⁸ über Nachlaßgegenstände aus (§ 2211 Abs 1 BGB). Ob der TV bei Vorhandensein eines Nacherben nur nach § 2205 S 3 BGB verfügungsbeschränkt ist (so die überwiegende Meinung),²⁹ somit während der Vorerbschaft zu Verfügungen keiner Zustimmung des Nacherben bedarf (§ 2112 BGB), oder ob er auch der für einen Vorerben geltenden Verfügungsbeschränkung nach §§ 2113, 2114 BGB unterliegt,³⁰ ist nicht ganz geklärt. Diese Verfügungsbeschränkungen für den Vorerben gelten für den TV jedenfalls dann nicht, wenn er zugleich für den Vor- und Nacherben eingesetzt ist.³¹ Wenn der TV zugleich Mitvorerbe ist, ist er jedoch dem Nach-

---

²⁵ S zu diesen Fragen auch Haegele Rpfleger 1958, 370; Lübtow JZ 1960, 151; Mattern BWNotZ 1961, 149; Kirstgen MittBayNotZ 1988, 219 (229); Palandt/Edenhofer Rdn 30, Staudinger/Reimann Rdn 59–67, je zu § 2205 BGB; BayObLG (22. 4. 1975, mitget) Rpfleger 1975, 348; BayObLG DNotZ 1983, 176 = Rpfleger 1982, 344: Wurde dem TV vermächtnisweise die Möglichkeit eingeräumt, ein Nachlaßgrundstück zu erwerben, so hindert § 181 BGB die Ausführung des Erwerbs nicht.
²⁶ BayObLG 1953, 357 (361).
²⁷ RG 61, 144; OLG Hamburg DNotZ 1983, 381 (382); KGJ 51 A 174; BayObLG MittBayNot 1991, 122 (123) = MittRhNotK 1991, 124; Backs DFG 1937, 46; Haegele Rpfleger 1957, 99; BGB-RGRK/Kregel Rdn 18, Staudinger/Reimann Rdn 76, je zu § 2205; aA Greiser DFG 1936, 245; Krech DNotZ 1940, 269. Genehmigungsfreiheit besteht auch dann, wenn der TV die Rechtsgeschäfte durch die Erben selbst vornehmen läßt und ihnen zustimmt, AG Bremen MittRhNotK 1973, 7 = Rpfleger 1972, 369.
²⁸ BayObLG 1958, 299 (304); 1959, 128 (129); OLG Hamburg DNotZ 1983, 381 (382).
²⁹ KG DR 1943, 90; OLG Neustadt NJW 1956, 1881; OLG Stuttgart BWNotZ 1980, 92; OLG Zweibrücken NJW-RR 1998, 666 (667) = Rpfleger 1998, 156; KG OLG 34, 298; Staudinger/Reimann Rdn 8 zu § 2205 BGB.
³⁰ MünchKomm/Grunsky Rdn 7 zu § 2112; MünchKomm/Brandner Rdn 33, Erman/Schmidt Rdn 17, je zu § 2205 BGB.
³¹ BGH 40, 115 = DNotZ 1964, 623 = NJW 1963, 2320; BayObLG JurBüro 1984, 103 = MittBayNot 1983, 229 (230); BayObLG 1986, 208 (213) = MittBayNot 1986, 266 = Rpfleger 1986, 470; BayObLG BWNotZ 1991, 142 = MittBayNot 1991, 122 = MittRhNotK 1991, 124 = (mitget) Rpfleger 1991, 194; LG Köln MittRhNotK 1981, 140.

erben gegenüber ebenso beschränkt wie ein gewöhnlicher Vorerbe.[32] Keine Verwaltungs- und Verfügungsbefugnis hat der sogen Nacherbenvollstrecker; er hat bis zum Eintritt der Nacherbfolge die Rechte des Nacherben auszuüben und dessen Pflichten zu erfüllen[33] (§ 2222 BGB). Davon zu unterscheiden ist die TVg, die ab Eintritt der Nacherbfolge bestehen soll. Bei dieser für den Nacherben angeordneten TVg bestimmt sich der Wirkungskreis des TV nach §§ 2203 ff BGB.

k) Den **Verfügungsbeschränkungen** eines verheirateten Erben nach § 1365 BGB unterliegt der TV nicht.[34] Ist ein TV zugleich Bevollmächtigter des Erblassers über dessen Tod hinaus, so unterliegt er nicht den für den TV geltenden Beschränkungen (s auch Rdn 3440).

3434

2. Unentgeltliche Verfügungen des Testamentsvollstreckers

Zu **unentgeltlichen Verfügungen** über einen Nachlaßgegenstand ist der TV allein nur berechtigt, soweit sie einer sittlichen Pflicht oder einer auf den Anstand zu nehmenden Rücksicht entsprechen (§ 2205 S 3 BGB). Die Verfügungsbefugnis des TV (§ 2205 S 2 BGB) ist damit dinglich beschränkt. Der Erblasser kann den TV von dieser Beschränkung **nicht befreien** (§§ 2207 S 2, 2220 BGB).

3435

Unentgeltlich ist eine Verfügung (dazu auch Rdn 3479), wenn (objektiv) der durch sie erfolgten Verminderung des Nachlasses eine gleichwertige Gegenleistung nicht gegenübersteht, der Nachlaß also ein Opfer gebracht hat,[35] **sowie** (subjektiv) der TV entweder weiß, daß dem Opfer keine gleichwertige Gegenleistung gegenüber steht oder doch bei ordnungsgemäßer Verwaltung der Masse (unter Berücksichtigung seiner künftigen Pflicht, die Erbschaft an den Erben herauszugeben) das Fehlen oder die Unzulänglichkeit der Gegenleistung hätte erkennen müssen.[36] Auch ein Prozeßvergleich kann unentgeltliche Verfügung sein.[37] Die Grenze der Entgeltlichkeit einer Verfügung ist dabei nach dem Gesichtspunkt einer ordnungsmäßigen Verwaltung zu beurteilen.[38] Ohne Bedeutung für die Beurteilung der Entgeltlichkeit ist, wie der TV den in den Nachlaß gelangten Gegenwert verwendet.[39] Eine Verfügung, für welche der Nachlaß eine vollwertige Gegenleistung erhält, wird also nicht dadurch

3436

---

[32] Palandt/Edenhofer Rdn 28 zu § 2205 BGB.
[33] Zu dessen Aufgaben BGH 127, 360 = MittBayNot 1995, 51 = NJW 1995, 456 = Rpfleger 1995, 298.
[34] Staudenmaier und Haegele Rpfleger 1960, 385 (386); Haegele/Winkler, TV, Rdn 219.
[35] RG 105, 246; 117, 97; RG JW 1938, 525; BGH FamRZ 1963, 426 = NJW 1963, 1613 = Rpfleger 1964, 49 (bei Nachlaßauseinandersetzung); BGH 57, 84 (89) = DNotZ 1972, 90 = NJW 1971, 2265 = Rpfleger 1972, 49; BayObLG JurBüro 1984, 103 = MittBayNot 1983, 229; KG DNotZ 1972, 176 = Rpfleger 1972, 58; s auch BGH WM 1970, 1422; ferner Haegele/Winkler, TV, Rdn 198; Neuschwander BWNotZ 1978, 73. Praktischer Fall: LG Tübingen BWNotZ 1982, 168 (Gegenleistung höchstens $^2/_3$ des Grundstückswertes).
[36] BGH 57, 84 (90) = aaO (Fußn 35) mit weit Nachw.
[37] BGH DNotZ 1992, 507 = NJW 1991, 842.
[38] RG HRR 1929, 1734; 1938, 442.
[39] KG DNotZ 1938, 310 = JW 1938, 949; LG Aachen Rpfleger 1984, 98.

zu einer unentgeltlichen, daß der TV die Gegenleistung später pflichtwidrig verwendet. Soweit die Gegenleistung dagegen überhaupt nicht in den Nachlaß fließt, muß sie bei Prüfung der Frage, ob die Verfügung des TV unentgeltlich ist, im allgemeinen außer Betracht bleiben. Die Erfüllung einer letztwilligen Verfügung des Erblassers stellt keine unentgeltliche Verfügung dar.[40]
Überträgt der TV bei der Auseinandersetzung Nachlaßgegenstände auf einen Miterben (s Rdn 3453), so können bei der Prüfung der Entgeltlichkeit seiner Verfügung auch **Ausgleichsleistungen** berücksichtigt werden, die der begünstigte Miterbe an einen **anderen Miterben** zu bewirken hat, die also nicht in den Nachlaß fallen. Die Entgeltlichkeit einer Verfügung des TV auf Grund eines eine angemessene Gegenleistung vorsehenden gegenseitigen Vertrags setzt auch nicht voraus, daß diese Leistung bereits bewirkt ist.[41]
Maßgeblich für die Beurteilung der Unentgeltlichkeit einer Verfügung ist der Zeitpunkt ihrer Vornahme.

3437 Mit **Zustimmung aller Erben** (auch etwaiger Nacherben) und etwa vorhandener **Vermächtnisnehmer**[42] kann der TV nach der Rechtsprechung des BGH[43] über den Rahmen von Anstands- und Pflichtschenkungen hinaus unentgeltlich über Nachlaßgegenstände verfügen. Für nicht erforderlich hält der BGH das Nichtvorliegen eines erkennbar entgegenstehenden Willens des Erblassers und die Nichtschädigung anderer Nachlaßgläubiger. Der BGH vertritt also den Standpunkt, daß bei Zusammenwirken des TV und aller Erben einschließlich etwaiger Vermächtnisnehmer (s Rdn 3439) im Falle der Vornahme einer unentgeltlichen Verfügung der anders lautende Wille des Erblassers unbeachtlich ist.

3438 Schwierigkeiten können sich ergeben, wenn der Erblasser Nacherbfolge angeordnet hat, diese aber im Zeitpunkt der Vornahme der Verfügung noch nicht eingetreten ist. In dem vom BGH[43] entschiedenen Fall standen die Nacherben in den beiden Kindern der Person nach fest, so daß nur ihre Mitwirkung in Frage kam. Wenn im Zeitpunkt der Verfügung die Nacherben der Person nach noch nicht bekannt sind muß ein Pfleger (mit Genehmigung des Vormundschaftsgerichts) oder ein nach § 2222 BGB ernannter TV mitwirken.[44]

3439 Die Vermächtnisnehmer haben nur insoweit mitzuwirken, als ihre Ansprüche im Zeitpunkt der Vornahme der unentgeltlichen Verfügung noch nicht voll erfüllt sind. Wie die bereits erfolgte Erfüllung eines Vermächtnisses nachzuweisen ist, richtet sich nach Lage des einzelnen Falles. Bei einem Grundstücksvermächtnis ist der Nachweis erbracht, wenn der Bedachte bereits als

---

[40] BayObLG MittBayNot 1989, 163 = NJW-RR 1989, 587 = Rpfleger 1989, 200.
[41] KG DNotZ 1972, 176 =Rpfleger 1972, 58; s auch Haegele Rpfleger 1972, 43.
[42] Zustimmung des Vermächtnisnehmers (und etwaiger sonstiger Nachlaßbeteiligter) kann nicht gefordert werden nach Neuschwander BWNotZ 1978, 73.
[43] BGH 57, 84 = aaO (Fußn 35); auch BayObLG 1986, 208 (210) = aaO (Fußn 31) und NJW-RR 1989, 587 = aaO (Fußn 40); KG OLGZ 1992, 139. Diese Frage war vorher sehr umstritten; vgl Haegele BWNotZ 1969, 260. Wie BGH auch BayObLG MittBayNot 1983, 229 = aaO (Fußn 35).
[44] Anders LG Oldenburg Rpfleger 1981, 197: Wenn die Nacherbfolge nach § 51 GBO im Grundbuch vermerkt ist (und eingetragen bleibt), ist der Nacherbe gesichert; Einwilligung auch des Nacherben in die unentgeltliche Verfügung ist dann nicht erforderlich, da die Verfügung ihm gegenüber unwirksam ist.

A. Inhalt einer Testamentsvollstreckung

neuer Eigentümer eingetragen ist. Wie vermag sich aber zB das Grundbuchamt – für den Vertragsgegner gilt das gleiche – Gewißheit darüber zu verschaffen, ob der Erblasser Vermächtnisse angeordnet hat und in welchem Umfang? Die Fälle, daß Vermächtnisse in mehreren nacheinander errichteten Verfügungen von Todes wegen angeordnet sind, sind nicht selten. Dem Grundbuchamt wird nichts anderes übrig bleiben, als durch Einsichtnahme in die Testamentseröffnungsakten zu prüfen, welche Vermächtnisanordnungen vorliegen.[45] Der Fall, daß Vermächtnisse in einem eigenhändigen Testament angeordnet worden sind, dieses aber aus irgend einem Grunde nicht an das Nachlaßgericht zur Eröffnung abgeliefert wurde, braucht wohl, als außerhalb der allgemeinen Lebenserfahrung liegend, nicht in Rechnung gestellt zu werden. Das Grundbuchamt kann aber die Nachlaßakten nur einsehen, wenn diese beim gleichen Amtsgericht geführt werden. Andernfalls wird es von den Beteiligten die Vorlage von vom Nachlaßgericht beglaubigten Testamentsabschriften verlangen müssen, versehen mit einer Bescheinigung des Nachlaßgerichts, daß weitere Testamente oder Erbverträge sich nicht im Nachlaßakt befinden.

Ist der TV **zugleich Bevollmächtigter des Erblassers** über dessen Tod hinaus (postmortale Vollmacht; s Rdn 3569 und 3434), so kann er, wenn er ausdrücklich als Bevollmächtigter handelt, im Rahmen seiner Vollmacht auch unentgeltliche Verfügungen treffen. Die Begründung dafür ist, daß die Erben zwar vor unentgeltlichen Geschäften des von ihnen unabhängigen TV geschützt werden müssen (dessen Entlassung sie nur erreichen können, wenn ein wichtiger Grund vorliegt; s dazu § 2227 BGB), daß sie aber vor unentgeltlichen Geschäften des Bevollmächtigten nicht in der gleichen Weise geschützt zu werden brauchen, weil sie die vom Erblasser erteilte Vollmacht jederzeit widerrufen können. Allerdings kann die Vornahme eines Geschäfts durch den Bevollmächtigten, durch das keine Gegenleistung in den Nachlaß fällt, einen Mißbrauch der Vollmacht darstellen, insbesondere dann, wenn die Erben durch den Bevollmächtigten mit einer Verbindlichkeit belastet werden, die dazu dienen soll, eine eigene Verbindlichkeit von ihm zu tilgen.[46] Den Erben selbst steht kein Verfügungsrecht über den Nachlaß zu, wenn der Bevollmächtigte über den Tod hinaus zugleich der TV ist. Aber auch dann, wenn dies nicht zutrifft, kann der Erbe neben dem Bevollmächtigten nicht handeln, da der Nachlaß nur durch den TV vertreten werden kann (§ 2211 BGB).[47] Der Bevollmächtigte ist also über die Dauer der TVg in keinem Falle

3440

---

[45] Ebenso Haegele Rpfleger 1972, 43 (45); K/E/H/E Rdn 15 zu § 52 Haegele/Winkler, TV, Rdn 206.

[46] S dazu insbesondere BGH DNotZ 1963, 305 = NJW 1962, 1718 = Rpfleger 1962, 438 mit Anm Haegele; dieser auch Rpfleger 1968, 347; ferner Spitzbarth BB 1962, 851.

[47] Teilweise nicht zutreffend Staudinger/Reimann Vorbem 68 vor § 2197 ff und Rdn 12 zu § 2211 BGB wie folgt: „Der Bevollmächtigte … kann nur im Rahmen der Verfügungsmacht der Erben handeln; diese ist aber durch die Rechte des TV beschränkt (§§ 2211, 2212 BGB). … Anders ist freilich das Verhältnis zwischen postmortaler Vollmacht und TVg zu beurteilen, wenn anzunehmen ist, daß nach dem Willen des Erblassers die Rechte des TV durch die des Bevollmächtigten eingeschränkt sein sollen (§ 2208 Abs 1 S 1; KGJ 37 A 231, 238)" … „Das wird im allgemeinen nur dann anzunehmen sein, wenn die Vollmacht erst nach Anordnung der TVg

von Weisungen des Erben abhängig. Durch Erteilung nur einer Vollmacht – ohne Anordnung von TVg – kann der Erblasser dagegen den Nachlaß vor dem Erben nicht schützen, da dann der Bevollmächtigte von seinen Weisungen abhängig ist und neben seiner Vertretungsmacht diejenige des Erben besteht.

B. Grundstücksverfügungen des Testamentsvollstreckers

1. Allgemeine Grundsätze

3441 Das **Grundbuchamt** hat Antrags- und Bewilligungsberechtigung (Rdn 100) des TV, in den Fällen des § 20 GBO auch seine Auflassungserklärung[1] (Rdn 108) zu **prüfen** (Rdn 206). Dafür, daß die Verfügungsbefugnis des TV nicht nach § 2205 Satz 3 BGB dinglich beschränkt ist, hat das Grundbuchamt daher auch die Entgeltlichkeit seiner Verfügung festzustellen.[2] Die Entgeltlichkeit einer Grundstücksverfügung des TV ist daher, wenn nicht sämtliche Erben[3] (auch Nacherben) und etwaige Vermächtnisnehmer mitwirken (vgl Rdn 3437), dem Grundbuchamt eingehend **darzulegen**. Dabei ist ein Eingehen auf den der Verfügung zugrundeliegenden Rechtsgrund notwendig. Weil der Nachweis der Entgeltlichkeit einer Verfügung durch öffentliche Urkunde (§ 29 GBO) meist unmöglich ist, hat die Rechtsprechung die Anwendung allgemeiner **Erfahrungssätze** in dem Sinne zugelassen, daß es für eine durch einen solchen Satz gestützte Beurteilung keines Beweises der Entgeltlichkeit bedarf (s Rdn 159). Dieser Erfahrungssatz ist vor allem dann anzuwenden, wenn die Eintragungsbewilligung Bestandteil eines zweiseitigen entgeltlichen Rechtsgeschäfts ist, insbesondere eines Veräußerungsvertrags mit einem Nichterben. Das Grundbuchamt kann und muß daher auf Grund einer Erklärung des TV, es handle sich um eine entgeltliche Verfügung, eintragen, falls ihm nicht Anhaltspunkte für die Unrichtigkeit der behaupteten Entgeltlichkeit bekannt sind, und zwar aus der Urkunde und aus allgemeinen Erwägungen, nicht aus privatem Wissen heraus. Dann müssen die für die Entgeltlichkeit maßgebenden Tatsachen bewiesen werden; der Nachweis der pflichtgemäßen Ausübung der TVg bedarf aber nicht der Form des § 29 GBO.[4] Das gilt auch für Auflassung in Erfüllung einer zugunsten eines „Miterben" getroffenen letzt-

---

oder doch zugleich mit dieser erteilt wird". Dem ist entgegenzuhalten, daß der Bevollmächtigte seine Vollmacht nicht von dem – durch TVg beschränkten – Erben herleitet, sondern von dem frei verfügungsberechtigten Erblasser. Die Beschränkungen der Erben durch TVg können daher den Bevollmächtigten wohl nicht berühren. In der nachträglichen Anordnung einer TVg ist kein Vollmachtswiderruf zu erblicken. Zum Verhältnis von TVg und postmortaler Vollmacht vgl im übrigen Gutachten DNotI-Report 1998, 171.
[1] BayObLG 1968, 208 (210) = MittBayNot 1986, 266 = Rpfleger 1986, 470; BayObLG MittBayNot 1989, 163 = NJW-RR 1989, 587 = Rpfleger 1989, 200.
[2] BayObLG MittBayNot 1983, 228 = JurBüro 1984, 103.
[3] Nachweis der Erbengemeinschaft nach § 35 GBO; BayObLG aaO.
[4] RG 65, 223; 69, 257; OLG München HRR 1940, 1128; LG Köln MittRhNotK 1989, 172. Zur Rechtslage, wenn das Amt eines TV zwischen Auflassung und Eigentumsumschreibung endet, s Rdn 124.

B. Grundstücksverfügungen des Testamentsvollstreckers

willigen Verfügung des Erblassers (so[5] für Auflassung in Erfüllung der Erblasseranordnung, daß eines der „Kinder als Erbe eines Grundstücks eingesetzt sei", weil Erfüllung der Anordnung des Erblassers [Teilungsanordnung, Vorausvermächtnis oder auch Vermächtnis] entgeltliche Verfügung des TV war [Rdn 3436], es somit auf die Erbenstellung nicht ankam). Wenn die Entgeltlichkeit einer Verfügung des TV jedoch davon abhängt, daß der Leistungsempfänger Miterbe ist (so für Auflassung an Miterben bei Erbauseinandersetzung, s Rdn 3453), so ist die Erbeneigenschaft stets in der Form des § 35 (oder ggf des § 36) GBO nachzuweisen.[6]

2. Bestellung von Grundpfandrechten durch den Testamentsvollstrecker

Für die Belastung eines Nachlaßgrundstücks mit einer Grundschuld (oder Hypothek) ergeben sich auf Grund der Ausführungen Rdn 3441 folgende Grundsätze:[7] **3442**

a) Wird auf Antrag des TV eine Grundschuld als **Eigentümergrundschuld** (§ 1196 BGB) für die Erben[8] in Erbengemeinschaft eingetragen (zum TV-Vermerk Rdn 3454), so ist sie zweifellos wirksam. Das Entgelt besteht hier in dem für die Erben neu entstandenen dinglichen Recht.

b) Soll eine Grundschuld unmittelbar **zugunsten eines Dritten** (Geldgebers) eingetragen werden, so muß der TV die Beweggründe für die Belastung und deren Zweck im einzelnen darlegen.[9] Entsprechen Beweggründe und Belastungszweck der allgemeinen Lebenserfahrung und sind dem Grundbuchamt keine gegenteiligen Tatsachen bekannt, so steht der Eintragung der Fremdgrundschuld nichts im Wege. Dies ist regelmäßig der Fall, wenn beim Verkauf eines Grundstücks durch den TV dieser bei der Bestellung einer Grundschuld für die Bank des Käufers mitwirkt, wenn die Rdn 3158, 3159 dargestellten Sicherungen eingehalten werden. Soll der **Gegenwert** aus einer solchen Grundschuld dem **TV selbst** zufließen, die Grundschuld also zB zur Sicherung eines ihm persönlich gewährten Kredits dienen, so ist das Rechtsgeschäft zwar vom Standpunkt des Gläubigers (Geldgebers) aus ein entgeltliches, nicht aber vom Standpunkt des Erben aus. Der Geldgeber kann hier die Grundschuld mangels Verfügungsbefugnis des TV nicht wirksam erwerben. Derjenige allerdings, an den der (nur buchberechtigte) Grundschuldgläubiger die Grundschuld abtritt, wäre bei Gutgläubigkeit durch den öffentlichen Glauben des Grundbuchs geschützt (s Rdn 343 ff). **3443**

c) Bei **Abtretung** einer auf die Erben eingetragenen (Eigentümer-)Grundschuld (vgl Buchst a) durch den TV an einen Dritten ist die Rechtslage dieselbe wie in dem hiervor Buchst b behandelten Falle der unmittelbaren Eintragung der Grundschuld auf den Dritten. **3444**

---

[5] BayObLG NJW-RR 1989, 587 = aaO.
[6] BayObLG 1986, 208 = aaO.
[7] Zur Frage der Grundschuldbestellung durch den TV zur Sicherung eines Privatgläubigers bei Bestehen von TVg s auch OLG Oldenburg Rpfleger 1969, 240 mit Anm Haegele; zur Grundschuldbestellung durch TV für Verbindlichkeiten eines Nacherben s Gutachten DNotI-Report 2002, 155.
[8] Nachweis: § 35 GBO (dazu Fußn 3).
[9] LG Aachen Rpfleger 1984, 98.

1493

3445 d) **Grundschuldbestellung** durch den TV an einem Nachlaßgrundstück auf seinen **eigenen Namen** ist durch § 181 BGB ausgeschlossen (s Rdn 3431). Wenn Selbstkontrahieren gestattet ist, verbietet sich Bestellung der Grundschuld für den TV und für seine Rechnung als unwirksames unentgeltliches Rechtsgeschäft, insbesondere dann, wenn die Grundschuld zur Eigenaufnahme von Kredit für den TV selbst bestimmt ist.

3446 e) Bei **Abtretung** einer gleichwohl für den TV persönlich (Buchst d) eingetragenen Grundschuld an einen Dritten kann dieser gutgläubiger Erwerber im Rahmen des § 892 BGB sein.

3447 Im Einzelfalle kann bei der Belastung auch der Weg beschritten werden, daß der TV zuvor das zu belastende Grundstück den **Erben zur freien Verfügung** nach § 2217 BGB überläßt und den TV-Vermerk daran löschen läßt.[10]

3. Gewährung einer Grundstücksausstattung, Betriebs- oder Hofübergabe

3448 a) Als **Ausstattung** (§ 1624 BGB; dazu Rdn 925) kann der TV einem Kind des Erblassers (auch der überlebende Ehegatte als TV einem gemeinschaftlichen Kind) ein Grundstück oder Grundstücksrecht nur zuwenden, wenn ihm vom Erblasser eine entsprechende Verpflichtung letztwillig (ggfs Auslegung) auferlegt worden ist. Gewährung einer Ausstattung, auf die kein Anspruch besteht, ist unentgeltliche Verfügung, die dem TV nach § 2205 S 3 BGB nicht erlaubt ist[11] (Ausnahme nur, wenn sie einer sittlichen Pflicht[12] oder einer auf den Anstand zu nehmenden Rücksicht entspricht; wird im Grundstücksverkehr keine praktische Bedeutung erlangen).

3449 b) **Übergabe eines Betriebes** oder eines **Hofes** an einen Miterben zu einem unter dem wirklichen Wert liegenden Anschlag kann durch den TV gleichfalls nur erfolgen, wenn der Erblasser eine entsprechende verpflichtende Anordnung getroffen hat. Ohne Erblasseranordnung (die auch durch Auslegung einer letztwilligen Verfügung anzunehmen sein kann) fehlt dem TV die Verfügungsbefugnis für eine Übergabe unter Verkehrswert auch dann, wenn solche Hofübergaben in der betr Gegend allgemein oder in der überwiegenden Zahl der Fälle üblich sind. Der TV wird durch den Erblasser aber wohl ermächtigt werden können, in analoger Anwendung des § 2048 Satz 2 BGB den Übernahmepreis nach billigem Ermessen festzusetzen.[13]

4. Sonstige Grundstücksverfügungen durch den Testamentsvollstrecker

3450 Veräußert der TV im Rahmen seines Verfügungsrechts ein **Nachlaßgrundstück**, das mit **Hypotheken belastet ist**, so muß er, wenn nicht die Erben einverstan-

---

[10] Vgl hierzu OLG Hamm DNotZ 1973, 428 = Rpfleger 1973, 133.
[11] Staudinger/Reimann Rdn 50 zu § 2205 BGB; Haegele/Winkler, TV, Rdn 265, 266.
[12] Sie läßt sich nicht aus dem Gesichtspunkt der Gleichstellung mit anderen Kindern herleiten, RG Warn 42, 42.
[13] Keller BWNotZ 1970, 50 (Fußn 2) hält eine großzügigere Behandlung im Hinblick auf die Rechtsprechung des BGH heute nur in den seltenen Fällen noch für vertretbar, in denen aus besonderen Umständen eine den Nachlaß treffende sittliche Pflicht zur verbilligten Grundstücksübergabe vorliegt. Unter Mitwirkung aller Erben ist jedoch nach der Rdn 3437 vertretenen Ansicht eine Hofübergabe zum üblichen ermäßigten Preis durch den TV möglich.

den sind oder die letztwillige – in diesem Punkte allerdings frei auszulegende – Anordnung des Erblassers etwas anderes bestimmt, auch auf Regelung der Hypothekenforderungen bestehen; er kann das Grundstück nicht so verkaufen, daß der Käufer einfach die Hypotheken übernimmt, ohne die Erben von der Haftung für die den Hypotheken zugrundeliegenden persönlichen Forderungen zu befreien. Das gleiche gilt, wenn das Grundstück mit Grundschulden belastet ist, die zur Sicherung von persönlichen Forderungen dienen.[14]

Die Auflassung eines zum Nachlaß gehörenden Grundstücks, die der TV zur Erfüllung einer **vermeintlichen**, in Wirklichkeit nicht bestehenden **Vermächtnisverpflichtung** vornimmt, ist als unentgeltliche Verfügung des TV unwirksam. 3451

Für die vom TV bewilligte **Löschung** eines zum Nachlaß gehörenden Vorkaufsrechts ist die Entgeltlichkeit auch darzutun, wenn Betroffener (Erbe als Inhaber des Vorkaufrechts) und Grundstückseigentümer personengleich sind.[15] Ebenso ist für die vom TV bewilligte Löschung einer zugunsten des Erblassers eingetragenen Rückauflassungsvormerkung die Entgeltlichkeit darzutun oder nachzuweisen, daß der Erbe der Löschung zugestimmt hat[16] (Nachweis der Grundbuchunrichtigkeit mit Tod des Berechtigten ermöglicht Löschung nach § 22 Abs 1 GBO). Der TV, der dem Grundbuchamt gegenüber die **Löschung** einer zum Nachlaß gehörenden Hypothek (Grundschuld) auf seinem eigenen Grundstück bewilligt und beantragt (und als Eigentümer der Löschung zustimmt), unterliegt den Beschränkungen des § 181 BGB.[17] 3452

Soll nach Anordnung des Erblassers oder auf Grund des vom TV aufgestellten **Auseinandersetzungsplanes** (§ 2204 BGB) ein Miterbe ein Nachlaßgrundstück erhalten, so kann das Grundstück vom TV an diesen Miterben aufgelassen werden, ohne daß der Abschluß eines der Form des § 311b Abs 1 BGB bedürfenden Vertrags erforderlich ist. Der Auseinandersetzungsplan des TV ist kein Vertrag, sondern ein einseitiges feststellendes Rechtsgeschäft, auf das § 311b Abs 1 BGB keine Anwendung findet. Für den Grundbuchvollzug der Auflassung, bei welcher der Grundstücksempfänger mitwirken muß, ist dessen Eigenschaft als Miterbe in der Form des § 35 (ggf § 36) GBO nachzuweisen;[18] bei Auflassung ist vom TV festzulegen, daß er dem Miterben das 3453

---

[14] Die Bewilligung der Löschung einer auf einem Nachlaßgrundstück eingetragenen nicht an letzter Rangstelle stehenden Eigentümergrundschuld durch den TV ist keine unentgeltliche Verfügung, wenn die Löschung in Erfüllung einer in einem Kaufvertrag übernommenen Verpflichtung bewilligt wird, dem Käufer das Grundstück frei von Lasten in Abt III zu verschaffen, KG DNotZ 1968, 669 = OLGZ 1968, 215 = Rpfleger 1968, 189. Zustimmung des TV zur Löschung einer Hypothek (Eigentümerzustimmung nach § 27 GBO durch TV) in Erfüllung einer durch Löschungsvormerkung oder gesetzlichen Löschungsanspruch gesicherten Löschungsverpflichtung wird gleichfalls nicht als unentgeltliche Verfügung angesehen; LG Stade JurBüro 1980, 1574.
[15] BayObLG MittBayNot 1983, 228 = aaO (Fußn 2).
[16] BayObLG DNotZ 1996, 20 = Rpfleger 1995, 452.
[17] S BGH 77, 7 = DNotZ 1981, 22 = JR 1980, 412 mit Anm Kuntze = NJW 1980, 1577 = Rpfleger 1980, 336; danach ist auch der TV ohne die Voraussetzungen für ein erlaubtes Insichgeschäft nicht zur Aufgabeklärung für die auf seinem Grundstück lastende Nachlaßhypothek berechtigt. Anders: KG DFG 1937, 131 = HRR 1937, 995.
[18] BayObLG 1986, 208 = aaO (Fußn 1).

Grundstück in Ausführung des Auseinandersetzungsplans in Anrechnung auf seine Ansprüche überträgt. Der Auseinandersetzungsplan bedarf bei Beteiligung von unter elterlicher Sorge, Vormundschaft oder Pflegschaft (auch Betreuung) stehenden Personen grundsätzlich nicht der Genehmigung des Familien- oder Vormundschaftsgerichts (vgl Rdn 3432). Dies gilt aber für die Fälle nicht, daß im Plan besondere Vereinbarungen der Erben enthalten sind, die weder den Anordnungen des Erblassers noch den gesetzlichen Vorschriften entsprechen.[19] Die gesetzlich bestehende Pflicht des TV, die Erben über den Auseinandersetzungsplan zu hören (§ 2204 Abs 2 BGB), berührt das Grundbuchamt selbst nicht, diese Anhörung braucht ihm nicht nachgewiesen zu werden.[20]

3454 **Zuerwerb von Grundbesitz** durch den TV kommt im allgemeinen nicht in Frage. Der TV soll den Nachlaß nicht vermehren, sondern abwickeln. Zuerwerb kann aber in Betracht kommen, wenn es sich um Surrogationserwerb handelt oder um Erwerb zur Abrundung des bereits vorhandenen Grundbesitzes mit Mitteln des Nachlasses (s dazu auch § 2041 BGB). Derartiger Zuerwerb ist auf die Erben in Erbengemeinschaft im Grundbuch einzutragen. Das Erbrecht ist in der Form des § 35 GBO nachzuweisen. Der TV-Vermerk (§ 52 GBO) ist gleichzeitig von Amts wegen mit einzutragen.

Antrag des TV auf Vereinigung von Grundstücken Rdn 631, auf Bestandteilszuschreibung Rdn 656, 657.

5. Überlassung von Nachlaßgegenständen an Erben[21]

3455 Der TV hat Nachlaßgegenstände, insbesondere Grundstücke, deren er zur Erfüllung seiner Aufgaben nicht bedarf – nach Annahme des Amtes – den Erben auf Verlangen zur freien Verfügung zu überlassen, falls ihn nicht der Erblasser von dieser Pflicht befreit[22] (**Überlassungspflicht** nach §§ 2217, 2220 BGB). Die Erfüllung dieser Pflicht kann von den Erben, bei einer Mehrheit nur

---

[19] Haegele Rpfleger 1957, 147 (149) und 1963, 330 (336); Haegele/Winkler, TV, Rdn 531 gegen Feige BWNotZ 1955, 269.

[20] So auch Staudinger/Reimann Rdn 38 zu § 2204 BGB. Wegen Einzelheiten zum Teilungsplan des TV s Haegele/Winkler, Der TV, Rdn 519 ff.

Ein Erbauseinandersetzungsverbot des Erblassers steht der Wirksamkeit einer im Wege der Erbauseinandersetzung getroffenen Verfügung über Nachlaßgegenstände nicht entgegen, wenn sie von allen Erben und dem TV gemeinsam vorgenommen wird (s Rdn 3429) oder der TV durch rechtskräftiges Urteil (zB auf Klage eines Erben-Gläubigers) zur Auseinandersetzung verurteilt ist.

Im Rahmen einer vom TV bewirkten Erbauseinandersetzung kann eine unentgeltliche Verfügung nach Rdn 3435 ff liegen, wenn ein Miterbe wertmäßig mehr zugeteilt bekommt als seiner Erbquote entspricht (BGH FamRZ 1963, 426 = NJW 1963, 1613 = Rpfleger 1964, 49 mit Anm Haegele; s dazu Keller BWNotZ 1963, 285 und Haegele BWNotZ 1969, 260). Unter Mitwirkung aller Erben (auch Nacherben) und Vermächtnisnehmer kann der TV auch im Rahmen einer Erbteilung eine unentgeltliche Verfügung vornehmen (Rdn 3437).

[21] S darüber insbesondere Häußermann BWNotZ 1967, 234 und Lange JuS 1970, 101, 106; ferner OLG Hamm DNotZ 1973, 428 = OLGZ 1973, 258 = Rpfleger 1973, 133.

[22] Palandt/Edenhofer Rdn 3 zu § 2217 BGB. Die Befugnis, einen Nachlaßgegenstand zu belasten, ist kein selbständiges Recht (OLG Düsseldorf NJW 1963, 162).

B. Grundstücksverfügungen des Testamentsvollstreckers

von allen gemeinsam,[23] im Klageweg erzwungen werden. Zur Ausführung seines Amtes bedarf der TV vor allem derjenigen Gegenstände, mit denen Vermächtnisse und Auflagen zu erfüllen sind, sowie der Mittel, die zur Tilgung der Nachlaßverbindlichkeiten benötigt werden. Obliegt ihm die Bewirkung der Nachlaßauseinandersetzung, so bedarf er der von dieser erfaßten Nachlaßgegenstände. Hat der Erblasser dem TV die Dauer-TVg im Sinne des § 2209 BGB übertragen, so bedarf er der von ihr betroffenen Gegenstände.[24]

Wegen Nachlaßverbindlichkeiten, die nicht auf einem Vermächtnis oder einer Auflage beruhen, sowie wegen bedingter und betagter Vermächtnisse oder Auflagen kann der TV die Überlassung der Gegenstände an die Erben nicht verweigern, wenn diese für die Berichtigung der Verbindlichkeiten oder für die Vollziehung der Vermächtnisse oder Auflagen Sicherheit nach §§ 232 ff BGB leisten (§ 2217 Abs 2 BGB).

Mit der Überlassung von Nachlaßgegenständen an die Erben erlischt an diesen das Verwaltungs- und Verfügungsrecht des TV, auch seine Befugnis, hinsichtlich der herausgegebenen Gegenstände Verbindlichkeiten einzugehen und Prozesse zu führen. Die Erben erlangen an den überlassenen Gegenständen das freie Verfügungsrecht[25] (§ 2217 Abs 1 S 2 BGB). Das Grundbuchamt braucht nicht zu prüfen, ob der TV pflichtgemäß gehandelt hat, wenn er zum Nachlaß gehörende Grundstücke den Erben freigibt.[26] Die Freigabe einzelner Nachlaßgegenstände kann der TV durch formlose Erklärung bewirken; dem Grundbuchamt muß diese Erklärung bei Freigabe eines Grundstücks oder eines Rechts an einem Grundstück jedoch in der Form des § 29 Abs 1 S 1 GBO nachgewiesen werden.[27] Der TV-Vermerk ist an den freigegebenen Grundstücken auf Antrag des TV zu löschen[28] (§ 52 GBO). Gläubiger der Erben können deren Ansprüche auf Herausgabe pfänden; auch ihre Abtretung durch die Erben ist zulässig.

3456

---

[23] Vgl hierzu Gutachten DNotI-Report 1999, 37.
[24] RG HRR 1929, 1652; KG DNotZ 1942, 225; BGH 56, 275 = DNotZ 1972, 86 = NJW 1971, 1805 = Rpfleger 1971, 349 mit Anm Haegele (s aber auch Rdn 3458 wegen freiwilliger Überlassung); Staudinger/Reimann Rdn 16 zu § 2209.
[25] Ausscheiden der Erlösanteile aus dem Nachlaß und Erlöschen des Verwaltungsrechts des TV, wenn nach Verkauf eines Nachlaßgrundstücks durch Eltern als TV für ihre minderj Kinder der Erlös unter die Kinder im Wege der Teilauseinandersetzung aufgeteilt wurde mit der Folge, daß ein mit dem Erlösanteil für einen der Miterben erworbenes anderes Grundstück nicht Teil des Nachlasses wird und an dem erworbenen Grundstück ein TV-Vermerk nicht eingetragen ist, s BayObLG 1991, 390 = DNotZ 1993, 399 mit abl Anm Weidlich = NJW-RR 1992, 328 = Rpfleger 1992, 62 und 350 Leits mit abl Anm Streuer.
[26] S auch Waldmann DFG 1944, 37, 38, der für gewisse Fälle eine gegenteilige Ansicht vertritt.
[27] Freigabe eines Notars als TV kann nicht durch Eigenurkunde (Rdn 164) nachgewiesen werden, OLG Düsseldorf DNotZ 1989, 638 = Rpfleger 1989, 58.
[28] Übertragung der Verwaltungsbefugnis auf die Erben (Überlassung zur Verwaltung) genügt hierfür nicht, Palandt/Edenhofer Rdn 5 zu § 2217 BGB; anders LG Hannover JR 1950, 693 mit Anm Hartung. Die Freigabe von Nachlaßgegenständen durch den TV ändert am Fortbestand der Erbengemeinschaft an diesen Gegenständen nichts (LG Berlin WM 1961, 313), falls nicht der TV im Rahmen seiner Befugnisse zuvor eine Teilauseinandersetzung vornimmt (§ 2204 BGB).

1497

3457 Im übrigen wird die Verwaltungs- und Verfügungsbefugnis des TV durch die Herausgabe einzelner Nachlaßgegenstände an die Erben nicht betroffen. Im TV-Zeugnis (§ 2368 BGB) ist daher auch nicht zu vermerken, daß ein Teil der Aufgaben des TV zufolge der Herausgabe erledigt ist und nur noch bestimmte letztwillige Verfügungen zu vollziehen sind.[29]
Bei irrtümlicher Freigabe eines Nachlaßgegenstandes hat der TV einen schuldrechtlichen Rückgewähranspruch nach § 812 BGB, den er mit der Klage auf Herstellung seines Verwaltungsrechts gegen die Erben verfolgen kann.[30]

3458 Der TV kann den Erben aus **freien Stücken** (unbeschadet des Rdn 3455 behandelten § 2217 BGB) einzelne Nachlaßgegenstände unverlangt überlassen. Auch in diesem Falle erlischt an ihnen sein Verwaltungsrecht. Doch bleibt das Amt des TV als solches trotz der Überlassung von Gegenständen an die Erben noch bestehen, wenn dem TV noch andere Aufgaben obliegen. Bei einer auf einzelne Nachlaßgegenstände beschränkten TVg kann der TV diese Gegenstände den Erben nicht zur freien Verfügung überlassen, wenn sie zur Erfüllung der im Verwaltungsrecht verkörperten und sich erschöpfenden Obliegenheiten unentbehrlich sind. Der Erblasser kann dem TV untersagen, Nachlaßgegenstände an die Erben herauszugeben, selbst wenn er ihrer nicht mehr bedarf.

3459 Für die Frage, ob der TV zur Herausgabe von Nachlaßgegenständen – auch bei Dauer-TVg – berechtigt ist, besagt § 2217 BGB (wie vorst ausgeführt) nichts. Das bestimmt sich nach einer Entscheidung des BGH[31] nach der allgemeinen Erwägung, daß die Interessen der Erben, denen die TVg dient, durch die Nichtbeachtung einer vom Erblasser für den TV gesetzten Verfügungsschranke dann nicht rechtserheblich beeinträchtigt sind, wenn die Erben selbst zustimmen. Diese Grundsätze hat der BGH[32] bestätigt: „sieht man zunächst von der gesetzlichen Schranke des Schenkungsverbots ab (hierzu Rdn 3437), so ist die Freigabe eines Nachlaßgrundstücks durch den TV mit Zustimmung der Erben (Vor- und Nacherben) ohne die Schranke des § 2217 Abs 1 S 1 BGB zulässig und hat zur Folge, daß das Verwaltungs- und Verfügungsrecht des TV erlischt und der Erbe nunmehr über den Gegenstand verfügen kann." Eine Mitwirkung von Vermächtnisnehmern und sonstigen Nachlaßgläubigern (die aber uU einen Schadensersatzanspruch haben) bei einer derartigen im Einverständnis der Erben erfolgten Überlassung von Nachlaßgegenständen ist nicht erforderlich. Zwar stellt dies der BGH zunächst nur für die Fälle der Überlassung von Nachlaßgegenständen an die Erben fest, durch die der TV dem Schenkungsverbot des § 2205 S 3 BGB (Rdn 3435 ff) nicht zuwiderhandelt. Doch dürfte in der Herausgabe von Nachlaßgegenständen an die Erben für sich allein kaum einmal eine Schen-

---

[29] BayObLG 1959, 135; LG Mannheim JW 1938, 2476.
[30] BGH 12, 100 = DNotZ 1954, 270 = NJW 1954, 636; BGH 24, 106 (109, 110) = DNotZ 1957, 413 = NJW 1957, 1020; s auch Haegele Rpfleger 1957, 147 (150). Ist der herausgegebene Gegenstand nicht mehr vorhanden, so hat der Erbe das herauszugeben, was er als Ersatz dafür erhalten hat (§ 818 BGB).
[31] BGH 56, 275 = aaO (Fußn 24).
[32] BGH 57, 84 = DNotZ 1972, 90 = NJW 1971, 2264 = Rpfleger 1972, 49 mit Anm Haegele.

kung durch den TV erblickt werden können, denn die Nachlaßgegenstände als solche bleiben bei der Überlassung den Erben erhalten; es wechselt nur der Verfügungsberechtigte. Anders kann die Rechtslage sein, wenn Überlassung der Gegenstände an die Erben und unentgeltliche Verfügungen über sie in einem engen untrennbaren Zusammenhang stehen.

Die Herausgabe erfolgt gerade meist zu dem Zweck, den Erben eine Verfügung über den freigegebenen Gegenstand zu ermöglichen. Ist die Herausgabe pflichtwidrig, sind eventuell davon Betroffene allein auf Schadensersatzansprüche angewiesen. An der Tatsache, daß mit der Herausgabe das Verwaltungs- und Verfügungsrecht des TV erlischt, ändert sich dadurch aber nichts. 3460

In der Frage der Herausgabe von Nachlaßgegenständen an die Erben bei im übrigen fortbestehender TVg vertritt also der BGH auch bei unentgeltlichen Verfügungen die Ansicht, daß das früher aufgestellte Erfordernis der Vereinbarkeit der Überlassung mit dem Willen des Erblassers für die Wirksamkeit einer gemeinsamen Verfügung durch den TV und die Erben ohne Einfluß und daher unbeachtlich ist. 3461

C. Nachweis der Verfügungsbefugnis des Testamentsvollstreckers

1. Testamentsvollstrecker-Zeugnis

a) Die Befugnis des TV zur Verfügung über einen Nachlaßgegenstand ist dem Grundbuchamt durch **TV-Zeugnis** des Nachlaßgerichts (§ 2368 BGB) oder durch Vorlage einer beglaubigten Abschrift des in öffentlicher Urkunde enthaltenen Testaments und der Niederschrift über die Eröffnung der Verfügung (dazu Rdn 786) nachzuweisen (§ 35 Abs 2 mit Abs 1 S 2 GBO). Das TV-Zeugnis ist in Urschrift oder Ausfertigung vorzulegen; eine beglaubigte Abschrift genügt nicht.[1] Ebenso wie für den Nachweis der Erbfolge durch Erbschein (dazu Rdn 782) fordert die gegenüber § 29 GBO speziellere Vorschrift des § 35 GBO Nachweis durch TV-Zeugnis, so daß dieses in Urschrift oder Ausfertigung vorgelegt werden muß. Wenn die Nachlaßakten beim selben Amtsgericht geführt werden, so kann die Vorlage des TV-Zeugnisses durch Verweisung auf diese Nachlaßakten ersetzt werden. Geht bei Nachweis durch Verfügung von Todes wegen in öffentlicher Urkunde aus der Niederschrift über ihre Eröffnung nicht hervor, daß der TV sein Amt gegenüber dem Nachlaßgericht angenommen hat (vgl § 2202 Abs 2 BGB), so muß er über die Annahme noch eine entsprechende Bescheinigung des Nachlaßgerichts vorlegen.[2] Der Erbschein reicht als Legitimation nicht aus, weil er nur die Tatsache der TV-Ernennung bezeugt (§ 2364 BGB); auch der Beschluß des Nachlaßgerichts über die Ernennung des TV (§ 2200 BGB) genügt nicht,[3] desgleichen nicht Eintragung des TV-Vermerks im Grundbuch. 3462

---

[1] BayObLG 1990, 82 (88) = DNotZ 1991, 548 = NJW-RR 1990, 844; BayObLG DNotZ 1996, 20 = Rpfleger 1995, 452; Demharter Rdn 60 zu § 35; anders Haegele Rpfleger 1967, 33 (S 40, Abschn II 4c); LG Köln Rpfleger 1977, 29 (im Hinblick auf die Gründe der Rdn 782 Fußn 5 mitgeteilten BGH-Entscheidung nicht richtig).
[2] KG OLG 40, 49.
[3] BayObLG OLG 41, 27 (28; Fußnote).

3463 b) Das TV-Zeugnis ist vom Grundbuchamt (wie ein Erbschein, Rdn 784) nur formell, nicht aber auf seine sachliche Richtigkeit zu überprüfen. Weitere Nachweise kann das Grundbuchamt daher nicht verlangen, auch wenn es die Verfügung von Todes wegen anders auslegt als das Nachlaßgericht.[4] Das Grundbuchamt hat allenfalls die Möglichkeit, von Amts wegen beim Nachlaßgericht die Einziehung des Zeugnisses als unrichtig anzuregen, bleibt aber bei Ablehnung durch das Nachlaßgericht an den Inhalt des Zeugnisses gebunden.

3464 c) **Beschränkungen** der TV-Befugnisse[5] (inhaltliche, Rdn 3428, und gegenständliche, Rdn 3430), desgleichen (als Sonderformen) Verwaltungs- oder Dauervollstreckung[6] (Rdn 3427) sind im TV-Zeugnis anzugeben (§ 2368 Abs 1 S 2 BGB). Das Zeugnis weist aus, daß der darin Genannte wirksam zum TV ernannt ist und daß keine weiteren als die in dem Zeugnis angegebenen Beschränkungen seiner Befugnisse bestehen.[7] Schutz des Rechtsverkehrs begründet die Vermutung des § 2365 mit § 2368 Abs 3 BGB. Sie gilt auch für das Grundbuchamt (s Rdn 341 zur Vermutung des § 891 BGB). Im Eintragungsverfahren hat daher das Grundbuchamt davon auszugehen, daß keine weiteren Beschränkungen der Verfügungsbefugnis des TV bestehen. Bloße Zweifel des Grundbuchamts heben diese Vermutung nicht auf. Widerlegt ist die Vermutung aber dann, wenn dem Grundbuchamt bekannt ist (volle Überzeugung, s Rdn 342), daß eine im Zeugnis nicht dargestellte Beschränkung der TV-Befugnisse besteht.

3464a d) Schutz nach § 878 BGB bei Beendigung des TV-Amtes nach Eintritt der dort bestimmten Wirksamkeitsvoraussetzungen: Rdn 124; Prüfung durch das Grundbuchamt Rdn 127.

3464b e) Die Vermutung (mit Gutglaubensschutz), daß das TV-Zeugnis richtig ist (§ 2368 Abs 3 mit § 2365 BGB; dazu bereits Rdn 3464) bezieht sich nicht darauf, daß das Amt des TV bei Verfügung oder in dem nach § 878 BGB maßgeblichen Zeitpunkt noch fortbestanden hat[8] (Ausnahme, wenn die Beschränkung der Amtsdauer durch den Erblasser im Zeugnis nicht vermerkt ist). Das TV-Zeugnis wird mit Beendigung des Amtes des TV kraftlos

---

[4] BayObLG BWNotZ 1991, 142 = MittBayNot 1991, 122 = MittRhNotK 1991, 124 = (mitget) Rpfleger 1991, 194.
[5] Bezeichnet das TV-Zeugnis die Befugnis des TV mit „Überwachung und Fürsorge" (zur Durchführung der Anordnung des Erblassers hinsichtlich des Grundstücks), so wird angenommen, daß er kein eigenes Verwaltungs- und Verfügungsrecht (mit dem Recht, das Grundstück in Besitz zu nehmen) hat und auch die letztwilligen Verfügungen des Erblassers nicht selbst zur Ausführung bringen soll; BayObLG 1990, 82 (87) = aaO. Bedeutung der Klausel, „den Nachlaß nach den Anordnungen im (öffentlichen) Testament vom ... zu verwalten" s BayObLG FamRZ 1999, 474 = MittBayNot 1999, 82 = NJW-RR 1999, 1464 = Rpfleger 1999, 25 = ZNotP 1998, 501.
[6] BGH NJW 1996, 1284 = Rpfleger 1996, 289; KG OLGZ 1991, 261 = NJW-RR 1991, 835 = Rpfleger 1991, 318 mit Nachw.
[7] BayObLG MittBayNot 1999, 82 = aaO; KG NJW 1964, 1905; OLG Hamm OLGZ 1977, 422 (423). Zum Widerspruch zwischen Erbschein (kein TV-Vermerk) und TV-Zeugnis BGH DNotZ 1991, 545.
[8] RG 83, 348 (352); Haegele/Winkler, TV, Rdn 703, 707; MünchKomm/Promberger Rdn 35 zu § 2368; Zahn MittRhNotK 2000, 89 (103).

C. Nachweis der Verfügungsbefugnis des Testamentsvollstreckers

(§ 2368 Abs 3 Hs 2 BGB); damit entfällt die Vermutung des § 2368 BGB. Für das Grundbuchamt hat das Zeugnis jedoch nach § 35 Abs 2 GBO volle Beweiskraft; das Grundbuchamt hat daher die Kraftlosigkeit des Zeugnisses nur dann zu berücksichtigen, wenn es von der Beendigung des TV-Amtes positiv Kenntnis hat (das erfordert volle Überzeugung), bloße Zweifel genügen nicht. Für den Rechtserwerb des Dritten können sich daraus, daß mit dem TV-Amt auch der Gutglaubensschutz der TV-Zeugnisse endet, jedoch Gefahren ergeben.[9] Ihnen kann mit einem Zeugnis des Nachlaßgerichts darüber begegnet werden, daß das Amt des TV noch fortbesteht[10] (Gutglaubensschutz auch für dieses Zeugnis nach § 2368 BGB).

2. Eintragung des Testamentsvollstrecker-Vermerks

a) Zweck der Eintragung

Der Erbe kann über Nachlaßgegenstände, die der Verwaltung des TV unterliegen, nicht verfügen (Rdn 3425). Gutgläubiger Erwerb eines Rechts an einem Nachlaßgegenstand durch Verfügung des dazu nicht befugten Erben wird mit Eintragung des TV-Vermerks ausgeschlossen (§ 2211 Abs 2 mit § 892 Abs 1 S 2 BGB).   3465

b) **Eintragung**

aa) Die Ernennung eines TV wird **von Amts wegen** bei der Eintragung des Erben mit eingetragen (§ 52 GBO). Ausnahme: Wenn der Nachlaßgegenstand[11] der Verwaltung des TV nicht unterliegt[12] (§ 52 GBO). Ohne Eintragung des Erben ist Eintragung des TV-Vermerks nicht zulässig.[13] Der Antrag des TV, das Grundbuch durch Eintragung der Erben und des TV-Vermerks zu berichtigen, darf nur einheitlich erledigt werden.[14] Die Eintragung erfolgt auf   3466

---

[9] Haegele/Winkler, TV, Rdn 708.

[10] Hagele/Winkler, TV, Rdn 708; MünchKomm/Promberger Rdn 13 zu § 2368; dazu auch Zahn MittRhNotK 2000, 89 (104). Zu einem anderen Lösungsvorschlag für Vertragsgestaltung bei Grundstückskauf Heil RNotZ 2001, 269.

[11] Soll die Verfügungsbefugnis zwar nicht dem TV zustehen, die Wirksamkeit von Verfügungen über den Nachlaßgegenstand aber von der Zustimmung des TV abhängig sein, so ist diese Verfügungsbeschränkung (Zustimmungserfordernis) auf Antrag in das Grundbuch einzutragen (§ 892 Abs 1 S 2 BGB, § 22 Abs 1 S 2 GBO); BayObLG 1990, 82 (85, 86) = aaO.

[12] Die Frage, ob ein TV-Vermerk eingetragen werden kann, wenn ein BGB-Gesellschafter verstorben ist und TV angeordnet hat, hängt davon ab, ob im gesellschaftsrechtlichen Bereich TVg möglich ist; hierzu auch Rdn 3426.

[13] BayObLG 1995, 363 = DNotZ 1996, 99 = NJW-RR 1996, 1167 = Rpfleger 1996, 148.

[14] Eintragung des TV-Vermerks kann nach LG Bamberg MittBayNot 1965; 187 auch mit Eintragung eines Miterben als Alleineigentümer erfolgen, wenn ihm der TV ohne vorherige Eintragung aller Erben (§ 40 Abs 2 GBO) das Alleineigentum übertragen hat. Auch in einem solchen Fall erfolgt somit isolierte Eintragung des TV-Vermerks nicht (s BayObLG 1995, 363 [366] = aaO).
Den Antrag, die Erben im Wege der Grundbuchberichtigung an Stelle des Erblassers im Grundbuch einzutragen, kann trotz bestehender TVg auch jeder Miterbe stellen (so mit Recht Bertsch Rpfleger 1968, 178; LG Stuttgart BWNotZ 1998, 446 = NJW-RR 1998, 665 = Rpfleger 1998, 243; Haegele/Winkler, Der TV, Rdn 273; Schneider MittRhNotK 2000, 283; aA KGJ 51 A 214; OLG München JFG 20, 373; Demharter

Grund der im Erbschein angegebenen Ernennung des TV (§ 2364 Abs 1 BGB) oder auf Grund des Erbnachweises durch Verfügung von Todes wegen in öffentlicher Urkunde mit Eröffnungsniederschrift (§ 35 Abs 1 GBO). TV-Zeugnis allein genügt nicht, weil es den Nachweis für die Einsetzung des Erben nicht führt.[15] Das TV-Zeugnis gibt jedoch Grundlage für Nichteintragung bei einzelnen Nachlaßgegenständen,[16] weil nur in ihm (§ 2368 Abs 1 BGB), nicht auch im Erbschein,[17] Beschränkungen des Verfügungsrechts des TV angegeben sind.

3467 bb) Die Eintragung erfolgt
– bei **Grundstücken** (usw) des Erben in Abteilung II Spalten 1–3 (§ 10 Abs 1 Buchst b, Abs 2–4 GBV),
– bei den für den Erben eingetragenen **Rechten** an Grundstücken (usw) in der Spalte „Veränderungen" der Abteilung II oder III. Eintragung in Abteilung II Spalte 3 oder Abteilung III Spalte 4 erfolgt jedoch, wenn der Vermerk (wie bei Grundbuchberichtigung oder Surrogationserwerb) sogleich mit dem Recht eingetragen wird (§ 10 Abs 4, 5, § 11 Abs 5, 6 GBV).
Eingetragen wird nur die Tatsache der TVg. Der Name des TV und der Umfang seiner Vertretungsmacht werden nicht miteingetragen.[18] Eintragungsmuster:

> Testamentsvollstreckung ist angeordnet.

(Zur Vor- und Nacherbschaft s Rdn 3501). Nachlaßgericht und Aktenzeichen des Nachlaßverfahrens sind in dem Vermerk nicht zu bezeichnen. Wenn TVg nur für einen Miterbenanteil angeordnet ist, kann die Eintragung lauten:

> Testamentsvollstreckung für den Erbteil des Miterben ... ist angeordnet.

3468 cc) Auch noch nach Eintragung des Erben ist (nach § 52 GBO von Amts wegen) der TV-Vermerk einzutragen, solange das Grundstück (oder Recht) nicht auf einen Dritten umgeschrieben worden ist. Die bei Eintragung des Erben irrtümlich unterbliebene Eintragung des TV-Vermerks kann daher (jederzeit) von Amts wegen nachgeholt werden. Trägt das Grundbuchamt die Erben als Eigentümer ohne den TV-Vermerk ein, weil das Bestehen der TVg grundbuchmäßig nicht nachgewiesen ist, so liegt darin eine Gesetzesverletzung, die zur Eintragung eines Amtswiderspruchs führt, wenn das Bestehen der Testamentsvollstreckung glaubhaft ist.[19]

3469 dd) Der TV kann die Eintragung des Vermerks nicht verbieten und auf Eintragung des TV-Vermerks in das Grundbuch auch nicht (unmittelbar) ver-

---

Rdn 50, K/E/H/E Rdn 63, je zu § 13). Der TV-Vermerk ist natürlich auch in diesem Falle von Amts wegen mit einzutragen.
[15] LG Köln Rpfleger 1992, 342; Berichtigungsbewilligung des durch TV-Zeugnis ausgewiesenen TV (namentliche Bezeichnung der Erben durch diesen) kann Vorlage des Erbscheins für Eintragung der Erben (§ 35 Abs 1 GBO) nicht ersetzen, LG Köln aaO; OLG Köln Rpfleger 1992, 342 (343).
[16] Denkschrift Seite 167.
[17] BGB-RGRK/Kregel Rdn 1 zu § 2364.
[18] KGJ 36 A 190; 50 A 168.
[19] KG DNotZ 1956, 195.

zichten. Mittelbar ist Freistellung des Grundstücks allerdings durch Überlassung zur freien Verfügung des Erben möglich (s Rdn 3458).

ee) **Rechtsbehelf:** Bei Eintragung Beschwerde mit dem Ziel der Löschung; gegen Unterlassung Beschwerde mit dem Ziel der Eintragung eines Widerspruchs. 3470

c) **Wirkung der Eintragung**

aa) TVg schließt das Verfügungsrecht des Erben aus (§ 2211 Abs 1 BGB). Eine Verfügung, die der Erbe dennoch vornimmt, ist unwirksam. Die Eintragung des TV-Vermerks schließt daher Eintragung einer Verfügung des Erben aus. 3471

bb) Eine Verfügung des Erben über einen der TVg unterliegenden Nachlaßgegenstand ist (trotz § 2211 BGB) wirksam, 3472
– wenn sie mit Einwilligung des TV (auch gegen den Erblasserwillen) erfolgt (§ 185 Abs 1 BGB; Nachweis: § 29 GBO);
– wenn der TV sie (auch gegen den Erblasserwillen) genehmigt (§ 185 Abs 2 BGB; Nachweis: § 29 GBO);
– mit Erlöschen der TVg für den einzelnen Nachlaßgegenstand (s Rdn 3456) oder mit Beendigung der TVg insgesamt (§ 185 Abs 2 BGB).

Keine Verfügungsbefugnis des Erben begründet eine Entscheidung des Nachlaßgerichts, die eine Verwaltungsanordnung des Erblassers (zeitweiliges Belastungsverbot) außer Kraft setzt[20] (§ 2216 Abs 2 S 2 BGB). Die Verfügungsbefugnis des TV geht damit nicht auf den Erben über; es wird vielmehr nur die Bindung des TV an die Erblasseranordnung (§ 2216 Abs 2 S 1 BGB) beseitigt.

3. Löschung des Testamentsvollstrecker-Vermerks

a) **Grundbuchunrichtigkeit**

Zu **löschen** ist der TV-Vermerk auf **Antrag** (§ 13 Abs 1 GBO), den der Erbe (jeder Miterbe allein) oder der TV stellen kann, wenn die Unrichtigkeit des Grundbuchs nachgewiesen (§ 22 Abs 1 S 2 GBO) oder mit Beendigung der TV offenkundig ist[21] (§ 29 Abs 1 S 2 GBO). Berichtigungsbewilligung des TV genügt nicht.[22] **Unrichtig** ist das Grundbuch, wenn 3473
– TVg entweder überhaupt nicht angeordnet ist (Erteilung eines neuen Erbscheins ohne TV-Vermerk) oder der Nachlaßgegenstand nicht der Verwaltung des TV unterliegt;
– der TV einen Nachlaßgegenstand dem Erben zur freien Verfügung überlassen hat (Rdn 3458);
– die TVg beendet ist.[23] Das ist der Fall

---

[20] AA (nicht richtig) LG Bonn RNotZ 2002, 234.
[21] OLG Hamm Rpfleger 1958, 15 mit Anm Haegele.
[22] AG Starnberg Rpfleger 1985, 57; auch BayObLG 1990, 51 = aaO (nachf Fußn 37); Bauer/vOefele/Schaub Rdn 96 zu § 52; Haegele/Winkler, TV, Rdn 830; Gutachten DNotI-Report 2001, 21; nicht richtig K/E/H/E Rdn 17 zu § 52.
[23] Mit Beendigung der TVg ist der Erbschein, der den TV-Vermerk (§ 2364 Abs 1 BGB) enthält, als unrichtig einzuziehen, nicht nur zu berichtigen, OLG Hamm OLGZ 1983, 59 = DNotZ 1984, 52 = Rpfleger 1983, 71. Unrichtigkeitsnachweis ist jedoch nicht bereits mit Erbscheinseinziehung (§ 2361 BGB), sondern nach § 35 GBO nur mit neuem Erbschein ohne TV-Vermerk (oder entsprechende öffentliche Verfügung von Todes wegen mit Eröffnungsniederschrift) erbracht.

aa) bei vollständiger Erledigung aller dem TV zugewiesenen Aufgaben;[24]
bb) mit Eintritt einer auflösenden Bedingung oder eines Endtermins,[25] bis zu dem die TV angeordnet war;[26]
cc) mit Wegfall des TV durch Tod[27] nach Erbfall oder Eintritt eines Umstandes, der Unfähigkeit bewirkt (§ 2225 mit § 2201 BGB), Kündigung des Amts durch den TV (§ 2226 BGB) oder Entlassung des Vollstreckers durch das Nachlaßgericht (§ 2227 BGB), wenn in diesen Fällen Ersatzbestimmung (§ 2197 Abs 2, §§ 2198, 2199 Abs 2, § 2200 BGB) in der Verfügung von Todes wegen nicht getroffen ist.[28] Liegt dem Grundbuchamt beglaubigte Abschrift eines öffentlichen Testaments samt Eröffnungsniederschrift vor, so genügt Nachweis der Amtsniederlegung in öffentlich beglaubigter Form samt Nachweis des Zugangs der Niederlegungserklärung beim zuständigen Nachlaßgericht zur Löschung des Vermerks. In anderen Fällen wird Vorlage eines berichtigten Erbscheins zu verlangen sein.

b) Veräußerung des Grundstücks oder Löschung des Grundstücksrechts

3474   Zu löschen ist der TV-Vermerk auch, wenn das Grundstück mit (wirksamer) Veräußerung (Vollzug der Auflassung) durch den TV, ein Grundstücksrecht mit (wirksamer) Abtretung oder Aufhebung, nicht mehr als Nachlaßgegenstand der Verwaltung des Vollstreckers unterliegt[29] (§ 2205 BGB). Setzen TV und Erben gemeinsam den Nachlaß bei Grundstücken derart (teilweise) auseinander, daß sie das Gesamthandseigentum der Erbengemeinschaft in Bruchteilseigentum der Erben umwandeln, so ist der TV-Vermerk gleichfalls im Grundbuch zu löschen, auch wenn die Voraussetzung des § 2217 BGB (Herausgabe von Nachlaßgegenständen) nicht erfüllt ist.[30] Er ist bei Übertragung

---

[24] Nachweis durch Offenkundigkeit oder (neuen) Erbschein ohne TV-Vermerk, Haegele/Winkler, TV, Rdn 830; Gutachten DNotI-Report 2001, 21. Wegen Amtsbeendigung s insbesondere OLG Hamm Rpfleger 1958, 15 mit Anm Haegele.
[25] Nachweis durch TV-Zeugnis, aus dem die Befreiung hervorgeht, Erbschein, der die Beschränkung durch TVg nicht mehr ausweist. Vorlage des TV-Zeugnisses in Ausfertigung oder beglaubigter Abschrift, BayObLG 1990, 51 (56) = aaO (nachf Fußn 37).
[26] Handelt es sich nicht um eine reine Verwaltungsvollstreckung (§ 2209 BGB; Vermerk im TV-Zeugnis nach § 2368 BGB), die nach § 2210 BGB endet, so reicht nach Ablauf einer auf 30 Jahre angeordneten TVg für den Nachweis der Grundbuchunrichtigkeit zur Löschung des TV-Vermerks das TV-Zeugnis, in dem keine Beschränkung der TVg vermerkt ist, nicht aus (LG Köln MittRhNotK 1986, 49). Bei Erbnachweis durch Verfügung von Todes wegen mit Eröffnungsniederschrift (§ 35 Abs 1 GBO) erbringt jedoch die öffentliche Urkunde auch den Unrichtigkeitsnachweis für Löschung des Vermerks nach Zeitablauf.
[27] Zur Beendigung der TVg mit Tod des TV, wenn sie nur für ihn und seine Lebzeit angeordnet war (§ 2225 BGB) LG Mönchengladbach MittRhNotK 1980, 10.
[28] RG 156, 70 (76); BayObLG 1994, 313 (317) = DNotZ 1996, 102 = Rpfleger 1995, 160 (161).
[29] BGH 56, 275 = DNotZ 1972, 86 = NJW 1971, 1805 = Rpfleger 1971, 349 mit Anm Haegele. Ausscheiden des Grundstücks aus der Verwaltung des TV auch mit Veräußerung an den Vermächtnisnehmer in Erfüllung eines Vermächtnisses, LG Aachen MittRhNotK 1987, 26 = Rpfleger 1986, 306. Wenn auch Vermächtnisvollstreckung angeordnet ist s jedoch § 2223 BGB.
[30] BGH 56, 275 = aaO.

C. Nachweis der Verfügungsbefugnis des Testamentsvollstreckers

eines Nachlaßgrundstücks auf einen Miterben bei (Teil-)Auseinandersetzung (auch auf Grund eines Auseinandersetzungsplans, Rdn 3453) nicht zu löschen, wenn die Fortdauer der TV an dem Anteil dieses Miterben angeordnet ist[31] (§ 2209 S 1 Hs 2 BGB).

c) Gegenstandslosigkeit

Löschung eines (mit Beendigung der TV oder sonstiger Grundbuchunrichtigkeit) gegenstandslos gewordenen TV-Vermerks kann nach § 84 GBO erfolgen. 3475

4. Vermächtnisvollstreckung

Auch bei Vermächtnisvollstreckung (§ 2233 BGB) kommt Eintragung des TV-Vermerks bei dem vermachten Grundstück oder Grundstücksrecht in entsprechender Anwendung von § 52 GBO in Betracht.[32] 3475 a

5. Testamentsvollstreckung nach vormaligem Recht der DDR

Ist für einen Erbfall vor dem Beitritt (3. 10. 1990) das vormalige **Recht der DDR** maßgebend (Art 235 § 1 Abs 1 EGBGB), dann hat TVg nach § 371 Abs 3 ZGB-DDR (für Erbfälle zwischen 1. 1. 1976 und 2. 10. 1990) keine Verfügungsbeschränkung des Erben bewirkt.[33] Das Rechtsverhältnis zwischen dem Erben und dem TV bestimmt sich nach den Vorschriften des ZGB-DDR über Vertretung (§ 53) und Auftrag (§§ 275 ff). Eintragung eines TV-Vermerks in das Grundbuch erfolgt daher nicht.[34] Jedoch galt die in einer vor dem 1. 1. 1976 errichteten Verfügung von Todes wegen angeordnete TVg weiter (§ 8 Abs 2 EGZGB-DDR).[35] Sie war wegen der damit bestehenden Beschränkung der Verfügungsbefugnis des TV in das Grundbuch einzutragen.[35] Bei Erbfall vor dem 1. 1. 1976 (Inkrafttreten des ZGB-DDR) bestimmen sich (gem § 8 Abs 1 EGZGB-DDR) die Rechtsverhältnisse (ohne Besonderheiten) nach §§ 2197 ff BGB; daher trifft § 52 GBO auch in einem solchen Fall Bestimmung für Eintragung des TV-Vermerks.[36] 3475 b

6. Testamentsvollstreckung nach ausländischem Recht

Für den nach ausländischem Recht beerbten Erblasser richten sich Inhalt und Rechtswirkungen einer TVg nach dem Erbstatut.[37] Auch die nach ausländischem Recht angeordnete TVg ist in dem (gegenständlich beschränkten) Erbschein zu vermerken.[38] Das Grundbuchamt hat dann hinsichtlich der Be- 3475 c

---

[31] OLG Hamm FamRZ 2003, 710 = MittBayNot 2002, 406 Leits = RNotZ 2002, 579 = Rpfleger 2002, 618; Bauer/vOefele/Schaub Rdn 105 zu § 52.
[32] BayObLG 1990, 82 = DNotZ 1991, 548 = NJW-RR 1990, 844.
[33] Bestelmeyer Rpfleger 1992, 229 (235); Janke DtZ 1994, 364; Köster Rpfleger 1991, 97 (98); vMorgen u Götting DtZ 1994, 199 (200).
[34] Demharter Rdn 3 zu § 52 GBO; Bestelmeyer und Koster je aaO.
[35] Demharter und Bestelmeyer je aaO.
[36] Bestelmeyer aaO; Janke DtZ 1994, 364.
[37] BayObLG 1990, 51 = DNotZ 1991, 546 = NJW-RR 1990, 906 = Rpfleger 1990, 363 (Willensvollstreckung nach Schweizer ZGB). Ein „executor" nach US-Recht ist nicht TV, BayObLG 1980, 42 = Rpfleger 1980, 140.
[38] BayObLG 1990, 51 (53, 54) = aaO.

willigungsbefugnis die gleiche Prüfungspflicht wie bei einer TVg nach deutschem Recht.[39] Es ist auch ein TV-Vermerk in das Grundbuch einzutragen.[40]

V. Vor- und Nacherbschaft im Grundstücksrecht

Literatur: Becher, Kein Anwartschaftsrecht des Ersatznacherben, NJW 1969, 1463; Bergermann, Rechtsfragen über Vor- und Nacherbschaft, MittRhNotK 1972, 743; Bestelmeyer, „Herrschende Meinungen" im Bereich des Nacherbenrechts, Rpfleger 1994, 189; Bokelmann, Letztwillige Verfügungen und ihre Auslegung durch den Rechtspfleger im Grundbuch, Rpfleger 1971, 337 (Seite 342, Abschn IV: Vor- und Nacherbschaft); Coing, Die unvollständige Regelung der Nacherbfolge, NJW 1971, 521; Diederichsen, Ersatzerbfolge oder Nacherbfolge, NJW 1965, 671; Dillmann, Verfügungen während der Vorerbschaft, RNotZ 2002, 1; Haegele, Zur Vererblichkeit des Anwartschaftsrechts eines Nacherben, Rpfleger 1967, 161; Haegele, Rechtsfragen zur Vor- und Nacherbschaft, Rpfleger 1971, 121; Haegele, Zur Vor- und Nacherbschaft, BWNotZ 1974, 89; Haegele, Wiederverheiratungsklauseln, Rpfleger 1976, 73; Haegele, Nacherben- und Testamentsvollstrecker-Vermerk bei Mitglied an einer BGB-Gesellschaft, Rpfleger 1977, 50; Jung, Nacherbenvermerk trotz Unanwendbarkeit des § 2113 BGB, Rpfleger 1995, 9; Jung, Unentgeltliche Verfügungen des Testamentsvollstreckers und des befreiten Vorerben, Rpfleger 1999, 204; Kanzleiter, Der „unbekannte" Nacherbe, DNotZ 1970, 326; Kempf, Die Anwartschaften des Nacherben und des Ersatznacherben, NJW 1961, 1797; Kessel, Eingriffe in die Vorerbschaft, MittRhNotK 1991, 137; Ludwig, Vor- und Nacherbschaft im Grundstücksrecht, 1996; Maurer, Fragen des (Eigen-)Erwerbs von Nachlaßgegenständen durch den Vor- oder Nacherben, DNotZ 1981, 223; Mayer, Der verhinderte Nacherbe, MittBayNot 1994, 111; Neuschwander, Unentgeltliche Verfügungen des befreiten Vorerben, BWNotZ, 1977, 85; Roggendorf, Surrogationserwerb bei Vor- und Nacherbschaft, MittRhNotK 1981, 29; Schaub, Nacherbenvermerk bei Grundstücken im Gesamthandsvermögen, ZEV 1998, 372; K. Schmidt, Nacherbenschutz bei Vorerbschaft an Gesamthandsanteilen, FamRZ 1976, 683; Spellenberg, Schenkungen und unentgeltliche Verfügungen zum Nachteil des Erben oder Pflichtteilsberechtigten, FamRZ 1974, 350.

A. Verfügungsrechte des Vorerben

1. Vor- und Nacherbfolge

3476 Vorerbe und Nacherbe (§ 2100 BGB) sind **in zeitlicher Folge** als **Erben** Gesamtrechtsnachfolger des Erblassers (§ 1922 Abs 1 BGB). Der Vorerbe ist Erbe somit nur auf Zeit.[1] Als solcher kann er (bis zum Eintritt des Nacherbfalls, § 2139 BGB) über die zur Erbschaft gehörenden Gegenstände verfügen. Die Wirksamkeit seiner Verfügung ist jedoch zum Schutz der Rechte des Nacherben, der nach dem Willen des Erblassers die Erbschaft erhalten soll, eingeschränkt (§ 2112 BGB). Eine (entgeltliche) **Verfügung des Vorerben** über ein **Grundstück** oder ein **Grundstücksrecht** und die unentgeltliche Verfügung des Vorerben über jeden Erbschaftsgegenstand sind (nach Maßgabe von §§ 2113, 2114 BGB) im Falle des Eintritts der Nacherbfolge insoweit **unwirk-**

---

[39] BayObLG 1990, 51 (54) = aaO.
[40] BayObLG 1990, 51 = aaO.
[1] RG 80, 30 (32).

A. Verfügungsrechte des Vorerben

sam, als sie das Recht des Nacherben vereiteln oder beeinträchtigen würden. Der Erblasser kann **Befreiung** des Vorerben von den Beschränkungen des § 2113 Abs 1 BGB für (entgeltliche) Verfügung über ein Grundstück oder Grundstücksrecht anordnen, nicht jedoch Befreiung von der für unentgeltliche Verfügungen nach § 2113 Abs 2 BGB geltenden Beschränkung (§ 2136 BGB). Die Unwirksamkeit einer Verfügung des Vorerben ist durch den Eintritt der Nacherbfolge bedingt; Vorerbenverfügungen sind daher **voll wirksam,** wenn feststeht, daß Nacherbfolge nicht mehr eintreten wird. Voll wirksam ist eine den Beschränkungen des § 2113 (mit § 2114) BGB unterliegende Verfügung des Vorerben auch, wenn der Nacherbe zugestimmt hat[2] (Einwilligung oder Genehmigung; § 185 BGB in entsprechender Anwendung). Schutz des Nacherben vor Rechtsverlust mit gutgläubigem Erwerb Dritter (vor gutgläubigem Erwerb unmittelbar vom Vorerben und gegenüber jedem folgenden weiteren Erwerber[3]) gewährleistet der mit dem Eigentum oder Gläubigerrecht des Vorerben in das Grundbuch einzutragende **Nacherbenvermerk** (§ 51 GBO).

3477

2. Unentgeltliche Verfügungen des Vorerben (§ 2113 Abs 2 BGB)

Unentgeltliche Verfügungen des **nicht befreiten und des befreiten**[4] Vorerben über Grundstücke[5] und Rechte an Grundstücken sind im Falle des Eintritts der Nacherbfolge **unwirksam** (§ 2113 Abs 2 BGB). Bis dahin sind sie dagegen wirksam (§ 2112 BGB); darüber hinaus behalten sie nur Wirksamkeit, wenn der Nacherbe zugestimmt hat (Rdn 3477). Erforderlich für volle Wirksamkeit einer unentgeltlichen Verfügung ist nur Zustimmung des (aller; s auch Rdn 3484) Nacherben,[6] nicht aber Zustimmung eines Ersatznacherben.[7] Der Ersatznacherbe hat vor dem Wegfall des erstberufenen Nacherben vom Erbfall an nicht die gleiche Rechtsstellung wie der erstberufene Nacherbe. Er rückt erst mit dem Ersatzfall in die Rechtsstellung des Nacherben ein; es sind auf ihn die Rechtssätze der Ersatzerbschaft, nicht der Nacherbschaft anzuwenden. Zustimmung nur des Nacherben, nicht des Ersatznacherben, ist auch dann erforderlich, wenn der Vorerbe ein Grundstück schenkungsweise auf einen Nacherben überträgt.[8]

3478

---

[2] BayObLG DNotZ 1993, 404 = Rpfleger 1993, 148; BayObLG 1995, 55 (56) = DNotZ 1956, 50 = NJW-RR 1995, 1032 mit weit Nachw.
[3] OLG Hamburg FamRZ 1995, 443.
[4] Befreiung kann auch nur gegenüber einzelnen von mehreren Nacherben erteilt sein, LG Frankfurt Rpfleger 1980, 387.
[5] Vereinbarung der Gütergemeinschaft ist keine den Beschränkungen der §§ 2113 ff BGB unterliegende Verfügung des Ehegatten als Vorerbe (die Rechte des Nacherben werden dadurch nicht berührt; der Nacherbenvermerk bleibt bestehen), BayObLG NJW-RR 1989, 836 = Rpfleger 1989, 328.
[6] Zustimmung des Ehegatten, mit dem der Nacherbe in Gütergemeinschaft lebt (nach Ableben dieses Ehegatten seiner Erben) ist nicht erforderlich, LG Frankenthal FamRZ 1983, 1130 = MittBayNot 1983, 176.
[7] RG 145, 316 = DNotZ 1935, 396; BGH 40, 115 = DNotZ 1964, 623 = NJW 1963, 2320; BayObLG NJW 1960, 965; BayObLG DNotZ 1983, 320 (324); BayObLG DNotZ 1993, 404 = aaO (Fußn 2); OLG Köln NJW 1955, 63; OLG Oldenburg DNotZ 1962, 405 = Rpfleger 1962, 180; OLG Stuttgart BWNotZ 1957, 152; LG Oldenburg Rpfleger 1979, 102 und DNotZ 1982, 370.
[8] BayObLG DNotZ 1993, 404 = aaO (Fußn 2); LG Oldenburg DNotZ 1982, 370; LG Tübingen BWNotZ 1981, 143.

3479 **Unentgeltlich** ist eine Verfügung[9] (dazu auch Rdn 3436), wenn der Vorerbe
– objektiv betrachtet – ohne gleichwertige Gegenleistung ein Opfer aus der
der Nacherbschaft unterliegenden Nachlaßmasse bringt und – subjektiv gesehen – entweder weiß, daß diesem Opfer keine gleichwertige Leistung an die
Nachlaßmasse gegenübersteht oder doch bei ordnungsmäßiger Verwaltung
der Masse unter Berücksichtigung seiner künftigen Pflicht, die Erbschaft an
den Nacherben herauszugeben, das Fehlen oder die Unzulänglichkeit der Gegenleistung hätte erkennen müssen.[10] Auch eine nur teilweise unentgeltliche
Verfügung ist damit unwirksam.[11] Eine (objektiv) unentgeltliche Verfügung
des Vorerben beeinträchtigt die Belange des Nacherben nicht (und ist wirksam), wenn der Nacherbe durch letztwillige Verfügung verpflichtet ist, sie
hinzunehmen oder ihr zuzustimmen.[12]

3480 Nicht unentgeltlich ist eine Verfügung des **nicht befreiten** Vorerben nur, wenn
die (gleichwertige) Gegenleistung in den Nachlaß fließt.[13] Der **befreite** Vorerbe darf den Nachlaß für sich verwenden (§§ 2134, 2136 BGB); bei der befreiten Vorerbschaft ist es daher gleichgültig, ob die Gegenleistung in den
Nachlaß gelangt (§ 2111 BGB) oder ob sie lediglich dem Vorerben persönlich
zugute gekommen ist.[14] Keine in den Nachlaß fließende Gegenleistung und

---

[9] Eine dem Vorerben verwehrte verdeckte Schenkung liegt nicht vor, wenn der Käufer bei Erwerb eines mit Nacherbschaft belasteten Grundstücks sich den Kaufpreis durch Belastung des Grundstücks beschafft oder wenn die Kaufpreisforderung bis zum Tode des Vorerben gestundet wird, OLG Hamm DNotZ 1969, 675 = NJW 1969, 1492 = Rpfleger 1969, 349 mit Anm Haegele. Eine entgeltliche Verfügung des Vorerben liegt dagegen nicht vor, wenn durch einen Rangvorbehalt für künftige Belastungen der Wert des verkauften Grundstücks ganz oder doch so ausgeschöpft werden würde, daß im Falle einer Grundstücksverwertung zu besorgen ist, der Vorerbe werde mit seinem für den Kaufpreis einzutragenden Sicherungsrecht (Renten-Reallast) in einem nennenswerten Umfang ausfallen, OLG Hamm DNotZ 1971, 492 = Rpfleger 1971, 147 mit zust Anm Haegele.

[10] RG 81, 364; 105, 248; 117, 97; 125, 242 (245); BGH 5, 173 = DNotZ 1952, 216 = NJW 1952, 698; BGH 7, 274 = DNotZ 1953, 97 = NJW 1953, 219; BGH DNotZ 1977, 745 = FamRZ 1977, 389 = NJW 1977, 1631 und 2075 mit Anm Peters; BGH NJW 1999, 2037 = Rpfleger 1999, 331 (Verzicht auf das Eigentum an einem praktisch unverkäuflichen Mietwohngrundstück [in der vormaligen DDR], das nur Kosten verursacht hat); BayObLG Rpfleger 1988, 525; OLG Hamm MittBayNot 1990, 361 (363) = MittRhNotK 1990, 278 = Rpfleger 1991, 59 mit Anm Alff Rpfleger 1991, 243 und Anm Brinkmann Rpfleger 1991, 299; OLG Hamm MittRhNotK 1999, 248 = Rpfleger 1999, 385; LG Bremen Rpfleger 1993, 235.

[11] RG DR 1945, 57; BGH 5, 173 = aaO; BGH DNotZ 1985, 482 = FamRZ 1985, 176 = NJW 1985, 382 = Rpfleger 1985, 114 (hier [sowie OLG Hamm NJW-RR 2002, 1518 = Rpfleger 2002, 617] auch dazu, daß der Dritte die Berichtigung des Grundbuchs nur Zug um Zug gegen Auskehr seiner Gegenleistung zu bewilligen braucht und zum Ausgleich von Verwendungen des Dritten auf das Grundstück); BayObLG 1973, 272 (274) und Rpfleger 1988, 525; OLG Frankfurt MittBayNot 1980, 77 = Rpfleger 1980, 107; OLG Hamm MittBayNot 1990, 361 (362) = aaO.

[12] OLG Düsseldorf DNotZ 2001, 140 = Rpfleger 1999, 541; kritisch zur Begründung dieser Entscheidung aber Ludwig DNotZ 2001, 102.

[13] BGH 7, 274 = aaO (Fußn 10). Zur Vermächtniserfüllung durch den Vorerben s Rdn 3483, 3485.

[14] BGH DNotZ 1985, 482 = aaO; auch bereits BGH DNotZ 1955, 648 = NJW 1955, 1354.

somit nicht Entgelt iS von § 2113 Abs 2 BGB ist daher die Veräußerung eines Nachlaßgegenstands durch den **nicht befreiten** Vorerben gegen eine Leibrente, die für den persönlichen Verbrauch durch den Vorerben bestimmt ist.[15] Veräußerung eines Vermögensgegenstandes gegen eine Leibrente durch den **befreiten** Vorerben ist dagegen wirksam[16] (§§ 2136, 2134 BGB), obwohl die Rente vom Vorerben verbraucht wird und mit seinem Tod erlischt. Grundschuldbestellung durch den befreiten Vorerben ist daher wirksam, auch wenn das Darlehen dem Vorerben persönlich zugute kommt.[17]

Zu beurteilen ist die Entgeltlichkeit der Verfügung des Vorerben nach dem Zeitpunkt ihrer Vornahme.[18]

3481

3. Entgeltliche Verfügungen des nicht befreiten Vorerben
(§ 2113 Abs 1 BGB)

a) Jede **entgeltliche** Verfügung des **nicht befreiten Vorerben** über ein Nachlaßgrundstück oder ein zur Erbschaft gehörendes Recht an einem Grundstück (Besonderheit nach § 2114 BGB für Kündigung und Einziehung eines Grundpfandrechts) ist im Falle des Eintritts der Nacherbfolge gleichfalls unwirksam, wenn sie das Recht des Nacherben vereitelt oder beeinträchtigt (§ 2113 Abs 1 BGB). Bis dahin sind auch solche Verfügungen wirksam (§ 2112 BGB). Grundstücke und Grundstücksrechte werden damit als wesentliche Werte des Nachlasses für den Nacherben erhalten. Daher kommt es auf einen vom nicht befreiten Vorerben erzielten Verwertungserlös hier nicht an. Die Unwirksamkeit ist absoluter Natur, so daß sich nach Eintritt des Nacherbfalls jeder auf sie berufen kann.[19] Praktische Bedeutung erlangt dieser Nacherbenschutz insbesondere bei Veräußerung und Belastung von Grundstücken (auch mit einer Vormerkung)[20] und bei Übertragung, Belastung und Aufhebung eines Rechts an einem Grundstück. Bestellung eines Erbbaurechts: Rdn 1683.

3482

b) **Nicht** vereitelt oder beeinträchtigt wird das Recht des Nacherben durch eine Verfügung, die der Vorerbe in Erfüllung einer Verpflichtung des Erblas-

3483

---

[15] BGH 69, 47 = MDR 1977, 915 = NJW 1977, 1540.
[16] BGH DNotZ 1977, 745 = aaO (Fußn 10); OLG Hamm MittBayNot 1990, 361 = aaO (Fußn 10) verlangt auch für den Fall des Versterbens des befreiten Vorerben vor Ablauf der vereinbarten Zahlungsdauer, daß vertraglich geregelt ist, daß noch ausstehende Gegenleistungen im Umfang des Nacherbenrechts dem Nacherben zufließen; sehr kritisch dazu Brinkmann Rpfleger 1991, 299 (Anm).
[17] So richtig Wehrstedt MittRhNotK 1999, 103 gegen Hennings, Eintragungen in Abt II des Grundbuchs (12. Aufl 1996) S 222 ff und Amann in Beck'sches Notarhandbuch Rdn A VI 94.
[18] BayObLG 1958, 285 = DNotZ 1958, 89; OLG Hamm OLGZ 1991, 137 = aaO.
[19] BGH 52, 269 = DNotZ 1970, 32 = NJW 1968, 2043.
[20] Wenn die Vormerkung einen Anspruch sichert, der auch vom Nacherben zu erfüllen ist (Beispiel: Verpflichtung zur Übertragung des Eigentums auf Grund eines vom Erblasser geschlossenen Kaufvertrags), kann sie ein Nacherbenrecht jedoch nicht vereiteln oder beeinträchtigen. Dann ist sie auch dem Nacherben gegenüber wirksam. Wenn dagegen kein den Nacherben verpflichtender schuldrechtlicher Anspruch besteht, werden mit Eintritt der Nacherbfolge auch die Vormerkungswirkungen hinfällig. Für das Grundbuchverfahren bei Eintragung der Vormerkung gilt daher das Rdn 3489–3492 Gesagte gleichfalls.

sers vornimmt.[21] Zu einem noch vom Erblasser vorgenommenen Grundstücksverkauf kann der nicht befreite Vorerbe die Auflassung daher (ohne Mitwirkung des Nacherben) wirksam erklären.[22] Zur Übereignung des einem **Vermächtnisnehmer** vermachten Grundstücks[23] bedarf der nicht befreite Vorerbe nicht der Zustimmung des Nacherben[24] (wegen des Nachweises zur Löschung des Nacherbenvermerks s aber Rdn 3520). Das gleiche gilt bei einer Grundstückszuwendung im Wege der **Teilungsanordnung** des Erblassers.[25] Wegen der entgeltlichen Verfügungen des nicht befreiten Vorerben über ein vormaliges Gesamthandgrundstück s Rdn 3487b.

3484 c) Wirksam bleibt die entgeltliche Verfügung des nicht befreiten Vorerben über ein Grundstück oder ein Grundstücksrecht, wenn der **Nacherbe**[26] **zugestimmt**[27] hat (Rdn 3477) oder sonst ein Fall des § 185 Abs 2 BGB vorliegt.[28] Diese Zustimmung ist auch in der Bewilligung der Löschung des Nacherbenvermerks im Zusammenhang mit einer die Mitwirkung des Nacherben erfordernden Verfügung über einen Vorerbschaftsgegenstand zu erblicken.[29] Wenn mehrere Personen als Nacherben unter einer Bedingung oder Befristung (hintereinander) eingesetzt sind, ist für volle Wirksamkeit der Verfügung die Zustimmung aller eingesetzten Nacherben erforderlich.[29a] Für unbekannte (unbe-

---

[21] Allgemeine Ansicht, zB Palandt/Edenhofer Rdn 5, Staudinger/Behrends/Avenarius Rdn 54, je zu § 2113 BGB.
[22] KG HRR 1934 Nr 172.
[23] Eigentümerrechte, die auf einem vermächtnisweise zugewendeten Grundstück lasten, können (müssen aber nicht) nach § 2165 Abs 2 BGB als mitvermacht gelten. Hierzu und zur Darlegungslast des Bedachten BayObLG DNotZ 2001, 809 = NJW-RR 2001, 1665 = Rpfleger 2001, 408.
[24] Siehe die Nachweise (auch zu vereinzelter Gegenansicht) bei OLG Hamm Rpfleger 1984, 312; OLG Düsseldorf DNotZ 2003, 637 = ZEV 2003, 296; BayObLG DNotZ 2001, 808 = aaO (nimmt Befreiung nach § 2136 BGB an). Zu dem erst auf den Nacherbfall befristeten Vermächtnis s aber Rdn 3485 mit Fußn 39.
[25] KG DNotZ 1941, 128; OLG Hamm MittBayNot 1995, 405 = MittRhNotK 1995, 102 = NJW-RR 1995, 1289 = Rpfleger 1995, 209. Übereignet der nicht befreite Vorerbe in vorzeitiger Erfüllung einer dem Nacherben auferlegten Teilungsanordnung einem Nacherben ein Nachlaßgrundstück, so ist hierzu die Zustimmung aller übrigen Nacherben erforderlich, BayObLG 1974, 312 = DNotZ 1975, 417 = NJW 1974, 2323 = Rpfleger 1974, 355; so auch Palandt/Edenhofer Rdn 5 zu § 2113 BGB; aA LG Kassel DNotZ 1957, 159.
[26] Keine Ehegattenzustimmung bei Gütergemeinschaft, siehe Rdn 3478 Fußn 6.
[27] Der Nacherbe ist verpflichtet, einem Vertrag über den Verkauf eines Nachlaßgrundstücks zuzustimmen, wenn andernfalls das Grundstück enteignet und dabei eine Entschädigung erzielt würde, die wesentlich geringer ist als der bei einem freiwilligen Verkauf zu erzielende Erlös. Die **Verpflichtung** des Nacherben, dem Verkauf eines Nachlaßgrundstücks zuzustimmen, kann wirksam nur in notarieller Beurkundung eingegangen werden, BGH DNotZ 1972, 498 = FamRZ 1972, 455 = Rpfleger 1972, 166.
[28] ZB Beerbung des Vorerben durch den Nacherben, wobei hier Heilung nur eintritt, wenn die unbeschränkbare Erbenhaftung der Berechtigten eingetreten ist, BayObLG DNotZ 1998, 138 = Rpfleger 1997, 156. Siehe auch BayObLG DNotZ 1998, 206 = NJW-RR 1997, 1239 = Rpfleger 1997, 429.
[29] BayObLG 1995, 55 (56) = aaO (Fußn 2); OLG Hamm DNotZ 1966, 102 = NJW 1965, 1489 = Rpfleger 1966, 48.
[29a] AA nur Dumoulin DNotZ 2003, 571 (578 ff).

A. Verfügungsrechte des Vorerben

stimmte) Nacherben kann ein nach § 1913 BGB zu bestellender Pfleger (mit Genehmigung des Vormundschaftsgerichts) zustimmen[30] (wie Rdn 3512). Zustimmung auch eines Ersatznacherben ist nicht nötig[31] (s Rdn 3519). Stimmt der **gesetzliche Vertreter** des Nacherben einer Verfügung zu, die er für den Vertretenen nur mit Genehmigung[32] des Familien- oder Vormundschaftsgerichts vornehmen könnte (Rdn 3680 ff), so bedarf auch die Zustimmung der Genehmigung.[33] Der als Vorerbe eingesetzte gesetzliche Vertreter eines minderjährigen Nacherben kann (infolge Beschränkung nach § 181 BGB) den minderjährigen Nacherben bei der Zustimmung zu einer von ihm über einen Vorerbschaftsgegenstand getroffenen Verfügung nicht vertreten, und zwar auch dann nicht, wenn er die Zustimmungserklärung nicht gegenüber sich selbst, sondern gegenüber dem durch die Verfügung Begünstigten abgibt.[34] Nicht ausgeschlossen ist der gesetzliche Vertreter jedoch, wenn der Minderjährige nicht nur Nacherbe seines als Vorerbe eingesetzten gesetzlichen Vertreters, sondern neben diesem zugleich Miterbe (an dem zur Erbschaft gehörenden Gegenstand damit mitberechtigt, § 2032 Abs 1, § 2040 Abs 1 BGB) ist und er den Nachlaßgegenstand durch seinen gesetzlichen Vertreter (§ 181 BGB steht nicht entgegen[35]) mit Genehmigung des Familien- oder Vormundschaftsgerichts verkauft und veräußert[36] (Grund: Mit Zustimmung wird nur die Verbindlichkeit aus dem Kaufvertrag zur Eigentumsübertragung frei von Rechten Dritter erfüllt).

4. Entgeltliche Verfügungen des befreiten Vorerben

Befreiung von der Beschränkung des § 2113 Abs 1 BGB kann dem Vorerben vom Erblasser erteilt sein (§ 2136 BGB).[37] Die **entgeltliche** Verfügung des befreiten Vorerben über ein Nachlaßgrundstück oder ein zur Erbschaft gehörendes Grundstücksrecht ist stets auch dem Nacherben gegenüber wirksam (§ 2112 BGB).[38] Auch ein vom Erblasser angeordnetes Auseinandersetzungs-

3485

---

[30] BayObLG DNotZ 1998, 206 = aaO (Fußn 28).
[31] Auch nicht bei Veräußerung des zur Vorerbschaft gehörenden Grundstücks an den Nacherben, LG Oldenburg DNotZ 1982, 370 (anders bei Übertragung des Miterbenanteils; LG Oldenburg aaO und Rpfleger 1979, 102).
[32] Zu den (materiellen) Genehmigungsvoraussetzungen BayObLG 2002, 208 = NJW-RR 2003, 649 = Rpfleger 2003, 82; LG München I Rpfleger 2002, 365.
[33] BayObLG 1995, 55 (58) = aaO (Fußn 2) mit weit Nachw; LG Berlin Rpfleger 1987, 457.
[34] Für die Frage, ob ein Insichgeschäft vorliegt, kann es keinen Unterschied machen, ob die Zustimmung gegenüber dem Vorerben oder dem durch die Verfügung Begünstigten erklärt wird (s BGH 77, 7 = DNotZ 1981, 22 = NJW 1980, 1577 = Rpfleger 1980, 336; MünchKomm/Grunsky Rdn 15, Staudinger/Behrens/Avenarius Rdn 19, je zu § 2113 BGB; anders OLG Hamm DNotZ 2003, 635 und DNotZ 1966, 102 = aaO; LG Berlin Rpfleger 1987, 457. Zum Problem auch BayObLG 1995, 55 (58) = aaO (Fußn 2).
[35] BayObLG 1995, 55 (57) = aaO (Fußn 2).
[36] BayObLG 1995, 55 = aaO (Fußn 2).
[37] Kann das Grundbuchamt aus tatsächlichen Gründen nicht klären, ob eine befreite Vorerbschaft vorliegt, so hat es dem Antragsteller in der Zwischenverfügung die Wahl zu lassen, einen entsprechenden Erbschein oder die Zustimmung des Nacherben beizubringen, OLG Hamm DNotZ 1972, 96.
[38] BayObLG DNotZ 1983, 320 (323).

verbot steht der Wirksamkeit einer solchen Verfügung nicht entgegen.[38] Entgeltlich ist auch die Erfüllung eines (bereits vor dem Eintritt des Nacherbfalls angefallenen) Vermächtnisses.[39] Zustimmung des Nacherben ist zur Wirksamkeit der entgeltlichen Verfügung eines befreiten Vorerben nicht erforderlich. Der Vertragspartner des Vorerben wird sich gleichwohl zu seiner Sicherheit zumeist den Nachweis der Entgeltlichkeit einer solchen Verfügung erbringen lassen (Rechtslage für das Grundbuchamt s Rdn 3489 ff). Klar liegt der Fall, wenn eine die Entgeltlichkeit bescheinigende, möglichst öffentlich beglaubigte Erklärung des Nacherben vorgelegt wird; zu deren Ausstellung bedarf ein minderjähriger Nacherbe nicht der Genehmigung des Familien- oder Vormundschaftsgerichts.[40] Die Vorlage einer solchen Bescheinigung ist aber nicht immer möglich, insbesondere ist ihre Beibringung dann schwierig, wenn die Nacherben der Person nach im Zeitpunkt der Verfügung noch **unbekannt** sind, so daß ein Pfleger bestellt werden muß (zu diesem Rdn 3512); dieser bedarf zu seinen Erklärungen der Genehmigung des Vormundschaftsgerichts (wenn nicht ein Testamentsvollstrecker gem. § 2222 BGB vorhanden ist – vgl Rdn 3486). In diesen und anderen Fällen wird der Vertragspartner die gesamten Umstände des Falles unter dem Gesichtspunkt zu prüfen haben, ob damit nach den Grundsätzen der Lebenserfahrung die Entgeltlichkeit der Verfügung offenkundig ist. So wird Unentgeltlichkeit zB als ausgeschlossen erscheinen können, wenn ein zweiseitiges Rechtsgeschäft mit einem fremden Beteiligten vorliegt, das Verpflichtungen auf beiden Seiten auslöst.[41] Dagegen sind bei Bestehen verwandtschaftlicher Beziehungen zwischen dem verfügenden Vorerben und seinem Vertragsgegner Zweifel in bezug auf die Entgeltlichkeit der Verfügung meist geboten.[42] Kommt das Entgelt nicht dem Nachlaß, sondern dem befreiten Vorerben zugute, liegt kein Fall des § 2113 Abs 2 BGB vor (vgl dazu Rdn 3480). Wie der Vorerbe den Gegenwert verwendet, ist nicht zu prüfen, selbst dann nicht, wenn der Erblasser eine bestimmte Art der Verwendung durch Verfügung von Todes wegen angeordnet hat.[43]

3486 Die Ernennung eines **Testamentsvollstreckers** durch den Erblasser zur Wahrnehmung der Rechte und Pflichten des Nacherben gegenüber dem Vorerben (§ 2222 BGB) erspart die Bestellung eines Pflegers für die bis zum Eintritt der Nacherbschaft vielfach noch unbekannten Nacherben und damit auch die Notwendigkeit der Genehmigung seiner Handlungen durch das Vormundschaftsgericht. Ein solcher Testamentsvollstrecker hat allerdings keine umfassenderen Rechte, als sie dem Nacherben bei Fehlen eines Testamentsvollstreckers selbst zustehen würden. Der befreite Vorerbe bedarf daher zu

---

[39] OLG Hamm MittBayNot 1996, 381 = NJW-RR 1996, 1230 (1231) = Rpfleger 1996, 504; s bereits Rdn 3483 Fußn 24. Anders für das auf den Nacherbfall befristete (§ 2177 BGB) Vermächtnis, OLG Hamm aaO.
[40] KGJ 33 A 43.
[41] LG Kleve MDR 1954, 418; LG Nürnberg-Fürth DNotZ 1962, 656. Zur Frage der Sicherung eines Baudarlehens durch Grundschuld – der befreite Vorerbe ist dazu befugt – s Lahnert BWNotZ 1964, 197. S zu den hier behandelten Fragen auch Rdn 3491.
[42] OLG Frankfurt Rpfleger 1977, 170; OLG Frankfurt JurBüro 1980, 377 = MittBayNot 1980, 77 = Rpfleger 1980, 107; OLG Braunschweig Rpfleger 1991, 204.
[43] OLG München DNotZ 1940, 39.

A. Verfügungsrechte des Vorerben

entgeltlichen Verfügungen über die spätere Nacherbschaft nicht der Zustimmung dieses Testamentvollstreckers.[44]

5. Verfügung bei Miteigentum an Grundstücken

a) Einschränkung der Wirksamkeit von Verfügungen

Wenn zur Erbschaft Miteigentum an einem Grundstück gehört (gleiches gilt für die Mitberechtigung an einem sonstigen § 2113 BGB unterfallenden Nachlaßgegenstand) hat die Einschränkung der Wirksamkeit einer Vorerbenverfügung (§ 2112 BGB) in der Weise, daß im Falle des Eintritts der Nacherbfolge unwirksam ist 3487

– jede **unentgeltliche** Verfügung des nicht befreiten und des befreiten Vorerben (§ 2113 Abs 2 BGB; Rdn 3478)
– jede **entgeltliche** Verfügung des **nicht befreiten Vorerben** (§ 2113 Abs 1 BGB; Rdn 3482)

je nach Art der Mitberechtigung des Vorerben folgende Wirkungen:

b) Miteigentum nach Bruchteilen

Die Verfügung des Vorerben über einen zur Erbschaft gehörenden Bruchteils-Miteigentumsanteil an einem Grundstück 3487 a

Beispiel:
Eheleute sind Miteigentümer je zur Hälfte;
Erbin des Ehemanns ist die Ehefrau als Vorerbin,
Nacherbin ist die Tochter Inge

ist nach § 2113 BGB eingeschränkt. Der Miteigentümer des anderen Bruchteils (der nicht Nachlaßgegenstand ist) kann über seinen Miteigentumsanteil frei verfügen. Das gilt auch, wenn (wie im Beispiel) dieser Miteigentümer den weiteren Miteigentumsanteil als Vorerbe hinzuerworben hat,[45] ihm somit nun das ganze Grundstück mit verschieden ausgestalteter Verfügungsmacht ungeteilt zugeordnet ist. Demnach wird die Verfügung über das Grundstück im ganzen durch das Nacherbenrecht nicht insgesamt beeinträchtigt;[46] eingeschränkt nach § 2113 BGB ist nur die Verfügung über den zum Nachlaß gehörenden Miteigentumsanteil, nicht auch die Verfügung über den anderen Bruchteils-Miteigentumsanteil.[47] Ob das bei Eintritt des Nacherbfalls zu einer Gesamtunwirksamkeit einer (als einheitliches Rechtsgeschäft aufzufassenden) Verfügung über das gesamte Grundstück führt, bestimmt sich nach der (widerlegbaren) Vermutung des § 139 BGB).[48]

---

[44] Haegele Rpfleger 1957, 147 (148). S zum Nacherben-TV auch Kanzleiter DNotZ 1970, 326 und Haegele/Winkler, TV, Rdn 153–161.
[45] Möglich daher trotz § 1114 BGB Einzelbelastung mit einer Hypothek der dem „Allein"eigentümer bereits vor dem Erbfall gehörenden ideellen Grundstückshälfte, Rdn 1917.
[46] BayObLG MittBayNot 1973, 28 = WM 1972, 41; siehe auch OLG Hamburg FamRZ 1995, 443.
[47] BayObLG MittBayNot 1973, 28 = aaO.
[48] Verneint von BayObLG MittBayNot 1973, 28 = aaO für Auflassung eines Grundstücks durch den Vorerben, das zur Hälfte ihm selbst und zur anderen Hälfte zur Erbschaft gehörte, wenn die Beteiligten ihre Erklärungen in Kenntnis der die Teilunwirksamkeit begründenden Umstände abgegeben haben und daher keine Zweifel daran

c) Gesamthandsgemeinschaften

3487b **aa) Gütergemeinschaft.** Wenn der **überlebende Ehegatte** alleiniger **befreiter Vorerbe** des Erstverstorbenen ist, kann der Überlebende entgeltlich oder unentgeltlich über ein Grundstück verfügen, das zum Gesamtgut gehörte.[49] § 2113 Abs 1 und 2 BGB sind weder unmittelbar anwendbar (weil zum Nachlaß nicht der Gesamtgutsgegenstand selbst gehört, sondern nur der Erblasseranteil daran, über den nicht selbständig verfügt werden kann) noch entsprechend anzuwenden (weil sonst nicht nur der zum Nachlaß gehörende Gesamtgutsanteil der Verfügungsbeschränkung unterworfen würde, sondern der zum Gesamtgut gehörende Gegenstand insgesamt und davon notwendig auch der dem überlebenden Ehegatten schon bisher zu eigenem Recht zustehende andere Gesamtgutsanteil betroffen würde).[50] Das gilt auch dann, wenn das Grundstück praktisch der einzige zum Gesamtgut gehörende Vermögenswert ist.[51] Wie § 2113 Abs 2 BGB nach dieser Rechtsprechung des BGH auf Verfügungen des befreiten Vorerben keine Anwendung findet, erfaßt § 2113 BGB insgesamt auch nicht Verfügungen des **nicht befreiten** Vorerben über ein vormaliges Gesamtgutgrundstück.

3487c **bb) Erbengemeinschaft. α) 2 Miterben:** Wenn einer von zwei Miterben durch den anderen zum Vorerben eingesetzt wird und der andere stirbt, verbieten gleiche Interessenlagen Anwendung des § 2113 BGB; der Überlebende kann dann über ein zum Nachlaß gehörendes Grundstück ohne die Beschränkungen des § 2113 BGB verfügen.[52] Es wird ebenso angenommen, daß die Verfügungsbeschränkung des § 2113 BGB nicht zum Tragen kommt, wenn der Vorerbe eines Miterbenanteils mit Erwerb der weiteren Miterbenanteile im

---

bestanden, daß die Übertragung des Grundstücks in dem Umfang verwirklicht werden sollte, in dem sie rechtlich möglich war.

[49] BGH 26, 378 = FamRZ 1958, 172 = NJW 1958, 708; BGH DNotZ 1976, 554 = NJW 1976, 893 = Rpfleger 1976, 205; BayObLG MittBayNot 1996, 214 = Rpfleger 1996, 150; kritisch dazu Neuschwander BWNotZ 1977, 85; auch K Schmidt FamRZ 1976, 683; Ludwig DNotZ 2000, 67 (73). Anders früher (für Beschränkung der Verfügungseinschränkung des § 2113 BGB auf einen ideellen Hälfteanteil der zum ursprünglichen Gesamtgut gehörenden Gegenstände) KG JFG 1, 358; Batsch NJW 1970, 1314 (Anmerkung); gegen BGH auch Staudenmaier NJW 1965, 380.

[50] So BGH DNotZ 1976, 554 = aaO (Fußn 49).

[51] BGH DNotZ 1965, 350 = NJW 1964, 768. Die im Urteil vom 20. 2. 1970 (DNotZ 1970, 412 = NJW 1970, 943 und 1314 mit Anm Batsch = Rpfleger 1970, 162; so auch OLG Hamm NJW 1976, 575 Leits = Rpfleger 1976, 132) „ohne nähere Begründung und ohne Hinweis auf die Abweichung von seiner bisherigen Rechtsprechung" (so Batsch NJW 1970, 1314) vertretene abweichende Auffassung hat der BGH (DNotZ 1976, 554 = aaO Fußn 49) ausdrücklich aufgegeben.

[52] BGH MittBayNot 1978, 62 = NJW 1978, 698 = Rpfleger 1978, 52; BayObLG 2002, 148 = MittBayNot 2002, 405 = Rpfleger 2002, 565 = NJW-RR 2002, 1237 (Miteigentumsanteil zur Hälfte als Nachlaßgegenstand). Vergleichbarer Sachverhalt: Es wird der eine Miterbe durch eine Erbengemeinschaft und nachfolgend der andere Miterbe durch ein Mitglied dieser Gemeinschaft, das zugleich für die Erbanteile der weiteren Miterben (ohne Beschränkung) zum TV eingesetzt ist, als Vorerbe beerbt; § 2113 BGB greift nicht ein nach OLG Zweibrücken NJW-RR 1998, 666 = Rpfleger 1998, 156.

A. Verfügungsrechte des Vorerben

Wege der Erbfolge[53] (wenn die Erbengemeinschaft Bruchteilsmiteigentümer war weiter mit Erwerb auch der übrigen Miteigentumsanteile[54]) Alleineigentümer wird.[55]

β) **Mehrere Miterben.** Wenn von mehreren Miterben, die Grundstückseigentümer in Erbengemeinschaft sind, einer durch einen Vorerben mit Nacherbfolge beerbt wird, ist für Lösung des Konflikts zwischen Interessen der Gesamthänder und den Nacherbeninteressen streitig, ob der Nacherbe nach § 2113 BGB gegen Verfügungen des Vorerben (zusammen mit den anderen Miterben) geschützt ist. Das wird (im Hinblick auf die Rechtsprechung des BGH) vom LG Aachen[56] verneint, vom BayObLG[57] bezweifelt, vom OLG Hamm[58] hingegen angenommen. 3487 d

cc) **BGB-Gesellschaft.** Gehört zum Vermögen einer BGB-Gesellschaft ein Grundstück und ist für die Beteiligung eines Gesellschafters Vor- und Nacherbschaft angeordnet, dann ist Gegenstand der Nacherbfolge der Gesamthandsanteil, nicht aber das zum Gesellschaftsvermögen gehörende Grundstück. Über seinen Anteil an dem zum Gesellschaftsvermögen gehörenden Grundstück kann der Vorerbe nicht verfügen (§ 719 Abs 1 BGB); daher kann auch die Verfügungsbeschränkung des § 2113 BGB keine Bedeutung erlangen. Die Verfügung der Gesellschafter insgesamt (Vertretung Rdn 3635) über das zum Gesellschaftsvermögen gehörende Grundstück ist durch die Nacherbenanordnung nur für einen Gesellschaftsanteil nicht eingeschränkt[59] (auch keine entsprechende Anwendung von § 2113 BGB, weil damit auch die übrigen, nicht nacherbenbelasteten Gesellschafter auf die Nacherbenzustimmung angewiesen wären). Es kann daher Auseinandersetzung des aus einem Grundstück bestehenden Vermögens einer BGB-Gesellschaft, an der (neben anderen Gesellschaftern) nicht befreite Vorerben beteiligt sind, auch gegen den Willen des Nacherben erfolgen.[60] 3487 e

d) **Erbengemeinschaft an dem Bruchteil eines Miteigentümers**

Weil jeder Bruchteils-Miteigentümer über seinen Anteil selbständig verfügen kann (wie Rdn 3487a) ist die Einschränkung der Verfügungsbefugnis des Vorerben für jeden Miteigentums-Bruchteil auch dann selbständig (einzeln) zu beurteilen, wenn einen der Miteigentumsanteile eine Erbengemeinschaft 3487 f

---

[53] Offen gelassen von BayObLG 1994, 177 (182) = MittBayNot 1994, 447 = NJW-RR 1994, 1360 = Rpfleger 1995, 105 für den Fall, daß die weiteren Miterbenanteile rechtsgeschäftlich (mit Erbteilsübertragung) erworben wurden.
[54] Offen gelassen von BayObLG 1994, 177 (184) = aaO für den Fall, daß die Erbengemeinschaft Miteigentümer war und das Grundstück als Gesamthandsgegenstand nicht in das Alleineigentum des Vorerben gelangt ist.
[55] BayObLG 1994, 177 = aaO; aA OLG Saarbrücken DNotZ 2000, 64 mit Anm Ludwig = Rpfleger 1999, 440.
[56] LG Aachen Rpfleger 1991, 301.
[57] BayObLG 1994, 177 (181) = aaO (Fußn 53).
[58] OLG Hamm, MittBayNot 1984, 260 = MittRhNotK 1984, 221 = Rpfleger 1985, 21; auch Meikel/Kraiss Rdn 60 zu § 51; Schaub ZEV 1998, 372.
[59] Haegele Rpfleger 1977, 50; vgl auch BGH NJW 1976, 893 = Rpfleger 1976, 205.
[60] OLG Hamburg NJW-RR 1994, 1231.

erlangt hat und der andere Bruchteilsmiteigentümer, der zugleich Miterbe ist, Nacherbfolge angeordnet hat.

Beispiel:
Eheleute sind Miteigentümer je zur Hälfte.
Erben der Ehefrau sind der Ehemann und der Sohn Karl.
Später wird der Ehemann von dem Sohn Karl als Vorerbe beerbt.
Nacherbin ist die Tochter Monika.

Auf den (ursprünglichen) **Miteigentumsanteil** des (letzten) **Erblassers** (im Beispiel des Ehemanns) sind alle Vorschriften über das Alleineigentum anzuwenden. Verfügungen des Vorerben über diesen Miteigentumsanteil des (letzten) Erblassers unterliegen daher (wie Verfügungen über Alleineigentum) der Einschränkung des § 2113 BGH[61] (ein Konflikt zwischen Interessen eines Gesamthänders und Nacherbeninteressen besteht nicht). Durch Anordnung der Nacherbschaft ist der Vorerbe als Miteigentümer in der Verfügung über das Grundstück hinsichtlich dieses (ursprünglichen) Miteigentumsanteils des (letzten) Erblassers beschränkt.[61] Insoweit gilt nichts anderes als in dem Fall gelten würde, daß dieser Erblasser seinen Miteigentumsanteil einem Dritten unter Anordnung von Vor- und Nacherbschaft vermacht hat.

Ob für den erbengemeinschaftlichen Miteigentumsanteil zur Hälfte (im Beispiel der Ehefrau) eine Verfügungsbeschränkung des Vorerben besteht, ist in gleicher Weise wie die Vorerbenbeschränkung bei einem insgesamt zum Nachlaß gehörenden Grundstück zu beurteilen. Demnach kann, wenn einer von zwei Miterben eines Miteigentumsbruchteils durch den anderen zum Vorerben eingesetzt ist und der andere stirbt, der Überlebende als Alleinerbe über den Miteigentumsanteil ohne Beschränkung des Vorerben verfügen[62] (wie Rdn 3487c; daher auch kein Nacherbenvermerk). Wenn hingegen mehrere Miterben Eigentümer des erbengemeinschaftlichen Miteigentumsanteils sind, einer durch einen Vorerben mit Nacherbfolge beerbt wird, ist streitig, ob der Nacherbe nach § 2113 BGB gegen Verfügungen des Vorerben (zusammen mit den anderen Miterben) über den erbengemeinschaftlichen Gegenstand geschützt ist (wie Rdn 3487d).

6. Verfügungen des über den Tod hinaus Bevollmächtigten

3488 Ein vom Erblasser über dessen Tod hinaus Bevollmächtigter kann für den Vorerben ohne die sonst etwa erforderliche Zustimmung des Nacherben Verfügungen treffen,[63] sofern nicht der Nacherbe die Vollmacht widerrufen hat. Ob er die Verfügung treffen **darf**, richtet sich nach dem der Vollmacht zugrunde liegenden Grundverhältnis.

---

[61] BayObLG 2002, 148 = aaO (Fußn 52).
[62] BayObLG 2002, 148 = aaO.
[63] KG JFG 12, 274; OLG Stuttgart DNotZ 1974, 365 (366) = OLGZ 1973, 262 (264); Haegele Rpfleger 1971, 129; Demharter Rdn 15, Meikel/Kraiss Rdn 55, je zu § 51; gegenteiliger Ansicht Palandt/Edenhofer Rdn 7 zu § 2112 BGB; K/E/H/E Rdn 12 zu § 51; BGB-RGRK/Behrends Anm 7 zu § 2112.

B. Rechtslage für das Grundbuchamt bei Grundstücksverfügungen des Vorerben[1]

1. Bei eingetragenem Nacherbschaftsvermerk

Für das Grundbuchamt – im Gegensatz zum Vertragsgegner eines Vorerben – ist das Verfahren dann einfach, wenn der Nacherbschaftsvermerk nach § 51 GBO im Grundbuch eingetragen ist und auch künftig eingetragen bleiben soll. In diesem Fall hat das Grundbuchamt – unter Mitübertragung des Nacherbschaftsvermerks – **alle Verfügungen des Vorerben**, auch solche unentgeltlicher Art (mit Einschränkung für Löschung, s Rdn 3493) in das Grundbuch **einzutragen**, ohne der Frage nachzugehen, ob die Verfügung nach Eintritt des Nacherbfalls dem Nacherben gegenüber wirksam ist oder nicht.[2] Der Nacherbschaftsvermerk stellt keine Grundbuchsperre dar. Der künftige Nacherbe ist in diesem Falle durch den unverändert eingetragenen Nacherbschaftsvermerk gegen Rechtsverluste, die durch den öffentlichen Glauben des Grundbuchs eintreten könnten, geschützt[3] (§ 2113 Abs 3 mit § 892 Abs 1 S 2 BGB).

3489

Die **Wirksamkeit** einer vom **Vorerben bestellten Hypothek** gegenüber dem Nacherben (Rdn 3478 ff) läßt sich grundbuchmäßig besonders nur durch einen Wirksamkeitsvermerk (Rdn 296) zum Ausdruck bringen. **Fassung:**

3490

> Die Hypothek ist dem Nacherben gegenüber wirksam.

2. Bei Fehlen oder Löschung des Nacherbschaftsvermerks

Ist der Nacherbschaftsvermerk **nicht** im Grundbuch **eingetragen**, so müssen dem Grundbuchamt bei einer Verfügung des Vorerben die aus Rdn 3478 ff ersichtlichen Unterlagen vorgelegt werden, bevor es den gestellten Anträgen stattgeben kann.[4]

3491

---

[1] Zu Eigentumserwerb durch den Vor- oder Nacherben selbst s Maurer DNotZ 1981, 223 und Rdn 3529a.

[2] RG 102, 332 (334); 148, 385 (392); KG JW 1936, 2750; OLG Düsseldorf Rpfleger 1957, 413 mit Anm Haegele. Zur Übertragung eines Rechts durch den Vorerben und seine grundbuchmäßige Behandlung s auch Hill MDR 1959, 359.

[3] Daher auch nach Eintritt des Nacherbfalls keine Vormerkung zur Sicherung des Anspruchs des Nacherben auf Grundbuchberichtigung, OLG Oldenburg NJW-RR 2002, 728.

[4] Bei **Prüfung** der Entgeltlichkeit einer Verfügung des befreiten Vorerben ist das Grundbuchamt nicht befugt, von Amts wegen Beweise zu erheben; gleichwohl eingezogene Beweise dürfen nicht verwertet werden, KG MittBayNot 1968, 233 = OLGZ 1968, 337 = Rpfleger 1968, 224; OLG Braunschweig Rpfleger 1991, 204 (Zweifel hinsichtlich der Entgeltlichkeit bei verwandtschaftlichen Beziehungen). Die Beweismittelbeschränkung des § 29 GBO gilt für den Entgeltlichkeitsnachweis nicht, vielmehr sind alle Beweismittel zulässig, zB auch ein Sachverständigengutachten über den Grundstückswert, s Rdn 159 (unrichtig daher LG Freiburg BWNotZ 1982, 17 mit abl Anm Schriftl) und Regeln der Lebenserfahrung und der Wahrscheinlichkeit heranzuziehen (OLG Hamm MittBayNot 1990, 361 [362] = aaO (Rdn 3479 Fußn 10). Wird

Ist das nicht möglich – das Grundbuchamt hat nicht die Aufgabe, endgültig zu entscheiden, ob eine Verfügung des Vorerben bei Eintritt der Nacherbfolge rechtswirksam ist –, so muß sich der Vorerbe zunächst in das Grundbuch im Wege der Grundbuchberichtigung eintragen lassen, wobei der Nacherbschaftsvermerk von Amts wegen mit eingetragen wird; dann können die Anträge, wie aus Rdn 3489 ersichtlich, vollzogen werden.[5] Zustimmung des Nacherben zu einer den Beschränkungen des § 2113 BGB unterliegenden Vorerbenverfügung begründet Wirksamkeit (Rdn 3477). Daher ermöglicht Nachweis der Einwilligung des Nacherben (Form: § 29 Abs 1 GBO) – ausreichend ist auch Verzicht des Nacherben nur auf Eintragung des Nacherbenvermerks,[6] vgl Rdn 3507 – stets Grundbuchvollzug der Übertragung eines Rechts ohne Grundbucheintragung des Vorerben (§ 40 GBO; vgl Rdn 3509 und 3485).

3492 Entsprechendes gilt, wenn der Nacherbschaftsvermerk **zwar** im Grundbuch **eingetragen** ist, aber im Zusammenhang mit der Verfügung des Vorerben gelöscht werden soll (s darüber auch Rdn 3510).

3. Besonderheiten bei Löschung eines Rechts im Grundbuch

3493 Die Löschung eines Rechts darf das Grundbuchamt selbst dann, wenn der Nacherbschaftsvermerk nach § 51 GBO im Grundbuch eingetragen ist, auf Grund der Löschungsbewilligung eines **nicht befreiten Vorerben** nur mit Zustimmung des Nacherben[7] und auf Grund der Löschungsbewilligung eines **befreiten Vorerben** ohne Nacherbenzustimmung dann eingetragen, wenn es sich um ein entgeltliches Geschäft[8] handelt. Dazu im einzelnen:

3494 Zur Löschung eines zur Erbschaft gehörenden **Grundpfandrechts** genügt die vom befreiten Vorerben erteilte Bewilligung oder beglaubigte Quittung nicht; es müssen vielmehr sonstige die wirkliche Zahlung bestätigende Umstände

---

die Unentgeltlichkeit der Verfügung eines Vorerben durch die Natur der Sache ausgeschlossen, so ist ihre Entgeltlichkeit als offenkundig nach § 29 GBO anzusehen, RG 69, 257; OLG Hamm DNotZ 1969, 675 = NJW 1969, 1492 = Rpfleger 1969, 349 mit Anm Haegele und MittBayNot 1996, 381 = NJW-RR 1996, 1230 (1231) = Rpfleger 1996, 504; s auch BayObLG 1956, 55, 304; 1957, 288 und DNotZ 1969, 317 (321) mit Nachw; OLG Frankfurt MittBayNot 1980, 77 = Rpfleger 1980, 107; LG Bremen Rpfleger 1993, 235.
Ist für eine Eintragung wesentlich, ob eine befreite Vorerbschaft vorliegt und das Übertragungsgeschäft entgeltlich ist, so hat das Grundbuchamt diese Fragen auch im Antragsverfahren unter Heranziehung sämtlicher bei den Grundakten befindlicher Unterlagen und unter Berücksichtigung tatsächlicher Vermutungen zu entscheiden, OLG Hamm DNotZ 1972, 96.
[5] S auch Haegele Rpfleger 1971, 121.
[6] BayObLG 1989, 183 = DNotZ 1990, 56 = Rpfleger 1989, 412; OLG Hamm MittBayNot 1995, 404 = MittRhNotK 1995, 102 = NJW-RR 1995, 1289 = Rpfleger 1995, 209.
[7] RG 102, 332 (334). Für Löschung mit Vorbehalt (modifizierter Löschungsvermerk) Bestelmeyer Rpfleger 1994, 189 (191); nicht zutreffend und ohne Gesetzesgrundlage für „nicht ganze (auch materiell beschränkte) Löschung".
[8] Umstände für die Entgeltlichkeit müssen nachgewiesen (Rdn 159) oder offenkundig sein; Zweifel an der Entgeltlichkeit hat das Grundbuchamt (für Löschung ohne Nacherbenzustimmung) nicht zu klären; LG Aachen Rpfleger 1986, 260.

B. Rechtslage für das Grundbuchamt bei Grundstücksverfügungen des Vorerben

hinzutreten.[9] Eine mit Erlöschen der Forderung (§ 1163 Abs 1 S 2 BGB), Befriedigung des Gläubigers (§ 1142 Abs 1 BGB; für Grundschuld mit § 1192 Abs 1 BGB) oder in vergleichbarer Weise entstandene **Eigentümergrundschuld** fällt in den Nachlaß, wenn der Vorerbe Mittel der Erbschaft zur Tilgung eingesetzt hat;[10] sie kann auf Antrag des befreiten und des nicht befreiten Vorerben allein grundsätzlich nicht gelöscht werden, da dadurch ein Rangrecht unentgeltlich aufgegeben würde. Ausnahmen bestehen nur dann, wenn gleichstehende oder nachgehende Grundpfandrechte nicht vorhanden sind oder wenn sich der Eigentümer (Erblasser oder Vorerbe im Rahmen ordnungsgemäßer Verwaltung des Nachlasses) zur Löschung der Eigentümergrundschuld gegenüber einem anderen rechtsverbindlich verpflichtet hatte (§ 1179 BGB)[11] oder wenn sich die Eigentümerverpflichtung zur Löschung gesetzlich aus § 1179a BGB ergibt. Entgeltlichkeit ist bezüglich der Löschung auch dann zu bejahen, wenn gleichzeitig mit der Löschung der Eigentümergrundschuld eine neue Hypothek durch den befreiten Vorerben bestellt wird und der Gläubiger dieser Hypothek auf der vorherigen Löschung der Eigentümergrundschuld bestanden hat; das Entgelt besteht in diesem Falle in dem Gegenwert der neuen Belastung.[12] Wird eine auf einem Nachlaßgrundstück ruhende Hypothek von dem **Vorerben** aus **eigenen Mitteln getilgt** oder wird der Gläubiger einer Hypothek aus eigenen Mitteln des Vorerben befriedigt (§ 1142 Abs 1, § 1192 Abs 1 BGB), so fällt die Eigentümergrundschuld in sein freies (nicht der Nacherbfolge unterliegendes) Vermögen.[13] Der Vorerbe kann verlangen, daß diese Nichtzugehörigkeit zum Nachlaß im Grundbuch eingetragen wird. Vermerk hierüber:

> Diese Hypothek ist Eigentümergrundschuld geworden und als solche mit Zinsen seit dem ...... umgeschrieben auf ...... Die Grundschuld gehört nicht zum Nachlaß des ......

---

[9] KGJ 41 A 176 (180). Das LG Stade (NdsRpfl 1975, 219) hat als für die Löschung genügenden Nachweis, daß die Gegenleistung dem Vorerben zugeflossen ist, dienstliche Erklärung des Notars in Verbindung mit Kontoauszügen und Überweisungsträgern angesehen. S aber auch LG Köln JMBl NRW 1951, 160. Wegen Unwirksamkeit der Zahlung einer Hypothekenschuld an den nicht befreiten Vorerben s auch BGH FamRZ 1970, 192 = WM 1970, 221. Die Löschung einer auf einem Nachlaßgrundstück eingetragenen Hypothek kann ohne Zustimmung des Nacherben oder Nachweis der Entgeltlichkeit erfolgen, wenn weitere gleichstehende oder nachgehende Belastungen nicht vorhanden sind (Palandt/Edenhofer Rdn 7 zu § 2113).
[10] BGH 40, 115 (123) = DNotZ 1964, 623 = NJW 1963, 2320; BGH DNotZ 1995, 699 = FamRZ 1993, 1311.
[11] KGJ 43 A 263; 50 A 210; KG DNotZ 1938, 115; OLG München DNotZ 1940, 328 = JFG 21, 84; OLG Saarbrücken DNotZ 1950, 66; LG Hildesheim MDR 1961, 692.
[12] KGJ 41 A 180; 50 A 210; HRR 1939, 160; LG Frankenthal MittBayNot 1983, 231.
[13] BGH 40, 115 und DNotZ 1995, 699 = je aaO (Fußn 10); KGJ 50 A 210; OLG Celle NJW 1953, 1265.

C. Nacherbschaftsvermerk im Grundbuch

1. Eintragung des Nacherbschaftsvermerks (§ 51 GBO)

a) Zweck der Eintragung

3495 Eintragung des Rechts des Nacherben zugleich mit der Eintragung des Vorerben in das Grundbuch (§ 51 GBO) dient dem Schutz des Nacherben.[1] Ausgeschlossen wird mit Eintragung des Nacherbschaftsvermerks Rechtsverlust des Nacherben mit gutgläubigem Erwerb Dritter durch Verfügung des Vorerben (§ 2113 Abs 2 mit § 892 Abs 1 S 2 BGB) oder eines folgenden Erwerbers (Rdn 3477).

b) Die Eintragung

3496 aa) Das Recht des Nacherben[2] (auch eines bedingt[3] oder befristet eingesetzten Nacherben und auch des Ersatznacherben, Rdn 3498), desgleichen eine Befreiung des Vorerben von den Beschränkungen seines Verfügungsrechts (§ 2136 BGB) wird **von Amts wegen** bei Eintragung des Vorerben mit in das Grundbuch eingetragen (§ 51 GBO).[4] Einzutragen ist (nach § 51 GBO von Amts wegen) der Nacherbschaftsvermerk auch bei einem Grundstück oder Grundstücksrecht, das nach dem Erbfall der Vorerbe als Surrogat zum Nachlaß erwirbt[5] (§ 2111 BGB; s Rdn 3530), auch wenn es der Vorerbe im Wege der Nachlaßauseinandersetzung aus dem Nachlaß erhält (hierzu Rdn 3520). Der Erblasser kann die Eintragung des Nacherbschaftsvermerks nicht untersagen. Ist der Nachweis der Erbfolge durch Erbschein geführt (§ 35 Abs 1 GBO), dann ist die in ihm angegebene Nacherbfolge mit der Befreiung einzutragen, die im Erbschein bezeichnet ist (§ 2363 Abs 1 BGB). Bei Nachweis der Erbfolge durch Verfügung von Todes wegen in öffentlicher Urkunde (§ 35 Abs 1 S 2 GBO) wird die Nacherbfolge mit den Befreiungen eingetragen, die sich aus ihr (oder einer in öffentlicher Urkunde enthaltenen

---

[1] RG 61, 228 (232).
[2] Auch des zur freien Verfügung über die Erbschaft berechtigten Nacherben; dazu RG 61, 228 (232).
[3] Zum längerlebenden Ehegatten als auflösend bedingter Vollerbe und zugleich aufschiebend bedingter Vorerbe s BGH 96, 198 = DNotZ 1986, 541 mit krit Anm Zawar = Rpfleger 1986, 15. Dort (BGH 96, 203) auch zu den Beschränkungen der §§ 2113ff BGB, weil der derart Bedachte – auch – bedingter Vorerbe ist. Stirbt der als auflösend bedingter Vollerbe eingesetzte längerlebende Ehegatte, ohne wieder geheiratet zu haben (Bedingung), so ist seine Stellung als Vollerbe endgültig geworden (BGH aaO). Folge: Der Nacherbenvermerk ist zu löschen, weil feststeht, daß Nacherbfolge nicht mehr eintreten kann (Rdn 3516). Verfügungen, die der Längerlebende entgegen den §§ 2113ff BGB vorgenommen hat, werden nach seinem Tode nicht unwirksam (BGH aaO).
[4] Der Notar, der die Bestellung eines Grundpfandrechts beantragt hat, muß eine Bank bei deren Fragen nach der Sicherheit, die das Grundpfandrecht für einen Kredit bietet, auf einen im Grundbuch eingetragenen Nacherbschaftsvermerk hinweisen, BGH JurBüro 1969, 626 Leits.
[5] OLG München HRR 1933 Nr 1285 = JFG 18, 109; Staudinger/Behrends/Avenarius Rdn 10 zu § 2111 BGB; s insbesondere Rdn 3520; zum Surrogationserwerb allgemein BGH 110, 176 (178).

weiteren Verfügung des Erblassers) ergibt. Erklärungen der Beteiligten über die Anordnung einer Nacherbfolge sind keine zureichende Eintragungsgrundlage. Wenn die Erbfolge durch Verfügung von Todes wegen in öffentlicher Urkunde nachgewiesen ist, darf aber Vorlage auch eines Erbscheins nicht deshalb verlangt werden, weil die letztwillige Verfügung bei Auslegung Zweifel über das Bestehen einer Nacherbschaft offenläßt;[6] (vgl Rdn 788). In einem solchen Falle genügt die Zustimmung des Vorerben zur Eintragung des Nacherbschaftsvermerks, wenn nur feststeht, daß die Rechte der etwaigen Nacherben gewahrt werden.[7] Die **Nacherbfolge** darf das Grundbuchamt jedoch auf Grund einer in öffentlicher Urkunde enthaltenen Verfügung von Todes wegen **nicht von Amts wegen** in das Grundbuch eintragen, wenn der Antragsteller (Testamentserbe) der Auffassung **widerspricht**, es liege eine Nacherbfolge vor (s Rdn 788).

bb) Die **Eintragung** erfolgt 3497
– bei einem zur Erbschaft gehörenden Grundstück (grundstücksgleichem Recht, Wohnungseigentum) in Abteilung II Spalten 1–3 (§ 10 Abs 1 Buchst b, Abs 2–4 GBV),
– bei Rechten an einem Grundstück, die zur Erbschaft gehören, in der Spalte „Veränderungen" der Abteilung II oder III. Eintragung in Abteilung II Spalte 3 oder Abteilung III Spalte 4 erfolgt jedoch, wenn der Vermerk sogleich mit dem Recht eingetragen wird (§ 10 Abs 4, 5, § 11 Abs 5, 6 GBV).

cc) Im **Eintragungsvermerk** sind die Anordnung der Nacherbfolge sowie 3498 die Voraussetzungen, unter denen sie eintritt (zB Zeitpunkt des Todes, der Wiederverheiratung des Vorerben) anzugeben und der oder die **Nacherben zu bezeichnen**. Bei mehrfacher Nacherbschaft[8] sind sämtliche Nacherben einzutragen.[9] Auch **Ersatznacherben** sind einzutragen.[10] Die Eintragung eines Ersatznacherben darf auch nicht unterbleiben, wenn der Nacherbe seine Nacherbenrechts-Anwartschaft dem Vorerben oder einem Dritten übertragen hat (Rdn 3528). Die Befreiung des Vorerben von den Beschränkungen seines Verfügungsrechts (§ 2136 BGB; auch bei Einsetzung auf den Überrest, § 2137 BGB) ist im Eintragungsvermerk anzugeben. **Beispiel:**

Befreiter Vorerbe ist ...

Eintragungs**beispiel:** Anlage 2a zur GBV, Abt III Nr 3 Spalten 5–7.

---

[6] Dazu näher BayObLG 1970, 137 (139) = DNotZ 1970, 686 = Rpfleger 1970, 344 mit zahlr Nachw; BayObLG 1982, 449 (452) = DNotZ 1984, 502 = Rpfleger 1983, 104; auch OLG Frankfurt MittBayNot 1974, 22 = MittRhNotK 1974, 18. Bei Bedenken gegen eine wirksame Nacherbfolge bedarf es eines Erbscheins.
[7] KG DFG 1943, 158.
[8] Der erste Nacherbe steht bei Eintritt des Nacherbfalls dem folgenden Nacherben wieder als Vorerbe gegenüber.
[9] OLG Hamm OLGZ 1975, 150 = Rpfleger 1975, 134 (135); OLG Zweibrücken Rpfleger 1977, 305.
[10] KG JW 1938, 1411; KG JFG 21, 251 (mit Hinweis auf ältere Rechtsprechung); BayObLG 1960, 407 (410); OLG Frankfurt DNotZ 1970, 691 mit Anm Kanzleiter; OLG Hamm DNotZ 1955, 538; 1966, 108 und 1970, 688; OLG Köln DNotZ 1955, 596 Leits = NJW 1955, 633; OLG Oldenburg DNotZ 1962, 405.

3499 Wenn der Nacherbe bereits genau **bezeichnet** werden kann, ist er nach Maßgabe von § 15 GBV zu benennen; Verwendung nur einer Sammelbezeichnung für den (die) Nacherben genügt dann nicht.[11] Wenn der Nacherbe (Ersatznacherbe) in einer (öffentlichen) Verfügung von Todes wegen nicht zweifelsfrei bezeichnet ist, kann das Grundbuchamt Vorlage eines Erbscheins verlangen[12] (das Rdn 790 zum Erbnachweis Gesagte gilt auch für den Nacherben). Soweit namentliche Feststellung nach der Fassung der letztwilligen Verfügung derzeit (auch nach Durchführung von Ermittlungen des Nachlaßgerichts) nicht möglich ist, ist der Nacherbe nach den für seine Bestimmung maßgeblichen Merkmalen anzugeben.[13] Wenn zu Nacherben die im Zeitpunkt des Todes des Vorerben vorhandenen Abkömmlinge des Vorerben (und seiner Geschwister oder anderer Personen) berufen und im Erbschein bereits jetzt lebende Abkömmlinge bezeichnet sind, sind diese bekannten Nacherben mit einer allgemeinen Formel einzutragen, nach der sich die Berufung der noch unbekannten Nacherben bestimmt. Allein deswegen, um die namentlich bereits bekannten Nacherben in den Nacherbschaftsvermerk aufnehmen zu können, kann bei Erbeintragung auf Grund Verfügung von Todes wegen in öffentlicher Urkunde vom Grundbuchamt Vorlage eines Erbscheins jedoch nicht verlangt werden.[14]

Im Falle des § 2101 BGB sind zB einzutragen:

> die Kinder, die aus der Ehe des A mit der B geboren werden sollten,

im Fall des § 2104 BGB, wenn die Nacherben noch nicht feststehen,[15]

> die bei Eintritt der Nacherbfolge vorhandenen gesetzlichen Erben des Erblassers.

Einzutragen sind auch Nacherben (oder Ersatznacherben), die sich aus der Anwendung der Auslegungsregel des § 2069 BGB ergeben.[16] Oft wird Eintragung eines – bedingten – Nacherbschaftsvermerks etwa folgenden Inhalts in Frage kommen[17]:

> Nacherbfolge ist angeordnet ...... Wenn dem Vater der Eigentümer weitere Kinder geboren werden, so ist an diese von der Erbschaft so viel herauszugeben, daß die jetzigen Eigentümer und die Nachgeborenen daran zu gleichen Anteilen beteiligt sind. Die Nacherbfolge tritt mit der Geburt der Nacherben ein.

---

[11] BayObLG 1982, 449 (453) = DNotZ 1984, 502 = Rpfleger 1983, 104; OLG Dresden JFG 7, 267.
[12] OLG Köln MittRhNotK 1988, 44. Das gilt nicht, wenn die zu Ersatznacherben Berufenen in dem Erbschein auch nicht näher als im Testament bezeichnet werden können, OLG Hamm DNotZ 1966, 108 = Rpfleger 1966, 19.
[13] BayObLG 1982, 449 (454) = aaO (Fußn 11).
[14] BayObLG 1982, 449 (454) = aaO (Fußn 11); aA Frankfurt Rpfleger 1984, 272 mit zust Anm Grunsky; s auch Rdn 790.
[15] Siehe BayObLG 5. 3. 1991 (mitget) Rpfleger 1991, 356 (für Nacherbenvermerk im Erbschein).
[16] OLG Hamm DNotZ 1966, 108 = Rpfleger 1966, 19; OLG Köln NJW 1955, 633.
[17] Eintragung der beim Tod des Erblassers vorhandenen Enkelkinder darf nur mit einem Nacherbenvermerk erfolgen, wenn der Erblasser die Kinder seines Sohnes und die „noch geboren werdenden Kinder" zu Erben berufen hat, OLG Stuttgart BWNotZ 1980, 92. Für diesen Fall zur Auslegung der letztwilligen Verfügung und zum Inhalt des Erbscheins OLG Köln Rpfleger 1992, 391 mit Anm Eschelbach.

C. Nacherbschaftsvermerk im Grundbuch

Der Nacherbschaftsvermerk ist inhaltlich unzulässig und von Amts wegen zu löschen, wenn ein Berechtigter nicht angegeben ist.[18]   3500

dd) Ein für den **Vorerben ernannter Testamentsvollstrecker** ist mit einzutragen (vgl dazu Rdn 3466). Fassung: 3501

> Ein Testamentsvollstrecker ist ernannt.

Die Ernennung eines **Testamentsvollstreckers** für Nacherben vor Eintritt des Nacherbfalls **nach § 2222 BGB** (s Rdn 3486) ist ebenfalls von Amts wegen beim Nacherbschaftsvermerk mit einzutragen. Fassung dieser Eintragung am Schluß des Nacherbschaftsvermerks:

> Zur Wahrnehmung der Rechte und Pflichten des Nacherben bis zum Eintritt der Nacherbschaft ist ein Testamentsvollstrecker ernannt.

Schließlich ist auch ein für den **Nacherben** für die Zeit **nach Eintritt** der **Nacherbfolge** ernannter Testamentsvollstrecker von Amts wegen einzutragen,[19] etwa wie folgt: 3502

> Für die Nacherben ist ein Testamentsvollstrecker ernannt.

Der für den Vorerben **und** für den Nacherben bestellte Testamentsvollstrecker ist befugt, dem Vorerben Nachlaßgegenstände zur freien Verfügung mit der Wirkung zu überlassen, daß die Beschränkungen kraft Nacherbenrechts erlöschen.[20]

ee) Umstritten ist die Frage, ob zwischen dem Nacherbschaftsvermerk und einem Recht am Grundstück ein materiell-rechtliches **Rangverhältnis** nach § 879 BGB besteht.[21]   3503

ff) Die – unterbliebene – Eintragung des Nacherbenvermerks ist von Amts wegen **nachzuholen,** solange das zum Nachlaß gehörende Recht nicht auf   3504

---

[18] OLG Zweibrücken Rpfleger 1977, 305.
[19] KG JW 1938, 1411; wohl auch Bauer/vOefele/Schaub Rdn 78 zu § 51; aA Meikel/Kraiss Rdn 96 zu § 51.
[20] KG JFG 11, 121.
[21] Die Frage wird verneint von RG 135, 384; KG JFG 13, 114; 16, 234 und NJW-RR 1993, 268 = OLGZ 1993, 270 (275) = Rpfleger 1993, 236 (237); OLG Hamm Rpfleger 1957, 19 mit Anm Haegele; OLG Saarbrücken MittRhNotK 1995, 25 (26); LG Düsseldorf Rpfleger 1950, 38; Staudinger/Behrens/Avenarius Rdn 32 zu § 2113 BGB; Bauer/vOefele/Schaub Rdn 98 zu § 51. Hesse kommt dagegen in DFG 1938, 85 (s auch Hesse/Saage/Fischer Anm II 1 zu § 45) zu dem Ergebnis, daß der Nacherbschaftsvermerk im Rangverhältnis zu beschränkten dinglichen Rechten an demselben Grundstück steht, der Rang des Nacherbschaftsvermerks im Grundbuch gem § 879 BGB ausgedrückt wird und diese Angabe zum Inhalt des Grundbuchs gehört, demnach auch durch den öffentlichen Glauben des Grundbuchs (§ 892 BGB) gedeckt wird. Nach dieser Auffassung darf also zB derjenige, der eine Buchhypothek erwirbt, annehmen, daß ein später als die Hypothek eingetragener Nacherbschaftsvermerk die Hypothek nicht berührt, sondern ihr nachsteht. Nach der herrschenden Auffassung (so BGB-RGRK/Augustin Rn 19 zu § 879; Demharter Rdn 25 zu § 51) dagegen ist die Wirksamkeit einer vom Vorerben bewilligten Hypothek gegenüber dem Nacherben aus dem Grundbuch auch dann nicht ohne weiteres zu ersehen, wenn der Nacherbschaftsvermerk erst nach der Hypothek im Grundbuch eingetragen worden ist. Wegen der Möglichkeit der Eintragung eines besonderen Wirksamkeitsvermerks s Rdn 3490.

einen Dritten umgeschrieben ist,[22] längstens aber bis zum Eintritt des Nacherbfalls.[23] Nur auf Antrag kann der Vermerk nachträglich eingetragen werden, wenn die Eintragung nicht infolge eines Versehens, sondern aus anderen Gründen unterblieben war, zB infolge eines die Nacherbfolge nicht ausweisenden Erbausweises. Zur Nachholung des Vermerks, wenn der Nacherbe im Zeitpunkt der Eintragung des Nacherbvermerks bereits verstorben ist, s OLG Hamm;[24] zur Eintragung eines Amtswiderspruchs gegen die Eintragung des Vorerben als Grundstückseigentümer bei Amtslöschung des Nacherbenvermerks s OLG Zweibrücken.[25]

3505 **gg) Rechtsbehelf.** Bei Eintragung des Nacherbschaftsvermerks Beschwerde mit dem Ziel der Löschung;[26] Eintragung eines Amtswiderspruchs kommt hier nicht in Frage.[27] Gegen Unterlassung der Eintragung ist Beschwerde mit dem Ziel der Eintragung eines Widerspruchs zulässig.[28]

3505 a Der Nacherbe ist berechtigt, zur Berichtigung des Grundbuchs die Eintragung des Vorerben (von diesem) zu verlangen und damit zugleich (§ 51 GBO) der sich aus seinem Recht ergebenden Verfügungsbeschränkung des Vorerben zur Eintragung und zur Wirkung auch gegen Gutgläubige zu verhelfen (§ 895 BGB).[29] Für Stellung des Antrags des Erben auf Grundbuchberichtigung (Rdn 780) kann der Nacherbe Berichtigungszwang (Rdn 377–382) anregen. Antragsberechtigt für Grundbuchberichtigung durch Eintragung des Vorerben (mit der zugleich das Nacherbenrecht einzutragen ist, § 51 GBO) ist der Nacherbe nicht.[30]

2. Verzicht auf Eintragung des Nacherbschaftsvermerks

3506 a) Eintragung des Nacherbschaftsvermerks unterbleibt, wenn der **Nacherbe** (ohne die Nacherbschaft auszuschlagen) darauf in der Form des § 29 GBO **verzichtet**.[31] Ersatznacherben müssen bei einem Verzicht auf Eintragung des

---

[22] OLG Hamm OLGZ 1976, 180 = NJW 1976, 575 = Rpfleger 1976, 132.
[23] KGJ 49 A 178; OLG Hamm MittBayNot 1990, 361 = aaO (= Rdn 3479 Fußn 10; auch dazu, daß bei irrtümlicher Löschung des Vermerks nach diesem Zeitpunkt kein Widerspruch mehr eingetragen werden kann; dagegen aber Alff Rpfleger 1991, 243); Meikel/Kraiss Rdn 79 zu § 51.
[24] OLG Hamm NJW 1976, 575 = aaO (Fußn 22).
[25] OLG Zweibrücken Rpfleger 1977, 305.
[26] KG JFG 21, 252; OLG Hamm JMBl NRW 1958, 16 = Rpfleger 1957, 415. Dies gilt auch für Einwendungen eines Vorerben gegen die Eintragung des Ersatznacherbschaftsvermerks, BayObLG NJW 1970, 1794 = Rpfleger 1970, 344.
[27] KGJ 34, 238; OLG Hamm Rpfleger 1957, 415. Ist dagegen im Grundbuch eine befreite Vorerbschaft vermerkt, so ist die gegen die Eintragung der Befreiung gerichtete Beschwerde nur mit dem Ziel der Eintragung eines Widerspruchs zulässig, OLG Hamm DNotZ 1971, 422 = Rpfleger 1971, 255.
[28] KGJ 52, 140.
[29] RG 61, 228 (232); Verfolgung des Anspruchs im Rechtsweg; Verurteilung ersetzt Eintragungsantrag, § 894 ZPO; Einzelheiten bei Güthe/Triebel Rdn 6 zu § 51 GBO.
[30] Streitig; wie hier LG Berlin Rpfleger 1974, 234; Meikel/Kraiss Rdn 70 zu § 51; für Antragsrecht des Nacherben jedoch Meyer-Stolte Rpfleger 1974, 234 (Anmerkung).
[31] RG 61, 228 (232); RG 151, 395 (397); KGJ 29 A 163; KGJ 52 A 169; OLG Hamm DNotZ 1955, 538 und 1969, 1490 sowie MittBayNot 1995, 404 = MittRhNotK 1995, 102 = NJW-RR 1995, 1289 = Rpfleger 1995, 209; Bauer/vOefele/Schaub

C. Nacherbschaftsvermerk im Grundbuch

Nacherbschaftsvermerks mitwirken.³² Der Verzicht kann bei Bestellung eines Testamentsvollstreckers für den Nacherben (§ 2222 BGB) nur von diesem erklärt werden.³³

b) Der Verzicht hat zur **Folge,** daß das sachlich fortbestehende Nacherbenrecht³⁴ im Grundbuchverkehr nicht mehr beachtet und der Gefahr des Untergangs mit gutgläubigem Erwerb Dritter durch Verfügung des Vorerben (§ 2113 BGB) preisgegeben wird.³⁵ Widerruf des Verzichts nach Erbeneintragung bewirkt nicht, daß der Nacherbschaftsvermerk nachträglich von Amts wegen einzutragen wäre (Amtstätigkeit nach § 51 GBO nur bei Eintragung des Vorerben). Eintragung der Verfügungsbeschränkung für ein fortbestehendes Nacherbenrecht am Grundstück (§ 2113 Abs 3, § 892 Abs 1 S 2 BGB; zum Wegfall der Vorerbenbeschränkung Rdn 3509 und 3516) kann dann nur auf Antrag (§ 13 Abs 1 GBO) erfolgen.

3507

c) Bezieht sich der Nacherbschaftsvermerk auf **mehrere Personen,** so können auch einzelne von ihnen auf Eintragung des Vermerks verzichten. Dann kann im Grundbuch ein Vermerk des Inhalts eingetragen werden, daß X und Y auf die Eintragung des Nacherbschaftsvermerks verzichtet haben. Ihre Namen sind im Nacherbschaftsvermerk wegzulassen bzw zu unterstreichen (röten).

3508

3. Nacherbschaftsvermerk kommt nicht in Frage

Eintragung des Nacherbschaftsvermerks **unterbleibt** auch, wenn eine Beschränkung des Vorerben durch Nacherbenrechte nicht oder nicht mehr besteht, somit auch im Grundbuch nicht zum Ausdruck zu bringen ist. Das ist der Fall, wenn

3509

a) eine mit (nachgewiesener) Einwilligung des Nacherben **wirksame Verfügung des Vorerben** über ein Nachlaßgrundstück oder ein zur Erbschaft gehörendes Recht an einem Grundstück ohne Voreintragung des Vorerben eingetragen wird (§ 40 GBO; dazu Rdn 3491);

b) eine **wirksame entgeltliche Verfügung** des befreiten Vorerben (Rdn 3485) über ein Nachlaßgrundstück oder ein zur Erbschaft gehörendes Recht an einem Grundstück ohne Voreintragung des Vorerben eingetragen wird (§ 40 GBO);

c) eine Verfügung des nicht befreiten Vorerben über ein Nachlaßgrundstück oder ein zur Erbschaft gehörendes Recht an einem Grundstück ohne Voreintragung des Vorerben eingetragen wird (§ 40 GBO), die das Nacherbrecht (nachgewiesen) **nicht vereitelt** oder beeinträchtigt (Rdn 3483);

Rdn 82; Meikel/Kraiss Rdn 106, je zu § 51; aA (kein Verzicht) Bestelmeyer Rpfleger 1994, 189 (190).
³² KGJ 21 A 251 (254); OLG Köln NJW 1955, 633.
³³ BayObLG 1989, 183 (186) = aaO (Fußn 35); KG DNotZ 1930, 480; OLG München JFG 20, 294 (297). Der Nacherben-Testamentsvollstrecker unterliegt auch nicht der Kontrolle des Vormundschaftsgerichts, BayObLG aaO.
³⁴ Verzicht des Nacherben zugunsten des Vorerben erfordert Übertragung des Anwartschaftsrechts des Nacherben auf den Vorerben ; dazu Rdn 3528.
³⁵ KGJ 52 A 166; RG 151, 395 (397); OLG Frankfurt Rpfleger 1980, 228; BayObLG 1989, 183 (186) = DNotZ 1990, 56 = NJW-RR 1989, 1096 = Rpfleger 1989, 412; Bauer/vOefele/Schaub Rdn 84; Meikel/Kraiss Rdn 106; Demharter Rdn 26, je zu § 51 GBO.

d) das Grundstück oder Grundstücksrecht mit Verfügung des vom Erblasser über seinen **Tod hinaus Bevollmächtigten** aus dem Nachlaß unter Fortfall aller mit der Nachlaßeigenschaft verbunden gewesenen Beschränkungen ausgeschieden ist. Der Fall ist hier so anzusehen, als ob der Nacherbe der Veräußerung zugestimmt hätte;[36]

e) das Grundstück oder Grundstücksrecht dem Vorerben als **Vorausvermächtnis**[37] zugewendet[38] ist, weil sich das Recht des Nacherben im Zweifel nicht auf ein dem Vorerben zugewendetes Vorausvermächtnis erstreckt (§ 2110 BGB).[39] Ein schon eingetragener Vermerk ist auf Antrag zu löschen, auch wenn die Nacherbfolge bereits eingetreten ist;

f) das Grundstück oder Grundstücksrecht **Gesamthandseigentum** des Erblassers und seines (späteren) alleinigen Vorerben gewesen ist (Gütergemeinschaft; Erbengemeinschaft nur zwischen zwei Miterben, BGB-Gesellschaft zwischen Erblasser und Erben) sowie in gleichartigen Fällen, in denen der Vorerbe über das Grundstück ohne die Beschränkungen des § 2113 BGB verfügen kann[40] (dazu Rdn 3487b–3487f).

4. Löschung des Nacherbschaftsvermerks vor Eintritt des Nacherbfalls

3510 a) **Löschung** des Nacherbschaftsvermerks **vor** Eintritt der Nacherbfolge erfolgt auf Antrag (§ 13 Abs 1 GBO), wenn[41]

---

[36] KG JFG 12, 274; zu hier gegenteiliger Ansicht s aber Rdn 3488 Fußn 63.
[37] Auch mit Anordnung, daß sich die Nacherbfolge nicht auf das Grundstück erstrecken soll; s OLG Hamm Rpfleger 1996, 504.
[38] Daß sich das Nacherbenrecht nicht auf das vermachte Grundstück bezieht, hat der Erbschein auszuweisen; KG JFG 21, 122; OLG Hamm Rpfleger 1996, 504; MünchKomm/Grunsky Rdn 3 zu § 2111.
[39] OLG München DNotZ 1942, 385 = JFG 23, 300; KG DNotZ 1940, 410. Der alleinige Vorerbe erwirbt den ihm durch Vorausvermächtnis zugewandten Gegenstand ohne weiteres mit dem Vorerbfall, unbeschwert mit der Nacherbschaft, BGH NJW 1960, 959.
[40] BayObLG 1994, 177 = MittBayNot 1994, 447 = NJW-RR 1994, 1360 = Rpfleger 1995, 105 sowie BayObLG 2002, 148 = MittBayNot 2002, 405 = NJW-RR 2002, 1237 = Rpfleger 2002, 565. So auch Demharter Rdn 3 zu § 51; für den Fall, daß zum Vermögen einer BGB-Gesellschaft ein Grundstück gehört und Vor- und Nacherbschaft in die Beteiligung eines verstorbenen Gesellschafter angeordnet ist, Haegele Rpfleger 1977, 50; OLG Köln MittRhNotK 1987, 80 = Rpfleger 1987, 60 und 155 Leits mit abl Anm Ludwig; **aA** Jung Rpfleger 1995, 9 (Eintragung eines auf den bisherigen Gesamtgutsanteil des Erblassers beschränkten Nacherbenvermerks zum Schutz gegen Verfügungen des Erben des Vorerben); hierzu s auch Ludwig aaO.
[41] Siehe dazu BayObLG 1956, 54 (57) = DNotZ 1956, 304; 1957, 285 (288) = DNotZ 1958, 89; 1970, 137 (142) = DNotZ 1970, 686 = NJW 1970, 1794 = Rpfleger 1970, 344; 1973, 272 (273) = DNotZ 1974, 235 = Rpfleger 1973, 433; 1974, 312 (314) = DNotZ 1975, 417 = Rpfleger 1974, 355; BayObLG DNotZ 1983, 318 (319) = Rpfleger 1982, 277; BayObLG DNotZ 1983, 320 = Rpfleger 1982, 467; BayObLG DNotZ 1989, 182 = Rpfleger 1988, 525; BayObLG DNotZ 1993, 404 = Rpfleger 1993, 148; BayObLG DNotI-Report 2000, 78 = MittBayNot 2000, 328 = MittRhNotK 2000, 212 = NJW-RR 2000, 1391 = Rpfleger 2000, 324; OLG Frankfurt Rpfleger 1977, 170 und 1980, 107 (108); OLG Hamm Rpfleger 1984, 312 und MittBayNot 1996, 380 = NJW-RR 1996, 1230 (1231) = Rpfleger 1996, 504; KG OLGZ 1968, 337 = Rpfleger 1968, 224.

C. Nacherbschaftsvermerk im Grundbuch

– sie vom Nacherben und dem (= allen) Ersatznacherben bewilligt ist[42] (§ 19 GBO; Form: § 29 GBO), oder
– Grundbuchunrichtigkeit nachgewiesen (§ 22 Abs 1 GBO) oder offenkundig (§ 29 Abs 1 S 2 GBO) ist.

b) Antragsberechtigt sind der Vorerbe, der Nacherbe und der Grundstückseigentümer (Gläubiger des Grundstücksrechts), zu dessen Gunsten die Löschung erfolgen soll. 3511

c) aa) Bewilligung des Nacherben ist Löschungsgrundlage, weil der Nacherbschaftsvermerk seinem Schutz dient und weitere Eintragung des Rechts des Nacherben sich daher erübrigt, wenn dieser darauf verzichtet (s bereits Rdn 3506). Wenn mehrere Nacherben berufen sind, ist zur vollständigen Löschung des Nacherbschaftsvermerks die Bewilligung sämtlicher Nacherben erforderlich.[43] Für unbekannte (unbestimmte) Nacherben kann ein nach § 1913 BGB zu bestellender Pfleger (mit Genehmigung des Vormundschaftsgerichts) die Löschung bewilligen[44] (s auch Rdn 3485). Wenn neben bereits bestimmten Nacherben weitere (noch unbekannte) Nacherben eingesetzt sind,[45] ist die Bewilligung der bekannten Nacherben und für die noch unbestimmten Nacherben die Bewilligung eines nach § 1913 BGB zu bestellenden Pflegers (mit vormundschaftsgerichtlicher Genehmigung) erforderlich.[46] Neben der Bewilligung des Pflegers ist eine Bewilligung bereits vorhandener Nacherben auch dann vorzulegen, wenn als Nacherben die Kinder (Nachkommen) des Vorerben[47] (oder einer anderen Person) eingesetzt sind und da- 3512

---

[42] Gegen isolierte Löschung nur auf Bewilligung des Nacherben Bestelmeyer Rpfleger 1994, 189 (190).
[43] BayObLG DNotZ 1983, 318 (319) = Rpfleger 1982, 277; OLG Hamm MittRhNotK 1997, 263 = NJW-RR 1997, 1095.
[44] BayObLG 1983, 318 = aaO; BayObLG 1959, 493 (501); BayObLG Rpfleger 2003, 83; OLG Hamm DNotZ 1955, 538 = Rpfleger 1956, 159. Keine Pflegerbestellung aber, wenn ein Testamentsvollstrecker die Rechte und Pflichten des Nacherben wahrnimmt (BayObLG 1989, 183 [186] = aaO); Verzicht auf Nacherbschaftsvermerk durch diesen s Rdn 3506.
[45] Von der Vorlage eines Erbscheins oder der Einleitung einer Pflegschaft für unbekannte Nacherben kann die von ehelichen Kindern als Nacherben bewilligte Löschung des Nacherbenvermerks nicht abhängig gemacht werden, wenn die Erbfolge auf einer in öffentlicher Urkunde enthaltenen Verfügung von Todes wegen beruht und lediglich der urkundliche Nachweis fehlt, daß aus der Ehe keine „weiteren Kinder" als die im Testament namentlich aufgeführten hervorgegangen sind (die als Nacherben eingesetzt wären); dieser Nachweis kann durch eine eidesstattliche Versicherung der Witwe (s Rdn 790) geführt werden; OLG Frankfurt MittRhNotK 1986, 23 = OLGZ 1985, 411 = Rpfleger 1986, 51 mit abl Anm Meyer-Stolte.
[46] BayObLG 1959, 493 (501); BayObLG DNotZ 1983, 318 und 320 = je aaO (Fußn 41); BayObLG Rpfleger 2003, 83; OLG Hamm DNotZ 1970, 360 = NJW 1969, 1490 (1491) = Rpfleger 1969, 347 (348); OLG Hamm Rpfleger 1984, 312 (313) und NJW-RR 1997, 1095 = aaO (Fußn 43).
[47] Keine Bewilligung eines Pflegers, wenn von der Vorerbin „geborene" Kinder zu Nacherben berufen sind und wegen des Lebensalters der Vorerbin offenkundig ist, daß weitere Nacherben nicht mehr hinzutreten können, OLG Hamm NJW-RR 1997, 1095, auch zur Besonderheit, daß der Erbschein die eingetragenen Nacherben als „zur Zeit" vorhanden ausweist.

mit neben bereits lebenden Abkömmlingen weitere (noch nicht erzeugte) Personen Nacherben sein können.[48]

3513 bb) Der Schutz des Nacherbschaftsvermerks besteht auch für den (nur hilfsweise berufenen) **Ersatznacherben**. Auch seine Bewilligung ist daher für Löschung des Nacherbschaftsvermerks erforderlich.[49] Für unbekannte (unbestimmte) Ersatznacherben kann ein nach § 1913 BGB bestellter Pfleger (mit Genehmigung des Vormundschaftsgerichts) die Löschung bewilligen (Rdn 3512).

3514 cc) Eltern, Vormund, **Pfleger**[50] und Betreuer bedürfen zur Bewilligung der Löschung eines Nacherbschaftsvermerks in den Fällen des § 1821 Abs 1 Nr 1 (mit §§ 1643, 1908 i, 1915) BGB der Genehmigung des Familien- bzw Vormundschaftsgerichts (s Rdn 3485).

3515 d) Mit Eintragung der Nacherbfolge wird das Grundbuch unrichtig, wenn Nacherbfolge vom Erblasser (§ 2100 BGB) nicht wirksam angeordnet worden ist oder wenn nicht der richtige Nacherbe bezeichnet ist. Wenn die Eintragung auf einer im Erbschein zu Unrecht vermerkt gewesenen Nacherbfolge beruht (§ 2363 BGB; § 35 Abs 1 S 1 mit § 51 GBO) kann der Unrichtigkeitsnachweis nur durch Vorlage eines neuen, die Nacherbfolge nicht mehr ausweisenden Erbscheins erbracht werden.[51]

3516 e) aa) **Nachträglich unrichtig** ist das Grundbuch, wenn feststeht, daß Nacherbfolge nicht mehr eintreten kann (Rdn 3477), sowie dann, wenn das Grundstück oder ein Recht an einem Grundstück endgültig aus dem Nachlaß ausgeschieden ist,[52] die Nacherbfolge sich somit nicht mehr darauf erstreckt.

---

[48] OLG Hamm DNotZ 1970, 360 = aaO (Fußn 46); offen gelassen von BayObLG DNotZ 1983, 318 = aaO (Fußn 41). **Anders** aber KG OLGZ 1972, 82 = FamRZ 1972, 323 = Rpfleger 1971, 354: Wenn der Erblasser für den Fall der **Wiederverheiratung** seiner zur Erbin eingesetzten Witwe gesetzliche Erbfolge angeordnet hat und danach im Falle des Eintritts der Bedingung diejenigen Personen in Höhe ihrer gesetzlichen Erbteile zur Nachfolge berufen sind, welche neben der Witwe gesetzliche Erben sein würden, wenn der Erblasser im Zeitpunkt der Wiederverheiratung gestorben wäre, so sind sämtliche als mögliche Nacherben in Betracht kommende Personen als unbekannt oder unbestimmt iSd § 1913 BGB anzusehen. Von der Einleitung einer Pflegschaft nach § 1913 BGB können nicht diejenigen Personen ausgenommen werden, die als Nacherben berufen wären, wenn die Witwe gegenwärtig wieder heiraten würde. Zur Frage, in welchen Fällen der Nacherbe bis zum Eintritt der Nacherbfolge unbekannt ist (und daher durch einen Pfleger vertreten werden muß), auch Bergerfurth MittRhNotK 1972, 762; Kanzleiter DNotZ 1970, 326; Haegele Rpfleger 1969, 347 und 1971, 121.

[49] OLG Hamm DNotZ 1955, 538 = Rpfleger 1956, 159 mit zust Anm Haegele (OLG Hamm auch mit Stellungnahme zu OLG Düsseldorf JR 1952, 405); KG JFG 21, 253; KG JW 1937, 2046; BayObLG 1970, 137 = aaO (Fußn 41).

[50] BayOLG 1959, 493 (501); BayObLG DNotZ 1983, 318 (320); BayObLG DNotZ 1983, 320 (322).

[51] S dazu BayObLG MittBayNot 1970, 161.

[52] BayObLG 1957, 285 (288) = aaO (Fußn 41); BayObLG 1970, 137 (142) = aaO (Fußn 41); BayObLG 1974, 312 (314) = aaO (Fußn 41); BayObLG DNotZ 1983, 318 (320) und 320 (322) = je aaO (Fußn 41); BayObLG BWNotZ 1991, 142 = MittBayNot 1991, 122 (123) = MittRhNotK 1991, 124; BayObLG DNotZ 1993, 404 = Rpfleger 1993, 148; OLG Frankfurt Rpfleger 1980, 107 (108); OLG Hamm Rpfleger

C. Nacherbschaftsvermerk im Grundbuch

Das ist der Fall, wenn das Nachlaßgrundstück oder ein zur Erbschaft gehörendes Recht an einem Grundstück
- vom **Vorerben** mit (nachgewiesener) **Zustimmung** des (sämtlicher) **Nacherben** wirksam **veräußert** ist (Rdn 3477, 3484);
- vom **befreiten** Vorerben mit wirksamer **entgeltlicher** Verfügung veräußert ist[53] (Rdn 3485);
- durch Verfügung des Vorerben veräußert ist, die das Nacherbenrecht (nachgewiesen) nicht vereitelt oder beeinträchtigt (Rdn 3483, 3485);
- mit Verfügung des vom Erblasser über seinen **Tod hinaus Bevollmächtigten** aus dem Nachlaß unter Fortfall aller mit der Nachlaßeigenschaft verbunden gewesenen Beschränkungen ausgeschieden ist[54] (siehe bereits Rdn 3488).

Der Nacherbschaftsvermerk wird **nicht** bereits dadurch gegenstandslos, daß der Nacherbe im Vorerbfall den Pflichtteil fordert und erhält, ohne die Nacherbschaft ausgeschlagen zu haben.[55] Schlägt er die Erbschaft aus, um den Pflichtteil zu verlangen, sind dem Grundbuchamt Ermittlungen verwehrt, ob auch die nach § 2096 oder § 2069 BGB als Ersatznacherben berufenen Abkömmlinge von der Erbfolge ausgeschlossen sind; es ist ein Erbschein zu verlangen, der den Wegfall der Nacherbfolge bezeugt.[56] Der Nacherbschaftsvermerk wird auch nicht mit Übertragung des Erbteils eines Miterben (§ 2033 Abs 1 BGB) gegenstandslos. Der Erbteil geht auf den Erwerber belastet mit dem Recht des Nacherben und ggfs der Ersatznacherben über.[57]

Mit **Ablauf von 30 Jahren** nach dem Erbfall wird die Eintragung des Nacherbschaftsvermerks unwirksam (§ 2109 BGB). Das gilt jedoch **nicht** für die Nacherbfolge mit Eintritt eines Ereignisses in der Person des zur Zeit des Erbfalls lebenden Vor- oder Nacherben (Wiederverheiratung, Tod usw) und zugunsten der zu Nacherben berufenen Geschwister. Dann begründet der Ablauf der 30-Jahresfrist keine Grundbuchunrichtigkeit; Löschung des Nacherbschaftsvermerks ist dann nur mit Bewilligung des Nacherben zulässig.[58]

3517

bb) Nachweis, daß die Eintragung des Nacherbschaftsvermerks nachträglich unrichtig geworden ist, erfordert Nachweis der Tatsachen (Rdn 369), die ausweisen, daß sich die Nacherbfolge nicht mehr auf das Grundstück oder Grundstücksrecht erstreckt. Form des Nachweises: § 29 Abs 1 GBO (Rdn 369)

3518

1984, 312 und NJW-RR 1996, 1230 (1231) = aaO (Fußn 41); KG OLGZ 1968, 337 = aaO (Fußn 41).
[53] BayObLG 1957, 285 (288) = aaO (Fußn 41); BayObLG 1973, 272 (274) = aaO (Fußn 41); BayObLG DNotZ 1983, 320 = aaO (Fußn 41); OLG Hamm NJW-RR 1996, 1230 (1231) = aaO (Fußn 52); OLG Hamm MittRhNotK 1999, 248 = Rpfleger 1999, 385.
[54] Streitig; siehe dazu Rdn 3488 Fußn 63.
[55] BayObLG 1973, 272 = DNotZ 1974, 235 = Rpfleger 1974, 433.
[56] BayObLG MittBayNot 2000, 328 = aaO (Fußn 41).
[57] RG Recht 1929 Nr 2374; BayObLG DNotZ 1983, 320 (325) = Rpfleger 1982, 467; OLG Düsseldorf JMBlNW 1960, 101 (102); OLG Frankfurt DNotZ 1970, 691 = Rpfleger 1971, 146; LG Oldenburg Rpfleger 1979, 102 (103).
[58] Bokelmann Rpfleger 1971, 337 (343; zu V 2); K/E/H/E Rdn 30 zu § 51.

mit der Einschränkung, daß nach Maßgabe des Rdn 159 Gesagten alle Beweismittel zulässig und Erfahrungssätze zu berücksichtigen sind.[59]

3519 cc) Zustimmung auch des **Ersatznacherben** zu einer unentgeltlichen Verfügung des Vorerben (Rdn 3478) oder einer entgeltlichen Verfügung des nicht befreiten Vorerben (Rdn 3484) ist für die Wirksamkeit der Verfügung des Vorerben nicht erforderlich. Auf Grund des Unrichtigkeitsnachweises ist der Nacherbschaftsvermerk mit dem Ersatznacherbenvermerk daher auch dann zu löschen, wenn Nachweis, daß der Ersatznacherbe der Veräußerung zugestimmt hat, nicht erfolgt ist und der Ersatznacherbe auch die Löschung des Nacherbschaftsvermerks nicht bewilligt hat.[60]

3520 dd) Wenn bei **Erbauseinandersetzung** mit **befreiten** Vorerben Grundbesitz einem **nicht mit Nacherbschaft beschwerten Miterben** (Vollerben) aufgelassen (desgleichen wenn ihm ein Grundstücksrecht übertragen) wird, scheidet dieser Grundbesitz mit wirksamer entgeltlicher Verfügung endgültig aus der Vorerbschaft aus; der Nacherbenvermerk ist mit Vollzug der Auflassung (der Übertragung des Rechts) zu löschen (Grundbuchunrichtigkeit). Wird bei Erbauseinandersetzung **zwischen** befreiten **Vorerben** (die selbständig durch Nacherbeinsetzung beschränkt sind [Nacherbe des A sind seine Kinder, Nacherben des B dessen Abkömmlinge]) Grundbesitz an einen von ihnen aufgelassen, so scheidet gleichfalls dieser Grundbesitz mit wirksamer entgeltlicher Verfügung aus der Vorerbschaft aus;[61] der Nacherbenvermerk ist mit Vollzug der Auflassung zu löschen (Grundbuchunrichtigkeit); entsprechendes gilt bei Übertragung eines Grundstücksrechts. Die Belange der Nacherben des erwerbenden Vormiterben (nicht die des oder der veräußernden Vormiterben) bleiben mit dinglicher Surrogation gem § 2111 Abs 1 S 1 BGB geschützt (Nacherbenvermerk am erworbenen Grundbesitz nachf). Entgeltlichkeit ist gegeben, wenn der Miterbe, dem Grundbesitz zu Eigentum oder ein Grundstücksrecht übertragen wird, wertmäßig nicht mehr erhält, als ihm auf Grund seiner Erbquote[62] (auch einer Teilungsanordnung des Erblassers[63]) gebührt oder wenn für den Mehrwert eine (gleichwertige) Gegenleistung in den Nachlaß[64] oder dem Vorerben erbracht wird (Rdn 3480). Der Miterbe gibt dann als „Gegenleistung" für das ihm Zugewendete seine Gesamthandberechtigung am Nachlaß und damit seinen Auseinandersetzungsanspruch auf.[65] Der (dinglichen) Rechtswirksamkeit einer solchen entgeltlichen Verfügung befreiter (Mit-)Vor-

---

[59] BayObLG DNotZ 1989, 182 = aaO (Fußn 41); KG DNotZ 1993, 607 (609) = NJW-RR 1993, 268 = OLGZ 1993, 270 = Rpfleger 1993, 236; OLG Hamm MittRhNotK 1999, 248 = aaO (Fußn 53).
[60] BayObLG 1970, 137 (142) = aaO (Fußn 41); BayObLG DNotZ 1993, 404 = Rpfleger 1993, 148. Bedenken hiergegen äußert zu Unrecht Bokelmann Rpfleger 1971, 343. Löschungsbewilligung des Vorerben allein (ohne Unrichtigkeitsnachweis) kann dagegen nicht genügen; anders BayObLG aaO.
[61] BayObLG DNotZ 1983, 320 = Rpfleger 1982, 468; KG DNotZ 1993, 607 = aaO (Fußn 59).
[62] BayObLG 1986, 208 (210, 212) = MittBayNot 1986, 266 = Rpfleger 1986, 470 (für TV-Verfügung); s bereits Rdn 3453 Fußn 20.
[63] S LG Hanau Rpfleger 1986, 433.
[64] Fall von BayObLG DNotZ 1983, 320 = Rpfleger 1982, 468.
[65] BayObLG 1986, 208 (210) = aaO; auch BGH NJW 1963, 1613 (1615); OLG Hamm NJW-RR 2002, 1518 = Rpfleger 2002, 617.

C. Nacherbschaftsvermerk im Grundbuch

erben steht nicht entgegen, daß das Nachlaßgrundstück an einen Vorerben (und nicht an einen Dritten) aufgelassen worden ist, und ebenso auch nicht ein vom Erblasser angeordnetes Auseinandersetzungsverbot.[66] Grundbesitz (oder ein Grundstücksrecht), den ein **Vorerbe** bei Erbauseinandersetzung mit Eigentumsumschreibung (oder Eintragung des Rechtsübergangs) anstelle seiner Mitberechtigung am (ungeteilten) Nachlaß erwirbt, gehört zur Erbschaft; er ist infolge dinglicher Surrogation (Mittelsurrogation, § 2111 Abs 1 S 1 BGB) Gegenstand des Rechts seines Nacherben.[67] Bei der Eigentumsumschreibung (Eintragung des Rechtsübergangs) ist deshalb der Nacherbenvermerk von Amts wegen (§ 51 GBO) mit einzutragen.[68] Zahlt dagegen ein befreiter Mitvorerbe den anderen aus eigenen Mitteln aus, um ein Nachlaßgrundstück zu Alleineigentum zu erwerben, scheidet das Grundstück endgültig aus dem Nachlaß aus; der Nacherbenvermerk ist zu löschen. Auch bei unentgeltlicher Übertragung eines Nachlaßgrundstücks auf den Nacherben erfolgt Löschung des Nacherbenvermerks mit Vollzug der Auflassung.[69] Der Nachweis, daß mit Auflassung des Nachlaßgrundstücks ein fälliger Anspruch aus einem **Vermächtnis** erfüllt wurde und daher die Zustimmung der Nacherben nicht mehr erforderlich ist (Rdn 3483 und 3485), kann nach Auffassung des OLG Hamm[70] durch Vorlage des Testaments überhaupt nicht und nach Ansicht des BayObLG[71] nicht durch Vorlage eines privatschriftlichen Testaments geführt werden. Diese Ansichten sind jedoch bedenklich und praxisfremd. Sie widersprechen den Grundsätzen, die für den Nachweis eines Vermächtnisses bei TVg entwickelt wurden (s Rdn 3439); danach wird trotz § 29 GBO als Erfahrungssatz angenommen, daß der Nachweis über ein Vermächtnis durch Einsicht in die Nachlaßakten bzw beglaubigte Abschrift des (Privat)Testaments samt Eröffnungsniederschrift geführt wird.[72]

ee) Das Grundbuchamt hat dem Nacherben vor der beantragten Löschung des Nacherbschaftsvermerks im Wege der Grundbuchberichtigung rechtliches Gehör zu gewähren.[73]

3521

---

[66] BayObLG DNotZ 1983, 320 (323) = aaO.
[67] RG 89, 53; BGH LM BGB § 242 C a 13 = MDR 1959, 290; BGH DNotZ 2001, 392 = NJW-RR 2001, 217 = Rpfleger 2001, 79; BayObLG JurBüro 1984, 751 = (mitget) Rpfleger 1984, 142; BayObLG 1986, 207 (211) = aaO; KG DNotZ 1993, 607 = aaO (Fußn 59); OLG Hamm NJW-RR 2002, 1518 = aaO (Fußn 65).
[68] BayObLG JurBüro 1984, 751 = aaO; BayObLG 1986, 208 (211) = aaO; KG DNotZ 1993, 607 = aaO (Fußn 59); LG Hanau Rpfleger 1986, 433; LG Köln MittRhNotK 1988, 22.
[69] LG Oldenburg DNotZ 1982, 370.
[70] OLG Hamm Rpfleger 1984, 312; anders jetzt aber OLG Hamm NJW-RR 1996, 1230 (1231–1232) = aaO (Fußn 41).
[71] BayObLG (14. 2. 1977, mitgeteilt) Rpfleger 1977, 285; aA OLG Hamm NJW-RR 1996, 1230 (1231–1232) = aaO (Fußn 41).
[72] So nunmehr OLG Düsseldorf DNotZ 2003, 637 = ZEV 2003, 296; OLG Hamm NJW-RR 1996, 1230 (1231–1232) = aaO (Fußn 41); vgl auch BayObLG DNotZ 2001, 808 = NJW-RR 2001, 1665 = Rpfleger 2001, 408; LG Stuttgart (31. 10. 1977), mitget von Neuschwander BWNotZ 1978, 75 Fußn 3, 4.
[73] BayObLG 1956, 64; BayObLG 1972, 397 (399) = DNotZ 1973, 289 = Rpfleger 1973, 97; BayObLG 1973, 272 = DNotZ 1974, 235 = Rpfleger 1973, 433; BayObLG 1994, 177 = aaO (Fußn 40); OLG Hamm Rpfleger 1984, 312; anders (grundsätzlich kein Anspruch des Nacherben auf Gehör) LG Berlin MDR 1981, 152. Auf

3522 f) Von der Bewilligung eines **Testamentsvollstreckers** ist die Löschung des Nacherbschaftsvermerks dann nicht abhängig, wenn die Testamentsvollstreckung erst für den Fall des Eintritts der Nacherbfolge angeordnet ist; s aber auch den in Rdn 3486 behandelten Fall.

3523 g) Gegen Ablehnung eines Antrags auf Löschung des Nacherbenvermerks ist **Beschwerde** unbeschränkt zulässig.[74]

3524 h) Löschung eines gegenstandslos gewordenen Nacherbschaftsvermerks kann nach § 84 GBO erfolgen.[75]

5. Nacherbschaftsvermerk nach Eintritt der Nacherbfolge

3525 a) **Löschung** des Nacherbschaftsvermerks erfolgt auch nach Eintritt der Nacherbfolge auf Antrag (§ 13 Abs 1 GBO), wenn sie vom Nacherben bewilligt ist (§ 19 GBO; Form: § 29 GBO). Antragsberechtigt sind der Nacherbe und der Gläubiger eines Grundstücksrechts, zu dessen Gunsten die Löschung erfolgen soll. Zustimmung (Bewilligung) der Ersatznacherben ist nach (urkundlich, § 29 GBO) nachgewiesenem Eintritt der Nacherbfolge und Annahme der Erbschaft durch den Nacherben nicht mehr erforderlich (Ersatznacherbfall kann nicht mehr eintreten[76]).

b) Im übrigen ist zu unterscheiden:

3525 a aa) **Der Vorerbe hat keine Verfügung getroffen.** Grundbuchberichtigung durch **Eintragung des** (auch für mehrere) **Nacherben** als Gesamtrechtsnachfolger des (voreingetragen gewesenen, § 39 GBO) Erblassers (Rdn 3476) auf Antrag (§ 13 Abs 1 GBO) erfordert Nachweis des Erbrechts des Nacherben durch Erbschein,[77] somit durch einen die Nacherbfolge ausweisenden Erbschein nach dem Erblasser,[78] oder Verfügung von Todes wegen in öffentlicher Urkunde mit Eröffnungsniederschrift (§ 35 Abs 1 GBO) und Nachweis (Form: § 29 GBO), daß Nacherbfolge eingetreten ist. Umschreibung des Grundbuchs auf den Nacherben kann trotz Nachweis, daß die Voraussetzungen für den

---

Grund einer von einem befreiten Vorerben wirksam erteilten Eintragungsbewilligung kann das Grundbuchamt auch dann noch eine Eintragung vornehmen, wenn inzwischen der Nacherbfall eingetreten ist und die Nacherben im Grundbuch als neue Eigentümer eingetragen worden sind, LG Aachen MittBayNot 1967, 209 = MittRhNotK 1967, 217.

[74] BayObLG DNotZ 1983, 318 mit weit Nachw.
[75] BayObLG 1952, 255 (260).
[76] Palandt/Edenhofer Rdn 6 zu § 2139.
[77] Der Erbschein hat die Angabe zu enthalten, wann der Nacherbfall eingetreten ist (BayObLG 1965, 77 [86] und MittBayNot 1997, 44 (45); OLG Stuttgart DNotZ 1979, 104 [107]), andernfalls ist er nicht verwendbar (AG Neresheim/LG Ellwangen BWNotZ 1992, 174).
[78] BGH 84, 196 = DNotZ 1983, 315 = NJW 1982, 2499 = Rpfleger 1982, 333; OLG Hamm DNotZ 1981, 57 = Rpfleger 1980, 347; Bokelmann Rpfleger 1971, 340 und 1974, 1; Hefelmann DNotZ 1937, 111. S auch BayObLG 1982, 252 = MDR 1982, 1029 = MittRhNotK 1982, 143 = (mitget) Rpfleger 1983, 13 dahin, daß für Eintragung des Nacherben als Eigentümer Vorlage einer Sterbeurkunde für den Vorerben jedenfalls dann nicht genügt, wenn der Nacherbe im Nacherbenvermerk nicht hinreichend genau (in der Regel namentlich) bezeichnet ist. AA Schepp MittRhNotK 1982, 137; Haegele Rpfleger 1971, 130 und 1976, 82; Ripfel BWNotZ 1959, 186; außerdem die Fußn 79 Genannten.

C. Nacherbschaftsvermerk im Grundbuch

Eintritt der Nacherbfolge erfüllt sind (zB durch Vorlage einer Sterbeurkunde über den Tod des Vorerben), nicht bereits auf Grund des Nacherbschaftsvermerks erfolgen, auch wenn er den Nacherben der Person nach bezeichnet.[79] Der für den Vorerben erteilte,[80] mit dem Eintritt des Nacherbfalls unrichtig gewordene und einzuziehende (§ 2361 BGB) Erbschein reicht für sich allein zum Nachweis des Erbrechts des Nacherben nicht aus.[81] Eintragung des Nacherben als Eigentümer allein auf Grund des Erbscheins, der die Nacherbfolge ausweist, wird auch nach Surrogationserwerb des Vorerben bei Erbauseinandersetzung (Rdn 3520) für zulässig erachtet.[82]

Löschung des Nacherbschaftsvermerks erfolgt auf Antrag des Nacherben (§ 13 Abs 1 GBO; Rdn 3525), wenn der Nacherbe (wenn es mehrere sind alle) sie bewilligt (§ 19 GBO; Form: § 29 GBO) oder wegen Unrichtigkeit des Grundbuchs (§ 22 Abs 1 GBO) oder von Amts wegen nach § 84 GBO wegen Gegenstandslosigkeit (zum Verfahren Rdn 386). Die Grundbuchunrichtigkeit (§ 22 Abs 1 GBO) oder Gegenstandslosigkeit ist mit der Wirkungslosigkeit des Vermerks ausgewiesen, wenn bis zur Eintragung des Nacherben keine Vorerbenverfügung erfolgt (eingetragen oder bewilligt) ist. Der Antrag auf Löschung des Nacherbenvermerks ist in einem solchen Fall (dh keine Verfügung des Vorerben) auch in dem Antrag des Nacherben zu erblicken, ihn im Wege der Berichtigung des Grundbuchs einzutragen[83] (Auslegung).

bb) Es ist eine vom Vorerben bestellte Grundstücksbelastung eingetragen. Grundbuchberichtigung durch **Eintragung** des (auch für mehrere) **Nacherben** als Gesamtrechtsnachfolger des (voreingetragen gewesenen, § 39 GBO) Erblassers (Rdn 3476) erfolgt auch in diesem Fall auf Antrag, wenn das Erbrecht des Nacherben nachgewiesen ist (wie Rdn 3525a). Der **Nacherbenvermerk** ist hier **nicht wirkungslos** und damit auch nicht infolge Grundbuchunrichtigkeit (§ 22 Abs 1 GBO) oder als gegenstandslos (§ 84 GBO) zu löschen. Er sichert weiterhin vor Rechtsverlust, der mit Verfügung über das eingetragene, infolge des Eintritts der Nacherbfolge aber unwirksame Recht am Grundstück durch den öffentlichen Glauben des Grundbuchs eintreten könnte (hierzu Rdn 3489 und 3495). **Löschung** des Nacherbenvermerks erfolgt jedoch auf Antrag (§ 13 Abs 1 GBO; ist aber hier in dem Antrag des Nacherben, ihn im Wege der Berichtigung des Grundbuchs einzutragen, nicht zu erblicken), wenn der Nacherbe als Betroffener sie bewilligt (§ 19 GBO; Form: § 29 GBO; dieser verzichtet damit auf den fortdauernden Schutz, s Rdn 3512). Unrichtigkeitsnachweis (§ 22 Abs 1 GBO) in der Weise, daß die eingetragene Verfügung des Vorerben dem Nacherben gegenüber wirksam ist, wird in einem solchen Fall nicht

3525b

---

[79] S BGH aaO (Fußn 78); zu anderer früherer Ansicht s auch KG JFG 1, 366; LG Berlin DNotZ 1954, 389; KG DNotZ 1956, 195.
[80] Nach Eintritt des Nacherbfalls wird ein Erbschein über die Erbenstellung des Vorerben nicht mehr erteilt, OLG Frankfurt Rpfleger 1997, 262.
[81] OLG Frankfurt NJW 1957, 265; KG DNotZ 1953, 389; LG Essen Rpfleger 1974, 18.
[82] OLG Hamm NJW-RR 2002, 1518 = Rpfleger 2002, 617.
[83] So auch KG JFG 1, 366 (368); Bauer/vOefele/Schaub Rdn 157 zu § 51; K/E/H/E Rdn 29 zu § 51; MünchKomm/Grunsky Rdn 8 zu § 2139. AA BayObLG 1952, 255 (260) und Demharter Rdn 45, Meikel/Kraiss Rdn 169, je zu § 51. Einleuchtend ist diese Ansicht jedoch nicht; die Beteiligten werden in aller Regel davon ausgehen, daß der eine Antrag ohne weiteres auch den anderen Antrag in sich schließt.

beigebracht werden können; Ausnahme bei Wirksamkeitsvermerk (zu diesem Rdn 296 und 3490).

3525 c cc) **Es ist ein Dritter als (neuer) Eigentümer des Nachlaßgrundstücks eingetragen.** Grundbuchberichtigung durch **Eintragung des Nacherben** auf dessen Antrag (§ 13 Abs 1 GBO) mit Nachweis durch einen die Nacherbfolge ausweisenden Erbschein oder durch öffentliches Testament mit Eröffnungsniederschrift (s Rdn 3525 a) kann nicht erfolgen, wenn bereits ein Dritter auf Grund Verfügung des Vorerben oder auf Grund Verfügung des Dritten bereits ein späterer Erwerber im Grundbuch als Eigentümer des zur Erbschaft gehörenden Grundstücks eingetragen ist. Grund: Der Erbschein weist nicht aus, daß die Eintragung des Dritten auf Grund der Vorerbenverfügung infolge der Eintragung des Nacherbenvermerks nach § 2113 BGB unwirksam ist (der Nacherbe könnte zugestimmt haben, die Verfügung sonst ihm gegenüber wirksam geworden sein); der Nacherbenvermerk sichert vor Rechtsverlust, der durch den öffentlichen Glauben des Grundbuchs eintreten könnte, weist Unwirksamkeit der Vorerbenverfügung aber gleichfalls nicht aus; überdies ist der Erblasser nicht mehr voreingetragen nach § 39 GBO. Eintragung des Dritten auf Grund der mit Eintritt der Nacherbfolge nun unwirksamen Vorerbenverfügung (desgleichen Eintragung des späteren Erwerbers) begründet Grundbuchunrichtigkeit zum Nachteil des Nacherben. Dieser hat daher Anspruch auf Grundbuchberichtigung (§ 894 BGB). Schuldner dieses Berichtigungsanspruchs auf Eintragung des Nacherben als Eigentümer[84] ist der eingetragene buchberechtigte Dritte[85] (Rdn 100; nicht mehr somit der Vorerbe). Eintragung des Nacherben als Eigentümer erfolgt daher im Wege der Grundbuchberichtigung auf Antrag (§ 13 Abs 1 GBO), wenn sie der buchberechtigte Dritte als Betroffener bewilligt (§ 19 GBO; Form: § 29 GBO); Unrichtigkeitsnachweis nach § 22 Abs 1 GBO würde Nachweis auch der Unwirksamkeit der Verfügung erfordern, sich daher praktisch nicht führen lassen. Löschung des Nacherbenvermerks in diesem Fall: wie Rdn 3525.

3525 d dd) **Es ist über ein zur Erbschaft gehörendes Recht am Grundstück verfügt.** Entsprechendes gilt, wenn eine Verfügung des Vorerben über ein zur Erbschaft gehörendes Recht an einem Grundstück im Falle des Eintritts der Nacherbfolge unwirksam ist. Belastung des Rechts (Verpfändung, Nießbrauch) ermöglicht Grundbuchberichtigung durch Eintragung des Nacherben auf Grund Erbnachweises nach dem Rdn 3525 b Gesagten (dort auch zur fortdauernden Wirkung und Löschung des Nacherbenvermerks). Abtretung des Rechts erfordert für Grundbuchberichtigung durch Eintragung des Nacherben Bewilligung des buchberechtigten Dritten (wie Rdn 3525 c).

D. Sonstige grundbuchliche Fragen zur Vor- und Nacherbschaft

1. Besonderer Fall bedingter Nacherbfolge

3526 Die Anerkennung der eigenartigen und dem Grundgedanken des § 2065 BGB an sich widersprechenden testamentarischen Anordnung, daß der vom Erb-

---

[84] Siehe MünchKomm/Wacke Rdn 9 zu § 894 BGB.
[85] So auch Alff Rpfleger 1991, 243 (reSp); MünchKomm/Wacke aaO.

D. Sonstige grundbuchliche Fragen zur Vor- und Nacherbschaft

lasser zum **Nacherben** Berufene **nur dann zum Zuge kommen** soll, wenn und soweit der **Vorerbe** (nicht etwa der Erblasser) durch Erbeinsetzung oder Vermächtnis nach dem Tod des Erblassers **nichts Abweichendes bestimmt**, hat sich in der Rechtsprechung durchgesetzt.[1]
Gleichwohl kann der Nacherbschaftsvermerk nach § 51 GBO vor dem Tode des Vorerben nicht gelöscht werden.[2] Das hat zur Folge, daß der Vorerbe insbesondere den Verfügungsbeschränkungen des § 2113 BGB bis zu seinem Tode unterliegt. Er kann damit nur bei befreiter Vorerbschaft (§ 2136 BGB) über zum Nachlaß gehörende Grundstücke ohne Mitwirkung des Nacherben entgeltlich verfügen (Rdn 3485). Ist Entgeltlichkeit dargetan, kann im Falle einer Grundstücksveräußerung der Nacherbschaftsvermerk gelöscht werden (Rdn 3516). Etwas anderes gilt, wenn die Bedingung für den Wegfall der Nacherbschaft bereits mit der Errichtung einer Verfügung von Todes wegen in öffentlichem Testament oder Erbvertrag oder durch eine lebzeitige Verfügung des Vorerben[3] eintreten soll (Nachweis durch beglaubigte Abschrift). 3527

2. Übertragung des Anwartschaftsrechts des Nacherben

Überträgt der Nacherbe vor Eintritt der Nacherbfolge seine Anwartschaft auf den Vorerben (notarielle Beurkundung ist in entsprechender Anwendung des § 2033 BGB erforderlich),[4] so vereinigt dieser zwar die Rechte und Pflichten des Vor- und des Nacherben in seiner Person. Vollerbe wird er aber gleichwohl nur dann, wenn der Erblasser keinen **Ersatznacherben** berufen hat oder für diesen Fall die Ersatznacherbfolge auflösend bedingt ist. Zwar bedarf der in erster Linie berufene Nacherbe zur Übertragung seines Anwartschaftsrechts auf den Vorerben nicht der Mitwirkung des Ersatznacherben.[5] Er kann aber auch in dessen Rechtsstellung nicht eingreifen. Der Vorerbe verliert vielmehr seine durch die Übertragung erworbene Rechtsstellung als Nacherbe in dem Zeitpunkt an den Ersatznacherben, zu dem sie der – ursprüngliche – Nacherbe an diesen verlieren würde.[6] Aus diesem Grunde kann im Zuge der Übertragung des Anwartschaftsrechts der Nacherben auf den Vorerben die **Löschung des Nacherbschaftsvermerks** im Grundbuch nicht gegen den Willen 3528

---

[1] BayObLG 1982, 331 (341) mit weit Nachw.; OLG Hamm MittBayNot 2000, 47 = MittRhNotK 1999, 313 = ZNotP 1999, 444; auch BGH NJW 1981, 2051. Nachweise außerdem bei Palandt/Edenhofer Rdn 9 zu § 2065. Vgl weiter OLG Frankfurt DNotZ 2001, 143 mit Anm Kanzleiter: Keine Benennung des Nacherben durch Vorerben. Kritisch Ivo DNotZ 2002, 260. Vor dem Tode des Erblassers kann der Vorerbe von seinem Recht keinen Gebrauch machen, BGH BWNotZ 1970, 67 = MDR 1970, 490.
Die dem Vorerben vom Erblasser erteilte Ermächtigung, eine **andere Verteilung** des **Nachlasses** unter den zu Nacherben berufenen Kindern vorzunehmen, kann eine Nacherbeneinsetzung unter der zulässigen Bedingung sein, daß der Vorerbe nicht letztwillig verfügt. Macht der Vorerbe von dieser Befugnis Gebrauch, so steht mit seinem Tode rückschauend fest, daß er Vollerbe war, KG DNotZ 1956, 195.
[2] OLG Braunschweig Rpfleger 1991, 204; LG Dortmund Rpfleger 1969, 17.
[3] OLG Hamm MittBayNot 2000, 47 = aaO.
[4] Die Zulässigkeit einer solchen Übertragung ist anerkannt, vgl etwa RG 101, 185 (191); 145, 316; OLG Frankfurt Rpfleger 1980, 228.
[5] Vgl RG 145, 316; OLG Köln NJW 1955, 633.
[6] Bis dahin benötigt der Vorerbe, der die Anwartschaft des Nacherben erworben hat, nicht der Zustimmung des Ersatznacherben (vgl Rdn 3478).

3529 Das hiervor Ausgeführte gilt auch dann, wenn der unmittelbare Nacherbe sein Anwartschaftsrecht auf einen **Dritten überträgt**. Eine Übertragung vorstehender Art kann sowohl der **alleinige Nacherbe** wie auch jeder **Mit-Nacherbe** vornehmen.

3. Erwerb eines Nachlaßgegenstandes durch den Vorerben ohne Nacherbenbindung

3529a Der Vorerbe erwirbt einen Nachlaßgegenstand ohne Nacherbenbindung, wenn ihm dieser durch Vorausvermächtnis zugewiesen ist (s Rdn 3509 Buchst e). Ein Mit-Vorerbe kann durch teilweise Erbauseinandersetzung (Auflassung) ein Nachlaßgrundstück jedenfalls mit Zustimmung der Nacherben (nicht der Ersatzerben) unter Ausscheiden dieses Grundstückes aus der Nacherbenbindung erwerben (s Rdn 3477, 3478, 3509, 3516); das gleiche gilt, wenn ein Erbe zu einem Bruchteil als Miterbe und zu einem weiteren Bruchteil als Vorerbe eingesetzt ist.[8] Der alleinige Vorerbe soll dagegen auch mit Zustimmung der Nacherben (ohne Zustimmung der oft noch nicht feststehenden Ersatz-Nacherben, s Rdn 3513) einen einzelnen Nachlaßgegenstand nicht zum eigenen, nicht der Nacherbfolge unterliegenden Vermögen erwerben können.[9] Als Umweg wird vorgeschlagen Auflassung an den Nacherben (oder mit dessen Zustimmung an einen Dritten), womit das Grundstück aus dem Nachlaß vollständig ausscheidet; anschließend Rückauflassung an den Vorerben.[10] Im Hinblick darauf, daß auch beim Vorausvermächtnis an den alleinigen Vorerben dieser Gegenstand ohne weitere Erfüllungshandlung nacherbenfreies Vermögen des Vorerben wird,[11] besteht unseres Erachtens kein Grund, diese Rechtsfolge nicht auch nachträglich hinsichtlich einzelner Nachlaßgegenstände ohne Auflassung, aber mit Zustimmung (Freigabe ähnlich der Freigabe von Nachlaßgegenständen aus der Testamentsvollstreckung,

---

[7] S insbesondere BayObLG 1970, 137 = DNotZ 1970, 686 = Rpfleger 1970, 344; OLG Frankfurt DNotZ 1970, 691; OLG Hamm JMBl NRW 1953, 80 und DNotZ 1970, 688 = FamRZ 1970, 607 mit Anm Schulze = NJW 1970, 1606 und 2028 Leits mit Anm Lehmann = Rpfleger 1970, 242; OLG Stuttgart BWNotZ 1957, 152; LG Oldenburg Rpfleger 1979, 102; aA Becher NJW 1969, 1463, der insbesondere die Rechtsstellung des Ersatznacherben behandelt. Doch wird bei entgeltlicher Übertragung der Nacherbenanwartschaft auf den Vorerben eine Auslegung der letztwilligen Verfügung des Erblassers nach seinem wirklichen oder mutmaßlichen Willen ergeben, daß eine Ersatznacherbeneinsetzung für diesen Fall nicht angeordnet ist; so LG München II MittBayNot 1980, 29; ähnlich OLG Stuttgart BWNotZ 1982, 64 = Rpfleger 1982, 106 (keine Ersatznacherbfolge nach §§ 2069, 2097 BGB, wenn der zum Nacherben berufene Abkömmling die Nacherbschaft ausschlägt und den Pflichtteil verlangt).

[8] Ludwig, Vor- und Nacherbschaft im Grundstücksrecht (1996) S 100 ff.

[9] Vgl dazu eingehend Maurer DNotZ 1981, 223.

[10] Maurer aaO; ihm folgend Palandt/Edenhofer Rdn 2 zu § 2111 BGB.

[11] BGH 32, 60 = DNotZ 1960, 553 = NJW 1960, 959.

A. Allgemeine Fragen

§ 2217 BGB) der Nacherben (also nicht der Ersatznacherben) zuzulassen und damit den alleinigen Vorerben insbesondere gegenüber dem Mit-Vorerben schlechter zu stellen oder auf – abenteuerliche – Umwege zu verweisen. Mit Zustimmung aller Nacherben kann daher nach unserer Auffassung ein Grundstück aus der Nacherbenbindung entlassen werden.

4. Surrogationserwerb

Die Nacherbschaft erstreckt sich auf einen Surrogationserwerb.[12] Bei Beurteilung der Frage, ob ein Erwerb mit Mitteln der Erbschaft (Surrogat) vorliegt, ist nicht ein formal enger, sondern ein wirtschaftlicher Maßstab anzulegen.[13] Surrogationserwerb kann auch bei Erbauseinandersetzung (Rdn 3520) und auch zu einem Bruchteil eintreten.[14]
Die Voraussetzungen der Surrogation brauchen nicht nachgewiesen zu werden, wenn der Vorerbe die Eintragungsbewilligung erteilt.
Der Vorerbe kann aber nicht einen nicht zum Nachlaß des Erblassers gehörenden Gegenstand mit dinglicher Wirkung in die Vorerbschaft einbeziehen. Er kann somit nicht ein in seinem Eigentum stehendes Grundstück mit einem zum Nachlaß gehörenden mit einem Nacherbschaftsvermerk belasteten Grundstück austauschen.[15] Baut der Vorerbe aber auf eigenem Grundstück ein Haus mit Mitteln des Vorerbschaftsnachlasses, so gehört das Hausgrundstück anteilsmäßig zum Nachlaß der Vorerbschaft.[16]

3530

5. Nachvermächtnis

Der Vorvermächtnisnehmer unterliegt **keinen Verfügungsbeschränkungen** der Rdn 3476 ff behandelten Art (§ 2191 Abs 2 BGB).

3531

VI. Rechtsgeschäftliche Vertretung im Grundstücksverkehr

A. Allgemeine Fragen

In Grundstücks- und Grundbuchsachen[1] brauchen die Beteiligten nicht persönlich mitzuwirken, sondern können sich auch durch dritte Personen (auch

3532

---

[12] Zu Surrogationserwerb bei Vor- und Nacherbfolge s BGH 110, 176 (178) = Mitt-BayNot 1990, 189 = NJW 1990, 1237; Roggendorf MittRhNotK 1981, 29. S zum Surrogationserwerb auch Haegele Rpfleger 1971, 131.
[13] BGH 40, 115 (123); OLG Stuttgart BWNotZ 1980, 92.
[14] OLG Frankfurt Rpfleger 1980, 228.
[15] OLG Stuttgart DNotZ 1974, 365 = OLG 1973, 262; OLG Köln MittRhNotK 1987, 80 = Rpfleger 1987, 60 und 155 Leits mit Anm Ludwig (Zustimmung des TV ist daher unerheblich).
[16] BGH DNotZ 1977, 745 = NJW 1977, 1631.
[1] Zur rechtsgeschäftlichen Stellvertretung bei Auslandsaufenthalt (-sitz) des Vertretenen s Dorsel MittRhNotK 1997, 6. Für Vollmachten zu Veräußerung oder Erwerb von Grundstücken im Ausland s die von der Europakommission der Union des Lateinischen Notariats (1981) herausgegebenen mehrsprachigen gleichlautenden Mustertexte.

4. Teil. VI. Rechtsgeschäftliche Vertretung im Grundstücksverkehr

durch Minderjährige oder sonst in der Geschäftsfähigkeit Beschränkte, § 165 BGB)[2] vertreten lassen. Die von einem Vertreter abgegebene rechtsgeschäftliche oder verfahrensrechtliche Erklärung ist für den Vertretenen nur wirksam, wenn der Vertreter hierfür im Zeitpunkt der Abgabe[3] der rechtsgeschäftlichen (§ 130 Abs 2 BGB) oder im Zeitpunkt des Wirksamwerdens[4] der verfahrensrechtlichen Erklärung (s Rdn 106) eine wirksame Vollmacht hat.

3533 Eine Vollmacht kann erteilt werden als **Innenvollmacht,** dh durch Erklärung gegenüber dem Bevollmächtigten, oder als **Außenvollmacht,** dh durch Erklärung gegenüber Dritten. Zum Schutz des redlichen Geschäftsverkehrs wird in den Fällen der §§ 170–172 BGB das Vertrauen des gutgläubigen Geschäftsgegners in das Fortbestehen einer in Wirklichkeit nicht mehr bestehenden Vollmacht geschützt: in diesen Fällen wird der Vertretene rechtlich verpflichtet, obwohl eine wirksame Vollmacht nicht (mehr) bestand.

3534 Mehrere Beteiligte können den gleichen Bevollmächtigten haben. Die Vollmacht kann unterschiedlichen Umfang haben (zB Spezial- oder Generalvollmacht). Sie kann einem einzelnen oder mehreren Bevollmächtigten erteilt werden. Mehrere Bevollmächtigte können, falls sich aus dem Inhalt der Vollmacht nichts anderes ergibt, **nur gemeinsam** vertreten (Gesamtvertretung). Sie können aber die Erklärungen einzeln nacheinander abgeben. Mehrere Gesamtvertreter können auch einen von ihnen ermächtigen, die ohne ihre Zustimmung abgegebenen Erklärungen gegenüber dem Vertragsgegner zu genehmigen (§§ 178, 180 BGB)[5] oder einem von ihnen im voraus Vollmacht zum Abschluß eines bestimmten Rechtsgeschäfts oder eines Kreises von Rechtsgeschäften (nicht jedoch zu allen Rechtsgeschäften) geben. Soll jeder von mehreren Bevollmächtigten allein vertretungsberechtigt sein, muß dies in der Vollmacht deutlich zum Ausdruck kommen.

3534a **Generalvollmachten**[6] (dh Vollmachten zur Vertretung in allen Angelegenheiten, in denen eine Vertretung zulässig ist) können von Privatpersonen wirksam erteilt werden. Organe juristischer Personen können ihre (organschaftliche) Vertretungsmacht im ganzen durch einen anderen nicht ausüben lassen, (organschaftliche) Geschäftsführungsbefugnisse durch Generalvollmacht so-

---

[2] Die einem beschränkt Geschäftsfähigen erteilte Vollmacht wird bereits mit dem Zugang an ihn wirksam. Sie braucht also nicht etwa zuvor seinem gesetzlichen Vertreter zugehen, OLG Frankfurt MDR 1964, 756.
[3] Streitig, wie hier OLG Frankfurt OLGZ 1984, 12; MünchKomm/Schramm Rdn 11, Erman/Palm Rdn 5, Staudinger/Schilken Rdn 5, je zu § 177 BGB; aA (Zugang maßgeblich) Soergel/Leptien Rdn 5 zu § 177 BGB; vgl zum Problem (zB bei befristeten Vollmachten) DNotI-Report 1995, 179 mit dem richtigen Hinweis, daß keine Bindung des Vertretenen entsteht, wenn Erklärungsempfänger das Erlöschen der Vollmacht vor Zugang der Erklärung des Vertretenen bekanntgemacht wurde oder § 173 BGB vorliegt.
[4] KG DNotZ 1972, 615 (617); K/E/H/E Rdn 187; Meikel/Lichtenberger Rdn 154, je zu § 19.
[5] BGH DNotZ 1975, 566 = NJW 1975, 1117; OLG Frankfurt Rpfleger 1975, 177.
[6] Zu deren einschränkender Auslegung bei außergewöhnlichen Geschäften OLG Zweibrücken BB 1990, 1014 = NJW-RR 1990, 531. Nach LG München II MittBayNot 1997, 246 soll eine Generalvollmacht nicht zum Tätigwerden in der Funktion des Vollmachtgebers als persönlich haftender Gesellschafter einer oHG oder KG ermächtigen.

mit nicht übertragen;[7] diese können – soweit Gesamtvertretung besteht – auch nicht einen von ihnen generell ermächtigen, alle denkbaren Vertretungshandlungen vorzunehmen[8] (s Rdn 3621). Von solchen unzulässigen Generalvollmachten der Organe juristischer Personen streng zu unterscheiden ist die – zulässige – Generalhandlungsvollmacht, die eine juristische Person gemäß § 54 HGB erteilt.[9] Als solche aufzufassen oder in eine solche umzudeuten sein kann auch die von Organen juristischer Personen erteilte (unzulässige) Generalvollmacht.[10]

B. Form der Vollmacht

1. Grundsatz der Formfreiheit (§ 167 BGB)

Eine Vollmacht in Grundstückssachen bedarf nach § 167 Abs 2 BGB materiell-rechtlich nicht der Form des Rechtsgeschäfts, auf das sie sich bezieht. Wirksam ist daher auch die mündlich oder privatschriftlich erteilte Vollmacht zu Grundstücksveräußerung oder -erwerb (Ausnahmen Rdn 3537 [§ 311b Abs 1 BGB]). Hat zB der Verkäufer einen Dritten zum Verkauf seines Grundstücks bevollmächtigt (Formulierung in der Urkunde zB: 3535

> ... handelnd auf Grund behaupteter mündlicher Vollmacht für ...)

so ist der Verkäufer zur Erfüllung des Vertrages (Auflassung) verpflichtet und kann hierauf erfolgreich verklagt werden[1] (soweit die Vollmachtserteilung bewiesen werden kann). Stellt sich dagegen heraus, daß die Vollmacht nicht erteilt war, wird der Vertretene weder berechtigt noch verpflichtet. Der Vertreter haftet nach § 179 Abs 1 BGB.[2] Eine Vollmacht zum Abschluß von Verbraucherdarlehensverträgen bedarf der Schriftform und der Angaben nach § 492 Abs 1, 4 S 1 BGB.[3] Für notariell beurkundete (aber nicht für nur beglaubigte) Vollmachten – auch Generalvollmachten[4] – ist dagegen die Angabe der in § 492 Abs 1 S 5 BGB aufgeführten Verbraucherdarlehensangaben nicht erforderlich[5] (§ 492 Abs 4 S 2 BGB). Für vor dem 1. 1. 2002 erteilte

---

[7] BGH DNotZ 1976, 37 = NJW 1975, 1741; BGH DNotZ 1977, 119 = NJW 1977, 199; BGH DNotZ 1988, 690 = NJW 1988, 1199; BGH MittBayNot 1988, 227 (228) = NJW 1989, 164 (166); BGH DNotZ 2003, 147 = NJW-RR 2002, 1325; OLG München NJW-RR 1991, 893; LG Köln Rpfleger 2001, 175; zu solchen „organvertretenden" Generalvollmachten vgl Gutachten DNotI-Report 1996, 76. Zur Vollmachtserteilung durch Insolvenzverwalter vgl Kesseler ZNotP 2003, 327.
[8] OLG München aaO.
[9] BGH DNotZ 2003, 147 = aaO; KG MittRhNotK 1991, 317 = NJW-RR 1992, 34 = OLGZ 1992, 150 = Rpfleger 1991, 461.
[10] BGH DNotZ 2003, 147 = aaO.
[1] RG 62, 335; 76, 182.
[2] OLG Celle DNotZ 1977, 33.
[3] Damit hat der Gesetzgeber die gegenteilige Rechtsprechung des BGH im Bereich des VerbrKrG (BGH DNotZ 2001, 620 = NJW 2001, 1931 und DNotZ 2001, 769 = NJW 2001, 2963) korrigiert.
[4] Vgl hierzu Amann/Brambring/Hertel, Vertragspraxis, S 394 ff; Dörrie ZfIR 2002, 89.
[5] Die Angaben nach § 492 Abs 1 S 5 BGB auch in notariell beurkundeten Vollmachten verlangt Palandt/Putzo Rdn 21 zu § 492 BGB, wenn durch die Vollmacht der Verbrau-

Kreditvollmachten gilt dagegen die alte Rechtslage (Art 229 § 5 S 1 EGBGB). Für den Grundbuchvollzug einer mit Vollmacht bestellten Grundschuld haben diese Fragen allerdings keine Bedeutung (s Rdn 3536).

2. Formerfordernis für Vollmacht nach § 29 GBO

3536 Das Grundbuchverfahrensrecht verlangt in § 29 GBO[6] für die Vollmacht zur Abgabe einer Eintragungsbewilligung (in den Fällen des § 20 GBO auch für die Einigung) die öffentliche Beglaubigung. Eine dieser Form nicht entsprechende mündliche oder privatschriftliche Vollmacht ist für das Grundbuchverfahren nicht verwendbar, obwohl sie materiellrechtlich wirksam ist. Sie bedarf daher in solchen Fällen zur Verwendung vor dem Grundbuchamt noch der öffentlichen Beglaubigung oder im Falle mündlich erteilter Vollmacht der Vollmachtsbestätigung[7] in öffentlich beglaubigter Form. **Beispiel:**

> Ich bestätige, daß ich Herrn X zum Abschluß des Kaufvertrages URNr... des Notars... und aller darin in meinem Namen abgegebenen Erklärungen bereits vor Vertragsabschluß Vollmacht erteilt habe.

Eines Nachweises der Kenntnisnahme von der Vollmachtsbestätigung durch den einen oder anderen Vertragsteil bedarf es in einem solchen Falle nicht.[8]

---

cher tatsächlich oder rechtlich gebunden ist. Dies ist abzulehnen, da der Verbraucherschutz mit dieser gesetzlichen Regelung über die Belehrungspflicht (und Haftung) des Notars gewährleistet sein sollte.
[6] Zur Beglaubigung durch **ausländischen Notar** s OLG Zweibrücken MittBayNot 1999, 480 = MittRhNotK 1999, 241 = Rpfleger 1999, 326; OLG Schleswig SchlHA 1962, 173 mit Anm Deutsch SchlHA 1962, 244 sowie Rdn 3540. Eine durch Bekanntmachung im Bundesanzeiger veröffentlichte amtliche Vollmacht ist für Grundbuchzwecke nur brauchbar, wenn auf sie im Bundesgesetzblatt hingewiesen wurde und sie dadurch zur Rechtsverordnung nach Art 80, 82 GG geworden ist, LG Kassel Rpfleger 1959, 319 mit zust Anm Haegele; gegen die Offenkundigkeit bei Veröffentlichung im BAnz auch LG Köln MittRhNotK 1982, 62.
Zur Blankobeglaubigung s Rdn 162.
[7] Der BGH (29, 366 = DNotZ 1959, 312 = Rpfleger 1959, 219) hat ausdrücklich bestätigt, daß zB der grundbuchliche Nachweis, daß eine Auflassungsvollmacht im Zeitpunkt der Auflassung bereits bestanden hat, auch durch eine in öffentlich beglaubigter Form erklärte Vollmachtsbestätigung erbracht werden kann. Eine andere Beurteilung ist nach Auffassung des BGH allerdings geboten, wenn Zweifel an der inhaltlichen Richtigkeit der Erklärung bestehen oder wenn dem Grundbuchamt bekannt ist, daß der Erklärende im Zeitpunkt der Abgabe der Vollmachtsbestätigung nicht mehr verfügungsberechtigt war; ähnlich OLG Köln Rpfleger 1986, 298 und BGH NJW 1989, 2049 (für die nachträgliche Genehmigung). Nach OLG Hamm JMBl NRW 1958, 105 genügt eine neue Vollmacht oder diesbezügliche Rückbeziehung auf den Tag des Abschlusses des Rechtsgeschäfts nicht. Dies soll auch für eine ihrem Datum nach vor der Auflassung ausgestellte Vollmacht, auf der nur die Unterschrift später beglaubigt worden ist, gelten. Diesem Ergebnis kann jedoch für die Fälle nicht zugestimmt werden, in denen eine Vollmacht ohne Unterschriftsbeglaubigung im Zeitpunkt des Abschlusses des Rechtsgeschäfts bereits vorgelegen hat, was sich vielfach durch einen entsprechenden Vermerk in der Niederschrift leicht urkundlich feststellen läßt, und die Vollmacht nicht etwa materiell-rechtlich der Beurkundungsform bedarf.
[8] OGH SJZ 1949, 329.

B. Form der Vollmacht

Wird die Bestätigung der tatsächlich mündlich erteilten Vollmacht verweigert, so kann der wirksam Vertretene auf Vollmachtsbestätigung in der Form des § 29 GBO verklagt werden.

3. Formerfordernis des § 311 b Abs 1 S 1 BGB für Vollmachten[9]

Trotz der Regel des § 167 Abs 2 BGB ist für die Vollmacht dann eine besondere Form erforderlich, wenn die formfreie Vollmacht zur Umgehung einer Formvorschrift führen würde. Vollmachten zu **Erwerb oder Veräußerung** von Grundstücken bedürfen daher materiell-rechtlich der Form des § 311 b Abs 1 S 1 BGB, wenn sie lediglich „das äußere Gewand sind, in das die Verpflichtung zu Übertragung oder Erwerb des Grundeigentums gekleidet ist".[10] Dies ist dann der Fall, wenn die Vollmacht bereits eine rechtliche oder tatsächliche Bindung für die Veräußerung oder den Erwerb entfaltet. Der Form des § 311 b Abs 1 S 1 BGB bedarf daher nach ständiger Rechtsprechung eine unwiderrufliche Vollmacht zu Erwerb oder Veräußerung von Grundstücken.[11] Ob die Vollmacht unwiderruflich ist, ergibt sich in der Regel (Ausnahme: isolierte Vollmacht) aus dem ihr zugrunde liegenden Rechtsverhältnis (Auftrag, Geschäftsbesorgung, Dienstvertrag), § 168 BGB.[12] Die rechtliche Bindung für Grundstücksveräußerung oder -erwerb wird daher in solchen Fällen (sie bilden den Regelfall) durch Abschluß des für die Vollmacht „kausalen" Rechtsgeschäfts begründet.[13] Nach den für § 311 b Abs 1 S 1 BGB geltenden Regeln ist daher in solchen Fällen dieses Rechtsgeschäft (Auftrag, Geschäftsbesorgung uä) beurkundungsbedürftig;[14] die Beurkundung der isolierten Vollmacht genügt nicht; auch die Annahme des Auftrags durch den Auftragnehmer (Bevollmächtigten) bedarf der notariellen Beurkundung in solchen Fällen. Dies gilt für alle unwiderruflichen Vollmachten. Ist demgemäß bei ei-

3537

---

[9] Vgl zu den hier behandelten Formfragen Dierck MittRhNotK 1968, 242 (247); Greiner BWNotZ 1962, 251; Lutz BWNotZ 1967, 141; Orth BWNotZ 1966, 305; Görgens MittRhNotK 1982, 53 (57); Kanzleiter DNotZ 1979, 687; Ritzinger BWNotZ 1987, 28; Korte, Handbuch der Beurkundung von Grundstücksgeschäften, S 134 ff; BGH DNotZ 1970, 743 = Rpfleger 1970, 388; BGH DNotZ 1985, 294 = NJW 1985, 730; OLG Düsseldorf MittBayNot 1984, 80.
[10] BGH DNotZ 1952, 447 = NJW 1952, 1210 mit Anm Grussendorf; BGH DNotZ 1963, 672; BGH DNotZ 1965, 549; BGH BB 1965, 847 = DNotZ 1966, 92 = FamRZ 1965, 495.
[11] RG 62, 335; 76, 182; 81, 49; 110, 320; BayObLG 1996, 62 = DNotZ 1997, 312 mit Anm Wufka = NJW-RR 1996, 848; nach BGH WM 1967, 1039 bedarf eine unwiderrufliche Veräußerungsvollmacht der notariellen Beurkundung auch dann, wenn sie zeitlich begrenzt ist. Zur Erwerbsvollmacht seit Änderung des § 313 BGB s Kanzleiter DNotZ 1973, 522. Vgl im übrigen Fußn 10.
[12] BayObLG 1996, 62 = aaO; OLG Frankfurt Rpfleger 1979, 133; Görgens MittRhNotK 1982, 53 (57).
[13] So nun ausdrücklich BayObLG 1996, 62 = aaO (Fußn 11).
[14] Staudinger/Wufka Rdn 140 ff zu § 313 BGB; Wolfsteiner DNotZ 1979, 579; Görgens MittRhNotK 1982, 53 (58); Brych Betrieb 1979, 1589; BGH DNotZ 1970, 743; BGH DNotZ 1988, 547 = NJW 1988, 132; BGH NJW 1997, 312; BayObLG 1996, 62 = aaO (Fußn 11); OLG Karlsruhe MittBayNot 1986, 229 mit Anm Reithmann; LG Aachen MittRhNotK 1981, 242 = MittBayNot 1981, 260.

nem unwiderruflichen Auftrag (Geschäftsbesorgung uä) dieser beurkundet, so bedarf die entsprechend der beurkundeten Verpflichtung erteilte Vollmacht nicht mehr der Form des § 311 b Abs 1 S 1 BGB[15] (Ausnahme s nachfolgend). Die Form des § 29 GBO reicht für sie aus. Die Erteilung der Vollmacht ist gegenüber dem Rechtsgeschäft, das zu ihrer Erteilung verpflichtet, ein abstraktes „Erfüllungsgeschäft". Nur wo – wie häufig im Bereich der „Modelle" (Bauherren-, Erwerbermodell) – ein unlösbarer Zusammenhang zwischen Grundgeschäft und Vollmacht besteht, ist neben der Beurkundung des Kausalverhältnisses noch die Beurkundung der Vollmacht erforderlich.[16] Im Regelfall wird bei Beurkundung des Kausalverhältnisses die Vollmachterteilung mitbeurkundet (auch aus Kostenersparnis). Da bei unwiderruflichem Auftrag zu Grundstücksveräußerung oder -erwerb dieser Auftrag im gesamten beurkundungspflichtig ist (§ 311 b Abs 1 S 1 BGB, s Rdn 3109), reicht die Beurkundung der Vollmacht nicht aus; sie ist nach § 311 b Abs 1, § 125 BGB nichtig, weil die untrennbar zu ihr gehörenden, sie rechtfertigenden Abreden (Grundverhältnis) nicht beurkundet sind.[17] Die Beurkundung einer Vollmacht reicht demnach nur bei der isolierten Vollmacht (ohne oder nichtiges Grundverhältnis) aus.

3538 Eine Vollmacht, die nicht unwiderruflich ist, bedarf nach ständiger Rechtsprechung[18] aber dann der Form des § 311 b Abs 1 S 1 BGB, wenn nach der Vorstellung des Vollmachtgebers **mit** der **Bevollmächtigung** schon die gleiche **Bindungswirkung** eintreten sollte wie durch Abschluß des Vertrages selbst; der Vollmachtgeber muß nicht nur entschlossen sein, an der Vollmacht festzuhalten, sondern muß sich jedenfalls nach seiner Überzeugung in einer Lage sehen, die ihn tatsächlich an die Vollmacht bindet. Die Befreiung des Bevollmächtigten von den Beschränkungen des § 181 BGB ist für die Entscheidung, ob eine solche tatsächliche Bindung für den Vollmachtgeber vorliegt, kein ausschlaggebendes Kriterium, nicht einmal ein Indiz.[19] Denn § 181 BGB erwei-

---

[15] OLG Zweibrücken DNotZ 1983, 104 = Rpfleger 1982, 216.
[16] BGH DNotZ 1985, 294 = NJW 1985, 730; BGH 102, 60 = DNotZ 1988, 551 = NJW 1988, 697; Korte DNotZ 1984, 82 (88, 90); MünchKomm/Kanzleiter Rdn 45 zu § 311 b BGB; KG OLGZ 1985, 184; Görgens MittRhNotK 1982, 53 (58) unter Hinweis auf BGH DNotZ 1970, 743.
[17] BGH DNotZ 1970, 743 = Rpfleger 1970, 388; BGH DNotZ 1985, 294 = NJW 1985, 730; BGH NJW 1992, 3237; BGH NJW 1997, 312; OLG Karlsruhe Mitt-BayNot 1986, 229 mit Anm Reithmann; Wolfsteiner, Brych je aaO (Fußn 14); Korte DNotZ 1984, 82.
[18] Aus der älteren Rechtsprechung: RG 76, 182; 79, 213; 81, 51; 97, 334; 108, 126. BGH-Rechtsprechung s Fußn 10 sowie BGH DNotZ 1979, 684 mit Anm Kanzleiter = NJW 1979, 2306 = Rpfleger 1979, 191; BGH DNotZ 1985, 294 = NJW 1985, 730; Obergerichte: OLG Stuttgart/Karlsruhe DNotZ 1950, 166; OLG Frankfurt Rpfleger 1979, 133; BayObLG DNotZ 1981, 567 = JurBüro 1980, 1882; OLG Stuttgart MDR 1981, 405 = Rpfleger 1981, 145.
[19] BGH DNotZ 1979, 684 mit Anm Kanzleiter = NJW 1979, 2306 = Rpfleger 1979, 191; BGH DNotZ 1966, 92 = aaO (Fußn 7); KG HRR 1940, 1292 = DNotZ 1940, 438; KG JW 1937, 471; LG Koblenz NJW 1949, 224; OLG Stuttgart/Karlsruhe, OLG Frankfurt, BayObLG je aaO (Fußn 18). Kritisch gegenüber dieser nahezu ausschließlich auf subjektive Vorstellungen des Vollmachtgebers abstellenden Rechtsprechung: Hornig DNotZ 1950, 170; Kanzleiter DNotZ 1979, 687 und MünchKomm/Kanzleiter Rdn 46 zu § 311 b BGB.

B. Form der Vollmacht

tert nur die Vertretungsmacht, nicht aber die Bindung des Vollmachtgebers. Maßgebend sind immer die Umstände des Einzelfalles. Wird die Vollmacht ausschließlich im Interesse des Vollmachtgebers erteilt, so fehlt auch bei Befreiung von § 181 BGB eine Bindung für den Vollmachtgeber und damit die Beurkundungnotwendigkeit. Ob eine solche Bindung vorliegt, bestimmt sich auch hier nach dem der Vollmacht zugrundeliegenden Rechtsverhältnis. Anhaltspunkt für eine Bindung ist die Interessenlage der Beteiligten: erfolgt die Bevollmächtigung ausschließlich im Interesse des Bevollmächtigten oder ist sein Interesse am auszuführenden Geschäft dem des Vollmachtgebers gleichwertig, so ist dies ein entscheidendes Indiz dafür, daß sich der Vollmachtgeber unwiderruflich binden wollte und gebunden glaubte;[20] auf Widerrufsmöglichkeiten kommt es daher nicht an.[21] Konsequenterweise muß jedoch in solchen Fällen auch hier das Grundverhältnis beurkundet werden, wenn die Bindung in ihm begründet wird (s oben).

Für die Praxis ist dringend zu empfehlen, eine unwiderrufliche Vollmacht zu Veräußerung oder Erwerb von Grundstücken oder eine Vollmacht, die zwar widerrufen werden kann, aber mit der tatsächlich schon die gleiche Bindungswirkung eintreten sollte und nach der Vorstellung des Vollmachtgebers eingetreten ist, wie durch Abschluß des Vertrages selbst, bei der also „die Entschließungsfreiheit des Vollmachtgebers praktisch aufgehoben" ist,[22] nicht isoliert zu beurkunden, sondern in solchen Fällen das der Vollmacht zugrundeliegende Rechtsverhältnis mitzubeurkunden, wobei Vollmachtgeber und Bevollmächtigter mitwirken müssen. 3539

Eine im **Ausland** erteilte Vollmacht zu Veräußerung oder Erwerb von Grundstücken im Inland ist formgültig, wenn sie den Formvorschriften des ausländischen Rechts entspricht (Art 11 Abs 1 EGBGB); dies gilt auch dann, wenn sie aufgrund der mit ihr verbundenen Bindungen des Vollmachtgebers nach deutschem Recht der Beurkundung bedürfte.[23] Beachtung der Ortsform genügt auch dann, wenn das ausländische Kollisionsrecht eine Rück- oder Weiterverweisung enthält.[24] Dagegen kann bei einer Vollmacht zum Verkauf von Auslandsimmobilien deutsches Recht mit der möglichen Folge einer Beurkundungsbedürftigkeit anwendbar sein[25] (s auch Rdn 3101). 3540

---

[20] RG JW 1927, 1139; KG DNotZ 1940, 438; BGH BB 1965, 847 = DNotZ 1966, 92; BGH DNotZ 1979, 684 = aaO (Fußn 19); ausführlich Korte, Handbuch, S 145 ff.
[21] Insoweit aA OLG Schleswig DNotZ 2000, 775 = NJW-RR 2001, 733.
[22] Hierauf stellt BGH DNotZ 1981, 372 = NJW 1981, 1267 ab.
[23] OLG Stuttgart DNotZ 1981, 746 = OLGZ 1981, 164 = Rpfleger 1981, 145; KG HRR 1931 Nr. 1051; s im übrigen auch DJ 1938, 1346; 1939, 1023; DNotZ 1939, 455; 1941, 440; Staudinger/Stoll Rdn 174 Internationales Sachenrecht (nach Art 12 EGBGB); Reithmann DNotZ 1956, 469. Umfang und Wirkung der Vollmacht sind aber nach deutschem Recht zu beurteilen (RG DR 1943, 1066). S die Formulare für die Vollmacht zur Aufnahme einer Hypothek und zum Verkauf eines Grundstücks DNotZ 1964, 672, für Nachlaß-, Bank- und Generalvollmachten DNotZ 1967, 545. Diese Mustertexte sind enthalten in „Einheitlicher Wortlaut für Vollmachten" (Texte uniforme de procurations), der 1981 von der Europakommission der Union der Lat. Notariats herausgegeben wurde.
[24] OLG Stuttgart BWNotZ 1982, 138 = OLGZ 1982, 257 = Rpfleger 1982, 137.
[25] OLG München NJW-RR 1989, 663.

3541 Die Vollmacht zur Erklärung der **Auflassung** (nicht zum Abschluß des Verpflichtungsgeschäfts) bedarf – da § 311 b Abs 1 S 1 BGB für sie nicht zutrifft und der Formzweck des § 925 BGB durch eine Vollmacht praktisch nicht vorweggenommen werden kann – nicht der Beurkundung[26] (wohl aber der Form des § 29 GBO); ist die Auflassungsvollmacht dagegen Teil eines einheitlichen formbedürftigen Rechtsgeschäfts (Auftrag, Geschäftsbesorgungsvertrag), so ist sie zusammen mit diesem beurkundungspflichtig[27] (s Rdn 3537).

3542 Schließt der Bevollmächtigte des Grundstückseigentümers bei tatsächlicher Formbedürftigkeit der Vollmacht einen Kaufvertrag ohne ordnungsmäßig beurkundete Vollmacht, so ist der Kaufvertrag nicht nichtig, sondern schwebend unwirksam mit der Möglichkeit, daß der Verkäufer den Kaufvertrag nachträglich noch genehmigt (§ 177 BGB; s Rdn 3546). Ist die beurkundete isolierte Vollmacht deswegen nichtig, weil das die Bindung enthaltende Grundverhältnis nicht beurkundet ist (s Rdn 3537, besonders Fußn 17), so ist das mit einer solchen Vollmacht abgeschlossene Hauptgeschäft ebenfalls (schwebend) unwirksam; nachträgliche – auch stillschweigend erteilte – Genehmigung durch den Vollmachtgeber ist möglich (§ 177 BGB). Durch formgerechten Abschluß des Veräußerungs- oder Erwerbsvertrags und dessen Vollzug im Grundbuch wird der nichtige Geschäftsbesorgungsvertrag nicht geheilt, da gerade die Heilungsgeschäfte selbst mangels wirksamer Vollmacht unwirksam sind.[28] Die Lösung des Problems der auf Grund solcher formunwirksamer Vollmachten abgeschlossenen Verträge (besonders in Bauherren-, Erwerber- und sonstigen „-modellen") kann im Einzelfall nur über konkludent erteilte Genehmigung[29] oder über die Grundsätze der Rechtsscheinvollmacht gefunden werden.[30]

3543 Dem **Grundbuchamt** sind bei der **Prüfung** von Vollmachten auf ihre Formbedürftigkeit nach § 311 b Abs 1 S 1 BGB aus den Grundsätzen des Grundbuchverfahrens Schranken gesetzt: die Ermittlung der Vorstellungen und Absichten der Beteiligten, die der Vollmachtserteilung zugrunde liegen und nach den oben dargestellten Grundsätzen zur Formbedürftigkeit der Vollmacht bzw des ihr zugrunde liegenden Kausalverhältnisses führen, ist dem Grund-

---

[26] MünchKomm/Kanzleiter Rdn 46; aA Palandt/Heinrichs Rdn 22, je zu § 311 b BGB.
[27] KG DNotZ 1986, 290 = OLGZ 1985, 184; BGH 102, 60 (62) = DNotZ 1988, 551 = NJW 1988, 697.
[28] RG 110, 321; BGH DNotZ 1966, 92 (96) = aaO (Fußn 10); OLG Schleswig DNotZ 2000, 775 (777); auch Wolfsteiner DNotZ 1982, 438. Staudinger/Wufka Rdn 149, 319 zu § 313 BGB will die Heilung zulassen, wenn im Zeitpunkt der Vornahme des Veräußerungsgeschäfts (oder der Auflassung) noch Willensübereinstimmung zwischen Vertretenem und Vertragsgegner besteht. Für Heilung ohne jede Einschränkung Reithmann MittBayNot 1986, 229.
[29] So MünchKomm/Kanzleiter Rdn 76 zu § 311 b BGB.
[30] BGH MittRhNotK 1997, 19 = NJW 1997, 312 prüft Duldungsvollmacht; BGH DNotZ 1985, 294 = NJW 1985, 730 (isoliert beurkundete Vollmacht bei Bauherrenmodell im Jahre 1979). Seit Veröffentlichung dieses Urteils dürfte ein solcher „Rechtsschein" nicht mehr bestehen; OLG Braunschweig WM 1985, 1311 (Rechtsschein noch für 1982); vgl in diesem Sinn auch BGH 102, 60 = DNotZ 1988, 551 mit Anm Bohrer = NJW 1988, 697; Ludwig DNotZ 1988, 699; ähnlich auch Doerry WM 1991 Beil 8, S 9. Vgl auch zur Vollmacht kraft Rechtsscheins oder Duldung bei der wegen Verstoß gegen das RBerG nichtigen Vollmacht = Rdn 3231 mit Fußn 143.

buchamt regelmäßig nicht möglich.³¹ Ist eine Vollmacht ausdrücklich unwiderruflich, so kann das Grundbuchamt eine beglaubigte Vollmacht nicht beanstanden, es sei denn, Anhaltspunkte für deren Unwirksamkeit sind dem Grundbuchamt positiv bekannt.

Der **Notar** hat im Rahmen seiner Prüfungs- und Belehrungspflicht (§§ 12, 17 BeurkG) auch die Formwirksamkeit der Vollmacht zu prüfen. Soweit Anlaß besteht, an der Wirksamkeit einer isoliert beurkundeten oder beglaubigten Vollmacht (also ohne Beurkundung des zugrundeliegenden Rechtsverhältnisses, s oben Rdn 3537) zu zweifeln, hat er diese Zweifel zu erörtern und, wenn die Beteiligten trotzdem auf Beurkundung bestehen, einen Vorbehalt nach § 17 Abs 2 S 1 BeurkG in die Urkunde aufzunehmen.³²

C. Nachträgliche Genehmigung vollmachtlosen Handelns

1. Anwendungsfälle

Handelt jemand **für einen anderen** in dessen Namen (§ 164 BGB), ohne hierzu ausreichende Vollmacht zu besitzen, sei es, daß eine Vollmacht nicht oder nicht rechtswirksam besteht, ihr Umfang überschritten oder sie widerrufen ist, so wird der Vertretene durch das Handeln des Vertreters nicht gebunden. In der Praxis kommt im Grundstücksrecht das Handeln eines vollmachtlosen Vertreters, der das Fehlen seiner Vertretungsmacht dem anderen Vertragsteil offenlegt, vor allem bei der Auflassung in Betracht, bei der getrennte Beurkundung von Angebot und Annahme nicht möglich ist¹ (§ 925 BGB). 3544

Ein **tatsächlich bereits Bevollmächtigter** kann bei Vertragsabschluß auch als vollmachtloser Vertreter, also ohne Ausnützung seiner Vollmacht, auftreten mit der Folge, daß die Wirksamkeit des Vertrags von der Genehmigung des Vertretenen abhängt. Es muß also stets klar zum Ausdruck kommen, ob jemand als Vertreter mit Vollmacht oder als Vertreter ohne Vertretungsmacht handelt.² 3545

Das von einem vollmachtlosen Stellvertreter vorgenommene Rechtsgeschäft ist nicht nichtig, sondern **schwebend unwirksam**. Es wird durch die **nachträgliche Genehmigung** des Vertretenen voll wirksam. Dies gilt uneingeschränkt bei Verträgen (§ 177 BGB); bei einseitigen nicht empfangsbedürftigen Rechtsgeschäften ist nach § 180 Satz 1 BGB eine nachträgliche Genehmigung nicht möglich; sie sind unheilbar nichtig und müssen neu vorgenommen werden. 3546

---

³¹ BayObLG DNotZ 1981, 567 = JurBüro 1980, 1882; ebenso OLG Karlsruhe Rpfleger 1972, 92 mit Anm Noack.
³² BGH DNotZ 1989, 43 = NJW-RR 1988, 1206 und NJW 1992, 3237.
¹ Da die Beurkundung mit einem vollmachtlosen Vertreter dem vollmachtlos Vertretenen die Belehrung nach § 17 BeurkG nimmt, müssen besondere Umstände vorliegen, die die Wahl dieses Beurkundungsverfahrens rechtfertigen, vgl jetzt § 17 Abs 2a BeurkG; vgl dazu Brambring DNotI-Report 1998, 184; Winkler Beil 1 zu ZNotP 1999 = MittBayNot 1999, 1; Gutachten DNotI-Report 1999, 4; schon früher BayObLG 1993, 198 = DNotZ 1934, 492 mit Anm Schmitz-Valckenberg = NJW-RR 1993, 1429; BGH DNotI-Report 1996, 118.
² BGH DNotZ 1968, 407; OGH 1, 209 = MDR 1949, 105 mit Anm Wäntig = NJW 1949, 141.

4. Teil. VI. Rechtsgeschäftliche Vertretung im Grundstücksverkehr

Bei einseitigen empfangsbedürftigen Rechtsgeschäften ist unter den Voraussetzungen des § 180 S 2 BGB eine Heilung durch nachträgliche Genehmigung möglich. Wird ein von einem vollmachtlosen Vertreter des Verkäufers abgeschlossener Kaufvertrag vom Verkäufer nachträglich genehmigt, macht dies die im Kaufvertrag enthaltene Beleihungsvollmacht des Käufers und die von diesem zwischenzeitlich abgegebenen diesbezüglichen Bewilligungen rückwirkend wirksam.[3]

3547 Für **verfahrensrechtliche Erklärungen** (Anträge, Bewilligungen nach § 19 GBO) gilt § 180 BGB überhaupt nicht;[4] daher heilt die nachträgliche Genehmigung durch den Vertretenen die von einem vollmachtlosen Vertreter abgegebene Eintragungsbewilligung (und Antrag).

2. Form der nachträglichen Genehmigung

3548 Die nachträgliche Zustimmung (Genehmigung) des Vertretenen (§ 184 Abs 1 BGB) bedarf materiellrechtlich (§ 182 Abs 2 BGB) nicht der **Form,** die für das zu genehmigende Rechtsgeschäft gilt; auch in den Fällen, in denen eine Vollmacht ausnahmsweise der Form des § 311b Abs 1 S 1 BGB bedurft hätte, ist die nachträgliche Genehmigung nach § 177 BGB formlos wirksam.[5] Im Grundbuchverfahren bedarf die Genehmigung auf Grund § 29 GBO jedoch der öffentlichen Beglaubigung, ebenso wie die Vollmacht (s Rdn 3536).

3. Wirksamwerden der Genehmigungserklärung

3549 Die Genehmigung kann vom vollmachtlos Vertretenen erteilt werden, gleichgültig, auf welche Weise er vom Vertragsschluß Kenntnis erlangt hat; Zugang des (schwebend unwirksamen) Vertrags bei ihm ist – anders als beim Angebot – nicht erforderlich.[6] Die Genehmigung kann auch durch die Erben des (zwischenzeitlich verstorbenen) Vertretenen[7] oder seinen Sonderrechtsnachfolger,[8] durch einen Bevollmächtigten des Vertretenen oder durch den

---

[3] So richtig Schippers DNotZ 1997, 683; Kuhn RNotZ 2001, 305 (315).
[4] BayObLG DNotZ 1986, 238 = NJW-RR 1986, 380; KG DNotZ 1936, 735; LG Frankfurt Rpfleger 1958, 126 mit Anm Haegele; MünchKomm/Schramm Rdn 5 zu § 180 BGB; K/E/H/E Rdn 198 zu § 19.
[5] So nunmehr eindeutig BGH 125, 218 = DNotZ 1994, 764 = MittBayNot 1994, 414 mit Anm Korte = Rpfleger 1994, 408; ebenso schon BGH FamRZ 1989, 476 = MittBayNot 1989, 136; OLG Köln MittRhNotK 1991, 309 und NJW-RR 1993, 1364 = Rpfleger 1993, 440; Wufka DNotZ 1990, 339; MünchKomm/Schramm Rdn 39 zu § 177 BGB; damit hat für die Praxis die Gegenmeinung Staudinger/Schilken Rdn 11, BGB-RGRK/Steffen Rdn 6, je zu § 177 BGB; Flume, Allgemeiner Teil, Bd II, 3. Aufl, § 54 Ziff 6 b; Tiedtke BB 1989, 924 keine Bedeutung mehr.
[6] Unrichtig insoweit LG Stuttgart BWNotZ 2002, 67 (Ziff 3); richtig Brenner BWNotZ 2002, 185. Einen Anspruch auf Ausfertigung oder Abschrift hat der vollmachtlos Vertretene auch vor Erteilung der Genehmigung; auch insoweit unrichtig LG Stuttgart aaO; wie hier Winkler Rdn 9 zu § 51 BeurkG. Dagegen kann **vor** Erteilung der Ausfertigung der vollmachtlose Vertreter den Notar anweisen, keine Ausfertigung an den Vertretenen zu erteilen; § 18 BNotO gilt nur gegenüber den formell Beteiligten.
[7] OLG Hamm MittBayNot 1979, 75 = Rpfleger 1979, 17.
[8] BGH 79, 374 = DNotZ 1981, 485 = NJW 1981, 1213.

C. Nachträgliche Genehmigung vollmachtlosen Handelns

vollmachtlosen Vertreter selbst erfolgen, wenn er später Vertretungsmacht erlangt.[9] Daß der vollmachtlose Vertreter nachträglich den Verfügungsgegenstand erwirbt oder den Vertretenen beerbt, macht das Rechtsgeschäft ohne seine Genehmigung noch nicht wirksam, da § 185 Abs 2 (Fälle 2 und 3) BGB auf vollmachtloses Handeln in fremdem Namen nicht anwendbar ist.[10] Ein Anspruch des Vertragsgegners auf nachträgliche Genehmigung des vollmachtlos Vertretenen besteht regelmäßig nicht; anders wenn der Vertretene zum Abschluß dieses Vertrages aus einem (formwirksamen) Vorvertrag verpflichtet ist.[11]

Die Genehmigung ist zwar keine Gestaltungserklärung; doch wird überwiegend die Zulässigkeit von Bedingungen verneint,[12] vor allem für Bedingungen zur inhaltlichen Änderung des Vertrags.[13] Im Grundbuchverfahren sind solche bedingten Genehmigungen nur verwendbar, wenn der Eintritt der Bedingung in der Form des § 29 GBO nachgewiesen ist. Auch teilweise Genehmigung ist möglich, soweit nach § 139 BGB das insoweit genehmigte Rechtsgeschäft in gleicher Weise teilbar ist.[14]   3550

Die Genehmigung nach § 177 BGB ist **empfangsbedürftige** Willenserklärung; sie kann, solange eine Aufforderung nach § 177 Abs 2 BGB nicht erfolgt ist, gegenüber dem Vertreter oder gegenüber dem Geschäftsgegner abgegeben werden. Die Genehmigung wird erst mit Zugang beim Erklärungsempfänger wirksam. Bei einer schriftlichen (öffentlich beglaubigten) Genehmigung kann ein solcher Zugang erst angenommen werden, wenn die Erklärung mit Willen des Erklärenden so in den Bereich des Erklärungsempfängers gelangt, daß dieser von der Erklärung Kenntnis nehmen kann. Wird die Genehmigung beurkundet, so ist Zugang dieser Erklärung (verkörpert durch Ausfertigung, s dazu Rdn 900 mit Fußn 1 und 2) ebenfalls nötig.[15] Geht bei einem Notar eine Genehmigung eines Beteiligten ein mit Auflage, hiervon nur unter Erfüllung bestimmter Voraussetzungen Gebrauch zu machen, und teilt der Notar dem Geschäftsgegner den Eingang der Genehmigung und dieser Auflage mit, so ist damit die Genehmigung dem Geschäftsgegner nicht zugegangen und damit auch noch nicht wirksam geworden.[16] Eine Mitteilung der Genehmigung nur an das Grundbuchamt ersetzt nicht den Zugang beim Vertreter oder Geschäftsgegner.   3551

---

[9] OLG Hamm FamRZ 1972, 270 = OLGZ 1972, 99 = Rpfleger 1971, 432.
[10] OLG Frankfurt MittBayNot 1997, 176 = NJW-RR 1997, 17 = Rpfleger 1997, 60 mit weit Nachw.
[11] BGH 108, 380 = DNotZ 1990, 728 = NJW 1990, 50; dazu K. Schmidt DNotZ 1990, 708; Kanzleiter FS Hagen S 309 ff.
[12] Staudinger/Gursky Rdn 52 Vorbem zu §§ 182 ff BGB; MünchKomm/Schramm Rdn 35 zu § 177 BGB, jeweils mit der Einschränkung, daß Potestativbedingungen, bei denen die Wirksamkeit der Genehmigung von einer Handlung des Erklärungsempfängers abhängig ist, zulässig sind, so RG HRR 1928 Nr 1559; BGB-RGRK/Steffen Rdn 18 Vorbem zu § 182.
[13] Die Situation ist vergleichbar mit der Annahme eines Angebots unter Änderungen (§ 150 Abs 2 BGB), vgl auch BGH DNotZ 2000, 288; Kuhn RNotZ 2001, 305 (320).
[14] OLG Hamm DNotZ 2002, 266.
[15] AA – unrichtig – OLG Karlsruhe DNotZ 1990, 368 = NJW 1988, 2050; wie hier Tiedtke BB 1989, 924.
[16] BGH DNotZ 1983, 624.

3552 Der Nachweis des Zugangs bei Vertreter oder Geschäftsgegner wird im **Grundbuchverfahren** ausreichend dargetan, wenn die Auflassungsurkunde oder die Bewilligung samt Genehmigung von den Beteiligten selbst oder für diese vom Notar dem Grundbuchamt eingereicht werden. Der Notar, der eine Auflassung beurkundet hat, ist in der Regel auch ermächtigt, eine etwa erforderliche Genehmigung eines Vertragsteils entgegenzunehmen. Um alle Zweifel in dieser Richtung auszuschließen, kann sich empfehlen, daß die Beteiligten den Notar ausdrücklich zur Empfangnahme von etwa noch fehlenden Genehmigungen bevollmächtigen. Es kann auch auf den Zugang der nachträglichen Genehmigung verzichtet werden, ohne daß hierin ein Verstoß gegen AGB-Recht liegt.[17] Darüber, daß ein Fall nach § 177 Abs 2 BGB nicht vorliegt – Aufforderung des anderen Teils an den Vertretenen zur Erklärung über die Genehmigung usw –, kann das Grundbuchamt keinen Nachweis verlangen.[18]

4. Wirkung der Genehmigung

3553 Wird die Genehmigung erteilt, so wird das vom Vertreter abgeschlossene Rechtsgeschäft rückwirkend wirksam (§ 184 Abs 2 BGB). Die erteilte Genehmigung ist nicht widerruflich. Besteht für die Vornahme des Vertretergeschäfts selbst eine Frist (zB Ausübung eines Vorkaufsrechts, § 469 Abs 2 BGB, oder Annahme eines Angebots innerhalb der Angebotsfrist), so muß auch die Genehmigung innerhalb der Frist erteilt sein; eine nach Ablauf der Frist erteilte Genehmigung zum innerhalb der Frist vollmachtlos abgeschlossenen Geschäft wirkt nicht zurück.[19]

5. Verweigerung der Genehmigung

3554 Wird die Genehmigung verweigert oder nach Fristsetzung gemäß § 177 Abs 2 BGB innerhalb der Frist nicht erteilt, so ist das vom Vertreter vorgenommene Rechtsgeschäft endgültig unwirksam. Es kann nur noch durch Neuvornahme wirksam werden. Der durch die ausstehende Genehmigung bestehende Schwebezustand kann durch Aufforderung[20] des anderen Vertragsteils gegenüber dem Vertretenen zur Erklärung nach § 177 Abs 2 BGB beendet werden; jetzt kann die Genehmigung nur noch gegenüber dem anderen Vertragsteil und nur innerhalb der 2-Wochen-Frist (Zugang) erfolgen. Die Aufforderung muß nicht auf Erteilung der Genehmigung gerichtet sein; sie kann ergebnisoffen sein („... sich über die Genehmigung des Vertrags zu erklären").[21] Auch einen Hinweis auf die Folgen nach Ablauf von 2 Wochen braucht die Aufforderung nicht zu enthalten.[22] Im Hinblick auf § 177

---

[17] AA LG Koblenz DNotZ 1988, 496 mit abl Anm Kanzleiter.
[18] OLG Frankfurt 1 Wx 7/59; Meikel/Lichtenberger Rdn 156 zu § 20; s auch Huken DNotZ 1966, 388.
[19] BGH 32, 375 = NJW 1960, 1805; BGH DNotZ 1974, 159 = NJW 1973, 1789.
[20] Daher kann ein Erwerber keine Aufforderung nach § 177 Abs 2 BGB an den anderen vollmachtlos vertretenen Miterwerber richten, OLG Düsseldorf MittBayNot 1994, 24 = MittRhNotK 1993, 252.
[21] BGH 145, 44 = NJW 2000, 3128.
[22] OLG Zweibrücken MittBayNot 2002, 126 = NotBZ 2002, 111 = Rpfleger 2002, 261.

Abs 2 BGB ist es regelmäßig nicht erforderlich, im Vertrag Fristen für den Eingang der Genehmigung zu vereinbaren. Ist der beurkundende Notar (wie meist) beauftragt, die Genehmigung des Vertretenen einzuholen, so liegt darin keine Erklärung im Sinne des § 177 Abs 2 BGB,[23] da er zu dieser die Abwicklung des Vertrages eher gefährdenden Handlung nicht bevollmächtigt ist,[24] sie bei Wahrung des Neutralitätsgebots nicht vornehmen dürfte und sie auch inhaltlich (nur Information) nicht den Anforderungen des § 177 Abs 2 BGB entspricht.
Schließt ein Erwerber einen Vertrag als vollmachtloser Vertreter für einen anderen Miterwerber und zugleich im eigenen Namen ab und verweigert der Vertretene die Genehmigung, so beantwortet sich die Frage, ob der Vertrag in vollem Umfange unwirksam ist, nach § 139 BGB.[25] Handelt jemand offen als vollmachtloser Vertreter, bestehen bei Verweigerung der Genehmigung keine Ansprüche gegen den Vertreter (§ 179 Abs 3 BGB), soweit solche nicht im Vertrag selbst festgelegt werden.[26] Ob vor Erteilung der Genehmigung der Vertrag durch Vereinbarung mit dem vollmachtlosen Vertreter aufgehoben werden kann, ist bisher in der Rechtsprechung nicht entschieden, ist aber zu bejahen, da **vor** der Erteilung der Genehmigung der Vertrag für den Vertretenen weder Rechte noch Pflichten begründet. Dagegen besteht für den anderen Vertragsteil ein Lösungsrecht nur im Rahmen des § 177 Abs 2 BGB, nicht aber nach § 130 Abs 1 S 2 BGB, da seine Erklärung gegenüber dem vollmachtlosen Vertreter als Erklärung unter Anwesenden zu werten ist.

D. Beschränkungen und Erweiterungen der Vollmacht

1. Allgemeines

Eine Vollmacht kann von ihrem Inhalt her bereits **Einschränkungen** auf bestimmte Rechtsgeschäfte enthalten oder auch nur zum Abschluß solcher Rechtsgeschäfte mit bestimmten Inhalt (zB bestimmte Kaufpreishöhe) ermächtigen. Vollmachten unter Bedingungen sind möglich, doch muß im Grundbuchverfahren der Eintritt solcher Bedingungen in der Form des § 29 GBO nachgewiesen sein. Daher ist bei der Formulierung von Vollmachten zur Veräußerung und Belastung von Grundstücken durch den Notar Innenverhältnis (Auftrag, Geschäftsbesorgungsvertrag) und Außenverhältnis (Voll-

3555

---

[23] OLG Frankfurt NJW-RR 2000, 751; OLG Naumburg MittRhNotK 1994, 315 mit Anm Baumann; Brambring DNotI-Report 1994 (22) S 8; Holthausen-Dux NJW 1995, 1470; aA – unrichtig – OLG Köln MittRhNotK 1994, 168 = NJW 1995, 1499.
[24] Auch dann nicht, wenn dem Notar die Abwicklung des Vertrags einschließlich Einholung der dazu notwendigen Genehmigungen übertragen ist; so BGH MittBayNot 2001, 407 (408) unter ausdrücklicher Ablehnung von OLG Köln aaO (Fußn 23); vgl weiter LG Oldenburg MDR 1997, 814.
[25] BGH DNotZ 1970, 243 = NJW 1970, 240.
[26] Zur Haftung des vollmachtlosen Vertreters für Notarkosten vgl OLG Köln DNotZ 1977, 658; OLG Düsseldorf MittRhNotK 1977, 187; LG Passau MittBayNot 1994, 474.

macht) scharf zu trennen; Bindungen, die sich in der Form des § 29 GBO nicht oder nur sehr schwierig nachweisen lassen, sollten nicht Inhalt der Vollmacht, sondern nur Gegenstand des Innenverhältnisses werden.[1]
Besonders bei Vollmachten zur Änderung der Teilungserklärung nach WEG ist zu beachten, daß dem Grundbuchamt Einschränkungen wie „dem Käufer dürfen keine zusätzlichen Verpflichtungen auferlegt werden" oder/und „die Benutzung des Gemeinschaftseigentums darf nicht eingeschränkt werden" nicht nachweisbar sind;[2] wirksam ist dagegen die Vollmacht, die Teilungserklärung zu ändern, „soweit durch die Änderung Lage und Gestalt der Wohnung nicht berührt wird, auch soweit Gemeinschaftseigentum betroffen wird".[3] Ist eine solche Vollmacht teilweise unwirksam, so ist sie nach der Regel des § 139 BGB im gesamten unwirksam;[4] eine Unwirksamkeit des ganzen Vertrages wird aber regelmäßig nicht anzunehmen sein.[5] Zur Frage, ob eine dem Bauträger erteilte Vollmacht zur Änderung der Teilungserklärung vom Grundbuchamt auf Verstoß gegen AGB-Recht zu prüfen ist, vgl Rdn 3229 mit Fußn 138a. Eine Vollmacht für einen WEigter, die Teilungserklärung für einen ihm im Rahmen bauaufsichtlicher Genehmigung liegenden Dachausbau zu ändern, ist wirksam und berechtigt zu entsprechendem Umbau, Unterteilung und Umwandlung von Teileigentum in Wohnungseigentum.[6]
Soll eine Vollmacht „mit Auflassung" erlöschen, soll diese Bedingung auch für solche Bewilligungen eintreten, die mit der Auflassung in der gleichen Urkunde erklärt sind;[7] richtigerweise hätte die Vollmacht dahin ausgelegt (§§ 133, 157 BGB) werden müssen, daß sie mit Vollzug der Auflassung erlischt. Ob eine Vollmacht „Grundbesitz zu veräußern ... sowie die erforderlichen Eintragungen im Grundbuch zu bewilligen" auch die Bestellung von Finanzierungsgrundpfandrechten für Rechnung des Käufers (und entsprechende Untervollmacht für den Käufer, s Rdn 3158) deckt, ist sehr zweifelhaft;[8] die

---

[1] Vgl Götte BWNotZ 1976, 161 (Vollmacht, „die zur Finanzierung des Bauvorhabens erforderlichen Grundpfandrechte zu bewilligen", ist unklar); vgl hierzu BGH DNotZ 1977, 235; BayObLG MittRhNotK 1988, 96 = Rpfleger 1988, 95. Unbrauchbar für die Praxis ist daher auch eine Vorsorgevollmacht, die nur und erst gelten soll, wenn der Vollmachtgeber geschäftsunfähig ist, vgl Müller DNotZ 1997, 100; Bühler FamRZ 2001, 1591.
[2] BayObLG DNotZ 1989, 779; BayObLG 1993, 259 = DNotZ 1994, 233 mit Anm Röll (der Vorschläge macht) = NJW-RR 1993, 1362 = Rpfleger 1994, 17; BayObLG 1994, 244 = DNotZ 1995, 610 und 612 mit Anm Röll = NJW-RR 1995, 208; BayObLG DNotZ 1997, 473 mit Anm Brambring; OLG Düsseldorf MittRhNotK 1997, 131 = Rpfleger 1997, 305; vgl auch Basty NotBZ 1999, 233.
[3] BayObLG MittBayNot 1998, 180 = ZNotP 1998, 330. Anders dagegen Vollmacht zu ändern, „soweit Kaufobjekt nicht berührt wird"; da „Kaufobjekt" auch das mit dem SE verbundene Gemeinschaftseigentum umfaßt, ist Eingriff in Gemeinschaftseigentum nicht möglich, BayObLG ZfIR 2003, 641.
[4] BayObLG 1994, 302 = DNotZ 1995, 612 mit Anm Röll = NJW-RR 1995, 209.
[5] AA – unrichtig – OLG Jena DNotI-Report 1995, 6.
[6] KG DNotI-Report 1995, 170; BayObLG MittBayNot 2000, 319 = MittRhNotK 2000, 210 = ZNotP 2000, 238.
[7] BayObLG MittBayNot 1986, 178 = Rpfleger 1986, 216.
[8] Vgl Gutachten DNotI-Report 1995, 29; bejahend LG Köln MittRhNotK 1977, 78; verneinend OLG Thüringen DNotI-Report 1995, 6; LG Oldenburg MittBayNot 2003, 91 mit Anm Peter und Roemer.

D. Beschränkungen und Erweiterungen der Vollmacht

Belastungsbefugnis sollte daher in der Vollmacht ausdrücklich erwähnt werden. Die Vollmacht, im Rahmen einer „Grundstücksveräußerung bei der Beleihung mitzuwirken" oder „Grundpfandrechte zu bestellen", gibt zwar die Möglichkeit, verzinsliche[9] Grundpfandrechte zu bewilligen, nicht aber die Befugnis, eine dingliche Vollstreckungsunterwerfung zu erklären.[10] Bei Finanzierungsvollmachten für den Käufer eines Grundstücks (Rdn 3158 ff) ist im Zweifel der geringere Umfang anzunehmen,[11] doch ist übertriebener Formalismus nicht angebracht.[12] Daher ist der inhaltlichen Genauigkeit von Vollmachten im Grundstücksverkehr besondere Aufmerksamkeit zu gewähren.[13] Dies gilt auch für Vollmachten an Notarangestellte.[14] Eine allgemeine Vollmacht ermächtigt den Vertreter auch zu Erklärungen, zu deren Abgabe der Vollmachtgeber von Dritten bevollmächtigt wurde.[15]

2. Verbot des Selbstkontrahierens

Ein Bevollmächtigter kann als solcher **mit sich selbst** – sei es im eigenen Namen oder als Vertreter eines (weiteren) Dritten – ein Rechtsgeschäft **nicht** abschließen, es sei denn, daß ihm dies ausdrücklich oder stillschweigend **gestattet ist** oder daß das Rechtsgeschäft ausschließlich in der **Erfüllung einer Verbindlichkeit** besteht (§ 181 BGB).[16] Dies gilt auch dann, wenn die Vertre- 3556

---

[9] BayObLG MittBayNot 1987, 140 = (mitget) Rpfleger 1987, 357; vgl auch GBAmt Mannheim BWNotZ 1986, 95.
[10] BayObLG (mitget) Rpfleger 1987, 153; OLG Düsseldorf Rpfleger 1988, 357 mit abl Anm Linderhaus Rpfleger 1988, 474; OLG Düsseldorf MittRhNotK 1989, 193 = Rpfleger 1989, 499 und MittRhNotK 1992, 268.
[11] BayObLG MittRhNotK 1992, 82; ist die Vollmacht nur an die Erklärung vor einem bestimmten Notar gebunden, berechtigt sie zur Bewilligung von Grundschulden in beliebiger Höhe, BayObLG DNotZ 1996, 295 = NJW-RR 1995, 1167 = Rpfleger 1996, 24 (Leits); unrichtig daher LG Hamburg Rpfleger 1998, 469 mit abl Anm Alff.
[12] Vollmacht zur Abgabe „banküblicher Erklärungen" ermächtigt daher auch zur dinglichen Zwangsvollstreckungsunterwerfung, so richtig LG Regensburg MittBayNot 1992, 400; ähnlich OLG Düsseldorf Rpfleger 1998, 513 = ZNotP 1998, 380; dazu Jung Rpfleger 1999, 124: Alles für die Finanzierungsgrundschuld „Erforderliche" umfaßt auch Rangrücktritt, ähnlich OLG Düsseldorf MittBayNot 2000, 115 = Rpfleger 2000, 156 zur Rangeinweisung der Finanzierungsgrundschuld in den bei der Auflassungsvormerkung vorbehaltenen Rang.
[13] So enthält eine Abmarkungsvollmacht keine Befugnis zur Auflassung, BayObLG DNotZ 1988, 586; eine Vollmacht zu Veräußerung/Erwerb bestimmter Erbbaurechte erfaßt nicht weitere Anteile an anderen Erbbaurechten, auch wenn sie für Benutzbarkeit der Erbbaurechte erforderlich sind, OLG Schleswig Rpfleger 1996, 402. Eine Vollmacht zur Bestellung einer Grunddienstbarkeit gestattet nicht Bewilligung einer beschränkten persönlichen Dienstbarkeit; BayObLG MittBayNot 2002, 113 = NotBZ 2002, 223 = Rpfleger 2002, 260.
[14] So deckt die Vollmacht zur Auflassung zu einem Kaufvertrag nicht die Auflassung an einen der Käufer und einen Drittkäufer, OLG Hamm MittBayNot 2001, 394 = NJW-RR 2001, 376. Die Vertragsvollzugsvollmacht für die Notarangestellten gestattet nicht, ein dingliches Sondernutzungsrecht durch ein schuldrechtliches zu ersetzen, BGH DNotZ 2002, 866.
[15] LG Passau MittBayNot 1992, 257.
[16] **Beispiel:** Auflassung eines Nachlaßgrundstücks durch Testamentsvollstrecker an sich selbst, wenn ihm das Grundstück (oder dessen Erwerbsmöglichkeit) vermächtnisweise

tungsmacht für die eine Partei bei Tätigwerden für die andere Partei bereits erloschen war.[17] Der Bevollmächtigte ist von den Schranken des § 181 BGB nicht befreit, wenn ihm die Vollmacht nur Vertretungsmacht für alle Rechtsgeschäfte zuspricht, bei denen die Gesetze eine Vertretung zulassen.[18]

3557 Bei der **Auflassung** ist Vertretung beider Teile durch den gleichen Bevollmächtigten (Veräußerer oder Erwerber)[19] bei entsprechender Vollmacht zulässig. Befreiung von § 181 BGB ist hier vom Grundbuchamt zu prüfen;[20] sie ist bei Erteilung der Vollmacht in derselben notariellen Urkunde bereits aus dem Inhalt der Vollmacht und der Person des Bevollmächtigten abzuleiten, muß daher nicht ausdrücklich erteilt sein.[21] § 181 BGB liegt nicht vor, wenn der Käufer dem Verkäufer, einer Juristischen Person, Auflassungsvollmacht erteilt und der Verkäufer nur durch einen Bevollmächtigten (Organ) vertreten wird.[22]

3558 Ein **Vormund**, Pfleger oder Betreuer kann nicht von den Beschränkungen des § 181 BGB befreit werden.[23] Das Selbstkontrahierungs- und Mehrfachvertretungsverbot des § 181 BGB gilt entsprechend auch für die **Vertretungsorgane juristischer Personen**[24] und die rechtsgeschäftlich Bevollmächtigten einer juristischen Person. § 181 BGB ist daher auch anwendbar bei einem Vertrag zwischen zwei GmbH & Co KG's, die zwar als Komplementär verschiedene GmbH's haben, bei denen aber für die GmbH jeweils die gleiche natürliche Person als Geschäftsführer tätig wird.[25]

3559 Ist der Hauptbevollmächtigte von den Beschränkungen des § 181 BGB nicht befreit, so kann er auch den **Unterbevollmächtigten** hiervon nicht befreien.[26] Eine Umgehung des § 181 BGB durch Erteilung einer Untervollmacht, auf Grund deren der Unterbevollmächtigte mit dem Hauptbevollmächtigten den Vertrag abschließt, wird nach heute hM nicht für zulässig angesehen.[27] Mit § 181 BGB nicht vereinbar ist auch der Vertragsabschluß des Vertreters mit

---

zugewendet wurde; BayObLG DNotZ 1983, 176 = Rpfleger 1982, 344 (s Rdn 3431). Schenkungen der Eltern an minderjährige Kinder s Rdn 3601, 3606; zu § 181 BGB in der notariellen Praxis Kirstgen MittRhNotK 1988, 219; Feller DNotZ 1989, 66; Gutachten DNotI-Report 1993 (5) 51 und DNotI-Report 1996, 27.

[17] RG HRR 1928, 105.
[18] KG DR 1943, 812 und JR 1962, 430.
[19] RG 94, 147; KGJ 21 A 292 und 22 A 146; OLG München DNotZ 1951, 31; Hieber DNotZ 1951, 212; LG Kassel DNotZ 1959, 429.
[20] BayObLG MittBayNot 1993, 150 = MittRhNotK 1993, 117 = Rpfleger 1993, 441.
[21] LG Kassel DNotZ 1958, 429.
[22] LG Bayreuth Rpfleger 1982, 17.
[23] OLG Hamm DNotZ 1975, 410 = Rpfleger 1975, 127; OLG Düsseldorf MittRhNotK 1993, 89. S auch Rdn 3618 Fußn 1.
[24] BGH NJW 1960, 2285 und WM 1967, 1164; LG Arnsberg Rpfleger 1983, 63 (ohne Befreiung von § 181 BGB kann die gleiche Person nicht für verschiedene Behörden tätig werden).
[25] BayObLG 1979, 187 = DNotZ 1980, 88 = Rpfleger 1979, 301.
[26] Palandt/Heinrichs Rdn 12, 18 zu § 181 BGB; BayObLG MittBayNot 1993, 150 = MittRhNotK 1993, 117 = Rpfleger 1993, 441; OLG Frankfurt DNotZ 1974, 435; KG MittBayNot 1999, 472 = NJW-RR 1999, 168; Gutachten DNotI-Report 5/1993, S 1 und DNotI-Report 1996, 27. Vertreten dagegen Prokuristen eine GmbH bei einem Rechtsgeschäft mit deren Geschäftsführer, liegt ein Verstoß gegen § 181 BGB nicht vor, BGH DNotZ 1985, 215 = NJW 1984, 2085 = Rpfleger 1984, 470.

D. Beschränkungen und Erweiterungen der Vollmacht

sich selbst in der Form, daß für ihn selbst ein Vertreter auftritt.[27] Eine Ermächtigung eines (organschaftlichen) Gesamtvertreters durch den anderen ist möglich (s Rdn 3621); schließt bei Gesamtvertretung der vom anderen (§ 181 BGB unterliegenden) „ermächtigte" Vertreter für den Vertretenen mit dem anderen der beiden Gesamtvertreter einen Vertrag, greift § 181 BGB nach überwiegender Meinung nicht ein (s Rdn 3621).

Ob § 181 BGB auch auf die **nachträgliche Genehmigung** eines **vollmachtlosen Vertreters** anwendbar ist, der gleichzeitig für sich selbst (Insichgeschäft) oder für einen Dritten aufgrund Vollmacht oder als Organ (Mehrvertretung) handelt, ist streitig,[28] wird aber von neuerer Rechtssprechung und Literatur vielfach bejaht. Die Rechtsfrage hat insbesondere dort Bedeutung, wo zB eine Gemeinde Vertragspartei ist und bei der Beurkundung der anwesende Bürgermeister sowohl die Gemeinde als auch den nichtanwesenden Vertragsgegner (letzteren als vollmachtsloser Vertreter) vertritt oder auch wenn der private Verkäufer gleichzeitig als vollmachtsloser Vertreter für die Gemeinde auftritt. Nach der die Anwendung des § 181 BGB bejahenden Rechtsprechung wird, wenn ein Vertreter für eine Seite aufgrund Vollmacht und für die andere Seite als Vertreter ohne Vertretungsmacht handelt, durch die Genehmigung des vollmachtlos Vertretenen der Vertrag noch nicht wirksam, wenn und solange der Vertreter nicht vom anderen Vertragsteil (Vollmachtgeber bzw juristische Person, dessen Organ handelt) von § 181 BGB befreit ist.[29] Wird § 181 BGB auch auf die Genehmigung des vollmachtlos Vertretenen angewendet, so kann bei Erteilung dieser Genehmigung durch das Organ einer juristischen Person dies nur wirksam geschehen, wenn das Organ seinerseits von § 181 BGB befreit ist (s Rdn 3559); andernfalls müßte zusätzlich eine entsprechende Befreiung durch die juristische Person selbst erfolgen (siehe Kommentierung bei den einzelnen juristischen Personen). Wir teilen die Auffassung, daß § 181 BGB auf die nachträgliche Genehmigung des Handelns eines vollmachtlosen Vertreters nicht anwendbar ist, empfehlen aber im Hinblick auf die Rechtsunsicherheit, eine solche Verfahrensweise durch Einschaltung verschiedener handelnder Personen auf jeder Seite des Rechtsgeschäftes von vornherein zu vermeiden, insbesondere dort, wo der Vertretene nicht von § 181 BGB befreien kann oder eine solche Befreiung von § 181 BGB schwierig zu erlangen oder die Zuständigkeit für die Befreiung umstritten ist.

3559a

---

[27] OLG Hamm DNotZ 1981, 383 = OLGZ 1981, 60 = NJW 1982, 1105 = Rpfleger 1981, 66; KG MittBayNot 1999, 472 = aaO; MünchKomm/Schramm Rdn 24 zu § 181 BGB.

[28] Eine **Anwendung des § 181 BGB** auf die Nachgenehmigung des vollmachtlos Vertretenden **lehnen ab**: KG DFG 1941, 58 = DNotZ 1941, 164 = DR 1941, 997; im Ergebnis auch LG Saarbrücken MittBayNot 2000, 433; OVG Nordrhein-Westfalen RNotZ 2002, 291 = NotBZ 2002, 426 (für Vertretung juristischer Personen des öffentlichen Rechts); Lichtenberger MittBayNot 1999, 470 und MittBayNot 2000, 434; Schneeweiß MittBayNot 2001, 341; Neumeyer RNotZ 2001, 249 (256).
Für eine Anwendung des § 181 BGB in diesen Fällen: BayObLG MittBayNot 1986, 68 = MittRhNotK 1987, 127 mit Anm Kanzleiter = Rpfleger 1988, 61 mit Anm Fertl; OLG Düsseldorf MittBayNot 1999, 470 mit abl Anm Lichtenberger = ZNotP 1999, 475; Palandt/Heinrichs Rdn 18; Erman/Palm Rdn 25; je zu § 181 BGB; Fröhler BWNotZ 2003, 14 (18); Mannsen BayBgm 2000, 136.

[29] BayObLG aaO; OLG Düsseldorf aaO; s für Gemeinde auch Rdn 3661 aE.

3559b Die nachträgliche Genehmigung eines Beteiligten erfaßt bei einem **Grundstücksveräußerungsvertrag** nicht nur das Handeln des anderen Beteiligten als Vertreter ohne Vertretungsmacht, sondern, soweit § 181 BGB überhaupt anwendbar ist, auch die Gestattung eines Insichgeschäfts. Ein Zusatz im Text der Genehmigungserklärung

> Der Vertreter ist von den Beschränkungen des § 181 BGB befreit

ist zwar empfehlenswert, aber nicht notwendig, da die nachträgliche Genehmigung das vorgenommene Geschäft so erfaßt, wie es abgeschlossen wurde.

3560 Bei **Nichtbeachtung** des Selbstkontrahierungsverbots liegt **Vollmachtsüberschreitung** vor; nachträgliche Genehmigung seitens des Vollmachtgebers ist möglich (Rdn 3546).

3561 Das Verbot des Selbstkontrahierens gilt nicht für Insichgeschäfte, die dem Vertretenen **lediglich einen rechtlichen Vorteil** (wegen dieses Begriffs s Rdn 3606) bringen,[30] zB Einbringen eines lastenfreien Grundstücks durch Gesellschafter in Kommanditgesellschaft mit Buchung des Einbringungswertes auf Kapitalkonto.[31] Rechtsgeschäfte zwischen alleinigem Gesellschafter-Geschäftsführer einer GmbH und der GmbH oder der GmbH & Co KG, wenn der Handelnde gleichzeitig einziger Kommanditist ist, sind nur wirksam, wenn dem Geschäftsführer für den Einzelfall oder generell (entsprechende Satzungsgrundlage nötig[32]) Befreiung von den Beschränkungen des § 181 BGB (§ 35 Abs 4 S 1 GmbHG)[33] erteilt ist oder das Geschäft der GmbH ausschließlich rechtlichen Vorteil bringt.

3562 **Selbstkontrahieren liegt nicht vor,** wenn jemand mehrere Personen auf derselben Seite eines Rechtsgeschäfts vertritt, zB mehrere Verkäufer oder mehrere Käufer. Selbstkontrahieren liegt ferner nicht vor, wenn der Bevollmächtigte gegenüber dem Grundbuchamt sowohl für den Vollmachtgeber wie für sich selbst verfahrensrechtliche Erklärungen abgibt, da für sie (insbesondere die Bewilligung) § 181 BGB nicht gilt.[34] Wenn den einseitigen Bewilligungen materiell-rechtlich eine Einigung zwischen Vertretenem und Vertreter zugrunde liegen muß (zB Bewilligung der Abtretung einer Buchhypothek an den Vertreter oder Bewilligung einer Hypothek durch Vertreter für sich am Grundstück des Vertretenen), bestehen für das Grundbuchamt stets offenkundige Zweifel an der Wirksamkeit der dinglichen Einigung, die – im Hinblick auf die Pflicht des Grundbuchamts, das Grundbuch richtig zu halten – zur Beanstandung und Ablehnung der Eintragung berechtigen.[35] Dies gilt auch in den Fällen, in denen materiell-rechtlich keine Einigung (§ 873 BGB), sondern nur eine einseitige materiell-rechtliche Erklärung (§ 875 BGB) nötig ist, wenn zB der Grundstückseigentümer dem Grundbuchamt gegenüber für sich und zugleich

---

[30] BGH 59, 236 = DNotZ 1973, 83 = JZ 1973, 284 mit Anm Stürner = Rpfleger 1974, 105. Einschränkend jetzt aber BGH 78, 34 = DNotZ 1981, 111 = Rpfleger 1980, 463; hierzu Gitter/Schmitt JuS 1982, 253; Jauernig JuS 1982, 576; Jerschke DNotZ 1982, 459.
[31] LG Nürnberg-Fürth MittBayNot 1982, 175.
[32] BayObLG 1980, 209 = DNotZ 1981, 185 = Rpfleger 1980, 427; BayObLG 1984, 109 = MittBayNot 1984, 135 = Rpfleger 1984, 359; vgl auch Bühler DNotZ 1983, 588.
[33] LG Berlin RNotZ 2001, 288.
[34] BayObLG DNotZ 1934, 443; Meikel/Lichtenberger Rdn 146 zu § 19.
[35] RG 89, 371; Meikel/Lichtenberger Rdn 149 zu § 19.

D. Beschränkungen und Erweiterungen der Vollmacht

als Vertreter des Grundpfandrechtsgläubigers die Löschung des Grundpfandrechts bewilligt und beantragt; auf diese materiell-rechtliche Erklärung (nicht die davon zu unterscheidende Bewilligung nach § 19 GBO[36]) ist § 181 BGB anwendbar: Sachlich ist der Eigentümer der materiell Begünstigte und Erklärungsempfänger, so daß der das Motiv für § 181 BGB bildende Interessenkonflikt besteht.[37] Auch hier hat das Grundbuchamt aus dem Legalitätsprinzip heraus wegen offenkundiger Zweifel an der materiell-rechtlichen Wirksamkeit einen solchen Antrag zu beanstanden und ggfs abzulehnen. Über den vom BGH entschiedenen Fall hinaus dürfte § 181 BGB in allen Fällen anwendbar sein, in denen Vertreter und Vertretener auf verschiedenen Seiten (Interessenkonflikt) sachlich betroffen sind, auch wenn formal eine Erklärung nicht gegenüber dem anderen, sondern auch gegenüber Dritten abgegeben werden kann (s zB Rdn 3484 Fußn 34).[38] Nicht unter § 181 BGB fällt dagegen zB: Der Grundstückseigentümer bewilligt als Vertreter eines Hypothekengläubigers den Rangrücktritt der Hypothek (Beteiligte: § 880 Abs 2 BGB) und stimmt diesem Rücktritt im eigenen Namen zu.[39]

3. Übertragung einer Vollmacht und Erteilung von Untervollmacht

Die Übertragung der Vollmacht auf einen anderen oder die Erteilung einer Untervollmacht ist nur zulässig, wenn dies dem Bevollmächtigten **gestattet** ist. Ob eine Vollmacht zur Erteilung einer Untervollmacht ermächtigt, ist durch Auslegung zu ermitteln. Entscheidend ist hierfür, ob der Vollmachtgeber ein schutzwürdiges Interesse an der persönlichen Wahrnehmung der Vertretungsmacht durch den Hauptvertreter hat[40] oder ob das Interesse des Vertretenen gerade für diese Ermächtigung spricht.[41]   3563

Auf den **Insolvenzverwalter** über das Vermögen des Verkäufers geht die vom Käufer eines Grundstücks dem Verkäufer erteilte Auflassungsvollmacht nicht über.[42] Die dem Verkäufer (insbesondere Bauträger) erteilte Auflassungsvollmacht soll der erleichterten (vereinfachten) Abwicklung des Kaufvertrags dienen, steht somit (jedenfalls stillschweigend) unter der auflösenden Bedingung (§ 158 Abs 2 BGB), daß der Verkäufer selbst (die Organe des Bauträges für diesen) die Auflassung zu erklären hat. Sie kann somit nicht fortbestehen, wenn für den (insolventen) Verkäufer dessen Insolvenzverwalter aufzulassen   3564

---

[36] Zu dieser Unterscheidung richtig und konsequent BayObLG DNotZ 1988, 585.
[37] So nunmehr BGH 77, 8 = DNotZ 1981, 22 = NJW 1980, 1577 = Rpfleger 1980, 336; zur verfahrensrechtlichen Einordnung Meikel/Lichtenberger Rdn 149 zu § 19; ebenso BayObLG MittBayNot 1987, 88 (90) = Rpfleger 1987, 156.
[38] Streitig; wie hier BayObLG MittBayNot 1987, 88 (90) = Rpfleger 1987, 156; MünchKomm/Schramm Rdn 28 ff; Erman/Brox Rdn 17; BGB-RGRK/Steffen Rdn 5, je zu § 181 BGB; aA für solche Erklärungen an „Wahladressaten", wenn sie gegenüber dem „Dritten" abgegeben werden, Palandt/Heinrichs Rdn 8, 14; Soergel/Leptien Rdn 31, je zu § 181 BGB; RG 76, 89 ff.
[39] RG 157, 24.
[40] LG Köln MittRhNotK 1985, 39; Palandt/Heinrichs Rdn 12 zu § 167 BGB; Gutachten DNotI-Report 1998, 126.
[41] Siehe (für Untervollmacht auf einen Bürovorsteher) LG Wuppertal MittRhNotK 1978, 14.
[42] BayObLG 1978, 194 = MittBayNot 1978, 157 = Rpfleger 1978, 372.

hat.⁴³ Wenn die Vollmacht vorsieht, daß sie auch von dem jeweiligen Bevollmächtigten des Verkäufers ausgeübt werden kann, hat sie im Insolvenzfall keinen Bestand; die vom Verkäufer erteilte Vollmacht ist bei Eröffnung des Insolvenzverfahrens erloschen (§ 117 Abs 1 InsO), bei Auflassung ein Bevollmächtigter des Verkäufers somit nicht mehr vorhanden. Zweifelhaft ist, ob die einem Bauträger im jeweiligen Kaufvertrag erteilte Vollmacht zur Änderung der Teilungserklärung auf den Insolvenzverwalter des Bauträgers übergeht.⁴⁴ Der Abwickler der Kanzlei eines verstorbenen Rechtsanwalts bedarf im Ergebnis ebenfalls einer neuen Vollmacht, da er die Voraussetzungen für die Vollmachtsfiktion (§ 55 Abs 2 S 4 BRAO) nicht in der Form des § 29 GBO nachweisen kann.⁴⁵

3565 Der Unterbevollmächtigte handelt regelmäßig⁴⁶ für den Vertretenen, nicht für den Hauptbevollmächtigten. Die Untervollmacht ist wirksam, wenn im Zeitpunkt ihrer Erteilung (§ 167 BGB) die Hauptvollmacht wirksam bestand; vom weiteren Fortbestand der Hauptvollmacht ist die Untervollmacht regelmäßig (Beschränkungen sind möglich) aber nicht abhängig;⁴⁷ Vorlage der Hauptvollmacht ist daher bei Erteilung der Untervollmacht nötig, nicht dagegen bei Handeln des Unterbevollmächtigten.⁴⁸ Doch kann eine zeitlich unbefristete oder unwiderrufliche Untervollmacht nicht erteilt werden, wenn die Hauptvollmacht befristet oder widerruflich ist.

E. Erlöschen einer Vollmacht

1. Übersicht

3566 Eine Vollmacht erlischt
- soweit sie auflösend bedingt ist, mit Eintritt der Bedingung; soweit sie befristet ist, mit Fristablauf;
- wenn das ihr zugrundeliegende Rechtsverhältnis endet (§ 168 Abs 1 BGB);
- wenn sie widerrufen wird (§ 168 Abs 2 BGB);
- durch einseitigen Verzicht des Bevollmächtigten.

Dritten gegenüber wird das Erlöschen jedoch nur im Rahmen der §§ 170–173 BGB wirksam.

---

⁴³ Anders BayObLG 1978, 194 (196) = aaO, das keine Bedenken gegen die Auffassung hat, der Verkäufer könnte trotz des (damaligen) Konkurses die Rechte aus der Vollmacht weiter ausüben; dem können wir nicht folgen.
⁴⁴ Vorsichtig bejahend Gutachten DNotI-Report 1996, 113.
⁴⁵ LG Hamburg Rpfleger 1981, 482.
⁴⁶ Daneben gibt es auch die Möglichkeit, daß der Hauptbevollmächtigte den Dritten zu seinem eigenen Vertreter bestellt; zu diesen zwei Formen der Untervertretung vgl schon RG 108, 405.
⁴⁷ KG J 37 A 239; MünchKomm/Schramm Rdn 93ff, Soergel/Leptien Rdn 61, Staudinger/Schilken Rdn 68, je zu § 167 BGB; Schüle BWNotZ 1984, 156; aA Staudinger/Dilcher (12. Aufl) Rdn 68 zu § 167 BGB.
⁴⁸ Unrichtig insoweit OLG Karlsruhe BWNotZ 1992, 102 und Wolf MittBayNot 1996, 266. Es handelt sich um die gleiche Situation, wie wenn ein (früheres, jetzt nicht mehr im Amt befindliches) Organ einer Juristischen Person eine Vollmacht erteilt hat: auch hier muß die Vertretungsmacht des Vollmachtgebers nur im Zeitpunkt der Erteilung der Vollmacht bestehen und nachgewiesen werden.

2. Erlöschen durch Beendigung des zugrundeliegenden Rechtsverhältnisses

a) Beendigung des Rechtsverhältnisses

Die Vollmacht erlischt nach § 168 Abs 1 BGB, wenn das ihr regelmäßig zugrundeliegende Rechtsverhältnis – zB durch Zeitablauf, Kündigung, Tod (dazu unten Rdn 3568, 3573) oder sonstige Tatbestände – endet. Das der Vollmacht zugrundeliegende Rechtsverhältnis kann ein Auftrag, Geschäftsbesorgungs-, Dienst- oder Werkvertrag sein. In Grundstückssachen ist der Grundstücksveräußerungsvertrag die Rechtsgrundlage für die im Zusammenhang mit ihm und in derselben Urkunde erteilte Vollmacht (zB zur Erklärung oder Entgegennahme der Auflassung oder zur Ausübung von Belastungsvollmachten). Bei Nichtigkeit des Rechtsgeschäfts wird die in ihr enthaltene Vollmacht über § 139 BGB von der Nichtigkeit erfaßt, wenn ein entsprechender Verknüpfungswille der Beteiligten feststellbar ist[1] oder die Nichtigkeitsgründe des Grundgeschäfts nach ihrem Regelungszweck auch die Vollmacht erfassen (zB bei Nichtigkeit des Grundgeschäfts wegen Verstoß gegen das Rechtsberatungsgesetz (s dazu Rdn 3231 mit Fußn 143); anders (Vollmacht wirksam), wenn sie gerade zur Sicherung des Vertragsvollzugs erteilt ist;[2] dagegen ist eine solche Vollmacht nicht abhängig von etwa zum Kaufvertrag erforderlichen öffentlich-rechtlichen Genehmigungen. Mit Eröffnung des Insolvenzverfahrens erlischt eine vom Schuldner erteilte Vollmacht, die sich auf das zur Insolvenzmasse gehörende Vermögen bezieht (§ 117 Abs 1 InsO). Die vom gesetzlichen Vertreter eines Minderjährigen erteilte Vollmacht erlischt nicht mit dem Eintritt der Volljährigkeit.[3] Wohl aber hat die Beendigung einer Testamentsvollstreckung das Erlöschen der vom Testamentsvollstrecker erteilten Vollmacht zur Folge.[4]

3567

b) Tod und Geschäftsunfähigkeit des Vollmachtgebers

Wird der Vollmachtgeber nach Erteilung der Vollmacht **geschäftsunfähig**, so endet das der Vollmacht zugrundeliegende Rechtsverhältnis nicht (zB ein Kaufvertrag oder ein Geschäftsbesorgungsvertrag bleiben wirksam, §§ 672, 675 BGB). Auch die Vollmacht erlischt in diesen Fällen grundsätzlich nicht. Der Bevollmächtigte unterliegt auch nicht den Beschränkungen, die für einen Betreuer des nunmehr Geschäftsunfähigen gelten würden.[5]

3568

---

[1] BGH 102, 60 = DNotZ 1988, 550 = NJW 1988, 697; BGH DNotZ 1985, 294 = NJW 1985, 730; Korte DNotZ 1984, 82 (88); im Ergebnis ähnlich auch MünchKomm/Schramm Rdn 97, 101 zu § 164 BGB. Zur Auflassungsvollmacht auch Rdn 3127, 3305, 3322.

[2] RG 103, 300; 114, 351; KG JFG 1, 322; LG Lübeck DNotZ 1980, 91; BayObLG MittBayNot 1980, 69 = Rpfleger 1980, 277; OLG Köln MDR 1974, 310; Palandt/Heinrichs Rdn 4 zu § 167 BGB; Brambring DNotZ 1978, 150; auch BGH DNotZ 1990, 359 mit Anm Heckschen = Rpfleger 1989, 320 kommt im Ergebnis trotz Formnichtigkeit des Kaufvertrags zum Wirksambleiben einer in ihm enthaltenen unwiderruflichen, über den Tod hinaus erteilten Auflassungsvollmacht.

[3] KG JFG 1, 313 (316); BayObLG 1959, 297 = DNotZ 1960, 50 = NJW 1959, 2119.

[4] KGJ 41 A 79; OLG Düsseldorf Rpfleger 2001, 425.

[5] RG 88, 345; Soergel/Leptien Rdn 12; MünchKomm/Schramm Rdn 12, je zu § 168 BGB.

3569 Auch bei Tod des Vollmachtgebers endet im Regelfall das der Erteilung der Vollmacht zugrundeliegende Rechtsverhältnis nicht (§§ 672, 675 BGB); damit erlischt auch die erteilte Vollmacht in solchen Fällen regelmäßig nicht. Daher bleiben Vollmachten, die innerhalb eines Grundstücksveräußerungsvertrages (zB Auflassungsvollmacht[6]) erteilt wurden, auch bei Tod des Vollmachtgebers bestehen, zumal es sich hier regelmäßig um Vollmachten handeln wird, die (auch) im Eigeninteresse des Bevollmächtigten erteilt wurden.

3570 Ergibt sich aus der Vollmacht selbst nichts (weder ausdrücklich noch durch ihre Auslegung[7]) über ihre Fortgeltung nach dem Tod des Vollmachtgebers, enthält sie insbesondere nichts über das zugrundeliegende Rechtsverhältnis, so ist sie nach diesem Zeitpunkt für den Grundbuchverkehr nur brauchbar, wenn in öffentlicher oder öffentlich beglaubigter Form nachgewiesen wird, daß der Vollmacht ein über den Tod des Vollmachtgebers hinaus fortdauerndes Rechtsverhältnis zugrunde liegt.[8] Eine „Vorsorgevollmacht", die vor allem für den Fall der Geschäftsunfähigkeit oder sonstigen Hilfsbedürftigkeit erteilt wurde, erlischt mit dem Tod des Vollmachtgebers, wenn aus der Urkunde nichts anderes ersichtlich ist.[9] Die Vollmacht an den Notar zum Urkundenvollzug wirkt auch ohne ausdrückliche Bestimmung über den Tod des Vollmachtgebers hinaus.[10]

3571 Der Bevollmächtigte ist während der Dauer der Vollmacht ohne weiteres befugt, nach dem Tod des Vollmachtgebers im Namen seiner Erben zu handeln. Zum Vollzug einer vom Bevollmächtigten erklärten Auflassung bedarf es nach dem Tod des Vollmachtgebers dann nicht des Erbnachweises (§ 40 Abs 1 Hs 1 GBO).[11] Sind die Erben des Vollmachtgebers minderjährig oder in der Geschäftsfähigkeit beschränkt, so bedarf der Bevollmächtigte gleichwohl in keinem Falle der Genehmigung des Familien/Vormundschaftsgerichts (auch wenn der Bevollmächtigte zugleich gesetzlicher Vertreter eines Erben

---

[6] KG DNotZ 1939, 259 = JW 1939, 482; OLG Köln DNotZ 1970, 27; KG DNotZ 1972, 18; BayObLG FamRZ 1990, 98 = MittBayNot 1989, 308 = (mitget) Rpfleger 1990, 54 (Auflassungsvollmacht bei schenkweiser Überlassung eines Grundstücksteils); LG Kassel DNotZ 1958, 429.
[7] RG 88, 345; 106, 185; 114, 354; BGH DNotZ 1969, 481 = NJW 1969, 1245 mit krit Anm Finger NJW 1969, 1624 = Rpfleger 1969, 237. Vgl auch Haegele Rpfleger 1968, 345; Riedel JurBüro 1972, 1041; Röhm Betrieb 1969, 1973; LG Koblenz DNotZ 1971, 49 = Rpfleger 1971, 15.
[8] KG DNotZ 1972, 18 = MDR 1971, 661. Wegen der Frage, ob der Bevollmächtigte nach dem Tode des Vollmachtgebers noch in dessen Namen (namens seiner Ehefrau) rechtswirksam handeln kann, wenn er sein Alleinerbe geworden ist, s verneinend OLG Stuttgart NJW 1948, 627 = SJZ 1948, 445 und Palandt/Heinrichs Rdn 4 zu § 168 BGB; bejahend Hueck SJZ 1948, 458; Klaus NJW 1948, 627; LG Bremen Rpfleger 1993, 235 (Bevollmächtigter wurde Vorerbe) mit zust Anm Meyer-Stolte; Haegele Rpfleger 1968, 345 (Fußn 10); s auch BGH NJW 1954, 145.
[9] OLG Hamm DNotZ 2003, 120.
[10] LG Aschaffenburg MittBayNot 1971, 370 = MittRhNotK 1972, 21 = Rpfleger 1971, 319.
[11] RG 88, 345; KG DNotZ 1935, 600; LG Heidelberg NJW 1973, 1088 verlangt zu Recht für die Grundbuchberichtigung durch Eintragung der Erben Erbnachweis nach § 35 GBO; Berichtigungsbewilligung des postmortal Bevollmächtigten genügt hierzu nicht.

E. Erlöschen einer Vollmacht

ist).¹² Auch der Testamentsvollstrecker des Vollmachtgebers muß bis zum Vollmachtswiderruf Handlungen eines solchen Bevollmächtigten gegen sich gelten lassen (vgl auch Rdn 3440); er ist aber zum Widerruf der Vollmacht berechtigt.¹³ Bei Anordnung einer Nacherbschaft sind Verfügungen eines solchen Bevollmächtigten sowohl gegenüber Vor- wie gegenüber Nacherben verbindlich¹⁴ (s auch Rdn 3488).

Im Falle postmortaler Vollmacht sind jedoch die Erben berechtigt, die Vollmacht zu widerrufen,¹⁵ soweit ein Widerruf zulässig ist. Erfolgt Widerruf nur durch einen oder einige von mehreren Miterben, behält die Vollmacht bezüglich der anderen Miterben ihre Kraft.¹⁶ Daher besteht in solchen Fällen kein Anspruch auf Rückgabe der Vollmachtsurkunde, sondern nur ein Anspruch auf Vorlage zur Anbringung eines entsprechenden Vermerks.¹⁷ 3572

c) Erlöschen durch Tod des Bevollmächtigten

Der Tod des Bevollmächtigten führt im Regelfall zum Erlöschen der Vollmacht (§§ 673, 675 BGB). Eine eigennützige, zB auf Grund eines Grundstückskaufvertrags oder einer Erbauseinandersetzung erteilte Auflassungs- oder Belastungsvollmacht besteht – im Gegensatz zu einer treuhänderischen Vollmacht – nach dem Tod des Bevollmächtigten fort.¹⁸ Wird der Bevollmächtigte geschäftsunfähig, erlischt seine Vollmacht. Wird das Organ einer juristischen Person geschäftsunfähig, endet seine Organstellung von selbst;¹⁹ eine Haftung der vertretenen juristischen Person kann sich in einem solchen Fall aus zurechenbarem Rechtsschein im Einzelfall ergeben.²⁰ Eine Vollmacht, die einer Treuhand-KG erteilt wurde, besteht auch nach deren Umwandlung in eine GmbH fort;²¹ die einer übertragenden GmbH erteilte 3573

---

¹² RG 88, 345; 106, 185; KGJ 50 A 157. Das RG hat die Genehmigungsfreiheit damit begründet, daß der Fall zu behandeln sei wie die Erklärung eines Bevollmächtigten, den der Vormund mit vormundschaftsgerichtlicher Genehmigung bestellt hatte und der auch keiner besonderen Genehmigung bedürfe. Dem widerspricht aber die Entscheidung des BayObLG DNotZ 1977, 614 = Rpfleger 1976, 304, wonach für die durch einen Bevollmächtigten des Minderjährigen (ernannt durch den Pfleger) erklärte Auflassung die vormundschaftsgerichtliche Genehmigung nötig ist, auch wenn das obligatorische Geschäft samt Vollmacht genehmigt sind.
¹³ KG OLGZ 1971, 160.
¹⁴ KGJ 36 A 166; 43 A 159; DNotZ 1935, 600.
¹⁵ Zur Frage, ob den Erben Gelegenheit zum Widerruf gegeben werden darf/muß vgl BGH 127, 239 = DNotZ 1995, 388 = NJW 1995, 250.
¹⁶ RG JW 1938, 1892; KG JW 1937, 2035; BGH NJW 1975, 382. Zum Widerruf einer vom Erblasser über seinen Tod hinaus erteilten Generalvollmacht und einer auf Grund dieser Generalvollmacht nach dem Tode des Erblassers durch den Generalbevollmächtigten erteilten Auflassungsvollmacht s MittRhNotK 1959, 275.
¹⁷ BGH BB 1989, 2356 = MittBayNot 1990, 20 = WM 1989, 1860.
¹⁸ OLG Köln DNotZ 1970, 27 = OLGZ 1969, 305; KG DFG 1939, 38 = JW 1939, 482.
¹⁹ BayObLG 1982, 267 = BB 1982, 1508 = Rpfleger 1982, 428.
²⁰ BGH BB 1991, 1584 = NJW 1991, 2566.
²¹ LG Düsseldorf MittRhNotK 1985, 103 = Rpfleger 1985, 358. Bedenken dagegen bei OLG Düsseldorf MittRhNotK 1990, 223 = NJW-RR 1990, 1299 = OLGZ 1990, 428 = Rpfleger 1990, 356.

Vollmacht geht bei Verschmelzung (regelmäßig) auf die übernehmende Gesellschaft über.[22]

3. Erlöschen der Vollmacht durch Widerruf

3574 Der Widerruf einer Vollmacht ist grundsätzlich auch möglich, obwohl das ihrer Erteilung zugrundeliegende Rechtsverhältnis fortbesteht (§ 168 S 2 BGB). Eine „isolierte" Vollmacht ist stets widerruflich. Der Widerruf einer Vollmacht ist nur ausgeschlossen, soweit sie als unwiderruflich vereinbart ist (s Rdn 3537). Doch kann auch eine solche unwiderrufliche Vollmacht aus wichtigem Grund widerrufen werden. Der Ausschluß des Widerrufs bedeutet nur eine Beschränkung der freien Widerrufsmöglichkeit auf eine solche aus wichtigem Grund.[23] Ob ein wichtiger Grund zum Widerruf vorliegt, hängt maßgeblich von dem Inhalt der Vereinbarungen ab, die der Vollmachtserteilung zugrundelagen.[24] Das Recht auf Widerruf einer Vollmacht ist jedenfalls dann unverzichtbar, wenn der ihr zugrundeliegende Auftrag nur den Interessen des Auftraggebers dient. Eine Unwiderruflichkeitsklausel, die eine auf Grund eines solchen Auftrags erteilte Vollmacht enthält, ist wirkungslos.[25] Eine unwiderrufliche Generalvollmacht wäre als übermäßige Beschränkung der Willensfreiheit des Vollmachtgebers nichtig (§ 138 BGB).[26]

3575 Trotz Widerrufs kann jedoch das vom Vertreter abgeschlossene Rechtsgeschäft für den Vertretenen bindend und wirksam sein, wenn zugunsten des Geschäftsgegners die Rechtsscheintatbestände der §§ 170–173 BGB eingreifen.

F. Nachweis der Vollmacht bei Notar und Grundbuchamt

1. Nachweis der Vollmacht beim Notar

3576 Bei Beurkundung von Willenserklärungen, die ein Dritter für einen Beteiligten abgibt, hat der Notar die **Vertretungsmacht zu prüfen** (§§ 12, 17 BeurkG). Wird nur mündliche Vollmachtserteilung geltend gemacht, kann der Notar nur prüfen, ob eine Vertretung überhaupt zulässig ist; er hat darauf hinzuweisen, daß die Willenserklärung nur wirksam ist, wenn eine sie deckende Vollmacht vorliegt und nachgewiesen werden kann (§ 17 Abs 2 BeurkG) und daß im Grundbuchverfahren Vollmachtsbestätigung in der Form des § 29 GBO notwendig ist. Ist eine schriftliche Vollmacht erteilt, hat der Notar sich diese in Urschrift oder – bei notariell beurkundeter Vollmacht – in Aus-

---

[22] LG Koblenz MittRhNotK 1997, 321 = NJW-RR 1998, 38 = Rpfleger 1997, 475; vgl hierzu auch Gutachten DNotI-Report 2000, 59.
[23] BGH DNotZ 1970, 558 Leits = BB 1969, 1063 = WM 1969, 1009; BayObLG FamRZ 1990, 98 = MittBayNot 1989, 308 (Beschränkung gilt auch für Erben des Vollmachtgebers); Staudinger/Schilken Rdn 14 zu § 168 BGB.
[24] Erlaubt der Auftrag nur Belastungen des Grundstücks, rechtfertigt sein Verkauf stets den Widerruf der Vollmacht, BGH DNotZ 1989, 84 = NJW 1988, 2603.
[25] BGH DNotZ 1972, 229.
[26] RG 76, 183.

F. Nachweis der Vollmacht bei Notar und Grundbuchamt

fertigung vorlegen zu lassen[1] und eine inhaltliche Prüfung vorzunehmen, ob sie das beabsichtigte Rechtsgeschäft deckt. Kann die Urkunde nicht vorgelegt werden oder ergeben sich sonst Zweifel an der Vertretungsmacht, hat der Notar die sich daraus ergebenden Bedenken mit den Beteiligten zu erörtern[2] (§ 17 Abs 2 S 1 BeurkG). Bestehen diese auf der Beurkundung, kann sie der Notar bei Zweifeln an der Wirksamkeit vornehmen, muß aber einen entsprechenden Vorbehalt (§ 17 Abs 2 S 2 BeurkG) in die Urkunde aufnehmen.[2]

Bescheinigt der Notar, daß Original oder Ausfertigung einer Vollmachtsurkunde bei Beurkundung vorgelegt wurde und eine beglaubigte Abschrift hiervon der Niederschrift beigefügt ist (vgl § 12 BeurkG), so ist der **Besitz der Urkunde** auch für das Grundbuchamt ausreichend **nachgewiesen**, das daher Vorlage in Urschrift oder Ausfertigung nicht mehr verlangen kann.[3] Zur Prüfung des Inhalts der Vollmacht ist dagegen das Grundbuchamt neben dem Notar berechtigt und verpflichtet.[4] 3577

Für den Nachweis des Bestands der Vollmacht beim Notar (Vorlage der Urschrift oder Ausfertigung, Verweisung auf Urschrift usw) gelten die gleichen Grundsätze wie beim Grundbuchamt (s unten Rdn 3581 ff). 3578

2. Nachweis der Vollmacht beim Grundbuchamt[5]

Das Grundbuchamt hat im Eintragungsverfahren die Wirksamkeit der Bewilligung (im Fall des § 20 GBO der Einigung) zu prüfen (Rdn 206). Soweit der Betroffene sich bei der Abgabe der Bewilligung (Einigung im Fall des § 20 GBO) vertreten läßt, gehört zur Wirksamkeit der Erklärung auch das Bestehen einer sie deckenden Vertretungsmacht. In diesem Zusammenhang hat daher das Grundbuchamt zu prüfen, ob im Zeitpunkt des Wirksamwerdens der Erklärung (s dazu Rdn 106, 107) der Vertreter wirksam bevollmächtigt war. Dieser Nachweis ist in der Form des § 29 Abs 1 GBO zu führen, soweit es nicht um den Nachweis eintragungshindernder Tatsachen geht, für die die Beweismittelbeschränkung des § 29 GBO nicht gilt (s Rdn 159, 160). 3579

Die **Erteilung der Vollmacht** (§ 167 BGB) wird dem Grundbuchamt durch Vorlage einer Urkunde in der Form des § 29 GBO nachgewiesen. Vorlage einer beglaubigten Abschrift der – in der Form des § 29 GBO erteilten – Vollmacht ist für den Nachweis, daß Vollmacht erteilt wurde, ausreichend (s Rdn 3577). Der Nachweis des Zugangs der Vollmacht ist nicht erforderlich: 3580

---

[1] BGH NJW 1993, 2744 (2745).
[2] BGH DNotZ 1989, 43 = NJW-RR 1988, 1206; vgl auch OLG Düsseldorf (mitget) DNotZ 1988, 776.
[3] RG 104, 361; BGH 102, 60 = DNotZ 1988, 551 mit abl Anm Bohrer = NJW 1988, 697; BayObLG DNotZ 1934, 445 und MittBayNot 1958, 268; KG DNotZ 1972, 615; OLG Frankfurt Rpfleger 1972, 306 und NJW-RR 1996, 1482 = Rpfleger 1997, 63; BayObLG (mitget) Rpfleger 1977, 439; BayObLG DNotZ 2000, 293 mit Anm Limmer = NJW-RR 2000, 161 = Rpfleger 2000, 62; LG Gera Rpfleger 1996, 507. Unrichtig insoweit OLG Karlsruhe BWNotZ 1992, 102; unrichtig auch LG Ellwangen BWNotZ 1990, 92 mit Anm Stiegeler.
[4] OLG Celle DNotZ 1954, 38 mit teilw krit Anm Hieber.
[5] Vgl hierzu grundsätzlich Stiegeler BWNotZ 1985, 129; OLG Stuttgart DNotZ 1952, 183 mit Anm Hieber; Ripfel BWNotZ 1961, 84.

er wird ausreichend dadurch erbracht, daß sich der Vertreter auf die Vollmacht beruft.[6]

Das Grundbuchamt hat den **Inhalt** und **Umfang** der Vollmacht selbständig neben dem Notar zu prüfen; das erfordert bei Erteilung der Vollmacht durch einen organschaftlichen Vertreter auch Prüfung seiner Vertretungsmacht[7] (Rdn 3637ff). Für Prüfung der Vollmacht durch das Grundbuchamt ist es erforderlich, daß ihm der Wortlaut der Vollmacht zugänglich ist. Das Grundbuchamt hat die Vollmacht wie jede rechtsgeschäftliche Erklärung auszulegen,[8] uU umzudeuten. Bei Zweifeln über den Umfang einer Vollmacht ist, soweit der größere Umfang nicht beweisbar ist, der geringere anzunehmen.[9]

3581 Der Nachweis, daß die einmal **erteilte Vollmacht** im Zeitpunkt des Wirksamwerdens der Bewilligung (Einigung im Fall des § 20 GBO) **noch bestand**, also nicht erloschen war, kann in der Form des § 29 GBO nicht lückenlos geführt werden: es handelt sich um eine eintragungshindernde Tatsache, für die – entgegen dem Wortlaut des § 29 GBO – die Rechtsprechung stets und bereits früh die Beweismittelbeschränkung des § 29 GBO im Wege einschränkender Auslegung nicht angewendet, sondern die Verwendung und Würdigung von Erfahrungssätzen und sonstiger dem Grundbuchamt bekannter Umstände im Wege freier Beweiswürdigung durch das Grundbuchamt zugelassen hat.[10] Das Grundbuchamt hat bei dieser Prüfung stets die Umstände des Einzelfalls zu würdigen, und zwar nicht nur solche, die positiv für das Weiterbestehen der Vollmacht sprechen, sondern in bestimmten Fällen muß das Grundbuchamt so lange vom Fortbestand der Vollmacht ausgehen, als ihm nicht Umstände bekannt werden, die hieran Zweifel wecken. In diesem Rahmen spielen auch die Rechtsscheintatbestände der §§ 170–173 BGB für den Nachweis des Fortbestands einer Vollmacht beim Grundbuchamt eine zentrale Rolle:

---

[6] Stiegeler BWNotZ 1985, 129 (130).
[7] Wird vom Geschäftsführer der Komplementär-GmbH einer GmbH und Co KG vor deren Eintragung in das Handelsregister Vollmacht erteilt, so ist nicht nur die Vertretungsbefugnis des Geschäftsführers für die GmbH nachzuweisen, sondern auch die der GmbH für die GmbH und Co KG in Gründung, BayObLG MittBayNot 1993, 150 = MittRhNotK 1993, 117 = Rpfleger 1993, 441.
[8] Bei **Auslegung** vorgelegter Vollmachtsurkunden darf das Grundbuchamt einen vom Wortlaut abweichenden Willen des Vollmachtgebers (etwa Ausschluß des Selbstkontrahierens trotz gegenteiligen Wortlauts) nur dann annehmen, wenn er ihm positiv bekannt ist oder wenn es starken Anlaß hat, ihn zu vermuten, LG Köln MittRhNotK 1957, 734. Vgl auch OLG Köln MittBayNot 1981, 186 = MittRhNotK 1981, 186: eine Vollmacht zum Erwerb eines bestimmten Miteigentumsanteils (im „Bauherrnmodell") kann uU auch den Erwerb eines höheren Miteigentumsanteils decken. Zur Auslegung von Vollmachten vgl weiter BayObLG Rpfleger 1985, 487, Rpfleger 1987, 357, MittRhNotK 1989, 13 und DNotZ 1998, 750 = NJW-RR 1998, 737; zur Nachprüfung im Beschwerdeverfahren s BayObLG DNotZ 1996, 295 = NJW-RR 1997, 1167 = Rpfleger 1996, 24.
[9] Vgl RG 143, 196; RG JW 1913, 1034; BayObLG MittRhNotK 1992, 82; BayObLG MittBayNot 1996, 287 = MittRhNotK 1996, 218 = Rpfleger 1996, 332; BayObLG DNotZ 1997, 470 (471) und 475 mit Anm Brambring.
[10] OLG Stuttgart aaO (Fußn 5); BayObLG 1959, 297 (301) = DNotZ 1960, 50 = Rpfleger 1960, 335; BayObLG 1985, 318 = DNotZ 1986, 344 = Rpfleger 1986, 90; OLG Frankfurt Rpfleger 1972, 306 mit Anm Haegele; KG DNotZ 1972, 18; s auch Rdn 159, 160.

F. Nachweis der Vollmacht bei Notar und Grundbuchamt

Sind diese Rechtsscheintatbestände objektiv erfüllt, liegen positive Anhaltspunkte für das Fortbestehen der Vollmacht vor, jedenfalls solange dem Grundbuchamt keine konkreten Anhaltspunkte für die Bösgläubigkeit des Geschäftsgegners[11] (§ 173 BGB), einen Widerruf einer Vollmachtskundgabe (§ 171 Abs 2 BGB) oder die Kraftloserklärung der Vollmachtsurkunde (§ 176 BGB) bekanntwerden.

Im einzelnen gilt folgendes:

a) Erlöschen der Vollmacht aus dem zugrunde liegenden Rechtsverhältnis

Ein Erlöschen der Vollmacht aus dem der Vollmacht zugrundeliegenden Rechtsverhältnis (§ 168 S 1 BGB, Rdn 3567) ist vom Grundbuchamt regelmäßig nicht anzunehmen; meist wird dem Grundbuchamt das Grundverhältnis gar nicht bekannt sein; eine Prüfungspflicht besteht ohne konkrete Anhaltspunkte nicht.[12] Zur Wirkung des Todes oder der Geschäftsunfähigkeit des Vollmachtgebers und Bevollmächtigten s Rdn 3568 ff. Ist die Vollmacht in einem Grundstückveräußerungsvertrag enthalten, muß das Grundbuchamt vom Fortbestand des Vertrages als Grundverhältnis solange ausgehen, als ihm nicht dessen Aufhebung bekannt wird. 3582

b) Erlöschen der Vollmacht infolge Widerruf

Das Erlöschen der Vollmacht infolge Widerruf bereitet der Praxis immer wieder Probleme. Die negative Tatsache, daß eine Vollmacht nicht widerrufen ist, kann nicht durch öffentliche Urkunde, sondern nur unter Berücksichtigung allgemeiner Erfahrungssätze entschieden werden (s Rdn 3581). 3583

aa) Besitz der Vollmachtsurkunde (§ 172 BGB). Ist über die Vollmacht eine Urkunde ausgestellt (§ 172 BGB), so spricht ein allgemeiner Erfahrungssatz für den Fortbestand der Vollmacht, wenn der Bevollmächtigte im Zeitpunkt der Abgabe der Erklärung im Besitz der Vollmachtsurkunde war und sie dem Vertragsgegner vorlegt, da nach § 172 Abs 2 BGB eine Vollmacht solange als fortbestehend gilt, bis die Urkunde zurückgegeben oder für kraftlos erklärt worden ist. 3584

Besitz der Vollmachtsurkunde wird **nachgewiesen**, wenn der Bevollmächtigte die Vollmacht entweder in Urschrift (bei privatschriftlicher, öffentlich beglaubigter Vollmacht) oder in Ausfertigung (bei notariell beurkundeter Vollmacht) dem Grundbuchamt vorlegt;[13] es genügt auch entsprechende Vorlage beim Notar, der unter Beifügung einer beglaubigten Abschrift hiervon die Tatsache des Besitzes in der Form des § 29 Abs 1 S 2 GBO für das Grund-

---

[11] Auch die Bösgläubigkeit ist eine eintragungshindernde Tatsache, die in der Form des § 29 GBO nicht nachgewiesen werden kann; aA wohl Stiegeler BWNotZ 1985, 129 (130).
[12] Stiegeler aaO (Fußn 5).
[13] Dies gilt auch, wenn seit Ausstellung der Vollmacht längere Zeit vergangen ist (zu Zweifeln am Fortbestand einer 50 Jahre alten Auflassungsvollmacht OLG Naumburg ZfIR 2003, 218 Leits – bedenklich –). Dagegen reicht der Besitz der Vollmachtsurkunde zur Rechtsscheinwirkung des § 172 BGB nicht aus, wenn der Bevollmächtigte eigenmächtig den Besitz der Vollmachtsurkunde an sich gebracht hat, BGH NJW 1975, 2101 = MittBayNot 1975, 255. Das Grundbuchamt hat ohne konkrete Anhaltspunkte von einem solchen Fall nicht auszugehen.

buchamt ausreichend bescheinigt[14] (s Rdn 3577). Zur Vorlage bei Untervollmacht s Rdn 3565. Die Vorlage einer beglaubigten Abschrift der beurkundeten oder privatschriftlichen, öffentlich beglaubigten Vollmacht genügt nicht für den Nachweis des **Besitzes** der Vollmachtsurkunde:[15] bei der notariell beurkundeten Vollmacht bleibt regelmäßig die Urschrift in der Verwahrung des Notars (§ 45 BeurkG); an die Stelle der Urschrift tritt im Rechtsverkehr die Ausfertigung. Dabei soll nach OLG Köln[16] auch Vorlage einer nicht auf den Bevollmächtigten (sondern zB den Vollmachtgeber) lautenden Ausfertigung genügen. Dem können wir nicht folgen; die Verwendung einer solchen „falschen" Urkunde muß zu Zweifeln im Sinne des § 173 BGB führen.[17] Wird die Vollmacht widerrufen, ist die Vollmachtsurkunde, dh sind sämtliche Ausfertigungen,[18] nicht aber beglaubigte Abschriften, zurückzugeben (§ 175 BGB); an der Verwahrung der Urschrift ändert sich nichts. Die Berufung auf die Urschrift einer beurkundeten Vollmacht in der Urkundensammlung des Notars kann daher nicht mit der **Aushändigung** einer Vollmachtsausfertigung gleichgesetzt werden (Ausnahme Rdn 3585) und kann daher auch nicht die Rechtsscheinwirkung des § 172 BGB auslösen;[19] sie begründet allein keinen Erfahrungssatz für den Fortbestand der Vollmacht.

3585 Eine **Ausnahme** vom Erfordernis der **Aushändigung** einer **Vollmachtsausfertigung** gilt jedoch in den Fällen, in denen dem **Bevollmächtigten** ein **originärer gesetzlicher Anspruch** auf Erteilung einer **Ausfertigung** (§ 51 Abs 1 BeurkG) zusteht:[20] wie auch in anderen Fällen (s Rdn 107) ersetzt dieser originäre gesetzliche Anspruch auf Ausfertigung den Besitz der Ausfertigung; hier (und nur hier im Falle einer Vollmachtserteilung im Sinne des § 172 BGB) ersetzt die Berufung auf die Urschrift der Vollmacht, die in der Urkundensammlung des Notars verwahrt wird, der auch die Erklärung des Bevollmächtigten beurkundet, den Besitz der Ausfertigung: es wäre reiner Formalismus, wenn hier vor Erklärung des Bevollmächtigten noch eine Ausfertigung hergestellt

---

[14] BayObLG MittBayNot 2002, 112 = NotBZ 2002, 104 = RNotZ 2002, 53 = Rpfleger 2002, 194 mit Nachw. Ähnlich auch BGH 102, 60 = aaO (Fußn 3), der an die Vorlage der Ausfertigung beim Notar und dessen Bescheinigung, daß sie vorlag (§ 36 BeurkG) eine Rechtsscheinhaftung knüpft; ebenso (richtig) Stiegeler BWNotZ 1990, 93 gegen LG Ellwangen BWNotZ 1990, 92.
[15] BayObLG MittBayNot 2002, 112 = aaO.
[16] OLG Köln RNotZ 2001, 407 = Rpfleger 2002, 197.
[17] Wie hier gegen OLG Köln Waldner und Mehler MittBayNot 1999, 261; Waldner Rpfleger 2002, 198; Helms RNotZ 2002, 235.
[18] Bei Beurkundung einer Vollmacht, über die dem Bevollmächtigten eine Urkunde ausgestellt werden soll, empfiehlt es sich, in der Urkunde festzulegen, wie viele Ausfertigungen dem Bevollmächtigten zu erteilen sind; weitere Ausfertigungen sind nur mit Zustimmung des Vollmachtgebers zu erteilen, s auch Röll DNotZ 1970, 144, 398.
[19] Hieber DNotZ 1952, 186; Haegele Rpfleger 1972, 306; Kasper MittRhNotK 1980, 132; Stiegeler BWNotZ 1985, 129 (131); OLG Köln DNotZ 1984, 389 = OLGZ 1984, 168; LG Aachen MittRhNotK 1981, 39; etwas mißverständlich BGH DNotZ 1980, 352 = NJW 1980, 698 = Rpfleger 1980, 146; LG Aachen MittRhNotK 1981, 40 mit zust Anm Liehner. Die BGH-Entscheidung beschäftigt sich aber weniger mit dem „Aushändigen" als mit dem „Vorlegen" der Vollmacht im Sinne des § 172 BGB.
[20] OLG Stuttgart DNotZ 1999, 138 = NJW-RR 1999, 1321; Kasper MittRhNotK 1980, 132; Stiegeler BWNotZ 1985, 129 (132); Ertl DNotZ 1967, 339 (352).

würde. Damit genügt in der Praxis in allen Fällen, in denen einem Beteiligten eines beurkundeten Vertrages Vollmacht in der Vertragsurkunde selbst (zB zur Auflassung oder Belastung) erteilt wurde, die Berufung auf diese Urkunde (des gleichen Notars) durch den Bevollmächtigten, der hier einen originären gesetzlichen Ausfertigungsanspruch hat, um den Rechtsschein und damit für das Grundbuchamt den Erfahrungssatz vom Fortbestand der Vollmacht zu begründen. In Zweifelsfällen kann der Notar durch Eigenurkunde bescheinigen, daß ihm von einem durch Vollmachtswiderruf eingeschränkten Recht des Bevollmächtigten auf Erteilung von Ausfertigungen nichts bekannt ist. Doch kann eine solche Bescheinigung vom Grundbuchamt nur verlangt werden, wenn es durch konkrete Tatsachen gestützte Zweifel hieran hat.

Dagegen genügt die Berufung auf die in der Urkundensammlung des beurkundenden Notars verwahrte Vollmachtsurschrift für das in § 172 BGB enthaltene weitere Tatbestandsmerkmal des Vorlegens, da hier der Vertragsgegner jederzeit von ihr Kenntnis nehmen kann.

bb) Besondere Kundgabe der Vollmacht (§ 171 BGB). Nicht über jede beurkundete Vollmacht soll eine Urkunde im Sinne des § 172 BGB ausgestellt werden. Erteilen die Vertragsbeteiligten zB Angestellten des Notars Vollmacht zur Abgabe rechtsgeschäftlicher oder verfahrensrechtlicher Erklärungen (Auflassung, Bewilligungen), so soll nach dem Willen der Vollmachtgeber gerade keine Vollmachtsurkunde dem Bevollmächtigten ausgestellt werden.[21] Damit der Zweck einer solchen Vollmacht, dem Urkunds-Notar die Kontrolle der Erklärungen seiner Angestellten zu ermöglichen, nicht durch Abgabe vor einem anderen Notar vereitelt werden kann, darf hier gar keine Ausfertigung erteilt werden. Es handelt sich in solchen Fällen um eine mündliche Vollmacht an den Notarangestellten (vom Notar als Boten übermittelt), die in besonderer Mitteilung (der notariellen Urkunde) dem jeweiligen Vertragsgegner, auch dem Grundbuchamt, s unten Rdn 3587, kundgetan wird.[22] Solange nicht ein Widerruf in gleicher Form erfolgt ist, kann in solchen Fällen vom Fortbestand der Vollmacht und vom Vorliegen eines entsprechenden Erfahrungssatzes ausgegangen werden. Hier genügt die Verweisung auf die in der Urkundensammlung des Notars verwahrte Urschrift der Vollmachtskundgabe; Vorlage einer Ausfertigung kann hier nicht verlangt werden.

Im Einzelfall ist durch Auslegung zu ermitteln, ob bei einer auf einen Dritten im Rahmen eines Vertrages ausgestellten Vollmacht ein Fall des § 171 BGB oder des § 172 BGB vorliegt.

3586

cc) Verweisung auf Vollmacht beim Grundbuchamt. Bei Verweisung auf eine beim Grundbuchamt befindliche Vollmacht muß unterschieden werden: Hat der **Vollmachtgeber** dem Grundbuchamt die Vollmachtserteilung angezeigt (selbst oder durch den beurkundenden Notar, § 15 GBO), so liegt hierin wiederum die besondere Kundmachung einer Vollmacht im Sinne des § 171

3587

---

[21] OLG Köln MittRhNotK 1983, 209.
[22] OLG Köln MittRhNotK 1983, 209; Stiegeler BWNotZ 1985, 129 (130, 132); OLG Köln DNotZ 1984, 569 = Rpfleger 1984, 182 sieht in einem solchen Fall den Notar als „Dritten" und Kundgabeempfänger an.

BGB,[23] die so lange in Kraft bleibt, bis in gleicher Weise ein Widerruf erfolgt. Eine Verweisung auf eine solche Vollmacht ist möglich; für ihren Fortbestand besteht bis zum Eingang eines Widerrufs ein Erfahrungssatz. Die Vollmacht muß in diesem Fall der Mitteilung durch den **Vollmachtgeber** nicht in Urschrift oder Ausfertigung vorgelegt werden; es genügt auch Vorlage in beglaubigter Abschrift.

3588 Hat der **Bevollmächtigte** die Vollmacht dem Grundbuchamt vorgelegt, so genügt hierfür nur Ausfertigung oder Urschrift (s Rdn 3584), nicht Verweisung auf eine vom Bevollmächtigten vorgelegte beglaubigte Abschrift. Ist er berechtigt, die Vollmachtsurkunde vom Grundbuchamt jederzeit für weitere Erklärungen zurückzuverlangen, so ist der Vertreter weiterhin (mittelbarer) Besitzer der Vollmachtsurkunde mit der Folge, daß § 172 BGB eingreifen kann und damit ein Erfahrungssatz für den Fortbestand der Vollmacht spricht.[24]

3589 **dd) Unwiderrufliche Vollmacht.** Ist eine Vollmacht unwiderruflich erteilt, so besteht für ihren Fortbestand ein Erfahrungssatz so lange, als dem Grundbuchamt keine konkreten Anhaltspunkte bekannt sind, daß die Vollmacht tatsächlich widerrufen ist und darüberhinaus ein den Widerruf rechtfertigender Grund besteht. Bloß gedachte, nicht auf konkrete Tatsachen gestützte Möglichkeiten eines Widerrufs berechtigen nicht, den Nachweis des Fortbestehens zu verlangen.[25]

3590 **ee) Sonstige Gesichtspunkte.** Abgesehen von den hier behandelten häufigsten Fallgestaltungen ist zu betonen, daß nur dort, wo das Grundbuchamt durch Tatsachen gestützte Zweifel am Fortbestand einer Vollmacht hat (zB Mitteilung eines Widerrufs durch einen Beteiligten,[26] Anfechtung einer Vollmacht),[27] es berechtigt (und verpflichtet) ist, weitere Nachweise zu verlangen. Bei der Beurteilung des Fortbestands einer Vollmacht hat es auch aus der Interessenlage der Beteiligten Schlüsse auf den Fortbestand der Vollmacht zu ziehen.[28] Schließlich sprechen auch Anträge, die der Vollmachtgeber zu den vom Vertreter in seinem Namen abgegebenen Bewilligungen stellt oder vom Notar stellen läßt (§ 15 GBO), für den Fortbestand der Vollmacht.

3591 **ff) Vollmacht für den Notar.** Hat der Notar in seiner amtlichen Eigenschaft Vollmacht zur Abgabe von Verfahrenserklärungen (Bewilligung, Antrag) erhalten, so ist nur die Erteilung der Vollmacht, nicht ihr Fortbestand nachzuweisen. Diese Durchführungsvollmacht ermächtigt auch den Notarvertreter (§ 39 BNotO) zum Handeln.[29]

---

[23] OLG Stuttgart DNotZ 1952, 183; Hieber DNotZ 1952, 185; Haegele Rpfleger 1972, 306; Stiegeler BWNotZ 1985, 129 (133), der diese Bekanntgabe als Einschränkung der Widerrufsmöglichkeit ansieht und damit zum gleichen Ergebnis eines entsprechenden Erfahrungssatzes gelangt.
[24] So mit Recht Stiegeler BWNotZ 1985, 129 (132).
[25] BayObLG 1975, 137 = DNotZ 1976, 116 = Rpfleger 1975, 251; KG DNotZ 1972, 18; BayObLG MittBayNot 1985, 257; OLG Stuttgart MittBayNot 1997, 370 mit Anm Munzig.
[26] OLG Kiel MDR 1947, 163; OLG Düsseldorf Rpfleger 1966, 261 mit Anm Riedel.
[27] OLG Frankfurt Rpfleger 1977, 103.
[28] Dieser Gesichtspunkt spricht insbesondere für den Fortbestand im Rahmen eines Vertrages zu dessen Durchführung erteilter Vollmachten, s BayObLG aaO (Fußn 25).
[29] LG Düsseldorf RNotZ 2002, 60.

G. Prokura

1. Inhalt der Prokura

Prokura, eine Sonderart der Vollmacht, können Einzelkaufleute, Handelsgesellschaften (§§ 48 ff HGB) und Genossenschaften (§ 42 Abs 1 GenG) erteilen. Der Prokurist kann auf Grund seiner Prokura ohne weiteres **Grundstücke** für seine Firma **erwerben**. Dagegen ist er zur **Veräußerung** und **Belastung** von Grundstücken[1] (auch grundstücksgleichen Rechten und Wohnungseigentum), die dem Inhaber des Handelsgeschäfts gehören,[2] nur ermächtigt, wenn ihm diese Befugnis besonders erteilt ist (§ 49 Abs 2 HGB). Als Veräußerung in diesem Sinne gilt neben dem dinglichen Übertragungsgeschäft (Auflassung) auch das schuldrechtliche Verpflichtungsgeschäft. Das Belastungsverbot schließt auch die Bewilligung einer Eigentümergrundschuld aus. Für die Löschung dinglicher Belastungen hat der Prokurist Vertretungsmacht, desgleichen für die Änderung des Rangs von Grundstücksrechten. Besondere Bevollmächtigung (Form für Nachweis: § 29 GBO) ist zulässig. Die Ermächtigung zu Grundstücksgeschäften (§ 49 Abs 2 HGB) kann als Immobiliarklausel in das Handelsregister eingetragen werden.[3] Im übrigen ist keine Beschränkung der Prokura im Außenverhältnis zulässig (zur Beschränkung auf eine Niederlassung s jedoch § 50 Abs 3 HGB). § 181 BGB (Rdn 3556) findet auf den Prokuristen Anwendung. Die Prokura kann **nicht übertragen** werden (§ 52 Abs 2 HGB). Wohl aber kann der Prokurist im Rahmen seiner Vertretungsmacht Vollmachten erteilen, allerdings keine Generalvollmachten. Die Prokura ist jederzeit **widerruflich**. Das Erlöschen muß in das Handelsregister eingetragen werden. Wirkung der Eintragung: § 15 HGB. Mit dem Tode des Inhabers des Handelsgeschäfts erlischt die Prokura nicht (§ 52 Abs 3 HGB). **Nachweis** der Prokura durch Zeugnis aus dem Handelsregister oder Bezugnahme auf das Handelsregister Rdn 3637 ff.

3592

2. Besondere Arten von Prokura

Prokura kann an **mehrere Personen gemeinschaftlich** erteilt werden (Gesamtprokura; § 48 Abs 2 HGB). Die Gesamtprokuristen müssen in der bestimmten Zahl – meist zwei – handeln. Dies ist auch in der Weise möglich, daß nur einer von ihnen als Handelnder auftritt, der andere oder die anderen aber dem Geschäft im voraus oder nachträglich zustimmen (vgl die entsprechende

3593

---

[1] Eine Belastung in diesem Sinne liegt nicht vor, wenn der Prokurist anläßlich des Erwerbs eines Grundstücks eine Kaufpreisresthypothek bestellt (vgl KG JFG 1, 335).
[2] Zur Veräußerung von Grundstücken, die nicht dem Inhaber gehören, über die zu verfügen der Inhaber aber ermächtigt wurde (zB Vollmacht oder Testamentsvollstreckung für eine Handelsgesellschaft), sind Prokuristen auch ohne Immobiliarklausel berechtigt, so MünchKomm/Lieb und Krebs Rdn 42; Schlegelberger/Schröder Rdn 15, je zu § 49 HGB; auch BGH DNotZ 1992, 584 = Rpfleger 1992, 201 könnte (in vorsichtiger Analogie) herangezogen werden; aA LG Freiburg BWNotZ 1992, 58; Staub/Joost Rdn 31 zu § 49 HGB.
[3] BayObLG 1971, 55 = DNotZ 1971, 243 = NJW 1971, 810 = Rpfleger 1971, 152; LG Aachen DNotZ 1969, 562.

Regelung bei Gesamtvollmacht; Rdn 3534).⁴ Gesamtprokuristen unterliegen der Immobiliarbeschränkung des § 49 Abs 2 HGB. Nicht zulässig ist eine Einschränkung der Prokura dahingehend, daß der Prokurist nur zusammen mit einem Handlungsbevollmächtigten (§§ 54 ff HGB) vertretungsberechtigt sein soll;⁵ zum umgekehrten Fall s Rdn 3596.

3594 Bei einer **Handelsgesellschaft** (Personenhandels- und Kapitalgesellschaft) ist zu unterscheiden zwischen

a) der **organschaftlichen Vertretung,** und zwar bei der OHG und KG durch einen persönlich haftenden Gesellschafter und einen Prokuristen (§ 125 Abs 3 HGB), bei der Aktiengesellschaft durch ein Vorstandsmitglied und einen Prokuristen (§ 78 Abs 3 AktG) und bei der Gesellschaft mbH durch einen Geschäftsführer und einen Prokuristen (§ 78 Abs 3 AktG, § 125 Abs 3 HGB, je analog). Diese sogen gemischte organschaftliche Gesamtvertretung erfordert Regelung im Gesellschaftsvertrag bzw in der Satzung und Eintragung der organschaftlichen Vertretungsregelung als Rechtsverhältnis der Handelsgesellschaft im Handelsregister. Die Vertretungsmacht der Prokuristen ist in diesem Fall im gesetzlichen Umfang des Gesellschaftsorgans erweitert;⁶ die Beschränkung des § 49 Abs 2 HGB trifft daher nicht zu.

3595 b) der **gemischten Gesamtvertretung,** bei der ein Prokurist, ohne daß seine Vertretungsmacht erweitert und auf Satzungsgrundlage organschaftlich ausgestaltet ist, an die Mitwirkung eines Gesellschaftsorgans (persönlich haftenden Gesellschafters, Vorstands, Geschäftsführers) gebunden ist.⁷ In diesem Fall ist die Vertretungsmacht des Prokuristen nicht erweitert; es handelt sich um eine Gesamtprokura auf der Grundlage des § 48 Abs 2 HGB, mithin um eine rechtsgeschäftliche (gewillkürte) Vertretungsmacht.⁸ Prokurist und Gesellschaftsorgan zusammen unterliegen daher den Immobiliarbeschränkungen des § 49 Abs 2 HGB. Als „halbseitige Gesamtvertretung" kann diese Prokura auch in der Weise erteilt sein, daß der Prokurist an die Mitwirkung eines alleinvertretungsberechtigten Gesellschaftsorgans (persönlich haftenden Gesellschafters, Vorstandsmitglied oder Geschäftsführers) gebunden ist.⁹

H. Handlungsvollmacht

3596 Handlungsvollmacht kann von Einzelkaufleuten und Handelsgesellschaften,¹ auch von Minderkaufleuten und durch einen Prokuristen (jedoch nur im Rahmen seiner Vertretungsmacht, s Rdn 3592), erteilt werden (§ 54 HGB).

---

⁴ RG 81, 325; 101, 343; 106, 268; 118, 170.
⁵ KG HRR 1940, 614.
⁶ BGH 13, 61 (64); BGH 62, 166 = DNotZ 1975, 110 = NJW 1974, 1194 = Rpfleger 1974, 256; auch AG Langen Rpfleger 1980, 288 mit Anm Lerch.
⁷ BGH 62, 166 = aaO; RGZ 40, 17; s auch BayObLG DNotZ 1970, 429 = Rpfleger 1970, 92; BGH 99, 76 = DNotZ 1987, 371 = Rpfleger 1987, 113, der mit diesem (auf Vorlage ergangenen) Beschluß die abweichende Meinung des OLG Hamm OLGZ 1983, 279 = Rpfleger 1983, 355 verworfen hat.
⁸ BGH 62, 166 = aaO (Fußn 7).
⁹ BGH 62, 166 = aaO (Fußn 7).
¹ Zur Abgrenzung einer General-Handlungsvollmacht von der bei Organen (unzulässigen) Generalvollmacht s Rdn 3534a.

Grundstücksgeschäfte kann der Handlungsbevollmächtigte nach Maßgabe der ihm erteilten Vollmacht vornehmen. Ist er nach der Vollmacht allgemein zum Betrieb des Handelsgeschäfts ermächtigt, so kann er alle Geschäfte und Rechtshandlungen vornehmen, die ein solcher Betrieb gewöhnlich mit sich bringt. Eine Vollmacht für Handlungsbevollmächtigte, nur zusammen mit einem Prokuristen (auch Gesamtprokuristen) zu vertreten, ist zulässig und ausreichend.[2] In diesem Rahmen kann er auch Grundstücke für den Geschäftsinhaber erwerben. Dagegen kann er Grundstücke nur auf Grund besonderer Vollmacht belasten oder veräußern. Übertragung der Handlungsvollmacht ist mit Zustimmung des Geschäftsinhabers zulässig. Die Vollmacht kann jederzeit widerrufen werden. Mit dem Tod des Geschäftsinhabers erlischt die Handlungsvollmacht nicht ohne weiteres. Für die Form der Vollmacht und für ihren Nachweis gegenüber dem Grundbuchamt gilt das für Vollmachten bereits allgemein Ausgeführte. Im Handelsregister wird eine Handlungsvollmacht nicht eingetragen.

VII. Gesetzliche Vertretung im Grundstücksverkehr

A. Vertretung durch Eltern

1. Elterliche Sorge

Literatur: Gschoßmann, Belastungen des zugewendeten Grundstücks – (bloße) Beschränkung oder (mögliche) Aufhebung des rechtlichen Vorteils, MittBayNot 1998, 236; Jerschke, Ist die Schenkung eines vermieteten Grundstücks rechtlich vorteilhaft?, DNotZ 1982, 459; Klüsener, Grundstücksschenkung durch die Eltern, Rpfleger 1981, 258; Köhler, Grundstücksschenkung an Minderjährige – ein „lediglich rechtlicher Vorteil"?, JZ 1983, 225; Lange, Schenkungen an beschränkt Geschäftsfähige und § 107 BGB, NJW 1955, 1339; Meyer-Stolte, Erleichterung der Elternschenkung, Rpfleger 1974, 85; Stutz, Der Minderjährige im Grundstücksverkehr, MittRhNotK 1993, 205.

a) Vater und Mutter als Vertreter

Das minderjährige Kind steht unter **elterlicher Sorge** (Personen- und Vermögenssorge, § 1626 BGB). Eltern, die bei der Geburt des Kindes nicht miteinander verheiratet sind, steht die elterliche Sorge dann gemeinsam zu, wenn sie Sorgerechtserklärungen (§§ 1626 b–e BGB) abgegeben oder einander geheiratet haben (§ 1626a Abs 1 BGB); sonst hat in diesem Fall die Mutter (allein) die elterliche Sorge (§ 1626a Abs 2 BGB). Die elterliche Sorge umfaßt die **Vertretung** des Kindes (§ 1629 Abs 1 S 1 BGB). Die Eltern **vertreten** bei gemeinsamer elterlicher Sorge das Kind **gemeinschaftlich** (§ 1629 Abs 1 S 2 BGB). Zu Rechtsgeschäften, an denen ein minderjähriges Kind beteiligt ist, sind dann dessen beide Elternteile als Kindesvertreter zuzuziehen. Gegenseitige Erteilung einer widerruflichen Vollmacht ist, zum mindesten für bestimmte Angelegenheiten oder einen Kreis von solchen, zulässig. Für Abgabe einer Willenserklärung gegenüber dem Kind genügt Erklärung an einen Elternteil (§ 1629 Abs 1 S 2 Halbs 2 BGB).

3597

---

[2] OLG Hamm MittRhNotK 1991, 252.

b) Ein Elternteil als Vertreter

3598 **Allein** vertritt ein Elternteil das Kind (§ 1629 Abs 1 S 3 BGB), soweit er die elterliche Sorge allein ausübt oder wenn ihm die Entscheidung vom Familiengericht nach § 1628 Abs 1 BGB übertragen ist (weil die Eltern sich nicht einigen konnten). Allein ausgeübt wird die elterliche Sorge von der **Mutter,** wenn die Eltern einander nicht geheiratet haben und Sorgerechtserklärungen nicht abgegeben haben (§ 1626a Abs 2 BGB; Rdn 3597). Durch einen Elternteil allein vertreten wird das Kind, wenn die elterliche Sorge durch das Familiengericht diesem allein übertragen ist, weil die Eltern getrennt leben (§§ 1671, 1672 BGB). Daß die Eltern geschieden sind, erfordert das nicht; allein übertragen sein kann einem Elternteil die elterliche Sorge daher auch, wenn nicht miteinander verheirateten Eltern die gemeinsame Sorge zustand (§ 1671 BGB), aber auch dem (getrennt lebenden) Vater, wenn die Mutter allein nach § 1626a Abs 2 BGB die elterliche Sorge hatte (§ 1672 BGB; Wechsel der Alleinsorge; kann dahin geändert sein, daß die elterliche Sorge den Eltern gemeinsam zusteht, § 1672 Abs 2 BGB).

3599 **Einem Elternteil** steht mit der elterlichen Sorge die Vertretung des Kindes allein zu, wenn der **andere Elternteil** gemeinsam sorgeberechtigter Eltern **gestorben** ist (§ 1680 Abs 1 BGB) oder wenn das Familiengericht nach dem Tod des allein sorgeberechtigten getrennt lebenden Elternteils (§§ 1671, 1672 BGB) sie dem überlebenden Elternteil oder nach dem Tod der allein sorgeberechtigten Mutter des (nichtehelichen) Kindes (§ 1626a Abs 2 BGB) dem Vater übertragen hat (§ 1680 Abs 2 BGB); entsprechendes gilt bei Todeserklärung oder Feststellung der Todeszeit (§ 1681 BGB mit Einzelheiten). Allein steht die elterliche Sorge einem Elternteil auch zu, wenn sie dem anderen Elternteil gemeinsam sorgeberechtigter Eltern entzogen wurde (§ 1680 Abs 3 mit Abs 1 BGB) oder wenn sie der nach § 1626a Abs 2 BGB allein sorgeberechtigten Mutter entzogen und dem Vater übertragen ist (§ 1680 Abs 3 mit Abs 2 S 2 BGB). Ein Elternteil kann die elterliche Sorge nicht ausüben, solange sie bei rechtlichem (Geschäftsunfähigkeit, beschränkte Geschäftsfähigkeit, § 1673 BGB) oder tatsächlichem Unvermögen (§ 1674 BGB) ruht; Ausübung der elterlichen Sorge dann: § 1678 BGB.

3599a Die elterliche Vermögenssorge und damit die Vertretung durch die Eltern (oder einen Elternteil) als Teil des Sorgerechts erstreckt sich nicht auf Vermögen, welches das Kind von Todes wegen oder unter Lebenden unentgeltlich mit der **Bestimmung** erworben hat, daß es die **Eltern nicht verwalten** sollen (§ 1638 BGB mit Einzelheiten). Ausschließung nur der „Nutznießung" bedeutet noch keinen Ausschluß der elterlichen Sorge für zugewendetes Vermögen.[1] Nicht ausgeschlossen sind die Eltern als Vertreter des Kindes auch, wenn sie nach Anordnungen des Erblassers oder Zuwendenden zu verwalten haben (Beschränkung der Verwaltung, § 1639 BGB).

c) Pflegerbestellung und Ausschließung der Verwaltung

3600 Auf Angelegenheiten, für die dem Kind ein **Pfleger** bestellt ist, erstreckt sich die elterliche Sorge nicht (§ 1630 Abs 1 BGB). Vertretung des Kindes durch Eltern ist damit für die von dem Pfleger zu besorgenden Angelegenheiten ausgeschlossen.

---

[1] BayObLG 1982, 86 = Rpfleger 1982, 180.

A. Vertretung durch Eltern

d) Verbot des Selbstkontrahierens

Eltern können – wie ein Bevollmächtigter, s Rdn 3556–3562 – **nicht** als gesetzlicher Vertreter im Namen des vertretenen Kindes **mit sich im eigenen Namen** oder als **Vertreter eines Dritten** ein Rechtsgeschäft vornehmen, es sei denn, daß das Rechtsgeschäft ausschließlich in der Erfüllung einer Verbindlichkeit besteht (§ 181 BGB mit § 1629 Abs 2 S 1 und § 1795 Abs 2 BGB). Ein Elternteil kann außerdem das Kind nicht vertreten bei einem Rechtsgeschäft zwischen seinem (nicht mit vertretenden) Ehegatten (auch Lebenspartner) oder einem seiner Verwandten in gerader Linie einerseits und dem Kind andererseits, es sei denn, daß das Rechtsgeschäft ausschließlich in der Erfüllung einer Verbindlichkeit besteht (§ 1629 Abs 2 S 1 mit § 1795 Abs 1 Nr 1 BGB). Ist demnach ein Elternteil von der Vertretung ausgeschlossen, so ist auch der andere Elternteil an der gesetzlichen Vertretung gehindert, selbst wenn dieser zum Geschäftsgegner nicht in den nahen Beziehungen des § 1795 Abs 1 Nr 1 BGB steht[2] (kein Fall alleiniger Ausübung der elterlichen Sorge nach § 1678 BGB). Eltern können das Kind daher nicht bei Übereignung eines Grundstücks oder Erwerb eines Grundstücksrechts vertreten, das (mit einem Elternteil verwandte) Großeltern dem Kind zuwenden (Ausnahme: wenn das Rechtsgeschäft nur rechtlich vorteilhaft ist; Rdn 3602). Ausschluß von der Vertretung durch Vater oder Mutter außerdem in den Fällen des § 1795 Abs 1 Nrn 2 und 3 mit § 1629 Abs 2 BGB. Für Angelegenheiten, an deren Besorgung die Eltern verhindert sind, erhält das Kind einen Pfleger (§ 1909 BGB). Wenn an einem Rechtsgeschäft mehrere Kinder auf beiden Seiten beteiligt, Vater und/oder Mutter mithin nach § 1629 Abs 2 S 1 mit § 1795 Abs 1 Nr 1 BGB von der Vertretung ausgeschlossen sind, ist jedem Kind ein Pfleger zu bestellen. Soll hingegen das Kindern gehörende Grundstück an deren Vater oder Mutter veräußert werden, so genügt ein Pfleger, sofern die Kinder nicht auch unter sich gleichzeitig Rechtsgeschäfte vornehmen, zB den Kaufpreis in anderer als gesetzlicher Weise unter sich aufteilen.[3]

3601

Das Verbot des Selbstkontrahierens (§ 181 BGB) gilt **nicht** für ein Insichgeschäft der Eltern (oder eines Elternteils), das dem Kind **lediglich einen rechtlichen Vorteil** (zu ihm Rdn 3606 ff) bringt[4] (gleiche Rechtslage beim Bevollmächtigten Rdn 3561). Für ein Rechtsgeschäft, das dem vertretenen Kind lediglich einen rechtlichen Vorteil bringt, gilt ebenso das Vertretungsverbot des § 1795 Abs 1 Nr 1 (mit § 1629 Abs 2) BGB nicht.[5] Bei Abschluß des Er-

3602

---

[2] S § 1629 Abs 2 BGB: „Der Vater und die Mutter können ... nicht vertreten". Außerdem BayObLG 1959, 370 = FamRZ 1960, 33 = NJW 1960, 577; OLG Hamm FamRZ 1965, 86.
[3] S zu diesen Fragen auch LG Köln DNotZ 1951, 229 mit Anm Riedel. Zu Grundstücksverträgen mit Minderjährigen s auch Herold BlGBW 1969, 130. Zu Fällen, in denen Selbstkontrahieren nicht vorliegt, s weiter Rdn 3562.
[4] BGH 59, 236 = BB 1973, 398 mit Anm Klamroth = DNotZ 1973, 83 = JR 1973, 60 mit Anm Giesen = JZ 1973, 284 mit Anm Stürner = NJW 1972, 2262 = Rpfleger 1974, 105; BGH 94, 232 = DNotZ 1986, 80 = NJW 1985, 2407 = Rpfleger 1985, 293; OLG Dresden MittRhNotK 1997, 184; OLG Hamm DNotZ 1983, 371 = OLGZ 1983, 144 = Rpfleger 1983, 251.
[5] BGH MittBayNot 1975, 175 = NJW 1975, 1885; BayObLG 1974, 326 (Vorlagebeschluß) = FamRZ 1974, 659 = (mitget) Rpfleger 1975, 167; BayObLG 1979, 49 = DNotZ 1979, 543 = Rpfleger 1979, 197; BayObLG 1998, 139 (142) = DNotZ 1999,

werbsgeschäfts braucht für das Kind in einem solchen Fall daher kein Pfleger zu handeln, das beschränkt geschäftsfähige Kind also auch nicht persönlich mitzuwirken (mithin nicht vor dem Notar zu erscheinen). Es kann hier der ein Grundstück abgebende (oder durch nahe Beziehungen nach § 1795 Abs 1 Nr 1 BGB mit dem Veräußerer verbundene) Elternteil zugleich für sich und das Kind handeln und der andere Elternteil als gesetzlicher Mitvertreter des Kindes mithandeln. „Unentgeltlicher" Erwerb eines Nachlaßgrundstücks durch das Kind zu Alleineigentum stellt nicht lediglich einen rechtlichen Vorteil dar, wenn das Kind in dem Auseinandersetzungsvertrag die alleinige persönliche Verpflichtung im Hinblick auf eine möglicherweise bestehende schuldrechtliche Wohnberechtigung eines Dritten übernimmt,[6] vgl im übrigen Rdn 3606. Genehmigung des Familiengerichts kommt, soweit Erwerb im Wege der Schenkung in Frage steht, nicht in Betracht (§ 1643 Abs 1 mit § 1821 Abs 1 Nr 5 BGB). Das gleiche gilt für den Erwerb durch Erbteilung (§ 1643 Abs 1 mit § 1822 Nr 2 BGB). Ist ausnahmsweise eine Genehmigung des Familiengerichts erforderlich (etwa für Schenkung bei Abschluß eines Gesellschaftsvertrags, § 1822 Nr 3 mit § 1643 Abs 1 BGB), so müssen sie beide Elternteile als gesetzlicher Vertreter des Kindes dem abgebenden Elternteil mitteilen (§ 1829 Abs 1 S 2 BGB). Auch dabei handelt es sich um ein erlaubtes Insichgeschäft[7] (s zur Mitteilung im einzelnen Rdn 3731 ff).

3603 In Fällen, in denen nicht sicher feststeht, ob für das erwerbende Kind lediglich ein rechtlicher Vorteil gegeben ist, ist davon abzuraten, auf die Vertretungsmacht der Eltern zu vertrauen. Hier sollte vielmehr der (sichere) Weg der Mitwirkung eines Pflegers nach § 1909 BGB beschritten werden. Das Bedürfnis für eine Pflegschaft ist anzuerkennen, wenn aus rechtlichen Gründen ernstliche Zweifel daran bestehen, ob Eltern das minderjährige Kind bei dem Rechtsgeschäft wirksam vertreten können.[8] Geboten ist Wahl des sicheren Weges über die Pflegerbestellung in allen Fällen, in denen sich mit der durch die neuere Rechtsprechung des BGH (vgl bei Fußn 14 und die in dieser Fußn angeführte Entscheidung) vorgezeichneten Tendenz zu einem verstärkten Minderjährigenschutz die Vertretungsmacht der Eltern nicht zweifelsfrei feststellen läßt.

3603 a Selbstkontrahieren liegt **nicht** vor, wenn der gesetzliche Vertreter mehrere Minderjährige **auf derselben Seite des Rechtsgeschäfts** vertritt,[9] zB als gemeinsame Verkäufer (Veräußerer) oder Käufer (Erwerber) (hierzu Rdn 3562), oder wenn gesetzlicher Vertreter (Ehegatte, Verwandter) und das minderjährige Kind auf derselben Vertragsseite des Rechtsgeschäfts beteiligt sind. Bei

---

589 = NJW 1998, 3574 = Rpfleger 1998, 425; OLG Hamm MittRhNotK 2000, 336 = Rpfleger 2000, 449; LG Köln MittRhNotK 1981, 47.

[6] OLG Hamm DNotZ 1983, 371 = aaO (Fußn 4).

[7] Meyer-Stolte Rpfleger 1974, 85 (88); LG Münster BWNotZ 1974, 131 = MittRhNotK 1974, 1.

[8] OLG Saarbrücken DNotZ 1980, 113 (Einräumung eines Nießbrauchs zugunsten des Kindes an dem Grundstück des Vaters); LG Würzburg MittBayNot 1978, 14 (Pflegerbestellung wegen der Rechtsprechung der Finanzgerichte, wonach für eine Schenkung unter einer Auflage keine Vertretung durch die Eltern möglich sei, was von der absolut hM der Zivilrechtsprechung abgelehnt wird, vgl OLG Hamm DNotZ 1978, 434 = Rpfleger 1978, 251).

[9] BGH 50, 8 (10) = DNotZ 1968, 543 = NJW 1968, 936.

einer **Mehrheit** von schuldrechtlichen und dinglichen Einzelgeschäften ist der gesetzliche Vertreter bei Rechtsgeschäftseinheit jedoch bei dem Gesamtgeschäft an der Vertretung verhindert, wenn er von der Vertretung auch nur bei einem Teil des aus mehreren Akten zusammengesetzten Rechtsgeschäfts ausgeschlossen ist.[9] **Beispiele:** Erbteilsübertragung an einen Dritten zusammen mit Erbteilungsvertrag des Vertreters mit dem Kind (Rdn 3613) als einheitliches Rechtsgeschäft; Verkauf eines Nachlaßgrundstücks an einen Dritten durch den Vertreter und das vertretene Kind als Miterben (kein Ausschluß) und Erbteilungsvertrag (Rdn 3613) bei Geschäftseinheit. Allein Veräußerung eines Nachlaßgrundstücks an einen Dritten durch den Vertreter und das vertretene Kind ist jedoch nicht bereits deshalb zusammengesetztes Rechtsgeschäft in diesem Sinne, weil sich die Erbauseinandersetzung des Veräußerungserlöses anschließen kann (oder soll); der gesetzliche Vertreter ist daher in diesem Fall von der Vertretung bei Veräußerung nicht ausgeschlossen.[10]

Für ein noch **nicht 7 Jahre altes Kind** müssen Vater und/oder Mutter als seine gesetzlichen Vertreter handeln; denn es ist geschäftsunfähig (§ 104 Nr 1 BGB). Ist der gesetzliche Vertreter als Vertragsgegner oder aus den Gründen des § 1795 BGB an der Vornahme des Rechtsgeschäfts verhindert, so muß ein Pfleger handeln. 3604

Ein Verstoß gegen § 181 BGB bewirkt keine Nichtigkeit des Rechtsgeschäfts, sondern nur schwebende Unwirksamkeit nach § 177 BGB. 3605

e) „Lediglich rechtlicher Vorteil" für 7–18jährigen

Ein **über 7 Jahre** altes minderjähriges Kind kann eine Willenserklärung, durch die es **lediglich einen rechtlichen Vorteil** erlangt, ohne Mitwirkung seines gesetzlichen Vertreters wirksam abgeben (§ 107 BGB). Ob das Geschäft für den Minderjährigen wirtschaftlich nutzbringend ist, bleibt außer Betracht.[11] Für das Vorliegen lediglich eines rechtlichen Vorteils ist es als entscheidend anzusehen, daß der Vertretene aus seinem Vermögen, das er bei Abschluß des Vertrags besitzt, nichts aufgeben und daß er keine neuen Belastungen auf 3606

---

[10] OLG Jena NJW 1995, 3126 = Rpfleger 1996, 26 und 198 mit teilw abl Anm Wesche, der jedoch verkennt, daß hier Verbindung der Grundstücksveräußerung mit der (einer etwaigen) Erbauseinandersetzung nicht Wille der Beteiligten war, daß nicht eine bestimmte Auseinandersetzung mit Veräußerung Rechtsgeschäftseinheit sein sollte, daß Abhängigkeit der Veräußerung von der Rechtswirksamkeit der Erbauseinandersetzung schon überhaupt nicht „ausdrücklich" vereinbart und auch sonst der Wille der Beteiligten nicht darauf gerichtet war, die Grundstücksveräußerung sollte nicht wirksam sein, wenn die (eine bestimmte) Erbauseinandersetzung unwirksam ist. AA auch Sonnenfeld NotBZ 2001, 322; vgl dazu auch Gutachten DNotI-Report 2002, 107. S aber auch den von Ripfel Rpfleger 1963, 140 behandelten Fall, in welchem ein minderjähriger und ein volljähriger Sohn, der kraft Vollmacht zugleich für den Minderjährigen handelte, ein Grundstück verkauft haben, wobei gleichzeitig Anweisungen für die Zahlung des Kaufpreises an verschiedene Empfänger gegeben worden waren, mit der Frage, ob darin eine – stillschweigende – Teilungsvereinbarung zwischen den beiden Söhnen zu erblicken war mit der Folge, daß der minderjährige Verkäufer durch einen Pfleger hätte vertreten werden müssen.
[11] BayObLG 1979, 49 (53) = DNotZ 1979, 543 = Rpfleger 1979, 197; Palandt/Heinrichs Rdn 2 zu § 107 BGB (gegen Stürner AcP 173, 402, 421.

4. Teil. VII. Gesetzliche Vertretung im Grundstücksverkehr

sich nehmen muß, damit der Vertrag zustande kommt.[12] Wenn sonach auch nach dem Wortlaut des § 107 BGB („lediglich" rechtlicher Vorteil) ein strenger Maßstab anzulegen ist, so gilt dies doch nur insoweit, als es durch den Zweck der Vorschrift, den Minderjährigen zu schützen, sachlich geboten ist. Der Schutzzweck bildet demnach ein Korrektiv gegenüber einer übertriebenen formalen Handhabung des § 107 BGB.[13] Bei einer Schenkung ist die Frage des rechtlichen Vorteils oder Nachteils nach der vom Gesetz mit dem Minderjährigenschutz vorgezeichneten Interessenabwägung aus einer Gesamtbetrachtung des schuldrechtlichen und des dinglichen Vertrags heraus zu beurteilen; das gilt sowohl für die Schenkung durch den gesetzlichen Vertreter als auch für die Schenkung von dritter Seite.[14]

Schenken Eltern (oder auch nur Vater oder Mutter) einem Kind, das sein 7. Lebensjahr vollendet hat, **ein Grundstück,** so kann sonach das Kind selbst handeln, und zwar bei Abschluß des schuldrechtlichen Vertrags (§ 516 BGB) und bei der Auflassung. Trifft der Vater bei Vertragsabschluß eine Anordnung über spätere Ausgleichspflicht des Kindes (§§ 2050ff BGB), so gilt nichts anderes (s Rdn 923). Das Vorstehende gilt selbst dann, wenn das Grundstück, das den Gegenstand der Schenkung bildet, mit einem Nießbrauch oder Vorkaufsrecht belastet ist[15] (diese schränken den rechtlichen Vorteil des Eigentumserwerbs ein, begründen aber neu keinen rechtlichen Nachteil) und ebenso, wenn das Grundstück **mit einem Grundpfandrecht belastet ist,**[16] weil durch diese Belastung dem Eigentümer als solchem keine schuldrechtliche Zahlungsverpflichtung entsteht, sondern er nur zu dulden hat, daß der Gläu-

---

[12] BayObLG 1979, 49 (53) = aaO (Fußn 11); BayObLG 1998, 139 (143) = aaO (Fußn 5).
[13] RG 16, 132; BGH 15, 168 = DNotZ 1955, 72. Der Umstand, daß auf dem geschenkten Grundstück Steuern und sonstige öffentliche Abgaben ruhen, ist im Rahmen des § 107 BGB ohne Bedeutung, BayObLG 1967, 245 = DNotZ 1968, 98 = FamRZ 1968, 89 = Rpfleger 1968, 18; BayObLG 1968, 1 = FamRZ 1969, 206 = Rpfleger 1968, 151. Nach der letztgenannten Entscheidung ist auch der unentgeltliche Erwerb eines Nachlaßgrundstücks durch einen über sieben Jahre alten minderjährigen Miterben, der nicht mit einer sonstigen Nachlaßauseinandersetzung in Verbindung steht, ohne Mitwirkung des gesetzlichen Vertreters dieses Erben möglich. AA Köhler JZ 1982, 225 (Schenkung von Grundeigentum immer zustimmungsbedürftig).
[14] BGH 78, 28 = DNotZ 1981, 111 = NJW 1981, 109 = Rpfleger 1980, 463. Bei Schenkung der Eltern an ihre Kinder schloß der BGH (BGH 15, 168) zunächst bei der Auflassung § 181 BGB aus, weil sie in Erfüllung des Schenkungsversprechen erfolgt; bei der Beurteilung der Vorteilhaftigkeit des Schenkungsversprechens (§ 107 BGB) aber wurden etwaige mit dem Eigentumswechsel den Minderjährigen treffende Rechtsfolgen unberücksichtigt gelassen. Nunmehr lehnt der BGH (BGH 78, 34) eine derartige getrennte Betrachtungsweise ab und beurteilt die rechtliche Vorteilhaftigkeit (bei der § 181 BGB nicht anwendbar ist) in solchen Fällen aus einer Gesamtbetrachtung von obligatorischem und dinglichem Rechtsgeschäft. Gegen diese das Abstraktionsprinzip durchbrechende Begründung Jauernig JuS 1982, 576, der aber den Vorrang des Minderjährigenschutzes gegenüber § 181 BGB (letzter Halbsatz) hervorhebt und damit zum gleichen Ergebnis wie BGH kommt. Zur teleologischen Reduktion des § 181 BGB vgl Feller DNotZ 1989, 66.
[15] BayObLG 1998, 139 = aaO (Fußn 5); OLG Celle MDR 2001, 931.
[16] BGH BWNotZ 1955, 72 = FamRZ 1955, 43; Klüsener Rpfleger 1981, 258 (261).

A. Vertretung durch Eltern

biger zu seiner Befriedigung wegen der Hypothek und der damit verbundenen Nebenansprüche die Zwangsvollstreckung in das Grundstück betreibt.[17] Hat allerdings in einem solchen Fall das Kind die persönliche Haftung für die dem Grundpfandrecht zugrundeliegende Forderung zu übernehmen, so ist Vertretung des Kindes durch einen Pfleger erforderlich, da ein solcher Erwerb für das Kind nicht bloß rechtlich vorteilhaft ist. Dagegen soll die Schenkung eines nießbrauchsbelasteten oder mit einem Vorbehaltsnießbrauch für den Übergeber zu belastendes Grundstücks, das vermietet ist, nicht lediglich rechtlichen Vorteil bringen,[18] da bei Beendigung des Nießbrauchs das Mietverhältnis nach § 1056 Abs 1 BGB auf den (minderjährigen) Eigentümer übergeht und dieser persönlich zB für Rückzahlung der Mieterkaution haftet (§§ 566, 566a BGB), unbeschadet seines Rechts zur Kündigung nach § 1056 Abs 2 BGB. Wäre dieser Gesichtspunkt richtig, wäre auch die Schenkung eines Grundstücks unter Nießbrauchsvorbehalt nie lediglich rechtlich vorteilhaft, da nie ausgeschlossen werden kann, daß der Nießbraucher einmal vermietet. Auch die Schenkung eines mit einem Grundpfandrecht belasteten Grundstücks wäre nicht lediglich rechtlich vorteilhaft, da bei einer Vermietung durch den Zwangsverwalter dieses Mietverhältnis nach Beendigung der Zwangsverwaltung auf den minderjährigen Eigentümer überginge und wieder persönliche Verpflichtungen entstünden. Wir halten daher den als gesetzliche Folge eines dinglichen Rechts bestimmten Eintritt in Mietverhältnisse nicht für ein Merkmal, das den lediglich rechtlichen Vorteil aufhebt.[19]

Schenkung des mit einem **Wohnungs-** und **Mitbenutzungsrecht** belasteten Grundstücks bringt dem Minderjährigen lediglich einen rechtlichen Vorteil.[20] Das gilt auch dann, wenn sich der Veräußerer selbst noch vor Auflassung im Hinblick auf die beabsichtigte Schenkung ein dingliches Wohnungs- und Mitbenutzungsrecht an dem Grundstück bestellt.[21] Ebenso ist das Rechtsgeschäft aber auch dann für den Minderjährigen lediglich rechtlich vorteilhaft, wenn sich der Schenker das Recht,[22] das Grundstück mitzubewohnen und mitzubenutzen, bei der Auflassung vorbehalten hat und die dingliche Sicherung durch den Minderjährigen gleichzeitig mit seiner Eintragung als Eigentümer vornehmen läßt.[23] Auch in diesem Fall gibt der Minderjährige weder

3607

---

[17] BayObLG 1979, 49 (53) = aaO (Fußn 11); OLG München JFG 18, 115 (117); BayObLG 1967, 245 = aaO (Fußn 13). Daher kommt es auch nicht darauf an, ob Grundpfandrechte den Wert des Grundstücks ausschöpfen (so BayObLG 1979, 53); kritisch dazu jedoch Klüsener aaO und Köhler JZ 1983, 225.
[18] BayObLG NJW 2003, 1129 = RNotZ 2003, 126 = Rpfleger 2003, 240; OLG Karlsruhe FamRZ 2001, 181 = Justiz 2000, 274 = OLGR 2000, 259; BayObLG ZNotP 2003, 307; aA OLG Celle MDR 2001, 931.
[19] Vgl dazu auch BGH DNotZ 1983, 362 = NJW 1983, 1780.
[20] BayObLG 1967, 245 = aaO (Fußn 13); BayObLG 1979, 49 = aaO (Fußn 11).
[21] BayObLG 1967, 245 = aaO (Fußn 13); BayObLG 1979, 49 = aaO (Fußn 11).
[22] So auch für Grunddienstbarkeit (Geh- und Fahrtrecht) LG Augsburg Rpfleger 1967, 175 mit zust Anm Haegele. Das gilt jedoch nicht, wenn bei Bestellung der Dienstbarkeit eine Unterhaltspflicht vereinbart ist (mit persönlicher Haftung des Eigentümers), Klüsener Rpfleger 1981, 258 (261).
[23] BayObLG 1967, 245 = aaO (Fußn 13); nicht richtig OLG Frankfurt MittBayNot 1974, 255 = Rpfleger 1974, 429, das jedoch von dieser Meinung wieder abgerückt ist; s Fußn 25.

aus seinem Vermögen etwas auf, was ihm bereits gehört, noch übernimmt er ein neue Last. Gleiches gilt für Schenkung mit der Maßgabe, daß das Grundstück noch mit einem Vorkaufsrecht[24] oder mit Grundpfandrechten zu belasten ist,[25] sofern das Kind nicht auch die persönliche Haftung für die mit dem Grundpfandrecht zu sichernde Forderung zu übernehmen hat (s bereits Rdn 3606). Bei Bestellung eines vorbehaltenen Grundpfandrechts oder vorbehaltenen anderen Rechts nicht in unmittelbarem Zusammenhang mit dem Eigentumsübergang, sondern erst später, wird jedoch über das Kindesvermögen selbständig verfügt, liegt mithin ein dem Kind rechtlich nachteiliges Geschäft vor.[26] Mitwirkung eines Pflegers in Zweifelsfällen s Rdn 3603.

3608 In gleicher Weise stellt die schenkweise Übereignung eines Grundstücks, an dem sich der Schenker den **Nießbrauch** vorbehalten hat, lediglich einen rechtlichen Vorteil für den beschenkten Minderjährigen dar[27] (vgl dazu aber auch Rdn 3606 mit Fußn 18). Schuldrechtlich vorgemerkte Vorkaufsrechte und das dingliche Vorkaufsrecht sowie eine Auflassungsvormerkung belasten den minderjährigen Erwerber gleichfalls rechtlich nicht nachteilig.[28] Bei Schenkung des mit einer Reallast belasteten (oder zu belastenden) Grundstücks trifft den Minderjährigen als Eigentümer nach § 1108 Abs 1 BGB die persönliche Haftung; der damit nicht lediglich rechtlich vorteilhafte Erwerb erfordert daher Mitwirkung eines Pflegers.[29] Gleiches gilt bei Zuwendung eines Erbbaurechts, wenn der Minderjährige persönlich für den Erbbauzins haftet (§ 9 Abs 1 S 1 ErbbauVO mit § 1108 Abs 1 BGB).[30] Wenn das Grundstück vermietet oder verpachtet ist, tritt der Minderjährige als Erwerber in die während der Dauer seines Eigentums aus dem Miet- oder Pachtverhältnis sich ergebenden Verpflichtungen ein (§ 566 Abs 1, § 581 Abs 2 BGB). Infolge der damit übergehenden vertraglichen Pflichten wird der unentgeltliche Erwerb im Hinblick auf die neuere Rechtsprechung des BGH (s Fußn 14) nicht als lediglich rechtlich vorteilhaft angesehen.[31] Mitwirkung eines Pflegers in Zweifelsfällen s Rdn 3603.

---

[24] BayObLG 1998, 139 = aaO (Fußn 5).
[25] OLG Frankfurt MittBayNot 1981, 66 = OLGZ 1981, 32 = Rpfleger 1981, 19.
[26] So zutreffend Klüsener Rpfleger 1981, 258 (262) gegen OLG Frankfurt OLGZ 1981, 32 = aaO (Fußn 25), dem auch wir nicht folgen können.
[27] BayObLG 1979, 49 = DNotZ 1979, 543 = Rpfleger 1979, 197; BayObLG 1998, 139 = aaO (Fußn 5); OLG Köln FamRZ 1998, 1326 = MittBayNot 1998, 106 = NJW-RR 1998, 363 = Rpfleger 1998, 159; LG Augsburg Rpfleger 1967, 175 mit zust Anm Haegele; OLG Celle DNotZ 1974, 733 = OLGZ 1974, 164; OLG Dresden MittBayNot 1996, 288 = MittRhNotK 1997, 184; OLG Stuttgart BWNotZ 1955, 213; LG Bonn BWNotZ 1974, 132 = MittBayNot 1974, 115; LG Tübingen BWNotZ 1971, 67 = MittRhNotK 1971, 687; Winkler DNotZ 1974, 738; LG Nürnberg-Fürth MittBayNot 1981, 16. Gegenteiliger Ansicht: OLG Bamberg NJW 1949, 788; OLG Frankfurt MittBayNot 1974, 255 mit krit Anm Koch = Rpfleger 1974, 429; OLG München HRR 1942, 544. Kritisch wegen der Ersatzpflichten des Erwerbers nach § 1049 Abs 2 BGB Klüsener Rpfleger 1981, 258 (261). Dieser (wegen § 34 Abs 1 WEG) ebenso für Dauerwohn- und Dauernutzungsrecht. Offen gelassen von BGH Rpfleger 1983, 148.
[28] Klüsener Rpfleger 1981, 248 (261), dieser auch zur Vormerkung im übrigen.
[29] So auch Klüsener Rpfleger 1981, 258 (262).
[30] BGH BB 1979, 600 = NJW 1979, 102 (103).
[31] OLG Oldenburg DNotZ 1989, 92 = NJW-RR 1988, 839; LG Oldenburg NdsRpfl 1987, 216; Jauernig Rdn 4 zu § 107 BGB; Lange NJW 1955, 1341; Feller DNotZ

A. Vertretung durch Eltern

Die schenkweise Überlassung eines Grundstücks**bruchteils** ist ebenso zu beurteilen wie die Schenkung des ganzen Grundstücks;³² sie bringt dem Minderjährigen auch dann lediglich einen rechtlichen Vorteil, wenn die Aufhebung der Gemeinschaft auf (bestimmte) Dauer ausgeschlossen ist³³ (§§ 751, 1010 BGB). Bei Schenkung von **Wohnungseigentum** (Teileigentum) tritt der Minderjährige mit dem dinglichen Rechtserwerb zugleich in die Gemeinschaft der Wohnungseigentümer und in die vom Gesetz damit verknüpften vielfältigen Verpflichtungen (§§ 10 ff WEG) ein; er wird den gesetzlichen Bestimmungen über die Verwaltung des gemeinschaftlichen Eigentums (§§ 20 ff WEG) unterworfen. Wenn in der Gemeinschaftsordnung die den Wohnungseigentümer kraft Gesetzes treffenden Verpflichtungen verschärft sind oder der Minderjährige für die ihm als Wohnungseigentümer auferlegten Verpflichtungen nicht nur dinglich mit dem erworbenen Wohnungseigentum, sondern auch persönlich haftet, bringt ihm die Schenkung nicht lediglich einen rechtlichen Vorteil.³⁴ Ausgeschlossen wird ein lediglich rechtlich vorteilhafter Erwerb des Wohnungseigentums auch bereits, wenn die Schenkung mit dem Eintritt in den Verwaltervertrag verbunden³⁵ (begründet gesamtschuldnerische Haftung für die Verpflichtungen aus diesem Vertrag) oder die Eigentumswohnung vermietet ist (Rdn 3608). In der Praxis wird dies regelmäßig zur Mitwirkung eines Pflegers führen. Bestellung eines unentgeltlichen **Nießbrauchs** an einem Grundstück **für einen Minderjährigen** bringt diesem mit den kraft Gesetzes für den Nießbraucher gegenüber dem Eigentümer entstehenden Verpflichtungen auch rechtlichen Nachteil.³⁶ dies gilt umso mehr, wenn zu den gesetzlichen Verpflichtungen

3608 a

3609

3610

1989, 66; aA jedoch Jerschke DNotZ 1982, 460; s auch Klüsener Rpfleger 1981, 258 (262); außerdem BGH DNotZ 1983, 362 = FamRZ 1983, 371 = NJW 1983, 1780 = Rpfleger 1983, 148, wonach mit der Eltern nach früherem Recht zustehenden Befugnis zu Grundstückserwerb auch der damit verbundene gesetzliche Eintritt in Mietverträge abgedeckt war.

³² BayObLG 1998, 139 (145) = aaO (Fußn 5).
³³ LG Münster Rpfleger 1999, 73.
³⁴ BGH 78, 28 = DNotZ 1981, 111 = JR 1981, 281 mit Anm Gitter = NJW 1981, 109 = Rpfleger 1980, 463; dazu Vorlagebeschluß BayObLG 1979, 43 = MittBayNot 1979, 150 = (mitgeteilt) Rpfleger 1979, 404; ebenso BayObLG 1998, 505 = Rpfleger 1998, 71 (verschärfte Verpflichtung zur Wiederherstellung des zerstörten Gebäudes, auch wenn als Inhalt eines Nießbrauchs vereinbart ist, daß der Nießbraucher diese Kosten zu tragen hat); LG Heidelberg BWNotZ 2001, 145; LG Köln MittRhNotK 1981, 47; LG Saarbrücken MittRhNotK 1990, 109. S außerdem OLG Celle DNotZ 1977, 604 = MittBayNot 1976, 211 und dazu Jerschke NJW 1977, 961.
³⁵ OLG Hamm MittBayNot 2000, 429 = MittRhNotK 2000, 336 = NJW-RR 2000, 1611 = Rpfleger 2000, 449 mit weit Nachw.
³⁶ LG Kaiserslautern MittBayNot 1977, 8 = MittRhNotK 1977, 8; LG Aachen MittRhNotK 1978, 100; Lange NJW 1955, 1341; Palandt/Heinrichs Rdn 4 zu § 107. S auch OLG Saarbrücken DNotZ 1980, 113. Anders, wenn die Pflichten aus den § 1041 S 2, § 1047 BGB weiterhin beim Eigentümer bleiben; LG Augsburg MittBayNot 1977, 181; LG Stuttgart BWNotZ 1981, 65, sowie (wenn sämtliche Pflichten aus dem Nießbrauch dem Eigentümer obliegen) LG Ulm BWNotZ 1977, 91.
Steuerrechtlich wird die Einräumung eines Nießbrauchs von Eltern an minderjährige Kinder nur anerkannt, wenn bei der Bestellung des Rechts ein Ergänzungspfleger mitwirkt, BFH BStBl 1981 II 297 = NJW 1981, 141; BFH BStBl 1992 II 506; BMF-Schreiben v 24. 7. 1998, BStBl 1998 I 914.

des Nießbrauchers noch vertragliche Verpflichtungen kommen, die der Nießbraucher auf sich nimmt.[37]

3611 **Schenkungen unter bestimmten Vorbehalten** haben sich immer mehr entwickelt: Schenkung mit Rückforderungsrecht des Schenkers bei Eintritt eines näher festgelegten Ereignisses oder aber auch ohne einen solchen Eintritt – auflösend bedingte Schenkung für den Fall, daß der Beschenkte gegen bestimmte Verpflichtungen verstößt – Rücktritts- oder Widerrufsvorbehalt des Schenkers im Falle der Nichterfüllung von Verpflichtungen durch den Beschenkten oder aber auch jederzeit ohne Grundangabe mögliches Rücktritts- oder Widerrufsrecht des Schenkers – Verpflichtung des Erwerbers zur Rückübertragung auf den Schenker bei Eintritt eines bestimmten Ereignisses. Meist wird dabei festgelegt, daß die Vorbehalte mit dem Tode des Schenkers vor dem Beschenkten erlöschen (s auch Rdn 917, 923). Nicht selten sind die Beschenkten minderjährig. Es fragt sich, wann ihnen eine derartige Schenkung lediglich einen rechtlichen Vorteil bringt, so daß sie sich selbst vertreten können, und wann dies nicht der Fall ist, so daß Pflegerstellung erforderlich wird. Die Rechtsprechung geht inzwischen dahin, daß dann, wenn sich der Schenker ein bereicherungsrechtlich ausgestaltetes Rückforderungs- oder Widerrufsrecht vorbehalten hat, der minderjährige Beschenkte durch die Schenkung lediglich einen rechtlichen Vorteil erlangt,[38] daß dies dagegen nicht gilt, wenn der Beschenkte eine persönliche Verpflichtung (die vertragliche Verpflichtung zur Rückübertragung) mit der Folge der §§ 280 ff BGB bei Leistungsstörungen) oder zusätzliche persönliche Verpflichtungen, zB Verzicht auf Aufwendungsersatz, übernommen hat.[39]

---

[37] BGH LM BGB § 107 Nr 7 = DNotZ 1971, 302 = Rpfleger, 1971, 147.
[38] Instruktiv OLG Dresden MittBayNot 1996, 288 = MittRhNotK 1997, 184 mit weit Nachw; auch Fembacher und Franzmann MittBayNot 2002, 78 (82).
[39] S Klüsener Rpfleger 1981, 258 (264) und BayObLG DNotZ 1975, 219 = Rpfleger 1974, 309: Der beschränkt geschäftsfähige Minderjährige bedarf zur Eingehung der Verpflichtung, ein ihm – ohne Nutzungsübergang – geschenktes Grundstück jederzeit ohne Angabe eines Grundes an den Schenker oder an einen Dritten zu übereignen, der Zustimmung des gesetzlichen Vertreters (eines Pflegers) – und der Genehmigung des Vormundschaftsgerichts; LG Mönchengladbach FamRZ 1972, 658 = MittBayNot 1972, 303 = MittRhNotK 1972, 258: Für Verpflichtung eines Minderjährigen, das unter Vorbehalt des Nießbrauchs geschenkte Grundstück bei Verstoß gegen ein Verfügungsverbot auf den Schenker zurückzuübertragen, und für Verzicht auf Ersatz der bis dahin für den Grundbesitz erbrachten Leistungen ist Pflegerbestellung und Genehmigung des Vormundschaftsgerichts erforderlich; LG Nürnberg-Fürth MittBayNot 1981, 16: Vorbehalt des Rechts, bei Verstoß gegen ein bei Schenkung „vereinbartes" Verfügungsverbot den Grundbesitz zurückzufordern, ist kein rechtlicher Nachteil; LG Münster BWNotZ 1974, 131 = MittRhNotK 1974, 1: Der Minderjährige kann sich gem § 107 BGB selbst vertreten, wenn sich der schenkende Vater das Recht vorbehalten hat, die Schenkung auch zu widerrufen, wenn der Beschenkte über den Grundbesitz in irgendeiner Weise ohne Genehmigung des Schenkers verfügt, wenn die Zwangsversteigerung oder -verwaltung über den übertragenen Grundbesitz erfolgt, wenn der Beschenkte in Konkurs gerät oder die Zahlungen einstellt und wenn der Erwerber vor dem Schenker stirbt; OLG Köln MittBayNot 1998, 106 = aaO (Fußn 27; mit Einschränkung); LG Hechingen BWNotZ 1995, 67 und LG Saarbrücken MittRhNotK 1990, 109: Rechtlicher Vorteil bei Vorbehalt eines Rückforderungs- oder Widerrufsrechts und Sicherung durch Rückauflassungsvormerkung. Nach LG Bonn MittRh-

A. Vertretung durch Eltern

In Fällen, in denen auf Grund der vorstehenden Ausführungen der über 7 Jahre alte Minderjährige selbst handeln kann, ist **Genehmigung des Familien- oder Vormundschaftsgerichts** (Rdn 3680 ff) nicht erforderlich, da der gesetzliche Vertreter des Minderjährigen für diesen kein Rechtsgeschäft tätigt und zur Wirksamkeit des vom Minderjährigen selbst vorgenommenen Rechtsgeschäfts im Rahmen des § 107 BGB auch seine Mitwirkung nicht erforderlich ist.[40]

3612

f) Erbauseinandersetzung

Sind bei einer **Auseinandersetzung minderjährige Erben** beteiligt, so ist folgendes zu beachten: Erbt der Ehegatte neben minderjährigen Kindern mit, so kann er die Kinder nicht kraft elterlicher Gewalt vertreten, denn hier tritt jeder einzelne Erbe den anderen Miterben als Vertragsgegner gegenüber und es greift das Selbstkontrahierungsverbot des § 181 BGB ein (vgl auch § 1629 Abs 2, § 1795 Abs 2 BGB). Dies gilt auch dann, wenn neben volljährigen Kindern ein einziges minderjähriges Kind beteiligt ist. Für jedes der minderjährigen Kinder muß hier vielmehr ein besonderer Pfleger bestellt werden, denn auch jedes Kind ist wieder Vertragsgegner der anderen Kinder.[41] Das Familien- oder Vormundschaftsgericht kann das Selbstkontrahierungsverbot auch nicht aufheben.[42] Sämtliche minderjährige Erben können nur dann

3613

NotK 1974, 244 steht lediglich rechtlichem Vorteil eine vertragliche Erweiterung des Widerrufsrechts des Schenkers nicht entgegen, sofern es sich bei der Verpflichtung zur Rückübertragung nach Ausübung des Widerrufsrechts um die gesetzliche Pflicht des Beschenkten zur Herausgabe des Geschenks nach § 531 Abs 2 BGB handelt. Die Klausel lautete hier: „Weiterhin behält sich der Schenker das Recht vor, jederzeit ohne Angabe von Gründen die Rückübertragung des geschenkten Grundbesitzes im ganzen oder in einzelnen Parzellen zu verlangen, ohne hierfür irgendwelche Gegen- oder Entschädigungsleistungen zu schulden, gleich aus welchem Rechtsgrund; dieser Anspruch erlischt mit seinem Tode." Später hat das LG Bonn (BWNotZ 1974, 132 = MittRhNotK 1974, 115) dahin erkannt, daß dann, wenn der Minderjährige die Verpflichtung übernommen hat, den ihm geschenkten Grundstücksanteil bei Verstoß gegen ein vereinbartes Verfügungsverbot an den Schenker zurückzuübertragen, Pflegerbestellung und Genehmigung des Vormundschaftsgericht erforderlich ist. Das Gericht betont, daß der Fall anders als in seiner erstgenannten Entscheidung lag. In dieser hatte sich der Schenker ein Widerrufsrecht vorbehalten, während im später entschiedenen Fall der Beschenkte eine persönliche Verpflichtung übernommen hat. Etwa in gleicher Richtung bewegen sich die Ausführungen von Joas BWNotZ 1974, 146. S auch OLG Celle DNotZ 1974, 731 = OLG 1974, 164 mit teilw krit, iE aber zust Anm Winkler: Eine vom Schenker neben dem Nießbrauch vorbehaltene uneingeschränkte Verwertungsbefugnis – und die damit in Zusammenhang stehende unwiderrufliche Vollmacht des minderjährigen Beschenkten – machen die Wirksamkeit des Vertrags, bei dessen Abschluß ein Pfleger mitzuwirken hat, von der Genehmigung des Vormundschaftsgerichts abhängig. Außerdem OLG Celle MDR 2001, 931.

[40] S zur Frage der Genehmigungsfreiheit auch Meyer-Stolte Rpfleger 1964, 87. Grundstückserwerb im Rahmen des Taschengeldparagraphen (§ 110 BGB; seltener Fall) s LG Aschaffenburg MittRhNotK 1972, 385 = Rpfleger 1972, 134 und (krit) Safferling Rpfleger 1972, 124. Die Voraussetzungen dieser Vorschrift sind in der Form des § 29 GBO nachzuweisen.
[41] RG 67, 61; 71, 162; 93, 334; BGH DNotZ 1956, 559; OLG Hamm DNotZ 1975, 410 = Rpfleger 1975, 127; LG Köln DNotZ 1951, 299.
[42] RG 71, 162; BGH DNotZ 1956, 559; Happe MittRhNotK 1969, 546, 561.

durch einen gemeinschaftlichen Pfleger vertreten werden, wenn die Auseinandersetzung nur gegenüber dem überlebenden Elternteil erfolgt. Beispiele: Grundstücke werden auf den überlebenden Elternteil in dessen Alleineigentum übertragen oder die Kinder übertragen ihre Erbteile auf einen Elternteil gemäß § 2033 BGB gegen Zahlung eines entsprechenden Kaufpreises.[43] In diesen beiden Fällen findet eine Auseinandersetzung unter den Kindern selbst nicht statt. Pflegerbestellung, und zwar für jedes minderjährige Kind ein besonderer Pfleger, ist auch dann erforderlich, wenn eine Erbengemeinschaft, also eine Gesamthandsgemeinschaft, in Bruchteilseigentum mit den Erbteilen entsprechenden Bruchteilen umgewandelt werden soll.[44] Zur Erbteilsübertragung Rdn 568.

g) Bevollmächtigung durch Eltern

3614 Erteilen Eltern für ihr Kind eine Vollmacht,[45] so können sie Befreiung von den Beschränkungen des § 181 BGB nur erklären, wenn sie selbst vom Verbot des Selbstkontrahierens und der Mehrvertretung nicht betroffen sind. Das gleiche gilt dann, wenn einem Beteiligten in einem notariellen Vertrag Vollmacht zu einer etwaigen Nachtragsbeurkundung unter Befreiung von den Beschränkungen des § 181 BGB erteilt wird. Schließlich sind noch die Fälle zu erwähnen, daß bei einer Erbauseinandersetzung eine Person bevollmächtigt wird, die selbst als Vertragsgegner beteiligt ist oder noch andere Beteiligte vertritt. Der gesetzliche Vertreter muß in einem derartigen Falle gleichwohl zur Genehmigung des Rechtsgeschäfts beigezogen werden.[46]

3615 Eine vom elterlichen Sorgeberechtigten ohne zeitliche Beschränkung erteilte **Vollmacht erlischt** nicht, wenn sein Vertretungsrecht für das Kind erlischt, etwa infolge Volljährigkeit (s Rdn 3567 mit Fußn 3). Eine zeitlich unbegrenzte Vollmacht kann nicht erteilt werden.

h) Schenkungen in Vertretung des Kindes

3615a Für Schenkungen durch Eltern in Vertretung des Kindes beschränkt § 1641 BGB die Vertretungsmacht (dazu auch Rdn 3681).

2. Nachweis der elterlichen Sorge

3616 Die Vertretungsmacht der für ein minderjähriges Kind handelnden Eltern haben Notar und Grundbuchamt zu prüfen. Davon auszugehen ist, daß beide Elternteile als Inhaber der elterlichen Sorge gemeinsam vertreten, wenn sie miteinander verheiratet sind (Rdn 3597) und weder eine abweichende Entscheidung des Familiengerichts bekannt noch Anhalt für Verhinderung eines Elternteils oder Ruhen seiner elterlichen Sorge erkennbar ist. Die alleinige elterliche Sorge des überlebenden Elternteils bislang gemeinsam sorgeberechtigter Eltern (§ 1680 Abs 1 BGB) kann durch Nachweis des Todes des anderen Elternteils ausgewiesen werden. Die alleinige elterliche Sorge der nicht verheirateten Mutter (§ 1626a Abs 2 BGB) kann durch schriftliche Auskunft

---

[43] RG 93, 334; KGJ 40 A 1.
[44] BGH 21, 229 = DNotZ 1956, 559 = NJW 1956, 1433.
[45] Zur Vollmachterteilung zum Abschluß von Grundstücksgeschäften mit Beteiligung Minderjähriger Schreiber NotBZ 2002, 128.
[46] Auf diese Fälle weist insbesondere Müller Justiz 1958, 210 hin.

des Jugendamts darüber dargetan werden, daß keine Sorgerechtserklärungen nach § 1626a Abs 1 Nr 1 BGB abgegeben wurden (§ 58a SGB VIII = KJHG). Durch Ausfertigung der Entscheidung des Familiengerichts kann die Alleinsorge eines Elternteils nach Trennung (auch Scheidung) ebenso wie die Alleinsorge sonst infolge gerichtlicher Entscheidung nachgewiesen werden. Ein guter Glaube an die alleinige Vertretungsbefugnis eines Elternteils wird nicht geschützt.

3. Vormaliges Erziehungsrecht im Beitrittsgebiet

Überleitung des Erziehungsrechts im Beitrittsgebiet (Rdn 54a) in die elterliche Sorge für ein Kind oder eine Vormundschaft s Art 234 § 11 EGBGB. 3616a

B. Vertretung durch Vormund, Pfleger oder Betreuer

1. Vertretung durch Vormund

Minderjährige Kinder, die nicht unter elterlicher Sorge stehen, zB weil beide Eltern gestorben sind, oder zu deren Vertretung die Eltern überhaupt nicht berechtigt sind (näher § 1773 BGB), werden durch einen Vormund vertreten. Der Vormund ist – wie der elterliche Sorgeberechtigte (s Rdn 3601) – in den Fällen der §§ 1795, 181 BGB von der Vertretung des Mündels ausgeschlossen. Für Schenkungen durch den Vormund in Vertretung des Mündels beschränkt § 1804 BGB die Vertretungsmacht (dazu auch Rdn 3681). In den Fällen des § 107 BGB kann der über sieben Jahre alte Minderjährige selbst handeln (s dazu Rdn 3606). Für ein Rechtsgeschäft, das dem Kind lediglich einen rechtlichen Vorteil bringt, gilt das Vertretungsverbot der §§ 1795, 181 BGB nicht (Rdn 3602). 3617

2. Vertretung durch Pfleger

Ein Pfleger wird einem unter elterlicher Sorge Stehenden für Angelegenheiten bestellt,[1] an deren Besorgung die Eltern verhindert sind. Das gleiche gilt bei Verhinderung eines Vormunds (§ 1909 BGB mit Einzelheiten). Ein Pfleger 3618

---

[1] Handelt jemand als erst noch zu bestellender Pfleger, also als Vertreter ohne Vertretungsmacht, so muß er nach Bestellung zum Pfleger die abgegebene Erklärung noch genehmigen. Ob dies, wie LG Aachen MittRhNotK 1963, 1 annimmt, in Grundstückssachen auch durch eine schlüssige Handlung geschehen kann, erscheint zweifelhaft. S auch OLG Hamm DNotZ 1972, 241 = OLGZ 1972, 99 = Rpfleger 1971, 432 wie folgt: Wer als Pfleger auftritt, ohne es zu sein, mithin als Vertreter ohne Vertretungsmacht handelt, kann das von ihm abgeschlossene Rechtsgeschäft dem Dritten gegenüber genehmigen, nachdem er Pfleger geworden ist. Der im Hinblick auf § 1629 Abs 2, § 1795 BGB bestellte Ergänzungspfleger kann dem von der Vertretung ausgeschlossenen gesetzlichen Vertreter zumindest im voraus keine Vollmacht für Vertretungsfälle erteilen, die die Anordnung einer neuen Ergänzungspflegschaft notwendig machen würden. Wegen des Nachweises der Genehmigung s Rdn 3548 ff. Zur Gültigkeit einer ohne Grundlage erfolgten Pflegerbestellung s BGH MDR 1964, 644 = MittRhNotK 1964, 720. S auch Müller, Gesetzliche Vertretung ohne Vertretungsmacht, AcP 168, 133.
Der Vormund oder Pfleger kann von den Beschränkungen des § 181 BGB nicht befreit werden, OLG Hamm DNotZ 1975, 410 = Rpfleger 1975, 127; s auch Rdn 3558.

4. Teil. VII. Gesetzliche Vertretung im Grundstücksverkehr

kann ferner für einen Volljährigen bestellt werden, wenn dieser wegen **Abwesenheit** seine Angelegenheiten nicht zu besorgen vermag (§ 1911 BGB). Besondere Bedeutung hatte nach dem Kriege die Pflegschaft für **unbekannte Beteiligte** (§ 1913 BGB). Auf die Pflegschaft finden die für die Vormundschaft geltenden Vorschriften entsprechende Anwendung (§ 1915 Abs 1 BGB).

3. Vertretung durch Betreuer

Literatur: Cypionka, Die Auswirkungen des Betreuungsgesetzes auf die Praxis des Notars, DNotZ 1991, 571; Neuhausen, Rechtsgeschäfte mit Betreuten, RNotZ 2003, 157; Ritz-Mürtz, Das neue Betreuungsgesetz, MittBayNot 1991, 233; Weser, Die Auswirkungen des Betreuungsgesetzes auf die Praxis des Notars, MittBayNot 1992, 161.

3618a Ein **Betreuer** wird einem **Volljährigen** bestellt, wenn er seine Angelegenheiten auf Grund einer psychischen Krankheit oder einer körperlichen, geistigen oder seelischen Behinderung ganz oder teilweise nicht besorgen kann (§ 1896 BGB mit Einzelheiten). In seinem Aufgabenkreis vertritt der Betreuer den Betreuten gerichtlich und außergerichtlich (§ 1902 BGB). Für Schenkungen des Betreuers in Vertretung des Betreuten beschränkt § 1908i Abs 2 BGB die Vertretungsmacht (dazu auch Rdn 3681). Die Betreuung hat keine unmittelbare Auswirkung auf die Geschäftsfähigkeit des Betreuten (Geschäftsunfähigkeit bestimmt sich nach § 104 Nr 2 BGB). Das Vormundschaftsgericht ordnet aber an, daß der Betreute zu einer Willenserklärung, die den Aufgabenkreis des Betreuten betrifft, dessen Einwilligung bedarf, wenn dies zur Abwendung einer erheblichen Gefahr für Person oder Vermögen des Betreuten erforderlich ist (**Einwilligungsvorbehalt**, § 1903 Abs 1 BGB). Auch dann bedarf der Betreute dennoch nicht der Einwilligung, wenn die Willenserklärung lediglich einen rechtlichen Vorteil bringt (§ 1903 Abs 3 S 1 BGB).

4. Sonstige Fragen

3619 Vormund (Gegenvormund) und Pfleger weisen sich durch Vorlage der **Bestallungsurkunde**, das Jugendamt als Amtsvormund weist sich durch Vorlage seiner Amtsbescheinigung über das Amt aus (§§ 1791, 1791c, 1897, 1915 BGB), der Betreuer durch eine Urkunde über seine Bestellung (§ 69b Abs 2 FGG). Der (im allgemeinen gegenüber der Vormundschaft beschränktere) Wirkungskreis des Pflegers ergibt sich aus der Bestallung; der Aufgabenkreis des Betreuers und bei Anordnung eines Einwilligungsvorbehalts der Kreis der einwilligungsbedürftigen Willenserklärungen ergeben sich aus der Urkunde über die Bestellung des Betreuers.

3620 Für die Erteilung einer **Vollmacht** durch Vormund, Pfleger oder Beistand gilt das gleiche wie beim Sorgeberechtigten (Rdn 3614).

C. Vertretung bei Aktiengesellschaft

1. Vertretung durch Vorstand

3621 Die Aktiengesellschaft wird durch ihren Vorstand gerichtlich und außergerichtlich vertreten (§ 78 Abs 1 AktG). Besteht der Vorstand aus mehreren

C. Vertretung bei Aktiengesellschaft

Personen, so sind, wenn der Gesellschaftsvertrag nichts anderes bestimmt, sämtliche Vorstandsmitglieder nur gemeinschaftlich zur Abgabe von Willenserklärungen befugt. Bei Gesamtvertretung können einzelne Vorstandsmitglieder zur Vornahme bestimmter Geschäfte oder bestimmter Arten von Geschäften ermächtigt werden[1] (§ 78 Abs 4 AktG). Der Gesellschaftsvertrag kann auch bestimmen, daß einzelne Vorstandsmitglieder allein oder in Gemeinschaft mit einem weiteren Vorstandsmitglied oder mit einem Prokuristen zur Vertretung der Gesellschaft befugt sein sollen (s Rdn 3594). Gleiches kann der Aufsichtsrat bestimmen, wenn die Satzung ihn hierzu ermächtigt. Diese Vorschriften für Vorstandsmitglieder gelten auch für ihre Stellvertreter (§§ 78 ff AktG). Die Vertretungsmacht ist gegenüber Dritten unbeschränkt und unbeschränkbar (§ 82 Abs 1 AktG). Die Gesamtvertretungsbefugten können, sei es zusammen oder einer für sich allein, einem Dritten Vollmacht erteilen.[2] Ein gesamtvertretungsberechtigtes Vorstandsmitglied darf seine Vertretungsmacht aber nicht in vollem Umfang einem anderen Vorstandsmitglied übertragen oder dieses bevollmächtigen, ihn in seiner Eigenschaft als Vorstandsmitglied allgemein zu vertreten (keine gegenseitige Ermächtigung zur Alleinvertretung).[3] Die Ermächtigung eines gesamtvertretungsberechtigten Vorstandsmitglieds zu bestimmten Rechtsgeschäften durch ein anderes (gesamtvertretungsberechtigtes) Vorstandsmitglied ist nach hM[4] organschaftlicher Natur und führt für die genannten Geschäfte zur (organschaftlichen) Alleinvertretungsberechtigung des Ermächtigten. Streitig ist, ob durch eine solche Ermächtigung die Anwendbarkeit des § 181 BGB „umgangen" werden kann.[5] Die Ermächtigung wird unwirksam, wenn das ermächtigende oder das ermächtigte Vorstandsmitglied aus dem Vorstand ausscheidet.[6]
Ausnahmsweise wird die Aktiengesellschaft durch den Aufsichtsrat vertreten bei Rechtsgeschäften mit dem Vorstand (auch ausgeschiedenen Vorstands-

---

[1] BGH 64, 72 = DNotZ 1975, 566 = NJW 1975, 1117.
[2] Das Vertretungsorgan einer juristischen Person kann generell einen Dritten zur Wahrnehmung von Rechtsangelegenheiten bevollmächtigen. Besteht das Vertretungsorgan aus mehreren Mitgliedern, so kann es für eines von ihnen einen Bevollmächtigten bestellen, wenn der Betroffene damit einverstanden oder wenn dem Vertretungsorgan in der Satzung die Ermächtigung dazu erteilt ist, BayObLG 1969, 89 = DNotZ 1969, 541 = Rpfleger 1969, 243. Zur Unterscheidung zwischen unzulässiger Generalvollmacht und zulässiger Generalhandlungsvollmacht s Rdn 3534a.
[3] BGH 34, 27; BGH DNotZ 1976, 37; BGH DNotZ 1988, 690; s auch Rdn 3534a.
[4] BGH 64, 72 = aaO; Gutachten DNotI-Report 2000, 49 mit weit Nachw. Zur Gesamtvertreterermächtigung als zivil- und gesellschaftsrechtliches Rechtsinstitut vgl auch Schwarz NZG 2001, 529.
[5] Für **Nicht**anwendbarkeit des § 181 BGB: BGH 64, 72 = aaO; Münch/Komm-Schramm Rdn 22 zu § 181 BGB; Scholz/Schneider Rdn 94 zu § 35 GmbHG; Lang/Weidmüller/Metz/Schaffland (33. Aufl) Rdn 21 zu § 25 GenG; Stöber Vereinsrecht Rdn 332; auch BGH MittRhNotK 1992, 17 = NJW 1992, 618 (aber keine Umdeutung in eine Ermächtigung zur Alleinvertretung, wenn zwei Gesamtvertreter bereits gehandelt haben und die Mitwirkung des einen gegen § 181 BGB verstößt); **für** Anwendbarkeit des § 181 BGB: Schlegelberger/K Schmidt Rdn 25 zu § 125 HGB; Baumbach/Hueck/Zöllner Rdn 76 zu § 35 GmbHG; vgl auch Gutachten DNotI-Report 2000, 49.
[6] Einzelheiten Gutachten DNotI-Report 2000, 49; aA Selbherr MittBayNot 2000, 286.

mitgliedern, uU auch Angehörigen eines verstorbenen Vorstandsmitglieds[7]) persönlich (§ 112 AktG).[8] Abweichung davon ist nicht zugelassen (§ 23 Abs 5 AktG). Es kann daher auch der Aufsichtsrat dem Vorstand nicht gestatten, Geschäfte der Gesellschaft mit sich selbst abzuschließen (keine Befreiung von § 181 BGB).[9] Ob Verstoß hiergegen zur Nichtigkeit der Erklärung oder nur zu schwebender Unwirksamkeit führt, ist streitig.[10] Ist nicht sicher, ob der Vorstand oder der Aufsichtsrat zur Vertretung berufen ist, sollten beide Organe handeln.[11] Befreiung vom Verbot der Mehrfachvertretung kann dem Vorstand aber bei satzungsgemäßer Grundlage erteilt werden.

Die Vertretungsmacht des Vorstands genügt nicht bei Nachgründungsvorgängen nach § 52 Abs 1 AktG (Ausnahme: § 52 Abs 9 AktG); hier ist Zustimmung der Hauptversammlung und Eintragung in das Handelsregister nötig. Eine wegen Verstoß hiergegen zunächst unwirksame Eintragung im Grundbuch (§ 52 Abs 1 S 2 AktG) wird jedoch mit nachträglicher Erfüllung der Nachgründungsvorschriften ohne weiteres wirksam.[12]

2. Vertretung bei Liquidation

3622 Bei Auflösung der Aktiengesellschaft erfolgt gemäß §§ 264 ff AktG die Liquidation. Ist die Auflösung infolge Eröffnung des Insolvenzverfahrens eingetreten, dann ist die Verwertung des Gesellschaftsvermögens Aufgabe des Insolvenzverwalters. Im Falle der Liquidation sind die Liquidatoren die gesetzlichen Vertreter der Gesellschaft. Liquidatoren sind die Vorstandsmitglieder, sofern durch den Gesellschaftsvertrag oder die Hauptversammlung oder durch gerichtliche Verfügung nichts anderes bestimmt wird (§ 265 AktG). Sind mehrere Liquidatoren vorhanden, so gilt als Regel Gesamtvertretungsbefugnis (§ 269 AktG). Zu Abwicklungsmaßnahmen nach Schluß der Liquidation hat das Gericht (die bisherigen oder andere) Abwickler neu zu bestellen (§ 273 Abs 4 AktG).

D. Vertretung bei Kommanditgesellschaft auf Aktien

1. Vertretung durch voll haftenden Gesellschafter

3623 Bei der KG aA gibt es zwei Arten von Gesellschaftern, nämlich Aktionäre (sog Kommanditaktionäre) und mindestens einen den Gläubigern gegenüber voll haftenden Gesellschafter. Die Vertretung der Gesellschaft steht dem voll

---

[7] BGH 130, 108 (111); BGH NJW 1997, 2324; Hüffer Rdn 2 zu § 112 AktG gegen OLG München AG 1996, 328. Vgl zu diesem Problemkreis instruktiv Fischer ZNotP 2002, 297.
[8] S dazu Schmidt BWNotZ 1985, 52 gegen Groß BWNotZ 1984; 163; vgl auch Pöschl BB 1966, 804; vgl auch BGH NJW 1988, 1384; Steiner BB 1998, 1910.
[9] OLG Hamburg NJW-RR 1986, 1483.
[10] Für Nichtigkeit: OLG Stuttgart BB 1992, 1669; OLG Hamburg WM 1986, 972; Kölner Kommentar/Mertens Rdn 5 zu § 112 AktG. Für schwebende Unwirksamkeit: OLG Karlsruhe WM 1996, 161; OLG Celle MittBayNot 2002, 410 = NotBZ 2002, 266; Soergel/Hefermehl Rdn 2 zu § 134 BGB.
[11] Fischer ZNotP 2002, 297 (302 ff).
[12] Hüffer Rdn 9 zu § 52 AktG; LG Hagen Rpfleger 2002, 461.

E. Vertretung bei Gesellschaft mit beschränkter Haftung

haftenden Gesellschafter zu (§ 278 Abs 2 AktG). Dessen Vertretungsbefugnis ist in das Handelsregister eingetragen (§ 282 S 2 AktG).

2. Vorhandensein mehrerer voll haftender Gesellschafter

Sind mehrere voll haftende Gesellschafter vorhanden, so richtet sich ihre Vertretungsbefugnis nach dem Recht der Kommanditgesellschaft, nicht der Aktiengesellschaft. Es gilt insoweit also das Rdn 3632 Ausgeführte. Es hat demnach jeder der voll haftenden Gesellschafter Einzelvertretungsbefugnis, soweit nicht der Gesellschaftsvertrag etwas anderes bestimmt. Eine derartige abweichende Bestimmung ist aus dem Handelsregister ersichtlich (§ 282 S 2 AktG). 3624

E. Vertretung bei Gesellschaft mit beschränkter Haftung

1. Gesetzliche Vertretung durch Geschäftsführer

Eine GmbH wird durch den oder die Geschäftsführer vertreten (§§ 6, 35, 36, 44 GmbHG). Ist nichts besonderes bestimmt, so können die Geschäftsführer die Gesellschaft **nur gemeinschaftlich vertreten.** Sind zwei Geschäftsführer vorhanden, die nur gemeinschaftlich vertretungsbefugt sind und fällt einer von diesen weg, so ist der verbleibende Geschäftsführer alleinvertretungsberechtigt, es sei denn, die Gesellschaftssatzung schreibt zwingend zwei Geschäftsführer vor.[1] Die für den Geschäftsführer bestehenden Vorschriften gelten auch für den etwaigen Stellvertreter eines Geschäftsführers (§ 44 GmbHG). Bei Vorhandensein mehrerer Geschäftsführer kann auch bestimmt werden, daß ein Geschäftsführer in Gemeinschaft mit einem Prokuristen vertretungsbefugt ist (s Rdn 3594). Ermächtigung eines gesamtvertretungsberechtigten Geschäftsführers ist wie bei der Aktiengesellschaft zulässig (s Rdn 3621).
Die gesetzlich festgelegte Vertretungsmacht der Geschäftsführer kann gegenüber Dritten nicht beschränkt werden (§ 37 Abs 2 GmbHG).
Zur Vertretung der **Vor-GmbH** durch Geschäftsführer s Rdn 992. 3625

2. Vollmachterteilung durch Geschäftsführer

Der oder die Geschäftsführer können zu ihrer Vertretung für einzelne bestimmte Geschäfte Vollmacht erteilen. Dagegen ist es unzulässig, daß ein Geschäftsführer seine gesamte Geschäftsführungsbefugnis auf einen anderen Geschäftsführer oder auf einen Dritten überträgt (s Rdn 3534a, 3621). 3626

3. Selbstkontrahierungsverbot

Die Beschränkungen des § 181 BGB gelten auch für den GmbH-Geschäftsführer. Sie gelten auch für den alleinigen Geschäftsführer einer sogen Einmann-GmbH (§ 35 Abs 4 GmbHG). Einzelheiten Rdn 3561. 3627

---

[1] OLG Hamburg DNotZ 1988, 331 mit weit Nachw.

1585

4. Vertretung bei Liquidation

3628 Bei Auflösung der Gesellschaft erfolgt die Liquidation durch den oder die Geschäftsführer oder durch andere bestellte Liquidatoren.[2] Bei Auflösung durch Eröffnung des Insolvenzverfahrens erfolgt die Verwertung des Gesellschaftsvermögens durch den Insolvenzverwalter. Sind mehrere Liquidatoren vorhanden, so haben sie nur Gesamtvertretungsbefugnis, es kann aber Abweichendes durch den Gesellschaftsvertrag oder durch Gesellschafterbeschluß (erfordert Ermächtigung im Gesellschaftsvertrag)[3] bestimmt sein. Es besteht kein Grundsatz, daß eine gesellschaftsvertragliche Befreiung des Geschäftsführers von § 181 BGB auch für ihn als (geborenen) Liquidator weitergelten soll.[3] Nach Schluß der Abwicklung und Löschung der Firma im Handelsregister lebt für weitere Abwicklungsmaßnahmen die Vertretungsbefugnis der früheren Abwickler nicht wieder auf. Das Gericht hat für Abwicklungsmaßnahmen nach Schluß der Liquidation (die bisherigen oder andere) Abwickler neu zu bestellen.[4] Nach Löschung einer vermögenslosen GmbH von Amts wegen (§ 141a FGG) sind für nachträglich nötige Abwicklungsmaßnahmen Liquidatoren gerichtlich zu bestellen (§ 66 Abs 5 GmbHG); nur diese sind zur Vertretung befugt.[5]

F. Vertretung bei offener Handelsgesellschaft

1. Vertretung durch Gesellschafter

3629 Die offene Handelsgesellschaft (§§ 105 ff HGB) wird durch ihre Gesellschafter vertreten.[1] Zur Vertretung ist jeder Gesellschafter ermächtigt, wenn er nicht durch den Gesellschaftsvertrag von der Vertretung ausgeschlossen ist. Im Gesellschaftsvertrag kann bestimmt sein, daß alle oder mehrere Gesellschafter nur in Gemeinschaft zur Vertretung der Gesellschaft ermächtigt sein sollen, also nur Gesamtvertretungsbefugnis besteht. Die zur Gesamtvertretung berechtigten Gesellschafter können einzelne von ihnen zur Vornahme bestimmter Arten von Geschäften ermächtigen (s dazu Rdn 3621). Im Gesellschaftsvertrag kann auch bestimmt sein, daß die Gesellschafter, wenn nicht

---

[2] Aufgabenkreis des Liquidators für Bestellung einer Grundschuld zur Sicherung einer Forderung der Liquidationsgesellschaft s OLG Frankfurt MittBayNot 1980, 158 = OLGZ 1980, 95 = Rpfleger 1980, 62.
[3] BayObLG 1985, 189 = MittBayNot 1985, 139 = MittRhNotK 1985, 182 = Rpfleger 1985, 301; OLG Düsseldorf GmbHR 1989, 465 = NJW-RR 1990, 51; s hierzu aber auch BayObLG MittBayNot 1997, 49: die in der Satzung enthaltene Ermächtigung, durch Beschluß den Geschäftsführer von § 181 BGB zu befreien, gilt auch für Liquidatoren. Vgl auch Gutachten DNotI-Report 1999, 48.
[4] BGH 53, 264 = DNotZ 1970, 427 = NJW 1970, 1044 = Rpfleger 1970, 165; s auch Kirberger Rpfleger 1975, 341.
[5] BGH NJW 1985, 2479 = Rpfleger 1985, 302; OLG Frankfurt MDR 1983, 135 = Rpfleger 1982, 290; BGH BB 1988, 2407.
[1] Zur Vertretung und Geschäftsführung bei der offenen Handelsgesellschaft und Kommanditgesellschaft durch Nichtgesellschafter s Schopp Rpfleger 1963, 186. S auch Rpfleger 1965, 327. Zur Vollmachterteilung des allein vertretungsberechtigten Gesellschafters an einen Nichtgesellschafter s LG Bochum DNotZ 1965, 308.

F. Vertretung bei offener Handelsgesellschaft

mehrere zusammen handeln, in Gemeinschaft mit einem **Prokuristen** zur Vertretung der Gesellschaft ermächtigt sein sollen (§ 125 HGB; Rdn 3594). Gesamtvertretung kann auch in der Art bestimmt sein, daß von den mehreren Gesellschaftern der eine allein vertretungsberechtigt ist, der andere aber nur mit ihm zusammen. Vertretungsberechtigte Gesellschafter sind befugt, zu ihrer Vertretung bei einzelnen oder ihrer Art nach bestimmten Geschäften auch einen Dritten zu bevollmächtigen. Ist aus dem Handelsregister nicht ersichtlich, daß ein Gesellschafter von der Vertretung der Gesellschaft ausgeschlossen ist oder daß Gesamtvertretungsbefugnis besteht, so kann man sich auf die Regel verlassen, daß jeder Gesellschafter (Einzel-)Vertretungsbefugnis hat (§ 15 HGB).
Der Umfang der Vertretungsmacht kann gegenüber Dritten nicht eingeschränkt werden (§ 126 HGB).

2. Selbstkontrahierungsverbot

Ein vertretungsberechtigter Gesellschafter kann grundsätzlich namens der Gesellschaft nicht mit sich selbst ein Rechtsgeschäft tätigen. Einzelheiten Rdn 3556 ff.   3630

3. Vertretung bei Liquidation

Bei Auflösung der offenen Handelsgesellschaft erfolgt die Liquidation durch sämtliche Gesellschafter als Liquidatoren (auch wenn sie vor Auflösung von der Vertretung ausgeschlossen waren) gemeinschaftlich. Die Liquidation kann einzelnen Gesellschaftern oder anderen Personen übertragen sein; es kann bestimmt sein, daß sie einzeln handeln können (§§ 146, 150 HGB). Aufgabenkreis der Liquidatoren: § 149 HGB. Wenn nicht feststeht, ob die Eintragungsbewilligung des Liquidators in dessen Geschäftskreis fällt, ist dem Grundbuchamt zur Prüfung der Vertretungsbefugnis des Liquidators in geeigneter Weise darzutun, daß es sich um ein Abwicklungsgeschäft handelt.[2] Zur Prüfung der Vertretungsbefugnis hat das Grundbuchamt auch den Zeitpunkt der Auflösung aufklären zu lassen, wenn nach Eingang, aber vor Vollzug einer Eintragungsbewilligung des vertretenden Gesellschafters die Auflösung der Gesellschaft in das Handelsregister eingetragen wird.[3] Für Abwicklungsmaßnahmen nach Löschung der Firma im Handelsregister auf Anzeige der Liquidatoren, die Abwicklung sei beendet, besteht die Vertretungsbefugnis der Liquidatoren weiter; es bedarf (anders als bei der GmbH; Rdn 3628) dazu keiner gerichtlichen Bestellung.[4]   3631

---

[2] OLG Zweibrücken Rpfleger 1977, 135.
[3] OLG Zweibrücken aaO.
[4] BGH NJW 1979, 1987 = Rpfleger 1979, 335; OLG Frankfurt OLGZ 1980, 95 = MittBayNot 1980, 158 = Rpfleger 1980, 62.

G. Vertretung bei Kommanditgesellschaft

1. Vertretung durch persönlich haftenden Gesellschafter

3632 Nur die **persönlich haftenden Gesellschafter** haben die Befugnis zur **Vertretung** der Gesellschaft (s § 170 HGB). Die Vertretungsbefugnis kann nach außen nicht beschränkt werden. Das Grundbuchamt ist daher grundsätzlich nicht verpflichtet und nicht berechtigt, eine im Handelsregister nicht eintragbare und für Dritte daher nicht erkennbare, im Innenverhältnis bestehende Beschränkung der Geschäftsführung eines persönlich haftenden Gesellschafters nachzuprüfen.[1] Im übrigen s zur Vertretungsbefugnis des persönlich haftenden Gesellschafters Rdn 3629. Ein **Kommanditist** kann nur als Prokurist oder Handlungsbevollmächtigter auftreten.

2. Vertretung bei Liquidation

3633 Im Falle der Liquidation einer Kommanditgesellschaft gehört grundsätzlich auch der Kommanditist zu den vertretungsberechtigten Liquidatoren (§ 161 Abs 2, § 146 HGB); im übrigen s Rdn 3631.

3. Vertretung bei GmbH & Co KG

3634 Die Vertretung einer GmbH & Co KG, eine Sonderart der KG, erfolgt durch die persönlich haftenden Gesellschafter, mithin durch die GmbH, wenn sie (wie zumeist) die einzige persönlich haftende Gesellschafterin der GmbH & Co KG ist; diese wiederum wird durch ihren (oder ihre) Geschäftsführer vertreten. Neben den Geschäftsführern der GmbH können auch bei dieser Gesellschaftsform bei der GmbH bestellte Prokuristen oder Handlungsbevollmächtigte als Vertreter handeln.[2] Unzulässig ist eine Bestimmung, daß die GmbH & Co KG durch einen Prokuristen dieser Gesellschaft und einen gesamtvertretungsberechtigten Geschäftsführer der GmbH vertreten wird.[3] Gerichtliche Bestellung eines (mehrerer) Abwickler für eine (Publikums-) GmbH & Co KG entspr § 273 Abs 4 AktG auch nur zur Bewilligung der Löschung eines Grundpfandrechts wird (ausnahmsweise) für zulässig erachtet.[4]

H. Vertretung der Partnerschaft

1. Vertretung durch Partner

3634a Zur Vertretung der Partnerschaft ist jeder der Partner ermächtigt, wenn er nicht durch den Partnerschaftsvertrag von der Vertretung ausgeschlossen ist (§ 125 Abs 1 HGB mit § 7 Abs 3 PartGG). Im Partnerschaftsvertrag kann be-

---

[1] OLG Karlsruhe BWNotZ 1970, 88.
[2] OLG Hamm Betrieb 1967, 1450 = NJW 1967, 2163.
[3] OLG Hamburg GmbHRdsch 1961, 128 mit zust Anm Hesselmann.
[4] OLG Hamm DNotZ 1990, 621 = NJW-RR 1990, 1371 = OLGZ 1991, 13 (anders, wenn nicht alle Gesellschafter Abwickler sind, sondern die Abwicklung einzelnen Gesellschaften obliegt, zB der Komplementär-GmbH; dann Bestellung eines Liquidators für diese).

stimmt sein, daß alle oder mehrere Partner nur in Gemeinschaft zur Vertretung der Partnerschaft ermächtigt sein sollen (§ 125 Abs 2 S 1 HGB mit § 7 Abs 3 PartGG), also nur Gesamtvertretungsbefugnis besteht. Einzelermächtigung bei Gesamtvertretung: wie bei der OHG (§ 125 Abs 2 S 2 HGB mit § 7 Abs 3 PartGG; s daher Rdn 3621 und 3629). Ist aus dem Partnerschaftsregister nicht ersichtlich, daß ein Partner von der Vertretung ausgeschlossen ist oder daß Gesamtvertretung besteht (zur Anmeldepflicht § 125 Abs 4 HGB mit § 7 Abs 3 PartGG), so kann man sich (wie bei der OHG, Rdn 3629) auf die Regel verlassen, daß jeder Partner (Einzel-)Vertretungsbefugnis hat (§ 15 HGB mit § 5 Abs 2 PartGG). Der Umfang der Vertretungsmacht kann gegenüber Dritten nicht eingeschränkt werden (§ 126 HGB mit § 7 Abs 3 PartGG). Selbstkontrahierungsverbot: wie Rdn 3630.

2. Vertretung bei Liquidation

Bei Auflösung der Partnerschaft erfolgt die Liquidation (wie bei der OHG) durch sämtliche Partner als Liquidatoren (auch wenn sie vor Auflösung von der Vertretung ausgeschlossen waren) gemeinschaftlich (§ 146 Abs 1, § 150 Abs 1 HGB mit § 10 Abs 1 PartGG). Für die Liquidation sind auch im übrigen die Vorschriften über die Liquidation der offenen Handelsgesellschaft entsprechend anwendbar (§ 10 Abs 1 PartGG); siehe daher das Rdn 3631 Gesagte. 3634b

I. Vertretung der Europäischen wirtschaftlichen Interessenvereinigung

Die Europäische wirtschaftliche Interessenvereinigung (= EWIV; s Rdn 240) wird durch den Geschäftsführer, wenn es mehrere sind durch einen jeden Geschäftsführer, vertreten (Art 20 Abs 1 EWG-VO). Der Gründungsvertrag kann vorsehen, daß die Vereinigung nur durch zwei oder mehrere gemeinschaftlich handelnde Geschäftsführer verpflichtet (somit vertreten) werden kann (Art 20 Abs 2 EWG-VO). Dritten kann diese Regelung nur dann (nach Maßgabe des Art 9 Abs 1 EWG-VO) entgegengesetzt werden, wenn sie ordnungsgemäß bekanntgemacht (Art 20 Abs 2 mit Art 8 EWG-VO), somit in das Handelsregister eingetragen und bekanntgemacht (§ 10 HGB) ist. Vertretung durch einen Geschäftsführer in Gemeinschaft mit einem Prokuristen ist bei der EWIV nicht vorgesehen.[1] 3634c

K. Vertretung bei Gesellschaft nach bürgerlichem Recht und stiller Gesellschaft

1. BGB-Gesellschaft

Wird im Namen einer solchen Gesellschaft ein Rechtsgeschäft vorgenommen, so müssen entweder alle Gesellschafter mitwirken (§§ 714, 709 BGB) oder sie müssen einem oder einigen von ihnen oder einem Dritten Vollmacht – General- oder Spezialvollmacht – erteilen. Diese Vollmacht muß dem Grundbuch- 3635

---

[1] Keidel/Krafka/Willer, Registerrecht, Rdn 871.

den. Wenn im Gesellschaftsvertrag eine vom Gesetz (§§ 714, 709 BGB) abweichende Vertretung der Gesellschaft geregelt wurde, so ist keine besondere Vollmacht nötig, wenn der Gesellschaftsvertrag notariell beurkundet oder beglaubigt ist (§ 29 GBO) und die Regelung des Gesellschaftsvertrags[1] die Bewilligung deckt.[2] Die Regeln der §§ 170 ff BGB sind allerdings auf diese durch den Gesellschaftsvertrag bestimmte Vertretungsmacht nicht anwendbar, da es sich insoweit nicht um eine Vollmacht und auch nicht um eine Vollmachtsurkunde handelt.[3] Für Notar und Grundbuchamt besteht jedoch nur bei Vorliegen konkreter Anhaltspunkte Anlaß, Zweifel am Fortbestand der Vertretungsregelung zu haben (zB wenn deren Widerruf, § 712 BGB, behauptet wird) und in diesen Fällen entsprechende Nachweise (zB spezielle Vollmachtsurkunde oder Zustimmung der übrigen Gesellschafter) zu verlangen; letzteres ist vor allem bei Verfügungen der BGB-Gesellschaft im Hinblick auf den fehlenden Vertrauensschutz nach § 172 BGB dringend zu empfehlen, umso mehr, je länger der Gesellschaftsvertrag zurückliegt.[3]

2. Stille Gesellschaft

3636 Diese tritt nach außen hin überhaupt nicht in Erscheinung. Ein Gesellschaftsvermögen besteht nicht. Im Rechtsverkehr tritt nur der Inhaber des Handelsgeschäfts auf. Der stille Gesellschafter kann aber Prokura oder Handlungsvollmacht haben.

L. Vertretung ausländischer Gesellschaften

3636a Die **Rechtsfähigkeit** einer ausländischen (Kapital-)Gesellschaft[1*] und die Frage, durch welche Organe sie vertreten wird, beurteilt sich nach der für die Gesellschaft maßgeblichen Rechtsordnung. Dies war nach bisher absolut herrschender deutscher Rechtsprechung das Recht des Staates, in dem sich der tatsächliche Sitz der Hauptverwaltung (effektiver Verwaltungssitz) befindet.[1a] Jedenfalls für den Bereich der Europäischen Union hat der BGH diese Sitztheorie aufgegeben: die Rechtsfähigkeit einer Gesellschaft, die nach dem Recht eines EU-Mitglieds wirksam gegründet ist, bestimmt sich auch dann

---

[1] Beschränkungen der Vertretungsmacht auf das Gesellschaftsvermögen wirken Dritten gegenüber nur, wenn sie im konkreten Vertrag vereinbart sind, BGH MittBayNot 1999, 577 = MittRhNotK 1999, 337. Bei geschlossenen Immobilienfonds in der Rechtsform der BGB-Gesellschaft und bei Bauherrngemeinschaften können solche Haftungsbeschränkungen auch in AGB vereinbart werden, BGH DNotZ 2002, 805; dazu auch Wälzholz MittBayNot 2003, 35; Schleicher ZfIR 2002, 723.

[2] Dieser Nachweis wird regelmäßig dort nicht gelingen, wo die Vertretungsmacht des Geschäftsführers auf das Gesellschaftsvermögen beschränkt ist; vgl dazu BGH BB 1985, 84; OLG Hamm DNotZ 1985, 616 = WM 1985, 644.

[3] Heil NJW 2002, 2158.

[1*] Ob eine Gesellschaft selbständige juristische Person ist, richtet sich nach der maßgeblichen ausländischen Rechtsordnung; so ist zB die luxemburgische societé civile immobilière rechts-(und grundbuch)fähig.

[1a] BGH 53, 181 = NJW 1970, 998 mit weit Nachw; BGH 97, 269 = NJW 1986, 2194; OLG Hamm MittBayNot 1995, 68 = MittRhNotK 1994, 350 = Rpfleger 1995, 153 mit weit Nachw; Bausback DNotZ 1996, 254.

L. Vertretung ausländischer Gesellschaften

nach der Rechtsordnung des Gründungsstaats, wenn sich der effektive Verwaltungssitz inzwischen in Deutschland befindet.[2] Für Gesellschaften, die nach dem Recht eines Staates außerhalb der EU gegründet wurden, gilt weiter die Sitztheorie, jedoch mit der Maßgabe, daß eine solche Gesellschaft jedenfalls als BGB-Gesellschaft (teil-)rechtsfähig ist.[3]

Im Grundbuchverfahren ist von einem allgemeinen Erfahrungssatz auszugehen, daß eine ausländische Kapitalgesellschaft ihren tatsächlichen Verwaltungssitz in dem Staat hat, nach dessen Recht sie gegründet worden ist.[4] Abzulehnen (vorweg mit Zwischenverfügung zu beanstanden) ist eine Eintragung einer nicht nach dem Recht eines EU-Mitglieds gegründeten Gesellschaft daher nur, wenn bei Würdigung der Eintragungsunterlagen oder anderweitiger gesicherter Erkenntnisse konkrete, durchgreifende Zweifel am Bestehen eines ausländischen außerhalb der EU gelegenen tatsächlichen Verwaltungssitzes verbleiben.

Auch bei Beteiligung einer ausländischen Gesellschaft ist vom Notar (§ 12 BeurkG) und Grundbuchamt die **Vertretungsbefugnis**[5] der handelnden Personen zu prüfen.[6] Soweit für solche Gesellschaften öffentliche Register existieren, kann Vertretungsnachweis durch Vorlage öffentlich beglaubigter Registerblattabschriften geführt werden. Auch eine Vertretungsbescheinigung eines ausländischen Notars, jedenfalls aus dem Bereich des Lateinischen Notariats, ist ausreichend, wenn sie den für solche Bescheinigung geltenden Bestimmungen des ausländischen Rechts entspricht, auch wenn sie § 21 BNotO nicht genügt.[7] Auch die Bescheinigung eines deutschen Notars nach Einsichtnahme eines ausländischen Registers ist ausreichend.[8] Im übrigen ist bei der

3636b

---

[2] BGH NJW 2003, 1461 nach der „Überseering-Entscheidung" des EuGH DNotZ 2003, 139 mit Anm Knapp DNotZ 2003, 85; Kindler NJW 2003, 1073; Lutter BB 2003, 7; Dümig ZfIR 2003, 191; BayObLG 2002, 413 = DNotZ 2003, 295 = Rpfleger 2003, 241.
[3] BGH DNotZ 2003, 145. Anders für in den USA wirksam gegründete Gesellschaften mit tatsächlichem Verwaltungssitz in Deutschland; sie sind wirksam gemäß Freundschaftsvertrag, BGH WM 2003, 699.
[4] OLG Hamm Rpfleger 1995, 153 = aaO; BayObLG 2002, 413 = aaO (Fußn 2); Bauer/vOefele/Schaub Teil F Rdn 97.
[5] Zur Vertretungsbefugnis bei *ausländischen* Handelsgesellschaften vgl allgemein die Länderübersichten bei Bauer/vOefele/Schaub Teil F Rdn 126 ff; Reithmann/Martiny, Internationales Vertragsrecht, 5. Aufl 1996; Krahé MittRhNotK 1987, 65 (Zu Niederlande, Belgien, Frankreich); Dorsel MittRhNotK 1997, 6 (13); für:
Belgien Hahn DNotZ 1964, 288 und Liehnert DNotZ 1963, 518;
England Heinz ZNotP 2000, 410; Knoche MittRhNotK 1985, 165; Klebs Rpfleger 1991, 1; DNotI-Report 2001, 121;
Frankreich Mezger DNotZ 1959, 25;
Liechtenstein Löffler DNotZ 1981, 731;
Niederlande Czapski DNotZ 1958, 139;
Österreich Köhler DNotZ 1960, 296;
Schweiz Schnitzer DNotZ 1959, 182;
USA Jakob-Steinorth DNotZ 1958, 361; Fischer ZNotP 1999, 218 und 352; DNotI-Report 2001, 29;
[6] BGH NJW 1993, 2744.
[7] OLG Köln MittRhNotK 1988, 181 = Rpfleger 1989, 66.
[8] LG Aachen MittBayNot 1990, 125 = MittRhNotK 1988, 157.

hier gebotenen Prüfung besondere Vorsicht geboten, wenn Notar und Grundbuchamt die jeweilige Rechtsordnung nicht kennen.[9]

M. Nachweis der Vertretungsbefugnis

1. Zeugnis aus dem Handelsregister

3637 Der Nachweis, daß der Vorstand einer Aktiengesellschaft aus den im Handelsregister eingetragenen Personen besteht, wird durch ein Zeugnis des Gerichts über die Eintragung geführt (§ 32 Abs 1 GBO, § 9 Abs 3 HGB). Das gleiche gilt von dem Nachweis der Befugnis zur Vertretung einer offenen Handelsgesellschaft, einer Partnerschaftsgesellschaft, einer Kommanditgesellschaft, einer Kommanditgesellschaft auf Aktien oder einer Gesellschaft mbH (§ 32 Abs 2 GBO, § 9 Abs 3 HGB, § 5 Abs 2 PartGG). Gleiches hat vom Nachweis zur Vertretung einer EWIV zu gelten. Statt dieses Zeugnisses genügt auch eine beglaubigte Abschrift des betr Eintrags im Handelsregister (Partnerschaftsregister), ferner ein Auszug aus diesem Register mit einer Bescheinigung, daß weitere die Vertretungsbefugnis betreffende Eintragungen nicht vorhanden sind (§ 9 Abs 2, 4 HGB). All dies gilt auch für den Nachweis der Vertretungsbefugnis der Liquidatoren und Prokuristen. Das Zeugnis muß möglichst aus neuester Zeit stammen, da in der Zwischenzeit die Vertretungsbefugnis weggefallen sein oder sich geändert haben kann.[1]

3638 Durch **Bescheinigung des Notars** (Form: § 39 BeurkG) über eine im Handelsregister, Partnerschaftsregister, Genossenschaftsregister oder Vereinsregister eingetragene Vertretungsberechtigung wird diese mit der gleichen Beweiskraft wie durch ein Zeugnis des Registergerichts nachgewiesen (§ 21 Abs 1 Nr 1 BNotO).[2] Der Notar darf die Bescheinigung nur ausstellen, wenn er

---

[9] Zur Vorgehensweise und zu Beweisregeln in anderen Fällen s Langhein Rpfleger 1996, 45 und ZNotP 1999, 218; Bausback DNotZ 1996, 254.

[1] In DNotZ 1938, 679 = JFG 17, 228 ist vom KG die Beweiskraft eines zwei Tage alten Registererzeugnisses bejaht worden, in der Praxis werden vielfach auch ältere Zeugnisse zugelassen (vgl auch Brand/Schnitzler S 505); OLG Hamm Rpfleger 1990, 85 (2 Monate alter Auszug nicht von vornherein wertlos); KG OLG 1, 194 (6½ Wochen altes Zeugnis unzureichend). S auch Fußn 2.
Zum Nachweis der Vertretungsbefugnis des Aufsichtsrats einer AG gegenüber dem Grundbuchamt s Pöschl BB 1966, 804, Schmidt BWNotZ 1985, 52 und Steiner BB 1998, 1910. Es reicht aus wenn nur der Vorsitzende des Aufsichtsrats – unter Kenntlichmachung seiner Stellung und unter Bezugnahme auf den betr Beschluß des Aufsichtsrats – die erforderlichen Erklärungen in der Form des § 29 GBO abgibt.

[2] Zu den Notarbescheinigungen s auch Göttlich JurBüro 1970, 105; Mayer Rpfleger 1989, 142. Das höchstzulässige Alter der Bescheinigung läßt sich nicht allgemein festlegen. Zeugnisse von 4–6 Wochen (aA LG Berlin RNotZ 2003, 470 = Rpfleger 2003, 354) oder 4 Monaten dürften zu alt sein. Das OLG Frankfurt Rpfleger 1995, 248 hat eine rund 3 Wochen alte Vertretungsbescheinigung jedenfalls dann als beweiskräftig angesehen, wenn die durch einen Prokuristen vertreten gewesene Genossenschaft selbst auf Veranlassung des Notars den Grundschuldbrief dem Grundbuchamt übersandt hat. Ein Zeitraum von rund 2 Monaten (zwischen Registereinsicht und Unterschriftsbeglaubigung) hat das OLG Saarbrücken MittBayNot 1993, 398 als nicht ausreichend angesehen. Nach AG Langen Rpfleger 1982, 63 ist die Bescheinigung anzuerkennen, solange keine Umstände bekannt sind oder naheliegen, die Zweifel an der Fortdauer

M. Nachweis der Vertretungsbefugnis

oder seine Hilfsperson[3] zuvor das Register oder eine beglaubigte Abschrift desselben eingesehen oder den Abruf der registerlichen Daten (EDV-Register) über seine Abrufmöglichkeiten vorgenommen hat (§ 21 Abs 2 S 1 BNotO). Der Tag der Einsichtnahme des Registers oder der Tag der Ausstellung der Abschrift ist in der Bescheinigung anzugeben (§ 21 Abs 2 S 2 BNotO); fehlt diese Angabe, so ist die Bescheinigung nicht brauchbar.[4] Die Bescheinigung kann in die Niederschrift über die Beurkundung oder bei Unterschriftsbeglaubigung in den Beglaubigungsvermerk aufgenommen werden; sie kann auf die Urkunde oder eine Ausfertigung von ihr oder ein damit verbundenes Blatt gesetzt, aber auch ohne Zusammenhang mit einem anderen Dienstgeschäft erteilt werden. Erfolgt – ausnahmsweise – Registereinsicht und Vertretungsbescheinigung erst nach dem Zeitpunkt der Abgabe der Willenserklärung des Vertretungsorgans, muß die Bescheinigung des Notars eine Aussage darüber treffen, ob das Organ mit Vertretungsbefugnis in diesem Zeitpunkt eingetragen war. Eine Bescheinigung über die Vertretungsbefugnis zu einem vor Eintragung des Vertretungsorgans im Handelsregister liegenden Zeitpunkt ist nicht möglich und nicht wirksam im Sinne des § 21 BNotO.[5] Die Bescheinigung über die Vertretungsbefugnis des persönlich haftenden Gesellschafters einer offenen Handelsgesellschaft (ebenso eines Partners) erbringt den vollen Beweis der Alleinvertretungsbefugnis[6] (§ 125 Abs 1 HGB); daß keine andere Vertretungsregelung eingetragen ist (§ 125 Abs 4 HGB), braucht in der Bescheinigung nicht zusätzlich vermerkt zu sein. Reicht der Notar zur gleichen Zeit mehrere von denselben Personen unterzeichnete Eintragungsunterlagen beim gleichen Grundbuchamt ein, so genügt die Vorlage einer Bescheinigung.[7] Wenn solche Eintragungsunterlagen bei verschiedenen Grundbuchämtern eingereicht werden, kann als Vertretungsnachweis jeweils auch beglaubigte Abschrift einer (zeitnah zurückliegenden) Bescheinigung mit eingereicht werden.[7]

Gleiche Wirkung wie die Vertretungsbescheinigung hat im Grundbuchverfahren die nach § 21 Abs 1 Nr 2 BNotO ausgestellte Bescheinigung über Bestehen oder Sitz einer juristischen Person oder Handelsgesellschaft, die Firmenänderung, eine Umwandlung oder sonstige rechtserhebliche Umstände.[8]

---

der Vertretungsberechtigung begründen (dort 12 Tage zwischen Registereinsicht und Bescheinigung). Anhalt dürfte die Frist des § 15 Abs 2 HGB von 15 Tagen geben. S auch Fußn 1.

[3] LG Aachen MittBayNot 1990, 125.
[4] KG DFG 1939, 40 = JFG 18, 322; LG Saarbrücken MittBayNot 2003, 385 = NotBZ 2002, 463 = RNotZ 2002, 231.
[5] OLG Köln MittRhNotK 1991, 16 = NJW-RR 1991, 425 = Rpfleger 1990, 352; das gleiche gilt für Handelsregisterauszug: er kann die Vertretungsbefugnis eines GmbH-Geschäftsführers vor dessen Eintragung in das Handelsregister nicht nachweisen, OLG Köln aaO; aA – Nachweis möglich, zB durch notariell beurkundeten Beschluß über die Geschäftsführerbestellung – BezG Dresden MittBayNot 1993, 401; LG Erfurt NotBZ 2001, 393.
[6] OLG Celle MittRhNotK 1980, 78 = Rpfleger 1980, 109.
[7] Epple Rpfleger 1980, 55.
[8] S dazu Rdn 156 und Promberger Rpfleger 1982, 460. Zur Vertretungsbescheinigung des Notars hinsichtlich einer altrechtlichen Corporation vgl BayObLG DNotZ 2000, 293 mit Anm Limmer = Rpfleger 2000, 62 = NJW-RR 2000, 161.

2. Bezugnahme auf das Register

3639 Ist das Grundbuchamt zugleich das Registergericht, so genügt statt des Zeugnisses des Gerichts die Bezugnahme auf das Register (§ 34 GBO). Die Bezugnahme ist nicht deshalb unstatthaft, weil die Firma infolge Sitzverlegung bei dem alten Register gelöscht und noch nicht in das neue eingetragen ist. Der Nachweis der sich aus dem Handelsregister ergebenden Voraussetzung einer Eintragung kann auch in anderen als den in § 34 GBO genannten Fällen durch Bezugnahme auf das Handelsregister geführt werden, wenn dieses bei dem Amtsgericht geführt wird, zu dem das Grundbuchamt gehört.

3640 Randnummer 3640 ist entfallen

N. Vertretung bei Genossenschaft

1. Vertretung durch Vorstand

3641 Genossenschaften (zB auch Volksbanken, Raiffeisenkassen, Vorschuß- und Kreditvereine) werden durch den Vorstand gerichtlich und außergerichtlich vertreten (§ 25 GenG). Der Vorstand besteht aus mindestens zwei Mitgliedern, die nur gesamtvertretungsberechtigt sind (§ 25 GenG). Das Statut kann bestimmen, daß einzelne Vorstandsmitglieder allein vertretungsberechtigt sein sollen. Zur Ermächtigung des Gesamtvertreters s Rdn 3621.

3642 Gesamtvertretungsberechtigte können einzelne von ihnen zur Vornahme bestimmter Geschäfte oder bestimmter Arten von Geschäften ermächtigen (s Rdn 3621).

3643 Wie bei der AG gilt auch für Vorstandsmitglieder einer Genossenschaft das Verbot von Insichgeschäften. Bei Abschluß von Verträgen mit Vorstandsmitgliedern ist nur der Aufsichtsrat der Genossenschaft berechtigt, die Genossenschaft zu vertreten (§ 39 GenG); zu Umfang und Folgen dieser Regelung s Rdn 3621 aE (zu § 112 AktG).

3644 Beschränkungen der Vertretungsbefugnis der Vorstandsmitglieder durch die Satzung gelten gegenüber Dritten nicht (§ 27 GenG).

2. Prokura und Vollmachterteilung durch Vorstand

3645 Die Genossenschaft hat das Recht, **Prokura** und Handlungsvollmacht zu erteilen (§ 42 GenG). Das Statut kann auch bestimmen, daß die Genossenschaft durch ein Vorstandsmitglied in Gemeinschaft mit einem Prokuristen vertreten wird.

3646 Der Betrieb von Geschäften einer Genossenschaft sowie deren Vertretung in bezug auf diese Geschäftsführung kann auch einem **Bevollmächtigten** der Genossenschaft zugewiesen werden. In diesem Fall bestimmt sich dessen Befugnis nach der ihm erteilten Vollmacht; sie erstreckt sich im Zweifel auf alle Rechtshandlungen, welche die Ausführung derartiger Geschäfte gewöhnlich mit sich bringt.

3. Vertretung bei Liquidation

3647 Durch die Auflösung einer Genossenschaft wird die Vorstandsbestellung nur beendet, wenn die Liquidation durch die Satzung oder durch Beschluß der Generalversammlung anderen Personen übertragen wird. Andernfalls besteht

O. Vertretung bei Verein und Stiftung

die Vertretungsbefugnis der Vorstandsmitglieder fort, doch richtet sich diese Befugnis fortan nach Liquidationsgrundsätzen (§ 83 GenG).

4. Nachweis der Vertretungsbefugnis

Zum Nachweis der Vertretungsbefugnis der Vorstandsmitglieder einer Genossenschaft genügt gegenüber den Behörden, mithin auch gegenüber dem Grundbuchamt, eine entsprechende Bescheinigung des das Genossenschaftsregister führenden Gerichts (§ 26 Abs 2 GenG). Dieses Zeugnis muß möglichst aus neuer Zeit sein, da in der Zwischenzeit die Vertretungsbefugnis weggefallen sein oder sich geändert haben kann. Auch Bezugnahme auf das Genossenschaftsregister des gleichen Amtsgerichts genügt[1] (§§ 32, 34 GBO, entspr Anwendung). Vertretungsbescheinigung des Notars s Rdn 3638. S dazu wegen der Publizität des Genossenschaftsregisters § 29 GenG.

3648

O. Vertretung bei Verein und Stiftung

1. Rechtsfähiger Verein

Der eingetragene Verein wird durch den Vorstand vertreten (§ 26 BGB). Der Vorstand kann aus mehreren Personen bestehen. Dann bildet Gesamtvertretung die Regel; die Satzung kann aber etwas anderes bestimmen. Der Umfang der Vertretungsmacht kann durch die Satzung mit Wirkung gegen Dritte beschränkt werden (§ 26 BGB). Durch die Satzung können besondere Vertreter neben dem Vorstand bestellt werden; diesen steht aber immer nur eine durch einen bestimmten Wirkungskreis begrenzte Vertretungsbefugnis zu, sie kann durch die Satzung noch weiter beschränkt werden (§ 30 BGB). Einzelbevollmächtigung eines Vorstandsmitglieds, aber auch eines Dritten, durch Beschluß des Vorstands (§ 28 Abs 1, § 32 BGB) ist zulässig. Dabei ist die Form des § 29 GBO einzuhalten. Befreiung von der Beschränkung des § 181 BGB kann (wie bei der GmbH, s Rdn 3561) nur durch Satzungsbestimmung oder, wenn die Satzung dazu ermächtigt, durch Beschluß der Mitgliederversammlung (des sonst in der Satzung bestimmten Organs) gewährt werden. Allein durch Beschluß der Mitgliederversammlung (eines anderen Organs), ohne dazu ermächtigende Grundlage in der Satzung, kann ein Vorstand oder Mitglied des Vorstands nicht (auch nicht nur für ein bestimmtes einzelnes Rechtsgeschäft[1*]) von der Beschränkung des § 181 BGB befreit werden.

3649

Beschränkungen der Vertretungsmacht sind zulässig; in das Vereinsregister werden sie eingetragen, um gegenüber einem Dritten, der sie nicht kennt, wirksam zu sein (§ 70 mit § 68 BGB). Wenn die Vertretungsmacht in der Weise beschränkt ist,[2] daß zu bestimmten Rechtsgeschäften (insbesondere

3650

---

[1] LG Saarbrücken MittBayNot 2003, 385 = RNotZ 2002, 231.
[1*] Stöber, Vereinsrecht, Rdn 279; anders LG Ravensburg Rpfleger 1990, 26 (dem zu widersprechen ist); auch Sauter/Schweyer, Der eingetragene Verein, Rdn 239.
[2] Die Beschränkung der Vertretungsmacht (mit Wirkung gegen Dritte) muß in der Satzung eindeutig zum Ausdruck gebracht sein. Ist das nicht der Fall, dann binden satzungsgemäße Zustimmungserfordernisse zugunsten anderer Vereinsorgane den Vorstand nur im Innenverhältnis (BGH NJW-RR 1996, 866; näher dazu Stöber Vereinsrecht Rdn 282, 283). Daher enthält die Klausel „Investitionsmaßnahmen über (früher) 5000 DM bedürfen der Zustimmung der Mitgliederversammlung" keine Beschrän-

über Grundbesitz) die Zustimmung der Mitgliederversammlung oder eines anderen Beschlußorgans erforderlich ist, kann die Zustimmung in grundbuchmäßiger Form (§ 29 GBO) dadurch nachgewiesen werden, daß eine Niederschrift über die Beschlußfassung vorgelegt wird, bei der die Unterschriften der die Niederschrift „beurkundenden" Personen (§ 58 Nr 4 BGB) öffentlich beglaubigt sind[3] (s bereits Rdn 2904). Nachweis, daß die Unterzeichner der Niederschrift für diese Beschlußbeurkundung zuständig waren, ist nicht zu erbringen (s Rdn 2904 Fußn 97). Für den Fall, daß infolge Beschränkung der Vertretungsmacht des Vorstands die Zustimmung eines Mitglieds eines Vereinsorgans (zB eines Mitglieds des Gesamt- oder Hauptvorstands) erforderlich ist, kann die Zugehörigkeit des Zustimmenden (Form: § 29 GBO) zu diesem Organ in grundbuchmäßiger Form durch Vorlage einer Niederschrift über die Versammlung, in der die Wahl erfolgt ist, mit Beglaubigung der Unterschriften der Unterzeichner der Niederschrift geführt werden.[4] Wenn alle Vereinsmitglieder zustimmen müssen, kann der Nachweis dem Grundbuchamt gegenüber nicht durch eine Versammlungsniederschrift, sondern nur durch die in öffentlich beglaubigter Form vorzulegenden persönlichen Erklärungen der Mitglieder geführt werden.[5] In dringenden Fällen kann das Amtsgericht einen Vorstand bestellen, der im Rahmen der ihm erteilten Befugnisse vertretungsberechtigt ist (§ 29 BGB).

3651 Nach **Auflösung** des Vereins sind die Liquidatoren die gesetzlichen Vertreter des Vereins (§ 48 BGB). Für sie gilt der Grundsatz der Gesamtvertretung, soweit nichts anderes bestimmt ist (§ 48 BGB).

3652 Der **Nachweis** der Befugnis zur Vertretung eines eingetragenen Vereins wird durch ein Zeugnis des Registergerichts (§ 69 BGB) oder durch Verweisung auf das beim gleichen Amtsgericht geführte Vereinsregister geführt.[6] Vertretungsbescheinigung des Notars s Rdn 3638.

2. Nicht rechtsfähiger Verein

3653 Auf einen nicht rechtsfähigen Verein (§ 54 BGB) finden die Vorschriften über die Gesellschaft (§§ 705 ff BGB) Anwendung. Für jedes Geschäft ist die Zustimmung aller Mitglieder erforderlich. Deren Vertretung ist nur auf Grund formgerechter Vollmacht (§ 29 GBO) möglich. Die Mitglieder ergeben sich aus dem Grundbuch, da als Berechtigte nur die einzelnen Mitglieder, nicht der Verein als solcher, eingetragen werden können (s Rdn 246).

3. Versicherungsverein aG

3654 Ein Versicherungsverein auf Gegenseitigkeit wird im Handelsregister Abt B eingetragen; er wird durch den Vorstand vertreten (§ 34 VAG und § 78

---

kung der Vertretungsmacht des Vorstands für Grundschuldbestellung (BayObLG 1999, 237 = DNotZ 2000, 49 = NJW-RR 1999, 544).
[3] BayObLG 1961, 392 = DNotZ 1962, 313 = NJW 1962, 494 = Rpfleger 1962, 107; BayObLG 1964, 237 = DNotZ 1964, 722 mit zust Anm Diester = NJW 1964, 1962 = Rpfleger 1964, 373 (beide Entscheidungen zu WE-Sachen); Stöber Vereinsrecht Rdn 276.
[4] LG Bochum Rpfleger 1979, 462; Stöber Vereinsrecht Rdn 276.
[5] BayObLG 1978, 377 = MittRhNotK 1979, 77 = Rpfleger 1979, 108 (für Eintragungsbewilligungen der Wohnungseigentümer); Stöber Vereinsrecht Rdn 276.
[6] OLG München JFG 20, 373 und KG JFG 23, 299.

AktG; für den kleinen Verein § 53 VAG). Bestehen und Umfang der Vertretungsmacht wird durch ein Zeugnis des Registergerichts nachgewiesen.

4. Stiftung

Eine Stiftung nach BGB wird durch den Vorstand oder besondere Vertreter vertreten (§§ 86, 26, 30 BGB). Wenn der Vorstand aus mehreren Personen besteht, bildet Gesamtvertretung die Regel; die Verfassung der Stiftung kann etwas anderes bestimmen; sie kann auch die Vertretungsmacht des Vorstands mit Wirkung gegen Dritte beschränken (§ 86 mit § 26 BGB). Landesrechtliche Stiftungsgesetze können als Beschränkung der Vertretungsmacht des Vorstands für (bestimmte) Rechtsgeschäfte auch einen Genehmigungsvorbehalt für die Aufsichtsbehörde vorsehen. Nachweis der Vertretungsbefugnis erfolgt durch Vertretungsbescheinigung der Aufsichtsbehörde, auf deren Erteilung (soweit nicht landesrechtlich geregelt) ein Rechtsanspruch besteht.[7]   3655

Die Vertretung **kirchlicher Stiftungen** (Pfarrpfründestiftungen) als juristische Personen des öffentlichen Rechts bestimmt sich nach kirchlichem Vermögensverwaltungsrecht.[8] Nachweis kann durch urkundliche Erklärung der kirchlichen Aufsichtsbehörde erbracht werden.[9] Die Genehmigung des Rechtsgeschäfts durch die Kirchenaufsichtsbehörde (Rdn 4085) erbringt idR keinen ausreichenden Vertretungsnachweis.[10]

P. Vertretung von Bundesrepublik und Ländern

1. Bundesrepublik

Die Bundesrepublik wird vom Bundeskanzler und von den obersten Bundesbehörden vertreten. Diese können die Vertretung auf ihnen nachgeordnete Behörden übertragen.   3656

2. Länder

Für die Vertretung eines Landes[1] sind die **Landesverfassungen** maßgebend, gegebenenfalls in Verbindung mit besonderen gesetzlichen Vorschriften, welche die Vertretung näher regeln. Grundsätzlich steht die Vertretung der Regie-   3657

---

[7] Staudinger/Rawert Rdn 80 Vorbem zu §§ 80 ff BGB.
[8] BayObLG NJW-RR 2001, 1237 = Rpfleger 2001, 486.
[9] BayObLG aaO; Gutachten DNotI-Report 2002, 27.
[10] BayObLG aaO.
[1] Für Baden-Württemberg s Ripfel BWNotZ 1961, 1; für Bayern s Vertretungsverordnung idF vom 4. 10. 1995 (GVBl 733) mit Änderungen; für Nordrhein-Westfalen s Neumeyer RNotZ 2001, 249. Im übrigen s wegen der Landesverfassungen Riggers Büro 1967, 854. In der Regel besteht kein Anlaß für das Grundbuchamt, die Vertretungsbefugnis einer Oberbehörde (im Freistaat Bayern) zu prüfen (LG Coburg Mitt-BayNot 1970, 26). Zur Rechtslage, wenn das Grundbuchamt Bedenken hat, ob bei der Auflassung eines zum Grundstücksvermögen des Freistaates Bayern gehörenden Grundstücks Art 81 BayVerfassung (Frage der Entgeltlichkeit der Verfügung) beachtet wurde, s BayObLG 1969, 278 = MittBayNot 1969, 317 = Rpfleger 1970, 22, wonach grundsätzlich eine entsprechende Versicherung der Vertretungsbehörde genügt.

4. Teil. VII. Gesetzliche Vertretung im Grundstücksverkehr

rung (Ministerpräsident und einzelnen Ministern für ihren Geschäftsbereich) zu.

3658 Bei gesetzlicher Zuständigkeitsregelung hat die gesetzlich zuständige Behörde ihre Vertretungsmacht nicht noch gesondert (zusätzlich) nachzuweisen.[2] Darauf, daß bei Vertretung durch eine Unter- oder Außenbehörde die etwa innerdienstlich notwendigen Zustimmungen vorgesetzter oder übergeordneter Behörden vorliegen, darf das Grundbuchamt vertrauen.

Q. Vertretung eines Kreises und einer Gemeinde[1]

Literatur: Die Vertretung öffentlich-rechtlicher Körperschaften, Neumeyer RNotZ 2001, 249.

1. Kreis

3659 Die Kreise sind juristische Personen, sie können Vermögen, insbesondere Grundbesitz und Rechte an solchem, besitzen. Ihre Vertretung regelt sich nach der jeweiligen Landkreisordnung.[2*]

2. Gemeinde

3660 Die Vertretung einer Gemeinde nach außen steht deren Bürgermeister zu. Die Willensbildung der Gemeinde nach innen steht dagegen dem Gemeinderat (Ratsversammlung o. ä.) zu, soweit nicht die Gemeindeordnung dem Bürgermeister originäre, vom Kollegialorgan unabhängige Entscheidungsbefugnisse (zB Angelegenheiten der laufenden Verwaltung oder unaufschiebbares Geschäft) gewährt. Die Vertretungsbefugnis des Bürgermeisters ist nach nahezu einhelliger hM[3] – mit Ausnahme in Bayern – im Außenverhältnis nicht

---

[2] BayObLG MittBayNot 1986, 139 = NJW-RR 1986, 894.

[1] Zur Vertretung der kommunalen Körperschaften und Anstalten s ausführlich Schürner MittRhNotK 1970, 443; Habermehl DÖV 1987, 144; Neumeyer RNotZ 2001, 249.

[2*] Die Erteilung von Löschungsbewilligungen gehört in NRW nicht zu den Erklärungen, zu deren Gültigkeit es nach § 40 Abs 1 KreisO der Unterzeichnung durch den Oberkreisdirektor und einen weiteren vertretungsberechtigten Beamten bedarf, LG Köln MittRhNotK 1968, 380.

[3] Schmidt-Aßmann in vMünch, Besonderes Verwaltungsrecht, 10. Aufl, Rdn 78; Schmidt-Jortzig, Kommunalrecht, Rdn 257; aus den Kommentierungen der Gemeindeordnungen: vMutius/Rentsch Rdn 1 und 5 zu § 56 GO Schleswig-Holstein; Gern, Kommunalrecht Bad-Württemberg, 6. Aufl, Rdn 188; Thiele, Niedersächs GO, 3. Aufl, § 63 Ziff 1; Körner, GO Nordrhein-Westfalen, 4. Aufl, Erl 2 zu § 55; Gern, Sächs Kommunalrecht Rdn 404; Wiegand/Grünberg, GO Sachsen-Anhalt, Rdn 4 zu § 57; vgl auch die weiteren Nachweise bei Reuter DtZ 1997, 15.
In der Rechtsprechung ist die unbeschränkte Außenvertretung anerkannt für **Baden-Württemberg:** BGH BB 1966, 603 = MDR 1966, 669; VGH Mannheim Ba-WüVBl 1983, 210 und NVwZ 1990, 892; für **Brandenburg:** OLG Brandenburg DtZ 1996, 323; für **Mecklenburg-Vorpommern:** OLG Rostock NJW-RR 1994, 661; für **Niedersachsen:** BGH BB 1966, 1290; für **Sachsen:** LG Leipzig DtZ 1997, 68; für **Rheinland-Pfalz:** BGH NJW 1980, 117 (118); für das Kommunalverfassungsrecht der (ehem) DDR BGH NJW 1998, 3058 (anders für Bürgschaft wegen des Genehmigungsvorbe-

Q. Vertretung eines Kreises und einer Gemeinde

durch die kommunalverfassungsrechtliche interne Aufgabenverteilung beschränkt, dh die Gemeinde wird durch entsprechendes Handeln des Bürgermeisters (bzw der in der jeweiligen Gemeindeordnung benannten Außen-Vertretungsorgane) berechtigt und verpflichtet, auch wenn kein oder sogar ein entgegenstehender Gemeinderatsbeschluß vorliegt (von Fällen kollusiven Vertretungsmißbrauchs abgesehen). Daher können Notar und Grundbuchamt bei rechtsgeschäftlichen oder verfahrensrechtlichen Erklärungen der genannten Außen-Vertretungsorgane einer Gemeinde nicht zusätzlich einen Gemeinderatsbeschluß verlangen. Lediglich in **Bayern** wird hierzu eine abweichende Meinung vertreten: hier kann nach herrschender Meinung[4] der Bürgermeister auch im Außenverhältnis die Gemeinde wirksam nur vertreten, wenn ein sein Handeln deckender Gemeinderatsbeschluß vorliegt oder es sich um ein Geschäft der laufenden Verwaltung oder ein unaufschiebbares Geschäft (bei Grundstücksgeschäften sehr selten) (also seiner originären Zuständigkeit) handelt. Nachweis des Gemeinderatsbeschlusses oder der Eigenschaft des Geschäftes als Angelegenheit der laufenden Verwaltung (durch entsprechende Geschäftsordnung) gegenüber Notar und Grundbuchamt ist hier nötig.[5]

Der Bürgermeister wird im Falle seiner Verhinderung durch Beigeordnete[6] (norddeutsche Gemeindeverfassungen) oder durch zweite bzw dritte Bürgermeister (süddeutsche Gemeindeverfassungen) vertreten.[7] Für Verpflichtungserklärungen ist in der jeweiligen Gemeindeordnung vielfach Schriftform unter

---

halts in § 45 Abs 2 DDR-KomVerf BGH 142, 51 = NJW 1999, 3335); Renner NotBZ 1997, 49; aA – wie BayObLG aaO (Fußn 4) – OLG Naumburg DtZ 1996, 320; OLG Jena DtZ 1996, 318.
[4] Vom BayObLG in ständiger Rechtsprechung unter Hinweis auf insoweit bestehendes Gewohnheitsrecht vertreten, vgl BayVGH BayVBl 2002, 114; BayObLG 1997, 37 = MittBayNot 1997, 120 mit Anm Grziwotz = NJW-RR 1998, 161; BayObLG 1997, 223 = MittBayNot 1997, 383; BayObLG 1986, 112 = BayVBl 1986, 476 = NJW-RR 1986, 1080 sowie BayObLG 1952, 271 = DNotZ 1953, 96; BayObLG 1962, 247 (253ff); BayObLG Rpfleger 1969, 48; BayObLG 1972, 344 = Rpfleger 1973, 138 (generelle Vollmacht des Gemeinderats für Bürgermeister in Grundstücksangelegenheiten unwirksam); BayObLG 1974, 81 = MittBayNot 1974, 106; BayObLG 1974, 374 = Rpfleger 1975, 95; ebenso Widtmann/Grasser Rdn 3 zu Art 38 BayGO; aA jedoch nunmehr Hölzl/Hien Rdn 2a; Bauer/Böhle/Masson/Samper Rdn 3, je zu Art 38 BayGO.
Der BGH NJW 1980, 115 hat zur Richtigkeit dieser Rechtsauffassung nicht Stellung genommen.
[5] Für Aufhebung eines Ankaufsrechts ist ein Gemeinderatsbeschluß erforderlich, BayObLG (mitget) Rpfleger 1989, 184. Ein Prozeßvergleich, in dem eine kleine bayerische Gemeinde die Löschung einer Vormerkung bewilligt, bedarf keines Gemeinderatsbeschlusses, BayObLG (mitget) Rpfleger 1988, 237; ebenso nicht für ihre Löschung wegen Gegenstandslosigkeit, BayObLG MittBayNot 1999, 287 = ZNotP 1999, 162; für Bayern s noch allgemein zur Vertretung der Gemeinden aufgrund Vollmacht Hille MittBayNot 1971, 66; Rapp MittBayNot 1971, 70.
[6] Zu diesen Neumeyer RNotZ 2002, 249 (251).
[7] Wegen Abschluß eines Vertrages namens der Gemeinde durch einen Vertreter ohne Vertretungsmacht s OLG Braunschweig NJW 1966, 58 = OLGZ 1965, 351; LG Marburg Rpfleger 1967, 405 mit Anm Haegele. Zur Vertretung durch den zweiten Bürgermeister BayObLG 1971, 252 = Rpfleger 1971, 429.

Beifügung der Amtsbezeichnung oder/und Unterzeichnung durch zwei gesamtvertretungsberechtigte Organe (auch elektronische Form mit qualifizierter elektronischer Signatur, zB Art 28 Abs 2 BayGO) vorgeschrieben;[8] diese Vorschriften enthalten materielle Beschränkungen der Vertretungsmacht und machen das unter Verstoß hiergegen abgeschlossene Rechtsgeschäft (bis zur Genehmigung durch den weiteren Gesamtvertreter oder in Ausnahmefällen auch durch das für die Willensbildung zuständige Gemeindeorgan) – schwebend – unwirksam.[9]

Einen Nachweis, daß jemand Bürgermeister (Beigeordneter) ist oder der Gemeinderat tatsächlich aus den abstimmenden Personen besteht, kann das Grundbuchamt nicht verlangen.

Von den Beschränkungen des § 181 BGB ist das vertretungsberechtigte Organ der Gemeinde (sonstigen Gebietskörperschaft) nicht befreit; es kann aber durch den Gemeinderat durch Beschluß, auch durch Geschäftsordnung, befreit werden.[10] Vom Bürgermeister unter Verstoß gegen § 181 BGB abgeschlossene Rechtsgeschäfte sind schwebend unwirksam[11] und werden durch einen nachträglich billigenden Gemeinderatsbeschluß wirksam[12] (s auch Rdn 3559a).

3661 Eine Gemeinde kann sich auch auf Grund besonderer Bevollmächtigung vertreten lassen. Eine Vollmacht zum Abschluß von Grundstücksgeschäften ist zulässig.[13]

Zur Verfügungsbeschränkungen nach Kommunalrecht s Rdn 4075 ff.

R. Vertretung sonstiger Körperschaften des öffentlichen Rechts und dgl

3662 Ein **ausländischer Staat** wird zivilrechtlich nicht durch den Missionschef der Botschaft vertreten.[1] Für zivilrechtliche Rechtsgeschäfte (zB Grundstückskauf oder -verkauf) für den Staat ist daher Einzelvollmacht von dem zuständigen Ressortminister des Entsendestaates beizubringen. Dessen Unterschrift kann

---

[8] Nachträgliche Genehmigung des Handelns eines von zwei Gesamtvertretungsberechtigten ist zulässig und wirksam, BGH DNotZ 1982, 611 = Rpfleger 1982, 142; OLG Frankfurt Rpfleger 1975, 177; dies gilt auch für die schriftliche Ermächtigung eines Gesamtvertreters durch den anderen in einzelnen Angelegenheiten (Rdn 3621), BGH ZNotP 1997, 112, jedoch nicht für die **formlose** Ermächtigung oder Genehmigung, BGH DNotZ 1984, 621 = NJW 1984, 606.
[9] BGH DNotZ 1994, 474 = NJW 1994, 1528; BGH DNotZ 1973, 759 = NJW 1973, 1494; BGH BB 1966, 1290 = NJW 1966, 2402. Vgl dazu Stelkens VerwArch 2003, 48.
[10] Grziwotz BayBgm 2001, 272; Schneeweiß MittBayNot 2001, 341; Würtemberger VBlBW 1984, 171; Fröhler BWNotZ 2003, 14; aA Manssen BayBgm 2000, 136.
[11] Der darin liegende Verstoß gegen beamtenrechtliche Vorschriften (zB Art 38 Abs 1 BayKWBG) hat lediglich dienstrechtliche Folgen, keine zivilrechtliche Unwirksamkeit, vgl Schneeweiß MittBayNot 2001, 341 (345); zweifelnd Grziwotz BayBgm 2001, 272.
[12] Grziwotz aaO.
[13] Zum Nachweis der Vertretungsbefugnis von Gemeindebediensteten im Grundstücksverkehr vgl MittBayNot 1973, 134; Bleutge MittBayNot 1973, 338; allgemein zur Vertretung der Gemeinde im Grundstücksverkehr Rathgeber BWNotZ 1980, 133 sowie Hille MittBayNot 1971, 66; Rapp MittBayNot 1971, 70; LG Wiesbaden DNotZ 1966, 370.
[1] Vgl KG NJW 1974, 1627.

R. Vertretung sonstiger Körperschaften des öffentlichen Rechts und dgl

nach § 13 KonsularG durch die deutsche Botschaft legalisiert oder durch die Botschaft des Entsendestaates hier in ihrer Echtheit bestätigt werden.

Bundesanstalt für Post und Telekommunikation Deutsche Bundespost (rechtsfähige Anstalt des öffentlichen Rechts, Sitz Bonn). Sie wird durch die Mitglieder des Vorstands und nach näherer Regelung der Satzung vertreten (§ 4 Bundesanstalt Post-Gesetz – BAPostG –, BGBl 1994 I 2325). **3662a**

Bundesautobahn: S Gesetz über die vermögensrechtlichen Verhältnisse der Bundesautobahnen und sonstigen Bundesstraßen des Fernverkehrs v 2. 3. 1951 (BGBl I 157; § 6 geändert BGBl 1971 I 1426) und Bundesfernstraßengesetz (FStrG) idF vom 20. 2. 2003 (BGBl I 287). **3663**

Bundeseisenbahn und **Deutsche Bahn AG:** S Gesetz zur Neuordnung des Eisenbahnwesens (Eisenbahnneuordnungsgesetz – ENeuOG) vom 27. 12. 1993 (BGBl I 2378; berichtigt BGBl 1994 I 2439): Das **Bundeseisenbahnvermögen** ist nicht rechtsfähiges Sondervermögen des Bundes (§ 1 Ges); es kann im Rechtsverkehr unter seinem Namen handeln (§ 4 Abs 1 Ges). Der Präsident vertritt das Bundeseisenbahnvermögen gerichtlich und außergerichtlich, soweit nicht die Verwaltungsordnung etwas anderes bestimmt (§ 6 Abs 3 Ges). Liegenschaften des Bundeseisenbahnvermögens (Grundstücke, Teile hiervon, grundstücksgleiche Rechte, beschränkte dingliche Rechte), die unmittelbar und ausschließlich bahnnotwendig sind, sind auf die **Deutsche Bahn Aktiengesellschaft** übergegangen (§ 21 Ges; Vertretung der Aktiengesellschaft Rdn 3621), andere Liegenschaften konnten übertragen werden (§ 20 Abs 1 Ges). Dieser Vermögensübergang wird durch einen Übergabebescheid festgestellt (§ 23 Abs 1 Ges). Grundbuchberichtigung: § 23 Abs 4 Ges; Verfügungsbefugnis bis zur Vollziehbarkeit dieses Übergabebescheids: § 22 Ges. **3664**

Bundeswasserstraßen: Gesetz über die vermögensrechtlichen Verhältnisse der Bundeswasserstraßen vom 21. 5. 1951 (BGBl I 352) und Bundeswasserstraßengesetz (WaStrG) idF vom 4. 11. 1998 (BGBl I 3295). **3665**

Die **Deutsche Bundesbank** wird durch den Vorstand vertreten (§ 11 Abs 1 S 1 Gesetz vom 22. 10. 1992, BGBl I 1782, idF des Gesetzes vom 23. 3. 2002, BGBl I 1159). Verbindlich sind Willenserklärungen für die Bank, wenn sie von zwei Mitgliedern des Vorstands oder von zwei bevollmächtigten Vertretern abgegeben werden (§ 11 Abs 2 S 1 Ges). Nachgewiesen werden kann die Vertretungsbefugnis durch die Bescheinigung eines Urkundsbeamten der Deutschen Bundesbank (§ 11 Abs 3 Ges). **3666**

Dorfschaft (Schleusenkommune) in Schleswig-Holstein, deren Rechtsstellung sich aus Herkommen ergibt: LG Itzehoe SchlHA 1986, 10. **3666a**

Flurbereinigung-Teilnehmergemeinschaft: S §§ 16, 26 Flurbereinigungsgesetz v 16. 3. 1976 (BGBl I 546). Vertretung erfolgt durch Vorsitzenden (§ 26 Abs 3). **3667**

Gewerkschaft, Bergrechtliche: Sie vertritt der Repräsentant oder Grubenvorstand. Für den Grubenvorstand gilt der Grundsatz der Gesamtvertretung, soweit sich aus dem Statut nichts anderes ergibt. Erweiterungen und Beschränkungen der Vertretungsmacht sind zulässig; sie müssen aber, um Dritten gegenüber wirksam zu sein, in die Legitimation aufgenommen werden. **3668**

Handelsgewerbliche Unternehmen des Bundes, der Länder sowie der Kreise, Gemeinden und **Kommunalverbände** (die nicht ohnehin in der Rechtsform einer GmbH oder AG geführt werden), damit (unselbständige) Eigen- und Regiebetriebe, aber auch (selbständige) juristische Personen des öffentlichen Rechts – Anstalten und Körperschaften – damit auch **Sparkassen**, sind seit **3669**

1. April 2000 handelsregisterpflichtig.[2] Nachweis ihrer Existenz und Vertretungsverhältnisse erfolgt damit durch Zeugnis des Registergerichts (§ 32 GBO) oder Registerbescheinigung des Notars (§ 21 BNotO). Soweit Namensänderungen oder Verschmelzungen von Sparkassen vor Eintragung in das Handelsregister stattfanden, erfolgt Nachweis durch Vorlage der durch die Aufsichtsbehörde genehmigten geänderten Satzung oder Bestätigung der Aufsichtsbehörde.

3670 **Handwerksinnung, Handwerkskammer:** S Handwerksordnung idF vom 24. 9. 1998 (BGBl 1966 I 3075). Die Vertretung erfolgt durch den Vorstand der Handwerksinnung (§ 66 Abs 3 HwO) bzw den Präsidenten und Hauptgeschäftsführer der Handwerkskammer (§ 109 HwO) je nach Regelung der Satzung. Die Bindung an Versammlungsbeschlüsse gilt nur im Innenverhältnis[3] (wie bei Gemeinde, s Rdn 3660).

3670a **Holzabsatzfond** (Anstalt des öffentlichen Rechts): Er wird vom Vorstand vertreten, § 4 Abs 1 Holzabsatzfondgesetz idF vom 6. 10. 1998 (BGBl I 3131).

3671 **Industrie- und Handelskammer:** S Gesetz v 18. 12. 1956 (BGBl I 920; mehrfach geändert). Vertretung erfolgt durch den Präsidenten und den Hauptgeschäftsführer nach näherer Bestimmung der Satzung (§ 7 Abs 2 Ges). Bindung an Versammlungsbeschlüsse haben keinen Einfluß auf die Vertretungsmacht[4] (s Rdn 3660 bei Gemeinde).

3672 **Kirche:**[5] Die **evangelische** Kirche in Deutschland (EKD) wird vom Rat der EKD vertreten. Bei den einzelnen evangelischen Kirchen, insbesondere den Landeskirchen, ist zur gesetzlichen Vertretung der Kirchen, der Kirchengemeinden und der etwa sonst noch in ihnen bestehenden Körperschaften des öffentlichen Rechts die Kirchenverfassung von Bedeutung, zu der aber häufig ergänzende Vorschriften ergangen sind.

Vertretungsregelungen für **katholische** Kirchengemeinden treffen Bestimmungen des kirchlichen Vermögensverwaltungsrechts. Vielfach sehen sie als Vermögensvertreter den Kirchenvorstand vor.[6] Die Kirchengemeindeverbände

---

[2] Aufhebung des § 36 HGB durch Art 3 Nr 18 Handelsrechtsreformgesetz (HRefG) vom 22. 6. 1998 (BGBl I 1474). Handeln eines Hessischen Sparkassenverbandes als Behörde auch nach Inkrafttreten des HRefG s LG Marburg NJW-RR 2001, 1100.
[3] Vgl Gutachten DNotI-Report 2000, 189.
[4] Vgl Gutachten DNotI-Report 2000, 189.
[5] Rechtsquellen der Kirchenordnungen s Riggers JurBüro 1967, 697; Ziller und Kämper NVwZ 1994, 109. Rechtsstellung und Vertretung der evangelischen Landeskirchen im staatlichen Bereich s Scheffler NJW 1977, 740. Wegen der kirchlichen Rechtsträger im Bereich der Evangelisch-Lutherischen Kirche in Bayern s eingehend Seeger MittBayNot 2003, 361. Zur Vertretung kath kirchlicher Vermögensträger vgl MittBayNot 1971, 387. Kirchenvermögensverwaltungsgesetz (KVVG) [für Diözese Hildesheim] v 15. 11. 1987, abgedr BremGBl 1988, 1; Kirchenvermögensverwaltungsgesetz (KVVG) [für Diözese Osnabrück] v 15. 11. 1987, abgedr BremGBl 1988, 11. Zur Vertretung einer katholischen Pfarrpfründestiftung s OLG Zweibrücken MDR 1966, 672. Vertretung öffentlich-rechtlicher Körperschaften kirchlichen Rechts in Baden-Württemberg s Denk BWNotZ 1977, 10. Zur Vertretungsbefugnis des Bischofs für das Vermögen in der Diözese BayObLG MittBayNot 1974, 8 = Rpfleger 1974, 65. Zur Vertretung einer katholischen Kirchengemeinde LG Osnabrück NdsRpfl 1985, 18.
[6] Für Nordrhein-Westfalen zB OLG Hamm MittRhNotK 1993, 192 = NJW-RR 1993, 1106 = Rpfleger 1994, 19, auch Neumeyer RNotZ 2001, 249 (266). Zum Kirchenvermögensverwaltungsgesetz der Diözese Fulda OLG Frankfurt NJW 2002, 73.

R. Vertretung sonstiger Körperschaften des öffentlichen Rechts und dgl

werden durch einen von der Verbandsvertretung bestellten Ausschuß vertreten. Das Bistum wird vom Bischof vertreten. Die Domkapitel werden vom Dompropst (Domdekan) vertreten. Kirchenaufsichtsrechtliche Genehmigung: Rdn 4085. Zum Problem des § 181 BGB s Rdn 3559a mit Fußn 28.

Kommunale Eigen- und Regiebetriebe siehe Handelsgewerbliche Unternehmen. 3673

Kreditanstalt für Wiederaufbau (sie ist auch Gesamtrechtsnachfolger der Deutschen Ausgleichsbank, Art 1 § 1 FörderbankenstrukturierungsG BGBl 2003 I 1657): Sie ist Körperschaft des öffentlichen Rechts. Vertreten wird sie durch den Vorstand (§ 6 Gesetz vom 23. 6. 1969, BGBl I 573, mit Änderungen). Es handeln entweder 2 Mitglieder des Vorstands oder ein Vorstandsmitglied gemeinschaftlich mit einem bevollmächtigten Vertreter (nach Bestimmung der Satzung uU auch 2 bevollmächtigte Vertreter). 3673a

Kreishandwerkerschaft: S Handwerksinnung, Handwerkskammer. 3673b

Landwirtschaftliche Rentenbank: Sie vertritt der Vorstand nach näherer Regelung durch die Satzung (§ 6 Abs 3 Gesetz vom 4. 9. 2002, BGBl I 3647). 3673c

Post, Postbank, Telekom: Die Deutsche Post AG, die Deutsche Postbank AG und die Deutsche Telekom AG werden als Aktiengesellschaften nach den Vorschriften des Aktiengesetzes vertreten (Rdn 3621). Die Aktiengesellschaften sind Rechtsnachfolger des Sondervermögens Deutsche Bundespost (§ 2 Postumwandlungsgesetz – PostumwG, BGBl 1994 I 2339). Nachweis des Rechtsübergangs und Grundbuchberichtigung: § 12 und (bei Vermögenszuweisung) § 13 Postumwandlungsgesetz. 3674

Rotes Kreuz: Es hat in Bayern die Stellung einer Körperschaft des öffentlichen Rechts, s Gesetz v 16. 7. 1986 (BayRS 281-1-I).[7] 3675

Schule: Bei einer Schule bestimmt sich nach Landesrecht, ob sie eigene Rechtspersönlichkeit des öffentlichen Rechts ist. Vielfach sind Schulen einem anderen Vermögensträger unselbständig angegliedert, etwa einer Gemeinde. 3676

Sozialversicherungsträger: Die Bundesanstalt für Arbeit, eine Körperschaft des öffentlichen Rechts, wird durch den Vorstand vertreten (s § 394 Abs 1 S 2 SGB III). Die Bundesversicherungsanstalt für Angestellte, ebenfalls eine Körperschaft des öffentlichen Rechts, wird in Grundbuchsachen von zwei Mitgliedern der Geschäftsführung vertreten, die den Dienststempel beizufügen haben (s Gesetz v 7. 8. 1953, BGBl I 857, mehrfach geändert). Die Träger der Sozialversicherung (Versicherungsträger), die rechtsfähige Körperschaften des öffentlichen Rechts sind (§ 29 Abs 1 SGB IV), werden durch den Vorstand (gemeinsam oder nach Bestimmung durch ein einzelnes Vorstandsmitglied) und in den laufenden Verwaltungsgeschäften durch den Geschäftsführer vertreten (§§ 35, 36 SGB, IV. Buch). 3677

Sparkassen siehe Handelsgewerbliche Unternehmen. 3678

Telekom AG siehe Rdn 3674. 3678a

Ein **Wasser- und Bodenverband** (Körperschaft des öffentlichen Rechts) wird durch den Vorstand vertreten (§ 55 Abs 1 Wasserverbandsgesetz [WVG] v 12. 2. 1991, BGBl I 405). Die Satzung kann nähere Bestimmung treffen; sie kann auch einem Geschäftsführer bestimmte Vertretungsbefugnisse zuweisen (§ 55 Abs 1 WVG). Nachweis erfolgt durch Bestätigung der Aufsichtsbehörde (§ 55 Abs 2 WVG). 3679

---

[7] Kritisch dazu Renck NVwZ 1987, 563.

VIII. Familien- und vormundschaftsgerichtliche Genehmigung im Grundstücksverkehr

A. Beschränkungen für Eltern, Vormund, Pfleger und Betreuer

Literatur: Böttcher, Vormundschaftsgerichtliche Genehmigungen im Grundstücksrecht, Rpfleger 1987, 485; Brüggemann, Der sperrige Katalog (§§ 1821, 1822 BGB), FamRZ 1990, 5 und 124; Damrau, Das Ärgernis um §§ 1812, 1813 BGB, FamRZ 1984, 842; Flik, Vorausgenehmigung zum rechtsgeschäftlichen Grundstücksverkehr, BWNotZ 1995, 44; Grauel, Zur Genehmigung des Vormundschafts/Familiengerichts, insbesondere zu ihrer Wirksamkeit, ZNotP 2000, 152; Haegele, Das Verhältnis zwischen vormundschaftsgerichtlicher und landwirtschaftsrechtlicher Genehmigung, DNotZ 1956, 237; Klüsener, Vormundschaftsgerichtliche Genehmigungen im Liegenschaftsrecht, Rpfleger 1981, 461; Klüsener, Vormundschaftsgerichtliche Genehmigung nach § 1822 BGB, Rpfleger 1993, 133; Lücken, Die Genehmigung nach dem Grundstücksverkehrsgesetz und die vormundschaftsgerichtliche Genehmigung für Minderjährige, DNotZ 1971, 261; Mayer, Der Anspruch auf vormundschaftsgerichtliche Genehmigung von Rechtsgeschäften, FamRZ 1994, 1007; Meyer-Stolte, Vormundschaftsgerichtliche Genehmigung und Grundbuch, Rpfleger 1967, 294; Meyer-Stolte, Vormundschaftsgerichtliche Genehmigungen im Grundstücksverkehr, RpflJB 1970, 325; Mohr, Vormundschaftsgerichtliche Genehmigung einer Auflassungsvormerkung, Rpfleger 1981, 175; Müller, Zur praktischen Ausgestaltung der vormundschaftsgerichtlichen Genehmigung, Rpfleger 1955, 180; Senft, Sicherungsgrundschuld und Minderjährigenschutz, MittBayNot 1986, 230; Stutz, Der Minderjährige im Grundstücksverkehr, MittRhNotK 1993, 205.

1. Beschränkung der Vertretungsmacht

3680 a) Die Vertretungsmacht der **Eltern** für ihr minderjähriges Kind (Rdn 3597) und des **Vormunds, Pflegers** oder eines **Betreuers**, der für sein Mündel, seinen Pflegling oder Betreuten handelt (Rdn 3617) ist gesetzlich **beschränkt**. Zu besonders wichtigen Rechtsgeschäften ist die Genehmigung des Familien- oder Vormundschaftsgerichts erforderlich. Die Beschränkung dient der Sicherheit des Kindes- oder Mündelvermögens bzw des Vermögens des Betreuten. Die weitergehenderen Beschränkungen der Vertretungsmacht sind für den Vormund, Pfleger und Betreuer vorgesehen; die ihnen gegenüber freiere Stellung der Inhaber der elterlichen Sorge trägt dem natürlichen Verhältnis zwischen Eltern und Kindern Rechnung.[1] Der Vormund ist bei Vornahme bestimmter weiterer Geschäfte der Vermögensverwaltung zudem an die Genehmigung des Gegenvormunds, der Betreuer an die des Gegenbetreuers,[2] oder – ebenso wie der Pfleger (hier kein Gegenvormund, § 1915 Abs 2 BGB) – an die des Vormundschaftsgerichts gebunden (§ 1812 BGB).

3681 b) Die Genehmigung ist zur Wirksamkeit des vom gesetzlichen Vertreter vorgenommenen Rechtsgeschäfts notwendig. Gleichgültig ist daher, ob der Vertreter das Rechtsgeschäft selbst im Namen des Kindes, Mündels, Pfleglings oder Betreuten vornimmt oder ob es vom Kind, Mündel, Pflegling oder dem

---

[1] Motive zum BGB, Band IV, Seite 765.
[2] Zur Gegenbetreuung Spanl Rpfleger 1992, 142 (144).

A. Beschränkungen für Eltern, Vormund, Pfleger und Betreuer

Betreuten (bei Einwilligungsvorbehalt) mit Einwilligung oder Genehmigung des gesetzlichen Vertreters vorgenommen wurde.[3] Eine fehlende Vertretungsmacht des gesetzlichen Vertreters ersetzt die gerichtliche Genehmigung nicht.[4] Die Genehmigung setzt vielmehr das Vertretungsrecht des gesetzlichen Vertreters voraus. Ein nichtiges Rechtsgeschäft ist nicht genehmigungsfähig,[5] damit auch nicht eine Schenkung, die Eltern (§ 1641 S 1 BGB), Vormund und Pfleger (§ 1804 S 1, § 1915 BGB) sowie Betreuer[6] (§ 1908i Abs 2 S 1 BGB) in Vertretung des Kindes, Pfleglings und Betreuten vornehmen.

Ist das **Kind** (Mündel) **volljährig** geworden, so tritt seine Genehmigung an die Stelle derjenigen des Familien- oder Vormundschaftsgerichts (§ 1829 Abs 3 BGB).[7] **Nach dem Tode des Kindes** (Mündels, Pfleglings oder Betreuten) können nur noch die Erben genehmigen; gerichtliche Genehmigung kann nicht mehr erteilt werden[8] (s dazu auch Rdn 3734). 3682

Betreuung (§ 1896 BGB) beschränkt die Geschäftsfähigkeit des Betreuten nicht (s Rdn 3618a). Wenn der (nicht nach § 104 Nr 2 BGB geschäftsunfähige,[9] sonst § 105 Abs 1 BGB) Betreute selbst[10] oder für ihn ein vollmachtloser Vertreter mit seiner Genehmigung[11] ein Rechtsgeschäft vorgenommen hat, ist die Genehmigung daher nur dann erforderlich, wenn Einwilligungsvorbehalt (§ 1903 BGB) angeordnet ist und der Betreuer dem Rechtsgeschäft zugestimmt oder es genehmigt hat.[12] Hat der Betreuer als Vertreter im Rahmen seines Aufgabenkreises (§ 1902 BGB) das Geschäft vorgenommen, dann ist die Genehmigung des Vormundschaftsgericht auch erforderlich, wenn es der (geschäftsfähige) Betreute genehmigt hat[13] (Vertretungsmacht des Betreuers ist durch das Erfordernis der Genehmigung des Vormundschaftsgerichts beschränkt). Bei Rechtshandlungen eines **über den Tod des Vollmachtgebers hinaus Bevollmächtigten**[14] oder eines **Testamentsvollstreckers** (§§ 2197 ff BGB)[15] ist auch dann, wenn zu den Erben minderjährige oder unter Vormundschaft 3683

---

[3] MünchKomm/Schwab Rdn 6 zu § 1821.
[4] BayObLG Rpfleger 1986, 471.
[5] BayObLG 1996, 118 = MittBayNot 1996, 432 = MittRhNotK 1997, 86 = NJW-RR 1997, 452 = Rpfleger 1996, 508.
[6] Zu Verfügungen des Betreuers im Rahmen der vorweggenommenen Erbfolge s Böhmer MittBayNot 1996, 405; Müller DNotI-Report 1997, 13. Zur Genehmigung eines (als Ausstattungsvertrag beurteilten) Hof-Übergabevertrags bei Betreuung des Übergebers OLG Stuttgart BWNot 2001, 64. Für Prüfung, ob eine Schenkung einer sittlichen Pflicht entspricht und dem Betreuer daher ermöglicht ist (§ 1908i Abs 2 S 1 mit § 1804 S 2 BGB) kann auch auf einen (feststellbaren) Willen des Betreuten Rücksicht zu nehmen sein, OLG Karlsruhe NJW-RR 2000, 1313 = Rpfleger 2000, 391.
[7] LG Bremen FamRZ 1963, 658.
[8] BayObLG 1964, 350 = NJW 1965, 397; LG Memmingen Rpfleger 1975, 62.
[9] Das Vormundschaftsgericht muß im Genehmigungsverfahren daher zunächst über die Frage der Geschäftsfähigkeit entscheiden.
[10] Fall des OLG Karlsruhe FamRZ 1957, 57: Veräußerung durch den mit seinem Gebrechlichkeitspfleger vor dem Notar erschienenen Pflegling „im Einverständnis mit dem Pfleger und unter Vorbehalt der Genehmigung des Vormundschaftsgerichts".
[11] OLG Frankfurt DNotZ 1998, 508 = Rpfleger 1997, 111.
[12] OLG Karlsruhe FamRZ 1957, 57; LG Frankenthal Rpfleger 1985, 297.
[13] OLG Frankfurt DNotZ 1998, 508 = aaO.
[14] RG 88, 345; 106, 195.
[15] RG 91, 69.

oder Betreuung (mit Einwilligungsvorbehalt) stehende Personen gehören, gerichtliche Genehmigung nicht erforderlich.

2. Genehmigungserfordernisse für Eltern

Eltern bedürfen der Genehmigung des Familiengerichts zu einem Rechtsgeschäft für das Kind in folgenden Fällen (§ 1643 Abs 1 BGB):

3684 1. Zur **Verfügung über ein Grundstück** des Kindes (§ 1821 Abs 1 BGB) oder einen Miteigentumsanteil daran und ebenso über ein grundstücksgleiches Recht (insbesondere Erbbaurecht, § 11 ErbbauVO), somit zu seiner Veräußerung und Belastung (§ 873 BGB) und ebenso zur **Eingehung einer Verpflichtung** zu einer solchen Verfügung (§ 1821 Abs 1 Nr 4 BGB). Grundbesitz als besonders wertvoller Bestandteil des Kindesvermögens soll damit nur unter erschwerten Voraussetzungen veräußert und belastet werden können.[16] **Wohnungseigentum** (Teileigentum) ist Grundstückseigentum (Rdn 6); Verfügung darüber somit nach § 1821 Abs 1 Nr 1 BGB genehmigungspflichtig. **Erbengemeinschaftlicher** Grundbesitz ist Grundstücksvermögen auch des Kindes (§§ 2032, 2033 BGB), Verfügung der Erbengemeinschaft über ein Nachlaßgrundstück (auch im Wege der Erbteilung oder durch Umwandlung von Gesamthandseigentum in Bruchteilseigentum) für das Kind somit genehmigungspflichtige Verfügung über ein Grundstück.[17] Beteiligung eines Kindes an einer **Personengesellschaft** bewirkt jedoch nicht, daß auch für die Gesellschaft selbst ein Rechtsgeschäft nicht ohne Genehmigung des Familiengerichts abgeschlossen werden könnte.[18] Genehmigungspflichtig nach § 1821 Abs 1 Nr 1 (mit § 1643) BGB ist nur eine Verfügung des Inhabers der elterlichen Sorge über ein Grundstück des Kindes; keine Genehmigung ist daher für die Verfügung des vertretenden Gesellschafters (auch Liquidators) einer offenen Handelsgesellschaft oder Kommanditgesellschaft (§§ 125, 149 mit § 161 Abs 2 HGB) über ein Grundstück der Gesellschaft erforderlich, wenn auch ein Kind Gesellschafter und damit (§ 718 Abs 1 BGB) gesamthänderischer Grundstücksmiteigentümer ist.[19] Ebenso ist zur Verfügung des (oder der) geschäftsführenden Gesellschafters einer BGB-Gesellschaft über ein Gesellschaftsgrundstück keine Genehmigung des Familiengerichts erforderlich, wenn an der Gesellschaft auch ein minderjähriges Kind beteiligt ist.[20] Ge-

---

[16] Motive zum BGB, Band IV, Seite 1136.
[17] KGJ 38 A 219; BayObLG JW 1921, 581; BayObLG 1, 420; Klüsener Rpfleger 1981, 464. **Erbteilsübertragung** ist nach § 1643 Abs 1 mit § 1822 Nr 1 BGB genehmigungspflichtig.
[18] Zur Beteiligung Minderjähriger im Gesellschaftsrecht, insbesondere Grundstücksverwaltungsgesellschaften, s Reimann FS Hagen S 173 ff sowie DNotZ 1999, 179.
[19] BGH 55, 5 = DNotZ 1971, 424 = NJW 1971, 375 = Rpfleger 1971, 101; RG 54, 278; 137, 324 (344); KG JFG 23, 94; Stöber Rpfleger 1968, 2; Klüsener Rpfleger 1981, 464.
[20] SchlHOLG DNotZ 2002, 551 = NJW-RR 2002, 737 = NotBZ 2002, 108 mit Anm Schreiber = RNotZ 2002, 405 (für gewerblich tätige Gesellschaft); LG Aschaffenburg MittBayNot 1973, 377; enger LG Wuppertal NJW-RR 1995, 152: Genehmigung des Gesellschaftsvertrags bzw des Eintritts in eine Gesellschaft nach § 1822 Nr 3 BGB umfaßt auch Geschäfte, die Zweck der Gesellschaft sind und abzusehen waren und keine Haftung des Minderjährigen mit seinem weiteren Vermögen begründen; so auch OLG

A. Beschränkungen für Eltern, Vormund, Pfleger und Betreuer

nehmigungserfordernis auch bereits für das **schuldrechtliche Rechtsgeschäft** (§ 1821 Abs 1 Nr 4 BGB), durch das die Verpflichtung zu einer Grundstücksverfügung begründet wird,[21] soll gewährleisten, daß der mit Beschränkung der Vertretungsmacht der Eltern verfolgte Zweck nicht vereitelt wird.[22] **Genehmigungspflichtig** als Verfügung über ein Grundstück (grundstücksgleiches Recht) des Kindes sind nach § 1821 Abs 1 Nr 1 BGB **insbesondere**

a) die Abgabe der **Auflassungserklärung** zur Übertragung des Eigentums an einem vom Kind veräußerten Grundstück, und zwar auch dann, wenn die Auflassung auf Grund eines Rücktritts von einem Übergabevertrag und einer für den Fall des Rücktritts erteilten, familiengerichtlich genehmigten unwiderruflichen Auflassungsvollmacht[23] oder zur Erfüllung einer noch vom Erblasser begründeten, von dem minderjährigen Erben zu erfüllenden Verpflichtung erfolgt;[24] **3685**

b) die Begründung von **Wohnungseigentum** (Teileigentum) (Rdn 2850); **3686**

c) der **Verzicht auf das Eigentum** an einem Grundstück (§ 928 Abs 1 BGB); **3687**

d) die **Belastung** eines Grundstücks des Kindes mit einer **Hypothek, Grundschuld**[25] oder **Rentenschuld**, auch die Belastung mit einer Eigentümergrundschuld (§ 1196 BGB).[26] Die Bestellung eines Grundpfandrechts zur Finanzierung des Restkaufpreises an einem für das Kind zu erwerbenden Grundstück wird als Erwerbsmodalität angesehen, für die eine Genehmigung nach § 1821 Abs 1 Nr 1 BGB nicht gefordert wird[27] (Gleichstellung des Erwerbs eines bereits belasteten Grundstücks mit der Belastung erst im Zusammenhang mit dem Erwerb; zur Erwerbsgenehmigung jetzt Rdn 3700). Auch Bestellung **3688**

Hamm NJW-RR 2001, 1086; Lautner MittBayNot 2002, 256; anders OLG Hamburg FamRZ 1958, 333 und OLG Koblenz FamRZ 2003, 249 = NJW 2003, 1401: wenn der Zweck der Gesellschaft nicht auf ein Erwerbstätigkeit, sondern auf rein verwaltende Tätigkeit gerichtet ist.
Zu Rückforderungsklauseln in Überlassungsverträgen (Rdn 3611) s Fernbacher und Franzmann MittBayNot 2002, 78 (82).
[21] Genehmigungspflicht eines verbindlichen Vorvertrags s OLG Köln Rpfleger 1995, 353.
[22] Motive zum BGB, Band IV, Seite 1138 mit 1124.
[23] BayObLG MittBayNot 1976, 71 = Rpfleger 1976, 304. Dem Familiengericht muß die Möglichkeit gegeben sein zu prüfen, ob mit wirksamer Ausübung des Rücktritts die Bedingung für die Rückübertragungsverpflichtung eingetreten ist.
[24] BayObLG MittBayNot 2000, 118 = MittRhNotK 1999, 387.
[25] KG JFG 9, 262 = JW 1932, 1388. Die der Grundschuld „beigefügte" (= zugrunde liegende, s Rdn 2317) **Sicherungsabrede** bedarf keiner (gesonderten) familiengerichtlichen Genehmigung. Sie ist lediglich im Rahmen des Genehmigungsverfahrens der Grundschuld zu berücksichtigen, s LG Frankenthal MittBayNot 1986, 263 (s auch Rdn 3704). Die Genehmigung zur Bestellung einer Grundschuld erfaßt jedoch die Kreditaufnahme, deren Sicherung die Grundschuld dienen soll, nur dann, wenn sich die Genehmigung auch auf die Kreditaufnahme bezieht, OLG Celle NdsRpfl 1954, 64 = NJW 1954, 1729.
[26] KG RJA 5, 194, JW 1925, 1415 und JFG 9, 262 = aaO; LG Hamm JW 1936, 39, Klüsener Rpfleger 1981, 461 (465). Die Abtretung einer dem Kinde zustehenden Eigentümergrundschuld oder Eigentümerhypothek (§§ 1163, 1196 BGB) fällt nicht unter die Genehmigungspflicht nach § 1821 Abs 1 Nr 1 BGB (wegen § 1821 Abs 2 BGB).
[27] RG 108, 356; BayObLG 1991, 390 (394) = DNotZ 1993, 399 (400) = NJW-RR 1992, 238 = Rpfleger 1992, 62.

eines Grundpfandrechts im Zusammenhang mit dem Grundstückserwerb, durch die Mittel für andere Zwecke als zur Kaufpreisfinanzierung beschafft werden sollen, hält der BGH[28] (jedenfalls dann, wenn sie den Erwerbspreis nicht übersteigt) nicht für genehmigungspflichtig (Schutz soll § 1821 Abs 1 Nr 1 BGB nur bereits vorhandenem Grundvermögen gewährleisten). Daß kein Unterschied zwischen der zur Sicherung einer gestundeten Restkaufpreisforderung des Verkäufers[29] und der zur Sicherung der Kaufpreisfinanzierung durch Dritte bestellten Grundschuld bestehen soll,[30] erscheint bedenklich. Daher ist auch Genehmigung zur Belastung des Grundstücks mit einem Grundpfandrecht für Kaufpreisfinanzierung durch Dritte für erforderlich zu erachten, wenn der Kaufvertrag mit Belastungsvollmacht bereits genehmigt ist, zu dieser Zeit wesentliche Einzelheiten der Grundstücksbelastung (Höhe, Fälligkeit,[31] Verzinsung) aber noch nicht festgestanden haben.[32] Für ein Rechtsgeschäft, in dem die (Darlehens-) Schuld eines Dritten der Grundschuld mit einer Sicherungsabrede (sog Zweckerklärung) zugrunde gelegt wird, wird eine (weitere) Genehmigung nicht erfordert, wenn das Familiengericht die Bestellung einer Grundschuld (bereits) genehmigt hat[33] (die Berechtigung des Gläubigers der abstrakten Grundschuld wird durch die schuldrechtliche Abrede beschränkt, s Rdn 3719). Das gilt auch, wenn sich das Kind verpflichtet, die der Grundschuld haftenden Sachen unter Versicherungsschutz zu bringen, und künftige Versicherungsforderungen für Zubehör verpfändet werden.[34] Änderung der Sicherungsabrede (Rdn 2326) zur Sicherung weiterer Forderungen ist nach § 1822 Nr 8 oder 10 (je mit § 1643 Abs 1) BGB genehmigungspflichtig[35] (erlangt für das Grundbuchamt jedoch keine Bedeutung);

3689 e) die **Änderung des Inhalts** (insbesondere der Schuldbestimmungen) der auf einem Grundstück des Kindes eingetragenen Hypothek, Grundschuld oder

---

[28] BGH DNotZ 1998, 490 = FamRZ 1998, 24 = NJW 1998, 453; ablehnend Geschoßmann MittBayNot 1998, 236. Auch wir teilen die weitgehende Ansicht des BGH nicht.
[29] Fall RG 108, 356; auch BGH 24, 372 (374).
[30] BayObLG 1991, 390 (394, 395) = aaO. Soweit die Erwerbsgenehmigung nach § 1821 Abs 1 Nr 5 BGB (dazu Rdn 3700) sich auch auf die Bestellung einer Grundschuld im Zusammenhang mit der Kaufpreisfinanzierung erstreckt, ist dem zuzustimmen (s auch LG Schwerin MittBayNot 1997, 297). Im übrigen dürfte diese Verallgemeinerung nicht gerechtfertigt sein.
[31] Fälligkeit hält LG Schwerin MittBayNot 1997, 297 für unwesentlich.
[32] LG Saarbrücken MittRhNotK 1981, 260 = Rpfleger 1982, 25 mit Anm Maurer; enger LG Berlin Rpfleger 1994, 355: Belastung mit (bereits genehmigter) Belastungsvollmacht bedarf stets der Genehmigung; so auch Schreiber Rpfleger 2002, 128; vgl weiter Müller DNotI-Report 1997, 171.
[33] BayObLG 1986, 18 = MittBayNot 1986, 135 = Rpfleger 1986, 223.
[34] BayObLG 1986, 18 = aaO.
[35] Siehe Senft MittBayNot 1986, 230. Außerdem Böttcher Rpfleger 1987, 485 (Abschn VI): Genehmigungspflicht nach § 1822 Nr 10 BGB für nachträgliche Sicherungsabrede bei Verschiedenheit von Grundstückseigentümer (Kind) und Forderungsschuldner. Genehmigungspflicht in diesem Fall auch für Abänderung einer Zweckerklärung (spätere Erweiterung auf neue Forderungen). Bei Identität von Grundstückseigentümer (Kind) und Forderungsschuldner ist Abänderung durch Erweiterung auf neue Forderungen nur für Vormund und Pfleger (nach § 1812 BGB), nicht aber für Eltern (§ 1643 BGB) genehmigungspflichtig.

Rentenschuld, die eine Erweiterung (Erschwerung) der Haftung begründet (somit für das Kind nicht lediglich einen rechtlichen Vorteil darstellt). Beispiele: Zinserhöhung, Verlängerung der Kündigungsfrist des Kindes, den Grundstückseigentümer beschwerende Änderung der Fälligkeit;[36]

f) die **Belastung** eines Grundstücks des Kindes mit einem Erbbaurecht, einer Grunddienstbarkeit, einem Nießbrauch, einer beschränkten persönlichen Dienstbarkeit, einem Vorkaufsrecht oder einer Reallast sowie mit einem Dauerwohn- (Dauernutzungs-)Recht (§ 31 WEG); 3690

g) die **Änderung des Inhalts** eines vorstehend Rdn 3690 genannten Rechts an einem Grundstück des Kindes, die eine Erweiterung (Erschwerung) der Haftung begründet (somit für das Kind nicht lediglich einen rechtlichen Vorteil darstellt); 3691

h) die **Umwandlung von Hypotheken** und Grundschulden (auch Eigentümergrundpfandrechten) auf einem Grundstück des Kindes sowie die **Forderungsauswechslung** (§ 1180 BGB).[37] 3692

Zur Vereinigung Rdn 631; zur **Bestandteilszuschreibung** Rdn 656, 657; zur Teilung des Grundstücks Rdn 670. Zur Eintragung einer **Vormerkung** Rdn 1508. Die Unterwerfung unter die sofortige Zwangsvollstreckung nach § 794 Abs 1 Nr 5, § 800 ZPO als solche bedarf nicht der Genehmigung.[38] 3693

2. Zur Verfügung über ein Recht des Kindes an einem Grundstück (§ 1821 Abs 1 Nr 1 BGB), nicht aber, wenn es sich um eine Hypothek, Grundschuld oder Rentenschuld handelt (§ 1821 Abs 2 mit § 1643 Abs 1). Die Verfügung über Grundpfandrechte ist nicht (nach § 1821 Abs 1 Nr 1 BGB) genehmigungspflichtig, weil sie nicht über die Grenze gewöhnlicher Vermögensverwaltung hinausgeht und dem Forderungsverkehr angehört.[39] (Besonderheit für Vormund und Pfleger Rdn 3710ff). Die Veräußerung anderer Rechte des Kindes und sonstige Verfügungen über sie sind als außergewöhnliche Verfügungsgeschäfte für die Genehmigungspflicht dem Rechtsverkehr über das unbewegliche Vermögen zugeordnet,[40] somit der Genehmigungspflicht nach § 1821 Abs 1 Nr 1 BGB unterstellt. Genehmigungspflichtig als Verfügung über ein Recht des Kindes an einem Grundstück sind nach § 1821 Abs 1 Nr 1 BGB insbesondere: 3694

a) die **Übertragung** (Abtretung) und Verpfändung einer (subjektiv-persönlichen) Reallast des Kindes; 3695

b) die **Änderung des Inhalts** eines dem Kind zustehenden (Rdn 3690 genannten) Rechts an einem Grundstück, die für das Kind nicht lediglich einen rechtlichen Vorteil darstellt (zum Erbbaurecht s aber bereits Rdn 3684); 3696

---

[36] BGH 1, 294 = NJW 1951, 645 = Rpfleger 1951, 453; KG OLG 14, 262 (264); KGJ 29 A 20.
[37] BayObLG 2, 799, Klüsener Rpfleger 1981, 461 (464); aA tlw MünchKomm/Schwab Rdn 26 zu § 1821 BGB.
[38] MünchKomm/Schwab Rdn 27 zu § 1821 BGB. S aber auch Knopp MDR 1960, 464 wegen der auf diese Weise möglichen unerwünschten Eintragung einer Zwangshypothek.
[39] Motive zum BGB, Band IV, Seite 1124.
[40] Motive zum BGB, Band IV, Seite 1138.

3697 c) der **Rangrücktritt** (auch bei Gleichrangeinräumung) eines dem Kind zustehenden (Rdn 3690 genannten) Rechts an einem Grundstück;

3698 d) die (rechtsgeschäftliche) **Aufhebung** (§ 875 BGB) eines dem Kind zustehenden (vorst Rdn 3690 genannten) Rechts an einem Grundstück (zum Erbbaurecht s bereits Rdn 3684).

3699 3. Zur **Verfügung über eine Forderung** des Kindes, die auf **Übertragung des Eigentums** an einem Grundstück oder auf **Begründung** oder **Übertragung eines Rechts** an einem Grundstück (nicht aber Hypothek, Grundschuld oder Rentenschuld, § 1821 Abs 2 BGB) oder auf Befreiung eines Grundstücks von einem solchen Recht gerichtet ist (§ 1821 Abs 1 Nr 2 BGB) und ebenso zur Eingehung einer Verpflichtung zu einer solchen Verfügung. Die Bestimmung erfaßt Verfügungen über diese Ansprüche, durch welche das Kind einen Rechtsverlust erleidet, der den Grundstückserwerb, den Erwerb eines Grundstücksrechts oder die Aufhebung eines Grundstücksrechts vereitelt oder erschwert.[41] Genehmigungspflichtig sind damit insbesondere auch die Abtretung und Verpfändung eines **Eigentumsübertragungsanspruchs** des Kindes (auch des Anwartschaftsrechts aus Auflassung). Die Erfüllung des Anspruchs durch Auflassung an das Kind fällt nicht unter diesen Genehmigungstatbestand.[41]

3700 4. Zu einem **Vertrag**, der auf den **entgeltlichen Erwerb eines Grundstücks** für das Kind oder eines Rechts an dem Grundstück eines anderen (nicht aber eine Hypothek, Grundschuld oder Rentenschuld) gerichtet ist (§ 1821 Abs 1 Nr 5 mit Abs 2 BGB).[42] Genehmigungspflicht besteht auch dann, wenn der Erwerb in Ausübung eines Wiederkaufrechts (§ 456 BGB) oder eines Vorkaufsrechts (§ 463 BGB) erfolgt. Genehmigungspflichtig ist der schuldrechtliche Erwerbsvertrag,[43] nicht die dingliche Einigung (das Vollzugsgeschäft). Dies ist durch den Notar immer zu beachten (§ 18 BeurkG), durch das Grundbuchamt hingegen nicht. **Tausch** ist genehmigungspflichtiger entgeltlicher Erwerb eines Grundstücks, auch wenn die Gegenleistung des Kindes in einer beweglichen Sache besteht.[44] Ein gemischter Vertrag über den Erwerb eines Grundstücks bedarf gleichfalls der Genehmigung, ebenso ein Erwerbsvertrag, wenn der gesamte Kaufpreis durch Hypothekenbestellung gedeckt wird.[45] Erwerben Eltern ein Grundstück mit Mitteln, die ein **Testamentsvollstrecker** (zu diesem im übrigen Rdn 3424) zur Verfügung gestellt hat, so be-

---

[41] RG 108, 356 (364).
[42] Übernimmt das Kind in dem Grundstückskaufvertrag, durch den es und sein Vater sich zum Ankauf je eines Miteigentumsanteils verpflichten, gesamtschuldnerisch die Haftung für die Kaufpreisschuld des Vaters, so bedarf der Vertrag (auch) gemäß § 1643 Abs 1 mit § 1822 Nr 10 BGB der Genehmigung, BGH 60, 385 = DNotZ 1973, 618 = NJW 1973, 1276 = Rpfleger 1973, 294. Zur Versagung der Genehmigung eines Übergabevertrags, wenn die vom Kind übernommenen gesamtschuldnerischen Verbindlichkeiten den Wert des ihm übergebenen Miteigentumsanteils übersteigen, s BayObLG 1977, 121 = MittBayNot 1977, 125 = Rpfleger 1977, 304.
[43] BayObLG DNotZ 1990, 510 = NJW-RR 1990, 87 = (mitget) Rpfleger 1990, 54 und BayObLG 1991, 390 (394) = aaO (Fußn 27).
[44] Zum Grundstückserwerb **gegen Rente** s BGH DNotZ 1969, 421 = FamRZ 1969, 209 = Rpfleger 1969, 163; OLG Köln DNotZ 1965, 429 = MDR 1965, 296.
[45] KG JW 1935, 55; LG Kleve MDR 1954, 118.

A. Beschränkungen für Eltern, Vormund, Pfleger und Betreuer

darf der Erwerb der Genehmigung nur dann, wenn das Geld aus der Verwaltung des Testamentsvollstreckers ausgeschieden und der Verwaltung der Eltern unterworfen wurde, nicht aber dann, wenn das erworbene Grundstück an Stelle des dafür aufgewendeten Geldes der Verwaltung des Testamentsvollstreckers unterliegen soll.[46] Der **unentgeltliche Erwerb** eines Grundstücks für das Kind ist **genehmigungsfrei**.[47] Zur Annahme der Schenkung (eines Schenkungsversprechens) bezüglich eines Grundstücks (auch eines Rechts an einem Grundstück) bedarf es der Genehmigung daher auch dann nicht, wenn die Schenkung unter einer Auflage erfolgt, es sei denn, daß die Erfüllung der Auflage eine Gegenleistung darstellt. Der unentgeltliche Erwerb eines Nachlaßgrundstücks durch ein miterbendes Kind bedarf keiner Genehmigung, weil der Miterbe dabei seinen Anteil nicht aufgibt, sondern die Anteile der anderen Miterben dazu erwirbt (s auch Rdn 3606).[48]

5. Zu einem nach den Genehmigungstatbeständen des § 1822 (mit § 1643 Abs 1) BGB anderen genehmigungspflichtigen Rechtsgeschäft, insbesondere **3701**

a) zur Verfügung über einen **Miterbenanteil** (§ 1822 Nr 1 BGB) (s bereits Rdn 3684);

b) zur **Verpfändung**[49] oder **Sicherungsabtretung** einer Hypothek oder Grundschuld des Kindes für Kreditzwecke oder für eine fremde Schuld (§ 1822 Nr 8, 10 BGB).[50]

Zum Erbteilserwerb durch das Kind, wenn Grundbesitz zum Nachlaß gehört, s Rdn 968.

3. Genehmigung bei Eltern ist nicht erforderlich

Keiner Genehmigung des Familiengerichts bedarf der elterliche Sorgeberechtigte dagegen in folgenden Fällen:

a) **Unentgeltlicher Erwerb eines Grundstücks für das Kind** (s bereits Rdn 3700). **3702**
Bei Entgegennahme der Auflassung eines dem Kinde letztwillig vermachten Grundstücks kann dessen gesetzlicher Vertreter den vom Erblasser einem Dritten eingeräumten Nießbrauch an dem Grundstück ohne Genehmigung bestellen.[51] Dies gilt auch, wenn der gesetzliche Vertreter selbst der Nießbraucher ist;[52]

---

[46] RG 91, 69. S auch OLG Celle OLGZ 1967, 483 = MittRhNotK 1968, 365.
[47] Die sich für den Minderjährigen durch den Erwerb des Grundstücks ergebende gesetzliche Folge des Eintritts in einen bestehenden Mietvertrag (§ 566 Abs 1 BGB) fällt nicht unter die Genehmigungstatbestände des § 1822 Nr 5 und 10 BGB; BGH DNotZ 1983, 362 = NJW 1983, 1780 = Rpfleger 1983, 148; LG Hechingen BWNotZ 1995, 67.
[48] BayObLG 1968, 1 = Rpfleger 1968, 115; kritisch dazu Klüsener Rpfleger 1981, 461 (464).
[49] Auch Ersatzverpfändung, Engler Rpfleger 1974, 144.
[50] So auch Klüsener Rpfleger 1981, 461 (465).
[51] KGJ 49, 245. Genehmigungspflicht für den Grundstückserwerb durch einen Minderjährigen besteht aber dann, wenn die von ihm übernommene Rentenverpflichtung gegenüber dem Verkäufer länger als ein Jahr über seine Volljährigkeit hinaus andauert. Nach OLG Köln DNotZ 1965, 429 besteht sie auch dann, wenn mit der Möglichkeit eines solchen Andauerns wegen des Alters des rentenberechtigten Veräußerers vernünftigerweise gerechnet werden muß. Die Genehmigung ist auch erforderlich, wenn der

3703 b) zum entgeltlichen Erwerb (Bestellung) eines Grundpfandrechts für das Kind als Gläubiger (§ 1821 Abs 2 BGB);

3704 c) zur **Verfügung** über eine **Hypothek, Grundschuld** oder Rentenschuld des Kindes als Gläubiger (§ 1821 Abs 2 mit § 1643 Abs 1 BGB; s bereits Rdn 3694), es sei denn, die Verfügung erfüllt einen besonderen Genehmigungstatbestand (insbesondere § 1822 Nr 8, 10 BGB; dazu Rdn 3701), auch nicht zur Abtretung einer dem Kind zustehenden Eigentümergrundschuld;[53]

3705 d) (auch) zu einem **Rangrücktritt**[54] mit einer Hypothek, Grundschuld oder Rentenschuld des Kindes als Gläubiger (§ 1821 Abs 2 mit § 1643 Abs 1 BGB);

3706 e) zur Löschung einer am Kindesgrundstück **in Abt II** eingetragenen **Belastung** (anders, wenn Kind Berechtigter ist, s Rdn 3698);

3707 f) zur **Löschung einer Hypothek, Grundschuld** oder Rentenschuld an einem Grundstück des Kindes, auch wenn nachfolgende Rechte aufrücken;[55]

3708 g) zur Abgabe der **Löschungsbewilligung** oder beglaubigten Quittung über ein dem Kinde zustehendes Grundpfandrecht, falls darin nicht eine Schenkung zu Lasten des Kindes zu erblicken ist;[56]

3709 h) zur (bewilligten) Löschung einer Auflassungsvormerkung des Kindes nach Eigentumsumschreibung mit dem Rang der Vormerkung;[57]

i) in den sonstigen Rdn 3711 ff genannten Fällen.[58]

4. Genehmigung für Vormund, Pfleger und Betreuer ist erforderlich

3710 Der Vormund, der Pfleger[59] (§ 1915 BGB) und der Betreuer bedürfen der Genehmigung des Vormundschaftsgerichts zu Rechtsgeschäften **in allen Fällen**, in denen gemäß **§§ 1821, 1822 Nr 8, 10 BGB** nach dem Rdn 3684–3701 Gesagten ein Rechtsgeschäft der Eltern genehmigungspflichtig ist. Für Vormund, Pfleger und Betreuer sieht § 1822 BGB jedoch weitere Genehmigungs-

---

minderjährige Erwerber die den auf ihn übergehenden Grundpfandrechten zugrunde liegenden persönlichen Ansprüche übernimmt (LG Köln MittRhNotK 1974, 363).

[52] KGJ 31 A 299; OLG München DJ 1941, 915; LG Nürnberg-Fürth MittBayNot 1977, 239.

[53] KG JFG 9, 262 (268); K/E/H/E Rdn 188 zu § 19 (Seite 480).

[54] Kann aber Schenkung sein (siehe RG 48, 133, 136; KG OLG 46, 177). Das Grundbuchamt darf dann an der Rangänderung (wegen § 1641 BGB) nicht mitwirken; s Damrau FamRZ 1984, 842 (849 Fußn 89).

[55] OLG Schleswig SchlHA 1963, 273, 1964, 45 mit Anm Scheyhing.

[56] S dazu auch Haegele WürttNotV 1952, 226; Böttcher Rpfleger 1987, 485 (486).

[57] LG Oldenburg MittBayNot 1972, 302 = MittRhNotK 1973, 110 = Rpfleger 1972, 401. Anders LG Mainz Rpfleger 1993, 149 für Bewilligung mit Treuhandauftrag an Notar zur Löschung bei gleichzeitiger Eigentumsumschreibung unter Vorbehalt, daß keine Zwischeneintragungen im Grundbuch beantragt sind bzw vorgenommen wurden (Genehmigung nach § 1821 Nr 2 BGB).

[58] Wird in ein einem minderjährigen Kinde gehörendes Grundstück die Zwangsversteigerung seitens eines Gläubigers betrieben, so bedarf es hierbei der Genehmigung des Familien/Vormundschaftsgerichtes nicht. Vgl im übrigen wegen der Mitwirkung des Vormundschafts- (bzw Nachlaß-)Gerichts in Zwangsversteigerungssachen Waldmann DFG 1941, 85.

[59] Ein **Nachlaßpfleger** (§§ 1960 ff BGB) unterliegt der Genehmigungspflicht des Nachlaßgerichts im gleichen Umfang wie ein Pfleger in Familiensachen.

A. Beschränkungen für Eltern, Vormund, Pfleger und Betreuer

tatbestände vor, die (nach § 1643 Abs 1 BGB) für Eltern nicht gelten. Für den Grundbuchverkehr erlangt noch **§ 1822 Nr 13 BGB** Bedeutung. Demnach ist ein Rechtsgeschäft genehmigungspflichtig, wenn die **Sicherheit** für eine fortbestehende Forderung des Mündels **aufgehoben oder gemindert** oder die Verpflichtung dazu begründet wird. Genehmigungspflicht besteht demnach auch für

a) die **Löschung einer Hypothek** des Mündels, Pfleglings oder Betreuten, wenn Löschungsgrundlage (abstrakte) Löschungsbewilligung des Vormunds[60] Pflegers oder Betreuers sein soll (für beglaubigte Quittung Rdn 3725); 3711

b) **Zinsherabsetzung** einer „Mündel"hypothek als Teillöschung des Anspruchs auf Nebenleistungen; 3712

c) den **Verzicht** auf eine Hypothek des Mündels, Pfleglings oder Betreuten (§ 1168 BGB); 3713

d) die **Freigabe eines Grundstücks** (auch eines veräußerten Grundstücksteils) aus der Haftung für eine Hypothek des Mündels, Pfleglings oder Betreuten (Haftentlassung, § 1175 Abs 1 S 2 BGB); 3714

e) den **Rangrücktritt** einer Hypothek des Mündels, Pfleglings oder Betreuten hinter ein anderes Grundstücksrecht (ebenso für Gleichrangeinräumung); 3715

f) die **Verteilung einer Gesamthypothek** des Mündels, Pfleglings oder Betreuten auf die einzelnen Grundstücke (§ 1132 Abs 2 BGB); 3716

g) die **Umwandlung** einer Brief- oder Buchhypothek des Mündels, Pfleglings oder Betreuten in eine Sicherungshypothek (§ 1186 BGB);[61] 3717

h) den Verzicht auf die Eintragung des Nacherbenvermerks nach § 51 GBO oder dessen Löschung (Rdn 3514). 3718

Verfügung über eine **Grundschuld** (ebenso Rentenschuld) in der Rdn 3711–3717 dargestellten Weise ist **nicht nach § 1822 Nr 13 BGB** (sondern nach § 1812 BGB; dazu Rdn 3720) genehmigungspflichtig. Das gilt auch, wenn die Grundschuld „der Sicherung einer Forderung" dient (sogen Sicherungsgrundschuld; durch das Grundbuchamt praktisch nicht nachprüfbar). Die Grundschuld ist abstrakte Grundstücksbelastung (Rdn 2279). Rechtsbeziehungen, die Verwendung der Grundschuld als Sicherungsrecht für eine Forderung bewirken, werden durch schuldrechtlichen Vertrag (Sicherungsvertrag) hergestellt (Rdn 2316) und somit auch wieder durch schuldrechtlichen Vertrag (§ 305 BGB) aufgehoben oder geändert. Eine Verfügung über die Grundschuld ist schon deshalb kein nach § 1822 Nr 13 BGB genehmigungspflichtiges Rechtsgeschäft. Die schuldrechtliche Vereinbarung über die Sicherung einer Forderung des Mündels, Pfleglings oder Betreuten durch Grundschuld begründet aber auch keine Sicherheit für diese Forderung (Erfordernis des 3719

---

[60] KG OLG 8, 359; Böttcher Rpfleger 1987, 485 (Abschn I); Mitunterzeichnung durch den Gegenvormund macht die vormundschaftsgerichtliche Genehmigung nicht entbehrlich.

[61] Sofern Genehmigungspflicht nach § 1821 Abs 1 Nr 1 BGB verneint wird, als Minderung der Sicherheit. Wird gleichzeitig über die Forderung des Mündels verfügt, so sind die für diese Verfügung maßgebenden Grundsätze (insbesondere §§ 1812, 1813, 1821 Abs 1 Nr 1, 2, Abs 2 BGB) anzuwenden.

§ 1822 Nr 13 BGB), sondern beschränkt das (abstrakt begründete) Recht des Mündels, Pfleglings oder Betreuten als Grundschuldgläubiger (als dinglicher Berechtigter) und begründet für den Eigentümer bei abredewidriger Geltendmachung eine Einrede gegen die Grundschuld (Rdn 2284). Der Gläubiger ist damit schuldrechtlich verpflichtet, über die Grundschuld nur nach Maßgabe seiner im Sicherungsvertrag vereinbarten und festgelegten Befugnisse zu verfügen (§ 137 S 2 BGB). Die Grundschuld besteht daher nicht als Sicherheit für eine Forderung des Mündels, Pfleglings oder Betreuten, sondern als Grundstücksrecht unabhängig von einer Forderung. Sie ist daher nicht Sicherheit, deren Aufhebung oder Minderung nach § 1822 Nr 13 BGB genehmigungspflichtig wäre. Dafür spricht zudem, daß Rechtsgeschäfte über eine (isolierte) Grundschuld der Genehmigungstatbestand des § 1812 BGB erfaßt, eine Genehmigung des Vormundschaftsgerichts somit nicht bereits nach § 1822 BGB erforderlich ist (§ 1812 Abs 1 S 1 BGB). Allein deshalb, weil der Mündel, Pflegling oder Betreute durch schuldrechtlichen Vertrag verpflichtet wird, seine dingliche Berechtigung als Grundschuldgläubiger nur unter bestimmten Voraussetzungen geltend zu machen, kann eine Verfügung über die Grundschuld aber nicht dem umfassenderen Genehmigungstatbestand des § 1822 Nr 13 BGB unterstehen. Die Grundschuld ist als Grundstücksrecht daher nicht schon deshalb, weil der Sicherungsvertrag für den Eigentümer bei abredewidriger Geltendmachung eine Einrede begründet, „Sicherheit für eine Forderung des Mündels" im Sinne des Genehmigungstatbestands des § 1822 Nr 13 BGB. Sie wird jedenfalls nach dem Gesetzeszweck von diesem Genehmigungstatbestand nicht erfaßt (vgl auch § 1795 Abs 1 Nr 2 BGB).

3720 Für bestimmte Geschäfte der Vermögensverwaltung, zu denen nicht bereits nach §§ 1821, 1822 BGB (Rdn 3710–3718; außerdem nicht nach §§ 1819, 1820 BGB) die Genehmigung des Vormundschaftsgerichts erforderlich ist, sieht **§ 1812 BGB** eine weitere Beschränkung der Vertretungsmacht des Vormunds (damit auch des Pflegers, § 1915 BGB, und Betreuers, § 1908 i Abs 1 [mit Ausnahmen in Abs 2 S 2] BGB) vor. Über eine **Forderung** oder über ein anderes **Recht**, kraft dessen der Mündel, Pflegling oder Betreute eine Leistung verlangen kann (auch über ein Wertpapier des Mündels), kann der Vormund (auch Pfleger, zu ihm aber § 1915 Abs 2 BGB, und Betreuer) demnach nur mit **Genehmigung des Gegenvormunds** (Gegenbetreuers) verfügen. Diese Genehmigung ist ebenso zur Eingehung einer Verpflichtung zu einer solchen Verfügung erforderlich. Ersetzt wird diese Genehmigung des Gegenvormunds (Gegenbetreuers) durch die **Genehmigung des Vormundschaftsgerichts** (§ 1812 Abs 2 BGB). Die Genehmigung des Vormundschaftsgerichts ist in diesen Fällen erforderlich, wenn ein Gegenvormund (Gegenbetreuer) nicht vorhanden ist (§ 1812 Abs 3 BGB); das jedoch gilt nicht, wenn die Vormundschaft von mehreren Vormündern gemeinschaftlich geführt wird (§ 1797 Abs 1 BGB). **Ausnahmen** von dieser Genehmigungspflicht sieht § 1813 BGB vor; danach bedarf der Vormund insbesondere nicht der Genehmigung des Gegenvormunds oder des Vormundschaftsgerichts zur Annahme der geschuldeten Leistung, wenn der Anspruch nicht mehr als 3000 Euro beträgt (§ 1813 Nr 2 BGB). Genehmigungspflicht nach § 1812 BGB besteht **nicht bei befreiter Vormundschaft** (§ 1852 Abs 2, §§ 1857a, 1903 mit § 1904 BGB).

3721 Vormund, Pfleger und Betreuer (Vater, Mutter, Ehegatte, Lebenspartner oder ein Abkömmling als Betreuer sowie Vereins- und Behördenbetreuer aber nur

A. Beschränkungen für Eltern, Vormund, Pfleger und Betreuer

auf Anordnung des Vormundschaftsgerichts (§ 1908i Abs 2 S 2 mit § 1857a und § 1852 Abs 2 S 1 BGB) bedürfen der Genehmigung nach § 1812 BGB insbesondere in folgenden Fällen:

a) zu **Verfügungen** (und zur Eingehung einer entsprechenden Verpflichtung) **über eine** dem Mündel, Pflegling oder Betreuten gehörende **Grundschuld** oder **Rentenschuld**. Diese Rechte sind nach § 1821 Abs 2 BGB von der dort in Abs 1 Nr 1 geregelten Genehmigungspflicht ausgenommen und als abstrakte Grundstücksbelastungen auch nicht Sicherheit für eine Forderung des Mündels im Sinne des § 1822 Nr 13 BGB;

b) zur **Übertragung** (Abtretung), Verpfändung, Löschung und zu jeder sonstigen Verfügung (auch zum Rangrücktritt) über eine **Eigentümergrundschuld** des Mündels,[62] Pfleglings oder Betreuten, auch wenn sie an letzter Rangstelle gebucht ist,[63] und auch dann, wenn zu dem Löschungsantrag des Vormunds, Pflegers oder Betreuers lediglich eine abstrakte Löschungsbewilligung des Gläubigers vorgelegt wird sowie dann, wenn der Eigentümer infolge eines vorgemerkten (§ 1179 BGB) oder gesetzlichen (§ 1179a BGB) Löschungsanspruchs einem Dritten gegenüber zur Löschung verpflichtet ist;[64]

3722

c) für die **Zustimmung** (§ 1183 BGB; auch § 27 GBO) **zur Löschung** einer am Grundstück des Mündels, Pfleglings oder Betreuten lastenden Hypothek, Grundschuld oder Rentenschuld eines Dritten, auch wenn das Recht an letzter Rangstelle gebucht ist;[65]

3723

d) für die **Zustimmung zum Rangrücktritt** (Gleichrangeinräumung) einer auf dem Grundstück des Mündels lastenden Hypothek, Grundschuld oder Rentenschuld (§ 880 Abs 2 BGB; umstritten, entsprechend dem Genehmigungstatbestand Rdn 3723, jedoch zu fordern);

3724

e) zur **Einziehung** einer durch **Hypothek** gesicherten Forderung des Mündels, Pfleglings oder Betreuten. Das ist insbesondere für die **Löschung** eines dem Mündel zustehenden Grundpfandrechts von Bedeutung. Es genügt hier eine vom Vormund und Gegenvormund ordnungsmäßig ausgestellte beglaubigte Quittung. Ist – was die Regel bildet – ein Gegenvormund nicht vorhanden, so ist Genehmigung des Vormundschaftsgerichts zur Empfangnahme des Geldes dann erforderlich, wenn die gesamte Forderung des Mündels zur Zeit der Geldannahme mehr als 3000 Euro beträgt.[66] Eine abstrakte Löschungsbewil-

3725

---

[62] BayObLG 1984, 218 (223) = DNotZ 1985, 161 = Rpfleger 1985, 24 mit Anm Damrau; OGH 1, 42 (47); OLG Hamm DNotZ 1977, 35 = aaO (Fußn 63); LG Würzburg MittRhNotK 1972, 239; Böttcher Rpfleger 1987, 485 (Abschn II); außerdem BGH 64, 316 (318) = NJW 1975, 1356 = Rpfleger 1975, 295 (die Eigentümergrundschuld ist echtes Grundpfandrecht).
[63] BayObLG 1984, 218 (223) = aaO (Fußn 62); OLG Hamm DNotZ 1977, 35 = OLGZ 1977, 47 = Rpfleger 1976, 309; Böttcher Rpfleger 1987, 485 (Abschn III); anders LG Limburg NJW 1949, 767; auch KG DNotV 1936, 735 = JFG 13, 393 = JW 1936, 2745 und (zweifelhaft) OLG Schleswig DNotZ 1964, 364 = SchlHA 1963, 273; s außerdem LG Würzburg MittBayNot 1972, 239 = MittRhNotK 1973, 5 sowie Damrau FamRZ 1984, 842 (849: vom Gesetzeszweck her kein Genehmigungserfordernis).
[64] OLG Hamm DNotZ 1977, 35 = aaO (Fußn 63).
[65] BayObLG 1984, 218 = aaO; Böttcher Rpfleger 1987, 485 (Abschn IV).
[66] Das Grundbuchamt darf also auf eine löschungsfähige Quittung des Vormunds oder Pflegers hin eine Eintragung im Grundbuch (nur) vornehmen, wenn entweder die Ge-

ligung bedarf stets der Genehmigung des Vormundschaftsgerichts nach § 1822 Nr 13 BGB (s Rdn 3711).[67]

5. Löschungsvormerkung, Grundbuchberichtigung

3726 a) Für Eintragung einer **Löschungsvormerkung** (§ 1179 BGB) ist eine nach §§ 1812, 1821 mit § 1643 erforderliche Genehmigung des schuldrechtlichen Vertrags zur Begründung des Löschungsanspruchs (als Verpflichtung zur Aufhebung des Eigentümerrechts) nötig. Die Bewilligung der Vormerkung bedarf keiner weiteren Genehmigung (vgl Rdn 1508). Demnach bedürfen Eltern keiner Genehmigung des Familiengerichts (Rdn 3707), Vormund, Pfleger und Betreuer können die Verpflichtung zur Löschung einer Hypothek nur mit Genehmigung des Vormundschaftsgerichts begründen (§ 1822 Nr 13 BGB), die Genehmigung zur Löschung einer Grundschuld oder Rentenschuld nur mit Genehmigung des Gegenvormunds (Gegenbetreuers) oder Vormundschaftsgerichts (Rdn 3721, auch zur Besonderheit für mehrere Vormünder und für Betreuer).

3727 b) Zur Eintragung einer **Berichtigung des Grundbuchs** auf Grund Berichtigungsbewilligung (Rdn 361) ist gerichtliche Genehmigung (in den Fällen des § 1812 BGB auch nur Genehmigung eines Gegenvormunds) erforderlich, wenn die Berichtigung ein Recht des Kindes, Mündels, Pfleglings oder Betreuten (s Rdn 3721) betrifft, über das nur mit Genehmigung verfügt werden kann. Die Bewilligung der Berichtigung ist für das Genehmigungserfordernis der Verfügung über ein Recht gleich zu behandeln, weil das vermeintliche, sich aus dem Grundbuch ergebende Recht aufgegeben wird.[68]

3728 Randnummer 3728 ist entfallen

B. Verfahren vor dem Familien/Vormundschaftsgericht

a) Antrag und Anhörung

3729 Das Verfahren des **Familiengerichts** zur Genehmigung von Rechtsgeschäften der Eltern für das Kind (§ 1643 BGB; § 621 Abs 1 Nr 1 ZPO; § 23 b Abs 1 S 2 Nr 2 GVG) bestimmt sich weitgehend nach den Vorschriften des FGG (§ 621a ZPO). Das Verfahren des **Vormundschaftsgerichts** zur Genehmigung von Rechtsgeschäften des Vormunds, Betreuers und Pflegers (§§ 1821, 1822, 1908i Abs 1, § 1915 Abs 1 BGB) ist FGG-Verfahren. **Antrag** der Eltern, des Vormunds, Betreuers oder Pflegers, setzt die Genehmigung des Familien- oder Vormundschaftsgerichts zu einem Rechtsgeschäft nicht voraus. Regelmäßig wird das Genehmigungsverfahren aber nur auf Veranlassung (An-

---

nehmigung zur Annahme der Hypothekenforderung oder zur Erteilung der löschungsfähigen Quittung vorgelegt wird; hierzu (eingehend) Damrau FamRZ 1984, 842 (848).
[67] Dazu auch Damrau FamRZ 1984, 842 (849) mit Nachw.
[68] RG 133, 259; KG OLG 25, 390; KGJ 42, 215 (218); KGJ 42 A 215 (218); Klüsener Rpfleger 1981, 461 (468); kritisch jedoch Damrau FamRZ 1984, 842 (850); auch MünchKomm/Schwab Rdn 29 zu § 1821 BGB und Böttcher Rpfleger 1987, 485 (Abschn I, IV).

B. Verfahren vor dem Familien/Vormundschaftsgericht

regung[1]) des gesetzlichen Vertreters eingeleitet. Gegen seinen Willen kann die Genehmigung nicht erteilt werden.[2] Es liegt im Ermessen des Vertreters, die Erteilung der Genehmigung vor oder nach Vertragsabschluß zu verlangen.[3] Der Vertragsgegner ist nicht antragsberechtigt.[4] Der für Erteilung (oder Versagung) der Genehmigung entscheidungserhebliche Sachverhalt ist sorgfältig aufzuklären (Amtspflicht[5]). Persönliche **Anhörung des Kindes, Mündels oder Pfleglings** im Genehmigungsverfahren hat nach Maßgabe von § 50 b FGG zu erfolgen. Wenn das Kind das 14. Lebensjahr vollendet hat, soll es persönlich angehört werden (§ 50 b Abs 2 FGG mit Einzelheiten). Der (verfahrensfähige, § 66 FGG) Betreute soll nach Maßgabe von § 69 d FGG persönlich angehört werden.

b) Für Genehmigung maßgebliche Gesichtspunkte

Das Familien- bzw Vormundschaftsgericht (Rechtspfleger) entscheidet nach pflichtgemäßem Ermessen.[6] Zu berücksichtigen hat es ausschließlich das Wohl und die Interessen des Kindes, Mündels, Betreuten (dessen Wünsche vorrangig zu berücksichtigen sind, soweit dies seinem Wohl nicht zuwiderläuft[7]) oder Pfleglings, nicht die Belange Dritter.[8] Die **Prüfung** wird sich regelmäßig auf finanzielle, materielle (wirtschaftliche) Gesichtspunkte zu beschränken haben. Diese müssen jedoch nicht ausschließlich entscheidend sein; auch ideelle Gesichtspunkte können Berücksichtigung finden.[9] Maßgebender Gesichtspunkt ist das Gesamtinteresse des Kindes, Mündels, Betreuten oder Pfleglings.[10] Dabei kommt es auf den Zeitpunkt der Entscheidung über die

3730

---

[1] BayObLG 1985, 43 (45) = MittBayNot 1985, 80 (81).
[2] BayObLG Rpfleger 1976, 304.
[3] BayObLG RNotZ 2003, 127; LG Köln MittRhNotK 1973, 589.
[4] Der Vertragsgegner kann aber nach § 1829 Abs 2 BGB vorgehen; dazu Huken DNotZ 1966, 388.
[5] BGH NJW 1986, 2829 = Rpfleger 1987, 18.
[6] BGH NJW 1986, 2829 = aaO; KG DFG 1940, 26; BayObLG 1976, 281 = DNotZ 1977, 418 = Rpfleger 1977, 60; BayObLG MittBayNot 1979, 239 = Rpfleger 1979, 455; BayObLG Rpfleger 1989, 455 und 1990, 67 Leits mit Anm Grube; BayObLG 1995, 230 (236) = DNotZ 1995, 941 = Rpfleger 1996, 67; BayObLG NJW-RR 1998, 158 = Rpfleger 1998, 22; BayObLG NJW-RR 2000, 1030 (1031); BayObLG DNotZ 2002, 547 mit Anm Bienwald = MittBayNot 2002, 48 = NotBZ 2002, 30 und RNotZ 2003, 127 = Rpfleger 2003, 361; OLG Dresden Rpfleger 2001, 232. Anders OLG Karlsruhe DNotZ 1974, 453 = FamRZ 1973, 378: Entscheidung nicht nach Ermessen; vielmehr handelt es sich bei der Voraussetzung der Genehmigung um einen unbestimmten Rechtsbegriff, dessen Anwendung auf den festgestellten Sachverhalt der Nachprüfung durch das Rechtsbeschwerdegericht unterliegt.
[7] BayObLG NJW-RR 1998, 158 = aaO (Fußn 6).
[8] BayObLG 1976, 281 = aaO (Fußn 6); BayObLG MittBayNot 1979, 239 = aaO (Fußn 6); BayObLG Rpfleger 1989, 455 = aaO; BayObLG 1995, 230 (235) = aaO; OLG Hamm DNotZ 1987, 760 = OLGZ 1987, 162 = Rpfleger 1987, 200.
[9] S insbes BGH NJW 1986, 2829 = aaO; OLG Hamm DNotZ 1987, 760 = aaO; OLG Karlsruhe DNotZ 1974, 453 = aaO (Fußn 6). Zu Grundsätzen für Genehmigung insgesamt außerdem BayObLG 1976, 281 und MittBayNot 1979, 239 = ja aaO (Fußn 6); auch BayObLG Rpfleger 1988, 22.
[10] OLG Bremen FamRZ 1962, 209; BayObLG 1976, 281 und MittBayNot 1979, 239 je aaO (Fußn 6) sowie RNotZ 2003, 127; OLG Karlsruhe DNotZ 1974, 453 = aaO

Genehmigung, nicht auf den des Vertragsabschlusses an.¹¹ Daß bestimmte Rechtsgeschäfte (abstrakt) Risiken für den Minderjährigen, Betreuten oder Pflegling mit sich bringen (zB Beteiligung an einer Gesellschaft) genügt nicht für die Versagung der Genehmigung.¹²

c) Genehmigung, Bekanntmachung, Mitteilung an Vertragsgegner

3730 a **aa)** Das Familien- oder Vormundschaftsgericht kann mit **Zwischenverfügung** (Vorbescheid) ankündigen, daß es beabsichtige, das Rechtsgeschäft zu genehmigen, sofern nicht in einer bestimmten Frist Beschwerde eingelegt werde. Als unzulässig wird ein Vorbescheid angesehen, der eine Verweigerung der Genehmigung ankündigt.¹³ Bekannt zu machen ist der Vorbescheid dem gesetzlichen Vertreter und dem (beschwerdeberechtigten) Kind, Mündel, Pflegling oder Betreuten (s Rdn 3735), nicht aber dem Dritten (Vertragspartner), der nicht beschwerdeberechtigt ist. Erlaß eines Vorbescheids, der die Genehmigung nur in Aussicht stellt, wurde früher zwar für unzulässig erachtet.¹⁴ Das konnte im Hinblick auf §§ 55, 62 FGG (dazu Rdn 3735) faktisch Ausschluss des Rechtswegs gegen eine genehmigende Verfügung des Rechtspflegers bewirken. Einem Betroffenen muß es jedoch möglich sein, eine Entscheidung des Rechtspflegers der Prüfung durch den Richter zu unterziehen. Daher hält das BVerfG¹⁵ bis zu einer den Anforderungen des Art 19 Abs 4 GG Rechnung tragenden Regelung durch den Gesetzgeber den Rechtspfleger für verpflichtet, vor Erlaß einer in den Anwendungsbereich der §§ 55, 62 FGG fallenden Verfügung diese durch ein einen beschwerdefähigen Vorbescheid anzukündigen.

3731 **bb) Erteilt** werden kann die Genehmigung des Familien- oder Vormundschaftsgerichts **nur den Eltern**, dem Vormund, Betreuer oder Pfleger (§ 1828 mit § 1643 Abs 3, § 1908 i Abs 1, § 1915 Abs 1 BGB). **Wirksam** wird sie mit Bekanntmachung an diesen gesetzlichen Vertreter (§ 16 Abs 1 FGG; § 621 a Abs 1 ZPO). Bekanntmachung an das Kind, das Mündel, den Pflegling oder den Betreuten erfolgt gesondert, wenn sie selbständig das Beschwerderecht ausüben können (§ 16 Abs 1 FGG, Rdn 3735). Bekanntmachung des Beschlusses des Familiengerichts erfolgt mit Zustellung (§ 329 Abs 2 ZPO); Be-

---

(Fußn 6); außerdem KG JW 1936, 393; KG DJ 1938, 427 = JW 1939, 2352; LG Kiel MDR 1955, 37. Zur Genehmigung einer Zuwendung, die zugleich den Tatbestand des § 1804 S 2 BGB erfüllt: OLG Hamm DNotZ 1987, 760 = aaO.
¹¹ Verkauft ein gesetzlicher Vertreter ein Grundstück, das zum Teil ihm und zum Teil dem Minderjährigen gehört, so ist er in der Regel nicht gehindert, dem Vormundschaftsgericht Umstände mitzuteilen, die zur Versagung der Genehmigung führen können, BGH DNotZ 1970, 495 = NJW 1970, 1414 = Rpfleger 1970, 280.
¹² BayObLG 1995, 230 = aaO (Fußn 6); LG München I MittBayNot 1996, 128.
¹³ OLG Stuttgart Rpfleger 2002, 203; LG München I Rpfleger 2002, 363.
¹⁴ KG MittBayNot 1966, 135 = MDR 1966, 238.
¹⁵ BVerfG 101, 397 = DNotZ 2000, 387 = FamRZ 2000, 731 = NJW 2000, 1709 = Rpfleger 2000, 205. Zu dieser Entscheidung Bork FamRZ 2002, 65; Dörndorfer FamRZ 2001, 1117; Dümig Rpfleger 2000, 248, 2001, 409 und 2002, 556; Heß und Gr Vollkommer JZ 2000, 785; Pawlowski JZ 2000, 913; Reiß MittBayNot 2000, 373; Sonnenfeld Rpfleger 2000, 246; Zorn Rpfleger 2002, 241. Dem BVerfG folgt das OLG Schleswig DNotZ 2001, 648 mit Anm Waldner = FamRZ 2001, 52 = MittBayNot 2001, 80 mit Anm Reiß = NJW-RR 2001, 78 = Rpfleger 2001, 496; BayObLG RNotZ 2003, 127 = Rpfleger 2003, 361; OLG Dresden Rpfleger 2001, 232.

B. Verfahren vor dem Familien/Vormundschaftsgericht

kanntmachung zu Protokoll (§ 16 Abs 3 FGG) oder in einfacher Form im Ausland (§ 16 Abs 2 FGG) kann nicht erfolgen (§ 621a Abs 1 S 2 ZPO). Die Genehmigung des Vormundschaftsgerichts ist **Verfügung** in einem FGG-Verfahren (§§ 16, 55 FGG); für Bekanntmachung ist Schriftform praktisch die Regel (§ 16 Abs 1, 2 FG); zum Nachweis gegenüber dem Grundbuchamt ist sie geboten; Bekanntmachung zu Protokoll (§ 16 Abs 3 FGG) wäre zulässig. Nachträgliche Genehmigung eines Vertrags wird dem **anderen Vertragsteil** gegenüber (ebenso wie Verweigerung der Genehmigung[15a]) erst wirksam, wenn sie ihm durch die Eltern, den Vormund, Betreuer oder Pfleger mitgeteilt wird (§ 1829 Abs 1 S 2 mit § 1643 Abs 3, § 1908i Abs 1, § 1915 BGB).[16] Es liegt damit in der Hand des gesetzlichen Vertreters und damit in dessen pflichtgemäßem Ermessen, ob er dem Vertragsgegner von der Genehmigung Mitteilung machen will oder nicht.[17] Der gesetzliche Vertreter hat, bevor er von der Genehmigung Gebrauch macht, erneut zu prüfen, ob der genehmigte Vertrag den Belangen des Kindes entspricht oder nicht.[17]

cc) Als **gerichtliche Verfügung** ist die Genehmigung der Auslegung zugänglich.[18] Sind Verpflichtungs- und Verfügungsgeschäft (Kaufvertrag und Auflassung) genehmigungspflichtig, dann liegt in der Genehmigung des Verpflichtungsgeschäfts (Grundstückskauf), wenn sich nichts Gegenteiliges aus der gerichtlichen Entscheidung ergibt, regelmäßig auch die Genehmigung des Erfüllungsgeschäfts (Auflassung).[19] 3732

dd) Eine **nur bedingt erteilte** Genehmigung ist im Grundbuchverfahren nur brauchbar, wenn die Bedingung dahin lautet, daß gleichzeitig mit der aufgrund des genehmigten Rechtsgeschäfts erfolgenden Eintragung eine andere Eintragung zu erfolgen hat, die eine der Form des § 29 GBO entsprechende Eintragungsbewilligung erfordert.[20] 3733

ee) Mit dem **Tod des Kindes**, Mündels, Betreuten oder Pfleglings endet die elterliche Sorge, Vormundschaft, Betreuung oder Pflegschaft. Eine gerichtliche Genehmigung zu einem Rechtsgeschäft des (bisherigen) Vertreters des Kindes 3734

[15a] BGH MittBayNot 2003, 395 mit krit Anm Reiß = NJW-RR 2003, 955 = Rpfleger 2003, 423 (auch dazu, daß bis zur Wirksamkeit Abänderung und weitere Beschwerde zulässig sind).
[16] S dazu insbesondere BGH NJW 1954, 1925. Über die Pflicht des Notars, die Beteiligten bei einem von ihm beurkundeten Rechtsgeschäft darüber zu belehren, daß die dazu erforderliche Genehmigung des Vormundschaftsgerichts erst wirksam wird, wenn sie vom Vormund dem Vertragsgegner mitgeteilt worden ist – und daß der Vormund den Notar bevollmächtigen kann, diese Mitteilung für ihn vorzunehmen – s BGH DNotZ 1956, 319 = FamRZ 1956, 85 = NJW 1956, 259 = Rpfleger 1956, 152 und BGH FamRZ 1967, 97 = VersR 1966, 1186; Weber DNotZ 1956, 285; Zunft NJW 1959, 516.
[17] RG 130, 148 (150); BGH FamRZ 1967, 97.
[18] BayObLG 1985, 43 = MittBayNot 1985, 80 = Rpfleger 1985, 235 mit weit Nachw.
[19] RG 130, 148 (150); BayObLG DNotZ 1983, 369; BayObLG 1985, 43 = aaO (Fußn 18) mit weit Nachw.
[20] Die Genehmigung eines Vertrags, durch den Eltern über ein ihrem Kind gehörendes Grundstück verfügen, darf nur dann mit der Auflage verbunden werden, daß der Kaufpreis auf ein Sperrkonto einzuzahlen ist, wenn die Voraussetzungen des § 1667 BGB gegeben sind. Die Genehmigung zur Entgegennahme des Geldes darf nur im Interesse des Kindeswohls erteilt werden; OLG Frankfurt NJW 1953, 67 = Rpfleger 1953, 181 und FamRZ 1963, 453.

kann dann nicht mehr erteilt werden (Rdn 3682). Eine dennoch erteilte Genehmigung ist als gerichtliche Maßnahme zwar wirksam (existent); sie ist aber fehlerhaft (Eingriff in die Rechtsstellung der Erben). Sie ist (solange Änderung zulässig, Wirksamkeit gegenüber dem Dritten somit nicht eingetreten ist, §§ 55, 62 FGG) vom Familien/Vormundschafts- oder Rechtsmittelgericht aufzuheben (Zuständigkeit für das Abwicklungsgeschäft besteht auch nach Beendigung der elterlichen Sorge, Vormundschaft, Betreuung oder Pflegschaft). Beschwerde mit dem Ziel der Aufhebung ist auch nach dem Tod des Kindes (Mündels usw) noch zulässig,[21] nach Wirksamwerden der Genehmigung dann, wenn das Genehmigungsverfahren keine Gelegenheit zu einer richterlichen Überprüfung der Genehmigungsentscheidung bot[22] (dazu Rdn 3735). Ob Vornahme eines genehmigten Rechtsgeschäfts oder Mitteilung der nachträglich erteilten Genehmigung eines Vertrags an den anderen Teil (§ 1829 Abs 1 S 2 mit § 1643 Abs 3, § 1915 BGB) nach dem Tod des Kindes noch Wirksamkeit erlangen, bestimmt sich nach §§ 1698a, 1698b, 1893 (mit § 1915 bzw § 1908i) BGB.[23] Entsprechendes gilt bei Beendigung der elterlichen Sorge (Vormundschaft, Betreuung oder Pflegschaft) aus anderen Gründen (Beendigungsgründe zB §§ 1882–1885, § 1908d BGB).

d) Rechtsbehelf

3735 Die Rechtsmittel gegen die Beschlüsse des **Familiengerichts** in den ihm als Familiensachen zugewiesenen Genehmigungsverfahren (§ 1643 BGB; Rdn 3729) regelt § 621 ZPO. Erteilung und Versagung der Genehmigung sind mit der befristeten Beschwerde anfechtbar[24] (ein Monat; § 621e Abs 1 und 3 ZPO). Rechtsmittel in FGG-Verfahren des Vormundschaftsgerichts[25] (Rdn 3729): Beschwerde (§ 19 FGG). Beschwerdeberechtigt sind der gesetzliche Vertreter[26] (§ 20 FGG) und das Kind, das Mündel oder der Pflegling im Rahmen von § 19 FGG sowie der Betreute (§ 20 Abs 1 FGG). Dem Dritten (Vertragspartner) steht ein Beschwerderecht nicht zu.[27] Von dem Gericht (auch vom Beschwerdegericht,[28] § 62 FGG) kann der Beschluß oder die Verfügung nicht mehr geändert werden, wenn sie dem Vertragsgegner gegenüber wirksam geworden ist (§ 55 Abs 1 FGG). Das ist jedoch mit Art 19 Abs 4 GG unvereinbar, soweit dem in seinen Rechten Betroffenen damit jede Möglichkeit verwehrt ist, die Entscheidung des Rechtspflegers der Prüfung durch

---

[21] BayObLG 1964, 350 (353) = NJW 1965, 397.
[22] OLG Schleswig Rpfleger 2001, 416.
[23] So auch LG Memmingen MittBayNot 1983, 76.
[24] OLG Dresden Rpfleger 2001, 232.
[25] Rücknahme einer wirksam gewordenen Genehmigung bei Täuschung des Vormundschaftsgerichts s Müller Justiz 1957, 155.
[26] Dazu näher Keidel/Kuntze/Winkler Rdn 58, 59 zu § 20 FGG.
[27] BayObLG 1977, 121 (124); BayObLG Rpfleger 1992, 23. Beschwerderecht des Dritten ausnahmsweise, wenn die bereits ausgesprochene Genehmigung aufgehoben wird und der Dritte geltend macht, die Genehmigung sei ihm gegenüber nach § 1829 BGB wirksam und gem §§ 55, 62 FGG unabänderlich geworden, BayObLG Rpfleger 1976, 304 mit Nachw; außerdem bei Versagung der Genehmigung, wenn geltend gemacht wird, das Rechtsgeschäft habe keiner Genehmigung bedurft, BayObLG 1964, 240 (242) und Rpfleger 1976, 304; OLG Hamm BB 1984, 1702 = OLGZ 1984, 327.
[28] Siehe zB BayObLG (5. 4. 1991, 3 Z 44/91) Rpfleger 1991, 457; BayObLG FamRZ 1998, 1325 = MittBayNot 1998, 107; OLG Celle FamRZ 1997, 899.

C. Genehmigung bei Vertragsbeurkundung

den Richter zu unterziehen.[29] Der Gesetzgeber ist danach verpflichtet, eine den Anforderungen des Art 19 Abs 4 GG Rechnung tragende Regelung zu schaffen[30] (beschwerdefähiger Vorbescheid bis zur Neuregelung s Rdn 3730a).

e) Negativerklärung des Familien/Vormundschaftsgerichts

Die Erklärung des Familien/Vormundschaftsgerichts, ein bestimmtes Rechtsgeschäft bedürfe **nicht der Genehmigung, steht** der **Genehmigung** selbst **nicht gleich**, weil dem durch das Erfordernis der Genehmigung geschützten Interesse des Kindes, Mündels oder Betreuten der Vorrang vor dem Interesse des auf die Gültigkeit des Rechtsgeschäfts vertrauenden Vertragspartners und dem Schutzbedürfnis des Rechtsverkehrs gebührt.[31]

3736

C. Genehmigung bei Vertragsbeurkundung

a) Vertragsbeurkundung nach Genehmigung

Ist bei Abschluß (Beurkundung) eines Vertrags (auch der Auflassung als dingliche Einigung) die erforderliche Genehmigung des Familien/Vormundschaftsgerichts **bereits erteilt**[1] und macht der gesetzliche Vertreter davon Gebrauch, so genügt es, im Vertrag festzustellen:[2]

3737

---

[29] BVerfG 101, 397 = aaO (Fußn 15). OLG Schleswig DNotZ 2001, 648 = aaO (Fußn 15) läßt auch weiterhin Beschwerde gegen die vormundschaftsgerichtliche Genehmigung zu und hält auch nach Grundbucheintragung einen Erbteilsveräußerungsvertrag (§ 2033 BGB) für noch schwebend unwirksam. Ausgeschlossen bleibt nach OLG Hamm FamRZ 2001, 710 = MittBayNot 2000, 543 = NJW-RR 2001, 941 = RNotZ 2000, 221 die weitere Beschwerde gegen die dem Dritten gegenüber wirksam gewordene Genehmigung (§§ 62, 55 FGG), wenn das Landgericht die Erstbeschwerde gegen die Erteilung der Genehmigung (ungeachtet ihrer bereits eingetretenen Wirksamkeit) sachlich zurückgewiesen hat; dazu auch Reiß DNotZ 2001, 203. Sie ist auch unzulässig, wenn das Amtsgericht nach Bestätigung des Vorbescheids durch das Beschwerdegericht die Genehmigung erteilt hat und diese einem Beteiligten gegenüber wirksam geworden ist, BayObLG DNotZ 2003, 137 = Rpfleger 2002, 622.
[30] BVerfG aaO.
[31] So BGH 44, 325 = DNotZ 1966, 611 = Rpfleger 1966, 79; OLG Zweibrücken NJW-RR 1999, 1174. Mit der Erklärung, die Genehmigung sei nicht erforderlich, ist nur dargetan ist, daß das Gericht die Zulässigkeit einer Genehmigung geprüft hat, nicht aber, daß es bei ihrer Bejahung auch die Genehmigung erteilt hätte). AA insbesondere Bergerfurth NJW 1956, 289 und Müller JR 1962, 441. Bedenken gegen eine (weitere) Prüfungspflicht des Grundbuchamts äußert LG Braunschweig Rpfleger 1986, 90; dagegen zutreffend Meyer-Stolte in Anmerkung dazu.
[1] Zur Vorausgenehmigung s Flik BWNotZ 1995, 44; BayObLG RNotZ 2003, 127 = Rpfleger 2003, 361; s auch Rdn 3729.
[2] Für einen solchen Fall hat das LG Hamburg (HansJVBl Anhang 1946, 16) dahin erkannt, daß der Vertrag sofort mit seinem Abschluß wirksam wird, ohne daß eine Mitteilung der Genehmigung an den Vertragsgegner notwendig wäre. Bei Erteilung einer Vorausgenehmigung durch das Vormundschaftsgericht genügt nicht bloße nachträgliche Genehmigung eines schuldrechtlichen Vertrags durch die später bestellten Pfleger, die am vorher geschlossenen Vertrag nicht mitgewirkt hatten. Die Pfleger müssen vielmehr die Rechte in einem der Beurkundungsform bedürfenden ergänzenden Vertragsabschluß wahren und vertreten. Die Vorausgenehmigung kann insolange zurückgenommen, eingeschränkt oder erweitert werden, als auf ihrer Grundlage das Rechts-

4. Teil. VIII. Familien- und vormundschaftsger Genehmigg im Grundstücksverkehr

> Der Vormund teilt zur Kenntnis aller Beteiligten mit, daß er zum vorliegenden Vertrag die Genehmigung des Vormundschaftsgerichts bereits am (Datumsangabe) erhalten hat.

b) Genehmigung nach Vertragsbeurkundung

3738 Die Wirksamkeit eines vom gesetzlichen Vertreter **ohne** die erforderliche **Genehmigung** abgeschlossenen Vertrags hängt von der nachträglichen Genehmigung des Familien/Vormundschaftsgerichts ab.[3] Diese (ebenso deren Verweigerung) wird dem anderen Vertragsteil gegenüber erst wirksam, wenn sie ihm durch den gesetzlichen Vertreter mitgeteilt wird (§ 1829 Abs 1 S 2 mit § 1643 Abs 3, § 1908i Abs 1, § 1915 Abs 1 BGB, Rdn 3731).[3] Der Vertragsgegner kann auf diese Mitteilung nicht verzichten. Dem gesetzlichen Vertreter würde einseitiger Verzicht des Vertragsgegners auf die Mitteilung das Recht nehmen, sich zu entschließen, ob er von der ihm erteilten Genehmigung zur Herbeiführung der Wirksamkeit des Vertrags überhaupt Gebrauch machen will oder (zB wegen veränderter Sachlage oder veränderter eigener Auffassung) nicht.[4] Ein Verzicht des Vertragsgegners auf die Mitteilung kann auch nicht im Wege der Auslegung der Vertragsurkunde als Doppelvollmacht (Rdn 3739) aufgefaßt werden.[5] Unwirksam ist auch eine Vertragsbestimmung des Inhalts, daß der gesetzliche Vertreter seinen Entschluß, ob er von der Genehmigung Gebrauch machen will, in anderer Weise als durch Mitteilung an den Vertragsgegner zu bestätigen habe, somit zwar nicht die Kundgebung seiner Entschließung überhaupt, wohl aber deren **Zugang an den Vertragsgegner** wegfallen soll.[6] Unzulässig und unwirksam ist auch die Klausel[7] „Die Genehmigung des Familien/Vormundschaftsgerichts soll mit Eingang beim beurkundenden Notar als wirksam erteilt gelten".[8] Wirksam wird ein Vertrag auch nicht dadurch, daß das Familien/Vormundschaftsgericht eine Beschlußausfertigung dem Grundbuchamt übermittelt, ohne daß die Genehmigung den Eltern, dem Vormund usw gegenüber erklärt worden ist.

c) Doppelvollmacht

3739 Der gesetzliche Vertreter und der Vertragsgegner können wegen der zu einem bereits geschlossenen Vertrag noch erforderlichen Genehmigung des Familien/Vormundschaftsgerichts einen **Bevollmächtigten** bestellen, und zwar der gesetzliche Vertreter zur Entgegennahme der Genehmigung und zu ihrer Mitteilung[9] an den Vertragsgegner, dieser zur Empfangnahme der Mitteilung des

---

geschäft noch nicht vorgenommen worden ist. Solange ist keine Bindung eingetreten, OLG Stuttgart Rpfleger 1959, 158 mit Anm Haegele.

[3] Belehrungspflicht des Notars s Rdn 3731 Fußn 16.

[4] BGH DNotZ 1955, 83 = NJW 1954, 1925 = Rpfleger 1955, 158 und BGH FamRZ 1964, 199; OGH NJW 1949, 64; RG 121, 30 = DNotZ 1928, 404.

[5] S auch RG 121, 30; BayObLG 1923, 758; BayObLG 1989, 242 (247).

[6] RG 121, 30 = DNotZ 1928, 404; OLG München DR 1943, 491 gegen BayObLG 43, 384 und Wangemann NJW 1955, 531.

[7] S insbesondere BGH NJW 1954, 1925; OGH aaO; OLG Düsseldorf NJW 1959, 391 = DNotZ 1959, 260; OLG Neustadt MDR 1957, 856.

[8] Oder: „als allen Beteiligten zur Kenntnis gebracht gelten".

[9] Auch Vollmacht für Mitteilung der Genehmigung muß (hinreichend deutlich) erteilt sein, LG Itzehoe NJW-RR 1998, 159.

C. Genehmigung bei Vertragsbeurkundung

Bevollmächtigten des gesetzlichen Vertreters.[10] Der Bevollmächtigte kann für beide Teile ein und dieselbe Person sein – **Doppelvollmacht**[11] – und zwar auch der beurkundende Notar.[12] § 181 BGB bildet bei dieser Doppelbevollmächtigung keinen Hinderungsgrund, auch wenn von ihm in der Vollmacht nicht ausdrücklich Befreiung erteilt ist.[13] Wenn der Bevollmächtigte kraft der ihm erteilten Vollmacht, sei es aus sich heraus, sei es auf neue Weisung des gesetzlichen Vertreters, die letzte Entscheidung darüber fällt, ob der Vertrag (durch Mitteilung der Genehmigung an den Vertragsgegner) wirksam werden soll oder nicht, ist dem Schutzgedanken des § 1829 Abs 1 S 2 BGB genügt. Die Doppelvollmacht kann zB wie folgt **formuliert** werden:[14]

> Der Vormund, der die Erteilung der zur Wirksamkeit des Vertrags erforderlichen Genehmigung des Vormundschaftsgerichts hiermit beantragt, bevollmächtigt den Notar, diese Genehmigung vom Vormundschaftsgericht für ihn in Empfang zu nehmen und sie dem Vertragsgegner mitzuteilen. Dieser bevollmächtigt den Notar zur Empfangnahme der ebengenannten Mitteilung des Vormunds.

Nach Eingang der Genehmigung des Familien/Vormundschaftsgerichts beim Doppelbevollmächtigten muß dessen **innerer Wille**, die Genehmigung sich 3740

---

[10] Vgl OLG Celle FamRZ 1965, 454; OLG Hamm DNotZ 1964, 541 = Rpfleger 1964, 313; OLG Oldenburg DNotZ 1957, 543 mit Anm Hieber.

[11] Die Doppelvollmacht ist nicht infolge der Entscheidung des BVerfG (101, 397 = aaO [Rdn 3730a Fußn 15]) als unzulässig anzusehen (Gutachten DNotI-Report 2001, 90). Das BVerfG hat (bis zu einer Regelung durch den Gesetzgeber) den Rechtspfleger für verpflichtet angesehen, die Genehmigung durch einen beschwerdefähigen Vorbescheid anzukündigen (Rdn 3730a). Wurde damit dem Betroffenen ermöglicht, die Entscheidung des Rechtspflegers der Prüfung durch einen Richter zu unterziehen, bestehen keine Bedenken dagegen, daß der Doppelbevollmächtigte die letzte Entscheidung darüber fällt, ob der Vertrag durch Mitteilung wirksam werden soll. Von gesetzesmäßiger Behandlung durch den Rechtspfleger, damit Erlaß des Vorbescheids, kann der Doppelbevollmächtigte ausgehen, wenn ihm Gegenteiliges nicht zur Kenntnis gelangt ist.

[12] RG 121, 30 = DNotZ 1928, 404 = JW 1928, 1498; RG 155, 179; BGH DNotZ 1955, 83; OLG Hamm JMBl NRW 1953, 125; OLG München JFG 1, 31; OLG Neustadt MDR 1957, 752 = MittRhNotK 1957, 856; OLG Zweibrücken DNotZ 1971, 731; BayObLG DNotZ 1989, 369; BayObLG 1989, 242 (244) und FamRZ 1998, 1325 = MittBayNot 1998, 107; LG München II DNotZ 1976, 607 Leits = MittBayNot 1975, 229 = MittRhNotK 1975, 755; KG DNotZ 1977, 661 Leits; Keidel/Kuntze/Winkler Rdn 24 zu § 55 FGG, Rdn 15 zu § 6 und 27 zu § 18 BeurkG; K/E/H/E Rdn 83 zu § 20; Meyer-Stolte Rpfleger 1967, 300 mit Nachw; Weber DNotZ 1956, 292. §§ 3, 6, 7 BeurkG stehen nicht entgegen. Gegenteiliger Ansicht KGJ 36 A 190 und BayObLG 18, 211; wegen gewisser Bedenken gegen die Doppelvollmacht überhaupt s Bruhn Rpfleger 1952, 315 und die Anmerkung MittRhNotK 1957, 857; s dagegen aber Berner Rpfleger 1953, 287. Wegen einer Art gesetzlichen Vermutung für das Bestehen einer derartigen Doppelvollmacht s Hieber DNotZ 1957, 544.

[13] BayObLG 1989, 242 (247) mit weit Nachw. Hierzu Linde BWNotZ 1976, 144 mit Nachw; Gutachten DNotI-Report 2001, 90 (91).

[14] Hieber DNotZ 1951, 213 schlägt für die Vollmacht folgende Fassung vor: „Die vormundschaftsgerichtliche Genehmigung wird vorbehalten und beantragt. Der amtierende (beurkundende) Notar oder sein Vertreter wird allseits ermächtigt, alle zum Wirksamwerden dieser Genehmigung erforderlichen Erklärungen und Zustellungen entgegenzunehmen und abzugeben".

selbst als dem Vertreter des Vertragsgegners mitzuteilen, nach außen hin irgendwie erkennbar in Erscheinung treten.[15] Dies kann in der Weise geschehen, daß auf der für das Grundbuchamt bestimmten Beschlußausfertigung (bzw Vertragsurkunde) vom Doppelbevollmächtigten ein entsprechender Vermerk beigesetzt wird und die Unterlagen sodann von ihm beim Grundbuchamt eingereicht werden. Es dürfte sogar genügen, wenn der Bevollmächtigte einfach die Vertragsurkunde mit der Ausfertigung des Genehmigungsbeschlusses des Familien/Vormundschaftsgerichts beim Grundbuchamt einreicht und damit seine Willensentschließung bekundet, von der gerichtlichen Genehmigung Gebrauch zu machen. Da die Ansichten über diese Frage aber nicht voll übereinstimmen,[16] empfiehlt es sich, den vorerwähnten besonderen Vermerk auf die Urkunde anzubringen, etwa mit folgendem **Wortlaut**:[17]

> Diese mir als Bevollmächtigten des Vormunds zugegangene Genehmigung habe ich heute in dieser Eigenschaft mir selbst als gleichzeitigem Bevollmächtigten des Vertragsgegners mitgeteilt und für ihn in Empfang genommen.   Datum und Unterschrift

Dieser Vermerk bedarf dann, wenn der Notar Doppelbevollmächtigter ist, nicht der Form des § 29 GBO, da er keine „Erklärung" im Sinne dieser Vorschrift darstellt[18] bzw notarielle Eigenurkunde ist (Rdn 164). Es bedarf also

---

[15] RG 121, 33; DNotZ 1928, 404; BayObLG 28, 285, 720; BayObLG 1989, 242 (247); KG DJZ 1933, 1201 und DNotZ 1943, 60; OLG Neustadt MDR 1957, 856; OLG Zweibrücken DNotZ 1971, 731; BayObLG DNotZ 1983, 369; Ripfel Justiz 1963, 139; LG Frankenthal/Pfalz FamRZ 1979, 176.

[16] S zB LG München II DNotZ 1976, 607 Leits = MittBayNot 1975, 229 = MittRhNotK 1975, 755, das die Feststellung des Notars nicht für zureichend erachtet hat: „Gemäß meiner Vollmacht ... habe ich die vormundschaftsgerichtliche Genehmigung für die Beteiligten in Empfang genommen, womit sie wirksam ist". Ähnlich OLG Zweibrücken DNotZ 1971, 732.

[17] Hieber DNotZ 1951, 213 schlägt für den Vermerk folgende Fassung vor: „Von vorstehendem Beschluß namens aller Beteiligten zum Zwecke der Herbeiführung der Rechtswirksamkeit der Genehmigung nach § 1829 BGB Kenntnis genommen. Unterschrift, Notar." Vgl auch Kraker WürttNotV 1950, 55 und Linde BWNotZ 1976, 144.

[18] Ebenso BayObLG 22, 156 = DNotV 1923, 98 = JW 1923, 758; OLG Hamm DNotZ 1964, 541 = Rpfleger 1964, 313; KG DNotZ 1977, 662 = MittRhNotK 1976, 32; Hieber DNotZ 1951, 213; K/E/H/E Rdn 84, 85 zu § 20 und Rdn 35 zu § 29; aA neuerlich nur LG München II aaO (Fußn 16) mit abl Anm der Schriftleitg in MittBayNot. Meyer-Stolte Rpfleger 1974, 89 hat unter Hinweis auf § 39 BeurkG seine Rpfleger 1967, 302 vertretene Ansicht, daß der Vermerk der Form des § 29 GBO bedarf, aufgegeben. Wufka MittBayNot 1974, 131 fordert für die Erklärung des Notars die Form des § 29 GBO. Nach seiner Ansicht verstößt die Doppelbevollmächtigung des Notars gegen § 14 Abs 1 S 1 BNotO (ähnlich für Baden-Württemberg Linde BWNotZ 1976, 144). Dagegen – mit Recht – Schmidt MittBayNot 1974, 253.
Im Falle von OLG Hamm MDR 1953, 487 = JMBl NRW 1953, 125 hatte der Notar nur vom Pfleger Vollmacht zur Entgegennahme der Genehmigung des Vormundschaftsgerichts, so daß das Gericht hier mit Recht einen Nachweis der Mitteilung der Genehmigung an den Vertragsgegner in der Form des § 29 GBO verlangt hat. Macht der Notar die Mitteilung als Bevollmächtigter des Vormunds, so kann er sie nicht selbst beurkunden (§ 6 BeurkG); dagegen ist er nicht gehindert, die Erklärung des anderen Teils zu beurkunden, daß dieser durch ihn als Vertreter des Vormunds von der Genehmigung Mitteilung erhalten hat.

nicht der Aufnahme einer Niederschrift des Inhalts, daß der Bevollmächtigte in beurkundeter Form die hiervor erwähnte, tatsächlich nur gedankliche Erklärung – Insichgeschäft – abgibt. Der doppelbevollmächtigte Notar könnte eine solche Niederschrift ohnedies nicht selbst aufnehmen.[19] Der Vermerk ist als notarielle Eigenurkunde (s Rdn 164) zu behandeln, mit der der Notar im Grundbuchverfahren die Tatsache der (formlos) erfolgten Entgegennahme und Mitteilung bescheinigt.

Wenn ein Dritter (insbesondere ein Angestellter des Notars oder ein Beamter des Notariats) Doppelbevollmächtigter ist,[20] wird der Nachweis seiner Äußerung über Entgegennahme und Mitteilung der Genehmigung sowie Empfangnahme der Mitteilung in der Form des § 29 GBO verlangt. Der Notar muß daher die Unterschrift des Bevollmächtigten unter dessen Erklärung beglaubigen.[21] Die vom Vertragspartner einem Mitarbeiter des Notars erteilte Vollmacht zur Abgabe der mit der Durchführung des Vertrags zusammenhängenden Erklärungen umfaßt nicht die Entgegennahme der Mitteilung des gesetzlichen Vertreters über die gerichtliche Genehmigung des Vertrags.[22] Die Doppelvollmacht gilt, von besonderen Umständen abgesehen, **nicht** für den Fall der **Verweigerung** der Genehmigung des Familien/Vormundschaftsgerichts.[23]

3741

Die Doppelbevollmächtigung darf nicht dazu dienen, dem Mündel das ihm nach FGG etwa zustehende **Beschwerderecht abzuschneiden.** Wirken Vormund und Dritter zu diesem Zweck arglistig zusammen, so bleibt das Mündel trotz der Mitteilung der Genehmigung beschwerdeberechtigt.[24]

3742

D. Prüfung durch das Grundbuchamt

a) Prüfung der Vertretungsmacht des gesetzlichen Vertreters

aa) Das Grundbuchamt hat die **Vertretungsmacht** der Eltern, des Vormunds, Pflegers oder Betreuers zu **prüfen**. Unterliegt sie einer Beschränkung durch ein Genehmigungserfordernis, so hat das Grundbuchamt auch die **erforderliche Genehmigung** des Familien/Vormundschaftsgerichts, Gegenvormunds oder Gegenbetreuers zu prüfen. Die Genehmigung ist Wirksamkeitserfordernis zwar für Rechtsgeschäfte des Vertreters (Rdn 3680); Eintragungsantrag und ebenso Eintragungsbewilligung als Verfahrenshandlungen (Rdn 86, 98) sind nicht Genehmigungstatbestand.[1] Wirksame Vornahme der Verfahrenshand-

3743

---

[19] OLG Karlsruhe JZ 1970, 258 mit Anm Keidel, auch zur Frage, wann das Vormundschaftsgericht die Genehmigung noch ändern kann.
[20] Zur Haftung siehe Linde BWNotZ 1976, 145; hierwegen erhebt Bedenken auch Wufka MittBayNot 1976, 133.
[21] Linde BWNotZ 1976, 145.
[22] LG Oldenburg Rpfleger 1984, 414.
[23] BayObLG MittBayNot 1988, 183 = Rpfleger 1988, 482; KGJ 44, 156; OLG München JFG 23, 346 (347).
[24] OLG München DNotZ 1942, 60.
[1] Zur Berichtigungsbewilligung s Rdn 3727.

lung erfordert aber wirksame gesetzliche Vertretung; weil sich diese nach den Vorschriften des bürgerlichen Rechts bestimmt,[2] muß auch für die Vertretung im Verfahren eine nach materiellem Recht erforderliche Genehmigung des Familien/Vormundschaftsgerichts oder Gegenvormunds erteilt sein und nachgewiesen werden.

3744 bb) Prüfung einer erforderlichen Genehmigung (und deren Wirksamwerden) hat nach den Verfahrensregeln des **Grundbuchverfahrens** zu erfolgen. Es ist daher zu unterscheiden zwischen der bei bewilligter Eintragung (§ 19 GBO) vorzunehmenden Prüfung und der Prüfung der materiell-rechtlichen Einigung (§ 20 GBO).

b) Prüfung bei bewilligter Eintragung (§ 19 GBO)

3745 aa) In dem vom **formellen Konsensprinzip** beherrschten Grundbuchverfahren (§ 19 GBO; Rdn 15, 208) sind die nach materiellem Recht nötigen Willenserklärungen dem Grundbuchamt nicht nachzuweisen. Daher hat sich auch die Prüfung der Genehmigung des Familien/Vormundschaftsgerichts oder Gegenvormunds (Gegenbetreuers) nicht darauf zu erstrecken, ob sie bei Vornahme des Rechtsgeschäfts erteilt war oder ob die nachträgliche Genehmigung durch Mitteilung an den anderen Vertragsteil auch ihm gegenüber wirksam geworden ist (Rdn 3731). Zur wirksamen Vornahme der zu prüfenden Verfahrenshandlung ist daher **nachzuweisen** und zu **prüfen**
– die familien/vormundschaftsgerichtliche **Verfügung über die Genehmigung** des Rechtsgeschäfts bzw Erteilung des Genehmigung durch den Gegenvormund (Gegenbetreuer) und
– die **Bekanntmachung** dieser Genehmigung gegenüber dem gesetzlichen Vertreter (Eltern, Vormund, Betreuer oder Pfleger; § 1828 mit § 1643 Abs 3, § 1908i Abs 1, § 1915 Abs 1 BGB; für Genehmigung des Gegenvormunds oder Gegenbetreuers außerdem § 1832 BGB).

3746 bb) Nachzuweisen ist die Genehmigung des Familien/Vormundschaftsgerichts durch öffentliche Urkunde (§ 29 Abs 1 S 2 GBO), die des Gegenvormunds (Gegenbetreuers) mindestens in öffentlich beglaubigter Form (§ 29 Abs 1 S 1 GBO). Offenkundigkeit (Genehmigung in Akten des gleichen Gerichts) erübrigt weiteren Nachweis.
Der **Nachweis**, daß die Genehmigung vom Familien/Vormundschaftsgericht dem gesetzlichen **Vertreter gegenüber erklärt** worden ist, wird dadurch erbracht, daß das Familien/Vormundschaftsgericht in seiner Beschlußausfertigung bestätigt, daß die Genehmigung dem gesetzlichen Vertreter unmittelbar mitgeteilt worden ist. Der Nachweis kann auch dadurch geführt werden, daß die Genehmigung dem Vertreter zur Niederschrift des Vormundschaftsgerichts eröffnet wird, etwa sofort bei Stellung des Genehmigungsantrags in Protokollform (§ 16 Abs 3 FGG). Zustellungsurkunde des Gerichtsvollziehers

---

[2] Nach allgemeiner Ansicht beurteilt sich die Verfahrensfähigkeit in FGG-Verfahren, zu denen auch das Verfahren nach der GBO gehört, nach den Bestimmungen des BGB (über die Geschäftsfähigkeit); s BayObLG Rpfleger 1982, 20; Keidel/Kuntze/Winkler Rdn 32 zu § 13 FGG. Nach ihnen bestimmt sich daher auch die gesetzliche Vertretung geschäftsunfähiger oder in der Geschäftsfähigkeit beschränkter Personen, mithin auch die Vertretungsmacht des gesetzlichen Vertreters. S zudem § 51 ZPO.

D. Prüfung durch das Grundbuchamt

oder Postbeamten über die an den gesetzlichen Vertreter erfolgte Zustellung der gerichtlichen Genehmigung genügt als Nachweis.

c) **Prüfung der Einigung (§ 20 GBO)**

aa) Die materiell-rechtliche **Einigung** ist im Grundbucheintragungsverfahren nur im Falle der Auflassung eines Grundstücks (§ 925 BGB) und bei Bestellung, Änderung des Inhalts oder Übertragung eines Erbbaurechts nachzuweisen (§ 20 GBO; dazu Rdn 108). Das Grundbuchamt hat in diesen Fällen daher zu prüfen 3747
- die familien/vormundschaftsgerichtliche **Verfügung über die Genehmigung** des Rechtsgeschäfts,
- die **Bekanntmachung** dieser Genehmigung gegenüber dem gesetzlichen Vertreter,

und außerdem
- ob das Rechtsgeschäft mit einer bereits erteilt gewesenen gerichtlichen Genehmigung abgeschlossen worden ist (Rdn 3737) oder (zumeist), daß eine nachträgliche Genehmigung dem **Vertragspartner gegenüber** dadurch **wirksam geworden** ist, daß sie ihm von den Eltern, dem Vormund, Betreuer oder Pfleger mitgeteilt wurde (§ 1829 Abs 1 S 2, § 1643 Abs 3, § 1908 i Abs 1, § 1915 Abs 1 BGB).

bb) Der **Nachweis**, daß die nachträgliche Genehmigung dem Vertragspartner mitgeteilt worden ist, ist dann als erbracht anzusehen, wenn der Vertragsgegner die vom gesetzlichen Vertreter erhaltene Ausfertigung der Genehmigungsverfügung beim Grundbuchamt einreicht. Dies ist durch einen entsprechenden Vermerk des Grundbuchbeamten auf der Ausfertigung festzuhalten. Wenn (wie vielfach) dem Notar Doppelvollmacht erteilt wurde, wird dem Grundbuchamt der Nachweis, daß die Genehmigung dem Vertragspartner mitgeteilt und dadurch ihm gegenüber wirksam geworden ist, in der Rdn 3740 dargestellten Weise erbracht. Andernfalls muß der vorbehandelte Nachweis dem Grundbuchamt in der Form der § 29 GBO geführt werden. 3748

d) **Nachträgliche Vorlage der Genehmigung; Beanstandung mit Zwischenverfügung**

Die Genehmigung des Familien/Vormundschaftsgerichts (auch des Gegenvormunds), der Nachweis, daß sie vom Gericht dem gesetzlichen Vertreter gegenüber erklärt worden ist und (soweit vom Grundbuchamt zu prüfen; Rdn 3747) der Nachweis, daß eine nachträgliche Genehmigung zu einem Vertrag durch den gesetzlichen Vertreter dem anderen Vertragsteil mitgeteilt und damit ihm gegenüber wirksam geworden ist, können (nach jetzt einhelliger Meinung) in allen Fällen bis zum Vollzug der Grundbucheintragung **nachgereicht** werden.[3] Fehlende Nachweise können daher vom Grundbuchamt auch mit **Zwischenverfügung** (§ 18 GBO) angefordert werden. 3749
Für Eintragungen, die auf Grund **einseitiger Bewilligung** des gesetzlichen Vertreters erfolgen (§ 19 GBO), die somit Nachweis und Prüfung der nach mate-

---

[3] K/E/H/E Rdn 190 zu § 19; MünchKomm/Schwab Rdn 8 zu § 1831 BGB. Begründung vornehmlich: Der Schutzzweck des § 1831 BGB (Schutz des Dritten vor nicht beendbarer rechtlicher Unsicherheit) wird durch die Fristbestimmung mit Zwischenverfügung erreicht.

1627

riellem Recht nötigen Willenserklärungen nicht erfordern (Rdn 3745), wurde früher unterschieden:

Zur Eintragung einer **Rechtsänderung**, die materiell-rechtlich **Einigung** erfordert (zB Bestellung einer Grundschuld) wurde Abgabe der Eintragungsbewilligung bereits vor Erteilung der Genehmigung des Familien/Vormundschaftsgerichts als zulässig angesehen, jedoch verlangt, daß die Genehmigung gleichzeitig mit der Eintragungsbewilligung beim Grundbuchamt eingeht. Die Begründung hierfür war, daß eine solche Bewilligung erst durch Eingang beim Grundbuchamt wirksam, das Rechtsgeschäft also erst in diesem Zeitpunkt im Sinne des § 1831 BGB vorgenommen wird.[4] Nach anderer Begründung dieser Ansicht konnte die Genehmigung mit rückwirkender Kraft beigebracht werden. Das sollte für rein einseitige Erklärungen, die zur materiellen Wirksamkeit keiner Einigung der Beteiligten bedürfen, zB für eine Löschungsbewilligung, nicht gelten. Hier sollte § 1831 BGB voll eingreifen; verlangt wurde daher, daß die Genehmigung bereits vor Eingang des Antrags beim Grundbuchamt erteilt ist. Wann die (in dem maßgeblichen Zeitpunkt erteilte) Genehmigung dem Grundbuchamt nachgewiesen wird, blieb unerheblich. Wenn die Genehmigung zu rein einseitigen Erklärungen erst nach Eingang des Antrags beim Grundbuchamt erteilt wurde, sollte der Antrag zurückzuweisen sein. Möglich sollte es auch sein, die nachträgliche Vorlage der Genehmigung als Wiederholung des Antrags anzusehen. In der Zwischenzeit etwa eingegangene widersprechende Anträge waren in diesem Fall vorher zu erledigen.[5]

Dem ist nicht zu folgen. Nachzuweisen sind Genehmigung und deren Erteilung gegenüber dem gesetzlichen Vertreter in allen Fällen des § 19 GBO zur Prüfung der Vertretungsmacht der Eltern, des Vormunds, Betreuers oder Pflegers (Rdn 3743). Der Nachweis ist Eintragungsvoraussetzung, muß somit bei Eintragung vorliegen. Als Eintragungsgrundlage nachgereicht werden kann daher nicht nur eine vor (Einreichung) der Bewilligung bereits erteilte Genehmigung, sondern auch eine Genehmigung, die erst nach Einreichung der Bewilligung erteilt worden ist. § 1831 BGB als Bestimmung des materiellen Rechts für Wirksamkeit des (nicht zu prüfenden) einseitigen Rechtsgeschäfts findet auf die Bewilligung als rein verfahrensrechtliche Erklärung überhaupt keine Anwendung.[6]

3750–3799 Die Randnummern 3750–3799 sind **nicht** belegt.

---

[4] LG Flensburg Rpfleger 1966, 267 mit Anm Haegele.
[5] OLG Schleswig DNotZ 1959, 606; Mann BWNotZ 1964, 123.
[6] Siehe auch Rdn 3547: § 180 BGB gilt für verfahrensrechtliche Erklärungen nicht.

Fünfter Teil

Öffentlich-rechtliche Verfügungsbeschränkungen und Vorkaufsrechte

I. Überblick

Das öffentliche Recht enthält eine Vielzahl von Beschränkungen des Grundstücksverkehrs. Sie werden regelmäßig im Grundbuch nicht verlautbart (s Rdn 3), spielen aber eine wesentliche und immer stärker werdende Rolle. 3800

1. Verfügungsbeschränkungen

a) Bau- und Bodenrecht

Die wichtigsten Verkehrsbeschränkungen für Grundbesitz jeder Art sind im Baugesetzbuch (BauGB) enthalten. Sie haben **Verfügungs- und Teilungsbeschränkungen** zum Inhalt. Teilungsbeschränkungen finden sich auch in Landesbauordnungen. 3801

b) Landwirtschaftsrecht

Die **Veräußerung** von und die Bestellung eines Nießbrauchs an land- und forstwirtschaftlichen Grundstücken bedarf der Genehmigung nach dem Grundstücksverkehrsgesetz und den dazu erlassenen landesrechtlichen Vorschriften. Darüber hinaus können Verfügungsbeschränkungen öffentlich-rechtlicher Art während eines **Flurbereinigungsverfahrens** in Frage kommen. Nach Landesrecht existieren zum Teil ebenfalls Verfügungsbeschränkungen (zB Genehmigungen für die Teilung von Waldgrundstücken). 3802

c) Wirtschafts- und Sozialrecht

Im Bereich des Wirtschaftsrechts können Verfügungsbeschränkungen nach Außenwirtschaftsrecht sowie im Versorgungs- und Sozialversicherungsrecht zu beachten sein; Besonderheiten können auch für Bausparkassen, Hypothekenbanken und Versicherungsunternehmen sowie für Kapitalanlagegesellschaften Bedeutung erlangen. 3803

d) Verfügungsbeschränkungen für öffentliche Rechtsträger

Juristische Personen des öffentlichen Rechts (Gebietskörperschaften, Kirchen uä) unterliegen kraft öffentlichen Rechts Verfügungsbeschränkungen der Art, daß bestimmte Rechtsgeschäfte eine aufsichtliche Genehmigung erfordern. 3804

e) Verfügungsbeschränkungen im Beitrittsgebiet

Zur Sicherung möglicher Ansprüche auf Rückerstattung von Grundstücken im Beitrittsgebiet auf Grund des Vermögensgesetzes bedürfen Veräußerung eines Grundstücks sowie Bestellung und Übertragung eines Erbbaurechts der Genehmigung nach der Grundstücksverkehrsordnung (GVO) oder der sie ersetzenden Investitionsvorrangsbescheinigung. Diese und andere Beson- 3804a derheiten des Grundstücksverkehrs in den neuen Bundesländern sind in Rdn 4200 ff dargestellt.

2. Bedeutung der Verfügungsbeschränkungen

a) Bestehende Genehmigungspflicht

3805 Die öffentlich-rechtlichen Verfügungsbeschränkungen werden durch die Genehmigung der zuständigen Behörde beseitigt. Die Genehmigung muß von den Beteiligten – bzw vom Notar in ihrem Auftrag – eingeholt werden.
Bis zum Zeitpunkt, in dem endgültig feststeht, **ob die erforderliche Genehmigung erteilt** wird oder nicht, ist das Rechtsgeschäft **schwebend unwirksam**. Wird die **Genehmigung erteilt**, so wird das Rechtsgeschäft **rückwirkend** von seinem Abschluß an **wirksam**.[1] Das gleiche gilt, wenn die Genehmigungspflicht nach neuen gesetzlichen Vorschriften entfällt;[2] in diesem Fall sind entsprechende Vertragsklauseln, zB Fälligkeitsvoraussetzungen bei einem Grundstückskaufvertrag, entsprechend anzupassen.[3] Ist die Genehmigung unanfechtbar versagt, ist das Rechtsgeschäft nichtig (§ 134 BGB).

3806 **Während** des **Schwebezustandes** sind die Beteiligten an die getroffenen Vereinbarungen gebunden, eine einseitige Vertragsauflösung während dieser Zeit ist nicht zulässig (s auch § 311 a Abs 1 BGB). Allerdings ist der Erwerber nicht ohne weiteres gehalten, einen unbegrenzt langen Schwebezustand hinzunehmen (§ 242 BGB). Bei außergewöhnlich langer Verzögerung ist aus Gründen der Rechtsklarheit eine Erklärung erforderlich, daß ein Beteiligter endgültig nicht mehr am Vertrag festhalten wird. Die Beteiligten haben das zur Erlangung der Genehmigung Erforderliche zu tun und nach **Treu und Glauben** alles zu unterlassen, was der Genehmigung entgegenwirken könnte. Unter Umständen macht sich ein Vertragsteil, der, um vom Vertrag loszukommen, die Erteilung der Genehmigung vereitelt, schadensersatzpflichtig (§ 241 Abs 2, §§ 249, 826 BGB). Ein Anspruch auf Erfüllung der gegenseitigen Leistungen kann von dem Beteiligten erst nach behördlicher Genehmigung geltend gemacht werden[4]. Bei Nichtleistung durch den der Verfügungsbeschränkung unterliegenden Teil während des Schwebezustandes tritt kein Verzug[5] ein; auch Rechte aus §§ 281, 323 (= § 326 aF) BGB können demgemäß nicht ausgeübt werden. Doch können die Vertragsparteien wirksam Leistungspflichten für die Zeit des Schwebezustands[6] vereinbaren, die die Erfüllung nicht vorwegnehmen, zB Hinterlegung des Kaufpreises oder Verzinsung. Eine rechtswidrige Genehmigungsverweigerung beendet die schwebende Unwirksamkeit so lange nicht, wie der Anspruch auf Erteilung der Genehmigung noch durchsetzbar (zB einklagbar) ist und die Genehmigungsverweigerung unter den Vertragsparteien noch keinen endgültigen Rechtszustand geschaffen hat.[7] Ist mit der Genehmigungserteilung nicht mehr zu

---

[1] Vgl BGH 127, 368 = NJW 1995, 318.
[2] BGH 127, 368 (375) = NJW 1995, 318 (320).
[3] Vgl DNotI-Report 1994 Heft 3 S 2.
[4] Vgl BGH NJW 1993, 648 (651); Wenzel AgrarR 1995, 38.
[5] OLG Rostock NJW 1995, 3127.
[6] BGH DNotZ 1999, 477 = NJW 1999, 1329.
[7] Vgl BGH NJW 1993, 648 (650); K Schmidt AcP 189, 1 ff, der in solchen Fällen dem Vertragsgegner gegen den Inhaber des Genehmigungsanspruchs das Recht auf Fristset-

I. Überblick

rechnen oder ist diese völlig unwahrscheinlich geworden, entfällt die Leistungspflicht (§ 275 BGB); nach § 311 a Abs 2 BGB können Schadensersatzansprüche des anderen Teils bestehen, soweit diese nicht vertraglich ausgeschlossen sind (s Rdn 3842).

b) **Grundbuchliche Fragen**[8]

Bei einer Grundstücksveräußerung hindert das Ausstehen der behördlichen Genehmigung die Eintragung einer **Auflassungsvormerkung** zugunsten des Erwerbers nicht, soweit trotz fehlender Genehmigung bereits eine Bindung des Verfügenden im Sinne der Rdn 3806 besteht; soll nach Sinn und Zweck des Genehmigungserfordernisses die Bindung des Verfügenden erst mit Erteilung der Genehmigung eintreten, kann auch die Vormerkung erst nach erteilter Genehmigung eingetragen werden (s Rdn 1491, 1492). Die Auflassung kann vor Erteilung der Genehmigung erklärt werden. Die **Eigentumsumschreibung** im Grundbuch darf aber erst nach erteilter und nachgewiesener Genehmigung[9] erfolgen. 3807

Bei der Genehmigungspflicht handelt es sich um eine **bloße Rechtsbedingung**, nicht um eine – bei der Auflassung nach § 925 Abs 2 BGB unzulässige – **rechtsgeschäftliche Bedingung** (vgl Rdn 3330). 3808

Ist auf Grund des nichtigen Rechtsgeschäfts (in Unkenntnis der Genehmigungspflicht) im Grundbuch eine Eintragung erfolgt, so ist das Grundbuch unrichtig und ein **Amtswiderspruch** einzutragen (§ 53 Abs 1 S 1 GBO). Die meisten der eine Verkehrsbeschränkung enthaltenden Rechtsvorschriften sehen außerdem vor, daß die zuständige **Genehmigungsbehörde** in einem solchen Falle das Grundbuchamt um die Eintragung eines Widerspruchs ersuchen kann. Dies gilt auch, wenn die Genehmigung nach Grundbuchvollzug widerrufen wurde.[10] Der Widerspruch ist zugunsten desjenigen einzutragen, dessen Recht von der Eintragung betroffen wird, also bei Eintragung einer nicht genehmigten Veräußerung zugunsten des bisherigen Eigentümers. Die Löschung des Amtswiderspruchs, um dessen Eintragung die Genehmigungsbehörde ersucht hat, erfolgt auf Ersuchen dieser Behörde oder nach nachträglicher Genehmigung. 3809

---

zung analog § 108 Abs 2, § 177 Abs 2, § 415 Abs 2, § 1366 Abs 3, § 1829 Abs 2 BGB gibt. Abzulehnen ist die singuläre Entscheidung des BGH NJW 1995, 318, nach der Nichtigkeit auch dann eintritt, wenn die oberste Genehmigungsbehörde rechtsverbindlich bekannt gemacht hat, daß Genehmigungen nicht mehr erteilt werden; kritisch zu Recht K Schmidt NJW 1995, 2255.
[8] Zur Frage von Grundbuchvermerken über dem öffentlichen Recht angehörende Beschränkungen, Lasten und Vorkaufsrechte s insbesondere K/E/H/E Einl 1–9.
[9] Die Frage, ob die Bestandskraft solcher Genehmigungen nachzuweisen ist, kann nicht generell beantwortet werden, sondern richtet sich nach den einschlägigen gesetzlichen Vorschriften (vgl § 7 GrdstVG – Nachweis der Unanfechtbarkeit – einerseits und § 19 BauGB andererseits, wo auch Nachweis der Bestandskraft nicht erforderlich ist); OLG Hamm DNotZ 1974, 178 = Rpfleger 1974, 68; LG Coburg MittBayNot 1973, 121, 398; Faßbender DNotZ 1973, 358; Steiner Rpfleger 1981, 469 (471); aA LG Schweinfurt MittBayNot 1973, 46 mit abl Anm Hoffmann = Rpfleger 1972, 407; zust Haegele Rpfleger 1972, 390.
[10] LG Bielefeld Rpfleger 1978, 216; ebenso OLG Hamm Rpfleger 1978, 374 = MittBayNot 1978, 167.

3. Gesetzliche öffentlich-rechtliche Vorkaufsrechte

a) Die einzelnen Vorkaufsrechte

3810 Die wesentlichsten gesetzlichen Vorkaufsrechte sind für Grundstücke jeder Art in §§ 24–28 BauGB geregelt und für landwirtschaftliche Grundstücke in § 4 ff RSG enthalten.
Im Rückerstattungsverfahren kann nach § 20 VermG (durch Verwaltungsakt) ein Vorkaufsrecht für Mieter und nach § 20a VermG im Falle des Ausschlusses des Rückübereignungsanspruchs für den Restitutionsberechtigten begründet werden. Außerdem sieht § 57 SchuldRAnpG ein Vorkaufsrecht des Nutzers in den neuen Bundesländern vor. § 577 BGB enthält ein Vorkaufsrecht des Mieters, wenn an seiner Wohnung Wohnungseigentum begründet wurde oder werden soll. Durch das Gesetz zur Vereinfachung des Planungsverfahrens für Verkehrswege (PlanungsvereinfachungsG) vom 17. 12. 1993 (BGBl I 2123) und das Gesetz zur Neuordnung des Eisenbahnwesens (EisenbahnneuordnungsG) vom 27. 12. 1993 (BGBl I 2378) sind mehrere neue Vorkaufsrechte geschaffen worden: Vorkaufsrecht des Vorhabenträgers nach § 19 Abs 3 AllgEisenbahnG, des Trägers der Straßenbaulast nach § 9a Abs 6 BFernstrG, des Bundes nach § 15 Abs 3 BundeswasserstraßenG, des Unternehmens nach § 8a Abs 3 LuftverkehrsG, des Unternehmens nach § 28a Abs 3 PersonenbeförderungsG. Daneben können nach **Landesrecht** ebenfalls Vorkaufsrechte bestehen (zB im Bereich des **Denkmalschutzes**, des **Naturschutzes**).

b) Zweck der Vorkaufsrechte

3811 Die nach dem **BauGB** bestehenden Vorkaufsrechte sollen vor allem verhindern, daß Grundstücke, die zum Verkauf stehen, von **Personen erworben** werden, die **nicht in der Lage** und gewillt sind, die Grundstücke so zu nutzen, wie dies der im Einzelfall vorliegende Bebauungsplan oder die Sanierungs- oder Entwicklungsziele **erfordern**. Die Vorkaufsrechte sollen auch sonst uU später notwendige Enteignungen überflüssig machen und den Gemeinden die Möglichkeit geben, Land zu erwerben, das sie zur Durchführung ihrer Aufgaben benötigen. Durch eine für die Gemeinden uU bestehende Weiterveräußerungspflicht soll eine Bodenhortung durch die Gemeinde, verbunden mit der Möglichkeit, bei künftigen Veräußerungen Gewinne zu erzielen, unterbunden werden.

3812 Das Vorkaufsrecht nach **Siedlungsrecht** dient der **Verbesserung der Agrarstruktur**, etwa zur Festigung der Leistungsfähigkeit eines Betriebs. Im besonderen soll das siedlungsrechtliche Vorkaufsrecht der Schaffung neuer Ansiedlungen und der Hebung von Kleinbetrieben auf die Größe einer selbständigen Existenz dienen.

3813 Die Bedeutung der Vorkaufsrechte in der Praxis (Ausübung) steht in keinem Verhältnis zu dem insbesondere nach § 28 BauGB nötigen Verwaltungsaufwand (Anfragen, Prüfung, Bescheinigung).

II. Verkehrsbeschränkungen nach dem BauGB

A. Teilungsgenehmigung nach § 19 BauGB

Literatur: Finkelnburg, Bauleitplanung, Teilungsgenehmigung, Vorkaufsrechte und Zulässigkeit von Vorhaben – Anmerkungen zur Neufassung des Baugesetzbuchs, NJW 1998, 1; Grziwotz, Änderungen des BauGB und Vertragsgestaltung, DNotZ 1997, 916; Grziwotz, BauGB – Teilungsgenehmigung und Grundbuchverfahren, ZNotP 1999, 221; Groschupf, Beschränkungen im Grundstücksverkehr nach der Novelle zum Baugesetzbuch, NJW 1998, 418; Groth und Schmitz, Wegfall der Teilungsgenehmigung für Grundstücke – neue Gewinnchancen und ganz neue Risiken, Grundeigentum 1998, 22; Heller, Grundstücksteilung nach der Änderung des BauGB, Auswirkungen auf die Vertragsgestaltung, MittBayNot 1998, 225; Schmidt-Eichstaedt und Reitzig, Teilungsgenehmigung und Grundbuchsperre, NJW 1999, 385; von Campe und Wulffhorst, Entbehrlichkeit von Negativattesten bei Grundstücksteilungen nach §§ 19, 20 BauGB, NotBZ 1998, 98.

1. Bis 31. 12. 1997 geltende Rechtslage

Bis 31. 12. 1997 bedurften nach §§ 19 bis 23 BauGB aF alle Grundstücksteilungen im Innenbereich und eine Reihe von Teilungen im Außenbereich der Genehmigung durch die Bauaufsichtsbehörde; Einzelheiten 11. Aufl Rdn 3814 ff. Die Genehmigung diente einerseits der Sicherung der örtlichen Bauleitplanung und andererseits mit der ihr innewohnenden planungsrechtlichen Bindungswirkung dem Schutz des teilenden Eigentümers bzw des Erwerbers einer Teilfläche. 3814

2. Rechtslage ab 1. 1. 1998, Überblick

a) § 19 BauGB als Ermächtigungsgrundlage

Diese bundesrechtliche bodenverkehrsrechtliche Teilungsgenehmigung hat das Bau- und Raumordnungsgesetz (BROG) vom 18. 8. 1997 (BGBl I 2081) mit Wirkung ab 1. 1. 1998 abgeschafft. § 19 BauGB enthält jetzt lediglich eine Ermächtigungsgrundlage für den Erlaß gemeindlicher **Satzungen**, mit denen für bestimmte Grundstücks**teilungen** eine bodenverkehrsrechtliche Genehmigung vorgeschrieben werden kann. 3815

b) Ausschluß der Teilungsgenehmigung durch Landesverordnung

Die Länder können durch Rechtsverordnung für das ganze Bundesland oder räumlich abgegrenzte Gebiete hiervon bestimmen, daß die Gemeinden solche Teilungsgenehmigungen nicht durch Satzung beschließen dürfen (§ 19 Abs 5 BauGB).[1] Teilungsgenehmigungen nach § 19 BauGB sind aufgrund solcher Verordnungen nicht erforderlich in 3816

---

[1] Auch wenn die Landes-VO nach der gemeindlichen Satzung in Kraft getreten ist, konnte sie mit insoweit zulässiger Rückwirkung auf den 1. 1. 1998 die zwischenzeitlich erlassenen gemeindlichen Satzungen außer Kraft setzen, so OLG Rostock MittBayNot 1999, 410 = NotBZ 1999, 131 = Rpfleger 1999, 439 = ZNotP 1999, 289; vCampe und Wulffhorst NotBZ 1998, 98; aA Finkelnburg NJW 1998, 1 (13).

5. Teil. Öffentlich-rechtliche Verfügungsbeschränkungen und Vorkaufsrechte

- **Brandenburg:** VO v 7. 5. 1998, GVBl 406,
- **Mecklenburg-Vorpommern:** VO v 24. 2. 1998, GVBl 194,
- **Sachsen-Anhalt:** VO v 2. 1. 1998, GVBl 2.

3817 Diese Randnummer ist entfallen.

3. Die bodenverkehrsrechtliche Teilungsgenehmigung im einzelnen

a) Genehmigungspflichtige Teilungen

3818 Nur noch im Bereich einfacher oder qualifizierter **Bebauungspläne** (§ 30 Abs 1 und 3 BauGB) kann die Gemeinde durch Satzung – entweder in der Bebauungsplansatzung selbst oder in einer speziellen Satzung – eine Genehmigungspflicht für Grundstücksteilungen festlegen. Daher sind nach § 19 BauGB Grundstücksteilungen **nicht genehmigungspflichtig**
- generell in den Ländern, die entsprechende gemeindliche Satzungen verboten haben (s Rdn 3816),
- generell in den Gemeinden, die keine Teilungsgenehmigungsatzung erlassen haben,
- im Außenbereich (§ 35 BauGB),
- im unbeplanten Innenbereich (§ 34 BauGB),
- im Bereich eines vorhabenbezogenen Bebauungsplanes (§ 30 Abs 2 iVm § 12 BauGB),
- in den Fällen des § 19 Abs 4 BauGB (s Rdn 3833).

b) Teilungsgenehmigung nach Landesbauordnung

3819 Neben der auf § 19 BauGB beruhenden bauplanungsrechtlichen Teilungsgenehmigung gibt es landesrechtliche Teilungsgenehmigungen, die auf der jeweiligen Landesbauordnung beruhen, in den Ländern
- **Hamburg** nach § 8 BauO v 1. 7. 1986 (GVBl 183, mit Änderungen),
- **Niedersachsen** nach § 94 BauO v 10. 2. 2003 (GVBl 89),
- **Nordrhein-Westfalen** nach § 8 BauO v 1. 3. 2000 (GVBl 256),
- **Saarland** nach § 9 BauO v 27. 3. 1996 (ABl 477, mit Änderungen),
- **Thüringen** nach § 8 BauO[2] v 18. 4. 1994 (GVBl 251).

Keine Teilungsgenehmigung sehen hingegen die Landesbauordnungen vor in
- **Baden-Württemberg** v 8. 8. 1995 (GBl 6117; Aufhebung des § 8 durch Ges v 19. 12. 2000, GBl 760),
- **Bayern** v 4. 8. 1997 (GVBl 433, mit Änderungen),
- **Berlin** v 3. 9. 1997 (GVBl 422, mit Änderungen),
- **Brandenburg** v 16. 7. 2003 (GVBl 210),
- **Bremen** v 17. 4. 2003 (GVBl 159),
- **Hessen** v 1. 10. 2002 (GVBl 274),
- **Mecklenburg-Vorpommern** v 6. 5. 1998 (GVOBl 468, mit Änderungen = GSlg 2130–3),
- **Rheinland-Pfalz** v 24. 11. 1998 (GVBl 365; mit Änderungen = BS 213-1),
- **Sachsen** v 18. 3. 1999 (GVBl 86),
- **Sachsen-Anhalt** v 9. 2. 2001 (GVBl 50; § 8),
- **Schleswig-Holstein** v 10. 1. 2000 (GVBl 47).

---

[2] Zu dieser bauordnungsrechtlichen Teilungsgenehmigung OLG Jena NotBZ 2002, 32 (Bebauung des Grundstücks mit einer Anlage des öffentlichen Verkehrs).

II. Verkehrsbeschränkungen nach dem BauGB

Im Verfahren der bauordnungsrechtlichen Teilungsgenehmigung dürfen **bauplanungsrechtliche** Gesichtspunkte regelmäßig keine Rolle spielen. Nur die Einhaltung **bauordnungsrechtlicher** Gesichtspunkte kann Gegenstand der behördlichen Prüfung sein,[3] auch die Zuständigkeit für die Erteilung dieser Teilungsgenehmigung ist anders geregelt als bei § 19 BauGB: Zuständig für die Erteilung der bauordnungsrechtlichen Teilungsgenehmigung ist regelmäßig die Bauaufsichtsbehörde. Besondere Voraussetzungen einer Teilungsgenehmigung (zB nur, wenn das Grundstück bebaut oder die Bebauung genehmigt ist) hat das Grundbuchamt eigenverantwortlich zu prüfen.[4] Auf die Vorlage einer Teilungsgenehmigung oder eines Negativattestes hat es daher zu verzichten, wenn es auf Grund der Eintragungsunterlagen oder infolge Offenkundigkeit (Ermittlung hat es hierfür nicht durchzuführen) die Genehmigungsfreiheit selbst sicher beurteilen kann. Ohne landesrechtlich erforderliche Teilungsgenehmigung darf das Grundbuchamt die Teilung nicht vollziehen[5] (wie Rdn 3837). Wenn eine Grundstücksteilung ohne solche Teilungsgenehmigung eingetragen worden ist, ist die Teilung unwirksam[5] (wie Rdn 3839).
Zur Teilungsgenehmigung im Umlegungsgebiet s Rdn 3865, im Sanierungsgebiet s Rdn 3890 ff, im Entwicklungsbereich s Rdn 3902.

c) Grundstücksbegriff

Grundstück im Sinne des § 19 BauGB ist jedes sogen Buchgrundstück, dh jede Fläche, die im Bestandsverzeichnis eines Grundbuchblatts unter einer besonderen Nummer eingetragen ist. Bei Vereinigung oder Bestandteilszuschreibung liegt ein Grundstück iS des § 19 BauGB auch vor, wenn die einzelnen Flächen des Grundbuch-Grundstücks räumlich voneinander getrennt liegen.[6] Die Teilungsgenehmigung ist unabhängig von der Größe des abzuschreibenden Grundstücksteils (zB auch zur Grenzbegradigung) erforderlich.[7] 3820

d) Die Teilungserklärung

Teilung ist nach der Legaldefinition des § 19 Abs 2 BauGB die dem Grundbuchamt gegenüber abgegebene oder sonstwie erkennbar gemachte Erklärung[8] des Grundstückseigentümers, daß ein Grundstücksteil grundbuchmäßig abgeschrieben und als selbständiges Grundstück oder als ein Grundstück zusammen mit anderen Grundstücken oder mit Teilen anderer Grundstücke 3821

---

[3] Vgl hierzu Stöckle VBlBW 1999, 15; kritisch hierzu und für die Abschaffung der bauordnungrechtlichen Teilungsgenehmigung Heinz VBlBW 1999, 371.
[4] OLG Jena NotBZ 2002, 32; auch Gutachten DNotI-Report 2001, 129.
[5] LG Kassel Rpfleger 2001, 74.
[6] BVerwG 44, 250; BVerwG DNotZ 1976, 686. Eine Grundstücksteilung liegt auch dann vor, wenn grundbuchmäßig solche Flächen abgetrennt werden sollen, die zwar tatsächlich getrennt liegen, jedoch nach ihrer Eintragung im Grundbuch Teile desselben Buchgrundstücks sind (BVerwG NJW 1974, 865). Dagegen ist die Veräußerung eines Grundstücks, das lediglich nach § 4 GBO auf einem Grundbuchblatt gebucht ist, keine Teilung.
[7] BayObLG MittBayNot 1995, 459 = Rpfleger 1996, 65.
[8] Zivilrechtlich ist „Teilung" keine Erklärung, sondern die durch die entsprechende Erklärung (Bewilligung, Antrag) ausgelöste grundbuchmäßige Abschreibung eines Grundstücksteils; zum insoweit abweichenden Teilungsbegriff des § 19 Abs 2 BauGB vgl BVerwG 19, 82.

(im Rechtssinne, nicht katastermäßigen Sinne) eingetragen werden soll. Dabei ist es rechtlich bedeutungslos, ob der Grundstücksteil dem Eigentümer verbleiben oder ob er an einen Dritten veräußert werden soll. Unter den Begriff der Teilung fällt mithin jede grundbuchmäßige Ab- und Zuschreibung, auch soweit sie nach § 7 GBO zu erfolgen hat.

3822 Die Teilungserklärung nach § 19 Abs 2 BauGB, die das Genehmigungsverfahren nach § 19 BauGB eröffnet, ist nicht nur in der formgerechten Erklärung gegenüber dem Grundbuchamt zu sehen, sondern kann auch in einer „sonstwie erkennbar gemachten Erklärung" enthalten sein, zB in einem Kaufvertrag über eine Teilfläche oder einem Antrag auf Wegmessung der Teilfläche gegenüber dem Vermessungsamt, wenn deutlich wird, daß nicht nur katastermäßige Zerlegung, sondern grundbuchliche Teilung gewollt ist.[9] Stets muß das Teilungsvorhaben eindeutig bestimmt sein. Teilungserklärung ist auch der Antrag des Eigentümers an die Genehmigungsbehörde auf Erteilung der Genehmigung nach § 19 Abs 3 BauGB, wenn in dem Antrag die beabsichtigte Grundstücksteilung eindeutig bezeichnet wird[10] und zweifelsfrei aus den vorgelegten Unterlagen hervorgeht; Schriftform oder Erklärung zu Protokoll sind hierfür notwendig, nur mündliche Erklärung genügt nicht.[11] Die Teilungserklärung nach § 19 Abs 2 BauGB kann nur der bürgerlich-rechtliche Eigentümer (rechtsgeschäftliche Vertretung ist zulässig), nicht der wirtschaftliche Eigentümer (zB Auflassungsempfänger) abgeben,[12] davon zu unterscheiden ist der Antrag auf Teilungsgenehmigung, der auch vom Nichteigentümer (Erwerber) gestellt werden kann.[13]
Die Aufhebung einer Vereinigung ist ebenfalls eine genehmigungspflichtige Teilung.[14]

e) **Versagungsgründe**

3823 Nach § 20 Abs 1 BauGB ist die Teilungsgenehmigung nur zu versagen (andernfalls Rechtsanspruch auf Erteilung der Genehmigung), wenn die be-

---

[9] S BayObLG MittBayNot 1988, 128; BayObLG DNotZ 1996, 32 = Rpfleger 1995, 495. Wenn durch die genannten Erklärungen zwar das Genehmigungsverfahren in Gang gesetzt wird, so ist deswegen nicht die Vermessung oder der Kaufvertrag genehmigungspflichtig, sondern der grundbuchliche Vollzug der Teilung. Die auf Grund Runderlaß an die Vermessungsämter erteilte Weisung, Zerlegungen nur nach erteilter Teilungsgenehmigung durchzuführen, soll nur nutzlose und kostenträchtige Teilungsvermessungen im Interesse des Eigentümers ersparen; besteht er trotz Aufklärung auf der Teilungsvermessung, muß dies geschehen, ohne daß eine Teilung im Rechtssinn dann nachfolgt.

[10] Der Genehmigung bedarf es selbst dann, wenn der Eigentümer zu erkennen gibt, daß er das abzuschreibende Grundstück später an eine Gemeinde veräußern will. Zur Reihenfolge von Bodenverkehrsgenehmigung und katasteramtlicher Teilungserklärung s OVG Münster VerwRspr 1974, 462. Zum Begriff der Grundstücksteilung s auch BayObLG 1972, 221 = DNotZ 1973, 24 = Rpfleger 1972, 407 und BayObLG 1974, 237 = aaO (Fußn 14).

[11] BVerwG NJW 1984, 2481.

[12] BayVGH BayVBl 1975, 559; BVerwG DVBl 1975, 512; BVerwG 48, 87 (95); BVerwG 50, 311 (315) = DNotZ 1976, 686; BVerwG NJW 1980, 1120.

[13] BVerwG 50, 311 = aaO; BVerwG MittBayNot 1978, 77; VGH Mannheim NJW 1990, 3291.

[14] BayObLG 1974, 237 = DNotZ 1975, 147 = Rpfleger 1974, 311; AG Naila DNotZ 1972, 191 = Rpfleger 1961, 361 mit zust Anm Haegele.

II. Verkehrsbeschränkungen nach dem BauGB

antragte **Teilung** mit den Festsetzungen des Bebauungsplanes nicht vereinbar wäre, dh dessen Verwirklichung erschweren oder unmöglich machen würde, zB wenn die Festsetzung des Bebauungsplanes über Mindestgröße, -breite oder -tiefe (§ 9 Abs 1 Nr 3 BauGB) nicht mehr eingehalten werden. Dieser Verstoß kann auch nicht durch Bestellung einer sog Vereinigungsbaulast beseitigt und die Teilung genehmigungsfähig werden.[15] Die Genehmigung ist weiter zu versagen, wenn die mit der Teilung **bezweckte Nutzung** mit den Festsetzungen des Bebauungsplanes nicht vereinbar ist, zB Abtrennung einer Werkswohnung vom Betriebsgrundstück. Ob diesem Tatbestand allerdings besondere Bedeutung zukommt, ist zweifelhaft, da der Eigentümer im Genehmigungsverfahren zur Angabe der bezweckten Nutzung nicht verpflichtet ist.[16]

Die Frage, ob durch die Teilung noch eine gesicherte Erschließung besteht, ist regelmäßig nicht Gegenstand der Prüfung bei der Teilungsgenehmigung nach § 19 BauGB.[17]

3824

Statt Versagung der Genehmigung ist als milderes Mittel zu prüfen, ob die Genehmigung unter Auflagen erteilt werden kann (vgl § 36 VwVfG). Auflagen zur Abtretung von Teilflächen an Gemeinden für öffentliche Verkehrsflächen, zur Vorausleistung von Erschließungsbeiträgen oder zur Bestellung von Grunddienstbarkeiten[18] sind nicht zulässig, ebenso nicht die Auflage, daß sich die Bebauung nach einem künftigen Bebauungsplan zu richten habe. Auch sog modifizierende Auflagen, dh von Antragsinhalt abweichende Auflagen, sind unzulässig.[19]

3825

Echte **Bedingungen** sind im Genehmigungsverfahren unzulässig, werden aber vielfach als Auflagen anzusehen sein.

f) Verfahrensrecht

Zuständig zur Erteilung der Genehmigung ist die Gemeinde (§ 19 Abs 3 S 1 BauGB).

3826

Das Genehmigungs**verfahren** wird durch „Erklärung" des Eigentümers iS des § 19 Abs 2 BauGB (s Rdn 3822) eröffnet. Im Verkauf einer Teilfläche ist ebenfalls eine solche Teilungserklärung iS des § 19 Abs 2 BauGB enthalten. Den Genehmigungsantrag kann dann der Verkäufer oder der Käufer stellen (Rdn 3822). Ein Vorkaufsberechtigter ist, wenn das Vorkaufsrecht im Grundbuch eingetragen ist, jedenfalls nach Ausübung seines Rechts befugt, die erforderliche Genehmigung zu beantragen.

3827

---

[15] Streitig; wie hier BVerwG BauR 1991, 582; OVG Hamburg NJW 1992, 259; die öffentlichrechtliche Baulast (Behandlung als ein Grundstück) steht in krassem Widerspruch zur erstrebten zivilrechtlichen Teilung (die in der Folge zu unterschiedlichem Eigentum an den Teilgrundstücken führen kann); Battis/Krautzberger/Löhr Rdn 4 zu § 20 BauGB; aA Meendermann NJW 1993, 424 mit weit Nachw.
[16] Vgl hierzu Battis/Krautzberger/Löhr Rdn 5 zu § 20 BauGB.
[17] BVerwG DNotZ 1982, 613 = DVBl 1982, 357 = NJW 1982, 1060; BGH NVwZ 1984, 33; BVerwG DÖV 1986, 699 = NJW 1986, 2775; vgl demgegenüber den Wegfall einer bisher vorhandenen Erschließung als Versagungsgrund bei Teilung eines unbebauten Grundstücks BVerwG NJW 1981, 2426 und NJW 1982, 1061.
[18] BGH DÖV 1981, 466 = MDR 1981, 480 = NJW 1981, 980.
[19] Ernst/Zinkahn/Bielenberg/Söfker Rdn 42 zu § 19 BauGB; Schmittat MittRhNotK 1986, 209 (222).

5. Teil. Öffentlich-rechtliche Verfügungsbeschränkungen und Vorkaufsrechte

3828 Der Antrag kann auch durch einen Bevollmächtigten gestellt werden; die Vollmacht braucht nicht nachgewiesen zu sein, um die Frist des § 19 Abs 3 S 2, 3 BauGB in Lauf zu setzen.[20] Ein gesetzliches Antragsrecht des Notars besteht nicht (Rdn 3844).

3829 In der Regel wird die Genehmigung ausdrücklich erteilt und dem Antragsteller bzw seinem Vertreter mitgeteilt. Sie gilt aber auch als erteilt, wenn sie nicht binnen einem Monat nach Eingang des Antrags versagt wird – sog **fiktive Genehmigung** – (§ 19 Abs 3 S 5 BauGB). Die Frist kann vor ihrem Ablauf um höchstens weitere 3 Monate verlängert werden (§ 19 Abs 3 S 4 BauGB).[21] Die Beteiligten haben nach Fristablauf einen Anspruch auf Erteilung eines Zeugnisses über die fingierte Genehmigung (§ 20 Abs 2 BauGB), das aber vom Zeugnis darüber, daß eine Genehmigung nicht erforderlich ist, zu unterscheiden ist. Stellt eine Behörde in einem Falle, in dem die Genehmigung als erteilt gilt, das hierfür vorgesehene Zeugnis dahin aus, daß eine Genehmigung nicht erforderlich sei, so nimmt die – bestandskräftige – Feststellungswirkung des Zeugnisses dem Antragsteller die Möglichkeit, sich auf die Tatsache des Genehmigungseintritts zu berufen.[22] Ob auf den Eintritt der Fiktionswirkung von dem Antragsteller verzichtet werden kann, ist streitig.[23] Voraussetzung für die Fiktionswirkung ist, daß der zu genehmigende Vorgang im Antrag nebst den beigefügten Unterlagen derart bestimmt bezeichnet ist, daß über den Inhalt der fiktiven Genehmigung kein Zweifel sein kann. Dies setzt im Regelfall Vorlage eines Lageplans voraus; generell sind das betroffene Grundstück und die beantragte Teilung eindeutig darzulegen, damit überhaupt die Monatsfrist in Lauf gesetzt wird[24] (s Rdn 3822). Die Frist beginnt erst dann zu laufen, wenn der Antrag mit Unterlagen bei der Gemeinde eingeht. Wird die Genehmigung für eine Teilung von beiden Vertragspartnern eines Teilungskaufs gemeinsam beantragt, so erfordert der Ausschluß der fiktiven Genehmigung, daß der versagende Bescheid beiden Antragstellern rechtzeitig zugestellt wird. § 182 Abs 1 BGB findet insoweit keine entsprechende Anwendung.[25] Nachträgliche Änderung des (angegebenen) Nutzungszwecks bedeutet Stellung eines neuen Antrags, der erneut die Frist in Lauf setzt.[26]

---

[20] BVerwG NJW 1980, 1120.
[21] Wurde der Notar bevollmächtigt, die Genehmigung zu beantragen und Bescheide in Empfang zu nehmen, so muß der Zwischenbescheid zur Fristverlängerung zwingend dem Notar zugestellt werden. Die alleinige Zustellung an den Beteiligten verlängert die Genehmigungsfrist nicht, so BGH MittBayNot 1996, 395 mit Anm Wolf = NJW 1996, 2102 zu § 6 Abs 1 S 2 GrdstVG.
[22] BVerwG BauR 1974, 43; BVerwG NJW 1987, 1348.
[23] Dafür VGH Baden-Württemberg BauR 1986, 678 mit Nachweis des Streitstands.
[24] Die Bestimmung des § 4 Abs 1 VwZG, wonach ein eingeschriebener Brief selbst dann als am dritten Tag nach der Aufgabe zur Post als zugestellt gilt, wenn feststeht, daß er dem Empfänger vor diesem Zeitpunkt zugegangen ist, gilt auch für die Berechnung der Verschweigungsfrist bei der oben behandelten fiktiven Genehmigung nach § 19 Abs 3 BauGB uneingeschränkt (OVG Münster MDR 1970, 1041 = NJW 1971, 73).
[25] BVerwG BayVBl 1970, 135 = MittBayNot 1970, 66 = MittRhNotK 1970, 301 = NJW 1970, 345. Dazu Simon BayVBl 1970, 122.
[26] BVerwG BauR 1971, 246 = BayVBl 1972, 188 = DVBl 1971, 756.

II. Verkehrsbeschränkungen nach dem BauGB

Gegen die uneingeschränkt erteilte **Genehmigung** oder ein antragsgemäß erteiltes Negativattest ist ein Rechtsmittel für die Parteien nicht gegeben.[27] Da der Teilungsgenehmigung keine Bindungswirkung für ein (künftiges) Baugenehmigungsverfahren mehr zukommt (Aufhebung des § 21 BauGB aF), hat sie keine nachbarschützende Wirkung mehr und kann von Dritten nicht angefochten werden.[28] Bei **Ablehnung** der Genehmigung oder deren Erteilung nur unter Auflagen können die Verwaltungsgerichte angerufen werden[29] (Widerspruchsverfahren und Anfechtungsklage; s §§ 68 ff VwGO). Wegen Rechtsmittelbelehrung bei nicht uneingeschränkter Genehmigung s § 211 BauGB. 3830

Zurückgenommen werden kann der Antrag bis zur Unanfechtbarkeit der Entscheidung, also auch nach Eintritt der Fiktionswirkung (§ 19 Abs 3 S 5 BauGB).[30]

g) Wirkung der Genehmigung, Rücknahme

Die Teilungsgenehmigung nach § 19 BauGB hat nur noch die Funktion, den rechtlichen Vollzug der Teilung im Grundbuch zu ermöglichen. Die Bindungswirkung des früheren § 21 BauGB existiert nicht mehr. 3831

Die rechtswidrig erteilte Teilungsgenehmigung kann nach den Bestimmungen der Verwaltungsverfahrensgesetze über die Rücknahme begünstigender Verwaltungsakte zurückgenommen werden. Diese Rücknahmemöglichkeit besteht auch gegenüber der fiktiven Genehmigung (§ 19 Abs 3 S 5, § 20 Abs 2 BauGB).[31] Wurde daher die Frist versäumt, kann die Genehmigungsbehörde in den Fällen, in denen die Genehmigung zu versagen wäre, sofort die fiktive Genehmigung zurücknehmen.[32] Wird die Teilungsgenehmigung wegen Rechtswidrigkeit oder zB in Fällen des § 49 Abs 2 Nr 2, 3 VwVfG zurückgenommen, so wird eine im Grundbuch vollzogene Teilung unwirksam; Eintragung des Widerspruchs nach § 20 Abs 3 BauGB ist möglich (s Rdn 3840). Kaufvertrag und Auflassung bleiben vom Widerruf der Teilungsgenehmigung unberührt; soweit der Kaufvertrag noch nicht erfüllt ist, wird der Verkäufer von seiner Leistungspflicht frei (§ 275 BGB), schuldet aber uU Schadensersatz statt der Leistung über §§ 280, 281, 276[33] BGB oder über § 311a Abs 2 BGB; genauere Regelung der Risikoverteilung ist geboten (s Rdn 3841 ff). Ist die Teilung und daran anschließend die Auflassung des abgeteilten Grundstücks 3832

---

[27] BVerwG BayVBl 2000, 118 (gilt auch für Verkäufer, wenn Käufer Genehmigung beantragt hat); OVG Lüneburg NJW 1969, 812; OLG Köln Rpfleger 1983, 16; Löscher Rpfleger 1961, 343.
[28] Battis/Krautzberger/Löhr Rdn 23 zu § 19 BauGB; VGH Bad-Württbg DÖV 1998, 129 = VBlBW 1997, 304.
[29] Ein die Genehmigung versagender Bescheid wird für die Antragsberechtigten, die keinen Rechtsbehelf ergriffen haben, unanfechtbar (OVG Münster BRS 22, 155 = DNotZ 1970, 291 = VerwRspr 1970, 502).
[30] BVerwG BauR 1987, 667.
[31] BVerwG RdL 1985, 66, allerdings unter starker Betonung des Vertrauensschutzes des Begünstigten; BVerwG BauR 1987, 667; ebenso BayVGH BayVBl 1992, 341 und BayVBl 2002, 240.
[32] Fall des BayVGH BayVBl 1992, 341.
[33] Ob jemand und wer die Unmöglichkeit zu vertreten hat, richtet sich danach, wer das Risiko dieses Leistungshindernisses übernommen hat, BGH NJW 1980, 700.

schon vollzogen,[34] so bleibt sie unter den Voraussetzungen des § 892 BGB[35] wirksam.

h) Befreiungen von der Genehmigungspflicht

3833 Die Teilungsgenehmigung ist **nicht erforderlich** (§ 19 Abs 4 BauGB) bei Teilungen
- in einem Verfahren zur **Enteignung** oder während eines Verfahrens zur **Bodenordnung** im Sinne des § 19 Abs 4 Nr 1 BauGB; die private Grundstücksteilung in der Umlegung bedarf daher nur der Genehmigung nach § 51 BauGB und nicht mehr daneben noch der nach § 19 BauGB;
- in einem förmlich festgelegten **Sanierungsgebiet** oder in einem städtebaulichen Entwicklungsbereich, wenn in der Sanierungssatzung die Genehmigungspflicht für Teilungen nach § 144 Abs 2 BauGB nicht ausgeschlossen ist (§ 19 Abs 4 Nr 2 BauGB);
- wenn der **Bund**, ein **Land**, eine **Gemeinde** oder ein Gemeindeverband als Erwerber, Eigentümer oder Verwalter (nicht verständlicher Ausdruck) beteiligt ist; unter diese Vorschrift des § 19 Abs 4 Nr 3 BauGB fällt auch ein Landkreis.[36] Erwirbt eine Gemeinde für den Straßenbau einen Grundstücksteil, um ihn ohne Zwischeneintragung an eine Privatperson weiter zu übertragen, die gleichfalls Grund für den Straßenbau abtritt, so ist die Teilung des Grundstücks nach § 19 Abs 4 Nr 3 BauGB nicht genehmigungspflichtig;[37]
- wenn eine ausschließlich kirchlichen, wissenschaftlichen, gemeinnützigen oder mildtätigen Zwecken dienende **öffentlich-rechtliche Körperschaft**, Anstalt oder Stiftung, eine mit den Rechten einer Körperschaft des öffentlichen Rechts ausgestattete Religionsgemeinschaft oder eine den Aufgaben einer solchen Religionsgemeinschaft dienende rechtsfähige Anstalt, Stiftung oder Personenvereinigung als Erwerber oder Eigentümer beteiligt ist. Der Begriff der Gemeinnützigkeit ist in Anlehnung an § 52 AO auszulegen. Die Bundesanstalt für Vereinigungsbedingte Sonderaufgaben (zuvor die Treuhandanstalt) ist keine gemeinnützige Anstalt des öffentlichen Rechts;
- wenn sie der **Errichtung von Anlagen** der **öffentlichen Versorgung** mit Elektrizität, Gas, Wärme und Wasser sowie von Anlagen der Abwasserwirtschaft dient.

i) Verhältnis zu anderen Verfügungsbeschränkungen

3834 Die nach dem BauGB erteilte Genehmigung **ersetzt** grundsätzlich **nicht** eine nach anderen Vorschriften erforderliche Genehmigung.

---

[34] Im Gegensatz zu § 19 Abs 2 Nr 1 des BBauG in der bis 1. 8. 1979 geltenden Fassung (Auflassungsgenehmigung im Außenbereich) kann jetzt nur noch die Teilung mangels Genehmigung unwirksam sein, nicht die Auflassung; BGH BWNotZ 1981, 44 = NJW 1980, 1691 = Rpfleger 1980, 274 betrifft die (alte) Auflassungsgenehmigung.
[35] BayObLG MittBayNot 1981, 125; OLG Frankfurt MDR 1985, 498 = MittRhNotK 1985, 43 = Rpfleger 1985, 229; BayObLG DNotZ 1996, 32 = Rpfleger 1995, 495. Ernst/Zinkahn/Bielenberg/Söfker Rdn 28 zu § 20 BauGB.
[36] Dafür: BayStMdI MittBayNot 1982, 282; Ernst/Zinkahn/Bielenberg/Söfker Rdn 58 zu § 19 BauGB.
[37] BayObLG DNotZ 1994, 478.

II. Verkehrsbeschränkungen nach dem BauGB

Im räumlichen Geltungsbereich eines Bebauungsplans – aber auch nur hier – sind die Vorschriften über den **Verkehr mit land- und forstwirtschaftlichen Grundstücken** (Veräußerungs- und Belastungsbeschränkungen, Rdn 3935, 3941) nicht anzuwenden, ohne Rücksicht darauf, ob in diesem Bereich – zur realen Teilung – eine Genehmigung nach BauGB überhaupt erforderlich ist oder nicht[38] (§ 191 BauGB und § 4 Nr 4 GrdstVG). Etwas anderes gilt nur, wenn es sich um die Veräußerung der Wirtschaftsstelle eines land- oder forstwirtschaftlichen Betriebs oder solcher Grundstücke handelt, die im Bebauungsplan als Flächen für die Landwirtschaft oder als Wald ausgewiesen sind. In diesen Fällen bedarf es im Innenbereich auch der Genehmigung nach Landwirtschaftsrecht.[39] Oft wird bei einer Veräußerung schwer nachzuweisen sein, welcher Fall gegeben ist. Dann wird eine Negativbescheinigung der landwirtschaftlichen Genehmigungsbehörde erforderlich sein (§ 5 GrdstVG).

Im Bereich eines Sanierungs- oder Entwicklungsgebiets nach §§ 142, 165 BauGB tritt an die Stelle der Teilungsgenehmigung nach § 19 BauGB die Genehmigung nach § 144 Abs 2 Nr 5 BauGB (iVm § 169 Abs 1 Nr 3 BauGB), soweit nicht die Genehmigungspflicht ausgeschlossen ist (§ 142 Abs 4 BauGB).

4. Grundbuchamt und Genehmigungspflicht nach § 19 BauGB

Das Grundbuchamt hat die Verfügungsbeschränkung nach § 19 BauGB zu beachten. Es darf grundsätzlich eine Teilung nur vollziehen, wenn **Genehmigungsbescheid** oder **Negativattest** vorgelegt werden (§ 20 Abs 2 S 2 BauGB). Diese Vorschrift ist aber zur Vermeidung unnötiger Formelei restriktiv auszulegen: Das Grundbuchamt hat das Recht und die Pflicht, in eigener Verantwortung unter Beachtung des § 29 GBO in folgenden Fällen auf die Vorlage eines Negativattests zu verzichten:[40]

– In den Fällen, in denen durch Landesverordnung die Teilungsgenehmigung nicht zugelassen ist (§ 19 Abs 5 BauGB);[41]

3835

---

[38] Gleicher Ansicht für die Belastungsbeschränkungen Eppig DNotZ 1960, 521. Gegenteiliger Ansicht insoweit Ripfel BB 1960, 1186, der unter Grundstücksverkehr nur die Grundstücksveräußerung, nicht auch die Belastung – abgesehen von der Bestellung eines Erbbaurechts – versteht. Aus dem Gesetzestext ist aber für diese Einschränkung nichts zu entnehmen. Eine Belastungsgenehmigung nach dem GrdstVG kommt nur noch für den Nießbrauch in Frage (s Rdn 4019).
[39] Ein Zusammentreffen mit einer Genehmigung nach dem BauGB scheidet hier deshalb aus, weil im Innenbereich nur für die Teilung eines Grundstücks Genehmigung erforderlich ist (3818). Eine solche Teilung bedarf aber nicht der Genehmigung nach allgemeinem Landwirtschaftsrecht.
[40] Zum Recht vor Neufassung der §§ 19 ff BauGB vgl BayObLG 1972, 221 (224) = DNotZ 1972, 761; BayObLG Rpfleger 1978, 56. Zur jetzigen Rechtslage ebenso Battis/Krautzberger/Löhr Rdn 14 zu § 20 BauGB; Schmidt-Eichstaedt/Reitzig NJW 1999, 385; vCampe und Wulffhorst NotBZ 1998, 98; Grziwotz ZNotP 1999, 221; aA Finkelnburg NJW 1998, 1 ff.
[41] OLG Rostock MittBayNot 1999, 410 = NotBZ 1999, 131 = Rpfleger 1999, 439 = ZNotP 1999, 289; OLG Hamm MittRhNotK 1999, 251 = Rpfleger 1999, 487; OLG Zweibrücken DNotZ 1999, 825 = Rpfleger 1999, 441 (beide zu § 172 Abs 1 S 6 iVm § 20 Abs 2 S 2 BauGB); LG Halle NotBZ 1999, 33 = Rpfleger 1999, 218; aA LG

5. Teil. Öffentlich-rechtliche Verfügungsbeschränkungen und Vorkaufsrechte

– in den Fällen des § 19 Abs 4 BauGB,[42] da diese Tatbestände vom Grundbuchamt regelmäßig selbst beurteilt werden können.

3836 Ein allgemeines Negativattest von Gemeinden, die in ihrem Gemeindegebiet (oder Teilen hiervon) eine Genehmigungspflicht für Teilungen nicht eingeführt haben, ist zwar nicht (wie zB § 144 Abs 3 BauGB) gesetzlich vorgesehen, kann aber von der Gemeinde erteilt werden.[43] Es sollte enthalten, daß es als Negativattest iS des § 20 Abs 2 S 2 BauGB für alle Teilungen gilt, die bis zu einem etwaigen Widerruf erklärt wurden.[44]

3837 Ist nach den vorstehenden Ausführungen Vorlage einer Genehmigung oder eines Negativattests nötig, ist den Antragstellern durch **Zwischenverfügung** die Beibringung aufzugeben (Eintragungshindernis nach § 20 Abs 2 S 2 BauGB). Eine **Rechtskraftbescheinigung** ist dem Grundbuchamt zur Teilungsgenehmigung nach § 19 BauGB nicht vorzulegen, da eine dem § 7 GrdstVG entsprechende gesetzliche Vorschrift fehlt und die Genehmigung ebenso wie das Negativzeugnis als Verwaltungsakt nach Verwaltungsverfahrensgesetz mit Bekanntgabe an den Betroffenen wirksam wird und bleibt, solange er nicht zurückgenommen, widerrufen oder anderweitig aufgehoben ist.[45]

3838 Die erteilte Teilungsgenehmigung nach § 20 Abs 2 BauGB muß mit der beim Grundbuchamt beantragten Teilung **übereinstimmen**.[46] Dies ist vom Grundbuchamt selbständig zu prüfen. Nimmt die erteilte Genehmigung auf einen Teilungs- oder Vermessungsantrag Bezug, so muß auch dieser dem Grundbuchamt vorgelegt werden, weil sonst der Inhalt des Genehmigungsbescheids nicht geprüft werden kann.[47] Dem Genehmigungsbescheid muß also in der Praxis ein Lageplan mit eingezeichneter Teilungsfläche beigefügt sein oder die Genehmigungsbehörde muß **nach** Vermessung bestätigen, daß die tatsächlich erfolgte Teilung genehmigt ist. Identität zwischen Genehmigung und Teilung besteht zB nicht, wenn die Genehmigung zur Wegmessung einer Teilfläche

---

Schwerin NotBZ 1999, 89 mit abl Anm vCampe = Rpfleger 1999, 218 mit abl Anm Böhringer.
[42] LG Dresden DNotI-Report 1998, 163; LG Koblenz DNotI-Report 1999, 51; LG Gera NotBZ 2000, 31; Grziwotz, Schmidt-Eichstaedt/Reitzig, je aaO (Fußn 40).
[43] Wie hier Groschupf NJW 1998, 418; Finkelnburg NJW 1998, 1; aA Ernst/Zinkahn/Bielenberg/Söfker Rdn 20 zu § 20 BauGB.
[44] Zu den Problemen eines solchen allgemeinen Negativattests vgl Grziwotz, Grundbuch- und Grundstücksrecht, Rdn 71 ff.
[45] OLG Hamm DNotZ 1974, 178 = Rpfleger 1974, 68; LG Aachen MittRhNotK 1974, 271; LG Coburg MittBayNot 1973, 398; Faßbender DNotZ 1973, 358; Wolfsteiner Rpfleger 1973, 162; Steiner Rpfleger 1981, 469 (471); aA LG Schweinfurt MittBayNot 1973, 46 mit abl Anm Hoffmann = Rpfleger 1972, 409 und Haegele Rpfleger 1972, 390.
[46] BayObLG 1985, 230 = DNotZ 1986, 221 = Rpfleger 1985, 438: Keine Identität bei Flächenabweichung von 75%, wenn Flächengröße für Identität der Teilfläche mangels anderer genauer Angaben maßgeblich ist; s dazu Rdn 870. Zur Übereinstimmung auch LG Chemnitz NotBZ 2003, 38.
[47] BayObLG DNotZ 1988, 782 = Rpfleger 1988, 408; BayObLG DNotZ 1996, 32 = Rpfleger 1995, 495; vgl dazu auch Hoffmann und Witt BayNot 1988, 129. Vorlage des Vermessungsantrags aber nicht nötig, wenn sich aus der Genehmigung selbst die Identität von beantragter und genehmigter Teilung ergibt, LG Bamberg MittBayNot 1996, 300 mit Anm Liedel.

II. Verkehrsbeschränkungen nach dem BauGB

aus **einem** Grundstück erteilt ist, beim Grundbuchamt aber die Abschreibung dreier Teilflächen aus verschiedenen Grundstücken und deren Verschmelzung zu einem neuen Grundstück beantragt wird.[48] Dagegen liegt Identität zwischen Genehmigung und beim Grundbuchamt beantragter Teilung auch dann vor, wenn die abzuschreibende Teilfläche nunmehr als selbständiges Grundstück vorgetragen werden soll, statt – wie im Genehmigungsverfahren beantragt – einem anderen Grundstück zugemessen zu werden; etwas anderes gilt aber, wenn die Teilung eines Grundstücks nur unter der Auflage der Verschmelzung der Teilfläche mit einem anderen Grundstück genehmigt ist.[49] Im übrigen hat das Grundbuchamt die Erfüllung von Auflagen, die der Genehmigung beigefügt sind, nicht zu prüfen.

Ist eine Teilung **ohne Genehmigung** in das Grundbuch eingetragen worden (etwa weil die Genehmigungspflicht übersehen worden ist oder weil nach Ansicht des Grundbuchamts eine solche nicht gegeben war oder weil zu Unrecht Negativattest ausgestellt wurde), so ist die Teilung **unwirksam**, das Grundbuch unrichtig.[50] § 20 Abs 2 S 2 BauGB stellt nur verfahrensrechtlich für das Grundbuchamt die Genehmigungsfreiheit verbindlich fest; es kann aber nicht materiellrechtlich eine notwendige, aber nicht erteilte Genehmigung ersetzen.[51] In solchen Fällen kann die Genehmigungsbehörde das Grundbuchamt um die Eintragung eines **Widerspruchs** ersuchen (§ 20 Abs 3 BauGB; § 38 GBO). Der Widerspruch ist zugunsten des Grundstückseigentümers einzutragen.[52] Das Grundbuchamt hat das Ersuchen der Behörde nicht auf seine sachliche Berechtigung, sondern nur auf seine formelle Zulässigkeit nach § 20 Abs 3 BauGB zu prüfen.[53] Das Grundbuchamt kann einen solchen Widerspruch auch von Amts wegen eintragen (§ 20 Abs 3 2. Halbsatz BauGB, § 53 GBO). Der Widerspruch ist zu löschen, wenn die Genehmigungsbehörde darum ersucht oder wenn die Genehmigung erteilt ist (§ 20 Abs 4 BauGB). Demnach kann die zur Teilung (materiellrechtlich) erforderliche Genehmigung auch noch nach Grundbucheintragung erfolgen.

Auch wenn die Teilungsgenehmigung widerrufen wurde, ist die Teilung nunmehr unwirksam; ein Widerspruch entsprechend § 20 Abs 3 BauGB ist auch hier eintragungsfähig.[54]

Ist eine Teilung mangels Genehmigung (zB infolge ihres Widerrufs) materiellrechtlich unwirksam, aber im Grundbuch vollzogen, so werden Dritte, die sich auf den Bestand verlassen, nach §§ 891, 892 BGB geschützt.[55] Da die Teilung ein einseitiger, nur den Eigentümer betreffender Vorgang ist, ist eine

3839

3840

---

[48] BayObLG MittBayNot 1979, 202 = Rpfleger 1979, 337.
[49] Zu Auflagen vgl Schrödter/Schmaltz Rdn 7 zu § 20 BauGB.
[50] BGH 76, 242 = MittRhNotK 1980, 165 = NJW 1980, 1691 = Rpfleger 1980, 274; BayObLG DNotZ 1996, 32 = Rpfleger 1995, 495; Steiner Rpfleger 1981, 469; OLG Hamm MittBayNot 1978, 167 = Rpfleger 1978, 374.
[51] BGH 76, 242 = aaO (Fußn 50).
[52] BayObLG 1974, 263 = DNotZ 1975, 149; vgl auch BGH DNotZ 1986, 145.
[53] BayObLG 1974, 263 (266) = DNotZ 1975, 149.
[54] LG Bielefeld Rpfleger 1978, 216; ebenso OLG Hamm MittBayNot 1978, 167 = MittRhNotK 1978, 178 = OLGZ 1978, 304 = Rpfleger 1978, 374.
[55] BGH 76, 242 = aaO (Fußn 50); BayObLG und OLG Frankfurt je aaO (Fußn 35); BayObLG DNotZ 1996, 32 = Rpfleger 1995, 495.

im Anschluß an eine solche Teilung vollzogene Auflassung an den Teilflächenkäufer wirksam, wenn dieser gutgläubig ist.

5. Notar und Genehmigungspflicht nach BauGB

a) Belehrungspflicht des Notars

3841 Der Notar hat die Beteiligten bei Teilflächenveräußerung über die Genehmigungspflicht zu **belehren** (§§ 17, 18 BeurkG).[56]
Der Notar hat grundsätzlich nicht zu ermitteln, ob das zu teilende Grundstück, über das er einen Kaufvertrag oder dgl beurkundet, im Bereich eines Bebauungsplans nach § 30 Abs 1, 3 BauGB liegt oder ob gemeindliche Satzungen zur Genehmigungspflicht vorliegen oder nicht.

3842 Wo für die Grundstücksteilung und anschließende Veräußerung nunmehr eine Teilungsgenehmigung (auch nach Bauordnungsrecht, s dazu Rdn 3819) nicht erforderlich ist, muß die Frage, wer das **Risiko der mangelnden Bebaubarkeit** des zu teilenden oder des geteilten Grundstückes trägt, nach Wegfall des § 21 BauGB aF ausschließlich durch entsprechende Vertragsgestaltung zwischen Veräußerer und Erwerber geregelt werden.[57] Nach § 17 Abs 1 S 1 BeurkG hat der Notar dabei den Sachverhalt und Willen der Beteiligten aufzuklären[58] und auf eine diesem Willen entsprechende Vertragsgestaltung hinzuwirken (dies kann reichen vom Ausschluß jeglicher Gewährleistung für eine Bebaubarkeit bis zur Gewährleistung oder Garantie einer bestimmten Bebaubarkeit, der Vereinbarung von aufschiebenden Bedingungen oder Rücktrittsrechten, bei Vorliegen bzw Nichtvorliegen eines Bauvorbescheides und/oder deren Vereinbarung als Kaufpreisfälligkeitsvoraussetzung.[59] Auch wenn bei einem Teilflächenverkauf eine Teilungsgenehmigung nötig ist, sollten die möglichen Schadensersatzansprüche des Käufers nach § 311a Abs 2 BGB bei Verweigerung der Genehmigung besprochen und ggfs abweichende Lösungen (bedingter Kaufvertrag oder nur Rücktrittsrechte ua) erörtert werden.

3843 Durch eine Teilung können mangels Genehmigungsnotwendigkeit baurechtswidrige Zustände entstehen, zB das zulässige Maß der baulichen Nutzung wird durch Abtrennung eines unbebauten Teils vom bebauten Restgrundstück überschritten, oder die Art der baulichen Nutzung wird durch die Teilung beeinträchtigt (zB Wegtrennen des Wohngebäudes eines Betriebsleiters vom Grundstück eines Gewerbebetriebes oder die Abstandsflächen werden durch die Teilung unterschritten oder die nachzuweisenden Stellplätze oder Kinderspielplätze sind durch die Teilung weggefallen oder die Erschließung

---

[56] Zur Belehrungspflicht vgl BGH DNotZ 1981, 515 = NJW 1981, 451; Schmittat MittRhNotK 1986, 209 (224); Winkler NJW 1973, 886.
[57] Zur Frage Gewährleistung oder Geschäftsgrundlage vgl BGH DNotZ 1977, 409. Zur Risikoverteilung beim Kauf von Bauerwartungsland s Rdn 3170 sowie BGH 74, 370 = DNotZ 1980, 34 = NJW 1979, 1818; BGH DNotZ 1980, 620; OLG Rostock NJW-RR 1995, 1104; vgl auch Johlen NJW 1979, 1531; Schmittat MittRhNotK 1986, 209 (223 ff).
[58] Zur Aufgabe des Notars, hier die gewollte Risikoverteilung zwischen den Vertragsteilen zu klären, s Reinl MittBayNot 1976, 51; Dolde NJW 1977, 1609 (1617). Vgl hierzu auch BGH DNotZ 1981, 515.
[59] Vgl Heller MittBayNot 1998, 225; Grziwotz DNotZ 1997, 916; Groth/Schmitz Grundeigentum 1998, 22.

II. Verkehrsbeschränkungen nach dem BauGB

ist infolge der Teilung nicht mehr gesichert). Ob hierdurch bereits Eingriffsgrundlagen für die Baubehörde (Bußgeld, Nutzungsuntersagung bis hin zum Widerruf der Baugenehmigung und Abriß- oder Beseitigungsanordnungen) bestehen, ist derzeit noch nicht geklärt, doch muß mit solchen Eingriffsmöglichkeiten gerechnet werden.[60] Jedenfalls wird das vorhandene bisher genehmigte Bauwerk in solchen Fällen nunmehr materiell baurechtswidrig. Damit genießt das vorhandene Bauwerk höchstens noch Bestandschutz. Eine solche Veränderung der rechtlichen Gegebenheiten ist in einem Kaufvertrag vom Veräußerer dem Erwerber zu offenbaren; andernfalls dürfte Arglist iS des § 444 BGB vorliegen. Für den Notar bestehen diesbezüglich Belehrungspflichten höchstens, wenn er selbst mit der Grundstücksteilung befaßt ist, und auch dann nur bezüglich der abstrakten Möglichkeit einer solchen Rechtsfolge.[61]

b) Antragsrecht des Notars

Ein **gesetzliches Antragsrecht** des Notars **besteht nicht.** Dieser wird häufig von den Beteiligten bevollmächtigt, den Antrag auf Genehmigung (oder Negativattest) zu stellen; er wird sich auch eine uneingeschränkte oder eine nur für den Fall der auflagefreien Genehmigung geltende Vollmacht zur Empfangnahme der ergehenden Entscheidungen erteilen lassen. Dabei muß der Notar wegen der Frist nach Rdn 3829 den Zeitpunkt des Eingangs des Genehmigungsantrags bei der Genehmigungsbehörde sicherstellen und den Fristablauf überwachen.[62] Wurde der Notar bevollmächtigt, die Genehmigung zu beantragen und die ergehenden Bescheide für die Beteiligten in Empfang zu nehmen, so muß ein Zwischenbescheid zur Fristverlängerung nach § 19 Abs 3 S 4 BauGB zwingend dem Notar zugestellt worden. Die Zustellung an die Beteiligten verlängert die Frist nicht.[63]

3844

6. Grundstücksteilung im Rahmen der Sachenrechtsbereinigung

§ 120 SachenRBerG hat eine Reihe von Sondervorschriften für die Teilungsgenehmigung bei Grundstücksteilungen im Rahmen der Sachenrechtsbereinigung geschaffen. Grundsätzlich unterliegt auch eine Teilung im Rahmen der Sachenrechtsbereinigung der Genehmigungspflicht. Um hier den Besonderheiten der Sachenrechtsbereinigung Rechnung zu tragen, wird, auch wenn Versagungsgründe nach § 20 Abs 1 und 2 BauGB gegeben sind, eine Teilungsgenehmigung trotzdem erteilt, wenn die besonderen Maßgaben des § 120 Abs 1

3845

---

[60] In diese Richtung OVG Berlin DVBl 2002, 1142 Nr 21 (Leits).
[61] Weitergehend Groth und Schmitz Grundeigentum 1998, 22.
[62] Vgl hierzu die Vorschläge von Röll MittBayNot 1961, 208. Der Notar hat sicherzustellen, daß er behördliche Empfangsbestätigungen der Teilungsanträge erhält und die Frist überwacht.
S auch Haftpflichtecke DNotZ 1966, 288. Dort ist auf etwaige Regreßansprüche gegen den Notar hingewiesen, die zB dadurch entstehen können, daß er trotz Fristablaufs weder die Beteiligten davon unterrichtet noch alsbald die Negativbescheinigung einholt und seine Urkunde zum Vollzug einreicht und nachteilige Zwischeneintragungen vorgenommen werden.
[63] Vgl BGH MittBayNot 1996, 395 mit Anm Wolf = NJW 1996, 2102 (zu § 6 Abs 1 S 2 GrdstVG)

S 2 Nr 1–4 SachenRBerG vorliegen; wenn danach eine Genehmigung erteilt wird, fand nach § 120 Abs 1 S 2 SachenRBerG die Bindungswirkung des § 21 BauGB im Ankaufsfall der Sachenrechtsbereinigung keine Anwendung.[64] Darüber hinaus erweitert § 120 Abs 2 SachenRBerG die Genehmigungspflicht auch auf Fälle der Erbbaurechtsbestellung nach dem SachenRBerG, wenn sich nämlich nach dem Erbbaurechtsvertrag die Nutzungsbefugnis des Erbbauberechtigten nicht auf das gesamte Grundstück erstreckt.

B. Verfügungsbeschränkungen zur Sicherung von Gebieten mit Fremdenverkehrsfunktionen (§ 22 BauGB)

1. Allgemeines

3846 § 22 BauGB erlaubt den Gemeinden, unter bestimmten Voraussetzungen die Bildung von Wohnungs/Teileigentum (einschließlich der Unterteilung), die Begründung von Wohnungs/Teilerbbaurechten und von Dauerwohn/Dauernutzungsrechten genehmigungspflichtig zu machen. Damit soll Fremdenverkehrsgemeinden ein Instrument gegen das Überhandnehmen von Zweitwohnungen und die hiervon ausgehende Beeinträchtigung des Kur- und Fremdenverkehrs gewährt werden, deren Ausgangspunkt die Bildung von Eigentumswohnungen sei.[1] In seiner konkreten gesetzlichen Ausgestaltung bringt § 22 BauGB eine recht erhebliche Beschränkung des rechtsgeschäftlichen Verkehrs. Die Bildung von **Bruchteilseigentum** verbunden mit einer Benutzungsregelung (§ 1010 BGB) hinsichtlich einzelner Wohnungen fällt nicht unter § 22 BauGB.[2]

2. Voraussetzungen der Genehmigungspflicht

3847 Gemeinden, die oder deren Teile überwiegend durch den Fremdenverkehr geprägt sind,[3] können ohne vorher nötige landesrechtliche Ermächtigungs-VO[4] im Bebauungsplan oder in einer sonstigen Satzung[5] die Grundstücke bezeichnen, für die der Genehmigungsvorbehalt gilt. Voraussetzung hierfür ist eine Beeinträchtigung des Fremdenverkehrs **und** der städtebaulichen Entwicklung durch Bildung von Sondereigentumsrechten in den von § 22 Abs 1 S 4 BauGB definierten Gebieten. Diese materiellen Voraussetzungen sind in der nach § 22 Abs 10 BauGB beizufügenden Begründung der Satzung darzulegen. Einer Anzeige an die höhere Verwaltungsbehörde bedarf es nicht. Allerdings bedarf es keiner konkreten Beeinträchtigung, um einen Genehmigungsvorbehalt einzuführen; die Möglichkeit der Beeinträchtigung genügt; sie

---

[64] Die Vorschrift ist nach Aufhebung des § 21 BauGB derzeit gegenstandslos.
[1] Bericht des 16. Ausschusses, BT-Drucks 10/6166, Ziff 14; Krautzberger NVwZ 1987, 449. Vgl allgemein zu § 22 BauGB Hiltl-Gerold BayVBl 1993, 385 (423); Hartmann ThürVwBl 1994, 30; Brohm JZ 1995, 369; Grziwotz MittBayNot 1994, 168.
[2] So richtig OLG Schleswig DNotZ 2000, 779 = Rpfleger 2000, 492 und NotBZ 2000, 341, das LG Flensburg ZfIR 2000, 567 mit abl Anm Grziwotz aufhob.
[3] ZB Kur- und Erholungsorte oder Orte, die auf Unterkunftsmöglichkeiten für Fremde angewiesen sind; vgl dazu Ernst/Zinkahn/Bielenberg/Söfker Rdn 18 zu § 22 BauGB.
[4] Vgl zur Rechtslage bis 31. 12. 1997 die 11. Aufl mit Nachweisen.
[5] Wirksamwerden mit Bekanntmachung, § 22 Abs 2 S 1 BauGB; OLG München MittBayNot 2001, 98.

II. Verkehrsbeschränkungen nach dem BauGB

wird, da sie Anlaß der Verfügungsbeschränkung war, in den Fremdenverkehrsgemeinden praktisch vermutet.[6]

Auch die höchstzulässige Zahl von Wohnungen in einem Gebäude kann in einer sonstigen Satzung festgelegt werden (§ 22 Abs 9 BauGB, für Bebauungsplan vgl § 9 Abs 1 Nr 6 BauGB).

§ 22 BauGB kommt nur für solche Gebiete in Betracht, in denen tatsächlich von einer möglichen Beeinträchtigung der Zweckbestimmung des Gebietes für den Fremdenverkehr und dadurch für die geordnete städtebauliche Entwicklung auszugehen ist. Die Vorschrift dient nicht der pauschalen Sicherung einer Fremdenverkehrsgemeinde, sondern nur der jeweils betroffenen Gebiete. § 22 Abs 1 S 4 BauGB enthält eine beispielhafte, aber nicht abschließende („insbesondere") Aufzählung von Zweckbestimmungen und erlaubt damit Einführung der Genehmigungspflicht auch im Außenbereich.[7] Der Genehmigungsvorbehalt kann sich auf einzelne Grundstücke einer Gemeinde oder eines Gemeindeteiles (einer Gemarkung) beziehen, gleichgültig, ob sie bebaut oder unbebaut sind. § 22 Abs 1 S 4 BauGB ermächtigt die Gemeinde im Regelfall nicht, für das gesamte Gemeindegebiet eine Fremdenverkehrssatzung zu erlassen.[8] Ist hingegen die gesamt bebaute Ortslage einer Gemeinde mit Ausnahme eines Gewerbegebietes durch Beherbergungsbetriebe und Wohngebäude mit fremder Beherbergung geprägt, kann die so geprägte Ortslage insgesamt (ohne das Gewerbegebiet) in den Geltungsbereich der Satzung einbezogen werden. Eine einzelne kleine Straße, die keine solche Prägung enthält, oder sonstige Gemeinschaftsflächen heben diese einheitliche Prägung nicht auf und können daher in die Satzung einbezogen werden.[9]

3. Voraussetzungen der Genehmigung im einzelnen

Wurde der Genehmigungsvorbehalt durch rechtswirksame gemeindliche Satzung begründet, darf die Genehmigung zur Bildung von Sondereigentum (-erbbaurechten, Dauerwohn- und -nutzungsrechten) nur aus den in § 22 Abs 4 S 1 BauGB aufgeführten Gründen versagt werden, im übrigen besteht ein Rechtsanspruch auf Genehmigung. Die Versagung der Genehmigung ist nur zulässig, wenn durch die Begründung der Rechte nach dem WEG **tatsächlich** die Fremdenverkehrsfunktion und dadurch die städtebauliche Entwicklung der Gemeinde beeinträchtigt wird. Eine solche Beeinträchtigung ist sowohl bei erstmaliger Begründung von oder Umwandlung in WE als auch erst bei Wiederholungsfällen möglich.[10]

3848

Eine Beeinträchtigung liegt vor, wenn Tatsachen die Annahme rechtfertigen, daß mit Bildung der Rechte nach dem WEG eine Nutzung entsteht, die vorhandene oder vorgesehene Beherbergungsmöglichkeiten (also auch auf bisher unbebauten Grundstücken) einem wechselnden Kreis von Feriengästen ent-

---

[6] Ernst/Zinkahn/Bielenberg/Söfker Rdn 21 ff; Battis/Krautzberger/Löhr Rdn 9, je zu § 22 BauGB.
[7] Battis/Krautzberger/Löhr Rdn 3, 6 zu § 22 BauGB.
[8] BVerwG 96, 217 = DÖV 1995, 30 = MittBayNot 1994, 460 Leits = NVwZ 1995, 375.
[9] BVerwG BauR 1996, 68 = DVBl 1996, 52 = DÖV 1996, 170 = MittBayNot 1996, 237 (Leits); BVerwG DÖV 1998, 128.
[10] Ernst/Zinkahn/Bielenberg/Söfker Rdn 48; Battis/Krautzberger/Löhr Rdn 14, je zu § 22 BauGB.

zieht oder die Tendenz zu städtebaulich unerwünschten „Rolladensiedlungen" gefördert wird.[11] Wenn nach dem WEG selbständig nutzbare Wohnungen entstehen, soll dies regelmäßig anzunehmen sein.[12] Die Zweckbestimmung eines Gebietes für den Fremdenverkehr wird auch dann im Sinne von § 22 Abs 4 S 1 BauGB beeinträchtigt, wenn durch die beantragte Begründung von Wohnungseigentum eine (weitere) Verschlechterung der städtebaulichen Situation eintritt, zB negative Vorbildwirkung,[13] oder wenn ein bisher nur für Dauerwohnzwecke genutztes Gebäude in Eigentumswohnungen aufgeteilt wird.[14] Auch wenn rechtlich gesichert ist, daß die Eigentumswohnung weiter regelmäßig der fremdenverkehrsmäßigen (also wechselnden) Nutzung zur Verfügung steht,[15] darf die Genehmigung nach der Rechtsprechung des BVerwG[16] versagt werden.

Wie bei der Teilungsgenehmigung sind Genehmigungen unter Auflagen zulässig, nicht aber unter Bedingungen (s Rdn 3825).

4. Genehmigungspflicht und vorgehende Grundbuchanträge

3849 Auch wenn durch gemeindliche Satzung eine Genehmigungspflicht rechtswirksam begründet wurde, sind aus Gründen der Sicherheit des privatrechtlichen Rechtsverkehrs Genehmigungen nicht erforderlich (§ 22 Abs 3 BauGB), wenn ein Eintragungsantrag, dh ein Antrag auf Bildung von Rechten nach §§ 3, 8, 30, 31 WEG, beim Grundbuchamt eingegangen ist

– bevor die gemeindliche Satzung mit dem Genehmigungsvorbehalt rechtswirksam (§ 10 BauGB) wurde, § 22 Abs 3 Nr 1, 1. Fall, oder

– bevor ein Beschluß über die Aufstellung eines Bebauungsplans oder einer sonstigen Satzung mit einem Genehmigungsvorbehalt ortsüblich bekanntgemacht wurde, wenn ein Antrag auf Negativattest nach § 22 Abs 6 S 3 BauGB ausgesetzt wurde und vor Ablauf der Zurückstellungsfrist der Genehmigungsvorbehalt rechtswirksam geworden ist, § 22 Abs 3 Nr 1, 2. Fall. Maßgebender Zeitpunkt ist also hier der Tag der Bekanntmachung des Aufstellungsbeschlusses. Wird der Genehmigungsvorbehalt erst nach Ablauf der Zurückstellungsfrist wirksam, gilt § 22 Abs 3 Nr 1, 1. Fall.

---

[11] Ernst/Zinkahn/Bielenberg/Söfker Rdn 46 zu § 22 BauGB.
[12] BVerwG BauR 1996, 72 = BB 1996, 1134 = MittBayNot 1996, 237; Ernst/Zinkahn/Bielenberg/Söfker Rdn 46; Battis/Krautzberger/Löhr Rdn 14, je zu § 22 BauGB.
[13] BVerwG aaO.
[14] BVerwG BauR 1996, 68 = aaO (Fußn 9).
[15] ZB durch eine beschränkte persönliche Dienstbarkeit zugunsten der öffentlichen Hand (Gemeinde, Land), daß der Eigentümer das WEigt nicht länger als 6 Wochen im Jahr selbst bewohnen oder durch ein und dieselbe Person bewohnen lassen und es zu anderen beruflichen oder gewerblichen Zwecken als eines fremdenverkehrgewerblichen Beherbergungsbetriebes mit ständig wechselnder Belegung nicht benutzen darf, BayObLG 1985, 193 = NJW 1985, 1485; OLG München MittBayNot 2001, 98; s auch Rdn 1131 mit Fußn 66.
[16] BVerwG BauR 1996, 68 und 72 = je aaO; Ernst/Zinkahn/Bielenberg/Söfker Rdn 47 zu § 22 BauGB; kritisch hierzu F Schmidt MittBayNot 1996, 179 und Grziwotz MittBayNot 1996, 181, der zu Recht betont, die Gemeinde könne (müsse aber nicht) Genehmigung bei solcher Sicherung erteilen; ähnlich auch Battis/Krautzberger/Löhr Rdn 14 zu § 22 BauGB; aA auch BayVGH MittBayNot 1994, 165.

II. Verkehrsbeschränkungen nach dem BauGB

Aus Gründen der Rechtssicherheit ist eine Genehmigung auch dann nicht erforderlich, wenn vor Inkrafttreten des Genehmigungsvorbehalts ein Negativzeugnis ausgestellt wurde (§ 22 Abs 3 Nr 2 BauGB).
Die Eintragung einer Vormerkung oder der Antrag auf Eintragung einer Vormerkung, gerichtet auf Bildung der Rechte nach dem WEG, befreit zwar nicht von der Genehmigungspflicht, begründet aber einen Rechtsanspruch auf Genehmigung, wenn er vor den in § 22 Abs 3 Nr 1 BauGB genannten Zeitpunkten beim Grundbuchamt eingeht (§ 22 Abs 4 S 2 BauGB).

5. Genehmigungsverfahren

Zuständig für die Erteilung der Genehmigung ist die Baugenehmigungsbehörde, die im Einvernehmen (Erteilungsfiktion s § 22 Abs 5 S 3 BauGB) mit der Gemeinde entscheidet. Auch das Negativattest erteilt die Baugenehmigungsbehörde. 3849a
Für das Verfahren gelten die Vorschriften über die Teilungsgenehmigung entsprechend (§ 22 Abs 5 mit § 19 Abs 3 S 2–5 BauGB), also einschließlich der dort vorgesehenen Fristen, ihrer Verlängerungsmöglichkeiten und der Wirkungen des Fristablaufs; s dazu Rdn 3829 ff.
Bereits vor Einführung eines Genehmigungsvorbehalts durch die Gemeinde kann unter den Voraussetzungen des § 22 Abs 6 S 3 BauGB auf Antrag der Gemeinde die Erteilung eines Negativattestes bis zu 12 Monate ausgesetzt werden.[17]
Zur Pflicht der Gemeinde, die fortdauernde Notwendigkeit des Genehmigungsvorbehalts zu prüfen und ggfs einzelne Grundstücke freizustellen s § 22 Abs 8 BauGB.

6. Genehmigungspflicht nach § 22 BauGB im Verhältnis zu Grundbuchamt und Notar

§ 22 Abs 6 S 1 BauGB enthält eine **Grundbuchsperre**: das Grundbuchamt darf bei Grundstücken, für die im Bebauungsplan oder in sonstiger gemeindlicher Satzung ein Genehmigungsvorbehalt nach § 22 BauGB begründet wurde, Eintragungen zur Bildung der Rechte nach dem WEG nur vornehmen, wenn Genehmigung (auch fiktive Genehmigung wegen Fristablauf) oder Negativzeugnis vorgelegt werden (§ 22 Abs 6 S 1, 2 mit § 20 Abs 2–4 BauGB). Widerspruch gegen eine Eintragung bei Verstoß gegen diese Verpflichtung: § 20 Abs 3 BauGB. Die Grundbuchsperre wird mit Inkrafttreten der gemeindlichen Satzung wirksam,[18] die den Genehmigungsvorbehalt einführt. Solange aber die gemeindliche Satzung nicht wirksam geworden ist, besteht ein Rechtsanspruch auf Negativattest, allerdings vorbehaltlich der Aussetzungsmöglichkeit nach § 22 Abs 6 S 3 BauGB. 3850
§ 22 BauGB sieht eine Eintragung der Verfügungsbeschränkung durch den Genehmigungsvorbehalt nicht vor; seine Eintragung ist daher nach § 54 GBO nicht zulässig. Rechtspolitisch ist diese Entscheidung gegen die Eintragung

---
[17] Kritisch hierzu Schelter DNotZ 1987, 330 (339).
[18] Keine rückwirkende Inkraftsetzung der Satzung, vgl BVerwG DÖV 1998, 115 = DVBl 1998, 42.

5. Teil. Öffentlich-rechtliche Verfügungsbeschränkungen und Vorkaufsrechte

eines entsprechenden Vermerks im Grundbuch zu bedauern, da das Grundbuch wiederum keine Auskunft gibt über eine wichtige Verfügungsbeschränkung öffentlichrechtlicher Art, mit der aber nach Wegfall der Notwendigkeit einer landesrechtlichen Ermächtigungsgrundlage weitgehend zu rechnen ist.

Der **Notar** hat bei der Beurkundung von Rechtsgeschäften, die auf die Bildung von Rechten nach dem WEG zielen, über die mögliche Genehmigungspflicht zu **belehren**. Dies gilt nicht nur bei Aufteilung nach §§ 3, 8, 30, 31 WEG, sondern auch bereits bei Verpflichtungsgeschäften, zB Kaufverträgen über Miteigentumsanteile an Grundstücken mit der Verpflichtung (oder der deutlich erkennbaren Absicht), Wohnungseigentum zu begründen. Der Notar hat in solchen Fällen auch entsprechende Sicherungen anzuregen und die Rechtsfolgen bei Versagung der Genehmigung anzusprechen.

Da die landesrechtliche Ermächtigungsgrundlage entfallen ist, empfiehlt es sich für den Notar, bei Beurkundung von Aufteilungen nach WEG stets ein Negativattest einzuholen.

C. Verfügungsbeschränkungen im Bereich einer Erhaltungssatzung (§ 172 Abs 1 S 4 BauGB)

1. Allgemeines

3851 **Begründung von Sondereigentum** (WE und TE) an Gebäuden, die ganz oder teilweise zu Wohnzwecken dienen, können die Landesregierungen nach § 172 Abs 1 S 4 BauGB durch Rechtsverordnung für die Dauer von höchstens 5 Jahren (aber Verlängerung oder erneuter Erlaß ist zulässig)[1] in allen oder einzelnen in der Verordnung aufgeführten Milieuschutzgebieten (§ 172 Abs 1 S 1 Nr 2 BauGB) des Landes **genehmigungspflichtig** machen. Voraussetzung dieser Genehmigungspflicht ist somit
– der Erlaß einer entsprechenden Landesverordnung,
– das Vorliegen einer Milieuschutzsatzung; für deren Erlaß steht der Gemeinde ein weitgehender Beurteilungsspielraum zu, wenn nur das Ziel die Bewahrung einer in einem Gebiet gewachsenen Bewohnerstruktur (jeder Art von Wohnbevölkerung) ist.[2]

Bisher hat nur **Hamburg** eine solche Verordnung erlassen (GVBl 1998, 3), verlängert bis 31. 12. 2004 (UmwandlungsVO v 10. 12. 2002, GVBl S 324).

2. Sachlicher und zeitlicher Geltungsbereich

3852 Die Genehmigungspflicht erfaßt bei Gebäuden, die ganz oder teilweise Wohnzwecken[3] zu dienen bestimmt sind, die Begründung von Sondereigentum nach § 8 oder § 3 WEG, nicht jedoch die Begründung von Wohnungs-

---

[1] Battis/Krautzberger/Löhr Rdn 13 zu § 172 BauGB; aA Kohlhammer-Kommentar/Neuhausen Rdn 43.
[2] BVerwG DÖV 1997, 1050.
[3] Ausgeschlossen sind nur Gebäude ohne jede Wohnnutzung; gemischt genutzte Objekte fallen unter die Genehmigungspflicht, Langhein ZNotP 1998, 346.

II. Verkehrsbeschränkungen nach dem BauGB

oder Teilerbbaurechten oder Dauernutzungsrechten.[4] Auch die nachträgliche Begründung von weiterem Sondereigentum, zB durch Unterteilung, Umwandlung von Gemeinschaftseigentum in Sondereigentum, wie Dachgeschoßausbau,[5] ist gleichfalls genehmigungspflichtig, nicht jedoch die Umwandlung von Wohnungs- in Teileigentum[6] und umgekehrt. Ob die Genehmigungspflicht auch für die Aufteilung von Neubauten[7] gilt, ist streitig, Negativattest oder Genehmigung sollte zur Vermeidung von Zweifeln zusammen mit der Abgeschlossenheitsbescheinigung beantragt werden. Die Genehmigungspflicht wird wirksam, wenn eine entsprechende Rechtsverordnung erlassen und die gemeindliche Satzung ortsüblich bekannt gemacht ist (§ 172 Abs 1 S 3 und 4 mit § 16 Abs 2 S 2 und § 10 Abs 3 S 4 BauGB). Für einen in diesem Zeitpunkt beim Grundbuchamt eingegangenen Eintragungsantrag zum Vollzug der vertraglichen Einräumung von SE (§ 3 WEG) oder einer Teilungserklärung (§ 8 WEG) ist eine Genehmigung nicht erforderlich (Schutz nach § 878 BGB,[8] wenn die Vorschrift im Falle des § 8 WEG nicht für anwendbar angesehen wird [Rdn 113 mit Fußn 7] gewährleistet entsprechende Anwendung von § 22 Abs 3 Nr 1 BauGB den erforderlichen Schutz gegen Beeinträchtigung durch die Dauer des Grundbuchverfahrens). § 172 Abs 4 S 3 Nr 4 BauGB gibt einen Rechtsanspruch auf Genehmigung für eine im Zeitpunkt des Inkrafttretens einer Landesverordnung noch nicht vollzogene Teilung, wenn zugunsten Dritter eine Vormerkung auf Begründung und Übertragung von Sondereigentum im Grundbuch eingetragen ist.

3. Voraussetzungen der Genehmigung im einzelnen

Die Genehmigung zur Bildung von Sondereigentum darf nach § 172 Abs 4 BauGB **nur versagt** werden, wenn die Zusammensetzung der Wohnbevölkerung aus besonderen städtebaulichen Gründen erhalten werden soll und die beabsichtigte Aufteilung dem zuwiderlaufen würde. Es genügt dabei, daß die konkrete Zusammensetzung der Wohnbevölkerung im Milieuschutzgebiet, die keine Besonderheiten aufweisen muß, gegen eine Verdrängung geschützt werden soll, und zwar aus städtebaulichen Gründen, zB wegen befürchteter negativer Folgen für andere Stadtteile, wegen Unternutzung kommunaler Infrastrukturen im Bereich Verkehr oder Sozialeinrichtungen oder Überbeanspruchung solcher Einrichtungen in anderen Gebieten, in die bisher ansässige Bevölkerung verdrängt wird. In diesem Rahmen kann auch die Gefahr wesentlicher Mietsteigerungen bei Umwandlung von bisherigen Miet- in Eigentumswohnungen mit der damit einhergehenden Verdrängung der bisherigen

3853

---

[4] Langhein ZNotP 1998, 346 (348).
[5] Unabhängig von der Genehmigungspflicht für die Ausbaumaßnahme selbst.
[6] Vgl. Langhein aaO; Hertel DNotI-Report 1997, 160, die jedoch zu Recht darauf hinweisen, daß die Frage wenig Relevanz hat, da die Nutzungsänderung nach § 172 Abs 1 S 1 BauGB genehmigungspflichtig ist.
[7] Abl Battis/Krautzberger/Löhr Rdn 14 zu § 172 BauGB; eher bejahend Langhein ZNotP 1998, 346.
[8] Gegen Anwendung von § 878 BGB Hertel DNotI-Report 1997, 159 (164), der jedoch uE nicht zutreffend annimmt, § 878 BGB werde durch die spezielle Regelung des § 236 Abs 2 BauGB verdrängt, die aber nur Überleitungsbestimmung zur Gesetzesänderung trifft.

Bevölkerung eine Rolle spielen.⁹ Bei der für die Entscheidung über die Genehmigung erforderlichen Prognose einer Verdrängungsgefahr aus den genannten städtebaulichen Gründen kann sich die Gemeinde auf die allgemeine Lebenserfahrung stützen.¹⁰ § 172 Abs 4 S 2 BauGB gibt entsprechend dem verfassungsrechtlichen Übermaßverbot dann einen Rechtsanspruch auf Genehmigung, wenn auch unter Berücksichtigung des Allgemeinwohls ein Absehen von der Begründung von Sondereigentum wirtschaftlich nicht mehr zumutbar ist; dies dürfte, da die Zumutbarkeit objektbezogen¹¹ und nicht subjektbezogen, dh auf den Eigentümer bezogen, beurteilt wird, außerhalb der in § 172 Abs 4 S 3 BauGB aufgezählten Sondertatbestände selten sein.

Für die Praxis sind die in § 172 Abs 4 S 3 BauGB enthaltenen Tatbestände wichtig, bei deren Vorliegen ein Rechtsanspruch auf Genehmigung besteht; dies ist der Fall, wenn

– das Grundstück zu einem Nachlaß gehört und Sondereigentum zugunsten von Miterben oder Vermächtnisnehmern begründet werden soll (§ 172 Abs 4 S 3 Nr 2 BauGB); umstritten ist dabei, ob nur eine den Erbquoten gemäße Aufteilung genehmigungsfähig ist.¹² Für die Aufteilung zur Erfüllung von Pflichtteilsansprüchen oder anderen Auseinandersetzungen, zB Gütergemeinschaft, BGB-Gesellschaft uä gilt die Vorschrift nicht;¹³
– das Sondereigentum zur Eigennutzung an Familienangehörige¹⁴ entgeltlich oder unentgeltlich veräußert wird (§ 172 Abs 4 S 3 Nr 3 BauGB). Genehmigt wird aber nur die Aufteilung in diejenigen Einheiten, die Angehörige bewohnen, nicht die Gesamtaufteilung;¹⁵
– bereits eine Vormerkung auf Bildung und Übertragung von Sondereigentum eingetragen ist (§ 172 Abs 4 S 3 Nr 4 BauGB, s Rdn 3852);
– das Gebäude zum Zeitpunkt der Antragstellung zur Begründung von Sondereigentum im Ganzen (also nicht bei sukzessiven Leerstand) nicht zu Wohnzwecken genutzt wird (§ 172 Abs 4 S 3 Nr 5 BauGB);
– sich der Eigentümer verpflichtet, innerhalb von 7 Jahren ab Begründung von Sondereigentum (dh Grundbucheintragung) die Wohnungen¹⁶ nur an ihre Mieter zu veräußern (§ 172 Abs 4 S 3 Nr 6 BauGB). Diese Verpflichtung muß gegenüber der Baugenehmigungsbehörde schriftlich durch den verfügungsberechtigten Eigentümer abgegeben werden und kann in Fällen, in denen andernfalls die Versagung der Genehmigung droht, diese doch noch ermöglichen. Die Gemeinde kann (wird) im Genehmigungsbescheid zur Sicherung

---

⁹ Battis/Krautzberger/Löhr Rdn 44 ff zu § 172 BauGB.
¹⁰ BVerwG DÖV 1997, 1050.
¹¹ Battis/Krautzberger/Löhr Rdn 50 zu § 172 BauGB.
¹² Dazu Langhein ZNotP 1998, 350.
¹³ Langhein ZNotP 1998, 350.
¹⁴ Streitig, ob für den Begriff des Familienangehörigen § 573 Abs 2 Nr 2 (früher § 564b Abs 2 S 2) BGB maßgebend ist, oder § 1589 BGB, § 11 LPartG oder § 18 WoFG, so Battis/Krautzberger/Löhr Rdn 55; Ernst/Zinkahn/Bielenberg/Stock Rdn 196, je zu § 172 BauGB; Langhein ZNotP 1998, 351.
¹⁵ Langhein ZNotP 1998, 350.
¹⁶ Kein Schutz von gewerblichen Mietverhältnissen; jedoch ist streitig, ob überhaupt eine Genehmigung in diesen Fällen zur Bildung von Teileigentum erteilt werden darf, abl Battis/Krautzberger/Löhr Rdn 58 zu § 172 BauGB; aA und überzeugend im Hinblick auf den Gesetzeszweck Langhein ZNotP 1998, 351.

dieser Verpflichtungen bestimmen, daß jede Veräußerung von Wohnungseigentum während der Dauer der Verpflichtung der Genehmigung der Gemeinde bedarf. Dieser Genehmigungsvorbehalt kann auf Ersuchen der Gemeinde (§ 38 GBO)[17] in das Grundbuch für die betroffenen Sondereigentumseinheiten eingetragen werden. Die Eintragung wirkt als relatives Veräußerungsverbot (§ 135 BGB, § 172 Abs 4 S 5 BauGB). Mit Fristablauf erlischt diese Genehmigungspflicht. Löschung aufgrund Unrichtigkeitsnachweis ist nach den allgemeinen Vorschriften (§§ 22ff GBO) möglich. Die Verpflichtung gilt vom Zweck des Gesetzes her, nur gegenüber denjenigen Mietern, die im Zeitpunkt der Umwandlung die betreffende Wohnung bewohnen. Zieht dieser Mieter später aus, erlischt an dieser Wohnung das Veräußerungsverbot.[18] Die Gemeinde hat eine entsprechende Bescheinigung zu erteilen (§ 29 GBO). Auch bei Verzicht des Mieters gegenüber einer konkreten Veräußerung dürfte die entsprechende eingegangene Verpflichtung gegenüber der Gemeinde erlöschen und ein Anspruch auf Erteilung einer „Löschungsbewilligung" für diese Wohnung bestehen.[18]

Zur Verkürzung der speziellen verlängerten Mietkündigungsschutzvorschriften s § 172 Abs 4 S 3 Nr 6 2. Halbs BauGB. Das Vorkaufsrecht des Mieters nach § 577 BGB besteht jedoch unabhängig von der Genehmigungspflicht durch die Gemeinde.

4. Verfahren

Die Genehmigung wird regelmäßig durch die Gemeinde erteilt (§ 173 Abs 1 S 1 BauGB). Ist aber eine baurechtliche Genehmigung nötig, wird die Genehmigung von der Baugenehmigungsbehörde im Einvernehmen mit der Gemeinde erteilt (§ 173 Abs 1 S 3 BauGB). Fristen, innerhalb der die Genehmigung erteilt werden muß, mit den Rechtsfolgen einer etwaigen fiktiven Genehmigung, (wie § 19 Abs 3 BauGB) bestehen nicht.   3853a

5. Genehmigungspflicht nach § 172 Abs 1 S 4 BauGB und Grundbuchamt und Notar

In den Ländern (z Zt nur Hamburg), in denen eine entsprechende Landesverordnung nach § 172 Abs 1 S 4 BauGB besteht, darf das Grundbuchamt den Antrag auf Bildung von Wohnungs/Teileigentum nur vollziehen, wenn ihm der **Genehmigungsbescheid** oder **Negativattest** vorgelegt wird (§ 172 Abs 1 S 6 iVm § 20 Abs 2 bis 4 BauGB). Ob für das betreffende Grundstück eine Milieuschutzsatzung besteht oder nicht, ist für das Grundbuchamt nicht erkennbar, wohl aber, ob für sein eigenes Bundesland eine entsprechende Landesverordnung existiert. Daher kann in Ländern, in denen eine solche Landesverordnung nicht besteht, kein Negativattest verlangt werden.[19] Hat das Grundbuchamt ohne erforderliche Genehmigung eingetragen, kann auf   3853b

---

[17] Von Amts wegen darf dieser Veräußerungsvorbehalt nicht eingetragen werden.
[18] Vgl hierzu eingehend Hertel DNotI-Report 1997, 161 (162); Langhein ZNotP 1998, 351, 352 mit weiteren Beispielen.
[19] OLG Hamm MittRhNotK 1999, 251 = Rpfleger 1999, 487; OLG Zweibrücken DNotZ 1999, 825 = Rpfleger 1999, 441; Ernst/Zinkahn/Bielenberg/Stock Rdn 127 zu § 172 BauGB. Vgl weiter die ähnliche Problematik bei § 20 BauGB, Rdn 3835 mit Fußn 41, 42.

Antrag der Gemeinde ein Widerspruch eingetragen werden (§ 171 Abs 1 S 6 iVm § 20 Abs 3 S 1 BauGB).

Das Genehmigungserfordernis gilt nach § 172 Abs 1 S 4 BauGB als Verbot nach § 135 BGB. Gutgläubiger Erwerb eines Sondereigentums ist daher auch dann möglich, wenn trotz fehlender Genehmigung die Teilungserklärung eingetragen und kein Widerspruch im Grundbuch vermerkt ist. Zur Durchsetzung des gutgläubigen Erwerbs dürfte bereits die Eintragung einer Auflassungsvormerkung am Sondereigentum genügen, wenn hierfür die Voraussetzungen des § 892 BGB vorliegen. Mit dem gutgläubigen Erwerb der ersten Einheit einer Wohnanlage, wird die gesamte Aufteilung wirksam.[20] Der Notar hat dort, wo Landesverordnungen diese Genehmigungspflicht eingeführt haben, bei der Beurkundung von Aufteilungen über diese Genehmigungspflichten zu belehren und dort, wo gleichzeitig mit der Aufteilung Veräußerungsverträge geschlossen werden, ggfs Sicherungen anzuregen.

D. Verfügungsbeschränkungen zur Sicherstellung der baulichen Nutzung (§ 35 Abs 5 BauGB)

3854 Die früher nach § 35 Abs 6 S 2 BauGB (aF) zulässige Anordnung und Eintragung einer Veräußerungsbeschränkung bei Erteilung einer Baugenehmigung für ein sog nachgezogenes **Altenteilerhaus** im Außenbereich ist nach der Neufassung des § 35 BauGB durch das Bau- und Raumordnungsgesetz 1998 weggefallen. Altenteilerhäuser sind nur noch bei nicht aufgegebenen land- oder forstwirtschaftlichen Vollerwerbsbetrieben als privilegierte Vorhaben zulässig. Nach Aufgabe des Betriebes können sie nicht mehr neu errichtet werden.[1] Die eingetragenen Veräußerungsbeschränkungen[2] bleiben jedoch bestehen, da sie auf bestandskräftigen Verwaltungsakten beruhen. Das Veräußerungsverbot wurde in Abteilung II des Grundbuchs eingetragen. Nicht erfaßt wurden Erbfolge, Zwangsversteigerung, Enteignung, Umlegung und Flurbereinigung.

3855 § 35 Abs 4 Nr 1 BauGB gibt Anspruch auf weitgehende Nutzungsänderungen im landwirtschaftlichen (Außen-)Bereich, wenn die Vorhaben vor Aufgabe der Landwirtschaft durchgeführt werden. § 35 Abs 5 S 2, 3 BauGB verlangt nunmehr von der Baugenehmigungsbehörde, in bestimmten Fällen privilegierter Nutzung[3] nach § 35 Abs 4 S 1 BauGB die Fortdauer dieser Nutzung durch Baulast (s Rdn 3196ff), soweit landesrechtlich vorgesehen, oder „in anderer Weise" sicherzustellen.[4] Eine Absicherung ist auch durch beschränkte persönliche Dienstbarkeit zugunsten der von der Baubehörde repräsentierten öffentlich-rechtlichen Gebietskörperschaft möglich,[5] jedenfalls in der Form eines Woh-

---

[20] Eingehend zu den Auswirkungen der Anwendbarkeit des § 135 BGB Hertel DNotI-Report 1997, 162.
[1] Grziwotz DNotZ 1997, 916 (921).
[2] Behördliches Veräußerungsverbot iS des § 136 BGB.
[3] Zum landwirtschaftlichen Betrieb und der hiermit in Zusammenhang stehenden Wohnnutzung vgl VGH München BauR 1987, 291. Zur Absicherung eines Altenteilerhauses s Gutachten DNotI-Report 2000, 165.
[4] Eine abweichende Nutzung ist bereits genehmigungspflichtige Nutzungsänderung und zieht die hierfür bestehenden verwaltungsrechtlichen Sanktionen nach sich. Zweifel am Sinn dieses speziellen Aufrufs zur „Sicherung" auch bei Ernst/Zinkahn/Bielenberg/Söfker Rdn 167 zu § 35 BauGB.

nungsbesetzungsrechts. Eine Veräußerungsbeschränkung ist nach dem Wortlaut des § 35 Abs 5 BauGB nicht mehr zulässig;[6] nur noch die Fortdauer der Nutzung kann gesichert werden. Soweit eine Baulast generelle Veräußerungsverbote enthält, dürften diese gegenüber einem gutgläubigen Erwerber mangels Eintragung im Grundbuch unwirksam sein (§§ 137, 136, 135 Abs 2, 892 BGB, s Rdn 3197).

E. Verkehrsbeschränkungen bei Baulandumlegung

1. Rechtsgrundlagen und Zweck der Umlegung

a) Rechtsgrundlagen

Das Umlegungsverfahren ist in §§ 45–79, 239 BauGB geregelt.[1] Für die neuen Bundesländer wurden Sondervorschriften für die Feststellung unvermessenen Eigentums und des räumlichen Umfangs von unvermessenen Nutzungsrechten durch das Bodensonderungsgesetz und die dazu erlassene Sonderplanverordnung (SPV) geschaffen (s Rdn 4297ff). Das LwAnpG hat in den §§ 53ff Sondervorschriften zur Feststellung und Neuordnung der Eigentumsverhältnisse in Anlehnung an das Flurbereinigungsverfahren geschaffen (s Rdn 4214). 3856

b) Zweck der Umlegung

Zweck der Umlegung ist es, zur Erschließung oder Neugestaltung bestimmter Gebiete bebaute oder unbebaute Grundstücke durch Umlegung in der Weise neu zu ordnen, daß Grundstücke entstehen, die nach Lage, Form und Größe für die bauliche oder sonstige Nutzung zweckmäßig gestaltet sind (§ 45 Abs 1 S 1 BauGB).[2] Die Umlegung ist im Geltungsbereich eines Bebauungsplans (auch gleichzeitiges Inkrafttreten, § 45 Abs 2 S 2 BauGB) und im nicht beplanten Innenbereich (§ 34 BauGB) zulässig (§ 45 Abs 1 S 1 und 2 BauGB). Die Umlegung erfaßt auch Grundstücksteile und grundstücksgleiche Rechte (§ 200 BauGB). Sie ist keine Enteignung,[3] sondern Inhalts- und Schrankenbestimmung des Eigentums, da sie mit dem Entzug bestehender Rechtspositionen den Ausgleich privater Interessen in Verbindung mit dem öffentlichen Interesse an einer geordneten städtebaulichen Entwicklung bezweckt.[4] 3857

Der Kreis der an einer Umlegung Beteiligten (§ 48 BauGB) umfaßt insbesondere die Eigentümer der im Umlegungsgebiet gelegenen Grundstücke und die Inhaber eines im Grundbuch eingetragenen Rechts oder an einem ein Umlegungsgrundstück betreffenden Recht. Maßgebend für die entsprechenden 3858

---

[5] S dazu Rdn 1131 sowie Ertl MittBayNot 1985, 177.
[6] AA Battis/Krautzberger/Löhr Rdn 116 zu § 35 BauGB.
[1] S zum Umlegungs- und Grenzregelungsverfahren Dieterich, Baulandumlegung, Recht und Praxis, 4. Aufl (2000); Rothe, Umlegung und Grenzregelung (1984); Daniels MittRhNotK 1961, 143; Röll DNotZ 1961, 635; Schmid (in der Sicht des Grundbuchamts) BWNotZ 1974, 148; Haegele RpflJB 1966, 371; Waibel Rpfleger 1976, 347; Otte ZfBR 1987, 263 (zum BauGB); zur Baulandumlegung in den neuen Bundesländern vgl Reinhardt LKV 1993, 287.
[2] Zur Erforderlichkeit der Umlegung s BGH NJW 1987, 3260.
[3] BVerfG 1, 225; s aber auch BGH BB 1965, 1250 = BBauBl 1966, 25 = NJW 1965, 2101.
[4] BVerfG BayVBl 2002, 112 = DÖV 2001, 996 = NVwZ 2001, 1023; Haas NVwZ 2002, 272. Zu den Folgen dieser verfassungsrechtlichen Einstufung vgl auch Christ DVBl 2002, 1517.

1655

Ermittlungen der Umlegungsstelle sind zunächst die Eintragungen im Grundbuch mit der sich für diese ergebenden Vermutung, daß der im Grundbuch Eingetragene der wahre Eigentümer ist (§ 891 BGB; s Rdn 337).[5] Ergeben die Ermittlungen, daß der eingetragene Eigentümer nicht der wirkliche Eigentümer ist und stellt die Umlegungsstelle den letzteren fest, so wird sie ihn auffordern, das Grundbuch auf seinen Namen berichtigen zu lassen. Kommt der wahre Eigentümer dieser Aufforderung nicht nach, so wird es zweckmäßig sein, das Grundbuchamt zu benachrichtigen, damit dieses gegebenenfalls ein Grundbuchberichtigungs-Zwangsverfahren nach §§ 82 ff GBO (Rdn 377 ff) in die Wege leitet. Die Umlegungsstelle selbst ist nicht berechtigt, einen festgestellten Eigentümer auf dem Wege über den Umlegungsplan als Eigentümer in das Grundbuch eintragen zu lassen.

Nach § 48 Abs 1 Nr 3 BauGB sind Beteiligte ua auch Inhaber von nicht im Grundbuch eingetragenen Rechten, die sich auf Grundstücke innerhalb des Umlegungsgebiets beziehen,[6] und vor allem auch Erwerber (Käufer) eines Grundstücks oder Grundstücksteils. Sie werden Beteiligte in dem Zeitpunkt, in dem die Anmeldung ihres Rechts der Umlegungsstelle zugeht, was bis zur Beschlußfassung über den Umlegungsplan möglich ist[7] (§ 48 Abs 3, § 66 Abs 1 BauGB).

2. Einleitung des Verfahrens und Umlegungsstelle

a) Einleitung des Verfahrens und Grundbuchvermerk

3859 Das Umlegungsverfahren wird durch einen **Beschluß der Gemeinde** als Umlegungsstelle (§ 46 BauGB), eingeleitet, in dem das Umlegungsgebiet zu bezeichnen ist und die im Umlegungsgebiet gelegenen Grundstücke einzeln aufzuführen sind (§ 47 BauGB). Der Umlegungsbeschluß ist von der Umlegungsstelle bekanntzugeben (§ 50 Abs 1 BauGB). Mit der Bekanntmachung tritt eine Verfügungs- und Veränderungssperre ein (§ 51 BauGB; s Rdn 3863 ff), die gewisse Veränderungen und die Errichtung und Veränderung von baulichen Anlagen von der Genehmigung der Umlegungsstelle abhängig macht.

3860 Die Umlegungsstelle hat nach § 54 BauGB die Einleitung des Verfahrens dem Grundbuchamt und der für die Führung des Liegenschaftskatasters zuständigen Stelle (Katasteramt, Vermessungsamt) mitzuteilen (Eintragungsersuchen nach § 38 GBO; Form: § 29 Abs 3 GBO). Das Grundbuchamt hat auf Grund dieses Ersuchens bei allen betroffenen Grundstücken den **Umlegungsvermerk** von Amts wegen einzutragen.[8] Der Vermerk kann lauten:

> Umlegungsverfahren eingeleitet; eingetragen am ...

---

[5] Im Umlegungsverfahren ist nur der wahre Inhaber eines im Grundbuch eingetragenen Rechts an einem umlegungsbetroffenen Grundstück beteiligt, nicht dagegen der von diesem verschiedene Buch-(Schein-)Berechtigte (OLG Düsseldorf BauR 1973, 377).
[6] LG Karlsruhe NVwZ 2002, 1148.
[7] OLG Zweibrücken DNotZ 2003, 279 mit Anm Grziwotz = Rpfleger 2003, 122; Battis/Krautzberger/Löhr Rdn 13, 17 ff zu § 48 BauGB; hierzu zu Recht kritisch Maaß ZNotP 2003, 362.
[8] Wegen des Eintragungsersuchens (§§ 38, 29 GBO) s Haegele RpflJB 1966, 373; BayObLG 1970, 182 = MittBayNot 1970, 107 = Rpfleger 1970, 346. Es ist nicht Aufgabe des Grundbuchamts, die Gesetzmäßigkeit des Ersuchens um Eintragung des Umlegungsvermerks zu überprüfen (OLG Frankfurt Rpfleger 1974, 436). S zum Umlegungsvermerk auch Schmid BWNotZ 1974, 149. Wegen Löschung des Vermerks s Rdn 3871.

II. Verkehrsbeschränkungen nach dem BauGB

Die Umlegungsstelle ist durch das Grundbuchamt und durch das Katasteramt (Vermessungsamt) von allen Eintragungen bei den betroffenen Grundstücken zu benachrichtigen (§ 54 Abs 2 BauGB; MiZi XVIII/8).
Das Fehlen eines Umlegungsvermerks bietet keine Gewähr dafür, daß sich das Grundstück nicht in einer Umlegung befindet, denn die Umlegung mit ihren Folgen (§ 51 BauGB) wird rechtswirksam mit der Bekanntmachung des Umlegungsbeschlusses nach §§ 47, 50 BauGB. Die Eintragung des Umlegungsvermerks hat keine konstitutive Wirkung.[9]

3861

b) Umlegungsstelle

Zuständig zur Durchführung der Umlegung ist die Gemeinde als Umlegungsstelle. Doch haben mit Ausnahme von Hamburg, Bremen und Hessen alle Bundesländer gemäß § 46 Abs 2 BauGB die Bildung von Umlegungsausschüssen als Umlegungsstellen vorgesehen.[10] Die Gemeinde kann die ihr obliegenden Aufgaben auf die Flurbereinigungsbehörde oder eine andere geeignete Behörde (zB Vermessungsamt) übertragen (§ 46 Abs 4 BauGB).

3862

3. Verfügungssperre während der Umlegung

a) Allgemeiner Inhalt der Verfügungssperre

Von der Bekanntmachung des Umlegungsbeschlusses an bis zur Bekanntmachung des Umlegungsplans dürfen im Umlegungsgebiet nur mit schriftlicher **Genehmigung** der Umlegungsstelle Grundstücke geteilt oder **Verfügungen über ein Grundstück oder** über **Rechte an einem Grundstück** getroffen oder Vereinbarungen abgeschlossen werden, durch die einem anderen ein Recht zum Erwerb, zur Nutzung oder Bebauung eines Grundstücks oder Grundstücksteils eingeräumt wird oder Baulasten neu begründet, geändert oder aufgehoben werden[11] (§ 51 Abs 1 Nr 1 BauGB).

3863

Auf den Zeitpunkt der Eintragung des Umlegungsvermerks im Grundbuch (Rdn 3860, 3861) kommt es für den Beginn der Sperre nicht an. Daher wird auch ein guter Glaube an das Nichtbestehen einer Verfügungsbeschränkung nach § 51 BauGB nicht geschützt. Dagegen greift § 878 BGB auch gegenüber einer nachträglichen Verfügungsbeschränkung gemäß § 51 BauGB ein (s Rdn 126). Wird ein schuldrechtlicher Veräußerungsvertrag vor Wirksamwerden des Umlegungsbeschlusses (genehmigungsfrei) geschlossen und eine Vormerkung im Grundbuch eingetragen, bedarf der nunmehrige Vollzug der erst nach Wirksamwerden der Umlegung erklärten Auflassung nach dem Wortlaut des § 51 Abs 1 BauGB der Genehmigung;[12] allerdings dürfte hier-

3864

---

[9] LG Frankenthal Rpfleger 2000, 63.
[10] Dieterich aaO (Fußn 1) Rdn 64, auch Sachsen-Anhalt (GVBl 1991, 430) und Thüringen (GVBl 1991, 341); zum Umlegungsausschuß in den neuen Bundesländern vgl Rothe LKV 1994, 86.
[11] Das Grundbuchamt hat die Verfügungssperre bei eingetragenem Umlegungsvermerk auch dann zu beachten, wenn der Umlegungsbeschluß angefochten worden ist (OLG Frankfurt aaO = Fußn 8).
[12] Vgl LG Frankenthal Rpfleger 2000, 63; zum vergleichbaren Fall bei der Sanierungsgenehmigung DNotI-Report 1994 Nr 18 S 1. War die Auflassung vorher erklärt, besteht keine Genehmigungsbedürftigkeit, vgl KG DNotI-Report 1997, 70 = FGPrax 1996, 213; ebenso OLG Celle NotBZ 2002, 226 (zur Sanierungsgenehmigung).

5. Teil. Öffentlich-rechtliche Verfügungsbeschränkungen und Vorkaufsrechte

auf ein Rechtsanspruch bestehen (vgl § 22 Abs 3 Nr 1 und § 172 Abs 4 S 3 Nr 4 BauGB, die insoweit einen analogiefähigen allgemeinen Grundsatz des Vertrauensschutzes aussprechen).

b) Einzelheiten zur Verfügungssperre

3865 Nach vorherrschender Ansicht bedarf **jede Verfügung** über in einer Umlegung befindliche Grundstücke und über Rechte an ihnen der Genehmigung,[13] nicht nur solche, durch die einem anderen ein Recht zur Nutzung oder Bebauung eines Grundstücks eingeräumt wird.[14] Daher bedürfen in Umlegungsgebieten alle Verfügungen im bürgerlich-rechtlichen Sinn der Genehmigung der Umlegungsstelle (s Rdn 3862). Insbesondere gilt dies für Übertragung des Eigentums (Auflassung), Bestellung eines Erbbaurechts, eines Nießbrauchs, einer Dienstbarkeit, eines Vorkaufsrechts,[15] Bestellung, Abtretung und Löschung[16] eines Grundpfandrechts (nicht Zwangshypothek,[17] anders bei Zwangshypothek auf Grund persönlicher Zwangsvollstreckungsunterwerfung),[18] Abschluß eines Miet- oder Pachtvertrags, Bestellung eines Dauerwohn- oder Dauernutzungsrechts, nicht aber Eintragung einer Vormerkung.[19] Auch die Aufteilung in Wohnungseigentum ist als Inhaltsänderung eine Verfügung.[20] Bei Grundstücksveräußerungsgeschäften bedarf nicht nur die Auflassung der Genehmigung, sondern auch der schuldrechtliche Erwerbsvertrag. Auch Verwandtengeschäfte unterstehen der Genehmigungspflicht, ebenso Rechtsgeschäfte der Gemeinde selbst. Eine Genehmigungspflicht entfällt, wenn Veräußerungsvertrag und Auflassung (oder Grundstücksbelastung) ersichtlich an den Rechtszustand nach Vollzug der Umlegung anknüpfen (s Rdn 3872).

Die Teilung eines Grundstücks unterliegt der Genehmigungspflicht (§ 51 Abs 1 S 1 Nr 1 BauGB). Daneben besteht keine Genehmigungspflicht nach § 19 BauGB (vgl § 19 Abs 4 Nr 1 BauGB).

In einem förmlich festgelegten Sanierungsgebiet ist die Genehmigung nach § 51 BauGB nur erforderlich, wenn im Sanierungsgebiet eine Genehmigungs-

---

[13] Diese Ansicht wird ua in den Kommentaren zum BauGB (früher BBauG) vertreten. Auch die Rechtsprechung behandelt durchgehend rechtsgeschäftliche Verfügungen jeder Art über Grundstücke im Umlegungsgebiet als genehmigungspflichtig, so BayObLG 1964, 170 = DNotZ 1965, 289 = Rpfleger 1964, 215; OLG Celle NdsRpfl 1965, 83 = Rpfleger 1965, 275; OLG Düsseldorf MittRhNotK 1978, 189; OLG Hamm MittBayNot 1980, 89 = Rpfleger 1980, 296.
[14] Haegele Rpfleger 1961, 3 (7) und 1963, 300; Daniels MittRhNotK 1961, 139 (143); Eppig DNotZ 1960, 509 (524); Kehrer BWNotZ 1960, 245; LG Hildesheim MDR 1963, 218 = Rpfleger 1963, 300 mit zust Anm Haegele.
[15] Ernst/Zinkahn/Bielenberg/Otte Rdn 7 zu § 51 BBauG.
[16] OLG Düsseldorf MittRhNotK 1978, 189; OLG Hamm OLGZ 1980, 267 = MittBayNot 1980, 89 = Rpfleger 1980, 296.
[17] AG Eschweiler Rpfleger 1978, 187; s auch Rdn 2206.
[18] Als Umgehung gewertet von OLG Oldenburg NJW-RR 1998, 1239.
[19] Für Genehmigungsfreiheit (einer Auflassungsvormerkung) BayObLG 1970, 303 = DNotZ 1970, 152 = Rpfleger 1970, 25; LG Aschaffenburg MittBayNot 1979, 43; LG Nürnberg-Fürth MittBayNot 1979, 93 Leits. Auch die Verpfändung des Eigentumsverschaffungsanspruchs (die bei der Vormerkung berichtigend eingetragen werden kann) bedarf keiner Genehmigung, LG Nürnberg-Fürth MittBayNot 1980, 128.
[20] Vgl Weitnauer Rdn 4 zu § 8 WEG: Teilung ist Verfügung über Grundstück.

II. Verkehrsbeschränkungen nach dem BauGB

pflicht nach § 144 BauGB nicht besteht (§ 142 Abs 4 BauGB), sonst genügt die Genehmigung im Sanierungsverfahren (§ 51 Abs 1 S 2 BauGB). Im städtebaulichen Entwicklungsbereich gilt § 51 BauGB nicht, sondern nur das dort vorgesehene Genehmigungsverfahren (§ 169 Abs 2 BauGB).

c) Genehmigungsfreie Vorgänge

Der Genehmigung unterliegen nicht **Erbfolge, Erbteilsübertragung** und Übertragung von Gesamthandsbeteiligungen, zB an Personengesellschaften,[21] Zuschlag in der **Zwangsversteigerung** und **Zwangsenteignung**. Die Rechtsnachfolger werden aber Beteiligte am Umlegungsverfahren und in ihrer Person von § 51 BauGB erfaßt. 3866

d) Versagung der Genehmigung

Die Genehmigung darf **nur versagt** werden, wenn Grund zu der Annahme besteht, daß das genehmigungspflichtige Vorhaben die Durchführung der **Umlegung unmöglich** machen oder **wesentlich erschweren** würde (§ 51 Abs 3 BauGB).[22] Bloße Mehrarbeit für die Umlegungsstelle, weil ein neuer Eigentümer in das Verfahren eintritt, ist nur geringe Erschwerung und damit kein Versagungsgrund. Eine wesentliche Erschwerung besteht dagegen, wenn Zuteilungsschwierigkeiten entstehen[22] – durch den Verkauf eines Grundstücks scheidet ein Eigentümer aus, der mit einer Barabfindung zufrieden gewesen wäre, während der Rechtsnachfolger bei an sich knappem Grundstücksbestand ein Ersatzgrundstück begehrt –. Ob die Genehmigung zur Belastung mit Grundpfandrechten, die nicht der (plangemäßen) Bebauung der Umlegungsgrundstücke dienen, versagt werden kann, ist streitig.[23] Da Zwangseintragungen (Zwangshypotheken) nicht verhindert werden können (keine Genehmigungspflicht, zur Umgehung jedoch Rdn 3865 mit Fußn 18), läßt sich die Verwendung von Umlegungsgrundstücken als Beleihungsgrundlage nicht verhindern. Dies ergibt sich auch aus dem vom BVerfG betonten vorrangigen Zweck der Umlegung, private Interessen für die Ermöglichung einer Bebauung auszugleichen.[24] Liegt kein Versagungsgrund vor, so muß die Umlegungsstelle die Genehmigung erteilen. Die Verhängung von Auflagen ist nach § 51 Abs 4 BauGB möglich, nicht dagegen Erteilung der Genehmigung unter Bedingungen oder Befristungen bei Verfügungen über Grundstücke oder Rechte an Grundstücken. Wird eine Genehmigung unter Auflage erteilt, hat die betroffene Partei ein befristetes Rücktrittsrecht (§ 51 Abs 4 S 2 BauGB). 3867

e) Genehmigungsverfahren

Die Genehmigung wird nur **auf Antrag** erteilt. Antragsberechtigt ist der Begünstigte, bei Vereinbarungen sind es beide Vertragsteile.
Ein eigenes gesetzliches **Antragsrecht für den Notar** besteht nicht. Der Notar wird den Genehmigungsantrag in der Regel in seine Urkunde aufnehmen mit 3868

---

[21] Battis/Krautzberger/Löhr Rdn 17 zu § 51 BauGB.
[22] Dieterich aaO (Fußn 1) Rdn 160. S auch BGH NVwZ 1982, 148.
[23] Für Verhinderung: Battis/Krautzberger/Löhr Rdn 30 zu § 51 BauGB; großzügiger Kohlhammer-Kommentar/Schriever Rdn 64 zu § 51 BauGB.
[24] BVerfG aaO (Fußn 4); zur restriktiven Auslegung des zur Begründung der Belastungsbeschränkung herangezogenen Baugebots (§ 59 Abs 7 BauGB) Christ DVBl 2002, 1517.

Belehrung der Beteiligten und Zustellungsvollmacht für sich oder sich Vollmacht für die Antragstellung erteilen lassen.
Die Genehmigung der Umlegungsstelle bedarf der Form des § 29 Abs 3 GBO. Für die Genehmigung gelten nach § 51 Abs 3 S 2 BauGB die gleichen Fristen (mit Verlängerungsmöglichkeit) samt fiktiver Genehmigung bei Fristüberschreitung wie für die Teilungsgenehmigung nach § 19 BauGB (s dazu Rdn 3829).

3869 Wird die **Genehmigung versagt,** so kann der Grundstückseigentümer – ohne Anwaltszwang[25] – **Antrag auf gerichtliche Entscheidung** durch die Kammer für Baulandsachen des Landgerichts stellen (§ 217 BauGB). Gegen die Entscheidung des Landgerichts ist die Berufung zum Oberlandesgericht, Senat für Baulandsachen, gegeben (§ 229 BauGB).

3870 Die Genehmigung der Umlegungsstelle ersetzt nicht eine nach anderen Vorschriften etwa erforderliche Genehmigung, ausgenommen die Teilungsgenehmigung (§ 19 Abs 4 Nr 1 BauGB).
Solange die Genehmigung noch nicht erteilt, aber auch noch nicht versagt ist, ist die Verfügung oder die Vereinbarung nach § 51 Abs 1 BauGB schwebend unwirksam. Wird ein genehmigungsbedürftiges Rechtsgeschäft ohne Genehmigung im Grundbuch vollzogen, so ist ein Amtswiderspruch nach § 53 Abs 1 GBO einzutragen. Auch die Umlegungsstelle kann um Eintragung eines Widerspruchs nach § 899 BGB ersuchen.[26]

3871 Die hier behandelte Sperre dauert bis zur Bekanntmachung der Unanfechtbarkeit des Umlegungsbeschlusses nach § 71 BauGB, nicht etwa nur bis zur Bekanntmachung der öffentlichen Auslegung der Umlegungskarte. Die **Löschung des Umlegungsvermerks** kann nur auf Ersuchen der Umlegungsstelle erfolgen (§ 74 Abs 1 BauGB). Wegen der Grundbuchberichtigung nach durchgeführter Umlegung s Rdn 3875.

4. Verfügungen über Alt- und Neugrundstücke während der Umlegung[27]

a) Verfügung über die alten Grundstücke

3872 Während des Umlegungsverfahrens sind **Verfügungen** über die alten (Einlage-) Grundstücke **möglich** (Genehmigungspflicht, § 51 BauGB). Der Erwerber des Einlagegrundstücks wird dann insoweit mit Anmeldung Beteiligter (§ 48 BauGB; s Rdn 3858) des Umlegungsverfahrens und erhält in der Umlegung entweder ein Ersatzgrundstück oder wird in Geld entschädigt; in der Regel wird er das Einlagegrundstück in der Natur nicht behalten. Der neue Rechtsinhaber hat dieselben Rechte wie sie der frühere Rechtsinhaber zu diesem

---

[25] Vgl BGH 41, 183; über Verfahrensfragen s Gelzer und Lübbe DVBl 1962, 888, 925 sowie Völk DÖV 1964, 45.
[26] So auch LG Hildesheim MDR 1963, 218 = Rpfleger 1963, 300. Das OLG Celle dagegen (NJW 1963, 1160 = NdsRpfl 1963, 149) gewährt dem Umlegungsausschuß gegen die Ablehnung der Eintragung eines Widerspruchs im Grundbuch kein Beschwerderecht nach §§ 53, 71 GBO, auch nicht über § 23 Abs 3 BauGB aF (jetzt § 20 Abs 3 BauGB). Der Ansicht des OLG Celle ist Haase NJW 1964, 190 mit Recht entgegengetreten.
[27] Vgl Zimmermann MittRhNotK 1990, 185 zum Grundstücksverkehr in Umlegungsbereichen und für das gleichgelagerte Flurbereinigungsverfahren Tönnies MittRhNotK 1987, 93.

Zeitpunkt inne hatte.²⁸ Tritt im Zuge einer Umlegung nach erfolgter Auflassung, aber noch vor deren Eintragung im Grundbuch, an Stelle des aufgelassenen Einlagegrundstücks ein Ersatzgrundstück, so bedarf es weder einer Erneuerung der Auflassung noch einer Berichtigung der Bezeichnung des aufgelassenen Grundstücks.²⁹ Auch wenn die Auflassung für das alte (Einlage-)Grundstück erst nach Bekanntmachung des unanfechtbar gewordenen Umlegungsplans erklärt war, ist eine neue Auflassung nicht erforderlich, da sich die erklärte Auflassung mangels gegenteiliger Anhaltspunkte auf das (im Erklärungszeitpunkt an die Stelle des rechtlich nicht mehr existenten Einlagegrundstücks getretene) Ersatzgrundstück bezieht.³⁰

b) Keine Abtretung des Zuteilungsanspruchs

Tritt der Erwerber eines Grundstücks nach Abschluß des schuldrechtlichen formgerechten Erwerbsvertrags über das Einlagegrundstück oder einen Bruchteil oder eine Teilfläche davon als Beteiligter in das Umlegungsverfahren ein, soll es zum Eigentumserwerb des Ersatzgrundstücks überhaupt keiner Auflassung und Eintragung bedürfen; als Beteiligter soll er Eigentum durch den Umlegungsbeschluß erwerben, der dann berichtigend im Grundbuch eingetragen wird.³¹ Dieser Auffassung kann nicht gefolgt werden. Der Abschluß des obligatorischen Vertrages als solcher kann trotz der verfahrensrechtlichen Beteiligung des Käufers (§ 48 Abs 1 Nr 3 BauGB, s dazu Rdn 3858) nicht zu dessen Eigentumserwerb führen;³¹ᵃ auch das Surrogationsprinzip (Rdn 3872 b) führt nur zu einer Änderung des Eigentumsobjektes, nicht des Eigentümers; eine Eigentumsübertragung durch Umlegungsbeschluß ist nicht zulässig (vgl nachf Rdn 3872 b). Würde bereits die Anmeldung des Erwerbers als Beteiligter nach § 48 Abs 1 Nr 3, Abs 2 BauGB den Käufer über den späteren Umlegungsbeschluß zum Eigentümer machen, versagen die sonst üblichen verkäuferschützenden Maßnahmen wie Aussetzung der Auflassung oder des Vollzugs der Auflassung bis zur Kaufpreiszahlung; es müßte dann die Kaufpreiszahlung durch Bürgschaft oder Hinterlegung auf Anderkonto vor Wirksamwerden des Kaufvertrages (§ 51 BauGB) sichergestellt werden.³¹ᵃ

3872 a

Da das Umlegungsverfahren vom Surrogationsprinzip geprägt ist, kann der sich aus § 59 Abs 1 BauGB gegebene Zuteilungsanspruch des betroffenen Grundstückseigentümers nicht abgetreten werden bzw die Umlegungsstelle angewiesen werden, das Ersatzgrundstück nicht dem einwerfenden Eigentümer, sondern einem Dritten zuzuteilen. Eine solche Drittzuweisung soll nach

3872 b

---

²⁸ BGH 111, 52 = NVwZ 1991, 99.
²⁹ So für das gleichgelagerte Flurbereinigungsverfahren BayObLG 1972, 242 = DNotZ 1973, 97 = Rpfleger 1972, 366; OLG Frankfurt MittRhNotK 1996, 226 = Rpfleger 1996, 335; LG Bamberg MittBayNot 1973, 153; LG Wiesbaden MittBayNot 1971, 276 = MittRhNotK 1971, 698 = Rpfleger 1971, 216 mit Anm Haegele.
³⁰ BayObLG 1980, 108 = MittBayNot 1980, 67 = Rpfleger 1980, 293; ebenso auch LG Darmstadt Rpfleger 1976, 61; LG Aschaffenburg MittBayNot 1980, 159 mit Anm Rehle. Dies gilt jedoch nicht, wenn die aufgelassene Grundstücksfläche einem anderen und dem bisherigen Eigentümer kein Ersatzgrundstück zugewiesen wurde (BayObLG 2 Z 120/83, mitget Rpfleger 1984, 142).
³¹ OLG Zweibrücken DNotZ 2003, 279 mit Anm Grziwotz = aaO (Fußn 7).
³¹ᵃ So richtig Maaß ZNotP 2003, 362.

OLG Hamm[32] allerdings nicht zur Nichtigkeit der Umwandlungsmaßnahme, sondern nur zur Rechtswidrigkeit führen und daher außerhalb der Prüfungskompetenz des Grundbuchamtes liegen; im Hinblick auf die hier bestehende absolute sachliche Unzuständigkeit der Umlegungsstelle zur Herbeiführung mit der Umlegung nicht zusammenhängender Rechtsänderung (zB Auseinandersetzungen, Schenkungen) halten wir solche Zuweisungen für (teil) nichtig[33] mit insoweit auch bestehender Prüfungsbefugnis des Grundbuchamts.

c) Verfügung über die neuen Grundstücke

3873 Will jemand während des Umlegungsverfahrens eine **bestimmte Fläche in der Natur** erwerben, so ist ein obligatorischer Veräußerungsvertrag über das künftige, aus der Umlegung hervorgehende Grundstück (Ersatzgrundstück) auch schon vor Inkrafttreten des Umlegungsplans möglich; auch die Auflassung kann wirksam bezüglich des Ersatzgrundstücks erklärt werden, wenn es mit der im Grundbuchverfahren erforderlichen Bestimmtheit bezeichnet werden kann. Veräußerungsvertrag und Auflassung stehen allerdings unter der Rechtsbedingung des Inkrafttretens des Umlegungsplans; erst in diesem Zeitpunkt ist der Grundbuchvollzug möglich. Soll bis zum Zeitpunkt der Rechtskraft des Umlegungsplans eine Vormerkung ins Grundbuch zur Sicherung des Käufers eingetragen werden, so ist dies möglich durch auflösend bedingte Veräußerung des Einlagegrundstücks oder eines Miteigentumsanteils hieran, der wertmäßig dem Ersatzgrundstück entspricht (Höhe des Anteils mit Umlegungsstelle abklären). Dieses geschilderte Verfahren ist aber erst möglich, wenn die Umlegung bereits das Stadium konkreter Grenzziehung (Karten) für die Ersatzgrundstücke erreicht hat. Nach anderer Auffassung ist die Eintragung einer Vormerkung am Einlagegrundstück, gerichtet auf Eigentumsverschaffung an dem im (noch nicht bestandskräftigen) Umlegungsplan ausgewiesenen Ersatzgrundstück zulässig.[34] Vor Rechtskraft des Umlegungsplans besteht keine rechtliche Sicherheit, daß der Veräußerer tatsächlich Eigentümer des konkreten Ersatzgrundstücks wird; die Umlegung kann zB noch eingestellt und aufgehoben oder der Umlegungsplan und die vorgesehene Zuteilung noch geändert werden.[35] Die Vertragsgestaltung hat für diesen Fall Vorsorge zu treffen, zB durch Rücktritts- oder Schadenersatzregeln. Kaufpreiszahlungen vor Rechtskraft des Umlegungsplans bedeuten stets für den Käufer ein Risiko, auch wenn (nach Genehmigung des Vertrages, § 51 BauGB) bei bloßer Geld- statt Landzuteilung für den einlegenden Verkäufer für die nach § 61 BauGB aufgehobenen Erwerbsrechte des Käufers eine Geldentschädigung an diesen zu zahlen ist.

---

[32] OLG Hamm MittBayNot 1996, 452 mit abl Anm Grziwotz = MittRhNotK 1996, 228 = Rpfleger 1996, 338.
[33] § 44 Abs 1 und 4 VwVfG; ebenso Grziwotz DNotZ 2003, 281 (284).
[34] LG Wiesbaden Rpfleger 1972, 307 mit Anm Haegele und Seikel NotBZ 1998, 189 (ohne allerdings das Problem zu erörtern). Diese Auffassung ist abzulehnen, da die Vormerkung am Einlagegrundstück dessen Teil bestimmt beschreiben müßte, an dessen Stelle später das Ersatzgrundstück tritt; das geschieht nicht und kann auch nicht vereinbart werden (§ 51 BauGB), ablehnend daher auch GBA Neuenburg BWNotZ 1993, 125.
[35] Instruktiv OLG Düsseldorf NJW-RR 1996, 82 (Haftung des Verkäufers bei später abweichendem Grenzverlauf).

II. Verkehrsbeschränkungen nach dem BauGB

Kommt **Belastung** mit einem Grundpfandrecht in Frage, so ist das in die Umlegung eingebrachte Grundstück zu belasten. Diese Belastung setzt sich dann am Ersatzgrundstück ohne weiteres fort (§ 63 Abs 1 BauGB). Bei Dienstbarkeiten und Erbbaurechten, die örtlich an bestimmte Grundstücke gebunden sind, ist dieses Verfahren nicht möglich. Hier muß das örtlich tatsächlich betroffene eingebrachte Grundstück belastet und dann im Umlegungsplan die Belastung auf das örtlich an die Stelle tretende Ersatzgrundstück übernommen werden (§ 61 Abs 1 BauGB), auch wenn dieses einem anderen Eigentümer gehört.[36]

3874

5. Abschluß der Umlegung, Grundbuchberichtigung

Grundsätzlich sind aus der Verteilungsmasse den Eigentümern dem Umlegungszweck entsprechend nach Möglichkeit Grundstücke in gleicher oder gleichwertiger Lage zuzuteilen (§ 59 Abs 1 BauGB). Mit Einverständnis der betroffenen Eigentümer können als Abfindung aber auch Geld, Grundeigentum außerhalb des Umlegungsgebietes oder die Begründung von Miteigentum an einem Grundstück oder die Gewährung von Rechten nach WEG oder die Gewährung sonstiger dinglicher Rechte vorgesehen werden (§ 59 Abs 4 BauGB).

3875

Nach Rechtskraft des Umlegungsplans übersendet die Umlegungsstelle dem Grundbuchamt und dem Katasteramt (Vermessungsamt) eine beglaubigte Abschrift der nach § 71 BauGB erfolgten öffentlichen Bekanntmachung, deren Zeitpunkt für den Eintritt des aus dem Umlegungsplan ersichtlichen neuen Rechtszustandes maßgebend ist (§ 72 BauGB), sowie beglaubigte Ausfertigung[37] des Umlegungsplans, der aus der Umlegungskarte und dem Umlegungsverzeichnis besteht (§ 66 BauGB), und Unbedenklichkeitsbescheinigung des Finanzamts[38] mit dem **Ersuchen** (§ 38 GBO), die Rechtsänderungen im Grundbuch und im Liegenschaftskataster kostenfrei (§ 79 BauGB) im Wege der Berichtigung einzutragen (§ 74 BauGB); gleichzeitig ist das Grundbuchamt zu ersuchen, den Umlegungsvermerk nach Vollzug zu löschen. Im Umlegungsplan können auch grundstücksgleiche Rechte, dingliche Rechte (insbes Grundpfandrechte)[39] und (persönliche) Rechte auf Erwerb (Besitz oder Nutzung) aufgehoben, abgeändert oder neu begründet werden (§ 61 BauGB). Ein Grundpfandrechtsbrief muß vorliegen, wenn eine Eintragung bei einem Grundpfandrecht zu erfolgen hat (§ 41 GBO). Ihn hat die Umlegungsstelle als ersuchende Behörde vorzulegen[40] (Rdn 199). Prüfung des Ersuchens durch

---

[36] S dazu insbesondere Röll DNotZ 1961, 635 (641). Vgl die entsprechenden Ausführungen für die Flurbereinigung Rdn 4035.
[37] Was eine „beglaubigte Ausfertigung" sein soll, bleibt unerforscht (vgl zB § 42 Abs 1, § 49 Abs 1 BeurkG, § 33 VerwVerfG).
[38] So auch Bauer/vOefele Rdn 99 zu § 38. Abweichend Böhringer Rpfleger 2000, 99 (100): Steuerbefreiung kann das Grundbuchamt prüfen; Unbedenklichkeitsbescheinigung daher nur in Zweifelsfällen. Zur GrESt-Befreiung der Umlegung BFH II R 25/98 DNotI-Report 2000, 99.
[39] Nicht geklärt ist, ob sie auch (dinglich) gegen den jeweiligen Grundstückseigentümer für vollstreckbar erklärt werden können. Das dürfte zu bejahen sein.
[40] OLG Düsseldorf NW-RR 1997, 1375; K/E/H/E Rdn 35 zu § 38 und Rdn 9 zu § 41; Meikel/Roth/Bestelmeyer Rdn 74 zu § 38 und Rdn 40 zu § 41; anders LG Hanau Rpfleger 1977, 171.

5. Teil. Öffentlich-rechtliche Verfügungsbeschränkungen und Vorkaufsrechte

das Grundbuchamt: Rdn 219. Es hat auch zu prüfen, ob die einzutragende Umlegungsmaßnahme offensichtlich unwirksam (nichtiger Verwaltungsakt) ist, weil es nicht dazu mitwirken darf, das Grundbuch unrichtig zu machen.[41] Nichtig ist die Umlegungsmaßnahme allerdings nur ausnahmsweise, wenn sie an einem besonders schwerwiegenden Verfahrensfehler leidet.[42] Ergänzung der Grundpfandrechtsbriefe auf Antrag, wenn bei Grundpfandrechten keine Eintragung erfolgt: § 57 Abs 2 GBO.

Bis zur Berichtigung des Liegenschaftskatasters dienen die Umlegungskarte und das Umlegungsverzeichnis als **amtliches Verzeichnis** der Grundstücke nach § 2 Abs 2 GBO, wenn die für die Führung des Liegenschaftskatasters zuständige Behörde auf diesen Urkunden bestätigt, daß sie nach Form und Inhalt zur Übernahme in das Liegenschaftskataster geeignet sind (§ 74 BauGB). Später muß das Liegenschaftskataster nachgetragen werden. Eine vorzeitige Inkraftsetzung von Teilen des Umlegungsplans ermöglicht § 71 Abs 2 BauGB. Nach Inkrafttreten des Umlegungsplans (§ 71 Abs 1 oder Abs 2 BauGB) kann vor Berichtigung des Grundbuchs eine Auflassung über das – untergegangene – Einlagegrundstück nicht mehr vollzogen werden.[43]

Im übrigen kann auf die für den grundbuchlichen Vollzug der Flurbereinigung gemachten, sinngemäß auch hier geltenden Ausführungen Rdn 4044, 4046 ff Bezug genommen werden. Bei einem Amtswiderspruch gegen den Vollzug eines Umlegungsplans muß im Grundbuch ein Berechtigter eingetragen werden, andernfalls wäre er als inhaltlich unzulässig zu löschen.[44]

3876 Hat ein Beteiligter Geldleistungen zu erbringen, deren Gläubiger die Gemeinde ist, und erfolgt deren Zahlung nicht sofort, so sind die Verpflichtungen als **öffentliche Last** des neu zugeteilten Grundstücks im Grundbuch auf Ersuchen der Umlegungsstelle zu vermerken (§ 64 BauGB). Der Vermerk hat nur rechtserklärende Bedeutung. Er begründet keine Rangfolge.

6. Freiwillige Umlegung

3877 Die im Gesetz erwähnte freiwillige Einigung der Beteiligten (§ 79 BauGB „Geschäfte zur Vermeidung der Umlegung") hat nach dem Subsidiaritätsprinzip Vorrang vor der Umlegung nach §§ 45 ff BauGB. Solche private „Umlegungen" sollen zunächst durch Einigung der Beteiligten untereinander mit den Mitteln des Privatrechts (Kauf, Tausch) erreicht werden, meist unter Beteiligung der Gemeinde. Ist an einer freiwilligen Baulandumlegung die Gemeinde beteiligt, so handelt es sich um einen öffentlich-rechtlichen Vertrag[45] (§ 11 Abs 1 Nr 1 BauGB). Es sind hier verschiedene Möglichkeiten[46] denkbar:

---

[41] OLG Hamm Rpfleger 1993, 486; OLG Hamm Rpfleger 1996, 338 = aaO (Fußn 32).
[42] S dazu Rdn 3872 b mit Fußn 32, 33.
[43] BayObLG BWNotZ 1983, 45 = MittBayNot 1983, 64 mit Anm Haiduk = Rpfleger 1983, 145; kritisch dazu Eckhardt BWNotZ 1984, 109. Zur Grundbuchberichtigung vgl auch OLG Schleswig RdL 1964, 305.
[44] BGH DNotZ 1986, 145 auf Vorlagebeschluß OLG Frankfurt Rpfleger 1985, 9.
[45] BVerwG NJW 1985, 989 = NVwZ 1985, 338; vgl auch Manstein MittRhNotK 1995, 1.

II. Verkehrsbeschränkungen nach dem BauGB

– Ankauf aller Flächen durch einen Beteiligten als Treuhänder und Aufteilung des Massegrundstücks nach den im Vertrag bereits vereinbarten Regeln; ein solcher Beteiligter kann einer der Grundstückseigentümer sein; meist wird aber die Gemeinde oder eine Siedlungsgesellschaft als Zwischenerwerber auftreten;
– die beteiligten Eigentümer gründen eine Gesellschaft bürgerlichen Rechts und bringen ihre Einzelgrundstücke in diese Gesellschaft ein. Die Rückübertragung der neuen Grundstücke auf die Einzel-Eigentümer erfolgt nach den ebenfalls bereits festgelegten Regeln.

Zur Vermeidung von Grunderwerbsteuer und Grunderwerbsnebenkosten wird in der Praxis meist bei einfachen Fällen der sog Ringtausch durchgeführt; jeder Beteiligte behält einen Teil seines Grundstücks, gibt Teile ab und erhält andere Teile von den Nachbarn dazu.

In der Regel handelt es sich bei einer freiwilligen Baulandumlegung um einen Tauschvertrag (ähnlich einem Ringtausch) und nicht um einen Gesellschaftsvertrag, wenn über den Austausch hinausgehend kein gemeinsamer Zweck vereinbart wird.[47]

Die Übereignung der Straßenflächen an die Gemeinde, die Festlegung von Flächenabzügen und die Vereinbarung von Geldleistungen der Eigentümer zur Deckung der Umlegungskosten sowie Ausgleichszahlungen sind regelmäßig weiterer Gegenstand solcher – beurkundungspflichtiger[48] – Vereinbarungen.[49] Aufträge und Vollmachten zur Regelung aller Fragen, insbesondere zur Auflassung der Einlagegrundstücke und zur Entgegennahme der Auflassung hinsichtlich der Ersatzgrundstücke müssen, soweit sie unwiderruflich sind oder – was nahe liegt – das Veräußerungs- bzw Erwerbsgeschäft bereits vorwegnehmen sollen, beurkundet werden (s Rdn 3537ff).

3878

Mit Einverständnis aller Vertragsbeteiligten sind bei der freiwilligen vertraglichen Baulandumlegung Abweichungen möglich[50] von
– den gesetzlichen Verteilungsmaßstäben (§ 56 Abs 2 BauGB),
– der Flächenzuteilung; statt dessen kann nur Geldausgleich vereinbart werden,
– der 30%-Flächenbeitragsbemessungsgrenze[51] (§ 58 Abs 1 S 2 BauGB).

Auch die zusätzliche Vereinbarung von Geldleistungen für die Kosten der Umlegung oder für Einheimischen-Modelle die Abgabe von Baugrund an die Gemeinde oder die Vereinbarung von Baugeboten[52] können vertraglich wirk-

---

[46] Vgl hierzu ausführlich mit Mustern Dieterich aaO Rdn 465; Grziwotz, Baulanderschließung, S 219, 234; Bunzel/Coulmas/Metscher/Schmidt-Eichstaedt, Städtebauliche Verträge (1995), S 59.
[47] BayObLG 1988, 149 = MittBayNot 1988, 192; BayObLG DNotZ 1996, 399 = FGPrax 1996, 36; OLG Zweibrücken MittBayNot 1996, 58.
[48] Eine Aufspaltung in „beurkundungspflichtige" Grundstücksveräußerungsgeschäfte einerseits und „nicht beurkundungspflichtige" Geschäfte mit der Gemeinde zur Zahlung von Flächenbeiträgen und sonstigen Kosten ist nach § 311b Abs 1 BGB nicht möglich, wenn ein rechtlicher Zusammenhang besteht (s Rdn 3111, 3119); großzügiger aber BVerwG NVwZ 2002, 473.
[49] BVerwG DÖV 1985, 32 = NJW 1985, 989.
[50] Vgl Busse BayVBl 2003, 129 (131).
[51] BVerwG NVwZ 2002, 473.
[52] VGH Mannheim NVwZ 2001, 694.

sam geregelt werden, wenn die vereinbarten Leistungen angemessen sind und nicht gegen das Koppelungsverbot verstoßen wird[53] (vgl § 11 Abs 2 BauGB, auch § 56 VwVfG).

Eine solche private „freiwillige" Umlegung ist nicht grunderwerbsteuerbefreit, dies stellt § 79 BauGB nunmehr ausdrücklich klar.[54] Für Eigentümereintragung hat daher Unbedenklichkeitsbescheinigung vorzuliegen (§ 22 GrEStG).

F. Grenzregelungsverfahren (§§ 80–84 BauGB)

1. Rechtsgrundlagen, Zweck und Inhalt der Grenzregelung

3879 Im Geltungsbereich eines Bebauungsplans oder innerhalb der im Zusammenhang bebauten Ortsteile kann die Gemeinde zur **Herbeiführung einer ordnungsmäßigen Bebauung** einschließlich Erschließung oder **zur Beseitigung baurechtswidriger Zustände** benachbarte (ganze) Grundstücke oder Teile benachbarter Grundstücke gegeneinander austauschen, wenn dies dem überwiegenden öffentlichen Interesse dient.[1] Eine einseitige Zuteilung benachbarter Grundstücke, insbesondere Splittergrundstücke oder von Teilen benachbarter Grundstücke, ist zulässig, wenn dies im öffentlichen Interesse geboten ist (§ 80 Abs 1 Nr 1 und 2 BauGB). Die Grundstücke und Grundstücksteile dürfen nicht selbständig bebaubar sein. Die durch die Grenzregelung bewirkte Wertminderung darf für den Grundstückseigentümer nur unerheblich sein. Die bisherigen Grundstücke müssen dabei im wesentlichen eigentumsmäßig und ihrer örtlichen Lage nach erhalten bleiben (während bei der Umlegung das bisherige Eigentum untergeht). Ein solches Grenzregelungsverfahren wird zunehmend durchgeführt, wenn für großflächige Bauvorhaben zunächst nur eine Planvermessung (ohne Grenzzeichen in der Natur) erfolgt und im Grundbuch vollzogen wird, während die endgültige Grenzsetzung dann entsprechend der zwischenzeitlich erfolgten Bebauung erfolgt; die notwendige Anpassung der Plan-Grenzen an die tatsächlichen Grenzen kann durch Grenzregelungsverfahren erfolgen, wenn die Beteiligten, nämlich Grundstückseigentümer (Maßnahmeträger), Gemeinde und Vermessungsamt dem zustimmen.

3880 Das Verfahren wird durch **Beschluß der Gemeinde eingeleitet.** In ihm ist die Grenzregelung enthalten. Der Beschluß ist den Beteiligten zuzustellen. Im **Grundbuch** wird **kein Vermerk** über das Verfahren eingetragen. Nach Unanfechtbarkeit des Beschlusses ist die Tatsache durch die Gemeinde öffentlich bekanntzugeben. Damit wird der bisherige Rechtszustand durch den im Beschluß über die Grenzregelung vorgesehenen neuen Rechtszustand ersetzt. Soweit nicht wegen Dienstbarkeiten oder Grundpfandrechten im Beschluß etwas anderes vorgesehen ist, geht das **Eigentum** an den eingetauschten oder zugewiesenen Grundstücksteilen <u>lastenfrei</u> auf den neuen Eigentümer über.

---

[53] Vgl dazu Grziwotz, Vertragsgestaltung im öffentlichen Recht (2002).
[54] Vgl auch Einführungserlaß Ziff 2.1 zum GrEStG 1983; BFH BStBl 1987 II 135 = BB 1987, 187; § 7 Abs 2 GrEStG kann anwendbar sein, vgl FinMinErl BB 1990, 1826.
[1] Ein baurechtswidriger Zustand begründet allein noch kein öffentliches Interesse, OLG München NVwZ 1994, 620. Nach BGH DÖV 1997, 967 erfordert bei ansonsten ordnungsgemäßer Bebauung und Erschließung die bloße Anpassung der zivilrechtlichen Eigentumsverhältnisse an die tatsächlichen Gegebenheiten im Grenzbereich von öffentlichen Straßen und Anliegergrundstücken keine Grenzregelung.

II. Verkehrsbeschränkungen nach dem BauGB

Einer Freigabeerklärung der Beteiligten oder eines Unschädlichkeitszeugnisses bedarf es nicht. Die **dinglichen Rechte** an dem Grundstück erstrecken sich kraft Gesetzes auf die zugewiesenen Grundstücksteile, die Bestandteile des Hauptgrundstückes werden (vgl § 83 Abs 3 BauGB). Im Grenzregelungsbeschluß können Dienstbarkeiten und Baulasten neu geordnet werden. Auch Grundpfandrechte können mit Zustimmung der Beteiligten (Eigentümer, Gläubiger) neu geordnet werden.[2] Die Neuordnung kann Umschreibungen der Vollstreckungsklauseln erfordern, die im Verwaltungsverfahren nicht vorgenommen werden können. Wertänderungen der Grundstücke, die durch die Grenzregelung bewirkt werden, sind von den Eigentümern in Geld auszugleichen (§ 81 Abs 1 BauGB). Gläubiger des Anspruchs und Schuldner gegenüber dem Ausgleichsberechtigten ist die Gemeinde (§ 81 Abs 2 S 1 BauGB). Ausgleichspflichtig sind ausdrücklich nur die Eigentümer. Nach § 81 Abs 2 S 3 BauGB werden die Geldleistungen mit der Bekanntmachung der Unanfechtbarkeit des Grenzregelungsbeschlusses nach § 83 Abs 1 BauGB fällig. Die Ausgleichspflicht gilt als Beitrag und ruht daher als öffentliche Last auf dem Grundstück (§ 81 Abs 2 S 4 iVm § 64 Abs 3 BauGB), so daß diese Beitragsschuld, genauso etwa wie die Erschließungsbeitragspflicht, auf alle zukünftigen Eigentümer als öffentliche Last des Grundstücks übergeht. Mit Zustimmung der Gemeinde können die Beteiligten andere Vereinbarungen treffen (§ 81 Abs 2 S 2 BauGB), zB direkten Geldausgleich zwischen den Eigentümern oder über den die Parzellen veräußernden Bauträger, oder auch Verzicht auf Geldleistungen.

Sofern eine grundsätzliche Neuordnung des Bodens vorgenommen werden soll, kommt auch dann, wenn nur zwei Grundstückseigentümer betroffen sind, nicht eine bloße Grenzregelung, sondern eine Umlegung in Betracht.[3]

2. Keine Verfügungssperre und kein Vorkaufsrecht

Im Grenzregelungsverfahren besteht keine Verfügungssperre. Das Vorkaufsrecht der Gemeinde richtet sich nach § 24 BauGB.

3. Eintragung im Grundbuch[4]

Nach Unanfechtbarkeit des Grenzregelungsbeschlusses **ersucht die Gemeinde das Grundbuchamt** in der Form des § 29 Abs 3 GBO (§ 38 GBO) um Grundbuchberichtigung (§ 84 Abs 1 BauGB). Vorzulegen sind beglaubigte Abschrift des Grenzregelungsbeschlusses, Mitteilung des Zeitpunktes der Bekanntmachung der Unanfechtbarkeit des Beschlusses und Unbedenklichkeitsbescheinigung des Finanzamts.[5] Die Abschrift des Grenzregelungsbeschlusses muß mit der Bescheinigung der zuständigen Behörde nach § 82 Abs 1 S 3, § 74 Abs 2 BBauG versehen sein.

Das **Grundbuchamt hat zu prüfen** (hierzu Rdn 219), ob
– das Ersuchen ordnungsgemäß gestellt ist,
– die erforderlichen Unterlagen beigefügt sind,

---

[2] Kritisch hierzu Schelter DNotZ 1987, 330 (348).
[3] OLG Köln MDR 1966, 506 = NJW 1967, 1009.
[4] Vgl hierzu Waibel Rpfleger 1976, 347.
[5] Böhringer Rpfleger 2000, 99 (101). § 1 Abs 1 Nr 3 b GrEStG nimmt nur die Umlegung von der Grunderwerbsteuerpflicht aus. Für eine erweiternde Auslegung dieser Befreiungsvorschrift auf die Grenzregelung Otte ZfBR 1987, 263 (268).

– die Unterlagen alle Angaben enthalten, die zum Vollzug der Berichtigung nach der GBO erforderlich sind. Die übergehenden Flächen müssen aber nicht nach § 28 Abs 1 GBO in der Form von Zuflurstücken bezeichnet und gem § 2 Abs 3 GBO nach Lage und Größe ausgewiesen werden, da die Grenzregelung keine Vereinigung oder Bestandteilszuschreibung nach § 890 BGB darstellt. Es genügt, wenn sich aus dem Veränderungsnachweis in Verbindung mit der Karte über Lage, Bezeichnung und Grenze der Grundstücke der neue Zustand hinreichend deutlich ergibt.[6]

Das Grundbuchamt hat nicht zu prüfen, ob der Grenzregelungsbeschluß selbst rechtswidrig ist, da der unanfechtbare Beschluß für die Beteiligten und Behörden bindend ist.[7] Dagegen müssen alle sonstige Voraussetzungen einer Grundbucheintragung, zB Voreintragung des Betroffenen (§ 39 GBO), vorliegen.[8]

G. Verkehrsbeschränkungen nach dem besonderen Städtebaurecht (§§ 136 ff BauGB)

1. Rechtsgrundlagen[1]

3884 Das BauGB hat mit Wirkung ab 1. 7. 1987 das frühere Städtebauförderungsgesetz aufgehoben (Überleitungsvorschriften: § 245 BauGB). Die boden- und verfahrensrechtlichen Bestimmungen des bisherigen Sanierungsrechts wurden im wesentlichen in §§ 136–164 BauGB übernommen. Städtebauliche Entwicklungsmaßnahmen konnten seit 1. 6. 1990 nach §§ 6 ff BauGBMaßnG vom 17. Mai 1990 (BGBl I 926) und seit 1. 5. 1993 nach §§ 165 ff BauGB idF des WohnbaulandG 1993 wieder festgesetzt werden.[2]

2. Verkehrsbeschränkungen und Erwerbsrechte in Sanierungsgebieten

a) Allgemeine Fragen

3885 Sanierungsmaßnahmen sind Maßnahmen, durch die ein Gebiet zur **Behebung städtebaulicher Mißstände** (§ 136 Abs 2 BauGB) wesentlich verbessert oder umgestaltet wird. Die Durchführung von Sanierungsmaßnahmen muß im öffentlichen Interesse liegen und dem **Wohl der Allgemeinheit** dienen (§ 136 Abs 1, Abs 4 BauGB). Sanierungsmaßnahmen müssen mindestens einem der in § 136 Abs 4 S 2 BauGB aufgeführten Ziele dienen. Ein Abwägungsgebot enthält § 136 Abs 4 S 3 BauGB.

3886 Die Gemeinde kann nach vorbereitenden Untersuchungen (§ 141 BauGB) ein Gebiet, das städtebauliche Mißstände der genannten Art aufweist, deren Behebung durch Sanierungsmaßnahmen erforderlich ist, durch Beschluß

---

[6] BayObLG 1981, 8 = NJW 1981, 1626 Leits.
[7] Waibel aaO (S 349); OLG Frankfurt Rpfleger 1976, 313.
[8] LG Regensburg BWNotZ 1988, 42 = NJW-RR 1987, 1044.
[1] Vgl hierzu Krautzberger NVwZ 1987, 647; Bielenberg, Krautzberger und Söfker DVBl 1987, 119; Fieseler NVwZ 1998, 903. Vgl zum Grundstücksverkehr in Sanierungsgebieten Zimmermann MittRhNotK 1990, 185; DNotI-Report 1994 Nr 18 S 1.
[2] Vom 1. 7. 1987 bis 31. 5. 1990 konnten solche Entwicklungsmaßnahmen nicht neu begründet werden.

II. Verkehrsbeschränkungen nach dem BauGB

förmlich als **Sanierungsgebiet** festlegen. Einzelne Grundstücke, die von der Sanierung nicht betroffen werden, können aus dem Gebiet ganz oder teilweise ausgenommen werden (§ 142 Abs 1 BauGB).
Die förmliche Festlegung eines Sanierungsgebiets erfolgt durch Satzung der Gemeinde, die mit ortsüblicher Bekanntmachung rechtsverbindlich wird[3] (§ 143 Abs 1 iVm § 10 Abs 3 S 2–5 BauGB).

Das **vereinfachte Sanierungsverfahren**[4] nach § 5 Abs 1 S 4 StBauFG wurde durch das BauGB erheblich verändert. Nach BauGB gelten auch im vereinfachten Sanierungsverfahren die Verfügungs- und Veränderungssperre (§ 144 BauGB) und das Vorkaufsrecht (§ 24 Abs 1 Nr 3 BauGB). Die Gemeinde kann jedoch in der Sanierungssatzung bei vereinfachtem Sanierungsverfahren (§ 142 Abs 4 BauGB)
– die Genehmigungspflicht nach § 144 BauGB insgesamt ausschließen,
– die Genehmigungspflicht nur für langjährige Nutzungsverträge und die Veränderungssperre (§ 144 Abs 1 BauGB) ausschließen,
– die Genehmigungspflicht nur für Grundstücksverfügungen und Teilungen ausschließen (§ 144 Abs 2 BauGB).

3887

Die Gemeinde teilt dem Grundbuchamt die rechtsverbindliche Satzung über die förmliche Festlegung des Sanierungsgebiets mit; dabei sind die betroffenen Grundstücke einzeln aufzuführen. Ist bei vereinfachtem Sanierungsverfahren die Genehmigungspflicht für Grundstücksverfügungen und Teilungen aufgehoben (§ 142 Abs 4, § 144 Abs 2 BauGB), wird die Sanierung weder dem Grundbuchamt mitgeteilt noch eingetragen (§ 143 Abs 2 S 4 BauGB).
Das Grundbuchamt hat in die **Grundbücher** der in der Satzung aufgeführten Grundstücke einzutragen, daß eine Sanierung durchgeführt wird – **Sanierungsvermerk** – (§ 143 Abs 2 S 2 BauGB). Fassungsvorschlag:

3888

> Ein Sanierungsverfahren wird durchgeführt. Eingetragen am ...

Über die Eintragung des Vermerks sind die Gemeinde und der Grundstückseigentümer zu benachrichtigen (§ 55 Abs 1 GBO). Die Eintragung im Grundbuch hat keine konstitutive Wirkung. Die Verfügungsbeschränkungen des § 144 BauGB treten bereits mit der ortsüblichen Bekanntmachung der Sanierungssatzung (§ 143 Abs 2 BauGB) ein.[5] Rechtsgeschäftliche Verfügungen unterliegen nach bindender Erklärung jedoch dem Schutz des § 878 BGB (Rdn 126 und 3891). Ein Schutz des guten Glaubens an das Nichtbestehen solcher Verfügungsbeschränkungen bei Nichteintragung des Sanierungsvermerks besteht nicht. Daraus können für die Beteiligten erhebliche Gefahren entstehen. Der Sanierungsvermerk hat keine Rangstelle, er ist kein einzutragendes Recht iS von § 879 BGB; der eingetragene Sanierungsvermerk berührt auch nicht die Rangstellen eingetragener Rechte;[6] vgl auch Rdn 3864 (zur insoweit gleichen Problematik bei Umlegungsvermerk).

---

[3] Die früher nötige Anzeigepflicht bei der höheren Verwaltungsbehörde ist seit 1. 1. 1998 entfallen.
[4] Vgl hierzu Gaentzsch NJW 1985, 881; Gronemeyer NVwZ 1985, 145; Krautzberger DVBl 1984, 1149.
[5] BGH NJW 1995, 1363 Leits = NVwZ 1995, 101; vgl DNotI-Report 1994 Nr 18 S 1.
[6] Vgl DNotI-Report 1994 Nr 18 S 2.

5. Teil. Öffentlich-rechtliche Verfügungsbeschränkungen und Vorkaufsrechte

Wird im förmlich festgelegten Sanierungsgebiet eine Umlegung (§§ 45 ff BBauG) eingeleitet, so ist auch der Umlegungsvermerk einzutragen (§ 16 Abs 1 StBauFG ist ersatzlos weggefallen); zur Genehmigung nach § 51 BauGB vgl § 51 Abs 1 S 2 BauGB.

3889 Die **Verfügungsbeschränkungen entfallen** mit Aufhebung der Sanierung durch gemeindliche Satzung (§ 162 BauGB) oder durch Erklärung der Gemeinde, daß die Sanierung für einzelne Grundstücke abgeschlossen ist (§ 163 BauGB). In beiden Fällen wird der Sanierungsvermerk auf Ersuchen der Gemeinde im Wege der Berichtigung gelöscht.

b) Überblick über die genehmigungspflichtigen Vorgänge

3890 In einem förmlich festgelegten Sanierungsgebiet (§ 142 Abs 3 BauGB) bedürfen zu ihrer Wirksamkeit der schriftlichen Genehmigung der Gemeinde (§ 144 BauGB):

aa) die rechtsgeschäftliche **Veräußerung** (Auflassung[7]) eines Grundstücks, auch eines realen oder ideellen Teiles oder des Wohnungs- oder Teileigentums,[8] und die Bestellung und Veräußerung eines **Erbbaurechts;** genehmigungspflichtig als Grundstücksveräußerung ist auch die Übertragung des Alleineigentums auf einen Miterben im Wege der Erbauseinandersetzung,[9] nicht dagegen die Erbteilsübertragung und nicht die Übertragung von Gesellschaftsanteilen, da in beiden Fällen der Anteil nur ein Recht an der Gesamtheit der Erbmasse, aber nicht zu den an der Gesamtheit gehörenden einzelnen Sachen begründet.[10] Keiner Genehmigung bedarf die Abtretung eines Anspruchs auf Auflassung und eines vermögensrechtlichen Restitutionsanspruchs.[11] Auch eine Auflassungsvormerkung kann ohne Genehmigung eingetragen werden;[12]

bb) die Bestellung eines das Grundstück **belastenden Rechts.**[13]
Dies gilt nicht für die Bestellung eines Rechts (zB Grundpfandrecht), das mit der Durchführung von Baumaßnahmen nach § 148 Abs 2 BauGB in Zusammenhang steht, insbesondere für Neubauten oder Modernisierung. Dagegen besteht kein Anspruch auf Genehmigung, wenn die grundpfandrechtlich zu sichernde Darlehensaufnahme anderen Zwecken, zB dem Ankauf des Grundstücks selbst dient.[14] Die Abtretung einer genehmigten Grundschuld bedarf keiner Genehmigung, wohl aber der Abschluß einer neuen Sicherungsabrede;[15]

---

[7] Veräußerung ist das dingliche Erfüllungsgeschäft, vgl Battis/Krautzberger/Löhr Rdn 13 zu § 144 BauGB.
[8] LG Berlin Rpfleger 1996, 342.
[9] OLG Bremen MittBayNot 1977, 145 = OLGZ 1977, 16.
[10] Battis/Krautzberger/Löhr Rdn 13 zu § 144 BauGB.
[11] Battis/Krautzberger/Löhr aaO; aA bzgl Restitutionsanspruch Schaffner LKV 1994, 18.
[12] LG Halle DNotI-Report 1996, 214; LG Hannover DNotZ 1974, 295.
[13] Die Eintragung einer Zwangshypothek ist ohne Genehmigung zulässig, LG Regensburg MittBayNot 1977, 146 = Rpfleger 1977, 224; anders bei Umgehung (Zwangshypothek auf Grund persönlicher Zwangsvollstreckungsunterwerfung) OLG Oldenburg NJW-RR 1998, 1239.
[14] Battis/Krautzberger/Löhr Rdn 14 zu § 144 BauGB.
[15] Gutachten DNotI-Report 1996, 191.

II. Verkehrsbeschränkungen nach dem BauGB

cc) ein schuldrechtlicher Vertrag, durch den eine Verpflichtung zu einem der vorstehend genannten Rechtsgeschäfte begründet wird; ist er genehmigt, bedarf das dingliche Erfüllungsgeschäft keiner Genehmigung mehr; keiner Genehmigung bedarf der schuldrechtliche Kaufvertrag über einen Restitutionsanspruch;[16]

dd) Begründung, Änderung oder Aufhebung einer **Baulast** (§ 144 Abs 2 Nr 4 BauGB);

ee) die **Teilung** (§ 19 Abs 3 BauGB) eines Grundstücks;[17]

ff) Vereinbarungen, durch die ein schuldrechtliches Vertragsverhältnis über den **Gebrauch** oder die **Nutzung** eines Grundstücks, Gebäudes oder Gebäudeteils auf bestimmte Zeit von mehr als einem Jahr eingegangen oder verlängert wird (§ 144 Abs 1 Nr 2 BauGB).

gg) Vorhaben und Maßnahmen (auch Nutzungsänderungen), die der Veränderungssperre unterliegen (§ 144 Abs 1 Nr 1 mit § 14 Abs 1 BauGB).

Verträge, die vor Inkrafttreten der Sanierungssatzung (§ 143 Abs 1 BauGB) wirksam abgeschlossen wurden, bedürfen keiner Genehmigung; waren sie – zB wegen vereinbarter Bedingungen – im Zeitpunkt des Inkrafttretens der Sanierungssatzung noch schwebend unwirksam und werden sie erst danach voll wirksam, unterliegen sie der Genehmigungspflicht.[18] Vollzugsakte, wie etwa die Eintragung in das Grundbuch, werden von der Genehmigungspflicht nicht erfaßt, wenn der Vertrag vor Inkrafttreten der Sanierungssatzung wirksam abgeschlossen wurde.[19]

3891

Die Gemeinde kann für bestimmte (nicht für alle) Fälle die **Genehmigung vorweg allgemein** erteilen (Allgemeinverfügung, § 35 S 2 VerwVfG); dies kommt in Frage, wenn zu erwarten ist, daß im konkreten Sanierungsgebiet bestimmte genehmigungspflichtige Vorgänge keiner gemeindlichen Kontrolle bedürfen. Bei allgemein erteilter Genehmigung nach § 144 Abs 3 BauGB bestehen daneben die allgemeinen Verkehrsbeschränkungen des BauGB nicht. Die Gemeinde kann die allgemeine Vorweg-Genehmigung – wiederum durch ortsübliche Bekanntmachung – widerrufen. Der Widerruf wird sich regelmäßig auf noch nicht abgeschlossene Rechtsvorgänge beschränken.[20] Davon zu unterscheiden ist der Fall, daß die Gemeinde von vornherein auf die Ge-

---

[16] Battis/Krautzberger/Löhr Rdn 15 zu § 144 BauGB.
[17] Dagegen nicht Teilung nach WEG, VG Köln NVwZ 1985, 516; Battis/Krautzberger/Löhr Rdn 17 zu § 144 BauGB; zum Prüfungsmaßstab und einer eventuellen Bindungswirkung der Teilungsgenehmigung Fieseler NVwZ 1998, 903 (905).
[18] OVG Lüneburg NJW 1979, 1316.
[19] KG DNotI-Report 1997, 70 = FGPrax 1996, 213; OLG Celle NotBZ 2002, 226 = OLG-Report 2002, 78: keine Genehmigung nötig, wenn Auflassung vor Inkrafttreten der Sanierungssatzung erklärt wurde; ähnlich auch Ernst-Zinkahn/Bielenberg/Krautzberger Rdn 7 zu § 144 BauGB mit Hinweis auf eine unveröffentlichte Entscheidung des OVG Bremen. Genehmigungspflicht besteht allerdings, wenn die Auflassung erst nach Inkrafttreten erklärt wurde. Zur Frage, welche Rechtsfolgen für den Vertrag eintreten, wenn zum Zeitpunkt des Kaufvertragabschlusses kein Sanierungsverfahren eingeleitet wurde, aber die Auflassung erst danach erklärt wurde, vgl DNotI-Report 1994 Nr 18 S 3. Sowie Rdn 3864 aE.
[20] Zu den Möglichkeiten des Widerrufs mit und ohne Entschädigung vgl Gaentzsch NJW 1985, 881 (883).

nehmigungspflicht nach § 144 Abs 1 und/oder Abs 2 BauGB in der Sanierungssatzung verzichtet (§ 142 Abs 4 BauGB); in diesem Fall bestehen die Verfügungsbeschränkungen des allgemeinen Städtebaurechts (§§ 19, 51 BauGB).

c) Gründe für die Versagung der Genehmigung

3892 Die Genehmigung darf **nur versagt** werden, wenn Grund zu der Annahme besteht, daß das Vorhaben, die Teilung eines Grundstücks, der Rechtsvorgang oder die mit ihm erkennbar bezweckte Nutzung die **Durchführung der Sanierung unmöglich machen** oder **wesentlich erschweren** oder den Zielen und Zwecken der Sanierung zuwiderlaufen würde (§ 145 Abs 2 BauGB). Die Anwendung dieser Versagungsgründe setzt voraus, daß bereits eine hinreichend konkrete Sanierungsplanung besteht, anhand der beurteilt werden kann, ob der Rechtsvorgang sie behindert oder nicht; andernfalls muß die Genehmigung erteilt werden.[21] Allerdings genügt insbesondere bei Beginn des Sanierungsverfahrens ein Mindestmaß an Konkretisierung, das meist bereits durch die Beschreibung der zu beseitigenden städtebaulichen Mißstände beschrieben wird; ein konkretes Sanierungskonzept muß in einem frühen Stadium nicht vorliegen.[22] Dagegen müssen in zeitlich späteren Stadien der Sanierung konkrete Sanierungskonzepte vorliegen, an denen die Rechtsvorgänge zu messen sind. Sofern die Gemeinde die Sanierung nicht im vereinfachten Verfahren durchführt, liegt eine wesentliche Erschwerung der Sanierung auch dann vor, wenn bei der rechtsgeschäftlichen Veräußerung eines Grundstücks sowie bei der Bestellung oder Veräußerung eines Erbbaurechts der vereinbarte **Gegenwert** für das Grundstück samt aufstehendem Gebäude oder das Recht über dem Wert liegt, der sich bei Anwendung des § 153 Abs 1 BauGB ergibt. Aus verfassungsrechtlichen Gründen ist eine Versagung der Genehmigung hier nur möglich, wenn der Verkehrswert in einer dem Rechtsverkehr erkennbaren Weise deutlich verfehlt wurde.[23] Mit der **Begrenzung des Gegenwerts** auf einen bestimmten Höchstbetrag sollen Preissteigerungen infolge der bloßen Tatsache der Sanierung ausgeschaltet werden. Es genügt für die Versagung der Genehmigung, wenn die vorhandene oder bezweckte Nutzung zu einer Schwächung der mit der Sanierung angestrebten zukünftigen Funktion des Sanierungsgebiets führen kann.[24]

d) Erwerbspflicht der Gemeinde bei Versagung der Genehmigung

3893 Wird die Genehmigung versagt, so kann der Eigentümer von der Gemeinde die Übernahme des Grundstücks, bei Nichteinigung die Eigentumsentziehung, verlangen, wenn und soweit es ihm mit Rücksicht auf die Durchführung der Sanierung wirtschaftlich nicht mehr zuzumuten ist, das Grundstück

---

[21] BVerwG NJW 1982, 2787; BayVGH BayVBl 1980, 339; Köhler DÖV 1980, 820.
[22] BVerwG NJW 1985, 278 = DVBl 1985, 116; Battis/Krautzberger/Löhr Rdn 4 zu § 145 BauGB.
[23] Dolde NJW 1980, 1657 (1666); BVerwG NJW 1979, 2578; BVerwG NJW 1982, 398; OVG Münster BRS 30 Nr 196; ausführlich zur Problematik des „überhöhten" Kaufpreises DNotI-Report 1997, 144. Eine enteignende Wirkung enthält § 152 Abs 2 BauGB nicht, BVerwG DÖV 1998, 516 = NVwZ 1998, 954.
[24] BVerwG DVBl 1985, 114.

II. Verkehrsbeschränkungen nach dem BauGB

zu behalten oder es in der bisherigen oder einer anderen zulässigen Art zu nutzen. Rechtsgrundlage: § 145 Abs 5 mit Verweisung auf Enteignungsvorschriften, §§ 85 ff BauGB.
Zum gemeindlichen Vorkaufsrecht in Sanierungsgebieten s Rdn 4110. 3894

e) Erteilung der Genehmigung

Die Genehmigung ist zu erteilen, dh die Beteiligten haben einen Rechtsanspruch darauf, wenn die wesentliche Erschwerung der Sanierung dadurch beseitigt wird, daß die Beteiligten für den Fall der Durchführung der Sanierung für sich und ihre Rechtsnachfolger auf Entschädigung für die Aufhebung des Rechts sowie für wertsteigernde Änderungen verzichten, die auf Grund dieser Rechte vorgenommen werden (§ 145 Abs 3 BauGB). 3895
Die Genehmigung kann unter **Auflagen**, in den Fällen des § 144 Abs 1 BauGB auch bedingt und befristet (nicht grundbuchrelevant) erteilt werden (§ 145 Abs 4 BauGB). Das Grundbuchamt braucht sich um die Erfüllung einer rechtskräftig gewordenen Auflage nicht zu kümmern. Die Genehmigung kann auch vom Abschluß eines rechtswirksamen städtebaulichen Vertrages[25] abhängig gemacht werden (§ 145 Abs 4 S 3 BauGB); diese Bedingung ist dem Grundbuchamt in der Form des § 29 GBO nachzuweisen (Erklärung der Genehmigungsbehörde nach § 29 Abs 3 GBO genügt).
Der **Inhalt** einer zulässigen Auflage ergibt sich aus dem mit § 145 BauGB verfolgten Zweck, einer Erschwerung der Sanierung durch bestimmte Rechtsvorgänge entgegenzuwirken. Sie kommen nur in Betracht, soweit durch sie die Versagungsgründe des § 145 Abs 2 BauGB ausgeräumt werden können.
Wird die Genehmigung unter einer Auflage erteilt, so ist die hierdurch betroffene Vertragspartei berechtigt, bis zum Ablauf eines Monats nach Unanfechtbarkeit der Entscheidung vom Vertrag zurückzutreten (§ 145 Abs 4 S 2 BauGB).

f) Genehmigungsbehörde und Genehmigungsverfahren

Die Genehmigung wird stets durch die **Gemeinde** erteilt (§ 144 Abs 1 3896 BauGB). Soweit § 144 BauGB anwendbar ist, sind die Vorschriften der §§ 14–21, 51 BauGB nicht anwendbar. Für die Erteilung der Genehmigung gelten nach § 145 Abs 1 BauGB die gleichen Fristen (mit Verlängerungsmöglichkeit) samt fiktiver Genehmigung bei Fristüberschreitung wie für die Teilungsgenehmigung nach § 19 BauGB[26] (s dazu Rdn 3829).
Rechtsmittel gegen die Versagung der Genehmigung sind Widerspruch und verwaltungsgerichtliche Anfechtungsklage.

g) Eintragung im Grundbuch

Das Grundbuchamt darf eine Eintragung im Grundbuch dann, wenn ein 3897 genehmigungspflichtiger Tatbestand gegeben ist, erst vornehmen, wenn der Genehmigungsbescheid (auch über die fiktive Genehmigung wegen Fristablauf[27]) vorgelegt wird (§ 145 Abs 6, § 20 Abs 2 BauGB); auch über eine allgemein erteilte Genehmigung (§ 144 Abs 3 BauGB) ist ein Zeugnis zu erteilen

---

[25] Vgl dazu Fieseler NVwZ 1998, 903 (906).
[26] Fassung des § 145 Abs 1 BauGB nach Bau- und Raumordnungsgesetz (Rdn 3847).
[27] OLG Frankfurt DNotI-Report 1997, 70 = Rpfleger 1997, 209. Dies gilt auch bei Sanierungsvermerk an WEigt/TeilEigt, LG Berlin Rpfleger 1996, 342.

(§ 145 Abs 6 iVm § 20 Abs 2 S 1 BauGB). Eine Rechtskraftbescheinigung ist hier ebenso wie bei der Teilungsgenehmigung nicht nötig (s Rdn 3837).

h) Freistellung von der Genehmigungspflicht

3898 Rechtsvorgänge bedürfen der vorst behandelten Genehmigung nicht
- wenn die **Gemeinde** oder der Sanierungsträger für das Treuhandvermögen als Vertragspartei oder Eigentümer beteiligt ist,
- für Rechtsvorgänge nach § 144 Abs 1 Nr 2 und Abs 2 BauGB, die **Zwecken der Landesverteidigung** dienen,
- für den rechtsgeschäftlichen Erwerb eines Grundstücks durch den Bedarfsträger, wenn ein Grundstück in ein Planfeststellungsverfahren nach den in § 38 BauGB bezeichneten Rechtsvorschriften einbezogen ist,
- für Verträge zum Zwecke der **Vorwegnahme der Erbfolge** (§ 144 Abs 4 Nr 2 BauGB). Außer der Übertragung im Hinblick auf ein gesetzliches Erbrecht bedarf damit auch ein Übertragungsvertrag keiner Genehmigung, der von nahen Verwandten iS des § 8 Nr 2 GrdstVG abgeschlossen ist.[28] Nicht unter diese Genehmigungsfreiheit fällt dagegen die Erbauseinandersetzung.

Ist eine Genehmigung für das Vorhaben nicht erforderlich, so hat die Behörde hierüber auf Antrag ein Zeugnis zu erteilen, das der Genehmigung gleichsteht (§ 145 Abs 6 iVm § 20 Abs 2 BauGB).

i) Teilweiser Wegfall der Genehmigung nach Landwirtschaftsrecht

3899 Im förmlich festgelegten Sanierungsgebiet sind die Vorschriften des GrdstVG nur anzuwenden, wenn es sich um die Veräußerung der Wirtschaftsstelle eines land- oder forstwirtschaftlichen Betriebs oder solcher Grundstücke handelt, die in dem Bebauungsplan für die Neugestaltung des Sanierungsgebiets als Flächen für die Landwirtschaft oder Wald vorgesehen sind (§ 191 BauGB).

k) Der Ausgleichsbetrag des Eigentümers

Der Eigentümer eines im förmlich festgelegten Sanierungsgebiet gelegenen Grundstücks hat zur Finanzierung der Sanierung an die Gemeinde einen Ausgleichsbetrag zu entrichten, durch den die durch die Sanierungsmaßnahme bewirkte Werterhöhung abgeschöpft werden soll (§ 154 Abs 1 BauGB). Der Ausgleichsbetrag ist eine beitragsähnliche Leistung.[29] Ausgleichspflichtig ist der Eigentümer zum Zeitpunkt des rechtsförmlichen Abschlusses der Sanierung, also nicht der Eigentümer, der das Grundstück erst nach Abschluß der Sanierung erworben hat.[30]

3. Verkehrsbeschränkungen in Entwicklungsbereichen

3900 Der für eine Entwicklungsmaßnahme nach seinerzeitigem StBauFG in Betracht kommende Bereich wurde durch **Rechtsverordnung** der Landesregierung nach Maßgabe des § 53 StBauFG förmlich festgelegt. Grundbuchver-

---

[28] LG Limburg/Lahn Rpfleger 1977, 29.
[29] BVerwG DVBl 1993, 441.
[30] Battis/Krautzberger/Löhr Rdn 19; Ernst/Zinkahn/Bielenberg/Kleiber Rdn 39, je zu § 154 BauGB.

II. Verkehrsbeschränkungen nach dem BauGB

merk: § 53 Abs 5 StBauFG (aF). Verfügungsbeschränkungen: § 169 Abs 1 Nr 5 BauGB (aF). Vgl im übrigen 8. Aufl.

Nach § 165 BauGB (aF) wurden keine neuen Entwicklungsbereiche mehr geschaffen, sondern nur die am 1. 7. 1987 bestehenden noch abgewickelt. 3901

Durch das BauGBMaßnG wurde ab 1. 6. 1990 zunächst zeitlich befristet, durch die ab 1. 5. 1993 geltenden §§ 165 ff BauGB idF des WohnbaulandG 1993 nunmehr unbefristet den Gemeinden erneut die Möglichkeit zu städtebaulichen Entwicklungsmaßnahmen eingeräumt. Die Festlegung des städtebaulichen Entwicklungsbereichs erfolgt durch gemeindliche Satzung, in der der räumliche Bereich zu bezeichnen ist und die der Genehmigung der Rechtsaufsichtsbehörde bedarf (§ 165 Abs 6, 7 BauGB). Sie ist zusammen mit der Erteilung der Genehmigung ortsüblich bekanntzumachen. Auf die Genehmigungspflichten nach § 144 BauGB ist hinzuweisen (§ 165 Abs 8 BauGB). Die Gemeinde teilt dem Grundbuchamt die rechtsverbindliche Entwicklungssatzung mit; den Entwicklungsvermerk trägt das Grundbuchamt ein (§ 165 Abs 9 BauGB); hinsichtlich Inkrafttreten eines Entwicklungsbereiches und Wirkung der Grundbucheintragung gilt das Rdn 3888 Ausgeführte. Auch hier ist kein Verlaß auf das Schweigen des Grundbuchs über Entwicklungsmaßnahmen. 3902

Die materiellen Voraussetzungen für eine Entwicklungsmaßnahme sind in § 165 Abs 2–5 BauGB aufgeführt; wie im StBauFG sollen Außenentwicklungsmaßnahmen (neue Ortsteile), aber erstmals auch Innenentwicklungsmaßnahmen (Wiedernutzung großer brachliegender oder mindergenutzter innerstädtischer Gebiete) ermöglicht werden, wobei auch eine bloße Bedeutung der Maßnahme für die Gemeinde selbst ausreichend ist.[31]

Die in § 165 Abs 3 BauGB enthaltenen Voraussetzungen müssen alle vorliegen und die in § 165 Abs 3 S 2 BauGB vorgeschriebene Abwägung getroffen sein; insbesondere die Erforderlichkeitsprüfung nach dem Allgemeinwohl ist im Hinblick auf die Enteignungs- und Wertabschöpfungsmöglichkeiten der Gemeinde (§ 166 Abs 3 mit der in Satz 4 enthaltenen Ausgleichszahlungsverpflichtung des Eigentümers, § 169 Abs 1 Nr 6, 7 Abs 3 BauGB) sorgfältig vorzunehmen.[32] Nach Neuordnung der Grundstücke und ihrer Entschließung sind die von der Gemeinde erworbenen Grundstücke (Regelfall; Ausnahme § 166 Abs 3 S 3 BauGB) nach § 169 Abs 5–8 BauGB zum – neuen – Verkehrswert zu veräußern; dabei ist dauerhafte Nutzung entsprechend Ziel und Zweck der Entwicklungsmaßnahme sicherzustellen (§ 169 Abs 7 BauGB); eine bestimmte Form oder Art der Sicherstellung ist nicht vorgeschrieben.

In Entwicklungsbereichen bestehen die gleichen Verkehrs- und Verfügungsbeschränkungen wie in Sanierungsgebieten (§ 169 Abs 1 Nr 3 iVm § 144 BauGB; s dazu Rdn 3890); ein vereinfachtes Verfahren ohne Genehmigungspflicht (§ 142 Abs 4 BauGB, s Rdn 3887) gibt es im Entwicklungsbereich nicht.[33]

Die Vorschriften über die Umlegung und die Grenzregelung (§§ 45 ff BauGB; Rdn 3856, 3879) finden im städtebaulichen Entwicklungsbereich keine Anwendung (§ 169 Abs 2 BauGB). Im Verhältnis zum GrdstVG gilt das gleiche wie in Sanierungsgebieten, s Rdn 3899 (§ 169 Abs 1 Nr 1 iVm § 191 BauGB). 3903

---

[31] Vgl dazu Gaentzsch NVwZ 1991, 921; Runkel ZfBR 1991, 91.
[32] Runkel aaO; Gaentzsch aaO mit Hinweisen auf die Rechtsprechung.
[33] Gaentzsch aaO (S 925); Battis/Krautzberger/Löhr Rdn 4 zu § 169 BauGB.

5. Teil. Öffentlich-rechtliche Verfügungsbeschränkungen und Vorkaufsrechte

III. Vormaliges Heimstättenrecht

Literatur: Ehrenforth, Finis Reichsheimstätte, NJW 1993, 2082; Hornung, Zur Aufhebung des Reichsheimstättengesetzes, Rpfleger 1994, 277.

1. Aufhebung des RHeimstG

3904 Verfügungsbeschränkungen für eine vormalige Reichsheimstätte bestehen nach Aufhebung des RHeimstG mit Wirkung ab 1. Okt 1993 durch das Gesetz vom 17. 6. 1993 (BGBl I 912) nicht mehr. Vollstreckungsschutz (§ 20 RHeimstG) für Altforderungen hat nur bis 31. Dez 1998 fortbestanden (Art 6 Abs 1 S 1 Ges 1993). Bedeutung hat nur noch für Hypotheken und Grundschulden die fortgeltende Regel des § 17 Abs 2 S 2 RHeimstG, daß das Entstehen einer Eigentümergrundschuld ausgeschlossen ist. Die Übergangsregelung für das Vorkaufsrecht des Ausgebers hat ihre Bedeutung verloren; auf Erbfälle aus der Zeit vor dem 1. Okt 1993 sind die Sondervorschriften des Heimstättenrechts weiter anzuwenden (Art 6 § 4 Ges 93).

2. Löschung des Heimstättenvermerks

a) Löschung des Reichsheimstättenvermerks nach dem 31. Dez 1998

3905 Der Reichsheimstättenvermerk im Grundbuch (§ 4 Abs 1 RHeimstG) ist nach dem 31. Dez 1998 gegenstandslos; er ist daher (zusammen mit der Eintragung des Ausgebers und des Bodenwertes, §§ 4, 6 RHeimstG) von da an von Amts wegen kostenfrei zu löschen; gleichzeitig ist die Bezeichnung als Reichsheimstätte in der Aufschrift des Grundbuchblatts (rot) zu unterstreichen und eine unzulässig gewordene Zusammenschreibung mehrerer Grundstücke auf einem Grundbuchblatt aufzuheben (Art 6 § 2 Abs 1 Ges 93). Die Löschung des Vermerks soll jedoch nur bei besonderem Anlaß erfolgen wie zB auf Anregung eines Beteiligten, bei Vornahme einer anderen Eintragung oder bei Umschreibung des Grundbuchblatts (Art 6 § 2 Abs 1 S 2 Ges 93). Das Grundbuchamt hat somit die Grundbücher nicht auf gegenstandslos gewordene Heimstättenvermerke durchzusehen. Eintragungsmitteilung: § 55 GBO. Der (vormalige) Heimstättenausgeber erhält keine Eintragungsnachricht.

b) Löschung des Reichsheimstättenvermerks in Grundbüchern des Beitrittsgebiets

3906 In Grundbüchern des Beitrittsgebiets (Rdn 54a) sind **vor dem 3. Okt 1993** (Beitritt) eingetragene Reichsheimstättenvermerke kostenfrei zu löschen (Art 6 § 2 Abs 4 Ges 93). Auch diese Löschung soll jedoch nur bei besonderem Anlaß erfolgen (wie Rdn 3905). Grund: Die Vermerke sind 1976 mit Aufhebung des RHeimstG durch Art 15 Abs 2 EGZGB-DDR gegenstandslos geworden;[1] Heimstätten wurden damals in persönliches Eigentum überführt. Eintragungsmitteilung: wie Rdn 3905. Ein Vermerk über die Fortgeltung der Regel des § 17 Abs 2 S 2 RHeimstG wird in diesem Fall nicht eingetragen (Art 6 § 2 Abs 4 S 3 Ges 93).

---

[1] Begründung BT-Drucks 12/3977 S 6 und 8.

III. Vormaliges Heimstättenrecht

3. Keine Eigentümergrundschuld aus Altrechten bei Erlöschen der Forderung
a) Erlöschen der Hypothek oder Grundschuld
Weiter Anwendung findet § 17 Abs 2 S 2 RHeimstG auf die am 1. Okt 1993 im Grundbuch eingetragenen Hypotheken und Grundschulden (Art 6 § 1 Abs 1 S 2 Ges 93). Die Vorschrift lautet: **3907**

> Die Vorschrift des § 1163 des Bürgerlichen Gesetzbuchs findet mit der Maßgabe Anwendung, daß mit dem Erlöschen der Forderung auch die Hypothek oder Grundschuld erlischt.

Am 1. Okt 1993 eingetragene Hypotheken und Grundschulden erlöschen sonach weiterhin mit Tilgung (Erlöschen) der Forderung. Das gilt auch für Rechte, die bei Veräußerung des Grundstücks nach dem 1. Okt 1993 nicht gelöscht werden oder bei Zwangsversteigerung des Grundstücks bestehen bleiben (hier daher auch keine Eigentümergrundschuld zugunsten des Erwerbers oder Erstehers). Nicht ausgeschlossen ist der Fortbestand vorläufiger Eigentümergrundschulden infolge Nichtvalutierung (§ 1163 BGB findet insoweit keine Anwendung).

b) Grundbuchhinweis bei Löschung des Heimstättenvermerks
Daß eine Eigentümergrundschuld bei Alt-Hypotheken und -Grundschulden nach § 17 Abs 2 S 2 RHeimstG nicht entstanden ist und auch weiterhin nicht entsteht, weist zunächst der (noch eingetragene) Reichsheimstättenvermerk aus. Wird er gelöscht, dann ist bei diesen Rechten durch einen **von Amts wegen einzutragenden Vermerk** darauf hinzuweisen, daß das Recht weiterhin den Regeln des § 17 Abs 2 S 2 RHeimstG unterliegt (Art 6 § 2 Abs 3 S 1 Ges 93). Eine materielle Prüfung durch das Grundbuchamt hat nicht zu erfolgen. Unerheblich für Eintragung des Vermerks bleibt daher,[2] ob es sich bei dem Recht um eine unkündbare Tilgungsschuld oder um eine mit Zustimmung der zuständigen Stelle zugelassene andere Belastung handelt (§ 17 Abs 2 S 1 RHeimstG) und ob auch bei Letzterer das Entstehen einer Eigentümergrundschuld nach § 17 Abs 2 S 2 RHeimstG ausgeschlossen ist. Der Hinweis wird in die Veränderungsspalte eingetragen. **Eintragungsbeispiel** (nur Spalte 7): **3908**

> Die Hypothek unterliegt weiterhin den Regeln des § 17 Abs 2 Satz 2 des früheren Reichsheimstättengesetzes. Von Amts wegen eingetragen am ...

Einzutragen ist der Vermerk auch bei einer Brief-Eigentümergrundschuld (kann durch Abtretung Fremdrecht geworden sein), nicht aber bei einer Buch-Eigentümergrundschuld (solche Rechte konnten nur ausnahmsweise mit Zustimmung der zuständigen Behörde eingetragen werden, § 17 Abs 1 und 2 S 1 RHeimstG). Bekanntmachung: § 55 GBO (Art 6 § 2 Abs 3 S 2 Ges 93). Die Eintragung des Vermerks ist kostenfrei (Art 6 § 2 Abs 3 Ges 93).

---
[2] Anders Knees Rpfleger 1995, 502 (Anmerkung).

4. Rechtsbehelf

3909 Dem Heimstättenvermerk kommt für die Rechtsstellung des Eigentümers keine Bedeutung mehr zu. Damit ist auch Beschwerde des Eigentümers gegen die Löschung des Vermerks ausgeschlossen.

3910 Gegen die Eintragung eines Vermerks über die weitere Geltung der Regel des § 17 Abs 2 S 2 RHeimstG bei einer Hypothek oder Grundschuld hat der Grundstückseigentümer die Beschwerde mit dem Ziel der Löschung (§ 71 GBO). Der Gläubiger der Hypothek oder Grundschuld ist nicht beschwerdeberechtigt.[3]

3911–3923 Die Randnummern 3911–3923 sind nicht belegt.

IV. Verfügungsbeschränkungen nach Landwirtschaftsrecht

A. Allgemeine landwirtschaftliche Verfügungsbeschränkungen (GrdstVG[1])

1. Rechtsgrundlagen

a) **Bundesrecht**

3924 Gesetz über Maßnahmen zur Verbesserung der Agrarstruktur und zur Sicherung land- und forstwirtschaftlicher Betriebe (Grundstücksverkehrsgesetz – GrdstVG) vom 28. 7. 1961 (BGBl 1961 I 1091 mit Berichtigung BGBl 1961 I 1652 und BGBl 1961 I 2000; mit Änderungen). Amtl Begründung zum GrdstVG s BT-Drucks Nr 119, 3. Wahlperiode. Schriftlicher Bericht des Ausschusses für Ernährung, Landwirtschaft und Forsten s BT-Drucks 2635, 3. Wahlperiode.
Gesetz über das gerichtliche Verfahren in Landwirtschaftssachen vom 21. 7. 1953 (BGBl 1953 I 667), mehrfach geändert.

b) **Landesrecht**

3925 Die Länder haben Ausführungsgesetze und/oder Durchführungsverordnungen zum GrdstVG erlassen, mit denen sie insbesondere die für die Genehmigung zuständigen Behörden bestimmt und jedenfalls teilweise von den Ausdehnungs- und Befreiungsmöglichkeiten des § 1 Abs 3 GrdstVG Gebrauch gemacht haben.

3926–3934 Die Randnummern 3926–3934 sind entfallen.

---

[3] OLG Hamm MittRhNotK 1996, 52 = NJW-RR 1995, 1357 = Rpfleger 1995, 501 mit abl Anm Knees; OLG Düsseldorf OLG-Report 1996, 261.

[1] **Kommentare und Erläuterungsbücher:** Ehrenforth, Herminghausen, Lange, Pikalo/Bendel, Treuthlein/Crusius, Vorwerk/vSpreckelsen, Wöhrmann, Netz, Steffen, Fundstellen zum Grundstücksverkehrsgesetz, 2. Aufl (1994); Faßbender in: Rechtshandbuch Vermögen und Investitionen in der ehemaligen DDR, SystDarst IV (1991). Zur Funktion des Grundbuchs im Landwirtschaftsrecht unter besonderer Berücksichtigung des Gutglaubensschutzes s Pikalo DNotZ 1957, 227. Kritisch zum GrdstVG unter den heutigen Gegebenheiten Bendel AgrarR 1987, 291. Zum GrdStVG in den neuen Bundesländern Bendel AgrarR 1992, 1; Deter AgrarR 1990, 1; Schweitzer DtZ 1991, 279. Vgl auch die Übersicht über die Rechtsprechung des BGH Wenzel AgrarR 1995, 37. Zu den Beziehungen zwischen Genehmigung nach Vormundschafts- und nach Landwirtschaftsrecht s Haegele DNotZ 1956, 237 und Lücken DNotZ 1971, 261.

IV. Verfügungsbeschränkungen nach Landwirtschaftsrecht (GrdstVG)

2. Vom Grundstückverkehrsgesetz erfaßte Grundstücke (grundstücksgleiche Rechte)

a) Land- und forstwirtschaftliche Grundstücke, Betrieb

Die Verkehrsbeschränkungen des GrdstVG erfassen in erster Linie **landwirtschaftliche Grundstücke** (§ 1 Abs 1 GrdstVG). Dabei führt das GrdstVG in § 1 Abs 2 selbst an, was Landwirtschaft[2] im Sinne seiner Vorschriften ist. Ein landwirtschaftliches Grundstück ist insbesondere die **Hofstelle**. 3935

Für das Vorliegen eines landwirtschaftlichen **Betriebs**, für den besondere Vorschriften in § 2 Abs 2 Nr 2, § 4 Nr 2 und 4, § 8 Nr 2, 3, 7, § 9 Abs 3 sowie 5 und §§ 13 ff GrdstVG bestehen, muß eine Hofstelle, also Wohnhaus mit Wirtschaftsgebäuden, Ländereien und Inventar vorhanden sein, weiter eine Betriebsführung oder Betriebsbereitschaft von gewisser Dauer (bloß vorübergehende Stillegung ohne Bedeutung).[3] 3936

Über die vom GrdstVG (§ 1 Abs 1) ebenfalls erfaßte **Forstwirtschaft** enthält das Gesetz keine Begriffsbestimmung. Forstwirtschaftliche Grundstücke sind nur solche, die wirtschaftlichen Zwecken, dh der Holzgewinnung dienen (können).[4] 3937

Entscheidend für die Eigenschaft eines Grundstücks als „landwirtschaftlich" ist nicht die jeweilige tatsächliche Nutzung, sondern die objektive Eignung des Grundstücks zur landwirtschaftlichen Nutzung, da es sonst dem Eigentümer freistünde, durch bloße faktische Nutzungsänderungen die Bindungen des GrdstVG zu umgehen.[5] 3938

b) Moor- und Ödland

Die Verkehrsbeschränkungen des GrdstVG erfassen schließlich auch Moor- und Ödland (Heideland), das in landwirtschaftliche oder forstwirtschaftliche Kultur gebracht werden kann (§ 1 Abs 1 GrdstVG). 3939

c) Grundstücksbegriff

Grundstück im Sinne des GrdstVG ist nach der Rechtsprechung das Grundstück im Rechtssinne[6] (Rdn 561). Dagegen können in den Ausführungsgesetzen der Länder, insbesondere im Bereich der Freigrenzenregelungen (§ 2 Abs 3 Nr 2 GrdstVG), abweichende Grundstücksbegriffe verwendet werden.[7] 3940

---

[2] Zum Begriff der Landwirtschaft vgl auch § 201 BauGB; BGH DNotZ 1996, 885 = NJW-RR 1996, 528 (Pferdehaltung allein reicht nicht aus); BVerwG NJW 1981, 139; BVerwG DÖV 1985, 1015; Franke AgrarR 1987, 1.
[3] BGH AgrarR 1996, 57; Ehrenforth Anm 3 zu § 1 GrdstVG mit weit Nachw.
[4] Ehrenforth Anm 7 zu § 1 GrdstVG.
[5] BGH BWNotZ 1980, 70 = NJW 1979, 2394; BGH DNotZ 1981, 769 = MittBayNot 1981, 190 = Rpfleger 1981, 346; BGH DNotZ 1990, 49 = NJW 1989, 1223; OLG Stuttgart AgrarR 1980, 253 = DNotZ 1981, 679. Abweichend OLG Oldenburg NJW-RR 1997, 147: Durch Nutzung des Grundstücks für ein Umspannungswerk verliert es seine Eigenschaft als landwirtschaftliches Grundstück. Ähnlich OLG Jena AgrarR 1998, 219: Kein landwirtschaftliches Grundstück bei Betrieb einer Tankstelle.
[6] BGH 49, 145 = DNotZ 1968, 496 = Rpfleger 1969, 148 mit Anm Haegele; BGH 54, 299; BGH AgrarR 1986, 211; LG Regensburg MittBayNot 1988, 46 = RdL 1987, 211.
[7] In Baden-Württemberg kommt es darauf an, ob das veräußerte Grundstück zu einer die festgelegte Freigrenze überschreitenden zusammenhängenden Grundstücksfläche des Veräußerers gehört. Im Saarland müssen die zusammenhängenden Grundstücke

Spricht allerdings das Ausführungsgesetz des Landes nur allgemein von einem Grundstück, so gilt der Grundstücksbegriff im Rechtssinne und nicht im wirtschaftlichen Sinne.[8]
Abgesehen von dem Fall, daß Eheleute Gesamthandseigentümer aufgrund des Güterstandes der Gütergemeinschaft (§§ 1416 ff BGB), der (auslaufenden) Errungenschaftsgemeinschaft (§§ 1519 ff BGB aF) oder der Vermögensgemeinschaft nach FGB-„DDR" oder aufgrund einer zwischen ihnen bestehenden Gesellschaft nach bürgerlichem Recht (§§ 705 ff BGB) sind, findet im Bereich des GrdstVG eine **Zusammenrechnung** des land- und forstwirtschaftlichen Grundbesitzes von Ehegatten **nicht statt**. Zur Berechnung von Freigrenzen bei Veräußerung von Miteigentumsanteilen s Rdn 3969.

d) Baugelände und Bauerwartungsland

3941 Ob und wann ein bisher land- oder forstwirtschaftlich genutztes Grundstück, das als Baugelände oder wenigstens als Bauerwartungsland – zu einem entsprechenden Preis – verkauft wird, noch den Verkehrsbeschränkungen des GrdstVG unterliegt,[9] kann im Einzelfall schwer zu entscheiden sein. Vgl dazu Rdn 3938.
Eine Genehmigung nach dem GrdstVG ist nicht erforderlich, wenn Grundstücke veräußert werden, die im räumlichen Geltungsbereich eines Bebauungsplanes im Sinne des § 30 BauGB liegen, es sei denn, daß es sich um die Wirtschaftsstelle eines land- oder forstwirtschaftlichen Betriebs oder um Grundstücke handelt, die im Bebauungsplan als landwirtschaftliche Flächen oder als Wald ausgewiesen sind (§ 4 Nr 4 GrdstVG iVm § 191 BauGB; s darüber Rdn 3834, 3959). S auch die Sonderbestimmung des § 8 Nr 1 GrdstVG.[10]

e) Erbbaurecht

3942 Die **Bestellung** eines Erbbaurechts (= grundstücksgleichen Rechts) an einem landwirtschaftlichen Grundstück ist **nicht genehmigungspflichtig**. Darüber besteht heute kaum mehr Streit.[11] Die **Veräußerung** eines Erbbaurechts ist

---

eine Wirtschaftseinheit bilden. In Sachsen ist Genehmigungsfreiheit nur gegeben, wenn ein Grundstück veräußert wird, das für sich allein oder mit anderen Grundstücken des Veräußerers, mit denen es eine zusammenhängende Fläche bildet, die Freigrenze nicht überschreitet. Vgl dazu Wippermann AgrarR 1987, 181, auch Hölzel AgrarR 1983, 176.
[8] So BGH AgrarR 1986, 211 unter Aufhebung der Entscheidung des OLG Hamm AgrarR 1985, 173 für das Ausführungsgesetz Nordrhein-Westfalens; unrichtig OLG Düsseldorf MittRhNotK 1992, 188; vgl zur Kritik Hötzel AgrarR 1993, 213.
[9] Nach OLG Stuttgart RdL 1987, 183 und RdL 1991, 52 soll die Einstufung im Flächennutzungsplan als Bauland noch nicht dazu führen, daß ein landwirtschaftliches Grundstück im Sinne des GrdstVG nicht mehr vorliegt; vgl auch OLG Koblenz AgrarR 1997, 25.
[10] Nach OLG Celle DNotZ 1967, 639 ist die Bezeichnung eines veräußerten Grundstücks im Bestandsverzeichnis des Grundbuchs als Gartenland ein Anhaltspunkt für die Genehmigungsbedürftigkeit, auch wenn das Grundstück als Bauland geeignet und eine Bebauung beabsichtigt ist.
[11] Für Genehmigungsfreiheit insbesondere BGH 65, 345 = DNotZ 1976, 369 = Rpfleger 1976, 126; OLG Hamm NJW 1966, 1416 = RdL 1966, 120; Herminghausen DNotZ 1962, 74; Rötelmann DNotZ 1965, 339 = MDR 1965, 539; Stepphun DNotZ 1965, 387; Uibl NJW 1965, 1183. Für Genehmigungspflicht dagegen LG Aurich RdL

IV. Verfügungsbeschränkungen nach Landwirtschaftsrecht (GrdstVG)

nur genehmigungspflichtig, wenn dies nach Landesrecht aufgrund des § 2 Abs 3 Nr 1 GrdstVG ausdrücklich angeordnet ist (Rdn 3943).

f) Sonstige grundstücksgleiche Rechte

Die Länder haben von der ihnen in § 2 Abs 3 Nr 1 GrdstVG erteilten Ermächtigung, die Verkehrsbeschränkungs-Vorschriften des GrdstVG auch auf die – rechtsgeschäftliche – Veräußerung von grundstücksgleichen Rechten, die die land- oder forstwirtschaftliche Nutzung eines Grundstücks zum Gegenstand haben, sowie von selbständigen Fischereirechten in Binnengewässern für anwendbar zu erklären, nur teilweise Gebrauch gemacht. 3943
Geschehen ist dies für Rheinland-Pfalz durch AusfG vom 2. 2. 1963 (GVBl 1963, 105) für grundstücksgleiche Rechte, welche die land- und forstwirtschaftliche Nutzung eines Grundstücks zum Gegenstand haben, und für selbständige Fischereirechte, die nicht dem Eigentümer eines Gewässers zustehen.

3. Verfügungsbeschränkungen bei rechtsgeschäftlicher Veräußerung

a) Art und Wirkung der Veräußerungsbeschränkungen

Die Veräußerung land- oder forstwirtschaftlicher Grundstücke bedarf, von den in Rdn 3959 ff behandelten Ausnahmen abgesehen, zu ihrer Wirksamkeit der **Genehmigung** der hierfür zuständigen Behörde (s Rdn 3971). Die **Inbesitznahme** des veräußerten Grundstücks durch den Erwerber vor Entscheidung über die Genehmigung ist zulässig. Bei Entscheidung über den Genehmigungsantrag ist auf den Umstand, daß der Erwerber bereits im Besitze des Grundstücks ist und in dieses vielleicht schon größere Beträge gesteckt hat, keine Rücksicht zu nehmen. Ob im Falle der Nichtgenehmigung der Veräußerung durch die zuständige Behörde der Erwerber wegen des bereits bezahlten Kaufpreises oder wegen der auf das Grundstück gemachten Aufwendungen ein Zurückbehaltungsrecht an dem in Besitz genommenen Grundstück geltend machen kann, erscheint zweifelhaft, wird im Bereiche des GrdstVG aber wohl zu verneinen sein.[12] 3944
Die Beurkundung des Veräußerungs-Verpflichtungsvertrags und der Auflassung kann und wird regelmäßig bereits vor Erteilung der Genehmigung erfolgen. Bis zur Genehmigung ist auch der schuldrechtliche Vertrag schwebend unwirksam, so daß in diesem Stadium Leistungen noch nicht gefordert werden können. Doch können die Vertragsteile gerade mit Rücksicht auf den Schwebezustand wirksame Vereinbarungen treffen, insbesondere Leistungspflichten schon vor Erteilung der Genehmigung begründen, soweit nicht die Pflicht zur endgültigen Grundstücksübertragung oder zur Zahlung des Kaufpreises vorweggenommen werden.[13] Eine Hinterlegung des Kaufpreises auf Notaranderkonto oder eine Verzinsung des Kaufpreises kann vor Genehmi-

---

1965, 40; Ehrenforth Anm 2c zu § 1 GrdstVG; Lange Anm 3g zu § 1 und Anm 27a zu § 2 GrdstVG; Wöhrmann Anm 16 zu § 2 GrdstVG.
[12] AA Wöhrmann Anm 29 zu § 2 GrdstVG unter Hinweis auf die frühere Rechtsprechung des RG. Pikalo/Bendel Anm E III 2 zu § 2 GrdstVG vertreten die Ansicht, daß dem Erwerber bis zum Erlaß einer Aufforderung der Genehmigungsbehörde nach § 24 Abs 1 Nr 1 GrdstVG ein Zurückbehaltungsrecht zuzubilligen ist.
[13] BGH DNotZ 1979, 306 = MDR 1979, 391 = NJW 1979, 372 Leits. Vgl dazu Linden MittBayNot 1981, 174.

gung vereinbart werden;[14] die Vereinbarung der Kaufpreiszahlung zur Verfügung des Verkäufers vor Erteilung der Genehmigung ist nicht rechtswirksam[15] und darf vom Notar nicht beurkundet werden.

3945 Bei **Beurkundung** eines Veräußerungsvertrags sind die Beteiligten vom Notar auf das Erfordernis der Genehmigung nach dem GrdstVG und die bis dahin schwebende Unwirksamkeit des Vertrags hinzuweisen. Der Hinweis ist in die Urkunde aufzunehmen (§ 18 BeurkG). Eine Kostenregelung für den Fall, daß die Veräußerung nicht genehmigt werden sollte, ist zweckmäßig.

b) Genehmigungspflichtige Veräußerungen

3946 Genehmigungspflichtig sind **Auflassung** und **schuldrechtlicher Vertrag** (§ 2 Abs 1 GrdstVG). Ist letzterer genehmigt, so gilt auch die in Ausführung des Vertrags – also nicht abweichend davon – vorgenommene Auflassung als genehmigt[16] (§ 2 Abs 1 GrdstVG).

3947 Der Rechtsgrund der Veräußerung ist für die Genehmigungspflicht nach dem GrdstVG gleichgültig. Es kann sich also zB um eine Veräußerung im Wege des Verkaufs, des Tauschs, der Hofübergabe, der Ausstattung, der Schenkung,[17] der Erfüllung eines Vermächtnisses,[18] der Vermögensauseinandersetzung oder der Grundstückseinbringung in eine Gesellschaft handeln. Wird ein land- oder forstwirtschaftliches Grundstück gegen ein anderes Grundstück getauscht, so ist der ganze Vertrag genehmigungspflichtig. Werden in einem einheitlichen Vertrag mehrere Grundstücke veräußert, von denen einzelne der Genehmigungspflicht nach GrdstVG unterliegen, andere nicht, so ist der gesamte Vertrag genehmigungsbedürftig, wenn die Veräußerung als einheitlich gewollt ist (§ 139 BGB).[19]

3948 Genehmigungspflichtig ist auch die Veräußerung eines – ideellen – **Miteigentumsanteils** an einem Grundstück (§ 2 Abs 2 Nr 1 GrdstVG);[20] zur Freigrenze in diesem Fall s Rdn 3969. Die Begründung von Wohnungs-/Teileigentum nach § 3 oder § 8 WEG ist nicht genehmigungspflichtig, sondern erst die Veräußerung eines Miteigentumsanteils mit Sondereigentum.[21]

3949 Die Begründung von **Gesamthandseigentum**, etwa durch Abschluß eines Ehevertrags auf eheliche Gütergemeinschaft (§ 1416 BGB) oder Übertragung eines Gesamthandsanteils, zB einer Beteiligung an einer BGB-Gesellschaft[22]

---

[14] BGH DNotZ 1999, 477 = NJW 1999, 1329; dazu Armbrüster NJW 1999, 1306.
[15] BGH DNotZ 1979, 306 = aaO (Fußn 13).
[16] Ist der Flächeninhalt des verkauften Grundstücks durch Vermessung anders festgestellt als im Kaufvertrag schätzungsweise angegeben war, so ist das unschädlich, wenn der Vertragsgegenstand der gleiche geblieben ist (BayObLG 1962, 362 = RdL 1963, 41 = Rpfleger 1963, 243 mit Anm Haegele).
[17] S dazu OLG Köln RdL 1964, 13.
[18] OLG Karlsruhe AgrarR 1975, 106 = Justiz 1975, 192 = RdL 1975, 78. Keiner Genehmigung bedarf die Vermächtnisanordnung, OLG München RdL 1961, 286; OLG Stuttgart RdL 1988, 298 und RdL 1985, 324 (auch für Verkaufsauflagen).
[19] Vgl dazu OLG Stuttgart DNotZ 1982, 692.
[20] S OLG Celle RdL 1966, 151; OLG Stuttgart RdL 1987, 213. S zur Einräumung eines Miteigentumsanteils auch Pikalo/Bendel Anm F V 2 zu § 2 GrdstVG, und Wöhrmann Anm 127 zu § 9 GrdstVG.
[21] Vgl Bendel-Rinck AgrarR 1987, 264.
[22] Faßbender DNotZ 1966, 456; Lange Anm 2 zu § 2 GrdstVG.

IV. Verfügungsbeschränkungen nach Landwirtschaftsrecht (GrdstVG)

(Ausnahme: Erbanteil s Rdn 3958), bedarf dagegen nicht der Genehmigung, wohl aber eine spätere Auseinandersetzung unter den Gesamthandsbeteiligten.
Ein Auftrag, gerichtet auf Erwerb oder Veräußerung landwirtschaftlicher Grundstücke, bedarf ebensowenig wie eine (zur Durchführung des Auftrags erteilte) unwiderrufliche Vollmacht der Genehmigung.[23] Genehmigungsbedürftig und -fähig ist erst der daraufhin abgeschlossene Veräußerungs/Erwerbsvertrag. 3950

Die Vereinbarung eines dinglichen **Vorkaufsrechts** bedarf nicht der Genehmigung. Ist der Veräußerungsvertrag, in dem das Vorkaufsrecht vereinbart ist, genehmigt worden, so erstreckt sich diese Genehmigung nicht auf die Vereinbarung des Vorkaufsrechts. Wird das Vorkaufsrecht ausgeübt, so bedarf der dadurch zustande gekommene Kaufvertrag zwischen dem Vorkaufsberechtigten und dem Vorkaufsverpflichteten der Genehmigung,[24] ebenso natürlich der Vertrag, durch den das Vorkaufsrecht ausgelöst wird.[25] 3951

Auch die Vereinbarung eines **Ankaufsrechts** ist weder genehmigungsbedürftig noch genehmigungsfähig.[26] Ist daher in einem landwirtschaftsrechtlich genehmigten Veräußerungsvertrag ein Ankaufsrecht für weitere Grundstücke enthalten, erstreckt sich die erteilte Genehmigung nicht auf das Ankaufsrecht.[27] Wie beim Vorkaufsrecht oder Veräußerungs/Erwerbsauftrag ist genehmigungsbedürftig und -fähig erst die Ausübung des Ankaufsrechts, da die Versagungsgründe des § 9 GrdstVG erst im Zeitpunkt dieser Ausübung abschließend beurteilt werden können.[28] 3952

Ein **Verkaufsangebot** wird bereits als genehmigungsfähig angesehen,[28] da es zumindest einem Vertragsentwurf (§ 2 Abs 1 S 3 GrdstVG) gleichgestellt werden muß. Ob dies bei Angeboten mit längerer Annahmefrist gilt, muß jedoch im Hinblick auf die Rechtsprechung des BGH zum Ankaufsrecht[29] bezweifelt werden, da das Ankaufsrecht auch in die Form eines Angebots gekleidet werden kann (s Rdn 1445). 3953

Die **Abtretung eines Auflassungsanspruchs** bedarf der Genehmigung.[30] Das gleiche gilt für Zwischenauflassungen und für die Übertragung des Anwartschaftsrechts aus Auflassung sowie eine Vertragsübernahme. 3954

---

[23] BGH BB 1967, 10 = Betrieb 1967, 76 = MDR 1967, 205 (Maklervertrag mit Pflicht, Grundstücke an Interessenten zu verkaufen); BGH 82, 292 = NJW 1982, 881 = Rpfleger 1982, 95 (Auftrag zum Grunderwerb); vgl auch Herminghausen DNotZ 1962, 473; Lange Anm 9 zu § 2 GrdstVG. AA Pikalo/Bendel Anm F III 27 zu § 2 GrdstVG.
[24] BGH DNotZ 1952, 529 = RdL 1952, 226; OLG Düsseldorf RdL 1965, 295; OLG Frankfurt DNotZ 1952, 380 = RdL 1952, 179; OLG Hamm JMBl NRW 1953, 34; s auch Bickermann RdL 1951, 53.
[25] OLG Hamm RdL 1955, 274.
[26] BGH MDR 1983, 834 = NJW 1984, 122 = Rpfleger 1983, 397; OLG Celle RdL 1966, 180; aA früher OLG Hamm RdL 1951, 38; Wöhrmann Anm 14 zu § 2 GrdstVG.
[27] BGH aaO (Fußn 26).
[28] S die Stellungnahme der Regierung von Schwaben in MittBayNot 1974, 243; BGH DNotZ 1965, 413 = NJW 1964, 1676 = Rpfleger 1964, 339; Lange Anm 2; Pikalo/Bendel, Anm F III, IV 1, je zu § 2 GrdstVG.
[29] BGH NJW 1984, 122 = aaO (Fußn 26).
[30] S Schwoerer RdL 1951, 169. Der Erwerber der Rechte aus einem Kaufvertrag tritt aber nicht an Stelle des Veräußerers in ein schwebendes Genehmigungsverfahren als Beteiligter ein. Der ursprüngliche Veräußerungsvertrag wird nicht dadurch genehmi-

3955 Genehmigung nach dem GrdstVG ist auch erforderlich, wenn der Grundstückseigentümer **rechtskräftig verurteilt** worden ist, die Veräußerung vorzunehmen. Diese Verurteilung ersetzt nur die zur Eigentumsübertragung erforderlichen Erklärungen des Eigentümers (Auflassung und Eintragungsbewilligung; § 894 ZPO; vgl Rdn 750). Sie setzt aber eine rechtswirksame Übereignungsverpflichtung voraus. In diesem Fall ist ein Vorbehalt der Erteilung der Genehmigung im Urteil nicht erforderlich.[31]

3956 **Änderungen eines** bereits beurkundeten **Veräußerungsvertrags** bedürfen der erneuten Genehmigung, zum mindesten dann, wenn sie für die Frage der Genehmigungspflicht von Bedeutung sind, wie zB Änderungen des Kaufpreises oder der Grundstücksgröße.[32] Dies muß auch dann gelten, wenn die Änderungen erst nach Vollzug der Eigentumsumschreibung im Grundbuch vorgenommen werden, in welchem Falle das dingliche Rechtsgeschäft uU nach den Vorschriften über die ungerechtfertigte Bereicherung (§§ 812 ff BGB) rückgängig gemacht werden muß.

Eine **Vertragsaufhebung** bedarf dann der Genehmigung, wenn der Erwerber bereits im Grundbuch eingetragen ist, so daß eine Rückauflassung notwendig ist.

3957 Wollen mehrere Erben land- oder forstwirtschaftliche Grundstücke, die ihnen in Erbengemeinschaft zustehen, unter sich verteilen, so bedarf der hierüber abzuschließende **Auseinandersetzungsvertrag** samt Auflassung auch unter nahen Familienangehörigen wie jede sonstige Veräußerung der Genehmigung nach dem GrdstVG, und zwar selbst dann, wenn die Verteilung der Grundstücke in Alleineigentum entsprechend den Erbteilen der einzelnen Erben erfolgt.[33] Das gleiche gilt, wenn einer der Erben oder ein Dritter den

---

gungsfähig, daß der Ersterwerber (Nichtlandwirt) seine Rechte an einen hauptberuflichen Landwirt abtritt, vgl BGH AgrarR 1985, 55 = DNotZ 1985, 750; aA OLG Hamm RdL 1955, 55. S dazu auch OLG Schleswig RdL 1950, 67; Hammelbeck MittRhNotK 1962, 37, 42 und Ertl MittBayNot 1962, 113.

[31] BGH 82, 292 = NJW 1982, 881 (883) = Rpfleger 1982, 95; ebenso schon OGH RdL 1950, 111; OLG Hamm JMBl NRW 1948, 52 unter Hinweis auf RG 149, 348.

[32] Zur Genehmigungspflicht von Vertragsänderungen s BGH MittBayNot 1979, 185 (186); OLG Schleswig SchlHA 1965, 280; Flohr RdL 1950, 68; Lange Anm 13 zu § 2 GrdstVG; Pikalo/Bendel Anm F III 1 zu § 2 GrdstVG; Gutachten DNotI-Report 1997, 45. Ändern die Parteien erst im Verfahren vor dem Amtsgericht (Rdn 4009 ff) einen Vertrag, so hat über die Änderung nicht das Amtsgericht, sondern die Genehmigungsbehörde zu entscheiden (OLG München RdL 1969, 46 für den Fall, daß die Genehmigung eines Übergabevertrags versagt und im gerichtlichen Verfahren eine Änderungsurkunde vorgelegt wird; aA Barnstedt, LwVG, 2. Aufl, Anm 9 zu § 19).

[33] Vgl auch OLG Stuttgart RdL 1985, 324 und RdL 1999, 183. Setzen sich die Erben eines landwirtschaftlichen Grundbesitzes auseinander, so ist eine Genehmigung zur Veräußerung auch dann erforderlich, wenn der Grundbesitz der einzige verbliebene Nachlaßgegenstand ist und die Erben das von ihnen erstrebte rechtliche und wirtschaftliche Ergebnis auch durch die genehmigungsfreie Übertragung ihrer Erbanteile auf den Erwerber hätten erreichen können (OLG Schleswig RdL 1963, 89 = DNotZ 1964, 120; s dazu Rdn 3958). Eine privilegierte Erbteilsübertragung liegt auch nicht vor, wenn ein Miterbe seinen ideellen Miteigentumsanteil an einen anderen Miterben überträgt (OLG Oldenburg NdsRpfl 1964, 195 = RdL 1964, 234).

Wegen des anstelle einer Erbauseinandersetzung uU in Frage kommenden gerichtlichen Zuweisungsverfahrens eines landwirtschaftlichen Betriebs an nur einen Miterben s §§ 13–17 GrdstVG; s dazu OLG Stuttgart DNotZ 1981, 680; OLG Celle DNotZ 1981, 680.

IV. Verfügungsbeschränkungen nach Landwirtschaftsrecht (GrdstVG)

gesamten Grundbesitz des Erblassers aus der Erbengemeinschaft in Alleineigentum übernehmen will.

Die Veräußerung eines Erbteils an einen Miterben ist stets genehmigungsfrei: Bei **Veräußerung eines Erbanteils** an einen anderen als einen Miterben ist Genehmigung nur dann erforderlich, wenn der Nachlaß im wesentlichen aus einem land- oder forstwirtschaftlichen Betrieb (s dazu Rdn 3936) besteht (§ 2 Abs 2 Nr 2 GrdstVG).[34] Da ausdrücklich das Wort „Betrieb" verwendet ist, besteht dann keine Genehmigungspflicht, wenn zum Nachlaß (etwa eines Nichtlandwirts) lediglich einige Feld- oder Waldgrundstücke gehören, die der Erblasser nicht von einer Hofstelle aus bewirtschaftet hat.[35] Handelt es sich dagegen um einen Betrieb, so wird dieser gegenüber dem sonstigen Nachlaß des Erblassers nach wirtschaftlichen Gesichtspunkten vielfach der überwiegende Teil sein, so daß Genehmigungspflicht besteht, wenn ein Erbteil an einen Nichterben nach §§ 2033 ff BGB veräußert wird. Bei Prüfung der Verhältnisse wird nicht vom Einheitswert des Betriebs auszugehen sein, sondern vom ungefähren Verkehrswert, wenn auch die übrigen Teile des Nachlasses mit ihrem Verkehrswert bewertet werden.

3958

c) Genehmigungsfreie Veräußerungen

Bundeseinheitlich ist Genehmigung nicht erforderlich (§ 4 GrdstVG), wenn

3959

aa) der **Bund** oder ein **Land** an der Veräußerung als Veräußerer oder Erwerber beteiligt ist;[36]

bb) eine mit den Rechten einer **Körperschaft des öffentlichen Rechts ausgestattete Religionsgemeinschaft** ein Grundstück **erwirbt** (also nicht veräußert oder vertauscht), es sei denn, daß es sich um einen land- oder forstwirtschaftlichen Betrieb handelt;[37]

cc) die Veräußerung der Durchführung eines **Flurbereinigungsverfahrens** (s darüber Rdn 4030 ff) oder eines Siedlungsverfahrens (s darüber Rdn 4137 ff) dient;

---

[34] Die im Rahmen der hier behandelten Vorschriften auftauchenden Zweifelsfragen, etwa zum Begriff des Betriebs (Hofstelle), Begriff des Überwiegens, Feststellung des Nachlasses samt Passiven, Fall der Vor- und Nacherbschaft, behandelt Roemer MittRhNotK 1962, 457, 486. S zur Erbteilsübertragung auch Herminghausen DNotZ 1963, 463.

[35] Ein zum Nachlaß gehörender Betrieb nach § 2 Abs 2 GrdstVG liegt im Falle einer Erbteilsübertragung nicht vor, wenn lediglich der Grundbesitz beider Erblasser-Ehegatten zusammengefaßt einen landwirtschaftlichen Betrieb darstellt, demnach keinem Ehegatten allein ein solcher Betrieb zu Eigentum gehört hat (Pikalo/Bendel, Anm J II 1 zu § 1 GrdstVG).

[36] Nicht unter die Befreiung fallen selbständige Körperschaften des öffentlichen Rechts wie Bundesbank, Gemeinden (Gemeindeverbände), Kreise, Landesuniversitäten (Pikalo/Bendel, Anm E I 2 zu § 4 GrdstVG), Bundesanstalt für vereinigungsbedingte Sonderaufgaben (vordem Treuhandanstalt; vgl Meikel/Böhringer Rdn B 297 zu § 19). Auch die Deutsche Bahn AG und die Post-Nachfolgegesellschaften fallen nicht unter die Befreiung (vgl Bauer/vOefele/Waldner VIII Rdn 108).

[37] Zu den mit den Rechten einer Körperschaft des öffentlichen Rechts ausgestatteten Religionsgesellschaften rechnet nicht nur die Landeskirche als solche, sondern auch die einzelne Kirchengemeinde, die selbständige Vermögensträgerin im Rahmen der Landeskirche ist (vgl OLG Celle RdL 1962, 70; s auch Lange Anm 3 zu § 4 GrdstVG). Die Befreiung gilt nicht für rechtsfähige kirchliche Anstalten oder Stiftungen, die den Aufgaben einer Religionsgemeinschaft bestimmungsgemäß zu dienen haben (BGH 39, 299 = NJW 1963, 1920).

dd) Grundstücke veräußert werden, die im räumlichen **Geltungsbereich eines Bebauungsplanes** im Sinne des § 30 BauGB liegen, es sei denn, daß es sich um die Wirtschaftsstelle eines land- oder forstwirtschaftlichen Betriebes[38] oder um Grundstücke handelt, die im Bebauungsplan als Grundstücke im Sinne des § 1 GrdstVG ausgewiesen sind (s ähnlich § 191 BauGB; dazu Rdn 3834). Im übrigen werden vielfach Genehmigung nach GrdstVG und nach BauGB nebeneinander erforderlich sein;

ee) die Veräußerung nach dem **Bayerischen Almgesetz** vom 28. 4. 1932 genehmigt ist (s dazu Rdn 4102);

ff) die Veräußerung eines landwirtschaftlichen Grundstücks als **Landabfindung** an einen Miterben im Zuweisungsverfahren (§ 16 Abs 4 GrdstVG) erfolgt.

3960 Die **Enteignung** eines Grundstücks bedarf der Genehmigung nicht, da es sich hierbei um einen Akt der Staatsgewalt handelt. Ein sog **Enteignungsvertrag** dagegen ist genehmigungspflichtig. Der **Verzicht auf Grundstückseigentum** (§ 928 BGB) ist genehmigungsfrei.

Zum Erwerb in der Zwangsversteigerung Rdn 4017.

Genehmigungspflicht besteht ferner nicht, wenn der **Eigentumsübergang kraft Gesetzes** oder kraft Hoheitsakt (zB § 18a VermG) erfolgt, die Eigentumsumschreibung im Grundbuch also lediglich eine Grundbuchberichtigung darstellt. Ein Hauptfall hierfür ist die Eintragung der Erben eines verstorbenen Eigentümers land- oder forstwirtschaftlicher Grundstücke im Grundbuch. Zur Erbteilsübertragung und Erbauseinandersetzung vgl dagegen Rdn 3957, 3958. Die Grundbuchberichtigung zur grundbuchlichen **Wiederherstellung des Eigentums** des früher eingetragen gewesenen Eigentümers nach nicht genehmigter und deshalb nichtiger, aber grundbuchlich vollzogener Auflassung ist nicht genehmigungspflichtig.

Die **Teilung** eines land- oder forstwirtschaftlichen Grundstücks als solche, ohne gleichzeitigen Eigentumswechsel an einem Teilstück, bedarf nicht der Genehmigung nach dem GrdstVG.[39]

3961 Nach Landesrecht[40] ist Genehmigung **nicht** erforderlich:

In **Baden-Württemberg** bei Veräußerung von Grundstücken an die Belegenheits-Gemeinde oder den Gemeindeverband oder von Grundstücken in Wasserschutzgebieten an den Träger der öffentlichen Wasserversorgung bis zur Größe von 1 ha einschließlich, im übrigen bei Veräußerung bis zu 30 ar[41] einschließlich. Dabei ist auf die Veräußerung von Grundstücken abgestellt, die für sich allein oder zusammen mit anderen Grundstücken des Veräußerers, mit denen sie eine zusammenhängende Fläche bilden, die obengenannte Fläche nicht übersteigen.[42] Hier wird also das Grundstück im wirtschaftlichen Sinne

---

[38] Eine Wirtschaftsstelle liegt nicht vor, wenn zu ihr keine landwirtschaftlich genutzten Grundstücke gehören, sondern nur Grundstücke, die im Geltungsbereich des Bebauungsplans liegen, BGH Rpfleger 1978, 407.
[39] OLG Koblenz RdL 1998, 99; Faßbender und Dammertz DNotZ 1967, 742; gleicher Ansicht Lange Anm 3 zu § 2 GrdstVG.
[40] Zu den Freigrenzen im Grundstücksverkehrsrecht vgl Hötzel AgrarR 1983, 176.
[41] Seit 1. 1. 1995 (ÄndG v 14. 3. 1994, GBl 181). In den Landkreisen Konstanz und Waldshut sowie in den Städten Blumberg und Geisingen weiterhin nur bis zu 10 ar, VO v 13. 2. 1995 (GBl 276).
[42] Vgl dazu OLG Karlsruhe RdL 1966, 49; Wippermann AgrarR 1987, 181.

gesehen. Mehrere Grundstücke werden auch dann eine zusammenhängende Fläche bilden, wenn sie nur durch einen Wirtschaftsweg getrennt sind. Die Genehmigungsfreiheit gilt nicht für die Veräußerung eines Grundstücks, auf dem sich die Hofstelle befindet, oder das dem Weinbau oder dem Erwerbsgartenbau (nicht dem Erwerbsobstbau)[43] dient. Die von der Genehmigungsfreiheit ausgenommenen Kulturarten lassen sich aus dem Grundbuch meist nicht mit Sicherheit entnehmen. Bei **Teil**veräußerungen kommt es auf die Größe des ganzen Grundstücks, nicht auf die der veräußerten Teilfläche an. Bei Veräußerungen durch einen verheirateten Grundstückseigentümer sind Veräußerungen durch den anderen Ehegatten nicht mitzurechnen.
Rechtsgrundlage: AG GrdstVG vom 8. 5. 1989 (GBl 143) und ÄndG v 14. 3. 1994 (GBl 181).

In **Bayern** bei Veräußerung von Grundstücken bis zur Größe von 2 Hektar. Es gilt der rechtliche Grundstücksbegriff. Der Genehmigung bedarf es aber dann, wenn aus einem landwirtschaftlichen Betrieb ab einer Größe von 2 Hektar ein mit Gebäuden der Hofstelle besetztes Grundstück veräußert wird oder wenn innerhalb von drei Jahren vor der Veräußerung aus dem gleichen Grundbesitz im Rahmen der Freigrenze land- oder forstwirtschaftliche Grundstücke durch den jetzigen Verkäufer oder seinen Vorgänger veräussert worden sind und bei Einrechnung dieser Veräußerung die Fläche von 2 Hektar erreicht wird. Dabei gilt als Veräußerung der Abschluß des schuldrechtlichen Vertrags, in Fällen, in denen ohne einen solchen ein Anspruch auf Übereignung besteht (etwa bei einem Vermächtnis), die Auflassung.[44] Das nachträgliche Überschreiten der Freigrenze führt nicht zu rückwirkender Genehmigungsbedürftigkeit. Genehmigte Veräußerungen bleiben bei Berechnung der Freigrenzen innerhalb der Frist außer Betracht.[45] 3962
Rechtsgrundlage: Gesetz zur Ausführung des GrdstVG vom 21. 12. 1961 (BayRS 7810-1-E; Änderung vom 28. 3. 2000, GVBl 136 [137]).

In **Berlin** bei Veräußerung von Grundstücken bis zur Größe von 1 Hektar. 3962a
Rechtsgrundlage: Gesetz über die Genehmigungsfreiheit im Verkehr mit land- und forstwirtschaftlichen Grundstücken vom 5. 10. 1994 (GVBl 392).

In **Brandenburg** bei Veräußerung eines Grundstücks, das kleiner als 1 ha ist. 3962b
Rechtsgrundlage: Gesetz zur Ausführung des GrdstVG (AGGrdstVG) vom 18. 3. 1994 (GVBl 81).

In **Bremen** bei Veräußerung von Grundstücken, wenn sie nicht größer als 2500 m² sind. 3962c

---

[43] OLG Karlsruhe RdL 1964, 267.
[44] Wegen Einzelheiten Dietzel RdL 1987, 200.
S auch OLG Nürnberg RdL 1969, 320 wie folgt: Wird ein in Bayern gelegenes, die Freigrenze übersteigendes Grundstück in der Weise verkauft, daß nur eine unter der Freigrenze liegende Fläche fest verkauft und an demselben Tage hinsichtlich der Restfläche ein notarielles Kaufangebot, das nach mehr als 3 Jahren anzunehmen ist, gemacht wird, so ist eine solche Vertragsgestaltung, wenn sie von der Genehmigungsbehörde für genehmigungsfrei erklärt wird, bürgerlich-rechtlich nicht zu beanstanden (s aber Rdn 3968). Entscheidung s auch MittBayNot 1971, 32.
[45] LG Regensburg MittBayNot 1988, 46 = RdL 1987, 211; vgl auch Dietzel RdL 1987, 200.

5. Teil. Öffentlich-rechtliche Verfügungsbeschränkungen und Vorkaufsrechte

Rechtsgrundlage: § 1 Gesetz über die Freigrenze im land- und forstwirtschaftlichen sowie gärtnerischen Grundstücksverkehr vom 24. 2. 1970 (GBl 29), geändert durch Art 1 des Ges vom 26. 9. 1972 (GBl 193).

3962d In **Hamburg** bei Veräußerung von Grundstücken bis zu einer Größe von 1 ha.
Rechtsgrundlage: Gesetz über die Freigrenzen im land- und forstwirtschaftlichen Grundstücksverkehr vom 21. 6. 1971 (GVBl 111).

3963 In **Hessen** bei Veräußerung eines Grundstücks im Rechtssinn (s Rdn 3940), wenn es kleiner als 0,25 ha und nicht bebaut ist; auf den wirtschaftlichen Zusammenhang mit anderen Grundstücken kommt es hier nicht an.[46]
Rechtsgrundlage: Gesetz über die Genehmigungsfreiheit im Verkehr mit land- und forstwirtschaftlichen Grundstücken vom 17. 4. 1962 (GVBl 263), geändert durch Gesetz vom 18. 12. 1989 (GVBl 497).

3963a In **Mecklenburg-Vorpommern** bei Veräußerung eines Grundstücks, dessen Größe weniger als zwei Hektar beträgt.
Rechtsgrundlage: Ausführungsgesetz zum GrdstVG vom 23. 4. 1998 (GVOBl 448 = GS 7810-1).

3964 In **Niedersachsen** bei Veräußerung von Grundstücken, die kleiner sind als 0,25 ha.
Rechtsgrundlage: Ausführungsgesetz zum GrdstVG vom 11. 2. 1970 (GVBl 30).

3965 In **Nordrhein-Westfalen** bei Veräußerung von Grundstücken[47] bis zu einer Größe von 1,0 ha.
Rechtsgrundlage: Ausführungsgesetz zum GrdstVG vom 14. 7. 1981 (GVBl 403).

3965a In **Rheinland-Pfalz** bei Veräußerung von Grundstücken (auch grundstücksgleichen Rechten), die nicht größer als 50 ar sind, es sei denn, das Grundstück wird weinbaulich genutzt und ist größer als 10 ar oder auf dem Grundstück befindet sich eine Wirtschaftsstelle eines land- oder forstwirtschaftlichen Betriebes.
Rechtsgrundlage: Landesgesetz zur Ausführung des GrdstVG (AGGrdstVG) vom 2. 2. 1993 (GVBl 105 = BS 7810-3).

3966 Im **Saarland** bei Veräußerung einzelner oder mehrerer zusammenhängender Grundstücke, die eine Wirtschaftseinheit bilden und deren Gesamtfläche 15 ar nicht übersteigt.
Rechtsgrundlage: VO zur Durchführung des GrdstVG vom 3. 7. 1969 (ABl 408 = BS 7810-2).

3966a In **Sachsen** bei Veräußerung eines Grundstücks, das für sich allein oder zusammen mit anderen Grundstücken des Veräußerers, mit denen es eine zusammenhängende Fläche bildet, 0,5 ha nicht übersteigt; bei der Veräußerung an Gemeinden, Verwaltungsverbände oder Landkreise, in deren Gebiet das Grundstück liegt, beträgt die Freigrenze 1 ha. Die Freigrenzen gelten nicht für

---

[46] BGH 49, 145 = DNotZ 1968, 496 = NJW 1968, 791 = Rpfleger 1968, 148 mit Anm Haegele.
[47] Nach OLG Düsseldorf MittRhNotK 1992, 188 und OLG Hamm AgrarR 1985, 173 sind hier Grundstücke im wirtschaftlichen Sinn gemeint.

IV. Verfügungsbeschränkungen nach Landwirtschaftsrecht (GrdstVG)

ein Rechtsgeschäft über ein Grundstück, auf dem sich eine Hofstelle befindet oder das dem Weinbau, dem Erwerbsgartenbau oder der Teichwirtschaft dient.
Rechtsgrundlage: § 54 Justizgesetz vom 24. 11. 2000 (GVBl 482).

In **Sachsen-Anhalt** bei Veräußerung von unbebauten Grundstücken, die kleiner als 2 ha sind; bei Bebauung mit einem für die land- oder forstwirtschaftliche Nutzung geeigneten Wirtschaftsgebäude und bei einem nach der Bauleitplanung als Fläche für die Land- und Forstwirtschaft dargestellten oder festgesetzten Grundstück beträgt die Freigrenze 0,25 ha.
Rechtsgrundlage: Ausführungsgesetz zum GrstVG vom 25. 10. 1995 (GVBl 302).   **3966 b**

In **Schleswig-Holstein** bei Veräußerung von Grundstücken, die nicht größer sind als 2 ha.
Rechtsgrundlage: Durchführungsgesetz zum GrdstVG vom 8. 12. 1961 (GVOBl 1962, 1), geändert durch Gesetz vom 22. 11. 1976 (GVBl 274) und vom 21. 2. 1996 (GVBl 231).   **3967**

In **Thüringen** bei Veräußerung von Grundstücken, die kleiner als 0,25 ha sind.
Rechtsgrundlage: Gesetz über die Genehmigungsfreiheit im Verkehr mit land- und forstwirtschaftlichen Grundstücken vom 30. 1. 1997 (GVBl 71).   **3967 a**

Ein wegen Nichterreichung der Mindestflächen genehmigungsfreies Veräußerungsgeschäft ist ausnahmsweise genehmigungspflichtig, wenn es sich um ein Umgehungsgeschäft handelt; dafür muß eine Umgehungsabsicht vorliegen; die Verfügung muß sich also im wirtschaftlichen Ergebnis als die planmäßige Durchführung eines Zerstückelungsgeschäfts über ein größeres Grundstück darstellen. Bei sog Kettenverkäufen muß also das Grundbuchamt den Nachweis der Genehmigung oder der Genehmigungsfreiheit verlangen, auch wenn die Freigrenze in den einzelnen Veräußerungsfällen nicht überschritten wird.[48] Gegebenenfalls kann in solchen Fällen die Genehmigungsbehörde die Eintragung eines Widerspruchs im Grundbuch verlangen; auch kommt die Eintragung eines Amtswiderspruchs nach § 53 GBO in Frage. Erwirbt dagegen zB ein Nichtlandwirt von verschiedenen Grundstückseigentümern Grundstücke, die je für sich allein unter der Mindestgröße liegen, zusammen aber einen größeren Grundbesitz ergeben, so kann daraus allein eine Genehmigungspflicht nicht hergeleitet werden.[49]   **3968**

Wird nur ein **Miteigentumsanteil** veräußert, so kommt es bei der Prüfung der Genehmigungsfreiheit auf die Größe des Gesamtgrundstücks, nicht die Größe des veräußerten Anteils an.[50]   **3969**

Grundbesitz von Ehegatten wird nicht zusammengerechnet (Rdn 3940).

d) Rechtslage bei Höfen und Anerbengütern

Was in den Ausführungen Rdn 3947 über genehmigungspflichtige und genehmigungsfreie Geschäfte gesagt ist, gilt auch dann, wenn Grundstücke zu   **3970**

---

[48] Vgl BGH RdL 1957, 173; BGH MDR 1962, 389.
[49] S insbesondere BGH NJW 1956, 1637 = RdL 1956, 247.
[50] BayObLG 1963, 101 = NJW 1963, 1455 = RdL 1963, 152 = Rpfleger 1964, 121 mit Anm Haegele; OLG Celle ArarR 1982, 130; aA Lange Anm 27 b zu § 2 GrdstVG, wonach es auf die Größe des Miteigentumsanteils ankomme.

einem Hof gehören, der einem Höferecht oder Anerbenrecht untersteht. Auch in diesen Fällen vollzieht sich die Grundstücksveräußerung nach den allgemeinen Vorschriften des GrdstVG (Ausnahmen s Rdn 3975).

e) Genehmigungsbehörde

3971 Genehmigungsbehörde im Rahmen des GrdstVG ist die nach Landesrecht zuständige **Behörde** (§ 3 Abs 1 GrdstVG). Im einzelnen gilt:

aa) In **Baden-Württemberg** ist Genehmigungsbehörde das Landwirtschaftsamt. Über Anträge auf Genehmigung von Rechtsgeschäften, an denen eine Gemeinde oder ein Gemeindeverband beteiligt ist, entscheidet die Genehmigungsbehörde mit Zustimmung der Rechtsaufsichtsbehörde (Landratsamt; bei Stadtkreisen und großen Kreisstädten Regierungspräsidium). Rechtsgrundlage: VO vom 16. 6. 1986 (GBl 188).

bb) In **Bayern** ist Genehmigungsbehörde die Kreisverwaltungsbehörde. Dies gilt auch, wenn ein Landkreis oder eine kreisfreie Gemeinde Vertragsteil ist; ist ein Bezirk Vertragsteil, so ist das Staatsministerium für Ernährung, Landwirtschaft und Forsten Genehmigungsbehörde. Rechtsgrundlage: Gesetz vom 21. 12. 1961 (BayRS 7810-1-E) idF des 2. VwReformG vom 28. 3. 2000 (GVBl 136).

cc) In **Brandenburg** sind Genehmigungsbehörden die Landkreise und kreisfreien Städte. Rechtsgrundlage: Verordnung zur Regelung von Zuständigkeiten nach dem Grundstücksverkehrsgesetz und dem Landverkehrspachtgesetz vom 10. 8. 1994 (GVBl II 689).

dd) In **Bremen** ist Genehmigungsbehörde der Senator für Wirtschaft, Mittelstand und Technologie (Landwirtschaftsbehörde). Rechtsgrundlage: VO vom 9. 1. 1962 (GBl 6), geändert durch Bek vom 13. 10. 1992 (GBl 607) = BremRS 7810-a-1.

ee) In **Hamburg** ist Genehmigungsbehörde die Wirtschaftsbehörde. Rechtsgrundlage: Anordnung zur Durchführung der GrdstVG vom 13. 11. 1984 (Amtl Anz 1984, 913). Änderungen: Amtl Anz 1985, 37 und 1992, 2801.

ff) In **Hessen** ist Genehmigungsbehörde das Amt für Regionalentwicklung, Landschaftspflege und Landwirtschaft. Rechtsgrundlage: VO vom 2. 6. 1999 (GVBl I 319), § 6.

gg) In **Mecklenburg-Vorpommern** sind Genehmigungsbehörden die Ämter für Landwirtschaft. Rechtsgrundlage: § 2 BodenrechtsdurchführungsVO vom 28. 11. 1994 (GVOBl 1080).

hh) In **Niedersachsen** sind Genehmigungsbehörden die Landkreise und kreisfreien Städte (Grundstücksverkehrsausschuß). Rechtsgrundlage: Gesetz vom 10. 10. 1986 (GVBl 325) und Erlaß vom 24. 11. 1986 (MBl 1987, 20).

ii) In **Nordrhein-Westfalen** sind Genehmigungsbehörden die Geschäftsführer der Kreisstellen der Landwirtschaftskammern als Landesbeauftragte im Kreis – untere Landwirtschaftsbehörden. Rechtsgrundlage: VO vom 4. 12. 1963 (GVBl 1963, 329).

jj) In **Rheinland-Pfalz** ist Genehmigungsbehörde die Kreisverwaltung, in kreisfreien Städten die Stadtverwaltung als untere Landwirtschaftsbehörde, die Aufsichts- und Dienstleistungsdirektion als obere Landwirtschaftsbehörde und das Ministerium für Landwirtschaft, Weinbau und Forsten als oberste

IV. Verfügungsbeschränkungen nach Landwirtschaftsrecht (GrdstVG)

Landwirtschaftsbehörde. Für Grundstücksverkehrssachen, bei denen ein Landkreis oder eine kreisfreie Stadt beteiligt ist, ist die obere Landwirtschaftsbehörde, für Grundstücksverkehrssachen, bei denen ein Bezirksverband beteiligt ist, die oberste Landwirtschaftsbehörde zuständig. Im übrigen ist, soweit nichts anderes bestimmt ist, die untere Landwirtschaftsbehörde zuständig. Rechtsgrundlage: AVO zum GrdstVG vom 21. 12. 1961 (GVBl 1961, 267 mit Änderungen = BS 7810-1).

kk) Im **Saarland** sind Genehmigungsbehörden die Landkreise (dafür Mittelstädte für ihr Gebiet), der Stadtverband Saarbrücken, die Landeshauptstadt Saarbrücken und die kreisfreien Städte. Ist ein Landkreis oder eine kreisfreie Stadt Vertragspartner, so ist der Minister für Umwelt, Energie und Verkehr Genehmigungsbehörde. Rechtsgrundlage: Gesetz zur Ausführung des GrdstVG vom 11. 7. 1962 (ABl 1962, 504 = BS 7810-1); für Mittelstädte VO vom 6. 4. 1992 (ABl 511, mit Änderung = BS 2020-1-14).

ll) In **Sachsen** sind Genehmigungsbehörden die Staatlichen Ämter für Landwirtschaft. Rechtsgrundlage: § 7 Abs 1 Nr 2 der VO zur Bestimmung von Zuständigkeiten im Bereich der Land- und Forstwirtschaft sowie Ernährung (SächsZuLuFV) vom 13. 6. 1996 (GVBl 258).

mm) In **Sachsen-Anhalt** sind je nach Ortssatzung des Landratsamt oder das Landwirtschaftsamt, in Magdeburg die Baubehörde zuständige Genehmigungsbehörde.

nn) In **Schleswig-Holstein** sind Genehmigungsbehörden die Ämter für Land- und Wasserwirtschaft. Rechtsgrundlage: Gesetz vom 8. 12. 1961 (GVBl 1962, 1), zuletzt geändert am 21. 2. 1996 (GVOBl 231).

oo) In **Thüringen** sind Genehmigungsbehörden die Ämter für Landwirtschaft. Rechtsgrundlage: VO vom 7. 6. 1991 (GVBl S 132), geändert durch VO vom 19. 8. 1994 (GVBl 963).

Örtlich zuständig ist die Genehmigungsbehörde, in deren Bezirk die Hofstelle des Betriebs liegt, zu dem das den Gegenstand des Genehmigungsverfahrens bildende Grundstück gehört. Ist keine Hofstelle vorhanden, so ist die Genehmigungsbehörde zuständig, in deren Bezirk die Grundstücke ganz oder zum größten Teil liegen (§ 18 GrdstVG, auch zur Weitergabepflicht). 3972
Auch eine von einer örtlich unzuständigen Behörde erteilte – oder als erteilt geltende (Rdn 4005) – Genehmigung ist wirksam (wenn auch anfechtbar). Die örtliche Zuständigkeit hat das Grundbuchamt daher nicht zu prüfen.

f) Grundsätze für die Entscheidung der Genehmigungsbehörde

Die Genehmigung kann nur unter den **gesetzlich festgelegten Voraussetzungen** versagt werden.[51] Im Ermessen der Genehmigungsbehörde steht es somit nicht, ob sie die Genehmigung erteilen will oder nicht. Das GrdstVG unterscheidet zwischen den Fällen, in denen die Genehmigung bei Vorliegen der entsprechenden Voraussetzungen unbedingt ohne jeden Vorbehalt **zu erteilen** ist (§ 8), und den Fällen, in denen die Genehmigung wegen des Vorliegens bestimmter Tatsachen **zu versagen oder** nur unter einer **Auflage** oder **Bedingung** zu erteilen ist (§§ 9–11 GrdstVG). 3973

---

[51] Die rechtswidrige Versagung der Genehmigung kann Entschädigungsansprüche auslösen, BGH 136, 182 = DNotZ 1998, 468 = NJW 1997, 3432.

g) Fälle, in denen die Genehmigung erteilt werden muß

3974 Die Genehmigung ist zu erteilen (§ 8 GrdstVG), wenn,

aa) eine **Gemeinde** oder ein **Gemeindeverband** an der Veräußerung beteiligt ist; Einzelheiten: § 8 Nr 1 GrdstVG;[52]

3975 bb) ein land- oder forstwirtschaftlicher **Betrieb geschlossen,** also ohne Zurückbehaltung von Grundstücken durch den Übergeber und ohne Abtrennung von Grundstücken zugunsten anderer Abkömmlinge, veräußert oder im Wege der vorweggenommenen Erbfolge[53] **übertragen** wird. Eine Hofübergabe unter Rückbehalt einzelner Grundstücke oder unter Ausklammerung des Altenteilerhauses fällt somit nicht unter § 8 Nr 2 GrdstVG.[54] Voraussetzung ist weiter, daß der Erwerber der Ehegatte des Eigentümers oder mit ihm in gerader Linie oder bis zum 3. Grad Seitenlinie verwandt oder bis zum 2. Grad verschwägert ist. Landwirt braucht er nicht zu sein. An eine Einzelperson muß nicht übergeben werden, „geschlossene" Übergabe ist objekt-, nicht subjektbezogen.[55]
Im Bereich der HöfeO der norddeutschen Länder fällt ein Übergabevertrag nicht unter die Genehmigungspflicht nach dem GrdstVG, da hier gerichtliche Genehmigung nach § 17 HöfeO in Frage kommt. Das gleiche gilt im Bereich der HöfeO für Rheinland-Pfalz (§ 31 Abs 1 GrdstVG).
Die Mitübertragung gewerblicher Nebenbetriebe und dgl ist nicht erforderlich (s auch Buchst cc);

3976 cc) ein **gemischter Betrieb insgesamt veräußert** wird und die land- oder forstwirtschaftliche Fläche nicht die Grundlage für eine selbständige Existenz bietet. „Insgesamt" ist dabei nicht gleichbedeutend mit „geschlossen". Eine insgesamte Veräußerung ist auch gegeben, wenn der gemischte Betrieb zwar vom Standpunkt des Veräußerers aus ganz, aber an mehrere Erwerber in Teilen veräußert wird, wenn dies in einem einheitlichen Vorgang, in einem gewissen zeitlichen Zusammenhang geschieht;

3977 dd) die Veräußerung einer **Grenzverbesserung** dient, etwa im Rahmen eines Nachbarstreits;

ee) Grundstücke zur **Verbesserung der Landbewirtschaftung** oder aus anderen volkswirtschaftlich gerechtfertigten Gründen getauscht werden und ein etwaiger Geldausgleich nicht mehr als ein Viertel des höheren Grundstückswertes ausmacht;[56]

---

[52] Ein Flächennutzungsplan als Bauleitplan (§ 1 Abs 2 BauGB) genügt, OLG Koblenz NotBZ 2002, 459 = RdL 2002, 118.
[53] Umstritten ist dabei die Frage, ob sich das Wort „geschlossen" auch auf die im Wege einer vorweggenommenen Erbfolge erfolgte Übergabe bezieht. Mit Recht bejahend Pikalo/Bendel Anm E II 2, Vorwerk-vSpreckelsen Anm 26, Wöhrmann Anm 12, gegenteiliger Ansicht Lange, Anm 4 a, je zu § 8 GrdstVG.
[54] OLG Stuttgart BWNotZ 1986, 173 = RdL 1986, 162; OLG Stuttgart RdL 1987, 294; vgl auch BGH 124, 217 = FamRZ 1994, 245 = MittBayNot 1994, 163 = NJW 1994, 733 = Rpfleger 1994, 208.
[55] BGH DNotZ 2000, 313 = NJW-RR 2000, 665; vgl auch AG Ellwangen BWNotZ 1998, 148.
[56] Bei einem Grundstückstauschvertrag ist es für die Genehmigung ausreichend, wenn bei einem der beiden Vertragspartner die volkswirtschaftlich gerechtfertigten Gründe

IV. Verfügungsbeschränkungen nach Landwirtschaftsrecht (GrdstVG)

ff) ein Grundstück zur **Vermeidung einer Enteignung** oder einer bergrechtlichen Grundabtretung an denjenigen veräußert wird, zu dessen Gunsten es enteignet werden könnte oder abgetreten werden müßte, oder ein Grundstück an denjenigen veräußert wird, der das Eigentum aufgrund gesetzlicher Verpflichtung übernehmen muß;

gg) Ersatzland (vgl dazu auch § 90 BauGB) nach Maßgabe des § 8 Nr 7 GrdstVG erworben wird.

In den vorstehend angeführten Fällen haben die Beteiligten einen **Rechtsanspruch** auf Erteilung der Genehmigung. Eine Weitergabe des Vertrags zur Erklärung wegen des siedlungsrechtlichen Vorkaufsrechts kommt nicht in Betracht. Die Behörde stellt hier lediglich fest, daß ein Fall des § 8 GrdstVG gegeben ist (unechte Genehmigung). Eine entsprechende Anwendung des § 8 GrdstVG auf ähnlich gelagerte Fälle ist nicht zulässig. 3978

h) Fälle, in denen die Genehmigung versagt werden muß

Zur Versagung der Genehmigung oder wenigstens zur Verhängung von Auflagen oder Bedingungen (s Rdn 3989) führen folgende Tatbestände[57] (§ 9 GrdstVG): 3979

1. Die Veräußerung würde eine **ungesunde Verteilung des Grund und Bodens** bedeuten. Eine **ungesunde Verteilung** des Grund und Bodens liegt in der Regel dann vor, wenn die Veräußerung Maßnahmen zur Verbesserung der Agrarstruktur widerspricht (§ 9 Abs 2 GrdstVG), insbesondere eine durchgeführte Flurbereinigung gefährden würde. 3980

2. Durch die Veräußerung würde das Grundstück oder eine Mehrheit von Grundstücken, die räumlich oder wirtschaftlich zusammenhängen und dem Veräußerer (also nicht anderen Personen) gehören, **unwirtschaftlich verkleinert oder aufgeteilt**. Diese Rechtsbegriffe sind in § 9 Abs 3 GrdstVG beispielhaft konkretisiert. 3981

3. Der **Gegenwert** steht in einem **groben Mißverhältnis zum Wert des Grundstücks**. Dieser Versagungsgrund kommt dann nicht in Frage, wenn das Grundstück zu anderen als land- oder forstwirtschaftlichen Zwecken veräußert wird, etwa für Bau- oder Industriezwecke oder für eine Gestütsaufzucht als reiner Liebhaberei (§ 9 Abs 4 GrdstVG). Doch wird in diesem Falle die Genehmigungsbehörde zu prüfen haben, ob die Veräußerung nicht eine ungesunde Bodenverteilung oder eine unwirtschaftliche Verkleinerung darstellt. 3982

Zu vorstehenden Versagungsgründen des § 9 GrdstVG, die das Kernstück dieses Gesetzes bilden und im Grundsatz auch vom Bundesverfassungsgericht gebilligt worden sind, liegt eine kaum mehr übersehbare Zahl von Einzelentscheidungen vor. 3983

---

gegeben sind. Sie brauchen nicht bei beiden Tauschpartnern vorzuliegen (OLG Köln RdL 1966, 124).

[57] Die Genehmigungsbehörde ist nicht befugt, trotz eines vorliegenden Versagungsgrundes die Genehmigung auszusprechen (OLG Celle RdL 1965, 260). Aus angeblichen Zusagen der Genehmigungsbehörde ist eine Genehmigungsfähigkeit nicht ohne weiteres herzuleiten (OLG Köln RdL 1965, 201).

3984 aa) § 9 Abs 1 Nr 1 GrdstVG: Ungesunde Verteilung des Grund und Bodens würde die Veräußerung bedeuten, wenn ein landwirtschaftlich genutztes Grundstück an einen Nichtlandwirt[58] veräußert wird, obwohl ein (hauptberuflicher) Landwirt[59] die Fläche zur Aufstockung seines Betriebs (dringend)[60] benötigt[61] und bereit und in der Lage ist, das Land zu den Bedingungen des Kaufvertrags zu erwerben.[62] Mit dem Grundgesetz ist § 9 Abs 1 Nr 1 GrdstVG vereinbar.[63] Maßnahmen zur Sicherung der Agrarstruktur, denen die Veräußerung in der Regel nicht widersprechen darf (§ 9 Abs 2 GrdstVG), werden an Hand der nach § 5 LwG von der Bundesregierung zu erstattenden Agrarberichte ermittelt.[64] Mit der Agrarpolitik in Einklang stehen danach die Überführung landwirtschaftlicher Grundstücke in das Eigentum von Vollerwerbslandwirten zur Förderung und Schaffung leistungsfähiger Betriebe,[65] die Entwicklung eines Nebenbetriebs zu einem leistungsfähigen Vollerwerbsbetrieb,[66] aber auch allgemein die Verbesserung der Lebensverhältnisse im

---

[58] Das ist, wer seine Arbeitskraft in vollem Umfang (oder doch vorwiegend) außerhalb des landwirtschaftlichen Betriebs einsetzt, auch wenn er als Eigentümer eines verpachteten landwirtschaftlichen Besitztums dem Gesetz über die Altershilfe für Landwirte unterfällt, BGH 116, 348 (350) = NJW 1992, 1457.
[59] Derjenige, der unter Einsatz seiner vollen Arbeitskraft einen als Existenzgrundlage ausreichenden landwirtschaftlichen Betrieb (Vollerwerbsbetrieb) führt, auch wenn er nebenbei (zB aus Vermietung oder Verpachtung oder aus einer Erbschaft) höhere Einkünfte als aus der Landwirtschaft bezieht; BGH 75, 81 = NJW 1979, 2396. Zum Begriff auch OLG München MittBayNot 1980, 127; SchlHOLG SchlHA 1979, 224; OLG Stuttgart RdL 1986, 21 (der bloße Besitz eines existenzfähigen Hofs genügt nicht; es muß Gewinnerzielungsabsicht durch eigene Bewirtschaftung hinzukommen).
[60] Die Dringlichkeit des Aufstockungsbedarfs ist weniger zeitlich orientiert, sondern bedeutet eine gesteigerte Notwendigkeit von Aufstockungsflächen, auch für die zukünftige Entwicklung, BGH DNotZ 2002, 956 = NJW-RR 2002, 1170.
[61] Das kann auch der Fall sein, wenn der Landwirt zu seinem Betrieb kleine Flächen hinzuerwerben will; so kann bei einem Mißverhältnis zwischen Eigenland und Pachtland die Vergrößerung des Eigenlandanteils der wirtschaftlichen Stärkung des Betriebs dienen; BGH AgrarR 1997, 191 (193); BGH MittBayNot 2003, 406 = NJW-RR 2002, 1169. Auch wenn bei grobem Mißverhältnis zwischen Eigenland und Pachtland durch den Zuerwerb der Eigenlandanteil prozentual nur in geringem Maße erhöht wird, kann er der Verbesserung der Agrarstruktur dienen, BGH NJW-RR 2002, 1169 = aaO; anders für Zuerwerb einer nur kleinen Fläche OLG Naumburg NotBZ 2001, 467 mit krit Anm Mohnhaupt.
[62] BGH NJW-RR 2002, 1170 = aaO (Fußn 60; auch zur Dringlichkeit des Aufstockungsbedarfs); BGH NJW-RR 1998, 1472; BGH DNotZ 1997, 801 (803).
[63] BVerfG 21, 73 = DNotZ 1967, 625 = NJW 1967, 619; dazu Faßbender DNotZ 1967, 611.
[64] BVerfG 21, 73 = DNotZ 1967, 625 (627) = aaO; BGH 94, 292 (294) = DNotZ 1986, 99 = NJW-RR 1986, 312; BGH 112, 86 (88) = DNotZ 1991, 898 = NJW 1991, 107; OLG Naumburg NotBZ 2001, 467 (468).
[65] BGH 94, 292 (294) = aaO.
[66] BGH 112, 86 (89, 90) = aaO (Fußn 64); BGH 116, 348 (350) = NJW 1992, 1457; OLG Stuttgart RdL 1998, 238 und 1999, 298. Damit ist die frühere Rechtsprechung überholt, daß eine ungesunde Bodenverteilung in der Regel schon dann anzunehmen ist, wenn landwirtschaftlich genutzter Boden an einen Nebenerwerbslandwirt veräußert werden soll und ein Vollerwerbslandwirt das Grundstück dringend zur Aufstockung seines Betriebs benötigt und zum Erwerb bereit und in der Lage ist; so noch BGH 75, 81 (83, 84) = aaO; BGH 94, 292 (295) = aaO mit Ausnahme für den

IV. Verfügungsbeschränkungen nach Landwirtschaftsrecht (GrdstVG)

ländlichen Raum sowie gleichrangige Teilnahme der in der Landwirtschaft Tätigen an der allgemeinen Einkommens- und Wohlstandsentwicklung.[66] Daher sind Nebenerwerbslandwirte[67] nicht grundsätzlich gegenüber Vollerwerbslandwirten zurückzusetzen.[68] Eine Bevorzugung des hauptberuflichen Landwirts kommt vielmehr nicht in Betracht, wenn der Nebenerwerbslandwirt willens und in der Lage ist, seinen Betrieb zum Vollerwerbsbetrieb auszubauen.[69] Die Veräußerung landwirtschaftlicher Grundstücke an einen Nebenerwerbslandwirt begründet aber auch dann nicht den Versagungsgrund des § 9 Abs 1 Nr 1 (mit Abs 2), GrdstVG, wenn der Erwerber landwirtschaftlicher Unternehmer im Sinne von § 1 Abs 3 des Gesetzes über die Altershilfe für Landwirte ist und durch den Erwerb die Existenzgrundlage des Nebenerwerbslandwirts und der zu seinem Haushalt gehörenden Familienangehörigen wesentlich verbessert wird.[70] Zurücktreten muß der Nebenerwerbslandwirt mit seinem Erwerbsinteresse nur dann, wenn der Nebenbetrieb nicht leistungsfähig ist und der Inhaber eines leistungsfähigen Haupt- oder (anderen) Nebenerwerbsbetriebs auf den Zuerwerb dringend angewiesen ist.[71] Nach der (mit der geänderten Rechtsprechung gegebenen) Gleichstellung von Nebenerwerbslandwirten mit hauptberuflichen Landwirten würde ungesunde Verteilung des Grund und Bodens auch die Veräußerung eines landwirtschaftlich genutzten Grundstücks an einen Nichtlandwirt bei Erwerbsbereitschaft eines nebenberuflichen Landwirts bedeuten.[72] Ausnahmsweise kann Gleichstellung eines Nichtlandwirts mit einem haupt- oder nebenberuflichen Landwirt in Betracht kommen, wenn er sich zu einem leistungsfähigen Neben- oder Vollerwerbslandwirt verändern will; das erfordert jedenfalls konkrete und in absehbarer Zeit zu verwirklichende Absichten und Vorkehrungen zur Übernahme einer mindestens leistungsfähigen Nebenerwerbslandwirtschaft.[73] Bestimmung über den Vorrang einer von mehreren Maßnahmen zur Verbesserung der Agrarstruktur kann im Genehmigungsverfahren nach dem GrdstVG nicht getroffen werden.[74] Entspricht eine Grundstücksveräußerung einer

---

Nebenerwerbslandwirt, der durch Zukauf von Grundstücken seinen Betrieb in absehbarer Zeit zu einem leistungsfähigen Vollerwerbsbetrieb entwickeln will.
[67] Nebenerwerbslandwirt ist, wer seinen Erwerb vorwiegend aus einer anderen als der landwirtschaftlichen Tätigkeit zieht, BGH 75, 81 (84) = aaO (Fußn 59). Der Jagdpächter ist kein Nebenerwerbslandwirt, OLG Jena RdL 1999, 265.
[68] BGH 112, 86 (90, 91) = aaO (Fußn 64); OLG Dresden AgrarR 1995, 247; OLG Stuttgart RdL 1999, 298; OLG Thüringen OLG-NL 1995, 209 = OLG-Report 1996, 14. Vgl hierzu auch die Übersicht von Netz und Grenzebach RdL 2000, 197 und 225.
[69] BGH 112, 86 (90, 91) = aaO (Fußn 64); BGH 116, 348 (350) = aaO (Fußn 66).
[70] BGH 112, 86 = aaO.
[71] BGH 112, 86 (92) = aaO; BGH 116, 348 (350) = aaO; OLG Koblenz RdL 1998, 185.
[72] Zum vorrangigen Erwerbsinteresse des Nebenerwerbslandwirts bereits BGH NJW-RR 1998, 1472; OLG Dresden AgrarR 1996, 223; OLG Stuttgart RdL 1985, 192.
[73] BGH 116, 348 (351) = aaO (Fußn 66); BGH DNotZ 1997, 801 (803); BGH RdL 1998, 210; BGH NJW-RR 1998, 1472; OLG Jena RdL 1999, 299; Karlsruhe RdL 1997, 242; OLG Rostock RdL 1999, 43; OLG Stuttgart RdL 1997, 159 und 270 sowie 1998, 238.
[74] BGH 94, 292 (296, 297) = aaO (Fußn 64); BGH 112, 86 (89) = aaO (Fußn 64); BGH DNotZ 1997, 427 (429) = NJW-RR 1997, 336. Vgl auch OLG Stuttgart AgrarR 1984, 27 = BWNotZ 1983, 173: Keine Versagung bei Konkurrenz von Nebenerwerbsland- und -forstwirt.

im Agrarbericht ausgewiesenen Maßnahme zur Verbesserung der Agrarstruktur, so ist der Kaufvertrag zu genehmigen,[75] auch wenn eine konkurrierende Agrarstrukturverbesserungsmaßnahme zurückstehen muß, selbst wenn das Erwerbsinteresse des Dritten hierfür als dringlicher angesehen wird.[76] Es kann daher das Erwerbsinteresse der Teilnehmergemeinschaft einer Flurbereinigung nicht höher als das eines Nebenerwerbslandwirts gewertet werden,[77] das Interesse eines Vollerwerbslandwirts nicht höher als das Interesse an einem Grundstückskauf im Rahmen eines im Agrarbericht der Bundesregierung aufgeführten und mit öffentlichen Mitteln geförderten Projekts zur Erhaltung und Sicherung schutzwürdiger Teile von Natur und Landschaften.[78] Allein deshalb, weil das Rechtsgeschäft für den Erwerber eine Kapitalanlage darstellt, begründet Grundstückserwerb den Versagungsgrund des § 9 Abs 1 GrdstVG nicht.[79]

3985 Eine **Einschränkung** der Versagungsmöglichkeit nach § 9 Abs 1 Nr 1 enthält § 9 Abs 5 GrdstVG: Liegen die Voraussetzungen vor, unter denen das gesetzliche Vorkaufsrecht nach dem RSG ausgeübt werden kann (s Rdn 4137), so darf, wenn das Recht nicht ausgeübt wird, die Genehmigung wegen ungesunder Verteilung des Grund und Bodens nur versagt oder durch Auflagen oder Bedingungen eingeschränkt werden, falls es sich um die Veräußerung eines land- oder forstwirtschaftlichen Betriebs handelt.[80]

3986 bb) **§ 9 Abs 1 Nr 2, Abs 3 GrdstVG:** Die Versagung der Genehmigung wegen **unwirtschaftlicher Verkleinerung oder Aufteilung** von Grundbesitz ist nur dann mit der Eigentumsgarantie des Art 14 Abs 1 GG vereinbar, wenn durch das Veräußerungsgeschäft nachteilige Folgen für die Agrarstruktur eintreten. Die Vorschrift soll nicht Betriebe um ihrer selbst willen und unter allen Umständen erhalten und auch nicht die Verfügungsbefugnis des Eigentümers ohne Rücksicht auf die Auswirkungen des Rechtsgeschäfts für das Agrargefüge einschränken. Veräußerungsgeschäfte über landwirtschaftliche Grundstücke, die zum Verlust der Lebensfähigkeit eines Betriebs führen, werden vom Gesetz lediglich mißbilligt, wenn hierdurch im konkreten Fall[81] nachteilige Folgen für die Agrarstruktur eintreten. Nur dann kann die Genehmigung versagt werden.[82] Versagt wird die Genehmigung nach § 9 Abs 1 Nr 2 Grdst-

---

[75] BGH 94, 292 (297) = aaO (Fußn 64).
[76] BGH 94, 292 (297, 298) = aaO; BGH 112, 86 (90) = aaO (je Fußn 64).
[77] AA OLG Stuttgart RdL 1985, 191.
[78] BGH 94, 292 = aaO. Zum Grundstückskauf durch einen Naturschutzverband zur Verwirklichung eines Naturschutzprojekts (Wiederherstellung eines Biotopverbundes) s auch BGH DNotZ 1997, 427 = aaO (Fußn 74).
[79] BVerfG 21, 73 = aaO (Fußn 63).
[80] BGH NJW-RR 1991, 1481; OLG Stuttgart RdL 1988, 299.
[81] OLG Karlsruhe RdL 1992, 124.
[82] BVerfG RdL 1969, 176. Der Versagungsgrund der unwirtschaftlichen Verkleinerung oder Aufteilung liegt nicht vor, wenn es sich um eine Abveräußerung von einem längst unwirtschaftlich gewordenen Betrieb handelt (OLG Stuttgart RdL 1970, 11; 1998, 324; 1999, 77) oder der Verlust an Wirtschaftsfläche durch anderweitigen Grunderwerb wieder ausgeglichen ist (OLG Stuttgart BWNotZ 1986, 173 = RdL 1986, 162) oder eine Erbengemeinschft Grundbesitz auseinandersetzt, deren landwirtschaftlicher Betrieb sie schon bisher nicht mehr aufrechterhalten konnte (OLG Stuttgart RdL 1991, 14); vgl auch OLG Stuttgart DNotZ 1981, 679. S im übrigen OLG München AgrarR

IV. Verfügungsbeschränkungen nach Landwirtschaftsrecht (GrdstVG)

VG zB für Aufteilung in ideelles Miteigentum[83] oder die Realteilung[84] eines landwirtschaftlichen Betriebs zwischen zwei Familienstämmen, wenn sie zum Verlust der Lebensfähigkeit des Betriebs führt, oder für die Veräußerung einer Teilfläche mit Altenteilerhaus aus der Hofstelle oder die Zurückbehaltung der Teilfläche mit Altenteilerhaus oder Landarbeiterhaus bei der Hofübergabe.[85] Die unwirtschaftliche Aufteilung (§ 9 Abs 1 Nr 2 GrdstVG) ist nicht dadurch ausgeschlossen, daß eine Teilfläche an den bisherigen Pächter veräußert und an der an den Nichtlandwirt veräußerten Restfläche dem Pächter ein Vorkaufsrecht eingeräumt wird.[86] Bei schenkweiser oder vermächtnisweiser Übertragung von Grundstücken auf Kinder wird eine unwirtschaftliche Aufteilung iS des § 9 Abs 1 Nr 2 GrdstVG dann nicht angenommen, wenn wegen der persönlichen Beziehungen der Erwerber eine weitere ordnungsgemäße Bewirtschaftung gewährleistet erscheint.[87] Wird bei einer landwirtschaftlichen Übergabe eine Rückübertragungsklausel nur für die Hofstelle bei Vorliegen bestimmter Tatbestände vereinbart (s Rdn 928), soll dies die Versagung der Genehmigung rechtfertigen.[88]

cc) § 9 Abs 1 Nr 3 GrdstVG: Der Versagungsgrund des **groben Mißverhältnisses des Kaufpreises zum Grundstückswert** ist mit dem GG vereinbar.[89] Ein Mißverhältnis[90] liegt vor, wenn der vereinbarte Kaufpreis den (landwirtschaftlichen) Verkehrswert des Grundstücks (das ist der Wert, der bei Verkauf von einem Landwirt an einen anderen Landwirt durchschnittlich erzielt wird)

3987

1975, 295; OLG Karlsruhe AgrarR 1978, 52; OLG Celle AgrarR 1982, 130. Nach AG Lahr NJW-RR 1992, 601 soll auch die Aufteilung eines Grundstücks von weniger als 1 ha (erst recht) zur Zersplitterung im Sinne des § 9 Abs 1 Nr 2 GrdstVG führen.

[83] OLG Stuttgart RdL 1987, 213, RdL 1988, 266 und RdL 1990, 155 (Ausnahme Ehegatte); vgl aber auch OLG Stuttgart BWNotZ 1990, 116: Übergabe eines Waldgrundstücks an 2 Söhne als Miteigentümer ist zu genehmigen, wenn die bisherige Bewirtschaftung durch die Söhne den forstwirtschaftlichen Anforderungen entsprochen hat; genehmigungsfähig auch Übertragung verpachteter Grundstücke auf 3 Kinder zu gleichen Teilen, wenn Aufhebungsanspruch ausgeschlossen ist, so AG Neresheim BWNotZ 1995, 68.

[84] OLG Stuttgart RdL 1985, 324 und 1999, 183.

[85] BGH 124, 217 = aaO (Fußn 54) und RdL 1993, 20; OLG Stuttgart RdL 1985, 323 und RdL 1987, 294; einschränkend OLG Stuttgart RdL 1999, 68 bei Veräußerung eines „luxuriösen" Austragshauses zur Deckung ansonstigen untragbarer finanzieller Belastungen des Betriebs.

[86] OLG Stuttgart RdL 1991, 134.

[87] AG Ellwangen BWNotZ 1997, 150.

[88] OLG Celle MittBayNot 1971, 34 = RdL 1990, 177; OLG Celle RdL 1999, 327.

[89] BVerfG 21, 87 = DNotZ 1967, 632 = RdL 1967, 96. Zur Problematik dieser Vorschrift s Pikalo DNotZ 1969, 595.

[90] Zum Versagungsgrund des groben Mißverhältnisses s auch BGH DNotZ 1971, 656 und OLG Stuttgart DNotZ 1973, 272 und BWNotZ 1980, 142; OLG Karlsruhe Justiz 1979, 333 (keine allgemeine Preiskontrolle, sondern Versagungsgrund, wenn durch überhöhten Preis Landwirte gehindert werden, sich um den Erwerb zu bemühen; damit dürfte es nicht vereinbar sein, einem aufstockungsbereiten Landwirt über § 9 Abs 1 Nr 3 GrdstVG zum Erwerb von Bauerwartungsland zu verhelfen, so aber OLG Stuttgart RdL 1987, 17); einschränkend nun OLG Stuttgart RdL 1991, 52: Bei Ermittlung des landwirtschaftlichen Verkehrswerts ist die Tatsache „Bauerwartungsland" zu berücksichtigen.

erheblich übersteigt[91] (wird in der Regel angenommen, wenn der Vertragspreis den landwirtschaftlichen Verkehrswert um mehr als 150 vH übersteigt).[92] Bei (erheblich) verzögerter Antragstellung ist auf den Wert bei Entscheidung abzustellen.[92] Die Übernahme von Wart und Pflege bei der Übergabe stellt, auch wenn keine summenmäßige Begrenzung vereinbart wird, keinen Versagungsgrund dar.[93]

3988 Im übrigen muß bei Entscheidung über die Genehmigung im Rahmen des § 9 GrdstVG auch **allgemeinen volkswirtschaftlichen Belangen** Rechnung getragen werden. Dies insbesondere, wenn Grundstücke zur unmittelbaren Gewinnung von Roh- und Grundstoffen (Bodenbestandteile) veräußert werden (§ 9 Abs 6 GrdstVG).

Eine Art von **Generalklausel** zugunsten des Veräußerers enthält § 9 Abs 7 GrdstVG: trotz Vorliegens eines Versagungsgrundes soll die Genehmigung nicht versagt werden, wenn diese eine **unzumutbare Härte für den Veräußerer** (nicht für den Erwerber) bedeuten würde. Das wird anzunehmen sein, wenn die Verhinderung der geplanten Veräußerung zum Verlust der wirtschaftlichen Existenz des Veräußerers führen oder eine nicht zumutbare Änderung der Betriebsstruktur notwendig machen würde. Ein Anwendungsfall dürften auch Verkäufe zur Erlangung notwendiger Investitionsmittel sein, falls eine Beleihung nicht möglich ist. Darauf, daß der Käufer den Kaufpreis bereits vor erteilter Genehmigung bezahlt und der Verkäufer ihn nicht mehr zurückerstatten kann, darf bei der Genehmigung keineswegs Rücksicht genommen werden.[94]

i) Genehmigung unter einer Auflage oder Bedingung

3989 Statt die Genehmigung zu einem Veräußerungsvertrag zu versagen und das Geschäft damit nichtig zu machen, ist es vielfach möglich, das Rechtsgeschäft durch Anordnung einer Auflage oder Bedingung, also unter Modifikationen, aufrechtzuerhalten.

Im Hinblick darauf, daß zwischen Auflage und Bedingung ein wesentlicher Unterschied besteht, ist es notwendig, daß die Genehmigungsbehörde in ihrer Entscheidung klar zum Ausdruck bringt, ob sie die Genehmigung unter einer Auflage oder unter einer Bedingung erteilt, daß sie ferner diesen Vorbehalt so umgrenzt und festlegt, daß die Parteien wissen, was von ihnen tatsächlich verlangt wird, und daß schließlich bei Abfassung der Auflage oder Bedingung auch den Erfordernissen des Grundbuchrechts Rechnung getragen wird.[95]

---

[91] BGH DNotZ 2001, 724 = NJW-RR 2001, 1021 (auch zum Bauerwartungsland). Vgl auch BGH 50, 297.

[92] BGH DNotZ 2001, 724 = aaO.

[93] OLG Celle RdL 1989, 186.

[94] S dazu Wolff RdL 1968, 29; OLG Stuttgart RdL 1985, 213 und RdL 1987, 18.

[95] Wenn eine Genehmigung statt unter einer Bedingung oder Auflage mit einer Maßgabe erteilt wird, so bleibt unklar, was gemeint ist, nämlich eine Bedingung oder eine Auflage (OLG Hamm JMBl NRW 1953, 251). Ist in einem Beschluß von Auflage die Rede, ergibt aber die Auslegung, daß damit eine Bedingung gemeint ist, so sind – namentlich beim Grundbuchamt – die Rechtsgrundsätze der Bedingung anzuwenden (BayObLG MittBayNot 1954, 336).
S zu obigen Fragen BGH DNotZ 1955; 198 mit Anm Baur = RdL 1955, 39; BayObLG DNotZ 1953, 651; OLG Stuttgart RdL 1956, 56; Baur RdL 1950, 77; Keidel DNotZ 1953, 657; Kobler DNotZ 1953, 565, 570; Kollmeyer DNotZ 1951, 63; Netz RdL 2002, 4, 31, 59, 88, 114; Riedel SJZ 1950, 91.

IV. Verfügungsbeschränkungen nach Landwirtschaftsrecht (GrdstVG)

Genehmigung unter einer **Auflage** läßt die Genehmigung und damit das Ver- 3990
äußerungsgeschäft sofort wirksam werden (wegen Fragen der Rechtskraft
s Rdn 4014). Eine solche Genehmigung begründet für die mit der Auflage
Beschwerten die Pflicht, die Auflage zu erfüllen. Geschieht dies nicht, so
bleiben Genehmigung (und damit Veräußerung) gleichwohl wirksam. Dem
Grundbuchamt braucht nur die (rechtskräftige) Genehmigung, nicht auch die
Erfüllung der Auflage nachgewiesen zu werden.

Genehmigung unter einer **Bedingung** hat dagegen zur Folge, daß die Geneh- 3991
migung und damit das Veräußerungsgeschäft nur wirksam werden, wenn die
Bedingung erfüllt ist. Während die Erfüllung einer Auflage Pflicht der Beteiligten ist, liegt die Erfüllung der Bedingung in ihrem Belieben.

Die **Eintragung der Eigentumsänderung** im Grundbuch darf im Falle der 3992
Anordnung einer Bedingung erst und nur dann erfolgen, wenn die Erfüllung
der Bedingung dem Grundbuchamt in grundbuchmäßiger Form, also durch
öffentliche oder öffentlich beglaubigte Urkunden (Vertragsnachtrag usw)
oder durch eine Bescheinigung der Genehmigungsbehörde nach § 11 Abs 2
GrdstVG nachgewiesen ist.

Die **Genehmigungsbehörde** kann durch Anordnung einer Auflage oder Be- 3993
dingung das zwischen den Beteiligten geschlossene Veräußerungsgeschäft
nicht selbst unmittelbar ändern.[96] Wird die Veräußerung zB unter der Bedingung genehmigt, daß am Vertrag bestimmte Änderungen vorzunehmen sind,
so bedeutet dies, daß die Genehmigung des geschlossenen und vorgelegten
Vertrags versagt, die beabsichtigte Veräußerung aber für den Fall der Vornahme der zur Bedingung gemachten Änderungen im voraus genehmigt
wird.[97] Ändern alsdann die Vertragsschließenden den Vertrag nicht in der
durch die Bedingung festgelegten Weise, so wird die (nur für den Fall der
Vornahme der Änderung) im voraus erteilte Genehmigung nicht wirksam.[98]
Vielfach wird es der Genehmigungsbehörde gelingen zu erreichen, daß die
Beteiligten den Vertrag noch während des Genehmigungsverfahrens in der
notwendig erscheinenden Weise selbst ändern.[99] Geschieht dies, so kann die
Genehmigung vorbehaltlos erteilt werden.

Wenn die Genehmigung nur unter einer Auflage erteilt wird, kann die von 3994
der Auflage betroffene Vertragspartei (also uU nur der Veräußerer oder nur
der Erwerber) bis zum Ablauf eines Monats nach Eintritt der Unanfechtbarkeit der Entscheidung **vom Vertrag zurücktreten**. Dabei finden auf das Rücktrittsrecht §§ 346 bis 354, 356 BGB[100] sinngemäß Anwendung (§ 10 Abs 2
GrdstVG). Streitigkeiten, die sich aus dem Rücktrittsrecht ergeben, sind vor
dem Zivilgericht auszutragen.[101]

---

[96] OLG Kassel SJZ 1950, 542.
[97] OGH RdL 1949, 228.
[98] Ändern die Beteiligten die ihnen gesetzte Bedingung durch eine anderslautende Vereinbarung ab, so müssen sie ein erneutes Genehmigungsverfahren in Gang setzen. Als
Frist zur Erfüllung einer Bedingung kann eine Überlegungsfrist von 2–3 Monaten ab
Rechtskraft der Entscheidung als ausreichend und angemessen angesehen werden
(OLG München MittBayNot 1968, 49 = RdL 1967, 287).
[99] Zu dieser Verfahrensweise OLG München DNotZ 1955, 425.
[100] § 10 Abs 2 GrdstVG nennt diese Vorschriften des BGB in der bis 31. 12. 2001
geltenden Fassung.
[101] Das Rücktrittsrecht ist nicht davon abhängig, daß ein Wegfall der Auflage durch

5. Teil. Öffentlich-rechtliche Verfügungsbeschränkungen und Vorkaufsrechte

3995 Auch Auflagen und Bedingungen sind nicht nach Ermessen der Behörden zulässig, sondern nur, wenn sie zur Sicherung der mit dem GrdstVG verfolgten Zwecke notwendig sind, dh zur Ausräumung von sonst bestehenden Versagungsgründen.[102] Auflagen oder Bedingungen dürfen nicht zur Regel werden; sie dürfen auch den Inhalt des Rechtsgeschäfts nicht wesentlich ändern oder verschieben. Ob §§ 10, 11 GrdstVG abschließend festlegen, welchen Inhalt eine Auflage oder eine Bedingung im Rahmen des § 9 GrdstVG haben darf, ist streitig,[103] auf jeden Fall müssen sie grundstücksbezogen sein.[104]

3996 Zur **Auflage** kann dem Erwerber (nicht dem Veräußerer) gemacht werden

a) das erworbene Grundstück an einen Landwirt (im Hauptberuf) zu verpachten;

b) das erworbene Grundstück innerhalb eines bestimmten Zeitraumes[105] ganz oder zum Teil zu angemessenen Bedingungen, darunter ua auch zu Preisen, die den wirklichen, auf lange Zeit hin berechneten Grundstückswerten in etwa entsprechen,[106] entweder an einen Landwirt oder an ein von der Siedlungsbehörde zu bezeichnendes Siedlungsunternehmen zu veräußern;

c) an anderer Stelle binnen einer bestimmten Frist Land abzugeben, jedoch nicht mehr, als der Größe oder dem Wert des erworbenen Grundstücks entspricht;[107]

d) zur Sicherung einer ordnungsmäßigen Waldbewirtschaftung einen Bewirtschaftungsvertrag mit einem forstwirtschaftlichen Sachverständigen oder einer Forstbehörde abzuschließen oder nach einem genehmigten Wirtschaftsplan zu wirtschaften.[108]

3997 Zur **Bedingung** kann in der Genehmigung gemacht werden, daß binnen einer bestimmten, am besten kalendermäßig festzulegenden Frist

a) die Vertragsparteien einzelne Vertragsbestimmungen, denen Bedenken aus einem der in § 9 GrdstVG aufgeführten Tatbestände entgegenstehen, in bestimmter Weise ändern;

Anrufen des Gerichts vergeblich versucht worden ist (Lange Anm 13 zu § 10 GrdstVG). Die Parteien können auf Ausübung des Rücktrittsrechts nach § 10 Abs 2 GrdstVG verzichten. Ausnahmsweise kann die Ausübung des Rechts gegen Treu und Glauben (§ 242 BGB) verstoßen, wenn die Auflage nach § 22 Abs 4 GrdstVG unschwer geändert werden kann (Lange aaO).
[102] BGH DNotZ 1999, 85 = NJW-RR 1998, 1470.
[103] Für abschließende Aufzählung: OLG Celle DNotZ 1964, 118 = NJW 1963, 866 und RdL 1968, 258; Ehrenforth Anm 1 b zu § 10 GrdstVG; Herminghausen RdL 1962, 592; Lange Anm 2 zu § 10; ferner Pikalo/Bendel Anm D I 2 zu § 10 GrdstVG; Netz RdL 2002, 4 (5); gegenteiliger Ansicht – keine abschließende Regelung – OLG Karlsruhe RdL 1966, 208; OLG Stuttgart RdL 1991, 134 und Wöhrmann RdL 1962, 281 sowie Anm 23 zu § 9 und Anm 13 bis 17 zu § 10 GrdstVG. S auch Schulte RdL 1961, 253.
[104] OLG Stuttgart RdL 1991, 134; OLG Stuttgart RdL 1991, 135: Auflage an Nebenerwerbslandwirt, seine außerlandwirtschaftliche Tätigkeit aufzugeben, ist unzulässig.
[105] Veräußerungsauflage für künftigen unbestimmten Zeitraum ist unzulässig, OLG Oldenburg NdsRpfl 1985, 141.
[106] S dazu OLG Stuttgart RdL 1968, 321 und AgrarR 1981, 319 = DNotZ 1982, 692; OLG Dresden AgrarR 1996, 222.
[107] OLG Stuttgart AgrarR 1982, 109 = DNotZ 1982, 691.
[108] Wegen der Unzulässigkeit eines Vorkaufsrechts als Bedingung s Lange Anm 4 zu § 11 GrdstVG.

IV. Verfügungsbeschränkungen nach Landwirtschaftsrecht (GrdstVG)

b) der Erwerber das landwirtschaftliche Grundstück auf eine bestimmte Zeit an einen Landwirt verpachtet;[109] bestimmte Bezeichnung der Person des Pächters und des Pachtzinses scheidet dabei aus;

c) der Erwerber an anderer Stelle Land abgibt, jedoch nicht mehr, als der Größe oder dem Wert des zu erwerbenden Grundstücks entspricht.[110]
Wird die Bedingung innerhalb der von der Genehmigungsbehörde gesetzten Frist nicht erfüllt, so sind Genehmigung und Rechtsgeschäft unwirksam. Verlängerung der gesetzten Frist vor deren Ablauf ist im Einzelfall wohl zulässig, falls alle Beteiligten zustimmen.[111]

Ist eine Genehmigung unter einer – zulässigen – Auflage erteilt und haben sich die Umstände, die für die Erteilung der Auflage maßgebend waren, wesentlich geändert, so kann der durch die Auflage Beschwerte auch nach Rechtskraft des Beschlusses beantragen (Form: § 22 Abs 2, 4 GrdstVG), daß das zuständige Amtsgericht (s Rdn 4009) die Auflage ändert oder aufhebt.[112] **3998**

Vorstehendes gilt auch für die mit einer Genehmigung verbundene Bedingung. Es ist also zulässig, auch eine rechtskräftig angeordnete Bedingung nachträglich zu ändern oder aufzuheben. Zuständig zur Änderung einer Bedingung ist das Amtsgericht, nicht die Genehmigungsbehörde, selbst wenn diese die Bedingung angeordnet hat. In dem Verfahren kann das Rechtsgeschäft selbst nicht erneut geprüft werden. Es ist aber zu prüfen, ob der Genehmigungsbescheid klar und deutlich gefaßt ist und nicht mit seiner Begründung im Widerspruch steht. Unklarheiten und Widersprüche gehen zu Lasten der Behörde, nicht der Beteiligten. In dem Verfahren ist auch zu prüfen, ob die Genehmigungsbehörde die ihr durch §§ 10, 11 GrdstVG gezogenen Grenzen ihres Ermessens überschritten hat. Eine Überschreitung liegt dann vor, wenn die Behörde sofort zum stärksten Mittel der Bedingung gegriffen hat, ohne zu prüfen, ob nicht das mildere Mittel der Auflage ausgereicht haben würde. Sie liegt ferner dann vor, wenn sich die Bedingung als eine positive Lenkungsmaßnahme darstellt. Die Anordnung einer Bedingung, daß das erworbene Anwesen zu verpachten ist, kann in eine Verpachtungsauflage abgeändert werden, wenn diese Maßnahme ausreichend ist. **3999**

Eine von vornherein **unzulässige Auflage** kann auch ohne wesentliche Änderung der Umstände, die für ihre Erteilung maßgebend waren, aufgehoben werden.[113]

Im Falle der Genehmigung unter einer Bedingung hat die Genehmigungsbehörde auf Antrag eine **Bescheinigung** zu erteilen, wenn die **Bedingung eingetreten** ist (§ 11 Abs 2 GrdstVG). Weisen die Parteien jedoch durch einen **4000**

---

[109] Diese Auflage scheidet aus bei Veräußerung an Nichtlandwirt, wenn erwerbsbereiter Vollerwerbslandwirt vorhanden ist, der das Land dringend benötigt; hier kommt nur Versagung der Genehmigung (§ 9 Abs 1 Nr 1 GrdstVG) bzw Ausübung des siedlungsrechtlichen Vorkaufsrechts infrage (OLG München RdL 1992, 159).
[110] Wegen der Bedingung im einzelnen s Haegele, GrdstVerkBeschr, Note 171.
[111] So auch Herminghausen DNotZ 1962, 603 und Schulte RdL 1961, 254; gegenteiliger Ansicht Lange Anm 2, 7 zu § 11 GrdstVG.
[112] OLG München RdL 1964, 238.
[113] OLG Hamm RdL 1964, 238; OLG München RdL 1965, 283; Vorwerk/vSpreckelsen Anm 33 zu § 23 GrdstVG mit einigen Abweichungen; gegenteiliger Ansicht Lange Anm 2 zu § 11 GrdstVG.

formgerechten Vertragsnachtrag nach, daß die Bedingung erfüllt ist, so bedarf es beim Grundbuchamt keines weiteren Nachweises (s auch Rdn 4026).
Die Genehmigungsbehörde ist nicht befugt, einer vorbehaltlos erteilten Genehmigung nachträglich eine Auflage oder Bedingung beizufügen.

k) Verfahren vor der Genehmigungsbehörde

4001 Das Verfahren vor der Genehmigungsbehörde nach dem GrdstVG richtet sich nach landesrechtlichen Vorschriften.
Die Genehmigung wird nur auf – formlosen – **Antrag** erteilt. Antragsberechtigt ist jeder Vertragsteil. Weiter ist derjenige antragsberechtigt, zu dessen Gunsten der Vertrag geschlossen worden ist. Schließlich ist antragsberechtigt der **Notar**, der den Vertrag beurkundet hat (§ 3 Abs 2 GrdstVG).
Mit dem Genehmigungsantrag ist eine Abschrift des Veräußerungsvertrags vorzulegen. In der Regel wird der Genehmigungsantrag der Beteiligten samt Begründung in den Vertrag mit aufgenommen. Im einzelnen Falle kann es empfehlenswert sein, im Vertrag festzulegen, welche Partei den Antrag zu stellen hat und bis zu welchem Zeitpunkt. Verletzt dann die Partei diese Pflicht, so kann sie schadenersatzpflichtig werden. Die Unwirksamkeit des zu genehmigenden Vertrages führt nur dann zum Fehlen eines Rechtschutzbedürfnisses für das Verfahren, wenn sie offenkundig ist.[114]

4002 Ein bloßer **Vertragsentwurf** reicht zur Ingangsetzung des Genehmigungsverfahrens dann aus, wenn er schon alle Merkmale eines Vertrags aufweist und die für die Prüfung durch die Genehmigungsbehörde erforderlichen Angaben enthält. § 2 Abs 1 letzter Satz GrdstVG bestimmt ausdrücklich, daß die Genehmigung auch vor Beurkundung des Rechtsgeschäfts erteilt – und damit auch vorher beantragt – werden kann.[115] Aus diesem Grunde bildet auch der – der Form des § 311b Abs 1 BGB nicht bedürfende – Teilungsplan eines Testamentsvollstreckers eine ausreichende Genehmigungsunterlage.
Zum **Vertragsangebot** als Antragsgrundlage s Rdn 3953.

4003 Der **Genehmigungsantrag** kann von jedem Antragsteller **zurückgenommen** werden, solange das Genehmigungsverfahren nicht rechtskräftig abgeschlossen ist.[116] Dann kann aber der andere Vertragsteil den Antrag einreichen, sofern

---

[114] OLG Thüringen OLG-NL 1995, 209.

[115] § 2 Abs 1 GrdstVG spricht nur davon, daß die Genehmigung auch vor Beurkundung des Rechtsgeschäfts „erteilt" werden kann. Sie kann also – im Rahmen des § 9 GrdstVG – zu einem Entwurf nicht auch versagt oder unter einer Auflage oder unter einer Bedingung erteilt werden. Zur Vorabgenehmigung s auch Flik BWNotZ 1995, 44.

[116] Kommt bei der Veräußerung das siedlungsrechtliche Vorkaufsrecht in Frage, so können die Vertragsteile ihren Genehmigungsantrag ohne Zustimmung des vorkaufsberechtigten Siedlungsunternehmens bis zum Zugang der Mitteilung über die rechtswirksame (s dazu Rdn 4159) Ausübung des Vorkaufsrechts (§ 21 GrdstVG) zurücknehmen (BGH DNotZ 1965, 412 = NJW 1964, 1667 = Rpfleger 1964, 259). Vgl Ehrenforth Anm 4e zu § 4 RSG; Pannwitz RdL 1964, 35; Pikalo/Bendel Anm VI 2 zu § 27 GrdstVG; Roemer MittRhNotK 1962, 492; Schoenheit MittRhNotK 1961, 949 und Schulte RdL 1964, 117. Sinngemäß das gleiche gilt für eine **Vertragsaufhebung**, so auch OLG München RdL 1992, 159, aA wohl OLG Hamm RdL 1969, 322 mit der Begründung daß eine Vertragsaufhebung dem für das siedlungsrechtliche Vorkaufsrecht anwendbaren § 465 (früher § 506) BGB widersprechen würde. Zu Unrecht beruft sich das OLG Hamm dabei auf Pikalo/Bendel Anm VI 2 zu § 27 GrdstVG, denn

IV. Verfügungsbeschränkungen nach Landwirtschaftsrecht (GrdstVG)

er ihn nicht ebenfalls bereits gestellt hat. Dem Genehmigungsverfahren wird also durch Zurücknahme des Antrags auf Genehmigung seine Grundlage nur dann entzogen, wenn alle Antragsteller ihren Antrag zurückgenommen haben.

Die Genehmigungsbehörde hat die landwirtschaftliche **Berufsvertretung** zu hören (§ 19 GrdstVG). Dies gilt auch für die Fälle des § 8 GrdstVG, in denen die Genehmigung erteilt werden muß. Schriftliche Anhörung ist nicht erforderlich. Die Genehmigungsbehörde ist an die Auffassung der Berufsvertretung keinesfalls gebunden. Auch ist Verletzung der Anhörungspflicht unschädlich. 4004

Die **Entscheidung** über die Genehmigung ist (abgesehen von den Fällen, daß es sich um die Genehmigung einer Hofübergabe durch das Gericht im Rahmen der HöfeO handelt; vgl § 31 Abs 2 GrdstVG; Rdn 3975) **binnen eines Monats** nach Eingang des Antrags und der Urkunde über das zu genehmigende Rechtsgeschäft bei der örtlich zuständigen Genehmigungsbehörde (s Rdn 3972) zu treffen (§ 6 Abs 1 S 1 GrdstVG).[117] Ein Verzicht der Parteien auf die Einhaltung dieser Frist ist unbeachtlich und unwirksam. Die Genehmigung **gilt als** uneingeschränkt **erteilt,** wenn innerhalb der vorstehenden Prüfungsfrist eine Entscheidung dem **Veräußerer** nicht zugestellt ist (§ 6 Abs 2 GrdstVG).[118] Auf den Tag der Absendung der Entscheidung kommt es nicht an. Die Fiktion der Genehmigung nach § 6 Abs 2 GrdstVG greift auch dann ein, wenn die Genehmigungsbehörde innerhalb der in Abs 1 genannten Frist den Versagungsbescheid zwar dem Erwerber als Antragsteller, aber nicht dem Veräußerer mitteilt.[119] Ein Bescheid der Behörde, daß die Genehmigung zu versagen wäre oder die bloße Weiterleitung der Erklärung des Siedlungsunternehmens über die Ausübung des siedlungsrechtlichen Vorkaufsrechts hindert den Eintritt der Genehmigungsfiktion des § 6 Abs 2 GrdstVG nicht.[120] Da dem Grundbuchamt der Zeitpunkt des Eingangs des Genehmigungsantrags und damit die Ingangsetzung der Einmonatsfrist in aller Regel nicht in der grundbuchmäßig vorgeschriebenen Form (§ 29 GBO) nachgewiesen werden kann, hat in einem Falle der vorstehenden Art die Genehmigungsbehörde ein Zeugnis über die durch Fristablauf eingetretene Genehmigung auf Antrag zu erteilen (§ 6 Abs 3 GrdstVG). Bei Verweigerung 4005

---

diese Ausführungen beziehen sich nur auf einen nach Rechtskraft der Vorkaufsrechtsausübung aufgehobenen Vertrag. Im Falle des OLG Hamm war aber die Vertragsaufhebung vor Vorkaufsrechtsausübung erfolgt. In dieser Fußnote sind nur Fälle der Vertragsaufhebung **vor** Vorkaufsrechtsausübung behandelt.

[117] Zur Genehmigungsfrist s Herminghausen DNotZ 1965, 211. Die Frist wird nach OLG Karlsruhe RdL 1992, 124 nicht in Lauf gesetzt, wenn nicht alle wesentlichen Punkte des Rechtsgeschäfts der Behörde schriftlich mitgeteilt sind.

[118] Ob obige Fiktion auch für Vertragsentwürfe gilt, dh ob auch bei ihnen die Einmonatsfrist (bzw die Zweimonatsfrist nach Rdn 4006) gilt, ist eine umstrittene Frage. Sie wird ua bejaht von BGH RdL 1964, 208 = NJW 1964, 1676 = Rpfleger 1964, 339; Herminghausen DNotZ 1963, 473; Lange Anm 4 zu § 6 GrdstVG; Liermann MDR 1963, 723 und Pikalo/Bendel Anm F IV 4 zu § 2 GrdstVG. Die Frage wird verneint von Ehrenforth Anm 8 zu § 6 GrdstVG unter kritischer Auseinandersetzung mit BGH aaO und Vorwerk/vSpreckelsen Rdz 11 zu § 6 GrdstVG. Wegen Vertragsentwurf und Vorkaufsrecht nach dem RSG s Rdn 4155.

[119] BGH DNotZ 1979, 560 = NJW 1979, 2609 = Rpfleger 1979, 193.

[120] BGH NJW 1981, 174 = Rpfleger 1980, 275 Leits.

des Zeugnisses kann das Landwirtschaftsgericht angerufen werden (§ 22 Abs 1 GrdstVG).

4006 Ist der Genehmigungsbehörde eine abschließende Prüfung des Antrags innerhalb der Einmonatsfrist nicht möglich, so hat sie innerhalb dieser Frist dem Veräußerer – bei einer Mehrheit jedem Veräußerer – einen **Zwischenbescheid** zu erteilen. Geschieht dies, so verlängert sich die Einmonatsfrist auf **zwei Monate**, oder, falls die Erklärung über **Ausübung des siedlungsrechtlichen Vorkaufsrechts** (Rdn 4137ff) beizubringen ist, auf **drei Monate** (§ 6 Abs 1 GrdstVG). Der Zwischenbescheid bedarf, wenn durch ihn eine Fristverlängerung nur auf zwei Monate herbeigeführt werden soll, keiner besonderen Begründung, wohl aber dann, wenn wegen des siedlungsrechtlichen Vorkaufsrechts eine Fristverlängerung auf drei Monate erfolgen soll.[121] Die Fristverlängerung auf 3 Monate wird nicht deshalb unwirksam, weil das Vorkaufsrecht dann doch nicht ausgeübt wird.[122] Ein irrtümlich auf ein siedlungsrechtliches Vorkaufsrecht gestützter Verlängerungsbescheid auf 3 Monate setzt nur die Zweimonatsfrist in Lauf.[123] Ein Rechtsmittel gegen den Zwischenbescheid ist nicht gegeben.

Der fristverlängernde Zwischenbescheid bewirkt allerdings nur die Fristverlängerung, wenn er dem Antragsteller innerhalb der laufenden Frist zugegangen ist.[124] Wurde der Notar ausdrücklich im Vertrag bevollmächtigt, den Antrag auf Genehmigung zu stellen und „ergehende Bescheide in Empfang zu nehmen", so muß der Zwischenbescheid zwingend dem Notar zugestellt werden; die alleinige Zustellung an die Vertragsbeteiligten verlängert die Genehmigungsfrist nicht.[125] Enthält die Urkunde keine ausdrückliche Vollmacht, so berechtigt die sich aus § 3 Abs 2 S 2 GrdstVG ergebende Vermutung der Vollmacht[126] auch zur Empfangnahme des Zwischenbescheids.[127] In

---

[121] Den Ablauf dieser Frist muß die Genehmigungsbehörde dann abwarten; sie darf also die Genehmigung nicht etwa vorher versagen. Bei Vorlage eines bloßen Vertragsentwurfs tritt die Verlängerung der Frist auf drei Monate nicht ein, denn gegenüber einem solchen Entwurf kann das Vorkaufsrecht gar nicht geltend gemacht werden (vgl Rdn 4155). Der zweite Zwischenbescheid, der sich auf die Erklärung des Vorkaufsrechts bezieht, kann innerhalb der Monatsfrist oder, falls diese Frist auf 2 Monate verlängert ist, innerhalb dieses zweiten Monats ergehen (OLG Oldenburg DNotZ 1967, 767 = NdsRpfl 1967, 12 = RdL 1967, 8; ebenso Vorwerk/vSpreckelsen Anm 30, 33 zu § 6 GrdstVG. Nach diesen Autoren kann der Zwischenbescheid über Fristverlängerung auf 2 Monate nicht mit demjenigen über Fristverlängerung auf 3 Monate verbunden werden.
[122] OLG Koblenz AgrarR 1991, 321.
[123] BGH 44, 202 (204) = WM 1974, 539; BGH AgrarR 1985, 300; Roemer MittRhNotK 1962, 474. Das gleiche gilt, wenn der Verlängerungsbescheid nur die Begründung enthält, die Prüfung könne innerhalb der gesetzlichen Frist nicht abgeschlossen werden (OLG München RdL 1992, 192).
[124] BGH 123, 1 = NJW 1993, 3061.
[125] BGH 132, 368 = DNotZ 1997, 630 = MittBayNot 1996, 395 mit Anm Wolf = NJW 1996, 2102; OLG Köln AgrarR 1979, 235.
[126] Sofern sie vom Antragsteller nicht widerrufen oder eingeschränkt ist (zB nur Empfangnahme des stattgebenden Bescheids; OLG Naumburg NotBZ 2002, 467 (469) mit Anm Mohnhaupt.
[127] BGH 123, 1 (4) = NJW 1993, 3061; BGH DNotZ 1973, 174; OLG Karlsruhe DNotZ 1973, 169; Wolf MittBayNot 1996, 395 (398) mit weit Nachw.

IV. Verfügungsbeschränkungen nach Landwirtschaftsrecht (GrdstVG)

diesem Fall ist umstritten, ob der Antragsteller für die Entgegnnahme mit der Wirkung zuständig bleibt, daß sich die Frist des § 6 Abs 1 S 1 GrdstVG verlängert[128] (s Rdn 4029).
Die Genehmigungsbehörde ist an ihre im Zwischenbescheid (§§ 6, 12 GrdstVG) vertretene Auffassung nicht gebunden. Sie kann davon im weiteren Verlauf des Genehmigungsverfahrens abgehen.[129]

Die Genehmigungsbehörde hat Entscheidungen, gegen die nach Rdn 4009ff ein Antrag auf gerichtliche Entscheidung zulässig ist, zu **begründen** und den **Beteiligten zuzustellen**. Bei der Zustellung sind die Beteiligten zu belehren, daß Antrag auf gerichtliche Entscheidung zulässig ist, bei welcher Stelle und in welcher Form und Frist er zu stellen ist. Die Frist für den Antrag beginnt nicht vor der Belehrung, spätestens aber fünf Monate nach der Zustellung der Entscheidung (§ 20 GrdstVG). 4007

Genehmigt die Genehmigungsbehörde die Veräußerung **ohne** jeden **Vorbehalt**, so ist eine förmliche Zustellung der Entscheidung an die Beteiligten nicht erforderlich. Formlose Mitteilung an sie bzw an ihre Vertreter ist hier ausreichend. Denn gegen ein vorbehaltlos erteilte Genehmigung ist ein Antrag auf gerichtliche Entscheidung nicht zulässig. 4008

l) Verfahren vor dem Amtsgericht

Antrag auf gerichtliche Entscheidung über den Bescheid der Genehmigungsbehörde ist nur zulässig, wenn die Genehmigungsbehörde die Genehmigung **versagt** oder nur unter **Auflagen** oder **Bedingungen** erteilt hat (§ 22 GrdstVG), ferner wenn ein Zeugnis darüber, daß Genehmigung nicht erforderlich ist oder darüber, daß die Genehmigung unanfechtbar ist (§ 6 GrdstVG) oder eine Bescheinigung darüber, daß eine Bedingung eingetreten ist (§ 11 GrdstVG), verweigert wird. 4009

Antragsberechtigt sind die Beteiligten, deren Rechte durch die Entscheidung unmittelbar beeinträchtigt sind. In jedem Falle sind dies der Antragsteller und die Vertragschließenden, zu deren Gunsten das Rechtsgeschäft geschlossen ist, auch der **Notar** (§ 3 Abs 2 GrdstVG). Ein Dritter hat ein Antragsrecht nur, wenn er aus dem Vertrag unmittelbar das Recht erwerben soll, eine Leistung zu fordern.[130] Die im Genehmigungsverfahren zu hörende landwirtschaftliche Berufsvertretung hat kein Antragsrecht, ebenso nicht die der Genehmigungsbehörde übergeordnete Behörde. Sie kann erst gegen die Entscheidung des AG Beschwerde einlegen (s Rdn 4010).

Der Antrag auf gerichtliche Entscheidung ist binnen **zwei Wochen** nach Zustellung (Wiedereinsetzung: § 22 Abs 2 S 2 GrdstVG iVm § 22 Abs 2 FGG) zu stellen. Der Antrag kann bei der Genehmigungsbehörde schriftlich oder beim zuständigen AG schriftlich oder zur Niederschrift der Geschäftsstelle

---

[128] So BGH DNotZ 1970, 133 = RdL 1970, 9 = Rpfleger 1969, 424 (für den Fall, daß die Genehmigung in der Urkunde vom Veräußerer beantragt wurde; aA – zwingende Zustellung an Notar – OLG Celle RdL 1980, 44; OLG Frankfurt RdL 1968, 40; vom BGH wurde diese Frage ausdrücklich offengelassen, BGH 132, 368 = aaO (Fußn 125).
[129] BGH DNotZ 1965, 412 = NJW 1964, 1677 = RdL 1964, 122 = Rpfleger 1964, 259.
[130] Ein Vorkaufsberechtigter ist nicht antragsberechtigt, BGH NJW-RR 1991, 1290; ebenso nicht der übergangene erwerbsbereite Landwirt, OVG Bremen NJW-RR 1996, 1040; OLG Celle RdL 1999, 327.

gestellt werden. Im übrigen ist für das gerichtliche Verfahren das LwVG maßgebend.

Sachlich und **örtlich zuständig** ist das AG (Landwirtschaftsgericht), in dessen Bezirk die Hofstelle liegt. Ist eine solche nicht vorhanden, so ist das Amtsgericht zuständig, in dessen Bezirk die Grundstücke ganz oder zum größten Teil liegen (§ 10 LwVG).

Das AG entscheidet durch einen mit Gründen versehenen Beschluß. Bei der Zustellung dieses Beschlusses an die Beteiligten (bzw den Notar) sind diese über das zulässige Rechtsmittel sowie über dessen Form und Frist zu belehren. Die Rechtsmittelfrist beginnt nicht vor der Belehrung, jedoch spätestens fünf Monate nach der Zustellung (§ 21 LwVG).

Die Entscheidung des AG ist außer an die Beteiligten auch an die Genehmigungsbehörde zuzustellen.

Auch nach Versagung der Genehmigung kann die Genehmigungsbehörde während der Anhängigkeit des Rechtsstreits die Genehmigung noch erteilen.[131]

m) Verfahren vor dem Oberlandesgericht

4010 Gegen die Entscheidung des AG als Landwirtschaftsgericht findet – ohne Rücksicht auf den Geschäftswert – die **sofortige Beschwerde** an das OLG statt. Einzelheiten: §§ 22, 23 LwVG.

Die **Vertragsschließenden** haben ein **Beschwerderecht**, wenn das Amtsgericht die Genehmigung versagt oder nur unter einer **Auflage** oder einer **Bedingung** erteilt hat. Der **landwirtschaftlichen Behörde** steht im Genehmigungsverfahren ein **Rechtsmittel** zu, wenn sie durch die angefochtene Entscheidung beschwert ist. Als Beschwer gilt hier die Beeinträchtigung eines jeden erkennbaren öffentlichen Interesses. Dagegen genügt nicht das Interesse an der Beantwortung einer Rechtsfrage.[132]

Die **Beschwerdefrist** beträgt **zwei Wochen**, gerechnet von der Zustellung der Entscheidung an.

Die sofortige Beschwerde kann beim AG oder beim Beschwerdegericht schriftlich (auch telegrafisch) oder mündlich (nicht aber telefonisch) eingereicht werden. Wird die Beschwerde bei einem unzuständigen Gericht eingereicht oder zur Niederschrift gegeben, so ist sie nur wirksam, wenn sie innerhalb der Beschwerdefrist beim zuständigen Gericht eingeht.

4011 Das Gericht, dessen Entscheidung angefochten wird, ist zu ihrer Abänderung nicht berechtigt. Das Beschwerdegericht ist berechtigt und verpflichtet, die angefochtene Entscheidung ohne Rücksicht auf das Vorbringen und die Anträge der Beteiligten im vollen Umfange nachzuprüfen. Es kann dabei aus öffentlichem Interesse auch zu einer Entscheidung kommen, die für den Beschwerdeführer nachteiliger ist als die Entscheidung des Amtsgerichts; es kann also zB die vom Amtsgericht unter einer Auflage erteilte Genehmigung versagen.[133]

---

[131] BGH NJW 1982, 2251 = Rpfleger 1982, 341 gegen OLG München DNotZ 1965, 415.
[132] S in diesem Sinne insbesondere BGH RdL 1951, 189; 1961, 290; BayObLG 1955, 177 = DNotZ 1955, 586 = RdL 1955, 311; OLG Oldenburg RdL 1952, 128.
[133] So insbesondere BGH DNotZ 1999, 88 = NJW-RR 1999, 1473; BGH RdL 1953, 110 und OLG Celle NdsRpfl 1963, 246; ferner Faßbender DNotZ 1970, 191; Wöhrmann/Herminghausen LwVG S 213.

IV. Verfügungsbeschränkungen nach Landwirtschaftsrecht (GrdstVG)

Auf das **Beschwerderecht** kann nach Erlaß der Entscheidung des Amtsgerichts verzichtet werden, und zwar durch Erklärung gegenüber dem Gericht. Dieser Verzicht kann schon vor Zustellung der Entscheidung und vor Kenntnis ihrer Gründe erklärt werden. Ein Verzicht, der nach Verkündung der aufgrund mündlicher Verhandlung getroffenen Entscheidung ausgesprochen wird, enthält im Zweifel auch den Verzicht auf Zustellung der Entscheidung, der ohne Beschwerdeverzicht unzulässig wäre.

4012

Die Frage, ob auch bereits **vor Erlaß der Entscheidung** auf das Beschwerderecht – im voraus – verzichtet werden kann, ist umstritten, aber zu bejahen.[134] Zu einer Beschleunigung des Eintritts der Rechtskraft der Genehmigung kann ein Verzicht nur dann führen, wenn auch die unabhängig von den Beteiligten beschwerdeberechtigte landwirtschaftliche Behörde auf ihr Beschwerderecht verzichtet. Durch den Verzicht geht das Beschwerderecht endgültig verloren.

n) Verfahren vor dem Bundesgerichtshof

Gegen die Entscheidung des OLG ist die **Rechtsbeschwerde** an den BGH nur in den Fällen des § 24 LwVG zulässig. Einzelheiten: §§ 25–29 LwVG.

4013

o) Fragen der Rechtskraft und der erneuten Antragstellung

Wirksam wird eine Entscheidung im Genehmigungsverfahren, wenn gegen sie gerichtliche Entscheidung beantragt werden kann, erst mit ihrer Rechtskraft. Ist eine Genehmigung unter einer **Auflage** oder einer **Bedingung** erteilt worden, so bedarf es zum Nachweis der Rechtskraft einer Bescheinigung der Genehmigungsbehörde, daß innerhalb der Rechtsmittelfrist kein Antrag auf gerichtliche Entscheidung gestellt worden ist. Entsprechendes gilt, wenn erst das AG die Genehmigung unter einer Auflage oder Bedingung erteilt hat. Der Urkundsbeamte der Geschäftsstelle stellt das Zeugnis über die Rechtskraft aus.

4014

Das **Rechtskraftzeugnis** ist insbesondere zum Nachweis der Genehmigung gegenüber dem **Grundbuchamt** erforderlich. Die Bekanntgabe der Entscheidung an die Beteiligten bzw ihre Vertreter braucht bei Vorlage des Zeugnisses des Grundbuchamt nicht besonders nachgewiesen zu werden. Im Genehmigungsverfahren ist auch – anders als im Vormundschaftsrecht – nicht erforderlich, daß der Antragsteller die Genehmigung dem Vertragsgegner noch besonders mitteilt.[135]

4015

p) Verhältnis der Veräußerungsbeschränkungen nach dem Grundstücksverkehrsgesetz zu anderen Veräußerungsbeschränkungen

Die Genehmigungspflicht nach dem GrdstVG besteht unabhängig von Beschränkungen nach anderen Vorschriften. Umgekehrt ersetzt die nach dem

4016

---

[134] Für Zulässigkeit des Vorausverzichts s Schlegelberger Anm 44 zu § 19 FGG; Haegele Rpfleger 1950, 17; 1951, 616; OLG Kassel RdL 1950, 167; OLG Karlsruhe RdL 1952, 153. Gegen Zulässigkeit des Vorausverzichts s Riedel RdL 1950, 269; Pritsch, LwVG, S 308; Wöhrmann/Herminghausen Anm 77 zu § 22 LwVG; Keidel/Kuntze/Winkler Rdn 100 zu § 19 FGG (halten aber Vereinbarung eines Rechtsmittelverzichts für zulässig).
[135] Im übrigen s zu Fragen der Rechtskraft und der Möglichkeit der Stellung eines erneuten Genehmigungsantrages Haegele, GrdstVerkBeschr, Noten 210 ff und OLG Stuttgart RdL 1969, 292.

GrdstVG erforderliche und erteilte Genehmigung nicht eine nach anderen Vorschriften notwendige Genehmigung. Die verschiedenen Genehmigungen müssen also notfalls nebeneinander eingeholt werden.
Wegen des Verhältnisses des GrdstVG zum BauGB s Rdn 3834.

4. Zwangsweise Grundstücksveräußerung

4017 Der Erwerb eines Grundstücks durch Zuschlag in der Zwangsversteigerung ist kein rechtsgeschäftlicher Erwerb iS des § 2 GrdstVG und daher nicht genehmigungspflichtig.[136] Auch bei Verdacht der Umgehung des GrdstVG durch Zwangsversteigerung hat das Gericht das Verfahren durchzuführen,[137] von der Ermächtigung des § 37 GrdstVG hat der Verordnungsgeber nie Gebrauch gemacht; angesichts der Gefährdung des landwirtschaftlichen Realkredits durch solche Versteigerungsbeschränkungen und der damit verbundenen verfassungsrechtlichen Problematik kann es nicht in der Kompetenz der Verwaltung oder der Gerichte liegen, eine Auslegung contra legem (§ 2 GrdstVG) vorzunehmen.

5. Belastungsbeschränkungen

a) Grundpfandrecht

4018 Die Belastung land- oder forstwirtschaftlicher Grundstücke mit einer Hypothek, Grundschuld oder Rentenschuld bedarf seit 25. 12. 1961 **keiner** besonderen landwirtschaftlichen **Genehmigung** mehr.

b) Nießbrauch

4019 Nur die Bestellung eines Nießbrauchs an einem land- und forstwirtschaftlichen Grundstück bedarf der **Genehmigung** nach dem GrdstVG. Nach § 2 Abs 2 Nr 3 GrdstVG steht die Bestellung eines Nießbrauchs an einem land- oder forstwirtschaftlichen Grundstück der Grundstücksveräußerung gleich. Dadurch sollen Gesetzesumgehungen möglichst unterbunden werden. Das GrdstVG spricht deshalb nur von der Bestellung eines Nießbrauchs, weil seine Übertragung grundsätzlich unzulässig ist (§§ 1059, 1061 BGB) und weil die – genehmigungsfreie – Übertragung seiner Ausübung an einen Dritten (§ 1059 BGB) zur Voraussetzung hat, daß der Nießbrauch – mit Genehmigung – wirksam bestellt worden ist.
Die zur Nießbrauchbestellung erforderliche Genehmigung ist in jedem Falle zu **erteilen**, wenn an einem Grundstück ein Nießbrauch bestellt wird und der Nießbraucher entweder der Ehegatte des Eigentümers oder mit dem Eigentümer in gerader Linie oder bis zum dritten Grad der Seitenlinie verwandt oder bis zum zweiten Grad verschwägert ist (§ 8 Nr 2 GrdstVG). Aber auch

---

[136] Stöber Rdn 24 zu § 15 ZVG; OLG Stuttgart BWNotZ 1981, 92 = Rpfleger 1981, 241; Hepp BWNotZ 1981, 172.
[137] Stöber, Hepp je aaO (Fußn 136); OLG Karlsruhe RdL 1966, 153; aA OLG Stuttgart BWNotZ 1981, 92 = aaO (Fußn 136), das zwar den Zuschlag für wirksam hält, bei Umgehungsabsicht aber annimmt, daß das Versteigerungsverfahren eingestellt werden müßte; ähnlich LG Heilbronn Rpfleger 1994, 223. Gegen eine Beteiligung der Landwirtschaftsbehörde in Versteigerungsverfahren dagegen (zu Recht) AG Ravensburg BWNotZ 1981, 174; Hepp und Stöber je aaO.

IV. Verfügungsbeschränkungen nach Landwirtschaftsrecht (GrdstVG)

sonst wird selten ein Grund zur Versagung der Genehmigung für eine Nießbrauchbestellung gegeben sein.¹³⁸

c) Pachtverträge

Landpachtverträge im Sinn des § 585 BGB sind der zuständigen Behörde anzuzeigen, die solche Verträge beanstanden und damit letztlich aufheben kann, wenn Tatbestände vorliegen, die den in § 9 Abs 1 GrdstVG für die Veräußerung von Grundstücken enthaltenen Versagungstatbeständen nachgebildet sind. S hierzu §§ 1, 2, 4 Abs 1 Ziff 1–3, § 7 LandpachtverkehrsG v 8. 11. 1985 (BGBl I 2075). 4020

6. Grundbuchamt und Verfügungsbeschränkungen nach GrdstVG
a) Genehmigung als Eintragungserfordernis

Das Grundbuchamt darf einen Eigentumswechsel (bzw einen Nießbrauch) nur im Grundbuch eintragen, wenn die behördliche Genehmigung unanfechtbar erteilt und dem Grundbuchamt nachgewiesen ist oder wenn – im Zweifelsfalle – durch eine Entscheidung der Genehmigungsbehörde festgestellt ist, daß Genehmigung nicht erforderlich ist (§ 7 Abs 1, § 5 GrdstVG). Die Eintragung einer **Vormerkung** zur Sicherung des Anspruchs des Erwerbers auf Eigentumsübertragung nach § 883 BGB ist vor Genehmigung des Vertrags zulässig. 4021

Ist im Grundbuch auf Grund eines **nicht genehmigten Rechtsgeschäfts** unzulässigerweise eine Rechtsänderung eingetragen, so hat das Grundbuchamt (unbeschadet seiner Pflicht auf Eintragung eines Widerspruchs von Amts wegen nach § 53 Abs 1 GBO) auf Ersuchen der Genehmigungsbehörde einen **Widerspruch** im Grundbuch einzutragen (§ 7 Abs 2 GrdstVG; s Rdn 3809). Das Grundbuchamt darf die Eintragung nicht mit der Begründung ablehnen, das Rechtsgeschäft bedürfe nach seiner Ansicht nicht der Genehmigung, es sei denn, daß die Unrichtigkeit des Ersuchens zweifelsfrei feststeht.¹³⁹ Das Grundbuchamt hat vielmehr nur die Ordnungsmäßigkeit des Ersuchens der Genehmigungsbehörde zu prüfen. Der vom Widerspruch betroffene Erwerber kann gegen dessen Eintragung Erinnerung und Beschwerde erheben.
Der auf Ersuchen der Genehmigungsbehörde eingetragene Widerspruch ist zu **löschen,** wenn diese Behörde oder der Vorsitzende des Gerichts darum ersucht. Er ist ferner zu löschen, wenn dem Grundbuchamt die Unanfechtbarkeit der nachträglich erteilten Genehmigung nachgewiesen wird (§ 7 Abs 2 S 2 GrdstVG).
Wird eine Eigentumsumschreibung auf der Grundlage eines unrichtig beurkundeten (Schwarzkaufpreis) Veräußerungsvertrags vorgenommen, so erfaßt die zum vorgelegten Scheingeschäft erteilte Genehmigung nicht die Auflassung, die zur Durchführung des verdeckten wirklich gewollten Vertrags erklärt wurde; doch ist auf diese vollzogene Auflassung § 7 Abs 3 GrdstVG in vollem Umfang und ohne Rücksicht auf guten Glauben anwendbar.¹⁴⁰ 4022

Ist im Grundbuch eine Eigentumsumschreibung (oder eine Nießbrauchseintragung) vorgenommen worden, die nach dem GrdstVG genehmigungspflich- 4023

---
¹³⁸ S auch Lange Anm 25 zu § 2 GrdstVG.
¹³⁹ OLG Stuttgart BWNotZ 1981, 92 = aaO (Fußn 136).
¹⁴⁰ BGH DNotZ 1981, 770 = NJW 1981, 1957 = Rpfleger 1981, 229.

tig gewesen wäre, zu der aber die Genehmigung nicht eingeholt worden ist und **besteht** die auf Grund des nicht genehmigten Rechtsgeschäfts vorgenommene **Eintragung** der Rechtsänderung **ein Jahr,** so gilt – eine eigenartige Vorschrift des GrdstVG – das Rechtsgeschäft als genehmigt, es sei denn, daß vor Ablauf dieser Frist ein Widerspruch im Grundbuch eingetragen oder ein Antrag auf Berichtigung des Grundbuchs oder ein Antrag oder ein Ersuchen auf Eintragung eines Widerspruchs gestellt worden ist (§ 7 Abs 3 GrdstVG). Eine mindestens ein Jahr lang bestehende Grundbucheintragung macht also das bis dahin mangels Erteilung der Genehmigung schwebend unwirksame Rechtsgeschäft voll wirksam. Ist die Genehmigung dagegen vor Ablauf der Jahresfrist rechtskräftig versagt und das Rechtsgeschäft damit nichtig geworden, so kann die Heilungswirkung nicht eintreten, auch wenn der nichtige Grundbucheintrag mindestens ein Jahr lang bestanden hat. Läuft das Genehmigungsverfahren dagegen bei Ablauf der Einjahresfrist noch, ist also bis dahin noch keine rechtskräftige Entscheidung über den Genehmigungsantrag ergangen, so gilt das Rechtsgeschäft als genehmigt. Dies ist zwar aus dem Gesetz nicht unmittelbar zu entnehmen, muß aber aus dem Zweck der Vorschrift, die möglichst bald klare Verhältnisse schaffen will, entnommen werden.

4024 Soweit der Widerspruch auf dem Antrag eines Beteiligten beruht, kommt es auf den Zeitpunkt seiner Eintragung, nicht auf den Zeitpunkt des Eingangs des Eintragungsantrags beim Grundbuchamt an, ebensowenig auf den Zeitpunkt, in dem die Eintragung vom Grundbuchamt verfügt worden ist. Ist ein derartiger Widerspruch vor Ablauf der Einjahresfrist wieder gelöscht worden, so ist er für die „Heilung" unbeachtlich.

Ein Ersuchen der Genehmigungsbehörde um Eintragung eines Widerspruchs verhindert die Heilung bereits dann, wenn es vor Ablauf der Jahresfrist beim Grundbuchamt eingegangen ist. Auf den Tag der Eintragung im Grundbuch und darauf, ob das Ersuchen sachlich gerechtfertigt ist, kommt es in diesem Zusammenhang nicht an. Das Unterlassen eines Ersuchens um Eintragung eines Widerspruchs wird im allgemeinen nur dann vorkommen, wenn die Genehmigungsbehörde überhaupt keine Kenntnis von der unrechtmäßigen Grundbucheintragung hat. Die Genehmigungsfiktion nach § 7 Abs 3 GrdstVG gilt auch dann, wenn die Vertragsparteien mit Stellung ihres Antrags auf Genehmigung solange zuwarten, bis vom Zeitpunkt der Eintragung der Eigentumsänderung im Grundbuch an ein Jahr verstrichen ist. Dieser Fall kann allerdings nur vorkommen, wenn das Grundbuchamt irrigerweise angenommen hat, ein genehmigungspflichtiger Rechtsvorgang sei nicht gegeben.[141]

b) Prüfungspflicht des Grundbuchamts

4025 Im Einzelfall kann **zweifelhaft sein,** ob das dem Grundbuchamt zur Eigentumsumschreibung vorliegende Veräußerungsgeschäft unter die Vorschriften des GrdstVG fällt. Das Grundbuchamt hat dabei folgende Fragen zu prüfen: Erstens: ob der **Rechtsvorgang seiner Art** nach in den Geltungsbereich des GrdstVG fällt. Zweitens: ob bei Bejahung der vorstehenden Frage die **Genehmigung erforderlich** ist. Die zuerst genannte Frage muß das Grundbuch-

---

[141] BGH DNotZ 1981, 770 = aaO (Fußn 140) mit weit Nachw.

IV. Verfügungsbeschränkungen nach Landwirtschaftsrecht (GrdstVG)

amt in eigener Zuständigkeit entscheiden, denn die Genehmigungsbehörde hat nicht darüber zu befinden, ob das GrdstVG überhaupt Anwendung findet, sondern nur darüber, ob im Rahmen seines Anwendungsbereichs ein Fall der Genehmigungspflicht aus objektiven und subjektiven Gesichtspunkten gegeben ist.[142] Zweifel können insbesondere entstehen, wenn laut Beschrieb ein land- oder forstwirtschaftliches Grundstück betroffen ist. Dies besagt aber nicht etwa, daß das **Grundbuchamt** in jedem zunächst zweifelhaft erscheinenden Falle eine Zwischenverfügung erlassen muß; es hat vielmehr über die **Frage der Genehmigungspflicht** grundsätzlich aufgrund des Grundbuchinhalts oder seiner eigenen Kenntnisse der örtlichen Verhältnisse (Offenkundigkeit) **selbst zu entscheiden**. Steht nach dem Vertragsinhalt fest, daß auch bei Anwendbarkeit des GrdstVG auf jeden Fall dessen Befreiungsvorschriften gelten (§ 4), kann das Grundbuchamt weder Genehmigung noch Negativzeugnis verlangen.[143] Bleiben allerdings noch **begründete Zweifel** über die Genehmigungspflicht offen, liegen also entsprechende konkrete Anhaltspunkte dafür vor, so darf das Grundbuchamt diese Zweifel nicht etwa durch Ortsbesichtigung oder dgl aufklären, es hat sich dann vielmehr darauf zu beschränken, dem Antragsteller durch **Zwischenverfügung** aufzugeben, binnen einer bestimmten Frist die **Entscheidung** der zuständigen Behörde über die Frage der Genehmigungspflicht in Form der Genehmigung oder des Negativzeugnisses nach § 5 GrdstVG beizubringen. In eigener Zuständigkeit hat das Grundbuchamt ebenso zu beurteilen, ob eine Genehmigungspflicht nach landesrechtlicher Bestimmung über die Genehmigungsfreiheit bei Verfügung über Kleingrundstücke entfällt (§ 2 Abs 3 Nr 2 GrdstVG; Rdn 3961 ff); es darf daher auch bei einem Kleinverkauf den Vollzug der Auflassung nur dann von der Vorlage eines Negativzeugnisses oder dem Nachweis der Genehmigung abhängig machen, wenn konkrete Anhaltspunkte (bestimmte Tatsachen) berechtigte Zweifel an der Genehmigungsfreiheit begründen.[144] Einer besonderen Erklärung (Versicherung) des Veräußerers hierzu bedarf es daher nicht.

Unrichtig ist es, bei jeder Veräußerung eines in einer Landgemeinde liegenden Grundstücks generell Genehmigung oder Negativzeugnis zu verlan-

---

[142] Vgl für den Bereich der früheren GrdstVerkBek LG Kassel DJ 1937, 1363 mit Anm Hopp; LG Regensburg MittBayNot 1988, 46 = RdL 1987, 211.
[143] So insbesondere BayObLG DNotZ 1953, 438; s auch BayObLG NJW 1954, 1040 = Rpfleger 1954, 239; Rpfleger 1962, 23; NJW 1963, 1455 = Rpfleger 1964, 121; DNotZ 1969, 119 = RdL 1968, 155 und Rpfleger 1969, 301. S ferner OLG Celle DNotZ 1967, 639; OLG Düsseldorf JMBl NRW 1948, 150 und RdL 1954, 252; OLG Hamm RdL 1952, 77; OLG Stuttgart Justiz 1973, 324; LG Düsseldorf MittRhNotK 1970, 212 hat entschieden: „Die Unrichtigkeit der Grundbuchbezeichnung Ackerland ist dann bei dem Grundbuchamt offenkundig, wenn sich Aufteilungsplan und Abgeschlossenheitsbescheinigung nach § 7 Abs 4 WEG bei den Grundakten befinden." Vgl ferner Herb BWNotZ 1958, 247; Lange Anm 2 zu § 7; Pikalo/Bendel Anm E IV 2 zu § 2, Anm E I zu § 7; Vorwerk/vSpreckelsen Anm 7 zu § 7, und Wöhrmann Anm 2 zu § 7 GrdstVG.
[144] BayObLG 1969, 144 = MittBayNot 1969, 229 = RdL 1969, 232 = Rpfleger 1969, 301; BayObLG MittBayNot 2001, 206 und 480 = NJW-RR 2001, 736 = Rpfleger 2001, 231 (je für Veräußerung mehrerer Kleingrundstücke innerhalb von 3 Jahren); OLG Zweibrücken MittBayNot 1999, 98 = Rpfleger 1999, 179.

gen.¹⁴⁵ Eine solche Handhabung verursacht unnötigen Verwaltungsaufwand und verkennt das Ausmaß der inzwischen eingetretenen „Verstädterung" der Dörfer.

Das von der Genehmigungsbehörde notfalls zu erteilende **Zeugnis über Genehmigungsfreiheit (§ 5 GrdstVG)**¹⁴⁶ steht der Genehmigung gleich. Es bindet andere Behörden und Gerichte. Mithin kann das Grundbuchamt eine etwa abweichende Ansicht, daß trotz des Zeugnisses Genehmigung erforderlich sei, nicht geltend machen. Wird die Ausstellung des Zeugnisses aus sachlichen oder formellen Gründen verweigert, so kann das Gericht angerufen werden (§ 22 Abs 1 GrdstVG). Wird das Zeugnis erteilt, so kann dagegen keine Vertragspartei das Gericht anrufen.¹⁴⁷

c) Rechtskraft der Genehmigung

4026 Wird eine Genehmigung nach dem GrdstVG **vorbehaltlos**, dh ohne Bedingung oder Auflage **erteilt**, so braucht, da in diesem Falle für die Beteiligten kein Rechtsbehelf gegeben ist (s Rdn 4009), **nur** der **Genehmigungsbescheid** dem Grundbuchamt vorgelegt zu werden, nicht etwa auch eine besondere Rechtskraftbescheinigung der Genehmigungsbehörde.¹⁴⁸

Eine solche Rechtskraftbescheinigung ist nur erforderlich, wenn die Genehmigung unter einer Auflage oder einer Bedingung erteilt worden ist und von den Beteiligten daher der Rechtsweg beschritten werden kann.

Ist die Genehmigung rechtskräftig unter einer **Bedingung** erteilt worden, so muß sich das Grundbuchamt auch deren Eintritt und Erfüllung nachweisen lassen (Rdn 3992). Diesem Zwecke dient die Bescheinigung der Genehmigungsbehörde, die sie auf Antrag einer Vertragspartei zu erteilen hat, wenn die Bedingung eingetreten ist. Der Eintritt der Bedingung kann aber auch auf andere Weise nachgewiesen werden, etwa dadurch, daß die Beteiligten einen notariell beurkundeten Vertragsnachtrag vorlegen, in dem sie die Vertragsbestimmungen der Bedingung angepaßt haben.

Wird die Genehmigung mit einer **Auflage** erteilt, so muß deren Erfüllung dem Grundbuchamt nicht nachgewiesen werden (s Rdn 3990). Bei Genehmigung unter einer **Auflage** kann zwar die von der Auflage betroffene Partei bis zum Ablauf eines Monats nach Eintritt der Unanfechtbarkeit der Entscheidung

---

¹⁴⁵ So aber OLG Frankfurt JurBüro 1980, 1392 = Rpfleger 1980, 297 mit abl Anm Meyer-Stolte.

¹⁴⁶ Überträgt der Eigentümer seinen in zwei verschiedenen Amtsgerichtsbezirken gelegenen Grundbesitz seinem Sohne im Wege der vorweggenommenen Erbfolge und erteilt das eine der angegangenen Amtsgerichte ein Negativzeugnis, daß eine Genehmigung für den gesamten Übergabevertrag nicht erforderlich sei, so besteht kein Rechtsschutzbedürfnis für den Antrag auf Genehmigung bei dem anderen Amtsgericht. Die Wirksamkeit des Zeugnisses würde auch dann nicht beeinträchtigt werden, wenn das erste Amtsgericht seine Zuständigkeit zu Unrecht angenommen hätte (OLG München RdL 1962, 261).

¹⁴⁷ OLG Celle NdsRpfl 1960, 79 (vgl auch BayObLG DNotZ 1956, 586). Hat das Landwirtschaftsgericht eine Veräußerung als genehmigungspflichtig angesehen und die Genehmigung versagt, so ist die Anrufung des Beschwerdegerichts auch als Antrag auf Erteilung eines Zeugnisses über die Genehmigungsfreiheit (§ 5 GrdstVG) aufzufassen (OLG Karlsruhe-Freiburg RdL 1964, 267).

¹⁴⁸ So durch BGH 94, 24 = DNotZ 1986, 97 = NJW 1985, 1902 = Rpfleger 1985, 234 entschieden auf Vorlagebeschluß des BayObLG mitgeteilt Rpfleger 1985, 10.

IV. Verfügungsbeschränkungen nach Landwirtschaftsrecht (GrdstVG)

vom schuldrechtlichen Vertrag zurücktreten (Rdn 3994), das Grundbuchamt hat sich aber um diese Rücktrittsmöglichkeit nicht zu kümmern.

7. Notar und Verfügungsbeschränkungen nach GrdstVG

a) Belehrungspflicht

Die Pflicht des Notars, die Beteiligten auf die Verfügungsbeschränkung hinzuweisen, ergibt sich aus § 18 BeurkG. 4027

b) Stellung des Genehmigungsantrags und Entgegennahme der Entscheidung durch den Notar

Der Notar, der einen der Genehmigungspflicht nach dem GrdstVG unterliegenden Veräußerungsvertrag beurkundet oder einen Vertragsentwurf (Rdn 4002) fertigt, gilt ohne weiteres als **ermächtigt**, die **Genehmigung zu beantragen**. Unberührt hiervon bleibt das Recht der Beteiligten – Verkäufer und Käufer –, selbst den Genehmigungsantrag, gemeinsam oder einer oder jeder von ihnen, zu stellen (§ 3 Abs 2 GrdstVG). Gibt der Notar bei der Antragstellung nicht ausdrücklich an, für welche Partei (Veräußerer oder Erwerber) er handelt, so ist anzunehmen, daß er für beide Vertragsteile den Antrag stellt. Ausdrückliche Angabe des von ihm Vertretenen durch den Notar ist stets empfehlenswert. Den Eingang des Genehmigungsantrags wird sich der Notar im Hinblick auf die Frist nach § 6 Abs 1 GrdstVG stets schriftlich bestätigen lassen. 4028

Die gesetzliche Vollmacht des Notars kann von den Beteiligten ausgeschlossen, beschränkt oder widerrufen werden.[149] Die Beteiligten können die Vollmacht des Notars insbesondere dahin einschränken, daß eine Verweigerung der Genehmigung oder deren Erteilung nur unter einer Auflage oder Bedingung ihnen selbst zuzustellen ist.[150] Die Einschränkung ist der Genehmigungsbehörde zur Kenntnis zu bringen. Der teilweise vertretenen Ansicht,[151] die Einschränkung der Vollmacht dahin, daß Genehmigungen unter Auflagen

---

[149] BGH RdL 1963, 90; BGH RdL 1979, 299; OLG Karlsruhe DNotZ 1973, 169; OLG Koblenz MittBayNot 1971, 328.
[150] Ist die Vollmacht des Notars auf Empfang der stattgebenden Entscheidung beschränkt, muß ein Versagungsbescheid dem Antragsteller persönlich zugestellt werden, OLG Oldenburg RdL 1997, 241.
[151] So OLG Düsseldorf RdL 1955, 306. Eine Einschränkung der gesetzlichen Vollmacht des Notars folgt nicht schon daraus, daß die Beteiligten den Genehmigungsantrag selbst im Vertrag gestellt haben (BGH DNotZ 1970, 173 = RdL 1970, 9 = Rpfleger 1969, 424). Zur Einschränkung der in § 3 Abs 2 S 2 GrdstVG enthaltenen Ermächtigung des beurkundenden Notars s OLG Karlsruhe DNotZ 1973, 169. Die gesetzlich vermutete Ermächtigung des beurkundenden Notars zur Antragstellung und für die Entgegennahme von Entscheidungen soll ihm nach OLG Stuttgart AgrarR 1974, 109 nicht dadurch ohne weiteres entzogen werden, daß die Parteien (zur Vermeidung zusätzlicher Kosten) klarstellen, der Notar sei nicht zur Antragstellung beauftragt, der Genehmigungsantrag werde vielmehr von ihnen selbst gestellt. Für die gesetzlich vermutete Ermächtigung ist es nach der gleichen Entscheidung ohne Bedeutung, ob der Notar selbst den Genehmigungsantrag – namens der Vertragsparteien – gestellt hat oder ob er bloß als Bote tätig geworden ist (in dieser Frage aA OLG Karlsruhe-Freiburg RdL 1966, 37, 202).

den Beteiligten selbst zuzustellen sind, schließe die Zustellung der Versagung der Genehmigung an den Notar nicht aus, kann nicht zugestimmt werden.[152] Widerspricht ein Beteiligter der Erteilung der Genehmigung, die der Notar bereits beantragt hat, so liegt darin ein Widerruf der gesetzlichen Vollmacht.

4029 Im übrigen **ermächtigt die gesetzliche Vollmacht** den Notar, den Genehmigungsantrag zu begründen, etwaige Beanstandungen der Genehmigungsbehörde zu beantworten und abzustellen, den sonstigen Schriftwechsel mit der Genehmigungsbehörde zu führen, die Entscheidung der Genehmigungsbehörde oder der Rechtsmittelinstanz in Empfang zu nehmen und Rechtsmittel einzulegen.[153] In einer etwaigen mündlichen Verhandlung über den Genehmigungsantrag kann der Notar nur kraft schriftlicher besonderer Vollmacht eines Beteiligten auftreten. Die gesetzliche Vollmacht ermächtigt den Notar insbesondere auch, einen etwaigen – das Verfahren nicht abschließenden, sondern nur eine Fristverlängerung von einem Monat auf zwei bzw drei Monate (s Rdn 4006) auslösenden – **Zwischenbescheid** der Genehmigungsbehörde in Empfang zu nehmen, selbst wenn seine Vollmacht auf Entgegennahme einer vorbehaltlosen Genehmigung beschränkt ist.[154] Der Notar kann einen von ihm selbst gestellten Antrag jederzeit zurücknehmen, nicht dagegen einen von einem Beteiligten gestellten Antrag.
Der Notar kann auch als **bloßer Bote** der Beteiligten handeln, indem er lediglich eine Abschrift des den Genehmigungsantrag der Beteiligten enthaltenen Vertrags bei der Genehmigungsbehörde einreicht, ohne selbst als Antragsteller aufzutreten. Dann muß die Genehmigungsbehörde ihren Bescheid unmittelbar den Beteiligten mitteilen (zustellen). Der Notar sollte stets ausdrücklich erklären, ob er kraft seiner gesetzlichen Vollmacht oder nur als Bote der Beteiligten handelt.
Soweit der Notar zur Antragstellung und Inempfangnahme von Bescheiden ausdrücklich in der Vertragsurkunde bevollmächtigt wurde und er von seinem Antragsrecht Gebrauch macht, sind die Entscheidungen ausschließlich ihm bekanntzugeben bzw zuzustellen. Nur diese Zustellung setzt die Rechtsmittelfristen in Gang. Zustellung der Entscheidung in solchen Fällen an die Vertragsparteien setzt die Rechtsmittelfristen nicht in Lauf.[155] Enthält die Urkunde keine ausdrückliche Vollmacht und stellt der Notar den Antrag auf der Grundlage der vermuteten Vollmacht nach § 3 Abs 2 S 2 GrdstVG, so ist ebenfalls zwingend der Zwischenbescheid dem Notar zuzustellen.[156]

---

[152] OLG München RdL 1992, 159.
[153] BGH MDR 1963, 488 = RdL 1963, 90 = Rpfleger 1963, 405 mit Anm Haegele; OLG Köln JMBl NRW 1962, 284; teilweise abweichend OLG Karlsruhe RdL 1963, 121. Zum Umfang der Vollmacht des Notars s auch OLG Frankfurt RdL 1968, 40.
[154] BGH 123, 1 (4) = NJW 1993, 3061; BGH RdL 1963, 90 = Rpfleger 1963, 405 mit Anm Haegele und BGH DNotZ 1970, 13; OLG Stuttgart RdL 1987, 293; OLG München RdL 1992, 159; Wolf MittBayNot 1996, 397 (398) mit weit Nachw. Der Eingangsstempel des Notariats und die von ihm ausgestellte Empfangsbescheinigung erbringen vollen Beweis für den Tag des Eingangs des Zwischenbescheids. An einen etwaigen Gegenbeweis sind strenge Anforderungen zu stellen (OLG Karlsruhe-Freiburg RdL 1967, 98).
[155] BGH MittBayNot 1996, 395 = NJW 1996, 2102; OLG Köln AgrarR 1979, 235
[156] So OLG Celle RdL 1980, 44; OLG Frankfurt RdL 1968, 40; vom BGH wurde diese Frage ausdrücklich offengelassen, s BGH aaO (Fußn 155).

IV. Verfügungsbeschränkungen nach Landwirtschaftsrecht (FlurbG)

B. Verfügungsbeschränkungen bei Flurbereinigung

1. Rechtsgrundlagen und Zweck der Flurbereinigung

a) Rechtsgrundlagen[1]

Flurbereinigungsgesetz idF vom 16. 3. 1976 (BGBl I 546 mit Änderungen) und landesrechtliche Ausführungsgesetze. 4030

b) Zweck der Flurbereinigung

Zweck der Flurbereinigung ist, den in kleine, verschiedenen Eigentümern gehörenden Grundstücke zersplitterten oder unwirtschaftlich geformten Grundbesitz wieder zu einer Einheit und damit zu einem wirtschaftlich zweckmäßigen Ganzen nach neuzeitlichen wirtschaftlichen Gesichtspunkten zusammenzufügen (vgl § 1 FlurbG). 4031

2. Rechtslage während der Flurbereinigung

a) Grundsätzlich keine Sperre des Grundstückverkehrs

Durch die Einleitung einer Flurbereinigung wird der Verkehr mit den betroffenen Grundstücken grundsätzlich nicht behindert. Die Einleitung hat weder ein Verfügungsverbot für den Grundstückseigentümer noch eine Sperre des Grundbuchs zur Folge. Der Grundstückseigentümer kann ein im Flurbereinigungsgebiet liegendes – altes – Grundstück bis zum Inkrafttreten der AusfAO (Rdn 4043) **veräußern** oder **belasten**.[2] Er kann es auch verpachten, solange keine vorläufige Besitzeinweisung (§ 65 FlurbG) stattgefunden hat. Es gelten, solange die AusfAO nicht erlassen wird, nur einige Beschränkungen in bezug auf die Nutzungsart (§ 34 FlurbG). 4032

Soll ein in der Flurbereinigung befindliches Grundstück **veräußert** werden, so wird im Kaufvertrag das alte Grundstück angeführt.[3] Erfolgt die Eigentumsveränderung vor Erlaß der AusfAO, so ist dieses (eingebrachte) Grundstück umzuschreiben. Wenn möglich sollte auch das Ersatzgrundstück im Vertrag angegeben werden. Im Einzelfall kann auch ein vertraglicher Rücktrittsvorbehalt für den Käufer in Frage kommen. In Zweifelsfällen ist Rücksprache mit dem Flurbereinigungsamt unerläßlich. 4033

---

[1] **Schrifttum:** Quadflieg/Lörken, Das Recht der Flurbereinigung, Loseblattkommentar; Seehusen/Schwede, Flurbereinigungsgesetz, 7. Aufl 1997 (8. Aufl für Herbst 2003 angekündigt). Allgemein zur Flurbereinigung: Siebels MittRhNotK 1967, 481; Seehusen RdL 1966, 141; Tönnies MittRhNotK 1987, 93, 117; Steding LKV 1992, 367; Grziwotz, Baulanderschließung, S 72. Zu den Verfügungsbeschränkungen nach Flurbereinigungsrecht Herfs MittRhNotK 1958, 230; Lurz NJW 1955, 1780; Röll DNotZ 1960, 648; Seehusen RdL 1955, 217; Siebels aaO. Zur Flurbereinigung in der höchstrichterlichen Rechtsprechung s Seehusen RdL 1960, 169, 204; 1961, 141; 1962, 141. Zur Flurbereinigung in den neuen Bundesländern vgl Steding, LKV 1992, 350.
[2] S insbesondere OVG Koblenz DNotZ 1968, 548 = RdL 1968, 25 wie folgt: Der Erwerber solcher Altparzellen braucht die mit der Planvorlage bekanntgegebene Neuplanung jedenfalls dann nicht gegen sich gelten zu lassen, wenn diese seinem Rechtsvorgänger gegenüber noch nicht verbindlich geworden wäre. S auch mit gleichem Ergebnis OLG Schleswig RdL 1964, 305.
[3] Vgl dazu Haselhoff RdL 1999, 1.

Ist im schuldrechtlichen Veräußerungsvertrag nur das in die Flurbereinigung eingebrachte Grundstück bezeichnet, nicht dagegen das künftige Ersatzgrundstück – etwa weil es bei Vertragsabschluß noch nicht bekannt war –, so bedarf es keiner Nachtragsurkunde, in der später das Ersatzgrundstück festgestellt wird. Denn das Ersatzgrundstück tritt in jeder Beziehung ohne weiteres an Stelle des eingebrachten Grundstücks,[4] vorausgesetzt, daß als Surrogat für das aufgelassene Einlagegrundstück ein bestimmtes Ersatzgrundstück vorhanden ist[5] (was aber in dieser Eindeutigkeit selten sein wird[6]).

Tritt im Zuge einer Flurbereinigung nach Auflassung, aber noch vor der Eintragung im Grundbuch an die Stelle des aufgelassenen Einlagegrundstücks ein Ersatzgrundstück, so bedarf es weder einer Erneuerung der Auflassung noch einer Berichtigung der Bezeichnung des aufgelassenen Grundstücks.[7] Bei Verfügung über ein betroffenes Grundstück nach der vorläufigen Besitzeinweisung (§§ 65 ff FlurbG) genügt für den Grundbuchvollzug die Angabe dieses Grundstücks mit der bisher im Grundbuch eingetragenen Bezeichnung; die Angabe des zugeteilten Ersatzgrundstücks kann nicht verlangt werden.[8] Wenn nach Wirksamwerden der Ausführungsanordnung noch über Einlagegrundstücke (durch Belastung mit Grundpfandrechten) verfügt wird, ist (infolge Surrogation) unmittelbar und ohne Rücksicht auf die Kenntnis des Erwerbers das Ersatzgrundstück betroffen, ohne daß dieses nach § 28 S 1 GBO bezeichnet sein müßte.[9] Ebenso kann eine Auflassung, die nach Rechtskraft der AusfAO noch das Einlagegrundstück bezeichnet, auf das Ersatzgrundstück bezogen werden.[10] Eigentum wird durch Grundbucheintragung jedoch nicht erworben, wenn eines von mehreren Einlagegrundstücken aufgelassen, in der bei Eintragung bereits wirksamen AusfVO aber kein eigenes Ersatzgrundstück ausgewiesen ist.[11] S dazu auch Rdn 4044.

4034 In gleicher Weise ist die Eintragung einer **Auflassungsvormerkung** am eingebrachten Grundstück möglich. Ist die Eigentumsumschreibung bei Vollzug der Flurbereinigung im Grundbuch noch nicht eingetragen, so wird die Vormerkung auf das Ersatzgrundstück übertragen (§ 68 Abs 1 S 1 FlurbG).

Handelt es sich um die Veräußerung nur eines **Grundstücksteils** und ist dessen Fläche kleiner als das eingebrachte Grundstück, so wird vom Flurbereinigungsamt ein wertmäßig entsprechender Miteigentumsanteil an einem einge-

---

[4] Röll DNotZ 1960, 650; OLG Frankfurt MittRhNotK 1996, 226 = NJW-RR 1996, 974 = Rpfleger 1996, 335; OLG Schleswig JurBüro 1967, 935.
[5] BayObLG 1969, 263 (273) und 1985, 372 (376) = DNotZ 1986, 354 = Rpfleger 1986, 129; siehe auch BayObLG DNotZ 1986, 146.
[6] Vgl hierzu aus der Sicht der Flurbereinigung Haselhoff RdL 1999, 1.
[7] BayObLG 1972, 242 = DNotZ 1973, 97 = Rpfleger 1972, 366; OLG Frankfurt MittRhNotK 1996, 226 = aaO (Fußn 4); LG Wiesbaden Rpfleger 1971, 216; vgl auch Fußn 4 und 5; aA Tönnies MittRhNotK 1987, 93 (97), der hierfür die Auslegung der Erklärungen als maßgebend ansieht; kritisch auch Haselhoff RdL 1999, 1 (3).
[8] LG Aschaffenburg MittBayNot 1980, 159.
[9] LG Schweinfurt Rpfleger 1975, 312 mit zust Anm Bengel; aA – zu Unrecht auf die Kenntnis des Erwerbers abstellend – LG Bad Kreuznach Rpfleger 1995, 406; wie hier letztlich auch OLG Frankfurt aaO (Fußn 4).
[10] Vgl für den gleich gelagerten Fall der Umlegung LG Darmstadt Rpfleger 1976, 61 sowie Rdn 3872 und 4044 (zum Vollzug).
[11] BayObLG 1985, 372 (376) = aaO.

IV. Verfügungsbeschränkungen nach Landwirtschaftsrecht (FlurbG)

brachten Grundstück für die aus dem Ersatzgrundstück wegzunehmende Teilfläche bestimmt (sog ideeller Veränderungsnachweis), und es ist dieser Miteigentumsanteil am eingebrachten Grundstück in den Kaufvertrag aufzunehmen.¹²

Kommt **Belastung** mit einem **Grundpfandrecht** in Frage, so ist das in die Flurbereinigung eingebrachte Grundstück zu belasten. Diese Belastung setzt sich dann am Ersatzgrundstück ohne weiteres fort (§ 68 Abs 1 S 1 FlurbG).

Bei **Dienstbarkeiten** und **Erbbaurechten,** die örtlich an bestimmte Grundstücke gebunden sind, ist vorstehendes Verfahren nicht möglich. Hier muß das örtlich tatsächlich betroffene eingebrachte Grundstück belastet und sodann im Plan die Belastung auf das örtlich an seine Stelle tretende Ersatzgrundstück übernommen werden, auch wenn dieses einem anderen Eigentümer gehört (s § 49 FlurbG).

4035

Der **Erwerber** eines in der Flurbereinigung befindlichen Grundstücks wird mit der Ausführung des Flurbereinigungsplans Eigentümer des für das betroffene Grundstück vorgesehenen Ersatzgrundstücks. Es kann vorkommen, daß der Erwerber an diesem Ersatzgrundstück gar kein Interesse hat, er vielmehr ein bestimmtes anderes Grundstück erwerben wollte. Dann muß er feststellen, für welches alte Grundstück dieses Ersatzgrundstück vorgesehen ist, und muß dann dieses alte Grundstück erwerben. Nicht immer allerdings wird ihm die Flurbereinigungsbehörde – insbesondere dann, wenn die Flurbereinigung sich noch am Anfang des Verfahrens befindet – das richtige Grundstück aufzeigen können. Dann bleibt dem Erwerber nichts anderes übrig, als mit dem Kauf zuzuwarten, bis die rechtlichen Wirkungen des Flurbereinigungsplans wenigstens bekannt oder eingetreten sind.

4036

b) Verfahren während der Flurbereinigung

Die Flurbereinigungsbehörde teilt dem Grundbuchamt die Anordnung des Flurbereinigungsverfahrens und die in das Verfahren einbezogenen Grundstücke mit (§ 12 Abs 2 FlurbG). Das Grundbuchamt hat von da an die Flurbereinigungsbehörde von allen Eintragungen zu benachrichtigen, die nach dem Zeitpunkt der Anordnung im Grundbuch der betroffenen Grundstücke vorgenommen sind oder vorgenommen werden (§ 12 Abs 3 FlurbG mit Einzelheiten). Die Eintragung eines „Flurbereinigungsvermerks" ist nicht vorgesehen; er kann weder auf Ersuchen der Flurbereinigungsbehörde noch von Amts wegen eingetragen werden (insoweit anders Flik;¹³ als gesetzlich nicht zugelassen jedoch nicht eintragungsfähig, siehe Rdn 3, 22 und 27).

4037

Für die **Ermittlung der Beteiligten** sind die Eintragungen im Grundbuch maßgebend. Die Flurbereinigungsbehörde kann das Eigentum an Grundstücken für das Verfahren als nachgewiesen ansehen, wenn derjenige, der sich auf das Eigentum beruft, dieses durch eine öffentliche Urkunde glaubhaft macht. Die Eigentumsverhältnisse im Grundbuch können dadurch aber nicht abgeändert werden, ohne daß ein besonderes Antrags-Berichtigungsverfahren (§ 22 GBO; Rdn 360 ff) oder Zwangsberichtigungsverfahren (Rdn 377) durchgeführt wird. Dazu im einzelnen §§ 12–14 FlurbG.

4038

---

¹² Vgl Röll DNotZ 1960, 650 mit weit Nachw; möglich ist auch eine Sonderungsvermessung, vgl Haselhoff RdL 1999, 1.
¹³ Flik BWNotZ 1987, 88 (de lege ferenda).

5. Teil. Öffentlich-rechtliche Verfügungsbeschränkungen und Vorkaufsrechte

c) Wirkung der Flurbereinigung gegen den Erwerber

4039 Der Erwerber eines Grundstücks, das in der Flurbereinigung liegt, muß das bis zu seiner Eintragung im Grundbuch oder bis zur Anmeldung seines Erwerbs durchgeführte Verfahren gegen sich gelten lassen. Der Erwerber tritt also als **neuer Teilnehmer** in das Verfahren ein (§ 15 FlurbG). Er muß auch gegen sich gelten lassen, daß das den Gegenstand des Erwerbs bildende Grundstück infolge der Flurbereinigung in seinem tatsächlichen Bestand geändert wird. Die vorstehenden Rechtsfolgen treten kraft Gesetzes ein, ohne Rücksicht darauf, ob dem Erwerber bekannt ist, daß sich das fragliche Grundstück in einer Flurbereinigung befindet oder nicht. Soweit dem Notar bei der Beurkundung eines Kaufvertrags die Tatsache bekannt ist, daß das Kaufgrundstück in der Flurbereinigung liegt, wird er die Beteiligten auf die vorstehenden Rechtsfolgen hinweisen und dies im Kaufvertrag festhalten.[14]

d) Ausnahmsweises Bestehen einer Verfügungsbeschränkung

4040 Wird ein Teilnehmer am Flurbereinigungsverfahren ganz oder für einzelne alte Grundstücke **in Geld abgefunden** und ist er mit der Höhe der Geldabfindung einverstanden, so kann diese schon vor Ausführung des Flurbereinigungsplans ausbezahlt werden. Nach Auszahlung der Geldabfindung kann ihre Änderung nicht mehr verlangt werden. In diesem Sonderfall darf der Teilnehmer seine Grundstücke, für die die Geldabfindung ausgezahlt worden ist, **nicht mehr veräußern oder belasten**. Dieses **Verfügungsverbot** ist auf Ersuchen der Flurbereinigungsbehörde in das Grundbuch einzutragen. Sind die Aufgaben der Flurbereinigungsbehörde (nach Landesrecht) der Teilnehmergemeinschaft übertragen, die kein Siegel führt, dann genügt ihr Ersuchen der Form des § 29 Abs 3 GBO, wenn die Unterschrift von der Flurbereinigungsbehörde mit einer mit Siegel (Stempel) versehenen Erklärung beglaubigt und dabei bestätigt ist, daß die Person, die das Eintragungsersuchen unterzeichnet hat, befugt ist, dies für die Teilnehmergemeinschaft zu stellen.[15] Als Berechtigter aus dem Verfügungsverbot ist die Teilnehmergemeinschaft am Flurbereinigungsverfahren (Rdn 4042) oder, wenn der Verzicht zugunsten eines Dritten abgegeben wurde, dieser Dritte einzutragen. Solange das Verbot nicht im Grundbuch eingetragen ist, hat der Erwerber eines in Frage stehenden Grundstücks die Auszahlung der Abfindung nur gegen sich gelten zu lassen, wenn ihm das Verfügungsverbot bei seinem Erwerb bekannt war (§§ 52, 53 FlurbG). Der Verzicht auf Landabfindung bedarf der Schriftform (§ 52 Abs 2 S 1 FlurbG); auch wenn der Verzicht zugunsten eines Dritten erklärt wird, ist nach wohl überwiegender Meinung notarielle Form nicht erforderlich,[16] obwohl der Dritte mit der Annahme des Verzichts den Landabfindungsanspruch des Verzichtenden erhält[17] und sich – jedenfalls wenn das Flurbereinigungsverfahren mit den vorgesehenen Rechtsänderungen abgeschlossen wird

---

[14] Zur Vertragsgestaltung, Sicherung von Verkäufer und Käufer, Belehrungen und Muster s Tönnies MittRhNotK 1987, 93 (100 ff); vgl auch Langenfeld in Münchener Vertragshandbuch (5. Aufl) Bd 5 Formular I 11 u 12.
[15] BayObLG 1986, 86 = Rpfleger 1986, 370.
[16] Für Beurkundungspflicht Tönnies MittRhNotK 1987, 117; Staudinger/Wurfka (2001) Rdn 51 zu § 313 BGB; Grziwotz MittBayNot 1996, 454 (zum vergleichbaren Umlegungsverfahren); Berg MittBayNot 1988, 197.
[17] Seehusen/Schwede Rdn 3 zu § 52 FlurbG.

IV. Verfügungsbeschränkungen nach Landwirtschaftsrecht (FlurbG)

– der Verzicht nach § 52 FlurbG wirtschaftlich als Grundstücksübertragung darstellt.[18]

e) Vorläufige Besitzeinweisung

Die Beteiligten können in den Besitz der neuen Grundstücke vorläufig eingewiesen werden, wenn deren Grenzen in die Örtlichkeit übertragen worden sind und endgültige Nachweise für Fläche und Wert der neuen Grundstücke vorliegen sowie das Verhältnis der Abfindung zu dem von jedem Beteiligten Eingebrachten feststeht (§§ 65 ff FlurbG). Die vorläufige Besitzeinweisung kann auf Teile des Flurbereinigungsgebiets beschränkt werden. Hier kann ein Teilnehmer, der seinen von der Flurbereinigung erfaßten Grundbesitz **veräußern** will, nur über seine alten Grundstücke verfügen, obwohl er diese gar nicht mehr im Besitz hat. Der Erwerber erlangt hier das Eigentum an den alten Grundstücken des Verkäufers, jedoch Besitz und Nutzung an denjenigen Grundstücken, in deren Besitz der Verkäufer eingewiesen worden ist. Liegt ein derartiger Fall vor und kann die Veräußerung wirklich nicht noch hinausgeschoben werden, so ist es zweckmäßig, zuvor Auskunft von der Flurbereinigungsbehörde einzuholen. Diese kann dann raten, wie im Einzelfalle am besten vorgegangen wird.[19]

4041

f) Beschränkungen für die Teilnehmergemeinschaft

Die als Körperschaft des öffentlichen Rechts gebildete Teilnehmergemeinschaft am Flurbereinigungsverfahren bedarf zum Abschluß von Verträgen, insbesondere von Veräußerungs- und Erwerbsverträgen, der **Zustimmung** der Flurbereinigungsbehörde (§ 17 FlurbG). Diese Behörde kann die Teilnehmergemeinschaft zum Abschluß von Verträgen geringerer Bedeutung allgemein ermächtigen, jedoch nicht zur Aufnahme von Darlehen.[20]

4042

3. Rechtslage nach durchgeführter Flurbereinigung

a) Ausführungsanordnung und deren Wirkungen

Nach Eintritt der Rechtskraft des Flurbereinigungsplans ordnet die Flurbereinigungsbehörde seine Ausführung (§ 62 FlurbG) an.[21] Die AusfAO und der Zeitpunkt des Eintritts des neuen Rechtszustandes sind öffentlich bekanntzumachen. Die Flurbereinigungsbehörde regelt die tatsächliche Überleitung in den neuen Zustand, namentlich den Übergang des Besitzes und der Nutzung der neuen Grundstücke. Die Überleitungsbestimmungen sind bei den Gemeindeverwaltungen zur Einsichtnahme durch die Beteiligten auszulegen. Die Ausführung des Flurbereinigungsplans kann nach Maßgabe des § 63 FlurbG bereits vor seiner Rechtskraft angeordnet werden.

4043

---

[18] Ob der Anspruch des Dritten bereits Anwartschaftsrecht ist oder nicht, wird kontrovers beurteilt, vgl VGH Baden-Württemberg AgrarR 1990, 299; BFH ZfIR 2000, 727.
[19] Wegen Einzelheiten s Seehusen RdL 1955, 319; Haselhoff RdL 1999, 1.
[20] Wegen etwaigen Fortbestehens der Teilnehmergemeinschaft über die Verfahrensbeendigung hinaus s OVG Koblenz RdL 1968, 275.
[21] Im Rahmen der Flurbereinigung bedarf die Teilung von Waldgrundstücken, die in gemeinschaftlichem Eigentum stehen, der Zustimmung der Forstaufsichtsbehörde (§ 85 Nr 9 FlurbG).

4044 Nach Erlaß der endgültigen – oder vorzeitigen – AusfAO ist eine **Verfügung über den alten** in die Flurbereinigung eingeworfenen Grundbesitz nicht mehr möglich, denn mit dem in der AusfAO festgesetzten Tage tritt kraft des in der Flurbereinigung geltenden Ersatzgrundsatzes – Surrogationsprinzips – die Landzuteilung eines jeden Beteiligten anstelle seiner alten Grundstücke, die als rechtlich untergegangen anzusehen sind (§ 69 FlurbG).[22] Eintragung im Grundbuch des untergegangenen Grundstücks (auch Eintragung eines Amtswiderspruchs) kann nicht mehr erfolgen.[23] Die Teilnehmer sind an der Verfügungserklärung über die ihnen zugeteilten Grundstücke zwar nicht gehindert, aber der für die Vollendung der Verfügung notwendige Grundbuchvollzug ist solange nicht möglich, als diese noch nicht in das Grundbuch übernommen und damit als besondere Grundstücke ausgewiesen sind.[24] Die Grundbuchberichtigung (siehe dazu Rdn 4046 ff) wird aber verhältnismäßig rasch erfolgen können. Ein Buchberechtigter erwirbt durch die Ausführungsanordnung des Flurbereinigungsplans kein Eigentum am zugeteilten Grundstück; dies steht nach dem Grundsatz der dinglichen Surrogation dem wahren Berechtigten zu.[25]

4045 Im Falle einer **vorzeitigen Ausführungsanordnung** (§ 63 FlurbG) können noch Beschwerden gegen den Flurbereinigungsplan anhängig sein, die unter Umständen die Durchführung der Grundbuchberichtigung hemmen. Hier besteht aber dann, wenn die Flurbereinigungsbehörde das Berichtigungsersuchen an das Grundbuchamt zurückstellen will, die Möglichkeit, das Grundbuch wenigstens **für einzelne Teilnehmer vorweg berichtigen** zu lassen (§ 82 FlurbG). Es kann nämlich ein Teilnehmer, dessen Rechte durch Beschwerden nicht berührt werden, beantragen, daß die Flurbereinigungsbehörde das Grundbuchamt sogleich ersucht, das Grundbuch durch Eintragung seiner neuen Grundstücke zu berichtigen. Dem Ersuchen ist außer der Bescheinigung über den Eintritt des neuen Rechtszustandes nur der Nachweis über die alten und neuen Grundstücke des Antragstellers beizufügen.[26] Auf diese Weise wird die

---

[22] OLG Schleswig RdL 1964, 305; s aber auch Seehusen RdL 1954, 233.
[23] BayObLG MittBayNot 1993, 287. Wird gleichwohl am Einlagegrundstück ein Recht (Nießbrauch) eingetragen, nachdem die vorzeitige Ausführung des Flurbereinigungsplans wirksam angeordnet wurde und ist für das belastete Einlagegrundstück im Flurbereinigungsplan kein Ersatzgrundstück ausgewiesen, so hat das Grundbuchamt auf Anregung der Flurbereinigungsbehörde ein Löschungsverfahren nach §§ 84 ff GBO wegen rechtlicher Gegenstandslosigkeit einzuleiten; OLG Frankfurt Rpfleger 2002, 73 Leits.
[24] BayObLG 1982, 455 = BWNotZ 1983, 45 = MittBayNot 1983, 64 = MittRhNotK 1983, 51 = Rpfleger 1983, 145; auch BayObLG 1985, 372 (376) = aaO (Fußn 5) und BayObLG DNotZ 1986, 146; OLG Frankfurt MittRhNotK 1996, 226 (227) = aaO (Fußn 4). Kritisch hierzu Haiduk MittBayNot 1983, 66; Eckhardt BWNotZ 1984, 109; Tönnies MittRhNotK 1987, 93 (99). Ein Zwangsversteigerungsvermerk kann auch nach Ausführungsanordnung und vor Grundbuchberichtigung eingetragen werden (LG Ellwangen BWNotZ 1989, 91). Wegen Grundstücksbezeichnung, wenn nach Auflassung eines Einbringgrundstücks das Verfahren abgeschlossen wird, s Rdn 4033.
[25] Gutachten DNotI-Report 2003, 36, auch zur Frage, ob der wahre Berechtigte seine Rechte zivilrechtlich oder im Flurbereinigungsverfahren durchsetzen muß.
[26] S dazu auch BVerwG RdL 1959, 330 wie folgt: Ist durch die Klagen anderer Teilnehmer am Umlegungsverfahren nur ein Grundstück berührt, so ist die Flurbereinigungsbehörde verpflichtet, das Grundbuchamt hinsichtlich der übrigen dem Teilneh-

IV. Verfügungsbeschränkungen nach Landwirtschaftsrecht (FlurbG)

Möglichkeit gegeben, über die neu zugeteilten Grundstücke schon bald durch Veräußerung oder Belastung zu verfügen. Der Grundbuchverkehr wird damit nicht unnötig aufgehalten.

b) Grundbuchberichtigung

Nach Eintritt des neuen Rechtszustandes sind die öffentlichen Bücher auf Ersuchen der Flurbereinigungsbehörde nach dem Flurbereinigungsplan zu **berichtigen** (§ 79 Abs 1 FlurbG). Für Rechtsänderungen, die durch Rechtsbehelfe gegen den Flurbereinigungsplan berührt werden, ist das Ersuchen erst zu stellen, wenn die Entscheidung unanfechtbar geworden ist. 4046

Dem **Ersuchen** um kostenfreie (§ 108 FlurbG) **Berichtigung des Grundbuches** sind eine Bescheinigung über den rechtskräftigen Eintritt des neuen Rechtszustandes, Unbedenklichkeitsbescheinigung[27] und ein beglaubigter Auszug aus dem Flurbereinigungsplan beizufügen (§ 80 FlurbG), der nachweisen muß 4047
– die Eigentümer der zum Flurbereinigungsgebiet gehörenden Grundstücke;
– die alten Grundstücke und Berechtigungen sowie die dafür ausgewiesenen Abfindungen;
– die Landzuteilungen sowie die gemeinschaftlichen und die öffentlichen Anlagen;
– die zu löschenden, die auf neue Grundstücke zu übertragenden und die neu einzutragenden Rechte.

Bis zur **Berichtigung des Liegenschaftskatasters** dient der Flurbereinigungsplan als **amtliches Verzeichnis** der Grundstücke (§ 2 Abs 2 GBO, § 81 Abs 1 FlurbG). Hat die Flurbereinigungsbehörde die Unterlagen zur Berichtigung des Liegenschaftskatasters an die für die Führung des Liegenschaftskatasters zuständige Behörde abgegeben,[28] so ist für die Fortführung der Unterlagen auch vor Abschluß der Berichtigung diese Behörde zuständig (§ 81 Abs 2 FlurbG). 4048

Nachträgliche Änderungen, Ergänzungen oder Berichtigungen des Plans werden auf entsprechendes Ersuchen der Flurbereinigungsbehörde ebenfalls in das Grundbuch übernommen (§§ 64, 83 FlurbG). Auf die Berichtigung etwaiger Unrichtigkeiten in den Eigentumsverhältnissen erstreckt sich das Ersuchen der Flurbereinigungsbehörde nicht. 4049

Das **Ersuchen der Flurbereinigungsbehörde** muß den Vorschriften der §§ 28, 38, 47 GBO entsprechen. Das Grundbuchamt hat nur diese formelle Richtigkeit zu prüfen, nicht das Vorliegen der gesetzlichen Voraussetzungen.[29] Voreintragung des wahren Eigentümers ist nicht Voraussetzung der Berichtigung nach § 80 FlurbG.[30] Dem Grundbuchersuchen muß auch stattgegeben wer- 4050

---

mer zugesprochenen Grundstücke um Berichtigung des Grundbuchs zu ersuchen. Eine sich über sechs Jahre hinziehende Verzögerung der Grundbuchberichtigung nach Erlaß einer vorzeitigen AusfAO ist nicht mehr mit Artikel 14 GG vereinbar. S hierzu auch BayObLG aaO (Fußn 24); Henrich RdL 1961, 94.
[27] Böhringer Rpfleger 2000, 99 (100); s auch Rdn 3875.
[28] Die Flurbereinigungsbehörde teilt das dem Grundbuchamt mit.
[29] BayObLG 1985, 372 (374) = DNotZ 1986, 354 = Rpfleger 1986, 129; OLG Frankfurt MittRhNotK 1996, 226 = aaO (Fußn 4); vgl auch OLG Hamm Rpfleger 1993, 486; OLG Hamm MittBayNot 1996, 452 mit Anm Grziwotz = Rpfleger 1996, 338 zur Grundbucheintragung bei Umlegungsmaßnahme.
[30] OLG Zweibrücken OLGZ 1978, 167.

den, wenn dem Grundbuchamt bekannt ist, daß der wahre Eigentümer nicht beteiligt ist. Wenn jedoch die Buchung eines Ersatzgrundstücks bei dem früheren Eigentümer des Einlagegrundstücks das Grundbuch nach Kenntnis des Grundbuchamts unrichtig machen würde, weil Eigentumswechsel mit Eintragung einer Auflassung noch während des Flurbereinigungsverfahrens erfolgt ist, darf das Grundbuchamt die Eintragung nicht vornehmen.[31] Gegen eine ablehnende Entscheidung hat die Flurbereinigungsbehörde ein selbständiges Beschwerderecht.[32] Wenn die Auflassung eines Einlagegrundstücks erst nach Wirksamwerden der AusfAO eingetragen wurde, der Eingetragene Eigentum aber nicht erworben hat, weil ein bestimmtes Ersatzgrundstück nicht vorhanden ist (siehe Rdn 4033), ist auf (ausdrückliches) Ersuchen der Flurbereinigungsbehörde auch Berichtigung des Grundbuchs möglich, das bei Eintragung der Auflassung für das rechtlich bereits untergegangen gewesene Einlagegrundstück angelegt wurde und den „Erwerber" als Eigentümer ausweist.[33] Gleiches gilt, wenn nach Wirksamwerden der AusfAO am Einlagegrundstück noch eine Dienstbarkeit eingetragen wurde.[34]

4051 Grundsätzlich sind die am Grundbesitz des einzelnen Beteiligten eingetretenen Rechtsänderungen nicht bei den alten Grundstücken zu buchen, vielmehr die **neuen Grundstücke** unter Rötung des alten Grundbesitzes **an nächst offener Stelle** einzutragen. Eine auf einem alten Grundstück in Abt II oder III eingetragene Belastung allerdings wird auf ein **genau bezeichnetes neues Grundstück** übernommen. Dabei ist auch die Belastung des **Bruchteils eines Grundstücks** (3/100, 2/380 und dgl) – entgegen dem Recht des BGB (§ 1114) – möglich (§ 68 Abs 2 FlurbG).[35]

Ausnahmsweise wird die Eintragung der Grundbuchberichtigung beim alten Grundstück möglich sein, wenn nur ein altes und nur ein neues Grundstück in Frage steht.

Als **Katastergrundlage** ist, da die Änderung des Liegenschaftsbuchs der Grundbuchberichtigung meist nachfolgen wird, auf den Flurbereinigungsplan und seine Ordnungsnummern zu verweisen. Später muß aber das Liegenschaftskataster nachgetragen werden.

4052 Als **Erwerbsgrund** ist das Flurbereinigungsverfahren und der Zeitpunkt des Eigentumsübergangs unter Beifügung des Tags der Eintragung der Grundbuchberichtigung anzugeben.

In **Abt II** werden die nach dem Flurbereinigungsplan **ausgefallenen Belastungen** in der allgemein üblichen Weise ohne besonderen Beisatz gelöscht.

Bleibt eine **Belastung** der Abt II **bestehen,** so wird sie beim alten Grundstück gelöscht, zum neuen Grundstück oder einem Bruchteil nach Maßgabe des Flurbereinigungsplans übertragen. Sieht dieser Plan neue Lasten in Abt II vor, so kann zu deren näheren Bezeichnung auf den Flurbereinigungsplan Bezug genommen werden.

In **Abt III** werden die Nummern der alten Grundstücke gerötet und die Nummern der neuen unter Hinweis auf das Flurbereinigungsverfahren eingetragen.

---

[31] BayObLG 1985, 372 (374, 375) = aaO.
[32] BayObLG 1985, 372 (373) = aaO; BayObLG RdL 1983, 268.
[33] Zu diesem Fall näher BayObLG 1985, 372 = aaO.
[34] BayObLG 1993, 52 = MittBayNot 1993, 285.
[35] LG Karlsruhe BWNotZ 1960, 24.

IV. Verfügungsbeschränkungen nach Landwirtschaftsrecht (FlurbG)

Ein **Grundpfandrechts-Brief** muß vorliegen, wenn Eintragungen bei dem Grundpfandrecht erfolgen (§ 41 GBO). Ihn hat die Flurbereinigungsbehörde als ersuchende Behörde vorzulegen (Rdn 3875). Im übrigen (so hinsichtlich der belasteten Grundstücke) werden Grundpfandrechtsbriefe nach § 57 Abs 2 GBO auf Antrag ergänzt.

Muster für Eintragung im Grundbuch (nur materieller Teil) 4053
    a) Eigentumsübergang beim neu gebuchten Grundstück:
    Flurbereinigungsverfahren I Zell
    Eigentumsübergang aufgrund Ausführungsanordnung der ... vom ... eingetragen am ...
    b) bei den alten gelöschten Grundstücken:
    Ausgefallen im Flurbereinigungsverfahren I Zell, Gesamtabfindung jetzt lfd. Nr. ... bis Nr.... Den ...
    c) wenn auf der bisherigen Gemarkung kein Ersatzgrundstück:
    Ausgefallen im Flurbereinigungsverfahren I Zell ohne Landabfindung;
    oder ebenso mit dem Beisatz: Landabfindung auf Gemarkung Boll. Den ......
    d) Neue Last in Abt. II:
    Grunddienstbarkeit für den jeweiligen Eigentümer von Flurstück 10 Zell betr. Quellenmitbenützung. Eingetragen unter Bezugnahme auf den Flurbereinigungsplan I Zell vom ...... Den ...
    e) Alte bestehen bleibende Last in Abt. II:
    Jetzt Nr.... zufolge Flurbereinigung I Zell.

c) Genehmigungspflichten nach erfolgter Flurbereinigung

Nach Flurbereinigung ist bei einer Grundstücksveräußerung der Versagungsgrund des § 9 Abs 1 Nr 2 iVm Abs 3 Nr 4 GrdstVG zu beachten. Einzelheiten darüber s Rdn 3979 ff. 4054

C. Vormaliges Entschuldungsrecht

a) Das Bundesgesetz zur Abwicklung der landwirtschaftlichen Entschuldung vom 25. 3. 1952 (BGBl I 203 = BGBl III 7812-2) und die Verordnung über die Löschung des Entschuldungsvermerks (Löschungsverordnung) vom 31. 1. 1962 (BGBl I 67 = BGBl III 7812-2-19) sind aufgehoben (Art 8 InsOÄndG vom 26. 10. 2001, BGBl I 2710 [2715]). Entschuldungsvermerke waren schon bisher größtenteils gelöscht. Ein etwa noch eingetragener Entschuldungsvermerk ist gegenstandslos; vom Grundbuchamt kann er nach § 84 Abs 1 S 2 GBO gelöscht werden. 4055

b) Im Beitrittsgebiet (Rdn 54 a) ist zu unterscheiden: 4056
– der Entschuldungsvermerk, der auf der Grundlage des Gesetzes vom 1. Juni 1933 zur Regelung der landwirtschaftlichen Schuldverhältnisse eingetragen wurde. Er ist gegenstandslos. Zu löschen ist er nach § 84 Abs 1 S 2 GBO, und zwar auch dann, wenn er nach § 18 Abs 1 S 1 VermG aF nach Rückübertragung eines Grundstücks wieder eingetragen wurde;[1]
– der Entschuldungsvermerk, der auf der Grundlage des Gesetzes über die Entschuldung der Klein- und Mittelbauern beim Eintritt in die LPG vom

---
[1] Böhringer DtZ 1994, 131 und Rpfleger 1995, 56.

17. 2. 1954 (GBl DDR I 224) eingetragen wurde. Für die Löschung dieses Vermerks trifft § 105 Abs 1 Nr 6a GBV Bestimmung.

4057, 4058 Diese Randnummern sind entfallen.

V. Verfügungsbeschränkungen im Wirtschafts- und Sozialrecht

A. Verfügungsbeschränkungen nach Sozialversicherungs- und Versorgungsrecht

1. Sozialversicherungsträger

a) Grundstückserwerb

4059 Der Erwerb von Grundstücken und grundstücksgleichen Rechten durch einen Träger der Sozialversicherung (Versicherungträger) bedarf der **Genehmigung** der Aufsichtsbehörde (Bundesanstalt für Finanzdienstleistungen). Genehmigungspflichtig ist jeder Erwerb, der mit eigenen Mitteln des Versicherungsträgers erfolgt, ohne Rücksicht auf den mit dem Erwerb verfolgten Zweck (§ 85 Abs 1 SGB IV). Der Erwerb von Grundstücken und grundstücksgleichen Rechten bis zu einem gesetzlichen festgelegten Hundertsatz des Haushaltsvolumens des Versicherungsträgers (mit Mindest- und Höchstsätzen) ist genehmigungsfrei (§ 85 Abs 2 und 3 SGB IV). In dieser Weise unterliegt auch der Erwerb von Grundstücken in der Zwangsversteigerung keiner Genehmigung. Das sozialrechtliche Schrifttum[1] vertritt die Auffassung, diese Genehmigungspflicht nach § 85 Abs 1 SGB IV betreffe nur die interne Kontrolle des Versicherungsträgers durch die Aufsichtsbehörde, habe aber keine Folgen für die Rechtswirksamkeit eines mit Dritten geschlossenen Vertrages. Angesichts des klaren Wortlauts des Gesetzes teilen wir diese Auffassung nicht.[2]

b) Grundstücksveräußerung und -belastung

4060 Die Veräußerung und Belastung von Grundstücken durch einen Versicherungsträger unterliegt keiner Genehmigung.

2. Versorgungsrecht

a) Belastung, Veräußerung

4061 Wird einem **Versorgungsberechtigten** (zB auch nach § 14 Abs 3 des Gesetzes über die Errichtung einer Stiftung „Hilfswerk für behinderte Kinder" vom 17. 12. 1971, BGBl I 2018) eine Kapitalabfindung zum Ankauf eines Grundstücks gewährt, so kann angeordnet werden, daß die Belastung des mit der Kapitalabfindung erworbenen Grundstücks oder seine Weiterveräußerung innerhalb einer Frist von bis zu fünf Jahren nur mit **Genehmigung** der zuständigen Verwaltungsbehörde zulässig ist (§ 75 des Bundesversorgungsgesetzes in seiner Fassung vom 22. 1. 1982, BGBl I 21). Diese Anordnung wird

---

[1] Wannagat/Hassenkamp Rdn 6; Gleitze/Krause/vMaydell/Merten Rdn 3 ff, je zu § 85 SGB IV; ebenso LG Leipzig MDR 2001, 1049 mit abl Anm Gruber.
[2] Ebenso Gruber aaO. S auch Bauer/vOefele, die bei genehmigungsfreiem Erwerb (bis zu einem bestimmten Hundertsatz des Haushaltsvolumens) Vorlage eines Negativattestes verlangen, weil dem Grundbuchamt Prüfung nicht möglich ist.

V. Verfügungsbeschränkungen im Wirtschafts- und Sozialrecht

mit der Eintragung in das Grundbuch wirksam, die auf Ersuchen (§ 38 GBO) der zuständigen Verwaltungsbehörde erfolgt.[3] Das Belastungsverbot wirkt nicht gegenüber voreingetragenen Rechten.

Eintragungsbeispiel:

> Belastungs-/Veräußerungs- (oder zusammen: Verfügungs-)Verbot nach § 75 Bundesversorgungsgesetz befristet bis ... eingetragen am ...

Ein **Soldat** im Ruhestand kann eine Kapitalabfindung statt eines Teils des Ruhegehalts erhalten (§ 28 Soldatenversorgungsgesetz [SVG] idF vom 9. 4. 2002, BGBl I 1259). Die bestimmungsgemäße Verwendung des Kapitals kann durch Anordnung gesichert werden, daß die Weiterveräußerung und Belastung des Grundstücks oder des an einem Grundstück bestehenden Rechts innerhalb einer Frist bis zu fünf Jahren nur mit Genehmigung des Bundesministeriums der Verteidigung zulässig ist (§ 31 S 2 SVG). Diese Anordnung wird mit der Eintragung in das Grundbuch wirksam (§ 31 S 3 SVG). Eingetragen wird auf Ersuchen (§ 38 GBO) des Bundesministeriums der Verteidigung (§ 31 S 4 SVG). 4062

b) Löschung

Löschung des Belastungs- oder Veräußerungsverbots kann auf Antrag vor Fristablauf mit Löschungsbewilligung des Verwaltungsträgers erfolgen. Wenn die Verfügungsbeschränkung mit Zeitablauf erloschen ist, ist das Grundbuch unrichtig. Dann kann der Vermerk auf formlosen Antrag des Eigentümers oder der Verwaltungsbehörde (Unrichtigkeitsnachweis, § 22 GBO, durch Bezeichnung der Frist im Eintragungsersuchen und Zeitablauf) oder auch wegen Gegenstandslosigkeit nach § 84 GBO gelöscht werden.[4] 4063

B. Verfügungsbeschränkungen für Bausparkassen, Hypothekenbanken, Versicherungsunternehmen und Kapitalanlagegesellschaften

1. Versicherungsunternehmen und Bausparkassen

a) Grundstückserwerb

Inländische und ausländische (§ 105 Abs 2 VAG) **Versicherungs**aktiengesellschaften und Versicherungsvereine auf Gegenseitigkeit bedürfen zum Erwerb von Grundstücken[1] **keiner Genehmigung** der Aufsichtsbehörde. Es besteht nur noch eine Anzeigepflicht (§ 54 Abs 2 VAG). Ein Nachweis gegenüber dem Grundbuchamt ist nicht erforderlich. Die für Anlage gebundenen Vermögens 4064

---

[3] Erwirbt ein Beschädigter im Sinne des Bundesversorgungsgesetzes mit einer Kapitalabfindung das Eigentum nur an dem ideellen Bruchteils eines Grundstücks, so können die hier behandelten Verfügungsbeschränkungen nur an diesem Anteil im Grundbuch eingetragen werden. Dies gilt auch dann, wenn die Ehefrau des Beschädigten Miteigentümerin ist (BGH DNotZ 1956, 228 = NJW 1956, 463; s dazu auch Ripfel, Grundbuchrecht, S 24 wegen des Falles der Gütergemeinschaft).
[4] Wolber Rpfleger 1982, 210.
[1] Seit dem Änderungsgesetz zum VAG vom 20. 12. 1974 (BGBl I 3693).

in Grundstücke nach § 54a Abs 2 Nr 10 VAG erforderliche Genehmigung der Aufsichtsbehörde bezieht sich nicht auf den Erwerbsvorgang (das schuldrechtliche Verpflichtungsgeschäft und das dingliche Erwerbsgeschäft), sondern auf die Zuführung des Vermögensgegenstands zum Deckungsstock. Für den Fall, daß die Bundesanstalt für Finanzdienstleistungsaufsicht die mit dem (genehmigungsfreien) Erwerb in Aussicht genommene Vermögensanlage in Grundbesitz nach § 54a Abs 2 Nr 10 VAG nicht genehmigt, kann der Kaufvertrag mit einer auflösenden Bedingung oder einer Rücktrittsklausel versehen werden.

Die Erwerbsbeschränkungen der **Bausparkassen** nach § 4 Abs 4 des Ges über Bausparkassen idF vom 15. 2. 1991 (BGBl I 455) hat das Grundbuchamt nicht zu prüfen.

b) Verfügung über Grundstücke und Grundpfandrechte durch Versicherungsunternehmen

4065 Über die dem Deckungsstock zugeführten Grundstücke, Buchhypotheken,[2] Grund- und Rentenschulden dürfen inländische[3] Versicherungsunternehmen nur mit **Zustimmung** des zur Überwachung bestellten **Treuhänders** verfügen (§§ 70–72 VAG). Ein entsprechender Grundbucheintrag ist vorzunehmen.[4]

Eintragungsbeispiel

> Die Verfügung über ... [Bezeichnung des Grundstücks oder Rechts] ist nur mit Zustimmung des zur Überwachung des Deckungsstocks bestellten Treuhänders zulässig; eingetragen am ...

Die Beschränkung hat nur relative Wirkung.[5] Das Grundbuchamt darf eine zustimmungspflichtige Eintragung (auch Löschung) im Grundbuch nur vor-

---

[2] LG Bielefeld Rpfleger 1993, 333. Keine Zustimmung des Treuhänders ist zur Löschung von Briefrechten nötig, LG Dortmund Rpfleger 1990, 454.

[3] Bei **ausländischen** Versicherungsunternehmen ist nach ihrem Sitz zu unterscheiden: Versicherungsunternehmen mit Sitz innerhalb der Mitgliedstaaten der Europäischen Gemeinschaft oder eines anderen Vertragsstaats des Abkommens über den Europäischen Wirtschaftsraum unterliegen nicht mehr deutschen Bindungen und ihrer Überwachung durch das Bundesaufsichtsamt (§ 110a Abs 3 VAG), sondern nur durch die Behörden des jeweiligen Herkunftsstaates. Bei Unternehmen mit Sitz außerhalb der Mitgliedstaaten der Europäischen Gemeinschaft oder eines Vertragsstaates wird ein Treuhänder nicht bestellt (§ 110 Abs 2 S 1 VAG). Sicherstellung des Deckungsstocks für diese Versicherungen erfolgt durch Überwachung durch die Bundesanstalt für Finanzdienstleistungsaufsicht; verfügt werden kann nur mit ihrer Genehmigung (§ 110 Abs 2 S 2 VAG). **Vertreten** wird das ausländische Versicherungsunternehmen mit Sitz außerhalb der EG bzw des EWR für die im Inland errichtete Niederlassung durch den **Hauptbevollmächtigten** (§ 106 Abs 2, 3 VAG). Er schließt im Umfang seiner Vertretungsmacht die Vertretung durch die Organe der Gesellschaft aus. Nachweis erfolgt durch Handelsregisterauszug. Auch diese Verfügungsbeschränkungen ergeben sich aus dem Grundbuch.

[4] S LG Hamburg JW 1934, 3153. Wegen der Eintragungsfähigkeit – als Grundbuchberichtigung – s auch KG JW 1934, 1126, 1367. Zur Eintragung des Sperrvermerks nach § 72 VAG ist entweder Unrichtigkeitsnachweis nach § 22 GBO zu führen oder Berichtigungsbewilligung erforderlich, s LG Bielefeld Rpfleger 1993, 333.

[5] KG JFG 11, 321.

V. Verfügungsbeschränkungen im Wirtschafts- und Sozialrecht

nehmen, wenn die Zustimmungserklärung des Treuhänders in der Form des § 29 GBO vorliegt (§ 72 Abs 3 VAG). Daß der Zustimmende Treuhänder ist, ist durch Erklärung des für die Bestellung zuständigen Aufsichtsrats (des Vorstands bei kleineren Vereinen ohne Aufsichtsrat) oder Bescheinigung der Bundesanstalt für Finanzdienstleistungsaufsicht als Aufsichtsbehörde (Form je § 29 GBO) nachzuweisen, die nicht veraltet sein darf[6] (ist nach den Umständen des Einzelfalls zu würdigen). Wenn der Treuhänder zur Überwachung nur eines Teils des Deckungsstocks bestellt ist, ist (in der Form des § 29 GBO) auch nachzuweisen, daß das Recht zu dem Deckungsstock gehört, für dessen Überwachung der zustimmende Treuhänder bestellt ist.[7] Dies gilt auch dann, wenn das Grundstück oder Grundpfandrecht versehentlich in das Deckungsstockverzeichnis eingetragen ist und ebenso, wenn die Verfügungsbeschränkung im Grundbuch nicht eingetragen, dem Grundbuchamt die Zugehörigkeit des Rechts zum Deckungsstock aber positiv bekannt ist[8] (s auch Rdn 2004 ff).

2. Hypothekenbanken

Hypothekenbanken dürfen nur einen begrenzten Kreis von Geschäften betreiben (vgl § 5 des Hypothekenbankgesetzes idF vom 9. 9. 1998, BGBl I 2674). Insbesondere ist auch der **Erwerb** von **Grundstücken** beschränkt. Ein Verstoß gegen die maßgeblichen Vorschriften ist auf die privatrechtliche Wirksamkeit des Rechtsgeschäfts jedoch ohne Einfluß. Das Vorliegen der erforderlichen Genehmigung hat das Grundbuchamt daher nicht zu prüfen.

4066

3. Kapitalanlagegesellschaften

Eine Kapitalanlagegesellschaft (Investmentgesellschaft) darf nur mit Zustimmung der von ihr beauftragten Depotbank über die zu ihrem Grundstücks-Sondervermögen gehörenden Grundstücke, Erbbaurechte und Wohnungseigentums-Anteile verfügen (§ 31 Abs 2 KAGG idF vom 9. 9. 1998; BGBl I 2726), dh sie veräußern oder belasten. Die Kapitalanlagegesellschaft hat dafür zu sorgen, daß die vorgenannten Verfügungsbeschränkungen in **Abt II des Grundbuchs** eingetragen werden (§ 31 Abs 4 S 1 KAAG). Die Depotbank hat die Einhaltung dieser Verpflichtung zu überwachen (§ 31 Abs 4 S 2 KAAG). Eine ohne Zustimmung der Depotbank erfolgte Verfügung ist gegenüber den Anteilsinhabern unwirksam (§ 31 Abs 2 S 2 KAGG, § 135 BGB). Gutgläubiger Erwerb ist möglich, solange die Verfügungsbeschränkung noch nicht im Grundbuch eingetragen ist.

4067

Die Erwerbsbeschränkung nach § 27 KAGG ist dagegen für die privatrechtliche Wirksamkeit des Rechtsgeschäfts ohne Einfluß (§ 27 Abs 6 KAAG); die Genehmigung ist dem Grundbuchamt daher nicht nachzuweisen.

---

[6] LG Hamburg Rpfleger 1981, 82 und Bauer/vOefele/Kössinger Rdn 210 zu § 19 gehen (uE zu eng) davon aus, daß die Bescheinigung nicht über 3 Monate alt sein dürfe.
[7] OLG Frankfurt NJW-RR 1993, 150 = OLGZ 1993, 169 = Rpfleger 1993, 147.
[8] KG JFG 11, 321; LG Bielefeld Rpfleger 1993, 333.

C. Verfügungsbeschränkungen im Wohnungsbau

1. Wohnraumförderungsgesetz, Wohnungsbindungsgesetz

4068 Das Gesetz über die soziale Wohnraumförderung (Wohnraumförderungsgesetz, WoFG, vom 13. 9. 2001, BGBl I 2376 mit Änderungen) und das nur noch übergangsweise weitergeltende (§ 50 WoFG, § 1 WoBindG) Gesetz zur Sicherung der Zweckbestimmung von Sozialwohnungen – Wohnungsbindungsgesetz, WoBindG – idF vom 13. 9. 2001 (BGBl I 2405) enthalten **keine Verfügungsbeschränkungen.** Jedoch können Gebrauchs- und Nutzungsbeschränkungen (Mietpreisbindung, Belegungsbeschränkung) bestehen, auch wenn im Zeitpunkt des Kaufs die öffentlichen Darlehen bereits zurückgezahlt und die entsprechenden Grundpfandrechte bereits gelöscht waren. Ein diesbezüglicher „guter Glaube" nützt dem Käufer nichts.[1] Nach § 13 Abs 3 WoFG gehen die sich aus der Förderungszusage ergebenden Rechte und Pflichten (Gebrauchs- und Nutzungsbeschränkungen, §§ 25 ff WoFG) auch auf den Sonder-)Rechtsnachfolger über.[2] Zu Auswirkungen des WoBindG (in seiner früheren Fassung) auf den Grundstücksverkehr für die notarielle Praxis näher Becker MittRhNotK 1980, 213 und 1982, 12 sowie 1985, 209, zum WoFG vgl Heimsoeth RNotZ 2002, 88.

2. Bergarbeiterwohnungsbau

4069 Die Förderung des Bergarbeiterwohnungsbaues aus Treuhandvermögen nach dem Gesetz zur Förderung des Bergarbeiterwohnungsbaues im Kohlenbergbau (das Gesetz gilt nicht im Saarland) ist eingestellt (§ 1 Abs 1 dieses Ges idF vom 25. 7. 1997, BGBl I 1943). Wohnungen, für die Mittel bis 31. Dez 1996 bewilligt sind, dürfen nur von Wohnungsberechtigten bewohnt werden (Zweckbindung nach §§ 4–6 Ges). Eine Verfügungsbeschränkung besteht nicht. Zweckbindung für Nutzung durch Wohnungsberechtigte besteht auch für Bergmannswohnungen nach dem Gesetz über Bergmannssiedlungen (BGBl III 2330-5, mit Änderungen) nach § 24 Ges zur Förderung des Bergarbeiterwohnungsbaues.

D. Verfügungsbeschränkungen nach Außenwirtschaftsrecht

1. Allgemeines

4070 Rechtsgrundlage ist das Außenwirtschaftsgesetz (AWG) vom 28. 4. 1961 (BGBl I 481 = BGBl III 7400-1) mit vielfachen Änderungen und die Verordnung zur Durchführung des AWG (AWV). Zum Geltungsbereich des AWG

---

[1] S in obigem Sinne BGH MittBayNot 1974, 56 mit Anm Schriftl = NJW 1974, 145. S auch Lickleder MittBayNot 1972, 95; Mann BWNotZ 1967, 189; Wolfsteiner MittBayNot 1971, 277. Eine Belehrungspflicht des Notars ohne besonderen Anlaß besteht nicht, OLG Düsseldorf DNotZ 1985, 185; vgl auch OLG Köln MittRhNotK 1985, 23 und DNotZ 1987, 695.
[2] Vgl Heimsoeth RNotZ 2002, 88 (93).

gehören als sog **Wirtschaftsgebiet** das Bundesgebiet und die Zollanschlußgebiete (§ 4 Abs 1, § 51 AWG). Fremde Wirtschaftsgebiete im Sinne des AWG sind alle Gebiete außerhalb des Wirtschaftsgebiets. Weitere Unterscheidungsmerkmale des AWG sind die Begriffe der **Gebietsansässigen** und der **Gebietsfremden** (§ 4 Abs 1 Nr 3, 4 AWG).

2. Genehmigungsfragen und Meldepflichten

a) Freistellung von Genehmigungspflichten

Verträge mit Gebietsfremden und zwischen Gebietsfremden über im Wirtschaftsgebiet belegene **Grundstücke** und über **Rechte** an solchen **Grundstücken** sowie Erbauseinandersetzungsverträge, an denen Gebietsfremde beteiligt sind, bedürfen keiner Genehmigung. Die in solchen Verträgen vereinbarten Zahlungen dürfen ohne Genehmigung in Euro oder in ausländischer Währung geleistet und entgegengenommen werden. Zu beachten ist jedoch, daß ausländische Devisenvorschriften nach dem Abkommen über den Internationalen Währungsfonds (BGBl 1978 II 3) auch im Inland Auswirkungen haben können, auf das Grundbuchverfahren wirken sie sich aber nicht aus. 4071

b) Meldepflichten

Meldevorschriften für Vermögensanlagen und für den Zahlungsverkehr sind zu beachten. Für die notarielle Praxis von Bedeutung ist die Meldepflicht nach § 26 Abs 2 AWG iVm § 59 AWV, wonach Gebietsansässige Zahlungen an gebietsfremde Auftraggeber zu melden haben (zB Überweisung des Geldes vom Notaranderkonto an einen im Ausland lebenden Auftraggeber).[1] 4072

Diese Randnummern sind entfallen. 4073, 4074

VI. Verfügungsbeschränkungen für öffentliche Rechtsträger

A. Verfügungsbeschränkungen nach Kommunalrecht

1. Rechtsquellen

Die meisten Länder haben eine eigene **Gemeindeordnung**. Es gelten für **Baden-Württemberg**: GO vom 24. 7. 2000 (GBl 581). Verbot der Veräußerung von Vermögensgegenständen unter Wert (§ 92 Abs 1). Keine Genehmigungspflicht. Bei Veräußerung eines Vermögensgegenstandes unter seinem vollen Wert ist ein Beschluß der Rechtsaufsichtsbehörde vorzulegen (§ 92 Abs 3). Freistellung von der Vorlagepflicht bei Unterschreitung bestimmter Freigrenzen (VwV vom 26. 11. 1993, GABl 1121). Diese Vorlage ist dem Grundbuchamt nicht nachzuweisen. Verbot der Sicherheitenbestellung zugunsten Dritter mit der Möglichkeit der Ausnahmegenehmigung durch Aufsichtsbehörden[1*] (§ 88 Abs 1). 4075

---

[1] Vgl Rundschreiben der Landesnotarkammer Bayern vom 17. 5. 1993 und der Bundesnotarkammer vom 17. 1. 1996.
[1*] Ist Wirksamkeitserfordernis, BGH MDR 2000, 1247 (1248).

Bayern: GO idF vom 22. 8. 1998 (GVBl 796 mit Änderungen). Keine Genehmigungspflicht; Vermögensgegenstände dürfen in der Regel nur zum vollen Wert (mithin Verkehrswert)[2] veräußert werden (Art 75 Abs 1). Bestellung von Sicherheiten zugunsten Dritter bedarf der aufsichtsrechtlichen Genehmigung (Art 72 Abs 3), Genehmigungsfreiheit nach VO über die Genehmigungsfreiheit von Rechtsgeschäften des kommunalen Kreditwesens vom 16. 8. 1995 (GVBl 812); Genehmigungsfreiheit insbesondere, wenn beim Erwerb oder der Veräußerung eines Grundstücks Grundpfandrechte im Zusammenhang mit der Kaufpreiszahlung bestellt werden (§ 3 Nr 4 der VO).

Brandenburg: GO vom 10. 10. 2001 (GVBl 154). Genehmigung der Kommunalaufsichtsbehörde für unentgeltliche Veräußerung von Vermögensgegenständen und Verkauf oder Tausch von Grundstücken oder grundstücksgleichen Rechten (§ 90 Abs 3, § 122). Dazu VO über die Genehmigungsfreiheit von Rechtsgeschäften der Gemeinden (Genehmigungsfreistellungsverordnung – GenehmFV) vom 20. 11. 2001 (GVBl II 631). Genehmigungsfreiheit, wenn der Kaufpreis dem Wert entspricht, der durch ein Verkehrswertgutachten eines Gutachterausschusses oder eines Sachverständigen ermittelt worden ist und das Verkehrswertgutachten nicht älter als zwölf Monate war, der Kaufpreis bestimmte Beträge (unterschiedlich je nach Einwohnerzahl der Gemeinden) nicht übersteigt, keine Stundung des Kaufpreises vereinbart wurde und der gesamte Kaufpreis spätestens sechs Monate nach Abschluß des Rechtsgeschäfts fällig wird. Mehrfache Sonderbestimmungen. Sicherheiten zugunsten Dritter darf die Gemeinde nicht bestellen (Ausnahme mit Genehmigung der Kommunalaufsichtsbehörde, § 86 Abs 1 GO). Dem Antrag auf Grundbucheintragung ist eine Erklärung der Gemeinde über die Genehmigungsfreiheit beizufügen (§ 3 VO).

Hessen: GO vom 1. 4. 1993 (GVBl 534). § 109 Abs 3 und 4 über die Genehmigungspflichten bei der Veräußerung von Grundstücken wurden durch Gesetz vom 17. 10. 1996 (GVBl 456) aufgehoben. Verbot der Bestellung von Sicherheiten zugunsten Dritter (§ 104), Ausnahmegenehmigung der Aufsichtsbehörde möglich.

Mecklenburg-Vorpommern: GO vom 13. 1. 1998 (GVOBl. 29, mit Änderungen). Genehmigung der Rechtsaufsichtsbehörde für unentgeltliche Veräußerung von Vermögensgegenständen und Verkauf oder Tausch von Grundstücken oder grundstücksgleichen Rechten (§ 57 Abs 3). Verbot der Bestellung von Sicherheiten zugunsten Dritter, Ausnahmegenehmigung der Rechtsaufsichtsbehörde möglich (§ 58 Abs 1). Bisher keine VO über Genehmigungsfreiheit.

Niedersachsen: GO vom 22. 8. 1996 (GVBl 382). Genehmigung der Kommunalaufsichtsbehörde bei unentgeltlicher Veräußerung von Vermögensgegenständen (§ 97 Abs 3). VO über die Genehmigungsfreiheit von Rechtsgeschäften der Gemeinden und Landkreise vom 26. 6. 1997 (GVBl 307) hat eine weitgehende Freistellung von dem Genehmigungsvorbehalt für Grundstücksgeschäfte und lediglich Anzeigepflichten eingeführt. Bei Grundbuchein-

---

[2] BayObLG 2001, 54 (56) = BayVBl 2001, 539.

tragung ist die Erklärung der Gemeinde beizufügen, daß Anzeigepflicht nicht besteht oder beachtet wurde. Verbot der Bestellung von Sicherheiten zugunsten Dritter, Ausnahmegenehmigungen der Aufsichtsbehörde möglich (§ 93 Abs 1).

Nordrhein-Westfalen: GO vom 14. 7. 1994 (GV 666, mit Änderungen). Verbot der Veräußerung von Vermögensgegenständen unter Wert (§ 90 Abs 1). Keine Genehmigungs- oder Anzeigepflicht; Verbot der Sicherheitsbestellung zugunsten Dritter, Ausnahmegenehmigung der Aufsichtsbehörde möglich (§ 86 Abs 1). Dazu VO über Ausnahmen vom Verbot der Bestellung von Sicherheiten zugunsten Dritter durch Gemeinden vom 27. 11. 1996 (GVBl 519): Finanzierungsgrundpfandrechte bei Veräußerung von gemeindeeigenen Grundstücken oder Erbbaurechten sind zulässig, wenn der Kaufpreis unmittelbar an die Gemeinde oder auf Notaranderkonto gezahlt wird, der Grundpfandrechtsgläubiger hierfür unwiderruflich einsteht und der Erwerber die Kosten trägt (Anzeigepflicht für derartige Verträge).

Rheinland-Pfalz: GO vom 31. 1. 1994 (GVBl 153, mit Änderungen). Keine Genehmigungs- und Anzeigepflicht. Vermögensgegenstände dürfen nur zum vollen Wert veräußert werden (§ 79 Abs 1). Verbot der Bestellung von Sicherheiten zugunsten Dritter, Ausnahmegenehmigung der Aufsichtsbehörde möglich (§ 104 Abs 1).

Saarland: Kommunalselbstverwaltungsgesetz (KSVG) vom 27. 6. 1997 (ABl 682, mit Änderungen = BS 2020-1). Veräußerung von Vermögensgegenständen in der Regel nur zum vollen Wert (§ 97 Abs 1). Keine Genehmigungspflicht. Sicherheiten zugunsten Dritter dürfen nicht bestellt werden (§ 93 Abs 1, § 102 Abs 3 KSVG; bei Verstoß Nichtigkeit, § 125 Abs 2 KSVG); Ausnahmen regelt die VO über die Genehmigungsfreiheit von Rechtsgeschäften der Gemeinden und Gemeindeverbände vom 28. 9. 2001 (ABl 1942). Ausnahmegenehmigung der Aufsichtsbehörde möglich (§ 93 Abs 1).

Sachsen: GO vom 18. 3. 2003 (GVBl 55). Genehmigung der Rechtsaufsichtsbehörde bei Veräußerung von Grundstücken oder grundstücksgleichen Rechten und bei der unentgeltlichen oder nicht wertgerechten Veräußerung anderer (nicht geringwertiger) Vermögensgegenstände (§ 90 Abs 3), Veräußerung nur zum vollen Wert (§ 90 Abs 1). Keine Verordnung über Genehmigungsfreiheit; Verbot der Sicherheitenbestellung zugunsten Dritter, Ausnahmegenehmigung der Rechtsaufsichtsbehörde möglich (§ 83 Abs 1).

Sachsen-Anhalt: GO vom 5. 10. 1993 (GVBl 568, mit Änderungen). Veräußerung nur zum vollen Wert (§ 105 Abs 1). Genehmigung der Kommunalaufsichtsbehörde bei Veräußerung von Waldgrundstücken oder Grundstücken, die einem besonderen wissenschaftlichen, geschichtlichen oder künstlerischen Wert haben (§ 105 Abs 4). Bei sonstigen Grundstücken[3] und grundstücksgleichen Rechten Pflicht zur Vorlage des Beschlusses an die Kommunalaufsichtsbehörde. Keine Ausnahmen von der Genehmigungs- oder Vorlagepflicht; vgl Runderlaß

---

[3] Dazu LG Halle NotBZ 2002, 34: Dem Grundbuchamt ist weder eine Genehmigung der Aufsichtsbehörde noch eine Erklärung des Bürgermeisters über die Genehmigungsfreiheit vorzulegen.

des Ministerium des Innern v. 1. 3. 1995 zur Veräußerung von kommunalen Grundstücken und grundstücksgleichen Rechten (MBl Nr 14/1995). Verbot der Bestellung von Sicherheiten zugunsten Dritter mit Möglichkeit der Ausnahmegenehmigung durch Aufsichtsbehörde (§ 101 Abs 1). Bei der Bestellung von Finanzierungsgrundschulden wird die Ausnahmegenehmigung in der Regel erteilt, wenn bestimmte Voraussetzungen eingehalten sind, ua die persönliche Haftung der Gemeinde ausgeschlossen ist; vgl Runderlaß des Ministerium des Innern vom 21. 6. 1994 (MBl 63/1994 S 2147).

Schleswig-Holstein: GO vom 28. 2. 2003 (GVOBl 58). Veräußerung nur zum vollen Wert (§ 90 Abs 1). Verbot der Sicherstellung zugunsten Dritter; Ausnahmegenehmigung der Aufsichtsbehörde möglich (§ 86 Abs 1). VO vom 14. 6. 1996 (GVOBl 498, geändert durch VO vom 25. 1. 1999, GVOBl 39) über die Genehmigungsfreiheit von Rechtsgeschäften kommunaler Körperschaften. Danach bedürfen Rechtsgeschäfte über die unentgeltliche Veräußerung von Vermögensgegenständen keiner Genehmigung, wenn unbebaute Grundstücke veräußert werden, deren Größe 100 m² nicht übersteigt, wenn Veräußerung an andere schlesw-holst kommunale Körperschaften oder das Land Schleswig-Holstein erfolgt oder an Gesellschaften, deren Anteile zu mehr als 75% der kommunalen Körperschaft gehört (§ 4 Abs 1). Weiter bedürfen keiner Genehmigung Rechtsgeschäfte über die Veräusserung von Sachen mit besonderem wissenschaftlichen usw Wert an andere schlesw-holst kommunale Körperschaften oder das Land Schleswig-Holstein (§ 4 Abs 2). Genehmigungsfrei ist die Bestellung von Sicherheiten durch Belastung von Grundstücken mit Grundschulden oder Hypotheken zugunsten von Kreditinstituten im Zusammenhang mit der Veräußerung von Grundstücken unter besonderen Voraussetzungen (§ 4 Abs 1).

Thüringen: Thüringer Gemeinde- und Landkreisordnung (Kommunalordnung) vom 28. 1. 2003 (GVBl 41). Veräußerung nur zum vollen Wert, Genehmigung der Rechtsaufsichtsbehörde bei unentgeltlicher Veräußerung von Vermögensgegenständen oder Verkauf oder Tausch von Grundstücken sowie grundstücksgleichen Rechten und Bestellung von grundstücksgleichen Rechten (§ 67). Dazu VO vom 21. 1. 1997 (GVBl 83): Freigrenzen gestaffelt nach Gemeindegröße. Genehmigungspflicht bei der Bestellung von Sicherheiten zugunsten Dritter (§ 64 Abs 3).

4076 Diese Randnummer ist entfallen.

2. Inhalt der Verfügungsbeschränkungen nach Gemeinderecht[4]

a) Veräußerung von Gemeindegrundstücken

4077 Wo das Landesrecht dies vorsieht (s Rdn 4075) bedürfen Gemeinden zur Veräußerung von ihnen gehörenden Grundstücken der **Genehmigung**[5] ihrer **Auf-**

---

[4] Zur Genehmigungspflicht für Gemeinden s ausführlich Freuen MittRhNotK 1996, 301; Schürner MittRhNotK 1970, 443 (458); Weiß, Erwerb, Veräußerung und Verwaltung von Vermögensgegenständen durch die Gemeinden, 1991.
[5] Der Widerruf der Genehmigung einer Auflassung durch die Aufsichtsbehörde ist nach OLG München DNotZ 1951, 418 (mit Anm Hieber) zulässig, solange die Auflassung wegen Fehlens einer anderen behördlichen Genehmigung unwirksam ist.

VI. Verfügungsbeschränkungen für öffentliche Rechtsträger

sichtsbehörde. Bloße Anzeigepflichten der Gemeinde und Beanstandungsmöglichkeiten der Aufsichtsbehörde berühren das Grundbuchverfahren und das Grundbuchamt nicht.[6] Regelmäßig können die Gemeinden Veräußerungen unter dem Verkehrswert nicht vornehmen; dies gilt nicht, wenn die Gemeinde zur Veräußerung unter Wert gesetzlich ermächtigt ist und sie damit öffentliche Interessen verfolgt,[7] zB zum sozialen Wohnungsbau für Einheimischen-Modelle (s Rdn 1605 mit Fußn 1). Zu beachten ist auch, daß die verbilligte Abgabe von Grundstücken durch die öffentliche Hand (Gebietskörperschaften) für gewerbliche oder landwirtschaftliche Zwecke einen Verstoß gegen Art 87ff EG-Vertrag darstellen und deswegen nichtig sein kann.[8] Der Verzicht einer (bayerischen) Gemeinde auf ihr Eigentum nach § 928 BGB ist unwirksam.[9] Ebenfalls unwirksam ist ein Rechtsgeschäft einer (bayerischen) Gemeinde, das gegen das Verbot verstößt, Vermögensgegenstände unter ihrem Wert zu veräußern.[10] Verfügungen der Kommunen auf der Grundlage von § 8 VZOG unterliegen nach § 8 Abs 1a VZOG nicht den Vorschriften in Bezug auf Verfügungen über eigenes Vermögen der verfügungsbefugten Stelle, so daß die aufsichtsrechtlichen Genehmigungserfordernisse nicht bestehen.[11]

Für das **Verfahren vor dem Grundbuchamt** ist bedeutsam, daß bei Genehmigungsfreiheit dem Antrag auf eine grundbuchliche Eintragung eine Erklärung der Gemeinde,[12] vertreten durch das hierzu zuständige Organ (s Rdn 3660), beizufügen sein kann, daß der Abschluß des Veräußerungsgeschäfts genehmigungsfrei sein kann. In der Erklärung ist auf die für die Genehmigungsfreiheit in Frage kommende Vorschrift ausdrücklich Bezug zu nehmen. Stellt der Bürgermeister fest, daß die Veräußerung nicht unter Wert erfolge, hat der Erwerber keinen Anspruch auf Erteilung einer Bescheinigung der Rechtsaufsichtsbehörde, daß eine Genehmigung tatsächlich nicht erforderlich ist. Ein solcher Anspruch steht lediglich der Gemeinde selbst zu.[13] Soweit – wie nunmehr in Bayern – eine Genehmigungspflicht für die Veräußerung gemeindlichen Grundbesitzes nicht erforderlich ist, hat die Gemeinde in der Form des § 29 Abs 3 GBO[14] zu versichern, daß keine verbotene Unterwert-

4078

---

[6] LG Cottbus NotBZ 1998, 115.
[7] AA noch OVG Koblenz DVBl 1980, 767; OVG Münster NJW 1983, 2517. Wie hier die heute herrschende Meinung, vgl ausführlich mit Nachweisen Gutachten DNotI-Report 1998, 206; Mayer MittBayNot 1996, 251.
[8] Vgl hierzu Stapper Betrieb 1999, 2399; Pechstein NJW 1999, 1429; auch OLG Dresden DNotI-Report 2000, 55 = NotBZ 2000, 60.
[9] BayObLG BayVBl 1983, 378 = Rpfleger 1983, 378.
[10] BayObLG 1995, 225 = MittBayNot 1995, 389; BayObLG 2001, 54 (58) = aaO (Fußn 2); vgl auch BGH 47, 30 (39); allgemein zu dem Verbot der „Unter-Wert-Veräußerung" Mayer BayVBl 1994, 65; Bleutge MittBayNot 1975, 4; Mayer MittBayNot 1996, 251; anders für NRW Freuen MittRhNotK 1996, 301 (303).
[11] OLG Dresden NotBZ 2000, 197.
[12] Nach LG Weimar NotBZ 2000, 234 kann die Erklärung auch durch den zum Verkauf bevollmächtigten Bediensteten der Gemeinde abgegeben werden.
[13] BayVGH MittBayNot 1981, 159 mit abl Anm Meier-Kraut; OVG Frankfurt/Oder LKV 1995, 374 auch keine Klagebefugnis für Verpflichtungsklage auf Erteilung der Genehmigung.
[14] OLG Thüringen Rpfleger 2001, 22 (Erklärung in der notariellen Urkunde wahrt die Form nicht).

veräußerung vorliegt oder daß eine Veräußerung unter Wert oder eine unentgeltliche Veräußerung wegen der Erfüllung einer näher zu bezeichnenden kommunalen Aufgabe zulässig ist (BayStMdI AllMBl 1992, 535). Weitere Nachweise als diese Versicherung kann das Grundbuchamt idR nicht verlangen.[15]

4078a Auch für Eintragung einer **Auflassungsvormerkung** bedarf das (genehmigungspflichtige) Rechtsgeschäft (nicht die Bewilligung der Vormerkung) der Genehmigung der Aufsichtsbehörde. Das nicht genehmigte Rechtsgeschäft ist schwebend unwirksam (wie Rdn 4086). Für die Vormerkungsfähigkeit ist der schwebend unwirksame Anspruch auf Eigentumsübertragung wie ein künftiger Anspruch zu behandeln (Rdn 1490). Daher ist erheblich, daß bis zur Genehmigung eine Bindung der Gemeinde noch nicht vorliegt[16] (Rdn 1492). Die Aufsichtsgenehmigung beschränkt die Rechtsmacht der Gemeinde[17] (vergleichbar der familien- und vormundschaftsgerichtlichen Genehmigung, s Rdn 3680); lediglich der Kontrolle und Einbringung öffentlicher Interessen für ein privatrechtliches Rechtsgeschäft (Rdn 1491) dient sie nicht. Der Genehmigung der Aufsichtsbehörde ist das Handeln der Gemeinde unterstellt; es steht ihr daher frei, ob sie die Aufsichtsgenehmigung zur Herbeiführung der Wirksamkeit des Vertrags erwirkt. Das Genehmigungsverfahren ist verwaltungsintern. Der Vertragspartner kann es weder in Gang bringen noch gegen die Aufsichtsbehörde Anspruch auf Genehmigung erheben (der mit verwaltungsgerichtlichem Rechtsbehelf verfolgbar wäre); Anspruch auf Mitteilung (Überlassung) der Genehmigung zur Vorlage beim Grundbuchamt hat er im Verwaltungsverfahren weder gegen die Gemeinde noch gegen die Aufsichtsbehörde. Bindung (für Vormerkbarkeit des Anspruchs) begründet das nicht (ebenso zu kirchenaufsichtlicher Genehmigung Rdn 4086). Bei Genehmigungsfreiheit genügt für Eintragung der Auflassungsvormerkung (ebenso wie für Eintragung der Auflassung) Erklärung des hierfür zuständigen Organs der Gemeinde (wie Rdn 4078).

b) Belastungsbeschränkungen

4079 Die Gemeinde bedarf nach jeweiligem Landesrecht (Rdn 4075) häufig zur Belastung von gemeindeeigenem Grundbesitz mit einer Hypothek oder Grundschuld[18] der **Genehmigung** ihrer Aufsichtsbehörde. Übernimmt die Gemeinde bei Erwerb eines Grundstücks durch Vereinbarung mit dem Veräußerer eine Schuld von diesem, die durch Hypothek oder Grundschuld auf dem Kaufgrundstück gesichert ist, so ist Genehmigung der Aufsichtsbehörde ebenfalls erforderlich. Unklar ist, welche Rechtsfolge bei Fehlen der vorherigen Genehmigung

---

[15] BayObLG 1969, 278 (283); BayObLG 1995, 225 = MittBayNot 1995, 389.
[16] Wie hier LG Frankfurt/Oder NotBZ 1999, 218 mit zust Anm Hueber; K/E/H/E-Erber-Faller Einl G 27; Staudinger/Gursky Rdn 183 zu § 883 BGB; **aA** OLG Dresden DNotI-Report 1995, 158; OLG Rostock DNotI-Report 1996, 196; LG Gera DNotI-Report 1997, 41; LG Schwerin MittBayNot 1995, 468; LG Lüneburg unveröffentl Beschluß vom 6. 9. 1978, 4 T 233/78 (hinsichtlich kirchenaufsichtlicher Genehmigung); Bauer/vOefele/Waldner AT VIII 101; auch Meikel/Lichtenberger Rdn 271 zu § 20.
[17] Hueber NotBZ 1999, 220.
[18] Vgl zur Bestellung einer Finanzierungsgrundschuld durch Gemeinde DNotI-Report 1995, 176.

VI. Verfügungsbeschränkungen für öffentliche Rechtsträger

eintritt. Die Gemeindeordnungen sprechen zT davon, daß Rechtsgeschäfte, die gegen das Verbot der Gewährung von Sicherheiten verstoßen, nichtig sind (§ 127 Abs 2 GO NW; § 120 Abs 2 SächsGO; § 122 Abs 4 GO Brandenburg, § 160 Abs 5 GO Sachsen-Anhalt). Die BayGO hingegen spricht davon, daß die Geschäfte erst mit der Genehmigung wirksam werden, so daß man für Bayern davon ausgehen kann, daß das Fehlen nur zur schwebenden Unwirksamkeit führt und die Genehmigung auch noch nachträglich beigebracht werden kann und die Belastung damit wirksam wird.[19] Ob dies auch in den Fällen gilt, in denen die jeweilige Gemeindeordnung ausdrücklich Nichtigkeit anordnet, ist zweifelhaft.[20] Da nach Sinn und Zweck auch eine nachträgliche Genehmigung des schwebend unwirksamen Geschäftes die Interessen der Gemeinde ausreichend schützt, wird man entgegen dem Wortlaut eine einschränkende Interpretation des Nichtigkeitsfolge zulassen können.

Übernimmt die Gemeinde eine Hypothek, die auf einem ihr im Wege der Zwangsversteigerung zugeschlagenen Grundstück ruht und gesetzlich bestehen bleibt (§ 53 ZVG), so liegt eine rechtsgeschäftliche Darlehensaufnahme durch die Gemeinde nicht vor, so daß Genehmigung durch die Aufsichtsbehörde nicht in Frage kommt. Anders liegt der Fall, wenn eine Gemeinde bei Erwerb eines Grundstücks im Wege der Zwangsversteigerung mit dem Gläubiger einer Hypothek oder Grundschuld, die nach den Versteigerungsbedingungen nicht bestehen bleibt, eine Vereinbarung über deren Bestehenbleiben trifft (s § 91 Abs 2 ZVG). Eine solche Vereinbarung bedarf der Genehmigung der Aufsichtsbehörde nach den allgemeinen Bestimmungen. Die Bestellung einer Kaufpreisresthypothek durch die Gemeinde bei Erwerb eines Grundstücks bedarf keiner Genehmigung der Aufsichtsbehörde.[21]

Bewilligt die Gemeinde als Verkäufer eine Grundschuld zur Finanzierung des Kaufpreises für die Bank des Käufers (s Rdn 3158 ff), so bedarf diese Grundschuld auch der aufsichtlichen Genehmigung, soweit nicht Freistellungsverordnungen dies ausschließen. Die Freistellung von der Genehmigungspflicht für die Bestellung von Finanzierungsgrundschulden setzt in der Regel voraus, daß die Grundschuld bzw die Vollmacht zur Bestellung der Grundschuld bestimmten inhaltlichen Anforderungen genügt: zB Ausschluß der persönlichen Haftung der Gemeinde und Übernahme der Kosten durch den Käufer, Einschränkung der Zweckbestimmungsabrede der Grundschuld, daß die Grundpfandrechte bis zur Eigentumsumschreibung, mindestens bis zur vollständigen Kaufpreiszahlung nur zur Sicherung des finanzierten und tatsächlich an den Verkäufer ausgezahlten Kaufpreises dienen und der Käufer bei Abschluß des Kaufvertrages seine Ansprüche auf Darlehensauszahlung an den Verkäufer abtritt und die Gläubiger unwiderruflich anweist, aus dem Darlehen den Kaufpreis zu zahlen.[22] Auch dann, wenn bereits der eine ent-

---

[19] Widtmann/Grasser Anm 5 zu Art 117 BayGO; ähnlich § 143 HessGO; § 133 NiedersGO.
[20] Zustimmend Schürner MittRhNotK 1970, 458 (470); DNotI-Report 1995, 176; ablehnend unter Hinweis auf den klaren Gesetzeswortlaut Freuen MittRhNotK 1996, 301 (318 f); Hofmann/Muth/Theisen, Kommunalrecht in NRW, 10. Aufl, S 532.
[21] BayObLG MittBayNot 1978, 79 = Rpfleger 1978, 217.
[22] Vgl etwa Genehmigungsfreistellungsverordnung von Brandenburg vom 6. 12. 1994 (GVBl II 998), des Saarlandes vom 28. 9. 2001 (ABl 1942) sowie von Schleswig-Hol-

sprechende Belastungsvollmacht enthaltende Kaufvertrag durch die Rechtsaufsichtsbehörde genehmigt worden ist, bedarf die konkrete Grundschuldbestellung der erneuten aufsichtsrechtlichen Genehmigung.[23]

4080 Zur Bestellung einer Dienstbarkeit, zur Abgabe von Löschungsbewilligungen über Hypotheken und Grundschulden, zur Bewilligung einer **Pfandentlassung** oder eines **Rangrücktritts** durch eine Gemeinde ist Genehmigung der Aufsichtsbehörde nicht erforderlich. Die unentgeltliche Bestellung einer Grunddienstbarkeit (zB eines Wegerechts) durch die Gemeinde bedarf allerdings der Genehmigung; ihr Fehlen bewirkt ebenfalls schwebende Unwirksamkeit.[24]

3. Ähnliche Rechtslage für Ämter, Kreise und dgl

a) Ämter und Kreise

4081 Für die Ämter, Kreise, Bezirke und Landschaftsverbände, soweit in den einzelnen Ländern Gebietskörperschaften dieser Art bestehen, gelten regelmäßig jeweils die gleichen Genehmigungspflichten wie für die Gemeinden oder es besteht Genehmigungsfreiheit (zB in Bayern).

b) Zweckverbände

4082 Nach den landesrechtlichen Zweckverbandsgesetzen und dgl finden die für die Gemeinden geltenden Bestimmungen über die Genehmigungsbedürftigkeit von Grundstücksgeschäften auf Zweckverbände von Gemeinden und Gemeindeverbänden sinngemäß Anwendung, soweit nichts Besonderes bestimmt ist.

4. Rechtslage bei Bund und Ländern

a) Bund

4083 Nach § 64 Abs 1 und 4 Bundeshaushaltsordnung dürfen Grundstücke des Bundes nur mit Einwilligung (§ 182 BGB) des Bundesfinanzministeriums und des für das Bundesvermögen zuständigen Bundesministeriums veräußert oder belastet werden. Die in § 64 Abs 2 BHO in manchen Fällen vorgesehene Einwilligung von Bundestag und Bundesrat hat nur interne Bedeutung. Sie ist dem Grundbuchamt nicht nachzuweisen; die in dieser Vorschrift enthaltenen unbestimmten Rechtsbegriffe wären für das Grundbuchamt schlechthin nicht nachprüfbar.

b) Bundesländer

4084 In den Bundesländern existieren insoweit ähnliche bzw gleiche Regelungen (vgl zB Art 64 Bay Haushaltsordnung), dh die Veräußerung oder Belastung bedarf der Zustimmung des Finanzministeriums.

---

stein vom 14. 6. 1996 (GVOBl 498; Änderung 1999, 39); ähnlich Hinweise des Sächsischen Staatsministerium des Inneren zur Bestellung von Grundschulden durch Gemeinden im Zusammenhang mit Grundstücksveräußerung vom 3. 4. 1992 (Amtsblatt 1992, 438), Rdschr des Ministeriums des Inneren des Landes Sachsen-Anhalt vom 21. 6. 1994 (MBl 63/94, 2147).
[23] DNotI-Report 1995, 176 (177) unter Hinweis auf unveröffentlichtes Urteil LG Zwickau vom 20. 7. 1994.
[24] KG DFG 1938, 104 = JW 1938, 1835.

B. Verfügungsbeschränkungen nach Kirchenrecht

1. Genehmigungspflicht[1]

Im Bereiche der Evangelischen und der Katholischen Kirche einschließlich ihrer Sonderorganisationen wie Klöster, Orden, Kirchenstiftungen uä ist Genehmigung der kirchlichen Aufsichtsbehörde insbesondere bei Veräußerung, Erwerb und Belastung von Grundstücken oder grundstücksgleichen Rechten und bei Verfügungen über Rechte an Grundstücken mit Ausnahme von Grundpfandrechten erforderlich.[2] Zur Belastungszustimmung nach § 5 ErbbauVO durch die Kirche als Grundstückseigentümer ist kirchenaufsichtliche Genehmigung erforderlich.[3] Rechtsgrundlage sind die jeweiligen landesrechtlichen Normen des kirchlichen Vermögensverwaltungsrechts.[4]

4085

2. Wirksamkeitserfordernis, Prüfung durch das Grundbuchamt

Ein kirchenaufsichtliches Genehmigungserfordernis (mit Außenwirkung) ist auch nach bürgerlichem Recht Wirksamkeitserfordernis eines kirchenrechtlichen Rechtsgeschäfts. Vom Grundbuchamt ist daher ein kirchenaufsichtliches Genehmigungserfordernis zu beachten.[5] Ein nicht genehmigtes (aber geneh-

4086

---

[1] S dazu allgemein Brand/Schnitzler, Die Grundbuchsachen in der gerichtlichen Praxis (9. Aufl), S 478 ff; Rpfleger-Jahrbuch 1957, 142; Khan Rpfleger 1990, 71 (Anmerkung). Zu den Fragen der kirchlichen Vertretungs-, Form- und Genehmigungsvorschriften vgl Heinrichsmeier, Das kanonische Veräußerungsverbot im Recht der Bundesrepublik Deutschland (Gesamtdarstellung, 1970); Scheffler NJW 1977, 740; Zilles/Kämper NVwZ 1994, 109; Peglau NVwZ 1996, 767; Seeger MittBayNot 2003, 361 (für ev-luth Kirche in Bayern).
[2] Keine Genehmigungspflicht für Erfüllung eines Grundstücksvermächtnisses durch die Kirche als Alleinerbe (LG Memmingen Rpfleger 1990, 70).
[3] OLG Braunschweig Rpfleger 1991, 452; OLG Hamm MittRhNotK 1993, 192 = NJW-RR 1993, 1106 = Rpfleger 1994, 19.
[4] Wegen kirchen- und stiftungsaufsichtlicher Genehmigung von Rechtsgeschäften kirchlicher Rechtsträger im Bereich der Evangelisch-Lutherischen Kirche in **Bayern** samt Zusammenstellung der in Frage kommenden Rechtsträger s MittBayNot 1970, 69 und Seeger MittBayNot 2003, 361. Daraus ergibt sich, daß grundsätzlich sämtliche Rechtsgeschäfte, die in Bayern der notariellen Beurkundung bedürfen, genehmigungspflichtig sind. Zur Rechtsstellung und Vertretung der evangelischen Landeskirchen im staatlichen Bereich s weiter Scheffler NJW 1977, 740; Zilles und Kämper NVwZ 1994, 109; Peglau NVwZ 1996, 767.
Im Bereich der katholischen Kirche gelten in Bayern seit 1. 7. 1988 die Ordnung für kirchliche Stiftungen, die Satzung für die gemeinschaftlichen kirchlichen Steuerverbände, jeweils in den bayerischen (Erz-)Diözesen; BayKMBl 1988, 215; dazu Voll-Störle BayVBl 1991, 97 ff und 134 ff. Für **Baden** vgl Linde, Zum Grundstücksverkehr mit kirchlich genützten Grundstücken, BWNotZ 1971, 171; Reichert, Bedarf eine kath Kirchengemeinde im Landesteil Baden der kirchenobrigkeitlichen Genehmigung zu Zustimmungserklärungen als Grundstückseigentümer nach § 5 ErbbauVO? (verneint), BWNotZ 1959, 173; Ripfel, Genehmigung des Ordinariats zur Löschung von zum örtlichen kath Kirchenvermögen gehörenden Grundpfandrechten im Landesteil Baden, BWNotZ 1965, 93; Denk BWNotZ 1977, 10.
[5] BayObLG 2001, 132 (136) = Rpfleger 2001, 486 (487); OLG Hamm MittRhNotK 1981, 46 = OLGZ 1981, 129 = Rpfleger 1981, 60 (auch zu Rangrücktritt mit Erbbauzins und Vorkaufsrecht durch eine [katholische] Kirchengemeinde als genehmigungspflich-

5. Teil. Öffentlich-rechtliche Verfügungsbeschränkungen und Vorkaufsrechte

migungspflichtiges) Rechtsgeschäft ist schwebend, nach Verweigerung der Genehmigung endgültig unwirksam.[6] Die Eintragung macht daher das Grundbuch unrichtig iS von § 894 BGB. Gutgläubiger Erwerb bei Veräußerung des eingetragenen Rechts (§ 892 BGB) ist möglich, desgleichen Eintragung eines Amtswiderspruchs. Der Genehmigungspflicht unterliegt auch die Eintragung einer Vormerkung nach § 883 BGB (s Rdn 1492 und 4078 a).

3. Sonstiges

4087 Zu einem Rechtsgeschäft einer unter kirchlicher Stiftungsaufsicht stehenden Pfründestiftung in Bayern: LG Memmingen MittBayNot 1981, 251 = Rpfleger 1981, 397, einer Ordenskongregation: LG Memmingen Rpfleger 1990, 70.

Keine Genehmigungspflicht für Erwerb, Veräußerung und Belastung von Grundbesitz durch den katholischen bischöflichen Stuhl: LG Schwerin NotBZ 2002, 425.

Fondsvermögen der katholischen Kirche als selbständige Rechtspersönlichkeiten: LG Düsseldorf MittRhNotK 1981, 167.

Eigentumszuweisung hinsichtlich eines Kirchengrundstücks an eine in Deutschland anerkannte russisch-orthodoxe Kirchenvereinigung: BGH JZ 1981, 66 = MDR 1981, 306.

Zur Aufspaltung kirchlicher Körperschaften in selbständige Einheiten s Rdn 3290.

Rechtsnachfolge nach Erlöschen einer kirchlichen Stiftung: BayObLG MittBayNot 1994, 321 = Rpfleger 1994, 410.

C. Verfügungsbeschränkungen für Innungen und Handwerkskammern

1. Innungen

a) Handwerksinnung

4088 Erwerb, Veräußerung und Belastung von Grundstücken durch eine Handwerksinnung bedarf eines Beschlusses der Innungsversammlung und der **Genehmigung** durch die Handwerkskammer, die auch unter Auflagen erteilt werden kann (§ 61 Abs 2 Nr 7 a, Abs 3 Handwerksordnung; BGBl 1998 I 3075).

b) Handwerkerschaften

4089 Das gleiche gilt für Kreishandwerkerschaften (§§ 61, 89 Handwerksordnung).

2. Handwerkskammern und dgl

a) Handwerkskammern

4090 Zu Belastung von Grundstücken durch eine Handwerkskammer ist **Genehmigung** der obersten Landesbehörde erforderlich (§ 106 Abs 1 Nr 4, Abs 2

---

tige Änderung); OLG Braunschweig Rpfleger 1991, 452; OLG Hamburg MDR 1988, 860; LG Memmingen Rpfleger 1990, 70 mit Anm Khan.

[6] RG 152, 369 = JW 1937, 398; BayObLG NJW-RR 1990, 476 zu Art 14 KirchenstiftungsO 1959; OLG Braunschweig NdsRpfl 1981, 213; LG Rottweil NJW 1959, 1090 mit Anm Ehret.

Handwerksordnung). Für Erwerb und Veräußerung von Grundeigentum ist eine Genehmigung nicht vorgesehen (§ 106 Abs 1 Nr 9, Abs 2 Handwerksordnung). In allen genannten Fällen ist ein zustimmender Beschluß der Vollversammlung erforderlich, der aber die Vertretungsmacht des Vertretungsorgans im Verhältnis zu Dritten nicht einschränkt (s Rdn 3670, 3671).

b) Landes- und Bundesinnungsverbände

Bei den Landesinnungsverbänden und den Bundesinnungsverbänden findet nur § 61 Abs 2 Nr 7 Handwerksordnung, nicht auch dessen Abs 3, Anwendung (§ 83 Abs 1 Nr 2, § 85 Abs 2 Handwerksordnung). Genehmigung ist daher nicht erforderlich. 4091

D. Wasser- und Bodenverbandsrecht

Für einen Wasser- und Bodenverband ist eine Beschränkung der Vertretung durch den Vorstand (§ 55 Gesetz über Wasser- und Bodenverbände [Wasserverbandsgesetz – WVG] idF vom 12. 2. 1991 [BGBl I 405]) nach Aufhebung der Ersten DurchfVO über Wasser- und Bodenverbände (siehe BGBl 1991 I 405 [418]) nicht bestimmt. Die Zustimmung der Aufsichtsbehörde verlangt § 75 WVG für einzelne Sondergeschäfte (ua unentgeltliche Veräußerung von Vermögensgegenständen und Bestellung von Sicherheiten); auf die Vertretung ist diese verbandsrechtliche Bindung nur zur internen Zuständigkeitsregelung (Aufsicht) ohne Einfluß. 4092

E. Verfügungsbeschränkungen für ausländische juristische Personen

Landesrechtliche Erwerbsbeschränkungen für Ausländer oder ausländische juristische Personen finden ab 30. 7. 1998 keine Anwendung mehr (Art 86 S 1 EGBGB idF des Gesetzes vom 23. 7. 1998, BGBl I 1886). Durch Rechtsverordnung der Bundesregierung mit Zustimmung des Bundesrats können – ausgenommen für natürliche und juristische Personen aus Mitgliedstaaten der Europäischen Union – Erwerbsbeschränkungen und Genehmigungsvorbehalte eingeführt werden (Art 86 S 2, 3 EGBGB). Derzeit existiert keine solche Beschränkung. 4093

Diese Randnummer ist nicht belegt. 4094

VII. Sonstige einschlägige Gesetze

A. Verfügungsbeschränkungen im Enteignungsverfahren

Enteignungsgesetze des Bundes (zB §§ 108, 109 BauGB) und der Länder (zB Art 27 BayEnteignungsgesetz v 25. 7. 1978, BayRS 2141-1-I; § 26 Landesenteignungsgesetz Baden-Württemberg v. 6. 4. 1982, GBl 97) sehen vor, daß Verfügungen über Grundstücke, für die das Enteignungsverfahren durch Bekanntmachung über die Einleitung des Verfahrens in Gang gesetzt wurde, 4095 nur noch mit Genehmigung der Enteignungsbehörde zulässig sind. Diese öffentlich-rechtlichen Verfügungsbeschränkungen gelten auch ohne Eintragung im Grundbuch und ohne Rücksicht auf guten Glauben. Der in § 108 Abs 6 BauGB oder Art 27 Abs 4 BayEnteignungsG vorgeschriebene, ins Grundbuch auf Ersuchen (§ 38 GBO) der Enteignungsbehörde einzutragende Enteignungsvermerk[1] hat nur deklaratorische Bedeutung (gleiche Rechtslage wie beim Umlegungsvermerk, s Rdn 3861).

B. Bundesrecht

1. Rechtsträger-Abwicklungsgesetz

4096 Das Gesetz zur Regelung der Rechtsverhältnisse nicht mehr bestehender öffentlicher Rechtsträger (Rechtsträger-Abwicklungsgesetz) vom 6. 9. 1965 (BGBl I 1065) enthält keine Grundstücksverkehrsbeschränkungen, sieht vielmehr nur Anzeigepflichten und den gesetzlichen Übergang von Vermögenswerten, auch Grundstücksrechten, vor (s insbesondere §§ 5, 6, 9, 10, 15, 20, 27 Abs 3).

2. Bahneinheiten (Art 112 EGBGB)

4097 Bei Zugehörigkeit eines Grundstücks zu einer Bahneinheit ist der besondere Sperrvermerk zu beachten. Die Vorschriften gelten nicht für die Bundeseisenbahn (Eisenbahngesetz; Deutsche Bahn AG).[2]

3. Familienfideikomisse

4098 Nutzungs- und Verfügungsbeschränkungen, die durch das Fideikommißgericht nach § 7 des Gesetzes über das Erlöschen der Familienfideikomisse und sonstiger gebundener Vermögen v 6. 7. 1938 (RGBl I 825) angeordnet wurden, sind öffentlich-rechtlicher Natur.[3]

4. Bergwerkseigentum

4098a Zur rechtsgeschäftlichen Veräußerung samt obligatorischem Vertrag ist Genehmigung der zuständigen Behörde erforderlich (§§ 23, 142 BBergG).

5. Ausgleichsleistungsgesetz

4098b Die nach § 3 des Ausgleichsleistungsgesetzes vom 27. 9. 1994 (BGBl I 2624 [2628]) erworbenen land- und forstwirtschaftlichen Flächen dürfen vor Ablauf von 20 Jahren ohne Genehmigung der für die Privatisierung zuständigen Stelle nicht rechtsgeschäftlich veräußert werden. Das Veräußerungsverbot ist

---

[1] Ein Berechtigter ist bei diesem Vermerk nicht einzutragen, BayObLG DNotZ 1988, 784 mit krit Anm Sieveking.
[2] Einzelheiten Staudinger/Kanzleiter/Hönle Rdn 1; MünchKomm/Säcker/Papier Rdn 1; je zu Art 112 EGBGB.
[3] BGH DNotZ 1980, 40: kein Rechts-, sondern Sachmangel.

VII. Sonstige einschlägige Gesetze

in das Grundbuch einzutragen; es wird erst mit dieser Eintragung wirksam (§ 3 Abs 10 AusgleichsleistungsG iVm FlächenerwerbsVO [BGBl 1995 I 2072]).

C. Landesrecht
1. Baden-Württemberg
a) Teilungsverbot

Waldgesetz vom 31. 8. 1995 (GBl 436) § 24: Die Teilung eines Waldgrundstücks bedarf der Genehmigung[1] der Forstbehörde; sie darf nur versagt werden, wenn das Grundstück kleiner als 3,5 ha ist, es sei denn, daß eine ordnungsgemäße Bewirtschaftung gewährleistet erscheint (grundbuchsperrend). 4099

b) Stiftungen

Stiftungsgesetz[2] vom 4. 10. 1977 (GBl 408, mit Änderungen); es enthält in § 13 nur eine Anzeigepflicht; auch aus § 13 Abs 1 S 2 kann eine echte Verfügungsbeschränkung nicht herausgelesen werden. 4100

c) Grundpfandrechte

Das Recht des Eigentümers auf Kündigung einer Hypothek, einer Grundschuld oder einer Rentenschuld kann nur bis zum Ablauf von zwanzig Jahren ab der Eintragung im Grundbuch ausgeschlossen werden. Die Kündigungsfrist beträgt höchstens sechs Monate (§ 34 BadWürttAGBGB). 4101

2. Bayern
a) Almgrundstücke

Die Veräußerung von Almgrundstücken und ihre Belastung mit dinglichen Nutzungsrechten, von Anteilen daran und von Almrechten ist weitgehend genehmigungspflichtig (Art 1, 19 Almgesetz vom 28. 4. 1932, BayRS 7817-2-E).[3] Das gleiche gilt für sonstige Überlassungen und für die rechtsgeschäftliche Begründung, Änderung oder Aufhebung von Gemeinschaftsverhältnissen an Almrechten. Wegen des Verhältnisses dieser Vorschriften zum GrdstVG s die Ausführungen Rdn 3959. 4102

b) Stiftungen

Verfügungsbeschränkungen für Stiftungen (Genehmigung der Stiftungsaufsichtsbehörde) enthält Art 27 Stiftungsgesetz idF vom 19. 12. 2001 (BayGVBl 2002, 10) bei Veräußerung oder Belastung von Grundstücken oder grundstücksgleichen Rechten nicht (mehr); nur noch Veräußerung oder wesentliche Veränderung von Sachen, die einen besonderen wissenschaftlichen, geschichtlichen oder künstlerischen Wert haben, ist (im Bereich des Grundstücksrechts) genehmigungspflichtig. 4103

3. Sonstige Länder

a) Brandenburg: Nach § 18 Landeswaldgesetz vom 17. 6. 1991 (GVBl 213, mit Änderungen) bedarf die Teilung eines Waldgrundstücks der Genehmi- 4104

---
[1] Vgl dazu VGH Ba-Wü RdL 1988, 269.
[2] Dazu Sandweg, Das Stiftungsrecht in Baden-Württemberg, BWNotZ 1981, 1.
[3] Zu den Bedingungen für die Versagung von Genehmigungen vgl BayVGH AgrarR 1986, 113.

gung der unteren Forstbehörde; die Genehmigung ist zu versagen, wenn selbständige Waldgrundstücke unter 1 ha oder Waldflächen entstehen, die das für eine ordnungsgemäße Waldbewirtschaftung erforderliche Mindestmaß unterschreiten.

4105 b) **Hessen:** Forstgesetz idF vom 10. 9. 2002 (GVBl 422). Nach § 15 Abs 1 bedarf die Teilung eines Waldgrundstücks der Genehmigung der unteren Forstbehörde.[4] Ausnahme nach § 15 Abs 4 für Grundstücke des Bundes, des Landes Hessen oder eines anderen Bundeslandes.
Einschränkung des Ausschlusses des Kündigungsrechts des Eigentümers bei Hypotheken, Grund- und Rentenschulden s § 26 AGBGB vom 18. 12. 1984 (GVBl 344).

4105 a c) **Mecklenburg-Vorpommern:** Nach § 27 Landeswaldgesetz vom 8. 2. 1993 (GVOBl 90, mit Änderungen = GS 790-2) bedarf die Teilung eines Waldgrundstücks der Genehmigung der Forstbehörde, wenn ein Teilstück kleiner als 1 ha wird. Sie kann versagt werden wenn durch Teilung das für ordentliche Forstwirtschaft notwendige Mindestmaß unterschritten wird.

4106 d) **Niedersachsen:** Das Gesetz über den Wald und die Landschaftsordnung (NWaldG) vom 31. 3. 2002 (GVBl 112) sieht keine Teilungsgenehmigung vor.

4106 a e) **Schleswig-Holstein:** Landeswaldgesetz vom 11. 8. 1994 (GVOBl 438). Für die Teilung eines Waldgrundstücks ist Genehmigung der Forstbehörde erforderlich, wenn ein Waldgrundstück kleiner als 3,5 ha wird (§ 18 LWaldG).

4106 b f) **Thüringen:** Waldgesetz vom 25. 8. 1999 (GVBl 485). Nach § 16 Abs 1 bedarf die Teilung eines Waldgrundstücks der Genehmigung der unteren Forstbehörde. Für Teilung von Grundstücken des Bundes, des Landes Thüringen oder eines anderen Bundeslandes bedarf es der Zustimmung der oberen Forstbehörde (§ 16 Abs 2).

4. Rechtsgrundlagen landesrechtlicher Beschränkungen

4107 Die Rechtsgrundlagen von Verfügungsbeschränkungen durch Landesrecht finden sich in Art 113, 115, 117 und 119 EGBGB.

VIII. Öffentlich-rechtliche Vorkaufsrechte

A. Vorkaufsrechte nach Baugesetzbuch

1. Rechtsgrundlagen, Geltungsbereich

4108 Die gemeindlichen Vorkaufsrechte[1] sind in §§ 24–28 BauGB geregelt.
4109 Die für Grundstücke bestehenden Vorschriften gelten sinngemäß auch für reale Grundstücksteile. Auch bei Veräußerung von Miteigentumsanteilen

---

[4] Diese Teilungsgenehmigung ist nicht von der GrstVG-Genehmigung abhängig, VG Kassel AgrarR 1986, 25; ebenso für § 18 LandeswaldG Schleswig-Holstein (s Rdn 4106a) VG Schleswig-Holstein AgrarR 1987, 174.
[1] Zum neuen Recht nach BROG v 18. 8. 1997 (BGBl I 2081) vgl Grziwotz DNotZ 1997, 916 (919); Hertel DNotI-Report 1997, 159. Überleitung: § 234 BauGB.

VIII. Öffentlich-rechtliche Vorkaufsrechte

kann ein gemeindliches Vorkaufsrecht bestehen; die Bescheinigung nach § 28 Abs 1 BauGB ist daher einzuholen.[2] Für den Verkauf von Wohnungs-/Teileigentum und von Erbbaurechten besteht nach § 24 Abs 2 BauGB kein gemeindliches Vorkaufsrecht; eine Bescheinigung nach § 28 Abs 1 BauGB ist in diesen Fällen daher nicht nötig.[3] Die Vorkaufsrechte erstrecken sich im Zweifel auch auf das Grundstückszubehör (§§ 926, 97 BGB). Die Ausübung des Vorkaufsrechts ist keine Enteignung.

2. Die Vorkaufsrechte im einzelnen

a) Das allgemeine Vorkaufsrecht nach § 24 BauGB

Das allgemeine Vorkaufsrecht (= VR) nach § 24 Abs 1 S 1 Nr 1 BauGB besteht an allen **Grundstücken,** die im **Geltungsbereich eines** – einfachen oder qualifizierten (§ 30 BauGB) – **Bebauungsplans** (nicht bei vorhabenbezogenem Bebauungsplan, § 30 Abs 2, § 12 Abs 3 S 2 BauGB) liegen, jedoch nur für Flächen, für die nach dem Bebauungsplan eine Nutzung für öffentliche Zwecke[4] oder für Flächen oder Maßnahmen nach § 1a Abs 3 BauGB (Natur- und Landschaftsschutz) festgesetzt ist.

4110

Daneben besteht ein VR an Grundstücken, für die ein **Umlegungsverfahren** (nicht bei Grenzregelung) beschlossen wurde (§ 24 Abs 1 S 1 Nr 2 BauGB). Es besteht ab Bekanntmachung des Umlegungsbeschlusses.[5]

§ 24 Abs 1 S 1 Nr 3 BauGB gewährt das VR in Sanierungsgebieten (§ 142 BauGB, vgl auch Rdn 3886 ff) und städtebaulichen Entwicklungsbereichen (§§ 165, 169 BauGB). Zu beachten ist, daß dieses VR auch im vereinfachten Sanierungsverfahren nach § 142 Abs 4 BauGB gilt.

§ 24 Abs 1 S 1 Nr 4 BauGB gewährt im Bereich einer Erhaltungssatzung[6] nach § 172 BauGB ein VR an bebauten und unbebauten Grundstücken.

§ 24 Abs 1 S 1 Nr 5 BauGB gewährt ein VR an allen unbebauten[7] Flächen im Außenbereich, für die nach dem (bestehenden oder von der Gemeinde zur Aufstellung, Änderung oder Ergänzung beschlossenen) Flächennutzungsplan eine Nutzung als Wohnbauflächen (§ 1 Abs 1 BNVO) oder als Wohngebiet (§ 1 Abs 2 BNVO) dargestellt ist.

---

[2] BGH 90, 174 = DNotZ 1984, 375 = NJW 1984, 1617 = Rpfleger 1984, 232 (Vorlageentscheidung); BayObLG MittBayNot 1985, 86 = Rpfleger 1985, 184; OLG Frankfurt DNotZ 1996, 41 = Rpfleger 1996, 24. Überholt durch BGH: OLG Bremen DNotZ 1978, 624.
[3] OLG Frankfurt NJW 1988, 271 = MittBayNot 1988, 77.
[4] Maßgebend ist der öffentliche Zweck, dem die Einrichtung dient, nicht die Rechtsform, in der sie betrieben wird, Stock ZfBR 1987, 10 (12).
[5] Streitig ist, ob die aufschiebende Wirkung eines Widerspruchs gegen den Umlegungsbeschluß nur dem Anfechtenden zugute kommt oder für alle an der Umlegung Beteiligte gilt (so Ernst/Zinkahn/Bielenberg/Otte Rdn 10 zu § 47 BauGB).
[6] Zur Frage, ob über eine Erhaltungssatzung nach § 172 BauGB ein VR zum Mieterschutz bei Umwandlung von Miet- in Eigentumswohnungen begründet werden kann vgl Battis/Krautzberger/Löhr Rdn 25 zu § 24 und Rdn 44 ff zu § 172 BauGB; Böhle BayVBl 1986, 36; VG München NJW-RR 1995, 856; VG Ansbach MittBayNot 1983, 148; LG München NVwZ 1982, 59.
[7] Zum Begriff „unbebaut" vgl BVerwG BauR 1997, 276 = DVBl 1997, 432; Battis/Krautzberger/Löhr Rdn 13 zu § 24 BauGB.

Schließlich enthält § 24 Abs 1 S 1 Nr 6 BauGB ein allgemeines VR an unbebauten[7] Grundstücken in Gebieten nach § 30 Abs 1 und 3 (nicht Abs 2), § 33, § 34 Abs 2 (nicht Abs 1) BauGB, soweit sie vorwiegend mit Wohngebäuden bebaut werden können (enthält Bezugnahme auf die BauNVO, §§ 2–4).[8]

b) Das besondere Vorkaufsrecht nach § 25 BauGB[9]

4111 Durch Satzung, die weder der Genehmigung der höheren Verwaltungsbehörde noch der Anzeige an sie bedarf, kann die Gemeinde an allen **unbebauten** Grundstücken im Geltungsbereich eines Bebauungsplans (§ 30 Abs 1 und 3 BauGB) ein VR begründen (§ 25 Abs 1 Nr 1 BauGB). Das ebenfalls durch Satzung zu begründende VR nach § 25 Abs 1 Nr 2 BauGB setzt voraus, daß die Gemeinde die städtebaulichen Maßnahmen tatsächlich in Angriff nehmen will.[10] Das VR nach § 25 BauGB erfaßt nur Kaufverträge, die nach Inkrafttreten der Vorkaufsrechtssatzung geschlossen worden sind. Das VR besteht nicht, wenn die Vorkaufssatzung nach Abschluß des Kaufvertrages, aber vor Ablauf der Frist des § 28 Abs 2 S 1 BauGB in Kraft getreten ist.[11]

c) Konkurrenzverhältnis der Vorkaufsrechte

4112 Die Gemeinde kann – wenn mehrere Vorkaufstatbestände vorliegen – entscheiden, von welchem VR sie Gebrauch macht. Die Gemeinde hat den Ausübungszweck offen zu legen (§ 24 Abs 3 S 2 BauGB). Trifft die Gemeinde keine Entscheidung, geht das allgemeine VR nach § 24 Abs 1 Nr 1 BauGB vor.[12]

3. Voraussetzungen für die Ausübung des Vorkaufsrechts

4113 Bevor die Ausübung eines gemeindlichen VR in Erwägung gezogen wird, ist zu prüfen, ob nicht gesetzlich ausdrücklich normierte Hindernisse für die Ausübung des VR vorliegen:

a) Ausübung nur bei Kaufvertrag mit Dritten

4113a Das VR kann **nur bei Kaufverträgen**[13] ausgeübt werden, mithin nicht bei Tausch, Auseinandersetzung, gemischter Schenkung,[14] Übergabe, Ausstattung, Einbringen von Grundbesitz in eine Gesellschaft.[15] Auch bei Vereinbarung eines Ankaufsrechts oder Abgabe eines Vertragsangebotes kann das VR noch nicht ausgeübt werden.[16] Durch einen Vertrag zwischen dem mit dem VR Belasteten und einem Dritten über den Verkauf des mit dem VR belasteten Grundstückes

---

[8] Battis/Krautzberger/Löhr Rdn 15 zu § 24 BauGB.
[9] Vgl zur Vorkaufssatzung Bönker BauR 1996, 313.
[10] Stock ZfBR 1987, 10 (12).
[11] BVerwG MittRhNotK 1995, 32 = NJW 1994, 3178; OVG Münster NVwZ 1995, 915.
[12] Stock aaO; ähnlich Battis/Krautzberger/Löhr Rdn 26, 27 zu § 24 BauGB.
[13] Auch bei Kaufverträgen, die erst durch Ausübung eines VR (zB nach dem fr WoBindG) zustande gekommen sind, BayObLG 1985, 262 = DNotZ 1986, 222 = Rpfleger 1985, 491, auch wenn als Gegenleistung nicht Geld, sondern Aktien vereinbart sind, OLG Frankfurt MittRhNotK 1996, 333 = NJW 1996, 935; ähnlich auch BayVGH MittBayNot 1996, 324, nicht aber, wenn der Kaufvertrag nichtig ist („Schwarzkauf") VerwG Ansbach MittBayNot 2001, 588.
[14] LG Osnabrück Rpfleger 1984, 146.
[15] Zu den VR nicht unterliegenden Geschäften s auch Dubon MittBayNot 1961, 299 und Krämer MittRhNotK 1961, 204.
[16] BGH DNotZ 1968, 68 = NJW 1968, 104.

wird dieses Recht nicht ausgelöst, wenn der Vertrag in seiner Wirksamkeit gekoppelt ist mit einem zwischen dem mit dem VR Belasteten und einem anderen geschlossenen Vertrag, der den Erwerb eines Grundstückes seitens des Belasteten vorsieht (Ringtausch).[17] Der Erwerb der Anteile einer Gesellschaft, der Grundbesitz gehört, kann einen Vorkaufsfall regelmäßig nicht begründen, von offensichtlichen Umgehungsfällen abgesehen. Ein **Umgehungsgeschäft** liegt allerdings zB dann vor, wenn der Verkäufer nach dem Verkauf eines Grundstückes zur Verhinderung der drohenden VR-Ausübung seiner Ehefrau ein lebenslängliches, unentgeltliches Nießbrauchsrecht bestellt.[18] Weder ein Erbteilskaufvertrag mit Erbteilsübertragung[19] noch ein Erbauseinandersetzungsvertrag mit der Pflicht zur Übereignung eines dem VR unterliegenden Nachlaßgrundstücks an einen der Gesamthänder lösen das VR aus, auch dann nicht, wenn die Beteiligung des Gesamthänders darauf beruht, daß er den Anteil eines Miterben zuvor käuflich erworben hatte.[20]

Die Ausübung des VR in der auf Antrag eines Gläubigers erfolgenden **Grundstückszwangsversteigerung** ist ebenfalls ausgeschlossen, da § 471 BGB auf das VR nach dem BauGB Anwendung findet. Ausgeschlossen ist das VR der Gemeinde nach BauGB auch bei Verkauf[21] durch den oder Versteigerung auf Antrag des Insolvenzverwalters (§ 172 ZVG) auch bei Erbenversteigerung (§ 175 ZVG) und insbesondere bei Zwangsversteigerung zur Aufhebung einer Gemeinschaft (Teilungsversteigerung).[22]

Fällt unter das VR ein im Miteigentum stehendes Grundstück, ist eine Ausübung nicht zulässig, wenn ein Miteigentümer das Grundstück erwirbt, da er nicht Dritter im Sinne des § 463 BGB ist.[23]   4113 b

b) Sonstige gesetzliche Ausübungsverbote

Die Ausübung eines gemeindlichen VR ist an allen Grundstücken ausgeschlossen, die der Eigentümer an seinen Ehegatten (gleichgestellt sein müßte der Lebenspartner[24]) oder an eine Person veräußert, die mit ihm (oder einem von mehreren Verkäufern) in gerader Linie verwandt oder verschwägert oder in der Seitenlinie bis zum dritten Grad verwandt ist (§ 26 Nr 1 BauGB). Häufig wird in solchen Fällen gar kein Kaufvertrag vorliegen. VRe sind weiter ausgeschlossen nach § 26 Nr 2 BauGB (Erwerb durch öffentliche Bedarfsträger oder Kirchen, Religionsgesellschaften öffentlichen Rechts für gottesdienstliche oder seelsorgerische Zwecke), nach § 26 Nr 3 BauGB (Verkauf von Flächen, für die ein Planfeststellungsverfahren nach § 38 BauGB eingeleitet ist)[25] und § 26 Nr 4 BauGB (Ausschluß bei planverträglicher Grund-   4114

---

[17] BGH DNotZ 1961, 263; s auch BGH NJW 1964, 542.
[18] BGH DNotZ 1954, 385 = NJW 1954, 1035.
[19] LG Berlin Rpfleger 1994, 502.
[20] BGH DNotZ 1970, 423.
[21] LG Lübeck Rpfleger 1990, 159.
[22] Stöber NJW 1988, 3121 mit Nachw und Stellungnahme zu bisher anderer Ansicht für Erben- und Teilungsversteigerung; Stöber Rdn 10.5 zu § 81 ZVG mit weit Nachw.
[23] BayObLG 1985, 232 = DNotZ 1986, 223 = Rpfleger 1986, 52.
[24] Böhringer Rpfleger 2002, 299 (302); Battis/Krautzberger/Löhr Rdn 2 zu § 26 BauGB.
[25] S LG Bielefeld Rpfleger 1981, 297: Grunderwerb zum Ausbau einer Straße auf Grund Planfeststellungsbeschluß bedarf mangels VR (§ 24 Abs 2 S 2 Nr 2 BBauG, vgl jetzt § 26 Nr 3 BauGB) auch keines Negativzeugnisses.

stücksnutzung und Mängelfreiheit baulicher Anlagen). Kein VR bestand bei einem Verkauf auf der Grundlage des InVorG in neuen Bundesländern (§§ 6, 11 Abs 1 InVorG; siehe dazu Rdn 4245).

c) **Ausübung nur bei Wohl der Allgemeinheit**

4115 Liegt kein gesetzliches Ausübungshindernis vor, kann das gemeindliche VR nur ausgeübt werden, wenn das Wohl der Allgemeinheit dies rechtfertigt (§ 24 Abs 3 S 1 BauGB). Das Wohl der Allgemeinheit wird konkretisiert durch die unterschiedlichen Zwecke, die mit den einzelnen Vorkaufsrechten verfolgt werden dürfen und können. Dabei liegt das Wohl der Allgemeinheit aber keineswegs schon immer dann vor, wenn keines der erwähnten speziellen Ausübungshindernisse besteht. Das Wohl der Allgemeinheit schreibt eine Interessenabwägung vor.[26] Es besteht nur, wenn die Ausübung des VR die Verwirklichung der gesetzlichen Ausübungszwecke erleichtert oder ermöglicht.[27] Fiskalische Gründe oder allgemeine bodenpolitische Erwägungen, der Wunsch, eine großzügige Bodenvorratspolitik zu treiben, zB Einheimischen Bauland zu verschaffen, oder einen bestimmten Kaufvertrag zu vereiteln, rechtfertigen nicht die Ausübung des VR.[28]

Die Ausübung des VR kann auch nur eine Teilfläche betreffen, wenn nur hinsichtlich der Teilfläche das Wohl der Allgemeinheit die Ausübung verlangt.[29] Es kann allerdings in einem solchen Fall die vom VR erfaßte Teilfläche nicht ohne Nachteil für den Eigentümer abgetrennt werden; kann dieser also das Restgrundstück nicht mehr in angemessenem Umfang baulich oder wirtschaftlich nutzen, so kann er (nur er, nicht die Gemeinde) verlangen, daß der Vorkauf auf das ganze Grundstück erstreckt wird.[30] Das gleiche gilt, wenn mehrere Grundstücke durch einheitliches Rechtsgeschäft verkauft werden. Auch hier kann unter den Voraussetzungen des § 467 BGB das VR an einzelnen Grundstücken ausgeübt werden (vgl hierzu Rdn 1413).

---

[26] Vgl zu Ermessensentscheidung BVerwG NVwZ 1994, 282; OLG Frankfurt NVwZ 1992, 1020.
[27] Die Voraussetzungen für eine Enteignung müssen nicht vorliegen, BVerwG NJW 1990, 2703.
[28] OVG Koblenz NJW 1988, 1342; BayVGH BayVBl 1986, 181; Engelken DNotZ 1977, 592. Die Voraussetzungen für die Ausübung des VR sind von der Gemeinde darzulegen und zu beweisen, BGH WM 1978, 1055. Zur Ausübung des Vorkaufsrechts, um einen Rad- und Fußweg anzulegen, vgl OLG Frankfurt NVwZ 1992, 1020.
[29] Die Gemeinde kann in solchen Fällen das Gesamtgrundstück nicht beanspruchen, BGH NJW 1991, 293, vgl auch BayVGH NJW 2000, 531 = BayVBl 1999, 563 (zum NatschG).
[30] BayObLG 1967, 310 = DNotZ 1967, 497 = Rpfleger 1967, 217 (mit Anm Haegele) mit weit Nachw; ebenso BGH MDR 1971, 285 = NJW 1971, 560; nach OLG Düsseldorf MDR 1971, 219 umfaßt im Falle der Straßenverbreiterung das VR in der Regel nur den Teil des Grundstücks, der zu diesem Zweck benötigt wird. Wegen Anwendung des § 467 (= § 508 aF) BGB – Gesamtpreis –, wenn nur ein Teil eines Grundstücks vom Vorkaufsrecht erfaßt wird, s BGH DNotZ 1970, 244 = MDR 1970, 221 und Kormann BlGBW 1962, sowie Mayer NJW 1984, 100; Hellmann-Sieg/Smeddinck BauR 1999, 122; Ernst/Zinkahn/Bielenberg/Stock Rdn 40 zu § 28 BauGB. Die Festlegung des anteiligen Kaufpreises nach § 467 BGB erfolgt nicht durch Verwaltungsakt, sondern im Wege freihändiger Vereinbarung zwischen Vorkaufsberechtigten und -verpflichteten, hilfsweise durch Entscheidung des Zivilgerichts (im Fall der Ausübung nach § 28 Abs 2 BauGB), vgl hierzu BayVGH aaO = Fußn 29.

VIII. Öffentlich-rechtliche Vorkaufsrechte

4. Ausübungserklärung und Frist

Das VR wird durch **Erklärung der Gemeinde** gegenüber dem Verkäufer ausgeübt; die Ausübungserklärung ist Verwaltungsakt (§ 28 Abs 2 S 1 BauGB). Die Gemeinde hat im Bescheid den Verwendungszweck anzugeben (§ 24 Abs 3 S 2 BauGB). Die Ausübung des VR (positive Entscheidung) gehört jedenfalls bei kleinen Gemeinden nicht zur laufenden Verwaltung; soweit daher nach Kommunalverfassungsrecht zur Rechtswirksamkeit der Erklärung des Vertretungsorgans ein Gemeinderatsbeschluß erforderlich ist (s dazu Rdn 3660), ist er auch für die Ausübung des VR nötig[31] (zB in Bayern). Maßgebender Gesichtspunkt für die Ausübung des VR muß sein, ob für den Abschluß eines entsprechenden freihändigen Erwerbsvertrages ein Gemeinderatsbeschluß nötig ist oder nicht. Die Ausübungserklärung muß dem Veräußerer durch das zuständige Vertretungsorgan der Gemeinde (s Rdn 3660) bekannt gegeben werden. Bestimmte Formvorschriften sind nicht vorgeschrieben. Wo – wie in Bayern – ein Gemeinderatsbeschluß für die Wirksamkeit des Bürgermeisterhandelns im Außenverhältnis nötig ist, wird es stets notwendig sein, den Beschluß des Gemeinderats samt Ausübungserklärung der zuständigen Vertretungsorgane dem Vorkaufsverpflichteten förmlich zuzustellen, zumindest gegen besondere Empfangsbescheinigung mitzuteilen, da nur auf diese Weise die ordnungs- und fristgemäße Ausübung des VR nachgewiesen werden kann. Bei einer Mehrheit von Verkäufern ist die Ausübung jedem von ihnen mitzuteilen. Die Bekanntgabe der Ausübung an den Notar ist keine wirksame VR-Ausübung, wenn der Notar nicht eindeutig hierzu bevollmächtigt ist.[32] Die dem Notar erteilte Vollzugsvollmacht stellt keine Empfangsvollmacht dar.[33]

4116

Die Ausübungserklärung darf nach Zivilrecht nicht unter einer Bedingung erfolgen (Gestaltungserklärung); ob durch die Rechtsnatur der VR-Ausübung als Verwaltungsakt über § 37 Abs 2 Nr 2 VerwVfG auch (aufschiebende oder auflösende) Bedingungen der Ausübung beigefügt werden können, erscheint zweifelhaft;[34] mit der Notwendigkeit, klare und eindeutige privatrechtliche Rechtsverhältnisse herzustellen, ist diese Auffassung nicht vereinbar und daher abzulehnen.[35]

4116a

Die **Frist** für die Ausübung des VR beträgt zwei Monate. Sie beginnt mit der Mitteilung des Kaufvertrages durch den Veräußerer oder Erwerber, dh mit ihrem Eingang bei der zuständigen Gemeinde, zu laufen.[36] Wie beim privatrechtlichen VR wird die Frist nur in Lauf gesetzt durch die zu Recht erfolgte Mitteilung, daß ein wirksamer Kaufvertrag vorliegt.[37] Die Frist kann durch

4117

---

[31] Vgl BGH MDR 1960, 751 = NJW 1960, 1805; BGH BB 1966, 603 = DNotZ 1967, 43; VGH Kassel NVwZ 1983, 556.
[32] VG Frankfurt NJW 1988, 92; VGH Kassel NJW 1989, 1626.
[33] OVG Lüneburg MittRhNotK 1996, 39 = NJW 1996, 212.
[34] Gaentzsch Rdn 5 zu § 28 BauGB verweist auf die generelle Anwendbarkeit der (Länder-)Verwaltungsverfahrensgesetze.
[35] Wie hier Ernst/Zinkahn/Bielenberg/Stock Rdn 22 zu § 28 BauGB.
[36] Bei Mitteilung an eine unzuständige Abteilung beginnt kein Fristlauf, wenn kein ausdrücklicher Hinweis auf das Vorkaufsrecht erfolgt, BGH MittBayNot 1973, 234 = WM 1973, 644.
[37] BGH DNotZ 1973, 87 = Betrieb 1972, 2206; OLG München MittBayNot 1984, 141; BGH BayVBl 1995, 92 = NJW 1995, 1363 Leits = NVwZ 1995, 101.

1747

Parteivereinbarung nicht verlängert werden, ebenso nicht durch Beifügung aufschiebender Bedingungen (s Rdn 4116a).

Eine Verlängerung der Ausübungsfrist um 2 Monate ist nur auf Antrag des Käufers zur Abwendung der VR-Ausübung nach § 27 Abs 1 S 3 BauGB möglich. Diese Abwendungsbefugnis nach § 27 BauGB scheidet aus in den Fällen des § 27 Abs 2 BauGB; sie scheidet auch dann aus, wenn die Verwendung des Grundstücks im Sinne des § 27 Abs 1 S 1 BauGB nicht ausreichend sicher bestimmt oder bestimmbar ist.[38] Wurde der Inhalt des Kaufvertrages wesentlich geändert (insbes Kaufpreis), so ist eine erneute Mitteilung des geänderten Kaufvertrages erforderlich; die Frist beginnt neu ab diesem Zeitpunkt[39] (hierzu auch Rdn 1424). Hat die Gemeinde bereits bestätigt, daß kein VR besteht, nicht lediglich, daß es nicht ausgeübt wird, so ist keine neue Mitteilung erforderlich.[40]

4118 Bei Ausübung des VR an **land- oder forstwirtschaftlich genutzten Grundstücken** bedarf die Gemeinde zur Wirksamkeit des durch die Ausübung zustande kommenden Vertrages der Genehmigung nach den allgemeinen Vorschriften des landwirtschaftlichen Grundstücksrechts (Rdn 3840). Nach § 191 BauGB sind diese Vorschriften im räumlichen Geltungsbereich eines Bebauungsplanes nicht anzuwenden.

5. Anzeigepflicht an die Gemeinde

4119 Der Verkäufer hat der vorkaufsberechtigten Gemeinde den **Inhalt des Kaufvertrages** unverzüglich nach dessen Wirksamkeit mitzuteilen; seine Mitteilung wird durch die des Käufers ersetzt (§ 28 Abs 1 S 1 BauGB). Unterläßt er die Mitteilung, wird die Ausübungsfrist von zwei Monaten nicht in Gang gesetzt. Die Mitteilung an die Gemeinde kann mit der die Frist in Gang setzenden Wirkung erst erfolgen, wenn alle zur Wirksamkeit des **schuldrechtlichen Vertrages** erforderlichen behördlichen Genehmigungen und Bescheinigungen vorliegen. Insbesondere gilt dies von einer nach Landwirtschaftsrecht, Vormundschaftsrecht oder nach der GVO erforderlichen Genehmigung.[41] Auf das Vorliegen der Genehmigung ist in der Mitteilung besonders hinzuweisen. Eine Vorlage der Genehmigungen selbst ist nicht nötig. Ein vor Erteilung der erforderlichen Genehmigungen der Gemeinde mitgeteilter Kaufvertrag setzt die Ausübungsfrist nicht in Lauf. Dagegen ist Ausübung des VR schon vor Rechtswirksamkeit des Kaufvertrags mit Wirkung auf den Zeitpunkt seiner

---

[38] Vgl hierzu Battis/Krautzberger/Löhr Rdn 2 ff zu § 27 BauGB; Stock ZfBR 1987, 10 (16).

[39] DNotI-Report 1997, 45 (46).

[40] LG Aachen MittRhNotK 1996, 334 zur Frage des Negativattests bei zeitnaher erneuter Veräußerung.

[41] Vgl etwa RG 106, 321; 108, 94; 114, 158; BGH DNotZ 1954, 532 = NJW 1954, 1442; DNotZ 1957, 16; NJW 1960, 1808 und Betrieb 1967, 1936; OLG Celle NJW 1963, 352. Das gleiche gilt für eine etwa nach § 2 Preisangaben- und PreisklauselG (Rdn 3254) erforderliche Genehmigung (BGH DNotZ 1973, 87) oder Genehmigung nach § 144 BauGB (BGH NVwZ 1995, 101). Die vorkaufsberechtigte Gemeinde selbst hat zwar nach erfolgter Mitteilung auf eigene Verantwortung zu prüfen, ob der Vorkaufsfall gegeben ist und die Erklärungsfrist damit begonnen hat. Sie braucht aber keine Ermittlungen über die Rechtslage hinsichtlich des Kaufvertrags anzustellen (BGH WM 1966, 891).

VIII. Öffentlich-rechtliche Vorkaufsrechte

Wirksamkeit möglich.[42] Die Vertragsparteien können aber einer solchen VR-Ausübung die Grundlage dadurch entziehen, daß sie zB den Antrag auf Genehmigung zurückziehen und den Vertrag aufheben.[43] Das **Negativattest** nach § 28 Abs 1 S 3 BauGB kann **schon vor** Rechtswirksamkeit des Kaufvertrages erteilt werden (s Rdn 4132). Für den in der Regel schon vor Rechtswirksamkeit des Kaufvertrags gestellten Antrag auf Erteilung des Negativattests (§ 28 Abs 1 S 2 ff BauGB) muß der Gemeinde keine vollständige Kaufvertragsurkunde übermittelt werden,[44] diese Anfrage setzt die Ausübungsfrist nicht in Lauf.[45] Denn die Gemeinde muß zunächst prüfen und entscheiden, ob ihr am betreffenden Grundstück überhaupt ein VR zusteht. Für diese Prüfung aber genügen Angaben darüber, daß tatsächlich ein Kauf vorliegt, über die katastermäßige Bezeichnung des Grundstücks, über Tatsache und Art seiner Bebauung und über die Personalien der Beteiligten. Erst wenn die Gemeinde begründet dargelegt hat, daß ein VR besteht, kann sie für die Entscheidung über die Ausübung die Mitteilung nach § 28 Abs 1 BauGB, § 469 BGB, also auch Angabe des Kaufpreises und der weiteren Vereinbarungen verlangen,[45a] was (erst) dann am besten durch Übersendung einer beglaubigten Kaufvertragsabschrift bewirkt wird.[46]

6. Vorkaufsrecht und Genehmigung nach BauGB

Es ist möglich, daß der Gemeinde ein VR zusteht, daß aber zum Vollzug der Eigentumsänderung hinsichtlich des ursprünglichen Kaufvertrages eine Teilungsgenehmigung nach § 19 BauGB nötig ist. Da diese Genehmigung nicht zum schuldrechtlichen Vertrag, sondern zur Teilung (Rdn 3821) nötig ist, gehört sie nicht zu den Genehmigungen, die vorliegen müssen, damit der Vertrag rechtswirksam wird und mitgeteilt werden kann und muß.[47] Die nach Ausübung des VR durch die Gemeinde zwischen Eigentümer und ihr zu erklärende Auflassung ist nicht genehmigungsbedürftig (§ 19 Abs 4 Nr 3 BauGB). 4120

Hat der Verkäufer oder der Käufer bei der Gemeinde den Kaufvertrag über die zu vermessende Teilfläche eingereicht (Teilungserklärung im Sinne des § 19 Abs 2 BauGB; s Rdn 3822), so beginnt damit sowohl die Frist zur Ausübung des VR wie auch diejenige zur Versagung der Genehmigung je gesondert zu laufen. Der Antrag auf Genehmigung nach § 19 BauGB macht hier eine besondere Mit- 4121

---

[42] So jetzt durch BGH 139, 29 = DNotZ 1998, 895 = NJW 1999, 2352 klargestellt, vgl dazu auch Rdn 1417.
[43] BGH aaO (Fußn 42).
[44] OVG Münster DNotZ 1979, 617 = NJW 1980, 1067; vgl auch Schelter DNotZ 1987, 330 (346); ähnlich auch Ernst/Zinkahn/Bielenberg/Stock Rdn 16; Jäde/Dirnberger/Weiß Rdn 1, je zu § 28 BauGB; vgl auch zu den datenschutzrechtlichen Gründen Grziwotz CR 1991, 109; ders DNotZ 1997, 916 (920).
[45] BGH BayVBl 1995, 92 = NVwZ 1995, 101; OLG München MittBayNot 1984, 141.
[45a] Dieses Verlangen kann durch Verwaltungsakt durchgesetzt werden, BayVGH BayVBl 2000, 594.
[46] Die von Engelken DNotZ 1977, 599 verlangten Angaben bedeuten gegenüber der vollständigen Übersendung der Urkundenabschrift kein Weniger an Information, sondern nur ein Mehr an Büroarbeit.
[47] BGH MittBayNot 1994, 122 = NJW 1994, 315; Eppig DNotZ 1960, 509, 532; Strutz DNotZ 1970, 280; Heinrich DNotZ 1992, 771.

teilung nach § 469 BGB überflüssig, wenn deutlich gemacht wird, daß die Mitteilung auch zum Zweck der Entscheidung über das VR gemacht wird.[48]

4122 Diese Randnummer ist entfallen.

7. Die Wirkung der Vorkaufsrechtsausübung

a) Entdinglichung

4123 Die VRe nach BauGB sind rein schuldrechtlich ausgestaltet. Gutglaubensvorschriften (§ 892 BGB) sind nicht anwendbar; auf einen guten Glauben des Erwerbers an das Nichtbestehen eines VR kommt es nicht an, da das VR nach §§ 24ff BauGB keine dingliche Belastung ist und keine Verfügungsbeschränkung des Eigentümers bewirkt.[49] Der Schutz des gemeindlichen VR wird rein **verfahrensrechtlich** durch eine **Grundbuchsperre** bewirkt: nach § 28 Abs 1 S 2 BauGB darf eine Eigentumsumschreibung im Grundbuch nur vorgenommen werden, wenn das Nichtbestehen oder die Nichtausübung des VR durch eine **Bescheinigung der Gemeinde**[50] oder eine generelle Verzichtserklärung nach § 28 Abs 5 BauGB nachgewiesen wird. Wird allerdings eine Umschreibung vom Grundbuchamt ohne Bescheinigung vorgenommen, ist und bleibt der Erwerb wirksam. Ein Widerspruch gegen die Eintragung des Käufers ist in einem solchen Fall nicht zulässig.[51]

4124 Die **Gemeinde** kann nach Mitteilung des Kaufvertrages zur Sicherung ihres Rechts eine **Vormerkung** durch einseitiges **Ersuchen** an das Grundbuchamt zur Eintragung bringen (§ 28 Abs 2 S 3 BauGB); dies geht jedoch nicht mehr, wenn der Erwerber bereits im Grundbuch eingetragen ist.[51] Verfügungen des Eigentümers nach Eintragung dieser Vormerkung sind nach allgemeinen Regeln gegenüber dem Vormerkungsberechtigten unwirksam. Werden allerdings vor Eintragung der Vormerkung noch Grundpfandrechte bestellt, so werden diese von den Gläubigern wirksam erworben. Bei Ausübung des VR erlöschen rechtsgeschäftliche VRe. Zum Vollzug der Löschung solcher rechtsgeschäftlichen VRe im Wege der Berichtigung genügt ein einseitiger Antrag der Gemeinde (§ 29 Abs 3 GBO), in dem die Voraussetzungen des § 28 Abs 2 S 5 BauGB dargelegt sind.[52] Die Vormerkung für den Käufer selbst wird mit Eigentumserwerb der Gemeinde auf deren einseitiges Ersuchen gelöscht (§ 28 Abs 2 S 6 BauGB).

b) Art der Vorkaufsrechtsausübung

4125 Die Gemeinde kann wählen, ob sie das VR zu dem von den Kaufvertragsparteien vereinbarten Kaufpreis gemäß § 28 Abs 2 BauGB oder preislimitiert zum Verkehrswert nach § 28 Abs 3 BauGB ausübt.

aa) Preislimitiertes Vorkaufsrecht

Kein Wahlrecht hat die Gemeinde in den Fällen der VR-Ausübung nach § 24 Abs 1 S 1 Nr 1 BauGB (Flächen, für die im Bebauungsplan eine Nutzung für öffentliche Zwecke oder für Ausgleichsflächen und Maßnahmen nach § 1a

---

[48] BGH DNotZ 1973, 603 = NJW 1973, 1270 = Rpfleger 1973, 294.
[49] BayObLG DNotZ 1984, 378 = NJW 1983, 1567 = Rpfleger 1983, 344 Leits.
[50] Zur Frage, ob für jede Veräußerung oder nur für Kaufverträge die Bescheinigung vorzulegen ist, s Rdn 4130.
[51] BayObLG aaO (Fußn 49).
[52] BayObLG MittBayNot 1980, 113.

VIII. Öffentlich-rechtliche Vorkaufsrechte

Abs 3 BauGB festgesetzt ist). Hier ist eine Anpassung des Kaufpreises an den Entschädigungswert vorzunehmen (also auch wenn der vereinbarte Kaufpreis darunter liegt), wenn auch eine Enteignung der Grundflächen durchgeführt werden könnte (§ 28 Abs 4 BauGB).
Die Gemeinde kann (Ermessen) das VR nach § 28 Abs 3 BauGB zum Verkehrwert ausüben, wenn der vereinbarte Kaufpreis den Verkehrswert in einer den Rechtsverkehr erkennbaren Weise deutlich überschreitet.[53] Die Gemeinde hat im Ausübungsbescheid die für die Ausübung zum Verkehrswert maßgeblichen Tatsachen und den Verkehrswert anzugeben. Bis zum Ablauf eines Monats nach Unanfechtbarkeit des Ausübungsbescheids kann der Verkäufer vom Kaufvertrag zurücktreten (§ 28 Abs 3 S 2 BauGB; Abwicklung §§ 346–349, 351 BGB); Kostentragungspflicht der Gemeinde nach § 28 Abs 3 S 4 BauGB.
Nach Ausübung des VR nach § 28 Abs 3 oder Abs 4 BauGB geht das Eigentum auf die Gemeinde ohne Auflassung über. Voraussetzung ist lediglich die Unanfechtbarkeit des Ausübungsbescheides und Eintragung des Eigentumswechsels im Grundbuch, der auf einseitiges Ersuchen der Gemeinde erfolgt (§ 28 Abs 3 S 6 und Abs 4 S 4 BauGB). Auch hier kann die Gemeinde durch Ersuchen die für den Käufer etwa eingetragene Vormerkung zur Löschung bringen (§ 28 Abs 2 S 6 BauGB).
Nach § 28 Abs 3 S 5 bzw Abs 4 S 2 BauGB erlöschen nach Ablauf der Rücktrittsfrist (Abs 3 S 5) bzw mit unanfechtbarer Ausübung des VR die Pflichten des Verkäufers, der Gemeinde Eigentum zu verschaffen. Ein Erlöschen von Schadensersatzansprüchen des Erstkäufers gegen den Verkäufer, die sonst bei Vorkaufsrechtsausübung nach § 28 Abs 2 S 2 BauGB bestehen würden, kann auf Grund dieser seit 1. 1. 1998 geltenden Gesetzesfassung nicht mehr angenommen werden.[54] Auch wenn der Verkäufer nach § 28 Abs 3 S 3 BauGB vom Kaufvertrag zurücktritt, leben die Erfüllungsansprüche aus dem ursprünglichen Kaufvertrag nicht wieder auf.[55]
Hat der Käufer den Kaufpreis bereits vor Ausübung des VR bezahlt, stehen ihm gegen den Verkäufer nur Bereicherungsansprüche nach §§ 812 ff BGB zu, die immer unter dem Vorbehalt des § 818 Abs 3 BGB stehen. Die Abtretung der Kaufpreisansprüche des Verkäufers gegen die Gemeinde für den Fall der Ausübung des VR schützt bei Ausübung nach § 28 Abs 3 und 4 BauGB den Käufer nur unvollkommen, da der abgetretene Anspruch gegen die Gemeinde immer niedriger liegen wird als sein bezahlter Kaufpreis.[56]
Wegen § 28 Abs 3 S 5 bzw Abs 4 S 2 BauGB haftet der Verkäufer bei Ausübung des VR nach § 28 Abs 3 bzw 4 BauGB nicht für die Freiheit des Grundbesitzes von Rechten Dritter.

bb) Nicht preislimitiertes Vorkaufsrecht
Im übrigen gilt bei Ausübung des VR nach § 28 Abs 2 S 2 BauGB folgendes: **4126**
Mit der fristgemäßen Ausübung des VR durch die Gemeinde gegenüber dem

---

[53] Diese Kriterien knüpfen an die Preisprüfung in Sanierungsgebieten an, vgl Battis/Krautzberger/Löhr Rdn 10 zu § 28 BauGB; BVerwG NJW 1979, 2578 und NJW 1982, 398.
[54] BGH 97, 298 = DNotZ 1987, 30 = NJW 1986, 2643; Amann MittBayNot 1976, 159.
[55] Für frühere Rechtslage BGH 97, 298 = aaO.
[56] Vgl Amann MittBayNot 1976, 159 (zum seinerzeitigen § 28a BauGB).

vorkaufsverpflichteten Grundstückseigentümer kommt ein **neuer** selbständiger **Kaufvertrag** zwischen diesen beiden Beteiligten zustande mit den Bedingungen, die der Grundstückseigentümer mit dem Drittkäufer vereinbart hat (§ 464 Abs 2 BGB). Rechtsfolgen hinsichtlich Kaufpreiszahlung und Kostenerstattung s Rdn 1421, 1422. Die Ausübung des VR schafft keine Rechtsbeziehung zwischen Gemeinde und Drittkäufer. Zum Eigentumserwerb der Gemeinde sind noch die Erklärung der Auflassung zwischen Eigentümer und Gemeinde in Form des § 925 BGB und Eigentumsumschreibung nötig; auch etwa erforderliche Genehmigungen zur Auflassung (Familien- bzw Vormundschaftsgericht) müssen eingeholt werden.

c) **Ausübung des Vorkaufsrechts zugunsten Dritter**

4126a Nach § 27a Abs 1 S 1 Nr 1 BauGB kann die Gemeinde bei Grundstücken, die einer Nutzung für sozialen Wohnungsbau oder einer Wohnbebauung für Personengruppen mit besonderem Wohnbedarf dienen soll, das VR zugunsten eines von ihr im Ausübungsbescheid zu benennenden Dritten ausüben. Ebenso ist dies zugunsten eines öffentlichen Bedarfs- oder Erschließungsträgers bzw zugunsten eines Sanierungs- oder Entwicklungsträgers möglich (§ 27a Abs 1 S 1 Nr 2 BauGB mit Einzelheiten). Damit kommt ein Kaufvertrag zwischen Verkäufer und Begünstigtem zustande, wobei die Gemeinde neben dem Begünstigten für dessen Verpflichtungen als Gesamtschuldner haftet. Das VR kann nach § 28 Abs 2 oder Abs 3 BauGB ausgeübt werden, in den Fällen des § 24 Abs 1 S 1 Nr 1 nach § 28 Abs 4 BauGB.

d) **Rechtsmittel**

4127 Gegen die Ausübung des VR nach § 28 Abs 3 oder 4 BauGB ist nach § 217 BauGB Antrag auf gerichtliche Entscheidung bei der Kammer für Baulandsachen des Landgerichts zu stellen. Gegen den Verwaltungsakt, mit dem das VR nach § 28 Abs 2 S 2 BauGB ausgeübt wird, ist der Rechtsweg zu den Verwaltungsgerichten (Anfechtungsklage, §§ 40, 42 VwGO) gegeben. Klageberechtigt sind der Eigentümer und der Käufer[57] (vgl § 28 Abs 2 S 6 letzter Halbs BauGB).

e) **Schicksal des ursprünglichen Kaufvertrags nach Ausübung des gemeindlichen Vorkaufsrechts**

4127a Der Kaufvertrag zwischen Verkäufer und Käufer bleibt auch nach Ausübung des VR durch die Gemeinde wirksam. Der Käufer wird jedoch Eigentum am Grundstück nicht erlangen, wenn das VR wirksam ausgeübt wird. Seine Leistungspflicht entfällt infolge Wegfall der Leistungspflicht des Verkäufers (§§ 326, 275 BGB). Ob dem Käufer Schadensersatz- oder Aufwendungsersatzansprüche zustehen, hängt davon ab, ob der Verkäufer sein Unvermögen zur Eigentumsverschaffung zu vertreten hat. Dies wird jedenfalls beim öffentlich-rechtlichen Vorkaufsrecht überwiegend verneint.[58] Rückzahlungsansprüche

---

[57] Die Auflassung des Grundstücks vom Verkäufer an die Gemeinde bringt eine zwischenzeitliche Klage des Drittkäufers nicht zur Erledigung, HessVGH DVBl 1988, 1181.
[58] OLG Nürnberg MDR 1984, 755 nimmt bei Kenntnis des Käufers vom VR regelmäßig eine stillschweigend vereinbarte auflösende Bedingung an. Im übrigen wird ein Vertretenmüssen abgelehnt, wenn nach Inhalt und Zweck der vertraglichen Vereinbarung erkennbar das Risiko der VR-Ausübung vom Verkäufer nicht übernommen

VIII. Öffentlich-rechtliche Vorkaufsrechte

des Käufers gegen den Verkäufer im Falle der Ausübung des VR durch die Gemeinde können dadurch abgesichert werden, daß der Verkäufer seinen Anspruch auf Kaufpreiszahlung gegen die Gemeinde für diesen Fall an den Käufer abtritt.

f) Sonstiges

Zu Rücktritt, Anfechtung, Aufhebung des Kaufvertrages und ihrer Auswirkung auf das VR der Gemeinde s Rdn 1425 ff. **4128**
Nach rechtswirksamer Ausübung des VR kann die Gemeinde sich weder durch Verzicht noch durch Widerruf vom Kaufvertrag lösen; bei rechtswidriger Ausübung wird Rücknahme unter den Voraussetzungen des § 48 VerwVfG für möglich gehalten.[59]

8. Grundbuchamt und Vorkaufsrecht

Der Schutz des VR wird durch eine rein grundbuchverfahrensrechtliche Vorschrift (§ 28 Abs 1 S 2 BauGB) gewahrt: Das Grundbuchamt darf bei Veräußerungen eine **Eigentumsumschreibung nur** vornehmen, **wenn** ihm das **Nichtbestehen** oder die **Nichtausübung des VR** durch ein **Zeugnis der Gemeinde** (Negativattest) oder generellen Verzicht nach § 28 Abs 5 BauGB (durch öffentliche Urkunde, § 29 Abs 1 S 2 GBO) **nachgewiesen** ist. Wird trotzdem das Eigentum umgeschrieben, ist der Eigentumserwerb wirksam. **4129**

a) Negativattest nur bei Kaufverträgen

Dem Grundbuchamt kann durch Vorlage des notariellen Vertrags bereits nach § 28 Abs 1 S 2 BauGB nachgewiesen werden, daß ein Vorkaufsfall nicht vorliegt. Die Vorlage eines Zeugnisses der Gemeinde nach § 28 Abs 1 S 2 BauGB kann das Grundbuchamt nicht verlangen, wenn sich aus dem zu vollziehenden notariellen Vertrag ergibt, daß kein Vorkaufsfall vorliegt.[60] Die entgegengesetzte Auffassung,[61] bei jeder Veräußerung (also auch Übergaben, Schenkungen, gemischte Schenkungen, Einbringung in Gesellschaften, Tausch) sei das Negativattest vorzulegen und vom Grundbuchamt zu verlangen, ist durch die Rechtsprechung des BGH[62] nunmehr überholt. Das VR entsteht nur bei Kaufverträgen. Das von der Gemeinde auszustellende Negativzeugnis setzt somit voraus, daß der Vorkaufsverpflichtete überhaupt mit einem Dritten einen Kaufvertrag geschlossen hat. Das Negativattest bezieht sich auf die in der planungsrechtlichen Situation und in dem verwaltungsrechtlichen Ermessen liegenden Voraussetzungen für Bestehen oder Ausübung des VR. Der Nachweis, daß es überhaupt an einem das VR auslösenden Kaufvertrag fehlt, ist auf andere Weise zu führen. Das Grundbuchamt hat **4130**

---

werden sollte, vgl Bamberger/Roth/Grüneberg Rdn 22 zu § 280 BGB; MünchKomm/Westermann Rdn 10 zu § 505 BGB; Mayer NJW 1984, 100; Hellmann/Smeddinck BauR 1999, 122.
[59] Prahl BlGBW 1985, 50.
[60] LG Berlin Rpfleger 1994, 502; LG Köln Rpfleger 2003, 415.
[61] OLG Oldenburg DNotZ 1978, 91 = Rpfleger 1977, 366 und Rpfleger 1978, 318; GBAmt Mannheim BWNotZ 1978, 18; OLG Braunschweig DNotZ 1978, 96.
[62] BGH 73, 12 = DNotZ 1979, 214 = NJW 1979, 875 = Rpfleger 1979, 97; OLG Frankfurt MittBayNot 1988, 77 = NJW 1988, 271.

diese Feststellungen aus dem Inhalt des ihm vorgelegten notariellen Vertrages selbst zu treffen. Daher ist ein Negativzeugnis bei Tausch, Schenkung, gemischter Schenkung, Altenteilverträgen, Einbringen von Grundstücken in eine Gesellschaft, Erbauseinandersetzungen (auch bei ganz unwesentlichen Änderungen des Kaufvertrages, s Rdn 4117 bei Fußn 39) usw nicht nötig; das Grundbuchamt kann seine Vorlage nicht verlangen. Eine Mitteilungspflicht der Beteiligten gegenüber dem Grundbuchamt nach § 28 Abs 1 BauGB besteht nicht.[63] Allerdings muß dem Grundbuchamt aus den vorgelegten öffentlichen Urkunden eine sichere Beurteilung der Frage der Rechtsnatur des Vertrages möglich sein;[64] bei begründeten Zweifeln ist Zwischenverfügung möglich. Hat bei einem Kaufvertrag, für den das Negativattest bereits vorliegt, ein Dritter ein bestehendes VR ausgeübt, so ist zum Vollzug der nun erklärten Auflassung an den Dritten erneut Negativattest nach § 28 Abs 1 S 3 BauGB nötig.[65]

Auch der Ausschluß der VR-Ausübung bei Verkauf an Ehegatten oder Verwandte (§ 26 Nr 1 BauGB) kann vom Grundbuchamt selbständig beurteilt werden. Ein Negativzeugnis ist daher nicht nötig, wenn das Verwandtschaftsverhältnis offenkundig oder durch öffentliche Urkunde nachgewiesen ist.[66] Wird ein Investitionsvorrangbescheid vorgelegt, ist das Negativzeugnis ebenfalls entbehrlich (§ 11 Abs 1 InVorG).

b) Zuständigkeit für Erteilung des Negativattestes

4131 Bei Vorlage eines Negativattestes nach § 28 Abs 1 S 3, 4 BauGB hat das Grundbuchamt nicht zu prüfen, ob bei seiner Ausstellung die kommunalverfassungsrechtlichen Vorschriften eingehalten wurden. Das Grundbuchamt kann daher weder die Vorlage eines Gemeinderatsbeschlusses noch einen Nachweis über die Vertretungsbefugnis von Gemeindebediensteten verlangen, wenn das Negativzeugnis von solchen unterzeichnet und gesiegelt ist. Dies ergibt sich daraus, daß die Erteilung des Zeugnisses ebenso wie die Ausübung des VR nunmehr Verwaltungsakt ist. Selbst wenn dieser Verwaltungsakt „Negativzeugnis" mangels interner Zuständigkeit des ausstellenden Bediensteten oder mangels Gemeinderatsbeschluß rechtswidrig wäre, würde dies nur zur Anfechtbarkeit des Verwaltungsaktes, jedoch nicht zu seiner Nichtigkeit führen. Die Feststellungs- und Bindungswirkung von Verwaltungsakten (vgl § 43 VwVfG Bund, gleichlautend die VwVfGe der Länder) bestehen auch für rechtswidrige, anfechtbare Verwaltungsakte. Das Grundbuchamt ist daher bei Vorlage des Negativzeugnisses an

---

[63] BGH 73, 12 = aaO (Fußn 62) sowie OLG Frankfurt aaO (Fußn 62); OLG Frankfurt MittRhNotK 1978, 38 (Vorlagebeschluß mitgeteilt auch Rpfleger 1978, 296); OLG Köln MittRhNot 1978, 54 (Vorlagebeschluß, mitgeteilt auch Rpfleger 1978, 297); OLG Bremen (Vorlagebeschluß) mitgeteilt Rpfleger 1978, 295 = DNotZ 1978, 352 Fußn 2; OLG Celle (Vorlagebeschluß) mitgeteilt Rpfleger 1978, 296; KG Rpfleger 1979, 62; OLG Oldenburg Rpfleger 1977, 310 (aufgegeben, s Fußn 61); LG Osnabrück Rpfleger 1984, 146.
[64] OLG Köln Rpfleger 1982, 338. Liegen dem Grundbuchamt Negativattest und Ausübungserklärung der Gemeinde gleichzeitig vor, so ist angesichts dieser sich widersprechenden Verwaltungsakte der Nachweis nach § 28 Abs 1 S 2, 3 BauGB nicht geführt, OLG Stuttgart BWNotZ 1979, 150 = Justiz 1979, 299.
[65] BayObLG 1985, 262 = aaO (Fußn 13).
[66] LG Würzburg MittBayNot 1989, 217.

VIII. Öffentlich-rechtliche Vorkaufsrechte

den darin liegenden Verwaltungsakt und seine Feststellungswirkung gebunden und darf deshalb keine weiteren Anforderungen oder Prüfungen anstellen.[67] Es genügt also die Vorlage einer Bescheinigung der Gemeinde, die mit Unterschrift und Siegel versehen ist[68] (§ 29 Abs 3 GBO).

c) Pflicht zur Erteilung des Negativzeugnisses

Zur Erteilung des Negativzeugnisses ist die Gemeinde auf Antrag eines Beteiligten **unverzüglich verpflichtet.** Da in der Praxis beim weitaus überwiegenden Teil aller Kaufverträge das VR entweder nicht besteht oder nicht ausgeübt wird, ist zu empfehlen, den Antrag auf Erteilung des Negativattestes bereits unmittelbar nach Abschluß des Kaufvertrages, also vor Eingang etwa erforderlicher Genehmigungen, bei der Gemeinde zu stellen. Es wird damit der Schwebezustand in den meisten Fällen erheblich verkürzt. In den wenigen Fällen, in denen die Gemeinde Negativzeugnis nicht erteilen kann, weil sie die Ausübung des VR erwägt, muß dann allerdings nach Eingang von etwa erforderlichen Genehmigungen der Kaufvertrag nochmals förmlich mitgeteilt werden.[69] Die Gemeinde ist verpflichtet, in diese Negativprüfung sofort einzutreten und gegebenenfalls unverzüglich das beantragte Zeugnis zu erteilen. Zum Umfang der Mitteilungspflicht in diesem Fall s Rdn 4119. Die Pflicht zur Erteilung des Negativzeugnisses beginnt also nicht erst mit der Mitteilung des rechtswirksamen Kaufvertrages. Das Negativzeugnis kann auch vor Abschluß eines Kaufvertrages bereits beantragt und erteilt werden.[70] Zur Frage, ob die Gemeinde Kosten für die Negativbescheinigung erheben darf bejahend s BayVGH BayVBl 1995, 692 = NJW-RR 1996, 702; Haiduk MittBayNot 1984, 118; OVG Münster MittRhNotK 1987, 165. **4132**

Nach § 28 Abs 5 BauGB kann die Gemeinde durch Allgemeinverfügung (§ 35 VwVfG) für das ganze Gemeindegebiet oder für sämtliche Grundstücke einer Gemarkung (nicht dagegen für einzelne Grundstücke[71]) auf die Ausübung von VRen verzichten und diesen Verzicht mit Wirkung für die Zukunft auch widerrufen. Verzicht und Widerruf sind ortsüblich bekanntzumachen und dem Grundbuchamt mitzuteilen (§ 28 Abs 5 S 2–4 BauGB). Solange kein Widerruf[72] erklärt ist, braucht in diesen Fällen dem Grundbuchamt Negativzeugnis nicht vorgelegt werden. **4133**

9. Notar und Vorkaufsrecht

a) Der Notar hat bei Beurkundung eines Grundstückskaufvertrages die Beteiligten über die Möglichkeit des Bestehens gesetzlicher VRe zu belehren (§ 20 **4134**

---

[67] LG Regensburg DNotZ 1977, 628 = Rpfleger 1977, 311; LG Landshut und LG Amberg MittBayNot 1977, 205, 206 mit Anm Herbolzheimer = Rpfleger 1977, 365; LG Kaiserslautern MittBayNot 1978, 110; Engelken DNotZ 1977, 581.
[68] Siehe OLG Thüringen Rpfleger 2001, 22 (reSp).
[69] Vgl OLG München MittBayNot 1984, 141.
[70] So insbesondere Engelken DNotZ 1977, 581.
[71] Stock ZfBR 1987, 10 (19); Battis/Krautzberger/Löhr Rdn 19 zu § 28 BauGB; aA Schelter DNotZ 1987, 330 (345); zur Zulässigkeit solcher genereller Erklärungen nach BBauG, vgl Vollzugsentschließung des BaySt MdI Nr 5.6.3 in MABl 1977, 65 = MittBayNot 1977, 85; Schmidt Rpfleger 1979, 121.
[72] Auf die Wirksamkeit oder Unanfechtbarkeit des Widerrufes kommt es nicht an, sie ist vom Grundbuchamt nicht zu prüfen, vgl Stock ZfBR 1987, 10 (19).

BeurkG); da das Negativzeugnis der Gemeinde Voraussetzung für die Eigentumsumschreibung und damit den Eigentumserwerb ist, besteht für den Notar auch eine Hinweispflicht auf das Vorkaufsrecht nach BauGB nach § 18 BeurkG.

Eine **gesetzliche** Vollmacht für den Notar zur Einholung des Negativzeugnisses der Gemeinde besteht nicht. In der Praxis ist eine entsprechende Vollmacht der Vertragsteile für den Notar üblich und zu empfehlen. Eine Vollmacht für den Notar, die Ausübung des VR entgegenzunehmen, sollte vermieden werden.[73] Die Anfrage erstreckt sich praktischerweise auf alle gesetzlichen VRe, die der Gemeinde zustehen können. S im übrigen Rdn 4132.

4135 b) Der Notar hat bei der Vertragsgestaltung und Belehrung der Vertragsteile auf die Auswirkungen des VR der Gemeinde zu achten. Er hat den Käufer darüber zu belehren, daß Kaufpreiszahlungen vor Erteilung des Negativzeugnisses der Gemeinde ein Risiko sind und Möglichkeiten zur Abwendung des Risikos zu zeigen. Der sicherste Weg ist dabei, den Kaufpreis erst nach Vorlage des Negativattests der Gemeinde fällig zu stellen.[74] Schadensersatzansprüche gegen den Verkäufer wegen Nichterfüllung sollten für den Fall der Ausübung eines gesetzlichen Vorkaufsrechts ausgeschlossen werden.

4136 Diese Randnummer ist entfallen.

B. Gesetzliche siedlungsrechtliche Vorkaufs- und Wiederkaufsrechte

1. Rechtsgrundlagen und Grundsatzfragen

a) Rechtsgrundlagen des siedlungsrechtlichen Vorkaufsrechts[1]

4137 §§ 1, 4–10, 11a RSG vom 11. 8. 1919 (RGBl 1919, 1429 = BGBl III 2-2331/1) mit Änderungen.

b) Grundsatzfragen

4138 Das Genehmigungsverfahren nach dem GrdstVG und die Entscheidung über Ausübung des Vorkaufsrechts (= VR) sind (seit 1. 1. 1962) in der Weise miteinander verbunden, daß das VR bereits vor Unanfechtbarkeit der Entscheidung über den Genehmigungsantrag nach dem GrdstVG ausgeübt werden kann und muß. Damit erfahren die Beteiligten innerhalb einer gesetzlich festgelegten Frist nicht nur, ob die Genehmigung erteilt, sondern auch, ob das

---

[73] Grziwotz DNotZ 1997, 916 (921).
[74] Eine Verzichtserklärung unter Auflagen erfüllt nicht die vereinbarte Fälligkeitsvoraussetzung „Negativzeugnis", KG DNotZ 1987, 32.
[1] Allgemeines **Schrifttum:** Herminghausen DNotZ 1963, 153; Rötelmann NJW 1962, 285; Schönheit MittRhNotK 1961, 949; Schulte RdL 1965, 106, 305. S ferner Bendel, Das Genehmigungsverfahren nach dem GrdstVG bei Ausübung des siedlungsrechtlichen Vorkaufsrechts, RdL 1962, 169, und Kahlke zum gleichen Thema RdL 1962, 312. Vgl auch Feuchthofen, Das siedlungsrechtliche Vorkaufsrecht im System bodenrechtlicher Normierungen, BayVBl 1985, 394; zur Ausübung des VR, Verfügung der oberen Genehmigungsbehörde in NRW AgrarR 1979, 166; Herminghausen AgrarR 1980, 300. Zum Rechtscharakter der gemeinnützigen Siedlungsgesellschaften s Kahlke RdL 1962, 113. S auch die Kommentare zum GrdstVG und das Schrifttum hierzu (Rdn 3924).

VIII. Öffentlich-rechtliche Vorkaufsrechte

VR ausgeübt worden ist. Damit ist auch der Mißstand beseitigt, daß die Ausübung des VR bei den agrarpolitisch bedenklichen Verträgen, denen die Genehmigung versagt wurde, ausgeschlossen war, während sie bei den durch Erteilung der Genehmigung als unbedenklich erklärten Verträgen zulässig war.

Im Ergebnis kann das siedlungsrechtliche VR praktisch nur in den Fällen ausgeübt werden, in denen im Rahmen des Genehmigungsverfahrens nach dem GrdstVG gegen die Veräußerung von Grundstücken von 2 ha aufwärts (Ausnahmen s Rdn 4142) agrarstrukturelle **Bedenken wegen ungesunder Verteilung des Bodens** bestehen, dh die Genehmigung nach § 9 GrdstVG zu versagen wäre (§ 4 RSG). Dagegen verbietet sich die Ausübung des VR bei Bedenken wegen unwirtschaftlicher Verkleinerung von Grundbesitz aus seiner agrarstrukturellen Zweckbestimmung und bei Bedenken wegen eines groben Mißverhältnisses zwischen Kaufpreis und Grundstückswert aus Rentabilitätsgründen (s dazu die in Rdn 3979 ff behandelten Versagungsgründe).[2] 4139

Das siedlungsrechtliche VR steht dem gemeinnützigen **Siedlungsunternehmen**[3] zu, in dessen Bezirk die Hofstelle des Betriebs liegt. Ist keine Hofstelle vorhanden, so steht das VR dem Siedlungsunternehmen zu, in dessen Bezirk das Grundstück ganz oder zum größten Teil liegt (§ 4 Abs 1 RSG). Die **Siedlungsbehörde** kann bestimmen, daß statt des gemeinnützigen Siedlungsunternehmens eine Behörde, Anstalt des öffentlichen Rechts, Teilnehmergemeinschaft nach dem FlurberG oder eine juristische Person, die sich satzungsgemäß mit Aufgaben der Verbesserung der Agrarstruktur befaßt, für die in ihrem Gebiet liegenden Grundstücke das VR hat (§ 1 Abs 1 S 3, § 4 Abs 5 RSG). 4140

2. Voraussetzungen für die Ausübung des siedlungsrechtlichen Vorkaufsrechts

a) **Ausübungsvoraussetzungen**[4]

Voraussetzungen für die Ausübung des siedlungsrechtlichen VR sind: 4141

---

[2] S in diesem Sinne insbesondere BGH MDR 1966, 829 = NJW 1966, 2310; Lange Anm 3 a, b zu § 12 und Anm 3 zu § 27 GrdstVG; Schulte RdL 1961, 277. S aber auch Wöhrmann RdL 1962, 222 und Anm 10 zu § 6 GrdstVG, der auch in den oben genannten Fällen der unwirtschaftlichen Verkleinerung und des groben Wertmißverhältnisses die Möglichkeit der Ausübung des siedlungsrechtlichen VR bejaht; ähnlich Ehrenforth Anm 4 b, c zu § 4 RSG; Pikalo/Bendel Anm II 1, 2 zu § 27 GrdstVG, da in § 4 RSG ganz allgemein von den drei Versagungsgründen des § 9 und nicht nur vom Versagungsgrund des § 9 Abs 1 Nr 1 (ungesunde Bodenverteilung) die Rede ist. Aber auch Wöhrmann aaO gibt zu, daß das Vorkaufsrecht in den beiden anderen Versagungsfällen praktisch nicht in Frage kommen kann, weil sonst agrar- und bodenpolitisch unerwünschte Rechtsgeschäfte sanktioniert würden – ähnlich, aber doch mit einigen Abweichungen, Vorwerk/vSpreckelsen Anm 22, 28, 45, 49 ff zu § 27 GrdstVG. Das Vorkaufsrecht nach § 4 RSG und seine Ausübung stellen keine Enteignung und keinen enteignungsgleichen Eingriff in die Rechte des dinglich nicht gesicherten Grundstückskäufers dar (OLG Stuttgart AgrarR 1972, 180 = DNotZ 1972, 739).

[3] S die Aufstellungen über die Siedlungsbehörden und die Siedlungsunternehmen bei Ehrenforth, RSG und GrdstVG, S 612, bei Pikalo/Bendel Anm F II 3 zu 12 GrdstVG, Anm B vor § 27 GrdstVG und bei Vorwerk/vSpreckelsen Anm 2 zu § 27 GrdstVG. S ferner Kahlke, Der Rechtscharakter der gemeinnützigen Siedlungsgesellschaften, RdL 1962, 113.

[4] Vgl Herminghausen AgrarR 1980, 300; Verfügung der oberen Genehmigungsbehörde NRW AgrarR 1979, 166.

5. Teil. Öffentlich-rechtliche Verfügungsbeschränkungen und Vorkaufsrechte

aa) Das Grundstück muß eine **bestimmte Mindestgröße** haben (Einzelheiten s Rdn 4142).

bb) Es muß sich um ein **landwirtschaftliches Grundstück** oder um Moor- und Ödland, also nicht um ein forstwirtschaftliches Grundstück handeln (Einzelheiten s Rdn 4144).

cc) Es muß darüber ein **Kaufvertrag** abgeschlossen sein, der zu seiner Wirksamkeit der **Genehmigung** nach § 2 GrdstVG bedarf. Der Abschluß eines anderen Grundstücksveräußerungsvertrags genügt nicht (Einzelheiten s Rdn 4146).

dd) Der Verkauf darf **nicht an jemand erfolgen,** der zu dem Personenkreis gehört, welcher von dem VR nicht betroffen wird (Einzelheiten s Rdn 4151).

ee) Die nach § 2 GrdstVG erforderliche **Genehmigung** müßte nach Auffassung der Genehmigungsbehörde versagt werden (Einzelheiten s Rdn 4153 ff).

ff) Gewisse **verfahrensrechtliche Vorschriften** müssen eingehalten sein, insbesondere muß die nach dem GrdstVG zuständige Genehmigungsbehörde den Kaufvertrag der Siedlungsbehörde zur Herbeiführung einer Erklärung über die Ausübung des VR vorgelegt haben (Einzelheiten s Rdn 4154).

gg) Die Formen und Fristen für die Ausübung des VR müssen eingehalten werden (Einzelheiten s Rdn 4158).

b) Mindestgröße für die Ausübung des Vorkaufsrechts

4142 Die Mindestgröße, von der an das VR nach dem RSG bei der Genehmigungspflicht nach § 2 GrdstVG unterliegenden Kaufverträgen über Grundstücke, Grundstücksteile und Miteigentumsanteile (§ 2 Abs 2 Nr 2 GrdstVG) ausgeübt werden kann, beträgt **zwei Hektar** (§ 4 RSG), abgestellt auf das veräußerte Grundstück. Die Länder können allerdings allgemein und auf unbestimmte Zeit oder für einzelne Landesteile die Mindestgröße auf mehr als 2 ha oder für beschränkte Zeit, solange dies zur Durchführung von Maßnahmen zur Verbesserung der Agrarstruktur notwendig ist, auf weniger als 2 ha festsetzen (§ 4 Abs 4 RSG). Dabei kann aber die Freigrenze beim VR nicht geringer sein als die in einigen Ländern für den Grundstücksverkehr festgelegte Freigrenze (s dazu Rdn 3961 ff). Im einzelnen ist die Mindestgröße festgesetzt worden: in Hessen auf 0,50 Hektar (VO zur Bereinigung des Siedlungsrechts vom 18. 11. 2002, GVBl I 689), in Niedersachsen für Grundstücke in einem Flurbereinigungsgebiet während der Dauer des jeweiligen Flurbereinigungsverfahrens auf 0,50 Hektar (VO vom 22. 12. 1961 GVBl 373). Im Saarland unterliegen im Flurbereinigungs- und Zusammenlegungsverfahren in der Zeitspanne zwischen der Anordnung des Verfahrens und der Ausführungsanordnung (§§ 4, 62, 63 und 92 Abs 2 FlurBerG) die Grundstücke, deren Veräußerung genehmigungspflichtig ist, dem VR der Siedlungsunternehmen nach dem RSG (§ 3 VO vom 3. 7. 1969, ABl 1969, 408).

4143 Das VR kann, da hier der wirtschaftliche Grundstücksbegriff maßgebend ist,[5] nicht nur dann ausgeübt werden, wenn bei dem Verkauf mehrerer ausnahmslos dem VR unterliegenden Grundstücke jedes von ihnen die Mindestgröße von 2 ha aufwärts aufweist, sondern schon dann, wenn erst mehrere

---

[5] So BGH 94, 299 = DNotZ 1986, 102 = NJW-RR 1986, 310; zur Streitfrage s Rdn 3940.

VIII. Öffentlich-rechtliche Vorkaufsrechte

oder alle in einem Vertrag verkauften und in einem wirtschaftlichen Zusammenhang stehenden Grundstücke in ihrer Gesamtheit diese Mindestgröße erreichen.[6] Unterliegen bei Verkauf mehrerer Grundstücke in einem Vertrag nicht alle zusammen verkauften Grundstücke dem VR und ist für den Vertrag eine einheitliche Genehmigung beantragt, so kann das VR überhaupt nicht ausgeübt werden, vorausgesetzt, daß sich weder aus den Umständen noch aus den Interessen der Vertragsschließenden die Möglichkeit einer Teilung des Vertrags und des Genehmigungsantrags ergibt,[7] es sei denn, es liegt eine wirtschaftliche Einheit vor.[8]
Erfolgt ein Verkauf aus einem über 2 ha großen Grundbesitz nacheinander in kleinen Flächen unter der hiervor behandelten Mindestgröße, sind die Flächen aber zusammen mehr als 2 ha groß, so ist Ausübung des VR möglich, wenn ein **Umgehungsgeschäft** vorliegt.[9] Auf das Verhältnis der verkauften Flächen zum Gesamtgrundbesitz kommt es dabei nicht an.

c) Vorkaufsrecht grundsätzlich nur an landwirtschaftlichen Grundstücken

Das siedlungsrechtliche VR besteht grundsätzlich nur an landwirtschaftlichen Grundstücken.[10] **Forstwirtschaftliche** Grundstücke werden vom VR **nicht erfaßt.**
Dies steht außer Zweifel, wenn nur forstwirtschaftliche Grundstücke für sich allein verkauft werden.[11] Werden landwirtschaftliche Grundstücke zusammen mit forstwirtschaftlichen Grundstücken verkauft, ohne daß die forstwirtschaftlichen Grundstücke im Zusammenhang mit den land-wirtschaftlichen Grundstücken stehen, und zwar einheitlich zu einem Gesamtkaufpreis, so kann das VR überhaupt nicht ausgeübt werden, da nur einheitliche Entscheidung über den Genehmigungsantrag möglich ist.[12]

4144

---

[6] So auch OLG Koblenz RdL 1964, 192; OLG Jena RdL 1999, 299; Pikalo/Bendel Anm II 1 b zu § 27 GrdstVG (nach ihnen gilt anderes nur, wenn Antrag auf gesonderte Genehmigung eines jeden Teils des Rechtsgeschäfts gestellt wird oder der Antrag dahin auszulegen ist; in diesem Fall soll im Genehmigungsverfahren zu prüfen sein, ob und für welchen Teil des Rechtsgeschäfts die Voraussetzungen für die Ausübung des VR vorliegen). In solchen Fällen wirft sich aber die Frage auf, ob nicht ein Umgehungsgeschäft vorliegt.
[7] BGH BWNotZ 1974, 65 = MDR 1974, 655 = Rpfleger 1974, 183; OLG Köln AgrarR 1980, 283 = DNotZ 1981, 680 Leits; OLG Naumburg NotBZ 2003, 75.
[8] OLG Stuttgart RdL 1998, 263.
[9] Pikalo/Bendel aaO (Fußn 6).
[10] Darunter fallen auch Weinberge (BGH MDR 1966, 490 = RdL 1966, 155). Kein Vorkaufsrecht besteht, wenn ein Grundstück teils landwirtschaftlich, teils nichtlandwirtschaftlich genutzt wird und beide Teile keine wirtschaftliche Einheit bilden (OLG Köln DNotZ 1981, 680 = aaO (Fußn 7); OLG Naumburg NotBZ 2003, 75. Bei einem überwiegend landwirtschaftlich genutzten Grundstück und wirtschaftlicher Einheit kann auch der forstwirtschaftliche Teil (damit das Gesamtgrundstück) dem VR unterfallen (BGH 134, 166 = DNotZ 1997, 801 (802) = NJW 1997, 1073 [1074]).
[11] BGH RdL 1966, 17 (für Waldgut); OLG München RdL 1964, 236 und zwar auch dann nicht, wenn das Siedlungsunternehmen ein solches Grundstück zur Aufstockung eines landwirtschaftlichen Betriebs einsetzen will.
[12] Ebenso OLG Braunschweig RdL 1960, 291; OLG Naumburg NotBZ 2003, 75; Bendel RdL 1962, 171; Lange Anm 3 b zu § 12 GrdstVG; Roemer MittRhNotK 1962, 487; aA Ehrenforth AcP 150, 422; vgl auch OLG Koblenz AgrarR 1991, 321: VR bei

Die Ausübung des VR auch an forstwirtschaftlichen Grundstücken dürfte dagegen dann möglich sein, wenn diese von den verkauften landwirtschaftlichen Grundstücken völlig eingeschlossen[13] sind oder mit ihnen so im Gemenge liegen, daß eine Trennung entweder unmöglich oder unvernünftig ist.[14]

4145 Die Veräußerung eines **gemischten Betriebs** unterliegt bei Vorliegen der Voraussetzungen des § 8 Nr 3 GrdstVG (Rdn 3976) nicht dem VR.

Forstanteilsrechte unterliegen dem VR, wenn sie von dem verkauften landwirtschaftlichen Grundstück nicht getrennt werden können.

An **Moor- und Ödland,** das unmittelbar in landwirtschaftliche Kultur gebracht werden kann, besteht das VR. Es besteht nicht, wenn das Land nur für forstliche Kultur geeignet ist.

d) Vorkaufsrecht besteht nur beim Verkauf

4146 Die Ausübung des siedlungsrechtlichen VR ist nur bei einem Verkauf möglich. Ob ein Verkauf gegeben ist, hängt nicht von der bei der Beurkundung gewählten Bezeichnung, sondern davon ab, welchen wirtschaftlichen Zweck die Parteien mit dem Vertrag verfolgen.

Bei allen anderen Arten von Veräußerungsverträgen kann das VR nicht ausgeübt werden. Insbesondere gilt dies für einen Ausstattungsvertrag, Erbteilungsvertrag, Grundstückseinbringungsvertrag, Schenkungsvertrag (auch gemischte Schenkung),[15] Tauschvertrag,[16] Übergabevertrag, Verkauf durch den Insolvenzverwalter. Auch auf die Grundstücksübertragung im Wege der Zwangsversteigerung (auch Teilungsversteigerung) findet das siedlungsrechtliche VR keine Anwendung.[17]

4147 Die Veräußerung eines **Erbteils** (§§ 2033 ff BGB), soweit diese überhaupt genehmigungspflichtig ist (s Rdn 3958), unterliegt dem VR nicht.

Das VR kann auch nicht ausgeübt werden, wenn bei der Erbteilsübertragung an einen Nichtmiterben ein Miterbe von seinem VR nach § 2034 BGB Gebrauch macht.[18]

4148 Bei Veräußerung nur eines **Miteigentumsanteils** ist die Ausübung des VR ebenfalls nicht möglich, wohl aber bei der Veräußerung aller Miteigentumsanteile an den gleichen Erwerber.[19]

4149 Auch die Veräußerung eines **grundstücksgleichen Rechts,** soweit sie überhaupt genehmigungspflichtig ist (s Rdn 3943), unterliegt nicht dem VR.[20]

Forstparzellen, die mit landwirtschaftlichen Grundstücken eine wirtschaftliche Einheit bilden; OLG Oldenburg AgrarR 1981, 52.

[13] S auch Ehrenforth Anm 3 a zu § 4 RSG und Lange Anm 2 zu § 27 GrdstVG.

[14] Wegen Einzelheiten s Haegele, GrdstVerkBeschr, Note 351.

[15] OLG Stuttgart RdL 1966, 263. Zur gemischten Schenkung s RG 101, 99; KG MDR 2000, 147.

[16] OLG Celle RdL 1967, 10. S auch § 8 Nr 5 GrdstVG.

[17] Stöber NJW 1988, 3121; Stöber Rdn 10.4 zu § 81 ZVG.

[18] So auch Lange Anm 3 b zu § 12 GrdstVG; Roemer MittRhNotK 1962, 473.

[19] BGH NJW 1954, 1035; Lange Anm 3 a zu § 12 GrdstVG. Umfassende Ausführungen über die einzelnen Vertragsarten macht Ehrenforth Anm 4 zu § 4 RSG.

[20] Gegenteiliger Ansicht für den Verkauf eines Erbbaurechts Ehrenforth Anm 3 a zu § 4 RSG. Da durch BGH 65, 345 = DNotZ 1976, 369 = Rpfleger 1976, 126 klargestellt ist, daß die Bestellung eines Erbbaurechts nicht genehmigungspflichtig ist, besteht bei Veräußerung auch kein VR.

VIII. Öffentlich-rechtliche Vorkaufsrechte

Umgehungsgeschäfte werden allerdings wie Kaufverträge zu behandeln sein.[21] **4150**

Die Ausübung des VR ist nicht dadurch ausgeschlossen, daß in dem Veräußerungsvertrag ein **geringeres** als das tatsächlich vereinbarte **Entgelt** angegeben ist. In einem solchen Falle können sich die Beteiligten auf den Mangel der Form (§ 311 b Abs 1 BGB) und damit auf die Nichtigkeit des Vertrags nicht berufen (§ 4 Abs 3 RSG).[22] Nach § 4 Abs 3 S 2 RSG gilt in einem solchen Fall das beurkundete (geringere) Entgelt als Kaufpreis bei Ausübung des VR. Ob diese Vorschrift mit Art 14 GG vereinbar ist, wird bezweifelt.[23] Ist nicht nur das Entgelt zu niedrig angegeben, sondern sind weitere Leistungen nicht beurkundet, so kann wegen dieser Unwirksamkeit des Vertrages (§ 311 b Abs 1, § 125 BGB) das VR nicht ausgeübt werden.[24]

e) Nichtbestehen des Vorkaufsrechts bei Verkauf an bestimmte Erwerber

Das VR kann nicht ausgeübt werden, wenn der Verkauf an eine **Körperschaft** des öffentlichen Rechts, an den **Ehegatten** (gleichgestellt sein müßte der Lebenspartner, wie Rdn 4114) oder an eine Person erfolgt, die mit dem Verkäufer in gerader Linie oder bis zum dritten Grad in der Seitenlinie verwandt oder bis zum zweiten Grad **verschwägert** ist (§ 4 Abs 2 RSG; §§ 1589, 1590 BGB). Wenn das Gesetz die gerade Schwägerschaft auch nicht ausdrücklich erwähnt, so ist nach allgemeiner Ansicht die Ausübung des VR gleichwohl auch ausgeschlossen, wenn der Grundstücksverkauf an eine in gerader Linie verschwägerte Person erfolgt. Auch bei der Grundstücksveräußerung an ein Adoptivkind des Veräußerers besteht das VR nicht.[25] **4151**

Das VR besteht auch nicht, wenn der Erwerber ein Berufslandwirt ist, der enteignet wurde und sich innerhalb dreier Jahre nach erfolgter Enteignung anderweitig ankauft, um die Landwirtschaft beruflich auszuüben, sofern die neu erworbene Fläche die abgegebene an Ausdehnung nicht überschreitet (§ 11 a RSG). **4152**

---

[21] S zu solchen Umgehungsgeschäften BGH DNotZ 1965, 35 = NJW 1964, 540. S zu Umgehungsgeschäften ferner Herminghausen DNotZ 1963, 157, 159; Lange Anm 20 zu § 2 und Anm 4 zu § 27 GrdstVG; Pikalo/Bendel Anm II 1 zu § 27 GrdstVG.
[22] BGH DNotZ 1997, 801 = NJW 1997, 1073; OLG Köln RdL 1965, 201; Vorwerk/vSpreckelsen Anm 61 zu § 27 GrdstVG. Die Vorschrift findet nicht nur dann Anwendung, wenn die Beteiligten das vereinbarte Entgelt zahlenmäßig angegeben haben, sondern auch dann, wenn sie die Bestimmung des Kaufpreises – ganz oder teilweise – einer späteren Festlegung vorbehalten haben. Dabei ist allerdings Voraussetzung, daß der Kaufpreis durch Beteiligte, Dritte, Verkehrssitte oder Handelsbrauch nach objektiven Mehrkmalen bestimmbar ist (BGH 53, 52 = DNotZ 1970, 174 = NJW 1970, 283). AA – unrichtig – KG MDR 2000, 147, das im konkreten Fall in dem zu niedrig beurkundeten Kaufpreis zugleich ein „formwirksam beurkundetes" (!) Schenkungsversprechen sehen will, selbst wenn der Notarvertrag hierüber schweigt.
[23] Für die Anwendbarkeit des § 4 Abs 3 S 2 RSG OLG Oldenburg MittBayNot 1985, 187 = RdL 1985, 138; LG Osnabrück AgrarR 1985, 48; dagegen mit verfassungsrechtlichen Einwänden Rapsch AgrarR 1985, 38 und RdL 1985, 116.
[24] OLG München RdL 1992, 77.
[25] Ausführlich zu diesem Personenkreis Pikalo/Bendel aaO. Wegen des Adoptivkindes s auch Ehrenforth Am 5 b zu § 4 RSG. Kann das Vorkaufsrecht überhaupt nicht ausgeübt werden, weil der Erwerber zu dem obigen Personenkreis gehört, so findet der in Rdn 4171 behandelte § 9 Abs 5 GrdstVG naturgemäß keine Anwendung (OLG Nürnberg MittBayNot 1971, 34).

f) Vorkaufsrecht nur bei Vorliegen eines Genehmigungs-Versagungsgrundes

4153 Auch wenn die genannten Voraussetzungen für die Zulässigkeit der Ausübung des VR gegeben sind, kann das VR nur ausgeübt werden, wenn die Veräußerung der Genehmigung nach dem GrdstVG bedarf und diese Genehmigung gemäß § 9 GrdstVG nach Auffassung der zuständigen Behörde[26] zu versagen wäre. Das VR kann ausgeübt werden, auch wenn für aufstockungsbedürftige Betriebe nur Teilflächen benötigt werden.[27] Ist Genehmigung zu einer Veräußerung nicht erforderlich (§ 4 GrdstVG; s Rdn 3959 ff) oder ist die Genehmigung zu erteilen (§ 8 GrdstVG; s Rdn 3974 ff), so besteht ein VR nach RSG nicht. Das gleiche gilt dann, wenn im Rahmen des § 9 GrdstVG die Genehmigung unter einer Auflage oder Bedingung erteilt werden kann.[28]

Gegen die Beurteilung der Genehmigungsbehörde über Nichtbestehen oder Bestehen des VR besteht weder für Siedlungsbehörden noch für Siedlungsunternehmen ein Beschwerderecht.

3. Mitteilungs- und Zwischenbescheidsverfahren

a) Mitteilungspflicht an Siedlungsbehörde

4154 Liegen die Rdn 4141 ff behandelten Voraussetzungen für die Ausübung der siedlungsrechtlichen VR vor, wäre also insbesondere die Genehmigung nach Auffassung der Genehmigungsbehörde zu versagen, so hat die nach dem GrdstVG zuständige Genehmigungsbehörde, bevor sie über den Antrag auf Genehmigung nach § 9 GrdstVG (s dazu Rdn 4005) entscheidet, von Amts wegen den Vertrag der Siedlungsbehörde zur Herbeiführung einer Erklärung über die Ausübung des VR durch die vorkaufsberechtigte Stelle vorzulegen (§ 12 GrdstVG). Vorlage an die Siedlungsbehörde hat zu erfolgen, weil uU mehrere Stellen für die Ausübung des VR in Frage kommen können (Rdn 4140). Die Siedlungsbehörde ihrerseits bestimmt den Vorkaufsberechtigten und legt dessen Erklärung der Genehmigungsbehörde vor.

4155 In der Regel wird der Kaufvertrag, der der Genehmigungsbehörde mit dem Antrag auf Genehmigung vorgelegt wird, bereits **notariell beurkundet** sein (§ 311 b Abs 1 BGB).

Während ein bloßer **Vertragsentwurf** als Grundlage für das Genehmigungsverfahren nach dem GrdstVG ausreicht (s Rdn 4002), kann bei bloßer Vorlage eines solchen Entwurfs eine Entscheidung über die Ausübung oder Nichtausübung des VR nach wohl überwiegender Ansicht nicht herbeigeführt werden. Hier hat die Genehmigungsbehörde spätestens innerhalb zweier Monate über die Genehmigung zu entscheiden.[29]

---

[26] Für die wirksam erfolgte Ausübung des VR ist es unerheblich, wenn später die Genehmigungsbehörde ihre Auffassung über die Genehmigungsfähigkeit der Veräußerung ändert (OLG Stuttgart RdL 1991, 330).

[27] BGH 116, 348 = NJW 1992, 1457.

[28] In diesem Sinne für die Genehmigung unter einer Auflage (für die unter einer Bedingung offengelassen) BGH MDR 1965, 284 = NJW 1965, 816 = Rpfleger 1965, 223 mit Anm Haegele; ferner bei Auflage und Bedingung Bendel RdL 1962, 170; Ehrenforth Anm 4c zu § 4 RSG; Pikalo/Bendel Anm E I 2 zu § 12 GrdstVG; Vorwerk/vSpreckelsen Anm 43 zu § 27 GrdstVG; Roemer MittRhNotK 1962, 472; gegenteiliger Ansicht Lange Anm 3 zu § 27 GrdstVG.

[29] Im einzelnen ist bei Vorlage nur eines Vertragsentwurfs in bezug auf das VR manches umstritten; s darüber Haegele, GrdstVerkBeschr, Note 364.

VIII. Öffentlich-rechtliche Vorkaufsrechte

Das den Voraussetzungen nach entstandene siedlungsrechtliche VR entfällt auch dann mit Ablauf der Rdn 4005 ff behandelten Frist, wenn der Vertrag der Siedlungsbehörde entgegen der Bestimmung des § 12 GrdstVG nicht vorgelegt worden ist.[30] Die Siedlungsbehörde kann dagegen nichts unternehmen.

Legt die Genehmigungsbehörde den Vertrag vor, obwohl in Wirklichkeit kein VR besteht, so kommt bei Erlaß eines Zwischenbescheids nur eine Zweimonatsfrist in Gang.[31]   4156

b) Zwischenbescheid an Verkäufer

Hat die Genehmigungsbehörde die Rdn 4154 behandelte Erklärung über die Ausübung des VR nach § 12 GrdstVG herbeizuführen, so muß sie vor Ablauf der Rdn 4005 behandelten allgemeinen Genehmigungsfrist des § 6 Abs 1 GrdstVG von einem Monat dem Verkäufer Zwischenbescheid erteilen, durch den sich die **Einmonatsfrist auf drei Monate verlängert** (§ 6 Abs 1 GrdstVG). Ist die Frist des § 6 Abs 1 Nr 1 GrdstVG auf zwei Monate verlängert worden, kann das VR nach dem RSG innerhalb dieser verlängerten Frist ausgeübt werden, auch wenn im Zwischenbescheid über die Verlängerung nicht erwähnt ist, daß eine Erklärung über die Ausübung des VR herbeigeführt werden muß.[32] Tritt dagegen Verlängerung auf 3 Monate deswegen nicht ein, weil die Begründung unzureichend ist (s Rdn 4006 mit Fußn 121, 123), so ist Ausübung des VR nach Ablauf der 2-Monatsfrist unwirksam.[33]   4157

4. Verfahren bei Ausübung des Vorkaufsrechts

a) Zeitpunkt der Vorkaufsrechts-Ausübung

Das VR kann – an allen ihm unterliegenden Grundstücken, dagegen nicht etwa nur an einem Teil von ihnen (vgl Rdn 4144) – ausgeübt werden, sobald die Siedlungsbehörde den ihr vorgelegten Kaufvertrag dem im Einzelfall nach ihrer Entscheidung Vorkaufsberechtigten mitteilt. Die Ausübung des VR durch das Siedlungsunternehmen bedarf keiner Genehmigung (s § 4 Nr 3 GrdstVG).   4158

Der Umstand, daß über eine nach anderen Gesetzen erforderliche behördliche oder gerichtliche (nicht private) Genehmigung des Kaufvertrags noch nicht entschieden ist, steht der wirksamen Ausübung des VR nicht entgegen. Diese andere Genehmigungspflicht, etwa nach Familien- und Vormundschaftsrecht kann die Ausübung des VR noch zunichte machen, wenn sie rechtswirksam versagt wird.

---

[30] OLG Koblenz RdL 1964, 292. Ähnlich OLG München RdL 1965, 262 und 1966, 127 wie folgt: Unterläßt es die Genehmigungsbehörde, einen Kaufvertrag der Siedlungsbehörde zur Prüfung vorzulegen, ob das siedlungsrechtliche VR ausgeübt wird, so ist dieser Fall dem Falle der Nichtausübung bei erfolgter Vorlage gleichzustellen. S mit gleichem Ergebnis auch Lange Anm 3 zu § 12 GrdstVG. S zu obigen und ähnlichen Sonderfällen ausführlich Pikalo/Bendel Anm IV 3 ff zu § 27 GrdstVG.
[31] S auch BGH 44, 202 (204) = WM 1974, 539; BGH AgrarR 1985, 300; Roemer MittRhNotK 1962, 474.
[32] OLG Hamm RdL 1967, 151.
[33] OLG München RdL 1992, 192.

b) Fristgemäße Mitteilung der Vorkaufsrechts-Ausübung an die Beteiligten

4159 Die Erklärung des Vorkaufsberechtigten über die Ausübung des VR ist über die Siedlungsbehörde der Genehmigungsbehörde, die ihr den Kaufvertrag vorgelegt hat, zuzuleiten. Das VR wird sodann dadurch ausgeübt, daß die **Genehmigungsbehörde** die **Ausübungserklärung** dem verpflichteten **Verkäufer mitteilt.**[34] Dies kann erst geschehen, wenn der Genehmigungsbehörde die Erklärung des Siedlungsunternehmens schriftlich zugegangen ist.[35] Zusätzlich ist die Erklärung des Vorkaufsberechtigten über die Ausübung des VR durch die Genehmigungsbehörde auch dem Käufer und demjenigen mitzuteilen, zu dessen Gunsten der Kaufvertrag geschlossen worden ist.

Die Mitteilung an alle vorstehenden Personen (bzw den antragstellenden Notar) ist mit einer Begründung darüber zu versehen, warum die Genehmigung der Veräußerung nach § 9 GrdstVG zu versagen wäre. Die Mitteilung ist zuzustellen. Dabei sind die Beteiligten darüber zu belehren, daß sie Antrag auf gerichtliche Entscheidung (s Rdn 4164) stellen können (§ 21 GrdstVG).

Die Mitteilung über die Ausübung des VR braucht nicht durch Zuleitung der Erklärung selbst zu erfolgen. Die bloße Weiterleitung der Erklärung des Siedlungsunternehmens durch die Genehmigungsbehörde stellt keine rechtswirksame Ausübung des VR dar.[35] Es genügt die Benachrichtigung über den Inhalt der Erklärung in den Gründen des Bescheids der Genehmigungsbehörde.[36]

4160 Übt im Genehmigungsverfahren das vorkaufsberechtigte Siedlungsunternehmen sein VR aus, so muß die Genehmigungsbehörde diese Erklärung den Vertragsparteien mitteilen (Rdn 4159), sie darf aber nicht die Genehmigung zu dem von ihnen geschlossenen Kaufvertrag versagen, weil damit der Vertrag nichtig und die Ausübung des VR gegenstandslos wäre.[37]

4161 Die für die Parteien bestehende Möglichkeit, ihren **Genehmigungsantrag** bis zum Eingang der VR-Ausübungsmitteilung an den Verkäufer **zurückzunehmen** oder den **Vertrag aufzuheben,**[38] kann im Falle ihrer Ausnutzung zur Gegenstandslosigkeit des VR führen und damit diese Ausübung unmöglich machen (s Rdn 4003). Dies folgt – im Gegensatz zum VR nach BauGB – aus der Abhängigkeit des VR vom Genehmigungsverfahren, dessen Herren die Vertragsteile sind. Nach der VR-Ausübung geht dagegen die Vertragsaufhebung ins Leere.[39]

4162 Die **Ausübung** des VR ist **unwirksam,** wenn die Genehmigungsbehörde die hiervor behandelte Mitteilung an den Eigentümer nicht binnen der Dreimo-

---

[34] Bei Ehegatten ist der Bescheid (auch der Zwischenbescheid zur Fristverlängerung) jedem Ehegatten gesondert zuzustellen; OLG Celle OLG-Report 2002, 9 = RdL 2002, 79.
[35] BGH NJW 1981, 174 = Rpfleger 1980, 275 Leits.
[36] OLG Celle NdsRpfl 1967, 89 = RdL 1967, 128; OLG Karlsruhe-Freiburg RdL 1968, 69; OLG Stuttgart RdL 1966, 236.
[37] OLG Celle RdL 1963, 209; OLG Hamm RdL 1967, 151; OLG Oldenburg NdsRpfl 1964, 197.
[38] Wegen der Zulässigkeit von Vertragsänderungen durch die Parteien bis zur Ausübung des VR s insbesondere BGH MDR 1970, 35 = NJW 1969, 1959 mit krit Anm Winkler NJW 1970, 99, namentlich zur Frage der Beurteilung von Nebenleistungen nach § 8 Abs 2 RSG, § 466 BGB. S ferner dazu Rdn 1425.
[39] OLG München RdL 1992, 159; OLG Schleswig RdL 2000, 95.

VIII. Öffentlich-rechtliche Vorkaufsrechte

natsfrist nach Rdn 4157 zugestellt hat. Entscheidend für die wirksame Ausübung des VR ist nur die Zustellung der Ausübungserklärung an den Verkäufer.[40]

Ist die Genehmigungsbehörde nach Eingang der Erklärung über die Ausübung des VR zu der Überzeugung gekommen, daß der Verkauf **doch zu genehmigen** sei (wenn auch unter einer Auflage oder Bedingung), so hat sie die Ausübungserklärung nicht in der hiervor ersichtlichen Weise dem Verkäufer mitzuteilen. Dadurch wird die Ausübung des VR verhindert. 4163

c) Anrufung des Landwirtschaftsgerichts

Wird das VR ausgeübt, so kann der Verkäufer, der Käufer[41] oder eine Person, zu deren Gunsten der Kaufvertrag geschlossen ist, das Amtsgericht (Landwirtschaftsgericht) zur Entscheidung darüber anrufen, ob die Veräußerung einer Genehmigung nach dem GrdstVG bedurfte und diese Genehmigung aufgrund des § 9 GrdstVG zu versagen war (§ 10 RSG). Antragsberechtigt dürfte auch ein Vorkaufsberechtigter sein, dessen Recht bei Ausübung des VR erlöschen würde (s Rdn 4170). 4164

Darüber hinaus kann eingewendet werden, daß die Genehmigung aus verfahrensrechtlichen Gründen des GrdstVG nicht versagt werden dürfe. Demgemäß hat das Amtsgericht insbesondere zu prüfen, ob ein von der Genehmigungsbehörde erlassener Zwischenbescheid ordnungsgemäß ist und ob die Genehmigungsbehörde dem Verkäufer die Erklärung des Siedlungsunternehmens über die Ausübung des VR rechtswirksam, insbesondere fristgemäß (s Rdn 4159, 4162), mitgeteilt hat.[42] Dem Landwirtschaftsgericht steht auch die Prüfung der Frage zu, ob die VR-Ausübung (etwa wegen Zurücknahme des Genehmigungsantrags, die aber nur bis zur Mitteilung über die VR-Ausübung dem VR die Grundlage entziehen kann; s dazu auch Rdn 4003) rechtsunwirksam ist.[43] Über andere Einwendungen entscheidet das ordentliche Gericht, es sei denn, daß der Vertrag offensichtlich und unbezweifelbar unwirksam ist.[44] 4165

Der Antrag auf gerichtliche Entscheidung muß binnen einer **Frist von zwei Wochen** nach Zustellung der Mitteilung über die Ausübung des VR durch die Genehmigungsbehörde an den Verkäufer beim Amtsgericht eingehen (§ 10 RSG, § 22 GrstVG). Für das Verfahren, einschließlich Rechtsmittel, gilt das gleiche wie im Verfahren um die Genehmigung nach GrstVG (s Rdn 4009 ff). 4166

---

[40] So insbesondere auch Lange Anm 5 zu § 12 GrdstVG; Roemer MittRhNotK 1962, 477; Vorwerk/vSpreckelsen Anm 93 zu § 27 GrdstVG; aA Bendel RdL 1962, 170. Ein Bescheid, daß die Genehmigung zu versagen wäre, vor dem Zeitpunkt, in dem das Siedlungsunternehmen der Genehmigungsbehörde schriftlich die Ausübung des VR mitgeteilt hat (§ 6 Abs 1 S 3 RSG), hindert den Eintritt der Genehmigungsfiktion des § 6 Abs 2 GrdstVG ebenso wenig wie die bloße Weiterleitung der Erklärung des Siedlungsunternehmens (BGH NJW 1981, 174 = Rpfleger 1980, 275).
[41] Der Käufer bleibt (§ 265 ZPO analog) auch sachlegitimiert, wenn er während des gerichtlichen Verfahrens alle Ansprüche (Anwartschaften) aus dem Veräußerungsvertrag auf einen Dritten übertragen hat (OLG Stuttgart RdL 1991, 330).
[42] OLG Celle RdL 1967, 128.
[43] BGH DNotZ 1965, 412 = NJW 1964, 1677 = Rpfleger 1964, 259; OLG Hamm RdL 1969, 322; OLG Schleswig RdL 2000, 95. Wegen weiterer Fragen zum Antrag auf gerichtliche Entscheidung s Haegele, GrdstVerkBeschr, Note 274.
[44] OLG Stuttgart RdL 1998, 263.

4167 Hat das Siedlungsunternehmen das VR ausgeübt, so sind die Vertragsparteien auch dann, wenn sie den Veräußerungsvertrag aufgehoben haben (vgl Rdn 4161), berechtigt, gegen den ablehnenden Beschluß des Amtsgerichts Beschwerde einzulegen.[45]
Hebt das Landwirtschaftsgericht im Einwendungsverfahren die Mitteilung der Genehmigungsbehörde über die Ausübung des VR (§ 21 GrdstVG) auf und erteilt es die Genehmigung (§ 2 GrdstVG), so ist das vorkaufsberechtigte Siedlungsunternehmen beschwerdeberechtigt.[46]

4168 Die **Wirksamkeit der Ausübung** des VR tritt erst dann ein, wenn der Bescheid über die Mitteilung der Ausübung durch die Genehmigungsbehörde an den Verkäufer **unanfechtbar** geworden ist.

5. Folgen der wirksamen Ausübung oder Nichtausübung des Vorkaufsrechts

a) Folgen des Vertragszustandekommens

4169 Mit wirksamer Ausübung des VR kommt der Kauf zwischen dem Vorkaufsberechtigten und dem Grundstückseigentümer unter den Bestimmungen zustande, welche der verpflichtete Eigentümer mit dem Dritten vereinbart hat (§ 8 Abs 1 RSG, § 464 Abs 2 BGB). Das VR erstreckt sich auch auf das mitverkaufte Zubehör (§ 8 RSG). Wird das VR ausgeübt, so erübrigt sich eine Entscheidung der Genehmigungsbehörde über den von den Beteiligten gestellten Genehmigungsantrag (§ 6 Abs 1 RSG, s Rdn 4160).
§§ 465, 466, 467 und 468 BGB sind auf das VR nach dem RSG sinngemäß anzuwenden.

4170 Wird das VR durch das Siedlungsunternehmen oder die sonst berechtigte Stelle wirksam ausgeübt und geht nach entsprechender Auflassung (§ 8 RSG, § 464 Abs 2 BGB, Klage auf Auflassung vor dem Zivilgericht) das Eigentum auf den Vorkaufsberechtigten über, so **erlöschen** kraft Gesetzes rechtsgeschäftliche dingliche und schuldrechtliche **Vorkaufsrechte** und Auflassungsvormerkungen (§ 5 RSG).[47]
Für die dadurch entstandenen Vermögensnachteile hat der Vorkaufsberechtigte den Inhaber eines erloschenen Rechts in Geld zu entschädigen.[48]

b) Folgen der Nichtausübung eines an sich bestehenden Vorkaufsrechts

4171 Wird das VR nach RSG nicht – wirksam – ausgeübt, worüber die Siedlungsbehörde die Genehmigungsbehörde unterrichtet, so entscheidet die Genehmigungsbehörde über die Genehmigung. Aus dem Grunde, daß die Veräußerung eine ungesunde Verteilung des Bodens bedeuten würde (s Rdn 3984 ff), kann dann die Genehmigung nur versagt oder unter Auflagen oder Bedin-

---

[45] OLG Düsseldorf RdL 1964, 265.
[46] BGH 41, 114 = NJW 1964, 1677; BGH NJW 1983, 41; aA Herminghausen AgrarR 1980, 300.
[47] Ihre Löschung erfolgt im Wege der Grundbuchberichtigung nach § 22 GBO oder nach §§ 84 ff GBO. Nach OLG Hamm AgrarR 1986, 17 bleibt jedoch ein VR für alle Verkaufsfälle, das der Käufer dem Verkäufer eingeräumt hat, gegenüber dem Siedlungsunternehmen wirksam mit der Folge, daß bei Verkauf des Grundstücks durch das Siedlungsunternehmen an Dritte dieses VR zum Zuge kommen kann. S zu § 5 RSG die kritischen Bemerkungen von Schulte RdL 1961, 277 in bezug auf Vormerkungen.
[48] S dazu Haegele, GrdstVerkBeschr, Note 380.

VIII. Öffentlich-rechtliche Vorkaufsrechte

gungen ausgesprochen werden, wenn es sich um die Veräußerung eines ganzen landwirtschaftlichen Betriebs[49] handelt. Bei Veräußerung von Einzelgrundstücken entfällt bei Nichtausübung des VR (mögen die entsprechenden Erwägungen auch rechtsirrtümlich sein), der vorstehende Versagungsgrund; unberührt bleiben aber die übrigen Versagungsgründe nach § 9 Abs 1 Nr 2, 3 GrdstVG (§ 9 Abs 5 GrdstVG), und zwar auch dann, wenn das Siedlungsunternehmen das VR wegen des überhöhten Preises oder aus anderen Gründen nicht ausgeübt hat.[50] Bei Einzelgrundstücken, die unter der Rdn 4142 behandelten Größe liegen, ist die Genehmigung gegebenenfalls zu versagen.

6. Sonstige Fragen zum siedlungsrechtlichen Vorkaufsrecht
a) Erwerbsrecht dritter Personen

Verwendet das Siedlungsunternehmen, das das VR nach dem RSG ausgeübt hat, das Grundstück nicht binnen sechs Jahren nach Erwerb des Eigentums für Siedlungszwecke oder zur Verbesserung der Agrarstruktur (§ 6 Abs 2 ErgG z RSG), so kann derjenige, dem ein im Grundbuch eingetragenes oder durch Vormerkung gesichertes Recht zustand, das nach Rdn 4170 erloschen ist, verlangen, daß ihm das Grundstück zu dem in dem früheren Kaufvertrag vereinbarten Entgelt, jedoch unter Berücksichtigung werterhöhender Aufwendungen, durch das Siedlungsunternehmen übereignet wird (Art Wiederkaufsrecht). Bestanden mehrere Rechte der vorstehenden Art, so steht der Anspruch demjenigen zu, dessen Recht den Vorrang hatte.[51] 4172

b) Verzicht auf Vorkaufsrecht

Das Siedlungsunternehmen kann bereits vor Abschluß eines Kaufvertrags auf sein VR durch – formlosen – Vertrag mit dem Eigentümer mit der Wirkung verzichten, daß die Ausübungsbefugnis mit dem Vertragsabschluß nicht mehr entsteht.[52] 4173

Ob ein solcher Verzicht dem Grundstückseigentümer etwas hilft, ist eine andere Frage. Er wird dann uU mit einer Versagung der Genehmigung im Rahmen des § 9 GrdstVG rechnen müssen (s aber auch Rdn 4171). Das VR als solches bleibt am Grundstück für spätere Verkaufsfälle bestehen.

c) Belehrungspflicht des Notars

Der Notar ist verpflichtet, die Beteiligten auf das Bestehen des VR nach dem RSG hinzuweisen, wenn er einen einschlägigen Kaufvertrag beurkundet (§ 20 BeurkG). 4174

Da das VR aber in das Genehmigungsverfahren nach dem GrdstVG eingearbeitet ist, spielt dieses VR praktisch für den Notar keine große Rolle: Der

---

[49] S zu diesem Begriff Fritzen RdL 1964, 253 sowie Rdn 3936, 3985.
[50] BGH MDR 1966, 829 = NJW 1966, 2310. Es handelte sich um einen Fall, in dem der Kaufpreis zwar überhöht war, ohne aber in einem groben Mißverhältnis zum Grundstückswert nach § 9 Abs 1 Nr 3 GrdstVG zu stehen.
[51] Wegen Einzelheiten s Haegele, GrdstVerkBeschr, Note 382.
[52] Vgl RG 114, 158. Übt das Siedlungsunternehmen in einem solchen Falle das VR gleichwohl aus, so bedarf es nach RG DNotZ 1944, 32 eines seine Verpflichtung zur Auflassung bestätigenden Anerkenntnisses des Grundstückseigentümers in der Form des § 311b Abs 1 BGB. Wegen des Verzichts auf das VR s auch Hastenpflug und Pikalo DNotZ 1954, 13, 17, 27.

1767

Notar hat den Kaufvertrag nicht unmittelbar der zuständigen Siedlungsbehörde vorzulegen, da dies im Genehmigungsverfahren durch die Genehmigungsbehörde geschieht. Zur Empfangnahme der fristverlängernden Zwischenverfügung (§ 6 Abs 1 GrdstVG) ist der Notar befugt (§ 3 Abs 2 GrdstVG), ebenso zur Entgegennahme der Mitteilung der Genehmigungsbehörde über die Ausübung des VR nach § 6 Abs 1 S 3 RSG,[53] soweit seine Vollmacht nicht vertraglich eingeschränkt ist (s Rdn 4028).

d) Grundbuchamt und siedlungsrechtliches Vorkaufsrecht

4175 Für das Grundbuchamt spielt dieses VR keine Rolle. Die Eigentumsänderung darf nur mit Genehmigung (§ 2 GrdstVG) vollzogen werden. Liegt die Genehmigung vor, kann ein VR nicht ausgeübt werden (Rdn 4138).

e) Kostenfragen

4176 Zur Pflicht des Siedlungsunternehmens, bei Ausübung des VR Kosten zu erstatten s Rdn 1421, 1422.

7. Siedlungsrechtliche Wiederkaufsrechte

a) Wiederkaufsrecht des Siedlungsunternehmens[54]

4177 Das gemeinnützige Siedlungsunternehmen hat ein – im Grundbuch eingetragenes[55] – gesetzliches dingliches Wiederkaufsrecht privatrechtlicher Natur an allen von ihm begründeten Siedlerstellen (§ 20 RSG).[56] Dieses Wiederkaufsrecht besteht, wenn die Siedlerstelle vom Aussiedler ganz oder teilweise veräußert (ausgenommen an begünstigte Personen im Sinne des § 4 Abs 2 RSG) oder von ihm aufgegeben oder nicht dauernd bewohnt oder bewirtschaftet[57] wird. Das Wiederkaufsrecht muß befristet werden.[58] Ist es „auf die Dauer der Laufzeit der Siedlungskredite, längstens auf die Dauer von x Jahren beschränkt" so ist auf die normale Laufzeit der Kredite und nicht auf deren tatsächliche Dauer bei vorzeitiger Rückzahlung abgestellt; frühere Löschung des Wiederkaufsrechts erfordert daher Löschungsbewilligung.[59]

Die **Weiterbelastung** der Stelle ist durch das Wiederkaufsrecht nicht ausgeschlossen. Wird der Grundbesitz über den Wiederkaufspreis hinaus belastet,

---

[53] BGH DNotZ 1970, 174 = NJW 1970, 283; OLG Celle AgrarR 1974, 258 = MittBayNot 1974, 234: Zustellung muß an Notar erfolgen, Zustellung an Verkäufer wäre nicht rechtsgültig.

[54] Zum siedlungsrechtlichen Wiederkaufsrechts s Hoche NJW 1968, 1661. Zum Verhältnis des siedlungsrechtlichen Vor- und Wiederkaufsrechts zueinander Pannwitz RdL 1968, 146.

[55] Die Frage, ob das Wiederkaufsrecht erst mit seiner Eintragung im Grundbuch entsteht, ist umstritten, aber zu bejahen (Einzelheiten s Ehrenforth Anm 2 zu § 20 RSG). Die Eintragung des Wiederkaufsrechts gemäß § 20 RSG hat die Wirkung einer Vormerkung im Sinne des § 883 BGB (BGH 57, 356 = NJW 1972, 537; BGH 58, 395 = NJW 1972, 1279; BGH 59, 94 = NJW 1972, 1758; BGH 75, 288 = NJW 1980, 833).

[56] S dazu Pannwitz RdL 1965, 193.

[57] Auch für den Fall schlechter Bewirtschaftung kann das Wiederkaufsrecht nach § 20 RSG vereinbart werden, BGH 97, 238 = DNotZ 1987, 36 = NJW 1986, 1993.

[58] Für Befristungsnotwendigkeit OLG Hamm RdL 1955, 132 = Rpfleger 1956, 72 mit zust Anm Haegele und OLG Stuttgart RdL 1954, 125; Ehrenforth Anm 8 zu § 20 RSG. Gegen Befristung LG Verden RdL 1955, 134.

[59] OLG Frankfurt Rpfleger 1976, 401.

so kann das das Wiederkaufsrecht ausübende Siedlungsunternehmen von dem Siedler die Beseitigung der Rechte Dritter verlangen. Ist der Siedler dazu nicht in der Lage, so kann Schadensersatz verlangt werden, der dann eine Minderung des Kaufpreises zur Folge hat. Das Recht auf Schadensersatz wird jedoch ausgeschlossen, wenn der betr Belastung vom Siedlungsunternehmen der Vorrang vor dem Wiederkaufsrecht eingeräumt worden ist.[60]
Die ordentlichen Gerichte sind zuständig darüber zu entscheiden, ob die Voraussetzungen für die Entstehung des Wiederkaufsrechts nach § 20 RSG gegeben sind. Die Entstehung setzt voraus, daß der Landzukauf dem landwirtschaftlichen Betrieb des Käufers die wirtschaftliche Selbständigkeit verschafft oder den Betrieb wenigstens wesentlich stärkt. Dabei steht die Aufstockung der Anliegersiedlung gleich. Liegen die Voraussetzungen für die Entstehung des Wiederkaufsrechts vor, so erstreckt sich das Wiederkaufsrecht nicht nur auf das hinzuerworbene Land, sondern auf die ganze durch den Neuerwerb gestaltete Stelle.[61]
Die Ausübung des Wiederkaufsrechts erfolgt durch einseitige formlose Erklärung des Berechtigten (vgl § 456 BGB). Sie bedarf keiner Genehmigung nach dem GrdstVG. Die Frist zur Ausübung des Wiederkaufsrechts beginnt erst mit dem Zeitpunkt zu laufen, in dem der Käufer als Grundstückseigentümer eingetragen ist.[62] Gegen den Anspruch des Siedlungsunternehmens auf Zustimmung zur Eigentumsumschreibung nach ausgeübtem Widerkaufsrecht steht dem Dritterwerber ein Zurückbehaltungsrecht wegen Verwendungen entsprechend §§ 994 ff BGB zu; bösgläubig ist der Dritterwerber erst, wenn er Kenntnis von der Ausübung des eingetragenen Widerkaufsrechts hat.[63]

b) Wiederkaufsrecht des Ansiedlers

Dem früheren Eigentümer steht ein Wiederkaufsrecht gegen das Siedlungsunternehmen zu, wenn es das gemäß § 3 RSG im Wege der Enteignung erworbene Moor- und Ödland nicht innerhalb einer Frist von 10 Jahren für Siedlungszwecke verwendet hat. Das Wiederkaufsrecht ist innerhalb eines Jahres auszuüben. Das Recht ist als Belastung im Grundbuch einzutragen. Die Bestimmungen der §§ 456–462 BGB über das Wiederkaufsrecht finden entsprechende Anwendung (§ 21 RSG). Wegen einer weiteren Art von Wiederkaufsrecht s Rdn 4172. 4178
Randnummern 4179 und 4180 sind entfallen. 4179, 4180

C. Sonstige Vorkaufsrechte

1. Vorkaufsrecht des Mieters bei Umwandlung
(§ 577 BGB)

Literatur: Blank, Das Vierte Mietrechtsänderungsgesetz, WuM 1993, 573; Brambring, Das Vorkaufsrecht des Mieters nach § 570b BGB in der notariellen Praxis, DNotI-

---

[60] Weitere Einzelheiten zu obigem Wiederkaufsrecht s Haegele, GrdstVerkBeschr, Note 390; BGH 57, 356 = NJW 1972, 537.
[61] BGH MDR 1967, 397 = RdL 1967, 75.
[62] OLG Braunschweig NJW 1957, 835.
[63] BGH 75, 288 = NJW 1980, 833.

5. Teil. Öffentlich-rechtliche Verfügungsbeschränkungen und Vorkaufsrechte

Report 1993, Nr 13 S 5; Commichau, Das Mietervorkaufsrecht in Fällen mieterseitiger Kündigung, NJW 1995, 1010; Derleder, Mietervorkaufsrecht und Eigentümerverwertungsinteresse, NJW 1996, 2817; Götz, Das Mietervorkaufsrecht nach § 570b BGB, BWNotZ 2000, 9; Heintz, Vorkaufsrecht des Mieters (1998); Langhein, Das neue Vorkaufsrecht des Mieters bei Umwandlungen, DNotZ 1993, 650; F Schmidt, Das neue Vorkaufsrecht bei der Umwandlung, MittBayNot 1994, 285 (ders ZNotP 1998, 218); Wirth, Probleme des Mietervorkaufsrechts nach § 570b BGB in der notariellen Praxis, MittBayNot 1998, 9; Zawar, Notarielle Amtspflichten beim Vorkaufsrecht nach § 570b BGB, Freundesgabe für Willi Weichler (1997), 223.

4181 Beim Verkauf einer vermieteten Wohnung, an der nach Überlassung an den Mieter Wohnungseigentum begründet worden ist oder begründet werden soll, besteht nach § 577 BGB ein privatrechtliches Vorkaufsrecht (= VR) für den von der Umwandlung betroffenen Mieter. Dieses VR will einen Mieterschutz bei Umwandlung von vermieteten Wohnungen in Wohnungseigentum gewährleisten, da nach § 7 Abs 4 WEG kein Verbot der Umwandlung besteht.

4182 **Voraussetzung** für das Bestehen dieses VR sind im einzelnen:
Im Zeitpunkt der Ausübung des VR muß ein Mietverhältnis über Wohnraum[1] bestehen. Ist das Mietverhältnis gekündigt, die Kündigungsfrist zur Zeit des Wohnungsverkaufs aber noch nicht abgelaufen, so ist umstritten, ob ein VR besteht. Überwiegend wird ein VR angenommen, so lange das Mietverhältnis noch nicht durch Kündigung oder Fristablauf beendet ist.[2]

4183 Die Überlassung der Wohnung an den Mieter muß vor Begründung des Wohnungseigentums (Vollzug im Grundbuch) erfolgt sein. Wird die Wohnung an den Mieter nach Beurkundung der Teilungserklärung, aber vor deren Vollzug im Grundbuch überlassen, und hat der Mieter bei Überlassung hiervon Kenntnis, so besteht nach dem Gesetzeswortlaut kein VR.[3] Überlassung setzt Erlangung der tatsächlichen Gewalt im Sinne des § 854 Abs 1 BGB voraus und liegt nicht mehr vor, wenn eine endgültige Besitzaufgabe, etwa durch Auszug, stattgefunden hat.[4]

4184 Das VR besteht, wenn Wohnungseigentum begründet worden ist, dh mit Anlegung der Grundbuchblätter, aber auch, wenn Wohnungseigentum „begründet werden soll". Insbesondere beim Verkauf eines Mehrfamilienhauses bereitet dieses Tatbestandsmerkmal Auslegungsschwierigkeiten. Aus Gründen der Rechtssicherheit muß man verlangen, daß die Aufteilungsabsicht zumindest objektiv festgestellt werden kann, dh es muß zumindest eine Teilung

---

[1] Bei gemischter Nutzung kommt es auf die überwiegende Nutzung an, vgl Wirth MittBayNot 1998, 9. Zur Anwendbarkeit auf Studentenappartements vgl Gutachten DNotI-Report 1997, 233. Zur Erstreckung des VR auf Stellplätze und Garagen vgl Wirth aaO.
[2] So Wirth MittBayNot 1998, 9; Palandt/Weidenkaff Rdn 3 zu § 577 BGB; differenzierend Commichau NJW 1995, 1010.
[3] AA AG Frankfurt NJW 1995, 1034 = Rpfleger 1995, 350 mit Anm Langhein. Wie hier Wirth MittBayNot 1998, 9 (11); Palandt/Weidenkaff Rdn 3 zu § 577 BGB; MünchKomm/Voelskow Rdn 3 zu § 570b BGB.
[4] Unrichtig LG Köln NJW-RR 1995, 1354, das bei mehreren Mietern auch demjenigen ein VR zubilligt, der ausgezogen ist, zB dem geschiedenen und ausgezogenen Ehegatten. Diese Auslegung ist mit dem Wortlaut der Vorschrift nicht mehr vereinbar.

VIII. Öffentlich-rechtliche Vorkaufsrechte

notariell beurkundet oder beglaubigt oder jedenfalls eine entsprechende Verpflichtung zur Aufteilung in Wohnungseigentum beurkundet worden sein.[5] Allein die subjektive Aufteilungsabsicht, die sich objektiv noch nicht konkretisiert hat, begründet kein VR; daher läßt auch der Antrag auf oder die Erteilung der Abgeschlossenheitsbescheinigung allein noch kein VR entstehen. Daher besteht beim Verkauf eines noch nicht aufgeteilten Wohnhauses kein VR, wenn der Käufer aufteilen will. Sind mehrere Mieter Bewohner derselben Wohnung, gilt § 472 BGB.[6] Beim sog Blockverkauf von Eigentumswohnungen, dh dem Verkauf eines gesamten in Wohnungseigentum aufgeteilten Mehrfamilienhauses, gilt § 577 BGB, so daß das VR hinsichtlich jeder einzelnen Wohnung besteht.[7] Werden vor der Veräußerung die Wohnungsgrundbücher gem § 9 WEG geschlossen und soll nach der Eigentumsumschreibung eine Neuanlage des Wohnungseigentums erfolgen, besteht das VR nach § 577 BGB, wenn unmittelbar im Anschluß an den Erwerb die Neuaufteilung erfolgt.[8] In solchen Fällen des Blockverkaufes ist der Kaufpreis nach § 467 BGB zu ermitteln; es empfiehlt sich daher, bereits im Kaufvertrag, in dem das gesamte Mehrfamilienhaus zu einem einheitlichen Kaufpreis veräußert werden soll, den Kaufpreis auf die einzelnen Wohnungen aufzuteilen.[9] Ein prozentualer Abschlag auf die Summe der Kaufpreise der einzelnen Wohnungen beim „Paketverkauf" dürfte zulässig sein;[10] er kommt auch dem sein VR ausübenden Mieter zugute, wenn der Verkäufer im Ergebnis alle Wohnungen (wenn auch an verschiedene Käufer) verkauft;[11] offen bleibt, ob es zulässig ist, den „Paketabschlag" dem Mieter zu verweigern, wenn es gerade nicht zum Gesamtverkauf kommt, zB weil der Drittkäufer wegen der Ausübung des VR vom Vertrag zurücktritt.[12] Ob ein unterschiedlicher Kaufpreis, je nachdem ob die Wohnung bei Eigentumsumschreibung vermietet oder mietfrei (zB bei Ausübung des VR durch Mieter) ist, gegenüber dem sein VR ausübenden Mieter wirkt, ist ebenfalls umstritten.[13]

Voraussetzung für die Ausübung des VR ist der **Abschluß eines Kaufvertrages**.[14]   4185
Ein Zuschlag in der Vollstreckungs- und Insolvenzverwalter-Zwangsversteige-

---

[5] So Langhein DNotZ 1993, 650 (654); F Schmidt MittBayNot 1994, 285 (291); ähnlich auch BayObLG 1992, 100 = DNotZ 1992, 571 = NJW-RR 1992, 1039 (zu § 2 WohBindG); ähnlich Schilling-Meyer ZMR 1994, 497 (503); DNotI-Report 1994 Nr 4 S 1 und DNotI-Report 2001, 48.
[6] Vgl F Schmidt MittBayNot 1994, 285 (287).
[7] DNotI-Report 1995 Nr 6 S 49 (50); Langhein DNotZ 1993, 650 (661); F Schmidt MittBayNot 1994, 285 (290). Zum Gesamtverkauf, wenn die Wohnung samt MitE-Anteil am Grundstück als Teilobjekt des Veräußerungsvertrags noch nicht hinreichend bestimmt ist, BayObLG 1992, 100 = aaO.
[8] Langhein aaO (Fußn 5); Wirth MittBayNot 1998, 9 (12); DNotI-Report 1995 Nr 6 S 49 (50).
[9] DNotI-Report 1995 Nr 6 S 49 (50); Langhein DNotZ 1993, 650 (661); Brambring DNotI-Report 1995 Nr 13 S 6.
[10] Derleder NJW 1996, 2817 (2821); Langhein DNotZ 1993, 650 (661).
[11] OLG Düsseldorf DNotZ 1999, 491 mit Anm Wirth.
[12] Von OLG Düsseldorf aaO offen gelassen; s auch Wirth DNotZ 1999, 495 (498); unzulässig nach Staudinger/Sonnenschein Rdn 59 zu § 570 b BGB.
[13] Zulässig: Derleder und Langhein je aaO (Fußn 10); aA Staudinger/Sonnenschein aaO (Fußn 12).
[14] Nicht Erbteilsübertragung, s Gutachten DNotI-Report 1999, 73.

rung stellt keinen Vorkaufsfall dar.[15] Das VR gilt ausschließlich für den ersten Verkaufsfall nach Aufteilung,[16] es besteht somit nicht mehr, wenn der Erwerber der umgewandelten Wohnung diese weiter verkauft und zu dieser Zeit immer noch der gleiche Mieter die Wohnung bewohnt, ebenso nicht mehr nach dem Verkauf einer Eigentumswohnung im Wege der Zwangsvollstreckung[17] (§ 471 BGB). Das VR besteht nicht, wenn der Vermieter die Wohnräume an einen Familien- oder Haushaltsangehörigen verkauft, auch wenn dieser die Wohnung nicht selbst nutzt. Der Begriff ist deckungsgleich mit § 573 BGB; kein VR also zB bei Verkauf an Eltern, Kinder (wohl auch an deren Ehegatten, wenn er Haushaltsangehöriger ist), Geschwister, Enkelkinder und Großeltern.

4185 a Das VR ist unabdingbar (§ 577 Abs 5 BGB). Auch ein Verzicht, der vor Entstehen des VR abgegeben wird, ist unwirksam.[18] Das VR des Mieters nach § 577 BGB wirkt rein schuldrechtlich;[19] es hat keine dingliche Wirkung und schützt daher auch nicht gegen Verfügungen, die das VR im Ergebnis vereiteln: Wird auf Grund des mit dem Dritten abgeschlossenen Kaufvertrags für diesen die Auflassungsvormerkung im Grundbuch eingetragen, so setzt sich das gesicherte Erwerbsrecht des Dritten gegen das VR des Mieters durch; das gleiche gilt für die etwa vollzogene Eigentumsumschreibung auf den Dritten oder ein bei Aufteilung begründetes und eingetragenes dingliches VR eines Dritten. In solchen Fällen beschränkt sich das wirksam ausgeübte VR auf Schadensersatzansprüche. Die Frist für die Ausübung des VR beträgt zwei Monate (§ 469 Abs 2 S 1 BGB); Fristbeginn setzt Zugang der Mitteilung[19a] über den rechtswirksam erfolgten Verkauf und eine Unterrichtung des Mieters über sein VR voraus (§ 577 Abs 2 BGB). Die Anzeige nach § 469 Abs 1 BGB muß bei mehreren Mietern an alle erfolgen.[20] Mit dem Tod des Mieters geht das VR auf denjenigen über, der das Mietverhältnis nach § 563 Abs 1 oder 2 BGB fortsetzt. Im übrigen bleibt es unübertragbar (§ 473 S 1 BGB). Die Ausübung des VR bedarf nicht der Form des § 311 b Abs 1 S 1 BGB.[21]

---

[15] Stöber Rdn 10.6 zu § 81 ZVG (auch zur Ausnahme bei Teilungsversteigerung, §§ 180–185 ZVG, und Versteigerung auf Erbenantrag, § 175 ZVG); AG Frankfurt NJW 1995, 1034 – aaO (Fußn 3).
[16] BGH 141, 194 = MittBayNot 1999, 463 = MittRhNotK 1999, 239 = NJW 1999, 2044 = Rpfleger 1999, 405 = ZNotP 1999, 291 (zu WoBindG); Blank WuM 1993, 573 (579); Brambring DNotI-Report 1993 Nr 13 S 6; Schmidt MittBayNot 1994, 285 (287).
[17] BGH 141, 194 = aaO.
[18] Palandt/Weidenkaff Rdn 2 zu § 577 BGB; Langhein DNotZ 1993, 650 (663). Vgl ausführlich F. Schmidt ZNotP 1998, 218.
[19] LG Köln NJW-RR 1995, 1354 will aus der Formulierung, daß die Vertragsteile dem Mieter den Vertrag anzeigen werden, einen Vertrag zugunsten Dritter (des Mieters) mit einer Eigentumsverschaffungspflicht des Käufers entnehmen. Dies ist als abwegig abzulehnen. In (seltenen) Fällen des § 826 BGB kann der Mieter durch einstweilige Verfügung Schutz gegen den Dritterwerber erreichen, OLG München NJW-RR 1999, 1314 = ZfIR 2000, 35.
[19a] Nicht- oder Schlechterfüllung der Mitteilungspflicht kann Schadensersatzansprüche gegen Vermieter begründen, BGH WM 2003, 788.
[20] Palandt/Weidenkaff Rdn 7 zu § 577 BGB.
[21] BGH 144, 357 = DNotZ 2000, 764 mit Anm Rieger = NJW 2000, 2665 = NotBZ 2000, 299 mit Anm Maaß; OLG Düsseldorf aaO (Fußn 11); OLG München DNotZ 1999, 800; aA Hammen DNotZ 1997, 543.

VIII. Öffentlich-rechtliche Vorkaufsrechte

Der **Notar** hat bei Beurkundung eines Kaufvertrages über das VR, soweit es in Frage kommen könnte, zu belehren[22] und dies in der Niederschrift zu vermerken (§ 20 BeurkG). Er sollte auf eine Vertragsgestaltung hinwirken, die Risiken für den Verkäufer ausschaltet (zB Vereinbarung eines Rücktrittsrechts gegenüber dem Käufer bei Ausübung des VR, damit er nicht zwei Erfüllungsansprüchen ausgesetzt ist) und Gefahren für den Käufer vermeidet. Es ist dem Notar dringend davon abzuraten, im Kaufvertrag die Anzeige an den Mieter zu übernehmen, da er keinerlei Kontrolle darüber hat, wer eigentlich Mieter ist. Im Interesse des Verkäufers sollte die Eintragung der Auflassungsvormerkung für den Käufer von der Klärung des Mietervorkaufsrechts abhängig gemacht werden; anderenfalls ist über die Rechtsfolgen (Vereitelung des VR, ev Schadenersatz) zu belehren.

2. Vorkaufsrechte bei verkehrsrechtlichen Verfahren

Weitere bundesrechtliche VRe bestehen bei verkehrsrechtlichen Planfeststellungs- und Plangenehmigungsverfahren nach 4186
- § 19 Allgemeines EisenbahnG,
- § 9a BundesfernstraßenG,
- § 15 BundeswasserstraßenG,
- § 8a LuftverkehrsG,
- § 4 MagnetschwebebahnplanungsG,
- § 28a PersonenbeförderungsG.

3. Vorkaufsrechte nach Landesrecht

Nach Landesrecht bestehen weitere VRe, vor allem im Bereich des Naturschutzes, des Forstrechts und des Denkmalschutzes.[23] 4187

a) Denkmalschutz

Berlin: VR des Landes nach § 18 des Gesetzes zum Schutz von Denkmalen in Berlin (Denkmalschutzgesetz) vom 24. 4. 1995 (GVBl 274, mit Änderungen); wirkt grundbuchsperrend, Verzichtserklärung oder Negativattest erforderlich; 4188

Mecklenburg-Vorpommern: VR der Gemeinde (nicht jedoch beim Kauf von Rechten nach dem WEG und bei Erbbaurechten) nach § 22 des Gesetzes zum Schutz und zur Pflege der Denkmale im Lande Mecklenburg-Vorpommern (Denkmalschutzgesetz) vom 6. 1. 1998 (GVBl 12); grundbuchsperrend, Verzichtserklärung oder Negativattest erforderlich;

Rheinland-Pfalz: VR der Gemeinde, bei überörtlicher Bedeutung auch des Landes, nach § 32 des Landesgesetzes zum Schutz und zur Pflege der Kulturdenkmäler (Denkmalschutz- und Pflegegesetz) vom 23. 3. 1978 (GVBl 159 = BS 224-2); dingliche Wirkung nach § 1098 Abs 2 BGB;

---

[22] Ausführlich hierzu Zawar, Freundesgabe für Willi Weichler (1997), 233 ff.
[23] Landesrechtliche Vorkaufsrechte mit Abdruck der Gesetzestexte stellt Grauel RNotZ 2002, 210 dar (im Anschluß an MittRhNotK 1993, 243; 1994, 190; 1995, 363 und 1997, 367). Eine aktuelle Übersicht findet sich beim Deutschen Notarinstitut unter www.dnoti.de (Arbeitshilfen).

5. Teil. Öffentlich-rechtliche Verfügungsbeschränkungen und Vorkaufsrechte

Saarland: VR der Gemeinde nach § 24 des Gesetzes zum Schutz und zur Pflege der Kulturdenkmäler im Saarland (Saarl Denkmalschutzgesetz) vom 12. 10. 1977 (ABl 993, mit Änderungen); dingliche Wirkung nach § 1098 Abs 2 BGB;

Sachsen: VR der Gemeinde, bei überörtlicher Bedeutung auch des Freistaates Sachsen, nach § 17 des Gesetzes zum Schutz und zur Pflege der Kulturdenkmale im Freistaat Sachsen (Sächs Denkmalschutzgesetz) vom 3. 3. 1993 (GVBl 229, mit Änderung); keine Grundbuchsperre und keine dingliche Wirkung;

Sachsen-Anhalt: VR der Gemeinde, bei überörtlicher Bedeutung auch des Landes, nach § 11 Denkmalschutzgesetz des Landes Sachsen-Anhalt vom 21. 10. 1991 (GVBl 368, mit Änderungen); dingliche Wirkung nach § 1098 Abs 2 BGB;

Thüringen: VR der Gemeinde nach § 30 des Gesetzes zur Pflege und zum Schutz der Kulturdenkmale im Lande Thüringen (Thür Denkmalschutzgesetz) vom 7. 1. 1992 (GVBl 17, berichtigt S 550); grundbuchsperrend, Verzichtserklärung oder Negativattestes erforderlich.

4189 Keine VR[24] bestehen bei Grundstücken in Baden-Württemberg, Bayern, Brandenburg, Bremen, Hamburg, Hessen, Niedersachsen und Schleswig-Holstein sowie in Nordrhein-Westfalen (hier Anzeigepflicht bei Veräußerung eines Denkmals, Denkmalschutzgesetz vom 11. 3. 1980, GVBl 226, mit Änderungen, § 10).

b) Naturschutz, Forstrecht

4190 **Baden-Württemberg:** VR des Landes nach § 46 Naturschutzgesetz vom 29. 3. 1995 (GBl 385, mit Änderungen): dingliche Wirkung nach § 1098 Abs 2 BGB.[25] VR der Gemeinde und des Landes an Waldgrundstücken nach § 25 Waldgesetz vom 31. 8. 1995 (GBl 106); dingliche Wirkung nach § 1098 BGB. VR des Landes oder der Gemeinde (auch anderer öffentlich-rechtlicher Körperschaften) nach § 8 Abs 3 Fischereigesetz vom 14. 11. 1979 (GBl 466, mit Änderungen);

Bayern: VR[26] des Freistaates Bayern, der Bezirke, Landkreise, Gemeinden und kommunalen Zweckverbände,[27] nach Art 34 Naturschutzgesetz[28] vom

---

[24] So auch Grauel MittRhNotK 1993, 245.
[25] Die etwa notwendige Genehmigung nach GrdstVG ist Voraussetzung für die Vorkaufsrechtsausübung, VGH Mannheim RdL 1988, 193; zur Ausübung durch mündliche Erklärung s VGH Mannheim NVwZ 1992, 898. Ausübung ist Verwaltungsakt, VGH Mannheim im RdL 1998, 75 (auch zur Notwendigkeit eines Gemeinderatsbeschlusses).
[26] Mit Ausübung kommt Kaufvertrag zustande; Eigentumserwerb erfordert Auflassung und Grundbucheintragung, BayObLG 1999, 245 = MittBayNot 1999, 555 = NJW-RR 2000, 92.
[27] Ausübung nach BayVGH BayVBl 1990, 277 auch zulässig, um Zugang zu Gewässer als Badestelle zu gewährleisten; dazu auch Numberger und Engelhardt BayVBl 1991, 278; zu diesem VR und zur Ausübung vgl auch BayVGH MittBayNot 1995, 334 und 1996, 324.
[28] Ausübung erstreckt sich auch auf ein selbständiges Fischereirecht nach Art 9 Abs 1 FiG, BayVGH BayVBl 2000, 594. Zur Ausübung nur hinsichtlich einer Teilfläche und zum Anspruch, den Verkauf auf das gesamte Grundstück zu erstrecken, s VGH München MittBayNot 2002, 214 = NJW-RR 2002, 228 = NotBZ 2002, 154.

VIII. Öffentlich-rechtliche Vorkaufsrechte

18. 8. 1998 (GVBl 593), dingliche Wirkung nach § 1098 Abs 2 BGB; auch Ausübung zum (niedrigeren) Verkehrswert möglich, jedoch dann Rücktrittsrecht des Verkäufers. Eine Abwendungsbefugnis wie in § 27 Abs 1 BauGB besteht nicht.[29] In das Grundbuch können weder das VR noch seine Ausübung eingetragen werden.[30] Dieses VR erstreckt sich nach Art 9 Abs 1 BayFischereiG auch auf selbständige Fischereirecht.[31] VR bei Veräußerung eines Almgrundstücks zugunsten von Miteigentümern[32] nach Art 3 des Gesetzes über den Schutz der Almen und die Förderung der Almwirtschaft (Almgesetz) vom 28. 4. 1932 (BayRS 7817-2-E);

Berlin: VR des Landes nach § 45 Naturschutzgesetz vom 10. 7. 1999 (GVBl 390) und nach § 7 Waldgesetz vom 30. 1. 1997 (GVBl 177, mit Änderungen); beide sind grundbuchsperrend, Verzichtserklärung oder Negativattest ist erforderlich;

Brandenburg: VR des Landes nach § 69 Naturschutzgesetz vom 25. 6. 1992 (GVBl 208, mit Änderungen); es wird durch die Oberste Naturschutzbehörde geltend gemacht. Dingliche Wirkung nach § 1098 Abs 2 BGB;

Bremen: VR der Gemeinden nach § 36 Naturschutzgesetz vom 17. 9. 1997 (GBl 345 = BremRSlg 790-1); dingliche Wirkung nach § 1098 Abs 2 BGB;

Hamburg: VR der Freien und Hansestadt Hamburg nach § 37 Naturschutzgesetz vom 2. 7. 1981 (GVBl 167, mit Änderungen), grundbuchsperrend, Verzichtserklärung oder Negativattest erforderlich;

Hessen: VR der Gemeinde, des Landkreises und danach des Landes nach § 40 Naturschutzgesetz vom 16. 4. 1996 (GVBl 145, mit Änderungen); dingliche Wirkung nach § 1098 Abs 2 BGB;

Mecklenburg-Vorpommern: VR des Landes nach § 26 Landeswaldgesetz vom 8. 2. 1993 (GVBl 90, mit Änderungen = GS 790-2), dingliche Wirkung nach § 1098 Abs 2 BGB;[33]
VR des Landes nach § 48 Landesnaturschutzgesetz (GVBl 2003, 12), dingliche Wirkung nach § 1098 Abs 2 BGB.

Niedersachsen: VR des Landes nach § 48 Naturschutzgesetz vom 11. 4. 1994 (GVBl 155, mit Änderungen), dingliche Wirkung nach § 1098 Abs 2 BGB. Die Oberste Naturschutzbehörde kann darüber hinaus durch Verordnung ein VR begründen;

---

[29] VG Regensburg BayVBl 2002, 771.
[30] BayObLG 2000, 224 = MittBayNot 2000, 555 mit Anm Frank = NJW-RR 2000, 1687 = NotBZ 2000, 338 = Rpfleger 2000, 543.
[31] BayVGH BayVBl 2000, 594.
[32] Vgl hierzu BayObLG 1982, 222 = MittBayNot 1982, 178 = Rpfleger 1982, 337: Hat Vormerkungswirkung; Auflassungsanspruch gegen den Vorkaufsverpflichteten, Anspruch auf Zustimmung zur Auflassung und zur Eintragung der Rechtsänderung gegen den Drittkäufer; Bestätigung der zuständigen Behörde (§ 3 Abs 1 Ges) muß nicht in der Ausübungsfrist geführt werden, daß sie unverzüglich beauftragt und alsbald beigebracht wird, genügt.
[33] Unrichtig LG Schwerin NotBZ 1997, 213; wie hier Böhringer NotBZ 1998, 33.

5. Teil. Öffentlich-rechtliche Verfügungsbeschränkungen und Vorkaufsrechte

Saarland: VR der Gemeinden nach § 36 Naturschutzgesetz vom 19. 3. 1993 (ABl 346, mit Änderungen), dingliche Wirkung nach § 1098 Abs 2 BGB und grundbuchsperrend (§ 36 Abs 4 iVm § 28 BauGB), Verzichtserklärung oder Negativattest erforderlich;

Sachsen: VR des Freistaates nach § 36 Naturschutzgesetz vom 11. 10. 1994 (GVBl 1601) sowie VR der Gemeinden und des Freistaates nach § 27 Waldgesetz vom 10. 4. 1992 (GVBl 137, mit Änderungen), beide VR haben dingliche Wirkung nach § 1098 Abs 2 BGB;

Sachsen-Anhalt: VR des Landes nach § 40 Naturschutzgesetz vom 11. 12. 1992 (GVBl 109, mit Änderungen), mit dinglicher Wirkung nach § 1098 Abs 2 BGB;

Schleswig-Holstein: VR des Landes nach § 40 Landesnaturschutzgesetz vom 16. 6. 1993 (GVBl 216 mit Änderungen), und nach § 19 Landeswaldgesetz vom 11. 8. 1994 (GVOBl 418), beide VR haben dingliche Wirkung nach § 1098 Abs 2 BGB;

Thüringen: VR der Gemeinden oder kommunalen Zweckverbände, bei Nichteintritt des Kreises und danach des Landes nach § 52 Gesetz über Naturschutz und Landschaftspflege (Naturschutzgesetz) vom 19. 4. 1999 (GVBl 298); bei beiden VR dingliche Wirkung nach § 1098 Abs 2 BGB. VR der benachbarten Privatwaldeigentümer, der Gemeinden und des Landes (in dieser Reihenfolge) nach § 17 Waldgesetz vom 25. 8. 1999 (GVBl 485). Es finden die Regelungen des BGB Anwendung.

c) Sonstiges

4191 In **Baden-Württemberg** sind bei Vorliegen eines landesrechtlichen **Stockwerkseigentums** die Bestimmungen des Art 228 WürttAGBGB idF vom 26. 11. 1974 (GBl 498; s insbes dessen §§ 36 ff und Anlage) über Bestehen eines VR der Stockwerksmiteigentümer zu beachten. Sie dienen der wünschenswerten Vereinigung der Stockwerksrechte in einer Hand. Bei Verkauf eines Erbteils, zu dem ein Stockwerkseigentum gehört, kann das VR nicht ausgeübt werden.[34]

4192 Bei Verkauf von **Anerbengut** in Baden-Württemberg innerhalb von 15 Jahren nach Eigentumsübergang auf den Anerben steht den Miterben ein gesetzliches VR zu, Art 14 Abs 1 S 3 BadWürtt Anerbengesetz vom 30. 7. 1948 (RegBl 1948, 165).

4193 In **Brandenburg** sieht § 40 Abs 5 des Straßengesetzes vom 10. 6. 1999 (GVBl 211) ein VR des Trägers der Straßenbaulast bei Veränderungssperre vor.

4194 In **Hamburg** bestimmt § 13 des Hafenentwicklungsgesetzes vom 25. 1. 1982 (GVBl 19, mit Änderungen), ein preislimitiertes VR an allen Flächen des Hafengebietes; grundbuchsperrend, Verzicht oder Negativattest nötig. § 55 b des Wassergesetzes Hamburg vom 20. 6. 1960 (GVBl 355, mit Änderung)

---

[34] OLG Stuttgart WürttZSpruchBeil 1940, 1; über Fragen des Stockwerkseigentums vgl Hammer BWNotZ 1967, 20; Thümmel, BWNotZ 1980, 91, BWNotZ 1984, 5 und BWNotZ 1987, 76 sowie (für Hohenzollern) Bogenschütz BWNotZ 2002, 58; OLG Karlsruhe BWNotZ 1987, 18.

VIII. Öffentlich-rechtliche Vorkaufsrechte

bestimmt ein VR für den öffentlichen Hochwasserschutz (dingliche Wirkung nach § 1098 Abs 2 BGB).

In **Nordrhein-Westfalen** und in **Rheinland-Pfalz** besteht ein VR des Trägers der Straßenbaulast bei Veränderungssperre nach § 40 Abs 4 NW-Straßen- und Wegegesetz vom 23. 9. 1995 (GVBl 1028) und § 7 Abs 6 Landesstraßengesetz Rhld-Pf vom 1. 8. 1977 (GVBl 273, mit Änderungen). 4195

Zu den besonderen **Vorkaufsrechten in den neuen Bundesländern** §§ 20, 20a VermG; § 57 SchuldRAnpG (s unten Rdn 4225). 4196

Die Randnummern 4197–4199 sind nicht belegt. 4197–4199

Sechster Teil
Der Grundstücksverkehr im Beitrittsgebiet

– Grundzüge –

I. Das Grundstücksrecht nach dem Zivilgesetzbuch und seine Überleitung

A. Eigentum und dingliche Rechte

Im Beitrittsgebiet (Rdn 54a) bestanden vor Inkrafttreten des Sachenrechts des BGB, also bis zum Ablauf des 2. Oktober 1990, als Eigentumsformen an Grundstücken, selbständigen Gebäuden und Baulichkeiten (Rdn 699 a ff) nach dem Zivilgesetzbuch der DDR (= ZGB) 4200
- das **sozialistische Eigentum** (§§ 17–21 ZGB), dieses als
  - Volkseigentum,
  - Eigentum sozialistischer Genossenschaften,
  - Eigentum gesellschaftlicher Organisationen der Bürger,
- das **persönliche Eigentum** (§§ 22–24 ZGB).

Als Eigentumsrechte an Grundstücken, selbständigen Gebäuden und Baulichkeiten wurden daher in das Grundbuch eingetragen (§ 2 Abs 1 der Verordnung über die staatliche Dokumentation der Grundstücke und Grundstücksrechte-Grundstücksdokumentationsordnung, Rdn 54a),
- Eigentum des Volkes
  einschließlich der Rechtsträgerschaft an volkseigenen Grundstücken,
- Eigentum bzw Eigentumsrechte der sozialistischen Genossenschaften,
- Eigentumsrechte der gesellschaftlichen Organisationen,
- Eigentumsrechte der Bürger,
- Eigentumsrechte anderer juristischer Personen.

Als Grundstücksrecht war das **Nutzungsrecht** grundlegend bedeutsam. Es konnte bestehen 4200a
- als **verliehenes Nutzrecht** (§§ 287–290 ZGB); als staatlich verliehenes Recht an einem volkseigenen Grundstück war es wegen der gesetzlich verankerten Unbelastbarkeit des Volkseigentums (§ 20 Abs 3 S 2 ZGB) kein eigentliches Grundstücksrecht; es war Grundlage des selbständigen Gebäudeeigentums für Eigenheime (dazu Rdn 699a ff) und wurde wie eine Belastung in Abt II des Grundstücksgrundbuchs eingetragen;
- das **zugewiesene Nutzungsrecht** (§§ 291–294); es bildete die Grundlage für selbständiges Gebäudeeigentum an genossenschaftlich genutzten Grundstücken und wurde durch die jeweilige Genossenschaft mit Zustimmung des Rates des Kreises den Bürgern zugewiesen; eine Grundbucheintragung erfolgte hier nicht.

Beschränkte dingliche Rechte im übrigen: Rdn 1888–1890 (Abt II) und Rdn 2767–2775 (Abt III).

B. Grundsätze des Überleitungsrechts

1. Grundsätzliche Regelungen des Einigungsvertrages

4200b Bundesrecht ist am 3. Oktober 1990 mit dem Beitritt im Gebiet der damaligen DDR in Kraft getreten. Die umfangreiche Rechtsangleichung hatte in noch größerem Ausmaß eine Angleichung der wirtschaftlichen Strukturen und Einrichtungen zur Voraussetzung. Dem Einigungsvertrag gingen bereits seit März 1990 zahlreiche Gesetze der DDR voraus, die auf eine marktwirtschaftliche Ordnung ausgerichtet waren.[1] Die Systematik der Überleitung des gesamten Bundesrechts ist in den Art 8 und 9 des Einigungsvertrags (BGBl 1990 II 889 [892]) niedergelegt:
– mit der Vereinigung trat das gesamte Bundesrecht im Beitrittsgebiet in Kraft, soweit in Anl I nichts anderes bestimmt ist; Ausnahmen und Maßgaben waren geordnet nach den Geschäftsbereichen der Bundesministerien für einzelne Gesetze geregelt, für die GBO[2] beispielsweise in Anl I Kap III Sachg B Abschn III Nr 1.
– das Recht der DDR blieb zunächst nur dann und insoweit in Kraft, als es in Anl II bestimmt war. Dieses fortgeltende Recht der DDR wurde zwischenzeitlich durch Gesetze des Bundes und der Länder in weiten Teilen aufgehoben oder bereinigt.[3]

2. Grundsätze der Überleitung

4200c Die Grundsätze zur Überleitung des Sachenrechts im Beitrittsgebiet regeln Art 233 §§ 1–16 EGBGB. Nach Art 233 § 3 EGBGB behalten auch nach dem 3. Oktober 1990 bestehende beschränkte dingliche Rechte ihren jeweiligen Inhalt und Rang. Bezüglich des Ranges von Grundstücksrechten enthält Art 233 § 9 EGBGB Sonderregelungen, so bleibt nach Abs 3 dieser Vorschrift insbesondere der nach (dem früher geltenden) § 456 Abs 3 ZGB gesetzlich verankerte Vorrang der vor dem 1. Juli 1990 bestellten Aufbauhypotheken vor allen anderen Grundstücksrechten bestehen.[4] Grundstücksrechte nach

---

[1] Übersicht zur Gesetzgebungsgeschichte und Geltungsdauer einzelner Vorschriften s Moser-Merdian/Flik/Keller Rdn 16–92.
[2] Die Maßgaben des Einigungsvertrages wurden durch das RegVBG in § 144 GBO integriert, dazu Demharter Rdn 1 zu § 144.
[3] Gesetz zur Bereinigung des als Bundesrecht fortgeltenden Rechts der Deutschen Demokratischen Republik vom 20. 1. 2002 (BGBl I 567); Berlin: Gesetz über die Vereinheitlichung des Berliner Landesrechts vom 28. 9. 1990 (GVBl 2119), geänd durch Gesetz vom 10. 12. 1990 (GVBl 2289); Brandenburg: Erstes Rechtsbereinigungsgesetz vom 3. 9. 1997 (GVBl 104), geänd durch Gesetz vom 21. 12. 1998 (GVBl 254); Mecklenburg-Vorpommern: Rechtsbereinigungs- und Rechtsfortgeltungsgesetz vom 23. 4. 2001 (GVBl 93); Sachsen: Rechtsbereinigungsgesetz vom 17. 4. 1998 (GVBl 151); Sachsen-Anhalt: Rechtsbereinigungsgesetz vom 26. 6. 1996 (GVBl 210), zuletzt geänd durch Gesetz vom 19. 3. 2002 (GVBl 130); Thüringen: Rechtsbereinigungsgesetz vom 25. 9. 1996 (GVBl 150).
[4] Eickmann/Böhringer Rdn 9 zu Art 233 § 9 EGBGB; Eickmann Rdn 194, 200; zu den Auswirkungen in der Zwangsversteigerung s Keller Rpfleger 1992, 502 (Abschn II 5 d).

B. Grundsätze des Überleitungsrechts

dem ZGB – insbesondere Hypotheken – konnten nach Ablauf des 2. Oktober 1990 nicht mehr bestellt werden.[5]

3. Die weitere Gesetzgebung zum Grundstücksrecht

Viele Rechtsverhältnisse und damit verbundene Probleme konnten erst nach der Wiedervereinigung durch die Rechtspraxis entdeckt und gelöst werden. So wurde eine beträchtliche Zahl von weiteren Gesetzen und Regelungen erlassen, um das Recht der DDR dem Recht der BRD anzugleichen; es waren dies ua

4200 d

– das **1. Vermögensrechtsänderungs- oder Hemmnisbeseitigungsgesetz** vom 22. 3. 1991 (BGBl I 766); Teil dieses Gesetzes war unter anderem das Vermögenszuordnungsgesetz;[6] in dessen Verfahren festgestellt wird, wem welcher volkseigene Vermögenswert nach Art 21, 22 Einigungsvertrag zugefallen ist (dazu Rdn 4204 ff),
– das **2. Vermögensrechtsänderungsgesetz** vom 14. 7. 1992 (BGBl I 1257); es brachte das Investitionsvorranggesetz, mit welchem in Ausnahme der Restitution nach dem VermG besonderen investiven Vorhaben an Grundstücken der Vorrang eingeräumt wird; ferner wurde durch das 2. VermRÄndG durch Einfügung der Art 233 §§ 11–16 EGBGB die Abwicklung der Bodenreform gesetzlich geregelt (dazu Rdn 4254 ff),
– das **Registerverfahrenbeschleunigungsgesetz** vom 21. 12. 1993 (BGBl I 2182) brachte unter anderem umfangreiche Änderungen des Grundbuchverfahrensrechts[7] und mit Änderungen des Art 233 EGBGB wichtige Regelungen zum selbständigen Gebäudeeigentum,
– das **Sachenrechtsbereinigungsgesetz** vom 21. 9. 1994 (GBl I 2457); mit ihm soll abschließend das Gebäudeeigentum wie auch die fremde Bebauung und Benutzung eines Grundstücks in das Sachenrecht des BGB überführt werden,
– das **Vermögensrechtsanpassungsgesetz** vom 4. 7. 1995 (BGBl I 895); dieses Gesetz regelt einzelne Probleme der Wirksamkeit von Verfügungen über volkseigenes Vermögen, insbesondere durch die Heilungsvorschrift des Art 231 § 9 EGBGB zur Umwandlung der volkseigenen Betriebe der Gebäudewirtschaft,[8]
– das **Wohnraummodernisierungssicherungsgesetz** vom 17. 7. 1997 (BGBl I 1823); das Gesetz enthält wesentliche Heilungsvorschriften bezüglich der Verträge der Kommunen über den Verkauf volkseigener Grundstücke vor dem 3. 10. 1990 (dazu Rdn 4212 a ff),
– das **Vermögensrechtsbereinigungsgesetz** vom 20. 10. 1998 (BGBl I 3180; Regierungsentwurf BT-Drucks 13/10246; abgedr VIZ 1998, 125, 429);[9] es enthält wesentlich Änderungen zur Rückübertragung enteigneten Vermögens nach dem Vermögensgesetz jedoch keine Änderungen des SachenRBerG oder des EGBGB,
– das **Eigentumsfristengesetz** vom 20. 12. 1996 (BGBl I 2028) verlängerte die Fristen zum Ausschluß des guten Glaubens des Grundbuchs hinsichtlich nicht eingetrage-

---

[5] Überleitungsregelungen: Art 233 § 7 Abs 2 EGBGB, § 144 Abs 1 Nr 6 GBO. Vgl weiter BGH DtZ 1995, 131 = Rpfleger 1995, 290 = VIZ 1995, 234; Eickmann/Böhringer Rdn 14, 15 zu Art 233 § 7 EGBGB.
[6] Dazu allgemein Kimme/Schmitt-Habersack/Dick Rdn 9 ff vor §§ 1–8 VZOG; Schmidt-Räntsch ZIP 1991, 973.
[7] Dazu Bauer Einl Rdn 51; Demharter Einl Rdn 34 ff; Moser-Merdian/Flik/Keller Rdn 213; Keller BWNotZ 1994, 73; Frenz DNotZ 1994, 153; Holzer NJW 1994, 481; Vossius MittBayNot 1994, 10.
[8] Dazu MünchKomm/Busche Rdn 4 ff zu Art 231 § 9 EGBGB; Keller VIZ 1996, 16.
[9] Allgemein Böhringer VIZ 1998, 605.

6. Teil. I. Das Grundstücksrecht nach dem Zivilgesetzbuch

nem Gebäudeeigentums oder nicht eingetragener Mitbenutzungsrechte nach Art 231 § 5 Abs 2, Art 233 § 4 Abs 2, § 5 Abs 2 EGBGB vom ursprünglich vorgesehenen Ende des Jahres 1996 auf den Ablauf des 31. Dez 1999,[10]

- das **2. Eigentumsfristengesetz** vom 20. 12. 1999 (BGBl I 2493) verlängerte zuletzt alle Fristen der Suspension des öffentlichen Glaubens bezüglich des Bestehens selbständigen Gebäudeeigentums oder nicht im Grundbuch eingetragener Rechte auf das Ende des 31. Dez 2000;[11] die ursprünglich bereits am 31. Dez 1996 abgelaufene Frist wurde damit um ein zweites Mal verlängert. Umfassend ist der öffentliche Glaube des Grundbuchs seit 1. Jan 2001 wieder hergestellt,
- das **Vermögensrechtsergänzungsgesetz** vom 15. 9. 2000 (BGBl I 1382); es beinhaltet Änderungen des VermG betreffend die sogenannte Ersatzgrundstücksregelung des § 9 VermG sowie Änderungen des Entschädigungsgesetzes, des Ausgleichsleistungsgesetzes sowie der Flächenerwerbsverordnung,[12]
- das **Grundstücksrechtsänderungsgesetz** vom 2. 11. 2000 (BGBl I 1481); es enthält einzelne Änderungen des VermG, der GVO, des EGBGB sowie der GBBerG, aber auch einen neuen § 10 zu Art 231 EGBGB (Übergang von grundpfandrechtlich gesicherten Verbindlichkeiten auf Banken und Nachweis durch Kreditanstalt für Wiederaufbau),[13]
- das **Grundstücksrechtsbereinigungsgesetz** vom 26. 10. 2001 (BGBl I 2716); es enthält als Art 1 das Verkehrsflächenbereinigungsgesetz, das den Ankauf öffentlich genutzter, aber in privatem Eigentum stehender Flächen regelt (dazu Rdn 4296 a ff); das Gesetz erfüllt ua den Vorbehalt des SachenRBerG (§ 2 Abs 1 Nr 4) bezüglich öffentlicher Nutzung fremder Grundstücke zu Verwaltungsaufgaben; durch Änderung des Art 233 § 2a Abs 9 EGBGB wird auch die Entgeltzahlungspflicht für die Inanspruchnahme solcher Grundstücke endgültig geregelt,[14]
- das **Erste Gesetz zur Änderung des Vermögenszuordnungsgesetzes** vom 30. 1. 2002 (BGBl I 562); das Gesetz befristet die Vermögenszuordnung auf Eigenbetriebe nach § 7 Abs 5 VZOG bis zum Ablauf des 31. 12. 2003 (dazu Rdn 4207); ferner wurden die §§ 9, 14 und 15 VZOG aufgehoben, insbesondere der Regelung des § 9 VZOG wurde keine praktische Bedeutung beigemessen (dazu Vorauflage Rdn 4210).[15]

---

[10] Dazu Schmidt-Räntsch VIZ 1997, 2; Böhringer Rpfleger 1999, 425.
[11] Dazu Böhringer VIZ 2000, 129; zum Erlöschen nicht eingetragener beschränkter dinglicher Rechte nach 31. Dez 2000 ders VIZ 2000, 441.
[12] Dazu Purps VIZ 2001, 401; Hirschinger NJ 2000, 460; die Aufhebung des § 9 VermG ist verfassungsrechtlich nicht zu beanstanden, BVerfG VIZ 2002, 621; BVerwG NJW 2001, 3065 = VIZ 2001, 539.
[13] Dazu Böhringer VIZ 2001, 1; Matthiesen VIZ 2001, 457; die Gesetzesinitiative geht auf eine Entscheidung des KG zurück (KG Rpfleger 1997, 522 = VIZ 1998, 90), wonach § 105 Abs 1 Nr 6 GBV nicht die Befugnis der Bewilligungsstelle beinhaltet, zu eigenen Gunsten Erklärungen gegenüber dem Grundbuchamt abzugeben; dazu Thau VIZ 1998, 67; Böhringer VIZ 1998, 424.
[14] Gesetzentwurf der Bundesregierung vom 31. 5. 2001 (BT-Drucks 14/6204); dazu Eickmann/Purps Rdn 1 zu § 1 VerkFlBerG; Purps ZflR 2001, 594; Stavorinus NotBZ 2001, 349; Matthiesen NJW 2002, 114; Trimbach und Matthiesen VIZ 2002, 1; Böhringer VIZ 2002, 193.
[15] Zu § 9 VZOG noch Schmidt-Räntsch ZIP 1991, 973 (979); zur praktischen Bedeutungslosigkeit der Norm Kimme/Kuchar Rdn 3 und 7 zu § 9 VZOG.

II. Überleitung und Verfügungsbefugnis bei Volkseigentum

A. Grundsätze der Eigentumszuordnung

1. Volkseigentum

Volkseigentum war spezifisches Eigentum, das dem bürgerlichen Recht entzogen war.[1] Parallel hierzu entwickelte sich die sog **Rechtsträgerschaft**. Zweck der Rechtsträgerschaft war die Verwaltung des Staatsvermögens. Bestimmten staatlichen Organen oder juristischen Personen wurde nach § 2 Abs 2 der Rechtsträgeranordnung vom 7. 7. 1969 (BGBl II 433) die Verwaltung des dem gesamten Volk gehörenden Volkseigentums übertragen. Die Rechtsträgerschaft entstand nicht automatisch mit dem Volkseigentum. Erforderlich war dafür gem § 14 RechtsträgerAO eine besondere Ersteinsetzung kraft Verwaltungsakt durch den Rat des Kreises (zum Inhalt vgl §§ 19, 20 ZGB). Volkseigentum entstand aufgrund staatlicher Enteignungsmaßnahmen,[2] Erbfolge des Staates nach § 369 ZGB oder durch Verzichtserklärung nach § 310 ZGB.

4201

Das Volkseigentum wurde in Privateigentum nach bürgerlichem Recht umgewandelt. Die wichtigsten Gesetze sind Art 21 und 22 Einigungsvertrag, das Gesetz zur Privatisierung und Reorganisation des volkseigenen Vermögens (Treuhandgesetz vom 17. 6. 1990, GBl I 300, mit Änderungen) und das Gesetz über das Vermögen der Gemeinden, Städte und Landkreise (Kommunalvermögensgesetz vom 6. 7. 1990, GBl I 660, mit Änderungen).

Die Rechtsträgerschaft hatte nach dem 3. 10. 1990 keine eigenständige rechtliche Funktion mehr. Sie ist auch nicht als Recht an einem Grundstück durch Art 233 § 3 Abs 1 EGBGB aufrechterhalten worden; als Anknüpfungspunkt für die Übertragung von Grundeigentum nach § 11 Abs 2 TreuhG und als Grundlage der Verfügungsbefugnis nach § 8 VZOG spielt sie eine entscheidende Rolle.

2. Eigentumsübertragung nach Art 21 und 22 Einigungsvertrag[3]

Der Einigungsvertrag überträgt Bund, Ländern, Kommunen und den anderen juristischen Personen des öffentlichen Rechts kraft Gesetz das staatliche Vermögen. **Verwaltungsvermögen**, zB Dienstgrundstücke, Dienstgebäude, bewegliche Dienstgegenstände, wird nach Art 21 Abs 1 S 1, Abs 2 Einigungsvertrag demjenigen Träger der öffentlichen Verwaltung als Eigentum zugeordnet, der nach dem GG (Art 83 ff GG) für die Verwaltungsaufgabe zustän-

4202

---

[1] Zur geschichtlichen Entwicklung des Volkseigentums Schmidt-Räntsch S 1 ff; Kimme/Schmitt-Habersack/Dick Rdn 1 ff Vor §§ 1–8 VZOG.
[2] Eine Übersicht über die verschiedenen Enteignungsgesetze findet sich in § 1 der AnmVO vom 11. 7. 1990 (GBl I 1718) in der seit dem 22. 7. 1992 geltenden Fassung (BGBl I 1257).
[3] Vgl dazu Albrecht VIZ 1991, 88; Lange DtZ 1991, 329; RVI/Schmidt/Leitschuh Rdn 12 ff zu Art 21 Einigungsvertrag.

dig ist.⁴ Ehemaliges Reichsvermögen ist kraft Gesetzes Bundesvermögen geworden (Art 21 Abs 3 Hs 2 Einigungsvertrag⁵).

Da eine vollständige Verteilung des Vermögens erfolgen sollte, wird das restliche Vermögen, das nicht unmittelbar bestimmten Verwaltungsaufgaben dient (**Finanzvermögen**), durch Art 22 Einigungsvertrag der Treuhandverwaltung des Bundes, die von den Bundesvermögensämtern wahrgenommen wird, gesetzlich zugeordnet, bis in einem noch zu erlassenden besonderen Verteilungsgesetz dieses Finanzvermögen zwischen Bund und Ländern aufgeteilt wird. Ausgenommen hiervon sind das Vermögen der Sozialversicherung, das der Treuhandanstalt übertragene Vermögen (land- und forstwirtschaftliches Vermögen, NVA-Vermögen, MfS-Vermögen), kommunales Finanzvermögen und Wohnungswirtschaftsvermögen (Art 22 Abs 4 Einigungsvertrag). Art 22 Abs 1 S 1 Einigungsvertrag stellt klar, daß öffentliches Vermögen nicht zu Bundesfinanzvermögen wurde, soweit es durch § 1 Abs 1 S 2 und 3 TreuhG Gemeinden, Städten oder Landkreisen übertragen wird (sog **kommunales Finanzvermögen**⁶). Das kommunale Wohnungsvermögen ging in das Eigentum der Kommunen über (Art 22 Abs 4 Einigungsvertrag; § 1a Abs 4 VZOG). Nach Protokollnotiz Nr 13 zu Art 22 Abs 4 Einigungsvertrag fällt auch der von den Wohnungsgenossenschaften für Wohnzwecke genutzte volkseigenen Grund und Boden unter diese Eigentumsübertragung. Das Wohnungsgenossenschaftsvermögensgesetz vom 23. 7. 1993 (BGBl I 944) hat diese Eigentumsüberführung vorgenommen.⁷ Die Sondervermögen der **Deutschen Reichsbahn** und der **Deutschen Post** (Art 26, 27 Einigungsvertrag) wurden Bundesvermögen und sind jetzt durch die Gesetze zur Neuordnung des Eisenbahnwesens (vom 27. 12. 1993, BGBl I 2378) und zur Neuordnung des Postwesens und der Telekommunikation (vom 14. 9. 1994, BGBl I 2325) geregelt.⁸

3. Vermögen der Treuhandanstalt bzw Bundesanstalt für vereinigungsbedingte Sonderaufgaben

4203 Das andere **volkseigene Vermögen** war zu **privatisieren**. Hierzu wurde noch von der DDR die **Treuhandanstalt** durch das Gesetz zur Privatisierung und Reorganisation des volkseigenen Vermögens (TreuhG, s Rdn 4201) geschaffen, das durch Art 25 Einigungsvertrag mit gewissen Maßgaben aufrechter-

---

⁴ Vgl eingehend zur Anwendung des Art 21 RVI/Schmidt/Leitschuh Rdn 18 ff zu Art 21 Einigungsvertrag; zur Definition der Verwaltungsaufgabe BVerwG VIZ 2001, 378.
⁵ Zur Restitution zugunsten Körperschaften des öffentlichen Rechts RVI/Schmidt/Leitschuh Rdn 29 ff zu Art 21 Einigungsvertrag; BVerwG WM 1996, 221 = ZOV 1996, 54; BVerwG WM 1996, 226 = ZOV 1996, 57; Lange DtZ 1991, 329; Früh LKV 1992, 150 und ZOV 1993, 141; Eckert VIZ 1995, 78.
⁶ Zu diesem BVerwG VIZ 1995, 230 = ZIP 1995, 241.
⁷ Vgl Söfker VIZ 1993, 378.
⁸ Vgl Meikel/Böhringer Rdn B 90 ff zu § 22; zum Reichsbahnvermögen eingehend BVerwG VIZ 2001, 669; Kroker und Teige VIZ 1999, 511, VIZ 2000, 326 und VIZ 2002, 385; Gehling VIZ 1997, 459 und VIZ 2002, 65; zur Anwendung des SachenR-BerG Studzinski NJ 2001, 189; zur Einbeziehung von Eisenbahnverkehrsflächen in die Verkehrsflächenbereinigung nach § 2 Abs 2 Nr 3 VerkFlBerG Eickmann/Purps Rdn 12 zu § 2 VerkFlBerG.

halten wurde. Nachdem die Treuhandanstalt ihre Privatisierungstätigkeit weitgehend beendet hatte, wurden ihre Aufgaben und Befugnisse durch das Gesetz zur abschließenden Erfüllung der verbliebenen Aufgaben der Treuhandanstalt vom 9. 8. 1994 (BGBl I 2062), durch die Verordnung über die Umbenennung und die Anpassung von Zuständigkeiten der Treuhandanstalt vom 20. 12. 1994 (BGBl I 3913), die Verordnung zur Übertragung von unternehmensbezogenen Aufgaben und Unternehmensbeteiligung der Treuhandanstalt vom 20. 12. 1994 (BGBl I 3910) und die Verordnung zur Übertragung von liegenschaftsbezogenen Aufgaben und Liegenschaftsgesellschaften der Treuhandanstalt vom 20. 12. 1994 (BGBl I 3908) auf folgende Nachfolgeorganisationen verteilt: [9]
– Bundesanstalt für vereinigungsbedingte Sonderaufgaben (BfS),
– Beteiligungs-Management-Gesellschaft Berlin mbH,
– Liegenschaftsgesellschaft der Treuhandanstalt mbH (TLG),
– Bodenverwertungs- und Verwaltungs-GmbH (BVVG).
Der Treuhandanstalt war auch das ausgesonderte Militärvermögen zu übertragen[10] (2. DVO zum TreuhG vom 22. 8. 1990, GBl I 1260). Ihr wurde mit der 3. DVO zum TreuhG vom 29. 8. 1990 (GBl I 1333) auch das volkseigene Vermögen der Land- und Forstwirtschaft zur zeitweiligen treuhänderischen Verwaltung übertragen.
Volkseigene Güter, die bis zum 3. 10. 1990 nicht in das Eigentum der Länder oder Kommunen übertragen worden sind, sind in Kapitalgesellschaften im Aufbau umgewandelt worden.[11] Nach der Neuordnung wird die Verwaltung und Verwertung von landwirtschaftlichen und forstwirtschaftlichen Vermögen jetzt durch die Bodenverwertungs- und Verwaltungs-GmbH vorgenommen.
Übertragen wurden der Treuhandanstalt auch das Vermögen des ehemaligen Ministeriums für Staatssicherheit und des Amts für Nationale Sicherheit (4. DVO zum TreuhG vom 12. 9. 1990, GBl I 1465).[12] Am bedeutendsten ist allerdings die Privatisierung der im Register der volkseigenen Wirtschaft eingetragen gewesenen **volkseigenen Kombinate**, Betriebe, Einrichtungen und sonstige juristisch selbständige Wirtschaftseinheiten. Diese wurden gem § 11 Abs 1 TreuhG in Kapitalgesellschaften (AG, GmbH) umgewandelt. Die Umwandlung bewirkte den Übergang des in Rechtsträgerschaft befindlichen Grund und Bodens in das Eigentum der Kapitalgesellschaften (§ 11 Abs 2 TreuhG).[13] Entsprechendes galt für Umwandlungen, die bereits nach der Umwandlungs-VO vom 1. 3. 1990 (GBl I 107) vorgenommen wurden (§ 23 TreuhG). Bei lediglich teilweiser Nutzung des Grundstücks erfolgte jedoch kein Eigentumsübergang nach § 11 Abs 2 TreuhG.[14] Da es sich beim Grundstückserwerb um einen Erwerb kraft Gesetz handelt, ist die Grundbuchein-

---

[9] Vgl Rundschreiben des BMJ „Grundbuchliche Hinweise zur Umstrukturierung der Treuhandanstalt" vom 12. 1. 1995, DNotI-Report 1995, 38.
[10] Vgl Wilhelms VIZ 1994, 641.
[11] BGH 126, 351 = NJW 1994, 2487; vgl hierzu Meyer-Ravenstein DtZ 1995, 225.
[12] Dazu Moser-Merdian/Flik/Keller Rdn 183; Schaefgen DtZ 1992, 130; Wilhelms VIZ 1994, 641.
[13] Vgl Busche VIZ 1999, 505; Kloth ZOV 1994, 15; Lambsdorff DtZ 1992, 102; Kroker und Teige VIZ 2000, 199; Teige VIZ 1994, 58 und VIZ 1995, 452
[14] BGH VIZ 2001, 384.

tragung Grundbuchberichtigung.[15] Soweit tatsächlich kein Eigentumserwerb nach § 11 Abs 2 TreuhG stattgefunden hat, die Kapitalgesellschaft aber trotzdem im Grundbuch eingetragen ist, gilt bei Weiterveräußerung § 892 BGB zu Gunsten eines gutgläubigen Erwerbers.[16] Die Treuhandanstalt wurde nach Maßgabe des § 1 Abs 4 TreuhG Inhaber der Anteile der umgewandelten Kapitalgesellschaften und privatisierte diese weitgehend. Soweit eine Privatisierung nicht stattgefunden hat, ist nunmehr die Beteiligungs-Management-Gesellschaft Berlin mbH zuständig.

B. Verfahren der Vermögenszuordnung

1. Grundsätze des Verfahrens

4204 Die **Feststellung, welche öffentlichen Rechtsträger in welchem Umfang Vermögensgegenstände erhalten haben,** und auch die Feststellung, welches Vermögen nach Art 22 Abs 1 S 1 Einigungsvertrag Finanzvermögen in der Treuhandverwaltung des Bundes ist, wird durch das Gesetz über die Feststellung der Zuordnung von ehemals volkseigenem Vermögen (Vermögenszuordnungsgesetz – VZOG) idF vom 29. 3. 1994 (BGBl I 709, zuletzt geändert durch Gesetz vom 21. 8. 2002, BGBl I 3322) geregelt.[1] Es wurde grundlegend durch das RegVBG (Rdn 4200d) geändert und um die §§ 11 ff VZOG erweitert, die die sog öffentlich rechtliche Restitution regeln.[2] Über den Vermögensübergang, die Vermögensübertragung oder für die Feststellung nach § 1 Abs 2 VZOG erläßt die zuständige Stelle nach § 2 Abs 1 VZOG einen Bescheid, der entweder deklaratorische Bedeutung hat, wenn durch ihn gesetzliche Eigentumsübergänge bestätigt werden, oder konstitutiven Charakter, wenn durch den Bescheid über Restitutionsansprüche von Gebietskörperschaften oder anderen öffentlich rechtlichen Körperschaften entschieden wird (Art 21 Abs 3, Art 22 Abs 1 S 4 Einigungsvertrag iVm §§ 11 ff VZOG). Der Bescheid wirkt für und gegen alle am Verfahren Beteiligten. Wird mit dem Bescheid das Eigentum an einem Grundstück übertragen, so bindet diese Wirkung auch die Zivilgerichte. Einer Klage auf Grundbuchberichtigung fehlt dann das Rechtsschutzbedürfnis.[3] Zuständig ist entweder der Präsident der Bundesanstalt für vereinigungsbedingte Sonderaufgaben, soweit ein Vermögenswert dieser Einrichtung oder einem Treuhandunternehmen (§ 4 VZOG)

---

[15] BezG Erfurt VIZ 1993, 120; BezG Schwerin ZIP 1992, 763; RVI/Busche Rdn 11 zu § 11 TreuhG; Schmidt-Räntsch S 19; Moser-Merdian/Flik/Keller Rdn 161 ff; Böhringer NJ 1991, 540; Lambsdorff DIZ 1992, 102; Teige VIZ 1994, 58.
[16] OLG Jena VIZ 2002, 58.
[1] Zum Vermögenszuordnungsgesetz vgl allgemein Schmidt-Räntsch ZIP 1991, 973; Schmidt-Räntsch und Hiestand ZIP 1993, 1749; RVI/Schmidt-Räntsch/Hiestand Rdn 2 ff zu § 1 VZOG; Kimme/Schmitt-Habersack/Dick Rdn 9 ff vor §§ 1–8 VZOG.
[2] Vgl zur Neuregelung des VZOG Kimme/Schmitt-Habersack/Dick Rdn 11, 12 vor §§ 1–8 VZOG; Schmidt-Räntsch und Hiestand ZIP 1994, 1833; Dyllick-Neubauer NJ 1994, 499; zu den öffentlich rechtlichen Restitutionsansprüchen vgl Raschke VIZ 1994, 462; Preu ZIP 1994, 506; Maletz-Obermann VIZ 1995, 445; Dick VIZ 1995, 617.
[3] BGH DtZ 1995, 372 = VIZ 1995, 592 = ZIP 1995, 1553 unter Aufhebung der Vorinstanz OLG Dresden VIZ 1994, 489; BVerwG VIZ 1996, 216; s auch Wilhelms VIZ 1994, 465.

B. Verfahren der Vermögenszuordnung

zusteht. Im übrigen ist der Präsident der Oberfinanzdirektion zuständig (§ 1 Abs 1 S 1 Nr 2 VZOG). Sonderregelungen waren für das Sondervermögen Deutsche Reichsbahn (§ 18 VZOG), das Sondervermögen Deutsche Bundespost (§ 19 VZOG) sowie den Rundfunk und das Fernsehen der früheren DDR (§ 20 VZOG) vorgesehen; sie wurden teilweise allerdings durch das Eisenbahnneuordnungsgesetz vom 27. 12. 1993 (BGBl I 2378) und das Postneuordnungsgesetz vom 14. 9. 1994 (BGBl I 2325) überholt.[4]

Der Zuordnungsbescheid hat entweder deklaratorische oder konstitutive Wirkung (§§ 1 Abs 1, 4 Abs 1 VZOG oder § 2 Abs 1a S 3 VZOG), die anschließende Eintragung im Grundbuch ist in jedem Fall Grundbuchberichtigung. In dem **Zuordnungsbescheid** werden Grundstücke oder Gebäude gem § 28 S 1 GBO bezeichnet und deren genaue Lage angegeben (§ 2 Abs 2 VZOG). **Grundbuchvollzug** erfolgt nach § 3 Abs 1 VZOG, sobald der Bescheid bestandskräftig ist, auf Ersuchen der zuständigen Stelle ohne Rechtmäßigkeitsprüfung des Grundbuchamtes (§ 3 Abs 2 VZOG).[5] Der Berechtigte braucht nicht im Sinne des § 39 GBO voreingetragen zu sein (§ 11 Abs 1 S 3 GBBerG).[6] Einer Unbedenklichkeitsbescheinigung der Finanzbehörde sowie der Genehmigung nach der GVO, dem GrdstVG, dem BauGB oder dem Bauordnungsrecht bedarf es nicht (§ 3 Abs 2 VZOG). 4205

In vielen Fällen stimmt die zuzuordnende Fläche nicht mit den Grundstücksgrenzen überein, so daß an sich eine Vermessung und Katasterfortschreibung erforderlich wäre. Wird der Grundbesitz daher mehreren Berechtigten zugeordnet, so kann auch ohne Vermessung und katasterliche Fortschreibung der Eigentumserwerb vollzogen werden. In diesem Fall muß der Bescheid mit einem **Zuordnungsplan** versehen werden, der nach Form und Inhalt zur Übernahme in das Liegenschaftskataster geeignet sein oder den Erfordernissen des § 8 Abs 2 Bodensonderungsgesetz (s Rdn 4297) entsprechen muß (§ 2 Abs 2b S 3 VZOG).[7] In diesen Fällen dient bis zur Berichtigung des Liegenschaftskatasters der Zuordnungsplan[8] als amtliches Verzeichnis der Grundstücke im Sinne des § 2 Abs 2 GBO (§ 3 Abs 1 S 4 VZOG). In einem Zuordnungsbescheid mit Zuordnungsplan können dingliche Rechte an Grundstücken und Rechte an einem ein solches Grundstück belastenden Recht aufgehoben, geändert und neu begründet werden, soweit dies zur Durchführung oder Absicherung der Zuordnung erforderlich ist (§ 2 Abs 2b S 5 VZOG). Soll ein durch Zuordnungsplan entstandenes Grundstück verändert, zB geteilt werden, so richtet sich die Fortschreibung des Zuordnungsplans nach § 20 BoSoG (§ 2 Abs 2b S 4 VZOG).

Der Zuordnungsbescheid läßt private Rechte unberührt (§ 2 Abs 1 S 5 VZOG). Der Begünstigte des Bescheides tritt daher in sämtliche Rechte und 4205a

---

[4] Vgl hierzu Schmidt-Räntsch und Hiestand ZIP 1994, 1833 (1837 ff).
[5] Vgl die Übersicht für die Eintragung einer Zuordnungsentscheidung ins Grundbuch Stellwaag VIZ 1995, 92.
[6] Zur einschränkenden Auslegung zu Recht OLG Dresden VIZ 2000, 238.
[7] Durch diese Ergänzung in S 3 von § 2 Abs 2b VZOG durch Verweis auf § 8 Abs 2 BoSoG ist die an sich von Anfang an gewollte Sonderung unvermessener und überbauter Grundstücke nach den Regeln des Zuordnungsplanes klargestellt worden, vgl RVI/Schmidt-Räntsch/Hiestand Rdn 41 ff zu § 2 VZOG und ZIP 1994, 1833 (1836).
[8] Vgl zum Inhalt des Zuordnungsplanes, der aus einer Grundstückskarte und einer Grundstücksliste besteht, § 8 Abs 2 BoSoG.

Pflichten aus dem Vermögenswert ein; er muß insbesondere Nutzungsrechte und Gebäudeeigentum sowie die hieraus resultierenden Ansprüche nach dem SachenRBerG und SchuldRAnpG übernehmen; auch vermögensrechtliche Rückübertragungsansprüche bleiben unberührt.[9] Der Bescheid kann (nicht muß) die ausdrückliche Feststellung enthalten, daß ein Erwerb des zugeordneten Vermögensgegenstandes durch eine dritte Person unwirksam ist (§ 2 Abs 1 S 4 VZOG). Eine bestandskräftige Feststellung ist auch für die Zivilgerichte bindend.[10] Die Zuordnungsbehörde muß aber die zivilrechtliche Vorfrage nicht entscheiden und kann im Bescheid einem Dritten die Geltendmachung seiner Rechte vorbehalten. In diesem Fall unterbleibt zunächst die Eintragung des Zuordnungsberechtigten und die Behörde ersucht um Eintragung eines Widerspruchs zu seinen Gunsten gegen die Richtigkeit des Grundbuchs (§ 3 Abs 1 S 2 VZOG).

2. Die Verfügungsbefugnis nach § 8 VZOG

a) Verfügungsberechtigte Stelle nach § 8 Abs 1 VZOG

4206 Da die Zuordnung volkseigenen Vermögens auf die verschiedenen öffentlich rechtlichen Rechtsträger lange Zeit in Anspruch nehmen kann, ist in § 8 VZOG eine **vorläufige Verfügungsbefugnis** geregelt.[11] Zur Verfügung über Grundstücke und Gebäude, die im Grundbuch noch als Volkseigentum eingetragen sind, sind bis zur Unanfechtbarkeit eines Feststellungs- oder Zuordnungsbescheides verfügungsbefugt

– die Gemeinden, Städte und Landkreise, wenn sie selbst oder ihre Organe oder die ehemaligen volkseigenen Betriebe der Wohnungswirtschaft im Zeitpunkt der Verfügung als Rechtsträger des Grundstücks oder des Gebäudes eingetragen sind,

– die Länder, wenn die Bezirke, aus denen sie gebildet worden sind oder deren Organe, als Rechtsträger des Grundstücks eingetragen sind,

– die Treuhandanstalt, wenn als Rechtsträger des Grundstücks eingetragen ist: eine LPG, ein ehemals volkseigenes Gut, ein ehemaliger staatlicher forstwirtschaftlicher Betrieb oder ein ehemaliges Forsteinrichtungsamt, ein ehemaliges Gestüt, eine ehemalige Pferdezuchtdirektion oder ein ehemals volkseigener Rennbetrieb, ein Betrieb des ehemaligen Kombinats industrieller Tierproduktion, das Ministerium für Staatssicherheit oder das Amt für nationale Sicherheit,[12]

– in allen übrigen Fällen der Bund, der durch das Bundesvermögensamt vertreten wird, in dessen Bezirk das Grundstück liegt.

Das Bundesministerium der Finanzen kann für einzelne Grundstücke oder für eine Vielzahl von Grundstücken eine andere Behörde des Bundes oder die Treuhandanstalt als Vertreter des Bundes bestimmen.

---

[9] RVI/Schmidt-Räntsch/Hiestand Rdn 31 zu § 2 VZOG.
[10] OLG Brandenburg VIZ 2002, 477.
[11] Böhringer MittBayNot 1994, 18; Bauer/vOefele/Cremer Rdn III 24 zu Teil E.
[12] In all diesen Fällen ist das Eigentum bereits nach den DurchfVOen zum TreuhG auf die Treuhandanstalt übergegangen, 2. DVO-TreuhG vom 22. 8. 1990 (GBl I 1260); 3. DVO-TreuhG vom 29. 8. 1990 (GBl I 1333); 4. DVO-TreuhG vom 12. 9. 1990 (GBl I 1465).

B. Verfahren der Vermögenszuordnung

b) Inhalt und Umfang der Verfügungsbefugnis

§ 8 VZOG stellt eine Verfügungsermächtigung zum Handeln im eigenen Namen vergleichbar dem § 185 BGB dar.[13] § 8 VZOG knüpft allein an die formale Grundbucheintragung als Rechtsträger des betroffenen volkseigenen Grundstücks an, so daß die Verfügungsbefugnis grundsätzlich auch dann bestehen soll, wenn die Eintragung des Volkseigentums im Grundbuch materiellrechtlich unrichtig ist.[14] Der Begriff der Verfügungsbefugnis in § 8 Abs 1 VZOG ist weit auszulegen. Er umfaßt neben Verfügung im Rechtssinn die schuldrechtlichen Verträge, die den dinglichen Verfügungen zugrunde liegen, und schließt auch Vermietung und Verpachtung sowie die gerichtliche Geltendmachung von Herausgabe- und Löschungsansprüchen ein.[15] Verfügungen, die vor Inkrafttreten des § 8 VZOG erfolgten, sind nach § 185 Abs 2 BGB analog geheilt.[16] Auf den Inhalt der Verfügung kommt es nicht an, auch unentgeltliche Verfügungen sind zulässig.[17] Die nach § 8 VZOG verfügungsbefugte Stelle muß nicht nach § 39 GBO im Grundbuch voreingetragen sein (§ 11 Abs 1 S 3 GBBerG).

4206 a

c) Verfügungsbefugnis bei nicht wirksam entstandenem Volkseigentum

Ob der Erwerb nach § 8 VZOG einen Erwerb vom Berechtigten oder Nichtberechtigten darstellt mit der Folge, daß der wahre Eigentümer einen möglichen Grundbuchberichtigungsanspruch gegen den Verfügungsempfänger geltend machen könnte, ist nicht vollständig geklärt. Dieses Problem ist in den Fällen gegeben, bei welchen die Überführung in Volkseigentum bereits nach dem Recht der DDR nicht wirksam war und daher das Grundstück trotz Grundbucheintragung niemals in Volkseigentum übergegangen ist. Häufigster Fall ist wohl die zu Unrecht angenommene Erbfolge des Staates nach § 369 ZGB durch Übergehung eines gesetzlichen Erben dritter Ordnung, nachdem die Erben der ersten und zweiten Ordnung die Erbschaft ausgeschlagen hatten. Sieht man in diesen Fällen die Verfügung im Rahmen des § 8 VZOG als Verfügung des Berechtigten an, wäre der wahre – und jetzt enteignete – Eigentümer auf die Auskehr des Erlöses nach § 8 Abs 4 S 2 VZOG angewiesen.[18] Behandelt man dagegen die im Rahmen des § 8 Abs 1 VZOG verfügungsbefugte Stelle als Nichtberechtigten, hängt schon die Wirksamkeit der Verfügung von den Voraussetzungen des § 892 BGB ab. Das OLG Dresden[19] hatte gerade zu dem Fall der übergangenen Erbfolge festgestellt, daß eine Wohnungsbaugesellschaft, die im Wege der Umwandlung durch die Kommune gegründet worden ist, an einzelnen Grundstücken, die

4206 b

---

[13] BGH DNotZ 1997, 132 = DtZ 1996, 140 = VIZ 1996, 273; RVI/Schmidt-Räntsch/Hiestand Rdn 5 zu § 8 VZOG.
[14] Bauer/vOefele/Cremer Rdn III 45 zu Teil E.
[15] Umfassend RVI/Schmidt-Räntsch-Hiestand Rdn 5–10 zu § 8 VZOG.
[16] Böhringer Rdn 326; anders aber BGH Rpfleger 1999, 176 = VIZ 1999, 161 für den Fall der Verfügung einer ursprünglich nicht verfügungsbefugten Gebietskörperschaft.
[17] BezG Dresden Rpfleger 1993, 190 mit Anm Keller; OLG Jena MittBayNot 1995, 466 = VIZ 1996, 170.
[18] Dazu RVI/Schmidt-Räntsch/Hiestand Rdn 18 zu § 8 VZOG.
[19] OLG Dresden VIZ 1997, 102 = ZIP 1996, 1921; in der Revision BGH Rpfleger 1998, 465 = VIZ 1998, 519.

tatsächlich nicht im Eigentum der Kommune standen, nicht gutgläubig Eigentum erwerben konnte und damit den wahren Eigentümern rechenschafts- und herausgabepflichtig ist.

4206 c Um diese Unklarheiten zu überwinden, wurde durch das Wohnraummodernisierungssicherungsgesetz (dazu Rdn 4200 d) der Wortlaut des § 8 Abs 1 VZOG dergestalt ergänzt, daß die Verfügungsbefugnis des im Grundbuch eingetragenen Rechtsträgers unabhängig von der Richtigkeit dieser Eintragung besteht. Die Verfügungsbefugnis soll damit unwiderleglich vermutet werden, gleichgültig wer in Wirklichkeit Eigentümer des Grundstücks ist. Steht aber das Grundstück in Wirklichkeit in Privateigentum, käme diese Vermutung einer Legalenteignung gleich. Daher hat das OLG Dresden[20] festgestellt, daß § 8 VZOG wie auch die Vermutung des Art 233 § 2 Abs 2 EGBGB verfassungskonform dahin auszulegen sind, daß die Unwiderleglichkeit der jeweiligen Vermutung und die Verfügungsbefugnis mit Wirkung auch gegen den wahren Eigentümer nur den öffentlichen Eigentümer – im Falle des § 8 VZOG den möglichen Zuordnungsberechtigten – nicht aber einen Privateigentümer treffen kann.[21] In dem entscheidenden Fall stand das streitgegenständliche Grundstück nach berichtigter Erbfolge in Privateigentum, wurde aber durch die Kommune im Wege der Umwandlung in das Vermögen der Wohnungsgesellschaft übertragen. Ungeachtet eines mangels Verkehrsgeschäfts nicht möglichen gutgläubigen Erwerbs stellt das OLG Dresden klar, daß auch die Neufassung des § 8 VZOG nicht dazu führen könne, durch Verfügungen des öffentlichen Rechtsträgers privates Eigentum zu überwinden. Die Verfügungsbefugnis des § 8 VZOG kann damit nicht dazu mißbraucht werden, den wirklichen Eigentümer seines Eigentums zu entsetzen und ihn auf den Veräußerungserlös zu verweisen.

4206 d Zuzugestehen ist, daß die (vom BGH[22] nicht beanstandete) Ansicht des OLG Dresden, an welcher es ausdrücklich auch nach der letzten Ergänzung des § 8 Abs 1 VZOG festgehalten hat,[23] dem Wortlaut des Gesetzes widerspricht.[24] Umgekehrt führt die unwiderlegliche Verfügungsbefugnis nach § 8 VZOG zusammen mit der unwiderlegliche Vermutung nach Art 233 § 2 Abs 2 EGBGB (dazu Rdn 4212 g) in ihrer rigorosen Anwendung zu erheblichen verfassungsrechtlichen Bedenken.

d) Umwandlung volkseigener Betriebe der Gebäudewirtschaft

4207 In besonderem Maße zeigt sich die Problematik der Verfügungsbefugnis nach § 8 VZOG und nicht wirksam entstandenem Volkseigentum im Rahmen der von den Kommunen als Eigentümer nach Art 22 Abs 4 S 3 des Einigungsvertrages[25] getätigten Umwandlung der ehemals volkseigenen Betriebe der Ge-

---

[20] OLG Dresden NJ 1998, 375 = VIZ 1998, 218 = ZIP 1998, 350; auch OLG Dresden NJ 1998, 435.
[21] Dazu sehr instruktiv Grün ZIP 1998, 321.
[22] BGH Rpfleger 1998, 465 = VIZ 1998, 519; hiergegen sehr kritisch Bauer/vOefele/Cremer Rdn III 47 ff zu Teil E.
[23] OLG Dresden VIZ 1999, 229 und VIZ 2000, 424.
[24] Daher sehr kritisch gegenüber dieser Rechtsprechung Bauer/vOefele/Cremer Rdn III 45 ff zu Teil E.
[25] Dazu Schmitt-Habersack in Kimme, Offene Vermögensfragen, Rdn 37 ff zu Art 22 Einigungsvertrag; Keller Rpfleger 1993, 94.

B. Verfahren der Vermögenszuordnung

bäudewirtschaft in Kapitalgesellschaften nach § 58 UmwG (vom 6. 11. 1969).[26] Ob die Umwandlung eine Verfügung im Sinne des § 8 Abs 1 VZOG darstellt oder nicht, war sehr lange streitig. Praktische Folge dieser Unklarheit war die Frage, ob die Kommune bei der Einbeziehung in die Umwandlung nur die im Grundbuch eingetragene Rechtsträgerschaft beachten mußte und damit auch möglicherweise fremde Grundstücke auf die gegründete GmbH übertragen konnte[27] oder ob nur solche Grundstücke eingebracht werden konnten, die tatsächlich nach Art 22 Abs 4 Einigungsvertrag oder sonst im Eigentum der Kommune standen.[28]

Der BGH entschied zuletzt für eine Anwendung des § 8 VZOG im Rahmen des Umwandlungsverfahrens.[29] Soweit aber an einzelnen betroffenen Grundstücken nicht wirksam Volkseigentum entstanden sein soll, stellte er den Eigentumserwerb der GmbH unter die Voraussetzungen des § 892 BGB. Dessen Anwendung scheitert indes schon an dem notwendigen Rechtsgeschäft – der Eigentumsübergang am Vermögen ist Gesamtrechtsnachfolge – und an dem notwendigen Verkehrsgeschäft, da die Kommune stets Alleingesellschafterin ihrer GmbH ist.[30] Soweit damit die Anwendung des § 8 VZOG akzeptiert wird, ist im Ergebnis ein Eigentumserwerb der GmbH ausgeschlossen, wenn an den betroffenen Grundstück nicht wirksam Volkseigentum errichtet worden ist oder das Grundstück aus sonstigen Gründen nicht in das Eigentum der Kommune übergegangen ist. Hierüber können auch die Bestandsschutzregelungen des Art 237 § 1 und 2 EGBGB nicht hinweghelfen (dazu Rdn 4212 l, m), denn auch sie sind nach richtiger Ansicht nicht anzuwenden, soweit in Wirklichkeit bestehendes Privateigentum betroffen ist.[31]

4207a

Wurde die GmbH bei Grundbuchvollzugs der Umwandlung bereits als Eigentümerin in das Grundbuch eingetragen, ist das Grundbuch insoweit unrichtig; der wahre Eigentümer hat Anspruch auf Grundbuchberichtigung. Beruhte die Überführung in Volkseigentum auf unrichtig festgestellter Erbfolge des Staates, kann die Grundbuchunrichtigkeit durch Vorlage des neuen Erbscheins nach § 35 GBO unproblematisch nachgewiesen werden. Einer Berichtigungsbewilligung der GmbH zur Grundbuchberichtigung nach § 19 GBO bedarf es dann nicht.[32] Umgekehrt soll aber auch die zwischenzeitlich er-

4207b

---

[26] Ausführlich dazu Keller Rpfleger 1993, 94, VIZ 1993, 536 und Rpfleger 1994, 437; Messerschmidt VIZ 1993, 373; Moser-Merdian/Flik/Keller Rdn 164 ff; zur Heilung fehlerhafter Umwandlungsvorgänge nach Art 231 § 9 EGBGB und § 7 Abs 5 VZOG eingehend Keller VIZ 1996, 16; ein Antrag auf Zuordnung nach § 7 Abs 5 VZOG kann nur noch bis 31. 12. 2003 gestellt werden (§ 7 Abs 5 S 3 VZOG).
[27] So BezG Dresden MittBayNot 1993, 20 = Rpfleger 1993, 190 m abl Anm Keller = VIZ 1993, 160, nicht eindeutig LG Stendal VIZ 1993, 143 mit Anm Frenz; Messerschmidt VIZ 1993, 373; RVI/Schmidt-Räntsch/Hiestand Rdn 7 zu § 8 VZOG; Böhringer Rdn 98.
[28] So Keller Rpfleger 1993, 94, VIZ 1993, 536 und Rpfleger 1994, 437; vgl auch Moser/-Merdian/Flik/Keller Rdn 164, 169; dem ausdrücklich folgend OLG Dresden VIZ 1996, 732 (734).
[29] BGH VIZ 1999, 161 = Rpfleger 1999, 176 m Anm Keller Rpfleger 1999, 268.
[30] Dazu Keller Rpfleger 1999, 268.
[31] BGH Rpfleger 1998, 465 = VIZ 1998, 519; OLG Dresden VIZ 1997, 102, VIZ 1998, 330 und VIZ 2000, 424; anders – Art 237 § 2 Abs 2 EGBGB findet Anwendung – LG Rostock VIZ 2002, 589.
[32] Dazu Keller Rpfleger 1999, 268.

folgte Eintragung der GmbH dem Vollzug einer einstweiligen Verfügung des wahren Eigentümers, die noch gegen das Eigentum des Volkes mit Rechtsträgerschaft der Kommune und damit gegen die nach § 8 VZOG verfügungsbefugte Kommune gerichtet ist, entgegenstehen.[33]

e) Zeitliche Grenze der Verfügungsbefugnis

4208 Die **Verfügungsbefugnis** endet, wenn ein Vermögenszuordnungsbescheid nach §§ 2, 4 oder 7 VZOG unanfechtbar geworden ist und eine öffentliche oder öffentlich beglaubigte Urkunde hierüber dem Grundbuchamt vorgelegt worden ist (§ 8 Abs 3 VZOG).[34] Der Bescheid oder die Urkunde ist nach § 8 Abs 3 S 1 b VZOG zu den Grundakten zu nehmen. Für den Verlust der Verfügungsbefugnis kommt es darauf an, daß die Mitteilung zu den Grundakten des konkret betroffenen Grundstücks gelangt, damit bei der Verfügung nicht im gesamten Grundbuchamt nachgeforscht werden muß.[35] § 878 BGB wird ausdrücklich für den Fall des Wegfalls der Verfügungsbefugnis für anwendbar erklärt (§ 8 Abs 3 S 2 VZOG), so daß rechtsgeschäftliche Erklärungen des Verfügungsbefugten auch nach Fortfall der Verfügungsbefugnis noch im Grundbuch vollzogen werden können, wenn die Erklärung für den Verfügungsbefugten bindend und der Antrag beim Grundbuchamt gestellt worden ist. Liegen die Voraussetzungen des § 878 BGB nicht vor, bedarf es zur Wirksamkeit der Verfügung und damit zur Grundbucheintragung der Zustimmung des aus der Vermögenszuordnung Begünstigten.[36] Nach § 8 Abs 3 S 2 VZOG bleibt der Verfügungsbefugte auch weiterhin zur Vornahme solcher Verfügungen befugt, zu denen er sich wirksam verpflichtet hat und zu deren Sicherung eine Vormerkung im Grundbuch zur Eintragung beantragt worden ist. Wird trotz Wegfalls der Verfügungsbefugnis eine Eintragung im Grundbuch vollzogen, so kommt gutgläubiger Erwerb nach § 892 BGB in Frage.

f) Öffentlich-rechtliche Genehmigungen

4209 Verfügungen auf der Grundlage des § 8 VZOG unterliegen nicht den Vorschriften in bezug auf Verfügungen über eigenes Vermögen der verfügenden Stelle; Verfügungen einer Gemeinde bedürfen daher **nicht der kommunalaufsichtlichen Genehmigung** (§ 8 Abs 1 a VZOG).[37] Die Verfügungsbefugten haben darüber hinaus aber die sonstigen, für alle öffentlichen Körperschaften geltenden öffentlich-rechtlichen Vorschriften zu beachten. Auch die sonstigen Genehmigungspflichten bestehen weiterhin, zB Teilungsgenehmigung nach BauGB etc. § 8 VZOG berührt nicht die Rückübertragungsansprüche nach dem VermG und die dort in § 3 Abs 3–5 enthaltenen Verpflichtungen; auch die Genehmigung nach GVO ist erforderlich, soweit nicht ein Investitions-

---

[33] OLG Dresden VIZ 2000, 238; dagegen zu Recht Wilhelms VIZ 2001, 10.
[34] Böhringer MittBayNot 1994, 18.
[35] So die Begründung zum Regierungsentwurf, BT-Drucks 12/2480 zu § 6 VZOG, ebenso Böhringer Rdn 328.
[36] LG Rostock VIZ 2001, 220.
[37] Ob diese Vorschrift verfassungsrechtlich haltbar ist, insbesondere in den Fällen, in denen eine Gemeinde verfügt, die nach dem Zuordnungsbescheid auch materiell Verfügungsberechtigter ist, ist zweifelhaft, Frenz DtZ 1993, 41; dagegen RVI/Schmidt-Räntsch/Hiestand Rdn 44 zu § 8 VZOG. Nach BezG Chemnitz Rpfleger 1993, 60 soll diese Vorschrift auch schon vor dem Inkrafttreten anwendbar gewesen sein.

B. Verfahren der Vermögenszuordnung

vorrangbescheid vorgelegt wird. § 181 BGB ist anwendbar, so daß Insichgeschäfte nicht zulässig sind.[38] Die aufgrund von Verfügungen nach § 8 Abs 1 VZOG veräußerten Grundstücke und Gebäude sowie das Entgelt sind dem jeweiligen Innenministerium mitzuteilen und von diesem in einer Liste zu erfassen. Zeitgleich ist die Verfügungsstelle verpflichtet, einen Zuordnungsantrag zu erstellen und den Erlös, mindestens aber den Wert des Vermögensgegenstandes dem Berechtigten auszukehren (§ 8 Abs 4 VZOG). Bei Belastungen, etwa mit Grundpfandrechten, besteht ein Freistellungsanspruch.[39] Mit dem RegVBG wurde eine Abwendungsbefugnis eingeführt (§ 8 Abs 5 VZOG). Der Verfügungsberechtigte kann daher entweder Erlöse herausgeben oder aber ein Ersatzgrundstück beschaffen.

Randnummer 4210 ist entfallen. 4210

3. Öffentlich-rechtliche Restitution

Die Restitutionsansprüche der öffentlichen Körperschaften hat das RegVBG hat in den §§ 11–16 VZOG geregelt.[40] Die Restitution nach § 11 ff VZOG betrifft die durch Art 21 Abs 3 sowie Art 22 Abs 1 S 7 iVm Art 21 Abs 3 Einigungsvertrag geschaffenen Restitutionsansprüche öffentlicher Körperschaften. 4211

Eine **Verfügungssperre** sieht § 12 Abs 1 VZOG – ähnlich wie § 3 Abs 3 VermG – vor. Eine Verfügung, Bebauung oder längerfristige Vermietung oder Verpachtung ist nur zulässig, wenn sie eine erlaubte Maßnahme ist. Erlaubt sind Maßnahmen, die einem der in § 12 Abs 1 S 2 VZOG genannten Zwecke dienen und hierzu erforderlich sind (Sicherung oder Schaffung von Arbeitsplätzen, Wiederherstellung oder Schaffung von Wohnraum, erforderliche oder hierdurch veranlaßte Infrastrukturmaßnahmen, Sanierung eines Unternehmens oder Umsetzung eines festgestellten öffentlichen Planungsvorhabens). In diesen Fällen der investiven Verfügung besteht (anders als beim InVorG) keine Genehmigungspflicht, sondern nur eine **Anzeige- und Wartepflicht** (§ 12 Abs 2 VZOG), mit der Möglichkeit der Untersagung durch die Zuordnungsstelle (§ 12 Abs 3 VZOG). Die Verfügungssperre ist ebenso wie § 3 Abs 3 VermG ohne dingliche Wirkung, verbotswidrige Verfügungen sind gleichwohl wirksam.[41] Die Verfügungssperre gilt allerdings nur, wenn die Restitution nicht nach § 11 Abs 1 S 1 Nr 1–3, 5 VZOG ausgeschlossen ist. Die **Rückübertragung** ist insbesondere **ausgeschlossen**, wenn der Vermögensgegenstand im Zeitpunkt der Restitutionsentscheidung bereits rechtsgeschäftlich veräußert oder Gegenstand des Zuschlags in der Zwangsversteigerung geworden ist (§ 11 Abs 1 S 3 Nr 5 VZOG). § 878 BGB ist entsprechend anzuwenden, so daß zum Schutz des Erwerbers der Rückübertragungsausschluß auf den Zeitpunkt des Eingangs des Eintragungsantrags beim Grundbuchamt vorverlegt wird, wenn die von den Berechtigten abgegebene Auflassungserklärung für diesen bindend geworden ist (vgl Rdn 115 ff). Verwaltungsgerichte sind der Auffassung, daß die Eintragung einer Auflas- 4212

---

[38] Böhringer Rdn 326.
[39] Vgl im einzelnen RVI/Schmidt-Räntsch/Hiestand Rdn 18 ff zu § 8 VZOG.
[40] Zur öffentlich rechtlichen Restitution vgl Dick VIZ 1995, 617; Maletz und Obermann VIZ 1995, 445; Preu ZIP 1994, 506; Raschke VIZ 1994, 462.
[41] Vgl Begründung zum Regierungsentwurf, BT-Drucks 12/5553 S 520; Preu ZIP 1994, 506 (509).

6. Teil. II. Überleitung und Verfügungsbefugnis bei Volkseigentum

sungsvormerkung die Rückübertragung noch nicht ausschließt.[42] Dies verkennt die Bedeutung der Vormerkung und auch, daß auch § 878 BGB auf die bewilligte Auflassungsvormerkung entsprechend anwendbar ist (vgl Rdn 112), und führt zu einer Beeinträchtigung des Vormerkungsschutzes und damit des Rechtsverkehrs.[43] In jedem Fall muß die Vormerkung aber Schutzwirkung analog §§ 888, 883 Abs 2 BGB (s Rdn 1521 ff) auch gegenüber dem öffentlich-rechtlichen Rückübertragungsbescheid entfalten, so daß die Rückübertragung durch den Restitutionsbescheid dem Berechtigten gegenüber relativ unwirksam ist.[44] § 11 Abs 1 S 2 VZOG bestimmt, daß die Rückübertragung nicht allein dadurch ausgeschlossen wird, daß der Vermögensgegenstand in das **Eigentum einer Treuhandkapitalgesellschaft** übergegangen ist, deren sämtliche Anteile sich noch in der Hand der Treuhandanstalt befinden. Es war fraglich, ob hieraus im Umkehrschluß entnommen werden kann, daß eine Restitution ausscheidet, wenn die Anteile auf einen Erwerber im Rahmen der Privatisierung übertragen worden sind. Das BVerwG[45] hat dies ständig verneint. Durch § 6 Zuordnungsergänzungsgesetz (ZEG), der mit dem Gesetz zur abschließenden Erfüllung verbleibender Aufgaben der Treuhandanstalt vom 9. 9. 1994 (BGBl I 2062) eingeführt wurde, wurde diese Rechtsprechung gesetzlich festgeschrieben. Danach ist eine Zuordnung von Vermögenswerten auch dann zulässig, wenn diese der Restitution im Zeitpunkt der Anteilsveräußerung unterlagen und im Vertrag über die Privatisierung des Unternehmens ein „Vorbehalt" aufgenommen wurde, daß der beanspruchte Gegenstand der Restitution unterliegen soll. Als Vorbehalt ist jede Vertragsklausel anzusehen, die einen Vorbehalt der Rückgabe oder in ähnlicher Form Vorbehalte enthält. Der Vorbehalt kann sich auch aus den Umständen des Vertragsschlusses ergeben (§ 6 Abs 2 S 3 ZEG).[46] Ein Antrag auf Anordnung nach § 6 ZEG war spätestens bis zum 30. 6. 1995 zu stellen (§ 6 Abs 1 S 2 ZEG).

Der Ausschlußtatbestand des § 11 Abs 1 S 3 Nr 5 VZOG, dh der Untergang des Restitutionsanspruchs bei rechtsgeschäftlicher Veräußerung des Gegenstandes wird durch § 6 ZEG nicht berührt.[47] Wurde das Grundstück von der umgewandelten GmbH an einen Dritten veräußert, so führt dies daher zum Untergang des Rückübertragungsanspruchs.

Die Restitution nach § 11 VZOG erfolgt durch Zuordnungsbescheid nach § 2 VZOG, so daß der Berechtigte des Bescheides in alle Rechte und Pflichten des

---

[42] BVerwG NJW 1995, 1508 = VIZ 1995, 297; VG Berlin VIZ 1995, 368.
[43] So Krauß, Festschr Schippel (1996), S 221 (247); Jesch in Anm zu BVerwG VIZ 1995, 531; RVI/Schmidt-Räntsch/Hiestand Rdn 16 zu § 11 VZOG; Kimme/Dick Rdn 153 zu § 11 VZOG.
[44] So DNotI-Report 1994 Nr 3 S 1 (4); Krauß aaO (Fußn 43); aA BVerwG aaO (Fußn 42); generell für Vormerkungswirkung gegenüber öffentlich-rechtlichen Verfügungsbeschränkungen BGH NJW 1966, 1509; Staudinger/Gursky Rdn 141, 146; MünchKomm/Wacke Rdn 41, je zu § 883 BGB.
[45] BVerwG VIZ 1994, 290 = ZIP 1994, 822; BVerwG VIZ 1994, 351 = ZIP 1994, 988; BVerwG VIZ 1994, 414.
[46] VG Berlin VIZ 2001, 381; vgl hierzu Maletz und Obermann VIZ 1995, 445 und VIZ 2000, 385; Kimme/Kuchar Rdn 61 zu § 6 ZEG; RVI/Schmidt-Räntsch/Hiestand § 11 VZOG Anh § 6 Zuordnungsergänzungsgesetz Rdn 6 ff.
[47] BVerwG VIZ 1995, 353.

Vermögensgegenstandes eintritt (siehe Rdn 4205 a). Auch der Grundbuchvollzug erfolgt nach § 3 VZOG (siehe Rdn 4205).

C. Wirksamkeit von Grundstückskaufverträgen nach dem Verkaufsgesetz vom 7. 3. 1990

1. Wirksamkeitsmängel von Kaufverträgen

a) Zur Verfügungsbefugnis staatlicher Stellen

Das Gesetz über den Verkauf volkseigener Gebäude und Grundstücke vom 7. 3. 1990 (GBl I 157) ermöglichte es ua, volkseigene Grundstücke, an welchen für Bürger Nutzungsrechte für den Eigenheimbau verliehen worden waren, an diese zu veräußern. Der nach § 6 der DVO zum Verkaufsgesetz vom 15. 3. 1990 (GBl I 158) ermittelte Kaufpreis für das Grundstück war zumindest bei den bis 1. 7. 1990 abgeschlossenen Verträgen außerordentlich niedrig.[1] Mit Inkrafttreten der Währungs-, Wirtschafts- und Sozialunion am 1. 7. 1990 sollte das gesamte volkseigene Vermögen ermittelt und einer Privatisierung zugeführt werden. Hieraus wurde vereinzelt gefolgert, die nach dem 1. 7. 1990 auf der Grundlage des Verkaufsgesetzes abgeschlossenen Verträge seien unwirksam.[2] Der BGH[3] hatte festgestellt, daß ein nach dem 1. 7. 1990 geschlossener Grundstückskaufvertrag dann nichtig ist, wenn der Kaufpreis mit dem tatsächlichen Wert des Grundstücks in keinem angemessenen Verhältnis steht, die bis 1. 7. 1990 geltenden Preisvorschriften der DDR stellten dabei keinen Maßstab für den Wert des Grundstücks dar. Das KG[4] entschied, daß die Befugnis, über volkseigenes Vermögen zu verfügen, mit Inkrafttreten der Währungs- und Wirtschaftsunion erloschen sei, nach diesem Zeitpunkt erfolgte Eigentumsumschreibungen im Grundbuch führten auch dann nicht zu einem Eigentumsübergang, wenn der Eintragungsantrag noch rechtzeitig gestellt worden ist. In der Literatur hat die Auffassung des KG überwiegend Ablehnung erfahren.[5] Auf Vorlage des OLG Brandenburg[6] entschied zuletzt auch der BGH[7] gegen die vom KG geäußerte Rechtsauffassung.

4212 a

---

[1] Zu Recht kann davon gesprochen werden, es sei „die halbe DDR verkauft" worden, Moser-Merdian/Flik/Keller Rdn 160.
[2] BezG Potsdam DtZ 1994, 33 = NJ 1994, 79 = VIZ 1994, 254; auch bereits LG Berlin DtZ 1992, 27.
[3] BGH VIZ 1995, 102.
[4] KG (Beschluß vom 21. 8. 1995), NJ 1996, 38 = Rpfleger 1996, 330 mit Anm Flik = VIZ 1998, 99; bereits vorher KG VIZ 1993, 161; KG DtZ 1994, 285 = NJ 1994, 372 = VIZ 1995, 56; KG NJ 1995, 92.
[5] Scholz VIZ 1994, 218 zur Veräußerung ehemals militärischen Vermögens; zu dieser Frage auch bereits Voss DtZ 1992, 6; mit Hinweis zur Anwendung des § 878 BGB Olbertz VIZ 1995, 560; Böhringer NJ 1996, 231 (Abschn X); Kießling NJ 1996, 237; grundlegend dazu Göhring NJ 1994, 64; Andrae NJ 1994, 251; zu undifferenziert sind die Ausführungen bei Eickmann, Rdn 64 a, dort wird nur von einem allgemeinen Verfügungsverbot gesprochen und auf Verkaufsfälle der DDR-Ministerien hingewiesen, derartige Fälle lagen den Entscheidungen des BezG Potsdam und LG Berlin zugrunde; zur Verfügungsberechtigung des Rechtsträgers war aber § 5 DVO-VerkG zu beachten.
[6] OLG Brandenburg NJ 1998, 543 = VIZ 1998, 690.
[7] BGH 141, 364 = NJW 1999, 2526 = VIZ 1999, 486.

b) Unwirksamkeit von Verträgen im Namen des Rates der Kommune

4212b Von größter Tragweite für die Rechtspraxis wie auch die Öffentlichkeit waren aber die sogenannten „Briefkopfurteile" des BGH.[8] Er hatte entschieden, daß Verträge nach dem 17. 5. 1990, die im Namen des Rates der Kommune, abgeschlossen worden waren, unwirksam sind, weil der Vertreter für eine nicht mehr bestehende Person als Veräußerer handelte. Mit Inkrafttreten der Kommunalverfassung am 17. 5. 1990 (GBl I 255) sind die Räte der Kommunden und Kreise erloschen, die Gemeinden, Städte und Landkreise wurden neu begründet und waren nicht Rechtsnachfolger der Räte.[9] Damit wurden die nach dem 17. 5. 1990 bestehenden Gebietskörperschaften nicht ordnungsgemäß vertreten, Kaufverträge demzufolge nicht wirksam. Die Entscheidungen des BGH wurden in der Literatur kontrovers diskutiert[10] und führten letztlich zur Heilungsvorschrift des Art 231 I § 8 Abs 2 EGBGB. Sogenannte „Modrow-Kaufverträge" nach dem Verkaufsgesetz vom 7. 3. 1990 können aber ungeachtet des Vertretungsproblems auch aus anderen Gründen unwirksam sein, insbesondere wegen Sittenwidrigkeit[11] oder fehlender kommunalaufsichtlicher Genehmigung.[12]

2. Heilung fehlerhafter Grundstückskaufverträge nach dem Wohnraummodernisierungssicherungsgesetz

a) Grundzüge des Wohnraummodernisierungssicherungsgesetzes

4212c Schwerpunkte des Wohnraummodernisierungsgesetzes vom 17. 7. 1997 (BGBl I 1823, in Kraft getreten am 24. 7. 1997) sind:[13]
- Erweiterung des Anwendungsbereichs des Investitionsvorranggesetzes und zugleich dessen zeitliche Begrenzung.[14]
- Heilung fehlerhafter Grundstückskaufverträge. In Folge der Entscheidungen des BGH zur Unwirksamkeit der Grundstückskaufverträge nach dem 17. 5. 1990 soll durch die Fiktion der Vollmacht und ein grundbuchamtliches Widerspruchsverfahren eine Heilung derartiger Verträge erreicht werden (Art 231 § 8 Abs 2 EGBGB).
- Bezüglich im Grundbuch eingetragenen Volkseigentums soll ergänzend Art 233 § 2 Abs 2 EGBGB durch eine unwiderlegliche Vermutung die Verfügungsbefugnis der staatlichen Stellen und die weitere Verfügungsbefugnis über § 8 VZOG sichern (s Rdn 4206c).

---

[8] BGH (15. 12. 1995) DNotZ 1997, 132 = DtZ 1996, 140 = VIZ 1996, 273; BGH (26. 1. 1996) DNotZ 1997, 137 = DtZ 1996, 138 = VIZ 1996, 342.
[9] In der Begründung auch BGH NJW 1996, 1890 = Rpfleger 1996, 326, zur Buchersitzung zu Gunsten des Volkseigentums.
[10] Böhringer VIZ 1997, 583; zu den grundbuchrechtlichen Folgen Empfehlung des Justizministeriums Sachsen-Anhalt VIZ 1997, 213 = DtZ 1997, 48; dagegen Bestelmeyer DtZ 1997, 116; in Erwiderung dazu Bode DtZ 1997, 153; umfassend zu Verkäufen nach dem „Modrow-Gesetz" Wilhelms VIZ 1997, 74.
[11] Darstellung der Fallgruppen bei Schnabel VIZ 1998, 113; Floren VIZ 1998, 119.
[12] Dazu Wilhelms VIZ 2000, 1.
[13] Umfassend VIZ 1997 Beihefter zu Heft 5; allgemein ferner Twandawsky und Edler NJ 1997, 570; Böhringer VIZ 1997, 617; Czub 1997, 561; Janke DtZ 1997, 17; Purps VIZ 1997, 335; Schmidt-Räntsch ZIP 1996, 1858.
[14] Dazu Schmidt-Räntsch VIZ 1997, 449.

C. Wirksamkeit von Grundstückskaufverträgen

– Von großer Bedeutung sind die Bestandsschutzvorschriften des Art 237 EGBGB, die bis zum Ablauf des 30. 9. 1998 nicht nur eine Richtigkeit des Grundbuchs hinsichtlich eingetragenen ehemaligen Volkseigentums, sondern auch hinsichtlich eingetragenen Privateigentums geschaffen haben.

Insbesondere die Heilungsvorschriften des Gesetzes sind sehr weitgehend und lassen eine unter verfassungsrechtlichen Gesichtspunkten bedenkliche Tendenz erkennen, privates Grundeigentum im Interesse der öffentlichen Hand und ihrer Unternehmen für diese zu sichern.[15]

b) Heilung von Mängeln der Vertretungsmacht

Handelte bei Abschluß eines Grundstücksvertrages ein Vertreter eines staatlichen Organs, heilt Art 231 § 8 Abs 1 EGBGB mögliche Mängel in der Form der ihm erteilten Vertretungsmacht. Grundsätzlich bedurfte nach § 57 Abs 2 S 2 ZGB die Vollmacht der gleichen Form wie das Rechtsgeschäft selbst, hier also der notariellen Beglaubigung nach § 297 Abs 1 S 2 ZGB. Zur Beglaubigung waren nach § 67 Abs 1 S 2 ZGB und § 22 Notariatsgesetz nur die staatlichen Notariate befugt. Daneben bestand in Sonderfällen eine Beglaubigungsbefugnis einzelner staatlicher Stellen für ihren jeweiligen Dienstbereich.[16] Diese Form der Beglaubigung wurde in Fällen der Vertretung staatlicher Organe oft nicht eingehalten. Die Rechtsprechung hielt diese Vollmacht und demzufolge auch die Grundstücksverträge für unwirksam.[17] Durch Art 231 § 8 Abs 1 EGBGB sollte dagegen klargestellt werden, daß Vollmachten der staatlichen Organe mit Dienstsiegel versehen eine wirksame Vollmachtsurkunde darstellen. Die Vorschrift hat der Gesetzgeber nicht als Heilungsvorschrift verstanden sondern als Klarstellung;[18] sie verstößt nach einer Nichtannahmeentscheidung des BVerfG[19] nicht gegen Art 14 GG.

4212 d

c) Heilung von „Modrow-Kaufverträgen" nach Art 233 § 8 Abs 2 EGBGB

Durch Art 231 § 8 Abs 2 EGBGB iVm Art 233 § 2 Abs 2 EGBGB sollen die vor 3. 10. 1990 abgeschlossenen Grundstückskaufverträge umfassend geheilt werden. Zur Rechtsinhaberschaft und Verfügungsbefugnis wird nach Art 233 § 2 Abs 2 EGBGB unwiderleglich vermutet, daß die vom 15. 3. 1990 – dem Tag des Inkrafttretens des Verkaufsgesetzes – bis 2. 10. 1990 im Grundbuch eines volkseigenen Grundstücks als Rechtsträger eingetragene Stelle zur Verfügung über das Grundstück befugt war. Die gleiche Vermutung gilt für die nach dem 3. 10. 1990 bis 24. 12. 1993 nach dem damaligen § 6 VZOG verfügungsbefugte Stelle und seit dem 25. 12. 1993 für die nach dem jetzigen § 8 VZOG verfügungsbefugte Körperschaft. Die Vermutung des Art 233 § 2

4212 e

4212 f

---

[15] In diesem Sinne zu Recht sehr kritisch Grün ZIP 1996, 1860; ZIP 1997, 491 und ZIP 1998, 321; Rosenberger VIZ 1997, 403; sehr engagiert auch Wassermann DWW 1997, 39; eingehend und im Schlußsatz sehr eindringlich Horst DtZ 1997, 183; dagegen vermag die Replik von Schmidt-Räntsch VIZ 1997, 449 (Abschn III) nicht zu überzeugen; zumindest den Bestandsschutz des Art 237 § 1 EGBGB sieht der BGH (VIZ 1998, 94) als nicht verfassungswidrig an.
[16] Dazu Schnabel DtZ 1997, 343; Heidemann VIZ 1998, 122.
[17] KG NJ 1992, 410.
[18] Schnabel DtZ 1997, 343 (Abschn III).
[19] BVerfG NJ 1999, 32 = VIZ 1999, 86; zur Vorschrift insgesamt Palandt/Bassenge Rdn 8 zu Art 231 § 8 EGBGB.

Abs 2 EGBGB schafft damit eine rechtliche Grundlage für die Verfügungsbefugnis und damit die Wirksamkeit aller Verfügungen der bezeichneten Stellen und das ehemals volkseigene Vermögen,[20] insbesondere aber für die Verfügungsbefugnis der Kommunen bei Veräußerungen nach dem Verkaufsgesetz (s Rdn 4206a ff).

4212g Im zweiten Schritt vermutet Art 231 § 8 Abs 2 EGBGB widerleglich, daß dem jeweiligen Vertreter der Kommune bei Verträgen, die zwischen 17. 5. 1990 und 3. 10. 1990 abgeschlossen worden waren, eine entsprechende Vollmacht hierzu erteilt war. Zur Bestätigung oder Entkräftung der Vermutung hat nach Art 231 § 8 Abs 2 S 2 EGBGB das Grundbuchamt von einer beabsichtigten Eintragung in dem betroffenen Grundbuch der Kommune Mitteilung zu machen. Diese kann durch Erhebung eines Widerspruchs die Vollmachtsvermutung zerstören.

4212h Das Widerspruchsverfahren des Grundbuchamtes wird durchgeführt, wenn beispielsweise ein Kaufvertrag aus dem genannten Zeitraum noch nicht vollzogen ist und nun zur Grundbucheintragung ansteht oder wenn der auf Grund eines solchen Vertrages eingetragene Eigentümer über das Grundstück verfügt. Würde hier die Vollmachtsvermutung des Vertreters zerstört, könnte die Grundbucheintragung nicht mehr erfolgen. Ist dieser Vertrag dagegen bereits vollzogen, kann das Grundbuch unrichtig sein, wenn dem Vertreter entsprechende Vertretungsmacht nicht zustand. Das Grundbuchamt hat diesbezüglich keine besondere Nachprüfungspflicht, es kann sich auf den öffentlichen Glauben des § 891 BGB berufen und ist weder verpflichtet noch berechtigt, Nachforschungen zur Richtigkeit des Grundbuchs anzustellen.[21] Wird dem Grundbuchamt gegenüber diese Vermutung des § 891 BGB aber entkräftet, hat es auch bei bereits vollzogenen Verträgen die in Frage kommenden Mängel der Vertretungsmacht zu beachten und vor einer nächsten Eintragung ein Widerspruchsverfahren durchzuführen. Anhaltspunkte für eine diesbezügliche Grundbuchunrichtigkeit können das Datum des Erwerbsgeschäfts (§ 297 ZGB), das Eintragungsdatum oder eine Komplettierung des Grundstücks mit dem selbständigen Gebäudeeigentum sein. Ferner muß der damalige Erwerber des Grundstücks noch als Eigentümer im Grundbuch eingetragen sein, eine zwischenzeitliche Weiterveräußerung kann durch gutgläubigen Erwerb nach § 892 BGB das Grundbuch richtig gemacht haben, in diesem Fall darf kein Widerspruchsverfahren eingeleitet werden.[22]

4212i Ist nach der Überzeugung des Grundbuchamts das Grundbuch hinsichtlich der Eintragung des seinerzeitigen Erwerbers unrichtig und ist eine Eintragung in dieses Grundbuch beantragt, hat das Grundbuchamt nach Art 231 § 8 Abs 2 S 2 EGBGB der Kommune hiervon Mitteilung zu machen. Die Mitteilung (Zustellung § 174 ZPO) soll alle Daten enthalten, die für die Ermittlungen der Kommune zur Ermittlung des Sachverhalts notwendig sind, Abschriften der notariellen Urkunden oder Eintragungsbewilligungen müssen nicht übersandt werden. Die Kommune kann innerhalb eines Monats nach Empfang der Mitteilung Widerspruch gegen eine beabsichtigte Eintragung einle-

---

[20] Zutreffend weist aber das OLG Dresden VIZ 1998, 218 = ZIP 1998, 350 darauf hin, daß diese Vermutung nicht ein privates Eigentum an den Grundstücken überwinden oder zerstören kann.
[21] Sehr eindringlich dazu Böhringer VIZ 1997, 617 (Abschn III 3).
[22] So auch Böhringer VIZ 1997, 617 (Abschn III 3).

gen. Ein Widerspruch ist aber nur begründet, wenn ein Fall der Nrn 1–4 des Art 231 § 8 Abs 2 S 3 EGBGB vorliegt, also wenn
- die für den früheren Rat handelnde Person als ihr gesetzlicher Vertreter oder ihr Stellvertreter auftrat, nachdem bereits eine andere Person zum vertretungsberechtigten Bürgermeister oder Landrat gewählt worden war und ihr Amt angetreten hatte,
- eine rechtsgeschäftlich erteilte Vollmacht für die handelnde Person bereits widerrufen worden war oder durch Zeitablauf erloschen ist,
- die betroffene Gebietskörperschaft innerhalb von zwei Monaten nach Kenntnis des Abschlusses des Rechtsgeschäfts dem Käufer gegenüber erklärt hatte, das Rechtsgeschäft nicht erfüllen zu wollen, oder wenn
- der damalige Vertreter der Kommune nicht oder nicht mehr Mitarbeiter der Kommunalverwaltung war, keine Vertretungsmacht hatte oder in Überschreitung einer solchen gehandelt hat.[23]

Legt die Kommune rechtzeitig und wirksam Widerspruch gegen eine beabsichtigte Eintragung ein, ist für das Grundbuchamt der öffentliche Glaube des § 891 BGB in Ansehung des Eigentums des eingetragenen Erwerbers zerstört. Es hat über den vorliegenden Eintragungsantrag unter Berücksichtigung dieses Umstandes zu entscheiden, regelmäßig ist der Antrag zurückzuweisen. Gegen die Eintragung des Erwerbers soll nun die Eintragung eines Amtswiderspruchs nach § 53 Abs 1 S 1 GBO zu Gunsten des Eigentums des Volkes angezeigt sein.[24] Erfolgt kein Widerspruch der Kommune, kann das Grundbuchamt die beabsichtigte Eintragung vornehmen. Eine weitere Durchführung des Verfahrens bei einer späteren Eintragung ist vom Gesetz nicht vorgesehen. Legt die Kommune keinen Widerspruch ein, ist aber ein Amtswiderspruch bereits im Grundbuch eingetragen, kann dieser als gegenstandslos von Amts wegen gelöscht werden.[25]   **4212 k**

In der Systematik der Heilungsvorschrift des Art 231 § 8 Abs 2 EGBGB ist zu beachten, daß sie ihre Grundlage in der unwiderleglichen Vermutung des Art 233 § 2 Abs 2 EGBGB hat. War danach der seinerzeitige Veräußerer nicht Rechtsträger des volkseigenen Vermögens, scheitert eine Heilung des Kaufvertrages schon am Mangel der Verfügungsbefugnis. Im übrigen kann ein Grundstücksvertrag auch aus weiteren Gründen unwirksam sein, Art 231 § 8 Abs 2 EGBGB heilt nicht generell alle „Modrow-Verträge".[26] So ist nicht abschließend geklärt, ob ein Vertrag, dem die rechtsaufsichtliche Genehmigung nach § 49 KomVerfG fehlt, nach § 68 Abs 1 Nr 4 ZGB nichtig oder lediglich schwebend unwirksam ist.[27]   **4212 l**

3. Ausschlußfrist bei Grundbuchunrichtigkeit nach Art 237 EGBGB

a) Fehlerhafte Überführung in Volkseigentum (Art 237 § 1 EGBGB)
Umfassenden Bestandsschutz zugunsten der im Grundbuch eingetragenen Eigentümer sieht Art 237 EGBGB vor.[28] Fehler oder Mängel bei Überfüh-   **4212 m**

---
[23] Palandt/Bassenge Rdn 6 zu Art 231 § 8 EGBGB; Heidemann VIZ 1998, 122.
[24] Böhringer VIZ 1997, 617 (Abschn IV 5); in der Begründung KG Rpfleger 1996, 104.
[25] Böhringer VIZ 1997, 617 (Abschn V).
[26] Zu weiteren Fällen der Unwirksamkeit Schnabel VIZ 1998, 113.
[27] Dazu BGH DNotZ 2000, 52 und NJW 2001, 683 = VIZ 2001, 108; OLG Jena VIZ 2003, 247; Palandt/Bassenge Rdn 7 zu Art 231 § 8 EGBGB; Wilhelms VIZ 1998, 548.
[28] Eingehend Schmidt-Räntsch VIZ 1997, 449 (Abschn III 2); Czub VIZ 1997, 561.

rung von Grundstücken in Volkseigentum sind nach Art 237 § 1 EGBGB nur dann beachtlich, wenn die Überführung mit rechtsstaatlichen Grundsätzen schlechthin unvereinbar war, in schwerwiegender Weise gegen die Prinzipien der Gerechtigkeit, der Rechtssicherheit oder der Verhältnismäßigkeit verstoßen oder Willkürakte im Einzelfall darstellen (Art 237 § 1 Abs 1 S 2 EGBGB). Im übrigen soll eine Überführung in Volkseigentum stets unanfechtbar wirksam sein.[29] Unter Art 237 § 1 EGBGB sollen auch rein faktische Vorgänge fallen, sofern ihnen ein staatlicher Wille und nicht lediglich versehentliches Handeln zugrunde lag.[30] Eine Grundbucheintragung auf Grund zu Unrecht angenommener Erbfolge des Fiskus (§ 369 ZGB) kann demnach auch unter Art 237 § 1 EGBGB fallen.[31] Enteignungen zu Gunsten des Parteivermögens sollen aber keinen Bestandsschutz genießen.[31a] Erfüllt die Überführung in Volkseigentum einen Tatbestand des § 1 VermG, geht dessen Anwendung vor, das Grundstück ist an den Berechtigten zurückzuübertra-gen (Art 237 § 1 Abs 3 EGBGB). Liegt ein Tatbestand des § 1 Abs 1 Nr 1 SachenRBerG vor, unterliegt das Grundstück der Sachenrechtsbereinigung.

b) Ausschlußfrist bei Grundbuchunrichtigkeit (Art 237 § 2 EGBGB)

4212n Noch über die Bestandsregelungen zugunsten des ehemaligen Volkseigentums und seiner Verfügungsbefugnis hinaus legt Art 237 § 2 AGBGB einen Bestandsschutz zu Gunsten eines jeden im Grundbuch eingetragenen Eigentümers fest, also auch das Privateigentum betreffend: Wer nach Art 237 § 2 Abs 1 EGBGB als Eigentümer vor dem 3. 10. 1990 in das Grundbuch eingetragen worden ist, ohne Eigentümer zu sein, hat mit Ablauf des 30. 9. 1998 das Eigentum an diesem Grundstück erworben.[32] Um diese Rechtsfolge zu verhindern, hätte der wahre Eigentümer bis zum Ablauf dieser Frist entweder Klage auf Grundbuchberichtigung erheben oder eine entsprechende Berichtigungsbewilligung des Eintragenden nach §§ 22, 19 GBO beim Grundbuchamt einreichen müssen; auch genügend wäre die Eintragung eines Widerspruchs nach § 899 BGB gegen die Richtigkeit des Grundbuchs oder eines Amtswiderspruchs nach § 53 GBO gewesen (Art 237 § 2 Abs 3 EGBGB). Für die Fristwahrung durch Klageerhebung genügt in Anwendung des § 270 Abs 3 ZPO (in der bis 30. 6. 2002 geltenden und damit zum Stichtag des Art 237 § 2 EGBGB maßgeblichen Fassung; seit 1. 7. 2002 gilt regelungs-

---

[29] Auf diese Weise sollte auch die Rechsprechung des BGH überwunden werden, der eine Buchersitzung nach § 900 BGB zu Gunsten des Volkseigentums abgelehnt hatte, BGH NJW 1996, 1890 = Rpfleger 1996, 326 = VIZ 1996, 401; so auch bereits BezG Dresden VIZ 1993, 313; KG VIZ 1994, 675; LG Magdeburg VIZ 1995, 544 mit Anm Gruber; anders OLG Naumburg NJ 1993, 421; OLG Brandenburg VIZ 1995, 371; eingehend Schäfer-Gölz VIZ 1995, 326; Stadler DtZ 1997, 82; allgemein zur Buchersitzung im Beitrittsgebiet Walter DtZ 1996, 226.
[30] BGH VIZ 2001, 213.
[31] BGH aaO (Fußn 30); OLG Naumburg NJ 2000, 381; anders noch OLG Dresden VIZ 1997, 102 = ZIP 1996, 1921, VIZ 1998, 330 und 574; BGH Rpfleger 1998, 465 = VIZ 1998, 519.
[31a] BGH 145, 383 = NJW 2001, 680 = VIZ 2001, 105.
[32] Dazu Schmidt und Gohrke VIZ 2000, 697; zur Anwendung bei zu Unrecht angenommener Fiskalerbschaft OLG Jena VIZ 2003, 346.

gleich § 167 ZPO) rechtzeitige Einreichung der Klage.³³ Die Klage konnte auch gegen die nach § 8 VZOG verfügungsbefugte Stelle erhoben werden.³⁴ Mit dieser Bestandsschutzregelung und Ausschlußfrist zum 30. 9. 1998 sollen alle fehlerhaften Grundstücksübertragungen aus der Zeit vor 3. 10. 1990 geheilt werden, mithin nicht allein fehlgeschlagene Grundstückskaufverträge nach dem 15. 3. 1990. Anders formuliert legt Art 237 § 2 Abs 1 EGBGB eine Grundbuchberichtigung kraft Gesetzes fest, der wirkliche Eigentümer wird enteignet.³⁵ Art 237 § 2 EGBGB findet keine Anwendung, wenn die Betroffenen vor dem 24. 7. 1997 Abweichendes vereinbart haben oder rechtskräftig über die Rechtslage entschieden worden ist (Art 237 § 2 Abs 5 EGBGB). Die Vorschrift gilt auch für Bodenreformland (Art 237 § 2 Abs 4 S 1 EGBGB). Im Falle einer Rückübertragung nach dem Vermögensgesetz treten die Wirkungen der gesetzlichen Grundbuchberichtigung nach Ablauf eines Monats nach Beendigung des Verfahrens ein (Art 237 § 2 Abs 2 EGBGB).

4212o

III. Genossenschaftliches Eigentum

A. Landwirtschaftliche Produktionsgenossenschaften

1. Rechtsverhältnisse der Genossenschaft

a) Umwandlung der Genossenschaft nach dem Landwirtschafts-Anpassungsgesetz

Privateigentum an Grund und Boden und die auf ihm beruhende Bewirtschaftung wurden in der Land- und Forstwirtschaft durch das LwAnpG idF vom 3. 7. 1991 (BGBl I 1418, mit Änderungen zuletzt vom 19. 6. 2001, BGBl I 1149) in vollem Umfang wieder hergestellt. Eine landwirtschaftliche Produktionsgenossenschaft (LPG, deren Rechtsverhältnisse regelte das LPG-Gesetz vom 2. 7. 1982, GBl I 443 mit Änderungen) und ebenso eine kooperative Einrichtung, die als Zusammenschluß mehrerer LPGen zu einem bestimmten investiven Vorhaben gegründet wurde und nach § 13 LPG-Gesetz juristische Person war, konnten durch **Formwechsel** bis zum 31. 12. 1991 in eine eingetragene Genossenschaft, eine Personengesellschaft (BGB-Gesellschaft, OHG, KG) oder Kapitalgesellschaft (GmbH, AG) umgewandelt werden (§§ 23, 39 LwAnpG).¹ LPG und kooperative Einrichtungen, die nicht bis zum 31. 12. 1991 umgewandelt wurden, wurden kraft Gesetzes aufgelöst (§ 69 Abs 3 LwAnpG). In eine werbende Gesellschaft kann sie durch Fortsetzungsbeschluß

4213

---

³³ BGH VIZ 2001, 160; OLG Dresden VIZ 2000, 55.
³⁴ OLG Dresden aaO (Fußn 33) und VIZ 2000, 424.
³⁵ Hier greift der Ansatz zur Frage der Verfassungsmäßigkeit der Vorschrift zumindest in bezug auf das zu Gunsten des Bucheigentümers enteignete Eigentum des wahren Berechtigten, Grün ZIP 1996, 1860; ZIP 1997, 491 und ZIP 1998, 321; Rosenberger VIZ 1997, 403; Wassermann DWW 1997, 39; eingehend Horst DtZ 1997, 183; die Verfassungsmäßigkeit der Norm wird bejaht von MünchKomm/Busche Rdn 20 zu Art 237 § 2 EGBGB.
¹ Vgl hierzu Jürgens DtZ 1991, 12; Turner und Karst DtZ 1992, 33; zur Problematik der Umwandlung in eine GmbH & Co. KG vgl. BGH 137, 134; eine allgemein negative Bewertung erteilt Suppliet NotBZ 2003, 1.

nach dem 31. 12. 1991 nicht zurückverwandelt werden.² Durch das UmwBerG vom 28. 10. 1994 (BGBl I 3210) wurde ein neuer § 38 a LwAnpG eingefügt: Danach kann eine eingetragene Genossenschaft, die ihrerseits durch formwechselnde Umwandlung aus einer LPG entstanden ist, durch erneuten Formwechsel in eine Personengesellschaft umgewandelt werden.

Die Vorschriften des LwAnpG gelten entsprechend für die gärtnerischen Produktionsgenossenschaften und die Produktionsgenossenschaften der Binnenfischer, auf die auch das LPG-Gesetz nach dessen § 36 S 2 Anwendung fand.

b) Ausscheiden eines Mitgliedes aus der Genossenschaft

4214 Das **Ausscheiden** aus einer LPG und aus einer eingetragenen Genossenschaft (Beendigung der Mitgliedschaft durch Kündigung) hat eine Sonderregelung in § 43 LwAnpG erfahren. Ausscheidenden Mitgliedern steht ein **Abfindungsanspruch** in Höhe des Wertes ihrer Beteiligung an einer LPG zu (§ 44 LwAnpG³); außerdem erhält das ausscheidende Mitglied grundsätzlich das volle Verfügungsrecht und den unmittelbaren Besitz an seinen eingebrachten Flächen sowie seiner Hofstelle zurück (§ 45 LwAnpG). Eine Vielzahl von Entscheidungen haben mittlerweile diese Ansprüche der Mitglieder konkretisiert.⁴ Zur Feststellung und Neuordnung der Eigentumsverhältnisse, insbesondere aufgrund des Ausscheidens von Mitgliedern, sieht der achte Abschnitt (§§ 53–64 b des LwAnpG) ein besonderes Verfahren vor. Es kann ein **freiwilliger Landtausch** zustande kommen (§§ 54, 55 LwAnpG). Die Vorschriften des FlurbG finden entsprechende Anwendung (§§ 55 Abs 3, 63 Abs 2 LwAnpG). Im Rahmen des Verfahrens stellt die Flurordnungsbehörde einen Tauschplan auf, in dem die Ergebnisse des Tausches zusammengefaßt werden. Bei Einigung der Tauschpartner wird die Ausführung des Tauschplanes angeordnet (§ 55 Abs 2 LwAnpG). Die Ausführungsanordnung ist Verwaltungsakt, der unmittelbar den Rechtsübergang bewirkt. Die Grundbucheintragung ist Grundbuchberichtigung. Kommt ein freiwilliger Landtausch nicht zustande, so ist auf Antrag unter Leitung der **Flurneuordnungsbehörde ein Bodenordnungsverfahren** durchzuführen (§ 56 LwAnpG). Die Flurneuordnungsbehörde faßt die Ergebnisse des Verfahrens in einem Flurneuordnungsplan zusammen (§ 59 Abs 1 LwAnpG). Nach Unanfechtbarkeit des Planes ordnet sie nach § 61 Abs 1 LwAnpG seine Ausführung an und den Zeitpunkt, an dem der neue Rechtszustand an die Stelle des bisherigen tritt (§ 61 Abs 2 LwAnpG). Nach Eintritt des neuen Rechtszustandes sind die Grundbücher auf Ersuchen der Flurneuordnungsbehörde nach dem Plan zu berichtigen (§ 61 Abs 3 LwAnpG).

4215 Besondere Bedeutung hat die Möglichkeit der **Zusammenführung von Grundstücks- und Gebäudeeigentum** nach § 64 LwAnpG. Nach § 64 iVm 53 LwAnpG ist auf Antrag des Boden- oder des Gebäudeeigentümers ein Flurneuordnungsverfahren durchzuführen, für das allgemein auf den achten Abschnitt des LwAnpG verwiesen wird, so daß die Zusammenführung entweder als freiwilliger Landtausch oder bei fehlender Einigung als Bodenordnungsverfahren durchzuführen ist. Auch hierfür finden die Vorschriften des FlurbG

---

² DNotI-Report 1993 Nr 2 S 1 (3); Krüger AgrarR 1992, 293 (294); Lohlein AgrarR 1993, 383; aA BezG Erfurt AgrarR 1994, 192.
³ Zur Berücksichtigung von Bodenreformland BGH VIZ 2000, 175.
⁴ Vgl die Rechtsprechungsübersicht Wenzel AgrarR 1995, 1 und 1996, 38.

A. Landwirtschaftliche Produktionsgenossenschaften

sinngemäße Anwendung. Im Unterschied zur Zusammenführung von Gebäude- und Bodeneigentum nach dem SachenRBerG kann mit der Zusammenführung im Bodenordnungswege eine umfassende Ordnung der Rechtsbeziehungen hergestellt werden.[5]

2. Genossenschaftliche Eigentum an Grundstücken und Baulichkeiten
a) Nutzungsbefugnisse der LPG

Die Nutzung landwirtschaftlicher Grundstücke durch die LPGen erfolgte unter staatlicher Lenkung nach den Grundsätzen der Bodennutzungsverordnung vom 17. 12. 1964 (GBl 1965 II 233, idF vom 26. 2. 1981, GBl I 105). In der Nutzung der LPG standen[6] (§ 22 LPG-G) 4215a

– Grundstücke, die als Volkseigentum ihr zur Rechtsträgerschaft übergeben wurden. Im Grundbuch ist bei diesen Grundstücken eingetragen das Eigentum des Volkes mit Rechtsträgerschaft der LPG (§ 9 RechtsträgerAO). Diese Grundstücke stehen nach § 1 der 3. DVO-TreuhG vom 29. 8. 1990 (GBl I 1333) nunmehr im Eigentum der Treuhandanstalt, jetzt Bundesanstalt für vereinigungsbedingte Sonderaufgaben; sie werden von dieser nach dem Verfahren des VZOG zugeordnet (§ 1 Abs 1 Nr 1 VZOG).[7]

– Grundstücke, bei denen die Genossenschaft selbst als Eigentümerin im Grundbuch eingetragen war (§ 18 Abs 1 ZGB). Da als Grundstückseigentümerin die LPG selbst im Grundbuch eingetragen ist, steht ihr bzw der Nachfolgegesellschaft der Grundbesitz auch jetzt zu, sie kann über den Grundbesitz verfügen, besondere Verfügungsbeeinträchtigungen bestehen nicht.

– Grundstücke, welche die Genossenschaftsbauern der LPG zur Nutzung übertragen hatten. Grundstückseigentümer war weiterhin der jeweilige Genossenschaftsbauer, im Grundbuch wurde kein Eigentumswechsel eingetragen (§ 19 LPG-G); mit ihrem Eintritt als LPG-Mitglieder hatten die Grundstückseigentümer ihren Grundbesitz nach Abschn II Nr 13 Abs 4 der LPG-Musterstatuten vom 28. 7. 1977 (GBl Sonderdr Nr 937 S 2) der LPG zur Nutzung zu übergeben, sind aber gleichwohl Eigentümer geblieben. Eine rechtliche Verfügungsbefugnis der LPG oder ihrer Nachfolgegesellschaft über diese Grundstücke besteht nicht.[8]

Die LPG hatte gemäß § 18 LPG-G[9] ein umfassendes und dauerndes Nutzungsrecht an eigenem, eingebrachtem und zur Nutzung übergebenem Grund und Boden. 4215b

b) Selbständiges Eigentum der LPG

Hatte die LPG auf dem von ihr genutzten Grund und Boden **Gebäude** oder **Anlagen** errichtet, entstand hieran kraft Gesetzes **selbständiges Eigentum der** 4215c

---

[5] Vgl zu diesem Verfahren Thöne/Knauber Rdn 117 ff; Schweizer Rdn 585 ff.
[6] Ausführlich Rohde/Oehler S 335 ff; Rohde S 147 ff; Schweizer Rdn 17 ff; Böhringer Rdn 204 ff; Keller/Padberg S 5.
[7] Die Verwertung des landwirtschaftlichen Grundbesitzes wurde der BVVG (dazu Rdn 4204) übertragen mit Vermögenszuordnung auf diese gemäß § 7 Abs 5 VZOG.
[8] Zur Rückgabe eingebrachter Flächen bei Ausscheiden eines LPG-Mitglieds nach § 45 LwAnpG siehe Schweizer Rdn 507 ff.
[9] Aufgehoben durch das 1. Zivilrechtsänderungsgesetz vom 28. 6. 1990 (GBl I 483) zum 1. 7. 1990.

LPG unabhängig vom Grundstückseigentum (§ 27 LPG-G, dazu Rdn 699 d). Selbständiges Gebäudeeigentum entstand auch an bereits bestehenden Gebäuden, deren Grundstück vom Genossenschaftsbauern – ohne Eigentumswechsel – in die LPG eingebracht wurden.[10] Der Ausbau eines bestehenden Gebäudes führte aber nicht ohne weiteres zu selbständigem Gebäudeeigentum.[11] Gebäudeeigentum der LPG konnte auch noch nach Art 233 § 2 b Abs 1 S 1 iVm § 2 a Abs 1 S 1 Buchst b EGBGB entstehen, wenn auf Grund einer bestandskräftigen Baugenehmigung oder sonst mit Billigung staatlicher Stellen errichtete Gebäude der Genossenschaft zur Nutzung übertragen wurden.[12]

4215 d Die LPG erwarb nach § 27 LPG-G selbständiges Eigentum auch an Be- und Entwässerungsanlagen im landwirtschaftlichen Bereich (sog **Meliorationsanlagen**), die von ihr errichtet worden sind. Die Überleitung dieser Anlagen regelt das Meliorationsanlagengesetz vom 21. 9. 1994 (BGBl I 2550; zuletzt geändert durch Gesetz vom 17. 12. 1999, BGBl I 2450). Nach dessen Systematik[13] erhielt der Nutzer des Grundstücks gegen den Grundstückseigentümer einen Anspruch auf Bestellung einer Dienstbarkeit zur Sicherung der mit der Meliorationsanlage ausgeübten Nutzung (§ 3 Abs 1 MeAnlG). Der Grundstückseigentümer konnte dem Anspruch Einwendungen nach § 5 MeAnlG entgegenhalten, zB daß die Anlage nicht mehr genutzt werde. Die Anlage wird nach § 10 MeAnlG mit Ablauf des 31. 12. 2000 wesentlicher Bestandteil des Grundstücks. Der Anspruch auf Bestellung der Dienstbarkeit ist mit Ablauf des 31. Dezember 2000 verjährt.

4215 e Selbständiges Eigentum erlangte die LPG auch an **Anpflanzungen,** die von ihr in Ausübungen des Nutzungsrechts nach § 18 LPG-G vorgenommen wurden;[14] hierunter fallen Obstplantagen, Schutzhecken oder umfangreiche Baumanpflanzungen. Diese Anpflanzungen sind nach den Regelungen des Anpflanzungseigentumsgesetzes vom 21. 9. 1994 (BGBl I 2549) mit Wirkung zum 1. 1. 1995 wesentlicher Bestandteil des Grundstücks geworden. Der Nutzer hat Anspruch auf Entschädigung für einen damit eingetretenen Rechtsverlust nach §§ 3, 4 AnpflEigentG.[15]

B. Eigentumsverhältnisse sonstiger Genossenschaften

1. Eigentum der Konsumgenossenschaften

4215 f Die Verhältnisse der konsumgenossenschaftlichen Betriebe wurde weder durch den Einigungsvertrag noch durch das Treuhandgesetz geregelt. Für die

---

[10] Sogenannte Einbringungsfälle, BGH 120, 357 = NJW 1993, 860 = VIZ 1993, 251.
[11] BVerwG VIZ 2000, 35.
[12] Zu diesen Fällen BVerwG VIZ 2002, 641 und VIZ 2000, 162 unter Bezugnahme auf BGH 137, 369 = NJW 1998, 1713; OVG Frankfurt/Oder VIZ 2001, 388; OLG Jena OLG-NL 1996, 56 und 1997, 83; Eickmann/Böhringer Rdn 4 zu Art 233 § 2 b EGBGB.
[13] Umfassend Keller/Padberg S 59 ff; Keller BuW 1994, 432 und 474; Thietz-Bartram VIZ 2000, 321.
[14] Da § 18 LPG-G zum 1. 7. 1990 aufgehoben worden ist, konnte an Anpflanzungen nach diesem Zeitpunkt kein selbständiges Eigentum erworben werden, BGH VIZ 1998, 162.
[15] Umfassend Keller/Padberg S 82 ff.

B. Eigentumsverhältnisse sonstiger Genossenschafen

Tätigkeiten der Konsumgenossenschaften und ihre rechtlichen Beziehungen untereinander galt in der DDR als einzige Rechtsquelle[16] das Musterstatut des Verbandes Deutscher Konsumgenossenschaften VDK vom 26./28. 10. 1963 (geändert 1998). Dagegen sollte nach BezG Dresden[17] für die Auflösung und Neugründung einer Konsumgenossenschaft das Genossenschaftsgesetz, zu beachten gewesen sein; Musterstatuten des VDK sollen dieses Gesetz trotz der Entscheidung des OG nicht außer Kraft gesetzt haben. Im Vorfeld der Wiedervereinigung hatten sich Konsumgenossenschaften auch nach den §§ 17–19 des Gesetzes zur über die Gründung und Tätigkeit privater Unternehmen und über Unternehmensbeteiligungen vom 7. 3. 1990 (GBl I 141; geändert durch Gesetz vom 28. 6. 1990, GBl I 483)[18] in GmbHs umgewandelt. Das LG Dresden[19] erkannte einerseits eine solche Umwandlung der Konsumgenossenschaft als wirksam an und stellte andererseits in analoger Anwendung des § 11 Abs 2 TreuhG fest, daß die Konsumgenossenschaft spätestens zum 1. 7. 1990 in eine GmbH umgewandelt und Eigentümerin des von ihr in Rechtsträgerschaft genutzten Grund und Bodens geworden sei. Die analoge Anwendung des Treuhandgesetzes auf Konsumgenossenschaften wird in der Literatur einerseits bejaht,[20] andererseits verneint[21] mit der Folge, daß das Eigentum der Konsumgenossenschaften dann Bundesfinanzvermögen nach Art 22 Einigungsvertrag geworden wäre.

Zwischen den Konsumgenossenschaften wurden bereits in den 1960er Jahren häufig privatschriftliche Vereinbarungen über den Eigentumsübergang an Grundstücken getroffen. Ein materiellrechtlich wirksamer Eigentumsübergang auf der Grundlage solcher Vereinbarungen wird von der Rechtsprechung[22] aber nicht angenommen, wenn nicht die Vorschriften der §§ 873, 925 BGB (bis 31. 12. 1975) oder des § 297 ZGB (ab 1. 1. 1976) eingehalten worden sind.[23] Auch eine Buchersitzung zugunsten der Konsumgenossenschaft kommt nicht in Betracht.[24] Schließlich stellt der Globalvertrag zur

4215 g

---

[16] Beschluß des Plenums des Obersten Gerichts der DDR vom 22. 9. 1960, NJ 1960, 771.
[17] BezG Dresden VIZ 1993, 115.
[18] Die §§ 17–19 des Gesetzes hatten wegen § 11 Abs 2 TreuhG faktisch nur bis 1. 7. 1990 Geltung; die Vorschriften betrafen die Restitution ehemals auf Grund des Beschlusses des Ministerrats der DDR vom 9. 2. 1972 enteigneter Betriebe; vgl Moser-Merdian/Flik/Keller Rdn 163.
[19] LG Dresden Beschluß vom 20. 2. 1995, 2 T 985/94, unveröffentlicht.
[20] Habscheid VIZ 1993, 198 und Rpfleger 1993, 184; auch Köhler DtZ 1994, 1970, zu den Urteilen des LG Bonn vom 7. 7. 1993 (1 O 161/92) und des LG Berlin vom 9. 8. 1993 (12 O 707/92), die Rechtsbeziehungen zwischen dem Verband Deutscher Konsumgesellschaften, der Zentralen Wirtschaftsvereinigung OGS und der DDR betreffend.
[21] Sander VIZ 1993, 486.
[22] BezG Dresden VIZ 1993, 313; OLG Brandenburg VIZ 1995, 371; OLG Jena OLG-NL 1995, 44; dazu auch Brunner VIZ 1993, 285; Schäfer-Goelz VIZ 1995, 326; das LG Magdeburg VIZ 1996, 300 sah in der Vereinbarung zwischen dem Verband Deutscher Konsumgesellschaften und dem Ministerium der Finanzen aus dem Jahre 1956 zum Eigentumsübergang an Grundstücken sogar eine unlautere Machenschaft im Sinne des § 1 Abs 3 VermG; dazu auch VG Chemnitz VIZ 1995, 38; BVerwG VIZ 1996, 445.
[23] BGH NJW 1994, 2688 = ZIP 1994, 1142; BGH VIZ 1997, 646 = NJ 1997, 648.
[24] So auch bereits Eickmann Rdn 53 a mit weit Nachw; ferner OLG Rostock VIZ 1997, 112.

Vermögensübertragung vom 30. 10. 1959 keine Grundlage eines wirksamen Eigentumserwerbs dar.[25]

4215h Bei der Zuerkennung des Besitzmoratoriums nach Art 233 § 2a Abs 1 S 1 EGBGB an Konsumgenossenschaften ist der BGH aber eher großzügig. Das Moratorium gilt für Konsumgenossenschaften,[26] aber auch für die Raiffeisen-Warengenossenschaften[27] und ehemalige bäuerliche Handelsgenossenschaften.[28] Einer LPG wurde das Besitzrecht dagegen nur bei Bestehen selbständigen Gebäudeeigentums zugesprochen.[29]

2. Eigentum der Wohnungsgenossenschaften

4215i Wohnungsgenossenschaften, insbesondere die sog Arbeiter-Wohnungsbaugenossenschaften (AWG) hatten in der DDR eine große Bedeutung. Sie trugen durch Errichtung und Unterhaltung von Miethäusern erheblich zur Befriedigung der Wohnbedürfnisse bei. Zu diesem Zwecke wurden den Genossenschaften **Nutzungsrechte** an volkseigenen Grundstücken nach § 7 der Verordnung über die Arbeiter-Wohnungsbaugenossenschaften vom 23. 2. 1973 (GBl I 109) **verliehen**.[30] Das von der AWG errichtete Gebäude war besonderes Eigentum, für das nach § 7 Abs 4 S 2 AWG-VO ein besonderes Gebäudegrundbuch anzulegen war (dazu oben Rdn 699b).

Das Gebäudeeigentum der Arbeiterwohnungsbaugenossenschaften war im Einigungsvertrag zunächst nicht berücksichtigt. Es wird nach dem Wohnungsgenossenschaftsvermögensgesetz vom 23. 6. 1993[31] nun in der Weise mit dem Grundstück zusammengeführt, daß die Genossenschaften kraft Gesetzes Eigentümer des Grund und Bodens werden,[32] den jeweiligen Gemeinden aber Ausgleichszahlungen zu leisten haben (§ 1 Abs 1, § 3 WoGenVermG[33]); die Feststellung des Eigentums erfolgt nach den Vorschriften des VZOG[34] durch die örtlich zuständige Oberfinanzdirektion.

3. Produktionsgenossenschaften des Handwerks

4215j Schließlich konnten auch sog Produktionsgenossenschaften des Handwerks (PHG) als Grundstückseigentümer Träger des sozialistischen Eigentums iS

---

[25] BGH Rpfleger 1999, 18 = VIZ 1999, 99.
[26] BGH 136, 212 = NJW 1997, 3313 = VIZ 1997, 599 und BGH 137, 369 = NJW 1998, 1713 = VIZ 1998, 227; LG Potsdam VIZ 2000, 165.
[27] BGH VIZ 1998, 225 = ZIP 1998, 444.
[28] BGH VIZ 1998, 225 = aaO (Fußn 25).
[29] OLG Dresden ZOV 1999, 371.
[30] Neufassung der VO vom 21. 11. 1963 (GBl II 17); vgl auch die AWG-VO vom 14. 3. 1957 (GBl I 193) sowie die VO über die Umbildung gemeinnütziger und sonstiger Wohnungsbaugenossenschaften vom 14. 3. 1957 (GBl II 200).
[31] Art 40 des Gesetzes zur Umsetzung des Föderalen Konsolidierungsprogramms vom 23. 6. 1993 (BGBl I 994); neu bekannt gemacht am 26. 5. 1994 (BGBl I 1438).
[32] Ausführlich Teige VIZ 1997, 9 (Abschn V).
[33] Dazu Köhler DtZ 1994, 297; zum Vollzug des Gesetzes siehe die Arbeitshilfe des Bundesministeriums für Raumwesen, Bauwesen und Städtebau sowie des Bundesministeriums für Finanzen vom 27. 8. 1993, abgedr VIZ 1993, 541.
[34] Dazu Arbeitshilfe des Bundesministeriums für Raumwesen, Bauwesen und Städtebau vom 7. 10. 1994, abgedr VIZ 1995, 24.

des § 18 ZGB sein. Ihre Rechtsverhältnisse regelt die Verordnung über die Gründung, Tätigkeit und Umwandlung von Produktionsgenossenschaften des Handwerks (PGH-VO) vom 8. 3. 1990 (GBl I 164; geändert durch Gesetz vom 22. 3. 1991, BGBl I 766). Die Genossenschaften konnten sich nach § 4 PGH-VO in Personen- oder Kapitalgesellschaften, insbesondere in KG, OHG, GmbH[35] und AG umwandeln;[36] eine Umwandlung in eine Gesellschaft bürgerlichen Rechts[37] oder eine Genossenschaft nach den Regeln des GenG war nicht ausgeschlossen (§ 6a PGH-VO). Die Umwandlung wurde mit Registereintragung wirksam (§ 6 PGH-VO); die neue Gesellschaft wurde damit Rechtsnachfolgerin der PGH. Soweit die Umwandlung nicht bis 31. 12. 1992 vollzogen worden ist, wurde die Genossenschaft nach § 9a PGH-VO kraft Gesetzes aufgelöst[38] eine spätere Umwandlung der bereits in Liquidation befindlichen Genossenschaft ist nicht möglich.[39] Auf die in Liquidation befindliche PGH finden die Regelungen des GenG (§§ 78 ff) entsprechende Anwendung.[40] Die PGH-VO findet nach ihrem § 9 Anwendung auch für Produktionsgenossenschaften des Handwerks, Einkaufs- und Liefergenossenschaften sowie auf Arbeitsgenossenschaften dieser Genossenschaften.
Ist die PGH selbst als Eigentümerin im Grundbuch eingetragen, steht das Eigentum ihr als Liquidationsgesellschaft oder ihrer Rechtsnachfolgerin nach § 4 PGH-VO zu. Da die PGH in keinem Register eingetragen war,[41] können sich bei der in Liquidation befindlichen Genossenschaft Probleme des Nachweises der Vertretung des jeweiligen Vorstandes der Genossenschaft ergeben. Ist die PGH als Rechtsträgerin des volkseigenen Vermögens im Grundbuch eingetragen, ist das Grundstück als Finanzvermögen nach Art 22 Einigungsvertrag durch die OFD nach §§ 1, 2 VZOG zuzuordnen.[42]

IV. Verfügungsbeschränkungen und Rückerstattung von Grundstücken

A. Rückerstattung nach dem VermG

1. Allgemeines

Zu den in der Rechtsprechung und Politik umstrittensten Gebieten des Sonderrechts der neuen Bundesländer gehört das im Einigungsvertrag (Art 9   4216

---

[35] Zur Umwandlung durch Verschmelzung zu einer bereits bestehenden GmbH OLG Köln VIZ 1992, 287.
[36] Zur Abfindung eines ausscheidenden Mitglieds BGH VIZ 1996, 657 = ZIP 1996, 1682; BGH VIZ 1997, 119; BGH VIZ 1997, 250; Hillmann DtZ 1995, 264.
[37] AA LG Stendal VIZ 1993, 315.
[38] Zur Bestellung eines Liquidators durch das Amtsgericht OLG Naumburg DtZ 1995, 148 = VIZ 1993, 557 = ZIP 1993, 1500.
[39] Van der Sand VIZ 1997, 520.
[40] OLG Dresden VIZ 1993, 556.
[41] Im sogenannten Register der volkseigenen Wirtschaften waren Volkseigene Betriebe und Kombinate eingetragen, nicht aber Genossenschaften, dazu Moser-Merdian/Flik/Keller Rdn 152.
[42] Moser-Merdian/Flik/Keller Rdn 173.

Abs 2 iVm Anl II Kap III B Abschnitt I Nr 5) enthaltene **Vermögensgesetz**[1] (VermG in der Neufassung vom 21. 12. 1998, BGBl I 4026, zuletzt geändert durch Ges vom 21. 8. 2002, BGBl I 3322). Das VermG setzt den in der ersten gemeinsamen Erklärung der Regierung der Bundesrepublik Deutschland und der DDR vom 15. 6. 1990 (veröffentlicht als Anlage III des Einigungsvertrages) enthaltenen Grundsatz der Rückübertragung des enteigneten Grundvermögens mit Ausnahme der besatzungsrechtlichen Enteignungen um. Ergänzt wird das VermG durch das Entschädigungsgesetz vom 27. 9. 1994 (BGBl I 2624; zuletzt geändert durch Ges vom 11. 12. 2001, BGBl I 3519) sowie das Ausgleichsleistungsgesetz vom 27. 9. 1994 (BGBl I 2624; zuletzt geändert durch Ges vom 16. 2. 2001, BGBl I 266). Sie regeln die Fragen der Entschädigungsleistungen für Alteigentümer, die von der Restitution ausgeschlossen sind.[2] Der öffentlich-rechtliche **Anspruch auf Restitution** ergibt sich aus § 3 Abs 1 S 1, § 3 Abs 1 S 4 oder aus § 6 Abs 6 S 1 (für die Restitution von einzelnen Vermögensgegenständen) bzw aus § 6 Abs 1 S 1 VermG (für die Restitution von Unternehmen), über den das Amt zur Regelung offener Vermögensfragen durch privatrechtsgestaltenden Verwaltungsakt entscheidet. Die tatbestandlichen Voraussetzungen des Restitutionsanspruchs sind in § 1 VermG umschrieben und betreffen die Entziehung oder Beschränkung des Eigentums durch das NS- oder DDR-Regime aufgrund rechtsstaatswidriger Maßnahmen oder Verhältnisse.[3] Bereits im VermG sind eine Vielzahl von Ausschlußgründen vorgesehen: zB § 1 Abs 8 (Besatzungsrecht) oder §§ 4 und 5. Darüber hinaus ist die Rückübertragung ausgeschlossen, wenn das Grundstück oder Gebäude auf der Grundlage eines wirksamen Investitionsvorrangbescheides veräußert wurde (§§ 8 ff, 11 Abs 2 InVorG vgl Rdn 4242 ff). In diesen Fällen hat der Berechtigte regelmäßig nur ein Anspruch auf Entschädigungsentgelt gem EALG.

4217 In der Konkurrenz zwischen dem öffentlich-rechtlichen Restitutionsanspruch und zivilrechtlichen Ansprüchen, insbesondere aus § 894 BGB, geht der Anspruch aus § 3 VermG als Spezialregelung grundsätzlich vor.[4] Soweit die angefochtene Rechtsposition aber an einem zusätzlichen mit dem Rechtsgrund der Restitution nicht in einem Zusammenhang stehenden zivilrechtlich begründeten Mangel leidet, kann auch der Zivilrechtsweg beschritten werden.[5] Dies gilt beispielsweise für die Geltendmachung der Unwirksamkeit eines nur zum Schein beurkundeten Grundstücksschenkungsvertrages, um

---

[1] Gegen verschiedene Regelungen des VermG zum Restitutionsausschluß bestehen verfassungsrechtlich keine Bedenken, BVerfG VIZ 2001, 16; dazu Märker VIZ 2001, 233 und Hellmann VIZ 2001, 293; BVerfG VIZ 2000, 147 und 152; BVerwG VIZ 2000, 153 (je zu § 4 Abs 2 S 2 VermG); differenzierend zur Rechtsprechung des BVerfG RVI/Zimmermann Rdn 11 ff Einf EntschG.
[2] Umfassend Kimme/Weskamm Rdn 9 ff zu § 1 EntschG; RVI/Zimmermann Rdn 4 ff zu § 1 EntschG; Motsch VIZ 1999, 441.
[3] Vgl zu den einzelnen Restitutionsgründen Säcker/Busche Rdn 25–183 zu § 1; RVI/Wasmuth Rdn 9–120 zu § 1 VermG.
[4] BGH 131, 169 = NJW 1996, 591; BGH 130, 231 = NJW 1995, 2707; BGH 125, 125 = NJW 1994, 1283; BGH 122, 204 = NJW 1993, 2050; BVerwG 97, 286 = NJW 1995, 1506.
[5] BGH DtZ 1996, 79 = VIZ 1996, 141; vgl auch BGH 130, 231 = aaO (Fußn 4); vgl auch die Rechtsprechungsübersicht bei Messerschmidt NJW 1995, 2667 (2671) und NJW 2002, 3211.

A. Rückerstattung nach dem VermG

legal aus der DDR ausreisen zu können;[6] ein in diesem Zusammenhang nicht mitbeurkundeter Rückübertragungsanspruch für den Fall der Wiedereinbürgerung in die DDR oder gar der Wiedervereinigung führt ebenso zur Formnichtigkeit des ganzen Vertrages schon nach dem Recht der DDR (§ 297 Abs 1 iVm § 66 Abs 2 ZGB).[7] Ein Anspruch auf Grundbuchberichtigung wird verneint, wenn die mangelnde Rechtsgrundlage für das Handeln eines staatlichen Verwalters, der das Grundstück veräußerte, geltend gemacht wird.[8] Ein Anspruch wird dagegen bejaht bei Auftreten einer unzuständigen staatlichen Stelle als Treuhänder im Rahmen der Grundstücksveräußerung.[9] Schließlich schließt das VermG zivilrechtliche Ansprüche erst dann aus, wenn mit Gewißheit feststeht, daß ein Enteignungstatbestand im Sinne dieses Gesetzes vorliegt; dem Bestandsschutz des Art 237 § 1 EGBGB zu Gunsten des ehemaligen Volkseigentums kommt dabei Bedeutung erst bei Begründetheit der Klage zu.[10]

2. Verfahren

Das Restitutionsverfahren wurde durch einen Antrag (§ 30 VermG) oder die Anmeldung (im Sinne der Anmeldeverordnung) des Berechtigten in Gang gesetzt. Angemeldet werden konnten Rückübertragungs- und Entschädigungsansprüche für Grundstücke nach § 30a VermG nur bis zum 31. 12. 1992[11] (Ausschlußfrist; Wiedereinsetzung in den vorigen Stand nicht möglich). Im Wege der Nachsichtgewährung wurden in Einzelfällen verspätet gestellte Anträge zugelassen.[12]   4218

Zuständig sind als untere Landesbehörden die Ämter zur Regelung offener Vermögensfragen (§ 24 VermG). Für jedes Bundesland besteht ein Landesamt zur Regelung offener Vermögensfragen (§ 25 VermG), zuletzt das Bundesamt (§ 29 S 1 VermG). Örtlich zuständig ist das Vermögensamt, in dessen Bezirk der betroffene Vermögenswert belegen ist (§ 35 Abs 2 VermG).

3. Wirkungen des Restitutionsbescheides

a) Rückerstattung von Grundstücken

Mit der Unanfechtbarkeit des Restitutionsbescheides gehen die Rechte – außerhalb des Grundbuchs – auf den Berechtigten über (§ 34 Abs 1 VermG). In den Fällen, in denen ein Ablösebetrag nach § 18 VermG zu hinterlegen ist, ist weitere Voraussetzung für den Eigentumsübergang an dem Grundstück,   4219

---

[6] BGH 122, 204 = aaO (Fußn 4); nicht aber für den auf Druck staatlicher Stellen abgeschlossenen Kaufvertrag, BGH 118, 34.
[7] Zur Formnichtigkeit bei Beurkundungsmangel BGH 120, 198.
[8] BGH DtZ 1996, 79 = aaO (Fußn 5).
[9] BGH 120, 204; zu rechtsstaatswidrigen Enteignungen in der Spätphase der DDR auch BGH NJW 2000, 2419; aA OLG Brandenburg VIZ 2003, 77.
[10] BGH VIZ 2000, 733.
[11] Die Vorschrift ist nicht verfassungswidrig, BVerfG VIZ 2000, 280.
[12] BVerwG VIZ 2000, 537; BVerwG 101, 39 = VIZ 1996, 390 (staatliches Fehlverhalten hinderte rechtzeitige Antragstellung); BVerwG VIZ 1996, 270 (271); divergierend die Instanzgerichte, VG Chemnitz VIZ 2000, 609 (keine erneute Antragstellung nach Rücknahme eines früher fristgerecht gestellten Antrags); VG Berlin ZOV 1996, 63; VG Dresden VIZ 1996, 296; VG Halle ZOV 1995, 401; VG Leipzig VIZ 1995, 606; VG Meiningen ZOV 1995, 229; VG Potsdam VIZ 1995, 725; VG Weimar ZOV 1995, 491.

daß der Ablösungsbetrag bei der Hinterlegungsstelle unter Verzicht auf die Rückgabe hinterlegt worden ist (§ 18a Abs 1 VermG). Die Rückübertragung erfolgt also durch privatrechtsgestaltenden Verwaltungsakt.[13] In diesem Zeitpunkt wird das Grundbuch unrichtig. Die Grundbuchberichtigung erfolgt auf Ersuchen des zuständigen Vermögensamtes (§ 34 Abs 2 VermG). Es gelten die allgemeinen Grundsätze zu § 38 GBO (siehe Rdn 88 ff). Der Rückübertragungsbescheid oder ein Bestandskraftvermerk müssen nicht beigefügt werden,[14] da allein die Behörde die Verantwortung für die Voraussetzungen des Ersuchens zu prüfen hat. Die Grundbuchberichtigung ist jedoch nicht möglich, wenn seit 2. 10. 1990 das Eigentum (mit GVO-Genehmigung, s Rdn 4222 ff) auf einen Dritten umgeschrieben wurde.[15] Im Falle der Pflicht zur Hinterlegung eines Ablösebetrages nach § 18 VermG darf das Amt zur Regelung offener Vermögensfragen um die Eintragung erst ersuchen, wenn außerdem der Ablösebetrag hinterlegt oder für diesen Sicherheit geleistet worden ist.[16] Geschädigte, die selbst von Maßnahmen nach § 1 VermG betroffen waren, und deren Erben sind von der Grunderwerbsteuer befreit (§ 34 Abs 3 S 1 VermG). Dies gilt nicht für Personen, die den Vermögensanspruch durch Abtretung, Verpfändung oder Pfändung erlangt haben (§ 34 Abs 3 S 2 VermG).[17] Eine Unbedenklichkeitsbescheinigung (§ 22 GrEStG) ist bei grunderwerbsteuerfreier Rückübertragung nach Auffassung der Finanzverwaltung entbehrlich.[18] Die Rückübertragungsentscheidung kann für **sofort vollziehbar** erklärt werden (§ 33 Abs 6 VermG). Die Anordnung der sofortigen Vollziehbarkeit führt zum vorläufigen Übergang des Eigentumsrechts auf den Berechtigten.[19] Der vorläufig Berechtigte kann im Grundbuch eingetragen werden, gleichzeitig gilt die Eintragung eines Widerspruchs als bewilligt, die sich gegen diese Eintragung des aus dem Verwaltungsakt Berechtigten als Eigentümer richtet und den möglichen Rückfall des Eigentums an den Verfügungsberechtigten bei Aufhebung des Rückübertragungsanspruchs durch das Verwaltungsgericht sichert.[20] Der Widerspruch erlischt, wenn die Entscheidung unanfechtbar geworden ist (§ 34 Abs 1 S 4 VermG).

---

[13] BGH 132, 306 = NJW 1996, 2030 (Eigentumsübergang bei Anordnung sofortiger Vollziehbarkeit).
[14] RVI/Wasmuth Rdn 118 zu § 34 VermG; KG JFG 15, 67 (69) zur Frage, ob beim Zwangsversteigerungsvermerk der Zuschlagsbeschluß beigefügt werden muß.
[15] AA – unrichtig – LG Halle NotBZ 1999, 182 mit zu Recht abl Anm Lischka.
[16] Fieberg/Reichenbach/Rühl Rdn 2; Kimme/Wolters Rdn 18, je zu § 18a VermG; auch insoweit besteht aber alleinige Prüfungsbefugnis des Vermögensamtes und nicht des Grundbuchamtes.
[17] Die Steuerbefreiung gilt auch nicht für einen Kaufvertrag, der der Verwertung der Rechtsposition des früheren Eigentümers des Grundstücks dient, BFH BStBl 1996 II 27.
[18] Vgl die gleichlautenden Erlasse von Mecklenburg-Vorpommern vom 3. 8. 1993, Betrieb 1993, 1900 und Brandenburg vom 16. 6. 1993, Steuererlaßkartei VermG § 34 Nr 3, Sachsen-Anhalt vom 24. 6. 1993, UVR 1993, 316; eingehend RVI/Wasmuth Rdn 130 ff zu § 34 VermG.
[19] BGH 132, 306 = aaO (Fußn 13); OLG Dresden VIZ 1995, 183; SächsOVG VIZ 1995, 244; VG Leipzig VIZ 1994, 552; aA OLG Naumburg Rpfleger 1993, 444 = VIZ 1993, 405; LG Leipzig VIZ 1994, 484; VG Meiningen ZOV 1993, 460.
[20] Offengelassen vom BGH aaO; so SächsOVG aaO; OLG Dresden VIZ 1995, 183; VG Chemnitz VIZ 1994, 617; VG Leipzig VIZ 1994, 552; Fieberg/Reichenbach/Redeker/Hirtenschulz, Rdn 14 zu § 34 VermG; zur abweichenden Ansicht VG Leipzig aaO.

A. Rückerstattung nach dem VermG

Obwohl die Grundbucheintragung des aus der Rückübertragung Berechtigten erst nach Eintritt der Bestandskraft des Bescheides erfolgen darf, kann auf Grund eines unrichtigen Bescheides eine Grundbucheintragung nach § 34 VermG erfolgen, so wenn insbesondere dessen Bestandskraft zu Unrecht angenommen wurde (zB weil keine ordnungsgemäße Rechtsbehelfsbelehrung oder überhaupt keine Bekanntgabe an einen Beteiligten erfolgte) und der Bescheid im Widerspruchsverfahren nach § 36 VermG oder nach Klage aufgehoben wird. Das Amt zur Regelung offener Vermögensfragen kann nach endgültiger Bestandskraft der Rückübertragung ihr ursprüngliches Ersuchen ändern und entsprechende Grundbuchberichtigung veranlassen.[21] Das Grundbuchamt hat diese Berichtigung zu vollziehen, soweit nicht durch zwischenzeitlich erfolgte Eintragung Rechte Dritter beeinträchtigt sind. Das Vermögensamt kann nicht in analoger Anwendung des § 34 Abs 2 VermG um Eintragung eines Widerspruchs gegen den auf Grund des ersten (unrichtigen) Bescheides Eingetragenen ersuchen.[22] Die Eintragung eines Widerspruchs gegen das frühere Ersuchen stellt keine Grundbuchberichtigung im Sinne des § 34 VermG dar. Der Widerspruch wäre zugunsten des früher Verfügungsberechtigten einzutragen, sichert aber letztlich eine mögliche Rechtsposition des wahren Restitutionsberechtigten. Ein Widerspruch kann nur nach § 899 BGB eingetragen werden, für die Eintragung eines Amtswiderspruchs nach § 53 Abs 1 GBO fehlt es bereits an einem Gesetzesverstoß des Grundbuchamts.

4220

Mit der Rückübertragung des Eigentums am Grundstück tritt der Berechtigte in alle bestehenden Rechtsverhältnisse in bezug auf das Grundstück kraft Gesetzes ein (§ 16 Abs 2 S 1 VermG). Hierzu gehören insbesondere dingliche Nutzungsrechte und das Verhältnis zum Gebäudeeigentum (Ausnahme unredlich erworben § 16 Abs 3 VermG), Aufbauhypotheken im Umfang nach § 18 Abs 2 VermG, schuldrechtliche Miet- und Nutzungsverhältnisse (§ 17 VermG) sowie die Rechte und Pflichten nach dem Sachenrechtsbereinigungs- und Schuldrechtsbereinigungsgesetz. Der Eintritt betrifft auch Belastungen und Vertragsverhältnisse, die nach Inkrafttreten des VermG am 29. 9. 1990 unter Verstoß gegen § 3 Abs 3 VermG bestellt wurden.[23] Grundpfandrechte, aus der Zeit vor dem 30. 7. 1990 sind nur nach Maßgabe des § 16 Abs 5–9 VermG zu übernehmen; Grundpfandrechte, die nach diesem Zeitpunkt bestellt wurden, sind nach § 16 Abs 10 S 2 VermG vollständig zu übernehmen (ohne Abschläge nach § 16 Abs 5, 7 iVm § 18 Abs 2 VermG). Es besteht aber ein Anspruch gegen den Besteller des Grundpfandrechts auf Befreiung in dem Umfang, in dem das Grundpfandrecht gem § 16 Abs 5 oder 7 nicht von ihm zu übernehmen wäre (§ 16 Abs 10 S 3 VermG). Der Besteller selbst hat gegen den Grundpfandrechtsgläubiger einen Anspruch auf Abgabe einer Löschungsbewilligung gegen Ablösung des Kredits und ggf Zahlung einer Vorfälligkeitsentschädigung.[24] Dingliche Belastungen, die im Zeit-

4221

---

[21] Allgemein Meikel/Roth Rdn 35, 36 zu § 38.
[22] AA OLG Naumburg Rpfleger 1993, 444 = VIZ 1993, 405; Bauer Rdn 111 zu § 38; wie hier Demharter Rdn 26 zu § 38; RVI/Wasmuth Rdn 108 zu § 34 VermG; Keller FGPrax 1997, 41 (Abschn V 7).
[23] Fieberg/Reichenbach/Plesse Rdn 9; Säcker/Busche Rdn 16, je zu § 16 VermG; Beckers DNotZ 1993, 364; Horn ZIP 1993, 659.
[24] BT-Drucks 12/2480, S 49.

punkt der Überführung des Grundstücks in Volkseigentum gelöscht wurden, werden seit dem am 22. 7. 1992 in Kraft getretenen 2. VermRÄndG (Rdn 4200 d) nicht mehr wie nach § 18 Abs 1 VermG aF wiederbegründet, sondern hierfür hat der Berechtigte nach §§ 18–18 b VermG iVm der HypothekenablöseVO vom 10. 6. 1994 (BGBl I 1253) einen Ablösebetrag zu hinterlegen.[25]

b) Restitution sonstiger Rechte

4222 Der Restitution unterliegen nach § 3 Abs 1 S 1 VermG alle Vermögensrechte, die den Maßnahmen des § 1 VermG ausgesetzt waren; Vermögenswerte in diesem Sinn sind ua auch rechtlich selbständige Gebäude und Baulichkeiten, Nutzungsrechte und dingliche Rechte an Grundstücken, zB auch Erbbaurechte[26] (§ 2 Abs 2 VermG). Auch bei diesen **sonstigen dinglichen Rechten** erfolgt die Restitution durch bestandskräftigen Rückgabebescheid entsprechend den Grundsätzen für die Rückübertragung von Grundstücken.[27] Für den Fall, daß diese Rechte gelöscht wurden, können sie durch Restitutionsbescheid konstitutiv wieder begründet werden (§ 34 Abs 1 S 2 VermG); die Grundbucheintragung ist auch hier nur Grundbuchberichtigung. Die Restitution von dinglichen Rechten an einem Grundstück oder Gebäude erfolgt dadurch, daß das Vermögensamt diese an rangbereiter Stelle in dem Umfang begründet, in dem sie nach § 16 VermG zu übernehmen wären (§ 3 Abs 1 a VermG). Die Rückübertragung nach dieser Vorschrift betrifft alle dinglichen Rechte, wenn nicht nach § 18 Abs 2–4 VermG anstelle der Restitution das Ablösesystem eingreift; das sind andere Rechte als Grundpfandrechte, Rentenschulden und Reallasten, zB Erbbaurechte,[28] Nießbrauch, Grunddienstbarkeiten, beschränkte persönliche Dienstbarkeiten, Mitbenutzungsrechte nach §§ 321 f ZGB etc. Wurde kein Restitutionsanspruch bezüglich des Grundstücks gestellt, so scheidet § 18 VermG aus, so daß auch Grundpfandrechte gesondert zurückübertragen werden können.[29]

---

[25] Vgl Bundesnotarkammer (Hrsg), Alte Rechte bei Rückgabe von Immobilien in den neuen Bundesländern, Empfehlungen des BMJ zur Anwendung des zweiten VermRÄndG (1993); Hartkopf ZOV 1992, 248; Kimme ZOV 1992, 334; Rühl VIZ 1992, 342.
[26] BVerwG VIZ 1997, 33; BVerwG VIZ 2000, 405; VG Potsdam VIZ 2003, 80; zur Verfassungswidrigkeit eines Restitutionsausschlusses BVerfG, Pressemitteilung Nr 135/98 vom 9. 12. 1998, VIZ 1999, 83; zur Restitution eines Nutzungsrechts als Erbbaurecht BVerwG NJW 1999, 3355; vgl allgemein zur Wiederbegründung dinglicher Rechte BVerwG VIZ 1996, 576.
[27] Zur Rückübertragung eines dinglichen Anwartschaftsrechts BVerwG VIZ 1996, 267; VG Schwerin VIZ 1995, 104; sehr ausführlich VG Leipzig (Urt v 9. 8. 1996, 1 K 205/94) VIZ 1997, 231 Leits (Gründe unveröffentlicht).
[28] BVerfG 99, 129 = NJW 1999, 1460 = NJW 1999, 144; zur Restitution eines dinglichen Nutzungsrechts als Erbbaurecht BVerwG VIZ 1999, 3355.
[29] Vgl Säcker/Busche Rdn 60 ff; Kimmel/Gneipelt, Offene Vermögensfragen, Rdn 18; RVI/Wasmuth Rdn 219 ff, je zu § 3 VermG.

B. Verfügungen über den Rückerstattungsanspruch

Die Restitutionsansprüche können abgetreten, verpfändet oder gepfändet werden (§ 3 Abs 1 S 2 VermG).[1] Die Abtretung (und die ihr zugrundeliegende gesamte schuldrechtliche Abrede) bedarf der notariellen Beurkundung, wenn der Anspruch auf Rückübertragung eines Grundstücks, Gebäudes oder Unternehmens gerichtet ist. Eine Abtretung darf, ebenso wie die Auflassung, nicht unter einer Bedingung oder Zeitbestimmung erfolgen (§ 3 Abs 1 S 2 VermG). Vor Inkrafttreten des 2. VermRÄndG (= 22. 7. 1992) vereinbarte Abtretungen, die formlos wirksam waren, wurden unwirksam, wenn sie nicht bis 22. 10. 1992 beim Vermögensamt der belegenen Sache angezeigt worden waren (Art 14 Abs 1 S 2 2. VermRÄndG). Am Investitionsvorrangverfahren ist ein Erwerber eines Rückübertragungsanspruchs, der nicht Angehöriger des Anmelders ist, nicht mehr beteiligt[2] (§ 4 Abs 5 InVorG). Übertragbar ist auch ein Rückübertragungsanspruch nach § 17 DDR-Unternehmensgesetz vom 7. 3. 1990.[3] Da es sich bei dem Restitutionsanspruch um einen öffentlich-rechtlichen Anspruch handelt, der durch einen entsprechenden Verwaltungsakt verwirklicht wird,[4] sind die Vorschriften über Verfügungen über Grundstücke, insbesondere die öffentlich-rechtlichen Genehmigungsvoraussetzungen, Vorkaufsrechte etc nicht einschlägig. Der Erwerber erwirbt bei der Zession auch nicht einen Anspruch auf Auflassung, sondern er wird nur Berechtigter im Sinne des § 2 Abs 1 VermG. Das Vermögensamt hat dementsprechend im Verwaltungsakt, der die Rückübertragung anordnet, den Erwerber als Berechtigten im Sinne des § 34 Abs 1 VermG zu bezeichnen.[5] Bei der **Vertragsgestaltung** sollte insbesondere geklärt und geregelt werden: die Zahlung des Kaufpreises und die Sicherung etwaiger Rückzahlungsverpflichtungen für den Fall, daß das Rückerstattungsverfahren negativ endet,[6] durch wen und auf wessen Kosten Rechtsmittel gegen negative Bescheide einzulegen sind, wer die eventuellen Ablösebeträge (§ 18 VermG) zu zahlen hat.[7] Vor dem Reg-VBG vom 20. 12. 1993 (Rdn 4200 d) war umstritten, ob bei Pfändung oder Verpfändung des Rückerstattungsanspruchs § 1287 S 2 BGB anwendbar ist, also außerhalb des Grundbuchs eine Sicherungshypothek entsteht.[8] Durch

4223

---

[1] Vgl allgemein Weimar und Alfes DNotZ 1992, 619; Hartkopf NJ 1992, 26; Jesch Betrieb 1992, 2073; zur Pfändung Keller VIZ 1992, 389; zur Frage der Sittenwidrigkeit einer Verpfändung BGH DtZ 1997, 66 = DNotI-Report 1997, 29 und OLG Rostock VIZ 1994, 684.
[2] Er hat daher auch keine Klagebefugnis gegen einen Investitionsvorrangbescheid, BVerwG 98, 147 = VIZ 1995, 412.
[3] BGH 118, 34 = DtZ 1995, 402 = VIZ 1996, 32 = ZOV 1995, 456.
[4] BGH NJW 1992, 1757; KG VIZ 1991, 30; OVG Berlin NJW 1991, 715.
[5] Weimar und Alfes DNotZ 1992, 653; Hartkopf NJ 1992, 26 (27); Säcker/Busche Rdn 24 zu § 3 VermG; zum vergleichbaren Problem bei der Pfändung vgl Keller VIZ 1992, 389 (Abschn II 4).
[6] Instruktiv zur Belehrungspflicht des Notars BGH DNotZ 1998, 637 mit Anm Reithmann.
[7] Vertragsmuster mit Erläuterungen bei Keith VIZ 1992, 354; Cremer S 97.
[8] So Keith VIZ 1992, 267; BMJ DNotI-Report 1993 Nr 1 S 5; LG Dresden Betr 1994, 373.

§ 34 Abs 2 S 2 VermG ist klargestellt, daß mit der Übertragung des Eigentums durch den Vermögensbescheid nach § 1287 S 2 BGB außerhalb des Grundbuchs eine Sicherungshypothek entsteht, die ebenfalls im Wege der Grundbuchberichtigung in das Grundbuch eingetragen werden muß. In der Praxis verpfändet häufig der Käufer dem Verkäufer zur Sicherung der Kaufpreiszahlung den abgetretenen Restitutionsanspruch.[9] Ob die Veräußerung eines Restitutionsanspruchs grunderwerbsteuerpflichtig ist, ist streitig.[10] Der BFH hat eine Grunderwerbsteuerpflicht (zuletzt) verneint.[11]

C. Die Unterlassungspflicht nach § 3 Abs 3 VermG

4224 Ein Verfügungsberechtigter ist trotz bestehender Restitutionsansprüche Eigentümer des rückgabebelasteten Grundstücks. Zur Sicherung des Restitutionsberechtigten enthält daher § 3 Abs 3 VermG eine Unterlassungsverpflichtung, die im Grundstücksbereich durch die Genehmigungspflicht nach der GVO ergänzt wird (siehe Rdn 4227 ff). Wenn ein Restitutionsantrag vorliegt, ist nach § 3 Abs 3 VermG der Verfügungsberechtigte **verpflichtet**, den Abschluß dinglicher Rechtsgeschäfte oder die Eingehung langfristiger vertraglicher Verpflichtungen ohne Zustimmung des Berechtigten zu unterlassen. Ausgenommen sind Rechtsgeschäfte, die in § 3 Abs 3 VermG im einzelnen geregelt sind. Vor einer entsprechenden Verfügung hat sich der Verfügungsberechtigte bei dem Vermögensamt der belegenen Sache zu vergewissern, daß keine Anmeldung vorliegt (§ 3 Abs 5 VermG). Die Unterlassungspflicht nach § 3 Abs 3 VermG ist nicht dinglich ausgestaltet, sondern besteht als **schuldrechtliche Verpflichtung** im Innenverhältnis zwischen dem Verfügungsberechtigten und dem Restitutionsberechtigten. Rechtsgeschäfte, die gegen diese Beschränkung verstoßen, bleiben Dritten gegenüber wirksam.[1] Auch die Belastung des Grundbesitzes mit dinglichen Rechten Dritter (zB Grundpfandrechte) führt zum Erwerb des dinglichen Rechtes vom Berechtigten, auch wenn der Verfügende gegen das Verfügungsverbot verstößt. Wegen der lediglich schuldrechtlichen Wirkung der Unterlassungsverpflichtung geht der Rückübertragungsanspruch des Berechtigten unter, wenn der Verfügungsberechtigte über das restitutionsbelastete Grundstück verfügt, auch wenn dies pflichtwidrig geschieht.[2] Dem Berechtigten stehen allenfalls Schadensersatzansprüche gegen den Verfügungsberechtigten zu. Der Notar, der eine solche Verfügung

---

[9] Vgl Cremer S 97 ff; Keith VIZ 1992, 267.
[10] Bejahend die Finanzverwaltung, FM Mecklenburg-Vorpommern vom 3. 8. 1993, Betrieb 1993, 1900; FM Sachsen-Anhalt VIZ 1995, 282 und 1996, 322; FM Brandenburg VIZ 1994, 135; FG Leipzig EFG 1994, 440; ablehnend FG Brandenburg EFG 1994, 53; FG Mecklenburg-Vorpommern EFG 1994, 362.
[11] BFH MittRhNotK 1998, 97 = VIZ 1998, 258.
[1] BVerwG 94, 195 = NJW 1994, 468 = VIZ 1994, 25 mit Anm Scheidmann; BVerwG VIZ 1995, 714 = ZIP 1995, 1696; BGH 126, 1 = NJW 1994, 1723 = VIZ 1994, 351; Säcker/Busche Rdn 93 zu § 3 VermG.
[2] BVerwG 94, 195 = aaO; Fieberg/Reichenbach Rdn 84; Säcker/Busche Rdn 93; Kimme/Gneipelt Rdn 138, je zu § 3 VermG; Frenz DtZ 1994, 56 (57); aA BezG Dresden ZIP 1992, 733 (735); unrichtig daher auch LG Halle NotBZ 1999, 186 mit Anm Lischka.

beurkundet, muß den Berechtigten über seine Nachforschungs-, Unterlassungs- und Schadensersatzpflichten belehren. Auch unentgeltliche Verfügungen führen zum Untergang des Restitutionsanspruchs.³ In Anlehnung an den Rechtsgedanken bei § 892 BGB tritt kein Untergang des Restitutionsanspruches ein, wenn es an einem Verkehrsgeschäft fehlt (s Rdn 349, 350).
Der vorläufige Rechtsschutz gegen drohende Verfügung eines Rückerstattungsberechtigten ist vor den Zivilgerichten wegen der privatrechtlichen Natur des Unterlassungsanspruchs geltend zu machen.⁴ Die Eintragung eines Widerspruchs in das Grundbuch scheidet aus, da keine Unrichtigkeit vorliegt.⁵ Auch die Eintragung einer Vormerkung zur Sicherung des zivilrechtlichen Unterlassungsanspruchs scheidet aus, da der Rückübertragungsanspruch öffentlich-rechtlicher Natur ist.⁶

D. Vorkaufsrecht von Mietern, Nutzern und Berechtigten
(§§ 20, 20a VermG)

Mietern und Nutzern von Ein- und Zweifamilienhäusern sowie von Grundstücken für Erholungszwecke, die der staatlichen Verwaltung unterlagen oder auf die ein Anspruch auf Rückübertragung besteht, wird nach § 20 VermG auf Antrag ein **Vorkaufsrecht am Grundstück** eingeräumt, wenn das Miet- und Nutzungsverhältnis am 29. 9. 1990 bestanden hat und im Zeitpunkt der Entscheidung über den Antrag fortbesteht.¹ Bei Grundstücken, die nicht zurückübertragen werden können, weil Dritte an ihnen Eigentums- oder dingliche Nutzungsrechte erworben haben, wird nach § 20a VermG dem Berechtigten ebenfalls auf Antrag ein Vorkaufsrecht am Grundstück eingeräumt. Das Vorkaufsrecht bezieht sich mit Ausnahme der Sonderregelung in § 20 Abs 2 VermG auf das gesamte Grundstück. Die Vorschriften über die vermögensrechtlichen Vorkaufsrechte wurden (1993) durch das RegVBG (BGBl I 2182) grundlegend novelliert. Das Vorkaufsrecht entsteht nach § 20 Abs 6 VermG mit Bestandskraft des dem Antrag stattgebenden Bescheids und Eintragung im Grundbuch.² Es ist nicht übertragbar, nicht vererblich und erlischt mit Beendigung des Nutzungsverhältnisses (§ 20 Abs 7 VermG). Es gilt nur für den ersten Verkaufsfall (§ 20 Abs 6 S 2 VermG). Ein Vorkaufsfall ist daher nur bei einem Verkauf des Grundstücks an einen Dritten gegeben, der

4225

---

³ Vgl hierzu RVI/Wasmuth Rdn 408 ff zu § 3 VermG.
⁴ BGH 124, 147 = DNotZ 1994, 402 = NJW 1994, 457 = VIZ 1994, 128; OLG Dresden NJ 2000, 46; aA KG DNotZ 1992, 432; BezG Chemnitz VIZ 1992, 145.
⁵ OLG Naumburg NotBZ 1998, 30; BezG Meiningen DtZ 1993, 251; KreisG Suhl VIZ 1992, 365; RVI/Wasmuth Rdn 306 ff zu § 3 VermG; grundlegend Kohler NJW 1991, 465; DNotZ 1991, 699; VIZ 1992, 130 und VIZ 1992, 308.
⁶ KG VIZ 1991, 30; LG Berlin DtZ 1991, 412; BezG Dresden DNotZ 1991, 738; BezG Leipzig DNotZ 1992, 434.
¹ Vgl Clausen NJ 1993, 404; Flik BWNotZ 1993, 83 und NJ 1993, 507; Schnabel ZOV 1994, 168; Wilhelms NotBZ 1998, 16. § 20 VermG ist verfassungsgemäß, BVerfG NJW 2000, 1486; BVerwG NJW 1999, 3355.
² Die Frage war zur alten Regelung umstritten. Kimme/Petter Rdn 17; Räder/Raupach/Bezzenberger/Barkam, Vermögen in der ehemaligen DDR, Rdn 16, je zu § 20 VermG; Kinne ZOV 1992, 352 (353).

6. Teil. IV. Verfügungsbeschränkungen und Rückerstattung von Grundstücken

nach Entstehung des Vorkaufsrechts erfolgt. Wird es nach Entstehung nicht ausgeübt, dann erlischt es (s Rdn 1432). Das gleiche gilt, wenn nach Entstehen eine Veräußerung stattfindet, die keinen Vorkaufsfall darstellt (s Rdn 1432).[3] Verkaufsgeschäfte, die vor Wirksamwerden des Vorkaufsrechts abgeschlossen waren, stellen später keinen Vorkaufsfall dar. Dies gilt auch dann, wenn die zur Wirksamkeit des Rechtsgeschäfts erforderliche Genehmigung nach der GVO erst nach Entstehung des Vorkaufsrechts erteilt wird.[4] Ist im Zeitpunkt des Abschlusses des Kaufvertrages eine Entscheidung über den Restitutionsanspruch noch nicht ergangen, erstreckt sich das Vorkaufsrecht auf den nächstfolgenden Verkauf (§ 20 Abs 6 S 3 VermG). Ist für den Erwerber bereits eine Auflassungsvormerkung im Grundbuch eingetragen, ist das später in das Grundbuch eingetragene Vorkaufsrecht dem Vormerkungsberechtigten gegenüber relativ unwirksam. Dies muß auch dann gelten, wenn der Antrag an das zuständige Vermögensamt auf Bestellung des Vorkaufsrechts im Zeitpunkt der Eintragung der Auflassungsvormerkung bereits gestellt, aber nicht verbeschieden worden ist.[5]

4226 Bei teilweiser Nutzung des Grundstücks durch den Mieter besteht der Anspruch auf Bestellung des Vorkaufsrechts nur, wenn sich die Nutzung auf mehr als die Hälfte der Grundstücksfläche erstreckt (§ 20 Abs 3 VermG). Das Vorkaufsrecht entsteht nach § 20 Abs 6 S 1 VermG erst mit Grundbucheintragung, es ist am Grundstück, nicht am Flurstück, zu bestellen. Über § 20 Abs 8 VermG gelten im übrigen die allgemeinen Vorschriften des BGB zum dinglichen und zum persönlichen Vorkaufsrecht (§§ 1098 ff iVm §§ 463 ff BGB).

E. Die Grundstücksverkehrsordnung (GVO)

1. Einführung

4227 Die Grundstücksverkehrsverordnung vom 15. 12. 1977 (GBl-DDR 1978 I 73) war in der DDR ein Instrument der sozialistischen Bodenbewirtschaftung. Im Zuge der Wiedervereinigung wurde der Schutzzweck völlig verändert. Sie dient nun dem **Schutz des Restitutionsberechtigten** gegen Verfügungen, die seinen Restitutionsanspruch beeinträchtigen könnten.[1] Durch das Genehmigungserfordernis wird das nur schuldrechtlich wirkende Unterlassungsverbot des § 3 Abs 3 VermG (siehe Rdn 4224) verfahrensrechtlich abgesichert. Die GVO wurde durch das 2. VermRÄndG vereinfacht und durch das RegVBG v 20. 12. 1993 (BGBl I 2223) völlig neu gefaßt, insbesondere wurde die Genehmigungsfreiheit bestimmter Tatbestände eingeführt. Zuletzt geändert wurde die GVO durch Art 25 des Gesetzes vom 21. 8. 2002 (BGBl I 3322).

---

[3] Flik BWNotZ 1993, 83 und NJ 1993, 507 (508).
[4] LG Berlin DNotI-Report 1993 Nr 14 S 6 = ZOV 1993, 354.
[5] AA Fieberg/Reichenbach/Plesse Rdn 34 zu § 20 VermG; Kimme ZOV 1994, 449 (450).
[1] Allgemein Baumhaus ZOV 1994, 16; Böhringer DtZ 1993, 141 und BWNotZ 1996, 49; Faßbender VIZ 1993, 527; Frenz DtZ 1994, 56; Schnabel ZOV 1994, 93; Schmidt und Wingbermühle VIZ 1994, 328; Wolf MittBayNot 1995, 17.

E. Die Grundstücksverkehrsordnung (GVO)

2. Wirkung der Genehmigung

Ist ein Rechtsgeschäft bzw eine Verfügung über ein Grundstück genehmigungspflichtig, dann führt das Fehlen der Genehmigung zum einen zur schwebenden Unwirksamkeit des Rechtsgeschäftes[2] und zum anderen zu einer Grundbuchsperre (§ 2 Abs 2 GVO). Wird die Genehmigung erteilt, wird das Rechtsgeschäft wirksam (§ 184 Abs 1 BGB analog), wird sie versagt, tritt Unwirksamkeit ein. Vor Erteilung der Genehmigung können Leistungen (zB Kaufpreis, Maklerlohn) noch nicht gefordert werden (siehe Rdn 3944, 3945). Eine Kostenregelung für den Fall der Versagung der Genehmigung ist zweckmäßig. Die Eintragung einer Auflassungsvormerkung ist schon vor Erteilung der Genehmigung zulässig, da diese nicht genehmigungsbedürftig ist (§ 2 Abs 1 S 1 Nr 4 GVO).[3] Ist der schuldrechtliche Vertrag genehmigt, so wird auch das zu seiner Ausführung erforderliche dingliche Rechtsgeschäft erfaßt, die Genehmigung des dinglichen Rechtsgeschäfts wirkt auch für den zugrundeliegenden schuldrechtlichen Vertrag (§ 2 Abs 1 S 4 GVO). Enthält der Kaufvertrag eine Belastungsvollmacht, so ist diese trotz der schwebenden Unwirksamkeit des Vertrages wirksam.[4]

4228

3. Genehmigungsbedürftige Rechtsgeschäfte

Einer Grundstücksverkehrsgenehmigung bedürfen im Beitrittsgebiet (§ 2 Abs 1, § 3 GVO)
- die **Auflassung** eines Grundstücks und der schuldrechtliche Vertrag hierüber,
- die Bestellung und Übertragung eines **Erbbaurechts** und der schuldrechtliche Vertrag hierüber,
- Übertragung von **Gebäuden** und Rechten an Gebäuden oder Gebäudeteilen, die aufgrund von Rechtsvorschriften auf besonderen Grundbuchblättern (Gebäudegrundbuchblättern) nachgewiesen werden können (§ 3 S 1 GVO),
- die Einräumung oder Auflassung eines **Miteigentumsanteils** an einem Grundstück (§ 3 S 2 Nr 1 GVO),
- die Auflassung von Teil- und **Wohnungseigentum** an einem Grundstück (§ 3 S 2 Nr 2 GVO).

Genehmigungspflichtig sind alle Rechtsübertragungen, die der Auflassung bedürfen, auch Vermächtniserfüllung, Erbauseinandersetzung, Einbringung eines Grundstücks in eine Kapitalgesellschaft oder Personengesellschaft, Auseinandersetzung einer Gütergemeinschaft. Ein Auftrag gerichtet auf Veräußerung eines Grundstücks bedarf keiner Genehmigung. Genehmigungsbedürftig ist erst der Veräußerungsvertrag. Die Vereinbarung eines dinglichen Vorkaufsrechts oder Ankaufsrechts ist weder genehmigungsfähig noch -bedürftig. Auch ein Angebot auf Veräußerung ist nicht genehmigungsbedürftig, da noch keine

4229

---

[2] OLG Rostock NJW 1995, 3127; DNotI-Report 1994 Nr 3 S 1 (2); Kimme/Thomas Rdn 23 zu § 2 GVO.
[3] So bereits vor Änderung der Regelung durch das RegVBG KG DNotZ 1992, 234 = OLGZ 1992, 257 = Rpfleger 1992, 243.
[4] So zu Recht Wenzel WM 1994, 1269; aA LG Neubrandenburg RAnB 1994, 341; BezG Dresden DNotI-Report 1993 Nr 4 S 6, die beide auf § 139 BGB abstellen. Zur Sicherheit sollte daher im Grundstückskaufvertrag klargestellt werden, daß keine Rechtseinheit zwischen Belastungsvollmacht und Kaufvertrag besteht.

Auflassung erklärt wurde; es ist aber schon genehmigungsfähig (§ 1 Abs 1 S 2 GVO). Die Begründung von Wohnungs- oder Teileigentum nach § 8 WEG bedarf mangels Eigentumswechsels keiner Genehmigung.[5] Die Begründung nach § 3 WEG hingegen ist wegen zumindest teilweisen Wechsels in den Eigentümerbefugnissen (keine Rechte bezüglich anderer Sondereigentumseinheiten) genehmigungspflichtig.[6] Keiner Genehmigung bedürfen Übertragungen, bei denen das Grundstück nur Teil eines Gesamthandsvermögens und nicht selbst Gegenstand der Rechtsübertragung ist, zB Übertragung eines Erbteils, Übertragung einer Gesellschaftsbeteiligung, zu deren Vermögen Grundbesitz gehört. Dies gilt auch, wenn alle Erbteile oder alle Gesellschaftsanteile veräußert werden oder der Grundbesitz das wesentliche oder gar ausschließliche Vermögen der Erbengemeinschaft oder Gesellschaft ist.[7] Auch Fälle der vollständigen oder partiellen Gesamtrechtsnachfolge bedürfen keiner Genehmigung: Vereinbarung einer Gütergemeinschaft,[8] Verschmelzung oder Formwechsel.[9] Die Abtretung eines Restitutionsanspruches ist nicht genehmigungspflichtig, da hier keine Übertragung durch Auflassung stattfindet.[10] Keiner Genehmigung bedarf die Teilung eines Grundstücks im eigenen Besitz.[11] Nicht genehmigungspflichtig ist die Aufhebung von Gebäudeeigentum nach Art 233 § 4 Abs 6 EGBGB mit Schließung des Gebäudegrundbuchs.[12]

4230 Eine **Vertragsaufhebung**, auch wenn der Erwerb bereits eingetragen und Rückauflassung erforderlich ist, bedarf keiner Genehmigung, da der alte Zustand wieder hergestellt und dadurch Rückerstattungsansprüche nicht gefährdet werden.[13] Die **Änderung** eines bereits genehmigten Veräußerungsvertrages bedarf keiner erneuten Genehmigung, wenn es um Änderungen geht, die nach dem Zweck der GVO (Sicherung etwaiger Restitutionsansprüche) irrelevant sind, zB die Gegenleistungen oder Sach- und Rechtsmängelhaftungen betreffen; Erweiterungen des Vertragsgegenstands (Einbeziehung weiterer Grundstücke/Teile) oder auch Veränderungen in der Person der Erwerber dagegen bedürfen einer erneuten GVO-Genehmigung.[14]

Keiner Genehmigung bedarf die Ausübung eines Aneignungsrechts nach § 928 Abs 2 BGB, die in den Fällen des § 11 Abs 1 S 3 VermG und Art 233 § 15 Abs 3 EGBGB eine Rolle spielen kann; genehmigungspflichtig ist aber die Abtretung des Aneignungsrechts, da die Rechtszuständigkeit geändert wird.[15]

Keiner Genehmigung bedarf die Eintragung einer Auflassungsvormerkung (§ 2 Abs 1 S 2 Nr 4 GVO).[16]

---

[5] Böhringer DtZ 1993, 141 (142); Faßbender VIZ 1993, 527 (529); Frenz DtZ 1994, 57.
[6] So Frenz aaO (Fußn 5); aA Böhringer, Faßbender je aaO (Fußn 5).
[7] Frenz aaO; Böhringer aaO (beide Fußn 5).
[8] Böhringer aaO; Frenz aaO (beide Fußn 5).
[9] Frenz aaO, Böhringer aaO (beide Fußn 5); Zur Umwandlung nach § 58 UmwG aF OV-Spezial 1993 Nr 11 S 2; Keller Rpfleger 1993, 94 (96).
[10] Frenz aaO; Böhringer aaO (beide Fußn 5); BMJ Schreiben vom 10. 6. 1992 MittRhNotK 1992, 126.
[11] Ebenso Böhringer aaO (Fußn 5).
[12] LG Erfuhrt NotBZ 2001, 429 und VIZ 2000, 240.
[13] Frenz DtZ 1994, 56 (58).
[14] LG Magdeburg NotBZ 2002, 35 mit Anm Bleisteiner.
[15] Frenz; Böhringer; Faßbender je aaO (Fußn 5).
[16] KG DNotZ 1992, 234 = aaO (Fußn 3).

E. Die Grundstücksverkehrsordnung (GVO)

Auch die Abtretung eines Auflassungsanspruchs bedarf, wie die Veräußerung selbst, der Genehmigung, da hierdurch die erneute Auflassung nur abgekürzt wird, die Schutzbedürftigkeit aber die gleiche ist wie bei doppelter Auflassung.[17] Im Falle des abgetretenen Auflassungsanspruchs bedarf allerdings die Berichtigung der Auflassungsvormerkung keiner Genehmigung (§ 2 Abs 1 S 2 Ziff 4 GVO).

4. Genehmigungsfreie Rechtsgeschäfte

Während nach der alten Fassung der GVO bei bestimmten Sachverhalten die Genehmigung ohne weitere Prüfung zu erteilen war, hat das RegVBG in diesen Fällen zur Beschleunigung des Grundstücksverkehrs auf das Genehmigungserfordernis insgesamt verzichtet.[18] Bestellungen von Grundpfandrechten bedürfen nach dem eindeutigen Wortlaut (Auflassung) keiner Genehmigung. 4231

a) Genehmigungsfrei ist der sog **Zweiterwerb** (§ 2 Abs 1 S 2 Nr 1 GVO), wenn der Rechtserwerb des Veräußerers aufgrund einer nach dem 28. 9. 1990 erteilten GVO-Genehmigung oder aufgrund einer Investitionsbescheinigung, einer Entscheidung nach § 3a VermG oder eines Investitionsvorrangbescheides in das Grundbuch eingetragen ist. Voraussetzung ist allerdings, daß in Vollzug des Erstkaufvertrages eine Grundbucheintragung erfolgt ist. Nicht ausreichend ist daher die Eintragung des Zweitkäufers bei Kettenauflassung oder abgetretenem Auflassungsanspruch ohne Zwischeneintragung des Erstkäufers. In diesem Fall bedürfen beide Geschäfte der GVO-Genehmigung, da es an einem im Grundbuch vollzogenen Erstkaufvertrag fehlt.[19] Für die Genehmigungsfreiheit kommt es nicht darauf an, ob der Genehmigungsbescheid des Erstvertrages wieder aufgehoben wird. Die Genehmigungsfreiheit bleibt ein für alle Mal bestehen.[20] Die Genehmigungsfreiheit gilt nach dem Wortlaut des § 2 Abs 1 S 2 Nr 1 („nach dieser Nummer") auch für jede weitere Veräußerung.[21]

Bei einer Weiterveräußerung des Grundstücks vor Eintragung des Erstkäufers genügt es für die Genehmigungsfreiheit, wenn der Ersterwerber im Zeitpunkt der Entscheidung über die Eintragung des Zweitwerbers im Grundbuch eingetragen ist.[22]

Genehmigungsbedürftig ist auch die Veräußerung einer **unvermessenen Teilfläche**, wenn bereits für ein anderes Teilstück der Fläche die GVO-Genehmigung erteilt wurde. Das gleiche gilt bei der Veräußerung eines **Miteigentumsanteils**, wenn bereits für einen Miteigentumsanteil an demselben Grundstück die Genehmigung erteilt wurde. Das Gesetz knüpft an den konkreten Veräußerungsvorgang und nicht an das Grundstück insgesamt an.[23] Die Genehmigungsfreiheit besteht allerdings nicht, wenn der Erstvertrag ein Vertrag nach § 3c VermG war, dh wenn der Erwerber im Wege einer vertraglichen

---

[17] Ebenso Böhringer DtZ 1993, 142; DNotI-Report 1996, 172; aA ohne Begründung Faßbender VIZ 1993, 527 (529).
[18] BT-Drucks 12/5553 S 156 f.
[19] DNotI-Report 1994 Nr 3 S 1 (4).
[20] So die Begründung BT-Drucks 12/5553, S 156 f; DNotI-Report 1994 Nr 3 S 4; Frenz DtZ 1994, 56 (58); aA Schmidt und Wingbermühle VIZ 1994, 328 (329).
[21] Vgl Schmidt-Räntsch OV-Spezial 1994 Nr 7 S 3 (4).
[22] KG FGPrax 1995, 178 = VIZ 1995, 664.
[23] So auch Wolf MittBayNot 1995, 17 (21); Bleisteiner NotBZ 2002, 35 ff.

Schuldübernahme in bezug auf die Restitutionsverpflichtung in die Rechtsstellung des Verfügungsberechtigten eintritt (sog mitgeschleppter Restitutionsanspruch). Da sich dies aus dem Grundbuch nicht ergibt, wird neben der Grundbucheintragung der Erstkaufvertrag inhaltlich zu prüfen sein, ob ein Fall des § 3c VermG vorliegt.

4232 b) Genehmigungsfrei ist auch der Rechtserwerb **vom eingetragenen Restitutionsberechtigten** (§ 2 Abs 1 S 2 Nr 2 GVO). Die Vorschrift bezieht sich auf § 31 Abs 5 S 3 und § 33 Abs 3 VermG. Hier sollen zwei Fälle erfaßt werden: Die Eintragung des Restitutionsberechtigten aufgrund einer gütlichen Einigung nach § 31 Abs 5 S 3 VermG oder aufgrund eines vermögensrechtlichen Restitutionsbescheides, der in § 33 Abs 3 VermG allgemein definiert ist. Auch insoweit kommt es nur auf die Eintragung des Veräußerers im Grundbuch an, nicht auf den Bestand des Restitutionsbescheides.[24] Der Wortlaut der Vorschrift ist insofern zu eng, als nur der Zweit-, nicht aber der Drittvertrag genehmigungsfrei wäre. Die Genehmigungsfreiheit muß aber auch nach Sinn und Zweck für Dritt- und jede Folgevereinbarung gelten.[25]

4233 c) Genehmigungsfrei sind ferner nach § 2 Abs 1 S 2 Nr 3 GVO Veräußerungen desjenigen, der entweder selbst seit dem **29. 1. 1933 ununterbrochen als Eigentümer** im Grundbuch eingetragen oder Erbe des am 29. 1. 1933 eingetragenen Eigentümers ist. In diesem Fall ist aus dem Grundbuch ohne weiteres ersichtlich, daß Restitutionsansprüche nach dem VermG ausgeschlossen sind.[26] Sonstige Rechtsnachfolgetatbestände, insbesondere Sonderrechtsnachfolge genügen nicht, da hier Schädigungen nach § 1 Abs 3 oder Abs 6 VermG und damit Restitutionsansprüche denkbar sind. Auch bei dieser Vorschrift gilt nach Sinn und Zweck, daß nicht nur die Erstveräußerung, sondern auch jede Folgeveräußerung genehmigungsfrei ist, da in jedem Fall Restitutionsansprüche beim Erwerb vom eingetragenen Alteigentümer ausgeschlossen sind.[27] Genehmigungspflicht besteht aber, wenn der Staat als Erbe im Grundbuch eingetragen ist, da hier schädigende Maßnahmen im Sinne des § 1 VermG vorliegen können. Insofern ist die Vorschrift ihrem Wortlaut nach zu weit.[28] Da vermögensrechtliche Ansprüche im Normalfall nicht berührt sind, wenn zwischen Miterben eine Erbteilsübertragung oder eine Erbauseinandersetzung stattgefunden hat, spricht einiges dafür auch in diesen Fällen nach Sinn und Zweck der Vorschrift Genehmigungsfreiheit anzunehmen;[29] keine Genehmigungsfreiheit, wenn der Erbteil einem Dritten übertragen wurde, der nicht Miterbe ist.

---

[24] Schmidt und Wingbermühle VIZ 1994, 328 (330).
[25] So Schmidt-Räntsch OV-Spezial 1994 Nr 7 S 3 (4); Schmidt und Wingbermühle VIZ 1994, 328 (330).
[26] Vgl Begründung BT-Drucks 12/5553 S 157; zur Alleinerbfolge bei Eheleuten LG Stendal NotBZ 2000, 199.
[27] So Schmidt-Räntsch OV-Spezial 1994 Nr 7 S 3 (5); Schmidt und Wingbermühle VIZ 1994, 328 (330). Für Erwerb mit freiwilligem Landtausch in der Flurneuordnung gilt das nicht, OLG Jena Rpfleger 1998, 109.
[28] So zutreffend Schmidt-Räntsch aaO; Böhringer BWNotZ 1996, 49 (50).
[29] LG Berlin ZEV 1996, 268 mit zust Anm Limmer; BMJ, Grundbuchinfo, Heft 3, Juni 1994, S 31, 33; aA Böhringer BWNotZ 1996, 49 (50); Wolf MittBayNot 1995, 17 (19).

E. Die Grundstücksverkehrsordnung (GVO)

5. Die Genehmigungstatbestände

Einziger **Zweck der GVO** ist die Sicherung geltend gemachter Restitutionsansprüche gegenüber Verfügungen des derzeit Berechtigten. 4234

a) Die Grundstücksverkehrsgenehmigung ist daher zu erteilen, wenn bei dem Amt und Landesamt zur Regelung offener Vermögensfragen, in dessen Bezirk das Grundstück belegen ist, für das Grundstück innerhalb der Ausschlußfrist des § 30a VermG (Rdn 4218) **ein Antrag** auf Rückübertragung oder eine Mitteilung über einen solchen Antrag **nicht eingegangen** oder ein solcher Antrag bestandskräftig abgelehnt oder zurückgenommen worden ist. Die Genehmigung ist daher zu versagen, wenn ein Antrag auf Restitution des betroffenen Grundstücks gestellt wurde. Sie ist auch zu versagen, wenn nach Abschluß eines Restitutionsverfahrens neue Ansprüche bekannt werden, die von der Bestandskraft der Entscheidung des Vermögensamtes nicht betroffen sind.[30] Keinen Versagungsgrund stellt ein Antrag auf Wiederbegründung eines beschränkten dinglichen Rechts nach § 3 Abs 1a VermG dar, da die GVO nur die Restitution von Grundstücken und nicht von sonstigen dinglichen Rechten sichern soll.[31] Die Genehmigungsbehörde wird regelmäßig zur Feststellung der Anmeldebelastung ein Negativattest des Vermögensamtes einholen müssen.[32] Nach dem Wortlaut des Gesetzes müßte auch ein Negativattest des Landesamtes zur Regelung offener Vermögensfragen eingeholt werden. Da beim Landesamt nur die Unternehmensrestitution durchgeführt wird, ist eine Anfrage beim Landesamt nicht in jedem Fall zwingend, sondern nur dann notwendig, wenn im Grundbuch ein Unternehmen oder Volkseigentum mit einem Rechtsträger, aus dem ein (Treuhand-)unternehmen hervorgegangen ist, als Eigentümer ausgewiesen ist oder klare und eindeutige tatsächliche Anhaltspunkte dafür bestehen, daß eine Anmeldung beim Landesamt für das Grundstück vorliegt.[33] 4235

Die materielle Gültigkeit des zu genehmigenden Vertrages hat die Genehmigungsbehörde grundsätzlich nicht zu prüfen; ist der Vertrag aber offensichtlich nichtig, kann die Genehmigung versagt werden.[34]

b) Die GVO-Genehmigung ist auch dann zu erteilen, wenn der **Anmelder zustimmt** (§ 1 Abs 2 Nr 2 GVO). Liegen mehrere Anmeldungen vor, müssen alle Anmelder zustimmen.[35] Sind bei einer Erbengemeinschaft nicht alle Miterben bekannt, so genügt in Anlehnung an § 2a VermG die Zustimmung der bekannten Miterben. 4236

c) Die Genehmigung ist ebenfalls zu erteilen, wenn eine **Veräußerung nach § 3c VermG** erfolgt, da sich in diesem Fall der Erwerber verpflichtet, die 4237

---

[30] OVG Frankfurt/Oder VIZ 2002, 40; zur Unanfechtbarkeit der bereits erteilten Genehmigung nach Bestandskraft der Ablehnung eines Restitutionsantrags BVerwG VIZ 1998, 86.
[31] Schmidt-Räntsch OV-Spezial 1994 Nr 7 S 3 (5).
[32] Schmidt-Räntsch aaO; Wolf MittBayNot 1995, 17 (19).
[33] So Schreiben des BMJ vom 29. 3. 1994, DNotI-Report 1994 Nr 10 S 7 = VIZ 1994, 515; Kimme/Thomas, Rdn 13 zu § 1; Wolf MittBayNot 1995, 19.
[34] VG Berlin NJ 1993, 571 = VIZ 1994, 84; die Nichtigkeit muß aber ohne weiteres erkennbar sein, vgl auch Kößler VIZ 1994, 514.
[35] Schmidt-Räntsch OV-Spezial 1994 Nr 7 S 3 (7).

Rückübertragung des Grundstücks in seiner Person zu dulden (sog mitgeschleppter Restitutionsanspruch). Für die Genehmigungsfreiheit ist entscheidend, ob eine entsprechende Übernahmeklausel nach § 3 VermG im Kaufvertrag enthalten ist. Das Grundbuchamt kann den Nachweis, daß nicht ein Fall des § 3 c VermG vorliegt, nur verlangen, wenn begründete Zweifel an der Genehmigungsfreiheit bestehen.[36] Der Fall des § 3 c VermG bezieht sich nicht auf den Fall des Rechtserwerbs des Veräußerers aufgrund eines Investitionsvorrangbescheides.

4237a d) Es besteht schließlich die Möglichkeit der Erteilung der GVO-Genehmigung, wenn der **Restitutionsanspruch offensichtlich unbegründet** erscheint, insbesondere, wenn er sich auf Vermögenswerte richtet, die aufgrund Besatzungsrecht enteignet wurden, oder wenn das restitutionsbelastete Grundstück im komplexen Wohnungsbau oder im Siedlungsbau verwendet wurde (§ 1 Abs 2 S 2 GVO).[37] Darüber hinaus kann ein offensichtlich unbegründeter Antrag auch dann vorliegen, wenn eine Enteignung nach dem Aufbau- oder Baulandgesetz gegeben ist[38] oder ein entschädigungsloser Rückfall einer Neubauernwirtschaft an den Bodenfonds vorliegt.[39]

6. Verfahren und Zuständigkeit

4238 **Zuständig** für die Erteilung der Genehmigung sind die Landkreise und die kreisfreien Städte (§ 8 S 1 GVO). Soweit die Bundesanstalt für vereinigungsbedingte Sonderaufgaben oder eines ihrer Unternehmen verfügungsbefugt ist, wird die GVO-Genehmigung von dem Oberfinanzpräsidenten der OFD Berlin (oder von einer ihm ermächtigten Person) erteilt (§ 8 S 2 GVO). Wurde gegen diese Zuständigkeitsverteilung verstoßen und von einer sachlich unzuständigen Behörde die GVO-Genehmigung erteilt, so ist sie dennoch wirksam, da kein Nichtigkeitsgrund vorliegt.[40]

Das Verfahren nach der GVO ist ein **Antrags**verfahren. Antragsberechtigt ist jede an dem genehmigungspflichtigen Rechtsgeschäft beteiligten Person (§ 1 Abs 2 S 1 GVO). Zum Teil verlangten die Behörden den Nachweis, daß keine Genehmigungsfreiheit nach § 2 Abs 1 S 2 Nr 3 (eingetragener Alteigentümer seit Januar 1933) vorliegt, damit ein Antragsbedürfnis des Antragstellers bejaht werden kann. Dies verstößt gegen das Amtsermittlungsprinzip nach § 24 VwVfG. Die Behörde muß selbst den notwendigen Sachverhalt aufklären, eine Verpflichtung zum Nachweis des lückenlosen Eintrages bis 1933 durch den Antragsteller besteht nicht.[41] Allerdings kann die Mitwirkungsverpflichtung des Antragstellers es geboten erscheinen lassen, entsprechende Nachweise zur Beschleunigung zu besorgen. Ein Zurückweisungsgrund für die Genehmigungsbehörde stellt die Nichtmitwirkung allerdings nicht dar.

---

[36] KG Berlin FGPrax 1995, 178 = VIZ 1995, 664.
[37] Vgl Alberts VIZ 1993, 533; Konrad ZOV 1995, 110; Wiese VIZ 1994, 575.
[38] Conrad ZOV 1995, 110 (111).
[39] Alberts VIZ 1993, 533 (534); Konrad aaO.
[40] LG Meiningen NotBZ 1997, 214.
[41] Vgl Schreiben des BMJ vom 29. 3. 1994, DNotI-Report 1994 Nr 10 S 7f; Wolf MittBayNot 1995, 17 (20).

E. Die Grundstücksverkehrsordnung (GVO)

Liegt ein Restitutionsantrag vor, so ist das Genehmigungsverfahren auszusetzen (§ 1 Abs 4 GVO). Eine Versagung der Genehmigung erfolgt, wenn keine der genannten Entscheidungsvoraussetzungen vorliegt (§ 1 Abs 2 S 1 GVO). Eine gesetzliche Antragsvollmacht für den Urkundsnotar besteht nicht; der Notar kann jedoch von den Vertragsteilen in der Urkunde zur Antragstellung bevollmächtigt werden.
Mit dem Genehmigungsantrag ist eine Abschrift des Veräußerungsvertrages vorzulegen. Ein bloßer Vertragsentwurf genügt, wenn er die für die Prüfung durch die Genehmigungsbehörde erforderlichen Angaben enthält (§ 1 Abs 1 S 2 GVO). Rücknahme des Antrags ist durch jeden Antragsteller möglich, solange das Genehmigungsverfahren nicht bestandskräftig abgeschlossen ist.
Die Genehmigung ist ein begünstigender privatrechtsgestaltender Verwaltungsakt. Er ist ebenso wie die Versagung der Genehmigung zu begründen, mit Rechtsmittelbelehrungen zu versehen und nach den jeweiligen landesrechtlichen Verwaltungszustellungsgesetzen dem Antragsteller bekanntzumachen. Hat der Notar für die Vertragsteile den Antrag gestellt, so ist ihm die Genehmigung zuzustellen (§ 4 Abs 3 GVO). Eine Kostentragungspflicht des Notars für die Gebühren nach § 9 GVO besteht nicht.[42] Gegen die Versagung ist der Verwaltungsrechtsweg eröffnet (§ 6 GVO).

7. Aufhebung und Anfechtung der Genehmigung

Die Genehmigung ist **Verwaltungsakt** mit Drittwirkung, nämlich gegenüber jedem Rückerstattungsberechtigten, weil durch die Genehmigung die in § 2 GVO genannten Veräußerungsvorgänge wirksam werden. Der Rückerstattungsberechtigte, dessen Antrag keinen Erfolg hat, wird durch die Genehmigung – ihre Rechtswidrigkeit unterstellt – in seinen Rechten verletzt, so daß ihm gegen die Erteilung der Genehmigung nach Widerspruch der **Rechtsweg** zu den Verwaltungsgerichten offensteht. Eine Rechtsmittelfrist (§§ 68, 70, 74 VwGO), auch die Jahresfrist des § 58 Abs 2 VwGO, wird jedoch für einen übergangenen Rückerstattungsberechtigten nur in Lauf gesetzt, wenn ihm der Genehmigungsbescheid zugestellt oder sonstwie bekannt gemacht wurde. Wurde die Genehmigung einem Rückerstattungsberechtigten nicht zugestellt, weil die Genehmigungsbehörde von seinem Restitutionsantrag keine Kenntnis hatte, so beginnt gegenüber einem solchen Rückerstattungsberechtigten keine Rechtsmittelfrist zu laufen mit der Folge, daß er uU auch noch Jahre nach Erteilung der GVO-Genehmigung diese gerichtlich anfechten kann; die Genehmigung wäre auf eine solche Klage durch das Verwaltungsgericht zB dann aufzuheben, wenn die Genehmigungsbehörde den eingegangenen Antrag übersehen hätte; auf die Jahresfrist des § 5 GVO kommt es bei der gerichtlichen Anfechtung nicht an.
Die Genehmigung kann auch nach den Bestimmungen der VwVfG der Länder **zurückgenommen** oder **widerrufen** werden (§ 5 S 1 GVO).[43] Widerruf oder Rücknahme durch die Verwaltungsbehörde können nicht darauf gestützt werden, daß der Genehmigungsbehörde erst nach Erteilung der Genehmigung ein Rückerstattungsantrag von einem anderen Vermögensamt

4239

---
[42] Wolf MittBayNot 1995, 17 (21).
[43] Ausführlich zur Rücknahme als Ermessensentscheidung OVG Weimar VIZ 2000, 670.

mitgeteilt oder ein solcher Antrag bei ihr eingegangen ist (§ 5 S 3 GVO). Rücknahme bzw Widerruf der Genehmigung innerhalb der Jahresfrist des § 5 GVO ist jedoch möglich, wenn die Genehmigungsbehörde einen im Zeitpunkt der Erteilung der Genehmigung bei ihr bereits vorliegenden Antrag übersehen hat.

4240 Das Verfahren der **Aufhebung der Genehmigung** ist in § 7 GVO geregelt.[44] Nach § 7 Abs 1 GVO steht die Aufhebung der GVO-Genehmigung der Wirksamkeit des genehmigungspflichtigen Rechtsgeschäftes nicht entgegen, wenn zum Vollzug die Grundbuchumschreibung erfolgt ist. Wurde vor Aufhebung der Genehmigung der Verkäufer im Grundbuch als neuer Eigentümer eingetragen, führt die Aufhebung der Genehmigung nicht dazu, daß die Veräußerungsgeschäfte – Kaufvertrag und Auflassung – wieder unwirksam werden. Diese bleiben vielmehr nach § 7 Abs 1 GVO weiterhin wirksam. Auch die nachfolgenden Verfügungen des Ersterwerbers sind und bleiben Verfügungen durch den Berechtigten.[45] Hat also der Ersterwerber bereits weiter veräußert, so handelte es sich um einen genehmigungsfreien Zweiterwerb, der auch nach der Aufhebung der Erstgenehmigung weiterhin genehmigungsfrei bleibt.[46] Für das Wirksambleiben des genehmigungspflichtigen Rechtsgeschäftes bei Aufhebung der Genehmigung genügt nicht, daß eine Auflassungsvormerkung zugunsten des Erwerbers eingetragen wurde. Denn die Vormerkung hat in diesen Fällen der Aufhebung der GVO-Genehmigung keine Wirkung mehr, da der gesicherte Anspruch entfallen ist. Insofern stellt eine Verpfändung des Eigentumsverschaffungsanspruchs in den neuen Bundesländern ein Risiko dar, da mit der Aufhebung der GVO-Genehmigung auch der Pfandgegenstand wegfällt.[47]

4241 Wird das Geschäft (Kaufvertrag und Auflassung) mit Aufhebung der GVO-Genehmigung nach § 7 Abs 1 GVO unwirksam, erfolgt die **Rückabwicklung nach Bereicherungsrecht**. Eine vertragliche Rückabwicklungsgestaltung ist zulässig.[48] Grundpfandrechte, die auf der Grundlage einer sog Belastungsvollmacht bestellt wurden, bleiben wirksam.

Führt die Aufhebung der GVO-Genehmigung wegen Eigentumserwerb des Erwerbers nicht zur Unwirksamkeit des Rechtsgeschäfts, so begründet § 7 Abs 2 GVO ein **schuldrechtliches Rückabwicklungsverhältnis**. Von dem Zeitpunkt an, in dem die Aufhebung der GVO-Genehmigung bestandskräftig ist, ist der Erwerber verpflichtet, dem Verfügungsberechtigten das Grundstück, soweit es ihm noch gehört, in dem Zustand zurückzuübereignen, in dem es sich in dem genannten Zeitpunkt befindet. Der gesetzliche Rückübertragungsanspruch besteht auch dann, wenn der Ersterwerber das Grundstück zwischenzeitlich weiterveräußert hat. Die Rückübertragungspflicht entfällt nur dann, wenn der Ersterwerber seinerseits das Eigentum verloren hat, also

---

[44] Vgl DNotI-Report 1994 Nr 3 S 1 (4); Frenz DtZ 1994, 56 (59 ff); Schmidt und Wingbermühle VIZ 1994, 328 (330 f); Wolf MittBayNot 1995, 17 (22); Maletz VIZ 1999, 576 und NJW 2000, 1462.
[45] So Kimme/Thomas Rdn 5 zu § 7 GVO; Frenz DtZ 1994, 56 (59); Baumhaus ZOV 1994, 160 (163); Schmidt-Räntsch OV-Spezial 1994 Nr 7 S 3 (9).
[46] Frenz DtZ 1994, 56 (60); Wenzel WM 1994, 1269 (1273).
[47] Vgl DNotI-Report 1994 Nr 14 S 1 (3).
[48] Vgl Frenz DtZ 1994, 56 (60).

der Zweiterwerber als Eigentümer bereits eingetragen ist (§ 7 Abs 2 S 1 GVO).⁴⁹ Ist für den Zweiterwerber eine Auflassungsvormerkung im Grundbuch eingetragen, so besteht zwar die Rückübertragungspflicht weiterhin. Die Rückübertragung bezieht sich aber dann auf das belastete Grundstück, da der Erwerber verpflichtet ist, das Grundstück „in dem Zustand zurückzuübereignen, in dem es sich in dem genannten Zeitpunkt befindet". Der Zweiterwerber könnte dann ggf von dem Ersterwerber und von dessen Verkäufer weiterhin die Auflassung verlangen und vom Verfügungsberechtigten nach § 888 BGB die Zustimmung zu seiner Eintragung als Eigentümer. Man wird daher eine Einschränkung der Rückübertragungspflicht des § 7 Abs 2 S 1 GVO annehmen müssen, wenn bereits für den Erwerber eine Auflassungsvormerkung eingetragen ist.⁵⁰

8. Grundbuchamt

Das Grundbuchamt darf aufgrund eines genehmigungspflichtigen Rechtsgeschäftes eine **Eintragung** ins Grundbuch **erst** vornehmen, **wenn** der **Genehmigungsbescheid** vorgelegt ist (§ 2 Abs 2 S 1 GVO). Nachweis der Unanfechtbarkeit des Bescheides ist nicht erforderlich. Das Grundbuchamt darf aber nicht mehr eintragen, wenn die zuständige Behörde mitgeteilt hat, daß gegen die Genehmigung ein Rechtsbehelf eingelegt worden ist und dieser aufschiebende Wirkung hat, oder wenn es auf andere Weise durch öffentliche oder öffentlich-beglaubigte Urkunde hiervon Kenntnis erlangt hat (§ 2 Abs 2 S 2, 4 GVO). Den Genehmigungsbescheid selbst hat das Grundbuchamt nicht inhaltlich zu prüfen, auch nicht dahin, ob er durch eine sachliche oder örtlich unzuständige Behörde erteilt wurde, da eine Unzuständigkeit nur die Anfechtbarkeit, nicht die Nichtigkeit der Genehmigung zur Folge hätte.⁵¹ Auflagen, die einer Genehmigung beigefügt sind (§ 4 Abs 2 GVO), sind vom Grundbuchamt nicht zu beachten.

4242

Das Grundbuchamt hat in eigener Zuständigkeit die Genehmigungsbedürftigkeit zu **prüfen**. Ein Negativattest von der für die GVO-Genehmigung zuständigen Behörde kann in der Regel nicht verlangt werden, da sich die Genehmigungsfreiheit unmittelbar aus dem Grundbuch oder zumindest den Grundakten entnehmen läßt.⁵² Verlangt werden kann ein Negativattest jedoch in begründeten Ausnahmefällen.⁵³ Wurde in unzulässiger Weise eine genehmigungspflichtige Verfügung ohne Genehmigung eingetragen, ist von Amts wegen nach § 53 Abs 1 GBO ein Widerspruch in das Grundbuch einzutragen. Bestandskräftige Aufhebung der Genehmigung nach Vollzug der Verfügung im Grundbuch führt nicht zur Unwirksamkeit der Eintragung (§ 7 Abs 1 GVO); vielmehr ist das Grundbuch richtig; der nach § 7 Abs 2 GVO bestehende (schuldrechtliche) Rückübertragungsanspruch kann durch Vormerkung, ggf aufgrund einstweiliger Verfügung, gesichert werden.

---

⁴⁹ Dazu Frenz DtZ 1994, 56 (60).
⁵⁰ So zu Recht Frenz DtZ 1994, 56 (60); enger Maletz NJW 2000, 1462.
⁵¹ LG Meiningen NotBZ 1997, 214.
⁵² Wolf MittBayNot 1995, 17 (20).
⁵³ KG FGPrax 1995, 178 = VIZ 1995, 664; vgl auch Vossius MittBayNot 1994, 10 (16).

9. Notar

4243 Bei Beurkundung von Rechtsgeschäften, die der Genehmigung nach der GVO unterliegen, hat der Notar über die Genehmigungspflicht zu **belehren** und einen Hinweis in die Urkunde aufzunehmen (§ 18 BeurkG). Da bis zur Erteilung der schuldrechtliche Vertrag schwebend unwirksam ist, sollten Leistungen vor Erteilung der Genehmigung nicht fällig gestellt werden. Auf die Bestandskraft einer GVO-Genehmigung sollte umgekehrt nicht abgestellt werden, da im Hinblick auf die Drittwirkung der Genehmigung der Nachweis der Bestandskraft letztlich nicht zu führen ist. Auch für die nach § 3 MaBV zu erteilende Bescheinigung über die Wirksamkeit des Rechtsgeschäftes ist Bestandskraft der GVO-Genehmigung nicht erforderlich[54] (siehe Rdn 3211). Auch bei erteilter GVO-Genehmigung bleiben eine Reihe von Risiken, die den endgültigen Eigentumserwerb verhindern können. Nach § 7 Abs 1 S 1 GVO führt die Aufhebung der GVO-Genehmigung bis zur Eigentumsumschreibung wieder zur Unwirksamkeit des genehmigten Rechtsgeschäfts. Darüber hinaus ist nach § 5 GVO eine Rücknahme oder ein Widerruf innerhalb eines Jahres möglich. Schließlich bleibt das Risiko einer Anfechtung der Genehmigung durch einen Anmelder, dem die GVO-Genehmigung nicht zugestellt wurde und demgegenüber keine Rechtsmittelfristen liegen. Wegen diesen Unsicherheiten wird empfohlen, zur Sicherung des Grundstückskäufers den Kaufpreis erst nach Eigentumsumschreibung fällig zu bestellen bzw vom Anderkonto auszuzahlen. Darüber hinaus besteht auch die Rückübertragungspflicht nach § 7 Abs 2 GVO, die uU erst bei einem Zweiterwerb entfällt. Selbst die vollzogene Eigentumsumschreibung bildet daher für den Erwerber materiell keine Sicherheit, das Grundstück letztlich behalten zu können.

4244 **Sicherer Eigentumserwerb** ist daher derzeit auch nach den Neuregelungen nur dann möglich, wenn
- die Eigentumsverhältnisse sich bis zum 30. 1. 1933 zurückverfolgen lassen, ohne daß ein Fall des § 1 VermG, insbesondere dessen Abs 6 (aus dem Grundbuch allein meist nicht erkennbar) vorliegt;
- Volkseigentum auf besatzungsrechtliche oder besatzungshoheitliche Maßnahmen zurückzuführen ist (§ 1 Abs 8 VermG) und kein Fall des § 1 Abs 6 VermG vorliegt;
- alle Berechtigten im Sinne des VermG der Veräußerung zugestimmt haben;
- ein Investitionsvorrangbescheid dem Eigentumserwerb zugrundeliegt, bei dem die Voraussetzungen des § 12 Abs 3 S 4 InVorG vorliegen; dies ist mit Sicherheit nur zu bejahen, wenn der Bescheid nach § 9 Abs 2 InVorG öffentlich bekannt gemacht wurde;
- ein sog Zweiterwerb im Sinne des § 2 Abs 1 S 2 Nr 1 GVO vorliegt und der Ersterwerber als Eigentümer und für den Zweiterwerber eine Auflassungsvormerkung im Grundbuch eingetragen sind.

Ist mit einer Aufhebung der GVO-Genehmigung zu rechnen, können sich auch Regelungen zur Rückabwicklung des Vertrages empfehlen.[55]

---

[54] DNotI-Report 1993 Nr 4 S 1.
[55] Zur Frage inwieweit solche Regelungen zulässig sind vgl Frenz DtZ 1996, 56.

F. Das Investitionsvorranggesetz

Wegen der Unsicherheiten des Grundstücksverkehrs mit GVO-Genehmigung sollte mit dem InVorG (Rdn 4200 d) an Stelle des früheren Bundesinvestitionsgesetzes und des früheren § 3a VermG ein vor Restitutionsansprüchen geschützter Grundstückserwerb für besonders wichtige Investitionen ermöglicht werden. Ein Verfahren nach dem InVorG konnte nach § 4 Abs 1 S 2 und § 27 S 1 InVorG nur bis 31. 12. 2000 (VO vom 18. 12. 1998, BGBl I 3818) eingeleitet werden. Mit Verfahrenseinleitung wurden die gegenüber dem Verfügungsberechtigten wirkenden Verfügungsbeschränkungen des § 3 Abs 3–5 VermG ausgesetzt (§ 2 InVorG), soweit durch den Verfügungsberechtigten ein besonderer Investitionszweck im Sinne des § 3 InVorG verwirklicht wurde und wird. Die nach § 4 Abs 2 InVorG zuständige Stelle hatte hierüber einen Bescheid nach § 8 InVorG zu erteilen; er ersetzt für die von ihm betroffenen Grundstücke die Genehmigung nach § 2 GVO – sie müssen nach § 8 Abs 2 InVorG entsprechend § 28 S 1 GBO bezeichnet sein – sowie kommunalaufsichtliche Genehmigungen und die Bescheinigung über Nichtausübung des gemeindlichen Vorkaufsrechts nach § 28 BauGB (§ 11 Abs 2 InVorG). Zu Fragen des Investitionsvorrangverfahrens vgl die Literatur[1] sowie die Vorauflage Rdn 4242–4251.

4245

Die Randnummern 4246–4251 sind entfallen.

4246–4251

V. Abwicklung der Bodenreform

A. Grundlagen zur Abwicklung der Bodenreform

1. Rechtslage bis zum 22. 7. 1992

Sonderregelungen zum Eigentum an den sog Bodenreformgrundstücken enthalten die §§ 11–16 des Art 233 EGBGB. Es handelt sich um vorwiegend landwirtschaftlich genutzte Flächen, aber auch Hofstellen, die im Rahmen der „demokratischen Bodenreform" auf Veranlassung der sowjetischen Militäradministration (SMAD) in den dort besetzten Ländern ab August 1945 bis 1949 enteignet worden sind.[1*] Der Grundbesitz wurde den sog „Neubauern"

4252

---

[1] Jesch/Ley/Winterstein/Kuhr, InVorG, 2. Aufl (1996); Rodenbach/Söfker/Lochen, InVorG (1995); Wolfers, Das Investitionsvorrangverfahren (1996); Kimme/Wegner ua, Offene Vermögensfragen, Kommentierung zum InVorG; Keil VIZ 1993, 89 und VIZ 1994, 578; Uechtritz VIZ 1993, 142; Böhringer DtZ 1995, 2; Scheidmann VIZ 1995, 681; VIZ 1997, 516 und VIZ 1998, 655.

[1*] VO über die Bodenreform der Provinz Sachsen vom 3. 9. 1945 (VOBl Nr 1 S 28) und andere Verordnungen, nachgewiesen bei Moser-Merdian/Flik/Keller Rdn 131 ff; Gollasch und Kröger VIZ 1992, 421 Fußn 4; zur Geschichte der Bodenreform ferner Rohde S 365 ff; Döring, Von der Bodenreform zu den landwirtschaftlichen Produktionsgenossenschaften (1953); Böhringer Rdn 242–263; Schildt DtZ 1992, 97; Siewert NJ 1992, 155; Kahlke NJ 1992, 481; die Enteignungen der Bodenreform sind nach § 1 Abs 8 Buchst a VermG von der Rückübertragung ausgeschlossen, vgl auch Nr 1 der Gemeinsamen Erklärung vom 15. 6. 1990, Anl III des Einigungsvertrages; der Restitu-

zum persönlichen, vererblichen Eigentum übergeben. Das Eigentum konnte jedoch nicht veräußert, verpachtet oder mit Grundpfandrechten belastet werden, es sollte durch den Neubauer lediglich wirtschaftlich genutzt werden. Die einzelnen Grundstücke wurden jeweils in ein eigenes Grundbuchblatt übertragen mit Eintragung eines Vermerks über die Zugehörigkeit zur Bodenreform. Entscheidend ist dabei der Vermerk in Abt I des Grundbuches, der als Erwerbsgrund das Zuteilungsverfahren nach den Bodenreformvorschriften ausweisen muß; fehlt es hieran, ist ein Vermerk in Abt II unerheblich.[2]

4253 Nach § 1 des Gesetzes zur **Aufhebung der Bodenreform** vom 6. 3. 1990 (GBl I 134) wurden die Verfügungsbeschränkungen der Bodenreform aufgehoben; für das Bodenreformeigentum sollten künftig die Vorschriften des ZGB über das persönliche Eigentum gelten. Die Bodenreform war damit abgeschafft. Das Gesetz enthielt keine Überleitungsregelungen für den Fall, daß der im Grundbuch eingetragene Neubauer bereits am 16. 3. 1990 (Inkrafttreten des Gesetzes) verstorben war und keine Zuteilung des Eigentums nach § 4 BesWVO (vom 7. 8. 1975, GBl I 629; ergänzt durch VO vom 7. 1. 1988, GBl I 25) erfolgt ist. So waren auch nach der Wiedervereinigung noch in vielen Fällen Neubauern als Eigentümer in den Grundbüchern eingetragen, obwohl sie bereits seit langem verstorben waren, ein Besitzwechsel nach § 4 BesWVO wurde oft nicht durchgeführt. So war umstritten, ob die Grundstücke aus der Bodenreform voll vererblich waren (Erbrechtslösung[3]) oder beim Tod des Neubauern in den sog Bodenfonds zurückfielen und aus diesem nach den Regeln der BesWVO neu zuzuteilen waren (Zuteilungslösung). Überwiegend wurde von einer Zuteilungslösung ausgegangen,[4] dem folgte auch der Gesetzgeber mit den Regelungen der Art 233 §§ 11 ff EGBGB zur Abwicklung der Bodenreform.[5] Die hiergegen zu Recht vorgebrachte Kritik[6] wurde vom BGH[7] zwar zustimmend zur Kenntnis genommen, an seiner Auslegung der

---

tionsausschluß ist nicht verfassungswidrig, BVerfG 84, 90 = DtZ 1991, 243 = NJW 1991, 1597 = VIZ 1991, 26 mit Anm Wasmuth; bestätigt durch BVerfG 94, 12 = NJW 1996, 1666 = VIZ 1996, 325.
[2] BGH NotBZ 2003, 196.
[3] Das Oberste Gericht (NJ 1953, 498) stellte lediglich fest, daß es zum Eigentumsübergang neben der Erbfolge eines staatlichen Aktes bedurfte; für eine Erbrechtslösung sehr engagiert auch BezG Dresden = MittBayNot 1992, 270 = Rpfleger 1992, 386 = VIZ 1992, 278; ebenso Böhringer Rdn 242.
[4] BezG Neubrandenburg DtZ 1992, 217 = Rpfleger 1992, 382 und 426 Leits mit Anm Kücken; wieder anders BezG Rostock VIZ 1992, 193; von einem unbefristeten Nutzungsrecht sprach Krüger DtZ 1991, 385; zum Theorienstreit eingehend Moser-Merdian/Flik/Keller Rdn 135.
[5] Zu den Motiven des Gesetzgebers Keller VIZ 1993, 190.
[6] Grundlegend Grün VIZ 1998, 537; vgl auch Göhring NJ 1999, 173.
[7] Zunächst BGH 132, 71 = DtZ 1996, 176 = VIZ 1996, 345; zur Verkehrsfähigkeit des Bodenreformeigentums nach dem Gesetz vom 6. 3. 1990 auch BGH DtZ 1994, 347 = Rpfleger 1995, 63; die Kritik von Grün aufnehmend BGH 140, 223 = NJW 1999, 1470 = VIZ 1999, 157; vgl ferner BGH VIZ 2000, 236, wonach der Fiskus Nutzungsentgelt nur für die Zeit nach dem 22. 7. 1992 verlangen kann, und dieses auch nur dann, wenn der Eigentümer vor Veröffentlichung der Entscheidung BGH 140, 223, das Entgelt nicht anderweitig verwendet hat; nochmals bestätigend BGH NJW 2001, 679 Leits = NotBZ 2001, 150 = VIZ 2001, 103.

auf der Zuteilungslösung basierenden Regelungen der Art 233 §§ 11 ff EGBGB hält er jedoch fest.[8] Die Rechtsprechung des BGH zu den Abwicklungsvorschriften der Bodenreform ist verfassungsrechtlich nicht zu beanstanden.[9] Randnummer 4254 ist entfallen. **4254**

2. Regelungssystematik der Art 233 §§ 11–16 EGBGB

Die Bodenreform hatte der Gesetzgeber durch das 2. VermRÄndG (Rdn 4200d) in Art 233 §§ 11–16 EGBGB geregelt.[10] Im Hinblick auf die geschilderten Unsicherheiten sollten Bodenreformgrundstücke wieder verkehrsfähig gemacht werden, indem in einem ersten Schritt die Grundstücke aus der Bodenreform bestimmten privaten Eigentümern zugeteilt wurden (§§ 11 Abs 1 und 2 des Art 233 EGBGB). Diese Zuteilung muß nicht endgültig sein. Aus Gründen einer pauschalen Nachzeichnung unter Berücksichtigung der früheren Vorschriften der Bodenreform erhalten bestimmte Personen schuldrechtliche Ansprüche auf Auflassung dieser Grundstücke, die gegen den neu (vorläufig) eingesetzten Eigentümer geltend gemacht werden können (Art 233 § 11 Abs 3 EGBGB). **4255**

B. Abwicklung der Bodenreform

1. Betroffene Grundstücke

Die sog Bodenreformvorschriften gelten nur für Grundstücke aus der Bodenreform. Entscheidend ist die formale Grundbuchlage, ob das Grundstück im Grundbuch als solches aus der Bodenreform gekennzeichnet ist oder war. Dies ist der Fall, wenn im Grundbuch in Abt II entweder am 15. 3. 1990 ein Bodenreformvermerk[1] eingetragen oder danach gelöscht worden war. **4256**

---

[8] Dazu sehr kritisch wiederum Grün VIZ 1999, 313; dagegen wieder Kühne VIZ 2000, 446; Giese VIZ 2000, 450; Schweisfurth VIZ 2000, 505; Purps VIZ 2001, 65; Wilhelms VIZ 2001, 645.

[9] BVerfG VIZ 2002, 640; ferner BVerfG NJW 2001, 670 (Leits) = VIZ 2001, 111, 114 und 115 (zu Art 233 § 11 Abs 3 mit § 12 Abs 2 Nr 2 Buchst c) und Abs 3 EGBGB); BGH VIZ 2002, 483; anders noch LG Leipzig VIZ 2000, 305 und VIZ 2001, 312 (Vorlage Art 100 GG).

[10] Vgl Gollasch und Kroeger VIZ 1992, 421; Böhringer aaO (Fußn 1, 2); Böhringer Rpfleger 1993, 89 und 183; Keller Rpfleger 1993, 317 und VIZ 1993, 190; Tremmel Rpfleger 1993, 177; Wendlinger VIZ 1999, 68; Stavorinus NotBZ 2000, 107 und NotBZ 2001, 135. Das BVerfG hat die Verfassungsmäßigkeit des Auflassungsanspruchs eines Berechtigten aus Art 233 § 11 Abs 3 EGBGB gegen den Erben eines Bodenreformeigentümers festgestellt, BVerfG DtZ 1996, 14 = VIZ 1996, 81; zu den Regelungen insgesamt wurde die Verfassungswidrigkeit verneint, wenn der im Grundbuch eingetragene Neubauer vor Inkrafttreten der ersten BesWVO vom 21. 5. 1951 (GBl I 329) verstorben ist, BVerfG DtZ 1997, 88; vgl zur Verfassungsmäßigkeit auch OLG Jena OLG-NL 1996, 103; OLG Naumburg OLG-NL 1995, 2; LG Dresden VIZ 1994, 484; LG Chemnitz VIZ 1994, 360 m Anm Witzmann und Muhm; LG Rostock VIZ 1995, 54.

[1] Vgl zu den Bodenreformvermerken Böhringer VIZ 1992, 179; zur Wirksamkeit der Übertragung eines Bodenreformgrundstücks an eine LPG vgl BGH VIZ 2001, 339; zur entsprechenden Anwendung des Art 233 § 11 Abs 2 Nr 1 EGBGB vgl BGH Rpfleger 2003, 238; allgemein zur Überführung in Volkseigentum Gertner VIZ 2001, 407.

6. Teil. V. Abwicklung der Bodenreform

2. Eigentumszuweisung

4257 a) Die sog **Altfälle** regelt Art 233 § 11 Abs 1 EGBGB. Danach ist Eigentümer eines Bodenreformgrundstücks der aus einem bestätigten Übergabe-Übernahmeprotokoll oder einer Entscheidung über einen Besitzwechsel nach der Besitzwechselverordnung Begünstigte, wenn vor Ablauf des 2. 10. 1990 bei einem Grundbuchamt (nicht zu den Grundakten) ein noch nicht erledigtes Ersuchen oder ein nicht erledigter Antrag auf Vornahme der Eintragung eingegangen ist.

4258 b) Alle **anderen Fälle,** also insbesondere die eingetragenen Besitzwechselvorgänge und Rückführungsfälle, richten sich nach § 11 Abs 2 des Art 233 EGBGB.[2] Sie sind dem Anspruch des „Besserberechtigten" nach Abs 3 ausgesetzt. Art 233 § 11 Abs 2 EGBGB schafft nur eine vorläufige Zuordnung. War am 15. 3. 1990 im Grundbuch eine Person eingetragen, die am 22. 7. 1992 noch lebte, so erhält diese Person das Grundstückseigentum nach Art 233 § 11 Abs 2 S 1 Nr 1 EGBGB. War eine Person eingetragen, die entweder vor dem 16. 3. 1990 verstorben oder zwischen dem 15. 3. 1990 und dem 22. 7. 1992 verstorben war, so werden nach Art 233 § 11 Abs 2 S 1 Nr 2 EGBGB die Personen Eigentümer, die Erben des Eingetragenen sind. Sind mehrere Personen Erben, so bestimmt Art 233 § 11 Abs 2 EGBGB entgegen dem allgemeinen Erbrechtsprinzip der Gesamthandsgemeinschaft, daß auf die Gemeinschaft der Erben die Vorschriften der §§ 741 ff BGB über **Bruchteilsgemeinschaft** anzuwenden sind. Das RegVBG hat den Wortlaut des Art 233 § 11 Abs 2 S 2 EGBGB dahin klargestellt, daß sich die Bruchteile nach den Erbteilen[3] bestimmen, sofern nicht die Teilhaber übereinstimmend eine andere Aufteilung der Bruchteile bewilligen. Konsequenz der Eintragung der Erben in Bruchteilsgemeinschaft ist, daß Vor- und Nacherbfolgevermerke und Testamentsvollstreckervermerke nicht eingetragen werden können.[4] Da die gesetzliche Eigentumszuweisung durch das zweite VermRÄndG am 22. 7. 1992 erfolgte, gilt für **Erbfälle nach dem 22. 7. 1992** im Hinblick auf die Rechtsstellung der Erben allgemeines Erbrecht und nicht die Sonderregelungen des Art 233 § 11 Abs 2 EGBGB.[5] War ein nach Abs 1 Berechtigter oder ein Eigentümer nach Abs 2 des Art 233 § 11 EGBGB **verheiratet** und unterlag die Ehe vor dem Wirksamwerden des Beitritts dem gesetzlicher Güterstand der Eigentums- und Vermögensgemeinschaft nach dem FGB, so sind dieser Berechtigte bzw Eigentümer und sein Ehegatte zu gleichen Bruchteilen Eigen-

---

[2] Vgl zum alten Streit unrichtig Tremmel Rpfleger 1993, 177; zutreffend Böhringer Rpfleger 1993, 183; vgl zur klarstellenden Neuregelung der Vorschrift durch das RegVBG BT-Drucks 12/5553 S 133.
[3] Vorher war umstritten, ob sich die Anteile nach Erbquoten richten, vgl OLG Jena Rpfleger 1995, 343; LG Leipzig BWNotZ 1993, 175 = MittBayNot 1993, 295 = Rpfleger 1994, 16 = VIZ 1993, 562 mit Anm Keller; Keller Rpfleger 1993, 317; fraglich ist, ob Eintragungen nach gleichen Anteilen, die vor dem RegVBG erfolgten, wirksam sind und ob hiergegen die Eintragung eines Amtswiderspruches zulässig ist, so LG Leipzig Rpfleger 1994, 14; dagegen zu Recht den Amtswiderspruch verneinend LG Neubrandenburg Rpfleger 1994, 161; wohl auch OLG Jena Rpfleger 1995, 343.
[4] Eickmann/Böhringer Rdn 15 zu Art 233 § 11 EGBGB.
[5] Böhringer VIZ 1993, 195.

tümer (Art 233 § 11 Abs 5 EGBGB).⁶ Erforderlich ist, daß der Ehegatte den 22. 7. 1992 erlebt hat. Der Ehegattenmiterwerb tritt danach ein, wenn der eingetragene Eigentümer am 15. 3. und auch am 22. 7. 1992 noch lebte, aber auch dann, wenn die am 15. 3. 1990 eingetragene, damals noch lebende Person vor dem 22. 7. 1992 verstorben ist oder wenn am 15. 3. 1990 eine bereits verstorbene Person eingetragen war und der Ehegatte mit dieser Person bei deren Ableben verheiratet war. Ist ein Ehegatte als Alleineigentümer im Grundbuch eingetragen, so gilt in diesem Zusammenhang die Vermutung nach § 891 BGB auch für das Grundbuchamt, das nicht von sich aus zu prüfen hat, ob Miteigentum des Ehegatten vorliegt.⁷ Grundbucheintragung des Ehegatten erfolgt auf dessen Antrag und Berichtigungsbewilligung des bereits eingetragenen Eigentümers nach §§ 19, 22 GBO.⁸

3. Anspruch des „Besserberechtigten"

Die Eigentumszuordnung nach § 11 Abs 2 sollte zunächst nur vorläufig sein. **4259** Die endgültige Zuordnung richtet sich nach Art 233 § 11 Abs 3, § 12 EGBGB. Die Abwicklung der Bodenreform erfolgt in **pauschalierter Nachzeichnung** der Zuteilungsgrundsätze der Besitzwechselverordnung der DDR vom 7. 8. 1975 (GBl DDR I 629) und 7. 1. 1988 (GBl DDR I 25). Danach steht den sog „Besserberechtigten" ein schuldrechtlicher Anspruch auf unentgeltliche Auflassung des Grundstücks gegen Übernahme von Verbindlichkeiten zu.⁹ Die durch Art 233 § 12 Abs 2 EGBGB benannten Berechtigten stehen dabei in einer Rangfolge, nach der die Berechtigung eines vorhergehenden die Berechtigung jedes nachgehenden ausschließt. Anstelle der Auflassung kann der Berechtigte den Verkehrswert des Grundstücks zum Zeitpunkt des Verlangens fordern (Art 233 § 11 Abs 3 EGBGB). Von dieser Zahlungsverpflichtung kann sich der Eigentümer durch das Angebot zur Auflassung des Grundstücks befreien.¹⁰

§ 12 des Art 233 EGBGB unterscheidet zwischen am 15. 3. 1990 noch lebenden Eingetragenen (§ 12 Abs 1; hier wird selten ein vorrangig Berechtigter vorhanden sein) und vor dem 15. 3. 1990 eingetretenen Sterbefällen, die in § 12 Abs 2 geregelt sind. Es ist zu unterscheiden zwischen nicht gewerblichen

---

⁶ Zur Berücksichtigung des Ehegatteneigentums bereits nach dem Recht der DDR vgl OLG Naumburg NotBZ 2000, 308 = VIZ 2000, 558; OLG Brandenburg NotBZ 2000, 130.
⁷ LG Neubrandenburg Rpfleger 1994, 293; Keller MittBayNot 1993, 70; aA OLG Rostock MittBayNot 1994, 441. Vgl hierzu auch OLG Naumburg NotBZ 2000, 308 mit Anm Stavorinus.
⁸ LG Erfurt Rpfleger 1995, 350; eingehend Keller MittBayNot 1993, 70; dort auch zur Prüfungspflicht des Notars.
⁹ BGH DtZ 1997, 58 = VIZ 1997, 48; zum Ausschluß des Ausspruchs bei nicht mehr landwirtschaftlich genutzten Flächen OLG Naumburg VIZ 1995, 114; LG Potsdam VIZ 1996, 107; OLG Rostock OLG-NL 1996, 31; nach BGH DtZ 1997, 224 = VIZ 1997, 296 unterliegen auch sog Kleinstflächen dem Anspruch; zum Gartengrundstück BGH VIZ 1998, 384; der Anspruch betrifft nur das nach § 11 Abs 2 kraft Gesetzes erworbene Eigentum, nicht den späteren Grundstückserwerb oder Erwerb von Miteigentumsanteilen, BGH Rpfleger 2003, 413.
¹⁰ OLG Brandenburg VIZ 1997, 542.

Häusern und Gärten (Nr 1) und den land- und forstwirtschaftlich genutzten Grundstücken (sog Schläge, Nr 2). Bei dem Besserberechtigten muß sog Zuteilungsfähigkeit gegeben sein (§ 12 Abs 1 Nr 2, Abs 2 Nr 1c und Nr 2b EGBGB). Zuteilungsfähig ist, wer bei Ablauf des 15. 3. 1990 in der Land-, Forst- oder Nahrungsgüterwirtschaft tätig war oder wer vor Ablauf des 15. 3. 1990 in diesen Bereichen insgesamt mindestens 10 Jahre lang tätig gewesen war und im Anschluß an diese Tätigkeit keiner anderen Tätigkeit nachgegangen ist und einer solchen voraussichtlich auf Dauer nicht nachgehen wird. Ohne Bedeutung ist insoweit, welcher Beruf dabei ausgeübt wurde und ob der Betroffene unmittelbar durch Urproduktion oder mittelbar spezialisiert zur Gewinnung von Nahrungsgütern beigetragen hat. Entscheidend war allein die formelle Zuordnung der auf Dauer angelegten Tätigkeit zu einem der genannten Wirtschaftszweige.[11] Liegt kein vorrangig Berechtigter vor, ist der Fiskus letztrangig Berechtigter.[12]

Der **Übereignungsanspruch** ist nach Art 233 § 14 EGBGB mit Ablauf des 2. 10. 2000 **verjährt**; die Verjährung soll auch für den Anspruch auf Auskehr des Erlöses nach Art 233 § 16 EGBGB gelten.[13]

4. Widerspruchsverfahren und Benachrichtigungsverfahren

4260 Zum Schutz des Übereignungsanspruchs des Besserberechtigten wurde zunächst ein Widerspruchs- oder Mitteilungsverfahren für bis zum 31. Dez 1996 beim Grundbuchamt eingegangene Anträge nach Art 233 § 13 EGBGB entwickelt. Es hat keine praktische Bedeutung mehr. Zu den Einzelheiten des Verfahrens s 11. Auflage Rdn 4260.

4261 Das Widerspruchsverfahren wurde unter Neufassung des Art 233 § 13 EGBGB durch das Wohnraummodernisierungssicherungsgesetz vom 17. 7. 1997 (BGBl I S 1823) durch ein einfaches **Benachrichtigungsverfahren** ersetzt. Auch dieses Verfahren war zeitlich begrenzt anwendbar auf Eintragungsanträge, die vor dem 3. 10. 2000 gestellt worden sind. Nach Ablauf des 2. 10. 2000 eingegangene Anträge werden nach den allgemeinen Vorschriften behandelt. Zu den Einzelheiten s 12. Auflage Rdn 4262.

5. Übergangsvorschriften

4262 Da Grundstücke aus der Bodenreform auch schon vor Inkrafttreten der Bodenreformvorschriften am 22. 7. 1992 veräußert wurden, regelt Art 233 § 16 Abs 2 EGBGB diese Übergangsfälle. Der durch Erbschein oder durch eine andere öffentliche oder öffentlich beglaubigte Urkunde ausgewiesene Erbe des zuletzt eingetragenen Eigentümers eines Grundstücks aus der Bodenreform, gilt als zur Vornahme von Verfügungen

---

[11] BGH DtZ 1997, 59 = VIZ 1996, 523; LG Leipzig VIZ 1995, 470; anders OLG Rostock OLG-NL 1996, 101; OLG Brandenburg VIZ 1997, 542; zur mangelnden Zuteilungsfähigkeit bei Ablehnung der Aufnahme in die LPG vgl BGH VIZ 2002, 484; OLG Dresden VIZ 2001, 277; LG Neuruppin VIZ 2001, 279.

[12] BGH VIZ 1998, 387; tlw abw zum Zahlungsanspruch aus Art 233 § 16 Abs 2 EGBGB BGH VIZ 2002, 530; abzulehnen ist aber die Ansicht des OLG Düsseldorf VIZ 1999, 361, nach welcher der Fiskus auch in den Fällen des § 12 Abs 1 letztrangig Besserberechtigter sein soll; zur Konkurrenz mehrerer Ansprüche auf Übereignung und Sicherungswirkung der Vormerkung BGH 136, 283 = NJW 1998, 224.

[13] OLG Brandenburg VIZ 1998, 686; zur Rechtsnatur des Ersatzanspruchs ferner BGH VIZ 1998, 150; OLG Naumburg NJ 1997, 31; OLG Rostock VIZ 1997, 488. Zur Verjährung der Ansprüche aus der Bodenreform vgl Limmer NotBZ 2000, 248; Stavorinus NotBZ 2000, 296.

befugt, zu deren Vornahme er sich vor dem 22. 7. 1992 verpflichtet hat, wenn vor diesem Zeitpunkt die Eintragung der Verfügung erfolgt oder zumindest die Eintragung einer Vormerkung zur Sicherung des Anspruchs oder die Eintragung dieser Verfügung beantragt worden ist. Da in diesen Fällen die Verfügung unabhängig von der Zustimmung des wirklichen Eigentümers wirksam ist, bedarf es auch nicht der Zustimmung des nach Art 233 § 11 Abs 5 EGBGB mitberechtigten Ehegatten.[14]

Diese Randnummern sind nicht belegt. 4263–4266

VI. Gebäudeeigentum im Rechtsverkehr

A. Einführung

Der Grundsatz, daß Gebäude und bauliche Anlagen auf Grundstücken kraft Gesetzes wesentlicher Bestandteil des Grundstücks wurden, galt auch nach dem ZGB (§ 295 Abs 1 ZGB). Um den Bürgern die Bebauung von Grundstücken zu ermöglichen, wurde bereits ab 1954 durch das Gesetz über die Verleihung von Nutzungsrechten und volkseigenen Grundstücken vom 21. 4. 1954 (GBl I 445) das Institut des **öffentlich rechtlichen Nutzungsrechtes** geschaffen. Eine Vielzahl von Gesetzen schufen weitere Rechtsgrundlagen für die Verleihung dieser Nutzungsrechte, auf deren Grundlage bauliche Maßnahmen durchgeführt werden konnten[1] (s Rdn 699 a ff). Das Nutzungsrecht wurde durch einen Verwaltungsakt des Rates des Kreises verliehen, eine Grundbucheintragung war für die Entstehung des Nutzungsrechts nicht erforderlich.[2] Auch landwirtschaftliche Produktionsgenossenschaften waren berechtigt, Bürgern auf genossenschaftlich genutzten Böden Nutzungsrechte zu verleihen. Schließlich bestand ein gesetzliches Nutzungsrecht der LPG nach § 18 LPG-Gesetz. Bebauungen auf der Grundlage eines zugewiesenen, verliehenen oder gesetzlichen Nutzungsrechtes führten zu selbständigem Gebäudeeigentum (§§ 287 ff ZGB), für das in der Regel ein Gebäudegrundbuchblatt anzulegen war. Die Eintragung im Gebäudegrundbuchblatt war ebensowenig wie beim Nutzungsrecht konstitutiv. Für LPGs war die Entstehung des Gebäudeeigentums an Gebäuden und Anlagen, die diese auf von ihnen genutzten Boden errichtet haben, in § 27 S 1 LPG-Gesetz 1982 geregelt. Volkseigene Betriebe und Kombinate erwarben auf der Grundlage von § 459 ZGB Gebäudeeigentum an Gebäuden, die auf Grundstücken errichtet wurden, die in Privateigentum standen und bei denen ein privatrechtlicher Nutzungsvertrag mit dem Eigentümer Grundlage der Bebauung war.[3]

4267

---

[14] Eickmann/Böhringer Rdn 7 Art 233 § 16 EGBGB.
[1] Vgl die Übersicht über die Rechtsgrundlagen der Verleihung und Zuweisung von Nutzungsrechten: Keller/Padberg S 17; Czub/Schmidt-Räntsch/Frenz Rdn 17 ff zu § 1; Eickmann/Böhringer Rdn 6 a zu Art 233 § 4 EGBGB; Böhringer VIZ 1996, 131.
[2] Vgl Schmidt-Räntsch S 108.
[3] Vgl zu diesem Gebäudeeigentum Lambsdorff und Stuth VIZ 1992, 348; Volhard VIZ 1993, 481; Gruber VIZ 1999, 129.

B. Die Überleitung des Nutzungsrechts und des Gebäudeeigentums

1. Gebäudeeigentum auf der Grundlage eines Nutzungsrechts

4268 Das **Gebäudeeigentum** hat der Einigungsvertrag mit Art 231 § 5 Abs 1 EGBGB **als grundstücksgleiches Recht** aufrecht erhalten. Auch das dem Gebäude zugrundeliegende Nutzungsrecht wurde durch Art 233 § 3 Abs 1 EGBGB weiterhin als Belastung des Grundstücks übergeleitet, allerdings von seinem öffentlich rechtlichen Charakter zu einer zivilrechtlichen Last an dem Grundstück transformiert.[1] Nutzungsrechte und Gebäudeeigentum sind daher zwei selbständige Rechte, die das Grundstück belasten. Eine inhaltliche Verknüpfung von Nutzungsrecht und Gebäudeeigentum wird aber durch Art 231 § 5 Abs 2 EGBGB erreicht. Das **Nutzungsrecht** ist (anders als beim Erbbaurecht) **wesentlicher Bestandteil des Gebäudes.** Der Gesetzgeber hat die rechtliche Regelung des DDR-Rechts nachgezeichnet, nach der auch das Nutzungsrecht bei Veräußerung dem Gebäude folgte.[2] Der **Untergang des Gebäudes** läßt den Bestand des Nutzungsrechts unberührt, so daß aufgrund des Nutzungsrechts ein neues Gebäude errichtet werden kann (Art 233 § 4 Abs 3 S 1 EGBGB). Man wird hieraus schließen können, daß ein Nutzungsberechtigter auch nach dem 3. 10. 1990 befugt ist, auf der Grundlage eines bisher nicht ausgeübten Nutzungsrechts ein selbständiges Gebäude zu errichten und dadurch Gebäudeeigentum entstehen zu lassen.[3] Eine selbständige Übertragung des Nutzungsrechts kommt wegen der Bestandteilseigenschaft nach Art 231 § 5 Abs 2 EGBGB nicht in Betracht. Es kann nur zusammen mit dem Gebäudeeigentum übertragen werden. Hiervon wird man eine Ausnahme zulassen müssen, wenn das Gebäudeeigentum mangels Errichtung eines Gebäudes noch nicht entstanden ist.[4] Mit der Aufhebung des Nutzungsrechts (Rdn 4274) erlischt das Eigentum am Gebäude; das Gebäude wird wesentlicher Bestandteil des Grundstücks. Der **räumliche Umfang** der Nutzungsbefugnis bestimmt sich nach der Verleihungsurkunde des Nutzungsrechts; in jedem Fall gehören ortsübliche Zuwege und Zuleitungen zum Nutzungsbereich. Bei Eigenheimen beträgt die maximale Nutzungsfläche 500 m^2 (Art 233 § 4 Abs 3 EGBGB).

4269 Die **Verkehrsfähigkeit des Gebäudeeigentums** regelt Art 233 § 4 Abs 1 S 1 EGBGB auf der Grundlage eines Nutzungsrechts. Verfügungen über das als grundstücksgleiches Recht anerkannte Gebäudeeigentum richten sich nach den für Grundstücken geltenden Vorschriften des BGB. Der Kaufvertrag bedarf daher der Form nach § 311 b Abs 1 BGB, die dingliche Übertragung erfolgt nach den §§ 873, 925 BGB durch Auflassung und Eintragung in das Gebäude-

---

[1] Schmidt-Räntsch S 113.
[2] BGH DNotZ 1997, 132 = DtZ 1996, 140 (141); Staudinger/Rauscher Rdn 21 zu Art 231 § 5 EGBGB.
[3] So BezG Cottbus ZOV 1992, 304; Eickmann/Böhringer Rdn 2a zu Art 233 § 4 EGBGB; Purps DtZ 1995, 390; aA Wilhelms DtZ 1995, 228, wonach bis 3. 10. 1990 mit der Errichtung des Gebäudes begonnen sein mußte; dazu auch Wilhelms ZOV 1994, 171.
[4] So Schmidt-Räntsch S 121; aA Horn, Das zivile Wirtschaftsrecht im neuen Bundesgebiet, 2. Aufl (1993), S 166.

B. Die Überleitung des Nutzungsrechts und des Gebäudeeigentums

grundbuch. Ist für das Grundstück ein Gebäudegrundbuch noch nicht angelegt, so kann eine Übertragung erst nach Anlegung erfolgen (siehe Rdn 699 a ff). Eine Übertragung ohne Anlegung eines Gebäudegrundbuchs ist bei Gebäudeeigentum auf der Grundlage eines Nutzungsrechts seit dem 2. 10. 1990 nicht möglich. Auch eine Belastung des Gebäudeeigentums kann wie bei einem Grundstück erfolgen, insbesondere die Belastung mit Grundpfandrechten.[5]

Die Behandlung des selbständigen Gebäudeeigentums in der **Zwangsversteigerung** des Grundstücks regelt Art 233 § 4 Abs 4 EGBGB iVm § 9a EGGVG. In der Zwangsversteigerung des Grundstücks bleiben das Gebäudeeigentum und das Nutzungsrecht auch dann bestehen, wenn sie bei der Feststellung des geringsten Verbotes nicht berücksichtigt worden sind und die Zwangsversteigerung bis zum 31. 12. 2000 angeordnet wurde.[6] Dementsprechend war in § 9a Abs 1 EGZVG bestimmt worden, daß das Gebäudeeigentum bei einer nach diesem Zeitpunkt angeordneten Grundstücksbeschlagnahme zunächst mit erfaßt wird, auch wenn es nicht im Eigentum des Vollstreckungsschuldners steht. Soweit das (schuldnerfremde) Gebäudeeigentum mit Eintragung des Nutzungsrechts grundbuchersichtlich ist, gilt § 28 ZVG, das Dritteigentum am Gebäude steht insoweit der Zwangsversteigerung entgegen. 4270

2. Nutzungsrechtsloses Gebäudeeigentum von LPG, Wohnungs- und Arbeiterwohnungsgenossenschaften und von VEB

Das gesetzliche Nutzungsrecht der LPG nach § 27 S 1 LPG-Gesetz ist mit Aufhebung des LPG-Gesetzes durch Gesetz vom 28. 6. 1990 (GBl-DDR I 483) ersatzlos weggefallen, so daß der Fortbestand des Gebäudeeigentums fraglich war. Auch das Gebäudeeigentum der VEB auf der Grundlage des § 459 ZGB, der durch das zweite Zivilrechtsänderungsgesetz vom 22. 7. 1990 (GBl-DDR I 903) aufgehoben wurde, war ebenfalls wegen Wegfalls der Nutzungsrechtsgrundlage fraglich. Mit dem 2. VermRÄndG wurde in Art 233 § 2b Abs 1 EGBGB das selbständige Gebäudeeigentum der LPG und auch ihrer zwischenbetrieblichen Einrichtungen[7] ausdrücklich aufrecht erhalten. Darüber hinaus wurde durch diese Vorschrift das Eigentum an Gebäuden und Anlagen von Arbeiter-Wohnungsbaugenossenschaften und von gemeinnützigen Wohnungsbaugenossenschaften auf ehemals volkseigenen Grundstücken neu geschaffen. Für andere Genossenschaften, etwa Handelsgenossenschaften oder Konsumgenossenschaften gilt die Vorschrift nicht, so daß kein Gebäudeeigentum besteht.[8] Es handelt sich in diesen Fällen um nutzungsrechtsloses Gebäudeeigentum, für das ein Gebäudegrundbuch anzulegen ist und das als Belastung des betroffenen Grundstücks eingetragen wird (Art 233 4271

---

[5] Vgl Beckers DNotZ 1993, 364 (369); Palandt/Bassenge Rdn 3; Staudinger/Rauscher Rdn 14, je zu Art 233 § 4 Rdn 3; grundlegend tlw aber überholt Walter WM 1991, 1189.
[6] Vgl im einzelnen zur Behandlung des Gebäudeeigentums in der Zwangsversteigerung Stöber Rdn 1 ff zu § 9a EGZVG; Keller Rpfleger 1994, 194.
[7] OLG Brandenburg OLG-NL 1995, 201 = Rpfleger 1996, 22 = VIZ 1996, 51; OLG Dresden OLG-NL 1995, 203.
[8] OLG Brandenburg OLG-NL 1996, 88; OLG Jena OLG-NL 1996, 56; ihnen kann aber ein Besitzrecht nach Art 233 § 2a EGBGB zustehen, BGH VIZ 1997, 599; BGH 137, 369 = VIZ 1998, 227.

§ 2c mit § 2b Abs 3 EGBGB).[8a] Auf das Eigentum an Gebäuden und Anlagen, die von volkseigenen Betrieben, staatlichen Organen oder Einrichtungen auf vertraglich genutzten privaten Grundstücken errichtet und die von § 459 ZGB geregelt wurden, sind nach Art 233 § 8 S 2 EGBGB die Vorschriften über das nutzungsrechtslose LPG-Eigentum anzuwenden.

4272 Für diese Formen des Gebäudeeigentums verweist Art 233 § 2b Abs 4 EGBGB wiederum auf § 4 Abs 1, so daß für die Übertragung des nutzungsrechtslosen und des VEB-Gebäudeeigentums die Vorschriften des BGB über Grundstücke ebenso gelten wie beim Gebäudeeigentum auf der Grundlage eines Nutzungsrechts. Die **Übertragung** ist daher nur durch Auflassung und Eintragung im Gebäudegrundbuch möglich, so daß zwingend für die Übertragung die Anlegung eines Gebäudegrundbuchblattes erforderlich ist. Vor Inkrafttreten des 2. VermRÄndG war allerdings hinsichtlich des nutzungsrechtslosen Gebäudeeigentums nach § 27 LPGG unklar, ob dieses dem Grundstücksrecht des BGB unterlag oder wie eine bewegliche Sache zu behandeln war.[9] Zum Teil wurde die Verkehrsfähigkeit bis zum 22. 7. 1992 generell verneint.[10] Da in der Zeit vom 3. 10. 1990 bis zum 22. 7. 1992 häufig Übertragungen dieses Gebäudeeigentums stattfanden, die nicht den Vorschriften über Grundstücke entsprachen, trifft Art 233 § 2b Abs 6 EGBGB eine Heilungsvorschrift. Die Übereignungen nach den Vorschriften über bewegliche Sachen bis zum 22. 7. 1992 sind daher wirksam. Auch der schuldrechtliche Vertrag, der nicht der Form des § 313 S 1 (jetzt § 311b Abs 1) BGB entsprach, wird geheilt.[11] Da in diesem Zeitraum auch Sicherungsübereignungen von Gebäudeeigentum stattfanden, enthält Art 233 § 2b Abs 5 EGBGB eine Übergangsvorschrift hierfür. Der Sicherungsgeber kann Rückübertragung Zug um Zug gegen Bestellung eines Grundpfandrechts am Gebäudeeigentum verlangen.

3. Besitzrecht und Verfügungsverbot aufgrund Moratorium

4273 In vielen Fällen erfolgte eine **Bebauung**, ohne daß das als Rechtsgrundlage notwendige **Nutzungsrecht** verliehen wurde. Es ist kein selbständiges Gebäudeeigentum entstanden. Das selbständige Gebäudeeigentum setzt voraus, daß ein entsprechender Entstehungstatbestand erfüllt war. Allein die faktische Bebauung auf fremden Grund hat auch in der ehemaligen DDR weder zu einem Nutzungsrecht noch zum selbständigen Gebäudeeigentum geführt.[12] Der Gesetzgeber nach der Wiedervereinigung ging allerdings davon aus, daß auch in diesen „hängenden Fällen" die Nutzer des fremden Grundstücks schutzwürdig sind und hat in Art 233 § 2a Abs 1 EGBGB ein besonderes Moratorium für bestimmte Fallgruppen geschaffen. Hintergrund des Moratoriums ist der Umstand, daß die Herstellung geordneter Bodenverhältnisse in

---

[8a] Dazu Wilhelms VIZ 2003, 313.
[9] Für die Anwendung des Grundstücksrechts BezG Dresden MittBayNot 1992, 142 = Rpfleger 1991, 493 = VIZ 1992, 164; für die Anwendung des § 929 BGB Kohler EWiR Art 233 EGBGB 2/92 S 781; allgemein Eickmann/Böhringer Rdn 17a ff zu Art 233 § 2b EGBGB.
[10] BezG Gera VIZ 1992, 332; Etzbach in Anm zu BezG Dresden VIZ 1992, 165.
[11] BGH Rpfleger 1995, 375; BGH DtZ 1995, 330 = VIZ 1995, 599.
[12] BGH 121, 347 = DNotZ 1993, 734 = NJW 1993, 1706; BGH DtZ 1996, 88 = VIZ 1996, 86.

der ehemaligen DDR vielfach nicht mit der notwendigen Genauigkeit vorgenommen wurde. Aufgabe des Moratoriums ist es, bis zur endgültigen Bereinigung durch das SachenRBerG eine vorläufige Sicherung der Rechtsverhältnisse zu erreichen.[13] Diese hängenden Fälle sind in § 1 Abs 1 Nr 1c, 1d SachenRBerG nunmehr der Sachenrechtsbereinigung zugeführt, obwohl kein Gebäudeeigentum entstanden war und auch kein Nutzungsrecht verliehen wurde (siehe Rdn 4283 ff). In den Fällen des Art 233 § 2a Abs 1 EGBGB besteht ein gesetzliches Recht zum Besitz, das die Herausgabeklage des Grundstückseigentümers ausschließt. Nach dem Gesetzeswortlaut war das Besitzrecht allerdings nur bis zum 31. 12. 1994 befristet und dauerte nur in den in § 3 Abs 3, 4, § 121 SachenRBerG[14] bezeichneten Fällen über diesen Zeitpunkt fort. Darüber hinausgehend besteht nach Auffassung des BGH[15] in allen Fällen, in denen eine Sachenrechtsbereinigung stattzufinden hat, ein Recht zum Besitz bis zur Durchführung der Bereinigung. Die Moratoriumsvorschriften werden auf dieses aus dem SachenRBerG folgende Recht zum Besitz entsprechend anzuwenden sein. Für Grundstücke, die von öffentlichen Körperschaften zur Erfüllung ihrer öffentlichen Aufgaben genutzt oder ein Gebäude, das zum Gemeingebrauch gewidmet ist, besteht ein besonderes Moratorium bis zum 30. 9. 2001 nach Art 233 § 2a Abs 9 EGBGB.[16]

Ein schuldrechtlich wirkendes **Belastungsverbot**[17] besteht nach Art 233 § 2a Abs 3 S 2 EGBGB. Der Eigentümer eines Grundstücks ist danach während der Dauer des Rechts zum Besitz verpflichtet, das Grundstück nicht mit Rechten zu belasten, es sei denn, daß er zu deren Bestellung aufgrund der Entscheidung einer Behörde verpflichtet ist. 4273a

C. Aufgabe, Vereinigung, Zuschreibung und Teilung von Gebäudeeigentum

1. Aufgabe

Die **Aufhebung des Gebäudeeigentums** bzw Nutzungsrechts ist in Art 233 § 4 Abs 6 EGBGB geregelt.[1] Diese Vorschriften zeigen, daß eine Konsolidation, also automatisches Erlöschen des Gebäudeeigentums bei Vereinigung in einer Hand nicht eintritt.[2] Auf die Aufhebung des Nutzungsrechts finden nach Art 233 § 4 Abs 6 EGBGB vielmehr die §§ 875, 876 BGB Anwendung. Er- 4274

---

[13] BGH 131, 368 (371) = NJW 1996, 916 = Rpfleger 1996, 280; zum Besitzmoratorium an teilbaren Flächen BGH DtZ 1997, 323 = VIZ 1997, 294; auch im Falle der Bebauung mit Gebäude zu Freizeit- und Erholungszwecken nach § 312 ZGB wurde ein Besitzrecht bejaht, OLG Brandenburg Rpfleger 1997, 20 = VIZ 1997, 54.
[14] Das Besitzrecht aus diesen sog hängenden Kaufverträgen ist übertragbar, BGH VIZ 2000, 157.
[15] Vgl BGH 131, 368 (371) = aaO (Fußn 13); BGH VIZ 1997, 107.
[16] BGH DtZ 1996, 374 = VIZ 1996, 520; KG DtZ 1996, 244 = VIZ 1996, 525.
[17] Böhringer Rpfleger 1994, 45.
[1] Vgl OLG Jena NotBZ 1998, 32 = Rpfleger 1998, 195 (196); DNotI-Report 1994 Nr 4 S 3; Böhringer DtZ 1994, 266; Schmidt VIZ 1995, 377; Krauß OV-Spezial 1997 Nr 1 S 5 mit Formulierungsvorschlägen und NotBZ 1997, 60.
[2] LG Neubrandenburg NJ 1994, 321; Palandt/Bassenge Rdn 10 zu Art 233 § 4 EGBGB; Böhringer OV-Spezial 1993 Nr 4 S 3; unrichtig LG Schwerin DNotZ 1993, 512 mit abl Anm Faßbender = MittBayNot 1993, 217 mit abl Anm Albrecht.

forderlich sind daher eine **Aufhebungserklärung** des Nutzungsberechtigten, daß er sein Recht aufgibt (in der Form des § 29 GBO), Bewilligung (§ 19 GBO), Antrag (§ 13 Abs 1 GBO) und die Löschung des Rechts im Grundbuch. Für die Aufhebungserklärung ist nicht erforderlich, daß identische Eigentumsverhältnisse am Grundstück und Gebäudeeigentum bestehen; selbst wenn Grundstückseigentümer und Gebäudeeigentümer verschiedene Personen sind, kann der Gebäudeeigentümer die Aufhebungserklärung abgeben.[3] Die Zustimmungserklärung des Grundstückseigentümers ist nicht erforderlich, da eine § 26 ErbbauVO vergleichbare Regelung fehlt.[4] Allerdings ist zur Aufhebung nach Art 876 BGB iVm Art 233 § 4 Abs 6 S 1 EGBGB die Zustimmung der dinglich Berechtigten am Gebäudeeigentum erforderlich (Form des § 29 GBO), da sich deren Rechte nicht am Grundstück fortsetzen und mit Untergang des Gebäudeeigentums erlöschen.[5] Eine „Übertragung" der dinglichen Rechte am Gebäudeeigentum auf das Grundstück ist nur in Form einer Neubestellung möglich.[6] Eine Ausnahme vom Zustimmungserfordernis wird man unter einschränkender Anwendung des § 876 BGB ebenso wie bei der Aufgabe eines Erbbaurechts dann annehmen können, wenn die dinglichen Rechte am Gebäudeeigentum mit gleichem Inhalt und gleichem Rang am Grundstückseigentum lasten.[7] Die Aufhebung des Nutzungsrechts oder Gebäudeeigentums ist in der zweiten Abteilung des Grundbuches des Grundstücks einzutragen; ein Gebäudegrundbuchblatt ist zu schließen (§ 12 Abs 1 GGV). Nach Bestandteilszuschreibung (Rdn 4276) erfordert Aufhebung des Gebäudeeigentums Teilung der aus Grundstück und Gebäudeeigentum bestehenden Einheit. Die Grundbucherklärungen für diese Wiederaufhebung der Bestandtteilszuschreibung sind bereits in der Aufhebungserklärung des Nutzungsberechtigten zu sehen.[8]

4275 In Fällen, in denen das **Nutzungsrecht nicht im Grundbuch eingetragen** ist, genügt für dessen Erlöschen nach Art 233 § 4 Abs 6 S 2 EGBGB eine notariell beurkundete Aufhebungserklärung des Berechtigten und die Einreichung dieser Erklärung bei dem Grundbuchamt. Auch in diesen Fällen müssen ebenfalls nicht eingetragene Drittberechtigte nach § 876 BGB in der Form des § 29 GBO zustimmen. Da es sich nicht um eine Eintragung, sondern nur um die Einreichung beim Grundbuchamt handelt, treffen weder den Notar noch das Grundbuchamt **Prüfungspflichten,** ob die aufgebende Person auch tatsächlich verfügungsberechtigt ist.[9] Die Problematik dieser

---

[3] Böhringer OV-Spezial 1993 Nr 4 S 1; Krauß OV-Spezial 1997 Nr 1 S 5 (7).
[4] Palandt/Bassenge Rdn 9 zu Art 233 § 4 EGBGB.
[5] LG Neubrandenburg NJ 1994, 321; LG Magdeburg DtZ 1994, 159; LG Jena Rpfleger 1998, 195 (196; für Vorkaufsberechtigten); Palandt/Bassenge Rdn 9 zu Art 233 § 4 EGBGB; Krauß OV-Spezial 1997 Nr 1 S 5 (10).
[6] Böhringer NJ 1992, 289; vgl auch zur gleichen Situation beim Erbbaurecht BayObLG DNotZ 1995, 61.
[7] OLG Dresden NotBZ 1997, 212 mit Anm Sommer; Eickmann/Böhringer Rdn 35 zu Art 233 § 4 EGBGB; Krauß NotBZ 1997, 60, jeweils unter Bezugnahme auf den vergleichbaren Fall der Aufhebung eines Erbbaurechts; BayObLG DNotZ 1985, 372 = Rpfleger 1984, 145; BayObLG Rpfleger 1987, 156.
[8] LG Dresden NotBZ 1999, 87 mit Anm Hügel = Rpfleger 1999, 271.
[9] OLG Celle NotBZ 1998, 190; Purps NotBZ 2000, 88; Hügel NotBZ 1998, 22; Krauß NotBZ 1997, 60; Böhringer OV-Spezial 1993 Nr 4 S 1; Krauß OV-Spezial

C. Aufgabe, Vereinigung, Zuschreibung und Teilung von Gebäudeeigentum

Aufgabe durch eingereichte Aufgabeerklärung liegt darin, daß im Rahmen des Grundbuchverfahrens nicht rechtssicher festgestellt wird, ob tatsächlich Verfügungsbefugnis besteht und demgemäß das Gebäudeeigentum auch wirklich erlischt. Rechtssicherheit, zB für den späteren Käufer des Grundstücks, der das Gebäude als wesentlichen Bestandteil miterwerben will, kann nur erreicht werden, wenn zuvor ein Gebäudegrundbuch angelegt wird und sodann die Aufgabeerklärung in dieses Gebäudegrundbuch eingetragen wird.[10]

Diese vereinfachte Form der Aufgabe des Gebäudeeigentums gilt auch für das nutzungsrechtslose Gebäudeeigentum nach Art 233 § 2b EGBGB aufgrund der Verweisung[11] in Abs 4 und auch für das VEB-Eigentum nach Art 233 § 8 S 2 EGBGB.

2. Bestandteilszuschreibung

Der Weg der Bestandteilszuschreibung des Grundstücks zum Gebäude nach § 890 Abs 2 BGB besteht neben der Möglichkeit der Aufgabe des Gebäudeeigentums (zum Erbbaurecht siehe Rdn 1845).[12] Im Anwendungsbereich des § 78 SachenRBerG sind allerdings Einschränkungen zu beachten (siehe Rdn 4287 ff). Nach § 1131 BGB führt eine solche Zuschreibung dazu, daß sich die Grundpfandrechte am Gebäudeeigentum automatisch auf das Grundstück erstrecken.[13] Dies hat insbesondere für die Nachverpfändung einer Aufbauhypothek Bedeutung, die nicht mehr neu begründet werden kann.[14] Nicht zulässig ist, ebenso wie beim Erbbaurecht, die Zuschreibung des Gebäudeeigentums zu dem betroffenen Grundstück[15] (siehe Rdn 1847). Für die Zuschreibung gelten die allgemeinen Voraussetzungen (siehe Rdn 150 ff). Die Zustimmung dinglich Berechtigter ist nicht erforderlich (siehe Rdn 655). Die Eigentumsverhältnisse am Grundstück und Gebäude müssen bei der Zuschreibung identisch sein. Durch die Bestandteilszuschreibung wird das zugeschriebene Grundstück zum einfachen, nicht wesentlichen Bestandteil des Gebäudeeigentums. Im Bestandsverzeichnis des Gebäudegrundbuchs werden das Gebäude und das Grundstück unter einer neuen laufenden Nummer eingetragen (siehe Rdn 660). Das Grundbuchblatt des Grundstücksgrundbuches ist zu schließen. Das Grundbuch des Gebäudeeigentums wird zugleich Grundbuch im Sinne des BGB für das Grundstück.[16]

4276

1997 Nr 1 S 5 (8); aA Bundesministerium der Justiz Grundbuchinfo Nr 4 (1996) S 42.
[10] Krauß OV-Spezial 1997 Nr 1 S 5 (9).
[11] Vgl DNotI-Report 1994 Nr 4 S 3; Hügel DtZ 1994, 144.
[12] LG Dresden Rpfleger 1999, 271; LG Mühlhausen NotBZ 1998, 196 = Rpfleger 1998, 196; Böhringer OV-Spezial 1993 Nr 4 S 1; Hügel MittBayNot 1993, 196; Schmidt VIZ 1995, 377 (381).
[13] LG Dresden Rpfleger 1999, 271 = aaO (Fußn 8).
[14] LG Mühlhausen Rpfleger 1998, 196 = aaO (Fußn 12); Böhringer DtZ 1994, 266; Hügel MittBayNot 1993, 196; Keller MittBayNot 1994, 389 Abschn IX.
[15] OLG Jena Rpfleger 1998, 195 = aaO (Fußn 1).
[16] Vgl zu den einzelnen Eintragungen die umfassenden Grundbuchmuster bei Moser-Merdian/Flik/Keller Rdn 267 ff.

3. Vereinigung

4277 Die Vereinigung von Grundstück und Gebäudeeigentum auf diesem Grundstück wird nicht als zulässig angesehen.[17] Das Gebäudeeigentum wird als Belastung des Grundstücks behandelt (vgl Art 233 § 2c Abs 1 S 1 und § 4 Abs 1 S 2 BGBGB); als solche kann es nicht auch Bestandteil desselben Grundstücks sein.

4. Realteilung und Aufteilung nach WEG

4278 a) Von der **Teilung des Gebäudeeigentums** geht § 14 Abs 3 GGV offenbar aus, ohne weitere materiellrechtliche Voraussetzungen für die Teilung vorzusehen. Insbesondere die Teilung eines Gebäudeeigentums auf der Grundlage eines Nutzungsrechts kann nur unter besonderer Berücksichtigung der durch das Nutzungsrecht vorgegebenen Grenzen erfolgen, da anderenfalls die gesetzliche Regelgröße der Nutzungsausübung von 500 m² (Art 233 § 4 Abs 3 EGBGB) vervielfältigt werden könnte. Die Teilung des Gebäudeeigentums setzt daher zwingend die Teilung des dinglichen Nutzungsrechts voraus (§ 14 Abs 3 S 2 GGV). Da hierdurch das Nutzungsrecht nach seinem Inhalt mit zum Teil erheblichen Auswirkungen auf den Grundstückseigentümer verändert wird, ist dessen Mitwirkung erforderlich (§§ 877, 873 BGB).[18] Beim nutzungsrechtslosen Gebäudeeigentum ist der Grundstückseigentümer nicht betroffen, seine Zustimmung ist daher nicht erforderlich.[19] Weitere Voraussetzung für die Teilung ist, daß mehrere selbständige Gebäude vorhanden sind, ein einheitliches Gebäude kann nicht geteilt werden.[20] Im übrigen gelten für die Teilung des Gebäudeeigentums aufgrund der Verweisungsvorschrift des Art 233 § 4 Abs 1 EGBGB die Vorschriften über die Grundstücksteilung (siehe Rdn 666 ff). Die Zustimmung dinglich Berechtigter am Gebäudeeigentum ist beim nutzungsrechtslosen Gebäudeeigentum nicht erforderlich; beim Gebäudeeigentum mit Nutzungsrecht besteht grundsätzlich ein Zustimmungserfordernis, da es sich hier um eine Inhaltsänderung handelt (§§ 877, 876 BGB), wenn eine Beeinträchtigung in der Rechtsstellung nicht ausgeschlossen werden kann.[21] Für den Nachweis der betroffenen Flächen bzw Gebäude wird man § 10 GGV entsprechend anwenden können.[22] Die Teilung des Gebäudeeigentums bedarf weder der Genehmigung nach der GVO noch der Teilungsgenehmigung nach § 19 BauGB.

4279 b) Eine **Aufteilung des Gebäudeeigentums nach § 8 oder § 3 WEG** ist (im Gegensatz zur Realteilung) nicht zulässig (Rdn 2810), da ein Grundstücksmiteigentumsanteil nicht vorhanden ist und auch Art 233 § 4 Abs 1 S 1 EGBGB nicht auf die Vorschriften des WEG verweist.[23] Lediglich im Rahmen

---

[17] OLG Jena NotBZ 1998, 32 = Rpfleger 1998, 196; Meikel/Böhringer Rdn B 6 zu § 5; Böhringer Rdn 624; Palandt/Bassenge Rdn 3 zu Art 233 EGBGB; Schmidt VIZ 1995, 377 (381); aA Hügel MittBayNot 1993, 196 (197); Bauer/vOefele/Waldner Rdn 15 zu §§ 5, 6.
[18] Eickmann Rdn 6 zu § 14 GGV; Böhringer DtZ 1996, 290 (291).
[19] Böhringer DtZ 1996, 290 (292).
[20] Eickmann aaO; Böhringer aaO (beide Fußn 18).
[21] Böhringer aaO.
[22] So Böhringer DtZ 1996, 290 (293).
[23] OLG Jena DtZ 1996, 88 = Rpfleger 1996, 194; Eickmann/Böhringer Rdn 23 zu Art 233 § 4 EGBGB; Purps VIZ 1997, 463; aA Hügel DtZ 1996, 66.

D. Notar und Gebäudeeigentum

der Sachenrechtsbereinigung ist in § 67 SachenRBerG zum Zwecke der Zusammenführung von Grundstücks- und Gebäudeeigentum die Bildung von Wohnungseigentum vorgesehen.

D. Notar und Gebäudeeigentum

Der Notar kann **bei einem Grundstückskaufvertrag** dem Grundbuch nicht immer entnehmen, ob Gebäudeeigentum oder selbständiges Eigentum an Anlagen oder Baulichkeiten auf einem Grundstück begründet wurde. Das Gebäudeeigentum und Nutzungsrecht besteht auch dann, wenn es nicht im Grundstücksgrundbuch vermerkt ist und wenn kein Gebäudegrundbuchblatt angelegt wurde. Ein gutgläubiger nutzungsrechts- oder gebäudeeigentumsloser Erwerb des Grundstücks ist nach Art 233 § 4 Abs 2 EGBGB seit 31. 12. 2000[1] möglich. Bestehen dingliche Nutzungsrechte oder Gebäudeeigentum oder wurde nur etwa mit Billigung staatlicher Stellen ein Gebäude errichtet, so kann der Erwerber eines Grundstücks Ansprüchen nach der Sachenrechtsbereinigung (s Rdn 4283 ff) nach dem 31. 12. 2000 nicht mehr ausgesetzt sein, da sich nach § 111 SachenRBerG der gutgläubige lastenfreie Erwerb auch auf Ansprüche nach dem SachenRBerG bezieht. Über diese Risiken der nicht bekannten Belastungen sollte dennoch belehrt werden.[2]   4280

Das Gebäudeeigentum ist dem Eigentum an einem Grundstück gleichgestellt, so daß ein **Kaufvertrag über ein Gebäudeeigentum** weitgehend einem Kaufvertrag über ein Grundstück entspricht. Die GVO-Genehmigung ist nach § 3 S 1 GVO ebenso erforderlich wie die steuerliche Unbedenklichkeitsbescheinigung. Ein gemeindliches Vorkaufsrecht nach dem BauGB besteht jedoch nicht.[3] Im Falle des nicht angelegten Gebäudegrundbuchs kann ein Hinzuerwerb des Gebäudeeigentums zum Grund und Boden ohne Anlegung eines Gebäudegrundbuchblattes erfolgen, bei fehlender Verfügungsmacht besteht allerdings das Risiko, daß kein Erwerb stattfindet.[4] Gutgläubiger Erwerb ist nur möglich, wenn zuvor ein Gebäudegrundbuchblatt angelegt und die Auflassung in das Gebäudegrundbuchblatt eingetragen wird. Selbständiges Gebäudeeigentum (§ 2 b EGBGB) kann gutgläubig nur erworben werden, wenn es auch bei dem belasteten Grundstück eingetragen ist[5] (Art 233 § 2c Abs 3 EGBGB). Der Erwerb eines Gebäudeeigentums kann im Hinblick auf die Möglichkeit des Erwerbs des belasteten Grundstücks zum hälftigen Verkehrswert im Rahmen der Sachenrechtsbereinigung von Interesse sein. Der Käufer kann allerdings schwer vorhersehen, mit welchem Ergebnis ein Verfahren nach der Sachenrechtsbereinigung und in welchem Zeitraum dieses endet.[6]   4281

---

[1] Frist zuletzt verlängert durch 2. Eigentumsfristengesetz (Rdn 4200 d), vgl Böhringer VIZ 2000, 129.
[2] Vgl umfangreiche Belehrungshinweise bei Böhringer VIZ 1993, 438.
[3] LG Erfurt NotBZ 2001, 470.
[4] Vgl zum Verfahren Eigentumsübertragung durch Aufgabe des Gebäudeeigentums Krauß OV-Spezial 1997 Nr 1 S 5 (10) und NotBZ 1997, 60 mit Formulierungsvorschlägen.
[5] BGH NJW 2003, 202 = Rpfleger 2003, 118 (Eintragung zugleich mit der Umschreibung des Eigentums im Gebäudegrundbuch genügt).
[6] Deshalb geht Flik von einer eingeschränkten Kreditfähigkeit aus, vgl DtZ 1996, 162.

VII. Sachenrechts- und Schuldrechtsbereinigung

A. Erfaßte Fälle der Bodennutzung

4282 Die spezifischen Nutzungstatbestände des DDR-Rechts sollen mit dem SachenRBerG vom 21. 9. 1994 (BGBl I 2457) und dem SchuldRÄndG vom gleichen Tage (BGBl I 2538) in die Strukturen und Rechtsinstitute des BGB überführt werden. Neben der Nutzung auf der Grundlage eines **zugewiesenen, verliehenen oder gesetzlichen Nutzungsrechtes** (siehe Rdn 4268, 4271 ff) bestand in der ehemaligen DDR auch die Möglichkeit der Nutzung des Bodens durch sog Verträge über die Nutzung von Bodenflächen zu kleingärtnerischen Zwecken und zu Erholungs- und Freizeitzwecken (§ 312 ZGB). Grundlage war ein **vertragliches Nutzungsrecht.** Das auf dieser Grundlage errichtete Wochenendhaus, Wohnlaube, Garage, Schuppen oder sonstiger Bau wurde nach § 296 Abs 1 S 1 ZGB Eigentum des Nutzers. Darüber hinaus wurde in einer Vielzahl von Fällen in der DDR ein Gebäude errichtet, ohne daß eine rechtliche Absicherung der baulichen Nutzung stattgefunden hat. Die Bauten erfolgten meist mit staatlicher Billigung, wobei die vorgesehene Bestellung von Nutzungsrechten unterblieben ist (**sog hängende Fälle**). Eine weitere Fallgruppe ist die vertragliche Nutzungseinräumung bei sog **Überlassungsverträgen.** Hierbei handelt es sich um Verträge, die von den staatlichen Verwaltern über sog Westgrundstücke abgeschlossen wurden (Art 232 § 1a EGBGB). Den Überlassungsnehmern war die Bebauung des Grundstücks mit einem Wohngebäude gestattet.

Im Wege einer sog **Nachzeichnungslösung**[1] hat der Gesetzgeber versucht, eine den damaligen Grundwertungen entsprechende Überführung all dieser Fallgruppen zu erreichen. Der Grundgedanke dieser Nachzeichnungslösung ist, daß vertragliche Nutzungen fremder Grundstücke grundsätzlich nicht zu einer dinglichen Absicherung führen, sondern nur einer schuldrechtlichen Lösung durch das SchuldRAnpG zugeführt werden sollen. Dingliche Nutzungsrechte und die Fälle, in denen nach den eigenen Regeln der DDR eine dingliche Absicherung hätte erfolgen müssen (hängende Fälle) sowie Überlassungsverträge sollen im Rahmen der Sachenrechtsbereinigung dinglich abgesichert werden.

B. Sachenrechtsbereinigung

1. Einführung[1*]

4283 Der Gesetzgeber geht aus von den vorgefundenen faktischen Verhältnissen und nicht von den ihnen zugrundeliegenden rechtlichen Regelungen.[2] Alle mit **Billigung staatlicher Stellen durchgeführte Bebauungen** sind gleich zu

---

[1] Vgl Czub S 20 ff.
[1*] Vgl die Übersichten von Czub NJ 1994, 555 und 1995, 10; Eickmann DNotZ 1996, 139; Etzbach VIZ 1996, 305; Frenz NJW 1995, 2657; Krauß MittBayNot 1995, 253 und MittBayNot 1995, 353; vOefele DtZ 1995, 158; Schmidt-Räntsch VIZ 1994, 441; Vossius DtZ 1995, 154; zur Rechtsprechung Purps VIZ 2000, 4; ders ZflR 2001, 799 und ZflR 2002, 877; Schnabel NJW 2001, 2362 und NJW 2002, 1916.
[2] Vgl DNotI-Report 1994 Nr 15 S 8; Krauß, Sachenrechtsbereinigung und Schuldrechtsanpassung im Beitrittsgebiet (1995), S 58 ff.

behandeln, wenn nach den Rechtsvorschriften der DDR eine Nutzungsrechtsbestellung vorgesehen und zulässig war (Anknüpfung an vorgefundene Nutzungssachverhalte). Die baulichen Investitionen auf fremden Grundstücken sind besonders zu schützen, der Nutzer genießt eine vorrangige Rechtsposition (**Vorrang des Nutzerschutzes**). Die Bodenwerte sind nach den heutigen Verkehrswerten zu messen und grundsätzlich zwischen Eigentümer und Nutzer im Verhältnis 1 : 1 zu teilen (**Teilung der Bodenwerte**). Der Sachenrechtsbereinigung sind nach § 1 Abs 1 Nr 1 SachenRBerG ua folgenden Fallgruppen unterworfen:
– Grundstücke, an denen Nutzungsrechte verliehen oder zugewiesen wurden,
– Grundstücke, auf denen vom Eigentum am Grundstück getrenntes selbständiges Eigentum an Gebäuden oder an baulichen Anlagen entstanden ist,
– Grundstücke, die mit Billigung staatlicher Stellen von einem anderen als dem Grundstückseigentümer für bauliche Zwecke in Anspruch genommen wurden und
– Grundstücke, auf denen nach einem nicht mehr erfüllten Kaufvertrag ein vom Eigentum am Grundstück getrenntes selbständiges Eigentum am Gebäude oder an einer baulichen Anlage entstehen sollte.

Es muß außerdem eine bauliche Investition vorliegen (§ 4 SachenRBerG). Hierunter fallen der sog Eigenheimbau (§ 5 SachenRBerG), der staatliche oder genossenschaftliche komplexe Wohnungsbau (§ 6 SachenRBerG) und die Fallgruppe der Bebauung von Wohn- und Wirtschaftsgebäuden durch LPG und die Bebauung eines Grundstücks mit land- und forstwirtschaftlich, gewerblich genutzten oder öffentlichen Zwecken dienenden Gebäuden (§ 7 SachenRBerG). Ergänzt wird dieser Anwendungsbereich durch die Fälle der sog Mitbenutzungsrechte für Wege, Versorgungs- und Entsorgungsleitungen nach §§ 321, 322 ZGB, für die nun nach § 116 SachenRBerG ein Anspruch auf Einräumung einer Dienstbarkeit begründet wurde.[3] § 3 Abs 3 iVm § 121 SachenRBerG regelt die Durchführung der Sachenrechtsbereinigung im Verhältnis zwischen Nutzer und Restitutionsberechtigten im Fall sog hängender Kaufverträge.[4]

2. Die Anspruchslösung

Eine gesetzliche Umwandlung bestehender Nutzungsrechte sieht das SachenRBerG nicht vor. Es enthält vielmehr eine **Anspruchslösung** verbunden mit einem Wahlrecht des Nutzers. Der Nutzer kann vom Grundstückseigentümer die Annahme eines Angebots auf Bestellung eines Erbbaurechts (§ 32 SachenRBerG) oder auf Abschluß eines Grundstückskaufvertrages über den Grund und Boden verlangen (§ 61 SachenRBerG). Die Wahl erfolgt durch

4284

---
[3] Dazu ausführlich Keller Rpfleger 1996, 231; zu Einzelfällen KG VIZ 1999, 356; LG Mühlhausen VIZ 1999, 741; zum Anspruch auf Bestellung eines Wegerechts BGH VIZ 1999, 489 und NotBZ 2000, 155 = VIZ 2000, 366, NotBZ 2003, 262 = VIZ 2003, 385; ZfIR 2003, 287 und NotBZ 2003, 118; OLG Naumburg VIZ 2002, 108; OLG Rostock VIZ 2000, 553; OLG Dresden VIZ 2000, 428 und NotBZ 2003, 118; LG Berlin VIZ 2002, 586; LG Stendal VIZ 2002, 242; AG Brandenburg VIZ 2002, 487; AG Arnstadt VIZ 2001, 449.
[4] Dazu BVerfG VIZ 2000, 417; BGH VIZ 2002, 49 und 583; OLG Brandenburg VIZ 2002, 584 und VIZ 2001, 509, 514; Eickmann/Wittmer Rdn 10 ff und 17 ff zu § 121 SachenRBerG; Schnabel VIZ 1999, 393; Matthiesen VIZ 2001, 461.

schriftliche Erklärung gegenüber dem anderen Teil (§ 16 Abs 1 SachenRBerG).[5] Gegen den unbekannten Nutzer kann nach § 18 SachenRBerG ein Aufgebotsverfahren durchgeführt werden. Für Grundstückseigentümer und Inhaber dringlicher Rechte kann unter den Voraussetzungen des § 17 SachenRBerG ein Pfleger bestellt werden.[6] Das **Wahlrecht, gerichtet auf Ankauf des Grundstücks oder Bestellung eines Erbbaurechts,** steht dem sog Nutzer (§ 9 SachenRBerG) zu. Nutzer in diesem Sinne sind auch alle Rechtsnachfolger des ursprünglichen Nutzers[7] (§ 9 Abs 1 S 1, Abs 2 SachenRBerG). Anspruch und Verpflichtung treffen den jeweiligen Nutzer oder Gebäudeeigentümer (§ 14 Abs 1 SachenRBerG). Die Ansprüche nach dem SachenRBerG können nur zusammen mit dem Eigentum am Grundstück oder dem selbständigen Eigentum am Gebäude, dem Nutzungsrecht, den Rechten des Nutzers aus dem Überlassungsvertrag oder dem Besitz an einem mit Billigung staatlicher Stellen vom Nutzer errichteten Gebäude übertragen werden (§ 14 Abs 2 SachenRBerG). Diese **Akzessorietät** zwischen der den Anspruch begründenden Rechtsposition und dem Anspruch selbst soll verhindern, daß Berechtigung und Nutzerstellung auseinanderfallen. Die **Abtretung** solcher Ansprüche bedarf notarieller Beurkundung (§ 14 Abs 3 S 1 SachenRBerG), und zwar auch dann, wenn nur eine Besitzposition, etwa bei Bebauung mit Billigung staatlicher Stellen, übertragen werden soll.

3. Der Ankauf des Grundstücks

4285 Der Nutzer kann vom Grundstückseigentümer nach § 61 Abs 1 SachenRBerG die **Annahme eines Angebots** für einen Grundstückskaufvertrag[8] verlangen, wenn der Inhalt des Angebots den Bestimmungen der §§ 65–74 SachenRBerG entspricht. Der Gesetzgeber hat in diesen Vorschriften den Inhalt des **Zwangsvertrages** in groben Zügen vorgezeichnet. Die Rechtslage zwischen dem an der Sachenrechtsbereinigung beteiligten Nutzer und dem Grundstückseigentümer ist mit derjenigen vergleichbar, die zwischen Beteiligten besteht, die einen Vorvertrag auf Abschluß des Hauptvertrages geschlossen haben.[9] Das Verfahren der Sachenrechtsbereinigung muß daher mit einem Angebot einer Partei, idR des Nutzers, beginnen, das dem gesetzlichen Inhalt entspricht. Die gesetzlichen Vorgaben beim Grundstückskaufvertrag sind allerdings (anders als beim Erbbaurechtsvertrag) lückenhaft. Insbesondere die in der Praxis wichtigen Regelungen zur Kaufpreisfälligkeit und zur Mitwirkung des Verkäufers bei der Kaufpreisfinanzierung sind nicht geregelt, so daß unklar ist, ob der Notar im Vermittlungsverfahren (siehe Rdn 4290) den Vorschlag des Kaufvertrages im Rahmen des üblichen ergänzen kann.[10]

---

[5] Vgl OLG Brandenburg DtZ 1996, 350 = Rpfleger 1997, 20; kritisch gegenüber einem fehlenden Beurkundungszwang Czub/Hügel Rdn 7 zu § 16 SachenRBerG.
[6] Vgl OLG Brandenburg aaO (Fußn 5); OLG Dresden Rpfleger 1996, 109.
[7] Zum Nutzerbegriff Wesel DtZ 1995, 70.
[8] Vgl zum Grundstückskaufvertrag nach dem SachenRBerG außer den Kommentierungen zu §§ 61ff SachenRBerG Etzbach VIZ 1996, 305; Krauß OV-Spezial 1995, 242; Vossius DtZ 1995, 154.
[9] Czub/Limmer Rdn 2 zu § 42 SachenRBerG.
[10] Vgl zur umstrittenen Lehre vom sog notardispositiven Recht Vossius Rdn 13ff zu § 42; aA Frenz NJW 1995, 2657 (2660); vermittelnd Krauß MittBayNot 1995, 253

B. Sachenrechtsbereinigung

Sind sich die Beteiligten einig, wird mit Unterstützung des Notars ein ausgewogener Grundstückskaufvertrag abgeschlossen werden können; die Ergänzung der gesetzlichen Vorgaben durch einvernehmliche Vertragsbestimmungen ist zulässig. Einseitig wird ein Beteiligter wohl nicht gegen den Willen des anderen Beteiligten Regelungen in den Grundstückskaufvertrag einbringen können, auch wenn es sich um übliche Regelungen handelt.

Kaufgegenstand (§§ 65 ff SachenRBerG) ist das mit dem Nutzungsrecht belastete oder bebaute Grundstück oder eine abzuschreibende Teilfläche. In den §§ 21–27 SachenRBerG hat der Gesetzgeber versucht, die Flächen zu bestimmen, auf die sich das Ankaufsrecht bezieht. Häufig stimmten die Grenzen der Nutzungsrechte nicht mit den Grundstücksgrenzen überein. Die Ansprüche auf Ankauf beziehen sich nur dann auf das Grundstück insgesamt, wenn dessen Grenzen vermessen sind und die Nutzungsbefugnis aus dem Nutzungsrecht mit den Grenzen des Grundstücks übereinstimmt (§ 21 SachenRBerG). Ist dies nicht der Fall, gelten Sonderregelungen (§§ 23 ff SachenRBerG). Der Gesetzgeber geht davon aus, daß für den Eigenheimbau in der DDR eine Regelgröße von 500 m^2 vorgesehen war. Ist diese Fläche im Nutzungsrecht überschritten worden, kann der Eigentümer einer Erstreckung des Ankaufsrechts über die Regelgröße hinaus widersprechen, wenn diese restliche Fläche abtrennbar und selbständig baulich nutzbar ist bzw bei über 100 m^2 angemessen wirtschaftlich nutzbar ist (§ 26 SachenRBerG). Der **Kaufpreis** beträgt die Hälfte des Bodenwertes (§ 68 Abs 1 SachenRBerG). Hierdurch wird dem Teilungsgedanken Rechnung getragen. Der Kaufpreis ist nach § 70 Abs 1 SachenRBerG nach dem ungeteilten Bodenwert zu bemessen, wenn die Nutzung des Grundstücks geändert wird. Gleiches gilt, wenn über die Regelgröße (500 m^2) für den Eigenheimbau hinausgehend, selbständig nutzbare Teilflächen angekauft werden sollen (§ 70 Abs 3 SachenRBerG).

4. Rechtsfolgen des Erwerbs

a) Allgemeines

Mit dem Ankauf (Vollzug der Auflassung im Grundbuch) des Grundstückseigentums durch den Gebäudeeigentümer findet keine gesetzliche Vereinigung von Grundstück und Gebäudeeigentum statt; beide Rechte bleiben vielmehr nebeneinander bestehen, da Grundstück und Gebäudeeigentum unterschiedlich belastet sein können.[11] Eine Zusammenführung kann nur durch Aufhebung des Nutzungsrechts nach Art 233 § 4 Abs 5 EGBGB (siehe Rdn 4274) erfolgen. Um dennoch langfristig eine Zusammenführung zu erreichen und ein erneutes Auseinanderfallen zu verhindern, ist in **§ 78 Abs 1 SachenRBerG ein Verfügungsverbot und eine Aufgabepflicht** angeordnet.[12]

4286

b) Verfügungsverbot

Eine Veräußerung oder Belastung allein des Gebäudes oder des Grundstücks ohne das Gebäude ist nach § 78 Abs 1 SachenRBerG nicht mehr zulässig,

4287

---

(357) und VIZ 1999, 326; zur Unzulässigkeit der Aufnahme „gebräuchlicher" Klauseln in den Vertrag OLG Brandenburg NotBZ 1999, 28 mit Anm Vossius = VIZ 1999, 359.
[11] Vgl Regierungsentwurf BT-Drucks 12/5992 S 89.
[12] Vgl eingehend zu § 78 SachenRBerG Krauß VIZ 1996, 691; Eickmann Rdn 2 ff zu § 78; Czub S 191; Böhringer Rpfleger 1994, 45, 49; DNotI-Report 1994 Nr 23 S 3.

wenn sich Grundstücks- und Gebäudeeigentum in einer Person vereinigt haben. Nach hM, die auch im Wortlaut zum Ausdruck kommt, handelt es sich hierbei um ein sog **absolutes Verfügungsverbot**.[13] Versuche, die Vorschrift als bloße Ordnungsvorschrift auszulegen, konnten sich nicht durchsetzen.[14] Dieses den Grundbuchverkehr beeinträchtigende absolute Verfügungshindernis, bei dem auch guter Glaube keinen Schutz bietet, wird in der Rechtsprechung zu Recht restriktiv ausgelegt. Das Verfügungsverbot ist auch anzuwenden, wenn das Grundstück aufgrund eines Vertrages, der vor dem 1. 10. 1994 geschlossen wurde, zum Gebäudeeigentum hinzuerworben wurde und eine Antragstellung beim Grundbuchamt vor diesem Zeitpunkt stattfand.[15]

Zulässig ist nach dem Wortlaut und auch dem Sinn und Zweck die gleichzeitige Veräußerung und Belastung von Grundstücks- und Gebäudeeigentum. Die Rechte müssen den gleichen Rang haben,[16] da eine rangdivergierende Belastung dem Gesetzeszweck, eine Vereinigung von Grund und Boden und Gebäudeeigentum nicht zu erschweren, zuwiderlaufen würde. **Belastungen** sind nach überwiegender Meinung daher nur noch als **Gesamtrechte** zulässig, Einzelgrundpfandrechte selbst mit demselben Kapitalbetrag, Nebenrechten und gleichen Bedingungen zugunsten desselben Gläubigers sind nicht mehr eintragbar.[17] Da sich diese Einschränkung allerdings nicht aus dem Gesetzeswortlaut und nur aus dem Sinn und Zweck der Vorschrift ergibt, bleibt die separate Belastung mit solchen Rechten zulässig, die nicht gesamtrechtsfähig sind, wie etwa Vormerkungen. Deren Bestellung ist daher zulässig, wenn sie sowohl am Grundstück als auch am Gebäude bestellt und eingetragen werden.[18] Die Befugnis zur Veräußerung im Wege der Zwangsversteigerung oder zu deren Abwendung bleibt von dem Verfügungsverbot unberührt (§ 78 Abs 1 S 2 SachenRBerG). Umstritten war, ob die Eintragung einer **Zwangssicherungshypothek** nach §§ 867 ff ZPO zulässig ist, bei der gem § 867 Abs 2 ZPO an sich die Eintragung eines Gesamtrechts unzulässig wäre.[19] Der Sinn und Zweck des § 78 Abs 1 S 1 SachenRBerG erfordert eine einschränkende Auslegung des § 867 Abs 2 ZPO, so daß in diesen Fällen ausnahmsweise die Eintragung einer Gesamthypothek im Gebäude- und im Grundstücksgrundbuchblatt zulässig ist[20] (s Rdn 2197a). Unter die Ausnahme des § 78 Abs 1 S 2

---

[13] Vgl Begründung RegE BT-Drucks 12/5992 S 159.
[14] Vgl Frenz NJW 1995, 2657 (2661); Vossius Rdn 8 zu § 78 SachenRBerG.
[15] OLG Rostock NotBZ 1999, 214 mit Anm Krauß; OLG Brandenburg DtZ 1996, 384 = Rpfleger 1997, 60 = VIZ 1997, 55; grundlegend OLG Jena DtZ 1997, 391 = Rpfleger 1997, 431; Eickmann DNotZ 1996, 139; Eickmann Rdn 310; Moser-Merdian/Flik/Keller, Rdn 230; aA LG Dresden MittBayNot 1995, 133 = Rpfleger 1995, 467 mit Anm Wanek; Krauß VIZ 1996, 691.
[16] RVI/Etzbach Rdn 11; Vossius Rdn 9, je zu § 78 SachenRBerG.
[17] Eickmann Rdn 4a; RVI/Etzbach Rdn 11, je zu § 78 SachenRBerG; Schreiben des BMJ vom 28. 2. 1995 VIZ 1995, 278.
[18] Eickmann Rdn 4c zu § 78 SachenRBerG; wohl auch LG Chemnitz Rpfleger 1995, 409.
[19] Vgl Schreiben des BMJ aaO (Fußn 17).
[20] So grundlegend und mit ausführlicher Begründung OLG Jena DtZ 1997, 391 = Rpfleger 1997, 431; ferner OLG Brandenburg DtZ 1996, 384 = VIZ 1997, 55; LG Leipzig Rpfleger 1996, 285 und 482; Stöber, ZVG, Einl Rdn 64.9; Zöller/Stöber Rdn 27 zu § 867 ZPO; Keller Rdn 346 ff; aA LG Chemnitz Rpfleger 1995, 456; Krauß VIZ 1996, 691, 696.

B. Sachenrechtsbereinigung

SachenRBerG fallen nicht die von einem persönlichen Gläubiger betriebene Versteigerung nach § 10 Abs 1 Nr 5 ZVG sowie die Teilungsversteigerung nach § 180 ZVG; hier besteht das Verfügungsverbot.[21] Nur die gleichzeitige Teilungsversteigerung von Gebäude- und Grundstückseigentum ist zulässig.[22]

c) Aufgabepflicht

Der Eigentümer ist im Falle der Vereinigung von Grundstück und Gebäudeeigentum nach § 78 Abs 1 S 3 SachenRBerG verpflichtet, das Eigentum am Gebäude nach § 875 BGB aufzugeben, sobald dieses unbelastet ist oder sich dingliche Rechte am Gebäude mit dem Eigentum am Gebäude in seiner Person vereinigt haben. Das Grundbuchamt hat den Eigentümer zur Erfüllung dieser Pflicht mit den Mitteln des **Grundbuchberichtigungszwanges** anzuhalten (§ 78 Abs 1 S 5 und 6 SachenRBerG). Entsprechend dem Sinn und Zweck der Vorschrift gilt eine Ausnahme jedoch dann, wenn nicht das Gebäude, aber das Grundstück mit Restitutionsansprüchen belastet ist, da bei erfolgreichem Restitutionsanspruch der Gebäudeeigentümer mit der Aufgabe auch sein Gebäudeeigentum verlieren würde.[23] Zur Erfüllung seiner Aufgabepflicht kann der Eigentümer von dem Inhaber dinglicher Rechte am Gebäude verlangen, nach § 876 BGB der Aufhebung zuzustimmen, wenn diese Rechte am Grundstück an der gleichen Rangstelle und im gleichen Wert erhalten und das Gebäude Bestandteil des Grundstücks wird (§ 78 Abs 2 SachenRBerG). Das gleiche gilt, wenn die Forderung, zu deren Sicherung eine Grundschuld bestellt worden ist, nicht entstanden oder erloschen ist (§ 78 Abs 1 S 4 SachenRBerG).

4288

Es fragt sich, ob im Anwendungsbereich des § 78 SachenRBerG neben der Aufgabe nach § 875 BGB die **Zuschreibung** des belasteten Grundstücks zum Gebäudeeigentum zulässig ist. Hierfür kann insbesondere bei Aufbauhypotheken ein Bedürfnis bestehen (Rdn 4276). Grundsätzlich ist die Zuschreibung des belasteten Grundstücks zum Gebäudeeigentum zulässig (siehe Rdn 4276). Da bei der Zuschreibung das Grundstück zum Bestandteil des Gebäudeeigentums wird, und § 78 Abs 1 S 1 SachenRBerG die Aufgabe hat, das dem BGB nicht entsprechende Gebäudeeigentum zu beseitigen, wird eine derartige Zuschreibung zunächst nicht dem Sinn und Zweck der Vorschrift genügen. Die Zuschreibung wird man aber als zulässig erachten können, wenn nach der Zuschreibung das Gebäudeeigentum wieder nach § 875 BGB aufgegeben wird.[24] Da allerdings durch die Bestandteilszuschreibung nach § 6 GBO eine isolierte Verfügung über das Gebäudeeigentum nicht mehr zulässig ist, wäre zunächst wiederum die Aufhebung der Bestandteilszuschreibung durch Teilung von Gebäudeeigentum und Grundstückseigentum erforderlich;[25] im Hinblick auf den ohnehin anstehenden Untergang des Gebäudeeigentums kann auf diesen Zwischenschritt der Abschreibung des Gebäudeeigentums und Buchung unter einer eigenen Nummer im Bestandsverzeichnis verzichtet werden.

---

[21] LG Halle Rpfleger 1997, 35 mit Anm Keller; Stöber Rdn 4.11 zu § 28 ZVG; RVI/Etzbach Rdn 13 zu § 78 SachenRBerG.
[22] Vossius Rdn 11 zu § 78 SachenRBerG.
[23] LG Potsdam DNotI-Report 1996 Nr 6 S 32; Krauß VIZ 1996, 691.
[24] Schmidt VIZ 1995, 377 (382); aA Eickmann Rdn 7 a zu § 78 SachenRBerG, der die Bestandteilszuschreibung im Rahmen des § 78 SachenRBerG generell ablehnt.
[25] Böhringer OV-Spezial 1996, 263.

5. Der Erbbaurechtsvertrag

4289 Der Nutzer kann anstelle des Ankaufs vom Grundstückseigentümer auch die Annahme eines Angebots auf Bestellung eines Erbbaurechts verlangen.[26] Auch hier ist – noch weitreichender als beim Ankaufsvertrag – der gesetzliche Inhalt des Erbbaurechtsvertrages in den §§ 42 ff SachenRBerG vorgezeichnet. Der Erbbaurechtsvertrag muß daher nach dem SachenRBerG neben den allgemeinen Mindestbestimmungen eines Erbbaurechtes nach § 1 ErbbauVO (siehe Rdn 1677 ff) Bestimmungen über die Dauer des Erbbaurechts (§ 53 SachenRBerG), über die vertraglich zulässige bauliche Nutzung (§ 54 SachenRBerG) und die Nutzungsbefugnisse des Erbbauberechtigten an den nichtüberbauten Flächen (§ 55 SachenRBerG) enthalten. Darüber hinaus kann jeder Beteiligte verlangen, daß Vereinbarungen zur Errichtung und Erhaltung von Gebäuden und zum Heimfallanspruch (§ 56 SachenRBerG), über ein Ankaufsrecht des Erbbauberechtigten (§ 57 SachenRBerG), Abreden darüber, wer öffentliche Lasten zu tragen hat (§ 58 SachenRBerG), Vereinbarungen über eine Zustimmung des Grundstückseigentümers zur Veräußerung (§ 49 SachenRBerG) und eine Vereinbarung über die Sicherung künftig fällig werdender Erbbauzinsen (§ 52 SachenRBerG) als Inhalt des Erbbaurechts bestimmt werden. Der **Erbbauzins** beträgt die Hälfte des für die entsprechende Nutzung üblichen Zinses (§ 43 Abs 1 SachenRBerG). Auch hierdurch wird der Halbteilungsgrundsatz verwirklicht. Für Eigenheime beträgt nach § 43 Abs 2 SachenRBerG der Zinssatz 2% des Bodenwertes bzw 4%, soweit die Größe des belasteten Grundstücks die Regelgröße von 500 m^2 übersteigt und die darüber hinausgehende Fläche abtrennbar und selbständig baulich nutzbar ist, im staatlichen und genossenschaftlichen Wohnungsbau beträgt der Zins ebenfalls 2%. Bei öffentlichen Zwecken dienenden Gebäuden beträgt der Zins 3,5%. § 47 SachenRBerG verpflichtet den Nutzer dazu, eine **Zinsanpassungsklausel** an veränderte Verhältnisse in den Erbbaurechtsvertrag aufzunehmen (vgl Rdn 1812 ff). Die Absicherung des Erbbauzinses kann durch Eintragung einer **Reallast** entsprechend der Neuregelung durch das SachenRÄndG verlangt werden (§ 52 Abs 1 SachenRBerG). Mit der Eintragung des Erbbaurechts im Grundbuch wird das Gebäude Bestandteil des Erbbaurechts und das selbständige Gebäudeeigentum erlischt (§ 59 Abs 1 SachenRBerG). Bestehende Nutzungsrechte erlöschen ebenfalls (§ 59 Abs 2 SachenRBerG).

Das SachenRBerG hat in § 39 Abs 2 ausdrücklich das **Gesamterbbaurecht** (s dazu Rdn 1695) zugelassen und als Ausnahmetatbestand die Möglichkeit eines **Nachbarerbbaurechts** gem § 39 Abs 3 SachenRBerG. Im Rahmen der Sachenrechtsbereinigung ist auch ausnahmsweise die Belastung eines Grundstücks mit **mehreren Erbbaurechten** statthaft (§ 39 Abs 1 SachenRBerG), wenn jedes von ihnen nach seinem Inhalt nur an einer jeweils anderen Grundstücksteilfläche ausgeübt werden kann und die Ausübungsfläche durch Lageplan nach § 8 Abs 2 S 1–3 BoSoG bestimmt wird. Der Vertrag muß die Verpflichtung für die jeweilige Erbbauberechtigten und Grundstückseigentümer enthalten, die Teilfläche nach Vermessung vom belasteten Grundstück abzuschreiben und der Eintragung als selbständiges Grundstück in das Grundbuch zuzustimmen.

---

[26] Zum Erbbaurechtsvertrag vgl neben den Kommentierungen zu §§ 42 ff SachenRBerG vOefele DtZ 1995, 158; Eickmann DNotZ 1996, 139 (152 ff).

6. Das notarielle Vermittlungsverfahren

Eine Klage auf Abschluß eines Vertrages ist so zu führen, daß der Kläger ein notarielles Angebot abgibt und auf dessen Annahme klagt. Dies führt in der Praxis zu erheblichen Schwierigkeiten, wenn viele Punkte zwischen den Beteiligten streitig sind. Das Gesetz sieht daher zur Vorbereitung und Erörterung evtl Streitpunkte ein vorgeschaltetes notarielles Vermittlungsverfahren vor, das dazu dienen soll, lediglich die Fragen vor Gericht zu bringen, in denen sich die Parteien vor dem Notar nicht einigen konnten. Die Klage soll unter Vorlage des notariellen Vermittlungsvorschlages und des vom Notar gefertigten Abschlußprotokolles geführt werden (§ 99 iVm § 105 SachenRBerG). Das Vermittlungsverfahren ist **Klagevoraussetzung** für ein anschließendes **richterliches Vertragshilfeverfahren gem §§ 103 ff SachenRBerG**.[27]

4290

Das Verfahren wird durch einen **Antrag** des Nutzers oder des Grundstückseigentümers eingeleitet (§ 87 SachenRBerG), ein entsprechender Beschluß des Notars ist nicht anfechtbar.[27a] Der Notar[27b] hat die Beteiligten unter Mitteilung des Antrages zum Verhandlungstermin zu laden (§ 92 SachenRBerG). Darüber hinaus hat der Notar das Grundbuchamt um Eintragung eines **Vermerkes über die Eröffnung des Vermittlungsverfahrens** zu ersuchen (§ 93 Abs 5 SachenRBerG). Der unter (namentlicher) Bezeichnung des Begünstigten[28] einzutragende Eröffnungsvermerk hat die Wirkung einer Vormerkung zur Sicherung des Rechts auf Bestellung eines Erbbaurechts oder Ankauf des Grundstücks (§ 92 Abs 6 SachenRBerG). Den genauen Zeitpunkt für die Beantragung des Vermerks hat das Gesetz nicht geregelt, es stellt nur allgemein auf die Eröffnung des Verfahrens ab. Die systematische Stellung in § 92 Abs 5 SachenRBerG, der die Ladung regelt, bedeutet nicht, daß ein Eintragungsersuchen zeitlich erst mit der Ladung des Gegners zu erfolgen hat. Angesichts des Schutzzwecks des Vermerks ist das Ersuchen vielmehr dann zu stellen, wenn ein schlüssiger Antrag vorliegt, auch wenn er noch nicht alle Angaben enthält.[29] Ist bereits ein Vermerk nach Art 233 § 2c Abs 2 EGBGB eingetragen, so ist auf Ersuchen des Notars in der Spalte „Veränderungen" die Eröffnung des Vermittlungsverfahrens zu vermerken (§ 92 Abs 6 S 3 SachenRBerG). Das Eintragungsersuchen des Notars richtet sich nach § 38 GBO, so daß ein Recht des Grundbuchamtes auf inhaltliche Prüfung nicht besteht.[30] Im Gesetz geregelt ist nur in § 98 Abs 2 S 2 SachenRBerG die Löschung des Vermerks durch Ersuchen des Notars nach Abschluß des Verfahrens. Hierbei handelt es sich um ein Redaktionsversehen, so daß der Notar jederzeit ein Ersuchen zur Löschung des Vermerks nach § 38 GBO stellen kann.[31]

4291

---

[27] Dazu Tropf VIZ 1999, 377.
[27a] LG Potsdam NotBZ 2002, 461.
[27b] Zur Ablehnung des Notars durch einen Beteiligten OLG Brandenburg NotBZ 2002, 106.
[28] OLG Brandenburg Rpfleger 1999, 487.
[29] Eickmann/Albrecht Rdn 35; RVI/Faßbender Rdn 6; aA Vossius Rdn 30, je zu § 92 SachenRBerG, der eine Glaubhaftmachung durch eidesstattliche Versicherung verlangt.
[30] Czub/Krauß Rdn 17 zu § 98 SachenRBerG; Vossius Rdn 33 zu § 92 SachenRBerG; aA Böhringer Rpfleger 1995, 51 (58).
[31] Czub/Frenz Rdn 39; Vossius Rdn 38, je zu § 92 SachenRBerG.

6. Teil. VII. Sachenrechts- und Schuldrechtsbereinigung

4292 § 96 sieht ein besonderes **Säumnisverfahren** vor. Der Notar kann durch Bestätigung des Vertrages diesem auch Wirkung gegenüber der säumigen Partei verschaffen (§ 96 Abs 5 SachenRBerG, § 97 FGG). Können sich die Beteiligten nicht einigen, so hält der Notar das Ergebnis des Verfahrens unter Protokollierung der unstreitig und streitig gebliebenen Punkte in einem sog Abschlußprotokoll fest (§ 98 SachenRBerG). Sind die wesentlichen Teile des abzuschließenden Vertrages unstreitig, so können die Beteiligten verlangen, daß diese Punkte im Protokoll als vereinbart festgehalten werden. Die Verständigung über diese Punkte ist in einem nachfolgenden Rechtsstreit bindend (§ 99 SachenRBerG).

7. Sicherung der Ansprüche aus der Sachenrechtsbereinigung

4292a Die Ansprüche des Nutzers nach dem SachenRBerG richten sich gegen den jeweiligen Eigentümer des Grundstücks, nicht allein gegen Grundstückseigentümer im Zeitpunkt des Inkrafttretens des Gesetzes. Damit muß auch ein Grundstückserwerber mögliche Ansprüche nach dem SachenRBerG gegen sich gelten lassen. Der Nutzer verliert seine Ansprüche nach § 111 SachRBerG aber dann, wenn nach dem 31. 12. 2000[32] ein Eigentumswechsel am Grundstück erfolgt und im Grundbuch des Grundstücks kein Nutzungsrecht nach Art 233 § 4 Abs 1 S 2, Abs 2 EGBGB, Vermerk über selbständiges Gebäudeeigentum nach Art 233 § 2c Abs 1 EGBGB, Vermerk über die Durchführung des notariellen Vermittlungsverfahrens nach § 92 Abs 5 SachenRBerG oder Vermerk zur Sicherung der Ansprüche aus der Sachenrechtsbereinigung nach Art 233 § 2c Abs 2 EGBGB eingetragen ist und der Grundstückserwerber gutgläubig war. Dem Erwerber schadet lediglich positive Kenntnis von selbständigem Gebäudeeigentum oder den Anspruchsvoraussetzungen nach § 1 Abs 1 Nr 1 Buchst c SachenRBerG (§ 111 Abs 1 Nr 3 SachenRBerG). Über § 111 SachenRBerG können die Ansprüche nach dem 31. 12. 2000 somit durch gutgläubigen Erwerb erlöschen.

4292b Der Vermerk zur Sicherung der Ansprüche nach dem SachenRBerG nach Art 233 § 2c Abs 2 EGBGB kommt in den Fällen in Betracht, bei welchen kein selbständiges Gebäudeeigentum entstanden ist, aber dennoch eine Sachenrechtsbereinigung möglich erscheint.[33] Der Vermerk hat die Wirkung einer Vormerkung nach § 883 Abs 2, § 885 BGB bezüglich der Ansprüche nach §§ 32, 61 SachenRBerG.[34] Die Eintragung des Vermerks soll mit den Nachweisen aus § 4 Abs 4 GGV erfolgen, zB Vorlage eines Prüfungsbescheides der staatlichen Bauaufsicht nach § 4 Abs 4 Nr 2 GGV.[35] Diese Nachweise können vom Nutzer wahlweise erbracht werden. Das Besitzrecht am Grundstück als Voraussetzung des Vermerks kann in gleicher Weise wie das Gebäudeeigentum selbst nachgewiesen werden (§ 4 Abs 1–3 GGV; dazu Rdn 699i).[36] Bei Bebauung durch volkseigene Betriebe der Gebäudewirt-

---

[32] Frist zuletzt verlängert durch 2. Eigentumsfristengesetz (Rdn 4200d).
[33] LG Erfurt VIZ 1999, 497.
[34] Zur Begründung allgemein BT-Drucks 12/5553, S 132.
[35] Nach LG Schwerin NotBZ 1998, 77 = Rpfleger 1999, 283 = VIZ 1999, 425 entbehrt § 4 Abs 4 GGV einer ausreichenden gesetzlichen Ermächtigungsgrundlage und ist daher nicht anwendbar; dazu auch Moser-Merdian/Flik/Keller Rdn 264; aA jedoch OLG Jena Rpfleger 1999, 216 = VIZ 1999, 733; dazu Purps NotBZ 2000, 88.
[36] Eingehend zu den Voraussetzungen Keller MittBayNot 1994, 389.

C. Schuldrechtsanpassung

schaft bzw durch den kreisgeleiteten volkseigenen Betrieb als Hauptauftraggeber ist auch ein Abschlußprotokoll nach § 24 Abs 6 der Verordnung über die Vorbereitung und Durchführung von Investitionen[37] zulässig. Für die Fälle nicht erfüllter Kaufverträge über volkseigene Gebäude nach dem Gesetz vom 7. 3. 1990 (GBl I 157) genügt die Vorlage dieses Kaufvertrages (§ 4 Abs 4 Nr 4 GGV). Zuletzt kann die Eintragung des Vermerks auch durch einstweilige Verfügung nach §§ 935, 938 Abs 2, § 941 ZPO erfolgen oder auf Bewilligung des Grundstückseigentümers (§ 4 Abs 4 Nrn 5, 6 GGV, § 19 GBO).

Die GGV berücksichtigt[38] nicht, daß seit 31. 12. 2000 gutgläubiger Erwerb hinsichtlich der Ansprüche nach dem SachenRBerG eingetreten sein kann. Die Eintragung des Vermerks nach Art 233 § 2c Abs 2 EGBGB allein auf Grundlage der Nachweise nach § 4 Abs 4 Nr 1–4 GGV ohne Bewilligung des betroffenen Grundstückseigentümers erscheint daher fragwürdig, wenn am Grundstück nach dem 31. 12. 2000 ein Eigentumswechsel erfolgt ist. Unter Berücksichtigung der Möglichkeit gutgläubigen Erwerbs darf eine Eintragung des Vermerks damit nur noch auf Bewilligung des im Grundbuch eingetragenen Grundstückseigentümers oder auf Grund gerichtlicher Entscheidung erfolgen, wenn nach dem 31. 12. 2000 ein Eigentumswechsel stattgefunden hat; das Erlöschen der Ansprüche aus dem SachenRBerG wird durch § 111 SachenRBerG impliziert und vermutet. Sollten die Ansprüche aus dem SachenRBerG nicht durch gutgläubigen Erwerb erloschen sein, hat der Berechtigte gegen den Eigentümer einen entsprechenden Anspruch nach § 894 BGB. Die Eintragung des Vermerks erfolgt in der zweiten Abteilung des Grundstücksgrundbuchs, sie lautet

4292c

Recht des ... zum Besitz gemäß Art. 233 § 2 a EGBGB ...

Der Berechtigte ist gemäß § 15 GBV zu bezeichnen. Obwohl der Vermerk kein dingliches Recht am Grundstück darstellt, ist ihm doch Vormerkungswirkung entsprechend § 883 Abs 2 BGB beigelegt (Art 233 § 2c Abs 2 S 2 EGBGB). Er ist damit im Verhältnis zu anderen Eintragungen auch rangfähig im verfahrensrechtlichen Sinne (§§ 17, 45 GBO).

C. Schuldrechtsanpassung[1]

1. Allgemeines

Das SchuldRÄndG vom 21. 9. 1994 (GBGl I 2538; zuletzt geändert durch G vom 17. 5. 2002, BGBl I 1580) stellt das zweite große Anpassungsgesetz zur Bereinigung der Besonderheiten des sozialistischen Rechtssystems dar; es be-

4293

---

[37] Vom 30. 11. 1988 (GBl I 287).
[38] Zur Vereinbarkeit der Gebäudegrundbuchverfügung mit der Verordnungsermächtigung des § 1 Abs 4 GBO OLG Brandenburg Rpfleger 2002, 430 = VIZ 2002, 488; anders LG Schwerin VIZ 1999, 425; zur Problematik bei inzwischen erfolgten Veräußerungen Böhringer NotBZ 2002, 117.
[1] Zur Schuldrechtsanpassung vgl Messerschmidt NJW 1994, 2648; Schmidt-Räntsch DtZ 1994, 82 und ZIP 1996, 728; Schnabel NJW 1995, 2661; Trimbach und Matthiesen VIZ 1994, 446.

steht aus vier selbständigen Gesetzen: SchuldRAnpG, Erholungsnutzungsrechtsgesetz, das Anpflanzungseigentumsgesetz und Meliorationsanlagengesetz. Abgesichert werden damit die Nutzungsverhältnisse, die auf der Grundlage von Nutzungsverträgen beruhten (zur Abgrenzung siehe Rdn 4282). Entsprechend dem Grundsatz der Nachzeichnung werden diese Rechtsverhältnisse nicht dinglich abgesichert, sondern in schuldrechtliche Rechtsinstitute des BGB überführt. In § 2 Abs 1 SachenRBerG wurden daher ausdrücklich die Nutzungsverhältnisse ausgenommen, die aufgrund eines Vertrages zur Erholung, Freizeitgestaltung oder kleingärtnerischen Bewirtschaftung oder aufgrund eines Miet-, Pacht- oder sonstigen Nutzungsvertrages begründet wurden. Diese Rechtsverhältnisse sind gleichzeitig der Anwendungsbereich der Schuldrechtsanpassung (§ 1 Abs 1 SchuldRAnpG). Die häufigsten Fälle der Schuldrechtsanpassung sind die Nutzungsverträge nach §§ 312 ff ZGB im kleingärtnerischen Bereich oder zu sonstigen Erholungszwecken.[2] Trotz dieser relativ klaren Abgrenzung, bleiben eine Reihe von schwierigen Fällen. In der Praxis eine bedeutende Rolle spielen die sog unechten Datschen, das sind auf vertraglicher Grundlage errichtete Wochenendhäuser, die an sich der Schuldrechtsanpassung unterfallen müßten, die allerdings zu Wohnhäusern um- bzw ausgebaut wurden. Diese unterfallen nach § 5 Abs 1 Nr 3 Satz 2 e SachenRBerG der Sachenrechtsbereinigung.[3]

2. Grundsätze der Schuldrechtsanpassung

4294 Beim SchuldRAnpG ist eine gesetzliche Umwandlung vorgesehen. Verträge, die der Schuldrechtsanpassung unterliegen, werden nach § 6 Abs 1 SchuldRAnpG kraft Gesetzes **in Miet- oder Pachtverträge umgewandelt.** Vereinbarungen, die nach Ablauf des 2. 10. 1990 getroffen wurden, haben allerdings Vorrang (§ 6 Abs 2 SchuldRAnpG). Der Grundstückseigentümer tritt nach § 8 SchuldRAnpG in die sich aus diesem Gesetz ergebenden Rechte und Pflichten ein. Diese hat insbesondere für die Fälle Bedeutung, in denen die Bodennutzungsverträge nicht unmittelbar zwischen Grundstückseigentümer und Nutzer abgeschlossen wurden, sondern hierfür eine staatliche Stelle oder eine LPG handelte.

Im Mittelpunkt der Vorschriften steht ein **besonderer Kündigungsschutz.** Bis zu bestimmten Fristen können die Verträge überhaupt nicht gekündigt werden, von einem zweiten Zeitpunkt an nur, wenn bestimmte Voraussetzungen vorliegen. Darüber hinaus gilt ein besonderer Kündigungsschutz für Nutzer, die das 60. Lebensjahr vollendet haben (§§ 23, 38, 49, 52 SchuldRAnpG). Bei allen Vertragsarten wird der Nutzer verpflichtet, ein Nutzungsentgelt zu zahlen (§§ 20, 35, 47, 51 SchuldRAnpG). Bei Nutzungsverhältnissen zu Erholungszwecken und anderen persönlichen Zwecken als Grundzwecken richtet sich das Nutzungsentgelt nach der Nutzungsentgeltverordnung (nun) vom 24. 6. 2002 (BGBl I 2562). Das BVerfG[4] hat die Verfassungsmäßigkeit des

---

[2] Vgl im einzelnen Rövekamp, Schuldrechtsanpassung, S 57 ff.
[3] Vgl zur Abgrenzung im einzelnen Rövekamp, Schuldrechtsanpassung, S 71 ff; Schmidt-Räntsch ZIP 1996, 728 (729).
[4] BVerfG 101, 54 = NJW 2000, 1471 = VIZ 2000, 42; in Fortsetzung BVerfG NJW 2000, 1485 = VIZ 2000, 232; zu den Auswirkungen dieser Entscheidung in der Praxis Matthiesen NJ 2000, 20.

SchuldRAnpG und seiner Kündigungsfristen bestätigt; lediglich bei Garagengrundstücken ist § 23 Abs 6 SchuldRAnpG teilweise mit Art 14 GG nicht vereinbar und daher nichtig; ferner wird gefordert, den Nutzer im Rahmen des § 20 SchuldRAnpG für die öffentlichen Lasten des Grundstücks mit in Anspruch zu nehmen.

3. Baulichkeiten

Bei der Nutzung (insbesondere) zur Erholung, Freizeitgestaltung und kleingärtnerischer Benutzung ließ das DDR-Recht die Errichtung von sog Baulichkeiten zu (§ 296 Abs 1 S 1 ZGB). Dieses Baulichkeiteneigentum wurde unabhängig vom Eigentum am Bodeneigentum Eigentum des Nutzungsberechtigten.[5] Durch den Einigungsvertrag wurde das selbständige Eigentum an der Baulichkeit aufrecht erhalten. Wie nach dem ZGB unterliegt dieses Eigentum an den Wochenendhäusern nicht den Regeln über Grundstücke, sondern richtet sich nach den Bestimmungen des BGB über bewegliche Sachen.[6] Die auch nach DDR-Recht bestehende Akzessorietät von Nutzungsbefugnis und Baulichkeiteneigentum bestand auch nach dem 2. 10. 1990 weiter, da nach Art 232 § 4 EGBGB die §§ 312 ff ZGB bis zur Schuldrechtsanpassung weiter galten. Da die Verträge jetzt der Schuldrechtsanpassung unterliegen, gilt § 11 SchuldRAnpG, der bestimmt, daß mit Beendigung des Vertragsverhältnisses das Eigentum an der Baulichkeit auf den Grundstückseigentümer übergeht und zum wesentlichen Bestandteil des Grundstücks wird. Hieraus folgt, daß eine getrennte Veräußerung des Eigentums an der Baulichkeit ohne Übertragung des zugrundeliegenden schuldrechtlichen Nutzungsrechts dem Erwerber kein Recht zum Besitz gewährt, so daß er zwar Eigentümer der Baulichkeit wird, mangels Besitzberechtigung das Eigentum an den Grundstückseigentümer herausgeben muß.[7] Neben der Übertragung der Baulichkeit gem § 929 BGB auf den Erwerber muß daher sichergestellt werden, daß dieser in den Miet- oder Pachtvertrag mit dem alten Grundstückseigentümer eintritt.

4295

4. Das Vorkaufsrecht des Nutzers

Das in § 57 SchuldRAnpG eingeführte Vorkaufsrecht des Nutzers ist in Anlehnung an § 577 BGB rein schuldrechtlich ausgestaltet worden (s Rdn 4180a). §§ 463–473 BGB sind, soweit keine besonderen Regelungen in § 57 SchuldRAnpG vorgesehen sind (§ 57 Abs 6 S 3 SchuldRAnpG), anwendbar. Das Vorkaufsrecht besteht nicht, wenn der Nutzer auf der Grundlage von § 20 VermG ein Vorkaufsrecht verlangen kann (§ 20 Abs 2 Nr 2 SchuldRAnpG, s Rdn 4225). Ebenfalls kein Vorkaufsrecht besteht, wenn der Nutzer das Grundstück nicht vertragsgemäß nutzt, das Grundstück an Abkömmlinge, den Ehegatten oder Geschwister des Grundstückseigentümers verkauft wird (§ 20 Abs 2 Nr 3 SchuldRAnpG) oder der Erwerber das Grundstück einem besonderen Investitionszweck zuführen will (§ 57 Abs 2 Nr 4 SchuldRAnpG). Das Vorkaufsrecht besteht nur für den ersten Verkaufsfall und erlischt, wenn

4296

---

[5] Vgl im einzelnen zum Baulichkeiteneigentum DNotI-Report 1995, 190; Schmidt-Räntsch DNotI-Report 1996, 13; Matthiesen VIZ 1996, 13.
[6] DNotI-Report 1995, 190; Staudinger/Rauscher Rdn 19 zu Art 231 § 5 EGBGB.
[7] BGH DtZ 1994, 68 = ZOV 1994, 45; DNotI-Report 1995, 190.

es nicht ausgeübt wird. Erfaßt sind nur Kaufverträge, die nach dem 31. 12. 1994, dem Inkrafttreten des SchuldRAnpG, geschlossen wurden. Für die Mitteilungspflicht an den Vorkaufsberechtigten gilt § 469 Abs 1 S 1 BGB (s Rdn 1418). Darüber hinaus ist mit der Mitteilung des Verkäufers oder des Dritten über den Inhalt des Kaufvertrages eine Unterrichtung des Nutzers über sein Vorkaufsrecht zu verbinden (§ 57 Abs 4 SchuldRAnpG). Das Vorkaufsrecht erlischt mit der Beendigung des Vertragsverhältnisses (§ 57 Abs 5 SchuldRAnpG). Stirbt der Nutzer, so geht das Vorkaufsrecht auf denjenigen über, der das Vertragsverhältnis mit dem Grundstückseigentümer nach dem SchuldRAnpG fortsetzt. Umstritten ist, ob § 57 SchuldRAnpG einen **vorherigen Verzicht** auf das Vorkaufsrecht zuläßt. Da die Vertragsbeteiligten gem § 6 Abs 2 S 1 SchuldRAnpG jederzeit eine vom Gesetz abweichende Vereinbarung treffen können, ist § 57 SchuldRAnpG anders als § 577 BGB dispositiv.[8] Ähnlich wie § 20 Abs 3 VermG enthält § 57 Abs 6 SchuldRAnpG eine Regelung bei Nutzung einer Grundstücksteilfläche (s Rdn 4225). In diesem Fall kann das Vorkaufsrecht nur ausgeübt werden, wenn die einem oder mehreren Nutzern überlassene Fläche die halbe Grundstücksgröße übersteigt.[9] Wenn diese 50% Grenze nicht durch einen oder mehreren Nutzer erreicht wird, so entsteht kein Vorkaufsrecht.[10] Es entsteht dann auch nicht hinsichtlich der genutzten Teilfläche.[11] Wird eine Teilfläche veräußert, so gilt die 50%-Regelung für diese Teilfläche, so daß der Nutzer ein Vorkaufsrecht hat, wenn seine Nutzungsfläche die Hälfte des neugebildeten Flurstücks übersteigt.[12] Mehreren Nutzern steht das Vorkaufsrecht gemeinschaftlich zu (§ 57 Abs 6 S 2 SchuldRAnpG). Es gilt § 472 BGB.

D. Verkehrsflächenbereinigungsgesetz

1. Regelungsgehalt des Gesetzes

4296 a Das Verkehrsflächenbereinigungsgesetz[1] (Rdn 4200 d) schließt die letzte Lücke der Sachenrechtsbereinigung in den neuen Bundesländern; es erfüllt den Vorbehalt besonderer Regelung des § 2 Abs 1 Nr 4 SachenRBerG[2] sowie das Moratorium für öffentlich genutzte Grundstücke in Art 233 § 2a Abs 9 EGBGB (Rdn 4273). Danach sind die Fälle der Grundstücksnutzung von der Sachenrechtsbereinigung ausgenommen, bei welchen Grundstücke mit Gebäuden, die öffentlichen Zwecken gewidmet sind und besonderen Verwaltungsaufgaben dienen, oder mit dem Gemeingebrauch gewidmeten Anlagen

---

[8] So Rövekamp, Schuldrechtsanpassung, S 259; aA Kiethe/Meyding Rdn 53 zu § 57 SchuldRAnpG.
[9] Dazu auch LG Magdeburg VIZ 1997, 547; Krause VIZ 1998, 426.
[10] Schnabel SchuldRÄndG Rdn 13 zu § 57.
[11] Schnabel aaO; Kinne ZOV 1994, 449.
[12] Rövekamp, Schuldrechtsanpassung, S 262.
[1] Gesetzentwurf der Bundesregierung BT-Drucks 14/6204; Stellungnahme des Bundesrates und Gegenäußerung der Bundesregierung BT-Drucks 14/6466; allgemein Stavorinus NotBZ 2001, 349; Hirschinger NJ 2001, 570; Trimbach und Matthiesen VIZ 2002, 1; Matthiesen NJW 2002, 114; Seeliger LKV 2002, 215; speziell zum VerkFlBerG Böhringer VIZ 2002, 193.
[2] Dazu Eickmann/Rothe Rdn 39 ff zu § 2 SachenRBerG.

bebaut sind. Besitzrecht der das Gebäude oder die Anlage nutzende öffentliche Körperschaft und Nutzungsentgelt sind entsprechend den Vorgaben des BVerfG[3] in Art 233 § 2a Abs 9 EGBGB geregelt. Dem VerkFlBerG gehen die Regelungen des SachenRBerG, des BoSoG, des LwAnpG (freiwilliger Landtausch nach § 64 LwAnpG), des MeAnlG (Anspruch auf Dienstbarkeitsbestellung nach § 3 MeAnlG) oder des GBBerG (beschränkte persönliche Dienstbarkeit für Energieversorger nach § 9 GBBerG) vor (§ 13 Abs 2 VerkFlBerG).

Die Bereinigung öffentlicher Grundstücksnutzung erfolgt in Anlehnung an die Ankaufslösung der Sachenrechtsbereinigung.[4] Der Nutzer hat gegen den Grundstückseigentümer einen Anspruch auf Erwerb der von der öffentlichen Nutzung betroffenen Fläche (Erwerbsrecht nach § 3 Abs 1 VerkFlBerG). Der wesentliche Inhalt des Kaufvertrages ist in § 7 VerkFlBerG vorgegeben. Bei nur beschränkter Nutzung einer Verkehrsfläche steht dem Nutzer ein Anspruch auf Bestellung einer beschränkten persönlichen Dienstbarkeit zu (§ 3 Abs 3 VerkFlBerG). 4296b

2. Anwendungsbereich (§ 1 und § 2 VerkFlBerG)

Das VerkFlBerG regelt die Rechtsverhältnisse an Grundstücken privater Eigentümer, die nach dem 9.5.1945 und spätestens mit Ablauf des 2.10. 1990 entweder als Verkehrsfläche in Anspruch genommen oder zur Erfüllung einer sonstigen Verwaltungsaufgabe mit einem Gebäude oder einer baulichen Anlage bebaut worden sind (§ 1 Abs 1 VerkFlBerG). Die Nutzung muß tatsächlich noch bestehen. Verkehrsflächen sind insbesondere Straßen, Wege, Plätze, Bundeswasserstraßen, Stauanlagen, Hafenanlagen, Eisenbahninfrastrukturflächen, Flugplätze, Parkflächen und Grünanlagen. Bauliche Anlage: § 1 Abs 1 S 3 VerkFlBerG mit § 12 Abs 3 SachenRBerG. Daneben gelten als bauliche Anlagen solche der Abwasserentsorgung (§ 1 Abs 1 S 4 SachenRBerG).[5] In die Verkehrsflächenbereinigung einbezogene Gebäude sind insbesondere öffentliche Dienstgebäude, Feuerwehr, Schulen oder Kindereinrichtungen.[6] 4296c

Das Gesetz findet keine Anwendung, wenn die öffentliche Nutzung durch Begründung eines beschränkten dinglichen Rechts gesichert (§ 1 Abs 2 Nr 1 VerkFlBerG), durch Miet- oder Pachtvertrag zeitlich begrenzt (§ 1 Abs 2 Nr 2 VerkFlBerG) oder vertraglich, durch rechtskräftiges Urteil oder bestandskräftigen Verwaltungsakt geregelt ist (§ 1 Abs 2 Nr 3 VerkFlBerG). 4296d

Als öffentlicher **Nutzer** ist nach § 2 Abs 3 VerkFlBerG die juristische Person des öffentlichen Rechts anzusehen, die für die Verkehrsfläche unterhaltungspflichtig ist oder das Gebäude oder die bauliche Anlage für die Erfüllung ihrer Verwaltungsaufgabe nutzt. Gleichgestellt, und damit anspruchsberech- 4296e

---

[3] BVerfG 98, 17 = NJW 1998, 3033.
[4] Allgemein BT-Drucks 14/6204 S 16; zu den systematischen Unterschieden Eickmann/Purps Rdn 5 zu § 2 VerkFlBerG.
[5] Nicht aber nicht öffentlich genutzte Gewässerbetten, Hochwasserschutzanlagen oder Deiche, vgl Stellungnahme des Bundesrates und Gegenäußerung der Bundesregierung, BT-Drucks 14/6466, S 5.
[6] BT-Drucks 14/6204 S 13; mit zahlreichen weiteren Einzelbeispielen Eickmann/Purps Rdn 16 ff zu § 2 VerkFlBerG.

6. Teil. VII. Sachenrechts- und Schuldrechtsbereinigung

tigt, sind juristische Personen des Privatrechts, wenn die Mehrheit der Kapitalanteile der juristischen Person des öffentlichen Rechts mittelbar oder unmittelbar zusteht.[7] Ein Wechsel des Nutzers oder der öffentlichen Nutzung seit ihrer Begründung hat auf die Anspruchsberechtigung keinen Einfluß, maßgeblich ist allein, daß die öffentliche Nutzung noch besteht und nicht zwischenzeitlich weggefallen ist.[8]

3. Ankauf öffentlich genutzter Flächen (§ 3 Abs 1 VerkFlBerG)

a) Erwerbsrecht nach § 3 Abs 1 VerkFlBerG und Inhalt des Kaufvertrages

4296f Der öffentliche Nutzer hat gegen den Grundstückseigentümer einen **Erwerbsanspruch** auf das Grundstück (§ 3 Abs 1 S 1 VerkFlBerG). Das Erwerbsrecht ist durch Abgabe eines notariell beurkundeten Angebotes zum Kaufvertrag nach diesem Gesetz auszuüben; für den Grundstückseigentümer besteht Kontrahierungszwang, wenn das Angebot inhaltlich den Vorgaben des VerkFlBerG, insbesondere des § 7, entspricht. Übertragbar ist das Erwerbsrecht nur zusammen mit der Unterhaltungspflicht oder mit der Verwaltungsaufgabe (§ 3 Abs 5 VerkFlBerG). Unschädlich ist daher beispielsweise ein Wechsel des Trägers der Straßenbaulast; wenn aber ein öffentlich genutztes Gebäude unter Aufgabe dieser Nutzung veräußert wird,[9] geht das Erwerbsrecht schon deshalb unter, weil keine öffentliche Nutzung mehr ausgeübt wird. Ob der Erwerber Ansprüche nach dem SachenRBerG geltend machen kann, ist nicht Regelungsgegenstand des VerkFlBerG. Mehrere öffentliche Nutzer sind als Gesamtgläubiger berechtigt und als Gesamtschuldner verpflichtet (§ 3 Abs 6 VerkFlBerG); der Eigentumserwerb sollte aus praktischer Sicht am besten in Bruchteilsgemeinschaft entsprechend dem Verhältnis der tatsächlichen Nutzungen erfolgen.[10]

4296g Der von dem Erwerbsrecht betroffene **Kaufgegenstand** besteht nach § 4 VerkFlBerG in der Gebäudefläche, die für eine entsprechende Nutzung ortsüblich ist, dazu gehören die sogenannten Funktionsflächen, insbesondere Verkehrsflächen. Nicht mehr selbständig nutzbare Restflächen des betroffenen Grundstücks sind mit zu erwerben (§ 4 Abs 2 VerkFlBerG).

4296h Wesentliche **Bestandteile des Kaufvertrages**, und damit auch des zur Geltendmachung des Erwerbsrechts erforderlichen Angebotes bestimmt § 7 VerkFlBerG. Das VerkFlBerG enthält detailliertere und praktisch sinnvolle Regelungen zum Vertragsinhalt;[11] es sollte damit insbesondere das Problem des sog Zwangsvertrages nach dem SachenRBerG vermieden werden.[12] Allgemein sind aber die gesetzlichen Regelungen mit wenigen Ausnahmen dispositiv; die Beteiligten können einvernehmlich davon abweichen, Vergleiche sind zulässig (§ 13 Abs 1 VerkFlBerG). Zum Inhalt des Kaufvertrages gehört die

---

[7] BGH NotBZ 2002, 136 = VIZ 2002, 422.
[8] BT-Drucks 14/6204 S 13.
[9] Die Übereignung allein des Gebäudes setzt selbständiges Gebäudeeigentum mit Anlegung eines Gebäudegrundbuchs voraus (Art 233 § 4 Abs 1 EGBGB; Rdn 699a ff).
[10] Die Gesetzesbegründung trifft hierzu keine Aussage, BT-Drucks 14/6204 S 17.
[11] BT-Drucks 14/6204 S 20; hierzu Eickmann/Purps, Rdn 14 zu § 7 VerkFlBerG; eingehend auch Stavorinus NotBZ 2001, 349 (365).
[12] Die Gesetzesbegründung räumt die diesbezüglichen Unzulänglichkeiten des SachenRBerG selbst ein, BT-Drucks 14/6204 S 20 li Sp; vgl Rdn 4285.

D. Verkehrsflächenbereinigungsgesetz

Bewilligung des Grundstückseigentümers zur Eintragung einer Auflassungsvormerkung (§ 7 Abs 2 S 1 VerkFlBerG). Die Kaufpreisfälligkeit ist nach § 7 Abs 2 S 2 VerkFlBerG zu bestimmen; der Kaufpreis wird einen Monat nach Mitteilung des Notars über die Eintragung der Auflassungsvormerkung, die Sicherung notwendiger Lastenfreistellung und das Vorliegen möglicher öffentlich-rechtlicher Genehmigungen fällig. Unbedenklichkeitsbescheinigung nach § 22 GrEStG sowie ggf Vermessungsunterlagen sind nicht Voraussetzungen der Kaufpreisfälligkeit (§ 7 Abs 2 S 3 VerkFlBerG). Die **Auflassung** darf erst nach Zahlung des Kaufpreises erklärt werden. Der Grundstückseigentümer hat hierfür dem öffentlichen Nutzer eine entsprechende **Auflassungsvollmacht** zu erteilen (§ 7 Abs 3 S 1 VerkFlBerG); diese kann und soll bereits im Kaufvertragangebot enthalten sein, von ihr darf nur vor dem das Angebot beurkundenden **Notar** Gebrauch gemacht werden. Dieser hat Sorge zu tragen, daß von der Vollmacht nicht schon vorher Gebrauch gemacht wird,[13] er darf die Auflassung erst bei Nachweis der Kaufpreiszahlung beurkunden, gleichzeitig ist er für den Vollzug des Kaufvertrages verantwortlich (§ 7 Abs 3 S 3 und 4 VerkFlBerG). Eine vom Grundstückseigentümer an den Käufer zu erteilende Finanzierungsvollmacht ist nicht gesetzlicher Bestandteil des Kaufvertrages; sie dürfte regelmäßig auch nicht erforderlich sein.[14]

Der Kaufvertrag soll Regelungen zu Ausgleichs**zahlungen bei Flächenabweichungen,** die sich nach einer notwendigen Vermessung des Vertragsgrundstückes ergeben, enthalten (§ 7 Abs 4 S 1 VerkFlBerG). Zur Sicherung des Erwerbsrechts an eine öffentliche Zweckbindung steht dem Grundstückseigentümer nach § 10 Abs 1 VerkFlBerG ein **Wiederkaufsrecht** für den Fall zu, daß das Grundstück nicht oder überwiegend nicht mehr für die Erfüllung einer Verwaltungsaufgabe genutzt wird. Es soll bei Grundstücken, die mit Gebäuden und baulichen Anlagen bebaut sind, zehn Jahre betragen, bei Verkehrsflächen dreißig Jahre. Das Wiederkaufsrecht gehört zum gesetzlichen Inhalt des Kaufvertrages;[15] es ist nur schuldrechtlich ausgestaltet.[16] Das VerkFlBerG regelt nicht die Eintragung einer Auflassungsvormerkung zur Sicherung eines solchen künftigen Anspruchs des Grundstückseigentümers. Gleichwohl kann deren Zulässigkeit nicht verneint werden, auch wenn der Grundstückseigentümer gegen den öffentlichen Nutzer keinen gesetzlichen Anspruch auf Bestellung einer Vormerkung hat. 4296i

Zur **Lastenfreistellung** und Ablösung von Grundpfandrechten verweist § 7 Abs 1 VerkFlBerG auf §§ 62 ff SachenRBerG. Im Grundsatz bleiben beschränkte dinglichen Rechte, insbesondere Dienstbarkeiten, bestehen. Bei Grundpfandrechten hat der Nutzer gegenüber dem Grundstückseigentümer einen Anspruch auf Aufhebung; sie sollen durch den Kaufpreis abgelöst werden (§ 7 4296k

---

[13] Gleichzeitige Beurkundung der Auflassung mit dem Kaufvertrag und erst spätere Ausfertigung der vollständigen Urkunde verbieten sich daher, dazu zweifelnd Eickmann/Purps Rdn 34 zu § 7 VerkFlBerG.
[14] Eher fraglich hierzu Eickmann/Purps Rdn 37, 38 zu § 7 VerkFlBerG.
[15] Eher beiläufig BT-Drucks 14/6204 S 20; Seeliger LKV 2002, 215 (218); aA (gesetzliches Wiederkaufsrecht) Eickmann/Purps Rdn 7 zu § 10 VerkFlBerG; siehe auch Böhringer VIZ 2002, 193 (198); Matthiesen NJW 2002, 114 (115).
[16] Grundbucheintragung eines Wiederkaufsrechts ist auch hier nicht möglich, Eickmann/Purps Rdn 7 zu § 10 VerkFlBerG; Böhringer VIZ 2002, 193 (198).

Abs 1 S 2 SachenRBerG). Den **Übergang des Besitzes** und der Lastentragung regelt § 7 Abs 1 VerkFlBerG in Verweisung auf § 75 SachenRBerG, **Gewährleistungsansprüche** wegen eines Sachmangels des Grundstücks sind in Anwendung des § 76 SachenRBerG ausgeschlossen. § 7 Abs 5 VerkFlBerG regelt schließlich den Ausschluß des Rücktritts vom Vertrag oder des Schadensersatzanspruchs bei Verzug einer der Vertragsparteien (§§ 281, 323 BGB). Der Gesetzgeber will verhindern, daß durch Rücktritt vom Vertrag letztlich der vom Gesetz verfolgte Zweck vereitelt wird.[17] Nach der Ausgestaltung des Erwerbsrechtes und des Kaufvertrages käme ein Verzug praktisch ohnehin nur beim Nutzer als Käufer im Hinblick auf seine Pflicht zur Kaufpreiszahlung in Betracht.

b) Bestimmung des Kaufpreises (§ 5 und § 6 VerkFlBerG)

4296 l Der Kaufpreis für die Grundstücksfläche soll nach § 5 Abs 1 S 1 VerkFlBerG bei Verkehrsflächen 20% des Bodenwerts eines in gleicher Lage gelegenen unbebauten Grundstücks betragen. Maßgeblicher Zeitpunkt: Ausübung des Ankaufsrechts durch den Nutzer nach § 3 Abs 1 S 2 VerkFlBerG. § 5 Abs 1 VerkFlBerG bestimmt zugleich Mindest- und Höchstbeträge des Kaufpreises je nach Zahl der Einwohner der Gemeinde, in welcher das Grundstück gelegen ist.[18] Bodenwert ist der Wert, den das Grundstück vor seiner Inanspruchnahme als Verkehrsfläche hatte. Soweit vorhanden sollen die Bodenrichtwerte nach § 196 BauGB maßgebend sein (§ 5 Abs 2 S 1 VerkFlBerG). Für sonstige Flächen (§ 1 Abs 1 S 1 Nr 2 VerkFlBerG), insbesondere also mit Gebäuden und baulichen Anlagen bebaute Grundstücke, beträgt der Kaufpreis nach § 6 Abs 1 VerkFlBerG die Hälfte des Bodenwerts im Zeitpunkt der Ausübung des Ankaufsrechts. Dabei ist zunächst der nach § 19 Abs 2 S 2 SachenRBerG ermittelte Bodenwert (Verkehrswert des unbebauten Grundstücks nach Bodenrichtwert, § 6 Abs 2 S 2 VerkFlBerG, § 19 Abs 5 SachenRBerG, § 196 BauGB) um ein Drittel zu kürzen. Der Kaufpreis nach § 6 Abs 1 VerkFlBerG ist nach diesem verminderten Wert zu bestimmen.[19]

4. Einrede des Grundstückseigentümers

4296 m Der Grundstückseigentümer kann dem Anspruch auf Ankauf des Grundstücks die Einrede entgegenhalten, daß Tatsachen die Annahme rechtfertigen, die öffentliche Nutzung werde nicht länger als weitere fünf Jahre andauern (§ 3 Abs 2 VerkFlBerG). Bei einem Wegfall der Nutzung stünde dem Eigentümer ohnehin das Wiederkaufsrecht nach § 10 VerkFlBerG zu.[20] Es genügt, wenn der Eigentümer substantiiert Umstände vorträgt, die die genannte Annahme rechtfertigen; § 3 Abs 2 S 2 Halbs 2 VerkFlBerG sieht nämlich eine Beweislastumkehr gegen den Nutzer vor: Dieser hat zu beweisen, daß eine Aufgabe der öffentlichen Nutzung vor Ablauf der fünf Jahre nicht erfolgen

---

[17] BT-Drucks 14/6204 S 21 li Sp.
[18] Anlehnung an die Staffelung der Gemeindegrößen nach § 19 Abs 3 SachenRBerG, BT-Drucks 14/6204 S 18; eingehend Eickmann/Purps Rdn 5 zu § 5 VerkFlBerG.
[19] Eingehend mit Sonderfällen Eickmann/Purps Rdn 9 ff zu § 6 VerkFlBerG.
[20] Der Gesetzentwurf sah deshalb mit Hinweis auf § 10 VerkFlBerG noch eine Restnutzungsdauer von zehn Jahren vor, BT-Drucks 14/6204 S 17.

wird. Gemessen an der schwachen Rechtsposition des Eigentümers gegen den Erwerbsanspruch aus § 3 Abs 1 VerkFlBerG erscheint die Beweislastregel als gerechter Ausgleich widerstreitender Interessen. Der Eigentümer ist nicht verpflichtet, die Einrede zu erheben. Er kann damit mittelbar den öffentlichen Nutzer auch zwingen, das Grundstück trotz geringer Restnutzungsdauer zu erwerben, da spätestens nach Ablauf der Abschlußfrist des § 8 VerkFlBerG der Eigentümer verlangen kann, daß ihm das betroffene Grundstück abgekauft werde (§ 8 Abs 2 VerkFlBerG).

Als Folge berechtigter Verweigerung des Grundstückskaufs besteht das nach Art 233 § 2a Abs 9 EGBGB begründete Besitzrecht des öffentlichen Nutzers über § 9 Abs 1 VerkFlBerG fort (§ 3 Abs 2 S 2 VerkFlBerG). Der Eigentümer hat Anspruch auf Nutzungsentgelt sowie in Freistellung von (laufenden) öffentlichen Lasten (§ 3 Abs 2 S 3 VerkFlBerG). Nach endgültiger Aufgabe der öffentlichen Nutzung hat der Nutzer Anspruch auf Entschädigung für das Gebäude oder die bauliche Anlage nach § 9 Abs 2 VerkFlBerG. 4296 n

5. Bestellung einer Dienstbarkeit bei nur beschränkter Grundstücksnutzung

Der öffentliche Nutzer hat statt des Erwerbsrecht nur einen Anspruch auf Bestellung einer beschränkten persönlichen Dienstbarkeit, wenn bei einer Verkehrsfläche das Grundstück nur in einzelnen Beziehungen genutzt wird und diese Nutzung üblicherweise nur durch eine Dienstbarkeit gesichert wird.[21] Die Ausübung dieses Anspruchs bedarf lediglich der Schriftform (§ 3 Abs 3 S 2 VerkFlBerG). Die Eintragung der Dienstbarkeit in das Grundbuch erfolgt auf Bewilligung des Grundstückseigentümers (§ 19 GBO; Form § 29 GBO). Für die Bestellung der Dienstbarkeit erhält der Grundstückseigentümer eine Entschädigung in Höhe des Üblichen (§ 5 Abs 3 VerkFlBerG). 4296 o

6. Abschlußfrist für die Geltendmachung der Ansprüche

Die Ansprüche des Nutzers nach § 3 Abs 1 und 3 VerkFlBerG erlöschen mit Ablauf des 30. 6. 2007 (§ 8 Abs 1 VerkFlBerG). Die Regelung beinhaltet nicht lediglich eine Verjährung, die Regelungen des BGB zur Verjährungshemmung dürften nicht anwendbar sein.[22] Nach Ablauf der Frist geht das Erwerbsrecht auf den Grundstückseigentümer in der Weise über, daß er vom Nutzer verlangen kann, daß dieser das Grundstück erwerbe (§ 8 Abs 2 VerkFlBerG). Die Möglichkeit des Grundstückserwerbs und der Bereinigung öffentlicher Grundstücksnutzung bleibt damit auch weiterhin erhalten. 4296 p

---

[21] Eingehend Böhringer VIZ 2003, 55.
[22] Die Gesetzesbegründung führt lediglich aus, daß der öffentliche Nutzer den Anspruch bis zum Ablauf der Frist ausgeübt haben muß; dies dürfte im Sinne einer vollständigen Anspruchsverwirklichung und nicht lediglich einer klageweisen Geltendmachung im Sinne § 204 Abs 1 Nr 1 BGB zu verstehen sein, BT-Drucks 14/6204 S 21.

VIII. Bodensonderung

A. Zweck der Bodensonderung

4297 Das Bodensonderungsgesetz (BoSoG) vom 20. 12. 1993 (BGBl I 2182) und die Durchführungsverordnung hierzu sowie die Sonderungsplanverordnung (SPV) vom 27. 11. 1994 (BGBl I 3701) haben die Aufgabe, die Problematik der nicht oder **nicht ausreichend vermessenen Grundstücke** in den neuen Bundesländern einer schnellen Lösung zuzuführen. Wegen der erheblichen Rückstände bei der Vermessung dieser Grundstücke und Nutzungsrechte bestehen Hemmnisse für den Grundstücksverkehr. Das BoSoG ermöglicht, daß Grundstücksgrenzen auf einer Karte gebildet werden und nicht vermessungstechnisch bestimmt werden müssen. Diese Karte – der Bodensonderungsplan – in seiner durch den Sonderungsbescheid festgestellten Form gilt als amtliches Grundstücksverzeichnis im Sinne des § 2 Abs 2 GBO.

Das Bodensonderungsverfahren dient der räumlichen Bestimmung unvermessener Grundstücke, insbesondere sog **ungetrennter Hofräume** (§ 1 Nr 1 BoSoG). Die Bestimmung erfolgt nach § 2 BoSoG vorrangig durch Einigung der betroffenen Grundstückseigentümer und Zustimmung der Inhaber beschränkter dinglicher Rechte. Das Bodensonderungsverfahren dient ferner der räumlichen Bestimmung **unvermessener Nutzungsrechte** (§ 1 Nr 1 BoSoG); hier geht es wesentlich um die Bestimmung der sog Regelgröße von 500 m² (§ 3 Abs 3 BoSoG, Art 233 § 4 Abs 3 S 3 EGBGB) bei Verleihung mehrerer Nutzungsrechte an einem insoweit nicht vermessenen Grundstück. Im Hinblick auf die Sachenrechtsbereinigung dient die Bodensonderung auch der Bestimmung sog Rest- oder Splitterflächen, die neben dem Hauptgrundstück der Sachenrechtsbereinigung unterliegen (§ 1 Nr 2, § 4 BoSoG).

Ebenfalls im Wege der Bodensonderung geregelt werden können die Fälle, in denen großflächige Überbauungen stattfanden, die an sich dem VZOG unterliegen, bei denen aber die Bebauung ua auch auf Privatgrundstücken stattfand. Hier dient die Bodenneuordnung der Ergänzung der Vermögenszuordnung (§ 1 Nr 3, § 5 Abs 2 BoSoG). In den Fällen, in denen die großflächige Überbauung zum Zwecke des Wohnungs- und Siedlungsbaues vollständig auf privaten Grundstücken erfolgte und die nicht dem VZOG unterliegen, kann eine komplexe Bodenneuordnung erfolgen (§ 1 Nr 4, § 5 Abs 3 BoSoG).[1]

In ein solches Verfahren dürfen nur Grundstücke einbezogen werden, die für Zwecke der staatlichen Wohnungsversorgung genutzt werden. Im Grundsatz geht es wie bei der Sachenrechtsbereinigung um die Zusammenführung von Grundstücks- und Nutzungsbefugnis, wobei gleichzeitig die neu zu schaffenden Grundstücke so gebildet werden sollen, wie sie bei vorhandener Bebauung unter Berücksichtigung städtebaulicher Gesichtspunkte vernünftigerweise zuzuschneiden sind. Die Grundsätze der Sachenrechtsbereinigung sollen dabei eingehalten werden; falls dies erforderlich ist, kann hiervon allerdings auch abgewichen werden (§ 5 Abs 6 BoSoG). Im Bodensonderungsbescheid werden auch die Ansprüche auf Ankauf oder Bestellung eines Erbbaurechtes

---

[1] Vgl Czub/Schmidt-Räntsch/Marx Rdn 1 ff zu § 5 BoSoG; Pittack und Puls VIZ 1994, 393 (395).

nach der Sachenrechtsbereinigung beschieden[2] (§ 11 SPV). Ansprüche aus dem Sachenrechtsbereinigungsgesetz können nicht mehr geltend gemacht werden, wenn entweder ein Bodenneuordnungsverfahren oder ein Sonderungsverfahren zur Sachenrechtsbereinigung durchgeführt worden ist (§ 13 Abs 3 BoSoG).

B. Verfahren und Zuständigkeit

Das Sonderungsverfahren wird **von Amts wegen** eingeleitet (§ 6 Abs 1 S 2 BoSoG); Verfahren zur Unterstützung der Sachenrechtsbereinigung werden auf Grundlage eines **Ersuchens eines Notars** oder Gerichtes durchgeführt, die Festlegung unvermessenen Grundstückseigentums oder unvermessener Nutzungsrechte erfolgt auch auf **Antrag** der betroffenen Grundeigentümer oder Nutzungsberechtigten oder eines Anspruchsberechtigten nach dem Sachenrechtsbereinigungsgesetz (§ 6 Abs 1 S 3 BoSoG). Sonderungsbehörde ist die **Katasterbehörde**, in den Fällen der Bodenneuordnung die **Gemeinde** (§ 10 BoSoG). In der Regel sind die Umlegungsstellen innerhalb der Kommune zuständig. Die Sonderungsbehörde leitet das Sonderungsverfahren ein und bestimmt zunächst das Sonderungsgebiet, auf das sich die Bodensonderung insgesamt beziehen soll (§ 6 Abs 2 BoSoG). Die Verfahrenseinleitung bewirkt noch **keine Verfügungsbeschränkung**; bei der ergänzenden und komplexen Bodenneuordnung kann die Sonderungsbehörde eine Verfügungsbeschränkung anordnen, daß über dingliche Rechte an Grundstücken und grundstücksgleichen Rechten nur mit ihrer Genehmigung verfügt werden darf (§ 8 Abs 4 BoSoG). Der **Sonderungsvermerk** ist erst mit Grundbucheintragung wirksam (§ 8 Abs 4 S 2 BoSoG). Der Text des Sonderungsvermerks wird in § 8 Abs 1 SPV festgelegt.

Die Sonderungsbehörde erarbeitet sodann den Entwurf eines Sonderungsplanes, der aus Grundstückskarte, in denen die Grundstücks- und Nutzungsrechtsgrenzen eingezeichnet werden (§ 8 Abs 2 BoSoG), und einer Grundstücksliste (§ 8 Abs 3 BoSoG) besteht. Dieser Entwurf ist für die Dauer eines Monats zur Einsicht auszulegen oder öffentlich bekannt zu machen (§ 8 Abs 4 BoSoG); hierüber erhalten die Grundstückseigentümer besondere Nachricht (§ 8 Abs 5 BoSoG). Nach Ablauf der Auslegungsfrist wird der Sonderungsplan durch Bescheid verbindlich festgestellt (§ 9 Abs 1 BoSoG).

C. Wirkung des Sonderungsplanes

Der Sonderungsplan hat im Bereich der Feststellung unvermessenen Eigentums oder unvermessener Nutzungsrechte und in den Fällen der Unterstützung der Sachenrechtsbereinigung **Feststellungswirkung**: Er stellt verbindlich die Eigentumsgrenzen und die Ausübungsbefugnis bei dinglichen Nutzungsrechten fest (§ 13 Abs 1 BoSoG). In den Fällen der ergänzenden und komplexen Bodenneuordnung hat der Bodensonderungsbescheid **Gestaltungswirkung**. Die zugeordneten Flächen werden enteignet und dem Rechtsinhaber

4298

4299

---

[2] Czub/Schmidt-Räntsch/Marx Rdn 7; Eickmann/Thöne Rdn 21, je zu § 5 BoSoG.

des Gebäudes entsprechend dem Plan zugeordnet. Darüber hinaus hat der Sonderungsplan **Ersetzungswirkung**, in dem er vom Zeitpunkt seiner Feststellung an bis zur Übernahme in das Liegenschaftskataster als **amtliches Verzeichnis der Grundstücke** im Sinne von § 2 Abs 2 GBO dient (§ 7 Abs 2 S 2 BoSoG). Wird der Sonderungsbescheid in vollem Umfang bestandskräftig, so leitet die Sonderungsbehörde dem Grundbuchamt eine beglaubigte Abschrift zu; das Grundbuchamt berichtigt die Grundbücher von Amts wegen (§ 7 Abs 2 SPV). Steuerliche Unbedenklichkeitsbescheinigung, Teilungsgenehmigung, Grundstücksverkehrsgenehmigung und sonstige für die Eintragung erforderlichen Genehmigungen und Zustimmungen müssen dafür nicht vorgelegt werden (§ 7 Abs 5 SPV). Wurde im Sonderungsbescheid im Rahmen der Sachenrechtsbereinigung ein Grundstück auch übertragen, so ergeht ein Sonderungsbescheid erst, wenn der Notar mitgeteilt hat oder sonst nachgewiesen worden ist, daß die vertraglichen Voraussetzungen für den Rechtserwerb eingetreten sind. Der Sonderungsbescheid ist in diesem Fall dem Grundbuchamt erst danach zuzuleiten. Auf Antrag des Notars berichtigt das Grundbuchamt die Grundbücher entsprechend dem Inhalt des Bescheides und der abgeschlossenen Verträge (§ 11 Abs 2 SPV). Auch für diese Übertragung des Eigentums kraft Sonderungsbescheid sind keine Genehmigungen erforderlich (§ 7 Abs 5 SPV).[1]

Das Verhältnis zu den Vermessungsvorschriften regelt § 13 Abs 2 BoSoG. Soweit der Sonderungsplan bestandskräftig geworden ist, kann ein abweichender Grenzverlauf des Grundstücks sowie eine andere Aufteilung der Grundstücke nicht mehr geltend gemacht werden kann. Das Recht, die fehlende Übereinstimmung zwischen einer späteren amtlichen Vermessung und der Grundstückskarte nach § 8 Abs 2 BoSoG geltend zu machen, sowie Ansprüche aus §§ 919, 920 BGB oder auf Anpassung des Erbbauzinses oder eines Kaufpreises an eine abweichende Grundstücksfläche bleiben unberührt.

D. Grundstücksverkehr und Sonderungsbescheid

4299a Bei der Verfügung über Grundstücke, die nicht vermessen wurden und bei denen sich die Grenzen nur aus dem Sonderungsbescheid ergeben, stellen sich verschiedene Fragen. Wurde etwa ein Kaufvertrag über ein Grundstück abgeschlossen, bei dem noch keine endgültige Vermessung stattgefunden hat und bei dem der Sonderungsplan nach § 7 Abs 2 S 2 BoSoG als amtliches Verzeichnis des Grundstücks im Sinne von § 2 Abs 2 GBO dient, ist die Frage zu klären, ob eine bestimmte Grundstücksfläche zugesichert werden soll oder ob das Grundstück so veräußert wird, wie es im Sonderungsplan eingezeichnet ist, unabhängig von der konkreten Grundstücksfläche.

In den Fällen der **Bodenneuordnung** können die festgelegten Grundstücksgrenzen auch bei der nachträglichen Vermessung nicht mehr gerügt werden. Es soll ausgeschlossen werden, daß ein Beteiligter sich im Rahmen der Vermessung der Grundstücksgrenzen in der Natur gegen die Festlegung des Sonderungsbescheides wenden kann.[1*] Bei der nachträglichen Vermessung kann

---

[1] Czub/Schmidt-Räntsch/Marx Rdn 4 zu § 11 SPV.
[1*] Eickmann/Thöne Rdn 5 zu § 13 BoSoG.

nach § 13 Abs 2 S 2 BoSoG nur geltend gemacht werden, daß die Vermessung nicht mit der verbindlichen Grundstückskarte nach § 8 Abs 2 BoSoG übereinstimmt. Für diese Fälle der nicht dem Sonderungsplan entsprechenden Vermessung hat daher § 13 Abs 2 S 2 BoSoG ausdrücklich den Anspruch nach § 920 BGB aufrechterhalten. Ist die Vermessung fehlerhaft, weil sie nicht dem festgelegten Sonderungsplan, insbesondere dessen Grundstückskarte entspricht, so kann gegen den Veränderungsnachweis eine Klage vor dem Verwaltungsgericht erhoben werden.[2] Daneben besteht die Möglichkeit, daß nach der Vermessung ein Grundstückseigentümer gegen einen anderen Grundstückseigentümer eine Eigentumsklage erhebt, daß die katastermäßig eingetragene Grenze den Festlegungen des festgestellten Sonderungsplanes widerspricht.[3]

In den Fällen des § 1 Nr 1 BoSoG (unvermessenes Eigentum, zB Hofräume oder unvermessene dingliche Nutzungsrechte) erfolgt allerdings keine verbindliche Festlegung der Eigentumsverhältnisse durch den Bodensonderungsbescheid: Die Wirkung beschränkt sich nur auf Identifizierungszwecke. § 14 BoSoG hat einen besonderen Bereicherungsausgleich vorgesehen. In diesen Fällen kann jeder Eigentümer, soweit der festgestellte Umfang des Grundstücks nicht auf einer Einigung beruht und nicht im Einklang mit den wahren Eigentumsverhältnissen besteht, von dem auf seine Kosten begünstigten Eigentümer Herausgabe nach den Vorschriften über die ungerechtfertigte Bereicherung verlangen. Wird also ein Grundstück veräußert, das auf der Grundlage dieses Spezialfalls der Bodensonderung festgestellt wurde, dann sollte im Kaufvertrag zumindest darüber belehrt werden, daß der Bodensonderungsbescheid nicht verbindlich über die wahren Eigentumsgrenzen entscheidet und daß der Eigentümer entweder seinerseits Ansprüche gegen einen Nachbareigentümer auf Herausgabe bestehender Flächen hat oder umgekehrt seinerseits Ansprüchen ausgesetzt sein kann.

---

[2] Vgl Czub/Schmidt-Räntsch/Marx Rdn 5 zu § 13 BoSoG; Bengel/Simmerding, Grundbuch, Grundstück, Grenze, Rdn 49 ff zu § 2.
[3] Czub/Schmidt-Räntsch/Marx aaO.

Siebter Teil

Euro als Währung, frühere Währungsumstellungen und Lastenausgleich

I. Umstellung eingetragener Rechte auf den Euro

Literatur: Bestelmeyer, Umstellung von Rechten im Grundbuch auf Euro, Rpfleger 1999, 522; Böhringer, Auswirkungen des Euro auf den Grundbuchverkehr, DNotZ 1999, 692; Böhringer, Die Gesetzesvorgaben zur Euro-Eintragung im Grundbuch, BWNotZ 1999, 137; Böhringer, Umstellung von Wert- und Gebührengrenzen im Grundstücksrecht auf Euro, Rpfleger 2000, 433; vCampe, Die Umstellung von Grundpfandrechten auf den Euro, NotZB 2000, 2; Rellermeyer, Umstellung von Rechten im Grundbuch auf den Euro, Rpfleger 1999, 522.

A. Der Euro als Währungseinheit

a) Währung der (teilnehmenden) Mitgliedstaaten der Europäischen Gemeinschaft ist ab 1. Jan 1999 der **Euro** (Art 2 Euro-VO II[1]). Ein Euro ist in 100 Cent untergeteilt. Die Währungseinheit Euro tritt zum Umrechnungskurs an die Stelle der nationalen Währungen der Mitgliedstaaten (Art 2 Euro-VO II). Umrechnungskurs[2] der Währungseinheit Deutsche Mark: **1 Euro = 1,95583 DM.** Geldbeträge werden nach Umrechnung auf den nächstliegenden Cent oder Pfennigbetrag auf- oder abgerundet (bei einem Resultat genau in der Mitte erfolgt Aufrundung,[3] Art 5 Euro-VO I[4]). Bei den noch in Mark der ehem DDR eingetragenen Rechten ist zu berücksichtigen, daß sie im Verhältnis 2 : 1 auf Deutsche Mark umgestellt wurden (Rdn 2772). Umrechung von **Deutsche Mark in Euro** damit

4300

    DM-Betrag **geteilt** durch   Umrechnungskurs
                                             (der nicht zu runden oder zu kürzen ist).

Beispiel:
    100 000 DM : 1,95583 = 51.129,18[8]
                gerundet = 51.129,19 DM.

Ein vom Umrechnungskurs abgeleiteter inverser (umgekehrter) Kurs (das wären 1 DM = [gerundet] 0,51 Euro) ist nicht zu verwenden.[5]

---

[1] **Euro-VO II** = Verordnung (EG) Nr 974/98 vom 3. 5. 1998 über die Einführung des Euro, Amtsbl EG L 139/1.
[2] Verordnung (EG) Nr 2866/99 vom 31. 12. 1998, Amtsbl EG L 359/1.
[3] Böhringer DNotZ 1999, 692 (694, 701 und 703) sieht wegen des Verbots der einseitigen Erweiterung des Haftungsumfangs des beschränkten dinglichen Rechts nur eine Abrundung als zulässig an. Das ist nicht richtig, weil auch der aufgerundete Betrag die nationale Währungseinheit gesetzlich ersetzt.
[4] **Euro-VO I** = Verordnung (EG) Nr 1103/97 vom 17. 6. 1997 über bestimmte Vorschriften im Zusammenhang mit der Einführung des Euro, Amtsbl EG L 162/1.
[5] Vorspann (10) und Art 4 Abs 3 Euro-VO I (= Fußn 4).

4301 b) In der **bis 31. Dez 2001** dauernden **Übergangszeit** wird der Euro auch in die nationalen Währungseinheiten (unter Beibehaltung von Untereinheiten) gemäß den Umrechnungskursen unterteilt (Art 6 Abs 1 S 1 Euro-VO II). Damit bleibt die Deutsche Mark in dieser Übergangszeit Währungseinheit als Untereinheit des Euro (Vorspann [8] S 2 Euro-VO II). In dieser Zeit werden damit die in das Grundbuch einzutragenden Geldbeträge weiterhin auch in Deutscher Mark angegeben (§ 28 S 2 GBO; Rdn 135); Angabe in der einheitlichen europ Währung Euro ist ebenso zugelassen (§ 28 S 2 GBO iVm der VO über Grundpfandrechte in ausländischer Währung und in Euro vom 30. 10. 1997, BGBl I 2683; s Rdn 136). Die Währungseinheiten Euro und Deutsche Mark (als nationale Währung) sind rechtlich gleichwertig (Vorspann [8] S 3 Euro-VO II). Im Einzelfall unterliegt die Bestimmung der Währungseinheit dem Einvernehmen der Beteiligten (Art 8 Abs 1 und 2 Euro-VO II). Materiell-rechtlich erfordert die Festlegung der Währungseinheit daher Einigung (§ 873 BGB). Diese ist dem Grundbuchamt für Eintragung auf Bewilligung (§ 19 GBO; Rdn 95) jedoch nicht nachzuweisen.

B. Umstellung der Währungsbezeichnung im Grundbuch bis 31. Dez 2001

4302 Weil in der Übergangszeit bis 31. Dez 2001 die Beteiligten Bestimmung über die Währungseinheit treffen konnten (Rdn 4301) erforderte Abänderung der Währungsbezeichnung materiell-rechtlich **Einigung** der (= aller) Beteiligten (§ 877 mit § 873 BGB). **Eintragung der Umstellung** auf Euro erfolgte in dieser Zeit nur auf **Antrag** mit **Zustimmung des „anderen Teils"** (§ 26a Abs 1 S 1 GBMaßnG). Grund: Schutz vor einseitiger Umstellung auf den Euro nach Art 8 Euro-VO II. **Eintragung** der Umstellung eines in **Mark** der ehem **DDR** eingetragenen Rechts erfolgte unter Beachtung des Umstellungskurses 2 : 1; Rdn 2772). Voreintragung dieser Umstellung des Rechts auf Deutsche Mark war weder vorgesehen noch erforderlich und auch nicht als zulässig zu erachten. Näher zu dieser Eintragung der Umstellung (mit Eintragungsbeispiel): 12. Auflage Rdn 4302–4309.

4303–4309 Diese Randnummern sind entfallen.

C. Umstellung der Währungsbezeichnung im Grundbuch ab 1. Jan 2002

4310 a) **Währungseinheit** ist ab 1. Jan 2002 (Ende der Übergangszeit) nur noch der Euro (Unterteilung in 100 Cent; Art 2 Euro-VO II). Er ist gesetzlich zum Umrechnungskurs an die Stelle der Deutschen Mark als nationale Währungseinheit getreten (Art 2 Euro-VO-II). Bezugnahmen auf die Deutsche Mark als die nationale Währungseinheit sind als Bezugnahmen auf die Euroeinheit entsprechend dem Umrechnungskurs zu verstehen (Art 14 Euro-VO II).

4311 b) Die **Umstellung** kann das Grundbuchamt **von Amts wegen** bei der nächsten anstehenden Eintragung im Grundbuchblatt vornehmen (§ 26a Abs 1 S 2 GBMaßnG). Es hat somit nicht die Grundbuchblätter zur Feststellung durchzusehen, ob noch DM-Geldbeträge eingetragen und von Amts wegen zu

C. Umstellung der Währungsbezeichnung im Grundbuch

berichtigen sind. Nächste Eintragung kann jede auf dem Grundbuchblatt zu bewirkende Eintragung sein, auch zB die Berichtigung der Eigentümereintragung oder der Zwangsversteigerungsvermerk; abgestellt ist nicht auf eine Eintragung bei dem umzustellenden oder sonst einem DM-Recht. Gibt eine anstehende Eintragung Anlaß für Vornahme der Umstellung von Amts wegen, sind zugleich alle auf dem Grundbuchblatt eingetragenen DM-Rechte (nicht nur das Recht, bei dem eine Eintragung beantragt ist und erfolgt oder nur eines der eingetragenen Rechte) auf den Euro umzustellen. Von Amts wegen **kann** (nicht aber muß) das Grundbuchamt die Umstellung eintragen. Ob die Eintragung erfolgt, steht damit in seinem Ermessen. Es wird etwa von der Eintragung der Umstellung absehen, wenn sie nicht sinnvoll ist, so wenn[1] die Eintragung einer Auflassungsvormerkung beantragt ist und sich aus dem Kaufvertrag ergibt, daß die Grundpfandrechte im Zuge der Abwicklung des Kaufvertrags gelöscht werden sollen. Vorlage eines für das Grundpfandrecht erteilten Briefes erfordert die Eintragung der Umstellung nicht (§ 26a Abs 1 S 5 GBMaßnG).

c) Einzutragen ist die Umstellung auf Euro vom 1. Jan 2001 an stets, wenn sie **beantragt** wird (§ 26a Abs 1 S 3 GBMaßnG). Antrag können der Eigentümer (auch nur ein Miteigentümer), der eingetragene Gläubiger (wenn es mehrere sind jeder allein), damit auch der nach § 39 Abs 2 GBO legitimierte nicht eingetragene Gläubiger eines Briefgrundpfandrechts (dessen Legitimation steht der Eintragung gleich), sowie der eingetragene Inhaber des Rechts oder Vermerks stellen (§ 26a Abs 1 S 3 GBMaßnG). Nicht antragsberechtigt sind ein Drittberechtigter (Pfandgläubiger, Nießbraucher usw) und der Neugläubiger, wenn die Übertragung des Rechts eingetragen werden soll.[2] Beantragt werden kann die Eintragung der Umstellung selbständig (losgelöst somit von einer anderen Grundbucheintragung), aber auch, wenn bei dem Recht oder Vermerk auf Antrag oder von Amts wegen eine Eintragung vorzunehmen ist oder das Recht oder der Vermerk auf ein anderes Grundbuchblatt übertragen wird (§ 26a Abs 1 S 4 GBMaßnG). Antrag ist nicht ermöglicht, wenn die Löschung (nicht bloß eine Teillöschung) des Rechts einzutragen ist (§ 26a Abs 1 S 4 GBMaßnG). Vorlage eines für das Grundpfandrecht erteilten Briefes erfordert auch die beantragte Eintragung der Umstellung (ab 1. Jan 2001) nicht (§ 26a Abs 1 S 5 GBMaßnG). **4312**

d) Auf dem Hypotheken-, Grundschuld- oder Rentenschuld**brief** wird die Eintragung der Umstellung auf Euro, die vom 1. Jan 2002 an erfolgt, nicht vermerkt (§ 26a Abs 1 S 5 GBMaßnG). Nur wenn das (ausdrücklich) beantragt wird, ist diese Eintragung auch auf dem Grundpfandrechtsbrief zu vermerken (§ 26a Abs 1 S 5 GBMaßnG). Dieser Antrag bedarf nicht der Form des § 29 GBO. Den Brief hat der Antragsteller vorzulegen. Unterzeichnung des Vermerks: § 62 Abs 2 mit § 56 Abs 2 GBO. **4313**

e) Umstellung eines noch in **Mark** der ehem **DDR** eingetragenen Rechts: wie Rdn 4302. **4314**

f) Ein Geldbetrag kann vom 1. Jan 2002 an nicht mehr in der Währungseinheit Deutsche Mark eingetragen werden, auch wenn der Eintragungsantrag noch vor diesem Zeitpunkt beim Grundbuchamt eingegangen ist. Der Antrag **4315**

---

[1] Beispiel aus Begründung BT-Drucks 14/1301, S 19 reSp.
[2] Nicht klar Rellermeyer Rpfleger 1999, 522 (523).

kann jedoch weder mit Zwischenverfügung beanstandet noch zurückgewiesen werden. Es ist die Bezugnahme auf die DM-Währungseinheit vielmehr als Bezugnahme auf die Euro-Einheit entsprechend dem jeweiligen Umrechnungskurs zu verstehen[3] (Art 14 Euro-VO II), die Eintragung daher in der Währungseinheit Euro zu vollziehen.

D. Bewilligungsinhalt vom 1. Jan 2002 an

4316 a) **Für Eintragungen** (auch für die Löschung) bei einem noch in Deutsche Mark im Grundbuch eingetragenen Recht hat die Bewilligung zu ergeben, an welchem Grundstücksrecht die Eintragung erfolgen soll (s Rdn 103). Diese Bezeichnung erfolgt nach dem 1. Jan 2002 ordnungsgemäß mit Angabe des (noch) eingetragenen (nicht umgestellten) DM-Betrags des Rechts. Die **Bezeichnung des Rechts** mit der eingetragenen nationalen Währungseinheit ist als Bezeichnung des Rechts mit seiner Euro-Währungseinheit entsprechend dem Umrechnungskurs zu verstehen (Art 14 Euro-VO II). Das ermöglicht insbesondere auch Eintragung des **Löschungs**vermerks unter Bezeichnung des Rechts in der (noch) eingetragenen Währungseinheit Deutsche Mark. Voreintragung der Umstellung erfordert Löschung daher nicht.[4]

4317 b) **Einzutragende Geldbeträge** sind vom 1. Jan 2002 an in der Währungseinheit Euro zu bezeichnen (§ 28 S 2 GBO). Die Deutsche Mark besteht als Währungseinheit nicht mehr; Bezugnahme auf sie zur Bezeichnung einzutragender Geldbeträge ist nicht mehr gültig (die Übergangsbestimmungen der Euro-VO II, §§ 6–8, gelten nicht mehr). Eintragung einer Verfügung (außer Löschung) über das noch in Deutscher Mark eingetragene Rechte erfordert zugleich Eintragung der Umstellung auf Euro (auch wenn sie nicht gesondert beantragt wird). Zu vollziehen sind daher unter gleichzeitiger Eintragung der Umstellung auf Euro zB auch Antrag und Bewilligung, die Eintragung der Abtretung eines Teilbetrags in Höhe von ... Euro der Grundschuld Abt III Nr ..., eingetragen im Betrag von ... DM, verlangen.

E. Rechte in anderen Währungen

4318 Rechte in der Währung der Schweizerischen Eidgenossenschaft und der Vereinigten Staaten von Amerika (zur Eintragung Rdn 135) nehmen an der Umstellung auf die einheitliche europ Währung nicht teil. Diese Währungseinheiten werden nicht durch den Euro ersetzt; eine Umstellung wird somit nicht eingetragen.

---

[3] Ebenso Gutachten DNotI-Report 2001, 193 (194). Daher kein Fall der Auslegung, wie Böhringer DNotZ 1999, 692 (712) annimmt.
[4] So auch Böhringer DNotZ 1999, 692 (710).

II. Währungsreform 1948

A. Arten der Umstellung

Die Folgen der Währungsreform und des inzwischen abgelaufenen Lastenausgleichs haben für den Grundbuchverkehr nur noch vereinzelt Bedeutung. Dafür will diese gedrängte Übersicht Hinweise auf die mit diesen Rechtsbereichen zusammenhängenden Probleme geben. Weiterführende Einzelheiten s frühere Auflagen (insbesondere die 4. Aufl). 4319

Die **Umstellung von Grundpfandrechten** richtete sich im Regelfall nach denjenigen Vorschriften, die für die Umstellung der durch das hypothekarische Recht gesicherten Forderung maßgebend waren (§ 1 der 40. DVO z UmstG).[1] In der Regel ist mit dem 21. 6. 1948 Normalumstellung im Verhältnis 10 : 1 eingetreten (§ 16 Abs 1 UmstG). Vollumstellung im Verhältnis 1 : 1 war die Ausnahme und beruhte auf § 18 UmstG und auf §§ 2, 7 der 40. DVO z UmstG. 4320

Bei **Reallasten** bestimmte sich die Höhe der Umstellung ebenfalls nach den für Schuldverhältnisse geltenden Vorschriften (§ 40 der 40. DVO z UmstG). Dies hatte zur Folge, daß Reallasten in der Regel gesetzlich voll umgestellt worden sind (vgl § 18 Abs 1 Nr 1 UmstG). Für die Eintragung der Umstellung vom RM-Reallasten im Grundbuch gelten die nachfolgenden Vorschriften ebenfalls (§ 12 GBMaßnG). 4321

Bei Streit oder Ungewißheit über die Höhe der gesetzlichen Umstellung kann beim Amtsgericht ein gerichtliches Verfahren der freiwilligen Gerichtsbarkeit auf Antrag eines Beteiligten durchgeführt werden (§ 6 Abs 1 der 40. DVO z UmstG). 4322

B. Fristen für die Eintragung der Vollumstellung im Grundbuch

Die Eintragung der **Vollumstellung** einer in Reichsmark oder Rentenmark eingetragenen Hypothek auf Deutsche Mark konnte (von gewissen Ausnahmen abgesehen) nur bis zum **31. 12. 1964 beantragt** werden. Sie konnte nur bis zum **31. 12. 1965 im Grundbuch vollzogen** werden (§ 3 mit § 7 Abs 1 GBMaßnG).[2] Sind diese beiden Voraussetzungen im Einzelfalle nicht erfüllt, so besteht (Ausnahmen s Rdn 4325) das hypothekarische Recht (nicht aber auch die dadurch gesicherte persönliche Forderung) nur noch im **Umstellungsverhältnis 10 : 1** (Normalumstellung). Dies gilt auch dann, wenn in einem Umstellungsverfahren entschieden worden ist, daß Vollumstellung eingetreten ist. 4323

---

[1] S zu den hier behandelten Fragen auch Balser/Dietrich, Lastenausgleich und Grundbuch (1953); Bohn/Bruhn, Lastenausgleich, Haupt- und Ergänzungsband; Glaser, Grundbuchwesen (1953) S 265 ff, MIR Anm 233a Anh I zu § 3; Feyock, Rechtsunsicherheit im Grundbuchverfahren, Deutscher Notartag 1956, 9; Weber, Währungsumstellung und Grundbuchberichtigung, DNotZ 1955, 453; Haegele RLA 1965, 33. Zur Vollumstellung s insbes Fischer DNotZ 1957, 182; Haegele RLA 1953, 314; 1956, 1.
[2] S zu diesen auf dem GBMaßnG beruhenden Fragen insbesondere Horber, 16. Aufl, Anm 5 B Anh zu § 22; MIR Anm 233a Anh I zu § 3 GBO; Epple BWNotZ 1964, 45; Gewaltig MittRhNotK 1965, 216; Seidl DNotZ 1964, 67; Spiegel BB 1964, 65.

4324 Ist infolge Fristablaufs nur noch Eintragung von **Normalumstellung** bei einer Hypothek möglich, so kann der Gläubiger verlangen, daß ihm der Eigentümer in Höhe der Verminderung seiner Hypothek – also in der Regel in Höhe von 90% des alten Nennbetrags – eine **weitere Hypothek** in DM an nächstbereiter Rangstelle bestellt. Einzelheiten § 10 GBMaßnG.

4325 **Ausnahmefälle**, in denen uU heute noch Vollumstellung in Frage kommt, ergeben sich aus § 1 GBMaßnG.

4326 Wegen eines **Umstellungsschutzvermerks** und wegen seiner Löschung s §§ 4–6 GBMaßnVO.

C. Unterlagen für die Eintragung der Umstellung

4327 Zur Eintragung des Umstellungsbetrags im Verhältnis 10 : 1 (Rdn 4323), bedarf es der Bewilligung des Gläubigers und des Grundstückseigentümers (§ 5 Abs 1 der 40. DVO zum UmstG idF des § 40 Abs 1 LAG). Die Bewilligung ist vom jetzigen Gläubiger des Grundpfandrechts abzugeben.[3] Ein etwaiger Nießbraucher oder Pfandgläubiger hat zuzustimmen. Die Erklärungen müssen in der Form des § 29 GBO abgegeben werden. Der Zustimmung des Finanzamts bedarf es bei Eintragung der Normalumstellung nicht. Ebensowenig ist die Zustimmung der gleich- oder nachrangig Berechtigten notwendig.

4328 Eine rechtskräftige **Umstellungsentscheidung** (Rdn 4330) ersetzt die vorbehandelten Erklärungen der Beteiligten.[4]

D. Erleichterung der Eintragung der Umstellung nach Fristablauf

4329 Ist bei einer Hypothek ein Umstellungsschutzvermerk (Rdn 4326) nicht eingetragen, so gelten für die Berichtigung des Grundbuchs durch Eintragung der Normalumstellung Erleichterungen nach § 8 GBMaßnG hinsichtlich Antragsrecht (§ 8 Abs 2), Briefvorlage (§ 8 Abs 4), Auskunftsverlangen (§ 8 Abs 5).

4330 Die Berichtigung kann ohne die **Bewilligung des Gläubigers** vorgenommen werden, wenn der Gläubiger nicht innerhalb einer ihm vom Grundbuchamt zu setzenden Frist diesem gegenüber schriftlich der Berichtigung widersprochen hat (§ 8 Abs 6 S 1 GBMaßnG). Kann dem Gläubiger keine Gelegenheit zur Äußerung gegeben werden, zB weil er unbekannt oder unbekannten Aufenthalts ist, so ist eine solche Berichtigung nicht statthaft (§ 8 Abs 6 S 3 GBMaßnG).[5]

4331 Diese Ausführungen gelten sinngemäß für den Eigentümer (§ 8 Abs 7 GBMaßnG).

4332 Ist der **Gläubiger nicht** als Berechtigter im Grundbuch **eingetragen**, so kann der Antragsberechtigte von ihm verlangen, die Berichtigung der Eintragung des Berechtigten im Grundbuch zu erwirken. Dies gilt nicht, wenn sich der

---

[3] LG Hannover DNotZ 1952, 135 mit abl Anm Hoche.
[4] BGH NJW 1953, 1430; BayObLG 1953, 38 = DNotZ 1952, 132; OLG Hamburg MDR 1953, 242; Cammerer DNotZ 1950, 13.
[5] LG Düsseldorf MittRhNotK 1979, 197; OLG Hamm Rpfleger 1983, 146.

E. Erleichterungen für die Löschung umgestellter Grundpfandrechte

Gläubiger im Besitz des Hypothekenbriefs befindet und dem Grundbuchamt gegenüber sein Gläubigerrecht nach § 1155 BGB nachweist (§ 8 Abs 8 GBMaßnG).

Diese Vorschriften sind auf Grund- und Rentenschulden entsprechend anzuwenden. Das gleiche gilt für Reallasten, für die im übrigen die Vorschriften der §§ 5 und 6 der 40. DVO zum UmstG gelten (§§ 11, 12 GBMaßnG). 4333

Fassung der Grundbucheintragung bei **Normalumstellung** und Eintragung von **Änderungen** bei RM-Grundpfandrechten 4. Auflage Rdn 1620 und 1621. 4334

E. Erleichterungen für die Löschung umgestellter Grundpfandrechte

Wird die Löschung einer umgestellten Hypothek oder Grundschuld beantragt, deren **Geldbetrag 3000 Euro nicht übersteigt,** so bedürfen die dazu nach allgemeinem Grundbuchrecht erforderlichen Erklärungen und Nachweise nicht der Form des § 29 GBO, also nicht der Form der öffentlichen oder öffentlich beglaubigten Urkunde (§ 18 Abs 1 S 1 GBMaßnG). Bei dem Nachweis einer Erbfolge oder des Bestehens einer fortgesetzten Gütergemeinschaft kann das Grundbuchamt von den in § 35 Abs 1, 2 GBO genannten Beweismitteln (Erbschein, Zeugnis über die fortgesetzte Gütergemeinschaft) absehen und sich mit anderen Beweismitteln, für welche die Form des § 29 GBO nicht erforderlich ist, begnügen, wenn die Beschaffung des Erbscheins oder des Zeugnisses nach § 1507 BGB nur mit unverhältnismäßig hohem Aufwand an Kosten oder Mühe möglich ist; der Antragsteller kann auch zur Versicherung an Eides Statt zugelassen werden (§ 18 Abs 1 S 2 GBMaßnG). Auch diese Versicherung bedarf nicht der Form des § 29 GBO. 4335

Bei Berechnung des Geldbetrags von 3000 Euro ist von dem **im Grundbuch zur Zeit der Löschung eingetragenen Betrag** der Hypothek oder Grundschuld auszugehen (zu dessen Umrechnung auf Euro Rdn 4300), nicht von dem zur Zeit der Währungsumstellung eingetragenen Geldbetrag, an dem vielleicht schon Teillöschungen erfolgt sind.

Soweit der Übergang eines Teils der Hypothek oder Grundschuld auf den Eigentümer eingetragen ist, besteht die Höchstgrenze für die restliche Teilhypothek und für die Teileigentümergrundschuld gesondert. 4336

Ist der **Umstellungsbetrag nicht eingetragen** und liegen die Voraussetzungen vor, unter denen eine Berichtigung des Grundbuchs nur durch Eintragung eines Umstellungsbetrags 10 : 1 zulässig ist, so ist von diesem Umstellungsbetrag auszugehen (§ 18 Abs 2 GBMaßnG). Liegen – kaum noch vorkommender Fall[6] – diese Voraussetzungen nicht vor, so ist von dem Umstellungsbetrag 1 : 1 auszugehen. 4337

Die vereinfachten Löschungsvorschriften sind mithin in den Fällen anwendbar, in denen der Umstellungsbetrag mit höchstens 3000 Euro im Grundbuch bereits eingetragen ist oder die noch in RM eingetragene Hypothek oder Grundschuld umgestellt (umgerechnet) 3000 Euro nicht übersteigt (sofern im letzteren Fall nicht ein Umstellungsschutzvermerk eingetragen ist). 4338

---

[6] Ein solcher Fall besteht jedoch immer dann, wenn der Gläubiger unbekannt oder unbekannten Aufenthalts ist, da dann Berichtigung nicht möglich ist; s Rdn 4330 und Fußn 5.

Diese Ausführungen gelten sinngemäß für eine umgestellte **Rentenschuld** oder **Reallast**, deren Jahresleistung (bei Umstellung und Umrechnung) 15 Euro nicht übersteigt (§ 19 GBMaßnG).

4339 Über diese Ausführungen hinaus bestehen **keine besonderen Erleichterungen** für die Löschung von Grundpfandrechten, die noch aus der RM-Zeit stammen, insbesondere enthält § 18 GBMaßnG keinen Verzicht auf die Löschungsbewilligung des Gläubigers.[7] Oft ist es aber so, daß über das Schicksal des Gläubigers (und des Grundpfandrechts-Briefs) nichts feststellbar ist. Allerdings ist im Schrifttum versucht worden, einen Weg zu finden, welcher die Löschung eines RM-Grundpfandrechts des um seine Ansprüche befriedigten verstorbenen Gläubigers in Fällen ermöglichen sollte, in denen die Vorlage der sonst für die Löschung erforderlichen Löschungsbewilligung oder beglaubigten Quittung seitens aller Erben und Erbeserben nicht möglich ist.[8] Es sollte in solchen Fällen zur Löschung eine mit Unterschrift und Dienststempel versehene Auskunft des Finanzamts (vgl § 128 LAG) folgenden Inhalts genügen: „Aus der X-Hypothek ist eine öffentliche Last zur Sicherung einer Hypothekengewinnabgabe nicht entstanden, weil nachgewiesen worden ist, daß die durch das Grundpfandrecht gesicherte Forderung am 21. 6. 1948 nicht mehr bestanden hat." Leider kann dieser Weg aber nicht begangen werden. Denn das Grundbuchamt kann sich mit der Bestätigung des Finanzamts, es sei ihm gegenüber der Nachweis des Nichtmehrbestehens der durch das Grundpfandrecht gesicherten Forderung am 21. 6. 1948 erbracht worden, ohne eigene Prüfung nicht begnügen:[9] aus § 18 GBMaßnG ergibt sich als Wille des Gesetzgebers, daß bei einem über 3000 Euro Umstellung und Umrechnung hinausgehenden alten Grundpfandrecht die allgemeine Formenstrenge, wie diese insbesondere nach §§ 29, 35 GBO besteht, zu gelten hat. Bei dieser Sachlage ist die Löschung einer 3000 Euro übersteigenden umgestellten Hypothek nicht aufgrund einer Auskunft des Finanzamts möglich, die eine eigenverantwortliche Prüfung des Grundbuchamts überhaupt nicht zuläßt, wenn es andererseits eine solche Prüfung bei allen den Umstellungsbetrag von 3000 Euro nicht übersteigenden Grundpfandrechten – wenn auch in freier Würdigung der ihm unterbreiteten Unterlagen – vorzunehmen hat.

4340 Ist nur der **Grundpfandrechtsbrief nicht beibringbar,** so muß er im Aufgebotsverfahren nach §§ 946ff, 1003ff ZPO für kraftlos erklärt werden. Materiell-rechtlich ist dabei § 1162 BGB maßgebend. Bei durch Kriegseinwirkung vernichtetem Grundpfandrechtsbrief gilt das vor dem Grundbuchamt erfolgende wesentlich einfachere Verfahren nach § 26 GBMaßnG.

---

[7] BayObLG (2 Z 42/86, mitget) Rpfleger 1987, 357; BayObLG MittBayNot 1998, 103 = NJW-RR 1998, 522 = Rpfleger 1998, 157. AA LG Köln MittRhNotK 1982, 252 (zust Keim MittBayNot 1985, 247), das § 18 MaßnG „extensiv dahin auslegt", daß eine Bewilligungserklärung entbehrlich ist, wenn ihre Beschaffung mit Kosten verbunden wäre, die in keinem vernünftigen Verhältnis zum Schuldbetrag stehen. Obwohl das Ergebnis für die Praxis zu begrüßen ist, läßt es sich aus dem Gesetz nicht mehr begründen. Abl auch Wolf MittRhNotK 1998, 424.
[8] Bertzel, Ein neuer Weg zur Löschung von RM- oder GM-Hypotheken, deren Gläubiger verstorben sind, Rpfleger 1963, 72.
[9] Das hat Haegele DNotZ 1965, 32 im einzelnen aufgeführt. Auch Hetz Rpfleger 1964, 136 und OLG Neustadt DNotZ 1965, 47 kamen zu dem Ergebnis, daß der von Bertzel gemachte Vorschlag der Gesetzeslage nicht entspricht.

E. Erleichterungen für die Löschung umgestellter Grundpfandrechte

Ist der **Grundpfandrechtsgläubiger** seiner **Person** nach **unbekannt,** so muß zu seiner Ausschließung das Aufgebotsverfahren nach §§ 946 ff, 982 ff ZPO durchgeführt werden. Antragsberechtigung: § 984 ZPO. Materiell-rechtlich s dazu §§ 1170, 1171 BGB. Die sich aus § 1170 BGB ergebende Zehnjahresfrist ist in Fällen der hier behandelten Art – Nichteintragung der Normalumstellung – längst abgelaufen. In einem solchen Fall wird der dem Gläubiger erteilte Brief mit Erlaß des Ausschlußurteils ohne besonderes Aufgebot kraftlos. Daß die Forderung erloschen sei, braucht der Eigentümer nicht zu behaupten.[10] Der Gläubiger wird nach Durchführung des Verfahrens mit seinem dinglichen Recht, nicht aber auch mit seiner persönlichen Forderung, ausgeschlossen. Der Eigentümer erwirbt mit Verkündung des Ausschlußurteils die Hypothek als Eigentümergrundschuld (§ 1177 Abs 1 BGB).[11] 4341

Ist der Gläubiger der Person nach bekannt, **sein Aufenthalt aber unbekannt,** so ist das Aufgebotsverfahren nach §§ 1170, 1171 BGB nicht zulässig;[12] hier muß der Eigentümer Klage (auf Löschung oder auf Berichtigung) durch öffentliche Zustellung (§§ 203 ff ZPO) erheben; dies setzt voraus, daß der Gläubiger seiner Person nach in einer dem § 130 ZPO genügenden Form bekannt ist. 4342

Durch Hinterlegung des Hypothekenbetrages unter Verzicht auf die Rücknahme (§§ 374, 378 BGB) und Vorlage des Hinterlegungsscheins kann die Löschung ohne Bewilligung des Gläubigers nicht erreicht werden, da die schuldbefreiende Wirkung der Hinterlegung und damit die Umwandlung der Fremdhypothek in eine Eigentümergrundschuld nur bei Bestehen eines Hinterlegungsgrundes (§ 372 BGB) eintritt; die Voraussetzungen für die Rechtmäßigkeit der Hinterlegung sind aber durch den Hinterlegungsschein nicht nachgewiesen; damit fehlt auch der Nachweis der Unrichtigkeit des Grundbuchs durch öffentliche Urkunden.[13] Möglich ist es jedoch, nach der Hinterlegung einen Pfleger für die Abgabe der Löschungsbewilligung (§§ 1911, 1913 BGB) zu bestellen. 4343

Nach dem Rdn 4340 ff Ausgeführten gibt es mithin nach allgemeinem Recht Mittel und Wege, die Löschung eines alten RM-Grundpfandrechts herbeizuführen. Allerdings sind sie etwas mühselig und zeitraubend, auch nicht gerade billig. 4344

---

[10] Palandt/Bassenge Rdn 1 zu § 1170 BGB. Nach LG Köln MittRhNotK 1964, 228 sind die Voraussetzungen für die Durchführung eines derartigen Aufgebotsverfahrens erfüllt, wenn der eingetragene Hypothekengläubiger sich seit Beginn des 2. Weltkriegs trotz Kenntnis seiner Anschrift nicht mehr gemeldet hat oder seine Anschrift nicht ermittelt werden kann. Nach KG DNotZ 1970, 157 = Rpfleger 1970, 90 setzt der Ausschluß des Gläubigers im Aufgebotsverfahren voraus, daß sowohl seit der letzten sich auf die Hypothek beziehenden Grundbucheintragung als auch seit dem letzten Anerkenntnis zehn Jahre verstrichen sind. Das Aufgebotsverfahren gegen den unbekannten Hypothekengläubiger ist nicht subsidiär gegenüber anderen verfahrensrechtlichen Möglichkeiten zur Bereinigung des Grundbuchs. Zur Verwendbarkeit des oben behandelten § 1170 BGB bei Löschung von Judenhypotheken s Leiss DNotZ 1969, 609, 613.
[11] Wegen der Rechtslage bei Gesamtgrundpfandrechten s § 1175 Abs 1, 2 BGB.
[12] LG Bückeburg Rpfleger 1958, 320; Palandt/Bassenge Rdn 2 zu § 1170 BGB; Zöller/Geimer Rdn 1 zu § 985 ZPO; streitig, aA LG Aachen NJW-RR 1998, 87; LG Erfurt Rpfleger 1994, 310; Staudinger/Wolfsteiner Rdn 3 zu § 1170 BGB; auch LG Düsseldorf NJW-RR 1995, 1232 (Gläubiger verschweigt, warum er nicht imstande ist, seine Berechtigung an der Hypothek nachzuweisen).
[13] BayObLG MittBayNot 1980, 74 = Rpfleger 1980, 186.

4345 Besonderheiten gelten, wenn es sich um sog Judenhypotheken handelt, dh Belastungen, bei denen der **seinerzeitige jüdische Gläubiger** heute noch im Grundbuch steht. Zur Löschung, je nachdem, ob und ggfs an wen die Forderung bezahlt wurde, vgl die eingehenderen Aufsätze von Leiss DNotZ 1969, 609 und MittBayNot 1973, 191.

III. Mark-, GM- und RM-Rechte im Beitrittsgebiet

4346 **Umstellung** der auf Mark der ehem DDR lautenden Rechte sowie der Reichsmark- und Goldmarkhypotheken im Beitrittsgebiet: Rdn 2772.

4347 § 18 und § 19 GBMaßnG über **Erleichterungen zur Löschung** kleinerer Rechte (Rdn 4335–4338), desgleichen § 26 GBMaßnG über die Erteilung eines neuen Briefes, Ausschluß der Brieferteilung und Löschung des Grundpfandrechts ohne Briefvorlage (Rdn 4340) gelten auch im Beitrittsgebiet (§ 36a GBMaßnG). Auszugehen ist jedoch bei nicht eingetragenem Umstellungsbetrag von einem Umrechnungssatz von einer Deutschen Mark zu zwei Reichsmark oder Mark der DDR, wenn die Voraussetzungen für Berichtigung des Grundbuchs durch Eintragung dieses Umrechnungsbetrages vorliegen (§ 18 Abs 2 S 2 mit § 36a S 1 GBMaßnG und Einigungsvertrag aaO).

4348 Das einfachere Verfahren nach § 26 GBMaßnG (Rdn 4340) gilt auch für **Grundpfandrechtsbriefe**, die „im Zusammenhang mit besatzungsrechtlichen oder besatzungshoheitlichen Enteignungen von Banken oder Versicherungen" im Beitrittsgebiet vernichtet oder abhanden gekommen sind (§ 26 Abs 1 S 1 GBMaßnG idF von Art 11 § 1 des 2. VermRÄndG [dazu Rdn 4200d]).

IV. Lastenausgleich

4349 Keine Bedeutung mehr haben heute in der Praxis
- Hypothekengewinnabgaben (HGA)
  Soweit noch HGA im Grundstück eingetragen sind, hat das Finanzamt das Grundbuchamt um Löschung des Vermerks von Amts wegen zu ersuchen, wenn eine HGA nicht mehr besteht (vgl § 111b LAG). Vgl im übrigen 4. Aufl Rdn 1663 ff.
- Umstellungsgrundschulden (ein Vorläufer der Hypothekengewinnabgabe), dazu 4. Auflage Rdn 1634–1650;
- Abgeltungshypotheken und Abgeltungslasten aus der früheren Gebäudeentschuldungssteuer, s dazu 4. Auflage Rdn 1691–1695;
- Vermögensabgabe (ausgelaufen am 31. 3. 1979), s dazu 4. Auflage Rdn 1918 ff;
- Kreditgewinnabgabe, s dazu 4. Auflage Rdn 1946 ff.

Sachregister

(Die Zahlen bezeichnen die Randnummern)

A

Abänderung von Zahlungsbestimmungen 2508
Abbildung für Bezeichnung nicht vermessener Teilfläche 866; im Beurkundungsverfahren 3122
Abgabenordnung siehe Verwaltungsvollstreckung
Abgeltungshypothek 2775, 4349
Abgeltungslast 4349
Abgeschlossenheit bei WE 2819
Abgeschlossenheitsbescheinigung 2851; fehlerhafte 2856
Abhängigkeit mehrerer Anträge 92
Abhilfe nach Beschwerde 500; nicht zulässig bei weiterer Beschwerde 516
Abkürzung im Grundbuch 226
Ablehnung des Grundbuchbeamten 52
Ablösungssumme bei Reallast 1316; bei Rentenschuld 2367
Abmarkung 579
Abnahmeverpflichtung als Reallast 1300
Abschichtung eines Miterben 976 a–d; Grundbuchberichtigung 976 e–f
Abschlagszahlungen bei Bauträgervertrag 3208
Abschrift aus Grundbuch und Grundakten 535, 536; von Testament 786; Urkundenvorlage in – 166 ff
Abschwemmung eines Grundstücks, Grundbuchschließung 612
Abspaltung 995 b
Abstraktes Schuldanerkenntnis mit Hypothekenbestellung 1926; – und AGB 2078
Abstraktheit bei Grundschuld 2279
Abstraktionsprinzip 15, 1564
Abteilung des Grundbuchs, Abt. I: Eintragungen 700, Einrichtung 701–708; Abt. II: Eintragungen 1100–1105, Einrichtung 1106–1111, mehrere Eintragungen 1112; Abt. III: Eintragungen 1900, Einrichtung 1901, mehrere Eintragungen 1909
Abtretung des Anwartschaftsrechts 3106; des Auflassungsanspruchs 3106; einer Eigentümergrundschuld: Antragsformular 2417, Grundbucheintragung 2418, Erläuterungen 2419 ff, mit rückwirkenden Zinsen 2362; einer Briefhypothek (Briefgrundschuld): Antragsformular 2375, Grundbucheintragung 2376, Erläuterungen 2377 ff; einer Buchhypothek (Buchgrundschuld): Antragsformular 2400, Grundbucheintragung 2401, Erläuterungen 2402 ff; Vereinbarung der Nichtabtretbarkeit 2379; Rückerstattungsanspruch 4223
Abtretungsbeschränkung und -verbot bei Hypothek oder Grundschuld 2379
Abtretungserklärung 2381
Abtretungsvormerkung 2345
Abzahlungshypothek 1990
Adelsbezeichnung 233
Änderung der Firma 244; eines Kaufvertrags 909, 3115; des Namens 239; der Teilungserklärung durch Eigentümer 2962; bezüglich Sondereigentum 2967 c; s auch Abänderung
AGBG (früheres) s Allgemeine Geschäftsbedingungen
Akademische Grade 234
Akten des Grundbuchamts s Grundakten
Aktenkundigkeit beim Grundbuchamt 158
Aktenregister 71
Aktenumschlag 66
Aktenzeichen 71
Aktiengesellschaft, Bezeichnung als Rechtsinhaber 242; Vertretung 3621
Alleinerbe, Grundbucheintragung auf Grund öffentlichen Testaments: Antragsformular 814, Grundbucheintragung 815, Erläuterungen 816, 817
Allgemeine Geschäftsbedingungen, Begriff 3207; Prüfung durch das Grundbuchamt 211; – und Verfahrensgrundsätze der GBO 211; – und Hypothek 2071; Klauseln in Hypothekenurkunden 2073; – bei Kauf 3208; – und Bauträgervertrag 3207; – und Grundschuld 2319; – bei Erbbaurechtsbestellung 1723; bei

1875

Wohnungseigentum 2815; – bei Sicherungsvertrag der Grundschuld 2319
Allgemeine Verfügungen zum Grundbuchrecht 32
Almgrundstück in Bayern 3959, 4102; Vorkaufsrecht 4190
Altenteil s Leibgeding
Altenteilerhaus 3854
Alternativberechtigung 261 a
Altershilfe für Landwirte und Hofübergabe 941
Altlasten 3171; Ausgleichsanspruch bei Altlastsanierung 1207
Altrechte ohne gesetzlichen Löschungsanspruch 2635
Altrechtliche Dienstbarkeiten 1171 ff; – und Gutglaubensschutz 347
Amortisationshypothek 1989 ff; Abtretung 2410; teilweise Löschung 2765
Amtlicher Ausdruck 84 d
Amtliches Grundstücksverzeichnis 562; VO über Einführung des Reichskatasters 32; siehe im übrigen Liegenschaftskataster
Amtsgericht als Grundbuchamt 40
Amtshilfe 538
Amtslöschung einer inhaltlich unzulässigen Eintragung 416–426
Amtspflicht der Grundbuchbeamten 54; des Grundbuchamts, Anträge zu bearbeiten 207
Amtspflichtverletzung 54
Amtsverfahren 205
Amtsvormerkung 457 ff
Amtswiderspruch 392–415; Eintragung 410, 411; Löschung 415; Rechtsbehelfe 412; Verfahren 407–412; Voraussetzungen 394–406; Wirkung 413–415; Zweck 393
Anderkonto, Kaufpreisabwicklung 3152
Aneignung nach Aufgebot eines Grundstückseigentümers 1018; nach Aufgabe des Eigentums 1032
Anerkenntnis über nicht entstandene Forderung bei Höchstbetragshypothek 2526
Anfangstermin, Zinsen, Abtretung 2384; der Zinsen bei Hypothek 1957; der Zinsen bei Grundschuld 2292; der Zinsen bei Eigentümergrundschuld 2358
Anfechtung siehe Rechtsbehelfe
Angebot auf Grundstücksveräußerung 898; Annahme 899; mit Vollstreckungsunterwerfung 902

Angebotsempfänger, bestimmte Bezeichnung 904
Angestellter, Zuständigkeit 50
Ankaufsrecht 1444; des Erbbauberechtigten 1766
Ankaufsverpflichtung bei Erbbaurecht 1772
Ankündigung einer Löschung 388
Anlage zur Niederschrift: Auflassung als Anlage 3325; Kaufvertrag als Anlage 854; – für Bezeichnung von Teilflächen 866 f; – zur Urkunde bei Grundstücksveräußerung 3122
Anlagen bei Dienstbarkeit 1153; Mitbenutzung beim Wohnungsrecht 1255
Anlegung des Grundbuchblatts 611, 1003 ff
Anliegergewässer 563, 604 Fußn 55
Anliegerweg 563, 668, Buchung als dienendes Grundstück 587
Annahme mit Vollstreckungsunterwerfung 902
Annuitätenhypothek s Tilgungshypothek
Anstalt des öffentlichen Rechts, Bezeichnung 248
Anstalt, nicht rechtsfähige 249
Anteilssonderblatt 613 c–g
Antrag auf Eintragung 85; Zeitpunkt des Eingangs 55; Eingangsvermerk 57; Behandlung nach Eingang 59; Entgegennahme außerhalb des Dienstes 55; Zuständigkeit für Entgegennahme 56; – des Notars 174; siehe auch Eintragungsantrag
Antragsbefugnis 88 a
Antragsberechtigung 88; – Dritter für Berichtigung des Grundbuchs 371
Antragseingang 55
Antragsgrundsatz 16, 85; – und Prüfungspflicht/-recht des Grundbuchamts 208
Antragsinhalt 89, 90
Antragsrecht, Notar 174 ff
Antragsteller 85; Bezeichnung durch Notar 182; Eintragungsnachricht an – 299; Vertretung 88 b
Antragszurücknahme 93, 94; durch Notar 190 ff
Antragszurückweisung 427, 465–468
Anwachsungshypothek 1995
Anwartschaftsrecht des Erwerbers (Auflassungsempfängers) 3318; Abtretung (Form) 3106; Verpfändung 1557; 1589; (Form 3106); Pfändung 1599; des Nacherben 3528; des WEigters 2873

Apostille 165
Ar 584
Architektenbindungsklausel 3202
Arresthypothek: Antragsformular 2224, Grundbucheintragung 2225, Erläuterungen 2226 ff; Umwandlung 2555
Arrestpfändung 2458, Briefübergabe bei 2481
Aufbewahrung von Urkunden in Grundakten 61
Aufgabe des Eigentums 1028
Aufgabeerklärung über ein Recht 11
Aufgebot bei Anlegung des Grundbuchs für bisher nicht gebuchtes Grundstück 1009; – des Grundstückseigentümers 1018
Aufgebotsverfahren bei umgestellten Grundpfandrechten 4340 ff
Aufhebung, eines Grundstücksrechts 11; einer Grunddienstbarkeit 1187; eines Grundpfandrechts 2727; einer Hypothek 2013; von Miteigentum 977; eines Kaufvertrags 911, 3118
Aufhebungsvormerkung 2611
Auflagenschenkung 918
Auflassung, Abtretung des Anspruchs 3106; allgemein 3287 ff; Anlage zur Niederschrift 854, 3325; Anwartschaftsrecht des Empfängers 3318; Anwesenheit beider Parteien 3320 ff; Aufhebung 3349; Auflassungsvollmacht 3321; Auflassungsvormerkung 1475 ff; Auslegung 172; Bedingung 3330; Befristung 3330; beglaubigte Urkundenabschrift 170; Beispiel mit Grundbucheintragung 709 ff, Einzelheiten 711 ff; Bindung 3309; Eintragungsbewilligung erforderlich 97, 713; Gefahren vor Kaufpreiszahlung 3203; einzelner Grundstücke unter Ausscheiden aus dem Grundbuch 721 ff; aller Grundstücke eines Grundbuchblatts 709 ff; durch Bevollmächtigte 726; für Eigentumserwerb 3203; Einzelfragen beim Veräußerer 3301 ff; Einzelfragen beim Erwerber 3311 ff; Erfordernis 3289 ff; Form 3320 ff; Genehmigungspflichten 3344, 3800 ff; Geschäftsfähigkeit 3300; zu den Grundakten des veräußerten Grundstücks 61; an Ehegatten in Gütergemeinschaft 768 ff; zum Gesamtgut, wenn Gütergemeinschaft nicht besteht 762; Grundgeschäft 3296 ff; Grundstücksbezeichnung 3328; eines Grundstücksteils 733 ff; Handlungsvollmacht 3307; Inhalt und Wirkungen 3296 ff; durch bevollmächtigten Käufer 726 ff; eines Miteigentumsanteils 752–757; nachträglich bei Trennstücksverkauf 878; Nachweis 108; Nichterfordernis 3292 ff; Nichtigkeit des schuldrechtlichen Vertrags 3297; Pfändung des Auflassungsanspruchs 1595 ff; Pfändung der Anwartschaft aus Auflassung 1599; Prokura 3307; Prüfungspflicht des Grundbuchamts 108, 712; Rechtsbedingung 3334; Rechtsgeschäftliche Bedingung 3330; schuldrechtlicher Vertrag 3296 ff; Spaltung 3293; Tod eines Beteiligten 3300, 3345 ff; Umwandlung einer Gesellschaft 984a, 3291, 3293; Urkundenmuster 709; auf Grund Urteils 745–751; Vergleich, gerichtlicher 3338; Vermittlung der Nachlaßauseinandersetzung mit Grundbesitz 3341; an Vermächtnisnehmer 837 ff; nach Vermessung des Trenngrundstücks 878; Verpfändung des Auflassungsanspruchs 1555 ff; Verpfändung der Anwartschaft aus Auflassung 1557, 1589; Verschmelzung von Gesellschaften, 3293; Vertretungsfragen 3302, 3322; Vollmacht 726–732, 3302, 3322; Vollzug beim Grundbuch 3342; Weiterveräußerung ohne Zwischeneintragung 3317 ff; Zeitbestimmung 3330; Zuständigkeit 3337; Zwischeneintragung 3317 ff; Zwischenverfügung zur Nachholung 442 a
Auflassungsanspruch siehe Eigentumsübertragungs- und Eigentumsverschaffungsrecht
Auflassungsempfänger siehe Anwartschaft
Auflassungsvollmacht 726–732, 861, 3304 ff, 3322
Auflassungsvormerkung, Antragsformular 1475, Grundbucheintragung 1476, Erläuterungen 1477 ff; Bedeutung für gutgläubigen Erwerb 352 a; Kosten 1551; bei Teilflächenverkauf 893; Verpfändung des vorgemerkten Anspruchs 1557 ff; Eintragung der Verpfändung 1571–1574; Vormerkungsschutz für Pfandgläubiger 1568, 1576; s im übrigen Vormerkung
Auflösend bedingte Verpfändung des Auflassungsanspruchs 1581
Aufrechnung, Ausschluß bei Hypothek 2074

Aufrechnungsverbot als AGB 2074
Aufschiebend bedingter Kaufvertrag bei Ankaufsrecht 1445
Aufschrift des Grundbuchblatts 550–559
Aufspaltung 995 f
Aufteilungsplan 2852 ff; Bezugnahme auf ihn 2872; abweichende Gebäudeerrichtung 2875 ff; fehlerhafter 2856
Auftrag auf Beschaffung eines Grundstücks 3109
Ausbietungsgarantie 3110
Ausbuchung eines Grundstücks 721 ff
Ausdruck (als Abschrift) 84 d
Auseinandersetzungsvertrag 943 ff
Auseinandersetzungszeugnis 831 ff
Ausfertigung, Begriff 168; Erbschein 782; Testamentsvollstreckerzeugnis 3462; Vollmacht 3584; Zeugnis des Nachlaßgerichts über Erbauseinandersetzung 832; über fortgesetzte Gütergemeinschaft 825; Vorlage der Urkunden in – 166 ff
Ausführungsgesetz zum Bürgerlichen Gesetzbuch siehe Bürgerliches Gesetzbuch und Ländernamen
Ausgleichsanspruch bei Altlastensanierung 1207; im Übergabevertrag 938
Ausgleichsgemeinschaft 3423 a
Ausgleichsleistungsgesetz 4098 b
Ausgleichspflicht von Abkömmlingen bei Schenkung oder Übergabe 926
Ausgliederung 995 b
Aushändigung des Briefs über ein Grundpfandrecht 2022, 2023; bei nachträglicher Erteilung 2524; bei Nachverpfändung 2672
Auskunft aus Grundbuch 537; aus Verzeichnissen des GBA 72 a
Ausländer, Erbrecht 800, 954; Güterrecht 3409; Verfügungsbeschränkungen 4093
Ausländische Gesellschaften, Vertretung 3636 a, b
Ausländische juristische Personen, Verfügungsbeschränkungen 4093
Ausländische Urkunde 165
Ausländischer Staat, Vertretung 3662
Ausländische Insolvenzverfahren 1641
Ausländisches Versicherungsunternehmen 4065 Fußn 3
Ausland, Beurkundung eines Erwerbs- oder Veräußerungsvertrags 3102, siehe Grundstück im Ausland
Auslandsbeurkundung 3102

Auslandsschulden, Treuhänder bei Hypothek 2003
Auslegung der Eintragungsbewilligung, Zulässigkeit 103; von Grundbucherklärungen 172; einer Grundbucheintragung 293; eines Testaments 787
Ausnutzung eines Rangvorbehalts 2147
Ausscheiden aus dem Grundbuch bei Auflassung 721–725; eines Gesellschafters aus BGB-Gesellschaft siehe Gesellschafterwechsel
Ausschließung von Grundbuchbeamten 52; des Rechts, die Aufhebung der Gemeinschaft zu verlangen: Antragsformular 1459, Grundbucheintragung 1460, Erläuterungen 1461 ff
Ausschluß der Abtretung eines Grundpfandrechts 2313, 2379; der Aufhebung der Gemeinschaft 1459 ff; der Aufrechnung bei Hypothek 2074; der Brieferteilung 2518, 2521; des Eigentümers von Nutzung bei Dienstbarkeit 1135, 1236; gutgläubigen Erwerbs 351
Außenwirtschaftsrecht 4070 ff
Aussetzung 446
Ausstattung 921
Austragshaus-Dienstbarkeit 1131, 1205 Fußn 21 u 22
Ausübung des VR 1411; Überlassung des Wohnungsrechts zur – 1263
Ausübungsstelle bei Grunddienstbarkeit 1119, Verlegung 1164
Auswechslung der Forderung 2513
Auszug aus dem Grundbuch, abgekürzter 536
Automatisierung im Grundbuchwesen siehe EDV-Grundbuch

B

Baden-Württemberg: AGBGB 33; Anerbengut 4192; AV über Grundstücksangelegenheiten 33; GBVO 33; GemeindeO 4075; Genehmigungsfreiheit nach GrdstVG 3961; Grundbuchämter 43; Grundpfandrecht-Unkündbarkeit 4101; Instanzenzug bei Erinnerung/Beschwerde 522; Landesrecht 33; LFGG 33; Naturschutz 4190; Notar im Landesdienst 43; Ratschreiber 43; Rechtspfleger 43; Stiftungsgesetz 4100; Stockwerkseigentum 4191; Unterzeichnung der Grundbucheintragung 227; Waldgesetz 4099; s auch Landesrecht
Bahn AG siehe Deutsche Bahn AG

Zahlen = Randnummern

Bahneinheit 4097
Balkon (Sondereigentum) 2831
Bankbürgschaft beim Bauträgervertrag 3218
Basiszinssatz 1953, 1962; bei Zwangshypothek 2190
Baubeschränkung, Dienstbarkeit 1140, 1147, 1148, 1157, 1207, 1210
Baubeschreibung, beurkundungspflichtig 3122
Bauforderung, Sicherung durch Hypothek 2002
Baugesetzbuch: Verfügungsbeschränkungen 3801, 3814 ff; Genehmigungspflicht 3818; Befreiung 3833; Belastungsbeschränkungen 3865; Entwicklungsbereich 3900; fiktive Genehmigung 3829; Freistellung 3816; Fremdenverkehrsgebiete 3846–3850; Grenzregelung 3879; Grundbuchamt 3835 ff; Grundbuchberichtigung 3875; Grundbuchvermerk bei Umlegung 3860; Negativattest 3835; Notar Antragsrecht 3844; Notar Belehrungspflicht 3841; Rechtsgrundlagen 3815, 3856; Rechtsmittel 3830, 3869; in Sanierungsgebieten 3885; Teilung 3814, 3866; Umlegung 3856 ff; Umlegungsvermerk 3860 (Löschung 3871); Veräußerungsbeschränkungen 3863 ff; Verfahren 3826; Verfügungen während Umlegung 3872 ff; Verhältnis zu anderen Genehmigungsvorschriften 3834; Versagung der Genehmigung 3823; Vorkaufsrecht siehe Baugesetzbuch: „Vorkaufsrechte", Wirkung der Genehmigung 3831 ff; Wohnungs/Teileigentum 3846–3850; Zuständigkeitsfragen 3826
Baugesetzbuch: Vorkaufsrechte 3810, **4108 ff;** allgemeines Vorkaufsrecht 4110; Anzeigepflicht 4119; Art der Ausübung 4125; Ausübung 4113 ff; Ausübungserklärung 4116; Ausübungsverbote 4114; Bebauungsplan 4110; Bescheinigung der Gemeinde 4130; besonderes Vorkaufsrecht 4111; Entdinglichung 4123; Erbbaurecht 4109; Frist für Ausübung 4116; Genehmigung nach BauGB 4120; Grundbuchamt 4129; Grundbuchsperre 4123; grundstücksgleiches Recht 4109; Kaufvertrag Voraussetzung 4113 a; Mitteilung des Kaufvertrags an Gemeinde 4119; Miteigentum 4109; Negativattest 4130 ff;

Notar 4134; Rechtsmittel 4127; Rücktritt vom Vertrag 4128; bei Umlegungsverfahren 4110; Umgehungsgeschäft 4113 a; Vertragsanfechtung 4128; Vertragsaufhebung 4128; Voraussetzungen der Ausübung 4113 ff; Vormerkung 4124; Wirkungen der Ausübung 4123; Wohl der Allgemeinheit 4115; Zusammentreffen von Genehmigungspflicht und Vorkaufsrecht 4120; Zuständigkeitsfragen 4131; Zwangsversteigerung 4113 a
Bauhandwerker-Hypothek 2102
Bauherren-Modell 3230
Bauhypothek, Treuhänder 2002
Baulandumlegung 3856; Grundbuchberichtigung 3875
Baulast 853; Sachmangel 3167; bei Grundstückskauf 3196–3201
Baulastenverzeichnis 3196; als Nebengrundbuch dem Rechtsverkehr nicht dienlich 4
Bauleistungen, Beurkundung 3122
Bauliche Anlagen s Anlagen
Bauordnungen der Länder, Teilungsnehmigung 3819
Bausparkasse, Verfügungsbeschränkungen 4064
Bauträger- und Makler-VO 3205
Bauträger-Vertrag 3204; – und AGB-Recht 3205; weitere Einzelfragen 3228; Rechts- und Sachmängel 3221
Bauverbot s Baubeschränkung
Bauverpflichtung im Kaufvertrag 3194
Bauwerk beim Erbbaurecht 1678, 1704 ff; Entschädigung nach Erbbaurechtsbeendigung 1872; Vereinbarung über Errichtung, Instandhaltung, Verwendung 1749; Vereinbarung über Versicherung und Wiederaufbau 1751
Bauzeichnung 2852
Bayerisches Oberstes Landesgericht als Gericht der weiteren Beschwerde 517
Bayern: AGBGB 34; AGGVG 34; Almgrundstücke 3959, 4102 (Vorkaufsrecht 4190); GemeindeO 4075; Genehmigungsfreiheit nach GrdstVG 3962; Geschäftsanweisung für die Behandlung der Grundbuchsachen (GBGA) 32; Grenzabstandsfläche 3201 a; Naturschutz 4190; Stiftungsgesetz 4103; siehe auch Landesrecht
Beamtengehalt, Rente 3258, 3264
Beamtenhaftung 54

1879

Sachregister

Beamtenverzeichnis bei Grundbuchamt 77
Beanstandung eines Antrags, formlose 445, 446
Bebauungspflicht bei Grundstückskauf 3194
Bedingte Forderung bei Hypothek 1929
Bedingte Nebenleistungen 1970
Bedingter Anspruch vormerkbar 1489
Bedingung, keine bei Auflassung 3330 ff; in Auflassungsvollmacht 3306; bei beschränkter persönlicher Dienstbarkeit 1230; Bezugnahme 266; bei Grunddienstbarkeit 1149; beim Erbbaurecht 1680; bei Hypothek 2010; bei Grundschuld 2300; im Grundstücksverkehr 3989 ff; bei Nießbrauch 1382; beim Rangrücktritt 2575; bei Rangvorbehalt 2139; bei Reallast 1306, 1307; bei VR 1409a; bei Wohnungsrecht 1261
Bedingungseintritt, Form des Nachweises 156
Beendete Errungenschaftsgemeinschaft 820
Beendete Gütergemeinschaft, Eintragung von Erben nach – 818
Befreiter Vorerbe 3476 ff
Befristete Nebenleistungen 1971
Befristung s Bedingung
Beglaubigte Abschrift, Begriff 169; Urkundenvorlage in – 170; siehe auch Abschrift
Beglaubigte Quittung siehe Quittung
Beglaubigung s öffentliche Beglaubigung
Beglaubigung einer Unterschrift, Zuständigkeit 162; durch Vermessungsbehörde 628
Begründung der Beschwerdeentscheidung 511; der Zwischenverfügung 453
Begünstigter als Antragsberechtigter 88
Behörden, Amtshilfe 538; Eintragungsersuchen 199; Grundbucheinsicht 527; Urkunden, Errichtung eigener 161; siehe auch Ersuchen einer Behörde
Beihilfe, unzulässige bei Verkauf von Grundstücken der öffentlichen Hand 4077
Beitrittsgebiet: Besonderheiten zu Grundbuchführung und GBO 54a; Bodenreform 4252; Bodensonderung 4297; Eigentum bis 2. Okt. 1990 Rdn 4200; Eigentumsübertragung nach Einigungsvertrag 4202; Einsicht in frühere Grundbücher 533 a; Finanzvermögen 4202; Gebäudeeigentum 699a–h, m, 4267; Gebäudegrundbuchblatt 699 i–n; Grundpfandrechte 2767–2775; Grundstücksrechte 1888–1891; Grundstücksverkehrsordnung 4227 ff; Güterstand 3400; guter Glaube 355 a; Mitbenutzungsrecht 1888; Nutzungsrecht 1888; Rechtsträgerschaft 4201; Rückerstattung nach VermG 4216; Verfügungsverbot nach SachenRBer 4287; Vermögenszuordnung 4204; Vorkaufsrecht 1888; Verfügungsbeschränkungen 3804a; Verwaltungsvermögen 4202; Grundstücksverkehr 4200–4299 a
Bekanntmachung siehe Eintragungsnachricht
Belastung des Erbbaurechts mit Eigentümerzustimmung 1774; des Grundstücks bei Wohnungseigentum 2948; des einzelnen Wohnungseigentums (Teileigentums) 2951
Belehrung durch den Notar bei Kaufvertrag 851; über Auflassungsvormerkung 1552; bei Grundschuld-Sicherungsvertrag 2318; bei Genehmigungspflicht nach BauGB 3841; über VR nach RSG 4174
Benachrichtigung siehe Eintragungsnachricht
Benachrichtigungsvollmacht 2396
Benutzungs- und Kulturart 575
Benutzungsdienstbarkeit 1129, 1203
Benutzungsregelung bei Miteigentum: Eintragungsbewilligung 1459; Grundbucheintragung 1460; Erläuterungen 1461 ff
Berechtigter, Bezeichnung bei Grundbucheintragung 229 ff; Voreintragung im Grundbuch 136
Berechtigtes Grundstück, Vermerk dort 1150
Berechtigtes Interesse für Grundbucheinsicht 525
Bereitstellungsgebühr, Sicherstellung 1966
Bergarbeiterwohnungsbau 4069
Bergrutsch, Schließungsgrund für Grundbuch 612
Bergschadenverzicht, Dienstbarkeit 1136
Bergwerkseigentum als grundstücksgleiches Recht 5; Genehmigung 4098a
Berichtigung des Grundbuchs 359; von Amts wegen 383; bei Berufsänderung 239; bei Namensänderung 239; auf Grund Katasterunterlage 614, 619; von

Eintragungen 289, 290; Berichtigung des Ersuchens einer Behörde 203; Berichtigung einer öffentlichen beglaubigten Erklärung 163; von tatsächlichen Angaben 291, 292
Berichtigungsantrag 360; Dritter 371; Rechtsbehelf bei Zurückweisung eines – 481
Berichtigungsbewilligung 361; Bewilligungsberechtigter 362; Inhalt 363; für Löschung eines Rechts 368
Berichtigungsvermerk 292
Berichtigungszwang 377–382
Berlin, Denkmalschutzgesetz 4188; Genehmigungsfreiheit nach GrdstVG 3962a; sonst siehe Landesrecht
Beruf 235
Beschaffenheitsgarantie 3169
Beschaffenheitsvereinbarung bei Trennstückverkauf 872
Bescheinigung des Notars über Vertretungsberechtigung 3638
Beschränkte persönliche Dienstbarkeit: Eintragungsbewilligung 1192; Grundbucheintragung 1193; Erläuterungen 1194 ff; für Wettbewerbsverbot und Verkaufsbeschränkung, Eintragungsbewilligung 1219; Grundbucheintragung 1220; Erläuterungen 1221 ff; Löschung überholter 1217a
Beschränkung einer Dienstbarkeit auf Grundstücksteil 1118; der Verfügungsbefugnis des Rechtsinhabers 101a
Beschwerde in Grundbuchsachen 470; bei Eintragung 470–487; Einlegung 497; des Notars 189; des Vermessungsamts 605a; Verzicht 501; Wirkung 502; Zurücknahme 501; Fassungsbeschwerde 485; weitere Beschwerde 513
Beschwerdeberechtigte 488, 489; für weitere Beschwerde 514
Beschwerdeschrift 498
Beschwerdeverfahren 503
Besichtigungsrecht bei Erbbaurecht 1749
Besitz einer Urkunde, Nachweis 170
Bestallungsurkunde von Pfleger oder Vormund 3619
Bestandsangabe und öffentlicher Glaube 345
Bestandsverzeichnis des Grundbuchblatts 560 ff, 580 ff; Einteilung 580–586
Bestandteile bei Grundstückskauf 3148
Bestandteilzuschreibung, Antrag 650, Grundbucheintragung 651, Erläuterungen 652 ff; Auswirkung bei Rangvorbehalt 2140; Wiederaufhebung 665; – zu Erbbaugrundstück 1844; – von WE (TE) zu WE (TE) 2980; bei Gebäudeeigentum 4276
Bestimmungsrecht 868
Bestimmtheitsgrundsatz 18
Beteiligter beim Grundstückskauf 3131
Beteiligungsverhältnis, Bezeichnung als Gemeinschaftsverhältnis 254
Betreuer, Bescheinigung 3619; Genehmigungspflicht 3710; Vertretung 3618a
Betroffener als Antragsberechtigter 88; als Bewilligungsberechtigter 100; für Berichtigungsbewilligung 362; Vertretung 102; Voreintragung 136; mehrere 100d; mittelbar Betroffener 100a, 137; möglicherweise Betroffener 100b
Beurkundete Vollmacht 3537
Beurkundung, Zuständigkeit 42; – der Auflassung 3324; des Kaufvertrags 3100; im Ausland 3102; bei Drittbeteiligung 3120a; des Generalübernehmervertrags 3235a; bei Teilflächenverkauf 863 ff; des gesamten Vertragsinhalts 3119; aller Abreden 3119; von Nebenvereinbarungen 3119; des Verpflichtungsvertrags für Vorkaufsrecht 1398; Erfordernis bei Bestellung (usw) eines Erbbaurechts 3100; bei Ein- und Austritt in Personengesellschaft 3108; über im Ausland belegene Grundstücke 3101; Folgen der Nichtbeurkundung 3126; schuldrechtlicher Verträge im Ausland 3102; zusammengesetzter Verträge 3120; der Zwangsvollstreckungsunterwerfung 2036; s auch Anlage
Beurkundungsbefugnis von Vermessungsbehörden 628
Beurkundungsgesetz 32; dessen § 9 (Anlagen bei Kaufbeurkundung) 3122; dessen § 14 (eingeschränkte Verlesungspflicht) 2086
Bevollmächtigter bei Auflassung 726 ff, 3321; in Grundbuchsachen 3532 ff; bei Vor- und Nacherbschaft 3488; über den Tod hinaus und Testamentsvollstreckung 3434, 3440
Beweiskraft, des Grundbuchs 336 ff; des öffentlichen Testaments 786
Beweislast 209a
Beweismittelbeschränkung 152; Ausnahmen 159 ff
Beweisvermutung des § 891 BGB 336–340

1881

Bewilligung vor Verfügungsbeschränkung 110 ff; im übrigen siehe Eintragungsbewilligung, auch Berichtigungsbewilligung 361
Bewilligungsbefugnis 101; Wegfall vor Eintragung 110
Bewilligungsberechtigung 100
Bewilligungsgrundsatz 15; – und Prüfungspflicht des Grundbuchamts 209 a
Bewirkende Urkunde 161
Bezeichnung des Grundstücks 130; bei Auflassung 3328; einer erst zu vermessenden Teilfläche 864 ff; des Grundstücksteils nach Vermessung 880; – durch Notar 881; der Geldbeträge 135; natürlicher Personen 229
Bezeugende Urkunde 161
Bezirksnotar in Württemberg 43
Bezugnahme auf Eintragungsbewilligung: Fassung 272; Zulässigkeit 262; Ausschluß 265; Grundlage und Möglichkeit 262 ff; Bedeutung 267, Umfang 264; Folgen 273; Folgen unzulässiger – 274 ff; ist Ermessenssache des Grundbuchamts 271; zur näheren Bezeichnung des Rechtsinhalts 264; für (Bau-) Leistungen auf Anlage zu Kaufvertrag 3122; bei Bedingung 266; bei Befristung 266; bei Hypothek 1980; bei Leibgeding 1324; auf Gesetzesbestimmung 269; auf eine andere Urkunde in der Eintragungsbewilligung 104; auf Lageplan (Karte, Handskizze) bei Beurkundung 866; auf Aufteilungsplan in Teilungserklärung 2854; – auf Handelsregister 3639
Bezugsverpflichtung, Absicherung durch Dienstbarkeit 1223; als Reallast 1300
BGB-Gesellschaft: Abtretung des Gesellschaftsanteils 982 e, f; Auflassung an sie 3314; Auflösung 985; Ausscheiden eines Gesellschafters 982 a, b, d; Bezeichnung als Rechtsinhaber 241, 241 a; Eintragung als Grundstückseigentümer 981; Eintritt eines Gesellschafters 982 c, d; Gesellschafterwechsel zwischen Auflassung und Eintragung 981 a; Gesellschafterwechsel sonst 982–983 c; Eintragung des Gesellschafterwechsels 983 a–c; Eintritt eines Gesellschafters 982 c, d; Tod eines Gesellschafters 983; Umwandlung von/in OHG oder KG 984 a; Vertretung 3635; bei Vor- und Nacherbschaft 3487 e; s auch Gesellschafterwechsel

BGB-Gesellschaftsanteil, Pfändung 1674; Verpfändung 1668 ff
Bierausschank, Verbotsdienstbarkeit 1223, 1225
Bierbezugsverpflichtung 1223–1226
Bierlieferungsvertrag 3175 c
Bindung an Einigung 109; Bedeutung für Schutz gegen Verfügungsbeschränkung 116; – des Grundbuchamts an Beschwerdeentscheidung 512
Blanko-Unterschrift, Beglaubigung 162
Blattübersicht (Handblatt) 78
Bodenrecht, öffentliches 3
Bodenreform im Beitrittsgebiet, Abwicklung 4252
Bodenschätzung 572
Bodenschutzlastvermerk 1103
Bodensonderung 4297; Gesetz 32 a
Bodenverbandsrecht 4092
Bote, Notar als – 181
Brandenburg, GemeindeO 4075; Genehmigungsfreiheit nach GrdstVG 3962 b; Grundbuchgeschäftsanweisung 32; LandeswaldG 4104
Brauerei, Dienstbarkeit 1221
Bremen, Genehmigungsfreiheit nach GrdstVG 3962 c; siehe sonst Landesrecht
Brief: Nachträgliche Ausschließung der Brieferteilung, Antragsformular 2518; Grundbucheintragung 2519; Erläuterungen 2520; Aufhebung der Ausschließung der Brieferteilung, Antragsformular 2521; Grundbucheintragung 2522; Erläuterungen 2523; – bei Nachverpfändung 2672; Vorlage zur Legitimation des Gläubigers 342 a; Vorlegung des – 146; Vorlegung durch Notar 342 a; Vorlegung durch einen Dritten 342 a; siehe auch Hypothekenbrief
Briefgrundschuld: Eintragungsbewilligung 2277, Eintragungsverfügung 2278, Erläuterungen 2279 ff; Abtretung 2375 ff; Pfändung 2473 ff; Teilabtretung 2407 ff; Verpfändung 2429 ff; s im übrigen Grundschuld und Briefhypothek
Briefhypothek: Eintragungsbewilligung 1911, Grundbucheintragung 1912, Erläuterungen 1913 ff; vollstreckbare –: Urkunde 2034; Grundbucheintragung 2035; Erläuterungen 2036, Abtretung 2375; Vereinbarung der Nichtabtretbarkeit 2379; Teilabtretung 2407 ff;

Eintragung der Pfändung 2473 ff; Eintragung der Verpfändung 2429 ff; Löschung auf Grund Löschungsbewilligung 2747; auf Grund beglaubigter Quittung 2725; Teilquittung und Teillöschung 2762; Verzicht des Gläubigers 2704 ff
Briefkasten des Amtsgerichts 55
Bruchteil eines Miteigentümers, Belastung mit Hypothek 1917; Eintragungsvermerk 1944
Bruchteile als Rechtsverhältnis der Gemeinschaften 253 ff
Bruchteilsanteile, Gemeinschaftsverhältnis 258; Eintragung 256
Bruchteilseigentum, bloße Eintragung der Erben in – 945
Bruchteilsgemeinschaft 253, 752; Aufhebung des Auseinandersetzungsrechts und Vereinbarungen der Miteigentümer 1459 ff
Brücke als Erbbaurecht 1704
Brückenunterhaltung, Reallast 1299
Buchgrundschuld Abtretung 2400 ff; Pfändung 2452 ff; Teilabtretung 2416; im übrigen siehe Buchhypothek, Briefgrundschuld, Grundschuld
Buchhypothek: Eintragungsbewilligung 2090, Grundbucheintragung 2091, Erläuterungen 2092, 2093; Ausschluß der Brieferteilung 2518; Abtretung 2400 ff; Pfändung 2452 ff; Teilabtretung 2416; Verpfändung 2448; Löschung auf Grund beglaubigter Quittung 2725 ff; Löschung auf Grund Löschungsbewilligung 2747; Teilquittung und Teillöschung 2762; Verzicht des Gläubigers 2704 ff
Buchung von Miteigentumsanteilen 587, 587 a, 587 b
Buchungsfreies Grundstück 608–610; nachträgliche Buchung 1003; Ausscheiden aus dem Grundbuch bei Auflassung 721–725; Veräußerung 1015
Buchungsnotwendigkeit im Grundstücksverkehr 1
Bürgerliches Gesetzbuch, Ausführungsgesetze: Baden-Württemberg 33; Bayern 34; Brandenburg 34 a; Hessen 35; Niedersachsen 36; Rheinland-Pfalz 37; Schleswig-Holstein 38
Bürgschaft beim Bauträgervertrag 3218
Bundesanstalt für Arbeit, Vertretung 3678; für Post und Telekommunikation, Vertretung 3662 a; für vereinigungsbedingte Sonderaufgaben, Vermögen 4203
Bundesautobahn, Vertretung 3663
Bundesbahn, Vertretung 3664
Bundesbank, Vertretung 3666
Bundeseisenbahn, Vertretung 3664
Bundesfernstraße, Vertretung 3663
Bundesgerichtshof, Beschwerdeinstanz 517
Bundesgesetzgebung, konkurrierende 7
Bundesrecht, Grundbuchrecht als – 7
Bundesrepublik, Bundeshaushaltsordnung 4083; Handelsgewerbliche Unternehmen 3669; Vertretung 3656
Bundesversicherungsanstalt, Vertretung 3678
Bundesversorgungsgesetz, Verfügungsbeschränkungen 4061
Bundeswasserstraßen, Vertretung 3665

C

ca-Flächenangabe 869

D

Dachterrasse, Sondereigentum 2831
Damnum 1967
Darlehen, Widerspruch wegen unterbliebener Hingabe 2639
Darlehenskosten, Sicherung 1966
Datenverarbeitung, siehe EDV-Grundbuch
Datum der Eintragung 228, 228 a
Datumstempel für Eingangsvermerk 57
Dauer eines Erbbaurechts, Änderung 1855
Dauernutzungsrecht 3000 ff
Dauerwohnrecht, 2803; Antrag auf Eintragung 3000; Eintragung 3001; Erläuterungen 3002; langfristiges 3006
Deckname 230
Deckungsstock eines Versicherungsunternehmens 2004, 4064, 4065
Denkmal als Erbbaurecht 1704
Denkmalschutz, Dienstbarkeit 1211; Vorkaufsrecht 4188
Deutsche Bahn AG, Vertretung 3664
Deutsche Mark, Umstellung auf Euro 4300 ff
Dezimalstellen im Grundbuch bei Flächenangabe 584
Dienendes Grundstück, Buchung 587

Dienstbarkeit, beschränkte persönliche 1192 ff (und unter diesem Stichwort) Grunddienstbarkeit 1113 ff (und unter diesem Stichwort); altrechtliche 1171 ff
Dienstbarkeitsinhalt 1129 ff; Benutzungsdienstbarkeit 1129, 1130; Unterlassungsdienstbarkeit 1131–1134; Ausschluß eines Eigentümerrechts 1135–1137; beschränkte persönliche – 1203–1207
Dingliche Vollstreckungsklausel 2061
Dinglicher Vertrag zugunsten eines Dritten 9, 937 a
Dingliches Vorkaufsrecht siehe Vorkaufsrecht
Diplomgrad 234
Disagio 1967
Doktortitel im Grundbuch 234
Doppelbuchung eines Grundstücks, Schließung des Grundbuchs 612
Doppelhaushälfte, Sondernutzungsregelung 2910
Doppelstockgarage 2836
Doppelvollmacht im Genehmigungsverfahren 3739
Doppelwohnhaus, Bildung von Wohnungseigentum 2832
Dorfschaft (Schleusenkommune), Vertretung 3666 a
Drahtseilbahn, Erbbaurecht 1704
Dritter, Antragsrecht für Grundbuchberichtigung 371; Kaufvertragsangebot an noch zu benennenden 905; Erwerb durch zu benennenden Dritten 3143; kein dinglicher Vertrag zu seinen Gunsten 9, 937 a; Wirksamkeit der Zustimmung eines Dritten 114
Druck der Eintragungen 226
Duplexgarage 2836
Durchsicht der Grundakten 210

E

EDV-Grundbuch 84
eG (eingetragene Genossenschaft) 245, 3641
Ehebezogene Zuwendung 930–933
Ehefrau (Hausfrau) 230
Ehegatten, als Erblasser 805 ff; als Käufer 3132; Erwerb und Veräußerung von Grundstücken und sonstige Verfügungsbefugnisse 3351 ff; Bezeichnung 230; Zuwendung zwischen – als Schenkung? 931; siehe auch Güterrecht, Eigentums- und Vermögensgemeinschaft, Errungenschaftsgemeinschaft, Gütergemeinschaft, Zugewinngemeinschaft
Ehegattenhof 559
Ehescheidung, Form des Nachweises 156
Eheschließung, Form des Nachweises 156
Ehevertrag 760, 3371
Eidesstattliche Versicherung bei Erbfolge 801; bei Löschung eines RM-Grundpfandrechts 4335
Eigenbetriebe, kommunale 3669
Eigentümer, Eintragung in Abt I 700; Aufgabe des Eigentums 1028; Aufgebot 1018; Berichtigungszwang 377 ff; Eintragungsnachricht an – 300; Recht des – auf Befriedigung des Grundschuldgläubigers 2305
Eigentümerfeststellung bei erstmaliger Grundstücksbuchung 1011
Eigentümer-Grundschuld, Antragsformular 2350, Grundbucheintragung 2351, Erläuterungen 2352 ff; Entstehungstatbestände bei Hypothek 2420; bei Grundschuld 2305, 2421; bei Zwangshypothek 2223; – aus Höchstbetragshypothek, Buchung 2526 ff; Übernahme der persönlichen Haftung 2361; Abtretung 2417 ff; Löschungsvormerkung 2597 ff; Pfändung 2467, Verzinsung 2358, 2362
Eigentümerrechte, beschränkte persönliche Dienstbarkeit 1200; Dauerwohn- bzw -nutzungsrecht 3003; Erbbaurecht 1686; Grunddienstbarkeit 1123; Nießbrauch 1373; Reallast 1292; Rentenschuld 2373; Vorkaufsrecht 1402; Wohnungsrecht 1244
Eigentümerverzeichnis 73; Auskunft 72 a; Einsicht 532
Eigentümerzustimmung für Grundbuchberichtigung 370
Eigentumseintragung, Auflassungserfordernis 3289 ff
Eigentumserwerb 3287, 3289 ff; durch Ehegatten 3132, 3351 ff
Eigentumsübertragungsanspruch, Form der Abtretung und Verpfändung 3106; Weiterveräußerung hinsichtlich realer Teilfläche 3147 a; Pfändung 1595 ff; Verjährung 3202 a; Verpfändung 1557 ff
Eigentums- und Vermögensgemeinschaft 3400; Grundbucheintragung 777; Zwangshypothek 2216 a

Zahlen = Randnummern

Eigentumsverschaffungsanspruch, Verpfändung; Urkunde 1555, Grundbucheintragung 1556, Erläuterungen 1557 ff; Pfändung: Antrag 1595, Grundbucheintragung 1596, Erläuterungen 1597 ff
Eigentumsvormerkung siehe Auflassungsvormerkung
Eigentumswohnung, Verkauf, Formular 855
Eigenurkunde des Notars 164
Eigenverwaltung 1638 a, 3138
Einantwortungsurkunde, österr 800
Fußn 63
Einbringen eines Grundstücks in Gesellschaft 981 a, b
Eingang von Schriftstücken beim Grundbuchamt 55 ff
Eingangsliste 75
Eingangsvermerk 57
Eingebrachtes Gut bei Errungenschaftsgemeinschaft 3385
eingetragene Genossenschaft siehe eG
Eingetragener Verein als Eigentümer 246
Einheimischen-Modell 1605
Einheiten im Meßwesen 584
Einheitlicher Antrag 92
Einheitshypothek, Antragsformular 2693, Eintragungsverfügung 2694, Erläuterungen 2695 ff
Einigung, materielles Erfordernis der Rechtsänderung 9, 10, 108; Bindung der Vertragsparteien 109; Bindung für Schutz gegen Verfügungsbeschränkung 116; nicht zugunsten eines Dritten 9, 937 a; Verhältnis zu Bewilligung 96, 97; Nachweis (§ 20 GBO) 108; über Erbbaurechtsbestellung 1715
Einigungsgrundsatz 14
Einlegebogen 80
Einmalige Handlung bei Altenteil 1329; bei Dienstbarkeit 1129, 1228; Leistung bei Reallast 1301
Einrede gegen Grundschuld 2338; Eintragung eines Widerspruchs 2340
Einrichtung, Grundbuch 1, 79 ff; Mitbenutzung bei Wohnungsrecht 1255
Einschränkung eines Antrags 89 ff, 444
Einseitige Abkömmlinge bei fortgesetzter Gütergemeinschaft 823, 829
Einsicht in Grundakten und Grundbuch 524–534; in das maschinell geführte Grundbuch 84 e; in Grundakten nur in Gegenwart eines Beamten 62

Einstellung der Zwangsvollstreckung 2209
Einstweilige Verfügung auf Vormerkung 1548; gerichtliches Verfügungsverbot 1644; Erwerbsverbot 1649
Eintragung im Grundbuch 225; Auslegung 293; Berichtigung 289; Datum 228, 228 a; Fassung, Form 226; bei maschineller Grundbuchführung 84 b, 227 a; Unterzeichnung im Papier-Grundbuch 227; materielles Erfordernis der Rechtsänderung 9, 10; Bezugnahme 262 ff; Unterzeichnung in Baden-Württemberg 227; bei Grundbuchberichtigung 374; von Amts wegen 204; Reihenfolge bei mehreren Anträgen 91; Beschwerde unzulässig 478; mehrere in Abt II 1112; mehrere in Abt III 1909
Eintragungsantrag als Eintragungserfordernis 85; Antragsbefugnis 88 a; Auslegung 172; Begriff 86; Bindung des Grundbuchamts 86; Eingang 55; Form 155; Inhalt 89; unzulässiger Vorbehalt 90; Verfahrenshandlung 86; Antragsberechtigung 88; Antragsrecht Dritter für Grundbuchberichtigung 371; Notar als Antragsteller-Vertreter 174 ff, durch Notar und Beteiligte 183; Vertretung des Antragstellers 88 b; vor Verfügungsbeschränkung 117; Vorbehalt unzulässig 90; Wirkung des Eingangs 87; Zurücknahme 93; siehe auch mehrere Eintragungsanträge
Eintragungsbewilligung 95 ff; als Eintragungserfordernis 99; bei Auflassung 97, 713; Auslegung 103, 172; keine Bedingung 103; keine Befristung 103; beglaubigte Abschrift oder Ausfertigung 171; Bezeichnung des Inhalts des Rechts 104; Bezugnahme auf andere Urkunde 104; Bewilligungsberechtigter 100; Vertretung des Bewilligenden 102; Bindung mit Aushändigung 109; kein Vorbehalt 103; Form 154; Verhältnis zu Einigung und schuldrechtlichem Grundgeschäft 96; Inhalt 103; Rechtsnatur 98; Wirksamkeit 106, 107; Widerruf 106; Vorlage in Urschrift, Ausfertigung oder Abschrift 171; und Auflassung 97; Trennung von schuldrechtlichen Vereinbarungen in gleicher Urkunde 105; s auch Berichtigungsbewilligung und Bezugnahme

1885

Eintragungsersuchen einer Behörde 199 ff; der Vollstreckungsbehörde 2217; des Vollstreckungsgerichts nach Zwangsversteigerung 996
Eintragungsfähigkeit, Grundsatz 22; Einzelfälle 23; von Verfügungsbeschränkungen und Vermerken 24; nicht eintragungsfähige Rechte usw 27
Eintragungsgrundsatz 14
Eintragungshindernde Tatsachen 159
Eintragungsinhalt 225; nach Grundbuch-Verfahrensrecht 226; Fassung und Form 226; bei Grundbuchberichtigung 374
Eintragungsnachricht 298 ff; an Antragsteller 299; an Eigentümer 300; an grundbuchersichtliche Personen 301; an Notar 186, 187; sonstige Bekanntmachungen 307; Form 304, Verzicht auf sie 305; Prüfung durch Empfänger 306; Prüfung durch Notar 188
Eintragungssystem 1, 9
Eintragungsverfügung 220 ff; für Eintragung auf mehreren Grundbuchblättern 224; ist nicht anfechtbar 477
Eintragungsvermerk, Inhalt 225; Fassung bestimmt GBAmt 223; bei Grundbuchberichtigung 374; ist (für Papier-Grundbuch) zu verfügen 221 a
Eintragungsvoraussetzungen, Form der Nachweise (§ 29 GBO) 152
Einzelfirma 231
Einzelheft, Grundbuch 80
Einzelkaufmann 231; als Gläubiger einer Zwangshypothek 2162 a
Einzelleistungen bei Reallast 1302
Einzugsermächtigung beim Bauträgervertrag 3216
Elterliche Sorge 3597; Nachweis 3616
Eltern, Genehmigungspflicht 3680 ff; Vertretungsrecht 3597 ff
Empfangsbescheinigung des Grundbuchamts an Einlieferer 58
Enkel, Grundstückserwerb 921, 924
Enteignungsverfahren 4095
Enteignungsvermerk 4095
Entfernung von Grundakten und Grundbuch 62
Entgegennahme von Anträgen 55, 56
Entlassung aus Mithaft, Antragsformular 2716; Eintragungsverfügung 2717; Erläuterungen 2718 ff; siehe auch Mithaft
Entschädigung als AGB 2075; von Bergschäden 1136; für außerordentliche Kündigung 2075; für Bauwerk und Erbbaurechtsbeendigung 1872
Entscheidung des Grundbuchamts 220
Entscheidungen, Form des Nachweises gerichtlicher – 156
Entschuldungsrecht 4055, 4056
Entwicklungsbereich, Verkehrsbeschränkungen 3900
Entziehung von Wohnungseigentum 2987
Erbanteil, Eintragung der Pfändung: Antragsformulare 1659, Grundbucheintragung 1660, Erläuterungen 1661 ff; Übertragung 955 ff, Verpfändung 973
Erbauseinandersetzung, Eintragung auf Grund-: Antragsformular 830, Grundbucheintragung 831, Erläuterungen 832 ff; Erbteilungsvertrag 943
Erbbauberechtigter, Eintragung eines neuen 1860
Erbbaugrundbuch, Anlegung 1726; Aufschrift 557; Bedeutung der Eintragungen 1728; Inhalt 1727
Erbbaurecht, Urkunde 1675; Grundbucheintragung 1676; Erläuterungen 1677 ff; Abschreibung 1842, Änderung der Erbbaurechtszeit 1855, Änderung des Inhalts 1857 ff; Ankaufsrecht 1766; Anspruch auf Bestellung im Beitrittsgebiet 4289; Auflassung 1860 ff; Ausübung (Beschränkung) 1693; Bauwerk 1678, 1704, 1749; Bedingung 1682; Beendigung 1867; Befristung 1680; Belastung 1840; Berechtigter 1684; Bestellung 1675; Besteuerung 1794a; Eigentümererbbaurecht 1686; Einigung 1715; Eintragung 1724 ff; Eintragung eines neuen Berechtigten 1860; Eintragung eines neuen Eigentümers des belasteten Grundstücks 1865; Enthaftung bei Teilung 1842; Erbbaugrundbuch 1726; Erneuerung 1765; Geh- und Fahrtrecht 1841; Genehmigungspflicht 1718–1721; Gesamterbbaurecht 1695; für grenzüberschreitende Gebäudeteile 1694; Grunderwerbsteuer 1794a; für Grundstückseigentümer 1686; als grundstücksgleiches Recht 5; Grundstücksgrundbuch 1725; Grundstücksverkaufsverpflichtung 1766; Heimfall 1754; Inhaltsänderung 1855 ff; Kaufzwangklausel 1772; Lastentragung 1752; Löschung 1879; mehrere Erbbaurechte am gleichen Grundstück

1700; Nachbarerbbaurecht 1694; Nacherbenmitwirkung bei Bestellung 1683; Nichtigkeit 1741; Prüfung der Einigung 1722; Rangstelle 1731; realer Teil eines Grundstücks 1692; schuldrechtlicher Vertrag 1713; Teilung 1849; Teilung des belasteten Grundstücks 1853; Untererbbaurecht 1701, Veräußerung 1860 ff; Vereinigung 1842; Verfügungsbeschränkungen 1774 ff; Verkürzung der Zeit 1681, 1855 ff; Verlängerung 1680; vertraglicher Inhalt 1745 ff; Vertragsstrafe 1764; Vorerbe, Bestellung eines Erbbaurechts 1683; Vorkaufsrecht 1738, 1771; Vorrecht auf Erneuerung 1765; Zeitbestimmung 1680; Zuschreibung 1842; Zustimmung zu Erbbaurechtsbestellung 1718; Zustimmung des Grundstückseigentümers zu Veräußerung/Belastung 1774 ff; siehe auch Wohnungserbbaurecht

Erbbauzins 1795 ff; Entstehung 1800; Aufhebung 1803; Rang 1804; als Reallast 1807; versteigerungsfester 1806a; ZwV-Unterwerfung 1807; Grenze für Erhöhungsanspruch 1818 ff; Inhaltsänderung 1802; Neufestsetzung 1814; Rangvorbehalt 1806b; Anpassung 1812; Vormerkung für Erhöhung 1830

Erbbauzins-Reallast 1797 ff; Bestehenbleiben bei Zwangsversteigerung 1806a; Rangvorbehalt 1806b

Erbe, Ausnahme von Voreintragungsgrundsatz 142; Eintragung auf Grund Auseinandersetzungszeugnis 830 ff; Eintragung nach beendeter Gütergemeinschaft 818; Eintragung im Bruchteileigentum 945; Eintragung auf Grund öffentl Testaments 814

Erbengemeinschaft, Antragsmuster 778; Grundbucheintragung 779; Erläuterungen 780; bei Grundstückskauf 3137

Erbfolge, Nachweis durch Erbschein 781; Prüfung bei Erbscheinsvorlage 784; Nachweis durch Verfügung von Todes wegen 786; Prüfung 787

Erbrechtliche Ansprüche bei Vormerkung 1484

Erbschaftskauf 955 ff; Sicherung von Leistung und Gegenleistung 969

Erbschein, Kostentragung 2755; als Nachweis der Erbfolge 781 ff; Urschrift 782; für Ausländer 800

Erbteilspfändung 1659

Erbteilsübertragung 955 ff; Grundbuchberichtigung 963; an Miterben 965; teilweise 964; Vorkaufsrecht der Miterben 967

Erbteilsverpfändung 973

Erbteilungsvertrag 943

Erbvertrag als Nachweis der Erbfolge 786

Erbvertragliche Ansprüche, Sicherung durch Vormerkung 1484

Erfahrungssätze, Anwendung allgemeiner 159

Ergänzung eines Grundpfandbriefs 2028

Erhaltungssatzung, Verfügungsbeschränkung in ihrem Bereich 3851–3853b

Erhöhung der Zinsen s Zinsen

Erinnerung, befristete (§ 11 Abs 2 RPflG) 519

Erklärungen, Form der für Eintragung erforderlichen – 154

Erlaßvertrag mit Vorkaufsberechtigten 1435

Erledigung eines Eintragungsantrags 981; der Hauptsache 518

Erlöschen eines Rechts 285; als Löschungsfall 283; mit Löschung bei Nichtmitübertragung 288; einer beschr pers Dienstbarkeit 1217; einer Grunddienstbarkeit 1188; eines Nießbrauchs 1390

Ermächtigung zu (organschaftlicher) Gesamtvertretung 3621

Erneuerung, Erbbaurecht 1765; Vorrecht darauf 1884; Vormerkung 1885

Eröffnungsprotokoll bei Testament 786

Errungenschaftsgemeinschaft 773, 3383 ff; Eintragung von Erben nach beendeter – 820

Ersatzhöchstbetrag bei Rechten der Abt II für Zwangsversteigerungsfall 1167

Ersatznacherbe 3498

Erschließungsbeitrag 3180; Kostenverteilung im Kaufvertrag 3183; bei Kauf von Gemeinde 3183a

Erschließungs- und Vorhabenplan 3184

Erschließungsvertrag, Beurkundungspflicht 3111

Ersetzung der Eigentümerzustimmung bei Erbbaurecht 1791

Ersteher, Eintragung 996; Lastentragung bei Wohnungseigentum 2921a; Behandlung seiner Bewilligung vor Grundbucheintragung als Eigentümer 1002

Ersuchen einer Behörde (§ 38 GBO) als Eintragungsgrundlage 199; Fälle 200;

Inhalt und Form 201; Berichtigung, Zurücknahme 203; Prüfung 219
Erwerb eines Grundstücks, Form 3100 ff
Erwerb von Grundstücksrechten durch Ehegatten bei Errungenschaftsgemeinschaft 3384; bei fortgesetzter Gütergemeinschaft 3382; bei Gütergemeinschaft 3375 ff; bei Gütertrennung 3373; bei Zugewinngemeinschaft 3370; durch Testamentsvollstrecker 3454
Erwerbsverbot durch einstw Verfügung 1649
Erwerbsvollmacht 3537ff
Euro als Geldbetrag 135; Umstellung eingetragener Rechte auf Euro 4300
Europäisches Übereinkommen zur Befreiung von der Legalisation 165
Europäische Währung 135
Europäische wirtschaftliche Interessenvereinigung (EWIV), Bezeichnung im Grundbuch 240; als Gesamthandseigentümer 981; Eintragung als Rechtsinhaber 981; in Gründung 981 d; Vertretung 3634 c

F

Fahrrecht als Grunddienstbarkeit 1113; s im übrigen Wegerecht
Falsa demonstratio non nocet 3121, 3328; beim Teilflächenverkauf 875
Falscher Eingangsvermerk 58
Familienangehöriger bei Wohnungsrecht 1262
Familienfideikomisse 4098
Familiengerichtliche Genehmigung siehe vormundschaftsgerichtliche Genehmigung
Familienname des Berechtigten 230
Fassung der Eintragung bestimmt Grundbuchamt 223; durch Bezugnahme 262; – der Bezugnahme 272
Fassungsbeschwerde 485
Fehlerhafte Eintragung 289 ff
Fertigstellungsrisiko 3216
Fester Band, Grundbuch 79
Feststellung der Forderung bei Höchstbetragshypothek 2526 ff
Feststellungslast 209 a
FGG-Verfahren in WE-Sachen 2983
Fiduziarisches Rechtsverhältnis bei Sicherungsgrundschuld 2316 f
Filmverleih, Dienstbarkeit 1221

Finanzamt als Vollstreckungsbehörde bei Zwangshypothek 2218; siehe auch Unbedenklichkeitsbescheinigung
Finanzierungsgrundschuld 3158
Firma des Einzelkaufmanns 231; bei Zwangshypothek 2162; der OHG oder KG sowie GmbH & Co KG 240; der Aktiengesellschaft 242; der Gesellschaft mbH 242; einer Zweigniederlassung 243
Firmenänderung 244
Fischereirecht als grundstücksgleiches Recht 5
Fiskus, Bezeichnung im Grundbuch 248; Erbrecht 781; als Vermögensnachfolger einer Stiftung oder eines Vereins 802
Flächenabweichung der tatsächlich vermessenen gegenüber der angenommenen Fläche 869
Flächenberichtigung 614
Flächenbezeichnung, einheitliche 584
Flaschenbierhandel, Dienstbarkeit 1225
Flüchtlings-Güterrecht 3403 ff
Flurbereinigung 4030 ff; Auflassungsvormerkung 4034; Ausführungsanordnung 4043; Belastung 4035; Besitzeinweisung 4041; Ersatzgrundstück 4036; Erwerber, Wirkungen 4036, 4039; Grundbuchberichtigung 4046 ff; Grundbuchsperre 4032; Rechtsgrundlagen 4030; Teilnehmergemeinschaft 3667, 4042; Veräußerung 4033; Vertretung durch Teilnehmergemeinschaft 3667; Vorzeitige Ausführungsanordnung 4045
Flurstück 574; Begriff 574; als Katastergrundstück 563; Änderung in Bestand und Begrenzung 594; Verschmelzung 596; Zerlegung 595
Forderung bei Hypothek 1925 ff; – bei Grundschuld 2279, 2316; – des Pfandgläubigers, Bezeichnung bei Grundbucheintragung 2450
Forderungsauswechslung, Antragsformular 2513; Grundbucheintragung 2514; Erläuterungen 2515 ff
Forderungsfeststellung bei Höchstbetragshypothek 2526 ff
Form der Auflassung 3320; der Eintragungsunterlagen 152; des Eintragungsantrags 155; der Eintragungsbewilligung 154; sonstiger für Eintragung erforderlicher Erklärungen 154; anderer Eintragungsvoraussetzungen 156;

Zahlen = Randnummern

des Ersuchens einer Behörde 201; der Zurücknahme eines Eintragungsantrags 94; des Erwerbs/Veräußerungsvertrags über Grundbesitz im Ausland 3101
Formelles Grundbuchrecht 31 ff
Formlose Beanstandung eines Antrags 445, 446
Formmangel (Verstoß gegen Beurkundungsform) 3126; Heilung 3128
Formularvertrag beim Kauf (AGB) 3207
Formwechsel nach UmwG 995 h; identitätswahrender außerhalb des UmwG 984 a; formwechselnde Umwandlung 984 b
Forstberechtigung, Freiveräußerungsklausel bei – 360 Fußn 12
Forstrecht der Länder 4190
Fortgesetzte Gütergemeinschaft, Antragsformular 821; Grundbucheintragung 822, Erläuterungen 823; Güterstand 3380 f; Berichtigungszwang 378; Zwangshypothek 2215
Fotografien für Bezeichnung einer nicht vermessenen Teilfläche 866
Freigabeerklärung siehe Pfandfreigabe
Freigabevermerk in Aufschrift 556
Freistellungsverpflichtung für Globalgrundpfandrecht 3214
Freiveräußerungsklausel bei Forstberechtigung 360 Fußn 12
Freiwillige Gerichtsbarkeit 31; Gesetz 32
Freiwillige Versteigerung 3125
Fremdbaulast 3199
Fremdenverkehrs-Dienstbarkeit 1131
Fremdenverkehrsgemeinden, Genehmigung der Bildung von WE/TE nach BauGB 3846–3850
Frist bei Zwischenverfügung 452

G

Garage, Dienstbarkeit 1206; bei Wohnungsrecht 1248
Garageneigentum 2819 (aE), 2910 a
Garagenstellplatz bei Wohnungseigentum 2835
Garagenvorplatz, Buchung als dienendes Grundstück 587
Gaststätte, Verkauf 3175 c
Gastwirtschaftsbetriebsverbot 1225
GBGA, Geschäftsanweisungen für die Behandlung der Grundbuchsachen 32

Gebäude bei Einräumung von WE 2817; Entstehung von SE bei noch zu errichtendem – 2873; Abweichung zwischen Teilungsplan und Gebäudeerrichtung 2875
Gebäudeeigentum 699 a–h, m; Aufgabe 4274; Bestandteilzuschreibung 4276; und Notar 4280; nutzungsrechtloses 4271; im Rechtsverkehr 4267; Teilung 4278; Teilung nach WEG 2810, 4279; Überleitung 4268; Vereinigung 4277
Gebäudeentschuldungssteuer 4349
Gebäudeerrichtung bei Wohnungseigentum 2873; Abweichung vom Teilungsplan 2875
Gebäudegrundbuchblatt 699 i–n
Gebäudegrundbuchverfügung 32 a, 699 m
Gebäudeunterhaltung, Reallast 1299
Gebietskörperschaft, Änderung der Grenze 3295
Geborene… als Namenszusatz 230
Gebrauchsregelung der Wohnungseigentümer 2908;
Gebrauchwarmwasser, Dienstbarkeit 1134
Geburt, Form des Nachweises 156
Geburtsdatum zur Bezeichnung des Berechtigten 229; Schreibweise 237
Gefahren einer Grundschuld 2311
Gefahrübergang bei Kauf 3176
Gegenbetreuer, Genehmigungserfordernis 3680
Gegenleistung, Bedingung für Ausübung einer Grunddienstbarkeit 1160; beim Wohnungsrecht 1279
Gegenstandslose Eintragung, Löschung 384–391
Gegenvormund, Genehmigungserfordernis 3680
Gehrecht als Grunddienstbarkeit 1113; s im übrigen Wegerecht
Geldbeschaffungskosten, Sicherstellung 1966
Geldbetrag, Bezeichnung 135; bei Grundpfandrecht 1945, 1951, 2291
Geldleistung bei Reallast 1296, 1297 a–g
Gemarkung 574
Gemeinde als Grundbuchbezirk 83; Bezeichnung bei Grundbucheintragung 248; Verfügungsbeschränkungen 4075 ff; Vertretung 3660
Gemeindebezirk 550
Gemeindeordnungen 4075
Gemeinderecht (Bayern) 1175

1889

Gemeindeteil bei Wohnortbezeichnung 236

Gemeindeverband, Bezeichnung bei Grundbucheintragung 248

Gemeinschaft, Ausschluß des Aufhebungsrechts 1459 ff

Gemeinschaft der Wohnungseigentümer siehe Wohnungseigentum

Gemeinschaftliches Grundbuchblatt 564

Gemeinschaftliches Grundstück, Besonderheit bei Buchung 587

Gemeinschaftsordnung der WEigter 2815

Gemeinschaftsverhältnisse (§ 47 GBO) 253; bei Auflassung 3311

Gemischte Schenkung 918

Genehmigung nach öffentlichem Recht 3800 ff; nach BauGB 3814 ff; nach GrdstVG 3944 ff; nach GVO 4227; nach Familien/Vormundschaftsrecht 3680 ff; bei Grundstückskauf 3191; nachträgliche Genehmigung bei vollmachtlosem Handeln 3544 ff

Generalübernehmermodell 3235

Generalvollmacht 3534 a

Genossenschaft, Bezeichnung 245; Vertretung 3641

Gerechtigkeiten, sonstige als grundstücksgleiche Rechte 5

Gerichtsstandklausel 2076

Geringwertiges Grundstück, Erbnachweis 801

Gesamtbelastung, als Gesamthypothek 2237 ff, 2253 ff; durch nachträgliche Mitbelastung 2648; Entlassung aus der Mithaft 2718; bei Grunddienstbarkeit 1120; keine bei Zwangshypothek 2194

Gesamtberechtigung nach § 428 BGB 260

Gesamt-Erbbaurecht 1695

Gesamtgläubiger s Gesamtberechtigung

Gesamtgröße eines Grundstücks 584

Gesamtgrundschuld 2281

Gesamtgut der ehelichen Gütergemeinschaft 3375; bei Errungenschaftsgemeinschaft 3384; Eintragung von Eheleuten in Gütergemeinschaft 758 ff; Bestellung eines Wohnungsrechts zum Gesamtgut 1246

Gesamthandsgemeinschaft 259

Gesamthypothek auf Grundstücken des gleichen Amtsgerichtsbezirks 2237 ff; auf Grundstücken verschiedener Amtsgerichtsbezirke 2253 ff; Entstehung durch Grundstücksteilung 2011, 2246;

Verteilung 2679 ff; Verzicht des Gläubigers 284; s auch Mitbelastung

Gesamtrechtsnachfolge und öffentlicher Glaube 349

Gesamtvermerk bei Belastung eines WE-Grundstücks 2869, 2949

Gesamtvermögensverfügung bei Zugewinngemeinschaft 3352 ff

Gesamtvertretung durch mehrere Bevollmächtigte 3534

Gesamtvollstreckungsverfahren 1640; und Zwangshypothek 2223 b

Geschäftsbedingungen siehe allgemeine Geschäftsbedingungen

Geschäftsfähigkeit, Beschränkung und Wegfall 107 a

Geschäftsnummer beim Grundbuchamt 71

Geschäftsstelle, zweiter Beamter der – 50

Geschäftsverteilung 46

Geschichtliche Entwicklung des Grundbuchrechts 8

Geschlossene Immobilien-Fonds 3235 b

Gesellschaften als Grundstückseigentümer 980

Gesellschafterwechsel nach Auflassung/vor Eintragung 981a; sonst bei BGB-Gesellschaft 982–982 h; Eintragung 983 a–c; sonst bei OHG, KG, Partnerschaft EWIV 984

Gesellschaft nach BGB, siehe BGB-Gesellschaft

Gesellschaft mbH: Bezeichnung als Rechtsinhaber 242; Vertretung 3625; Auflassung an Vor-GmbH = Gründerorganisation 987

Gesellschaftsvertrag 981 b, 3103

Gesellschaftszweck als hinweisender Zusatz 241

Gesetzesbestimmung, Bezugnahme 269

Gesetzesverletzung bei Widerspruch 401–403

Gesetzgebung des Bundes 7

Gesetzliche Vertretung 3597 ff

Gesetzlicher Erwerb und öffentlicher Glaube 349

Gesetzlicher Güterstand 3351 ff

Gesetzlicher Löschungsanspruch siehe Löschungsanspruch

Gesetzlicher Zins 1954

Gesetzliches Schuldverhältnis siehe Schuldverhältnis

Gestaltungsfreiheit der Wohnungseigentümer 2895

Gewährleistung beim Bauträger-Vertrag 3224; s im übrigen Rechts/Sachmängel
Gewerbebetrieb, Dienstbarkeit 1224, Konkurrenzverbot 1221 ff
Gewerkschaft, Auflassung 3290, Vertretung 3668
Glaube, öffentlicher 343 ff
Gläubiger bei Grundpfandrecht 1921–1924 (Hypothek) und 2283 (Grundschuld); als Antragsberechtigter 371
Gleichrang Einräumung von –: Auftragsformular 2586, Eintragungsverfügung 2587; Erläuterungen 2588 f
Gleichzeitiger Antragseingang 55
Gleitender Zinssatz bei Hypothek 1960; bei Zwangshypothek 2190
Gleitklausel 3256
Globalgrundpfandrecht 3214
GmbH siehe Gesellschaft mbH, auch Vor-GmbH
GmbH & Co KG, Bezeichnung 240; als Gesamthandseigentümer 981; Eintragung als Rechtsinhaber 981; Vertretung 3634
Grabpflegekosten, Reallast für sie ist nicht auf Lebenszeit beschränkt 376 Fußn 55
Grabunterhaltung bei Leibgeding 1327
Grenzabstandsfläche (in Bayern) 3201 a
Grenzregelung nach BauGB 3879 ff
Grenzsteinsetzung 579
Grenzüberbau und Wohnungseigentum 2817
Grenzveränderungen 594; von Gebietskörperschaften 3295
Größe eines Grundstücks 584; Beschaffenheitsvereinbarung 872; Bezeichnung vor Vermessung der Teilfläche 869 ff
Großeltern, Grundstückszuwendung 924
Gründergesellschaft 987; KG, OHG, Partnerschaft und EWIV „in Gründung" 981 d
Grundakten, 60 ff; Abschriften daraus 535; Behandlung bei Einsicht 62; Bestandteile 65; für buchungsfreie Grundstücke 63; Kontrollblatt bei Versendung 68; Ordnung 71; Prüfung bei Bearbeitung eines Grundbuchgeschäfts 210; Sonderhefte 69; Verbleib 62; Vermerk bei Blattschließung 64
Grundaktenband, Bestandteile 66
Grundbesitz im Ausland, Form für Erwerbs- und Veräußerungsvertrag 3101
Grundbuch, Aufgabe 2, Einrichtung 1, 79 ff; Einsicht 524 ff; öffentlicher Glaube 343 ff; Übereinstimmung mit Liegenschaftskataster 601; Umschreibung 611, 691
Grundbuchabschrift 535
Grundbuchamt 40; in Baden-Württemberg 43; im Beitrittsgebiet 54 a; Bezeichnung 41; und gutgläubiger Erwerb 352; Zuständigkeit (örtliche) 51; Prüfungspflicht 206 ff; Prüfung bei Behördenersuchen 219; bei Güterrecht 3394; bei ausländischem Güterrecht 3421; bei Verfügungsbeschränkungen sowie Vorkaufsrechten 4021, 4130, 2175; der Vertretungsmacht des gesetzlichen Vertreters 3743; bei Vor- und Nacherbschaft 3489 ff; bei Wohnungseigentum 2851, 2857
Grundbuchanlegung, nachträgliche für bisher nicht gebuchtes Grundstück 1003
Grundbuchband, fester 79; mit herausnehmbaren Einlegebogen 80; Einrichtung 82; Bezeichnung entfällt bei EDV-Grundbuch 550
Grundbuchbeamte, Ablehnung 52; Amtspflichten (Sorgfaltspflicht) 54; Ausschließung 52; Zuständigkeit 44 ff
Grundbuchberichtigung von Amts wegen 383; Antragsrecht Dritter 371; Grundbucheintragung bei – 374; Berichtigungszwang 377–382; Verfahren 360; siehe auch Berichtigung
Grundbuchbezirk 83
Grundbuchblatt 82; Anlegung 611; Aufschrift 550; Bestandteile 83; Bestandsverzeichnis 580; Einrichtung 82; für ein Grundstück (Realfolium) 82, 560; gemeinschaftliches (Personalfolium) 82, 564; Schließung 612, 613; Umschreibung 691; für MitE-Anteile bei Bildung von WE 2860; des Grundstücks bei Bildung von WE 2864
Grundbucheinsicht 524 ff
Grundbucheintragung 225; Auslegung 293; bei Grundbuchberichtigung 374
Grundbucherklärungen, Auslegung und Umdeutung 172, 173
Grundbuchmaßnahmengesetz 32
Grundbuchordnung und andere Rechtsgrundlagen 32; Besonderheiten im Beitrittsgebiet 54 a
Grundbuchrecht, Begriff 1; Einführung 1; formelles 31; geschichtliche Entwicklung 8; Grundbuchsystem 1; Grundsätze 1, 13; Rechtsquellen 1, 29

1891

Sachregister

Grundbuchrichter 45
Grundbuchschließung 612
Grundbuchsystem 1; geschichtliche Entwicklung 8
Grundbuchumschreibung 611, 691
Grundbuchunrichtigkeit, Begriff 356; Amtswiderspruch bei – 395; Grundbuchberichtigung bei – 356; gutgläubiger Erwerb bei – 343; unrichtige Eintragung rechtlicher Verhältnisse 359; unrichtige Eintragung tatsächlicher Verhältnisse 290–292, 359; siehe auch Unrichtigkeitsnachweis
Grundbuchverfügung 32
Grundbuchwäsche nach Lösung eines Zwangsversteigerungsvermerks 613a
Grunddienstbarkeit: Antragsformular 1113, Grundbucheintragung 1114; Anlagenunterhaltung 1153; Ausübung 1154; Erläuterungen 1115 ff; Erlöschen 1185; fehlerhafte Eintragung des herrschenden Grundstücks 290 Fußn 7; Löschung 1185; Änderung des Umfangs 1158; Verlegung der Ausübungsstelle 1164; Gutglaubensschutz für altrechtliche 347; Nachweis altrechtlicher 360 Fußn 12
Grunderwerbsteuer, Unbedenklichkeitsbescheinigung 148; bei Bildung/Einräumung von WE 2858, 2859; bei Erbbaurecht 1794a; Haftung 3189; Anzeige des Kaufvertrags an das Finanzamt 3190
Grundgeschäft, Verhältnis zu Bewilligung 96
Grundpfandrecht, Bestellung zur Kaufpreisfinanzierung 3158; Löschung umgestellter 4335
Grundsätze des Grundbuchrechts 1, 13
Grundschuld: Recht 2279; Entstehung 2279; Berechtigter 2283; Grundbucheintragung 2290; Vorteile 2310; Nachteile und Gefahren 2311; Kreditsicherungsvertrag 2316; Rückgewähranspruch 2335; Teilung 2416a; siehe auch Briefgrundschuld
Grundschuldbestellung, Urkunde 2277
Grundschuldbrief 2301; Vorlegung 146
Grundsteuerbuch, 577; -kataster 577
Grundstück, Begriff 561; Benennung nach amtlichem Verzeichnis 562, 563, Bezeichnung in Antrag und Bewilligung 130; desgleichen in Auflassung 3328; Buchung auf besonderem Grundbuchblatt 560; Buchung auf gemeinschaftlichem Grundbuchblatt 560; Buchungsfreies – 608; Buchung eines buchungsfreien – 1003; Flächenberichtigung 593, 614; dienendes/ herrschendes 587; Vereinigung von -en 621; Veränderungen 623; Grundbuchblatt bei Begründung von WE 2864; Buchung von Miteigentumsanteilen 587–587b; Belastung bei Wohnungseigentum 2948; siehe auch Kaufgrundstück
Grundstück im Ausland, Form für Erwerbs- und Veräußerungsvertrag 3101
Grundstücksbeschrieb 562; Berichtigung 593; Übernahme in das Grundbuch 601
Grundstücksbestand 580; und öffentlicher Glaube 345
Grundstücksbezeichnung in Eintragungsbewilligung und -antrag 130; bei Auflassung 3328; im Kaufvertrag 3145; bei Teilflächenveräußerung 864
Grundstücksbuchung 560
Grundstückseigentümer, Aufgebot 1018; Löschungszustimmung 145; persönliche Haftung bei Reallast 1309; Zustimmung zur Veräußerung oder Belastung des Erbbaurechts 1774
Grundstücksfläche, Berichtigung auf Grund Katasterunterlage 614; Zuerwerb durch Wohnungseigentümer 2981; Veräußerung durch Wohnungseigentümer 2982
Grundstücksgleiches Recht, Begriff 5; Vereinigung 627
Grundstücksgröße 869
Grundstückskauf 3100 ff; Beispiel 849 ff; Änderung des Vertrags 3115; Architektenbindung 3202; Aufhebung 3118; Auflassung 3287 ff; über ausländischen Grundbesitz 3101; Bauherren-Modell 3230; Baulasten 3196–3201; Baureife des Grundstücks 3168; Bauträgervertrag 3204 ff; Bauträgerverordnung 3205; Bebaubarkeit des Grundstücks 3170; Bebauungspflicht des Käufers 3194; Beteiligte beim Kauf 3131; Dritter, noch zu benennender 3143; Ehegatten bei – 3132; Eigentümergrundschuld, Abtretung 3156; Eigentumsumschreibung 3203; Erbengemeinschaft, Erwerb 3137; Erblegitimation, Kostentragung 3187; Erschließungsbeitrag 3180; Fer-

Zahlen = Randnummern

tigstellungsrisiko 3216; Form **3100 ff**; Formularverträge 3207; Genehmigungserfordernis 3191; Gewerbeordnung § 34 c, 3206; GrESt 3189; Grundstücksbezeichnung 3145; Grundstücksverwechslung 3149; Güterrechtsfragen 3132; Heilung 3128; Inhaltskontrolle, allgemeine 3174; Insolvenzverfahren 3138; Inventarverkauf 3148, 3151; Kaufgegenstand 3145; Kaufpreis 3150 ff; Kaufvertrag 849; Kostentragung 3185 ff; Lastenübergang 3178; Lebenspartner bei – 3132; Makler- und Bauträger-VO 3205; mehrere Grdst-Erwerber 3142; Minderung des Kaufpreises 3162; Nacherfüllung 3162; Nachfolgelasten 3184; Nachlaßinsolvenzverfahren 3136; Nachlaßpfleger 3134; Nachlaßverwalter 3135; Nebenabreden 3119; Nichtigkeit des Vertrags 3126; öffentliche Last 3167, 3181; Optionsvertrag 3113; Planungsgewinnabschöpfung 3184; Rechtsmangel 3164; Rentenverkauf 3236 ff; Rücktritt 3162; Sachmangel 3168 ff; Schadenersatz 3170; Sterbetafel bei Rentenverkauf 3240; Steuertragung 3189; Teilgrundstück 859 ff, 3146 a; Übergabe 3175 ff; Verbrauchervertrag 3144 b; Vergleich 3114; Vermessungskosten 3187; Verrentungstabelle 3241; Vertretung 3144; Verwechslung des Grundstücks 3149; Vollmacht 3116, 3144; Vorvertrag 3112; Weiterveräußerung vor Eigentumserwerb 3147 a; Zubehör 3148; 3151; Zugangssicherung zum Grundstück 3193; Zwangsversteigerung und Zwangsverwaltung 3140

Grundstücksrecht, als Grundlage des Grundbuchrechts 1; geschichtliche Entwicklung 8, Gegenstand der Regelung 13; materielles 29, 30

Grundstückstausch siehe Tauschvertrag

Grundstücksteil bei Dienstbarkeit 1118, 1195; bei Hypothek 1917; bei Reallast 1290; bei Verkauf 859 ff; bei Vormerkung 1503

Grundstücksteilung s Teilung

Grundstücksveränderungen 623

Grundstücksverkehrsgesetz, Verfügungsbeschränkungen, allgemein 3802, 3924 ff; Abtretung des Auflassungsanspruchs 3954; Änderung eines Vertrags 3956; Almgrundstück 3959; Anerbengut 3970; Angebot auf Vertragsabschluß 3953; Ankaufsrecht 3952; Anspruch auf Genehmigung 3974; Antrag auf Genehmigung 4001; Aufhebung eines Vertrags 3956; Auflage 3989; Auflassung 3946; Auflassungsanspruch, Abtretung 3954; Auseinandersetzungsvertrag 3957; Bauerwartungsland und Baugelände 3941; Bedingung 3989 ff; Befreiung von Genehmigung 3959; Begriff des forst- und landwirtschaftlichen Grundstücks 3935, 3940; Belastungsbeschränkungen 4018; Bundesgerichtshof bei Rechtsbeschwerde 4013; Ehegattenbesitz 3940; Enteignung 3960; Entwurf einer Urkunde 4002; Erbbaurecht 3942; Erbfolge 3960; Erbteilsübertragung 3958; Ersatzland 3977; Forstwirtschaft 3937; gemischter Betrieb 3976; Genehmigungsbehörden 3971; Genehmigungsverfahren 4001 ff; Gesamthandsverhältnis 3949; Grundbuchamt 4021 ff, Prüfung der Genehmigungserfordernisse 4021 ff; Grundpfandrechtseintragung 4018; grundstücksgleiches Recht 3943; Höfeordnung 3970; Hofstelle 3935; Hofübergabe 3975; Kleingrundstück 3961 ff; Landesrecht 3925, 3961 ff; Mißverhältnis, grobes beim Erwerbspreis 3982; Miteigentumsanteil 3948, 3969; Moorland 3939; Nießbrauch 4019; Notar, Antragsrecht 4001, 4028; Oberlandesgericht als Beschwerdeinstanz 4010; Ödland 3939; Rechtsgrundlagen 3924; Rechtskraft der Entscheidung 4014, 4026; Rechtsmittel 4009, 4010, 4013; schuldrechtlicher Vertrag 3946 ff; Teilung eines Grundstücks 3960; Umgehungsgeschäft 3968; ungesunde Verteilung des Grund und Bodens 3980; Unwirtschaftliche Verkleinerung 3981; Urteil, Genehmigungspflicht 3955; Veräußerungsbeschränkungen 3944 ff; Verhältnis zu anderen Genehmigungspflichten 4016; Versagungsgründe 3979 ff; Verzicht auf Beschwerde 4012; Verzicht auf Eigentum 3960; Vorkaufsrecht, Genehmigungspflicht 3951; siedlungsrechtliches 4006; Vormerkung, Genehmigungsfreiheit 4021; Widerspruchseintragung 4022, 4024; Zeugnis über Genehmigungsfreiheit 4025; Zuständigkeit für

1893

Genehmigung 3971; Zwangsversteigerung 4017
Grundstücksverkehrsordnung siehe GVO
Grundstücksverwechslung im Kaufvertrag und bei Auflassung 3149
Grundstücksverzeichnis 74; Auskunft 72 a
Gütergemeinschaft 3374 ff; Beendigung 771; Berichtigungszwang 378; Eintragung von Eheleuten kraft –: Antrag 758; Grundbucheintragung 759; Erläuterungen 760–777; Eintragung von Erben nach beendeter – 818; Wohnungsrecht bei ihr 1246; Eintragung einer Zwangshypothek bei – 2214
Güterrecht, allgemein 3351 ff; eines Ausländers 3409; im Beitrittsgebiet 3400; Flüchtlinge 3403 ff; Vertriebene 3403 ff; Nachweis 3386
Güterrechtsregister 3387 ff
Güterstand, Verfügungsbefugnis 3352 ff, 3373, 3375 ff; 3381 ff; 3384 ff; 3396 ff; Nachweis 3386; bei Eintragung einer Zwangshypothek 2213
Gütertrennung 3372 ff
Gutgläubiger Erwerb 343 ff; beendet Grundbuchunrichtigkeit 358; einer Vormerkung 1534 ff
Gutglaubensschutz 343 ff
Gutsübergabe 934 ff; Genehmigungspflicht 940, 3975; durch Testamentsvollstrecker 3449
GVO 32 a 4227 ff

H

Haager Übereinkommen zur Befreiung von der Legalisation 165
Haftentlassung bei Grundpfandrecht siehe Mithaft
Hafterstreckung 2648
Haftung des Grundbuchamts bei Amtspflichtverletzung 54; für Rechtsmängel 3164 ff; für Sachmängel 3168
Hamburg, AV betr Geschäftliche Behandlung der Grundbuchsachen 32; Genehmigungsfreiheit nach GrdstVG 3962 d; Hafenentwicklungsrecht 4193; Naturschutz 4190; siehe auch Landesrecht
Handblatt 78
Handelsgesellschaft, Vertretungsbefugnis 3621 ff; siehe auch Personenhandelsgesellschaften
Handelsgewerbliche Unternehmen der öffentlichen Hand 3669

Handelsregister 3637 ff; Bescheinigung des Notars 3638; Bezugnahme auf – 3639; Zeugnis 3637
Handlungen als Reallastleistungen 1299
Handlungsvollmacht 3596
Handskizze, Bezugnahme auf sie bei Beurkundung 866
Handwerksinnung, Verfügungsbeschränkung 4088; Vertretung 3670
Handwerkskammer, Verfügungsbeschränkungen 4090; Vertretung 3670
Handzeichen, Beglaubigung 162
Hauptniederlassung einer Firma 243
Hauptsache, Erledigung 518
Hauptspalte und Veränderungsspalte als einheitliche Eintragung 2656
Hausfrau, Bezeichnung im Grundbuch 235
Hausgarten bei Wohnungsrecht 1248
Hausgeld 2921
Hausmann, Bezeichnung im Grundbuch 235
Hauszinssteuer-Abgeltungshypothek 2775
Heilung des Grundstückskaufs 3128; beim Vorkaufsrecht 1399
Heimfall, Dauerwohnrecht 3008; Erbbaurecht 1754
Heimstätte, Aufhebung des RHeimstG 3904; Eigentümergrundschuld 3907, 2422; Löschung des Vermerks 3905, 3906
Heizungsanlage bei Wohnungseigentum 2828
Hektar 584
Herabsetzung eines Altenteils 1342 Fußn 41; eines Zinssatzes 2504
Herrschendes Grundstück, Dienstbarkeitsvermerk 1150
Hessen: AGBGB 35; Forstgesetz 4105: GemeindeO 4075; Genehmigungsfreiheit nach GrdstVG 3963; Grundpfandrecht-Unkündbarkeit 4105; Naturschutz 4190; RdErl betr Geschäftliche Behandlung der Grundbuchsachen 32; s auch Landesrecht
Hilfsblatt (Handblatt) 78
Hindernis siehe Vollzugshindernis
Hinterlegung nach § 1171 BGB 4343
Hinterlegungsverbot, bei Grundpfandrecht 2080
Höchstbetrag eines Rechts, Wertersatz in Zwangsversteigerung 1167; bei Reallast 1340

Höchstbetragshypothek, Antragsformular 2117; Grundbucheintragung 2118; Erläuterungen 2119 ff; Abtretung 2526; Löschung 2735; Pfändung 2472; Umwandlung 2526 ff, 2550; Unterwerfungsklausel 2126
Höchstzinssatz 1960; bei Zwangshypothek 2190; bei ZwV-Unterwerfung 2042
Höfeordnung und WEG 2847
Höferecht, Erbschein im Bereich des – 799
Hoferbe, Bezeichnung im Erbschein 799
Hoffolgezeugnis 799
Hofräume 587
Hofraum (im Beitrittsgebiet) 576 a
HofraumVO (HofV) 32 a
Hofübergabe 934 ff
Hofvermerk 559
Hohenzollern, Landesrecht 43, 577
Holzabsatzfond, Vertretung 3670 a
Hypothek: Briefhypothek, Antragsmuster 1911, Grundbucheintragung 1912, Erläuterungen 1913 ff; Allgemeine Geschäftsbedingungen 2071 ff; Bedingung 2010; Befristung 2010; Brief 2015 ff; Einheitshypothek 2693 ff; Eintragung des Gläubigers 1947; Eintragung des Geldbetrags 1951; Eintragung der Forderung 1952; Eintragung auf Grund Vormerkung 2272; Forderung 1925 ff; Kündigungsbestimmungen 1983 ff; Nebenleistungen 1966 ff; Nießbrauch 2688 ff; Teilung 2416 a; Verzicht auf sie 2704; Vormerkung 2261 ff; Eintragung auf Grund Vormerkung 2272 ff; Zinsen 1953 ff; gleitender Zinssatz 1960; Zinszuschlag wegen Verzugs 1963; in Zwangsversteigerung 2014; Aufhebung, Löschung 2013; **vollstreckbare Briefhypothek:** Urkunde 2034, Grundbucheintragung 2035, Erläuterungen 2036 ff; Schuldurkunde größeren Umfangs 2069 ff; siehe außerdem Briefhypothek, Buchypothek, Höchstbetragshypothek, Sicherungshypothek, Zwangshypothek
Hypothekenbank, Treuhänder 2001; Verfügungsbeschränkungen 4066
Hypothekenbrief 2015; Aufbewahrung in Sonderheften 69; bei Amtslöschung 423; bei Amtswiderspruch 409; Aufgebot 4321; Aushändigung 2022, Abweichende Bestimmung über Aushändigung 2023; Aushändigungsabrede 2023; Ausschluß des Briefes 2092, 2518 ff; Aufhebung des Briefausschlusses 2521 ff; Einheitshypothek 2693; Ergänzung auf Antrag 2028; Erteilung eines neuen 2030; Rangänderung 2568; Verbindung mit Schuldurkunde 2018; Vermerk späterer Eintragungen 2027; Verzicht auf Vorlage 1982; Vorlegung 146
Hypothekengewinnabgabe 4349
Hypotheken-Vormerkung, Antragsformular 2261; Grundbucheintragung 2262; Erläuterungen 2263; Hypothekeneintragung auf Grund einer Vormerkung 2272

I

Identität bei Namensänderung, Bestätigung durch Notar 239
Identitätserklärung 880; des Notars nach Trennstückverkauf 883
Identitätsfeststellung 3144 a
Identitätsgebot bei Vormerkung 1493
Immobilien-Fonds, geschlossene 3235 b
Immobilienrecht, geschichtliche Entwicklung 8
Index siehe Verbraucherpreisindex
Indexierungsklausel 3260
Industrie- und Handelskammer, Vertretung 3671
Inhaberpapier, Sicherungshypothek 2105
Inhalt des Grundbuchs für Gutgläubigenschutz 344; des Rechts, Bezeichnung durch Bezugnahme 262; des Ersuchens einer Behörde 201
Inhaltlich unzulässige Eintragung, Amtslöschung 416–419
Inhaltskontrolle 209 ff; bei notariellen Verträgen 3174
Innung, Verfügungsbeschränkungen 4088
Inskriptionssystem 8
Insolvenzverfahren und Grundstücksveräußerung 3138; und Vormerkung 1533; ausländisches 1641
Insolvenzvermerk 24; Grundbucheintragung 1632; Löschung 1638; Wirkung 1637; Zweck 1633
Insolvenzverwalter, Schutz bei Wegfall seiner Verfügungsbefugnis 124; vorläufiger 3139
Instandhaltungsrücklage nach WEG bei Kauf 2829

Sachregister

Interesse, berechtigtes für Grundbucheinsicht 525
Internationales Beurkundungsrecht 165; Güterrecht 3409; Zuständigkeit in Nachlaßsachen 800
Investitionsvorranggesetz 4245
Investmentgesellschaft 4067
Irrtum bei Bezeichnung des Kaufobjekts 875

J

Jährlich, Angabe beim Zinssatz 1956
Jüdischer Gläubiger, Hypothek für ihn 4345
Juristische Person andere 247; des Handelsrechts 242; Übertragung ihrer Dienstbarkeit 1215a; ausländische 4093
Justizangestellter, Zuständigkeit 44, 47, 50

K

Kanalisation, keine Reallast 1301
Kapitalanlagegesellschaft, Verfügungsbeschränkung 4067
Kapitalgesellschaft 3621 ff; Grundstückseinbringung 3103
Karte als Urkundenanlage, Bezugnahme 866; zur Bezeichnung nicht vermessener Teilfläche 866 f; Verweisung im Kaufvertrag 3122
Kataster siehe amtliches Grundstücksverzeichnis
Katasterbücher 572
Katasterfortführungsanweisung (Bayern) 573 Fußn 27
Katastergrundstück 563
Katasterkartenwerk 572, 573
Katastereinrichtungsanweisung (Bayern) 573
Katastervermessungen 579
Kataster- und Vermessungsgesetze der Länder 571 Fußn 23
Kauf vom Bauträger 3204 ff; Kauf gegen Rente 3236 ff; s auch Grundstückskauf
Kaufangebot 898
Kaufgegenstand 3145
Kaufgrundstück, Bezeichnung 3145; Verwechslung 3149; mitverkaufte Gegenstände 3148
Kaufpreis 3150 ff; Höhe 3150; Direktzahlung 3152; Abwicklung über Notaranderkonto 3152; Fälligkeit 3152; Fälligkeit beim Bauträgervertrag 3211; Finanzierung 3158; treuhänderische Abwicklung 852; Wertsicherung 3254; Sicherstellung 3152; Tilgung 3153; Verjährung 3202a; Zerlegung 3151
Kaufpreisfinanzierung 3158
Kaufvertrag, 849 ff; über Eigentumswohnung 855; Erörterung 3100 ff; Angebot 898; Annahme 899; Änderung 909, 3115; Aufhebung 911, 3118; Beteiligte 3131; irrige Bezeichnung des Vertragsgegenstands 875, 3145; Nichtigkeit bei Verstoß gegen Beurkundungsform 3126; Heilung des Formmangels 3128; Anzeige an Finanzamt 3190; s auch Grundstückskauf
Kaufzwangklausel bei Erbbaurecht 1772
Kellereigentum 2819 (aE), 2910 a
Kenntnis von Grundbuchunrichtigkeit schließt gutgläubigen Erwerb aus 351
Kettenauflassung 3317
Kfz-Stellplätze bei Wohnungseigentum 2837, 2912
KG, Vormerkung für sie 981 e; siehe auch Gesellschaften und Kommanditgesellschaft
Kinder, Bezeichnung in Grundbuch 235; gesetzliche Vertretung 3597
Kirche, Verfügungsbeschränkungen 4085 ff; Vertretung 3672
Kirchliche Körperschaften, Übertragung/Übergang von Grundstücken 3295 a
Klammerzusatz zur weiteren Bezeichnung des Berechtigten 248
Klarstellung eines Antrags 444; der Rangverhältnisse 327–335; der Fassung der Grundbucheintragung 294
Klarstellungsvermerk 294
Körperschaft, Eintragung 248
Körperschaft des öffentlichen Rechts als Eigentümer 248; s auch kirchliche Körperschaften
Kohlenabbaugerechtigkeiten 5
Kollisionsrecht 3410 ff
Kommanditgesellschaft, Bezeichnung 240; als Gesamthandseigentümer 981; Eintragung als Rechtsinhaber 981; in Gründung 981 d; Umwandlung in BGB-Gesellschaft 984a; Umwandlung in OHG 984a; Vertretung 3632; siehe auch Gesellschafterwechsel
Kommanditgesellschaft auf Aktien, Bezeichnung 242; Vertretung 3623

Zahlen = Randnummern

Kommunale Eigen- und Regiebetriebe 3669
Kommunalrecht, Verfügungsbeschränkungen 4075 ff
Konkurrierende Gesetzgebung 7
Konkursverfahren 1640
Konsensprinzip 9, 15; formelles 15, 95; Umfang der Prüfung durch das Grundbuchamt 209
Konsenssystem 15
Konsularbeamte 161, 162
Kontrollblatt bei Aktenversendung 68
Kosten der Auflassungsvormerkung 1551; des Grundstückskaufs 3185; der Vermessung 890, 3187
Kostenelementklauseln 3259
Kostenentscheidung im Beschwerdeverfahren 510
Kostenfestsetzungsbeschluß bei Zwangshypothek 2177
Kostenhaftung, Antragsteller 93; Notar 195
Kostenordnung, Kostenrecht 32
Kostensicherstellung mit Zwischenverfügung 444
Kostentragung bei Kauf 3185 ff; beim Wohnungsrecht 1250 ff; Zwischenverfügung wegen Kostenvorschuß 444
Kraftfahrzeugeinstellung, Dienstbarkeit 1206
Kraftloserklärung eines Briefes 4340, 4347, 4348
Kreditanstalt für Wiederaufbau, Vertretung 3673 a
Kreditgewinnabgabe 4349
Kreditinstitut, Grundbucheinsicht 527
Kreditsicherungsvertrag 2316; und Verpfändung des Anspruchs auf Eigentumsübertragung 1577
Kreis, Verfügungsbeschränkungen 4081; Vertretung 3659
Kreishandwerkerschaft, Verfügungsbeschränkungen 4089; Vertretung 3673 a
Kündigung der Hypothek bei Veräußerung 2077
Kündigungsbestimmungen bei Hypothek 1983
Kündigungsrecht nach § 247 BGB 1984
Künftige Ansprüche bei Hypothek 1930; bei Vollstreckungsunterwerfung 2041; bei Vormerkung 1489
Künstlername 230
Kulturarten 575, 576

L

Ländergesetzgebung: Kompetenzen im Grundstücks- und Grundbuchrecht 7
Lageplan, Bezugnahme auf ihn bei Beurkundung 866
Lagerbuch 577
Land, Handelsgewerbliche Unternehmen 3669; Vertretung 3657
Landesbauordnungen, Ausschluß der Teilungsgenehmigung nach § 19 Abs 5 BauGB 3816; landesrechtliche Teilungsgenehmigung 3819
Landesrecht: Zuständigkeit für öffentliche Beglaubigung 162; Denkmalschutz 4188; Forstrecht 4190; Grundstücksvereinigung 625 b; Grundstücksverkehrsgesetz, Ausführungsgesetze und Verordnungen 3925 (Freigrenze für Genehmigung 3961–3968; Genehmigungsbehörden 3971); Einrichtung und Führung des Liegenschaftskatasters 571 mit Fußn 23; frühere Kataster 577; Landesbauordnungen 3819; für Leibgeding 1342, 1347; Loseblatt-Grundbuchvorschriften 80 Fußn 3; Naturschutz 4190; Reallastvorschriften (Art 115 EGBGB) 1318; Vorkaufsrechte 4188; Waldgesetze 4190; s auch bei den Ländernamen
Landgericht als Beschwerdegericht 503
Landkreis, Verfügungsbeschränkungen 4081; Vertretung 3659
Landpachtvertrag 4020
Land- oder forstwirtschaftliches Grundstück, Belastung mit Hypothek 1919; Erbbaurechtsbestellung 1720; Vorkaufsrecht 4141 ff; Zwangshypothek 2207
Landwirtschaftliche Produktionsgenossenschaft 4213
Landwirtschaftliche Rentenbank, Vertretung 3673 c
Landwirtschaftsrecht, Verfügungsbeschränkungen, allgemein 3802, 3924; Almgrundstück 3959, 4102, 4190; Entschuldungsrecht 4055 ff; Flurbereinigungsrecht 4030 ff; Forstrecht 4104 ff; Grundstücksverkehrsrecht 3924 ff; ehem. Landarbeiterwohnungsbau 4058; Stiftungsrecht 4100, 4103; Wasser- und Bodenverband 4092
Langfristiges Dauerwohnrecht 3006

1897

Last, öffentliche: nicht eintragungsfähig 1105; Beachtung beim Kauf 3167, 3181; HGA 4349
Lasten beim Erbbaurecht 1752; des Kaufgrundstücks 3178; Beachtung nicht grundbuchersichtlicher bei Grundstückskauf 3195 ff
Lastenausgleich 4349
Lastentragung bei Erbbaurecht 1752; bei Wohnungseigentum 2918; Haftung des Erwerbers von Wohnungseigentum 2920
Lastenübergang 3175, 3178
Lebenserfahrung 159
Lebenshaltungskostenindex, s Verbraucherpreisindex
Lebenspartner, Name 230; als Käufer 3132; Vermögensstand 3423 a
Lebenszeit, Reallast 1306 a; Rente 3236 ff; Löschung eines Lebenszeitrechts 375
Legalisation einer Urkunde 165
Legalitätsprinzip 20; Auswirkung auf Prüfungspflicht des Grundbuchamts 209; Geltung im formellen Konsensprinzip 209; und Bewilligungsgrundsatz 209a; Bedeutung für AGB-Prüfung 212, 214
Leibgeding (Altenteil), Antragsformular 934 (1320); Grundbucheintragung 1321, Erläuterungen 1323 ff; Löschung 1348; Landesrecht 1342, 1347
Leistungsbewirkung und öffentlicher Glaube 355
Leistungsvorbehalt als Preisanpassungsklausel 3257
Leitungsmast, Erbbaurecht 1704
Liegenschaftsbuch 573
Liegenschaftskataster als amtliches Verzeichnis 571; Aufbau 572; bei Bestandteilszuschreibung 659; Einrichtung 573; Entwicklung und Gesetzesgrundlage 571; Fortführung 593, 601, 602; frühere landesrechtliche Regelungen 577; bei Grundstücksteilung 672; bei Vereinigung 632; Übereinstimmung mit Grundbuch 601 ff; Veränderungen 593
Liegenschaftsrecht, materielles 1
Liquidationsgemeinschaft nach Beendigung der Gütergemeinschaft 771
Löschung, Arten 281; durch Nichtübertragung 281; von Amts wegen 416 ff; gegenstandlose Eintragung 384–391; überholter Dienstbarkeiten 1217a; eines Grundpfandrechts auf Grund Löschungsbewilligung 2747; auf Grund beglaubigter Quittung 2725; nach Verzicht des Gläubigers 2704; Eigentümerzustimmung 145; Teillöschung 2762 ff; Reichsmarkrecht 4335; umgestellter Grundpfandrechte 4335 ff; eines Leibgedings 1348; eines zeitlich beschränkten Rechts 375; Beschwerde unzulässig 478
Löschungsankündigung 387, 388
Löschungsanspruch, gesetzlicher 2595 ff; schuldrechtlicher 2605; Ausschluß des gesetzlichen 2625; gesetzlicher – bei Rangänderung 2582 ff, 2626 a, 2637
Löschungsbewilligung 2747 ff; Entgelt 2085 a; kein Teilvollzug 2724 a
Löschungserleichterung siehe Vorlöschungsklausel
Löschungsvermerk 281
Löschungsvormerkung: Antragsformular 2595, Grundbucheintragung 2596, Erläuterungen 2597 ff
Lösungssumme bei Arresthypothek 2227
Loggia als SE 2831
Loseblattgrundbuch 80; Aufschriftbogen 551; landesrechtliche Vorschriften 80 Fußn 3; Umschreibung fester Bände auf Loseblattsystem 81

M

m^2 584
Makler, Grundbucheinsicht 525
Makler- und Bauträger-VO 3205
Maschinelle Grundbuchführung 84–84 f
Materielles Grundstücksrecht 1
Mauerunterhaltung, Reallast 1299
Mecklenburg-Vorpommern, Denkmalschutz 4188; GemeindeO 4075; Genehmigungsfreiheit nach GrdstVG 3963a; LandeswaldG 4105 a
Mehrere Anträge 91
Mehrere Berechtigte 253, 261 a
Mehrere Eintragungen in Abteilung II 1112; in Abteilung III 1909
Mehrere Eintragungsanträge, Reihenfolge der Eintragungen 91; Verbindung zu gemeinsamem Vollzug 92; stillschweigende Verbindung 92
Mehrere Erwerber 3311
Mehrere Grundbuchblätter, Eintragungsverfügung 224
Mehrere Grundstücke siehe Gesamtbelastung
Mehrere Käufer 3142

Zahlen = Randnummern

Mehrheitsbeschlüsse der WEigter 2885
Mehrmalige Ausübung eines Rangvorbehalts 2156
Merkblatt 59, 65, 70
Meßwesen 584
Meterquadrat 584
Miete bei Grundstückskauf 3175 a; und Wohnungsrecht 1274 ff
Mieter, Vorkaufsrecht bei Umwandlung 4181; Kaution 3175 a
Milchreferenzmenge 3148 b
Minderjähriger, Ausstattung 921; Erbbaurechtsbestellung 1718; Vertretung 3597 ff
Minderung beim Grundstückskauf 3162
Mindestzinssatz 1960
Mitbelastung, nachträgliche, Antragsformular 2646; Grundbucheintragung 2647, Erläuterungen 2648 ff; Rang 2656
Mitbenutzungsrecht im Beitrittsgebiet 1888
Mitberechtigung nach Bruchteilen 258
Miteigentümer, Vereinbarung nach § 1010 BGB 1459 ff
Miteigentum Aufhebung 977–979; nach Bruchteilen 258; Auflassung 752–757; – bei WE 2812; siehe auch Bruchteil
Miteigentumsanteil, Auflassung 752–757; Buchung eines dienenden Grundstücks 587–587 b; kein Anteilssonderblatt 613 a–g; keine Vereinigung 626; Änderung des – unter Wohnungseigentümern 2971; Änderung bei gleichzeitiger Erweiterung oder Einschränkung des Sondereigentums 2974; Bildung eines neuen – aus Wohnungseigentumsrechten 2967 a, b; kein Verzicht 1031
Miterbenanteil, Pfändung 1659; Testamentsvollstreckung 2426 a; siehe auch Erbteilsübertragung
Mithaft, Entlassung aus ihr 284, 2716; siehe außerdem Gesamtbelastung
Mithaftungsvermerk 2248, 2259
Mitsondereigentum 2824
Mitteilungspflichten wegen GrESt 3190; des NachlaßG an GBAmt 383; Vorkaufsrecht 1418; bei familien/vormundschaftsgerichtlicher Genehmigung 3738 ff; für Übereinstimmung mit Liegenschaftskataster 606
Mittelbar Betroffener als Antragsberechtigter 88; als Bewilligungsberechtigter 100 a

MiZi Nr XVIII 307 b, 606
Moratorium, Besitzrecht und Verfügungsverbot 4273
Mülltonnenstellplatz, Buchung als dienendes Grundstück 587
Mutter, Genehmigungspflicht 3684 ff; Nachweis der elterlichen Sorge 3616; Vertretung 3597

N

Nachbarerbbaurecht 1694
Nachbelastung 2648; siehe im übrigen Mitbelastung
Nacherbe 3476; Eintragung im Grundbuch 3495; Eintragung nach Eintritt des Nacherbfalls 3525 a; Stellung 3478 ff; Übertragung des Anwartschaftsrechts 3528; bedingter Nacherbe 3526
Nacherbschaft 3478 ff
Nacherbschaftsvermerk 3495; Eintragung 3495 ff; Verzicht auf Eintragung 3506; Löschung 3510, 3525–3525 d
Nachfolgelasten 3184
Nachlaßgericht, Mitteilungspflicht gegenüber Grundbuchamt 383
Nachlaßinsolvenzverfahren 3136
Nachlaßpfleger 3134
Nachlaßverwalter 3135; Schutz bei Wegfall seiner Verfügungsbefugnis 124
Nachlaßverwaltung bei Grundstücksveräußerung 3135
Nachricht s Eintragungsnachricht
Nachteile einer Grundschuld 2311
Nachtrag zu Trennstückskauf 862
Nachträgliche Mitbelastung mit Grundpfandrecht 2646 ff
Nachträgliche Verfügungsbeschränkung (§ 878 BGB) siehe Verfügungsbeschränkungen
Nachvermächtnis 3531
Nachverpfändung 2648
Nachweis der Eintragungsvoraussetzungen, Form 152; Anspruchsfälligkeit bei Erteilung der Vollstreckungsklausel 2060; der elterlichen Sorge 3616; des Güterstandes 3386 ff; einer Vollmacht 3576 ff; der Vertretungsbefugnis 3637–3639
„Nächstoffene Rangstelle", Bedeutung bei Erklärung in Grundschuldbestellungsurkunde 321
Name im Grundbuch 230; – des Vereins 246

1899

Sachregister

Namensänderung 239; Identitätsbescheinigung nach – durch Notar 239
Natürliche Person, Bezeichnung als Berechtigter 229
Naturschutz, Vorkaufsrecht 4190
Nebenabreden bei Kauf, Beurkundungszwang 3119
Nebenleistungen bei Grundpfandrecht 1966 ff; bedingte – 1970; – verschiedener Art 1975; – der Grundschuld 2295; Bezeichnung bei Grundbucheintragung 2296; bei Rangvorbehalt 2152
Negativattest nach BauGB 3835 ff, 4123, 4130; des Familien/Vormundschaftsgerichts 3736
Neueintragung von Grundstücken 1003
Nichtberechtigter, Bewilligung 101 c; Schutz bei Beschränkung der Verfügungsbefugnis 125; ZwV-Unterwerfung 2040
Nichteintragungsfähige Rechte 27
Nichtgemeinschaftliche Abkömmlinge bei fortgesetzter Gütergemeinschaft 823, 829
Nichtigkeit eines Vertrags bei Nichteinhaltung der Beurkundungsform 3126; des Erbbaurechts 1741
Nichtmehr-Valutierungserklärung 2344
Nicht rechtsfähige Anstalt 249
Nichtübertragbarkeit bei Hypothek/Grundschuld 2379
Nichtübertragung als Löschungsart 281 ff; Folgen 288
Nichtzahlung einer Rente 3250
Niedersachsen: AGBGB 36; AV über die geschäftliche Behandlung der Grundbuchsachen 32; GemeindeO 4075; Genehmigungsfreiheit nach GrdstVG 3964; Landeswaldgesetz 4106; Naturschutz 4190; VO über Landesgrundbücher 36; s auch Landesrecht
Niederschrift, Anlage zu ihr 854; Kaufvertrag als Anlage zur – 849, 854; bei Trennstückverkauf 866
Nießbrauch an Grundstück: Antragsformular 1356; Grundbucheintragung 1357, Erläuterungen 1358 ff; Abgrenzung zu Benutzungsdienstbarkeit 1130; Abgrenzung zu Wohnungsrecht 1237; Nießbrauch an Hypothek: Antragsformular 2688, Grundbucheintragung 2689, Erläuterungen 2690 ff; Aufhebung, Löschung 1390

Nordrhein-Westfalen: AV betr geschäftliche Behandlung der Grundbuchsachen 32; GemeindeO 4075; Genehmigungsfreiheit nach GrdstVG 3965; siehe auch Landesrecht
Notar, Antragsrecht 174 ff; Änderung und Ergänzung der Bewilligung 184; Antragszurücknahme 190; Anzeige des Kaufvertrags an Finanzamt 3190; Auflassungsvollmacht 3323; Auskunftsrecht 538; ausländische 3102; Baden-Württemberg 43; Belehrung 851; Belehrung über Auflassungsvormerkung 1552; Belehrung bei Sicherungsvertrag 2318 (s auch Belehrungspflichten); Benachrichtigung 186, 187; Berichtigung von Schreibversehen 163; Bescheinigung über Vertretungsbefugnis 3638; Beschwerderecht 189; Beurkundung der Auflassung 3337; Beurkundung des Kaufvertrags 3100; Bote 181; Doppelvollmacht 3739; Durchführungsvollmacht 3194; Eigenurkunde 164; Einreichungszeitpunkt für Urkunden 197; Eintragungsnachricht an ihn 187; Ermächtigung zur Stellung von Anträgen 174 ff; Ermächtigung zur Bezeichnung der Katasterfläche nach Trennstückverkauf 889; – und Genehmigungspflicht nach BauGB 3841; Grundbuchbeamter 43; Grundbucheinsicht 3146; Recht dazu 527; Pflicht dazu 534; Güterrecht 3395; ausländisches Güterrecht 3420; Herstellung von Teilbriefen 2414; Kostenschuldner 195; Namensbezeichnung bei Bezugnahme 272; Pflicht zur Prüfung von Grundbuchnachrichten 188; Registerzeugnis 3638; Rücknahme eines Antrags 190–193; treuhänderische Mitwirkung bei Kaufpreisabwicklung 852; Vertreter oder Bote 181; Vertreter des Notars, Antragsrecht 174; Bevollmächtigung 3194; Verfügungsbeschränkungen nach GrdstVG 4027; Verwalter eines Notariats, Antragsrecht 174; Vorkaufsrecht nach BauGB 4134; und Vormerkung 1551; Württemberg 43; Zeit der Urkundenvorlage 197; Zurücknahme eines Antrags 190, 191; Zuständigkeit für Beurkundung und Unterschriftsbeglaubigung 42; Zwischenverfügung 186, 454
Notaranderkonto, Kaufpreisabwicklung 3152 b; beim Bauträgervertrag 3217

1900

Zahlen = Randnummern

Notarangestellter, Vollmacht 198, 3323, 3586
Notarbestätigung bei Verpfändung des Auflassungsanspruchs 1562
Nottestament 786
Notwegrente, Verzicht 1168
Nureinmal-Valutierung einer Grundschuld 2344
Nutzer, Vorkaufsrecht 4296
Nutzungsarten 575; Änderungen 619
Nutzungsrecht im Beitrittsgebiet 699 a, b, 1888, 4200 a
Nutzungsübergang 3175, 3178

O

Oberlandesgericht, Beschwerdegericht 517
Oberstes Landesgericht in Bayern 517
Öffentlich-beglaubigte Urkunde 161, 162; Prozeßvergleich als – 161
Öffentliche Abgaben, Zwangshypothek 2217
Öffentliche Beglaubigung, Landesrecht 162; Grundbuchamt nicht zuständig 42
Öffentliche Bekanntmachung bei Neubuchung eines Grundstücks 1004
Öffentliche Hand, bewirkende Urkunde 161; Grundbucheintragung 248; Vertretung 3656 ff
Öffentliche Last siehe Last
Öffentlicher Glaube des Grundbuchs 336, 343; Einschränkung im Beitrittsgebiet 355 a
Öffentliches Bodenrecht 3
Öffentliches Testament s Verfügung von Todes wegen
Öffentliche Urkunde 161, 162
Öffentlichkeitsgrundsatz 17
Öffentlich-rechtliche Behörde, Eintragung 248; Vertretung 3656 ff
Öffentlich-rechtliche Zwecke, Sicherung durch Dienstbarkeit 1210
Öffnungsklausel für Mehrheitsbeschlüsse der WEigter 2885; Grundbucheintragung 2887
Örtliche Zuständigkeit des Grundbuchamts 51
Österreichische Einantwortungsurkunde 800
Offene Handelsgesellschaft, Bezeichnung im Grundbuch 240; als Gesamthandseigentümer 981; Eintragung als Rechtsinhaber 981; in Gründung 981 d; Umwandlung in BGB-Gesellschaft 984 a; Umwandlung in KG 984 b; Vertretung 3629; Vormerkung für OHG in Gründung 981 e; s auch Gesellschafterwechsel
Offenkundigkeit einer Eintragungsvoraussetzung 158; ist aktenkundig zu machen 158, 222
Optionsrecht 1444 a
Optionsvertrag, Beurkundungspflicht 3113
Orderpapier, Sicherungshypothek 2105
Ordnungsnummer beim Grundbuchamt 67
Organe des Grundbuchwesens 40 ff
Ortsform 3102
Ortsgerichtsvorsteher, Unterschriftsbeglaubigung 162 Fußn 32

P

Pacht bei Grundstückskauf 3175 a
Pachtverträge 4020
Pächter bei Ausübung der Dienstbarkeit 1154
Papiergrundbuch 79–83; Ablösung durch EDV-Grundbuch 84; Eintragungsverfügung 221 a
Partei s politische Partei
Partnerschaft, Bezeichnung im Grundbuch 240; als Gesamthandseigentümer 981; Eintragung als Rechtsinhaber 981; „in Gründung" 981 d; Vertretung 3634 a
Parzellenverwechslung 3149
Persönliche Verhältnisse und Gutgläubensschutz 346
Personalformular 82
Personen, für Führung des Grundbuchs zuständige 44
Personenbezeichnung 229 ff
Personenhandelsgesellschaft, Bezeichnung im Grundbuch 240; Vertretung 3629 ff
Personenstandsangaben im Grundbuch 229 ff
Pfändung der Auflassungsanwartschaft 1599; der Ausübungsbefugnis beim Wohnungsrecht 1264; einer beschränkten persönlichen Dienstbarkeit 1215; eines BGB- Gesellschaftsanteils 1674; einer **Briefhypothek**: Antragsformular 2473, Grundbucheintragung 2474, Erläuterungen 2475 ff; einer **Buchhypo**-

1901

thek (Buchgrundschuld): Antragsformular 2452, Grundbucheintragung 2453, Erläuterungen 2454 ff; des Eigentumsübertragungsanspruchs 1595; beim Leibgeding 1345; eines Miterbenanteils, Antragsformular 1659; Grundbucheintragung 1660; Erläuterungen 1661 ff; bei Nießbrauch 1389; bei Reallast 1313; beim Wohnungsrecht 1264; eines vorgemerkten Anspruchs 1518; des Vergütungsanspruchs bei Heimfall 1762; des Rückerstattungsanspruchs 4233
Pfandbuchsystem 8
Pfanderstreckung 2649
Pfandfreigabe 2716, beim Trennstücksverkauf 887; Vollzug der Löschung am letzten Objekt 2724 c; siehe außerdem Mithaft (Entlassung)
Pfandrecht siehe Verpfändung
Pfandunterstellung s Mitbelastung
Pflege beim Leibgeding 1327
Pflegeperson bei Wohnrecht 1262
Pfleger, Genehmigungspflicht 3680 ff; Vertretung 3618
Pflichtteil, Anrechnung 926, Sicherung durch Hypothek 2103
Plan bei Dienstbarkeit 1141; bei Trennstückverkauf 866
Planungsgewinnabschöpfung 3184, 3899, 3902
Politische Partei 246 a
Post, Postbank, Vertretung 3662 a, 3674
Postvermögen, Rechtsnachfolge 143
Potestativbedingung, Vormerkung 1489
Preisindex siehe Verbraucherpreisindex
Preisklauseln 3254; einzelne 3276 ff
PreisklauselVO, Genehmigungsgrundsätze 3262; Genehmigungsverfahren 3270
Presse, Grundbucheinsicht 526 a
Primärkataster 577
Prioritätsgrundsatz, materieller 21, formeller 21; bestimmt Rangverhältnis 309
Probeeintragungen der GBV nicht amtlich 226
Produktionsgenossenschaft siehe Landwirtschaftliche Produktionsgenossenschaft
Prokura 3592
Prozeßgericht, Ersuchen bei gerichtlichem Verfügungsverbot 1644
Prozeßstandschafter als Gläubiger einer Zwangshypothek 2162 b

Prozeßvergleich als öffentliche Urkunde 161; für Bindung an Einigung 109; Grundstücksveräußerung/-erwerb 3114
Prozeßvollmacht, Nachweis 161
Prozeßzinsen 1954
Prüfung von Grundbuchnachrichten 306; durch Notar 188; der Grundakten 210
Prüfungsgrundsatz im Grundbuch 20
Prüfungsrecht- und -pflicht des Grundbuchamts 206 ff; bei Allgem Geschäftsbedingungen 211; bei Behördenersuchen 219; bei Auflassung 3342; bei Eintragung eines Rechts für eine Gesellschaft 981 e; bei Erbbaurecht 1722; bei Genehmigung nach GrdstVG 4021; bei Güterstand 3394; bei ausländischem Güterrecht 3421; bei Vollmachten 3543; bei Vorkaufsrecht nach BBauG 4130; bei Wohnungseigentum 2851; bei Zwangshypothek 2168
Pseudonym 230
Pseudovereinbarungen der WEigter 2885 Fußn 4; keine Begründung von Sondernutzungsrechten 2916
Publizitätsprinzip 17

Q

Quadratmeter, Quadratdekameter 584
Quittung, beglaubigte 2729; Löschung einer Brief/Buchhypothek mit beglaubigter Quittung: Antragsformular 2725, Eintragungsverfügung 2726; Erläuterungen 2727 ff; Teilquittung 2762
Quotennießbrauch 1366

R

Radieren im Grundbuch 226
Räume bei WE 2818
Räumung des Kaufgrundstücks 3175
Rang 308 ff; Einigung über – 314; Bestimmung des – 314; in Antrag 317; in Bewilligung 316; Amtswiderspruch 399; Einräumung von Vorrang s Rangänderung; Änderung zwischen Teilhypotheken 2590 ff; – des Erbbaurechts 1731; – der Erbbauzins-Reallast 1804; bei Nachbelastung 2657 ff; der Sicherungshypothek des Pfandgläubigers 1562; der Sicherungshypothek für eine bei Zwangsversteigerung übertragene Forderung 1001; bei Teilabtretung 2412; einer Vormerkung 1531 a

Rangänderung 325; zwischen Teilhypotheken, Antragsformular 2590; Grundbucheintragung 2591, Erläuterungen 2592 ff; hinsichtlich eines Teils des Rechts 2581a; siehe außerdem Vorrang und Gleichrang
Rangklarstellung 327–335
Rangstelle für Erbbaurecht 1731; Ausnahme 1735 ff
Rangverletzung 324
Rangvorbehalt 326; Antragsformular 2128, Grundbucheintragung 2129, Erläuterungen 2130 ff; Ausnutzung 2147; vor Erbbauzinsreallast 1806 b
Ratschreiber in Baden-Württemberg 43; Beurkundung einer Auflassung 3339
Raumangabe beim Wohnungsrecht 1258
Raumbeheizung, Dienstbarkeit 1134
Raumeigentum, Begriff 2802
Realformular 82
Reallast, Antragsformular 1285, Grundbucheintragung 1286, Erläuterungen 1287 ff; Einzelleistungen, Stammrecht 1302; Erlöschen nach 110 Jahren 1314; Landesrechtliche Besonderheiten 1318; auf Lebenszeit 1306 a; Persönliche Haftung des Grundstückseigentümers 1309; Pfändung 1313; Sicherungsreallast 1310 a; Übertragung 1313; Vermerk bei herrschendem Grundstück 1308; Aufhebung, Löschung 1314; Wohnungsreallast 1236; für Grabpflegekosten 376 Fußn 55
Rechte: eintragungsfähige/nicht eintragungsfähige 22; grundstücksgleiche – (Begriff) 5
Rechtlicher Vorteil, Erlangung 3602 ff
Rechtliches Gehör im Beschwerdeverfahren 505
Rechtsänderung, materielles Erfordernis 9
Rechtsanwalt im Beschwerdeverfahren 515; Grundbucheinsicht 527
Rechtsbedingung bei Auflassung 3334
Rechtsbehelfe und Rechtsmittel 470 ff; Rechtsbehelf gegen Zurückweisung des Antrags 469; gegen Urkundsbeamten-Entscheidung 523; gegen Zwischenverfügung 469
Rechtsboden bei Vormerkung 1489
Rechtsgeschäftliche Bedingung bei Auflassung unzulässig 3330
Rechtsgrundlagen des Grundbuchrechts 29 ff
Rechtshängigkeitsvermerk 353, 1650 ff

Rechtshilfe 538
Rechtsmängelhaftung bei Kauf 3161 ff, 3166; beim Bauträgervertrag 3221
Rechtsmittel und Rechtsbehelfe 470 ff
Rechtsnatur des Eintragungsantrages 86; der Eintragungsbewilligung 98
Rechtspfleger, Zuständigkeit 44, 46; Unterzeichnung 48; in Baden 43; Beschwerde gegen Rechtspfleger in Baden 522; befristete Erinnerung 519
Rechtsquellen des Grundbuchrechts 29, 30
Rechtsträgerabwicklungsgesetz 4096
Rechtsverhältnis der Gemeinschafter 253
Rechtsvermutung des § 891 BGB 337
Rechtsvorschriften, Bezugnahme 269
Rechtswahl nach Art 15 EGBGB 3413
Redlicher Rechtsverkehr, Schutz 336
Reformatio in peius 509
Register 71
Registergericht, Zeugnis 3637
Registerzeugnis des Notars 3638
Registrator 59
Reichsheimstätte siehe Heimstätte
Reichskataster als Liegenschaftskataster 32, 571; VO über die Einführung als amtliches Verzeichnis 32
Reichsmark-Recht 4319 ff
Reichssiedlungsgesetz, Vorkaufsrecht siehe siedlungsrechtliches Vorkaufsrecht
Reihenfolge der Eintragungen 91; siehe auch Rang
Reihenhäuser, Sondernutzungsregelung 2910 a
Rente bei Grundstücksverkauf 3236 ff; nach Preisindex 3263; Verrentungstabelle 3241; Wertsicherungsklauseln 3243; Zwangsvollstreckungsunterwerfung 3250
Rentenreallast 1297 a
Rentenschuld: Antragsformular 2365, Grundbucheintragung 2366, Erläuterungen 2367 ff; als Sicherungsmittel 2374
Rentenschuldbrief, Vorlegung 146
Rentner als Berufsbezeichnung 235
Restitution, öffentlich-rechtliche 4211; nach VermG 4216; Unterlassungspflicht 4224
Rheinland-Pfalz: AGBGB 37; Denkmalschutz 4188; GemeindeO 4075; Genehmigungsfreiheit nach GrdstVG 3965 a; Rundschreiben betr Geschäftliche Behandlung der Grundbuchsachen 32; s auch Landesrecht

Richter, Zuständigkeit 44, 45
RM-Rechte, Währungsumstellung 4319 ff
Rötung bei Löschung 281
Rotes Kreuz 3675
Rückerstattung nach Vermögensgesetz 4216
Rückerstattungsanspruch, Abtretung, Pfändung, Verpfändung 4223
Rückgewähranspruch bei Grundschuld 2304, 2335; Erfüllung des Rückgewähranspruchs 2337; Rückgewähranspruch als Einrede 2338; Teilrückgewähr 2336; Übertragung 2342; mehrfache Abtretung 2347; Verjährung 2336 a; Vormerkung 2345
Rückstand, bei zeitlich beschränktem Recht 375; Widerspruch zur Erhaltung des Rechts 1352; beim Wohnungsrecht 1269
Rückübertragungsanspruch bei Grundschuld s Rückgewähranspruch
Rückübertragungsverpflichtung bei Schenkung 928
Rückzahlungsentschädigung bei Hypothek 1966, 1986
Rufname im Grundbuch 232

S

Saarland: Denkmalschutz 4188; Genehmigungsfreiheit nach GrdstVG 3966; Naturschutz 4190; Komm Selbstverwaltungsgesetz 4075; siehe auch Landesrecht
Sachenrechtsbereinigung 4282
Sachleistung bei Reallast 1296; bei Wertsicherung 3265
Sachliche Zuständigkeit 40 ff
Sachmängel bei Kauf 3167; vertragliche Regelung 3170; beim Bauträgervertrag 3222
Sachprüfung, Grundsatz der – 20; – durch das Grundbuchamt 207 ff
Sachsen: DenkmalschutzG 4188; GemeindeO 4075; Genehmigungsfreiheit nach GrdstVG 3966 a; Verwaltungsvorschrift über die Behandlung der Grundbuchsachen 32; siehe auch Landesrecht
Sachsen-Anhalt: DenkmalschutzG 4188; GemeindeO 4075; GBGA 32; Genehmigungsfreiheit nach GrdstVG 3966 b; siehe auch Landesrecht
Salzabbaugerechtigkeit 5

Sammelakten für buchungsfreie Grundstücke 63
Sammelbuchung in Abt II: 1112; in Abt III: 1910; mehrerer Zw-Hypotheken 2193; Rang 1910 a
Sanierungsgebiet, Verfügungsbeschränkungen 3885
Sanierungsvermerk, Eintragung 3888
Schadensersatz nach Kaufrecht 3162
Schadensersatzanspruch, pauschalierter als AGB 2075
Schadensersatzpflicht des Grundbuchamts 54; bei gutgläubigem Erwerb 354
Schadloshaltung bei gutgläubigem Erwerb 354
Scheinforderung bei Hypothek 1933
Schenker, Rückübertragungsanspruch vormerkbar 1489
Schenkung auf den Todesfall, Vormerkung 1485
Schenkungsvertrag über Grundstück 917 ff; Rückforderungsrecht 927; Widerruf wegen groben Undanks 927
Schiedsgutachterklausel beim Bauträgervertrag 3214
Schiedsvertrag, Beurkundung 3120
Schlechterstellung in Beschwerdeverfahren 509
Schleswig-Holstein: AGBGB 38; AV betr Geschäftliche Behandlung der Grundbuchsachen 32; GemeindeO 4075; Genehmigungsfreiheit nach GrdstVG 3967; Naturschutz 4190; Waldgesetz 4106 a; siehe auch Landesrecht
Schließung eines Grundbuchblatts 612
Schließungsvermerk 553, 613
Schonungspflicht bei Ausübung der Dienstbarkeit 1152
Schreibfehler, Berichtigung 289, 290; Berichtigung in einer öffentlich beglaubigten Erklärung 163
Schreibversehen im Grundbuch 289, 290; Berichtigung durch Notar 163
Schuldbestimmung, Änderung 2508
Schuldgrund, bei Hypothek 1926; Eintragung 1943, 1980; bei Vormerkung 1482 ff; Eintragung 1515
Schuldnerangabe bei Hypothek 1952
Schuldrechtliche Vereinbarung bei Grundpfandrecht 1938
Schuldrechtlicher Vertrag und Auflassung 3296; bei Trennstücksverkauf 877
Schuldrechtliches Grundgeschäft 15
Schuldrechtsanpassung 4293

Schuldtitel bei Zwangshypothek 2165, 2170
Schuldübernahme zur Kaufpreistilgung 3153
Schuldurkunde 1937, 2070; Verbindung mit Hypothekenbrief 2018; Rückgabe 2738; Verwahrung in Sonderheft 69
Schuldverhältnis, gesetzliches bei Dienstbarkeit 1152; gesetzliches bei Nießbrauch 1375
Schuldverschreibung auf Inhaber, Sicherungshypothek 2105
Schuldversprechen und AGB 2078, 2289
Schule, Vertretung 3676
Schutz des redlichen Rechtsverkehrs 336; – gutgläubigen Erwerbs 343; gegen nachträgliche Verfügungsbeschränkungen 110 ff
Schutzbereich des § 892 BGB 344
Schutzfunktion des Grundbuchs 3
Schweizer Eidgenossenschaft, Währung als einzutragender Geldbetrag 135
Schweizer Erblasser 800 Fußn 64; Urkunde 165
Selbstkontrahieren des Bevollmächtigten 3556; Verbot für Eltern 3601; Befreiung vom Verbot 3557, 3559 a; des Testamentsvollstreckers 3431
Sicherheit mit Grundschuld, Verpflichtung zur Leistung 2320; siehe im übrigen Sicherungsvertrag
Sicherstellung der Kosten, Zwischenverfügung hierfür 444; bei Wertsicherung 3244
Sicherung von Leistung und Gegenleistung 3152; beim Bauträgervertrag 3211
Sicherungsgrundschuld 2284, 2316
Sicherungshypothek: Antragsformular 2094, Grundbucheintragung 2095, Erläuterungen 2096 ff; des Bauunternehmers 2102; für Inhaber- und Orderpapier 2105; des Pfandgläubigers 1561; deren Rang 1562; deren Eintragung 1563; nach Verpfändung der Auflassungsanwartschaft 1590; für übertragene Forderung in Zwangsversteigerung 1001
Sicherungsreallast 1310a
Sicherungsvertrag bei Grundschuld 2316; Form 2318; bei Unterlassungsdienstbarkeit (für Bezugsverpflichtung) 1226
Sicherungszweck bei Grundschuld als Einrede 2284

Siedlungsrechtliches Vorkaufsrecht und Wiederkaufsrecht 4137 ff; Anrufung des Landwirtschaftsgerichts 4166; Aufhebung des Vertrags 4161; Ausübung des Vorkaufsrechts 4158; Berufslandwirt 4152; Ehegatte als Erwerber 4151; Entgelt 4150; Entwurf eines Kaufvertrags 4155; Folgen der Ausübung oder Nichtausübung des Vorkaufsrechts 4169 ff; Forstanteil 4145; forstwirtschaftliches Grundstück 4141, 4144; Frist 4162; gemischter Betrieb 4145; Grundbuchamt, Verfahren 4175; Kaufvertrag 4141; Körperschaft des öffentlichen Rechts als Käufer 4151; Kostenfragen 4176; landwirtschaftliches Grundstück 4141, 4144; Mindestgröße des Grundstücks 4141, 4142; Mitteilungspflichten 4154; Moorland 4141, 4145; Nichtausübung und Genehmigungsverfahren 4171; Notar, Belehrungspflicht 4174; Ödland 4141, 4145; Personenkreis, der gegen VR geschützt ist, 4141, 4151; Rechtsgrundlagen 4137; Umgehungsgeschäft 4143, 4150; Verfahrensrecht 4141, 4158 ff; Versagung der Genehmigung 4153; Verschwägerter als Käufer 4151; Verwandter als Käufer 4751; Verzicht 4173; Voraussetzung der Ausübung 4141; Vorkaufsrecht, rechtsgeschäftliches, Erlöschen 4170; Wiederkaufsrecht des Ansiedlers 4178; des Siedlungsunternehmens 4177; Zwischenbescheid der Genehmigungsbehörde 4157
Siedlungsrechtliches Wiederkaufsrecht 4177
Sittenwidrigkeit, Beurteilung im Grundbuchverfahren 210
Sitz, Eintragung 240
Sollvorschriften im Grundbuchrecht 53
Sondereigentum 2823; unauflöslich 2994; vertragliche Aufhebung 2995; Begründung neuen SE 2967 a, b; nachträgliche Inhaltsänderung 2958; Erweiterung 2967; Einschränkung 2967; Veräußerung an anderen Gemeinschafter 2968; Erweiterung/Einschränkung bei gleichzeitiger Änderung der Miteigentumsanteile 2974; Ermächtigung zu einseitiger Änderung 2967c; s außerdem Wohnungseigentum
Sondergut bei Wohnungsrecht 1246; bei Zwangshypothek 2214

Sonderheft 69
Sondernachfolger eines WEigters 2886, 2886 a
Sondernutzungsrecht, Einräumung in Teilungserklärung/Vereinbarung der Wohnungseigentümer 2910; Eintragung 2915, 2961; Löschung 2982 b; Umdeutung unwirksamen SE 2917; nachträgliche Vereinbarung 2913; Tausch 2963; Veräußerung 2963
Sonderungsverfahren 576 a; s auch Bodensonderung
Sondervermögen des öffentlichen Rechts, Bezeichnung bei Eintragung 248
Sorgfaltspflicht des Grundbuchbeamten 54
Sozial-Modell 1605
Sozialversicherungsträger, Verfügungsbeschränkungen 4059; Vertretung 3677
Spaltung nach UmwG 995 b
Spannungsklausel 3258
Sparkasse, Grundbucheinsicht 527; Handelsregistereintragung 3669
Speicherung der Daten 84
Sperrung freien Eintragungsraums in Loseblatt-Grundbuch 226
Sperrvermerk nach § 70 VAG 2004
Spezialitätsprinzip 18
Spezialvollmacht 3534
Spitzboden 2819 Fußn 49; in Aufteilungsplan 2852 Fußn 12
Sportanlage, Erbbaurecht 1704
Staatsverträge, die Befreiung von Legalisation vorsehen 165
Städtebauförderungsgesetz (früheres) in BauGB integriert 3884
Städtebaulicher Vertrag, Beurkundungspflicht 3111
Städtebaurecht (besonderes) 3884
Stammrecht bei Reallast 1302
Stempel im Grundbuch 226
Steuerrechtliche Unbedenklichkeitsbescheinigung siehe Unbedenklichkeitsbescheinigung
Steuertragung beim Grundstückskauf 3189
Stiftung, Bezeichnung 247; Vertretung 3655; Auflösung 802; Vermögensanfall an Fiskus 143
Stiftungsgesetz 4100, 4103
Stille Gesellschaft, Vertretung 3636
Stillhalteerklärung 1805
Stillschweigende Verbindung mehrerer Anträge 92

Stockwerkseigentum 5 Fußn 8, 4191
Strafzinsen bei Hypothek 1966; bei Grundschuld 2299
Straßenausbau, keine Reallast 1301
Stromlieferung, bei Kauf 3179; bei Leibgeding 1327; als Reallast 1300
Stufenumschreibung bei Rangvorbehalt 2154
Subjektiv-dinglicher Berechtigter, Bezeichnung bei Grundbucheintragung 250
Subjektiv-dingliche Reallast 1291
Subjektiv-persönliche Reallast 1291
Subjektiv-dingliches Vorkaufsrecht 1401
Subjektiv-persönliches Vorkaufsrecht 1401
Sukzessivberechtigung 261 a; bei Vormerkung 1495

T

Tabelle (Handblatt) 78
Tag der Grundbucheintragung 228, 228 a
Tagebuch 76
Tankstellendienstbarkeit 1225
Tatsachen, offenkundige beim Grundbuchamt 158
Tatsächliche Angaben, Berichtigung nach Eintragung 290
Tauschvertrag 914
Teilabtretung einer Briefhypothek/-grundschuld: Antragsformular 2407, Grundbucheintragung 2408, Erläuterungen 2409; Hypothekenbrief 2413, 2414; einer Buchhypothek/grundschuld 2416; Vollstreckungsklausel 2066
Teilbetrag der Hypothekenforderung, ZwV-Unterwerfung 2044
Teileigentum als Miteigentum 2801; s im übrigen Wohnungseigentum
Teileigentumsgrundbuch, Anlegung 2860; Aufschrift 558
Teilerbbaurecht 2998
Teilerbschein 810
Teilfläche, Verkauf einer nicht vermessenen 859; Vollmacht hierbei 861; Größenangabe 869; Nachtrag nach Vermessung 862; Auflassung 877 ff; Bestimmungsrecht 868; Bezeichnung im schuldrechtlichen Vertrag 864 ff; Bezeichnung nach Auflassung 877; schuldrechtlicher Vertrag 863; Verweisung auf Lageplan 866; Vormerkung 1503
Teilgrundschuldbrief 2413, 2414

Zahlen = Randnummern

Teilhypothek 2407ff, 2416; Rangänderung 2590ff
Teilhypothekenbrief 2413, 2414
Teillöschung 2762
Teilnehmergemeinschaft bei Flurbereinigung, Abschluß von Verträgen 4042; Vertretung 3667
Teilnutzungsrecht 3010
Teilpfändung 2459
Teilquittung 2762
Teilung eines Grundstücks, Antrag 666, Grundbucheintragung 667, Erläuterungen 668ff; des dienenden/herrschenden Grundstücks 1166, 1189; des mit einer Hypothek belasteten Grundstücks 2011; des mit einer Reallast belasteten Grundstücks 1311; des Erbbaurechts-Grundstücks 1842; des Erbbaurechts 1849; Genehmigung nach BauGB 3814ff; einer Hypothek 2416a
Teilungsanordnung 3290
Teilungsantrag 666
Teilungsbeschränkung nach BauGB 3815ff, 3890; nach Landesrecht 4099ff
Teilungserklärung 669; bei Wohnungseigentum, Formularmuster 2839; Änderung durch Eigentümer 2962; nach BauGB 3821
Teilungsgenehmigung, bodenverkehrsrechtliche 3814ff; bei Teilflächenverkauf 891
Teilungsplan des Testamentsvollstreckers 3453
Teilveräußerung siehe Teilfläche
Teilverpfändung 2434
Teilzeit-Wohnrechtsvertrag 3010
Telekom, Vertretung 3674
Telekommunikationsleitung 1162
Testament, Angabe im Grundbuch 804; Auslegung 787ff; als Nachweis der Erbfolge 786 (816, 840)
Testamentarischer Anspruch, Vormerkung 1484
Testamentsvollstrecker, Verfügungsrecht für Grundstücksgeschäft 3424ff; Grundstücksverfügungen 3441ff; unentgeltliche Verfügungen 3435ff; Eintragung des – ins Grundbuch 3465ff; Schutz bei Wegfall seiner Verfügungsbefugnis 124; – bei Eintragung einer Zwangshypothek 2211
Testamentsvollstreckerzeugnis 3462
Testamentsvollstreckung im Grundstücksrecht 3424ff; nach ausländischem Recht 3475c; nach vormaligem DDR-Recht 3475b
Testamentsvollstreckungsvermerk 3465, Löschung 3473
Theorie, subjektive bei Verfügungsbeschränkung 3363
Thüringen: DenkmalschutzG 4188; GBGA 32; Genehmigungsfreiheit nach GrdstVG 3967a; KommunalO 4075; Waldgesetz 4106b; s auch Landesrecht
Tilgungsgrundschuld 2286
Tilgungshypothek 1989
Tilgungsstreckung 1967, 2299
Time-sharing s Teilzeit-Wohnungsrechtsvertrag
Tod eines Abkömmlings bei fortgesetzter Gütergemeinschaft 828; nach Auflassung 3300; eines Beteiligten vor Eintragung 3345; des Bewilligenden 107b; des nach der Bewilligung Berechtigten vor Eintragung 229 (Fußn 16); Form des Nachweises 156; bei Leibgeding 1350; bei Nießbrauch 1390; bei Reallast 1314; des Vollmachtgebers 3568ff; des Bevollmächtigten 3573
Todesnachweis als Löschungsgrundlage 375
Transkriptionssystem 8
Trennstücksverkauf 859ff; Nachtrag 862; siehe außerdem Teilfläche
Treu und Glauben, Beurteilung im Grundbuchverfahren 210
Treuhänder, Berechtigter 252; bei Hypothek 1996; für Hypothekenbank 2001; für Versicherungsgesellschaften 4065
Treuhandanstalt 4203
Typenfixierung 19
Typenzwang 19

U

Überbau bei Wohnungseigentum 2817
Überbaurente, Verzicht 1168
Übereignungsanspruch, Verpfändung 1555
Übereinstimmung zwischen Grundbuch und amtlichem Verzeichnis 601ff
Überfahrtsanlage, Reallast 1299
Überfahrtsrecht, Dienstbarkeit 1113
Überflüssige Eintragung 28
Überflutung: Übernahme der Grenzveränderung in das Grundbuch 594 Fußn 51; für Grenzveränderung kein öffentlicher Glaube 345 Fußn 11

1907

Übergabe des Kaufgrundstücks 3175, 3176
Übergabe-Vertrag 934 ff; Genehmigungspflicht 3975; öffentlicher Glaube 349; durch Testamentsvollstrecker 3449
Übergangsrecht, kein gesetzlicher Löschungsanspruch 2635
Überlassung der Ausübung des Nießbrauchs 1387; des Wohnungsrechts 1263
Übertragung eines Erbbaurechts 1860; des Vorkaufsrechts 1428
Überweisung zur Einziehung 2462, 2484; an Zahlungs Statt 2484
Ufergrundstück, Veränderungen 604
Fußn 55
Umdeutung von Grundbucherklärungen 173
Umgehungsgeschäft bei Vorkaufsrecht 1414
Umlegung, Verkehrsbeschränkungen 3856 ff
Umlegungsverfahren 3856 ff
Umlegungsvermerk, Eintragung 3860
Umsatzsteuer, Ausweisung im Kaufvertrag 3150
Umschreibung eines Grundbuchblatts 691; eines Grundbuchblatts ohne den gelöschten Zwangsversteigerungsvermerk (bzw eine Zwangssicherungshypothek) 613 a; fester Bände auf Loseblattsystem 81; einer Vormerkung in Hypothek 2274
Umstellung fester Bände auf Loseblattsystem 81
Umstellungsgrundschuld 4349
Umstellungsschutzvermerk 4326
Umstellungsvermerk in Aufschrift 555
Umwandlung einer Dienstbarkeit 1170; einer Personengesellschaft 984 a, 3293; von SE in Gemeinschaftseigentum (und umgekehrt) 2967
Umwandlung (Grundpfandrechte): Formulare für verschiedene 2552 ff; einer Brief-Hypothek in eine Grundschuld: Antragsformular 2543, Grundbucheintragung 2544, Erläuterungen 2545 ff; einer Eigentümergrundschuld in eine neue Hypothek 2417 ff; einer Höchstbetragshypothek in eine Briefhypothek 2526 ff; einer Arresthypothek in Zwangshypothek 2234; einer Sicherungshypothek in eine Briefgrundschuld 2554 a

Umwandlung nach UmwG 995–995 i; einer Kapitalgesellschaft usw und Voreintragung 143
Unbedenklichkeitsbescheinigung des Finanzamts 148; bei Veräußerung eines Sondernutzungsrechts 2964; Wohnungseigentum 2858; Zwischenverfügung 444
Unbeglaubigte Grundbuchabschrift 536
Unbekannte Beteiligte, Grundbucheintragung 809
Unbekannter Berechtigter, Eintragung im Grundbuch 809; Vertreter 3618
Unentgeltliche Verfügung des Testamentsvollstreckers 3435 ff; des Vorerben 3478 ff
Unentgeltliches Wohnungsrecht 1259
Unerhebliche Eintragung 28
Unerledigter Eintragungsantrag, Einsicht 524 a; nach Amtslöschung 426
Unklarer Grundbucheintrag 294
Unklarheit der Rangverhältnisse 327 ff
Unkündbares Grundpfandrecht, Landesrecht 4100
Unleserliche Eintragung 226
Unnötige Eintragung 28
Unrichtigkeit des Grundbuchs s Grundbuchunrichtigkeit; Berichtigung von Angaben rein tatsächlicher Art 290
Unrichtigkeitsnachweis (§ 22 Abs 1 GBO) 369
Unschädlichkeitszeugnis 739
Untererbbaurecht 1701
Untergang eines Grundstücks 612
Unterhaltung gemeinschaftlicher Anlagen beim Wohnungsrecht 1256
Unterhaltungspflicht, bei Dienstbarkeit 1153; bei Reallast 1299; bei Wohnungsrecht 1249 ff
Unterlassungsdienstbarkeit 1131, 1205; zur Absicherung einer Bezugsverpflichtung 1223; Sicherungsvertrag 1226
Unterlassungspflicht bei Dienstbarkeit 1131, 1205; bei Reallast 1296
Unterschriftsbeglaubigung, Zuständigkeit 42, durch Vermessungsbehörde 628
Unterteilung von Wohnungseigentum ohne Veräußerung 2975; mit Veräußerung 2977
Untervollmacht 3563
Unterwerfung siehe Zwangsvollstreckungsunterwerfung
Unterwerfungserklärung bei Hypothek 2037

Zahlen = Randnummern

Unterzeichnung der Eintragung (im Papier-Grundbuch) 227; in Abt III 1908; der Zwischenverfügung 453 a
Unübersichtlichkeit des Grundbuchs 611; der Rangverhältnisse 327
Unvollständiger Eintrag, Amtswiderspruch 397
Unwiderruflicher Antrag 93
Unwiderrufliche Vollmacht 3537, 3574
Unzulässige Bezugnahme 265, 266
Unzulässige Eintragung, Amtslöschung 416 ff
Urkunden, Vorlage in Urschrift 166; Vorlage in Ausfertigung 166; Vorlage in Abschrift 166; ausländische 165; öffentliche und öffentlich beglaubigte 161; bewirkende – 161; einer Behörde 161; bezeugende – 161; notarielle Eigenurkunde 164 – als Bestandteil der Grundakten 65; VO über die Wiederherstellung zerstörter oder abhanden gekommener – 32, siehe auch öffentliche Urkunde und öffentlich beglaubigte Urkunde
Urkundenbeweis für Eintragungsunterlagen 152
Urkundenrückgabe an Notar 196
Urkundenvorlage beim Grundbuchamt 166 ff
Urkundsbeamter, Rechtsbehelf 523; Zuständigkeit 44, 49
Urschrift, Vorlage beim Grundbuchamt 166 ff; Erbschein 782
Urteil, Auflassung 745

V

Vater, Genehmigungspflicht 3684 ff; Vertretung 3597
Veränderungsliste 598
Veränderungsnachweis 598; als Verwaltungsakt 604
Veränderungs- und Hauptspalte als einheitliche Eintragung 2656
Veräußerung eines Erbbaurechts, Eigentümerzustimmung 1774 ff; von Sondereigentum 2896
Veräußerungsanzeige für GrESt 3190
Veräußerungsbeschränkungen, bei Erbbaurecht 1774; öffentlich-rechtliche 3800; bei Wohnungseigentum 2896; Grundbucheintragung 2901
Verbindung einer Anlage mit der Urkunde 866; der Schuldurkunde mit dem Hypothekenbrief 2018; mehrere Anträge 92; Widerruf der Verbindung durch Notar 194
Verbotsdienstbarkeit 1221
Verbraucherdarlehensvertrag 3160 a
Verbrauchervertrag 3144 b
Verein, Bezeichnung 246; nicht rechtsfähiger Verein 246; Vertretung 3649 ff; Auflösung 802; Vermögensanfall in Fiskus 143
Vereinbarung zwischen Miteigentümern 1459 ff
Vereinigte Staaten von Amerika, Währung als einzutragender Geldbetrag 135
Vereinigung von Grundstücken: Antrag 621; Grundbucheintragung 622, 643; Erläuterungen 623 ff; Wiederaufhebung 649; keine – von Miteigentumsanteilen 626; mit grundstücksgleichem Recht 627; von Wohnungseigentumsrechten 2979
Verfahrenshandlung, Bewilligung 98; Eintragungsantrag 86
Verfallklausel und Vollstreckungsklausel 2060
Verfassungsbeschwerde 478 Fußn 27
Verfügung über Wohnungseigentum 2937 ff
Verfügung von Todes wegen; in öffentlicher Urkunde als Erbnachweis 786; Eintragung eines Alleinerben auf Grund öffentlichen Testaments 814
Verfügungsbefugnis des Antragstellers 88 a; des Bewilligenden, Entziehung 101; Beschränkung 101 a; Entziehung und Wirksamkeit des Eintragungsantrags 120; Wegfall vor Eintragung 110; Zeitpunkt 101 b; für Zurücknahme des Eintragungsantrags 93 a; Fortdauer bei Verfügungsbeschränkung 128; nach § 8 VZOG 4206
Verfügungsbeschränkungen, Eintragungsfähigkeit 24, 25; nicht eintragungsfähige 27; Ämter 4081; Auflassungsvormerkung 3807; Außenwirtschaftsrecht 4070; Bahneinheit 4097; nach Bau- und Bodenrecht 3801; Baugesetzbuch 3801; Bausparkasse 4064; Bedeutung 3805; im Beitrittsgebiet 3804 a; Bergarbeiterwohnungsbau 4069; Bund 4083; Bundesländer 4084; im Enteignungsverfahren 4095; Erbbaurecht 1774 ff; im Bereich einer Erhaltungssatzung

3851–3853 b; Flurbereinigung 4030 ff; Gemeinderecht 4077 ff; Grenzregelung 3879 ff; und Grundstückskauf 3138; Grundstücksverkehrsgesetz 3802 ff; nach GVO 4227; Hypothekenbanken 4066; juristische Personen (ausländische) 4093; Kapitalanlagegesellschaft 4067; nach Kirchenrecht 4085; nach Kommunalrecht 4075; Kreise 4081; Landesrecht 4099; Landwirtschaftsrecht 3802, 3924 ff; nachträglich eintretende (§ 878 BGB) 110 ff; öffentlich-rechtliche 3800 ff; Rechtsträger-Abwicklung 4096; nach Sozialversicherungsrecht 4059 ff; Sozialversicherungsträger 4059; Versicherungsunternehmen 4064 ff; Versorgungsrecht 4061 ff; Wasser- und Bodenverband 4092; Wirtschafts- und Sozialrecht 3803, 4059 ff; Wohnungsbindungsgesetz 4068; bei Zugewinngemeinschaft 3352; Zweckverband 4082

Verfügungssperre während Baulandumlegung 3863

Verfügungsverbot, gerichtliches, Eintragung 1642; des Eigentümers des Hypothekengrundstücks 1985; im Insolvenzeröffnungsverfahren 1638 c

Vergleich als Eintragungsgrundlage 161; Beurkundungspflicht 3114; Auflassung in – 3338; für Bindung an Einigung 109

Vergleichsverfahren 1640

Verheiratung, Nachweis 239

Verjährung, Ankaufsrecht 1458; Anspruch auf Eigentumsverschaffung 3202 a; einer Rente 3253; von Grundschuldzinsen 2294; des Kaufpreisanspruchs 3202 a; des Rückgewähranspruchs 2336 a; für Mängel bei Grundstückskauf 3163 b

Verkaufsbeschränkung, Dienstbarkeit 1219 ff

Verkehrsflächenbereinigung 4296 a ff

Verlängerung, der Annahmefrist 1519; einer Dienstbarkeit 1231; eines Erbbaurechts 1855

Verlandung 604 Fußn 55; für Grenzveränderung kein öffentlicher Glaube 345 Fußn 11

Verlegung einer Dienstbarkeit 1164

Verletzung des Gesetzes, Amtswiderspruch 401–403; Verletzung des Rechts, weitere Beschwerde 513

Vermächtnis, Auflassung 837 ff

Vermächtnisanspruch, Auflassung 839; Sicherung durch Vormerkung 1485

Vermächtnisnehmer, Auflassung für Grundstückserwerb, Urkunde 837, Grundbucheintragung 838, Erläuterungen 839–843

Vermächtnisvollstreckung 3475 a

Vermerk bei herrschendem Grundstück (Grunddienstbarkeit) 1150; desgl subjektiv-dingliche Reallast 1308; – der Vollstreckungsklausel auf Urschrift 2067

Vermerke, Eintragungsfähigkeit 26; nicht eintragungsfähige 27

Vermessung, Beurkundung des schuldrechtlichen Vertrags vor – 863

Vermessungsbehörde, Beglaubigungs- und Beurkundungsbefugnis 161, 162 628; Beschwerdebefugnis 605 a

Vermessungsingenieur, Grundbucheinsicht 527

Vermessungskosten 896, 3187

Vermessungs- und Katastergesetze der Länder 571 Fußn 23

Vermietung bei Wohnungsrecht 1263; beim Nießbrauch 1387

Vermißter 809

Vermittlung der Gesamtguts- oder Nachlaßauseinandersetzung 3341

Vermittlungsverfahren 4290

Vermögen, Verfügung im ganzen bei Gütergemeinschaft 3376; Zugewinngemeinschaft 3352 ff

Vermögensabgabe 4349

Vermögensgemeinschaft, -trennung 3423 a

Vermögensstand von Lebenspartnern 3423 a–f

Vermögensübertragung nach UmwG 995 g

Vermögenszuordnung im Beitrittsgebiet 4204

Vermutung für Richtigkeit des Grundbuchs 336; gilt auch für Grundbuchamt 341

Verpfändung der Anwartschaft aus Auflassung 1589 ff; des Auflassungsanspruchs 1555 ff; eines BGB-Gesellschaftsanteils 1668 ff; eines Erbteils 973; einer Briefhypothek (-grundschuld): Antragsformular 2429, Grundbucheintragung 2430, Erläuterungen 2431; einer Buchhypothek (Buchgrund-

Zahlen = Randnummern

schuld) 2448; der Rückerstattungsanspruch 4223
Verpfändungserklärung 2434
Verpfändungsvermerk, Eintragung bei Auflassungsvormerkung 1571; Löschung 1575
Verpflichtung zu Grundstücks-Veräußerung/-erwerb, Beurkundung erforderlich 3100; zu Einräumung, Erwerb, Veräußerung von SE 2845
Verrentungstabelle 3241
Versammlung der Wohnungseigentümer 2924
Verschiedenzeitiger Antragseingang 55
Verschmelzung nach UmwG 995 a; des bewilligenden Betroffenen 107 d; von Flurstücken 632; eines Flurstücks 596
Versendung von Grundakten 62
Versicherungsprämie bei Grundschuld 2299; bei Hypothek 1966
Versicherungsunternehmen, Deckungsstock 2004; Verfügungsbeschränkungen 4065; ausländisches 4065 Fußn 3
Versicherungsverein aG, Vertretung 3654; Verfügungsbeschränkung 4064
Versicherungsverhältnis bei Grundstückskauf 3175 b
Versorgungsrecht, Verfügungsbeschränkungen 4061
Versteigerung Beurkundung freiwilliger 3125; von Wohnungseigentum 2989
Verteilung einer Arresthypothek 2230; einer Gesamthypothek: Antragsformular 2679, Grundbucheintragung 2680, Erläuterungen 2681 ff; einer Zwangshypothek 2194
Vertragsangebot 898; bei Ankaufsrecht 1445 ff; Sicherung durch Vormerkung 1489
Vertragsannahme 899; Beurkundung der Annahme 903
Vertragsgegner bei Genehmigung des Familien/Vormundschaftsgerichts 3731
Vertragsstrafe und AGB 2079; bei Erbbaurecht 1764; für den Fall der Nichtveräußerung 3110
Vertrauensschutz 343 ff
Vertreter bei Sicherungshypothek 2107
Vertretung des Antragstellers 88 b; des Bewilligenden 102; bei Grundstückskauf 3144; durch Notar 174; rechtsgeschäftliche 3532 ff; ohne Vertretungsmacht 3544 ff; bei Zurücknahme des Eintragungsantrags 93; bei Unterwerfung unter sofortige ZwV 2039; s auch gesetzlicher Vertreter
Vertretungsbefugnis, Nachweis 3637
Vertretungsbescheinigung des Notars 3638
Vertriebener, Güterrecht 3403 ff
Verurteilung zur Auflassung 745 ff
Verwalter der Wohnungseigentümer 2930; als Gläubiger einer Sicherungshypothek 2182
Verwaltung von Wohnungseigentum 2922
Verwaltungsbeirat der Wohnungseigentümer 2936
Verwaltungskostenbeitrag, Sicherstellung 1966; bei Grundschuld 2299
Verwaltungsvollstreckung 2217
Verwaltungsvorschriften, Bezugnahme 269
Verwechslung eines Grundstücks 3149
Verweisungsvermerk in Aufschrift 554
Verwerfung der Beschwerde 506
Verwirrung im Grundbuch 634
Verzeichnisse 72; Auskunft aus ihnen 72 a
Verzicht auf Beschwerde 501; Briefvorlage 1982; Eigentum 11, 704, 1028; auf Eintragungsnachricht 305; Fälligkeitsnachweis bei Vollstreckungsklausel 2060; auf Gesamthypothek 2716; Grundpfandrecht an veräußertem Grundstücksteil 895; Hypothek 2704 ff; auf Legitimation des Brief-Hypothekengläubigers 1982; Nacherbschaftsvermerk 3506; auf Überbau- und Notwegrente 1168; auf Vorlesung 2086 ff; auf Wohnungseigentum 2982 b
Verzichtserklärung, Entlassung aus der Mithaft 2704
Verzugszinsen 1963
Volkseigentum 4201
Vollmacht, allgemein 3532 ff; des Antragstellers 88 b; ausländische 3540; bei Angebot 900; bei Auflassung 727, 3302 ff; Benachrichtigung in Grundbuchsachen 2396; Bestätigung 3302; Beurkundung 3537; des Bewilligenden 102, Erlöschen 3566; Form 3535 ff; bei Kauf 3537; bei Kaufangebot 901; mehrere Bevollmächtigte 3534; Nachweis 3576 ff; bei Notar 174 ff; auf Notariatsangestellte 198, 3323; Prüfung durch Grundbuchamt 3579; Selbstkontrahieren 3556 ff; zur einseitigen Änderung von SE 2967 a; bei Trennstücksverkauf

1911

861; Tod des Bevollmächtigten 3573; Tod des Vollmachtgebers 3567 ff; Übertragung 3563; Untervollmacht 3563; Unwiderruflichkeit 3537, 3574; unwiderrufliche beurkundungspflichtig 3116; vollmachtloser Vertreter 3544 ff; wechselseitige und AGB 2085; Widerruf 3574

Vollpfändung 2459

Vollstreckbare Ausfertigung 2054

Vollstreckbares Grundpfandrecht, Briefhypothek 2034 ff; Briefgrundschuld 2277

Vollstreckung in Leibgeding 1345; in Miterbenanteil 1659; in Nießbrauch 1389, in Wohnungsrecht 1264

Vollstreckungsbeschränkende Vereinbarung bei Grundschuld 2315 a

Vollstreckungsgläubiger, Antragsrecht 371

Vollstreckungsklausel 2054

Vollstreckungsmängel bei Antrag auf Zwangshypothek 2179

Vollstreckungstitel 2165, 2170

Vollstreckungsunterwerfung 2036; bei Mitbelastung 2652

Vollziehungsfrist bei Arrest 2229

Vollzugshindernis 427; Bezeichnung in Zwischenverfügung 450

Von Amts wegen, Eintragungen 204; Grundbuchberichtigung 383; Löschung 416; Vormerkung 457; Widerspruch 392

Vorausvermächtnis, kein Nacherbschaftsvermerk 3509

Vorbehalt, keine Verknüpfung des Eintragungsantrags mit – 90; bei Bewilligung unzulässig 103; zur gleichzeitigen Erledigung mehrerer Anträge 92

Vorbehaltsgut bei Gütergemeinschaft 764; nachträgliche Bestimmung 764; bei Zwangshypothek 2214

Vorbescheid 473 a; des Familien/Vormundschaftsgerichts 3730 a

Vorblatt 66, 67

Voreintragung des Betroffenen 136; Ausnahmen 141 ff

Voreintragungsgrundsatz 136

Vorerbe, 3476; Grundstücksverfügung 3478 ff; Löschung eines Rechts 3493; Stellung 3478; bei Zwangshypothek 2212

Vorerbschaft 3478 ff; Erbbaurechtsbestellung 1683

Vorfälligkeitsentschädigung bei Hypothek 1966

Vor-GmbH 987

Vorgründungsgesellschaft 993 a

Vorkaufsrecht, vertragliche Bestellung 1394, 1396; Grundbucheintragung 1395, 1396; Ausübung 1411; dingliches – 1441 ff; schuldrechtliches 1441 ff; Bestellung beurkundungspflichtig 3117; Übertragung 1428; Aufhebung/Löschung 1432; nach BauGB 4108 ff; im Beitrittsgebiet 1888; nach Denkmalschutzgesetz 4188; bei Erbschaftskauf 967; nach Landesrecht 4187; von Mietern und Nutzern im Beitrittsgebiet 4225, 4296; des Mieters bei Umwandlung 4181; nach Naturschutzrecht 4190; des Nutzers 4296; öffentlich-rechtliche, Überblick 3810 ff; nach Reichssiedlungsrecht 4137 ff; an Rückerstattungsgrundstück 4219; schuldrechtliches 1441 ff; nach VermG 4225; Vormerkungswirkungen 1426; Zweck 3811

Vorläufige Verfügungsbefugnis nach § 8 VZOG 4206

Vorlagepflicht des Rechtspflegers 47

Vorlesungspflicht, eingeschränkte 2086

Vorlöschungsklausel 375, 376; bei Vorkaufsrecht 1436; bei Leibgeding 1343; bei Vormerkung 1544–1544b; beim Wohnungsrecht 1270

Vormerkung, 1475 ff; von Amts wegen nach Zwischenverfügung 457–464; Auflassungsvormerkung 1475 ff; Anspruch 1482 ff; für Bauhandwerkersicherungshypothek 2102; bedingter Anspruch 1489; künftiger Anspruch 1489; mehrere Ansprüche 1515 a; schwebend unwirksamer Anspruch 1490; Berechtigter 1494 ff; Bezugnahme 1511 ff; Einstw Verfügung 1548; Erbbaurecht 1733; Erneuerung des Erbbaurechts 1885; Erbbauzins 1830; erbrechtlicher Anspruch 1484; Erlöschen 1537; Freigabevormerkung 888; Genehmigungspflicht 1490 ff, gutgläubiger Erwerb 1534 ff; Hypothek 2261 ff; Identitätsgebot 1493; und Insolvenzverfahren 1533; für künftigen Anspruch 1489; Löschung 1537; mehrere Berechtigte 1498; für OHG/KG in Gründung 981 e; Rang 1531 a; Rangwahrung 1531; Rückgewähranspruch 2345; bei Schenkung auf den Todesfall 1485; Schutz gegen Insolvenz 1533; Schutz gegen Zwangsvollstreckung 1532; für subjektiv-dingliches Recht 261 i; Vorkaufsrecht 1426; Vorlöschungsklausel 1544; Widerspruch 404; Wiederverwendung der Vormerkung durch Neubegründung des Anspruchs 1488; Wiederkaufsrecht 1603 ff; Wirksamkeitsvermerk 1523 a; Wirkung 1520 ff; Wohnungseigentum 2940; nach Zwischenverfügung 457–464

Vormund, Genehmigungspflicht 3680 ff; Vertretung 3617

Vormundschaftsgerichtliche Genehmigung als Eintragungserfordernis 147, 3680 ff; Prüfung durch das Grundbuchamt 3743 ff; bei Bestandteilszuschreibung 656, 657; bei Wohnungseigentum 2850; Genehmigungsverfahren 3729 ff; Form des Nachweises 156, 3746, 3748

Vorname 232

Vorpfändung bei Grundpfandrecht 2463

Vorrang, Einräumung von: Antragsformular 2558, Grundbucheintragung 2559, 2560, Erläuterungen 2561 ff

Vorranggrundsatz 21

Vorschußleistung auf Kosten 444

Vorteil für Berechtigten bei beschränkter persönlicher Dienstbarkeit 1209; für herrschendes Grundstück bei Grunddienstbarkeit 1139; rechtlicher bei Minderjährigem 3602, 3606; bei Vertretung 3561

Vorteilbieten bei Dienstbarkeit 1139, 1209

Vorteile einer Grundschuld 2310

Vorvertrag für Grundstücksveräußerung/-erwerb 3112

W

Währung für einzutragende Geldbeträge 135

Währungsgesetz 3254

Währungsreform 4319 ff; Löschung umgestellter Grundpfandrechte 4335 ff

Wärmelieferung als Inhalt einer Dienstbarkeit 1134; als Inhalt einer Reallast 1299

Wahlschuldvermächtnis, Vormerkung 1489

Wald, Nießbrauch 1375; Teilungsverbot 4099 ff

Warenvertriebsverbot, Dienstbarkeit 1222, 1225

Warnfunktion des Grundbuchs 3

Wart und Pflege bei Leibgeding 1327

Wasserleitungsrecht, Dienstbarkeit 1192

Wasserrecht 4092

Wasser- und Bodenverband, Verfügungsbeschränkungen 4092; Vertretung 3679

Wechselanspruch, Sicherungshypothek 2104

Wegbefestigung, Beseitigung bei Dienstbarkeit 1217 Fußn 62

Wegerecht 1143, 1154 ff

Weitere Beschwerde 513

Weitere Vollstreckungsklausel 2065

Weiterveräußerung eines Hofs, Ausgleichsanspruch 938

Weiterverkauf vor Eigentumserwerb 3147

Wertersatz-Festlegung (Höchstbetrag) 1167; bei Reallast 1340

Wertgesicherte Rente, Reallast 1297 c ff, 3244

Wertsicherungsklausel 3254 ff; Genehmigungsverfahren 3270; für Grundstücksrente 3243; bei Erbbauzinsreallast 1810

Wettbewerbsverbot-Dienstbarkeit 1219 ff

Widerruf einer Auflassungsvollmacht 729; einer Vollmacht 3574; der Bewilligung 106

Widerrufsrecht in Prozeßvergleich 161, 3333

Widerspruch, Antragsformular 1611; Grundbucheintragung 1612; Erläuterungen 1613 ff; Amtswiderspruch 392–415; Darlehensnichtgewährung 2639 ff; für Einrede bei Sicherungsgrundschuld 2340; öffentlicher Glaube 351; zur Erhaltung von Rückständen 1352; Zweck 1613; Zwischenverfügung 457–464; Wirkungen 1618; siehe auch Amtswiderspruch

Wiederaufforstungspflicht bei Nießbrauch 1375

Wiederaufhebung einer Bestandteilszuschreibung 665; einer Vereinigung 649; eines Vertrags 911, 3118; einer gemeinschaftlichen Buchung von Grundstücken 570

Wiederbenutzung eines geschlossenen Grundbuchblattes 613

Wiederherstellung von Grundbüchern und Urkunden 32

Wiederkaufsrecht, Urkunde 1603; Vormerkung 1604; Erläuterungen 1605 ff; Ankaufsrecht 1444; Siedlungsrecht 4177; Vormerkung 1604
Wiederkehrende Leistung bei Reallast 1296
Wirksamkeit der Bewilligung 106, 107; des Eintragungsantrags 86; – der Zustimmung Dritter 114
Wirksamkeitsvermerk 296, 1523 a, 3490
Wirkungen einer Beschwerde 502
Wirtschaftsart eines Grundstücks 575, 576
Wochenendhäuser 699 h
Wohngeld 2921
Wohnort 236
Wohnungsbesetzungsrecht 1205
Wohnungsbindungsgesetz 3164, 4068; im Kaufvertrag 857
Wohnungsblatt 78
Wohnungseigentum 2800 ff; Abgeschlossenheit der Räume 2818 ff; Abgeschlossenheit 2819; Abgeschlossenheitsbescheinigung 2851, 2856; Abweichen bei Gebäudeerrichtung 2875; Änderung der MitEAnteile 2971; Änderung des SE 2974; AGB 2815; allstimmiger Beschluß 2887 e; Anteilsverhältnisse 2816; Antennenanlage 2828; Anwartschaftsrecht 2873; Aufhebung 2994, 2995; Aufschrift des Blattes 558; Aufteilungsplan 2852 ff, 2856; Balkone 2820, 2831; bauliche Veränderungen des SE 2977 a; Bauzeichnung 2852; Begriff 2800; Begründung 2801, 2839; Belastung des Grundstücks 2948; Belastung des WE 2951; Beschlüsse 2885; schriftlicher Beschluß 2887 e; Bestandteilszuschreibung 2979; Bezeichnung der Art des SE 2872 a; Bruchteilsberechtigung 2812; Dachterrasse 2820, 2831; Doppelstockgarage 2836; Doppelwohnhaushälfte 2817, 2832; Dritter, Zustimmung 2849; Eigentümergemeinschaft 2883 ff; Einschränkung des SE 2967; Eintragungsvoraussetzung 2851; Entscheidung durch Gericht in FG-Verfahren 2983; Entstehen des SE 2873; Entziehung 2987; Erbbaurecht 2998; Erweiterung des SE 2967; Fehlerhafter Plan oder Bescheinigung 2856; Form der Begründung 2839 ff; Freiw Gerichtsbarkeit, Verfahren 2983; Garagen 2855; Garagenstellplatz 2835; Gebäude 2817; Gebäudeerrichtung 2873; Gebäudeerrichtung abweichend vom Plan 2875; Gebrauchsregelung 2908 ff; Gemeinschaft der WEigter 2883 ff; Gemeinschaftl Eigentum 2825; Gemeinschaftsanlagen 2825; Gemeinschaftsordnung 2815; Genehmigung in Fremdenverkehrsgebieten 3846–3850; Gericht, Entscheidung 2983; Gesetz 2804; Gestaltungsfreiheit (Grenzen) 2895; Grenzüberbau 2817; Grundbuchamt, Prüfungspflicht 2851, 2857; Grundbuchmäßige Behandlung 2860 ff; Grundbuchverfügung 32; Grunderwerbsteuer 2858; Grundstück 2810; Grundstücksfläche, Zuerwerb 2981; Grundstücksgrundbuchblatt 2864; Hausordnung 2909 a; Heizungsanlage 2828; HöfeO und WEG 2847; Inhalt (Vedinglichung) 2885 a; Inhaltsänderung 2957; Kaufvertrag 855; Keller 2820; Kfz-Stellplatz 2835 ff, 2912; Lastentragung 2918; Loggien 2820, 2831; Mehrfamilienhaus 2817; Mehrhaus-Wohnanlage 2817; Mehrheitsbeschlüsse 2885; Miteigentum 2812; MitEAnteil, Neubildung 2967 b; MitEAnteil, Änderung 2974; Mitsondereigentum 2824; Öffnungsklausel 2885; Prüfungspflicht des Grundbuchamts 2851, 2857; Räume 2818 ff; Raumeigentum 2800; Rechtsgrundlagen 2804–2807; Sondereigentum [= SE] 2823; Begründung neuen SE 1967 a, b; Einschränkung des SE 2967; Erweiterung des SE 2967; Veräußerung des SE 2968; Sondernutzungsrecht 2910 ff; nachträgliche Begründung 2958; Tausch 2963; Veräußerung 2963; Teilung des Grundstücks 2982 a; Teileigentum 2800 ff; Teileigentumsgrundbuch 2860, 2865; Teilerbbaurecht 2998; Teilungserklärung (Formular) 2839; deren einseitige Änderung 2962; Umwandlung von WE in TE (und umgekehrt) 2872 e; Unbedenklichkeitsbescheinigung 2858; Unterteilung 2975, 2977; Urteilswirkung 2988; Veräußerung 2937; Veräußerung einer Grundstücksfläche 2982; Veräußerung von SE 2968; Veräußerung von Sondernutzungsrechten 2963; Veräußerungsbeschränkung 2896 ff; Vereinbarungen der WEigter 2884, 2885, 2958; deren

Abänderung 2885 a; Wirkungen gegen Sondernachfolger 2886; Vereinigung 2979; Verfügung über WE 2937; Versammlung 2924; Versteigerung 2989; Vertragsfreiheit 2895; vertragliche Einräumung 2813, 2841; Verwalter 2930; Verwaltung 2922 ff; Verwaltungsbeirat 2936; Verzicht 2982 b; Vollmacht zu Änderung von SE oder GemE 2967 c; Vormerkung 2940; Vormundschaftsgerichtl. Genehmigung 2850; Vorratsteilung 2815; Vorvertrag 2845; Wesen 2808; Wohnung 2818; Wohnungserbbaurecht 2998; Wohnungsgrundbuch 2860; Zuerwerb einer Grundstücksfläche 2981; Zustimmung Dritter 2849, 2896; Zweifamilienhaus 2817

Wohnungserbbaurecht 2998

Wohnungsgrundbuchblatt, Anlegung 2860; Aufschrift 558

Wohnungsgrundbuchverfügung (WGV) 32, 2806

Wohnungsreallast 1236

Wohnungsrecht, Beispiel mit Grundbucheintragung 1234 ff; Regelungsmöglichkeiten 1236; für mehrere Personen 1245 ff; Aufhebung, Löschung 1266; – und Mietrecht 1274 ff.

Wortlaut der Eintragung 225 ff; der Eintragungsverfügung siehe Eintragungsvermerk

Z

Zahlung der Hypothekenforderung „kostenfrei und bar" 2080; auf Grundschuld 2305; und Gutglaubensschutz 355

Zahlungsbestimmungen bei Hypothek 1935; Eintragung durch Bezugnahme 1980; Änderung bei Grundpfandrecht 2508 ff; – und AGB 2080

Zahlungs Statt, Pfändung eines Grundpfandrechts 2484

Zaununterhaltung, Reallast 1285 ff

Zeichnung als Urkundenanlage 3122; zur Bezeichnung nicht vermessener Teilfläche 866 f

Zeitbestimmung bei Auflassung 3330

Zeitdauer bei Erbbaurecht 1680, 1872

Zeitlich beschränktes Recht, Löschung 375

Zeitpunkt des Eingangs eines Antrags beim Grundbuchamt 55

Zerlegung eines Flurstücks 595

Zerstörter Grundpfandrechtsbrief 32

Zerstörtes Grundbuch 32

Zerstörtes Grundstück, bei Nießbrauch 1377; bei Wohnungsrecht 1272

Zeugnis des Nachlaßgerichts über Erbteilung 797; über fortgesetzte Gütergemeinschaft 823; aus Güterrechtsregister 765, 3387; aus Handelsregister 3637

Zinsen 1953 ff; Abtretung 2384; Beginn 1957; Erhöhung 2488 ff; der Eigentümergrundschuld 2362; gleitende 1960; Grundschuld 2292; bewegliche – bei Grundschuld 2293; Herabsetzung 2504; der Hypothek 1953 ff; Rangvorbehalt 2152; aus verschiedenem Rechtsgrund bei ZwV-Unterwerfung 2042; Verjährung bei Grundschuld 2294; Zinserhöhungsklausel und AGB 2082; Zinszuschlag bei Verzug 1963; Zwangshypothek 2188; Zwangshypothek für Rückstände 2189; der Grundschuld bei Zwangssteigerung 2315

Zinserhöhungsklausel und AGB 2082

Zubehör, Verkauf 3148; Vorkaufsrecht 1423

Zufahrts-, Zugangsrecht zum Kaufgrundstück 3193

Zufahrtsweg, Buchung als dienendes Grundstück 587

Zuflurstück, Begriff 684; mehrere 685; Rechtsänderungen 686

Zugangsfiktion bei Entgegennahme der Genehmigung durch Notar 3552; und AGB 2083

Zugewinngemeinschaft 3351 ff; 3400, 3404

Zug-um-Zug-Leistung bei Zwangshypothek 2178

„Zu-"Nummer 684

Zurückführung des Grundbuchs auf Liegenschaftskataster 578

Zurücknahme, Beschwerde 501; Eintragungsantrag 93; eines von mehreren Eintragungsanträgen 93; Form 94; Vertretung bei Zurücknahme 93; des vom Notar gestellten Antrags 190; eines Notarantrags durch Beteiligte 192; des vom Notar und Beteiligten gestellten Antrags 193; des Ersuchens einer Behörde 203

Zurückweisung eines Antrags 427; – oder Zwischenverfügung 428–443; als Erledigungsart 465–468; Zurückweisung

1915

der Beschwerde 507; Rechtsbehelf 471, 472
Zusammengesetzte Verträge, Beurkundung 3120
Zusammenhängende mehrere Anträge 92
Zuschreibung als Bestandteil s Bestandteilszuschreibung
Zuständigkeit, Amtsgericht als Grundbuchamt 40; in Baden-Württemberg 43; örtliche Zuständigkeit 51; Rechtspfleger 46; Richter 45; Urkundsbeamter 49; ermächtigter Justizangestellter 50; zur Vornahme von Beurkundungen und Unterschriftsbeglaubigungen 42; für Antragsentgegennahme 56; s auch Grundbuchamt
Zustellungsbevollmächtigter 78
Zustimmung zu Veräußerung/Belastung des Erbbaurechts 1774; Ersetzung 1787; zur Veräußerung von WE 2896
Zustimmung Dritter, Form 154; Wirksamkeit 114; zur Einräumung von WE 2849; zur Veräußerung von WE 2896
Zustimmungserklärung des Grundstückseigentümers, Auslegung 172; für Grundbuchberichtigung 370; zur Löschung 145, 2757
Zuwendung siehe ehebezogene Zuwendung
Zwang zur Grundbuchberichtigung 377 ff
Zwangshypothek, Antragsformular 2158, Grundbucheintragung 2159, Erläuterungen 2160 ff; bei Vollstreckung in mehrere Grundstücke 2194; Sammelbuchung 2193; Rangvorbehalt 2142; Umwandlung 2555; für WEigter 2182
Zwangsversteigerung, Erstehereintragung 996; Bestehenbleiben des Erbbauzinses 1806 a; Grundschuldzinsen 2315; bei Grundstückskauf 3140
Zwangsversteigerungsvermerk, Grundbucheintragung 1619; Erläuterungen 1620 ff; Löschung 1628; Zweck 1620; Wirkung 1627; siehe auch Umschreibung
Zwangsverwaltungsvermerk siehe Zwangsversteigerungsvermerk
Zwangsvollstreckung, Einstellung 2209; als Inhalt der Grundschuld nicht ausschließbar 2315 a
Zwangsvollstreckungsunterwerfung 2036; gegen den jeweiligen Eigentümer 2036; beim Bauträgervertrag 3220; bei Mitbelastung 2652; bei Änderung der Zahlungsbestimmungen 2511; nur wegen eines Teilbetrags 2044, 2050; bei Vertrag mit Angebot/Annahme 902; Eintragung der Unterwerfung 2049; für Erbbauzins 1807; bei Höchstbetragshypothek 2126; durch Vertreter 2039
Zweckschenkung 920
Zweckverband, Verfügungsbeschränkungen 4082
Zweigniederlassung 243
Zwischenbescheid im Genehmigungsverfahren 4006
Zwischenrechte bei Rangänderung 2572, 2574; bei Rangvorbehalt 2149
Zwischenverfügung bei Vollzugshindernis 427; – oder Zurückweisung 428–443; – ist Regel 429; Rechtsprechung zu ihr 444; Inhalt 447–453; Bezeichnung des Hindernisses 450; Bezeichnung der Mittel zur Beseitigung des Hindernisses 451; Fristsetzung 452; Begründung 453; Unterzeichnung 453 a; Bekanntmachung 454, 455; Wirkung 456; und § 878 BGB 118; Rechtsbchelf 469, 471, 473; bei Vollstreckungsmängeln 2179, 2194; zum Nachweis einer vormundschaftsgerichtl Genehmigung 3749; Vormerkung oder Widerspruch bei neuem Antrag 457 ff